NomosKommentar

Dr. Lars Böttcher | Dr. Oliver Habighorst |
Dr. Christian Schulte [Hrsg.]

Umwandlungsrecht

Gesellschaftsrecht | Steuerrecht | Verfahrensrecht

RA **Dr. Markus Althoff**, Hamburg | RA **Dr. Bodo Bender**, Frankfurt/Main | RA **Dr. Lars Böttcher**, Gotha | Notar **Dr. Andreas Bürger**, Köln | RA **Dr. Michael Burg**, Köln | RA **Henning Fischer**, Oftersheim | RAin **Dr. Martina Geiser**, Düsseldorf | RA **Dr. Marcus Geschwandtner**, Bonn | RA **Dr. Martin Gimnich**, LL.M., Köln | StB Dipl.-Kfm. **Dr. Christoph Götz**, München | RA **Sebastian Goslar**, Düsseldorf | StB u. WP Dipl.-Kfm. **Josef Große Honebrink**, Frankfurt/Main | RAuN **Dr. Oliver Habighorst**, FA SteuerR, Frankfurt/Main | StB Dipl.-Kfm. **Dr. Alexander Höhn**, München | RA und StB **Roland Hummel**, LL.M., München | RA Dipl.-Vw. **Philipp Jaspers**, M.A., Frankfurt/Main | RAin **Dr. Gunbritt Kammerer-Galahn**, FAin VersR, Düsseldorf | **Prof. Dr. Detlef Kleindiek**, Universität Bielefeld | RA und StB **Dr. Gunnar Knorr**, Köln | StB Dipl.-Kfm. **Herbert Meier**, Ingolstadt | RA **Patrick Narr**, FA HuGR, Hamburg | **Prof. Dr. Peter N. Posch**, TU Dortmund | RA **Hendrik Röger**, FAArbR, Hamburg | RA und StB **Dr. Uwe Scholz**, Bonn | StB **Jörg Schrade,** Dipl. iur. oec. univ., München | RiAG **Dr. Dr. Christian Schulte**, M.A., Berlin | StB u. WP Dipl.-Kfm. **Markus Sellmann**, Köln | RAin **Dr. Astrid Wagner**, Münster | StB Dipl.-Kfm. **Dr. Gerhard Widmayer**, München | RA **Dr. Hans-Ulrich Wilsing**, Düsseldorf

Nomos

Die Deutsche Nationalbibliothek verzeichnet diese Publikation in der Deutschen Nationalbibliografie; detaillierte bibliografische Daten sind im Internet über http://dnb.d-nb.de abrufbar.

ISBN 978-3-8329-7403-9

1. Auflage 2015

Vorwort

Die rechtliche Begleitung von Umwandlungsvorgängen stellt höchste Ansprüche an die beteiligten Unternehmen und deren rechtliche sowie steuerliche Berater. Umwandlungen beruhen zumeist auf betriebswirtschaftlichen Vorgaben, die im Unternehmensinteresse liegen, jedoch nicht stets rechtlich unverändert umgesetzt werden können. Insbesondere sind dabei die bestehenden Schutzvorschriften für Minderheitsgesellschafter, Arbeitnehmer sowie Gläubiger zu beachten. Bei grenzüberschreitenden Umwandlungsakten sind zudem die einschlägigen Rechtsordnungen der beteiligten Unternehmen in Einklang zu bringen. Von der ersten Planung der Umwandlung über deren Konzeption und Durchführung bis zur Anmeldung beim Registergericht erfordern Verschmelzung, Spaltung, Vermögensübertragung sowie Formwechsel sowohl die Beachtung der juristischen als auch der steuerlichen Aspekte in allen Phasen der Umwandlung im weiteren Sinne. Hierbei gilt es, sowohl die formellen als auch die materiellen Anforderungen genau im Blick zu halten, um eine Verzögerung der Umwandlung zu verhindern, da eine solche aufgrund mannigfaltiger, zu beachtender Fristen häufig mit erheblichen Kosten verbunden ist. Streitigkeiten im Rahmen einer Umwandlung und insbesondere der noch recht jungen Möglichkeit des verschmelzungsrechtlichen Squeeze-Outs führen außerdem zu verfahrensrechtlichen Fragen und nicht selten zur Durchführung eines nachgelagerten Spruchverfahrens.

Die Herausgeber und Autoren des vorliegenden Kommentars haben langjährige Erfahrungen in den einschlägigen Rechtsgebieten und kennen die wichtigen Fragestellungen, die zudem je nach Rechtsform der beteiligten Unternehmen differenziert zu betrachten und zu beantworten sind. So wurden Praktiker aus den Reihen der Rechtsanwälte, Steuerberater, Notare, Unternehmensjuristen und des Handelsregisters ebenso wie Vertreter der universitären Lehre gebeten, die einschlägigen Normen aus ihren Spezialgebieten zu kommentieren. Anspruch des neuen Kommentars ist es, den Praktikern aus Unternehmen, Kanzleien und Beratungsunternehmen sowie den Unternehmensorganen, die nicht täglich mit Umwandlungen konfrontiert werden, eine Orientierungshilfe in allen Bereichen der Umwandlung an die Hand zu geben. Daher wurde insbesondere Wert gelegt auf eine praxisorientierte Kommentierung mit Formulierungsbeispielen und Kostenhinweisen, bei denen natürlich die Vorgaben des 2. KostRMoG bereits berücksichtigt wurden. Ferner werden hierbei auch die Bedürfnisse der mit Fragen der Umwandlung befassten Notare und Richter berücksichtigt.

Das vorliegende Werk kommentiert dabei sämtliche Bestimmungen des UmwG, des UmwStG und des SpruchG in einem Band, so dass der mit einer Umwandlung befasste Praktiker auf alle wichtigen materiellen und prozessualen Fragen Antworten erwarten darf. Die stark praxisorientierte und gleichzeitig wissenschaftlich fundierte Kommentierung ist zudem mit Beratungshinweisen versehen, um schwierige Klippen zu umschiffen und insbesondere bei Zweifelsfragen, die noch keiner höchstrichterlichen Klärung zugeführt werden konnten, sichere Lösungen für diese praktischen Probleme aufzuzeigen.

Die Autoren haben die aktuelle Rechtsprechung ebenso einbezogen wie die einschlägige Literatur. Mit zu berücksichtigenden neuen Normen war der Gesetzgeber während der Erstellung des Kommentars zurückhaltend, so dass der neueste Stand der Gesetzgebung vollständig reflektiert werden konnte.

Anregungen und Kritik sowie sonstige Hinweise zur Verbesserung des Kommentars sind den Herausgebern jederzeit herzlich willkommen.

Gotha, Frankfurt, Berlin im September 2014

Dr. Lars Böttcher — Dr. Oliver Habighorst — Dr. Dr. Christian Schulte, M.A.

Inhaltsverzeichnis

1. Umwandlungsgesetz (UmwG)

Erstes Buch Möglichkeiten von Umwandlungen

Zweites Buch Verschmelzung

Erster Teil Allgemeine Vorschriften

Erster Abschnitt Möglichkeit der Verschmelzung

Zweiter Abschnitt Verschmelzung durch Aufnahme

Dritter Teil
Vermögensübertragung unter Versicherungsunternehmen

Erster Abschnitt
Übertragung des Vermögens einer Aktiengesellschaft auf Versicherungsvereine auf Gegenseitigkeit oder öffentlich-rechtliche Versicherungsunternehmen

Erster Unterabschnitt
Vollübertragung

Zweiter Unterabschnitt
Teilübertragung

Zweiter Abschnitt
Übertragung des Vermögens eines Versicherungsvereins auf Gegenseitigkeit auf Aktiengesellschaften oder öffentlich-rechtliche Versicherungsunternehmen

Erster Unterabschnitt
Vollübertragung

Zweiter Unterabschnitt
Teilübertragung

Dritter Abschnitt
Übertragung des Vermögens eines kleineren Versicherungsvereins auf Gegenseitigkeit auf eine Aktiengesellschaft oder auf ein öffentlich-rechtliches Versicherungsunternehmen

Vierter Abschnitt
Übertragung des Vermögens eines öffentlich-rechtlichen Versicherungsunternehmens auf Aktiengesellschaften oder Versicherungsvereine auf Gegenseitigkeit

Erster Unterabschnitt
Vollübertragung

Zweiter Unterabschnitt
Teilübertragung

Fünftes Buch
Formwechsel

Erster Teil
Allgemeine Vorschriften

Zweiter Teil
Besondere Vorschriften

Erster Abschnitt
Formwechsel von Personengesellschaften

Erster Unterabschnitt
Formwechsel von Personenhandelsgesellschaften

Siebentes Buch
Übergangs- und Schlußvorschriften

2. Umwandlungssteuergesetz (UmwStG)

Erster Teil
Allgemeine Vorschriften

Zweiter Teil
Vermögensübergang bei Verschmelzung auf eine Personengesellschaft oder auf eine natürliche Person und Formwechsel einer Kapitalgesellschaft in eine Personengesellschaft

Dritter Teil
Verschmelzung oder Vermögensübertragung (Vollübertragung) auf eine andere Körperschaft

Vierter Teil
Aufspaltung, Abspaltung und Vermögensübertragung (Teilübertragung)

Fünfter Teil
Gebwerbesteuer

Sechster Teil
Einbringung von Unternehmensteilen in eine Kapitalgesellschaft oder Genossenschaft und Anteilstausch

Siebter Teil
Einbringung eines Betriebs, Teilbetriebs oder Mitunternehmeranteils in eine Personengesellschaft

Achter Teil
Formwechsel einer Personengesellschaft in eine Kapitalgesellschaft oder Genossenschaft

Neunter Teil
Verhinderung von Missbräuchen

Zehnter Teil
Anwendungsvorschriften und Ermächtigung

3. Gesetz über das gesellschaftsrechtliche Spruchverfahren (Spruchverfahrensgesetz – SpruchG)

Bearbeiterverzeichnis

Im Einzelnen haben bearbeitet:

Rechtsanwalt *Dr. Markus Althoff*, Hamburg
(UmwG §§ Vor 122 a, 122a-122 l; §§ 190-250, 272-290, 301-304 [gemeinsam mit *Narr*])

Rechtsanwalt *Dr. Bodo Bender*, Frankfurt/Main (UmwStG § 21)

Rechtsanwalt *Dr. Lars Böttcher*, Gotha
(UmwG Einleitung, §§ 1-15, 23-24, 152-160, 313-321; SpruchG Einleitung, §§ 1, 16-17

Notar *Dr. Andreas Bürger*, Köln (UmwG §§ 251-271, 291-300)

Rechtsanwalt *Dr. Michael Burg*, Köln (UmwG §§ 25-45, 141-146)

Rechtsanwalt *Henning Fischer*, Oftersheim (UmwG §§ 99-104 a, 123-140, 149)

Rechtsanwältin *Dr. Martina Geiser*, Düsseldorf
(UmwG §§ 161-173 [gemeinsam mit *Gimnich*])

Rechtsanwalt *Dr. Marcus Geschwandtner*, Bonn
(UmwG §§ 79-98, 105-108, Vor 147, 148, 147-148, 150)

Rechtsanwalt *Dr. Martin Gimnich*, LL.M., Köln (UmwG §§ 161-173 [gemeinsam mit *Geiser*])

Steuerberater Dipl.-Kfm. *Dr. Christoph Götz*, München
(UmwStG § 20 [gemeinsam mit *Widmayer*]; 25)

Rechtsanwalt *Sebastian Goslar*, Düsseldorf
(SpruchG §§ 2-5, 7-8, 13-15 [gemeinsam mit *Wilsing*])

Steuerberater und Wirtschaftsprüfer Dipl.-Kfm. *Josef Große Honebrink*, Frankfurt/Main
(UmwStG §§ 1-10)

Rechtsanwalt und Notar *Dr. Oliver Habighorst*, Fachanwalt für Steuerrecht, Frankfurt/Main
(UmwG, §§ 60-78)

Steuerberater Dipl.-Kfm. *Dr. Alexander Höhn*, München (UwStG §§ 13, 23)

Rechtsanwalt und Steuerberater *Roland Hummel*, LL.M., München (UmwStG § 12)

Rechtsanwalt Dipl.-Vw. *Philipp Jaspers*, M.A., Frankfurt/Main
(UmwG §§ Vor 45 a ff, 45a-45 e, 120-122, Anhang SE; SpruchG §§ 6-6 c, 9-12; Anhang § 11 [gemeinsam mit *Posch*])

Rechtsanwältin *Dr. Gunbritt Kammerer-Galahn*, Fachanwältin für Versicherungsrecht, Düsseldorf (UmwG §§ 109-119, 151, 174-177)

Prof. Dr. Detlef Kleindiek, Universität Bielefeld (UmwG §§ 46-59)

Rechtsanwalt und Steuerberater *Dr. Gunnar Knorr*, Köln (UmwStG § 24)

Steuerberater Dipl.-Kfm. *Herbert Meier*, Ingolstadt (UmwStG § 22)

Rechtsanwalt *Patrick Narr*, Fachanwalt für Handels- und Gesellschaftsrecht, Hamburg (UmwG 190-250, 272-290, 301-304 [gemeinsam mit *Althoff*])

Prof. *Dr. Peter N. Posch*, TU Dortmund (SpruchG Anhang § 11 [gemeinsam mit *Jaspers*])

Rechtsanwalt *Hendrik Röger*, Fachanwalt für Arbeitsrecht, Hamburg (UmwG §§ 322-325)

Rechtsanwalt und Steuerberater *Dr. Uwe Scholz*, Bonn (UmwStG §§ 15-16)

Steuerberater *Jörg Schrade*, München (UmwStG § 11)

RiAG *Dr. Dr. Christian Schulte*, M.A., Berlin (UmwG §§ 16-22)

Steuerberater und Wirtschaftsprüfer Dipl.-Kfm. *Markus Sellmann*, Köln (UmwStG §§ 18-19, 27-28)

Rechtsanwältin *Dr. Astrid Wagner*, Münster (UmwG §§ Vor 178, 178-189)

Steuerberater Dipl.-Kfm. *Dr. Gerhard Widmayer*, München (UmwStG § 20 [gemeinsam mit *Götz*])

Rechtsanwalt *Dr. Hans-Ulrich Wilsing*, Düsseldorf (SpruchG §§ 2-5, 7-8, 13-15 [gemeinsam mit *Goslar*])

Abkürzungsverzeichnis

1. RBerGAV	Verordnung zur Ausführung des Rechtsberatungsgesetzes
2. RBerGAV	Zweite Verordnung zur Ausführung des Rechtsberatungsgesetzes
5. VermBG	Fünftes Gesetz zur Förderung der Vermögensbildung der Arbeitnehmer
7. StBÄndG	Gesetz zur Änderung von Vorschriften über die Tätigkeit der Steuerberater
aA	anderer Auffassung
aaO	am angegebenen Ort
abgedr.	abgedruckt
ABl	Amtsblatt
abl.	ablehnend
ABlEG	Amtsblatt der Europäischen Gemeinschaften
Abs.	Absatz
Abschn.	Abschnitt
Abt.	Abteilung
abw.	abweichend
AcP	Archiv für die civilistische Praxis
aE	am Ende
AEntG	Gesetz über zwingende Arbeitsbedingungen bei grenzüberschreitenden Dienstleistungen (Arbeitnehmerentsendegesetz)
AErfG	Gesetz über Arbeitnehmererfindungen
AEVO	Arbeitserlaubnisverordnung
aF	alte Fassung
AfA	Absetzung bzw Abschreibung für Abnutzung
AFG	Arbeitsförderungsgesetz
AfP	Archiv für Presserecht
AFRG	Arbeitsförderungsreformgesetz
AG	Die Aktiengesellschaft (Zeitschrift); Aktiengesellschaft; Amtsgericht; Arbeitgeber; Auftraggeber; Ausführungsgesetz
AGB	Allgemeine Geschäftsbedingungen
AGBGB	Ausführungsgesetz zum Bürgerlichen Gesetzbuch
AGFGG	Ausführungsgesetz zum Gesetz über die Angelegenheiten der Freiwilligen Gerichtsbarkeit
AGGVG	Gesetz zur Ausführung des Gerichtsverfassungsgesetzes
AGH	Anwaltsgerichtshof
AGPStG	Gesetz zur Ausführung des Personenstandsgesetzes
AgrarR	Agrarrecht (Zeitschrift)
AGS	Anwaltsgebühren Spezial (Zeitschrift)
AIG	Auslandsinvestitionsgesetz
AKostG	Auslandskostengesetz
AKostV	Auslandskostenverordnung
AktG	Aktiengesetz
allg.	allgemein
allgM	allgemeine Meinung
Alt.	Alternative
AlterstzG	Altersteilzeitgesetz
ALVB	Allgemeine Lebensversicherungs-Bedingungen
aM	anderer Meinung

Amtl. Anz.	Amtlicher Anzeiger
AN	Arbeitnehmer
ÄndG	Änderungsgesetz
AnfG	Anfechtungsgesetz
Angekl	Angeklagte(r)
Anh.	Anhang
Anm.	Anmerkung
AnwBl	Anwaltsblatt
AnwG	Anwaltsgericht
AnwGH	Anwaltsgerichtshof
AO	Abgabenordnung
AöR	Archiv des öffentlichen Rechts (Zeitschrift)
AO-StB	Der AO-Steuerberater
AP	Arbeitsrechtliche Praxis (Zeitschrift)
ArbG	Arbeitsgericht
ArbGG	Arbeitsgerichtsgesetz
AR-Blattei	Arbeitsrechts-Blattei
ArbNErfG	Gesetz über Arbeitnehmererfindungen
ArbPlSchG	Arbeitsplatzschutzgesetz
ArbSchG	Arbeitsschutzgesetz
ArbSichG	Arbeitssicherstellungsgesetz
ArbZG	Arbeitszeitgesetz
ArbZRG	Arbeitszeitrechtsgesetz
ArchBürgR	Archiv für Bürgerliches Recht
ArchÖffR	Archiv für Öffentliches Recht
ArchPR	Archiv für Presserecht
arg.	argumentum
ARGE	Arbeitsgemeinschaft
ARST	Arbeitsrecht in Stichworten
Art.	Artikel
AStG	Außensteuergesetz
AT	Allgemeiner Teil
AuA	Arbeit und Arbeitsrecht (Zeitschrift)
AUB	Allgemeine Unfallversicherungsbedingungen
AufenthG/EWG	Gesetz über Einreise und Aufenthalt von Staatsangehörigen der Mitgliedstaaten der Europäischen Wirtschaftsgemeinschaft
Aufl.	Auflage
AÜG	Arbeitnehmerüberlassungsgesetz
AuR	Arbeit und Recht (Zeitschrift)
ausdr.	ausdrücklich
AusfG HZÜ/HBÜ	Gesetz über die Ausführung des Haager Übereinkommens vom 15. November 1965 über die Zustellung gerichtlicher und außergerichtlicher Schriftstücke im Ausland in Zivil- oder Handelssachen
AuslG	Ausländergesetz
AuslInvestmG	Gesetz über den Vertrieb ausländischer Investmentanteile und über die Besteuerung der Erträge aus ausländischen Investmentanteilen
AuslInvStG	Gesetz über steuerliche Maßnahmen bei Auslandsinvestitionen der deutschen Wirtschaft
AußenStG	Gesetz über die Besteuerung bei Auslandsbeziehungen
AV	Ausführungsverordnung

AVAG	Gesetz zur Ausführung zwischenstaatlicher Anerkennungs- und Vollstreckungsverträge in Zivil- und Handelssachen
AVB	Allgemeine Versicherungsbedingungen, Allgemeine Versorgungsbedingungen
AVBl	Amts- und Verordnungsblatt
AW-Prax	Außenwirtschaftliche Praxis (Zeitschrift)
Az.	Aktenzeichen
AZV	Arbeitszeitverordnung
BA	Bundesagentur für Arbeit
BABl	Bundesarbeitsblatt
BadRpr	Badische Rechtspraxis
Bad-WürttAGBGB	Baden-Württembergisches Ausführungsgesetz zum Bürgerlichen Gesetzbuch
BaFin	Bundesanstalt für Finanzdienstleistungsaufsicht
BAföG	Bundesausbildungsförderungsgesetz
BAG	Bundesarbeitsgericht
BAGE	Entscheidungen des Bundesarbeitsgerichts
BAnz	Bundesanzeiger
BAT	Bundes-Angestelltentarifvertrag
BauGB	Baugesetzbuch
BauNVO	Verordnung über die bauliche Nutzung der Grundstücke
BauO	Bauordnung
BausparkassenG	Gesetz über Bausparkassen
BAV	Bundesaufsichtsamt für das Versicherungswesen; Betriebliche Altersversorgung
BAWe	Bundesaufsichtsamt für das Wertpapierwesen
BaWü	Baden-Württemberg
BayAGBGB	Bayerisches Ausführungsgesetz zum Bürgerlichen Gesetzbuch
BayAGGVG	Bayerisches Ausführungsgesetz zum Gerichtsverfassungsgesetz
BayJMBl	Justizministerialblatt für Bayern
BayObLG	Bayerisches Oberstes Landesgericht
BayObLGReport	Rechtsprechungsreport des BayObLG
BayObLGZ	Entscheidungen des Bayerischen Obersten Landesgerichts in Zivilsachen
BayRS	Bayerische Rechtssammlung
BayStaatsbank	Bayerische Staatsbank
BayVBl	Bayerische Verwaltungsblätter
BayVerfGH	Bayerischer Verfassungsgerichtshof
BayVGH	Bayerischer Verwaltungsgerichtshof
BayZ	Zeitschrift für Rechtspflege in Bayern
BB	Der Betriebs-Berater (Zeitschrift)
BBankG	Gesetz über die Deutsche Bundesbank
BBauG	Bundesbaugesetz
BBergG	Bundesberggesetz
BBesG	Bundesbesoldungsgesetz
BBG	Bundesbeamtengesetz
Bd.	Band
BDG	Bundesdisziplinargesetz
BDH	Bundesdisziplinarhof
BDI	Bundesverband der Deutschen Industrie
BDiG	Bundesdisziplinargericht

BDO	Bundesdisziplinarordnung
BDSG	Bundesdatenschutzgesetz
BDSG	Bundesdatenschutzgesetz
BeamtVG	Gesetz über die Versorgung der Beamten und Richter in Bund und Ländern
BEG	Bundesentschädigungsgesetz
Beil.	Beilage
Bekl	Beklagte(r)
BerHG	Beratungshilfegesetz
BerlVerfGH	Berliner Verfassungsgerichtshof
BErzGG	Bundeserziehungsgeldgesetz
Beschl.	Beschluss
bestr.	bestritten
BetrAVG	Gesetz zur Verbesserung der betrieblichen Altersversorgung
BetrVG	Betriebsverfassungsgesetz
BeurkG	Beurkundungsgesetz
BewG	Bewertungsgesetz
BewGr	Richtlinien für die Bewertung von Grundvermögen
BewRL	Richtlinie zum Bewertungsgesetz
BezG	Bezirksgericht
BfA	Bundesversicherungsanstalt für Angestellte
BFH	Bundesfinanzhof
BFH/NV	Sammlung amtlich nicht veröffentlichter Entscheidungen des Bundesfinanzhofes
BFHE	Entscheidungen des Bundesfinanzhofs
BG	Berufsgenossenschaft
BGB	Bürgerliches Gesetzbuch
BGB-InfoV	BGB-Informationspflichtenverordnung
BGBl I, II, III	Bundesgesetzblatt, mit oder ohne Ziffer, mit I = Teil I; mit II = Teil II; mit III = Teil III
BGE	Entscheidungen des Schweizerischen Bundesgerichts
BGebG	Bundesgebührengesetz
BGG	Behindertengleichstellungsgesetz
BGH	Bundesgerichtshof
BGH VGrS	Bundesgerichtshof, Vereinigter Großer Senat
BGHR	BGH-Rechtsprechung
BGHSt	Entscheidungen des Bundesgerichtshofes in Strafsachen
BGHZ	Entscheidungen des Bundesgerichtshofs in Zivilsachen
BKartA	Bundeskartellamt
BKGG	Bundeskindergeldgesetz
BKR	Zeitschrift für Bank- und Kapitalmarktrecht
Bl	Blatt
BlGBW	Blätter für Grundstücks-, Bau- und Wohnungsrecht
BMA	Bundesministerium für Arbeit und Soziales
BMF	Bundesministerium der Finanzen
BMI	Bundesministerium des Innern
BMJ	Bundesministerium der Justiz
BNotO	Bundesnotarordnung
BORA	Berufsordnung für Rechtsanwälte
BörsG	Börsengesetz
BOStB	Berufsordnung für Steuerberater
BPatG	Bundespatentgericht

BPersVG	Bundespersonalvertretungsgesetz
BPflV	Verordnung zur Regelung der Krankenhauspflegesätze
BR	Bundesrat
BRAGO	Bundesrechtsanwaltsgebührenordnung
BRAK	Bundesrechtsanwaltskammer
BRAK-Mitt	Bundesrechtsanwaltskammer-Mitteilungen
BRAO	Bundesrechtsanwaltsordnung
BR-Drucks	Bundesrats-Drucksache
BReg	Bundesregierung
BRKG	Gesetz über die Reisekostenvergütung für die Bundesbeamten, Richter im Bundesdienst und Soldaten
BRRG	Rahmengesetz zur Vereinheitlichung des Beamtenrechts
BSG	Bundessozialgericht
BSGE	Amtliche Sammlung der Entscheidungen des Bundessozialgerichts
BSHG	Bundessozialhilfegesetz
bspw.	beispielsweise
BStBl	Bundessteuerblatt
BT	Besonderer Teil; Bundestag
BtBG	Betreuungsbehördengesetz
BT-Drucks	Bundestags-Drucksache
BtG	Betreuungsgesetz
BtPrax	Betreuungsrechtliche Praxis
Buchholz	Sammel- und Nachschlagewerk der Rechtsprechung des Bundesverwaltungsgerichts, hrsg. v. K. Buchholz (Loseblatt; 1957 ff)
Buchst.	Buchstabe
BUrlG	Bundesurlaubsgesetz
BV	Betriebsvereinbarung; Bestandsverzeichnis
BVerfG	Bundesverfassungsgericht
BVerfGE	Entscheidungen des Bundesverfassungsgerichts
BVerfGG	Gesetz über das Bundesverfassungsgericht
BVerwG	Bundesverwaltungsgericht
BVerwGE	Entscheidungen des Bundesverwaltungsgerichts
BVFG	Gesetz über die Angelegenheiten der Vertriebenen und Flüchtlinge (Bundesvertriebenengesetz)
BW	Baden-Württemberg
BWNotZ	Zeitschrift für das Notariat in Baden-Württemberg
bzgl.	bezüglich
BZRG	Bundeszentralregistergesetz
bzw	beziehungsweise
c.i.c.	culpa in contrahendo
CIEC	CIEC-Übereinkommen
ca.	circa
CC	code civil
dh	das heißt
DAngVers	Die Angestelltenversicherung (Zeitschrift)
DAV	Deutscher Anwaltverein
DAVorm	Der Amtsvormund (Zeitschrift)
DB	Der Betrieb (Zeitschrift)

DBA	Doppelbesteuerungsabkommen
DDR	Deutsche Demokratische Republik
DDR-ZGB	Zivilgesetzbuch der DDR
DepotG	Depotgesetz
dergl.	dergleichen
ders.	derselbe
DFG	Deutsche Freiwillige Gerichtsbarkeit
DGVZ	Deutsche Gerichtsvollzieherzeitung
DGWR	Deutsches Gemein- und Wirtschaftsrecht
dies.	dieselbe, dieselben
DIS	Deutsche Institution für Schiedsgerichtsbarkeit e.V.
Diss.	Dissertation
DiszH	Disziplinarhof
DJ	Deutsche Justiz (Zeitschrift)
DJT	Deutscher Juristentag
DJZ	Deutsche Juristen-Zeitung
DNotI	Deutsches Notarinstitut
DNotIR	Informationsdienst des Deutschen Notarinstituts-Report
DNotV	Zeitschrift des Deutschen Notarvereins, später: Deutsche Notar-Zeitschrift
DNotZ	Deutsche Notar-Zeitschrift
DöD	Der öffentliche Dienst (Zeitschrift)
DONot	Dienstordnung für Notare
DÖV	Die Öffentliche Verwaltung (Zeitschrift)
DR	Deutsches Recht
DRiG	Deutsches Richtergesetz
DRiZ	Deutsche Richterzeitung
DRpfl	Deutsche Rechtspflege
DRS	Deutscher Rechnungslegungsstandard
DRspr	Deutsche Rechtsprechung, Entscheidungssammlung und Aufsatzhinweise
Drucks	Drucksache
DRV	Deutsche Rentenversicherung
DRZ	Deutsche Rechtszeitschrift (ab 1946)
DStJG	Deutsche Steuerjuristische Gesellschaft
DStR	Deutsches Steuerrecht (Zeitschrift)
DStRE	DStR-Entscheidungsdienst
DStZ	Deutsche Steuer-Zeitung, Ausgabe A und B
DSWR	Datenverarbeitung, Steuer, Wirtschaft, Recht (Zeitschrift)
DtZ	Deutsch-deutsche Rechts-Zeitschrift
DuD	Datenschutz und Datensicherheit
DVBl	Deutsches Verwaltungsblatt (Zeitschrift)
DVEV	Deutsche Vereinigung für Erbrecht und Vermögensnachfolge e.V.
DVR	Deutsche Verkehrsteuer-Rundschau (Zeitschrift)
DWW	Deutsche Wohnungswirtschaft (Zeitschrift)
DZWir	Deutsche Zeitschrift für Wirtschaftsrecht
e.G.	eingetragene Genossenschaft
e.V.	eingetragener Verein

ebd.	ebenda
EFG	Entscheidungen der Finanzgerichte
EFZG	Entgeltfortzahlungsgesetz
EG	Europäische Gemeinschaft; Einführungsgesetz
EGAmtshilfeG	Gesetz zur Durchführung der EG-Richtlinie über die gegenseitige Amtshilfe im Bereich der direkten und indirekten Steuern
EGAO	Einführungsgesetz zur Abgabenordnung
EGBGB	Einführungsgesetz zum Bürgerlichen Gesetzbuch
EGFamGB	Einführungsgesetz zum Familiengesetzbuch der DDR
EGGVG	Einführungsgesetz zum Gerichtsverfassungsgesetz
EGH	Ehrengerichtshof der Rechtsanwaltskammer
EGHGB	Einführungsgesetz zum Handelsgesetzbuch
EGInsO	Einführungsgesetz zur Insolvenzordnung
EGMR	Europäischer Gerichtshof für Menschenrechte
EGScheckG	Einführungsgesetz zum Scheckgesetz
EGV	Vertrag zur Gründung der Europäischen Gemeinschaft
EGZPO	Einführungsgesetz zur Zivilprozessordnung
EGZVG	Einführungsgesetz zu dem Gesetz über die Zwangsversteigerung und die Zwangsverwaltung
EheG	Ehegesetz
Einf.	Einführung
eingetr.	eingetragen
EinigungsV	Einigungsstellenverordnung; Einigungsvertrag
Einl.	Einleitung
einschl.	einschließlich
EKG	Einheitliches Gesetz über den internationalen Kauf beweglicher Sachen
EKMR	Europäische Kommission für Menschenrechte
ElsLothZ	Juristische Zeitschrift für das Reichsland Elsaß-Lothringen
EMRK	Europäische Menschenrechtskonvention
EMRKG	Gesetz über die Konvention zum Schutz der Menschenrechte und Grundfreiheiten
Entgelt-fortzahlungsG	Gesetz über die Zahlung des Arbeitsentgelts an Feiertagen und im Krankheitsfall
Entsch.	Entscheidung
Entschl.	Entschluss
entspr.	entsprechend
Entw.	Entwurf
EPA	Europäisches Patentamt
EPÜ	Europäisches Patentübereinkommen
ErbbauV	Verordnung über das Erbbaurecht
ErbbRVO	Erbbaurechtsverordnung
ErbBstg	Erbfolgebesteuerung
ErbGleichG	Erbrechtsgleichstellungsgesetz
Erbinfo	Erbfolge, Erbrecht, Erbfolgebesteuerung, Unternehmensnachfolge
ErbPrax	Praxishandbuch Erbrecht
ErbStDVO	Erbschaftsteuer-Durchführungsverordnung
ErbStG	Erbschaft- und Schenkungsteuergesetz
Erkl.	Erklärung
Erl.	Erlass; Erläuterung
ES	Entscheidungssammlung

EStB	Der Ertragsteuerberater (Zeitschrift)
EStDV	Einkommensteuer-Durchführungsverordnung
EStG	Einkommensteuergesetz
EStR	Einkommensteuer-Richtlinien
etc.	et cetera
EU	Europäische Union
EuBVO	Verordnung (EG) über die Zusammenarbeit zwischen den Gerichten der Mitgliedstaaten auf dem Gebiet der Beweisaufnahme in Zivil- und Handelssachen
EuEheVO	Verordnung (EG) über die Zuständigkeit und die Anerkennung und Vollstreckung von Entscheidungen in Ehesachen und in Verfahren betreffend die elterliche Verantwortung für die gemeinsamen Kinder der Ehegatten
EuG	Europäisches Gericht erster Instanz
EuGH	Europäischer Gerichtshof
EuGRZ	Europäische Grundrechte-Zeitschrift
EuGVÜ	Europäisches Übereinkommen über die gerichtliche Zuständigkeit und die Vollstreckung gerichtlicher Entscheidungen in Zivil- und Handelssachen
EuGVVO	Verordnung (EG) über die gerichtliche Zuständigkeit und die Vollstreckung gerichtlicher Entscheidungen in Zivil- und Handelssachen
EuR	Europarecht
EUR	Euro
EuroEG	Euro-Einführungsgesetz
EuroSchVG	Gesetz zur Umstellung von Schuldverschreibungen auf Euro
EUV	Vertrag über die Europäische Union
EuZW	Europäische Zeitschrift für Wirtschaftsrecht
EV	Eidesstattliche Versicherung
evtl.	eventuell
EWG	Europäische Wirtschaftsgemeinschaft
EWGV	Vertrag zur Gründung der Europäischen Wirtschaftsgemeinschaft
EWiR	Entscheidungen zum Wirtschaftsrecht
EWIV	Europäische Wirtschaftliche Interessenvereinigung
EWS	Europäisches Wirtschafts- und Steuerrecht (Zeitschrift)
EzA	Entscheidungssammlung zum Arbeitsrecht
f, ff	folgende, fortfolgende
FA	Finanzamt
Fa.	Firma
FamG	Familiengericht
FamNamRG	Gesetz zur Neuordnung des Familiennamensrechts
FamRÄndG	Familienrechtsänderungsgesetz
FamRB	Der Familienrechts-Berater (Zeitschrift)
FamRZ	Zeitschrift für das gesamte Familienrecht
FAO	Fachanwaltsordnung
FAZ	Frankfurter Allgemeine Zeitung
FernUSG	Gesetz zum Schutz der Teilnehmer am Fernunterricht
FeV	Fahrerlaubnis-Verordnung
FF	Forum Familien- und Erbrecht (Zeitschrift)
FG	Finanzgericht; Freiwillige Gerichtsbarkeit

FGG	Gesetz betreffend die Angelegenheiten der freiwilligen Gerichtsbarkeit
FGO	Finanzgerichtsordnung
FGPrax	Praxis der Freiwilligen Gerichtsbarkeit (Zeitschrift)
Fn	Fußnote
FördergebietsG	Gesetz über Sonderabschreibungen und Abzugsbeträge im Fördergebiet
FPR	Familie, Partnerschaft, Recht (Zeitschrift)
FR	Finanz-Rundschau (Zeitschrift)
FreizügG/EU	Freizügigkeitsgesetz/EU
FS	Festschrift
FuR	Familie und Recht (Zeitschrift)
G.	Gericht, Gesetz, Gesellschaft
G 10	Gesetz zur Beschränkung des Brief-, Post- und Fernmeldegeheimnisses
GBA	Grundbuchamt
GBBerG	Grundbuchbereinigungsgesetz
GBl	Gesetzblatt
GBO	Grundbuchordnung
GbR	Gesellschaft bürgerlichen Rechts
GdB	Grad der Behinderung
geänd.	geändert
GebO	Gebührenordnung
GebrMG	Gebrauchsmustergesetz
gem.	gemäß
GenG	Genossenschaftsgesetz
GenRegV	Verordnung über das Genossenschaftsregister
GeschmMG	Geschmacksmustergesetz
GesO	Gesamtvollstreckungsordnung
GewArch	Gewerbearchiv (Zeitschrift)
GewO	Gewerbeordnung
GewStDV	Gewerbesteuer-Durchführungsverordnung
GewStG	Gewerbesteuergesetz
GewStR	Gewerbesteuer-Richtlinien
GFK	Abkommen über die Rechtsstellung der Flüchtlinge (Genfer Flüchtlingskonvention)
GG	Grundgesetz
ggf	gegebenenfalls
GKG	Gerichtskostengesetz
Gl.	Gläubiger(in)
GleichberG	Gesetz über die Gleichberechtigung von Mann und Frau auf dem Gebiet des bürgerlichen Rechts
GmbH	Gesellschaft mit beschränkter Haftung
GmbH i. Gr.	GmbH in Gründung
GmbHG	GmbH-Gesetz
GMBl	Gemeinsames Ministerialblatt der Bundesministerien des Innern, für Wohnungsbau, für gesamtdeutsche Fragen, für Angelegenheiten des Bundesrats
GmS-OGB	Gemeinsamer Senat der obersten Gerichtshöfe des Bundes
GNotKG	Gerichts- und Notarkostengesetz
GO	Gemeindeordnung
GoA	Geschäftsführung ohne Auftrag

GoB	Grundsätze ordnungsgemäßer Buchführung
GPÜ	Gemeinschaftspatentübereinkommen
grds.	grundsätzlich
GrdstVG	Grundstücksverkehrsgesetz
GrEStG	Grunderwerbsteuergesetz
GrStG	Grundsteuergesetz
GRSSt	Großer Senat in Strafsachen
GrStVG	Grundstücksverkehrsgesetz
Gruchot	Beiträge zur Erläuterung des Deutschen Rechts
GrundE	Grundeigentum (Zeitschrift)
GRUR	Gewerblicher Rechtsschutz und Urheberrecht (Zeitschrift)
GRURInt	GRUR Internationaler Teil (Zeitschrift)
GRZS	Großer Senat in Zivilsachen
GS	Großer Senat; Gedächtnisschrift
GSiG	Grundsicherungsgesetz
GV	Gebührenverzeichnis
GV NW	Gesetz- und Verordnungsblatt für das Land Nordrhein-Westfalen
GVBl	Gesetz- und Verordnungsblatt
GVG	Gerichtsverfassungsgesetz
GVGA	Geschäftsanweisung für Gerichtsvollzieher
GvKostG	Gerichtsvollzieherkostengesetz
GWB	Gesetz gegen Wettbewerbsbeschränkungen
HAG PStG	Hessisches Ausführungsgesetz zum Personenstandsgesetz
h.L.	herrschende Lehre
h.M.	herrschende Meinung
Halbbd.	Halbband
HansRGZ	Hanseatische Rechts- und Gerichtszeitschrift
HausratV	Hausratsverordnung
HBÜ	Haager Übereinkommen über die Beweisaufnahme im Ausland in Zivil- und Handelssachen
HeimsicherungsVO	Verordnung über die Pflichten der Träger von Altenheimen, Altenwohnheimen, und Pflegeheimen für Volljährige im Falle der Entgegennahme von Leistungen zum Zwecke der Unterbringung eines Bewohners oder Bewerbers
HessFGG	Hessisches Gesetz über die Freiwillige Gerichtsbarkeit
HessStGH	Hessischer Staatsgerichtshof
HEZ	Höchstrichterliche Entscheidungen. Slg v. Entscheidungen d. Oberlandesgerichte u. d. Obersten Gerichte in Zivilsachen
HGB	Handelsgesetzbuch
HintO	Hinterlegungsordnung
Hinw.	Hinweis(e)
HKÜ	Haager Übereinkommen über die zivilrechtlichen Aspekte internationaler Kindesentführung
HöfeO	Höfeordnung
HöfeVfO	Verfahrensordnung für Höfesachen
HpflG	Haftpflichtgesetz
HRefG	Handelsrechts-Reformgesetz
HReg	Handelsregister
HRR	Höchstrichterliche Rechtsprechung
Hrsg.	Herausgeber(in)

hrsg.	herausgegeben
HRV	Handelsregisterverfügung
Hs.	Halbsatz
HwO	Gesetz zur Ordnung des Handwerks
HypBG	Hypothekenbankgesetz
HZPÜ	Haager Übereinkommen vom 1.3.1954 über den Zivilprozess
HZÜ	Haager Übereinkommen vom 15.11.1965 über die Zustellung gerichtlicher und außergerichtlicher Schriftstücke im Ausland in Zivil- und Handelssachen
i. Vorb.	in Vorbereitung
iA	im Auftrag
idF	in der Fassung
idR	in der Regel
idS	in diesem Sinne
iE	im Ergebnis
ieS	im engeren Sinne
i.G.	in Gründung
iHv	in Höhe von
i.L.	in Liquidation
i.R.d.	im Rahmen des/der
iSd	im Sinne des/der
iSv	im Sinne von
iÜ	im Übrigen
i.V.	in Vertretung
iVm	in Verbindung mit
i.W.	in Worten
iwS	im weiteren Sinne
ibid.	ibidem
IDW	Institut der Wirtschaftsprüfer in Deutschland
IGH	Internationaler Gerichtshof
IHK	Industrie- und Handelskammer
IHKG	Gesetz über die Industrie- und Handelskammern
INF	Die Information über Steuer und Wirtschaft (Zeitschrift)
inkl.	inklusive
insb.	insbesondere
insg.	insgesamt
InsO	Insolvenzordnung
InsVV	Insolvenzrechtliche Vergütungsverordnung
InVo	Insolvenz und Vollstreckung (Zeitschrift)
IPG	Internationale Politik und Gesellschaft
IPR	Internationales Privatrecht
IPRax	Praxis des Internationalen Privat- und Verfahrensrechts (Zeitschrift)
IPRG	Gesetz zur Neuregelung des Internationalen Privatrechts
IPRspr	Die deutsche Rechtsprechung auf dem Gebiet des internationalen Privatrechts
IStR	Internationales Steuerrecht
IWB	Internationale Wirtschafts-Briefe (Loseblatt)
JA	Juristische Arbeitsblätter (Zeitschrift)
JAO	Juristenausbildungsordnung

JBeitrO	Justizbeitreibungsordnung
JBl	Justizblatt
JFG	Jahrbuch für Entscheidungen in Angelegenheiten der freiwilligen Gerichtsbarkeit und des Grundbuchrechts
Jg.	Jahrgang
JherJb	Jherings Jahrbücher für die Dogmatik des bürgerlichen Rechts
JMBl	Justizministerialblatt
JMBlNW	Justizministerialblatt Nordrhein-Westfalen
JR	Juristische Rundschau (Zeitschrift)
JuMiG	Justizmitteilungsgesetz
Jura	Juristische Ausbildung (Zeitschrift)
JurBüro	Juristisches Büro (Zeitschrift)
JuS	Juristische Schulung (Zeitschrift)
Justiz	Die Justiz (Zeitschrift)
JVBl	Justizverwaltungsblatt
JVKostO	Verordnung über Kosten im Bereich der Justizverwaltung
JW	Juristische Wochenschrift (Zeitschrift)
JZ	Juristenzeitung (Zeitschrift)
K&R	Kommunikation und Recht (Zeitschrift)
KAGG	Gesetz über Kapitalanlagegesellschaften
Kap.	Kapitel
KapErhStG	Gesetz über steuerrechtliche Maßnahmen bei Erhöhung des Nennkapitals aus Gesellschaftsmitteln
KfH	Kammer für Handelssachen
KG	Kommanditgesellschaft; Kammergericht
KGaA	Kommanditgesellschaft auf Aktien
KGJ	Jahrbuch für Entscheidungen des Kammergerichts in Sachen der freiwilligen Gerichtsbarkeit in Kosten-, Stempel- und Strafsachen
KG-Rp/KGR	Rechtsprechungsreport des Kammergerichts Berlin
Kind-Prax	Kindschaftsrechtliche Praxis (Zeitschrift)
KindUG	Gesetz zur Vereinheitlichung des Unterhaltsrechts minderjähriger Kinder
KJ	Kritische Justiz (Zeitschrift)
KJHG	Gesetz zur Neuordnung des Kinder- und Jugendhilferechts
KKZ	Kommunal-Kassen-Zeitschrift
KO	Konkursordnung
KonsG/KonsularG	Konsulargesetz
KonTraG	Gesetz zur Kontrolle und Transparenz im Unternehmensbereich
KÖSDI	Kölner Steuerdialog (Zeitschrift)
KostenRÄndG	Gesetz zur Änderung und Ergänzung kostenrechtlicher Vorschriften
KostO	Kostenordnung
krit.	kritisch
KSchG	Kündigungsschutzgesetz
KStDV	Körperschaftsteuer-Durchführungsverordnung
KStG	Körperschaftsteuergesetz
KStR	Körperschaftsteuer-Richtlinien
KTS	Konkurs-, Treuhand- und Schiedsgerichtswesen (ab 50.1998 Zeitschrift für Insolvenzrecht /vorher Konkurs- und Treuhandwesen)

KUG/KunstUrhG	Gesetz betreffend das Urheberrecht an Werken der bildenden Künste und der Photographie
KV	Kostenverzeichnis
KWG	Kreditwesengesetz
LAG	Landesarbeitsgericht; Lastenausgleichsgesetz
LandPVerkG	Landpachtverkehrsgesetz
LCIA	London Court of International Arbitration
lfd.	laufend
LFGG	Landesgesetz über die freiwillige Gerichtsbarkeit
LFZG	Lohnfortzahlungsgesetz
LG	Landgericht
lit.	litera (Buchstabe)
Lit.	Literatur
LM	Nachschlagewerk des Bundesgerichtshofes, hrsg. v. Lindenmaier, Möhring u.a.
LPachtVG	Gesetz über die Anzeige und Beanstandung von Landpachtverträgen
LPartG	Lebenspartnerschaftsgesetz
LRiG	Landesrichtergesetz
LS	Leitsatz
LSG	Landessozialgericht
LStDV	Lohnsteuer-Durchführungsverordnung
LStR	Lohnsteuer-Richtlinien
LuftfzRG	Gesetz über Rechte an Luftfahrzeugen
LuftVG	Luftverkehrsgesetz
LuftVO	Luftverkehrs-Ordnung
LuganoÜ	Lugano-Übereinkommen über die gerichtliche Zuständigkeit und die Vollstreckung gerichtlicher Entscheidungen in Zivil- und Handelssachen
LVA	Landesversicherungsanstalt
LWG	Landwirtschaftsgericht
LwVfG	Gesetz über das gerichtliche Verfahren in Landwirtschaftssachen
LZ	Leipziger Zeitschrift
m.Anm.	mit Anmerkung
mE	meines Erachtens
mN	mit Nachweisen
m.w.H.	mit weiteren Hinweisen
mwN	mit weiteren Nachweisen
mWv	mit Wirkung vom
MarkenG	Markengesetz
MdE	Minderung der Erwerbsfähigkeit
MDP	Mitteilungen der deutschen Patentanwälte (Zeitschrift)
MDR	Monatsschrift für Deutsches Recht (Zeitschrift)
MinBl	Ministerialblatt
mind.	mindestens
Mio.	Million
MitbestG	Mitbestimmungsgesetz
Mitt.	Mitteilungen

MittBayNot	Mitteilungen des Bayerischen Notarvereins, der Notarkasse und der Landesnotarkasse Bayern
MittRhNotK	Mitteilungen der Rheinischen Notarkammer
MiZi	Allgemeine Verfügung über Mitteilungen in Zivilsachen
MMR	MultiMedia und Recht (Zeitschrift)
MPU	Medizinisch-psychologische Untersuchung
MRVerbG	Gesetz zur Verbesserung des Mietrechts und zur Begrenzung des Mietanstiegs sowie zur Regelung von Ingenieur- und Architektenleistungen
MSchG	Mieterschutzgesetz
MwSt	Mehrwertsteuer
nF	neue Fassung
n.r.	nicht rechtskräftig
n.v.	nicht veröffentlicht
NachlG	Nachlassgericht
NachwG	Nachweisgesetz
NamÄndG	Gesetz über die Änderung von Familiennamen und Vornamen
NamensänderungsDV	Erste Verordnung zur Durchführung des Gesetzes über die Änderung von Familiennamen und Vornamen
NaStraG	Namensaktiengesetz
Nds. AVO PStG	Niedersächsische Verordnung zur Ausführung des Personenstandsgesetzes
NdsFGG	Niedersächsisches Gesetz über die freiwillige Gerichtsbarkeit
NdsRpfl	Niedersächsische Rechtspflege
NdsVBl	Niedersächsische Verwaltungsblätter (Zeitschrift)
NDV	Nachrichtendienst des Deutschen Vereins für öffentliche und private Fürsorge (Zeitschrift)
ne.	nichtehelich
NEhelG	Gesetz über die rechtliche Stellung der nichtehelichen Kinder
NJ	Neue Justiz (Zeitschrift)
NJW	Neue Juristische Wochenschrift
NJWE	NJW-Entscheidungsdienst
NJWE-FER	NJW-Entscheidungsdienst-Familien- und Erbrecht
NJWE-VHR	NJW-Entscheidungsdienst-Versicherungs- und Haftungsrecht
NJWE-WettbR	NJW-Entscheidungsdienst-Wettbewerbsrecht
NJW-RR	NJW-Rechtsprechungsreport
NMV	Neubaumietenverordnung
NotBZ	Zeitschrift für die notarielle Beratungs- und Beurkundungspraxis
Nr.	Nummer
NStE	Neue Entscheidungssammlung für Strafrecht
NStZ	Neue Zeitschrift für Strafrecht
NStZ-RR	Neue Zeitschrift für Strafrecht-Rechtsprechungsreport
NVersZ	Neue Zeitschrift für Versicherung und Recht
NW	Nordrhein-Westfalen
NWB	Neue Wirtschaftsbriefe (Zeitschrift)
NWVBl	Nordrhein-Westfälische Verwaltungsblätter
NZA	Neue Zeitschrift für Arbeitsrecht
NZA-RR	NZA-Rechtsprechungs-Report
NZG	Neue Zeitschrift für Gesellschaftsrecht

NZI	Neue Zeitschrift für Insolvenzrecht
NZM	Neue Zeitschrift für Miet- und Wohnungsrecht
NZS	Neue Zeitschrift für Sozialrecht
NZV	Neue Zeitschrift für Verkehrsrecht
o.a.	oben angegeben/angeführt
o.Ä.	oder Ähnliches
o.g.	oben genannt
OECD	Organization for Economic Cooperation and Development
OFD	Oberfinanzdirektion
OFH	Oberfinanzhof
OGHZ	Entscheidungen des Obersten Gerichtshofes für die Britische Zone in Zivilsachen
OHG	Offene Handelsgesellschaft
OLG	Oberlandesgericht
OLGE	Entscheidungssammlung der Oberlandesgerichte
OLG-NL	OLG-Rechtsprechung Neue Länder
OLGR	OLG-Report
OLGSt	Entscheidungen der Oberlandesgerichte zum Straf- und Strafverfahrensrecht
OLG-VertrÄndG	OLG Vertretungsänderungsgesetz
OLGZ	Entscheidungen der Oberlandesgerichte in Zivilsachen
OVG	Oberverwaltungsgericht
OWi	Ordnungswidrigkeit
OWiG	Ordnungswidrigkeitengesetz
p.a.	pro anno
PachtKrG	Pachtkreditgesetz
PAngG	Preisangaben- und Preisklauselgesetz
PAngV	Preisangabenverordnung
PartGG	Partnerschaftsgesellschaftsgesetz
PatAO	Patentanwaltsordnung
PatG	Patentgesetz
PersStDV	Landesverordnung zur Durchführung des Personenstandsgesetzes
PersV	Die Personalvertretung (Zeitschrift)
PfandbSchuldvG	Gesetz über die Pfandbriefe und verwandte Schuldverschreibungen öffentlich-rechtlicher Kreditanstalten
PflegeVG	Pflegeversicherungsgesetz
PflVG	Pflichtversicherungsgesetz
PKH	Prozesskostenhilfe
PKV	Prozesskostenvorschuss
PrAGBGB	Preußisches Ausführungsgesetz zum Bürgerlichen Gesetzbuch
PrFGG	Preußisches Gesetz betreffend die Angelegenheiten der Freiwilligen Gerichtsbarkeit
PrKV	Preisklauselverordnung
ProdHaftG	Produkthaftungsgesetz
Prot.	Protokoll
PRV	Partnerschaftsregisterverordnung
PStG	Personenstandsgesetz
PStGDV	Landesverordnung zur Durchführung des Personenstandsgesetzes

PStG-VwV	Allgemeine Verwaltungsvorschrift zum Personenstandsgesetz
PStV	Verordnung zur Ausführung des Personenstandsgesetztes (Personenstandsverordnung)
PStVO	Verordnung zur Durchführung des Personenstandsgesetzes
pVV	positive Vertragsverletzung
r+s	Recht und Schaden (Zeitschrift)
RA	Rechtsanwalt
RabelsZ	Zeitschrift für ausländisches und internationales Privatrecht, begr. v. Rabel
RAG	Reichsarbeitsgericht
RAin	Rechtsanwältin
RAuN	Rechtsanwalt und Notar
RAuNin	Rechtsanwältin und Notarin
RBerG	Rechtsberatungsgesetz
RdA	Recht der Arbeit (Zeitschrift)
RdErl	Runderlass
RdSchr	Rundschreiben
RDV	Recht der Datenverarbeitung (Zeitschrift)
Recht	Das Recht (Zeitschrift)
rechtskr.	rechtskräftig
Red.	Redaktion
Reg.	Regierung; Register
RegBl	Regierungsblatt
RegelbetrVO	Regelbetrags-Verordnung
RegelsatzVO	Verordnung zur Durchführung des § 22 des Bundessozialhilfegesetzes
RegEntw	Regierungsentwurf
RFH	Reichsfinanzhof
RG	Reichsgericht
RGBl	Reichsgesetzblatt
RGSt	Entscheidungen des RG in Strafsachen
RGZ	Entscheidungen des RG in Zivilsachen
RhPfAGBGB	Rheinland-Pfälzisches Ausführungsgesetz zum Bürgerlichen Gesetzbuch
RhPfGerichtsOrgG	Rheinland-Pfälzisches Gerichtsorganisationsgesetz
Ri	Richter
RiA	Das Recht im Amt (Zeitschrift)
RiAG	Richter(in) am Amtsgericht
RIW	Recht der internationalen Wirtschaft (Zeitschrift)
RJA	Entscheidungen in Angelegenheiten der freiwilligen Gerichtsbarkeit und des Grundbuchrechts
Rn	Randnummer
RNotZ	Rheinische Notar-Zeitschrift (ab 2001, vorher: MittRhNotK)
ROW	Recht in Ost und West (Zeitschrift)
RPflAnpG	Rechtspflegeanpassungsgesetz
Rpfleger	Der Deutsche Rechtspfleger (Zeitschrift)
RPflG	Rechtspflegergesetz
RpflJb	Rechtspfleger-Jahrbuch
RpflStud	Rechtspfleger-Studienhefte
RR	Rechtsprechungsreport
Rspr	Rechtsprechung

RsprEinhG	Gesetz zur Wahrung der Einheitlichkeit der Rechtsprechung der obersten Gerichtshöfe des Bundes
RStBl	Reichssteuerblatt
RÜ	Rechtsprechungsübersicht (Zeitschrift)
rückw.	rückwirkend
RuStAG	Reichs- und Staatsangehörigkeitsgesetz
RVA	Reichsversicherungsamt
RVG	Rechtsanwaltsvergütungsgesetz
RVG VV	Vergütungsverzeichnis zum RVG
RVO	Reichsversicherungsordnung
RWS	Kommunikationsforum Recht-Wirtschaft-Steuern
S.	Satz; Seite
s.	siehe
s.a.	siehe auch
SeeArbG	Seearbeitsgesetz
SeemG	Seemannsgesetz
s.o.	siehe oben
s.u.	siehe unten
SachBezV	Verordnung über den Wert der Sachbezüge in der Sozialversicherung
SächsArch	Sächsisches Archiv für Rechtspflege
SachenRBerG	Sachenrechtsbereinigungsgesetz
SAE	Sammlung Arbeitsrechtlicher Entscheidungen
SchiedsVfG	Schiedsverfahrens-Neuregelungsgesetz
SchiedsVZ	Zeitschrift für Schiedsverfahren
SchiffRegO	Schiffsregisterordnung
SchiffsRG	Gesetz über Rechte an eingetragenen Schiffen und Schiffsbauwerken
SchKG	Gesetz zur Vermeidung und Bewältigung von Schwangerschaftskonflikten (Schwangerschaftskonfliktgesetz)
SchlHA	Schleswig-Holsteinische Anzeigen (Zeitschrift)
SchlHOLG	Oberlandesgericht Schleswig-Holstein
SchlichtVerfVO	Verordnung über das Verfahren der Schlichtungsstellen für Überweisungen
SchuldRÄndG	Schuldrechtsänderungsgesetz
SchuldRAnpG	Schuldrechtsanpassungsgesetz
SchuldRModG	Gesetz zur Modernisierung des Schuldrechts
SeuffArch	Seufferts Archiv für Entscheidungen der obersten Gerichte in den deutschen Staaten
SG	Sozialgericht; Soldatengesetz
SGb	Die Sozialgerichtsbarkeit (Zeitschrift)
SGB AT	Sozialgesetzbuch – Allgemeiner Teil
SGB III	Sozialgesetzbuch Drittes Buch – Arbeitsförderung
SGB IV	Sozialgesetzbuch Viertes Buch – Sozialversicherung
SGB V	Sozialgesetzbuch Fünftes Buch – Gesetzliche Krankenversicherung
SGB VI	Sozialgesetzbuch Sechstes Buch – Gesetzliche Rentenversicherung
SGB VII	Sozialgesetzbuch Siebtes Buch – Gesetzliche Unfallversicherung
SGB VIII	Sozialgesetzbuch Achtes Buch – Kinder- und Jugendhilfe

SGB IX	Sozialgesetzbuch Neuntes Buch – Rehabilitation und Teilhabe behinderter Menschen
SGB X	Sozialgesetzbuch Zehntes Buch – Sozialverwaltungsverfahren und Sozialdatenschutz
SGB XI	Sozialgesetzbuch Elftes Buch – Soziale Pflegeversicherung
SGB XII	Sozialgesetzbuch Zwölftes Buch – Sozialhilfe
SGG	Sozialgerichtsgesetz
SGOBau	Schiedsgerichtsordnung für das Bauwesen
SigG	Signaturgesetz
Slg	Sammlung
SoergelRspr	Rechtsprechung zum BGB, EGBGB, CPO, KO, GBO und RFG
sog.	sogenannte/r/s
SozR	Sozialrecht. Rechtsprechung und Schrifttum, bearb. v. d. Richtern des Bundessozialgerichts (Loseblatt)
SozSich	Soziale Sicherheit (Zeitschrift)
SozVers	Die Sozialversicherung (Zeitschrift)
SP	Schaden-Praxis (Zeitschrift)
SprAuG	Sprecherausschussgesetz
st. Rspr	ständige Rechtsprechung
StAG	Staatsangehörigkeitsgesetz
StAnz	Staatsanzeiger
StAZ	Zeitschrift für Standesamtswesen, später: Das Standesamt
StB	Der Steuerberater (Zeitschrift)
StB	Steuerberater
StBp	Die steuerliche Betriebsprüfung (Zeitschrift)
StGB	Strafgesetzbuch
StGH	Staatsgerichtshof
StiftFördG	Gesetz zur weiteren steuerlichen Förderung von Stiftungen
StiftungsG	Stiftungsgesetz
StPO	Strafprozessordnung
str.	streitig
StraFo	Strafverteidiger Forum (Zeitschrift)
StrÄndG	Strafrechtsänderungsgesetz
StSenkG	Gesetz zur Senkung der Steuersätze und zur Reform der Unternehmensbesteuerung
StuB	Steuern und Bilanzen (Zeitschrift)
StuW	Steuer und Wirtschaft (Zeitschrift)
StV	Strafverteidiger (Zeitschrift)
StVj	Steuerliche Vierteljahresschrift
SÜ	Sicherheitsübereignung
SVG	Gesetz über die Versorgung für die ehemaligen Soldaten der Bundeswehr und ihre Hinterbliebenen
SZ	Süddeutsche Zeitung
ThürPStV	Thüringer Verordnung zur Ausführung des Personenstandsgesetzes (Thüringer Personenstandsverordnung)
tlw.	teilweise
TransplantationsG	Transplantationsgesetz
TSG	Gesetz über die Änderung der Vornamen und die Feststellung der Geschlechtszugehörigkeit in besonderen Fällen (Transsexuellengesetz)
TV	Tarifvertrag

TVG	Tarifvertragsgesetz
Tz.	Textzahl
TzBfG	Gesetz über Teilzeitarbeit und befristete Arbeitsverträge
TzWrG	Gesetz über die Veräußerung von Teilzeitnutzungsrechten an Wohngebäuden
u.a.	unter anderem
uÄ	und Ähnliches
uE	unseres Erachtens
uU	unter Umständen
uVm	und Vieles mehr
UÄndG	Unterhaltsänderungsgesetz
UBGG	Gesetz über Unternehmensbeteiligungsgesellschaften
UFITA	Archiv für Urheber-, Film-, Funk- und Theaterrecht
UhVorschG	Gesetz zur Sicherung des Unterhalts von Kindern alleinstehender Mütter und Väter durch Unterhaltsvorschüsse oder -ausfalleistungen
UKlaG	Unterlassungsklagegesetz
umstr.	umstritten
UmwBerG	Gesetz zur Bereinigung des Umwandlungsgesetzes
UmwG	Umwandlungsgesetz
UmwStErl	Umwandlungssteuererlass
UmwStG	Umwandlungssteuergesetz
Univ.	Universität
unstr.	unstreitig
UntVorschG	Unterhaltsvorschussgesetz
unveröff.	unveröffentlicht
UR	Umsatzsteuer-Rundschau (Zeitschrift)
UrhG	Urheberrechtsgesetz
urspr.	ursprünglich
Urt.	Urteil
UStDV	Umsatzsteuer-Durchführungsverordnung
UStG	Umsatzsteuergesetz
UStR	Umsatzsteuerrichtlinien
usw.	und so weiter
UVR	Umsatz- und Verkehrsteuer-Recht (Zeitschrift)
UWG	Gesetz gegen den unlauteren Wettbewerb
UZwG	Gesetz über den unmittelbaren Zwang bei Ausübung öffentlicher Gewalt durch Vollzugsbeamte des Bundes
v.H.	vom Hundert
VAG	Versicherungsaufsichtsgesetz
VAHRG	Gesetz zur Regelung von Härten im Versorgungsausgleich
VBl BW	Verwaltungsblätter Baden-Württemberg
VerbrKrG	Verbraucherkreditgesetz
VereinsG	Gesetz zur Regelung des öffentlichen Vereinsrechts
Verf.	Verfassung; Verfasser
VerfGH	Verfassungsgerichtshof
VerfGHG	Gesetz über den Verfassungsgerichtshof
VerfO	Verfahrensordnung
VerglO	Vergleichsordnung
VermG	Vermögensgesetz

Veröff.	Veröffentlichung
VerschG	Verschollenheitsgesetz
VersG	Gesetz über Versammlungen und Aufzüge
VersPrax	VersicherungsPraxis (Zeitschrift)
VersR	Versicherungsrecht
Verz.	Verzeichnis
Vfg.	Verfügung
VG	Verwaltungsgericht; Verwertungsgesellschaft
VGH	Verwaltungsgerichtshof; Verfassungsgerichtshof
vgl	vergleiche
VglO	Vergleichsordnung
VGrS	Vereinigter Großer Senat
VgV	Vergabeverordnung
VHB	Allgemeine Hausratsversicherungsbedingungen
VIZ	Zeitschrift für Vermögens- und Investitionsrecht (bis 6.1996)
VIZ	Zeitschrift für Vermögens- und Immobilienrecht (ab 7.1996)
VO	Verordnung
VOBl	Verordnungsblatt
VOL	Verdingungsordnung für Leistungen, ausgenommen Bauleistungen
Vorbem.	Vorbemerkung
vorl.	vorläufig
VormG	Vormundschaftsgericht
VRS	Verkehrsrechts-Sammlung
VStG	Vermögensteuergesetz
VStR	Vermögensteuer-Richtlinien
VuR	Verbraucher und Recht (Zeitschrift)
VVaG	Versicherungsverein auf Gegenseitigkeit
VVG	Versicherungsvertragsgesetz
VW	Versicherungswirtschaft (Zeitschrift)
VwGO	Verwaltungsgerichtsordnung
VwKostG	Verwaltungskostengesetz
VwVfG	Verwaltungsverfahrensgesetz
VwVG	Verwaltungsvollstreckungsgesetz
VwZG	Verwaltungszustellungsgesetz
VwZVG	Verwaltungszustellungs- und Vollstreckungsgesetz
VZ	Veranlagungszeitraum
WahrnG	Gesetz über die Wahrnehmung von Urheberrechten und verwandten Schutzrechten
WarnRspr	1. Rechtsprechung des Reichsgerichts auf dem Gebiete des Zivilrechts, soweit sie nicht in der amtlichen Sammlung der Entscheidungen des RG abgedruckt ist, hrsg. von Warneyer (bis 33.1941); 2. Sammlung zivilrechtlicher Entscheidungen des Reichsgerichts (1.1942–2.1943)
WE	Wohnungseigentum
WechselG	Wechselgesetz
WEG	Wohnungseigentumsgesetz
WertErmVO	Wertermittlungsverordnung
WEZ	Zeitschrift für Wohnungseigentumsrecht
WG	Wechselgesetz

WiB	Wirtschaftsrechtliche Beratung (Zeitschrift)
WiR	Wirtschaftsrecht (Zeitschrift)
wistra	Zeitschrift für Wirtschaft, Steuer, Strafrecht
WM, WPM	Wertpapier-Mitteilungen
WP	Wirtschaftsprüfer
WpHG	Wertpapierhandelsgesetz
WPO	Wirtschaftsprüferordnung
WRP	Wettbewerb in Recht und Praxis (Zeitschrift)
WÜK	Wiener Übereinkommen über konsularische Beziehungen vom 24. April 1963
WRV	Weimarer Reichsverfassung
WuW	Wirtschaft und Wettbewerb (Zeitschrift)
WZG	Warenzeichengesetz
zB	zum Beispiel
z.T.	zum Teil
ZAP	Zeitschrift für die Anwaltspraxis
ZblFG	Zentralblatt für Freiwillige Gerichtsbarkeit und Notariat
ZErb	Zeitschrift für die Steuer- und Erbrechtspraxis
ZEV	Zeitschrift für Erbrecht und Vermögensnachfolge
ZfA	Zeitschrift für Arbeitsrecht
ZFE	Zeitschrift für Familien- und Erbrecht
ZfF	Zeitschrift für das Fürsorgewesen
ZfRV	Zeitschrift für Rechtsvergleichung
zfs	Zeitschrift für Schadensrecht
ZfSH/SGB	Zeitschrift für Sozialhilfe und Sozialgesetzbuch
ZfV	Zeitschrift für Versicherungswesen
ZGB	Zivilgesetzbuch (DDR)
ZGR	Zeitschrift für Unternehmens- und Gesellschaftsrecht
ZGS	Zeitschrift für das gesamte Schuldrecht
ZHR	Zeitschrift für das gesamte Handels- und Wirtschaftsrecht
Ziff.	Ziffer
ZIP	Zeitschrift für Wirtschaftsrecht und Insolvenzpraxis
zit.	zitiert
ZNotP	Zeitschrift für die Notarpraxis
ZPO	Zivilprozessordnung
ZRHO	Rechtshilfeordnung für Zivilsachen
ZRP	Zeitschrift für Rechtspolitik
ZTR	Zentrales Testamentsregister
ZUM	Zeitschrift für Urheber- und Medienrecht
zust.	zustimmend
ZVG	Zwangsversteigerungsgesetz
ZVglRWiss	Zeitschrift für vergleichende Rechtswissenschaft
ZWE	Zeitschrift für Wohnungseigentum
zzgl	zuzüglich
ZZP	Zeitschrift für Zivilprozess
zzt.	zurzeit

Allgemeines Literaturverzeichnis

Soweit nicht anders angegeben, werden die Werke nur durch Nennung des/der Verfasser/s und Angabe der Fundstelle (Seitenzahl, Rn o.Ä.) zitiert.
Die Namen werden immer dann kursiv gesetzt, wenn kein Bearbeiter angegeben ist. Ist ein solcher angegeben, wird dieser kursiv mit Schrägstrich an die Namen des/der Herausgeber/s angehängt, z.B.: Bamberger/Roth/*Bearbeiter*

Ascheid/Preis/Schmidt, Kündigungsrecht, 4. Aufl. 2012 (zit.: Ascheid/Preis/Schmidt/*Bearbeiter*)

Bachner/Köstler/Matthießen/Trittin, Arbeitsrecht bei Unternehmensumwandlung und Betriebsübergang, 4. Aufl. 2012 (zit.: Bachner/Köstler/Matthießen/Trittin/*Bearbeiter*)

Bähr, Handbuch des Versicherungsaufsichtsrechts: VAG-Handbuch, 2011 (zit.: Bähr/*Bearbeiter*)

Baumbach/Hopt, Handelsgesetzbuch: HGB, 36. Aufl. 2014 (zit.: Baumbach/Hopt/*Bearbeiter*)

Baumbach/Hueck, GmbHG: Gesetz betreffend die Gesellschaften mit beschränkter Haftung, 20. Aufl. 2013 (zit.: Baumbach/Hueck/*Bearbeiter*)

Baumbach/Lauterbach/Albers/Hartmann, Zivilprozessordnung: ZPO, 72. Aufl. 2014 (zit.: Baumbach/Lauterbach/Albers/Hartmann/*Bearbeiter*)

Beck'scher Bilanz-Kommentar, 9. Aufl. 2014

Beuthien, Genossenschaftsgesetz: GenG, 15. Aufl. 2011 (zit.: Beuthien/*Bearbeiter*)

Blümich, EStG, KStG, GewStG – Einkommensteuergesetz, Körperschaftsteuergesetz, Gewerbesteuergesetz, Loseblatt-Kommentar (zit.: Blümich/*Bearbeiter*)

Boecken, Unternehmensumwandlungen und Arbeitsrecht, 1996

Böttcher/Ries, Formularpraxis des Registerrechts, 2. Aufl. 2009 (zit.: Böttcher/Ries/*Bearbeiter*, Formularpraxis)

Boruttau, Grunderwerbsteuergesetz: GrEStG, Kommentar, 17. Aufl. 2011 (zit.: Boruttau/*Bearbeiter*)

Budde/Förschle/Winkeljohann, Sonderbilanzen – Von der Gründungsbilanz bis zur Liquidationsbilanz, 4. Aufl. 2008 (zit.: Budde/Förschle/Winkeljohann/*Bearbeiter*)

Calliess/Ruffert, EUV/AEUV – Das Verfassungsrecht der Europäischen Union mit Europäischer Grundrechtecharta, Kommentar, 4. Aufl. 2011 (zit.: Calliess/Ruffert/*Bearbeiter*)

v. Campenhausen/Richter, Stiftungsrechts-Handbuch, 4. Aufl. 2014 (zit.: v. Campenhausen/Richter/*Bearbeiter*)

Cronauge/Westermann, Kommunale Unternehmen, Eigenbetriebe – Kapitalgesellschaften – Zweckverbände, 5. Aufl. 2005

Daragan/Halaczinsky/Riedel, Praxiskommentar ErbStG und BewG, 2. Aufl. 2012 (zit.: Daragan/Halaczinsky/Riedel/*Bearbeiter*)

Däubler/Kittner/Klebe/Wedde, BetrVG: Betriebsverfassungsgesetz, 14. Aufl. 2014 (zit.: Däubler/Kittner/Klebe/Wedde/*Bearbeiter*)

Dötsch/Patt/Pung/Möhlenbrock, Umwandlungssteuerrecht – Umstrukturierung von Unternehmen, Verschmelzung, Spaltung, Formwechsel, Einbringung, 7. Aufl. 2012 (zit.: Dötsch/Patt/Pung/Möhlenbrock/*Bearbeiter*)

Dötsch/Pung/Möhlenbrock, Die Körperschaftsteuer. Kommentar zum Körperschaftsteuergesetz, Umwandlungssteuergesetz und zu den einkommensteuerrechtlichen Vorschriften der Anteilseignerbesteuerung, Loseblatt (zit.: Dötsch/Pung/Möhlenbrock/*Bearbeiter*)

Eidenmüller, Ausländische Kapitalgesellschaften im deutschen Recht, 2004

Emmerich/Habersack, Aktien- und GmbH-Konzernrecht, 7. Aufl. 2013 (zit.: Emmerich/Habersack/*Bearbeiter*)

Erichsen/Ehlers/Burgi, Allgemeines Verwaltungsrecht, 13. Aufl. 2006 (zit.: Erichsen/Ehlers/Burgi/*Bearbeiter*)

Erfurter Kommentar zum Arbeitsrecht, 14. Aufl. 2014 (zit.: ErfK/*Bearbeiter*)

Erman, BGB, Kommentar, 13. Aufl. 2011 (zit.: Erman/*Bearbeiter*)

Fackelmann, Notarkosten nach dem neuen GNotKG, 2013 (zit.: *Fackelmann*, Notarkosten)

Fahr/Kaulbach/Bähr/Pohlmann, VAG Kommentar, 5. Aufl. 2012 (zit.: Fahr/Kaulbach/Bähr/Pohlmann/*Bearbeiter*)

Fischer/Jüptner/Pahlke/Wachter, ErbStG Kommentar, 4. Aufl. 2012 (zit.: Fischer/Jüptner/Pahlke/Wachter/*Bearbeiter*)

Fitting/Engels/Schmidt/Trebinger/Linsenmaier, Betriebsverfassungsgesetz: BetrVG mit Wahlordnung, 27. Aufl. 2014 (zit.: Fitting/Engels/Schmidt/Trebinger/Linsenmaier/*Bearbeiter*)

Flick Gocke Schaumburg/BDI, FGS/BDI, Der Umwandlungssteuer-Erlass 2011 (zit.: *Bearbeiter* in: FGS/BDI)

Flick/Wassermeyer/Baumhoff/Schönfeld, Außensteuerrecht, Loseblatt Kommentar (zit.: Flick/Wassermeyer/Baumhoff/Schönfeld/*Bearbeiter*)

Frenzel, Grenzüberschreitende Verschmelzung von Kapitalgesellschaften, 2008

Fritzsche/Dreier/Verfürth, SpruchG, Kommentar zum Spruchverfahrensgesetz, 2004

Frotscher, Umwandlungssteuererlass 2011, 2012

Frotscher/Maas, Kommentar zum Körperschaft-, Gewerbe- und Umwandlungssteuergesetz, Loseblatt (zit.: Frotscher/Maas/*Bearbeiter*)

Ganske, Umwandlungsrecht: Regierungsentwürfe des Gesetzes zur Bereinigung des Umwandlungsrechts und des Gesetzes zur Änderung des Umwandlungsrechts; Texte mit amtlichen Begründungen, 1994

Gosch, Körperschaftsteuergesetz: KStG, Kommentar, 2. Aufl. 2009 (zit.: Gosch/*Bearbeiter*)

Grigoleit, Aktiengesetz: AktG, 2013 (zit.: Grigoleit/*Bearbeiter*)

Gürsching/Stenger, Bewertungsrecht – BewG ErbStG, Loseblattkommentar (zit.: Gürsching/Stenger/*Bearbeiter*)

Haase/Hruschka, Umwandlungssteuergesetz. Praxiskommentar, 2012 (zit.: Haase/Hruschka/*Bearbeiter*)

Habersack/Bayer, Aktienrecht im Wandel. Band I: Entwicklung des Aktienrechts. Band II: Grundsatzfragen des Aktienrechts, 2007 (zit.: Habersack/Bayer/*Bearbeiter*)

Habersack/Drinhausen, SE-Recht mit grenzüberschreitender Verschmelzung, 2013 (zit.: Habersack/Drinhausen/*Bearbeiter*)

Happ, Konzern- und Umwandlungsrecht, Handbuch – Mustertexte – Kommentar, 2011 (zit.: Happ/*Bearbeiter*, Konzern- und Umwandlungsrecht)

Haritz/Menner, Umwandlungssteuergesetz, 4. Auflage 2014 (zit.: Haritz/Menner/*Bearbeiter*)

Hauschild/Kallrath/Wachter, Notarhandbuch Gesellschafts- und Unternehmensrecht – Gesellschafts- und Unternehmensrecht aus der Notarperspektive, 2011 (zit.: Hauschild/Kallrath/Wachter/*Bearbeiter*)

Heckschen/Simon, Umwandlungsrecht – Gestaltungsschwerpunkte der Praxis, 2003

Heidel, Aktienrecht und Kapitalmarktrecht, 3. Aufl. 2011 (zit.: Heidel/*Bearbeiter*)

Heidel/Schall, Handelsgesetzbuch: HGB, 2011 (zit.: Heidel/Schall/*Bearbeiter*)

Henssler/Strohn, Gesellschaftsrecht: GesellschaftsR, 2011 (zit.: Henssler/Strohn/*Bearbeiter*)

Henssler/Willemsen/Kalb, Arbeitsrecht Kommentar, 6. Aufl. 2014 (zit.: Henssler/Willemsen/Kalb/*Bearbeiter*)

Herrmann/Heuer/Raupach, Einkommensteuer- und Körperschaftsteuergesetz: EStG KStG – Apartwerk, Loseblatt (zit.: Herrmann/Heuer/Raupach/*Bearbeiter*)

Hillebrandt/Keßler, Berliner Kommentar zum Genossenschaftsgesetz, 2. Aufl. 2011 (zit.: Hillebrandt/Keßler/*Bearbeiter*)

Hofmann, Grunderwerbsteuergesetz, 10. Aufl. 2014

Hopt/Wiedemann, Aktiengesetz, Großkommentar, 4. Aufl. 2012 (zit.: GroßKomm-AktG/*Bearbeiter*)

v. Hoyningen-Huene/Linck, Kündigungsschutzgesetz: KSchG, 15. Aufl. 2013 (zit.: v. Hoyningen-Huene/Linck/*Bearbeiter*)

Hüffer, Aktiengesetz: AktG, 10. Aufl. 2012

Jannott/Frodermann, Handbuch der Europäischen Aktiengesellschaft – Societas Europaea, 2005 (zit.: Jannott/Frodermann/*Bearbeiter*)

Jauernig, Bürgerliches Gesetzbuch: BGB, 15. Aufl. 2014 (zit.: Jauernig/*Bearbeiter*)

Jung, Umwandlungen unter Mitbestimmungsverlust, 2000

Kallmeyer, Umwandlungsgesetz – Verschmelzung, Spaltung und Formwechsel bei Handelsgesellschaften, 5. Aufl. 2013 (zit.: Kallmeyer/*Bearbeiter*)

Keßler/Kühnberger, Umwandlungsrecht, Kompakt-Kommentar, 2009 (zit.: Keßler/Kühnberger/*Bearbeiter*)

Keidel, FamFG – Kommentar zum Gesetz über das Verfahren in Familiensachen und in den Angelegenheiten der freiwilligen Gerichtsbarkeit, 18. Aufl. 2014 (zit.: Keidel/*Bearbeiter*)

Kirchhof, EStG, 13. Aufl. 2014 (zit.: Kirchhof/*Bearbeiter*)

Kittner/Däubler/Zwanziger, KSchR – Kündigungsschutzrecht, 9. Aufl. 2014 (zit.: Kittner/Däubler/Zwanziger/*Bearbeiter*)

Klein, Abgabenordnung: AO einschließlich Steuerstrafrecht, 12. Aufl. 2014 (zit.: Klein/*Bearbeiter*)

Klingebiel/Patt/Rasche/Krause, Umwandlungssteuerrecht, 3. Aufl. 2012

Klöcker/Frowein, Spruchverfahrensgesetz, 2004

Kölner Kommentar zum Aktiengesetz, 3. Aufl. 2009-2013 (zit.: KölnKomm-AktG/*Bearbeiter*)

Kölner Kommentar zum Umwandlungsgesetz, 2009 (zit.: KölnKomm-UmwG/*Bearbeiter*)

Korintenberg/Lappe/Bengel/Reimann, Kostenordnung: KostO – Gesetz über die Kosten in Angelegenheiten der freiwilligen Gerichtsbarkeit, 18. Aufl. 2010 (zit.: Korintenberg/Lappe/Bengel/Reimann/*Bearbeiter*)

Krafka/Kühn, Registerrecht, 9. Aufl. 2013

Kraft, Außensteuergesetz: AStG, Kommentar, 2009 (zit.: Kraft/*Bearbeiter*)

Kuhlmann/Ahnis, Konzern- und Umwandlungsrecht, 3. Aufl. 2010

KR – Gemeinschaftskommentar zum Kündigungsschutzgesetz und zu sonstigen kündigungsschutzrechtlichen Vorschriften, 10. Aufl. 2013 (zit.: KR/*Bearbeiter*)

Lademann, Umwandlungssteuergesetz, Handkommentar, 2012 (zit.: Lademann/*Bearbeiter*)

Lang/Weidmüller, Genossenschaftsgesetz, 37. Aufl. 2011 (zit.: Lang/Weidmüller/*Bearbeiter*)

Limmer, Handbuch der Unternehmensumwandlung, 4. Aufl. 2012 (zit.: Limmer/*Bearbeiter*, Unternehmensumwandlung)

Lutter, Kölner Umwandlungsrechtstage: Verschmelzung, Spaltung, Formwechsel nach neuem Umwandlungsrecht und Umwandlungssteuerrecht, 1995

Lutter, Umwandlungsgesetz, Kommentar mit systematischer Darstellung des Umwandlungssteuerrechts, 4. Aufl. 2009 (zit.: Lutter/*Bearbeiter*)

Lutter, Umwandlungsgesetz, Kommentar mit systematischer Darstellung des Umwandlungssteuerrechts, 5. Aufl. 2014 (zit.: Lutter/*Bearbeiter*)

Lutter/Bayer/Schmidt, Europäisches Unternehmens- und Kapitalmarktrecht, 5. Aufl. 2012

Lutter/Hommelhoff, SE-Kommentar, 2008 (zit.: Lutter/Hommelhoff/*Bearbeiter*)

Lutter/Hommelhoff, GmbH-Gesetz, Kommentar, 18. Aufl. 2012 (zit.: Lutter/Hommelhoff/*Bearbeiter*)

Manz/Mayer/Schröder, Europäische Aktiengesellschaft SE, 2. Aufl. 2010 (zit.: Manz/Mayer/Schröder/*Bearbeiter*)

Maulbetsch/Klumpp/Rose, Umwandlungsgesetz, 2008 (zit.: Maulbetsch/Klumpp/Rose/*Bearbeiter*)

Maunz/Dürig, Grundgesetz, Loseblatt-Kommentar (zit.: Maunz/Dürig/*Bearbeiter*)

Maurer, Allgemeines Verwaltungsrecht, 18. Aufl. 2011

Mehrbrey, Handbuch Gesellschaftsrechtliche Streitigkeiten, Corporate Litigation, 2013 (zit.: Mehrbrey/Bearbeiter)

Melchior/Schulte/Schneider, Handelsregisterverordnung, Kommentar, 2. Aufl. 2009

Michalski, Kommentar zum Gesetz betreffend die Gesellschaften mit beschränkter Haftung (GmbH-Gesetz), 2. Aufl. 2010 (zit.: Michallski/*Bearbeiter*)

Michalski/Römermann, PartGG, Kommentar zum Partnerschaftsgesellschaftsgesetz, 4. Aufl. 2014 (zit.: Michalski/Römermann/*Bearbeiter*)

Münchener Anwaltshandbuch Aktienrecht, 2. Aufl. 2010 (zit.: MünchAnwHbAktR/*Bearbeiter*)

Münchener Anwaltshandbuch Arbeitsrecht, 3. Aufl. 2012 (zit.: MünchAnwHbArbR/*Bearbeiter*)

Münchener Anwaltshandbuch GmbH-Recht, 3. Aufl. 2014 (zit.: MünchAnwHbGmbHR/*Bearbeiter*)

Münchener Anwaltshandbuch Personengesellschaftsrecht, 2005 (zit.: MünchAnwHbPersGesR/*Bearbeiter*)

Münchener Handbuch zum Arbeitsrecht, 3. Aufl. 2009 (zit.: MünchHbArbR/*Bearbeiter*)

Münchener Handbuch des Gesellschaftsrechts, Band 2: Kommanditgesellschaft, GmbH & Co. KG, Publikums-KG, Stille Gesellschaft, 4. Aufl. 2014 (zit.: MünchHbGesR/*Bearbeiter*, Bd. 2)

Münchener Handbuch des Gesellschaftsrechts, Band 3: Gesellschaft mit beschränkter Haftung, 4. Aufl. 2012 (zit.: MünchHbGesR/*Bearbeiter*, Bd. 3)

Münchener Handbuch des Gesellschaftsrechts, Band 4: Aktiengesellschaft, 4. Aufl. 2014 (zit.: MünchHbGesR/*Bearbeiter*, Bd. 4)

Münchener Handbuch des Gesellschaftsrechts, Band 6: Internationales Gesellschaftsrecht, Grenzüberschreitende Umwandlungen, 4. Aufl. 2013 (zit.: MünchHbGesR/*Bearbeiter*, Bd. 6)

Münchner Kommentar zum Aktiengesetz, 3. Aufl. 2010 (zit.: MüKo-AktG/*Bearbeiter*)

Münchner Kommentar zum Handelsgesetzbuch, 3. Aufl. 2010–2014 (zit.: MüKo-HGB/*Bearbeiter*)

Münchener Vertragshandbuch, Band 1: Gesellschaftsrecht, 7. Aufl. 2011 (zit.: MünchVertragsHb-1/*Bearbeiter*)

Musielak, Zivilprozessordnung: ZPO mit Gerichtsverfassungsgesetz, 11. Aufl. 2014 (zit.: Musielak/*Bearbeiter*)

Nagel/Freis/Kleinsorge, Beteiligung der Arbeitnehmer im Unternehmen auf der Grundlage des Europäischen Rechts, 2. Aufl. 2009 (zit.: Nagel/Freis/Kleinsorge/*Bearbeiter*)

Nomos Kommentar BGB, Gesamthersg. Dauner-Lieb/Heidel/Ring, 2012 ff (zit.: NK-BGB/*Bearbeiter*)

Pahlke/Koenig, Abgabenordnung: AO, 2. Aufl. 2009 (zit.: Pahlke/Koenig/*Bearbeiter*)

Palandt, Bürgerliches Gesetzbuch: BGB mit Nebengesetzen, 73. Aufl. 2014 (zit.: Palandt/*Bearbeiter*)

Peemöller, Praxishandbuch der Unternehmensbewertung, 3. Aufl. 2005 (zit.: Peemöller/*Bearbeiter*)

Pöhlmann/Fandrich/Bloehs, Genossenschaftsgesetz: GenG, 4. Aufl. 2012 (zit.: Pöhlmann/Fandrich/Bloehs/*Bearbeiter*)

PricewaterhouseCoopers AG, Reform des Umwandlungssteuerrechts – Auswirkungen des SEStEG auf Reorganisationen und internationale Entstrickungen, 2007

Prinz, Umwandlungen im Internationalen Steuerrecht, 2013 (zit.: Prinz/*Bearbeiter*)

Prölss, Versicherungsaufsichtsgesetz: VAG, 12. Aufl. 2005 (zit.: Prölss/*Bearbeiter*)

Reichert, Handbuch Vereins- und Verbandsrecht, 12. Aufl. 2009

Richardi, Betriebsverfassungsgesetz: BetrVG mit Wahlordnung, 14. Aufl. 2014 (zit.: Richardi/*Bearbeiter*)

Rödder/Herlinghaus/van Lishaut, Umwandlungssteuergesetz, Kommentar, 2. Aufl. 2013 (zit.: Rödder/Herlinghaus/van Lishaut/*Bearbeiter*)

Roth/Altmeppen, Gesetz betreffend die Gesellschaften mit beschränkter Haftung: GmbHG, Kommentar, 7. Aufl. 2012 (zit.: Roth/Altmeppen/*Bearbeiter*)

Rowedder/Schmidt-Leithoff, Gesetz betreffend die Gesellschaften mit beschränkter Haftung: GmbHG, 5. Aufl. 2013 (zit.: Rowedder/Schmidt-Leithoff/*Bearbeiter*)

Saenger, Zivilprozessordnung: ZPO, 5. Aufl. 2013 (zit.: *Saenger*/Bearbeiter)

Saenger/Aderhold/Lenkaitis/Speckmann, Handels- und Gesellschaftsrecht, Praxishandbuch, 2. Aufl. 2011 (zit.: Saenger/Aderhold/Lenkaitis/Speckmann/*Bearbeiter*)

Sagasser/Bula/Brünger, Umwandlungen – Verschmelzung – Spaltung – Formwechsel – Vermögensübertragung, 4. Aufl. 2011 (zit.: Sagasser/Bula/Brünger/*Bearbeiter*)

Sauter/Schweyer/Waldner, Der eingetragene Verein, 19. Aufl. 2010

Schaub, Arbeitsrechts-Handbuch, 14. Aufl. 2011 (zit.: Schaub-ArbR/*Bearbeiter*)

Schauhoff, Handbuch der Gemeinnützigkeit, 3. Aufl. 2010 (zit.: Schauhoff/*Bearbeiter*)

Schmidt, Einkommensteuergesetz: EStG, 33. Aufl. 2014 (zit.: Schmidt/*Bearbeiter*, § … EStG)

Schmidt, Handelsrecht, 6. Aufl. 2014

Schmidt, Gesellschaftsrecht, 4. Aufl. 2002

Schmidt/Lutter, Aktiengesetz: AktG, 2. Aufl. 2010 (zit.: Schmidt/Lutter/*Bearbeiter*)

Schmitt/Hörtnagl/Stratz, Umwandlungsgesetz, Umwandlungssteuergesetz: UmwG, UmwStG, 6. Aufl. 2013 (zit.: Schmitt/Hörtnagl/Stratz/*Bearbeiter*)

Schmitt/Schloßmacher, Umwandlungssteuererlass UmwStE 2011 – Kommentierung, Praktische Hinweise, 2012 (zit.: *Schmitt/Schloßmacher*, UmwStE 2011)

Schneider/Ruoff/Sistermann, Umwandlungssteuer-Erlass 2011, Kurzkommentierung mit Beraterhinweisen, 2012 (zit.: Schneider/Ruoff/Sistermann/*Bearbeiter*)

Schönke/Schröder, Strafgesetzbuch: StGB, 29. Aufl. 2014 (zit.: Schönke/Schröder/*Bearbeiter*)

Scholz, GmbHG – Kommentar zum GmbH-Gesetz, 10. Aufl. 2010 (zit: Scholz/*Bearbeiter*)

Schulte, ARUG, Kommentar zu den novellierten Vorschriften des Aktiengesetzes unter Berücksichtigung der Praxis des Handelsregisterverfahrens, 2009 (zit.: *Schulte*, ARUG)

Schulte, Typische Fehlerquellen bei der GmbH-Beurkundung, 2013 (zit.: *Schulte*, Fehlerquellen)

Schulze u.a., Bürgerliches Gesetzbuch: BGB, 8. Aufl. 2014 (zit.: Hk-BGB/*Bearbeiter*)

Schwarz, Verordnung (EG) Nr. 2157/2001 des Rates über das Statut der Europäischen Gesellschaft (SE): SE-VO, 2006 (zit.: *Schwarz*, SE-VO)

Schwedhelm, Die Unternehmensumwandlung – Verschmelzung, Spaltung, Formwechsel, Einbringung, 7. Aufl. 2012 (zit.: *Schwedhelm*, Unternehmensumwandlung)

Semler/Stengel, Umwandlungsgesetz: UmwG mit Spruchverfahrensgesetz, 3. Aufl. 2012 (zit.: Semler/Stengel/*Bearbeiter*)

Simon, Spruchverfahrensgesetz: SpruchG – Gesetz über das gesellschaftsrechtliche Spruchverfahren, 2007 (zit.: Simon/*Bearbeiter*)

Spahlinger/Wegen, Internationales Gesellschaftsrecht in der Praxis, 2005

Spindler/Stilz, Kommentar zum Aktiengesetz, 2. Aufl. 2010 (zit.: Spindler/Stilz/*Bearbeiter*)

Staudinger, Bürgerliches Gesetzbuch, 15. Aufl. 2011 ff (zit.: Staudinger/*Bearbeiter*)

Ulmer/Habersack/Henssler, Mitbestimmungsrecht: MitbestR, 3. Aufl. 2013 (zit.: Ulmer/Habersack/Henssler/*Bearbeiter*)

Unternehmensbesteuerung: Festschrift für Norbert Herzig zum 65. Geburtstag, 2010 (zit.: *Bearbeiter* in: FS Herzig)

Van Hulle/Maul/Drinhausen, Handbuch zur Europäischen Gesellschaft (SE), 2007 (zit. Van Hulle/Maul/Drinhausen/*Bearbeiter*)

Veil, Umwandlung einer Aktiengesellschaft in eine Gesellschaft mit beschränkter Haftung, 1996

Weber/Kersjes, Hauptversammlungsbeschlüsse vor Gericht, 2010 (zit.: *Weber/Kersjes*, Hauptversammlungsbeschlüsse)

Wicke, Einführung in das Recht der Hauptversammlung, das Recht der Sacheinlagen und das Freigabeverfahren nach dem ARUG, 2009 (zit.: *Wicke*, Hauptversammlung)

Widmann/Mayer, Umwandlungsrecht, Kommentar – Umwandlungsgesetz, Umwandlungssteuergesetz, Loseblatt (zit.: Widmann/Mayer/*Bearbeiter*)

Wiedemann, Tarifvertragsgesetz: TVG, 7. Aufl. 2007 (zit.: Wiedemann/*Bearbeiter*)

Willemsen/Hohenstatt/Schweibert/Seibt, Umstrukturierung und Übertragung von Unternehmen, 4. Aufl. 2011 (zit.: Willemsen/Hohenstatt/Schweibert/Seibt/*Bearbeiter*)

Windbichler, Gesellschaftsrecht, 23. Aufl. 2013

Wlotzke/Wißmann/Koberski/Kleinsorge, Mitbestimmungsrecht, 4. Aufl. 2011 (zit.: Wlotzke/Wißmann/Koberski/Kleinsorge/*Bearbeiter*)

Wolff/Bachof/Stober/Kluth, Verwaltungsrecht, 7. Aufl. 2010 (zit.: Wolff/Bachof/Stober/Kluth/*Bearbeiter*)

Umwandlungsgesetz (UmwG)

Vom 28. Oktober 1994 (BGBl. I S. 3210, ber. 1995 S. 428)
(FNA 4120-9-2)
zuletzt geändert durch Art. 2 Abs. 48 G zur Änd. von Vorschriften über Verkündung und Bekanntmachungen sowie der ZPO, des EGZPO und der AO vom 22. Dezember 2011 (BGBl. I S. 3044)

Erstes Buch Möglichkeiten von Umwandlungen

Einleitung

I. Umwandlung als wirtschaftlich motivierte Umstrukturierung

1 Das Umwandlungsrecht ist eng verwoben mit der wirtschaftlichen Betätigung von Unternehmen. So wie die Wahl der Rechtsform bei der Gründung eines Unternehmensträgers frei ist, können sich im Laufe der Entwicklung des Unternehmens Umstände ergeben, die eine Veränderung innerhalb der Unternehmensstruktur oder gar eine Rechtsformänderung notwendig machen, um den **wirtschaftlichen Rahmenbedingungen** optimal Rechnung tragen zu können. Ausschlaggebende Umstände werden regelmäßig betriebswirtschaftlicher, organisatorischer oder steuerrechtlicher Art sein. In der Praxis stellt sich die Frage einer möglichen Umstrukturierung in zahlreichen Fällen.[1] So etwa für eine Spartentrennung, dh Isolation einzelner Geschäftsbereiche, der Veräußerung von Unternehmensteilen bzw – in umgekehrter Perspektive – der Konzerneingliederung nach Erwerb. Auch kann eine Veränderung der Konzernstruktur zur Zentralisierung oder Dezentralisierung oder zum Financial Restructuring in Betracht kommen; ebenso eine Transformation einer AG in eine GmbH oder eine Personengesellschaft zur Vermeidung aktienrechtlicher Publikationspflichten. Die für eine langfristige und erfolgreiche Tätigkeit am Markt erforderliche strategische Flexibilität eines Unternehmens kann nur verwirklicht werden, wenn sie durch die strukturelle Flexibilität der Rechtsform begleitet ist.[2] Denn eine Anpassung der betriebswirtschaftlichen Organisationsstruktur eines Unternehmens ist stets mit der rechtlichen Neuausrichtung des Rechtsträgers verbunden, der das Unternehmen trägt.[3] Diese Flexibilität wird durch das UmwG umfassend sichergestellt. Es schafft die Voraussetzungen, wirtschaftliche Chancen effektiv nutzen und wirtschaftliche Risiken vermeiden zu können und gewährleistet damit die langfristige Überlebensfähigkeit des Unternehmens. Daneben bestehen nur die Möglichkeiten aufwändiger Geschäftsführungsmaßnahmen nach dem AktG oder aber die Liquidation der Gesellschaft mit anschließender Neugründung.

1 Ausf. Überblicke und weitere mögliche Szenarien bei Semler/Stengel/*Semler/Stengel*, Einl. A Rn 4; Lutter/*Lutter*, Einl. Rn 2 ff; KölnKomm-UmwG/*Dauner-Lieb*, Einl. A, Rn 10 ff.

2 Limmer/*Limmer*, Unternehmensumwandlung, Teil 1 Rn 133 ff; Lutter/*Lutter*, Einl. I Rn 2 ff mit Beispielen aus der Praxis.

3 Limmer/*Limmer*, Unternehmensumwandlung, Teil 1 Rn 109.

2 Für die in der Praxis möglichen Konstellationen bietet das UmwG eine ausreichende Bandbreite: So kann eine Verschmelzung dienlich sein, Unternehmen zu größeren Einheiten zusammenzuführen, um etwaige Synergieeffekte zu nutzen oder eine Konzernstruktur zu bereinigen; ebenso ist eine Verschmelzung als Möglichkeit der Beendigung oder Sanierung des Unternehmens ohne langwierige Liquidation denkbar.[4] Eine Spaltung kommt etwa für die Zerlegung von Unternehmen mit dem Ziel der Veräußerung einzelner Teile oder deren rechtlicher Verselbstständigung unter einer Holding-Struktur in Betracht. Durch die Möglichkeit des Formwechsels ist eine Anpassung an veränderte betriebswirtschaftliche oder steuerliche Rahmenbedingungen, wie auch die Vorbereitung eines Börsenganges oder eines Delistings möglich.

3 Der Umwandlungsvorgang nach UmwG ist ein formalisiertes Verfahren, das neben den genannten Vorteilen auch mit erheblicher **Zeitdauer** sowie mit nicht unerheblichen **Kosten** belastet sein kann. Abhängig von der für das Unternehmen geplanten Umstrukturierungsmaßnahme muss geprüft werden, ob das gewünschte Ziel nicht effektiver und kostengünstiger durch den Maßnahmenkatalog des allgemeinen Gesellschaftsrechts außerhalb des UmwG erreicht werden kann.[5]

II. Entstehungsgeschichte des UmwG

4 Ausgangspunkt für das heutige Umwandlungsrecht ist das zum 1.1.1995 in Kraft getretene UmwG.[6] Darin erfolgte erstmalig eine Zusammenfassung der für Unternehmen zur Verfügung stehenden Umwandlungsarten in einem Gesetz.[7] Dieses Vorhaben beruhte einerseits auf der alleinigen Entscheidung des deutschen Gesetzgebers, die vorhandenen umwandlungsrechtlichen Regelungen zusammenzuführen, andererseits inkorporierte der Gesetzgeber die bis dato implementierten **unionsrechtlichen Vorgaben** zur Vereinheitlichung des Umwandlungsrechts der Mitgliedstaaten.[8]

5 Bis zu diesem Zeitpunkt folgte der Gesetzgeber einer anderen Regelungstechnik. Zunächst waren die unterschiedlichen Möglichkeiten der rechtlichen Umstrukturierung und Umorganisation von Unternehmen an den betroffenen Rechtsträger geknüpft und im jeweiligen Einzelgesetz geregelt. Die umwandlungsrechtlich relevanten Vorschriften verteilten sich so auf das UmwG, AktG, GmbHG, GenG, KapErhG und VAG.[9] Insgesamt war das Umwandlungsrecht unübersichtlich und einzelfallbezogen kodifiziert und darüber hinaus wesentlich beeinflusst von der rechtssystematischen Unterscheidung zwischen Personengesellschaften und Kapitalgesellschaften.[10] Zum anderen waren auch die einzelnen Umwandlungsvarianten unterschiedlich geregelt. Von der unterschiedlichen Struktur der Personengesellschaften als Gesamthandsgemeinschaften und der Kapitalgesellschaften als juristischen Personen war die Frage abhängig, ob ein identitätswahrender Rechtsformwechsel möglich war (so von AG zu AG) oder ob eine Übertragung des gesamten Vermögens notwendig war (sog. Übertragende Umwandlung).[11] Als Unterfall der übertragenden Umwandlung waren die verschmelzende Umwandlung (etwa von AG zur OHG) und die errichtende Umwandlung (etwa von PersHandelsGes zur GmbH) vorgesehen. Mit der Bewältigung dieser systematischen Besonderheiten zwischen Kapital- und Personengesellschaften beschäftigte sich das UmwG in den Fassungen von 1934, 1957 und 1969. Es bildete somit in den Fassungen vor 1995 nur einen Teilbereich des Umwandlungsrechts ab.[12]

4 Weitere betriebswirtschaftliche und rechtliche Szenarien bei Semler/Stengel/*Semler/Stengel*, Einl. A Rn 4 f.
5 Dazu unter § 1 Rn 37 ff; vgl auch Lutter/*Lutter*, Einl. I Rn 62.
6 Gesetz zur Bereinigung des Umwandlungsrechts (UmwBerG) vom 28.10.1994, BGBl. I S. 3210.
7 Zum Gesetzgebungsverfahren s. Lutter/*Lutter*, Einl. I Rn 5, 8 ff; Semler/Stengel/*Semler/Stengel*, Einl. A Rn 19 ff; zur Entwicklung des Umwandlungsrechts ausf. Bayer/Habersack/*Veil*, Aktienrecht Band II, § 24; Schmitt/Hörtnagel/Stratz/*Stratz*, Einf. Rn 7 ff.
8 Sagasser/Bula/Brünger/*Sagasser*, § 1 Rn 2.
9 Die Gesetze konzentrierten sich dabei auf Regelungen zur Verschmelzung des jeweiligen Rechtsträgers, vgl Semler/Stengel/*Semler/Stengel*, Einl. A Rn 13 ff.
10 Lutter/*Lutter*, Einl. I Rn 5.
11 Lutter/*Lutter*, Einl. I Rn 6.
12 KölnKomm-UmwG/*Dauner-Lieb*, Einl. A Rn 7; krit. zu dieser Entwicklung *K. Schmidt*, FS Heinsius, 715.

6 Mit der Zusammenfassung im UmwG 1995 schuf der Gesetzgeber ein modernes Umwandlungsrecht und zog die bisherigen Einzelregelungen auf eine abstraktere Ebene.[13] Die Umwandlungsmöglichkeiten wurden dabei deutlich erweitert, indem bestehende Lücken geschlossen wurden und nun im Grundsatz allen in Deutschland gängigen Gesellschaftsformen die Umwandlung – wenn auch teilweise nur eingeschränkt – eröffnet ist. Dies entsprach dem Bedürfnis der Praxis nach einem funktionsfähigen Regime für Unternehmensumstrukturierungen, die bisher teilweise über komplizierte und steuerrechtlich nachteilige Einzelrechtsübertragungen vollzogen werden mussten.[14] Der unionsrechtliche Einfluss beschränkte sich bis dato auf wenige Umwandlungsfälle.[15] Bereits in der **Kapitalrichtlinie**[16] war die Angleichung des Verschmelzungsrechts der Mitgliedstaaten eingeleitet, indem bei der Umwandlung einer anderen Gesellschaft in eine AG grundlegende Kapitalschutzgarantien, insb. die Gründungsvorschriften des Aktienrechts, einzuhalten waren. Die **Arbeitnehmerschutzrichtlinie**[17] legte ein bestimmtes Schutzniveau für die Arbeitnehmer im Falle eines Betriebsüberganges fest. Mit der darauf folgenden **Verschmelzungsrichtlinie**[18] wurden Vorgaben zur Verschmelzung von Aktiengesellschaften etabliert und mit der **Spaltungsrichtlinie**[19] eine Regelung der Aufspaltung einer AG zur Neugründung oder zur Aufnahme geschaffen. Innerhalb des Gesetzgebungsverfahrens zum UmwG mussten jedoch gleich mehrere Hürden überwunden werden. Die deutsche Wiedervereinigung sorgte einerseits zwar für eine Verzögerung, erlaubte aber auch, auf bereits gewonnene Erkenntnisse im Rahmen des Gesetzgebungsverfahrens zurückzugreifen. So wurde etwa die Spaltung, deren Einführung die Spaltungsrichtlinie den Mitgliedstaaten offenließ,[20] erstmals im deutschen Recht zur Reorganisation der ehemaligen landwirtschaftlichen Produktionsgemeinschaften (LwAnpG)[21] sowie des volkseigenen Vermögens[22] und schließlich der von der Treuhandanstalt verwalteten Unternehmen (SpTruG)[23] angewendet.[24] Auch die Gestaltung einer tragfähigen Regelung arbeits- und mitbestimmungsrechtlicher Belange war höchst umstritten.[25]

7 Nach 1995 erfuhr das UmwG wesentliche Änderungen durch das Gesetz zur Änderung des UmwG, des PartGG und anderer Gesetze vom 27.7.1998,[26] wodurch die Partnerschaftsgesellschaften als umwandlungsfähige Rechtsträger integriert wurden.[27] Das Spruchverfahrensneuordnungsgesetz vom 12.6.2003[28] führte die zersplitterten Vorschriften zum Spruchverfahren in ein einheitliches Spruchverfahrensgesetz zusammen. Das Dritte Gesetz zur Änderung des UmwG brachte weitere Vereinfachungen bei (Konzern-)Verschmelzungen und Spaltungen.[29]

8 Den Bedürfnissen der Rechtspraxis folgend, wird durch die Europäische Union sowie den EuGH die **Möglichkeit grenzüberschreitender Umwandlungen** ermöglicht und ausgebaut.[30]

13 Maulbetsch/Klumpp/Rose/*Maulbetsch*, Einl. Rn 1 ist gar der Auffassung, die Bedeutung könne nicht hoch genug eingeschätzt werden; ebenso Widmann/Mayer/*Schwarz*, Einf. UmwG, Rn 1.
14 Bayer/Habersack/*Veil*, Aktienrecht im Wandel Band II, § 24, Rn 4; Semler/Stengel/*Semler/Stengel*, Einl. A Rn 21.
15 Im Überblick KölnKomm-UmwG/*Dauner-Lieb*, Einl. A Rn 26 ff; Lutter/*Lutter*, Einl. I Rn 22 f.
16 Zweite gesellschaftsrechtliche Richtlinie vom 13.12.1976, ABl. EG L 26 vom 31.1.1977.
17 Richtlinie 77/187/EWG vom 14.2.1977.
18 Dritte gesellschaftsrechtliche Richtlinie vom 9.10.1978, AB. EGL 295 vom 20.10.1987.
19 Sechste gesellschaftsrechtliche Richtlinie vom 10.12.1982, ABl. EG L 278 vom 31.12.1982.
20 Sechste gesellschaftsrechtliche Richtlinie vom 10.12.1982, ABl. EG L 278 vom 31.12.1982.
21 Gesetz über die strukturelle Anpassung der Landwirtschaft an die soziale und ökologische Marktwirtschaft in der Deutschen Demokratischen Republik vom 29.6.1990, GBl DDR I S. 642.
22 Gesetz zur Privatisierung und Reorganisation des volkseigenen Vermögens (Treuhandgesetz) vom 17.6.1990, GBl DDR I S. 300.
23 Gesetz über die Spaltung der von der Treuhand verwalteten Unternehmen vom 5.4.1991, BGBl. I S. 854.
24 Schmitt/Hörtnagel/Stratz/*Stratz*, Einf. Rn 4; *Lutter*, Einl. I Rn 10.
25 S. ausf. zum Gesetzgebungsverfahren Lutter/*Lutter*, Einl. I Rn 8 ff; Schmitt/Hörtnagel/Stratz/*Stratz*, Einf. Rn 22 ff; Semler/Stengel/*Semler/Stengel*, Einl. A Rn 36 ff.
26 BGBl. I S. 1878.
27 Ausf. zum Gesetzgebungsverfahren Limmer/*Neye*, Unternehmensumwandlung, Teil 1 Rn 18 ff; Maulbetsch/Klumpp/Rose/*Maulbetsch*, Einl. Rn 32 ff.
28 BGBl. I S. 838.
29 BGBl. I 2011 S. 1338; Sagasser/Bula/Brünger/*Sagasser*, § 1 Rn 4; das Gesetz setzt gleichzeitig die Richtlinie 2009/109/EG vom 16.9.2009, ABl. EU L 259, S. 14 um.
30 Grundlegend die Entscheidung des EuGH vom 13.12.2005 – Rs. C-411/03 – Sevic Systems, Slg 2005, I-10805; weitergehend s. § 1 Rn –. S. dazu ausf. *Lutter*, ZGR 1990, 392, 413.

Das Zweite Gesetz zur Änderung des UmwG vom 19.4.2007[31] implementierte die Verschmelzungsrichtlinie[32] in das Umwandlungsrecht, mit der erstmals die grenzüberschreitende Verschmelzung von Kapitalgesellschaften geregelt wurde (§§ 122 a ff). Davon sind die grenzüberschreitende Spaltung, Vermögensübertragung sowie der Formwechsel nicht erfasst.[33] Gleichzeitig wurden die Verschmelzung und die Spaltung insoweit vereinfacht, als dass die Gesellschaft auf die Anteilsgewährung verzichten kann, sofern alle Anteilsinhaber des übertragenden Rechtsträgers darauf verzichten. Angesichts der unionsrechtlichen Entwicklung muss klar sein, dass das derzeitige UmwG nur eine Momentaufnahme sein kann. Es muss sich zunehmend mit europarechtlichen Vorgaben zur Vereinheitlichung des Umwandlungsrechts auseinandersetzen und diesen auch genügen. Besonders die aktionärs- und gläubigerschützenden Vorschriften des deutschen Rechts stehen dabei vor harten Bewährungsproben.[34]

9 Weitere Anpassungen und redaktionelle Änderungen erfolgten seit 1995 durch das Euroeinführungsgesetz (BGBl. I 1998 S. 559), das Stückaktiengesetz (BGBl. I 1998 S. 590), das HRefG (BGBl. I 1998 S. 1474), das NaStraG (BGBl. I 2001 S. 123), das SMG (BGBl. I 2001 S. 42), das BetrVerfRefG (BGBl. I 2001 S. 1852), das EHUG (BGBl. I 2006 S. 2553), das SCEEG (BGBL I 2006 S. 1911), das FGG-RG (BGBL I 2008 S. 2586), das MoMiG (BGBl. I 2008 S. 2026), das BilMoG (BGBl. I 2009 S. 1102), das ARUG (BGBl. I 2009 S. 2479) sowie das Verk/BekaÄndG (BGBl. I 2011 S. 3044).[35]

III. Ziel und Schutzzweck des UmwG

10 In der Zusammenführung der umwandlungsrechtlich relevanten Normen im UmwG unternahm der Gesetzgeber die **Bereinigung** überflüssiger Vorschriften[36] sowie sachlich nicht gerechtfertigter Unterschiede.[37] Als Folge der Zusammenführung der Umwandlungsnormen aus den Einzelgesetzen sollten zudem bestehende Lücken aufgedeckt und geschlossen werden.[38] Dies geschieht im UmwG zweistufig: Zum einen wurden bestimmte Umwandlungsarten bisher ausgeschlossenen Rechtsträgern zugänglich gemacht und zum anderen wurden neue Umwandlungsarten zur Vervollständigung hinzugefügt. Als erweiterte Umwandlungsformen sind die Verschmelzung von Personenhandelsgesellschaften (§§ 39 ff) sowie die identitätswahrende Umwandlung zwischen Kapital- und Personengesellschaften entstanden. Auch die Spaltung wurde vollumfänglich in den Formen der Aufspaltung, Abspaltung und Ausgliederung berücksichtigt.[39] Innerhalb dieser umfassend gestalteten Neukonzeption wurde ferner der **Schutz einzelner Interessengruppen** besonders betont, die am Umwandlungsvorgang selbst nur unwesentlich beteiligt und damit vergleichsweise einflussarm sind. Als solche schutzwürdigen Interessen wurden diejenigen der Anleger (insb. Minderheitsgesellschafter), Gesellschaftsgläubiger und Arbeitnehmer identifiziert und konsequent durch gesonderte Schutzmechanismen gesichert.[40]

31 BGBl. I S. 542; ein zusammenfassender Überblick über die wesentlichen gesellschaftlichen Regelungen findet sich bei Limmer/*Neye*. Unternehmensumwandlung, Teil 1 Rn 36 ff.

32 Zehnte gesellschaftsrechtliche Richtlinie 2005/56/EG vom 26.10.2005, ABl. EU L 310, 1 ff.

33 Zur flankierenden Rechtsprechung des EuGH s. § 1 Abs. 2 unter Rn 18 ff, 22 ff.

34 Vgl die Darstellung bei Bayer/Habersack/*Veil*, Aktienrecht, Bd. II § 24 Rn 78 f.

35 Ausf. Bayer/Habersack/*Veil*, Aktienrecht, Band II, § 24; Limmer/*Neye*, Unternehmensumwandlung, Teil 1 Rn 22 ff; Semler/Stengel/*Semler/Stengel*, Einl. A Rn 29 ff.

36 Wie etwa die Abschaffung der Regelung betreffend Kolonialgesellschaften und bergrechtlicher Gewerkschaften, vgl Semler/Stengel/*Semler/Stengel*, Einl. A Rn 19 ff.

37 So gab es für die Änderung der Rechtsform bis dato drei verschiedene Regelungstypen: identitätswahrenden Formwechsel der AG (§§ 362 ff AktG aF), die verschmelzende Umwandlung (zB für AG in OHG, §§ 3 ff UmwG aF) und die errichtende Umwandlung (zB für PersGes in GmbH, §§ 46 ff UmwG aF) als Unterformen der übertragenden Umwandlung, vgl Maulbetsch/Klumpp/Rose/*Maulbetsch*, Einl. Rn 5 ff.

38 Lutter/*Lutter*, Einl. I Rn 7; Semler/Stengel/*Semler/Stengel*, Einl. A Rn 21.

39 Zuvor erfolgten diese Gestaltungsschritte über komplizierte Konstruktionen, s. etwa die Spaltungsfälle der Varta AG und der Löwenbräu AG; vgl zu näheren Beispielen Lutter/*Lutter*, Einl. I Rn 2 ff.

40 Vgl dazu die GesBegr., abgedruckt bei *Ganske*, Umwandlungsrecht S. 13 ff; KölnKomm-UmwG/*Dauner-Lieb*, Einl. A Rn 1 ff.

1. Anlegerschutz. Die Anleger (insb. die Minderheitsgesellschafter) müssen sich der Gefahr ausgesetzt sehen, dass der **Wert ihrer Beteiligung** infolge einer Umstrukturierungsmaßnahme sinkt oder sie diese gar verlieren. So geht etwa infolge einer Verschmelzung oder Spaltung ihre Mitgliedschaft in der bisherigen Gestalt unter und im Falle einer Vermögensübertragung kann sie deutlich im Wert sinken, wenn das Unternehmen wertvolle Vermögensteile abgibt. Selbst wenn der Verlust durch Gewährung neuer Anteile in entsprechendem Umfang am übernehmenden Rechtsträger kompensiert wird (Grundsatz der Mitgliedschaftsperpetuierung, dazu unter § 1 Rn 10), können Minderheitsgesellschafter daran oftmals kein Interesse haben. Der insoweit notwendige Anlegerschutz ist unabhängig von der konkreten Umwandlungsmaßnahme einheitlich im UmwG geregelt. Bereits im Vorfeld der von den Anteilsinhabern zu fassenden Beschlüsse haben die Anteilsinhaber konsequenterweise weitgehende und sanktionsbewehrte **Informationsrechte** gegenüber dem Rechtsträger. Grundsätzlich muss eine **Zustimmung** zur Umwandlung mit einer Mehrheit von mindestens drei Vierteln erfolgen. Bei Personengesellschaften ist aufgrund der personalistischen Struktur grds. Einstimmigkeit erforderlich, vgl § 43 Abs. 1. Darüber hinaus ist regelmäßig auch eine gesonderte **Prüfung des Verschmelzungsvorgangs** durch Wirtschaftsprüfer vorgesehen, die nur mit Zustimmung aller Anteilsinhaber entbehrlich ist. In bestimmten Fällen bestehen ferner Zustimmungsrechte einzelner Aktionäre sowie – im Falle unterschiedlicher Aktiengattungen – die Notwendigkeit von Sonderbeschlüssen nach den einzelnen Gattungen, vgl § 13 Abs. 2. Als wohl deutlichstes Instrument des Anlegerschutzes wird die Möglichkeit **finanzieller Kompensation** vorgesehen. Der Anteilsinhaber wird dadurch vor einer wertmäßigen Einbuße seiner Beteiligung geschützt. Sollte es zu Vermögensschäden infolge eines unangemessenen Umtauschverhältnisses kommen, so bleibt die Umwandlung zwar wirksam (vgl etwa §§ 20 Abs. 2, 131 Abs. 2), eröffnet jedoch eine Entschädigungszahlung. Diese Möglichkeiten reichen von einem Ausgleich in bar (vgl §§ 16, 197), bis hin zur Ermöglichung des Ausstieges aus der Gesellschaft gegen eine angemessene Abfindung (§ 29). Die Angemessenheit der finanziellen Kompensation ist durch einen Wirtschaftsprüfer zu prüfen und ist im Streitfalle auf Antrag vom Gericht nach den Vorschriften des Spruchverfahrensgesetzes zu bestimmen (vgl §§ 30, 34). Für darüber hinausgehende Fälle bleibt den Aktionären die Möglichkeit, gegen die Beschlüsse in einem Anfechtungsprozess vorzugehen. 11

2. Gläubigerschutz. Gläubiger einer Gesellschaft können infolge einer Umwandlungsmaßnahme völlig veränderten Bedingungen auf Seiten ihres Schuldners gegenüber stehen. Wenn etwa eine Personengesellschaft zu einer beschränkt haftenden Kapitalgesellschaft umgewandelt wird, ändern sich aus der Perspektive der Gläubiger durch die Übertragung der Gesellschaftsverbindlichkeiten oder durch einen Formwechsel das für sie relevante Haftungsvolumen, der Haftungsschuldner und die Haftungsgrundlage. Zur Sicherung ihres Erfüllungsinteresses können sie **Sicherheitsleistungen** für ihre Forderungen verlangen (§§ 22, 125 Abs. 1 S. 1, 204). Im Falle der Spaltung gewährt das Gesetz eine fünfjährige gesamtschuldnerische Nachhaftung aller an der Spaltung beteiligten Rechtsträger für die am Spaltungsstichtag vorhandenen Verbindlichkeiten, § 133. Diese Frist ist für Versorgungsverpflichtungen nach dem Betriebsrentengesetz im § 113 Abs. 3 S. 2 auf 10 Jahre ausgedehnt. § 134 erweitert diese Haftung für bestimmte Fälle auch zugunsten der Arbeitnehmer. Zusätzlich finden für die Fälle des Formwechsels in eine Kapitalgesellschaft die Bestimmungen der **Gründerhaftung** Anwendung. Schließlich sind die Vertretungsorgane und – sofern vorhanden – die Mitglieder des Aufsichtsrats den Gläubigern bei schuldhafter Pflichtverletzung als Gesamtschuldner **schadensersatzpflichtig** (§§ 25, 125, 205). 12

3. Arbeitnehmerschutz. Zudem wurde im Gesetzgebungsverfahren der Schutz der Arbeitnehmer berücksichtigt, indem jeder Verschmelzungsvertrag Angaben über die Folgen der Verschmelzung für Arbeitnehmer und ihre Vertretungen enthalten muss (vgl §§ 5 Abs. 1 Nr. 9, 126 Abs. 1 Nr. 11, 194 Abs. 1 Nr. 7). Der Verschmelzungsvertrag bzw dessen Entwurf ist ferner dem Betriebsrat spätestens einen Monat vor dem Beschluss der Anteilseigner zuzuleiten (§ 5 Abs. 3). Die §§ 323 ff sehen in Fällen der Verschmelzung, Spaltung und Vermögensübertragung 13 die Anwendung des § 613 a Abs. 1, 4 bis 6 BGB vor, so dass der **Übergang der Arbeitsverhältnisse** garantiert ist. § 323 garantiert dem Arbeitnehmer, der vor einer Spaltung oder Teilübertragung in einem Arbeitsverhältnis steht, den Erhalt seiner kündigungsrechtlichen Stellung für zwei Jahre ab der Wirksamkeit der Umstrukturierungsmaßnahme. Entfallen infolge einer Abspaltung oder Ausgliederung beim übertragenden Rechtsträger die Voraussetzungen der gesetzlichen Mitbestimmung, so sieht § 325 die **Mitbestimmungsbeibehaltung** beim übertragenden Rechtsträger für die Dauer von fünf Jahren vor. Dies gilt nur dann nicht, wenn die Zahl der beim übertragenden Rechtsträger verbliebenen Arbeitnehmer weniger als ein Viertel der für die Mitbestimmung notwendigen Mindestanzahl von Arbeitnehmern unterschreitet. Im Rahmen der Verschmelzung sind ferner die Bestimmungen der §§ 613 a BGB, 47, 106, 111 BetrVG und 1 DrittelbG zu beachten.

IV. Gesetzessystematik

14 Die Systematik des UmwG ist mehrschichtig. Innerhalb des Gesetzes wird auf einer ersten Ebene nach der **konkreten Umwandlungsmaßnahme** sowie der an dieser beteiligten Rechtsträger unterschieden. Auf einer weiteren Ebene werden die Umwandlungsarten danach differenziert, ob eine **Vermögensübertragung** stattfindet oder nicht.

15 Das UmwG definiert den Umwandlungsbegriff nicht, regelt jedoch in der Eingangsvorschrift des § 1, der gleichzeitig allein das erste Buch stellt, die möglichen Umwandlungsarten abschließend. Damit wird gleichzeitig ein grundlegendes Prinzip des UmwG – das Analogieverbot – festgelegt (Abs. 2). In Reihenfolge ihrer Nennung im § 1 werden die Umwandlungsmöglichkeiten sodann in den folgenden Büchern zwei bis fünf in Form eines **Baukastenprinzips** angeordnet. Innerhalb der einzelnen Bücher sind allgemeine rechtsformunabhängige Grundsätze vorangestellt, in denen sodann jeweils nach den zu ihr zugelassenen Rechtsträgern differenziert wird. An die allgemeinen Teile der einzelnen Bücher anschließend, folgt jeweils ein besonderer Teil, geordnet nach den Besonderheiten für den jeweiligen Rechtsträger. Grundsätzlich sind alle deutschen Rechtsformen umwandlungsfähig, jedoch stehen nicht jeder Rechtsform alle Umwandlungsmöglichkeiten des UmwG zur Verfügung. Praktisch alle Umwandlungsmöglichkeiten bestehen nur für die Rechtsformen der AG, KGaA, GmbH und die Personenhandelsgesellschaften.[41]

16 Das zweite Buch widmet sich der Verschmelzung und zeigt den Grundfall einer Unternehmensumwandlung. Es ist den weiteren Umwandlungsfällen mit Vermögensübertragung systematisch vorgelagert und ist Ziel zahlreicher Verweisungen.[42] Das dritte Buch behandelt die Spaltung und das vierte Buch die Vermögensübertragung; diese beiden Bücher regeln nur noch die für die Spaltung und die Vermögensübertragung speziellen Besonderheiten. Durch diese weitere tiefere Ebene der **Verweisungstechnik** erlangt das Baukastenprinzip des UmwG eine besondere Bedeutung, die der Komplexität und der Anwendungsbreite des Gesetzes geschuldet ist. In einem Umwandlungsvorgang mit verschiedenen Rechtsträgern gelten die allgemeinen neben den jeweils besonderen Vorschriften (wobei im Kollisionsfall die lex specialis Regel greift).[43]

17 Im anschließenden fünften Buch ist der Formwechsel behandelt. Da dieser, in Abgrenzung zu den anderen Umwandlungsarten, ohne Vermögensübertragung stattfindet, nimmt der Formwechsel eine Sonderstellung im UmwG ein, dessen systematischer Aufbau jedoch weitestgehend demjenigen der vorgehenden Bücher entspricht. Aus dem beschränkten Kreis der möglichen Rechtsträger bei der Vermögensübertragung folgen einige Besonderheiten. Das UmwG bleibt seiner systematischen Struktur auch für diesen Fall treu, es fehlen jedoch Verweise auf die anderen Bücher des UmwG. Die Sonderstellung des Formwechsels ergibt sich aus einer zu-

41 S. die dezidierte Aufführung bei Semler/Stengel/*Semler*, § 1 Rn 25 ff.

42 Etwa bei der Spaltung, §§ 123 ff sowie der Vermögensübertragung, §§ 174 ff.

43 Semler/Stengel/*Semler/Stengel*, Einl. A Rn 44 ff.

sätzlichen Differenzierungsebene des UmwG, nach der das UmwG zwischen Umwandlungen mit oder ohne Vermögensübertragung unterscheidet. Dabei sind Umwandlungen mit Vermögensübertragung die Verschmelzung, die Spaltung sowie die Vermögensübertragung. Umwandlungen ohne Vermögensübertragung sind die vom UmwG ermöglichten Rechtsformwechsel, bei denen der betreffende Rechtsträger unter Änderung der Rechtsform wirtschaftlich identisch weiter besteht.[44] Im Gegensatz zu den Umwandlungsfällen mit Vermögensübertragung, die auf dem Grundsatz der Universalsukzession beruhen, ist im Rahmen des Formwechsels der Grundsatz der Identität bestimmend.[45] Die Vermögensübertragung erfolgt stets durch (teilweise partielle) Gesamtrechtsnachfolge.

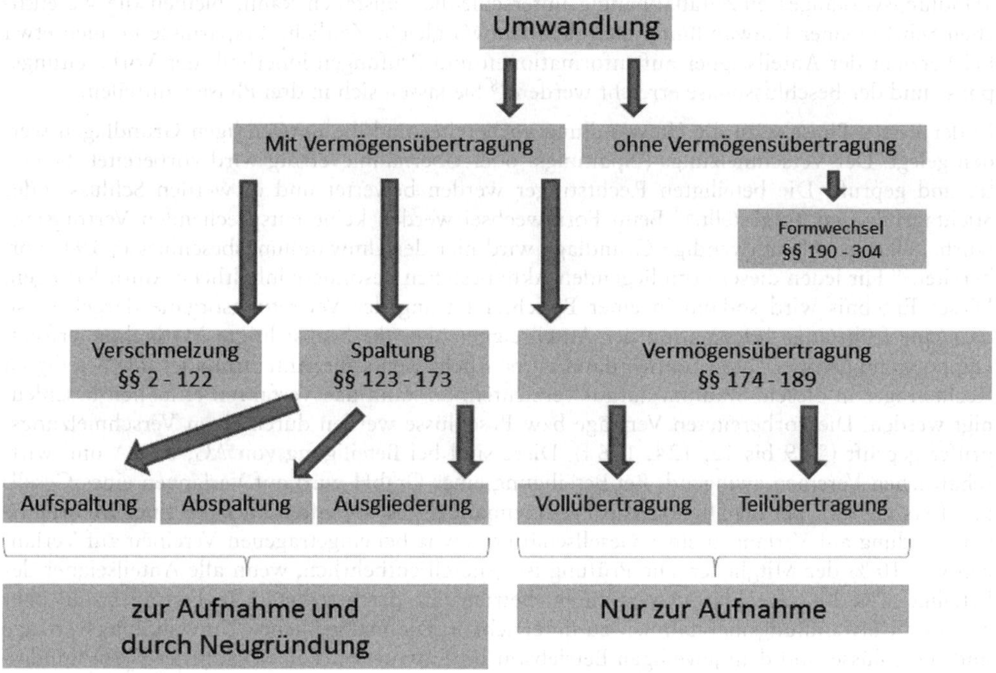

V. Grundsätzlicher Ablauf des Umwandlungsvorganges

Der Ablauf eines Umwandlungsvorganges ist bei der Verschmelzung, der Spaltung, der Vermögensübertragung und dem Formwechsel grundsätzlich gleich ausgestaltet. Neben der Vorwirkung des Umwandlungsvorganges kann der Ablauf des Umwandlungsvorganges systematisch in drei verschiedene Phasen eingeteilt werden. 18

1. Vorwirkung von Umwandlungsvorgängen. Noch vor der Einleitung eines Umwandlungsvorganges muss sich für die Unternehmensleitung die Frage stellen, mit welcher Lage der Gesellschaft die Umwandlung zusammenfällt und ob die Maßnahme auf guten Nährboden trifft. Bereits hier muss zudem entschieden werden, ob eine Maßnahme nach dem UmwG oder eine Umstrukturierungsmaßnahme außerhalb des UmwG durchgeführt werden soll (zu alternativen Gestaltungsmöglichkeiten s. § 1 Rn 26 ff). Bereits in der Vorbereitungsphase einer möglichen Umstrukturierungsmaßnahme sollte sich die Unternehmensleitung Gedanken über eine zukünftige Due-Diligence-Prüfung machen und genau festlegen, wie sich ihre Leitungspflichten 19

44 Lutter/*Lutter*, Einl. I Rn 49; *Semler/Stengel/Semler/Stengel*, Einl. A Rn 48 f.

45 KölnKomm-UmwG/*Dauner-Lieb*, Einl. A Rn 46 ff; § 1 Rn 30.

(vgl § 93 AktG) verändern bzw konkretisieren.[46] Potenzielle Hindernisse, wie etwa eine stark diversifizierte und uneinige Anteilsinhaberstruktur oder zahlreiche drängende Gläubiger, können die Wirksamkeit der Verschmelzung, die erst mit Eintragung in das Handelsregister eintritt, zum Nachteil der Gesellschaft aufhalten oder massiv verzögern. Bereits die Vorbereitungsphase einer Umwandlungsmaßnahme kann daher von entscheidender Bedeutung sein und bedarf sorgfältiger Planung unter Bezugnahme auf die Unternehmensinteressen. Nur so kann der Vorgang so kurz und wirtschaftlich effizient wie möglich für die beteiligten Rechtsträger gehalten werden.[47]

20 **2. Drei Phasen der Umwandlung.** Während der zeitliche und finanzielle Aufwand eines Umwandlungsvorganges einzelfallabhängig unterschiedlich ausfallen kann, bleiben die wesentlichen Schritte einer Umwandlung nach dem UmwG gleich. Zeitliche Ersparnisse können etwa bei Verzicht der Anteilseigner auf Informationen und Prüfungen innerhalb der Vorbereitungsphase und der Beschlussphase erreicht werden.[48] Sie lassen sich in drei Phasen aufteilen.

21 In der **Ersten Phase** wird die Umwandlung vorbereitet und die notwendigen Grundlagen werden gelegt. Der Verschmelzungs-, Spaltungs- oder Übernahmevertrag wird vorbereitet, bewertet und geprüft. Die beteiligten Rechtsträger werden bewertet und es werden Schluss- oder Stichtagsbilanzen aufgestellt.[49] Beim Formwechsel werden keine entsprechenden Vertragsentwürfe gefertigt. Als notwendige Grundlage wird hier der Umwandlungsbeschluss (§ 194) vorbereitet.[50] Für jeden dieser grundlegenden Akte bestehen besondere inhaltliche Anforderungen. Dieses Ergebnis wird sodann in einer Berichterstattung der Vertretungsorgane dargelegt, so dass eine frühzeitige Information der Anteilseigner über die beabsichtigte Maßnahme erfolgt. Die notwendigen Berichte sind nur dann entbehrlich, wenn alle Anteilsinhaber der beteiligten Rechtsträger in diesem Stadium darauf verzichten. So kann das Verfahren erheblich beschleunigt werden. Die vorbereiteten Verträge bzw Beschlüsse werden durch einen Verschmelzungsprüfer geprüft (§§ 9 bis 12, 124, 176 f). Diese sind bei Beteiligung von AG, KGaA und wirtschaftlichen Vereinen zwingend. Bei Beteiligung einer GmbH wird auf Verlangen eines Gesellschafters geprüft, bei Beteiligung von Personenhandelsgesellschaften im Falle einer Mehrheitsentscheidung auf Verlangen eines Gesellschafters sowie bei eingetragenen Vereinen auf Verlangen von 10 % der Mitglieder. Die Prüfung ist generell entbehrlich, wenn alle Anteilseigner der beteiligten Rechtsträger darauf verzichten. Betriebsräte der beteiligten Rechtsträger sind über geplante Umwandlungsmaßnahmen zu unterrichten. Die maßgeblichen Umwandlungsverträge und -beschlüsse sind dem jeweiligen Betriebsrat im Entwurf oder in vollzogener Form mindestens einen Monat vor der Beschlussfassung der Anteilseigner zuzuleiten. Unter Umständen notwendige Kapitalerhöhungen werden nunmehr durchgeführt. Zudem ist zu prüfen, ob der Verschmelzungsvorgang kartellrechtlich anmeldepflichtig ist; ist dies der Fall, sollte zeitnah die Anmeldung eingereicht werden, um die kartellrechtlichen Fristen der §§ 35 ff GWB bzw der FKVO in Gang zu setzen. Zudem sind die Versammlungen der Anteilseigner ordnungsgemäß einzuberufen.

22 Die **Zweite Phase** kann als Beschlussphase beschrieben werden. Sie umfasst die Zustimmungsbeschlüsse der Anteilseigner der beteiligten Rechtsträger. Die Beschlüsse sind jeweils notariell zu beurkunden. Die Beschlüsse bedürfen bei allen Umwandlungsarten für die Rechtsformen der AG sowie der GmbH jeweils einer Drei-Viertel-Mehrheit. Bei Personengesellschaften ist grds. die Zustimmung aller Gesellschafter erforderlich, wobei Mehrheitsentscheidungen über die Gesellschafterverträge ermöglicht werden können.[51] In dieses Stadium fallen auf Seiten

46 Vgl zur Verschmelzung etwa *Austmann/Frost*, ZHR 169 (2005), 431, 450 ff.

47 S. dazu weiter *Austmann/Frost*, ZHR 169 (2005), 431, 456; Lutter/*Lutter/Drygala*, § 2 Rn 30-34.

48 Vgl Lutter/*Lutter*, Einl. I Rn 63; KölnKomm-UmwG/*Dauner-Lieb*, Einl. A, Rn 34 ff.

49 *Ihrig*, GmbHR 1995, 622, 627.

50 KölnKomm-UmwG/*Dauner-Lieb*, Einl. A, Rn 35.

51 Etwa Drei-Viertel-Mehrheit, vgl Maulbetsch/Klumpp/Rose/*Maulbetsch*, Einl. Rn 48.

übernehmender Kapitalgesellschaften auch etwaige Kapitalerhöhungs- oder Kapitalherabsetzungsbeschlüsse. Schließlich ist der Verschmelzungsvertrag notariell zu beurkunden.

Die anschließende **Dritte Phase** umfasst den Vollzug der vorbereiteten und beschlossenen Umwandlungsmaßnahme. Hier erfolgt die Anmeldung und Eintragung der jeweiligen Umwandlung im Handelsregister. Ist der Umwandlungsbeschluss der Gesellschafterversammlung ordnungsgemäß zustande gekommen, so sind die Leitungsorgane der Gesellschaft hieran intern gebunden und müssen diesen zur Ausführung bringen.[52] Wirksamkeit entfaltet die Maßnahme erst mit der erfolgten Eintragung. Die Vollzugswirkungen treten bei Verschmelzung und Spaltung jeweils mit Eintragung im Handelsregister des übernehmenden Rechtsträgers, beim Formwechsel freilich mit Eintragung im Handelsregister des formwechselnden Rechtsträgers ein. Zusätzlich kann sich ein Spruchverfahren bei zu niedrigem Umtauschverhältnis anschließen. 23

VI. Einbettung in das System des Gesellschaftsrechts

Für den Umwandlungsvorgang an sich bildet zwar das UmwG den notwendigen roten Faden, dieses baut jedoch auf die rechtsformspezifischen Vorschriften auf, die für die jeweils beteiligten Rechtsträger gelten. Durch diese dynamische Wechselwirkung zwischen dem UmwG und den rechtsformspezifischen Sonderregeln erreicht der Gesetzgeber die Funktionsfähigkeit des Umwandlungsrechts sowie eine Vermeidung von Wiederholungen.[53] Daneben kommen die beteiligten Unternehmensträger aber auch mit zahlreichen anderen Rechtsvorschriften in Berührung. Dies gilt insb. für arbeitsrechtliche und betriebsverfassungsrechtliche Spezialvorschriften, die zum Teil auch im UmwG selbst geregelt sind. Daneben sind Vorschriften des allgemeinen Gesellschaftsrechts, des Kapitalmarktrechts sowie des bürgerlichen Rechts ergänzend heranzuziehen.[54] Für Verschmelzungen wird regelmäßig der Zusammenschlusstatbestand des § 35 GWB zu beachten sein. 24

1. Registerrecht. Da die Wirksamkeit eines Umwandlungsvorganges erst mit Eintragung in das Handelsregister eintritt (§ 20), müssen die Vorschriften des Registerrechts der §§ 8 ff HGB Beachtung finden. § 8 a Abs. 1 HGB präzisiert den Zeitpunkt der Wirksamkeit der Eintragung dahin, dass die Aufnahme der entsprechenden Eintragung in wiedergabefähiger Form in den Datenspeicher des Registers erforderlich ist (vgl die §§ 20, 131, 202). Weiterhin präzisieren die registerrechtlichen Vorschriften die inhaltliche Form der Registerbekanntmachung (§ 10 HGB). Dies betrifft etwa die Bekanntmachung der Verschmelzung selbst sowie die Einreichung des Verschmelzungsvertrages (§§ 19, 61).[55] 25

2. Verhältnis zum Vertragskonzernrecht, §§ 293 ff, 319 ff AktG. Unternehmensverträge, wie etwa ein **Beherrschungs- und Gewinnabführungsvertrag** nach den §§ 291 ff AktG, können zu demselben wirtschaftlichen Ergebnis wie eine Verschmelzung führen – die organisatorische Eingliederung und Unterwerfung in ein anderes Unternehmen.[56] So könnte die Dauer des (gestreckten) Entstehungstatbestandes der Verschmelzung verkürzt werden. Parallelen bestehen auch dahin gehend, dass der Rücktritt vom Verschmelzungsvertrag der Rechtslage bei Kündigung eines Unternehmensvertrages (§§ 297 ff AktG) entspricht.[57] Entscheidend beim Verhältnis des Vertragskonzernrechts zum Umwandlungsrecht ist dabei die Frage, ob und inwieweit Vorgänge, die wirtschaftlich das gleiche Ergebnis erreichen, auch in den Rechtsfolgen gleich zu behandeln sind.[58] Soweit die gesetzgeberische Intention des Aktionärs- bzw des Minderheitenschutzes nicht umgangen werden soll, müssen Vorgänge, die in ihrer wirtschaftlichen Bedeu- 26

52 Semler/Stengel/*Gehling*, § 13 Rn 61; Lutter/*Lutter*/*Drygala*, § 13 Rn 18.

53 Dies war auch Ziel des Gesetzgebers mit dem UmwG von 1995, s. dazu oben; vgl auch KölnKomm-UmwG/*Dauner-Lieb*, Einl. A, Rn 62 f.

54 Dies gilt etwa für die Definition einzelner Vermögenswerte, vgl Maulbetsch/Klumpp/Rose/*Maulbetsch*, Einl. Rn 50.

55 Dazu auch KölnKomm-UmwG/*Dauner-Lieb*, Einl. A Rn 65.

56 Kallmeyer/*Kallmeyer*, § 1 Rn 8, mit Hinweis auf die gleichlautende Feststellung in der Gesetzesbegründung.

57 *Austmann*/*Frost*, ZHR 169 (2005), 431, 461.

58 Hierzu mit umfassenderem Ansatz ausführlich Lutter/*Lutter*, Einl. I Rn 57.

tung für die (Minderheits-)Aktionäre ergebnisgleich sind, auch hinsichtlich ihrer Rechte gleich behandelt werden. In einem solchen Fall müssen konsequenterweise die **Informations- und Teilhaberechte der Aktionäre** im UmwG und den §§ 297 ff, 320 ff AktG gleichwertig ausgestaltet sein.[59] Einen entscheidenden Anhaltspunkt für die dazu notwendige Differenzierung bietet die durch die *Holzmüller-* und *Gelatine*-Rechtsprechung des BGH entwickelte Abgrenzung zwischen Geschäftsführungsmaßnahmen und zustimmungspflichtigen grundlegenden Strukturentscheidungen.[60]

27 **3. Ausstrahlungswirkung des Umwandlungsgesetzes.** Obgleich – wie soeben gezeigt wurde – Ergebnisse umwandlungsrechtlicher Vorgänge auch durch anderweitige Gestaltungen außerhalb des Umwandlungsrechtes teilweise möglich sind, bedeutet dies für die Praxis nicht, dass auf diese Umstrukturierungen die Regelungen des Umwandlungs- und des Spruchverfahrensgesetzes grundsätzlich analog anzuwenden sind und damit wirtschaftlich vergleichbare Vorgänge grundsätzlich in der Rechtsfolge gleichzustellen sind.[61] Zwar wurde vereinzelt in der Rechtsprechung die analoge Anwendung umwandlungsrechtlicher Verfahrensvorschriften bejaht,[62] jedoch wurde durch die Mehrheit der **Instanzgerichte**[63] und durch den **BGH**[64] eine Gesamtanalogie abgelehnt. Stattdessen soll in den jeweiligen Einzelfällen abgewogen werden, ob die analoge Anwendung einzelner Informationspflichtnormen anzuraten ist. Der herrschenden Meinung ist bereits aus gesetzeshistorischer Sicht zu folgen, da für die analoge Heranziehung der umwandlungsrechtlichen Vorschriften die hierfür notwendige planwidrige Gesetzeslücke fehlt.[65] Der Diskussionsentwurf zum UmwG aus dem Jahr 1988 sah in den §§ 251, 252 UmwG-E eine entsprechende Normierung vor, jedoch hat sich der Gesetzgeber im Rahmen des Gesetzgebungsverfahrens ausdrücklich gegen eine entsprechende Regelung ausgesprochen.[66] Eine Gesamtanalogie ist folglich mit der herrschenden Meinung abzulehnen.

28 **4. Übernahmerechtliche Besonderheiten.** Besondere Bedeutung hat die Frage, ob eine Verschmelzung gleichzeitig als **Kontrollwechsel** iSd Übernahmerechts zu sehen ist. Nach dem Wertpapiererwerbs- und Übernahmegesetz (WpÜG) ist, wer über eine inländische börsennotierte AG oder KGaA die Kontrolle erlangt, verpflichtet, den übrigen Aktionären ein Übernahmeangebot zu machen (§ 35 WpÜG). Die maßgebliche Kontrollschwelle ist erreicht, wenn mindestens 30 % der Stimmrechte erlangt worden sind. Da der Gesetzgeber bewusst auf eine inhaltliche Abstimmung zwischen WpÜG und UmwG verzichtet hat, sind Kollisionsfragen durch Auslegung zu klären.[67] Für die Verschmelzung sollen einige mögliche Szenarien zur Verdeutlichung aufgezeigt werden.

29 Ist der übernehmende Rechtsträger eine börsennotierte AG, so geht mit Wirksamwerden einer Verschmelzung das gesamte Vermögen des übertragenden Rechtsträgers im Wege der Gesamtrechtsnachfolge über. Für die Auslösung des **Pflichtangebotes** (§ 35 WpÜG) ist dabei nicht entscheidend, wie der Kontrollerwerb tatsächlich stattfindet, so dass ein Erwerb im Wege der Gesamtrechtsnachfolge nach UmwG einen **Übernahmetatbestand** auslösen kann. Trotz des weiten Anwendungsbereichs des Pflichtangebotes, kann hier hingegen keine Übernahme nach WpÜG vorliegen, da der übernehmende Rechtsträger das Vermögen des übertragenden Rechtsträgers

59 AA wohl Maulbetsch/Klumpp/Rose/*Maulbetsch*, Einl. Rn 63, der vorschlägt, für jede Rechtsform gesondert zu beurteilen, welche Strukturentscheidung der Zustimmung der Gesellschafter bedarf und welche Voraussetzungen bei Beschlussfassung zu beachten sind.

60 Ausf. dazu Lutter/*Lutter*, Einl. I Rn 60 ff.

61 Lutter/*Lutter*, Einl. Rn 45; KölnKomm-UmwG/*Dauner-Lieb*, § 1 Rn 46 ff; *Leinekugel*, die Ausstrahlungswirkung des UmwG, 2000; abl. *Schnorbus*, Gestaltungsfreiheit im Umwandlungsrecht, 2001.

62 So LG Karlsruhe, DB 1998, 120 („Badenwerk") zur Ausgliederung; hierzu *Bungert*, NZG 1998, 367; *Mutter*, DZWiR 1998, 212.

63 LG Hamburg DB 1997, 516 f („Wünsche"); Anm. *Veil*, EWiR 1997, 1111 f; LG München ZIP 2006, 2036 („Infineon").

64 BGHZ 146, 288 („Altana/Milupa").

65 Hierzu ausf. LG München ZIP, 2006, 2036, 2038; s. auch LG Hamburg DB 1997, 516; BayObLG ZIP 1998, 2002; *Priester*, ZHR 163 (1999), 187, 192 f.

66 KölnKomm-UmwG/*Dauner-Lieb*, § 1 Rn 48; aA *Leinekugel*, die Ausstrahlungswirkung des UmwG, 2000, S. 160 ff.

67 Lutter/*Lutter*, Einl. I Rn 65 ff; Semler/Stengel/*Semler/Stengel* Einl. A Rn 66 ff; *Grabbe/Fett*, NZG 2003, 755, 757; *Fleischer*, NZG 2002, 545.

übernimmt, nicht jedoch dessen Anteile.[68] Der übertragende Rechtsträger erlischt nach Wirksamwerden der Verschmelzung und eine untergegangene Gesellschaft kann nicht „*kontrolliert*" werden.[69] Aus Sicht der Anteilseigner muss dieses Ergebnis dann eine Einschränkung erfahren, wenn die übernehmende Gesellschaft ihrerseits einen „herrschenden" Aktionär hat. In diesem Fall sehen sich die neuen Aktionäre, die als Anteilsinhaber des übertragenden Rechtsträgers mit der Verschmelzung übergehen, einem herrschenden Anteilseigner gegenüber. Aus ihrer Sicht stellt dies einen Übernahmetatbestand dar.[70] Diese Lösung ist konsequent und entspricht der gesetzgeberischen Intention des Anlegerschutzes. Denn § 35 WpÜG behandelt den Kontrollerwerb und nicht den Anteilserwerb, so dass die Anteilsinhaber grds. vor allen Möglichkeiten des Kontrollerwerbs durch eine oder mehrere Person(en) geschützt werden sollen.[71]

Soweit im Rahmen des § 35 WpÜG ohne Belang ist, auf welchem konkreten Weg die Übernahme erfolgt ist und demnach nicht nur die Übernahmeerlangung, sondern auch der **Wechsel der beherrschenden** Stellung den Übernahmetatbestand auslösen kann, ist dies für das Umwandlungsverfahren relevant, wenn der übertragende Rechtsträger Beteiligungen über 30% an anderen börsennotierten Aktiengesellschaften hält. Gehen durch Verschmelzung, Aufspaltung, Abspaltung oder Ausgliederung diese Beteiligungen auf einen anderen Rechtsträger über, so hat ein Kontrollwechsel gemäß § 35 WpÜG stattgefunden. Daraus folgt für den übernehmenden Rechtsträger die Pflicht zur Abgabe eines Übernahmeangebotes gemäß § 35 Abs. 2 WpÜG.[72] Dies kann uU fatale Folgen für die an der Verschmelzung beteiligten Rechtsträger haben: 30

Wird die Gesellschaft X, die an der Y-AG 20 % hält, auf die Z, die an der Y-AG 20% hält, verschmolzen, so trifft die Z die Pflicht zur Angebotsabgabe nach § 35 Abs. 2 WpÜG gegenüber den Aktionären der Y-AG.[73] Eine Einschränkung muss dieser Grundsatz jedoch dann erfahren, wenn sich die **Kontrollverlagerung** innerhalb eines Konzerns bewegt. Handelt es sich um eine konzerninterne Umwandlungsmaßnahme, so verbleibt die Kontrolle bei dem bisher kontrollierenden (Mutter-)Unternehmen. Die Verlagerung der Kontrolle auf eine andere Ebene des Konzerns reicht für die Notwendigkeit eines Übernahmeangebotes nicht aus. Rein formal ist allerdings ein Antrag nach § 37 WpÜG zu stellen.[74] Nach § 37 Abs. 1 WpÜG kann die BaFin jedoch von dieser Pflicht befreien. 31

§ 29 UmwG ist neben § 35 WpÜG selbstständig anwendbar. Für sich genommen, löst ein „**kaltes Delisting**" (sog. „*going-private-merger*") bereits das Pflichtangebot nach § 29 Abs. 1 S. 1 aus. In diesem Fall wird eine börsennotierte AG auf eine nicht-börsennotierte Gesellschaft verschmolzen, was die Verkehrsfähigkeit der Anteile beeinträchtigt.[75] Ist der übernehmende Rechtsträger dagegen seinerseits kontrolliert, muss den Neu-Anteilsinhabern nach § 35 Abs. 2 WpÜG ein Übernahmeangebot gemacht werden. Da beide Regelungen unterschiedlichen Schutzzwecken dienen, gelten diese nebeneinander und die Anteilsinhaber können entscheiden, ob sie den Erwerb ihrer Anteile durch den Rechtsträger nach § 29 oder ein Übernahmeangebot nach § 35 WpÜG abwarten wollen.[76] 32

Sofern ein Aktionär des übertragenden oder übernehmenden Rechtsträgers in Folge einer Verschmelzung oder Spaltung einen Anteil von mindestens 30 % an einer börsennotierten AG erlangt, ist fraglich, ob er ein Pflichtangebot abgeben muss (§ 25 Abs. 2 WpÜG). Im Ergebnis ist 33

68 Semler/Stengel/*Semler/Stengel* Einl. A Rn 72; *Weber-Rey/Schütz*, AG 2001, 325, 328; *Nowotny*, RdW 2000, 330; *Technau*, AG 2002, 260, 263.

69 Semler/Stengel/*Semler/Stengel* Einl. A Rn 72; *Weber-Rey/Schütz*, AG 2001, 325, 328; *Technau*, AG 2002, 260, 263.

70 Zustimmungswürdig Semler/Stengel/*Semler/Stengel* Einl. A Rn 73; krit. *Weber-Rey/Schütz*, AG 2001, 325, 328.

71 Semler/Stengel/*Semler/Stengel* Einl. A Rn 70 mit Hinweis auf Begr. RegE WpÜG, BT-Drucks. 14/7034, S. 39; *Seibt/Heiser*, ZHR 165 (2001), 466, 479.

72 Lutter/*Lutter*, Einl. I Rn 54.

73 S. die Beispiele bei Lutter/*Lutter*, Einl. I Rn 65 ff.

74 MwN Lutter/*Lutter*, Einl. I Rn 70.

75 Dies entspricht der Macrotron-Entscheidung des BGH, NZG 2003, 260 ff; vgl *Grunewald*, ZIP 2004, 542 ff.

76 Lutter/*Lutter*, Einl. I Rn 68; *Grabbe/Fett*, NZG 2003, 755, 757 f.

zu differenzieren. Hat er gegen die Umwandlung gestimmt, so ist ihm nach § 37 WpÜG eine Befreiung zu erteilen. Dabei darf es mit Rücksicht auf sein Eigentumsrecht als Aktionär keine Rolle spielen, ob der Aktionär auf sein Abfindungsrecht im Verschmelzungsverfahren verzichtet hat (vgl dazu § 29 UmwG). Hat der Aktionär hingegen für die Übernahme gestimmt, so ist er konsequenterweise auch zur Abgabe eines Übernahmeangebotes verpflichtet.[77]

34 5. **Arbeitsrechtliche Besonderheiten.** Im Rahmen von Umwandlungsvorgängen kommt es regelmäßig zum Übergang von Betrieben. Hierzu bestimmt § 324, dass die Regelungen zum **Betriebsübergang** des § 613 a BGB Anwendung finden. Neben die individual- und kollektivarbeitsrechtlichen Regelungen treten die bereits erwähnten umwandlungsrechtlichen Besonderheiten zum Arbeitnehmerschutz (s.o. Rn 6, 13).

VII. Auslegungsgrundsätze

35 Neben der allgemeinen zivilrechtlichen Methodik ist für die Auslegung der Vorschriften des UmwG insb. das **Analogieverbot** sowie der **numerus clausus** (§ 1 Abs. 2) beachtlich.[78] Das Gesetz erweist sich darüber hinaus durch eine ausgeprägte Verweisungstechnik als systematische Einheit, was bei der Anwendung der einzelnen Vorschriften stets in die Auslegung einfließen muss.[79] Durch die häufige Verweisung auf das zweite Buch kann die Verschmelzung als Grundfall des Umwandlungsrechts gesehen werden.

36 Hinsichtlich der Verschmelzung und Spaltung der Aktiengesellschaft finden sich umfangreiche Vorgaben in der 3., 6. und 10. Richtlinie. Insoweit kommt der deutsche Gesetzgeber innerhalb des UmwG der ihm obliegenden Pflicht zur Umsetzung eben dieser Richtlinien nach. Sofern das UmwG darüber hinaus weitere Umwandlungsarten – insb. der Personengesellschaften und der GmbH – umfasst, führt dies zu einer Zweiteilung innerhalb des UmwG: einem Teil, der der Umsetzung der 3., 6. und 10. Richtlinie dient und daneben einem rein nationalen Recht der Unternehmensumwandlung. Soweit das UmwG **überschießend umgesetzt** ist, muss dieser Umstand bei der Auslegung umwandlungsgesetzlicher Regelungen berücksichtigt werden.[80] Dies kann aber nicht bedeuten, dass die Auslegung nach nationalem oder europarechtlichem Maßstab abhängig ist von den beteiligten Rechtsträgern. Zur Gewährleistung einer einheitlichen Auslegung des UmwG ist daher stets von richtlinienkonformer Auslegung auszugehen.[81]

37 Eine andere Lösung ist vom Gesetzgeber erkennbar nicht gewollt und wäre unter dem Eindruck der ausgeprägten Verweisungstechnik des UmwG auch kaum umsetzbar. Für die deutschen Gerichte besteht im Bereich der überschießenden Umsetzung **keine Vorlagepflicht** (Art. 267 AEUV) zum EuGH. Es besteht jedoch ein Vorlagerecht bei Erforderlichkeit.[82]

§ 1 Arten der Umwandlung; gesetzliche Beschränkungen

(1) Rechtsträger mit Sitz im Inland können umgewandelt werden

1. **durch Verschmelzung;**
2. **durch Spaltung (Aufspaltung, Abspaltung, Ausgliederung);**
3. **durch Vermögensübertragung;**
4. **durch Formwechsel.**

77 Maulbetsch/Klumpp/Rose/*Maulbetsch*, Einl. Rn 61.
78 Lutter/*Lutter*, Einl. I Rn 25; s. hierzu bei § 1 Rn 25.
79 Lutter/*Lutter*, Einl. I Rn 25.
80 Ausf. Lutter/*Lutter*, Einl. I Rn 30 ff; Sagasser/Bula/Brünger/*Sagasser*, § 1 Rn 27.
81 Semler/Stengel/*Drinhausen*, Einl. C Rn 70; Lutter/*Lutter*, Einl. I Rn 31 ff; Widmann/Mayer/*Mayer*, Einf. UmwG Rn 106 ff; *Hommelhoff*, FS 50 Jahre BGH, 2000, 889, 915 ff; *Habersack*, Europäisches Gesellschaftsrecht, § 3 Rn 53 f.
82 S. dazu näher Lutter/*Lutter*, Einl. I Rn 42.

(2) Eine Umwandlung im Sinne des Absatzes 1 ist außer in den in diesem Gesetz geregelten Fällen nur möglich, wenn sie durch ein anderes Bundesgesetz oder ein Landesgesetz ausdrücklich vorgesehen ist.

(3) [1]Von den Vorschriften dieses Gesetzes kann nur abgewichen werden, wenn dies ausdrücklich zugelassen ist. [2]Ergänzende Bestimmungen in Verträgen, Satzungen oder Willenserklärungen sind zulässig, es sei denn, daß dieses Gesetz eine abschließende Regelung enthält.

Literatur:

Bayer, 1000 Tage neues Umwandlungsrecht – eine Zwischenbilanz, ZIP 1997, 1613; *Behrens*, Die Umstrukturierung von Unternehmen durch Sitzverlegung oder Fusion über die Grenze im Licht der Niederlassungsfreiheit im Europäischen Binnenmarkt (Art. 52 und 58 EWGV), ZGR 1994, 1; *Bungert*, Ausgliederung durch Einzelrechtsübertragung und analoge Anwendung des Umwandlungsgesetzes, NZG 1998, 367; *Dissars/Dissars*, Die Partenreederei als Gesellschaftsform in handels- und steuerrechtlicher Hinsicht, RIW 1997, 754; *Ganske*, Reform des Umwandlungsrechts, WM 1993, 1117; *Grunewald*, Rechtsmissbräuchliche Umwandlungen, in: FS Röhricht, 2005, 129; *Großfeld*, Internationales Umwandlungsrecht, AG 1996, 302; *Heckschen*, Die Entwicklung des Umwandlungsrechts aus Sicht der Rechtsprechung und Praxis, DB 1998, 1385; *Holzmüller*, Zusammenschlüsse nach der Pooling-of-interests-Methode und die sog. übertragende Auflösung, in: FS Lutter, 2000, 1245; *Hügel*, Verschmelzung und Einbringung, 1993; *Kallmeyer*, Das neue Umwandlungsgesetz, ZIP 1994, 1746; *Kallmeyer*, Grenzüberschreitende Verschmelzungen und Spaltungen?, ZIP 1996, 535; *Kallmeyer/Kappes*, Grenzüberschreitende Verschmelzungen und Spaltungen nach SEVIC Systems und der EU-Verschmelzungsrichtlinie, AG 2006, 224; *Leinekugel*, Die Ausstrahlungswirkungen des Umwandlungsgesetzes, 2000; *Lutter/Leinekugel*, Planmäßige Unterschiede im umwandlungsrechtlichen Minderheitenschutz?, ZIP 1999, 261; *Lüttge*, Das neue Umwandlungs- und Umwandlungssteuerrecht, NJW 1995, 417; *Neye*, Die Reform des Umwandlungsrechts, DB 1994, 2069; *Nowotny*, Zur Auslegung des Übernahmegesetzes, RdW 2000, 330; *Priester*, Mitgliederwechsel im Umwandlungszeitpunkt – Die Identität des Gesellschafterkreises – ein zwingender Grundsatz?, DB 1997, 560; *Priester*, Das neue Umwandlungsrecht aus notarieller Sicht, DNotZ 1995, 427; *K. Schmidt*, Einschränkung der umwandlungsrechtlichen Eintragungswirkungen durch den umwandlungsrechtlichen numerus clausus?, ZIP 1998, 181; *K. Schmidt*, Zum Analogieverbot des § 1 Abs. 2 UmwG, in: FS Kropff 1997, 261; *K. Schmidt*, Universalsukzession kraft Rechtsgeschäfts, AcP 191 (1991), 495; *Schnorbus*, Grundlagen zur Auslegung des Allgemeinen Teils des UmwG, WM 2000, 2351; *Schöne*, Das Aktienrecht als „Maß aller Dinge“ im neuen Umwandlungsrecht?, GmbHR 1995, 325; *Schönhaus/Müller*, Grenzüberschreitender Formwechsel aus gesellschafts- und steuerrechtlicher Sicht, IStR 2013, 174; *Trölitzsch*, Rechtsprechungsübersicht: Das Umwandlungsrecht seit 1995, WiB 1997, 795; *Trölitzsch*, Aktuelle Tendenzen im Umwandlungsrecht, DStR 1999, 764; *Weber-Rey/Schütz*, Zum Verhältnis von Übernahmerecht und Umwandlungsrecht, AG 2001, 325; *Winter*, Die Anteilsgewährung – zwingendes Prinzip des Verschmelzungsrechts?, in: FS Lutter, 2000, S. 1279.

A. Anwendungsbereich des UmwG (Abs. 1)

1 Die Fassung des § 1 UmwG als **eigenes Buch** ist ein systematisches Zeichen der grundlegenden Bedeutung des § 1 für das gesamte Umwandlungsrecht. § 1 gibt die maßgeblichen Parameter des Anwendungsbereiches des UmwG in **sachlicher** (dazu Rn 3 ff), **persönlicher** (dazu Rn 13 ff) und **geographischer** (dazu Rn 17 ff) Hinsicht vor. Der Gesetzgeber hat eine **Baukastentechnik** gewählt und wesentliche Fragen in § 1 vor die Klammer gezogen. Neben den vorstehenden Eingrenzungen wurde der Begriff des **Rechtsträgers** als umfassender Begriff für die beteiligten Parteien und der Oberbegriff der Umwandlung eingeführt sowie ein **numerus clausus** der Umwandlungsarten geschaffen, der durch ein **Analogieverbot** geschützt wird. Hieraus folgt insb., dass der Anwendungsbereich des UmwG nur eröffnet ist, wenn sich die beteiligten Rechtsträger konkret für eine der im UmwG geregelten Umstrukturierungsmaßnahmen entscheiden. Es reicht dagegen nicht aus, wenn bestimmte Sachverhalte umwandlungsähnlichen Charakter haben (wie etwa die Anwachsung (§ 738 BGB), dazu unter Rn 22 f).

I. Begriff der Umwandlung

2 § 1 Abs. 1 enthält keine rechtsspezifische Definition des Umwandlungsbegriffes,[1] sondern bestimmt den Begriff der Umwandlung zum Leitbegriff für alle nach den UmwG möglichen Strukturmaßnahmen. Der Begriff der Umwandlung umfasst somit sämtliche im UmwG geregelten **Strukturmaßnahmen.**[2] Soweit im Schrifttum teilweise eine extensive Interpretation des Begriffes vorgenommen wird – so unterstellt *Pickhardt* etwa einen vorgesetzlichen Umwandlungsbegriff, der jedwede Umstrukturierung von Unternehmen beinhalte[3] – kann dieser Ansicht unter Hinweis auf den Wortlaut des § 1 sowie seiner Systematik eine klare Absage erteilt werden. Der Umwandlungsbegriff des UmwG ist lediglich der Oberbegriff für die im UmwG geregelten Umwandlungsarten. Diese sind in § 1 Abs. 1 Nrn. 1 bis 4 abschließend genannt und bilden äußeren Rahmen und Inhalt einer möglichen Definition.[4] Insoweit muss eine Definition des Umwandungsbegriffes aus der inhaltlichen Ausfüllung durch die in § 1 Nrn. 1 bis 4 geregelten Sachverhalte sowie die übergreifenden Prinzipien des UmwG bestehen.

3 **1. Geregelte Umwandlungsvorgänge nach UmwG (Nrn. 1 bis 4).** Da § 1 Abs. 1 auch die einzelnen Umwandlungsarten nicht definiert, muss auf die jeweiligen Legaldefinitionen aus den Einzelnormen zurückgegriffen werden (§ 2 für die Verschmelzung; § 123 für die Spaltung; § 174 für die Vermögensübertragung und § 190 Abs. 1 für den Formwechsel). Während grundsätzlich auf die Kommentierung zu den einzelnen Umwandlungsarten verwiesen wird, soll doch zur definitorischen Bestimmung ein Überblick an dieser Stelle erfolgen. Die hier abschließend festgelegten Arten der Umwandlung unterscheiden sich grundlegend in ihrer Wirkung auf das Vermögen der beteiligten Rechtsträger. Sie lassen sich differenzieren nach Umwandlung **mit Vermögensübertragung** und Umwandlung **ohne Vermögensübertragung.**[5]

4 Die Verschmelzung (Nr. 1), die Spaltung (Nr. 2) sowie die Vermögensübertragung (Nr. 3) sehen eine Übertragung des Vermögens auf dem Wege der **Gesamtrechtsnachfolge** (Universalsukzession) oder einer einzeln geregelten **Sonderrechtsnachfolge** vor.

5 Der **Formwechsel** (Nr. 4) vollzieht sich ohne Übertragung des Vermögens des Rechtsträgers, da dieser seine rechtliche und wirtschaftliche Identität behält. Es handelt sich hierbei lediglich um einen Wechsel der Rechtsform ohne Vermögensübergang. Mit dem UmwG stellt der Gesetzgeber diese Möglichkeit nunmehr auch für den Formwechsel zwischen Personenhandelsgesellschaften und Kapitalgesellschaften zur Verfügung. Die bisherige Unterscheidung zwischen

1 Kallmeyer*Kallmeyer,* UmwG, § 1 Rn 1 bezeichnet dies mit Bezug zur Formulierung des Abs. 2 als erwartbar.
2 Lutter/*Lutter/Drygala,* § 1 Rn 2; KölnKomm-UmwG/*Dauner-Lieb,* § 1 Rn 2.
3 *Pickardt,* DB 1999, 729.
4 Vgl auch Kallmeyer/*Kallmeyer,* UmwG, § 1 Rn 1.
5 S. hierzu bereits zur Systematik des UmwG Vor § 1 Rn 14 ff; Semler/Stengel/*Semler,* § 1 Rn 10.

Formwechsel – diese identitätswahrende Umwandlung gab es nur zwischen Kapitalgesellschaften (§§ 362 ff aF) – und übertragendem Formwechsel ist damit aufgegeben.[6]

Die **Aufspaltung** entspricht in ihrem wirtschaftlichen Ergebnis für den übertragenden Rechtsträger der Verschmelzung. Hier wird das Vermögen des aufzuspaltenden Rechtsträgers auf mindestens zwei Rechtsträger im Wege der Gesamtrechtsnachfolge übertragen. Die **Abspaltung** entspricht wirtschaftlich der Ausgliederung. Ihr wesentlicher Unterschied besteht freilich darin, dass in Fällen der Ausgliederung nicht den Anteilsinhabern des übertragenden Rechtsträgers die Anteilsrechte zufallen, sondern dem übertragenden Rechtsträger selbst. Somit ist die Ausgliederung prädestiniert zur Ausbildung von Konzernstrukturen.[7] 6

Die **Vermögensübertragung** entspricht in wirtschaftlicher Hinsicht der Verschmelzung bzw der Abspaltung. Sie basiert jedoch nicht auf dem Prinzip der Mitgliedschaftsperpetuierung. Nach § 174 Abs. 1 ist jede Gegenleistung zulässig, die nicht in Anteilen oder Mitgliedschaftsrechten besteht. Somit nimmt die Vermögensübertragung im Gefüge des Umwandlungsrechts eine Sonderstellung ein: Sie ist weniger ein Instrument der Umstrukturierung eines Rechtsträgers denn vielmehr eine Erleichterung der Verfügung über das Vermögen (oder Teile davon) eines Rechtsträgers.[8] 7

2. Grundsatz der Gesamtrechtsnachfolge. Das entscheidende Merkmal der Umwandlungen nach dem UmwG ist der **Grundsatz der Gesamtrechtsnachfolge**. Danach findet der Übergang des Vermögens nicht (im zivilrechtlich üblichen Wege) mittels Einzelrechtsnachfolge statt, sondern der Übergang erfolgt automatisch mit Wirksamkeit der Umwandlung (§ 20). Hintergrund ist die gesetzgeberische Intention der Vereinfachung des Umwandlungsvorganges; es soll den Rechtsträgern die mühselige Einzelübertragung erspart bleiben.[9] Dies ergibt sich aus den Rechtsfolgeanordnungen der §§ 20 Abs. 1 Nr. 1, 131 Abs. 1 Nr. 1, 176 Abs. 3. Der Grundsatz der Gesamtrechtsnachfolge gilt begriffslogisch nur für die Fälle, in denen eine Vermögensübertragung stattfindet (Verschmelzung, Spaltung und Vermögensübertragung). Im Falle des Formwechsels geht kein Vermögen über, es gilt jedoch der Grundsatz der **Identitätswahrung.**[10] 8

3. Keine Liquidation. In direktem Zusammenhang mit dem Grundsatz der Gesamtrechtsnachfolge steht die Besonderheit des UmwG, dass infolge einer Umwandlung keine Abwicklung erlöschender Rechtsträger erfolgt. Der erlöschende Rechtsträger geht danach nicht in eine **Liquidationsphase** über. Dieses Merkmal findet sich freilich nicht ausschließlich im UmwG, sondern ebenfalls bei der Anwachsung (§ 738 BGB) sowie der Realteilung bei Personengesellschaften.[11] 9

4. Anteilskontinuität. Ein weiteres Charakteristikum der Umwandlung ist die Anteilskontinuität, wonach keine Übertragungen von Anteilen und auch keine Zeichnung neuer Anteile stattfinden.[12] Die Anteilsgewährung des übernehmenden Rechtsträgers an die Anteilsinhaber des übertragenden Rechtsträgers erfolgt **ex lege**. Dies gilt unabhängig davon, ob diese Anteile auf Seiten des übernehmenden Rechtsträgers neu geschaffen wurden oder ob es sich um bereits bestehende Anteile handelt.[13] Rechte Dritter an den Anteilen bleiben dabei gem. §§ 20 Abs. 1 Nr. 3 S. 2, 131 Abs. 1 Nr. 3 S. 2, 202 Abs. 1 Nr. 2 S. 2 bestehen. 10

5. Keine Identität der Anteilsinhaber. Keine zwingende Voraussetzung des UmwG ist die **Identität der Anteilsinhaber** vor und nach der Umwandlung. Dies ergibt sich bereits aus der im UmwG vorgesehenen Möglichkeit des Verzichts auf Anteile am übernehmenden Rechtsträger, §§ 54, 68. Soweit diese Fallgestaltung jedoch nicht vorliegt, hat der BGH definiert, dass diejenigen Anteilsinhaber, die zum Zeitpunkt der Eintragung der Umwandlung Anteilsinhaber des 11

6 Semler/Stengel/*Semler*, Einl. A Rn 58 ff sehen die Begründung hierfür in der „modernen Auffassung von der Natur der Personengesellschaft"; dazu auch Lutter/*Lutter*, Einl. I Rn 51.
7 KölnKomm-UmwG/*Dauner-Lieb*, § 1 Rn 35.
8 KölnKomm-UmwG/*Dauner-Lieb*, § 1 Rn 36.
9 Kallmeyer/*Kallmeyer*, UmwG, § 1 Rn 7.
10 S. dazu § 179 a AktG, vgl Kallmeyer/*Kallmeyer*, UmwG, § 1 Rn 3.
11 KölnKomm-UmwG/*Dauner-Lieb*, Einl. A Rn 51; Kallmeyer/*Kallmeyer*, UmwG, § 1 Rn 8.
12 Kallmeyer/*Kallmeyer*, § 1 Rn 4.
13 KölnKomm-UmwG/*Dauner-Lieb*, Einl. A Rn 53.

übertragenden bzw formwechselnden Rechtsträgers sind, auch Anteilsinhaber der Zielgesellschaft werden.[14] Diese Fragestellung bezieht sich jedoch nur auf den Zeitpunkt der tatsächlichen Umsetzung der Umwandlung durch Eintragung (sog. dritte Phase der Umwandlung, s. Vor § 1 Rn 22). Daneben gibt es Fallgestaltungen, die einen Identitätswechsel während des Umwandlungsvorganges zulassen.

12 Eine geplante oder in die Wege geleitete Umwandlung stellt auch kein rechtliches Übertragungsverbot oder Übertragungshindernis dar. Die Identität der Anteilsinhaber entfällt weiterhin, wenn einzelne Anteilsinhaber ein Barabfindungsgebot annehmen (§§ 29, 125 S. 1, 207). Beim Formwechsel einer KGaA, bei welchem der persönlich haftende Gesellschafter mit Wirksamwerden des Formwechsels ausscheidet bzw eintritt (§§ 233 Abs. 3 S. 3, 236, 247 Abs. 2, 221, 245 Abs. 1), liegt ebenfalls keine Identität beim übernehmenden Rechtsträger vor. Ebensolches gilt bei persönlich haftenden Gesellschaftern ohne Kapitalanteil im Falle von Personenhandelsgesellschaften. Hier kann der Umwandlungsvertrag dessen Ausscheiden zwar vorsehen, muss jedoch eine Ausscheidenserklärung beinhalten (§ 233 Abs. 3 S. 3). Bei der Umwandlung einer Kapitalgesellschaft in eine Personenhandelsgesellschaft kann zudem der Verschmelzungsvertrag den Beitritt einer Komplementär-GmbH ohne Kapitalanteil vorsehen.[15]

II. Begriff des Rechtsträgers

13 Der Begriff des Rechtsträgers bezeichnet die Subjekte bzw **Träger von Unternehmen**, die am Umwandlungsvorgang direkt beteiligt sind und diesen durchführen. Die von ihnen gehaltenen Unternehmen sind die Objekte des Umwandlungsvorganges, die im Zuge des Umwandlungsvorganges direkt betroffen sind.[16] Allein die Ebene der Rechtsträger ändert ihre rechtliche Organisationsform.[17]

14 Auf systematisch gleichem Wege wie die Gestaltung des Umwandlungsbegriffes als Oberbegriff für alle im UmwG geregelten Umwandlungsarten wählt § 1 UmwG für die Bezeichnung des breiten Spektrums der Unternehmensformen, die an den Umwandlungsarten des UmwG partizipieren können, den Begriff des „**Rechtsträgers**“. Einzig nennt § 1 nicht die tatsächlich in Betracht kommenden Rechtsträger. Diese finden eine spezifische Eingrenzung in den für die jeweilige Umwandlungsart geltenden Spezialnormen. Konsequenterweise können weitere, von der jeweiligen Spezialnorm nicht umfasste Rechtsträger, trotz der weiten Formulierung des § 1 nicht in die jeweiligen Umwandlungsarten einbezogen werden, dies verhindert insb. das in Abs. 2 geregelte sog. Analogieverbot.[18]

15 Grundsätzlich kommen fast alle bekannten Rechtsträger, die über eine Handelsregistereintragung verfügen, als umwandlungsfähige Rechtsträger in Betracht. Dies umfasst auch natürliche Personen.[19] Fraglich ist schließlich, ob das sog. Analogieverbot einer Erweiterung der umwandlungsfähigen Rechtsträger auf im UmwG nicht geregelte Rechtsträger zwingend entgegensteht. Diskutiert werden hierbei die Umwandlungsfähigkeit der **Partenreedereien,**[20] der nicht rechtsfähigen **Erbengemeinschaft** eines Einzelkaufmanns hinsichtlich der Möglichkeit, deren Vermögen auf eine Gesellschaft auszugliedern[21] sowie **politische Parteien** und **Gewerk-**

14 BGH NZG 2005, 722, 723.
15 Weiterführend Kallmeyer/*Kallmeyer*, UmwG, § 1 Rn 10 ff; *Kallmeyer* GmbHR 1996, 80; *Priester* DB 1997, 563.
16 Semler/Stengel/*Semler*, § 1 Rn 18 ff; näher dazu *Schmidt* AcP 191 (1991), 495, 506 ff.
17 So die plastische Darstellung bei Lutter/*Lutter/Drygala*, § 1 Rn 3.
18 Lutter/*Lutter/Drygala*, § 1 Rn 3; krit. für die Erbengemeinschaft *Schmidt*, FS Kropff, 1997, 261, 265 ff; Semler/Stengel/*Semler* Rn 30 ff.
19 Mit ausf. Aufzählung möglicher beteiligter Rechtsträger Semler/Stengel/*Semler*, § 1 Rn 25 ff; Lutter/*Karollus*, § 152 Rn 16; Lutter/*Neye*, Umwandlungsrechtstage, 1, 9.
20 Für deren Umwandlungsfähigkeit *K. Schmidt*, ZGR 1990, 580, 591 (*de lege ferenda*); *ders.*, Gesellschaftsrecht, § 65 I 3 c); abl. Widmann/Mayer/*Heckschen*, § 1 Rn 84; *Semler*/Stengel, § 1 Rn 37 ff.
21 Dies als zulässig erachtend Semler/Stengel/*Maier-Reimer/Seulen*, § 152 Rn 26; Lutter/*Karollus*, § 152 Rn 16; *K. Schmidt* in: FS Kropff, 1997, 261, 265 ff.

schaften.[22] Diese werden von der hM im Schrifttum de lege lata jedoch als nicht umwandlungsfähig nach UmwG angesehen.[23] S. hierzu und zum Diskussionsstand die instruktiven Ausführungen von *Dauner-Lieb.*[24]

Soweit europäische Gesellschaftsformen den im Geltungsbereich des UmwG stehenden Rechtsträgern gleichstehen (vgl etwa Art. 1 EWIV-AusfG), steht ihnen eine Umwandlung nach UmwG offen. Für die **SE** gelten allerdings die Besonderheiten des Art. 66 SE-VO.[25] 16

III. Sitz im Inland

1. Gesetzeswortlaut. Abs. 1 berechtigt ausschließlich Rechtsträger mit Sitz im **Inland** zur Umwandung nach dem UmwG. Unstreitig ist dies der Fall, wenn Satzungs- und Verwaltungssitz – bzw bei natürlichen Personen oder Wohnsitz – im Inland belegen sind. Nach hM reicht es darüber hinaus aus, wenn sich der **Satzungssitz** des Rechtsträgers innerhalb der Bundesrepublik Deutschland befindet, auch wenn der Verwaltungssitz im Ausland sein sollte.[26] Grenzüberschreitende Verschmelzungen werden damit nicht untersagt, sondern lediglich aus dem Anwendungsbereich des UmwG ausgeklammert.[27] 17

2. Konsequenzen der SEVIC-Entscheidung und Umsetzung der 10. RiLi. Die Unanwendbarkeit des UmwG auf grenzüberschreitende Umwandlungen ist infolge der europäischen Vorgaben, die mittlerweile in das UmwG implementiert wurden, nur noch eingeschränkt gültig. Infolge der Umsetzung der Verschmelzungsrichtlinie wurde nunmehr Kapitalgesellschaften die **grenzüberschreitende Verschmelzung** ermöglicht (§§ 122 a ff).[28] Diese Vorschriften betreffen jedoch nur die Verschmelzung von Kapitalgesellschaften aus dem **EU- bzw EWR-Raum** und keinesfalls alle Möglichkeiten internationaler Umwandlungsarten. Der Gesetzgeber hat mit dieser Änderung des UmwG durch das 2. UmwÄndG[29] eine Konkretisierung eines Teilbereiches der Niederlassungsfreiheit umgesetzt. Soweit es sich um eine grenzüberschreitende Verschmelzung von Kapitalgesellschaften handelt, die im Anwendungsbereich der §§ 122 a ff liegen, können sich die betroffenen Rechtsträger nur nach diesen Regeln als lex specialis umwandeln.[30] Die Frage der europarechtlichen Überlagerung des vom Wortlaut des § 1 festgelegten Anwendungsbereiches auf Inlandssachverhalte wurde darüber hinaus durch die Rechtsprechung des EuGH maßgeblich festgelegt.[31] In zahlreichen Entscheidungen hat der EuGH dabei den Schutz grenzüberschreitender Umwandlungen durch die Niederlassungsfreiheit (Art. 49, 54 AEUV) konkretisiert und dabei festgelegt, dass sich Gesellschaften jedweder Rechtsform auf den Schutz der **Niederlassungsfreiheit** berufen können, sofern sie nach dem Recht eines EU-Mitgliedstaates wirksam gegründet wurden und ihren statutarischen Sitz innerhalb der EU haben.[32] Sofern Vorschriften des UmwG gegen den in diesen Entscheidungen konkretisierten Anwendungsbereich der Niederlassungsfreiheit verstoßen, können sie aufgrund des Anwendungsvorrangs des Unionsrechts keine Geltung beanspruchen. Der Wortlaut des § 1 ist dann insoweit **europarechtskonform** auszulegen, als dass sich Gesellschaften aus der EU und dem EWR demgegenüber auf die Niederlassungsfreiheit berufen können;[33] eine klarstellende Anpassung des Wort- 18

22 Für eine Verschmelzungs- und Spaltungsfähigkeit von als Stiftungen oder Vereinen organisierten politischen Parteien und Gewerkschaften Semler/Stengel/*Katschinski*, § 99 Rn 16, 40 (*de lege ferenda*); Wiedmann/*Thüsing*, WM 1999, 2237, 2277 ff (*de lege lata*).

23 Semler/Stengel/*Semler*, § 1 Rn 30 f; Widmann/Mayer/*Heckschen* Rn 75 ff, 82 ff; Lutter/*Lutter/Drygala* § 3 Rn 5; krit. *K. Schmidt*, ZGR 1990, 580, 591 (*de lege ferenda*).

24 KölnKomm-UmwG/*Dauner-Lieb*, § 1 Rn 40 ff mwN.

25 Mit differenzierter Darstellung KölnKomm-UmwG/*Dauner-Lieb* Rn 19 ff.

26 KölnKomm-UmwG/*Dauner-Lieb*, § 1 Rn 24; Semler/Stengel/*Drinhausen*, Einl. C Rn 19 f; *Kuhlmann/Ahnis*, Konzern- und Umwandlungsrecht, § 1 Rn 925.

27 Semler/Stengel/*Semler*, § 1 Rn 41.

28 Zweites Gesetz zur Änderung des UmwG vom 19.4.2007, BGBl. I S. 542.

29 Gesetz vom 19.4.2007, BGBl. I S. 542.

30 S. Lutter/*Lutter/Drygala*, § 1 Rn 7.

31 EuGH, Urteil vom 13. 12. 2005 – Rs. C-411/03, Slg 2005, I-10805 (Sevic) = NJW 2006, 425.

32 S. dazu EuGH, Urteil vom 9.3.1999, NJW 1999, 2027 (Centros); EuGH, Urteil vom 5.11.2002, NJW 2002, 3614 (Überseering); EuGH, Urteil vom 30.9.2003, NZG 2003, 1064 (Inspire Art); EuGH, Urteil vom 13.12.2005, NJW 2006, 425 – (Sevic); EuGH, Urteil vom 16.12.2008, NZG 2009, 61 (Cartesio).

33 Lutter/*Lutter/Drygala*, Rn 1 mwN.

lautes des § 1 sollte im Rahmen einer IPR-Reform erfolgen, diese ist jedoch bisher aus politischen Gründen gescheitert.

19 Vor diesem Hintergrund ist fraglich, wie die nicht von den §§ 122 a ff erfassten Umwandlungsfälle zu behandeln sind.[34] Aus der Linie der EuGH-Rspr ergibt sich eine differenzierte Behandlung grenzüberschreitender Umwandlungsfälle danach, ob es sich um eine Umwandlung nach Deutschland hinein oder aus Deutschland heraus handelt.[35]

20 a) **Fälle der Hinein-Umwandlung.** Der EuGH hat hier in der **Sevic-Entscheidung** für den Fall einer **Hinein-Verschmelzung** den Anwendungsbereich der Niederlassungsfreiheit dahin gehend festgelegt, dass ein Zusammenarbeits- und Umgestaltungsbedürfnis von Gesellschaften mit ihrem jeweiligen satzungsmäßigen Sitz innerhalb der Europäischen Union dem Anwendungsbereich der Niederlassungsfreiheit unterfällt. Soweit also nationale Regeln grenzüberschreitende und innerstaatliche Verschmelzungsvorgänge unterschiedlich behandeln, liegt eine Beschränkung der Niederlassungsfreiheit vor, die nur dann gerechtfertigt sei, sofern zwingende Gründe des Allgemeinwohls dies erforderten und die Regelung darüber hinaus verhältnismäßig sei.[36] Soweit demzufolge eine innerstaatliche Verschmelzung zulässig ist, muss dies auch für ausländische Rechtsträger gelten.[37]

21 Da dieses obiter dictum des EuGH über die in den §§ 122 a ff geregelten Fälle hinausgeht, müssen auch die nicht davon erfassten Fälle von **Hinein-Umwandlungen** dem in der Sevic-Entscheidung festgelegten Anwendungsbereich der Niederlassungsfreiheit entsprechend behandelt werden.[38] Das Hinein-Verschmelzen ist danach auch für Nicht-Kapitalgesellschaften gesichert.[39]

22 Gleiches muss in konsequenter Anwendung der Sevic-Grundsätze für die **grenzüberschreitende Spaltung** gelten. Denn der in der Sevic-Entscheidung zugrunde gelegte Ausgangspunkt für die Anwendbarkeit der Niederlassungsfreiheit ist die Umgestaltung von Gesellschaften mit Sitz in verschiedenen Mitgliedstaaten. Dies ist ohne grenzüberschreitende Vermögensverfügungen praktisch nicht umsetzbar.[40] Da die Spaltung dies vorsieht und darüber hinaus ihrem wirtschaftlichen Ergebnis nach einer Verschmelzung gleichkommt (s. dazu unter Vor § 1 Rn 8), muss die grenzüberschreitende Spaltung konsequenterweise auch in den Anwendungsbereich der Sevic-Entscheidung fallen.[41]

23 Problematisch ist die Übertragung dieser Rechtsprechungsgrundsätze auf den **Hinein-Formwechsel.** Hierbei beabsichtigt ein einzelner Rechtsträger grenzüberschreitend seine Rechtsform zu ändern und will ohne Auflösung und Neugründung im Register seines bisherigen Sitzstaates ausgetragen und im Register eines anderen Staates der EU (oder des EWR) eingetragen werden. Der wesentliche Unterschied besteht hier darin, dass kein zweiter Rechtsträger beteiligt ist und auch keine Übertragung von Vermögen stattfindet. Es findet einzig ein Statutenwechsel statt.[42] Die Grundsätze der Sevic-Entscheidung können hier keine Anwendung finden. Konsequenterweise bleibt es bei der Anwendbarkeit der Aussage des **Daily-Mail-Urteils,** so dass es Sache des nationalen Rechts ist, diesen Vorgang zu verbieten oder zu erlauben.[43]

34 Hierunter fällt die Verschmelzung von Nicht-Kapitalgesellschaften.
35 Vgl Semler/Stengel/*Drinhausen* Einl. C Rn 25 ff; Lutter/*Lutter/Drygala* Rn 8 ff.
36 EuGH, Urteil vom 13.12.2005, NJW 2006, 425 (Sevic).
37 Vgl dazu auch Semler/Stengel/*Drinhausen* Einl. C Rn 26; Lutter/*Lutter/Drygala* Rn 7.
38 Semler/Stengel/*Drinhausen* Einl. C Rn 27; mit Differenzierung Lutter/*Lutter/Drygala* § 1 Rn 8 ff.
39 So explizit Lutter/*Lutter/Drygala,* § 1 Rn 9; mit weiteren Ausführungen und Verweisen auf *Herrler,* EuZW 2007, 299; *Veil,* DK 2007, 98; *Vetter,* AG 2006, 613.
40 Lutter/*Lutter/Drygala,* § 1 Rn 11 mwN.
41 Lutter/*Lutter/Drygala,* § 1 Rn 11; Semler/Stengel/*Drinhausen* Einl. C Rn 28.
42 Die Verlegung des Verwaltungssitzes ist eindeutig geklärt durch die Entscheidungen EuGH v. 9.3.1999 – Rs. C-212/97, NZG 1999, 298 (Centros); EuGH v. 5.11.2002 – Rs. C-208/00, NZG 2002, 1164 (Überseering); EuGH v. 30.9.2003 – Rs. C-167/01, NZG 2003, 1064 (Inspire Art); vgl auch Lutter/*Lutter/Drygala,* § 1 Rn 8.
43 Ebenso Lutter/*Lutter/Drygala,* § 1 Rn 12; *Krause/Kulpa* ZHR 171, 47; Siems, EuZW 2006, 135; *Grohmann/Gruschinske,* GmbHR 2008, 27; zu den gesellschafts- und steuerrechtlichen Implikationen s *Schönhaus/Müller,* IStR 2013, 174, 176 ff.

Hinweis: In der Praxis bietet sich eine rechtssichere Gestaltung dahin gehend an, eine Beteiligungsgesellschaft im Zielstaat zu gründen und die Verschmelzung der zu übertragenden Gesellschaft auf diese Beteiligungsgesellschaft vorzunehmen.[44]

b) Fälle der Heraus-Umwandlung. Für die Fälle der **Heraus-Umwandlung** hat der EuGH erstmals in der **Cartesio-Entscheidung** Position bezogen. In dem dortigen obiter dictum hat der EuGH für den grenzüberschreitenden **Heraus-Formwechsel** festgelegt, dass die Sitzverlegung ins europäische Ausland dann nicht von der Niederlassungsfreiheit gedeckt ist, wenn dies ohne Änderung des für den betreffenden Rechtsträger geltenden Rechts vorgenommen werden soll.[45] Dieser Grundsatz gelte jedoch nicht für den Fall, dass die Sitzverlegung mit einer Änderung des anwendbaren nationalen Rechts verbunden werde.[46] Damit ist nur die Heraus-Umwandlung unter Wechsel der Rechtsform und des nationalen Rechts von der Niederlassungsfreiheit geschützt. Ob aus Sicht des Zuzugsstaates dieser Rechtsformwechsel möglich ist, unterliegt dessen Jurisdiktion; sofern er es aber zulässt, darf der Wegzugsstaat diesen Wechsel nicht behindern.[47] 24

Findet der Wegzug ohne Änderung des anwendbaren nationalen Rechts statt, so bleibt es bei der in der Daily-Mail-Entscheidung festgelegten Lösung, worin ein allgemeines Wegzugsverbot festgelegt wurde.[48] Insoweit kann der Wegzugsstaat dann die **Auflösung** und **Liquidation** des wegziehenden Rechtsträgers vorsehen.[49] 25

Soweit die Cartesio-Entscheidung des EuGH als obiter dictum erfolgte, können die dort gefundenen Grundsätze auf andere Heraus-Umwandlungsvorgänge übertragen werden. Danach gilt sowohl für die **Heraus-Verschmelzung** als auch für die **Heraus-Spaltung**, dass sie nur dann den Grundsätzen der Niederlassungsfreiheit unterfallen, wenn der Zuzugsstaat diese Umwandlung als Hinein-Verschmelzung bzw Hinein-Spaltung zulässt und der Wegzug unter Änderung der Rechtsform stattfindet.[50] Ansonsten kann der Wegzugsstaat die Auflösung und Liquidation vorsehen.[51] 26

c) Durchführung der Umwandlungsmaßnahme. Soweit der EuGH in den vorgenannten Entscheidungen gleichzeitig eine Abkehr von der Sitztheorie zur Gründungstheorie vorgenommen hat, ist die Aussage des § 1 „mit Sitz im Inland“ dahin gehend zu interpretieren, dass das deutsche UmwG als Teil des deutschen Gesellschaftsrechts nur auf Rechtsträger Anwendung findet, die nach deutschem Recht gegründet wurden und in Deutschland inkorporiert sind.[52] 27

Sind Rechtsträger aus unterschiedlichen EU-Ländern beteiligt, so ist die Durchführung der grenzüberschreitenden Umwandlung nach der **Vereinigungstheorie** dergestalt durchzuführen, dass für jeden beteiligten Rechtsträger das für ihn jeweils geltende Recht Anwendung findet. Kollisionsprobleme sind dabei im Wege der Angleichung und kumulierten Anwendung zu lösen, wobei im Zweifel der strengeren Regelung der Vorzug gebühren sollte.[53] Besonderheiten bestehen im Rahmen der in den §§ 122 a ff bereits erfolgten Konkretisierung der Niederlassungsfreiheit und soweit es die Durchsetzung der Niederlassungsfreiheit nach den Grundsätzen der EuGH-Rechtsprechung gebietet. 28

3. Rechtsträger außerhalb EU und EWR. Soweit durch die Rspr des EuGH die Sitztheorie durchbrochen ist, wird vorgeschlagen, an deren Anwendung im Falle von Rechtsträgern aus **Drittstaaten** (außerhalb EU und EWR und sofern kein einschlägiger Staatsvertrag mit der Bun- 29

44 S. näher *Herrler*, EuZW 2007, 298.
45 EuGH, Urteil vom 16.12.2008, NZG 2009, 61 (Cartesio).
46 EuGH, Urteil vom 16.12.2008, NZG 2009, 61 (Cartesio).
47 Dazu Semler/Stengel/*Drinhausen*, Einl. C Rn 29.
48 EuGH, Urteil vom 27.9.1988, NJW 1989, 2186 (Daily Mail).
49 Dazu näher Semler/Stengel/*Drinhausen*, Einl. C Rn 30; Lutter/*Lutter/Drygala*, § 1 Rn 9 f.
50 Semler/Stengel/*Drinhausen*, Einl. C Rn 30; krit. Lutter/*Lutter/Drygala*, § 1 Rn 10.
51 Semler/Stengel/*Drinhausen*, Einl. C Rn 30 mwN.
52 Ausf. zur Hinwendung des EuGH zur Gründungstheorie Semler/Stengel/*Drinhausen*, Einl. C Rn 4 ff.
53 Lutter/*Lutter/Drygala*, § 1 Rn 15; Semler/Stengel/*Drinhausen*, Einl. C Rn 36 f.

desrepublik Deutschland vorhanden)[54] ebenfalls nicht mehr festzuhalten.[55] Dies entspricht jedoch (bislang) nicht der geltenden Rspr des EuGH. In diesen Fällen gebietet es die Niederlassungsfreiheit nicht, diese Umwandlungsvorgänge zuzulassen. Daher bleibt es hier beim deutschen gesetzgeberischen Willen, dass Umwandlungen unter Beteiligungen von Gesellschaften, die weder in der EU noch im EWR ansässig sind, derzeit nicht zulässig sind, da die Voraussetzung des § 1 Abs. 1 („*Rechtsträger mit Sitz im Inland*") nicht vorliegt.[56]

30 **4. Juristische Personen ohne Erwerbszweck.** Umwandlungsfähig sind auch Rechtsträger ohne Erwerbszweck, insb. **Idealvereine** (§ 3 Abs. 1 Nr. 4). Voraussetzung der Niederlassungsfreiheit ist hingegen, dass ein Erwerbszweck verfolgt wird. Insoweit ist auch hier die Ausstrahlungswirkung der Sevic-Entscheidung zu verneinen und es bleibt bei der grundlegenden Regelung aus der Daily-Mail-Entscheidung.[57]

B. Numerus Clausus der Umwandlungsfälle (Abs. 2)

31 Angelehnt an den **Typenzwang** des Gesellschaftsrechts ordnet Abs. 2 einen **numerus clausus** der Umwandlungsmöglichkeiten nach dem UmwG an. Diese Aufzählung ist abschließend, so dass eine entsprechende Anwendung auf Rechtsträger, die das Gesetz bewusst aus dem Kreise umwandlungsfähiger Rechtsträger ausgeschlossen hat, nicht stattfindet. Gleichzeitig wird die Schaffung neuer Umwandlungsarten verhindert.[58] Der BGH hat im Rahmen einer Entscheidung zur identitätswahrenden Umwandlung verdeutlicht, dass die Einhaltung der Vorgaben des UmwG für die jeweiligen Umwandlungsarten von entscheidender Bedeutung für den Umwandlungsvorgang ist.[59] Offen bleibt dem Gesetzgeber freilich die Möglichkeit, neue Umwandlungsformen ausdrücklich in Bundes- oder Landesgesetzen zu regeln.[60]

I. Abgrenzung zu Strukturänderungen des allgemeinen Gesellschaftsrechts

32 Der Begriff der Umwandlung umfasst die rechtliche Reorganisation von Unternehmen. Das UmwG erfasst dabei jedoch nur einen Teil der denkbaren Strukturänderungen von Gesellschaften. Es stellt folglich nicht die einzige rechtliche Möglichkeit dar, strukturelle Veränderungen bei Rechtsträgern vorzunehmen. Grundsätzlich besteht bei der Wahl dieser rechtlichen Mittel für die beteiligten Rechtsträger **Wahlfreiheit.**[61] Alle Einbringungsvorgänge mit Einzelrechtsnachfolge sind auch dann möglich, wenn deren wirtschaftliches Ergebnis einer Umwandlung gleichkommt oder mithilfe einer Maßnahme nach dem UmwG erreicht werden könnte. So kann etwa das wirtschaftliche Ergebnis einer Ausgliederung auch in Form einer Kapitalerhöhung mit Sacheinlage beim übernehmenden Rechtsträger erreicht werden.[62]

33 § 1 Abs. 2 steht dem nicht entgegen, sondern untersagt lediglich die Anwendung umwandlungsrechtlicher Regelungen auf Umwandlungsvorgänge, die nicht dem UmwG folgen. Eine Übertragung der Umwandlungsmöglichkeiten auf Rechtsträger, die nicht dem UmwG unterfallen, ist nicht möglich.[63] Soweit andere rechtlich zulässige Gestaltungen außerhalb des UmwG existieren, die wirtschaftlich einer Umwandlung nach UmwG entsprechen, entfaltet § 1 Abs. 2 diesbezüglich eine mittelbare Wirkung, indem er etwa die Übertragung der Regelungen einer

54 ZB der Freundschafts-, Handels- und Schiffahrtsvertrag zwischen der Bundesrepublik Deutschland und den Vereinigten Staaten von Amerika vom 29.10.1954 (BGBl. 1956 II S. 487).

55 Lutter/*Lutter/Drygala*, § 1 Rn 13.

56 KölnKomm-UmwG/*Dauner-Lieb*, § 1 Rn 29; für eine Gründungsanknüpfung und somit für eine Zulässigkeit auch vor Inkrafttreten der – derzeit wohl als gescheitert zu betrachtenden – Änderung des IPR freilich aA Lutter/*Lutter/Drygala*, § 1 Rn 13 mwN.

57 AA Lutter/*Lutter/Drygala*, § 1 Rn 14.

58 KölnKomm-UmwG/*Dauner-Lieb*, § 1 Rn 39 weist – insg. krit. zu Abs. 2 (Rn 38 ff) – freilich zu Recht darauf hin, dass der numerus clausus auch gelten würde, wenn dieser nicht in Abs. 2 ausdrücklich aufgeführt wäre.

59 Vgl BGH, BB 1999, 1450 f; dazu Kallmeyer/*Kallmeyer*, UmwG, § 1 Rn 16; *K. Schmidt* ZIP 1998, 181, 186.

60 ZB SparkG, s. näher Semler/Stengel/*Semler/Stengel*, Einl. A, Rn 82 ff.

61 Lutter/*Lutter*, Einl. I Rn 56.

62 S. Kallmeyer/*Kallmeyer*, UmwG, § 1 Rn 17; Lutter/*Lutter/Drygala*, § 1 Rn 28.

63 Es gilt hier die Einschränkung einer europarechtlichen Überlagerung, s. dazu oben Rn 18 ff.

Universalsukzession auf alternative Gestaltungsformen – sofern für diese nicht anderweitig die Gesamtrechtsnachfolge statuiert ist (zB § 738 BGB) – untersagt. Diese Vereinfachung ist der ausbalancierten Gestaltung des Umwandlungsgesetzes vorbehalten, die sicherstellt, dass alle Interessengruppen ausreichend geschützt sind. Nur bei Beachtung des gesamten Regelungskatalogs des UmwG kann eine Vereinfachung wie die Universalsukzession beansprucht werden.[64] Zu beachten ist ferner, dass über diese alternativen Gestaltungsformen das **Schutzniveau des UmwG** nicht umgangen werden darf. Im Nachgang zur Holzmüller-Entscheidung des BGH wird weder ein Beschluss der Anteilsinhaber überflüssig,[65] noch lassen sich die beschlussbegleitenden Informationsrechte der Anteilsinhaber umgehen.[66] In diesen Fallgestaltungen ist stets nach dem Einzelfall zu entscheiden, welche Voraussetzungen hinsichtlich Beschlussfassung und Durchführung einzuhalten sind. Die Beteiligung und Information der Anteilsinhaber ist hierbei ein wichtiges Thema,[67] bei welchem die umwandlungsrechtlichen Regelungen Ausstrahlung entfalten können.[68]

1. Nicht durch das UmwG erfasste Umstrukturierungsfälle. Das UmwG selber erfasst nur einen Teil der denkbaren Umstrukturierungsfälle. Abseits des UmwG kann das Ziel der Neuordnung eines Unternehmens im Wege der Einzelrechtsnachfolge erreicht werden. Das wirtschaftliche Ergebnis kann demjenigen der Ausgliederung zur Neugründung oder zur Aufnahme oder der Abspaltung entsprechen. Auch die Verschmelzung zweier Rechtsträger kann erreicht werden durch formellen Auflösungsbeschluss der übertragenden Gesellschaft mit anschließender Liquidation, innerhalb der das gesamte Vermögen an den übernehmenden Rechtsträger veräußert wird. Alternative Gestaltungsmöglichkeiten bestehen auch für den Formwechsel. So sehen etwa die §§ 214 ff UmwG für den Formwechsel einer Personenhandelsgesellschaft als Ziel nur eine Rechtsform als Kapitalgesellschaft oder als eingetragene Genossenschaft vor. Sofern das Bedürfnis eines Formwechsels in eine andere Rechtsform besteht, muss und kann ein solcher außerhalb des UmwG stattfinden. Gesellschafter von Personengesellschaften können ihre Anteile dazu vollständig in eine neue Personengesellschaft gegen Gewährung neuer Anteile einbringen. Mit Wirksamwerden hat die übertragende Personengesellschaft nur noch einen Gesellschafter. Da dies nach den Grundsätzen des Personengesellschaftsrechts nicht möglich ist, geht das gesamte Vermögen der übertragenden Personengesellschaft durch **Anwachsung** (§ 738 BGB) auf die neue Personengesellschaft über. 34

Weitere Möglichkeiten bilden die **Eingliederung** gem. §§ 319 ff AktG, die **Unternehmensverträge** gem. § 291 ff AktG sowie der aktienrechtliche **Squeeze Out** gem. §§ 327 a ff AktG. Die Zusammenführung von Unternehmen ist ferner über Asset-Deals möglich. Dies führt aber nicht zur Abwicklung des Unternehmens, sondern belässt dieses in der Liquidationsphase. 35

Auch der Weg einer Personengesellschaft zur Kapitalgesellschaft kann außerhalb des UmwG vollzogen werden, indem sämtliche Anteile der Personengesellschaft vermittels einer Kapitalerhöhung auf die Kapitalgesellschaft übertragen werden. In diesem Falle greift ebenfalls der Grundsatz der Anwachsung aus § 738 BGB und die Personengesellschaft erlischt. Abhängig vom übernehmenden Rechtsträger können die wirtschaftlichen Ergebnisse des UmwG so abgebildet werden. Wegen fehlender Anteilskontinuität erfüllt etwa die Anwachsung (Ausscheiden gegen Abfindung) wie auch die erweiterte Anwachsung (Übertragen der Anteile in Zielgesellschaft) nicht die Voraussetzung einer Umwandlung nach dem UmwG.[69] Gleiches gilt für Fälle der Einbringung. Sie fallen nicht unter das UmwG, da es sich sowohl um einen Fall der Einzelrechtsnachfolge handelt als auch keine Anteilskontinuität gegeben ist. Daneben stehen die 36

64 S. dazu ausf. *Leinekugel*, Die Ausstrahlungswirkung des Umwandlungsgesetzes, 2000, § 4 I; Lutter/*Lutter*, Einl. I Rn 56.

65 BGHZ 83, 122 (Holzmüller); s. auch BGHZ 159, 30 (Gelatine).

66 LG Karlsruhe, ZIP 1998, 385; in diese Richtung LG Frankfurt, ZIP 1997, 1698; OLG Frankfurt, ZIP 1999, 1005; *Weißhaupt*, NZG 1999, 804; aA LG Hamburg, DB 1997, 516.

67 Der BGH legte in BGHZ 159, 30 (Gelatine) sehr restriktive Maßstäbe für die AG an.

68 Str., s. Lutter/*Lutter*, Einl. I Rn 56 ff; Semler/Stengel/*Semler*, § 1 Rn 63 ff; Kallmeyer/*Kallmeyer*, UmwG, § 1 Rn 19.

69 Widmann/Mayer/*Heckschen*, § 1 Rn 368 ff.

Realteilung bei Personenhandelsgesellschaften (§ 145 HGB) sowie die Vereinigung oder die Umgründung von Rechtsträgern als weitere rechtliche Varianten zur Verfügung.

37 **2. Strukturänderungen nach UmwG oder nach allg. Gesellschaftsrecht?** Das UmwG stellt lediglich ein Angebot des Gesetzgebers an die beteiligten Rechtsträger dar.[70] Welcher Weg seitens der Unternehmen eingeschlagen wird, ist abhängig von der Abwägung der Vorteile und Nachteile der jeweiligen Maßnahme. Nehmen die beteiligten Rechtsträger die Vorteile der Umwandlung nach UmwG wahr, so müssen die einschlägigen Vorschriften des UmwG zwingend beachtet werden. Klar ist, dass das UmwG der gesetzgeberischen Intention zufolge nur für Umstrukturierungen bestimmt ist, die in ihrem Aufwand erheblich sind. Die Anwendung der mit einem Höchstmaß an formalisierten Vorgaben und Hürden ausgestalteten Maßnahmen des Umwandlungsrechts auf Umstrukturierungsvorgänge, die keinen wesentlichen Eingriff in die Mitgliedschaftsrechte mit sich bringen, ist eine unverhältnismäßige Belastung der Gesellschaft.[71] Somit verfügt das UmwG zwar über keine explizite Bagatellgrenze, schafft jedoch eine **faktische Erheblichkeitsschwelle.**[72] Somit ist das UmwG zugeschnitten auf wesentliche Strukturmaßnahmen. Die darin enthaltenen Wege der Umstrukturierung sollten von einem Unternehmen erst dann beschritten werden, wenn das avisierte Ziel nicht durch herkömmliche Umstrukturierungsmethoden, die den Maßnahmen der Geschäftsführung zuzuordnen sind, mit gleichem Ergebnis trotz geringem Aufwand erreicht werden können.[73]

38 Die Vorteile des UmwG liegen dabei auf der Hand: Es bietet einen genauen Fahrplan für eine Umwandlung und beinhaltet dabei einen festgelegten **Minderheiten-, Gläubiger- und Arbeitnehmerschutz.** Es lässt damit grds. keine Fragen des rechtssicheren Vorgehens aufkommen. Es ermöglicht den Rechtsträgern im Rahmen von Verschmelzung, Spaltung und Vermögensübertragung die Möglichkeit der Gesamtrechtsnachfolge für das gesamte zu übertragende Vermögen. Dies erleichtert zumindest für den Fall der Gesamtübertragung die ansonsten im Falle der Einzelrechtsnachfolge nach dem bürgerlich-rechtlichen Bestimmtheitsgrundsatz vorzunehmende exakte Bezeichnung der betreffenden Vermögensgegenstände, die auf den übernehmenden Rechtsträger übergehen sollen. Entbehrlich ist nach den Vorschriften des UmwG im Fall des Übergangs von Schuldverhältnissen auch eine eventuelle Zustimmung des jeweiligen Gläubigers (§ 414 BGB).

39 Erhebliche Vorteile einer Umwandlung nach dem UmwG liegen insb. in den eintretenden **Steuerfolgen.**[74] In der Regel werden eine ertragsteuerliche Buchwertfortführung und eine niedrige Grunderwerbsteuerbelastung den Ausschlag geben. Die Möglichkeit der Gesamtrechtsnachfolge bietet jedenfalls eine erhebliche Vereinfachung, die auf Maßnahmen außerhalb des UmwG nicht übertragbar ist. Stille Reserven brauchen dabei nicht aufgedeckt zu werden, was eine zusätzliche steuerliche Attraktivität ausstrahlt. Zu den Einzelheiten wird auf die Kommentierung der einzelnen Normen des UmwStG verwiesen.

40 Die **Informationspflichten** der Unternehmensführung gegenüber ihren Anteilseignern sind ebenfalls relevant. Diese Publizität ist im UmwG idR höchsten Anforderungen ausgesetzt; so sind grundsätzlich **Umwandlungsberichte** zu erstellen, **Umwandlungsprüfungen** durchzuführen, ggf **Spruchstellenverfahren** zu führen und es bestehen zudem Austrittsrechte gegen Barabfindungen, wenn auch in bestimmten Fallkonstellationen Verzichtsmöglichkeiten bestehen. Auch die Kostenbelastung (etwa aus Beurkundungen, etc.) dürfte eine Rolle spielen. So kann der Aufwand einer kleineren Ausgliederung nach UmwG denjenigen einer Einzelübertragung deutlich übersteigen. Vor diesem Hintergrund wird im Schrifttum auch betont, dass das sehr schwerfällige Schutzinstrument des UmwG ohne Bagatellgrenzen nur deshalb akzeptabel sei,

70 Semler/Stengel/*Semler*, § 1 Rn 61; Lutter/*Neye*, Umwandlungsrechtstage, S. 1, 6.

71 S. dazu auch Lutter/*Lutter*, Einl. I Rn 59.

72 IE so wohl auch Lutter/*Lutter*, Einl. I Rn 59; *Leinekugel,* Die Ausstrahlungswirkung des Umwandlungsgesetzes, 2000, § 5 V 3 e.

73 So auch Semler/Stengel/*Semler*, § 1 Rn 6.

74 Semler/Stengel/*Semler*, § 1 Rn 60 nennt steuerrechtliche Vorteile; RegBegr. bei *Ganske*, Umwandlungsrecht, S. 44; vgl BGH ZIP 1997, 2134; *K. Schmidt*, ZIP 1998, 181; *Heckschen*, DB 1998, 1385.

weil die Möglichkeit verbleibt, auf kostengünstigere und flexiblere Möglichkeiten im Wege der Einzelrechtsübertragung auszuweichen.[75]

Letztlich verbleibt die Entscheidung des einzuschlagenden Weges bei der Unternehmensleitung bzw den Mehrheitsgesellschaftern, sofern diese die Geschäftsleitung entsprechend anweisen können. Als Hinweis kann gelten, dass eine Umwandlung nach UmwG sinnvoll ist bei Umstrukturierungen, die den satzungsmäßigen Unternehmensgegenstand verändern oder den weit überwiegenden Teil des Gesellschaftsvermögens betreffen. Sind bei derartigen Vorgängen weder ein Beschluss der Anteilsinhaber[76] noch die beschlussbegleitenden Informationsrechte der Anteilsinhaber zu verhindern,[77] so kann gleich die elegante Lösung der (partiellen) Gesamtrechtsnachfolge gewählt werden.[78] Die Nutzung alternativer Umwandlungsgestaltungen außerhalb des UmwG ist der Unternehmensleitung daher nur in den Fällen zu empfehlen, welche die Unternehmensleitung auch als Maßnahmen der Geschäftsführung umsetzen kann, ohne die Zustimmung der Anteilsinhaber zu Strukturänderungen einholen zu müssen.[79] 41

Im Falle einer Umwandlungsgestaltung außerhalb des UmwG sollte dabei stets die mögliche Haftung der Geschäftsleiter und Aufsichtsratsmitglieder nach § 93 AktG bzw § 43 GmbHG für jegliche durch die Umwandlungsart entstandenen finanziellen Schäden berücksichtigt werden. Dies kann insb. für eine Entscheidung der Geschäftsleiter gelten, aus bestimmten Gründen der Umgehung der Minderheitenrechte nicht nach den Bestimmungen des UmwG vorzugehen, wenn dadurch der Gesellschaft oder den Anteilseignern ein Schaden entsteht. Einen Leitfaden für die Unternehmensleitung kann dabei die Differenzierung bieten, dass die Sorgfalt des ordentlichen und gewissenhaften Geschäftsleiters dann gewahrt ist, wenn Strukturentscheidungen nach dem UmwG und Geschäftsführungsmaßnahmen außerhalb des UmwG durchgeführt werden.[80] 42

II. Rechtsfolgen des Verstoßes gegen den numerus clausus

Bei einem **Verstoß** gegen den numerus clausus darf der Registerrichter den Umwandlungsvorgang nicht zur Eintragung bringen, sondern muss den Eintragungsantrag zurückweisen. Hat der Registerrichter dennoch eingetragen, so erfährt die Eintragung rechtlichen Bestandsschutz und die Wirkungen der Umwandlung treten gleichwohl ein.[81] Auch eine zwangsweise Rückabwicklung oder eine Löschung der Eintragung von Amts wegen ist ausgeschlossen.[82] 43

C. Analogieverbot (Abs. 2)

Der Festlegung des abschließenden Charakters der Umwandlungsarten aus Abs. 2 folgend ist eine analoge Anwendung der Normen des UmwG nur eingeschränkt möglich.[83] Das flankierend zum numerus clausus normierte „**Analogieverbot**" soll unterbinden, dass die Praxis eigenständige Umwandlungsvarianten entwickelt und hierzu den Grundsatz der Gesamtrechtsnachfolge nach den Vorgaben des UmwG entlehnt.[84] Auch ist es der Rechtsprechung verwehrt, die gesetzlichen Umwandlungsvarianten im Wege der Rechtsfortbildung zu ergänzen bzw zu er- 44

75 Lutter/*Lutter/Drygala*, § 1 Rn 28.
76 BGHZ 83, 122 (Holzmüller); s. auch BGHZ 159, 30 (Gelatine).
77 LG Karlsruhe ZIP 1998, 385; in diese Richtung LG Frankfurt ZIP 1997, 1698; OLG Frankfurt ZIP 1999, 1005; *Weißhaupt*, NZG 1999, 804; aA LG Hamburg DB 1997, 516.
78 Lutter/*Lutter/Drygala*, § 1 Rn 30.
79 So auch Lutter/*Lutter/Drygala*, § 1 Rn 30.
80 Lutter/*Lutter/Drygala*, § 1 Rn 30.
81 S. Lutter/*Lutter/Drygala*, § 1 Rn 32; Kallmeyer/*Marsch-Barner*, UmwG, § 20 Rn 47; der BGH hat zum LwAnpG in ZIP 1996, 1146, 1148, ZIP 1997, 2134, BB 1999, 1450 und BB 1999, 2210 jeweils anderweitig entschieden, jedoch dies mit den Besonderheiten der Wiedervereinigung und des LwAnpG begründet; diese Rspr ist richtigerweise auf das UmwG nicht direkt übertragbar.
82 So auch Lutter/*Grunewald*, § 20 Rn 73; Lutter/*Lutter/Drygala*, § 1 Rn 32; Kallmeyer/*Marsch-Barner*, UmwG, § 20 Rn 47.
83 Semler/Stengel/*Semler*, § 1 Rn 61; Kallmeyer/*Kallmeyer*, UmwG, § 1 Rn 19; ebenso differenzierend nach den einzelnen Aspekten des sog. Analogieverbotes in: KölnKomm-UmwG/*Dauner-Lieb*, § 1 Rn 40; krit. zum Analogieverbot *K. Schmidt*, ZIP 1998, 181, 185; *ders.*, FS Kropff, 261; ders., GesR § 13 I 3 b); Arbeitskreis Umwandlungsrecht, ZGR 1993, 321, 322.
84 Semler/Stengel/*Semler*, § 1 Rn 61.

weitern.[85] Das sog. „Analogieverbot" ist zwar nicht im verfassungsrechtlichen Sinne (Art. 103 Abs. 2 GG) zu verstehen und entsprechend strikt anzuwenden. Eine analoge Anwendung von Vorschriften des UmwG bleibt freilich in sog. **Mischfällen** im Rahmen des UmwG sehr wohl möglich.[86]

I. Inhalt und Reichweite des Verbotes

45 Zunächst ist festzustellen, wie weit das sog. Analogieverbot greift und welche Fälle es bereits a priori nicht erfasst. Das sog. Analogieverbot kann zunächst außerhalb des Umwandlungsrechts bereits zuvor bestehende gesellschaftsrechtliche Varianten der Umstrukturierung, die einer Umwandlungsmaßnahme im Ergebnis nahe oder gar gleich kommen (zB die Anwachsung gem. § 105 Abs. 2 HGB iVm § 738 BGB), nach allg. Auffassung nicht tangieren.[87]

46 Im Schrifttum wird darüber hinaus das Analogieverbot teilweise nur auf die Regelungen der Gesamtrechtsnachfolge bzw der Identitätswahrung beschränkt.[88] Ausgehend von der Begründung des Analogieverbotes, eben diese privatautonome Festlegung einer Gesamtrechtsnachfolge oder Identitätswahrung für im UmwG nicht geregelte Fälle von Strukturänderungen zu verhindern, wird eine **Beschränkung des Analogieverbotes** auf die Regelung der Gesamtrechtsnachfolge befürwortet. § 1 Abs. 2 verbietet hingegen nicht die Übertragung umwandlungsrechtlicher Prinzipien und Schutzfiguren des Minderheitenschutzes auf vergleichbare Sachverhalte außerhalb des UmwG.[89] Weder dem Gesetz noch der Gesetzesbegründung kann ein solches Verbot dieser sog. Ausstrahlungswirkung des Umwandlungsrechts entnommen werden.[90] Ob dies in Form einer Analogie stattfinden kann, wird in Rechtsprechung und Literatur kritisch betrachtet.[91] Zustimmungswürdig nehmen *Lutter/Drygala* daher eine Ausdehnung der Schutzprinzipien vermittels eines Wertungstransfers vor. Letzterer erlaubt die Anwendung vergleichbarer Rechtsprinzipien und Schutzfiguren wie zB der Vorschriften zum Minderheitenschutz.[92] *Semler* stellt hierzu die kritische Frage, ob die Grundsätze zulässiger Gesetzesauslegung es erlauben, einerseits ein Analogieverbot für umwandlungsgesetzliche Regelungen anzunehmen, welches andererseits über einen **Wertungstransfer** wieder entkräftet wird.[93] IE kann eine Umgehung des Analogieverbotes darin freilich nicht gesehen werden. Da das UmwG Teil eines Gesamtsystems des Gesellschaftsrechts ist, welches – insb. aus seiner Entwicklungsgeschichte – Wertungstransfers nicht verbietet, spricht die Systematik des Gesellschaftsrechts für die Möglichkeit eines solchen Wertungstransfers (s. dazu bereits die Vorüberlegungen in Vorbem. § 1 Rn 27).[94]

47 Deutlich ist insoweit aus der Rspr das LG Karlsruhe und bejaht unter bestimmten Umständen die analoge Anwendung.[95] Im konkreten Fall stellte das Gericht fest, dass eine wirtschaftliche Ausgliederung im Wege der Einzelrechtsnachfolge derjenigen nach UmwG vergleichbar sei und

85 *Schnorrbus*, DB 2001, 1654, 1658; Kallmeyer/*Kallmeyer*, UmwG, § 1 Rn 19; Semler/Stengel/*Semler*, § 1 Rn 62; *K. Schmidt*, GesR § 13 I 3 a).

86 Widmann/Mayer/*Heckschen*, § 1 Rn 406; *K. Schmidt*, FS Kropff, 261; Semler/Stengel/*Semler*, § 1 Rn 62.

87 So bereits die GesBegr., BT-Drucks. 12/6699, S. 80; *K. Schmidt*, ZGR 1990, 580, 590; KölnKomm-UmwG/*Dauner-Lieb*, § 1 Rn 40.

88 Lutter/Lutter/*Drygala*, § 1 Rn 34; Semler/Stengel/*Semler*, § 1 Rn 61.

89 In diese Richtung *Reichert*, ZHR Beiheft 68 (1999), 25, 30; *K. Schmidt*, ZHR Beiheft 68 (1999), 10, 12; *Priester*, ZHR 163 (1999), 187, 191; *Semler*/Stengel, Rn 41; Lutter/*Lutter/Drygala*, Rn 35; Lutter/*Lutter*, Einl. I Rn 57 ff; *Trölitzsch* DStR 1999, 764, 765.

90 Semler/Stengel/*Semler*, § 1 Rn 41; *Reichert*, ZHR Beiheft 68 (1999), 25, 30; *Schmidt*, ZHR Beiheft 68 (1999), 10, 12; *Priester*, ZHR 163 (1999), 187, 191; krit. Kallmeyer/*Kallmeyer*, UmwG, § 1 Rn 19.

91 Dafür LG Karlsruhe ZIP 1998, 385 (Badenwerk), freilich nur im Rahmen einer Kostenentscheidung gem. § 91 a ZPO; ähnlich zu einer aktienrechtlichen Konstellation LG Frankfurt NZG 1998, 113 mit abl. Anm. *Zeidler*, NZG 1998, 91; zust. freilich *Drygala*, EWiR 1997, 919 f; aA LG Hamburg AG 1997, 238; LG München ZIP 2006, 2036 (Infineon); für die Literatur s. Lutter/*Lutter/Drygala*, § 1 Rn 34 f; Semler/Stengel/*Semler*, § 1 Rn 63 ff; KölnKomm-UmwG/*Dauner-Lieb*, § 1 Rn 47 ff; *Trölitzsch*, DStR 1999, 764, 765.

92 Dies unternehmen Lutter/*Lutter/Drygala*, § 1 Rn 34 f.

93 Semler/Stengel/*Semler*, § 1 Rn 63.

94 Lutter/Lutter, Einl. I Rn 57 ff; Lutter/*Lutter/Drygala*, § 1 Rn 34 f; so auch *Trölitzsch*, DStR 1999, 764, 765.

95 AA LG Hamburg AG 1997, 238; LG München ZIP 2006, 2036 („Infineon"); KölnKomm-UmwG/*Dauner-Lieb*, § 1 Rn 47 ff.

aufgrund von Art. 3 GG Schutzvorschriften zu übertragen seien.[96] Diese Entscheidung stellt freilich einen Einzelfall dar und war deutlicher Kritik im Schrifttum ausgesetzt.[97]

Hinweis: Soweit keine klare Entscheidung in dieser Hinsicht gefällt werden kann, unterliegt die tatsächliche Anwendung der Schutzprinzipien des UmwG einer Einzelfallentscheidung. Denn der Vorwurf einer Umgehung umwandlungsrechtlicher Schutzprinzipien wird sich nach dem konkreten Einzelfall richten. Rechtsträger sollten sich, nach vorheriger Einzelfallprüfung, im Zweifel aus Gründen der Rechtssicherheit für die Einhaltung umwandlungsrechtlicher Schutzprinzipien entscheiden bzw das Vorgehen mit dem zuständigen Handelsregister vorab abstimmen.

II. Mischformen

Problematisch ist die Auswirkung des Analogieverbotes auf die Möglichkeit von Mischumwandlungen. Der Gesetzgeber wollte grundsätzlich die Kombination verschiedener Umwandlungsarten in einem Umwandlungsvorgang ermöglichen; es wird hierbei von einem grundsätzlich zulässigen **„Baukastenprinzip"** gesprochen.[98] Dies soll den beteiligten Rechtsträgern ausreichenden Bewegungsspielraum bieten, gleichzeitig komplexe Umwandlungsvorgänge zeitlich verkürzen und deren Kosten im Rahmen halten.[99] Nach ganz hM ist zudem die analoge Anwendung einzelner Vorschriften des UmwG auf anderweitige Vorgänge innerhalb des UmwG zulässig, sofern die allgemeinen Voraussetzungen einer Analogie vorliegen.[100] 48

Ein Verstoß gegen das Analogieverbot und damit die Grenze dieser Kombinationsmöglichkeiten ist erst dort erreicht, wo neue Umwandlungsarten geschaffen werden, die Besonderheiten der einen Umwandlungsart der analogen Anwendung von Vorschriften einer anderen Umwandlungsart zwingend entgegenstehen oder die Voraussetzungen der Anwendbarkeit vorhandener Umwandlungsarten eingeschränkt werden.[101] In der Praxis ist darüber hinaus noch nicht abschließend geklärt, welche Kombinationen im Einzelnen zulässig sind und welche gegen das Analogieverbot verstoßen.[102] 49

Für allgemein zulässig wird die Kombination von Verschmelzung und Spaltung als **Spaltung zur Aufnahme** betrachtet, da diese Kombination durch den Gesetzgeber selbst als zulässig erachtet wurde.[103] Zulässig dürfte ferner die Verbindung einer **Abspaltung** und einer **Ausgliederung** sein, da ein Teil der Anteile an die Anteilsinhaber des übertragenden Rechtsträgers gehen würde und ein anderer Teil der Anteile an den übertragenden Rechtsträger selbst.[104] Für unzulässig wird man iE hingegen eine Kombination von **Aufspaltung** und **Ausgliederung** halten müssen, da sich diese beiden Arten der Spaltung grundsätzlich unterscheiden und zudem bei der Ausgliederung der übertragende Rechtsträger bestehen bleibt, während dieser bei der Aufspaltung erlischt.[105] 50

Hinweis: IE wird eine Einzelfallentscheidung nach der Vergleichbarkeit der Umwandlungsvorgänge hinsichtlich eines möglichen Konflikts der Durchführungsvoraussetzungen und der zu wahrenden Schutzinteressen notwendig sein. Abzulehnen wäre freilich eine Ansicht, nach welcher der numerus clausus des UmwG derart strikt auszulegen sei, dass selbst die Kombination

96 So LG Karlsruhe, ZIP 1998, 385 (Badenwerk).
97 Krit. Besprechung des Urteils zB bei *Bungert*, NZG 1998, 367 ff.
98 Vielfach auch als Baukastenverfahren bezeichnet, vgl Kallmeyer/*Kallmeyer*, UmwG, § 1 Rn 21; *K. Schmidt*, ZIP 1998, 181, 183.
99 Semler/Stengel/*Semler*, § 1 Rn 71.
100 KölnKomm-UmwG/*Dauner-Lieb*, § 1 Rn 40; Semler/Stengel/*Semler*, § 1 Rn 74; *K. Schmidt*, FS Kropff, 1997, 261.
101 BGH ZIP 1997, 2134.
102 S. hierzu *Mayer* DB 1995, 862; Kallmeyer/*Masch-Barner*, UmwG, § 3 Rn 30.
103 Semler/Stengel/*Semler*, § 1 Rn 72; *Geck*, DStR 1995, 416 f; *Mayer* DB 1995, 862; *Kallmeyer*, DB 1995, 81.
104 Semler/Stengel/*Semler*, § 1 Rn 76 ff hält diese Kombination für unproblematisch, da keine Umgehung der gesetzlich normierten Umwandlungsarten vorläge und die drittschützenden Normen der Ausgliederung und der Spaltung in einem solchen Fall kumulativ anzuwenden seien; ähnlich *Kallmeyer*, DB 1995, 84, 85.
105 *Geck*, DStR 1995, 416, 417; *Mayer*, DB 1995, 861; *Priester*, DNotZ 1995, 427, 444; aA *Kallmeyer*, DB 1995, 81, 82 für den Spezialfall einer Holdingbildung.

der vorhandenen Formen der Umwandlungen des UmwG untersagt sein könnte, so dass ein Verstoß bereits dann in Betracht käme, wenn der Gesetzgeber die neu entwickelte Umwandlungsform nicht ausdrücklich vorgesehen hatte.[106]

D. Zwingender Charakter des UmwG (Abs. 3)

51 § 1 Abs. 3 entzieht, in Ergänzung zu Abs. 2, die Vorschriften des UmwG der Disposition der Parteien. Damit werden die Bestimmungen zum Minderheiten-, Arbeitnehmer- und Gläubigerschutz als unumstößliche **Mindeststandards** für die entsprechenden Umwandlungsvorgänge festgelegt.[107] Eine Abweichung muss im Gesetz ausdrücklich zugelassen sein.[108] Disponibel für die beteiligten Rechtsträger ist einzig eine **Abweichung nach oben**, dh die Etablierung eines über den Rahmen des UmwG hinausgehenden Schutzes.[109] Diese Festlegung des UmwG ist von erheblicher Tragweite, muss sie doch besonders vor dem Hintergrund etwaiger anderslautender Satzungsregelungen der beteiligten Rechtsträger betrachtet werden.[110] Abweichungen von den Bestimmungen des UmwG sind folglich nur dann möglich, wenn diese ausdrücklich zugelassen sind (S. 1) und Ergänzungen dürfen nur vorgenommen werden, sofern das UmwG keine abschließenden Regelungen enthält (S. 2).

52 Im Aktienrecht findet sich eine Entsprechung zu § 1 Abs. 3 in den §§ 23 Abs. 5, 179 Abs. 2 S. 2, 182 Abs. 1 S. 2 und 222 Abs. 1 S. 2 AktG. Während das Recht der Personengesellschaften und der GmbH grundsätzlich dispositiv ist, erklärt § 1 Abs. 3 damit eine klare Orientierung des UmwG am Aktienrecht.[111] Dies ist auch am Wortlaut des Abs. 3 zu erkennen, der dem § 23 Abs. 5 AktG nachgebildet ist. Dennoch erlaubt das UmwG rechtsformspezifische Besonderheiten innerhalb der jeweiligen Umwandlungsarten für die unterschiedlichen Rechtsträger. Insofern dient die Orientierung am Aktienrecht allerdings als ein harmonisierter und zwingender Mindeststandard.[112]

53 **Privatautonome Veränderungen** des Regelungsgehaltes einer Norm des UmwG sind gemäß Abs. 3 S. 1 damit nur möglich, wenn sich die Abweichungsbefugnis unmittelbar aus dem Wortlaut des Gesetzes ergibt. Eine explizite Erwähnung ist dabei freilich nicht notwendig, es reicht aus, wenn sich diese Befugnis nach der Auslegung der entsprechenden Vorschrift ergibt.

54 In der Praxis zeigen sich Abweichungen insb. bei Mehrheitsentscheidungen. Da die Vorgaben des UmwG diesbezüglich die Mindestvoraussetzungen festlegen, darf eine Abweichung grundsätzlich lediglich zur Erhöhung der erforderlichen Mehrheit erfolgen und ggf weitere Voraussetzungen – wie ein besonderes Zustimmungserfordernis bestimmter Anteilsinhaber – aufstellen;[113] in gesetzlich abschließend geregelten Einzelfällen (zB § 217 Abs. 1 S. 2) ist allerdings eine satzungsmäßige Erleichterung des Einstimmigkeitserfordernis bis zur ¾-Mehrheit erlaubt.

55 Ausdrücklich zugelassen werden Abweichungen bzw Erleichterungen insb. in den §§ 5 Abs. 2, 8 Abs. 3 S. 1, 9 Abs. 2, 40 Abs. 2 S. 2, 43 Abs. 2 S. 1, 45 d Abs. 2 S. 1, 50 Abs. 1 S. 2, 54 Abs. 1 S. 3, 65 Abs. 1 S. 2, 68 Abs. 1 S. 3, 78 S. 3 Hs 2, 84 S. 2, 103 S. 2, 112 Abs. 3 S. 2, 192 Abs. 2 S. 1, 215, 217 Abs. 1 S. 2, 225 c, 233 Abs. 2 S. 2, 240 Abs. 1 S. 2, 252 Abs. 2 S. 2, 262 Abs. 1 S. 3, 275 Abs. 2 S. 3, 284 S. 2.

56 Eine **Ergänzung** der Bestimmungen des UmwG gem. Abs. 3 S. 2 liegt vor, sofern das Gesetz keine explizite Regelung enthält und die Parteien eine eigene Regelung vornehmen. Diese ist grundsätzlich nur in dem vorstehend aufgezeigten engen Rahmen möglich, wenn sie den

106 IdS auch *Schnorrbus*, DB 2001, 1654, 1657.

107 Lutter/*Lutter/Drygala*, § 1 Rn 36; Semler/Stengel/*Semler*, § 1 Rn 82.

108 Semler/Stengel/*Semler*, § 1 Rn 82 weist zu Recht darauf hin, dass ein Schweigen des Gesetzes nicht ausreicht.

109 So bereits Lutter/*Lutter/Drygala*, § 1 Rn 36.

110 S. dazu auch Lutter/*Lutter/Drygala*, § 1 Rn 37.

111 So auch *Schnorrbus*, WM 2000, 2321, 2324; *Schöne*, GmbHR 1995, 325 – bezeichnet das Aktienrecht unter dem Eindruck der Richtlinienumsetzung gar als das „Maß aller Dinge" für das Umwandlungsrecht.

112 So auch *Schnorrbus*, WM 2000, 2321, 2324.

113 Lutter/*Lutter/Drygala*, § 1 Rn 38.

Grundgedanken des UmwG nicht verändern, sondern die Norm lediglich zur Lückenfüllung gedanklich fortführt.[114] Abs. 3 soll nicht die Parteiautonomie zur Vereinbarung ergänzender Regelungen ausschließen, sondern nur die Abschwächung oder Umgehung der wesentlichen Schutzvorschriften des UmwG hinsichtlich Anteilsinhaber-, Arbeitnehmer- und Gläubigerschutz verhindern.[115]

Zulässig sind danach grds. alle über die Anforderungen des Gesetzes hinausgehende Vereinbarungen, die sich in das Normgefüge des UmwG eingliedern lassen. Ausdrückliche Möglichkeiten zur Ergänzung erwähnen die Vorschriften zum Verschmelzungsvertrag (§ 5), zum Verschmelzungsplan (§ 122 c), zum Spaltungs- und Übernahmevertrag (§ 126) sowie zum Umwandlungsbeschluss (§ 194). Hier werden gesetzliche Mindestanforderungen festgelegt, deren **Verschärfung** jederzeit möglich ist.[116] Ob dies der Fall ist, bleibt eine Frage des Einzelfalles, die im Zweifel das Prozessgericht (bei Anfechtungs- oder Nichtigkeitsklagen) oder der Registerrichter zu prüfen haben. 57

Das UmwG benennt die Rechtsfolgen eines Verstoßes gegen Abs. 3 S. 2 nicht explizit und auch im Schrifttum finden sich hierzu nur vereinzelt Ausführungen.[117] In der Praxis wird diese Frage selten relevant, da dies entweder bereits durch Anfechtungs- oder Nichtigkeitsklagen vom Prozessgericht oder durch den Registerrichter vor der Eintragung des Umwandlungsvorgangs geprüft wird. Sollte hingegen trotzdem eine Eintragung des Umwandlungsvorganges erfolgen, so kommt eine **Heilung** durch Eintragung gem. §§ 20 Abs. 1 Nr. 4, 131 Abs. 1 Nr. 4 bzw 202 Abs. 1 Nr. 3 nicht in Frage, da diese lediglich Form- und Zustellungsmängel heilen, nicht hingegen inhaltliche Mängel der Verträge, Satzungen oder Willenserklärungen.[118] Auch greifen die Heilungsregelungen der §§ 20 Abs. 2, 131 Abs. 2 sowie 202 Abs. 3 nicht ein, da diese lediglich die Wirksamkeit des Umwandlungsvorganges aufrecht erhalten, nicht jedoch einzelne, gegen Abs. 3 S. 2 verstoßende Klauseln heilen.[119] Da § 1 Abs. 3 auf der Vorschrift des § 23 Abs. 5 AktG basiert, zieht *Dauner-Lieb* zustimmungswürdig die Rechtsfolge eines Verstoßes gegen § 23 Abs. 5 AktG als Basis für die Rechtsfolge eines Verstoßes gegen Abs. 1 S. 3 heran und folgert daraus, dass die entsprechende Klausel **nichtig** ist und auch nicht gem. analoger Anwendung des § 242 Abs. 2 AktG geheilt werden kann.[120] 58

Zweites Buch Verschmelzung

Erster Teil
Allgemeine Vorschriften

Erster Abschnitt Möglichkeit der Verschmelzung

§ 2 Arten der Verschmelzung

Rechtsträger können unter Auflösung ohne Abwicklung verschmolzen werden

1. **im Wege der Aufnahme durch Übertragung des Vermögens eines Rechtsträgers oder mehrerer Rechtsträger (übertragende Rechtsträger) als Ganzes auf einen anderen bestehenden Rechtsträger (übernehmender Rechtsträger) oder**
2. **im Wege der Neugründung durch Übertragung der Vermögen zweier oder mehrerer Rechtsträger (übertragende Rechtsträger) jeweils als Ganzes auf einen neuen, von ihnen dadurch gegründeten Rechtsträger**

114 Lutter/*Lutter/Drygala*, § 1 Rn 39; Semler/Stengel/*Semler*, § 1 Rn 84; Kallmeyer/*Kallmeyer*, § 1 Rn 22.
115 KölnKomm-UmwG/*Dauner-Lieb*, § 1 Rn 53.
116 *Semler*/Stengel, § 1 Rn 85 bezeichnet sie gar als „vom Gesetzgeber erwünscht"; Lutter/*Lutter/Drygala*, § 1 Rn 39.
117 So insb. bei KölnKomm-UmwG/*Dauner-Lieb*, § 1 Rn 53 ff.
118 KölnKomm-UmwG/*Dauner-Lieb*, § 1 Rn 55.
119 So auch KölnKomm-UmwG/*Dauner-Lieb*, § 1 Rn 55.
120 KölnKomm-UmwG/*Dauner-Lieb*, § 1 Rn 56 f mwN.

gegen Gewährung von Anteilen oder Mitgliedschaften des übernehmenden oder neuen Rechtsträgers an die Anteilsinhaber (Gesellschafter, Partner, Aktionäre oder Mitglieder) der übertragenden Rechtsträger.

Literatur:

Baums, Verschmelzung mit Hilfe von Tochtergesellschaften, in: FS Zöllner, 1998, 65; *Beuthien/Helios*, Die Umwandlung als transaktionslose Rechtsträgertransformation, NZG 2006, 369; *Döss*, Die Auswirkungen von Mängeln einer Verschmelzung durch Aufnahme auf die rechtliche Stellung einer übertragenden Gesellschaft und ihrer Aktionäre, 1990; *Ganske*, Reform des Umwandlungsrechts, WM 1993, 1117; *Gerold*, Die Verschmelzung nach dem neuen Umwandlungsrecht, MittRhNotK 1997, 205; *Grunewald/Winter*, Die Verschmelzung von Kapitalgesellschaften, in: Lutter, Kölner Umwandlungsrechtstage, 19; *Heckschen*, Die Pflicht zur Anteilsgewährung im Umwandlungsrecht, DB 2008, 1363; *Heckschen*, Verschmelzung von Kapitalgesellschaften, 1989; *Heckschen*, Das Umwandlungsrecht unter Berücksichtigung registerrechtlicher Problembereiche, Rpfleger 1999, 357; *Ihrig*, Gläubigerschutz durch Kapitalaufbringung bei Verschmelzung und Spaltung nach neuem Umwandlungsrecht, GmbHR 1995, 622; *Ihrig*, Verschmelzung und Spaltung ohne Gewährung neuer Anteile?, ZHR 160 (1996), 317; *Impelmann*, Die Verschmelzung und der Formwechsel von Unternehmen nach dem neuen Umwandlungsrecht, DStR 1995, 769; *Mertens*, Zur Universalsukzession in einem neuen Umwandlungsrecht, AG 1994, 66; *Neye*, Die Änderungen im Umwandlungsrecht nach den handels- und gesellschaftsrechtlichen Reformgesetzen in der 13. Legislaturperiode, DB 1998, 1649; *Neye*, Partnerschaft und Umwandlung, ZIP 1997, 722; *Ossadnik*, Die Verschmelzung im neuen Umwandlungsrecht aus betriebswirtschaftlicher Sicht, DB 1995, 105; *Priester*, Personengesellschaften im Umwandlungsrecht, DStR 2005, 788; *H. Schmidt*, Verschmelzung von Personengesellschaften, in: Lutter, Kölner Umwandlungsrechtstage, 59; *K. Schmidt*, Universalsukzession kraft Rechtsgeschäfts, AcP 191 (1991), 495; *Schwenn*, Kettenverschmelzung bei Konzernsachverhalten, Der Konzern 2006, 173; *Tillmann*, Die Verschmelzung von Schwestergesellschaften unter Beteiligung von GmbH und GmbH & Co. KG, GmbHR 2003, 740.

I. Grundlagen

1 Die Verschmelzung ist ein rechtlich gangbarer Weg der wirtschaftlichen Integration mindestens zweier Rechtsträger. Diese Möglichkeit dient der Erschließung von Märkten, Erhaltung oder Verbesserung der Konkurrenzfähigkeit sowie zur Nutzung von **Synergien**. Das gesetzgeberische Leitbild ist dabei – unabhängig von Größe und Bedeutung der zu verschmelzenden Rechtsträger – stets auf das Ziel der Zusammenführung von Vermögensmassen gerichtet. Der übertragende Rechtsträger geht (ex lege) unter und dessen Anteilseigner werden automatisch am übernehmenden Rechtsträger beteiligt. Es ist eine wirtschaftliche und organisationsrechtliche Zusammenführung mehrerer Rechtsträger.[1]

2 Die Verschmelzung stellt den **Grundtatbestand** der im UmwG aufgeführten Umwandlungsarten dar, so dass die anderen Umwandungsarten in großen Teilen auf die Regelungen zur Verschmelzung verweisen; diese Normen haben folglich über die eigentliche Verschmelzung hinaus eine große Bedeutung. Die Verschmelzung ist in den §§ 2–122 und hinsichtlich des Spruchver-

1 So die plastische Formulierung bei KölnKomm-UmwG/*Simon*, § 2 Rn 1.

fahrens seit dem 1.9.2003 in den Vorschriften des SpruchG (bis dahin in den §§ 305–312) geregelt.

§ 2 baut auf den zuvor in unterschiedlichen Gesetzen geregelten Bestimmungen und Begriffen zu Verschmelzung auf.[2] Er ist freilich **rechtsformneutral** und erweitert die zuvor bestehenden Umwandlungsoptionen wesentlich. 3

Mit Blick auf die Gesetzeshistorie hat den wesentlichsten Einfluss auf das heutige Verschmelzungsrecht die **Verschmelzungsrichtlinie** gezeigt.[3] Auswirkungen finden sich insbesondere im Mindestinhalt des Verschmelzungsvertrages, § 5 UmwG, dem Erfordernis eines Verschmelzungsberichts, § 8 UmwG, sowie der externen Prüfung des Verschmelzungsvertrages, § 9 UmwG. Zu beachten ist, dass sich diese Richtlinienvorgaben nur auf die Verschmelzung unter Beteiligung von Aktiengesellschaften beziehen. Soweit der Gesetzgeber sie jedoch im allgemeinen Teil des UmwG vorgenommen hat, entspricht es seiner Intention einer Ausstrahlungswirkung auf die Verschmelzung unter Beteiligung anderer Rechtsformen. Dies ist bei Auslegung der Verschmelzungsvorschriften zu berücksichtigen. Die Vorschriften des UmwG sind – zumindest zur Aktiengesellschaft – aufgrund der Vorgabe der Umwandlungsrichtlinie richtlinienkonform auszulegen.[4] Sofern sich in den Vorschriften des UmwG eine Lücke zu den Regelungen der Richtlinie ergibt, ist diese Lücke durch Auslegung im Sinne der Richtlinie zu schließen.[5] 4

Eine Verschmelzung ist gedanklich in **drei Schritte** zu unterteilen.[6] Nach der Planung und Vorbereitung der Verschmelzungsdokumentation für alle beteiligten Rechtsträger, sind der **Verschmelzungsvertrag** und die **Verschmelzungsbeschlüsse** zu beurkunden und schließlich erfolgt nach den Handelsregisteranmeldungen der Vollzug der Verschmelzung durch **Eintragung** im Handelsregister. Praktisch zu beachten ist hierbei die Achtmonatsfrist gem. § 17 Abs. 2 S. 4; der Stichtag des Jahresabschlusses des übertragenden Rechtsträgers darf zum Zeitpunkt der Handelsregisteranmeldung höchstens acht Monate zurückliegen.[7] Wird diese Frist versäumt, hilft allenfalls ein neu aufzustellender Zwischenabschluss, der freilich mit Kosten und Aufwand verbunden ist. Die in den einzelnen Phasen durchzuführenden Schritte hängen von der geplanten Einzelmaßnahme ab.[8] 5

§ 2 definiert am Ende den für das UmwG wichtigen Begriff des **Anteilsinhabers** abschließend; hierunter fallen Gesellschafter einer GmbH oder einer Personengesellschaft, Partner einer PartG, Aktionäre einer AG oder KGaA sowie Mitglieder von Genossenschaften, genossenschaftlicher Prüfungsverbände, rechtsfähiger Vereine und VVaG. Dieser Begriff des Anteilsinhabers ist für das gesamte UmwG bindend. 6

II. Arten möglicher Verschmelzungen

§ 2 gibt in Nr. 1 die Verschmelzung im Wege der **Aufnahme** und in Nr. 2 die Verschmelzung zur **Neugründung** als mögliche Wege vor. Beide Varianten der Verschmelzung sind grundsätzlich getrennt zu betrachten und diese Trennung wird – mit Ausnahme der §§ 39 ff für die Verschmelzung von Personengesellschaften – im gesamten 2. Buch des UmwG beibehalten.[9] Andere Formen der Vereinigung mehrerer Rechtsträger bleiben daneben möglich, stehen aber unter der Einschränkung des § 1 Abs. 2, dh dem Analogieverbot sowie dem numerus clausus der 7

2 §§ 339 Abs. 1 AktG, 19 Abs. 1 KapErhG, 44 a Abs. 1 VAG, 93 a und 93 s GenG; für einen ausführlichen Überblick siehe KölnKomm-UmwG/*Simon*, § 2 Rn 6 ff.

3 S. dazu bereits Vor § 1 Rn 1 ff, dort auch zur Historie der Umwandlung.

4 Lutter/*Lutter*, Einl. I Rn 26 ff; Lutter/*Lutter/Drygala*, § 2 Rn 10.

5 EuGH, Slg 2003, I-1877 (Santex); EuGH, Slg 2000, I-7321, Rn 39 (Engelbrecht); EuGH, Slg 1990, I-4135 (Marleasing).

6 Vgl dazu auch Semler/Stengel/*Stengel*, § 2 Rn 55 ff; Lutter/*Lutter/Drygala*, § 2 Rn 30 ff.

7 S. hierzu § 17 Rn 9, 13 ff.

8 Ein guter erster Überblick findet sich bei Lutter/*Lutter/Drygala*, § 2 Rn 30-34.

9 KölnKomm-UmwG/*Simon*, § 2 Rn 23 nimmt an, dass aus Gründen der Praktikabilität auf diese Differenzierung verzichtet wurde, da die §§ 39 ff ohnehin eine geringe Anzahl an Sonderregelungen beinhalteten; ebenso Lutter/*Lutter/Drygala*, § 2 Rn 2.

Umwandlungsarten. Die Verschmelzung durch Aufnahme bildet in systematischer Hinsicht den **Grundfall** der Verschmelzung. Die Vorschriften zur Verschmelzung zur Neugründung wie auch andere Normen satteln auf diese grundlegenden Vorschriften auf.[10] Diese gesetzessystematische Einordnung durch den Gesetzgeber entspricht auch der praktischen Realität: Die Verschmelzung durch Neugründung bildet den **Ausnahmefall.**[11] An jeder Verschmelzung können mehr als zwei Rechtsträger beteiligt sein. Die Rechtsform spielt dabei keine Rolle (sog. Mischverschmelzungen, vgl § 3 Abs. 4). Der übernehmende Rechtsträger kann bereits vor der Verschmelzung am übertragenden Rechtsträger beteiligt sein; notwendig ist dies freilich nicht. Der Verschmelzung liegt dabei die Besonderheit zugrunde, dass es sich um einen gestreckten Entstehungstatbestand handelt.[12]

8 **1. Verschmelzung durch Aufnahme, Nr. 1.** Bei der Verschmelzung durch Aufnahme übertragen ein oder mehrere[13] Rechtsträger (sog. übertragende Rechtsträger) sein oder ihr Vermögen auf einen bereits existenten Rechtsträger (sog. übernehmender Rechtsträger). Übertragende Rechtsträger gehen nach erfolgter Übertragung (Wirksamkeit der Verschmelzung durch Eintragung im Handelsregister) unter; der übernehmende Rechtsträger besteht mit dem übernommenen Vermögen fort, ohne dass sich an dessen eigener rechtlicher Identität etwas ändert, § 20 Abs. 1 Nr. 1, 2). Der Untergang des übertragenden Rechtsträgers erfolgt **ex lege**; den Parteien ist es verwehrt, eine Verschmelzung zu vereinbaren, nach welcher der übernehmende Rechtsträger fortbestehen soll. So kann zB bei einer GmbH & Co KG die Komplementär-GmbH nicht auf eine KG mit nur einem Kommanditisten, der zugleich Alleingesellschafter der Komplementär-GmbH ist, verschmolzen werden, da dies zur sofortigen Beendigung der Gesellschaft bei gleichzeitiger Anwachsung des Vermögens auf den verbliebenen Gesellschafter führen würde.[14]

9 Die Anteilsinhaber des übertragenden Rechtsträgers erhalten **automatisch** mit Wirksamwerden der Verschmelzung mit Eintragung im Handelsregister Anteile am übernehmenden Rechtsträger. Bei Verschmelzungen unter Beteiligung von Kapitalgesellschaften ist dazu beim übernehmenden Rechtsträger (AG, GmbH, KGaA) regelmäßig eine Kapitalerhöhung notwendig. Sofern der übernehmende Rechtsträger über eigene Anteile verfügt, kann er diese als Gegenleistung gewähren, vgl §§ 54 Abs. 1, 68 Abs. 1.

10 Die Gewährung von Anteilen stellt freilich keine zwingende Voraussetzung einer Verschmelzung dar. Die Anteilsinhaber des übertragenden Rechtsträgers können auch auf die Gewährung eigener Anteile verzichten, vgl § 54 Abs. 1, 68 Abs. 1. Im Rahmen einer Verschmelzung einer Gesellschaft auf ihren alleinigen Gesellschafter ist eine Kapitalerhöhung aus Kapitalerhaltungsgründen gem. §§ 54 Abs. 1 Nr. 1, 68 Abs. 1 Nr. 1 sogar ausdrücklich ausgeschlossen.[15] Die Verschmelzung durch Aufnahme findet zumeist in Konzernzusammenhängen statt, bei denen Tochtergesellschaften auf Muttergesellschaften (**upstream meger**) oder Muttergesellschaften auf Tochtergesellschaften (**downstream merger**) verschmolzen werden. Der Hintergrund ist oftmals steuerlicher oder bilanzieller Natur, kann jedoch auch in der Vereinfachung der Konzernstruktur oder der Zusammenlegung einzelner business units liegen.

11 Sind mehrere übertragende Rechtsträger beteiligt, besteht die Möglichkeit, einen einzelnen, gemeinsamen Verschmelzungsvorgang mit zeitgleicher Wirksamkeit durchzuführen oder mehrere zeitlich getrennte Verschmelzungen vorzunehmen.[16] Der erstere Fall bietet sich bei einer Ver-

10 Vgl §§ 36 ff, 46 ff, 56 ff; einzig für den Fall der Personenhandelsgesellschaft regeln die §§ 39 ff beide Verschmelzungsarten gemeinsam.

11 Ebenso KölnKomm-UmwG/*Simon*, § 2 Rn 23.

12 S. näher dazu *Austmann/Frost*, ZHR 169 (2005), 431 ff.

13 Dies ist für alle Rechtsträger erst seit dem UmwG 1995 möglich.

14 Dazu OLG Hamm NZG 2010, 1309; Lutter/*Schmidt*, § 39 Rn 19.

15 S. dazu nur BayObLG DB 1984, 285; Semler/Stengel/*Stengel*, § 2 Rn 26 mwN.

16 So etwa bei LG München, DNotZ 1988, 642; vgl auch *Baums*, FS Zöllner (1998), S. 65, 85; KölnKomm-UmwG/*Simon*, § 2 Rn 184; Kallmayer/*Marsch-Barner*, UmwG, § 2 Rn 4, anders freilich die Gesetzesbegründung in BT-Drucks.12/6699, S. 117.

schmelzung auf eine Kapitalgesellschaft an, da dann nur einmal eine Kapitalerhöhung durchgeführt werden muss, worin alle Anteile der übertragenden Rechtsträger als Sacheinlage umfasst sein können. Im letzteren Fall sind alle Einzelverschmelzungen unabhängig voneinander wirksam; sollen diese jedoch miteinander verknüpft werden, so bieten sich zwei Möglichkeiten: Einerseits eine sog. **Kettenverschmelzung,**[17] bei der die Einzelverschmelzungen in eine bestimmte Reihenfolge gebracht werden andererseits einfach die zeitlich versetzte Anmeldung zur Eintragung ins Handelsregister.[18] Eine rechtliche Abhängigkeit einer Verschmelzung von der Wirksamkeit einer Vorgehenden, ist dagegen nicht möglich.[19]

Die konkrete Wahl der Vorgehensweise sollte genau abgewogen werden: Besteht etwa das Risiko der Anfechtung eines Verschmelzungsvorganges, so empfiehlt sich ein Vorgehen durch Einzelverschmelzungen. Denn im Falle einer gemeinsamen Verschmelzung wäre bei der Anfechtung eines Einzelvorganges der gesamte Verschmelzungsvorgang betroffen. 12

2. Verschmelzung zur Neugründung, Nr. 2. In diesem Fall wird der übernehmende Rechtsträger erst durch Neugründung im Rahmen des Umwandlungsvorganges geschaffen. Die übertragenden Rechtsträger gehen unter, der neu entstehende besteht allein weiter, § 20 Abs. 1.[20] 13

Diese Verschmelzungsvariante ist regelmäßig aufwändiger und teurer als die Verschmelzung durch Aufnahme, da neben den verschmelzungsrechtlichen Verfahrensvorschriften zusätzlich die Gründungsvorschriften der neuen Gesellschaft zu beachten sind, § 36 Abs. 2 UmwG. Der Vorteil liegt freilich darin, dass der übernehmende Rechtsträger eine andere Rechtsform aufweisen kann als die übertragenden Rechtsträger und somit gleichzeitig die Vorteile eines Formwechsels erreicht werden können. Unter Umständen fällt auch eine höhere Grunderwerbsteuer an, da hierbei die Grundstücke aller zuvor bestehenden Gesellschaften übertragen werden müssen; Gleiches gilt für das Ertragsteuerrecht, wenn Verlustvorträge wegfallen, § 98 c KStG. Hier ist auf die Rspr des BGH hinzuweisen, dass im Falle der Nutzung einer Vorrats- oder Mantelgesellschaft eine wirtschaftliche Neugründung stattfindet, auf die beim Registergericht gesondert hinzuweisen ist.[21] So gelten die Beschränkungen der Nachgründung (§ 52 AktG) auch dann, wenn die „neue" AG aus seit über zwei Jahren eingetragenen AGs hervorgeht. Auch die Notargebühren bergen eine Kostenfalle, da für die Beurkundung des Verschmelzungsvertrages auf den Wert des Aktivvermögens der übertragenden Rechtsträger abgestellt wird.[22] Ein Vorteil der Verschmelzung zur Neugründung liegt zumeist nur dann vor, wenn zwei gleichwertige Gesellschaften sich uneins sind, welche die Übernehmende sein soll oder wenn aus strategischen oder psychologischen Gründen das gemeinsame Unternehmen in einem neuen Rechtsträger gebündelt werden soll (sog. **„merger of equals"**).[23] 14

Sind mehrere Rechtsträger beteiligt, so besteht auch hier die Möglichkeit einzelner Verschmelzungsvorgänge oder eines Gesamtvorganges. Es ist darauf zu achten, dass mindestens zwei der übertragenden Rechtsträger als Gründer des übernehmenden Rechtsträgers zusammenwirken. Sollen dann weitere Verschmelzungen folgen, sind diese nach den Grundsätzen der Verschmelzung durch Aufnahme durchzuführen, da der neue Rechtsträger dann bereits besteht. Es bietet sich aus praktischer Sicht also ein Gesamtvorgang an.[24] 15

Ein Vorteil einer Verschmelzung zur Neugründung ist gemäß §§ 14 Abs. 2, 36 Abs. 1 UmwG der **Ausschluss des Anfechtungsrechts bei Bewertungsrügen** hinsichtlich der Bemessung des 16

17 So zB OLG Düsseldorf NJW-RR 1999, 399; LG Mannheim AG 1988, 248; *Schwenn*, Der Konzern 2007, 173, 175.

18 Zur Zulässigkeit s. OLG Hamm, GmbHR 2006, 255; OLG Düsseldorf, NJW-RR 1999, 399; LG Mannheim, AG 1988, 248; eingehend *Schwenn*, DK 2007, 173, 175; vgl auch in Kallmayer/*Marsch-Barner*, UmwG, § 2 Rn 4.

19 Die Verknüpfung durch Bedingungen, insb. Fälle der Kettenverschmelzung, führen zu Erläuterungspflichten im Verschmelzungsvertrag, s. § 5 Rn 104.

20 Zu den Besonderheiten im Verschmelzungsvertrag s. § 5 Rn 9, 110, 115.

21 S. nur BGH NZG 2012, 539; BGH NZG 2003, 170.

22 Dazu Lutter/*Drygala*, § 2 Rn 24; *Martens*, AG 2000, 301, 306 ff (beide freilich noch zum alten Kostenrecht).

23 Lutter/*Lutter/Drygala*, § 2 Rn 24.

24 Missverständlich insoweit Kallmayer/*Marsch-Barner*, UmwG, § 2 Rn 6.

Umtauschverhältnisses.[25] Die Anteilseigner eines übertragenden Rechtsträgers können diese Rüge nur innerhalb eines Spruchverfahrens, nicht jedoch im Rahmen einer aufschiebenden Anfechtungsklage geltend machen. Der Vollzug der Verschmelzung wird dadurch nicht gehindert, da keine Registersperre nach § 16 Abs. 2 S. 2 ausgelöst wird. Dies gilt aber nicht für die Anteilsinhaber des übernehmenden Rechtsträgers. Soweit es sich also um eine Verschmelzung durch Übernahme handelt, können die Aktionäre des übernehmenden Rechtsträgers mittels einer Anfechtungsklage die Sperrwirkung des § 16 Abs. 2 S. 2 auslösen. Diese Konstellation kann die Gesellschaft nur durch ein Freigabeverfahren nach § 16 Abs. 3 überwinden. Dieses Sperrpotential besteht bei der Verschmelzung zur Neugründung nicht, arg. e. § 36 Abs. 1 S. 2.

17 **3. Spezifische Merkmale einer Verschmelzung.** Grundsätzlich kann auf den bereits dargestellten Ablauf eines Umwandlungsvorganges verwiesen werden;[26] Von der in § 2 vorgegebenen Struktur darf nur insoweit abgewichen werden, als dies im UmwG ausdrücklich zugelassen ist. Die Verschmelzung ist durch drei Merkmale bestimmt.

18 **a) Gesamtrechtsnachfolge.** Das Vermögen des übertragenden Rechtsträgers wird als Ganzes auf den übernehmenden Rechtsträger übertragen. Dieser Übergang erfolgt **ex lege** im Wege der Gesamtrechtsnachfolge mit Eintragung der Verschmelzung im Handelsregister, § 20 Abs. 1 Nr. 1, § 36 Abs. 1.[27] Davon umfasst sind nicht nur das Aktivvermögen, sondern auch bestehende Verbindlichkeiten, unabhängig davon, ob diese in der Bilanz des übertragenden Unternehmens erfasst sind[28] – es handelt sich um eine **Vollübertragung.** Anders als bei der Einzelübertragung ist bei dieser Übertragung im Wege der Gesamtrechtsnachfolge eine Zustimmung der Gläubiger (§ 414 BGB) grundsätzlich nicht erforderlich.[29] Entgegenstehende rechtsgeschäftliche Abreden, etwa die Ausnahme spezieller Gegenstände, ist nichtig; dies wäre nur im Wege der Spaltung machbar,[30] freilich darf der übertragende Rechtsträger einzelne Aktiva vor Wirksamkeit der Verschmelzung im Wege der Einzelrechtsnachfolge übertragen.

19 **b) Auflösung ohne Liquidation.** Das Erlöschen des übertragenden Rechtsträgers geschieht infolge des Umwandlungsvorganges, dh eine uU langwierige Liquidation ist nicht notwendig. Da bei der Verschmelzung sämtliche Aktiva und Passiva übergehen, ist eine Liquidation auch nicht notwendig. Diese ist qua Gesetz ausgeschlossen, der übertragende Rechtsträger geht unter, § 20 Abs. 1 Nr. 2.[31] Es empfiehlt sich, im Verschmelzungsvertrag deklaratorisch den Gesetzestext „unter Auflösung ohne Abwicklung“ aufzunehmen, notwendig ist dies freilich nicht.[32]

20 **c) Mitgliedschaftsperpetuierung.** Mit der Wirksamkeit der Verschmelzung geht der übertragende Rechtsträger unter und mit ihm die rechtlichen Beteiligungen der Anteilsinhaber daran. Die Gesellschaftsanteile oder Mitgliedschaften des übertragenden Rechtsträgers werden als Wesensmerkmal einer Verschmelzung[33] ex lege durch wertgleiche Gesellschaftsanteile oder Mitgliedschaften am übernehmenden Rechtsträger (im vorgesehenen – nicht zwingend verhältniswahrenden – Umtauschverhältnis) ersetzt (Grundsatz der Perpetuierung bzw Kontinuität der Mitgliedschaft, § 20 Abs. 1 Nr. 3).[34] Den Anteilsinhabern des übertragenden Rechtsträgers stehen beim übernehmenden Rechtsträger grds. dieselben Rechte und Pflichten zu.[35] Sofern dies – etwa infolge der Beteiligung unterschiedlicher Rechtsformen – nicht möglich sein sollte, ist eine Art- und Funktionsgleichheit der neuen Anteile keine Wirksamkeitsvoraussetzung; ent-

25 Lutter/*Lutter/Drygala*, § 2 Rn 24.
26 S. Vorbem. zu § 1 Rn 17 ff.
27 Ausführlicher hierzu KölnKomm-UmwG/*Simon*, § 2 Rn 32 ff.
28 *K. Schmidt*, AcP 191 (1991), 495, 499; Semler/Stengel/*Stengel*, § 2 Rn 35.
29 S. zu den Einschränkungen der Gesamtrechtsnachfolge § 20 Rn 12 ff.
30 S. dazu unter § 123 Rn 9 ff; § 126 Rn 12 ff.
31 Vgl dazu OLG Celle, WM 1988, 1375; s. näher Semler/*Stengel*, § 2 Rn 37 f.
32 Dies empfehlen *Hoffmann-Becking*, Münchener Vertragshandbuch, Bd. 1; XI.1; Kallmeyer/*Marsch-Barner*, UmwG, § 2 Rn 10; Semler/*Stengel*, § 2 Rn 39.
33 *Gerold*, MittRhNotK 1997, 205, 206; in Ausnahmefällen kann gem. § 54 Abs. 1 S. 3; § 68 Abs. 1 S. 3 auf die Anteilsgewährung verzichtet werden; s. hierzu *Heckschen/Gassen*, GWR 2010, 101; Lutter/*Drygala*, § 2 Rn 28.
34 Eingehend dazu Beuthien/*Helios*, NZG 2006, 369, 370 ff; näher KölnKomm-UmwG/*Simon*, § 2 Rn 78 ff.
35 Semler/Stengel/*Stengel*, § 2 Rn 40.

scheidend ist dann die Wahrung der sog. **Wertäquivalenz.**[36] Etwaige rückständige Einlageverpflichtungen bleiben bestehen.[37]

Die Gegenleistung hat in Anteilen zu erfolgen; bei einer Verschmelzung zur Aufnahme können diese Anteile entweder bereits vorhanden sein oder für die Verschmelzung neu geschaffen werden; bei einer Neuschaffung muss neben der Verschmelzung eine entsprechende Kapitalerhöhung des übernehmenden Rechtsträger durchgeführt werden. Eine andere Art der Gegenleistung an die Anteilsinhaber der übertragenden Rechtsträger ist grundsätzlich nicht gestattet.[38] Ausnahmen bilden nur die **Barabfindung** nach § 29, sowie die **baren Zuzahlungen** nach den §§ 15, 36. Bei letzteren handelt es sich um Geldleistungen an (ehem.) Anteilseigner des übertragenden Rechtsträgers zum Ausgleich von Rundungsnachteilen bei der Ermittlung des Umtauschverhältnisses (dazu unter § 8 Rn 18 ff). Diese baren Zuzahlungen dürfen höchstens 10% des Gesamtnennbetrages erreichen, sofern der übertragende Rechtsträger eine Kapitalgesellschaft ist (§§ 54 Abs. 4, 68 Abs. 3). 21

III. Alternative Gestaltungsmöglichkeiten

Stets können sich die beteiligten Rechtsträger zur Erreichung ihrer wirtschaftlichen Ziele auch für eine **Umstrukturierung außerhalb des UmwG** entscheiden.[39] Es bleibt die Möglichkeit der Übertragung im Wege der Singularsukzession, etwa nach § 179 a AktG, mit anschließender Liquidation der Ausgangsgesellschaft. Im Rahmen von Personengesellschaften ist zudem die Übertragung sämtlicher Gesellschaftsanteile auf einen Gesellschafter möglich, so dass das Vermögen der Gesellschaft im Rahmen der **Anwachsung** ohne Liquidation auf den verbleibenden Gesellschafter übergeht (§ 738 BGB). 22

Die **Eingliederung** nach den §§ 319 ff AktG kann nur bei einer AG, einer SE und einer KGaA. Anwendung finden, wobei die einzugliedernde Gesellschaft organisatorisch der einheitlichen Leitung der Hauptgesellschaft unterstellt wird, in rechtlicher Hinsicht jedoch selbstständig bleibt. 23

Zu einem vergleichbaren wirtschaftlichen Ergebnis führen **Unternehmensverträge** gemäß den §§ 291, 292 AktG. Bei einem Beherrschungsvertrag (§ 291 AktG) steht das Weisungsrecht gegenüber dem abhängigen Unternehmen nach § 308 AktG und damit die rechtliche Integration im Vordergrund. Dieser ist idR verbunden mit einem Gewinnabführungsvertrag, der die wirtschaftliche Komponente in den Vordergrund stellt, indem dieser das beherrschte Unternehmen zur Gewinnabführung und das herrschende Unternehmen zur Verlustdeckung verpflichten, §§ 301 f AktG. Auch hier bleiben die Unternehmen freilich selbstständig. Auf einer niedrigeren Stufe der Unternehmenszusammenführung gibt es die Möglichkeiten von Unternehmensbeteiligungen oder etwa schuldrechtlichen Kooperationen. 24

In der Regel stellt die Durchführung der Verschmelzung den Endpunkt einer längeren Unternehmensverbindung dar, die nach vorstehenden Möglichkeiten gestaltet ist. In den überwiegenden Fällen trifft die Umwandlungsmaßnahme der Verschmelzung danach auf bereits vorhandene Konzernstrukturen. Das UmwG differenziert an dieser Stelle folgerichtig danach, ob es sich um Verschmelzung mit Beteiligung außerhalb der Konzernstruktur stehender Anteilseigner handelt oder ob die Verschmelzung innerhalb einer 100%igen Beteiligungsstruktur abläuft. Für die letztere Variante sieht das UmwG in gewissem Umfang Erleichterungen vor, vgl § 62 UmwG. 25

36 S. BGH, NZG 2005, 722, 723 (zum Formwechsel); ausführlich mwN dazu KölnKomm-UmwG/*Simon*, § 2 Rn 80 ff.

37 *Priester*, DB 1997, 560; Lutter/*Drygala*, § 2 Rn 28.

38 Es bleibt deren Möglichkeit des Verzichts bei Beteiligung von KapGes, oder etwa bei Verschmelzung von Schwestergesellschaften, vgl Lutter/*Drygala*, § 2 Rn 28; ausf. *Heckschen*, DB 2008, 1363.

39 Vgl dazu BGH, WM 1980, 140.

IV. Kartellrechtliche Implikationen

26 Verschmelzungen können, sofern es sich nicht um rein konzerninterne Restrukturierungen handelt, die gleichen kartellrechtlichen Auswirkungen haben wie ein Unternehmenskauf oder die Gründung eines Joint Ventures. Daher sind hierbei auch die **präventiven kartellrechtlichen Anmeldepflichten** zu beachten.[40] Je nachdem, ob bestimmte Schwellenwerte erreicht werden, ist die Verschmelzung vor deren Vollzug beim Bundeskartellamt oder bei der Europäischen Kommission anzumelden. Das Bundeskartellamt ist gem. § 35 GWB zuständig, wenn die an der Verschmelzung beteiligten Unternehmen im letzten vor der Verschmelzung abgelaufenen Geschäftsjahr weltweite Umsatzerlöse von mindestens EUR 500 Mio. und ein an der Verschmelzung beteiligtes Unternehmen im Inland Umsatzerlöse von mindestens EUR 25 Mio. sowie ein anderes an der Verschmelzung beteiligtes Unternehmen Umsatzerlöse von mindestens EUR 5 Mio. erzielt haben. Haben die beteiligten Unternehmen weltweit Umsätze von mehr als EUR 5 Mrd. und mindestens zwei Unternehmen in der EU Umsätze von mehr als EUR 250 Mio. erzielt und beruhen die Umsätze innerhalb der EU nicht zu mehr als zwei Dritteln aus Umsätzen in einem Mitgliedsstaat, so ist gem. § 1 Abs. 2 FKVO die EU-Kommission zuständig. Sofern die Verschmelzung weitere Auswirkungen in anderen Staaten entfaltet, sind auch die dortigen kartellrechtlichen Vorschriften zu beachten.

V. Arbeitsrechtliche Implikationen

27 Der Verschmelzungsvorgang ist nicht mitbestimmungspflichtig, jedoch muss der Verschmelzungsvertrag oder dessen Entwurf den Betriebsräten der betroffenen Rechtsträger spätestens einen Monat vor Fassung des Verschmelzungsbeschlusses **zugeleitet** werden (§ 5 Abs. 3). Zudem muss der Verschmelzungsvertrag gem. § Abs. 1 Nr. 9 die Folgen der Verschmelzung für die Arbeitnehmer und deren Vertretungen beschreiben. Im Rahmen der Verschmelzung sind die Bestimmungen der §§ 613 a BGB, 47, 106, 111 BetrVG und 1 DrittelbG zu beachten.[41]

VI. Kosten der Verschmelzung

28 Die Kosten der Verschmelzung lassen sich in mannigfaltiger Weise aufstellen. Neben den nachstehend angegebenen Kosten der rechtlichen Umsetzung der Verschmelzung kommen natürlich noch die wirtschaftlichen Kosten sowie die Kosten der steuerlichen und wirtschaftlichen Beratung und der notwendigen Berichte und Gutachten. Auf diese weiteren Kosten kann jedoch aufgrund der Heterogenität dieser Kosten an dieser Stelle nicht eingegangen werden.

29 **1. Kosten der Beurkundung.** Die **Beurkundung des Verschmelzungsvertrages** löst nach Nr. 21100 Anlage I GNotKG eine doppelte Geschäftsgebühr aus. Diese richtet sich gem. § 3 Abs. 1 GNotKG nach dem Geschäftswert. Dieser Geschäftswert ist gem. § 107 GNotKG auf mindestens EUR 30.000 und höchstens EUR 10 Mio. festgelegt. Soweit der § 107 GNotKG den bisher geltenden § 39 Abs. 5 S. 1 KostO modifizierend ersetzt, gilt auch hier, dass Verbindlichkeiten nicht in Abzug gebracht werden können.[42] Soweit die Anteilsinhaber auf den Verschmelzungsbericht der Vertretungsorgane oder den Prüfungsbericht verzichten, muss dies ebenfalls notariell beurkundet werden, §§ 9 Abs. 3, 12 Abs. 3. Für die Beurkundung fällt eine volle Gebühr an (Nr. 21200 Anlage I GNotKG), deren Wert nach freiem Ermessen bestimmt wird, § 36 Abs. 1 GNotKG.

30 Für die **Beurkundung der Verschmelzungs- und ggf Kapitalerhöhungsbeschlüsse** fällt je eine doppelte Geschäftsgebühr an, Nr. 21100 Anhang I GNotKG. Daneben tritt ggf eine 0,5- bis 2-fache Beratungsgebühr nach Nr. 24203 Anhang I GNotKG, sofern der Notar die Gesellschaft über die im Rahmen des Beurkundungsverfahrens bestehenden Amtspflichten hinaus berät.

40 §§ 35 ff GWB, Art. 1 FKVO.
41 Lutter/*Lutter/Drygala*, § 2 Rn 51.
42 Näher hierzu und zu den anfallenden Gebühren inkl. Höchstgrenzen § 6 Rn 19 ff; s. zum alten Recht Semler/Stengel/*Stengel*, § 2 Rn 77 ff; Lutter/*Lutter/Drygala*, UmwG, § 2 Rn 44.

Die jeweiligen Zustimmungsbeschlüsse aller beteiligten Rechtsträger können zusammengefasst werden, da sie gegenstandsgleich sind, § 109 GNotKG. § 94 Abs. 2 GNotKG schreibt hier Besonderheiten für die zu errechnende Gebühr vor. Die zum bisher geltenden § 44 KostO entwickelten Grundsätze können für Zweifelsfälle herangezogen werden.[43] Darüber hinaus können Kosten für eine Grundbuchberichtigung anfallen, § 22 GBO.[44]

2. Kosten der Handelsregistereintragung. Für die **Beglaubigung der Registeranmeldung** fällt eine Gebühr an, Nr. 21200, 21201 Nr. 5 Anhang I GNotKG. Die Höhe des hierzu jeweils anzusetzenden Geschäftswertes richtet sich im Wesentlichen nach der Rechtsform der beteiligten Rechtsträger gemäß § 105 GNotKG. Dieser Geschäftswert ist in § 106 GNotKG auf maximal 1 Mio. EUR begrenzt. Die gleichzeitige Anmeldung einer Kapitalerhöhung ist dabei gesondert zu bewerten, da sie nicht inhaltsgleich iSd § 109 GNotKG ist.[45] Für beide Gebühren gilt der Höchstwert von 1 Mio. EUR, § 106 GNotKG. 31

Für die eigentliche **Handelsregistereintragung** der beteiligten Rechtsträger richtet sich die Gebühr nach dem Gebührenverzeichnis der HandelsregistergebührenVO, § 58 GNotKG. 32

3. Grundbuchkosten. Der Antrag auf **Grundbuchberichtigung** wird sinnvollerweise bereits in den Verschmelzungsvertrag implementiert, da bei separater Beurkundung ansonsten eine halbe Gebühr gem. § 22 GBO anfällt.[46] Der Geschäftswert der Eintragung im Grundbuch ermittelt sich nach § 69 GNotKG. Es fällt eine volle Gebühr an, Nr. 14110 Anlage I GNotKG. 33

§ 3 Verschmelzungsfähige Rechtsträger

(1) An Verschmelzungen können als übertragende, übernehmende oder neue Rechtsträger beteiligt sein:

1. Personenhandelsgesellschaften (offene Handelsgesellschaften, Kommanditgesellschaften) und Partnerschaftsgesellschaften;
2. Kapitalgesellschaften (Gesellschaften mit beschränkter Haftung, Aktiengesellschaften, Kommanditgesellschaften auf Aktien);
3. eingetragene Genossenschaften;
4. eingetragene Vereine (§ 21 des Bürgerlichen Gesetzbuchs);
5. genossenschaftliche Prüfungsverbände;
6. Versicherungsvereine auf Gegenseitigkeit.

(2) An einer Verschmelzung können ferner beteiligt sein:

1. wirtschaftliche Vereine (§ 22 des Bürgerlichen Gesetzbuchs), soweit sie übertragender Rechtsträger sind;
2. natürliche Personen, die als Alleingesellschafter einer Kapitalgesellschaft deren Vermögen übernehmen.

(3) An der Verschmelzung können als übertragende Rechtsträger auch aufgelöste Rechtsträger beteiligt sein, wenn die Fortsetzung dieser Rechtsträger beschlossen werden könnte.

(4) Die Verschmelzung kann sowohl unter gleichzeitiger Beteiligung von Rechtsträgern derselben Rechtsform als auch von Rechtsträgern unterschiedlicher Rechtsform erfolgen, soweit nicht etwas anderes bestimmt ist.

43 Dazu die Begr. zum GesE des 2. KostRMoG, BT-Drucks. 17/11471, zu § 109, S. 285; vgl zu § 44 KostO Lutter/*Lutter/Drygala*, UmwG, § 2 Rn 46.

44 Näher Semler/Stengel/*Stengel*, § 2 Rn 83.

45 Zur alten Rechtslage KölnKomm-UmwG/*Simon*, § 2 Rn 265.

46 *Gerold*, MittRhNotK 1997, 205, 229; *Tiedke*, MittBayNot 1997, 209, 216; Widmann/Mayer/*Fronhöfer*, § 2 Rn 119.

Literatur:

Bayer, 1000 Tage neues Umwandlungsrecht – eine Zwischenbilanz, ZIP 1997, 1613; *Berninger*, Die Unternehmergesellschaft (haftungsbeschränkt) – Sachkapitalerhöhungsverbot und Umwandlungsrecht, GmbHR 2010, 63; *Blasche*, Umwandlungsmöglichkeiten bei Auflösung, Überschuldung oder Insolvenz eines der beteiligten Rechtsträger, GWR 2010 441; *Felix*, Fusion von Einzelunternehmen nach neuem Umwandlungs(steuer)recht, BB 1995, 1509; *Gasteyer*, Die Unternehmergesellschaft (haftungsbeschränkt) – Praktische Umsetzung des § 5 a GmbHG aus anwaltlicher Sicht, NZG 2009, 1364; *Heckschen*, Das MoMiG in der notariellen Praxis, 2009; *Heckschen*, Die Entwicklung des Umwandlungsrechts aus Sicht der Rechtsprechung und Praxis, DB 1998, 1385; *Heinemann*, Die Unternehmergesellschaft als Zielgesellschaft von Formwechsel, Verschmelzung und Spaltung nach dem Umwandlungsgesetz, NZG 2008, 820; *Kallmeyer*, Das neue Umwandlungsgesetz, ZIP 1994, 1746; *Kallmeyer*, Die GmbH & Co. KG im Umwandlungsrecht, GmbHR 2000, 418; *Klein/Stephanblome*, Der Downstream Merger – aktuelle umwandlungs- und gesellschaftsrechtliche Fragestellungen, ZGR 2007, 351; *Lettl*, Wirtschaftliche Betätigung und Umstrukturierung von Ideal-Vereinen, DB 2000, 1449; *Mayer*, Anteilsgewährung bei der Verschmelzung mehrerer übertragender Rechtsträger, DB 1998, 913; *Meister*, Die Auswirkungen des MoMiG auf das Umwandlungsrecht, NZG 2008, 767; *Neye*, Partnerschaft und Umwandlung, ZIP 1997, 722; *Oplustil/Schneider*, Zur stellung der europäischen Aktiengesellschaft im Umwandlungsrecht, NZG 2003, 13; *K. Schmidt*, Umwandlung von Vorgesellschaften? §§ 41 AktG, 11 GmbHG und umwandlungsrechtlicher numerus clausus, in: FS Zöllner, 1998, 521; *Streck/Mack/Schwedhelm*, Verschmelzung und Formwechsel nach dem neuen Umwandlungsgesetz, GmbHR 1995, 161, 357; *Tettinger*, UG (umwandlungsbeschränkt)? Die Unternehmergesellschaft nach dem MoMiG-Entwurf und das UmwG, Der Konzern 2008, 75; *Wälzholz*, Aktuelle Probleme der Unterbilanz- und Differenzhaftung bei Umwandlungsvorgängen, AG 2006, 469; *Wegmann/Schmitz*, Die Fusion unter besonderer Berücksichtigung ertragsschwacher und insolventer Unternehmen (Sanierungsfusion), WPg. 1989, 189; *Wertenbruch*, Partnerschaftsgesellschaft und neues Umwandlungsrecht, ZIP 1995, 712.

I. Normzweck

1 Die Norm legt die verschmelzungsfähigen Rechtsträger abschließend fest. Grundlegend setzt § 3 dabei die Verschmelzungsfähigkeit, dh die Rechtsfähigkeit der beteiligten Rechtsträger, voraus. Denn nur rechtsfähige Rechtsträger können Verschmelzungsverträge schließen und darin Rechte und Pflichten der beteiligten Rechtsträger festlegen. In systematischer Hinsicht unterscheidet § 3 dabei zwischen Rechtsträgern, die an jeder Stelle des Verschmelzungsvorganges stehen können und denen somit eine absolute Verschmelzungsfähigkeit zukommt (Abs. 1) und solchen, die nur eine fest begrenzte Stellung im Verschmelzungsvorgang einnehmen können und denen damit nur eine relative oder partielle Verschmelzungsfähigkeit zukommt (Abs. 2 und Abs. 3). Soweit das UmwG nichts Anderweitiges regelt, können ferner Mischverschmelzungen vorgenommen werden (Abs. 4). § 3 ist Ziel der Verweisungen aus den §§ 36, 125 UmwG, so dass dieser auch im Rahmen der Verschmelzung durch Neugründung und der Spaltung Anwendung findet. Die Aufzählung der verschmelzungsfähigen Rechtsträger ist abschließend.[1]

1 Widmann/Mayer/*Fronhöfer*, § 3 Rn 5, s. dort auch die tabellarische Auflistung möglicher Verschmelzungsvorgänge in Rn 88 f.

Mangels expliziter Erwähnung ist die Erbengemeinschaft nicht verschmelzungsfähig, da § 3 Abs. 2 Nr. 2 die Beteiligung natürlicher Personen abschließend regelt.[2] Dies gilt auch für die GbR und die Gemeinschaft von Wohnungseigentümern, stille Gesellschaften und Rechtsgemeinschaften gem. §§ 741 ff BGB.[3] Obgleich diese vom BGH als rechtsfähig anerkannt wurden, sind sie durch die abschließende Aufzählung der verschmelzungsfähigen Rechtsträger in § 3 Abs. 1–3 nicht verschmelzungsfähig. Gleiches gilt für rechtsfähige Körperschaften und AöR oder rechtsfähige Stiftungen.[4] Eine analoge Anwendung auf diese ausgeschlossenen Rechtsträger scheidet aufgrund des Analogieverbotes aus § 1 Abs. 2 UmwG aus. Dies ist angesichts der fehlenden Registerpublizität dieser Rechtsträger auch konsequent.[5] 2

II. Absolute Verschmelzungsfähigkeit (Abs. 1)

1. Personenhandels- und Partnerschaftsgesellschaften (Nr. 1). Vollumfänglich verschmelzungsfähig sind nach Nr. 1 die OHG (§ 105 HGB) und die KG (§ 161 HGB) als Personenhandelsgesellschaften. Dies gilt unabhängig von der konkreten Erscheinungsform, so dass auch die GmbH & Co KG, die AG & Co KG oder eine Publikums-Personenhandelsgesellschaft verschmelzungsfähig ist. Entscheidend für die Bestimmung der Rechtsform des jeweiligen beteiligten Rechtsträgers sind allein objektive Kriterien. Daran orientiert sich die Abgrenzung der OHG von der GbR. Letztere ist mangels Erwähnung in § 3 weder als übernehmender noch als übertragender Rechtsträger zur Verschmelzung zugelassen. Sofern es sich um eine fehlerhafte Gesellschaft handelt, finden die Regelungen des Gesellschaftsrechts zur fehlerhaften Gesellschaft Anwendung und führen, soweit die fehlerhafte Gesellschaft im Rechtsverkehr als wirksam entstanden behandelt wird, konsequenterweise auch zu deren Verschmelzungsfähigkeit.[6] Auch einer nicht eingetragenen Personenhandelsgesellschaft steht die materielle Verschmelzungsfähigkeit zu;[7] freilich muss die Personenhandelsgesellschaft vor der Durchführung der Verschmelzung formell im Handelsregister eingetragen sein, da die Verschmelzung gemäß §§ 19, 20 zu ihrer Wirksamkeit zwingend der Registereintragung bei allen beteiligten Rechtsträgern bedarf.[8] 3

Die (Außen-)GbR für sich genommen ist, trotz ihrer anerkannten Rechtsfähigkeit, nicht verschmelzungsfähig. Im Gegensatz zum Formwechsel (vgl § 191 Abs. 2 UmwG), hat der Gesetzgeber sich zu einer Verschmelzungsfähigkeit der GbR nicht durchringen können. Eine analoge Anwendung der Verschmelzungsfähigkeit der OHG muss freilich am Analogieverbot (§ 1 Abs. 2) scheitern. Dieser Zustand ist konsequent, da die durch richterrechtliche Rechtsfortbildung vorgenommene wirtschaftliche und rechtliche Annäherung an die OHG nicht den Rang einer gesetzlichen Gleichstellung (ähnlich der EWIV) erreicht hat.[9] Gegen eine Einbeziehung der GbR spricht ferner der Schutz des Rechtsverkehrs, da sie weder der Registerpublizität noch der Rechnungslegungspflicht unterliegt. Beide Pflichten entfalten für Verschmelzungsvorgänge freilich erhebliche Bedeutung.[10] 4

Partnerschaftsgesellschaften sind ebenfalls gemäß Nr. 1 grds. vollumfänglich verschmelzungsfähig. Einzig § 45 a gibt hierzu die Einschränkung vor, dass eine Verschmelzung auf eine PartG nur dann zulässig ist, wenn im Zeitpunkt ihrer Wirksamkeit alle Anteilsinhaber übertragender Rechtsträger natürliche Personen sind, die im Sinne des § 1 PartGG einen freien Beruf ausüben (s. näher dazu § 45 a UmwG). 5

2 Lutter/*Lutter/Drygala*, § 3 Rn 5.
3 Lutter/*Lutter/Drygala*, § 3 Rn 5; krit. zur GbR *Zöllner*, ZGR 1993, 334, 340.
4 Lutter/*Lutter/Drygala*, § 3 Rn 5.
5 Ebenso Maulbetsch/Klumpp/Rose/*Schäffler*, § 3 Rn 1.
6 So auch Maulbetsch/Klumpp/Rose/*Schäffler*, § 3 Rn 2.
7 Lutter/*Lutter/Drygala*, § 3 Rn 24; KölnKomm-UmwG/*Simon*, § 3 Rn 19.
8 KölnKomm-UmwG/*Simon*, § 3 Rn 19.
9 IE ebenso Lutter/*Lutter/Drygala*, § 3 Rn 5.
10 Widmann/Mayer/*Fronhöfer*, § 3 Rn 38, der zu Recht darauf hinweist, dass die GbR durch Eintragung ins Handelsregister als OHG Verschmelzungsfähigkeit erlangen kann.

6 Aufgrund der Regelung des § 1 des Gesetzes zur Ausführung der EWG-VO ist die europäische wirtschaftliche Interessenvereinigung (EWIV) der OHG gleichgestellt und damit als vollumfänglich verschmelzungsfähig anzusehen. Der grds. abschließende enumerative Charakter des § 3 UmwG steht dem aufgrund des Anwendungsvorrangs des EU-Rechts nicht entgegen. Das Analogieverbot des § 1 Abs. 2 UmwG steht dem insoweit nicht entgegen, als dass die EWIV umwandlungsrechtlich als OHG gilt und daher keine für einen Analogie notwendige Regelungslücke besteht.[11]

7 **2. Kapitalgesellschaften (Nr. 2).** Kapitalgesellschaften mit Sitz im Inland sind juristische Personen und umfassend verschmelzungsfähig. Entscheidend ist deren Eintragung im Handelsregister, arg. e. § 20. Unerheblich für die Verschmelzungsfähigkeit ist, inwieweit eine Kapitalgesellschaft in ihrer Gründungsphase Trägerin von Rechten und Pflichten sein kann. Eine Vorgesellschaft ist keine vollumfängliche Kapitalgesellschaft und damit – dem insoweit klaren Wortlaut des § 3 folgend – als solche nicht umfassend verschmelzungsfähig; allerdings kann diese bereits einen Verschmelzungsvertrag abschließen, sie muss freilich zum Wirksamkeitszeitpunkt der Verschmelzung im Handelsregister eingetragen und somit zur Gesellschaft erstarkt sein.[12]

8 Die Beteiligung einer Unternehmergesellschaft am Verschmelzungsvorgang als übertragender Rechtsträger ist aufgrund des § 5 a GmbHG möglich. Die UG stellt lediglich einen Spezialfall einer GmbH dar, so dass freilich ein Formwechsel nach UmwG zwischen UG und GmbH ausgeschlossen ist. Eine UG kann uneingeschränkt übertragender Rechtsträger, allerdings nur unter bestimmten Voraussetzungen übernehmender Rechtsträger eines Verschmelzungsvorganges sein.[13] Grundsätzlich ist eine Verschmelzung durch Neugründung einer UG unzulässig. § 36 Abs. 2 S. 1 verlangt die Anwendung der Gründungsvorschriften auf die Verschmelzung durch Neugründung. Die Anwendung des § 5 a Abs. 2 S. 2 GmbHG statuiert für die UG jedoch ein Verbot der Sacheinlage. Da die Verschmelzung durch Neugründung eine Sachgründung darstellt, ist diese mit § 5 a Abs. 2 S. 2 GmbHG nicht vereinbar und folglich ausgeschlossen.[14] Im Falle der Verschmelzung zur Aufnahme gilt auch hier, dass die Kapitalerhöhung ausschließlich Bareinlagen erlaubt, es sei denn, durch die Kapitalerhöhung entstünde eine GmbH.[15] Die UG ist somit nur dann als übernehmender Rechtsträger verschmelzungsfähig, wenn sie aufgrund einer mit der Verschmelzung zusammengehenden Kapitalerhöhung zur vollwertigen GmbH aufsteigt oder eine Kapitalerhöhung entbehrlich ist.[16]

9 Auch im Falle der SE handelt es sich um eine verschmelzungsfähige Kapitalgesellschaft im Sinne des § 3 Abs. 1. Nach Art. 9 der SE-VO unterliegt die SE dem Aktienrecht des jeweiligen Sitzstaates der SE. Konsequenterweise muss sie der AG umwandlungsrechtlich dann auch gleichstehen (vgl die parallele Problematik der EWIV, s.o.). Die abweichende Ansicht, wonach Art. 66 SE-VO einzig und abschließend eine Umwandlung in eine Aktiengesellschaft des jeweiligen Sitzstaates erlaube und damit nicht per se verschmelzungsfähig sei,[17] ist abzulehnen.[18] Der Zweck von Art. 66 SE-VO liegt in der Klarstellung, dass der Formwechsel einer SE hin zu einer Aktiengesellschaft nach den allgemeinen umwandlungsrechtlichen Vorschriften des jeweiligen Sitzstaates zu erfolgen hat. Diese Klarstellung ist notwendig, da die SE bereits unionsrechtlich den Aktiengesellschaften der Sitzstaaten gleichsteht. Eine SE ist daher grundsätzlich so zu behandeln wie eine deutsche AG und kann daher – soweit Normen des SEAG, der SE-

11 So auch Semler/Stengel/*Stengel*, § 3 Rn 14.

12 Widmann/Mayer/*Fronhöfer*, § 3 Rn 74 f; *K. Schmidt*, in FS Zöllner, 1999, 521, 527; aA Lutter/*Lutter/Drygala*, § 3 Rn 5, die lediglich Vorbereitungshandlungen für zulässig erachten.

13 *Tettinger*, Der Konzern 2008, 75, 76; Semler/Stengel/*Stengel*, § 3 Rn 20 a; Lutter/*Lutter/Drygala*, § 3 Rn 8.

14 *Seibert*, GmbHR 2007, 673.

15 So auch *Tettinger*, Der Konzern 2008, 75, 76; Semler/Stengel/*Stengel*, § 3 Rn 20 a mwN zum Streitstand zur Zulässigkeit einer Sachkapitalerhöhung bei der UG.

16 *Tettinger*, Der Konzern 2008, 75, 76; Semler/Stengel/*Stengel*, § 3 Rn 20 a.

17 So MüKo-AktG/*Schäfer*, Art. 66 SE-VO Rn 1; eingeschränkt Jannott/Frodermann/*Veil*, Europäische Aktiengesellschaft, Kap. 10 Rn 19; *Hirte*, DStR 2005, 700, 704.

18 Semler/Stengel/*Drinhausen*, Einl. C Rn 56 ff mit ausf. Begr. und mwN; KölnKomm-UmwG/*Simon*, § 3 Rn 27; Kallmeyer/*Marsch-Barner*, UmwG, Anh. Rn 127; *Kossmann/Heinrich*, ZIP 2007, 164, 165 f.

VO und des UmwG nicht entgegenstehen[19] – vollumfänglich an einer Verschmelzung sowohl als übertragender als auch als übernehmender Rechtsträger beteiligt sein.[20] Ob die zweijährige Sperrfrist des Art. 66 Abs. 1 SE-VO auch auf eine Verschmelzung der SE direkt oder analog anwendbar ist, wird streitig diskutiert,[21] ist jedoch im Ergebnis abzulehnen.[22] Eine direkte Anwendung scheidet richtigerweise aus, da Art. 66 SE-VO ausdrücklich nur die „Umwandlung" im Sinne der SE-VO (i.e. den Formwechsel) erfasst und nicht den Fall der Verschmelzung und für eine analoge Anwendung eine Regelungslücke fehlt.[23]

Ob und unter Voraussetzungen die Europäische Privatgesellschaft (SPE) eingeführt wird, ist 10 aufgrund des zum Erliegen gekommenen Gesetzgebungsverfahrens derzeit nicht absehbar, so dass auf eine Kommentierung ihrer Verschmelzungsfähigkeit in diesem Rahmen verzichtet wird.[24]

3. Eingetragene Genossenschaft (Nr. 3). Die eingetragene Genossenschaft kann auf jeder Posi- 11 tion des Verschmelzungsvorganges eingesetzt werden. Zu den Genossenschaften nach § 3 Abs. 1 Nr. 3 zählen freilich nur Genossenschaften, die unter Anwendung des GenG gegründet wurden und im Genossenschaftsregister eingetragen sind (vgl § 3 Abs. 1 GenG). Eine Vor-Genossenschaft ist nicht verschmelzungsfähig. Sie hat vor der Eintragung in das Genossenschaftsregister ihres Sitzes nicht die vollwertigen Rechte einer eG, § 13 GenG. Nicht verschmelzungsfähig sind sonstige genossenschaftliche Zusammenschlüsse (zB die LPG) oder sonstige genossenschaftlich strukturierte Kapitalgesellschaften.[25]

Auch im Falle der Europäischen Genossenschaft (SCE) handelt es sich um eine verschmel- 12 zungsfähige Kapitalgesellschaft im Sinne des § 3 Abs. 1. Nach Art. 8 lit. c) ii) der SCE-VO unterliegt die SCE dem Genossenschaftsrecht des jeweiligen Sitzstaates der SCE. Konsequenterweise muss sie der Genossenschaft – soweit Normen des der SCE-VO und des UmwG nicht entgegenstehen – umwandlungsrechtlich gleichstehen. Ob die zweijährige Sperrfrist des Art. 76 SCE-VO auch auf eine Verschmelzung der SCE direkt oder analog anwendbar ist, ist wie bei der SE streitig; diesbezüglich wird auf die Kommentierung in vorstehender Rn 9 verwiesen.

4. Eingetragener Verein (Nr. 4). Der eingetragene (nichtwirtschaftliche) Verein (sog. Idealver- 13 ein) gemäß § 21 BGB ist umfassend verschmelzungsfähig. Abzugrenzen ist dieser vom wirtschaftlichen Verein gemäß § 22 BGB, der an einer Verschmelzung nur als übertragender Rechtsträger beteiligt sein kann (Abs. 2 Nr. 1). Der Unterschied liegt in dem Merkmal des wirtschaftlichen Geschäftsbetriebes. Für die Anwendbarkeit des Umwandlungsgesetzes ist entscheidend, ob tatsächlich ein wirtschaftlicher Zweck verfolgt wird und es ist nur sekundär darauf abzustellen, ob ein Verein formal im Vereinsregister eingetragen ist und damit als nichtwirtschaftlicher Verein gilt oder ob es sich um einen gesetzlich anerkannten wirtschaftlichen Verein (Abs. 2 Nr. 1) handelt.[26] Die Abgrenzung ist auch hier anhand der objektiven Kriterien vorzunehmen, dh die Feststellungen der Vereinssatzung können zwar einen Anhalt bieten, wirken jedoch keinesfalls konstitutiv.[27]

5. Genossenschaftlicher Prüfungsverband (Nr. 5). Der genossenschaftliche Prüfungsverband ist 14 nach Nr. 5 verschmelzungsfähig. Aus den anzuwendenden §§ 105 ff ergibt sich freilich die Einschränkung, dass genossenschaftliche Prüfungsverbände nur untereinander verschmolzen werden dürfen. Diese Eingrenzung ist insoweit nachvollziehbar, als dass der genossenschaftliche

19 ZB ist eine SE nicht in der Lage, der neue Rechtsträger bei einer Spaltung oder Verschmelzung zur Neugründung zu sein, da die Gründung einer SE sich ausschließlich nach den Regelungen des SEAG und der SE-VO richtet.

20 Semler/Stengel/*Drinhausen*, Einl. C Rn 60.

21 Für eine analoge Anwendung *Oplustil/Schneider*, NZG 2003, 13, 16; dagegen *Vossius*, ZIP 2005, 741, 748.

22 Ebenso Lutter/*Lutter/Drygala*, § 3 Rn 15; aA wohl Widmann/Mayer/*Vossius*, § 20 Rn 404.

23 So auch KölnKomm-UmwG/*Simon*, § 3 Rn 30.

24 S. hierzu KölnKomm-UmwG/*Simon*, § 3 Rn 31 ff; Lutter/Beyer/Schmidt/*J. Schmidt*, Europäisches Unternehmens- und Kapitalmarktrecht, § 43 Rn 35 ff, 160 ff, 167.

25 So auch Maulbetsch/Klumpp/Rose/*Schäffler*, § 3 Rn 10.

26 Semler/Stengel/*Stengel*, § 3 Rn 24 f; aA Maulbetsch/Klumpp/Rose/*Schäffler*, § 3 Rn 11.

27 So auch Semler/Stengel/*Stengel*, § 3 Rn 25.

Prüfungsverband keine eigenständige Rechtsform darstellt. Nach § 63 b Abs. 1 GenG ist er körperschaftlich strukturiert und soll die Rechtsform eines eingetragenen Vereins haben. Seine näheren organisationsrechtlichen Grundlagen ergeben sich aus den §§ 53 ff. GenG. In Abgrenzung zur Nr. 4 kann die gesonderte Erwähnung in Nr. 5 darin liegen, dass die Umwandlung genossenschaftlicher Prüfungsverbände nicht nur eine körperschaftliche Struktur, sondern auch die Verleihung des Prüfungsrechts (§ 63 GenG) voraussetzt.[28]

15 **6. Versicherungsverein auf Gegenseitigkeit (Nr. 6).** Versicherungsvereine auf Gegenseitigkeit (VVaG) werden in Nr. 6 grundsätzlich als absolut verschmelzungsfähige Rechtsträger festgelegt. Voraussetzung ist freilich die Erlangung der Rechtsfähigkeit gemäß § 15 VAG, was die wirksame Erlaubnis der Aufsichtsbehörde zum Betrieb eines solchen Vereins voraussetzt. Einschränkungen der Verschmelzungsmöglichkeit von VVaG enthält allerdings § 109, wonach diese nur entweder miteinander oder als übertragende Rechtsträger auf eine Versicherungs-AG verschmolzen werden können. Jede Verschmelzung bedarf nach § 14 a VAG ferner der Genehmigung der Versicherungsaufsichtsbehörde.

III. Relative / partielle Verschmelzungsfähigkeit (Abs. 2)

16 **1. Wirtschaftliche Vereine.** Der wirtschaftliche Verein im Sinne von § 22 BGB kann nur auf einer Seite der Verschmelzung als übertragender Rechtsträger eingesetzt werden. Dies ist der gesetzgeberischen Intention geschuldet, dass der wirtschaftliche Verein kein geeigneter Unternehmensträger ist und seine Vergrößerung oder Neugründung im Wege der Verschmelzung daher verhindert werden soll.[29] Im Übrigen sprechen gegen dessen Stellung als übernehmender Rechtsträger Gesichtspunkte des Schutzes des Rechtsverkehrs, da er weder einer Rechnungslegungspflicht noch Kapitalaufbringungs- und Kapitalerhaltungsvorschriften unterliegt.

17 **2. Natürliche Personen.** Natürliche Personen können innerhalb einer Verschmelzung nur als Übernehmer des Vermögens einer Kapitalgesellschaft als deren Alleingesellschafter fungieren. Näheres bestimmen die §§ 120 ff. Die übertragende Kapitalgesellschaft muss ihren Sitz dabei im Inland haben (vgl insoweit § 1 Rn 1, 27). Die übernehmende natürliche Person muss Alleingesellschafter sein, dh eine Mehrheitsbeteiligung reicht auch dann nicht aus, wenn die anderen Anteile für den Mehrheitsgesellschafter treuhänderisch gehalten werden, er diese sicherheitsübereignet hat oder daran nur Miteigentum besteht.[30] Die natürliche Person muss kein Kaufmann und somit auch nicht registerfähig sein;[31] sie muss auch weder deutscher Staatsangehöriger sein noch ihren Wohnsitz im Inland haben.[32] Hat die natürliche Person ihren Wohnsitz im EU- oder EWR-Ausland, ist nach den Grundsätzen der SEVIC-Entscheidung des EuGH,[33] die aus EU-rechtlichen Gründen auf eine Hinausverschmelzung analog anwendbar ist, die Verschmelzung einer inländischen Kapitalgesellschaft auf ihren Alleingesellschafter mit Wohnsitz im Ausland möglich; freilich muss die ausländische Rechtsordnung eine solche Verschmelzung zulassen.[34] Soweit diese keine Vorschriften der Registerpublizität folgen muss, spielt konsequenterweise auch deren Aufenthalt keine Rolle. Soweit eine minderjährige natürliche Person beteiligt ist, richtet sich die Wirksamkeit nach den allgemeinen zivilrechtlichen Vorschriften. Die genauen Einzelheiten folgen den §§ 120 ff.

28 So die Begr. bei Maulbetsch/Klumpp/*Schäffler*, § 3 Rn 12.

29 Deutlich Lutter/*Lutter/Drygala*, § 3 Rn 10.

30 KölnKomm-UmwG/*Simon*, § 120 Rn 38.

31 Die anfangs bestehende Streitfrage ist durch den im Rahmen des Handelsrechtsreformgesetzes 1998 neu eingefügten § 122 Abs. 2 nunmehr in diesem Sinne geklärt.

32 Lutter/*Karollus*, § 120 Rn 24; Semler/Stengel/*Maier-Reimer*, § 120 Rn 21.

33 EuGH, Slg 2005, I-10805 = NJW 2006, 425.

34 So auch Lutter/*Karollus*, § 120 Rn 23; KölnKomm-UmwG/*Simon*, § 120 Rn 35. Der entgegenstehende Wille des Gesetzgebers des UmwG 1995, der eine Verschmelzung über die Grenze nicht vorsehen wollte (s. § 1 Abs. 1) ist hierbei unbeachtlich.

IV. Beteiligung aufgelöster Gesellschaften (Abs. 3)

Das Gesetz eröffnet die Möglichkeit der Beteiligung bereits aufgelöster Gesellschaften als übertragende Rechtsträger einer Verschmelzung dann, wenn deren Fortsetzung beschlossen werden könnte. Der gesetzgeberische Zweck liegt in der Erleichterung von Sanierungsfusionen[35] Konsequenterweise ist vor dem Hintergrund dieser gesetzgeberischen Intention die Überschuldung des Rechtsträgers für eine Verschmelzung auf einen übernehmenden Rechtsträger kein Hindernis.[36] Allerdings ist beim übernehmenden Rechtsträger in diesem Fall keine Sachkapitalerhöhung möglich, da diese ein zu übertragendes positives Vermögen voraussetzt. Liegt neben einer bilanziellen Überschuldung daher auch eine reale Überschuldung vor, kann die Kapitalerhöhung nicht durchgeführt werden. Zwar sieht § 54 Abs. 1 die Möglichkeit vor, eine Verschmelzung ohne Kapitalerhöhung durchzuführen, jedoch benachteiligt dies etwaige Minderheitsgesellschafter des übernehmenden Rechtsträgers; daher ist bei dessen Zustimmungsbeschluss Einstimmigkeit erforderlich.[37] 18

Entscheidende Voraussetzung ist ferner, dass noch nicht mit der Verteilung des Gesellschaftsvermögens an die Anteilsinhaber begonnen wurde (§ 274 AktG, der auf die GmbH analog anwendbar ist und § 79 a GenG). Diese Voraussetzung hindert mittelbar die Umgehung des Verbotes der Einlagenrückgewähr, § 57 AktG und § 30 GmbHG.[38] Für die Verschmelzungsfähigkeit ist ausreichend, dass ein Fortsetzungsbeschluss gefasst werden könnte.[39] Zur Durchführung der Verschmelzung ist ein – zumindest stillschweigend gefasster – Fortsetzungsbeschluss der Gesellschafterversammlung notwendig, der normalerweise im Verschmelzungsbeschluss enthalten ist;[40] ferner muss der Auflösungsgrund beseitigt werden.[41] Auch ein eröffnetes Insolvenzverfahren hindert die Verschmelzungsfähigkeit nicht, sofern die Einstellung des Insolvenzverfahrens und die Fassung eines Fortsetzungsbeschlusses möglich sind;[42] danach kann ein Verschmelzungsvertrag abgeschlossen werden. 19

§§ 39, 45 e setzen für die Verschmelzungsfähigkeit von Personenhandelsgesellschaften und Partnerschaftsgesellschaften voraus, dass die Gesellschafter nicht bereits gemäß § 145 HGB eine andere Art der Auseinandersetzung als die Liquidation oder der Verschmelzung im Gesellschaftsvertrag vereinbart oder anderweitig beschlossen haben.[43] Eine solche Vereinbarung müsste ansonsten zunächst aufgehoben werden, um eine Verschmelzung durchzuführen. 20

Problematisch ist, ob die Beteiligung eines aufgelösten oder in Auflösung befindlichen Rechtsträgers als übernehmender Rechtsträger einer Verschmelzung möglich ist. Dies muss verneint werden, da der Gesetzgeber in Kenntnis der umstrittenen Rechtslage zum § 19 Abs. 2 KapErhG dessen Formulierung übernommen hat und es bewusst unterließ, die Verschmelzungsfähigkeit des aufgelösten übernehmenden Rechtsträgers anderweitig zu regeln.[44] Nach der gesetzgeberischen Intention soll zwar die Sanierung erleichtert werden, dieser Legitimationszweck besteht hier aber nicht, da reine Abwicklungsfusionen nicht erleichtert werden sollten.[45] Es ist folglich zuvor ein Fortsetzungsbeschluss zu fassen, um die Verschmelzungsfähigkeit zurück zu erlangen.[46] 21

35 BT-Drucks. 12/6699 S. 82.
36 OLG Stuttgart DB 2005, 2681; LG Leipzig DB 2006, 885.
37 *Klein/Stephanblome*, ZGR 2007, 351, 367; Lutter/*Lutter/Drygala*, § 3 Rn 18.
38 Maulbetsch/Klumpp/Rose/*Schäffler*, § 3 Rn 17; Lutter/*Lutter/Drygala*, § 3 Rn 19.
39 Lutter/*Lutter/Drygala*, § 3 Rn 17; Kallmeyer/*Marsch-Barner*, UmwG, § 3 Rn 24.
40 So auch Lutter/*Lutter/Drygala*, § 3 Rn 17; Schmitt/Hörtnagel/*Stratz*, § 3 Rn 51.
41 BayObLG NJW-RR 1998, 902 f; Lutter/*Lutter/Drygala*, § 3 Rn 17.
42 Semler/Stengel/*Stengel*, § 3 Rn 44.
43 Semler/Stengel/*Stengel*, § 3 Rn 40; Lutter/*Lutter/Drygala*, § 3 Rn 22.
44 So auch OLG Naumburg NJW-RR 1998, 178 f; AG Erfurt Rpfleger 1996, 163; Lutter/*Lutter/Drygala*, § 3 Rn 23; Semler/Stengel/*Stengel*, § 3 Rn 46; aA KG Berlin DB 1998, 2409; *Bayer*, ZIP 1997, 1613, 1614; *Heckschen*, DB 1998, 1385, 1387; Kallmeyer/*Marsch-Barner*, UmwG, § 3 Rn 26.
45 AG Erfurt Rpfleger 1996, 163; Lutter/*Lutter/Drygala*, § 3 Rn 23.
46 OLG Naumburg, NJW-RR 1998, 178 f; Lutter/*Lutter/Drygala*, § 3 Rn 23; Semler/Stengel/*Stengel*, § 3 Rn 46.

V. Mischverschmelzung (Abs. 4)

22 An einer Verschmelzung können gemäß Abs. 4 verschiedene Rechtsträger derselben oder unterschiedlicher Rechtsformen teilhaben, soweit gesetzlich nichts anderes festgelegt ist.[47] Abs. 4 gilt sowohl für die Verschmelzung durch Aufnahme (§ 2 Nr. 1) als auch für die Verschmelzung zur Neugründung (§ 2 Nr. 2) und für den übernehmenden Rechtsträger ebenso wie für den übertragenden Rechtsträger. Einschränkungen ergeben sich insb. bei Verschmelzungen eingetragener Genossenschaften (§ 79), rechtsfähiger Vereine (§ 99), genossenschaftlicher Prüfungsverbände (§ 105), VVaG (§ 109) sowie bei der Verschmelzung von Kapitalgesellschaften mit dem Vermögen des Alleingesellschafters (§ 120).

23 Kommen im Rahmen einer Verschmelzung mehrere Rechtsträger unterschiedlicher Rechtsform zusammen, so sind die für den jeweiligen Rechtsträger geltenden Bestimmungen auf diesen anzuwenden. Insgesamt müssen die jeweils einschlägigen Vorschriften kumulative Anwendung auf den gesamten Umwandlungsvorgang finden.[48] Dies kann den Verschmelzungsvorgang erheblich verkomplizieren und zeitlich verzögern, wenn auch nur ein Teilverschmelzungsvorgang nicht (zeitnah) zustande kommt. Bei einer größeren Anzahl beteiligter Rechtsträger ist daher alternativ zu prüfen, ob die einzelnen Verschmelzungen nicht besser nacheinander durchgeführt werden sollten.

24 Bei Mischverschmelzungen zur Aufnahme, der Verschmelzung einer börsennotierten AG auf eine nicht börsennotierte AG sowie einer Verschmelzung von Rechtsträgern derselben Rechtsform, bei welcher die Anteile oder Mitgliedschaften am übernehmenden Rechtsträger Verfügungsbeschränkungen unterworfen sind, ist widersprechenden Anteilsinhabern zudem ein Abfindungsangebot gem. § 29 Abs. 1 zu unterbreiten.

25 Nach allgemeiner Auffassung ist die Verbindung mehrerer Verschmelzungen auf einen übernehmenden Rechtsträger bei gleichzeitig erfolgender Auf- oder Abspaltung bei diesem Rechtsträger (sog. „verschmelzende Auf- und Abspaltung") aufgrund der vorhandenen unüberwindlichen verfahrensrechtlichen Schwierigkeiten unzulässig.[49]

Zweiter Abschnitt Verschmelzung durch Aufnahme

§ 4 Verschmelzungsvertrag

(1) [1]Die Vertretungsorgane der an der Verschmelzung beteiligten Rechtsträger schließen einen Verschmelzungsvertrag. [2]§ 311 b Abs. 2 des Bürgerlichen Gesetzbuchs gilt für ihn nicht.

(2) Soll der Vertrag nach einem der nach § 13 erforderlichen Beschlüsse geschlossen werden, so ist vor diesem Beschluß ein schriftlicher Entwurf des Vertrags aufzustellen.

Literatur:

Austmann/Frost, Vorwirkungen von Verschmelzungen, ZHR 169 (2005), 431; *Döss*, Die Auswirkungen von Mängeln einer Verschmelzung durch Aufnahme auf die rechtliche Stellung einer übertragenden Gesellschaft und Ihrer Aktionäre, 1990; *Grunewald*, Auslegung von Unternehmens- und Umwandlungsverträgen, ZGR 2009, 647; *Heckschen*, Verschmelzung von Kapitalgesellschaften, 1989; *Kiem*, Die Eintragung der angefochtenen Verschmelzung, 1991; *Körner/Rodewald*, Bedingungen, Befristungen, Rücktritts- und Kündigungsrechte in Verschmelzungs- und Spaltungsverträgen, BB 1999, 853; *Melchior*, Vollmachten bei Umwandlungsvorgängen – Vertretungshindernisse und Interessenkollisionen, GmbHR 1999, 520; *Scheel*, Befristete und bedingte Handelsregistereintragungen bei Umstrukturierungen von Kapitalgesellschaften, DB 2004, 2355; *Thoß*, Differenzhaftung bei der Kapitalerhöhung zur Durchführung einer Verschmelzung, NZG 2006, 376.

47 Siehe dazu die ausführliche Übersicht bei Semler/Stengel/*Stengel*, § 3 Rn 27 ff.

48 S. näher Lutter/*Lutter/Drygala*, § 3 Rn 31; Semler/Stengel/*Stengel*, § 3 Rn 44.

49 Lutter/*Lutter/Drygala*, § 3 Rn 33; Kallmeyer/*Marsch-Barner*, UmwG, § 3 Rn 30.

I. Normzweck

1 Die Vorschrift statuiert in Abs. 1 für die Verschmelzung durch Neugründung oder zur Aufnahme die Pflicht zum Abschluss eines Verschmelzungsvertrages.[1] Darin liegt die Grundlage der Verschmelzung. Die gleiche Voraussetzung gilt gem. § 125 auch für die Aufspaltung, Abspaltung oder Ausgliederung zur Aufnahme, dort in Form eines Spaltungs- oder Übernahmevertrages. Im Falle der Spaltung zur Neugründung ist anstelle eines Spaltungsvertrages ein Spaltungsplan zu erstellen.

2 Der Anteilsinhaberverschmelzungsvertrag ist nicht in erster Linie ein Austauschvertrag, sondern vor allem ein Organisationsakt, der den Rechtsgrund für die Gesamtrechtsnachfolge und die Mitgliedschaftsperpetuierung bildet sowie die zukünftigen Strukturen der beteiligten Rechtsträger bestimmt.[2] Schuldrechtlich regelt er insbesondere den Rechtsgrund für die Verschmelzung, die Vermögensübertragung und die Anteilsgewährung. Dingliche Wirkung entfaltet der Verschmelzungsvertrag nicht; diese tritt einzig mit der Handelsregistereintragung gem. § 20 Abs. 2. Folglich weist der Verschmelzungsvertrag diverse Kriterien unterschiedlicher Vertragstypen auf und ist dogmatisch nicht eindeutig einzuordnen, was seine Praktikabilität freilich nicht beeinträchtigt.

3 Der Ausschluss des § 311 b Abs. 2 BGB ist lediglich deklaratorischer Natur, da eine Verschmelzung zwangsläufig und systemimmanent die Übertragung des gesamten künftigen, am Tage der Wirksamkeit der Verschmelzung bestehenden Vermögens des übertragenden Rechtsträgers beinhaltet.

4 Bei der Fassung der Verschmelzungsbeschlüsse muss die endgültige Form des Verschmelzungsvertrages noch nicht vorliegen. Abs. 2 stellt klar, dass – entsprechend Art. 5 Abs. 1 der 3. RL – ein schriftlicher Entwurf des Verschmelzungsvertrages als Beschlussgrundlage für die Anteilsinhaber ausreicht;[3] erst der endgültige Vertrag bedarf der Beurkundung gem. § 6. Der Vertragsentwurf muss jedoch bereits vollständig sein und alle notwendigen Angaben und Vereinbarungen beinhalten. Der praktische Vorteil in dieser Vorgehensweise liegt insbesondere dann auf der Hand, wenn nicht sicher ist, dass die Anteilsinhaber aller beteiligten Rechtsträger zustimmen, da sich in diesem Fall die Beurkundungskosten für den Verschmelzungsvertrag vermeiden lassen.

II. Verschmelzungsvertrag

5 Der Verschmelzungsvertrag wird zwischen sämtlichen an der Verschmelzung beteiligten Rechtsträgern geschlossen und ist die wesentliche Grundlage für den gesamten Verschmelzungsvorgang. Darin sind alle Bestimmungen festgehalten, unter denen die Verschmelzung stattfinden soll. Die Rechtsnatur des Verschmelzungsvertrages ist nicht eindeutig zu bestimmen. Eine Einordnung als ein bestimmter Vertragstyp ist nicht möglich, da der Verschmelzungsvertrag Merkmale unterschiedlicher Vertragstypen (Organisationsakt und schuldrechtlicher Vertrag) aufweist.

1 RegBegr. bei *Ganske*, Umwandlungsrecht, S. 47.
2 Semler/Stengel/*Schröer*, § 4 Rn 4; Widmann/Mayer/*Mayer*, § 4 Rn 21 ff; BFH DB 1989, 663, 664; BGHZ 105, 324, 331; aA *Kremer*, DB 1989, 2146, 2147.
3 So bereits BGHZ 82, 188, 194.

6 **1. Rechtliche Wirkung.** Der Verschmelzungsvertrag hat hinsichtlich seiner rechtlichen Wirkung zwei wesentliche Ebenen. Zunächst gestaltet er auf einer organisationsrechtlichen Ebene die Rechtsverhältnisse zwischen den an der Verschmelzung beteiligten Rechtsträgern und Anteilsinhabern für die Zeit der Durchführung und nach Wirksamkeit der Verschmelzung. Zuvörderst regelt er grundsätzlich, wer übernehmender und wer übertragender Rechtsträger ist. Der Vertrag schafft durch Festlegung des Umtauschverhältnisses, des Gewinnbezugsrechts und der Auswirkungen auf Inhaber von Sonderrechten die Rahmenbedingungen für die Verschmelzung.

7 Auf der zweiten, entscheidenden Ebene regelt der Verschmelzungsvertrag die schuldrechtlichen Verpflichtungen der beteiligten Rechtsträger untereinander. Er ist ein gegenseitiger Vertrag (§§ 320 ff BGB) und gewährt dem übernehmenden Rechtsträger einen Anspruch auf die Übertragung des gesamten Vermögens des Übertragenden gegen Gewährung der im Umtauschverhältnis festgelegten Anteile an die Anteilsinhaber des übertragenden Rechtsträgers. Die allgemeinen Regeln des bürgerlichen Rechts sind neben den Sonderregeln für den jeweiligen Rechtsträger (etwa das AktG) auf den Verschmelzungsvertrag anwendbar. Eine Auslegung findet nach den Maßgaben der §§ 133, 157 BGB statt, wobei die Auslegung hinsichtlich der Rechtsfolgen der Verschmelzung – wie bei der Satzung einer Kapitalgesellschaft – nach objektiven Kriterien und nicht nach dem objektiven Empfängerhorizont vorzunehmen ist. Weiterhin finden die allgemeinen Grundsätze zur Anfechtung und zur Nichtigkeit (§§ 134, 138 BGB) Anwendung.[4] Zu berücksichtigen sind somit auch eventuelle Schadensersatzansprüche bei Verletzung von Vertragspflichten. Bei Nichtigkeit einzelner Vertragsbestimmungen kann § 139 BGB zur Anwendung kommen. Mit Eintragung der Verschmelzung im Handelsregister werden nach § 20 Abs. 2 sämtliche Mängel geheilt.

8 Gem. Abs. 1 S. 2 ist eine Anwendung des § 311 b Abs. 2 BGB ausdrücklich ausgeschlossen. Folglich ist ein Verschmelzungsvertrag, durch den sich eine Partei systemimmanent verpflichtet, ihr gesamtes Vermögen zu übertragen, nicht aus diesem Grund nichtig. Das UmwG geht § 311 b Abs. 2 BGB als lex specialis vor; daher erfolgt der Ausschluss dieser Vorschrift lediglich zur Klarstellung und aus Gründen der Rechtssicherheit.[5]

9 Der Verschmelzungsvertrag ist zwar Voraussetzung des dinglichen Vollzugs der Verschmelzung, er selbst verfügt aber über keine dingliche Wirkung.[6] Für den dinglichen Vollzug der Verschmelzung ist allein die Eintragung in das Handelsregister entscheidend, sie tritt damit kraft Gesetzes ein. Erst dann geht das Vermögen auf den übernehmenden Rechtsträger über und die Wirkung des § 20 treten ein.[7]

10 **2. Pflichten der Leitungsorgane.** Die Pflichten der Leitungsorgane sind durch die Durchführung der anstehenden Verschmelzung beeinflusst. Ab Abschluss des Vertrages trifft die Leitungsorgane der beteiligten Rechtsträger die Pflicht, nichts zu unternehmen, was die Durchführung der Verschmelzung gefährden könnte. Sie müssen den Verschmelzungsvertrag umsetzen und die entsprechenden Erklärungen zum Handelsregister rechtzeitig und richtig abgeben und etwaige Eintragungshindernisse selbstständig beseitigen;[8] § 83 Abs. 2 bestimmt dies explizit für die Vorstandsmitglieder einer AG. Diese Pflicht umfasst auch die Beseitigung eventueller Verschmelzungshindernisse wie zB erhobene Anfechtungsklagen einzelner Anteilsinhaber, aus denen eine Registersperre resultieren kann. Die Leitungsorgane des übertragenden Rechtsträgers trifft dabei zudem die Pflicht, ihre Unternehmensführung so zu gestalten, dass das übergehende Vermögen demjenigen entspricht, welches der Ermittlung der Umtauschquote zu Grunde lag.[9]

4 Zu einer Nichtigkeit aufgrund von § 138 BGB s. etwa LG Mühlhausen, DB 1996, 1967.

5 Kallmeyer/*Marsch-Barner*, UmwG, § 4 Rn 6; Lutter/*Lutter/Drygala*, § 4 Rn 7.

6 *Kallmeyer*, ZIP 1994, 1746; Schmitt/Hörtnagel/Stratz/*Stratz*, § 4 Rn 8.

7 *Kallmeyer*, ZIP 1994, 1746.

8 Semler/Stengel/*Schröer*, § 4 Rn 13; KölnKomm-UmwG/*Simon*, § 4 Rn 9.

9 Lutter/*Lutter/Drygala*, § 4 Rn 5.

Auch ohne Zustimmung der Anteilsinhaber entfaltet der beurkundete Verschmelzungsvertrag jedoch bereits Rechtswirkungen unter den Parteien des Verschmelzungsvertrages. So sind die Organe verpflichtet, die notwendigen Zustimmungen der Anteilseigner zu dem Verschmelzungsvertrag einzuholen.[10] Sofern die Anteilsinhaber dem Verschmelzungsvertrag nur mit Änderungen zustimmen, muss der Verschmelzungsvertrag bzw die entsprechende Änderung freilich nochmals beurkundet werden. 11

3. Abschlussmodalitäten. Parteien des Verschmelzungsvertrages sind allein die beteiligten Rechtsträger und nicht deren Anteilsinhaber. Diese können daraus keine einklagbaren Ansprüche herleiten.[11] Der Vertrag wird von den Vertretungsorganen der Rechtsträger geschlossen. Für die konkreten Abschlussvoraussetzungen gelten die gesetzlichen Bestimmungen der jeweils beteiligten Rechtsträger sowie die Vorschriften deren Gesellschaftsverträge und Satzungen zur Vertretungsberechtigung. Der Abschluss eines Verschmelzungsvertrages ist Grundlagengeschäft und kein Rechtsgeschäft, welches der Betrieb eines Handelsgewerbes mit sich bringt (§ 49 Abs. 1 HGB), so dass der Abschluss durch Prokuristen oder gar durch Handlungsbevollmächtigte (§ 54 Abs. 1 HGB) nicht ausreicht.[12] Eine unechte Gesamtvertretung (Organmitglied mit Projurist) ist freilich möglich.[13] Die Grundsätze zum Verbot des Insichgeschäfts und der Mehrfachvertretung (§ 181 BGB) sowie deren Befreiungsmöglichkeiten finden auch hier Anwendung.[14] 12

Besondere Voraussetzungen einer notariellen Beurkundung der Abschlussvollmacht ergeben sich aus dem UmwG nicht; diese können freilich aus den jeweiligen gesetzlichen Bestimmungen der beteiligten Rechtsträger resultieren. Dies ist zB der Fall bei einer Verschmelzung durch Neugründung, da der Verschmelzungsvertrag dort gem. § 37 zwingend die Satzung des neuen Rechtsträgers enthalten muss (beglaubigte Vollmachten gem. §§ 2 GmbHG, 23 Abs. 1, 280 Abs. 3 AktG).[15] Wird ein Verschmelzungsvertrag durch einen vollmachtlosen Vertreter geschlossen, ist die (konkludente) Genehmigung durch das Vertretungsorgan des betroffenen Rechtsträgers möglich; deren notarielle Beurkundung oder Beglaubigung ist auch hier nicht erforderlich, arg. e. § 182 Abs. 2 BGB.[16] Abweichend von den vorstehenden Erwägungen werden Vollmachten bei Verschmelzungsvorgängen in der Praxis mit Hinblick auf die gem. § 17 zum Handelsregister einzureichenden Unterlagen stets zumindest schriftlich erteilt.[17] 13

Eine Einschränkung der Vertretungsmacht des Vertretungsorgans bzw der Bevollmächtigten ergibt sich aus der Zustimmungsbedürftigkeit des Verschmelzungsvertrags durch die Anteilsinhaber. Bis zu deren Erteilung ist der Verschmelzungsvertrag folglich schwebend unwirksam. Er wird wirksam, sobald bei allen beteiligten Rechtsträgern die erforderlichen Zustimmungsbeschlüsse gefasst werden (§ 13 Abs. 1). 14

Sofern eine AG, die weniger als zwei Jahre vor Abschluss des Verschmelzungsvertrages in das Handelsregister eingetragen wurde, als übernehmender Rechtsträger avisiert ist, sind gem. § 67 die Vorschriften zur Nachgründung (§ 52 AktG) einzuhalten. Eine Ausnahme besteht nach § 67 S. 2 dann, wenn die Gegenleistung für die Vermögensübertragung 10% des Grundkapitals der übernehmenden AG nicht übersteigt oder wenn die übernehmende AG zuvor bereits mindestens zwei Jahre als GmbH im Handelsregister eingetragen war. Die Anforderungen der Vorschriften zur Nachgründung sind bis spätestens zur Beschlussfassung der Aktionäre der übernehmenden AG zu erfüllen.[18] 15

10 *Austmann/Frost*, ZHR 169 (2005), 431, 440; s. auch Semler/Stengel/*Schroer*, § 4 Rn 25; *Kiem*, ZIP 1999, 173.

11 OLG München, BB 1993, 2040; Lutter/*Lutter/Drygala*, § 4 Rn 7.

12 KölnKomm-UmwG/*Simon*, § 4 Rn 12; Lutter/*Lutter/Drygala*, § 4 Rn 8.

13 Widmann/Mayer/*Mayer*, § 4 Rn 35; Lutter/*Lutter/Drygala*, § 4 Rn 8.

14 Baumbach/Hueck/*Zöllner/Noack*, § 35 Rn 132 GmbHG; GK-AktG/*Habersack*, § 78 Rn 17; Semler/Stengel/*Schröer*, § 4 Rn 12.

15 KölnKomm-UmwG/*Simon*, § 4 Rn 15; Lutter/*Lutter/Drygala*, § 6 Rn 6.

16 BGHZ 125, 218, 221; BGH GmbHR 1980, 299.

17 So auch KölnKomm-UmwG/*Simon*, § 4 Rn 13.

18 Maulbetsch/Klumpp/Rose/*Maulbetsch*, § 4 Rn 20.

16 Ein Verschmelzungsvertrag ist sowohl für Bedingung als auch Befristung offen. Ein praktisches Bedürfnis hierzu kann darin liegen, dass Verbindungen von Unternehmen auf einem langfristigen Unternehmensplan der beteiligten Rechtsträger entsprechen.[19] Deren Zulässigkeit folgt aus § 7 S. 1.[20] Dies führt dazu, dass die Verschmelzung solange nicht in das Handelsregister eingetragen werden kann, wie die Bedingung oder Befristung noch nicht eingetreten ist. Wird sie dennoch eingetragen, hindert dies die Wirksamkeit der Verschmelzung nicht, arg. e. § 20. Aufschiebende Bedingungen oder Befristungen sind damit gegenstandslos und können demnach ihre Wirkung auch nur bis zur Eintragung entfalten.[21] Für die Bemessung des Zeitraumes bis zum Bedingungseintritt sollte sinnvollerweise der achtmonatige Rückwirkungszeitraum gem. § 17 Abs. 2 S. 4 bedacht werden. Dies ist zwar nicht konstitutiv, anderenfalls müssen aber dem Registergericht auf einen neuen Stichtag aufgestellte Bilanzen der übertragenden Rechtsträger beim als Grundlage der Verschmelzung vorgelegt werden, was unnötige Kosten produziert.[22] Der Eintritt der Bedingung ist dem Registergericht nachzuweisen; der Nachweis kann freilich nach Ablauf der Frist gem. § 17 Abs. 2 S. 4 erfolgen.[23]

17 **4. Wirksamwerden des Verschmelzungsvertrages.** Der Zeitpunkt des Wirksamwerdens des Verschmelzungsvertrages ist vom Zeitpunkt der Wirksamkeit der Verschmelzung zu unterscheiden. Während letztere mit Eintragung ins Handelsregister wirksam wird, bedarf der Verschmelzungsvertrag zu seiner Wirksamkeit der Zustimmung der Anteilsinhaberversammlung sowie der nach § 13 konstitutiven Zustimmung einzelner Anteilsinhaber der beteiligten Rechtsträger. Bis dahin ist der Vertrag schwebend unwirksam. Für den konkreten Zeitpunkt der Wirksamkeit ist jeweils auf den zeitlich letzten konstitutiven Akt abzustellen: Ist der Verschmelzungsvertrag bereits notariell beurkundet, so wird dieser in dem Zeitpunkt wirksam, in dem die Anteilsinhaber der beteiligten Rechtsträger ihre Zustimmung wirksam erklären (Zustimmungsbeschluss). Ist der Verschmelzungsvertrag hingegen noch nicht beurkundet, stimmen die Anteilsinhaber also seinem Entwurf zu, wird der Vertrag wirksam, wenn der Entwurf in unveränderter Form notariell beurkundet ist. Hierbei ist darauf zu achten, dass eine Abweichung des beurkundeten Vertrages vom zugestimmten Entwurf die Ablehnung des alten Vertrages mit gleichzeitigem Angebot auf Abschluss des beurkundeten Vertrages bedeutet. Insoweit gilt § 150 BGB. Das Verschmelzungsverfahren muss dann neu durchlaufen werden.

18 Der wirksame Verschmelzungsvertrag begründet klagbare Ansprüche für die jeweils beteiligten Rechtsträger. Hintergrund ist, dass beide Rechtsträger danach verpflichtet sind, auf die Durchführung der Verschmelzung hinzuwirken. Dazu zählt konsequenterweise nicht nur die Pflicht, alles Notwendige dafür zu tun, dass die Verschmelzung nicht durch unberechtigte Klagen verhindert bzw behindert wird,[24] sondern auch das Recht, der Verschmelzung durch Klage zur Wirksamkeit zu verhelfen. Es können alle zur Durchführung der Verschmelzung notwendigen Handlungen eingeklagt und vollstreckt werden.[25]

19 Im Einzelnen kann hierbei geklagt werden auf Vornahme der für die erfolgreiche Verschmelzung notwendigen Vorbereitungshandlungen wie auch auf die Durchführung der Verschmelzung selber. Zu erstgenannten Handlungen zählt etwa die Vornahme notwendiger Kapitalerhöhungen, sofern sich die Anteilsinhaber des übernehmenden Rechtsträgers hierzu schuldrechtlich bindend verpflichtet haben oder einen zustimmenden Beschluss zum Verschmelzungsvertrag gefasst haben, da dann das Schutzbedürfnis für § 187 Abs. 2 AktG entfällt.[26] Auch die Erstellung einer Schlussbilanz durch übertragende Rechtsträger gem. § 17 Abs. 2 ist eine notwendige Vorbereitungsmaßnahme ohne die die Verschmelzung nicht durchgeführt werden kann

19 Lutter/*Lutter/Drygala*, § 4 Rn 26.
20 Widmann/Mayer/*Heckschen*, § 4 Rn 17 ff; Körner/*Rodewald*, BB 1999, 853.
21 Kallmeyer/*Marsch*-Barner, § 4 Rn 11; Maulbetsch/Klumpp/Rose/*Maulbetsch*, § 4 Rn 23.
22 Widmann/Mayer/*Heckschen*, § 4 Rn 17 ff.
23 Lutter/*Bork*, § 17 Rn 6; Widmann/Mayer/*Heckschen*, § 4 Rn 19.
24 Kallmeyer/*Marsch-Barner*, UmwG, § 4 Rn 23.
25 Lutter/*Lutter/Drygala*, § 4 Rn 27; Semler/Stengel/*Schröer*, § 4 Rn 45; einschr. KölnKomm-UmwG/*Simon*, § 4 Rn 34.
26 So auch Semler/Stengel/Schröer, § 4 Rn 55; aA KölnKomm-UmwG/*Simon*, § 4 Rn 34.

und die konsequenterweise einklagbar sein muss; da dies jedoch eine unvertretbare Handlung darstellt, wird diese durch Zwangsgeld gem. § 888 Abs. 1 ZPO vollstreckt. Entsprechendes gilt für die Bestellung eines Treuhänders nach § 71 Abs. 1.

Klagbar ist ebenfalls der Anspruch des übertragenden Rechtsträgers gegen den übernehmenden Rechtsträger auf Anmeldung der Verschmelzung zum Handelsregister. Dazu kann die Abgabe der notwendigen Erklärung fingiert werden, § 894 ZPO. Umgekehrt besteht für einen klagbaren Anspruch des übernehmenden gegen den übertragenden Rechtsträger kein Bedürfnis, da dieser nach § 16 Abs. 1 S. 2 berechtigt ist, die Verschmelzung auch zur Eintragung in das Register des Sitzes des übertragenden Rechtsträgers anzumelden. 20

Anspruchsberechtigt sind die beteiligten Rechtsträger, vertreten durch ihre Leitungsorgane. Ansprüche von Anteilsinhabern oder Dritten gibt es – mangels deren Beteiligung am Verschmelzungsvertrag – nur in Ausnahmefällen, wenn diese als echter Vertrag zugunsten Dritter (§ 328 BGB) im Verschmelzungsvertrag gesondert implementiert werden.[27] Der Verschmelzungsvertrag ist freilich ohne besondere Regelungen grundsätzlich kein echter Vertrag zugunsten Dritter.[28] Die Anteilsinhaber können eine einmal beschlossene Verschmelzung nur über ein internes Weisungsrecht (bei der GmbH oder der Personenhandelsgesellschaft) oder – mittelbar – über die Drohung mit Schadensersatzforderungen und Anfechtungsklagen erreichen.[29] Einzelne Regelungen des Verschmelzungsvertrages können jedoch Drittwirkung entfalten, wie etwa die Regelung zum Umtauschverhältnis bzw der Anteilsgewährung und der baren Zuzahlung (§ 29). Diese Ansprüche kann der Anteilsinhaber unmittelbar gegenüber dem übernehmenden Rechtsträger dann einklagen, wenn die Vermögensübernahme erfolgt ist und der übernehmende Rechtsträger auch über die auszugebenden Anteile bereits verfügt. Dies ist der Fall, wenn der übernehmende Rechtsträger eigene Anteile verwendet oder die notwendige Kapitalerhöhung bereits durchgeführt wurde. Außerhalb dieses Anwendungsbereiches sind die Ansprüche hingegen nicht durchsetzbar.[30] 21

Ansprüche gegen die Anteilsinhaber des übernehmenden Rechtsträgers (etwa auf Durchführung einer Kapitalerhöhung oder einer Satzungsänderung) bestehen nur, wenn sich diese dazu im Verschmelzungsvertrag gesondert verpflichtet haben.[31] Der Verschmelzungsvertrag als solcher bindet grundsätzlich nur die beteiligten Rechtsträger. Haben allerdings die Anteilsinhaber der Verschmelzung zugestimmt, dessen Vollzug etwa eine Kapitalerhöhung erfordert, so ist dies (zumindest gegenüber den zustimmenden Anteilsinhabern) einklagbar.[32] 22

Sofern ein beteiligter Rechtsträger die Durchführung der Verschmelzung nicht verzögert oder verhindert, stehen den anderen beteiligten Rechtsträgern Ansprüche auf Rücktritt nach Fristsetzung oder Schadenersatz zu (§§ 280, 311 Abs. 2, 320 ff BGB). Ändern sich die wirtschaftlichen Verhältnisse der beteiligten Rechtsträger bei einer verzögerten Durchführung der Verschmelzung und hat dies Einfluss auf das Umtauschverhältnis, so kann ferner ein Rücktrittsrecht aufgrund Wegfalls der Geschäftsgrundlage gem. § 313 Abs. 3 BGB bestehen.[33] 23

III. Vertragsentwurf

Gem. Abs. 2 reicht ein schriftlicher Entwurf des Verschmelzungsvertrages als Grundlage der Beschlussfassung der Anteilsinhaber aus. Die Beschlussfassung der Anteilsinhaber der beteiligten Rechtsträger kann damit vor oder nach oder auch gleichzeitig mit der Beurkundung des 24

27 So auch KölnKomm-UmwG/*Simon*, § 4 Rn 34; abw. Semler/Stengel/*Schröer*, § 4 Rn 54; Kallmeyer/*Marsch-Barner*, UmwG, § 4 Rn 3, die Ansprüche der Anteilsinhaber und Arbeitnehmer befürworten.

28 Lutter/*Lutter/Drygala*, § 4 Rn 28.

29 KölnKomm-UmwG/*Simon*, § 4 Rn 34; Lutter/*Lutter/Drygala*, § 4 Rn 28.

30 S. vorstehend Rn 18; Kallmeyer/*Marsch-Barner*, UmwG, § 4 Rn 21 f.

31 Maulbetsch/Klumpp/Rose/*Maulbetsch*, § 4 Rn 33.

32 S. vorstehend Rn 19; vgl auch Maulbetsch/Klumpp/Rose/*Maulbetsch*, § 4 Rn 33.

33 So auch Lutter/*Lutter/Drygala*, § 4 Rn 31; KölnKomm-UmwG/*Simon*, § 4 Rn 40.

Verschmelzungsvertrages erfolgen.[34] Der Unterschied zwischen einer Abstimmung über Vertrag oder Entwurf liegt darin, dass in ersterem Fall den Anteilsinhabern ein bereits notariell beurkundetes Dokument zur Zustimmung vorgelegt wird; in letzterem Fall trifft die Organe die Pflicht, dass der zu erstellende notariell beurkundete Vertrag dem zugestimmten Entwurf entsprechen muss.[35] Die materiellen und formellen Anforderungen sind ansonsten gleich.

25 Wird den Anteilsinhabern zur Beschlussfassung lediglich ein Entwurf vorgelegt, so haben sich die Leitungsorgane damit die Notarkosten für die Beurkundung des Verschmelzungsvertrages gespart. Dies wird in der Praxis regelmäßig als Zeichen dafür gesehen, dass die Zustimmung der Anteilsinhaber nicht als sicher angesehen wird oder Änderungen des Vertragsentwurfes zu erwarten sind.[36] Dieser Wirkung sollten sich die Leitungsorgane bei der Abwägung ihres Vorgehens bewusst sein. Dies kann freilich auch ein Vorteil eines Entwurfes sein, denn im Gegensatz zum bereits beurkundeten Vertrag, bei dem einzig Zustimmung oder Ablehnung möglich sind, ist der Entwurf Änderungen zugänglich. Soweit die Tagesordnung der Anteilsinhaberversammlung dies ermöglicht, kann der Entwurf diskutiert und auch mit geändertem Inhalt beschlossen und anschließend beurkundet werden. Dies gilt mit Rücksicht auf die Interessen der Anteilsinhaber auch dann, wenn die Tagesordnung klar zum Ausdruck bringt, dass eine Veränderung nicht möglich ist.[37] Wird dem Entwurf mit Änderungen zugestimmt, so ist dies konsequenterweise als neues Angebot an die beteiligten Rechtsträger zu werten (§ 150 BGB). Um den Prozess abzukürzen ist es möglich, den Vertrag in Form eines Baukastensystems zur Abstimmung zu stellen: Den Anteilsinhabern können dazu unterschiedliche Entwürfe des Vertrages oder einzelner Klauseln alternativ zur Beschlussfassung vorgelegt werden; hierbei sind freilich die Informationspflichten und die Zuleitungserfordernisse zu beachten sowie die Unterschiede zwischen den Varianten nachvollziehbar zu erklären.[38] Voraussetzung ist eine Abstimmung mit allen anderen beteiligten Rechtsträgern über diese möglichen Klauseln. Stimmen die Anteilsinhaber sämtlicher beteiligter Rechtsträger dem Entwurf zu, so ist er ohne Änderungen zu beurkunden.

26 § 4 gilt analog für den Vorvertrag, der auf den Abschluss eines Verschmelzungsvertrages gerichtet ist. Dazu gehört ggf auch die notarielle Beurkundung, soweit dieser Vorvertrag bereits alle Elemente des späteren Verschmelzungsvertrages enthält.[39] Gleiches gilt dann, wenn der Vorvertrag ein selbstständiges Strafversprechen (zB eine sog. „break fee") für den Fall des Fehlgehens der Verschmelzung beinhaltet.[40]

IV. Vertragsänderung und Aufhebung

27 Ausgangspunkt für die Frage einer Aufhebung oder Änderung des Verschmelzungsvertrages ist, ob die Anteilsinhaber bereits bindend zugestimmt haben. Ist dies nicht der Fall, kann der Vertrag durch die Leitungsorgane der beteiligten Rechtsträger geändert bzw neu verhandelt oder gar aufgehoben werden.

28 Ist die Zustimmung bereits erfolgt, so ist eine Aufhebung oder Änderung nur dann möglich, wenn die Anteilsinhaber dieser zustimmen. Als actus contrarius zur Zustimmung bedarf diese Zustimmung eines Änderungs- oder Aufhebungsbeschlusses unter Wahrung der gleichen Mehrheitserfordernisse.[41] Dies muss bei Information der Anteilsinhaber sowie der Verschmelzungs-

34 S. dazu BGHZ 82, 188; vgl auch die alte Fassung des § 340 Abs. 1 AktG.
35 Siehe jedoch § 6 Rn 21 zur Kostenersparnis bei gleichzeitiger Beurkundung.
36 Lutter/*Lutter/Drygala*, § 4 Rn 15; Maulbetsch/Klumpp/Rose/*Maulbetsch*, § 4 Rn 36.
37 Ebenso Lutter/*Lutter/Drygala*, § 4 Rn 15; Semler/Stengel/*Schröer*, § 4 Rn 19.
38 Ebenso Widmann/Mayer/*Mayer*, § 4 Rn 12; Lutter/*Lutter/Drygala*, § 4 Rn 15; Semler/Stengel/*Schröer*, § 4 Rn 19; freilich ist der Anteilsinhaberversammlung der genaue Wortlaut vorzulegen, da ansonsten – insb. bei der AG und KGaA – der Beschluss anfechtbar ist (§ 245 Nr. 1, 2 AktG).
39 Lutter/*Lutter/Drygala*, § 6 Rn 3.
40 Dazu LG Paderborn, NZG 2000, 899 ff; vgl auch Maulbetsch/Klumpp/Rose/*Maulbetsch*, § 3 Rn 40.
41 Lutter/*Lutter/Drygala*, § 4 Rn 19; Semler/Stengel/*Schröer*, § 4 Rn 35; Limmer/*Limmer*, Unternehmensumwandlung, Rn 204.

prüfung Berücksichtigung finden. Eine notarielle Beurkundung der Aufhebung ist idR nicht erforderlich.[42] Ausnahmen können nach den jeweils für den Rechtsträger geltenden Vorschriften bestehen (zB § 130 AktG). Es gelten für die Zustimmung zur Aufhebung nach richtiger Auffassung die Mehrheitserfordernisse der für den Rechtsträger geltenden gesetzlichen oder satzungsmäßigen Bestimmungen (idR einfache Mehrheit).[43] Die Gegenauffassung verkennt, dass ein verschärftes Mehrheitserfordernis nicht notwendig ist, da es sich nicht um die Durchführung einer Strukturmaßnahme, sondern vielmehr um die Beibehaltung des status quo handelt; zudem reicht auch in vergleichbaren Situationen des Kapitalgesellschaftsrechts eine einfache Mehrheit für Aufhebungsbeschlüsse.[44]

Ist die Verschmelzung hingegen bereits im Handelsregister des übernehmenden Rechtsträgers 29
eingetragen worden, so ist sie wirksam und kann nicht mehr rückgängig gemacht werden.[45]

V. Mängel des Verschmelzungsvertrages

Der Verschmelzungsvertrag unterliegt den allgemeinen zivilrechtlichen Bestimmungen für Ver- 30
träge. Er kann daher von Nichtigkeit und Mangelhaftigkeit betroffen sein. Für Teilnichtigkeit gilt § 139 BGB. Eine Irrtumsanfechtung nach den §§ 119 ff BGB ist möglich, der maßgebliche Irrtum muss bei den Vertretungsorganen vorliegen.[46] Fehlende notarielle Beurkundung führt zur Nichtigkeit, § 125 BGB. Die konkreten Mängelfolgen sind abhängig davon, ob der mangelhafte Verschmelzungsvertrag bereits im Handelsregister eingetragen ist. Hierzu steht dem Registergericht ein Prüfungsrecht zu, in dessen Folge es die Eintragung der Verschmelzung ablehnen kann bzw bei Vorliegen nicht heilbarer Mängel ablehnen muss. Wenn im Verschmelzungsvertrag Angaben fehlen, die nach § 5 Abs. 1 Nr. 1 bis 9 vorgeschrieben sind, ist zu unterscheiden. Fehlen Angaben zu § 5 Nrn. 1 bis 3, so ist der Verschmelzungsvertrag nichtig, da es sich dabei um wesentliche Vertragselemente handelt. Das Fehlen von Angaben zu § 5 Nrn. 4 bis 9 führt nicht zur Unwirksamkeit, sondern begründet lediglich eine Anfechtbarkeit. Die Eintragung der Verschmelzung heilt grundsätzlich die formellen Mängel, arg. e. § 20. Ungeachtet dessen können Mängel weiter geltend gemacht werden. Sie berühren dann die Wirksamkeit der Verschmelzung nicht mehr, sondern führen zu Schadensersatzansprüchen.

VI. Kosten

Die Beurkundung des Verschmelzungsvertrages löst nach Nr. 21100 Anlage I GNotKG eine 31
doppelte Geschäftsgebühr aus. Diese richtet sich gemäß § 3 Abs. 1 GNotKG nach dem Geschäftswert. Dieser Geschäftswert ist nach § 107 GNotKG auf mindestens 30.000 EUR und höchstens 10 Mio. EUR festgelegt.[47] Verbindlichkeiten dürfen dazu nicht in Abzug gebracht werden. Soweit die Anteilsinhaber auf den Verschmelzungsbericht der Vertretungsorgane oder den Prüfungsbericht verzichten, muss dies ebenfalls notariell beurkundet werden, §§ 9 Abs. 3, 12 Abs. 3. Für die Beurkundung fällt eine volle Gebühr an (Nr. 21200 Anlage I GNotKG), deren Wert nach freiem Ermessen bestimmt wird, § 36 Abs. 1 GNotKG.

42 Lutter/*Lutter/Drygala*, § 4 Rn 19; Semler/Stengel/*Schröer*, § 4 Rn 35.

43 Lutter/*Lutter/Drygala*, § 4 Rn 20; KölnKomm-UmwG/*Simon*, § 4 Rn 25 f; kritisch Semler/Stengel/*Schröer*, § 4 Rn 32; aA Widmann/Mayer/*Mayer*, § 4 Rn 62; Kallmeyer/*Marsch-Barner*, UmwG, § 4 Rn 17, die mit der Begründung des actus contrarius-Arguments die gleiche Mehrheit verlangen wie für den Zustimmungsbeschluss zur Verschmelzung.

44 GroßKomm-AktG/*Wiedemann*, § 181 Rn 20; Lutter/Hommelhoff/*Hommelhoff*, GmbHG, § 53 Rn 27; so auch KölnKomm-UmwG/*Simon*, § 4 Rn 25.

45 OLG Frankfurt a.M., DB 2003, 599; Semler/Stengel/*Schröer*, § 4 Rn 36; ebenso KölnKomm-UmwG/*Simon*, § 4 Rn 28 f, der die Möglichkeit einer Änderung der schuldrechtlichen Regelungen diskutiert, aber iE ablehnt.

46 Maulbetsch/Klumpp/Rose/*Maulbetsch*, § 4 Rn 49.

47 S. zu den Kosten die Kommentierung bei § 6 Rn 19 ff.

§ 5 Inhalt des Verschmelzungsvertrags

(1) Der Vertrag oder sein Entwurf muß mindestens folgende Angaben enthalten:

1. den Namen oder die Firma und den Sitz der an der Verschmelzung beteiligten Rechtsträger;
2. die Vereinbarung über die Übertragung des Vermögens jedes übertragenden Rechtsträgers als Ganzes gegen Gewährung von Anteilen oder Mitgliedschaften an dem übernehmenden Rechtsträger;
3. das Umtauschverhältnis der Anteile und gegebenenfalls die Höhe der baren Zuzahlung oder Angaben über die Mitgliedschaft bei dem übernehmenden Rechtsträger;
4. die Einzelheiten für die Übertragung der Anteile des übernehmenden Rechtsträgers oder über den Erwerb der Mitgliedschaft bei dem übernehmenden Rechtsträger;
5. den Zeitpunkt, von dem an diese Anteile oder die Mitgliedschaften einen Anspruch auf einen Anteil am Bilanzgewinn gewähren, sowie alle Besonderheiten in bezug auf diesen Anspruch;
6. den Zeitpunkt, von dem an die Handlungen der übertragenden Rechtsträger als für Rechnung des übernehmenden Rechtsträgers vorgenommen gelten (Verschmelzungsstichtag);
7. die Rechte, die der übernehmende Rechtsträger einzelnen Anteilsinhabern sowie den Inhabern besonderer Rechte wie Anteile ohne Stimmrecht, Vorzugsaktien, Mehrstimmrechtsaktien, Schuldverschreibungen und Genußrechte gewährt, oder die für diese Personen vorgesehenen Maßnahmen;
8. jeden besonderen Vorteil, der einem Mitglied eines Vertretungsorgans oder eines Aufsichtsorgans der an der Verschmelzung beteiligten Rechtsträger, einem geschäftsführenden Gesellschafter, einem Partner, einem Abschlußprüfer oder einem Verschmelzungsprüfer gewährt wird;
9. die Folgen der Verschmelzung für die Arbeitnehmer und ihre Vertretungen sowie die insoweit vorgesehenen Maßnahmen.

(2) Befinden sich alle Anteile eines übertragenden Rechtsträgers in der Hand des übernehmenden Rechtsträgers, so entfallen die Angaben über den Umtausch der Anteile (Absatz 1 Nr. 2 bis 5), soweit sie die Aufnahme dieses Rechtsträgers betreffen.

(3) Der Vertrag oder sein Entwurf ist spätestens einen Monat vor dem Tage der Versammlung der Anteilsinhaber jedes beteiligten Rechtsträgers, die gemäß § 13 Abs. 1 über die Zustimmung zum Verschmelzungsvertrag beschließen soll, dem zuständigen Betriebsrat dieses Rechtsträgers zuzuleiten.

Literatur:

Aha, Aktuelle Aspekte der Unternehmensbewertung im Spruchstellenverfahren, AG 1999, 26; *Aha*, Einzel- oder Gesamtrechtsnachfolge bei der Ausgliederung?, AG 1997, 345; *Austmann/Frost*, Vorwirkungen von Verschmelzungen, ZHR 169 (2005), 431; *Bachner*, Individualarbeits- und kollektivrechtliche Auswirkungen des neuen Umwandlungsgesetzes, NJW 1995, 2881; *Bayer*, 1000 Tage neues Umwandlungsrecht – eine Zwischenbilanz, ZIP 1997, 1613; *Bermel/Müller*, Vinkulierte Namensaktien und Verschmelzung, NZG 1998, 331; *Blechmann*, Die Zuleitung des Umwandlungsvertrags an den Betriebsrat, NZA 2005, 1143; *Bitzer*, Probleme der Prüfung des Umtauschverhältnisses bei aktienrechtlichen Verschmelzungen, 1987; *Boecken*, Unternehmensumwandlungen und Arbeitsrecht, 1996; *Bungert*, Umtauschverhältnis bei Verschmelzungen entspricht nicht den Börsenwerten, BB 2003, 699; *Busse von Colbe*, Berücksichtigung von Synergien versus Stand-alone-Prinzip bei der Unternehmensbewertung, ZGR 1994, 595; *Däubler*, Das Arbeitsrecht im neuen Umwandlungsgesetz, RdA 1995, 136; *A. Drygala*, Die Reichweite der arbeitsrechtlichen Angaben im Verschmelzungsvertrag, ZIP 1996, 1365; *T. Drygala*, Deal Protection in Verschmelzungs- und Unternehmenskaufverträgen – eine amerikanische Vertragsgestaltung auf dem Weg ins deutsche Recht, WM 2004, 1457; *T. Drygala*, Zuwendungen an Unternehmensorgane bei Umwandlungen und Übernahmen – unethisch, aber wirksam?, in: FS K. Schmidt, 2009, 269; *Dzida/Schramm*, Arbeitsrechtliche Pflichtangaben bei innerstaatlichen und grenzüberschreitenden Verschmelzungen, NZG 2008, 521; *Engelmeyer*, Informationsrechte und Verzichtsmöglichkeiten im Umwandlungsgesetz, BB 1998, 330; *Erb*,

Der Börsenkurs als Untergrenze der Abfindung auch in Verschmelzungsfällen, DB 2001, 523; *Fleischer/Bong*, Unternehmensbewertung bei konzernfreien Verschmelzungen zwischen Geschäftsleiterermessen und Gerichtskontrolle, NZG 2013, 881; *Graef*, Nichtangabe von besonderen Vorteilen im Verschmelzungsvertrag gemäß § 5 Abs. 1 Nr. 8 UmwG – Unwirksamkeit der getroffenen Vereinbarungen?, GmbHR 2005, 908; *Hadding/Hennrichs*, Zur Verschmelzung unter Beteiligung rechtsfähiger Vereine nach dem neuen Umwandlungsgesetz, in: FS Boujong, 1996, 203; *Hausch*, Arbeitsrechtliche Pflichtangaben nach dem Umwandlungsgesetz, RNotZ 2007, 308, 396; *Heckschen*, Die Entwicklung des Umwandlungsrechts aus Sicht der Rechtsprechung und Praxis, DB 1998, 1385; *Hjort*, Der notwendige Inhalt eines Verschmelzungsvertrages aus arbeitsrechtlicher Sicht, NJW 1999, 750; *Hockemeier*, Die Auswirkung der Verschmelzung von Kapitalgesellschaften auf die Anstellungsverhältnisse der Geschäftsleiter, 1990; *Hoffmann-Becking*, Das neue Verschmelzungsrecht in der Praxis, in: FS Fleck, 1988, 105; *Ihrig*, Gläubigerschutz durch Kapitalaufbringung bei Verschmelzung und Spaltung nach neuem Umwandlungsrecht, GmbHR 1995, 622; *Ihrig*, Verschmelzung und Spaltung ohne Gewährung neuer Anteile? ZHR 160 (1996), 317; *Ihrig/Redecke*, Zum besonderen Vorteil von Vorstands- und Aufsichtsratsmitgliedern im Sinne von § 5 Abs. 2 Nr. 8 UmwG, in: FS Maier-Reimer, 2010, 297; *Ising*, Wegfall des Umwandlungsbeschlusses im Konzern, NZG 2011, 1368; *Joost*, Arbeitsrechtliche Angaben im Umwandlungsvertrag, ZIP 1995, 976; *Kallmeyer*, Das neue Umwandlungsgesetz, ZIP 1994, 1746; *Kallmeyer*, Der Ein- und Austritt der Komplementär-GmbH einer GmbH & Co. KG bei Verschmelzung, Spaltung und Formwechsel nach dem Umwandlungsgesetz, GmbHR 1996, 80; *Katschinski*, Die Begründung eines Doppelsitzes bei Verschmelzung, ZIP 1997, 620; *Kiem*, Die schwebende Umwandlung, ZIP 1999, 173; *Kollmorgen/Feldhaus*, Probleme der Übertragung von Vermögen mit Auslandsbezug nach dem Umwandlungsgesetz, BB 2007, 2189; *Kowalski*, Kapitalerhöhung bei horizontaler Verschmelzung, GmbHR 1996, 158; *Krause*, Wie lang ist ein Monat? – Fristberechnung am Beispiel des § 5 III UmwG, NJW 1999, 1448; *Lutter*, Aktienerwerb von Rechtswegen: Aber welche Aktien?, in: FS Mestmäcker, 1996, 943; *Luttermann*, Zum Börsenkurs als gesellschaftsrechtliche Bewertungsgrundlage, ZIP 1995, 45; *Marsch-Barner*, Abschaffung von Stimmrechtslosen Vorzugsaktien nach den Regeln des AktG oder des UmwG, Liber Amicorum M. Winter, 2011, 467; *Martens*, Kontinuität und Diskontinuität im Verschmelzungsrecht der Aktiengesellschaft, AG 1986, 57; *Melchior*, Die Beteiligung von Betriebsräten an Umwandlungsvorgängen aus Sicht des Handelsregisters, GmbHR 1996, 833; *K. J. Müller*, Die Zuleitung des Verschmelzungsvertrages an den Betriebsrat nach § 5 Abs. 3 Umwandlungsgesetz, DB 1997, 713; *Müller-Eising/Bert*, § 5 Abs. 3 UmwG: Eine Norm, eine Frist, drei Termine, DB 1996, 1398; *Paschos*, Die Maßgeblichkeit des Börsenkurses bei Verschmelzungen, ZIP 2003, 1017; *Pfaff*, Angaben zu den arbeitsrechtlichen Folgen einer Umwandlung sind auch bei fehlendem Betriebsrat erforderlich, BB 2002, 1604; *Priester*, Mitgliederwechsel im Umwandlungszeitpunkt, DB 1997, 560; *Reichert*, Die Folgen der Anteilsvinkulierung für Umstrukturierungen von Gesellschaften mit beschränkter Haftung und Aktiengesellschaften nach dem Umwandlungsgesetz 1995, GmbHR 1995, 176; *Reuter*, Börsenkurs und Unternehmenswertvergleich aus Eignersicht, DB 2001, 2483; *Riegger*, Der Börsenkurs als Untergrenze der Abfindung?, DB 1999, 1889, *Schütz/Fett*, Variable oder starre Stichtagsregelungen in Verschmelzungsverträgen?, DB 2002, 2696; *Schwenn*, Kettenverschmelzung bei Konzernsachverhalten, Der Konzern 2007, 173; *Stohlmeier*, Zuleitung der Umwandlungsdokumentation und Einhaltung der Monatsfrist: Verzicht des Betriebsrats?, BB 1999, 1394; *Tillmann*, Die Verschmelzung von Schwestergesellschaften unter Beteiligung von GmbH und GmbH & Co. KG, GmbHR 2003, 740; *Ulrich/Böhle*, Verschmelzung auf zum Verschmelzungsstichtag nicht existierende Rechtsträger, GmbHR 2006, 644; *J. Vetter*, Zum Ausgleich von Spitzen(beträgen) bei der Abfindung in Aktien, AG 1997, 6; *Willemsen*, Arbeitsrecht im Umwandlungsgesetz – Zehn Fragen aus der Sicht der Praxis, NZA 1996, 791; *Willemsen*, Die Beteiligung des Betriebsrats im Umwandlungsverfahren, RdA 1998, 23; *Wilsing/Kruse*, Maßgeblichkeit der Börsenkurse bei umwandlungsrechtlichen Verschmelzungen?, DStR 2001, 991; *M. Winter*, Die Anteilsgewährung – zwingendes Prinzip des Verschmelzungsrechts?, in: FS Lutter, 2000, 1279; *Wlotzke*, Arbeitsrechtliche Aspekte des neuen Umwandlungsrechts, DB 1995, 40.

A. Normzweck

1 Die Vorgaben der Nrn. 1 bis 8 folgen aus der Umsetzung des Art. 5 Abs. 2 der Dritten Richtlinie.[1] Die Vorgaben aus Abs. 1 Nr. 9 und Abs. 3 folgern aus der Neugestaltung des UmwG. Abs. 2 geht zurück auf Art. 24 S. 2 der Dritten Richtlinie. Er entspricht inhaltlich dem § 352 b AktG aF.

2 Die Vorschrift legt die elementaren **Mindestinhalte** des Verschmelzungsvertrages bzw dessen Entwurf für die in § 3 benannten verschmelzungsfähigen Rechtsträger fest. Damit wird ein **Transparenzstandard** geschaffen, der nicht unterschritten werden darf und damit ein ausreichendes Informationsgerüst über den Verschmelzungsvorganges durch verpflichtende Information der Anteilsinhaber und Arbeitnehmer sicherstellt.[2]

3 Für den Spaltungs- und Übernahmevertrag gelten die Mindestinhalte über die Verweisungsnormen der §§ 126, 136 S. 2 entsprechend. Soweit der Formwechsel mangels Vermögensübertragung eine Sonderstellung innerhalb der Umwandlungsarten einnimmt, ist der zwingende Inhalt des Umwandlungsbeschlusses in § 194 mit vergleichbaren **Transparenzpflichten** festgelegt.[3]

4 Soweit in Vorverträgen oder **Absichtserklärungen** durch die Parteien bereits Inhalte des Verschmelzungsvertrages verbindlich festgeschrieben werden sollen, bedürfen diese der gleichen Behandlung wie der Verschmelzungsvertrag und sind wie ein Vorvertrag zu bewerten.[4] Sie sind zudem in den Verschmelzungsvertrag im Rahmen des § 5 aufzunehmen. Ihre Beurkundungspflicht richtet sich dann nach den in § 4 dargestellten Grundsätzen. Solche Erklärungen können etwa Absichtserklärungen, Grundsatzvereinbarungen, Vereinbarungen über Grundzüge oder die wirtschaftlichen Hintergründe der Verschmelzung wie auch ihre unternehmerische Gesamtkonzeption oder auch sog. Business Combination Agreements sein.[5] Wird in einer derartigen Vereinbarung bereits eine zukünftige **gesellschaftsrechtliche Struktur** (vorgezogen) festgelegt, kann dies, neben den Anforderungen des § 5, auch die Anwendung der §§ 291 ff AktG zur Folgen haben; dies ist dann folgerichtig, wenn derartige Regelungen wie ein Beherrschungsvertrag wirken.[6] Soweit die Unternehmensleitung hier besondere Geheimhaltungsinteressen verfolgt, sollte sie dabei stets den § 5 im Blick haben und einen solchen Konflikt umgehen. Unter Umständen kann sich dadurch eine abweichende Gestaltung außerhalb der starken Informationspflichten des UmwG für die betreffenden Rechtsträger empfehlen (s. dazu § 1 Rn 33, 40 ff).

1 Dritte gesellschaftsrechtliche Richtlinie 78/855/EWG vom 9.10.1978; inhaltlich entspr. Regelungen waren bereits in den §§ 340 AktG, 21 KapErhG, 44 a VAG enthalten; dazu näher Maulbetsch/Klumpp/*Maulbetsch*, § 5 Rn 4.

2 S. dazu Lutter/*Lutter/Drygala*, § 5 Rn 2; in Semler/Stengel/*Schröer*, § 5 Rn 1.

3 S. dazu die umfangreiche Darstellung bei *Kallmeyer*, ZIP 1994, 1746.

4 S. § 4 Rn 24.

5 Kallmeyer/*Marsch*-Barner, § 5 Rn 1: ähnlich Maulbetsch/Klumpp/*Maulbetsch*, § 5 Rn 6.

6 Dazu OLG München NZG 2008, 753; LG München AG 2008, 301 (jeweils HVB/UniCredit); Kallmeyer/*Marsch*-Barner, § 5 Rn 1.

B. Inhalt des Verschmelzungsvertrages

I. Mindestinhalt des Vertrages, Abs. 1

Der Gesetzgeber legt in den Nrn. 1 bis 9 den Mindestinhalt des Verschmelzungsvertrages verbindlich fest. Sofern keine Angaben erforderlich sind, besteht grds. kein Zwang zu einer **Negativerklärung.**[7] Es muss sich jedoch aus dem Verschmelzungsvertrag deutlich ergeben, dass alle Unterpunkte des Abs. 1 Beachtung gefunden haben. 5

Hinweis: Da der Verschmelzungsvertrag eine maßgebliche Quelle der Information insb. der Anteilsinhaber ist und eine Grundlage der Anmeldung zum Registergericht darstellt, empfiehlt es sich aus Gründen der Rechtssicherheit, sich zu jeder Nr. des Abs. 1 zu äußern – ggf dann durch Negativmeldung.

Darüber hinausgehende Vereinbarungen der Parteien können im Rahmen ihrer **Vertragsfreiheit** ebenfalls darin festgelegt werden (s. dazu Rn 103 ff). Nur im engen Rahmen einer Konzernverschmelzung (Abs. 2) kann auf vereinzelte Festlegungen verzichtet werden (hier wird auf o.g. Hinweis verwiesen). 6

Über dieses Mindestmaß hinaus sind weiter gesetzlich zwingend Bestimmungen über ein **Abfindungsangebot** (§ 29) zu regeln. Ferner sind durch entsprechende Regelung im Verschmelzungsvertrag rechtsformspezifische Sonderbestimmungen zu berücksichtigen (s. etwa die zusätzlichen Bestimmungen in den §§ 40, 45 b, 46, 57, 80 und 110). 7

Der Vertrag ist grds. nach den allgemeinen Regeln des BGB auszulegen, §§ 133, 157 BGB.[8] Der Verschmelzungsvertrag ist **objektiv** auszulegen, so dass die für die Auslegung der Satzung einer Kapitalgesellschaft geltenden Grundsätze Anwendung finden.[9] Der Empfängerhorizont der Leitungsorgane ist irrelevant – allein maßgebend für die Auslegung ist, wie die einzelne Regelung aus Sicht eines objektiven Dritten zu verstehen ist.[10] Denn die Regelungen des Verschmelzungsvertrages wirken nicht nur inter partes zwischen den beteiligten Rechtsträgern, sondern auch (mittelbar) gegenüber den jeweiligen Anteilsinhabern und sogar gegenüber den Gläubigern, die aufgrund der Gesamtrechtsnachfolge keine Möglichkeit haben, einem Schuldnerwechsel zu widersprechen. 8

1. Name, Firma und Sitz, Nr. 1. Die vornehmliche Funktion der Nr. 1 ist die zweifelsfreie **Identifikation** der beteiligten Rechtsträger. Als grundlegende Voraussetzung schreibt Nr. 1 die Aufnahme des **Namens** bzw der **Firma** und des **Sitzes** der an der Verschmelzung beteiligten Rechtsträger vor. Diese Funktion verlangt die Angabe der tatsächlichen Verhältnisse im Verschmelzungsvertrag. Ausreichend aber auch erforderlich ist, wenn die Angaben im Verschmelzungsvertrag denjenigen aus Gesellschaftsvertrag bzw Satzung sowie dem Handelsregister entsprechen.[11] Es sind der übertragende und der übernehmende Rechtsträger genau zu bestimmen und entsprechend zu bezeichnen. Bei der Verschmelzung zur Neugründung ist für den übernehmenden Rechtsträger die **zukünftige Firmierung** sowie der **zukünftige Sitz** anzugeben.[12] Besteht ein **Doppelsitz** eines Rechtsträgers bereits vor der Verschmelzung, so sind beide Sitze anzugeben. Entscheidend sind einzig die tatsächlichen Verhältnisse, nicht jedoch deren gesellschaftsrechtliche Zulässigkeit. 9

Sofern auf Seiten eines der beteiligten Rechtsträger Änderungen dieser tatsächlichen Verhältnisse vorgenommen werden sollen, die zum Zeitpunkt des Verschmelzungsvertrages noch nicht in dessen Register eingetragen sind, so ist zusätzlich zum jeweils aktuellen Stand dann ein Hinweis auf die Änderung zu geben, sofern die Änderung im Laufe des Verschmelzungsverfahrens 10

7 So Lutter/*Lutter/Drygala*, § 5 Rn 3; betr. Nr. 7 und 8 auch OLG Frankfurt, NZG 2011, 1278, 1279 f.

8 Lutter/*Lutter/Drygala*, § 5 Rn 3; Semler/Stengel/*Schroer*, § 5 Rn 4; Widmann/Mayer/*Mayer*, § 5 Rn 15.

9 Semler/Stengel/*Schröer,* § 5 Rn 4; Maulbetsch/Klumpp/*Maulbetsch*, § 5, Rn 11; Lutter/*Lutter/Drygala*, § 5 Rn 4.

10 Lutter/*Lutter/Drygala*, § 5 Rn 4.

11 Lutter/*Lutter/Drygala*, § 5 Rn 5; Maulbetsch/Klumpp/*Maulbetsch*, § 5, Rn 12; Widmann/Mayer/*Mayer* § 5 Rn 11.

12 Lutter/*Lutter/Drygala*, § 5 Rn 7.

wirksam wird bzw dies vorhersehbar ist.[13] Der entsprechende Hinweis ist notwendig, um der **Identifikationsfunktion** der Nr. 1 zu genügen. Ein solches Vorgehen ist insbesondere bei sog. **Kettenverschmelzungen** anzuraten, da hier Verschmelzungen nacheinander durchgeführt und entsprechend einzutragen sind.[14]

11 Haben sich die Parteien darauf geeinigt, dass mit Wirksamkeit der Verschmelzung (§ 20) die Firmierung des übernehmenden Rechtsträgers verändert werden soll, so ist dies kein konstitutiver Inhalt des Verschmelzungsvertrages, da dies dem eigentlichen Verschmelzungsvorgang nachgelagert ist und die Identifizierungsfunktion der Nr. 1 dies somit nicht verlangt. Die Aufnahme eines Hinweises ist jedoch aus Transparenzgründen anzuraten. Soll der übernehmende Rechtsträger einen Doppelsitz führen, so sind die Zulässigkeitsvoraussetzungen der jeweiligen rechtsformspezifischen Sondergesetze zu beachten.[15] Allein die Verschmelzung zweier vormals eigenständiger Rechtsträger berechtigt an sich noch nicht zur Führung eines Doppelsitzes.[16] Ist ein **Doppelsitz** ausnahmsweise zulässig, so sind die tatsächlichen Verhältnisse im Verschmelzungsvertrag anzugeben, um eine zweifelsfreie Identifikation des Rechtsträgers zu ermöglichen; folglich sind beide Sitze anzugeben.[17]

12 Die Angabe der **gesetzlichen Vertreter** ist nach richtiger Auffassung nicht erforderlich.[18] Der Wortlaut der Nr. 1 verlangt dies ebenfalls nicht. Die am Abschluss beteiligten Mitglieder der Vertretungsorgane können – sofern hierfür ein Interesse besteht – der notariellen Urkunde entnommen werden.

13 **2. Übertragungsvereinbarung, Nr. 2.** Nr. 2 betrifft den Kernbereich der Verschmelzung selber, indem er die Vereinbarung der **Vermögensübertragung gegen die Gewährung von Anteilen** am übernehmenden Rechtsträger zum zwingenden Bestandteil des Verschmelzungsvertrages erklärt. Diese Verpflichtung zur Gewährung von Anteilen gilt grundsätzlich und entfällt lediglich in den im UmwG selber festgelegten Fällen (s. die §§ 5 Abs. 2, 54 Abs. 1, 68 Abs. 1). Dem klaren Wortlaut folgend muss der Verschmelzungsvertrag regeln, dass der übertragende Rechtsträger sein Vermögen als Ganzes gegen Gewährung von Anteilen oder Mitgliedschaften des übernehmenden Rechtsträgers an die Anteilsinhaber oder Mitglieder des übertragenden Rechtsträgers auf den übernehmenden Rechtsträger überträgt. Eine Pflicht zu konkretisieren, ob es sich um eine Verschmelzung zur Aufnahme oder Neugründung handelt, besteht zwar nicht; gleichwohl ist eine eindeutige Bezeichnung aus Transparenzgründen ratsam.[19]

14 **a) Vermögen als Ganzes.** In der Vermögensübertragung als Ganzes kommt die umwandlungsrechtlich intendierte **Gesamtrechtsnachfolge** zum Ausdruck. Mit Wirksamkeit der Verschmelzung durch deren Eintragung im Handelsregister des übernehmenden Rechtsträgers gehen alle Vermögensgegenstände (Aktiva und Passiva) des übertragenden Rechtsträgers **automatisch** auf den übernehmenden Rechtsträger über.[20] Sofern einzelne Vermögensgegenstände diesem Automatismus nicht unterfallen sollen, kann deren Herausnahme nicht im Verschmelzungsvorgang vorgenommen werden. Eine entsprechende Vertragsgestaltung ist unwirksam, da die Gesamtrechtsnachfolge an sich nicht abbedungen werden kann. Sofern der Verschmelzungsvertrag einzelne Vermögensgegenstände ohne eigenständige Aussonderungsregelung auf Dritte von der Verschmelzung ausnehmen will, unterfällt diese Abrede der Nichtigkeit. Ob als Konsequenz

13 Semler/Stengel/*Schröer*, § 5 Rn 5.
14 Zu möglichen Problemen OLG Hamm, GmbHR 2006, 255, 256; unten Rn 85, 104.
15 S. hierzu und zur Begründung eines Doppelsitzes im Rahmen einer Verschmelzung *Katschinski*, ZIP 1997, 620; diese Möglichkeit stark einschränkend jedoch Lutter/*Lutter/Drygala*, § 5 Rn 7 mit Hinweis auf praktische Beispiele.
16 Zu den daraus resultierenden Zuständigkeitsproblemen Lutter/*Lutter/Drygala*, § 5 Rn 7.
17 Semler/Stengel/*Schröer*, § 5 Rn 5.
18 Maulbetsch/Klumpp/*Maulbetsch*, § 5, Rn 17; Lutter/*Lutter/Drygala* § 5 Rn 7; aA ist Widmann/Mayer/*Mayer* § 5 Rn 11, wonach auch die gesetzlichen Vertreter im Rahmen der Nr. 1 anzugeben sind; eine nähere Begründung für diese Auffassung wird nicht gegeben.
19 Ebenso Lutter/*Lutter/Drygala*, § 5 Rn 9.
20 Im Gegensatz hierzu gehen bei der Übertragung des künftigen Vermögens als Ganzes im Wege der Einzelrechtsnachfolge gem. § 311 b Abs. 2 BGB nur die Aktiva über.

der gesamte Verschmelzungsvertrag nichtig ist, muss gem. § 139 BGB untersucht werden.[21] Sollen einzelne Vermögensgegenstände nicht auf den übernehmenden Rechtsträger übergehen, so ist deren **Herauslösung** nur vor Wirksamwerden der Verschmelzung durch Einzelübertragung möglich. Dies darf jedoch keinesfalls zu einer nachteiligen Verschiebung der Angemessenheit des Umtauschverhältnisses führen (arg. e. § 15).[22] Um dies rechtssicher verhindern zu können, bietet sich eine Regelung über die vorzeitige Herauslösung aus dem Gesellschaftsvermögen im Verschmelzungsvertrag an.[23]

Die in der Praxis oftmals verwendete Formulierung der Übertragung des Vermögens **„unter Ausschluss der Abwicklung"** ist nicht erforderlich, dessen Verwendung ist jedoch unschädlich.[24] Es ist ratsam an dieser Stelle des Verschmelzungsvertrages die gesetzliche Formulierung der Nr. 2 zu übernehmen,[25] wenn dies auch nicht zwingend ist, da der Verschmelzungsvertrag bei Unklarheiten der Auslegung zugänglich ist. Möglich, wenn auch nicht zwingend notwendig, ist es ferner, eine Formulierung zu wählen, die auch erkennen lässt, ob eine Verschmelzung zur Aufnahme oder durch Neugründung geplant ist. 15

▶ **Formulierungsvorschlag:**

Die A-AG überträgt ihr Vermögen als Ganzes mit allen Rechten und Pflichten gem. [§ 2 Nr. 1 UmwG im Wege der Aufnahme/gem. § 2 Nr. 2 UmwG im Wege der Neugründung] auf die B-AG gegen Gewährung von Aktien der B-AG an die Aktionäre der A-AG. ◀

b) Anteilsgewährung. Als Gegenleistung für die Vermögensübertragung muss der Verschmelzungsvertrag die Gewährung von Anteilen oder Mitgliedschaftsrechten am übernehmenden Rechtsträger sicherstellen.[26] Das UmwG geht durch die Grundsätze der **Mitgliederidentität**, der **Quotenidentität** und der **Gattungsidentität** davon aus, dass alle Anteilseigner, die vor der Verschmelzung an den beteiligten Rechtsträgern beteiligt waren, auch nach der Verschmelzung in dem quotalen Verhältnis und mit möglichst den gleichen Rechten an den noch verbleibenden Rechtsträgern beteiligt sind, welches wirtschaftlich und rechtlich den Verhältnissen vor der Verschmelzung entspricht.[27] *Mayer* spricht hierbei vom **„Dogma der Anteilsgewährpflicht"**.[28] Diese Grundsätze gebieten es, dass die entsprechende Regelung im Verschmelzungsvertrag sämtliche Anteilsinhaber der beteiligten Rechtsträger umfassend berücksichtigt. Es muss sichergestellt sein, dass jeder Anteilsinhaber – insbesondere diejenigen des übertragenden Rechtsträgers – mit Wirksamkeit der Verschmelzung die Wahrnehmung seiner Rechte und Pflichten am übernehmenden Rechtsträger fortsetzen kann. Die Grundsätze der Anteilsinhaberidentität und -kontinuität konkretisieren sich hier dergestalt, dass der konkrete Anteilstausch so reibungslos wie möglich zu planen und durchzuführen ist.[29] 16

Die **Anteilsgewährungspflicht** entfällt nur in den gesetzlich vorgesehenen Fällen (§§ 5 Abs. 2, 20 Abs. 1 Nr. 3),[30] ist in einzelnen Fällen gesetzlich ausgeschlossen (§§ 54 Abs. 1 S. 3, 68 Abs. 1 S. 3) und kann bei einer Verschmelzung von Kapitalgesellschaften entfallen, sofern die Anteilsinhaber des übertragenden Rechtsträgers verzichten.[31] Dass die Anteilsgewährungs- 17

21 Lutter/*Lutter/Drygala*, § 5 Rn 9.
22 Lutter/*Bork*, § 15 Rn 3 f.
23 Widmann/Mayer/*Mayer*, § 5 Rn 14 empfiehlt sogar, im Verschmelzungsvertrag dem übertragenden Rechtsträger diese Übertragung schuldrechtlich aufzuerlegen; s. auch Semler/Stengel/*Schröer*, § 5 Rn 7.
24 So auch Widmann/Mayer/*Mayer*, § 5 Rn 12; zu dieser Formulierung ratend jedoch Lutter/*Lutter/Drygala* § 5 Rn 9.
25 Lutter/*Lutter/Drygala* § 5 Rn 8; Semler/Stengel/*Schröer*, § 5 Rn 6.
26 Deutlich für das synallagmatische Verhältnis OLG Stuttgart, AG 2006, 420 ff; Lutter/*Lutter/Drygala* § 5 Rn 9; Widmann/Mayer/*Fronhöfer*, § 3 Rn 15.
27 OLG Stuttgart, AG 2006, 420, 421; ausf. Semler/Stengel/*Schröer*, § 5 Rn 10 ff und Widmann/Mayer/*Mayer*, § 5 Rn 15 ff, 24 ff, 71 ff.
28 Widmann/Mayer/*Mayer*, § 5 Rn 20; dezidiert gegen ein solches Dogma der Anteilsgewährpflicht hingegen *Heckschen*, DB 2008, 1363 ff mit umfangreicher Argumentation und Nachweisen aus Literatur und Rechtsprechung.
29 Maulbetsch/Klumpp/*Maulbetsch*, § 5, Rn 22.
30 Mayer/*Widmann*, § 5 Rn 20 aA sind Semler/Stengel/*Schröer*, § 5 Rn 14; Kallmeyer/*Marsch-Barner*, § 5 Rn 5; *Heckschen*, DB 2008, 1363.
31 Streitig; wie hier *Ihrig*, ZHR 160 (1996), 317, 339 f; *Katschinski*, ZIP 1998, 1227, 1228; *Priester*, DB 1997, 560, 562 ff; Lutter/*Winter*, § 54 Rn 21; Semler/Stengel/*Schröer*, § 5 Rn 11; Kallmeyer/*Marsch-Barner*, § 5 Rn 5; aA Widmann/Mayer/*Mayer*, § 5 Rn 20 ff; Lutter/*Lutter/Drygala*, § 5 Rn 11.

pflicht zwar grundsätzlich, aber eben nur mit Ausnahmen besteht, lässt sich am Beispiel der Verschmelzung einer GmbH & Co. KG auf eine Kapitalgesellschaft verdeutlichen. Hält die Komplementär-GmbH an der GmbH & Co. KG keinen Kapitalanteil, was der Regelfall sein dürfte, so muss sie bei der Anteilsgewährung am übernehmenden Rechtsträger bedacht werden, da sie sonst mit Wirksamkeit der Verschmelzung ausscheidet.[32] Zur praktischen Lösung dieses Problems wird vorgeschlagen, dem Komplementär vorab beim übertragenden Rechtsträger treuhänderisch einen Kapitalanteil zu übertragen.[33] Anders wäre dies bei der Verschmelzung auf eine Personengesellschaft – hier könnte der Komplementär wieder ohne Kapitalanteil beteiligt werden.

Hinweis: Im Rahmen der vorstehend bezeichneten Konstellationen ist eine vorherige Abstimmung mit den beteiligten Registergerichten empfehlenswert.

18 Ausgeschlossen ist nach einhelliger Auffassung die Pflicht zur Anteilsgewährung des übernehmenden Rechtsträgers für **eigene Anteile** sowie an einen nicht am übertragenden Rechtsträger beteiligten Dritten (weder quotal noch finanziell). Letzteres verstößt gegen den Grundsatz der **Personenidentität**.[34]

19 Wenn ein Anteilsinhaber bei Verschmelzung sowohl an der übernehmenden Personengesellschaft als auch an der übertragenden Personengesellschaft beteiligt ist, hat eine Anteilsgewährung trotzdem stattzufinden, obgleich immer nur ein Anteil gehalten werden kann; dies geschieht im Wege der **Aufstockung**. Dies leuchtet ein, da sich zwar nicht die Anzahl der Anteile (stets einer) verändert, jedoch dessen Höhe.[35]

20 In inhaltlicher Hinsicht müssen die neuen Anteile am übernehmenden Rechtsträger den Wert der Beteiligung am übertragenden Rechtsträger widerspiegeln und **rechtlich gleichwertig** sein.[36] So dürfen etwa für Inhaberaktien ohne Zustimmung der betroffenen Aktionäre keine vinkulierten Namensaktien ausgegeben werden; gem. 29 Abs. 1 S. 2 sind ansonsten widersprechenden Aktionären Abfindungsangebote zu unterbreiten. Stimmrechtslose Anteile anstelle von stimmberechtigten Anteilen können nur insoweit ausgegeben werden, als dies der Wahrung des für alle Anteilsinhaber geltenden Verhältnisses von stimmberechtigten zu stimmrechtslosen Anteilen am übernehmenden Rechtsträger dient.[37] Abweichend von diesem Grundsatz können jedoch stimmberechtigte Anteile anstelle von stimmrechtslosen Anteilen ausgegeben werden. Dies wertet die Mitwirkungsrechte der Anteilsinhaber auf, so dass diese mangels Benachteiligung hier grds. nicht schutzwürdig sind. Bei einem Verlust wesentlicher Gesellschafterrechte oder der Auferlegung neuer Pflichten ist analog § 35 BGB die Zustimmung des betroffenen Anteilsinhabers erforderlich.[38]

Hinweis: Aus dem Vorstehenden lässt sich der Grundsatz ableiten, dass eine Verschlechterung der Rechtsposition der Anteilsinhaber grundsätzlich unzulässig ist, während die Verbesserung der mitgliedschaftlichen Stellung zulässig ist.

21 Rechtliche Beeinträchtigungen einzelner Anteilsinhaber sind **wertmäßig** auszugleichen.[39] Der **Gleichbehandlungsgrundsatz** ist dabei sowohl hinsichtlich der Anteilsinhaber der einzelnen beteiligten Rechtsträger als auch sämtlicher beteiligter Anteilsinhaber zu berücksichtigen.[40] Fer-

32 Vgl dazu OLG Stuttgart, AG 2006, 420, 421; so auch Lutter/*Lutter/Drygala* § 5 Rn 17; krit. Anmerkungen bei Semler/Stengel/*Schröer*, § 5 Rn 16; Kallmeyer/*Marsch-Barner*, § 5 Rn 5; *Kallmeyer*, GmbHR 1996, 80, 81.

33 S. dazu auch Lutter/*Lutter/Drygala* § 5 Rn 10; Semler/Stengel/*Schröer*, § 5 Rn 16; Kallmeyer/*Marsch-Barner*, § 5 Rn 13.

34 *Priester*, DB 1997, 560 ff; Lutter/*Lutter/Drygala*, § 5 Rn 17; Ausnahmen hierzu bei Semler/Stengel/*Schröer*, § 5 Rn 12 ff.

35 S. dazu ausf. Mayer/*Widmann*, § 5 Rn 24.

36 Lutter/*Lutter/Drygala*, § 5 Rn 10; Semler/Stengel/*Schröer*, § 5 Rn 19.

37 Lutter/*Lutter/Drygala*, § 5 Rn 12; Semler/Stengel/*Schröer*, § 5 Rn 24; aA ist *Bayer*, ZIP 1997, 1613, 1616.

38 Lutter/*Lutter/Drygala*, § 5 Rn 14; *Heckschen*, Verschmelzung von Kapitalgesellschaften, S. 18; einschr. freilich Widmann/Mayer/*Mayer*, § 5 Rn 71 ff.

39 KölnKomm-UmwG/*Simon*, § 2 Rn 113; Kallmeyer/*Marsch-Barner*, § 5 Rn 6.

40 So bereits *Schilling*, JZ 1953, 489, 490; *Lutter* in FS Mestmäcker, 1996, 943, 949; Kallmeyer/*Marsch-Barner*, § 5 Rn 7.

ner sind die rechtsformspezifischen Besonderheiten für die beteiligten Rechtsträger zu beachten.[41] Bei einer nur sehr geringfügigen Beteiligung eines Anteilsinhabers am übertragenden Rechtsträger muss durch eine möglichst kleine Stückelung der Anteile des übernehmenden Rechtsträgers versucht werden, diesen Anteilsinhabern auch einen Gesellschaftsanteil bzw eine Mitgliedschaft einräumen zu können; ist dies nicht durchführbar, so muss der geringfügig beteiligte Anteilsinhaber als ultima ratio gegen **Zahlung einer Barabfindung** ausscheiden.[42] Weitere im Schrifttum diskutierte Lösungen wie die Bildung gemeinsamer Anteile gem. § 18 GmbHG bzw § 69 AktG, die Zuweisung eines Mindestanteils oder die Änderung des Umtauschverhältnisses durch zuvor erfolgte Gewinnausschüttungen sind rechtlich nicht geboten und folglich aufgrund einer Bevorzugung der geringfügig beteiligten Gesellschafter abzulehnen.[43]

22 Möglich, aber nicht zwingend erforderlich, ist die Einbindung **teileingezahlter Anteile**. Soweit sie beim übertragenden Rechtsträger bestehen, kann innerhalb der Übertragungsvereinbarung geregelt werden, dass diese ebenfalls als teileingezahlte Anteile beim übernehmenden Rechtsträger neu geschaffen werden. Die Einzahlungsverpflichtung geht dann als Forderung auf den übernehmenden Rechtsträger über.[44] Eine solche Vereinbarung ist aus Sicht der Schutzinteressen von Gläubigern und Anteilsinhabern des übernehmenden Rechtsträgers zulässig. Sie bietet sich in der Praxis dann an, wenn eine Anteilsübertragung zum gleichen Nennwert möglich ist, da ansonsten die Gefahr besteht, dass der Nennbetrag der neuen Anteile hinter der Einlageschuld zurückbleibt.[45]

23 Problematisch ist der Fall, wenn einer der beteiligten Rechtsträger **überschuldet** ist. Denn die Verschmelzung führt beim übernehmenden Rechtsträger regelmäßig zu einer Kapitalerhöhung gegen Sacheinlagen, sofern für die Anteilsgewährung nicht bereits vorhandene Anteile aus dem Gesellschaftsvermögen verwendet werden können. Konsequenterweise müssen die auf die neuen Anteile des übernehmenden Rechtsträgers vom übertragenden Rechtsträger zu leistenden Einlagen entsprechend **werthaltig** sein. Das heißt, der Wert des vom übertragenden Rechtsträger eingebrachten Vermögens muss mindestens der Summe der vom übernehmenden Rechtsträger dafür gewährten Anteile entsprechen und darf nicht rechnerisch negativ sein. Sofern der übertragende Rechtsträger – nicht nur bilanziell – überschuldet ist, ist demnach eine Verschmelzung grundsätzlich nicht möglich.[46] Sofern übernehmender Rechtsträger eine Kapitalgesellschaft ist, würde eine Anteilsgewährung gegen den Grundsatz der realen Kapitalaufbringung und das Verbot der Unter-pari-Emission verstoßen.[47] Ein (wirtschaftlich) positiver Wert für den übertragenden Rechtsträger kann im Ausnahmefall dann zugemessen werden, wenn sich im übernehmenden Rechtsträger durch die Verschmelzung Wertsteigerungen ergeben, wie etwa durch die Nutzung von Synergieeffekten durch Zusammenführung besonderen Knowhows oder von Schutzrechten.

24 In der Praxis lassen sich hierzu drei Fallgruppen antreffen. Bei Konzernsachverhalten kann vor der Verschmelzung ein Mutter-Tochter-Verhältnis vereinbart werden. Eine solche **Sanierungsverschmelzung** umgeht das Problem, da in diesem Fall keine Pflicht zur Anteilsgewährung besteht.[48] Als zweite Möglichkeit kann diese Verschmelzung (nach freilich umstrittener Auffassung, s. Rn 12) ohne Anteilsgewährung stattfinden, sofern alle Anteilsinhaber des übertragen-

41 Zu den Einzelheiten s. die Kommentierungen zu §§ 13, 43, 50 ff, 65.

42 So auch Semler/Stengel/*Schröer*, § 5 Rn 15; Widmann/Mayer/*Mayer*, § 50 Rn 118; KölnKomm-UmwG/*Simon*, § 5 Rn 117; Kallmeyer/*Marsch-Barner*, § 5 Rn 8 ff; einschr. Lutter/*Lutter/Drygala*, § 5 Rn 39, der keinen Abfindungsanspruch, sondern die Verwertung des Anteils für Rechnungen des ausscheidenden Anteilsinhabers vorsieht.

43 Hierzu ausf. *Winter* in: Lutter, Umwandlungsrechtstage, S. 48 f; *ders.* in: FS Lutter, 2000, S. 1279, 1289 f.

44 Dazu Lutter/*Lutter/Drygala*, § 5 Rn 14; Semler/Stengel/*Schröer*, § 5 Rn 17; Widmann/*Mayer*, § 5 Rn 77.

45 Semler/Stengel/*Schröer*, § 5 Rn 17; Maulbetsch/Klumpp/*Maulbetsch*, § 5, Rn 25; ausf. auch Lutter/*Grunewald*, § 20 Rn 44.

46 Lutter/*Lutter/Drygala*, § 5 Rn 10; Semler/Stengel/*Schröer*, § 5 Rn 8.

47 Widmann/Mayer/*Mayer*, § 5 Rn 21; Schmitt/Hörtnagel/Stratz/*Hörtnagel*, § 126 Rn 29.

48 S. dazu OLG Stuttgart, DB 2005, 2681; LG Leipzig, DB 2006, 885; *Heckschen*, DB 2005, 2283.

den Rechtsträgers darauf verzichten, §§ 54 Abs. 1, 68 Abs. 1;[49] hierbei ist jedoch der Fall problematisch, dass der übertragende Rechtsträger ein negatives Vermögen aufweist, weil es ohne Kapitalerhöhung beim übernehmenden Rechtsträger an einer entsprechenden Kontrolle durch das Registergericht mangelt.[50] Im dritten Fall kann bei der Verschmelzung mehrerer Tochtergesellschaften auf eine übernehmende Tochtergesellschaft eine Tochter dann durchaus überschuldet sein, wenn insgesamt betrachtet ein positives Vermögen übertragen wird. Es kann ein einheitlicher Geschäftsanteil geschaffen werden, dessen Werthaltigkeit durch die Summe der Vermögen der übertragenden Rechtsträger geschaffen werden kann. Positives Vermögen der übrigen übertragenden Rechtsträger kann somit die Überschuldung eines übertragenden Rechtsträgers abfedern.[51] Weitere Möglichkeiten bestehen aufgrund gesetzlicher Kapitalaufbringungsregeln nicht.

Hinweis: Im Rahmen der vorstehend bezeichneten Konstellationen ist eine vorherige Abstimmung mit den beteiligten Registergerichten empfehlenswert.

25 Soweit der übernehmende Rechtsträger überschuldet ist, verlagert sich dieses Problem auf die **Ermittlung des Umtauschverhältnisses.**[52] Hier ist zwar der übertragende Rechtsträger in der Lage, werthaltige Einlagen zu leisten, der übernehmende Rechtsträger kann hingegen keine werthaltigen Anteile bieten. Anderes gilt nur, wenn die überschuldete Gesellschaft zB über besonderes Know-how verfügt, das sich erst durch die Verschmelzung realisiert. Sonst bleibt nur die Möglichkeit den Anteilswert mit Null festzulegen, was sich im Umtauschverhältnis niederschlagen muss. Sollten in einem solchen Fall nicht alle Anteilsinhaber zustimmen, so könnte die Verschmelzung am mangelnden Umtauschverhältnis scheitern. Daher findet sich eine solche Konstellation auch häufig nur bei Konzernverschmelzungen Anwendung;[53] hier werden die notwendigen Zustimmungen regelmäßig gegeben.

26 Eine **Veräußerung** des Anteils oder der Mitgliedschaft am übertragenden Rechtsträger nach Abschluss des Verschmelzungsvertrages aber vor wirksamer Eintragung der Verschmelzung ist auch noch möglich; es besteht keine Veräußerungssperre. Der Erwerber wird Anteilsinhaber des übernehmenden Rechtsträgers, ohne dass dies gesonderter Erwähnung bedarf.[54]

27 Es ist streitig, ob eine zur Schaffung notwendiger Anteile beim übernehmenden Rechtsträger durchzuführende **Kapitalerhöhung** im Verschmelzungsvertrag – mit Ausnahme des Sonderfalls in § 46 Abs. 2, in welchem eine Regelung vorgeschrieben ist – zwingend zu regeln ist.[55] Es besteht für den übertragenden Rechtsträger ohne eine entsprechende Verpflichtung unstreitig jedoch kein durchsetzbarer Anspruch hierauf.

Hinweis: Es empfiehlt sich, eine durchzuführende Kapitelerhöhung oder die anderweitige Beschaffungspflicht der auszugebenden Anteile im Verschmelzungsvertrag zu regeln, um direkt einen durchsetzbaren Anspruch des übertragenden Rechtsträgers zu schaffen.

28 **3. Umtauschverhältnis, Nr. 3.** Die Regelung entspricht hinsichtlich Umtauschverhältnis und barer Zuzahlung Art. 5 Abs. 2 lit. b der Dritten Richtlinie.[56] Entscheidende Bedeutung im Verschmelzungsvertrag gilt der konkret bezifferten Festlegung des **Umtauschverhältnisses der Anteile** sowie der Höhe der ggf zu leistenden baren (Zu-)Zahlung. Die dem Anteilsinhaber des übertragenden Rechtsträgers im Zuge der Verschmelzung am übernehmenden Rechtsträger gewährten Anteile sind die Gegenleistung seitens des übernehmenden Rechtsträgers für die Übertragung des gesamten Vermögens des übertragenden Rechtsträgers. Die Beteiligung der An-

49 Sehr krit. dazu *Mayer/Weiler*, DB 2007, 1235.
50 Hierauf weist Widmann/Mayer/*Mayer*, § 5 Rn 21 zu Recht hin; aA *Petersen*, Gläubigerschutz im Umwandlungsrecht, 2001, 206 ff.
51 Maulbetsch/Klumpp/*Maulbetsch*, § 5 Rn 28.
52 S. näher *Heckschen*, DB 2005, 2283.
53 Lutter/*Lutter/Drygala*, § 5 Rn 10; *Heckschen*, DB 1998, 1385, 1387.
54 Widmann/Mayer/*Mayer*, § 5 Rn 91.
55 Dafür: Lutter/*Lutter/Drygala*, § 5 Rn 40; Semler/Stengel/*Schröer*, § 5 Rn 36; KölnKomm-UmwG/*Simon*, § 5 Rn 53; gegen eine zwingende Pflicht, aber die Erwähnung für sinnvoll haltend: Widmann/Mayer/*Mayer*, § 5 Rn 139; *Heidenhain*, NJW 1995, 2873, 2875; s. hierzu auch Rn 41 ff.
56 Dritte Richtlinie 78/855/EWG vom 9.10.1978.

teilsinhaber setzt sich damit ohne Unterbrechung am übernehmenden Rechtsträger fort. Deren Höhe bemisst sich nach dem **Wertverhältnis** der beteiligten Rechtsträger zueinander. Ausreichend für den Verschmelzungsvertrag ist dabei die Angabe des Verhältnisses an sich, die Erläuterung der konkreten Berechnung (insb. die angewandte Bewertungsmethode) sollte im Verschmelzungsbericht (§ 8 Abs. 1 S. 1) erfolgen, da anderenfalls der Verschmelzungsvertrag überfrachtet würde. Für die Rechtmäßigkeit des Verschmelzungsvertrages und die Wirksamkeit der Verschmelzung ist nur erforderlich, dass das Umtauschverhältnis angegeben ist; die Richtigkeit bzw Angemessenheit ist dafür nicht konstitutiv und ist auch nicht prüfrelevant für das Registergericht.[57] Die Richtigkeit des Umtauschverhältnisses kann durch die Anteilsinhaber des übertragenden Rechtsträgers allein im **Spruchverfahren** überprüft werden, § 15. Konsequenterweise bietet ein zu niedriges Umtauschverhältnis für diese auch keinen Anfechtungsgrund, § 14 Abs. 2.

Das Umtauschverhältnis muss so genau wie möglich konkretisiert werden; folglich muss der Verschmelzungsvertrag angeben, wie viele Anteile am übernehmenden Rechtsträger für wie viele Anteile am übertragenden Rechtsträger gewährt werden (zB 2:3 oder 4:3). Die Bezugsgröße ist idR der **Nennbetrag**; sofern eine AG Stückaktien ausgegeben hat, muss sich die Angabe konsequenterweise auf die Stückaktien (§ 8 Abs. 3 AktG) beziehen. Der Grad möglicher Konkretisierung ist abhängig von den beteiligten Rechtsträgern. Im Falle von Kapitalgesellschaften genügt die Angabe des Umtauschverhältnisses nach zahlenmäßiger Quote. Ist eine GmbH übernehmender Rechtsträger, so muss für jeden Anteilsinhaber des übertragenden Rechtsträgers dessen konkreter Geschäftsanteil an der übernehmenden GmbH nach Wirksamkeit der Verschmelzung festgelegt werden, § 46 Abs. 1.[58] Werden hierbei mehrere Schwestergesellschaften auf eine andere Schwester-GmbH verschmolzen, ist sowohl die Bildung eines einzelnen Geschäftsanteils möglich als auch die Übernahme mehrerer Geschäftsanteile.[59] 29

▶ **Formulierungsvorschlag:**

Die A-AG gewährt mit Wirksamwerden der Verschmelzung den Gesellschaftern der B-GmbH als Gegenleistung für die Übertragung des Vermögens der B-GmbH auf die A-AG kostenfrei für je zwei Geschäftsanteile an der B-GmbH im Nennbetrag von jeweils [...]EUR drei auf den Inhaber lautende Stammaktien der A-AG sowie eine bare Zuzahlung in Höhe von [...]EUR je Geschäftsanteil an der B-GmbH im Nennbetrag von jeweils [...] EUR. ◀

Personengesellschaften haben kein Nennkapital, sondern nach der gesetzlichen Regelung einen 30 einzigen variablen Kapitalanteil (§§ 120 ff HGB). Soweit Personengesellschaften als übertragender Rechtsträger beteiligt sind, muss das Umtauschverhältnis anhand der bereinigten **Gesellschafterkonten** festgelegt werden. Es muss sichergestellt werden, dass der wirtschaftliche Anteil jedes einzelnen Gesellschafters angemessen wiedergegeben wird (zB Berücksichtigung von Verlustvorträgen oÄ).[60] Ist der übernehmende Rechtsträger ebenfalls eine Personengesellschaft, so trifft auch diese die Pflicht zur Bereinigung der Gesellschafterkonten, um eine korrektes Wertverhältnis der Gesellschaften und folglich der Gesellschaftsanteile aller Gesellschafter am übernehmenden Rechtsträger nach Eintragung der Verschmelzung zueinander darzustellen.

Ist übernehmender Rechtsträger eine eG, so sind gemäß § 80 Abs. 1 für jeden Anteilsinhaber 31 des übertragenden Rechtsträgers Anzahl und Betrag der **Genossenschaftsanteile** konkret zu beziffern, mit denen eine zukünftige Beteiligung an der Genossenschaft entsteht.

57 Lutter/*Lutter/Drygala*, § 5 Rn 20 gehen trotzdem von einer Richtigkeitsgewähr des Vertragsmechanismus aus; Semler/Stengel/*Schröer*, § 5 Rn 25.

58 Eine Differenzierung unter namentlicher Nennung der Anteilsinhaber bietet sich hier an, vgl auch Semler/Stengel/*Schröer*, § 5 Rn 26.

59 Entspricht der Änderung der §§ 5 Abs. 2, 55 Abs. 4 GmbHG durch das MoMiG, s. zur alten Rechtslage LG Frankfurt aM, WM 1999, 322.

60 Semler/Stengel/*Schröer*, § 5 Rn 27.

32 Sind an der Verschmelzung ausschließlich Versicherungsvereine auf Gegenseitigkeit (VVaG) beteiligt, so kann die Angabe des Umtauschverhältnisses entfallen, § 110.[61]

33 Sofern ein Verein aufnehmender Rechtsträger ist, muss der Verschmelzungsvertrag Angaben zur **Mitgliedschaft** machen (§§ 99 ff). Da keine Kapitalanteile bestehen, sind die Rechte und Pflichten der Mitglieder aufzuführen; bei **Sonderrechten** ist die Vorgabe des § 35 BGB zu beachten.

34 Für Anteile am übertragenden Rechtsträger, die entweder von diesem selbst oder vom übernehmenden Rechtsträger gehalten werden, ist das Umtauschverhältnis irrelevant. Da für diese Anteile keine Gegenleistung gewährt wird, beeinflussen sie auch nicht das Umtauschverhältnis. Im ersten Fall entfällt die Anteilsgewährungspflicht, weil der übertragende Rechtsträger mit Wirksamkeit der Verschmelzung untergeht, während im zweiten Fall der Anspruch aufgrund **Konfusion** von Anspruch und Anteilsgewährungspflicht des übernehmenden Rechtsträgers nicht entsteht.[62] Anderes gilt für Anteile am übernehmenden Rechtsträger. Werden diese vom übertragenden Rechtsträger gehalten, so gehen diese nicht unter, sondern gehen auf den übernehmenden Rechtsträger über. Bei der Berechnung des Umtauschverhältnisses sind diese Anteile zu berücksichtigen.[63] Sollten sie von einer übernehmenden AG oder GmbH selbst gehalten werden, so besteht aber die Möglichkeit, die notwendige Kapitalerhöhung bereits dadurch (teilweise) abzudecken.

35 Die **Angemessenheit des Umtauschverhältnisses** ist das gesetzgeberische Ziel, wenngleich die Anteilsinhaber im Rahmen ihres Zustimmungsbeschlusses freilich ein unangemessenes Umtauschverhältnis akzeptieren können.[64] Das im Verschmelzungsvertrag festgelegte Umtauschverhältnis ist dann **angemessen**, wenn es die realen wirtschaftlichen Verhältnisse widerspiegelt.[65] Zum Bewertungsstichtag werden die beteiligten Rechtsträger zum Zwecke der Ermittlung des Umtauschverhältnisses vergleichend bewertet; der Bewertungsstichtag ist durch das Gesetz nicht vorgegeben, muss jedoch für alle beteiligten Rechtsträger der gleiche Tag sein. Die Zeitspanne bis zum tatsächlichen Wirksamwerden der Verschmelzung sollte demnach gering gehalten werden, um eine nachträgliche Unangemessenheit durch Wertschwankungen zu verhindern. Sollte bereits erkennbar sein, dass der Zeitraum länger dauern wird, sollte im Verschmelzungsvertrag Vorsorge getroffen werden, dass sich die tatsächlichen Verhältnisse nicht zu weit von dem festgelegten Umtauschverhältnis entfernen.[66] Neben der Pflicht der jeweiligen Leitungsorgane, den Verschmelzungserfolg zu ermöglichen (s. dazu bereits Vorbem § 1 Rn 23, kann der Verschmelzungsvertrag eine auflösende Bedingung (Befristung) seiner Wirksamkeit vorsehen oder eine erneute Bewertung kurz vor Eintragung der Verschmelzung ermöglichen.[67]

36 Fehlt eine entsprechende Regelung und droht die Unverhältnismäßigkeit nachträglich einzutreten, so sind die jeweiligen Leitungsorgane verpflichtet, ihre Anteilsinhaber damit zu konfrontieren. Dies ist bereits im Ausgangspunkt insoweit problematisch, als die Anteilsinhaber der Verschmelzung bereits zugestimmt haben und eine vertragliche Bindung bereits besteht. Es bedarf damit entsprechender Kündigungsmöglichkeiten im Verschmelzungsvertrag selber. Bestehen diese nicht, bleibt einzig eine Lösung vom Vertrag nach den Grundsätzen des **Wegfalls der Geschäftsgrundlage**, sofern eine nachträgliche Anpassung ausscheidet.[68]

61 Hiernach sind ferner die Angaben nach Nrn. 1, 4, 5 und 7 entbehrlich, vgl Semler/Stengel/*Schröer*, § 5 Rn 28.

62 So auch Lutter/*Lutter/Drygala*, § 5 Rn 17; Köln-Komm-AktG/*Kraft*, § 340 Rn 23, § 344 Rn 3.

63 Semler/Stengel/*Schröer*, § 5 Rn 29; Kallmeyer/*Müller*, § 5 Rn 19.

64 Lutter/*Lutter/Drygala*, § 5 Rn 18; KölnKomm-UmwG/*Simon*, § 5 Rn 9.

65 Ein voller wirtschaftlicher Wertausgleich ist erforderlich, so zB BVerfG NZG 2012, 1035, 1037 (Daimler/Chrysler); insoweit ablehnend zur vom OLG Stuttgart propagierten „Verhandlungslösung" AG 2006, 421 („Wüstenrot/Württembergische); AG 2011, 149 (Daimler/Chrysler); jeweils basierend auf den Arbeiten von *Stiltz*, in: FS Mailänder (2006), 423; dazu auch *Fleischer/Bong*, NZG 2013, 881.

66 Zu den Problemen bei Verzögerung der Handelsregistereintragung der Verschmelzung noch vorgenommener Gewinnausschüttungen s. Rn 51.

67 S. auch Semler/Stengel/*Schröer*, § 5 Rn 30.

68 S. dazu § 4 Rn 23.

Die Frage einer **baren Zuzahlung** kann in mehrfacher Hinsicht bedeutsam werden. Sie stellt sich insbesondere dann, wenn die Ermittlung des angemessenen Umtauschverhältnisses eine Nachkommastelle ergibt. Ist das Verhältnis zB mit 1,7:1 festgelegt worden, so könnte der Umtausch ohne bare Zuzahlung dann nur erfolgen, wenn die übernehmende Gesellschaft für 17 Anteile der übertragenden Gesellschaft 10 eigene Anteile ausgibt. Unterhalb dieser Grenze – im konkreten Beispiel von 17 Anteilen (sowie den jeweiligen Vielfachen) – besteht die Gefahr, dass Bruchteilsanteile entstehen und Anteilsinhaber unterhalb dieser Grenzen benachteiligt werden (vgl dazu etwa § 53 a AktG). Um eine Benachteiligung zu vermeiden, empfehlen sich vor dem Hintergrund des Gleichbehandlungsgrundsatzes für den übernehmenden Rechtsträger zwei Vorgehensweise: Zuerst kann das festgelegte Umtauschverhältnis gerundet und die ermittelte Rundungsdifferenz als bare Zuzahlung an die Anteilsinhaber des übertragenden Rechtsträgers ausgezahlt werden. Als zweite Variante kann das Umtauschverhältnis mit der Nachkommastelle exakt berechnet werden und die sich dann ergebenden Bruchteilsanteile in bar ausgeglichen werden. Welche Methode sich im konkreten Fall anbietet, ist vom Einzelfall abhängig und sollte durch den Verschmelzungsprüfer geprüft werden. Für Kapitalgesellschaften wird sich im Zweifel die letztere Variante anbieten, da für diese die Sonderregel gilt, dass die bare Zuzahlung nicht höher sein darf als 10% des Nennbetrages bzw anteiligen Grundkapitals der insgesamt gewährten Anteile des übernehmenden Rechtsträgers (§§ 54 Abs. 4, 68 Abs. 3, 87 Abs. 2 S. 2).[69] Personengesellschaften unterliegen dieser Grenze nicht. Sofern die Angemessenheit des Umtauschverhältnisses einer gerichtlichen Prüfung unterzogen wird, ist das Gericht an diese Grenze allerdings nicht gebunden.[70] Sofern sich eine Rundung des Umtauschverhältnisses zulasten der Anteilsinhaber des übernehmenden Rechtsträgers anbietet (etwa wenn die Berechnung dann einfacher ist), kann diese Differenz nicht durch eine bare Zuzahlung ausgeglichen werden. Dies ist insoweit ausgeschlossen, als dass die Vorschriften der §§ 1 Abs. 3 und 29 Abs. 1 Barzahlungen nur zugunsten der Anteilsinhaber des übertragenden Rechtsträgers vorsehen. In diesem Fall muss ein anderer Ausgleich geschaffen werden. Möglich ist hier eine gesonderte Dividendenzahlung vor Wirksamkeit der Verschmelzung oder eine abweichende verzögerte Gewinnbezugsberechtigung der Neuaktien nach Wirksamkeit der Verschmelzung (abweichend etwa von § 11 AktG). Es sollte mit der Zustimmung der betroffenen Anteilsinhaber auch möglich sein, einen **Spitzenausgleich** durch Zuzahlung der Anteilsinhaber an den übernehmenden Rechtsträger durchzuführen.[71] 37

Eine **weitere Möglichkeit der baren Zuzahlung**, neben der Herstellung eines angemessenen Umtauschverhältnisses, besteht darin, dass bare Zuzahlungen (innerhalb des o.g. Rahmens) auch ohne unmittelbaren Bezug zum Umtauschverhältnis an die Anteilsinhaber des übertragenden Rechtsträgers gewährt werden können. Diese Möglichkeit kommt etwa dann in Betracht, wenn Anteile mit unterschiedlichen Rechten (etwa Stamm- und Vorzugsaktien), die sich in unterschiedlichen Werten auswirken, ausgeglichen werden sollen, ohne das Umtauschverhältnis insgesamt davon beeinflussen zu lassen. Diese Möglichkeit eines flexiblen Einsatzes einer baren Zuzahlung ist notwendig, um ein **einheitliches Umtauschverhältnis** zweifelsfrei berechnen und dessen Berechnung vor zu vielen Variablen schützen zu können.[72] 38

Bare Zuzahlungen sind grundsätzlich **in bar** zu leisten, so dass der Verschmelzungsvertrag ein Angebot in Geld enthalten muss. Nach richtiger Auffassung ist bei Zustimmung des berechtigten Anteilsinhabers jedoch auch eine Abfindung mit einem Sachwert möglich.[73] 39

69 Semler/Stengel/*Schröer*, § 5 Rn 31; KölnKomm-UmwG/*Simon*, § 2 Rn 129.

70 *Ganske*, RegBegr, Umwandlungsrecht, S. 50; Semler/Stengel/*Schröer*, § 5 Rn 31.

71 So jedenfalls Kallmeyer/*Müller*, § 5 Rn 22; Schmitt/Hörtnagel/Stratz/*Stratz*, § 5 Rn 56.

72 Vgl dazu Semler/Stengel/*Schröer*, § 5 Rn 33; Köln-Komm-UmwG/*Simon* § 2 Rn 130; *Ihrig*, GmbHR 1995, 622, 630 f.

73 So auch Lutter/*Schmidt*, § 40 Rn 17 f; Schmitt/Hörtnagel/Stratz/*Stratz*, § 5 Rn 28; Kallmeyer/*Müller*, § 5 Rn 22; aA Widmann/Mayer/*Mayer*, § 5 Rn 133, 65; Lutter/*Winter*, § 54 Rn 34.

40 **Angaben über die Mitgliedschaft** sind erforderlich, wenn ein Verein oder ein Versicherungsverein auf Gegenseitigkeit übernehmender Rechtsträger ist. Hier müssen konkrete Angaben über die Mitgliedschaft im Verein bzw im VVaG gemacht werden. Anstelle eines Umtauschverhältnisses müssen im Verschmelzungsvertrag dann die satzungsmäßigen Rechte und Pflichten der (Neu-)Mitglieder umfassend aufgeführt werden.[74]

41 **4. Mitgliedschaftserwerb, Nr. 4.** Der Verschmelzungsvertrag muss die Einzelheiten **für die Anteilsübertragung** bzw den Mitgliedschaftserwerb am übernehmenden Rechtsträger durch die Anteilsinhaber des übertragenden Rechtsträgers festlegen. Dem genauen Wortlaut folgend ist alles anzugeben, was bis zur Übertragung der neuen Anteile mit Wirksamwerden der Verschmelzung stattfinden muss. Darunter fallen etwa die **Herkunft** der auszugebenden Anteile, die Notwendigkeit einer **Kapitalerhöhung** zur Schaffung der neuen Anteile sowie deren bilanzielle Behandlung. Ebenso ist festzulegen, welcher Rechtsträger die **Kosten** der Anteilsübertragung trägt und – soweit möglich – deren konkrete Höhe.[75] Letztere Angabe ist konsequenterweise aus Gründen der Transparenz zum Schutz der Anteilsinhaberinteressen erforderlich.[76] Die finale Übertragung der Anteile erfolgt mit Wirksamwerden der Verschmelzung kraft Gesetz; einer rechtsgeschäftlichen Einigung ist dies grds. nicht zugänglich. Dem Wortlaut konsequent folgend gilt diese Pflichtangabe nur für die Phase bis zum Erwerb dieser Anteile; alles was den Zeitraum danach, dh die Abwicklung der Verschmelzung nach deren Wirksamkeit anbetrifft, ist nicht Inhalt der Nr. 4. Spezifische Besonderheiten richten sich nach der Rechtsform des übernehmenden Rechtsträgers.

42 Um den Anforderungen der Nr. 4 zu genügen, muss der Verschmelzungsvertrag auch regeln, woher die zu gewährenden Anteile auf Seiten des übernehmenden Rechtsträgers stammen. Es muss transparent sein, ob die notwendigen Anteile bereits bestehen oder noch geschaffen werden müssen und in welcher Form der übernehmende Rechtsträger seiner Pflicht zur Durchführung der Verschmelzung nachkommt.[77] So ist bei einer AG im Verschmelzungsvertrag darauf hinzuweisen, ob sie **eigene Anteile** hält und demzufolge keine oder nur eine geringe **Kapitalerhöhung** im Vorfeld der Verschmelzung vornimmt, vgl § 68.[78] Ist der übernehmende Rechtsträger eine aktienbasierte Gesellschaft (AG oder KGaA), so sind auch der **Treuhänder** sowie dessen Konditionen anzugeben, unter denen er die Anteile bis zur Wirksamkeit der Verschmelzung für die Anteilsinhaber des übertragenden Rechtsträgers übernimmt.[79] Die Modalitäten der Übernahme der Anteile durch die Anteilsinhaber des übertragenden Rechtsträgers gehören zur Abwicklung und sind konsequenterweise nicht aufzunehmen. Ist eine GmbH übernehmender Rechtsträger, so sind Erläuterungen dann erforderlich, wenn die neuen Geschäftsanteile abweichende Rechte und Pflichten beinhalten, § 46 Abs. 2, oder wenn bestehende Anteile abgetreten werden; in diesem Fall ist der Empfänger konkret zu bezeichnen.[80]

43 Sofern eine Personengesellschaft übernehmender Rechtsträger ist, muss die Gesellschafterstellung der Neugesellschafter hinsichtlich ihrer Rechte und Pflichten sowie dem **Beteiligungsumfang** am Gesellschaftsvermögen geregelt sein, vgl § 40. Hintergrund dessen ist das Verbot der Mehrfachbeteiligung, wonach ein bestehender Anteil nur aufgestockt werden kann und ein Gesellschafter nicht mehrere Gesellschaftsanteile halten kann.[81] Im Falle einer KG ist hinsichtlich der **Gesellschafterstellung** zudem festzulegen, ob die Anteilsinhaber beschränkt (Kommanditist) oder unbeschränkt (Komplementär) haften. Der Eintritt bzw die Veränderung wird mit

74 Semler/Stengel/*Schröer*, § 5 Rn 34.

75 Wie hier Lutter/*Lutter/Drygala*, § 5 Rn 40; einschr. Semler/Stengel/*Schröer*, § 5 Rn 35; aA wohl Köln-Komm-UmwG/*Simon*, § 5 Rn 51 – die beide nur eine Entscheidung über die Kostentragungspflicht verlangen.

76 Deutlich Lutter/*Lutter/Drygala*, § 5 Rn 40.

77 Semler/Stengel/*Schröer*, § 5 Rn 36.

78 Str., s. dazu etwa KG, WM 1999, 323, 325; Semler/Stengel/*Schröer*, § 5 Rn 36; KölnKomm-UmwG/*Simon* § 5 Rn 53; Lutter/*Lutter/Drygala*, § 5 Rn 40; Kallmeyer/*Marsch-Barner*, § 5 Rn 16 mwN.

79 S. dazu näher *J. Vetter*, AG 1997, 6, 16.

80 Ausf. Semler/Stengel/*Schröer*, § 5 Rn 38; *Heckschen*, DB 1998, 1385, 1386 f; besonders zur Verschmelzung von Schwestergesellschaften OLG Frankfurt aM, WM 1999, 322.

81 Widmann/Mayer/*Mayer*, § 5 Rn 139; Semler/Stengel/*Schröer*, § 5 Rn 39.

Handelsregistereintragung wirksam. Entsprechendes gilt für Vereine oder Genossenschaften als übernehmende Rechtsträger, da hier lediglich neue Mitgliedschaften entstehen.[82]

Werden unterschiedliche Rechtsformen miteinander verschmolzen, so können sich trotz des Grundsatzes der Anteilskontinuität Veränderungen in der Rechtstellung der Anteilsinhaber ergeben. Dies kann sowohl die **Vermögensrechte** als auch die **Verwaltungsrechte** aus den jeweiligen Anteilen betreffen. Problematisch ist, dass sich diese Veränderungen regelmäßig nicht in einer baren Zuzahlung ausdrücken lassen, da eine konkrete Wertzuweisung nicht möglich ist. Die möglichen Nachteile für die Anteilsinhaber sind aber grundsätzlich hinzunehmen.[83] Dort, wo der Gesetzgeber den Interessen der Anteilsinhaber Vorrang vor dem Gesellschaftsinteresse einräumt, sind ausdrückliche **Zustimmungserfordernisse** (vgl etwa §§ 13 Abs. 2, 40 Abs. 2, 43 Abs. 2, 51 Abs. 2) oder eine **Austrittsmöglichkeit** gegen eine angemessene Abfindung installiert (vgl § 29). 44

5. Zeitpunkt der Gewinnbezugsberechtigung, Nr. 5. Nr. 5 verlangt, dass der Verschmelzungsvertrag den Zeitpunkt der **Gewinnberechtigung** der neuen Anteile angibt. Grundsätzlich sind die Anteilsinhaber des übertragenden Rechtsträgers mit Wirksamkeit der Verschmelzung Anteilsinhaber des übernehmenden Rechtsträgers und ab diesem Zeitpunkt bei diesen auch dividendenbezugsberechtigt, vgl etwa § 60 Abs. 2 S. 3 AktG.[84] Allerdings – und dies ist der Kerngehalt der Nr. 5 – steht den beteiligten Rechtsträgern die Vereinbarung eines davon abweichenden Beginns der Gewinnbezugsberechtigung frei.[85] So kann eine Differenzierung etwa verwendet werden, um Nachkommastellen im Umtauschverhältnis beim übernehmenden Rechtsträger auszugleichen (s. bereits Rn 28 ff). Werden bereits bestehende Anteile aus dem Vermögen des übernehmenden Rechtsträgers gewährt, so sind diese vollumfänglich gewinnbezugsberechtigt; diesbezüglich besteht dann kein Regelungsbedürfnis.[86] 45

Ausgangspunkt der Überlegungen ist, dass die beteiligten Rechtsträger bis zur Wirksamkeit der Verschmelzung für sich allein bilanzieren. Konsequenterweise sind die Anteilsinhaber auch grundsätzlich frei in der Verwendung des Gewinns. Die tatsächliche **Ausschüttung** kann jedoch das Umtauschverhältnis negativ beeinflussen, da wirtschaftliche Werte aus einem an der Verschmelzung beteiligten Unternehmen zugunsten dessen Anteilsinhabern abfließen. Dies kann bis zum Wegfall der Geschäftsgrundlage der Verschmelzung führen. Die Pflicht der Leitungsorgane der beteiligten Rechtsträger, die Verschmelzung nicht zu verhindern, konkretisiert sich an diesem Punkt darauf, diesen Fall zu vermeiden. 46

Hinweis: Eine Regelung im Verschmelzungsvertrag, wonach die Leitungsmaßnahmen aufeinander abgestimmt werden sollen, ist zwar nicht notwendig, empfiehlt sich aber;[87] hierbei sind freilich gesellschafts- und kartellrechtliche Beschränkungen zu beachten.

In ihrer Rechtswirkung ginge eine solche Vereinbarung über eine Absichtserklärung nicht hinaus. Ihre Wirksamkeit wäre begrenzt, kann innerhalb des Verschmelzungsvertrages doch die Kompetenz der einzelnen Leitungsorgane zur eigenverantwortlichen Leitung ihrer Gesellschaft nicht umgangen werden. Zudem sind die Anteilsinhaber hinsichtlich Entscheidungen, die der Anteilsinhaberversammlung vorbehalten sind, durch Vereinbarungen der Leitungsorgane nicht gebunden.[88] Es können allenfalls **Gestaltungsrechte** wie zB Kündigungsrechte bei Verstößen gegen entsprechende Regelungen statuiert werden. 47

Eine Regelung gem. Nr. 5 bestimmt grundsätzlich nur den Tag des Beginns der Gewinnberechtigung, also des Anspruchs auf Teilhabe am Bilanzgewinn des übernehmenden Rechtsträgers; 48

82 Semler/Stengel/*Schröer*, § 5 Rn 40.
83 Widmann/Mayer/*Mayer*, § 5 Rn 143 verlangt deren Erläuterung im Verschmelzungsbericht.
84 So wohl auch Semler/Stengel/*Schröer*, § 5 Rn 42; KölnKomm-UmwG/*Simon*, § 5 Rn 60.
85 KölnKomm-UmwG/*Simon*, § 5 Rn 63; Begr. RegE bei *Ganske*, S. 50.
86 Semler/Stengel/*Schröer*, § 5 Rn 42.
87 Semler/Stengel/*Schröer*, § 5 Rn 48; Kallmeyer/*Marsch-Barner* § 5 Rn 30; skeptisch G/H/E/K/*Grunewald*, § 340 AktG Rn 14; *Barz*, AG 1972, 1, 4 entnimmt diese Pflicht zustimmungswürdig aus der ergänzenden Auslegung des Verschmelzungsvertrages.
88 Semler/Stengel/*Schröer*, § 5 Rn 48.

er verlangt hingegen keine Festlegung, ob und in welcher Höhe eine Dividende als individueller Zahlungsanspruch ausgeschüttet wird.[89] Grundsätzlich kann der Beginn der **Gewinnbezugsberechtigung** mit dem Zeitpunkt der Wirksamkeit der Verschmelzung zusammengelegt werden. In der Praxis wird regelmäßig ein individuell vereinbarter Zeitpunkt festgelegt, welcher von der Eintragung der Verschmelzung abweicht. Dies ist gewisser Unsicherheit hinsichtlich des Zeitpunktes der Wirksamkeit der Verschmelzung geschuldet, da der genaue Tag der Handelsregistereintragung durch das Registergericht bestimmt wird und nicht von den Vertragsparteien. Darüber hinaus kann eine Verzögerung infolge von Anfechtungsklagen eintreten.

49 Sofern ein individueller **fixer Teilnahmebeginn** gewünscht ist, so wird dieser in der Praxis zumeist auf den Beginn desjenigen Geschäftsjahres des übernehmenden Rechtsträgers gelegt werden, welches auf den Stichtag der letzten Jahresbilanz des übertragenden Rechtsträgers folgt. Sofern beide Rechtsträger identische Geschäftsjahre haben (idR das Kalenderjahr) hat dies den Vorteil einer nahtlosen Gewinnbezugsberechtigung der Anteilsinhaber.[90] Soll eine nahtlose Gewinnbezugsberechtigung festgelegt werden und sind die Geschäftsjahre der beteiligten Rechtsträger nicht identisch, muss ein unterjähriger Beginn individuell vereinbart werden.[91] Möglich ist auch ein rückwirkender Beginn der Gewinnbezugsberechtigung, etwa bezogen auf den Verschmelzungsstichtag oder den Beginn des Geschäftsjahres des übernehmenden Rechtsträgers. Hierbei ist darauf zu achten, dass beim übernehmenden Rechtsträger kein Gewinnverwendungsbeschluss gefasst sein darf, solange die Verschmelzung noch nicht wirksam ist.[92]

50 Sofern eine nahtlose Gewinnbezugsberechtigung der Anteilsinhaber des übertragenden Rechtsträgers nicht gewollt ist, bleibt die Vereinbarung eines **späteren Teilnahmezeitpunktes** frei. Diese Methode wird in der Praxis allerdings nur angewandt, sofern die Rundung des angemessenen Umtauschverhältnisses zulasten des übernehmenden Rechtsträgers dies erfordert (s. Rn 28 ff), wobei der zeitliche Rahmen des Ausschlusses wertmäßig dem Rundungswert entsprechen sollte.[93]

51 Von den Parteien kann auch ein **variabler Bezugsbeginn** festgelegt werden auf einen Zeitpunkt nach Wirksamkeit der Verschmelzung.[94] Sollte sich also die Wirksamkeit der Verschmelzung über die Grenzen eines Geschäftsjahres hinaus verzögern, so kann dies ebenfalls durch die variable Bestimmung des Beginns der Gewinnberechtigung berücksichtigt werden. Ansonsten bestünde die Gefahr, dass aus der individuellen Vereinbarung eine rückwirkende Gewinnbezugsberechtigung werden kann. Sofern neue Anteile geschaffen werden, müsste der Verschmelzungsvertrag in diesem Falle ggf angepasst werden, was durch eine variable Festlegung des Beginns verhindert würde.[95]

52 **6. Verschmelzungsstichtag, Nr. 6.** Der Verschmelzungsstichtag ist gem. Nr. 6 im Verschmelzungsvertrag niederzulegen. Dieser bestimmt den Tag, ab dem die **Handlungen** des übertragenden Rechtsträgers sowie die gesamte Rechnungslegung vollumfänglich dem übernehmenden Rechtsträger **zugerechnet** werden. Sämtliche Vorgänge werden ab dem Verschmelzungsstichtag in der GuV des übernehmenden Rechtsträgers geführt. Der Verschmelzungsstichtag entfaltet diese Rechtswirkungen nicht im Außenverhältnis, sondern einzig im **Innenverhältnis** zwischen den beteiligten Rechtsträgern. Es empfiehlt sich, hierfür nicht den Tag des dinglichen Vollzuges

89 Semler/Stengel/*Schröer*, § 5 Rn 42; plastisch Köln-Komm-UmwG/*Simon*, § 5 Rn 59.

90 Semler/Stengel/*Schröer*, § 5 Rn 43; Lutter/*Lutter/Drygala* § 5 Rn 44; Widmann/Mayer/*Mayer*, § 5 Rn 144.

91 Semler/Stengel/*Schröer*, § 5 Rn 43 f; Kallmeyer/*Marsch-Barner* § 5 Rn 28; *Hoffmann-Becking* in: FS Fleck, 105, 110; differenzierend Lutter/*Lutter/Drygala* § 5 Rn 44.

92 Semler/Stengel/*Schröer*, § 5 Rn 45; Kallmeyer/*Marsch-Barner* § 5 Rn 28; weitergehend KölnKomm-UmwG/*Simon*, § 5 Rn 66.

93 Semler/Stengel/*Schröer*, § 5 Rn 46; Mayer/Widmann/*Mayer*, § 5 Rn 145.

94 S. Formulierungsbeispiele zB bei Münchener Vertragshandbuch Band 1 Gesellschaftsrecht/*Hoffmann-Becking*, XI. 1. §§ 2, 8.

95 BGH NZG 2013, 233, 235; Lutter/*Lutter/Drygala* § 5 Rn 44; Kallmeyer/*Marsch-Barner* § 5 Rn 29; weitergehend KölnKomm-UwmG/*Simon*, § 5 Rn 66, der bereits den Gewinnverwendungsvorschlag als schädlich ansieht.

der Verschmelzung zu wählen. Da dieser Tag von der Eintragung des Registergerichts abhängt, kann er nicht ausreichend konkret festgelegt werden.[96] Dies ist in der Praxis auch nicht üblich.

Die beteiligten Rechtsträger können den Verschmelzungsstichtag grundsätzlich **frei bestimmen**. 53
In der Praxis liegt eine Ausrichtung an den Geschäftsjahren der beteiligten Rechtsträger nahe. Sollten mehr als zwei Rechtsträger beteiligt sein, sind so auch mehrere Verschmelzungsstichtage möglich. Sollten die Geschäftsjahre nicht deckungsgleich sein, muss kein Rechtsträger zur Angleichung ein Rumpfgeschäftsjahr bilden; die Bilanzansätze des übertragenden Rechtsträgers aus dessen Schlussbilanz werden in die nächste reguläre Bilanz des übernehmenden Rechtsträgers eingearbeitet.[97] In der Praxis richtet sich der Verschmelzungsstichtag grundsätzlich am Geschäftsjahr bzw am letzten **Bilanzstichtag** des übertragenden Rechtsträgers aus. Liegt dieser bereits mehr als acht Monate zurück oder bestehen andere Gründe hierfür, so kann beim übertragenden Rechtsträger ein Rumpfgeschäftsjahr gebildet und ein entsprechender Jahresabschluss auf dieses Datum aufgestellt werden.

Ist bis zur Wirksamkeit der Verschmelzung mit Verzögerungen zu rechnen, kann auch ein **variabler Termin** vorgesehen werden. Als möglicher Bezugspunkt hierfür bietet sich ein Zeitpunkt nach der letzte Beschlussfassung der Anteilsinhaberversammlungen an.[98] Besteht die Gefahr, dass das Ende eines Geschäftsjahres überschritten wird, ist eine variable Stichtagsregelung möglich, durch die sich der Verschmelzungsstichtag in Abhängigkeit von der Eintragung (geschäfts-)jahresweise oder quartalsweise verschiebt.[99] 54

In jedem Fall liegt damit der Verschmelzungsstichtag vor der Eintragung bzw dem dinglichen Vollzug der Verschmelzung; dies ist nicht nur rechtlich unschädlich, sondern sogar geboten. Wird die Verschmelzung nicht wirksam, so werden die Wirkungen ab dem Verschmelzungsstichtag rückabgewickelt.[100] Aufgrund der Rechtswirkungen für die beteiligten Rechtsträger steht der Verschmelzungsstichtag in Wechselwirkung zu anderen Stichtagen des laufenden Geschäftsjahres, die ihrerseits bestimmte Rechtsfolgen auslösen. 55

Der **Schlussbilanzstichtag** markiert die Aufstellung der handelsrechtlichen Schlussbilanz des übertragenden Rechtsträgers. Dieser darf nicht mehr als acht Monate vor dem Tag der Anmeldung der Verschmelzung zum Handelsregister des übernehmenden Rechtsträgers liegen (§ 17 Abs. 2). Dadurch soll möglichst weitgehend sichergestellt sein, dass die Werte des übertragenden Rechtsträgers, die in die Jahresbilanz des übernehmenden Rechtsträger zum Ende des Geschäftsjahres übernommen werden, auch tatsächlich vorhanden sind.[101] Da eine Kontinuität der **Rechnungslegung** mit Übergang der Rechnungslegungspflicht am Verschmelzungsstichtag zu gewährleisten ist, fallen konsequenterweise Verschmelzungsstichtag und Stichtag der Schlussbilanz zusammen.[102] Sofern ein variabler Verschmelzungsstichtag festgelegt wurde, führt dies begriffslogisch auch zu einem variablen Schlussbilanzstichtag.[103] Denn sollte zwischen diesen Stichtagen eine zeitliche Lücke liegen, könnte dies zu einem vom Registergericht zu beachtenden Eintragungshindernis führen.[104] Daraus ergibt sich nicht, dass die Verschmelzung rückwirkend beschlossen wird, weil die Vorlage der Schlussbilanz für die Entscheidung 56

96 Dies empfiehlt auch Semler/Stengel/*Schröer*, § 5 Rn 51.
97 Ausf. dazu *Priester*, BB 1992, 1594, 1596 ff.
98 Zu möglichen Problemfeldern s. Semler/Stengel/*Schröer*, § 5 Rn 62.
99 So die Empfehlung bei Semler/Stengel/*Schröer*, § 5 Rn 62.
100 Semler/Stengel/*Schröer*, § 5 Rn 52 bezeichnet den Verschmelzungsstichtag daher als handelsrechtliche Rückwirkungsfunktion, die volle Geltung erst mit Wirksamkeit der Verschmelzung entfaltet; vgl auch KölnKomm-UmwG/*Simon*, § 5 Rn 73.
101 Vgl dazu KG WM 1999, 323, 325; Semler/Stengel/*Schröer*, § 5 Rn 54; *Hoffmann-Becking* in: FS Fleck, 105, 117.
102 Ebenso Lutter/*Lutter/Drygala*, UmwG, § 5 Rn 46; *Hoffmann-Becking* in: FS Fleck, 105, 112; aA wohl Semler/Stengel/*Schröer*, § 5 Rn 54, der eine zeitliche Identität nicht als zwingend ansieht; ebenso wohl Schmitt/Hörtnagl/Stratz/*Stratz*, § 5 Rn 65; Köln-Komm-UmwG/*Simon*, § 5 Rn 79; *Heidtkamp*, NZG 2013, 852, 853 ff; unklar FG Niedersachsen EFG 2008,263; OLG Frankfurt a.M. GmbHR 2006, 382.
103 Ausf. Semler/Stengel/*Schröer*, § 5 Rn 63.
104 So *Budde/Foerschle*, Sonderbilanzen, Teil F, Rn 95.

der Anteilsinhaberversammlungen nicht konstitutiv ist.[105] Dies folgt daraus, dass der Stichtag der Schlussbilanz ausschließlich durch den Verschmelzungsstichtag bestimmt wird. Dies wird auch vor dem Hintergrund klar, dass das Gesetz die Schlussbilanz nicht als Grundlage der Zustimmungsentscheidung der Anteilsinhaberversammlung vorsieht.[106] Soweit Verzögerungen bis zur Eintragung der Verschmelzung zu erwarten stehen, kann es sich im Einzelfall gar empfehlen, beide Stichtage den Verschmelzungsbeschlüssen zeitlich folgen zu lassen.[107]

57 Sofern eine AG an der Verschmelzung beteiligt ist, darf der Stichtag der letzten Jahresbilanz nicht länger als sechs Monate seit dem Abschluss des Verschmelzungsvertrages (oder des Entwurfes) zurückliegen. Anderenfalls ist eine **Zwischenbilanz** aufzustellen, deren Stichtag wiederum nicht vor dem ersten Tag des dritten Monats liegen darf, der dem Abschluss oder der Aufstellung vorausgeht, § 63 Abs. 1 Nr. 3. Diese Zwischenbilanz dient vor dem Hintergrund des Normzwecks des § 5 der Transparenz und der hinreichenden Unterrichtung der Aktionäre.[108]

58 Bei der Verschmelzung zur Neugründung ist gemäß § 242 Abs. 1 HGB der Verschmelzungsstichtag automatisch der **Stichtag der Eröffnungsbilanz.**

59 Zwingend identisch mit dem Schlussbilanzstichtag ist der **steuerliche Übertragungsstichtag.** Bereits an diesem Stichtag und nicht erst mit Vollzug der Verschmelzung treten die steuerlichen Wirkungen der Verschmelzung in steuerlicher Hinsicht ein.[109] Ein Auseinanderfallen von handelsrechtlicher und steuerrechtlicher Ergebniszuweisung wird hiermit verhindert.[110]

60 Abhängig vom Verschmelzungsstichtag ist für die Aktionäre der **Zeitpunkt des Beginns der Gewinnberechtigung.** Soweit das Gesetz die explizite Aufführung beider Tage verlangt, folgt daraus, dass sie nicht identisch sein müssen. Dem gesetzlichen Leitbild entspricht es jedoch im Grundsatz, dass diese Stichtage zusammenfallen, da den Anteilsinhabern des übertragenden Rechtsträgers ab dem Zeitpunkt ein Anteil am Gewinn des übernehmenden Rechtsträgers zusteht, ab dem sie dessen wirtschaftliches Risiko tragen. Ein variabler Verschmelzungsstichtag steht dem nicht entgegen. Ein Auseinanderfallen dieser Zeitpunkte bietet sich zur Regulierung des Umtauschverhältnisses an. Dabei muss freilich beachtet werden, dass die Gewinnbezugsberechtigung beim übertragenden Rechtsträger nicht über den Verschmelzungsstichtag hinausgehen kann, da eine Gewinnbezugsberechtigung voraussetzt, dass der übertragende Rechtsträger noch Rechnung legt.[111] Die Rechnungslegungspflicht des übertragenden Rechtsträgers bleibt zwar grundsätzlich bis zur Wirksamkeit der Verschmelzung bestehen, jedoch gelten mit Wirksamkeit der Verschmelzung dessen Handlungen ab dem Verschmelzungsstichtag als für fremde Rechnung vorgenommen.[112]

61 Naheliegend ist ferner, den **Bewertungsstichtag** auf den Verschmelzungs- und Schlussbilanzstichtag zu legen.[113] Dies bietet einen sauberen Schnitt, da abhängig vom Bewertungsstichtag die Vermögenswerte der beteiligten Rechtsträger verglichen werden, woraus das Umtauschverhältnis der Anteile abzuleiten ist. Diese Vorgehensweise bietet sich nur dann an, wenn die Stichtage vor der beschlussfassenden Anteilsinhaberversammlung liegen, da rechtzeitig vor Abhaltung der beschlussfassenden Anteilsinhaberversammlung das Umtauschverhältnis feststehen muss.

105 Lutter/*Lutter/Drygala*, § 5 Rn 46; *Hoffmann-Becking* in: FS Fleck, 105, 112; Semler/Stengel/*Schröer*, § 5 Rn 54.

106 Lutter/*Lutter/Drygala*, § 5 Rn 46.

107 Zustimmungswürdig in diesem Sinne Semler/Stengel/*Schröer*, § 5 Rn 54.

108 S. näher KölnKomm-UmwG/*Simon*, § 5 Rn 97 f; Semler/Stengel/*Schröer*, § 5 Rn 55; *Hoffmann-Becking* in: FS Fleck, 105, 109.

109 Semler/Stengel/*Schröer*, § 5 Rn 57 weisen darauf hin, dass die Finanzverwaltung verlangt, dass der steuerliche Übertragungsstichtag einen Tag vor dem Verschmelzungsstichtag liegen muss; s. Schreiben des BMF, GmbHR 1998, 444, 454.

110 Kallmeyer/*Müller*, § 5 Rn 32.

111 Semler/Stengel/*Schröer*, § 5 Rn 58; Lutter/*Lutter/Drygala*, UmwG, § 5 Rn 46; näher s. *Grunewald* in G/H/E/K § 340 AktG Rn 19.

112 S. hierzu *W. Müller*, WPg 1996, 857, 861; *Priester*, BB 1992, 1594, 1596 ff; Kallmeyer/*Müller*, § 5 Rn 33.

113 Ebenso Lutter/*Lutter/Drygala*, UmwG, § 5 Rn 24; krit. Semler/Stengel/*Schröer*, § 5 Rn 59.

Da die Verschmelzung mit Eintragung im Handelsregister des übernehmenden Rechtsträgers wirksam wird, müssen alle vorgenannten Stichtage vor dem Stichtag der **Eintragung der Verschmelzung** liegen. Da dieser nicht exakt bestimmbar ist, sollte eine frühzeitige Terminierung im Rahmen der Verschmelzungsplanung erfolgen. 62

7. Sonderrechte, Nr. 7. Soweit Anteilsinhabern oder Dritten durch die an der Verschmelzung beteiligten Rechtsträger auf rechtsgeschäftlicher Grundlage besondere Rechte eingeräumt werden, müssen diese gem. Nr. 7 vollumfänglich im Verschmelzungsvertrag wiedergegeben werden. Soweit der Wortlaut der Vorschrift („... *der übernehmende Rechtsträger einzelnen Anteilsinhabern* ...") dahin gehend interpretiert wird, **Sonderrechte** am übertragenden Rechtsträger seien nicht erfasst,[114] entspricht diese Auslegung freilich nicht dem Normzweck. Denn einerseits geht die Erfüllung der seitens des übertragenden Rechtsträgers gewährten Sonderrechte im Wege der **Gesamtrechtsnachfolge** auf den übernehmenden Rechtsträger über, andererseits würde den Anteilsinhabern die Prüfung der Einhaltung des Gleichbehandlungsgrundsatzes erschwert, wenn nur Sonderrechte am übernehmenden Rechtsträger anzugeben wären. Eine andere Interpretation widerspräche dem **Transparenzgedanken** der Vorschrift und dem bezweckten Anteilsinhaberschutz.[115] Für die rechtssichere Durchführung in der Praxis empfiehlt sich eine dreistufige Prüfung. Erstens zeigt sich der besondere Stellenwert der Transparenz innerhalb des Umwandlungsvorganges. Zweitens ergibt sich, dass die Erwähnungspflicht im Verschmelzungsvertrag stets dann besteht, wenn der **Gleichbehandlungsgrundsatz** betroffen ist. Drittens ist die Perspektive der aufzuführenden Pflichten festgelegt auf den Status des übernehmenden Rechtsträgers nach Wirksamkeit der Verschmelzung. Konsequenterweise kommt es auch nicht darauf an, dass die Sonderrechte erst anlässlich der Verschmelzung gewährt werden oder bereits vorher bestehen.[116] 63

Anzugeben sind nur rechtsgeschäftlich durch einen beteiligten Rechtsträger gewährte Sonderrechte, wie etwa **besondere Vermögensrechte oder Verwaltungsrechte**. Gesetzliche sowie unter den Anteilsinhabern vereinbarte Sonderrechte, wie etwa Stimmbindungsvereinbarungen, müssen nicht aufgeführt werden.[117] 64

Daneben sind auch diejenigen Rechte anzugeben, die der übernehmende Rechtsträger Inhabern besonderer Rechte gewährt. Dies betrifft Sonderrechtsinhaber, die nicht Anteilsinhaber sind, wie etwa Inhaber von **Schuldverschreibungen** und **Genussrechten** sowie Begünstigte von **Aktienoptionsprogrammen**; die Aufzählung in Nr. 7 ist freilich nicht abschließend. Sofern diese nicht beim übernehmenden Rechtsträger fortgeführt werden, ist den jeweiligen Inhabern ein Ersatz zu gewähren (idR eine Barzahlung). Auch wenn der Wortlaut der Nr. 7 jeweils nur Rechte an Aktiengesellschaften benennt, werden unstreitig ebenfalls Rechte an einer GmbH umfasst.[118] Der Kreis der Anspruchsberechtigten entspricht demjenigen aus § 23.[119] 65

Die Nichtnennung von Sonderrechten bzw der Verstoß gegen die Pflicht aus Nr. 7 macht den Verschmelzungsvertrag **unvollständig** und begründet für den betroffenen Rechtsinhaber die **Anfechtbarkeit** des Zustimmungsbeschlusses zum Verschmelzungsvertrag, berührt aber die Wirksamkeit der nicht genannten Sonderrechte nicht.[120] Problematisch ist, ob diese Unrichtigkeit des Verschmelzungsvertrages ein **Eintragungshindernis** aus Sicht des Registergerichts bedeutet. Dies ist nur insoweit zu bejahen, als sich die Prüfungspflicht des Registergerichts nur auf die Nennung des Sonderrechts als solches bezieht. Sofern Angemessenheitserwägungen in 66

114 So etwa OLG Hamburg, AG 2004, 619, 621; Kallmeyer/*Marsch-Barner*, § 5 Rn 40.

115 Lutter/*Lutter/Drygala*, § 5 Rn 48; Semler/Stengel/*Schröer*, § 5 Rn 65.

116 Semler/Stengel/*Schröer*, § 5 Rn 65; s. auch KölnKomm-UmwG/*Simon*, § 5 Rn 114.

117 So auch Lutter/*Lutter/Drygala*, § 5 Rn 49.

118 Lutter/*Lutter/Drygala*, UmwG, § 5 Rn 50; Widmann/Mayer/*Mayer*, § 5 Rn 168; Semler/Stengel/*Schröer*, § 5 Rn 67.

119 Widmann/Mayer/*Mayer*, § 5 Rn 168; Lutter/*Lutter/Drygala*, § 5 Rn 50; Semler/Stengel/*Schröer*, § 5 Rn 67.

120 Kallmeyer/*Marsch-Barner*, § 5 Rn 43; Widmann/Mayer/*Mayer*, § 5 Rn 170; KölnKomm-UmwG/*Simon*, § 5 Rn 122; Semler/Stengel/*Schröer*, § 5 Rn 68.

Rede stehen, ist dies von der Prüfungspflicht nicht umfasst und kann konsequenterweise dann auch kein Eintragungshindernis mehr begründen.[121]

67 Sofern keine Sonderrechte gewährt werden, sind Ausführungen zur Nr. 7 im Verschmelzungsvertrag nicht notwendig aber auch nicht unzulässig.[122]

Hinweis: In diesem Fall ist es ratsam und in der Praxis üblich, eine Negativmitteilung in den Verschmelzungsvertrag aufzunehmen.

68 **8. Sondervorteile, Nr. 8.** Gesonderte Erwähnung müssen **Sondervorteile** finden, die Mitgliedern der Vertretungsorgane bzw Geschäftsführern oder Mitgliedern von Aufsichtsorganen im Zusammenhang mit der Verschmelzung gewährt werden. Zu berichtende Vorteile sind jedwede Arten von Vergünstigungen, die den aufgeführten Personen zugesagt werden. Der Fall tritt in der Regel in der Form ein, dass **Mitglieder von Geschäftsleitungsorganen** (Vorstand, Geschäftsführer, geschäftsführender Gesellschafter) aufgrund der Verschmelzung ihr Amt verlieren[123] und in Form einer Sonderleistung dafür entschädigt werden. Betroffen ist folglich in vielen Fällen derjenige Personenkreis, der der Verschmelzung im Rahmen seiner Organtätigkeit zustimmen muss.[124] Für das Aufsichtsorgan ist somit eine überwachende und nicht nur beratende Funktion vorausgesetzt.[125] Darin wird konsequent der Transparenzgedanke aus Nr. 7 fortgesetzt. Es soll hier die Transparenz der Entscheidung der Vertretungs- und Aufsichtsorgane und die Freiheit von Interessenkollisionen sichergestellt werden. Der zeitliche Zusammenhang eines Sondervorteils ist von geringerer Bedeutung; entscheidend ist, dass der Sondervorteil in kausalem Zusammenhang zur Durchführung der Verschmelzung steht und von einem der beteiligten Rechtsträger – nicht jedoch von einem Dritten – gewährt wird.[126]

69 Zu den im Verschmelzungsvertrag aufzuführenden Sondervorteilen gehört auch die **Zusage eines künftigen Amtes** in der Organisationsstruktur des übernehmenden Rechtsträgers. Sofern ein für die Bestellung unzuständiges Organ etwa eine Nachfolgeregelung für die Leitungsorgane des übertragenden Rechtsträgers mit diesen vereinbart, ist diese Zusage für den betroffenen Rechtsträger unverbindlich. Obgleich aus einer solchen Zusage kein rechtlicher Anspruch auf Erfüllung erwachsen kann, kann die Möglichkeit der subjektiven Beeinflussung der Amtsführung nicht ausgeschlossen werden. Deren Erwähnung im Verschmelzungsvertrag entspricht der konsequenten Weiterführung des Transparenzgedankens des § 5.[127] Gleichzeitig wird die gesetzgeberische Intention einer umfassenden Information der Anteilsinhaber über den Verschmelzungsvorgang und etwaige Interessenkonflikte der entscheidungsbefugten Leitungsorgane sichergestellt. Die Angabepflicht besteht erst recht, wenn aus einer solchen Zusage bereits ein wirksamer (wohl dann bedingter) Beschluss des für die Bestellung zuständigen Organs hervorgegangen ist.[128]

70 Ein Verstoß gegen die Pflicht aus Nr. 8 führt nicht zur Unwirksamkeit des Verschmelzungsvertrages, sondern zur **Anfechtbarkeit** des Anteilsinhaberbeschlusses zum Verschmelzungsvertrag.[129] Um die Gefahr einer Umgehung der Schutzfunktion einzudämmen und Druck in Richtung der Offenlegung solcher Zusagen zu erzeugen, wird in Rechtsprechung und Schrifttum teilweise vertreten, der übernehmende Rechtsträger sei an Sondervorteilszusagen, die nicht im Verschmelzungsvertrag niedergelegt sind, nicht gebunden.[130] Es wird hierbei sehr pragmatisch

121 So jedenfalls Semler/Stengel/*Schröer*, § 5 Rn 68; näher dazu *Hüffer*, FS Lutter, 1227, 1244.

122 So empfiehlt Semler/Stengel/*Schröer*, § 5 Rn 69 eine Negativfestellung.

123 Die Organstellung erlischt mit der Wirksamkeit der Verschmelzung, der Anstellungsvertrag geht freilich gem. § 20 Abs. 1 Nr. 1 über; s. § 20 Rn 33.

124 Mit extensiverer Auslegung KölnKomm-UmwG/*Simon*, § 5 Rn 126.

125 Lutter/*Lutter/Drygala*, UmwG, § 5 Rn 51; Kallmeyer/*Marsch-Barner*, § 5 Rn 45; Lutter/*Schmidt*, Umwandlungsrechtstage, 71 ff.

126 Hierzu näher KölnKomm-UmwG/*Simon*, § 5 Rn 128.

127 Semler/Stengel/*Schröer*, § 5 Rn 73 bezeichnet eine solche Zusage als nicht rechtlich, aber moralisch verbindlich.

128 Semler/Stengel/*Schröer*, § 5 Rn 73.

129 Eingehend LAG Nürnberg, ZIP 2005, 398 ff; Graef, GmbHR 2005, 908, 910 f; Kallmeyer/*Marsch-Barner*, UmwG, § 5 Rn 46 a.

130 So Widmann/Mayer/*Mayer*, § 5 Rn 175; Lutter/*Lutter/Drygala*, § 5 Rn 54; *Drygala*, FS K. Schmidt, 2009, S. 269, 286 f.

argumentiert und vereinzelt auf eine analoge Anwendung der §§ 26 Abs. 3, 32 Abs. 3, 32 Abs. 3 AktG abgestellt, nach denen nicht offengelegte Sonderzahlungen an Organmitglieder bei der Gründung einer AG unwirksam sind. Allerdings fehlen die Voraussetzungen für eine analoge Anwendung dieser Normen. Gerade weil der Gesetzgeber es unterlassen hat, eine entsprechende Regelung in das UmwG aufzunehmen, ist vielmehr der Umkehrschluss zu ziehen, dass die entsprechenden vertraglichen Abreden wirksam sind. Zudem handelt es sich bei § 5 Abs. 1 Nr. 8 auch nur um eine Berichtspflicht im Verschmelzungsvertrag, die nicht rechtsbildend, sondern lediglich informativ ausgestaltet ist, so dass auch dies gegen die Unwirksamkeit spricht.[131] Es liegt auch keine Formnichtigkeit (§ 125 BGB) aufgrund einer mangelnden Beurkundung der Abrede im Verschmelzungsvertrag vor, da die Zusage des Sondervorteils formwirksam außerhalb des Verschmelzungsvertrages erfolgt ist.[132] Sofern es sich um eine Verschmelzung der Neugründung einer AG handelt, sind Sondervorteile gem. § 26 Abs. 3 AktG, § 36 Abs. 2 UmwG in der Satzung der neu zu gründenden AG aufzunehmen.

Sofern keine Sondervorteile nach Nr. 8 gewährt werden, kann auf eine Aussage im Verschmelzungsvertrag verzichtet werden, eine klarstellende **negative Feststellung** ist aber möglich und in der Praxis üblich. 71

9. Folgen und Maßnahmen für Arbeitnehmer und deren Vertretungen, Nr. 9. Nach der Intention des Gesetzgebers sind die durch die Verschmelzung eintretenden arbeitsrechtlichen Folgen für die **Arbeitnehmer** des übertragenden und des übernehmenden Rechtsträgers im Verschmelzungsvertrag darzustellen.[133] Die Forderung, im Verschmelzungsvertrag oder dessen Entwurf neben den Angaben zu den Nr. 1 bis Nr. 8 auch die Folgen der Verschmelzung für die Arbeitnehmer und ihre Vertretungen sowie die insoweit vorgesehenen Maßnahmen anzugeben, wurde freilich erst spät im Gesetzgebungsverfahren in § 5 Abs. 1 Nr. 9 eingeführt.[134] Die frühzeitige Einbindung der Arbeitnehmervertretungen soll eine möglichst sozialverträgliche Umsetzung der Verschmelzung gewährleisten und den sozialen Frieden in den beteiligten Betrieben erhalten.[135] 72

Die Anwendung der Vorschrift bereitet in der Praxis gleich aus mehreren Gründen Schwierigkeiten. Dies gilt zunächst für die **rechtliche Wirkung der Angaben**. Die geforderten Angaben zu den Folgen der Verschmelzung für die Arbeitnehmer und ihre Vertretungen sowie die insoweit vorgesehenen Maßnahmen zielen darauf ab, die Arbeitnehmer und ihre Vertretungsgremien frühzeitig über die individual- und kollektivarbeitsrechtlichen Folgen der vorgesehenen Verschmelzung zu informieren und sie in die Lage zu versetzen, etwaige Beteiligungsrechte nach dem BetrVG wahrzunehmen.[136] Dabei begründen die Informationen des Verschmelzungsvertrages **keine Rechtsansprüche des Betriebsrates oder der Arbeitnehmer**;[137] sie haben allein **Informationscharakter**.[138] Es handelt sich um ausschließlich deskriptive Angaben, so sie dass die ex lege eintretenden Rechtsfolgen nicht beeinflussen können.[139] Die weiteren Informations- und Mitbestimmungsrechte der Arbeitnehmer aus dem BetrVG (insb. §§ 99, 102, 111 ff 73

131 So auch Semler/Stengel/Schröer, § 5 Rn 74; Kallmeyer/*Marsch-Barner*, § 5 Rn 46 a; *Graef*, GmbHR 2005, 908, 909 ff.

132 Anders jedoch LAG Nürnberg, ZIP 2005, 398 ff; abl. hierzu *Graef*, EWiR § 5 UmwG 1/05.

133 Hierzu *Wlotzke*, DB 1995, 41; *Hausch*, RNotZ 2007, 308, 310; krit. zu diesem arbeitsrechtlichen Fremdkörper im Rahmen der gesellschaftsrechtlichen Verschmelzung Lutter/*Lutter/Drygala*, § 55 a Rn; *Willemsen*, NZA 1996, 791, 796 ff.

134 Reg.Begr., BT-Drucks. 12/6699; Kallmeyer/*Willemsen*, § 5 Rn 47.

135 So explizit die Reg.Begr., BT-Drucks. 12/6699, 83; OLG Düsseldorf, NZA 1998, 766, 767; Lutter/*Lutter/Drygala*, UmwG, § 5 Rn 48; vielfach wird diese Regelung als Fremdkörper im Verschmelzungsvertrag gesehen, da ihr nur deskriptiver Charakter zukommt, vgl Semler/Stengel/*Simon*, § 5 Rn 76.

136 *Joost*, ZIP 1995, 976, 984: Hilfsfunktion für die Ausübung mitbestimmungsrechtlicher Kompetenzen; *Dzida/Schramm*, NZG 2008, 521, 522; KölnKomm-UmwG/*Hohenstatt/Schramm*, § 5 Rn 136; zum Umfang der Informationspflicht, iE jedoch zu weitgehend Henssler, FS Kraft, 219, 223 ff; ebenso Semler/Stengel/*Simon*, § 5 Rn 77 ff.

137 Semler/Stengel/*Simon*, § 5 Rn 79; HWK/*Willemsen*, § 5 Rn 2 f; *Dzida/Schramm*, NZG 2008, 521, 524: Auslegung kann im Einzelfall zu Ansprüchen führen.

138 *Joost*, ZIP 1995, 976, 978, 984: Berichtsqualität.

139 *Joost*, ZIP 1995, 978; Semler/Stengel/*Simon*, § 5 Rn 79; Kallmeyer/*Willemsen*, § 5 Rn 49.

BetrVG) sowie der leitenden Angestellten aus dem SprAuG bleiben hiervon unberührt.[140] Indem die Angaben – quasi als gutachterliche Information – gleichwohl zum Bestandteil eines zwischen zwei Unternehmen zu schließenden Verschmelzungsvertrags gemacht werden, bleiben sie im Vergleich zu den übrigen Angaben gem. § 5 Abs. 1 Nr. 1 bis Nr. 8 ein Fremdkörper.[141]

74 Soweit **keine Arbeitnehmer** vorhanden sind, entfällt die Angabepflicht zu Nr. 9; auch in diesem Fall findet sich in der Praxis meist eine **Negativmeldung** im Verschmelzungsvertrag. Sind hingegen Arbeitnehmer, jedoch keine Arbeitnehmervertretungen vorhanden, so sind die Angaben nicht entbehrlich, sondern in den Verschmelzungsvertrag aufzunehmen, da das Gesetz hierfür keine Ausnahmeregelung trifft und auch keine überzeugende Begründung besteht, von diesen Angaben abzusehen.[142]

75 **a) Inhalt und Umfang.** Der genaue **Gegenstand** und der erforderliche **Umfang** der Angaben sind aus dem offenen Wortlaut der Norm nur schwer zu erkennen.[143] Dass sich für die Spaltung und den Formwechsel inhaltlich wortgleiche Vorschriften in § 126 Abs. 1 Nr. 11 und § 194 Abs. 1 Nr. 7 finden, zugleich aber in den Schwestervorschriften des § 122 e UmwG und des § 11 WpÜG der Informationsumfang anders ausgestaltet ist, erschwert die Auslegung und den praktischen Umgang mit der Vorschrift zusätzlich.[144] Die aus den geschilderten Unklarheiten resultierende Rechtsunsicherheit drängt Kautelarjuristen in der Praxis nicht selten dazu, den Ausführungen zu § 5 Abs. 1 Nr. 9 im Verschmelzungsvertragstext unverhältnismäßig viel Umfang zu widmen.[145]

76 Eine verlässliche Eingrenzung, in welchem Ausmaß Folgen und Maßnahmen der Verschmelzung anzugeben sind, fehlt.[146] In der Rechtswissenschaft haben sich insoweit drei Positionen zum **Umfang der Pflichtangaben** herausgebildet.

77 Einigkeit besteht, dass nach der Vorschrift jedenfalls diejenigen Folgen anzugeben sind, die **unmittelbar** durch die Verschmelzung bewirkt werden.[147] Hiervon erfasst sind die gesetzlich ableitbaren Folgen aus § 324 iVm § 613 a BGB.[148]

78 Die arbeitsrechtlichen Folgen müssen nach richtiger Auffassung zwar nicht in allen Einzelheiten und mit abschließender rechtlicher Bewertung geschildert werden.[149] Sie müssen den Arbeitnehmervertretern der beteiligten Rechtsträger jedoch ermöglichen, die infolge der Umwandlung eintretenden Änderungen für die Arbeitnehmer und die Arbeitnehmervertretungen zu erkennen und ihre Kompetenzen dem entsprechend einzusetzen. Als äußere Grenze hat das *OLG Düsseldorf* dazu bisher entschieden, dass es weder ausreicht, im Verschmelzungsvertrag nur auf die Rechtsfolgen aus UmwG und BGB zu verweisen, noch dass es zulässig ist, dort nur zu erwähnen, dass für die Arbeitnehmer keine Nachteile entstehen.[150] Daraus erhellt, dass die beteiligten Rechtsträger verpflichtet sind, eine **Stellungnahme zu allen unmittelbaren Änderungen und Folgen der Umwandlung** abzugeben, nicht nur zu den Nachteilen.[151] Konkret bedeutet dies, dass die beteiligten Rechtsträger verpflichtet sind, alle tatsächlichen und rechtlichen Folgen anzugeben, die im unmittelbaren Sachzusammenhang mit der Verschmelzung stehen

140 Sog. Trennungstheorie, vgl Lutter/*Lutter/Drygala*, UmwG, § 5 Rn 74; Kallmeyer/*Willemsen*, § 5 Rn 48.
141 Kallmeyer/*Willemsen*, § 5 Rn 47; Semler/Stengel/*Simon*, § 5 Rn 76; KölnKomm-UmwG/*Hohenstatt/Schramm*, § 5 Rn 138.
142 Streitig; wie hier Lutter/*Lutter/Drygala*, § 5 Rn 107; Semler/Stengel/*Simon*, § 5 Rn 93; *Willemsen*, RdA 1998, 23, 32; *Boecken*, Unternehmensumwandlungen und Arbeitsrecht, 1996, Rn 336; *K. J. Müller*, DB 1997, 713, 716; *Dzida/Schramm*, NZG 2008, 521, 524; aA *Joost*, ZIP 1995, 976, 985; einschr. LG Stuttgart, DNotI-Report 5/1996, 43.
143 Semler/Stengel/*Simon*, § 5 Rn 78; KölnKomm-UmwG/*Hohenstatt/Schramm*, § 5 Rn 138 f.
144 Lutter/*Lutter/Drygala*, § 5 Rn 55 a.
145 Semler/Stengel/*Simon*, § 5 Rn 82.
146 Zu dieser Problematik auch Semler/Stengel/*Simon*, § 5 Rn 78; KölnKomm-UmwG/*Hohenstatt/Schramm*, § 5 Rn 139.
147 OLG Düsseldorf NZA 1998, 766, 767; Semler/Stengel/*Simon*, § 5 Rn 82; Lutter/*Lutter/Drygala*, § 5 Rn 56; HWK-UmwG/*Willemsen*, § 5 Rn 4; KölnKomm-UmwG/*Hohenstatt/Schramm*, § 5 Rn 139.
148 So auch KölnKomm-UmwG/*Hohenstatt/Schramm*, § 5 Rn 139; vgl § 324 Rn 15.
149 Lutter/*Lutter/Drygala*, § 5 Rn 73.
150 OLG Düsseldorf, NZA 1998, 766, 767; Semler/Stengel/*Simon*, § 5 Rn 81.
151 OLG Düsseldorf, NZA 1998, 766, 767; eingehend Lutter/*Lutter/Drygala*, UmwG, § 5 Rn 56.

und die betriebsverfassungsrechtlichen Strukturen betreffen oder konkrete Auswirkungen auf die Arbeitsverhältnisse haben (**sog. vermittelnde Lösung**).[152]

Soweit hierzu andere Theorien vertreten werden, erscheinen diese impraktikabel oder unsicher. 79
Die **sog. kleine Lösung** beschränkt sich auf die Angabe aller unmittelbaren rechtlichen Folgen.[153] Dies kann unter Umständen zu wenig sein, was das Risiko der Bewertung eines Eintragungshindernisses durch das Registergericht oder einer Anfechtungsklage birgt.

Die **sog. große Lösung** will dagegen auch alle mittelbaren tatsächlichen und rechtlichen Fol- 80
gen, die sich aus der Verschmelzung ergeben, zum Gegenstand der Angabepflicht machen (zB künftige Betriebsschließungen, Restrukturierungen, etc.).[154] Diese Theorie lässt jedoch die nötige Trennschärfe vermissen und birgt die Gefahr einer ausufernden Darstellung. Die extreme Position, dass alle denkbaren unmittelbaren und mittelbaren Folgen zu benennen seien,[155] ist erst recht abzulehnen.

Die bei Anlegen solcher Maßstäbe unvermeidliche Gefahr, dass der Rechtsanwender den Um- 81
fang seiner Pflichten nicht mehr erkennen kann, versucht eine vermittelnde Ansicht dadurch zu bannen, dass nur kraft Sachzusammenhang mit dem Verschmelzungsvertrag verbundene mittelbare[156] oder **wesentliche mittelbare** Folgen[157] zu nennen sind. Teilweise wird auch darauf abgestellt, dass die Verschmelzung der „tragende Beweggrund" für die Folgen sein müsse.[158] Erst nach dem Wirksamwerden der Verschmelzung beschlossene und durchgeführte Rationalisierungsmaßnahmen wären selbst dann nicht in die Angaben aufzunehmen, wenn es zum Zeitpunkt der Unterrichtung schon konkrete Vorüberlegungen der beteiligten Rechtsträger gibt.[159]

Der Wortlaut des Gesetzes bietet keine Stütze dafür, auch bloß mittelbare Folgen mit in die In- 82
formationspflichten einzubeziehen. Es mangelt zudem an einer sachlichen Rechtfertigung, neben den ohnehin nach dem BetrVG bestehenden Informationsrechten auch im Rahmen von § 5 Abs. 1 Nr. 9 umfassend über alle möglichen Folgen zu unterrichten.[160] Die Angaben haben vielmehr lediglich eine **Hilfsfunktion** im Sinne eines Berichtscharakters[161] und stellen kein eigenes Beteiligungsrecht des Betriebsrats dar, da die Verschmelzung ein rein gesellschaftsrechtlicher Vorgang bleibt.[162] Dies widerspräche auch dem berechtigten Geheimhaltungsinteresse der betroffenen Unternehmen vor etwaigen Konkurrenten.[163]

Für die Praxis ist daher festzuhalten, dass sich die Angaben nicht darin erschöpfen dürfen, al- 83
lein auf die Anwendbarkeit der gesetzlichen Vorschriften bezugzunehmen oder festzustellen, dass keine Nachteile für die Arbeitnehmer auftreten können, da die Vorschrift des § 5 Abs. 1 Nr. 9 die Information bezüglich jedweder Folgen vorsieht.[164] Es muss jedoch auch keine detaillierte Darstellung der arbeitsrechtlichen Folgen in allen Einzelheiten geschehen. Vielmehr hat sich die Dokumentationspflicht am Gesetzeszweck, nämlich der berichtenden Information an den zuständigen Betriebsrat zu orientieren, so dass dieser das nötige „Problembewusstsein" entwickeln kann und eine weitere Prüfung selbstständig vornimmt.[165] Es muss eine **nachvollziehbare Wiedergabe der unmittelbaren Folgen**[166] gewährleistet sein.

152 Eingehend zu dieser Streifrage und den einzelnen Positionen Semler/Stengel/*Simon*, § 5 Rn 82 ff; mit vielen Beispielen aus der Praxis; *Hausch*, RNotZ 2007, 308, 323 ff; *Blechmann*, NZA 2005, 1143, 1145; *Willemsen*, RdA 1998, 23, 25 ff; *Hausch*, RNotZ 2007, 308, 320 ff.

153 Dazu etwa *Drygala*, ZIP 1996, 1365, 1368 ff; Lutter/*Lutter/Drygala*, UmwG, § 5 Rn 71 ff.

154 S. dazu *Bachner*, NJW 1995, 2881, 2886 (auch etwa der Wegfall einer Möglichkeit zur Nutzung öffentlicher Verkehrsmittel); *Blechmann*, NZA 2005, 1143, 1147; *Däubler*, RdA 1995, 136, 138.

155 So Fitting/Engels/Schmidt/Trebinger/Linsenmaier/*Fitting*, BetrVG, § 1 Rn 169; *Joost*, ZIP 1995, 976, 979.

156 Semler/Stengel/*Simon*, § 5 Rn 83; HWK-UmwG/*Willemsen*, § 5 Rn 3; mwN. Lutter/*Lutter/Drygala*, § 5 Rn 70.

157 Schmitt/Hörtnagel/Stratz/*Stratz*, § 5 Rn 85.

158 KölnKomm-UmwG/*Hohenstatt/Schramm*, § 5 Rn 146; *Dzida/Schramm*, NZG 2008, 521, 522.

159 Für eine Informationspflicht HWK-UmwG/*Willemsen*, § 5 Rn 6.

160 Lutter/*Lutter/Drygala*, § 5 Rn 71 ff.

161 Kallmeyer/*Willemsen*, § 5 Rn 58.

162 KölnKomm-UmwG/*Hohenstatt/Schramm*, § 5 Rn 144.

163 Lutter/*Lutter/Drygala*, § 5 Rn 73.

164 So ausdrücklich OLG Düsseldorf NJW-RR 1999, 188.

165 KölnKomm-UmwG/*Hohenstatt/Schramm*, § 5 Rn 204; Kallmeyer/*Willemsen*, § 5 Rn 58.

166 Kallmeyer/*Willemsen*, § 5 Rn 58.

84 Hierin findet sich auch das schützenswerte Interesse der beteiligten Rechtsträger vor einer unzumutbaren systemwidrigen Überfrachtung des Verschmelzungsvertrages ausreichend berücksichtigt.[167] Dies entspricht auch dem zeitlichen Gang bei betrieblichen Umstrukturierungen; ein möglicher **Interessenausgleich** und/oder **Sozialplan** kann zwar rechtzeitig vorbereitet werden, kann jedoch der Durchführung der Änderungen nicht vorweglaufen.[168]

85 Im Falle der Verschmelzung mehrerer Rechtsträger mit kurzem Zeitabstand (sog. **Kettenverschmelzung**) sind alle relevanten Angaben über das Endergebnis der Umwandlungsvorgänge bereits im ersten Verschmelzungsvertrag anzugeben.[169]

86 **b) Einzelfälle.** Soweit die tatsächliche Tiefe der Angaben im Verschmelzungsvertrag schlussendlich dem Unternehmen überlassen bleibt, haben sich – im Rahmen der o.g. vermittelnden Theorie – hinsichtlich einzelner Fragen bereits gangbare Wege ergeben. Hinsichtlich der **Folgen für die Arbeitsverhältnisse** geht der Gesetzgeber entsprechend § 20 Abs. 1 Nr. 1 davon aus, dass der übernehmende Rechtsträger als Gesamtrechtsnachfolger in diese eintritt. Insoweit sind geplante Entlassungen, Versetzungen und Umgruppierungen konkret zu benennen. Auch die Folgen für eine eventuelle betriebliche Altersvorsorge sind konkret anzugeben.[170]

87 Für den **Bestand der Arbeitnehmervertretungen** ist darzustellen, in welcher Form und welcher Besetzung diese nach der Verschmelzung fortbestehen.[171] Die notwendigen Angaben betreffen dabei nur die Arbeitnehmervertretungen der beteiligten Rechtsträger und ggf der Arbeitnehmervertretungen auf Gesamtbetriebs- und Konzernebene; Ausführungen zu anderen Vertretungen, wie etwa Auszubildenden- oder Schwerbehindertenvertretungen, sind dabei nicht zwingend, deren Aufnahme ist jedoch ratsam.[172]

88 Ob die **Fortgeltung etwaiger Tarifbindungen** beim (neuen) übernehmenden Rechtsträger geplant ist oder nicht und welche Änderungen sich infolge der Verschmelzung ergeben, ist anzugeben.[173]

89 Für **Konzern- bzw Gesamtbetriebsvereinbarungen** ist deren Fortgeltung zu regeln. Hierbei ist nicht auf jede einzelne Regelung bei jedem beteiligten Rechtsträger einzugehen; es reicht die Angabe, dass die Regelungen eines (idR des übernehmenden) Rechtsträgers (uneingeschränkt) nach der Verschmelzung gelten.[174]

90 Die Folgen für die **Mitbestimmung in Unternehmensorganen** sind anzugeben. Dabei sind sowohl die Schicksale der bisherigen Mandate als auch die Situation (ob und wie mitbestimmt oder nicht) im neuen Rechtsträger anzugeben. Die Angabe, wie sich das Aufsichtsorgan nach Wirksamwerden der Verschmelzung konstituiert, gehört freilich nicht zum Umfang der Informationen gem. Nr. 9.[175]

91 Es sind zudem die Folgen anzugeben, die sich zwar nicht unmittelbar aus der Verschmelzung ergeben, die aber **systemimmanent** im Rahmen der Verschmelzung auftreten. Dabei handelt es sich insbesondere um die Beibehaltung bzw die Änderung der betrieblichen Strukturen und sonstige Betriebsänderungen gem. § 111 ff BetrVG. Bei solchen Änderungen ist mit dem Betriebsrat der beteiligten Rechtsträger ein Interessenausgleich und Sozialplan zu verhandeln, der sinnvollerweise vor der Verschmelzung abgeschlossen und dem Verschmelzungsvertrag als An-

167 IE wohl zu eng Lutter/*Lutter/Drygala*, UmwG, § 5 Rn 73; Kallmeyer/*Willemsen*, § 5 Rn 51 ff.
168 Semler/Stengel/*Simon*, § 5 Rn 84.
169 Semler/Stengel/*Simon*, § 5 Rn 82 ff.
170 S. die Praxisbeispiele bei Semler/Stengel/*Simon*, § 5 Rn 86.
171 Dazu eingehend unter Warnung vor möglicher Rechtsunsicherheit Lutter/*Lutter/Drygala*, § 5 Rn 63 ff; Kallmeyer/*Willemsen*, § 5 Rn 60 ff; Köln-Komm-UmwG/*Hohenstatt/Schramm*, § 5 Rn 193.
172 Vorsichtig insoweit Semler/Stengel/*Simon*, § 5 Rn 88 mit Aufzählung zahlreicher Praxisfälle; aA sind *Hausch*, RNotZ 2007, 308, 318 ff; *Blechmann*, NZA 2005, 1143, 1147.
173 Semler/Stengel/*Simon*, § 5 Rn 89 mit Aufzählung zahlreicher Praxisfälle.
174 Semler/Stengel/*Simon*, § 5 Rn 90.
175 Semler/Stengel/*Simon*, § 5 Rn 91 mit Aufzählung zahlreicher Praxisfälle.

lage beizufügen ist.[176] Mögliche Änderungen, die nicht als Folge der Verschmelzung zu betrachten sind, müssen im Verschmelzungsvertrag nicht beschrieben werden.[177]

Hinweis: Zusammengefasst sollten jeweils die nachstehend aufgeführten arbeitsrechtlichen Angaben im Verschmelzungsvertrag Berücksichtigung finden:

- Übergang von Arbeitsverhältnissen gem. § 324 iVm § 613 a BGB,
- Versorgungsanwartschaften der aktiven Arbeitnehmer gem. § 324, § 613 a BGB,
- Haftungsfolgen und umwandlungsrechtliche Sonderreglungen betreffend das Arbeitsverhältnis gem. § 613 a BGB, §§ 20 Abs. 1 Nr. 1, 133, 134,
- Veränderungen der arbeitsorganisatorischen Struktur der beteiligten Betriebe,
- Angaben zur Tarifbindung und zu Mitgliedschaften im Arbeitgeberverband,
- Angaben zur Mitbestimmung,
- Angaben zur Arbeitnehmervertretung (Betriebsrat, Gesamtbetriebsrat, Konzernbetriebsrat, Betriebsvereinbarungen),
- Angaben zu konkret geplanten Betriebsänderungen gem. § 111 ff BetrVG,
- ggf Angaben zum Europäischen Betriebsrat.

Eine sog. **Negativerklärung**, dass keine Änderungen für die Arbeitnehmer eintreten, ist recht- 92
lich entbehrlich. Dies ist freilich nicht unstreitig. Das *OLG Düsseldorf* hat diese Negativerklärung als empfehlenswert eingestuft,[178] auch wenn im Schrifttum teilweise auf deren potenzielle negative Wirkung für die beteiligten Rechtsträger hingewiesen wird. § 5 verpflichtet die beteiligten Rechtsträger grundsätzlich nur dazu, alle eintretenden bzw erwarteten Änderungen positiv im Verschmelzungsvertrag aufzunehmen. Soweit dieser keine Angabe enthält, gebietet eine konsequente Auslegung das Ergebnis, dass keine Änderungen eintreten; dies gilt ebenfalls, sofern der Verschmelzungsvertrag nur zu einzelnen Punkten der Nr. 9 keine Angaben enthält. Den beteiligten Rechtsträgern wird daher vereinzelt empfohlen, diese klare Linie nicht durch einzelne Negativerklärungen aufzuweichen, sondern diese nur in Einzelfällen aufzunehmen.[179] Diese Frage ist aufgrund der offenen Diskussion in Rechtsprechung und Schrifttum praktisch dahin gehend zu lösen, eine Negativmeldung in den Verschmelzungsvertrag aufzunehmen, um diesen zu vervollständigen und keine Zweifel aufzuwerfen, ob der Punkt nur versehentlich im Verschmelzungsvertrag fehlt.[180]

Hinweis: Es ist ratsam und in der Praxis üblich, eine Negativmitteilung in den Verschmelzungsvertrag aufzunehmen.

Negative Folgen einer solchen Negativerklärung wären nur dann zu befürchten, wenn diese 93
falsch ist; das Registergericht hat jedoch nur ein formelles, aber kein umfassendes materielles Prüfungsrecht. Arbeitsrechtliche Folgen sind jedoch unabhängig davon, ob eine Negativerklärung abgegeben wird, sondern treten auch beim Schweigen des Verschmelzungsvertrages zu diesem Thema ein, da eine Negativaussage hier die gleichen rechtlichen Wirkungen erzeugt wie ein Schweigen des Vertrages, welches auch die Gegenansicht schließlich als Negativaussage würdigt.

c) Prüfung des Registergerichts. Die praktische Bedeutung der Vorschrift erschließt sich erst 94
durch die Verknüpfung mit dem in § 5 Abs. 3 normierten und nach § 17 Abs. 1 für die Eintragung und damit das Wirksamwerden der Verschmelzung bedeutsamen **Zuleitungserfordernis.** Gegenüber dem Handelsregister muss bei der Anmeldung der Eintragung nachgewiesen sein, dass der Verschmelzungsvertrag oder sein Entwurf mit den nach § 5 Abs. 1 erforderlichen Angaben dem Betriebsrat rechtzeitig zugeleitet wurde. Mängel bei der Erfüllung der Angaben

176 *Hausch*, RNotZ 2007, 308, 327; Kallmeyer/*Willemsen*, § 5 Rn 55.

177 KölnKomm-UmwG/*Hohenstatt/Schramm*, § 5 Rn 46; Kallmeyer/*Willemsen*, § 5 Rn 56.

178 OLG Düsseldorf, NZG 1998, 648.

179 So Kallmeyer/*Willemsen*, § 5 Rn 59; vorsichtiger und mit Rücksicht auf eine mögliche Rechtsunsicherheit zur Negativerklärung ratend Semler/Stengel/*Simon*, § 5 Rn 92.

180 So auch KölnKomm-UmwG/*Hohenstatt/Schramm*, § 5 Rn 215; Kallmeyer/*Willemsen*, § 5 Rn 59.

nach § 5 Abs. 1 Nr. 9 oder bei der Zuleitung können daher die Eintragung der Verschmelzung entscheidend verzögern oder gar verhindern.

95 In diesem Zusammenhang ist streitig, ob das Registergericht eine Eintragung aufgrund fehlender oder unvollständiger Angaben ablehnen darf, ob ihm also ein **materielles oder formelles Prüfungsrecht** zusteht.

96 Das Registergericht prüft in jedem Fall formell, ob die arbeitsrechtlichen Regelungen nach Nr. 9 im Verschmelzungsvertrag geregelt sind und eine rechtzeitige Zuleitung an die jeweiligen Arbeitnehmervertretungen erfolgt ist. Sollte dies nicht der Fall sein, besteht ein **Eintragungshindernis.**[181]

97 Im Rahmen eines allenfalls sehr begrenzten materiellen Prüfungsrechts kann das Registergericht eine Eintragung verweigern, sofern die **Angaben völlig fehlen** oder **offensichtlich unzureichend** bzw **nicht nachvollziehbar** sind. Auch ein offensichtlicher Widerspruch zum UmwG erlaubt eine Beanstandung. Ein darüber hinausgehendes umfassendes materielles Prüfungsrecht mit der Möglichkeit, die Eintragung aufgrund nur ungenauer Beschreibungen abzulehnen oder eine umfassende Schlüssigkeitsprüfung durchzuführen, steht dem Registergericht nach richtiger Auffassung nicht zu.[182] Dies ist auch konsequent, da die Angaben der Nr. 9 keinen verbindlichen Regelungscharakter haben und aus dem Verschmelzungsvertrag kein Erfüllungsanspruch hergeleitet werden kann (s.o. Rn 73). Der arbeitsrechtliche Schutz wird nicht gesellschaftsrechtlich, sondern ausschließlich betriebsverfassungsrechtlich gewährleistet; die Angaben gem. Nr. 9 haben reine Informationsfunktion.[183]

98 Fraglich bleibt hierbei jedoch, ab wann eine Unrichtigkeit als offensichtlich anzusehen ist, so dass weitere Rechtsunsicherheit in die ohnehin schon unbestimmte Norm gebracht würde.[184] Im Sinne der Rechtssicherheit ist daher davon auszugehen, dass dem Registergericht allein ein **formelles Prüfungsrecht** zusteht, das bei vollständigem Fehlen ganzer oder teilweiser Bereiche aktuell wird.[185] Nach der Rechtsprechung steht dem Registergericht zumindest dann ein Ablehnungsrecht bezüglich der Eintragung zu, „wenn es an jeder nachvollziehbaren Darstellung der arbeitsrechtlichen Folgen fehlt".[186]

99 **d) Kein Unterlassungsanspruch der Arbeitnehmervertretung.** Die Arbeitnehmer und die Arbeitnehmervertretungen können die Eintragung der Verschmelzung nicht durch eine **Untersagungsverfügung** verhindern. Den Arbeitnehmern und deren Vertretungen steht dieses Recht nicht zu, da es sich dabei um eine unternehmerische Entscheidung der Anteilsinhaber handelt, welche einer Mitbestimmung durch die Arbeitnehmer nicht unterliegt.[187] Möglich bleibt eine Gegendarstellung beim Registergericht, wonach die im Verschmelzungsvertrag niedergelegten Angaben den o.g. Kriterien eines Eintragungshindernisses entsprechen.[188] Aufgrund der geringen materiellen Prüfungskompetenz des Registergerichts ist diese Vorgehensweise jedoch grds. von geringer Erfolgsaussicht.

100 **e) Fehlerhafte oder unvollständige Angaben.** Fehlende, unrichtige oder unvollständige Angaben der Folgen für Arbeitnehmer und ihre Vertretungen führen nicht zur Nichtigkeit des Zustimmungsbeschlusses der Anteilsinhabervertretungen. Auch eine Anfechtung durch die Gesell-

181 Ausf. hierzu Semler/Stengel/*Simon*, § 5 Rn 95.

182 So auch Lutter/*Priester*, Umwandlungsrechtstage, 99, 114; Lutter/*Priester*, UmwG, § 126 Rn 81; Semler/Stengel/*Simon*, § 5 Rn 96; Kallmeyer/*Willemsen*, § 5 Rn 60, der darauf hinweist, dass der Registerrichter keine Schlüssigkeitsprüfung zu den komplexen arbeitsrechtlichen Folgen durchführen darf; *Willemsen*, RdA 1998, 23, 33; HWK-UmwG/*Willemsen*, § 5 Rn 9; *Blechmann*, NZA 2005, 1143, 1149; aA und für ein umfassendes materielles Prüfungsrecht wohl *Engelmeyer*, DB 1996, 2542, 2544.

183 *Bungert*, NZG 1998, 733; Lutter/*Priester*, UmwG, § 126 Rn 81; Semler/Stengel/*Simon*, § 5 Rn 96.

184 Zur fehlenden Trennschärfe von „offensichtlich" und „weniger offensichtlich" auch KölnKomm-UmwG/*Hohenstatt/Schramm*, § 5 Rn 204.

185 KölnKomm-UmwG/*Hohenstatt/Schramm*, § 5 Rn 204; *Dzida/Schramm*, NZG 2008, 521, 524.

186 OLG Düsseldorf NJW-RR 1999, 188.

187 Näher dazu *Drygala*, ZIP 1996, 1365, 1370 f.

188 Vgl auch KölnKomm-UmwG/*Hohenstatt/Schramm*, § 5 Rn 222.

schafter scheidet vor dem Hintergrund des Zwecks der Nr. 9 aus.[189] Diese Regelung bedient zum einen das Informationsbedürfnis der Arbeitnehmer und enthält zum anderen keine verbindlichen Regelungen.[190] Aus letzterem Grund ist eine Verletzung der Nr. 9 auch nicht geeignet, Schadenersatzansprüche zugunsten der Arbeitnehmer oder deren Vertretungen aus den §§ 25 f zu begründen.

II. Weitergehende zwingende Inhalte

Über die Festlegungen des Abs. 1 muss der Verschmelzungsvertrag weitere Angaben enthalten. Diese Angaben folgen entweder aus Besonderheiten des konkreten Verschmelzungsvorganges oder aus rechtsformspezifischen Besonderheiten der beteiligten Rechtsträger.[191] 101

Sofern nach § 29 eine **Barabfindung** angeboten werden muss, ist der Wortlaut dieses Angebots grundsätzlich im Verschmelzungsvertrag aufzunehmen, § 29 Abs. 1. Eine Ausnahme von § 29 besteht nur dann, wenn eine 100%ige Tochter auf die Mutter verschmolzen wird (s. § 29 Rn 34).[192] Im Falle einer **Verschmelzung durch Neugründung** ist die neue Satzung bzw der Gesellschaftsvertrag des neuzugründenden Rechtsträgers bereits im Verschmelzungsvertrag zu publizieren. Dies gilt auch für Personengesellschaften, obwohl deren Gesellschaftsverträge ansonsten nicht publizitätspflichtig sind. Die weiteren notwendigen Angaben werden jeweils bei den Normen zu den einschlägigen Rechtsträgern kommentiert. 102

III. Weitergehende dispositive Inhalte

Der Verschmelzungsvertrag ist weiteren, fakultativen Regelungen durch die beteiligten Rechtsträger zugänglich. Hierunter fallen etwa die Angabe der Ratio des Verschmelzungsvorgangs in einer Präambel sowie **Absichtserklärungen** oder **Garantien**, welche die Anteilsinhaber des übernehmenden Rechtsträgers denjenigen des übertragenden Rechtsträgers zubilligen. Da grundsätzlich im Falle einer Verschmelzung auf einen bereits existierenden Rechtsträger dessen Satzung bzw Gesellschaftsvertrag weiter gilt, können auch **Absichten zur Satzungsänderungen** im Verschmelzungsvertrag festgehalten werden.[193] Hierbei ist auf das jeweilige Kompetenzgefüge des Rechtsträgers zu achten – rechtswirksam verpflichten können sich nur die auch zur Entscheidung berufenen Organe. 103

Der Verschmelzungsvertrag kann unter **Bedingung oder Befristung** geschlossen werden. Insbesondere aufschiebende Bedingungen eigenen sich für mehrfache Verschmelzungen bzw sog. Kettenverschmelzungen. Hierbei ist aber zu unterscheiden: Zulässig ist die aufschiebende Bedingung zur Einhaltung einer gewissen Ordnung, dh welcher Rechtsträger mit welchem Rechtsträger zuerst verschmolzen wird. Nicht zulässig hingegen ist die Bedingungsklausel, dass eine zweite Verschmelzung von der Wirksamkeit der ersten Verschmelzung abhängig gemacht wird.[194] Auflösende Bedingungen sind regelmäßig an die Wirksamkeit der Verschmelzung gebunden und heben die Pflichten aus dem Verschmelzungsvertrag auf, wenn diese nicht innerhalb eines bestimmten Zeitraumes in das Handelsregister eingetragen wird. Aufschiebende Bedingungen finden sich meistens dort, wo Entscheidungen der Kartellbehörden einzuziehen sind; die Verschmelzung soll erst dann durchgeführt werden, wenn die Kartellbehörden den Zusammenschluss freigeben.[195] 104

189 So auch Widmann/Mayer/*Mayer*, § 5 Rn 203; Lutter/*Priester*, § 126 Rn 79; Kallmeyer/*Willemsen*, § 5 Rn 57; aA *Grunewald*, in Lutter, Umwandlungsrechtstage, S. 22 f; *A. Drygala*, ZIP 1996, 1365, 1366 ff.

190 S. dazu OLG Naumburg, DB 1997, 466; Lutter/*Lutter/Drygala*, § 5 Rn 114; Widmann/Mayer/*Mayer*, § 5 Rn 265.

191 S. etwa die §§ 40, 45 b, 46, 50, 35, 80; näher dazu Lutter/*Lutter/Drygala*, § 5 Rn 78.

192 ZT wird vertreten, dies folge aus der analogen Anwendung des § 5 Abs. 2, so Lutter/*Lutter/Drygala*, UmwG, § 5 Rn 82; Semler/Stengel/*Schröer*, § 5 Rn 92; aA KölnKomm-UmwG/*Simon* § 5 Rn 225, der dies aus § 29 folgert.

193 So etwa zur Firma oder dem Unternehmensgegenstand, vgl Semler/Stengel/*Simon*, § 5 Rn 110 ff.

194 Näher dazu Widmann/Mayer/*Mayer*, § 5 Rn 213; Semler/Stengel/*Schröer*, § 5 Rn 117.

195 KölnKomm-UmwG/*Simon*, § 5 Rn 230; krit. zur Zulässigkeit Semler/Stengel/*Schröer*, § 5 Rn 112 ff.

105 Die Vereinbarung eines **pauschalierten Schadensersatzes** ist möglich und insbesondere für die Fälle vorgesehen, dass die Verschmelzung nicht zur Eintragung gelangt. In Abgrenzung dazu ist die Abrede von Vertragsstrafen möglich und dient in der Praxis dazu, Druck auf die beteiligten Rechtsträger auszuüben, die Verschmelzung schnellstmöglich umzusetzen. Der durch die Vertragsstrafe ausgeübte Druck darf jedoch nicht unangemessen sein.[196]

106 Für den Fall einer **Mehrfachverschmelzung** (die nicht Kettenverschmelzung ist) kann eine Klausel vorgesehen werden, die bestimmt, ob die einzelnen Verschmelzungsvorgänge auch unabhängig voneinander wirksam sind oder die Einzelwirksamkeit abhängig ist von der Gesamtverschmelzung, mithin, ob ein „rechtliches Band" bestehen soll.[197]

107 **Kostenregelungen** können nur die Verteilung der entstandenen Kosten bei Scheitern der Verschmelzung regeln. Sofern die Verschmelzung jedoch wirksam ist, treffen die Kosten stets den übernehmenden Rechtsträger.[198]

IV. Mängel des Verschmelzungsvertrages

108 Ist der Verschmelzungsvertrag inhaltlich unrichtig oder unvollständig, so darf das Registergericht grundsätzlich nicht eintragen. Der Verschmelzungsvertrag ist nichtig, wenn Angaben nach Abs. 1 Nrn. 1 bis 3 fehlen. Diese sind **essentialia negotii** des Verschmelzungsvertrages. Fehlen Angaben nach den Nrn. 4 bis 9, so ist der entsprechende Zustimmungsbeschluss der Anteilsinhaberversammlung anfechtbar; dabei ist freilich der **informatorische Charakter** von Nr. 9, der einem daraus resultierenden Anfechtungsrecht entgegensteht, zu beachten.[199] Mit Eintragung der Verschmelzung werden etwaige Vertragsmängel jedoch geheilt.

C. Konzernverschmelzung, Abs. 2

I. Up-Stream-Merger

109 In Abs. 2 sind Erleichterungen für die Verschmelzung einer **100%igen Tochtergesellschaft** auf die Muttergesellschaft (Up-Stream-Merger) vorgesehen. In einem solchen Fall ist ein Anteilstausch bereits begriffslogisch ausgeschlossen, so dass die Angaben gemäß Abs. 1 Nrn. 2 bis 5 aus dem Verschmelzungsvertrag entfallen. Deren Vereinbarung bleibt freilich fakultativ möglich. Einer Feststellungsklausel innerhalb des Verschmelzungsvertrages, worin das Vorliegen einer Konzernverschmelzung im Sinne des Abs. 2 und damit die Entbehrlichkeit der Angaben nach Abs. 1 Nrn. 2 bis 5 festgestellt wird, bedarf es nicht. Deren Entbehrlichkeit muss sich aus dem Vertrag selbst ergeben. Zur Klarstellung, insbesondere gegenüber dem Registergericht ist jedoch eine negative Feststellungsklausel möglich und in der Praxis verbreitet.

110 Dies gilt nicht, sofern bei einem Up-Stream-Merger die Anteile am übertragenden Rechtsträger auf **mehrere Anteilsinhaber** verteilt sind oder eine **Verschmelzung zur Neugründung** vorliegt. Die Erleichterungen des Abs. 2 können nur dann in Anspruch genommen werden, wenn der Verschmelzungsvertrag unter der Bedingung geschlossen wird, dass die Voraussetzungen einer Konzernverschmelzung bis zur Eintragung vorliegen.[200] Sämtliche Anteile müssen rechtlich einem Anteilsinhaber gehören, so dass wirtschaftliche Inhaberschaft (zB bei einer Treuhandkonstruktion) nicht ausreichend ist. Unschädlich ist es hingegen, wenn der übertragende Rechtsträger eigene Anteile hält.[201]

111 Auf Personengesellschaften als übertragende Rechtsträger ist Abs. 2 aufgrund der Tatsache, dass diese mindestens zwei Gesellschafter haben muss, begriffsnotwendig unanwendbar; dies

196 Vgl näher Lutter/*Lutter/Drygala*, § 5 Rn 89; Kallmeyer/*Marsch-Barner*, § 5 Rn 62; KölnKomm-UmwG/*Hohenstatt/Schramm*, § 5 Rn 233.

197 So die plastische Formulierung bei KölnKomm-UmwG/*Simon* § 5 Rn 235.

198 Semler/Stengel/*Schröer*, § 5 Rn 125.

199 S. die Ausführungen und Nachweise in Rn 76.

200 S. näher Semler/Stengel/*Schröer*, § 5 Rn 128 ff; Lutter/*Lutter/Drygala*, § 5 Rn 103 ff.

201 So auch Kallmeyer/*Marsch-Barner*, § 5 Rn 68, der § 62 Abs. 1 S. 2 hier richtigerweise analog anwenden will.

gilt selbst dann, wenn die Gesellschafter der beteiligten Rechtsträger personenidentisch sind oder es sich um eine sog. Einheits-KG handelt.[202]

II. Down-Stream-Merger

Abs. 2 behandelt nicht den umgekehrten Fall, dass eine Mutter auf die Tochter verschmolzen wird, sog. **Down-Stream-Merger**, da hier ein Anteilsinhaberwechsel stattfindet. Die Anteilsinhaber der Muttergesellschaft erhalten Anteile der Tochtergesellschaft. Ein Einsatz dieser Variante findet sich insbesondere bei der Neuordnung der Anteilsinhaberstruktur, wenn etwa unliebsame Aktionäre mittels eines Abfindungsangebotes (§ 29) aus der Gesellschaft gedrängt werden sollen.[203] Auch eine Neuausrichtung des Konzerns kann dem zugrunde liegen. Bilanzielle und steuerliche Erwägungen sind weitere Gründe für einen Down-Stream-Merger. Hier ist auf eine mögliche Überschuldung der Mutter zu achten, die unter Gesichtspunkten des Kapitalschutzes bei der Tochter kritisch sein kann, vgl § 57 AktG.[204] 112

Auf die Möglichkeit einer Kapitalerhöhung bei der Tochter kann verzichtet werden, wenn die Anteile der Mutter an der Tochter voll eingezahlt sind, §§ 54 Abs. 1 S. 2 Nr. 2, 68 Abs. 1 S. 2 Nr. 2. Bei Teileinzahlung darf die Kapitalerhöhung bei der Tochter nicht erfolgen, §§ 54 Abs. 1 S. 1 Nr. 3, 68 Abs. 1 S. 1 Nr. 3. 113

III. Side-Step-Merger

Werden zwei Schwestergesellschaften mit identischen Anteilsinhabern miteinander verschmolzen, kann auf eine Kapitalerhöhung ebenfalls verzichtet werden, wenn alle Anteilsinhaber des übertragenden Rechtsträgers im Rahmen notarieller Beurkundung zustimmen. Denn diese Kapitalerhöhung dient nicht dem Kapitalschutz; es soll lediglich ein Anteilstausch durchgeführt werden.[205] 114

D. Konstitutive Beteiligung des Betriebsrates, Abs. 3

Durch die **obligatorische Zuleitung** des Verschmelzungsvertrages an den Betriebsrat ist die rechtzeitige und umfangreiche Information der Arbeitnehmer über ihre Arbeitnehmervertretung sichergestellt.[206] Hierzu ist der gesamte Verschmelzungsvertrag bzw dessen Entwurf nebst Anlagen vorzulegen und nicht nur die Angaben nach Abs. 1 Nr. 9. Bei Verschmelzung zur Neugründung ist auch der Gesellschaftsvertrag, bzw die Satzung des neuen Rechtsträgers vorzulegen, arg. e. § 37. Diese Zuleitung ist gegenüber dem Registergericht bei Anmeldung der Verschmelzung **nachzuweisen**, § 17 Abs. 1, und ist Eintragungsvoraussetzung.[207] Die Zuleitung folgt den Regeln des BGB für die Zustellung von Willenserklärungen.[208] 115

Die Zuständigkeit der Arbeitnehmervertretung lässt sich weder dem UmwG noch der Rechtsprechung mit Sicherheit entnehmen.[209] Diese richtet sich folglich nach den Vorschriften des **BetrVG**. Ist ein beteiligter Rechtsträger Inhaber eines (gegebenenfalls auch im Sinne von § 1 Abs. 2 BetrVG gemeinsamen) Betriebs, in denen ein örtlicher Betriebsrat gewählt ist, ist die Zuleitung an den örtlichen Betriebsrat erforderlich; hat ein beteiligter Rechtsträger mehrere Betriebe, in denen Betriebsräte gewählt sind, und besteht deshalb auch ein **Gesamtbetriebsrat** nach § 47 BetrVG, ist wegen der Zuständigkeitsregelung in § 50 Abs. 1 S. 1 BetrVG nur diesem der Vertrag oder sein Entwurf zuzuleiten.[210] Einem **Konzernbetriebsrat** müssen nach dem 116

202 Semler/Stengel/*Schröer*, § 5 Rn 132; Lutter/*Lutter/Drygala*, § 5 Rn 101; *H. Schmidt* in: Lutter, Umwandlungsrechtstage, S. 72.
203 Semler/Stengel/*Schröer*, § 5 Rn 134.
204 Näher Semler/Stengel/*Schröer*, § 5 Rn 135 f.
205 Semler/Stengel/*Schröer*, § 5 Rn 137 f.
206 S. GesBegr. bei *Ganske*, S. 50.
207 Widmann/Mayer/*Mayer*, Einf. UmwG Rn 201, Lutter/*Lutter/Drygala*, § 5 Rn 110.
208 Semler/Stengel/*Schröer*, § 5 Rn 141.
209 In der Reg.Begr., BT-Drucks. 12/6699, 83, findet sich nur ein Verweis auf die Vorschriften des BetrVG.
210 *Joost*, ZIP 1995, 976, 984; so auch HWK-UmwG/*Willemsen*, § 5 Rn 14; Lutter/*Lutter/Drygala*, § 5 Rn 106.

Wortlaut und Zweck des § 5 Abs. 3 und des § 58 Abs. 1 S. 1 BetrVG die Dokumente nach zutreffender Ansicht hingegen selbst dann nicht zugeleitet werden, wenn das herrschende Unternehmen selbst beteiligter Rechtsträger an der Verschmelzung ist.[211] In der Praxis empfiehlt sich wegen der mit den Eintragungserfordernissen verbundenen Rechtsrisiken gleichwohl die vorsorgliche Zuleitung der Verträge oder der Entwürfe an **alle** in Betracht kommenden Betriebsräte.[212]

117 Der Verschmelzungsvertrag bzw dessen Entwurf ist spätestens **einen Monat** vor der Versammlung der Anteilsinhaber, die über diesen gemäß § 13 beschließt, zuzuleiten. Es gelten die Fristenregelungen der §§ 186 ff BGB.[213] Die Fristberechnung erfolgt nach richtiger Auffassung rückwärts ab dem Datum der Anteilsinhaberversammlung als fristauslösendem Ereignis, wobei dieser Tag gem. § 187 Abs. 1 BGB in der Fristenberechnung nicht einzubeziehen ist. Es ist freilich umstritten, ob als fristauslösendes Ereignis auf den Tag der Beschlussfassung,[214] den Tag der Zuleitung oder kumulativ[215] auf beide Tage oder sogar auf keinen dieser beiden Tage abzustellen ist. Um in der Praxis Fristprobleme zu vermeiden, empfiehlt sich eine frühzeitige Zuleitung von einem Monat und zwei Werktagen vor dem Tag der Versammlung der Anteilseigner.[216] Sofern der letzte Tag der Frist (i.e. der Zuleitungstag) auf einen Samstag, Sonntag oder Feiertag fällt, sollte die Zuleitung vorsorglich am letzten Arbeitstag vor diesem Tag erfolgen.[217]

118 Es kommt für jeden Rechtsträger jeweils separat auf den Tag dessen Anteilsinhaberversammlung an;[218] sofern allerdings beim aufnehmenden Rechtsträger ein Verschmelzungsbeschluss gem. § 62 Abs. 1 nicht erforderlich ist, soll auf das Datum der Beschlussfassung des übertragenden Rechtsträgers abgestellt werden.[219]

119 Da diese Zuleitungsfrist wie auch die Zuleitung selber dem kollektivrechtlichen Schutz der Arbeitnehmervertretung gilt, kann diese auf die Einhaltung der Frist **verzichten,** nicht jedoch auf die Zustellung an sich.[220] In praktischer Hinsicht muss jedoch der Betriebsrat die Interessen der Arbeitnehmer vertreten und wird nicht verzichten, wenn er nicht schon anderweitig ausreichend informiert ist.[221] Um die Zuleitung an die zuständigen Betriebsräte gegenüber dem Handelsregister für die Eintragung nach § 17 Abs. 1 nachweisen zu können, sollte sich der jeweilige Rechtsträger von den zuständigen Betriebsräten die rechtzeitige Zuleitung des Vertrags oder des Entwurfs schriftlich und unter Angabe des Zugangsdatums **quittieren** lassen.[222] Auch wenn ein Betriebsrat auf die Einhaltung der Monatsfrist des § 5 Abs. 3 verzichtet,[223] muss dies für den **Nachweis gegenüber dem Handelsregister** wegen § 17 Abs. 1 schriftlich erfolgen.[224]

120 Aus der Zuleitung des Verschmelzungsvertrages erwachsen dem Betriebsrat **keine zusätzlichen Beteiligungsrechte**, die über die Rechte gem. BetrVG hinausgehen; es sind lediglich Informationsrechte, um entsprechend Schritte gem. BetrVG einleiten zu können.[225]

121 **Änderungen** des Verschmelzungsvertrages bzw des Entwurfs nach Zustellung lösen nur dann eine **erneute Zustellungsfrist** aus, wenn Regelungen nach Nr. 9 betroffen sind.[226] Dies auch nur

211 *Joost*, ZIP 1995, 976, 985; Semler/Stengel/*Simon*, § 5 Rn 142; HWK-UmwG/*Willemsen*, § 5 Rn 14.
212 Semler/Stengel/*Simon*, § 5 Rn 142; HWK-UmwG/*Willemsen*, § 5 Rn 14.
213 Dazu näher Lutter/*Lutter/Drygala*, § 5 Rn 108.
214 Semler/Stengel/*Simon*, § 5 Rn 144 mwN; Kallmeyer/*Willemsen*, § 5 Rn 77.
215 Widmann/Mayer/*Mayer*, § 5 Rn 256.
216 So Semler/Stengel/*Simon*, § 5 Rn 144.
217 So auch Semler/Stengel/*Simon*, § 5 Rn 144; Kallmeyer/*Willemsen*, § 5 Rn 77.
218 Lutter/*Lutter/Drygala*, § 5 Rn 108; KölnKomm-UmwG/*Hohenstatt/Schramm*, § 5 Rn 255.
219 So Kallmeyer/*Willemsen*, § 5 Rn 77.
220 OLG Naumburg, GmbHR 2003, 1433; LG Stuttgart, GmbHR 2000, 62; Lutter/*Lutter/Drygala*, UmwG, § 5 Rn 109; *Willemsen*, RdA 1998, 23, 33; zur Kündigung von Arbeitnehmern in dem Zusammenhang BAG, NZA 1997, 1106, 1107; aA Widmann/Mayer/*Mayer*, § 5 Rn 259, 266; Semler/Stengel/*Simon*, § 5 Rn 146.
221 Ausf. *Stohlmeier*, BB 1999, 1394, 1397.
222 Lutter/*Lutter/Drygala*, § 5 Rn 110; HWK-UmwG/*Willemsen*, § 5 Rn 13.
223 Zur Zulässigkeit des Verzichts OLG Naumburg NZG 2004, 734; Lutter/*Lutter/Drygala*, § 5 Rn 109 mwN.
224 Ebenso Semler/Stengel/*Simon*, § 5 Rn 141; HWK-UmwG/*Willemsen*, § 5 Rn 15; Widmann/Mayer/*Mayer*, § 5 Rn 266.
225 *Blechmann*, NZA 2005, 1143, 1144 ff (Konkretisierung des § 80 Abs. 2 S. 2 BetrVG); Kallmeyer/*Willemsen*, § 5 Rn 75.
226 OLG Naumburg, DB 1997, 466, 467.

dann, wenn wesentliche, relevante Änderungen bestehen, zB nicht bei rein redaktionellen Änderungen.[227]

Verfügt ein betroffener Rechtsträger über keinen Betriebsrat, so entfällt die Zuleitungspflicht. 122
Eine ersatzweise Bekanntmachung an alle Arbeitnehmer ist nicht erforderlich.[228] Im Verschmelzungsvertrag sollte freilich klargestellt werden, dass kein Betriebsrat existiert.[229] Dem Registergericht ist diese Tatsache in geeigneter Form nachzuweisen. Vom AG Duisburg[230] wird hierfür sogar eine **eidesstattliche Versicherung** gefordert, während andere mangels anderweitiger gesetzlicher Anhaltspunkte eine einfache Niederschrift als ausreichend ansehen.[231] In der Praxis empfiehlt sich die Klärung mit dem Registergericht und im Zweifelsfall die Abgabe einer eidesstattlichen Versicherung durch die Vertretungsorgane der beteiligten Rechtsträger.

Umstritten ist, inwieweit sich das **Fehlen eines Betriebsrats** bei den beteiligten Rechtsträgern 123
auf den Umfang der erforderlichen Angaben im Verschmelzungsvertrag auswirkt. So wird teilweise davon ausgegangen, dass keine Informationspflicht nach § 5 Abs. 1 Nr. 9 besteht,[232] während andere die Angaben unabhängig von der Zuleitung an den Betriebsrat für notwendig ansehen.[233] Um in der Praxis keinen Eintragungshindernissen zu begegnen, empfiehlt es sich aufgrund der umstrittenen Rechtslage auch im Falle eines fehlenden Betriebsrates, die Angaben in den Verschmelzungsvertrag aufzunehmen.[234] Freilich beziehen sich die Angaben hierbei nur auf die Arbeitnehmer und die dort zu erwartenden Änderungen.

§ 6 Form des Verschmelzungsvertrags

Der Verschmelzungsvertrag muß notariell beurkundet werden.

Literatur:

Austmann/Frost, Vorwirkungen von Verschmelzungen, ZHR 169 (2005), 431; *Goette*, Auslandsbeurkundungen im Kapitalgesellschaftsrecht, in: FS Boujong, 1996, 131; *Heckschen*, Auslandsbeurkundung und Richtigkeitsgewähr, DB 1990, 161; *Hermanns*, Beurkundungspflichten im Zusammenhang mit Unternehmenskaufverträgen und -umstrukturierungen, ZIP 2006, 2296; *Hermanns*, Das Mysterium der Auslandsbeurkundung – Neues aus Düsseldorf, RNotZ 2011, 224; *Kollmorgen/Feldhaus*, Probleme der Übertragung von Vermögen mit Auslandsbezug nach dem Umwandlungsgesetz, BB 2007, 2189; *Kröll*, Beurkundung gesellschaftsrechtlicher Vorgänge durch einen ausländischen Notar, ZGR 2000, 111; *Melchior*, Vollmachten bei Umwandlungsvorgängen – Vertretungshindernisse und Interessenkollisionen, GmbHR 1999, 520; *Pfeiffer*, Auswirkungen der geplanten Notarkostenreform auf gesellschaftsrechtliche Vorgänge und M&A-Transaktionen, NZG 2013, 244; *Priester*, Das neue Umwandlungsgesetz aus notarieller Sicht, DNotZ 1995, 427; *van Randenborgh/Kallmeyer*, Pro und Contra: Beurkundung gesellschaftsrechtlicher Rechtsgeschäfte durch ausländische Notare?, GmbHR 1996, 908; *Reuter*, Keine Auslandsbeurkundung im Gesellschaftsrecht?, BB 1998, 116; *Schervier*, Beurkundung GmbH-rechtlicher Vorgänge im Ausland, NJW 1992, 593.

227 Kallmeyer/*Willemsen*, § 5 Rn 78; Semler/Stengel/*Schröer*, § 5 Rn 147.
228 Kallmeyer/*Willemsen*, § 5 Rn 79; Semler/Stengel/*Schröer*, § 5 Rn 148.
229 Semler/Stengel/*Simon*, § 5 Rn 148.
230 AG Duisburg GmbHR 1996, 372; die Ansicht des AG Duisburg, dass die gesetzlichen Vertreter innerhalb der Acht-Monats-Frist des § 17 Abs. 2 S. 4 eine eidesstattliche Versicherung beizubringen haben, dass kein Betriebsrat besteht, ist freilich zu weitgehend und daher abzulehnen; so auch *Heckschen*, DB 1998, 1388; Semler/Stengel/*Simon*, § 5 Rn 148.
231 HWK-UmwG/*Willemsen*, § 5 Rn 17; Lutter/*Lutter*/*Drygala*, § 5 Rn 110 mwN.
232 LG Stuttgart DNotZ 1996, 701, 702; *Joost*, ZIP 1995, 976, 985.
233 Kallmeyer/*Willemsen* Rn 49; Semler/Stengel/*Simon*, § 5 Rn 93 mwN.
234 Ebenso Semler/Stengel/*Simon*, § 5 Rn 93.

I. Normzweck

1 Für den Verschmelzungsvertrag ist eine notarielle Beurkundung vorgeschrieben. Diese ist unabhängig von der Rechtsform der beteiligten Rechtsträger für **jede Form der Verschmelzung** notwendig. Gemäß §§ 8 ff BeurkG umfasst die notarielle Beurkundung die Niederschrift sämtlicher Beteiligter, ihrer Vertretungsbefugnis sowie ihrer Erklärungen. Die Möglichkeiten einer Vertretung folgen den Regelungen des bürgerlichen Rechts. Im mehrschrittigen Verschmelzungsvorgang (s. Vor § 1 Rn 20) tritt neben die Beurkundung des Verschmelzungsvertrags die Beurkundungspflicht für die Verschmelzungsbeschlüsse (§ 13) und die verschiedenen Verzichtserklärungen (s. zB § 8 Abs. 3, § 9 Abs. 3). Sämtliche beurkundungspflichtigen Vorgänge können in einer Urkunde zusammengefasst werden. Das UmwG erlaubt somit – insbesondere aus Kostengründen – für die entscheidenden Schritte einer Umwandlung eine **zusammenfassende notarielle Beurkundung**; dies führt insb. aufgrund der neuen Gebührenvorschriften des GNotKG, der gebührenmäßigen Degression und der Höchstgrenze der gesetzlichen Geschäftswerte gemeinhin zu Kostenersparnissen.[1]

2 Die hinter der Beurkundungspflicht stehenden Funktion sind mannigfaltig; sie dienen vor allem einer Sicherstellung der **materiellen Richtigkeitsgewähr**, der **Rechtssicherheit** (**Beweissicherungsfunktion**) und zur Gewährleistung von **Prüfungs- und Belehrungsfunktionen** durch den beurkundenden Notar.[2] Gemäß der Gesetzesbegründung steht dabei im Vordergrund, dass die weitreichenden Konsequenzen einer Verschmelzung durch die Einschaltung eines Notars und des damit verbundenen gesetzmäßigen Verfahrens bewältigt werden können.[3] Die Vorschrift reflektiert den Grundsatz des § 311 b Abs. 3 BGB, dass Verträge mit einer Verpflichtung zur Übertragung des gesamten gegenwärtigen Vermögens aus Gründen der Warnfunktion und des Übereilungsschutzes einer notariellen Beurkundung bedürfen.[4]

3 Für die **Auslegung** des Verschmelzungsvertrages gelten die Regeln des bürgerlichen Rechts (§§ 133, 157 BGB) zur Auslegung formbedürftiger Erklärungen, wobei die Auslegung hinsichtlich der Rechtsfolgen der Verschmelzung – wie bei der Satzung einer Kapitalgesellschaft – nach objektiven Kriterien und nicht primär nach dem Empfängerhorizont vorzunehmen ist. Zur Auslegung kann insbesondere nur herangezogen werden, was in der Urkunde zumindest andeutungsweise als Wille der Parteien zum Ausdruck gekommen ist.[5] Über die Verweisung des § 125 gilt diese Beurkundungspflicht auch für alle Spaltungsvorgänge.

II. Beurkundungsverfahren

4 Die Beurkundung muss durch einen **Notar** vorgenommen werden und unterliegt den Regelungen des BeurkG. Das Verfahren ist in den §§ 8 ff BeurkG ausführlich geregelt. Auf das Verfahren selber findet § 125 BGB Anwendung. Die gleichzeitige Anwesenheit sämtlicher Parteien beim selben Notar ist nicht vorgeschrieben. Es reicht gemäß § 152 S. 1 BGB die getrennte und zeitlich auseinander fallende Beurkundung des Angebots auf Abschluss des Verschmelzungsvertrages und dessen Annahme.

1 Die Geschäftswerte der einzelnen beurkundungspflichtigen Vorgänge können dann zusammengerechnet werden; ferner fällt bei Zustimmungen nur eine halbe Gebühr an, vgl §§ 35 Abs. 1, 38 Abs. 2, 108 ff GNotKG; s. auch Semler/Stengel/*Schröer*, § 6 Rn 1 (noch zur alten KostO).

2 S. BGHZ 105, 324, 338 (Supermarkt – zur GmbH, jedoch verallgemeinerungsfähig); Lutter/*Lutter/Drygala*, § 6 Rn 2; Semler/Stengel/*Schröer*, § 6 Rn 2.

3 RegBegr. bei *Ganske*, Umwandlungsrecht, S. 51.

4 Palandt/*Grüneberg*, BGB, § 311 b Rn 63.

5 Sog. „Andeutungstheorie", vgl Palandt/*Ellenberger*, BGB § 133 Rn 19; Semler/Stengel/*Schröer*, § 6 Rn 3.

1. Gegenstand. Der **gesamte Inhalt** des Verschmelzungsvertrages bedarf der notariellen Beurkundung. Für den konkreten Umfang der Beurkundungspflicht gelten die zu § 311 b Abs. 1, 3 BGB entwickelten Grundsätze entsprechend.[6] Danach sind alle Vertragsbestandteile zu beurkunden, die nach dem Willen der beteiligten Rechtsträger Bestandteil der Verschmelzungsvereinbarung werden sollen.[7] Entscheidend hierfür ist nicht die objektive Notwendigkeit der Einzelregelung zur Vertragsgestaltung, sondern die **subjektive Absicht** auch nur eines am Verschmelzungsvertrag beteiligten Rechtsträgers, diese Einzelregelung zum Bestandteil des Verschmelzungsvertrages machen zu wollen, sofern der andere beteiligte Rechtsträger dies zumindest billigt.[8] 5

Beurkundungspflichtig können mit Rücksicht auf den Normzweck des § 6 (s.o.) auch **Nebenabreden** und solche Regelungen sein, die ansonsten keiner Beurkundung bedürften.[9] Dies betrifft etwa ausgehandelte Verhaltenspflichten der Leitungsorgane der beteiligten Rechtsträger, wenn diese bestimmte Verhaltensweisen vorschreiben, um ein angemessenes Umtauschverhältnis bis zur Wirksamkeit der Verschmelzung sicher zu stellen.[10] 6

Betroffen sind ebenfalls Vereinbarungen, die unter wirtschaftlichen Gesichtspunkten zumindest eine Vertragspartei zum Abschluss des Verschmelzungsvertrages zwingen.[11] Hierzu zählen **Vertragsstrafversprechen** oder die sog. **Break-up-fee**, wenn diese ein Strafelement beinhalten; dh diese für den Fall fällig werden, dass eine vereinbarte Verschmelzung nicht zustande kommt und in ihrem Inhalt über einen Schadenersatz hinausgehen.[12] Nur in diesem Fall dient die Vertragsstrafe dazu, das Handeln der verpflichteten Rechtsträger in eine bestimmte Richtung zu beeinflussen.[13] 7

Ein **Vorvertrag** zum Verschmelzungsvertrag ist von den o.g. Funktionen umfasst und beurkundungspflichtig, wenn aus ihm Ansprüche auf Abschluss des späteren Verschmelzungsvertrages hergeleitet werden sollen.[14] Dies kann zB auch dann der Fall sein, wenn in einem Unternehmenskaufvertrag oder einem Business Combination Agreement Vollzugsschritte vereinbart werden, die dem UmwG unterfallen.[15] 8

Nachträgliche Änderungen und Ergänzungen des Verschmelzungsvertrages bedürfen notarieller Beurkundung, wenn sie nicht nur rein redaktionelle Änderungen und Ergänzungen beinhalten, da sie in diesem Fall den Vertrag inhaltlich verändern. 9

Sofern nicht sicher ist, ob die Versammlungen der Anteilsinhaber dem ausgehandelten Verschmelzungsvertrag ohne Änderungen zustimmen, ist es zur Ersparnis von Notarkosten ausreichend, wenn die Versammlungen der Anteilsinhaber über den **Entwurf** des Verschmelzungsvertrags abstimmen, da für diesen die einfache Schriftform ausreicht (siehe dazu bereits oben unter § 4 Rn 4). Die Beurkundungspflicht tritt erst dann ein, wenn die Zustimmungsbeschlüsse der Anteilsinhaber zum Vertrag vorliegen und dieser abgeschlossen werden soll. Wird ein Verschmelzungsvertrag beurkundet, zu dessen Entwurf die Anteilsinhaber zugestimmt haben, so trifft den Notar die Pflicht, sich von der Identität zwischen zu beurkundendem Vertragstext und dem genehmigtem Vertragsentwurf zu überzeugen. Da den Zustimmungsbeschlüssen nach 10

6 S. nur Erman-BGB/*Grziwotz*, § 311 b Rn 43 ff.

7 BGHZ 82, 188, 194 (für die Vermögensübertragung bei der AG); Lutter/*Lutter/Drygala*, § 6 Rn 3; Semler/Stengel/*Schröer*, § 6 Rn 5.

8 BGHZ 76, 49, BGHZ 78, 349; BGH NJW 1982, 434.

9 Im Normzweck des § 6 geht es um die materielle Richtigkeits-, Beurkundungs-, Belehrungs- und Beweissicherungsfunktion; anders etwa der Regelungszweck des § 54 GmbHG.

10 Eingehend dazu *Austmann/Frost*, ZHR 169 (2005), 431, 448 ff; einschr. Semler/Stengel/*Schröer*, § 6 Rn 7.

11 So die hM zu § 311 b BGB, s. BGHZ 76, 43, 46; BGH NJW-RR 2008, 824; Palandt/*Grüneberg*, BGB, § 311 b Rn 13.

12 S. dazu LG Paderborn, NZG 2000, 899; Lutter/*Lutter/Drygala*, § 6 Rn 3; grundlegend *Austmann/Frost*, ZHR 169 (2005), 431, 451; *Hilgard*, BB 2008, 267, 268 ff.

13 So geschehen in LG Paderborn, NZG 2000, 899.

14 KölnKomm-UmwG/*Simon*, § 6 Rn 3; Semler/Stengel/*Schröer*, § 6 Rn 6.

15 LG Paderborn MittRhNotK 2000, 441; *Hermanns*, DNotZ 2013, 9, 12 f; *ders.*, ZIP 2006, 2296, 28.

§ 13 Abs. 3 S. 2 der Vertragsentwurf als Anlage beizufügen ist, kann der Notar dies unschwer bewerkstelligen. Rein redaktionelle Änderungen (zB Schreibfehler) bleiben freilich möglich.[16]

11 **2. Zeitpunkt.** Die Beurkundung des Verschmelzungsvertrages kann vor oder nach der Beschlussfassung der Anteilsinhaberversammlung erfolgen. Dies ergibt sich aus § 4, wonach der Anteilsinhaberversammlung zur Abstimmung sowohl der beurkundete Vertrag als auch dessen Entwurf vorgelegt werden kann.

12 Da für die Beurkundung die Regelungen des bürgerlichen Rechts ausschlaggebend sind, ist auch die sog. **Sukzessivbeurkundung** hier zulässig, bei der die Erklärungen der einzelnen Parteien getrennt beurkundet werden. Der Vertrag gilt mit Beurkundung der letzten Erklärung als geschlossen.[17] Soweit § 925 BGB die zeitgleiche Anwesenheit der Parteien bei Übertragung von Grundstücken erfordert, so gilt dies bei der Verschmelzung nicht: Der Übergang des Vermögens erfolgt durch Universalsukzession, nicht durch Auflassung und Eintragung.[18]

13 **3. Aufhebung.** Soll der Verschmelzungsvertrag vor Vollzug der Verschmelzung aufgehoben werden, so ist dies **formlos** möglich.[19] Dies ist, sofern die Anteilsinhaberversammlung bereits zugestimmt hat und der Vertrag nur noch auf seinen Vollzug, dh die Eintragung wartet, freilich nicht unstreitig. In diesem Fall ist zwar grundsätzlich die letzte Handlung vor dem Vollzug bereits getätigt, dennoch verlangt der Normzweck des § 6 nicht, dass in dieser Konstellation für die Aufhebung des Rechtsgeschäfts das gleiche Formerfordernis gilt wie für dessen Erstellung.[20] Da der Aufhebungsvertrag keine inhaltlichen Schwierigkeiten aufweist, sondern einzig den (komplexen) Verschmelzungsvertrag aufhebt, besteht für die Wahrung der Schutzfunktionen des § 6 in Form der Beweissicherung, der materiellen Richtigkeitsgewähr sowie der Belehrungsfunktion kein Bedürfnis.[21]

III. Auslandsbeurkundung

14 In der Praxis immer noch relevant ist die Frage der Zulässigkeit einer aus Kostengründen vielfach angestrebten Auslandsbeurkundung (häufig in der Schweiz). Deren Zulässigkeit ist zwar nicht abschließend geklärt. Dem Klärungsbedürfnis wurde zunächst erheblicher Druck genommen, indem in § 39 Abs. 4 KostO eine Kostenbegrenzung eingefügt wurde, wonach der für die Beurkundung anzusetzende Geschäftswert mit höchstens 5 Mio. EUR angesetzt werden darf.[22] Dies ist freilich durch die Anhebung der Höchstgrenze auf 10 Mio. EUR zum 1.7.2013 durch § 107 Abs. 1 GNotKG und die korrespondierende Erhöhung der Notargebühren, welche zu mehr als einer Verdoppelung der Gebühren für die Beurkundung des Verschmelzungsvertrages geführt haben, konterkariert worden. Eine günstigere Beurkundung ist noch in der Schweiz, in Österreich oder in den Niederlanden möglich.[23]

15 Für die Frage der Zulässigkeit ist von folgendem Prüfungsgang auszugehen: Grundsätzlich gilt das sog. **Wirkungsstatut**; dh für eine nach deutschen Recht im Ausland beurkundete Verschmelzung gilt nicht das Recht des Beurkundungsortes, sondern dasjenige des (deutschen) Wirkungsortes.[24] Bei der Verschmelzung betrifft dies aufgrund der Universalsukzession hinsichtlich des übertragenen Vermögens den Ort des neuen bzw übernehmenden Rechtsträgers.[25] § 11 Abs. 1 EGBGB (Wirksamkeit nach Abschlussort) findet hier keine Anwendung, da die

16 Dies betrifft etwa Schreibfehler oder offensichtliche Unrichtigkeiten, vgl näher Widmann/Mayer/*Heckschen*, § 6 Rn 28.

17 S. Lutter/*Lutter/Drygala*, § 6 Rn 5; näher Widmann/Mayer/*Widmann*, § 4 Rn 55.

18 Widmann/Mayer/*Widmann*, § 6 Rn 36; Semler/Stengel/*Schröer*, § 6 Rn 14.

19 Kallmayer/*Zimmermann*, § 6 Rn 9; Semler/Stengel/*Schröer*, § 6 Rn 10.

20 Semler/Stengel/*Schröer*, § 6 Rn 10; für eine Beurkundungspflicht, aber für den Zeitraum ab Zustimmung der Anteilsinhaberversammlungen aller am Verschmelzungsvertrag beteiligten Rechtsträger hingegen Widmann/Mayer/*Heckschen*, § 6 Rn 51 f.

21 Ebenso Semler/Stengel/*Schröer*, § 6 Rn 10.

22 Lutter/*Lutter/Drygala*, § 6 Rn 6; Heckschen, DB 1990, 161; Sick/Schwarz, NZG 1998, 540.

23 Semler/Stengel/*Schröer*, § 6 Rn 15; Maulbetsch/Klumpp/*Maulbetsch*, § 3 Rn 11.

24 Lutter/*Lutter/Drygala*, § 6 Rn 7; vgl LG Augsburg. DB 1996, 1666; Semler/Stengel/*Schröer*, § 6 Rn 16.

25 Lutter/*Lutter/Drygala*, § 6 Rn 7; näher *Kröll*, ZGR 2000, 111, 120 ff.

von der Verschmelzung bezeichneten gesellschaftsrechtlichen Strukturmaßnahmen grundlagenrelevante Vorgänge in der Gesellschaft und sachenrechtliche Übertragungen betreffen, dh Auswirkungen auf Satzung oder Gesellschaftsvertrag zeichnen und auch Dritte, die nicht Vertragspartner sind, betreffen können.[26] Ob für diese grundlegenden Maßnahmen die Form des jeweiligen Beurkundungsortes (**Ortsform**) ausreicht, wurde durch den BGH bisher nicht entschieden, darf hingegen bezweifelt werden. Die herrschende Auffassung im Schrifttum sowie der Instanzgerichte lehnt dies zu Recht unter Hinweis auf Art. 11 Abs. 4 EGBGB (***lex rei sitae***) ab.[27] Aufgrund der Bedeutung solcher gesellschaftsrechtlicher Verfassungsakte nicht nur für die Vertragsparteien, sondern auch für den Rechts- und Geschäftsverkehr ist die Form des Gesellschaftsstatuts ausschließlich maßgeblich; nach herrschender Auffassung im Schrifttum ist folglich die Anwendbarkeit des Art. 11 Abs. 1 EGBGB ausgeschossen.[28]

Von der vorstehenden Frage des anwendbaren Rechts ist die Frage zu differenzieren, ob die Form der notariellen Beurkundung gemäß § 6 durch eine Beurkundung nach deutschem Recht vor einem **ausländischen Notar** gewahrt werden kann. Eine Ausnahme zugunsten einer solchen Auslandsbeurkundung ist dann anzunehmen, wenn die im Ausland beurkundete Verschmelzung derjenigen vor einem deutschen Notar **gleichsteht.**[29] Dies ist dann der Fall, wenn sowohl das Beurkundungsverfahren als auch die Stellung und Ausbildung der Beurkundungspersonen im Ausland und im Inland einander gleichwertig sind. Dies setzt voraus, dass der ausländische Notar bzgl Ausbildung und Stellung einem deutschen Notar entspricht und beim Beurkundungsvorgang die Grundsätze des deutschen Beurkundungsrechts eingehalten werden.[30] Hierzu gehören als Eckpfeiler die **Verlesung der Urkunde** und die **unbeschränkte Haftung des Notars.**[31] Die Haftung wird gerade bei Schweizer Notaren fast ausnahmslos ausgeschlossen, so dass es in einem solchen Fall an der Gleichwertigkeit mangelt.[32] Der ausländische Notar muss die materielle Richtigkeitsfunktion der Beurkundung gewährleisten können. Hierzu sind ausreichende Kenntnisse über das deutsche Recht zwingend erforderlich. Die daraus abgeleitete Schlussfolgerung, dass deshalb nur deutsche Notare bei der Beurkundung eines komplexen Verschmelzungsvertrages sowie den erforderlichen Strukturbeschlüssen – anders als ggf im Rahmen von Unternehmenskaufverträgen – tätig sein können, ist praktisch unvermeidlich.[33] Es ist bei einer geplanten Auslandsbeurkundung in jedem Fall anzuraten, diese Frage zuvor mit den beteiligten Handelsregisterrichtern zu klären. 16

Für den Bereich der Verschmelzungsgründung einer **europäischen Aktiengesellschaft** (SE) ist § 6 nicht direkt anwendbar. Es ist jedoch streitig, ob für die hierzu notwendigen Verschmelzungspläne gem. Art. 20 SE-VO ein Beurkundungserfordernis besteht. Die SE-VO selbst beinhaltet keine Formvorschriften für die Aufstellung der Verschmelzungspläne, verweist jedoch in Art. 18 SE-VO für die Bereiche, in denen die SE-VO keine abschließenden Regelungen getroffen hat, auf das Recht des Sitzstaates.[34] Sinn und Zweck des § 6 sprechen dafür, diesen auch auf Verschmelzungspläne gem. Art. 20 SE-VO anzuwenden, da auch hier die Beweisfunktion und die Warnfunktion von ausschlaggebender Bedeutung sind; dies hat der Gesetzgeber 17

26 S. dazu näher *Brück*, DB 2004, 2409.

27 Widmann/Mayer/*Mayer*, § 6 Rn 60 ff (mit ausführlicher Darstellung des Streitstandes und der gegenläufigen Argumente); Lutter/*Lutter/Drygala*, § 6 Rn 7; LG Augsburg DB 1996, 1666; OLG Hamm DNotZ 1974, 479; *Goette*, DStR 1996, 709; aA OLG Düsseldorf DB 1989, 1385, 1389 f; *Engelmeyer*, AG 1996, 193, 197.

28 S. hierzu nur *Brück*, DB 2004, 2409 mit ausf. Darstellung des Streitstandes.

29 BGHZ 80, 76, 78; Semler/Stengel/*Schröer*, § 6 Rn 17; Lutter/*Lutter/Drygala*, § 6 Rn 8.

30 So explizit BGHZ 80, 76, 78; Kallmeyer/*Zimmermann* § 6 Rn 11; s. auch die Aussagen des BGH im sog. Supermarktbeschluss zur Funktion der notariellen Beurkundung in BGHZ 105, 324, 338.

31 Semler/Stengel/*Schröer*, § 6 Rn 17; Lutter/*Lutter/Drygala*, § 6 Rn 8.

32 So auch Lutter/*Lutter/Drygala*, § 6 Rn 8.

33 Wie hier *Goette*, FS Boujong, 131, 141 ff; *Limmer*, Unternehmensumwandlung, Rn 601 f; Widmann/Mayer/*Mayer*, § 6 Rn 70; LG Augsburg, DB 1996, 1666 (für die Schweiz); zurückhaltender Semler/Stengel/*Schröer*, § 6 Rn 17; *Kröll*, ZGR 2000, 111, 129 ff.

34 Widmann/Mayer/*Heckschen*, § 6 Rn 87; *Hirte*, NZG 2002, 1, 3; aA *Schulz-Geismar*, DStR 2001, 1078; *Brandes*, AG 2005, 177, 182.

nunmehr auch für die grenzüberschreitende Verschmelzung in § 122 c Abs. 4 festgeschrieben.[35] Folglich ist im Rahmen der Verschmelzungsgründung einer SE der jeweilige Verschmelzungsplan notariell zu beurkunden.[36]

IV. Mängel der Beurkundung

18 Nach § 125 iVm § 139 BGB ist der Verschmelzungsvertrag nichtig, wenn er den Anforderungen des § 6 nicht genügt. Trägt das Registergericht pflichtwidrig dennoch ein, so tritt freilich die Heilung aller Beurkundungsmängel ein, § 20 Abs. 1 Nr. 4.

V. Kosten

19 Die Kostenregelungen wurden durch die Einführung des GNotKG zum 1.7.2013 umfassend geändert und führten teilweise zu einer erheblichen Mehrbelastung der an der Verschmelzung beteiligten Personen. Im Folgenden werden die neuen Regelungen des GNotKG kommentiert, da diese für alle Umwandlungsvorgänge anwendbar sind, für welche ab dem 1.7.2013 (Stichtag) ein Auftrag an den Notar erteilt wurde.[37]

20 Für die Beurkundung des Verschmelzungsvertrages ist die doppelte Gebühr gem. Nr. 21100 KV GNotKG (Anlage 1 zum GNotKG) anzusetzen. Diese richtet sich nach dem Aktivvermögen, welches in der Schlussbilanz des übertragenden Rechtsträgers ausgewiesen ist, ohne dass die Verbindlichkeiten abzuziehen sind.[38] Zwar nimmt der Wortlaut des § 38 GNotKG betreffend diese Verbindlichkeiten explizit nur auf Personengesellschaften Bezug, jedoch stellt dies gegenüber der Vorgängernorm des § 18 Abs. 3 KostO nur eine Klarstellung dar. Bereits unter § 18 Abs. 3 KostO wurden Gesellschaften und sonstige an Verschmelzungen beteiligte Rechtsträger unproblematisch unter das Tatbestandsmerkmal der „sonstigen Vermögensmasse“ subsumiert; dieses Tatbestandsmerkmal findet sich als Oberbegriff auch in § 38 GNotKG wieder. Ist der so ermittelte Wert des Aktivvermögens allerdings niedriger ist als der Wert der Anteile, welche die Anteilsinhaber des übertragenden Rechtsträgers im Zuge der Verschmelzung am übernehmenden Rechtsträger erwerben, so ist letzterer als der höhere Wert für die Kostenberechnung maßgeblich, § 97 Abs. 3 GNotKG.[39] Der Geschäftswert wird gemäß § 107 Abs. 1 GNotKG nach unten auf mindestens 30.000 EUR und nach oben auf höchstens 10.000.000 EUR begrenzt; die Höchstgrenze hat sich somit gegenüber § 39 Abs. 4 KostO verdoppelt. Der Maximalbetrag einer doppelten Gebühr beträgt folglich nunmehr 22.770,00 EUR.[40]

21 Aus Kostengründen empfiehlt es sich, die Zustimmungsbeschlüsse der beteiligten Rechtsträger und etwaige Zustimmungserklärungen einzelner Anteilsinhaber in derselben notariellen Urkunde, die den Verschmelzungsvertrag umfasst, mit zu beurkunden. In diesem Fall handelt es sich bezüglich aller Zustimmungsbeschlüsse und Zustimmungserklärungen um denselben Beurkundungsgegenstand gemäß § 109 GNotKG, so dass keine weiteren Gebührenerhöhungen stattfinden, und bezüglich des Verschmelzungsvertrages einerseits und der Verschmelzungsbeschlüsse bzw Zustimmungserklärungen andererseits zwar um gegenstandsverschiedene Beurkundungsgegenstände (§ 110 Nr. 1 GNotKG), deren Geschäftswerte gemäß § 35 Abs. 1 GNotKG betragsmäßig jedoch addiert werden, ohne dass separate Gebühren an-

35 *Heckschen*, DNotZ 2007, 444, 457; *Krause-Kulpa*, ZHR 171 (2007), 39, 58; Lutter/*Lutter/Drygala*, § 6 Rn 11.

36 So auch *Teichmann*, ZGR, 2002, 383, 421; Lutter/*Lutter/Drygala*, § 6 Rn 11.

37 S. die Übergangsvorschrift in § 136 Abs. 1 Nr. 4 GNotKG.

38 Zur inhaltsgleichen Vorgängerregelung des § 18 Abs. 3 KostO s. auch BayObLG, DB 1997, 970, 971; Semler/Stengel/*Schröer*, § 6 Rn 20 f; *Pfeiffer*, NZG 2013, 244, 247.

39 Zur inhaltsgleichen und fast wortgleichen Vorgängerregelung des § 39 Abs. 2 KostO s. auch BayObLG, DB 1997, 970, 971.

40 Der Höchstbetrag gemäß § 39 Abs. 4 KostO betrug 15.114 EUR. Der Gesetzgeber begründet diesen Kostenanstieg mit den großen Haftungsrisiken des beurkundenden Notars aufgrund der Komplexität der Materie „und der Leistungsfähigkeit der betroffenen Wirtschaftskreise“, s. Regierungsbegründung, BT-Drucks. 17/11471 vom 14.11.2012, S. 185.

fallen. Somit kann es durch den Degressionseffekt der Gebührentabelle und die Höchstbeträge gemäß §§ 107 Abs. 1, 108 Abs. 5 GNotKG, die bei gemeinsamer Beurkundung freilich zu addieren sind, zur Verringerung der notariellen Gebühren kommen.[41]

§ 7 Kündigung des Verschmelzungsvertrags

[1]Ist der Verschmelzungsvertrag unter einer Bedingung geschlossen worden und ist diese binnen fünf Jahren nach Abschluß des Vertrags nicht eingetreten, so kann jeder Teil den Vertrag nach fünf Jahren mit halbjähriger Frist kündigen; im Verschmelzungsvertrag kann eine kürzere Zeit als fünf Jahre vereinbart werden. [2]Die Kündigung kann stets nur für den Schluß des Geschäftsjahres des Rechtsträgers, dem gegenüber sie erklärt wird, ausgesprochen werden.

Literatur:

Grunewald, Rückverlagerung von Entscheidungskompetenzen der Hauptversammlung auf den Vorstand, AG 1990, 133; *Hoffmann-Becking*, Das neue Verschmelzungsrecht in der Praxis, in: FS Fleck, 1988, S. 105; *Kiem*, Die schwebende Umwandlung, ZIP 1999, 173; *Körner/Rodewald*, Bedingungen, Befristungen, Rücktritts- und Kündigungsrechte in Verschmelzungs- und Spaltungsverträgen, BB 1999, 853; *Scheel*, Befristete und bedingte Handelsregistereintragungen bei Umstrukturierung von Kapitalgesellschaften, DB 2004, 2355.

I. Normzweck

1 Ist die Verschmelzung unter einer Bedingung geschlossen worden, und ist diese innerhalb von fünf Jahren nach Abschluss des Verschmelzungsvertrages nicht eingetreten, so kann jeder beteiligte Rechtsträger den Verschmelzungsvertrag mit halbjähriger Kündigungsfrist kündigen. Diese Regelung soll den Parteien die Möglichkeit einräumen, sich einseitig über das Schicksal der avisierten Verschmelzung abschließend Klarheit zu verschaffen. Auf diese Weise gewinnen sämtliche an der Verschmelzung beteiligten Rechtsträger ihre vertragliche Dispositionsbefugnis zurück. Ferner kann davon ausgegangen werden, dass sich die beteiligten Rechtsträger wirtschaftlich weiterentwickelt haben, wenn seit Abschluss des Verschmelzungsvertrages fünf Jahre vergangen sind. Dabei werden sich regelmäßig auch wesentliche Parameter des Verschmelzungsvertrages – wie etwa das Umtauschverhältnis – geändert haben, so dass ohnehin ein neues angemessenes **Umtauschverhältnis** festzulegen wäre.[1]

2 § 7 basiert auf den Vorgängerregelungen der §§ 235 Abs. 1 AktG 1937 bzw 341 Abs. 2 AktG 1965, welche schwerpunktmäßig betagte Verschmelzungsverträge regelten. Der Verschmelzungsvertrag war unter der Geltung des ADHGB vor allem ein rechtsgestalterisches Mittel der Interessengemeinschaft, bei deren Begründung häufig eine Verschmelzung als letzter Schritt verabredet wurde.[2] Aus dem Verständnis der Interessengemeinschaft resultiert auch die Kündigungsterminierung gem. § 7 S. 2, die nur zum Ende eines Geschäftsjahres möglich war; dies resultiert aus den entsprechenden Ergebnisverwendungsregelungen im Rahmen der Interessenge-

41 So auch *Pfeiffer*, NZG 2013 244, 246.

1 Semler/Stengel/*Schröer*, § 7 Rn 1; Lutter/*Lutter*/*Drygala*, § 7 Rn 1; *Hoffmann-Becking* in: FS Fleck, S. 105, 117 ff.

2 S. zu Interessengemeinschaften und Verschmelzungsverträgen insb. *Rosendorff*, Die rechtliche Organisation der Konzerne, 1927, S. 22 ff; Gardow/Heinichen/Schmidt/Schmitt/*Weipert*, AktG 1937, 1939, § 235 Rn 14.

meinschaft.[3] Obwohl die gesetzliche Kündigungsmöglichkeit für betagte Verschmelzungsverträge im UmwG 1995 nicht übernommen wurde, sind die Regelungen zur Kündigung und zum Kündigungstermin weiterhin enthalten. Freilich macht eine Kündigung ausschließlich auf Ende des Geschäftsjahres im heutigen Kontext rechtspolitisch keinen Sinn mehr.[4] Da die Regelungen des § 7 dispositiv sind, haben diese starren Vorgaben in der Praxis keine Bedeutung.

II. Tatbestand

3 **1. Voraussetzung: aufschiebende Bedingung oder Befristung.** § 7 S. 1 erfasst seinem Wortlaut entsprechend nur die Vereinbarung einer aufschiebenden oder auflösenden **Bedingung** für den Verschmelzungsvertrag. Aufschiebende Befristungen sind freilich bei verständiger Auslegung vom Anwendungsbereich des § 7 mit umfasst; denn die mangelnde Trennschärfe in der Abgrenzung zwischen Bedingung und Befristung gebietet diese Handhabung aus Gründen der Rechtssicherheit.[5] Folglich steht den Vertragsparteien auch bei einer vereinbarten Befristung die Kündigungsoption des § 7 offen. Es besteht auch die Möglichkeit der Vereinbarung einer Rechtsbedingung (zB Genehmigung der Kartellbehörde) oder einer Anknüpfung an vergangene oder gegenwärtige Zustände.

4 Die aufschiebende Bedingung muss **wirksam vertraglich vereinbart** sein. Die Wirksamkeit fehlt dann, wenn der Verschmelzungsvertrag – zB aufgrund fehlender Zustimmung der Anteilsinhaberversammlungen zum Verschmelzungsvertrag – für die beteiligten Rechtsträger nicht verbindlich ist.[6] Eine solche Vereinbarung ist heute allgemein üblich und regelmäßig in der Form anzutreffen, dass beim übernehmenden Rechtsträger eine Kapitalerhöhung durchzuführen ist oder die Zustimmung von Kartellbehörden oder der Anteilsinhaberversammlungen der beteiligten Rechtsträger abzuwarten ist.[7] Eine rein faktische Verzögerung reicht freilich nicht aus.[8]

5 Der Eintritt der aufschiebenden Bedingung ist dem Registergericht mit Anmeldung der Verschmelzung zur Eintragung als Eintragungsvoraussetzung nachzuweisen. Für den Eintritt der Bedingung gilt die Frist des § 17 Abs. 2 S. 4, so dass die Bedingung bereits eingetreten sein muss; lediglich der zu erbringende Nachweis über den Eintritt der Bedingung kann zum Handelsregister nachgereicht werden.[9] Wird trotz Nichteintritt der Bedingung eingetragen, so wird dieser Mangel freilich geheilt, arg. e. § 20 Abs. 2.

6 Gleichzusetzen ist der Fall der Vereinbarung einer **unechten Bedingung**, dh einer Bedingung, deren Eintritt nicht von einem zukünftigen ungewissen Ereignis abhängt.[10] Von praktischer Bedeutung ist hier insbesondere die Vereinbarung einer Willens-Bedingung in Form eines einseitigen Vollzugsverlangens, wonach die Wirksamkeit des Verschmelzungsvertrages einzig vom Wollen oder Nichtwollen eines der beteiligten Rechtsträger abhängt.[11]

7 **2. Vertragliche Fristvereinbarung, S. 1 Hs 2.** Aus § 7 S. 1 Hs 1 ergibt sich, dass der Gesetzgeber spätestens nach dem Ablauf von fünf Jahren von einer relevanten Änderung der Verhältnisse ausgeht und eine Lösungsmöglichkeit vom Vertrag notwendig ist; soweit dieser Fall in der Praxis kaum relevant ist, ist die Öffnungsklausel im 2. Hs umso bedeutsamer, wonach die Parteien zur Erhöhung ihres eigenen Schutzes auch kürzere Fristen vereinbaren können.[12] Diesem

3 Gardow/Heinichen/Schmidt/Schmitt/*Weipert*, AktG 1937, 1939, § 235 Rn 14.
4 So auch KölnKomm-UmwG/*Simon*, § 7 Rn 4.
5 *Körner*/Rodewold, BB 1999, 853, 854; Semler/Stengel/*Schröer*, § 7 Rn 13; KölnKomm-UmwG/*Simon*, § 7 Rn 11.
6 Lutter/*Lutter/Drygala*, § 7 Rn 3; Semler/Stengel/*Schröer*, § 7 Rn 4.
7 Widmann/Mayer/*Heckschen*, § 7 Rn 22 ff; Lutter/*Lutter/Drygala*, § 7 Rn 2; *Scheel*, DB 2004, 2355, 2358.
8 Lutter/*Lutter/Drygala*, § 7 Rn 3; Semler/Stengel/*Schröer*, § 7 Rn 4.
9 So auch Widmann/Mayer/*Heckschen*, § 7 Rn 19; ähnlich Lutter/*Bork*, § 17 Rn 6; iE wohl noch enger (Einreichung sämtlicher Unterlagen innerhalb der Acht-Monats-Frist); KG NZG 1999, 174, 175; aA Schmitt/Hörtnagl/Stratz/*Stratz*, § 7 Rn 5 f, der diese Anforderungen als zu eng bezeichnet.
10 Semler/Stengel/*Schröer*, § 7 Rn 6, der zutreffend darauf hinweist, dass das Registergericht unechte Bedingungen nicht prüft; Widmann/Mayer/*Heckschen*, § 7 Rn 23.
11 So auch Semler/Stengel/*Schröer*, § 7 Rn 11; KölnKomm-AktG/*Kraft*, § 341 Rn 22.
12 KölnKomm-UmwG/*Simon*, § 7 Rn 4, 16 f.

Schutzzweck folgend kann die Frist des S. 1 zwar verkürzt, jedoch nicht verlängert werden. Konsequenterweise kann das Kündigungsrecht im Verschmelzungsvertrag auch nicht abbedungen werden.[13]

Sollten sich die beteiligten Rechtsträger für eine verkürzte Frist entscheiden, so muss berücksichtigt werden, dass ein gewisses Erpressungspotential für sog. „räuberische Aktionäre", besteht, die durch Anfechtungsklage die Eintragung der Verschmelzung über den vereinbarten Zeitpunkt hinaus verzögern könnten.[14] 8

Dieser Schutzzweck der Frist des § 7 für die beteiligten Rechtsträger muss allerdings auch im Zusammenhang mit der Regelung des § 17 Abs. 2 gesehen werden, da die für die Anmeldung zur Eintragung in das Handelsregister beizufügende Schlussbilanz jedes übertragenden Rechtsträgers nicht älter sein darf als acht Monate. Ist dieser Zeitraum verstrichen, muss eine neue Schlussbilanz erstellt werden, aus der sich ggf die Unangemessenheit des Umtauschverhältnisses ableiten lässt. 9

3. Rechtsfolge: gesetzliches Kündigungsrecht. Ist die aufschiebende Bedingung wirksam vereinbart worden und ist sie nicht innerhalb von fünf Jahren seit Abschluss des Verschmelzungsvertrages eingetreten, gewährt S. 1 jedem beteiligten Rechtsträger ein gesetzliches Kündigungsrecht. 10

Die Frist des S. 1 beginnt mit wirksamem **Abschluss des Verschmelzungsvertrages** und nicht etwa mit den notwendigen Anteilsinhaberbeschlüssen der beteiligten Rechtsträger.[15] Es gilt das Datum der Verschmelzungsvertragsurkunde, bei sukzessiver Beurkundung das Datum der letzten Beurkundung. Dies gilt auch bei nachträglicher Genehmigung des Handelns eines vollmachtlosen Vertreters, da die Genehmigung gem. § 184 Abs. 1 BGB Rückwirkung entfaltet. 11

Die Ausübung des Kündigungsrechts erfolgt durch eine **Kündigungserklärung** seitens des vertretungsberechtigten Organs mit einer Frist von sechs Monaten zum Ende des Geschäftsjahres desjenigen Rechtsträgers, gegenüber welchem die Kündigung zu erklären ist, S. 2. Auch die Halbjahresfrist und der Kündigungszeitpunkt zum Geschäftsjahresende sind dispositiv und diese können vertraglich verkürzt, nicht jedoch verlängert werden.[16] Eine bestimmte Form ist nicht einzuhalten, es empfiehlt sich aus Beweisgründen freilich die Schrift- oder zumindest Textform. Eine Begründung ist nicht erforderlich.[17] Die Erklärung wird mit Zugang beim anderen Rechtsträger wirksam. Bis dahin bleibt der Verschmelzungsvertrag bestehen, so dass bis zu diesem Zeitpunkt die Bedingung noch eintreten und der Verschmelzungsvertrag wirksam werden kann; in diesem Fall wäre die Kündigung hinfällig.[18] Auf die Wirksamkeit der Verschmelzung kommt es nicht an, sondern einzig auf den Eintritt der Bedingung. Sind am Verschmelzungsvertrag mehr als zwei Parteien beteiligt, so muss die Kündigungserklärung sämtlichen Vertragspartnern fristgemäß zugehen. 12

Die Zustimmung der Anteilsinhaberversammlung zur Kündigung ist, ebenso wie im Falle der Kündigung eines Unternehmensvertrages (§ 297 AktG), grundsätzlich nicht erforderlich; Abweichungen, wie zB eine Zustimmung des Aufsichtsrates oder der Anteilsinhaberversammlung, können allerdings im Verschmelzungsvertrag selber festgelegt werden.[19] 13

13 Semler/Stengel/*Schröer*, § 7 Rn 8; Lutter/*Lutter/Drygala*, § 7 Rn 7; aA Schmitt/Hörtnagel/*Stratz*, § 7 Rn 9 f, der in diesem Fall freilich ein Kündigungsrecht aus wichtigem Grund befürwortet.

14 *Hoffmann-Becking* in: FS Fleck, S. 105, 119 f; Lutter/*Lutter/Drygala*, § 7 Rn 2; Semler/Stengel/*Schröer*, § 7 Rn 1.

15 GesBegr. bei *Ganske*, Umwandlungsrecht, S. 52; Widmann/Mayer/*Heckschen*, § 7 Rn 6; Lutter/*Lutter/Drygala*, UmwG, § 7 Rn 5.

16 KölnKomm-UmwG/*Simon*, § 7 Rn 17; Semler/Stengel/*Schröer*, § 7 Rn 9.

17 Semler/Stengel/*Schröer*, § 7 Rn 10; Lutter/*Lutter/Drygala*, § 7 Rn 6.

18 Lutter/*Lutter/Drygala*, § 7 Rn 5; KölnKomm-UmwG/*Simon*, § 7 Rn 18.

19 Semler/Stengel/*Schröer*, § 7 Rn 10; Lutter/*Lutter/Drygala*, § 7 Rn 7; KölnKomm-UmwG/*Simon*, § 7 Rn 15; aA Widmann/Mayer/*Heckschen*, § 7 Rn 28 ff.

14 Neben der Kündigung kommen freilich auch die allgemeinen Gründe für eine Beendigung des Verschmelzungsvertrages wie eine Anfechtung gem. §§ 119 ff BGB in Betracht.[20] Diese wirkt ex tunc und kann zudem auch nach der Handelsregistereintragung erklärt werden; allerdings bleibt die Verschmelzung gem. § 20 Abs. 2 wirksam und es entstehen allenfalls Schadenersatzansprüche.

III. Vertragliche Rücktritts- und Kündigungsrechte

15 Das gesetzliche Rücktrittsrecht des § 7 muss im Zusammenhang mit anderen Gestaltungsrechten gesehen werden. Daneben können weitere Rücktrittsrechte, insbesondere aus Gründen des Wegfalls der Geschäftsgrundlage (§ 313 BGB) oder der nicht vertragsgemäßen Leistung (§ 323 BGB) Anwendung finden, wenn etwa das vertraglich vereinbarte Umtauschverhältnis infolge des Zeitablaufs unangemessen wird.

16 Daneben können im Verschmelzungsvertrag **vertragliche Rücktrittsrechte** vereinbart werden. Solange sie die gesetzliche Regelung des § 7 dabei nicht umgehen, sind solche Vereinbarungen im Rahmen der Vertragsfreiheit zulässig. Es finden sich in der Praxis häufig zusätzlich vereinbarte Rücktrittsrechte, die neben § 7 Anwendung finden. Flankierend zu den o.g. möglichen Bedingungen finden sich hier Vereinbarungen, wonach den Parteien ein Kündigungs-oder Rücktrittsrecht zustehen soll, wenn die Zustimmung der Kartellbehörden, der Anteilsinhaberversammlungen oder die wirksame Eintragung der Verschmelzung im Handelsregister nicht bis zu einem im Verschmelzungsvertrag festgelegten Zeitpunkt vorliegen.[21]

§ 8 Verschmelzungsbericht

(1) [1]Die Vertretungsorgane jedes der an der Verschmelzung beteiligten Rechtsträger haben einen ausführlichen schriftlichen Bericht zu erstatten, in dem die Verschmelzung, der Verschmelzungsvertrag oder sein Entwurf im einzelnen und insbesondere das Umtauschverhältnis der Anteile oder die Angaben über die Mitgliedschaft bei dem übernehmenden Rechtsträger sowie die Höhe einer anzubietenden Barabfindung rechtlich und wirtschaftlich erläutert und begründet werden (Verschmelzungsbericht); der Bericht kann von den Vertretungsorganen auch gemeinsam erstattet werden. [2]Auf besondere Schwierigkeiten bei der Bewertung der Rechtsträger sowie auf die Folgen für die Beteiligung der Anteilsinhaber ist hinzuweisen. [3]Ist ein an der Verschmelzung beteiligter Rechtsträger ein verbundenes Unternehmen im Sinne des § 15 des Aktiengesetzes, so sind in dem Bericht auch Angaben über alle für die Verschmelzung wesentlichen Angelegenheiten der anderen verbundenen Unternehmen zu machen. [4]Auskunftspflichten der Vertretungsorgane erstrecken sich auch auf diese Angelegenheiten.

(2) [1]In den Bericht brauchen Tatsachen nicht aufgenommen zu werden, deren Bekanntwerden geeignet ist, einem der beteiligten Rechtsträger oder einem verbundenen Unternehmen einen nicht unerheblichen Nachteil zuzufügen. [2]In diesem Falle sind in dem Bericht die Gründe, aus denen die Tatsachen nicht aufgenommen worden sind, darzulegen.

(3) [1]Der Bericht ist nicht erforderlich, wenn alle Anteilsinhaber aller beteiligten Rechtsträger auf seine Erstattung verzichten oder sich alle Anteile des übertragenden Rechtsträgers in der Hand des übernehmenden Rechtsträgers befinden. [2]Die Verzichtserklärungen sind notariell zu beurkunden.

Literatur:

App, Verschmelzung und Spaltung von Kapitalgesellschaften und ihre steuerliche Behandlung, DZWiR 2001, 56; *Bayer*, Verschmelzung und Minderheitenschutz, WM 1989, 121; *Bayer*, Informa-

20 Hierzu § 4 Rn 28 mwN.
21 KölnKomm-UmwG/*Simon*, § 7 Rn 22.

tionsrechte bei der Verschmelzung von Aktiengesellschaften, AG 1988, 323; *Bayer*, 1000 Tage neues Umwandlungsrecht – eine Zwischenbilanz, ZIP 1997, 1613; *Engelmeyer*, Informationsrechte und Verzichtsmöglichkeiten im Umwandlungsgesetz, BB 1998, 330; *Fuhrmann*, Gesetzliche Formererfordernisse von Vorstandsberichten, AG 2004, 135; *Heckschen*, Die Entwicklung des Umwandlungsrecht aus Sicht der Rechtsprechung und Praxis, DB 1998, 1385; *Hirte*, Informationsmängel und Spruchverfahren, ZHR 167 (2003), 8; *Hommelhoff*, Minderheitenschutz bei Umstrukturierungen, ZGR 1993, 452; *Hüffer*, Die gesetzliche Schriftform bei Berichten des Vorstands gegenüber der Hauptversammlung, in: FS Claussen, 1997, S. 171; *Hügel*, Verschmelzung und Einbringung, 1993; *Keil/Wagner*, Verschmelzungsrecht und Art. 177 EWG-Vertrag, ZIP 1989, 214; *Meinert*, Neuere Entwicklung in der Unternehmensbewertung, DB 2011, 2397, 2455; *Mertens*, Die Gestaltung von Verschmelzungs- und Verschmelzungsprüfungsberichten, AG 1990, 20; *Mertens*, Zur Geltung des Stand-alone-Prinzips für die Unternehmensbewertung bei der Zusammenführung von Unternehmen, AG 1992, 321; *Messer*, Die Kausalität von Mängeln des Verschmelzungsberichts als Voraussetzung für die Anfechtbarkeit des Verschmelzungsbeschlusses, in: FS Quack, 1991, S. 321; *K. J. Müller*, Unterzeichnung des Verschmelzungsberichts, NJW 2000, 2001; *Nirk*, Der Verschmelzungsbericht nach § 340 a Aktiengesetz, in: FS Steindorff, 1990, S. 187; *Preisenberger*, Die Heilbarkeit fehlerhafter Vorstandsberichte nach Aktien- und Umwandlungsrecht, 1999; *Priester*, Strukturänderungen – Beschlußvorbereitung und Beschlußfassung, ZGR 1990, 420; *Priester*, Das neue Umwandlungsrecht aus notarieller Sicht, DNotZ 1995, 427; *Rodewald*, Zur Ausgestaltung von Verschmelzungs- und Verschmelzungsprüfungsbericht, BB 1992, 237; *Seesen*, Die Bestimmung des Verschmelzungsverhältnisses im Spruchstellenverfahren, WM 1994, 45; *E. Vetter*, Abfindungswertbezogene Informationsmängel und Rechtsschutz, in: FS Wiedemann, 2002, S. 1321; *Vossius*, Zur Unterzeichnung des Verschmelzungsberichts, NotBZ 2007, 368; *H. P. Westermann*, Die Zweckmäßigkeit der Verschmelzung als Gegenstand des Verschmelzungsberichts, der Aktionärsentscheidung und der Anfechtungsklage, in: FS Semler, 1993, S. 651.

A. Normzweck

Zweck der Berichterstattungspflicht ist es, die Anteilsinhaber durch die Vertretungsorgane umfassend **schriftlich** über die Grundlagen, Hintergründe und Ziele der geplanten Verschmelzung zu **unterrichten**. An dieser Stelle geht das UmwG über Art. 9 der Verschmelzungsrichtlinie[1] hinaus, indem es den Verschmelzungsbericht für jede Verschmelzung verlangt und nicht nur bei einer Beteiligung von Kapitalgesellschaften. Hintergrund ist, dass nach Ansicht des Gesetzgebers das Informationsinteresse der Anteilsinhaber nicht nur bei großen Publikumsgesellschaften sondern auch bei personalistisch geprägten Rechtsträgern wie Personenhandelsgesellschaften schützenswert ist.[2] Da der Verschmelzungsvertrag der Dreh- und Angelpunkt der künftigen Verschmelzung ist, sollen die Anteilsinhaber so rechtzeitig über die anstehende Verschmelzung unterrichtet werden, dass ihnen eine Einflussnahme auf den Verschmelzungsvorgang und ggf 1

1 Dritte gesellschaftsrechtliche Richtlinie 78/855/EWG vom 9.10.1978, ABl. L 295 vom 20.10.1987.
2 Dazu *Ganske*, Umwandlungsrecht, S. 53 f.

die klageweise Geltendmachung ihrer Rechte ermöglicht wird.[3] Dabei ist es nicht erforderlich, dass die Anteilsinhaber den Verschmelzungsvertrag vollumfänglich prüfen können; gesetzgeberisches Ziel ist die Ermöglichung einer Plausibilitätskontrolle.[4] Die Unterschiede zwischen den einzelnen zur Berichterstattung verpflichteten Rechtsträgern (personalistischer Rechtsträger vs. Publikumsgesellschaft) spiegeln sich in der **Detailtiefe** und dem notwendigen Aufwand für die Fertigung des Verschmelzungsberichtes wieder.[5] Je näher die Anteilsinhaber dem Rechtsträger sind, desto mehr Grundinformationen und Kenntnisse vom betroffenen Rechtsträger können vorausgesetzt werden.[6] Die Anforderungen an den Umfang der Berichterstattungspflichten steigen dabei, je publikumsreicher die Gesellschaft und je gesellschaftsferner der einzelne Anteilsinhaber sind; je personalistischer die Struktur angelegt ist, desto geringer können die Berichtspflichten grundsätzlich ausfallen. Der Schwerpunkt der Berichterstattung wird dabei aus Sicht der Anteilsinhaber in der Praxis regelmäßig auf der Veränderung der Beteiligungsstruktur liegen.[7] Diese Erleichterung kann gar so weit gehen, dass die Berichtspflicht gänzlich entfällt.[8]

2 Ausschließlicher Zweck des § 8 ist der **Schutz der Anteilsinhaber**; diese sollen in Vorbereitung ihres Zustimmungsbeschlusses sachgerecht informiert werden. Gläubiger und Arbeitnehmer werden vom Schutzzweck nicht erfasst.[9] Etwas anderes gilt freilich für den Schutz von Arbeitnehmern in Falle einer grenzüberschreitender Verschmelzung gemäß § 122 e.[10]

B. Berichterstattung, Abs. 1

I. Zuständigkeit

3 Zuständig für die Berichterstattung sind nach Abs. 1 die Vertretungsorgane jedes an der Verschmelzung beteiligten Rechtsträgers. Das Gesetz verpflichtet das Vertretungsorgan als **Gesamtorgan.**[11] Eine Delegation auf einzelne Resorts (etwa durch Beschluss oder innerhalb der Geschäftsordnung) ist nur für die tatsächliche Erstellung möglich und in der Praxis üblich.[12] Sofern dies der Fall ist, muss der Bericht, um der Gesamtverantwortung des Vertretungsorgans nach Abs. 1 gerecht zu werden, innerhalb des Organs beschlossen werden.

4 Für den Bericht selber gilt, dass es sich dabei um die Abgabe einer sog. Wissenserklärung handelt, was zweierlei zur Folge hat: erstens ist das Vertretungsorgan des Rechtsträgers **originär** verpflichtet, dh es handelt dabei nicht in Vertretung für den Rechtsträger, sondern in eigener Sache. Zweitens ist eine Stellvertretung des Vertretungsorgans hinsichtlich der Abgabe des Berichtes nicht möglich.[13]

5 Etwaige **Aufsichtsorgane** sind gemäß dem klaren Wortlaut des Abs. 1 nicht betroffen. Soweit hingegen ein Aufsichtsrat besteht, kann dieser, abhängig von seiner Stellung innerhalb bzw der Rechtsform des zur Berichterstattung verpflichteten Rechtsträgers, jedoch dazu verpflichtet sein, die Einhaltung der Anforderungen des § 8 durch das Vertretungsorgan zu prüfen (etwa der AR einer AG). Dies betrifft jedoch lediglich die Einhaltung der Sorgfaltspflicht durch das Vertretungsorgan und geht keinesfalls in Richtung einer inhaltlichen oder materiellen Prüfung des Berichts selber.[14]

3 KölnKomm-UmwG/*Simon*, § 8 Rn 1 bezeichnet den Verschmelzungsvertrag plastisch als präventives Informationsinstrument.
4 Lutter/*Lutter*/*Drygala*, § 8 Rn 3.
5 Lutter/*Lutter*/*Drygala*, § 8 Rn 3; *Schöne*, GmbHR 1995, 325 ff; KölnKomm-UmwG/*Simon*, § 8 Rn 2.
6 KölnKomm-UmwG/*Simon*, § 8 Rn 2.
7 So auch Lutter/*Lutter*/*Drygala*, § 8 Rn 3.
8 Dies sieht § 41 bei Beteiligung einer OHG mit ausschließlich vertretungsberechtigten Gesellschaftern vor.
9 Semler/Stengel/*Gehling*, § 8 Rn 2; Lutter/*Lutter*/*Drygala*, § 8 Rn 3; *Schmidt*, ZGR 1993, 366, 374.
10 S. § 122 e Rn 8, 10.
11 Semler/Stengel/*Gehling*, § 8 Rn 5; KölnKomm-UmwG/*Simon*, § 8 Rn 5.
12 *Hüffer* in: FS Claussen, 1997, S. 171 ff; Lutter/*Lutter*/*Drygala*, § 8 Rn 7; kritisch aber iE wohl ebenso KölnKomm-UmwG/*Simon*, § 8 Rn 6.
13 Semler/Stengel/*Gehling*, § 8 Rn 5; KölnKomm-UmwG/*Simon*, § 8 Rn 5; Lutter/*Lutter*/*Drygala*, § 8 Rn 7.
14 Semler/Stengel/*Gehling*, § 8 Rn 9; KölnKomm-UmwG/*Simon*, § 8 Rn 7.

II. Form

6 Gemäß Abs. 1 S. 1 ist der Bericht in schriftlicher Form (§ 126 BGB) zu erstatten. Die Erfüllung der **Schriftform** wird nach heute hM erreicht, wenn die Mitglieder des Vertretungsorgans den Verschmelzungsbericht in **vertretungsberechtigter Zahl** unterzeichnen.[15] Für die früher vertretene Ansicht, eine Unterzeichnung aller Organmitglieder sei erforderlich, findet sich im weder im Wortlaut noch im Sinn und Zweck des § 8 ein Anhaltspunkt. Die Information der Anteilsinhaber ist nicht in erster Linie abhängig von der Zahl der Unterzeichner des Berichts. Sofern daraus die Gefahr abgeleitet wird, ohne Unterzeichnung aller Mitglieder bestünde die Gefahr, der Inhalt des Berichtes entspräche möglicherweise nicht dem Willen der Organmehrheit, ist dieses Argument vor dem Hintergrund der Anteilsinhaberinformation nicht zielführend.[16] Einerseits ist der Bericht idR vor seiner Erstattung vom Vertretungsorgan beschlossen worden und andererseits hat ein entsprechender Formmangel hier keine Auswirkungen auf den Informationsgehalt des Berichtes selber. Eine interessengerechte Ausübung der Mitwirkungs- und Vermögensrechte wird zu keinen Zeitpunkt gefährdet.

7 Das Vertretungsorgan jedes beteiligten Rechtsträgers hat gem. Abs. 1 S. 1 grundsätzlich einen eigenen Verschmelzungsbericht zu erstatten. Gem. Abs. 1 S. 1 Hs 2 können die Vertretungsorgane der beteiligten Rechtsträger den Verschmelzungsbericht freilich auch **gemeinsam** erstatten. Dies ist aus Informationsgesichtspunkten der Anteilsinhaber sinnvoll, allerdings muss auf unterschiedliche Interessen der beteiligten Rechtsträger hingewiesen werden. Jedes Vertretungsorgan bleibt auch bei gemeinsamer Berichterstattung für den seinen Rechtsträger betreffenden Teil gegenüber seiner Gesellschaft verantwortlich.

8 Die Offenlegung gegenüber den Anteilsinhabern ist rechtsformabhängig. Bei **Publikumsgesellschaften** ist der Verschmelzungsbericht ab Einberufung der Hauptversammlung in den Geschäftsräumen des Rechtsträgers zur Einsicht auszulegen, wobei auf Verlangen eine kostenlose Abschrift zu erteilen ist, §§ 63 Abs. 1, Abs. 3; 78, 82 Abs. 1; 101 Abs. 1; 112 Abs. 1. Bei **personalistisch** geprägten Gesellschaften ist der Verschmelzungsbericht den Anteilsinhabern spätestens zusammen mit der Einladung zur Anteilsinhaberversammlung zu übersenden, §§ 42, 47, 49.[17]

9 Notwendig aber auch ausreichend ist, dass das Vertretungsorgan ein original unterschriebenes Exemplar auf Verlangen der Anteilsinhaber in den Geschäftsräumen bereitstellen kann, falls sich diese von der Einhaltung der Schriftform überzeugen wollen. Das den Anteilsinhabern übermittelte Exemplar muss nicht original unterschrieben sein; erforderlich ist jedoch, dass die Unterzeichner des Originals auch hier erkennbar sind. Ein **Faksimile-Stempel** oder ein Unterzeichnerhinweis („*Der Vorstand*") sind ausreichend.[18]

III. Inhalt

10 Der Verschmelzungsbericht soll ausführlich sein und den Anteilsinhabern ausreichende **rechtliche und wirtschaftliche Informationen** für die Ausübung ihrer Vermögens- und Verwaltungsrechte verschaffen. Ebenso dient dieser zur Vorbereitung des Verschmelzungsbeschlusses der Anteilsinhaber, § 14.[19] Welche Informationen notwendig sind, um von einem **„ausführlichen"** Bericht im Sinne der Vorschrift ausgehen zu können, ist dem Gesetz selbst nicht eindeutig zu

15 So BGH, NZG 2007, 714, 716; Lutter/*Lutter/Drygala*, § 8 Rn 6; KölnKomm-UmwG/*Simon*, § 8 Rn 8; KG Berlin, DK 2005, 53; *Linnerz*, EWir 2005, 135 f mit Anm. zum KG Berlin, DK 2005, 53; Widmann/Mayer/*Mayer*, § 8 Rn 13.

16 Darauf weist der BGH, NZG 2007, 714, 716 ausdrücklich hin; *Linnerz*, EWir 2005, 135 f mit Anm. zum KG Berlin, DK 2005, 53; Lutter/*Lutter/Drygala*, § 8 Rn 6; Semler/Stengel/*Gehling*, § 8 Rn 7.

17 Hierzu und zu etwaigen Formerfordernissen s. § 42 Rn 10.

18 Lutter/*Lutter/Drygala*, § 8 Rn 8; Semler/Stengel/*Gehling*, § 8 Rn 7; KölnKomm-UmwG/*Simon*, § 8 Rn 9.

19 S. dazu BGH NZG 1989, 2689, 2690 f („Kochs-Adler"); BGH, WM 1990, 2073, 2074; *Hommelhoff*, ZGR 1993, 452, 463; Lutter/*Lutter/Drygala*, § 8 Rn 12; Semler/Stengel/*Gehling*, § 8 Rn 2.

entnehmen. Dazu ist es in jedem Fall erforderlich, dass die wirtschaftlichen und rechtlichen Beweggründe und Folgen der Verschmelzung dargelegt werden.[20] Hierzu müssen die Anteilsinhaber über sämtliche Informationen verfügen, die notwendig sind, um die Entscheidung der Leitungsorgane auf ihre Plausibilität und ihre rechtliche Umsetzbarkeit sowie auf die wirtschaftliche Sinnhaftigkeit der Verschmelzung zu überprüfen.[21] Sie müssen dabei jedoch nicht auch in die Lage versetzt werden, die Verschmelzung umfassend rechtlich und wirtschaftlich bis in alle Einzelheiten prüfen zu können;[22] dies bleibt dem Verschmelzungsprüfer vorbehalten.[23] Hierbei liegt ihr Interessenschwerpunkt eindeutig dort, wo die **Mitgliedschaftsrechte** der Anteilsinhaber als Kernpunkt ihrer Interessen direkt betroffen sind. Die notwendige Detailtiefe konzentriert sich auf diese Komplexe, so dass in anderen Teilen des Verschmelzungsberichtes eine geringere Detailtiefe ausreicht.[24] Erforderlich ist die Information, die der verständige Anteilsinhaber zur interessengerechten Wahrnehmung seiner **Beteiligungsrechte** benötigt.[25] Eine Differenzierung zur Inhaltstiefe muss hier primär anhand der Struktur der beteiligten Rechtsträger erfolgen; die Rechtsform an sich ist sekundär, da Kapitalgesellschaften personalistisch und Personengesellschaften als Publikumsgesellschaften ausgestaltet sein können. Je personalistischer der Rechtsträger angelegt ist, desto mehr an Informations- und Kenntnisstand darf beim einzelnen Anteilsinhaber vorausgesetzt werden.[26] In diesem Fall darf sich der Verschmelzungsbericht auf die Informationen fokussieren, deren Kenntnis von den Anteilsinhabern nicht zu erwarten ist, die jedoch für die Entscheidung über die Verschmelzung wichtig sind. Im Falle eines publikumsorientierten Rechtsträgers muss sich im Gegensatz dazu eine umfassendere Information aus dem Verschmelzungsbericht ergeben, da hier von einer näheren Kenntnis des einzelnen Anteilsinhabers vom Marktumfeld und den wirtschaftlichen Bedingungen des Rechtsträgers nicht ausgegangen werden darf.[27]

11 Individuelle Bedürfnisse einzelner Anteilsinhaber müssen im Bericht selber keine Berücksichtigung finden.[28] Hierfür bestehen die Möglichkeiten im Rahmen der Anteilsinhaberversammlung, insbesondere zur Ausübung ihrer Stimmrechte (§ 13) und zur Wahrnehmung ihrer Rede- und Fragerechte.

12 **1. Tatbestand.** Da die inhaltlichen Anforderungen an die Berichtspflicht abstrakt schwierig zu konkretisieren sind, ein Mangel des Berichts den Anteilsinhabern jedoch die Möglichkeit der Anfechtungsklage eröffnet, sollen im Folgenden die im Tatbestand des Abs. 1 S. 1 genannten Merkmale der Verschmelzung, des Verschmelzungsvertrages, des Umtauschverhältnisses der Anteile bzw der Mitgliedschaft beim übernehmenden Rechtsträger sowie die Höhe einer evtl anzubietenden Barabfindung näher beleuchtet werden.

13 **2. Verschmelzung.** Nach Vorgabe des Abs. 1 S. 1 aE ist die Verschmelzung in rechtlicher und wirtschaftlicher Hinsicht zu erläutern. Vor dem Hintergrund des Unternehmenszwecks aus Satzung oder Gesellschaftsvertrag ist mithin darzulegen, wie die Verschmelzung durchgeführt werden soll und weshalb die Verschmelzung im konkreten Fall wirtschaftlich und rechtlich ein geeignetes und sinnvolles Mittel zur Durchsetzung des Unternehmenszwecks ist.[29] Dazu sind mögliche alternative unternehmerische Entscheidungen darzustellen und anhand dessen die **Entscheidung der Geschäftsleitung** für die Durchführung einer Verschmelzung darzulegen.[30] In der Praxis bietet es sich dazu an, die beteiligten Rechtsträger und deren wirtschaftliche und rechtliche Ausgangslage nach Geschäftsfeld, Kennzahlen, Mitarbeiterstruktur und Beteili-

20 Deutlich BGH, NZG 2007, 714, 716.
21 Lutter/*Lutter/Drygala*, § 8 Rn 12.
22 OLG Jena NJW-RR 2009, 182, 183.
23 Lutter/*Lutter/Drygala*, § 8 Rn 12.
24 Lutter/*Lutter/Drygala*, § 8 Rn 12; KölnKomm-UmwG/*Simon*, § 8 Rn 3.
25 Vgl dazu BGH, AG 1991, 102, 103 – SEN.
26 KölnKomm-UmwG/*Simon*, § 8 Rn 17.
27 KölnKomm-UmwG/*Simon*, § 8 Rn 17.
28 KölnKomm-UmwG/*Simon*, § 8 Rn 19; Semler/Stengel/*Gehling*, § 8 Rn 12.
29 So LG München I, AG 2000, 86; GesBegr. bei *Ganske*, Umwandlungsrecht, S. 53; Lutter/*Lutter/Drygala*, § 8 Rn 15.
30 Vgl insoweit LG München I, AG 2000, 86, 87; *Bayer*, ZIP 1997, 1613, 1619; Semler/Stengel/*Gehling*, § 8 Rn 17.

gungsstruktur zu beschreiben.[31] Einer **sachlichen Rechtfertigung** bedarf der Zustimmungsbeschluss freilich nicht, so dass die Verschmelzung nicht das mildeste Mittel sein muss;[32] es reicht aus, wenn die geltend gemachten unternehmerischen Gründe hierfür stichhaltig sind.[33]

Abhängig von vorgenanntem Differenzierungsgrad kann die Darstellung des eigenen Unternehmens schlanker ausfallen und ggf sogar gänzlich entfallen;[34] ferner bietet es sich an, dass die beteiligten Rechtsträger nach Abs. 1 S. 1 Hs 2 kooperieren und einen gemeinsamen Bericht erstellen. In einem solchen Fall sind freilich sämtliche beteiligten Rechtsträger ausführlich darzustellen. 14

Weiterhin ist nach der Rechtsprechung auf die erwarteten **unternehmerischen Chancen und Risiken** der Verschmelzung einzugehen;[35] als konkrete Anhaltspunkte lassen sich hier die aufgrund der geplanten Verschmelzung voraussichtlichen Synergieeffekte, die Wettbewerbsfähigkeit und die veränderte Arbeitnehmersituation herausstellen.[36] Ferner ist die **Unternehmensstruktur** nach der Verschmelzung darzustellen; dies betrifft auch die künftigen Gesellschaftsorgane, soweit deren Besetzung bereits feststeht oder hierfür Empfehlungen existieren.[37] 15

Der Verschmelzungsbericht hat auch die wesentlichen **steuerlichen Folgen** der Verschmelzung für die beteiligten Rechtsträger darzustellen.[38] 16

3. Verschmelzungsvertrag. Der Bericht muss den Verschmelzungsvertrag bzw dessen Entwurf, sofern der Anteilsinhaberbeschluss zuvor gefasst werden soll, im Einzelnen erläutern und begründen, Abs. 1 S. 1. Grundsätzlich müssen sich diese Einzelheiten zwar bereits selbsterklärend aus dem Verschmelzungsvertrag ergeben (§ 5). Die zusätzliche Angabe im Bericht folgt jedoch dem Informationszweck des Berichtes, dient dessen Vollständigkeit und soll den ggf juristisch und betriebswirtschaftlich nicht vorgebildeten Anteilsinhabern eine zusätzliche Ebene der Erklärung und Verständlichkeit des avisierten Verschmelzungsvorgangs bieten.[39] Inhalt und Tragweite der einzelnen vertraglichen Regelungen sind, soweit es sich hierbei nicht um Standardregelungen oder Bestimmungen mit ausschließlich deklaratorischem Charakter handelt, dem juristischen Laien **ausreichend und verständlich** zu erläutern.[40] Ferner sollte der technische und rechtliche Verlauf des Umwandlungsvorganges anhand der vertraglichen Regelungen näher dargestellt werden, um den Anteilsinhabern die Plausibilitätsprüfung zu erleichtern und ihnen einen Rahmen für deren eigenständige Prüfung und Abwägung der avisierten Verschmelzung zu geben. 17

4. Umtauschverhältnis der Anteile. Der signifikanteste Teil der Berichtspflicht ist die Darstellung und Erläuterung des **Umtauschverhältnisses** der Anteile bzw, soweit übernehmender Rechtsträger eine Genossenschaft, ein genossenschaftlicher Prüfungsverband, ein Verein oder ein VVaG ist, die Beschreibung der wesentlichen Inhalte hinsichtlich der Mitgliedschaft beim übernehmenden Rechtsträger. Für die Position des Anteilsinhabers ist von entscheidender Bedeutung, wie sich seine Anteilsinhaberschaft am übernehmenden Rechtsträger nach der Verschmelzung gestaltet, sog. **Verschmelzungswertrelation.**[41] Den Anteilsinhabern muss es möglich sein, die wesentlichen Bewertungsgrundlagen – nach eigener Entscheidung ggf auch mit fach- 18

31 So der Vorschlag bei Lutter/*Lutter*/*Drygala*, § 8 Rn 16; Semler/Stengel/*Gehling*, § 8 Rn 16; Köln-Komm-UmwG/*Simon*, § 8 Rn 20.

32 OLG Jena NJW-RR 2009, 182, 183; so bereits *Lutter*, ZGR 1981, 171, 180 f.

33 So OLG Hamburg BB 2008, 2199, 2200 f; mit zustimmender Anm. von *Wilsing*/*Ogorek*, BB 2008, 2038.

34 So auch Lutter/*Lutter*/*Drygala*, § 8 Rn 17; zurückhaltender Semler/Stengel/*Gehling*, § 8 Rn 16; Köln-Komm-UmwG/*Simon*, § 8 Rn 20.

35 BGHZ 107, 296, 301 („Kochs-Adler"); OLG Düsseldorf, ZIP 1999, 793, 795; OLG Hamm, DB 1999, 1156, 1157; vgl auch Semler/Stengel/*Gehling*, § 8 Rn 17.

36 Vgl auch Lutter/*Lutter*/*Drygala*, § 8 Rn 17; Köln-Komm-UmwG/*Simon*, § 8 Rn 21.

37 Semler/Stengel/*Gehling*, § 8 Rn 19.

38 KölnKomm-UmwG/*Simon*, § 8 Rn 22 bezieht auch die Folgen für die Anteilsinhaber mit ein; näher s. unten Rn 32 ff.

39 Deutlich KölnKomm-UmwG/*Simon*, § 8 Rn 24.

40 So auch Semler/Stengel/*Gehling*, § 8 Rn 21; Kallmeyer/*Marsch-Barner*, § 8 Rn 9; einschr. Lutter/*Lutter*/*Drygala*, § 8 Rn 17, die eine Beschränkung auf Dinge, die aus Sicht eines Laien erläuterungsbedürftig sind, postulieren.

41 KölnKomm-UmwG/*Simon*, § 8 Rn 25 ff; Lutter/*Lutter*/*Drygala*, § 8 Rn 18.

kundiger Hilfe – nachvollziehen zu können.[42] Für die Ermöglichung dieser **Plausibilitätsprüfung** sind die nachstehend aufgeführten Punkte näher zu erläutern.

19 **a) Methode der Wertermittlung.** Zunächst ist zu erklären, welche **Methode** in Ansatz gebracht wurde, um die beteiligten Rechtsträger wirtschaftlich zu bewerten.[43] Pflichtangabe ist das Datum des **Bewertungsstichtages.**[44] In der Regel wird die Bewertung der beteiligten Rechtsträger nach der sog. Ertragswertmethode geschehen, bei der das nicht betriebsnotwendige Vermögen hinzugerechnet wird und der Liquidationswert als Untergrenze der Bewertung gilt.[45] Hier genügt der Hinweis, dass die Bewertung nach der **Ertragswertmethode** erfolgt ist und dass es sich dabei um eine bewährte, in der Rechtsprechung anerkannte und verfassungsrechtlich unbedenkliche Methode der Unternehmensbewertung handelt.[46]

20 Nach pflichtgemäßem Ermessen und verbunden mit einer tragfähigen Begründung ist die Wahl einer **anderen Methode** zulässig. In diesem Fall ist zu erklären, aus welchen Gründen die Ertragswertmethode nicht angewendet wurde und welche Vorteile die gewählte Bewertungsmethode gegenüber der Ertragswertmethode hat.[47] Diese Erklärungsnotwendigkeit ergibt sich daraus, dass ein bestimmtes Bewertungsverfahren rechtlich zwar nicht vorgeschrieben ist,[48] das Ertragswertverfahren jedoch als übergreifender Standard im Rahmen der Unternehmensbewertung zu verstehen ist. Zulässige andere Methoden sind – je nach Einzelfall – etwa das Stuttgarter Verfahren (Kombination aus Ertrags- und Substanzwertverfahren), das Substanzwertverfahren oder ein DCF-Verfahren. Im Rahmen einer **Sanierungsverschmelzung** ist es zumeist angebracht, den Liquidationswert anstelle des Ertragswertes in Ansatz zu bringen.[49] Die Anwendung des Buchwertverfahrens ist für die Beteiligten hingegen grundsätzlich ungeeignet, da sich darin selten der wahre Wert des Rechtsträgers darstellt, der für die richtige Ermittlung des Umtauschverhältnisses entscheidend ist.[50]

21 Im Falle börsennotierter Gesellschaften kann – entgegen der früheren Bedenken der Rechtsprechung[51] – für die Wertermittlung grds. auf den Börsenkurs abgestellt werden. Die Rechtsprechung hat aus Fällen, in denen Entschädigungen gem. § 304, 305, 320 b AktG gezahlt wurden,[52] den Grundsatz entwickelt, dass der Verkehrswert der Aktie, welcher hauptsächlich vom Börsenkurs bestimmt wird, die untere Grenze darstellt. Der Börsenkurs kann jedoch nur dann als Referenzwert herangezogen werden, wenn alle beteiligten Rechtsträger börsennotiert sind.[53] Dies gilt auch für Rechtsträger, die in einem Konzernverhältnis stehen.[54] Sofern kein Konzernverhältnis vorliegt, sind diese Grundsätze des Börsenkurses als Untergrenze bei einer Verschmelzung unabhängiger Gesellschaften freilich nicht heranzuziehen, da dies – auch aus

42 OLG Hamm DB 1988, 1842, dem folgend BGH NZG 1989, 2689, 2690 („Kochs-Adler"); OLG Karlsruhe WM 1989, 1134, 1137 („SEN"); *Bayer*, ZIP 1997, 1613, 1619; Semler/Stengel/*Gehling*, § 8 Rn 22.

43 Zu den einzelnen Bewertungsmethoden und deren Vor- und Nachteilen s, Anh zu § 11 SpruchG.

44 Näher Lutter/*Lutter/Drygala*, § 8 Rn 27.

45 Näher *Lutter/Drygala*, AG 1995, 49, 50; näher zur Ertragswertmethode IDW S 1 (Grundsätze zur Durchführung von Unternehmensbewertungen), WPg-Supplement 3/2008, 68 ff (Stand 2.4.2008).

46 Statt vieler Lutter/*Lutter/Drygala*, § 8 Rn 19; Köln-Komm-UmwG/*Simon*, § 8 Rn 26; BGH ZIP 1993, 1160, 1162; BVerfG ZIP 2011, 1051 (Tz.23).

47 *Lutter/Drygala*, AG 1995, 49, 50.

48 BVerfG NZG 2011, 869, 870 (T-Online International); BVerfGE 100, 289, 307; BVerfG NJW 2007, 3266, 3268; BGH NJW 1993, 2101, 2103; kritisch hierzu *Adolff*, Unternehmensbewertung im Recht der börsennotierten Aktiengesellschaft, S. 471 ff; *Werner*, in: FS Steindorff, 1990, 303, 304; Lutter/*Lutter*/Drygala, § 5 Rn 26 ff.

49 S. IDW Standard S1, Abschn. 7.4, WPg-Supplement 3/2008, 68, 85; hierzu auch BayObLG, DB 1995, 1703; ausführlich Semler/Stengel/*Gehling*, § 8 Rn 27 ff; deutlich auch Kallmeyer/*Marsch-Barner*, § 8 Rn 14.

50 Kallmeyer/*Marsch-Barner*, § 8 Rn 14.

51 S. nur BGH NJW 1967, 1464.

52 BVerfG, NZG 2011, 235, 236 f (Kuka); BVerfG, NZG 2000, 1117, 1119 f; BVerfG, NZG 1999, 931, 932 f (DAT/Altana) m.Anm. *Behnke*.

53 Lutter/*Lutter*/Drygala, § 8 Rn 28 f; Semler/Stengel/*Gehling*, § 8 Rn 26.

54 OLG München, AG 2007, 701, 704 f; so auch *Baums*, Rechtsfragen der Bewertung bei Verschmelzung börsennotierter Gesellschaften, ILF Working Paper No. 104, 2009, S. 34 ff; *Paschos*, ZIP 2003, 1017, 1024; Semler/Stengel/*Gehling*, § 8 Rn 26; Kallmeyer/*Marsch-Barner*, § 8 Rn 14.

Gesichtspunkten des Anteilsinhaberschutzes – nicht geboten ist;[55] dies auch nicht bei einem sog. „Merger of Equals".[56]

Werden die beteiligten Unternehmen nach unterschiedlichen Methoden bewertet, ist zur Vergleichbarkeit der Ergebnisse gesondert zu diesen Methoden und den Auswirkungen auf die jeweilige Bewertung Stellung zu nehmen.[57] 22

b) Der Bewertung zugrunde zulegende Zahlen. Für die Information der Anteilsinhaber ist entscheidend, dass die Zahlen, die Grundlage der Bewertung sind, in nachvollziehbarer Weise dargelegt werden.[58] Dabei reicht die **Darlegung der wesentlichen Zahlen**; die Richtigkeit und Vollständigkeit der Zahlen wird durch den Verschmelzungsprüfer abgesichert. Die Veröffentlichung des gesamten Bewertungsgutachtens kann zur Unübersichtlichkeit führen und die Nachvollziehbarkeit behindern.[59] Für jeden der beteiligten Rechtsträger ist eine eigenständige Unternehmensbewertung vorzunehmen. Hierfür werden in der Praxis gemeinhin Gutachten externer Dritter erstellt, auf welche der Verschmelzungsbericht häufig Bezug nimmt. Diese Gutachten werden jedoch weder ein Teil des Verschmelzungsberichts noch müssen diese mit dem Verschmelzungsbericht offengelegt werden.[60] Das **Umtauschverhältnis** ergibt sich sodann aus dem rechnerischen Verhältnis der Unternehmenswerte des übernehmenden Rechtsträgers einerseits und der übertragenden Rechtsträger andererseits. 23

Als ausreichend wird die Nennung der **Jahresergebnisse** der vergangenen Jahre erachtet.[61] Gleiches gilt für die Veröffentlichung der sog. Planzahlen, dh die **Prognosen** für die zukünftigen Jahresergebnisse der beteiligten Rechtsträger. Zur Klarstellung ist näher anzugeben, welche Annahmen der Prognose zugrunde liegen; diese können sich daraus ergeben, dass entweder bekannte Werte fortgeschrieben werden oder ein (zu begründendes) verändertes Ertragspotential in Ansatz gebracht wird.[62] Konkret bedeutet dies, dass auszuführen ist, wie sich der Umsatz, die Erträge, weitere Aufwendungen, das Finanzergebnis sowie das Steuerergebnis prognostisch entwickeln werden.[63] Grundlage hierfür ist das sog. **Stand-alone-Prinzip**, also die Annahme, die beteiligten Unternehmen würden selbstständig weiterarbeiten. Hier muss der beabsichtigte wirtschaftliche Nutzen jedoch nicht benannt werden; dies erfolgt in den allgemeinen Angaben zur Verschmelzung (s.o.). Hat ein beteiligter Rechtsträger verbundene Unternehmen, die in die Verschmelzung (mittelbar) mit einbezogen werden, so können die Planzahlen konsolidiert hierfür angegeben werden.[64] 24

Die Veröffentlichung der Jahresplanzahlen ist grundsätzlich auch nicht geheimhaltungsbedürftig; dies bleibt aber eine Entscheidung im Einzelfall. Aus den Jahreszahlen können Konkurrenten die Absichten und Vorhaben des Unternehmens in der Regel nicht erkennen. Darüber hinaus gehen in die Bewertung anlässlich der Verschmelzung nur solche Werte ein, deren Realisierung zum Zeitpunkt des Abschlusses des Verschmelzungsvertrages realisierbar erscheinen.[65] Sollte sich deren Realisierung jedoch als kurzfristig oder sehr wahrscheinlich abzeichnen, bleibt eine Geheimhaltung möglich.[66] Diese ist für den jeweiligen Einzelfall zu prüfen und dann im Bericht zu begründen.[67] 25

55 OLG Stuttgart AG 2006, 420, 421; BayObLG NZG 2003, 483, 484 f; *Wilsing/Kruse*, DStR 2001, 991, 995.

56 So auch BayObLG NZG 2003, 483, 484 f; *Bungert*, BB 2003, 699, 703; *Paschos*, ZIP 2003, 1017, 1024; Lutter/*Lutter/Drygala*, § 5 Rn 19; näher hierzu Kallmeyer/*Marsch-Barner*, § 8 Rn 14.

57 Lutter/*Lutter/Drygala*, § 8 Rn 19.

58 Dazu BGH NZG 1989, 2689, 2690 (Kochs-Adler).

59 Dazu BGH, WM 1990, 2073; Lutter/*Lutter/Drygala*, § 8 Rn 20; Semler/Stengel/*Gehling*, § 8 Rn 36.

60 BGH, AG 1991, 102; OLG Düsseldorf, ZIP 2004, 1503, 1506; OLG Karlsruhe, AG 1990, 35; Lutter/*Lutter/Drygala*, § 8 Rn 20; Widmann/Mayer/*Mayer*, § 8 Rn 25.

61 Lutter/*Lutter/Drygala*, § 8 Rn 20.

62 Lutter/*Lutter/Drygala*, § 8 Rn 21.

63 Semler/Stengel/*Gehling*, § 8 Rn 35; KölnKomm-UmwG/*Simon*, § 8 Rn 35; aA hinsichtlich der Veröffentlichungspflicht des Steuerergebnisses Lutter/*Lutter/Drygala*, § 8 Rn 23.

64 OLG Frankfurt AG 2006, 249, 254 f; OLG Düsseldorf AG 2003, 688, 691; Lutter/*Lutter/Drygala*, § 8 Rn 42.

65 Lutter/*Lutter/Drygala*, § 8 Rn 22.

66 Insb. für Reinvestitionsvolumina, vgl Lutter/*Lutter/Drygala*, § 8 Rn 22.

67 Näher dazu Lutter/*Lutter/Drygala*, § 8 Rn 22.

26 Ferner ist der Gesamtwert des nicht betriebsnotwendigen und damit unter störungsfreier Fortführung des Unternehmens ggf veräußerbaren Vermögens anzugeben. Dies erhöht den Barwert des beteiligten Rechtsträgers und ist für die Berechnung des Umtauschverhältnisses relevant.[68]

27 c) **Kapitalisierungszinssatz.** Eine wesentliche Bedeutung für die Ermittlung des jeweiligen Unternehmenswertes und folglich des Umtauschverhältnisses der Anteile bzw Mitgliedschaften hat der in Ansatz gebrachte **Kapitalisierungszinssatz.** Darunter ist der Zinssatz zu verstehen, mit dem die zu Grunde gelegten künftigen Erträge der beteiligten Rechtsträger auf den Bewertungsstichtag abgezinst werden.[69] Der Kapitalisierungszinssatz besteht dabei aus dem Basiszinssatz, einem Risikozuschlag (Marktrisikoprämie x Beta-Faktor) und einem Wachstumsabschlag.[70] Die berichtenden Vertretungsorgane haben genauen Aufschluss darüber zu geben, welche Werte für die einzelnen Variablen des Kapitalisierungszinssatzes in Ansatz gebracht wurden.[71]

28 d) **Ergebnis der Bewertung.** Zum so ermittelten **Ertragswert** ist sodann der im Verschmelzungsbericht gesondert anzugebende und zu erläuternde **Zeitwert** des nicht betriebsnotwendigen Vermögens zu addieren.[72] Abschließend sind die einzelnen schrittweisen Ergebnisse auf dem Weg zur Ermittlung des Umtauschverhältnisses in einem **Gesamtergebnis** für die Anteilsinhaber verständlich darzustellen. Dies erleichtert deren eigene Plausibilitätsprüfung der Bewertung.

29 5. **Mitgliedschaft beim übernehmenden Rechtsträger.** Ist nach der Rechtsform eines beteiligten Rechtsträgers der Umtausch von Anteilen nicht möglich, so tritt an die Stelle der Darlegung des Umtauschverhältnisses die Angabe zur mitgliedschaftlichen Stellung.[73] In Abgrenzung zum Abs. 1 S. 2 ist allein anhand der objektiven Konstellation festzumachen, ob alternativ über das Umtauschverhältnis oder die mitgliedschaftliche Stellung zu berichten ist.[74]

30 6. **Barabfindung.** Die nach § 29 ggf anzubietende Barabfindung muss einen vollwertigen Ersatz für die aufzugebende mitgliedschaftliche Stellung bieten. Daher muss sie inhaltlich im Verschmelzungsbericht angegeben und **ausführlich begründet** werden. Die Rechtsprechung sieht es hier als ausreichend an, eine typisierende Betrachtung des objektiven Unternehmenswertes des übertragenden Rechtsträgers vorzunehmen.[75] Die Darstellungsweise entspricht derjenigen zur Begründung des Umtauschverhältnisses, da die Barabfindung aus der Unternehmensbewertung abzuleiten ist. Ergänzend sollte auf die Ausschlussfristen des § 31 hingewiesen werden.[76]

31 7. **Schwierigkeiten und Folgen für die Beteiligung, Abs. 1 S. 2. a) Besondere Schwierigkeiten.** Sollten besondere Schwierigkeiten bei der Bewertung der Rechtsträger bestehen, so sind die Anteilsinhaber sowohl über diese Schwierigkeiten als auch über deren Lösung und die sich für sie hieraus ergebenden Folgen der Verschmelzung zu unterrichten.[77] Die Bedeutung ergibt sich aus einer möglichen **Änderung der Beteiligungsquote**, die sich auf die Mitgliedschaftsrechte der Anteilsinhaber auswirken kann.[78] In der Praxis bietet sich für die Information zur Veränderung der Anteilsquote die Möglichkeit einer Gegenüberstellung der Anteilsquote vor und nach der Verschmelzung an.[79] Sofern der Kreis der Anteilsinhaber nicht überschaubar oder zu

68 Vgl OLG Frankfurt aM, ZIP 2000, 1928, 1930; Semler/Stengel/*Gehling*, § 8 Rn 40; KölnKomm-UmwG/*Simon*, § 8 Rn 41.

69 Lutter/*Lutter*/*Drygala*, § 8 Rn 27; KölnKomm-UmwG/*Simon*, § 8 Rn 42; Semler/Stengel/*Gehling*, § 8 Rn 38 f.

70 KölnKomm-UmwG/*Simon*, § 8 Rn 42 mwN.

71 Näher LG Mainz, ZIP 2001, 840, 842; Lutter/*Lutter*/*Drygala*, § 8 Rn 27; KölnKomm-UmwG/*Simon*, § 8 Rn 42.

72 OLG Düsseldorf AG 1991, 106, 107; OLG Düsseldorf AG 2002, 398, 401.

73 Insbesondere bei Beteiligung von eG oder Verein; näher Lutter/*Lutter*/*Drygala*, § 8 Rn 30; Semler/Stengel/*Gehling*, § 8 Rn 46; KölnKomm-UmwG/*Simon*, § 8 Rn 46.

74 Nach teilweise vertretener Ansicht ist dieses Alternativverhältnis abzulehnen, so wohl Semler/Stengel/*Gehling*, § 8 Rn 46.

75 OLG Frankfurt a.M., ZIP 2000, 1928, 1930; OLG Karlsruhe, WM 1989, 1134, 1136 f; Semler/Stengel/*Gehling*, § 8 Rn 41.

76 Widmann/Mayer/*Mayer*, § 8 Rn 28.

77 Lutter/*Lutter*/*Drygala*, § 8 Rn 29.

78 RegBegr, *Ganske*, Umwandlungsrecht, S. 53.

79 Lutter/*Lutter*/*Drygala*, § 8 Rn 32; KölnKomm-UmwG/*Simon*, § 8 Rn 49.

heterogen ist, bietet sich die Angabe eines Beispielmodells an, anhand dessen jeder Anteilsinhaber für sich die künftige Anteilsquote errechnen kann.[80] Darüber hinaus ist auch ein Gesamtbild der Beteiligungsquoten und deren Verschiebung anzugeben, sofern sich hieraus grundlegende Änderungen für die Anteilsinhaber ergeben.[81]

b) Folgen für die Beteiligung. Für die Anteilsinhaber können sich weitere Folgen aus der Änderung der für sie geltenden Unternehmenssatzung bzw des Gesellschaftsvertrags ergeben. In jedem Fall müssen sie über solche Änderungen ihrer **mitgliedschaftlichen Verhältnisse** im Rahmen des Verschmelzungsberichts informiert werden, die sich nicht unmittelbar aus dem Gesetz ergeben und einschneidende Abweichungen vom gesetzlichen Leitbild oder der bisherigen Unternehmensverfassung für die Anteilsinhaber zeichnen.[82] Bei Aktiengesellschaften ist diese Abweichung grundsätzlich gering (arg. e. § 23 Abs. 5 AktG); bei anderen Gesellschaften bietet es sich an, die neue **Gesellschaftsverfassung** dem Verschmelzungsbericht beizufügen.[83] Sofern ein Anteilsinhaber als Folge der Verschmelzung eine besondere Rechtsposition (zB Kapitalmehrheit oder Sperrminorität) erlangt, so ist dies im Verschmelzungsbericht darzustellen.[84] 32

Sofern unterschiedliche Gesellschaftsformen aufeinander verschmolzen werden (**Mischverschmelzung**), sollten wenigstens die wichtigsten Differenzierungen zwischen der alten und der neuen Rechtsform im Verschmelzungsbericht aufgeführt werden.[85] Die Beifügung des neuen Gesellschaftsvertrages bzw der Satzung zum Verschmelzungsbericht ist gesetzlich nicht notwendig;[86] in der Praxis empfiehlt es sich jedoch, eine Kopie zur Information der Anteilsinhaber beizufügen. 33

Die Erläuterungspflicht des § 8 erstreckt sich nicht auf die **individuellen steuerlichen Veränderungen** der Anteilsinhaber. Diese Frage kann insbesondere bei der Verschmelzung einer Personengesellschaft auf eine Kapitalgesellschaft virulent werden, löst jedoch keine besondere Berichtspflicht aus, da es sich dabei nicht um „Folgen für die Beteiligung" im Sinne des § 8 handelt sondern um Folgen „aus der Beteiligung" für den jeweiligen Anteilsinhaber. Erfasst sind nur direkte Veränderungen der Verwaltungs- und Vermögensrechte aus dem Verhältnis des Anteilsinhabers zum Rechtsträger. Die Besteuerung der Anteile liegt einzig beim Anteilsinhaber. Auch ist der Zweck des Verschmelzungsberichts nicht die steuerliche Beratung der Anteilsinhaber.[87] 34

8. Besonderheit bei verbundenen Unternehmen und Auskunftspflicht, Abs. 1 S. 3, 4. Ist an der Verschmelzung ein verbundenes Unternehmen iSv § 15 AktG als Rechtsträger beteiligt, so sind gem. Abs. 1 S. 3 zusätzlich Angaben über alle für die Verschmelzung **wesentlichen** Angelegenheiten der übrigen verbundenen Unternehmen zu machen. Die Auskunftspflichten des Vertretungsorgans erstreckt sich gem. Abs. 1 S. 4 auch auf diese Angelegenheiten.[88] Bei solchen Konzernsachverhalten bietet sich in der Praxis eine Differenzierung nach Auswirkungen auf hierarchisch höherstehende und tieferstehende Unternehmen an.[89] 35

80 So die Empfehlung bei KölnKomm-UmwG/*Simon*, § 8 Rn 49; Semler/Stengel/*Gehling*, § 8 Rn 53.

81 Lutter/*Lutter/Drygala*, § 8 Rn 33; Semler/Stengel/*Gehling*, § 8 Rn 53.

82 Lutter/*Lutter/Drygala*, § 8 Rn 36; KölnKomm-UmwG/*Simon*, § 8 Rn 50; Semler/Stengel/*Gehling*, § 8 Rn 55.

83 So die Empfehlung bei KölnKomm-UmwG/*Simon*, § 8 Rn 50.

84 LG Essen AG 1999, 329, 331; Widmann/Mayer/*Mayer*, § 8 Rn 41; Lutter/*Lutter/Drygala*, § 8 Rn 32; Semler/Stengel/*Gehling*, § 8 Rn 53.

85 *Bayer*, ZIP 1997, 1613, 1620; KölnKomm-UmwG/Simon, § 8 Rn 49; Semler/Stengel/*Gehling*, § 8 Rn 54; dies unter Verweis auf eine tendenziell uferlose Berichterstattung hinsichtlich rechtsformbedingter Unterschiede Lutter/*Lutter/Drygala*, § 8 Rn 34; LG Heidelberg, AG 1996, 523, 526.

86 OLG Jena, NJW-RR 2009, 182, 183; Lutter/*Lutter/Drygala*, § 8 Rn 35.

87 *Geck*, DStR 1995, 416, 421; Lutter/*Lutter/Drygala*, § 8 Rn 37; aA sind wohl Semler/Stengel/*Gehling*, § 8 Rn 57 sowie KölnKomm-UmwG/*Simon*, § 8 Rn 51, die zumindest abstrakte und typisierende steuerliche Hinweise verlangen, sofern diese ohne Kenntnis der steuerlichen Situation der Anteilsinhaber möglich sind.

88 Die Grenzen der §§ 131 Abs. 1, 3 AktG, 51 a Abs. 2 GmbHG gelten freilich auch im Fall der Verschmelzung.

89 KölnKomm-UmwG/*Simon*, § 8 Rn 52 ff.

36 Hinsichtlich der konkreten Informationen sowie der Detailtiefe kann sich die Berichtspflicht spiegelbildlich an der Bewertung des Unternehmens zur Ermittlung des angemessenen Umtauschverhältnisses orientieren. Was aus der Beteiligungsstruktur für die Bewertung relevant ist, unterliegt auch der Berichtspflicht.[90] Je nach Bewertungsansatz ist hierbei eine bottom-up-Bewertung oder eine top-down-Bewertung durchzuführen.[91]

37 Sowohl für den Fall, dass ein an der Verschmelzung beteiligter Rechtsträger über Tochtergesellschaften verfügt, als auch für den Fall, dass an der Verschmelzung ein beherrschtes (vgl §§ 16, 17 AktG) Unternehmen beteiligt ist, muss im Verschmelzungsbericht die für die Verschmelzung relevante Beteiligungsstruktur dargestellt werden.[92] Die inhaltlichen Anforderungen entsprechen denjenigen des Verzeichnisses für Anteilsbesitz, §§ 285 Nr. 11, 287, 313 Abs. 2 HGB. Für die Wertbildung relevant kann auch das Bestehen etwaiger Unternehmensverträge, Verlustausgleichspflichten und sog. Inter-Company-Agreements sowie deren rechtliches Schicksal im Rahmen der Verschmelzung sein.[93] Die Beteiligungsgesellschaften sind zur Herausgabe der relevanten Informationen berechtigt; sollte es sich um Geschäftsgeheimnisse handeln, empfiehlt sich innerhalb der eigenen Beteiligungsstruktur die Vereinbarung einer Vertraulichkeitsklausel.[94]

38 Die Angaben im Verschmelzungsbericht umfassen **sämtliche** an der Verschmelzung beteiligten **Rechtsträger**. Es reicht somit nicht aus, dass die Vertretungsorgane sich nur über die eigene Gesellschaft informieren; vielmehr müssen sie sich die erforderlichen Informationen der übrigen beteiligten Rechtsträger ordnungsgemäß verschaffen. Ein Auskunftsanspruch ergibt sich aus dem vorvertraglichen Rechtsverhältnis der beteiligten Rechtsträger.[95] In der Praxis werden diese Angelegenheiten in einer Vertraulichkeitsvereinbarung oder einem Letter of Intent/Memorandum of Unterstanding geregelt.

C. Ausnahmen von der Berichtspflicht, Abs. 2

39 Bestimmte Tatsachen unterliegen gem. Abs. 2 dann nicht der Berichtspflicht, wenn diese geeignet sind, einem der beteiligten Rechtsträger oder einem verbundenen Unternehmen einen **nicht unerheblichen Nachteil** zuzufügen. Es genügt die potenzielle Eignung, dass aus der Offenlegung ein Schaden eintreten kann.[96] Zu berichten sind dann allerdings die Gründe, weshalb die Tatsachen nicht aufgenommen wurden; hierunter fällt etwa die Information, die von Beteiligungsgesellschaften erlangt wurde, jedoch einer Vertraulichkeitsvereinbarung unterliegt (s.o.) sowie wettbewerbsrelevante Einzelplanzahlen. Daraus folgt, dass die Informationsverweigerung nach sachgemäßer kaufmännischer Beurteilung geprüft und zumindest **plausibel** dargelegt sein muss und eine einfache Weigerung nicht ausreicht;[97] freilich muss auch bei der Begründung berücksichtigt werden, dass ein Geheimhaltungsinteresse besteht, so dass die Begründung notwendigerweise nicht ins Detail gehen kann.[98] Ob die angegebenen Gründe geeignet sind, ein Geheimhaltungsinteresse zu rechtfertigen, ist gerichtlich überprüfbar.[99]

90 Zu den zulässigen Bewertungsansätzen ausführlich KölnKomm-UmwG/*Simon*, § 8 Rn 37 ff.

91 OLG Frankfurt, NJOZ 2006, 870, 884 („T-Online“); näher dazu KölnKomm-UmwG/*Simon*, § 8 Rn 37 ff.

92 Wie hier Semler/Stengel/*Gehling*, Rn 60; weitergehend wohl KölnKomm-UmwG/*Simon*, § 8 Rn 53 ff, der eine Pflicht sieht grds. die gesamte Beteiligungsstruktur darzustellen.

93 Dazu Lutter/*Lutter/Drygala*, § 8 Rn 40.

94 KölnKomm-UmwG/*Simon*, § 8 Rn 56.

95 So auch Lutter/*Lutter/Drygala*, § 8 Rn 45; Kallmeyer/*Marsch-Barner*, § 8 Rn 29; enger Semler/Stengel/*Gehling*, § 8 Rn 64; *Austmann/Frost*, ZHR 169 (2005), 431, 434.

96 In einem solchen Fall besteht nicht nur ein Recht des Vertretungsorgans, die potentiell schädigenden Informationen nicht offenzulegen, sondern dieser ist aufgrund seiner Organpflichten gegenüber seiner Gesellschaft sogar gesellschaftsrechtlich zur Geheimhaltung verpflichtet.

97 BGH NZG 1989, 2689, 2691 (Kochs-Adler); BGH, WM 1990, 140, 141; KölnKomm-UmwG/*Simon*, § 8 Rn 58 f mwN.

98 Lutter/*Lutter/Drygala*, § 8 Rn 48, der zu Recht auf die Rspr des BGH zur Auskunftsverweigerung verweist; s. hierzu nur BGH NJW-RR 1991, 358, 359; Kallmeyer/*Marsch-Barner*, § 8 Rn 32.

99 KölnKomm-UmwG/*Simon*, § 8 Rn 59.

40 Hinsichtlich des Anwendungsbereichs des Abs. 2 verweist bereits der Gesetzgeber auf § 131 Abs. 3 Nr. 1 AktG.[100] Die dort entwickelten Grundsätze sowie die hierzu ergangene Rechtsprechung sind auch zur Konkretisierung des Abs. 2 geeignet.[101]

41 Abs. 2 findet nur im Bereich des **Verschmelzungsberichts** Anwendung und bettet sich in das gesellschaftsrechtliche System der Informationspflichten ein. Rechtsformspezifische Sondervorschriften bleiben daneben anwendbar;[102] so steht den Gesellschaftern einer GmbH etwa das weitergehende und unter restriktiveren Bedingungen einzuschränkende Informationsrecht des § 51 a GmbHG zu, welches durch Abs. 2 nicht eingeschränkt wird.[103] Dies ergibt sich ferner aus § 49 Abs. 3, der weitergehende Informationsrechte der GmbH-Gesellschafter regelt.[104]

D. Keine Berichtspflicht, Abs. 3

42 Die Berichtspflicht dient dem Schutzinteresse der Anteilsinhaber; folglich können diese als Berechtigte auch auf den Verschmelzungsbericht verzichten (Alt. 1). Die Verzichtserklärung ist in diesem Fall von allen Anteilsinhabern abzugeben und ist notariell zu beurkunden, Abs. 3 S. 2.

43 Gleiches gilt im Falle der Verschmelzung einer 100%igen Tochter auf die Muttergesellschaft (Alt. 2),[105] da in diesem Falle das Mutterunternehmen hinreichende Kenntnis über die Verhältnisse des Tochterunternehmens hat und auch keine weiteren schutzwürdigen Interessen der Anteilsinhaber bestehen.[106] Ob durch die Verschmelzung ein eventuell bestehender Haftungsschutz aufgegeben wird, soll durch Vorlage der bereits vorhandenen Dokumente (insb. Jahresabschluss, Lagebericht gem. §§ 49 Abs. 2, 63 Abs. 1 Nr. 2) sowie die Informationsrechte in der Anteilsinhaberversammlung (§§ 49 Abs. 2, 64 Abs. 3) für die Anteilsinhaber des Mutterunternehmens ausreichend bewertet werden können.[107] Diese Ausnahmevorschrift ist **rechtsformneutral**. Nicht umfasst ist eine Verschmelzung zweier Schwestergesellschaften; hierbei ist jedoch ein Verzicht gem. Alt. 1 in der Praxis üblich.[108]

44 Die gleichen Erwägungen müssen dann Platz greifen, wenn es sich um eine stark personalistisch geprägte Gesellschaft handelt, bei welcher sämtliche Gesellschafter auch in das operative Geschäft der Gesellschaft eingebunden sind. In diesem Fall kann davon ausgegangen werden, dass alle Gesellschafter stets ausreichend informiert sind. Eine gesetzliche Normierung dieses Grundsatzes findet sich in § 41, wonach der Bericht entbehrlich ist, wenn bei einer Personenhandelsgesellschaft sämtliche Gesellschafter auch geschäftsführungsbefugt sind. Dieser Rechtsgedanke kann auch auf andere personalistisch geprägte Gesellschaften (wie zB die personalistisch ausgerichtete GmbH, in der alle Gesellschafter auch Geschäftsführer sind) übertragen werden.[109]

45 Für die Beurkundung der **Verzichtserklärung** fällt eine **Gebühr** gemäß § 97 Abs. 1 GNotKG an, deren Wert gemäß § 36 Abs. 1 GNotKG nach billigem Ermessen zu bestimmen ist. Diese Norm entspricht dem früheren § 30 Abs. 1 KostO, so dass hierfür die bisherig in Rechtsprechung und Schrifttum entwickelten Grundsätze weiterhin anwendbar sind.[110] Danach wurde für den Wert der Verzichtserklärung ca. 10 % des Werts des Verschmelzungsvertrages als angemessen angesehen.[111] Es greift hier der Höchstwert von EUR 10.000.000 gem. § 107 Abs. 1 GNotKG. Sofern nur einzelne Anteilsinhaber verzichten, ist der so berechnete Wert auch nur anteilig gemäß

100 So die GesBegr, *Ganske*, Umwandlungsrecht, S. 54.
101 Lutter/*Lutter/Drygala*, § 8 Rn 47; Semler/Stengel/*Gehling*, § 8 Rn 66.
102 Lutter/*Lutter/Drygala*, § 8 Rn 47; KölnKomm-UmwG/*Simon*, § 8 Rn 60.
103 So auch Widmann/Mayer/*Mayer*, § 8 Rn 50; Lutter/*Lutter/Drygala*, § 8 Rn 47.
104 S. § 49 Rn 20, 25 f; Lutter/*Lutter/Drygala*, § 8 Rn 47.
105 Diese Variante basiert auf Art. 24 der Dritten RL.
106 KölnKomm-UmwG/*Simon*, § 8 Rn 62.
107 So auch Semler/Stengel/*Gehling*, § 8 Rn 73; Kallmeyer/*Marsch-Barner*, § 8 Rn 39.
108 Vgl auch KölnKomm-UmwG/*Simon*, § 8 Rn 63; Lutter/*Lutter/Drygala*, § 8 Rn 52.
109 Lutter/*Lutter/Drygala*, § 8 Rn 53; Semler/Stengel/*Gehling*, § 8 Rn 75; krit. hierzu *Bayer*, ZIP 1997, 1620; sowie KölnKomm-UmwG/*Simon*, § 8 Rn 65.
110 In diesem Sinne auch *Pfeiffer*, NZG 2013, 244, 247.
111 *Reimann*, MittBayNot 1995, 1, 3.

der Beteiligungsquote dieser Anteilsinhaber am betroffenen Rechtsträger für den Geschäftswert zugrunde zu legen.

E. Rechtsfolgen fehlerhafter Berichterstattung

46 Der Verschmelzungsbericht ist dann fehlerhaft, wenn er den Anteilsinhabern nicht die notwendige **Plausibilitätskontrolle** der geplanten Verschmelzung ermöglicht. Begriffslogisch ist der Zeitpunkt vor Durchführung der Verschmelzung (ex ante) entscheidend. Dabei geht es nicht um eine vollumfängliche Inhalts- und Rechtmäßigkeitskontrolle, sondern um die Information eines verständigen Anteilsinhabers, welche maßgeblich rechtsformspezifisch geprägt ist.[112] Die notwendigen Informationen zur Plausibilitätsprüfung dürfen mithin nicht fehlen, unvollständig oder falsch sein. Veränderungen der Sach- und Rechtslage nach Abschluss des Verschmelzungsberichts führen nicht zur Fehlerhaftigkeit des Berichtes.[113] Daraus folgt, dass die Fehlerhaftigkeit des Berichtes auch nur dann eintritt, wenn die fehlende oder fehlerhafte Information von so bedeutendem Gewicht für die Plausibilitätskontrolle ist, dass ohne sie eine Kontrolle schlechterdings nicht möglich ist. Die Beseitigung offener Fragen kann im Rahmen der Anteilsinhaberversammlung geschehen. Diese Möglichkeit muss jedoch auf ergänzende Nachfragen beschränkt bleiben und darf nicht dazu dienen, ursprüngliche Mängel des Verschmelzungsberichts zu beseitigen[114]

47 Ist ein Verschmelzungsbericht fehlerhaft, so ist für die Rechtsfolge zu unterscheiden, ob eine **Korrektur** oder eine **Heilung** des Mangels in Betracht kommt.

48 Eine **Korrektur** ist dann möglich. wenn das Formerfordernis des § 8 erfüllt ist und die Fristen für die Zuleitung des Verschmelzungsberichts an die Anteilsinhaber eingehalten werden.[115] Sofern die Zuleitungsfristen bereits abgelaufen sind, ist eine Korrektur nur noch sehr eingeschränkt möglich; dies ist von der Rechtsprechung noch nicht entschieden, es kann jedoch davon ausgegangen werden, dass als Mindestanforderung zur Wahrung des Schutzzweckes des § 8 angenommen wird, dass der Rechtsträger den Zugang des Berichts bei jedem Anteilsinhaber nachweisen kann und jedem Anteilsinhaber zudem ausreichend Zeit verbleibt, um auf Grundlage des neuen bzw korrigierten Berichts eine erneute Plausibilitätsprüfung durchzuführen.[116]

49 Eine **Heilung**, dh eine normative Beseitigung des Formfehlers nach Wirksamkeit der Verschmelzung, ist nicht möglich. Dies ist auch konsequent, da der Normzweck des § 8, die ausreichende Information der Anleger für ihren Zustimmungsbeschluss, sonst vereitelt würde.[117]

I. Klagemöglichkeit

50 Die Mangelhaftigkeit des Verschmelzungsberichts begründet die Möglichkeit einer Klage der Anteilsinhaber gegen die Wirksamkeit des Verschmelzungsbeschlusses, § 13. Erforderlich dazu ist, dass der Zustimmungsbeschluss der Anteilsinhaber auf dem Berichtsmangel beruht, dh die erforderliche **Kausalität** gegeben ist.[118] Dafür ist entscheidend, ob die fehlerhafte Information aus Sicht eines objektiven Anteilsinhabers für die Zustimmungsentscheidung zur Verschmelzung, dh die interessengerechte Wahrnehmung seiner Rechte, bedeutsam und folglich relevant für seine Zustimmungsentscheidung gewesen ist.[119]

112 KölnKomm-UmwG/*Simon*, § 8 Rn 17 f mwN.
113 Dies gilt auch für Prognosen, vgl KölnKomm-UmwG/*Simon*, § 8 Rn 67.
114 KölnKomm-UmwG/*Simon*, § 8 Rn 70.
115 Diese Fristen sind rechtsformspezifisch im besonderen Teil des UmwG geregelt, s. Semler/Stengel/*Gehling*, § 8 Rn 93; KölnKomm-UmwG/*Simon*, § 8 Rn 73.
116 So auch KölnKomm-UmwG/*Simon*, § 13 Rn 73.
117 S. näher KölnKomm-UmwG/*Simon*, § 8 Rn 74; *Hommelhoff*, ZGR 1993, 452, 465 ff.
118 Vgl etwa BGH NZG 1989, 2689, 2691 (Kochs-Adler).
119 So BGH NZG 1989, 2689, 2691 (Kochs-Adler); BGH NJW 2002, 1128; BGH NZG 2005, 77, 79; Semler/Stengel/*Gehling*, § 8 Rn 78; vgl auch Lutter/*Lutter*/*Drygala*, § 8 Rn 55; iE wohl ebenso, aber auf die Plausibilität abstellend KölnKomm-UmwG/*Simon*, § 8 Rn 76.

Die zu wählende Klageart richtet sich nach der Rechtsform des betroffenen Rechtsträgers; bei Kapitalgesellschaften ist die **Anfechtungsklage** einschlägig;[120] ein die Nichtigkeit begründender Mangel gem. § 241 AktG wird selten vorliegen. Im Falle von Personenhandelsgesellschaften liegt regelmäßig eine **Nichtigkeit** des Beschlusses vor, da insoweit ein Unterschied zum Kapitalgesellschaftsrecht besteht, dass hier – soweit der Gesellschaftsvertrag nichts anderweitiges bestimmt – keine Anfechtbarkeit von Beschlüssen existiert.[121] 51

II. Ausschluss der Klagemöglichkeit

Die Möglichkeit einer gerichtlichen Überprüfung ist abhängig von der fehlerhaften Information im Verschmelzungsbericht. 52

Der BGH hat in zwei Urteilen entschieden, dass ein Barabfindungsangebot betreffende Informationsmängel eine Anfechtbarkeit nicht begründen.[122] Dies folgerte der BGH aus einem argumentum a majore ad minus, wonach eine Klage gegen die Verletzung des Informationsrechtes nicht zulässig sei, wenn gemäß § 210, § 212 eine Klage schon nicht darauf gestützt werden könne, dass eine Barabfindung nicht oder nicht ordnungsgemäß angeboten worden sei. Ob diese Rechtsprechung auf die Fehlerhaftigkeit des Verschmelzungsberichts Anwendung finden kann, ist abhängig von der Frage, worauf der Mangel beruht: dies können Mängel hinsichtlich des Umtauschverhältnisses oder aber Mängel hinsichtlich einer anzubietenden Barabfindung sein.[123] Soweit sich für die Verschmelzung die Frage stellt, ob eine Beschlussanfechtung darauf gestützt werden kann, dass die Informationen zur Berechnung des Umtauschverhältnisses fehlerhaft waren, so ist die Rechtsprechung des BGH nach allg. Ansicht auf diese Fälle nicht übertragbar.[124] Diese Auslegung findet eine Stütze in § 243 Abs. 4 AktG, wonach eine Anfechtungsklage nicht auf Informationsmängel gestützt werden kann, die im Rahmen der Hauptversammlung erteilt wurden, wenn das Gesetz für Bewertungsrügen ein Spruchverfahren vorsieht.[125] 53

Eine Übertragbarkeit der Rechtsprechung auf die Fälle der Berichtsmängel für die Barabfindung nach § 29 ist hingegen möglich.[126] Die **Interessenlage** entspricht hier derjenigen in den §§ 210, 212. Ist der Verschmelzungsbericht in dieser Hinsicht mangelhaft, kann eine entsprechende Anfechtungsklage nicht geführt werden, arg. e. §§ 32, 34 S. 2. Es bleibt den betroffenen Anteilsinhabern hingegen eine Geltendmachung im Spruchverfahren. 54

§ 9 Prüfung der Verschmelzung

(1) Soweit in diesem Gesetz vorgeschrieben, ist der Verschmelzungsvertrag oder sein Entwurf durch einen oder mehrere sachverständige Prüfer (Verschmelzungsprüfer) zu prüfen.

(2) Befinden sich alle Anteile eines übertragenden Rechtsträgers in der Hand des übernehmenden Rechtsträgers, so ist eine Verschmelzungsprüfung nach Absatz 1 nicht erforderlich, soweit sie die Aufnahme dieses Rechtsträgers betrifft.

(3) § 8 Abs. 3 ist entsprechend anzuwenden.

120 Statt vieler Lutter/*Lutter/Drygala*, § 8 Rn 55.

121 BGH BB 1995, 692; KölnKomm-UmwG/*Simon*, § 8 Rn 79.

122 Allerdings zum Formwechsel BGHZ 146, 179 (MEZ); BGH, ZIP 2001, 412 (Aqua Butzke).

123 Vgl dazu KölnKomm-UmwG/*Simon*, § 8 Rn 82; Lutter/*Lutter/Drygala*, § 8 Rn 56 f.

124 Lutter/*Lutter/Drygala*, § 8 Rn 57.

125 S. die GesBegr. des UMAG, BT-Drucks. 15/5092, S. 26; vgl auch Semler/Stengel/*Gehling*, § 8 Rn 79; Widmann/Mayer/*Heckschen*, § 8 Rn 15; weiter Lutter/*Lutter/Drygala*, § 8 Rn 57; Kallmeyer/*Marsch-Barner*, § 8 Rn 34.

126 Näher KölnKomm-UmwG/*Simon*, § 8 Rn 84.

Literatur:

Adolff, Unternehmensbewertung im Recht der börsennotierten Aktiengesellschaft, 2007; *Barthel*, Unternehmenswert: Auswahl der Bezugsgrößen bei Market Multiples, FB 2007, 666; *Bayer*, Informationsrechte bei der Verschmelzung von Aktiengesellschaften, AG 1988, 323; *Becker*, Die gerichtliche Kontrolle von Maßnahmen bei der Verschmelzung von Aktiengesellschaften, AG 1988, 223; *Bungert/Wettich*, Neues zur Ermittlung des Börsenwertes bei Strukturmaßnahmen, ZIP 2012, 449; *Büchel*, Neuordnung des Spruchverfahrens, NZG 2003, 793; *Dirrigl*, Neue Rechtsprechung zur Verschmelzung und die Verschmelzungsprüfung, WPg. 1989, 617; *Dirrigl*, Die Angemessenheit des Umtauschverhältnisses bei einer Verschmelzung als Problem der Verschmelzungsprüfung und der gerichtlichen Überprüfung, WPg. 1989, 413, 454; *Dörfler/Gahler/Unterstraßer/Wirichs*, Probleme bei der Wertermittlung von Abfindungsangeboten, BB 1994, 156; *Engelmeyer*, Informationsrechte und Verzichtsmöglichkeiten im Umwandlungsgesetz, BB 1998, 330; *Hachmeister/Ruthardt*, *Gebhardt*, Berücksichtigung von Synergieeffekten bei der Unternehmensbewertung – Theorie, Praxis und Rechtsprechung in Spruchverfahren, Der Konzern 2011, 600; *Heurung*, Zur Anwendung und Angemessenheit verschiedener Unternehmenswertverfahren im Rahmen von Umwandlungsfällen, DB 1997, 837, 888; *Hoffmann-Becking*, Das neue Gesellschaftsrecht in der Praxis, in: FS Fleck, 1988, S. 105; *Hommelhoff*, Minderheitenschutz bei Umstrukturierungen, ZGR 1993, 452; *Hüffer*, Unternehmenszusammenschlüsse – Bewertungsfragen, Anfechtungsprobleme und Integrationsschranken, ZHR 172 (2008), 572; *Klöhn*, Das System der aktien- und umwandlungsrechtlichen Abfindungsansprüche, 2009; *Lochner*, Die Bestimmung der Marktrisikoprämie auf der Grundlage empirischer Studien im Spruchverfahren, AG 2011, 692; *Leuering*, Die parallele Angemessenheitsprüfung durch den gerichtlich bestellten Prüfer, NZG 2004, 606; *Martens*, Verschmelzung, Spruchverfahren und Anfechtungsklage in Fällen eines unrichtigen Umtauschverhältnisses, AG 2000, 301; *Mertens*, Die Gestaltung von Verschmelzungs- und Verschmelzungsprüfungsbericht, AG 1990, 20; *W. Müller*, Unternehmenswert und börsennotierte Aktie, in: FS Roth, 2011, S. 517; *Ossadnik*, Aufteilung von Synergieeffekten bei Verschmelzungen, ZfB 1995, 69; *Priester*, Strukturänderungen – Beschlußvorbereitung und Beschlußfassung, ZGR 1990, 420; *Rodewald*, Zur Ausgestaltung von Verschmelzungs- und Verschmelzungsprüfungsbericht – Transparenzgebot versus Unternehmensschutz, BB 1992, 237; *Ruthardt/Hachmeister*, Das Stichtagsprinzip in der Unternehmensbewertung – Grundlegende Anmerkungen und Würdigung der jüngeren Rechtsprechung in Spruchverfahren, WPg. 2012, 451; *Streck/Mack/Schwedhelm*, Verschmelzung und Formwechsel nach dem neuen Umwandlungsgesetz, GmbHR 1995, 161; *Wilm*, Abfindung zum Börsenkurs – Konsequenzen der Entscheidung des BVerfG, NZG 2000, 234; *Wilsing/Kruse*, Maßgeblichkeit der Börsenkurse bei umwandlungsrechtlichen Verschmelzungen?, DStR 2001, 991; *Winter*, Die Verschmelzung von Kapitalgesellschaften, Verschmelzungsbericht/-prüfung, in: Lutter (Hrsg.), Kölner Umwandlungsrechtstage, 1995, 25; *Zimmermann*, Verschmelzungsprüfung bei der GmbH-Verschmelzung, in: FS Brandner, 1996, S. 167.

I. Normzweck

1 § 9 setzt Art. 10 Abs. 1 der Dritten gesellschaftsrechtlichen Richtlinie (Verschmelzungsrichtlinie)[1] um und geht über die dortigen Anforderungen hinaus. Während in der Richtlinie die Verschmelzungsprüfung nur bei Beteiligung von Aktiengesellschaften oder KGaA vorgesehen ist, sieht § 9 die Verschmelzungsprüfung grundsätzlich für **alle Verschmelzungsvorgänge** (mit Ausnahmen bei Abs. 2 und 3) vor, soweit diese gesetzlich angeordnet ist.[2] Da § 9 die Prüfung des

1 Dritte Richtlinie 78/855/EWG vom 9.10.1978.

2 Dies ist hinsichtlich eines möglichen Vorabentscheidungsverfahrens vor dem EuGH gem. Art. 267 AEUV zu beachten.

Vertrages statuiert, besteht die praktische Erleichterung, dass die beteiligten Rechtsträger gemeinsam geprüft werden können und nicht jeder beteiligte Rechtsträger gesondert zu prüfen ist.

§ 9 bezweckt einzig den präventiven **Schutz der Anteilsinhaber** der beteiligten Rechtsträger. 2
Gläubiger und Arbeitnehmer sind vom Schutzzweck nicht umfasst.[3] Dieses Schutzinteresse ist – insoweit geht § 9 über die Forderungen der Richtlinie hinaus – unabhängig von der Rechtsform des beteiligten Rechtsträgers bei allen Verschmelzungsvorgängen gleich.[4] Durch eine unabhängige Verschmelzungsprüfung soll sichergestellt werden, dass die Anteilsinhaber aufgrund korrekter Informationen über die Verschmelzung abstimmen und somit einer möglichen Übervorteilung der Anteilsinhaber eines beteiligten Rechtsträgers aufgrund eines unangemessenen Umtauschverhältnisses vorgebeugt wird.[5] Der Prüfungsbericht ergänzt somit den Verschmelzungsbericht.[6] Der Inhalt des Prüfungsberichts ist für die Anteilsinhaber insbesondere dann wichtig, wenn im Verschmelzungsbericht aufgrund §§ 8 Abs. 2, 12 Abs. 3 bestimmte Tatsachen nicht aufgenommen wurden.

II. Anwendungsbereich

§ 9 statuiert lediglich, dass eine Verschmelzungsprüfung durchzuführen ist, sofern diese vom 3
Gesetz vorgeschrieben ist, ohne jedoch eine konkrete Prüfung gesetzlich anzuordnen. Die konkrete Anordnung der Prüfung ergibt sich vielmehr aus den für die einzelnen Rechtsformen aufgestellten Vorschriften des besonderen Teils des UmwG. Dort finden sich, mit unterschiedlichen Anforderungen für den Einzelfall, Prüfungspflichten bzw Rechte von Anteilsinhabern, eine Prüfung zu verlangen, in den §§ 44, 45 e, 48, 60, 78, 81, 100, 122 f. Unterscheiden lassen sich hier Prüfungen auf Antrag (§§ 3, 44, 48, 100 S. 2), Pflichtprüfungen mit Verzichtsmöglichkeit der Anteilseigner (§§ 60, 78, 100, 122 f) sowie Pflichtprüfungen ohne Verzichtsmöglichkeit (§ 81).[7]

1. Prüfungspflicht mit Verzichtsmöglichkeit. Grundsätzlich ist dabei die Verschmelzungsprü- 4
fung eine **Pflichtprüfung**, die im Einzelfall jedoch **verzichtbar** ist, wie etwa unter Beteiligung einer AG oder KGaA sowie eines wirtschaftlichen Vereins, §§ 60, 78, 100. Die Verzichtsmöglichkeit ergibt sich hier aus der Verweisung des § 9 Abs. 3 auf § 8 Abs. 3. Einzig bei Beteiligung einer eG ist eine Verzichtmöglichkeit nicht vorgesehen (§ 81), so dass immer ein Gutachten des genossenschaftlichen Prüfverbandes notwendig ist.

2. Antragsprüfung bei Personenhandelsgesellschaften, GmbH und eingetragenem Verein. Be- 5
sonderheiten der Verschmelzungsprüfung ergeben sich für Personenhandelsgesellschaften. Diese können grundsätzlich gemäß § 43 Abs. 1 nur unter Zustimmung aller Gesellschafter verschmolzen werden. Dieses Einstimmigkeitserfordernis wirkt wie ein Verzicht der Gesellschafter auf die Verschmelzungsprüfung, so dass keine zwingende Verschmelzungsprüfung durchzuführen ist. Sofern eine Prüfung dennoch gewollt ist, kann bereits ein einzelner Gesellschafter eine Prüfung gemäß der §§ 10 ff zur Voraussetzung seiner Zustimmung machen.[8] Sollte der Gesellschaftsvertrag eine abweichende Regelung der notwendigen Mehrheitsverhältnisse (zB einfacher Mehrheitsbeschluss oder qualifizierte Mehrheit) treffen, statuiert § 44 die Pflicht zur Verschmelzungsprüfung für den Fall, dass **mindestens ein Gesellschafter** dies fordert. Mit diesem Vehikel sind alle beteiligten Gesellschafter vor einer Umgehung der Prüfungspflicht geschützt;

3 S. zum jeweiligen Schutzzweck auch bereits § 4 Rn 21; § 8 Rn 2.
4 S. dazu die GesBegr. bei *Ganske*, Umwandlungsrecht, S. 55.
5 Widmann/Mayer/*Mayer*, § 9 Rn 13; ausf. zur Normhistorie Semler/Stengel/*Zeidler*, § 9 Rn 2; Lutter/*Lutter/Drygala*, § 9 Rn 4.
6 BGH ZIP 1989, 980, 982.
7 Lutter/*Lutter/Drygala*, § 9 Rn 7; Semler/Stengel/*Drinhausen*, § 122 f Rn 7; aA für die grenzüberschreitende Verschmelzung Semler/Stengel/*Zeidler*, § 9 Rn 8.
8 Dazu KölnKomm-UmwG/*Simon*, § 9 Rn 5; Semler/Stengel/*Zeidler*, § 9 Rn 7; Gleiches gilt für die Beteiligung von Partnerschaftsgesellschaften, § 45 e.

§ 44 dient dem Schutz der (Minderheits-)Gesellschafter.[9] Diese Regel gilt nach § 45 e auch für die Beteiligung von Partnerschaftsgesellschaften sowie dem eingetragenen Verein.

6 Bei einer GmbH ist der Verschmelzungsvertrag gem. § 48 nur dann zu prüfen, wenn dies **mindestens ein Gesellschafter** innerhalb einer Frist von einer Woche, nachdem er die in § 47 genannten Unterlagen erhalten hat, formlos gegenüber der GmbH beantragt. Zu Beweiszwecken ist auch hier aus praktischen Gründen für den Antrag die Schrift- oder Textform zu empfehlen.

7 Beim eingetragenen Verein ist eine Prüfung gem. § 100 S. 2 nur dann durchzuführen, wenn dies mindestens 10% der Mitglieder schriftlich verlangen.

8 Sofern **Mischverschmelzungen** zwischen Rechtsträgern unterschiedlicher Rechtsformen vorgenommen werden, bestimmt sich die Prüfungspflicht nach der jeweiligen Rechtsform der beteiligten Rechtsträger, so dass bei einer Verschmelzung einer AG auf eine GmbH für Erstere § 60 Abs. 1 und für Letztere § 48 einschlägig ist.[10] Hierbei ist gem. § 30 Abs. 2 auch stets eine Prüfung des Abfindungsangebots gem. § 29 notwendig.[11]

9 **3. Pflichtprüfung.** Unabhängig von der Rechtsform der beteiligten Rechtsträger ist eine Verschmelzungsprüfung stets dann durchzuführen, wenn eine **Barabfindung** eines Anteilsinhabers erfolgt, § 30 Abs. 2. Der damit verbundene Austritt eines Anteilsinhabers ist der folgenschwerste Eingriff in die Rechtsstellung eines Anteilsinhabers und gebietet diese Pflichtprüfung als Schutzmaßnahme.[12] Dementsprechend ist die Hürde einer Verzichtsmöglichkeit – wie auch in § 9 Abs. 3 über den Verweis auf § 8 Abs. 3 statuiert – sehr hoch angelegt; diese ist nur möglich, wenn die Erklärung des Berechtigten notariell beurkundet ist, § 30 Abs. 2 S. 3. Berechtigt im Sinne des § 30 Abs. 2 sind diejenigen Anteilsinhaber, die gegen den Verschmelzungsbeschluss der Anteilsinhaberversammlung **Widerspruch zu Protokoll** erklären.[13] Da sich die Berechtigung demzufolge erst aus der Teilnahme an der Anteilsinhaberversammlung ergibt, kann die Anzahl der Widersprüche auch nicht prognostiziert werden; in praktischer Hinsicht empfiehlt es sich daher, sofern nicht feststeht, dass alle Anteilsinhaber zustimmen und keinen Widerspruch erheben, eine prophylaktische Prüfung schon vorher durchzuführen.[14]

10 Die Verschmelzungsprüfung ist auch außerhalb von Verschmelzungen Ziel von Verweisungen. § 125 S. 1 verweist für die **Spaltung** auf § 9 Abs. 1 und 3; bei der **Ausgliederung** ist eine Prüfung ausgeschlossen, § 125 S. 2. Die §§ 176 ff ordnen die Geltung des § 9 für die **Vermögensübertragung** an. Der **Formwechsel** verweist auf die Anwendung der Gründungsvorschriften der avisierten Gesellschaft, was uU auch eine der Verschmelzungsprüfung vergleichbare Gründungsprüfung bedeutet, vgl etwa § 33 AktG.[15] Anderweitige Pflichtprüfungen wie die Gründungsprüfung oder eine Sacheinlageprüfung im Rahmen einer Kapitalerhöhung werden von der Verschmelzungsprüfung nicht verdrängt, sondern sind **kumulativ** durchzuführen.[16]

11 **4. Prüfer.** Wer sachverständiger Prüfer gem. Abs. 1 sein kann, wird nicht in § 9, sondern in § 11 Abs. 1 unter Verweis auf §§ 319 ff HGB ausgeführt.[17] § 9 Abs. 1 eröffnet die Möglichkeit, einen oder sogar mehrere Prüfer für jeden der beteiligten Rechtsträger zu bestellen.

III. Verschmelzungsprüfung, Abs. 1

12 **1. Gegenstand.** Gegenstand der Prüfung ist gemäß Wortlaut des Abs. 1 der Verschmelzungsvertrag oder sein Entwurf. Dieser setzt sich zusammen aus den inhaltlichen Vorgaben des § 5 sowie den rechtsformspezifischen zusätzlichen Angaben, etwa aus den §§ 40, 45 b, 46, 80 so-

9 S. auch Lutter/*Lutter/Drygala*, § 9 Rn 6; KölnKomm-UmwG/*Simon*, § 9 Rn 6.
10 Semler/Stengel/*Zeidler*, § 9 Rn 10; Widmann/Mayer/*Mayer*, § 9 Rn 4.
11 Widmann/Mayer/*Mayer*, § 9 Rn 4.
12 Lutter/*Lutter/Drygala*, § 9 Rn 7.
13 Vgl dazu *Zimmermann* in: FS Brandner, S. 167, 177 ff; Lutter/*Lutter/Drygala*, § 9 Rn 7.
14 So die Empfehlung bei Lutter/*Lutter/Drygala*, § 9 Rn 7.
15 S. Lutter/*Lutter/Drygala*, § 9 Rn 8.
16 BT-Drucks. S. 9/1065, S. 16; Semler/Stengel/*Zeidler*, § 9 Rn 4.
17 S. § 11 Rn 2 ff.

wie den Angaben des § 62 Abs. 5 im Fall des umwandlungsrechtlichen Squeeze Out. Die Verschmelzungsprüfer haben die Einhaltung dieser Voraussetzungen innerhalb des Vertragswerkes auf **Vollständigkeit** und **Richtigkeit** zu überprüfen.[18] Soweit die beteiligten Rechtsträger über diese Pflichtangaben hinaus sowohl fakultative Bestandteile als auch freiwillige Vereinbarungen, wie etwa aufschiebende Bedingungen, treffen, unterliegen diese dann der Prüfungspflicht, wenn sie Bedeutung für die Gültigkeit des Verschmelzungsvertrages haben.[19]

Sollten sich nachträgliche Änderungen am Verschmelzungsvertrag oder dem Entwurf ergeben, ist eine **erneute Prüfung** des Vertrages, bzw dieser Änderungen erforderlich.[20] Hat die Prüfung – wie im Falle des § 44 – nur auf Antrag einzelner Gesellschafter stattgefunden, kann mit deren ausdrücklicher Zustimmung auf diese Nachtragsprüfung verzichtet werden, arg. e. § 44.[21] 13

In zeitlicher Hinsicht kann der Verschmelzungsprüfer parallel zur Erstellung der für ihn maßgeblichen Unterlagen seine eigene Prüfung einleiten, sog. **Parallelprüfung.** Ein Teil des Schrifttums ist der Auffassung, dass der Prüfer erst nach Fertigstellung und Vorlage der internen Bewertung mit seiner Prüfung beginnen darf.[22] Dies ist mit der Rechtsprechung und der hM im Schrifttum jedoch abzulehnen, da eine solche Restriktion weder aus den Normen des UmwG noch aus den §§ 319 ff HGB zu entnehmen ist[23] und dies die Prüfung unnötig verzögern würde. Der Verschmelzungsprüfer darf im Rahmen der Prüfung auftretende Frage hinsichtlich der Unternehmensbewertung mit den Leitungsorganen besprechen.[24] 14

Als Bewertungsstichtag ist nach richtiger Auffassung der im Verschmelzungsvertrag festgelegte **Verschmelzungsstichtag** heranzuziehen;[25] dieser ist Grundlage der Ermittlung des Unternehmenswertes. Nachträglich eintretende relevante positive oder negative Entwicklungen, die sich im Zeitraum zwischen dem Verschmelzungsstichtag und der Finalisierung der Prüfung ergeben, sind freilich vom Prüfer zu berücksichtigen.[26] 15

2. Prüfungsumfang. Da die Verschmelzungsprüfung dem Ziel des Anteilsinhaberschutzes dient, liegt ihr wesentlicher Kern in der **Kontrolle der Angemessenheit des Umtauschverhältnisses.**[27] Sofern eine Barabfindung gem. § 29 angeboten wird, ist auch diese auf ihre Angemessenheit zu überprüfen; diese Prüfung ist gem. § 30 Abs. 2 zwingend, sofern kein Verzicht der Anteilsinhaber gem. § 30 Abs. 2 S. 2 erfolgt. Ziele der Prüfung sind dabei zusammengefasst die Vollständigkeit des Verschmelzungsvertrages, die Richtigkeit der wirtschaftlichen und rechtlichen Angaben im Verschmelzungsvertrag sowie die Angemessenheit des Umtauschverhältnisses (einschl. barer Zuzahlungen).[28] An dieser Stelle kommt den Verschmelzungsprüfern eine vertrauensbildende Bedeutung zu, da ihr unabhängiges Prüfungsergebnis wesentlichen Einfluss auf die Entscheidung der Anteilsinhaber haben wird; dies folgt auch aus § 12 Abs. 2. Insbesondere wird die Prüfung der Verschmelzungsprüfer hinsichtlich der Kontrolldichte detaillierter sein als die Plausibilitätskontrolle durch die Anteilsinhaber (s.o.). 16

18 Musterentwurf einer Verschmelzungsprüfung zB bei Münchener Vertragshandbuch Band 1 Gesellschaftsrecht/*Hoffmann-Becking*, XI. 3.

19 Für vereinbarte Bedingungen gilt dies in jedem Fall, vgl Lutter/*Lutter/Drygala*, § 9 Rn 9; streitig ist dies hingegen für etwaige Kostenregelungen, dafür Kallmeyer/*Müller*, § 9 Rn 12, dagegen Semler/Stengel/*Zeidler*, § 9 Rn 15; Lutter/*Lutter/Drygala*, § 9 Rn 9.

20 Kallmeyer/*Müller*, § 9 Rn 15; KölnKomm-UmwG/*Simon*, § 9 Rn 12; differenzierend Widmann/Mayer/*Mayer*, § 9 Rn 29.

21 Semler/Stengel/*Zeidler*, § 9 Rn 24; KölnKomm-UmwG/*Simon*, § 9 Rn 12.

22 So *Büchel*, NZG 2003, 793, 801; Lutter/*Bezzenberger*, AG 2000, 433, 439; *Puszkajler*, ZIP 2003, 518, 521.

23 BGH, NZG 2006, 905, 906 (DSL), 2082; OLG Frankfurt/M., ZIP 2008, 1966; OLG Köln, NZG 2005, 931; Kallmeyer/*Müller*, § 11 Rn 27 f; *Leuering*, NZG 2004, 606, 608 ff.

24 Deutlich BGH, NZG 2006, 905, 906 (DSL); OLG Düsseldorf, AG 2006, 202.

25 So auch Semler/Stengel/*Zeidler*, § 9 Rn 42; aA und auf den Zeitpunkt der Eintragung der Verschmelzung abstellend *Hoffmann-Becking* in: FS Fleck, S. 105, 115 bzw auf den Zeitpunkt der Beschlussfassung der Anteilsinhaber des übertragenden Rechtsträgers abstellend Widmann/Mayer/*Mayer*, § 5 Rn 131.

26 *Hoffmann-Becking* in: FS Fleck 1988, S. 105, 116 ff; Semler/Stengel/*Zeidler*, § 9 Rn 42.

27 Allg. Meinung, vgl Kallmeyer/*Müller*, § 9 Rn 22 ff; *Bayer*, ZIP 1997, 1613, 1620 ff; Lutter/*Winter*, Kölner Umwandlungsrechtstage, 33, 35; dies umfasst selbstverständlich auch etwaige bare Zuzahlungen.

28 BGH, NJW 1989, 2689, 2690 (Kochs-Adler).

17 Die **Prüfungstiefe** führt dabei jedoch nicht soweit, dass der Prüfer die beteiligten Rechtsträger eigenständig neu bewerten oder gar das Umtauschverhältnis selber feststellen muss. Er kann vom bereits vorliegenden Prüfungsmaterial ausgehen und dieses auf Vollständigkeit und Richtigkeit prüfen. Soweit eine Bewertung der Rechtsträger nach der (o.g.) Ertragswertmethode erfolgt ist, können so die zugrunde gelegten Vergangenheitswerte oder die Gleichbehandlung von gleichen Sachverhalten geprüft werden.[29] Bei börsennotierten Unternehmen kann die Heranziehung des Börsenkurses zur Ermittlung des Umtauschverhältnisses geprüft werden; im Übrigen liegen der Berechnung prognostische Werte (etwa Planzahlen) und Wertungsentscheidungen zu Grunde, die vom Prüfer begriffslogisch nicht vollständig auf Richtigkeit geprüft werden können; hier bleibt nur eine Prüfung, ob die gewählte **Bewertungsmethode** vertretbar war und ordnungsgemäß angewendet wurde.[30] Hierbei ist insbesondere zu prüfen, ob alle Anteilsinhaber der beteiligten Rechtsträger gleichbehandelt wurden, ob deren Gesellschaftsrechte bzw Mitgliedschaftsrechte angemessen bewertet wurden und ob die Bewertung der einzelnen beteiligten Rechtsträger hinsichtlich der in Ansatz zu bringenden Risiken und Chancen nach einem für sämtliche beteiligten Rechtsträger gleichen Maßstab bewertet wurden.[31] Konsequenterweise bleibt der Ermessensspielraum, der sich aus dem Angemessenheitsbegriff ergibt, nicht dem Verschmelzungsprüfer, sondern vielmehr den Vertretungsorganen der beteiligten Rechtsträger vorbehalten.

18 Ausgenommen von der Verschmelzungsprüfung ist die wirtschaftliche **Zweckmäßigkeit** der Verschmelzung.[32] In diesem Zusammenhang ist nämlich die Frage zu beurteilen, ob in der Verschmelzung die richtige Entscheidung zur Verfolgung des Unternehmenszwecks liegt und damit liegt eindeutig eine nicht zu prüfende unternehmerische Entscheidung der Anteilsinhaber vor. Auch hat der Prüfer die wirtschaftlichen Aussichten des übernehmenden Rechtsträgers nach der Verschmelzung grundsätzlich nicht zu prüfen.[33] Für diese durch die Anteilsinhaber zu treffende Entscheidung sollen freilich die Informationen aus Verschmelzungsbericht und -prüfung eine ausreichende Grundlage bieten.

19 Sofern übertragender Rechtsträger ein Verein oder eine Genossenschaft ist, sind durch den Prüfer die Wertrechte der Mitgliedschaft festzustellen und diese sowie bestehende Sonderrechte (§ 35 BGB) hinsichtlich der Beteiligung am übernehmenden Rechtsträger und des gewählten Umtauschverhältnisses zu prüfen.

20 **3. Keine Prüfung des Verschmelzungsberichts.** Die Verschmelzungsprüfung bezieht sich nicht auf die Prüfung des **Verschmelzungsberichts.**[34] Soweit in der Literatur behauptet wird, dass zusätzlich die Vollständigkeit[35] bzw die Richtigkeit[36] des Verschmelzungsberichts Gegenstand der Verschmelzungsprüfung ist, muss beiden Ansichten eine Absage erteilt werden. Da der Wortlaut des § 9 die Prüfung des Verschmelzungsvertrages oder seines Entwurfes vorsieht, ist weder für die Prüfung der Richtigkeit noch der Vollständigkeit des Verschmelzungsberichtes Raum. Auch aus dem in § 9 umgesetzten Art. 10 der Dritten gesellschaftlichen Richtlinie ergibt sich nichts anderes.[37] Ferner hat das UmwG keine Voraussetzung aufgestellt, dass der Verschmel-

29 Ausf. *Bayer*, ZIP 1997, 1613, 1616 ff; Lutter/*Lutter*/*Drygala*, § 9 Rn 11; Semler/Stengel/*Zeidler*, § 9 Rn 38.

30 Lutter/*Lutter*/*Drygala*, § 9 Rn 11; KölnKomm-UmwG/*Simon*, § 9 Rn 17 ff.

31 S. dazu *Dörfler*/*Gahler*/*Unterstraßer*/*Wirichs*, BB 1994, 156 ff; *Schildbach*, zfbf 1995, 620, 622; Kallmeyer/*Müller*, § 9 Rn 24 ff.

32 *Bayer*, ZIP 1997, 1613, 1621; Widmann/Mayer/*Mayer*, § 9 Rn 22 f; Semler/Stengel/*Zeidler*, § 9 Rn 16.

33 So auch Kallmeyer/*Müller*, § 9 Rn 22, der freilich eine Warn- und Hinweispflicht bei Bedenken an der wirtschaftlichen Lebensfähigkeit des übernehmenden Rechtsträgers aufgrund der Auswirkung auf die Angemessenheit des Umtauschverhältnisses annimmt.

34 KölnKomm-UmwG/*Simon*, § 9 Rn 13; Semler/Stengel/*Zeidler*, § 9 Rn 17; Lutter/*Lutter*/*Drygala*, § 9 Rn 12 f; Lutter/*Winter*, Kölner Umwandlungsrechtstage, 33, 35; Kallmeyer/*Müller*, § 9 Rn 11.

35 Eine vollständige Prüfung unter Hinweis auf den Minderheitenschutzes verlangt *Bayer*, ZIP 1997, 1613, 1621; ähnlich *Becker*, AG 1988, 223, 225.

36 Nur die Prüfung der Richtigkeit des Verschmelzungsberichts verlangen als vermittelnde Ansicht verlangen *Priester*, ZGR 1990, 420, 429 ff; *Hoffmann-Becking* in: FS Fleck, S. 105, 120 ff.

37 S. dazu Lutter/*Lutter*/*Drygala*, § 9 Rn 12; vgl auch *Hommelhoff*, ZGR 1993, 452, 464.

zungsbericht zum Zeitpunkt der Prüfung vorliegen muss, was für eine Einbeziehung in die Prüfung jedoch eine konsequente Voraussetzung wäre.[38]

Es besteht ferner auch kein Bedürfnis für eine eigenständige Prüfung des Verschmelzungsberichts, da eine Kontrolle dessen Richtigkeit indirekt erfolgt. Da hauptsächlicher Gegenstand der Verschmelzungsprüfung das Umtauschverhältnis ist, muss der Prüfer ermitteln und beurteilen, welche Voraussetzungen und Prognosen dazu in der Unternehmensbewertung zugrunde gelegt wurden (s.o.). Soweit der Verschmelzungsbericht vor der Prüfung bereits vorliegt, kann dieser dazu als Informationsquelle herangezogen werden.[39] Stellt der Prüfer dabei fest, dass die zugrunde gelegten Parameter falsch oder unvertretbar (insb. bei Planzahlen) waren, muss der Prüfer dies beanstanden. Diese Pflicht trifft ihn unabhängig davon, ob diese Parameter Eingang in den Verschmelzungsbericht gefunden haben.[40] Sollte dies der Fall sein, liegt darin zumindest eine indirekte Richtigkeitskontrolle des Verschmelzungsberichts. 21

Klarheit vermittelt ferner die Betrachtung des zeitlichen Ablaufes des Verschmelzungsvorganges: Die Entscheidung der Anteilsinhaber (Zustimmungsbeschluss) erfolgt nach Prüfung und Bericht. Daraus zeigt sich, dass die Verschmelzungsprüfung (des Vertrages) gemeinsam mit dem Verschmelzungsbericht des Vertretungsorgans ein ineinander greifendes System der Vorabinformation der Anteilsinhaber sein soll, welches deren eigenständige Prüfung des Verschmelzungsvorhabens ermöglicht.[41] 22

IV. Entbehrlichkeit der Prüfung, Abs. 2

Nach Abs. 2 ist eine Prüfung entbehrlich, wenn sich alle Anteile des übertragenden Rechtsträgers in der Hand des übernehmenden Rechtsträgers befinden, sog. **Tochterverschmelzung** bzw **upstream-merger**. In diesem Fall finden kein Anteilstausch und damit keine Mitgliedschaftsperpetuierung statt, so dass insoweit auch keine schutzbedürftigen Interessen von Anteilsinhabern bestehen.[42] Für die Frage, ob sich alle Anteile des übertragenden Rechtsträgers in der Hand des übernehmenden Rechtsträgers befinden, kommt es einzig auf die rechtliche Beteiligung am Nennkapital bzw die mitgliedschaftliche Stellung der Anteilsinhaber an. Auf die wirtschaftliche Inhaberschaft kommt es hingegen nicht an. Eigene Anteile des übertragenden Rechtsträgers an sich selbst sind unschädlich.[43] Eine Kontrolle dieser Voraussetzung erfolgt im Rahmen der registerrechtlichen Eintragungsprüfung. Abs. 2 steht damit im Kontext zu § 5 Abs. 3 (Entbehrlichkeit der Angaben zur Mitgliedschaftsperpetuierung, siehe § 5 Rn 34) und § 8 Abs. 3 (Entbehrlichkeit des Berichts bei Tochterverschmelzung, siehe § 8 Rn 43). 23

Obgleich die Interessenlage vergleichbar ist, findet Abs. 2 nach seinem eindeutigen Wortlaut keine Anwendung auf die Verschmelzung zweier 100%iger Tochtergesellschaften, sog. **Schwesterverschmelzung** bzw **sidestream-merger**, oder auf die Verschmelzung einer Enkelgesellschaft auf die Muttergesellschaft. Allerdings wird sich in praktischer Hinsicht ein Prüfungsbedürfnis dann nicht stellen, wenn die Muttergesellschaft bei Personenhandelsgesellschaften entweder keine Prüfung beantragt (arg.e. § 44) oder bei Kapitalgesellschaften darauf verzichtet, arg.e. § 9 Abs. 3. 24

V. Verweisung auf § 8 Abs. 3

Die Verweisung des § 9 Abs. 3 auf § 8 Abs. 3 hat zum Inhalt, dass die Prüfung entbehrlich ist, wenn entweder alle Anteilsinhaber auf diese verzichten oder sich alle Anteile des übertragenden Rechtsträgers in der Hand des übernehmenden Rechtsträgers befinden. Die letzte Alterna- 25

38 Lutter/*Lutter/Drygala*, § 9 Rn 14; Semler/Stengel/*Zeidler*, § 9 Rn 22.
39 KölnKomm-UmwG/*Simon*, § 9 Rn 13.
40 Konsequent Lutter/*Lutter/Drygala*, § 9 Rn 13.
41 So anschaulich Lutter/*Lutter/Drygala*, § 9 Rn 10.
42 S. dazu die GesBegr. *Ganske*, Umwandlungsrecht, S. 55; KölnKomm-UmwG/*Simon*, § 9 Rn 2.
43 S. hierzu die Ausführungen zu § 5 Abs. 2 (§ 5 Rn 110).

tive ist bereits in Abs. 2 geregelt, so dass diese Verweisung überflüssig ist.[44] Der Anwendungsbereich dieser Verweisung beschränkt sich auf die **Spaltung**, da § 125 den § 9 Abs. 2 für die Spaltung als anwendbar erklärt.

26 Aufgrund der Schutzrichtung des § 9 zugunsten der Anteilsinhaber ist dieser für die Anteilsinhaber **dispositiv**, dh die Anteilsinhaber können auf die Prüfung des Verschmelzungsvertrages verzichten. Dies ist aufgrund der Verweisung des § 9 Abs. 3 auf § 8 Abs. 3 auch hier möglich. Alle beteiligten Anteilsinhaber müssen freilich in notariell beurkundeter Form verzichten.[45]

27 Bedeutung entfaltet dies vor allem für die AG und den wirtschaftlichen Verein, da bei den übrigen Rechtsformen grundsätzlich (§ 30 Abs. 2) eine Prüfung nur auf Verlangen stattfindet und die eG keinen Verzicht erlaubt (§ 81). Praktische Bedeutung entfaltet sie idR für die personalistisch geprägte AG, da sie eine Aufwands- und Kostenvermeidung erlaubt. Ein Konflikt mit den Vorgaben des Art. 10 der Dritten gesellschaftsrechtlichen Richtlinie, der eine Verzichtsmöglichkeit vorsieht, gibt es hier nicht: Auch nach dem Zweck der Richtlinie kann ein Schutz der Anteilsinhaber gegen ihren Willen nicht gewollt sein.[46]

§ 10 Bestellung der Verschmelzungsprüfer

(1) [1]Die Verschmelzungsprüfer werden auf Antrag des Vertretungsorgans vom Gericht ausgewählt und bestellt. [2]Sie können auf gemeinsamen Antrag der Vertretungsorgane für mehrere oder alle beteiligten Rechtsträger gemeinsam bestellt werden. [3]Für den Ersatz von Auslagen und für die Vergütung der vom Gericht bestellten Prüfer gilt § 318 Abs. 5 des Handelsgesetzbuchs.

(2) [1]Zuständig ist jedes Landgericht, in dessen Bezirk ein übertragender Rechtsträger seinen Sitz hat. [2]Ist bei dem Landgericht eine Kammer für Handelssachen gebildet, so entscheidet deren Vorsitzender an Stelle der Zivilkammer.

(3) Auf das Verfahren ist das Gesetz über das Verfahren in Familiensachen und in den Angelegenheiten der freiwilligen Gerichtsbarkeit anzuwenden, soweit in den folgenden Absätzen nichts anderes bestimmt ist.

(4) [1]Gegen die Entscheidung findet die Beschwerde statt. [2]Sie kann nur durch Einreichung einer von einem Rechtsanwalt unterzeichneten Beschwerdeschrift eingelegt werden.

(5) [1]Die Landesregierung kann die Entscheidung über die Beschwerde durch Rechtsverordnung für die Bezirke mehrerer Oberlandesgerichte einem der Oberlandesgerichte oder dem Obersten Landesgericht übertragen, wenn dies der Sicherung einer einheitlichen Rechtsprechung dient. [2]Die Landesregierung kann die Ermächtigung auf die Landesjustizverwaltung übertragen.

Literatur:

Bungert, Zuständigkeit des Landgerichts bei Bestellung des Verschmelzungsprüfers im neuen Umwandlungsrecht, BB 1995, 1399; *Bungert/Mennicke*, BB-Gesetzgebungsreport: Das Spruchverfahrensneuordnungsgesetz, BB 2003, 2021; *Lamb/Schluck-Amend*, Die Neuregelung des Spruchverfahrens durch das Spruchverfahrensneuordnungsgesetz, DB 2003, 1259; s. ferner die Angaben zu § 9.

44 Lutter/*Lutter/Drygala*, § 9 Rn 19 stellen hier ebenfalls klar, dass es sich um eine überflüssige Doppelregelung handelt; ebenso Widmann/Mayer/*Mayer*, § 9 Rn 39.

45 S. § 8 Rn 42.

46 So deutlich Lutter/*Lutter/Drygala*, § 9 Rn 18; ausf. Widmann/Mayer/*Mayer*, § 9 Rn 37 f; KölnKomm-UmwG/*Simon*, § 9 Rn 34.

I. Normzweck

§ 10 dient der Umsetzung des Art. 10 der Dritten gesellschaftsrechtlichen Richtlinie (Umwandlungsrichtlinie)[1] und regelt die **Bestellung** der Verschmelzungsprüfer auf Antrag des Vertretungsorgans des beteiligten Rechtsträgers. Im Einzelnen umfasst die Bestellung die Auswahl, die rechtsgeschäftliche Beauftragung sowie die Annahme des Prüfauftrages selber. Sofern die Vertretungsorgane der beteiligten Rechtsträger den Antrag stellen, bietet Abs. 1 S. 2 eine Verfahrenserleichterung, wonach die Verschmelzungsprüfer auch für mehrere oder alle beteiligten Rechtsträger **gemeinsam** bestellt werden können.[2] Durch diese Regelung wird die Bestellung des Verschmelzungsprüfers an das Spruchverfahren angeglichen.[3] Dies soll der Verfahrensökonomie und -beschleunigung dienen.[4] 1

Indem Abs. 1 S. 1 die Bestellung der Prüfer durch ein Gericht vorschreibt, soll die **Unparteilichkeit** der Prüfer verdeutlicht werden. Anderenfalls würde die Glaubhaftigkeit ihrer Prüfungsergebnisse durch den möglichen Eindruck der Parteinähe gegenüber den Anteilsinhabern bereits ex-ante getrübt.[5] Die Bestellung durch ein Gericht verhindert gleichzeitig den gerichtlichen Streit über die Bestellung.[6] 2

§ 10 ist auf alle verschmelzungsfähigen Rechtsträger anwendbar und gilt auch für an einer grenzüberschreitenden Verschmelzung beteiligte Gesellschaften mit Sitz in Deutschland. 3

II. Bestellung des Verschmelzungsprüfers

1. Bestellung, Abs. 1. Gem. Abs. 1 wird der Verschmelzungsprüfer auf Antrag des Vertretungsorgans des beteiligten Rechtsträgers vom Gericht ausgewählt und bestellt.[7] Gem. Abs. 1 S. 2 besteht die Möglichkeit, auf gemeinsamen Antrag der Vertretungsorgane der beteiligten Rechtsträger den oder die Verschmelzungsprüfer auch für mehrere oder alle beteiligten Rechtsträger gemeinsam bestellen zu lassen. Das Gericht ist bei der Auswahl sowohl für die Rechtmäßigkeit als auch für die **Zweckmäßigkeit** der Prüferbestellung verantwortlich und hat – zur Erreichung des gesetzlich intendierten Beschleunigungszwecks – bei entsprechenden Zweifeln einen Prüfer zu bestellen, der nicht von den Vertretungsorganen der beteiligten Rechtsträger vorgeschlagen wurde.[8] 4

2. Zuständigkeit, Abs. 2. Örtlich zuständig für die Bestellung des Verschmelzungsprüfers ist das **Landgericht**, in dessen Bezirk der übertragende Rechtsträger seinen Sitz hat, Abs. 2. Maßgeblich für die örtliche Zuständigkeit ist dabei nach richtiger Auffassung der Verwaltungssitz des Rechtsträgers, § 17 Abs. 1 ZPO.[9] Sind mehrere übertragende Rechtsträger beteiligt, so steht diesen ein Wahlrecht zu, welches Gericht die Bestellung durchführen soll.[10] Diese Option ist auch nicht davon abhängig, dass ein gemeinsamer Verschmelzungsprüfer bestellt werden 5

1 Dritte gesellschaftsrechtliche Richtlinie 78/855/EWG vom 9.10.1978.

2 Zum primären Anwendungsbereich auf die Verschmelzung mit Beteiligung einer SE s. Semler/Stengel/*Zeidler*, § 10 Rn 1; *Brandes*, AG 2005, 177, 183.

3 Gesetz zur Neuordnung des gesellschaftsrechtlichen Spruchverfahrens vom 16.12.2003 (BGBl. I S. 838).

4 Krit. dazu Semler/Stengel/*Zeidler*, § 10 Rn 5; *Meilicke/Heidel*, DB 2003, 2267, 2272; KölnKomm-UmwG/*Simon*, § 10 Rn 3.

5 S. die GesBegr. bei *Ganske*, Umwandlungsrecht, S. 56.

6 So der zutreffende Hinweis bei Lutter/*Lutter/Drygala*, § 10 Rn 2.

7 Die frühere Möglichkeit gem. § 10 Abs. 1 S. 1, den Verschmelzungsprüfer alternativ vom Vertretungsorgan bestellen zu lassen, wurde abgeschafft, um eine gerichtliche Auseinandersetzung möglichst zu verhindern (GesBegr., *Ganske*, Umwandlungsrecht, S. 57).

8 So auch KölnKomm-AktG/*Koppensteiner*, § 293 c Rn 6 zur korrespondierenden aktienrechtlichen Regelung bei Unternehmensverträgen; Kallmeyer/*Müller*, § 10 Rn 5.

9 So auch Widmann/Mayer/*Fronhöfer*, § 10 Rn 6.1; Lutter/*Lutter/Drygala*, § 10 Rn 4; aA Keidel/*Heinemann*, FamFG, § 377 Rn 7; Prütting/Helms/*Maass*, FamFG, § 377 Rn 3, die auf den statutarischen Sitz abstellen.

10 Lutter/*Lutter/Drygala*, § 10 Rn 4; in Widmann/Mayer/*Fronhöfer*, § 10 Rn 6; Semler/Stengel/*Zeidler*, § 10 Rn 11.

soll.[11] Gem. Abs. 3 ist eine Zuständigkeit aus § 2 FamFG herzuleiten, dh es entscheidet dasjenige Gericht, welches zuerst mit der Angelegenheit befasst war.[12] Aus der Möglichkeit der gemeinsamen Prüferbestellung ergibt sich, dass nicht jeder Rechtsträger zwingend einen eigenen Antrag bei dem für ihn zuständigen Landgericht stellen muss.[13]

6 Die **funktionale Zuständigkeit** ergibt sich aus Abs. 2 S. 2. Sofern bei dem Landgericht eine Kammer für Handelssachen (KfH) besteht, entscheidet deren Vorsitzender an Stelle der Zivilkammer, Abs. 2 S. 2.[14] Eines Antrages nach § 96 Abs. 1 GVG, um die funktionale Zuständigkeit der KfH zu begründen, bedarf es aufgrund des insoweit eindeutigen Wortlautes des Abs. 2 nicht.

7 Die **sachliche Zuständigkeit** des Landgerichts ist an die Regelung des Spruchverfahrens angeglichen worden (vgl § 2 SpruchG). Damit soll im Sinne der Verfahrensökonomie und -beschleunigung das für ein späteres Spruchverfahren zuständige Gericht (vgl § 15 Abs. 1) bereits in diesem Stadium zuständig sein.[15] Denn ein gerichtlich bestellter Prüfer soll vermeiden, dass in einem späteren Spruchverfahren ein Obergutachten eingeholt werden muss. Richtigerweise wird man annehmen müssen, dass die Erstellung eines Obergutachtens damit grundsätzlich weder entbehrlich noch vermieden wird, durch die gesteigerte Akzeptanz eines unabhängigen Prüfers jedoch in vielen Fällen die Möglichkeit besteht, im Spruchverfahren von diesem nur noch Ergänzungen und Erläuterungen zum Prüfungsbericht einzuholen.[16]

8 Die zuständigen Landesregierungen können gem. § 71 Abs. 2 Nr. 4 lit. d iVm Abs. 4 GVG eine **Zuständigkeitskonzentration** auf Ebene der Landgerichte durch Rechtsverordnung vornehmen, sofern dies der Sicherung einer einheitlichen Rechtsprechung dient. Diese Regelung entspricht der gleichlaufenden Möglichkeit im Spruchverfahren. Zuständigkeitskonzentrationen wurden bereits in Baden-Württemberg (LG Mannheim im OLG-Bezirk Karlsruhe und LG Stuttgart im OLG-Bezirk Stuttgart),[17] Bayern (LG München I im OLG-Bezirk München und LG Nürnberg im OLG-Bezirk Nürnberg und im OLG-Bezirk Bamberg),[18] Hessen (LG Frankfurt),[19] Mecklenburg-Vorpommern (LG Rostock),[20] Niedersachsen (LG Hannover),[21] Nordrhein-Westfalen (LG Dortmund im OLG-Bezirk Hamm, LG Düsseldorf im OLG-Bezirk Düsseldorf und LG Köln im OLG-Bezirk Köln)[22] und Sachsen (LG Leipzig)[23] vorgenommen. Diese Ermächtigungen wirken auch nach der Neufassung des § 10 fort.[24]

9 **3. Verfahren, Abs. 3.** Es handelt sich um ein Verfahren der freiwilligen Gerichtsbarkeit. Voraussetzung für die gerichtliche Bestellung ist ein **Antrag** des Vertretungsorgans eines beteiligten Rechtsträgers. Auf die Antragstellung finden nunmehr die Regelungen der §§ 1-85 FamFG Anwendung. Gemäß § 25 FamFG können die Beteiligten den Antrag gegenüber dem zuständigen Gericht schriftlich oder zur Niederschrift der Geschäftsstelle des Landgerichts oder eines beliebigen Amtsgerichts stellen. Der Antrag sollte vom Antragsteller unterschrieben werden, § 23 Abs. 1 S. 2 FamFG. Sofern das Gericht eine entsprechende technische Ausstattung vorhält, kann der Antrag auch fernschriftlich oder elektronisch (Telefax/E-Mail) gestellt werden.[25] Anwaltszwang besteht in diesem Stadium nicht.[26]

11 So auch Widmann/Mayer/*Fronhöfer*, § 10 Rn 6; Lutter/*Lutter/Drygala*, § 10 Rn 4.
12 So auch *Bungert*, BB 1995, 1399 ff.
13 Lutter/*Lutter/Drygala*, § 10 Rn 4.
14 S. dazu die GesBegr. bei *Ganske*, Umwandlungsrecht, S. 57.
15 BR-Drucks. 872/02, S. 36 f; krit. dazu Semler/Stengel/*Zeidler*, § 10 Rn 5; *Meilicke/Heidel*, DB 2003, 2267, 2272; KölnKomm-UmwG/*Simon*, § 10 Rn 3; Kallmeyer/*Müller*, § 10 Rn 1.
16 Lutter/*Lutter/Drygala*, § 10 Rn 21; KölnKomm-UmwG/*Simon*, § 10 Rn 4; Semler/Stengel/*Zeidler*, § 10 Rn 12.
17 VO vom 20.11.1998, GVBl. S. 680.
18 VO vom 28.8.2003, GVBl. S. 661.
19 VO vom 19.2.2004, GVBl. S. 98.
20 VO vom 28.3.1994, GVBl. S. 514.
21 VO vom 28.5.1996, GVBl. S. 283.
22 VO vom 16.12.2003, GVBl. 2004 S. 10.
23 VO vom 6.8.1996, GVBl. S. 369.
24 So auch Lutter/*Lutter/Drygala*, § 10 Rn 6 mit Bezugnahme auf die verfassungsgerichtliche Rechtsprechung zur Gültigkeit von Rechtsverordnungen nach späterer Änderung oder Entfall der Ermächtigungsnorm.
25 Keidel/*Sternal*, FamFG, § 25 Rn 13 ff.
26 Dazu auch KölnKomm-UmwG/*Simon*, § 10 Rn 8; Lutter/*Lutter/Drygala*, § 10 Rn 11.

a) **Inhalt.** Inhaltlich sollte der Antrag begründet werden; nach § 23 Abs. 1 FamFG sollen die zur **Begründung** dienenden Tatsachen angegeben und die Personen benannt werden, die als Beteiligte in Betracht kommen. Zur Herstellung einer Handhabungssicherheit hinsichtlich des Antrages wird vertreten, dass dem Antrag eine Ausfertigung des Verschmelzungsvertrages beigefügt werden soll, um dem Gericht die Prüfung der Voraussetzungen des § 10 zu ermöglichen;[27] allerdings findet diese Ansicht keine Grundlage im Gesetz.[28] Obgleich dies praktisch sinnvoll ist, obliegt die Prüfung des Vertrages allein dem Verschmelzungsprüfer und nicht dem Landgericht. Das Gericht benötigt den Vertrag bzw dessen Entwurf auch nicht für ein Bestellungsverfahren im Sinne der §§ 9 ff. Richtig erscheint es, die Verschmelzung im Rahmen des Antrages in ihren geplanten Grundzügen zu schildern; die beteiligten Rechtsträger sowie die Abschlussprüfer und die im Rahmen des Verschmelzungsvorgangs bereits involvierten Berater, die gem. §§ 11 Abs. 1 S. 1 UmwG iVm § 319 Abs. 2 HGB aufgrund Befangenheit ausscheiden,[29] sollten mitgeteilt werden. Ferner sollte aufgeführt werden, aus welchen Gründen eine Verschmelzungsprüfung erforderlich ist. Schließlich sollte darauf eingegangen werden, dass kein Fall des § 9 Abs. 2 vorliegt.[30] 10

b) **Entscheidung des Landgerichts.** Die Bestellung durch das Landgericht erfolgt nach Prüfung der formellen und materiellen Voraussetzungen durch **Beschluss**. Das Landgericht wird vorab die Bereitschaft des zu Bestellenden sowie die Honorierung geklärt haben. Der zu bestellende Prüfer ist kein Verfahrensbeteiligter. Das Gesetz sieht für das Bestellungsverfahren keine Anhörungspflicht des Gerichts vor; eine Anhörung kann jedoch zur Sachverhaltsaufklärung und zur besseren Auswahl des zu bestellenden Prüfers zweckmäßig sein.[31] 11

Der Antragsteller kann dem Gericht einen Prüfer zwar vorschlagen, das Gericht hat jedoch eine eigenständige Prüfung auf dessen **Unabhängigkeit** vorzunehmen (beachte § 11) und muss ggf vom Wunschkandidaten abweichen.[32] Das Gericht muss aber nicht von sich aus unter mehreren Prüfern eine eigene Auswahlentscheidung treffen:[33] Sofern bereits anderweitige Beratungsmandate zwischen möglichem Prüfer und dem Antragsteller bestehen, stellt dies grundsätzlich kein Ausschlusskriterium dar. Etwas anderes kann freilich im Einzelfall dann gelten, wenn sich dessen Beratung auf die Jahresabschlussprüfung oder unternehmerische bzw wirtschaftliche Zweckmäßigkeit bezieht und er so in die unternehmerische Entscheidung für die Verschmelzung bereits eingebunden ist.[34] Folgt das Gericht dem Vorschlag, so gilt der Prüfer als unabhängig vom Gericht bestellt, so dass in seiner Bestellung kein Anfechtungsgrund gegeben ist.[35] Diese Möglichkeit besteht nur dann, wenn dem Antrag auf Bestellung eines Prüfers seitens des Gerichts überhaupt nicht entsprochen werden soll.[36] Im Mandat des bestellten Prüfers ist genau zu bezeichnen, auf welchen Verschmelzungsvertrag bzw Entwurf sich die Prüfung beziehen soll. Der Prüfer muss die Bestellung schließlich noch annehmen.[37] 12

c) **Bekanntmachung.** Die gerichtliche Bestellung ist gem. § 41 Abs. 1, 2 FamFG bekannt zu machen. Gemäß § 7 FamFG gilt diese Bekanntmachungspflicht gegenüber jedem, dessen Recht durch das Verfahren unmittelbar betroffen ist und demjenigen, der aufgrund dieses oder eines anderen Gesetzes von Amts wegen oder auf Antrag zu beteiligen ist. Die Form richtet sich nach § 15 Abs. 2 FamFG, durch Zustellung nach den Vorschriften der ZPO, wenn dadurch eine 13

27 So Widmann/Mayer/*Fronhöfer*, § 10 Rn 11.4; Lutter/*Lutter/Drygala*, § 10 Rn 12; Kallmeyer/*Müller*, § 10 Rn 12.
28 Ebenso KölnKomm-UmwG/*Simon*, § 10 Rn 9; Semler/Stengel/*Zeidler*, § 10 Rn 6.
29 So auch Kallmeyer/*Müller*, § 10 Rn 12.
30 KölnKomm-UmwG/*Simon*, § 10 Rn 9.
31 So auch Widmann/Mayer/*Fronhöfer*, § 10 Rn 12.1.
32 Widmann/Mayer/*Fronhöfer*, § 10 Rn 13.2; KölnKomm-UmwG/*Simon*, § 10 Rn 13; Lutter/*Lutter/Drygala*, § 10 Rn 12; Semler/Stengel/*Zeidler*, § 10 Rn 8.
33 So wohl BGH, AG 2006, 887 (DSL).
34 Vgl BGH, AG 2006, 887, 888 (DSL); BGHZ 135, 260, 264; Lutter/*Lutter/Drygala*, § 10 Rn 9.
35 Es liegt keine Beschwer vor, vgl Lutter/*Lutter/Drygala*, § 10 Rn 12; Semler/Stengel/*Zeidler*, § 10 Rn 13.
36 Widmann/Mayer/*Fronhöfer*, § 10 Rn 15.0 ff; KölnKomm-UmwG/*Simon*, § 10 Rn 14.
37 Widmann/Mayer/*Fronhöfer*, § 10 Rn 16; Lutter/*Lutter/Drygala*, § 10 Rn 12.

Frist in Gang gesetzt wird. Dies ist der Fall, sofern eine Beschwer im o.g. Rahmen durch eine Ablehnung des Antrages besteht. Ansonsten reicht eine formlose Zustellung.

14 d) **Wirkung der Bestellung.** Die gerichtliche Bestellung bedarf der Annahme durch den Prüfer; denn obgleich dieser durch das Gericht bestellt ist, besteht die vertragliche Leistungsbeziehung nur zwischen ihm und dem antragstellenden Rechtsträger.[38] Diese vertragliche Beziehung ist als werkvertragsähnliches gesetzliches Schuldverhältnis zu qualifizieren.[39] Der gesetzgeberischen Intention, durch die gerichtliche Bestellung eine höhere Akzeptanz zu erreichen, steht dies nicht entgegen.[40] Das Gericht wird sich in der Praxis vor der Bestellung mit dem Prüfer ins Benehmen setzen, um dessen Bereitschaft zur Annahme vorab zu klären.

15 e) **Fehlerhafte Bestellung.** Ist das gerichtliche Bestellungsverfahren fehlerhaft, so begründet dies eine **Anfechtungsklage** gegen die Wirksamkeit des Verschmelzungsbeschlusses. Dieser Mangel kann bis zur Beschlussfassung der Anteilsinhaber geheilt werden.[41] Die Eintragung der Verschmelzung wird dadurch nicht verhindert (§ 20 Abs. 2) und heilt diesen Mangel.[42]

16 f) **Parallelprüfung.** Da ein Verschmelzungsvorgang zeitkritisch ist und die verschiedenen Prüfungen mit entsprechendem Zeitaufwand verbunden sind, wird in der Praxis häufig eine **Parallelprüfung** der beteiligten Rechtsträger und deren Berater einerseits und des Verschmelzungsprüfers andererseits stattfinden. Ein Teil des Schrifttums verlangt vom Gericht, dem Verschmelzungsprüfer aufzugeben, dass dieser erst nach Fertigstellung und Vorlage der internen Bewertung mit seiner Prüfung beginnen darf.[43] Dies ist mit der Rechtsprechung und der hM im Schrifttum jedoch abzulehnen, da eine solche Restriktion weder aus den Normen des UmwG noch aus den §§ 319 ff HGB zu entnehmen ist[44] und dies die Prüfung unnötig verzögern würde.

17 **4. Vergütung, Abs. 1 S. 3.** Die Zahlung von Auslagen sowie der Vergütung des Prüfers richtet sich nach § 318 Abs. 5 HGB, § 10 Abs. 1 S. 3. Das Gericht setzt diese zwar grundsätzlich auf Antrag fest, § 318 Abs. 5 S. 2 HGB. Da die Leistungsbeziehung aber zwischen Prüfer und Antragsteller entsteht, kann eine vertragliche Vereinbarung zwischen diesen beiden geschlossen werden.

18 **5. Rechtsmittel, Abs. 4, 5.** Gegen die Festsetzung durch das Gericht findet die **Beschwerde** statt, § 10 Abs. 4 iVm §§ 58 ff FamFG. Antragsberechtigt sind ausschließlich die Antragsteller. Die Berechtigten können danach innerhalb eines Monats (§ 63 Abs. 1 FamFG) mit anwaltlich unterzeichneter Beschwerdeschrift Beschwerde erheben, Abs. 4 S. 2. Materiell muss beim Antragsberechtigten eine **Beschwer** vorlegen. Diese ist bei einem ablehnenden Beschluss gegeben; bei einem stattgebenden Beschluss scheidet eine Beschwer nach richtiger Auffassung aus, sofern der bestellte Prüfer nicht inhabil ist.[45] Über die Beschwerde entscheidet das jeweils übergeordnete **OLG** nach den Vorgaben des FamFG. Dagegen ist, sofern das OLG diese zugelassen hat, die **Rechtsbeschwerde** das weitere Rechtsmittel, §§ 70 ff FamFG.

19 Nach Abs. 5 kann die Landesregierung die Entscheidung über die Beschwerde durch Rechtsverordnung für die Bezirke mehrerer OLG einem OLG übertragen, wenn dies der Sicherung einer einheitlichen Rechtsprechung dient. Von dieser Ermächtigung haben bislang Bayern

38 Widmann/Mayer/*Fronhöfer*, § 10 Rn 16.1; KölnKomm-UmwG/*Simon*, § 10 Rn 16; Lutter/*Lutter*/*Drygala*, § 10 Rn 12.
39 Widmann/Mayer/ *Fronhöfer*, § 10 Rn 16.2; Lutter/*Lutter*/*Drygala*, § 10 Rn 13.
40 Lutter/*Lutter*/*Drygala*, § 10 Rn 13.
41 KölnKomm-UmwG/*Simon*, § 10 Rn 17; Lutter/*Lutter*/*Drygala*, § 10 Rn 18.
42 Lutter/*Lutter*/*Drygala*, § 10 Rn 14.
43 So *Büchel*, NZG 2003, 793, 801; Lutter/*Bezzenberger*, AG 2000, 433, 439; *Puszkajler*, ZIP 2003, 518, 521.
44 BGH, ZIP 2006, 2080, 2082; OLG Frankfurt/M., ZIP 2008, 1966; OLG Köln, NZG 2005, 931; Kallmeyer/*Müller*, § 11 Rn 27 f; *Leuering*, NZG 2004, 606, 608 ff.
45 So auch Widmann/Mayer/*Fronhöfer*, § 10 Rn 17.1, der darauf hinweist, dass die Antragsberechtigten lediglich Anspruch auf eine wirksame Prüferbestellung eines habilen Prüfers haben, jedoch keinen Anspruch auf Bestellung eines ihnen genehmen Prüfers; so im Ergebnis auch Kallmeyer/*Müller*, § 10 Rn 25.

(OLG München),[46] Nordrhein-Westfalen (OLG Düsseldorf)[47] und Rheinland-Pfalz (OLG Zweibrücken)[48] Gebrauch gemacht. Ein Oberstes Landesgericht existiert seit der Abschaffung des BayObLG nicht mehr.

§ 11 Stellung und Verantwortlichkeit der Verschmelzungsprüfer

(1) [1]Für die Auswahl und das Auskunftsrecht der Verschmelzungsprüfer gelten § 319 Abs. 1 bis 4, § 319 a Abs. 1, § 319 b Abs. 1, § 320 Abs. 1 Satz 2 und Abs. 2 Satz 1 und 2 des Handelsgesetzbuchs entsprechend. [2]Soweit Rechtsträger betroffen sind, für die keine Pflicht zur Prüfung des Jahresabschlusses besteht, gilt Satz 1 entsprechend. [3]Dabei findet § 267 Abs. 1 bis 3 des Handelsgesetzbuchs für die Umschreibung der Größenklassen entsprechende Anwendung. [4]Das Auskunftsrecht besteht gegenüber allen an der Verschmelzung beteiligten Rechtsträgern und gegenüber einem Konzernunternehmen sowie einem abhängigen und einem herrschenden Unternehmen.

(2) [1]Für die Verantwortlichkeit der Verschmelzungsprüfer, ihrer Gehilfen und der bei der Prüfung mitwirkenden gesetzlichen Vertreter einer Prüfungsgesellschaft gilt § 323 des Handelsgesetzbuchs entsprechend. [2]Die Verantwortlichkeit besteht gegenüber den an der Verschmelzung beteiligten Rechtsträgern und deren Anteilsinhabern.

Literatur:

Ebke, Die Haftung des Abschlussprüfers, in: Krieger/Schneider, Handbuch Managerhaftung, 2010; *Ebke/Scheel*, Die Haftung des Wirtschaftsprüfers für fahrlässig verursachte Vermögensschäden Dritter, WM 1991, 389; *Schmitz*, Die Vertragshaftung des Wirtschaftsprüfers und Steuerberaters gegenüber Dritten, DB 1989; 1909; *Schmitz*, Die Verschmelzungsprüfung gem. § 340 b AktG, 1993; siehe ferner die Angaben zu § 9.

I. Normzweck

1 § 11 setzt Art. 21 der Dritten gesellschaftsrechtlichen Richtlinie (Umwandlungsrichtlinie)[1] um. Inhaltlich wird die Vorschrift durch § 9 ausgefüllt; für die eG ist zudem § 81 zu beachten. Mittelbar wurde § 11 durch die Änderungen der §§ 319, 319 a HGB durch das Bilanzrechtsreformgesetz[2] und des § 319 b HGB durch das Bilanzrechtsmodernisierungsgesetz[3] angepasst.

II. Prüferauswahl, Abs. 1

2 **1. Zulässiger Prüferkreis, § 319 Abs. 1 HGB.** Abs. 1 trifft in den Sätzen 1 und 2 die Differenzierung hinsichtlich der **Prüferauswahl** danach, ob Jahresabschlüsse der beteiligten Rechtsträger prüfungspflichtig sind oder nicht. Der Verweis des Abs. 1 S. 1 auf § 319 HGB besagt, dass zum Prüfer prüfungspflichtiger Aktiengesellschaften nur Wirtschaftsprüfer oder Wirtschaftsprüfungsgesellschaften bestellt werden können. Aus den §§ 316 iVm 267 HGB besteht hier die Einschränkung, dass „kleine" Gesellschaften hiervon nicht betroffen sind. Zum Prüfer mittelgroßer GmbH oder Personenhandelsgesellschaften können hingegen auch vereidigte Buchprü-

46 VO vom 6.7.1995 (GVBl. S. 343); damals noch das BayObLG.
47 VO vom 26.11.1996 (GVBl. S. 518).
48 VO vom 19.4.1995 (GVBl. S. 125).

1 Dritte gesellschaftsrechtliche Richtlinie 78/855/EWG vom 9.10.1978.
2 Bilanzrechtsreformgesetz vom 4.12.2004 (BGBl. I S. 3166).
3 BilMoG vom 25.5.2009 (BGBl. I S. 1102).

fer oder Buchprüfungsgesellschaften bestellt werden, § 319 Abs. 1 S. 2 HGB. Der VVaG ist gem. § 330 Abs. 3 HGB den großen Kapitalgesellschaften gleichgestellt.

3 Nach Abs. 1 S. 2 gilt dies entsprechend für Rechtsträger, die an der Verschmelzung beteiligt sind, jedoch keiner Pflicht zur Prüfung von Jahresabschlüssen unterliegen. Darunter fallen die „kleinen" Kapitalgesellschaften (§ 267 HGB), die Personengesellschaften sowie Vereine, § 316 Abs. 1 S. 1 HGB. Nicht eindeutig klären lässt sich die gesetzlich normierte „entsprechende" Anwendung des § 319 HGB gem. § 11 Abs. 1 S. 1 auf die von S. 2 betroffenen Rechtsträger hinsichtlich der Frage, ob eine Verweisung auf die Regelungen zur AG oder zur GmbH vorliegt, wonach sich dann bestimmt, ob diese Rechtsträger von Wirtschaftsprüfern oder von vereidigten Buchprüfern zu prüfen sind. In der Literatur wird die Zuordnung entweder anhand der Struktur der Rechtsträger vorgenommen[4] oder nach der Größenklasse, die durch eine entsprechende Anwendung des § 267 HGB zu ermitteln ist.[5] Der letztgenannten Ansicht gebührt der Vorzug. Zwar ist der Ansicht von *Lutter/Drygala* zuzugestehen, dass der Wortlaut des § 319 Abs. 1 S. 1 deren Auslegung zulässt, sie kommen mit dieser Konsequenz aber zu dem praxisfernen Ergebnis, dass sowohl ein Verein, der der AG strukturell ähnlich ist, als auch die „kleine" AG, deren Jahresabschluss nicht prüfungspflichtig ist, nur von einem Wirtschaftsprüfer oder einer Wirtschaftsprüfungsgesellschaft geprüft werden kann; Personenhandelsgesellschaften und sonstige Vereine können dagegen nach den für GmbH geltenden Vorschriften, § 319 Abs. 1 S. 2 HGB, geprüft werden.

4 Dies entspricht jedoch nicht dem gesetzgeberischen Zweck des § 11 Abs. 1 S. 2. In seiner Begründung hierzu stellte der Rechtsausschuss des Bundestages klar, dass der in § 319 Abs. 1 HGB benannte Kreis von Prüfern auch für solche kleinen oder mittelgroßen Rechtsträger als Verschmelzungsprüfer tätig sein kann, für die eine Jahresabschlussprüfung nicht vorgesehen ist.[6] Daraus erhellt, dass nicht die Struktur des zu prüfenden Rechtsträgers, sondern vielmehr dessen **Größenklasse** relevant ist. Zu deren Bestimmung ist nach § 11 Abs. 1 S. 3 die Vorschrift des § 267 HGB entsprechend anzuwenden. Folglich können auch Vereine und kleine Aktiengesellschaften Buchprüfer oder Buchprüfungsgesellschaften als Verschmelzungsprüfer bestellen. Dieses Ergebnis erscheint auch vor dem Hintergrund der Kosteneffizienz richtig.

5 Für die eG besteht hier die Besonderheit, dass gemäß § 81 eine Prüfung nur durch den genossenschaftlichen Prüfungsverband erfolgen kann.

6 **2. Ausschlussgründe.** Wird die Prüfung von einem in § 319 Abs. 1 HGB nicht genannten Prüfer ausgeführt, ist die Prüfung **nichtig** und der Verschmelzungsbeschluss der Anteilsinhaber **anfechtbar.**[7] Die Wirksamkeit einer bereits eingetragenen Verschmelzung bleibt jedoch von diesem Mangel unberührt, arg. e. § 20 Abs. 2.

7 Ferner darf keiner der **Ausschlussgründe** des § 319 Abs. 2 oder 3 für die Bestellung des Prüfers vorliegen. Dies gilt nicht nur mit Blick auf den zu prüfenden Rechtsträger, sondern auch in Bezug auf die anderen beteiligten Rechtsträgern, da dieser Umstand einer Unabhängigkeit der Prüfung insgesamt im Weg stünde.[8] Kein absoluter Ausschlussgrund liegt vor, wenn der Verschmelzungsprüfer zugleich einer der Abschlussprüfer ist.[9] Der Registerrichter wird jedoch in einem solchen Fall besonders kritisch prüfen, ob nicht eine **Befangenheit** des Verschmelzungs-/Abschlussprüfers vorliegt. Im Falle eines Verstoßes gegen § 319 Abs. 2 und 3 HGB ist die Prüfung nichtig und der Verschmelzungsbeschluss ist anfechtbar.[10]

4 So etwa Lutter/*Lutter/Drygala*, § 11 Rn 3.

5 So wohl die überwiegende Ansicht, vgl Semler/Stengel/*Zeidler*, § 11 Rn 3; Widmann/Mayer/*Mayer*, § 11 Rn 7; KölnKomm-UmwG/*Simon*, § 11 Rn 5.

6 BT-Drucks. 12/7850, S. 142; dazu auch Semler/Stengel/*Zeidler*, § 11 Rn 3; KölnKomm-UmwG/*Simon*, § 11 Rn 5.

7 Semler/Stengel/*Zeidler*, § 11 Rn 5; Widmann/Mayer/*Mayer*, § 11 Rn 9.

8 Lutter/*Lutter/Drygala*, § 11 Rn 4.

9 *Hoffmann-Becking*, in: FS Fleck, 1988, S. 105, 121; Widmann/Mayer/*Mayer*, § 11 Rn 10; Semler/Stengel/*Zeidler*, § 11 Rn 7.

10 Semler/Stengel/*Zeidler*, § 11 Rn 5; Widmann/Mayer/*Mayer*, § 11 Rn 22 ff; KölnKomm-UmwG/*Simon*, § 11 Rn 8; Lutter/*Lutter/Drygala*, § 11 Rn 4.

Es bestehen sowohl allgemeine als auch besondere Ausschlussgründe. Während die **allgemeinen Ausschlussgründe** für alle Verschmelzungsprüfungen Geltung beanspruchen, sind die **besonderen Ausschlussgründe** (§ 319 a HGB) nur dann zu beachten, wenn ein beteiligter Rechtsträger Teilnehmer eines organisierten Marktes gem. § 2 Abs. 5 WpHG ist; folglich gilt dies insbesondere für sämtliche börsennotierten Gesellschaften als auch für Gesellschaften, die andere Wertpapiere emittiert haben. 8

Ein **absoluter Ausschlussgrund** ist insbesondere dann gegeben, wenn der Prüfer an der Vorbereitung des Verschmelzungsvertrages oder der Ermittlung des Umtauschverhältnisses beteiligt war. Die weiteren allgemeinen Ausschlussgründe ergeben sich aus den §§ 319 Abs. 2–4, 319 b HGB, wobei die dortigen Bezugnahmen auf Abschlussprüfer, Abschlussprüfung sowie Jahresabschluss durch die Bezeichnungen Verschmelzungsprüfung, Verschmelzungsprüfer und Verschmelzungsvertrag gedanklich zu ersetzen sind. Ein absoluter Ausschlussgrund ist seit dem Bilanzrechtsreformgesetz auch die sog. **„Besorgnis der Befangenheit"** gem. § 319 Abs. 2 HGB.[11] 9

Zu beachten ist ferner der Ausschluss sog. **Netzwerkmitglieder**, der nunmehr in § 319 b HGB geregelt ist. Ein Netzwerk in diesem Sinne ist ein auf Dauer angelegtes Zusammenwirken der Netzwerkmitglieder zur Verfolgung gemeinsamer wirtschaftlicher Interessen.[12] 10

III. Auskunftsrecht, Abs. 1 S. 4

Das Auskunftsrecht der Verschmelzungsprüfer aus Abs. 1 S. 4 richtet sich nach § 320 Abs. 1 und 2 HGB. Die Vertreter der zu prüfenden Rechtsträger haben dem Prüfer danach zu gestatten, die Bücher und Schriften des Rechtsträgers sowie die Vermögensgegenstände und Schulden, namentlich die Kasse und die Bestände an Wertpapieren und Waren, zu prüfen, § 320 Abs. 1 S. 2 HGB. Weiterhin kann der Prüfer nach § 320 Abs. 2 S. 1 alle Aufklärungen und Nachweise verlangen, die für eine sorgfältige Prüfung notwendig sind. 11

Dieses Auskunftsrecht besteht gemäß Abs. 1 S. 4 nicht nur gegenüber dem zu prüfenden Rechtsträger selbst, sondern gegenüber allen an der Verschmelzung beteiligten Rechtsträgern und auch gegenüber Rechtsträgern, die in einem Beherrschungs- oder Konzernverhältnis zu diesen beteiligten Rechtsträgern stehen. Andere Formen von Unternehmensverbindungen (etwa nach § 19 AktG) reichen hingegen nicht aus.[13] Die Prüfer dürfen von diesen Rechtsträgern nur Auskunft verlangen, können jedoch nicht auf Einsicht und Prüfung bestehen.[14] Gem. § 320 Abs. 2 S. 1 HGB dürfen die Prüfer jedoch auch Nachweise für die erhaltenen Auskünfte verlangen, so dass dies einem **konzernweiten Prüfungsrecht** im Ergebnis recht nahekommt.[15] 12

Da das Hauptaugenmerk der Prüfung, die dem Schutz der Anteilseigner dient, auf der Angemessenheit des Umtauschverhältnisses liegt, wird sich auch das Informationsbedürfnis der Prüfer darauf in der Praxis konzentrieren. 13

In Anwendung des § 320 Abs. 2 S. 2 HGB steht dem Prüfer das Recht auf Auskunft bereits vor Abschluss des Verschmelzungsvertrages zu, sofern er zu dieser Zeit bereits bestellt ist.[16] Er wird sich in diesem Fall am Entwurf des Verschmelzungsvertrages orientieren. 14

11 S. die Kommentierungen zu § 319 HGB hierzu bei Baumbach/Hopt/*Hopt/Merkt*, HGB, § 319 Rn 7 ff; Heidel/Schall/*Schüppen*, HGB, § 319 Rn 10 ff.

12 BT-Drucks. 16/10067, S. 90; Kallmeyer/*Müller*, § 11 Rn 5; Heidel/Schall/*Schüppen*, HGB, § 319 b Rn 3 ff.

13 Lutter/*Lutter/Drygala*, § 11 Rn 6; KölnKomm-UmwG/*Simon*, § 11 Rn 11.

14 Lutter/*Lutter/Drygala*, § 11 Rn 6; KölnKomm-UmwG/*Simon*, § 11 Rn 12; Semler/Stengel/*Zeidler*, § 11 Rn 12.

15 So auch Lutter/*Lutter/Drygala*, § 11 Rn 6; Adler/Düring/*Schmaltz*, HGB, § 320 Rn 22.

16 So Semler/Stengel/*Zeidler*, § 11 Rn 11; Widmann/Mayer/*Mayer*, § 11 Rn 26; KölnKomm-UmwG/*Simon*, § 11 Rn 13; krit. Lutter/*Lutter/Drygala*, § 11 Rn 7.

IV. Verantwortlichkeit des Verschmelzungsprüfers, Abs. 2

15 Aus dem Verweis des Abs. 2 auf § 323 HGB ergibt sich, dass die Prüfer, deren Gehilfen sowie die bei der Prüfung mitwirkenden gesetzlichen Vertreter einer Prüfungsgesellschaft zur **gewissenhaften und unparteiischen Prüfung** und zur Verschwiegenheit verpflichtet sind. Hinsichtlich der einzuhaltenden Qualitätsparameter ist auf die Grundsätze zur Durchführung von Unternehmensbewertungen nach dem IDW Standard abzustellen. Die **Verschwiegenheitspflicht** besteht nicht nur gegenüber unbeteiligten Dritten, sondern auch gegenüber den anderen an der Verschmelzung beteiligten Rechtsträger sowie deren Anteilsinhabern.[17] Nur das jeweilige Vertretungsorgan des beteiligten Rechtsträgers – welches die Auskunftsrechte nach Abs. 1 S. 4 erfüllt – kann den Prüfer von der Verschwiegenheitspflicht befreien.

16 Sollten Prüfer ihre Pflichten verletzten, resultiert dies in einer **Schadenersatzhaftung** nach § 323 Abs. 1 S. 3. Der Verstoß muss schuldhaft, dh vorsätzlich oder fahrlässig geschehen. Verschärfend kommt hinzu, dass diese Haftung nach Abs. 2 S. 2 auch gegenüber den an der Verschmelzung beteiligten Rechtsträgern sowie deren Anteilsinhabern besteht, die den Prüfungsauftrag nicht erteilt haben und damit in keinem direkten Schuldverhältnis zum Prüfer stehen.[18] Dies resultiert aus der Legaldefinition des Anteilsinhabers aus § 2. Diese Verantwortlichkeit des Prüfers gilt nach hM aufgrund des insoweit eindeutigen Wortlauts des § 11 Abs. 2 S. 2 nicht gegenüber Rechtsträgern, die in einem Beherrschungs- oder Konzernverhältnis stehen, obwohl diese auch in den Verantwortungsbereich des Prüfers fallen.[19] Ebenfalls ausgenommen sind die Gläubiger der beteiligten Rechtsträger, da die Prüfer nicht in deren Interesse und zu deren Schutz handeln.[20]

17 Eine **Haftungshöchstgrenze** des zu leistenden Schadenersatzes ist in § 323 Abs. 2 festgelegt. Danach haftet der Prüfer bei Fahrlässigkeit bis zu 1 Mio EUR. Bei der Verschmelzung einer AG, deren Aktien zum Handel im regulierten Markt zugelassen sind, steigt der Haftungshöchstbetrag bei Fahrlässigkeit auf 4 Mio Euro. Bei Vorsatz ist die Haftung jeweils unbegrenzt. Gemäß § 323 Abs. 4 kann diese Ersatzpflicht vertraglich weder beschränkt noch ausgeschlossen werden.

18 Neben der zivilrechtlichen Haftung des Verschmelzungsprüfers besteht ferner gem. § 314 eine **strafrechtliche Verantwortlichkeit** für den Verschmelzungsprüfer sowie dessen Gehilfen bei einer vorsätzlich begangenen Verletzung der Berichtspflicht.[21]

§ 12 Prüfungsbericht

(1) ¹Die Verschmelzungsprüfer haben über das Ergebnis der Prüfung schriftlich zu berichten. ²Der Prüfungsbericht kann auch gemeinsam erstattet werden.

(2) ¹Der Prüfungsbericht ist mit einer Erklärung darüber abzuschließen, ob das vorgeschlagene Umtauschverhältnis der Anteile, gegebenenfalls die Höhe der baren Zuzahlung oder die Mitgliedschaft bei dem übernehmenden Rechtsträger als Gegenwert angemessen ist. ²Dabei ist anzugeben,

1. nach welchen Methoden das vorgeschlagene Umtauschverhältnis ermittelt worden ist;
2. aus welchen Gründen die Anwendung dieser Methoden angemessen ist;

17 KölnKomm-UmwG/*Simon*, § 11 Rn 17; Kallmeyer/*Müller*, § 11 Rn 16.
18 Lutter/*Lutter/Drygala*, § 11 Rn 7.
19 So Lutter/*Lutter/Drygala*, § 11 Rn 8; Semler/Stengel/*Zeidler*, § 11 Rn 16; aA Kallmeyer/*Müller*, § 11 Rn 19, der auf die entsprechende Anwendung des § 323 Abs. 1 S. 3 HGB verweist und § 11 Abs. 2 S. 2 UmwG nicht als Einschränkung, sondern als Haftungserweiterung auf die Anteilseigner betrachtet. Es bleibt eine Liquidation für mittelbare Schäden; krit. dazu Lutter/*Lutter/Drygala*, § 11 Rn 10; Semler/Stengel/*Zeidler*, § 11 Rn 16.
20 KölnKomm-UmwG/*Simon*, § 11 Rn 19.
21 S. die Kommentierung zu § 314.

3. **welches Umtauschverhältnis oder welcher Gegenwert sich bei der Anwendung verschiedener Methoden, sofern mehrere angewandt worden sind, jeweils ergeben würde; zugleich ist darzulegen, welches Gewicht den verschiedenen Methoden bei der Bestimmung des vorgeschlagenen Umtauschverhältnisses oder des Gegenwerts und der ihnen zugrundeliegenden Werte beigemessen worden ist und welche besonderen Schwierigkeiten bei der Bewertung der Rechtsträger aufgetreten sind.**

(3) § 8 Abs. 2 und 3 ist entsprechend anzuwenden.

Literatur:

Bayer, Informationsrechte bei der Verschmelzung von Aktiengesellschaften, AG 1988, 323; *Hoffmann-Becking*, Das neue Gesellschaftsrecht in der Praxis, in: FS Fleck, 1988, S. 105; *Meyer zu Lösebeck*, Zur Verschmelzungsprüfung, WPg. 1989, 499; s. ferner die Angaben zu §§ 9 und 11.

I. Allgemeines

Die Vorschrift des § 12 dient der Umsetzung des Art. 10 der Dritten gesellschaftsrechtlichen Richtlinie (Umwandlungsrichtlinie).[1] Sie steht in ihrem Anwendungsbereich in inhaltlichem Zusammenhang zu den §§ 9 und 10. 1

II. Inhalt und Form des Prüfungsberichts, Abs. 1 und 2

Abs. 1 schreibt vor, dass die Prüfer über das Ergebnis der Prüfung **schriftlich** zu berichten haben. Da es sich um einen **Ergebnisbericht** handelt, ist über den Verlauf der Prüfung nicht zu berichten.[2] Der Bericht aller Prüfer kann auch gemeinsam erstattet werden; diese Entscheidung liegt grds. bei den Prüfern, wird aber regelmäßig von den ihrer Bestellung zugrunde liegenden Bestimmungen abhängen (§ 10 Abs. 1).[3] Wurden mehrere Prüfer bestellt, so ist die Erstellung eines **gemeinsamen Prüfungsberichts** in der Praxis üblich.[4] 2

Aus inhaltlicher Sicht orientiert sich der Prüfungsbericht an den Bestimmungen des Prüfungsauftrages. Es sind die **Vollständigkeit und Richtigkeit des Verschmelzungsvertrages** bzw seines Entwurfs zu bestätigen. Diesbezüglich muss sich der Prüfungsbericht inhaltlich an den Vorgaben des § 5 orientieren. Der Bericht ist sinnvollerweise – jedoch nicht zwingend – gem. dem Vorschlag des Hauptfachausschusses des IDW zu gliedern.[5] Nicht zu prüfen sind der vom Vertretungsorgan des Rechtsträgers zu erstellende Verschmelzungsbericht sowie die Verschmelzung an sich.[6] 3

Nach Abs. 2 ist der Prüfungsbericht mit einer Erklärung darüber abzuschließen, ob das im Verschmelzungsvertrag festgelegte **Umtauschverhältnis** der Anteile angemessen ist; sofern eine Barabfindung existiert, hat der Bericht auch diese zu umfassen. Sofern es durch Anfechtungsklagen zu einer Verzögerung der Handelsregistereintragung der Verschmelzung kommt, kann sich das dem Umtauschverhältnis zugrunde gelegte Verhältnis der Unternehmenswerte ändern. Dies 4

1 Dritte gesellschaftsrechtliche Richtlinie 78/855/EWG vom 9.10.1978.

2 OLG Hamm ZIP 1988, 1051, 1054; OLG Frankfurt ZIP 2000, 1928, 1932; *Priester*, ZGR 1990, 431; KölnKomm-UmwG/*Simon*, § 12 Rn 7.

3 Semler/Stengel/*Zeidler*, § 12 Rn 5; Lutter/*Lutter*/*Drygala*, § 12 Rn 2; Schmitt/Hörtnagel/*Stratz*, § 12 Rn 2 geht freilich davon aus, dass bei gemeinsamer Bestellung zwingend ein gemeinsamer Bericht zu erstellen ist; nach IDW, WP-Handbuch 2008 Bd. II, Teil D, Rn 64 ist ein gemeinsamer Bericht berufsüblich.

4 S. dazu IDW, WP-Handbuch, Band II, Teil D, Rn 64; Semler/Stengel/*Zeidler*, § 12 Rn 5.

5 Abgedruckt in WPg 1989, 42, 43; so auch KölnKomm-UmwG/*Simon*, § 12 Rn 21.

6 Widmann/Mayer/*Mayer*, § 12 Rn 27.

muss nicht in jedem Fall zu einer Veränderung der Verschmelzungswertrelation führen, sofern ausgeführte Dividendenzahlung bei den beteiligten Rechtsträgern der Verschmelzungswertrelation entsprechen; diese berücksichtigt grds. die künftig zu erwartenden Ausschüttungen. Der mit einer Ausschüttung verbundene Mittelabfluss kann freilich den Unternehmenswert noch die Verschmelzungswertrelation verändern.[7] In der Erklärung des Prüfers muss nach Abs. 2 S. 2 die Angabe enthalten sein, nach welcher **Methode** das Umtauschverhältnis ermittelt wurde (Nr. 1). Soweit die Ertragswertmethode angewendet wurde, reicht ein Hinweis darauf, dass es sich dabei um die für den Regelfall anerkannte Methode handelt; bei Anwendung einer anderen Methode ist darzulegen, weshalb die angewendete Methode – insbesondere auch im Vergleich zur Ertragswertmethode – für den speziellen Verschmelzungsvorgang die richtige Methode ist (Nr. 2).[8]

5 Sollten verschiedene Methoden angewandt worden sein (Abs. 2 S. 2 Nr. 3), so ist anzugeben, welches Umtauschverhältnis oder welcher Gegenwert sich ergeben würde, wenn die einzelnen Methoden allein angewandt worden wären. Zugleich ist darzulegen, welches Gewicht den jeweiligen Methoden bei der Ermittlung des angemessenen Umtauschverhältnisses beigemessen wurde. Für das Vorliegen „verschiedener Methoden“ ist entscheidend, dass die eingesetzten Methoden für sich genommen jeweils ein in sich geschlossenes und rationales System zur Ermittlung des Unternehmenswertes darstellen.[9] Demzufolge können auch innerhalb der **Ertragswertmethode** bestehende eigenständige Methoden, wie das Discounted-Cash-Flow-Verfahren (DCF) oder das Adjusted-Present-Value-Verfahren, die Erläuterungspflicht nach Abs. 2 S. 2 Nr. 3 auslösen.[10] Nicht erforderlich hingegen ist der detaillierte Vergleich der einzelnen Rechenansätze und Prognoseannahmen, da es sich dabei lediglich um unterschiedliche Ansätze derselben Methode handelt.[11]

6 Sofern bei der Bewertung eines beteiligten Rechtsträgers besondere Schwierigkeiten aufgetreten sind, ist gesondert darauf hinzuweisen (Abs. 2 S. 2 Nr. 3). Diese Anforderung entspricht inhaltlich derjenigen aus § 8 Abs. 1 S. 2, so dass auf die dortige Kommentierung verwiesen werden kann.[12] Ein prüferspezifisches Problem kann dabei in Form einer **mangelnden Informationslage** für den Prüfer auftreten, sofern diese Schwierigkeiten nicht erkennbar sind und der Prüfer hierauf auch durch den Rechtsträger nicht aufmerksam gemacht wird. Sofern der Prüfer die Schwierigkeit nicht erkennt, kann dieser schließlich im Prüfungsbericht auch nicht darauf hinweisen.

7 Über den vorstehend dargestellten Inhalt hinaus muss der Prüfungsbericht keine weiteren, zwingenden Angaben enthalten. Zweck des § 12 ist die Begrenzung des Prüfungsberichtsinhaltes, da der Prüfungsbericht ansonsten dem Verschmelzungsbericht (§ 8) inhaltlich entsprechen würde. Dagegen spricht auch nicht das Informationsinteresse der Anteilsinhaber, da im Verschmelzungsbericht weitere Angaben enthalten sind, die den Anteilsinhabern eine eigene Prüfung erlauben. Einer erneuten Aufnahme sämtlicher Angaben in den Prüfungsbericht bedarf es nicht.[13]

8 Welchen **Mindestinhalt** und welchen **Mindestumfang** der Prüfungsbericht im Einzelfall haben muss, kann freilich nicht pauschal beantwortet werden und ist in Rechtsprechung und Schrift-

7 S. hierzu BGH NZG 2013, 233, 235; s. auch § 5 Rn 51.

8 Dies mag etwa dann ratsam sein, wenn die Rechtsträger keinen positiven Ertragswert haben und die Liquidationswerte ein objektiveres Bild für die Bewertung der Anteile abgeben, so auch Semler/Stengel/*Zeidler*, Rn 9; Lutter/*Lutter/Drygala*, § 12 Rn 4; *Lutter/Drygala*, AG 1995, 49, 51; *Bayer*, ZIP 1997, 1613, 1617.

9 Lutter/*Lutter/Drygala*, § 12 Rn 5; Kallmeyer/*Müller*, Rn 7.

10 Lutter/*Lutter/Drygala*, § 12 Rn 5.

11 So auch Widmann/Mayer/*Mayer*, § 12 Rn 24; Lutter/*Lutter/Drygala*, § 12 Rn 5.

12 S. § 8 Rn 31 ff.

13 Vgl OLG Hamm, WM 1988, 1164, 1168; Widmann/Mayer/*Mayer*, § 12 Rn 14; *Hoffmann-Becking* in: FS Fleck, 1988, 105, 123; Lutter/*Lutter/Drygala*, § 12 Rn 7.

tum umstritten.[14] Ob im Prüfungsbericht auch konkrete Zahlen oder relevante Tatsachen aufzunehmen sind, ist ebenfalls umstritten, freilich im Ergebnis abzulehnen, da § 12 Abs. 2 mit seinem begrenzenden Charakter hierfür abschließend ist.[15] Der Verschmelzungsprüfer wird die Prüfung insgesamt und dabei auch die zugrunde liegenden Zahlen in seinen Arbeitspapieren festhalten; diese sind jedoch weder zur Herausgabe an den Rechtsträger als Auftraggeber noch zur Vorlage an die Anteilseigner bestimmt.[16]

Am Ende des Prüfungsberichtes steht das Testat des Verschmelzungsprüfers.[17] 9

▶ **Formulierungsbeispiel:**

Das vorgeschlagene Umtauschverhältnis, nach welchem die Aktionäre der A-AG für jeweils eine Stückaktie der A-AG im rechnerischen Nennwert am Grundkapital iHv 1 EUR je Stückaktie einen Geschäftsanteil an der B-GmbH im jeweiligen Nennbetrag von 1 EUR erhalten, ist gemäß den getroffenen Feststellungen aus den vorstehend bezeichneten Gründen auf Grundlage der Verschmelzungswertrelationen zum [*Stichtag*] angemessen. ◀

III. Einsichts- und Auskunftsrechte der Anteilsinhaber

Die Anteilsinhaber haben ein besonderes inhaltliches Interesse am Prüfungsbericht, da dieser 10 als ein den Verschmelzungsbericht ergänzendes Instrument eine **wesentliche Grundlage** für ihre Entscheidung in der Anteilsinhaberversammlung darstellt.[18] Sie haben dazu sowohl ein **Einsichtsrecht** als auch einen **Auskunftsanspruch** in der Anteilsinhaberversammlung; beide Ansprüche ergeben sich direkt aus § 12.[19] Der Prüfungsbericht ist folglich auszulegen und den Anteilsinhabern zugänglich zu machen. Wie dies zu bewerkstelligen ist, ergibt sich aus den rechtsformspezifischen Normen der §§ 44, 48, 63 Abs. 1 Nr. 5, Abs. 3, 82, 101, 112.

Soweit die Anteilsinhaber zur Festlegung eines abweichenden Umtauschverhältnisses auf das 11 Spruchverfahren verwiesen sind, hindert dies den Auskunftsanspruch nicht. Denn das Spruchverfahren bezieht sich lediglich auf die wirtschaftliche Kompensation infolge eines unangemessenen Umtauschverhältnisses, während der Prüfungsbericht eine wesentliche Grundlage für eine Zustimmungsentscheidung der Anteilsinhaber im Rahmen der Anteilsinhaberversammlung darstellt, zu der sie einen gesetzlichen Anspruch auf ausreichende Information haben.

Verletzungen des Einsichtsrechts oder des Informationsrechts der Anteilsinhaber im Rahmen 12 der Anteilsinhaberversammlung machen den Anteilsinhaberbeschluss anfechtbar.[20]

IV. Verweisungen in Abs. 3

Durch die Verweisung des § 12 Abs. 3 auf § 8 Abs. 2 wird die **Zurückhaltung von Informationen** aufgrund eines Geheimhaltungsinteresses der beteiligten Rechtsträger ermöglicht. Die Entscheidung darüber obliegt den Prüfern in Anwendung ihres pflichtgemäßen Ermessens.[21] Diese Entscheidung ist im Bericht unter Wahrung der Vertraulichkeitsgesichtspunkte kurz zu erläutern.[22] An etwaige Entscheidungen der Leitungsorgane der beteiligten Rechtsträger sind die 13

14 S. hierzu BGH ZIP 1990, 1560 ff; OLG Hamm, ZIP 1988, 1051, 1054; OLG Karlsruhe, ZIP 1989, 988, 992; LG Mannheim, AG 1988, 248 ff; Widmann/Mayer/*Mayer*, § 12 Rn 10 ff; umfassend und auf Einzelfälle eingehend Kallmeyer/*Müller*, § 12 Rn 5 ff.

15 So auch OLG Hamm, ZIP 1988, 1051; LG Mannheim, AG 1998, 248; LG Frankfurt, WM 1990, 592, 594; Widmann/Mayer/*Mayer*, § 12 Rn 14; Lutter/*Lutter/Drygala*, § 12 Rn 7; *Priester*, ZGR 1990, 420, 431; aA OLG Karlsruhe, ZIP 1989, 988, 992; *Bayer*, AG 1988, 328; differenzierend Kallmeyer/*Müller*, § 12 Rn 5 ff.

16 WP-Handbuch 2012, Band I, S. 2656.

17 Widmann/Mayer/*Mayer*, § 12 Rn 26.

18 BGH ZIP 1990, 168 ff; BGH ZIP 1989, 980, 982.

19 Explizit LG Heidelberg, AG 1996, 523; Lutter/*Lutter/Drygala*, § 12 Rn 9 beziehen daneben bei Aktiengesellschaften § 131 AktG als weitere Rechtsgrundlage mit ein; aA LG Berlin, ZIP 1997, 1065, 1066.

20 Lutter/*Lutter/Drygala*, § 12 Rn 10.

21 So auch Widmann/Mayer/*Mayer*, § 12 Rn 29; KölnKomm-UmwG/*Simon*, § 12 Rn 22; Lutter/*Lutter/Drygala*, § 12 Rn 10, die freilich bei eindeutigen Fällen gem. § 11 Abs. 2 UmwG, § 323 Abs. 1 S. 1, 2 HGB eine Ermessensreduzierung auf null annehmen; aA Kallmeyer/*Müller*, § 12 Rn 12, der dem Prüfer keinen Ermessensspielraum einräumt.

22 S. hierzu die Erläuterungen zu § 8 Abs. 2.

Prüfer dabei nicht gebunden.[23] Die Prüfer haften freilich für ihre Entscheidung gemäß § 12 UmwG iVm § 323 HGB.

14 Durch den zusätzlichen Verweis des § 12 Abs. 2 auf § 8 Abs. 3 besteht die Möglichkeit des **Verzichts** auf einen Prüfungsbericht, wenn sich alle Anteile des übertragenden Rechtsträgers in der Hand des übernehmenden Rechtsträgers befinden oder alle Anteilsinhaber auf die Prüfungsberichterstattung in notariell beglaubigter Form verzichten. Ersterer Fall hat keine praktische Relevanz, da hier grundsätzlich bereits keine Prüfung erfolgt, § 9 Abs. 2. Für den zweiten Fall kann auf die Kommentierung bei § 8 Abs. 3 verwiesen werden.

15 Neben der Möglichkeit des § 8 Abs. 3 kann ein Prüfungsbericht ferner dann entbehrlich sein, wenn im Falle des § 44 der Gesellschafter seinen Antrag auf Prüfung zurückzieht.[24] Haben sich dessen Bedenken nach mündlicher Erläuterung des Berichts erledigt, ist dies eine kostensparendere Variante als der Verzicht nach § 12 Abs. 3.[25]

V. Fehlerhafter Prüfungsbericht

16 Da der Prüfungsbericht eine wesentliche Grundlage für die Beschlussfassung der Anteilsinhaber darstellt, kann ein fehlerhafter oder nicht ordnungsgemäß erstellter Prüfungsbericht bei Kapitalgesellschaften zu einer Anfechtbarkeit des Zustimmungsbeschlusses und bei Personengesellschaften zur Nichtigkeit des Zustimmungsbeschlusses führen. Voraussetzung dafür ist, dass die Anteilsinhaber bei Erstattung eines korrekten Berichts der Verschmelzung nicht zugestimmt hätten.[26] Dies entspricht dem Grundsatz der **Relevanztheorie**, wonach schwerwiegende inhaltliche Mängel auf den Beschluss durchschlagen.[27] Rechtsmittel der Anteilseigner gegen den Inhalt oder die Feststellungen eines Prüfungsberichtes bestehen hingegen nicht. Den Anteilseignern des übertragenden Rechtsträgers steht freilich – im Gegensatz zu denen des übernehmenden Rechtsträgers – bei einem unangemessenen Umtauschverhältnis der Weg ins Spruchverfahren offen.

17 Sollte der Verschmelzungsprüfer sein **Testat** einschränken oder gar verweigern, so hat dies grundsätzlich keine unmittelbare Rechtsfolge.[28] In praktischer Hinsicht ist dann jedoch fraglich, ob die erforderliche Mehrheit für den Zustimmungsbeschluss der Anteilsinhaberversammlung erreicht werden kann; dies wird im Regelfall nicht so sein. Sofern trotzdem die erforderliche qualifizierte Mehrheit erreicht werden sollte, spricht einiges dafür, dass eine Anfechtungsklage bzw eine Nichtigkeitsklage (bei Personengesellschaften) eine hinreichende Aussicht auf Erfolg wegen Verstoßes gegen den Grundsatz von Treu und Glauben durch die Mehrheitsgesellschafter hat.[29]

23 Lutter/*Lutter/Drygala*, § 12 Rn 10; Widmann/Mayer/*Mayer*, § 12 Rn 29; Semler/Stengel/*Zeidler*, § 12 Rn 12.

24 So auch Lutter/*Lutter/Drygala*, § 12 Rn 13; aA Kallmeyer/*Müller*, § 12 Rn 17, der nach einem gerichtlich erteilten Prüfungsauftrag dazu tendiert, dass dieser durch die Gesellschafter nicht mehr verhindert werden kann.

25 S. § 8 Rn 46 ff; Kallmeyer/*Müller*, § 12 Rn 13; Lutter/*Lutter/Drygala*, § 12 Rn 13.

26 Grds. gilt hier die Grundsätze wie beim fehlerhaften Verschmelzungsbericht, vgl OLG Karlsruhe, WM 1989, 1134, 1140; Lutter/*Lutter/Drygala*, § 12 Rn 15; Semler/Stengel/*Zeidler*, § 12 Rn 3; einschr. vor dem Hintergrund missbräuchlicher Anfechtungsklagen OLG Karlsruhe, AG 2007, 92.

27 Dazu grundlegend BGHZ 107, 296, 307; Lutter/*Lutter/Drygala*, § 12 Rn 15; Semler/Stengel/*Zeidler*, § 8 Rn 77; aA OLG Karlsruhe AG 2007, 92, welches – freilich zu weit gehend – jegliche Anfechtbarkeit ablehnt, sofern der Bericht nur irgendwelche Angaben zum Umtauschverhältnis enthält.

28 Schmitt/Hörtnagl/Stratz/*Stratz*, § 12 Rn 21, Lutter/*Lutter/Drygala*, § 12 Rn 14.

29 S. hierzu KölnKomm-AktG/*Zöllner*, § 243 Rn 189 ff; MüKo-AktG/*Hüffer*, § 243 Rn 40 ff; Lutter/*Lutter/Drygala*, § 12 Rn 14.

§ 13 Beschlüsse über den Verschmelzungsvertrag

(1) [1]Der Verschmelzungsvertrag wird nur wirksam, wenn die Anteilsinhaber der beteiligten Rechtsträger ihm durch Beschluß (Verschmelzungsbeschluß) zustimmen. [2]Der Beschluß kann nur in einer Versammlung der Anteilsinhaber gefaßt werden.

(2) Ist die Abtretung der Anteile eines übertragenden Rechtsträgers von der Genehmigung bestimmter einzelner Anteilsinhaber abhängig, so bedarf der Verschmelzungsbeschluß dieses Rechtsträgers zu seiner Wirksamkeit ihrer Zustimmung.

(3) [1]Der Verschmelzungsbeschluß und die nach diesem Gesetz erforderlichen Zustimmungserklärungen einzelner Anteilsinhaber einschließlich der erforderlichen Zustimmungserklärungen nicht erschienener Anteilsinhaber müssen notariell beurkundet werden. [2]Der Vertrag oder sein Entwurf ist dem Beschluß als Anlage beizufügen. [3]Auf Verlangen hat der Rechtsträger jedem Anteilsinhaber auf dessen Kosten unverzüglich eine Abschrift des Vertrags oder seines Entwurfs und der Niederschrift des Beschlusses zu erteilen.

Literatur:

Austmann/Frost, Vorwirkungen von Verschmelzungen, ZHR 169 (2005), 431; *Bayer*, Verschmelzung und Minderheitenschutz, WM 1989, 121; *Binneweis*, Formelle und materielle Voraussetzungen von Umwandlungsbeschlüssen, GmbHR 1997, 727; *Blasche*, Vinkulierungsklauseln in GmbH-Gesellschaftsverträgen, RNotZ 2013, 515; *Bork*, Beschlußverfahren und Beschlußkontrolle nach dem Referentenentwurf eines Gesetzes zur Bereinigung des Umwandlungsrechts, ZGR 1993, 343; *Erdmann*, Die Online-Versammlung im Vereins- und GmbH-Recht, MMR 2000, 526; *Grunewald*, Rückverlagerungen von Entscheidungskompetenzen der Hauptversammlung auf den Vorstand, AG 1990, 133; *Grunewald/Winter*, Die Verschmelzung von Kapitalgesellschaften, in: Lutter, Kölner Umwandlungsrechtstage, 19; *Heidinger/Blath*, Vertretung im Umwandlungsrecht, in: FS Spiegelberger, 2009, S. 692; *Hofmann/Krolop* Rückverschmelzung nach Börsengang, AG 2005, 866; *Hommelhoff*, Minderheitenschutz bei Umstrukturierungen, ZGR 1993, 452; *Hommelhoff*, Zur Kontrolle strukturändernder Gesellschafterbeschlüsse, ZGR 1990, 447; *Joussen*, Der Auskunftsanspruch des Aktionärs, AG 2000, 241; *Kiem*, Die Eintragung der angefochtenen Verschmelzung, 1991; *Möller*, Der aktienrechtliche Verschmelzungsbeschluss, 1991; *Mayer*, Zweifelsfragen bei der Durchführung von Mehrfach- und Kettenumwandlungen, in: FS Spiegelberger, 2009, S. 833; *Neumann/Siebmann*, Aktuelle Fragestellungen im aktien- und umwandlungsrechtlichen Freigabeverfahren, DB 2006, 435; *Pfeiffer*, Auswirkungen der geplanten Notarkostenreform auf gesellschaftsrechtliche Vorgänge und M&A-Transaktionen, NZG 2013, 244; *Priester*, Strukturänderungen – Beschlußvorbereitung und Beschlußfassung, ZGR 1990, 420; *Reichert*, Folgen der Anteilsvinkulierung für Umstrukturierungen von Gesellschaften mit beschränkter Haftung und Aktiengesellschaften nach dem neuen Umwandlungsgesetz 1995, GmbHR 1995, 176; *Reimann*, Ende der Testamentsvollstreckung durch Umwandlung?, ZEV 2000, 381; *Ross*, Materielle Kontrolle des Verschmelzungsbeschlusses bei der Verschmelzung von Aktiengesellschaften, 1997; *H. Schmidt*, Verschmelzung von Personengesellschaften, in: Lutter, Kölner Umwandlungsrechtstage, 59; *Wiedemann*, Minderheitsrechte ernstgenommen, ZGR 1999, 857; *Wälzholz*, Nebenleistungspflichten beim aufnehmenden Rechtsträger als Verschmelzungshindernis, DStR 2006, 236.

A. Anwendungsbereich und Normzweck

1 Die Vorschrift des § 13 ist eine **rechtsformübergreifende Generalnorm** und findet grundsätzlich bei allen Verschmelzungsformen (Verschmelzung durch Aufnahme oder Neugründung, grenzüberschreitende Verschmelzung, Spaltung und Vermögensübertragung) Anwendung. Einzige Ausnahme ist die Konzernverschmelzung gem. § 62, wonach ein Beschluss dann nicht erforderlich ist, wenn sich mindestens neun Zehntel des Stammkapitals bzw Grundkapitals einer übertragenden Kapitalgesellschaft in der Hand einer übernehmenden AG befinden;[1] dies gilt ebenfalls für die KGaA und die SE, nicht jedoch für die GmbH. Für die Vermögensübertragung sowie die Spaltung ist § 13 Ziel der Verweisung aus den §§ 125, 176 ff; für den Formwechsel findet § 193 eine dem § 13 entsprechende Regelung.

2 Zweck der Vorschrift ist der **Schutz der Anteilsinhaber**, da es sich bei einer Verschmelzung für alle beteiligten Rechtsträger um eine Grundlagenentscheidung handelt. Aus diesem Grunde ist ausschließlich die Anteilsinhaberversammlung für den Beschluss zuständig; eine Übertragung der Kompetenz in der Satzung bzw dem Gesellschaftsvertrag auf andere Organe ist nicht möglich.[2] Sonderrechte einzelner Anteilsinhaber finden durch zusätzliche Zustimmungserfordernisse in Abs. 2 gesonderte Berücksichtigung.

3 In Abs. 3 ist die jeweilige Form für die Beschlussfassung gem. Abs. 1 sowie die Zustimmungserklärung gem. Abs. 2 festgeschrieben. Ferner werden den Anteilsinhabern bestimmte Informationsrechte gegenüber dem Rechtsträger gewährt.

B. Verschmelzungsbeschluss, Abs. 1

4 Abs. 1 entspricht dem Grundsatz, dass eine Verschmelzung nur wirksam vollzogen werden kann, wenn dieser eine wirksame Zustimmung der Anteilsinhaber zugrunde liegt. Aufgrund der klaren Formulierung des Abs. 1 gilt dieser Grundsatz **rechtsformübergreifend** für alle beteiligten Rechtsträger.

I. Vorbereitungstätigkeit

5 Die im UmwG vorhandenen Regelungen zur Vorbereitung des Verschmelzungsbeschlusses sind rechtsformunabhängig gestaltet und betreffen die rechtzeitige Verfügbarkeit der für die Entscheidung der Anteilsinhaber relevanten Unterlagen. Darunter fallen der Verschmelzungsbericht, der Verschmelzungsvertrag und der Prüfungsbericht.[3]

6 Die meisten formellen und materiellen Regelungen für die Beschlussfassung der Anteilsinhaber wie Ladung, Frist und Form und die Festlegung der Tagesordnung zur Anteilsinhaberversammlung sind im UmwG nicht geregelt, so dass diesbezüglich auf die **rechtsformspezifischen Einzelgesetze** zu verweisen ist.[4] Ergänzend gelten die §§ 42 ff für Personengesellschaften, die §§ 47 ff für die GmbH, die §§ 62 ff für die AG, § 78 für die KGaA, §§ 82 ff für die Genossenschaft, § 106 für genossenschaftliche Prüfungsverbände, §§ 101 ff für Vereine und § 111 für den VVaG. Für den übertragenden Rechtsträger ist hier zu berücksichtigen, dass ab Wirksamkeit der Verschmelzung die Satzung bzw der Gesellschaftsvertrag des übernehmenden Rechtsträgers gilt; demnach ist der Verschmelzungsbeschluss wie eine **Satzungsänderung** zu behandeln (vgl § 124 Abs. 2 AktG).[5] Allgemein ist die Tagesordnung so festzulegen, dass ein ausreichender Schwerpunkt auf der Verschmelzung liegt, dh die Anteilsinhaber müssen ausreichend Zeit zur

1 S. § 62 Rn 10 ff.
2 Widmann/Mayer/*Heckschen*, § 13 Rn 42; Köln-Komm-UmwG/*Simon*, § 13 Rn 1.
3 S. dazu die §§ 42, 47, 49, 61, 63, 82, 101.
4 Auch hier gelten die Grundsätze zur Vollversammlung, s. dazu Lutter/*Lutter/Drygala*, § 13 Rn 6; Semler/Stengel/*Schwanna*, § 13 Rn 20.
5 Lutter/*Lutter/Drygala*, § 13 Rn 5; Lutter/*Winter*, Kölner Umwandlungstage, S. 37 f; Widmann/Mayer/*Rieger*, § 65 Rn 14; Semler/Stengel/*Diekmann*, § 65 Rn 14.

Information haben und es darf kein Überrumpelungseffekt entstehen.[6] Da die Vorschriften des UmwG zur Bekanntgabe von Informationen an die Anteilsinhaber (§§ 42, 47, 62 Abs. 3, 63 Abs. 4) umfassend sind, ist eine zusätzliche gesonderte Information in der Tagesordnung, etwa durch Aufnahme der Satzung bzw des Gesellschaftsvertrages, entbehrlich.[7]

II. Formale Anforderungen

An den Verschmelzungsbeschluss sind kumulativ die formalen Anforderungen des UmwG 7 (§§ 42 ff für Personengesellschaften, §§ 47 ff für GmbH, §§ 62 ff für AG, § 78 für KGaA, § 84 für die Genossenschaft, § 106 für den genossenschaftlichen Prüfungsverband, §§ 103, 118 für den Verein und § 112 für den VVaG) und der rechtsformspezifischen Gesetze sowie der Gesellschaftsverträge bzw Satzungen der beteiligten Rechtsträger zu stellen.

1. Stimmberechtigung. Jeder Anteilsinhaber des betreffenden Rechtsträgers ist in dessen An- 8 teilsinhaberversammlung **stimmberechtigt**. Die Ausgestaltung des Stimmrechts wird nicht im UmwG, sondern in den Spezialgesetzen geregelt. Inhaber **stimmrechtsloser Anteile** von Kapitalgesellschaften haben auch im Rahmen des Umwandlungsbeschlusses kein Stimmrecht, sondern werden ausschließlich durch § 23 geschützt.[8] Bei **Personengesellschaften** haben freilich alle Gesellschafter ein Stimmrecht im Rahmen des Verschmelzungsbeschlusses, da die Verschmelzung in den Kernbereich der Mitgliedschaftsrechte eingreift und folglich ein Stimmrechtsausschluss nach der Kernbereichslehre nicht möglich ist.[9] Ein Ausschluss zulasten desjenigen, der sowohl am übertragenden als auch am übernehmenden Rechtsträger beteiligt ist (s. § 47 Abs. 4 GmbHG, § 34 BGB für den Verein), findet nicht statt.[10] Soweit in einem solchen Verbot einem Schaden des Rechtsträgers aufgrund von Interessenkollisionen begegnet werden soll, besteht im Falle einer Verschmelzung dazu kein Bedürfnis.[11] Der Gesetzgeber hat die §§ 8 ff insoweit als **abschließendes umwandlungsrechtliches Schutzinstrumentarium** für die Anteilsinhaber festgelegt.[12]

Sofern **Minderjährige** Anteilsinhaber eines beteiligten Rechtsträgers sind, müssen die Beschrän- 9 kungen der §§ 1629 Abs. 2, 1795 BGB zwingend beachtet werden. Für den Minderjährigen ist uU ein Ergänzungspfleger zu bestellen.[13] Sofern dem Minderjährigen hierbei Haftungsgefahren aufgrund der Verschmelzung drohen, ist uU eine familiengerichtliche Genehmigung erforderlich (§ 1643, 1822 Nr. 3 und 10 BGB); dies kann zB der Fall sein, wenn bei einer GmbH die Geschäftsanteile noch nicht voll eingezahlt sind oder übernehmender Rechtsträger eine Personengesellschaft ist, bei welcher der Minderjährige unbeschränkt haftet.[14]

2. Mehrheitserfordernis. § 13 legt selbst keine konkreten Mehrheitserfordernisse fest, so dass 10 die rechtsformspezifischen Anforderungen aus dem besonderen Teil des UmwG gelten.[15] Danach gilt grundsätzlich ein **Mehrheitserfordernis von drei Vierteln** der abgegebenen Stimmen bei der GmbH (§ 50 Abs. 1 S. 1), drei Viertel des bei der Beschlussfassung vertretenen Grundkapitals bei der AG (§ 65 Abs. 1), drei Viertel des bei der Beschlussfassung vertretenen Grund-

6 Grundlegend BGH, WM 1960, 761; BGH, BB 1962, 110; Lutter/*Lutter/Drygala*, § 13 Rn 5; Lutter/*Winter*, Kölner Umwandlungstage, S. 36.

7 S. Lutter/*Lutter/Drygala*, § 13 Rn 5; aA LG Hanau, DB 1995, 2515 f.

8 So für die GmbH auch Widmann/Mayer/*Mayer*, § 50 Rn 35; Semler/Stengel/*Reichert*, § 50 Rn 41; insg. auch Kallmeyer/*Zimmermann*, § 13 Rn 4.

9 Widmann/Mayer/*Vossius*, § 43 Rn 81; Semler/Stengel/*Ihrig*, § 43 Rn 17; zur Kernbereichslehre Heidel/Schall/*Psaroudakis*, HGB, § 119 Rn 11.

10 OLG Stuttgart DB 2001, 854, 858; LG Arnsberg, ZIP 1994, 536; deutlich (und mwN für die Gegenansicht) Lutter/*Lutter/Drygala* § 13 Rn 20; Widmann/Mayer/*Heckschen*, § 13 Rn 118; Lutter/*Winter*, Kölner Umwandlungsrechtstage, S. 38 f; Semler/Stengel/*Gehling*, § 13 Rn 26 (unter Änderung seiner Ansicht aus der Vorauflage); Ulmer/*Hüffer*, GmbHG, § 47 Rn 179; aA KölnKomm-AktG/*Kraft*, § 355 Rn 13 (zur alten Rechtslage); Michalski/*Römermann*, GmbHG, § 47 Rn 287.

11 Deutlich die GesBegr. bei *Ganske*, Umwandlungsrecht, S. 100, die zum § 50 die Unanwendbarkeit des § 47 GmbHG feststellt; mit Herleitung aus dem historischen Kontext Lutter/*Lutter/Drygala*, § 13 Rn 20.

12 GesBegr. bei *Ganske*, Umwandlungsrecht, S. 100; Lutter/*Lutter/Drygala*, § 13 Rn 20.

13 *Bürger*, RNotZ 2006, 156, 171 f.

14 S. hierzu bereits BGHZ 17, 160, 162 ff; *Bürger*, RNotZ 2006, 156, 164 ff.

15 S. dazu die §§ 43, 50, 65, 78, 84, 103, 106, 112 Abs. 3, 118 und die dortigen Kommentierungen.

kapitals und Zustimmung der persönlich haftenden Gesellschafter bei der KGaA (§ 78 S. 1 iVm § 65 Abs. 1, § 78 S. 3). Für **Personenhandelsgesellschaften** und **Partnerschaftsgesellschaften** ist die **Zustimmung aller Gesellschafter** erforderlich, sofern der Gesellschaftsvertrag nichts anderes vorschreibt; dieser kann als Mindestmaß eine Mehrheit von drei Vierteln der abgegebenen Stimmen vorsehen (§§ 43 Abs. 2, 45 d Abs. 2). Dies gilt als **Mindestvoraussetzung**, von denen die Rechtsträger nur nach oben abweichen können.[16] Gesellschaftsvertrag oder Satzung können danach höhere Mehrheiten oder zusätzliche Anforderungen vorschreiben; geringere Anforderungen können hingegen statutarisch nicht festgesetzt werden. Sofern Mehrheitserfordernisse für die Änderung der Satzung oder des Gesellschaftsvertrages festgelegt sind, ohne die Verschmelzung explizit zu behandeln, ist im Zweifel davon auszugehen, dass solche Klauseln auch auf die Verschmelzung anzuwenden sind, da sie sowohl aus Sicht des übertragenden als auch des übernehmenden Rechtsträgers regelmäßig ein Grundlagengeschäft bedeuten.[17]

11 Satzung und Gesellschaftsvertrag können die Möglichkeit einer Verschmelzung nicht insgesamt ausschließen; eine solche Klausel ist jedoch regelmäßig in ein **Einstimmigkeitserfordernis** umzudeuten.[18]

12 **3. Zeitpunkt des Beschlusses.** Der Zustimmungsbeschluss der Anteilsinhaber kann, abhängig vom Zeitpunkt des Vertragsabschlusses, sowohl in Gestalt einer Einwilligung als auch einer Genehmigung gefasst werden.[19] Die Möglichkeit einer zeitlich vorgehenden **Einwilligung** ergibt sich daraus, dass § 13 Abs. 3 vorschreibt, den Vertrag oder den Entwurf dem Beschluss beizufügen. Deutlich wird dies mit Blick auf § 4 Abs. 2, der die Möglichkeit der Zustimmung zum Vertragsentwurf vorsieht. In der Praxis wird grds. einem Vertragsentwurf zugestimmt, da in einem solchen Fall Änderungen des Vertragsentwurfes noch möglich sind und Kosten für die vorherige Beurkundung des Verschmelzungsvertrages vermieden werden können.[20] Eine feste Reihenfolge für die Beschlüsse der beteiligten Rechtsträger existiert ferner nicht – zum Zeitpunkt der Beschlussfassung agieren diese noch eigenständig.[21] Der Verschmelzungsvertrag bleibt so lange **schwebend unwirksam**, bis bei allen beteiligten Rechtsträgern die Zustimmungsbeschlüsse gefasst und alle notwendigen Zustimmungserklärungen erteilt wurden.[22]

13 Sofern **Kettenverschmelzungen** vorgenommen werden, sind ausschließlich die Anteilsinhaber, die dem betreffenden Rechtsträger zum Zeitpunkt der Beschlussfassung angehören, teilnahme- und stimmberechtigt; beim übernehmenden Rechtsträger sind die Anteilsinhaber des übertragenden Rechtsträgers erst mit Wirksamkeit der Verschmelzung durch Handelsregistereintragung (§ 20 Abs. 1 Nr. 3) teilnahme- und stimmberechtigt.[23]

14 Zur Vorbereitung der Anteilsinhaberversammlung sind die Bestimmungen in § 5 Abs. 3 (Monatsfrist für die Information des Betriebsrats) sowie § 76 Abs. 1 (2-Jahres-Sperre bei neu gegründeten Aktiengesellschaften) in die Planung einzubeziehen. Auch sollte die Bilanz des übertragenden Rechtsträgers (§ 17 Abs. 2) bereits vorliegen, jedoch können die Anteilsinhaber einstimmig hierauf verzichten.[24]

15 **4. Versammlungszwang.** § 13 Abs. 1 S. 2 schreibt die **Beschlussfassung innerhalb der Anteilsinhaberversammlung** rechtsformunabhängig vor. Die Durchführung eines schriftlichen Beschlussverfahrens (vgl etwa § 43 Abs. 2 GmbHG) ist unzulässig.[25] Sofern außerhalb einer solchen Ver-

16 Lutter/*Lutter/Drygala*, § 13 Rn 21.
17 Lutter/*Lutter/Drygala*, § 13 Rn 21; Widmann/Mayer/*Rieger*, § 65 Rn 10; Semler/Stengel/*Diekmann*, § 65 Rn 14; Lutter/*Winter*, Kölner Umwandlungsrechtstage, S. 37; aA KölnKomm-UmwG/*Simon*, § 13 Rn 23, der auf eine Einzelfallbetrachtung verweist.
18 Lutter/*Lutter/Drygala*, § 13 Rn 21.
19 Semler/Stengel/*Gehling*, § 13 Rn 11; Lutter/*Lutter/Drygala*, § 13 Rn 8.
20 S. § 4 Rn 17, 24 f.
21 Widmann/Mayer/*Heckschen*, § 13 Rn 68; Lutter/*Lutter/Drygala*, § 13 Rn 8.
22 Semler/Stengel/*Gehling*, § 13 Rn 12; Widmann/Mayer/*Heckschen*, § 13 Rn 235.
23 Widmann/Mayer/*Heckschen*, § 13 Rn 68.1; KölnKomm-UmwG/*Simon*, § 2 Rn 211; Semler/Stengel/*Schröer*, § 5 Rn 117; Lutter/*Grunewald*, § 65 Rn 3; aA *Mayer* in: FS Spiegelberger, 2009, S. 833, 837.
24 Kallmeyer/*Zimmermann*, § 13 Rn 6.
25 Semler/Stengel/*Gehling*, § 13 Rn 14; Lutter/*Lutter/Drygala*, § 13 Rn 9; ausf. Lutter/*Decher*, Kölner Umwandlungsrechtstage, S. 210 ff.

sammlung eine Zustimmung zum Verschmelzungsbeschluss abgegeben wird, ist diese nicht zu berücksichtigen.[26] Die durchzuführende Versammlung muss dabei jedoch keine Präsenzversammlung sein. Eine persönliche Anwesenheit der Anteilsinhaber ist nicht zwingend erforderlich, die Teilnahme in Form einer Video- oder Telefonkonferenz ist, soweit gesetzlich oder statutarisch für den beteiligten Rechtsträger vorgesehen, ausreichend.[27]

Eine **Stellvertretung** für die Anteilsinhaber im Rahmen der Anteilsinhaberversammlung ist zulässig und richtet sich hinsichtlich der Form nach den rechtsformspezifischen Vorschriften des spezifischen Rechtsträgers (vgl §§ 47 GmbHG, 134 AktG).[28] Bei Personengesellschaften sind Vollmachten, soweit der Gesellschaftsvertrag nichts Anderweitiges regelt, formlos wirksam. In der Praxis wird aufgrund der Nachweispflicht gegenüber dem Handelsregister jedoch zumindest die Textform gewählt.[29] Bei der GmbH und bei Personengesellschaften ist auch eine Vertretung ohne Vertretungsmacht mit nachfolgender Genehmigung zulässig; für die Form der Genehmigungserklärung gilt das Vorstehende entsprechend. 16

Nach heute herrschender Meinung in Rechtsprechung und Schrifttum ist bei Gesellschafterbeschlüssen die Norm des **§ 181 BGB** anwendbar. Bei AG und KGaA hingegen soll § 181 BGB beim Verschmelzungsbeschluss im Rahmen der Hauptversammlung nicht anwendbar sein.[30] Dem ist zumindest für Publikumsgesellschaften zu folgen. Für die Praxis ist in jedem Fall, soweit rechtlich möglich, eine Befreiung von den Beschränkungen des § 181 BGB bei Erteilung der Vollmacht zu empfehlen. 17

Erforderlich ist ferner, dass der Beschluss in der Versammlung mit der erforderlichen Mehrheit gefasst wird. Abzugrenzen ist die Stimmabgabe von einer nachträglichen Zustimmung. Etwa die Beschlussfassung von Anteilsinhabern, die nicht erschienen sind und später zustimmen, sowie die Zustimmungen aufgrund individueller Zustimmungserfordernisse (Abs. 2) sind für die Verschmelzungsbeschlussfassung nicht relevant. Diese Zustimmungserfordernisse sind getrennt vom Zustandekommen des Anteilsinhaberbeschlusses zu sehen, weshalb sie auch nicht innerhalb der Versammlung abgegeben werden müssen.[31] § 43 Abs. 1 steht dem insoweit nicht entgegen, als dass es dort um eine nachträgliche Zustimmung zu einem bereits gefassten Beschluss geht, während hier dessen Zustandekommen betroffen ist.[32] 18

III. Inhaltliche Anforderungen

Der Verschmelzungsbeschluss beinhaltet die Zustimmung zum Verschmelzungsvertrag bzw zu dessen Entwurf. Sollten weder Vertrag noch Entwurf vorliegen, so ist eine Beschlussfassung über eine geplante Verschmelzung nicht als Beschluss im Sinne des § 13 Abs. 1 anzusehen. Ein dem Abschluss des Vertrages vorgreifender Beschluss, der die Vertretungsorgane ermächtigt, einen Verschmelzungsvertrag nach ihrem Ermessen auszuhandeln und abzuschließen, ist nicht möglich, da ein solches Vorgehen dem anteilsinhaberschützenden Zweck des § 13 zuwider liefe.[33] Die Aufnahme von **Bedingungen** oder **Befristungen** im Verschmelzungsbeschluss ist grds. möglich, darf jedoch zu keiner Verlagerung einer eigenen Entscheidungskompetenz von der Anteilsinhaberversammlung auf die Vertretungsorgane führen. So darf etwa die Ausübung ei- 19

26 Widmann/Mayer/*Mayer*, § 50 Rn 32; Lutter/*Lutter/Drygala*, § 13 Rn 10.

27 Semler/Stengel/*Gehling*, § 13 Rn 14; Lutter/*Lutter/Drygala*, § 13 Rn 9; einschr. *Erdmann*, MMR 2000, 526, 529.

28 Semler/Stengel/*Gehling*, § 13 Rn 15; Lutter/*Lutter/Drygala*, § 13 Rn 9; aA Widmann/Mayer/*Heckschen*, § 13 Rn 106 ff, der § 167 S. 2 BGB aufgrund der Warnfunktion der Formvorschrift des § 13 Abs. 3 S. 1 für unanwendbar erachtet und stets eine notarielle Beurkundung der Vollmacht verlangt.

29 So auch Lutter/*Schmidt*, § 43 Rn 8; Semler/Stengel/*Ihrig*, § 43 Rn 13; Kallmeyer/*Zimmermann*, § 13 Rn 13; aA Widmann/Mayer/*Vossius*, § 43 Rn 8, der notarielle Beglaubigung verlangt.

30 Widmann/Mayer/*Heckschen*, § 13 Rn 103.

31 Semler/Stengel/*Gehling*, § 13 Rn 14; Lutter/*Lutter/Drygala*, § 13 Rn 10 f; KölnKomm-UmwG/*Simon*, § 13 Rn 13 f.

32 Eingehend Lutter/*Lutter/Drygala*, § 13 Rn 11; KölnKomm-UmwG/*Simon*, § 13 Rn 14.

33 LG Frankfurt a.M., WM 1990, 237; Semler/Stengel/*Gehling*, § 13 Rn 29; Widmann/Mayer/*Heckschen*, § 13 Rn 58; iE ebenso KölnKomm-UmwG/*Simon*, § 13 Rn 31.

nes Rücktrittsrechts nicht in das Ermessen der Vertretungsorgane gestellt werden.[34] Insbesondere können die Anteilsinhaber dem Vertretungsorgan keinen Verhandlungsauftrag mit Gestaltungs- oder Abschlussermessen hinsichtlich des Verschmelzungsvertrages einräumen.[35] Zulässig sind danach praktisch nur noch konkrete Handlungsanweisungen an die Vertretungsorgane.[36]

20 Sofern die Anteilsinhaberversammlung ihren Zustimmungsbeschluss auf Grundlage des Verschmelzungsvertragsentwurfes fasst, muss der anschließend gefasste Vertrag mit dem Entwurf übereinstimmen.[37] Lediglich kleine **redaktionelle Änderungen** sowie die Anpassung von Schreibfehlern sind zulässig. Fehlt es an dieser Übereinstimmung, so ist der Verschmelzungsvertrag mangels wirksamen zugehörigen Beschlusses unwirksam; es ist ein neuer Beschluss herbeizuführen. Wird trotz dieses Mangels eingetragen, so ist die Verschmelzung davon allerdings grds. nicht berührt, arg. e. § 20 Abs. 2.

21 Hinsichtlich der Reichweite erstreckt sich die Beschlusspflicht auf alle Verträge und Abreden, die in rechtlichem Zusammenhang mit der Verschmelzung stehen. Dies ist der Fall, wenn sie zwingende Bestandteile gemäß § 5 betreffen, ohne die die Verschmelzung nicht eintragungsfähig wäre. Eine reine zeitliche Nähe oder ein wirtschaftlicher Zusammenhang zum Verschmelzungsbeschluss ist freilich nicht ausreichend.[38]

22 Der Verschmelzungsbeschluss nach § 13 Abs. 1 umfasst dabei nicht inzident die Zustimmung zu einer Satzungsänderung; soll also beim übernehmenden Rechtsträger auch eine Kapitalerhöhung durchgeführt oder die Satzung anderweitig geändert werden, so bedarf dies eines gesonderten Beschlusses.[39]

► **Verschmelzungsbeschluss einer AG[40]**

1. Dem Verschmelzungsvertrag wird zugestimmt.
2. Das Grundkapital der A-AG wird zur Durchführung der Verschmelzung mit der B-AG von [...] EUR um [...] EUR auf [...] EUR durch Ausgabe von [...] auf den Inhaber lautenden Stückaktien erhöht.
   Die neuen Aktien sind ab dem [...] gewinnberechtigt. Sofern die Verschmelzung erst nach der ordentlichen Hauptversammlung der B-AG im Jahre [...] in das Handelsregister der A-AG eingetragen werden sollte, sind die neuen Aktien erst ab dem [...] gewinnberechtigt. Bei einer weiteren Verzögerung der Handelsregistereintragung über die ordentliche Hauptversammlung der B-AG im Folgejahr hinaus verschiebt sich der Beginn der Gewinnberechtigung jeweils entsprechend der vorstehenden Regelung um ein Jahr.
   Die neuen Aktien der A-AG werden als Gegenleistung für die Übertragung des Vermögens der B-AG im Wege der Verschmelzung zur Aufnahme an die Aktionäre der B-AG im Verhältnis von [...] Aktien der B-AG zu [...] Aktien der A-AG ausgegeben.
   Der Vorstand wird ermächtigt, die weiteren Einzelheiten der Kapitalerhöhung und der Durchführung festzusetzen.
3. § [...] der Satzung der A-AG wird wie folgt neu gefasst:
   Das Grundkapital beträgt [...] EUR und ist eingeteilt in [...] Stückaktien. Die Aktien lauten auf den Inhaber. ◄

23 Eine **sachliche Rechtfertigung** für den Verschmelzungsbeschluss bzw die Verschmelzung insgesamt muss nicht vorliegen, da der Gesetzgeber hiervon bewusst abgesehen hat.[41] Dies ist eine richtige Entscheidung, da der Minderheitenschutz bei der Verschmelzung bereits in den strik-

34 Semler/Stengel/*Gehling*, § 13 Rn 30; KölnKomm-UmwG/*Simon*, § 13 Rn 32; *Grunewald*, AG. 1990, 133, 139; Lutter/*Lutter/Drygala*, § 13 Rn 17.
35 Lutter/*Lutter/Drygala*, § 13 Rn 17; Semler/Stengel/*Gehling*, § 13 Rn 29; Widmann/Mayer/*Heckschen*, § 13 Rn 58; aA KölnKomm-UmwG/*Simon*, § 13 Rn 32, der dies zumindest für Regelungen des Verschmelzungsvertrages einräumt, die nicht zum zwingenden Inhalt gem. § 5 gehören.
36 ZB in Bezug auf das Registerverfahren bei Kettenverschmelzungen, vgl Lutter/*Lutter/Drygala*, § 13 Rn 19; Semler/Stengel/*Gehling*, § 13 Rn 32 f; KölnKomm-UmwG/*Simon*, § 13 Rn 36.
37 KölnKomm-UmwG/*Simon*, § 13 Rn 33; Semler/Stengel/*Gehling*, § 13 Rn 28; Lutter/*Lutter/Drygala*, § 13 Rn 19.
38 KölnKomm-UmwG/*Simon*, § 13 Rn 34; weiter Widmann/Mayer/*Heckschen*, § 13 Rn 55 f.
39 Lutter/*Lutter/Drygala*, § 13 Rn 17; KölnKomm-UmwG/*Simon*, § 13 Rn 35.
40 S. MünchVertragsHb-1/*Hoffmann-Becking*, XI. 4.
41 S. GesBegr. bei *Ganske*, Umwandlungsrecht, S. 61.

ten Mehrheitserfordernissen (§§ 43 Abs. 2, 50, 65, 78, 84, 103, 106, 112 Abs. 3, 118), den Informationsrechten der Anteilsinhaber, den Berichtspflichten der Vertretungsorgane (§ 8), den Prüfungspflichten durch unabhängige Dritte (§§ 9 ff), dem Austrittsrecht (§ 29) sowie den besonderen Zustimmungserfordernissen (§§ 13 Abs. 2, 50 Abs. 2, 51) umfassend gewährleistet ist.[42]

In gewissem Umfang darf die Anteilsinhaberversammlung zu dem ihr vorgelegten Vertrag auch **Änderungen** beschließen. Da die Anteilsinhaber als wirtschaftliche Träger des Rechtsträgers das konstitutive Entscheidungsrecht über die Verschmelzung haben, darf diese Kompetenz nicht darauf verengt werden, dass sie nur entweder zustimmen oder ablehnen dürfen.[43] Dies entspricht weder dem Schutzzweck des Gesetzes noch dem wirtschaftlichen Interesse der Anteilsinhaber. Die Berichts- und Prüfungspflichten der §§ 8 ff sollen die Anteilsinhaber umfassend informieren über die seitens der Vertretungsorgane unternommenen verschmelzungsrelevanten Schritte. Wie sie dann ihre Entscheidung treffen, bleibt den Anteilsinhabern überlassen. Eine Änderungsentscheidung läge dann auch in ihrer Risikosphäre. Dies ist daher bei den rechtsformspezifischen Vorschriften zur Einberufung der Anteilsinhaberversammlung sowie der Aufstellung der Tagesordnung zu berücksichtigen. 24

Grenzen erfährt diese Änderungskompetenz – gleichsam als Schutz der Anteilsinhaber vor sich selbst – wenn so relevante Bestandteile des Verschmelzungsvertrages geändert werden sollen, dass eine neue Verschmelzungsprüfung erforderlich ist.[44] Denn auch hier müssen alle Anteilsinhaber die Möglichkeit haben, die Entscheidung für sich auf Plausibilität zu prüfen (s. dazu unter Rn 48 und § 8 Rn 10, 17 ff, § 9 Rn 16). 25

IV. Bindungswirkung

Der ordnungsgemäße Beschluss entfaltet Wirkung innerhalb des Rechtsträgers und bindet die Vertretungsorgane, den Verschmelzungsvertrag entsprechend dem gefassten Zustimmungsbeschluss umzusetzen.[45] Gleichzeitig sind die Gesellschafter untereinander gebunden.[46] Ist kein Beschluss erforderlich (zB gem. § 62 Abs. 1), tritt die Bindungswirkung mit Unterzeichnung des Verschmelzungsvertrages durch die Geschäftsleitung ein. Solange noch keine Bindung im Außenverhältnis eingetreten ist, kann der Verschmelzungsbeschluss durch einen neuen Beschluss der Anteilsinhaber aufgehoben oder abgeändert werden.[47] 26

Hinsichtlich einer Außenwirkung muss unterschieden werden zwischen der Zustimmung zum Entwurf (§ 4 Abs. 2) und zum Vertrag. Sofern der Zustimmungsbeschluss zu einem bereits abgeschlossenen – bis dato schwebend unwirksamen – Verschmelzungsvertrag gefasst wurde, entfaltet der Verschmelzungsbeschluss bindende Außenwirkung gegenüber dem Vertragspartner.[48] In einem solchen Fall kann der Beschluss nicht einseitig aufgehoben werden; eine etwaige Lösung vom Verschmelzungsvertrag kann nur nach den allgemeinen zivilrechtlichen Regeln erfolgen. Der Vertrag wird unmittelbar mit dem zeitlich letzten Beschluss bzw der zeitlich letzten Zustimmungserklärung wirksam, es bedarf keiner weiteren Wirksamkeitshandlung. 27

Wurde einem Vertragsentwurf zugestimmt, entfaltet der Beschluss keine Außenwirkung. Diese tritt erst ein, wenn der Entwurf entsprechend des Zustimmungsbeschlusses in einen unterzeichneten Verschmelzungsvertrag umgesetzt wurde.[49] Stimmt der spätere Vertrag nicht mit dem Entwurf überein, so ist der Vertrag **(schwebend) unwirksam**, da die wirksame Zustimmung der 28

42 OLG Frankfurt, AG 2007, 357; Lutter/*Lutter/Drygala*, § 13 Rn 31 ff; KölnKomm-UmwG/*Simon*, § 13 Rn 96.

43 Ebenso OLG Hamm, DK 2005, 374, 378; *Müttge/Baßler*, DK 2005, 341, 344 ff; KölnKomm-UmwG/*Simon*, § 13 Rn 37 ff; aA wohl Lutter/*Lutter/Drygala*, § 4 Rn 15.

44 Dies gilt etwa für den Bereich des § 5 Nr. 1 bis 6, vgl KölnKomm-UmwG/*Simon*, § 13 Rn 41 f.

45 Semler/Stengel/*Gehling*, § 13 Rn 61; Lutter/*Lutter/Drygala*, § 4 Rn 18.

46 Kallmeyer/*Zimmermann*, § 13 Rn 17.

47 S. § 4 Rn 27 ff.

48 Semler/Stengel/*Gehling*, § 13 Rn 64; Lutter/*Lutter/Drygala*, § 4 Rn 18.

49 Semler/Stengel/*Gehling*, § 13 Rn 66; Lutter/*Lutter/Drygala*, § 4 Rn 19; krit: *Austmann/Frost*, ZHR 169 (2005), 442.

Anteilsinhaber fehlt;[50] diese kann aber in Form einer erneuten Beschlussfassung nachgeholt werden.[51]

V. Widerspruch zu Protokoll

29 Sofern ein Anteilsinhaber die Rechte aus § 29 Abs. 1 (Übertragung der Anteile gegen Barabfindung) geltend machen will, muss er gegen den Verschmelzungsbeschluss vor Ende der Anteilsinhaberversammlung **Widerspruch** zur Niederschrift des Notars erklären. Dieser Widerspruch ist in der notariellen Niederschrift aufzunehmen. Eine negative Stimmabgabe allein ist für den Widerspruch nicht ausreichend, sie ist jedoch nach richtiger Auffassung Voraussetzung zur Geltendmachung eines Widerspruchs.[52] Der Notar ist nicht verpflichtet, die Anteilsinhaber auf das Widerspruchserfordernis hinzuweisen.[53]

C. Zustimmungserfordernis, Abs. 2

30 Abs. 2 legt fest, dass einzelne Anteilsinhaber dem Verschmelzungsbeschluss gesondert zustimmen müssen, wenn die Abtretung der Anteile des übertragenden Rechtsträgers nach einer gesetzlichen oder gesellschaftsvertraglichen Regelung von ihrer Zustimmung abhängt. Hier ist der allgemeine Rechtsgedanke normiert, dass in bestehende **Sonderrechte** von Anteilsinhabern nicht ohne deren Zustimmung eingegriffen werden darf.[54] Daher bedarf es in diesen Fällen über die allgemeine Zustimmung der Anteilsinhaber im Rahmen der Beschlussfassung gem. Abs. 1 hinaus einer **gesonderten Zustimmung** einzelner Sonderrechtsinhaber. Solange diese Zustimmungen nicht ausnahmslos vorliegen, sind Verschmelzungsbeschluss und -vertrag schwebend unwirksam.[55]

31 Die Zustimmungserklärung stellt eine empfangsbedürftige Willenserklärung dar und muss dem Rechtsträger in **Ausfertigung** (§ 47 BeurkG) zugehen. Der Anteilsinhaber kann hierfür eine Vollmacht ausstellen, die formlos wirksam ist, jedoch aufgrund der Nachweispflicht gegenüber dem Handelsregister in der Praxis zumindest in Textform abgegeben wird.[56] Stimmt der zustimmungsberechtigte Anteilsinhaber in der Anteilsinhaberversammlung dem notariell zu beurkundenden Verschmelzungsbeschluss zu und wird gem. §§ 8 ff BeurkG protokolliert, so gilt dies nach richtiger Auffassung gleichzeitig auch als formgerechte konkludente Zustimmung gem. § 13 Abs. 2.[57] Mit Ausnahme der Restriktionen aus der gesellschaftsrechtlichen Treuepflicht kann ein Anteilsinhaber über seine Zustimmung nach freiem Ermessen entscheiden.[58]

32 **Zivilrechtliche Beschränkungen** der Anteilsinhaber sind auch im Rahmen der Verschmelzung zu beachten. So muss ggf der Ehegatte des Anteilsinhabers bei einer Verfügung über das Vermögen im Ganzen gem. § 1365 BGB in die Stimmabgabe des Anteilsinhabers eines übertragenden Rechtsträgers einwilligen. Eine fehlende Einwilligung kann gem. § 1366 Abs. 1 durch eine Genehmigung ersetzt werden. Sofern eine Gütergemeinschaft (1423 BGB) vorliegt, ist ebenfalls die Einwilligung des Ehegatten erforderlich. Sofern der Anteil der Testamentsvollstreckung un-

50 So auch Lutter/*Lutter/Drygala*, § 13 Rn 19; aA Schmitt/Hörtnagl/Stratz/*Stratz*, § 13 Rn 14; so wohl auch Widmann/Mayer/*Heckschen*, § 13 Rn 53.

51 Zustimmungswürdig Lutter/*Lutter/Drygala*, § 13 Rn 19.

52 So auch Semler/Stengel/*Kalss*, § 29 Rn 22; Lutter/*Grunewald*, § 29 Rn 10, Kallmeyer/*Zimmermann*, § 13 Rn 21; KölnKomm-UmwG/*Simon*, § 29 Rn 28; aA Kallmeyer/*Marsch-Barner*, § 29 Rn 13.

53 OLG München DNotZ 2010, 677, 678 f.

54 S. dazu die GesBegr. bei *Ganske*, Umwandlungsrecht, S. 61.

55 Semler/Stengel/*Gehling*, § 13 Rn 47; KölnKomm-UmwG/*Simon*, § 13 Rn 43.

56 AA Widmann/Mayer/*Heckschen*, § 13 Rn 113 f, der stets die Form der notariellen Beglaubigung bzw Beurkundung verlangt.

57 So generell bei der Beurkundung des Beschlusses auch Lutter/*Winter*, § 50 Rn 24; Kallmeyer/*Zimmermann*, § 13 Rn 28 Fn 1 („*pure Förmelei*"); ebenfalls differenzierend nach der Art der Beurkundung KölnKomm-UmwG/*Simon*, § 13 Rn 74; eine konkludente Zustimmung aufgrund fehlender Beurkundung und Belehrung des Anteilsinhabers abl. Semler/Stengel/*Gehling*, § 13 Rn 48.

58 BGHZ 14, 25, 38 f; Widmann/Mayer/*Vossius*, § 43 Rn 65 ff; Lutter/*Priester*, § 128 Rn 19; aA Semler/Stengel/*Gehling*, § 13 Rn 63, der eine völlig freie Entscheidung der Anteilsinhaberversammlung befürwortet.

terliegt, ist die Zustimmung des Erben zur Stimmausübung des Testamentsvollstreckers erforderlich, da in den Kernbereich der Mitgliedschaft eingegriffen wird.[59]

I. Anwendungsbereich

Unmittelbar anwendbar ist Abs. 2 nur dann, wenn das Zustimmungsrecht einem bestimmten Gesellschafter als **gesetzliches oder statutarisches Sonderrecht** zugewiesen ist. Dabei kann es sich um anteilsinhabergebundene oder um anteilsgebundene Sonderrechte handelt; in der Praxis betrifft Abs. 2 zumeist **Vinkulierungsklauseln**, wonach die Anteilsübertragung einer gesonderten Zustimmung durch die anderen Gesellschafter bedarf. Eine Vinkulierung ist zwar gem. § 68 AktG auch in der AG möglich, wonach freilich der Vorstand die Zustimmung erteilt und nicht die Hauptversammlung oder ein einzelner Aktionär; die Vinkulierung betrifft jedoch in den meisten Fällen eine Personengesellschaft oder eine GmbH (vgl § 15 Abs. 5 GmbHG).[60] Schuldrechtlich eingeräumte Sonderrechte sind von § 13 Abs. 2 nicht umfasst.[61] 33

Der Zuweisung eines Zustimmungsrechts an bestimmte Anteilsinhaber steht es gleich, wenn die Übertragung der Anteile die Zustimmung aller Anteilsinhaber voraussetzt.[62] In diesem Fall kann auch jeder Einzelne die Übertragung verhindern.[63] 34

Das Zustimmungserfordernis nach Abs. 2 ist dann nicht anwendbar, wenn das Zustimmungsrecht nicht dem einzelnen Anteilsinhaber sondern der Gesellschaft (§ 68 Abs. 2 AktG) oder der Mehrheit der Anteilsinhaber zugeordnet ist;[64] in diesem Fall kommt es nicht zu dem in Abs. 2 entscheidenden Einfluss des einzelnen Anteilsinhabers.[65] Anderes ergibt sich auch nicht für den Fall eines Mehrheitsgesellschafters;[66] denn auch hier handelt es sich um eine Auswirkung der getroffenen Mehrheitsregelung und nicht um ein Sonderrecht des einzelnen Anteilsinhabers. Ist die Zustimmung einem anderen Gesellschaftsorgan vorbehalten, greift Abs. 2 ebenfalls nicht ein.[67] Soweit die Satzung oder der Gesellschaftsvertrag die Abtretung der Anteile generell ausschließt, ist das Zustimmungserfordernis des Abs. 2 infolge seines klaren Wortlautes nicht direkt anwendbar; eine analoge Anwendung ist jedoch aufgrund des Gleichlaufs mit der Situation, dass alle Gesellschafter zustimmen müssen, angebracht, sofern eine solche Gesellschaftsvertragsregelung (wie zB grds bei Personengesellschaften) nur einstimmig geändert werden kann;[68] die Gegenauffassung, nach welcher eine Ausnahme allenfalls dann in Betracht kommen soll, wenn die **rechtsmissbräuchliche Umgehung** der Anteilsinhaberminderheit droht,[69] ist aufgrund der damit verbundenen Unwägbarkeit abzulehnen. 35

Sofern Satzung oder Gesellschaftsvertrag für die Zustimmung zur Übertragung vinkulierter Anteile eine höhere Mehrheit vorschreibt als das Gesetz für den Verschmelzungsbeschluss (idR ¾-Mehrheit), sind beide Erfordernisse strikt zu trennen. Eine Anpassung des Mehrheitserfor- 36

59 *Priester*, ZGR 1990, 420, 439; *H. Schmidt* in: FS Brandner, 1996, S. 133, 146.

60 Zu Vinkulierungsklauseln einer GmbH bei Umwandlungen siehe *Blasche*, RNotZ 2013, 515, 532 f; zur historischen Entwicklung KölnKomm-UmwG/*Simon*, § 13 Rn 44 ff.

61 *Blasche*, RNotZ 2013, 515, 532; Semler/Stengel/*Gehling*, § 13 Rn 37; Kallmeyer/*Zimmermann*, § 13 Rn 22.

62 Lutter/*Lutter/Drygala*, § 13 Rn 23; Semler/Stengel/*Gehling*, § 13 Rn 45; ausf. Lutter/*Schmidt*, Kölner Umwandlungsrechtstage, S. 78 ff.

63 *Blasche*, RNotZ 2013, 515, 533.

64 Vgl § 68 Abs. 2 AktG, s. dazu die RegBegr. bei *Ganske*, Umwandlungsrecht, S. 61; *Reichert*, GmbHR 1995, 176, 180; Lutter/*Lutter/Drygala*, § 13 Rn 26; KölnKomm-UmwG/*Simon*, § 13 Rn 47 ff.

65 Lutter/*Lutter/Drygala*, § 13 Rn 24; Semler/Stengel/*Gehling*, § 13 Rn 46; *Reichert*, GmbHR 1995, 176 ff.

66 Krit. aber iE ebenso Lutter/*Lutter/Drygala*, § 13 Rn 23; Widmann/Mayer/*Heckschen*, Einleitung Verschmelzung, Rn 191.

67 So auch *Blasche*, RNotZ 2013, 515, 532 mwN; kritisch Lutter/*Lutter/Drygala*, § 13 Rn 24.

68 Ebenso Lutter/*Lutter/Drygala*, § 13 Rn 27 (sofern der Ausschluss nur einstimmig geändert werden kann); Semler/Stengel/*Gehling*, § 13 Rn 40 mit der Einschränkung, dass Abs. 2 nicht anwendbar ist, wenn dem Verschmelzungsvertrag gem. Gesellschaftsvertrag mit qualifizierter Mehrheit zugestimmt werden kann; Kallmeyer/*Zimmermann*, § 13 Rn 23; *Blasche*, RNotZ 2013, 515, 532.

69 Widmann/Mayer/*Heckschen*, § 13 Rn 172 f; KölnKomm-UmwG/*Simon*, § 13 Rn 49.

dernisses für den Verschmelzungsbeschluss auf die erhöhte Anforderung an die Übertragung vor dem Hintergrund des Abs. 2 findet nicht statt.[70]

II. Einzelne Zustimmungserfordernisse

37 Während Abs. 2 ein rechtsformunabhängiges Zustimmungserfordernis statuiert, sieht der besondere Teil des UmwG weitergehende **rechtsformspezifische Zustimmungserfordernisse** vor,[71] die zwingend zu beachten sind. Darüber hinaus können sich weitere Zustimmungserfordernisse ergeben.

38 So können Satzung oder Gesellschaftsvertrag weitergehende Zustimmungserfordernisse vorsehen. Anzutreffen ist dies regelmäßig zugunsten exponierter oder einflussreicher Gesellschafter in personalistisch strukturierten Personenhandelsgesellschaften oder zugunsten der Komplementär-GmbH bei einer GmbH & Co. KG.[72]

39 Sofern an der Verschmelzung **Konzerngesellschaften** beteiligt sind, ist fraglich, ob die Verschmelzung einer Zustimmung der Vertretungsorgane einer Konzernobergesellschaft bedarf. Gesetzliche Vorgaben bestehen hierzu nicht. Soweit in der Praxis die Vertreter einer Konzernobergesellschaft als Anteilsinhaber des beteiligten Rechtsträgers in dessen Anteilsinhaberversammlung nur mit Zustimmung des Aufsichtsrates der Konzernobergesellschaft agieren dürfen, ist dieser Vorbehalt zugunsten des Aufsichtsrates nicht konstitutiv für die Wirksamkeit des Verschmelzungsbeschlusses (arg. e. §§ 76 Abs. 1, 78 Abs. 1 AktG).[73] Es kann jedoch eine Zuständigkeit der Anteilsinhaberversammlung der Konzernobergesellschaft aus den Grundsätzen der Holzmüller/Gelatine-Rechtsprechung des BGH bestehen.[74] Doch auch dieses Erfordernis entfaltet seine Wirkung nur hinsichtlich des **Innenverhältnisses** innerhalb der Konzernobergesellschaft. Demzufolge handelt es sich um einen konzerninternen Organisationsvorbehalt, der unabhängig von den Wirksamkeitsanforderungen an den Verschmelzungsbeschluss zu sehen ist.[75]

III. Kein Schutz vor veränderten Leistungspflichten

40 Das Zustimmungserfordernis des Abs. 2 schützt die Anteilsinhaber dabei de lege lata nicht vor **erhöhten Leistungspflichten**, die den Anteilsinhabern in der Satzung des übernehmenden Rechtsträgers auferlegt werden. Nach der Gesetzesbegründung steht dem überstimmten Anteilsinhaber ein Rechtsbehelf gegen erhöhte Leistungspflichten nicht zu, da ein solches Zustimmungsrecht die Verschmelzung oftmals verhindern würde. Etwaige zusätzliche Belastungen können nach Auffassung des Gesetzgebers durch **Anpassung des Umtauschverhältnisses** in dem dort vorgesehen Verfahren ausgeglichen werden.[76] Dies ist vor dem Hintergrund der Vielzahl möglicher Nebenleistungspflichten kritisch zu sehen, entspricht aber der Intention des Gesetzgebers.[77] Eine Lösung dieses Konfliktes kann de lege lata für die Anteilsinhaber vermittels der rechtsformspezifischen Sonderregelungen in den Einzelgesetzen erfolgen, vgl § 55 AktG. **De lege ferenda** sollte jedoch den beachtlichen Argumenten im Schrifttum gefolgt werden und entweder § 13 Abs. 2 oder § 29 auf diese Konstellationen für anwendbar erklärt werden.[78]

70 Ebenso KölnKomm-UmwG/*Simon*, § 13 Rn 50; krit., aber iE ebenso Lutter/*Lutter/Drygala*, § 13 Rn 25.
71 Für Personenhandelsgesellschaften und Partnerschaftsgesellschaften, §§ 43 Abs. 1, 45 d Abs. 2; für die GmbH §§ 50 Abs. 2, 51; für die KGaA, § 78 S. 3; für die AG, § 65 Abs. 2.
72 KölnKomm-UmwG/*Simon*, § 13 Rn 57.
73 KölnKomm-UmwG/*Simon*, § 13 Rn 67.
74 BGHZ 83, 122; BGHZ 159, 30.
75 Hierzu umfassend KölnKomm-UmwG/*Simon*, § 13 Rn 67 f.
76 GesBegr. bei *Ganske*, Umwandlungsrecht, S. 61.
77 GesBegr. bei *Ganske*, Umwandlungsrecht, S. 61; Widmann/Mayer/*Heckschen*, § 31 Rn 185; im Ergebnis zustimmend KölnKomm-UmwG/*Simon*, § 13 Rn 59 ff; mit erheblicher Kritik Lutter/*Lutter/Drygala*, § 13 Rn 29 f; Lutter/*Winter*, Kölner Umwandlungsrechtstage, S. 47; Semler/Stengel/*Gehling*, § 13 UmwG Rn 44.
78 S. hierzu auch Widmann/Mayer/*Heckschen*, UmwG, § 13 Rn 186.

Gleiches gilt, sofern Sonderrechte nicht unter Abs. 2 fallen (wie etwa § 35 BGB), jedoch im übernehmenden Rechtsträger nicht weiter bestehen. Die umwandlungsrechtlichen Zustimmungserfordernisse sind auch hier abschließend.[79] 41

D. Formerfordernis, Abs. 3

Der Verschmelzungsbeschluss und die erforderlichen Zustimmungserklärungen sind notariell zu beurkunden (S. 1). Die **Beifügung des Verschmelzungsvertrages bzw dessen Entwurfs zum Beschluss als Anlage** (S. 2) ist eine rechtsformunabhängige Umsetzung der Anforderungen aus den Artikeln 7 und 25 der Dritten Gesellschaftsrechtlichen Richtlinie.[80] 42

I. Beurkundung

Wirksamkeitsvoraussetzung ist nach Abs. 3 S. 1 die notarielle Beurkundung des Verschmelzungsbeschlusses. Gleiches gilt für die weiteren nach dem Gesetz notwendiger Zustimmungserklärungen (Abs. 2) sowie die Zustimmungserklärungen nicht erschienener Anteilsinhaber; eine öffentliche Beglaubigung ist nicht ausreichend, es sind vielmehr die Normen über die Beurkundung von Willenserklärungen (§ 8 ff. BeurkG) anwendbar. Dieses Erfordernis ist eine **Warnfunktion** für die zustimmenden Anteilsinhaber und sorgt gleichzeitig für ausreichende Rechtssicherheit vermittels **notarieller Kontrolle.**[81] Auch verbindliche Vereinbarungen der Anteilsinhaber, einen Verschmelzungsbeschluss im Rahmen einer späteren Anteilsinhaberversammlung zu fassen, unterfallen dem Beurkundungserfordernis; nicht umfasst hiervon sind jedoch sog. **Break-up-fees**, die für den Fall der Nichtfassung des Beschlusses eine Strafzahlung des Anteilsinhabers vorsehen.[82] 43

Eine Beurkundung des Verschmelzungsbeschlusses kann entweder in **Protokollform** (§§ 36 ff. BeurkG, 130 AktG) oder **Verhandlungsform** (§ 8 ff. BeurkG) erfolgen. Der Notar wird ein Beschlussprotokoll und kein wörtliches Verlaufsprotokoll erstellen, jedoch sämtliche für die Wirksamkeit des Beschlusses und dessen Bewertung maßgeblichen Umstände ins Protokoll aufnehmen. 44

Hinsichtlich einer möglichen Beurkundung im Ausland, gelten die gleichen Grundsätze wie zu § 6 (s. dort Rn 14 ff.). In einem solchen Fall muss nach Abs. 3 S. 1 die Anteilsinhaberversammlung auch am Beurkundungsort stattfinden. Die Zulässigkeit einer Auslandsversammlung ist grds. dann zu bejahen, wenn diese satzungsmäßig gestattet und damit keine übermäßige Erschwerung der Teilnahme für die Anteilsinhaber verbunden ist.[83] Im Falle der AG ist diese Zulässigkeit jedoch heftig umstritten;[84] mit Hinweis auf die klare Kostendeckelung (s. Rn 59 f), muss den Aktiengesellschaften aus Gründen der Rechtssicherheit von einer Auslandsbeurkundung aus Gründen der Rechtssicherheit freilich abgeraten werden.[85] 45

Die notwendigen Zustimmungserklärungen der Anteilsinhaber sind ebenfalls notariell zu beurkunden, um den Bedürfnissen der Rechtssicherheit nachzukommen und die Warnfunktion für die Anteilsinhaber durch die Kontrolle des Notars zu ermöglichen. Für die Beurkundung gelten die Vorschriften zur Beurkundung von Willenserklärungen gem. §§ 8 ff. BeurkG; ein Vermerk im notariellen Protokoll gem. §§ 36, 37 BeurkG, 130 AktG reicht hingegen für die notarielle 46

79 KölnKomm-UmwG/*Simon*, § 13 Rn 65 f.

80 Dritte Richtlinie des Rates vom 9.10.1978 (78/855/EWG).

81 RegBegr. bei *Ganske*, Umwandlungsrecht, S. 61 f; Semler/Stengel/*Gehling*, § 13 Rn 51; Lutter/*Lutter*/*Drygala*, § 13 Rn 12.

82 So auch Widmann/Mayer/*Heckschen*, § 13 Rn 231.1; KölnKomm-UmwG/*Simon*, § 13 Rn 77; Kallmeyer/*Zimmermann*, § 13 Rn 37; aA und eine Break-up-fee einschließend LG Paderborn, NZG 2000, 899, 900; aA gegen eine Beurkundungspflicht *Austmann*/*Frost*, ZHR 169 (2005), 431, 450; Semler/Stengel/*Gehling*, § 13 Rn 51.

83 Dazu BGH, WM 1985, 567; ausführlich Widmann/Mayer/*Heckschen*, § 13 Rn 230.

84 Dafür statt vieler Schmidt/Lutter/*Ziemons*, AktG, § 121, § 13 Rn 55; dagegen OLG Hamburg, AG 1993, 384, 385; Widmann/Mayer/*Heckschen*, § 13 Rn 230.

85 Ebenso Lutter/*Lutter*/*Drygala*, § 13 Rn 13.

Form der Erklärung nicht aus.[86] Eine Beifügung des Verschmelzungsvertrages oder dessen Entwurfs zur Zustimmungserklärung ist freilich nicht notwendig.

II. Anlage zum Beschluss

47 Nach Abs. 3 S. 2 müssen dem Beschluss als Anlage der Verschmelzungsvertrag oder sein Entwurf beigefügt werden. Damit ist sichergestellt, dass das Registergericht deren inhaltliche Übereinstimmung mit dem unterzeichneten Verschmelzungsvertrag feststellen kann (s. zu den Rechtsfolgen einer Abweichung Rn 24 f). Ein anderweitiger Nachweis dieser Übereinstimmung ist möglich; dh ein Beschluss ohne die Anlage nach Abs. 3 S. 2 ist nicht per se unwirksam.[87] Eine – aus Kostengründen – unbeglaubigte Abschrift des Verschmelzungsvertrages reicht aus.[88] Auch wenn das Gesetz den Verschmelzungsvertrag als Anlage bezeichnet, stellt dies keinen Verweis auf § 13 a BeurkG dar, so dass der Verschmelzungsvertrag als Anlage zum Verschmelzungsbeschluss auch dann nicht zu verlesen ist, wenn das Beurkundungsverfahren nach § 8 ff BeurkG durchgeführt wird.[89]

III. Übersendungsanspruch der Anteilsinhaber

48 Abs. 3 S. 3 gewährt jedem Anteilsinhaber einen Anspruch auf eine Abschrift des Verschmelzungsvertrages oder seines Entwurfs und der Niederschrift des Beschlusses; dies freilich auf eigene Kosten des Anteilsinhabers.[90] Im Verhältnis zu den Informationsrechten des allgemeinen Gesellschaftsrechts, die nur Einsicht und Auskunft gewähren (s. etwa die §§ 131 AktG, 51 a GmbHG, 118 HGB), geht dieser Informationsanspruch inhaltlich weiter und ist unverzüglich zu erfüllen.[91] Der Anteilsinhaber hat diesen Anspruch bereits vor der Beschlussfassung. Demnach kann er zwei Abschriften verlangen: einmal zu seiner Vorbereitung auf die Beschlussfassung und einmal nach der Beschlussfassung; er kann damit etwaige Abweichungen feststellen und für sich bewerten.[92]

E. Beschlussmängel

49 Hinsichtlich möglicher Mängel des Verschmelzungsbeschlusses und ihrer interner und externer Rechtsfolgen ist zwischen **formellen** und **materiellen** Beschlussmängeln zu unterscheiden.

I. Formelle Mängel

50 Formelle Mängel sind die **Verletzung der Vorschriften zum Beschlussverfahren**, die sich in der Praxis im Wesentlichen aus drei Quellen speisen: **Mangelhaftigkeit der vorbereitenden Unterlagen** (Bericht, Prüfbericht, Vertrag),[93] **Fehler bei der Zurverfügungstellung dieser Informationen** an die Anteilsinhaber[94] sowie **Mängel in der Vorbereitung und Durchführung der Anteilsinhaberversammlung**. Letztere finden keine Regelung im UmwG, sondern folgen den jeweiligen rechtsformspezifischen Vorschriften.

51 Mit Blick auf die Rechtsfolge ist für alle **formellen Fehler** gleich, dass sich der spezifische Fehler auf die Beschlussfassung ausgewirkt haben muss. Die Anforderungen an die **Kausalität** sind

86 So auch KölnKomm-UmwG/*Simon*, § 13 Rn 81; zur konkludenten Zustimmung im Rahmen des Verschmelzungsbeschlusses s. bereits vorstehende Rn 31.

87 Semler/Stengel/*Gehling*, § 13 Rn 54; Lutter/*Lutter/Drygala*, § 13 Rn 14.

88 KölnKomm-UmwG/*Simon*, § 13 Rn 80; Semler/Stengel/*Gehling*, § 13 Rn 55; Lutter/*Lutter/Drygala*, § 13 Rn 14; KölnKomm-UmwG/*Simon*, § 13 Rn 80; Kallmeyer/*Zimmermann*, § 13 Rn 39; krit. Widmann/Mayer/*Heckschen*, § 13 Rn 233, der eine Ausfertigung oder beglaubigte Abschrift verlangt.

89 So auch Widmann/Mayer/*Heckschen*, § 13 Rn 233; Kallmeyer/*Zimmermann*, § 13 Rn 39.

90 Die Kostenlast soll eine übermäßige Beanspruchung des Rechtsträgers verhindern, siehe GesBegr. bei *Ganske*, Umwandlungsrecht S. 63.

91 Schmitt/Hörtnagel/Stratz/*Stratz*, § 13 Rn 43; Lutter/*Lutter/Drygala*, § 13 Rn 16.

92 Lutter/*Lutter/Drygala*, § 13 Rn 16.

93 S. dazu die Kommentierung unter § 5 Rn 5 ff, 108, § 8 Rn 6, 10 ff, 46 ff, § 12 Rn 2 ff, 16 f.

94 S. dazu die Kommentierung bei § 42 Rn 16 f, § 47 Rn 17, § 49 Rn 28, 63 Rn 23 ff, 82 Rn 8 f, 101 Rn 3 ff, 9, 112 Rn 12.

für die einzelnen Fehler unterschiedlich. Grundsätzlich kann eine großzügigere Behandlung bei reinen Formverstößen angenommen werden. Ein strenger Maßstab gilt hingegen dann, wenn die verletzte Norm ein **Informations- und Mitwirkungsrecht** des Anteilsinhabers schützt. In diesem Fall liegt eine Auswirkung auf die Beschlussfassung nur dann nicht vor, wenn sicher feststeht, dass der Mangel sich nicht auf das Abstimmungsverhalten des betroffenen Anteilsinhabers ausgewirkt hat.[95]

Von einer Auswirkung auf die Beschlussfassung muss dabei ausgegangen werden, wenn diese sich aus dem Gesetz ergibt. Dies gilt für **Mängel des Verschmelzungsberichtes** und des **Prüfungsberichtes** nach der gesetzlichen Wertung der §§ 8 und 12. Darin geht der Gesetzgeber davon aus, dass diese Berichte insgesamt eine Grundlage der Entscheidung der Anteilsinhaber sind bzw eine abstrakte Informationsgrundlage bilden. Die Nichterfüllung dieser grundsätzlichen Anforderungen hat daher stets Auswirkungen auf die Beschlussfassung der Anteilsinhaber. 52

Eine Prüfung der Auswirkungen auf das Abstimmungsverhalten wird idR bei Mängeln des Verschmelzungsvertrages relevant sein. Eine Besonderheit gilt dabei für die Verletzung der Angaben zu den Folgen der Verschmelzung für **Arbeitnehmer** nach § 5 Abs. 1 Nr. 9: Obgleich die Vorschrift nicht den Schutzinteressen der Anteilsinhaber direkt dient,[96] ist ein diesbezüglicher Mangel des Verschmelzungsvertrages ebenso streng zu behandeln. Diese Angaben sind Teil des Verschmelzungsvertrages und damit ein Teil der Grundlage der Entscheidung der Anteilsinhaber. Darüber hinaus ist nicht auszuschließen, dass die Angaben hinsichtlich einer zukünftigen Mitbestimmung besondere Relevanz für die Entscheidung der Anteilsinhaber haben können.[97] 53

II. Materielle Mängel

Im Falle eines **materiellen Mangels** verstößt der Verschmelzungsbeschluss gegen das Gesetz oder die Satzung bzw den Gesellschaftsvertrag. Der in § 243 AktG für die Aktiengesellschaft festgelegte Maßstab kann hier verallgemeinert werden.[98] Nach § 243 Abs. 2 AktG kann die Anfechtung auch darauf gestützt werden, dass ein Aktionär mit Ausübung seines Stimmrechtes **Sondervorteile** für sich oder Dritte zum Schaden der Gesellschaft erlangt und den verbleibenden Aktionären aus dem Beschluss kein Ausgleich dafür zukommt. Ferner berechtigt ein **Verstoß gegen den Gleichbehandlungsgrundsatz** (§ 53 a AktG) zur klageweisen Anfechtung (§ 243 Abs. 1 AktG). Zu den **Verstößen gegen das Gesetz** zählen auch die ungeschriebenen Grundsätze des Gesellschaftsrechts, wie etwa die **Treuepflicht des Aktionärs**[99] oder der **Bestimmtheitsgrundsatz**[100] des Personengesellschaftsrechts.[101] 54

III. Rechtsfolge

Die Rechtsfolge eines fehlerhaften Verschmelzungsbeschlusses richtet sich nach der Rechtsform des betreffenden Rechtsträgers. Für die AG, die eG (§ 51 GenG) oder den VVaG (§ 36 VAG) ergibt sich abhängig von der Schwere des Mangels die **Nichtigkeit** des Beschlusses nach § 241 AktG oder dessen **Anfechtbarkeit** nach § 243 AktG.[102] 55

95 Lutter/*Lutter/Drygala*, § 13 Rn 44.
96 Dazu Lutter/*Lutter/Drygala*, § 13 Rn 44; Lutter/*Priester*, Kölner Umwandlungsrechtstage, S. 99, 111 ff.
97 Eingehend Lutter/*Grunewald*, Kölner Umwandlungsrechtstage, S. 22 ff; wohl zu weitgehend Lutter/*Lutter/Drygala*, § 13 Rn 44, die eine Begründung in der allgemeinen Rechtmäßigkeitskontrolle durch die Anteilsinhaber sehen.
98 Lutter/*Lutter/Drygala*, § 13 Rn 45 mwN.
99 Dazu BGHZ 103, 184; *Schmidt* in GroßKomm, AktG, § 243 AktG, § 13 Rn 48; Semler/Stengel/*Gehling*, § 14 Rn 14.
100 Statt vieler BGH, AG, 2007, 493; MünchKomm-HGB/*Enzinger*, § 119 HGB, § 13 Rn 78 ff.
101 Lutter/*Lutter/Drygala*, § 13 Rn 45.
102 So BGHZ 101, 113, 116; BGHZ 97, 28, 31; Lutter/*Lutter/Drygala*, § 13 Rn 46; KölnKomm-UmwG/*Simon*, § 13 Rn 104.

56 Für Personenhandelsgesellschaften und Vereine gilt, dass mangelhafte Beschlüsse stets als **nichtig** zu betrachten sind.[103] Das Rechtsmittel dagegen ist die Feststellungsklage auf Feststellung der Nichtigkeit des Verschmelzungsbeschlusses, § 256 ZPO.

57 Beide Rechtsmittel sind innerhalb **eines Monats** einzulegen, dh es gilt die Klagefrist des § 14.

F. Kosten

58 Die Kostenregelungen wurden durch die Einführung des GNotKG zum 1.7.2013 umfassend geändert und führten teilweise zu einer erheblichen Mehrbelastung der an der Verschmelzung beteiligten Personen. Im Folgenden werden die neuen Regelungen des GNotKG kommentiert, da diese für alle Umwandlungsvorgänge anwendbar sind, für welche ab dem 1.7.2013 (Stichtag) ein Auftrag an den Notar erteilt wurde.[104]

59 Infolge des Beurkundungserfordernisses verursacht die **Beschlussfassung** notarielle Gebühren gem. § 108 Abs. 2 iVm § 107 Abs. 1 GNotKG. Für die Beurkundung der Zustimmungsbeschlüsse zum Verschmelzungsvertrag ist die doppelte Gebühr Nr. 21100 KV GNotKG (Anlage 1 zum GNotKG) anzusetzen. Diese richtet sich nach dem Aktivvermögen, welches in der Schlussbilanz des übertragenden Rechtsträgers ausgewiesen ist, ohne dass die Verbindlichkeiten abzuziehen sind.[105] Zwar nimmt der Wortlaut des § 38 GNotKG betreffend diese Verbindlichkeiten explizit nur auf Personengesellschaften Bezug, jedoch stellt dies gegenüber der Vorgängernorm des § 18 Abs. 3 KostO nur eine Klarstellung dar. Bereits unter § 18 Abs. 3 KostO wurden Gesellschaften und sonstige an Verschmelzungen beteiligte Rechtsträger unproblematisch unter das Tatbestandsmerkmal der „sonstigen Vermögensmasse" subsumiert; dieses Tatbestandsmerkmal findet sich als Oberbegriff auch in § 38 GNotKG wieder. Ist der so ermittelte Wert des Aktivvermögens allerdings niedriger ist als der Wert der Anteile, welche die Anteilsinhaber des übertragenden Rechtsträgers im Zuge der Verschmelzung am übernehmenden Rechtsträger erwerben, so ist letzterer als der höhere Wert für die Kostenberechnung maßgeblich, § 97 Abs. 3 GNotKG.[106] § 108 Abs. 5 iVm § 107 Abs. 1 GNotKG bestimmt einen Mindestgeschäftswert von 30.000 EUR und begrenzt den Geschäftswert der Höhe nach auf 5.000.000 EUR.[107] Bei Erreichen bzw Überschreiten dieses Höchstbetrages fällt mithin eine Gebühr iHv 16.270 EUR an.

60 Verschmelzungsbeschlüsse mehrerer Rechtsträger als gegenstandsgleich gelten, §§ 141, 41 c, 44 KostO. Sofern Kettenverschmelzungen vorgenommen werden, werden diese separat berechnet, ohne dass eine Reduzierung des Geschäftswertes vorgenommen wird.[108] Werden mehrere Beschlüsse zum selben Beschlussgegenstand (Zustimmung zum Verschmelzungsvertrag) gefasst, sind diese gegenstandsgleich; folglich sind die Geschäftswerte nicht zu addieren, da es sich gem. § 109 Abs. 2 Nr. 4 lit. g) GNotKG um denselben Beurkundungsgegenstand handelt. Zudem gilt der Betrag von 5.000.000 EUR somit auch als absolute Höchstgrenze für den Geschäftswert Es bietet sich demnach an, aus Kostengründen die Verschmelzungsbeschlüsse sämtlicher Rechtsträger in derselben notariellen Urkunde zu fassen.

61 Für die Beurkundung einzelner **Zustimmungserklärungen** (Abs. 2) gilt als Ausgangspunkt ebenfalls der Geschäftswert der Verschmelzung.

103 Vgl dazu BGHNJW 1988, 411; BGH, WM 1966, 1169; Lutter/*Lutter/Drygala*, § 13 Rn 47.

104 S. die Übergangsvorschrift in § 136 Abs. 1 Nr. 4 GNotKG.

105 Zur inhaltsgleichen Vorgängerregelung des § 18 Abs. 3 KostO s. auch BayObLG, DB 1997, 970, 971; Semler/Stengel/*Schröer*, § 6 Rn 20 f; *Pfeiffer*, NZG 2013, 244, 247.

106 Zur inhaltsgleichen und fast wortgleichen Vorgängerregelung des § 39 Abs. 2 KostO s. auch BayObLG, DB 1997, 970, 971.

107 Die frühere Begrenzung der Gebühr auf höchstens EUR 5.000 gem. § 47 S. 2 KostO wurde gestrichen und durch die Deckelung des Geschäftswerts ersetzt.

108 OLG Düsseldorf, ZIP 1998, 1754, 1755.

Die Beurkundung von Zustimmungserklärungen löst eine volle Gebühr aus.[109] Der Geschäftswert berechnet sich jedoch im Gegensatz zur KostO nach der Hälfte des Geschäftswertes für die Beurkundung des Verschmelzungsvertrages gem. § 107 Abs. 1 GNotKG. Dies führt zu einem moderaten Anstieg der Beurkundungsgebühr. Freilich begrenzt § 98 Abs. 4 GNotKG den Geschäftswert auf höchstens EUR 1 Million. Ferner ist bei einer Zustimmungserklärung einzelner Anteilsinhaber deren Beteiligungsquote am betreffenden Rechtsträger zugrunde zu legen. Es empfiehlt sich auch hier, die Zustimmungserklärungen gemeinsam mit dem Verschmelzungsvertrag zu beurkunden, da in diesem Falle Gegenstandsgleichheit vorliegt. 62

Die Kosten dieser Beurkundung trägt der Rechtsträger.[110] 63

Aus Kostengründen empfiehlt es sich, die Zustimmungsbeschlüsse der beteiligten Rechtsträger und etwaige Zustimmungserklärungen einzelner Anteilsinhaber in derselben notariellen Urkunde, die den Verschmelzungsvertrag umfasst, mit zu beurkunden. In diesem Fall handelt es sich bezüglich aller Zustimmungsbeschlüsse und Zustimmungserklärungen um denselben Beurkundungsgegenstand gemäß § 109 GNotKG, so dass keine weiteren Gebührenerhöhungen stattfinden, und bezüglich des Verschmelzungsvertrages einerseits und der Verschmelzungsbeschlüsse bzw Zustimmungserklärungen andererseits zwar um gegenstandsverschiedene Beurkundungsgegenstände (§ 110 Nr. 1 GNotKG), deren Geschäftswerte gemäß § 35 Abs. 1 GNotKG betragsmäßig jedoch addiert werden, ohne dass separate Gebühren anfallen. Somit kann es durch den Degressionseffekt der Gebührentabelle und den Höchstbetrag gemäß § 107 Abs. 1 GNotKG zur Verringerung der notariellen Gebühren kommen.[111] 64

Für die Fälle der **Auslandsbeurkundung** gelten die Ausführungen zu § 6 (dort Rn 14 ff) entsprechend. 65

§ 14 Befristung und Ausschluß von Klagen gegen den Verschmelzungsbeschluß

(1) Eine Klage gegen die Wirksamkeit eines Verschmelzungsbeschlusses muß binnen eines Monats nach der Beschlußfassung erhoben werden.

(2) Eine Klage gegen die Wirksamkeit des Verschmelzungsbeschlusses eines übertragenden Rechtsträgers kann nicht darauf gestützt werden, daß das Umtauschverhältnis der Anteile zu niedrig bemessen ist oder daß die Mitgliedschaft bei dem übernehmenden Rechtsträger kein ausreichender Gegenwert für die Anteile oder die Mitgliedschaft bei dem übertragenden Rechtsträger ist.

Literatur:

Bayer, Aktionärsklage de lege lata und de lege ferenda, NJW 2000, 2609; *Bayer*, Verschmelzung und Minderheitenschutz, WM 1989, 121; *Boesebeck*, Versäumnis der aktienrechtlichen Anfechtungsfrist von einem Monat wegen verspäteter Entscheidung über einen rechtzeitig gestellten Armenrechtsantrag, AG 1966, 303; *Bork*, Beschlußverfahren und Beschlußkontrolle nach dem Referentenentwurf eines Gesetzes zur Bereinigung des Umwandlungsrechts, ZGR 1993, 343; *Fritzsche/Dreier*, Spruchverfahren und Anfechtungsklage im Aktienrecht: Vorrang oder Ausnahme des Anfechtungsausschlusses gemäß § 14 Abs. 2 UmwG?, BB 2002, 737; *Henn*, Erhebung der Anfechtungsklage vor dem unzuständigen Gericht, AG 1989, 230; *Henze*, Die „zweistufige" Konzernverschmelzung, AG 1993, 341; *Hirte*, Informationsmängel und Spruchverfahren, ZHR 167 (2003), 8; *Hoffmann/Becking*, Der materielle Gesellschafterschutz: Abfindung und Spruchverfahren, ZGR 1990, 482; *Hommelhoff*, Minderheitenschutz bei Umstrukturierungen, ZGR 1993, 452; *Hommelhoff*, Zur Kontrolle strukturändernder Gesellschafterbeschlüsse, ZGR 1990, 447; *Martens*, Verschmelzung,

109 Die Regelung einer halben Gebühr gem. § 38 Abs. 2 Nr. 1 KostO ist in das GNotKG nicht übernommen worden.

110 Semler/Stengel/*Gehling*, § 13 Rn 57; Widmann/Mayer/*Heckschen*, § 13 Rn 250.

111 S. § 6 Rn 21; so auch *Pfeiffer*, NZG 2013 244, 246.

Spruchverfahren und Anfechtungsklage in Fällen eines unrichtigen Umtauschverhältnisses, AG 2000, 301; *K. Schmidt*, Zur gesetzlichen Befristung der Nichtigkeitsklage gegen Verschmelzungs- und Umwandlungsbeschlüsse, DB 1995, 1849; *Schöne*, Die Klagefrist des § 14 Abs. 1 UmwG: Teils Rechtsfortschritt, teils „Aufforderung" zu sanktionslosen Geheimbeschlüssen?, DB 1995, 1317; *Timm*, Zur Bedeutung des „Hoesch-Urteils" für die Fortentwicklung des Konzern- und Verschmelzungsrechts, JZ 1982, 403; *Timm*, Einige Zweifelsfragen zum neuen Umwandlungsrecht, ZGR 1996, 247; *J. Vetter*, Ausweitung des Spruchverfahrens, ZHR 168 (2004), 8; *Wiesen*, Der materielle Gesellschafterschutz: Abfindung und Spruchverfahren, ZGR 1990, 503.

I. Normzweck

1 Während sich die Rechtsmittel gegen einen in der Anteilsinhaberversammlung gefassten Verschmelzungsbeschluss (§§ 13, 43, 50, 59,65, 78, 84, 98, 103, 112) grundsätzlich nach den für den jeweiligen Rechtsträger geltenden gesetzlichen Regelungen richten, sieht das UmwG in den §§ 14 ff hierfür einige zusätzliche **rechtsformübergreifende Normen** vor.

2 Eine Klage gegen die Wirksamkeit des Verschmelzungsbeschusses ist gem. Abs. 1 innerhalb eines Monats seit der Beschlussfassung in der Anteilsinhaberversammlung zu erheben. Abs. 1 beruht auf dem Vorbild der aktienrechtlichen Anfechtungsklage in § 246 Abs. 1 AktG.[1] Die einmonatige Klagefrist dient als **Ausschlussfrist** dazu, den beteiligten Rechtsträger zeitnah Klarheit zu verschaffen, ob und mit welcher Begründung die Wirksamkeit des Verschmelzungsbeschlusses in Zweifel gezogen wird.[2] Die Eintragung der Verschmelzung ins Handelsregister des übernehmenden Rechtsträgers ist kein Hindernis für die Zustellung der Klage eines Anteilsinhabers gegen den übertragenden Rechtsträger; zwar wird die Verschmelzung nicht mehr rückgängig gemacht, jedoch besteht ein Rechtsschutzbedürfnis hinsichtlich potenzieller Schadenersatzansprüche.[3] Klagen gegen eine AG oder eine KGaA sind gem. § 246 Abs. 2 AktG (Doppelvertretung) an Vorstand und Aufsichtsrat zuzustellen; dies ist im Rahmen der Klageschrift zu beachten. Die wesentlichen Klagegründe sind ebenfalls innerhalb der Frist des Abs. 1 vorzutragen; später nachgeschobene Gründe sind für das Gericht unbeachtlich.[4]

3 Die Monatsfrist gilt für alle Klagearten, die gegen die Wirksamkeit des Verschmelzungsbeschlusses gerichtet sind, wie zB Anfechtungsklage, Nichtigkeitsklage und allgemeine Feststellungsklage.[5] Die Frist wird in der für die Handelsregisteranmeldung als Anlage notwendig beizufügenden **Negativerklärung** gem. § 16 Abs. 2 reflektiert. Um die zeitnahe Durchführung Verschmelzung nicht zu gefährden, kann der beklagte Rechtsträger nach Ablauf dieser Frist freilich ein **Freigabeverfahren** nach § 16 Abs. 3 einleiten. Eine zusätzliche Beschleunigungsmöglichkeit für den aktienrechtlichen Rechtsträger besteht darin, dass nach § 246 Abs. 3 S. 5 AktG die Möglichkeit besteht, eine eingereichte Klage bereits vor deren Zustellung einzusehen. Die Kläger können das Freigabeverfahren auch nicht weiter verzögern, da nach § 16 Abs. 3 S. 2 die Zustellung des Freigabeantrages an den Prozessbevollmächtigten des Hauptverfahrens ausreicht.[6] Diese gesetzliche Erleichterung wurde eingefügt, nachdem die Anfechtungskläger in der Praxis immer öfter und mit immer diffizileren Strategien (wie zB die verzögerte Einzahlung von Gerichtskosten, welche die Zustellung der Klage verzögerte oder die Vorschaltung auslän-

1 Begr. RegE, BT-Drucks. 12/6699, S. 87.
2 OLG München BeckRS 2008, 7260; LG München WM 2007, 1276, 1281; *Paschos/Johansen-Roth*, NZG 2006, 327, 333; Lutter/*Bork*, § 14 Rn 5; Semler/Stengel/*Gehling*, § 14 Rn 2.
3 OLG Hamburg, NZG 2004, 729, 730 ff; anders noch die Vorinstanz LG Hamburg, DB 2003, 930.
4 OLG Frankfurt ZIP 2003, 1654, 1657; OLG Stuttgart AG 2003, 465, 458; OLG Hamm ZIP 1999, 798, 803; OLG Düsseldorf ZIP 1999, 793; Lutter/*Bork*, § 14 Rn 10; KölnKomm-UmwG/*Simon*, § 14 Rn 23.
5 Lutter/*Bork*, § 14 Rn 5; KölnKomm-UmwG/*Simon*, § 14 Rn 8.
6 Semler/Stengel/*Gehling*, § 14 Rn 2, der zu Recht auf die Probleme im aktienrechtlichen Anfechtungsrecht hinweist.

discher Gesellschaften) versuchten, ein Freigabeverfahren und damit den Prozess der Verschmelzung insgesamt zu verzögern.[7]

II. Klage gegen die Wirksamkeit des Verschmelzungsbeschlusses, Abs. 1

1. Beschlussmangel. Die Beschlusskontrolle richtet sich grds. nach den für die jeweiligen Rechtsträger geltenden Bestimmungen. Für den Fall der Beteiligung einer AG wird dies nach § 243 Abs. 4 AktG dahin gehend ergänzt, dass eine Anfechtungsklage gegen einen Verschmelzungsbeschluss nicht auf unrichtige, unvollständige oder unzureichende Informationen in der Hauptversammlung über die Ermittlung, Höhe oder Angemessenheit des Umtauschverhältnisses gestützt werden kann. 4

Grundsätzliche Zulässigkeitsvoraussetzung für die Klage ist, dass der Kläger bei Klageerhebung bis zum Zeitpunkt der letzten mündlichen Verhandlung **Anteilsinhaber** desjenigen Rechtsträgers ist, dessen Beschluss er angreift.[8] Darüber hinaus gelten die rechtsformspezifischen Anforderungen.[9] 5

Die **materiellen Gründe der Unwirksamkeit** des Verschmelzungsbeschlusses werden nicht im UmwG geregelt, sondern sind den spezialgesetzlichen Vorschriften der jeweiligen Rechtsträger zu entnehmen. Es kommen hierbei Verstöße gegen das Gesetz, Vorschriften des Gesellschaftsvertrages oder fehlende Zustimmungen einzelner Anteilsinhaber in Betracht. Bei einer AG oder KGaA bestimmen sich die Regelungen der Anfechtungsklage (§ 246 AktG) und der Nichtigkeitsklage (§ 241 AktG) nach den dortigen Regelungen des AktG. Gleiches gilt für die allgemeine Feststellungsklage, die sich gegen die Unwirksamkeit des Verschmelzungsbeschlusses richtet.[10] Die Frist des § 242 Abs. 2 S. 1 AktG im Rahmen der Nichtigkeitsklage wird freilich durch die Monatsfrist des § 14 Abs. 1 als lex specialis verdrängt.[11] Im Rahmen einer Klage gegen eine GmbH sind die aktienrechtlichen Vorschriften über die Anfechtbarkeit und Nichtigkeit von Gesellschafterbeschlüssen gem. §§ 241 ff AktG – sofern die Besonderheiten einer GmbH nicht etwas anderes gebieten – nach den allgemeinen GmbH-rechtlichen Grundsätzen entsprechend anzuwenden.[12] Bei Personengesellschaften sind die Feststellungsklagen auf Nichtigkeit bzw Unwirksamkeit des Verschmelzungsbeschlusses – sofern nicht der Gesellschaftervertrag etwas anderes vorsieht – gegen die Mitgesellschafter zu richten.[13] 6

Die jeweilige Klage ist begründet, sofern der Verschmelzungsbeschluss inhaltliche oder verfahrenstechnische **Mängel** aufweist und dadurch Gesetz oder Verfassung der Gesellschaft verletzt werden und hinsichtlich eines übertragenden Rechtsträgers die gerügte Rechtsverletzung nicht nach § 14 Abs. 2 der gerichtlichen Überprüfung entzogen ist. 7

2. Klagefrist. Nach Abs. 1 muss die Klage innerhalb eines Monats nach Beschlussfassung erhoben werden. Die Klagefrist gilt für alle Klagen, die sich gegen die Wirksamkeit des Verschmelzungsbeschlusses bzw die Feststellung seiner Nichtigkeit richten. Dies betrifft freilich keine Klagen gegen andere Entscheidungen, wie etwa einen Kapitalerhöhungsbeschluss oder eine anderweitige Satzungsänderung, die für die Durchführung der Verschmelzung notwendig oder geboten sind.[14] Es handelt sich dabei um eine **materiellrechtliche Ausschlussfrist**, die nach den §§ 186 ff BGB zu beurteilen ist. Für die Fristberechnung gelten die §§ 187 ff BGB; die Vor- 8

7 S. § 16 Rn 30; Semler/Stengel/*Gehling*, § 14 Rn 2.

8 S. jedoch die Ausnahme bei rechtzeitiger Einreichung der Klage, aber Zustellung der Klage erst nach Eintragung der Verschmelzung bei OLG Hamburg NZG 2004, 729, 730 ff.

9 Vgl etwa § 245 AktG; Semler/Stengel/*Gehling*, § 14 Rn 6.

10 Begr. RegE, BT-Drucks. 12/6699, S. 87; KölnKomm-UmwG/*Simon*, § 14 Rn 9; Lutter/*Bork*, § 14 Rn 5; Kallmeyer/*Marsch-Barner*, § 14 Rn 6; aA Widmann/Mayer/*Heckschen*, § 14 Rn 30 f; *K. Schmidt*, DB 1995, 1849, 1850.

11 KG FGPrax 2005, 175; *K. Schmidt*, DB 1995, 1849, 1850; Kallmeyer/*Marsch-Barner*, § 14 Rn 9; krit. *Bork*, ZGR 1993, 343, 355.

12 BGH DB 1990, 1456; KölnKomm-UmwG/*Simon*, § 14 Rn 13.

13 Widmann/Mayer/*Heckschen*, § 14 Rn 42; MüKo-BGB/*Ulmer*, § 709 Rn 104 ff.

14 Begr. RegE, BT-Drucks. 12/6699, S. 87; Lutter/*Bork*, § 14 Rn 6; Semler/Stengel/*Gehling*, § 14 Rn 22.

schriften über die Hemmung und Unterbrechung gem. §§ 203 ff BGB sind nicht anwendbar da es sich um eine Ausschlussfrist handelt.[15] Etwaige Hemmungen nach den §§ 221 ff ZPO finden ebenfalls nicht statt. Fristbeginn ist danach der Tag nach der Anteilsinhaberversammlung, die den Verschmelzungsbeschluss gefasst hat.[16] Der Zeitpunkt der Kenntnisnahme durch den Kläger ist unerheblich.[17] Das Fristende bestimmt sich nach den §§ 188 Abs. 2, 3; 193 BGB. Die Monatsfrist ist zwingend und kann weder statuarisch noch durch Parteiabrede verlängert werden, arg. e. § 1 Abs. 3.[18]

9 Zur Fristwahrung ist die **Rechtshängigkeit** der Klage gemäß § 253 ZPO entscheidend. Nach § 167 ZPO reicht die Anhängigkeit, dh die Einreichung der Klage bei Gericht aus, wenn mit der Zustellung demnächst zu rechnen ist. Der Kläger ist hierfür darlegungs- und beweispflichtig. Die Rechtshängigkeit der Klage bezieht sich auf den Klagegegenstand, dh die Gründe aus denen sich die Unwirksamkeit ergibt. Da es sich um eine materiellrechtliche Ausschlussfrist handelt, ist ein nachträglicher Tatsachenvortrag nicht möglich.[19] Obgleich dies prozessual ggf als Klageänderung (§ 263 f ZPO) zulässig sein könnte, wäre die Klage als unbegründet abzuweisen. Die Wiedereinsetzung in den vorigen Stand (§§ 233 ff ZPO) ist hier nicht möglich.[20] Da die Regelungen der §§ 14, 16 einer Beschleunigung des Verfahrens dienen, sind im Sinne des gesetzgeberischen Willens eine strikte Behandlung der Fristen und eine konsequente Abwehr etwaiger Verzögerungstaktiken angebracht.

10 Nach Ablauf der Klagefrist kann allenfalls auf Schadenersatz geklagt werden; die Vertretungsorgane können unabhängig davon die Negativerklärung gem. § 16 Abs. 2 gegenüber dem Registergericht abgegeben.[21] Etwas anderes kann sich ausnahmsweise in rechtsmissbräuchlichen Fällen aus § 242 BGB dann ergeben, wenn die Verschmelzung von den Rechtsträgern im Verborgenen treuwidrig mit dem Ziel durchgeführt wurde, gerade eine Klage opponierender Anteilsinhaber zu verhindern.[22]

III. Ausschluss der Klage betreffend das Umtauschverhältnis, Abs. 2

11 Mit Wirksamkeit der Verschmelzung erlischt der übertragende Rechtsträger (§ 20 Abs. 1 Nr. 2) und geht im Wege der Gesamtrechtsnachfolge auf den übernehmenden Rechtsträger über. Die Anteile bzw Mitgliedschaften am übertragenden Rechtsträger werden automatisch nach dem im Verschmelzungsvertrag festgelegten Umtauschverhältnis in Anteile bzw Mitgliedschaften am übernehmenden Rechtsträger getauscht (§ 20 Abs. 1 Nr. 3). Aus Sicht der Anteilsinhaber kommt der korrekten Festlegung des angemessenen Umtauschverhältnisses entscheidende Bedeutung zu. Sollte die **Gegenleistung** nicht gleichwertig sein, kann den Anteilsinhabern durch den Anteilstausch ein **wirtschaftlicher Schaden** entstehen. Sollte dies der Fall sein, entspricht es der gesetzgeberischen Intention, die Verschmelzung nicht zu verzögern, da sie eine weitreichende und grundlegende unternehmerische Entscheidung der beteiligten Rechtsträger und deren jeweiliger Anteilsinhaber darstellt. Abs. 2 legt folglich für die Anteilsinhaber des übertragenden Rechtsträgers fest, dass ein unangemessenes Umtauschverhältnis die Verschmelzung an sich nicht verhindert, sondern den betroffenen Anteilsinhabern ein **Barzuzahlungsanspruch** zusteht. Dieser ist im Spruchverfahren nach dem SpruchG durchzusetzen; eine Klage gegen den Ver-

15 BGH NJW 1952, 98; OLG Hamburg ZIP 2004, 906, 907; Lutter/*Bork*, § 14 Rn 6; KölnKomm-UmwG/*Simon*, § 14 Rn 21.

16 Vgl dazu OLG Hamburg ZIP 2004, 906, 907.

17 Lutter/*Bork*, § 14 Rn 7; Semler/Stengel/*Gehling*, § 14 Rn 22.

18 Kallmeyer/*Marsch-Barner*, § 14 Rn 2; *Hüffer*, AktG, § 243 Rn 20.

19 Dazu BGHZ 120 141, 156 f; Lutter/*Bork*, Rn 10; Semler/Stengel/*Gehling*, § 14 Rn 29.

20 BGH DB 2005, 1731, 1732.

21 Zur Prüfung durch das Registergericht s. Lutter/*Bork*, § 14 Rn 12.

22 *Bork*, ZGR 1993, 343, 355; *Schöne*, DB 1995, 1317, 1320 f; Lutter/*Bork*, § 14 Rn 11; aA KölnKomm-UmwG/*Simon*, § 14 Rn 24; Kallmeyer/*Marsch-Barner*, § 14 Rn 9, die in einem solchen Fall die Frist erst mit Kenntnis der Anteilsinhaber von der Versammlung beginnen lassen wollen; ähnlich OLG Brandenburg BeckRS 2006, 19305.

schmelzungsbeschluss wäre hingegen unstatthaft.[23] Dieser prozessuale Weg ist auch dann verpflichtend, wenn das Umtauschverhältnis durch die Vertretungsorgane fahrlässig falsch angesetzt wurde.[24] Eine Durchbrechung des § 14 Abs. 2 ist erst dann statthaft, wenn ein Fall der vorsätzlichen sittenwidrigen Schädigung (§ 826 BGB) erreicht ist.[25]

Der Ausschluss einer Klage gegen den Verschmelzungsbeschluss gem. Abs. 2 gilt nach richtiger Ansicht dann nicht, wenn der klagende Anteilsinhaber sich nicht direkt gegen die Festlegung des Umtauschverhältnisses wendet, sondern dagegen, dass ihm seitens des Rechtsträgers unzureichende, fehlerhafte oder gar keine Informationen zur Beurteilung des Umtauschverhältnisses zur Verfügung gestellt wurden oder der Verschmelzungsbericht hierzu keine ausreichenden oder fehlerhafte Aussagen enthält.[26] § 243 Abs. 4 S. 2 AktG bestimmt für Anfechtungsklagen gegen den Verschmelzungsbeschluss einer AG als übertragender Rechtsträger, dass Rügen, die bewertungsbezogene Informationsmängel in der Hauptversammlung betreffen, ausgeschlossen sind.[27] Sofern die Klage die Höhe der Abfindung gem. § 29 angreift, ist die Anfechtbarkeit gem. §§ 32, 34 S. 2 ausgeschlossen.[28] 12

Nach dem eindeutigen Wortlaut des Abs. 2 gilt der Klageausschluss nur für den **Verschmelzungsbeschluss beim übertragenden Rechtsträger**, dh für dessen Anteilsinhaber. Sofern die Anteilsinhaber des übernehmenden Rechtsträgers den dort gefassten Verschmelzungsbeschluss daher mit einer Klage unter Beachtung der Frist des Abs. 1 angreifen, gilt die Beschränkung des Abs. 2 weder direkt noch analog.[29] Diese Rechtsmittelasymmetrie wurde vom Gesetzgeber bewusst getroffen.[30] Sollte eine Klage gegen den Verschmelzungsbeschluss beim übernehmenden Rechtsträger in der Praxis voraussehbar sein, so bietet sich eine Verschmelzung zur Neugründung an, da in diesem Fall alle beteiligten Rechtsträger ihr Vermögen übertragen und so der Ausschluss des Abs. 2 für sämtliche Anteilsinhaber gilt. 13

Eine entgegen § 14 Abs. 2 erhobene Klage gegen den Verschmelzungsbeschluss des übertragenden Rechtsträgers, die sich auf die fehlerhafte Bemessung des Umtauschverhältnisses stützt, ist nach richtiger Auffassung bereits **unzulässig**; hierfür spricht der Wortlaut, der besagt, dass eine solche Klage auf dieser Gründe nicht gestützt werden kann.[31] 14

IV. Aussicht de lege ferenda

Die unterschiedliche Behandlung der Anteilsinhaber des übertragenden Rechtsträgers und des übernehmenden Rechtsträgers hinsichtlich der Rechtschutzmöglichkeiten ist seit vielen Jahren 15

23 Zur Verfassungskonformität dieser Verweisung s. BVerfG NJW 2007, 3266, 3268; ferner Semler/Stengel/*Gehling*, § 14 Rn 30; Lutter/*Bork*, § 14 Rn 13; KölnKomm-UmwG/*Simon*, § 14 Rn 44.

24 Dazu *Ihrig*, ZHR 160 (1996), 317, 332; KölnKomm-UmwG/*Simon*, § 14 Rn 37.

25 Etwa das kollusive Zusammenwirken der Vertretungsorgane zu Lasten der Anteilsinhaber, OLG Düsseldorf ZIP 1999, 793 f; vgl Lutter/*Bork*, § 14 Rn 13; Widmann/Mayer/*Heckschen*, § 14 Rn 54; aA Kallmeyer/*Marsch-Barner*, § 14 Rn 13.

26 BGH WM 1990, 140, 142; OLG Hamm ZIP 1999, 798, 800 ff; OLG Düsseldorf ZIP 1999, 793, 796; aA OLG Köln ZIP 2004, 760, 761 unter Berufung auf BGHZ 146, 179; BGH, ZIP 2001, 412 (allerdings zum Formwechsel, der in §§ 210, 212 S. 2 eine Sonderregelung hierzu enthält, die in § 14 Abs. 2 gerade nicht enthalten ist); der Vorschlag des Bundesrates, diesen Anfechtungsgrund auch in § 14 Abs. 2 auszuschließen, wurde vom Gesetzgeber nicht übernommen, sodass ein Ausschluss de lege lata ausscheidet; krit. hierzu *Engelmeyer*, Die Spaltung von Aktiengesellschaften nach dem neuen Umwandlungsrecht, 1995, S. 445 ff; für eine analoge Anwendung der Rechtsprechung zu §§ 210, 212: *Hirte*, ZHR 167 (2003), 8, 27 ff; *Klöhn*, AG 2002, 443, 451 f; *Kleindiek*, NZG 2001, 552, 554; differenzierend KölnKomm-UmwG/*Simon*, § 14 Rn 39 ff; näher zur Problematik *Seibert*, WM 2005, 157, *Hemeling*, AG 2004, 262.

27 S. hierzu auch Semler/Stengel/*Gehling*, § 14 Rn 33 und § 8 Rn 80 f; von diesem Ausschluss wird freilich die insgesamt verweigerte Information ausgenommen, s. Begr. RegE UMAG, BR-Drucks. 3/05, S. 54.

28 KölnKomm-UmwG/*Simon*, § 14 Rn 43; Kallmeyer/*Marsch-Barner*, § 14 Rn 14.

29 BGHZ 112, 9, 19; OLG Stuttgart AG 2003, 456, 457; *Winter*, Der Konzern 2007, 24, 28; *Hirte*, ZHR 167 (2003), 8, 31; aA *Mertens*, AG 1990, 20, 23 f; kritisch und aA de lege ferenda *Bork*, ZGR 1993, 343, 354.

30 Begr. RegE, BT-Drucks. 12/6699, S. 87; mit erheblicher Kritik und zur Ausdehnung de lege ferenda, KölnKomm-UmwG/*Simon*, § 14 Rn 48 ff; Schmitt/Hörtnagel/*Stratz*, § 14 Rn 2.

31 So auch Lutter/*Bork*, § 14 Rn 15; KölnKomm-UmwG/*Simon*, § 14 Rn 44; *Bork*, ZGR 1993, 343, 347; aA Semler/Stengel/*Gehling*, § 14 Rn 30; Leuering/*Simon*, NJW-Spezial 2005, 315.

Quell umfangreicher Kontroversen. Wünschenswert wäre eine Behandlung sämtlicher Bewertungsfragen aller involvierten Rechtsträger im Rahmen eines möglichst einheitlichen Spruchverfahrens. Dies wird von der wohl hM im Schrifttum de lege ferenda weiterhin zu Recht gefordert.[32]

§ 15 Verbesserung des Umtauschverhältnisses

(1) [1]Ist das Umtauschverhältnis der Anteile zu niedrig bemessen oder ist die Mitgliedschaft bei dem übernehmenden Rechtsträger kein ausreichender Gegenwert für den Anteil oder die Mitgliedschaft bei einem übertragenden Rechtsträger, so kann jeder Anteilsinhaber dieses übertragenden Rechtsträgers, dessen Recht, gegen die Wirksamkeit des Verschmelzungsbeschlusses Klage zu erheben, nach § 14 Abs. 2 ausgeschlossen ist, von dem übernehmenden Rechtsträger einen Ausgleich durch bare Zuzahlung verlangen; die Zuzahlungen können den zehnten Teil des auf die gewährten Anteile entfallenden Betrags des Grund- oder Stammkapitals übersteigen. [2]Die angemessene Zuzahlung wird auf Antrag durch das Gericht nach den Vorschriften des Spruchverfahrensgesetzes bestimmt.

(2) [1]Die bare Zuzahlung ist nach Ablauf des Tages, an dem die Eintragung der Verschmelzung in das Register des Sitzes des übernehmenden Rechtsträgers nach § 19 Abs. 3 bekannt gemacht worden ist, mit jährlich 5 Prozentpunkten über dem jeweiligen Basiszinssatz nach § 247 des Bürgerlichen Gesetzbuchs zu verzinsen. [2]Die Geltendmachung eines weiteren Schadens ist nicht ausgeschlossen.

Literatur:

van Aerssen, Die Antragsbefugnis im Spruchstellenverfahren des Aktiengesetzes und im Spruchverfahren des Umwandlungsgesetzes, AG 1999, 249; *Bayer*, Fehlerhafte Bewertung: Aktien als Ausgleich bei Sachkapitalerhöhung und Verschmelzung?, ZHR 172 (2008), 24; *Bork*, Beschlußverfahren und Beschlußkontrolle nach dem Referentenentwurf eines Gesetzes zur Bereinigung des Umwandlungsrechts, ZGR 1993, 343; *Fleischer/Bong*, Unternehmensbewertung bei konzernfreien Verschmelzungen zwischen Geschäftsleiterermessen und Gerichtskontrolle, NZG 2013, 881; *Friese-Dormann/Rothenfußer*, Selbstfinanzierungseffekt und Bagatellgrenze als Frage der Angemessenheit des Umtauschverhältnisses bei Verschmelzungen, AG 2008, 243; *Hoffmann/Becking*, Der materielle Gesellschafterschutz: Abfindung und Spruchverfahren, ZGR 1990, 482; *Hoger*, Kapitalschutz als Durchsetzungsschranke umwandlungsrechtlicher Ausgleichsansprüche von Gesellschaftern, AG 2008, 149; *Hommelhoff*, Minderheitenschutz bei Umstrukturierungen, ZGR 1993, 452; *Hommelhoff*, Zur Kontrolle strukturändernder Gesellschafterbeschlüsse, ZGR 1990, 447; *Knoll*, Gesetzliche Verzinsung von Spruchverfahrensansprüchen: Legislativer Wille und verfassungswidrige Wirklichkeit, BB 2004, 1727; *Krieger*, Spruchverfahren, in: Lutter, Kölner Umwandlungsrechtstage, 257; *Martens*, Verschmelzung, Spruchverfahren und Anfechtungsklage in Fällen eines unrichtigen Umtauschverhältnisses, AG 2000, 301; *zur Megede*, Verschmelzung von Aktiengesellschaften – Materielle Anspruchsberechtigung auf Erhalt einer baren Zuzahlung, BB 2007, 337; *Maier-Reimer*, Verbesserung des Umtauschverhältnisses im Spruchverfahren, ZHR 164 (2000), 563; *Philipp*, Ist die Verschmelzung von Aktiengesellschaften nach dem neuen Umwandlungsrecht noch vertretbar?, AG 1998, 264; *Schulenberg*, Die Antragsberechtigung gemäß §§ 15, 305 ff. UmwG und die „Informationslast" des Antragstellers im Spruchverfahren, AG 1998, 74; *Tettinger*, Die Barzuzahlung gem. § 15 UmwG – für mehr Gestaltungsfreiheit im Verschmelzungsrecht, NZG 2008, 93; *J. Vetter*, Ausweitung des Spruchverfahrens, ZHR 168 (2004), 8; *Wiesen*, Der materielle Gesellschafterschutz: Abfindung und Spruchverfahren, ZGR 1990, 503.

32 S. hierzu nur KölnKomm-UmwG/*Simon*, § 14 Rn 48 ff; Semler/Stengel/*Gehling*, § 14 Rn 32 f, 35; Widmann/Mayer/*Heckschen*, § 14 Rn 60 ff; so auch der BGH in BGHZ 146, 179, 183.

I. Normzweck

In Fortführung des Ausschlusses der Klagemöglichkeit gegen den Verschmelzungsbeschluss gem. § 14 Abs. 2 gewährt § 15 Abs. 1 den **Anteilsinhabern des übertragenden Rechtsträgers** stattdessen die Möglichkeit, gegen ein unangemessenes Umtauschverhältnis im Wege eines Spruchverfahrens vorzugehen und eine **bare Zuzahlung** zu verlangen. Dies gilt begriffslogisch nur dann, wenn das Umtauschverhältnis zu ihren Lasten unangemessen ist. Ist das Umtauschverhältnis aus Sicht der Anteilsinhaber des übernehmenden Rechtsträgers zu hoch bemessen, findet hingegen kein Spruchverfahren statt, da diese nicht mit einer Anfechtungsklage gem. § 14 Abs. 2 ausgeschlossen sind.[1] Gleichzeitig legt Abs. 1 damit fest, dass ein finanzieller Ausgleich ausschließlich durch eine bare Zuzahlung erfolgen kann. Nach Abs. 1 S. 1 Hs 2 kann diese Zuzahlung höher sein als 10 % des auf die gewährten Anteile entfallenden Betrages des Grund- bzw Stammkapitals. Abs. 1 S. 2 verweist die Anteilsinhaber verfahrenstechnisch auf das **Spruchverfahren** nach dem SpruchG. Die Durchführung dieses Verfahrens verzögert die Umsetzung der Verschmelzung nicht. 1

§ 85 schränkt dessen Geltung für Genossenschaften dergestalt ein, dass § 15 nur dann Anwendung findet, wenn das Geschäftsguthaben eines Mitglieds beim übernehmenden Rechtsträger niedriger als das Geschäftsguthaben beim übertragenden Rechtsträger ist. 2

Hat das Gericht die Unangemessenheit des Umtauschverhältnisses festgestellt, setzt das Gericht den Ausgleich durch bare Zuzahlung mit **inter-omnes-Wirkung** fest.[2] 3

II. Bare Zuzahlung, Abs. 1 S. 1

1. Tatbestand. Entstehungsvoraussetzung für den Anspruch auf bare Zuzahlung ist die Verletzung der Wertäquivalenz der Anteile an den beteiligten Rechtsträgern durch die Festlegung des Umtauschverhältnisses. Die Anteilsinhaber des übertragenden Rechtsträgers müssen eine Vermögenseinbuße erleiden, indem sie nach der Verschmelzung wirtschaftlich schlechter da stehen als vor der Verschmelzung.[3] Entscheidender Zeitpunkt ist dabei der **Bewertungsstichtag**, auf den das Umtauschverhältnis berechnet wird. Der Anspruch steht den Anteilsinhabern getrennt von ihrem Anteil zu; dh der Anspruch aus Abs. 1 S. 1 ist selbstständig und unabhängig vom Anteil frei übertragbar (§§ 398 ff BGB).[4] 4

Es handelt sich demzufolge nicht um ein Instrument des Minderheitenschutzes, sondern dient der Sicherung der Anteilsinhaber vor wirtschaftlichen Schäden aus der Verschmelzung.[5] Diese Regelung der baren Zuzahlung ist verfassungsrechtlich unbedenklich.[6] Der Anspruch steht danach auch denjenigen Anteilsinhabern des übertragenden Rechtsträgers zu, die bereits am übernehmenden Rechtsträger selbst beteiligt sind. Für die Praxis ist darauf hinzuweisen, dass – in Konzernstrukturen – dadurch ungewollte Steuerlasten auftreten können. Bei Geltendmachung des Anspruchs kann eine Ertragsteuer auf die erlangte Barzuzahlung anfallen; bei Verzicht auf den finanziellen Ausgleich kann dies steuerlich als verdeckte Gewinnausschüttung 5

1 So ausdr. BegrRegE zu § 14 UmwG, BT-Drucks. 12/6699, S. 87; BGH AG 2007, 625, 626.
2 Lutter/*Bork*, § 15 Rn 5.
3 Ein voller wirtschaftlicher Wertausgleich ist erforderlich, so zB BVerfG NZG 2012, 1035, 1037 (Daimler/Chrysler); insoweit ablehnend zur vom OLG Stuttgart propagierten „Verhandlungslösung" AG 2006, 421 (Wüstenrot/Württembergische); AG 2011, 149 (Daimler/Chrysler); jeweils basierend auf den Arbeiten von *Stiltz*, in: FS Mailänder (2006), 423; dazu auch *Fleischer/Bong*, NZG 2013, 881.
4 S. grundlegend BGHZ 167, 299 ff (Jenoptik); ausführlich dazu KölnKomm-UmwG/*Simon*, § 15 Rn 19 ff; Lutter/*Bork*, § 15 Rn 2; Semler/Stengel/*Gehling*, § 15 Rn 13, aA und gegen eine Fungibilität des Anspruchs auf bare Zuzahlung *Schulenberg*, AG 1998, 74, 78 f; *zur Megede*, BB 2007, 337, 339 f.
5 KölnKomm-UmwG/*Simon*, § 15 Rn 10.
6 BVerfG NJW 2007, 3266, 3268 f.

bzw Einlage gewertet werden und zu einer negativen ertragsteuerlichen Belastung führen.[7] Um dies zu vermeiden, gibt es im Wesentlichen zwei Möglichkeiten: zunächst eine konzerninterne Umstrukturierung der Beteiligungsverhältnisse. Da dies jedoch einen wohl unverhältnismäßigen Aufwand bedeuten würde, bleibt ein Verzicht auf die Barzuzahlung zu dem Zeitpunkt, zu dem der Anspruch noch nicht entstanden ist. Anders gewendet: Eine steuerliche Neutralität ist nur dann möglich, wenn die beteiligten Rechtsträger vor Fassung des Verschmelzungsbeschlusses in Form eines Erlassvertrages auf den Anspruch auf bare Zuzahlung verzichten.[8]

6 Der Anspruch entsteht bereits mit **Fassung** des Verschmelzungsbeschlusses.[9] Entgegen der Auffassung, die auf die Wirksamkeit der Verschmelzung (§ 20) abstellt,[10] steht bereits zu diesem Zeitpunkt fest, aufgrund welchen Umtauschverhältnisses der Anteilstausch vorgenommen wird. Den Anteilseignern ist es nicht zuzumuten, noch bis zum tatsächlichen Eintritt des Schadens warten zu müssen; Ihnen muss bereits vorher die Möglichkeit gegeben werden, zur Wahrung ihrer Vermögensrechte tätig zu werden. Die Tatsache, dass sie bis zur Wirksamkeit der Verschmelzung noch Anteilseigner am übertragenden Rechtsträger sind, steht dem nicht entgegen: § 15 bezweckt den Schutz der Anteilsinhaber vor vermögensrechtlichen Einbußen, die an die Festlegung des Umtauschverhältnisses geknüpft sind und nicht an den Übergang der Mitgliedschaft. Schlussendlich steht dieser Interpretation auch Abs. 2 S. 1 nicht entgegen: Die Verzinsung des Anspruchs setzt dessen Fälligkeit voraus; diese tritt zwar erst mit tatsächlicher Wirksamkeit der Verschmelzung ein, hat jedoch keinerlei Relevanz für die **Entstehung des Anspruchs** oder den Rechtsschutz der Anteilsinhaber. Der Anspruch ist freilich nur aufschiebend bedingt auf die Wirksamkeit der Verschmelzung entstanden.

7 **2. Anspruchshöhe.** Grundsätzlich besteht keine Begrenzung des Barzahlungsanspruchs der Höhe nach.[11] Abs. 1 S. 1 Hs 2 stellt hierzu klar, dass die Barzuzahlung den zehnten Teil des auf die gewährten Anteile entfallenden Betrags des Grund- bzw Stammkapitals übersteigen darf. In Abgrenzung zu der Festlegung einer Barzuzahlung zur Herstellung eines angemessenen Umtauschverhältnisses im Verschmelzungsvertrag[12] unterliegt der Anspruch des Abs. 1 S. 1 damit keiner entsprechenden inhaltlichen Beschränkung.

8 Entgegen der wohl hM im Schrifttum wird das dem Anspruch nach Abs. 1 S. 1 innewohnende finanzielle Risiko auch nicht durch die gesellschaftsrechtlichen Bestimmungen der **Kapitalerhaltung** begrenzt.[13] Abgesehen davon, dass diese mittelbare Begrenzung des Barzahlungsanspruchs den gesetzgeberischen Zweck des § 15 Abs. 1 S. 1 konterkarieren würde, liegt weder eine Verletzung der Kapitalerhaltungsvorschriften noch eine verbotene Rückzahlung von Einlagen vor.[14] Die Barzuzahlung beruht in ihrer genannten **Kompensationsfunktion** auf dem Vermögen, welches dem übernehmenden Rechtsträger durch die Verschmelzung zugeflossen ist; der für eine Verletzung der Kapitalerhaltungsvorschriften konstitutive Abfluss von Eigenkapital liegt somit bereits nicht vor.[15] Da aus wirtschaftlicher Sicht nur ein Ausgleich für ein ursprünglich unzutreffend festgestelltes Umtauschverhältnis vorliegt und damit durch Zahlung an die Anteilseigner des übertragenden Rechtsträgers ausgeglichen werden soll, was dem über-

7 Hierzu näher KölnKomm-UmwG/*Simon*, § 15 Rn 10, 25 f.

8 KölnKomm-UmwG/*Simon*, § 15 Rn 11 mit Hinweis auf BGHZ 40, 326, 330; Palandt/*Heinrichs*, BGB, § 397, Rn 2.

9 Wie hier OLG München AG 2007, 701, 702 mit Verweis auf Lutter/*Bork*, § 15 Rn 2.

10 *Schulenberg*, AG 1998, 74, 78; KölnKomm-UmwG/*Simon*, § 15 Rn 7; Keßler/Kühnberger/*Keßler*, § 15 Rn 3.

11 *Philipp*, AG 1998, 264, 268; *Seetzen*, WM 1999, 565, 566; die darauf hinweisen, dass die baren Zuzahlungen dadurch existenzgefährdende Beträge erreichen können.

12 So in den §§ 54 Abs. 4; 68 Abs. 3; 78; 87 Abs. 2.

13 So aber Lutter/*Bork*, § 15 Rn 5; Kallmeyer/*Marsch-Barner*, § 15 Rn 2, die eine Begrenzung auf das freie Vermögen vornehmen; Semler/Stengel/*Gehling*, § 15 Rn 22 ff, der den Anspruch zwar entstehen lässt, die Auszahlung jedoch von der Verfügbarkeit freier Mittel abhängig sein lässt; ähnlich *Vetter*, ZHR 168 (2004), 8, 19 f, 41 f; *Bayer*, ZHR 172 (2008), 24, 31 ff; aA und so wie hier KölnKomm-UmwG/*Simon*, § 15 Rn 13 ff; Schmitt/Hörtnagel/*Stratz*, § 15 Rn 17.

14 Zustimmungswürdig KölnKomm-UmwG/*Simon*, Rn 13 ff.

15 KölnKomm-UmwG/*Simon*, § 15 Rn 15 weist hier darauf hin, dass die bare Zuzahlung uU als nachträgliche Anschaffungskosten zu bilanzieren sei.

nehmenden Rechtsträger durch diese zu viel zugeflossen ist, handelt es sich auch nicht um eine **verbotene Einlagenrückgewähr**; denn die ursprüngliche Unausgewogenheit von Leistung und Gegenleistung wird hier gerade im Rahmen der Einlageleistung korrigiert.[16] Dieses Ergebnis ist letztendlich auch unabhängig von der Art der Bilanzierung (Anschaffungskostenprinzip oder Buchwertverknüpfung) der Verschmelzung beim übernehmenden Rechtsträger, da in beiden Fällen das Eigenkapital nicht gefährdet wird.[17]

3. Keine alternativen Ausgleichsformen. Der Anspruch aus Abs. 1 S. 1 setzt zwingend eine bare Zuzahlung in Geld voraus. Alternative Gestaltungen des Ausgleichs des wirtschaftlichen Schadens, etwa durch Gewährung weiterer Anteile bzw Mitgliedschaftsrechte am übernehmenden Rechtsträger, sind aufgrund der klaren Aussage des § 15 Abs. 1 **de lege lata** nicht zulässig.[18] 9

De lege ferenda wird gefordert, dies zu ändern, um die Liquidität des übernehmenden Rechtsträgers zu schonen und die Ausgleichszahlungen zumindest anteilig durch die Gewährung zusätzlicher Anteile am übernehmenden Rechtsträger zu ersetzen;[19] teilweise wird statt einer Ersetzungsbefugnis des übernehmenden Rechtsträgers ein Anspruch der Anteilsinhaber des übertragenden Rechtsträgers gegen den übernehmenden Rechtsträger stipuliert.[20] Im Rahmen der Aktienrechtsnovelle 2013 soll nunmehr überprüft werden, ob eine Gewährung zusätzlicher Anteile zumindest im Hinblick auf eine AG als übernehmender Rechtsträger gesetzlich ermöglicht werden kann.[21] 10

4. Bilanzielle und steuerrechtliche Besonderheiten. Die **bilanzielle Ausweisung** der Barzuzahlung nach Abs. 1 S. 1 hängt davon ab, ob sich der betreffende Rechtsträger für eine Bilanzierung der Verschmelzung nach Anschaffungskostenprinzip (§ 24) oder nach Buchwertanknüpfung entscheidet. Im ersteren Fall sind die baren Zuzahlungen als nachträgliche Anschaffungskosten zu bilanzieren, im zweiten Fall erfolgt eine Buchung gegen die Kapitalrücklage.[22] 11

Hinsichtlich der steuerrechtlichen Behandlung ist nach Rechtsform der beteiligten Rechtsträger zu unterscheiden. Wird die bare Zuzahlung nach Buchwert bilanziert und sind in der Bilanz des übernehmenden Rechtsträgers stille Reserven vorhanden, so führt eine bare Zuzahlung, wenn der übertragende Rechtsträger Kapitalgesellschaft und der Übernehmende Personenhandelsgesellschaft oder Kapitalgesellschaft ist, zu einer steuerlichen Einordnung nach § 3 Abs. 2 S. 1 Nr. 3 UmwStG.[23] Danach ist der Wert des übertragenden Rechtsträgers aus dessen Schlussbilanz um den Wert der Barzuzahlungen zu erhöhen; es kommt in Höhe der Barzuzahlung zur Aufdeckung der stillen Reserven. 12

Ist der übertragende Rechtsträger eine Personenhandelsgesellschaft und der übernehmende Rechtsträger eine Kapitalgesellschaft, so ist die bare Zuzahlung steuerneutral, sofern sie den Buchwert des auf den übernehmenden Rechtsträger übergehenden Vermögens nicht überschreitet, § 20 Abs. 2 S. 4 UmwStG. Wird der Wert überschritten, so erfolgt in der entsprechenden Höhe eine steuerpflichtige Aufdeckung stiller Reserven.[24] 13

16 KölnKomm-UmwG/*Simon*, § 15 Rn 16.

17 So richtig und mit ausführlicher Begründung KölnKomm-UmwG/*Simon*, § 15 Rn 15 f.

18 KG ZIP 200, 498, 501; Lutter/*Bork*, § 15 Rn 5; Widmann/Mayer/*Heckschen*, § 15 Rn 48; aA *Maier-Reimer*, ZHR 164 (2000), 563, 574 ff, der eine Abfindung in Aktien bereits de lege lata in engen Grenzen für rechtmäßig erachtet.

19 So bereits mehrfach der Handelsrechtsausschuss des DAV, NZG 2000, 802, 803; NZG 2006, 737, 738; NZG 2007, 497, 500 ff; *Philipp*, AG 1998, 271; *Maier-Reimer*, ZHR 164 (2000), 563, 574 ff.

20 So *Bayer*, ZHR 172 (2008), 24, 39 f, der somit nicht nur die eingetretene Vermögensverwässerung, sondern auch die Stimmrechtsverwässerung der Anteilsinhaber des übertragenden Rechtsträgers ausgleichen und diese Entscheidung nicht dem Organ des übernehmenden Rechtsträgers überlassen will.

21 S. RegE des Gesetzes zur Änderung des Aktiengesetzes (Aktienrechtsnovelle 2012), BT-Drucks. 17/8989 vom 14.3.2012; der Gesetzentwurf des Handelsrechtsausschusses des DAV schlägt hierfür eine Sachkapitalerhöhung vor, abgedruckt in NZG 2007, 497, 500, 503; für eine Kapitalerhöhung aus gesellschaftsmitteln hingegen *Bayer*, ZHR 172 (2008), 24, 29 ff.

22 Näher dazu KölnKomm-UmwG/*Simon*, § 15 Rn 23 f.

23 S. § 3 UmwStG.

24 S. § 20 UmwStG Rn 174; KölnKomm-UmwG/*Simon*, § 15 Rn 25 f.

III. Rechtsfolge: Angemessenheitsbestimmung im Spruchverfahren, Abs. 1 S. 2

14 Die konkrete Höhe des Anspruchs nach Abs. 1 S. 1 wird im Rahmen eines **Spruchverfahrens** nach dem SpruchG vom Gericht festgelegt. Eine vorherige Leistungsklage ist unstatthaft, arg. e. § 1 Nr. 4 SpruchG.[25] Diese ist erst dann statthaft, sofern der übernehmende Rechtsträger, nach Festsetzung der Barzuzahlung im Spruchverfahren, nicht freiwillig leistet, arg. e. § 16 SpruchG.

15 Antragsberechtigt im Spruchverfahren ist jeder **Anteilsinhaber** im Sinne des Umwandlungsrechts (§ 3 SpruchG), der zum Zeitpunkt der Antragstellung Anteilsinhaber ist (§ 3 Abs. 2 SpruchG).[26] Der Antrag ist binnen drei Monaten nach Eintragung der Umwandlung im Handelsregister zu stellen, § 4 Abs. 1 Nr. 4 iVm § 1 Nr. 4 SpruchG. In diesem Fall wäre der Antragsteller zum Zeitpunkt der Antragstellung Anteilsinhaber am übernehmenden Rechtsträger. Sollte der Antrag vor Eintragung der Verschmelzung gestellt werden (s. dazu oben Rn 6), muss der Antragsteller hingegen zwingend Anteilsinhaber am übertragenden Rechtsträger sein.[27]

16 Im Fall der Gesamtrechtsnachfolge geht der Anspruch auf bare Zuzahlung mit über. Verfügt der Anteilsinhaber vor Entstehen des Anspruchs aus § 15 über sein Mitgliedschaftsrecht, so geht die Antragsbefugnis grundsätzlich auf den neuen Anteilsinhaber über; der Anspruch nach § 15 entsteht aus dem Anteil und ist separat auf den Rechtsnachfolger zu übertragen. Sollte der Anteilsinhaber während des laufenden Spruchverfahrens, dh nach Antragstellung, über seine Mitgliedschaft verfügen, so ist dies für das laufende Spruchverfahren unschädlich: § 3 fordert die Anteilsinhabereigenschaft zum Zeitpunkt der Antragstellung und die **Aktivlegitimation** ergibt sich daraus, dass Anspruch nach § 15 und Mitgliedschaft getrennt voneinander zu behandeln sind.[28] Verfügt der Anteilsinhaber nach Antragstellung über seinen Barzahlungsanspruch, so hindert dies nicht die Durchführung des Spruchverfahrens. In entsprechender Anwendung des § 265 Abs. 2 ZPO ist die fehlende Aktivlegitimation des Antragstellers keine Voraussetzung für die Begründetheit des Antrages.[29] Für den Anspruch gelten die rechtsformspezifischen Voraussetzungen, so dass der Anspruch auf bare Zuzahlung zB bei Namensaktien nur dem im Aktienregister eingetragenen Aktionär zusteht.[30]

17 Ein **Widerspruch** gegen den gefassten Verschmelzungsbeschluss oder eine negative Stimmabgabe im Rahmen dessen Fassung sind – entgegen der früheren Regelungen in §§ 352 c Abs. 2 S. 1, 245 Nr. 1 AktG, 31 a KapErhG – keine Voraussetzung für den Anspruch des Anteilsinhabers auf Barausgleich.[31] Diese Regelung ist praxisgerecht, da der frühere Widerspruchszwang in vielen Fällen zu rein vorsorglich geltend gemachten Widersprüchen von Anteilsinhabern geführt hat, welche die beteiligten Rechtsträger vor entsprechende Probleme gestellt hat.[32]

IV. Verzinsung und weiterer Schaden, Abs. 2

18 § 15 Abs. 2 S. 1 legt fest, dass die bare Zuzahlung zu verzinsen ist. Dadurch soll verhindert werden, dass der übernehmende Rechtsträger seine Zahlungspflicht hinauszögert und den Zinsvorteil auf seiner Seite hält.[33] Der Zinsanspruch entsteht dem Grunde nach erst mit Ablauf des Tages, an dem die **Eintragung** der Verschmelzung in das Handelsregister des überneh-

25 KölnKomm-UmwG/*Simon*, § 15 Rn 27; Semler/Stengel/*Gehling*, § 15 Rn 24.

26 Dessen Klagerecht ist nach § 14 Abs. 2 ausgeschlossen. Dies stellt keine zusätzliche Voraussetzung des § 15 Abs. 1 dar, sondern spiegelt nur die Konnexität dieser beiden Normen wider.

27 AA ohne die hier vorgenommene Differenzierung KölnKomm-UmwG/*Simon*, § 15 Rn 28, der gem. § 4 Abs. 1 S. 1 Nr. 4 SpruchG die Antragsberechtigung erst mit Eintragung im Handelsregister annimmt.

28 KölnKomm-UmwG/*Simon*, § 15 Rn 31 mwN.

29 OLG München, AG 2007, 701, 702; Lutter/*Bork*, § 15 Rn 2; mit anderem dogmatischen Ansatz, aber iE ebenso KölnKomm-UmwG/*Simon*, § 15 Rn 32.

30 KG ZIP 2000,498, 500.

31 Semler/Stengel/*Gehling*, § 15 Rn 12; Lutter/*Bork*, § 15 Rn 4; de lege ferenda dagegen *Tettinger*, NZG 2008, 93, 94 ff.

32 S. die Kritik zum alten Recht bei *Hoffmann-Becking*, ZGR 1990, 482, 483 f.

33 So die Begr. RegE, BT-Drucks. 12/6699, S. 88, krit. hierzu *Philipp*, AG 1998, 264, 270, der darauf hinweist, dass Verzögerungen häufig andere Gründe haben, auf die der übernehmende Rechtsträger keinen Einfluss hat; so auch Kallmeyer/*Marsch-Barner*, § 15 Rn 9.

menden Rechtsträgers (§ 19 Abs. 3) bekannt gemacht wurde. Erst mit Wirksamkeit der Verschmelzung wird der Barzuzahlungsanspruch fällig, was wiederum eine notwendige Voraussetzung des Zinsanspruches ist. Der Höhe nach beläuft sich der Zinsanspruch auf 5 Prozentpunkte über dem jeweiligen Basiszinssatz (§ 247 BGB); auch diese Regelung ist verfassungsrechtlich unbedenklich.[34]

Entgegen einer Forderung aus dem Schrifttum ist die Verzinsungspflicht auch nicht teleologisch zu reduzieren, solange der Anteilsinhaber des übertragenden Rechtsträgers noch seine Gewinnanteile vom übertragenden Rechtsträger erhält.[35] Die bare Zuzahlung soll schließlich das Weniger an gewährten Anteilen bzw Mitgliedschaften am übernehmenden Rechtsträger ausgleichen und eine entsprechende Kompensation für die zu gering gewährten Anteile darstellen.[36] Ein Konnex zur Gewinnberechtigung besteht hingegen nicht. 19

Die Anordnung des Abs. 2 S. 2, dass eine Geltendmachung weiterer Schäden möglich ist, entspricht insoweit § 288 Abs. 4 BGB. Hierfür muss sich der übernehmende Rechtsträger freilich in Verzug befinden. Hierunter fällt zB ein Schaden, der daraus hervorgeht, dass den Anteilsinhabern des übertragenden Rechtsträgers nicht von vornherein eine angemessene Gegenleistung angeboten wurde.[37] Hierfür gilt die zwingende Anordnung eines Spruchverfahrens nicht, so dass solche Schäden im Wege der Leistungsklage geltend zu machen sind.[38] Hierfür ist der Kläger – dh der Anteilsinhaber – darlegungs- und beweispflichtig.[39] 20

§ 16 Anmeldung der Verschmelzung

(1) [1]Die Vertretungsorgane jedes der an der Verschmelzung beteiligten Rechtsträger haben die Verschmelzung zur Eintragung in das Register (Handelsregister, Partnerschaftsregister, Genossenschaftsregister oder Vereinsregister) des Sitzes ihres Rechtsträgers anzumelden. [2]Das Vertretungsorgan des übernehmenden Rechtsträgers ist berechtigt, die Verschmelzung auch zur Eintragung in das Register des Sitzes jedes der übertragenden Rechtsträger anzumelden.

(2) [1]Bei der Anmeldung haben die Vertretungsorgane zu erklären, daß eine Klage gegen die Wirksamkeit eines Verschmelzungsbeschlusses nicht oder nicht fristgemäß erhoben oder eine solche Klage rechtskräftig abgewiesen oder zurückgenommen worden ist; hierüber haben die Vertretungsorgane dem Registergericht auch nach der Anmeldung Mitteilung zu machen. [2]Liegt die Erklärung nicht vor, so darf die Verschmelzung nicht eingetragen werden, es sei denn, daß die klageberechtigten Anteilsinhaber durch notariell beurkundete Verzichtserklärung auf die Klage gegen die Wirksamkeit des Verschmelzungsbeschlusses verzichten.

(3) [1]Der Erklärung nach Absatz 2 Satz 1 steht es gleich, wenn nach Erhebung einer Klage gegen die Wirksamkeit eines Verschmelzungsbeschlusses das Gericht auf Antrag des Rechtsträgers, gegen dessen Verschmelzungsbeschluß sich die Klage richtet, durch Beschluß festgestellt hat, daß die Erhebung der Klage der Eintragung nicht entgegensteht. [2]Auf das Verfahren sind § 247 des Aktiengesetzes, die §§ 82, 83 Abs. 1 und § 84 der Zivilprozessordnung sowie die im ersten Rechtszug für das Verfahren vor den Landgerichten geltenden Vorschriften der Zivilprozessordnung entsprechend anzuwenden, soweit nichts Abweichendes bestimmt ist. [3]Ein Beschluss nach Satz 1 ergeht, wenn

34 BVerfG NJW 2007, 3266, 3268 f; krit. zu diesem Zinssatz freilich *Knoll*, BB 2004, 1727 ff.

35 So jedoch Kallmeyer/*Marsch-Barner*, § 16 Rn 9 unter freilich inhaltlich fehlgehender Berufung auf *Liebscher*, AG 1996, 455, 457 ff, der dies nur auf die Barabfindung gem. §§ 30 Abs. 1 S. 2, 208 vertritt, sowie auf BayObLG, WM 1995, 1580, 1585; BayObLG, AG 1996, 127, 131, die diese Auffassung nur hinsichtlich der Barabfindung gem. § 305 Abs. 3 S. 3 AktG vertreten.

36 So auch KölnKomm-UmwG/*Simon*, § 15 Rn 38; Semler/Stengel/*Gehling*, § 15 Rn 29; Schmitt/Hörtnagl/*Stratz*, § 15 Rn 21.

37 Lutter/*Bork*, § 15 Rn 8.

38 OLG Düsseldorf AG 2006, 287, 288; Lutter/*Bork*, § 15 Rn 8.

39 Semler/Stengel/*Gehling*, § 15 Rn 30; KölnKomm-UmwG/*Simon*, § 15 Rn 39.

1. die Klage unzulässig oder offensichtlich unbegründet ist oder
2. der Kläger nicht binnen einer Woche nach Zustellung des Antrags durch Urkunden nachgewiesen hat, dass er seit Bekanntmachung der Einberufung einen anteiligen Betrag von mindestens 1 000 Euro hält oder
3. das alsbaldige Wirksamwerden der Verschmelzung vorrangig erscheint, weil die vom Antragsteller dargelegten wesentlichen Nachteile für die an der Verschmelzung beteiligten Rechtsträger und ihre Anteilsinhaber nach freier Überzeugung des Gerichts die Nachteile für den Antragsgegner überwiegen, es sei denn, es liegt eine besondere Schwere des Rechtsverstoßes vor.

[4]Der Beschluß kann in dringenden Fällen ohne mündliche Verhandlung ergehen. [5]Der Beschluss soll spätestens drei Monate nach Antragstellung ergehen; Verzögerungen der Entscheidung sind durch unanfechtbaren Beschluss zu begründen. [6]Die vorgebrachten Tatsachen, auf Grund derer der Beschluß nach Satz 3 ergehen kann, sind glaubhaft zu machen. [7]Über den Antrag entscheidet ein Senat des Oberlandesgerichts, in dessen Bezirk die Gesellschaft ihren Sitz hat. [8]Eine Übertragung auf den Einzelrichter ist ausgeschlossen; einer Güteverhandlung bedarf es nicht. [9]Der Beschluss ist unanfechtbar. [10]Erweist sich die Klage als begründet, so ist der Rechtsträger, der den Beschluß erwirkt hat, verpflichtet, dem Antragsgegner den Schaden zu ersetzen, der ihm aus einer auf dem Beschluß beruhenden Eintragung der Verschmelzung entstanden ist; als Ersatz des Schadens kann nicht die Beseitigung der Wirkungen der Eintragung der Verschmelzung im Register des Sitzes des übernehmenden Rechtsträgers verlangt werden.

Literatur:

Hollstein, Aktienrechtliches Freigabeverfahren post „ARUG" – erste Entscheidungen, erste Überraschungen, Anm. zu OLG München, Beschl. v. 4.11.2009 – 7 A 2/09, jurisPR-HaGesR 2/2010 Anm. 2; *Ising*, Handelsregisteranmeldungen durch den beurkundenden Notar, NZG 2012, 289; *Kort*, Einstweiliger Rechtsschutz bei eintragungspflichtigen Hauptversammlungsbeschlüssen, NZG 2007, 169; *ders.*, Pflichten und Obliegenheiten bei spät erhobener Anfechtungsklage gegen einen Umwandlungsbeschluss (§§ 16, 20 UmwG), NZG 2010, 893; *ders.*, Bedeutung und Reichweite des Bestandschutzes bei Umwandlungen, AG 2010, 230; *Melchior*, Vollmachten bei Umwandlungsvorgängen – Vertretungshindernisse und Interessenkollisionen, GmbHR 1999, 520; *ders.*, Die Beteiligung von Betriebsräten an Umwandlungsvorgängen aus Sicht des Handelsregisters, GmbHR 1996, 883; *Reichard*, Der Nachweis des Mindestaktienbesitzes im Freigabeverfahren, NZG 2011, 292; *ders.*, Neues zum Nachweis des Mindestaktienbesitzes im Freigabeverfahren, NZG 2011, 775; *Schall/Habbe/Wiegand*, Anfechtungsmissbrauch – Gibt es einen überzeugenderen Ansatz als das ARUG?, NJW 2010, 1789; *Schmidt-Troschke*, Rechtsbehelfe bei fehlerhafter Verschmelzung zweier GmbH – Zur Passivlegitimation bei Anfechtung des Versammlungsbeschlusses, GmbHR 1992, 505; *Schulte*, „Und im Register, da sind die Räuber" – Die Rolle des Registergerichts bei Erhebung missbräuchlicher Anfechtungs- und Nichtigkeitsklagen durch Berufskläger im Aktienrecht", ZIP 2010, 1166; *Wilsing/Saß*, Die Rechtsprechung zum Freigabeverfahren seit Inkrafttreten des ARUG, DB 2011, 919.

I. Normzweck

1 Die Norm verfolgt mehrere Zwecke. Abs. 1 betrifft die Verpflichtung der Vertretungsorgane der an einem Verschmelzungsvorgang beteiligten Rechtsträger, die entsprechende Anmeldung zum Handelsregister vorzunehmen, wobei insoweit die Vertretungsbefugnis der Organe des übernehmenden Rechtsträgers erweitert wird. Abs. 2 der Vorschrift regelt den notwendigen Inhalt der Handelsregisteranmeldung und enthält die für die Praxis bedeutsame Pflicht zur Abgabe der sogenannte „Negativerklärung". Für den Fall, dass gegen einen der erforderlichen Zustimmungsbeschlüsse zum Verschmelzungsvertrag Klage erhoben worden ist, enthält Abs. 3 materiellrechtliche und prozessuale Regelungen zur Durchführung eines „Freigabeverfahrens". Letzteres hatte eine „Vorbildfunktion" bezüglich der Einführung des aktienrechtlichen Freigabeverfahrens gemäß § 246 a AktG, welches allerdings im Gegensatz zu dem umwandlungsrechtlichen Freigabeverfahren nicht mit einer Registersperre verbunden ist.[1] Schließlich enthält Abs. 3 S. 10 einen Schadensersatzanspruch für den Fall, dass nach einem aus Sicht der betroffenen Gesellschaft erfolgreich abgeschlossenen Freigabeverfahren der/die anfechtenden Kläger im Hauptsacheverfahren obsiegen sollte.

II. Anmeldepflicht

2 Aus der Formulierung „haben...anzumelden" lässt sich eine **Anmeldeverpflichtung** der Vertretungsorgane der beteiligten Rechtsträger ableiten, die aber lediglich im jeweiligen Innenverhältnis besteht.[2] Verletzen die Angehörigen des jeweiligen Leitungsorgans die bestehende Anmeldeverpflichtung, können Schadensersatzansprüche der beteiligten Rechtsträger und deren Gesellschafter – sofern ein Schaden bei diesen substanziierbar ist – in Betracht kommen.[3] Eine öffentlich-rechtliche Anmeldepflicht, die seitens des Registergerichts etwa im Zwangsgeldverfahren gemäß § 14 HGB durchgesetzt werden könnte, besteht nicht. Da die Handelsregistereintragung gemäß § 20 Abs. 1 konstitutive Wirkung hat, besteht keine Gefahr, dass das Handelsregister wegen einer Diskrepanz zur bestehenden Situation bezüglich der beteiligten Rechtsträger unrichtig werden kann. Seitens der Anmeldeberechtigten kann daher zeitlich vor der gemäß § 20 Abs. 2 irreversiblen Handelsregistereintragung die Anmeldung des Verschmelzungsvorgangs jederzeit wirksam zurück genommen werden. Seitens des beurkundenden Notars kann dies auch im Rahmen des § 378 FamFG erfolgen.[4] Eine nach erfolgter Eintragung bei dem Registergericht eingehende Rücknahme der Anmeldung ist jedoch bedeutungslos.

III. Inhalt und Zeitpunkt der Anmeldung

3 Die Organe der beteiligten Rechtsträger haben den Verschmelzungsvorgang (bzw bei den Verweisungstatbeständen die Abspaltung, Ausgliederung etc.) als **Gesamttatbestand** und nicht etwa den Verschmelzungsvertrag und die jeweiligen Beschlüsse als einzelne Komponenten zur Eintragung in das Handelsregister anzumelden.[5]

Hinweis (zur Bezeichnung der beteiligten Rechtsträger in der Anmeldung): Bei der Vorbereitung der entsprechenden Handelsregisteranmeldung sollte stets darauf geachtet werden, dass sämtliche an einem Vorgang iS des § 16 beteiligten Rechtsträger mit Firma, Sitz und exakter Registerbezeichnung benannt werden, um wegen der irreversiblen Rechtsfolgen gemäß § 20 Verwechselungen und/oder Ungenauigkeiten ausschließen zu können.

1 Zu der insoweit unterschiedlichen Ausgestaltung der sonst parallel laufenden Verfahren vgl *Schulte*, ZIP 2010, 1166, 1167 f; *Schulte*, ARUG, § 246 a AktG Rn 5; Heidel/*Heidel*,§ 246 a AktG Rn 3.

2 Schmitt/Hörtnagl/*Stratz*, § 16 Rn 1; KölnKomm-UmwG/*Simon*, § 16 Rn 11, welcher bei Weigerung der Leitungsorgane von einem Weisungsrecht der Gesellschafter ausgeht.

3 Semler/Stengel/*Schwanna*, § 16 Rn 2; Kallmeyer/*Zimmermann*, § 16 Rn 6.

4 S. hierzu umfassend *Ising*, NZG 2012, 289 ff.

5 Semler/Stengel/*Schwanna*, § 16 Rn 3; KölnKomm-UmwG/*Simon*, § 16 Rn 15.

Weiterhin sind im Text der Anmeldung auch die Grundlagen der Verschmelzung anzugeben.[6]

▶ **Musterformulierungen zu den Verschmelzungsgrundlagen:**

... Verschmelzungsvertrag vom, ... Zustimmungsbeschlüsse der Gesellschafterversammlungen vom ... [etc.] ◀

4 Hinsichtlich des **Zeitpunktes**, zu dem die Anmeldung vorzunehmen ist, bestehen in öffentlich-rechtlicher Hinsicht wegen der fehlenden Anmeldepflicht keine Vorgaben, so dass sich dieser allein nach der im Innenverhältnis bestehenden Verpflichtung der Leitungsorgane zur Umsetzung des jeweiligen Vorgangs definiert.[7] Allerdings sollten diese stets auch die **Bilanzfrist** gemäß § 17 im Auge behalten, um einer Zurückweisung der Anmeldung aus formellen Gründen vorzubeugen. Eine praxisrelevante Fragestellung ist in diesem Zusammenhang, ob eine Anmeldung stets erst nach Ablauf der Frist zur Erhebung einer Anfechtungsklage gegen die Zustimmungsbeschlüsse (vgl § 14) erfolgen sollte. Zutreffend und praxisgerecht ist insoweit die Auffassung, eine Anmeldung könne deshalb bereits vor Ablauf der Klagefrist des § 14 Abs. 1 erfolgen, weil die erforderliche Negativerklärung gemäß Abs. 2 S. 1 oder ein diese ersetzender Freigabebeschluss gemäß Abs. 3 auch später noch nachgereicht werden können.[8] Bei einem gewöhnlichen Ablauf des Verschmelzungsvorgangs erscheint dies wenig sinnvoll, weil die Abgabe der Negativerklärung nach § 16 Abs. 1 S. 1 unabdingbare Voraussetzung für die Handelsregistereintragung ist und die Praxis der Registergerichte unter dem Eindruck der Entscheidung des BGH zur Amtshaftung bei verfrühter Eintragung von Verschmelzungsvorgängen[9] dahin geht, derartige Anmeldungen nicht sofort nach dem Ablauf der Frist des § 14 Abs. 1 zu vollziehen, sondern eine weitere „Sicherheitsfrist" von etwa zwei weiteren Wochen verstreichen zu lassen.[10] Die Negativerklärung gemäß Abs. 2 S. 1 kann aber als reine Wissenserklärung erst nach Ablauf der Klagefrist des § 14 Abs. 1 wirksam abgegeben werden, da die Anmeldenden erst zu diesem Zeitpunkt Kenntnis davon haben können, ob eine Klage „nicht" oder „nicht fristgerecht" erhoben worden ist, es sei denn, es wurde im Rahmen der Zustimmungsbeschlüsse allseitig auf eine Klage gegen die Wirksamkeit der Beschlussfassung verzichtet. Eine Anmeldung zunächst ohne Abgabe der Negativerklärung gemäß Abs. 2 S. 1 kann daher lediglich dann geboten sein, wenn die acht-Monats-Frist des § 17 gewahrt werden muss[11] bzw nur durch die Einreichung einer insoweit unvollständigen Anmeldung gewahrt werden kann.

IV. Reihenfolge der Anmeldungen

5 Die Reihenfolge der Anmeldungen zu den Registern der an den jeweiligen Verschmelzungsvorgängen beteiligten Rechtsträger ist nicht vorgeschrieben.[12] Die Registergerichte haben sich bezüglich der **Eintragungsreihenfolge** unabhängig vom Zeitpunkt des Eingangs der jeweiligen Anmeldung auch ausschließlich an den Vorgaben gemäß § 19 Abs. 1 zu orientieren. Eine große praktische Relevanz kann die Reihenfolge der Anmeldungen jedoch bei Kettenverschmelzungen oder bei zwingend voneinander abhängigen Umwandlungsvorgängen erlangen; dies vor allem dann, wenn verschiedene örtlich zuständige Registergerichte an gerichtsbezirksüberschreitenden Vorgängen beteiligt werden sollen, ohne von den zu den jeweils anderen Registergerichten eingereichten Handelsregisteranmeldungen Kenntnis zu haben. Hier besteht eine erhebliche

6 KölnKomm-UmwG/*Simon*, § 16 Rn 15; aA Schmitt/Hörtnagl/Stratz/*Stratz*, § 16 Rn 16, welcher diese Angaben zwar als zweckmäßig, nicht aber als notwendig ansieht; dies ist hingegen nicht überzeugend, weil es nicht Aufgabe des Registergerichts sein kann, sich diese Angaben aus den der Anmeldung beigefügten Urkunden selbst herauszusuchen.

7 KölnKomm-UmwG/*Simon*, § 16 Rn 11; etwas zu weit gehend Semler/Stengel/*Schwanna*, § 16 Rn 4: „... unverzüglich ... wenn der Verschmelzungsvertrag wirksam ist ...", da es sich im einzelnen Fall anbieten kann, eine Anmeldung aus verschiedenen Gründen zunächst zurück zu stellen und vom vorherigen Eintritt anderer Rechtsfolgen abhängig zu machen.

8 KölnKomm-UmwG/*Simon*, § 16 Rn 12; Lutter/*Bork*, § 16 Rn 4.

9 BGH NJW 2007, 224 = NZG 2006, 956.

10 So hatte es das OLG Hamm als Vorinstanz quasi „empfohlen"; vgl OLG Hamm NZG 2006, 274.

11 Vgl zu den weiteren Einzelheiten hierzu die Kommentierung zu § 17.

12 So zutreffend Semler/Stengel/*Schwanna*, § 16 Rn 6; Schmitt/Hörtnagl/Stratz/*Stratz*, § 16 Rn 12.

Gefahr, dass Rechtsträger bei zeitlich früherem Vollzug einer logisch nachrangigen Handelsregisteranmeldung gemäß § 20 Abs. 1 untergehen und der zeitlich prioritäre Vorgang (etwa bei der Kettenverschmelzung) dann unmöglich wird. In diesen Fällen kann das notarielle Antragsrecht gemäß § 378 FamFG als geeignetes Steuerungsinstrument benutzt werden.

Hinweis (zur Anmeldungsreihenfolge): Bei aufeinander aufbauenden Umwandlungsvorgängen (insb. bei Kettenverschmelzungen) muss durch die Festlegung der erforderlichen Reihenfolge der jeweiligen Handelsregisteranmeldungen gegenüber den an den Vorgängen beteiligten Registergerichten möglichst unter Zuhilfenahme des notariellen Antragsrechts gemäß § 378 FamFG unmissverständlich klargestellt werden, in welcher Reihenfolge ein Vollzug der einzelnen Anmeldungen beantragt wird, um den vorzeitigen Eintritt der Rechtsfolgen gemäß § 20 Abs. 1 und der dann möglicherweise eintretenden Unmöglichkeit des Vollzuges zeitlich vorrangiger Vorgänge zu verhindern. Zudem muss sichergestellt werden, dass alle an den zusammenhängenden Vorgängen beteiligten Registergerichte über die gegenseitige Abhängigkeit der Einzelkomponenten und die zwingende Vollzugsreihenfolge informiert werden. Deutliche „Warnhinweise" ggf in gesonderten Anschreiben empfehlen sich aus der Sicht der Praxis insoweit.

V. Form der Anmeldung

Gemäß § 12 Abs. 1 HGB ist die Anmeldung in öffentlich beglaubigter Form elektronisch über das **elektronische Gerichts- und Verwaltungspostfach** (EGVP) des zuständigen Registergerichts einzureichen.[13] Eine rechtsgeschäftliche Vertretung bei der Anmeldung, deren zugrunde liegende Vollmacht[14] im Hinblick auf § 12 Abs. 2 HGB ebenfalls der öffentlich beglaubigten Form bedarf, ist grundsätzlich zulässig;[15] eine Stellvertretung scheidet aber immer dann aus, wenn zugleich in der Anmeldung die Negativerklärung gemäß Abs. 2 abgegeben werden soll, da es sich insoweit um eine reine Wissenserklärung handelt.[16] Wäre hier eine rechtsgeschäftliche Vertretung zulässig, könnte ein bezüglich der Voraussetzungen gemäß Abs. 2 gutgläubiger Stellvertreter „vorgeschoben" werden, was der gesetzgeberischen Intention insoweit zuwiderlaufen würde. 6

▶ Textbeispiel (Auszug) zur Gestaltung der Anmeldung einer Verschmelzung einer GmbH auf eine andere GmbH bei dem übertragenden Rechtsträger:

[Anschrift des zuständigen Registergerichts, Geschäftsnummer etc.]

In der Handelsregistersache der Y-GmbH mit Sitz in ...

melde ich als deren alleinvertretungsberechtigter Geschäftsführer[17] zur Eintragung in das Handelsregister an:

„Die Gesellschaft ist zum Stichtag ... als übertragender Rechtsträger unter Auflösung ohne Abwicklung verschmolzen im Wege der Aufnahme durch Vermögensübertragung im Ganzen auf die bereits bestehende Gesellschaft mit beschränkter Haftung in Firma x-GmbH mit Sitz in ... (Registergericht XY, HRB 456789).

13 Vgl hierzu Semler/Stengel/*Schwanna*, § 16 Rn 7; Schmitt/Hörtnagl/Stratz/*Stratz*, § 16 Rn 17.

14 Vgl zu den verschiedenen Problemfeldern bei der Erteilung und Verwendung von Vollmachten bei Umwandlungsvorgängen *Melchior*, GmbHR 1999, 520 ff.

15 Vgl hierzu Semler/Stengel/*Schwanna*, § 16 Rn 7; Schmitt/Hörtnagl/Stratz/*Stratz*, § 16 Rn 17; Köln-Komm-UmwG/*Simon*, § 16 Rn 6.

16 Ebenso zutreffend Semler/Stengel/*Schwanna*, § 16 Rn 7; KölnKomm-UmwG/*Simon*, § 16 Rn 6.

17 Die Anmeldung hat durch die/den Geschäftsführer des übertragenden Rechtsträgers in vertretungsberechtigter Formation zu erfolgen; wegen Abgabe der Negativerklärung gemäß § 16 Abs. 2 scheidet eine Anmeldung durch rechtsgeschäftliche Vertreter aus (ebenso Semler/Stengel/*Volhard*, § 16 Rn 7.).

[bezüglich der Negativerklärung nach § 16 Abs. 2 UmwG]:

Ich erkläre, dass eine Klage gegen die Wirksamkeit des Verschmelzungsbeschlusses nicht innerhalb eines Monats nach der Beschlussfassung erhoben wurde.[18]

Oder alternativ:

Ich erkläre, dass – wie sich aus dem beigefügten Zustimmungsbeschluss zum Verschmelzungsvertrag ergibt – alle Gesellschafter auf die Beschlussanfechtung verzichtet haben.[19]

Als Anlage füge ich bei ...

[falls erforderlich, ist auch eine elektronisch beglaubigte Abschrift des Verschmelzungsberichts sowie des Berichts über die Verschmelzungsprüfung[20] beizufügen] ◀

VI. Zuständiges Gericht

7 Zuständig für den Vollzug der Handelsregisteranmeldung ist das Registergericht, in dem der jeweils betroffene Rechtsträger seinen statuarischen Sitz hat.[21] Ein hiervon etwa abweichender Verwaltungssitz ist hierfür irrelevant. Bei Gesellschaften mit Doppelsitz hat die Anmeldung zum Register jedes der beiden Sitze zu erfolgen.[22]

VII. Folgen der Anmeldung

8 Die Anmeldung zum Handelsregister setzt – sofern zugleich vom Vorliegen eines Eintragungsantrags ausgegangen werden kann – das **Handelsregisterverfahren** in Gang, welches mit der Eintragung des Vorgangs in das Handelsregister gemäß § 19 endet.[23] Die Handelsregistereintragung ist für die Umwandlungsvorgänge des § 16 konstitutiv, wobei diese Eintragung die grundsätzlich irreversiblen Rechtsfolgen gemäß § 20 auslöst. Hierdurch bedingt kommt dem Ablauf des Handelsregisterverfahrens gemäß § 16 eine größere Bedeutung zu als bei anderen konstitutiven Handelsregistereintragungen. Das umwandlungsrechtliche Handelsregisterverfahren weist insoweit in drei wesentlichen Elementen Besonderheiten gegenüber dem „normalen" Handelsregisterverfahren des Kapitalgesellschaftsrechts auf:

- erweiterte Anmeldebefugnis gemäß § 16 Abs. 1 S. 2 zugunsten der Organmitglieder des übernehmenden Rechtsträgers
- Erforderlichkeit einer Negativerklärung nach § 16 Abs. 2
- spezielles Freigabeverfahren, „armiert" mit einer Registersperre gemäß § 16 Abs. 3

9 Soll die Anmeldung nicht sogleich mit ihrem Eingang bei dem zuständigen Registergericht vollzogen werden dürfen, etwa wenn zunächst vorrangige Vorgänge wirksam werden sollen,[24] kann auch in der Weise verfahren werden, dass die Anmeldung nebst allen zugehörigen Anlagen[25] bei dem Registergericht eingereicht, der zugehörige **Eintragungsantrag**[26] jedoch unter eine noch erforderliche Bedingung (etwa Voreintragung eines vorrangigen Umwandlungsvor-

18 Dies setzt allerdings voraus, dass nicht die Anmeldung selbst binnen der Monatsfrist eingereicht wird, denn dann kann diese Erklärung (noch) nicht abgeben werden; ein in der Praxis oft zu beobachtender Fehler, den es zu vermeiden gilt; es sollte daher für eine Anmeldung jedenfalls in den Fällen, in denen nicht auf die Erhebung der Anfechtungsklage im Nachgang zur Beschlussfassung verzichtet wurde, stets die Monatsfrist abgewartet werden, vorsichtshalber noch mit einem nicht unerheblichen zeitlichen Sicherheitszuschlag, da entsprechende Klagen auch erst kurz vor Fristablauf erhoben werden könnten und sich deren Zustellung verzögern kann.

19 In diesem Fall kann eine Anmeldung bereits vor Ablauf der Anfechtungsfrist erfolgen, da eine Anfechtung des Zustimmungsbeschlusses zum Verschmelzungsvertrag von vornherein ausgeschlossen ist.

20 Sofern nicht gemäß § 8 Abs. 3 darauf verzichtet worden ist bzw eine Verschmelzungsprüfung entbehrlich ist.

21 KölnKomm-UmwG/*Simon*, § 16 Rn 7; Lutter/*Bork*, § 16 Rn 2.

22 Semler/Stengel/*Schwanna*, § 16 Rn 8; KölnKomm-UmwG/*Simon*, § 16 Rn 7.

23 Vgl hierzu auch die Darstellung bei KölnKomm-UmwG/*Simon*, § 16 Rn 17.

24 S. hierzu obigen Praxishinweis zur Reihenfolge der Eintragungen.

25 Vgl hierzu auch unten die Kommentierung zu § 17.

26 Vgl zum insoweit bestehenden notariellen Antragsrecht § 378 FamFG; auführlich zu Umfang und Tragweite des § 378 FamFG in der notariellen Praxis etwa *Ising*, NZG 2012, 289 ff.

gangs oder Freigabeerklärung seitens des/der die Anmeldung einreichenden Notars/in) gestellt wird. Diese Vorgehensweise kann etwa dann angezeigt sein, wenn die Einreichung der Anmeldung nebst sämtlichen Anlagen zur Wahrung der Frist gemäß § 17 Abs. 2 S. 4 erforderlich ist und aus diesem Grunde nicht von der/dem antragstellenden Notar/in zurückgehalten werden darf. Soll hingegen etwa eine Verschmelzung mit vorheriger Kapitalerhöhung bei dem aufnehmenden Rechtsträger erfolgen, ergibt sich der Vorrang des Vollzugs der Kapitalerhöhung vor dem eigentlichen Verschmelzungsvorgang bereits aus der Systematik der gesetzlichen Regelungen, womit eine Antragstellung unter Bedingung in diesem Fall entbehrlich ist.[27]

VIII. Anmeldeberechtigtes Vertretungsorgan

Abs. 1 S. 1 der Vorschrift enthält den Grundsatz, dass das Vertretungsorgan[28] jedes der an der Verschmelzung beteiligten Rechtsträger die Verschmelzung zur Eintragung in das Register (Handelsregister, Partnerschaftsregister, Genossenschaftsregister oder Vereinsregister) des Sitzes ihres Rechtsträgers anzumelden hat. Wegen der Verweisungen gemäß §§ 122 k Abs. 1 S. 2, 125 S. 1, 176 ff sowie § 198 Abs. 3 gilt dieser Grundsatz jedoch über Verschmelzungsvorgänge hinaus auch für Formwechsel- und Spaltungsvorgänge. 10

Anzumelden ist in der sogenannten **„vertretungsberechtigten Formation"**, in welcher die Gesellschaft in Übereinstimmung mit ihrer abstrakten Vertretungsregelung und der zugunsten ihrer Organmitglieder bestehenden konkreten Vertretungsregelungen auch im Außenverhältnis verpflichtet werden kann.[29] Für die GmbH gilt insoweit § 35 GmbHG, für die Aktiengesellschaft § 78 AktG, sofern die jeweiligen Satzungen nicht – wie in der Praxis üblich – eine andere, hiervon abweichende abstrakte Vertretungsregelung festlegen. 11

Abs. 1 S. 1 ist insoweit lex specialis zu solchen rechtsträgerspezifischen Vorschriften ist, welche eine Anmeldung durch sämtliche Organe vorschreiben, wie etwa § 108 HGB oder § 4 PartGG.[30] Dies gilt allerdings nur für die Anmeldung des Verschmelzungsvorgangs als solchem. Verweise des UmwG auf Gründungsvorschriften der jeweiligen Rechtsform (zB § 36 Abs. 2 S. 1) können jedoch in Abweichung von Abs. 1 eine Anmeldung durch dann sämtliche neuen Organmitglieder erforderlich machen.[31] 12

Von dem Grundsatz der Anmeldung durch die Leitungsorgane des jeweils beteiligten Rechtsträgers enthält Abs. 1 S. 2 eine für die Praxis nicht unbedeutende Ausnahme: Das Vertretungsorgan des übernehmenden Rechtsträgers ist ermächtigt, den Verschmelzungsvorgang auch zum Handelsregister jedes der übertragenden Rechtsträger anzumelden. Damit wird dem Umstand Rechnung getragen, dass die für den Wirksamkeitseintritt durch Handelsregistereintragung unverzichtbare Anmeldung eines Verschmelzungsvorgangs nicht von der zwingenden Mitwirkung der aus dem Amt scheidenden Vertretungsorgane des/der übertragenden Rechtsträger/s abhängig gemacht werden soll. Auch wenn von dieser Erleichterung im Handelsregisterverfahren Gebrauch gemacht wird, entbindet dies den für den übernehmenden Rechtsträger anmeldenden Personenkreis nicht von dem Erfordernis, jeweils vollständige Anmeldungen mit allen erforderlichen Anlagen zu den Handelsregistern sämtlicher am Verschmelzungsvorgang beteiligter Rechtsträger einzureichen. 13

27 Zur Reihenfolge des Vollzugs der einzelnen Anmeldungen vgl § 19 für Verschmelzungsvorgänge und die Spezialregelung gemäß § 130.

28 Bei der GmbH ist dies demnach die Geschäftsführung, bei der Aktiengesellschaft der Vorstand und bei den Personenhandelsgesellschaften sind dies die persönlich haftenden Gesellschafter, jeweils in einer „vertretungsberechtigter Formation".

29 Schmitt/Hörtnagl/Stratz/*Stratz*, § 16 Rn 6 f; Kallmeyer/*Zimmermann*, § 16 UmwG Rn 4; Semler/Stengel/*Schwanna*, § 16 Rn 7.

30 Zutreffend insoweit KölnKomm-UmwG/*Simon*, § 16 Rn 5; Kallmeyer/*Zimmermann*, § 16 Rn 4.

31 Böttcher/Ries/*Schulte*, Formularpraxis, Rn 2817 ff.

IX. Negativerklärung gemäß Abs. 2 – Allgemeines

14 Abs. 2 schreibt die Abgabe einer sogenannten „Negativerklärung" zum Zeitpunkt der Handelsregistereintragung vor.[32] Die zwingend vorgeschriebene Abgabe der Erklärung gegenüber dem Registergericht soll die Einhaltung der im Falle einer Klageerhebung gemäß Abs. 2 S. 2 eintretenden **Registersperre** sicherstellen. Das automatische Bestehen der Registersperre bei Nichtabgabe der Negativerklärung erreicht insoweit eine größere Effektivität als wenn deren Eintritt an eine entsprechende Mitteilung des/der Kläger im streitigen Verfahrens bzw des Prozessgerichts gekoppelt worden wäre. Dies erscheint vor dem Hintergrund der Gefahr eines irreversiblen Eintritts der Rechtsfolgen gemäß § 20 UmwG auch sachgerecht und hat sich in der Praxis bewährt.

X. Inhalt der Negativerklärung

15 Der nach Abs. 2 vorgeschriebene Inhalt der Negativerklärung hat sich am jeweiligen Status zum Zeitpunkt der Handelsregisteranmeldung zu orientieren. Danach sind hinsichtlich der Möglichkeit der Klageerhebung gegen Wirksamkeit des jeweiligen Verschmelzungsbeschlusses vier verschiedene **Fallkonstellationen** zu unterscheiden.[33] Die erste Fallgruppe betrifft die Konstellation, dass innerhalb der Klagefrist keine Klage gegen die Wirksamkeit des Verschmelzungsbeschlusses erhoben worden ist. Die zweite Fallgruppe stellt die Situation dar, dass zwar eine Klage gegen die Wirksamkeit des Verschmelzungsbeschlusses erhoben wurde, dies aber nicht „fristgemäß" geschehen ist.[34] Hier kann nach Ablauf der Klagefrist die jetzt eingeschränkte Negativerklärung unter Hinweis auf die verspätete Klage abgegeben werden.[35] Im Hinblick auf das Erfordernis, auch eigentlich verfristet eingegangene Klagen gegen die Wirksamkeit von Gesellschafterbeschlüssen zivilprozessual noch als „rechtzeitig" ansehen zu müssen (vgl § 167 ZPO),[36] wird sich das Registergericht jedoch im weiteren Handelsregisterverfahren nicht uneingeschränkt auf die Angabe der die Negativerklärung nach Abs. 2 abgebenden Personen verlassen dürfen und ungeachtet dessen die Anmeldung durch konstitutiv wirkende Handelsregistereintragung vollziehen. Es ist insoweit zu berücksichtigen, dass in dieser Konstellation die Beurteilung, ob eine Klageerhebung zivilprozessual noch als fristgerecht angesehen werden kann, in die Hände der Anmeldenden gelegt ist. Hieran ist das Registergericht im sich anschließenden Handelsregisterverfahren aber nicht gebunden. Im Rahmen seiner Amtsaufklärungspflicht wird es sich insoweit daher von den anmeldenden Organen der betroffenen Rechtsträger weitere Einzelheiten mitteilen lassen und ggf bis zu einer Entscheidung über die im streitigen Verfahren erhobene Klage das Registerverfahren gemäß §§ 381, 21 FamFG aussetzen. Denn beurteilen die Anmeldenden die Frage der Fristgemäßheit einer erhobenen Klage falsch, so liegt keine wirksame Negativerklärung nach Abs. 2 vor und die Registersperre des Abs. 3 greift ein. Unklarheiten über dieses Eingreifen der Registersperre können aber im Hinblick auf § 20 Abs. 2 nicht hingenommen werden, so dass das Registergericht sein Ermessen zur Verfahrensaussetzung gemäß §§ 381, 21 FamFG stets nach eigener Sachverhaltsaufklärung im Rahmen des Amtsaufklärungsgrundsatzes ausüben muss. Die dritte Fallkonstellation beinhaltet die Situation, dass eine Klage gegen den Verschmelzungsbeschluss abgewiesen oder zurückgenommen wurde.[37] Hier ist jedoch zu differenzieren. Die Negativerklärung kann ohnehin nur wirksam abgegeben werden, wenn die Klagefrist vor ihrer Abgabe verstrichen ist. War eine fristgebundene Klage vorher zurückgenommen worden, könnte diese zwar erneut erhoben

32 Vgl Schmitt/Hörtnagl/Stratz/*Stratz*, § 16 Rn 18 ff; Kallmeyer/*Zimmermann*, § 16 Rn 14 ff; Semler/Stengel/*Schwanna*, § 16 Rn 13 ff; KölnKomm-UmwG/*Simon*, § 16 Rn 32 ff.

33 S. zu einer vergleichbaren Differenzierung in drei Fallgruppen Semler/Stengel/*Schwanna*, § 16 Rn 13.

34 Semler/Stengel/*Schwanna*, § 6 Rn 13.

35 Semler/Stengel/*Schwanna*, § 6 Rn 13.

36 Diese Problematik war Gegenstand eines Amtshaftungsverfahrens gegenüber dem Land Nordrhein-Westfalen infolge einer vor Ablauf einer nach Verstreichen der Klagefrist liegenden weiteren „Wartefrist" erfolgten Eintragung eines Vorgangs nach dem UmwG; BGH DB 2006, 36 = ZIP 2006, 1296 = NZG 2006, 274, Vorinstanz OLG Hamm 11 U 70/04.

37 Semler/Stengel/*Schwanna*, § 16 Rn 13.

werden, dies wäre dann aber nicht mehr fristgerecht. Ist eine Klage erhoben und zwischenzeitlich abgewiesen worden, stellt sich die Frage nach der Rechtskraft dieser Entscheidung. Ist die Klage nicht rechtskräftig abgewiesen worden, so kann dies die Registersperre nicht beseitigen und die Gesellschaft ist auf das Freigabeverfahren nach Abs. 3 angewiesen. Die vierte Fallkonstellation betrifft die Situation, dass alle klageberechtigten Anteilsinhaber in der erforderlichen Form auf eine Klageerhebung verzichtet haben (Abs. 2 S. 2). In dieser Konstellation ist nach dem Gesetzeswortlaut die Abgabe einer Negativerklärung insgesamt entbehrlich, womit auch eine sofortige Anmeldung nach erfolgter Beschlussfassung möglich wird. Aus Klarstellungsgründen sollte jedoch trotz Entbehrlichkeit der Negativerklärung in dieser Konstellation in der Handelsregisteranmeldung mitgeteilt werden, dass die Abgabe einer Negativerklärung wegen des sich aus „... den anliegenden Urkunden ...“ ergebenden allseitigen wirksamen und formgerechten Klageverzichts entbehrlich ist.

Beispielsformulierung einer Negativerklärung gemäß § 16 Abs. 2:
Es wurde keine Klage gegen die Wirksamkeit eines Verschmelzungsbeschlusses erhoben. Text der Negativerklärung:

▶ Klage gegen die Wirksamkeit eines/des Verschmelzungsbeschlusses ist nicht erhoben worden ◀

Alle klageberechtigten Anteilseigner haben in notariell beurkundeter Form auf eine Klage gegen die Wirksamkeit der Verschmelzungsbeschlüsse verzichtet (vgl § Abs. 2 S. 2). Eine Negativerklärung ist vollumfänglich entbehrlich; aus Gründen der Klarstellung und zur Vermeidung von Nachfragen im Handelsregisterverfahren sollte jedoch im Anmeldetext formuliert werden:

▶ Die Abgabe einer Negativerklärung entfällt, weil sämtliche Anteilseigner in notariell beurkundeter Form auf eine Klage gegen die Wirksamkeit der Verschmelzungsbeschlüsse verzichtet haben. ◀

Es wurde zwar Klage gegen die Beschlussfassung erhoben, diese kann jedoch als nicht fristgerecht angesehen werden. Text der Negativerklärung:

▶ Es ist Klage gegen die Wirksamkeit eines/des Verschmelzungsbeschlusses erhoben worden, diese ist jedoch nicht fristgerecht gemäß § 14 Abs. 1 eingelegt worden. ◀

Es wurde fristgerecht Klage gegen einen Verschmelzungsbeschluss eines der beteiligten Rechtsträger eingelegt, diese aber zwischenzeitlich abgewiesen oder zurück genommen. Text der Negativerklärung:

▶ ... es ist fristgerecht Klage gegen den Verschmelzungsbeschluss erhoben worden, diese ist jedoch im Laufe des Hauptsacheverfahrens zurück genommen/rechtskräftig abgewiesen worden. ◀

Die zur **Abgabe der „Negativerklärung“** nach § 16 verpflichteten Organe der jeweiligen Gesell- 16
schaft haben gemäß § 16 Abs. 2 S. 1 eine so bezeichnete „Nachmeldepflicht“, dh sie sind in dem Fall, dass zeitlich nach der erfolgten Abgabe einer Negativerklärung, jedoch noch vor dem Vollzug der Eintragung der Verschmelzung im Handelsregister der Gesellschaft eine Beschlussmangelklage zugestellt werden sollte, dazu verpflichtet, dem Registergericht die Tatsache der Zustellung einer Anfechtungs- oder Nichtigkeitsklage nachträglich zu melden.[38] Dies soll einen Vollzug der Anmeldung bei erfolgter Klageerhebung, von der das Registergericht keine Kenntnis erlangt hat, verhindern.

Die Erklärung nach § 16 Abs. 2 („Negativerklärung“) beinhaltet sämtliche gegen die Wirksam- 17
keit des Verschmelzungsbeschlusses eröffneten **Klagen.** Der Begriff der „Klage gegen die Wirksamkeit“ umfasst dabei nicht – wie dies in der Praxis oftmals missverstanden wird – nur die Anfechtungsklage, sondern auch die Nichtigkeitsklage. Werden daher entsprechende Verzichtserklärungen notariell beurkundet, sollte auch zwingend der Terminus

▶ Verzicht auf ... Klage gegen die Wirksamkeit des Beschlusses ... ◀

38 Zu den Pflichten bzw Obliegenheiten der Beteiligten bei einer verspätet erhobenen Anfechtungsklage gegen einen Umwandlungsbeschluss vgl *Kort*, NZG 2010, 893 ff.

und nicht lediglich die Formulierung „... *auf eine Anfechtung wurde verzichtet* ...“ verwendet werden.[39]

18 Fraglich erscheint, ob auch eine Klage gegen den in Zusammenhang mit einem Verschmelzungsvorgang stehenden **Kapitalerhöhungsbeschluss** die wirksame Abgabe einer Negativerklärung gemäß Abs. 2 behindert.[40] Dies ist wegen des insoweit eindeutigen Gesetzeswortlauts zwar im Ergebnis zutreffend, jedoch wird es in der Praxis eher einen Ausnahmefall darstellen, dass oppositionelle Anteilsinhaber isoliert einen zur Durchführung der Verschmelzung notwendigen Kapitalerhöhungsbeschluss, dann aber nicht auch den Zustimmungsbeschluss zum Verschmelzungsvertrag selbst anfechten.

19 Klagen, die sich nicht auf die Verschmelzungsbeschlüsse, sondern auf den Verschmelzungsvertrag selbst beziehen,[41] werden nach zutreffender Ansicht nicht vom Anwendungsbereich des § 16 Abs. 2 erfasst.[42]

20 Bei der Abgabe der erforderlichen notariell beurkundeten **Verzichtserklärungen** ist zu beachten, dass ein nach § 130 AktG errichtetes Wahrnehmungsprotokoll nicht die Formerfordernisse bezüglich einer notariellen Beurkundung von Willenserklärungen erfüllt. Die Abgabe der Verzichtserklärung im Namen einer als Gesellschafterin beteiligten dritten Gesellschaft stellt auch dann eine dem vertretungsberechtigten Organ obliegende Geschäftsführungsmaßnahme dar, wenn es sich bei der Gesellschafterin um eine Kommanditgesellschaft handelt; in diesem Fall ist ein Nachweis der ordnungsgemäßen Mitwirkung der Kommanditisten an der Abgabe der Verzichtserklärung nicht erforderlich.[43]

21 Nach dem Wortlaut des § 16 Abs. 2 S. 2 ist die „Negativerklärung“ **entbehrlich**, wenn bezüglich einer möglichen Klage gegen die Wirksamkeit des Beschlusses/der Beschlüsse eine notariell beurkundete Verzichtserklärung vorliegt. Es sollte jedoch aus Gründen der Übersichtlichkeit auch in diesem Fall in den Text der Handelsregisteranmeldung ein kurzer Hinweis dahin gehend aufgenommen werden, dass bei dem der konkreten Anmeldung zugrunde liegenden Verschmelzungsvorgang ein Klageverzicht vorliegt und eine Abgabe der „Negativerklärung“ damit entbehrlich ist. Ein solcher, in die Handelsregisteranmeldung des Verschmelzungsvorgangs integrierter Hinweis könnte etwa lauten:

▶ Eine Klage gegen die Wirksamkeit der Verschmelzungsbeschlüsse ist ausgeschlossen, da sämtliche Gesellschafter/Aktionäre in der erforderlichen Form hierauf verzichtet haben; damit erübrigt sich die Abgabe der Negativerklärung gemäß § 16 Abs. 2 S. 2 UmwG. ◀

22 Nach der Rechtsprechung des BGH[44] ist die vor Ablauf der Anfechtungsfrist abgegebene „Negativerklärung“ (sofern keine notariell beurkundeten Klageverzichtserklärungen vorliegen) als **unbeachtlich** zu behandeln, da eine wirksame „Negativerklärung“ seitens der Organe der Gesellschaft erst nach Fristablauf abgegeben werden kann.[45] Das Registergericht wird daher bei einer **„vorfristigen“ Erklärung** gemäß § 16 Abs. 2 S. 1 UmwG die erneute Abgabe der Erklärung nach Fristablauf zu fordern haben, ungeachtet der gemäß § 16 Abs. 2 S. 1 Hs 2 UmwG bestehenden Nachmeldepflicht bei Zustellung einer Klageschrift zeitlich *nach* erfolgter Abgabe der „Negativerklärung“.

23 Der Nachweis der **rechtzeitigen Zuleitung des Verschmelzungsvertrages** bzw seines Entwurfs, dem durch nachfolgende Beschlussfassungen zugestimmt werden soll,[46] ist im Rahmen der Handelsregisteranmeldung zu führen. Sollten bei einem oder sogar allen beteiligten Rechtsträ-

39 Vgl hierzu Semler/Stengel/*Schwanna*, § 16 Rn 15; Lutter/*Bork*, § 16 Rn 10; KölnKomm-UmwG/*Simon*, § 16 Rn 25; Kallmeyer/*Marsch-Barner*, § 16 Rn 23.

40 So KölnKomm-UmwG/*Simon*, § 16 Rn 25; Semler/Stengel/*Schwanna*, § 16 Rn 14; Kallmeyer/*Marsch-Barner*, § 16 Rn 24; Lutter/*Bork*, § 16 Rn 10.

41 S. hierzu etwa *Schmidt-Troschke*, GmbHR 1992, 505, 507.

42 Ebenso Lutter/*Bork*, § 16 Rn 9.

43 OLG Zweibrücken NZG 2012, 508 f.

44 Vgl hierzu BGH GmbHR 2006, 1332.

45 Ebenso Kallmeyer/*Marsch-Barner*, § 16 Rn 25; vgl Semler/Stengel/*Schwanna* § 16 Rn 16; KölnKomm-UmwG/*Simon*, § 16 Rn 34.

46 Vgl § 5 Abs. 2 S. 2.

gern keine Arbeitnehmervertretungen bestehen, so empfiehlt es sich, diese Information in den Verschmelzungsvertrag selbst aufzunehmen und auch im Text der Handelsregisteranmeldung darauf hinzuweisen. Dieses Vorgehen erleichtert in der Praxis dem Registergericht die Prüfung des angemeldeten Verschmelzungsvorgangs und erspart insoweit zeitverzögernde Nachfragen bei dem antragstellenden Notariat bzw bei den Beteiligten. Ist eine Zuleitung an den Betriebsrat eines oder beider Rechtsträger erfolgt, sollte dies durch entsprechende Urkunden (zB Empfangsbekenntnis des/der Betriebsratsvorsitzenden) dokumentiert werden. Diese Nachweise sind im Handelsregisterverfahren als Anlage zur Anmeldung erforderlich. Konnte eine Zuleitung nicht mehr innerhalb der gesetzlichen Monatsfrist erfolgen, ist ein Verzicht auf die Fristeinhaltung seitens des Betriebsrates (vertreten durch den oder die Vorsitzende) erforderlich; nach der Zielrichtung der Vorschrift, der Wahrung von Interessen der Arbeitnehmer/innen, kann auf die Einhaltung der Monatsfrist wirksam verzichtet werden.[47] Eine Nichtbeachtung der Zuleitungspflicht oder der Zuleitungsfrist stellt im Handelsregisterverfahren ein Eintragungshindernis dar, das vollständige Fehlen einer Zuleitung des Vertrages oder seines Entwurfes an den Betriebsrat kann den danach gefassten Zustimmungsbeschluss der Gesellschafterversammlung oder Hauptversammlung anfechtbar machen und sollte in jedem Fall vermieden werden.[48] Bei Bestehen mehrerer Betriebsräte auf unterschiedlichen Ebenen (zB Gesamtbetriebsrat, Konzernbetriebsrat, Einzelbetriebsrat) sollte aus Vorsichtsgründen eine Zuleitung an alle in Betracht kommenden Betriebsräte erfolgen.

Die Negativerklärung als „Wissenserklärung“, kann nur von den vertretungsberechtigten Organen der Gesellschaft **persönlich** und nicht durch Stellvertreter abgegeben werden,[49] wobei hinsichtlich der Organe eine „vertretungsberechtigte Formation“ ausreicht.[50] In diesem Zusammenhang ist auch die Möglichkeit einer Abgabe dieser Erklärung durch eine vertretungsberechtigte Formation in unechter Gesamtvertretung vorstellbar. Das erscheint allerdings nicht überzeugend zu sein, da es sich bei der Anmeldung derartiger Strukturänderungen stets um ein von der Prokura nicht gedecktes Grundlagengeschäft handelt und Prokuristen insofern auch nicht derselben Haftung wie die Organe der Gesellschaft unterliegen; dann kann von ihnen auch nicht die Wissenserklärung nach Abs. 2 abgegeben werden. Erfolgt in der Handelsregisteranmeldung nur ein Hinweis auf einen allseitigen Verzicht auf eine Klage gegen die Wirksamkeit der Beschlussfassung, liegt demnach keine „echte“ Negativerklärung im Rahmen des Abs. 2 vor, kann die Anmeldung insgesamt auch durch rechtsgeschäftliche Vertreter oder sogar die/den beurkundenden Notar/in selbst[51] vorgenommen werden. Die rechtsgeschäftliche Vertretungsmacht muss sich jedoch, da es sich um ein Grundlagengeschäft handelt, in jedem Fall von den Organen selbst und nicht lediglich von Prokuristen ableiten lassen. Zu beachten ist, dass die „Negativerklärung“ gemäß § 16 Abs. 2 ein wesentlicher Teil der Handelsregisteranmeldung und für das nachfolgende Registerverfahren unabdingbare Voraussetzung ist. 24

Bei „vorfristig“, dh vor Ablauf der Frist für die Erhebung einer Anfechtungsklage abgegebener Negativerklärung, die im Handelsregisterverfahren als unwirksam behandelt werden muss, ist deren erneute Abgabe nach Ablauf der Frist zur Beschlussanfechtung erforderlich. 25

Hinweis zu Kettenverschmelzungen: Handelt es sich um eine sogenannte „Kettenverschmelzung“ (Bsp: Die A-GmbH mit dem Sitz in Hamburg verschmilzt auf die B-GmbH mit dem Sitz in Düsseldorf, die dann ihrerseits anschließend auf die C-GmbH mit dem Sitz in München verschmelzen soll) ist es zwingend erforderlich, dass die Reihenfolge der Verschmelzungen über das notarielle Antragsrecht gemäß § 378 FamFG „gesteuert“ wird. Insofern besteht nämlich das Risiko, dass der Verschmelzungsvorgang B-GmbH → C-GmbH seitens der Registergerichte in Düsseldorf und München prioritär vollzogen wird, mit der Folge, dass dann der Ver- 26

47 Vgl *Melchior*, GmbHR 1996, 883 ff.
48 Vgl hierzu *Melchior*, GmbHR 1996, 883 ff.
49 KölnKomm-UmwG/*Simon*, § 16 Rn 22; Mallmeyer/*Marsch-Barner*, § 16 Rn 22; Lutter/*Bork*, § 16 Rn 9.
50 KölnKomm-UmwG/*Simon*, § 16 Rn 21; Mallmeyer/*Marsch-Barner*, § 16 Rn 22; Lutter/*Bork*, § 16 Rn 9.
51 Vgl OLG Oldenburg NZG 2011, 1233 ff.

schmelzungsvorgang A-GmbH → B-GmbH „in der Luft hängt", dh nicht mehr wirksam vollzogen werden kann. Im Hinblick auf die Rechtswirkungen der durch Eintragung vollzogenen Verschmelzung (vgl § 20 UmwG) ist dieser dann eingetretene unerwünschte Zustand auch irreversibel, eine Rückgängigmachung einer einmal vollzogenen Verschmelzung durch eine „Entschmelzung" sieht das UmwG nicht vor. Gerade die „Kettenverschmelzung" erfordert demnach eine exakte „Steuerung" über das Instrument des notariellen Antragsrechts gemäß § 378 FamFG.

XI. Freigabeverfahren (Abs. 3)

27 Abs. 3 der Vorschrift regelt die für die Gesellschaft bestehende Möglichkeit, bei Erhebung einer Klage gegen die Wirksamkeit eines oder sämtlicher Zustimmungsbeschlüsse zu einem Verschmelzungsvertrag, die absolute Registersperre des Abs. 2 zu überwinden.

28 Infolge der Verweisungen gemäß §§ 122 k Abs. 1 S. 2, 125 S. 1, 176 ff sowie § 198 Abs. 3 ist dieses Verfahren neben der Verschmelzung für die anderen Formen der Umwandlung von Rechtsträgern gleichermaßen anwendbar.[52] Das umwandlungsrechtliche Freigabeverfahren – mit einer strikten Registersperre[53] armiert – war bereits lange vor dem Inkrafttreten des im Rahmen des „UMAG 2005" in das Aktiengesetz aufgenommenen § 246 a AktG[54] etabliert. Dies war eine Folge der mit konstitutiver Handelsregistereintragung von Umwandlungsmaßnahmen gemäß § 20 Abs. 2 eintretenden Irreversibilität des jeweils betroffenen Umwandlungsvorgangs.[55] Mit der Schaffung des **aktienrechtlichen Freigabeverfahrens**[56] in § 246 a AktG hat sich auch die hinsichtlich § 16 Abs. 3 bestehende Diskussion der Frage erledigt, ob § 16 Abs. 3 auch in dem Fall ausschließlich zur Anwendung gelangt, dass sich eine aus dem Kreis der Aktionäre erhobene Anfechtungs- oder Nichtigkeitsklage ausschließlich gegen die dem Umwandlungsvorgang dienende Kapitalerhöhung richtet oder ob eine zur Realisierung eines Umwandlungsvorgangs durchzuführende Kapitalerhöhung auch vom Anwendungsbereich des § 16 Abs. 3 erfasst wird.[57] Nach zutreffender Ansicht wird jedoch das Freigabeverfahren gemäß Abs. 3 auf alle diejenigen mit konstitutiver Handelsregistereintragung wirksam werdenden Beschlüsse auszudehnen sein, welche letztlich zur Realisation des Verschmelzungsvorgangs unabdingbar sind.[58]

29 Bereits vor Inkrafttreten des UMAG 2005 und des ARUG 2009, welche das aktienrechtliche Freigabeverfahren gemäß § 246 a AktG in das Aktiengesetz einfügten bzw später mit dem Ziel einer Bekämpfung missbräuchlich erhobener Aktionärsklagen zulasten der Anfechtungskläger und zugunsten der betroffenen Unternehmen verschärften,[59] sah § 16 Abs. 3 ein Freigabeverfahren bei aus den Reihen der Anteilseigner angefochtenen Umwandlungsbeschlüssen vor. In der aktuellen Fassung bestehen nunmehr nahezu identische Regelungen zum Freigabeverfahren in § 16 Abs. 3 und § 246 a AktG, jedoch mit dem für die Praxis erheblichen Unterschied, dass § 16 Abs. 2 S. 2 eine **absolute Registersperre** vorsieht, falls eine Beschlussanfechtung vorliegt und die im Rahmen der Handelsregisteranmeldung erforderliche Negativerklärung gemäß § 16 Abs. 2 S. 1 infolge dessen nicht abgegeben werden kann, während § 246 a AktG eine Handelsregistereintragung trotz vorliegender Beschlussanfechtung zulässt. Dies hat für das aktienrechtliche Freigabeverfahren die Folge, dass dort bei vorliegender Beschlussanfechtung sehr häufig

52 S. hierzu *Weber/Kersjes*, Hauptversammlungsbeschlüsse vor Gericht, § 3 Rn 11.

53 Vgl hierzu OLG Hamburg NZG 2003, 981, wonach die Registersperre im Hinblick auf § 167 ZPO über die eigentliche Anfechtungsfrist hinaus, also zuzüglich eines gewissen „Sicherheitszuschlages" fortbesteht.

54 Vgl hierzu etwa *Wilsing/Saß*, DB 2011, 919 ff.

55 Zur Reichweite des Bestandsschutzes bei Umwandlungsvorgängen vgl *Kort*, AG 2010, 230-237.

56 Durch das „UMAG 2005", wobei § 246 a AktG die aktuelle Fassung erst infolge der „Nachbesserungen" des Gesetzgebers im Rahmen des „ARUG 2009" erhalten hat.

57 Zu dieser Diskussion vgl *Weber/Kersjes*, Hauptversammlungsbeschlüsse, § 3 Rn 12; OLG Hamm AG 2005, 361, 364.

58 So zutreffend Saenger/Aderhold/Lekaitis/Speckmann/*A. Kessler*, § 10 Rn 134.

59 Vgl hierzu die Begründung des Regierungsentwurfs zum ARUG 2009, BT-Drucksache 16/11642 S. 40; vgl auch *Schall/Habbe*, NJW 2010, 1789 ff.

der Konflikt zwischen den Anfechtenden und der Gesellschaft im Rahmen des dafür nicht ausgestalteten Handelsregisterverfahren ausgetragen wird, weil die jeweils zu erwartende Verfahrensdauer im Hauptsacheverfahren (möglicherweise über mehrere Instanzen hinweg) aus der Sicht der betroffenen Gesellschaften gerade bei aus einer verzögerten Eintragung drohenden steuerrechtlichen Nachteilen nicht hingenommen werden kann.[60] In diesem Fall haben dann die Registergerichte nach pflichtgemäßem Ermessen unter Berücksichtigung der Belange der Beteiligten zwischen einer Eintragung der jeweiligen Beschlüsse trotz vorliegender Beschlussanfechtung und einer Verfahrensaussetzung gemäß §§ 381, 21 FamFG zu entscheiden. Diese Situation kann wegen der vorhandenen Registersperre bei der Anfechtung umwandlungsrechtlicher Beschlüsse nicht eintreten. Die insoweit von einer Beschlussanfechtung betroffene Gesellschaft ist damit zur Erreichung eines zeitnahen Vollzugs der jeweiligen Beschlussfassung allein auf das umwandlungsrechtliche Freigabeverfahren gemäß § 16 Abs. 3 UmwG angewiesen.

In prozessualer Hinsicht ist zu berücksichtigen, dass das Freigabeverfahren gemäß Abs. 3 den für das streitige Verfahren geltenden Vorschriften der Zivilprozessordnung unterfällt.[61] Für das Freigabeverfahren nach Abs. 3 sind demnach anstelle der Regelungen des FamFG für unternehmensrechtliche Verfahren diejenigen der ZPO anwendbar.[62] Es gelten diesbezüglich die Vorschriften der ZPO für das erstinstanzliche Verfahren vor den Landgerichten, auch wenn im Freigabeverfahren eine erstinstanzliche Zuständigkeit der Oberlandesgerichte besteht,[63] jedoch mit der Besonderheit, dass gemäß Abs. 3 S. 2 die §§ 247, 82, 83 Abs. 1 und 84 AktG für anwendbar erklärt werden.[64] Die jetzt im Abs. 3 des § 16 vorgesehene entsprechende Anwendbarkeit der §§ 82, 83 Abs. 1 und 84 ZPO hat zur Folge, dass eine im streitigen Hauptsacheverfahren zugunsten eines/r im Inland ansässigen Prozessbevollmächtigten erteilte Vollmacht, welche gemäß § 83 Abs. 1 ZPO im Außenverhältnis unbeschränkbar ist, zugleich auch im Freigabeverfahren zwingend gilt. Dies findet auch durch die Verweisung auf § 84 ZPO hinsichtlich der **Unbeschränkbarkeit des Vollmachtsumfangs** für das Freigabeverfahren Anwendung.[65] So ist es einem möglichen Antragsgegner verwehrt, sich etwa darauf zu berufen, dass die zugunsten seines Prozessbevollmächtigten erteilte Vollmacht jedenfalls nicht im Freigabeverfahren gelten könne. 30

Die Neuregelungen, welche die Vorschrift durch das ARUG 2009[66] erhalten hat, müssen im Gesamtkontext mit den umfassenden Reformregelungen zum Freigabeverfahren gemäß § 246 a AktG gesehen werden, durch welche die **Verteidigungsmöglichkeiten der Gesellschaft gegen missbräuchliche Aktionärsklagen**, welche vor allem das Ziel einer Blockade der Wirksamkeit von Hauptversammlungsbeschlüssen verfolgen, erweitert werden sollten.[67] Der im Wesentlichen gleich ausgestaltete § 246 a AktG regelt das „Freigabeverfahren" im Fall der Anfechtung von Hauptversammlungsbeschlüssen, betreffend Kapitalmaßnahmen oder Unternehmensverträge gemäß §§ 291 ff AktG für den Bereich aktienrechtlicher Beschlussfassungen. Im Rahmen des ARUG 2009[68] wurde die Vorschrift entsprechend dem Entwurf der Bundesregierung dahin gehend abgeändert, dass § 247 AktG und die Vorschriften gemäß §§ 82, 83 Abs. 1 und 84 der ZPO für entsprechend anwendbar erklärt werden. Der Regierungsentwurfs zum ARUG ging dabei davon aus, dass in der Praxis oftmals Kläger bei missbräuchlich erhobenen Anfechtungsklagen zwecks Erschwerung einer Zustellung von Klage- oder Antragsschriften mit ausländischen Wohnsitzen oder dort ansässigen Kapitalgesellschaften ausländischer Rechtsform als „zwischengeschaltete" Aktionäre sowohl im streitigen Hauptsacheverfahren, als auch im Ver- 31

60 Vgl hierzu *Schulte*, ZIP 2010, 1166, 1167 ff.
61 Vgl hierzu KölnKomm-UmwG/*Simon*, § 20 Rn 49.
62 Semler/Stengel/*Schwanna*, § 16 Rn 23; Kallmeyer/*Marsch-Barner*, § 16 Rn 47; Lutter/*Bork*, § 16 Rn 24.
63 Kallmeyer/*Marsch-Barner*, § 16 Rn 47; Semler/Stengel/*Schwanna*, § 16 Rn 23.
64 Vgl Kallmeyer/*Marsch-Barner*, § 16 Rn 47.
65 Vgl hierzu Kallmeyer/*Marsch-Barner*, § 16 Rn 47.
66 Gesetz v. 30.7.2009 (BGBl. I S. 2479).
67 Vgl *Hollstein*, jurisPR-HaGesR 2/2010 Anm. 2, zugleich Anm. zu OLG München, Beschl. v. 4.11.2009 – 7 A 2/09 –.
68 Gesetz v. 30.7.2009 (BGBl. I S. 2479).

fahren nach § 246 a AktG eine zeitnahe Zustellung erschwert hatten, was durch die Neuregelungen eingedämmt werden sollte.[69]

32 Im Erfolgsfall stellt das im Freigabeverfahren zuständige Gericht der streitigen Gerichtsbarkeit[70] auf entsprechenden Antrag der Gesellschaft im Beschlusswege fest, dass die anhängigen Anfechtungs- oder Nichtigkeitsklagen einer Handelsregistereintragung der betroffenen Beschlussfassung nicht entgegenstehen.

33 Abs. 3 der Vorschrift regelt weiterhin die verschiedenen Voraussetzungen, welche das Ergehen eines positiven Freigabebeschlusses erfordert. Im Kern enthält Abs. 3 ein „abgestuftes Prüfungsschema“. In der ersten Alternative muss im Rahmen einer gebundenen Entscheidung ein Freigabebeschluss zugunsten der betroffenen Gesellschaft dann ergehen, wenn die im Verfahren der Hauptsache erhobene **Klage** entweder schon **unzulässig** oder nach Ansicht des im Freigabeverfahren zuständigen Gerichts offensichtlich **unbegründet** ist.

34 Die Frage, ob eine in der Hauptsache erhobene Klage unzulässig ist, beurteilt sich nach den geltenden prozessualen Vorschriften.[71] Dies ist etwa der Fall bei einer Einreichung der Klage bei einem unzuständigen Gericht und dem Fehlen eines entsprechenden Verweisungsantrages gemäß § 281 ZPO[72] oder etwa der Einreichung einer nicht den Anforderungen gemäß § 253 ZPO entsprechenden Klageschrift.[73] Das wird in der Praxis eher selten zu beobachten sein, da oppositionelle Gesellschafter in diesem Verfahren gewöhnlicherweise nicht ohne hinreichende rechtliche Beratung agieren.

35 Eine weitere „Hürde“ zulasten der Kläger und zugunsten der betroffenen Gesellschaft stellt das Quorum bezüglich des **Umfangs des Anteilsbesitzes** des jeweiligen Klägers dar. Hierdurch trifft die jeweiligen Kläger die Pflicht, im Fall der Rechtshängigkeit eines Freigabeantrags nach Abs. 3 innerhalb des Zeitraumes von einer Woche nach Zustellung des Antrags urkundlich nachzuweisen, dass der jeweilige Kläger seit dem Zeitpunkt, zu dem die Einberufung der über die Maßnahme nach dem UmwG beschließenden Versammlung der Anteilseigner bekannt gemacht worden war, einen anteiligen Betrag von mindestens 1000 EUR[74] am Grundkapital der betroffenen Gesellschaft hält.[75] Der Nachweis ist in jedem Fall urkundlich zu erbringen, wobei jedoch kein Nachweis zur Vertretungsberechtigung des Unterzeichners der Bescheinigung erforderlich sein soll.[76] Zumindest bei Vorliegen von Zweifeln wird jedoch das Gericht des Freigabeverfahrens einen diesbezüglichen zeitnahen Nachweis seitens des/der Hauptsachekläger/s und Antragsgegner/s im Freigabeverfahren verlangen können. Zweifelhaft erscheint, ob sich der Begriff des „anteiligen Betrages“ von mindestens 1.000 EUR nur auf die Rechtsformen der Aktiengesellschaft, der KGaA und der SE bezieht. Dies wird in der Literatur mit dem Argument angenommen, das Bagatellquorum sei nach der Begründung im Gesetzgebungsverfahren zur Änderung des § 246 a AktG durch das ARUG 2009 auf Kleinstaktionäre bezogen, was auch im der Neuregelung des § 246 a AktG angeglichenen umwandlungsrechtlichen Freigabeverfahren gelten müsse.[77] Dies liegt aus der Sicht der Praxis einerseits nahe, andererseits spricht der Wortlaut der Ziffer 2 nicht von „Grundkapital“. Auch ist der darüber hinaus erfolgende Gleichlauf des umwandlungsrechtlichen Freigabeverfahrens mit dem Verfahren gemäß § 246 a AktG kein zwingendes Argument dafür, warum das Bagatellquorum etwa im Bereich der GmbH keine Anwendung finden soll, denn im Aktiengesetz bestand insoweit wegen des ausschließlichen Vorhandenseins von „Grundkapital“ kein weiter reichender Regelungsbedarf.

69 Vgl hierzu die Begründung des Regierungsentwurfs zum ARUG, BT-Drucks. 16/11642 S. 40.

70 Also das jeweils örtlich zuständige Oberlandesgericht bzw das Kammergericht.

71 Ebenso KölnKomm-UmwG/*Simon*, § 16 Rn 71.

72 Vgl Semler/Stengel/*Schwanna*, § 16 Rn 28; Kallmeyer/*Marsch-Barner*, § 16 Rn 40.

73 Kallmeyer/*Marsch-Barner*, § 16 Rn 40; Semler/Stengel/*Schwanna*, § 16 Rn 28.

74 Dieses Mindestquorum soll auch in verfassungsrechtlicher Hinsicht keinen Bedenken begegnen, OLG Hamburg AG 2010, 215 = Der Konzern 2010, 515 ff.

75 Vgl hierzu *Reichard*, NZG 2011, 292 ff.

76 OLG Saarbrücken NZG 2011, 358.

77 So Kallmeyer/*Marsch-Barner*, § 16 Rn 41 a, u.a. unter Verweis auf BT-Drucks. 16/11642, 41 f; im Ergebnis ebenso Mehrbrey/*Uhlendorf/Schumacher*, § 92 Rn 114.

Die für die/den Anfechtungskläger bestehende Pflicht zum Nachweis des Vorhandenseins des **Mindestquorums** besteht selbst dann, wenn seitens der Gesellschaft der Anteilsbesitz nicht bestritten wird, etwa bei dem Vorhandensein vinkulierter Namensaktien.[78] 36

Wenn dieses zwingende Quorum nicht erreicht wird, ist der von der Gesellschaft im Freigabeverfahren gestellte Antrag nach Abs. 3 bereits aus diesem Grund erfolgreich[79] ohne dass eine weitere Sachprüfung durch das Gericht erfolgt. 37

Bei dem Kriterium der „**offensichtlichen Unbegründetheit**" der im Hauptsacheverfahren erhobenen Klage ist nach herkömmlicher Ansicht davon auszugehen, dass eine Klage jedenfalls dann offensichtlich unbegründet ist, wenn ohne die Notwendigkeit weiterer Sachverhaltsaufklärung die im Hauptsacheverfahren erhobene Klage nach der Einschätzung des im Freigabeverfahren zur Entscheidung berufenen Gerichts keine Erfolgsaussichten hat.[80] Damit soll den besonderen Gegebenheiten des summarischen Verfahrens Rechnung getragen werden.[81] Unbeachtlich soll es insoweit sein, ob es im Freigabeverfahren erforderlich ist, komplexe Rechtsfragen zu erörtern.[82] Nach neuerer Auffassung ist diesbezüglich nicht so sehr auf die Frage der einfachen Erkennbarkeit, sondern auf das „Maß an Sicherheit", aus dem sich eine Unbegründetheit unter den einschränkenden besonderen Bedingungen des als Eilverfahren ausgestalteten Freigabeverfahrens gemäß Abs. 3 der Vorschrift darstellt.[83] Von entscheidender Bedeutung für die „Offensichtlichkeit" der Unbegründetheit der Hauptsacheklage soll dabei nicht die „Evidenz" einer Unbegründetheit der Klage sein, sondern das Kriterium, dass nach der Überzeugung des im Freigabeverfahrens zur Entscheidung berufenen Gerichts die Hauptsacheklage mit einer „hohen Wahrscheinlichkeit" unbegründet ist.[84] Der Grund für die offensichtliche Unbegründetheit ist nach zutreffender Ansicht[85] irrelevant. Nach der Rechtsprechung des BGH sollen hierunter auch eigentlich begründete Klagen fallen, die jedoch ausschließlich mit dem Ziel erhoben werden, „*... die Gesellschaft in grob eigennütziger Weise zu einer Leistung zu veranlassen, auf die der klagende Aktionär keinen Anspruch hat und auch billiger Weise nicht erheben kann ...*".[86] Gelangt das im Freigabeverfahren entscheidende Gericht zu dem Ergebnis, dass die im Hauptsacheverfahren erhobene Klage nicht offensichtlich unbegründet, sondern im Gegenteil sogar „offensichtlich begründet" erscheint, entbindet dies das Gericht nicht von der Prüfung, ob zugunsten der betroffenen Gesellschaft ein vorrangiges Eintragungsinteresse besteht.[87] Wird dies nach weiterer Prüfung angenommen, so ist trotz offensichtlicher Begründetheit der im Hauptsacheverfahren erhobenen Klage eine für die Gesellschaft positive Freigabeentscheidung möglich. Dieses Ergebnis erscheint vor dem Hintergrund, dass dann aufgrund der positiven Freigabeentscheidung des erst- und letztinstanzlich entscheidenden Oberlandesgerichts eine nach § 20 Abs. 2 irreversible konstitutive Handelsregistereintragung erfolgen kann, zunächst bedenklich. Dies ist aber vor dem Hintergrund hinzunehmen, dass der Gesetzgeber – wie auch die Neufassung des § 246 a AktG durch das ARUG 2009 gezeigt hat – einem beschleunigten Abschluss des konstitutiven Handelsregisterverfahrens, zugleich verbunden mit Rechtssicherheit für die beteiligte Gesellschaft und den auf den Inhalt der Registereintragung vertrauenden Rechtsverkehr, den Vorrang einräumen wollte. 38

Erfüllt ein Anfechtungskläger die vorgenannten Voraussetzungen, so kommt es zur Anwendung der „**Interessenabwägungsklausel**" gemäß Abs. 3 Ziffer 3. Hiernach ist eine Abwägung 39

78 KG NZG 2011, 305 ff zur Parallelproblematik in § 246 a AktG; vgl zu dieser Entscheidung auch *Reichard*, NZG 2011, 775, 776.
79 Zu den einzelnen Voraussetzungen vgl auch *Schulte*, ARUG, § 246 a AktG Rn 3 ff.
80 KölnKomm-UmwG/*Simon*, § 16 Rn 72; ebenso auch Lutter/*Bork*, § 16 Rn 19 f.
81 Semler/Stengel/*Schwanna*, § 16 Rn 30.
82 KölnKomm-UmwG/*Simon*, § 16 Rn 72; zur Unerheblichkeit der Frage des Prüfungsaufwandes im Freigabeverfahren vgl OLG Jena NJW-RR 2009, 182 ff.
83 Kallmeyer/*Marsch-Barner*, § 16 Rn 41; vgl auch Schmitt/Hörtnagl/*Stratz*, § 16 Rn 43 ff; Mehrbrey/*Uhlendorf/Schumacher*, § 92 Rn 111 mwN.
84 OLG Jena NJW-RR 2009, 182 ff.
85 Lutter/*Bork*, § 16 Rn 19; OLG Jena NJW-RR 2009, 182 ff.
86 BGHZ 112, 9-30 = ZIP 1990, 985 ff = DB 1990, 1762 ff.
87 So zutreffend Lutter/*Bork*, § 16 Rn 20.

des Interesses der Gesellschaft und möglicherweise weiterer Anteilsinhaber an einer Freigabe des jeweils angefochtenen Beschlusses und den der Gesellschaft drohenden Nachteilen im Fall der Nichtfreigabe und der damit verbundenen weiteren Eintragungsverzögerung mit den möglichen, damit ebenfalls verbundenen Nachteilen des/der Antragsgegner/s erforderlich. Überwiegt nach der Überzeugung des im Freigabeverfahren zuständigen Gerichts die das Vollzugsinteresse der Gesellschaft die möglicherweise zulasten der Antragsgegner eintretenden Nachteile, so genießt das „alsbaldige Wirksamwerden des Hauptversammlungsbeschlusses" Vorrang vor der sonst bestehenden Registersperre und es muss eine aus Sicht der Gesellschaft positive Freigabeentscheidung erfolgen. Allein der Umstand, dass ein Kläger der Gruppe der „Berufskläger" zuzurechnen ist, reicht für sich genommen nicht für eine pauschale Zurückstellen von dessen Interessen aus, wenn davon auch gewisse Indizwirkungen ausgehen können.[88] Ein vorrangiges Vollzugsinteresse zugunsten der Gesellschaft wurde in der Rechtsprechung etwa bei Vorliegen der Notwendigkeit einer alsbaldigen Umsetzung von Sanierungsmaßnahmen[89] oder bei dem drohenden Scheitern eines nach Wirksamwerden der Verschmelzung beabsichtigten Börsengangs[90] angenommen.[91] Erhebliche Nachteile zulasten der den Antrag im Freigabeverfahren stellenden Gesellschaft, welche im Rahmen der vorzunehmenden Interessenabwägung zugunsten der Gesellschaft zu werten sein sollen, stellen nach der obergerichtlichen Rechtsprechung durch den Verschmelzungsvorgang beabsichtigte „wirtschaftliche Folgen" mit „einigem Gewicht" dar, etwa der temporäre oder sogar finale Verlust angestrebter Synergieeffekte.[92]

40 Eine Ausnahme von dieser Regelung stellt es allerdings dar, wenn ein **Rechtsverstoß von „besonderer Schwere"** vorliegt.[93] Hierfür trägt der jeweilige Antragsgegner im Freigabeverfahren die Beweislast,[94] obwohl im Freigabeverfahren grundsätzlich die Gesellschaft als Antragstellerin die von ihr dort vorgebrachten Tatsachen gemäß § 16 Abs. 3 S. 2 iVm § 294 ZPO glaubhaft zu machen hat.[95] Insofern muss man davon ausgehen, dass nicht eine nichtige Beschlussfassung zwangsläufig auch das Kriterium der „besonderen Schwere des Rechtsverstoßes" erfüllt.[96] Damit sind die herkömmlichen Kriterien der „Nichtigkeit" und „Anfechtbarkeit" insoweit zur Abgrenzung wenig tauglich.[97] Hinsichtlich des Kriteriums der „besonderen Schwere des Rechtsverstoßes" hat sich die Ansicht herausgebildet, dass es sich dabei um einen Verstoß handeln müsse, dessen Vollzug ohne die im Hauptsacheverfahren mögliche vertiefte Prüfung „für die Rechtsordnung unerträglich" wäre.[98] Dies wird zB dann anzunehmen sein, wenn eine Verletzung „elementarer Aktionärsrechte" vorliegt, bei welcher keine angemessene Kompensation durch Schadensersatz möglich erscheint.[99]

41 Die Entscheidung des Gerichts im Freigabeverfahren erfolgt durch Beschluss mit der Tenorierung bei Erfolg des Freigabeverfahrens, dass die gegen den jeweiligen Zustimmungsbeschluss

88 Saenger/Aderhold/Lenkaitis/Speckmann/*A. Kessler*, § 10 Rn 137.

89 KG, Beschluss v. 12.3.2010 – 14 AktG 1/09, BeckRS 2010, 11130; zur drohenden zeitlichen Verzögerung von Restrukturierungskonzepten als zugunsten der Gesellschaft ins Gewicht fallendem Grund vgl Saenger/Aderhold/Lenkaitis/Speckmann/*A. Kessler*, § 10 Rn 136.

90 OLG Hamm, Beschluss v. 16.5.2011 – I-8 AktG 1/11, 8 AktG 1/11, BeckRS 2011, 14826.

91 Dies soll selbst dann gelten, wenn die Realisierung des Börsengangs auch ohne eine Durchführung der Verschmelzung denkbar wäre, OLG Hamm aaO.

92 OLG Düsseldorf NZG 1999, 565 (Krupp/Thyssen IV); vgl hierzu auch Mehrbrey/*Uhlendorf/Schumacher*, § 92 Rn 120 mwN.

93 Vgl hierzu etwa Kallmeyer/*Marsch-Barner*, § 16 Rn 46 a ff; KölnKomm-UmwG/*Simon*, § 16 Rn 91; Semler/Stengel/*Schwanna*, § 16 Rn 41 a ff; vgl hierzu auch Schmitt/Hörtnagl/Stratz//*Stratz*, § 16 Rn 50.

94 So auch der Regierungsentwurf zum ARUG, BT-Drucksache 16/11642 S. 41; vgl *Wicke*, Hauptversammlung, S. 66; vgl Saenger/Aderhold/Lenkaitis/Speckmann/*A. Kessler*, § 10 Rn 137.

95 Vgl hierzu zutreffend Saenger/Aderhold/Lenkaitis/Speckmann/*A. Kessler* (Hrsg.), § 10 Rn 137.

96 Vgl den Regierungsentwurf zum ARUG aaO; auch die Entscheidung OLG Saarbrücken NZG 2011, 358, 360 geht davon aus, dass ein „besonders schwerer" Rechtsverstoß nicht bereits dann gegeben ist, wenn dieser Verstoß die Nichtigkeit der entsprechenden Beschlussfassung zur Folge hat.

97 Vgl hierzu auch *Wicke*, Hauptversammlung, S. 66.

98 KG NZG 2011, 306, 307; ebenso OLG Saarbrücken NZG 2011, 358, 360; vgl Reichard, NZG 2011, 775, 776; vgl zur „besonderen Schwere" von Rechtsverstößen im Verfahren gemäß § 246 a AktG auch OLG Frankfurt a.M. NZG 2010, 824, 826; vgl Mehrbrey/*Uhlendorf/Schumacher*, § 92 Rn 122 mwN.

99 OLG Saarbrücken NZG 2011, 358, 360; vgl hierzu auch Mehrbrey/Uhlendorf/*Schumacher*, § 92 Rn 122.

zum Verschmelzungsvertrag erhobene Klage dessen Handelsregistereintragung nicht entgegensteht.[100] Da Freigabeverfahren und streitiges Hauptsacheverfahren unterschiedliche Streitgegenstände haben, hat der rechtskräftige Abschluss dieses Verfahrens[101] keine Auswirkungen auf das Hauptsacheverfahren.

Der im Freigabeverfahren ergehende Beschluss nach Abs. 3 der Vorschrift ergeht grundsätzlich nach mündlicher Verhandlung, auf deren Durchführung in dringenden Fällen verzichtet werden kann.[102] Dies entspricht weitgehend der Rechtslage nach den Vorschriften der ZPO zum den Erlass einer einstweiligen Verfügung zum Gegenstand habenden Verfahren. 42

Die Vornahme der Handelsregisteranmeldung durch die dazu gemäß Abs. 1 berechtigten Organe kann seitens der Anteilseigner auch mithilfe einer einstweiligen Anordnung unterbunden werden.[103] Ein solcher Antrag ist jedoch während eines laufenden Freigabeverfahrens nach Abs. 2 der Vorschrift unzulässig.[104] 43

Es stellt sich die Frage, inwieweit das Registergericht an eine im Freigabeverfahren erfolgte **Entscheidung des Oberlandesgerichts gebunden** ist. Das über den Eintragungsantrag entscheidende Registergericht darf in jedem Fall die Voraussetzungen gemäß Abs. 1 und 2 der Vorschrift prüfen, ist jedoch in materiellrechtlicher Hinsicht an die Entscheidung des Oberlandesgerichts gebunden.[105] Für das Registergericht unstatthaft wäre eine Eintragung bei anhängiger Klage gegen einen Verschmelzungsbeschluss, auch wenn die betroffene Gesellschaft kein Freigabeverfahren gemäß Abs. 3 betreibt.[106] Hier gilt die strenge Registersperre gemäß Abs. 2 S. 2, worin ein Unterschied zum aktienrechtlichen Freigabeverfahren gemäß § 246 a AktG besteht, bei dem es dem Registergericht unbenommen bleibt, auch während des laufenden Freigabeverfahrens die Handelsregistereintragung vorzunehmen. Hat der Antrag nach Abs. 3 der Vorschrift keinen Erfolg, besteht die Registersperre fort, mit der Folge, dass dem Registergericht eine Eintragung vor rechtskräftigem Abschluss des streitigen Hauptsacheverfahrens verwehrt ist.[107] 44

XII. Rolle des Notars/der Notarin bei Beschlussanfechtung

Auch nach einer erfolgten Beschlussanfechtung bleibt die Rolle des/der beurkundenden Notars/in im Verhältnis zu den verschiedenen Beteiligten neutral.[108] Der/die Notar/in ist insoweit nicht Vertreter einer Partei oder der Gesellschaft. Vor dem Hintergrund eines fairen Verfahrens ist es daher etwa auch bei laufender Beschlussanfechtung im Hauptsacheverfahren und der Anhängigkeit eines Freigabeverfahrens nach Abs. 3 der Vorschrift nicht zu beanstanden, wenn der/die beurkundende Notar/in mit dem Registergericht zur Abstimmung des weiteren Prozedere in Kontakt tritt. 45

XIII. Sekundäranspruch auf Schadensersatz gemäß Abs. 3 S. 10

Abs. 3 S. 10 der Vorschrift enthält einen auf Schadensersatz gerichteten **Sekundäranspruch des/der Beschlussmangelkläger/s** für den Fall, dass die Wirksamkeit des Verschmelzungsvorgangs bei einem aus Sicht der Gesellschaft positiv abgeschlossenen Freigabeverfahren mit erfolgter Handelsregistereintragung eingetreten ist, die Gesellschaft aber nachfolgend im streiti- 46

100 Lutter/*Bork*, § 16 Rn 27.

101 Dieser tritt infolge der erst- und zugleich letztinstanzlichen Zuständigkeit der Oberlandesgerichte im Freigabeverfahren regelmäßig zugleich mit Verkündung des verfahrensabschließenden Beschlusses ein.

102 Vgl hierzu etwa Kallmeyer/*Marsch-Barner*, § 16 Rn 48.

103 S. hierzu die Entscheidung BVerfG DB 2005, 1373; vgl zum einstweiligen Rechtsschutz bei eintragungspflichtigen Hauptversammlungsbeschlüssen *Kort*, NZG 2007, 169 ff.

104 Schmitt/Hörtnagl/Stratz/*Stratz*, § 16 Rn 5; *Hüffer*, AktG § 246 a Rn 14.

105 So zutreffend Semler/Stengel/*Schwanna*, § 16 Rn 44 f; Schmitt/Hörtnagl/Stratz/*Stratz*, § 16 Rn 36; differenzierend nach verschiedenen Fallgruppen Lutter/*Bork*, § 16 Rn 30 ff.

106 So zutreffend etwa Schmitt/Hörtnagl/Stratz/*Stratz*, § 16 Rn 36.

107 Semler/Stengel/*Schwanna*, § 16 Rn 47.

108 OLG München, Beschluss v. 3.2.1010, ZIP 2010, 326 ff = DNotZ 2011, 142 ff.

gen Hauptsacheverfahren unterliegt. Dieser Sekundäranspruch ist dem Umstand geschuldet, dass die auf der Grundlage eines positiven Freigabebeschluss erfolgende Handelsregistereintragung gemäß Abs. 3 S. 10 mit Bestandskraft ausgestattet wird und diese ohnehin im Hinblick auf § 20 Abs. 2 irreversibel[109] (Ausschluss einer „Entschmelzung") ist. Diese „Unumkehrbarkeit" der erfolgten konstitutiven Handelsregistereintragung erstreckt sich auch auf den notwendigen „Annex" zur Verschmelzung, dh die zum Zwecke der Verschmelzung notwendige Kapitalerhöhung.[110] Der in § 16 Abs. 3 S. 10 angeordnete Bestandsschutz der erfolgten Registereintragung soll nach insoweit zutreffender Ansicht[111] anders als der in § 246 a Abs. 4 AktG angeordnete Bestandsschutz nicht voraussetzen, dass die entsprechende Handelsregistereintragung tatsächlich auf der Grundlage eines positiven Freigabebeschlusses erfolgt ist. Die Kläger sind in diesem Fall wegen der Versagung primären Rechtsschutzes auf die Geltendmachung des Schadensersatzanspruchs gegenüber der Gesellschaft angewiesen. Voraussetzungen für einen Schadensersatzanspruch nach dieser Vorschrift ist ein Erfolg des Klägers im Hauptsacheverfahren mit Eintritt der Rechtskraft der dortigen Entscheidung bei zwischenzeitlich mit erfolgter Handelsregistereintragung wirksam gewordener Verschmelzung. Dabei sind die Antragsteller so zu stellen, als wäre eine Handelsregistereintragung der Verschmelzung nicht erfolgt,[112] Ein Verschulden seitens des Antragstellers im Freigabeverfahren, also der jeweils betroffenen Gesellschaft, ist nicht erforderlich.[113]

47 Die auf die Leistung von Schadensersatz gerichtete Klage ist **gegen den Rechtsträger zu richten,** welcher – vertreten durch seine Organe – jeweils den Freigabebeschluss erwirkt hat.[114] Soll der Anspruch mittels Klageerhebung gegenüber einem übertragenden Rechtsträger geltend gemacht werden, gilt dieser im Hinblick auf die Fiktionswirkung des § 25 Abs. 2 in diesem Verfahren als fortbestehend.[115] Trotz der insoweit eindeutigen Regelung in § 25 Abs. 2 ergeben sich allerdings aus Sicht der Praxis Zweifel an der Praktikabilität dieser Lösung; denn nach Eintritt der Rechtsfolgen gemäß § 20 Abs. 2 UmwG verfügt der übertragende Rechtsträger (wenn man ihn allein wegen der Fiktionswirkung des § 25 Abs. 2 überhaupt noch als existent betrachten muss) über kein Vermögen mehr.[116] Ist dieses aber im Wege der Gesamtrechtsnachfolge auf den übertragenden Rechtsträger übergegangen, wäre es sachgerechter, die auf den übertragenden Rechtsträger erhobene Schadensersatzklage in analoger Anwendung des § 28 gegen den übernehmenden Rechtsträger richten zu können. Hier wird man freilich den hierzu eindeutigen Wortlaut des § 25 Abs. 2 nicht überwinden können.

48 Neben dieser Haftung der beteiligten Rechtsträger kommt auch eine **Haftung der Organe** selbst in Betracht.[117]

49 Ist eine Handelsregistereintragung auf der Grundlage eines ergangenen Freigabebeschlusses nach Erhebung einer Beschlussmangelklage in der Hauptsache erfolgt, entfällt für diese nicht das Rechtsschutzbedürfnis.[118] Vor dem Hintergrund der späteren Geltendmachung des **Sekundäranspruchs** gemäß Abs. 3 S. 10 kann entsprechend dem verwaltungsprozessualen Rechtsgedanken einer Fortsetzungsfeststellungsklage (vgl § 113 Abs. 1 S. 4 VwGO) im Hauptsacheverfahren

109 Vgl dazu OLG Frankfurt NZG 2003, 790 f = NJW-RR 2003, 1122 f = ZIP 2003, 1607 f; selbst eine trotz bestehender Registersperre erfolgte Eintragung hat gemäß § 20 Abs. 2 Bestandsschutz, OLG Hamm ZIP 2001, 569 ff = DB 2001, 85 ff.

110 BGH NZG 2007, 714, 715.

111 *Kort*, NZG 2007, 169, 171.

112 Schmitt/Hörtnagl/Stratz/*Stratz*, § 16 Rn 54; Lutter/*Bork*, § 16 Rn 34; Semler/Stengel/*Schwanna*, § 16 Rn 50; KölnKomm-UmwG/*Simon*, § 16 Rn 110; Kallmeyer/*Marsch-Barner*, § 16 Rn 53.

113 Schmitt/Hörtnagl/Stratz/*Stratz*, § 16 Rn 54; Kallmeyer/*Marsch-Barner*, § 16 Rn 54.

114 Kallmeyer/*Marsch-Barner*, § 16 Rn 54; Semler/Stengel/*Schwanna*, § 16 Rn 49, 51; KölnKomm-UmwG/*Simon*, § 16 Rn 112.

115 Kallmeyer/*Marsch-Barner*, § 16 Rn 54; Semler/Stengel/*Schwanna*, § 16 Rn 49; Lutter/*Bork*, § 16 Rn 33.

116 Vgl zu dieser Problematik Semler/Stengel/*Kübler*, § 25 Rn 28.

117 Semler/Stengel/*Schwanna*, § 16 Rn 49; Kallmeyer/*Marsch-Barner*, § 16 Rn 53; AA Lutter/*Bork*, § 16 Rn 34 (Fn 2), welcher eine Haftung der Organmitglieder gemäß § 25 Abs. 1 daran scheitern lassen will, dass die Erwirkung eines Freigabebeschlusses weder „zur Prüfung der Vermögenslage" noch zum Abschluss des zugrunde liegenden Verschmelzungsvertrages gehöre.

118 OLG Hamm, Urteil v. 4.3.2009 – 8 U 59/01, BeckRS 2009, 09618.

fahren ebenfalls entsprechend vorgegangen werden.[119] Dringt der Kläger mit seinem **Schadensersatzanspruch** durch, ist er vermögensrechtlich so zu stellen, als sei der Verschmelzungsvorgang nicht durch die Handelsregistereintragung wirksam geworden, demnach die Rechtsfolgen des § 20 Abs. 1 nicht eingetreten.[120] Die Schadenshöhe soll diesbezüglich gemäß § 287 ZPO bestimmbar sein.[121] In der Praxis wird sich gerade bei oppositionellen Gesellschaftern bzw Aktionären, die nur über eine kleine Beteiligung an dem betroffenen Rechtsträger verfügen, ein spezifisch durch den Eintritt der Rechtsfolgen des § 20 Abs. 1 entstandener primärer Vermögensschaden nicht ohne Schwierigkeiten substanziieren lassen. Unproblematischer erscheint dies für Kosten der Rechtsverfolgung gegenüber der Gesellschaft, sofern diese nicht in den Verfahrenskosten der erfolgreichen Hauptsacheklage aufgegangen sind.

XIV. Rechtsmittel

Nach der früheren zweiinstanzlichen Ausgestaltung des Freigabeverfahrens sah Abs. 3 S. 5 aF als Rechtsmittel gegen die das Freigabeverfahren abschließende Entscheidung die sofortige Beschwerde vor.[122] Dies ist infolge der eininstanzlichen Ausgestaltung des Freigabeverfahrens entfallen, wie sich aus Abs. 3 S. 9 unmissverständlich ergibt.[123] Zielsetzung der Neuregelung insoweit war es, das Freigabeverfahren schnellstmöglich zum Abschluss bringen zu können und zugleich den „Lästigkeitswert" missbräuchlich erhobener Klagen gegen die Wirksamkeit von Verschmelzungsbeschlüssen zu mindern.[124] 50

Ein zweiter, weiterer Antrag auf Erlass einer Freigabeentscheidung gemäß Abs. 3 ist nur dann zulässig, wenn er mit dem Vortrag neuer Tatsachen verbunden werden kann, etwa dann, wenn zwischenzeitlich ein Bestätigungsbeschluss gemäß § 244 AktG ergangen ist.[125] 51

XV. Kosten der Anmeldung der Verschmelzung

Hinsichtlich der für die nach § 16 zum Handelsregister einzureichende Anmeldung ist bezüglich der Kosten zwischen den anfallenden Gerichtskosten und den Notarkosten zu differenzieren. Die Berechnung der Gerichtskosten erfolgt auch nach dem Inkrafttreten des GNotKG nach der Handelsregistergebührenverordnung (HRegGebV)[126] infolge der in § 49 KostO (jetzt: § 58 Abs. 1 GNotKG) enthaltenen Verweisung. Die Höhe der Notarkosten richtet sich nach dem Inkrafttreten des die KostO ablösenden GNotKG allein nach dessen Vorschriften. 52

Die Notarkosten für den Entwurf und die Beglaubigung der Anmeldung des Verschmelzungsvorgangs für den aufnehmenden und den übertragenden Rechtsträger werden jeweils gemäß § 105 Abs. 2 iVm § 105 Abs. 4 Nr. 1 GNotKG bestimmt; der anzusetzende Geschäftswert bestimmt sich demgemäß nach einem Betrag von 1 % des in das Handelsregister eingetragenen Grund- oder Stammkapitals, wobei ein Mindestgeschäftswert von 30.000 EUR anzusetzen ist. Soll bei dem aufnehmenden Rechtsträger zugleich eine Kapitalerhöhung zum Zwecke der Verschmelzung erfolgen, handelt es sich dabei um eine gemäß § 35 Abs. 1 GNotKG hinzuzurechnende Anmeldung mit einem bestimmten Geldwert iSd § 105 Abs. 1 S. 1 Nr. 3, 4 GNotKG.[127] Sowohl bei dem übertragenden als auch bei dem aufnehmenden Rechtsträger entsteht für den Entwurf der jeweiligen Handelsregisteranmeldung eine halbe Gebühr[128] nach den Ziffern 24102, 2101 Nr. 5 KV, wobei sich der Geschäftswert des angefertigten Entwurfs nach den 53

119 Schmitt/Hörtnagl/Stratz/*Stratz*, § 16 Rn 54; OLG Hamburg NZG 2004, 729 ff; OLG Stuttgart ZIP 2004, 1145 ff.

120 Schmitt/HörtnaglStratz/*Stratz*, § 16 Rn 54; Köln-Komm-UmwG/*Simon*, § 16 Rn 110; Lutter/*Bork*, § 16 Rn 34; Kallmeyer/*Marsch-Barner*, § 16 Rn 53; Semler/Stengel/*Schwanna*, § 16 Rn 50.

121 So zutreffend Schmitt/Hörtnagl/Stratz/*Stratz*, § 16 Rn 54.

122 Vgl hierzu etwa Lutter/*Bork*, § 16 Rn 28; Schmitt/Hörtnagl/Stratz/*Stratz*, § 16 Rn 53.

123 Vgl etwa Semler/Stengel/*Schwanna*, § 16 Rn 43.

124 Kallmeyer/*Marsch-Barner*, § 16 Rn 50.

125 Lutter/*Bork*, § 16 Rn 28.

126 Ergangen auf Grund der Verordnungsermächtigung in § 79 a KostO (jetzt § 58 Abs. 2 GNotKG).

127 *Fackelmann*, Notarkosten, Rn 867.

128 Es ist hierbei von einer vollständigen Erstellung gemäß § 92 Abs. 2 GNotKG auszugehen.

§§ 119 Abs. 1, 105 Abs. 4 Ziffer 1 bestimmt, mithin ein Betrag von 1 % des in das Handelsregister eingetragenen Grund- bzw Stammkapitals bei einem Mindestgeschäftswert von 30.000 EUR anzusetzen ist.[129] Hinzu kommt eine 0,3-fache Gebühr gemäß Ziffer 22114 KV, § 112 S. 1 GNotKG für die Erzeugung der XML-Strukturdatendatei,[130] welche für die elektronische Handelsregisteranmeldung gemäß § 12 HGB benötigt wird.

54 Zu beachten ist der für Anmeldungen zum Handelsregister geltende Höchstbetrag gemäß § 106 GNotKG. Hiernach ist der anzusetzende Geschäftswert auf einen Höchstbetrag von 1 Mio. EUR gedeckelt. Dieser Deckelungsbetrag gilt gleichermaßen für Anmeldungen zum Handelsregister, zum Genossenschaftsregister, zum Partnerschaftsregister und zum Vereinsregister.[131] Der Höchstbetrag des § 106 GNotKG soll auch dann gelten, wenn mehrer Tatsachen in einer Anmeldung zusammengefasst zur Eintragung in das Handelsregister angemeldet werden, im Bereich des § 16 etwa bei der „Koppelung" der Anmeldung der Kapitalerhöhung zum Zwecke der Verschmelzung mit dem Verschmelzungsvorgang selbst.[132] Werden mehrere Verschmelzungsvorgänge kombiniert oder Kettenverschmelzungen angemeldet, ist ungeachtet der für die verschiedenen Beschlussfassungen und Vertragsbeurkundungen entstehenden kostenrechtlichen Problematiken jedenfalls für die Handelsregisteranmeldungen gemäß § 16 zu beachten, dass mehrere Handelsregisteranmeldungen regelmäßig als „gegenstandsverschieden" iSd § 111 Nr. 3 GNotKG anzusehen sind.[133]

55 Die seitens des Registergerichts für den Vollzug eines zur Eintragung in das Handelsregister angemeldeten Verschmelzungsvorgangs zu erhebenden Gebühren richten sich für den übertragenden Rechtsträger nach Ziffer 2402 sowie für den übernehmenden Rechtsträger nach Ziffer 2403 der Anl. zu § 1 HRegGebV iVm § 58 Abs. 1 GNotKG.[134] Der Tabellenwert beträgt danach jeweils 240 EUR.

§ 17 Anlagen der Anmeldung

(1) Der Anmeldung sind in Ausfertigung oder öffentlich beglaubigter Abschrift oder, soweit sie nicht notariell zu beurkunden sind, in Urschrift oder Abschrift der Verschmelzungsvertrag, die Niederschriften der Verschmelzungsbeschlüsse, die nach diesem Gesetz erforderlichen Zustimmungserklärungen einzelner Anteilsinhaber einschließlich der Zustimmungserklärungen nicht erschienener Anteilsinhaber, der Verschmelzungsbericht, der Prüfungsbericht oder die Verzichtserklärungen nach § 8 Abs. 3, § 9 Abs. 3, § 12 Abs. 3, § 54 Abs. 1 Satz 3 oder § 68 Abs. 1 Satz 3, ein Nachweis über die rechtzeitige Zuleitung des Verschmelzungsvertrages oder seines Entwurfs an den zuständigen Betriebsrat beizufügen.

(2) [1]Der Anmeldung zum Register des Sitzes jedes der übertragenden Rechtsträger ist ferner eine Bilanz dieses Rechtsträgers beizufügen (Schlußbilanz). [2]Für diese Bilanz gelten die Vorschriften über die Jahresbilanz und deren Prüfung entsprechend. [3]Sie braucht nicht bekanntgemacht zu werden. [4]Das Registergericht darf die Verschmelzung nur eintragen, wenn die Bilanz auf einen höchstens acht Monate vor der Anmeldung liegenden Stichtag aufgestellt worden ist.

Literatur:

Bartovics, Die Ausschlußfrist gemäß § 17 Abs. 2 UmwG, GmbHR 1996, 514; *Berger*, Fristwahrung durch notarielles Faxschreiben – Nachreichen der Verschmelzungsbilanz, NotBZ 2003, 78; *Germann*, Die Acht-Monats-Frist für die Einreichung der Schlussbilanz nach Verschmelzung und ihre

129 *Fackelmann*, Notarkosten, Rn 881.
130 *Fackelmann*, Notarkosten, Rn 881.
131 Vgl hierzu auch die Begründung des Regierungsentwurfs zum GNotKG, BR-Drucks. 517/12 S. 269.
132 Vgl insoweit die Begründung des Regierungsentwurfs zum GNotKG, BR-Drucks. 517/12 S. 269 (Begründung zu § 106 GNotKG).
133 So zutreffend *Fackelmann*, Notarkosten, Rn 880; vgl hierzu auch die Begründung des Regierungsentwurfs zum GNotKG, BR-Drucks. 517/12 S. 277 (Begründung zu § 111 GNotKG).
134 Vgl hierzu auch *Schwedhelm*, Unternehmensumwandlung, Rn 1101.

Bedeutung für die Praxis, GmbHR 1999, 591; *Leuering*, Die umwandlungsrechtliche Schlussbilanz, NJW-Spezial 2010, 719 f; *Melchior*, Die Beteiligung von Betriebsräten an Umwandlungsvorgängen aus Sicht des Handelsregisters, GmbHR 1996, 883; *ders.*, Vollmachten bei Umwandlungsvorgängen – Vertretungshindernisse und Interessenkollisionen, GmbHR 1999, 520; *Stohlmeier*, Zuleitung der Umwandlungsdokumentation und Einhaltung der Monatsfrist: Verzicht des Betriebsrates?, BB 1999, 1394; *Weiler*, Fehlerkorrektur im Umwandlungsrecht nach Ablauf der Acht-Monats-Frist des § 17 Abs. 2 Satz 4 UmwG, zugleich Anmerkung zum Beschluss des OLG Hamm vom 19.12.2005 – 15 W 377/05, MittBayNot 2006, 377; *ders.*, Heilung einer verfristeten Umwandlung durch Änderung des Umwandlungsstichtages – Anmerkungen zum Beschl. des OLG Schleswig v. 11.4.2007 – 2 W 58/07.

I. Zweck der Norm

1 Der Regelungsinhalt der Norm gliedert sich in zwei Absätze, wobei Abs. 1 dem unmittelbaren Handelsregisterverfahrensrecht zuzuordnen ist und relativ detailliert die zusammen mit der Anmeldung eines Verschmelzungsvorgangs einzureichenden Anlagen bestimmt, während der ebenfalls verfahrensrechtliche Abs. 2 durch die Festlegung der Ausschlussfrist für die einzureichende Verschmelzungsbilanz in der Praxis materiellrechtliche Bedeutung erlangt, da bei unzulässiger Fristüberschreitung ein Wirksamwerden des jeweiligen Verschmelzungsvorgangs durch konstitutive Handelsregistereintragung verhindert wird.

2 Die Norm verfolgt hinsichtlich der an die zu verwendende und einzureichende Bilanz gestellten inhaltlichen und zeitlichen Anforderungen im Wesentlichen zwei Zwecke. Einerseits ist dies der Gläubigerschutz in der Weise, dass die Gläubiger der übertragenden Gesellschaft die wirtschaftliche Situation der Gesellschaft auf Basis der Schlussbilanz zeitnah prüfen können.[1] Andererseits soll die Bilanz des übertragenden Rechtsträgers auch zur Prüfung der Werthaltigkeit einer etwa bei dem aufnehmenden Rechtsträger durchzuführenden Kapitalerhöhung zum Zwecke der Verschmelzung[2] herangezogen werden können.[3] Im Gegensatz zu dem UmwG 1969 ist die Vorschrift zwingend und nicht lediglich eine **„Soll"-Regelung.**[4]

II. Notwendige Anlagen (Abs. 1)

3 Die Frage, welche notwendigen Anlagen gemäß Abs. 1 der Vorschrift der Handelsregisteranmeldung beizufügen sind, hängt davon ab, ob es sich um eine Verschmelzung zur Aufnahme durch einen bereits bestehenden Rechtsträger oder um eine Verschmelzung zur Neugründung (mindestens zwei bestehende Rechtsträger verschmelzen auf einen im Zuge des Verschmelzungsvorgangs neu zu gründenden Rechtsträger handelt. Bei der Verschmelzung zur Aufnahme hängt dies weiterhin auch davon, ob diese mit oder ohne Kapitalerhöhung bei der aufnehmenden Gesellschaft durchgeführt werden soll.

4 In der Grundkonstellation, der Verschmelzung eines Rechtsträgers auf einen anderen Rechtsträger zur Aufnahme sind in der Form des § 12 Abs. 2 S. 2 HGB die folgenden Dokumente als

1 Vgl *Germann*, GmbHR 1999, 591, 592.
2 Gemäß §§ 55, 69 UmwG.
3 Vgl *Germann*, GmbHR 1999, 591, 592.
4 Schmitt/Hörtnagl/Stratz/*Hörtnagl*, § 17 Rn 3.

Anlage zur Handelsregisteranmeldung elektronisch über das **„Elektronische Gerichts- und Verwaltungspostfach“** (EGVP)[5] einzureichen:[6]

- Verschmelzungsvertrag, ggfs. mit Vertretungsnachweis bezüglich der bei dem Vertragsschluss Handelnden (wird bei Vertragsschluss auf der Grundlage einer Vollmacht gehandelt, ist auch der Nachweis der Vertretungsbefugnis des Vollmachtgebers erforderlich)
- Verschmelzungsbeschlüsse aller beteiligten Rechtsträger
- erforderliche Zustimmungserklärungen einzelner Anteilsinhaber einschließlich der nicht erschienenen Anteilsinhaber
- Verschmelzungsbericht und Prüfungsbericht, sofern nicht darauf verzichtet wurde
- ggfs. Verzichtserklärungen bezüglich Bericht und Prüfung gemäß §§ 8 Abs. 3, 9 Abs. 3, 12 Abs. 3
- Verzichtserklärungen betreffend den Verzicht auf Klage gegen die Wirksamkeit der Beschlüsse gemäß § 16 Abs. 2
- Verzichtserklärungen gemäß §§ 54 Abs. 1 S. 3, 68 Abs. 1 S. 3, sofern ein Verzicht auf die Gewährung von Anteilen bei dem übernehmenden Rechtsträger vorliegt[7]
- Nachweis über die rechtzeitige Zuleitung des Verschmelzungsvertrages oder seines Entwurfs an den zuständigen Betriebsrat[8]
- soweit die Verschmelzung staatlicher Genehmigung bedarf (zB aufgrund kartellrechtlicher Vorschriften), die Genehmigungsurkunde
- bei der Verschmelzung zur Neugründung alle die Neugründung betreffenden Unterlagen[9]
- bei einer Verschmelzung mit Kapitalerhöhung neben den die entsprechende Beschlussfassung dokumentierenden Urkunden auch solche Unterlagen, welche die Werthaltigkeit der Kapitalerhöhung dokumentieren

5 Hinsichtlich des – sofern kein wirksamer Verzicht vorliegt – zu erstattenden **Verschmelzungsberichtes** (gemäß § 8 UmwG) ist umstritten, wer diesen in schriftlicher Form zu erstatten hat. Nach einer Ansicht ist dieser von sämtlichen Mitgliedern des Vertretungsorgans zu unterzeichnen,[10] dies auch vor dem Hintergrund, dass es sich um eine Erklärung über Tatsachen aus dem Wissen der Organmitglieder heraus handelt.[11] Der BGH hat sich in einer Entscheidung zur Weiterführung der Anfechtungsklage nach Eintragung einer Verschmelzung mit Kapitalerhöhung auch zur Frage der Erstattung des Verschmelzungsberichts gemäß § 8 geäußert und ist zu dem Ergebnis gekommen, dass eine Unterzeichnung durch die Organmitglieder in vertretungsberechtigter Anzahl ausreiche, weil die Gefahr einer Manipulation ausgeschlossen werden könne.[12] Die Auffassung des BGH vermag insoweit nicht zu überzeugen, da dies zur Folge hätte, dass bei höchstpersönlich abzugebenden Wissenserklärungen letztlich eine Stellvertretung zulässig wäre. Dies ist aber mit dem Grundsatz der hier gegebenen individuellen Verantwortlichkeit der einzelnen Organmitglieder unvereinbar.

Hinweis zur Erstattung des Verschmelzungsberichtes durch die Organmitglieder: Auch wenn nach der Rechtsprechung des BGH eine Unterzeichnung des als Anlage zur Handelsregisteranmeldung gemäß § 17 Abs. 1 einzureichenden Verschmelzungsberichtes durch Organmitglieder

5 Die Pflicht zur elektronischen Einreichung wurde durch das „Gesetz über elektronische Handelsregister und Genossenschaftsregister sowie das Unternehmensregister“ v. 10.11.2006 (EHUG) – BGBl. I S. 2553 – durch entsprechende Änderung des § 12 HGB eingeführt, wobei die einzureichenden Urkunden oder öffentlich-beglaubigte Abschriften davon eines elektronischen Zeugnisses gemäß § 39 a BeurkG bedürfen; vgl hierzu auch Semler/Stengel/*Schwanna*, § 17 Rn 1 ff.

6 Vgl hierzu etwa die Auflistungen bei Kallmeyer/*Zimmermann*, § 17 Rn 2 f; für den Standardfall der Verschmelzung einer GmbH auf eine andere GmbH *Schwedhelm*, Unternehmensumwandlung, Rn 1060.

7 Vgl hierzu auch Kallmeyer/*Zimmermann*, § 17 Rn 2.

8 Sofern ein Betriebsrat vorhanden ist; dies ist für jeden beteiligten Rechtsträger gesondert zu prüfen. Ist kein Betriebsrat vorhanden, muss insoweit in der Anmeldung diesbezüglich eine „Negativerklärung“ abgegeben werden; vgl hierzu auch Kallmeyer/*Zimmermann*, § 17 Rn 3.

9 Vgl hierzu etwa Kallmeyer/*Zimmermann*, § 17 Rn 6.

10 Kallmeyer/*Zimmermann*, § 17 Rn 3; zum Streitstand s. ausführlich Maulbetsch/Klumpp/Rose/*Schäffler*, § 8 Rn 7 ff.

11 Maulbetsch/Klumpp/Rose/*Schäffler*, § 8 Rn 8; vgl *Melchior*, GmbHR 1999, 520.

12 BGH NJW-RR 2007, 1409, 1411.

in vertretungsberechtigter Anzahl ausreichen soll, ist es für die Beratungspraxis zu empfehlen, auf eine Unterzeichnung des Berichts durch sämtliche Organmitglieder hinzuwirken, da sonst möglicherweise eine Zurückweisung der Anmeldung durch das Registergericht riskiert wird, welche den Gesamtvorgang wegen der Acht-Monats-Frist des Abs. 2 in Gefahr bringen kann.[13]

Fehlt der Verschmelzungsbericht und wurde nicht auf dessen Erstattung wirksam verzichtet, so hat das Registergericht die Anmeldung zurückzuweisen.[14]

6 Das Erfordernis, eine ordnungsgemäße **Beteiligung des Betriebsrats** im Rahmen der Handelsregisteranmeldung nachzuweisen, trägt Elemente des kollektiven Arbeitsrechts in das Handelsregisterverfahren hinein. So ist im Rahmen der Handelsregisteranmeldung die ordnungsgemäße und fristgerechte Zuleitung des Verschmelzungsvertrages oder seines Entwurfs durch Vorlage einer datierten Empfangsquittung[15] seitens des Betriebsrates einzureichen.[16] Aus den Anmeldeunterlagen muss sich ergeben, ob ein Betriebsrat besteht oder nicht, da das Registergericht sonst eine notwendige Beteiligung nicht prüfen kann.[17] Die Behauptung, ein an der Verschmelzung beteiligter Rechtsträger habe keinen Betriebsrat, unterliegt grundsätzlich der Nachprüfung durch das Registergericht.[18] Hierbei ist zu berücksichtigen, dass das Gericht auf der Grundlage des § 27 FamFG[19] zunächst mangels Vorliegens anderer Anhaltspunkte von der Richtigkeit des Sachvortrages der Verfahrensbeteiligten ausgehen darf und muss. Bestehen allerdings Anhaltspunkte für Zweifel hieran, so ist der Sachverhalt im Rahmen der Amtsaufklärungspflicht gemäß § 26 FamFG umfassend zu ermitteln.

7 Die **Schlussbilanz** des oder der übertragenden Rechtsträgers muss grundsätzlich nur bei dessen Anmeldung als Anlage beigefügt werden.[20] Soll sie aber zugleich als Nachweis der Werthaltigkeit einer bei dem Zielrechtsträger durchzuführenden Kapitalerhöhung dienen, ist sie auch der Anmeldung bei der aufnehmenden Gesellschaft (= Zielrechtsträger) beizufügen.[21]

8 Die notariellen Urkunden bezüglich des Vertragsschlusses und der Zustimmungsbeschlüsse der beteiligten Rechtsträger sind in der **Form** gemäß § 39 a BeurkG, § 12 Abs. 2 HGB einzureichen.

Hinweis zur Beurkundung von Beschlüssen „kleiner Aktiengesellschaften": Eine in der Praxis gerade bei der notariellen Beurkundung der Hauptversammlungen „kleiner" Aktiengesellschaften manchmal zu beobachtende „Falle" ist die Beurkundungsform des § 130 AktG bei der Hauptversammlung mit einem überschaubaren und vollständig erschienenen Aktionärskreis. Da die abzugebenden Verzichtserklärungen gemäß § 54 Abs. 1 S. 3 UmwG Willenserklärungen sind, reicht die Beurkundungsform des § 130 AktG für die Erfüllung des bestehenden zwingenden Formerfordernisses nicht aus, so dass bei Bedarf in die für die Beurkundung von Willenserklärungen vorgeschriebene Beurkundungsform gewechselt werden muss. Beurkundungsrechtlich und „technisch" nicht unproblematisch ist dabei der Wechsel der Beurkundungsform innerhalb einer notariellen Urkunde. Weniger kompliziert erscheint insoweit die Errichtung einer separaten Urkunde.

III. Bilanzerfordernis

9 Abs. 2 normiert das Erfordernis, der Anmeldung zum Register des oder der übertragenden Rechtsträger/s eine auf einen höchstens acht Monate vor der Anmeldung liegenden Stichtag

13 Vgl zur Zurückweisung der Anmeldung bei Fehlen von Unterlagen gemäß Abs. 1 Maulbetsch/Klumpp/Rose/*Schäffler*, § 17 Rn 7.

14 OLG Bamberg NZG 2012, 1269 ff.

15 Vgl hierzu *Melchior*, GmbHR 1996, 833, 834; Kallmeyer/*Zimmermann*, § 17 Rn 3.

16 Zum Dokumentationserfordernis bezüglich der Betriebsratszuleitung, ggfs. mit einer Erklärung zum möglichen Verzicht auf die Einhaltung der Monatsfrist (die im Gegensatz zur Zuleitung als solcher verzichtbar ist) vgl *Stohlmeier*, BB 1998, 1394 ff; vgl hierzu auch KölnKomm-UmwG/*Simon*, § 17 Rn 19.

17 *Melchior*, GmbHR 1996, 833, 834.

18 AG Duisburg, GmbHR 1996, 372.

19 Dies betrifft den im Rahmen der obligatorischen Mitwirkung der Beteiligten erfolgenden Sachvortrag.

20 So der Wortlaut des § 17 Abs. 2 S. 1.

21 S. hierzu die Kommentierung zu Abs. 2.

aufgestellte **Schlussbilanz** beizufügen. Die Bilanz muss wirksam errichtet und von dem dazu berufenen Vertretungsorgan der Gesellschaft unterzeichnet sein.

10 Die nach Abs. 2 geforderte Bilanz ist von Wesen und Struktur her eine nach Maßgabe der handelsrechtlichen Vorgaben zu erstellende Bilanz gemäß §§ 242 ff, 264 HGB.[22] Einzureichen ist lediglich die „Bilanz" als solche, nicht etwa ein Jahresabschluss gemäß §§ 264 Abs. 1, 242 Abs. 3 HGB,[23] oder eine Gewinn- und Verlustrechnung,[24] es sei denn, der übertragende Rechtsträger ist aus anderen Gründen dazu verpflichtet. Die überobligatorische Verwendung des Jahresabschlusses ist jedoch unschädlich.[25]

11 Der für Aktiengesellschaften geltende § 63 Abs. 1 Nr. 3, Abs. 2 ist auf die Verschmelzung von Gesellschaften mit beschränkter Haftung untereinander nicht anwendbar.[26]

12 Gerade im Bereich der **Verschmelzungen innerhalb eines Konzerns**, wenn nicht mit einer Opposition seitens der Gesellschafter bzw Aktionäre zu rechnen ist bzw bei einem kleinen, überschaubaren Gesellschafterkreis oder gar Mutter-Tochter-Strukturen innerhalb eines Konzerns ist es aus Gründen der Beschleunigung des Verfahrens bis zur Handelsregistereintragung geboten, seitens der Gesellschafter der beteiligten Rechtsträger zunächst auf einen Verschmelzungsbericht (vgl § 8 Abs. 3 UmwG) und auf eine Prüfung der Verschmelzung durch eine/n Verschmelzungsprüfer/in (vgl § 9 Abs. 3 UmwG) zu verzichten. Soll eine Verschmelzung ohne Kapitalerhöhung bei der aufnehmenden Gesellschaft erfolgen, ist in diesem Fall eine Verzichtserklärung nach § 54 Abs. 1 S. 3 UmwG erforderlich.

IV. Bilanzstichtag und Überschreitung der Bilanzfrist

13 Verschiedene, für die Praxis bedeutsame Fragestellungen ergeben sich in Zusammenhang mit dem Bilanzstichtag gemäß Abs. 2 S. 4.

14 **1. Normzweck der Acht-Monats-Frist.** Die Bilanzfrist gemäß Abs. 2 S. 4 verfolgt einerseits den **Gläubigerschutz** dahin gehend, dass die Gläubiger prüfen können, ob sie von ihrem Anspruch auf Sicherheitsleistung gemäß § 22 Gebrauch machen wollen oder nicht, was eine noch nicht überholte bilanzielle Abbildung der wirtschaftlichen Situation der Gesellschaft voraussetzt.[27] Andererseits erfüllt die Schlussbilanz den weiteren Zweck, die **Kapitalaufbringung** bei dem aufnehmenden Rechtsträger zu **prüfen**, sofern diese gemäß §§ 55, 69 UmwG stattfindet; dabei fungiert die Bilanz gewissermaßen als Werthaltigkeitsmaßstab.[28]

15 **2. Bilanzstichtag und Fristberechnung.** Bei der im Rahmen des Abs. 2 verwendeten Bilanz wird aus Kostengründen üblicherweise – auch wenn dies nicht zwingend ist –[29] regelmäßig auf die **letzte Jahresbilanz** der Gesellschaft zurückgegriffen, deren Stichtag regelmäßig der 31.12. des Vorjahres ist, sofern das Geschäftsjahr dem Kalenderjahr entspricht; als Verschmelzungsstichtag wird dann regelmäßig der 1.1. des nachfolgenden Kalenderjahres gewählt. Diese Konstellation ist die Ursache dafür, dass in der Praxis kurz vor dem Ende der acht-Monats-Frist, also zum Ende des Monats August hin eine Vielzahl von Verschmelzungsvorgängen notariell zu beurkunden sind, die dann häufig kurz vor Fristablauf bei den Registergerichten eingereicht werden. Nicht zuletzt aus diesem Grund ist eine exakte Berechnung der acht-Monats-Frist gemäß § 17 Abs. 2 UmwG für die Praxis oftmals von großer Bedeutung, da die Frist erfahrungsgemäß von den Beteiligten „bis zum letzten Tag" ausgereizt wird.

22 LG Dresden GmbHR 1998, 1086; Schmitt/Hörtnagl/Stratz/*Hörtnagl*, § 17 Rn 9.
23 Schmitt/Hörtnagl/Stratz/*Hörtnagl*, § 17 Rn 14; Lutter/*Bork*, § 17 Rn 5.
24 Lutter/*Bork*, § 17 Rn 5.
25 Schmitt/Hörtnagl/Stratz/*Hörtnagl*, § 17 Rn 14; vgl Kallmeyer/*Müller*, § 17 Rn 18.
26 OLG Frankfurt GmbHR 2006, 382 f = DStZ 2006, 316.
27 Germann, GmbHR 1999, 591, 592.
28 Germann, GmbHR 1999, 591, 592.
29 Vgl hierzu etwa Schmitt/Hörtnagl/Stratz/*Hörtnagl* § 17 Rn 36 mwN.

Da es sich bei der Frist des Abs. 2 S. 4 um eine **Ausschlussfrist** handelt, berechnet sich diese nach den §§ 186 ff BGB.[30] Das Ereignis, welches die Frist auslöst, ist der Eingang der Anmeldung bei dem Registergericht.[31] Daraus folgt, dass es bei der insoweit vorzunehmenden „rückwärtigen Berechnung" der Frist auf den letzten Tag des jeweiligen Monats ankommt.[32] Wird die auf den 31.12. festgestellte Jahresbilanz verwendet, endet die Ausschlussfrist – insoweit unproblematisch – am 31.8. des Folgejahres. Findet hingegen eine auf den 28.2. aufgestellte Bilanz im Rahmen des Abs. 2 als Schlussbilanz Verwendung, so ist umstritten, ob die acht-Monats-Frist am 28.10. oder erst am 31.10. endet. Das OLG Köln[33] hat hierzu die Ansicht vertreten, es komme auf den Tag an, dessen Bezeichnung dem Aufstellungstag der Bilanz entspricht, im vorliegenden Beispiel wäre das demnach der 28.2. Diese Ansicht ist in der Literatur auf Kritik gestoßen.[34] Dies zu Recht, da das OLG Köln in der genannten Entscheidung offensichtlich von einer vorwärts und nicht von einer rückwärts zu berechnenden Frist ausgegangen ist.[35] Da keine andere obergerichtliche oder gar höchstrichterliche Judikatur zu dieser Frage vorliegt, verbleibt in der Praxis lediglich eine klärende Kontaktaufnahme mit dem zur Entscheidung berufenen Registergericht.[36] 16

Die **Bilanz des übertragenden Rechtsträgers** muss nicht innerhalb der acht-Monats-Frist bei dem Registergericht des übernehmenden Rechtsträgers vorliegen, weil das für den übernehmenden Rechtsträger zuständige Gericht insoweit keine Prüfungsbefugnis hat.[37] In diesem Fall dient die Bilanz dem Registergericht des übernehmenden Rechtsträgers lediglich zur Prüfung der Werthaltigkeit einer etwaigen Kapitalerhöhung zum Zwecke der Verschmelzung und unterfällt damit von vornherein nicht der Ausschlussfrist des Abs. 2 S. 4. 17

Eine Überschreitung der Frist des Abs. 2 S. 4 dadurch, dass bei einer **„Kettenverschmelzung"** die Wirksamkeit des konkret anzumeldenden Verschmelzungsvorgangs noch unter der aufschiebenden Bedingung eines zeitlich prioritären anderen Umwandlungsvorgans steht und ein Eintragungseintrag erst nach Vollzug der prioritären Anmeldung, jedoch nach Ablauf der 8-Monats-Frist wirksam gestellt werden könnte, steht dem Vorliegen einer fristwahrenden Anmeldung iSd Abs. 2 jedoch nicht entgegen,[38] so dass sich das bei einer Kettenverschmelzung notwendige Vorgehen nicht zulasten der Beteiligten auswirken wird. 18

3. Fristüberschreitung. In der Praxis stellt sich oftmals die Frage, in welchen Konstellationen die Ausschlussfrist des Abs. 2 noch als gewahrt anzusehen ist, obwohl zum Fristablauf keine vollzugsreife, mit allen notwendigen Anlagen und einer ordnungsgemäß aufgestellten Schlussbilanz eingereichte Handelsregisteranmeldung vorliegt und welches die jeweiligen Fehlerfolgen sind. 19

Nach einer vor einiger Zeit vertretenen strengen Auffassung[39] muss die Bilanz zusammen mit der Handelsregisteranmeldung bei Ablauf der Ausschlussfrist gemäß Abs. 2 S. 4 dem Registergericht vorliegen. Nach heute nahezu ganz hM ist es nicht erforderlich, dass die Bilanz des 20

30 Lutter/*Bork*, § 17 Rn 6; Schmitt/Hörtnagl/Stratz/*Hörtnagl* § 17 Rn 43; Semler/Stengel/*Schwanna*, § 17 Rn 17; Kallmeyer/*Müller*, § 17 Rn 24.
31 Semler/Stengel/*Schwanna*, § 17 Rn 17; KölnKomm-UmwG/*Simon* § 17 Rn 40 f.
32 Semler/Stengel/*Schwanna*, § 17 Rn 17; im Ergebnis ebenso Schmitt/Hörtnagl/Stratz/*Hörtnagl* § 17 Rn 43; KölnKomm-UmwG/*Simon*, § 17 Rn 38 ff.
33 OLG Köln GmbHR 1998, 1085.
34 Semler/Stengel/*Schwanna*, § 17 Rn 17; KölnKomm-UmwG/*Simon*, § 17 Rn 40; dem OLG Köln folgend jedoch Schmitt/Hörtnagl/*Hörtnagl* § 17 Rn 43.
35 Ebenso die Annahme von KölnKomm-UmwG/*Simon*, § 17 Rn 40.
36 So auch die Empfehlung für die Praxis bei Semler/Stengel/*Schwanna*, § 17 Rn 17Fn 79.
37 So zutreffend *Bartovics*, GmbHR 1996, 514, 515.
38 OLG Hamm GmbHR 2006, 255 ff = NotBZ 2006, 400 ff.
39 KG GmbHR 1998, 1230, welches auf die Eintragungsreife bei Fristablauf abstellt; iEbezüglich der Bilanzvorlage ebenso *Germann*, GmbHR 1999, 591, 593, der aber zur Fristwahrung bezüglich der Anmeldung nicht verlangen will, dass die Anmeldung bereits eine ohne Nachreichung weiterer Unterlagen gegebene Vollzugsreife erlangt hat.

übertragenden Rechtsträgers bei Ablauf der Ausschlussfrist dem Registergericht vorliegt.[40] Unstreitig muss zum Fristablauf eine **Handelsregisteranmeldung des jeweiligen Verschmelzungsvorgangs** eingegangen sein, der auch als „Mindestanlage" der Vertrag und die Verschmelzungsbeschlüsse der beteiligten Rechtsträger beigefügt sein müssen.[41] Auch die Anmeldung bei einem unzuständigen Gericht soll fristwahrend sein, sofern die Sache dann an das zuständige Registergericht abgegeben wird.[42] Bezüglich der Schlussbilanz ist nach der hM, die sich dazu inzwischen herausgebildet hat, erforderlich, dass diese zeitlich vor Ablauf der acht-Monats-Frist bereits aufgestellt worden war, und – ggfs. auf eine Zwischenverfügung des Registergerichts hin – zeitnah nach der Anmeldung nachgereicht wird.[43] Wichtigste Voraussetzung für die Zulässigkeit einer solchen Nachreichung (unabhängig davon, ob diese auf eine evtl Zwischenverfügung des Registergerichts hin oder unaufgefordert erfolgt) ist dabei aber, dass die Bilanz zum Zeitpunkt des Fristablaufs bereits wirksam errichtet worden war.[44] Dann ist regelmäßig auch eine kurzfristige Nachreichung zur Fristwahrung unproblematisch; dies auch vor dem Hintergrund, dass die Schlussbilanz des übertragenden Rechtsträgers nicht schon bei der Beschlussfassung über die Zustimmung des Verschmelzungsvertrages vorgelegen haben muss.[45] Zu weit gehend ist insoweit aber die Ansicht, zur Fristwahrung sei die Einreichung einer bloßen „Rumpfanmeldung" ausreichend und die Nachreichung der Bilanz könne der registergerichtlichen Zwischenverfügung mit notfalls nochmals zu verlängernder Erledigungsfrist unterstellt werden.[46] Es wird im Rahmen der Amtsaufklärung des Sachverhalts gemäß § 26 FamFG dem Registergericht kaum plausibel erscheinen, dass die Schlussbilanz zwar zum Zeitpunkt des Fristablaufs bereits wirksam aufgestellt und damit in der erforderlichen Form vorhanden war, eine Nachreichung aber mehrere Wochen in Anspruch nehmen soll. Eine erst nach dem Ablauf der Frist gemäß Abs. 2 S. 4 aufgestellte Bilanz kann die Voraussetzungen des § 17 Abs. 2 UmwG im Ergebnis in keinem Fall erfüllen.

21 Nimmt das Registergericht trotz unzulässiger Überschreitung der Ausschlussfrist gemäß Abs. 2 S. 4 die konstitutive Handelsregistereintragung vor, hat diese Eintragung im Hinblick auf § 20 Abs. 2 UmwG Bestandsschutz, der bestehende Mangel wird durch die Handelsregistereintragung geheilt.

V. Bilanzprüfung

22 Gemäß Abs. 2 S. 2 gelten die Vorschriften über die Jahresbilanz und deren Prüfung entsprechend. Daraus folgt, dass die Verwendung einer geprüften Bilanz nur dann erforderlich ist, wenn eine bilanzrechtliche Prüfungspflicht auch für den übertragenden Rechtsträger bestand.[47] Dies betrifft vor allem Kapitalgesellschaften, welche nicht das Privileg der §§ 267 Abs. 1, 316 HGB als „kleine Kapitalgesellschaft" genießen; zudem besteht auch eine Prüfungspflicht bei Genossenschaften, Kreditinstituten und Versicherungsunternehmen.[48] Bei Personengesellschaften und eingetragenen Vereinen können die für die Verschmelzung verwendeten Bilanzen prüfungspflichtig werden; es sind insoweit die §§ 1, 6 PublG zu beachten.[49] Legt lediglich der Ge-

40 OLG Jena NJW-RR 2003, 99 ff = NZG 2003, 43 ff; OLG Zweibrücken GmbHR 2003, 118; LG Frankfurt am Main NZG 1998, 269 f; jedoch Schmitt/Hörtnagl/*Hörtnagl* § 17 Rn 46 f; Kallmeyer/*Müller*, § 17 Rn 24; Lutter/*Bork*, § 17 Rn 6; Semler/Stengel/*Schwanna*, § 17 Rn 20; zum Streitstand vgl auch *Leuering*, NJW-Spezial 2010, 719 f und *Weiler*, DNotZ 2007, 888 ff; vgl *Berger*, NotBZ 2003, 78 ff.

41 So zutreffend Lutter/*Bork*, § 17 Rn 6; Kallmeyer/*Müller*, § 17 Rn 24; KölnKomm-UmwG-*Simon*, § 17 Rn 43 f.

42 Schmitt/Hörtnagl/Stratz/*Hörtnagl* § 17 Rn 48; Lutter/*Bork*, § 17 Rn 7.

43 So etwa Schmitt/Hörtnagl/*Hörtnagl* § 17 Rn 47 („... unverzüglich nach Eingang der Anmeldung ..."); ebenso Kallmeyer/*Müller*, § 17 Rn 24; Lutter/*Bork*, § 17 Rn 6; KölnKomm-UmwG/*Simon*, § 17 Rn 43 ff und die oben hierzu zitierte obergerichtliche Rechtsprechung.

44 Kallmeyer/*Müller*, § 17 Rn 24.

45 So eine zur Verschmelzung zweier Genossenschaften ergangene Entscheidung des LG Kassel, RPfleger 2007, 668 f.

46 KölnKomm-UmwG/*Simon*, § 17 Rn 44 f.

47 Kallmeyer/*Müller*, § 17 Rn 33; KölnKomm-UmwG/*Simon*, § 17 Rn 35.

48 S. hierzu etwa die Ausführungen bei Kallmeyer/*Müller*, § 17 Rn 33; Lutter/*Bork*, § 17 Rn 5; ausführlich hierzu Schmitt/Hörtnagl/Stratz/*Hörtnagl*, § 17 Rn 20.

49 Kallmeyer/*Müller*, § 17 Rn 33; KölnKomm-UmwG/*Simon*, § 17 Rn 35.

sellschaftsvertrag des übertragenden Rechtsträgers fest, dass für die Bilanz eine Prüfungspflicht besteht, so führt dies nicht dazu, dass auch die Verschmelzungsbilanz gemäß Abs. 2 prüfungspflichtig wird.[50]

Die **Qualifizierung etwaiger Prüfer** der Bilanz ergibt sich aus den für die Bilanzprüfung der jeweiligen Gesellschaftsform geltenden Vorschriften, etwa § 319 f HGB für den Bereich der Kapitalgesellschaften.[51] Einigen sich die Gesellschafter nicht auf einen bestimmten Prüfer, kommt demnach also nicht der zur Prüferbestellung erforderliche Gesellschafterbeschluss zustande, ist ein Antrag auf gerichtliche Prüferbestellung nach § 318 Abs. 4 HGB in Betracht zu ziehen.[52] 23

Bei einer prüfungspflichtigen Bilanz wird die Ansicht vertreten, dass es zur Wahrung der acht-Monats-Frist ausreichen soll, wenn die Bilanz fristgerecht vorgelegt wurde und die erforderliche Prüfung auf gerichtliche Zwischenverfügung hin nach Ablauf der acht-Monats-Frist nachgeholt wird.[53] Dies ist im Ergebnis als zu weit reichend abzulehnen. Es gibt keinen Grund dafür, eine prüfungspflichtige Bilanz hinsichtlich der **Fristwahrung** gemäß Abs. 2 S. 4 anders zu behandeln als eine nicht-prüfungspflichtige Bilanz. Besteht infolge der Größe der Gesellschaft oder durch besondere gesetzliche Anordnung eine Prüfungspflicht, erstreckt sich der Schutzzweck des Abs. 2 S. 4 auch auf das „Qualitätsmerkmal" einer durchgeführten Prüfung mit Vorlage der geprüften Bilanz. 24

VI. Bilanz bei Spaltungsvorgängen

Teilweise wird diskutiert, ob bei Spaltungsvorgängen, vor allem in den Fallgruppen der Abspaltung oder Ausgliederung eine Teilschlussbilanz oder eine Gesamtbilanz erforderlich ist.[54] Nicht überzeugend ist insoweit allerdings der Ansatz, die Vorlage lediglich einer Teilbilanz jedenfalls dann ausreichen zu lassen, wenn nur ein „unwesentlicher Vermögensteil" seitens des übertragenden Rechtsträgers übergehen soll.[55] Insoweit erscheint der Begriff „unwesentlich" zu unscharf und das Bedürfnis des Rechtsverkehrs an einem noch als zeitnah zu charakterisierenden Bild der Gesamt-Vermögenssituation auch vor dem Hintergrund der Entscheidung, nach § 22 Sicherheit verlangen zu wollen kann hierdurch nicht in der erforderlichen Weise befriedigt werden. Auch das Argument, die Erstellung einer Gesamtbilanz würde in dieser Konstellation einen unverhältnismäßigen Aufwand nach sich ziehen,[56] vermag insoweit nicht zu überzeugen. Ausreichend iSd Abs. 2 ist in jedem Fall eine Gesamtbilanz,[57] wobei es den Vertragspartnern unbenommen bleibt, zusätzlich dazu eine Spaltungsbilanz zu erstellen und als Anlage der Handelsregisteranmeldung beizufügen.[58] Eine solche „fakultative Spaltungsbilanz" kann aber nicht die Notwendigkeit, im Spaltungsvertrag selbst die übergehenden Vermögensteile zu beschreiben, ersetzen.[59] 25

Bei einer Ausgliederung zur Neugründung ist es nicht erforderlich, fristwahrend (Abs. 2 S. 4) der Anmeldung des neuen Rechtsträgers eine Schlussbilanz des übertragenden Rechtsträgers beizufügen.[60] Insoweit ist die Anmeldung des neuen Rechtsträgers nicht abweichend von der Anmeldung des aufnehmenden Rechtsträgers zu behandeln. 26

50 Schmitt/Hörtnagl/Stratz/*Hörtnagl*, § 17 Rn 20.
51 Kallmeyer/*Müller*, § 17 Rn 34; KölnKomm-UmwG/*Simon*, § 17 Rn 35.
52 Kallmeyer/*Müller*, § 17 Rn 35; KölnKomm-UmwG/*Simon*, § 17 Rn 35.
53 Kallmeyer/*Müller*, § 17 Rn 36.
54 Zur Diskussion vgl die Darstellung bei Schmitt/Hörtnagl/Stratz/*Hörtnagl*, § 17 Rn 50.
55 So aber Semler/Stengel/*Schwanna*, § 17 Rn 23.
56 Semler/Stengel/*Schwanna*, § 17 Rn 23.
57 Schmitt/Hörtnagl/*Hörtnagl*, § 17 Rn 51.
58 Schmitt/Hörtnagl/*Hörtnagl*, § 17 Rn 52.
59 Schmitt/Hörtnagl/*Hörtnagl*, § 17 Rn 52.
60 BayObLG NJW-RR 1999, 833 = GmbHR 1999, 295.

§ 18 Firma oder Name des übernehmenden Rechtsträgers

(1) Der übernehmende Rechtsträger darf die Firma eines der übertragenden Rechtsträger, dessen Handelsgeschäft er durch die Verschmelzung erwirbt, mit oder ohne Beifügung eines das Nachfolgeverhältnis andeutenden Zusatzes fortführen.

(2) Ist an einem der übertragenden Rechtsträger eine natürliche Person beteiligt, die an dem übernehmenden Rechtsträger nicht beteiligt wird, so darf der übernehmende Rechtsträger den Namen dieses Anteilsinhabers nur dann in der nach Absatz 1 fortgeführten oder in der neu gebildeten Firma verwenden, wenn der betroffene Anteilsinhaber oder dessen Erben ausdrücklich in die Verwendung einwilligen.

(3) [1]Ist eine Partnerschaftsgesellschaft an der Verschmelzung beteiligt, gelten für die Fortführung der Firma oder des Namens die Absätze 1 und 2 entsprechend. [2]Eine Firma darf als Name einer Partnerschaftsgesellschaft nur unter den Voraussetzungen des § 2 Abs. 1 des Partnerschaftsgesellschaftsgesetzes fortgeführt werden. [3]§ 1 Abs. 3 und § 11 des Partnerschaftsgesellschaftsgesetzes sind entsprechend anzuwenden.

Literatur:

Limmer, Firmenrecht und Umwandlung nach dem Handelsrechtsreformgesetz, NotBZ 2000, 101.

I. Normzweck

1 Die Vorschrift enthält Regelungen zur Firmenbildung bei dem übernehmenden Rechtsträger bei Verschmelzungsvorgängen. Es handelt sich insoweit um Spezialregelungen, welche den allgemeinen firmenrechtlichen Regelungen des § 18 HGB vorgehen. Der firmenrechtliche Regelungsbedarf bei Verschmelzungsvorgängen besteht vor allem deshalb, weil im Rahmen der Rechtsfolge des § 20 Abs. 1 Ziffer 2 mit dem (jeweils) übertragenden Rechtsträger auch dessen Firma erlischt.[1]

2 Abs. 3 enthält Spezialregelungen für den Fall, dass eine Partnerschaftsgesellschaft übernehmender Rechtsträger[2] ist und trägt damit den in firmenrechtlicher Hinsicht zu beachtenden Besonderheiten der PartGG Rechnung.[3]

II. Grundsätze der Firmenbildung bei dem übernehmenden Rechtsträger

3 Abs. 1 der Vorschrift beinhaltet Regelungen zur Firmenbildung bei dem übernehmenden Rechtsträger. Danach ist ein übernehmender Rechtsträger – sofern dieser nach den handelsrechtlichen Vorschriften eine Firma[4] führen darf,[5] berechtigt, die Firma des oder eines der übertragenden Rechtsträger weiter zu führen, wobei es frei gestellt ist, ob dies unter Verwendung eine Nachfolgezusatzes[6] geschehen soll oder nicht.

4 Da die Firma des bzw eines übertragenden Rechtsträgers nicht isoliert als „immaterielles Rechtsgut"[7] auf den aufnehmenden Rechtsträger übergeht, setzt die **Firmenfortführung** gemäß Abs. 1 voraus, dass mit der Verschmelzung zugleich auch das Handelsgeschäft des übertragen-

1 Semler/Stengel/*Schwanna*, § 18 Rn 2 mwN.
2 Für eine Partnerschaftsgesellschaft als übertragender Rechtsträger ergeben sich insoweit keine Besonderheiten, vgl hierzu auch Schmitt/Hörtnagl/Stratz/*Stratz*, § 18 Rn 6.
3 Semler/Stengel/*Schwanna*, § 18 Rn 1; Schmitt/Hörtnagl/Stratz/*Stratz*, § 18 Rn 6.
4 Vgl § 17 HGB.
5 Kallmeyer/*Marsch-Barner*, § 18 Rn 3; Lutter/*Bork*, § 18 Rn 3.
6 Hier wird die Begrifflichkeit gemäß § 22 Abs. 1 HGB wieder aufgegriffen.
7 Semler/Stengel/*Schwanna*, § 18 Rn 2 Fn 6.

den Rechtsträgers erworben wird.[8] Durch die Rechtswirkungen des § 20 Abs. 1 Nr. 1 wird ein Handelsgeschäft des übertragenden Rechtsträgers stets durch eine Verschmelzung seitens des aufnehmenden Rechtsträgers erworben.[9] Insofern werden demnach die firmenrechtlichen Grundsätze der §§ 17 ff HGB nicht durch diese Vorschrift durchbrochen. Ein erworbener markenrechtlicher Besitzstand des übertragenden Rechtsträgers soll grundsätzlich auch dann auf den übernehmenden Rechtsträger übergehen können, wenn dieser von dem Vorrecht auf Firmenfortführung keinen Gebrauch macht.[10]

Der Begriff der „Fortführung" beinhaltet eine im Wesentlichen unveränderte Verwendung der bisherigen Firma des bzw eines übertragenden Rechtsträgers.[11] Dabei ist eine aus Firmenbestandteilen mehrerer übertragender Rechtsträger zusammengesetzte Firma unzulässig.[12] Abs. 1 der Vorschrift gilt für alle Rechtsträger,[13] mit der Folge, dass Bezeichnungen, die nicht als handelsrechtliche Firmen[14] zu charakterisieren sind, stets weiterhin geführt werden dürfen. Soll eine Firma im handelsrechtlichen Sinn fortgeführt werden, ist dies gemäß Abs. 1 hingegen nur zusammen mit dem Erwerb des Handelsgeschäfts möglich.[15] 5

Die Pflicht zur **Vermeidung einer Täuschung des Rechtsverkehrs** kann die Verwendung von Nachfolgezusätzen zwingend erforderlich machen.[16] 6

Hinweis zur firmenrechtlichen Klarstellung bei Firmenfortführung durch übernehmende/n Rechtsträger: Infolge der Rechtswirkungen des § 20 Abs. 1 Ziffer 2 erlischt mit der konstitutiven Handelsregistereintragung im Register des übernehmenden Rechtsträgers der übertragende Rechtsträger. Soll dessen Firma durch den übernehmenden Rechtsträger fortgeführt werden, muss dies bei der im Register des übertragenden Rechtsträgers enthaltenen Eintragung klargestellt werden. In der registergerichtlichen Praxis wird zu diesem Zweck dort oftmals statt der Formulierung „Die Firma ist erloschen" der Text „Die Firma ist hier gelöscht" verwendet. Dadurch wird klargestellt, dass die Firma nicht insgesamt erloschen ist, sondern nur durch den übertragenden Rechtsträger infolge seines Erlöschens nicht mehr geführt wird. Um in firmenrechtlicher Hinsicht Missverständnisse auszuschließen, sollte verfahrensbegleitend darauf geachtet werden, dass die Eintragungen bei dem/den übertragenden Rechtsträger/n auch in dieser Weise erfolgen.

III. Verhältnis der Vorschrift zu §§ 18 ff HGB

Die **firmenrechtliche Spezialregelung** im Verhältnis zu den §§ 18 ff HGB ist erforderlich, weil die Firma des übertragenden Rechtsträgers kein Vermögensbestandteil iSd § 20 Abs. 1 Nr. 1 ist, der mit Wirksamwerden der Verschmelzung auf den übernehmenden Rechtsträger übergeht.[17] Als untrennbarer Bestandteil des Handelsgeschäfts würde die Firma des übertragenden Rechtsträgers mit Wirksamwerden der Verschmelzung ohne die Spezialregelung des § 18 erlöschen. 7

Neben einer Firmenbildung nach § 18 kann die Firmenbildung auch unabhängig von dieser Spezialregelung nach der **allgemeinen Vorschrift** des § 22 HGB erfolgen, womit eine größere Gestaltungsfreiheit verbunden sein kann.[18] Durch die Spezialregelung des § 18 nicht daran gehindert ist der übernehmende Rechtsträger jedenfalls dann, wenn er aus Anlass der Verschmel- 8

8 Schmitt/Hörtnagl/Stratz/*Stratz*, § 18 Rn 11; Semler/Stengel/*Schwanna*, § 18 Rn 1; Lutter/*Bork*, § 18 Rn 3; Kallmeyer/*Marsch-Barner*, § 18 Rn 4.
9 Semler/Stengel/*Schwanna*, § 18 Rn 11.
10 BGH GRUR 2008, 803.
11 Semler/Stengel/*Schwanna*, § 18 Rn 2; Kallmeyer/*Marsch-Barner*, § 18 Rn 6.
12 Schmitt/Hörtnagl/Stratz/*Stratz*, § 18 Rn 8; Kallmeyer/*Marsch-Barner*, § 18 Rn 6; aA Semler/Stengel/*Schwanna*, § 18 Rn 2, welcher das Bedürfnis der Firmenbildung aus Bestandteilen der Firmen der übertragenden Rechtsträger dann als gegeben ansieht, wenn dies ohne Irreführung des Rechtsverkehrs zu Erhalt bekannter und/oder traditionsreicher Firmen erforderlich ist.
13 Schmitt/Hörtnagl/Stratz/*Stratz*, § 20 Rn 11.
14 Vgl §§ 17 ff HGB.
15 S. vorhergehende Rn; zu den Einzelheiten der Firmenbildung und Firmenfortführung in den Fallgruppen der Verschmelzung, Spaltung und des Formwechsels vgl *Limmer*, NotBZ 2000, 101 ff.
16 Semler/Stengel/*Schwanna*, § 18 Rn 2; Kallmeyer/*Marsch-Barner*, § 18 Rn 8; Lutter/*Bork*, § 18 Rn 4.
17 Lutter/*Bork*, § 18 Rn 2.
18 Semler/Stengel/*Schwanna*, § 18 Rn 6; vgl Baumbach/Hopt/*Hopt*, § 22 HGB Rn 19; Heidel/Schall/*Ammon*, § 22 HGB Rn 35.

zung unabhängig davon und ohne eine Inanspruchnahme der in dieser Norm enthaltenen Spezialregelung die Firma nach Maßgabe der §§ 17, 18 ff HGB neu bildet.[19] Wird letzterer Weg gewählt, können auch uU einzelne Teile der Firma des oder der übertragenden Rechtsträger in die neu geschaffene Firma „eingearbeitet", also teilweise übernommen werden.[20]

9 Die Firmenfortführung unterliegt insoweit den Grenzen der §§ 17 ff HGB, als dass eine bei dem übertragenden Rechtsträger etwa bestehende Unzulässigkeit der Firma auch nach dem Eintritt der Rechtsfolgen des § 20 bei dem übernehmenden Rechtsträger bestehen bleibt.[21]

IV. Einwilligungserfordernisse/Gestaltung von Verschmelzungsverträgen

10 Die **Zustimmung** des übertragenden Rechtsträgers bzw seiner Gesellschafter zur Firmenfortführung ist im Rahmen der Verschmelzung nicht erforderlich.[22] Insoweit besteht ein Unterschied zur Regelung in § 22 HGB. Dies ergibt sich jedoch bereits aus den von § 20 UmwG angeordneten Rechtsfolgen der Verschmelzung.

11 Die Fortführung eines nun nicht mehr zutreffenden Rechtsformzusatzes, welcher etwa der Firma des übertragenden Rechtsträgers entnommen werden konnte, ist als irreführend gemäß §§ 18 Abs. 2, 19 HGB anzusehen und damit im Ergebnis unzulässig.

12 Die Regelung in Abs. 2 stellt klar, dass der **Name einer natürlichen Person**, die nicht mehr am übernehmenden Rechtsträger beteiligt ist, nur mit deren Einverständnis bzw dem Einverständnis der Erben[23] in der von dem übernehmenden Rechtsträger fortgeführten oder aus Anlass der Verschmelzung neu gebildeten Firma verwendet werden darf.[24] Die ist zur Wahrung des allgemeinen Persönlichkeitsrechts[25] zwingend erforderlich und nicht in irgendeiner Weise abdingbar. Die Einwilligung kann nur ausdrücklich und nicht etwa stillschweigend erteilt werden.[26]

V. Beteiligung von Partnerschaftsgesellschaften

13 In Abs. 3 wird zunächst klargestellt, dass bei der Beteiligung von Partnerschaftsgesellschaften an einer Verschmelzung die **firmenrechtlichen Regelungen** entsprechend gelten. Dies ist deshalb erforderlich, weil die Partnerschaftsgesellschaft gemäß § 1 Abs. 1 S. 2 PartGG ausdrücklich kein Handelsgewerbe ausübt, daher nicht die Kaufmannseigenschaft gemäß § 6 HGB erlangt[27] Die für die Partnerschaftsgesellschaft geltende Spezialregelung gemäß Abs. 3 S. 2 und 3 ist eine Folge der stark personalisierten Struktur der Partnerschaftsgesellschaft.[28]

14 Sofern es sich bei dem übernehmenden Rechtsträger um eine **Partnerschaftsgesellschaft** handelt, wird durch den Verweis auf § 2 Abs. 1 und § 1 Abs. 3 PartGG sichergestellt, dass bei einer Fortführung der „Firma"[29] in der neuen Bezeichnung der Gesellschaft zumindest der Name einer natürlichen Person, die Bezeichnungen sämtlicher in der Partnerschaftsgesellschaft vertretenen Berufe sowie der korrekte Rechtsformzusatz („und Partner" oder „Partnerschaft") enthalten ist.[30] Damit ist der übernehmenden Partnerschaftsgesellschaft eine Fortführung reiner Sach- oder Phantasiefirmen nicht möglich.[31]

19 KölnKomm-UmwG/*Simon*, § 18 Rn 10.
20 KölnKomm-UmwG/*Simon*, § 18 Rn 10; vgl Kallmeyer/*Marsch-Barner*, § 18 Rn 7.
21 Kallmeyer/*Marsch-Barner*, § 18 Rn 8.
22 Schmitt/Hörtnagl/Stratz/*Stratz*, § 18 Rn 12.
23 Vgl hierzu KölnKomm-UmwG/*Simon*, § 18 Rn 28.
24 Semler/Stengel/*Schwanna*, § 18 Rn 8; Schmitt/Hörtnagl/Stratz/*Stratz*, § 18 Rn 15 ff.
25 Semler/Stengel/*Schwanna*, § 18 Rn 8; Kallmeyer/*Marsch-Barner*, § 18 Rn 12; KölnKomm-UmwG/*Simon*, § 18 Rn 25.
26 Semler/Stengel/*Schwanna*, § 18 Rn 8; aA Schmitt/Hörtnagl/Stratz/*Stratz*, § 18 Rn 17, der lediglich eine bloße Duldung der Firmenfortführung nicht als ausreichend ansehen will.
27 Vgl bezüglich der Partnerschaftsgesellschaft und deren fehlender Eigenschaften gemäß § 6 HGB Heidel/Schall/*J. Keßler*, § 6 HGB Rn 1.
28 Semler/Stengel/*Schwanna*, § 18 Rn 9; Lutter/*Bork*, § 18 Rn 8.
29 Wegen Fehlens der Kaufmannseigenschaft bei der Partnerschaftsgesellschaft führt diese keine Firma im Sinne der §§ 17 ff HGB; vgl hierzu auch Schmitt/Hörtnagl/Stratz/*Stratz*, § 18 Rn 20.
30 Semler/Stengel/*Schwanna*, § 18 Rn 9; vgl Kallmeyer/*Marsch-Barner*, § 18 Rn 15.
31 Lutter/*Bork*, § 18 Rn 8; KölnKomm-UmwG/*Simon*, § 18 Rn 33.

Bei der Verschmelzung einer Partnerschaftsgesellschaft auf eine dem Kaufmannsbegriff des § 6 HGB unterfallende Gesellschaft ist es zulässig, dass der bisher von der Partnerschaft verwendete Name als Firma gemäß §§ 17 ff HGB verwendet wird, wobei jedoch der Bestandteil „und Partner" oder „Partnerschaft" entfallen muss,[32] da sonst eine Täuschung über die zutreffende Rechtsform vorliegen würde. Handelt es sich sowohl bei dem übertragenden als auch bei dem übernehmenden Rechtsträger um eine Partnerschaftsgesellschaft, so ist eine Namensfortführung nur dann zulässig, wenn auch die Beteiligung eines Namensgebers der übertragenden Gesellschaft an der aufnehmenden Gesellschaft besteht.[33] 15

Findet der Formwechsel einer OHG in eine GmbH statt, so kann der bisher verwendete Firmenzusatz „& Partner" ohne eine Verletzung firmenrechtlicher Vorschriften beibehalten werden; hier greift zugunsten der formwechselnden Gesellschaft der Bestandsschutz gemäß § 11 S. 2, 3 PartGG ein.[34] 16

§ 19 Eintragung und Bekanntmachung der Verschmelzung

(1) [1]Die Verschmelzung darf in das Register des Sitzes des übernehmenden Rechtsträgers erst eingetragen werden, nachdem sie im Register des Sitzes jedes der übertragenden Rechtsträger eingetragen worden ist. [2]Die Eintragung im Register des Sitzes jedes der übertragenden Rechtsträger ist mit dem Vermerk zu versehen, daß die Verschmelzung erst mit der Eintragung im Register des Sitzes des übernehmenden Rechtsträgers wirksam wird, sofern die Eintragungen in den Registern aller beteiligten Rechtsträger nicht am selben Tag erfolgen.

(2) [1]Das Gericht des Sitzes des übernehmenden Rechtsträgers hat von Amts wegen dem Gericht des Sitzes jedes der übertragenden Rechtsträger den Tag der Eintragung der Verschmelzung mitzuteilen. [2]Nach Eingang der Mitteilung hat das Gericht des Sitzes jedes der übertragenden Rechtsträger von Amts wegen den Tag der Eintragung der Verschmelzung im Register des Sitzes des übernehmenden Rechtsträgers im Register des Sitzes des übertragenden Rechtsträgers zu vermerken und die bei ihm aufbewahrten Dokumente dem Gericht des Sitzes des übernehmenden Rechtsträgers zur Aufbewahrung zu übermitteln.

(3) Das Gericht des Sitzes jedes der an der Verschmelzung beteiligten Rechtsträger hat jeweils die von ihm vorgenommene Eintragung der Verschmelzung von Amts wegen nach § 10 des Handelsgesetzbuchs ihrem ganzen Inhalt nach bekanntzumachen.

Literatur:

Custodis, Die gelöschte Verschmelzung, GmbHR 2006, 904; *Horsch*, Löschung eingetragener und angefochtener Verschmelzungsbeschlüsse von Kapitalgesellschaften im Handelsregister, RPfleger 2005, 577.

32 S. hierzu Semler/Stengel/*Schwanna*, § 18 Rn 10.

33 Semler/Stengel/*Schwanna*, § 18 Rn 10; vgl Kallmeyer/*Marsch-Barner*, § 18 Rn 15.

34 So zutreffend OLG Frankfurt a.M. NJW 1999, 351.

I. Normzweck

1 Die Vorschrift regelt in den ersten beiden Absätzen die für die einzelnen Registereintragungen maßgeblichen Verfahrensfragen, insbesondere die Eintragungsreihenfolge in den Registern der einzelnen an einem Verschmelzungsvorgang beteiligten Rechtsträger.

2 Abs. 2 legt fest, wie der „**Informationsaustausch**"[1] zwischen den beteiligten Registergerichten (sofern nicht infolge Gleichheit des Sitzes der beteiligten Rechtsträger ein einziges Registergericht für den Gesamtvorgang zuständig bleibt), durch Übersendung sogenannter „Eintragungsmitteilungen" stattzufinden hat.

3 Abs. 3 der Vorschrift enthält die für die in den §§ 1–189 enthaltenen Vorgänge maßgebliche Vorschrift bezüglich der **Bekanntmachung** der jeweiligen Handelsregistereintragungen. Die Bekanntmachung von Formwechseln gemäß §§ 190 ff UmwG ist abweichend von § 20 in § 201 geregelt.[2] Zudem wird durch die Regelung in Abs. 3 die in § 10 HGB enthaltene zentrale Bekanntmachungsvorschrift in ihrem Anwendungsbereich auf die grundsätzlich nicht dem HGB unterfallenden Genossenschaften und Vereine ausgedehnt.[3]

II. Reihenfolge der Eintragung von Verschmelzungsvorgängen

4 Abs. 1 regelt die Reihenfolge der Handelsregistereintragung bei Verschmelzungsvorgängen. Soll oder muss die Verschmelzung mit einer **Kapitalerhöhung** bei dem aufnehmenden Rechtsträger einhergehen, ist zunächst diese Kapitalerhöhung auf entsprechende Anmeldung hin in das Register des aufnehmenden Rechtsträgers **einzutragen**. Die Eintragung ist dabei mit dem Textzusatz vorzunehmen, dass die Kapitalerhöhung „zum Zweck der Verschmelzung mit ... (den jeweils übertragenden Rechtsträgern) ..." erfolgt. Der Rechtsverkehr ist damit dann darüber informiert, dass im Rahmen dieser Kapitalerhöhung kein effektiver Zufluss von Barmitteln erfolgt, sondern der übertragende Rechtsträger[4] auf den übernehmenden Rechtsträger übergeht und die Kapitalerhöhung insoweit allein den Zweck verfolgt, den Anteilsinhabern des übertragenden und mit Wirksamwerden der Verschmelzung untergehenden Rechtsträgers einen angemessenen Ausgleich für ihre verloren gehende Rechtsposition zu verschaffen.

5 Dieser besondere Zweck der Kapitalerhöhung bei dem aufnehmenden Rechtsträger sollte auch im Text der jeweiligen Handelsregisteranmeldung zum Ausdruck gebracht werden.

6 Beispiel für einen entsprechenden Anmeldungstext:

▶ ... Die Gesellschaft hat das Stammkapital/Grundkapital zum Zwecke der Verschmelzung der ... auf diese Gesellschaft um ... auf ... erhöht ... ◀

7 Nach Eintragung der Kapitalerhöhung bei dem aufnehmenden Rechtsträgers (sofern diese nicht verzichtbar ist) erfolgt gemäß Abs. 1 die **Eintragung des Verschmelzungsvorgangs** im Register des oder der übertragenden Rechtsträgers(s.). Kann der Verschmelzungsvorgang nicht durch taggleiche Eintragung[5] im Register jedes der übertragenden und des übernehmenden Rechtsträgers abgeschlossen werden,[6]was bei Ortsverschiedenheit der jeweils zuständigen Registergerichte regelmäßig der Fall sein wird, so hat das Registergericht jedes der übertragenden Rechtsträgers die Eintragung des Verschmelzungsvorgangs gemäß Abs. 1 S. 1 mit dem Vermerk zu versehen, dass die Verschmelzung erst mit der Eintragung im Register des übernehmenden Rechtsträgers wirksam wird. Dies ist unabdingbar, da die Eintragung der wirklichen Rechtslage insoweit vorgreift.[7]Fallen alle beteiligten Rechtsträger in die Zuständigkeit eines Registergerichts, so kann dies ohne Verwendung eines solchen Vorbehaltsvermerks die Verschmelzung

1 Kallmeyer/*Zimmermann*, § 19 Rn 1; Schmitt/Hörtnagl/Stratz/*Stratz*, § 19 Rn 9.
2 Vgl hierzu etwa Schmitt/Hörtnagl/Stratz/*Stratz*, § 19 Rn 3.
3 Lutter/*Bork*, § 19 Rn 1.
4 Bzw. bei mehreren übertragenden Rechtsträgern jeder einzelne dieser.
5 Vgl hierzu § 19 Abs. 1 S. 2 letzte Alternative.
6 Die Eintragung im Register des übernehmenden Rechtsträgers hat allein die konstitutive Wirkung, vgl § 20 Abs. 1.
7 Schmitt/Hörtnagl/Stratz/*Stratz*, § 19 Rn 5.

durch Eintragung vollziehen, wenn bei allen beteiligten Rechtsträgern Eintragungsreife besteht und eine taggleiche Eintragung gewährleistet werden kann. Die zunächst vorzunehmende Eintragung des Verschmelzungsvorgangs im Register des übertragenden Rechtsträgers verfolgt u.a. auch eine „Warnfunktion" für den Rechtsverkehr, der sich hinsichtlich der schließlich eintretenden Rechtsfolgen gemäß §§ 22, 25 Abs. 3, 27, 31 UmwG bereits entsprechend darauf einrichten kann.[8]

Ist dann später bei dem Registergericht des übernehmenden Rechtsträgers eine Eintragung erfolgt, so teilt es diese Tatsache dem Gericht des übertragenden Rechtsträgers durch Übersendung einer **Eintragungsnachricht** (sogenannte „EN") mit.[9] 8

Wird die von Abs. 1 vorgeschriebene **Eintragungsreihenfolge** nicht eingehalten und trägt das Registergericht des übernehmenden Rechtsträgers die Verschmelzung in das Handelsregister ein, ohne dass entsprechende Voreintragungen bei dem/den übertragenden Gesellschaften erfolgt sind, wird die Verschmelzung bereits mit dieser (versehentlich) vorgezogenen Eintragung bei dem übernehmenden Rechtsträger wirksam,[10] die Rechtsfolgen gemäß § 20 UmwG treten bereits zu diesem Zeitpunkt ein und die nachfolgende Eintragung des Vorgangs im Register des/der übertragenden Gesellschaft/en kann nur noch deklaratorische Bedeutung entfalten.[11] 9

Eine in der Praxis manchmal schwierige Konstellation liegt vor, wenn eine Verschmelzung zur Aufnahme zugleich mit einer **Verlegung des Satzungssitzes** der aufnehmenden Gesellschaft verbunden wird. Hier gilt grundsätzlich § 13 h HGB, welcher der Sitzverlegung den Vorrang vor anderen, zusammen mit dieser angemeldeten Veränderungen einräumt und eine zeitnahe Abgabe der Sache an das Registergericht des neuen Sitzes verlangt. Nach obergerichtlicher Rechtsprechung[12] soll jedenfalls bei einer Verschmelzung mit vorhergehender Kapitalerhöhung hiervon dergestalt abgewichen werden, dass noch bei dem Registergericht des alten Sitzes die Kapitalerhöhung zum Zwecke der Verschmelzung mit etwa damit zusammenhängenden weiteren Kapitalmaßnahmen (zB Euro-Umstellung bzw Glättung) zu vollziehen ist und dieses erst dann die (elektronischen) Akten an das Registergericht des neuen Sitzes abgibt, damit dort – nach Vollzug der vorrangigen Eintragung bei dem übertragenden Rechtsträger – dann die Verschmelzung mit der konstitutiven Eintragung im Register des aufnehmenden Rechtsträgers abschließen kann. Dies ist im Hinblick auf die insoweit unmissverständlichen Regelungen der §§ 13 h HGB, 19 Abs. 1 UmwG dogmatisch nicht recht nachvollziehbar, jedoch offensichtlich am Beschleunigungsgedanken zugunsten einer zeitlich prioritären Erledigung der vorgeschalteten Kapitalerhöhung zum Zwecke der Verschmelzung orientiert. 10

Hinweis: Soll ein Verschmelzungsvorgang (auch wenn er ohne „vorgeschaltete" Kapitalerhöhung bei der aufnehmenden Gesellschaft erfolgt) mit einer Sitzverlegung verbunden werden, so sollte zur Vermeidung späterer, durch den Zuständigkeitswechsel der Registergerichte verursachter Verzögerungen im Vollzug des Verschmelzungsvorgangs, eine „schlank gehaltene" Beschlussfassung und Anmeldung lediglich bezüglich der Sitzverlegung „vorgeschaltet" werden, um insoweit eine rasche Eintragung bei dem Registergericht des neuen Sitzes zu erreichen. Danach ist dann dessen Zuständigkeit begründet und der Verschmelzungsvorgang kann dann sogleich dort zeitnah „nachgeschoben" werden. Ist dieses Vorgehen nicht möglich, sollte erwogen werden, den Verschmelzungsvorgang insgesamt noch an dem bisherigen Sitz des aufnehmenden Rechtsträgers vollziehen zu lassen und die Sitzverlegung erst danach anzumelden. Die Steuerung der Vollzugsreihenfolge durch die jeweilige Anmeldung oder durch eine Ausübung des notariellen Antragsrechts gemäß § 378 FamFG ist dabei – da keine öffentlich-rechtliche Anmeldepflicht besteht – auch unabhängig von der materiellrechtlichen Beschlusslage. Daraus

8 S. hierzu die zutreffende Darstellung bei Schmitt/Hörtnagl/Stratz/*Stratz*, § 19 Rn 4.

9 § 19 Abs. 2 S. 1; vgl hierzu auch Semler/Stengel/*Schwanna*, § 19 Rn 7.

10 Kallmeyer/*Zimmermann*, § 19 Rn 8; Lutter/*Bork*, § 19 Rn 3; KölnKomm-UmwG/*Simon*, § 19 Rn 20; Semler/Stengel/*Schwanna*, § 19 Rn 11.

11 Zutreffend und überzeugend insoweit Lutter/*Bork*, § 19 Rn 3.

12 OLG Frankfurt a.M., FGPrax 2005, 38 ff.

folgt, dass die Sitzverlegung auch als sogenannter „Schubladenbeschluss" gefasst und dann zu einem späteren Zeitpunkt angemeldet werden kann.

III. Sonderfall Verschmelzung auf Alleingesellschafter

11 Liegt die Verschmelzung einer GmbH auf ihren **Alleingesellschafter** vor, so wirkt die gemäß §§ 121, 19 Abs. 1 vorzunehmende Eintragung im Register der übertragenden GmbH iSd § 20 Abs. 1 konstitutiv, wenn der Alleingesellschafter nicht als Kaufmann im Handelsregister A eingetragen ist.[13] Dies erscheint vor dem Hintergrund, dass in dieser Konstellation eine Eintragung bei dem „aufnehmenden Rechtsträger" faktisch unmöglich ist, geboten.

Hinweis: Bei der Verschmelzung einer GmbH mit dem Vermögen ihres Alleingesellschafters ist dessen vorherige Eintragung als Einzelkaufmann in das Handelsregister A nicht erforderlich. Die Verschmelzung wird sogleich mit der Eintragung im Handelsregister der übertragenden Gesellschaft wirksam. Da in der Handelsregisteranmeldung bezüglich des nicht eingetragenen Alleingesellschafters keine Handelsregisterbezeichnung genannt werden kann, sollte dieser mit seinem genauen Wohnsitz bezeichnet werden. Obwohl der spätere Eintragungstext diese Angaben nicht wiederholen wird und sich mit der Bezeichnung „Alleingesellschafter" begnügt, legen die Registergerichte auf eine möglichst präzise Bezeichnung in der Anmeldung Wert.

IV. Beteiligung mehrerer Registergerichte bei bezirksüberschreitenden Vorgängen

12 Abs. 2 ergänzt Abs. 1 hinsichtlich der Regelung des Verfahrens bei der Beteiligung mehrerer Registergerichte bei einem **„bezirksüberschreitenden" Verschmelzungsvorgang**. Das Registergericht des übertragenden Rechtsträgers wird sodann noch eine den Zeitpunkt des Wirksamwerdens des Vorgangs dokumentierende Registereintragung im Blatt der übertragenden Gesellschaft vornehmen und darauf hin dann das elektronische Registerblatt schließen sowie etwa noch vorhandene Papierakten an das Registergericht des neuen Sitzes übersenden.

13 Die Möglichkeit einer **taggleichen Eintragung**, bei der gemäß Abs. 2 S. 2 auf einen Vorbehaltsvermerk verzichtet werden kann, wird bei bezirksüberschreitenden Vorgängen mit Zuständigkeit verschiedener Registergerichte eher die Ausnahme bleiben.

Hinweis: Kommt es hinsichtlich der konstitutiven Wirkung der Handelsregistereintragung gemäß § 20 auf eine taggenaue Eintragung an, kann gerade dann, wenn sich alle beteiligten Rechtsträger im Bezirk desselben Registergerichts befinden, über eine vorherige Kontaktaufnahme versucht werden, einen bestimmten Eintragungstag abzusprechen.

V. Prüfungsmaßstab des Registergerichts und Verfahren

14 Nach Einreichung der Handelsregisteranmeldung findet eine vollumfängliche formelle und materielle **Prüfung durch das Registergericht** statt.[14] Insoweit unterscheiden sich Vorgänge nach dem Umwandlungsgesetz nicht von anderen zur Eintragung in das Handelsregister angemeldeten Tatsachen.[15]Die funktionelle Zuständigkeit (Richter/Rechtspfleger) richtet sich nach dem RPflG und den jeweiligen landesrechtlichen Regelungen.[16] Prüfungsmaßstab ist dabei die formelle und materielle Rechtmäßigkeit des gesamten Verschmelzungsvorgangs.[17] Nicht zu folgen ist der Ansicht, es finde insoweit lediglich eine „Plausibilitätskontrolle" statt und das Registergericht habe nur einen eingeschränkten Prüfungsmaßstab.[18] Der Verzicht auf eine vollumfängliche Legalitätskontrolle wäre mit den gravierenden Rechtsfolgen einer erfolgten konstitutiven

13 BGH NJW 1998, 2536.
14 Vgl hierzu etwa die ausführliche Darstellung bei Semler/Stengel/*Schwanna*, § 19 Rn 4 f.
15 Überzeugend insoweit die Darstellung bei *Krafka/Kühn*, Registerrecht, Rn 1188.
16 Vgl hierzu auch Kallmeyer/*Zimmermann*, § 19 Rn 2; *Krafka/ Kühn*, Registerrecht, Rn 1188.
17 So zutreffend Schmitt/Hörtnagl/Stratz/*Stratz*, § 19 Rn 14 ff; Semler/Stengel/*Schwanna*, § 19 Rn 5; *Krafka/Kühn*, Registerrecht, Rn 1188 ff.
18 So aber KölnKomm-UmwG/*Simon* § 19 Rn 4, 10 ff; auf eine „Plausibilitätsprüfung" reduzierend wohl auch Kallmeyer/*Zimmermann*, § 19 Rn 3.

Handelsregistereintragung[19] sowie deren in § 20 Abs. 2 angeordneter grundsätzlicher Irreversibilität (Verbot der „Entschmelzung")[20] in jedem Fall unvereinbar. Dies folgt im Umkehrschluss auch aus der Regelung des § 398 FamFG.[21] Neben der Überprüfung der Vollständigkeit und Richtigkeit der Handelsregisteranmeldung gemäß § 16 sowie der gemäß § 17 erforderlichen Anlagen zur Anmeldung führt das Registergericht eine vollumfängliche materiellrechtliche Rechtmäßigkeitsprüfung bezüglich des Verschmelzungsvertrages und der Zustimmungsbeschlüsse nach § 13 durch.[22] Insbesondere die Anforderungen, die gemäß § 17 an die Schlussbilanz des bzw der übertragenden Rechtsträger/s zu stellen sind, werden im Rahmen des Handelsregisterverfahrens zu prüfen sein. Ist der Verschmelzungsvertrag seitens eines beteiligten Rechtsträgers nicht durch die dazu berufenen Organe in „vertretungsberechtigter Formation" oder in sonstiger Weise ohne die erforderliche Vertretungsmacht geschlossen worden,[23] so wird dieser Mangel dann als geheilt zu betrachten sein, wenn die jeweiligen Zustimmungsbeschlüsse gemäß § 13 einstimmig und ohne Widerspruch gegen die Beschlussfassung erfolgt sind. Denn wenn es der Kompetenz der Gesellschafterversammlungen der beteiligten Rechtsträger unterfällt, das jeweilige Vertretungsorgan zu bestimmen, kann jedenfalls in einer mit der erforderlichen Mehrheit gefassten Beschlussfassung inzident auch eine Genehmigung etwa vollmachtlosen Handelns bei dem Vertragsschluss gesehen werden. Das Registergericht wird dies im Regelfall so auslegen können. Der dargestellte Prüfungsmaßstab des Registergerichts bezieht sich auch auf die Prüfung der materiellen Wirksamkeit einer etwa vorgelagerten Kapitalerhöhung zum Zwecke der Verschmelzung. Insoweit ergeben sich keine Besonderheiten gegenüber dem Prüfungsmaßstab einer „regulären" Kapitalerhöhung des aufnehmenden Rechtsträgers. Sofern das Umwandlungsgesetz etwa bei einer Verschmelzung zur Neugründung auf die entsprechenden Gründungsvorschriften des/der aufnehmenden Rechtsträger/s verweist, sind die Erleichterungen gemäß § 9 c GmbHG oder § 38 Abs. 4 AktG im umwandlungsrechtlichen Handelsregisterverfahren nicht entsprechend anwendbar, der Prüfungsumfang des Registergerichts ist demnach durch diese Vorschriften nicht eingeschränkt. Dies ergibt sich aus dem Normzweck der entsprechenden Regelungen. Der Umwandlungsvorgang ist auch dann nicht mit einem primären Gründungsvorgang vergleichbar, wenn eine Verschmelzung oder Ausgliederung/Abspaltung zur Neugründung erfolgt. Eine entsprechende Wertung des Gesetzgebers ergibt sich zB aus der für den Formwechsel in eine Kapitalgesellschaft geltenden Regelung des § 220, wonach der Kapitalschutz und die Sicherstellung des Haftungsfonds bei dem Formwechsel einer Personengesellschaft in eine Kapitalgesellschaft strenger ist als bei der originären Neugründung der jeweiligen Kapitalgesellschaft.[24] Auch die ordnungsgemäße Beteiligung der Arbeitnehmer gemäß § 5 Abs. 3 ist Gegenstand der Prüfung des Registergerichts. Es wird sich insoweit von den Anmeldenden durch Vorlage geeigneter Urkunden nachweisen lassen, dass eine ordnungsgemäße Beteiligung der jeweiligen Betriebsräte gemäß § 5 Abs. 3 erfolgt ist.[25] Nicht von der materiellen Prüfungskompetenz des Registergerichts umfasst sind indessen die Fragen nach dem Umtauschverhältnis gemäß § 5 Abs. 1 Nr. 3, der (wirtschaftlichen) Zweckmäßigkeit des Gesamtvorgangs und insbesondere nach der Zweckmäßigkeit des Verschmelzungsvertrages selbst.[26] Bestehen behebbare Eintragungshindernisse, so wird das Gericht eine Zwischenverfügung[27] mit dem Ziel einer entsprechenden „Nachbesserung" gegenüber den Anmeldenden oder deren

19 Vgl § 20 Abs. 1.

20 Vgl hierzu *Horsch*, RPfleger 2005, 577 ff; *Custodis*, GmbHR 2006, 904 ff.

21 So zutreffend Semler/Stengel/*Schwanna*, § 19 Rn 5.

22 Kallmeyer/*Zimmermann*, § 19 Rn 2 f; Schmitt/Hörtnagl/Stratz/*Stratz*, § 19 Rn 15; Semler/Stengel/*Schwanna*, § 19 Rn 5; Krafka/ Kühn, Registerrecht, Rn 1188 ff.

23 Dies ist in der Praxis zuweilen bei der „großzügigen" Mitwirkung von Prokuristen am Vertragsschluss, ohne zumindest ein Mitglied des jeweiligen Vertretungsorgans in unechter Gesamtvertretung zu beteiligen, zu beobachten.

24 Bei der originären Neugründung bspw einer GmbH wäre gemäß § 7 Abs. 2 GmbHG bereits eine Halbeinzahlung des Mindest-Stammkapitals ausreichend, was den Anforderungen des § 220 aber nicht genügen könnte.

25 Auch die Einhaltung der Voraussetzungen nach § 5 Abs. 1 Ziffer 9 wird in diesem Zusammenhang seitens des Gerichts zu prüfen sein.

26 So zutreffend Kallmeyer/*Zimmermann*, § 19 Rn 5.

27 Vgl für die Zwischenverfügung im Handelsregisterverfahren § 382 Abs. 4 FamFG.

(gesetzlichen) Vertretern erlassen. Sind bestehende Eintragungshindernisse[28] nicht behebbar, so muss die Anmeldung durch Beschluss gemäß § 382 Abs. 3 FamFG zurückgewiesen werden. Wenn der im Handelsregisterverfahren zu treffenden Entscheidung ein streitiges Rechtsverhältnis zu Grunde liegt, kann das Registergericht unabhängig von einem möglichen Eingreifen der Registersperre des § 16 Abs. 2 das Verfahren gemäß §§ 381, 21 FamFG aussetzen, bis eine Entscheidung des Prozessgerichts im streitigen Verfahren vorliegt.[29] Gegen die Entscheidung gemäß §§ 381, 21 FamFG können die Beteiligten Rechtsmittel einlegen.

15 Bei der Verschmelzung zur Neugründung ergibt sich insoweit die Besonderheit, dass seitens des Registergerichts gemäß § 36 Abs. 2 auch die **Einhaltung der Gründungsvorschriften** der jeweiligen Rechtsform zwingend zu beachten sind.[30]Nach § 36 Abs. 1 gelten hierfür grundsätzlich die für eine Verschmelzung zur Aufnahme maßgeblichen Vorschriften des zweiten Abschnitts, wobei die §§ 16 Abs. 1 und 27 von dieser Verweisung ausgenommen sind.[31]Sind örtlich verschiedene Registergerichte zur Entscheidung über einen Umwandlungsvorgang berufen, etwa wenn sich bei der Verschmelzung der übertragende und der aufnehmende Rechtsträger mit ihrem Sitz in verschiedenen Orten befinden, so wird von beiden Gerichten unabhängig voneinander die formelle und materielle Prüfung durchgeführt.[32] Die Gerichte sind gegenseitig an die Eintragungen des jeweils anderen Gerichts gebunden, nicht jedoch an dessen rechtliche Beurteilung des zur Eintragung angemeldeten Sachverhalts.[33]

VI. Inhalt und Wirkungen der Bekanntmachung

16 Die Vorschrift enthält in Abs. 2 spezielle Regelungen zur Bekanntmachung, von der weitere Rechtswirkungen bezüglich der an einem Verschmelzungsvorgang beteiligten Rechtsträger abhängen können.

17 **1. Bekanntmachungsinhalt.** Abs. 3 schreibt bezüglich des Inhalts der von dem jeweils zuständigen Registergericht zu veranlassenden Bekanntmachung die Verlautbarung des vollständigen Wortlauts vor, wobei der Inhalt der vorgenommenen Eintragungen den Beteiligten gegenüber nach § 383 Abs. 1 FamFG zu erfolgen hat.[34] Bekannt zu machen ist der vollständige Inhalt der Eintragung, wobei die Bekanntmachung bei der Beteiligung mehrerer Registergerichte an einem Verschmelzungsvorgang von dem die jeweilige Eintragung vornehmenden Registergericht separat zu veranlassen ist.[35] Hinsichtlich des Bekanntmachungsorgans verweist Abs. 3 auf § 10 HGB, welcher auch für die Bekanntmachungen nicht-umwandlungsrechtlicher Handelsregistereintragungen gilt. Lediglich für Genossenschaften und Vereine, welche grundsätzlich nicht dem Anwendungsbereich des § 10 HGB unterfallen, stellt diese Verweisung eine Sonderregelung dar.[36]

18 Von großer Bedeutung für die Praxis, ist der gemäß § 22 Abs. 1 S. 3 zugleich mit der Bekanntmachung zu veranlassende sogenannte **„Gläubigeraufruf"**.[37] Die Bekanntmachung zu jeder einzelnen erfolgenden Handelsregistereintragung (mit Ausnahme der Eintragung einer etwa vorgeschalteten Kapitalerhöhung zum Zweck der Verschmelzung bei einem aufnehmenden

28 Dies betrifft etwa auch die Wahrung der Bilanzfrist gemäß § 17.

29 Semler/Stengel/*Schwanna*, § 19 Rn 6; Kallmeyer/*Zimmermann*, § 19 Rn 7 mit Verweis auf KG NZG 1998, 777 = NJW-RR 1999, 762 bezüglich des im Rahmen der Amtsaufklärungspflicht bestehenden Prüfungsermessens des Registergerichts.

30 *Krafka/ Kühn*, Registerrecht, Rn 1188; Schmitt/Hörtnagel/Stratz/*Stratz*, § 19 Rn 16, welcher zudem auf die Problematik der „wirtschaftlichen Neugründung" im Rahmen einer Verschmelzung zur Neugründung eingeht.

31 Vgl hierzu auch *Krafka/ Kühn*, Registerrecht, Rn 1185.

32 Semler/Stengel/*Schwanna*, § 19 Rn 7; Kallmeyer/*Zimmermann*, § 19 Rn 6 mwN; vgl auch *Krafka/Kühn*, Registerrecht, Rn 1180; einschränkend, jedoch ohne überzeugende Begründung insoweit KölnKomm-UmwG/*Simon*, § 19 Rn 11.

33 Kallmeyer/*Zimmermann*, § 19 Rn 6; *Krafka/Kühn*, Registerrecht, Rn 1180.

34 Semler/Stengel/*Schwanna*, § 19 Rn 18.

35 KölnKomm-UmwG/*Simon*, § 19 Rn 26; Lutter/*Bork*, § 19 Rn 6.

36 Lutter/*Bork*, § 19 Rn 6.

37 Vgl insoweit die Kommentierung zu § 22; vgl hierzu auch Kallmeyer/*Zimmermann*, § 19 Rn 15; Semler/Stengel/*Schwanna*, § 19 Rn 18; KölnKomm-UmwG/Simon, § 19 Rn 26; *Krafka/ Kühn*, Registerrecht, 8. Aufl. Rn 1184.

Rechtsträger) ist um einen mit dem Text des § 22 Abs. 1 erfolgenden, an die Gläubiger des jeweiligen Rechtsträgers gerichteten Aufruf zu ergänzen. Das Registergericht hat dies von Amts wegen im elektronischen Bundesanzeiger (der regelmäßig von den Landesjustizverwaltungen als Bekanntmachungsorgan bestimmt wird) zu veranlassen. Erfolgt bezüglich der Bekanntmachung der Handelsregistereintragung bei anderen umwandlungsrechtlichen Vorgängen eine Verweisung auf § 22, so ist der Bekanntmachungstext entsprechend anzupassen (zB „Spaltung" statt „Verschmelzung" etc.).

2. Wirkungen der Bekanntmachung. Hinsichtlich der von dem Verschmelzungsvorgang ausgehenden Rechtswirkungen gemäß § 20 kommt es allein auf den **Zeitpunkt** der insoweit konstitutiv wirkenden Handelsregistereintragung[38] an, der Zeitpunkt der Bekanntmachung hat für das Eingreifen des § 20 Abs. 1 keine Bedeutung[39] und grundsätzlich nur „verlautbarende" Wirkung.[40] Die vollständige oder teilweise Unterlassung der vorgeschriebenen Bekanntmachung ist für die Wirksamkeit der Verschmelzung als solcher ohne Bedeutung, wenn auch die an den Zeitpunkt der Bekanntmachung geknüpften Fristen[41] in diesem Fall nicht zu laufen beginnen.[42] 19

Die Bekanntmachung der Eintragungen gemäß Abs. 3 löst jedoch unabhängig von den für die Eintragung selbst geltenden Regelungen des § 20 verschiedene Rechtswirkungen aus:[43] 20

- Annahme des Abfindungsangebots gemäß § 31
- Lauf der 6-Monats-Frist nach erfolgtem Gläubigeraufruf gemäß § 22 Abs. 1 S. 1
- Antragsfrist im Spruchverfahren gemäß § 4 SpruchG
- Nachhaftungsfrist gemäß § 45 Abs. 2
- Frist für Haftung gemäß § 133 Abs. 4

Die Bekanntmachung gilt für den jeweiligen Rechtsträger, zu dessen Registerbezeichnung sie seitens des Registergerichts veranlasst wird, mit dem Zeitpunkt der Einstellung in das elektronische Publikationsmedium[44] als erfolgt.[45] 21

Hinweis: Bei der verfahrensbegleitenden Tätigkeit sollte stets nach Eingang der Eintragungsmitteilung gemäß § 383 Abs. 1 FamFG durch Einsichtnahme in den elektronischen Bundesanzeiger überprüft werden, ob seitens des jeweils zuständigen Registergerichts neben der Bekanntmachung der Eintragung auch der stets erforderliche Gläubigeraufruf gemäß § 22 Abs. 1 S. 3 erfolgt ist; nur so kann sichergestellt werden, dass die diesbezügliche sechs-Monats-Frist, binnen derer Ansprüche auf Sicherheitsleistung von Gläubigerseite gegenüber der Gesellschaft angemeldet werden können, auch tatsächlich in Gang gesetzt worden ist (zum insoweit bestehenden Meinungsstreit, ob die mit der Bekanntmachung gemäß § 22 verbundenen Rechtswirkungen auch dann vollumfänglich eintreten sollen, wenn diese pflichtwidrig vom Registergericht nicht veranlasst worden sind vgl die Kommentierung zu § 22 UmwG. Unterbleibt ein Gläubigeraufruf zunächst und muss dann zu einem späteren Zeitpunkt nachgeholt werden, beginnt nach der hier vertretenen Auffassung erst dann der Fristlauf, was im Interesse der Gesellschaft aber stets zu vermeiden ist.

3. Rechtsbehelfe gegen die Eintragung. Die **Eintragung in das Handelsregister** ist gemäß § 383 Abs. 3 FamFG **unanfechtbar**, so dass gegen sie keinem Beteiligten oder Dritten Rechtsbehelfe zur Verfügung stehen.[46] Hier unterscheidet sich die Eintragung als das Handelsregisterverfahren abschließender Akt von der einer Eintragung möglicherweise vorgelagerten Zwischenverfügung. Die förmlich ergangene und zugestellte Zwischenverfügung des Registergerichts kann 22

38 § 20 Abs. 1.

39 Schmitt/Hörtnagel/*Stratz*, § 19 Rn 27; Kallmeyer/*Zimmermann*, § 19 Rn 17, der zutreffend von einer lediglich „verlautbaren Wirkung" spricht.

40 Lutter/*Bork*, § 19 Rn 6.

41 S. nachfolgende Rn.

42 Vgl KölnKomm-UmwG/*Simon*, § 19 Rn 28.

43 Nachfolgende tabellarische Übersicht nach Semler/Stengel/*Schwanna*, *§ 19* Rn 19.

44 Regelmäßig im elektronischen Bundesanzeiger.

45 Kallmeyer/*Zimmermann* § 19 Rn 16.

46 KölnKomm-UmwG/*Simon*, § 19 Rn 29; vgl Kallmeyer/*Zimmermann*, § 19 Rn 13.

mit der Beschwerde angegriffen werden (vgl § 382 Abs. 4 FamFG); im Fall der Nichtabhilfe hat das Registergericht diese dann dem Beschwerdegericht zur Entscheidung vorzulegen. Wird dennoch ein „Rechtsmittel" gegen die zwischenzeitlich bereits erfolgte Eintragung eingelegt, kann es geboten sein, dieses in einen auf Einleitung des **Amtslöschungsverfahrens** gemäß § 395 FamFG gerichteten Antrag umzudeuten.[47] Da über einen solchen Antrag seitens des Registergerichts zu entscheiden und gegen diese Entscheidung dann ein Rechtsbehelf eröffnet ist, kann auf diese Weise indirekt eine Inhaltskontrolle der zur Eintragung führenden Entscheidung des Registergerichts durch die Rechtsmittelinstanz herbeigeführt werden. Es ist jedoch zu beachten, dass das Registergericht bei seiner Entscheidung, ob es ein Löschungsverfahren gemäß § 395 FamFG von Amts wegen einleiten wird oder nicht, Ermessen hat. Zu berücksichtigen ist bei der erfolgten Eintragung einer Verschmelzung und nachfolgender Löschungsanregung gemäß § 395 FamFG jedoch die durch § 20 Abs. 2 zum Ausdruck kommende gesetzgeberische Intention der grundsätzlichen Irreversibilität eingetragener Verschmelzungsvorgänge.[48] Die Berichtigung einer unrichtigen Handelsregistereintragung kann – sofern nicht ein Schreibfehler oder eine offensichtliche Unrichtigkeit vorliegt, die gemäß § 17 HRV korrigiert werden kann – nach § 395 FamFG erfolgen.[49] Das in § 20 Abs. 2 normierte „Verbot der Entschmelzung" darf dabei nicht durch ein Vorgehen gemäß § 395 FamFG umgangen werden. Möglich wäre eine Löschung der konstitutiv wirkenden Eintragung der Verschmelzung daher nur dann, wenn die Eintragung – versehentlich – ohne jegliche Grundlage, also etwa ohne zugrunde liegende Handelsregisteranmeldung oder bei völlig fehlendem Eintragungseintrag erfolgt ist. Denn diese Fallgruppen sind nicht vom Anwendungsbereich des § 20 Abs. 2 umfasst.

VII. Kosten der Registereintragung

23 Die Kosten der Registereintragung richten sich nach der HRegGebV,[50] welche ihre Grundlage seit Ablösung der KostO durch das GNotKG in der Verordnungsermächtigung des § 58 GNotKG hat. Die diesbezüglichen Vorschriften sind durch die Reform des Notar- und Gerichtskostenrechts unverändert geblieben. Für Eintragungen von Verschmelzungsvorgängen in das Vereinsregister gelten anstelle der Vorschriften der HRegGebV die Kostenziffern 13100 und 13101 aus Teil 1, Hauptabschnitt 3 Abschnitt 1 des Kostenverzeichnisses der Anlage 1 zu § 3 Abs. 2 GNotKG. Die einzelnen Kostenansätze nach der HRegGebV errechnen sich als „Festgebühren" nicht nach dem für den jeweils betroffenen Rechtsträger eingetragenen Nennkapital.[51]

24 Die Löschung des übertragenden Rechtsträgers (hinsichtlich der technischen Umsetzung im elektronischen Handelsregister gelten die §§ 47, 22 HRV) ist nach hM als rein „registertechnischer Vorgang" kostenfrei.[52] Dem ist im Ergebnis zuzustimmen, zumal das Erlöschen des oder der übertragenden Rechtsträger gemäß § 20 Abs. 1 Ziffer 2 als solches kein eigener Anmeldetatbestand ist, wie sich auch aus der Formulierung des § 20 Abs. 1 Ziffer 2 Hs 2: „... einer besonderen Löschung bedarf es nicht ..." ergibt.

25 Das Registergericht berechnet seine Auslagen für Bekanntmachungen im elektronischen Bundesanzeiger gemäß Kostenziffer 31004 des Kostenverzeichnisses der Anlage 1 zu § 3 Abs. 2 GNotKG. Vor dem Inkrafttreten des GNotKG befand sich die entsprechende Regelung in § 137 Abs. 1 Nr. 4 KostO (aF).

47 Semler/Stengel/*Schwanna*, § 19 Rn 11 mwN; Köln-Komm-UmwG/*Simon*, § 19 Rn 29.

48 Zur Frage der Irreversibilität der Eintragung und des Verhältnisses zum Verfahren nach § 395 FamFG vgl *Horsch*RPfleger 2005, 577 ff und *Custodis*, GmbHR 2006, 904 ff sowie zum Verfahren *Melchior/Schulte/Schneider*, § 19 HRV Rn 1 ff.

49 Ebenso Kallmeyer/*Zimmermann*, § 19 Rn 13.

50 BGBl. I 2004 S. 2562; Handelsregistergebührenverordnung v. 30.9.2004, zuletzt geändert durch Art. 1 der Verordnung v. 29.11.2010 (BGBl. I S. 1731).

51 Vgl hierzu Schmitt/Hörtnagl/Stratz/*Stratz*, § 19 UmwG Rn 36; KölnKomm-UmwG/*Simon*, § 19 Rn 30; Kallmeyer/*Marsch-Barner*, § 19 Rn 18.

52 Schmitt/Hörtnagl/Stratz/*Stratz*, § 20 Rn 37 unter Verweis auf OLG Karlsruhe JurBüro 1974, 1422.

§ 20 Wirkungen der Eintragung

(1) Die Eintragung der Verschmelzung in das Register des Sitzes des übernehmenden Rechtsträgers hat folgende Wirkungen:

1. Das Vermögen der übertragenden Rechtsträger geht einschließlich der Verbindlichkeiten auf den übernehmenden Rechtsträger über.
2. [1]Die übertragenden Rechtsträger erlöschen. [2]Einer besonderen Löschung bedarf es nicht.
3. [1]Die Anteilsinhaber der übertragenden Rechtsträger werden Anteilsinhaber des übernehmenden Rechtsträgers; dies gilt nicht, soweit der übernehmende Rechtsträger oder ein Dritter, der im eigenen Namen, jedoch für Rechnung dieses Rechtsträgers handelt, Anteilsinhaber des übertragenden Rechtsträgers ist oder der übertragende Rechtsträger eigene Anteile innehat oder ein Dritter, der im eigenen Namen, jedoch für Rechnung dieses Rechtsträgers handelt, dessen Anteilsinhaber ist. [2]Rechte Dritter an den Anteilen oder Mitgliedschaften der übertragenden Rechtsträger bestehen an den an ihre Stelle tretenden Anteilen oder Mitgliedschaften des übernehmenden Rechtsträgers weiter.
4. Der Mangel der notariellen Beurkundung des Verschmelzungsvertrags und gegebenenfalls erforderlicher Zustimmungs- oder Verzichtserklärungen einzelner Anteilsinhaber wird geheilt.

(2) Mängel der Verschmelzung lassen die Wirkungen der Eintragung nach Absatz 1 unberührt.

Literatur:

Bayer, Herrschaftsveränderungen im Vertragskonzern, Besprechung der Entscheidung BGHZ 119, 1, ZGR 1993, 599; *Kort*, Gesellschaftsrechtlicher und registerrechtlicher Bestandsschutz eingetragener fehlerhafter Umwandlungen und anderer Strukturänderungen, DStR 2004, 185; *ders.*, Bedeutung und Reichweite des Bestandsschutzes von Umwandlungen, AG 2010, 230; *Müller*, Auswirkungen von Umstrukturierungen nach dem Umwandlungsgesetz auf Beherrschungs- und Gewinnabführungsverträge, BB 2002, 157; *Reithmann*, Formerfordernisse bei Verträgen über Beteiligungen an ausländischen Gesellschaften und über Grundstücke im Ausland. NZG 2005, 873; *Schmidt-Troschke*, Rechtsbehelfe bei fehlerhafter Verschmelzung zweier GmbH – Zur Passivlegitimation bei Anfechtung des Verschmelzungsbeschlusses, GmbHR 1992, 505; *Stöber*, Die Auswirkungen einer Umwandlung nach dem Umwandlungsgesetz auf einen laufenden Zivilprozess, NZG 2006, 574.

I. Zweck der Norm/Allgemeines

Die Norm regelt die **Rechtswirkungen** der konstitutiv wirkenden Handelsregistereintragung im Register des aufnehmenden[1] Rechtsträgers. Dies betrifft einerseits den Übergang des Vermögens von dem übertragenden auf den aufnehmenden Rechtsträger sowie die Zuteilung bzw Neuverteilung von Anteilen der Gesellschafter des übertragenden Rechtsträgers an dem aufnehmenden (oder bei der Verschmelzung zur Neugründung neuen) Rechtsträger. Weiterhin enthält die Norm in Abs. 2 auch eine für das gesamte Umwandlungsrecht bedeutende Vorschrift zur Frage der Heilung von Mängeln des Verschmelzungsvorgangs. Primäres Ziel der Norm ist 1

1 Vgl § 20 Abs. 1 S. 1.

hinsichtlich der in Abs. 1 enthaltenen Bestimmungen die Vermeidung einer Singularsukzession mit allen ihren Folgen (zB Aufdeckung stiller Reserven).[2]

2 Die in § 20 enthaltenen Regelungen gelten für sämtliche Verschmelzungsvorgänge und sind nicht in den jeweilig geschlossenen Verträgen oder den Zustimmungsbeschlüssen abdingbar.[3]

II. Konstitutive Wirkung der Handelsregistereintragung

3 Die konstitutive Handelsregistereintragung in das Register des übernehmenden Rechtsträgers löst die in Abs. 1 der Vorschrift normierten Rechtsfolgen aus und ist deren unabdingbare Voraussetzung. Im Rahmen des § 20 verfolgt die konstitutive Eintragung einen doppelten Zweck. Einerseits wird zur Erhöhung der Sicherheit des Rechtsverkehrs die durch die Handelsregistereintragung eintretende Änderung der materiellen Rechtslage in unmittelbarer Weise mit der **Publizität des Registers** verknüpft.[4] Andererseits werden der eingereichte Verschmelzungsvertrag und die zugehörigen Zustimmungsbeschlüsse einer umfassenden formellen und materiellen **Prüfung durch das Registergericht** unterzogen.[5] Im Rahmen dieser Prüfung gehört es jedoch nicht zu den Aufgaben des Registergerichts, die Zweckmäßigkeit des Verschmelzungsvorgangs in wirtschaftlicher Hinsicht zu bewerten und insbesondere nicht die Wertverhältnisse derjenigen Rechtspositionen, die den Gesellschaftern des oder der übertragenden Gesellschaft(en) durch das Erlöschen dieser abhanden kommen, im Verhältnis zu den ihnen etwa gewährten Anteilen an dem neuen Rechtsträger zu beurteilen.[6] Ein Verstoß gegen die von § 19 vorgeschriebene Eintragungsreihenfolge verhindert die konstitutive Wirkung der bei dem aufnehmenden Rechtsträger erfolgenden Eintragung nicht.[7]

III. Gesamtrechtsnachfolge gemäß Abs. 1 Nr. 1

4 Abs. 1 Nr. 1 ordnet als Rechtsfolge der die materiellrechtliche Wirksamkeit erzeugenden konstitutiven Handelsregistereintragung eine „automatisch" eintretende Gesamtrechtsnachfolge an,[8] wobei unerheblich ist, ob die davon betroffenen Vermögensgegenstände des oder der übertragenden Rechtsträger überhaupt bekannt oder in der dem Verschmelzungsvorgang zu Grunde gelegten Bilanz erfasst waren.[9] Die alle Aktiva und Passiva des übertragenden Rechtsträgers umfassende Gesamtrechtsnachfolge tritt demnach insgesamt unabhängig von einer erfolgten Bilanzierung der jeweiligen Vermögensgegenstände ein.[10]

5 Von der durch Abs. 1 Nr. 1 angeordneten zwingenden Gesamtrechtsnachfolge können nicht etwa durch entsprechende Regelungen im Verschmelzungsvertrag **einzelne Gegenstände ausgenommen** werden; ist dies anlässlich eines Verschmelzungsvorgangs gewünscht, müssen diese Gegenstände zu einem vor dem Eintritt der Wirksamkeit des Verschmelzungsvorgangs liegenden Zeitpunkt nach den jeweils für sie geltenden Vorschriften übertragen werden.[11]

6 Die Gesamtrechtsnachfolge ermöglicht **keinen gutgläubigen Erwerb** von Gegenständen, da es an einem publizitätswirksamen Anknüpfungstatbestand wie etwa die Besitzübergabe oder die Umschreibung im Grundbuch fehlt.[12]

2 Semler/Stengel/*Kübler*, § 20 Rn 1.
3 KölnKomm-UmwG/*Simon*, § 20 Rn 3; Schmitt/Hörtnagl/Stratz/*Stratz*, § 20 Rn 3; Semler/Stengel/*Kübler*, § 20 Rn 3.
4 Semler/Stengel/*Kübler*, § 20 Rn 5.
5 Semler/Stengel/*Kübler*, § 20 Rn 5.
6 Lutter/*Grunewald*, § 20 Rn 6; Semler/Stengel/*Kübler*, § 20 Rn 5.
7 Kallmeyer/*Marsch-Barner*, § 20 Rn 5; Lutter/*Grunewald*, § 20 Rn 3.
8 Semler/Stengel/*Kübler*, § 20 Rn 8; Lutter/*Grunewald*, § 20 Rn 7; Schmitt/Hörtnagl/Stratz/*Stratz*, § 20 Rn 23.
9 Semler/Stengel/*Kübler*, § 20 Rn 8.
10 Schmitt/Hörtnagl/Stratz/*Stratz*, § 20 Rn 27.
11 Semler/Stengel/*Kübler*, § 20 Rn 8; Lutter/*Grunewald*, § 20 Rn 7.
12 Semler/Stengel/*Kübler*, § 20 Rn 9.

Von der Gesamtrechtsnachfolge ist auch das **Auslandsvermögen** des übertragenden Rechtsträgers umfasst, wobei die im Ausland belegenen Sachen bzw Vermögensgegenstände jeweils nach den für diese vor Ort geltenden ausländischen Rechtsvorschriften übergehen.[13] 7

IV. Rechtsnachfolge bei ausgewählten Rechtsverhältnissen

Der Anwendungsbereich der Gesamtrechtsnachfolge gemäß Abs. 1 Nr. 1 betrifft die verschiedensten Rechtsbereiche; nachfolgend soll insoweit ein Überblick über verschiedene Materien gegeben werden. 8

Rechte und Pflichten aus **Schuldverhältnissen** gehen auf den übernehmenden Rechtsträger über; dabei ist zu berücksichtigen, dass Angebote, welche dem übertragenden Rechtsträger unterbreitet worden waren, als gegenüber dem übernehmenden Rechtsträger abgegeben gelten,[14] sofern nicht gerade etwa die Rechtsform des übertragenden Rechtsträgers Geschäftsgrundlage für das jeweilige Angebot war.[15] 9

Gehen in der Folge der gesetzlichen Anordnung in § 20 Abs. 1 Nr. 1 **Dauerschuldverhältnisse** auf den übernehmenden Rechtsträger über, so ist neben der Möglichkeit, bei Vorliegen der tatbestandlichen Voraussetzungen Sicherheitsleistung nach § 22 zu beanspruchen, jedenfalls bei Unzumutbarkeit der Fortsetzung des Vertragsverhältnisses mit dem aufnehmenden Rechtsträger an die Möglichkeit einer Kündigung aus wichtigem Grund zu denken.[16] 10

Schutzrechte und **Lizenzen** (etwa nach PatG, GeschmacksmusterG oder MarkenG) gehen mit dem Zeitpunkt der Wirksamkeit der Verschmelzung auf den übernehmenden Rechtsträger über.[17] 11

Ausgenommen von der in § 20 Abs. 1 Nr. 1 angeordneten Gesamtrechtsnachfolge sind die **höchstpersönlichen Rechte**, die grundsätzlich nicht auf den übernehmenden Rechtsträger als Rechtsnachfolger des übertragenden Rechtsträgers übergehen sollen.[18] 12

Die Gesamtrechtsnachfolge bewirkt bei **Immobilienvermögenspositionen** des übertragenden Rechtsträgers, dass dessen diesbezügliche Rechtspositionen ohne weiteren Zwischenschritt auf den übernehmenden Rechtsträger übergehen.[19] Das Grundbuch wird dann auf entsprechenden Antrag des übernehmenden Rechtsträgers hin gemäß § 22 GBO berichtigt, wobei zum Nachweis der eingetretenen **Unrichtigkeit des Grundbuchs** ein den Umwandlungsvorgang dokumentierender Handelsregisterausdruck vorzulegen ist;[20] eine Zustimmungserklärung nach § 22 Abs. 2 GBO ist in diesem Fall entbehrlich. Wenn es sich bei dem übertragenden Rechtsträger um eine Personenhandelsgesellschaft des HGB handelt, können die Gläubiger unter Beachtung der jeweiligen Nachhaftungsbegrenzungsregelungen ihre Ansprüche auch gegenüber den Gesellschaftern des übertragenden Rechtsträgers geltend machen.[21] 13

Da sämtliche Verbindlichkeiten des übertragenden Rechtsträgers auf den übernehmenden Rechtsträger übergehen, bleiben auch die für diese eingerichteten **„Personal- und Realsicherheiten"** bestehen und sichern dann die gegenüber dem aufnehmenden Rechtsträger bestehenden Ansprüche,[22] wobei sich der Haftungsumfang dieser Sicherheiten dadurch nicht verändert.[23] 14

13 Semler/Stengel/*Kübler*, § 20 Rn 10; Kallmeyer/*Marsch-Barner*, § 20 Rn 5; Schmitt/Hörtnagl/Stratz/*Stratz*, § 20 Rn 33; *Reithmann*, NZG 2005, 873.
14 Schmitt/Hörtnagl/Stratz/*Stratz*, § 20 Rn 35.
15 Schmitt/Hörtnagl/Stratz/*Stratz*, § 20 Rn 35.
16 Semler/Stengel/*Kübler*, § 20 Rn 15.
17 Vgl hierzu die Darstellung bei Schmitt/Hörtnagl/Stratz/*Stratz*, § 20 Rn 87.
18 Schmitt/Hörtnagl/Stratz/*Stratz*, § 20 Rn 84.
19 Schmitt/Hörtnagl/Stratz/*Stratz*, § 20 Rn 77 ff.
20 Schmitt/Hörtnagl/Stratz/*Stratz*, § 20 Rn 77; Semler/Stengel/*Kübler*, § 20 Rn 8.
21 Semler/Stengel/*Kübler*, § 20 Rn 15.
22 KölnKomm-UmwG/*Simon*, § 20 Rn 22.
23 KölnKomm-UmwG/*Simon*, § 20 Rn 22 f.

15 Die von § 20 Abs. 1 Nr. 1 angeordnete Gesamtrechtsnachfolge umfasst auch das im **Ausland belegene Vermögen**, wobei sich der Rechtsübergang bei Grundstücken und beweglichen Sachen nach dem Ortsrecht der jeweils belegenen Sache („rei sitae") richtet.[24]

16 Beteiligungen des übertragenden Rechtsträgers an anderen Kapitalgesellschaften gehen mit dem Wirksamwerden der Verschmelzung auf den übernehmenden Rechtsträger über; für die Praxis problematisch ist insoweit, inwieweit in der Beurkundung des Verschmelzungsvertrages der Muttergesellschaft eine die Pflicht zur Einreichung einer notariellen Gesellschafterliste gemäß § 40 Abs. 2 GmbHG auslösende „mittelbare Mitwirkung" des jeweiligen Notars bei den Veränderungen im Gesellschafterbestand der GmbH-Töchter gegeben ist. Die wohl herrschende Meinung will auch eine solche „mittelbare **Mitwirkung" des Notars** am Übergang von GmbH-Geschäftsanteilen zur Auslösung der Pflicht gemäß § 40 Abs. 2 GmbHG ausreichen lassen.[25] Nach anderer Ansicht soll diese nur „mittelbare" Mitwirkung zur Auslösung der Pflicht zur Einreichung einer notariell bescheinigten Gesellschafterliste gemäß § 40 Abs. 2 GmbHG nicht ausreichen, zumal der die Verschmelzung beurkundende Notar oftmals gar keine Kenntnis von den jeweiligen Unterbeteiligungen habe.[26] Letztere Ansicht ist zwar aus der Sicht der Praxis durchaus begrüßenswert, weil der einen Verschmelzungsvorgang beurkundende Notar in der Tat nicht zwingend Kenntnis von Beteiligungen des übertragenden Rechtsträgers erlangen muss, zumal dies aus der Bilanz selbst nicht ohne weiteres ersichtlich ist. Konsequenterweise müsste man also dann, wenn man eine „mittelbare Mitwirkung" im Rahmen des § 40 Abs. 2 GmbHG ausreichen lassen will, bei Verschmelzungsvorgängen immer auch zugleich eine entsprechende notarielle Nachforschungspflicht etablieren. Dies erscheint einerseits zu weit reichend, andererseits ist den Befürwortern des Ausreichens einer mittelbaren Mitwirkung darin zuzustimmen, dass im Hinblick auf die Rechtsfolgen des § 20 Abs. 1 Nr. 1 die Gesamtrechtsnachfolge unmittelbare Folge der wirksamen Verschmelzung ist, es also für den Übergang von GmbH-Geschäftsanteilen insoweit keines weiteren Übertragungsaktes bedarf. Aus der Sicht der Praxis sollte daher vor dem Hintergrund des „sichersten Weges" stets bei der Beurkundung von Verschmelzungsvorgängen die Frage nach von dem übertragenden Rechtsträger gehaltenen Geschäftsanteilen gestellt und jeweils eine Liste gemäß § 40 Abs. 2 GmbHG erstellt werden. Denkbar ist auch die Verwendung einer sogenannten „Doppelliste", die dann von Notar und Geschäftsführung der Tochter-GmbH zusammen unterzeichnet wird.

17 Die Gesamtrechtsnachfolge gemäß Abs. 1 Nr. 1 bezieht sich auch auf den Besitz und alle **Besitzrechte,**[27] wobei der Besitz des übertragenden Rechtsträgers an Sachen analog § 857 BGB auf den aufnehmenden Rechtsträger übergeht, ohne dass dafür eine tatsächliche Besitzergreifung zu fordern wäre.[28]

18 Weitreichende Folgen kann die Umwandlung einer Gesellschaft während eines laufenden Zivilprozesses haben, an dem sie als Partei beteiligt ist. In den Fallgruppen der Verschmelzung und Aufspaltung erlischt jeweils der übertragende Rechtsträger, mit der Folge, dass ein laufender Zivilprozess gemäß § 239 Abs. 1 ZPO in analoger Anwendung unterbrochen ist, sofern nicht bei Vorhandensein einer anwaltlichen Vertretung § 246 Abs. 1 ZPO eingreift, und der Prozess durch den **Rechtsnachfolger** wieder aufgenommen werden muss.[29] Erfolgt im Rahmen eines umwandlungsrechtlichen Vorgangs lediglich eine teilweise Vermögensübertragung, wie dies etwa bei der Abspaltung und der Ausgliederung der Fall ist,[30] bleibt der übertragende Rechtsträger bestehen, so dass eine analoge Anwendung des § 239 ZPO ausscheidet[31] und daher eine Unterbrechung des Prozesses nicht eintritt. Die zivilprozessualen Auswirkungen sind in dieser Konstellation danach zu differenzieren, ob es sich um einen Aktivprozess oder einen Passivpro-

24 Semler/Stengel/*Kübler*, § 20 Rn 10.
25 OLG Hamm NZG 2010, 113; Saenger/Inhester/*Lücke/Simon*, § 40 GmbHG Rn 23.
26 Baumbach/Hueck/*Zöllner/Noack*, § 40 Rn 56.
27 Semler/Stengel/*Kübler*, § 20 Rn 8; Schmitt/Hörtnagl/Stratz/*Stratz*, § 20 Rn 83.
28 Schmitt/Hörtnagl/*Stratz*, § 20 Rn 83.
29 *Stöber*, NZG 2006, 574, 575; zur analogen Anwendung des § 239 ZPO vgl auch Schmitt/Hörtnagl/Stratz/*Stratz*, § 20 Rn 38.
30 Vgl §§ 123 Abs. 2 und § 123 Abs. 3 UmwG.
31 *Stöber*, NZG 2006, 574, 575.

zess des übertragenden Rechtsträgers handelt. Im **Passivprozess** der übertragenden Gesellschaft wird deren Parteistellung durch eine Abspaltung oder Ausgliederung nicht berührt.[32] Im **Aktivprozess** der übertragenden aber nicht erloschenen Gesellschaft kommt es hinsichtlich der zivilprozessualen Auswirkungen darauf an, ob die betroffene Klageforderung nach dem Inhalt des Spaltungs- und Ausgliederungsvertrages bei der klagenden Gesellschaft verbleibt oder ob diese auf den aufnehmenden oder neuen Rechtsträger übergegangen ist.[33]

Da sich die in Abs. 1 Nr. 1 angeordnete Gesamtrechtsnachfolge zunächst nur auf Vermögenspositionen des Privatrechts bezieht, sind die **öffentlich-rechtlichen Rechtsverhältnisse** des übertragenden Rechtsträgers nicht per se davon umfasst.[34] Es bedarf vielmehr einer Differenzierung nach der Art des jeweilig betroffenen öffentlich-rechtlichen Rechtsverhältnisses; insbesondere zwischen der Herleitung von Rechten aus öffentlich-rechtlichen Rechtsverhältnissen und öffentlich-rechtlichen Verpflichtungen ist zu unterscheiden. 19

Rechte aus öffentlich-rechtlichen Rechtsverhältnissen gehen grundsätzlich im Wege der angeordneten Gesamtrechtsnachfolge auf den übernehmenden Rechtsträger über, sofern sie nicht höchstpersönlicher Art sind (zB die an die Zuverlässigkeit des Betreibers anknüpfenden gewerberechtlichen Genehmigungen) oder es sich um rechtsformgebundene Genehmigungen handelt; insoweit wird eine bedingte, „einschränkende" Weitergeltung angenommen.[35] Der in einem **öffentlich-rechtlichen Vergabeverfahren** zugunsten des übernehmenden Rechtsträgers erteilte Zuschlag wirkt nach Eintritt der Wirksamkeit des Verschmelzungsvorgangs auch zugunsten des übernehmenden Rechtsträgers, es sei denn, dass der Verschmelzungsvorgang bereits vor der Vergabe Wirksamkeit erlangt hat.[36] 20

Steuerschulden gehen im Hinblick auf § 45 AO auf den übernehmenden Rechtsträger über.[37] 21

V. Das Schicksal von Unternehmensverträgen im Rahmen des Abs. 1

Ein für die Praxis relevantes, bei der Beratung oder Verfahrensbegleitung der an Verschmelzungsvorgängen beteiligten Gesellschaften jedoch oft etwas aus der Acht gelassenes Thema ist das Schicksal von **Unternehmensverträgen** in Zusammenhang mit den Rechtsfolgen der Verschmelzung. Für das aus einem abgeschlossenen Unternehmensvertrag berechtigte Unternehmen (= Obergesellschaft) stellt sich in den verschiedenen umwandlungsrechtlichen Fallkonstellationen die Frage nach einer Fortdauer bzw einem Übergang des Vertrages im Rahmen der Gesamtrechtsnachfolge. Hinsichtlich der eintretenden Rechtswirkung ist strikt nach den einzelnen Fallkonstellationen zu differenzieren. 22

Bei der Verschmelzung ist zunächst der Fall vorstellbar, dass die Untergesellschaft auf die Obergesellschaft verschmilzt. In diesem Fall erlischt der Unternehmensvertrag durch Konfusion.[38] 23

Hinweis: Es ist in diesem Fall zugleich mit der Anmeldung der Verschmelzung zum Register des übertragenden Rechtsträgers die Beendigung des Unternehmensvertrages anzumelden, da diese Tatsache noch in das Handelsregister des übertragenden Rechtsträgers einzutragen ist. Das Registergericht wird diese Eintragung zugleich mit einer Bekanntmachung gemäß § 303 Abs. 1 S. 2 AktG verbinden. Es erfolgt dann ein doppelter Gläubigeraufruf gemäß § 22 UmwG und § 303 Abs. 1 S. 2 AktG, da der Rechtsgrund für die mögliche Beanspruchung von Sicherheitsleistung verschieden ist.

32 *Stöber*, NZG 2006, 575.
33 *Stöber*, NZG 2006, 574, 576.
34 Semler/Stengel/*Kübler*, § 20 Rn 67; für einen grundsätzlichen Übergang öffentlich-rechtlicher Befugnisse, sofern diese nicht höchstpersönlicher Art sind Schmitt/Hörtnagl/Stratz/*Stratz*, § 20 Rn 88 f; Kallmeyer/*Marsch-Barner*, § 20 Rn 26.
35 Kallmeyer/*Marsch-Barner*, § 20 Rn 26; vgl hierzu auch Schmitt/Hörtnagl/Stratz/*Stratz*, § 20 Rn 89 f.
36 Semler/Stengel/*Kübler*, § 20 Rn 72.
37 Schmitt/Hörtnagl/Stratz/*Stratz*, § 20 Rn 92; Kallmeyer/*Marsch-Barner*, § 20 Rn 27.
38 Schmitt/Hörtnagl/Stratz/*Stratz* Rn 56; Kallmeyer/*Marsch-Barner*, § 20 Rn 18; KölnKomm-UmwG/*Simon*, § 20 Rn 24.

24 Bei der **Verschmelzung der Obergesellschaft auf die Untergesellschaft** erlischt der Unternehmensvertrag ebenfalls durch Konfusion.[39] Nicht davon berührt werden konzernrechtlich begründete Abfindungsansprüche außen stehender Aktionäre, die über Art. 14 GG geschützt sind.[40]

25 **Verschmilzt die Obergesellschaft auf einen dritten Rechtsträger**, so wird die Zielgesellschaft Vertragspartner des Unternehmensvertrages, mithin neue Obergesellschaft im Verhältnis zur Untergesellschaft.[41] Dabei stellt sich die Frage, ob dieser Vorgang, der sich aus der Sicht der Untergesellschaft als ein „Auswechseln des Vertragspartners" darstellt, einer Zustimmung durch deren Anteilseignerversammlung gemäß § 295 AktG (in direkter oder analoger Anwendung) bedarf. Dies ist entgegen einer Minderheitsmeinung[42] mit der hM[43] abzulehnen. Die gesetzlich angeordnete Gesamtrechtsnachfolge ist an keine Zustimmung Dritter gekoppelt. Nicht zu überzeugen vermag allerdings insoweit das Argument, es mache aus Sicht der Untergesellschaft keinen Unterschied, ob die Obergesellschaft übertragender oder aufnehmender Rechtsträger sei, da für eine Verlustübernahme „exakt dieselbe Vermögensmasse zur Verfügung stehe".[44] Denn es ist vorstellbar, dass etwa im Rahmen einer sanierenden Verschmelzung die nach Wirksamwerden der Verschmelzung als neue Obergesellschaft fungierende Gesellschaft über eine wesentlich schwächere Kapitalausstattung verfügt als die „alte" Obergesellschaft. Im Fall einer Verschmelzung der Obergesellschaft auf einen Dritten wird man der Untergesellschaft das Recht, den Unternehmensvertrag aus wichtigem Grund gemäß § 297 Abs. 1 AktG kündigen zu können, zubilligen müssen.[45] Dabei soll nach in der Literatur vertretener Auffassung eine über den bloßen Wechsel des Vertragspartners hinausgehende deutliche Verschlechterung der Lage des Vertragspartners erforderlich sein, um das außerordentliche Kündigungsrecht zu rechtfertigen.[46]

26 **Verschmilzt ein dritter Rechtsträger auf die Obergesellschaft**, so ist dies zunächst auf den Fortbestand des Unternehmensvertrages ohne Einfluss.[47] Man wird jedoch in dieser Konstellation der Untergesellschaft jedenfalls dann ein Recht zur Kündigung aus wichtigem Grund gemäß § 297 AktG zubilligen müssen, wenn sich die Vermögenslage der Obergesellschaft dadurch erheblich verschlechtert, dass etwa ein eine Unterbilanz ausweisender dritter Rechtsträger auf die Obergesellschaft verschmilzt.[48] Denn dann wird man zu Recht davon ausgehen können, dass die Obergesellschaft zumindest bezüglich der Verlustausgleichspflicht ihren vertraglichen bzw gesetzlichen Verpflichtungen nicht nachkommen können wird.

27 **Verschmilzt die Untergesellschaft wirksam auf einen dritten Rechtsträger**, so erlischt sie durch Eintritt der gemäß § 20 Abs. 1 Nr. 1 angeordneten Rechtsfolgen. Ein bestehender Beherrschungs- und Gewinnabführungsvertrag geht jedoch nicht auf den übernehmenden Rechtsträger über, sondern wird durch die wirksame Verschmelzung beendet, da im anderen Fall der übernehmende Rechtsträger in die Position der Untergesellschaft hineingedrängt würde.[49] Zudem kann nicht davon ausgegangen werden, dass die Obergesellschaft ohne ihre Mitwirkung ihre Rolle bei einem dritten Rechtsträger wahrnehmen will, ohne zudem die Reichweite ihrer möglichen Verlustausgleichpflicht überblicken zu können. Anhängige Ausgleichs- und Abfindungsansprüche können ungeachtet einer Beendigung des Unternehmensvertrages von den An-

39 Semler/Stengel/*Kübler*, § 20 Rn 31; Kallmeyer/*Marsch-Barner*, § 20 Rn 18; Schmitt/Hörtnagl/Stratz/*Stratz*, § 20 Rn 56 mwN.
40 Schmitt/Hörtnagl/Stratz/*Stratz*, § 20 Rn 56 mwN.
41 *Müller*, BB 2002, 157; Schmitt/Hörtnagl/Stratz/*Stratz*, § 20 Rn 58 mwN; Semler/Stengel/*Kübler*, § 20 Rn 30.
42 *Bayer*, ZGR 1993, 599; Landgericht Frankfurt a.M. DB 1999, 271.
43 Semler/Stengel/*Kübler*, § 20 Rn 30; Lutter/*Grunewald*, § 20 Rn 37; Kallmeyer/*Marsch-Barner*, § 20 Rn 20; LG Bonn GmbHR 1996, 774, 775; LG Mannheim ZIP 1990, 379, 381.
44 Semler/Stengel/*Kübler*, § 20 Rn 30.
45 Semler/Stengel/*Kübler*, § 20 Rn 30; Lutter/*Grunewald*, § 20 Rn 37; Kallmeyer/*Marsch-Barner* § 20 Rn 19.
46 *Müller*, BB 2002, 157; auf die Voraussetzungen des § 297 Abs. 1 AktG verweisend Schmitt/Hörtnagl/Stratz/*Stratz*, § 20 Rn 58; KölnKomm-UmwG/*Simon*, § 20 Rn 25, welcher darauf abstellt, ob das Vermögen des übernehmenden Rechtsträgers „negativ betroffen" sei.
47 Kallmeyer/*Marsch-Barner*, § 20 Rn 19; Lutter/*Grunewald*, § 20 Rn 35.
48 *Müller*, BB 2002, 157, 158.
49 *Müller*, BB 2002, 157, 159; Lutter/*Grunewald*, § 20 Rn 36 mwN; Kallmeyer/*Marsch-Barner*, § 20 Rn 21.

spruchsberechtigten weiter verfolgt werden.[50] Unternehmensverträge, die die Einrichtung einer Gewinngemeinschaft zum Gegenstand haben sowie Teilgewinnabführungs- und Betriebspachtverträge bestehen nicht als Unternehmensvertrag iSd §§ 291 AktG, sondern als schuldrechtliche Verträge nach den Vorschriften des bürgerlichen Rechts weiter,[51] wobei im Einzelfall ein Anspruch auf Vertragsanpassung oder Kündigung in Betracht gezogen werden kann.[52]

Eine **Aufspaltung der Untergesellschaft** führt zum Erlöschen des übertragenden Rechtsträgers; 28
dies hat stets die Beendigung eines Beherrschungs- und Gewinnabführungsvertrages zur Folge, wobei die Zuweisung der Rechte und Pflichten aus dem Unternehmensvertrag an einen der aufnehmenden Rechtsträger möglich ist.[53] Dies gilt auch für die Aufspaltung zur Neugründung. Die Obergesellschaft soll in dieser Konstellation ein Kündigungsrecht unter den Voraussetzungen des § 297 Abs. 1 AktG haben.[54]

Liegt ein **Spaltungsvorgang bei der Obergesellschaft** vor, gehen die Rechte und Pflichten aus 29
dem Unternehmensvertrag entsprechend den Regelungen im Spaltungsvertrag[55] auf den übernehmenden[56] bzw den neuen Rechtsträger[57] über. Unter den Voraussetzungen des § 297 Abs. 1 AktG wird man der Untergesellschaft dabei ein Kündigungsrecht zubilligen müssen.[58]

Liegt bei der **Untergesellschaft eine Ausgliederung oder Abspaltung** vor, so bleibt ein Gewinn- 30
abführungs- und Beherrschungsvertrag mit der Obergesellschaft bestehen, da auch die Untergesellschaft als Rechtsträger existent bleibt; die Obergesellschaft, welche auf den Spaltungsvorgang bei der Untergesellschaft nicht immer direkten Einfluss haben wird, hat in diesem Fall ein Recht zur außerordentlichen Kündigung, sofern die Voraussetzungen gemäß § 297 Abs. 1 AktG vorliegen.[59]

VI. Arbeitsrechtliche Auswirkungen im Überblick

Für die Frage des **Übergangs von Dienst- und Arbeitsverhältnissen** ist eine Abgrenzung der von 31
Abs. 1 Nr. 1 angeordneten Rechtsfolgen und den Wirkungen des § 613 a BGB (iVm § 324 BGB) erforderlich; im Ergebnis sind demnach die mit den Arbeitnehmern/innen bestehenden Arbeitsverträge von den mit den Organmitgliedern bestehenden Dienstverträgen abzugrenzen.

Hinsichtlich der Wirkung der von Abs. 1 Nr. 1 angeordneten **Gesamtrechtsnachfolge** auf „ech- 32
te" Arbeitsverhältnisse kann auf die Kommentierung zu § 5 Rn 74 ff, 86 ff, 115 ff verwiesen werden. Diese unterfallen dem Anwendungsbereich des § 613 a BGB. Für den Eintritt der Rechtsfolgen gemäß § 613 a BGB im Rahmen des § 20 Abs. 1 Nr. 1 ist eine Zustimmung der vorhandenen Arbeitnehmer zum Betriebsübergang nicht erforderlich.[60] Neben der insoweit vorrangigen Norm des § 613 a BGB kommt hinsichtlich bestehender Arbeitsverhältnisse der Regelung in § 20 Abs. 1 Nr. 1 nur dann eigenständige Bedeutung zu, wenn der Tatbestand des § 613 a BGB nicht eröffnet ist.[61] Dies ist etwa der Fall, wenn die Voraussetzungen für einen Betriebsübergang iSd § 613 a BGB nicht vorliegen, weil zB die bei dem übertragenden Rechtsträger beschäftigten Arbeitnehmer zusammen mit Arbeitnehmern eines unbeteiligten dritten Rechtsträgers einen Betrieb in arbeitsrechtlicher Hinsicht gebildet haben und insoweit nicht dem übertragenden Rechtsträger zuzuordnen sind.[62]

50 Kallmeyer/*Marsch-Barner*, § 20 Rn 21 mwN; Lutter/*Grunewald*, § 20 Rn 36; Semler/Stengel/*Kübler*, § 20 Rn 31.
51 Semler/Stengel/*Kübler*, § 20 Rn 31; Lutter/*Grunewald*, § 20 Rn 36; Kallmeyer/*Marsch-Barner*, § 20 Rn 22.
52 Semler/Stengel/*Kübler*, § 20 Rn 31.
53 *Müller*, BB 2002, 157, 161.
54 *Müller*, BB 2002, 157, 161.
55 Dies gilt sowohl für die Untergruppe der Abspaltung als auch für die Untergruppe der Ausgliederung.
56 Bei der Spaltung zur Aufnahme.
57 Bei der Spaltung zur Neugründung.
58 Vgl *Müller*, BB 2002, 157, 161.
59 *Müller*, BB 2002, 157, 160.
60 Kallmeyer/*Marsch-Barner*, § 20 Rn 11; vgl auch MüKo-BGB/*Müller-Glöge*, § 613 a BGB Rn 217; vgl hierzu auch BAG NZA 2008, 815 ff.
61 KölnKomm-UmwG/*Simon*, § 20 Rn 8; vgl dazu auch § 324; Semler/Stengel/*Simon*, § 20 Rn 35.
62 Vgl hierzu ausführlich Semler/Stengel/*Simon*, § 20 Rn 37.

33 Verträge von **Organmitgliedern** des übertragenden Rechtsträgers gehen ungeachtet einer Beendigung der Organstellung nach § 1 Nr. 1 auf den übernehmenden Rechtsträger über,[63] da sie nicht dem Anwendungsbereich des § 613 a BGB unterfallen. Insoweit ist zwischen dem im Verhältnis zum übertragenden Rechtsträger bestehenden Organschaftsverhältnis und dem jeweiligen Anstellungsvertrag der Organmitglieder zu differenzieren; während das Organschaftsverhältnis mit Wirksamwerden der Verschmelzung in jedem Fall endet, geht das Anstellungsverhältnis auf den übernehmenden Rechtsträger über.[64] Bestehende Vergütungsansprüche von Organen können von diesen gegenüber dem übernehmenden Rechtsträger geltend gemacht werden.[65] Seitens des übernehmenden Rechtsträgers stellt die Verschmelzung keinen wichtigen Grund dar, der zu einer außerordentlichen Kündigung des Anstellungsverhältnisses als Organmitglied berechtigen würde.[66] Für das jeweils durch den Verschmelzungsvorgang betroffene Organmitglied stellt die Verschmelzung allerdings einen Kündigungsgrund gemäß § 626 Abs. 1 BGB dar.[67] Zulässig ist es, wenn im Anstellungsvertrag die Vereinbarung getroffen wird, dass in dem Zeitpunkt des Wirksamwerdens einer Verschmelzung neben dem Wegfall der Organstellung auch die Beendigung des Anstellungsverhältnisses eintritt.[68] Dies gilt jedoch nicht für einen bei dem übertragenden Rechtsträger bestehenden Aufsichtsrat. Verfügt der übertragende Rechtsträger über einen Aufsichtsrat, so enden die Ämter der Aufsichtsratsmitglieder mit dem Wirksamwerden der Verschmelzung, wobei zugleich damit auch deren Vergütungsansprüche entfallen.[69]

VII. Erlöschen der übertragenden Rechtsträger (Abs. 1 Nr. 2)

34 Der übertragende Rechtsträger erlischt gemäß Abs. 1 Nr. 2 mit Wirksamkeit des Verschmelzungsvorgangs, also der **Handelsregistereintragung** bei dem aufnehmenden Rechtsträger, wobei infolge der Gesamtrechtsnachfolge eine Abwicklung[70] des oder der übertragenden Rechtsträger/s nicht stattfindet.[71] Die Anteile an dem oder den übertragenden Rechtsträger/n gehen mit der Eintragung des Verschmelzungsvorgangs im Handelsregister des aufnehmenden Rechtsträgers unter, wobei allerdings der Verschmelzungsvertrag keine Verfügungsbeschränkungen auslöst; dies hat bei der Aktiengesellschaft als übertragendem Rechtsträger zur Folge, dass eine Veräußerung von Aktien weiterhin möglich bleibt und die jeweiligen Erwerber in dem Zeitpunkt des Wirksamkeitseintritts zu Anteilsinhabern der übernehmenden Gesellschaft werden.[72]

35 Die Organe des übertragenden Rechtsträgers erlöschen und verlieren ihre Zuständigkeit und Vertretungsbefugnisse.[73]

VIII. Gewährung von Anteilen an Gesellschafter des/der übertragenden Rechtsträger

36 Mit dem Wirksamwerden der Verschmelzung durch konstitutive Handelsregistereintragung werden die **Anteilsinhaber** des übertragenden Rechtsträgers kraft der gesetzlichen Anordnung in Abs. 1 Nr. 3 S. 1 Hs 1 Inhaber von Anteilen am übernehmenden Rechtsträger, ohne dass es

63 Semler/Stengel/*Simon*, § 20 Rn 34; vgl Kallmeyer/*Marsch-Barner*, § 20 Rn 13.

64 Kallmeyer/*Marsch-Barner*, § 20 Rn 13; Semler/Stengel/*Simon*, § 20 Rn 34; Schmitt/Hörtnagl/Stratz/*Stratz*, § 20 Rn 8, 45.

65 Schmitt/Hörtnagl/Stratz/*Stratz*, § 20 Rn 45; Semler/Stengel/*Simon*, § 20 Rn 56.

66 Kallmeyer/*Marsch-Barner*, § 20 Rn 14; Schmitt/Hörtnagl/Stratz/*Stratz*, § 20 Rn 48; KölnKomm-UmwG/*Simon*, § 20 Rn 7; Semler/Stengel/*Simon*, § 20 Rn 58.

67 BAG NZA 2008, 815; Kallmeyer/*Marsch-Barner*, § 20 Rn 14; differenzierend Schmitt/Hörtnagl/Stratz/*Stratz*, § 20 Rn 48; ebenfalls differenzierend Semler/Stengel/*Simon*, § 20 Rn 58.

68 Kallmeyer/*Marsch-Barner*, § 20 Rn 15; Semler/Stengel/*Simon*, § 20 Rn 56.

69 Kallmeyer/*Marsch-Barner*, § 20 Rn 16; Schmitt/Hörtnagl/Stratz/*Stratz*, § 20 Rn 49.

70 Der Zusatz „ohne Abwicklung" wird bei der Handelsregistereintragung von Verschmelzungsvorgängen regelmäßig zur Information des Rechtsverkehrs in den Eintragungstext aufgenommen.

71 Semler/Stengel/*Kübler*, § 20 Rn 73; Kallmeyer/*Marsch-Barner*, § 20 Rn 28.

72 Semler/Stengel/*Kübler*, § 20 Rn 73; vgl BayObLG NZG 2003, 829 f.

73 Semler/Stengel/*Kübler*, § 20 Rn 73; Kallmeyer/*Marsch-Barner*, § 20 Rn 28.

einer gesonderten Anteilsübertragung bedarf.[74] Eine Ausnahme hierzu stellen die Fallgruppen des Abs. 1 Nr. 3 S. 1 Hs 2 dar;[75] dies gilt auch für das Vorliegen wirksamer Verzichtserklärungen der Anteilsinhaber gemäß § 54 Abs. 1 S. 3.

Abs. 1 Nr. 3 S. 2 ordnet an, dass sich an den Anteilen am übertragenden Rechtsträger bestehende **Rechte Dritter** durch dingliche Surrogation an den neuen Anteilen der Anteilseigner des übertragenden Rechtsträgers fortsetzen.[76] 37

Die Anzahl sowie die Art und Weise der **Anteilsgewährung** richten sich nach den mit dem zwingenden Inhalt des gemäß § 5 abgeschlossenen Verschmelzungsvertrages. Der Anteilserwerb am übernehmenden Rechtsträger kann außerhalb der im Umwandlungsgesetz vorgesehenen Verzichtsmöglichkeiten nicht durch vertragliche Vereinbarungen ausgeschlossen werden.[77] 38

IX. Beurkundungs- und Verschmelzungsmängel

Mängel der notariellen Beurkundung sowohl des Verschmelzungsvertrages, als auch der Zustimmungsbeschlüsse werden mit der **Eintragung der Verschmelzung** in das Handelsregister gemäß Abs. 1 Nr. 4 der Vorschrift **geheilt**. Dies umfasst sogar den eher theoretischen Fall, dass die Verschmelzung in das Handelsregister eingetragen wird, ohne dass überhaupt ein beurkundeter Verschmelzungsvertrag vorliegt; der praktische Anwendungsbereich dieser sehr weit reichenden Heilungsvorschrift findet sich daher in der Praxis eher bei der Frage der Wirksamkeit von unter Verstoß gegen § 6 nicht beurkundeten Nebenabreden zum Verschmelzungsvertrag.[78] Es stellt sich insoweit die Frage, mit welchem Inhalt der an Beurkundungsmängeln leidende Verschmelzungsvertrag in diesem Fall Geltung erlangt. Es ist insoweit abzustellen auf den Vertragsinhalt, auf den sich die jeweiligen Zustimmungsbeschlüsse der Anteilseigner bezogen haben und nicht etwa auf den von den vertragsschließenden Parteien ausgehandelten Inhalt.[79] Dies erscheint auch deshalb überzeugend, weil sonst über den Eintritt der Heilungswirkung erreicht werden könnte, dass wesentliche und bedeutsame Elemente einer derartig einschneidenden Strukturmaßnahme wie die Verschmelzung sie darstellt, an der Versammlung der Anteilseigner als oberstem „Souverän" des Rechtsträgers vorbei Geltung erlangen könnten. 39

Von der Heilungswirkung des Abs. 1 Nr. 4 *nicht* erfasst werden die **Beschlüsse über eine Erhöhung des Grund- oder Stammkapitals** zum Zwecke der Verschmelzung. Für diese Beschlüsse gilt insoweit ausschließlich Abs. 2[80] bzw tritt, sofern nicht die „peripheren" Beschlüsse in direkter oder analoger Anwendung der Vorschriften des Aktienrechts unterliegen, eine Heilung gemäß § 242 AktG (analog) ein.[81] Ebenso werden auch nicht die jeweiligen Zustimmungsbeschlüsse der Versammlung der Anteilseigner zum Verschmelzungsvertrag von Abs. 1 Nr. 4 erfasst; für diese gilt ausschließlich Abs. 2.[82] Der „Nichtbeurkundung" iSd Abs. 1 Nr. 4 gleich gestellt ist die unwirksame Beurkundung des Verschmelzungsvertrages im Ausland[83] sowie eine fehlerhafte oder unvollständige Beurkundung.[84] 40

Dieser weitgehende Anwendungsbereich der Heilung von Beurkundungsmängeln findet seine Rechtfertigung darin, dass die im Rahmen der Rechtswirkungen des § 20 zwingend notwendige Rechtssicherheit für alle Beteiligten und den Rechtsverkehr nicht durch formelle Beurkun- 41

74 Schmitt/Hörtnagl/Stratz/*Stratz*, § 20 Rn 109; Lutter/*Grunewald*, § 20 Rn 57; Semler/Stengel/*Kübler*, § 20 Rn 74.

75 Vgl hierzu auch die Darstellung bei Semler/Stengel/*Kübler*, § 20 Rn 78; vgl Lutter/*Grunewald*, § 20 Rn 59 ff.

76 Schmitt/Hörtnagl/Stratz/*Stratz*, § 20 Rn 111; KölnKomm-UmwG/*Simon*, § 20 Rn 40.

77 KölnKomm-UmwG/*Simon*, § 20 Rn 39; Lutter/*Grunewald*, § 20 Rn 58.

78 Schmitt/Hörtnagl/Stratz/*Stratz*, § 20 Rn 120; Kallmeyer/*Marsch-Barner*, § 20 Rn 32.

79 Lutter/*Grunewald*, § 20 Rn 83; Kallmeyer/*Marsch-Barner*, § 20 Rn 32; KölnKomm-UmwG/*Simon*, § 20 Rn 42; Semler/Stengel/*Kübler*, § 20 Rn 83.

80 Kallmeyer/*Marsch-Barner*, § 20 Rn 32; KölnKomm-UmwG/*Simon*, § 20 Rn 43.

81 Kallmeyer/*Marsch-Barner*, § 20 Rn 32.

82 Ebenso Kallmeyer/*Marsch-Barner*, § 20 Rn 32.

83 KölnKomm-UmwG/*Simon*, § 20 Rn 42; Semler/Stengel/*Kübler*, § 20 Rn 82.

84 Semler/Stengel/*Kübler*, § 20 Rn 82; KölnKomm-UmwG/*Simon*, § 20 Rn 42.

dungsmängel beeinträchtigt werden soll, mithin die Rechtssicherheit Vorrang vor Beurkundungsmängeln haben soll.

X. Irreversibilität (Abs. 2) – Verbot der Entschmelzung

42 Abs. 2 der Vorschrift gewährt einen „**dauerhaften Bestand**“[85] einer einmal erfolgten Eintragung. Sobald die Verschmelzung in das Handelsregister des aufnehmenden Rechtsträgers eingetragen ist, soll sie unabhängig von Mängeln des Verschmelzungsvertrages wirksam bleiben.[86] Dies gilt für alle Verschmelzungsvorgänge sowie durch die entsprechenden Verweise der Spezialvorschriften auf § 20 Abs. 2 oder inhaltsgleiche Regelungen wie § 202 Abs. 3 für den Formwechsel und 131 Abs. 2 für alle Spaltungsvorgänge[87] auch bei anderen umwandlungsrechtlichen Vorgängen.[88]

43 Für die Frage der Anwendbarkeit des Abs. 2 kommt es nicht darauf an, welcher Art die im Umwandlungsverfahren vorgenommene, mit Fehlern behaftete Rechtshandlung ist und wie schwer der jeweilige Mangel ins Gewicht fällt.[89] Die durch Abs. 2 angeordnete Irreversibilität der in das Handelsregister eingetragenen Verschmelzung ist aber auch insoweit vor dem Hintergrund unbedenklich, dass ihre Wirkungen durch den Schadensersatzanspruch gemäß § 16 Abs. 3 kompensiert werden können.[90]

44 Die Regelung des Abs. 2 bringt keine Heilungswirkung dergestalt mit sich, dass diese einer Beschlussmängelklage das Rechtsschutzbedürfnis nehmen würde,[91] da ein Feststellungsinteresse trotz der Möglichkeit zur Erhebung einer auf Schadensersatz gerichteten Leistungsklage bestehen bleibt.[92]

45 Für die Praxis von Bedeutung ist das Verhältnis des § 20 Abs. 2 zur **Amtslöschung von Handelsregistereintragungen** nach den Vorschriften des FamFG. Dabei ist zu beachten, dass § 20 Abs. 2 die dingliche Bestandskraft der mit konstitutiver Handelsregistereintragung vollzogenen Verschmelzung anordnet.[93] § 20 Abs. 2 geht § 395 FamFG grundsätzlich vor, mit der Folge, dass nicht über die Anwendung des § 395 FamFG und eine Löschung der erfolgten Eintragung eine „Aushebelung“ des § 20 Abs. 2 erreicht werden kann.[94] Vor dem Hintergrund, dass § 395 FamFG allerdings grundsätzlich einen anderen Bewertungsmaßstab an den Bestand einer erfolgten Handelsregistereintragung legt als § 20 Abs. 2 soll eine Löschung nach § 395 FamFG etwa dann in Betracht kommen können, wenn ein Verschmelzungsbeschluss völlig fehlt.[95] Überzeugend erscheint insgesamt zu sein, in Konstellationen, bei denen man wegen der unterschiedlichen Bewertungsmaßstäbe eine Sperrwirkung des § 20 Abs. 2 gegenüber dem Anwendungsbereich des § 395 FamFG ablehnen will, zumindest von einer Reduzierung des im Rahmen des § 395 FamFG zugunsten des Registergerichts bestehenden Ermessens auszugehen.

46 Die Rechtswirkungen des § 20 Abs. 2 treten auch dann ein, wenn eine **fehlerhafte Sachbehandlung** im Handelsregisterverfahren vorliegt. Dies kann etwa der Fall sein, wenn eine Handelsregistereintragung der Verschmelzung trotz rechtshängiger Anfechtungsklage erfolgt ist, ohne dass eine zur vorzeitigen Eintragung berechtigende Freigabeentscheidung nach § 16 Abs. 3 S. 2 vorlag.[96]

85 *Kort*, DStR 2004, 185, 186.
86 OLG Frankfurt NJW-RR 2003, 1122; ebenso OLG Frankfurt NZG 2003, 236 f.
87 Vgl insoweit *Kort*, DStR 2004, 185.
88 Vgl hierzu KölnKomm-UmwG/*Simon*, § 20 Rn 44; Kallmeyer/*Marsch-Barner*, § 20 Rn 33.
89 Schmitt/Hörtnagl/Stratz/*Stratz*, § 20 Rn 122; Lutter/*Grunewald*, § 20 Rn 71; BayObLG NZG 2000, 50 = DB 1999, 2504.
90 Vgl hierzu Schmitt/Hörtnagl/Stratz/*Stratz*, § 20 Rn 125.
91 *Kort*, DStR 2004, 185, 186.
92 *Kort*, DStR 2004, 185, 186.
93 OLG Frankfurt AG 2003, 641 = NJW-RR 2003, 1122.
94 OLG Frankfurt AG 2003, 641 = NJW-RR 2003, 1122; OLG Frankfurt NZG 2003, 236; OLG Hamburg NZG 2003, 981; *Kort*, DStR 2004, 185, 187; *Kort*, AG 2010, 30 ff; Schmitt/Hörtnagl/Stratz/*Stratz*, § 20 Rn 125.
95 *Kort*, DStR 2004, 185, 188.
96 OLG Hamburg DNotZ 2009, 227, 228 ff; vgl hierzu auch OLG Hamburg NZG 2003, 981 ff.

Ein **mangelhafter Kapitalerhöhungsbeschluss** bezüglich einer dem Verschmelzungsvorgang vorgeschalteten „Kapitalerhöhung zum Zweck der Verschmelzung" lässt im Anwendungsbereich des § 20 Abs. 2 die Wirkungen der Verschmelzung unberührt.[97] Dies ist vom Ergebnis her überzeugend, weil sonst durch eine wirksame Anfechtung etwa einer notwendigen Kapitalerhöhung zum Zwecke der Verschmelzung die Irreversibilität des Gesamtvorgangs in Frage gestellt werden könnte. 47

Nach erfolgter Eintragung und dem Eintritt der Rechtswirkungen gemäß § 20 sind dann, wenn der dem Vorgang zugrunde liegende Verschmelzungsvertrag unwirksam war oder ein (teilweiser) Dissens vorlag, die Grundsätze ergänzender Vertragsauslegung heranzuziehen.[98] 48

Eine mögliche **Rückgängigmachung** eines einmal wirksam gewordenen Verschmelzungsvorgangs kann mittels einer „Entschmelzung" durch wirksamen Vollzug des jeweiligen „actus contrarius", also etwa einem Vorgehen gemäß §§ 123 ff. UmwG (Abspaltung) erfolgen.[99] 49

Ein Rückgängigmachen der Verschmelzung kann nicht als Schadensersatz in Form der Naturalrestitution geltend gemacht werden.[100] Auch ist eine teleologische Reduktion des Abs. 2 im Fall „schwerwiegender" Umwandlungsmängel abzulehnen,[101] da dies eine Rechtsunsicherheit erzeugen würde, die durch Abs. 2 gerade vermieden werden sollte. 50

§ 21 Wirkung auf gegenseitige Verträge

Treffen bei einer Verschmelzung aus gegenseitigen Verträgen, die zur Zeit der Verschmelzung von keiner Seite vollständig erfüllt sind, Abnahme-, Lieferungs- oder ähnliche Verpflichtungen zusammen, die miteinander unvereinbar sind oder die beide zu erfüllen eine schwere Unbilligkeit für den übernehmenden Rechtsträger bedeuten würde, so bestimmt sich der Umfang der Verpflichtungen nach Billigkeit unter Würdigung der vertraglichen Rechte aller Beteiligten.

Literatur:

Berner/Klett, Die Aufteilung von Vertragsverhältnissen – Ein Beitrag zu mehr Rechtssicherheit bei umwandlungsrechtlichen Spaltungen, NZG 2008, 601.

I. Normzweck

Die Vorschrift hat **Störungen der Geschäftsgrundlage** zum Gegenstand, die sich aus der Rechtsfolge des § 20 Abs. 1 UmwG (insb. der Gesamtrechtsnachfolge) dann einstellen können, wenn der übernehmende Rechtsträger zuvor kollidierende Vertragsverpflichtungen eingegangen war.[1] Die Vorschrift soll auch insbesondere das Schicksal solcher Verträge regeln, die zum Zeitpunkt des Wirksamwerdens der Verschmelzung (mit Handelsregistereintragung bei dem übertragenden Rechtsträger) entweder überhaupt nicht oder nicht vollständig erfüllt wurden. Erfasst werden sollen nicht Verträge zwischen den am Verschmelzungsvorgang beteiligten Rechtsträgern, da diese mit Wirksamkeit der Verschmelzung ohnehin – wenn man von der Ausnahme des § 25 Abs. 2 absieht – erlöschen.[2] Letztlich handelt es sich um die Ausgestaltung der Rechtsfolgen für einen Sonderfall des „Wegfalls der Geschäftsgrundlage" gemäß § 313 BGB. 1

97 Schmitt/Hörtnagl/Stratz/*Stratz*, § 20 Rn 133; Lutter/*Grunewald*, § 20 Rn 84; vgl Kallmeyer/*Marsch-Barner*, § 20 Rn 45.
98 KölnKomm-UmwG/*Simon*, § 20 Rn 53; Lutter/*Grunewald*, § 20 Rn 82; Semler/Stengel/*Kübler*, § 20 Rn 99.
99 Zur Lösungsmöglichkeit insoweit vgl etwa *Kort*, DStR 2004, 185, 189.
100 Kallmeyer/*Marsch-Barner*, § 20 Rn 1.
101 So zutreffend *Kort*, DStR 2004, 185, 187.
1 KölnKomm-UmwG/*Dauner-Lieb*, Rn 1; vgl hierzu auch Kallmeyer/*Marsch-Barner* § 21 Rn 2.
2 Kallmeyer/*Marsch-Barner*, Rn 3; KölnKomm-UmwG/*Dauner-Lieb* § 21 Rn 4.

II. Vom Anwendungsbereich erfasste Vertragstypen

2 Von der Vorschrift erfasst werden nur die enumerativ aufgezählten Vertragstypen, also solche Verträge, welche die „körperliche Übertragung von Gegenständen" beinhalten,[3]wobei auf die Erbringung von reinen Dienstleistungen gerichtete Verträge grundsätzlich nicht dem Anwendungsbereich der Vorschrift unterfallen sollen.[4] Teilweise wird eine Erweiterung des Anwendungsbereichs der Vorschrift auf alle Arten von „Change of Control"-Klauseln,[5] sowie auf Gesellschaftsverhältnisse, die durch eine Verschmelzung bewirkt sein könnten, gefordert. Dies betrifft vor allem die Beteiligung der am Verschmelzungsvorgang beteiligten Rechtsträger an Personengesellschaften, bei denen jeweils ein Wettbewerbsverbot gilt.[6] Nicht von der Regelung erfasst sind jedoch lediglich einseitige Rechtsgeschäfte.[7]

3 Der relativ **eng umschriebene Anwendungsbereich** der Vorschrift ist offensichtlich deren Entstehungsgeschichte aus den Vorgängervorschriften der §§ 346 Abs. 3 S. 2 AktG aF, 25 Abs. 2 S. 2 heraus geschuldet.[8] Dies ist aus Sicht der Praxis nicht ganz befriedigend, zumal der Gesetzgeber mit der 2. und 3. Novelle des Umwandlungsgesetzes ein deutliches Signal zur Vereinfachung, Entformalisierung und Beschleunigung von Unternehmensumstrukturierungen nach dem Umwandlungsgesetz gesetzt hat.

4 Weitere Voraussetzungen für das Eingreifen der Regelung sind die fehlende vollständige Erfüllung der Verträge und das Aufeinandertreffen von Verpflichtungen für die am Verschmelzungsvorgang beteiligten Rechtsträger, die entweder im Verhältnis zueinander unvereinbar sind oder deren vollständige beiderseitige Erfüllung eine unverhältnismäßig große und damit unbillige Belastung zulasten des übernehmenden Rechtsträgers darstellen würde.[9]

III. Unvereinbarkeit/schwere Unbilligkeit

5 Der Anwendungsbereich der Vorschrift setzt weiter voraus, dass die von den am Verschmelzungsvorgang beteiligten Gesellschaften übernommenen Verpflichtungen entweder „unvereinbar" (1. Fallgruppe) sind oder diese aus der Sicht des übernehmenden Rechtsträgers eine „schwere Unbilligkeit" (2. Fallgruppe) darstellen.

6 Vom Vorliegen einer **„Unvereinbarkeit"** ist auszugehen, wenn durch die Erfüllung einer der miteinander konkurrierenden Vertragspflichten gerade eine Erfüllung der anderen Vertragspflicht vereitelt würde.[10] Die Problematik der „Unvereinbarkeit" kann sich allerdings auch bei den in der Praxis durchaus verbreiteten, sogenannten „Change of Control"-Klauseln ergeben.[11]

7 Der Umstand, dass ein sich für das jeweilige Unternehmen besonders schwerwiegend auswirkender wirtschaftlicher Nachteil vorliegt, soll bei der Beurteilung dieser Fragestellung außer Betracht bleiben.[12]

8 Die zweite Fallgruppe betrifft die Konstellation, dass für den übernehmenden Rechtsträger die Erfüllung des Vertrages eine **„schwere Unbilligkeit"** darstellen würde. Hinsichtlich dieser Voraussetzung ist ein objektiver Maßstab anzulegen.[13]

3 KölnKomm-UmwG/*Dauner-Lieb* § 21Rn 6.
4 KölnKomm-UmwG/*Dauner-Lieb* § 21Rn 6; für eine weiter reichende Auslegung allerdings Widmann/Meyer/*Vossius*, Rn 6, 9.
5 Widmann/Meyer/*Vossius*, Rn 21 ff.
6 So Semler/Stengel/*Kübler*, Rn 3.
7 Widmann/Meyer/*Vossius*, Rn 8, der das Schenkungsversprechen, die Leihe, das unverzinsliche Darlehen und den unentgeltlichen Auftrag unter den Anwendungsbereich fallen lassen möchte, nicht hingegen etwa die Bürgschaft.
8 Semler/Stengel/*Kübler*, Rn 2.
9 Semler/Stengel/*Kübler*, § 21 Rn 5; KölnKomm-UmwG/*Simon*, § 21 Rn 9; Lutter/*Grunewald*, § 21 Rn 5; Kallmeyer/*Marsch-Barner*, § 21 Rn 5.
10 Schmitt/Hörtnagl/*Stratz*, § 21 Rn 8; Semler/Stengel/*Kübler*, § 21 Rn 6; KölnKomm-UmwG/*Simon*, § 21 Rn 9.
11 Vgl zu diesen Klauseln die ausführliche Darstellung bei Widmann/Mayer/*Vossius*, § 21 Rn 21 ff.
12 So zutreffend Semler/Stengel/*Kübler,* § 21 Rn 6.
13 Semler/Stengel/*Kübler*, § 21 Rn 6; Schmitt/Hörtnagl/Stratz/*Stratz*, § 21 Rn 9.

Die Ausfüllung des Begriffs „Unbilligkeit" ist im Einzelnen umstritten. Dies betrifft zB die Frage, ob der Anwendungsbereich auch auf den „Konzernverbund" des übernehmenden Rechtsträgers ausgedehnt werden muss. Dies wird entgegen einer für eine großzügigere Auslegung plädierenden Ansicht[14] von der hM abgelehnt.[15] Weiterhin ist in diesem Zusammenhang auch die Frage umstritten, ob eine „schwere Unbilligkeit" auch dann angenommen werden kann, wenn die bestehenden, kollidierenden Pflichten beider Vertragspartner zwar in rechtlicher Hinsicht ohne Pflichtverletzung erfüllt werden könnten, hierdurch jedoch die wirtschaftliche Situation der übernehmenden Gesellschaft in erheblicher Weise beeinträchtigt werden würde.[16] Der Gegenansicht, welche hier von einem engeren Anwendungsbereich der Norm ausgehen will,[17] ist diesbezüglich der Vorzug zu geben. Bei der Definition der „schweren Unbilligkeit" kann man insoweit zu Recht auf die vergleichbare Wertung des § 319 Abs. 1 BGB abstellen, wenn der Begriff der „offenbaren Unbilligkeit" gemäß § 319 BGB hinsichtlich seiner Definition und der tatbestandlichen Voraussetzungen dem Begriff der „schweren Unbilligkeit" gleichgestellt wird. 9

IV. Rechtsfolgen

Gesetzlich vorgesehene Rechtsfolge ist, dass sich der Umfang der jeweiligen Verpflichtungen nach Billigkeitsgesichtspunkten bestimmt, wobei die Interessen der Beteiligten hinreichend zu würdigen sind. Eine denkbare Variante der Konfliktlösung ist dabei eine aufeinander zuführende **Anpassung der kollidierenden Verträge** dergestalt, dass die sonst bestehende Unvereinbarkeit oder schwere Unbilligkeit entfällt.[18] Die andere gangbare Variante besteht in der erfolgenden Anpassung lediglich eines der kollidierenden Verträge bzw dessen Wegfall.[19] 10

Als Mittel der Vertragsanpassung kommen ein Vorgehen vergleichbar dem Wegfall der Geschäftsgrundlage[20] (vgl § 313 BGB) oder die Einräumung eines Kündigungsrechts aus wichtigem Grund in Betracht.[21] Im Rahmen der Interessenabwägung nach insoweit zutreffender Sicht[22] auch ins Gewicht fallen, dass der aufnehmende Rechtsträger über den Umwandlungsvorgang die Interessenkollision herbeigeführt hat, womit dessen Interessen weniger stark ins Gewicht fallen dürfen.[23] Die Anpassung erfolgt gemäß § 315 Abs. und 3 BGB in analoger Anwendung, bei nachfolgendem streitigen Verfahren durch Urteil des Prozessgerichts.[24] 11

Für den Gläubiger, der durch den Verschmelzungsvorgang einen neuen Vertragspartner bekommt, kann die Situation eintreten, dass der Anspruch auf Sicherheitsleistung gemäß § 22 nicht ausreicht, um den Gläubigerinteressen hinreichend Rechnung zu tragen. Hier kann es sachgerecht sein, dem Gläubiger im Einzelfall ein Sonderkündigungsrecht bzw ein Recht auf Vertragsanpassung zuzubilligen.[25] 12

Die Vorschrift des § 21 UmwG ist nicht insoweit eine abschließende Regelung, als dass nicht die allgemeinen Vorschriften gemäß §§ 275, 313 BGB grundsätzlich Anwendung finden können. Die allgemeinen Vorschriften gelten neben § 21, sofern ihre jeweiligen Voraussetzungen vorliegen.[26] 13

14 Kallmeyer/*Marsch-Barner*, § 21 Rn 2.
15 KölnKomm-UmwG/*Simon*, § 21 Rn 10; Lutter/*Grunewald*, § 21 Rn 6; Sengler/Stengel/*Kübler*, § 21 Rn 8.
16 Bejahend Schmitt/Hörtnagl/Stratz/*Stratz*, § 21 Rn 9.
17 Lutter/*Grunewald*, § 21 Rn 5; vgl Kallmeyer/*Marsch-Barner*, § 21 Rn 5.
18 Schmitt/Hörtnagl/Stratz/*Stratz*, Rn 10.
19 Schmitt/Hörtnagl/Stratz/*Stratz*, Rn 10; vgl Kallmeyer/*Marsch-Barner*Rn 6 ff.
20 Zur Definition der Geschäftsgrundlage vgl BGH NJW 1993, 1856, 1859.
21 Kallmeyer/*Marsch-Barner* § 21Rn 6; vgl Schmitt/Hörtnagl/Stratz/*Stratz*, Rn 10; pauschal auf die Regeln zu § 313 BGB verweisend Lutter/*Grunewald*Rn 9; Semler/Stengel/*Kübler* § 21Rn 7 ff.
22 Lutter/*Grunewald* § 21 Rn 9; vgl KölnKomm-UmwG/*Simon*Rn 11.
23 Lutter/*Grunewald*, § 21 Rn 9; KölnKomm-UmwG/*Simon* Rn 11.
24 Schmitt/Hörtnagl/Stratz/*Stratz*, Rn 10.
25 Semler/Stengel/Kübler, § 21 Rn 10 f; weitere Beispiel bei Lutter/*Grunewald*, § 21 Rn 8, wo aber zu Bedenken gegeben wird, dass die Verschmelzung in den Risikobereich des übernehmenden Rechtsträgers falle.
26 Vgl hierzu KölnKomm-UmwG/*Simon* § 21Rn 12, 13 und Kallmeyer/*Marsch-Barner* § 21Rn 8.

§ 22 Gläubigerschutz

(1) [1]Den Gläubigern der an der Verschmelzung beteiligten Rechtsträger ist, wenn sie binnen sechs Monaten nach dem Tag, an dem die Eintragung der Verschmelzung in das Register des Sitzes desjenigen Rechtsträgers, dessen Gläubiger sie sind, nach § 19 Abs. 3 bekannt gemacht worden ist, ihren Anspruch nach Grund und Höhe schriftlich anmelden, Sicherheit zu leisten, soweit sie nicht Befriedigung verlangen können. [2]Dieses Recht steht den Gläubigern jedoch nur zu, wenn sie glaubhaft machen, daß durch die Verschmelzung die Erfüllung ihrer Forderung gefährdet wird. [3]Die Gläubiger sind in der Bekanntmachung der jeweiligen Eintragung auf dieses Recht hinzuweisen.

(2) Das Recht, Sicherheitsleistung zu verlangen, steht Gläubigern nicht zu, die im Falle der Insolvenz ein Recht auf vorzugsweise Befriedigung aus einer Deckungsmasse haben, die nach gesetzlicher Vorschrift zu ihrem Schutz errichtet und staatlich überwacht ist.

I. Normzweck

1 Die Vorschrift verfolgt den Zweck, Gläubiger der an einem Verschmelzungsvorgang beteiligten Rechtsträger vor einer Gefährdung ihrer gegenüber den jeweiligen Rechtsträgern bestehenden Ansprüche zu schützen.[1] Die Norm beansprucht Geltung für sämtliche Verschmelzungsvorgänge bis auf die in § 122 j spezialgesetzlich geregelte Bekanntmachung bei grenzüberschreitenden Verschmelzungen.[2] Infolge der in den §§ 125, 176, 204 enthaltenen Verweisungen gilt die Vorschrift auch bei allen Spaltungs- und Formwechselvorgängen sowie für den Fall der Vermögensübertragung.[3] Auch wenn es in der Praxis bei nach den Vorschriften des Umwandlungsgesetzes durchgeführten Unternehmensumstrukturierungen eher selten vorkommen mag, dass Gläubiger gegenüber einem Rechtsträger den Anspruch aus § 22 geltend machen,[4] stellt die Vorschrift aus dem Gesichtspunkt des effektiven Gläubigerschutzes heraus ein effektives und unverzichtbares zentrales Element des Umwandlungsgesetzes (UmwG) dar. Zutreffend erscheint es indessen, hinsichtlich der Definition des Anwendungsbereichs des § 22 eine gewisse Zurückhaltung zu fordern, damit nicht Umwandlungsvorgänge durch eine „Überstrapazierung" des Gläubigerschutzes grundsätzlich behindert werden.[5]Andererseits ermöglicht § 22 gerade Verschmelzungen unter Beteiligung überschuldeter Rechtsträger, etwa zu Sanierungszwecken, da diesen sonst der Gläubigerschutz von vornherein entgegenstehen würde.[6] Bei der Definition des Anwendungsbereichs des § 22 bzw der Auslegung dieser Vorschrift sollte daher eine interessengerechte Abwägung des Gläubigerinteresses auf der einen Seite und des Gesellschaftsinteresses auf der anderen Seite nicht aus den Augen verloren werden.

II. Geschützter Gläubigerkreis

2 Zum durch § 22 geschützten Gläubigerkreis gehört grundsätzlich jeder, der gegenüber dem jeweiligen Rechtsträger einen schuldrechtlichen Anspruch hat.[7]

1 Semler/Stengel/*Maier-Reimer/Seulen*, § 22 Rn 1; vgl Schmitt/Hörtnagl/Stratz/*Stratz*, § 22 Rn 1.
2 S. hierzu die Darstellung bei Semler/Stengel/*Maier-Reimer/Seulen*, § 22 Rn 2.
3 Bei Semler/Stengel/*Maier-Reimer/Seulen*, § 22 Rn 2.
4 KölnKomm-UmwG/*Simon*, § 22 Rn 7.
5 So zutreffend Semler/Stengel/*Maier-Reimer/Seulen*, § 22 Rn 5.
6 So OLG Stuttgart NZG 2006, 159, 160.
7 Kallmeyer/*Marsch-Barner*, § 22 Rn 2; Lutter/*Grunewald*, § 22 Rn 5.

Die Gläubiger des übertragenden Rechtsträgers gehören deshalb zum geschützten Personenkreis, weil sie ihren **bisherigen Schuldner verlieren.**[8] Wegen der Rechtswirkungen des § 20 Abs. 1 S. 2 im Rahmen der Gesamtrechtsnachfolge bekommen sie als Schuldner zwar den übernehmenden Rechtsträger, haben auf dessen Auswahl aber keinerlei Einfluss.[9] 3

Der Gläubigerkreis des übernehmenden Rechtsträgers kann in seinen Ansprüchen beeinträchtigt sein, weil die Gläubiger des übertragenden Rechtsträgers infolge der Rechtswirkung gemäß § 20 Abs. 1 Nr. 2 hinzukommen.[10] 4

Von § 22 umfasst ist grundsätzlich jeder schuldrechtliche Anspruch, egal, ob er auf vertraglicher oder auf gesetzlicher Grundlage beruht.[11] Dingliche Ansprüche fallen nicht unter den Anwendungsbereich des § 22.[12] Dies ist nicht unumstritten,[13] jedoch nach zutreffender Ansicht von wenig praktischer Relevanz, da dingliche Herausgabeansprüche regelmäßig entweder sofort fällig oder durch das dingliche Recht selbst gesichert sind.[14] 5

§ 22 gilt grundsätzlich nicht für aus dem Gesellschafsverhältnis selbst hergeleitete Rechte.[15] Eine Sonderproblematik stellen insoweit Gewinnansprüche der Gesellschafter dar. Diese sollen grundsätzlich nicht unter § 22 fallen,[16] es sei denn, diese sind zum Gläubigerrecht geworden, etwa bei beschlossenen, aber noch nicht ausgezahlten Dividenden.[17] 6

Der geltend zu machende **Anspruch** muss zeitlich vor dem Wirksamwerden der Verschmelzung begründet worden sein.[18] Unter den Schutz des § 22 fallen uneingeschränkt solche Gläubiger, deren betroffene Forderungen zeitlich nach der Eintragung des Verschmelzungsvorgangs in das Handelsregister, jedoch vor der entsprechenden Bekanntmachung begründet worden sind.[19] Die insoweit strengere Auffassung,[20] welche allein auf den Eintragungszeitpunkt mit der Begründung abstellt, wegen der zu diesem Zeitpunkt eingetretenen „Vereinigung der Vermögensmassen" der am Verschmelzungsvorgang beteiligten Rechtsträger ergebe sich für danach begründete Forderungen keine Erhöhung des Gefährdungspotentials mehr,[21] vermag hierbei nicht recht zu überzeugen, weil die Bekanntmachung im Rahmen eines Handelsregisterverfahrens erfolgt und insoweit keine andere Beurteilung als bei vergleichbaren anderen, zum Schutz betroffener Kreise des Rechtsverkehrs erfolgenden Bekanntmachungen im Geltungsbereich des § 15 HGB gerechtfertigt erscheint. Für binnen zwei Wochen nach Durchführung der Bekanntmachung begründete Schuldverhältnisse gilt zugunsten der jeweils betroffenen Gläubiger die Frist des § 15 Abs. 2 S. 2 HGB.[22] 7

III. Gläubigergefährdung

Der Schutz der Vorschrift umfasst nur solche Ansprüche von Gläubigern der beteiligten Rechtsträger, die durch den Verschmelzungsvorgang gefährdet werden können.[23] Eine **konkrete Gefährdung** der jeweiligen Gläubigerforderung auf der Grundlage der durch konstitutive 8

8 Kallmeyer/*Marsch-Barner*, § 22 Rn 1.
9 KölnKomm-UmwG/*Simon*, § 22 Rn 9; Schmitt/Hörtnagl/Stratz/*Stratz*, § 22 Rn 4.
10 Kallmeyer/*Marsch-Barner*, § 22 Rn 1;Schmitt/Hörtnagl/*Stratz*, § 22 Rn 1, der darauf abstellt, dass im Gegensatz zur früheren Rechtslage das Umwandlungsgesetz eine Trennung der Vermögensmassen nicht vorsieht.
11 Kallmeyer/*Marsch-Barner*, § 22 Rn 2;KölnKomm-UmwG/*Simon*, § 22 Rn 9; Semler/Stengel/*Maier-Reimer/Seulen*, § 22 Rn 15 ff mit einer umfassenden Übersicht über die einzelnen Anspruchsarten.
12 Kallmeyer/*Marsch-Barner*, § 22 Rn 2; Schmitt/Hörtnagl/Stratz/*Stratz*, § 22 Rn 5.
13 Teilweise bejahend Lutter/*Grunewald*, § 22 Rn 28.
14 Semler/Stengel/*Maier-Reimer/Seulen*, § 22 Rn 7.
15 Semler/Stengel/*Maier-Reimer/Seulen*, § 22 Rn 6; Schmitt/Hörtnagl/Stratz/*Stratz*, § 22 Rn 5; Kallmeyer/*Marsch-Barner*, § 22 Rn 2; KölnKomm-UmwG/*Simon* § 22 Rn 10.
16 KölnKomm-UmwG/*Simon*, § 22 Rn 10; Luther/*Grunewald*, § 22 Rn 5.
17 KölnKomm-UmwG/*Simon*, § 22 Rn 10; s. hierzu ausführlich Semler/Stengel/*Maier-Reimer/Seulen*, § 22 Rn 6.
18 Semler/Stengel/*Maier-Reimer/Seulen*, § 22 Rn 12.
19 Semler/Stengel/*Maier-Reimer/Seulen*, § 22 Rn 12.
20 Schmitt/Hörtnagl/*Stratz*, § 22 Rn 6; Lutter/*Grunewald*, § 22 Rn 7.
21 Schmitt/Hörtnagl/*Stratz*, § 22 Rn 6.
22 Semler/Stengel/*Maier-Reimer/Seulen*, § 22 Rn 13; Kallmeyer/*Marsch-Barner*, § 22 Rn 3.
23 Semler/Stengel/*Maier-Reimer/Seulen*, § 22 Rn 20; Lutter/*Grunewald*, § 22 Rn 13; Schmitt/Hörtnagl/Stratz/*Stratz*, § 22 Rn 6.

Handelsregistereintragung wirksam gewordenen Strukturmaßnahme ist Voraussetzung für den Anspruch auf Sicherheitsleistung.[24] Entscheidend ist insoweit, dass eine konkrete Gefährdung des jeweilig Sicherheitsleistung begehrenden Gläubigers vorliegen muss, da eine rein abstrakte Gefährdung nicht ausreichen kann.[25]Faktische Gründe für das Vorliegen einer solchen Gefährdung können sich etwa daraus ergeben, dass ein insolventer Rechtsträger mit einem solventen Rechtsträger verschmolzen wird,[26] also in den Fallgruppen der sogenannten „sanierenden Verschmelzung“, welche im Rahmen der 2. Novelle zum UmwG durch die Möglichkeit, auf eine Kapitalerhöhung beim aufnehmenden Rechtsträger zu verzichten,[27] erleichtert wurde. Für die Frage, ob eine konkrete Gefährdung vorliegt, können dabei Kriterien wie etwa die Liquiditätssituation vor dem Hintergrund fälliger Verbindlichkeiten sowie die Veränderung der Eigenkapitalquote herangezogen werden.[28] Zu beachten ist hierbei allerdings, dass das Gesetz kein „Garantiekapital“ in Form der Summe der beiden Nennkapitalia vorsieht.[29] Die „konkrete Gefährdung“ muss sich dabei unmittelbar aus der Verschmelzung[30] und nicht lediglich mittelbar aus der Rechtswirkung umwandlungsrechtlicher Vorschriften heraus ergeben.[31] So sollen zB Pensionsansprüche eines ehemaligen Konzernvorstandsmitglieds nicht unter den Anwendungsbereich des § 22 fallen.[32]

9 In der Praxis ist es ein sehr selten zu beobachtendes Phänomen, dass seitens der Gesellschaftsgläubiger gegenüber einer an einem Vorgang nach dem UmwG beteiligten Gesellschaft Ansprüche im Rahmen des § 22 geltend gemacht werden.[33]Dies auch vor dem Hintergrund, dass viele Umstrukturierungen von Unternehmen zukunftsgerichtet sind und damit bonitätserhöhend wirken.[34]

IV. Glaubhaftmachung

10 Es ist im Rahmen der Einforderung von Sicherheitsleistung erforderlich, das Bestehen einer Anspruchsgefährdung glaubhaft zu machen. Dazu ist es notwendig aber auch ausreichend, dass die Tatsachengrundlage für die von den Anspruchstellern geltend gemachte Gefährdung „überwiegend wahrscheinlich“ ist.[35] Es gilt insoweit § 294 ZPO, während für die Begründung des zu sichernden Anspruchs selbst der Vollbeweis verlangt wird.[36]

V. Fehlende Fälligkeit

11 Voraussetzung für einen **Anspruch auf Sicherheitsleistung** ist u.a. die fehlende Fälligkeit des gefährdeten Anspruchs, was sich aus der im Gesetzestext verwendeten Formulierung „... soweit sie nicht Befriedigung verlangen können ...“ ableiten lässt.[37] Ist der zu sichernde Anspruch fällig, kann er seitens des Gläubigers sofort durchgesetzt werden, eine Sicherung dieses Anspruchs erscheint dann weder sinnvoll noch geboten. Der Anspruch auf Sicherheitsleistung soll hingegen nicht entfallen, wenn er zeitlich vor der zu sichernden Forderung selbst zur Entstehung gelangt.[38] Dies erscheint nach der ratio legis auch überzeugend.

24 KölnKomm-UmwG/*Simon*, § 22 Rn 27.
25 KölnKomm-UmwG/*Simon*, § 22 Rn 25; vgl; Schmitt/Hörtnagl/Stratz/*Stratz*, § 22 Rn 15.
26 Semler/Stengel/*Maier-Reimer/Seulen*, § 22 Rn 21.
27 Vgl § 54 Abs. 1 S. 3 UmwG; zur grundsätzlichen Zulässigkeit einer so genannten „Abwicklungsverschmelzung“ vgl auch AG Erfurt GmbHR 1996, 373; LG Leipzig, DB 2006, 885.
28 S. dazu die Beispiele bei Semler/Stengel/*Maier-Reimer/Seulen*, § 22 Rn 21.
29 Semler/Stengel/*Maier-Reimer/Seulen*, § 22 Rn 24.
30 Bzw einer anderen Maßnahme nach dem UmwG, sofern auf § 22 verwiesen wird.
31 LG Köln Der Konzern 2004, 806 ff.
32 LG Köln Der Konzern 2004, 806 ff.
33 So auch KölnKomm-UmwG/*Simon*, § 22 Rn 7.
34 Zutreffend und den Erfahrungen der Praxis insoweit voll entsprechend etwa KölnKomm-UmwG/*Simon*, § 22 Rn 7.
35 Semler/Stengel/*Maier-Reimer/Seulen*, § 22 Rn 35; vgl Schmitt/Hörtnagl/Stratz/*Stratz*, § 22 Rn 13.
36 KölnKomm-UmwG/*Simon*, § 22 Rn 48; Lutter/*Grunewald*, § 22 Rn 48.
37 Vgl hierzu Semler/Stengel/*Maier-Reiner/Seulen* § 22 Rn 36; Schmitt/Hörtnagl/Stratz/*Stratz*, § 22 Rn 16; Kallmeyer/*Marsch-Barner*, § 22 Rn 8; Lutter/*Grunewald*, § 22 Rn 9.
38 Vgl Lutter/*Grunewald*, § 22 Rn 10.

VI. Frist

Die Vorschrift verlangt eine Geltendmachung des Anspruchs binnen **sechs Monaten** nach erfolgter Bekanntmachung in schriftlicher Form, wobei der zu sichernde Anspruch seiner Natur nach und bezüglich der Höhe[39] in einer dem sachenrechtlichen Bestimmtheitsgebot entsprechenden Weise bei dem jeweils übernehmenden Rechtsträger angemeldet werden muss. Im Rahmen dieser Anmeldung muss das Bestehen des Anspruchs, für den Sicherheit begehrt wird, hinreichend konkret dargelegt werden.[40] 12

Die Frist zur Geltendmachung des Anspruchs auf Sicherheitsleistung ist in materiellrechtlicher Hinsicht eine Ausschlussfrist,[41] mit der Folge, dass der materiellrechtliche Sicherungsanspruch mit Fristablauf untergeht.[42] 13

Nach insoweit ganz hM soll die Gewährung von Wiedereinsetzung in den vorigen Stand nach erfolgtem Fristablauf ausgeschlossen sein.[43] 14

Eine **Abkürzung** der sechs-Monats- Frist im Verschmelzungsvertrag ist in jedem Fall **unzulässig**,[44] eine Verlängerung als ergänzende Regelung im Rahmen eines Vertrages zugunsten Dritter ist jedoch grundsätzlich möglich.[45]Eine mit einzelnen Gläubigern vereinbarte individuelle Fristabkürzung ist als „Verzicht" möglich.[46] Die Zulassung dieser Änderungen erscheint im Lichte der Vertragsfreiheit unbedenklich, zumal sich diese Abänderungen in keiner Weise zulasten des durch § 22 geschützten Personenkreises auswirken. 15

Erfolgt der seitens des Registergerichts gemäß Abs. 1 S. 3 zu veranlassende Gläubigeraufruf nicht oder in fehlerhafter Weise, soll die **Ausschlussfrist** nach hM ungeachtet dessen **zu laufen beginnen.**[47] Zur Begründung wird darauf verwiesen, die Gläubiger seien in diesem Fall durch die Eintragung der Verschmelzung und deren Bekanntmachung hinreichend gewarnt.[48] Dem kann nicht gefolgt werden. Die ratio legis der für das Registergericht bestehenden Verpflichtung zu einem separat neben der Bekanntmachung des Verschmelzungsvorgangs zu veranlassenden Gläubigeraufruf mit informativen und belehrenden Elementen ist ausschließlich der umfassende Gläubigerschutz. Es ist nicht überzeugend, dass sich ein hierbei ereignender Bekanntmachungsfehler ausschließlich zulasten der Gläubiger und durch den „vorzeitigen" Fristbeginn zugunsten der Gesellschaft auswirken soll. Hätte der Gesetzgeber allein die Bekanntmachung der Eintragung von Verschmelzungsvorgängen als Warnung für die Gesellschaftsgläubiger als ausreichend angesehen, hätte es der Anordnung des zusätzlichen Gläubigeraufrufs gemäß Abs. 2 S. 3 nicht bedurft. Die Gesellschaft hat es zudem in der Hand, durch eine Überprüfung des Bekanntmachungsinhalts sicherzustellen, dass ein **zeitnaher Fristlauf** in Gang gesetzt wird. Daran kann auch die grundsätzliche Möglichkeit, bei einem unterbliebenen oder fehlerhaften Gläubigeraufruf seitens der Gesellschaftsgläubiger Amtshaftungsansprüche gemäß § 839 BGB iVm Art. 34 GG geltend zu machen,[49] nichts ändern; denn hier dürfte es in der Praxis sehr schwierig werden, eine haftungsbegründende und haftungsausfüllende Kausalität darzulegen und zu beweisen. 16

Der Lauf der sechs-Monats-Frist beginnt jeweils mit Bekanntmachung der zugrunde liegenden Handelsregistereintragung gemäß § 19 Abs. 3, so dass es bei einem Verschmelzungs- bzw Um- 17

39 Vgl Kallmeyer/*Marsch-Barner*, § 22 Rn 4; Semler/Stengel/*Maier-Reimer/Seulen*, § 22 Rn 41; Köln-Komm-UmwG/*Simon*, § 22 Rn 44.

40 Kallmeyer/*Marsch-Barner*, § 22 Rn 4.

41 Schmitt/Hörtnagl/Stratz/*Stratz*, § 22 Rn 12; Kallmeyer/*Marsch-Barner*, § 22 Rn 5; Semler/Stengel/*Maier-Reimer/Seulen*, § 22 Rn 39.

42 Kallmeyer/*Marsch-Barner*, § 22 Rn 5; Schmitt/Hörtnagl/Stratz/*Stratz*, § 22 Rn 12.

43 Schmitt/Hörtnagl/Stratz/*Stratz*, § 22 Rn 12; Kallmeyer/*Marsch-Barner*, § 22 Rn 5.

44 Semler/Stengel/*Maier-Reimer/Seulen*, § 22 Rn 39; Kallmeyer/*Marsch-Barner*, § 22 Rn 5.

45 Insoweit vom Ergebnis und der Begründung her überzeugend Semler/Stengel/Maier-Reimer/*Seulen*, § 22 Rn 39; ebenso Kallmeyer/*Marsch-Barner*, § 22 Rn 5; Lutter/*Grunewald*, § 22 Rn 18.

46 Kallmeyer/*Marsch-Barner*, § 22 Rn 5.

47 Kallmeyer/*Marsch-Barner*, § 22 Rn 6; Lutter/*Grunewald*, § 22 Rn 19; Schmitt/Hörtnagl/Stratz/*Stratz*, § 22 Rn 11.

48 Lutter/*Grunewald*, § 22 Rn 19.

49 Vgl hierzu Schmitt/Hörtnagl/Stratz/*Stratz*, § 22 Rn 11; Kallmeyer/*Marsch-Barner*, § 22 Rn 6.

wandlungsvorgang zu unterschiedlichem Fristbeginn für die anspruchsberechtigten Gläubiger bei übernehmendem und übertragendem Rechtsträger kommen könnte.[50] Dies gilt auch bei aufeinander aufbauenden umwandlungsrechtlichen Vorgängen wie etwa Kettenverschmelzungen.

VII. Anspruchsgegener

18 Der auf Sicherheitsleistung gerichtete **Anspruch** ist gemäß Abs. 1 S. 1 durch schriftliche Anmeldung bei dem jeweiligen Rechtsträger, gegen den sich dieser Anspruch richtet, **schriftlich anzumelden.**[51] Geht man allerdings davon aus, dass der Anspruch auf Sicherheitsleistung erst im Zeitpunkt der Wirksamkeit der Verschmelzung zur Entstehung gelangen kann,[52] so ist der übertragende Rechtsträger wegen der Rechtsfolge des § 20 Abs. 1 Ziffer 2 zu diesem Zeitpunkt bereits erloschen.[53] Dann kann faktisch der Anspruch nur gegenüber dem jeweils aufnehmenden Rechtsträger geltend gemacht werden. Die Gegenansicht,[54] welche für das Entstehen des Anspruchs auf Sicherheitsleistung auf den Zeitpunkt der jeweiligen Handelsregistereintragung abstellt, ist bei einer gleichzeitigen Eintragung bei den beteiligten Rechtsträgern[55] ohne Auswirkungen und vermag auch bei einem zeitlichen Auseinanderfallen der jeweils um die erforderlichen Gläubigeraufrufe angereicherten Bekanntmachungen nicht zu überzeugen; denn dies hätte in der Praxis zur Folge, dass Ansprüche gegenüber dem bzw den übertragenden Rechtsträger/n lediglich in dem zwischen beiden Eintragungen und deren Bekanntmachungen liegenden Zeitfenster bestehen würden, die anspruchsberechtigten Gläubiger auf die Dauer dieser Übergangsfrist und der Zeitpunkt der Eintragung bei dem/den aufnehmenden Rechtsträger/n keinerlei Einfluss haben.

VIII. Höhe und Art der Sicherheitsleistung

19 Hinsichtlich der Art der dem/den anspruchsberechtigten Gläubiger/n zu gewährenden Sicherheitsleistung gelten die §§ 232 ff BGB.[56] Dies hat zur Folge, dass dem Anspruchsgegner hier ein Wahlrecht bezüglich der Art der zu bestellenden Sicherheit zukommt.

20 Maßgeblich für die Höhe der Sicherheitsleistung ist, dass sich diese nach dem Wert des von dieser zu sichernden Rechts zuzüglich etwaiger Nebenkosten und Zinsen[57] berechnet. Es darf nicht eine einfache Gesamtsaldierung der bestehenden Ansprüche erfolgen, vielmehr ist das konkrete Risiko schätzweise zu bestimmen.[58] Der Anspruch auf Sicherheitsleistung wird in seiner Höhe durch das konkrete Schutzbedürfnis des jeweils anspruchstellenden Gläubigers begrenzt.[59]

IX. Prozessuale Fragen

21 Der Anspruch auf Sicherheitsleistung kann von dem jeweils anspruchsberechtigten Gläubiger im Klagewege gegenüber dem Anspruchsgegner[60] geltend gemacht werden. Im Hinblick darauf, dass § 232 BGB dem Schuldner der Sicherheitsleistung ein **Wahlrecht** einräumt, in welcher Weise er diesen Anspruch erfüllen möchte, ist es für den klagenden Gläubiger unabdingbar, den Klageantrag auf die Leistung von Sicherheit in einer bestimmten Höhe in einer der in

50 Kallmeyer/*Marsch-Barner*, § 22 Rn 6;Schmitt/Hörtnagl/Stratz/*Stratz*, § 22 Rn 8.
51 Siehe hierzu etwa die Darstellung bei Schmitt/Hörtnagl/Stratz/*Stratz*, § 22 Rn 8.
52 So Semler/Stengel/*Maier-Reimer/Seulen*, § 22 Rn 42; Lutter/*Grunewald*, § 22 Rn 22; Kallmeyer/*Marsch-Barner*, § 22 Rn 11.
53 Deutlich insoweit die Darstellung bei Lutter/*Grunewald*, § 22 Rn 22.
54 Schmitt/Hörtnagl/Stratz/*Stratz*, § 22 Rn 8.
55 Sofern für diese die Zuständigkeit desselben Registergerichts gegeben ist, vgl § 19 Abs. 1.
56 Kallmeyer/*Marsch-Barner*, § 19 Rn 18; Semler/Stengel/*Maier-Reimer/Seulen*, § 22 Rn 20.
57 Zur Anspruchshöhe siehe ausführlich die Darstellung bei Lutter/*Grunewald*, § 22 Rn 23.
58 Lutter/*Grunewald*, § 22 Rn 23.
59 Semler/Stengel/*Maier-Reimer/Seulen*, § 22 Rn 5; im Einzelnen strittig, vgl Schmitt/Hörtnagl/Stratz/*Stratz*, § 22 Rn 21.
60 Zum Anspruchsgegner vgl Rn 18 ff.

§ 232 BGB genannten Arten zu richten.[61] Streitgegenstand dieser auf der Grundlage des § 22 erfolgenden Klage ist nicht die zu sichernde Forderung, sondern der Anspruch auf Sicherheitsleistung selbst.[62]

X. Ausschluss des Anspruchs

Der Anspruch auf Sicherheitsleistung ist ausgeschlossen, soweit eine anderweitige Sicherheit in ausreichendem Umfang zur Verfügung steht.[63] Eine solche in anderer Weise zur Verfügung stehende Sicherheit liegt nach Abs. 2 der Vorschrift (bei Vorliegen einer sogenannten „staatlich überwachten Deckungsmasse")[64] etwa dann vor, wenn in der Insolvenz zugunsten des Gläubigers ein **Recht auf vorzugsweise Befriedigung** gegeben ist.[65] Dies betrifft u.a. Pfandbriefinhaber, Anspruchsberechtigte aus einer Lebensversicherung, Unfallversicherung und Krankenversicherung sowie bestimmte Versorgungsanwartschaften.[66] Auch besteht kein Anspruch auf Sicherheitsleistung, wenn der zu sichernde **Anspruch selbst bereits fällig** ist.[67] Wurde vor dem Zeitpunkt des Wirksamwerdens der Verschmelzung bereits anderweitig eine ausreichende Sicherheit (zB Zurverfügungstellung eines Darlehens, Stellung einer Bankbürgschaft oder Bestellung einer Grundschuld)[68] gewährt, kann keine zusätzliche Sicherheitsleistung im Rahmen des § 22 verlangt werden.[69] Dies ist vor dem Hintergrund, dass § 22 keine „Doppelsicherung" der Gesellschaftsgläubiger bezweckt, auch überzeugend. 22

Umstritten ist, ob die Vorschrift als „Schutzgesetz" im Rahmen des § 823 Abs. 2 BGB anzusehen ist. Von einer Ansicht wird dies unter Hinweis auf die Subsidiarität des § 823 Abs. 2 BGB abgelehnt.[70] Die Gegenansicht[71] geht mit der Folge, dass dann der übernehmende Rechtsträger uU gemäß § 31 BGB für die schuldhafte Pflichtverletzung seiner Organe in Zusammenhang mit der Gewährung von Sicherheitsleistung nach § 22 haftet.[72] Die letztere Ansicht vermag insoweit mehr zu überzeugen. Es ist aus der Sicht der Praxis nicht einzusehen, warum nicht eine Pflichtverletzung seitens der Organe des übernehmenden Rechtsträgers in Zusammenhang mit der ausschließlich dem Schutz der Gesellschaftsgläubiger dienenden Norm nicht gemäß § 823 Abs. 2 BGB sanktioniert werden soll, zumal dieser Anspruch über § 31 BGB im Rahmen der Organhaftung ohnehin gegen den übernehmenden Rechtsträger selbst gerichtet werden kann. 23

XI. Registerverfahren

Das Registergericht macht den Gläubigeraufruf gemäß § 22 im **elektronischen Bundesanzeiger**[73] bekannt. Wird diese **Bekanntmachung** pflichtwidrig nicht veranlasst, kommen Amtshaftungsansprüche gemäß Art. 34 GG iVm § 839 BGB solcher Gläubiger der jeweils betroffenen Gesellschaft in Betracht, die es infolge der nicht erfolgten Bekanntmachung unterlassen haben, ihren Anspruch auf Sicherheitsleistung rechtzeitig bei der Gesellschaft anzumelden und dadurch einen Schaden erlitten haben.[74] In der Praxis dürfte es jedoch schwierig sein, die haftungsbegründende und haftungsausfüllende Kausalität einer nicht erfolgten Bekanntmachung für einen später zulasten von Gesellschaftsgläubigern eingetretenen Schaden infolge einer Verschlechterung der Vermögenssituation der betroffenen Gesellschaft substanziiert herzuleiten. 24

61 Semler/Stengel/*Maier-Reimer/Seulen*, § 22 Rn 53; KölnKomm-UmwG/Simon § 22 Rn 57.
62 Widmann/Mayer/*Vossius*, § 22 Rn 61.
63 Lutter/*Grunewald*, § 22 Rn 26; Semler/Stengel/*Maier-Reimer/Seulen*, § 22 Rn 51.
64 KölnKomm-UmwG/*Simon*, § 22 Rn 37; Semler/Stengel/*Maier-Reimer/Seulen*, § 22 Rn 58.
65 Vgl dazu auch Semler/Stengel/*Maier-Reimer/Seulen*, § 22 Rn 58 f.
66 S. hierzu etwa die Übersicht bei Schmitt/Hörtnagl/Stratz/*Stratz*, § 22 Rn 18; vgl hierzu auch KölnKomm-UmwG/*Simon*, § 22 Rn 37 ff.
67 Schmitt/Hörtnagl/Stratz/*Stratz*, § 22 Rn 16; KölnKomm-UmwG-Simon, § 22 Rn 34.
68 Beispiele nach Widmann/Mayer/*Vossius*, § 22 Rn 43 f.
69 S. hierzu etwa Schmitt/Hörtnagl/*Stratz*, § 22 Rn 19, u.a. auf §§ 7 ff BetrAVG verweisend.
70 Semler/Stengel/*Maier-Reimer/Seulen*, § 22 Rn 67; Lutter/*Grunewald*, § 22 Rn 30 mwN; KölnKomm-UmwG/Simon, § 22 Rn 62.
71 Schmitt/Hörtnagl/Stratz/*Stratz*, § 22 Rn 22; Kallmeyer/*Marsch-Barner*, § 22 Rn 13.
72 Kallmeyer/*Marsch-Barner*, § 22 Rn 13.
73 Vgl § 10 HGB zum Bekanntmachungsorgan für gerichtliche Bekanntmachungen im Handelsregisterverfahren.
74 Semler/Stengel/*Maier-Reimer/Seulen*, § 22 Rn 66.

Hinweis: Prüfung der Bekanntmachung Im Rahmen sachgerechter und vorausschauender Beratung der Gesellschaft empfiehlt es sich dringend, die ordnungsgemäße Veranlassung des Gläubigeraufrufes gemäß § 22 zu überprüfen, da sonst die sechs-Monats-Frist nach der hier vertretenen Ansicht (abweichend von der hM)gemäß Abs. 1 nicht zugunsten der Gesellschaft beginnen kann; notfalls sollte dies gegenüber dem Registergericht eingefordert werden. Endet zusammen mit dem Eintritt der Wirksamkeit eines Verschmelzungsvorgangs auch ein Beherrschungs- und/oder Gewinnabführungsvertrag, sollte darauf geachtet werden, ob auch ein zweiter Gläubigeraufruf gemäß § 303 AktG erfolgt ist („doppelter Gläubigeraufruf"). Denn auch diesbezüglich läuft gegenüber der Gesellschaft – sofern sie Obergesellschaft eines der vorbezeichneten Unternehmensverträge ist – eine sechs-Monats-Frist.

XII. Kosten der Bekanntmachung

25 Die Kosten der Bekanntmachung im elektronischen Bundesanzeiger, welche zu den Eintragungsgebühren hinzuzurechnen sind,[75] betragen gewöhnlich bei der gemäß § 10 HGB digital im elektronischen Bundesanzeiger zu veranlassenden Variante insgesamt 1 EUR pro Bekanntmachung. Die Registergerichte geben hier den Beteiligten lediglich den tatsächlich entstandenen Kostenaufwand wieder. Rechtsgrundlage für die Auslagenerstattung bei Bekanntmachungen im elektronischen Bundesanzeiger ist die Kostenziffer 31004 des Kostenverzeichnisses der Anlage 1 zu § 3 Abs. 2 GNotKG. Bis zum Inkrafttreten des GNotKG befand sich die entsprechende Regelung in § 137 Abs. 1 Nr. 4 KostO (aF).

§ 23 Schutz der Inhaber von Sonderrechten

Den Inhabern von Rechten in einem übertragenden Rechtsträger, die kein Stimmrecht gewähren, insbesondere den Inhabern von Anteilen ohne Stimmrecht, von Wandelschuldverschreibungen, von Gewinnschuldverschreibungen und von Genußrechten, sind gleichwertige Rechte in dem übernehmenden Rechtsträger zu gewähren.

Literatur:

Brause, Stimmrechtslose Vorzugsaktien bei Umwandlungen, 2001; *Driver*, Behandlung von Genussrechten bei der Verschmelzung und beim Abschluss von Unternehmensverträgen, BB 2014, 195; *Gehling*, „Obligationsähnliche Genußrechte": Genußrechte oder Obligation?, WM 1992, 1093; *Habersack/Mayer*, Die überschießende Umsetzung von Richtlinien, JZ 1999, 913; *Hüffer*, Der Schutz besonderer Rechte in der Verschmelzung, in: FS Lutter, 2000, S. 1227; *Jung*, Die Stille Gesellschaft in der Spaltung, ZIP 1996, 1734; *Kiem*, Die Stellung der Vorzugsaktionäre bei Umwandlungsmaßnahmen, ZIP 1997, 1627; *Krieger*, Vorzugsaktie und Umstrukturierung, in: FS Lutter, 2000, S. 497; *Loos*, Sachgemäße Ausgestaltung der Bedingungen von Wandelschuldverschreibungen zum Schutze der Wandelschuldverschreibungsgläubiger, DB 1960, 543; *Lutter*, Aktienerwerb von Rechtswegen: Aber welche Aktien?, in: FS Mestmäcker, 1996, 943; *Martens*, Die rechtliche Behandlung von Options- und Wandlungsrechten anlässlich der Eingliederung der verpflichteten Gesellschaft, AG 1992, 209; *Naraschewski*, Verschmelzung im Konzern, DB 1997, 1653; *Petersen*, Der Gläubigerschutz im Umwandlungsrecht, 2001; *Reichert*, Folgen der Anteilsvinkulierung für Umstrukturierungen von Gesellschaften mit beschränkter Haftung und Aktiengesellschaften nach dem Umwandlungsgesetz 1995, GmbHR 1995, 176; *Rinnert*, Auswirkung eines Formwechsels von einer AG in eine GmbH auf das bedingte Kapital zur Sicherung von Bezugsrechten, NZG 2001, 865; *Rothenburg*, Aktienoptionen in der Verschmelzung, 2009; *Tim/Schöne*, Abfindung in Aktien: Das Gebot der Gattungsgleichheit – ein Bericht über ein aktienrechtliches Schiedsverfahren, in: FS Kropff 1997, S. 315; *Volhardt/Goldschmidt*, Nötige und unnötige Sonderbeschlüsse der Inhaber stimmrechtsloser Vorzugsaktien, in: FS Lutter, 2000, S. 779; *Wilhelm*, Das Schicksal virtueller Mitarbeiterbeteiligungen

75 S. hierzu Kallmeyer/*Marsch-Barner*, § 19 Rn 18.

bei Abspaltung und Ausgliederung, NZG 2013, 1211; *Winter*, Die Rechtsstellung des stillen Gesellschafters in der Verschmelzung, in: FS Peltzer, 2001, S. 661.

I. Normzweck

1 § 23 schützt die Inhaber stimmrechtsloser Sonderrechte des übertragenden Rechtsträgers vor einer **Verwässerung** ihrer Rechte infolge der Verschmelzung. Die Vorschrift setzt auf dem früheren § 347 a AktG aF auf und dient wie bereits § 347 a AktG aF der Umsetzung des Art. 15 der Dritten gesellschaftsrechtlichen Richtlinie,[1] geht jedoch sprachlich über beide Normen hinaus.

2 Die **Inhaber von Sonderrechten** in einem **übertragenden Rechtsträger**, die **keine Stimmrechte** gewähren, benötigen einen vermögensrechtlichen Sonderschutz, da diese über die Verschmelzung an sich nicht abstimmen können. Damit folgt der Gesetzgeber einem besonderen Schutzbedürfnis, da die Sonderrechtsinhaber nicht vom Grundsatz der Mitgliedschaftsperpetuierung aus § 2 geschützt sind (s. dazu unter § 2 Rn 20). Da sie somit aus umwandlungsrechtlicher Sicht nicht an der Verschmelzung bzw am automatischen Übergang auf den übernehmenden Rechtsträger teilhaben, gewährt § 23 ihnen einen Sonderstatus, indem die Beteiligten verpflichtet werden sicherzustellen, dass den in § 23 genannten Sonderrechteinhabern am übernehmenden Rechtsträger gleichwertige Rechte zu gewähren sind. § 23 stellt darauf ab, dass **gleichwertige** und nicht gleichartige Rechte zu gewähren sind; es ist hierbei eine wirtschaftliche Betrachtungsweise geboten.[2] Dies lässt den Rechtsträgern einerseits einen gewissen Handlungsspielraum, schützt aber auch die Sonderrechteinhaber insoweit, weil das für die Anteilsinhaber geltende **Gebot der Wertäquivalenz** der alten und neuen Anteile hier auf die Sonderrechteinhaber des § 23 ausgedehnt wird. § 23 dient somit dem Schutz der Sonderrechteinhaber vor einer Verwässerung ihrer Anteile.[3] Darin findet sich eine so bezeichnete Ausgleichsfunktion des § 23. Soweit diese Sonderrechteinhaber nicht über die Verschmelzung mitentscheiden dürfen, soll zumindest ihre Rechtsposition gegen Beeinträchtigungen möglichst umfassend geschützt werden.

II. Tatbestand

3 Der Schutz des § 23 erfasst dem Wortlaut der Vorschrift entsprechend Inhaber von Sonderrechten, die kein Stimmrecht gewähren. Insbesondere gilt dies für Anteile ohne Stimmrecht, Wandelschuldverschreibungen, Gewinnschuldverschreibungen und Genussrechte. Die Aufzählung des § 23 ist freilich bereits aufgrund der sprachlichen Fassung **nicht abschließend.**[4]

4 Dem genauen Wortlaut folgend, verlangt die Vorschrift **„Rechte in einem übertragenden Rechtsträger"**. Dies schließt zunächst Ansprüche gegen Gesellschafter, Beteiligungsunternehmen und sonstige Dritte wie zB Andienungs- oder Vorkaufsrechte aus, da diese Rechte nicht „in" dem übertragenden Rechtsträger bestehen können.[5] Es schließt ferner Rechte gegenüber dem Rechtsträger wie schuldrechtliche Ansprüche (zB gewinnabhängige Vergütungsansprüche eines Angestellten, Ansprüche aus partiarischem Darlehen oder Inhaberschuldverschreibungen gem. §§ 793 ff BGB) aus, da auch diese keine Rechte im Rechtsträger darstellen.[6] Diese Rechte gehen als normale Verbindlichkeit des übertragenen Rechtsträgers auf den übernehmenden

1 Dritte gesellschaftsrechtliche Richtlinie 77/855/EWG vom 9.10.1978, sog. Verschmelzungsrichtlinie.
2 BGH DStR 2013, 1951, 1957.
3 S. die GesBegr. bei *Ganske*, Umwandlungsrecht, S. 77.
4 Ausf. dazu *Hüffer* in: FS Lutter, S. 1227 ff.
5 Lutter/*Grunewald*, § 23 Rn 4; Semler/Stengel/*Kalss*, § 23 Rn 5; KölnKomm-UmwG/*Simon*, § 23 Rn 5; *Hüffer* in: FS Lutter, S. 1227, 1231 ff.
6 GesBegr. bei *Ganske*, Umwandlungsrecht, S. 77; Lutter/*Grunewald*, § 23 Rn 4.

Rechtsträger über und sind dort allenfalls nach allgemeinen zivilrechtlichen Grundsätzen (§§ 157, 242, 313 Abs. 1 BGB) an die veränderte Sachlage anzupassen.

5 Obgleich der Wortlaut die von § 23 geschützten Ansprüche nicht auf reine Vermögensrechte reduziert, sondern auch (Mit-)Verwaltungsrechte, wie etwa Entsenderechte oder Zustimmungsrechte, erfasst, müssen diese nach dem Zweck der Vorschrift ausgeschlossen sein.[7] § 23 setzt Art. 15 der Dritten gesellschaftsrechtlichen Richtlinie um und soll nach der Gesetzesbegründung nicht über § 347 a AktG aF hinausgehen, sondern dessen Anwendung nur vereinfachen.[8] § 347 a AktG aF hat jedoch ausschließlich Inhaber von Wandel- und Gewinnschuldverschreibungen sowie Genussscheinen geschützt.[9] Ferner dient § 23 nach der Gesetzesbegründung dem Verwässerungsschutz der Sonderrechte;[10] einen solchen kann es jedoch begriffslogisch nur bei **Vermögensrechten** geben.[11] Dieses Ergebnis entspricht auch der Systematik des UmwG, da dieses bei bestehenden Verwaltungsrechten von Sonderrechtinhabern jeweils ein besonderes Zustimmungserfordernis statuiert.[12]

6 Weiterhin kann eine reine Gläubiger- oder gläubigerähnliche Position des Anspruchsinhabers aufgrund dieses Wortlautes nicht ausreichen; es muss vielmehr eine gewisse **mitgliedschaftliche Komponente** des betreffenden Rechts vorliegen.[13] Aus diesem Grunde sind etwa Inhaberschuldverschreibungen (s.o.) oder Tantiemen nicht erfasst.[14]

7 **1. Anteile ohne Stimmrecht.** Für die vom Anwendungsbereich des § 23 explizit als Oberbegriff erfassten Anteile ohne Stimmrecht besteht eigentlich keine praktische Relevanz, denn diese Anteile sind von dem in § 23 geregelten besonderen Schutzinteresse nicht erfasst, da es sich um vollwertige Anteile handelt, die bereits dem Grundsatz der Mitgliedschaftsperpetuierung sowie der Wertäquivalenz unterliegen.[15] Sie werden demnach bei der Verschmelzung vollwertig mit in den übernehmenden Rechtsträger überführt.

8 Das Vorstehende gilt nach richtiger Auffassung auch für Vorzugsaktien ohne Stimmrecht.[16] Auch **stimmrechtslose Vorzugsaktien** sind Anteile am Rechtsträger und werden durch die Bestimmungen über das Umtauschverhältnis (§§ 5 Abs. 1 Nr. 3, 15 UmwG, SpruchG) geschützt und stellen somit vollwertige Anteile dar, die dem Grundsatz der Mitgliedschaftsperpetuierung und der Wertäquivalenz unterliegen.[17] Hierfür spricht auch die Gesetzgebungsgeschichte und der Wortlaut des Art. 15 der Dritten gesellschaftsrechtlichen Richtlinie, die Rechte ausschließlich für die Inhaber anderer Wertpapiere vorsieht, die mit Sonderrechten verbunden, jedoch keine Aktien sind.[18] Der hierauf beruhende § 347 a AktG aF schloss Vorzugsaktien ebenfalls aus und sollte inhaltlich auch nicht erweitert werden.

9 **2. Wandel- und Gewinnschuldverschreibungen.** Die von § 23 explizit einbezogenen **Wandelschuldverschreibungen** (§ 221 Abs. 1 S. 1 AktG) gewähren über den Geldanspruch gegenüber dem Emittenten hinaus auch die Möglichkeit des Inhabers, Mitgliedschaftsrechte am Emitten-

7 Lutter/*Grunewald*, § 23 Rn 2; Semler/Stengel/*Kalss*, § 23 Rn 8; KölnKomm-UmwG/*Simon*, § 23 Rn 6; *Hüffer* in: FS Lutter, S. 1227, 1233.
8 GesBegr. bei *Ganske*, Umwandlungsrecht, S. 77.
9 KölnKomm-AktG/*Kraft*, § 347 a Rn 5.
10 GesBegr. bei *Ganske*, Umwandlungsrecht, S. 77.
11 IE ebenso Widmann/Mayer/*Vossius*, § 23 Rn 10; *Hüffer* in: FS Lutter, S. 1227, 1233.
12 Vgl etwa die §§ 13 Abs. 2 oder 50 Abs. 2.
13 Semler/Stengel/*Kalss*, § 23 Rn 4; KölnKomm-UmwG/*Simon*, § 23 Rn 5; Lutter/*Grunewald*, § 23 Rn 4.
14 Lutter/*Grunewald*, § 23 Rn 4; Semler/Stengel/*Kalss*, § 23 Rn 4; KölnKomm-UmwG/*Simon*, § 23 Rn 5.
15 So iE auch Lutter/*Grunewald*, § 23 Rn 11; Semler/Stengel/*Kalss*, § 23 Rn 9; KölnKomm-UmwG/*Simon*, § 23 Rn 9.
16 Explizit KölnKomm-UmwG/*Simon*, § 23 Rn 10; differenzierend Semler/Stengel/*Kalss*, § 23 Rn 10; mit dem Hinweis auf die Differenzierung von Lutter/*Lutter*/*Drygala*, § 5 Rn 15.
17 So auch Semler/Stengel/*Kalss*, § 23 Rn 11; KölnKomm-UmwG/*Simon*, § 23 Rn 10, die jeweils eine teleologische Reduktion annehmen; *Hüffer* in: FS Lutter, S. 1227, 1232, der offenlässt, ob eine teleologische Reduktion oder eine einschränkende Auslegung vorliegt; *Rümker* in: WM-Festgabe Hellner, 1994, S. 73, 77, der vor Einführung des neuen UmwG bereits einen Sonderrechtsschutz für Vorzugsaktien abgelehnt hatte; aA Lutter/*Grunewald*, § 23 Rn 10; Widmann/Mayer/*Vossius*, § 23 Rn 1.10; *Kiem*, ZIP 1997, 1627, 1631, die § 23 auf stimmrechtslose Vorzugsaktien anwenden wollen.
18 Art. 15 der Dritten gesellschaftsrechtlichen Richtlinie vom 9. Oktober 1978 (78/855/EWG).

ten zu erwerben; etwa durch Umtausch- oder Bezugsrechte. In der Praxis bestehen diese zumeist bei Wandel- und Optionsanleihen einer AG oder KGaA.

In Abgrenzung dazu sehen **Gewinnschuldverschreibungen** (§ 221 Abs. 1 S. 1 AktG) eine Teilhabe am Gewinn vor, die sich an den Gewinnanteilen der Anteilsinhaber orientiert, ohne dabei jedoch eine direkte mitgliedschaftliche Bindung zum Rechtsträger aufzuweisen. **Inhaberschuldverschreibungen** gem. §§ 793 ff BGB oder sonstige gewinnabhängige Ansprüche sind hiervon jedoch nicht umfasst.[19] 10

Eine Verbriefung in Form eines Wertpapiers ist für den Anspruch aus § 23 nicht entscheidend.[20] Da § 23 nicht nach den an der Verschmelzung beteiligten Rechtsträgern differenziert, gilt diese Privilegierung auch bei anderen Rechtsformen als bei der AG und der KGaA. Entscheidend ist allein der Schutzzweck des § 23 vor einer Verwässerung der Rechtsposition.[21] 11

3. Genussrechte. Soweit **Genussrechte** im Gesetz nicht definiert werden,[22] ist die Anforderung an ein von § 23 geschütztes Genussrecht konkret am Normzweck des § 23 auszurichten.[23] Danach scheiden rein schuldrechtliche Gläubigerrechte ohne Chancen und Risiken, wie etwa **fixe Gewinnbezugsrechte**, aus, da ihnen der bereits dargestellte mitgliedschaftliche Konnex fehlt.[24] Eine Eingrenzung kann dahin gehend stattfinden, dass der Inhalt des Genussrechtes mit der Entwicklung des Rechtsträgers aktienähnlich (vergleichbar einer Dividendenerwartung eines Aktionärs) verbunden sein muss, der Genussrechtsinhaber mithin vermögensrechtliche Ansprüche gegen den Rechtsträger hat, welche nach ihrem Inhalt typische Gesellschafterrechte wie Teilhabe am Gewinn und am Liquidationserlös sind.[25] Dann besteht ein der Situation des Anteilsinhabers vergleichbares wirtschaftliches Risiko.[26] In der Praxis sind dies häufig Ansprüche mit gewinnorientierter Verzinsung, wobei die Verbriefung des Genussrechts keine Voraussetzung für die Anwendbarkeit des § 23 ist.[27] 12

4. Erfasste ungenannte Sonderrechte. Der Wortlaut des § 23 („insbesondere“) zeigt an, dass die dort vorgenommene Aufzählung **nicht abschließend** ist. Für die in den Anwendungsbereich des § 23 aufzunehmenden ungenannten Rechte ist entscheidend, dass sie einen mitgliedschaftlichen oder zumindest mitgliedschaftsähnlichen Charakter aufweisen. Ferner müssen sie Rechte gegenüber dem übertragenden Rechtsträger gewähren; eine Emittentenstellung des übertragenden Rechtsträgers ist freilich nicht erforderlich.[28] Erfasst sind demnach nach hM Rechte eines stillen Gesellschafters am übertragenden Rechtsträger.[29] Nicht in den Anwendungsbereich des § 23 fallen demzufolge jedoch Vorkaufsrechte oder Optionsrechte, die ausschließlich Anteilsbezüge gegenüber anderen Rechtsträgern bieten.[30] Bei sog. Phantom Stocks kommt es im Rahmen des § 23 auf deren Ausgestaltung im Einzelfall an.[31] 13

In den Anwendungsbereich des § 23 fallen auch vermögensrechtliche Ansprüche aus § 35 BGB. Denn, soweit der Tatbestand des § 23 Rechte voraussetzt, die kein Stimmrecht gewähren, muss, um dieser gesetzgeberischen Intention gerecht zu werden, § 23 zu § 35 BGB lex specialis 14

19 Semler/Stengel/*Kalss*, § 23 Rn 5.

20 Lutter/*Grunewald*, § 23 Rn 14 ff; Semler/Stengel/*Kalss*, § 23 Rn 14; KölnKomm-UmwG/*Simon*, § 23 Rn 12.

21 Lutter/*Grunewald*, § 23 Rn 18 f; KölnKomm-UmwG/*Simon*, § 23 Rn 13.

22 Hierauf hat der Gesetzgeber bewusst verzichtet, s. *Schubert/Hommelhoff*, Aktienrechtsreform am Ende der Weimarer Republik, 1987, S. 929.

23 Hierzu näher *Driver*, BB 2014, 195.

24 Lutter/*Grunewald*, § 23 Rn 23; Semler/Stengel/*Kalss*, § 23 Rn 6; KölnKomm-UmwG/*Simon*, § 23 Rn 14; Widmann/Mayer/*Vossius*, § 23 Rn 23 f.

25 Lutter/*Grunewald*, § 23 Rn 23; Semler/Stengel/*Kalss*, § 23 Rn 6; *Hüffer*, AktG, § 221 Rn 25 ff (näher zu Genussrechten); zu Genussscheinen, einzelnen Fragen der Gleichwertigkeit und den Rechtsfolgen bei fehlender Gleichwertigkeit BGH DStR 2013, 1951, 1957; *Driver*, BB 2014, 195.

26 Semler/Stengel/*Kalss*, § 23 Rn 6; KölnKomm-UmwG/*Simon*, § 23 Rn 14; *Hüffer* in FS Lutter, S. 1227, 1234.

27 Lutter/*Grunewald*, § 23 Rn 23; Kallmeyer/*Marsch-Barner*, § 23 Rn 7.

28 Semler/Stengel/*Kalss*, § 23 Rn 5.

29 Widmann/Mayer/*Vossius*, § 23 Rn 11; KölnKomm-UmwG/*Simon*, § 23 Rn 17; Semler/Stengel/*Kalss*, § 23 Rn 7; Lutter/*Grunewald*, § 23 Rn 20; aA Kallmeyer/*Marsch-Barner*, § 23 Rn 3; *Hüffer* in FS Lutter, S. 1227, 1237, der den stillen Gesellschafter auf Sekundäransprüche aus der stillen Gesellschaft verweist.

30 KölnKomm-UmwG/*Simon*, § 23 Rn 17; Semler/Stengel/*Kalss*, § 23 Rn 5; differenzierend Lutter/*Grunewald*, § 23 Rn 14.

31 Hierzu eingehend *Wilhelm*, NZG 2013, 1211.

sein.[32] Dies erhellt vor dem Hintergrund, dass der Gesetzgeber die Verschmelzung unter Beteiligung aller Rechtsträger erleichtern wollte.[33] Im Umkehrschluss müssen dann die in § 35 BGB geregelten vermögensrechtlichen Sonderrechte auch von § 23 erfasst sein und im übernehmenden Rechtsträger gleichwertig gewährt werden.[34]

15 Nicht vermögensrechtliche Annexkompetenzen aus der gesellschaftsrechtlichen Mitgliedschaft (zB Vetorechte, Entsendungsrechte oder Mehrstimmrechte) werden von § 23 nicht geschützt.[35]

III. Rechtsfolge

16 Dogmatisch gesehen konkretisiert und erweitert § 23 die Mitgliedschaftsperpetuierung. Der dieser innewohnende Grundsatz der **Wertäquivalenz** wird auf Sonderrechte erweitert, die grds. nicht von der Perpetuierungsfunktion erfasst wären. Maßgeblich hierfür ist eine wirtschaftliche Betrachtungsweise.[36]

17 § 23 gewährt dabei keinen zwingenden Anspruch auf Gleichartigkeit der Rechte im übernehmenden Rechtsträger; es sind vielmehr gleichwertige Rechte zu gewähren.[37] In praktischer Hinsicht empfiehlt es sich hingegen – soweit die beteiligten Rechtsträger rechtsformidentisch oder zumindest vergleichbar sind – **artgleiche Rechte** zu gewähren. Dies verhindert mögliche Rechtsstreitigkeiten über die uU schwierig feststellbare Wertäquivalenz. Danach empfiehlt es sich, Wandelschuldverschreibungen und ähnliche Bezugsrechte nach der Verschmelzung auf Anteile am übernehmenden Rechtsträger auszurichten. Hier kann das für die Anteile festgelegte Umtauschverhältnis zur Bestimmung der Wertäquivalenz herangezogen werden.[38] Gleiches gilt für Gewinnschuldverschreibungen und für Genussrechte, die unter § 23 fallen; auch hier kann mittels des Umtauschverhältnisses die neue Bezugsgröße des Sonderrechts festgelegt werden.[39]

18 In der konkreten Umsetzung obliegt die Ausgestaltung der zu gewährenden Rechte nach § 23 der individuellen Vereinbarung zwischen deren Inhabern und dem übernehmenden Rechtsträger und stellt damit keinen Teil des Verschmelzungsvertrages dar, an dem die Sonderrechtsinhaber auch gar nicht beteiligt sind. Insoweit stellt § 23 ein umwandlungsrechtliches **lex specialis** zur Störung der Geschäftsgrundlage dar (§ 313 BGB).[40]

19 § 23 begründet für die dort genannten Sonderrechtsinhaber einen direkten Anspruch gegenüber dem übernehmenden Rechtsträger, der eigenständig durchgesetzt werden kann;[41] aus diesem Grunde ist § 23 kein Schutzgesetz iSd § 823 Abs. 2 BGB.[42]

IV. Durchsetzbarkeit

20 Fälligkeit tritt mit Wirksamkeit der Verschmelzung ein; ab diesem Zeitpunkt ist eine Schadenersatz- und Verzugshaftung möglich.[43] Der betroffene Anteilsinhaber kann die Gewährung

32 Den Inhabern von Rechten nach § 35 BGB steht bei der Verschmelzung also kein Zustimmungsvorbehalt zu, vgl KölnKomm-UmwG/*Simon*, § 23 Rn 7, § 13 Rn 65.

33 Vgl die GesBegr. bei *Ganske*, Umwandlungsrecht, S. 77.

34 So KölnKomm-UmwG/*Simon*, § 23 Rn 7.

35 Widmann/Mayer/*Vossius*, § 23 Rn 10; Semler/Stengel/*Kalss*, § 23 Rn 8.

36 BGH DStR 2013, 1951, 1957; Semler/Stengel/*Kalss*, § 23 Rn 12; KölnKomm-UmwG/*Simon*, § 23 Rn 18.

37 Widmann/Mayer/*Vossius*, § 23 Rn 25 ff; KölnKomm-UmwG/*Simon*, § 23 Rn 19; aA ist Lutter/*Grunewald*, § 23 Rn 5 ff, die freilich eine Ausnahme macht, sofern dies aufgrund der Rechtsform des übernehmenden Rechtsträgers nicht möglich ist und somit in den meisten Fällen zum gleichen Ergebnis kommt.

38 Widmann/Mayer/*Vossius*, § 23 Rn 29; Semler/Stengel/*Kalss*, § 23 Rn 14; KölnKomm-UmwG/*Simon*, § 23 Rn 21; für Konzernverschmelzungen s. Kallmeyer/*Marsch-Barner*, § 23 Rn 12.

39 Semler/Stengel/*Kalss*, § 23 Rn 13; KölnKomm-UmwG/*Simon*, § 23 Rn 22.

40 KölnKomm-UmwG/*Simon*, § 23 Rn 25.

41 BGH DStR 2013, 1951, 1957, der darauf hinweist, dass dem Genussrechtsinhaber gem § 23 grds. Rechte zu gewähren sind; sofern sich aus diesen Rechten notwendig direkte Ansprüche ergeben, können jedoch auch diese uU direkt ggü dem Rechtsträger geltend gemacht werden (Tz 57).

42 So auch Lutter/*Grunewald*, § 23 Rn 27; § 22 Rn 29; aA Widmann/Mayer/*Vossius*, § 23 Rn 3.2; § 22 Rn 4.

43 Lutter/*Grunewald*, § 23 Rn 8; Widmann/Mayer/*Vossius*, § 23 Rn 3.1.

gleichwertiger Rechte im übernehmenden Rechtsträger **einklagen**. Über den zivilrechtlichen Klageweg muss er dazu gegen den übernehmenden Rechtsträger auf Herstellung der gleichwertigen Rechtsposition klagen.[44] Die Möglichkeiten der Feststellungs- und Leistungsklage stehen offen.[45] Bei einer Leistungsklage hat der Anspruchssteller den Text für die Einräumung des Sonderrechts in den Verschmelzungsvertrag tenormäßig vorzugeben, da ein stattgebendes Urteil gem. § 894 ZPO vollstreckt wird.[46] Dies wird in der Praxis nicht einfach sein. Der Sonderrechtsinhaber trägt die Darlegungs- und Beweislast für die anspruchsbegründenden Tatsachen und damit auch das Prozessrisiko.

Die Geltendmachung des Anspruchs im Wege des Spruchverfahrens ist mangels ausdrücklicher gesetzlicher Erwähnung nicht möglich.[47] Auch eine analoge Anwendung des SpruchG scheidet aus.[48] Die Schutzwürdigkeit ist auch nicht mit der Überprüfung der Angemessenheit des Umtauschverhältnisses vergleichbar. Die Gewährung einer Barabfindung in analoger Anwendung des § 29 scheidet ebenfalls aus.[49] 21

Der Verschmelzungsbeschluss kann weder beim übertragenden noch beim übernehmenden Rechtsträger mit der Begründung angefochten werden, dass eine Verletzung des § 23 vorliegt.[50] 22

V. Dispositivität

Da § 23 der Umsetzung des Art. 15 der Dritten gesellschaftsrechtlichen Richtlinie dient, ist dieser zur Auslegung der Frage heranzuziehen, ob der Anspruch aus § 23 der Parteiendisposition unterliegt. Dort erfolgt eine **Differenzierung** nach wertpapiergebundenen und nicht wertpapiergebundenen Sonderrechten. 23

Der Anspruch aus § 23 ist für Wertpapiere nicht dispositiv.[51] Gemäß Art. 15 der Dritten gesellschaftsrechtlichen Richtlinie müssen die Inhaber von Wertpapieren, die mit Sonderrechten verbunden sind, jedoch keine Aktien darstellen, im übernehmenden Rechtsträger gleichwertige Rechte erhalten. Soweit diese Richtlinie nur für die Aktiengesellschaft verbindliche Wirkung entfaltet, hat der deutsche Gesetzgeber bei der Umsetzung in § 23 nicht nach den beteiligten Rechtsträgern differenziert. Das UmwG setzt die europäischen Richtlinienvorgaben insoweit mit **überschießender Tendenz** um. § 23 ist folglich im Rahmen der Verschmelzung durch Verschmelzungsvertrag grundsätzlich nicht abdingbar. Art. 15 der Dritten Richtlinie bietet dann eine Ausnahme, wenn eine nationalstaatlich vorgesehene Versammlung der Sonderrechtsinhaber oder jeder einzelne Inhaber der Änderung zugestimmt hat oder wenn den Inhabern ein Anspruch auf Rückkauf ihrer Wertpapiere durch den übernehmenden Rechtsträger zusteht. Eine entsprechende Versammlung der Sonderrechteinhaber ist freilich nur im AktG für Vorzugsaktionäre vorgesehen (§ 141 AktG). 24

Eine inhaltliche Abbedingung des § 23 im Verschmelzungsvertrag scheitert bereits daran, dass dies einen unzulässigen **Vertrag zulasten Dritter** darstellen würde.[52] Eine abweichende vertragliche Regelung mit allen Sonderrechtsinhabern oder eine inhaltlich abweichende Ausgestaltung der Sonderrechte bereits in den Anleihebedingungen ist dagegen grds. möglich; dabei darf je- 25

44 Semler/Stengel/*Kalss*, § 23 Rn 17; *Hüffer* in: FS Lutter, S. 1227, 1242.
45 Lutter/*Grunewald*, § 23 Rn 13; Semler/Stengel/*Kalss*, § 23 Rn 17.
46 *Hüffer* in: FS Lutter, S. 1227, 1242; KölnKomm-UmwG/*Simon*, § 23 Rn 28.
47 *Winter* in: FS Peltzer, S. 647, 658; Lutter/*Grunewald*, § 23 Rn 8; Semler/Stengel/*Kalss*, § 23 Rn 18.
48 *Winter* in: FS Peltzer, S. 645, 657 f; Semler/Stengel/*Kalss*, § 23 Rn 17; *Hüffer* in: FS Lutter, S. 1227, 1242 fordert eine Anwendbarkeit des Spruchverfahrens de lege ferenda.
49 So auch KölnKomm-UmwG/*Simon*, § 23 Rn 23; *Hüffer* in: FS Lutter, S. 1227, 1243; Kallmeyer/*Marsch-Barner*, § 23 Rn 13; aA Goutier/Knopf/Tulloch/*Bermel*, § 23 Rn 15; für eine Anwendbarkeit des § 29 bei Mischverschmelzungen Semler/Stengel/*Kalss*, § 23 Rn 15.
50 So auch Lutter/*Grunewald*, § 23 Rn 13; Semler/Stengel/*Kalss*, § 23 Rn 18; Kallmeyer/*Marsch-Barner*, § 23 Rn 13; aA Volhard/*Goldschmidt* in: FS Lutter, S. 779, 789 für die übernehmende Gesellschaft.
51 Widmann/Mayer/*Vossius*, § 23 Rn 46; Lutter/*Grunewald*, § 23 Rn 25; KölnKomm-UmwG/*Simon*, § 23 Rn 30.
52 Widmann/Mayer/*Vossius*, § 23 Rn 46.

doch die Wertung des § 23 bzw das Schutzinteresse der Sonderrechteinhaber nicht konterkariert werden.[53] Entsprechende Regelungen in den Anleihebedingungen unterfallen nach richtiger Auffassung nicht der **Inhaltskontrolle** gem. § 307 BGB, da es sich um die Inhaltsbeschreibung des Leistungsgegenstandes und nicht der Leistungserbringung handelt.[54]

26 Für nicht wertpapiermäßig verbriefte Sonderrechte jeglicher Art gilt Art. 15 der Dritten Richtlinie nicht. Hier kommen die allgemeinen zivilrechtlichen Regelungen zur Anwendung. Zur Frage der AGB gilt das Vorstehende entsprechend.

§ 24 Wertansätze des übernehmenden Rechtsträgers

In den Jahresbilanzen des übernehmenden Rechtsträgers können als Anschaffungskosten im Sinne des § 253 Abs. 1 des Handelsgesetzbuchs auch die in der Schlußbilanz eines übertragenden Rechtsträgers angesetzten Werte angesetzt werden.

Literatur:

Aha, Ausgewählte Zweifelsfragen zur Rechnungslegung bei Verschmelzungen, BB 1996, 2559; *Angermayer*, Handelsrechtliche Anschaffungskosten von Sacheinlagen, DB 1998, 145; *Bacmeister*, § 24 UmwG und die Bindung zwischen Handels- und Steuerbilanz (Maßgeblichkeit) bei der Verschmelzung, DStR 1996, 121; *Enneking/Heckschen*, Gesellschafterhaftung beim down-stream-merger, DB 2006, 1099; *Ernsting*, Zur Bilanzierung eines negativen Geschäfts- oder Firmenwerts nach Handels- und Steuerrecht, WPg. 1998, 405; *Fenske*, Besonderheiten der Rechnungslegung übernehmender Kapitalgesellschaften bei Spaltungen, BB 1997, 1247; *Festl-Wietek*, Bewertung von Sacheinlagen, Umwandlungen und Verschmelzungen bei Gesellschaften mit beschränkter Haftung, BB 1993, 2410; *M. Fischer*, Verschmelzung von GmbH in der Handels- und Steuerbilanz, DB 1995, 485; *Förster*, Höhe der Anschaffungskosten bei Anwachsung, DB 1997, 241; *Gassner*, Ausgewählte handelsrechtliche und steuerrechtliche Bilanzierungsfragen bei Umwandlungen, in: FS Widmann, 2000, S. 343; *Gelhausen/Heinz*, Handelsrechtliche Zweifelsfragen der Abwicklung von Ergebnisabführungsverträgen in Umwandlungsfällen, NZG 2005, 775; *Germann*, Die Acht-Monats-Frist für die Einreichung der Schlußbilanz nach Verschmelzung und ihre Bedeutung für die Praxis, GmbHR 1999, 591; *Hachmeister/Ruthardt/Lampenius*, Unternehmensbewertung im Spiegel der neueren gesellschaftsrechtlichen Rechtsprechung, WPg. 2011, 519; *Hoffmann-Becking*, Das neue Gesellschaftsrecht in der Praxis, in: FS Fleck, 1988, S. 105; *Hügel*, Kapital entsperrende und Gewinn realisierende Verschmelzungen, in: FS Maier-Reimer, 2010, S. 265; *Jorde/Wetzel*, Rückwirkung und Interimszeit bei Umwandlungen, BB 1996, 1246; *Kahling*, Bilanzierung bei konzerninternen Verschmelzungen, 1999; *Kiem*, Die schwebende Umwandlung, ZIP 1999, 173; *Klein/Stephanblome*, Der Downstream Merger – Aktuelle umwandlungs- und gesellschaftsrechtliche Fragestellungen, ZGR, 2007, 351; *Knop/Küting*, Anschaffungskosten im Umwandlungsrecht, BB 1995, 1023; *Koppensteiner*, Zum Gläubigerschutz bei der Verschmelzung von Aktiengesellschaften, in: FS H. P. Westermann, 2008, S. 1157; *Kraft*, Die handels- und steuerrechtliche Bedeutung des Bilanzstichtags bei gesellschaftsrechtlichen Vermögensübertragungen durch Gesamtrechtsnachfolge, DB 1993, 693; *Krawitz/Klotzbach*, Anwendungsvoraussetzungen und Aussagefähigkeit der Fresh-Start-Methode bei der Bilanzierung von Unternehmenszusammenschlüssen, WPg. 2000, 1164; *Kremer*, Zur Bilanzierung von Verschmelzungsgewinnen, DB 1989, 492; *Kropff*, Zur Wirksamkeit bilanzpolitisch motivierter Rechtsgeschäfte, ZGR 1993, 41; *Küting/Hayn/Hütter*, Die Abbildung konzerninterner Spaltungen im Einzel- und Konzernabschluß, DB 1997, 565; *Kußmaul/Richter*, Die Behandlung von Verschmelzungsdifferenzbeträgen nach UmwG und UmwStG, GmbHR 2004, 701; *Kutt*, Ende der Maßgeblichkeit bei Umwandlungen, BB 2004, 371; *Langecker*, Ökonomische Analyse der Bilanzierung von Kapitalgesellschaftsver-

53 So iE auch Widmann/Mayer/*Vossius*, § 23 Rn 47 ff; KölnKomm-UmwG/*Simon*, § 23 Rn 30 ff, der eine umfassende Abänderbarkeit der Sonderrechte mit der Grenze des § 138 BGB zulassen möchte; eine Abänderbarkeit verneinend Lutter/*Grunewald*, § 23 Rn 25, die eine besondere Schutzbedürftigkeit von Wertpapierinhabern annimmt und ein Studium der Anleihebedingungen durch diese nicht erwartet; iE wohl auch Semler/Stengel/*Kalss*, § 23 Rn 3.

54 So explizit Widmann/Mayer/*Vossius*, § 23 Rn 47; aA Lutter/*Grunewald*, § 23 Rn 26; zur Unanwendbarkeit des § 307 BGB bei Leistungsbeschreibungen s. nur BGHZ 100, 157, 173.

schmelzungen nach § 24 UmwG, 2009; *Louven/Wenig*, Die Ausgliederung von Pensionsverbindlichkeiten – neue Optionen bei Unternehmens(ver)käufen, BB 2006, 619; *Martens/Röttger*, Aktivierung des Geschäfts- oder Firmenwerts bei Umwandlung einer Personenhandelsgesellschaft in eine GmbH nach §§ 46 ff. UmwG?, DB 1990, 1097; *Mertens*, Aktuelle Fragen zur Verschmelzung von Mutter- auf Tochtergesellschaften – down stream merger, AG 2005, 785; *Moser*, Bilanzielle und steuerliche Behandlung eines downstream mergers, 2000; *W. Müller*, Anschaffungskosten und Buchwertverknüpfung bei der Verschmelzung – Freiräume und Grenzen bei der Bewertung, in: FS Clemm, 1996, S. 243; *W. Müller*, Zweifelsfragen zum Umwandlungsrecht; WPg. 1996, 857; *W. Müller*, Bilanzierungsfragen bei der grenzüberschreitenden Umwandlung und Sitzverlegung, in: FS Raupach, 2006, S. 261; *Mujkanovic*, Zur Bewertung bei Verschmelzung am Beispiel von AG und GmbH, BB 1995, 1735; *Naraschewski*, Stichtage und Bilanzen bei der Verschmelzung, 2001; *Naumann*, Zur Anwendung von § 24 UmwG in Verschmelzungsfällen, FS Ludewig, 1996, S. 683; *Oelmann*, Handels- und steuerrechtliche Bilanzierungsprobleme bei Verschmelzungen, 1993; *Orth*, Umwandlungskosten. Bilanzielle und steuerliche Behandlung, GmbHR 1998, 511; *Pohl*, Handelsbilanzen bei der Verschmelzung von Kapitalgesellschaften, 1995; *Priester*, Kapitalaufbringung und Bilanzansatz – Verbot bilanzieller Unterpariemission im Anwendungsbereich von § 24 UmwG?, GmbHR 1999, 1273; *Priester*, Bilanzierung bei schwebender Verschmelzung, BB 1992, 1594; *Priester*, Ansatz des originären Firmenwertes in Einbringungs- und Umwandlungsbilanzen, in: FS Nirk, 1992, S. 893; Scherrer, Bilanzierung und Verschmelzung durch Aufnahme beim übernehmenden Rechtsträger, in: FS Claussen, 1997, S. 743; Schmidbauer, Bilanzierung der konzerninternen Verschmelzung vollkonsolidierter Unternehmen im Konzernabschluss, BB 2001, 2466; *Schmidt/Heinz*, Schlussbilanzen bei Spaltungen, DB 2008, 2696; *Schmitt/Hülsmann*, Verschmelzungsgewinn in der Handelsbilanz und Prinzip der Gesamtrechtsnachfolge, BB 2000, 1563; *Schulze-Osterloh*, Bilanzierung nach dem Referentenentwurf eines Gesetzes zur Bereinigung des Umwandlungsrechts, ZGR 1993, 420; *Tillkamp/Bruns*, Pooling-of-interests-Methode versus Fresh-Start-Methode – ein Vergleich, WPg. 2000, 744; *Thume*, Die Darstellung konzerninterner Verschmelzungen im Konzernabschluß, 2000; *Tischer*, Der Übergang des wirtschaftlichen Eigentums bei schwebender Verschmelzung, WPg. 1996, 745; *Veit*, Zur Aktivierung negativer Verschmelzungsdifferenzen DB 1993, 1681; *Weilep*, „bad will" bei Verschmelzungen – alle Zweifelsfragen geklärt?, DB 1998, 2130.

A. Normzweck und Anwendungsbereich

1 Da das Vermögen des übertragenden Rechtsträgers mit Eintragung der Verschmelzung im Wege der Gesamtrechtsnachfolge auf den übernehmenden Rechtsträger übergeht, bedarf es einer Regelung, die die **bilanzielle Aufnahme** und Verwertung dieses Vermögens in der Bilanz des übertragenden Rechtsträgers festlegt. § 24 eröffnet dem übernehmenden Rechtsträger zur Buchung dieser Vermögenswerte die Möglichkeit, die Werte des übertragenden Rechtsträgers in

differenzierter Weise als Anschaffungskosten gemäß § 253 HGB auszuweisen. Dabei beschränkt sich der Regelungsbereich des § 24 freilich auf die Vermögenswerte, die im Zuge der Verschmelzung auf den übernehmenden Rechtsträger übergehen.[1]

2 Entsprechend der systematischen Stellung im allgemeinen Teil des 2. Buches des UmwG und dem rechtsformneutralen Wortlaut der Vorschrift gilt § 24 **rechtsformunabhängig.**[2] Dabei bleiben rechtsformspezifische Unterschiede bei den jeweils beteiligten Rechtsträgern möglich; § 24 kommt etwa dann nicht zur Anwendung, wenn der übernehmende Rechtsträger nicht bilanzierungspflichtig ist.[3]

3 Im Gegensatz zum früheren Recht enthält § 24 ein **Wahlrecht**. Zuvor waren gemäß §§ 348 Abs. 1 AktG aF, 27 Abs. 1 KapErhG, 93 g GenG und 44 a Abs. 3 VAG zwingend die Wertansätze aus der Schlussbilanz des übertragenden Rechtsträgers als Anschaffungskosten gem. § 253 Abs. 1 HGB zu übernehmen. Aus dem Grundsatz der Gesamtrechtsnachfolge wurde der Zwang zur Buchwertfortführung abgeleitet.[4] Hierdurch kam es häufig zu Verschmelzungsverlusten beim übernehmenden Rechtsträger, die freilich durch gewisse **Bilanzierungshilfen** gemildert bzw verzögert werden konnten (§§ 348 Abs. 2 AktG aF, 27 Abs. 2 KapErhG). Dies geschah durch eine Aktivierung des Geschäfts- oder Firmenwerts, wobei dieser Aktivposten jedoch innerhalb von höchstens fünf Jahren abzuschreiben war. Erst mit dem Referentenentwurf für ein Gesetz zur Bereinigung des Umwandlungsrechts wurde die später gesetzgewordene Fassung des § 24 mit dem Bilanzierungswahlrecht durch den Gesetzgeber vorgestellt,[5] da auch aufgrund starker Kritik aus Reihen der Praxis erkannt wurde, dass die Bilanzierungshilfen das Problem des Verschmelzungsverlustes nicht zufriedenstellend lösen konnten.[6]

4 Für die Umsetzung sind aus Sicht des übernehmenden Rechtsträgers zwei Ebenen zu unterscheiden: Zum einen ist auf einer **Ansatzebene** festzulegen, welche Werte in dessen Bilanz Eingang finden sollen, und zum anderen muss auf der **Bewertungsebene** bestimmt werden, welche Bewertung diesen Positionen zukommen soll.

5 Soweit der Gesetzeswortlaut an dieser Stelle formuliert, dass der übernehmende Rechtsträger die Werte als Anschaffungskosten im Sinne des § 253 HGB bilanzieren kann, ergibt sich daraus, dass das Gesetz dem übernehmenden Rechtsträger über die allgemeinen Regeln der Bilanzierung hinaus ein **Wahlrecht** einräumt (dazu Rn 25 ff). Soweit die **Buchwertfortführung** gewählt wird, sind grundsätzlich die Werte aus der Schlussbilanz des übertragenden Rechtsträgers zu übernehmen. Soweit eine Neubewertung der erlangten Vermögenswerte nach der **Anschaffungskostenmethode** erfolgt, kann der übernehmende Rechtsträger sich auch für eine Bewertung und Bilanzierung durch Übernahme der Buchwerte aus der Schlussbilanz des übertragenden Rechtsträgers entscheiden.

B. Bilanzierung der Verschmelzung

6 Hinsichtlich der Bilanzierung ist zwischen dem übertragenden Rechtsträger einerseits und dem übernehmenden Rechtsträger anderseits zu unterscheiden. § 24 regelt ausschließlich die **Bilanzierung beim übernehmenden Rechtsträger**. Hier sind die Aktiva und Passiva des übertragenden Rechtsträgers nach erfolgter Verschmelzung zu buchen. Durch die Möglichkeit der Buchwertfortführung ist die Schlussbilanz des übertragenden Rechtsträgers freilich für die Bilanzierungsentscheidung des übernehmenden Rechtsträgers von erheblicher Bedeutung. Daher ist auch auf diese nachstehend kurz einzugehen.

1 Lutter/*Priester*, § 24 Rn 5; *Semler/Stengel/Moszka*, § 24 Rn 2.
2 Lutter/*Priester*, § 24 Rn 11.
3 So etwa nach § 1 PartGG; vgl Sagasser/Bula/Brünger/*Bula/Pernegger*, Umwandlungen, § 10 Rn 5; Lutter/*Priester*, § 24 Rn 11.
4 *Hense*, in: IDW, Reform des Umwandlungsrechts, 1993, 171, 182; *Schulze/Osterloh*, ZGR 1993, 420, 425.
5 Referentenentwurf für ein Gesetz zur Bereinigung des Umwandlungsrechts vom 15.4.1992, abgedruckt als Beilage Nr. 112 a zum BAnz vom 20.6.1992.
6 S. RegBegr. bei *Ganske*, Umwandlungsrecht, 78.

I. Bilanzierung beim übertragenden Rechtsträger

1. Grundsatz. Der **übertragende Rechtsträger** ist nach § 17 Abs. 2 verpflichtet, bei Anmeldung der Verschmelzung zum Handelsregister eine Schlussbilanz vorzulegen. Diese Schlussbilanz stellt eine **Vermögensbilanz** dar[7] und ist regulär aufzustellen; sie beendet die Rechnungslegung des übertragenden Rechtsträgers und bedarf daher nach richtiger Auffassung der **Feststellung** durch Beschluss des entsprechenden Organs.[8] Der Stichtag der Schlussbilanz entspricht dem **Verschmelzungsstichtag** bzw dem diesem vorgehenden Tag (s. dazu § 5 Rn 56; weiterhin kann auf die Kommentierung zu § 17 Abs. 2 hingewiesen werden).[9] Ab diesem Zeitpunkt handelt der übertragende Rechtsträger bis zur Wirksamkeit der Verschmelzung für Rechnung des übernehmenden Rechtsträgers. 7

Die Vorlage einer **GuV** sowie eines **Anhangs** (s. dazu § 384 HGB) ist nach herrschender Meinung nicht von dieser Verpflichtung umfasst.[10] Soweit Wahlpflichtangaben zu machen sind, müssen diese in die Bilanz aufgenommen werden; eine Umgehung der Wahlpflichtangaben durch Verschiebung in die GuV bzw den Anhang ist nicht möglich.[11] Soweit ein übertragender Rechtsträger jedoch nicht jahresabschlusspflichtig ist (wie etwa der eingetragene Verein), erweitert § 17 Abs. 2 dessen Rechnungslegungspflichten nicht.[12] Anstelle einer Schlussbilanz sind in diesem Fall die **Rechnungsunterlagen** des übertragenden Rechtsträgers einzureichen. 8

Sofern der letzte Jahresabschluss bereits über acht Monate zurückliegt, muss der übertragende Rechtsträger aufgrund § 17 Abs. 2 eine **Zwischenbilanz** aufstellen, ohne dass dadurch freilich ein Rumpfgeschäftsjahr entsteht, da die Zwischenbilanz hierauf keinen Einfluss hat.[13] Soweit **Aktiengesellschaften** an der Verschmelzung beteiligt sind, kann die Aufstellung einer Zwischenbilanz auch in weiteren Fällen erforderlich sein. Nach § 63 Abs. 1 ist dies der Fall, sofern sich der Jahresabschluss auf ein Geschäftsjahr bezieht, das mehr als sechs Monate vor dem Abschluss des Verschmelzungsvertrages oder der Aufstellung des Entwurfs abgelaufen ist. Sodann ist eine Bilanz auf den Stichtag zu erstellen, der nicht länger als drei Monate vor dem Abschluss des Verschmelzungsvertrages liegt. Entsprechend den bereits genannten Voraussetzungen, ist hier die Bilanz, erweitert um die entsprechenden Wahlpflichtangaben, ausreichend.[14] 9

Die weiteren Anforderungen an die Zwischenbilanz ergeben sich gem. § 17 Abs. 2 S. 2 aus §§ 242 ff HGB; ferner ist bei der AG § 63 zu beachten, so dass auf die dortige Kommentierung verwiesen wird.[15] Gleiches gilt für die Ausführungen zur Genossenschaft (§ 82), zum Verein (§ 101), zu den genossenschaftlichen Prüfungsverbänden (§ 106) sowie zum VVaG (§ 112).[16] 10

Wertaufstockungen sind durch die Bindung an die §§ 242 ff HGB im Rahmen der §§ 253 Abs. 5, 254 S. 2, 280 Abs. 1 und 2 HGB nur eingeschränkt möglich. Freilich wurde zu den früheren Regelungen der §§ 345 Abs. 3 AktG aF, 24 Abs. 3 KapErhG nach hM vertreten, dass die Verschmelzung einen begründeten Ausnahmefall gemäß § 252 Abs. 2 HGB darstelle und **Wertaufstockungen** daher bis zur Obergrenze der historischen Anschaffungs- bzw Herstellungskos- 11

7 *Meilicke*, BB 1986, 1958; aA Sagasser/Bula/Brünger/*Bula/Pernegger*, Umwandlungen, § 10 Rn 35 ff.

8 So auch Lutter/*Priester*, § 24 Rn 12; Widmann/Mayer/*Widmann*, § 24 Rn 51; aA *W. Müller*, WPg. 1996, 857, 861; IDW, RS HFA 42 (2012), Abs. 13.

9 S. näher bei § 5 Rn 52 ff; § 17 Rn 9 ff; dazu auch Widmann/Mayer/*Widmann*, § 24 Rn 64 ff; Kallmeyer/*Müller*, § 24 Rn 17; Lutter/*Priester*, § 24 Rn 13; kritisch hierzu Semler/Stengel/*Moszka*, § 24 Rn 12; *Heidtkamp*, NZG 2013, 852, 853 ff.

10 Vgl LG Stuttgart DNotZ 1996, 701, 702; LG Dresden GmbHR 1998, 1086; Lutter/*Priester*, § 24 Rn 12; Lutter/*Bork*, § 17 Rn 5; *Scheunemann*, DB 2006, 797, 799; aA *Aha*, BB 1996, 2559; Sagasser/Bula/Brünger/*Bula/Pernegger*, Umwandlungen, § 10 Rn 35 ff, die das Wort „Jahresbilanz" in § 24 als bilanzrechtlichen Terminus „Jahresabschluss" auslegen.

11 Ebenso Lutter/*Priester*, § 24 Rn 12.

12 Kallmeyer/*Müller*, § 17 Rn 12; Lutter/*Priester*, § 24 Rn 12; differenzierend nach der Bilanzierungspflicht des übernehmenden Rechtsträgers *Germann*, GmbHR 1999, 591, 592.

13 So auch Widmann/Mayer/*Widmann*, § 24 Rn 7, 67; Lutter/*Priester*, § 24 Rn 13; *Hoffmann-Becking* in: S. Fleck, 1988, 105, 114; *Meilicke*, BB 1986, 1958 f; aA Budde/Förschle/*Budde/Zerwas*, Sonderbilanzen, Rn F 70; *Pohl*, Handelsbilanzen bei der Verschmelzung von Kapitalgesellschaften, 1995, 33.

14 S. dazu Lutter/*Grunewald*, § 63 Rn 6 f; Lutter/*Priester*, § 24 Rn 18 f; Kallmeyer/*Müller*, § 24 Rn 6.

15 S. § 63 Rn 14 ff.

16 S. § 82 Rn 4, § 101 Rn 4 und § 112 Rn 4.

ten vorgenommen werden dürfen.[17] Soweit der übernehmende Rechtsträger den Ansatz der Buchwertfortführung wählt, sind diese Grundsätze zum alten Recht weiterhin anwendbar, während bei einer Bilanzierung zu Anschaffungskosten für diese außerordentlichen Wertaufstockungen kein Bedarf mehr besteht.[18]

12 Sofern sich die beteiligten Rechtsträger für die Aufstellung von **Verschmelzungsbilanzen** entscheiden, können diese im Rahmen des § 24 freilich keine Berücksichtigung finden. Da diese nicht dem Grundsatz der handelsrechtlichen Bilanzkontinuität unterliegen, können sie einzig zur **Ermittlung des Umtauschverhältnisses** herangezogen werden.[19]

13 **2. Sonderfall: Schwebende Verschmelzung.** Grundsätzlich bleibt der übertragende Rechtsträger bis zur Eintragung der Verschmelzung eigenständig und rechnungslegungspflichtig.[20] Dabei stellt die Schlussbilanz den letzten eigenständigen Abschluss des übertragenden Rechtsträgers dar. Problematisch wird dieser gewöhnliche Ablauf jedoch, wenn die Schlussbilanz erstellt ist, die **Verschmelzung** aber zum Ende des laufenden Geschäftsjahres des übertragenden Rechtsträgers noch **nicht eigetragen** wurde. Eine solche Verzögerung der Eintragung ist in der Praxis zwar in den meisten Fällen durch die bestehenden Fristen des UmwG zu verhindern, jedoch etwa in den Fällen einer **Anfechtung** der Verschmelzungsbeschlüsse denkbar.[21]

14 In diesem Fall hat der übertragende Rechtsträger seiner Rechnungslegungspflicht weiterhin nachzukommen und **Jahresabschlüsse** nach den für ihn geltenden Regeln **aufzustellen.** Hierbei ist freilich zu berücksichtigen, dass der übertragende Rechtsträger aufgrund des Verschmelzungsvertrages ab dem Verschmelzungsstichtag für Rechnung des übernehmenden Rechtsträgers handelt, dh die Gewinnausschüttung an die Anteilsinhaber des übertragenden Rechtsträgers ist für nach dem Verschmelzungsstichtag erzielte Gewinne gesperrt.[22] Diese Gewinne sind in der Bilanz des übertragenden Rechtsträgers als **Rückstellung** zu passivieren.[23] Ein etwaiger Verlust kann jedoch wegen des Imparitätsprinzips nicht durch eine Forderung gegen den übernehmenden Rechtsträger ausgeglichen werden (§ 252 Abs. 1 Nr. 4 HGB).[24] Eine Erfassung beim übernehmenden Rechtsträger kann grundsätzlich nicht erfolgen, da dieser im Regelfall noch kein wirtschaftliches Eigentum an den Vermögensgegenständen des übertragenden Rechtsträgers erlangt hat.[25]

15 Sofern jedoch bereits wirtschaftliches Eigentum an den Vermögenswerten des übertragenden Rechtsträgers auf den übernehmenden Rechtsträger übergegangen sein sollte, können die Aktiva und Passiva sowie die Aufwendungen und Erträge des übertragenden Rechtsträgers beim übernehmenden Rechtsträger gebucht werden.[26] Der **Erwerb wirtschaftlichen Eigentums** ist nach herrschender Meinung an vier Kriterien gebunden:

1. Verschmelzungsvertrag und Verschmelzungsbeschlüsse wurden formwirksam gefasst.
2. Der vereinbarte Verschmelzungsstichtag liegt vor dem Abschlussstichtag des übernehmenden Rechtsträgers.
3. Die Eintragung der Verschmelzung ist mit an Sicherheit grenzender Wahrscheinlichkeit zu erwarten oder bei Beendigung der Aufstellung des Jahresabschlusses bereits erfolgt.

17 So Sagasser/Bula/Brünger/*Bula/Pernegger,* Umwandlungen, § 10 Rn 50 ff; Budde/Förschle/Winkeljohann/*Budde/Zerwas,* Sonderbilanzen, Rn H 104; *Schulze-Osterloh,* ZGR 1993, 420, 424; Lutter/*Priester,* § 24 Rn 15.

18 So iE auch Sagasser/Bula/Brünger/*Bula/Pernegger,* Umwandlungen, § 10 Rn 54; Budde/Förschle/Winkeljohann/*Budde/Zerwas,* Sonderbilanzen, Rn H 105; Lutter/*Priester,* § 24 Rn 17.

19 Lutter/*Priester,* § 24 Rn 26; *Hoffmann-Becking* in: FS Fleck, S. 105, 114 ff.

20 IDW, RS HFA 42 (2012), Abs. 22.

21 Vgl BGHZ 107, 296 („Kochs-Adler"); BGH DB 1992, 2432.

22 Vgl etwa OLG Hamm DB 1992, 417; Lutter/*Priester,* § 24 Rn 28; Kallmeyer/*Müller,* § 24 Rn 23.

23 So auch Kallmeyer/*Müller,* § 17 Rn 24; Lutter/*Priester,* § 24 Rn 28; krit. hierzu freilich Sagasser/Bula/Brünger/*Bula/Pernegger,* § 10 Rn 81 ff.

24 So auch Kallmeyer/*Müller,* § 17 Rn 24.

25 Zur Situation beim übernehmenden Rechtsträger ausführlich Widmann/Mayer/*Widmann,* § 24, Rn 556 ff; s. auch IDW, RS HFA 42 (2012), Abs. 32 ff.

26 IDW, RS HFA 42 (2012), Abs. 29 f.

4. Es ist faktisch sichergesellt, dass der übertragende Rechtsträger über seine Vermögensgegenstände nur mit Einwilligung des übernehmenden Rechtsträgers verfügen kann.[27]

Wird die Verschmelzung verzögert ins Handelsregister eingetragen, so hat dies keine Auswirkungen auf die bis dahin aufgestellten Jahresabschlüsse; ein festgelegter Verschmelzungsstichtag entwickelt somit keine Unwirksamkeitsfolge für zwischenzeitlich aufgestellte Jahresabschlüsse; auch deren spätere Änderung scheidet folglich aus.[28] 16

II. Bilanzierung beim übernehmenden Rechtsträger

Aus Sicht des übernehmenden Rechtsträger ist die Vermögensübernahme mit der wirksamen Verschmelzung bilanziell wie ein **einfacher laufender Geschäftsvorfall** zu behandeln. 17

1. Verschmelzungsrelevante Bilanzen. § 24 verweist bzgl der Jahresbilanz auf § 253 Abs. 1 HGB; es steht somit außer Frage, dass die Bilanzierung gem. § 242 ff HGB zu erfolgen hat. Dies gilt selbst dann, wenn der übernehmende Rechtsträger seinen Konzernabschluss gem. § 315 a HGB zwingend oder fakultativ nach internationalen Rechnungslegungsstandards (IAS bzw IFRS) bilanziert; auch dann ist stets eine Einzelbilanz nach HGB aufzustellen.[29] Bei der Bilanzierung nach IFRS 3.37 ist der Wert der gewährten Anteile bzw der untergegangenen Beteiligung zwingend als Anschaffungskosten anzusetzen, da die Buchwertfortführung aus der Schlussbilanz des übertragenden Rechtsträgers nicht zulässig ist.[30] Folglich hat ein nach IFRS bilanzierendes Unternehmen in der dortigen Bilanz ggf andere Anschaffungskosten als in der HGB-Bilanz. 18

Hinsichtlich der in Betracht zu ziehenden Bilanzen ist danach zu **differenzieren**, ob die Verschmelzung durch Neugründung oder zur Aufnahme erfolgt. 19

Im Falle einer **Verschmelzung zur Aufnahme** bedarf es keiner gesondert aufzustellenden Bilanz – etwa einem Äquivalent zur der Schlussbilanz des übertragenden Rechtsträgers – auf Seiten des übernehmenden Rechtsträgers.[31] Die Übernahme des Vermögens stellt für den übernehmenden Rechtsträger einen **laufenden Geschäftsvorfall** dar. Die erstmalige bilanzielle Berücksichtigung des übernommenen Vermögens erfolgt in der auf die wirksame Verschmelzung folgenden Jahresbilanz des übernehmenden Rechtsträgers. Sofern übernehmender Rechtsträger eine Kapitalgesellschaft oder eine nach § 264 a HGB gleichgestellte Gesellschaft ist, sind nach § 267 HGB die vom übertragenden Rechtsträger ab dem Verschmelzungsstichtag für Rechnung des übernehmenden Rechtsträgers getätigten Umsätze zu berücksichtigen.[32] Eine zu internen Zwecken aufgestellte **Verschmelzungsbilanz** ist nicht festzustellen und weder handelsrechtlich noch steuerrechtlich von Bedeutung.[33] 20

Zu differenzieren ist, wenn der übernehmende Rechtsträger im Zuge der Umwandlung **erstmals buchführungspflichtig** wird. In diesem Fall hat die übernehmende bzw neue Gesellschaft eine unternehmerische Vorgeschichte, so dass der Bilanzstichtag auf den Verschmelzungsstichtag vorzuziehen ist.[34] Diese muss in der Bilanzierung des übernehmenden Rechtsträgers berücksichtigt werden. Aus wirtschaftlicher Sicht ist dann auf den Verschmelzungsstichtag abzustellen (§ 5 Abs. 1 Nr. 6), da ab diesem Zeitpunkt die übertragenden Rechtsträger für Rechnung des neuen Rechtsträgers handeln.[35] Sofern mehrere übertragende Rechtsträger existieren, ist auf den frühesten Verschmelzungsstichtag abzustellen. 21

27 IDW, RS HFA 42 (2012), Abs. 29; so auch Kallmeyer/*Müller*, § 24 Rn 54, § 17 Rn 23; Lutter/*Priester*, § 24 Rn 30.

28 Kallmeyer/*Müller*, § 24 Rn 23; Lutter/*Priester*, § 24 Rn 30 f; *Priester*, BB 1992, 1594, 1598.

29 Heidel/Schall/*Stork*, HGB, § 325 Rn 7; Baumbach/Hopt/*Merkt*, HGB, § 325 Rn 7.

30 Lutter/*Priester*, § 24 Rn 93; Kallmeyer/*Müller*, § 24 Rn 61.

31 Lutter/*Priester*, § 24 Rn 21; Semler/Stengel/*Moszka*, § 24 Rn 19; Kallmeyer/*Müller*, § 24 Rn 6.

32 Lutter/*Priester*, § 24 Rn 25.

33 Schmitt/Hörtnagl/Stratz/*Hörtnagl*, § 24 Rn 6.

34 Ebenso Widmann/Mayer/*Widmann*, § 24 Rn 225 ff; Lutter/*Priester*, § 24 Rn 22; Semler/Stengel/*Moszka*, § 24 Rn 18; aA Kallmeyer/*Müller*, § 24 Rn 56, der auf den Übergang des wirtschaftlichen Eigentums abstellt.

35 Dazu s. ferner unter § 5 Rn 52; ausführlich Widmann/Mayer/*Widmann*, § 24, Rn 226.

22 Sofern hingegen eine **Verschmelzung zur Neugründung** durchgeführt wird, ist der neu gegründete Rechtsträger zur Aufstellung einer **Eröffnungsbilanz** verpflichtet, in der das übernommene Vermögen ausgewiesen wird (§ 242 Abs. 1 HGB). Der entsprechende Bilanzstichtag fällt allerdings nicht auf den Tag der Wirksamkeit der Verschmelzung, obwohl an diesem Tag der Rechtsträger erst entsteht, §§ 36 Abs. 1 iVm § 20 Abs. 1 Nr. 1;[36] vielmehr ist in diesem Fall der **Verschmelzungsstichtag maßgebend**, da ab diesem Tage die Handlungen des übertragenden Rechtsträgers als für den übernehmenden Rechtsträger vorgenommen gelten und die Eröffnungsbilanz auf der Schlussbilanz des übertragenden Rechtsträgers, die regelmäßig auf den Verschmelzungsstichtag aufgestellt wird, basiert.[37]

23 **2. Bilanzierung der Werte des übertragenden Rechtsträgers als Anschaffungskosten gem. § 253 HGB.** Auf welche Art und Weise das Vermögen des übertragenden Rechtsträgers in die Bilanz des übernehmenden Rechtsträgers Eingang findet, ist einerseits abhängig davon, wie die Verschmelzung durchgeführt wird und andererseits davon, welcher Wertansatz beim übernehmenden Rechtsträger gewählt wird.[38] Findet die Verschmelzung unter Gewährung von Anteilen des übernehmenden Rechtsträgers an die Anteilsinhaber des übertragenden Rechtsträgers statt, tritt das übernommene Vermögen an die Stelle der gewährten Anteile. Ist der übernehmende Rechtsträger bereits an dem übertragenden Rechtsträger beteiligt, so tritt das übernommene Vermögen an die Stelle der bisherigen Beteiligung.

24 Für die **wertmäßige Betrachtung** erfolgt eine vergleichende Betrachtung zwischen dem übernommenen Vermögen des übertragenden Rechtsträgers und den zu gewährenden Anteilen am übernehmenden Rechtsträger. Soweit das übernommene Vermögen mit den gewährten Anteilen bzw der bestehenden Beteiligung jeweils für sich genommen verglichen wird, kann beim übernehmenden Rechtsträger entweder ein Verschmelzungsgewinn oder ein **Verschmelzungsverlust** entstehen, wenn diese Werte – wie zumeist in der Praxis aufgrund stiller Reserven des übertragenden Rechtsträgers – nicht genau übereinstimmen. Eine Übereinstimmung kann freilich dann erzielt werden, wenn das übernommene Vermögen abhängig vom Wert der Anteile bestimmt, bzw auf diese verteilt wird.

Hinweis für die Praxis: Die anfängliche Festlegung des Wertes des übernommenen Vermögens entfaltet eine Bindungswirkung. Entsprechend dieser genannten Ermittlungsmöglichkeiten für das übernommene Vermögen bestimmt sich nicht nur die Bilanzierung der Verschmelzung für die erstmalige Berücksichtigung in der Bilanz des übernehmenden Rechtsträgers sondern auch für die zukünftigen Bilanzen. Denn die anfängliche Bewertung des übernommenen Vermögens bildet die Bemessungsgrundlage für zukünftige Abschreibungen in der Bilanz des übernehmenden Rechtsträgers. Eine spätere Neufestlegung ist nicht möglich.[39]

25 a) **Wahlrecht.** aa) **Inhalt.** Hinsichtlich der Frage, wie der Vermögensübergang vom übertragenden Rechtsträger in der Bilanz des übernehmenden Rechtsträger berücksichtigt werden kann, besteht für den übernehmenden Rechtsträger ein **Wahlrecht**, ob die Werte aus der Schlussbilanz des übertragenden Rechtsträgers übernommen werden (sog. **Buchwertfortführung**) oder aber die tatsächlichen Anschaffungskosten (sog. **Anschaffungskostenmethode**) bilanziert werden.[40] Dieses Wahlrecht wird bei der Aufstellung des ersten Jahresabschlusses nach Wirksamkeit der Verschmelzung bzw im Rahmen der Eröffnungsbilanz bei der Verschmelzung zur Neugründung **ausgeübt** und in der Bilanz des übernehmenden Rechtsträgers umgesetzt. Es kann auch nur **einheitlich** ausgeübt werden, dh es kann keine Differenzierung nach Einzelposten des übernommenen Vermögens geben (zB die Anwendung der Buchwertfortführung bei

36 So freilich Sagasser/*Bula*, (1. Aufl. 1995), Rn H 5; anders nunmehr für den Regelfall Sagasser/Bula/Brünger/*Bula/Pernegger*, § 10 Rn 92.

37 Widmann/Mayer/*Widmann*, § 24, Rn 225 ff; Lutter/*Priester*, § 24 Rn 22; Semler/Stengel/*Moszka*, § 24 Rn 18; aA mit dem Argument, dass der übernehmende Rechtsträger bei einer Verschmelzung zur Neugründung zu diesem Zeitpunkt noch gar nicht entstanden ist, Kallmeyer/*Müller*, § 24 Rn 56.

38 Lutter/*Priester*, § 24 Rn 6.

39 Lutter/*Priester*, § 24 Rn 9 f; Kallmeyer/*Müller*, § 24 Rn 4.

40 KölnKomm-UmwG/*Simon*, § 24 Rn 31.

einem Teil der Aktiva und der Anschaffungskostenmethode bei einem anderen Teil der Aktiva).[41] Dies gilt für den einzelnen Verschmelzungsvorgang; sind **mehrere Rechtsträger** an der Verschmelzung beteiligt und liegen demnach mehrere Verschmelzungsvorgänge vor, so kann für die einzelnen Vorgänge natürlich ein **unterschiedliches Vorgehen** festgelegt werden.[42]

Die **Gründe**, die zur Einführung dieses Wahlrechts geführt haben, liegen in der früheren Rechtslage vor 1995 begründet. Danach war einzig die Buchwertfortführung möglich (§§ 348 Abs. 1 AktG aF, 27 Abs. 1 KapErhG), um die beteiligten Rechtsträger in eine bilanzielle Kontinuität zu zwingen und willkürliche Neubewertungen zu verhindern.[43] Dies hatte allerdings in der Praxis dazu geführt, dass bei der übernehmenden Gesellschaft **Verschmelzungsverluste** entstanden, die den Wert der Anteile ihrer bisherigen Gesellschafter mindern (zum Hintergrund s. Rn 24 „wertmäßige Betrachtung"). Dieser Verlust konnte nur durch eine bilanzielle Behelfskonstruktion mittels eines Aktivpostens **„Geschäfts- oder Firmenwert"** neutralisiert werden, vgl §§ 348 Abs. 2 AktG aF, 27 Abs. 2 KapErhG. Dieser als Bilanzierungshilfe zulässige Aktivposten musste freilich über fünf Jahre abgeschrieben werden, was somit die notwendigen Aufwendungen nicht entfallen lies und dem übernehmenden Rechtsträger nur eingeschränkt weiterhalf.[44] Nachdem der Diskussionsentwurf zum Umwandlungsgesetz[45] noch den früheren Buchwertansatz vorsah, wurde auf massive Kritik insbesondere der Wirtschaftsprüfer,[46] die das **Prinzip der Erfolgsneutralität von Anschaffungsvorgängen** verletzt sahen, das später Gesetz gewordene Wahlrecht in den Referentenentwurf[47] aufgenommen.[48] 26

bb) Zuständigkeit. § 24 trifft keine Regelung darüber, welches **Organ** für die Auswahlentscheidung zuständig ist. Da die Entscheidung die Gestaltung der Bilanz beeinflusst, wird die Auswahlkompetenz im Schrifttum zum Teil den Organen zugestanden, die zur Feststellung des Jahresabschlusses berufen sind.[49] Für die GmbH (§ 46 GmbHG) sowie die Personengesellschaften wäre dies die Gesellschafterversammlung,[50] für die AG zeichnen Vorstand und Aufsichtsrat verantwortlich, § 172 AktG. Dieser Ansicht ist zwar zuzugestehen, dass es sich hierbei um eine bilanzielle Entscheidung handelt, die grundsätzlich in den Verantwortungsbereich der vorstehend bezeichneten Organe fällt. Dagegen spricht jedoch, dass es sich um einen **Teil des Verschmelzungsvorgangs** handelt, der generell einer Zustimmung der Anteilsinhaber bedarf, der gewählte bilanzielle Ansatz die Höhe der Wertansätze im Jahresabschluss festlegt und damit direkte Auswirkungen auf das Jahresergebnis und die Dividendenausschüttung des übernehmenden Rechtsträgers nach Wirksamkeit der Verschmelzung hat. Insoweit ist die Rechtsstellung der Anteilsinhaber durch den Verschmelzungsvorgang direkt betroffen und die **Entscheidungskompetenz** konsequenterweise ausschließlich bei den **Anteilsinhabern** zu verorten.[51] Dies ist insbesondere angesichts der Regelung des § 13 Abs. 1 S. 1 folgerichtig. Da die Wahl des Bilanzierungsansatzes – zumindest aus Sicht des übernehmenden Rechtsträgers – Teil der Durchführung des Verschmelzungsvorganges ist, sind die Anteilsinhaber für die Entscheidung zuständig.[52] 27

41 Semler/Stengel/*Moszka*, § 24 Rn 74; Widmann/Mayer/*Widmann*, § 24 Rn 311; Lutter/*Priester*, § 24 Rn 77.

42 Kallmeyer/*Müller*, § 24 Rn 17; Lutter/*Priester*, § 24 Rn 77.

43 KölnKomm-AktG/*Kraft*, § 348 Rn 2; Lutter/*Priester*, § 24 Rn 75.

44 GesBegr. bei *Ganske*, Umwandlungsrecht, 78; KölnKomm-UmwG/*Simon*, § 24 Rn 5 ff; Lutter/*Priester*, § 24 Rn 74 ff.

45 Diskussionsentwurf für ein Gesetz zur Bereinigung des Umwandlungsrechts vom 3.8.1988, abgedruckt als Beilage Nr. 214 a zum BAnz vom 15.11.1988.

46 S. nur die Stellungnahme des Institut der Wirtschaftsprüfer, 1989, 340 ff.

47 Referentenentwurf für ein Gesetz zur Bereinigung des Umwandlungsrechts vom 15.4.1992, abgedruckt als Beilage Nr. 112 a zum BAnz vom 20.6.1992.

48 S. zur früheren Rechtslage und zur Gesetzgebungshistorie Widmann/Mayer/*Widmann*, § 24, Rn 281 ff.

49 So KölnKomm-UmwG/*Simon*, § 24 Rn 36; Semler/Stengel/*Moszka*, § 24 Rn 65.

50 Vgl zur KG nur BGHZ 136, 263, 266 ff; BGHZ 170, 283 („Otto").

51 Wie hier Lutter/*Priester*, § 24 Rn 79; krit. Kallmeyer/*Müller*, § 24 Rn 17, der zum Schutz der Anteilsinhaber die Ausübung des Wahlrechts durch den Verschmelzungsvertrag regeln will.

52 Ebenso Lutter/*Priester*, § 24 Rn 79, der dies als Annexkompetenz der Anteilsinhaber betrachtet.

28 Diese Sichtweise erscheint auch vor dem gesetzgeberischen Hintergrund konsequent, wonach das Wahlrecht gewährt wurde, um die Entstehung von Verschmelzungsverlusten – und damit die Verminderung des Anteilswertes – zu verhindern. Insoweit ist es konsequent die Anteilsinhaber auch bei der Ausübung des Wahlrechts vor negativen Verschmelzungsfolgen zu schützen. Das Wahlrecht ist durch **Beschluss** auszuüben und wird sinnvollerweise im **Verschmelzungsvertrag** ausgeübt, zu dem die Anteilsinhaber ohnehin einen Beschluss fassen müssen.[53] Fassen die Anteilsinhaber hierüber im Rahmen der Verschmelzung keinen Beschluss, so können sie dies mit separatem Beschluss nachholen; ansonsten ist das grundsätzlich zuständige Feststellungsorgan als ermächtigt anzusehen, die Wahlentscheidung zu treffen.

29 cc) **Zeitpunkt der Ausübung.** Im Rahmen der oben festgelegten Zuständigkeit zur Wahlrechtsausübung kann die Festlegung des Bilanzansatzes bereits im Verschmelzungsvertrag erfolgen (§ 5). Sobald die Anteilsinhaber diesem gemäß § 13 Abs. 1 zugestimmt haben, gilt das Wahlrecht bereits in diesem Zeitpunkt als ausgeübt.[54] Soweit dagegen vorgebracht wird, die Festlegung innerhalb des Verschmelzungsvertrages entfalte keine Rechtsbindung, da eine endgültige Festlegung der Bilanzierungsparameter erst in der Jahresabschlusserstellung möglich sei,[55] geht diese Kritik insoweit fehl, als dass bereits im Verschmelzungsvertrag bzw in der dortigen Festlegung des Umtauschverhältnisses eine **vollumfängliche Bewertung** des zu übertragenden Vermögens stattfindet. Zusammen mit der sich anschließenden **Verschmelzungsprüfung** (§ 9) verfügen die Anteilsinhaber zum Zeitpunkt ihrer **Zustimmungsentscheidung** (§ 13) über alle relevanten Informationen.

30 Sofern die Anteilsinhaber von dieser Kompetenz keinen Gebrauch machen, obliegt die Wahlentscheidung dem zur Feststellung des Jahresabschlusses zuständigen Organ. Sollten die Anteilsinhaber nachträglich von ihrer Entscheidung abweichen wollen, ist eine Verschmelzungsvertragsänderung notwendig.[56]

31 dd) **Grenzen.** Vor dem Argument der Schutzinteressen von Anteilsinhabern und Gläubigern wird eine Einschränkung des Wahlrechts in § 24 durch allgemeine Rechnungslegungsgrundsätze diskutiert.

32 3. **Schutzinteressen der Anteilsinhaber.** Sofern beim übernehmenden Rechtsträger durch Anwendung der Buchwertbilanzierung Verschmelzungsverluste eintreten, ist fraglich, ob dies zu einer **Begrenzung des Wahlrechts** dahin gehend führt, dass die für die Anteilsinhaber vorteilhafteste Methode zu wählen ist.[57] In der bilanzrechtlichen Literatur wird dieser Ansatz auch dahin gehend konkretisiert, dass in diesem Fall die Wahl der Buchwertmethode einer gesonderten Rechtfertigung bedarf.[58] Aufgrund des klaren Wortlautes des § 24 ist diesen Ansätzen jedoch nicht zu folgen.[59] § 24 selbst schränkt die Wahl der Bilanzierungsmethode nicht ein. Auch die rechtshistorische Entwicklung des § 24 von der verpflichtenden Buchwertfortschreibung hin zum Wahlrecht widerspricht diesem Ansatz. Denn aus der Einräumung des Wahlrechtes unter gleichzeitiger Abschaffung der zuvor bestehenden Bilanzierungshilfen (in fünf Jahren abzuschreibender aktivierter Geschäfts- oder Firmenwert) durch das UmwG 1995 zeigt sich, dass ein Verschmelzungsverlust durch den Gesetzgeber nicht zwingend verhindert werden sollte.[60] Hätte der Gesetzgeber dies gewollt, so hätte er den übernehmenden Rechtsträger auf eine anteilsinhaberfreundliche Bilanzierung verpflichten können.[61] Zudem haben die Anteilsinhaber – wie vorstehend ausgeführt – es in der Hand, entsprechende Regelungen im Verschmel-

53 So auch Semler/Stengel/*Moszka*, § 24 Rn 65; Lutter/*Priester*, § 24 Rn 81.
54 Ebenso Lutter/*Priester*, § 24 Rn 81; Semler/Stengel/*Moszka*, § 24 Rn 70 ff; aA KölnKomm-UmwG/*Simon*, § 24 Rn 36.
55 So KölnKomm-UmwG/*Simon*, § 24 Rn 32.
56 Dazu Kallmeyer/*Müller*, § 24 Rn 18; für die Verschmelzung zur Neugründung s. Semler/Stengel/*Moszka*, § 24 Rn 67.
57 So wohl unter Willkürgesichtspunkten Kallmeyer/*Müller*, § 24 Rn 51.
58 So etwa Lutter/*Priester*, § 24 Rn 86.
59 So auch KölnKomm-UmwG/*Simon*, § 24 Rn 39; Semler/Stengel/*Moszka*, § 24 Rn 80.
60 Vgl KölnKomm-UmwG/*Simon*, § 24 Rn 39; so wohl auch Lutter/*Priester*, § 24 Rn 84.
61 KölnKomm-UmwG/*Simon*, § 24 Rn 39.

zungsvertrag zu implementieren und hierüber im Rahmen des Verschmelzungsbeschlusses abzustimmen.

4. Grundsatz der Kapitalaufbringung. Sofern es sich beim übernehmenden Rechtsträger um eine Kapitalgesellschaft handelt, verlangt der **Grundsatz der realen Kapitalaufbringung** unstreitig, dass der Ausgabebetrag bzw mindestens der Nennwert der neuen Anteile des übernehmenden Rechtsträgers durch entsprechendes Vermögen des übertragenden Rechtsträgers gedeckt ist. Dies dient grundsätzlich dem **Gläubigerschutz**. Angesichts der o.g. Möglichkeit eines Verschmelzungsverlustes stellt sich hier freilich die Frage, ob dieser Grundsatz zu einer Begrenzung der Wahlmöglichkeit führt. Insoweit wird vertreten, der bilanzielle Ansatz des vom übertragenden Rechtsträger übergehenden Vermögens müsse dem Ausgabebetrag zumindest real entsprechen. Eine reine Deckung aufgrund des Zeitwertes bei einem geringeren Buchwert reiche nicht aus.[62] 33

Dieser Ansicht ist jedoch nicht zu folgen, denn das UmwG enthält hierzu keinen Anhaltspunkt. Sollte der Grundsatz realer Kapitalaufbringung nicht eingehalten sein, müsste nach dieser Ansicht konsequenterweise eine bilanzielle **Buchwertaufstockung** des übernommenen Vermögens vorgenommen werden, um diese reale Entsprechung zu erreichen. Eine solche Buchwertaufstockung führt jedoch zu keinem höheren Haftungsvolumen und vermag folglich den Gläubigerschutz nicht zu erhöhen.[63] Das Gegenteil wäre der Fall, da ohne Buchwertaufstockung bei einer Unterdeckung des Eigenkapitals zunächst eine Ausschüttungssperre eintritt.[64] Ein realer Verlust bei Buchwertfortschreibung und daraus folgender Ausschüttungssperre schützt somit reflexiv die Gläubiger. 34

Darüber hinaus findet die abweichende Ansicht keine Entsprechung im § 24, da der Wortlaut keine Begrenzung des Wahlrechts vornimmt.[65] Auch die Systematik des Umwandlungsrechts verlangt dies nicht. So ist etwa für den Formwechsel nach § 220 ein separater Nachweis des Wertes ausreichend. Schließlich verweist auch die Gesetzesbegründung zu § 24 hinsichtlich der Kapitalschutzvorschriften für Aktiengesellschaften ausschließlich auf § 69 Abs. 1.[66] Eine Einschränkung der Wahlfreiheit des § 24 aus Gründen der Kapitalaufbringung ist daher abzulehnen. 35

a) **Ansatzebene.** Für die **Ansatzebene** gilt, dass die Übernahme des Vermögens des übertragenden Rechtsträgers in bilanzieller Hinsicht einen **Anschaffungsvorgang** darstellt; für die Verschmelzung zur Aufnahme stellt dies einen **laufenden Geschäftsvorfall** und für die Verschmelzung zur Neugründung einen berücksichtigungspflichtigen **Posten in der Eröffnungsbilanz** dar.[67] Die übergehenden Aktiva und Passiva sind einzubuchen, wobei grundsätzlich die allgemeinen Ansatzvorschriften der §§ 246 ff HGB zu beachten sind. Wie die einzelnen Vermögenspositionen konkret anzusetzen sind, ergibt sich aus der Wahl der verfügbaren Ansatzmethoden. 36

aa) **Anschaffungskostenprinzip.** Sofern sich der übernehmende Rechtsträger für eine Bilanzierung nach dem **Anschaffungskostenprinzip** entscheidet, ist er an die bilanzrechtlichen Vorschriften der §§ 246 ff HGB gebunden. Vermögensgegenstände, die nicht im Wege der Gesamtrechtsnachfolge übergehen, dürfen danach keine Berücksichtigung finden (zB jedwede Bilanzierungshilfen wie Ingangsetzungskosten gem. § 269 HGB und Verschmelzungsmehrwerte). Dies gilt gleichermaßen für Geschäfts- und Firmenwerte des übertragenden Rechtsträgers im Sinne des § 255 Abs. 4 HGB, die nur indirekt über die übernommenen Vermögenswerte oder über 37

62 So etwa Kallmeyer/*Müller*, § 24 Rn 18; *W. Müller*, in: FS Clemm, S. 243, 251 ff.
63 Vgl auch KölnKomm-UmwG/*Simon*, § 24 Rn 44.
64 So auch *Priester*, GmbHR 1999, 1273; Lutter/*Priester*, § 24 Rn 89; KölnKomm-UmwG/*Simon*, § 24 Rn 43 ff.
65 Ebenso Lutter/*Priester*, § 24 Rn 89; KölnKomm-UmwG/*Simon*, § 24 Rn 45.
66 GesBegr. bei *Ganske*, Umwandlungsrecht, 79.
67 Lutter/*Priester*, § 24 Rn 42; Kallmeyer/*Müller*, § 24 Rn 8.

die Geschäfts- und Firmenwerte des übernehmenden Rechtsträgers Eingang in die Bilanz finden.[68]

38 **Immaterielle Vermögenswerte** sind zu aktivieren; die Eingrenzung des § 248 Abs. 2 HGB auf nicht selbst geschaffene immaterielle Vermögenswerte gilt hier nach richtiger Auffassung nicht.[69] Gleiches gilt für **Rechnungsabgrenzungsposten**, sofern sie Vermögen oder Verbindlichkeiten darstellen. Übergehende **Pensionsverpflichtungen** sind zu passivieren, das entsprechende Wahlrecht des Art. 28 Abs. 1 EGHGB findet hier keine Anwendung.[70]

39 Hat der übertragende Rechtsträger **eigene Anteile** gehalten, können diese, aufgrund ihres Untergangs mit Wirksamkeit der Verschmelzung nach § 20 Abs. 1 Nr. 2, beim übernehmenden Rechtsträger nicht bilanziert werden. Aus dem gleichen Grund können wechselseitig bestehende Forderungen und Verbindlichkeiten nicht mehr bilanziert werden, da diese durch **Konfusion** erlöschen.[71]

40 **Aktive Steuerabgrenzungsposten** auf Seiten des übertragenden Rechtsträgers (§ 274 Abs. 2 HGB) gehen ebenfalls nicht auf den übernehmenden Rechtsträger über. Das gilt ebenfalls für **passive Steuerabgrenzungsposten** (§ 274 Abs. 1 HGB). Die Bildung von Steuerlatenzen (§ 274 HGB) nach wirksamer Verschmelzung auf Seiten des übernehmenden Rechtsträgers bleibt jedoch möglich.[72]

41 Sofern sämtliche Aktiva und Passiva des übertragenden Rechtsträgers beim übernehmenden Rechtsträger angesetzt und bewertet sind, kann dieser Betrag in Ausnahmefällen mit den Gesamtanschaffungskosten übereinstimmen; in diesem Fall ist nichts weiter zu veranlassen. Sofern jedoch ein Differenzbetrag besteht, kann dieser als **Geschäftswert** gemäß §§ 246 Abs. 1 S. 4 iVm S. 1, 255 Abs. 4 HGB aktiviert werden.[73] Dieser Grundsatz ist auch bei konzerninternen Verschmelzungen anwendbar.[74] *W. Müller* weist jedoch zu Recht darauf hin, dass bei konzerninternen Verschmelzungen eine vorsichtige Bewertung vorzunehmen ist.[75]

42 **bb) Buchwertansatz.** Wird als bilanzieller Ansatz gem. § 24 die **Buchwertverknüpfung** gewählt, so tritt der übernehmende Rechtsträger dem Grunde nach bilanziell an die Stelle des übertragenden Rechtsträgers und daraus folgt eine bilanzielle Bindung des übernehmenden Rechtsträgers an die Ansätze aus der Schlussbilanz des übertragenden Rechtsträgers. Diese Bindung bezieht sich auch auf die **Ansatzwahlrechte** des übertragenden Rechtsträgers, selbst wenn diese beim übernehmenden Rechtsträger gar nicht zulässig wären.[76] Dies gilt demnach für Bilanzierungshilfen oder **Geschäftswerte** des übertragenden Rechtsträgers ebenso wie für Steuerabgrenzungsposten (§ 274 HGB).[77] **Sonderposten mit Rücklageanteil** sind aktivisch von den entsprechenden Vermögensgegenständen abzusetzen.[78] Diese Fortführung gilt jedoch nicht für durch den übertragenden Rechtsträger selbst geschaffene **immaterielle Vermögensgegenstände**, da § 248 Abs. 2 HGB insoweit fortwirkt.[79] Sofern der übertragende Rechtsträger eige-

68 Lutter/*Priester*, § 24 Rn 33; KölnKomm-UmwG/*Simon*, § 24 Rn 50.

69 IDW, RS HFA 42 (2012), Abs. 36; Lutter/*Priester*, § 24 Rn 35; aA *Dehmer* (2. Aufl.), § 24 Rn 17, der originäre immaterielle Vermögenswerte aufgrund eines unentgeltlichen Erwerbs ausschließen will.

70 Lutter/*Priester*, § 24 Rn 35; KölnKomm-UmwG/*Simon*, § 24 Rn 51.

71 Budde/Förschle/Winkeljohann/*Förschle/Hoffmann*, Sonderbilanzen, Rn K 25 f; Sagasser/Bula/Brünger/*Bula/Pernegger*, § 10 Rn 126 und 301 ff, ebenfalls zur Bilanzierung von Konfusionsgewinnen aufgrund unterschiedlicher Bewertung der untergegangenen Forderung bei den beiden Rechtsträgern.

72 Näher dazu Kallmeyer/*Müller*, § 24 Rn 10; Lutter/*Priester*, § 24 Rn 34; KölnKomm-UmwG/*Simon*, § 24 Rn 54.

73 IDW, RS HFA 42 (2012), Abs. 58; Budde/Förschle/Winkeljohann/*Förschle/Hoffmann*, Sonderbilanzen, Rn K 21; Lutter/*Priester*, § 24 Rn 37; aA *Dehmer*, § 24 Rn 17, der anstelle eines Geschäftswertes einen „verschmelzungsbedingten Unterschiedsbetrag" ansetzt, der mit der Kapitalrücklage zu verrechnen und danach durch Gewinne auszugleichen sei.

74 So auch Lutter/*Priester*, § 24 Rn 37.

75 Kallmeyer/Müller, § 24 Rn 8.

76 Kallmeyer/*Müller*, § 24 Rn 14; Semler/Stengel/*Moszka*, § 24 Rn 20.

77 Kallmeyer/*Müller*, § 24 Rn 45; Lutter/*Priester*, § 24 Rn 39.

78 Budde/Förschle/Winkeljohann/*Förschle/Hoffmann*, Sonderbilanzen, Rn K 87 f.

79 *Gassner* in: FS Widmann, S. 343, 352.

ne Anteile hält, sind diese, ebenso wie bei der Anschaffungskostenmethode, aufgrund des § 20 Abs. 1 Nr. 2 außer Betracht zu lassen.

Im Rahmen der Buchwertfortführung besteht die Besonderheit, dass die Differenz zwischen dem Gesamtbetrag der Anschaffungskosten und dem Buchwert des übernommenen Vermögens nicht als Geschäftswert oder als Verschmelzungsmehrwert in die Bilanz aufgenommen werden darf. Diese Differenz ist vielmehr stets als **Verschmelzungsverlust** zu buchender Aufwand.[80] 43

Die Kosten der Verschmelzung (Steuern, Notar- und Gerichtskosten) dürfen – im Gegensatz zum Anschaffungskostenprinzip – im Rahmen der Anschaffungsnebenkosten ebenfalls nicht bilanziert werden.[81] 44

b) Bewertungsebene. Die Ausübung des Wahlrechtes nach § 24 hat Auswirkungen auf die anzuwendenden bilanzrechtlichen **Bewertungsvorgaben.** Dies betrifft einerseits die Frage, mit welchen Werten das übergehende Vermögen anzusetzen ist, andererseits auch den Umgang mit möglichen Differenzbeträgen. 45

aa) Anschaffungskostenprinzip. Obgleich es sich um einen regulären Anschaffungsvorgang handelt, zeigt der Wortlaut des § 24 auf, dass die im Rahmen der Verschmelzung übergegangenen Vermögensgegenstände **Anschaffungskosten besonderer Art** darstellen.[82] Eine Besonderheit liegt darin, dass eine Verschmelzung regelmäßig komplexer ist als ein dem idealen Anschaffungskostenbild zugrunde liegendes Austauschgeschäft. So gilt etwa der Grundsatz der Mitgliedschaftsperpetuierung, während ein regulärer Anschaffungsvorgang eher ein Austauschgeschäft – im vergleichbaren Fall also die Ausgabe von Anteilen gegen Sacheinlage – zum Leitbild hat. Insofern handelt es sich nicht um Anschaffungskosten im klassischen Sinn, bei denen aufgrund eines Aktivtauschs die Bilanzsumme unverändert bleibt.[83] Wie vorstehend beschrieben, treten jedoch im Rahmen einer Verschmelzung zumeist Verschmelzungsgewinne oder -verluste auf, die Auswirkungen auf die Bilanzsumme haben. Konsequenterweise kann eine bilanzielle Berücksichtigung neben dem Buchwert auch nach dem Zeitwert erfolgen; dieser stellt freilich gleichzeitig die **Höchstgrenze** einer möglichen Berücksichtigung in den Anschaffungskosten dar. 46

Wie die Anschaffungskosten sodann zu bilanzieren sind, bestimmt sich – mangels ausdrücklicher Festlegung in § 24 – nach den allgemeinen bilanzrechtlichen Grundsätzen. Aus dem zugrunde zu legenden Aufwendungsbegriff des § 255 HGB ergibt sich, dass danach unterschieden werden muss, in welcher Form die Gegenleistung seitens des übernehmenden Rechtsträgers (Grundsatz der Mitgliedschaftsperpetuierung) gewährt wird.[84] 47

bb) Gewährung neuer Anteile. Gewährt der übernehmende Rechtsträger mittels Kapitalerhöhung neu geschaffene Anteile als Gegenleistung für das übernommene Vermögen, so gelten die **Grundsätze zur Sacheinlage.** Höchstgrenze für die Bewertung der Anschaffungskosten ist hier der Zeitwert des vom übertragenden Rechtsträger übergehenden Vermögens.[85] Unterhalb dieser Höchstgrenze besteht für den übernehmenden Rechtsträger ein Wahlrecht. Soweit andere Stimmen im Schrifttum zwingend von einer Bilanzierung nach Zeitwert[86] oder nach Ausgabebetrag[87] ausgehen, finden diese Ansichten keine Grundlage im Gesetz. § 24 lässt sich weder dem Wortlaut noch seiner Begründung nach eine solche Eingrenzung des Wahlrechts entnehmen.[88] 48

80 IDW, RS HFA 42 (2012), Abs. 70; Lutter/*Priester*, § 24 Rn 40; Kallmeyer/*Müller*, § 24 Rn 45.

81 *Gassner* in: FS Widmann, S. 343, 352; Lutter/*Priester*, § 24 Rn 41; Kallmeyer/*Müller*, § 24 Rn 45.

82 So KölnKomm-UmwG/*Simon*, § 24 Rn 61.

83 Kallmeyer/*Müller*, § 24 Rn 24; KölnKomm-UmwG/*Simon*, § 24 Rn 61.

84 KölnKomm-UmwG/*Simon*, § 24 Rn 62; Lutter/*Priester*, § 24 Rn 43.

85 *Gassner* in: FS Widmann, S. 343, 352; Lutter/*Priester*, § 24 Rn 44; KölnKomm-UmwG/*Simon*, § 24 Rn 63.

86 Etwa *Schulze-Osterloh*, ZGR 1993, 420, 428 ff; Widmann/Mayer/*Widmann*, § 24 Rn 298.

87 Vgl etwa IDW, RS HFA 42 (2012), 42; *Gassner* in: FS Widmann, S. 343, 350 f.

88 Vgl die GesBegr. bei *Ganske*, Umwandlungsrecht, 65; ebenso Lutter/*Priester*, § 24 Rn 45; Kallmeyer/*Müller*, § 24 Rn 27.

49 Ein **Agio** kann dabei festgelegt werden, lässt sich aber auch durch Festlegung des Zeitwertes für das übertragene Vermögen in Abgrenzung zum Nennwert des Anteils ermitteln. Dieses ist nach § 272 Abs. 2 Nr. 1 HGB in die Kapitalrücklage einzustellen.[89] Zu den Anschaffungskosten gehören hier auch die baren Zuzahlungen (§§ 54 Abs. 4, 68 Abs. 3) sowie die nach einem Spruchstellenverfahren gem. § 15 zu leistenden Zuzahlungen. Dies gilt jedoch nicht für Abfindungszahlungen nach § 29.[90] **Anschaffungsnebenkosten** sind nach richtiger Auffassung ebenfalls aktivierbar.[91]

50 Bei **Personengesellschaften** als übernehmendem Rechtsträger lassen sich die Anschaffungskosten anhand der Kapitalkonten ermitteln; die Gesellschafter haben ein **unbeschränktes Wahlrecht** hinsichtlich der Frage der Wertbestimmung.[92] Verschmelzungsgewinne sind in der Regel auszuschütten (mangels Geltung des § 272 Abs. 2 Nr. 1 HGB). Wird auf einen **Verein** verschmolzen, wächst dessen Vermögen um den Betrag des Vermögens des übertragenden Rechtsträgers, welches sich ausschließlich auf die Mitgliedschaften auswirkt, da eine Ausgabe von Anteilen hier nicht stattfindet.

51 Für die Aufschlüsselung der einzelnen Anschaffungskosten gelten die §§ 253 f HGB. Es gilt danach der **Grundsatz der Einzelbewertung** (§ 252 Abs. 1 Nr. 3 HGB).[93] Ist der übernehmende Rechtsträger eine Kapitalgesellschaft, so muss die Aufschlüsselung im Anhang zum Jahresabschluss erläutert werden (§ 284 Abs. 2 Nr. 1 HGB).

52 **cc) Gewährung eigener Anteile.** Eine Kapitalgesellschaft kann anstelle oder komplementär zu einer Kapitalerhöhung vorhandene eigene Anteile auskehren, § 20 Abs. 1, so dass auf eine verschmelzungsbedingte Kapitalerhöhung (zumindest teilweise) verzichtet werden kann. Dies stellt nach hM einen **Tauschvorgang** dar.[94] Für die Bewertung der Anschaffungskosten kann der übernehmende Rechtsträger den Buchwert oder Zeitwert der eigenen Anteile ansetzen oder einen ergebnisneutralen Zwischenwert festlegen. Insoweit besteht **Wahlfreiheit.**[95] Sofern Anschaffungskosten über dem Buchwert der ausgegebenen Anteile angesetzt werden, ist diese Differenz in der Bilanz durch eine Kapitalrücklage (§ 272 Abs. 2 Nr. 4 HGB) aufzufangen.[96]

53 **dd) Verzicht auf Anteilsgewährung.** Gemäß §§ 54 Abs. 1, 68 Abs. 1 besteht für Anteilsinhaber einer übertragenden Gesellschaft, wenn auf eine GmbH oder AG verschmolzen wird, die Möglichkeit, auf eine Anteilsgewährung zu verzichten. Die Vermögenswerte sind insoweit rechtstechnisch unentgeltlich erworben, da keine Gegenleistung erfolgt. Freilich treten die übernommenen Aktiva und Passiva an die Stelle der zuvor gehaltenen Anteile des übernehmenden Rechtsträgers am übertragenden Rechtsträger, so dass nach hM ein **tauschähnlicher Vorgang** anzunehmen ist und somit hier die Tauschgrundsätze heranzuziehen sind.[97] Somit kann auf die vorstehenden Grundsätze bei (2) verweisen werden. Der bilanzielle Ansatz kann in diesem Fall nach Zeitwert – wie bei der Mutter-Tochter-Verschmelzung – ergebnisneutral erfolgen.[98]

89 Kallmeyer/*Müller*, § 24 Rn 27; Lutter/*Priester*, § 24 Rn 46.

90 Vgl Semler/Stengel/*Moszka*, § 24 Rn 43.

91 Budde/Förschle/Winkeljohann/*Förschle/Hoffmann*, Sonderbilanzen, Rn K 44 (die freilich die Beurkundungskosten als Beschaffungskosten des Eigenkapitals gem. § 248 Abs. 1 HGB ausschließen); Kallmeyer/*Müller*, § 24 Rn 22 ff (mit dem Hinweis auf den Zeitwert als Höchstgrenze).

92 Kallmeyer/*Müller*, § 24 Rn 26 ff; Lutter/*Priester*, § 24 Rn 49.

93 Näher dazu Kallmeyer/*Müller*, § 24 Rn 26 ff; Lutter/*Priester*, § 24 Rn 51.

94 *Hense*, Die Rechnungslegung im Umwandlungsfall, in: IDW, Reform des Umwandlungsrechts, 1993, S. 171, 185; aA *Pohl*, Handelsbilanzen bei der Verschmelzung von Kapitalgesellschaften; 1995, 72.

95 Kallmeyer/*Müller*, § 24 Rn 31; KölnKomm-UmwG/*Simon*, § 24 Rn 72; Lutter/*Priester*, § 24 Rn 54, der andere Zwischenwerte als nicht zulässig erachtet; Budde/Förschle/Winkeljohann/*Förschle/Hoffmann*, Sonderbilanzen, Rn K 54 ff; aA Sagasser/Bula/Brünger/*Bula/Pernegger*, Umwandlungen, § 10 Rn 130 ff; *Schulze-Osterloh*, ZGR 1993, 420, 436 (ausschließlich Zeitwert der Aktiva und Passiva); Semler/Stengel/*Moszka*, § 24 Rn 47 (ausschließlich Zeitwert der untergehenden Anteile).

96 Vgl dazu Lutter/*Priester*, § 24 Rn 54.

97 So auch IDW, RS HFA 42 (2012), Abs. 46; Budde/Förschle/Winkeljohann/*Förschle/Hoffmann, Sonderbilanzen*, Rn K 52; KölnKomm-UmwG/*Simon*, § 24 Rn 74; Lutter/*Priester*, § 24 Rn 55; aA Schmitt/Hörtnagl/Stratz/*Hörtnagl*, § 24 Rn 44 (zwingend Zeitwert der Aktiva und Passiva); Semler/Stengel/*Moszka*, § 24 Rn 47 (zwingend Zeitwert der Anteile).

98 KölnKomm-UmwG/*Simon*, § 24 Rn 83.

54 Kann eine ergebnisneutrale Berücksichtigung nicht erfolgen, so ist der entsprechende Verschmelzungsgewinn oder -verlust in der Gewinn- und Verlustrechnung zu berücksichtigen. Es entsteht somit eine **Gewinnrealisierung im Konzern**, die auch grundsätzlich rechtlich möglich ist.[99] *Priester* rät freilich zu Recht dazu, den Zeitwert der untergehenden Anteile vorsichtig zu ermitteln.[100] Eine Einstellung in die Kapitalrücklage (§ 272 Abs. 2 Nr. 4 HGB) ist nicht möglich. Da keine Kapitalerhöhung erfolgt ist, kann dies auch nicht als Agio (§ 272 Abs. 2 Nr. 1 HGB) berücksichtigt werden.

55 Sind am übertragenden Rechtsträger neben dem übernehmenden Rechtsträger noch weitere Anteilsinhaber beteiligt, so kann die Verschmelzung hinsichtlich des übernehmenden Rechtsträgers ohne und hinsichtlich der übrigen Anteilsinhaber gegen Kapitalerhöhung erfolgen. In diesem Fall sind die Anschaffungskosten insgesamt auf die übertragenen Aktiva gemäß den vorstehenden Ausführungen aufzuteilen.[101] Entsteht ein **Verschmelzungsgewinn**, so ist dieser aufzuteilen; der auf die Beteiligung entfallende Anteil wird ergebniswirksam, während der auf die Kapitalerhöhung entfallende Anteil in die Kapitalrücklage (§ 272 Abs. 2 Nr. 1 HGB) einzustellen ist. Ein etwaiger **Verschmelzungsverlust** ist hingegen stets erfolgswirksam zu verbuchen.[102]

56 ee) **downstream- und upstream-merger.** Die Verschmelzung einer Muttergesellschaft auf ihre Tochter (sog. downstream-merger) führt zu einem direkten Erwerb der Anteile der Muttergesellschaft an der Tochter durch die Anteilsinhaber der Muttergesellschaft. Ein Durchgangserwerb erfolgt nicht.[103] Demgemäß kann eine bilanzielle Berücksichtigung dieser Anteile bei der Tochter nicht stattfinden, so dass nur die verbleibenden positiven und negativen Vermögenswerte des übertragenden Rechtsträgers beim übernehmenden Rechtsträge zu bilanzieren sind.[104] Diese können nach den Buchwerten aus der Schlussbilanz oder nach den Zeitwerten bilanziert werden; ein Differenzbetrag führt zur Bilanzierungspflicht eines Verschmelzungsgewinns oder -verlusts.[105] *W. Müller* weist zu Recht darauf hin, dass in diesen Fällen jeweils ein **Zeitwerttest** vorzunehmen ist und überhöhte Anschaffungskosten unverzüglich auf den Zeitwert abzuschreiben sind.[106] Ein etwaiger positiver Differenzbetrag kann nach richtiger Auffassung weder in die Kapitalrücklage gemäß § 272 Abs. 2 Nr. 1 HGB noch in die Kapitalrücklage gemäß § 272 Abs. 2 Nr. 4 HGB eingestellt werden, da keine Zuzahlung eines Gesellschafters vorliegt.[107] Die Pflicht zu einer Kapitalerhöhung besteht nur insoweit, als dass andere Anteilsinhaber der Tochtergesellschaft neben der Muttergesellschaft vorhanden sind.

57 Ein downstream-merger kann für eine übernehmende Kapitalgesellschaft dann zu Konflikten mit dem Grundsatz der Kapitalerhaltung führen, wenn ein **negatives Vermögen** auf die Tochtergesellschaft übergeht. Im Falle einer GmbH ist eine solche Verschmelzung nach der Vorgabe des § 30 GmbH nur dann zulässig, wenn der Verschmelzungsverlust die Summe aus Stammkapital und Eigenkapital nicht übersteigt;[108] bei Kapitalgesellschaften allgemein darf das gezeichnete Kapital des übernehmenden Rechtsträgers nicht angegriffen werden. Ein Ansatz als Geschäfts- oder Firmenwert beim übernehmenden Rechtsträger ist nicht möglich.[109]

99 IDW, Stellungnahme HFA 2/1982, WPg. 1982, 548; so auch Lutter/*Priester*, § 24 Rn 58.
100 Lutter/*Priester*, § 24 Rn 58; so auch Semler/Stengel/*Moszka*, § 24 Rn 47, der freilich in Rn 62 empfiehlt, hierbei auftretende Übernahmegewinne in die Gewinnrücklage einzustellen.
101 Nach richtiger Auffassung handelt es sich bei einer solchen Mischverschmelzung um keinen Sonderfall, da die Anschaffungskosten nach den gleichen Kriterien zu ermitteln sind; so auch Semler/Stegel/*Moszka*, § 24 Rn 52; Schmidt/Hörtnagl/Stratz/*Hörtnagl*, § 24 Rn 54; abweichend Lutter/*Priester*, § 24 Rn 59 f; Budde/Förschle/Winkeljohann/*Förschle/Hoffmann*, Sonderbilanzen, Rn K 66.
102 S. Lutter/*Priester*, § 24 Rn 60.
103 S. Lutter/*Grunewald*, § 20 Rn 57.
104 Lutter/*Priester*, § 24 Rn 61.
105 Kallmeyer/*Müller*, § 24 Rn 39; Lutter/*Priester*, § 24 Rn 61; aA Semler/Stengel/*Moszka*, § 24 Rn 50, der auf die übernommenen Verbindlichkeiten abstellt; Schmitt/Hörtnagl/Stratz/*Hörtnagl*, § 24 Rn 50, wonach zwingend nur Zeitwerte anzusetzen sind.
106 Kallmeyer/*Müller*, § 24 Rn 39.
107 So auch Kallmeyer/*Müller*, § 24 Rn 39; aA IDW ERS HFA 42 Rn 46 f, WPg. 2011, Supplement 3, S. 77, 85; Budde/Förschle/Winkeljohann/*Förschle/Hoffmann*, Sonderbilanzen, Rn I 67.
108 Semler/Stengel/*Moszka*, § 24 Rn 48; Lutter/*Priester*, § 24 Rn 62; Kallmeyer/*Müller*, § 24 Rn 40.
109 Lutter/*Priester*, § 24 Rn 62.

58 Sind am übernehmenden Rechtsträger **Minderheitsgesellschafter** beteiligt und handelt es sich beim übertragenden Rechtsträger hauptsächlich um ein fremdfinanziertes Akquisitionsvehikel (wie typischerweise bei einem LBO), so führt dies aufgrund der übertragenen Verbindlichkeiten zwingend zu einem Wertverlust beim übernehmenden Rechtsträger; dieser kann auch nicht durch den Ansatz eines Firmen- oder Geschäftswertes beim übernehmenden Rechtsträger ausgeglichen werden.[110] Das UmwG sieht hier keinen Schutzmechanismus zugunsten der Minderheitsgesellschafter vor; diese können lediglich den Verschmelzungsbeschluss anfechten, sofern der Mehrheitsgesellschafter gegen seine gesellschaftsrechtlichen Treuepflichten verstoßen hat. Auch können hier die Grundsätze des existenzvernichtenden Eingriffs anwendbar sein. *W. Müller* schlägt für einen solchen Fall vor, den Minderheitsgesellschaftern ein Recht einzuräumen, ihre Anteile am übernehmenden Rechtsträger gegen eine am Wert des übernehmenden Rechtsträgers vor der Verschmelzung auszurichtende angemessene Abfindung auf den Mehrheitsgesellschafter zu übertragen und leitet dies aus dem Rechtsgedanken der §§ 304 f AktG her.[111] Dieser Gedanke ist zumindest de lege ferenda zu berücksichtigen.

59 Wird eine Tochtergesellschaft auf ihre Muttergesellschaft verschmolzen (upstream-merger), so findet eine Anteilsgewährung grundsätzlich nicht statt, da die übernehmende Gesellschaft in diesem Fall an der übertragenden Gesellschaft bereits beteiligt ist. Das übernommene Vermögen tritt an die Stelle der bisherigen Beteiligung. Es liegt ein **tauschähnlicher Vorgang** vor, so dass hier die gleichen Grundsätze gelten, die für die Verschmelzung gegen Ausgabe eigener Anteile gelten (s.o.).

60 **ff) Buchwertansatz.** Nach der bis zum Jahre 1994 zwingend anwendbaren Methode der **Buchwertfortschreibung** werden die Werte aus der Schlussbilanz des übertragenden Rechtsträgers in die Bilanz des übernehmenden Rechtsträgers überführt. Der Buchwertfortführung liegt hierbei der rechtliche Gedanke der Gesamtrechtsnachfolge zugrunde.[112] Konsequenterweise gelten dann auch die Bilanzierungsentscheidungen des übertragenden Rechtsträgers, soweit diese fehlerfrei gebildet wurden; dies gilt selbst dann, wenn diese Wertansätze beim übernehmenden Rechtsträger aufgrund dessen Rechtsform nicht zulässig sind (die Ausführungen zur Ansatzebene gelten hier entsprechend, s. Rn 36).[113] Diese Bindungswirkung betrifft die künftig anzuwendenden Bewertungsgrundsätze freilich nicht, da das **Stetigkeitsgebot** aus § 252 Abs. 1 Nr. 6 HGB nicht für die Fortschreibung in der Bilanz des übernehmenden Rechtsträgers fortwirkt.[114] Die aus der Schlussbilanz des übertragenden Rechtsträgers übernommenen Werte stellen die Anschaffungskosten des übernehmenden Rechtsträgers dar.[115] Sofern es sich um eine Verschmelzung durch Aufnahme handelt, sind die übernommenen Buchwerte freilich bis zum nächsten Bilanzstichtag des übernehmenden Rechtsträgers nach den GoB fortzuentwickeln.[116]

61 Sofern eine Differenz zwischen übernommenem Vermögen und gewährten Anteilen entsteht, muss dieser Verschmelzungsverlust oder -gewinn bilanziell berücksichtigt werden. Ein negativer Differenzbetrag resultiert zumeist aus stillen Reserven, nicht übertragbaren Körperschaftsteuerguthaben oder Geschäfts- oder Firmenwerten des übertragenden Rechtsträgers, die keinen Eingang in die Bilanz des übernehmenden Rechtsträgers finden können (s. Rn 37, 57). Ein

110 So auch Budde/Förschle/Winkeljohann/*Förschle/Hoffmann*, Sonderbilanzen, Rn K 67; *Koppensteiner*, in: FS H.P. Westermann, S. 1157, 1166; *Klein/Stephanblome*, ZGR 2007, 351, 384 ff; *Mertens*, AG 2005, 785, 786; Lutter/*Priester*, § 24 Rn 62, der zu Recht darauf hinweist, dass in gravierenden Fällen die Grundsätze des existenzvernichtenden Eingriffs zum Zuge kommen können; aA *Bock*, GmbHR 2005, 1023, 1029 f; *Enneking/Heckschen*, DB 2006, 1099, 1100.

111 Kallmeyer/*Müller*, § 24 Rn 42; wohl zustimmend Lutter/*Priester*, § 24 Rn 62.

112 *Schulze-Osterloh*, ZGR 1993, 420, 425; Sagasser/Bula/Brünger/*Bula/Pernegger*, Umwandlungen, § 10 Rn 232.

113 IDW, RS HFA 42 (2012), Abs. 60; Budde/Förschle/Winkeljohann/*Förschle/Hoffmann*, Sonderbilanzen, Rn K 85; Lutter/*Priester*, § 24 Rn 65.

114 Widmann/Mayer/*Widmann*, § 24 Rn 358; Semler/Stengel/*Moszka*, § 24 Rn 57; Kallmeyer/*Müller*, § 24 Rn 44.

115 *Schmitt/Hülsmann*, BB 2000, 1563, 1567 ff; Lutter/*Priester*, § 24 Rn 66; aA Sagasser/Bula/Brünger/*Bula/Pernegger*, Umwandlungen, § 10 Rn 236, die bei einer Buchwertfortführung keinen Anschaffungsvorgang annehmen.

116 Lutter/*Priester*, § 24 Rn 67; Kallmeyer/*Müller*, § 24 Rn 43.

solcher Verlust wird nur dann nicht vorliegen, wenn die stillen Reserven des übernehmenden Rechtsträgers wesentlich höher sind als die stillen Reserven des übertragenden Rechtsträgers. Ein entsprechender Verlust kann nach neuem Recht nicht mehr durch die Aktivierung eines Geschäfts- oder Firmenwertes neutralisiert werden.[117] Ein solcher Verlust ist vielmehr in der **Gewinn- und Verlustrechnung** als außerordentliche Aufwendung zu verbuchen. Eine Erläuterung im **Anhang** ist erforderlich.[118]

Sofern ein **Verschmelzungsgewinn** erzielt wurde, ist dessen Bilanzierung abhängig von der Gewährung der Gegenleistung. Soweit die gewährten Anteile mittels Kapitalerhöhung neu geschaffen wurden, ist der Verschmelzungsgewinn Agio im Sinne des § 272 Abs. 2 Nr. 1 HGB. Aufgrund der gleichartigen Interessenlage gilt dies nach derzeit wohl hM auch für den Fall der Gewährung eigener Anteile.[119] Bei einem downstream-merger postuliert die wohl hM, einen positiven Differenzbetrag in die Kapitalrücklage gemäß § 272 Abs. 2 Nr. 4 HGB einzustellen.[120] Dies ist aus den in Rn 56 genannten Gründen jedoch abzulehnen, da es sich um keine Zuzahlung eines Gesellschafters handelt; folglich ist der Differenzbetrag ergebniswirksam über die GuV zu verrechnen.[121] Insoweit gelten die Grundsätze der Bilanzierung nach dem Anschaffungskostenprinzip hier entsprechend. 62

C. Anwendbarkeit auf andere Umwandlungsvorgänge

§ 24 regelt direkt lediglich die Verschmelzung, ist jedoch durch Verweisungen auf **andere Umwandlungsarten** des UmwG entsprechend anwendbar. Fraglich ist, ob § 24 auch auf Verschmelzungsvorgänge außerhalb des UmwG anwendbar ist. 63

I. Andere Umwandlungsvorgänge des UmwG

So ist § 24 gemäß § 125 auch auf die **Spaltung** entsprechend anzuwenden. Die vorstehenden Ausführungen zur Berechnung der Anschaffungskosten sind somit sowohl für die Spaltung als auch für die Ausgliederung ohne weiteres entsprechend anwendbar. 64

Im Rahmen der **Vermögensübertragung auf die öffentliche Hand** gem. § 176 ist § 24 nicht anwendbar, da auf den übernehmenden Rechtsträger ausschließlich die für diese geltenden öffentlich-rechtlichen Vorschriften Anwendung finden.[122] Bei der **Vermögensübertragung unter Versicherungsunternehmen** gem. § 178 ff ist § 24 über die Verweisung in § 178 Abs. 2 iVm § 176 Abs. 4 entsprechend anwendbar. Da die Gegenleistung im Rahmen der Vermögensübertragung gem. § 174 Abs. 1 weder in Anteilen noch in Mitgliedschaften besteht, sind die Anschaffungskosten freilich unproblematisch zu ermitteln, da diese grds. eine Geldleistung darstellen.[123] 65

Auf den **Formwechsel** findet § 24 freilich keine Anwendung, da hierbei keine Vermögensübertragung stattfindet, sondern der Rechtsträger lediglich sein Rechtskleid wechselt. 66

117 Allgemeine Auffassung, vgl nur Semler/Stengel/*Moszka*, § 24 Rn 61.
118 Lutter/*Priester*, § 24 Rn 70.
119 Lutter/*Priester*, § 24 Rn 71, der die Einstellung in die Kapitalrücklage gem. § 272 Abs. 2 Nr. 1 HGB befürwortet; Semler/Stengel/*Moszka*, § 24 Rn 62; Kallmeyer/*Müller*, § 24 Rn 48, der gem. § 272 Abs. 1 b HGB die Gegenbuchung bis zum Nennbetrag im gezeichneten Kapital vornehmen und einen verbleibenden Differenzbetrag in die freien Rücklagen buchen will; aA wohl KölnKomm-UmwG/*Simon*, § 24 Rn 92.
120 IDW ERS HFA 42 Rn 69, WPg. Supplement 3, 77, 87; Lutter/*Priester*, § 24 Rn 71.
121 So auch Kallmeyer/*Müller*, § 24 Rn 48.
122 S. § 176 Rn 16.
123 Lutter/*H. Schmidt*, § 174 Rn 7.

II. Grenzüberschreitende Verschmelzung

67 § 24 findet auch Anwendung auf grenzüberschreitende Verschmelzungen, da weder die SE-VO[124] noch die Verschmelzungsrichtlinie[125] oder die hierzu ergangenen Ausführungsgesetze[126] selber hierzu ausdrückliche Bestimmungen enthalten.[127] Folglich gilt § 24 über die Verweisung in Art. 18 SE-VO. Entsprechend der bisher zu grenzüberschreitenden Verschmelzungen ergangenen Rechtsprechung (s. dazu Vor § 1 Rn 8), gilt das **Wahlrecht** auch im Falle der **Herein-Verschmelzung.** Eingeschränkt kann dies nur dann sein, wenn der übertragende Rechtsträger nach dem für ihn geltenden nationalen Recht zur Aufstellung einer Schlussbilanz nicht verpflichtet ist.[128]

III. Umwandlungsvorgänge außerhalb des UmwG

68 Eine Verschmelzung kann außerhalb des UmwG insbesondere durch **Anwachsung** gem. § 738 Abs. 1 BGB erfolgen, wenn Gesellschafter aus einer Personen(handels)gesellschaft ausscheiden und nur noch ein Gesellschafter verbleibt, so dass sämtliche Aktiva und Passiva der Personen(handels)gesellschaft im Wege der Gesamtrechtsnachfolge ohne Liquidation auf den verbleibenden Gesellschafter anwachsen. Eine direkte Anwendung des § 24 UmwG scheidet freilich aus. Jedoch wollen Teile des Schrifttums § 24 entsprechend anwenden, da die Anwachsung rechtlich der Verschmelzung nach den Vorschriften des UmwG entspricht und keine Gründe bestehen, diese bilanziell anders zu bewerten.[129] Da keine zwingenden bilanziellen Gründe gegen eine solche Bilanzierung sprechen, ist dieser Auffassung zu folgen.

IV. Steuerrechtliche Regelung der Verschmelzung

69 Eine Darstellung der steuerrechtlichen Bewertung des Verschmelzungsvorganges findet sich in den §§ des UmwStG, auf die hiermit verweisen wird.

§ 25 Schadenersatzpflicht der Verwaltungsträger der übertragenden Rechtsträger

(1) [1]Die Mitglieder des Vertretungsorgans und, wenn ein Aufsichtsorgan vorhanden ist, des Aufsichtsorgans eines übertragenden Rechtsträgers sind als Gesamtschuldner zum Ersatz des Schadens verpflichtet, den dieser Rechtsträger, seine Anteilsinhaber oder seine Gläubiger durch die Verschmelzung erleiden. [2]Mitglieder der Organe, die bei der Prüfung der Vermögenslage der Rechtsträger und beim Abschluß des Verschmelzungsvertrags ihre Sorgfaltspflicht beobachtet haben, sind von der Ersatzpflicht befreit.

(2) [1]Für diese Ansprüche sowie weitere Ansprüche, die sich für und gegen den übertragenden Rechtsträger nach den allgemeinen Vorschriften auf Grund der Verschmelzung ergeben, gilt dieser Rechtsträger als fortbestehend. [2]Forderungen und Verbindlichkeiten vereinigen sich insoweit durch die Verschmelzung nicht.

(3) Die Ansprüche aus Absatz 1 verjähren in fünf Jahren seit dem Tage, an dem die Eintragung der Verschmelzung in das Register des Sitzes des übernehmenden Rechtsträgers nach § 19 Abs. 3 bekannt gemacht worden ist.

124 VO (EG) Nr. 2157/2001 vom 8.10.2001, ABl. L 294 S. 1.
125 Richtlinie 2005/56/EG vom 26.10.2005, ABl. L 310 S. 1.
126 Gesetz zur Einführung der Europäischen Gesellschaft (SEEG) vom 22.12.2004, BGBl. I S. 3675 ff; 2. Gesetz zur Änderung des UmwG vom 19.4.2007, BGBl. I S. 542 ff.
127 Kallmeyer/*Müller*, § 24 Rn 1.
128 Lutter/*Priester*, § 24 Rn 95.
129 Budde/Förschle/Winkeljohann/*Förschle/Hoffmann*, Sonderbilanzen, Rn K 7; *Förster/Ernst*, DB 1997, 241; aA Budde/Förschle/Winkeljohann/*Förschle/Kropp*, Sonderbilanzen, Rn B 110; Widmann/Mayer/*Widmann*, § 24 Rn 560 ff.

Literatur:

Altmeppen, Ungültige Vereinbarung zur Haftung von GmbH-Geschäftsführern, DB 2000, 261; *Bauer/Anders,* Beurkundung von GmbH-Anteilsübertragungen in der Schweiz – Rechtsfolgen einer möglichen Unwirksamkeit, BB 2012, 593; *Blasche/Söntgerath,* Verschmelzung: Möglichkeiten des übertragenden Rechtsträgers zur Einflussnahme auf die Geschäftspolitik des übernehmenden Rechtsträgers, BB 2009, 1432; *Clemm/Dürrschmidt*, Überlegungen zu den Sorgfaltspflichten für Vertretungs- und Aufsichtsorgane bei der Verschmelzung von Unternehmen gem. § 25 und § 27 UmwG, FS Widmann 2001, S. 3; *Döss,* Die Auswirkung von Mängel einer Verschmelzung durch Aufnahme auf die rechtliche Stellung einer übertragenden Gesellschaft und ihre Aktionäre, Diss. Mainz 1990; *Hopt, Die Haftung von Vorstand und Aufsichtsrat – Zugleich ein Beitrag zur corporate governance-Debatte,* FS Mestmäcker 1996, S. 909; *Kiem*, Die Ermittlung der Verschmelzungswertrelation bei der grenzüberschreitenden Verschmelzung, ZGR 2007, 542; *Lutter*, ZIP 1986, 1188 (1195); *Pöllath/Philipp*, Unternehmenskauf und Verschmelzung: Pflichten und Haftung von Vorstand und Geschäftsführer, DB 2005, 1503; *Schnorbus*, Grundlagen der persönlichen Haftung von Organmitgliedern nach § 25 Abs. 1 UmwG, ZHR 167 (2003), 666; *Thöni*, Zur Haftung des GmbH-Gesellschafters in Geschäftsführungsangelegenheiten, GmbHR, 1989, 187.

A. Allgemeines

Nach § 25 Abs. 1 haften die Mitglieder des Vertretungsorgans und ggf des Aufsichtsorgans eines übertragenden Rechtsträgers für den Schaden, den der übertragende Rechtsträger, seine Anteilseigner oder seine Gläubiger infolge der Verschmelzung erleiden. Hinsichtlich der letztgenannten möglichen Anspruchsinhaber erfolgt eine Durchbrechung des gesellschaftsrechtlichen Grundsatzes der Innenhaftung, wonach die Vertretungsorgane grundsätzlich nur gegenüber der Gesellschaft haften. § 25 Abs. 1 eröffnet an dieser Stelle eine **direkte Außenhaftung** der verantwortlichen Leitungsorgane des übertragenden Rechtsträgers.[1] 1

Das Verfahren, nach dem dieser Anspruch geltend zu machen ist, ist in § 26 einer eigenen Regelung unterworfen. Da in einem Schadensfall regelmäßig eine große Zahl von Anspruchstellern gegen die Leitungsorgane vorgehen wird, stellt § 26 eine geordnete Geltendmachung der Ansprüche im Interesse beider Seiten sicher.[2] 2

§ 25 Abs. 2 legt fest, dass **Ansprüche** gegen den übertragenden Rechtsträger auch nach Wirksamkeit der Verschmelzung **fortbestehen** und Forderungen und Verbindlichkeiten nicht durch Konfusion untergehen. Diese Klarstellung ist erforderlich, da der übertragende Rechtsträger mit Wirksamkeit, dh Eintragung der Verschmelzung im Handelsregister erlischt und der übernehmende Rechtsträger als Gesamtrechtsnachfolger an dessen Stelle tritt. 3

§ 25 gilt für die Verschmelzung durch Aufnahme und über § 36 Abs. 1 auch für die Verschmelzung durch Neugründung. Über die Verweisungsvorschriften in den §§ 125, 135 Abs. 1, 176 Abs. 1, 177 Abs. 1, 178 Abs. 1, 180 Abs. 1, 184 Abs. 1, 188 Abs. 1, 189 Abs. 1 gilt die Vorschrift entsprechend bei Spaltung durch Aufnahme und durch Neugründung sowie bei der Ver- 4

1 Andernfalls steht nur ein Pfändungs- und Überweisungsbeschluss zur Verfügung, damit diese Ansprüche als fremdes Recht geltend gemacht werden können, vgl Semler/Stengel/*Kübler*, § 25 Rn 1; Lutter/*Grunewald*, § 25 Rn 3.

2 KölnKomm-UmwG/*Simon*, § 25 Rn 1.

mögensübertragung. §§ 205, 206 enthalten für den Formwechsel Regelungen, die den §§ 25 und 26 nachgebildet sind.[3]

B. Inhalt

I. Schadensersatzanspruch, Abs. 1

5 **1. Anspruch dem Grunde nach. a) Pflichtverletzung.** Voraussetzung einer Haftung der Leitungsorgane ist eine **Sorgfaltspflichtverletzung**. Spiegelbildlich zur Exkulpationsmöglichkeit des Abs. 1 S. 2 muss die Sorgfaltspflichtverletzung im Zusammenhang mit der Prüfung der Vermögenslage und dem Abschluss des Verschmelzungsvertrages stehen.[4] Sollte die Pflichtverletzung woanders zu verorten sein, etwa nach Vertragsschluss oder in Folge der Anmeldung einer fehlerhaft zustande gekommenen Verschmelzung zum Handelsregister, treten die Haftungstatbestände der Einzelgesetze (etwa §§ 43, 52 GmbHG, §§ 93, 116 AktG) neben die Haftung aus § 25.[5] § 25 reiht sich insoweit in das bestehende gesellschaftsrechtliche Haftungssystem ein. Nach Wirksamkeit der Verschmelzung gehen etwaige Ansprüche des übertragenden Rechtsträgers im Wege der Gesamtrechtsnachfolge auf den übernehmenden Rechtsträger über und sind von diesem geltend zu machen.

6 Die im Rahmen des § 25 bestehende Sorgfaltspflicht zur Prüfung der Vermögenslage bezieht sich sowohl auf den übertragenden als auch auf den übernehmenden Rechtsträger. Die Verschmelzung auf einen hoch verschuldeten Rechtsträger bietet hierbei besondere Risiken.[6] Grundsätzlich ist eine Due Diligence-Prüfung bei den beteiligten Rechtsträgern angezeigt, um der Sorgfaltspflicht nachzukommen.[7]

7 Ein Schwerpunkt der Sorgfaltspflicht bezüglich des Abschlusses des Verschmelzungsvertrages liegt in der Ermittlung des **Umtauschverhältnisses**, dessen Festlegung direkten Niederschlag im Verschmelzungsvertrag findet.[8] Ferner gilt es die rechtlichen Voraussetzungen für den Abschluss des Verschmelzungsvertrages einzuhalten, wie etwa die Formvorschrift des § 5.[9] Auch die ordnungsgemäße Unterrichtung der Anteilsinhaber für die korrekte Abfassung des Verschmelzungsbeschlusses ist eine Sorgfaltspflicht im Sinne des § 25.[10]

8 Der Bezug des § 25 zum Abschluss des Verschmelzungsvertrages erlaubt auch die Berücksichtigung einer fehlerhaften und wirtschaftlich unvertretbaren Verhandlungsführung durch die Leitungsorgane.[11] Hierbei ist jedoch, entsprechend der Vorgaben der Business-Judgement-Rule (vgl § 93 Abs. 1 S. 2 AktG), den Leitungsorganen ein weiter unternehmerischer **Handlungsspielraum** zuzugestehen.[12] Denn eine zu strenge Haftung für unternehmerische Handlungen verhindert die Eingehung notwendiger, noch vertretbarer, wirtschaftlicher Risiken zur Umsetzung unternehmerischer Entscheidungen und der Verfolgung des Unternehmenszwecks.[13] Folglich unterliegt ein Vorstand dann nicht der Haftung, sofern er seine Entscheidung zum Wohl der Gesellschaft auf Grundlage angemessener Information getroffen hat.[14] Da der Haftungstatbestand des § 93 Abs. 2 S. 1 AktG nicht durch den § 25 umgangen bzw ausgehöhlt werden soll, sind die dort vorgenommenen Haftungseingrenzungen auf § 25 zu übertragen.[15]

3 Widmann/Mayer/*Vossius*, § 25 Rn 10 f.

4 Eine extensive Anwendung ablehnend KölnKomm-UmwG/*Simon*, § 25 Rn 24; Lutter/*Grunewald*, § 25 Rn 9; Semler/Stengel/*Kübler*, § 25 Rn 8.

5 Lutter/*Grunewald*, § 25 Rn 11; Widmann/Mayer/*Vossius*, § 25 Rn 22.

6 S. § 5 Rn 23 ; vgl KölnKomm-UmwG/*Simon*, § 25 Rn 26; Widmann/Mayer/*Vossius*, § 25 Rn 21.

7 Lutter/*Grunewald*, § 25 Rn 9; Kallmeyer/*Marsch-Barner*, § 25 Rn 6; KölnKomm-UmwG/*Simon*, § 25 Rn 26; *Schnorbus*, ZHR 167 2003, 666, 684; *Clemm/Dürrschmidt*, FS Widmann, S. 3, 14; *Pöllath/Philipp*, DB 2005, 1503, 1505; Kiem, ZGR 2007, 547 f.

8 Kallmeyer/*Marsch-Barner*, § 25 Rn 6; KölnKomm-UmwG/*Simon*, § 25 Rn 28.

9 Semler/Stengel/*Kübler*, § 25 Rn 10; Lutter/*Grunewald*, § 25 Rn 10.

10 Kallmeyer/*Marsch-Barner*, § 25 Rn 6; Semler/Stengel/*Kübler*, § 25 Rn 10.

11 Lutter/*Grunewald*, § 25 Rn 11.

12 Vgl OLG Stuttgart AG 2011, 49 ff; LG Stuttgart ZIP 1994, 631, 632 f; *Pöllath/Philipp*, DB 2005, 1503, 1506 f.

13 KölnKomm-UmwG/*Simon*, § 25 Rn 29.

14 Vgl hierzu BGHZ 135, 244, 253 f „ARAG/Garmenbeck".

15 KölnKomm-UmwG/*Simon*, § 25 Rn 29.

Praxishinweis: Für Organträger gilt danach Folgendes: (i) Alle Entscheidungen im Zusammenhang mit der Verschmelzung sind sorgfältig vorzubereiten und zu fällen. Das jeweilige Organ muss vor jeder unternehmerischen Ermessensentscheidung eine Ermittlung der hierfür maßgeblichen Grundlagen unter Ausschöpfung aller zugänglichen Erkenntnisquellen durchführen, sowie eine darauf folgende korrekte Auswertung dieser Erkenntnisse vornehmen. Durch die Maßnahmen muss dem Unternehmensziel und -interesse bestmöglich Rechnung getragen werden. Die Organe dürfen ihrer Entscheidung demnach keine sachfremde Erwägung zugrunde gelegt haben.

b) Kausaler Schaden. Hinsichtlich der Rechtsfolge ist der Anspruch auf Zahlung einer **Entschädigung in Geld** gerichtet; eine Naturalrestitution (§§ 249 ff BGB) würde die Rückabwicklung der Verschmelzung bedeuten, was vom Gesetzgeber erkennbar nicht gewollt ist, arg. e. § 20 Abs. 2.[16] Der ersatzfähige Schaden bei einer falschen Ermittlung des Umtauschverhältnisses als Pflichtverletzung stellt lediglich die Abweichung zum richtigen Umtauschverhältnis dar. Die Durchführung der Verschmelzung selber, bzw der Untergang des übertragenden Rechtsträgers ist kein Schaden im Sinne des § 25 Abs. 1, da der Vollzug der Verschmelzung konstitutiv für das Entstehen des Schadenersatzanspruchs ist. [17] Dies gilt auch für eine rückwirkende Beseitigung der Verschmelzung infolge einer erfolgreichen Nichtigkeits- oder Anfechtungsklage.[18] 9

Dem Schadensersatzanspruch aus § 25 kann eine aus einem Spruchverfahren erstrittene bare **Zuzahlung** an den Anspruchsinhaber entgegengehalten werden mit der Folge, dass der Schaden in dieser Höhe entfällt.[19] Soweit sich der Haftungstatbestand des § 25 Abs. 1 systematisch in das gesellschaftsrechtliche Haftungsregime eingliedert, ist dessen Anwendungsbereich zudem konsequenterweise begrenzt auf Verschmelzungsschäden, die den Anspruchsinhabern aufgrund der Pflichtverletzung der Leitungsorgane entstanden sind, dh für die die Pflichtverletzung kausal war.[20] Die Kausalität zwischen Pflichtverletzung und Schaden entfällt, wenn den Organmitgliedern der Nachweis rechtmäßigen Alternativverhaltens gelingt. Ist der Beweis erbracht, dass der Schaden auch bei Anwendung der gebotenen Sorgfalt in gleicher Weise entstanden wäre, scheidet demnach eine Haftung gem. § 25 Abs. 1 aus.[21] 10

c) Verschulden. Eine Haftung nach § 25 Abs. 1 setzt Verschulden gem. § 276 BGB voraus. Der objektive **Verstoß gegen die Sorgfaltspflichten** indiziert dabei das Verschulden.[22] Der Maßstab der Sorgfaltsanforderungen entspricht den Anforderungen des gesellschaftsrechtlichen Haftungsregimes an einen ordentlichen und gewissenhaften Unternehmensleiter; für die GmbH und AG ist dieser Pflichtenkanon in § 43 Abs. 1 GmbHG sowie § 93 Abs. 1 AktG festgelegt.[23] Es besteht jedoch die Besonderheit, dass eine Haftung bereits bei leichter Fahrlässigkeit eintritt.[24] Die Privilegierung des § 93 Abs. 5 S. 3 AktG, wonach eine Außenhaftung gegenüber den Gläubigern nur bei grober Sorgfaltswidrigkeit möglich ist, greift für Fälle des § 25 Abs. 1 nicht ein. Soweit in § 93 AktG das Eingehen wirtschaftlicher Risiken vor massiver Gläubigerverfolgung geschützt werden soll,[25] liegt keine vergleichbare Gefährdungslage vor, da § 26 ein ausschließliches Verfahren zur Geltendmachung des Anspruches aus § 25 Abs. 1 festlegt.[26] 11

16 KölnKomm-UmwG/*Simon*, § 25 Rn 21; Widmann/Mayer/*Vossius*, § 25 Rn 20; Semler/Stengel/*Kübler*, § 25 Rn 17; Lutter/*Grunewald*, § 25 Rn 17; *Schnorbus*, ZHR 167, 2003, 666, 691.

17 Schmitt/Hörtnagl/Stratz/*Stratz*, § 25 Rn 17; Kallmeyer/*Marsch-Barner*, § 25 Rn 8; Widmann/Mayer/*Vossius*, § 25 Rn 19.

18 Zur alten Rechtslage statt vieler Rowedder/*Zimmermann*, GmbHG, § 77 Anh. Rn 450; zur neuen Rechtslage vgl Widmann/Mayer/*Vossius*, § 25 Rn 18.

19 Widmann/Mayer/*Vossius*, § 25 Rn 37; KölnKomm-UmwG/*Simon*, § 25 Rn 37.

20 Lutter/*Grunewald*, § 25 Rn 17; Semler/Stengel/*Kübler*, § 25 Rn 17; Schmitt/Hörtnagl/Stratz/*Stratz*, § 25 Rn 17; Kallmeyer/*Marsch-Barner*, § 25 Rn 8; *Schnorbus*, ZHR 167, 2003, 666, 692.

21 Widmann/Mayer/*Vossius*, § 25 Rn 33; Schmitt/Hörtnagl/Stratz/*Stratz*, § 25 Rn 24; aA wohl KölnKomm-UmwG/*Simon*, § 25 Rn 33.

22 KölnKomm-UmwG/*Simon*, § 25 Rn 30; s. auch Widmann/Mayer/*Vossius*, § 25 Rn 29; *Hopt* in: FS Mestmäcker, S. 909, 916.

23 Lutter/*Grunewald*, § 25 Rn 12; KölnKomm-UmwG/*Simon*, § 25 Rn 31.

24 Kallmeyer/*Marsch-Barner*, § 25 Rn 7; Schmitt/Hörtnagl/Stratz/*Stratz*, § 25 Rn 24; Semler/Stengel/*Kübler*, § 25 Rn 11.

25 Geßler/Hefermehl/*Hefermehl*, AktG, § 93 Rn 70; *Altmeppen*, DB 2000, 261, 262 f.

26 KölnKomm-UmwG/*Simon*, § 25 Rn 31.

12 Konsequenterweise sind die Anspruchsinhaber auch nur für das Vorliegen eines mit der Verschmelzung kausal zusammenhängenden Schadens beweispflichtig. Dem Wortlaut der Exkulpationsmöglichkeit des § 25 Abs. 1 S. 2 folgend, wird das Verschulden des Sorgfaltspflicht-Verletzenden dann vermutet.[27] Andernfalls würde die ausdrücklich angeordnete Exkulpationsmöglichkeit keinen Sinn machen, da das Recht zum Gegenbeweis keiner besonderen gesetzlichen Verankerung bedurft hätte.[28]

13 **d) Exkulpationsmöglichkeit.** Soweit die Haftung abhängig ist von der Sorgfaltspflichtverletzung des betroffenen Organmitglieds, kann eine mögliche Exkulpation konsequenterweise nur ab dem Punkt greifen, ab dem das dem Grunde nach haftende Organmitglied den Nachweis erbringt, dass die gebotene Sorgfalt von ihm beachtet wurde und der Schaden somit nicht infolge einer Pflichtwidrigkeit eingetreten ist.[29] Mangelnde Sachkunde ist kein Exkulpationsgrund, da in diesen Fällen die erforderliche Sorgfalt vielmehr die Hinzuziehung von Experten zur eigenen Entscheidungsfindung verlangt.[30] Gleiches gilt, wenn die Organmitglieder ihre Entscheidung aufgrund von unzureichenden Unterlagen vom übertragenden Rechtsträger getroffen haben.[31] Die Kompetenzverteilung innerhalb des Organs kann ebenfalls nicht zu einer Entlastung einzelner Organmitglieder führen.[32] Die gesamtschuldnerische Haftung für Angelegenheiten von wesentlicher Bedeutung entspricht spiegelbildlich der Entscheidungsfindung als Kollegialorgan.[33] Diese interne Kompetenzverteilung kann allenfalls für den Innenausgleich der Gesamtschuldner iSd § 426 BGB Berücksichtigung finden.[34]

14 **e) Haftungsausschluss.** Als Grundsatz gilt, dass die Zustimmung der Anteilsinhaber innerhalb des Zustimmungsbeschlusses nicht zum Ausschluss des Anspruchs nach § 25 Abs. 1 führt.[35] Problematisch ist allerdings die Behandlung der Fälle, in denen die Anteilsinhaber den Leitungsorganen die konkrete Vorgehensweise vorgegeben haben, ggf auch mittels eines eigenständigen Beschlusses. Grundsätzlich dürfte es hier zu einem Haftungsausschluss kommen.[36] Einzig im Aktienrecht steht dieser Möglichkeit § 93 Abs. 5 S. 3 AktG entgegen.[37] Soweit teilweise vertreten wird, § 93 Abs. 5 S. 3 AktG sei entsprechend auf andere Rechtsträger anzuwenden,[38] ist dieser Ansicht nicht zu folgen. Dagegen spricht, dass die in § 93 Abs. 5 S. 2 AktG erwähnten Katalogfälle iSd § 93 Abs. 3 AktG in anderen Gesellschaftsformen, wie zB der GmbH, entweder gar nicht einschlägig sind oder eine besondere Regelung erfahren haben, die ihrerseits die Unverzichtbarkeit des Schadensersatzanspruchs im Gläubigerinteresse anordnet (vgl zB § 64 Abs. 2 S. 3 GmbHG). Da nach den Grundsätzen des allgemeinen Haftungsrechts ein Haftungsverzicht zulasten Dritter nicht möglich ist, kann ein solcher Haftungsausschluss allerdings nur gegen Anteilsinhaber gelten, die der ausdrücklichen Weisung zugestimmt haben.[39] Dies entspricht dem gesellschaftsrechtlichen Grundsatz des Minderheitenschutzes.[40]

15 **2. Anspruchsgegner.** Die nach Abs. 1 ersatzpflichtigen Personen sind die Mitglieder des Vertretungsorgans und, soweit vorhanden, die Mitglieder des Aufsichtsorgans. Eine Haftung der be-

27 Lutter/*Grunewald*, § 25 Rn 12; Schmitt/Hörtnagl/Stratz/*Stratz*, § 25 Rn 24; KölnKomm-UmwG/*Simon*, § 25 Rn 32; aA Widmann/Mayer/*Vossius*, § 25 Rn 29.
28 So deutlich KölnKomm-UmwG/*Simon*, § 25 Rn 32.
29 Schmitt/Hörtnagl/Stratz/*Stratz*, § 25 Rn 24, 26; KölnKomm-UmwG/*Simon*, § 25 Rn 33.
30 BGH WM 1981, 440, 442; Schmitt/Hörtnagl/Stratz/*Stratz*, § 25 Rn 25; Widmann/Mayer/*Vossius*, § 25 Rn 33; KölnKomm-UmwG/*Simon*, § 25 Rn 33.
31 Widmann/Mayer/*Vossius*, § 25 Rn 33; Schmitt/Hörtnagl/Stratz/*Stratz*, § 25 Rn 25 (wobei auf den übernehmenden Rechtsträger abgestellt wird).
32 KölnKomm-UmwG/*Simon*, § 25 Rn 34; aA Schmitt/Hörtnagl/Stratz/*Stratz*, § 25 Rn 26.
33 BGH, DB 1977, 1248; *Lutter*, ZIP 1986, 1188, 1196.
34 Vgl hierzu die Ausführung zur Gesamtschuld unter Rn 18; KölnKomm-UmwG/*Simon*, § 25 Rn 34.
35 Lutter/*Grunewald*, § 25 UmwG 19; Schmitt/Hörtnagl/Stratz/*Stratz*, § 25 Rn 29; KölnKomm-UmwG/*Simon*, § 25 Rn 35; Semler/Stengel/*Kübler*, § 25 Rn 18.
36 KölnKomm-UmwG/*Simon*, § 25 Rn 36; Schmitt/Hörtnagl/Stratz/*Stratz*, § 25 Rn 30.
37 Vgl dazu Widmann/Mayer/*Vossius*, § 25 Rn 35.
38 Semler/Stengel/*Kübler*, § 25 Rn 21.
39 KölnKomm-UmwG/*Simon*, § 25 Rn 36 mwN.
40 Widmann/Mayer/*Vossius*, § 25 Rn 40; Lutter/*Grunewald*, § 25 Rn 21; Semler/Stengel/*Kübler*, § 25 Rn 21; aA *Thöni*, GmbHR 1989, 187, 192; offengelassen von Schmitt/Hörtnagl/Stratz/*Stratz*, § 25 Rn 30.

teiligten Rechtsträger selbst, abgesehen von einer Zurechnung deliktischen Verhaltens nach § 31 BGB iVm § 20 Abs. 1 Nr. 1, ist nicht umfasst.[41]

Als **Mitglieder des Vertretungsorgans** gelten bei der AG, der Genossenschaft und dem Verein ihre Vorstandsmitglieder, bei der GmbH ihre Geschäftsführer und bei den Personenhandelsgesellschaften und der KGaA die vertretungsberechtigten Komplementäre. Nicht-vertretungsberechtigte Komplementäre haften nicht nach Abs. 1.[42] § 25 Abs. 1 statuiert eine Haftung, die mit der Handlungsmöglichkeit des Mitglieds des Vertretungsorgans im Außenverhältnis korrespondiert. Daraus ist zu schließen, dass Zweck der Haftungsnorm ist, diejenigen Organmitglieder zu erfassen, die für die Verschmelzung verantwortlich sind. Auf Ebene des Vertretungsorgans sind dies eben nur die Personen, die auch im Außenverhältnis vertretungsberechtigt sind. Nicht erfasst werden also nicht-vertretungsberechtigte Komplementäre.[43] 16

Anderes gilt für eine Haftung der **Mitglieder des Aufsichtsorgans**, da das Aufsichtsorgan die Verschmelzung zu beaufsichtigen hat. Vertretungsbefugnis im Außenverhältnis ist in Bezug auf das Aufsichtsorgan – anders als für den nicht-vertretungsberechtigten Komplementär – keine konstitutive Voraussetzung der Haftung.[44] Mitglieder des Aufsichtsorgans sind die in den Aufsichtsrat gewählten Vertreter der Anteilseigner wie auch der Arbeitnehmer;[45] dies gilt unabhängig davon, ob die Einrichtung eines Aufsichtsorgans gesetzlich vorgeschrieben (etwa §§ 1 ff MitBestG) oder freiwillig erfolgt ist. Gleiches muss für andere freiwillig gebildete Gremien wie Beiräte, Verwaltungsräte und Gesellschafterausschüsse dann gelten, wenn ihnen Entscheidungsbefugnisse im Zusammenhang mit der Verschmelzung zustehen und sie insofern wie ein Aufsichtsorgan im Sinne des Abs. 1 handeln.[46] 17

Bei mehreren hiernach schadensersatzpflichtigen Organen besteht eine **gesamtschuldnerische Haftung.** Ein quotaler Ausgleich muss grds. im Innenverhältnis erfolgen. Etwas anderes kann sich im Fall von unterschiedlichen Mitwirkungsbeiträgen der Ersatzverpflichteten ergeben. Hier ist über eine analoge Anwendung des § 254 BGB eine interessengerechte Verteilung der Schadensquoten entsprechend dem Maß der Mitverantwortlichkeit vorzunehmen.[47] 18

Haftungsauslösender Zeitpunkt ist die Beteiligung an der Verschmelzung. War die betreffende Person an der Schadensentstehung beteiligt, ist ein Wegfall der Organstellung nach Abschluss des Verschmelzungsvertrages oder nach dem Zustimmungsbeschluss des übertragenden Rechtsträgers für die Haftung gleichgültig.[48] 19

3. Anspruchsinhaber. Abs. 1 sieht als Anspruchsinhaber den übertragenden Rechtsträger sowie seine Anteilsinhaber und Gläubiger vor. Für weitere Schäden gelten die allgemeinen gesellschaftsrechtlichen Vorschriften. Die sich hieraus ergebenden Ansprüche unterliegen ebenfalls der Fiktionswirkung des § 25 Abs. 2 S. 1.[49] 20

a) Übertragender Rechtsträger. Ein Schadensfall des übertragenden Rechtsträgers ergibt sich in der Praxis selten.[50] Anwendung findet Abs. 1 vornehmlich auf Rufschädigungen oder auf die Weitergabe von Geschäftsgeheimnissen im Zusammenhang mit der Verschmelzung.[51] 21

41 BGHZ 110, 323, 327 f; KölnKomm-UmwG/*Simon*, § 25 Rn 5; Lutter/*Grunewald*, § 25 Rn 6; Kallmeyer/*Marsch-Barner*, § 25 Rn 2.

42 Ebenso KölnKomm-UmwG/*Simon*, § 25 Rn 8; Lutter/*Grunewald*, § 25 Rn 3; Semler/Stengel/*Kübler*, § 25 Rn 4; aA bzgl der Komplementäre einer KGaA: Schmitt/Hörtnagl/Stratz/*Stratz*, § 25 Rn 7.

43 KölnKomm-UmwG/*Simon*, § 25 Rn 8; aA Schmitt/Hörtnagl/Stratz/*Stratz*, § 25 Rn 7.

44 KölnKomm-UmwG/*Simon*, § 25 Rn 8.

45 Statt vieler Schmitt/Hörtnagl/Stratz/*Stratz*, § 25 Rn 8 f.

46 Semler/Stengel/*Kübler*, § 25 Rn 5; KölnKomm-UmwG/*Simon*, § 25 Rn 10; Kallmeyer/*Marsch-Barner*, § 25 Rn 4.

47 Zum Vorschlag einer analogen Anwendung des § 254 BGB im Falle von unterschiedlichen Mitwirkungsbeiträgen der Ersatzverpflichteten vgl KölnKomm-UmwG/*Simon*, § 25 Rn 11.

48 Lutter/*Grunewald*, § 25 Rn 5; Kallmeyer/*Marsch-Barner*, § 25 Rn 5; Semler/Stengel/*Kübler*, § 25 Rn 6; Widmann/Mayer/*Vossius*, § 25 Rn 15; Schmitt/Hörtnagl/Stratz/*Stratz*, § 25 Rn 10; KölnKomm-UmwG/*Simon*, § 25 Rn 12.

49 KölnKomm-UmwG/*Simon*, § 25 Rn 13.

50 Semler/Stengel/*Kübler*, § 25 Rn 13; Schmitt/Hörtnagl/Stratz/*Stratz*, § 25 Rn 21; Kallmeyer/*Marsch-Barner*, § 25 Rn 13; aA *Schnorbus*, ZHR 167, 2003, 666, 695.

51 Semler/Stengel/*Kübler*, § 25 Rn 13; Lutter/*Grunewald*, § 25 Rn 14.

22 **b) Anteilsinhaber.** Ein eigener Schaden der Anteilsinhaber kann durch ein für sie nachteiliges Umtauschverhältnis begründet werden.[52]

Praxishinweis: Dabei ist aber zu beachten, dass den Anteilsinhabern in diesem Fall auch ein Anspruch aus § 15 Abs. 1 zusteht, wonach sie eine bare Zuzahlung verlangen können.[53] Das Spruchverfahren nach § 15 Abs. 1 S. 2 stellt zwar für den Fall eines mangelhaften Umtauschverhältnisses kein vorrangiges Verfahren gegenüber § 25 dar.[54] Die Unterlassung der Einleitung des Spruchverfahrens begründet allerdings ein Mitverschulden, dass sich der Anteilsinhaber nach § 254 Abs. 2 BGB im Rahmen der Schadenshöhe entgegenhalten lassen muss.[55] Ein Haftungsausschluss kann sich bei Annahme eines überwiegenden Verschuldens ergeben, wie etwa bei Versäumen der Antragsfrist nach § 4 SpruchG.[56]

23 Weiter ist eine Barzuzahlung nach § 15 Abs. 1 im Rahmen der Ermittlung des Schadens nach § 25 zu berücksichtigen.[57] In der Praxis kommt ein über § 25 liquidierbarer Schaden infolge eines unzutreffenden Umtauschverhältnisses nur dann in Betracht, wenn ein Anspruch nach § 15 Abs. 1 S. 1 beim übernehmenden Rechtsträger nicht zu realisieren ist.[58]

24 Eine Berufung der Anteilsinhaber auf § 25 Abs. 1 scheidet allerdings aus, sofern das fehlerhafte Umtauschverhältnis auf einer durch das Verschmelzungsverfahren bedingten Verminderung des Vermögens und nicht auf eine falsche Berechnung zurückzuführen ist.[59] Ein dingliches Recht an einem Anteil des übertragenden Rechtsträgers, welches nach Wirksamkeit der Verschmelzung durch ein zu ungünstiges Umtauschverhältnis nicht mehr hinreichend gesichert ist, verschafft keine Gläubigerstellung gem. Abs. 1.[60] Dies entspricht dem klaren Wortlaut des Abs. 1, denn es handelt sich hier um Gläubiger der Anteilsinhaber und nicht des Rechtsträgers.[61] Eine Analogie scheitert mangels planwidriger Lücke; ein ausreichender Schutz wird mittelbar über Ansprüche des berechtigten Anteilsinhabers gewährt.[62] Ferner ist ein Anspruch zu verneinen, soweit der Schaden der Anteilsinhaber in der Minderung des Wertes ihrer Beteiligung am übertragenden Rechtsträger liegt. Ein solcher Reflexschaden wird jedenfalls dann nicht erfasst, wenn bereits dem übertragenden Rechtsträger Schadensersatzforderungen zustehen.[63]

25 **c) Gläubiger.** Wird durch die Verschmelzung der Wert der gegen den übertragenden Rechtsträger gerichteten Forderungen gemindert und geht damit der Schaden der Gläubiger über einen reinen Reflexschaden hinaus, sind die jeweiligen Forderungsinhaber anspruchsberechtigt.[64] Die Gläubiger können aus einem fehlerhaften Umtauschverhältnis allerdings nur dann Ansprüche geltend machen, wenn es infolge der fehlerhaften Berechnung des Umtauschverhältnisses, wegen ungenügender Prüfung der Vermögenslage zu einem Ausfall ihrer Ansprüche kommt.[65] Eine Gefährdung ihrer Ansprüche reicht in den vorstehenden Fällen nicht aus, da die Gläubiger keinen Anspruch auf einen Status quo der Vermögensverhältnisse ihrer Schuldner haben.[66]

Praxishinweis: Nach dem eindeutigen Wortlaut des Abs. 1 steht neben dem Anspruch auf Sicherheitsleistung aus § 22 der Anspruch auf Schadensersatz nach § 25.[67] Hierfür spricht, dass

52 Semler/Stengel/*Kübler*, § 25 Rn 14.
53 Vgl BayObLG ZIP 2003, 253.
54 KölnKomm-UmwG/*Simon*, § 25 Rn 38; Schmitt/Hörtnagl/Stratz/*Stratz*, § 25 Rn 19.
55 Widmann/Mayer/*Vossius*, § 25 Rn 25 (Fn 4), Rn 37; Lutter/*Grunewald*, § 25 Rn 15; Semler/Stengel/*Kübler*, § 25 Rn 23; *Siebel/Gebauer*, WM 2001, 173, 187; *Schnorbus*, ZHR 167, 2003, 666, 697 f; *Clemm/Dürrschmidt*, FS Widmann, S. 3, 9.
56 Widmann/Mayer/*Vossius*, § 25 Rn 37; KölnKomm-UmwG/*Simon*, § 25 Rn 38.
57 S. Rn 10.
58 KölnKomm-UmwG/*Simon*, § 25 Rn 39.
59 KölnKomm-UmwG/*Simon*, § 25 Rn 14.
60 Lutter/*Grunewald*, § 25 Rn 16; KölnKomm-UmwG/*Simon*, § 25 Rn 20.
61 Lutter/*Grunewald*, § 25 Rn 16; KölnKomm-UmwG/*Simon*, § 25 Rn 20.
62 So KölnKomm-UmwG/*Simon*, § 25 Rn 20; aA Schmitt/Hörtnagl/Stratz/*Stratz*, § 25 Rn 20.
63 Semler/Stengel/*Kübler*, § 25 Rn 14.
64 Schmitt/Hörtnagl/Stratz/*Stratz*, § 25 Rn 12; Semler/Stengel/*Kübler*, § 25 Rn 15.
65 *Bauer/Anders*, BB 2012, 593, 597; aA Semler/Stengel/*Kübler*, § 25 Rn 15.
66 IE auch: Lutter/*Grunewald*, § 25 Rn 16; KölnKomm-UmwG/*Simon*, § 25 Rn 19; *Clemm/Dürrschmidt*, FS Widmann, S. 3, 7.
67 So KölnKomm-UmwG/*Simon*, § 25 Rn 17; aA Semler/Stengel/*Kübler*, § 25 Rn 16.

die Ersatzpflichtigen des § 22 (ebenso wie im Verhältnis des § 15 zu § 25) von denen des § 25 abweichen. Zudem ist ein Schaden der Gläubiger durch den Anspruch auf Sicherheitsleistung nach § 22 nicht ausgeschlossen. Falls der übernehmende Rechtsträger hoch verschuldet ist, läuft der Anspruch auf Sicherheitsleistung leer. Es ist allerdings in der Praxis darauf zu achten, dass ein Schaden im Sinne des § 25 ausscheidet, wenn der Gläubiger nach § 22 Sicherheit verlangen kann oder konnte. Die Versäumung des Fristerfordernisses des § 22 (sechs Monate) begründet den Vorwurf des Mitverschuldens gem. § 254 BGB. Dies muss sich der Gläubiger bei der Geltendmachung seiner Ansprüche gegen die Organmitglieder nach § 25 im Rahmen der Schadensermittlung entgegenhalten lassen.[68] Ein Schaden iSd § 25 wird in den Konstellationen des § 22 deshalb regelmäßig nur dann vorliegen, wenn der Anspruch auf Sicherheitsleistung besteht, mangels Bonität des übernehmenden Rechtsträgers aber nicht zu realisieren ist.

II. Fiktion des Fortbestandes, Abs. 2

Abs. 2 ordnet an, dass der übertragende Rechtsträger für Ansprüche nach § 25 sowie weitere Ansprüche, soweit sie sich gegen ihn richten und aus der Verschmelzung resultieren, als fortbestehend gilt. Hintergrund der Fiktion ist, dass nach § 20 Abs. 1 Nr. 1 mit Wirksamkeit der Verschmelzung das Vermögen des übertragenden Rechtsträgers einschließlich der Verbindlichkeiten auf den übernehmenden Rechtsträger übergeht. Für Ansprüche des übertragenden Rechtsträgers gegen den übernehmenden Rechtsträger würde in diesem Fall Konfusion eintreten.[69] Ohne diese Fiktionswirkung könnten mögliche Ansprüche gegen die Organmitglieder nur von dem übernehmenden Rechtsträger als dem Gesamtrechtsnachfolger des übertragenden Rechtsträgers geltend gemacht werden. Damit käme der Ersatzanspruch auch den Alt-Anteilsinhabern und Alt-Gläubigern des übernehmenden Rechtsträgers zugute.[70] 26

Abs. 2 geht konsequenterweise über den Schadensersatzanspruch des Abs. 1 hinaus und erfasst **alle weiteren Ansprüche** des übertragenden Rechtsträgers gegen Dritte sowie Dritter gegen den übertragenden Rechtsträger. Wirkung der Fiktion ist, dass der übertragende Rechtsträger allein der Träger von Rechten und Pflichten bleibt.[71] Aus § 26 ergibt sich, dass die Fiktionswirkung nicht den Fortbestand der Organe des übertragenden Rechtsträgers erfasst. Die Vorschrift sieht vor, dass die fortbestehenden Ansprüche durch einen besonderen Vertreter geltend gemacht werden müssen.[72] 27

Abs. 2 S. 2 enthält die überflüssige Klarstellung, dass die Ansprüche des Abs. 1 auch nicht im Wege der Konfusion untergehen. Dies ergibt sich bereits aus dem in Satz 1 angeordneten Fortbestehen des übertragenden Rechtsträgers. 28

1. Erfasste Ansprüche. Von der Fiktionswirkung werden nur Ansprüche erfasst, die sich aus der Verschmelzung ergeben bzw mit dieser in einem Zusammenhang stehen; andere Ansprüche sind ausgeschlossen.[73] Letztere gehen nach § 20 Abs. 1 Nr. 1 im Wege der Gesamtrechtsnachfolge auf den übernehmenden Rechtsträger über und sind von diesem zu liquidieren. Dies betrifft auch Ansprüche, die nicht nur den übertragenden Rechtsträger betreffen, sondern auch beim übernehmenden Rechtsträger einen Schaden begründen.[74] 29

Entscheidend ist, dass ein Schaden beim übertragenden Rechtsträger entstanden ist.[75] Aus praktischer Sicht betrifft dies Ansprüche, die ihre Grundlage im Verschmelzungsvertrag ha- 30

68 Semler/Stengel/*Kübler*, § 25 Rn 24; KölnKomm-UmwG/*Simon*, § 25 Rn 17, 40.
69 KölnKomm-UmwG/*Simon*, § 25 Rn 41.
70 Semler/Stengel/*Kübler*, § 25 Rn 1; KölnKomm-UmwG/*Simon*, § 25 Rn 2.
71 KölnKomm-UmwG/*Simon*, § 25 Rn 42; Widmann/Mayer/*Vossius*, § 25 Rn 48; aA *Döss*, Die Auswirkung von Mängel einer Verschmelzung durch Aufnahme auf die rechtliche Stellung einer übertragenden Gesellschaft und ihrer Aktionäre, S. 103.
72 S. § 26 Rn 4; Semler/Stengel/*Kübler*, § 25 Rn 25; Widmann/Mayer/*Vossius*, § 25 Rn 48; KölnKomm-UmwG/*Simon*, § 25 Rn 42.
73 KölnKomm-UmwG/*Simon*, § 25 Rn 44.
74 Ebenso Semler/Stengel/*Kübler*, § 25 Rn 27; Lutter/*Grunewald*, § 25 Rn 24; KölnKomm-UmwG/*Simon*, § 25 Rn 44.
75 Semler/Stengel/*Kübler*, § 25 Rn 27; Lutter/*Grunewald*, § 25 Rn 24; KölnKomm-UmwG/*Simon*, § 25 Rn 45.

ben.[76] Möglich sind ebenfalls Verpflichtungen des übernehmenden Rechtsträgers, eine Kapitalerhöhung durchzuführen, Betriebe der übertragenden Rechtsträgerin fortzuführen, eine Standortgarantie abzugeben,[77] eine bestehende Börsennotierung aufrecht zu erhalten bzw eine Börsenzulassung neu zu beantragen[78] oder Barzahlungen an Anteilsinhaber des übertragenden Rechtsträgers zu leisten.[79]

Praxishinweis: Im Verschmelzungsvertrag empfiehlt sich daher für alle Ansprüche (zB die Festlegung der Geschäftspolitik des übernehmenden Rechtsträgers),[80] die unter die Fiktionswirkung fallen sollen, eine entsprechende Vereinbarung aufzunehmen.[81] Hierdurch wird der erforderliche Zusammenhang zur Verschmelzung bereits hergestellt.[82]

31 Möglich sind auch Ansprüche gegen Dritte, etwa aufgrund der fehlerhaften Beratung beim Zustandekommen des Verschmelzungsvertrages,[83] ferner Ansprüche gegen die Organe des übernehmenden Rechtsträgers aus unerlaubter Handlung, arg. e. § 27.[84]

32 Abs. 2 erfasst daneben auch Ansprüche gegen den übertragenden Rechtsträger. Praxisrelevant sind Ansprüche des übernehmenden Rechtsträgers aus c.i.c oder positiver Verletzung des Verschmelzungsvertrages.[85] Die Fiktion des Abs. 2 wirkt sich in diesem Zusammenhang lediglich bei einer möglichen Aufrechnung aus.[86] Ferner sind Ansprüche der Anteilsinhaber oder Gläubiger des übernehmenden Rechtsträgers möglich. Sie können sich allerdings mit ihren Ansprüchen auch an den übernehmenden Rechtsträger halten.[87]

33 **2. Rechtsfolge.** Die von § 20 Abs. 1 Nr. 1 vorgesehene Konfusion wird durch Abs. 2 verhindert. Für die in § 25 Abs. 2 bezeichneten Ansprüche bedeutet dies den **Fortbestand der Partei- und Prozessfähigkeit** des übertragenden Rechtsträgers, der durch den besonderen Vertreter vor Gericht vertreten wird.[88] Konsequenterweise besteht dann auch die Verfügungsbefugnis über die Ansprüche durch den übertragenden Rechtsträger fort.[89] Der übernehmende Rechtsträger ist mangels Rechtsinhaberschaft nicht befugt, auf diese Ansprüche zu verzichten, sie zu verpfänden oder auch abzutreten.[90]

34 Regelmäßig wird es aufgrund der Fiktionswirkung des Abs. 2 an der Gegenseitigkeit der für eine Aufrechnungslage notwendigen Forderungen im Verhältnis zwischen übertragendem und übernehmendem Rechtsträger fehlen.[91] Soweit beide Ansprüche unter § 25 Abs. 2 fallen, können die beteiligten Parteien Aufrechnungs- und Zurückbehaltungsrechte geltend machen mangels Konfusion.[92] Diese Gestaltungsrechte sind für den als fortbestehend geltenden Rechtsträger durch den besonderen Vertreter auszuüben.[93]

III. Verjährung, Abs. 3

35 Abs. 3 sieht eine Verjährung der von § 25 umfassten Ansprüche nach fünf Jahren vor. Erfasst von der Verjährung sind dabei nur Ansprüche nach Abs. 1. Nach dem insoweit klaren Wort-

76 KölnKomm-UmwG/*Simon*, § 25 Rn 45; Schmitt/Hörtnagl/Stratz/*Stratz*, § 25 Rn 34; Kallmeyer/*Marsch-Barner*, § 25 Rn 12.
77 KölnKomm-UmwG/*Simon*, § 25 Rn 45 mit Verweis auf OLG Frankfurt ZIP 2007, 331, 332 ff; *Blasche/Söntgerath*, BB 2009, 1432, 1434.
78 S. § 29 Rn 25.
79 Semler/Stengel/*Kübler*, § 25 Rn 26; Lutter/*Grunewald*, § 25 Rn 23.
80 *Blasche/Söntgerath*, BB 2009, 1432, 1434.
81 KölnKomm-UmwG/*Simon*, § 25 Rn 45.
82 *Blasche/Söntgerath*, BB 2009, 1432, 1434.
83 BGH ZIP 1997, 322, 324.
84 Schmitt/Hörtnagl/Stratz/*Stratz*, § 25 Rn 35; Lutter/*Grunewald*, § 25 Rn 24.
85 KölnKomm-UmwG/*Simon*, § 25 Rn 47.
86 KölnKomm-UmwG/*Simon*, § 25 Rn 47.
87 Semler/Stengel/*Kübler*, § 25 Rn 28; KölnKomm-UmwG/*Simon*, § 25 Rn 47, aA Schmitt/Hörtnagl/Stratz/*Stratz*, § 25 Rn 36; Widmann/Mayer/*Vossius*, § 25 Rn 54.
88 S. § 26 Rn 4; Widmann/Mayer/*Vossius*, § 25 Rn 59; KölnKomm-UmwG/*Simon*, § 25 Rn 48.
89 Kallmeyer/*Marsch-Barner*, § 25 Rn 13.
90 Lutter/*Grunewald*, § 25 Rn 31; KölnKomm-UmwG/*Simon*, § 25 Rn 48.
91 Widmann/Mayer/*Vossius*, § 25 Rn 61; Lutter/*Grunewald*, § 25 Rn 31; KölnKomm-UmwG/*Simon*, § 25 Rn 49.
92 Vgl hierzu ausf. Lutter/*Grunewald*, § 25 Rn 26; Semler/Stengel/*Kübler*, § 25 Rn 29; auf die praktische Relevanz hinweisend in puncto der Verhinderung von Vermögensabfluss KölnKomm-UmwG/*Simon*, § 25 Fn 91.
93 S. § 26 Rn 8, vgl auch Widmann/Mayer/*Vossius*, § 25 Rn 65; KölnKomm-UmwG/*Simon*, § 25 Rn 49.

laut der Vorschrift verjähren die von Abs. 2 S. 1 erfassten weiteren Ansprüche nicht nach der Vorgabe des Abs. 3.[94] Als Verjährungsbeginn gilt der Tag der Bekanntmachung der Eintragung der Verschmelzung in das Register des Sitzes des übernehmenden Rechtsträgers. Gem. § 19 Abs. 3 in Verbindung mit § 10 HGB erfolgt die Bekanntmachung nach dem in den jeweiligen Bundesländern bestimmten elektronischen Informationssystem.[95] Etwaige frühere Kenntnis oder Unkenntnis des Anspruchsinhabers ist für die Fristberechnung irrelevant. Gleiches gilt für den Zeitpunkt, ab dem mögliche Ersatzansprüche frühestens geltend gemacht werden können.[96]

§ 26 Geltendmachung des Schadenersatzanspruchs

(1) [1]Die Ansprüche nach § 25 Abs. 1 und 2 können nur durch einen besonderen Vertreter geltend gemacht werden. [2]Das Gericht des Sitzes eines übertragenden Rechtsträgers hat einen solchen Vertreter auf Antrag eines Anteilsinhabers oder eines Gläubigers dieses Rechtsträgers zu bestellen. [3]Gläubiger sind nur antragsberechtigt, wenn sie von dem übernehmenden Rechtsträger keine Befriedigung erlangen können. [4]Gegen die Entscheidung findet die Beschwerde statt.

(2) [1]Der Vertreter hat unter Hinweis auf den Zweck seiner Bestellung die Anteilsinhaber und Gläubiger des betroffenen übertragenden Rechtsträgers aufzufordern, die Ansprüche nach § 25 Abs. 1 und 2 binnen einer angemessenen Frist, die mindestens einen Monat betragen soll, anzumelden. [2]Die Aufforderung ist im Bundesanzeiger und, wenn der Gesellschaftsvertrag, der Partnerschaftsvertrag oder die Satzung andere Blätter für die öffentlichen Bekanntmachungen des übertragenden Rechtsträgers bestimmt hatte, auch in diesen Blättern bekanntzumachen.

(3) [1]Der Vertreter hat den Betrag, der aus der Geltendmachung der Ansprüche eines übertragenden Rechtsträgers erzielt wird, zur Befriedigung der Gläubiger dieses Rechtsträgers zu verwenden, soweit die Gläubiger nicht durch den übernehmenden Rechtsträger befriedigt oder sichergestellt sind. [2]Für die Verteilung gelten die Vorschriften über die Verteilung, die im Falle der Abwicklung eines Rechtsträgers in der Rechtsform des übertragenden Rechtsträgers anzuwenden sind, entsprechend. [3]Gläubiger und Anteilsinhaber, die sich nicht fristgemäß gemeldet haben, werden bei der Verteilung nicht berücksichtigt.

(4) [1]Der Vertreter hat Anspruch auf Ersatz angemessener barer Auslagen und auf Vergütung für seine Tätigkeit. [2]Die Auslagen und die Vergütung setzt das Gericht fest. [3]Es bestimmt nach den gesamten Verhältnissen des einzelnen Falles nach freiem Ermessen, in welchem Umfange die Auslagen und die Vergütung von beteiligten Anteilsinhabern und Gläubigern zu tragen sind. [4]Gegen die Entscheidung findet die Beschwerde statt; die Rechtsbeschwerde ist ausgeschlossen. [5]Aus der rechtskräftigen Entscheidung findet die Zwangsvollstreckung nach der Zivilprozeßordnung statt.

94 Semler/Stengel/*Kübler*, § 25 Rn 31; Widmann/Mayer/*Vossius*, § 25 Rn 41; KölnKomm-UmwG/*Simon*, § 25 Rn 50.

95 KölnKomm-UmwG/*Simon*, § 25 Rn 51.

96 Semler/Stengel/*Kübler*, § 25 Rn 31; Lutter/*Grunewald*, § 25 Rn 22; Widmann/Mayer/*Vossius*, § 25 Rn 43; KölnKomm-UmwG/*Simon*, § 25 Rn 52.

I. Allgemeines

1 Die Regelung des § 26 trägt dafür Sorge, dass Ansprüche nach § 25 Abs. 1, 2 mittels eines zu bestellenden besonderen Vertreters in einem hierfür vorgesehenen Verfahren durchgesetzt werden können. Die Absätze 1 bis 3 der Vorschrift regeln die dem Ablauf folgenden einzelnen Verfahrensstufen. So befasst sich Abs. 1 mit der Antragsbefugnis für die Bestellung des besonderen Vertreters, während Abs. 2 das Verfahren der Anmeldung der Ansprüche nach § 25 Abs. 1 regelt.[1] Abs. 3 wiederum legt die Reihenfolge der Erlösverteilung an die Berechtigten fest.

2 Ziel ist die Konzentrierung einer Vielzahl von Rechtsstreitigkeiten über ein und denselben Anspruch, um unterschiedliche Entscheidungen zu vermeiden.[2] Des Weiteren soll hierdurch ein möglicher Wettbewerb zwischen den Anspruchsberechtigten unterbunden und eine gleichmäßige Verteilung des erzielten Erlöses sichergestellt werden.[3]

3 Über die Verweisungen in §§ 36 Abs. 1, 125, 176 Abs. 1, 177 Abs. 1 gilt § 26 auch für die Verschmelzung durch Neugründung, die Spaltung und die Vermögensübertragung. Für den Formwechsel enthält § 205 entsprechende Regelungen, die die Besonderheiten des Formwechsels berücksichtigen.

II. Inhalt

4 **1. Besonderer Vertreter, Abs. 1.** Wie zu § 25 Abs. 2 S. 2 bereits ausgeführt, enthält die Vorschrift eine **Fiktionswirkung** dergestalt, dass der übertragende Rechtsträger für gegen ihn gerichtete Ansprüche nach § 25 Abs. 1, 2 als fortbestehend gilt.[4] Von dieser Fiktionswirkung werden allerdings nicht die Organe des übertragenden Rechtsträgers erfasst,[5] so dass der übertragende Rechtsträger nur noch durch den besonderen Vertreter handeln kann. Vor diesem Hintergrund kann der besondere Vertreter über den Gesetzeswortlaut hinaus für Passivverfahren des übertragenden Rechtsträgers bestellt werden.[6]

5 Die weitere Funktion des besonderen Vertreters liegt darin, dass er gegenüber Anteilsinhaber und Gläubiger eine **Sperrwirkung** dergestalt entfaltet, dass sie ihre Ansprüche aus § 25 Abs. 1, 2 nicht selbst geltend machen können. Eine Klage von Gläubigern und Anteilsinhabern ist mangels Aktivlegitimation als unzulässig abzuweisen.[7] Dies gilt selbst dann, wenn kein Gläubigerwettlauf zu befürchten ist, weil lediglich einer der möglichen Anspruchsberechtigten einen Anspruch nach § 25 verfolgt.[8] Allerdings verbleibt einem Anspruchsberechtigter die Möglichkeit zur Einflussnahme auf den vom besonderen Vertreter geführten Prozess, in dem er als Nebenintervenient diesem beitritt.[9]

6 § 26 lässt während der Dauer des Verfahrens eine Aufrechnung der Gläubiger und Anteilsinhaber gegenüber den Anspruchsverpflichteten des § 25 Abs. 1 nicht zu, da anderenfalls eine gerechte und geordnete Erlösverteilung nicht erreicht werden könnte.[10] Nach Abschluss des Ver-

1 Ansprüche nach § 25 Abs. 2 sind hiervon ausgenommen KölnKomm-UmwG/*Simon*, § 26 Rn 1; Schmitt/Hörtnagl/Stratz/*Stratz*, § 26 Rn 9.
2 Begr. RegE, BR-Drucks. 75/94, 93.
3 Begr. RegE, BR-Drucks. 75/94, 93; Widmann/Mayer/*Vossius*, § 26 Rn 1; Semler/Stengel/*Kübler*, § 26 Rn 1; Lutter/*Grunewald*, § 26 Rn 3; KölnKomm-UmwG/*Simon*, § 26 Rn 2.
4 S. § 25 Rn 26.
5 S. § 25 Rn 27; KölnKomm-UmwG/*Simon*, § 25 Rn 33 mwN.
6 KölnKomm-UmwG/*Simon*, § 26 Rn 12.
7 OLG Frankfurt AG 2007, 559; Widmann/Mayer/*Vossius*, § 26 Rn 7; Semler/Stengel/*Kübler*, § 26 Rn 3; KölnKomm-UmwG/*Simon*, § 26 Rn 5; Lutter/*Grunewald*, § 26 Rn 4.
8 Lutter/*Grunewald*, § 26 Rn 4; Schmitt/Hörtnagl/Stratz/*Stratz*, § 26 Rn 8; KölnKomm-UmwG/*Simon*, § 26 Rn 6; aA Hachenburg/*Schilling*/*Zutt*, GmbHG, 7. Aufl., § 29 Rn 23 VerschmG.
9 Lutter/*Grunewald*, § 26 Rn 4; Kallmeyer/*Marsch-Barner*, § 25 Rn 2; Semler/Stengel/*Kübler*, § 26 Rn 3; KölnKomm-UmwG/*Simon*, § 26 Rn 6; aA Widmann/Mayer/*Vossius*, § 26 Rn 8.
10 Lutter/*Grunewald*, § 26 Rn 4; Semler/Stengel/*Kübler*, § 26 Rn 3; Widmann/Mayer/*Vossius*, § 26 Rn 9, 10.

fahrens und entsprechender Zuteilung eines Erlösanteils sollte eine Aufrechnung allerdings zulässig sein.[11]

a) **Rechtsstellung.** Der besondere Vertreter ist **Partei kraft Amtes** und vertritt damit nicht den als fortbestehend zu fingierenden übertragenden Rechtsträgers oder der Antragsberechtigten des § 26.[12] Folglich handelt er im eigenen und nicht im fremden Namen. An Weisungen der Antragsberechtigten ist er nicht gebunden,[13] ihm obliegt aber eine Auskunfts- und Rechenschaftspflicht gegenüber den Anteilsinhabern und Gläubigern, da seine Bestellung zum Schutz der Vermögensinteressen dieser Parteien erfolgt.[14] 7

Nach Ablauf der Anmeldefrist hat der besondere Vertreter die der Bestellung zugrundeliegenden Ansprüche geltend zu machen, wobei ihm hinsichtlich der Art und Weise der **Anspruchsverfolgung** ein Ermessen zukommt. Er ist deshalb keinesfalls an die gerichtliche Verfolgung von Ansprüchen gebunden, sondern kann diese auch außergerichtlich durchsetzen. Gleiches gilt auch für den Abschluss von Vergleichen sowie die Frage, ob Rechtsmittel eingelegt oder sonstige Maßnahmen getroffen werden.[15] Sofern und soweit der besondere Vertreter bei der ihm von Gesetzes wegen zugewiesenen Aufgaben nicht die erforderliche Sorgfalt walten lässt, ist er im Hinblick auf diese Schutzfunktion auch gegenüber den Anteilsinhabern und den Gläubigern zum Schadensersatz verpflichtet.[16] 8

b) **Bestellung durch das Amtsgericht auf Antrag.** Dem Amtsgericht am Sitz des übertragenden Rechtsträgers obliegt der **Bestellungsakt.**[17] Hierbei muss das Gericht zum einen die Frage der Antragsberechtigung und zum anderen das Vorliegen eines sachlichen Bedürfnisses für die Bestellung prüfen.[18] Eine Prüfung der Erfolgsaussichten der Rechtsverfolgung ist hiervon allerdings nicht erfasst.[19] 9

Die **Antragsberechtigung** von Anteilsinhabern liegt vor, sofern sie zum Zeitpunkt der Wirksamkeit der Verschmelzung noch Inhaber von Anteilen des übertragenden Rechtsträgers waren.[20] Dass ein Anteil am übernehmenden Rechtsträger gehalten wird, ist hingegen nicht Voraussetzung.[21] Das Antragsrecht kann auf einen Gesamtrechtsnachfolger des Anteilsinhabers übergehen (zB ein Erbe), es ist allerdings nicht im Wege der Einzelrechtsnachfolge übertragbar, da der Einzelrechtsnachfolger keinen Schaden iSd § 25 Abs. 1 an seinen Anteilen erleiden kann (er erhält nur neue Anteile am übernehmenden Rechtsträger).[22] Das Antragsrecht als solches kann nicht abgetreten werden.[23] Soll dem neuen Anteilsinhaber auch der Erlös nach § 26 Abs. 3 zukommen, muss der Anspruch auf Teilhabe an der Erlösverteilung abgetreten werden.[24] Eine Abtretung des Erlösanspruchs lässt das Antragsrecht allerdings unberührt, es verbleibt beim Anteilsinhaber des übertragenden Rechtsträgers.[25] 10

11 Natürlich unter der Prämisse, dass die sonstigen Voraussetzungen der Aufrechnung gegeben sind, wie hier KölnKomm-UmwG/*Simon*, § 26 Rn 7; Lutter/*Grunewald*, § 26 Rn 4; aA Semler/Stengel/*Kübler*, § 26 Rn 3; Widmann/Mayer/*Vossius*, § 26 Rn 9, 10.

12 OLG Frankfurt ZIP 2007, 331, 332; Semler/Stengel/*Kübler*, § 26 Rn 9; Kallmeyer/*Marsch-Barner*, § 26 Rn 11; Lutter/*Grunewald*, § 26 Rn 15; Schmitt/Hörtnagl/Stratz/*Stratz*, § 26 Rn 18; aA Widmann/Mayer/*Vossius*, § 26 Rn 41 f.

13 Semler/Stengel/*Kübler*, § 26 Rn 9.

14 Widmann/Mayer/*Vossius*, § 26 Rn 46; KölnKomm-UmwG/*Simon*, § 26 Rn 16; Kallmeyer/*Marsch-Barner*, § 26 Rn 12; Schmitt/Hörtnagl/Stratz/*Stratz*, § 26 Rn 27.

15 KölnKomm-UmwG/*Simon*, § 26 Rn 22; Schmitt/Hörtnagl/Stratz/*Stratz*, § 26 Rn 23; Kallmeyer/*Marsch-Barner*, § 26 Rn 19; Semler/Stengel/*Kübler*, § 26 Rn 14.

16 KölnKomm-UmwG/*Simon*, § 26 Rn 16; Semler/Stengel/*Kübler*, § 26 Rn 11; mwN.

17 §§ 375 FamFG.

18 OLG Hamm DB 1991, 2535, 2536; KölnKomm-UmwG/*Simon*, § 26 Rn 8; aA Lutter/*Grunewald*, § 26 Rn 12.

19 So auch KölnKomm-UmwG/*Simon*, § 26 Rn 8.

20 So die ganz hM: Semler/Stengel/*Kübler*, § 26 Rn 5; Widmann/Mayer/*Vossius*, § 26 Rn 19; Schmitt/Hörtnagl/Stratz/*Stratz*, § 26 Rn 13; Kallmeyer/*Marsch-Barner*, § 26 Rn 6.

21 KölnKomm-UmwG/*Simon*, § 26 Rn 9; Kallmeyer/*Marsch-Barner*, § 26 Rn 6.

22 Lutter/*Grunewald*, § 26 Rn 6; Semler/Stengel/*Kübler*, § 26 Rn 5; Semler/Stengel/*Diekmann*, § 70 Rn 5; Widmann/Mayer/*Vossius*, § 26 Rn 20.

23 KölnKomm-UmwG/*Simon*, § 26 Rn 9; Lutter/*Grunewald*, § 26 Rn 7.

24 Semler/Stengel/*Kübler*, § 26 Rn 5; Lutter/*Grunewald*, § 26 Rn 7; Widmann/Mayer/*Vossius*, § 26 Rn 19; Schmitt/Hörtnagl/Stratz/*Stratz*, § 26 Rn 13.

25 Lutter/*Grunewald*, § 26 Rn 7; KölnKomm-UmwG/*Simon*, § 26 Rn 9.

Praxishinweis: Um Streitigkeiten zu vermeiden, ob bereits mit Anteilsabtretung die Mitabtretung dieses Erlösanspruches bewirkt wurde,[26] sollte die Mitabtretung des Anspruchs ausdrücklich im Kaufvertrag geregelt werden.

11 Zum Nachweis der Antragsberechtigung ist glaubhaft zu machen, dass dem Antragssteller ein **Schaden** im Sinne von § 25 Abs. 1 oder 2 entstanden ist. Im Zusammenhang mit diesem sachlichen Bedürfnis ist glaubhaft zu machen, dass die Voraussetzungen des § 25 Abs. 1 oder 2 vorliegen.

12 Zu den antragsberechtigten Personen gehören auch die Gläubiger des übertragenden Rechtsträgers, § 26 Abs. 1 S. 2. Allerdings gilt dies nur unter der Voraussetzung, dass sie vom übernehmenden Rechtsträger keine Befriedigung erlangen können, § 26 Abs. 1 S. 3.[27] Soweit gem. § 22 Sicherheit geleistet worden ist, muss zunächst aus diesen Sicherheiten Befriedigung gesucht werden.[28] Die herrschende Ansicht in der Literatur stellt an den Nachweis keine allzu strengen Anforderungen (die Durchführung eines erfolglos gebliebenen Zwangsvollstreckungsverfahrens sollte dementsprechend nicht erforderlich sein).[29]

13 Wie eingangs schon erwähnt, kann der besondere Vertreter auch zur Geltendmachung von gegen den übertragenden Rechtsträger gerichteten Ansprüchen bestellt werden.[30] Die Aufgaben erstrecken sich in diesem Fall auf die passive Vertretung des erloschenen Rechtsträgers dergestalt, dass an diesen gerichtete Erklärungen vom besonderen Vertreter entgegenzunehmen sind.[31]

14 Hinsichtlich der Antragsberechtigung des übernehmenden Rechtsträgers ist zu differenzieren: Allein die Anteilsinhaberschaft am übertragenden Rechtsträger führt nicht zur Antragsberechtigung, da der übernehmende Rechtsträger im Rahmen einer Erlösverteilung nicht berücksichtigt wird, weshalb ihm insoweit kein Antragsrecht zukommen kann.[32] Steht dem übernehmenden Rechtsträger allerdings eine Aufrechnungsmöglichkeit gegen den übertragenden Rechtsträger zu, kann die entsprechende Aufrechnungserklärung mit Eintragung der Verschmelzung nur gegenüber dem besonderen Vertreter als Empfangsberechtigten erfolgen. Aufgrund dieser Interessenslage ist dem übernehmenden Rechtsträger eine Antragsberechtigung zuzusprechen.[33]

15 Nach vorherrschender Auffassung ist der übernehmende Rechtsträger weiter antragsberechtigt, wenn er gegenüber dem besonderen Vertreter die Anfechtung des Verschmelzungsvertrages erklären möchte.[34] Hier ist jedoch richtigerweise zu differenzieren: Auf die Feststellung irgendwelcher Mängel des Verschmelzungsvertrages kann es mit Eintragung der Verschmelzung nicht mehr ankommen, weshalb eine Antragsberechtigung des übernehmenden Rechtsträgers in dieser Konstellation (in Abgrenzung zu Rn 14) abzulehnen ist.[35]

16 Eine Antragsberechtigung des übernehmenden Rechtsträgers nach § 26 Abs. 1 ist allerdings zu bejahen, wenn Schadensersatzklagen geltend gemacht werden, denen ein Fehlverhalten zugrunde liegt, das zur Anfechtbarkeit oder Nichtigkeit des Verschmelzungsvertrages geführt hätte.[36]

26 Nach Ansicht von Lutter/*Grunewald* und § 26 Rn 7; Kallmeyer/*Marsch-Barner*, § 26 Rn 6 im Zweifel zu verneinen.

27 KölnKomm-UmwG/*Simon*, § 26 Rn 10.

28 Erst wenn keine oder keine genügende Sicherheit geleistet wurde, kann subsidiär das Verfahren nach § 26 Abs. 1 S. 3 betrieben werden, vgl hierzu KölnKomm-UmwG/*Simon*, § 26 Rn 11; Schmitt/Hörtnagl/Stratz/*Stratz*, § 26 Rn 14.

29 KölnKomm-UmwG/*Simon*, § 26 Rn 10; Semler/Stengel/*Kübler*, § 26 Rn 6; abw. Widmann/Mayer/*Vossius*, § 26 Rn 23.

30 Schmitt/Hörtnagl/Stratz/*Stratz*, § 26 Rn 11; Widmann/Mayer/*Vossius*, § 26 Rn 2; Lutter/*Grunewald*, § 26 Rn 11; Semler/Stengel/*Kübler*, § 26 Rn 3; Kallmeyer/*Marsch-Barner*, § 26 Rn 3.

31 KölnKomm-UmwG/*Simon*, § 26 Rn 12; Semler/Stengel/*Kübler*, § 26 Rn 3; Kallmeyer/*Marsch-Barner*, § 26 Rn 3.

32 Lutter/*Grunewald*, § 26 Rn 7.

33 KölnKomm-UmwG/*Simon*, § 26 Rn 12; Kallmeyer/*Marsch-Barner*, § 26 Rn 8; aA Lutter/*Grunewald*, § 26 Rn 10.

34 OLG Hamm DB 1991, 2535, 2536; Schmitt/Hörtnagl/Stratz/*Stratz*, § 26 Rn 16; Widmann/Mayer/*Rieger*, § 70 Rn 10; Kallmeyer/*Marsch-Barner*, § 26 Rn 3; Lutter/*Grunewald*, § 26 Rn 10, mwN.

35 Wie hier KölnKomm-UmwG/*Simon*, § 26 Rn 13; iE so auch Semler/Stengel/*Kübler*, § 26 Rn 7.

36 KölnKomm-UmwG/*Simon*, § 26 Rn 13.

17 c) **Verfahren und Form.** Dem Gericht kommt hinsichtlich der Auswahl der Person des besonderen Vertreters ein Ermessen zu. Die Vorschläge der Antragssteller haben lediglich unverbindlichen Charakter und müssen keinesfalls befolgt werden. Die Position des besonderen Vertreters ist nicht auf natürliche Personen beschränkt. Ebenso können Anwaltssozietäten, Steuerberatungs- oder Wirtschaftsprüfungsgesellschaften als juristische Personen hierzu durch das Gericht bestellt werden.[37] Diese sind jedoch nicht zur Annahme der gerichtlichen Bestellung verpflichtet[38] und darüber hinaus kann ein Vertreter sein Amt zu jeder Zeit niederlegen.[39] Es ist zu beachten, dass mit der Verschmelzung des übertragenden Rechtsträgers auf einen anderen Rechtsträger das Amt des besonderen Vertreters nach § 147 Abs. 2 AktG erlischt und dieser nicht automatisch besonderer Vertreter iSd § 26 Abs. 1 S. 1 wird.[40]

Praxishinweis: Gegen die Ablehnung des Antrags auf Bestellung steht den Antragsstellern die sofortige Beschwerde zur Verfügung, §§ 57 ff FamFG. Die Beschwerdefrist beginnt mit Zustellung der ablehnenden Entscheidung und beträgt zwei Wochen, § 16 Abs. 1 FamFG. Die auf die Beschwerde ergehende Entscheidung kann mit weiteren Beschwerden angegangen werden.[41] Sofern ein wichtiger Grund gegeben ist, kann jeder Antragsberechtigte des § 26 auch die Rücknahme der Bestellung und die Bestellung eines anderen Vertreters beantragen.[42]

18 **2. Fristsetzung, Abs. 2.** Nach § 26 Abs. 2 S. 1 hat der besondere Vertreter Anteilsinhaber und Gläubiger öffentlich dazu aufzufordern, ihre Ansprüche nach § 25 Abs. 1, 2 innerhalb einer **angemessenen Frist** anzumelden. Die Aufforderung muss so gestaltet sein, dass sie den Zweck der Bestellung des besonderen Vertreters erkennen lässt. Insoweit sind Angaben zwingend, die darüber Aufschluss geben, aufgrund welchen Sachverhalts der besondere Vertreter bestellt worden ist und gegen wen welche Ansprüche geltend gemacht werden sollen.[43] Die Angaben sollen den Anspruchsinhabern eine Abwägung ermöglichen, ob sie das mit der Anmeldung von Ansprüchen verbundene Prozesskostenrisiko mittragen wollen.[44] Neben den Angaben zum Zweck der Bestellung sollten auch Ausführungen über die Folgen des Unterlassens der Anmeldung in der Aufforderung enthalten sein.[45]

19 Wie ein Blick auf § 26 Abs. 2 S. 1 Hs 2 zeigt, sollte die Frist mindestens einen Monat betragen, um das Kriterium der Angemessenheit zu erfüllen. Eine zu kurze Frist macht die Aufforderung an sich allerdings nicht unwirksam, sie setzt vielmehr eine objektiv angemessene Frist in Gang. Die Frist kann und darf allerdings auch kürzer als ein Monat ausfallen, wenn dies aufgrund besonderer Umstände, wie etwa der Verjährung von Ansprüchen,[46] geboten erscheint.[47] Die Aufforderung ist im elektronischen Bundesanzeiger und eventuell in anderen Gesellschaftsblättern des übertragenden Rechtsträgers bekannt zu machen, § 26 Abs. 2 S. 2.

20 Eine angemessen gesetzte Frist entfaltet Ausschlusswirkung gegen potenzielle Anspruchsberechtigte. Nach § 26 Abs. 3 S. 4 sind verspätete Anmeldungen bei der Verteilung des erzielten Erlöses nicht zu berücksichtigen. Der Anspruchsverlust für säumige Anspruchsinhaber erfolgt

37 Kallmeyer/*Marsch-Barner*, § 26 Rn 5; Semler/Stengel/*Kübler*, § 26 Rn 4; Lutter/*Grunewald*, § 26 Rn 13; Widmann/Mayer/*Vossius*, § 26 Rn 30.
38 KölnKomm-UmwG/*Simon*, § 26 Rn 14; Schmitt/Hörtnagl/Stratz/*Stratz*, § 26 Rn 18; Lutter/*Grunewald*, § 26 Rn 13.
39 Erfolgt die Niederlegung allerdings zur Unzeit, dann kann er zu Schadensersatz verpflichtet sein; so Semler/Stengel/*Kübler*, § 26 Rn 9; Kallmeyer/*Marsch-Barner*, § 26 Rn 12.
40 BGH AG 2013, 634.
41 Semler/Stengel/*Kübler*, § 26 Rn 4; Widmann/Mayer/*Vossius*, § 26 Rn 29.
42 So auch Widmann/Mayer/*Vossius*, § 26 Rn 48; KölnKomm-UmwG/*Simon*, § 26 Rn 15.
43 Lutter/*Grunewald*, § 26 Rn 20; Kallmeyer/*Marsch-Barner*, § 26 Rn 16; Semler/Stengel/*Kübler*, § 26 Rn 12; ausf. zum Inhalt der Aufforderung Widmann/Mayer/*Vossius*, § 26 Rn 35.
44 KölnKomm-UmwG/*Simon*, § 26 Rn 18; Semler/Stengel/*Kübler*, § 26 Rn 12.
45 So auch Semler/Stengel/*Kübler*, § 26 Rn 12; Lutter/*Grunewald*, § 26 Rn 21; Kallmeyer/*Marsch-Barner*, § 26 Rn 17;Widmann/Mayer/*Vossius*, § 26 Rn 34; KölnKomm-UmwG/*Simon*, § 26 Rn 18.
46 So auch KölnKomm-UmwG/*Simon*, § 26 Rn 19.
47 Semler/Stengel/*Kübler*, § 26 Rn 12; Lutter/*Grunewald*, § 26 Rn 22; Kallmeyer/*Marsch-Barner*, § 26 Rn 16; vgl auch Widmann/Mayer/*Vossius*, § 26 Rn 32 und Schmitt/ Hörtnagl/Stratz/*Stratz*, § 26 Rn 19.

allerdings nur in dem Umfang, soweit die Ansprüche auf demselben Lebenssachverhalt beruhen.[48]

21 § 26 sieht keine besondere Form für die Anmeldung der Anspruchsberechtigten vor. Zu Beweiszwecken ist es allerdings ratsam, den geltend gemachten Anspruch zumindest hinsichtlich der Anspruchsgrundlage sowie der Höhe dem besonderen Vertreter schriftlich mitzuteilen.

22 **3. Verwendung zur Befriedigung, Abs. 3.** Nach § 26 Abs. 3 S. 1 sind die vom besonderen Vertreter erzielten Beträge vorrangig zur **Befriedigung der Gläubiger** des übertragenden Rechtsträgers zu verwenden. Der besondere Vertreter ist zu einer Prüfung der Berechtigung der Anspruchsinhaber verpflichtet. Im Fall von Zweifeln hat er eine Feststellungsklage anzustrengen, die über das Bestehen des Anspruchs entscheidet. Die auf den Anspruchsinhaber entfallenden Erlösanteile sind bis zu einer Entscheidung zurückzuhalten.[49]

23 Zu erstattende Auslagen sowie die noch ausstehende Vergütung des besonderen Vertreters sind dem Erlös vor seiner Verteilung zu entnehmen.[50] Sollte der Erlös die Verfahrenskosten nicht decken, entscheidet das zuständige Gericht, ob und inwieweit die Kosten von den Verfahrensbegünstigten zu tragen sind (§ 26 Abs. 4 S. 3).[51] Hierzu zählen alle Anspruchsinhaber, die an der Erlösverteilung teilgenommen haben, ohne dass es darauf ankommt, ob sie das Antragsrecht nach § 26 Abs. 1 ausgeübt haben oder nicht.[52]

24 Soweit der Erlös nach Begleichung der Verfahrenskosten nicht ausreicht, um alle Forderungen der Gläubiger zu erfüllen, findet eine **anteilige Befriedigung** statt.[53] Eine Verteilung nach Quoten ist allerdings dann unangemessen, wenn unter den Gläubigern aufgrund von Abreden oder Subordination eine Rangfolge besteht.[54] Verbleibt hingegen ein Überschuss, werden hiervon die Forderungen der Anteilsinhaber bedient.

Praxishinweis: Die Verteilung erfolgt wie in der Liquidation, dh nach Köpfen oder im Verhältnis der Einlagen.[55] Der im Wege der Durchsetzung von Ansprüchen einzelner Anteilsinhaber oder Gläubiger erzielte Erlös ist unmittelbar an den/die Anspruchsinhaber weiterzugeben, sofern sich deren Schäden nicht bereits auf Ebene der Gesellschafter materialisiert haben.[56]

Dann sind die Gläubiger zu befriedigen, soweit sie sich nicht an den übernehmenden Rechtsträger und die von ihm gestellten Sicherheiten halten können.

25 Soweit nach Befriedigung aller angemeldeten Anspruchsinhaber noch ein Erlös verbleibt, kann der besondere Vertreter diesen Betrag – entgegen dem insoweit widersprechenden Wortlaut des Gesetzes – gegenüber säumigen Anspruchsinhabern entweder zur Auszahlung bringen oder unter Verzicht auf die Rücknahme hinterlegen.[57]

26 **4. Vergütungsanspruch, Abs. 4.** Gemäß § 26 Abs. 4 S. 1 hat der besondere Vertreter einen Anspruch auf Ersatz seiner angemessenen Auslagen und auf Vergütung. Die Höhe der Vergütung kann durch Anteilsinhaber und Gläubiger mittels einer Vereinbarung festgelegt werden.[58] Fehlt

48 KölnKomm-UmwG/*Simon*, § 26 Rn 20; Lutter/*Grunewald*, § 26 Rn 21; Schmitt/ Hörtnagl/Stratz/*Stratz*, § 26 Rn 22.

49 KölnKomm-UmwG/*Simon*, § 26 Rn 23; Lutter/*Grunewald*, 26 Rn 26.

50 Lutter/*Grunewald*, § 26 Rn 18;Semler/Stengel/*Kübler*, § 26 Rn 10; KölnKomm-UmwG/*Simon*, § 26 Rn 24; Kallmeyer/*Marsch-Barner*, § 26 Rn 14; Widmann/ Mayer/*Vossius*, § 26 Rn 38.

51 Gegen die Entscheidung des Gerichts ist sofortige Beschwerde möglich. Das Gericht schließt aber in § 26 Abs. 4 S. 4 die weitere Beschwerde aus; vgl hierzu Kallmeyer/*Marsch-Barner*, § 26 Rn 14.

52 Lutter/*Grunewald*, § 26 Rn 18; Kallmeyer/*Marsch-Barner*, § 26 Rn 14; KölnKomm-UmwG/*Simon*, § 26 Rn 24.

53 Lutter/*Grunewald*, § 26 Rn 25; Semler/Stengel/*Kübler*, § 26 Rn 15.

54 Widmann/Mayer/*Vossius*, § 26 Rn 39; Lutter/*Grunewald*, § 26 Rn 26.

55 KölnKomm-UmwG/*Simon*, § 26 Rn 25; Kallmeyer/*Marsch-Barner*, § 26 Rn 20.

56 KölnKomm-UmwG/*Simon*, § 26 Rn 26; Kallmeyer/*Marsch-Barner*, § 26 Rn 22; Lutter/*Grunewald*, § 26 Rn 25.

57 KölnKomm-UmwG/*Simon*, § 26 Rn 27; Widmann/ Mayer/*Vossius*, § 26 Rn 33; aA Schmitt/Hörtnagl/ Stratz/*Stratz*, § 26 Rn 24, der nicht verbrauchten Erlöse auf alle Anteilsinhaber des übertragenden Rechtsträgerverteilen möchte, da Abs. 3 S. 2 insoweit auf die Liquidationsvorschriften verweise.

58 Lutter/*Grunewald*, § 26 Rn 17; Semler/Stengel/*Kübler*, § 26 Rn 10; Kallmeyer/*Marsch-Barner*, § 26 Rn 13.

es an einer solchen Vereinbarung, legt das Gericht die Höhe der Vergütung sowie die als erstattungsfähig anzuerkennenden Auslagen (wie etwa Prozesskosten) fest (Abs. 4 S. 3).[59] Sind Kostenvorschüsse oder andere Auslagen zu zahlen, kann der besondere Vertreter vom Gericht einen Vorschuss verlangen, um von den Kosten freigestellt zu sein, bevor sie anfallen.[60] Das Gericht wird in diesem Fall seinerseits entsprechende Vorschüsse von den Beteiligten einfordern.[61]

§ 27 Schadenersatzpflicht der Verwaltungsträger des übernehmenden Rechtsträgers

Ansprüche auf Schadenersatz, die sich auf Grund der Verschmelzung gegen ein Mitglied des Vertretungsorgans oder, wenn ein Aufsichtsorgan vorhanden ist, des Aufsichtsorgans des übernehmenden Rechtsträgers ergeben, verjähren in fünf Jahren seit dem Tage, an dem die Eintragung der Verschmelzung in das Register des Sitzes des übernehmenden Rechtsträgers nach § 19 Abs. 3 bekannt gemacht worden ist.

I. Allgemeines

1 Sinn und Zweck des § 27 liegt allein darin, eine einheitliche Regelung für den Beginn und die Dauer der Verjährung unterschiedlicher Haftungsnormen zu begründen. Die Vorschrift ist somit nicht anspruchsbegründend, sondern legt vielmehr eine von den Vorschriften des BGB abweichende Verjährungsregelung für bestehende Schadensersatzansprüche aufgrund der Verschmelzung fest.

II. Inhalt

2 **1. Voraussetzungen der Verjährung.** Nach dem Wortlaut soll § 27 alle Bestimmungen erfassen, aus denen sich Schadensersatzansprüche gegen Mitglieder des **Vertretungs-** und, soweit vorhanden, **Aufsichtsorgans** des übernehmenden Rechtsträgers aufgrund der Verschmelzung ergeben können.[1] Hinsichtlich der Begriffe Vertretungs- und Aufsichtsorgan kann auf die Ausführungen in § 25 Rn 16 und 17 verwiesen werden. Die Regelung erfasst auch Ansprüche gegen Vertretungsorgane von Personengesellschaften nach §§ 105 Abs. 2, 161 Abs. 2 HGB iVm § 713 BGB mit dem Ziel einer gleichförmigen Haftung der Leistungsorgane anderer Rechtsträger.[2] Die damit einhergehende Schlechterstellung dieser Vertretungsorgane aufgrund der eigentlich geltenden kürzeren Verjährungsfrist des § 195 BGB ist hinzunehmen.[3]

3 Nach wohl hM soll die Regelung des § 27 nicht für Ansprüche aus **unerlaubter Handlung** gelten.[4] Die Ansicht basiert im Wesentlichen darauf, dass die Vorgängerregelungen des § 27 deliktische Ansprüche nicht erfassten und der Gesetzgeber mit § 27 hieran auch nichts habe ändern wollen.[5] Teilweise wird in der Literatur der Anwendungsbereich der Norm auch für deliktische

59 Für Rechtsanwälte als besondere Vertreter kann die Vergütung anhand der BRAGO bestimmt werden, so zB das OLG Düsseldorf DB 1984, 2188.

60 Lutter/*Grunewald*, § 26 Rn 17; KölnKomm-UmwG/*Simon*, § 26 Rn 17.

61 Für die hM Kallmeyer/*Marsch-Barner*, § 26 Rn 13 mwN; aA Schmitt/ Hörtnagl/Stratz/*Stratz*, § 26 Rn 25.

1 In Betracht kommen Ansprüche nach §§ 93, 116, 117 Abs. 2, 278 Abs. 3, 283, 310, 318 AktG, § 43 GmbHG, § 52 Abs. 1 iVm §§ 93, 116 AktG sowie § 25 Abs. 1 Nr. 2 MitbestG; vgl hierzu BGH WM 1989, 1335; Lutter/*Grunewald*, § 27 Rn 2; Widmann/Mayer/*Vossius*, § 27 Rn 8; Kallmeyer/*Marsch-Barner*, § 27 Rn 2.

2 KölnKomm-UmwG/*Simon*, § 27 Rn 4, Lutter/*Grunewald*, § 27 Rn 3; Kallmeyer/*Marsch-Barner*, § 27 Rn 3.

3 Semler/Stengel/*Kübler*, § 27 Rn 4; KölnKomm-UmwG/*Simon*, § 27 Rn 4.

4 Kallmeyer/*Marsch-Barner*, § 27 Rn 4; Schmitt/Hörtnagl/Stratz/*Stratz*, § 27 Rn 10; Semler/Stengel/*Kübler*, § 27 Rn 5.

5 Schmitt/Hörtnagl/Stratz/*Stratz*, § 27 Rn 10; Widmann/Mayer/*Vossius*, § 27 Rn 10.

Ansprüche als eröffnet gesehen mit dem Argument, dass es seit dem Wegfall des § 852 BGB aF an einer gesonderten Verjährungsfrist für diese Ansprüche fehle.[6]

4 Weiteres Tatbestandsmerkmal der Norm ist das Bestehen eines **sachlichen Zusammenhangs** zwischen dem jeweiligen Schadensersatzanspruch und der Verschmelzung.[7] Ein solcher ist zu bejahen, wenn dem Organ des übernehmenden Rechtsträgers ein Fehlverhalten hinsichtlich der Vorbereitung und Durchführung der Verschmelzung vorgeworfen werden kann, wie eine unzureichende Überprüfung der Vermögenslage des übertragenden oder des übernehmenden Rechtsträgers oder eine nicht ordnungsmäße Berichterstattung über die Verschmelzung selbst.[8] Eine rein zeitliche Verbindung von Ersatzanspruch und Verschmelzung ist dagegen nicht ausreichend.[9]

5 § 27 findet nach hM auch auf Ansprüche aus §§ 309, 317 (im Falle eines sog. Upstream-Mergers, also der Verschmelzung einer abhängigen Gesellschaft auf das herrschende Unternehmen) bzw 310, 318 AktG (bei einem sog. Down-Stream-Merger, wenn die abhängige Gesellschaft übernehmender Rechtsträger ist) Anwendung.[10]

6 **2. Verjährungsfrist.** Die Verjährungsfrist von fünf Jahren beginnt ab dem Tag, an dem die Eintragung der Verschmelzung in das Register des Sitzes des übernehmenden Rechtsträgers als bekannt gemacht gilt, also seit dem 1.1.2007 gemäß § 19 Abs. 3 in Verbindung mit § 10 HGB mit Ablauf des Tages, an dem die Bekanntmachung in dem von der jeweiligen Justizverwaltung bestimmten elektronischen Informationssystem erfolgt ist. Wann der Anspruchsberechtigte Kenntnis erlangt hat, ist im Rahmen des § 27 und damit für den Fristablauf unerheblich.[11] Die Vorschrift des § 27 entspricht mithin der Verjährungsregelung des § 25 Abs. 3.[12]

§ 28 Unwirksamkeit des Verschmelzungsbeschlusses eines übertragenden Rechtsträgers

Nach Eintragung der Verschmelzung in das Register des Sitzes des übernehmenden Rechtsträgers ist eine Klage gegen die Wirksamkeit des Verschmelzungsbeschlusses eines übertragenden Rechtsträgers gegen den übernehmenden Rechtsträger zu richten.

Literatur:

Hoffmann-Becking, Organschaft bei der Verschmelzung, in: FS Peter Ulmer, 2003, S. 243, *Martens*, Kontinuität und Diskontinuität im Verschmelzungsrecht der Aktiengesellschaft, AG 1986, 57.

I. Allgemeines

1 Die Vorschrift sieht vor, dass bei Klagen gegen die Wirksamkeit des Verschmelzungsbeschlusses eines übertragenden Rechtsträgers nach Eintragung der Verschmelzung und damit nach Erlöschen des übertragenden Rechtsträgers (§ 20 Abs. 1 Nr. 2 S. 1) die **Passivlegitimation** auf den übernehmenden Rechtsträger übergeht.

2 Aufgrund dieses sehr beschränkten Anwendungsbereichs und der vertretenen Auffassung, dass sich bereits aus § 20 Abs. 1 Nr. 1 der Übergang der Passivlegitimation auf den übernehmenden Rechtsträger aufgrund der Gesamtrechtsnachfolge ergebe, wird die Regelung des § 28 verein-

6 Lutter/*Grunewald*, § 27 Rn 4; KölnKomm-UmwG/*Simon*, § 27 Rn 6.
7 Lutter/*Grunewald*, § 27 Rn 5, Semler/Stengel/*Kübler*, § 27 Rn 5; Kallmeyer/*Marsch-Barner*, § 27 Rn 2; Widmann/Mayer/*Vossius*, § 27 Rn 5.
8 Lutter/*Grunewald*, § 27 Rn 6; Widmann/Mayer/*Vossius*, § 27 Rn 6 ff; KölnKomm-UmwG/*Simon*, § 27 Rn 7.
9 KölnKomm-UmwG/*Simon*, § 27 Rn 7.
10 Kallmeyer/*Marsch-Barner*, § 27 Rn 5; Schmitt/Hörtnagl/Stratz/*Stratz*, § 27, (6.) Rn 8; Lutter/*Grunewald*, § 27 Rn 7; Widmann/Mayer/*Vossius*, § 27 Rn 6.
11 So auch Kallmeyer/*Marsch-Barner*, § 27 Rn 6.
12 Vgl KölnKomm-UmwG/*Simon*, § 27 Rn 10.

zelt als überflüssig angesehen.[1] Dem wird entgegengehalten, dass ohne die Vorschrift des § 28 eine Anfechtungs- oder Nichtigkeitsklage gegen den Verschmelzungsbeschluss des übertragenden Rechtsträgers nach Eintragung der Verschmelzung nicht mehr möglich sei, weil es an der Passivlegitimation fehle und ein ergangenes Nichtigkeitsurteil auch nicht mehr zustellbar wäre.[2]

Im Gegensatz zu ihren Vorgängervorschriften[3] erfasst § 28 nicht nur die Anfechtungsklage, sondern auch die **Nichtigkeitsklage.**[4] § 28 gilt darüber hinaus auch für solche Klagen, die erst nach Ablauf der Frist des § 14 Abs. 1 erhoben worden und deshalb verspätet sind, da es auch in diesen Fällen einer Regelung der Passivlegitimation bedarf. 3

II. Inhalt

1. Klage nach Wirksamwerden. § 14 Abs. 1 bestimmt, dass eine Klage gegen die Wirksamkeit des Verschmelzungsbeschlusses binnen eines Monats nach der Beschlussfassung erhoben werden muss. Für den Fall, dass es innerhalb der Monatsfrist zur Eintragung der Verschmelzung kommt, greift § 28 ein und ermöglicht es, eine noch **fristgemäße Klage** gegen den übernehmenden Rechtsträger zu richten.[5] 4

Die Klage gilt als fristgerecht erhoben, wenn sie vor Wirksamwerden der Verschmelzung eingereicht, aber erst nach Eintragung und damit an den übernehmenden Rechtsträger zugestellt wird.[6] 5

Örtlich zuständig für Klagen gegen die Wirksamkeit des Verschmelzungsbeschlusses ist – trotz des Erlöschens des Rechtsträgers – weiterhin das **Landgericht** am Sitz des übertragenden Rechtsträgers.[7] § 28 bestimmt lediglich, dass die Klage mit Wirksamkeit der Verschmelzung gegen den übernehmenden Rechtsträger zu richten ist, ohne hiermit die örtliche Zuständigkeit ändern zu wollen. 6

Die **interne Zuständigkeit** für die Vertretung des übernehmenden Rechtsträgers richtet sich nach den für diesen anwendbaren Vorschriften. Ein Rückgriff auf die Vertretungsregeln des übertragenden Rechtsträgers findet nicht statt.[8] 7

Praxishinweis: Die vorstehend beschriebenen Rechtsfolgen des § 28 gelten auch für Spaltungen und die Vermögensübertragung.[9] Beim Formwechsel muss hingegen lediglich die Bezeichnung der Prozesspartei aufgrund der neuen Rechtsform berichtigt werden. Aufgrund der durch den Formwechsel nicht tangierten Identität des Rechtsträgers hat nämlich kein Parteiwechsel stattgefunden, weshalb es eines entsprechenden Verweises nicht bedarf.[10]

Wird die Verschmelzung trotz erhobener Klage wirksam, ist das durch die Eintragung unterbrochene Verfahren[11] – trotz des insoweit engeren Wortlauts des § 28 – in der Folge gegen den übernehmenden Rechtsträger fortzusetzen.[12] Dies erfasst insb. den Fall eines Freigabebeschlus- 8

1 Semler/Stengel/*Kübler*, § 28 Rn 2; KölnKomm-UmwG/*Simon*, § 28 Rn 2.

2 Schmitt/Hörtnagl/Stratz/*Stratz*, § 28 Rn 1; iE ebenso Widmann/Mayer/*Vossius*, § 28 Rn 1, 2, der davon spricht, dass § 28 eine Lücke schließt.

3 § 352 AktG, § 31 KapErhG, § 93 q GenG und § 44 a VAG.

4 Lutter/*Grunewald*, § 28 Rn 2; Semler/Stengel/*Kübler*, § 28 Rn 3; KölnKomm-UmwG/*Simon*, § 28 Rn 2.

5 KölnKomm-UmwG/*Simon*, § 28 Rn 4.

6 OLG Hamburg ZIP 2004, 906 ff (aA noch die Vorinstanz, vgl LG Hamburg DB 2003, 930 f); Schmitt/Hörtnagl/Stratz/*Stratz*, § 28 Rn 6.

7 OLG Düsseldorf AG 1957, 279; Widmann/Mayer/*Vossius*, § 28 Rn 20; Schmitt/Hörtnagl/Stratz/*Stratz*, § 28 Rn 7; KölnKomm-UmwG/*Simon*, § 28 Rn 6.

8 Ebenso Lutter/*Grunewald*, § 28 Rn 6; KölnKomm-UmwG/*Simon*, § 28 Rn 8.

9 Vgl §§ 125, 176 Abs. 1, 177 Abs. 1, 178 Abs. 1, 179 Abs. 1, 180 Abs. 1, 184 Abs. 1, 186, 188 Abs. 1, 189 Abs. 1.

10 Widmann/Mayer/*Vossius*, § 28 Rn 9; KölnKomm-UmwG/*Simon*, § 28 Rn 9.

11 Vgl §§ 239, 246 ZPO.

12 OLG Hamburg ZIP 2004, 906, 907 f; Kallmeyer/*Marsch-Barner*, § 28 Rn 2; Semler/Stengel/*Kübler*, § 28 Rn 5; Lutter/*Grunewald*, § 28 Rn 2; Schmitt/Hörtnagl/Stratz/*Stratz*, § 28 Rn 6; Widmann/Mayer/*Vossius*, § 28 Rn 19.

ses nach § 16 Abs. 3, aber auch den der verzögerten Klagezustellung[13] einer unrichtigen[14] oder verfrühten Erklärung nach § 16 Abs. 2 S. 1 oder eines später wirksam angefochtenen Klageverzichtes.[15] Das Rechtsschutzbedürfnis ergibt sich – trotz materieller Erledigung – weil die Verschmelzungswirkung nicht revisibel ist, aufgrund der Möglichkeit einer Schadensersatzpflicht bei Begründetheit der Klage (etwa nach § 16 Abs. 3 S. 8).[16]

9 **2. Behandlung anderer Klagen.** § 28 ist über seinen Wortlaut hinaus für andere Klagen gegen den übertragenden Rechtsträgers entsprechend anzuwenden,[17] wobei sich hier insb. die Frage nach dem Vorliegen eines Rechtsschutzbedürfnisses für die Fortführung des Prozesses stellt.[18] Nach der Rechtsprechung kommt es hinsichtlich des Rechtsschutzbedürfnisses darauf an, dass sich der angefochtene Beschluss in der übernehmenden Gesellschaft fortsetzt und dort noch Wirkungen entfaltet.[19] Eine **Fortwirkung** wird angenommen, wenn der Ausgang des Rechtsstreits präjudiziell für Ansprüche des Klägers ist, die dieser auch gegenüber dem übernehmenden Rechtsträger durchsetzen kann.[20]

10 Folgende **Fallgruppen** haben sich zur Frage des Rechtsschutzbedürfnisses herausgebildet: IE verneint wird ein Rechtsschutzbedürfnis für Beschlüsse über die Entlastung der Organe der übertragenden Gesellschaft. Diese sind zum einen für die übernehmende Gesellschaft ohne Bedeutung, zum anderen sei die Entlastung für Schadensersatzfragen kaum präjudiziell.[21] Aktienrechtliche Auskunftserzwingungsverfahren können je nach Streitgegenstand gegen den übernehmenden Rechtsträger fortzuführen sein.[22] Dies gilt selbst dann, wenn der übernehmende Rechtsträger keine AG ist, da ansonsten die Möglichkeit bestünde, durch einen verschmelzungsbedingten Wechsel der Rechtsform eine Erledigung des Rechtsstreits herbeizuführen.[23] Ein Rechtsschutzbedürfnis bzw ein Feststellungsinteresse wird weiter bejaht für Klagen auf Feststellung der Nichtigkeit des Jahresabschlusses.[24]

11 Des Weiteren ist ein Rechtsschutzbedürfnis wegen der präjudiziellen Wirkung des Prozessausgangs gegeben im Falle der Anfechtung eines Einziehungsbeschlusses nach § 237 AktG, § 34 GmbHG sowie bei der Klage gegen eine Kapitalmaßnahme, die vor der Verschmelzung zu einer Verwässerung der Kapitalanteile geführt hat.[25]

12 Ein Rechtsschutzbedürfnis wird weiter für gegen den übertragenen Rechtsträger gerichtete Spruchverfahren angenommen. Diese sind deshalb ebenfalls gegen den übernehmenden Rechtsträger fortzusetzen.[26] Weiter besteht ein Rechtsschutzbedürfnis an der Fortführung einer Anfechtungsklage bzgl der Anfechtung des Gewinnverwendungsbeschlusses, weil sich die beschlossene Gewinnverteilung auf die Rechtsverhältnisse im übernehmenden Rechtsträger auswirkt.[27]

13 OLG Hamburg ZIP 2004, 906 ff; Kallmeyer/*Marsch-Barner*, § 28 Rn 2.
14 Lutter/*Grunewald*, § 28 Rn 2; Widmann/Mayer/*Vossius*, § 28 Rn 3.
15 Schmitt/Hörtnagl/Stratz/*Stratz*, § 28 Rn 5.
16 OLG Stuttgart NZG 2004 463, 464 f; KölnKomm-UmwG/*Simon*, § 28 Rn 12; Kallmeyer/*Marsch-Barner*, § 28 Rn 3; Semler/Stengel/*Kübler*, § 28 Rn 5; Lutter/*Grunewald*, § 28 Rn 3.
17 OLG Hamm AG 1973, 206, 207: LG München DB 1999, 628; Schmitt/Hörtnagl/Stratz/*Stratz*, § 28 Rn 3; Semler/Stengel/*Kübler*, § 28 Rn 6; *Hoffmann-Becking* in: FS Ulmer, S. 243, 247; Lutter/*Grunewald*, § 28 Rn 4, Kallmeyer/*Marsch-Barner*, § 28 Rn 1, 4; Widmann/Mayer/*Vossius*, § 28 Rn 16.
18 KölnKomm-UmwG/*Simon*, § 28 Rn 13; Widmann/Mayer/*Vossius*, § 28 Rn 17; Kallmeyer/*Marsch-Barner*, § 28 Rn 4; weiter gehend für die AG zum alten § 352 AktG: *Martens*, AG 1986, 57, 65 ff.
19 LG München DB 1999, 628, 629; Schleswig-Holsteinisches OLG Urteil v. 30.4.2009 – 5 U 100/08.
20 OLG Schleswig BeckRS 2009, 25519.
21 LG München DB 1999, 628, 629; Schleswig-Holsteinisches OLG Urteil v. 30.4.2009 – 5 U 100/08; Widmann/Mayer/*Vossius*, § 28 Rn 18.
22 So LG München DB 1999, 629, 630; Lutter/*Grunewald*, § 28 Rn 5.
23 LG München DB 1999, 629, 630; iE ebenso Lutter/*Grunewald*, § 28 Rn 5.
24 OLG AG 1973, 206, 207.
25 KölnKomm-UmwG/*Simon*, § 28 Rn 16; Widmann/Mayer/*Vossius*, § 28 Rn 18.
26 Vgl KölnKomm-UmwG/*Simon*, § 28 Rn 16.
27 OLG Schleswig BeckRS 2009, 25519.

§ 29 Abfindungsangebot im Verschmelzungsvertrag

(1) [1]Bei der Verschmelzung eines Rechtsträgers im Wege der Aufnahme durch einen Rechtsträger anderer Rechtsform oder bei der Verschmelzung einer börsennotierten Aktiengesellschaft auf eine nicht börsennotierte Aktiengesellschaft hat der übernehmende Rechtsträger im Verschmelzungsvertrag oder in seinem Entwurf jedem Anteilsinhaber, der gegen den Verschmelzungsbeschluß des übertragenden Rechtsträgers Widerspruch zur Niederschrift erklärt, den Erwerb seiner Anteile oder Mitgliedschaften gegen eine angemessene Barabfindung anzubieten; § 71 Abs. 4 Satz 2 des Aktiengesetzes und § 33 Abs. 2 Satz 3 zweiter Halbsatz erste Alternative des Gesetzes betreffend die Gesellschaften mit beschränkter Haftung sind insoweit nicht anzuwenden. [2]Das gleiche gilt, wenn bei einer Verschmelzung von Rechtsträgern derselben Rechtsform die Anteile oder Mitgliedschaften an dem übernehmenden Rechtsträger Verfügungsbeschränkungen unterworfen sind. [3]Kann der übernehmende Rechtsträger auf Grund seiner Rechtsform eigene Anteile oder Mitgliedschaften nicht erwerben, so ist die Barabfindung für den Fall anzubieten, daß der Anteilsinhaber sein Ausscheiden aus dem Rechtsträger erklärt. [4]Eine erforderliche Bekanntmachung des Verschmelzungsvertrags oder seines Entwurfs als Gegenstand der Beschlußfassung muß den Wortlaut dieses Angebots enthalten. [5]Der übernehmende Rechtsträger hat die Kosten für eine Übertragung zu tragen.

(2) Dem Widerspruch zur Niederschrift im Sinne des Absatzes 1 steht es gleich, wenn ein nicht erschienener Anteilsinhaber zu der Versammlung der Anteilsinhaber zu Unrecht nicht zugelassen worden ist oder die Versammlung nicht ordnungsgemäß einberufen oder der Gegenstand der Beschlußfassung nicht ordnungsgemäß bekanntgemacht worden ist.

Literatur:

Burg/Braun, Austrittsrechte nach Verschmelzung von börsennotierten Aktiengesellschaften bei gleichbleibender Kontrolle im aufnehmenden Rechtsträger?, AG 2009, 22; *Drinhausen*, Regierungsentwurf eines Zweiten Gesetzes zur Änderung des Umwandlungsgesetzes – ein Gewinn für die Praxis, BB 2006, 2313; *Eilers/Müller-Eising*, Die Umwandlung als neue Form des Unternehmenskaufes, WiB1995, 449; *Fleischer*, Schnittmengen des WpÜG mit benachbarten Rechtsmaterien – eine Problemskizze, NZG 2002, 545; *Goslar*, Zur Gewährleistung der Verkehrsfähigkeit beim Wechsel einer Aktie in das Segment M-access, EWiR 2008, 461; *Grabbe/Fett*, Pflichtangebot im Zuge von Verschmelzungen, NZG 2003, 755; *Grunewald* Austrittsrechte als Folge von Mischverschmelzung und Verfügungsbeschränkungen (§ 29 UmwG), in: FS Karlheinz Boujong, S. 175; *Grunewald*, Das Recht zum Austritt aus der Aktiengesellschaft, FS Clausen 1997, 103; *Hoffmann-Becking*, Der materielle Gesellschafterschutz: Abfindung und Spruchverfahren, ZGR 1990, 482; *Hoger*, Kapitalschutz als Durchsetzungsschranke umwandlungsrechtlicher Ausgleichsansprüche von Gesellschaftern, AG 2008, 149; *Ihrig*, Gläubigerschutz durch Kapitalaufbringung bei Verschmelzung und Spaltung nach neuem Umwandlungsrecht, GmbHR 1995, 622; *Kiefner/Gillessen*, Die Zukunft von „Macrotron“ im Lichte der jüngsten Rechtsprechung des BverfG, AG 2012, 645; *Kleindiek*, Funktion und Geltungsanspruch des Pflichtangebots nach dem WpÜG. Kapitalmarktrecht – Konzernrecht – Umwandlungsrecht, ZGR 2002, 546; *Korte*, Aktienerwerb und Kapitalschutz bei Umwandlungen, WIB 1997, 953; *Krause*, Zwei Jahre Praxis mit dem Wertpapiererwerbs- und Übernahmegesetz, NJW 2004, 3681; *Lenz/Linke*, Die Handhabung des WpÜG in der aufsichtsrechtlichen Praxis, AG 2002, 361; *Liebscher*, Die Zurechnungstatbestände des WpHG und WpÜG, ZIP 2002, 1005; *Lutter* Mindestumfang der Kapitalerhöhung bei der Verschmelzung zur Aufnahme oder Neugründung in Aktiengesellschaften?, in: FS Herbert Wiedemann, S. 1097; *Reichert*, Folgen der Anteilsvinkulierung für Umstrukturierungen von Gesellschaften mit beschränkter Haftung und Aktiengesellschaften nach dem Umwandlungsgesetz 1995, GmbHR 1995, 176; *Schaub*, Das Abfindungsangebot nach § 29 UmwG, NZG 1998, 626; *Schindler*, Das Austrittsrecht in Kapitalgesellschaften, S. 81; *Schwark/Geiser*, Delisting, ZHR 161 (1997), 739; *Seibt/Heiser*, Der neue Vorschlag einer EU-Übernahmerichtlinie und das deutsche Übernahmerecht, ZHR 165 (2001), 466; Stellungnahme DAV-Handelsausschuss zum RefE, NZG 2001, 420; *Süßmann*, Anwendungsprobleme des WpÜG, WM 2003, 1453; *Technau*, Übernahmerechtliche Austrittsrechte in Verschmelzungsfällen, AG 2002, 260; *Teichmann*, Austrittsrecht und Pflichtangebot bei Gründung einer Europäischen Aktiengesellschaft, AG

2004, 67; *Veil,* Umwandlung einer AG in eine GmbH, 1996, S. 214; *Vetter,* Ausweitung des Spruchverfahrens, Überlegungen de lege lata und de lege ferenda, ZHR 168 (2004), 8; *Vetter*, Pflichtangebot nach Kontrollerwerb im Wege der Verschmelzung oder Spaltung?, WM 2002, 1999; *Vollrath,* Grenzen des Minderheitenschutzes bei der verschmelzungsbedingten Realisierung einer Gesellschaftsbeteiligung, in: FS Siegfried Widmann, S. 117; *Zimmermann,* Verschmelzungsprüfung bei der GmbH-Verschmelzung, in: FS Hans Erich Brandner 1996, S. 167.

A. Allgemeines

I. Normzweck

1 § 29 begründet eine Verpflichtung des übernehmenden Rechtsträgers in den von der Vorschrift bestimmten Fällen, den Anteilsinhabern des übertragenden Rechtsträgers ein Angebot zum Erwerb ihrer Anteile gegen **Barabfindung** zu unterbreiten. Erklärungsempfänger sind allerdings nur solche Anteilsinhaber, die gegen den Verschmelzungsbeschluss Widerspruch zur Niederschrift erklärt haben oder denen dies aus Gründen des § 29 Abs. 2 nicht möglich war. Alle anderen Anteilsinhaber können das Abfindungsangebot nicht annehmen. Dem Anteilsinhaber des übertragenden Rechtsträgers stehen damit prinzipiell zwei Möglichkeiten – die sich gegenseitig ausschließen – offen, um eine finanzielle Kompensation im Rahmen der Verschmelzung zu erhalten. Neben der Möglichkeit einer Abfindung nach § 29,[1] kann er Kompensation auch über eine bare Zuzahlung nach § 15 Abs. 1 verlangen.[2] Gegenüber der allgemeinen Gläubigerschutznorm des § 22 ist § 29 lex specialis.

2 Der Abfindungsanspruch des ausgeschiedenen Anteilsinhabers nach § 29 ist **übertragbar** und **vererblich.**[3]

II. Anwendungsbereich

3 § 29 gilt seinem Wortlaut nach nur für die **Verschmelzung durch Aufnahme**. Durch Verweise innerhalb des UmwG wird der Anwendungsbereich der Vorschrift allerdings ausgedehnt. So öffnet § 36 Abs. 1 S. 1 den Anwendungsbereich des § 29 auch für die Verschmelzung zur Neugründung.[4] § 125 erklärt die Regelungen nach §§ 29 ff auch für die Auf- und Abspaltung für

1 OLG Düsseldorf, DB 2001, 189; darüber hinaus statt vieler Semler/Stengel/*Kalss*, § 29 Rn 1; KölnKomm-UmwG/*Simon*, § 29 Rn 2.

2 Daneben besteht die Möglichkeit eines Schadensersatzanspruches nach § 25 sowie die Möglichkeit der Anteilsveräußerung nach § 33.

3 Semler/Stengel/*Kalss*, § 29 Rn 1.

4 S. § 36 Rn 1 .

anwendbar. Dagegen gelten für den Formwechsel die vergleichbaren Regelungen nach §§ 207 ff, welche nur teilweise auf die §§ 29 ff verweisen. Die §§ 90 Abs. 1, 104 a schließen die Anwendung des § 29 im Zusammenhang mit Verschmelzungen von Genossenschaften und bei eingetragenen Vereinen aus. Den Mitgliedern einer Genossenschaft kommt stattdessen ein Ausschlagungsrecht mit anschließender Auseinandersetzung zu (s. §§ 93 ff).

Ebenso besteht bei der **Ausgliederung** kein Bedarf für eine Anwendung der Vorschrift, da durch den mit der Ausgliederung erfolgten bilanziellen Tauschvorgang kein Eingriff in die Minderheitenrechte der Gesellschafter des übertragenden Rechtsträgers stattfindet und folglich eine entsprechende Schutzvorschrift überflüssig ist.[5] Bei der **Spaltung** ist im Hinblick auf die Anwendbarkeit des § 29 zwischen Voll- und Teilübertragung zu unterscheiden. Für die **Vollübertragung** gilt jeweils Verschmelzungsrecht, mit der Folge der Anwendbarkeit der §§ 29 ff.[6] Die §§ 29 ff gelten hier auch für den Barabfindungsanspruch der Inhaber von Sonderrechten (§ 176 Abs. 2 S. 4). Die **Teilübertragung**[7] ist hingegen wie eine Ausgliederung zu behandeln und fällt damit aus dem Anwendungsbereich des § 29 hinaus. Im Falle von grenzüberschreitenden Verschmelzungen gilt § 122 i als lex specialis.[8] Die Vorschrift ist aber weitestgehend wie § 29 aufgebaut und verweist auch auf die Vorschrift. Zum Anwendungsbereich des § 122 i und weitergehenden Informationen s. § 122 i. 4

§ 43 Abs. 2 S. 3 eröffnet persönlich haftenden Gesellschaftern einer übertragenden als auch derjenigen einer übernehmenden Personengesellschaft neben dem Austritts- und Abfindungsrecht des § 29 die Möglichkeit, in die **Stellung eines Kommanditisten** bei der übernehmenden Gesellschaft zu wechseln. Soweit bei Verschmelzungen unter Beteiligung von Personenhandelsgesellschaften auch die nicht in der Anteilsinhaberversammlung erschienenen Gesellschafter der Verschmelzung zustimmen müssen (§ 43 Abs. 1 Hs 2), da der Gesellschaftsvertrag keinen qualifizierten Mehrheitsbeschluss erlaubt (§ 43 Abs. 2), scheidet eine Anwendung des § 29 aus, weil es in diesen Konstellationen keinen Anteilsinhaber geben kann, der gegen die Verschmelzung gestimmt hat. 5

Durch das Zweite Gesetz zur Änderung des UmwG v. 19.4.2007 wurde die Vorschrift – wohl auch beeinflusst durch die „Macrotron"-Entscheidung des BGH[9] – dahin gehend geändert, dass auch die Verschmelzung von börsennotierten Aktiengesellschaften auf nicht börsennotierte Aktiengesellschaften (sogenanntes kaltes **Delisting**) ein Austrittsrecht und damit einhergehenden einen Abfindungsanspruch begründet.[10] Zu beachten ist, dass die Regelung des § 29 Abs. 1 S. 1 Fall 2 nicht unmittelbar anwendbar ist auf ein weiteres Delisting aus dem Freiverkehr. Bei einer Verschmelzung einer Gesellschaft, deren Aktien bislang nur im Freiverkehr gehandelt werden, auf eine übernehmende Gesellschaft, deren Aktien gar nicht gehandelt werden, ist der Anwendungsbereich des § 29 Abs. 1 S. 1 Fall 2 bereits nach dem Normwortlaut nicht eröffnet.[11] 6

III. Analoge Anwendung des § 29

1. Verschmelzung auf einen kontrollierten Rechtsträger. Im Zuge von Verschmelzungen zweier börsennotierter Rechtsträger gibt es durchaus Konstellationen, in denen einer der beteiligten Anteilseigner erstmalig durch die Verschmelzung Kontrolle am übernehmenden Rechtsträger erwirbt (§ 29 Abs. 2 WpÜG). Derartige Verschmelzungen fallen ohne weiteres in den Anwen- 7

5 KölnKomm-UmwG/*Simon*, § 29 Rn 8.
6 §§ 176 Abs. 1, 178 Abs. 1, 180 Abs. 1, 186 Abs. 1 und 188 Abs. 1.
7 §§ 177 Abs. 1, 179 Abs. 1, 184 Abs. 1 und 189 Abs. 1.
8 KölnKomm-UmwG/*Simon*, § 29 Rn 9.
9 BGHZ 153, 47 ff.
10 Bereits vor der Gesetzesänderung leitete das OLG Düsseldorf den Abfindungsanspruch aus einer Analogie zu § 29 her, vgl OLG Düsseldorf, NZG 2005, 317, 318 „Rhenag Rheinische Energie-AG"; OLG Düsseldorf AG 2005, 480 ff; OLG Düsseldorf ZIP 2007, 380, 382.
11 Kallmeyer/*Marsch-Barner*, § 29 Rn 4 b; *Wienke*, NZG 2014, 22 (24). Letzterer verneint eine Analogie des § 29 für diese Fälle aus den gleichen Gründen wie beim regulären Delisting bzw Downgrading aus dem regulierten Markt. Vgl. hierzu Rn 13.

dungsbereich des § 35 WpÜG,[12] mit der Folge, dass den Anteilseignern des übernehmenden Rechtsträgers (Zielgesellschaft) ein Pflichtangebot zu unterbreiten ist.

8 Im Schrifttum wird allerdings diskutiert, ob § 29 über den gesetzlich geregelten Anwendungsbereich hinaus auf Konstellationen anwendbar ist, die an den Anwendungsbereich des WpÜG heranreichen. So zB, wenn ein bisher nicht kontrollierter, börsennotierter Rechtsträger auf eine börsennotierte Gesellschaft verschmolzen wird, an der schon vor der Verschmelzung ein Anteilseigner mindestens 30 % der Stimmrechte hielt und diese Kontrollsituation auch nach der Verschmelzung unverändert bleibt. Die Anteilseigner des übertragenden Rechtsträgers sind nach der Verschmelzung dann erstmalig mit einem kontrollierenden Anteilseigner konfrontiert.

9 **a) Kein Fall des § 35 WpÜG.** Der Anwendungsbereich des § 35 WpÜG ist für diese Konstellation nicht eröffnet, da keine Kontrolle an einer Zielgesellschaft erworben wird. Somit wird auch kein Pflichtangebot erforderlich mit der unstreitigen Folge, dass § 35 WpÜG nicht unmittelbar greift.[13]

Soweit befürwortet wird, den Aktionären des übertragenden Rechtsträgers zu ermöglichen, über eine entsprechende Anwendung der Pflichtangebotsregelung „auszusteigen",[14] muss dies abgelehnt werden,[15] da die Vorschrift des § 35 WpÜG als bußgeldbewährter Tatbestand einer Ausdehnung über den Wortlaut hinaus nicht offen steht.[16]

10 **b) Keine analoge Anwendung des § 29.** Eine analoge Anwendung des § 29 auf diese Konstellation scheidet ebenfalls aus, weil die Analogievoraussetzungen nicht vorliegen.[17] Die Verschmelzung auf eine kontrollierte börsennotierte Gesellschaft stellt keinen Rechtsformunterscheid zur nicht kontrollierten Aktiengesellschaft dar. Darüber hinaus ist die Kontrolle auch nicht mit einer Verfügungsbeschränkung der Anteile vergleichbar. Nach Sinn und Zweck des § 29 soll nicht jede Belastung den Anteilsinhaber zu einem Austrittsrecht berechtigen. Vielmehr sollen nur die Fälle erfasst werden, in denen der Anteilsinhaber durch die Verfügungsbeschränkung im übernehmenden Rechtsträger negativ in seiner Rechtsposition beeinträchtigt wird. In diesen Fällen verändert sich lediglich der Aktionärskreis, was bei jeder Verschmelzung stets der Fall ist. Ein Börsenrückzug wie auch die Verfügungsbeschränkung stellen daher mit Blick auf die erörterte Verschmelzungskonstellation keine vergleichbare Interessenlage dar.[18]

11 Die unterschiedliche Schutzrichtung des UmwG und des WpÜG zeigt sich auch in der voneinander abweichenden Ausgestaltung der sich daraus ergebenden Rechte.[19] Während die Barabfindungsverpflichtung des § 29 allein den übernehmenden Rechtsträger verpflichtet, hat das Pflichtangebot der kontrollierende Aktionär zu leisten.[20] Warum aber der übernehmende

12 So auch die Praxis der BaFin, vgl dazu *Krause*, NJW 2004, 3681, 3684; Ehricke/Ekkenga/Oechsler/*Ekkenga/Schulz*, WpÜG, § 35 Rn 31; *Seibt/Heiser*, ZHR 165 (2001), 466, 479 f; *Kleindiek*, ZGR 2002, 546, 570; *Technau*, AG 2002, 260, 261; *Teichmann*, AG 2004, 67, 77; *Grabbe/Fett*, NZG 2003, 755, 757 f; *Fleischer*, NZG 2002, 545, 549; aA *Vetter*, WM 2002, 1999, 2000 f.

13 So die ganz hM: Ehricke/Ekkenga/Oechsler/*Ekkenga/Schulz*, WpÜG, § 35 Rn 32; *Grabbe/Fett*, NZG 2003, 755, 757; Heckschen/Simon/*Heckschen*, Umwandlungsrecht, § 6 Rn 13; *Technau*, AG 2002, 260, 263; *Kleindiek*, ZGR 2002, 546, 570; *Lenz/Linke*, AG 2002, 361, 367 (Fn 23); Assmann/Pötzsch/Uwe H. Schneider/ *Krause/Pötzsch*, WpÜG, § 35 Rn 148; Baums/Thoma/*Baums/Hecker*, WpÜG, § 35 Rn 116.

14 *Simon/Kleindiek*, ZGR 2002, 546, 571; *Seibt/Heiser*, ZHR 165 (2001) 466, 481 f; Haarmann/Riehmer/Schüppen/*Hommelhoff/Witt*, WpÜG, § 35 Rn 30.

15 Ausf. KölnKomm-UmwG/*Simon*, § 29 Rn 53 und *Burg/Braun*, AG 2009, 22 ff.

16 Assmann/Pötzsch/Uwe H. Schneider/*Krause/Pötzsch*, WpÜG, § 35 Rn 150; Baums/Thoma/*Baums/Hecker*, WpÜG, § 35 Rn 117; MünchKomm/*Schlitt* z. AktG, § 35 WpÜG Rn 139; Ehricke/Ekkenga/Oechsler/*Ekkenga/Schulz*, WpÜG, § 35 Rn 32; *Technau*, AG 2002, 260, 263; *Vetter*, WM 2002, 1999, 1999, *Süßmann*, WM 2003, 1453, 1454 f; *Liebscher*, ZIP 2002, 1005, 1016; *Seibt/Heiser*, ZHR 165 (2001), 466, 481; Stellungnahme DAV-Handelsrechtsausschuss zum RefE, NZG 2001, 420.

17 KölnKomm-UmwG/*Simon*, § 29 Rn 57; *Burg/Braun*, AG 2009, 22, 24; Henssler/Strohn/*Müller*, Gesellschaftsrecht, 2011, § 29 Rn 24.

18 KölnKomm-UmwG/*Simon*, § 29 Rn 57; *Burg/Braun*, AG 2009, 22, 24; iE ähnlich *Kleindiek*, ZGR 2002, 546, 572.

19 KölnKomm-UmwG/*von Bülow* zum WpÜG, § 35 Rn 109; Assmann/Pötzsch/Uwe H. Schneider/*Krause/Pötzsch*, WpÜG, § 35 Rn 139 f; *Baums/Hecker*, WpÜG, § 35 Rn 111; *Kleindiek*, ZGR 2002, 546, 558 ff; *Seibt/Heiser*, ZHR 165 (2001), 466, 470 ff; aA *Vetter*, WM 2002, 1999, 2003 ff.

20 *Kleindiek*, ZGR 2002, 546, 572.

Rechtsträger und damit die Gesamtheit der verbleibenden Anteilseigner belasten werden soll, weil ein Aktionär eine Kontrolle ausübt, ist nicht begründbar.

2. Allgemeines Austrittsrecht. Vielfach wird im Schrifttum für ein allgemeines Austrittsrecht der Gesellschafter oder Mitglieder plädiert, auf jeden Fall bei Vorliegen eines **wichtigen Grundes.**[21] Dieser sei insb. dann anzunehmen, wenn auf den Anteilsinhaber infolge der Verschmelzung Belastungen zukommen, mit denen er zu Beginn seiner Mitgliedschaft noch nicht rechnen musste. Gegen ein allgemeines Austrittsrecht bei Verschmelzung auf einen kontrollierten Rechtsträger sprechen die gleichen allgemeingeltenden Argumente wie bei der bereits abgelehnten Analogie zu § 35 Abs. 2 WpÜG, weswegen ein solches Recht zu verneinen ist.[22] 12

3. Segmentwechsel, Rückzug vom regulierten Markt. Fraglich ist, ob der verschmelzungsbedingte Wechsel in ein qualitativ niedrigeres Segment der Börse oder gar den Freiverkehr (sog. Downgrading oder Downlisting) oder der vollständige Ausstieg einer börsennotierten Gesellschaft aus dem regulierten Markt (sog. reguläres Delisting), eine analoge Anwendung des § 29 Abs. 1 S. 1 Hs 1, 2. Alt. rechtfertigt. Nach der „Macrotron"-Entscheidung des BGH galt jedenfalls, dass ein Abfindungsanspruch beim Delisting auch für das **Downgrading** einschlägig sein kann.[23] Umso überraschender war die Entscheidung des BVerfG vom 11.7.2012, da nach Ansicht des BVerfG der Widerruf der Börsenzulassung und das Downgrading schon nicht den Schutzbereich der Eigentumsgarantie gem. Art. 14 GG berühren.[24] Die Börsennotierung sei nicht Teil des verfassungsrechtlich geschützten Aktieneigentums, sondern lediglich ein wertbildender Faktor, der die tatsächliche Verkehrsfähigkeit der Aktie steigere.[25] Die durch den Handel im regulierten Markt möglicherweise gesteigerte Verkehrsfähigkeit der Aktie nehme als schlichte Ertrags- und Handelschance ebenfalls nicht am Schutz des Art. 14 GG teil.[26] 13

Der BGH hat daraufhin in einer Entscheidung vom 8.10.2013[27] seine „Macrotron"-Rechtsprechung mit Verweis auf die Entscheidung des BVerfG aufgegeben. Aus § 29 Abs. 1 S. 1 Fall 2 ergebe sich **kein allgemeiner Rechtsgrundsatz**, wonach ein Rückzug von der Börse eine Pflicht zur Abgabe eines Barabfindungsangebots zur Folge habe.[28] Die Ansicht des BGH wird durch den Gesetzesentwurf der Bundesregierung zum Zweiten Gesetz zur Änderung des UmwG bestätigt. Darin heißt es, dass die Regelung nur auf den speziellen Fall des kalten Delistings bei einer Verschmelzung auf eine nicht börsennotierten Gesellschaft wegen der faktisch erschwerten Veräußerungsmöglichkeit der Anteile Anwendung finden soll .[29] Andere Konstellationen (wie die Eingliederung in eine nicht börsennotierte Gesellschaft, § 320 b Abs. 1 S. 2 AktG) werden nicht genannt. Eine analoge Anwendung des § 29 bei einem **„Wechsel aus dem regulierten Markt"** lehnt der BGH ab und beschränkt sich in seiner Argumentation nicht nur auf die Einbeziehung einer Gesellschaft in ein Qualitätssegment des Freiverkehrs, sondern erfasst mit seinen Ausführungen auch **reguläre Delistings.**[30] Die Aktionäre seien beim regulären Delisting bereits durch die Vorschrift des § 39 Abs. 2 BörsG, der beim kalten Delisting keine Anwendung findet, ausreichend geschützt.[31] Überdies stellt der BGH nunmehr in Abweichung zu seiner bisherigen Rechtsprechung klar, dass ein Wechsel, wie etwa in ein Segment des Frei- 14

21 Hierzu allgemein Lutter/*Grunewald*, § 29 Rn 32; dies. in: FS Boujong, 1996, S. 175, 181, 199 f; dies. in: FS Clausen, 1997, S. 103, 112; *Schindler*, Das Austrittsrecht in Kapitalgesellschaften, S. 81; Semler/Stengel/*Kalss*, § 29 Rn 20; aA KölnKomm-UmwG/*Lutter* z. AktG, § 68 Rn 23; vor Einführung des § 29 Abs. 1 S. 1 Alt. 2 wurde vielfach auf das allgemeine Austrittsrecht als Lösung für das kalte Delisting verwiesen: *Seibt/Heiser*, ZHR 165 (2001), 466, 487; *Schwark/Geiser*, ZHR 161 (1997), 739, 765.

22 KölnKomm-UmwG/*Simon*, § 29 Rn 59; *Burg/Braun*, AG 2009, 22, 27.

23 BGHZ 153, 47, 56; OLG Frankfurt a. M. ZIP 2012, 371, 373; aA OLG München NZG 2008, 755, 756 – Lindner II (m:access); KG NZG 2009, 752, 753 „Entry Standard"; zust. *Goslar*, EWiR 2008, 461, 462.

24 BVerfG NZG 2012, 826, 828; mit ausf. Analyse des Urteils *Kiefner/Gillessen*, AG 2012, 645, 660; vgl auch OLG Bremen ZIP 2013, 821 ff.

25 BVerfG NZG 2012, 826, 828; OLG Bremen, ZIP 2013, 821, 822.

26 BVerfG NZG 2012, 826, 828.

27 BGH NJW 2014, 146.

28 BGH NJW 2014, 146 (148); BGH NZG 2013, 1342 (1343).

29 BT-Drucks. 16/2919, 13.

30 *Kocher/Widder*, NJW 2014, 127 (128).

31 BGH NJW 2014, 146 (148).

verkehrs, nicht mit dem anschließenden Kurs in einem direkten Zusammenhang stehen muss.[32] Aus der plötzlichen Veränderung der Grundlage der Beteiligung der Aktionäre kann danach nicht zwingend eine Beeinträchtigung ihrer Eigentumsrechte geschlussfolgert werden. Als weiteres Argument wird angeführt, dass der Gesetzgeber während des Gesetzgebungsverfahrens zur Änderung des UmwG sich bewusst gegen die Festsetzung einer allgemeinen Barabfindungspflicht beim Delisting entschieden habe.[33] Eine Gesamtanalogie zu den Regelungen des §§ 305, 320 d, 327 d AktG und §§ 29, 207 UmwG[34] lehnt das Gericht wegen fehlender Ähnlichkeit des Widerspruchs der Börsenzulassung mit einer Strukturmaßnahme ab.[35] Wie bereits bei seiner „Macrotron"-Rechtsprechung begründet der BGH dieses Ergebnis damit, dass durch den Börsenrückzug weder die Binnenstruktur der Gesellschaft noch die Interessen der Aktionäre direkt beeinträchtigt werden.[36] Ob und inwieweit der Gesetzgeber angesichts dieser Rechtsprechungsänderung des BGH hinsichtlich des regulären Delistings am Erfordernis eines Barabfindungsangebots beim kalten Delisting festhalten wird, bleibt abzuwarten.[37]

B. Inhalt

I. Voraussetzungen des Austrittsrechts, Abs. 1

15 **1. Mischverschmelzung.** Hat der übernehmende Rechtsträger eine andere Rechtsform als der übertragende, gewährt Abs. 1 den Gesellschaftern ein Austrittsrecht und den damit zusammenhängenden Abfindungsanspruch.[38] Die Aufzählung der Rechtsträger in § 3, die zulässigerweise an einer Verschmelzung nach dem UmwG beteiligt sein können, lässt einen Rückschluss zu, was § 20 unter Rechtsträger unterschiedlicher Rechtsform versteht.

16 Unproblematisch ist sicher der Fall, in dem eine **Personengesellschaft auf eine Kapitalgesellschaft** und umgekehrt verschmolzen wird. Eine Unterscheidung zwischen den Rechtsformen muss allerdings weitergehen und selbst innerhalb dieser Gruppen zur Anwendung kommen. So ist sicherlich bei der Verschmelzung einer OHG auf eine KG das Kriterium einer unterschiedlichen Rechtsform erfüllt, da es einen erheblichen Unterschied macht, ob alle Mitglieder persönlich und unbeschränkt haften oder sich in der Rolle eines Kommanditisten mit beschränkter Haftung wiederfinden können.[39] Die Verschmelzung einer KG auf eine OHG eröffnet allerdings nicht den Anwendungsbereich des § 29 und damit ein Austrittsrecht der Gesellschafter. Aufgrund des Einstimmigkeitserfordernisses des § 43 Abs. 1 auf Ebene der KG und der Regelung in § 40 Abs. 2 kann es zu keinem Widerspruch eines Anteilsinhabers kommen. Dies gilt selbst dann, wenn der Gesellschaftsvertrag eine Mehrheitsentscheidung vorsieht (§ 43 Abs. 2).[40] Eine analoge Anwendung des § 29 ist allerdings dann zu befürworten, wenn die Minderheitsgesellschafter unter Treuegesichtspunkten zur Zustimmung verpflichtet waren.

17 Bei einer Verschmelzung zwischen einer GmbH und einer **AG** liegt das Merkmal der unterschiedlichen Rechtsform vor angesichts des veränderten Gesellschafterkreises bei der GmbH sowie im umgekehrten Fall aufgrund der Beschränkung der Fungibilität der Aktie.[41] Hingegen regelt § 78 S. 4 für die Verschmelzung von AG und KGaA ausdrücklich, dass hierbei keine unterschiedlichen Rechtsformen betroffen sind. Weiter greift § 29 nicht für die Verschmelzung

32 BGH NJW 2014, 146 (149).
33 BGH NJW 2014, 146 (148); BT-Drucks. 16/2919, 25 und 28.
34 Vom BVerfG als verfassungsrechtlich unbedenklich erachtet, NJW 2012, 3081 (3085).
35 BGH NJW 2014, 146 (148).
36 *Kocher/Widder*, NJW 2014, 127 (128); *Arnold/Rothenburg*, DStR 2014, 150 (154); *Glienke/Röder*, BB 2014, 899 (906); *Wienke*, NZG 2014, 22 (23).
37 Eine Gesetzesänderung bejahend: *Glienke/Röder*, BB 2014, 899 (907); *Staake*, LMK 2014, 356690.
38 Lutter/*Grunewald*, § 29 Rn 2; KölnKomm-UmwG/*Simon*, § 29 Rn 11; *Hoffmann-Becking*, ZGR 1990, 482, 487.
39 Lutter/*Grunewald*, § 29 Rn 2; Schmitt/Hörtnagl/Stratz/*Stratz*, § 29 Rn 3; Semler/Stengel/*Kalss*, § 29 Rn 6.
40 So aber Widmann/Mayer/*Wälzholz*, § 29 Rn 12; wie hier *Schaub*, NZG 1998, 626, 627.
41 Schmitt/ Hörtnagl/Stratz/*Stratz*, § 29 Rn 7; KölnKomm-UmwG/*Simon*, § 29 Rn 12.

einer AG auf eine inländische SE (s. Art. 10 SE VO).[42] Die jeweiligen Vorschriften haben allerdings keine Ausschlussfunktion für die Geltendmachung des § 29 Abs. 1 S. 2 bei diesen Verschmelzungen, wenn eine Verfügungsbeschränkung beim übernehmenden Rechtsträger vorliegt (hierzu sogleich).

2. Verfügungsbeschränkungen. Nach 29 Abs. 1 S. 2 löst jegliche Verfügungsbeschränkung beim übernehmenden Rechtsträger den Abfindungsanspruch aus, ohne dass es darauf ankommt, ob sich die Beschränkung aus **Gesetz** oder aus dem **Gesellschaftsvertrag** des übernehmenden Rechtsträgers ergibt.[43] Nach zutreffender Ansicht ist § 29 Abs. 1 S. 2 einschränkend dahin gehend auszulegen, dass nur Verfügungsbeschränkungen erfasst werden, die der vollständigen Verwertung des Anteils entgegenstehen. Begründet wird dies damit, dass § 29 auch nur ein vollständiges Ausscheiden aus der Gesellschaft ermöglicht.[44] Dementsprechend sind zB nach § 8 Abs. 5 AktG oder § 17 Abs. 1 GmbHG bestehende Verbote, Anteile an Kapitalgesellschaften zu teilen, nicht als Verfügungsbeschränkungen iSd § 29 zu qualifizieren.[45] 18

Weiter gilt § 29 nicht für faktische Beschränkungen der Verfügungsmacht. Bestehen sowohl im übertragenden als auch im übernehmenden Rechtsträger identische Zustimmungsquoten hinsichtlich der Übertragung von Anteilen, werden aber durch die Verschmelzung die **Mehrheitsverhältnisse verändert**, kann diese faktische Änderung hinsichtlich der Wirkung bestehender Verfügungsbeschränkungen die Anwendung des § 29 nicht rechtfertigen.[46] Das gegenteilige Ergebnis würde dazu führen ,dass Anteilsinhaber allein wegen der Verwässerung ihrer Beteiligung, die jeder Verschmelzung immanent ist, aus der Gesellschaft ausscheiden könnten.[47] 19

a) Beschränkungen aufgrund des Gesellschaftsvertrages. Verfügungsbeschränkung ist jede Einschränkung der freien Übertragbarkeit oder einer sonstigen Verfügung (**Belastung**). Auf die Reichweite der Verfügungsbeschränkung kommt es nicht an, weshalb § 29 auch zur Anwendung kommt, wenn nur bestimmte Verfügungen, zB Übertragung an Familienfremde, betroffen sind. Unerheblich ist auch, wer nach Gesellschaftsvertrag für die Zustimmung zur jeweiligen Verfügung verantwortlich ist.[48] 20

Einzige **Einschränkung** ist, dass auch das dingliche Rechtsgeschäft bei Nichtbeachtung der Einschränkung unwirksam sein muss, um ein Austrittsrecht herbeiführen zu können. Rein schuldrechtliche Beschränkungen sind keine Verfügungsbeschränkung iSd § 29.[49] Damit können Vorkaufsrechte,[50] Optionen, sonstige Verpflichtungen in Bezug auf die Übertragung der Anteile und Satzungsbestimmungen, die einen automatischen oder rechtsgeschäftlich bewirkten Über- oder Untergang des Anteils vorsehen, nicht unter § 29 subsumiert werden.[51] Ebenso wenig fallen Poolverträge als rein schuldrechtliche Vereinbarungen in den Anwendungsbereich der Norm.[52] 21

Formvorschriften, die lediglich die Art und Weise festlegen, wie Verfügungen zu erfolgen haben,[53] sollten eine Abfindungspflicht nach § 29 nicht auslösen. Gleiches gilt für Nachschuss- 22

42 Im Falle einer grenzüberschreitenden Verschmelzung ergibt sich der Abfindungsanspruch bereits aus § 122 i.

43 KölnKomm-UmwG/*Simon*, § 29 Rn 15.

44 KölnKomm-UmwG/*Simon*, § 29 Rn 16.

45 Semler/Stengel/*Kalss*, § 29 Rn 9; Widmann/Mayer/*Wälzholz*, § 29 Rn 21, 24, 25; KölnKomm-UmwG/*Simon*, § 29 Rn 22; *Vollrath* in: FS Widmann, S. 117, 132.

46 *Reichert*, GmbHR 1995, 176, 182 f; Lutter/*Grunewald*, § 29 Rn 5.

47 Semler/Stengel/*Kalss*, § 29 Rn 13; KölnKomm-UmwG/*Simon*, § 29 Rn 24.

48 KölnKomm-UmwG/*Simon*, § 29 Rn 16, bzgl einer Auflistung möglicher Fallgruppen.

49 Semler/Stengel/*Kalss*, § 29 Rn 8; Lutter/*Grunewald*, § 29 Rn 4; aA Kallmeyer/*Marsch-Barner*, § 29 Rn 7.

50 Semler/Stengel/*Kalss*, § 29 Rn 8 f, der Vorerwerbs- oder Vorkaufsrechte erfassen möchte, wenn sie nicht nur eine die Übertragung nicht hindernde Erwerbsposition verkörpern.

51 Ausf. Widmann/Mayer/*Wälzholz*, § 29 Rn 19 ff; Lutter/*Grunewald*, § 29 Rn 8; dies. in: FS Boujong, S. 175, 181; Schmitt/Hörtnagl/Stratz/*Stratz*, § 29 Rn 11 (sieht das ohne Begründung als str. an); *Schaub*, NZG 1998, 626, 627; aA *Reichert*, GmbHR 1995, 176, 188; Kallmeyer/*Marsch-Barner*, § 29 Rn 7.

52 Lutter/*Grunewald*, § 29 Rn 4; KölnKomm-UmwG/*Simon*, § 29 Rn 17; aA Semler/Stengel/*Kalss*, § 29 Rn 8.

53 Kallmeyer/*Marsch-Barner*, § 29 Rn 6; Lutter/*Grunewald*, § 29 Rn 8; Semler/Stengel/*Kalss*, § 29 Rn 15; Widmann/Mayer/*Wälzholz*, § 29 Rn 20.

pflichten, Nebenleistungspflichten und Wettbewerbsverbote.[54] Beschränkungen, die auf letztwilligen Verfügungen beruhen, fallen ebenfalls nicht in den Anwendungsbereich der Vorschrift.[55] Das Gleiche gilt für Bestimmungen, die die Zwangseinziehung von Anteilen vorsehen, da die Verfügungsmacht des Gesellschafters erst nach Eintritt des jeweiligen Ereignisses (wie zB die Eröffnung des Insolvenzverfahrens) erlischt und damit eine Abfindungspflicht nach § 29 Abs. 1 S. 2 nicht rechtfertigen kann.[56]

23 **b) Gesetzliche Beschränkungen.** Im Rahmen einer Verschmelzung auf eine Personengesellschaft ist der Anwendungsbereich des § 29 jedenfalls dann eröffnet, wenn die Anteilsinhaber die Unübertragbarkeit der Anteile bzw die Übertragbarkeit nur mit Zustimmung der anderen Anteilsinhaber nicht vertraglich abgedungen haben.[57] Gleiches gilt für Mitgliedschaften in einem Verein, die gem. §§ 38, 40 BGB nur bei entsprechender Satzungsgrundlage übertragen werden können. Ferner stellt eine Vinkulierung von Aktien gem. § 68 Abs. 2 AktG ohne Zweifel einen Fall des § 29 Abs. 1 S. 2 dar. In der Praxis stellt sich diese Problematik allerdings nur bei Namensaktien, da eine Einschränkung der Verkehrsfähigkeit bei Inhaberaktien unzulässig ist.[58]

24 **c) Verfügungsbeschränkungen beim übertragenden Rechtsträger.** Die herrschende Meinung gewährt das Austrittsrecht auch für den Fall, dass die bisherigen Anteile am übertragenden Rechtsträger Verfügungsbeschränkungen unterworfen waren.[59] Dies sollte allerdings nur mit der Einschränkung gelten, dass bei identischen Verfügungsbeschränkungen im übertragenden und übernehmenden Rechtsträger sowie bei Erleichterungen[60] kein Schutzbedürfnis der Anteilsinhaber besteht.[61] Das Ergebnis lässt sich auch unter dem Gesichtspunkt rechtfertigen, dass das Berufen auf § 29 in diesem Fall treuwidrig wäre bzw eine missbräuchliche Rechtsausübung darstellen würde.[62]

25 **d) Ende der Börsennotierung.** Wie bereits eingangs erwähnt, erfasst § 29 Abs. 1 S. 1 auch die Verschmelzung von börsennotierten Aktiengesellschaften auf nicht börsennotierte Aktiengesellschaften (kaltes Delisting) und gewährt den betroffenen Aktionären ein Austrittsrecht aufgrund eines zu unterbreitenden Barabfindungsgebots.[63] Nach zutreffender, aber bislang nur zum Teil vertretener Auffassung, kann ein Barabfindungsangebot auch dann unterbleiben, wenn zwar noch keine Börsennotierung besteht (wie zB bei einer Verschmelzung zur Neugründung), diese allerdings durch die übernehmende Gesellschaft bereits geplant ist und später nachfolgen soll.[64] Es wäre nicht interessengerecht, den übernehmenden Rechtsträger mit einer Abfindungsverpflichtung zu belasten, obwohl die Aktionäre die Handelbarkeit ihrer Aktien an der Börse nur für einen kurzen Zeitraum verlieren.[65] Gegen dieses Ergebnis wird allerdings eingewendet, dass der Wortlaut nicht von einer **geplanten Börsennotierung** spreche, sondern eine Börsennotierung des übernehmenden Rechtsträgers voraussetze.[66] Weiter wird entgegengehalten, dass bei Verzögerungen oder einem späteren Scheitern der Börsenzulassung der um-

54 Für weitere Beispiele vgl Kallmeyer/*Marsch-Barner*, § 29 Rn 8; Widmann/Mayer/*Wälzholz*, § 29 Rn 20.

55 Widmann/Mayer/*Wälzholz*, § 29 Rn 20; Semler/Stengel/*Kalss*, § 29 Rn 9; Kallmeyer/*Marsch-Barner*, § 29 Rn 8; KölnKomm-UmwG/*Simon*, § 29 Rn 19.

56 Lutter/*Grunewald*, § 29 Rn 8; Kallmeyer/*Marsch-Barner*, § 29 Rn 8; KölnKomm-UmwG/*Simon*, § 29 Rn 19; aA Semler/Stengel/*Kalss*, § 29 Rn 9.

57 §§ 105 ff, 161 ff HGB; §§ 717, 719 BGB; die Veräußerungsmöglichkeit muss erst einmal vertraglich begründet werden, *Vollrath* in: FS Widmann, S. 117, 131.

58 KölnKomm-AktG/*Lutter*, Anh. § 68 Rn 25.

59 Begr. RegE Erstes Gesetz zur Änderung des Umwandlungsgesetzes, BT-Drucks. 13/8808; Semler/Stengel/*Kalss*, § 29 Rn 11 f; Schmitt/Hörtnagl/Stratz/*Stratz*, § 29 Rn 10; Lutter/*Grunewald*, § 29 Rn 4; Widmann/Mayer/*Wälzholz*, § 29 Rn 18; Widmann/Mayer/*Mayer*, § 5 Rn 84, *Reichert*, GmbHR 1995, 176, 187; *Schaub*, NZG 1998, 626, 627.

60 Vgl hierzu das Beispiel bei Semler/Stengel/*Kalss*, § 29 Rn 12; Widmann/Mayer/*Mayer*, § 5 Rn 84.

61 KölnKomm-UmwG/*Simon*, § 29 Rn 23; Semler/Stengel/*Kalss*, § 29 Rn 12.

62 Kallmeyer/*Marsch-Barner*, § 29 Rn 10; *Reichert*, GmbHR 1995, 176, 188 f.

63 So schon der BGH in seiner „Macrotron"-Entscheidung, vgl BGHZ 153, 47, 54 ff, wonach durch ein (reguläres) Delisting die Verkehrsfähigkeit der Aktien substantiell beeinträchtigt wird, was nach Ansicht des BGH iE die Verpflichtung des Hauptaktionärs zur Abgabe eines Pflichtangebotes gegenüber den Minderheitsaktionären rechtfertigte.

64 So *Drinhausen*, BB 2006, 2313, 2314; KölnKomm-UmwG/*Simon*, § 29 Rn 27.

65 *Drinhausen*, BB 2006, 2313, 2314; KölnKomm-UmwG/*Simon*, § 29 Rn 27.

66 Widmann/Mayer/*Wälzholz*, § 29 Rn 14.

wandlungsrechtliche Minderheitenschutz ins Leere laufe.[67] Das Börsenzulassungsverfahren müsse deshalb vor Eintragung der Verschmelzung entweder erfolgreich durchgeführt oder zumindest durch einen Vorbescheid der Börsenzulassungsstelle dem Börsenhandel zu dem auf die Eintragung folgenden Börsenhandelstag zugesichert worden sein.[68]

Praxishinweis: Um die Bedenken der Handelsregisterrichter bei Prüfung der Eintragung der Verschmelzung zu widerlegen, sollte die Verpflichtung des übernehmenden Rechtsträgers im Verschmelzungsvertrag vorgesehen werden, eine Börsenzulassung für sich zu beantragen. Schlägt die Zulassung fehl, so wandelt sich der Leistungsanspruch gegen den übernehmenden Rechtsträger in einen Schadensersatzanspruch des übertragenden Rechtsträgers, der nach § 25 Abs. 2 auch für diese Ansprüche als fortbestehend gilt,[69] und der auf Abfindung der Anteilsinhaber des übertragenden Rechtsträgers gerichtet ist, die im Verschmelzungsbeschluss ihren Widerspruch zur Niederschrift erklärt haben.[70] Um einen Nachteil der Anteilsinhaber durch die Dauer des Zulassungsverfahrens zu verhindern, sollte analog § 30 Abs. 1 S. 2 iVm § 15 Abs. 2 die mögliche Barabfindung (vorsorglich) nach Eintragung der Verschmelzung verzinst werden.[71]

3. Zustimmungsverweigerung und Widerspruch zur Niederschrift. Der Anteilsinhaber des übertragenden Rechtsträgers hat trotz Vorliegen der vorstehend aufgeführten Voraussetzungen allerdings nur dann ein Austrittsrecht, wenn er gegen den Verschmelzungsbeschluss gestimmt hat und danach gegen die Verschmelzung Widerspruch zur Niederschrift erklärt hat.[72] Sinn und Zweck der **Kopplung von Widerspruch und Zustimmungsverweigerung** liegt darin, die Belastung des übernehmenden Rechtsträgers mit einer unkalkulierbaren Anzahl von Barabfindungsansprüchen zu verhindern. Im Hinblick auf das Mehrheitserfordernis einer Verschmelzung wird durch diese Kopplung eine absolute Höchstgrenze möglicher Barabfindungsansprüche geschaffen.[73] 26

Da die Zustimmungsverweigerung allerdings auch andere Beweggründe haben kann, kann ihr allein nicht die Erklärung des Anteilsinhabers entnommen werden, dass er nicht Anteilsinhaber des übernehmenden Rechtsträgers werden möchte und sich die Geltendmachung der Barabfindung vorbehält.[74] Alleine der Anteilsinhaber oder ein durch ihn bevollmächtigter Vertreter ist berechtigt, den Widerspruch in der Gesellschafterversammlung des übertragenden Rechtsträgers zur Niederschrift zu erklären. Ein vor oder nach der Versammlung eingereichter Widerspruch ist nicht ausreichend.[75] 27

Praxishinweis: Der Widerspruch muss nicht in der Niederschrift aufgenommen werden, solange der Anteilsinhaber den Nachweis führen kann, dass er den Widerspruch erklärt hat.[76] In der Praxis empfiehlt es sich allerdings dafür Sorge zu tragen, dass der Widerspruch in der Niederschrift aufgenommen wird, da es die entsprechenden Nachweisobliegenheiten obsolet macht.

67 So die Argumente von Widmann/Mayer/*Wälzholz*, § 29 Rn 14.

68 Widmann/Mayer/*Wälzholz*, § 29 Rn 14; iE ähnlich OLG Stuttgart AG 2006, 420 ff, das vor Inkrafttreten des § 29 in seiner aktuellen Fassung zu einem Fall eines möglichen „kalten Delisting" Stellung genommen und ein solches iE abgelehnt hat.

69 KölnKomm-UmwG/*Simon*, § 29 Rn 27.

70 So auch KölnKomm-UmwG/*Simon*, § 29 Rn 27.

71 So der Vorschlag von KölnKomm-UmwG/*Simon*, § 29 Rn 27.

72 Schmitt/ Hörtnagl/Stratz/*Stratz*, § 29 Rn 15; Lutter/*Grunewald*, § 29 Rn 10; Widmann/Mayer/*Wälzholz*, § 29 Rn 30; *Schaub*, NZG 1998, 626, 628; *Zimmermann* in: FS Brandner, S. 167, 179; aA Kallmeyer/*Marsch-Barner*, § 29 Rn 13; ebenso *Veil*, Umwandlung einer AG in eine GmbH, 1996, S. 214 ff.

73 Schmitt/Hörtnagl/Stratz/*Stratz*, § 29 Rn 15; Lutter/*Grunewald*, § 29 Rn 10; Widmann/Mayer/*Wälzholz*, § 29 Rn 30.

74 BGH NJW 1989, 2693, 2694; KölnKomm-UmwG/*Simon*, § 29 Rn 30; Lutter/*Grunewald*, § 29 Rn 11; Kallmeyer/*Marsch-Barner*, § 29 Rn 13; *Schaub*, NZG 1998, 626, 628.

75 So die hM: Lutter/*Grunewald*, § 29 Rn 12; Schmitt/Hörtnagl/Stratz/*Stratz*, § 29 Rn 16; Widmann/Mayer/*Wälzholz*, § 29 Rn 31; Semler/Stengel/*Kalss*, § 29 Rn 22; Kallmeyer/*Marsch-Barner*, § 29 Rn 12; *Schaub*, NZG 1998, 626, 628.

76 Vgl Kallmeyer/*Marsch-Barner*, § 29 Rn 12; Schmitt/Hörtnagl/Stratz/*Stratz*, § 29 Rn 16; Lutter/*Grunewald*, § 29 Rn 15; so auch die hM zur parallel liegenden Norm des § 245 Nr. 1 AktG: OLG Hamburg AG 1960, 333, 334; OLG Düsseldorf AG 1996, 273, 274; *Hüffer*, AktG, § 245 Rn 15; *ders.* in: MünchKomm z. AktG, § 245 Rn 35; KölnerKomm/*Zöllner* z. AktG, § 245 Rn 37.

28 **4. Fiktion des Widerspruchs, Abs. 2.** Ein Widerspruch ist ausnahmsweise entbehrlich, wenn der Anteilsinhaber zu Unrecht nicht zur Gesellschafterversammlung zugelassen worden ist.[77] Dies ist zB anzunehmen, wenn der Anteilsinhaber oder sein Vertreter alle Zulassungsvoraussetzungen erfüllen und ihnen dennoch der Zutritt unberechtigterweise verwehrt wird. Erfasst werden auch die Fälle, in denen die Gesellschafterversammlung nicht ordnungsgemäß einberufen oder die Tagesordnung nicht ordnungsgemäß bekannt gemacht worden ist.[78]

Praxishinweis: Ist der Anteilsinhaber trotz eines Einberufungs- oder Bekanntmachungsmangels erschienen, hat sich der jeweilige Fehler nicht ausgewirkt. Der Anteilsinhaber bleibt dann zur Einlegung des Widerspruchs verpflichtet.[79]

29 Die hM öffnet den Abs. 2 auch für nicht vom Gesetz erfasste Konstellationen, sofern der Umstand für die Nichtausübung des Widerspruchs in der Sphäre des übertragenden Rechtsträgers lag.[80] Dies dürfte vor allem die Fälle betreffen, in denen die betroffenen Anteilsinhaber weder im Verschmelzungsvertrag noch in der Versammlung auf ihr Recht nach § 29 hingewiesen wurden. Ein Widerspruch zur Begründung des Abfindungsanspruchs muss hier entbehrlich sein. Voraussetzung ist allerdings, dass der betroffene Anteilsinhaber in diesen Fällen zumindest gegen die Verschmelzung gestimmt hat.[81]

30 **5. Angemessene Barabfindung. a) Form und Inhalt des Abfindungsgebots.** Das Barabfindungsangebot ist den Anteilsinhabern des übertragenden Rechtsträgers im **Verschmelzungsvertrag** zu unterbreiten. Sofern der Verschmelzungsvertrag als Beschlussgegenstand bekannt zu machen ist, muss in der Bekanntmachung auch der Wortlaut des Angebots zur Barabfindung wiedergegeben werden gemäß Abs. 1 S. 4.[82]

31 Das Angebot muss bestimmt genug sein, so dass zum Entstehen des Barabfindungsanspruchs nur noch die **Annahmeerklärung** des Anteilsinhabers erforderlich ist.[83] Erforderlicher Inhalt sind die Beschreibung der berechtigten Anteilsinhaber, die konkrete Höhe der Abfindung sowie Angaben darüber, ob die Abfindung entweder gegen Übertragung der Anteile des Anteilsinhabers oder für dessen Ausscheiden gezahlt wird.[84] Das Angebot muss jedenfalls eine Barabfindung zum Gegenstand haben. Andere Gegenleistungen dürfen folglich nicht als ausschließliche Abfindung vorgesehen werden, sondern nur als Alternative zur Barabfindung ins Angebot aufgenommen werden.[85] Die einzelnen Modalitäten des sich an die Annahme des Abfindungsangebotes anschließenden Anteilsübertragungsvertrages müssen nicht im Verschmelzungsvertrag enthalten sein. Der Erwerb der Anteile erfolgt vielmehr durch gesondertes Rechtsgeschäft.[86]

32 Fehlt es an einem Abfindungsangebot, obwohl ein Fall des § 29 vorliegt und wurde auch kein wirksamer Verzicht auf ein solches Angebot erklärt, so ist der Verschmelzungsvertrag nicht ordnungsgemäß zustandegekommen. Nach Ansicht des BGH kommt dem zuständigen Registergericht trotz Fehlens des Angebots allerdings nicht das Recht zu, die Eintragung der Verschmelzung zu verweigern.[87] Die Prüfungskompetenz des Registergerichts ergibt sich allein aus § 144 Abs. 2 FGG. Es ist nicht im öffentlichen Interesse, die Registereintragung mangels Abfindungsangebot abzulehnen. Die nicht widersprechenden Anteilsinhaber werden zudem dadurch

77 Ausf. Widmann/Mayer/*Wälzholz*, § 29 Rn 32.
78 Hierzu ausf. Widmann/Mayer/*Wälzholz*, § 29 Rn 32.
79 Lutter/*Grunewald*, § 29 Rn 13 ff; KölnKomm-UmwG/*Simon*, § 29 Rn 30.
80 Lutter/*Grunewald*, § 29 Rn 15; *Schaub*, NZG 1998, 626, 628, jeweils mit Beispielen; Schmitt/Hörtnagl/Stratz/*Stratz*, § 29 Rn 17; KölnKomm-UmwG/*Simon*, § 29 Rn 31.
81 Lutter/*Grunewald*, § 29 Rn 15; KölnKomm-UmwG/*Simon*, § 29 Rn 31; *Schaub*, NZG 1998, 626, 628.
82 Vgl etwa den Fall des § 124 Abs. 2 S. 2 AktG für die AG sowie §§ 42, 47 für die GmbH und Personengesellschaft, vgl hierzu die Ausführungen von Lutter/*Grunewald*, § 29 Rn 20.
83 Kallmeyer/*Marsch-Barner*, § 29 Rn 14; Semler/Stengel/*Kalss*, § 29 Rn 23; Lutter/*Grunewald*, § 29 Rn 23; *Schaub*, NZG 1998, 626, 628.
84 Kallmeyer/*Marsch-Barner*, § 29 Rn 14; Lutter/*Grunewald*, § 29 Rn 23; *Schaub*, NZG 1998, 626, 628.
85 KölnKomm-UmwG/*Simon*, § 29 Rn 35; Semler/Stengel/*Kalss*, § 29 Rn 24.
86 *Schaub*, NZG 1998, 626, 628; Lutter/*Grunewald*, § 29 Rn 23; KölnKomm-UmwG/*Simon*, § 29 Rn 36.
87 BGHZ 146, 179, 185; Lutter/*Gehling*, § 32 Rn 6; KölnKomm-UmwG/*Simon*, § 29 Rn 37; aA Widmann/Mayer/*Wälzholz*, § 29 Rn 59; Lutter/*Grunewald*, § 29 Rn 21 und § 32 Rn 3; Kallmeyer/*Marsch-Barner*, § 29 Rn 16, allerdings aA abweichend in § 32 Rn 2; *Schaub*, NZG 1998, 626, 628.

hinreichend geschützt, dass ihnen im Spruchverfahren eine angemessene Abfindung zugesprochen werden kann. Für die Abfindungsberechtigung ist in diesen Fällen auch kein Widerspruch erforderlich, weshalb insoweit auch keine Schutzlücke vorliegt.

b) **Verzicht auf das Abfindungsangebot.** Die wohl ganz herrschende Meinung geht davon aus, dass ein **vorheriger Verzicht** auf das Angebot möglich ist, obwohl das Gesetz insoweit eine Verzichtsmöglichkeit nicht ausdrücklich vorsieht.[88] Gem. § 30 Abs. 2 iVm § 12 Abs. 3, § 8 Abs. 3 ist ein Verzicht auf die Angemessenheitsprüfung durch den Verschmelzungsprüfer zumindest mittels einer notariell beurkundeten Erklärung der Anteilsinhaber möglich.[89] 33

Hinweis: Der Einfachheit halber sollte die Verzichtserklärung im Zusammenhang mit der jeweiligen Zustimmung der betroffenen Gesellschafterversammlungen nach der eigentlichen Beschlussfassung erklärt werden. Formulierungsvorschlag:

▶ Die X, Y, Z als alleinige Gesellschafter des übertragenden Rechtsträgers erklären: Auf die Erstattung eines Verschmelzungsberichts, die Durchführung einer Verschmelzungsprüfung und die Erstattung eines Prüfberichts (§§ 8 Abs. 3 S. 1, 9 Abs. 3, 12 Abs. 3), ein Angebot auf Barabfindung und dessen Prüfung (§§ 29, 30) sowie auf die Anfechtung oder sonstige Klage gegen den gefassten Beschluss (§ 16 Abs. 2 S. 2) wird hiermit ausdrücklich verzichtet. ◀

c) **Entbehrlichkeit des Abfindungsangebots.** Die Unterbreitung eines Abfindungsangebots ist entbehrlich, wenn eine einhundertprozentige **Tochtergesellschaft auf die Muttergesellschaft** verschmolzen wird. In diesen Fällen kommt es zu keinem Anteilstausch zwischen den Gesellschaften, so dass der Verschmelzungsvertrag kein Abfindungsangebot enthalten muss.[90] 34

d) **Kosten.** Gem. § 29 Abs. 1 S. 5 hat der übernehmende Rechtsträger die Kosten der Übertragung zu tragen. Erfasst sind die Kosten des dinglichen Rechtsgeschäfts (zB Notarkosten) sowie sämtliche Vertragskosten. Vertragskosten in diesem Sinne sind allerdings nicht den Anteilsinhabern im Zusammenhang mit der Verschmelzung entstandene Kosten (zB Beratungskosten).[91] 35

C. Kapitalerhaltung im Rahmen der Abfindung

Ist der übernehmende Rechtsträger eine Kapitalgesellschaft, so hat der Anteilsinhaber seine Geschäftsanteile bzw Aktien an diesen zu übertragen. Das Zusammenspiel von Abfindungsverpflichtungen und dem zum Teil entgegenstehenden Kapitalerhaltungsgrundsätzen sieht dabei wie folgt aus: 36

I. Kapitalerhaltung in der Aktiengesellschaft

Nach § 71 Abs. 1 Nr. 5 AktG stellt der Erwerb von eigenen Aktien im Rahmen des § 29 dem Grunde nach keinen Verstoß gegen Kapitalerhaltungsregeln dar. Allerdings dürfen nach § 71 Abs. 2 S. 1 AktG nur insgesamt Aktien in Höhe von 10 % des Grundkapitals durch den Rechtsträger selbst erworben werden. Weiter sieht § 71 Abs. 2 S. 2 AktG die Beschränkung vor, dass eigene Anteile nur insoweit erworben werden dürfen, als der übernehmende Rechtsträger die nach § 272 Abs. 4 HGB erforderliche Rücklage aus ungebundenen Vermögenswerten bilden kann. 37

88 Lutter/*Grunewald*, § 29 Rn 17; dies. in: FS Boujong, S. 175, 185; Semler/Stengel/*Kalss*, § 29 Rn 27; Kallmeyer/*Marsch-Barner*, § 29 Rn 17; Widmann/Mayer/*Wälzholz*, § 29 Rn 53; KölnKomm-UmwG/*Simon*, § 29 Rn 39; *Schaub*, NZG 1998, 626, 629; *Eilers/Müller-Eising*, WiB 1995, 449, 451.

89 Widmann/Mayer/*Wälzholz*, § 29 Rn 53; *Eilers/Müller-Eising*, WiB 1995, 449, 451; KölnKomm-UmwG/*Simon*, § 29 Rn 39; aA *Grunewald* in: FS Boujong, S. 175, 185 f, die lediglich einen ausdrücklichen Verzicht für erforderlich hält, hierfür aber keine besondere Form für angebracht hält.

90 Kallmeyer/*Marsch-Barner*, § 29 Rn 17; *Schaub*, NZG 1998, 626 (628).

91 Schmitt/Hörtnagl/Stratz/*Stratz*, § 29 Rn 23; KölnKomm-UmwG/*Simon*, § 29 Rn 40; aA Semler/Stengel/*Kalss*, § 29 Rn 35; Kallmeyer/*Marsch-Barner*, § 29 Rn 29, die sogar Notarkosten als Kosten gegen Dritte ausschließen möchten.

38 **1. Keine Geltung des § 71 Abs. 2 S. 1 AktG.** Nach der wohl vorwiegenden Meinung besteht der Abfindungsanspruch nach § 29 nur in den genannten Grenzen.[92] Diese Auffassung wird insb. auf die Gesetzesbegründung zur Barabfindung gemäß § 207 gestützt,[93] wonach die Abfindung „den Schranken, die das Gesetz zur Erhaltung des Stammkapitals oder Grundkapitals einer Kapitalgesellschaft aufstellt", unterliegt." Dies ergebe sich „aus der Tatsache, dass die Anwendung der einschlägigen Vorschriften (§ 30 GmbHG, § 57 AktG) nicht ausgeschlossen ist, wie dies für § 71 Abs. 4 S. 2 AktG geschieht".[94]

39 Dieser Sichtweise ist jüngst *Simon* mit dem Hinweis entgegengetreten, der Gesetzgeber habe diesen Ausschluss der Barabfindung wegen Überschreitung der Höchstgrenzen des § 71 Abs. 2 AktG ohne weiteres in das System der §§ 29 ff einbauen können. Er habe aber im Gegenteil die Regelung des § 29 Abs. 1 S. 1 Hs 2 eingefügt, welche eine **Suspendierung** des § 71 Abs. 4 S. 2 AktG anordnet.[95] Durch die Suspendierung ist das auf den Erwerb eigener Aktien gerichtete Rechtsgeschäft sowohl schuldrechtlich als auch dinglich wirksam, selbst wenn gegen die Bestimmungen des § 71 Abs. 2 AktG verstoßen wurde.

40 Gestützt wird dieses Ergebnis auch von der Regelung des § 71 c AktG. Dessen Abs. 2 enthält für den Rechtsträger die Pflicht, die unter Missachtung der Grenzen des § 71 Abs. 1 und 2 AktG erworbenen eigenen Aktien innerhalb von drei Jahren zu veräußern. Diese Verpflichtung gilt ebenfalls beim Erwerb eigener Aktien zum Zwecke der Abfindung nach § 29 Abs. 1 UmwG.[96] Der Verstoß gegen § 71 Abs. 2 S. 1 AktG wird durch diese Veräußerungspflicht geheilt und muss dann folgerichtig hinter die Abfindungsinteressen der Anteilsinhaber zurücktreten.[97]

Praxishinweis: Auch wenn die letztgenannte Ansicht zutreffend ist, sollte im Hinblick auf die damit verbundenen Risiken in der Praxis der noch herrschenden Meinung gefolgt werden. Sofern sich vor Fassung der Beschlüsse im übernehmenden Rechtsträger bereits abzeichnet, dass die Kapitalerhaltungsschranken nicht eingehalten werden können, hat die Verschmelzung zu unterbleiben.[98] Ein gleichwohl gefasster Verschmelzungsbeschluss ist anfechtbar und darf auch nicht eingetragen werden.[99] Kommt es trotzdem zur Eintragung der Verschmelzung, dann steht der Gesellschaft ein Leistungsverweigerungsrecht gegen den Barabfindungsanspruch des Anteilsinhabers zu.[100]

41 **2. Grenze des § 272 Abs. 4 HGB.** Nach § 71 Abs. 2 S. 2 AktG ist der **Erwerb eigener Aktien** unzulässig, wenn der übernehmende Rechtsträger nicht über genügend freies Eigenkapital verfügt, um die Rücklage nach § 272 Abs. 4 HGB zu bilden. Nach wohl herrschender Meinung soll das Verbot auch im Rahmen des § 29 gelten. Das Verpflichtungsgeschäft sei zwar wirksam, der dingliche Erwerb der Anteile habe aber zu unterbleiben, bis ausreichend freie Mittel vorhanden sind.[101] Sofern es dennoch zum Erwerb kommt ohne Rücklagenbildung, führe dies zur Nichtigkeit des Jahresabschlusses des übernehmenden Rechtsträgers (§ 256 Abs. 1 Nr. 4 AktG).[102]

92 Semler/Stengel/*Kalss*, § 29 Rn 33; *Vetter*, ZHR 168 (2004), 8, 21 ff; *Hoger*, AG 2008, 149, 153; *Ihrig*, GmbHR 1995, 622, 631 f; aA Schmitt/Hörtnagl/Stratz/*Stratz*, § 29 Rn 12 f; *Korte*, WiB 1997, 953, 959.
93 *Ihrig*, GmbHR 1995, 622, 632.
94 Begründung des RegE abgedruckt bei Schaumburg/Rödder, UmwStG, § 207.
95 KölnKomm-UmwG/*Simon*, § 29 Rn 44.
96 Schmitt/Hörtnagl/Stratz/*Stratz*, § 29 Rn 12; Kallmeyer/*Marsch-Barner*, § 29 Rn 26; KölnKomm-UmwG/*Simon*, § 29 Rn 45.
97 Schmitt/Hörtnagl/Stratz/*Stratz*, § 29 Rn 12 f; Lutter/*Grunewald*, § 29 Rn 26 f, *Korte*, WIB 1997, 953, 939; KölnKomm-UmwG/*Simon*, § 29 Rn 45.
98 Vgl anstatt vieler Lutter/*Grunewald*, § 29 Rn 24.
99 Semler/Stengel/*Kalss*, § 29 Rn 33.
100 *Ihrig*, GmbHR 1995, 622, 631 f; *Vetter*, ZHR 168 (2004), 8, 21 ff; *Hoger*, AG 2008, 149, 153; Sagasser/Bula/Brünger/*Sagasser/Sickinger*, Kapitel R Rn 59 (für den Formwechsel).
101 Schmitt/Hörtnagl/Stratz/*Stratz*, § 29 Rn 13; Kallmeyer/*Marsch-Barner*, § 29 Rn 27; aA *Lutter* in: FS Wiedemann, S. 1097, 1110 f; vgl mit ausf. Begr. KölnKomm-UmwG/*Simon*, § 29 Rn 47.
102 Schmitt/Hörtnagl/Stratz/*Stratz*, § 29 Rn 13; Kallmeyer/*Marsch-Barner*, § 29 Rn 27.

Zu Recht wird aber von der Gegensicht darauf hingewiesen, dass der Erwerb eigener Aktien entweder ein reiner Aktivtausch oder bei Fremdfinanzierung eine Bilanzverlängerung ist. Ein entsprechendes Eigenkapital ist für die Verbuchung folglich nicht erforderlich.[103] Ziel des § 272 Abs. 4 HGB ist die Bildung einer Ausschüttungssperre in Höhe der aktivierten eigenen Anteile, was allerdings lediglich der Kapitalerhaltung dient.[104] Wie vorstehend aber bereits festgehalten, sprechen die besseren Gründe dafür, dass Kapitalerhaltungsgrundsätze insgesamt hinter dem Minderheitenschutz des § 29 zurücktreten.[105] Den Kapitalerhaltungsgrundsätzen ist genüge getan, wenn auch in diesen Fällen die Veräußerungsverpflichtung nach § 71 c Abs. 2 AktG greift.[106] 42

3. Keine Geltung des § 57 Abs. 1, Abs. 3 AktG. Weitgehend Einigkeit besteht allerdings, dass dem Erwerb eigener Aktien im Rahmen des § 29 grds. nicht das Auszahlungsverbot des § 57 Abs. 1, Abs. 3 AktG entgegengehalten werden kann.[107] Der **Rückerwerb** ist nach § 71 Abs. 1 Nr. 3 AktG insoweit ausdrücklich zugelassen, weshalb § 57 Abs. 1 S. 2 die Zahlung des Erwerbspreises von den Kapitalerhaltungsvorschriften suspendiert. Etwas anderes gilt nur, sofern eine Barabfindung angeboten wird, die der Höhe nach nicht durch den Wert der zu erwerbenden Aktien zu rechtfertigen ist. Insoweit würde hinsichtlich des überschießenden Betrages eine verdeckte Einlagerückgewähr vorliegen.[108] 43

II. Kapitalerhaltung in der GmbH

§ 33 Abs. 3 GmbHG erlaubt zwar den Erwerb eigener Anteile im Zusammenhang mit § 29 Abs. 1, aber auch nur, wenn eine **Rücklage** in Höhe der Aufwendungen für den Erwerb gebildet werden kann, ohne dass das Stammkapital oder eine nach dem Gesellschaftsvertrag zu bildende Rücklage gemindert werden müsste, die nicht zur Zahlung an die Gesellschafter verwandt werden darf. Infolge des zweiten Gesetzes zur Änderung des UmwG[109] ist die Regelung des § 33 Abs. 2 S. 3 GmbHG nicht anwendbar nach § 29 Abs. 1 Hs 2. Somit ist auch bei einer GmbH im Falle eines Verstoßes gegen die vorstehenden Grundsätze das schuldrechtliche wie auch das dingliche Rechtsgeschäft wirksam, auch wenn die Rücklage für Eigenanteile nicht gebildet werden kann. 44

§ 30 Inhalt des Anspruchs auf Barabfindung und Prüfung der Barabfindung

(1) [1]Die Barabfindung muß die Verhältnisse des übertragenden Rechtsträgers im Zeitpunkt der Beschlußfassung über die Verschmelzung berücksichtigen. [2]§ 15 Abs. 2 ist auf die Barabfindung entsprechend anzuwenden.

(2) [1]Die Angemessenheit einer anzubietenden Barabfindung ist stets durch Verschmelzungsprüfer zu prüfen. [2]Die §§ 10 bis 12 sind entsprechend anzuwenden. [3]Die Berechtigten können auf die Prüfung oder den Prüfungsbericht verzichten; die Verzichtserklärungen sind notariell zu beurkunden.

Literatur:

Bungert, Umtauschverhältnisse bei Verschmelzungen entspricht nicht den Börsenwerten, BB 2003, 699; *Bungert/Ecket,* Unternehmensbewertung nach Börsenwert: Zivilgerichtliche Umsetzung der BVerfG-Rechtsprechung, BB 2000, 1845, *Fleischer,* Die Barabfindung außenstehender Aktionäre nach § 305 und § 320 b AktG: Stand-alone oder Verbundberücksichtigungsprinzip?, ZGR 1997, 368; *Habersack/Lüssow,* Vorbelastungshaftung, Vorbelastungsbilanz und Unternehmensbewertung:

103 KölnKomm-UmwG/*Simon*, § 29 Rn 47.
104 KölnKomm-UmwG/*Simon*, § 29 Rn 47.
105 *Lutter* in: FS Wiedemann, 1097, 1110 f.
106 KölnKomm-UmwG/*Simon*, § 29 Rn 47.
107 Lutter/*Grunewald*, § 29 Rn 27; Widmann/Mayer/*Wälzholz*, § 29 Rn 37; KölnKomm-UmwG/*Simon*, § 29 Rn 48; *Lutter* in: FS Wiedemann, S. 1097 f.
108 KölnKomm-UmwG/*Simon*, § 29 Rn 48.
109 Gesetz v. 25.4.2007, BGBl. I S. 542.

Plädoyer für ein zweistufiges Vorbelastungskonzept, NZG 1999, 629; *Hüffer/Schmidt-Aßmann/Weber*, Anteilseigentum, Unternehmenswert und Börsenkurs, 2005; *Hülsmann*, Gesellschafterabfindung und Unternehmensbewertung nach der Ertragswertmethode im Lichte der Rechtsprechung, ZIP 2001, 450; *Hüttemann*, Börsenkurs und Unternehmensbewertung, ZGR 2001, 454; Institut der Wirtschaftsprüfer, IdW Standard: Grundsätze zur Durchführung von Unternehmensbewertungen (IdW S. 1 2007); *Jungmann*, Die Anrechnung von erhaltenen Ausgleichszahlungen auf den Abfindungsanspruch nach § 305 AktG, BB 2002, 1549; *Kallmeyer*, Anm. zu BGH-Urteil v. 16.9.2002, Az. II ZR 284/01, GmbHR 2002, 1122; *Knoll*, Beherrschungs- und Gewinnabführungsvertrag: Verlangen der Barabfindung nach Entgegennahme von Ausgleichszahlungen – Verrechnung der Ausgleichszahlungen ausschließlich mit den Abfindungszinsen, DB 2002, 2264; *Kort*, Das Verhältnis von Ausgleich und Abfindung beim Abschluss aktienkonzernrechtlicher Beherrschungs- und Gewinnabführungsverträge, NZG 2002, 1139; *Liebscher*, Einschränkung der Verzinslichkeit des Abfindungsanspruchs dissentierender Gesellschafter gem. §§ 30 Abs. 1 S. 2, 280 UmwG – § 30 Abs. 3 S. 3, 1 HS. AktG, AG 1996, 455; *Luttermann*, Barabfindung von Aktionären, Anrechnung von Ausgleichszahlungen auf Abfindungszinsen/„Rütgers AG", EWiR 2002, 1069; *Paschos*, Die Maßgeblichkeit des Börsenkurses bei Verschmelzungen, ZIP 2003, 1017; *Piltz*, Unternehmensbewertung und Börsenkurs im aktienrechtlichen Spruchstellenverfahren, ZGR 2001, 185; *Riegger/Rosskopf*, Die Anrechnung erhaltener Ausgleichzahlungen auf Abfindung und Zinsen beim Unternehmensvertrag, BB 2003, 1026; *Stimpel*, Zum Verhältnis von Ausgleichs- und Barfindungsansprüchen nach §§ 304, 305 AktG, AG 1998, 259; *Vetter*, Die Verzinsung der Barabfindung nach § 305 Abs. 3 AktG und die Ausgleichszahlung nach § 304 AktG, AG 2002, 383; *Weiler/Meyer*, Heranziehung des Börsenkurses zur Unternehmensbewertung bei Verschmelzungen, ZIP 2001, 2153.

A. Allgemeines

1 Nach § 30 Abs. 1 sind im Rahmen der nach § 29 zu gewährenden Barabfindung die Verhältnisse des übertragenden Rechtsträgers im Zeitpunkt der Beschlussfassung über die Verschmelzung zu berücksichtigen. Im Gegensatz zum Umtauschverhältnis wird damit vom Gesetzgeber für die Bemessung ein konkreter und allein maßgeblicher **Bewertungsstichtag** vorgegeben. Abs. 2 S. 1 der Vorschrift legt fest, dass ein nach der Vorgabe des Abs. 1 ermitteltes Abfindungsangebot stets durch einen **Verschmelzungsprüfer** zu prüfen ist.[1] Hierdurch soll ein Schutz der Minderheitsgesellschafter gewährleisten werden. Den Gesellschaftern steht aber nach Abs. 2 S. 2 die Möglichkeit eines Verzichts auf diesen Schutz zu.

Praxishinweis: Die entsprechenden Verzichtserklärungen der Gesellschafter sind notariell zu beurkunden. Zu den Kosten der Verzichtserklärung vgl die Ausführung unter Rn 22.

2 Die Vorschrift findet auf alle Verschmelzungen mit Ausnahme der Verschmelzung von Genossenschaften (vgl § 90) Anwendung. Nach § 122 i Abs. 1 S. 3 gilt § 30 auch für grenzüberschreitende Verschmelzungen.[2]

1 Dies gilt auch für die Fälle, in denen das Gesetz im Übrigen eine Prüfung des Verschmelzungsvertrages oder seines Entwurfs nicht vorschreibt, §§ 44, 48.

2 Widmann/Mayer/*Wälzholz*, § 30 Rn 3.

B. Inhalt

I. Höhe des Anspruchs, Abs. 1

Bis auf die beiden Hinweise, dass (i) der Wert der anzubietenden Abfindung angemessen sein muss (Abs. 2 S. 1) und (ii) bei der Bewertung „die Verhältnisse der Gesellschaft" zu berücksichtigen sind (Abs. 1 S. 1),[3] finden sich im Gesetz keine Anhaltspunkte, wie die Abfindung konkret zu bestimmen und mit welchen Bewertungsmethoden sie zu ermitteln ist.[4] 3

1. Volle Entschädigung. Das BVerfG hat in mehreren Entscheidungen ausdrücklich bestätigt, dass die von einer Strukturmaßnahme betroffenen Anteilsinhaber für den Verlust ihrer Rechtspositionen und die Beeinträchtigung ihrer vermögensrechtlichen Stellung voll zu entschädigen sind.[5] Hierbei gelten die folgenden Grundsätze: 4

Der Unternehmenswert bemisst sich nach dem tatsächlichen Wert des übertragenden Rechtsträgers.[6] Der **Wert einer Unternehmensbeteiligungen** richtet sich dabei ebenfalls nach deren tatsächlichen inneren Wert mit dem Verkehrswert als Untergrenze.[7] Dies hat zur Konsequenz, dass der Börsenkurs für die Bestimmung der Barabfindung einer börsennotierten Gesellschaft als Untergrenze gilt.[8] Der Verkehrswert einer börsennotierten Aktie ist laut dem BVerfG mit dem Börsenkurs in der Regel identisch. 5

2. Bewertungsmethode. Nach herrschender Meinung ist die Frage, ob der volle Wert der Entschädigung oberhalb des Verkehrswertes liegt, durch eine **Unternehmensbewertung** zu ermitteln.[9] Der BGH hat in mehreren Urteilen bestätigt, dass der Verkehrswert des Unternehmens nach einer anerkannten betriebswirtschaftlichen Methode[10] im Wege der Schätzung gem. § 287 Abs. 2 ZPO zu ermitteln ist.[11] Unter der Vielzahl von Bewertungsverfahren[12] im Rahmen von Strukturmaßnahmen ist das **Ertragswertverfahren** eindeutig dominierend[13] und auch vom BVerfG als verfassungsrechtlich zulässig erachtet worden.[14] Nach der Ertragswertmethode bestimmt sich der Wert eines Unternehmens in erster Linie danach, welche Erträge es in Zukunft erwirtschaften kann. Diese Erträge werden prognostiziert, auf den Bewertungsstichtag abgezinst und dadurch zum Ertragswert kapitalisiert.[15] Der so ermittelte Wert wird, soweit erforderlich, durch eine gesonderte Bewertung von Beteiligungsbesitz und von sog. nicht betriebsnotwendigem Vermögen, das regelmäßig mit dem Liquidationswert angesetzt wird, ergänzt.[16] 6

Nach § 30 Abs. 2 iVm § 293 e Abs. 1 S. 3 AktG und § 12 Abs. 2 S. 2 hat der Prüfer einer Verschmelzung anzugeben, nach welcher Methode der Ausgleich, die Abfindung oder das Umtauschverhältnis ermittelt worden sind. Weiter sind Ausführungen erforderlich, warum die An- 7

3 So auch die Bestimmungen in den §§ 305 Abs. 3 S. 2, 320 b Abs. 1 S. 5, 327 b Abs. 1 S. 1 AktG.

4 OLG Stuttgart AG 2011, 49, 53; OLG Frankfurt NZG 2009, 74, 76.

5 BVerfGE 14, 263, 284 „Feldmühle"; BVerfGE 100, 289, 304 „DAT/Altana".

6 BVerfGE 100, 289, 306; BVerfG BB 2003, 2305, 2306.

7 BVerfGE 14, 263, 284.

8 BVerfGE 100, 289, 308; ausf. zum Kriterium des Börsenkurses Simon/*Simon/Leverkus*, Anh. § 11 SpruchG Rn 14 ff.

9 Vgl Hüffer/Schmidt-Aßmann/Weber/*Hüffer/Schmidt-Aßmann*, S. 25, 29, 36; *Hüttemann*, ZGR 2001, 454, 475 f; aA *Piltz*, ZGR 2001, 185, 195 f.

10 Eine rechtlich verbindlich vorgeschriebene Methode zur Ermittlung eines angemessenen Unternehmenswertes besteht nach Ansicht der Gerichte nicht, vgl BGH DB 2006, 999, 1000; BayObLG ZIP 1998, 1872, 1874; *Hülsmann*, ZIP 2001, 450 f, *Habersack/Lüssow*, NZG 1999, 629, 633; *Hüttemann*, ZGR 2001, 454, 466.

11 BGH ZIP 2001, 734, 736 „DAT/Altana".

12 Ausf. zu den einzelnen Methoden Widmann/Mayer/*Wälzholz*, § 30 Rn 17 ff; Simon/*Simon/Leverkus*, Anh. § 11 SpruchG Rn 48.

13 Vgl zu § 305 AktG: *Hüffer*, AktG, § 305 Rn 19; MüKo-AktG/*Bilda*, § 305 Rn 64; Emmerich/Habersack/*Emmerich*, Aktien- und GmbH-Konzernrecht, § 305 Rn 52 d; KölnKomm-UmwG/ *Koppensteiner*, § 305 AktG Rn 35; zu § 30 UmwG: Schmitt/Hörtnagl/Stratz/*Stratz*, § 30 Rn 10; Semler/Stengel/*Zeidler*, § 30 Rn 7.

14 BVerfGE 100, 289, 307.

15 OLG Düsseldorf AG 1988, 275 ff.

16 Ausf. hierzu auch Simon/*Simon/Leverkus*, Anh. § 11 SpruchG Rn 57.

wendung der gewählten Methoden angemessen ist. Sofern mehrere Methoden angewendet worden sind, ist das jeweilige Ergebnis und die Gewichtung der Methoden anzugeben.[17]

8 **3. Verbundeffekte.** Unter Verbundeffekte sind alle positiven oder negativen Auswirkungen auf den Wert eines Unternehmen zu verstehen, die durch das Zusammenwirken zweier oder mehrerer Unternehmen entstehen. Hinsichtlich der Frage, ob Verbundeffekte (**Synergieeffekte**) in die Ermittlung des Unternehmenswerts einfließen müssen, gilt Folgendes:

9 **Unechte Verbundvorteile**, also solche, die auch ohne die Strukturmaßnahme realisierbar oder mit einer nahezu beliebigen Vielzahl von Partnern erzielbar sind,[18] müssen berücksichtigt werden, wenn zum Zeitpunkt der Bewertung bereits Maßnahmen zu deren Realisierung eingeleitet worden oder im Unternehmenskonzept verzeichnet sind.[19] Im Gegensatz dazu verbleiben **echte Verbundvorteile**, also Synergieeffekte, die durch den Vollzug der konkreten Strukturmaßnahme gehoben werden, nach Ansicht der Rechtsprechung[20] und der überwiegenden Literatur[21] unberücksichtigt. Dem ausscheidenden Gesellschafter soll dieser Wert nicht zukommen, da er sich ja gerade erst in der „verbundenen“ Einheit materialisiert, in welcher der ausscheidende Gesellschafter aber schon nicht mehr Gesellschafter ist.

10 Das Vorstehende gilt allerdings mit der Einschränkung, dass vom Kapitalmarkt im Börsenkurs bereits eingepreiste Verbundeffekte nicht in Abzug gebracht werden können, da nicht ermittelt werden kann, welche Bedeutung ihnen der Markt im Einzelnen beigemessen hat und in welchem Umfang sie preisbildende Auswirkungen hatten.[22]

11 **4. Bandbreite der Bewertung.** Hinsichtlich der Frage, welche Bandbreite im Rahmen der Unternehmensbewertung noch als **angemessen** qualifiziert werden kann, finden sich keine Anhaltspunkte im Gesetz. Nach Ansicht der Gerichte sollten allerdings Bewertungsunterschiede in der Größenordnung von +/– 10% nicht dazu führen, dass der Unternehmenswert als unangemessen angesehen und damit der zugrundliegende Gesellschafterbeschluss angefochten werden kann.[23]

12 **5. Bewertungsstichtag.** Der Bewertungsstichtag für die Ermittlung der Barabfindung wird für Verschmelzungen durch das UmwG vorgegeben. Nach § 30 Abs. 1 S. 1 sind die Verhältnisse der Gesellschaft im Zeitpunkt der Beschlussfassung über die Strukturmaßnahme zu berücksichtigen. Bewertungsstichtag ist also der Zeitpunkt der Beschlussfassung beim übertragenden Rechtsträger. Sind an der Verschmelzung mehrere übertragende Rechtsträger beteiligt, gilt dies für jeden einzelnen von ihnen. Für den Fall, dass die Verschmelzungsbeschlüsse bei den beteiligten Rechtsträgern zu unterschiedlichen Zeitpunkten gefasst werden, sind damit auch unterschiedliche Bewertungsstichtage iSd § 30 Abs. 1 S. 1 maßgeblich.[24]

Praxishinweis: Für das Umtauschverhältnis iSd § 5 Abs. 1 Nr. 3, § 15 ist hingegen auf den Verschmelzungsstichtag abzustellen.[25] Es ist jedoch anerkannt, sofern in der Zeit zwischen Stichtag und Beschluss keine wesentlichen Änderungen stattgefunden haben, den Abfindungswert des § 30 durch Fortrechnung der im Rahmen des Umtauschverhältnisses gefundenen Ergebnisse zu ermitteln, um die Kosten einer zweiten selbstständigen Bewertung zu vermeiden.[26]

17 KölnKomm-UmwG/*Simon*, § 30 Rn 7; Kallmeyer/*Müller*, § 30 Rn 7; *Paschos*, ZIP 2003, 1017, 1021; *Bungert/Eckert*, BB 2000, 1845, 1846 f; *Weiler/Meyer*, ZIP 2001, 2153, 2158.

18 OLG Stuttgart DB 2000, 709, 712 ff; OLG Düsseldorf NZG 2000, 1079, 1081; dazu gehören zB steuerliche Verlustvorträge Kallmeyer/*Müller*, § 30 Rn 9.

19 KölnKomm-UmwG/*Simon*, § 30 Rn 10; ohne Einschränkung Widmann/Mayer/*Mayer*, § 5 Rn 197; Kallmeyer/*Müller*, § 30 Rn 9.

20 OLG Düsseldorf AG 2004, 324, 327; OLG Stuttgart AG 2000, 428, 429; OLG Düsseldorf AG 2000, 323 f; OLG Celle AG 1999, 128, 130.

21 Vgl Kallmeyer/*Müller*, § 30 Rn 9; Widmann/Mayer/Wälzholz, § 30 Rn 34 aE; Semler/Stengel/*Zeidler*, § 30 Rn 16; aA Schmitt/Hörtnagl/Stratz/*Stratz*, § 5 Rn 30 f (differenziert zwischen echten und unechten Verbundeffekten); *Fleischer*, ZGR 1997, 368 ff.

22 BGH ZIP 2001, 734, 737 „DAT/Altana“.

23 LG München AG 2001, 99, 100; *Bungert*, BB 2003, 699, 701; *Paschos*, ZIP 2003, 1017, 1024.

24 Vgl KölnKomm-UmwG/*Simon*, § 30 Rn 16.

25 Widmann/Mayer/*Wälzholz*, § 30 Rn 14.

26 Widmann/ Mayer/*Wälzholz*, § 30 Rn 14; Semler/Stengel/*Zeidler*, § 30 Rn 19; Lutter/*Grunewald*, § 30 Rn 2.

Weiter dürfen nach der Rechtsprechung des BGH Entwicklungen, die erst später – zB im Laufe des Spruchverfahrens – eintreten, also zum Bewertungsstichtag noch nicht realisiert waren, nur dann berücksichtigt werden, soweit sie aus den am Stichtag bestehenden Verhältnissen hervorgehen, also in ihnen „wurzelten" (sog. **Wurzeltheorie**).[27] Dies wäre zu verneinen, wenn der neue, bewertungsrelevante Umstand „sich rückblickend (auf) eine irgendwie geartete Kausalkette bis vor den Stichtag zurückverfolgen lässt".[28] Voraussetzung für eine Berücksichtigung ist vielmehr, dass die erst später zugänglichen Erkenntnisse bereits am Bewertungsstichtag erwartet wurden. Nicht zu berücksichtigen sind durch die Strukturmaßnahme selbst herbeigeführte Veränderungen der Verhältnisse, auch wenn diese erwartet wurden, weil ansonsten über diesen Umweg unechte Verbundeffekte in die Bewertung einbezogen würden (vgl hierzu unter Rn 9). 13

II. Verzinsung, Anrechnung und weitergehender Schaden

1. Verzinsung. Die Barabfindung ist nach § 30 Abs. 1 S. 2 iVm § 15 Abs. 2 mit Ablauf des Tages der Bekanntmachung der Eintragung des Verschmelzungsbeschlusses im Handelsregister mit 5 Prozentpunkten p.a. über dem jeweiligen Basiszinssatz (vgl § 247 BGB) zu verzinsen. 14

Praxishinweis: Der Tag, an dem die Bekanntmachung erfolgt, ist bei der Fristberechnung nicht mitzuzählen, da es sich um ein in den Lauf eines Tages fallendes Ereignis handelt.[29]

Sinn und Zweck dieser Regelung der Verzinsung ist zum einen, dass den Anteilsinhabern des übertragenden Rechtsträgers der wirtschaftliche Nachteil ausgeglichen wird, sowie dass die angemessene Höhe der Barabfindung häufig erst Jahre nach dem Wirksamwerden der Verschmelzung feststeht und dann auch erst gezahlt wird.[30] Zum anderen wollte der Gesetzgeber einen Anreiz schaffen, dass der Schuldner der Barabfindung das Spruchverfahren nicht hinauszögert.[31] 15

2. Anrechnung. Verschiedentlich gesehen wird die Frage, ob eine vor der Annahme des Barabfindungsangebots erfolgte **Dividendenauszahlung** anzurechnen ist auf den Barabfindungsanspruch bzw auf den Verzinsungsanspruch nach § 15 Abs. 2.[32] Der BGH hat sich in zwei Entscheidungen zu dieser Frage für die ähnliche Problematik beim Unternehmensvertrag geäußert und dort die Anrechnungsverpflichtung abgelehnt. Der BGH begründet dies mit dem Hinweis, dass der Ausgleichsanspruch erst mit dem Ausscheiden aus der beherrschten Gesellschaft für die Zukunft erlösche. Eine Rückabwicklung empfangener – in der Vergangenheit liegender – Zahlungen und Sonderdividenden als Abschlag oder Teilzahlungen auf die Abfindung sei deshalb nicht zulässig.[33] 16

Das Hanseatische Oberlandesgericht ist bei der Frage der Anrechnung von Ausgleichs- und Abfindungsansprüchen nach §§ 304, 305 AktG hingegen von einer **Anrechnungspflicht** ausgegangen.[34] Diesem Urteil folgend finden sich Stimmen im Schrifttum, wonach dem Aktionär, der nachträglich die Abfindung wählt, die bisher geflossenen Ausgleichszahlungen nicht mehr zustehen und auf die Abfindung angerechnet werden sollen. Begründet wird dies unter anderem mit dem Hinweis, dass ansonsten der Aktionär, der die Entscheidung über die Wahl der Abfindung hinauszögere, besser gestellt sei als derjenige, der die angebotene Abfindung direkt 17

27 BGH DB 1973, 563, 565; BGH AG 1998, 286, 287.
28 OLG Düsseldorf DB 1984, 817, 818.
29 Vgl OLG Hamburg Der Konzern 2004, 433, 435.
30 Semler/Stengel/*Zeidler*, § 30 Rn 21, KölnKomm-UmwG/*Simon*, § 30 Rn 17.
31 Vgl § 15 Rn 18, zum identischen Zweck im Zusammenhang mit der baren Zuzahlung; *Liebscher*, AG 1996, 455, 456.
32 So die Ansicht von Semler/Stengel/*Zeidler*, § 30 Rn 22 ff; ausf. *Liebscher*, AG 1996, 455, 457.
33 BGH AG 2003, 40, 41; BGH AG 2003, 629, 630; zust. *Riegger/Rosskopf*, BB 2003, 1026, 1027 f, krit. *Luttermann*, EWiR 2002, 1069, 1070; aA *Kallmeyer*, GmbHR 2002, 1122, 1123; *Knoll*, DB 2002, 2264, 2265; *Kort*, NZG 2002, 1139, 1140 f.
34 Hanseatisches Oberlandesgericht AG 2002, 409, 411, mit Verweis auf die Meinung von *Stimpel*, AG 1998, 259, 262; dem Urteil zust. auch *Vetter*, AG 2002, 383, 385; *Jungmann*, BB 2002, 1549, 1551.

annehme.[35] Für die hier zu entscheidende Frage der Anrechnung von empfangenen Dividenden auf den Abfindungsanspruch sollte aus Gründen der Rechtssicherheit dem BGH gefolgt werden. Aufgrund des mit der frühen Verzinsung verfolgten Zwecks (s. Rn 15) und der fehlenden Schutzbedürftigkeit der Aktionäre sind nach Beginn des Zinslaufs erhaltene Leistungen (aus Dividenden und Gewinnansprüchen) auf den Zinsanspruch nach § 15 Abs. 2 anzurechnen.[36]

18 **3. Weitergehender Schaden.** Die Geltendmachung eines über den Zinsverlust hinausgehenden **Verzugsschadens** ist nicht gem. § 15 Abs. 2 S. 2 ausgeschlossen, was sich insoweit mit der Vorschrift in § 288 Abs. 4 BGB deckt. Für einen weitergehenden Verzugsschaden ist der Anteilsinhaber allerdings nach allg. Regeln darlegungs- und beweispflichtig.[37] Eine Geltendmachung im Rahmen des Spruchverfahrens ist ausgeschlossen. Der weitergehende Schaden kann ausschließlich im Wege einer Leistungsklage verfolgt werden.[38]

III. Angemessenheitsprüfung, Abs. 2

19 Nach § 30 Abs. 2 muss die Barabfindung angemessen sein.[39] Die Angemessenheitsprüfung ist aufgrund des Verweises in § 30 Abs. 2 S. 2 iVm § 11 Abs. 1 S. 1 auf § 319 HGB von Wirtschaftsprüfern oder Wirtschaftsprüfungsgesellschaften durchzuführen unter Einhaltung der Unabhängigkeitsvorschriften der §§ 319, 319 a HGB.[40]

Praxishinweis: Nach § 319 Abs. 1 S. 2 HGB können auch vereidigte Buchprüfer oder Buchprüfungsgesellschaften tätig werden, wenn es sich bei dem übertragenden Rechtsträger um keine Aktiengesellschaft handelt und die Größenkriterien für große Kapitalgesellschaften iSv § 267 HGB nicht erreicht werden.

20 Anders als bei der Jahresabschlussprüfung erfolgt die **Auswahl und Bestellung des Prüfers** durch das zuständige Gericht.[41]

Praxishinweis: Sinnvollerweise sollte die Bestellung des Prüfers mit der erforderlichen Bestellung des Verschmelzungsprüfers nach § 10 verbunden werden.[42]

21 Nach § 30 Abs. 2 S. 3 entfällt die Verpflichtung zur Durchführung der Prüfung bzw die Abfassung eines Prüfungsberichts, sofern Anteilsinhaber des übertragenden Rechtsträgers, die aus der Gesellschaft ausscheiden wollen,[43] hierauf mittels einer notariell beurkundeten Erklärung verzichtet haben.

Praxishinweis: Die Verzichtserklärung kann aus Praktikabilitätsgründen und auch um der Vorschrift überhaupt einen sinnvollen Anwendungsbereich zu verschaffen,[44] bereits vor der Beschlussfassung über die Verschmelzung erfolgen, auch wenn die Anteilsinhaber eigentlich erst gegen den Verschmelzungsbeschluss des übertragenden Rechtsträgers gestimmt und Widerspruch zur Niederschrift erklärt haben müssen, damit ihnen überhaupt ein Recht zum Austritt zukommt, von dem sie Gebrauch machen können.[45] Die Durchführung der Überprüfung findet aber bereits vor diesem Zeitpunkt statt und ein späterer Verzicht auf eine bereits erfolgte Prüfung macht keinen wirklichen Sinn.[46] Den Verzicht könnten folglich alle Anteilsinhaber erklären, da sie ja alle potenziell Berechtigte werden können. Es reicht aus, dass sich im Rahmen

35 Semler/Stengel/*Zeidler*, § 30 Rn 24; *Liebscher*, AG 1996, 455, 457.
36 IE so auch BGH AG 2003, 40, 41, der empfangene Ausgleichsleistungen ausschließlich mit den Abfindungszinsen nach § 305 Abs. 3 S. 3 AktG verrechnet; bestätigt in BGH AG 2003, 629, 630; KölnKomm-UmwG/*Simon*, § 30 Rn 22.
37 Semler/Stengel/*Gehling*, § 16 Rn 30; Schmitt/Hörtnagl/Stratz/*Stratz*, § 15 Rn 32.
38 KölnKomm-UmwG/*Simon*, § 30 Rn 19 mwN.
39 Anders im Rahmen der Abfindung ausgeschiedener Aktionäre bei Eingliederung durch Mehrheitsbeschluss, vgl hierzu OLG Hamm AG 1993, 93; Schmitt/Hörtnagl/Stratz/*Stratz*, § 30 Rn 2.
40 Vgl hierzu ausf. KölnKomm-RLR/*Müller/Burg*, § 319 und § 319 a HGB.
41 Widmann/Mayer/*Wälzholz*, § 30 Rn 52.
42 So auch KölnKomm-UmwG/*Simon*, § 30 Rn 25.
43 Begründung zum RegE, BR-Drucks. 75/94, 95.
44 Vgl hierzu Kallmeyer/*Müller*, § 30 Rn 20; Semler/Stengel/*Zeidler*, § 30 Rn 29.
45 So der Einwand von Semler/Stengel/*Zeidler*, § 30 Rn 29.
46 KölnKomm-UmwG/*Simon*, § 30 Rn 27 ff mwN.

der Beschlussfassung über den Verschmelzungsvertrag zeigt, wer aus der Gesellschaft ausscheiden will und wer nicht.

IV. Kosten

Für die Beurkundung des Verzichts auf die Durchführung der Prüfung fällt eine volle Gebühr an (Nr. 21200 Anlage I GNotKG), deren Wert nach freiem Ermessen bestimmt wird, § 36 Abs. 1 GNotKG. 22

§ 31 Annahme des Angebots

[1]Das Angebot nach § 29 kann nur binnen zwei Monaten nach dem Tage angenommen werden, an dem die Eintragung der Verschmelzung in das Register des Sitzes des übernehmenden Rechtsträgers nach § 19 Abs. 3 bekannt gemacht worden ist. [2]Ist nach § 34 ein Antrag auf Bestimmung der Barabfindung durch das Gericht gestellt worden, so kann das Angebot binnen zwei Monaten nach dem Tage angenommen werden, an dem die Entscheidung im Bundesanzeiger bekanntgemacht worden ist.

I. Inhalt

1. Ausübung des Austrittsrechts. a) Inhalt und Form. Das Angebot kann grds. **formlos** angenommen werden; ausreichend ist jede ausdrückliche oder schlüssige Erklärung, die den Willen zur Annahme des Angebots oder auch nur den Willen zum Austritt hinreichend deutlich erkennen lässt.[1] Die Annahmeerklärung darf als einseitiges Rechtsgeschäft nicht unter einer Bedingung stehen.[2] Die Formfreiheit findet allerdings ihre Grenzen, wenn im Zuge der Abfindung eine Anteilsübertragung durchzuführen ist, also mit der Annahme zugleich die Pflicht zur Anteilsveräußerung begründet wird, und hierfür besondere Formvorschriften, wie etwa § 15 Abs. 4 GmbHG, eingreifen.[3] 1

Da die Annahmeerklärung keinen höchstpersönlichen Charakter hat, können sich Anteilsinhaber eines **Vertreters** bedienen.[4] Nach herrschender Meinung fällt die Annahme eines Angebots als einseitiger Rechtsakt allerdings unter die Vorschrift des § 174 S. 1 BGB, mit der Folge, dass der Vertreter eine Vollmachtsurkunde im Original vorlegen muss, damit der Empfänger die Erklärung gegen sich gelten lassen muss.[5] 2

Für den **rechtzeitigen Zugang** der Annahmeerklärung beim übernehmenden Rechtsträger muss die Erklärung nach allgemeinen zivilrechtlichen Grundsätzen so in den Bereich des übernehmenden Rechtsträgers gekommen sein, dass dieser unter normalen Umständen die Möglichkeit zur Kenntnisnahme hatte.[6] 3

1 Lutter/*Grunewald*, § 31 Rn 3; KölnKomm-UmwG/*Simon*, § 31 Rn 3; Kallmeyer/*Marsch-Barner*, § 31 Rn 4; Schmitt/Hörtnagl/Stratz/*Stratz*, § 31 Rn 4.

2 Semler/Stengel/*Kalss*, § 31 Rn 5; Kallmeyer/*Marsch-Barner*, § 31 Rn 5; KölnKomm-UmwG/*Simon*, § 31 Rn 3.

3 Widmann/Mayer/*Wälzholz*, § 31 Rn 3; Lutter/ *Grunewald*, § 31 Rn 3; Semler/Stengel/*Kalss*, § 31 Rn 5; aA Schmitt/Hörtnagl/Stratz/*Stratz*, § 31 Rn 4.

4 Semler/Stengel/*Kalss*, § 31 Rn 5; Kallmeyer/*Marsch-Barner*, § 31 Rn 5; Widmann/Mayer/*Wälzholz*, § 31 Rn 3.1.

5 Widmann/Mayer/*Wälzholz*, § 31 Rn 3; KölnKomm-UmwG/*Simon*, § 31 Rn 4; MüKo/*Schramm*, § 174 BGB Rn 2 mwN.

6 BGHZ 67, 271, 275; BGH NJW 1980, 990; BGH NJW 1983, 929, 930.

Praxishinweis: Neben der möglichen Abgabe der Willenserklärungen an die Vertreter der Gesellschaft unter der eingetragenen Geschäftsanschrift (vgl §§ 35 Abs. 2 S. 3 Alt. 1 GmbHG, § 78 Abs. 2 S. 3 AktG und § 13 e Abs. 3 a Alt. 1 HGB), besteht seit Inkrafttreten des MoMiG[7] die weitere Möglichkeit der Gesellschaft, eine Person in das Handelsregister eintragen zu lassen, die neben der Gesellschaft als weiterer Zustellungsempfänger dient (vgl § 35 Abs. 2 S. 4 GmbHG, § 78 Abs. 2 S. 4 AktG und § 13 Abs. 3 a S. 2 HGB). Daneben kann auch unter der für sie im Handelsregister eingetragenen inländischen Geschäftsanschrift an die Gesellschaft zugestellt werden.

4 **b) Teilweise Annahme.** Der Austritt aus der Gesellschaft kann auch nur bezüglich eines Teils der gehaltenen Geschäftsanteile erklärt werden, weshalb insoweit auch das Barabfindungsangebot auch nur zum Teil angenommen werden kann.[8] Sofern nicht nur ein Geschäftsanteil gehalten wird, der dem Mindestnennbetrag entspricht und der verbleibende Anteil weiterhin auf volle Euro lautet, ist das teilweise Ausscheiden aus dem übernehmenden Rechtsträger möglich.[9]

5 **2. Frist.** Hinsichtlich des Fristbeginns unterscheidet die Vorschrift zwischen zwei Konstellationen, der Eintragung der Verschmelzung im Register (Satz 1) und einer gerichtlichen Entscheidung im Rahmen der Überprüfung der Angemessenheit der Barabfindung nach dem SpruchG (Satz 2).

6 **a) Nach Eintragung, Satz 1.** Das im Verschmelzungsvertrag enthaltene Abfindungsangebot gegen Übertragung der Anteile am übernehmenden Rechtsträger oder bei Ausscheiden aus dem übernehmenden Rechtsträger kann, sofern die Anteilsinhaber keine gerichtliche Entscheidung gem. § 34 über die Angemessenheit der Barabfindung eingeleitet haben, nur innerhalb von zwei Monaten angenommen werden. Hierbei handelt es sich um eine **materiellrechtliche Ausschlussfrist.**[10] Dem Anteilsinhaber steht folglich keine Möglichkeit offen, Wiedereinsetzung in den vorherigen Stand zu verlangen oder mit Rechtsbehelfen vorzugehen.[11] Die Anwendung prozessualer (§§ 221 ff ZPO) oder verjährungsrechtlicher (§§ 199 ff BGB) Vorschriften ist ausgeschlossen, es gelten allein die §§ 186 ff BGB.[12] Mithin wird für den Fristbeginn auf den Tag der Bekanntmachung des Verschmelzungseintrags in das Register des Sitzes des übernehmenden Rechtsträgers abgestellt. Der Tag an dem die Bekanntmachung erfolgt, ist bei der Fristberechnung nicht mitzuzählen, da es sich um ein in den Lauf eines Tages fallendes Ereignis handelt.[13]

7 Das **Fristende** berechnet sich gem. §§ 188 Abs. 2, 193 BGB. Die Frist endet also mit Ablauf des Tages des der Bekanntmachung nachfolgenden Monats, welcher durch seine Zahl dem Tag der Bekanntmachung der Eintragung der Verschmelzung entspricht. Endet die Frist an einem Sonn- oder Feiertag bzw an einem Sonnabend, gilt § 193 BGB. Für nicht bundeseinheitlich geregelte Feiertage ist auf die Rechtslage für das örtlich zuständige Gericht abzustellen.

8 Sollte die **Bekanntmachung** durch das Registergericht des übernehmenden Rechtsträgers irrtümlich **nicht erfolgt** sein, verwirkt die Möglichkeit zur Annahme spätestens nach sechs Monaten.[14] Die Ausschlussfrist läuft nach Treu und Glauben in diesen Fällen trotz fehlender Bekanntmachung, wenn der Anteilsinhaber auf anderem Wege Kenntnis von der Verschmelzung

7 Gesetz zur Modernisierung des GmbH-Rechts und zur Bekämpfung von Missbräuchen, abgedruckt in der Beschlussempfehlung und dem Bericht des Rechtsausschusses 24.6.2008 in: BT-Drucks. 16/9737.

8 OLG Düsseldorf ZIP 2001, 158, 159; Kallmeyer/*Marsch-Barner*, § 31 Rn 6; Lutter/*Grunewald*, § 31 Rn 4; Semler/Stengel/*Kalss*, § 29 Rn 29; einschr. Widmann/Mayer/*Wälzholz*, § 31 Rn 6.

9 Semler/Stengel/*Kalss*, § 31 Rn 4; Lutter/*Grunewald*, § 31 Rn 4; Widmann/Mayer/*Wälzholz*, § 31 Rn 3, aA im Hinblick auf Anteile an Personengesellschaften; KölnKomm-UmwG/*Simon*, § 31 Rn 5.

10 KölnKomm-UmwG/*Simon*, § 31 Rn 9; Kallmeyer/*Marsch-Barner*, § 31 Rn 3.

11 Lutter/Grunewald, § 31 Rn 2; Semler/Stengel/*Kalss*, § 31 Rn 2; Kallmeyer/*Marsch-Barner*, § 31 Rn 3; Schmitt/Hörtnagl/Stratz/*Stratz*, § 31 Rn 3.

12 §§ 187 Abs. 1, 188 Abs. 2 letzte Alt. BGB, vgl Widmann/Mayer/*Wälzholz*, § 31 Rn 4; KölnKomm-UmwG/*Simon*, § 31 Rn 8.

13 Vgl OLG Hamburg Der Konzern 2004, 433, 435 zur Ausschlussfrist des § 14 Abs. 2.

14 Widmann/Mayer/*Wälzholz*, § 31 Rn 4.1; KölnKomm-UmwG/*Simon*, § 31 Rn 9.

erlangt hat, zB durch die Bekanntmachung des Registergerichts des übertragenden Rechtsträgers.[15]

9 **b) Bei gerichtlicher Überprüfung, Satz 2.** Die Zweimonatsfrist des § 31 S. 2 läuft gemäß dem Wortlaut des § 31 erst nach Ablauf der ersten Frist.[16] Der zweite **Fristablauf** beginnt mit der Bekanntmachung der gerichtlichen Entscheidung im Bundesanzeiger. Der Fristlauf nach Satz 2 wird dabei auch dann in Gang gesetzt, wenn die Angemessenheit der angebotenen Abfindung durch das zuständige Gericht bestätigt worden ist.[17]

10 Nach § 14 Nr. 4 SpruchG hat das Vertretungsorgan des übernehmenden Rechtsträgers die **Bekanntmachung** im Bundesanzeiger und von weiteren durch Satzung oder Statut des übernehmenden Rechtsträgers vorgeschriebenen Blättern vorzunehmen.[18] Erfolgt keine Bekanntmachung, verwirkt die Möglichkeit der Annahme innerhalb eines Jahres.[19]

11 Die **zweite Frist** kann auch von denjenigen Anteilsinhabern für einen Austritt aus der Gesellschaft genutzt werden, die keinen Antrag zur Überprüfung der Angemessenheit der Barabfindung gestellt haben.[20] Die gerichtliche Entscheidung und damit die Austrittsmöglichkeit kommt allen widersprechenden Anteilsinhabern zugute.[21]

Praxishinweis: Für den Fall einer Erhöhung der Barabfindung im Spruchverfahren müssen diejenigen Anteilsinhaber, die bereits nach Satz 1 die Annahme des Angebots erklärt haben, keine erneute Annahme des erhöhten Angebots im Rahmen der Frist des Satzes 2 erklären.[22] Nach dem Wortlaut des § 13 S. 2 SpruchG wirkt die Entscheidung im Spruchverfahren auch für und gegen bereits ausgeschiedene Anteilsinhaber.[23]

12 Sofern das Spruchverfahren durch **Vergleich** oder sonstige **nicht-gerichtliche Entscheidung** beendet wird, läuft die Frist des Satzes 2 mit der entsprechenden Bekanntmachung der Beendigung des Verfahrens im Bundesanzeiger.[24] Die Verfahrensbeendigung durch einen Vergleichsabschluss setzt voraus, dass die Erklärung des gemeinsamen Vertreters vorliegt, dass er das Verfahren nicht nach § 6 Abs. 3 S. 1 SpruchG fortführen wird. Ein normaler Vergleich durch den Antragsteller würde nur inter partes wirken und könnte deshalb nicht die Frist für alle Antragsberechtigten in Gang setzen.[25] Der gemeinsame Vertreter wird durch das zuständige Landgericht von Amts wegen bestellt,[26] wenn Antragsberechtigte vorhanden sind, die nicht selbst Antragsteller sind (§ 6 SpruchG).

II. Rechtsfolge: Austritt

13 Der Austritt wird Zug-um-Zug gegen die Gewährung der Abfindung erklärt.[27] Hierdurch wird verhindert, dass der Gesellschafter seine Stellung verliert, bevor er eine Gegenleistung dafür erhalten hat.

15 KölnKomm-UmwG/*Simon*, § 31 Rn 9.
16 So ausdr. die RegBegr, Br-Drucks. 75/94, 97.
17 Widmann/Mayer/*Wälzholz*, § 31 Rn 8.1; Semler/Stengel/*Kalss*, § 31 Rn 3; Schmitt/Hörtnagl/Stratz/*Stratz*, § 31 Rn 6; Kallmeyer/*Marsch-Barner*, § 31 Rn 8.
18 Widmann/Mayer/*Wälzholz*, § 31 Rn 8.1; KölnKomm-UmwG/*Simon*, § 31 Rn 10.
19 So Widmann/Mayer/*Wälzholz*, § 31 Rn 8.1; Lutter/*Grunewald*, § 31 Rn 2; KölnKomm-UmwG/*Simon*, § 31 Rn 10.
20 Lutter/*Grunewald*, § 31 Rn 3; KölnKomm-UmwG/*Simon*, Rn 11.
21 Semler/Stengel/*Kalss*, § 31 Rn 3; Schmitt/Hörtnagl/Stratz/*Stratz*, § 31 Rn 6; KölnKomm-UmwG/*Simon*, Rn 11; Kallmeyer/*Marsch-Barner*, § 31 Rn 8.
22 Widmann/Mayer/*Wälzholz*, § 31 Rn 8.2; Schmitt/Hörtnagl/Stratz/*Stratz*, § 31 Rn 6; vgl auch OLG Düsseldorf ZIP 2001, 158, 159.
23 OLG Düsseldorf ZIP 2001, 158, 160; Semler/Stengel/*Kalss*, § 31 Rn 3; Schmitt/ Hörtnagl/Stratz/*Stratz*, § 31 Rn 6; Widmann/Mayer/*Wälzholz*, § 31 Rn 8.2.
24 Lutter/*Grunewald*, § 31 Rn 2; Semler/Stengel/*Kalss*, § 31 Rn 3; Schmitt/Hörtnagl/Stratz/*Stratz*, § 31 Rn 7 f.
25 Schmitt/Hörtnagl/Stratz/*Stratz*, § 31 Rn 7, ohne Einschränkung auf den Vergleich eines gemeinsamen Vertreters Kallmeyer/*Marsch-Barner*, § 31 Rn 9; Semler/Stengel/*Kalss*, § 31 Rn 3; aA mit ausf. Begr. Widmann/Mayer/*Wälzholz*, § 31 Rn 8.2.
26 Schmitt/Hörtnagl/Stratz/*Hörtnagl*, § 6 SpruchG Rn 2, 6.
27 Lutter/*Grunewald*, § 31 Rn 5; Semler/Stengel/*Kalss*, § 31 Rn 6; KölnKomm-UmwG/*Simon*, § 31 Rn 13.

Praxishinweis: Für Aktien börsennotierter Gesellschaften bietet sich für die Zug-um-Zug-Abwicklung das CASCADE-Verfahren der Clearstream Banking AG an.[28]

14 Die Barabfindung muss so geregelt sein, dass der austrittswillige Gesellschafter sie behalten kann und ihm hierdurch auch keine Belastungen entstehen.[29]

15 Vor diesem Hintergrund sollte dem Anteilsinhaber ein Recht zur Verweigerung der Abwicklung des Austritts eingeräumt werden im Falle einer drohenden Rückzahlungsverpflichtung wegen etwaiger Verstöße gegen Kapitalerhaltungsrecht.[30] Hat er den Anteil bereits übertragen, sollte ihm die Möglichkeit einer Rückübertragung der Anteile Zug-um-Zug gegen Rückzahlung der Abfindung eingeräumt werden.[31]

16 Das **Recht auf Abfindung** wandelt sich in ein Recht, die Auflösung der Gesellschaft verlangen zu können, wenn feststeht, dass weder die Gesellschaft noch die Mitgesellschafter die Abfindung in ferner Zukunft leisten können.[32]

III. Kosten

17 Nach § 29 Abs. 1 S. 5 hat der übernehmende Rechtsträger die Kosten der Übertragung zu tragen.[33]

§ 32 Ausschluß von Klagen gegen den Verschmelzungsbeschluß

Eine Klage gegen die Wirksamkeit des Verschmelzungsbeschlusses eines übertragenden Rechtsträgers kann nicht darauf gestützt werden, daß das Angebot nach § 29 zu niedrig bemessen oder daß die Barabfindung im Verschmelzungsvertrag nicht oder nicht ordnungsgemäß angeboten worden ist.

Literatur:

Schaub, Das Abfindungsangebot nach § 29 UmwG, NZG 1998, 626.

I. Allgemeines

1 § 32 zielt darauf ab, **Verzögerungen** bei Verschmelzungen aufgrund von Rechtsstreitigkeiten zu verhindern, indem bestimmte Klagen gegen den Verschmelzungsbeschluss ausgeschlossen werden. Dies hat zur Folge, dass die Überprüfung einer angeblich zu niedrigen Barabfindung sowie die Entscheidung, ob und wie diese hätte vorgesehen werden müssen, ausschließlich im Rahmen eines Spruchverfahrens erfolgt (§ 34 iVm § 1 Nr. 4 SpruchG). Die Regelung des § 32 geht über den Klageausschluss des § 14 Abs. 2 hinaus und führt – wie § 14 Abs. 2[1] – bei Vorliegen einer der in § 32 aufgeführten Gründe zur **Unstatthaftigkeit** und damit zur Unzulässigkeit einer geltend gemachten Klage. Dies ergibt sich aus dem Wortlaut der Norm sowie aus dem Umstand, dass der Anteilsinhaber die Rüge zwar nicht im Rahmen einer Unwirksamkeitsklage geltend machen kann, ihm aber der Weg über das Spruchverfahren offen steht.

2 § 32 ist nach seinem eindeutigen Wortlaut auf Klagen beim übertragenden Rechtsträger beschränkt, die auf ein **zu niedriges** bzw eine nicht oder **nicht ordnungsgemäße** angebotene **Abfindung** gestützt sind. Im Hinblick auf Sinn und Zweck der Vorschrift müsste der Klageaus-

28 KölnKomm-UmwG/*Simon*, § 31 Rn 13.
29 Lutter/*Grunewald*, § 31 Rn 8; Semler/Stengel/*Kalss*, § 31 Rn 7; Kallmeyer/*Marsch-Barner*, § 31 Rn 7.
30 Semler/Stengel/*Kalss*, § 31 Rn 7; Lutter/*Grunewald*, § 31 Rn 8; KölnKomm-UmwG/*Simon*, § 31 Rn 15; Kallmeyer/*Marsch-Barner*, § 31 Rn 7.
31 Semler/Stengel/*Kalss* § 31 Rn 7; Lutter/*Grunewald*, § 31 Rn 8; KölnKomm-UmwG/*Simon*, § 31 Rn 15; Kallmeyer/*Marsch-Barner*, § 31 Rn 7.
32 Semler/Stengel/*Kalss* § 31 Rn 7; KölnKomm-UmwG/*Simon*, § 31 Rn 15.
33 Lutter/*Grunewald*, § 31 Rn 13.
1 S. § 14 Rn 14.

schluss allerdings auch für entsprechende Klagen beim übernehmenden Rechtsträger gelten.[2] Dem steht allerdings die noch herrschende Meinung entgegen, die es mit Verweis auf den eindeutigen Wortlaut und die Entstehungsgeschichte der Norm für zulässig erachtet, dass der Verschmelzungsbeschluss auf Seiten des übernehmenden Rechtsträgers mit der Begründung angefochten werden kann, dass die Abfindung zu hoch bemessen sei .[3]

II. Inhalt

1. Ausgeschlossene Rügen. Eine unzureichende Festsetzung der Barabfindung hat nicht zur Folge, dass der Verschmelzungsbeschluss unwirksam wird, sondern führt zu einem Anspruch auf bare Zuzahlung im Spruchverfahren. Eine Klage gegen den Verschmelzungsbeschluss kann hierauf nicht gestützt werden.[4]. 3

Die Ausschlusswirkung des § 32 gilt auch für den Fall, dass eine Abfindung im Verschmelzungsvertrag **überhaupt nicht angeboten** wird und hierauf auch nicht wirksam verzichtet wurde.[5] Ist ein Angebot **unrichtig**, unklar oder nicht so bestimmt formuliert, dass es vom widersprechenden Anteilsinhaber ohne weiteres angenommen werden kann, liegt ebenfalls ein nicht ordnungsgemäßes Angebot iSd § 32 vor.[6] Des Weiteren schließt die Vorschrift auch Klagen aufgrund unzureichender Bekanntmachung[7] sowie allgemeiner Unwirksamkeitsgründe[8] aus. 4

Werden bewertungsrelevante Informationen, dh solche, die zur Beurteilung der Angemessenheit des Barabfindungsangebots erforderlich sind, **vorenthalten** oder **fehlerhaft** zur Verfügung gestellt, greift § 32 ebenfalls ein.[9] Der BGH hat für den Fall des Formwechsels in zwei Entscheidungen ausdrücklich bestätigt, dass die Anteilsinhaber des übertragenden Rechtsträgers hinsichtlich bewertungsrelevanter Informationsrügen mit einer das Registerverfahren hemmenden Wirksamkeitsklage ausgeschlossen und nach § 34 S. 2 auf das Spruchverfahren verwiesen sind.[10] Da die §§ 210, 212 S. 2 lediglich an den Formwechsel angepasst sind, aber ansonsten dem § 32 inhaltlich entsprechen, ist die Rechtsprechung des BGH ohne weiteres auf Informationsmängel übertragbar, die die Barabfindung nach § 29 betreffen.[11] Der Ausschluss gilt allerdings nicht für Klagen aufgrund von Informationsmängeln im Zusammenhang mit dem Umtauschverhältnis, da § 14 Abs. 2 keinen Ausschluss der Wirksamkeitsklage für diesen Fall vorsieht.[12] 5

2. Kein Eintragungshindernis. Im Hinblick auf den **zwingenden Klageausschluss** kann den Registergerichten nicht das Recht zugesprochen werden, die Verschmelzung wegen der vorstehend aufgeführten Mängel nicht einzutragen. Der Zweck des § 32 würde durch eine entsprechende Berechtigung des Registergerichts ins Leere laufen. Die Prüfungskompetenz im Zusammenhang mit der Barabfindung liegt nach dem Willen des Gesetzgebers allein beim zuständigen Gericht des Spruchverfahrens. Dies muss erst recht gelten, wenn kein Widerspruch einge- 6

2 Ausf. KölnKomm-UmwG/*Simon*, § 32 Rn 4 ff mwN; Kallmeyer/*Marsch-Barner*, § 32 Rn 3.

3 BGHZ 146, 179, 184; Semler/Stengel/*Gehling*, § 32 Rn 8; Lutter/*Grunewald*, § 32 Rn 2; Widmann/Mayer/*Vollrath*, § 32 Rn 7; für eine Ausweitung des Normbefehls des § 32 auch auf diese Klagen KölnKomm-UmwG/*Simon*, § 32 Rn 3 f; Kallmeyer/*Marsch-Barner*, § 32 Rn 1.

4 KölnKomm-UmwG/*Simon*, § 32 Rn 7.

5 Lutter/*Grunewald*, § 32 Rn 3; KölnKomm-UmwG/*Simon*, § 32 Rn 8.

6 KölnKomm-UmwG/*Simon*, § 32 Rn 11; Kallmeyer/*Marsch-Barner*, § 32 Rn 2; aA Lutter/*Grunewald*, § 32 Rn 4; Semler/Stengel/*Gehling*, § 32 Rn 4.

7 KölnKomm-UmwG/*Simon*, § 32 Rn 11; Semler/Stengel/*Gehling*, § 32 Rn 4; Widmann/Mayer/*Vollrath*, § 32 Rn 4; aA Lutter/*Grunewald*, § 32 Rn 4.

8 Vgl zu den Gründen Semler/Stengel/*Gehling*, § 32 Rn 4; Widmann/Mayer/*Vollrath*, § 32 Rn 4 f; KölnKomm-UmwG/*Simon*, § 32 Rn 11.

9 Widmann/Mayer/*Vollrath*, § 32 Rn 4; Kallmeyer/*Marsch-Barner*, § 32 Rn 2; Semler/Stengel/*Gehling*, § 32 Rn 5; Schmitt/Hörtnagl/Stratz/*Stratz*, § 32 Rn 2; *H. Schmidt* in: FS Ulmer, S. 543, 547 ff; aA Lutter/*Grunewald*, § 32 Rn 5.

10 Vgl BGHZ 146, 179 ff „MEZ"; BGH ZIP 2001, 412 ff „Aqua Butzke".

11 Widmann/Mayer/*Vollrath*, § 32 Rn 4; Semler/Stengel/*Gehling*, § 32 Rn 5; aA Lutter/*Grunewald*, § 32 Rn 5.

12 Vgl hierzu KölnKomm-UmwG/*Simon*, § 32 Rn 13, § 14 Rn 27 ff.

legt wurde.[13] Die Prüfungskompetenz des Registergerichts ergibt sich allein aus § 144 Abs. 2 FGG. Danach kann die Registereintragung nur dann versagt werden, wenn ein Mangel vorliegt, der auf einer Verletzung zwingenden Rechts beruht und das öffentliche Interesse die Versagung der Registereintragung fordert.[14] Diese Voraussetzungen sind im Fall des § 29 nicht erfüllt.

§ 33 Anderweitige Veräußerung

Einer anderweitigen Veräußerung des Anteils durch den Anteilsinhaber stehen nach Fassung des Verschmelzungsbeschlusses bis zum Ablauf der in § 31 bestimmten Frist Verfügungsbeschränkungen bei den beteiligten Rechtsträgers nicht entgegen.

Literatur:

Reichert, Folgen der Anteilsvinkulierung für Umstrukturierungen von Gesellschaften mit beschränkter Haftung und Aktiengesellschaften nach dem Umwandlungsgesetz 1995, GmbHR 1995, 176.

I. Allgemeines

1 § 33 räumt austrittswilligen Anteilsinhabern trotz bestehender Verfügungsbeschränkungen die Möglichkeit ein, ihre Anteile am übernehmenden Rechtsträger **an Dritte zu veräußern.** Dieses Veräußerungsrecht besteht neben den Möglichkeiten einer baren Zuzahlung nach § 15 Abs. 1 und dem Ausscheiden aus dem übernehmenden Rechtsträger gegen Barabfindung nach § 29. § 33 räumt ein Veräußerungsrecht ein, soweit der Anteilsinhaber Abfindungsberechtigter iSd § 29 ist.[1] Bestehende Verfügungsbeschränkungen bei den beteiligten Rechtsträgern werden durch § 33 suspendiert und stehen damit einer Veräußerung im Zusammenhang mit der Verschmelzung nicht entgegen.[2] § 33 erfasst dabei nicht mehr nur vertragliche, sondern auch gesetzliche Verfügungsbeschränkungen und zwar sowohl beim übertragenden als auch beim übernehmenden Rechtsträger.

2 Der Anwendungsbereich des § 33 ist allerdings **relativ beschränkt,** da er nur für nicht frei übertragbare Beteiligungen, wie zB vinkulierte GmbH-Anteile, greift. Bei Aktien, die grundsätzlich frei veräußert werden können, erlangt die Vorschrift lediglich bei Namensaktien eine Bedeutung, da für diese Aktiengattung die Übertragung an die Zustimmung der Gesellschaft gebunden werden kann, vgl § 68 Abs. 2 AktG. § 90 schließt die Anwendbarkeit des § 33 für Anteile an Genossenschaften ausdrücklich aus.

3 Bei **Anteilen an Personengesellschaften** ist zu differenzieren.[3] Diese Anteile können grundsätzlich nur bei entsprechender Festlegung im Gesellschaftsvertrag oder bei ad hoc erteilter Zustimmung sämtlicher Mitgesellschafter an Dritte veräußert werden. Soweit Anteile an Personengesellschaften ohne Einschränkung, wie zB Zustimmungserfordernisse, frei veräußerbar sind, besteht überhaupt kein Bedürfnis für eine Anwendung des § 33. Sieht der Gesellschaftsvertrag der Personengesellschaft hingegen vor, dass die Anteile unter bestimmten Vorausset-

13 BGHZ 146, 179, 185; Semler/Stengel/*Gehling*, § 32 Rn 7; Kallmeyer/*Marsch-Barner*, § 32 Rn 2; KölnKomm-UmwG/*Simon*, § 32 Rn 9; aA Widmann/Mayer/*Wälzholz*, § 29 Rn 59; Widmann/Mayer/*Vollrath*, § 32 Rn 4 aE; Lutter/*Grunewald*, § 29 Rn 21 und § 32 Rn 3; *Schaub*, NZG 1998, 626, 628.

14 Ausf. hierzu KölnKomm-UmwG/*Simon*, § 32 Rn 9, § 19 Rn 9.

1 KölnKomm-UmwG/*Simon*, § 33 Rn 1.

2 RegE Begr., BR-Drucks. 75/94 zu § 33.

3 Für den vollständigen Ausschluss des § 33 Widmann/Mayer/*Vollrath*, § 33 Rn 9; Schmitt/Hörtnagl/Stratz/*Stratz*, § 33 Rn 7.

zungen übertragen werden können, suspendiert § 33 diese Beschränkungen wie auch bei anderen Rechtsformen.[4] Sind Anteile an einer Personengesellschaft per se nicht übertragbar, weil eine entsprechende Übertragbarkeitsklausel im Gesellschaftsvertrag fehlt, ist die Anwendbarkeit streitig.[5] Wenn die Zustimmung zum Verschmelzungsvertrag gegen eine Minderheit beschlossen werden kann (§ 43 Abs. 2), dann sind diese Anteilsinhaber mE bereits durch die Vorschrift des § 29 hinreichend geschützt, die ein Ausscheiden aus der Gesellschaft gegen Barabfindung ermöglicht. Soweit bei der Verschmelzung hingegen die nicht in der Anteilsinhaberversammlung erschienenen Gesellschafter der Verschmelzung zustimmen müssen, weil der Gesellschaftsvertrag keinen qualifizierten Mehrheitsbeschluss vorsieht (§ 43 Abs. 1 Hs 2),[6] kann sich die Frage der Anwendbarkeit des § 33 nicht stellen. Wie eingangs bereits festgehalten, greift § 33 nur, wenn der Anteilsinhaber nach § 29 abfindungsberechtigt ist. Dies ist aber nur dann der Fall, wenn er gegen den Verschmelzungsbeschluss gestimmt und danach gegen die Verschmelzung Widerspruch zur Niederschrift erklärt hat.[7] Im Fall des § 43 Abs. 1 Hs 2 hat die Minderheit jedoch für die Verschmelzung gestimmt, damit diese überhaupt wirksam wird. In diesen Konstellationen ist eine Geltendmachung des § 29 von vornherein ausgeschlossen.[8] Entgegen einer zum Teil vertretenen Ansicht kann für die Veräußerungserleichterung des § 33 nichts anderes gelten. Für die Inanspruchnahme dieser Veräußerungserleichterung ist es nicht ausreichend, dass der Anteilsinhaber allein durch seinen Widerspruch zu verstehen gibt, dass er mit der Verschmelzung nicht einverstanden ist.[9] Dies ist insoweit konsequent, da die Anteilsinhaber in der vorstehend beschriebenen Situation ausreichend durch das Zustimmungserfordernis geschützt sind. Etwas anderes kann im Fall des § 33, aber auch bei § 29 nur dann gelten, wenn die Zustimmung zur Verschmelzung unter Treuegesichtspunkten zu erteilen war und damit ein Schutz der Anteilsinhaber nicht anders zu erreichen ist.

II. Inhalt

1. Veräußerung. Erfasst werden unter dem Begriff der Veräußerung iSd § 33 nur Verfügungsgeschäfte aufgrund des Umstands, dass nur diese durch Verfügungsbeschränkungen behindert werden können.[10] 4

2. Berechtigung. Die Anteilsinhaber des übertragenden Rechtsträgers können auf § 33 zurückgreifen, sofern ihnen nach § 29 ein **Austrittsrecht** zukommt.[11] Erforderlich ist folglich, dass die betreffenden Anteilsinhaber gegen die Zustimmung gestimmt und Widerspruch zur Niederschrift erklärt haben. Dementsprechend kann § 33 auf Veräußerungen vor der Beschlussfassung nicht angewendet werden, selbst wenn sicher mit der Zustimmung zum Verschmelzungsvertrag zu rechnen war.[12] 5

Praxishinweis: § 33 gilt nicht für die Anteilsinhaber des übernehmenden Rechtsträgers.[13] Soweit ein Schutz dieser Gruppe gewünscht ist, lässt sich dies durch eine entsprechende Strukturierung der Verschmelzung lösen. Werden beide für die Verschmelzung vorgesehenen Rechtsträger auf eine NewCo verschmolzen, sind den Anteilsinhabern aller beteiligten Rechtsträger die Rechte aus §§ 29, 33 eröffnet.[14]

4 So auch Lutter/*Grunewald*, § 33 Rn 2; KölnKomm-UmwG/*Simon*, § 33 Rn 5.
5 Gegen eine Anwendung des § 33 Lutter/*Grunewald*, § 33 Rn 3; Schmitt/Hörtnagl/Stratz/*Stratz*, § 33 Rn 8; *Reichert*, GmbHR 1995, 176, 190; für eine Anwendbarkeit Kallmeyer/*Marsch-Barner*, § 33 Rn 4; Köln-Komm-UmwG/*Simon*, § 33 Rn 6 ff.
6 Ebenso die Rechtslage in der Partnergesellschaft § 45 d Abs. 1 Hs 2, Abs. 2.
7 S. § 29 Rn 26.
8 S. § 29 Rn 5.
9 Wie hier Schmitt/Hörtnagl/Stratz/*Stratz*, § 33 Rn 8; aA KölnKomm-UmwG/*Simon*, Rn 18; Kallmeyer/*Marsch-Barner*, § 33 Rn 5; Lutter/*Grunewald*, § 33 Rn 6.
10 Statt vieler Lutter/*Grunewald*, § 33 Rn 7.
11 Zu den insoweit einschlägigen Konstellationen s. § 29 Rn 15 ff.
12 Semler/Stengel/*Kalss*, § 33 Rn 11; KölnKomm-UmwG/*Simon*, § 33 Rn 11.
13 Semler/Stengel/*Kalss*, § 33 Rn 9; Widmann/Mayer/*Vollrath*, § 33 Rn 4; KölnKomm-UmwG/*Simon*, § 33 Rn 12; aA Lutter/*Grunewald*, § 33 Rn 4.
14 S. § 36 Rn 3; so auch KölnKomm-UmwG/*Simon*, § 33 Rn 12.

6 **3. Beschränkungen.** Zu den möglichen **Verfügungsbeschränkungen** wird auf die Kommentierung des § 29 Rn 18 ff. verwiesen. Im Gegensatz zum § 29 spricht der Wortlaut des § 33 allerdings von „Verfügungsbeschränkungen bei den beteiligten Rechtsträgern", womit klargestellt ist, dass die Anteilsinhaber des übertragenden Rechtsträgers auch von Verfügungsbeschränkungen in diesem Rechtsträger befreit werden.

Praxishinweis: Da schuldrechtliche Veräußerungsbeschränkungen weder den § 29 noch den § 33 auslösen, findet sich häufig der Gestaltungsvorschlag, (schuldrechtlich wirkende) Vorkaufsrechte zur Absicherung gegen die Konsequenzen aus § 33 einzusetzen.[15] Dies ist unproblematisch und zulässig, sofern die Vorkaufsrechte nicht unangemessen niedrige Gegenleistungen festschreiben.[16] Unzulässig sind allerdings Klauseln im Gesellschaftsvertrag, die eine Einziehung des vom Dritten erworbenen Anteils vorsehen, da dies im Endeffekt auf eine faktische Aushöhlung des § 33 hinauslaufen würde, weil es keinen Markt für mit solchen Risiken belastete Anteile gibt.[17]

7 **4. Form und Frist.** Die suspendierende Wirkung des § 33 für „anderweitige Veräußerungsmöglichkeiten" gilt ab der Fassung des Verschmelzungsbeschlusses[18] bis zum Ablauf der in § 31 bestimmten Frist.

8 Da somit die Veräußerungsmöglichkeit bereits vor Eintragung der Verschmelzung greift und folglich der übertragende Rechtsträger noch nicht erloschen ist, können die Anteilsinhaber auch bereits ihre Anteile an dem übertragenden Rechtsträger veräußern und sind insoweit von den dort geltenden Verfügungsbeschränkungen freigestellt.[19] Soweit hierin ein Wertungsbruch zu § 29 erblickt wird, da diese Vorschrift nur auf Beschränkungen im übernehmenden Rechtsträger abstellt und nur gegen diese neuen Belastungen einen Rechtsbehelf gewährt,[20] muss dieser im Hinblick auf den eindeutigen Wortlaut des § 29 als gesetzgeberische Entscheidung hingenommen werden.[21]

9 Mit Wirksamwerden der Verschmelzung können dann nur noch die als Gegenleistung für die Verschmelzung erhaltenen Anteile an dem übernehmenden Rechtsträger veräußert werden, weshalb mit dem Erlöschen des übertragenden Rechtsträgers die beim übernehmenden Rechtsträger geltenden Beschränkungen suspendiert werden.

III. Rechtsfolge

10 Wie vorstehend bereits festgehalten, steht die Veräußerungserleichterung den Anteilsinhabern von der Fassung des Verschmelzungsbeschlusses an bis zum Ablauf der in § 31 bestimmten Frist zu. Hinsichtlich des Fristbeginns unterscheidet § 31 zwischen zwei Konstellationen, der Eintragung der Verschmelzung ins Register (Satz 1) und einer gerichtlichen Entscheidung im Rahmen des Spruchverfahrens (Satz 2). Aufgrund der Systematik des § 33 als Ergänzung zu den Rechten aus § 29 ist davon auszugehen, dass die Verweisung auf § 31 beide Konstellationen erfasst.[22]

15 So u.a. Widmann/Mayer/*Vollrath*, § 33 Rn 9; Schmitt/Hörtnagl/Stratz/*Stratz*, § 33 Rn 8; Kallmeyer/*Marsch-Barner*, § 33 Rn 4; Lutter/*Grunewald*, § 33 Rn 11.

16 KölnKomm-UmwG/*Simon*, § 33 Rn 10; so aber *Reichert*, GmbHR 1995, 176, 190; ähnlich Widmann/Mayer/*Vollrath*, § 33 Rn 8.

17 Wie hier KölnKomm-UmwG/*Simon*, Rn 10; Schmitt/Hörtnagl/Stratz/*Stratz*, § 33 Rn 8.

18 Semler/Stengel/*Kalss*, § 33 Rn 11; Lutter/*Grunewald*, § 33 Rn 8; wohl auch Schmitt/Hörtnagl/Stratz/*Stratz*, § 33 Rn 4; KölnKomm-UmwG/*Simon*, § 33 Rn 13.

19 KölnKomm-UmwG/*Simon*, § 33 Rn 15.

20 Semler/Stengel/*Kalss*, § 33 Rn 10; vgl zu dieser Kritik auch Schmitt/Hörtnagl/Stratz/*Stratz*, § 33 Rn 5.

21 KölnKomm-UmwG/*Simon*, § 33 Rn 15.

22 Widmann/Mayer/*Vollrath*, § 33 Rn 15; Kallmeyer/*Marsch-Barner*, § 33 Rn 3; Lutter/*Grunewald*, § 33 Rn 8; Schmitt/Hörtnagl/Stratz/*Stratz*, § 33 Rn 4.

§ 34 Gerichtliche Nachprüfung der Abfindung

[1]Macht ein Anteilsinhaber geltend, daß eine im Verschmelzungsvertrag oder in seinem Entwurf bestimmte Barabfindung, die ihm nach § 29 anzubieten war, zu niedrig bemessen sei, so hat auf seinen Antrag das Gericht nach den Vorschriften des Spruchverfahrensgesetzes die angemessene Barabfindung zu bestimmen. [2]Das gleiche gilt, wenn die Barabfindung nicht oder nicht ordnungsgemäß angeboten worden ist.

Literatur:

Bungert/Mennicke, Das Spruchverfahrensneuordnungsgesetz, BB 2003, 2021; *Götz*, Gerichtliche Bestimmung der angemessenen Barabfindung bei Verschmelzung: Verlust der Antragsberechtigung nach § 34 UmwG bei Annahme des Barabfindungsangebots, DB 2000, 1165; *Luttermann*, Barabfindungsannahme und Antragsbefugnis auf Spruchstellenverfahren/„Peipers AG", EWiR 2001, 291.

I. Allgemeines

§ 34 bestimmt die rechtliche Grundlage für die Überprüfung der Barabfindung und versteht sich damit als eine Art **Verbindungsvorschrift zum SpruchG**. Die Vorschrift selbst enthält dementsprechend keine konkreten Angaben zum Verfahren an sich. Als reine Komplementärvorschrift verfolgt § 34 keinen über den § 32 hinausgehenden Zweck, sie eröffnet allein für die durch die Ausschlusswirkung des § 32 erfassten Rügen die Überprüfung im Spruchverfahren.[1] 1

II. Inhalt

1. Antragsberechtigung. Nach § 3 Abs. 1 Nr. 3 SpruchG ist jeder gem. § 29 **abfindungsberechtigte Anteilsinhaber** antragsberechtigt. Wie bereits im Rahmen des § 29 ausgeführt, sind dies nur Anteilsinhaber des übertragenden Rechtsträgers, die gegen den Verschmelzungsbeschluss gestimmt und danach gegen die Verschmelzung Widerspruch zur Niederschrift erklärt haben.[2] Eine weitere **Einschränkung** findet sich allerdings in § 3 S. 2 SpruchG. Danach muss der Antragsteller zum Zeitpunkt der Antragstellung noch Anteilsinhaber sein, damit ihm die Antragsberechtigung zukommt.[3] Diese Voraussetzung ist insoweit irreführend, als die betroffenen Gesellschafter ihren Anteilsbesitz am übertragenen Rechtsträger mit Wirksamwerden der Verschmelzung verlieren (§ 20 Abs. 1 Nr. 3). Aus diesem Grunde sind nach teleologischer Auslegung des § 3 S. 2 SpruchG diese Anteilsinhaber nur unter der Voraussetzung antragsbefugt, sofern sie Anteile in Folge der Umwandlung im Austausch für die Anteile des übertragenden bzw formwechselnden Rechtsträger erhalten haben.[4] Werden Anteile nach der Beschlussfassung über die Verschmelzung, jedoch vor Antragstellung veräußert, sind nach Satz 2 weder der Veräußerer (wegen der Aufgabe seiner Mitgliedschaft) noch der Erwerber (mangels eines eigenen Widerspruchs) antragsbefugt.[5] 2

Das Antragsrecht für das Spruchverfahren entfällt weiter, wenn der Anteilsinhaber die im Verschmelzungsvertrag angebotene Barabfindung innerhalb der Zweimonatsfrist des § 31 annimmt.[6] Die fehlende Antragsberechtigung führt jedoch – jedenfalls dann, wenn ein anderer 3

1 KölnKomm-UmwG/*Simon*, § 34 Rn 3.
2 S. § 29 Rn 26.
3 Statt vieler Widmann/Mayer/*Vollrath*, § 34 Rn 2.1; KölnKomm-UmwG/*Simon*, § 34 Rn 5.
4 Lutter/*Krieger*, § 3 Rn 6; ausf. hierzu Simon/*Leuering*, § 3 SpruchG Rn 34; KölnKomm-UmwG/*Simon*, § 34 Rn 6; *Bungert/Mennicke*, BB 2003, 2021, 2025.
5 Vgl KölnKomm-UmwG/*Simon*, Rn 5; Simon/*Leuering*, § 3 SpruchG Rn 34; aA *Luttermann*, EWiR 2001, 291, 292; Widmann/Mayer/*Vollrath*, § 34 Rn 5.2.
6 LG Dortmund ZIP 2000, 1110; OLG Düsseldorf ZIP 2001, 158 ff; OLG Düsseldorf AG 2005, 480, 481; OLG Frankfurt AG 2007, 699, 700; Kallmeyer/*Marsch-Barner*, § 34 Rn 3; Semler/Stengel/*Kalss*, § 34 Rn 11; Lutter/*Grunewald*, § 34 Rn 2; *Luttermann*, EWiR 2001, 291, 292; aA *Götz*, DB 2000, 1165 ff.

Anteilsinhaber den Antrag stellt – zu keinem Ausschluss von einem positiven Ergebnis des Spruchverfahrens. § 13 S. 2 SpruchG sieht vor, dass auch ein wegen einer bereits nach § 31 S. 1 erklärten Annahme aus der Gesellschaft ausgeschiedener Gesellschafter an einer Erhöhung der Barabfindung partizipiert.[7]

4 **2. Antragsfrist.** Die Frist für den Antrag nach § 34 findet sich in § 4 Abs. 1 Nr. 4 SpruchG. Danach kommt den Antragsberechtigten eine Drei-Monatsfrist zu, innerhalb der sie den Antrag stellen können. Der Antrag ist innerhalb dieser Drei-Monatsfrist zu begründen, § 4 Abs. 2 SpruchG.

III. Rechtsfolge

5 Die Bestimmung der **Angemessenheit** erfolgt durch das zuständige Gericht. Zu den Kriterien der Angemessenheit und dem gerichtlichen Prüfungsrahmen siehe die Kommentierung bei §§ 1 ff. SpruchG.

§ 35 Bezeichnung unbekannter Aktionäre; Ruhen des Stimmrechts

[1]Unbekannte Aktionäre einer übertragenden Aktiengesellschaft oder Kommanditgesellschaft auf Aktien sind im Verschmelzungsvertrag, bei Anmeldungen zur Eintragung in ein Register oder bei der Eintragung in eine Liste von Anteilsinhabern durch die Angabe des insgesamt auf sie entfallenden Teils des Grundkapitals der Gesellschaft und der auf sie nach der Verschmelzung entfallenden Anteile zu bezeichnen, soweit eine Benennung der Anteilsinhaber für den übernehmenden Rechtsträger gesetzlich vorgeschrieben ist; eine Bezeichnung in dieser Form ist nur zulässig für Anteilsinhaber, deren Anteile zusammen den zwanzigsten Teil des Grundkapitals der übertragenden Gesellschaft nicht überschreiten. [2]Werden solche Anteilsinhaber später bekannt, so sind Register oder Listen von Amts wegen zu berichtigen. [3]Bis zu diesem Zeitpunkt kann das Stimmrecht aus den betreffenden Anteilen in dem übernehmenden Rechtsträger nicht ausgeübt werden.

Literatur:

Bungert/Mennicke, Das Spruchverfahrensneuordnungsgesetz, BB 2003, 2021; *Götz*, Gerichtliche Bestimmung der angemessenen Barabfindung bei Verschmelzung: Verlust der Antragsberechtigung nach § 34 UmwG bei Annahme des Barabfindungsangebots, DB 2000, 1165; *Luttermann*, Barabfindungsannahme und Antragsbefugnis auf Spruchstellenverfahren/„Peipers AG“, EWiR 2001, 291.

I. Allgemeines

1 Ist eine AG oder eine KGaA als übertragender Rechtsträger an einer Verschmelzung beteiligt, die eine Publikumsgesellschaft ist, so ergeben sich regelmäßig praktische Probleme bei der Benennung sämtlicher Gesellschafter bis hin zur faktischen Unmöglichkeit. Die Ausgabe von Inhaberaktien stellt eher die Regel als die Ausnahme dar[1] und selbst bei Ausgabe von Namens-

7 S. § 31 Rn 11, aA *Götz*, DB 2000, 1165.
1 KölnKomm-UmwG/*Simon*, § 35 Rn 1; Kallmeyer/*Marsch-Barner*, § 35 Rn 2.

aktien kann das Aktienregister unrichtig oder unvollständig sein, weshalb die Bezeichnung des Inhabers im Aktienregister des übertragenden Rechtsträgers oft nicht weiterhilft.[2]

Nach § 35 können in den Fällen, in denen eine Benennung der Anteilsinhaber für den übernehmenden Rechtsträger gesetzlich vorgeschrieben ist, die unbekannten Aktionäre durch die Angabe des insgesamt auf sie entfallenden Teils des Grundkapitals der Gesellschaft und der auf sie nach der Verschmelzung entfallenden Anteile beim übernehmenden Rechtsträger bezeichnet werden (sog. **Sammelvermerk**), soweit nicht mehr als 5 % des Grundkapitals der übertragenden Gesellschaft von unbekannten Aktionären gehalten wird. 2

▶ **Formulierungshinweis:**

3,72 % des Grundkapitals der übertragenden Gesellschaft und eine gesamte Kommanditeinlage in Höhe von ... EUR beim übernehmenden Rechtsträger, also ... % an der Summe aller Kommandithafteinlagen entfällt auf unbekannte Gesellschafter.[3] ◀

Nach Satz 2 ist der übernehmende Rechtsträger verpflichtet, nach Bekanntwerden der Anteilsinhaber die Register und eventuell zu führenden Listen zu **berichtigen.** Gemäß § 35 S. 3 ruht das Stimmrecht der unbekannten Aktionäre aus ihren neuen Anteilen am übernehmenden Rechtsträger bis zur Berichtigung der Register und Listen. 3

II. Inhalt

1. Betroffene Rechtsträger. Die Erleichterung hinsichtlich der Bezeichnung der Anteilsinhaber gilt nach dem eindeutigen Wortlaut nur für übertragende Rechtsträger in der Rechtsform einer AG oder KGaA. Auch wenn sich bei der Verschmelzung von Vereinen als auch bei Publikums-KGs vergleichbare Probleme zeigen,[4] muss eine entsprechende Anwendung des § 35 auf diese Sachverhalte ausscheiden. 4

Hinsichtlich der übernehmenden Rechtsträger sieht lediglich § 45 b Abs. 2 vor, dass § 35 im Zusammenhang mit einer Verschmelzung auf eine **Partnerschaftsgesellschaft keine Anwendung** findet. 5

Nach zum Teil vertretener Ansicht soll darüber hinaus die Anwendung des § 35 bei einer übernehmenden KG ausgeschlossen sein, da die namentliche Angabe bei künftigen Komplementären und Kommanditisten, die ihre Einlage nicht oder nicht vollständig geleistet haben, unentbehrlich sei.[5] Dieser Ansicht kommt in der Praxis für Komplementäre keine Relevanz zu. Für die Übernahme der Stellung eines persönlich haftenden Gesellschafters beim übernehmenden Rechtsträger bedarf es der Zustimmung und damit der persönlichen Mitwirkung des Anteilsinhabers, § 40 Abs. 2 S. 2.[6] Insoweit ist ausgeschlossen, dass unbekannte Aktionäre Komplementäre werden können. § 35 findet aufgrund der Vorgabe des § 40 Abs. 2 S. 2 deshalb bereits keine Anwendung.[7] Der Ansicht kann auch im Übrigen nicht gefolgt werden, selbst wenn es Fälle gibt, in denen die Einlage des künftigen Kommanditisten nicht vollständig eingezahlt ist. Der Gesetzgeber hat die Beeinträchtigung der **Gläubigerinteressen** durch § 35 gesehen, aber eindeutig entschieden, dass diese Interessen bis zur Höhe der 5 %-Schwelle hinter dem Interesse an einer Umwandlung **zurücktreten** müssen.[8] 6

2. Bezeichnungspflicht unbekannter Aktionäre. § 35 lässt nur dann einen Sammelvermerk zu, wenn die Benennung der Anteilsinhaber des übertragenden Rechtsträgers für den übernehmenden Rechtsträger **gesetzlich vorgeschrieben** ist. Das Erfordernis kann sich dabei aus dem je- 7

2 KölnKomm-UmwG/*Simon*, § 35 Rn 1; Kallmeyer/*Marsch-Barner*, § 35 Rn 2.
3 So schon Widmann/Mayer/*Wälzholz*, § 35 Rn 21.
4 Widmann/Mayer/*Wälzholz*, § 35 Rn 7; Semler/Stengel/*Schwanna*, § 35 Rn 2; KölnKomm-UmwG/*Simon*, § 35 Rn 4.
5 Lutter/*Grunewald*, § 35 Rn 9; Kallmeyer/*Marsch-Barner*, § 35 Rn 5; aA *Meyer-Landrut/Kiem*, WM 1997, 1413, 1415.
6 DAV-Handelsrechtsausschuss, NZG 2000, 802, 805; Widmann/Mayer/*Wälzholz*, § 35 Rn 5.
7 KölnKomm-UmwG/*Simon*, § 35 Rn 4.
8 Widmann/Mayer/*Wälzholz*, § 35 Rn 12; KölnKomm-UmwG/*Simon*, § 35 Rn 17.

weils einschlägigen Gesellschaftsrecht sowie aus den besonderen Verschmelzungsvorschriften ergeben.

8 Im Falle einer **GmbH** als übernehmenden Rechtsträger ergibt sich die Bezeichnungspflicht der Anteilsinhaber aus mehreren Gesichtspunkten. Nach § 46 Abs. 1, 3 ist der Nennbetrag der an die Anteilsinhaber des übertragenden Rechtsträgers zu gewährenden Geschäftsanteile im Verschmelzungsvertrag zu bestimmen. Ferner ist nach § 55 Abs. 2 iVm § 57 Abs. 3 Nr. 2 GmbHG anlässlich einer Kapitalerhöhung im Rahmen der Verschmelzung eine Liste der Übernehmer der neuen Stammeinlagen zum Handelsregister einzureichen.

9 Für eine **AG** oder **KGaA** als übernehmenden Rechtsträger besteht eine Benennungspflicht nur dann, sofern die Gesellschaft Namensaktien an ihre Aktionäre ausgegeben hat, für die ein Aktienregister zu führen ist.[9]

10 § 40 Abs. 1 sieht die Verpflichtung vor, dass der Verschmelzungsvertrag bei einer Verschmelzung auf eine **Personengesellschaft** für jeden Gesellschafter des übertragenden Rechtsträgers festlegen muss, ob er Komplementär oder Kommanditist des übernehmenden Rechtsträgers wird.[10] Nach § 162 Abs. 3 HGB ist im Falle des Eintritts eines Kommanditisten in eine bestehende Handelsgesellschaft § 162 Abs. 1 HGB entsprechend anzuwenden, wonach die Handelsregisteranmeldung, außer den Angaben nach § 106 Abs. 2 HGB, die Bezeichnung der Kommanditisten und die Angabe der Hafteinlage zu enthalten hat.

11 Nach § 80 Abs. 1 S. 2 ist bei Verschmelzungen auf **Genossenschaften** ebenfalls für jeden Anteilsinhaber des übertragenden Rechtsträgers der Betrag des Geschäftsanteils und die Zahl der Geschäftsanteile anzugeben. Zudem besteht nach § 30 Abs. 1 GenG die Pflicht zur Führung von Mitgliederlisten, die auch im Rahmen einer Umwandlung anzupassen sind, § 89 Abs. 1.

12 **3. Nachforschungspflicht.** § 35 soll nach Sinn und Zweck der Vorschrift nur dann Anwendung finden, wenn die Aktionäre dem übertragenden Rechtsträger tatsächlich unbekannt sind. Aktionäre gelten allerdings nicht als unbekannt, wenn die Gesellschaft die ihr offenkundig verfügbaren Möglichkeiten zu deren Ermittlung (zB Aktienregister oder Anwesenheitslisten früherer Hauptversammlungen) nicht ausnutzt.[11]

13 Nach einer (stark umstrittenen) Entscheidung des BayObLG[12] besteht eine Nachforschungspflicht dergestalt, dass die Gesellschaft die bekannten Anteilsinhaber **mit Namen im Umwandlungsbeschluss** aufzuführen hat. Das Gericht riet dazu, bereits in der Einladung zur beschlussfassenden Hauptversammlung die Aktionäre zur Offenlegung ihres Aktienbesitzes aufzurufen. Die Entscheidung ist zur Eingrenzung der Anzahl an unbekannten Anteilsinhabern auch nach der Neuregelung des § 35 von Relevanz angesichts des Umstands, dass die Erleichterung des § 35 S. 1 Hs 1 nur anwendbar ist, sofern die 5%-Schwelle nicht überschritten wird. Zu Recht ließ der Gesetzgeber allerdings die **Pflicht zur Angabe der Aktienurkunden der unbekannten Aktionäre weggefallen**. Eine Auflistung von etlichen Aktiennummern vermag kaum der Übersichtlichkeit und der Rechtssicherheit zu dienen. Zudem gestaltet sich diese Methode in der Praxis wegen der möglichen Änderung des Aktionärskreises durch Aktienübertragung in der Zeit des Formwechsels als schwierig. Es reicht daher aus, wenn die noch unbekannt gebliebenen Anteilsinhaber im Umwandlungsbeschluss mittels eines Sammelvermerks durch Angabe des auf sie entfallenden Grundkapitals und der nach dem Formwechsel auf sie entfallenden Anteile näher bestimmt werden.

9 Widmann/Mayer/*Wälzholz*, § 35 Rn 13; KölnKomm-UmwG/*Simon*, § 35 Rn 7; Kallmeyer/*Marsch-Barner*, § 35 Rn 2.

10 LG Augsburg ZIP 1996, 1011, 1012; KölnKomm-UmwG/*Simon*, § 35 Rn 8.

11 Widmann/Mayer/*Wälzholz*, § 35 Rn 20; Semler/Stengel/*Schwanna*, § 35 Rn 7.

12 BayObLG DB 1996, 1814, 1815; noch strenger die Vorinstanz LG Augsburg ZIP 1996, 1011, 1012; dem zustimmend *Neye*, EWiR 1996, 761, 762; *Jäger*, DStR 1996, 1659; *Schmittmann*, AG 1998, 514, 516; *Trölitzsch*, WiB 1996, 1104, 1105; aA Kallmeyer/*Marsch-Barner*, § 35 Rn 4; Schmitt/Hörtnagl/Stratz/*Stratz*, § 35 Rn 4 aE; Widmann/Mayer/*Wälzholz*, § 35 Rn 28; Semler/Stengel/*Schwanna*, § 35 Rn 7; Lutter/*Grunewald*, § 35 Rn 8.

Praxishinweis: Auch wenn in der Entscheidung des BayObLG nicht ausdrücklich zur Sprache gekommen, sollte vorsichtshalber die Erklärung in die Handelsregisteranmeldung aufgenommen werden, dass alle zumutbaren Anstrengungen zur Ermittlung unbekannter Aktionäre unternommen wurden.[13]

4. 5 %-Schwelle. Wie eingangs bereits festgehalten, greift die Erleichterung nach § 35 nur, soweit die Anzahl der unbekannten Aktionäre nicht mehr als 5 % des Grundkapitals des übertragenden Rechtsträgers ausmacht. Nach der Gesetzesbegründung soll durch die 5 %-Schwelle ein Missbrauch der Erleichterung verhindert werden.[14] Wird dieser Schwellenwert überschritten, greift die in § 35 vorgesehene Erleichterung nicht und auch nicht für einen Teil von 5 % des Grundkapitals ein.[15] 14

Praxishinweis: Um in diesen Fällen die Verschmelzungsfähigkeit des übertragenden Rechtsträgers wiederherzustellen, verbleibt allein der Weg über eine vorgeschaltete Kapitalerhöhung, mit der die unbekannten Aktionäre unter die 5 %-Schwelle verwässert werden.[16]

III. Berichtigung, Satz 2

Gemäß Satz 2 sind die Register und Listen von Amts wegen zu berichtigen, sobald nachträglich Kenntnis von der Person der unbekannten Aktionäre erlangt wurde, die im Sammelvermerk erfasst sind. Dem Registergericht obliegt damit aber keine Nachforschungspflicht, vielmehr sind die Gesellschaft und ihre vertretungsberechtigten Organe zur Mitteilung entsprechender Informationen gegenüber dem Registergericht verpflichtet. 15

Praxishinweis: Soweit der für die Verschmelzung zuständige Notar nachträglich Kenntnis von der Person der Gesellschafter erlangt, sollte dieser im Hinblick auf seine Verpflichtungen nach § 40 GmbHG ebenfalls eine entsprechende Mitteilung an das Registergericht machen.[17]

IV. Ausschluss der Stimmrechtsausübung, Satz 3

Nach § 35 S. 3 ruhen die Stimmrechte aus den Anteilen, bis die Identität des Anteilsinhabers bekannt ist. Das von der Vorschrift angeordnete Ruhen der Stimmrechte geht dabei über einen reinen Stimmrechtsausschluss, wie er in anderen Vorschriften zu finden ist,[18] hinaus. Satz 3 muss vielmehr so verstanden werden, dass die fehlende Ausübung der ruhenden Stimmrechte einer wirksamen Beschlussfassung aller bekannten Anteilsinhaber nicht entgegenstehen soll.[19] Dies wird besonders in den Fällen relevant, in denen aufgrund zwingender gesetzlicher Vorgaben eigentlich eine einstimmige Beschlussfassung erforderlich ist.[20] 16

Praxishinweis: Ruhende Stimmrechte sind in Gesellschafterbeschlüssen als nicht vorhandene Stimmen zu werten und nicht wie Stimmenthaltungen.[21] Die ruhenden Stimmen werden bei der Zählung neben den Stimmen der nicht erschienenen Anteilsinhaber nicht mitgezählt.

13 Kallmeyer/*Marsch-Barner*, § 35 Rn 4; gegen eine Versicherung Widmann/Mayer/*Wälzholz*, § 35 Rn 28; KölnKomm-UmwG/*Simon*, § 35 Rn 19.
14 Vgl BT-Drucks. 16/2919, S. 13, 27; DAV-Handelsrechtsausschuss, NZG 2006, 737, 739; KölnKomm-UmwG/*Simon*, § 35 Rn 13.
15 KölnKomm-UmwG/*Simon*, § 35 Rn 13.
16 Zu dieser Gestaltungsmöglichkeit vgl auch Widmann/Mayer/*Wälzholz*, § 35 Rn 22; KölnKomm-UmwG/*Simon*, § 35 Rn 14.
17 So auch KölnKomm-UmwG/*Simon*, § 35 Rn 20.
18 Vgl etwa § 20 Abs. 1, 4 AktG; §§ 71 b, 71 d Satz 2, 4 AktG; § 328 AktG; § 28 S. 1 WpHG.
19 BT-Drucks. 16/2919, S. 13; mit ausf. Begr. KölnKomm-UmwG/*Simon*, § 35 Rn 21.
20 Wie etwa bei §§ 109 Abs. 1, 161 Abs. 2 HGB.
21 KölnKomm-UmwG/*Simon*, § 35 Rn 21.

V. Weitergehende Wirkung des Satzes 3

17 Noch nicht abschließend geklärt ist hingegen, ob die Wirkung des Satzes 3 noch einen Schritt weiter geht:

18 **1. Suspendierung des Ladungserfordernisses.** Nach einigen Bestimmungen besteht trotz „Ruhen“ oder Ausschluss des Stimmrechts ein Teilnahmerecht an der Gesellschafterversammlung.[22] Damit müssten die unbekannten Anteilsinhaber aber zumindest zur Gesellschafterversammlung eingeladen werden, damit überhaupt wirksame Beschlüsse gefasst werden können. Dies gilt sowohl für übernehmende Rechtsträger in der Rechtsform einer Personengesellschaft, aber auch bei Kapitalgesellschaften, bei denen die Ladung durch öffentliche Bekanntmachung oder Einrückung in bestimmten Gesellschaftsblätter nicht zugelassen ist.[23] Es spricht vieles dafür, dass, wenn die fehlende Ausübung der ruhenden Stimmrechte einer wirksamen Beschlussfassung – trotz Einstimmigkeitserfordernis – nicht entgegensteht, die Wirksamkeit dieser Beschlüsse erst recht nicht von der Einhaltung einer wirksamen Ladung der unbekannten Anteilsinhaber abhängig gemacht werden kann.[24]

Praxishinweis: Mangels einer gesicherten Rspr zu dieser Frage, sollte in der Praxis allerdings neben der Einhaltung der üblichen Ladungsvoraussetzung die Gesellschafterversammlung auch im elektronischen Bundesanzeiger freiwillig öffentlich bekannt gemacht werden.[25] Der BGH hat in einem nicht zu § 35 S. 3 ergangenen Urteil festgestellt, dass das Anknüpfen der Wirksamkeit der Einladung nur an die Veröffentlichung im BAnz statt an die (zusätzliche) persönliche Einladung eine sachgerechte Lösung zur Gewährleistung der Funktionsfähigkeit der Publikumsgesellschaft in Bezug auf eine reibungslose Durchführung von Gesellschafterversammlungen darstellt.[26] Dies muss erst Recht auch bei Vorhandensein unbekannter Anteilsinhaber gelten, deren Stimmrechte sogar ruhen.[27]

19 **2. Anwendung auf Handelsregisteranmeldungen.** Das Vorhandensein von unbekannten Anteilsinhabern wird in Personengesellschaften aber auch dann zum Problem, wenn Handelsregisteranmeldungen der Gesellschaft anstehen. Nach den §§ 108, 161 Abs. 2 HGB bedarf es für Anmeldungen zum Handelsregister der Mitwirkung aller Gesellschafter, was bei unbekannten Anteilsinhabern allerdings unmöglich ist.

Praxishinweis: Zur Vermeidung solcher Konstellationen sollte bei der Gestaltung von Gesellschaftsverträgen von Personengesellschaften eine Regelung über Vollmachten (§ 12 Abs. 2 HGB) aufgenommen werden, die den Komplementär zur Vertretung der Kommanditisten im Rahmen von Handelsregisteranmeldungen ermächtigt.[28]

20 Nach zum Teil vertretener Ansicht kann aufgrund der Wirkung des § 35 S. 3 eine entsprechende **Vollmacht-Klausel** für den Gesellschaftsvertrag von allen (bekannten) Gesellschaftern beschlossen werden.[29] In eine ähnliche Richtung weist eine Entscheidung des OLG Schleswig-Holstein, wonach derartige Vollmachten bei Umwandlungen auch im Gesellschaftsvertrag der neuen Gesellschaft durch bloßen Mehrheitsbeschluss vereinbart werden können.[30] Ohne den Anwendungsbereich des § 35 S. 3 zu überstrapazieren, bietet sich an, bei Vorhandensein unbekannter Aktionäre im übertragenden Rechtsträger noch vor der Verschmelzung eine entsprechende Handelsregistervollmacht in den Gesellschaftsvertrag der übernehmenden Gesellschaft aufzunehmen.[31]

22 Vgl Widmann/Mayer/*Wälzholz*, § 35 Rn 31.
23 Hanseatisches OLG DB 2003, 1498 f; Widmann/Mayer/*Wälzholz*, § 35 Rn 31.
24 IE so auch Widmann/Mayer/*Wälzholz*, § 35 Rn 31; KölnKomm-UmwG/*Simon*, § 35 Rn 24.
25 Der Vorschlag findet sich bei Widmann/Mayer/*Wälzholz*, § 35 Rn 31; vgl auch KölnKomm-UmwG/*Simon*, § 35 Rn 24.
26 BGH DStR 2005, 1539, 1542.
27 So ausdr. Widmann/Mayer/*Wälzholz*, § 35 Rn 31.
28 Zur Zulässigkeit solcher Vollmachten vgl BGH DStR 2006, 1711, 1712.
29 KölnKomm-UmwG/*Simon*, § 35 Rn 26.
30 OLG Schleswig DB 2003, 1502, 1503; zustimmend *Wagner*, DStR 2003, 1891, 1892; *Bandehzadeh*, DB 2003, 1663, 1665 f; *Meyer-Landrut/Kiem*, WM 1997, 1361, 1373.
31 So der Vorschlag von Widmann/Mayer/*Wälzholz*, § 35 Rn 9.

Dritter Abschnitt Verschmelzung durch Neugründung

§ 36 Anzuwendende Vorschriften

(1) [1]Auf die Verschmelzung durch Neugründung sind die Vorschriften des Zweiten Abschnitts mit Ausnahme des § 16 Abs. 1 und des § 27 entsprechend anzuwenden. [2]An die Stelle des übernehmenden Rechtsträgers tritt der neue Rechtsträger, an die Stelle der Eintragung der Verschmelzung in das Register des Sitzes des übernehmenden Rechtsträgers tritt die Eintragung des neuen Rechtsträgers in das Register.

(2) [1]Auf die Gründung des neuen Rechtsträgers sind die für dessen Rechtsform geltenden Gründungsvorschriften anzuwenden, soweit sich aus diesem Buch nichts anderes ergibt. [2]Den Gründern stehen die übertragenden Rechtsträger gleich. [3]Vorschriften, die für die Gründung eine Mindestzahl der Gründer vorschreiben, sind nicht anzuwenden.

Literatur:

Gasteyer, Die Unternehmergesellschaft (haftungsbeschränkt) – Praktische Umsetzung des § 5 a GmbHG aus anwaltlicher Sicht, NZG 2009, 1364; *Heckschen,* Identität der Anteilseigner beim Formwechsel, DB 2008, 2122; *ders.*, Gründungserleichterungen nach dem MoMiG – Zweifelsfragen in der Praxis, DStR 2009, 166; *Pfeiffer*, Auswirkungen der geplanten Notarkostenreform auf gesellschaftsrechtliche Vorgänge und M&A-Transaktionen, NZG 2013, 244; *Priester*, Mitgliederwechsel im Umwandlungszeitpunkt, DB 1997, 560, 566; *Seibert*, Der Regierungsentwurf des MoMiG und die haftungsbeschränkte Unternehmergesellschaft, GmbHR 2007, 673; *Weber*, Die Unternehmergesellschaft (haftungsbeschränkt), BB 2009, 842.

I. Allgemeines

1 Im dritten Abschnitt des Zweiten Buches (§§ 36 bis 38) ist die Verschmelzung durch Neugründung als eigenständiger Abschnitt geregelt; rechtsformspezifische Besonderheiten an die Verschmelzung zur Neugründung finden sich erst im zweiten Teil des Zweiten Buches.[1] Im Wesentlichen verweisen die Vorschriften auf die Regelungen der Verschmelzung durch Aufnahme, die damit als Richtschnur der Verschmelzung im Umwandlungsrecht etabliert wird. Der systematische Unterschied zwischen beiden Verschmelzungsalternativen besteht darin, dass im Falle der Verschmelzung durch Neugründung der übernehmende Rechtsträger erst mit Wirksamkeit der Verschmelzung entsteht. Konsequenterweise erfährt diese Verschmelzungsmöglichkeit daher eine eigene Regelung, da zur Vermögensübertragung die Neuentstehung eines Rechtsträgers im Verschmelzungszusammenhang hinzutritt.[2]

2 Jeder der in § 3 aufgeführten Rechtsträger kann **übernehmender Rechtsträger** im Rahmen einer Verschmelzung durch Neugründung werden, mit Ausnahme des genossenschaftlichen Prüfverbandes (§ 105) und der SE, deren Gründung sich ausschließlich nach der SE-VO richtet.[3] Auch wenn in § 3 nicht aufgeführt, ist die Beteiligung einer Unternehmergesellschaft am Verschmelzungsvorgang als übertragender Rechtsträger aufgrund des § 5 a GmbHG möglich, da die UG

1 §§ 57 bis 59 für die GmbH, §§ 73 bis 77 für AG und KGaA; §§ 96 bis 98 für die eG und §§ 114 bis 117 für die VVaG.

2 Semler/Stengel/*Bärwaldt*, § 36 Rn 1; KölnKomm-UmwG/*Simon/Nießen*, § 36 Rn 1 ff; Lutter/*Grunewald*, § 36 Rn 1, 3.

3 Kallmeyer/*Marsch-Barner*, § 36 Rn 3; KölnKomm-UmwG/*Simon/Nießen*, § 36 Rn 4; Semler/Stengel/*Bärwaldt*, § 36 Rn 6.

lediglich einen Spezialfall einer GmbH darstellt. Eine Verschmelzung durch Neugründung einer UG ist allerdings unzulässig.[4] § 36 Abs. 2 S. 1 verlangt die Anwendung der Gründungsvorschriften auf die Verschmelzung durch Neugründung. Die Anwendung des § 5 a Abs. 2 S. 2 GmbHG statuiert für die UG jedoch ein Verbot der Sacheinlage. Da die Verschmelzung durch Neugründung eine Sachgründung darstellt, ist diese mit § 5 a Abs. 2 S. 2 GmbHG nicht vereinbar und folglich ausgeschlossen.[5]

3 Der wesentliche **Vorteil** der Verschmelzung durch Neugründung liegt in der geringeren Anfechtungsmöglichkeit der Verschmelzungsbeschlüsse, da die übertragenden Rechtsträger der Einschränkung des § 14 Abs. 2 unterfallen und beim neugegründeten Rechtsträger kein Verschmelzungsbeschluss gefasst wird, der Gegenstand einer Anfechtung sein könnte.[6] Aus Sicht der beteiligten Rechtsträger bietet sich diese Verschmelzungsvariante ferner an, wenn beide Parteien wirtschaftlich gleich da stehen und daher streitig ist, welcher Rechtsträger der Übernehmer sein soll oder wenn die Angleichung der Strukturen zu kompliziert ist.[7] Weiter kann an diese Gestaltung gedacht werden, wenn allen Gesellschaftern der beteiligten Gesellschaften die Rechte nach §§ 29 und 33 zukommen sollen, da diese nur den Gesellschaftern des übertragenden Rechtsträgers zustehen.[8] Letzteres ergibt sich insbesondere bei unterschiedlichen Rechtsformen der Beteiligten. In diesem Fall bietet sich die Möglichkeit in einem neuen Rechtsträger neue Strukturen zu schaffen ohne unterschiedliche Systeme vorher entwirren zu müssen.[9] In wirtschaftlicher Hinsicht ist damit die Verschmelzung durch Neugründung vergleichbar mit einer Verschmelzung durch Aufnahme verbunden mit einem Formwechsel.[10]

Praxishinweis: Ein Nachteil der Verschmelzung durch Neugründung sind – im Vergleich durch Verschmelzung durch Aufnahme – die höheren Kosten dieser Verschmelzungsvariante, die durch die Neugründung eines Rechtsträgers verursacht werden.[11] Auch ergeben sich höhere Beurkundungskosten, da der Geschäftswert aus der Addition der Unternehmenswerte aller übertragenden Rechtsträger gebildet wird.[12] Dies wurde bis zum Inkrafttreten des Gesetzes betr. die Gerichts- und Notarkosten (GNotKG) am 1.7.2013 zumindest dadurch abgemildert, dass gemäß § 39 Abs. 4 KostO eine obere Kappungsgrenze in Höhe von maximal 5 Mio. EUR für die Beurkundungskosten festgelegt war.[13] Nach § 107 Abs. 1 S. 1 GNotKG beträgt der Höchstwert nunmehr allerdings 10 Mio. EUR Der Maximalbetrag einer doppelten Gebühr beträgt folglich nunmehr 22.770 EUR.[14]

II. Inhalt

4 **1. Anwendbarkeit der Vorschriften zur Verschmelzung durch Aufnahme, Abs. 1.** Nach Abs. 1 finden auf die Verschmelzung durch Neugründung die Vorschriften der Verschmelzung durch Aufnahme (§§ 4 bis 35)[15] mit Ausnahme der §§ 16 Abs. 1 und 27 Anwendung. Für die Anmeldung der Verschmelzung gilt anstelle des § 16 Abs. 1 die Regelung des § 38 Abs. 1 sowie über die allgemeine Verweisung die §§ 16 Abs. 2 und 17. Die nach § 27 bestehende Schadensersatzpflicht der Organe des übernehmenden Rechtsträgers geht im Rahmen der Verschmelzung

4 S. § 3 Rn 8; Semler/Stengel/*Bärwaldt*, § 36 Rn 43 a; *Gasteyer*, NZG 2009, 1364, 1367 f; *Heckschen*, DStR 2009, 166, 172.
5 *Seibert*, GmbHR 2007, 673; *Weber*, BB 2009, 842, 847.
6 Ausf. hierzu KölnKomm-UmwG/*Simon/Nießen*, § 36 Rn 8; Lutter/*Grunewald*, § 36 Rn 6; Widmann/Mayer/*Mayer*, § 36 Rn 2.4.
7 KölnKomm-UmwG/*Simon/Nießen*, § 36 Rn 9; Semler/Stengel/*Bärwaldt*, § 36 Rn 2; Widmann/Mayer/*Mayer*, § 36 Rn 2.1.
8 S. § 33 Rn 5.
9 Semler/Stengel/*Bärwaldt*, § 36 Rn 2.
10 Semler/Stengel/*Bärwaldt*, § 36 Rn 2.
11 *Stoye-Benk*, Handbuch Umwandlungsrecht, Teil B Rn 63 ff; KölnKomm-UmwG/*Simon/Nießen*, § 36 Rn 6 ff; Kallmeyer/*Marsch-Barner*, § 36 Rn 2; Schmitt/Hörtnagl/Stratz/*Stratz*, Vorbemerkung zu §§ 36-38 Rn 7.
12 KölnKomm-UmwG/*Simon/Nießen*, § 36 Rn 7; Semler/Stengel/*Bärwaldt*, § 36 Rn 2; Widmann/Mayer/*Mayer*, § 36 Rn 2.1.
13 Widmann/Mayer/*Mayer*, § 36 Rn 2.1; Semler/Stengel/*Bärwaldt*, § 36 Fn 3.
14 Der Höchstbetrag gemäß § 39 Abs. 4 KostO betrug 15.114 EUR.
15 Mit Hinweis auf einzelne Besonderheiten KölnKomm-UmwG/*Simon/Nießen*, § 36 Rn 14 ff.

durch Neugründung ins Leere, da diese nicht an der Verschmelzung beteiligt waren, weshalb die Vorschrift konsequent von Abs. 1 ausgeklammert wird.[16]

Praxishinweis: Hinsichtlich der der Anmeldung nach § 17 Abs. 2 beizufügenden Schlussbilanzen der übertragenden Rechtsträger ist es nicht erforderlich, dass diese auf denselben Stichtag lauten.[17]

Abs. 1 S. 2 stellt klar, dass für die Anwendung der Vorschriften zur Verschmelzung durch Aufnahme der neue Rechtsträger an die Stelle des übernehmenden Rechtsträgers tritt und dessen (Gründungs-)Eintragung an die Stelle der Verschmelzungseintragung im Register des übernehmenden Rechtsträgers tritt. Da die Neugründung des Rechtsträgers mit Wirksamkeit der Verschmelzung stattfindet und daher die Verschmelzung durch Neugründung gleichzeitig **Sachgründung** ist, müssen die rechtsformspezifischen Gründungsvoraussetzungen, wie etwa die Aufbringung des Mindeststammkapitals, bereits durch die Verschmelzung Berücksichtigung finden.[18] Etwaige Mängel folgen dem rechtsformspezifischen Gründungsrecht mit der Folge, dass die Verschmelzung – mit Ausnahme schwerwiegender Fehler – nicht rückabgewickelt werden muss. Verschmelzung und Gründungsakt sind insoweit getrennt voneinander zu bewerten.[19] Diese Aussage erklärt die Systematik des § 36 dahin gehend, dass der Verschmelzungsvorgang gemäß Abs. 1 grundsätzlich nach demjenigen der Verschmelzung durch Aufnahme zu bewerten ist. 5

2. Anwendbarkeit der Gründungsvorschriften, Abs. 2 Satz 1. Da Verschmelzungsvorgang und Gründungsvorgang getrennt zu behandeln sind, stellt Abs. 2 klar, dass für den jeweiligen Gründungsvorgang das rechtsformspezifische Gründungsrecht Anwendung findet. Rechtsfolgen von Gründungsmängeln folgen daher den rechtsformspezifischen Sonderregeln.[20] Die nach Abs. 2 S. 1 grundsätzlich geltenden rechtsformspezifischen Gründungsvorschriften werden im Zweiten Teil des Zweiten Buches allerdings noch einmal modifiziert,[21] weshalb insoweit auf diese Kommentierung verwiesen wird. Im Folgenden sollen allein einige bedeutsame umwandlungsrechtliche Besonderheiten, die Bedeutung für den Verschmelzungsvorgang bzw dessen Durchführung haben, kurz erläutert werden.[22] 6

a) Personenhandelsgesellschaften. Grundsätzlich werden durch Abs. 2 die Voraussetzungen zur Anmeldung des neu gegründeten Rechtsträgers zum Handelsregister überlagert. Soweit eine Personenhandelsgesellschaft, als OHG, KG und EwiV, übernehmender Rechtsträger sein soll, bedarf ihr Gesellschaftsvertrag nach § 37 (ausnahmeweise) einer notariellen Beurkundung.[23] Nach § 45 a gilt das Beurkundungserfordernis, in Abweichung zu § 3 Abs. 1 PartGG, auch für die Partnerschaftsgesellschaft. Darüber hinaus überlagern die §§ 16 ff das Namensrecht der Partnerschaftsgesellschaft sowie die Anforderungen an den Inhalt der Anmeldung zum Handelsregister. 7

b) Kapitalgesellschaften. Die Organe der übertragenden Rechtsträger sind nach § 38 Abs. 2 für die Anmeldung des neugegründeten Rechtsträgers zuständig, so dass die §§ 7 Abs. 1, 78 GmbHG (Anmeldung durch sämtliche Geschäftsführer) bzw §§ 36, 37 AktG (Anmeldung durch sämtliche Vorstände) insoweit verdrängt werden.[24] Ebenso sind § 7 Abs. 2 und 3 GmbHG trotz der pauschalen Verweisung des § 36 Abs. 2 nicht anwendbar, da die Sacheinlagen automatisch durch die Gesamtrechtsnachfolge im Rahmen der Verschmelzung erbracht 8

16 KölnKomm-UmwG/*Simon/Nießen*, § 36 Rn 12; Kallmeyer/*Marsch-Barner*, § 36 Rn 3; Schmitt/Hörtnagl/Stratz/*Stratz*, § 36 Rn 3.

17 Lutter/*Grunewald*, § 36 Rn 7; Widmann/Mayer/*Mayer*, § 36 Rn 88.

18 Semler/Stengel/*Bärwaldt*, § 36 Rn 18; Lutter/*Grunewald*, § 36 Rn 13.

19 Arg. e. § 20 Abs. 2; vgl auch Semler/Stengel/*Bärwaldt*, § 36 Rn 18; KölnKomm-UmwG/*Simon/Nießen*, § 36 Rn 25; Kallmeyer/*Marsch-Barner*, § 36 Rn 8.

20 KölnKomm-UmwG/*Simon/Nießen*, § 36 Rn 25; Semler/Stengel/*Bärwaldt*, § 36 Rn 18.

21 S. §§ 57 bis 59 für die GmbH, §§ 73 bis 77 für AG und KGaA; §§ 96 bis 98 für die eG und §§ 114 bis 117 für die VVaG.

22 Ausf. hierzu KölnKomm-UmwG/*Simon/Nießen*, § 36 Rn 24 ff; Semler/Stengel/*Bärwaldt*, § 36 Rn 19 ff.

23 S. § 37 Rn 5.

24 Zur GmbH Semler/Stengel/*Bärwaldt*, § 36 Rn 40; zur AG Semler/Stengel/*Bärwaldt*, § 36 Rn 53.

werden und nicht noch einmal separat durch die Gründer zu bewirken sind.[25] Weiter geht die Regelung der Vorschrift des § 8 Abs. 1 Nr. 2 GmbHG bei der Verschmelzung durch Neugründung ins Leere, weil die dort geforderte Legitimation sich nur auf die Organe der übertagenden Rechtsträger bezieht und sich diese bereits aus dem Verschmelzungsvertrag ergibt.[26] Eine Überprüfung der Kapitalausstattung der neuen GmbH nach § 8 Abs. 1 Nr. 4 und 5 GmbHG bzw § 37 Abs. 1 S. 2 AktG sowie die Versicherung nach § 8 Abs. 2 S. 1 GmbHG bzw §§ 37 Abs. 2, 76 Abs. 3 S. 2 Nr. 2 und 3, S. 3 AktG ist aufgrund der Gesamtrechtsnachfolge entbehrlich.[27]

9 Der **Gesellschaftsvertrag** der GmbH ist entsprechend den Anforderungen der §§ 17, 37 zu gestalten. Die Gründungsbestimmungen des § 37 Abs. 2 überlagern dabei die Anforderungen aus § 2 GmbHG. Die Firmierung der GmbH wird in § 18 modifiziert. § 58 modifiziert die Pflicht zur Erstattung eines Sachgründungsberichts dahin gehend, dass dieser die dort genannten zusätzlichen Anforderungen zu erfüllen hat und entbehrlich ist, wenn übertragende Rechtsträger Kapitalgesellschaften oder eG sind.[28] Die Bestellung der (ersten) Geschäftsführer bedarf nach § 59 der Zustimmung der Anteilsinhaber der übertragenden Rechtsträger.[29]

10 Soweit übernehmender Rechtsträger eine **AG** sein soll, erfolgt eine Modifikation der Gründungsvorschriften durch die §§ 73 bis 76 weshalb auf die dortige Kommentierung verwiesen werden kann. § 74 erweitert den notwendigen Inhalt der Satzung; § 75 verlangt, dass der Sachgründungsbericht um die Informationen des Geschäftsverlaufes und der Lage der übertragenden Rechtsträger zu ergänzen ist. § 76 erhebt gesonderte Anforderungen an die Verschmelzungsbeschlüsse. Gleiche Besonderheiten gelten für die SE sowie die KGaA.[30]

11 **3. Begriff des Gründers, Satz 2 und 3.** § 36 Abs. 2 S. 2 gibt als Gründer des neuen Rechtsträgers die übertragenden Rechtsträger an.[31] Hier besteht die konstruktive Besonderheit, dass diese nicht Anteilsinhaber des neuen Rechtsträgers werden, sondern erlöschen.[32] Die Kontinuität setzt sich auf der Ebene der Anteilsinhaber der übertragenden Rechtsträger fort, da sie automatisch Anteile am neuen übernehmenden Rechtsträger als Kompensation für die alten untergehenden Anteile erhalten.[33]

12 Soweit zur Gründung eines Rechtsträgers eine **Mindestanzahl** von Gründern erforderlich ist (vgl § 56 BGB, § 4 GenG), legt Abs. 2 S. 3 fest, dass diese Anforderung für die Verschmelzung durch Neugründung nicht gilt. Ausreichend ist vielmehr, dass mindestens zwei übertragende Rechtsträger für die Verschmelzung durch Neugründung vorhanden sind, § 2 Nr. 2.[34] Ohne die Befreiung des Abs. 2 S. 3 wären Rechtsträger für diese Verschmelzungsform gesperrt, da in der Praxis kaum mehr als die zwei zwingenden übertragenden Rechtsträger und damit nur zwei Gründer beteiligt sind. Die Regelung dient aber nur als Hilfskonstruktion für die Gründung,[35] um über die registerrechtlich zu prüfenden Gründungsvoraussetzungen hinweg zu helfen; da die Anteilsinhaber der übertragenden Rechtsträger mit Wirksamkeit der Verschmelzung Anteilsinhaber bzw Gesellschafter des neu gegründeten Rechtsträgers werden und deren Anzahl idR höher ist als die Mindestgründeranzahl.[36]

25 Widmann/Mayer/*Mayer*, § 36 Rn 91; Semler/Stengel/*Bärwaldt*, § 36 Rn 40; KölnKomm-UmwG/*Simon/Nießen*, § 36 Rn 42.
26 Widmann/Mayer/*Mayer*, § 36 Rn 93; aA Semler/Stengel/*Bärwaldt*, § 36 Rn 41.
27 Für die GmbH Widmann/Mayer/*Mayer*, § 36 Rn 95 und 97; Semler/Stengel/*Bärwaldt*, § 36 Rn 41; KölnKomm-UmwG/*Simon/Nießen*, § 36 Rn 43; für die AG Semler/Stengel/*Bärwaldt*, § 36 Rn 53; KölnKomm-UmwG/*Simon/Nießen*, § 36 Rn 64; Widmann/Mayer/*Mayer*, § 36 Rn 151.
28 S. § 58 Rn 5,8.
29 S. § 59 Rn 9.
30 Semler/Stengel/*Bärwaldt*, § 36 Rn 56 a ff; Widmann/Mayer/*Mayer*, § 36 Rn 186 ff, 224.
31 KölnKomm-UmwG/*Simon/Nießen*, § 36 Rn 26; Semler/Stengel/*Bärwaldt*, § 36 Rn 18.
32 Lutter/*Grunewald*, § 36 Rn 14; KölnKomm-UmwG/*Simon/Nießen*, § 36 Rn 26; Semler/Stengel/*Bärwaldt*, § 36 Rn 17.
33 Lutter/*Grunewald*, § 36 Rn 14 f; KölnKomm-UmwG/*Simon/Nießen*, § 36 Rn 26; Widmann/Mayer/*Mayer*, § 36 Rn 13.
34 Lutter/*Grunewald*, § 36 Rn 16; Kallmeyer/*Marsch-Barner*, § 36 Rn 8; Widmann/Mayer/*Mayer*, § 36 Rn 6.
35 Widmann/Mayer/*Mayer*, § 36 Rn 15; Semler/Stengel/*Bärwaldt*, § 36 Rn 69.
36 Semler/Stengel/*Bärwaldt*, § 36 Rn 68.

Sollte letzterer Fall nicht eintreten und damit ein Erreichen der Mindestanteilsinhaber- bzw Gesellschafterzahl **dauerhaft unterschritten** werden, gelten die rechtsformspezifischen Rechtsfolgen,[37] da Abs. 2 S. 3 sich nicht auch auf die Anzahl der künftigen Mitglieder des neugegründeten Rechtsträgers erstreckt.[38] 13

Praxishinweis: Dieses Risiko kann im Rahmen der Verschmelzung verhindert werden, indem im Verschmelzungsvertrag der Beitritt weiterer zukünftiger Anteilsinhaber bzw Gesellschafter vereinbart wird. Die entsprechende Beitrittserklärung hat in der Form des § 13 Abs. 3 zu erfolgen.[39] Der Beitritt Dritter entspricht zwar nicht dem Grundsatz der Anteilsinhaberidentität, doch ist diese Möglichkeit im UmwG auch nicht ausgeschlossen.[40] Wäre dies der Fall, würde o.g. Problem des indirekten Wegfalls derjenigen Rechtsträger, die eine höhere Mindestgründeranzahl haben als an der Verschmelzung beteiligt sind, nur zeitlich verlagert. Diese Interpretation entspricht auch dem Schutzzweck der Norm: Hintergrund der Anteilsinhaberkontinuität ist der Schutz der Anteilsinhaber der übertragenden Rechtsträger. Sofern sie darauf verzichten wollen, ist dies möglich. Anderenfalls würden ihre Schutzinteressen beeinträchtigt, wenn Ihnen mögliche übernehmende Rechtsträger gesperrt würden.[41] In jedem Fall haben die übertragenden Rechtsträger aber darüber Beschluss zu fassen, was idR im Rahmen der jeweiligen Zustimmungsbeschlüsse erfolgen muss.[42] Einstimmigkeit ist – soweit nicht durch rechtsformspezifische Besonderheiten verlangt – dabei nicht erforderlich.[43]

III. Kosten

Für die **Beurkundung des Verschmelzungsvertrages** ist die doppelte Gebühr gem. Nr. 21100 KV GNotKG (Anlage 1 zum GNotKG) anzusetzen. Diese richtet sich bei Verschmelzungen durch Neugründungen grds. nach der Summe der Aktivvermögen, welche in der Schlussbilanz der übertragenden Rechtsträger[44] ausgewiesen sind, ohne dass die Verbindlichkeiten abzuziehen sind.[45] Ist der so ermittelte Wert des Aktivvermögens allerdings niedriger ist als der Wert der Anteile, welche die Anteilsinhaber der übertragenden Rechtsträger im Zuge der Verschmelzung am neuen, übernehmenden Rechtsträger erwerben, so ist letzterer als der höhere Wert für die Kostenberechnung maßgeblich, § 97 Abs. 3 GNotKG. Der Geschäftswert wird gemäß § 107 Abs. 1 GNotKG nach unten auf mindestens 30.000 EUR und nach oben auf höchstens 10.000.000 EUR begrenzt; die Höchstgrenze hat sich somit gegenüber § 39 Abs. 4 KostO verdoppelt. Der Maximalbetrag einer doppelten Gebühr beträgt folglich nunmehr 22.770 EUR. 14

Für die Beurkundung des Verschmelzungsbeschlusses ist grds. ebenfalls eine doppelte (20/10)-Gebühr auf den Geschäftswert zu entrichten (KV 21100).[46] Der Geschäftswert bestimmt sich wie beim Verschmelzungsvertrag. Der Geschäftswert beträgt mindestens 30.000 EUR (§ 108 Abs. 2 iVm § 105 Abs. 1 S. 21 GNotKG) und höchstens 5.000.000 EUR (§ 108 Abs. 5 GNotKG). Die aus dem bisherigen Recht bekannte absolute Gebührendeckelung auf einen Höchstbetrag von 5.000 EUR (§ 47 S. 2 KostO) entfällt. 15

37 Auflösung der eG nach § 80 GenG bzw Verlust der Rechtsfähigkeit des Vereins nach § 73 BGB.

38 Widmann/Mayer/*Mayer*, § 36 Rn 15; Semler/Stengel/*Bärwaldt*, § 36 Rn 69.

39 Lutter/*Grunewald*, § 36 Rn 15; Semler/Stengel/*Bärwaldt*, § 36 Rn 70; *Priester*, DB 1997, 560, 566.

40 Lutter/*Grunewald*, § 36 Rn 15; Semler/Stengel/*Bärwaldt*, § 36 Rn 70; *Heckschen*, DB 2008, 2122, 2124; aA Widmann/Mayer/*Mayer*, § 36 Rn 181; Kallmeyer/*Marsch-Barner*, § 36 Rn 14, die lediglich für den Beitritt eines persönlich haftenden Gesellschafters eine Ausnahme machen und ansonsten auf die Lösung verweisen, dass Dritte sich vor der Verschmelzung an einem der übertragenden Rechtsträger zu beteiligen haben.

41 Semler/Stengel/*Bärwaldt*, § 36 Rn 70.

42 So wohl auch Semler/Stengel/*Bärwaldt*, § 36 Rn 70 f; KölnKomm-UmwG/*Simon/Nießen*, § 36 Rn 31 f; Lutter/*Grunewald*, § 36 Rn 15.

43 Lutter/*Grunewald*, § 36 Rn 15; Semler/Stengel/*Bärwaldt*, § 36 Rn 70.

44 Widmann/Mayer/*Mayer*, § 36 Rn 116; Semler/Stengel/*Bärwaldt*, § 36 Rn 2; Happ/*Richter*, Konzern- und Umwandlungsrecht, Muster 7.01 Anm. 107.2.

45 Zur inhaltsgleichen Vorgängerregelung des § 18 Abs. 3 KostO s. auch BayObLG, DB 1997, 970, 971; Semler/Stengel/*Schröer*, § 6 Rn 20 f; Happ/*Richter*, Konzern- und Umwandlungsrecht, Muster 7.01 Anm. 107.2; *Pfeiffer*, NZG 2013, 244, 247.

46 Vgl Happ/*Richter*, Konzern- und Umwandlungsrecht, Muster 7.01 Anm. 107.1; *Pfeiffer*, NZG 2013, 244, 245.

16 Für die **Beurkundung einzelner Zustimmungserklärungen** (Abs. 2) gilt als Ausgangspunkt ebenfalls der Geschäftswert der Verschmelzung. Die Beurkundung von Zustimmungserklärungen löst eine volle Gebühr aus.[47] Der Geschäftswert berechnet sich jedoch im Gegensatz zur KostO nach der Hälfte des Geschäftswertes für die Beurkundung des Verschmelzungsvertrages gem. § 107 Abs. 1 GNotKG. Dies führt zu einem moderaten Anstieg der Beurkundungsgebühr. Freilich begrenzt § 98 Abs. 4 GNotKG den Geschäftswert auf höchstens 1 Mio. EUR. Ferner ist bei einer Zustimmungserklärung einzelner Anteilsinhaber deren Beteiligungsquote am betreffenden Rechtsträger zugrunde zu legen.

Praxishinweis: Aus Kostengründen empfiehlt es sich, die Verschmelzungsbeschlüsse der beteiligten Rechtsträger und etwaige Zustimmungserklärungen einzelner Anteilsinhaber in derselben notariellen Urkunde, die den Verschmelzungsvertrag umfasst, mit zu beurkunden. In diesem Fall handelt es sich bezüglich aller Verschmelzungsbeschlüsse und Zustimmungserklärungen um denselben Beurkundungsgegenstand gemäß § 109 GNotKG, so dass keine weiteren Gebührenerhöhungen stattfinden.[48]

§ 37 Inhalt des Verschmelzungsvertrags

In dem Verschmelzungsvertrag muß der Gesellschaftsvertrag, der Partnerschaftsvertrag oder die Satzung des neuen Rechtsträgers enthalten sein oder festgestellt werden.

1 **1. Allgemeines.** Der Anwendungsbereich des § 37 ist eine **Konkretisierung** des § 5 für den Fall der **Verschmelzung durch Neugründung.** Hierbei entsteht der neu zu gründende Rechtsträger erst mit Wirksamkeit der Verschmelzung.[1] Für diesen gelten jedoch – ebenso wie für alle anderen Rechtsträger – die jeweiligen spezialgesetzlichen Gründungsvorschriften, zu denen insb. das Vorliegen eines Gesellschaftsvertrages bzw einer Satzung oder eines Partnerschaftsvertrages zählt (vgl etwa die §§ 23, 28 AktG, 705 BGB, 3 PartGG). Um dessen Vorliegen sicherzustellen, verpflichtet § 37 die übertragenden Rechtsträger den Gesellschaftsvertrag, die Satzung oder den Partnerschaftsvertrag in den Verschmelzungsvertrag aufzunehmen.[2] Aufgrund der umfassenden Aufzählung aller gesellschaftsrechtlich möglichen Grundlagen einer Neugründung sind alle verschmelzungsfähigen Rechtsträger von dem Regelungsgehalt des § 5 umfasst. Da die übertragenden Rechtsträger als Gründer des übernehmenden Rechtsträgers feststehen, ist in der Verbindung mit dem Verschmelzungsbeschluss auch die Zustimmung zum Gesellschaftsvertrag bzw einer Satzung oder eines Partnerschaftsvertrages sichergestellt.[3]

2 § 37 gilt über § 125 S. 1 auch für die **Spaltung durch Neugründung.** Für den Formwechsel gelten eine Vielzahl an Sondervorschriften, die den § 37 verdrängen.[4] Für die Verschmelzung durch Neugründung einer Genossenschaft gilt die Parallelvorschrift des § 98 S. 1.[5]

3 **2. Inhalt.** Zur inhaltlichen Tiefe der im Verschmelzungsvertrag aufzunehmende gesellschaftsrechtliche Grundlage trifft § 37 keine Festlegung. Da jedoch insoweit keine Unterschiede zur gewöhnlichen Gründung bestehen, müssen hier die entsprechenden **rechtsformabhängigen Gründungsvorschriften** – explizit der Sachgründung – Anwendung finden. Dabei gilt allerdings die Erleichterung, dass nicht sämtliche übergehende Vermögensgegenstände in der Satzung einzeln aufgeführt werden müssen (wie es § 5 Abs. 4 GmbHG für die GmbH vorschreibt), sondern es reicht eine allg. Formulierung, die zum Ausdruck bringt, dass im Rahmen der Ver-

47 Die Regelung einer halben Gebühr gem. § 38 Abs. 2 Nr. 1 KostO ist in das GNotKG nicht übernommen worden.
48 Widmann/Mayer/*Mayer*, § 36 Rn 118.
1 Semler/Stengel/*Schwanna*, § 37 Rn 1; KölnKomm-UmwG/*Simon*/*Nießen*, § 37 Rn 3; Widmann/Mayer/*Mayer*, § 37 Rn 1.1.
2 Lutter/*Grunewald*, § 37 Rn 1; Widmann/Mayer/*Mayer*, § 37 Rn 1; KölnKomm-UmwG/*Simon*/*Nießen*, § 37 Rn 3.
3 Lutter/*Grunewald*, § 37 Rn 5; KölnKomm-UmwG/*Simon*/*Nießen*, § 37 Rn 8.
4 Hierzu ausf. Widmann/Mayer/*Mayer*, § 37 Rn 3; KölnKomm-UmwG/*Simon*/*Nießen*, § 37 Rn 10.
5 Widmann/Mayer/*Mayer*, § 37 Rn 32.

schmelzung das Vermögen des übertragenden Rechtsträger als Ganzes im Wege der Gesamtrechtsnachfolge übertragen wurde.[6]

Hinweis: Eine entsprechende Klausel (am Beispiel einer GmbH) könnte wie folgt lauten:

▶ Das Stammkapital wird durch Sacheinlage erbracht, indem die [Name des ersten übertragenden Rechtsträgers] mit Sitz in [Ort] und die [Name des zweiten übertragenden Rechtsträgers] mit Sitz in [Ort] jeweils ihr Vermögen als Ganzes mit allen Rechte und Pflichten unter Auflösung ohne Abwicklung gemäß § 2 Nr. 2 UmwG auf die Gesellschaft als neuen von ihnen gegründeten Rechtsträger gegen Gewährung von Anteilen der Gesellschaft an die Anteilsinhaber der übertragenden Rechtsträger übertragen. ◀

Soweit das UmwG zusätzliche rechtsformabhängige Sondervorschriften aufweist, müssen diese ebenfalls Berücksichtigung finden (vgl §§ 40, 45 b, 46, 57, 74).[7] 4

Satzung, Gesellschaftsvertrag oder Partnerschaftsvertrag sind **zwingender Bestandteil** des Verschmelzungsvertrages, selbst wenn der Gesellschaftsvertrag selbst grds. nicht beurkundungspflichtig ist.[8] 5

Praxishinweis: In der Praxis empfiehlt es sich nicht, die Satzung (Gesellschaftsvertrag oder Partnerschaftsvertrag) in den Fließtext des Verschmelzungsvertrages (ggf in eingerückter Darstellung) aufzunehmen; vielmehr bietet es sich an, auf diesen im Verschmelzungsvertrag zu verweisen und als Anlage in den Verschmelzungsvertrag aufzunehmen.[9] Dabei ist sicherzustellen und durch entsprechende Formulierungen in der Urkunde zu dokumentieren, dass die Anlage in den Beurkundungsvorgang (§ 9 BeurkG) einbezogen wird.[10] In diesem Fall muss der Gesellschaftsvertrag, die Satzung oder der Partnerschaftsvertrag nicht gesondert unterschrieben werden, da die Unterschrift unter dem Verschmelzungsvertrag auch die Anlagen mit umfasst.[11] Von einem Verlesen der Anlage kann allerdings nicht abgesehen werden; ein Verzicht hierauf ist nicht möglich.[12]

Die Beurkundung von Gesellschaftsvertrag, Satzung oder Partnerschaftsvertrag kann auch nach Fassung des Verschmelzungsbeschlusses erfolgen. Es reicht also, wenn zum Zeitpunkt der Beschlussfassung über die Verschmelzung der **Entwurf** des Gesellschaftsvertrages des neugegründeten Rechtsträgers vorliegt.[13] Sofern allerdings nur ein Entwurf des Verschmelzungsvertrages in der Anteilsinhaberversammlung zur Abstimmung gestellt wird, gelten die dazu entwickelten Grundsätze (s. § 6 Rn 5) ebenfalls für die in § 37 genannten gesellschaftsrechtlichen Grundlagen des neu zu gründenden Rechtsträgers. Gegenüber dem abgestimmten Entwurf dürfen sich bei der Beurkundung höchstens redaktionelle Änderungen ergeben haben;[14] ansonsten muss eine erneute Beschlussfassung der Anteilsinhaberversammlung erfolgen. 6

Die **registerrechtliche Prüfung** bereitet gegenüber der regulären Gründungsprüfung keine Besonderheiten (mit Ausnahme der zusätzlichen inhaltlichen Anforderungen nach UmwG, s. Rn 4). Eine mangelhafte gesellschaftsrechtliche Grundlage des übernehmenden Rechtsträgers unterliegt den allgemeinen Vorschriften, insb. § 139 BGB,[15] sofern nicht im Gesellschaftsvertrag mittels einer salvatorischen Klausel zum Ausdruck gebracht wurde, dass in diesem Fall 7

6 KölnKomm-UmwG/*Simon/Nießen*, § 37 Rn 11.

7 KölnKomm-UmwG/*Simon/Nießen*, § 37 Rn 10; Kallmeyer/*Marsch-Barner*, § 37 Rn 1.

8 Widmann/Mayer/*Mayer*, § 37 Rn 26; Kallmeyer/*Marsch-Barner*, § 37 Rn 2; spätere Änderungen sind hingegen nur dann formbedürftig, wenn dies die Formvorschriften des jeweiligen Rechtsträgers vorsehen, vgl Lutter/*Grunewald*, § 37 Rn 5; Semler/Stengel/*Schröer*, § 37 Rn 4; Widmann/Mayer/*Mayer*, § 37 Rn 26; Schmitt/Hörtnagl/Stratz/*Stratz*, § 37 Rn 3.

9 Lutter/*Grunewald*, § 37 Rn 5; Semler/Stengel/*Schröer*, § 37 Rn 3; Kallmeyer/*Marsch-Barner*, § 37 Rn 2.

10 Widmann/Mayer/*Mayer*, § 37 Rn 27 mit Formulierungsvorschlägen; KölnKomm-UmwG/*Simon/Nießen*, § 37 Rn 5; Semler/Stengel/*Schröer*, § 37 Rn 3.

11 Widmann/Mayer/*Mayer*, § 37 Rn 31; KölnKomm-UmwG/*Simon/Nießen*, § 37 Rn 6.

12 Widmann/Mayer/*Mayer*, § 37 Rn 28; Semler/Stengel/*Schröer*, § 37 Rn 3.

13 Lutter/*Grunewald*, § 37 Rn 5; Semler/Stengel/*Schröer*, § 37 Rn 5; Kallmeyer/*Marsch-Barner*, § 37 Rn 3.

14 Widmann/Mayer/*Mayer*, § 37 Rn 32; Semler/Stengel/*Schröer*, § 37 Rn 5.

15 Kallmeyer/*Marsch-Barner*, § 37 Rn 3; KölnKomm-UmwG/*Simon/Nießen*, § 37 Rn 14.

eine Teilnichtigkeit anstelle einer Vollnichtigkeit gewollt ist.[16] Über den Zustimmungsbeschluss des Verschmelzungsvertrages hinaus sind auch Satzung, Gesellschaftsvertrag oder Partnerschaftsvertrag mit Anfechtungs- oder Feststellungsklage – auch einzeln – angreifbar.[17] Sofern der neu zu gründende Rechtsträger eine Kapitalgesellschaft ist, gilt für die Handelsregistereintragung das Datum des Verschmelzungsbeschlusses als Datum der Satzungsfeststellung.[18]

8 **3. Kosten.** Bei einer Verschmelzung durch Neugründung fallen durch die Mitbeurkundung von Gesellschaftsvertrag, Satzung bzw Partnerschaftsvertrag der neuen Gesellschaft keine zusätzlichen Gebühren an, § 109 Abs. 1 GNotKG.[19] Gleiches gilt für die Zustimmungsbeschlüsse zum Gesellschaftsvertrag, die gegenstandsgleich mit der Zustimmung zum Verschmelzungsvertrag sind.[20]

§ 38 Anmeldung der Verschmelzung und des neuen Rechtsträgers

(1) Die Vertretungsorgane jedes der übertragenden Rechtsträger haben die Verschmelzung zur Eintragung in das Register des Sitzes ihres Rechtsträgers anzumelden.

(2) Die Vertretungsorgane aller übertragenden Rechtsträger haben den neuen Rechtsträger bei dem Gericht, in dessen Bezirk er seinen Sitz haben soll, zur Eintragung in das Register anzumelden.

1 **1. Allgemeines.** § 38 verdrängt die Vorschrift des § 16 insoweit, als dass die übertragenden Rechtsträger im Falle der Verschmelzung durch Neugründung verpflichtet sind, sowohl die Verschmelzung (Abs. 1) als auch den neuen Rechtsträger (Abs. 2) anzumelden. Das lex specialis des § 38 beschränkt sich dabei auf eine klare Regelung der Anmeldungsverpflichtung.[1] Nach § 12 HGB ist diese Anmeldung zur Eintragung ins Handelsregister elektronisch einzureichen.

2 **2. Inhalt. a) Anmeldung der Verschmelzung, Abs. 1.** Nach Abs. 1 sind die Vertretungsorgane der übertragenden Rechtsträger – jeweils für ihren Rechtsträger – verpflichtet, die Verschmelzung zur Eintragung in das für den jeweiligen Rechtsträger zuständige Registergericht anzumelden.[2] Dies stellt keine Neuregelung dar und entspricht dem § 16, so dass hinsichtlich der Verschmelzungsanmeldung zwischen Verschmelzung durch Neugründung und Übernahme keine Besonderheiten bestehen und einheitlich § 16 gilt. Eine Anmeldung in vertretungsberechtigter Zahl bzw in Form unechter Gesamtvertretung reicht aus.[3] Eine Bevollmächtigung, die der Beglaubigung bedarf, ist zulässig, allerdings nur für die Anmeldung als solche, jedoch nicht für die Negativerklärung nach § 16 Abs. 2.[4]

3 **b) Anmeldung des neuen Rechtsträgers, Abs. 2.** Nach Abs. 2 trifft die **Pflicht zur Anmeldung** des neuen Rechtsträgers die zuständigen Vertretungsorgane aller übertragenden Rechtsträger

16 KölnKomm-UmwG/*Simon/Nießen*, § 37 Rn 14; Widmann/Mayer/*Mayer*, § 37 Rn 1.2.
17 Ausf. KölnKomm-UmwG/*Simon/Nießen*, § 37 Rn 14; vgl auch Kallmeyer/*Marsch-Barner*, § 37 Rn 3.
18 Semler/Stengel/*Schröer*, § 37 Rn 6; KölnKomm-UmwG/*Simon/Nießen*, § 37 Rn 12; Kallmeyer/*Marsch-Barner*, § 37 Rn 4.
19 Die Bestimmung entspricht sinngemäß § 44 Abs. 1 KostO (derselbe Gegenstand).
20 Widmann/Mayer/*Mayer*, § 36 Rn 122.

1 KölnKomm-UmwG/*Simon/Nießen*, § 38 Rn 2; Widmann/Mayer/Fronhöfer, § 38 Rn 5.
2 Semler/Stengel/*Schwanna*, § 38 Rn 2; KölnKomm-UmwG/*Simon/Nießen*, § 38 Rn 3; Widmann/Mayer/*Fronhöfer*, § 38 Rn 6.
3 KK-UmwG/*Simon/Nießen*, § 38 Rn 4; Widmann/Mayer/*Fronhöfer*, § 38 Rn 10; Semler/Stengel/*Schwanna*, § 38 Rn 3.
4 S. § 16 Rn 6; KK-UmwG/*Simon/Nießen*, § 38 Rn 4; Semler/Stengel/*Schwanna*, § 38 Rn 3.

und nicht die Organe des neu geschaffenen Rechtsträgers. Abs. 2 begründet eine ausschließliche Zuständigkeit.[5] Eine Ausnahme gilt allerdings für höchstpersönliche Erklärungen der Organe des neuen Rechtsträgers nach § 8 Abs. 3 GmbHG oder § 37 Abs. 2 AktG.[6] Die Anmeldung muss an dem Registergericht stattfinden, an dessen Ort der zukünftige übernehmende Rechtsträger seinen Sitz haben soll.

Praxishinweis: Nach dem Wortlaut des Abs. 2 haben die Vertretungsorgane der übertragenden Rechtsträger die Anmeldung gemeinsam vorzunehmen. Es reicht allerdings aus, wenn inhaltlich gleichlautende Erklärungen beim zuständigen Registergericht eingereicht werden.[7]

Der Inhalt der Anmeldung bezieht sich allein auf den **neu zu gründenden Rechtsträger** und nicht auf die Verschmelzung.[8] Weiter sind die nach § 17 vorgegebenen Unterlagen der Anmeldung beizufügen und darüber hinaus die nach den rechtsformspezifischen Gründungsvorschriften vorgesehenen Voraussetzungen zu erfüllen.[9] Eine im Rahmen einer Sachgründung bei Kapitalgesellschaften erforderliche Versicherung hinsichtlich der Leistung der Einlagen ist allerdings entbehrlich.[10] Soweit das UmwG rechtsformspezifisch besondere Voraussetzungen aufstellt (vgl etwa § 36 Abs. 2 S. 1) gelten diese als lex specialis.[11] 4

3. Verfahren des Registergerichts. Zuständig für die Prüfung nach Abs. 1 ist das Registergericht am Sitz des jeweiligen übertragenden Rechtsträgers. Für die Anmeldung des neu zu gründenden Rechtsträgers nach Abs. 2 ist das Registergericht am Sitz des neuen Rechtsträgers zuständig. Für den Umfang der Prüfungspflicht im Rahmen des Abs. 1 kann auf die Ausführungen zu § 19 verwiesen werden (s. dort Rn 14). Im Falle des Abs. 2 gilt die Besonderheit, dass nicht nur die Anmeldung nach Abs. 2 per se geprüft wird sondern der gesamte Gründungsakt, der den jeweiligen rechtsformspezifischen Anforderungen folgt. Es handelt sich dabei stets um eine Sachgründung. Ist die Anmeldung nach Abs. 2 an sich korrekt, wurden jedoch die Gründungsvorschriften verletzt (fehlt es zB an der Werthaltigkeit des eingebrachten Vermögens, § 9 c Abs. 1 S. 2 GmbH), kann das Registergericht die Eintragung des neuen Rechtsträgers verweigern. Dieser Situation kann das Registergericht in aller Regel, sofern die Mängel behebbar sind, durch Erlass einer Zwischenverfügung begegnen.[12] 5

Die **Reihenfolge** der Eintragungen wird durch die Systematik ihrer Aufzählung in § 38 festgelegt. Die Eintragung des neuen Rechtsträgers erfolgt nach Eintragung der Verschmelzung in den Registern der übertragenden Rechtsträger. Letztere muss den Vermerk enthalten, dass die Verschmelzung erst mit ihrem Vollzug, dh Eintragung des neu zu gründenden Rechtsträgers, wirksam wird.[13] Mit dieser Eintragung tritt erst die Wirkung des § 20 Abs. 1 ein.[14] Der Vermerk ist nicht erforderlich, wenn die Eintragungen in den Registern aller beteiligten Rechtsträger am gleichen Tag erfolgen, vgl § 19 Abs. 1 S. 2. 6

Entsprechend ist auch hinsichtlich den **Bekanntmachungspflichten** dahin gehend zu differenzieren, dass bei den übertragenden Rechtsträgern jeweils die Verschmelzung durch Neugründung und beim übernehmenden Rechtsträger nur die Neugründung an sich –durch die jeweils zuständigen Registergerichte – bekannt gemacht wird.[15] Zusätzlich ist aber auf die Verschmelzung als Grund des Entstehens der Gesellschaft hinzuweisen.[16] Für die Formalien der Bekannt- 7

5 KölnKomm-UmwG/*Simon/Nießen*, § 38 Rn 6; Widmann/Mayer/*Fronhöfer*, § 38 Rn 9; Kallmeyer/*Zimmermann*, § 38 Rn 5.
6 Widmann/Mayer/*Fronhöfer*, § 38 Rn 9; Kallmeyer/*Zimmermann*, § 38 Rn 5.
7 Lutter/*Grunewald*, § 38 Rn 2.
8 Semler/Stengel/*Schwanna*, Rn 4; Widmann/Mayer/*Fronhöfer*, § 38 Rn 19; Kallmeyer/*Zimmermann*, § 38 Rn 6.
9 Einen Überblick über die jeweiligen Gründungsanforderungen bietet KölnKomm-UmwG/*Simon/Nießen*, Rn 7 ff.
10 Semler/Stengel/*Schwanna*, Rn 5 f; KölnKomm-UmwG/*Simon/Nießen*, § 38 Rn 8, 11; Widmann/Mayer/*Fronhöfer*, § 38 Rn 31, 39.
11 Semler/Stengel/*Schwanna*, Rn 4; KölnKomm-UmwG/*Simon/Nießen*, § 38 Rn 7.
12 So auch Semler/Stengel/*Schwanna*, Rn 10; KölnKomm-UmwG/*Simon/Nießen*, § 38 Rn 15.
13 Semler/Stengel/*Schwanna*, Rn 14; KölnKomm-UmwG/Simon/*Nießen*, Rn 20.
14 S. § 20 Rn 3.
15 Semler/Stengel/*Schwanna*, Rn 15; KölnKomm-UmwG/Simon/*Nießen*, Rn 23.
16 Semler/Stengel/*Schwanna*, Rn 15; KölnKomm-UmwG/*Simon/Nießen*, § 38 Rn 22.

machung entfaltet das UmwG keine Besonderheiten, so dass auch hier die allgemeinen rechtsformspezifischen Regeln gelten.

8 **4. Kosten und Rechtsmittel.** Für die Beglaubigung der Registeranmeldung fällt eine Gebühr an, Nr. 21200, 21201 Nr. 5 Anhang I GNotKG. Die Höhe des hierzu jeweils anzusetzenden Geschäftswertes richtet sich im Wesentlichen nach der Rechtsform der beteiligten Rechtsträger gemäß § 105 GNotKG. Dieser Geschäftswert ist in § 106 GNotKG auf maximal 1 Mio. EUR begrenzt. Die gleichzeitige Anmeldung einer Kapitalerhöhung ist dabei gesondert zu bewerten, da sie nicht inhaltsgleich iSd § 109 GNotKG ist.[17] Für beide Gebühren gilt der Höchstwert von 1 Mio. EUR, § 106 GNotKG. Für die Eintragung in die jeweils zuständigen Handelsregister fallen Kosten in Höhe von jeweils EUR 180 an (§ 58 Abs. 1 Nr. 1 GNotKG iVm HRGebV).

9 Gegen die Ablehnung der Eintragung oder eine Zwischenverfügung seitens des Registergerichts ist die Beschwerde sowie die Rechtsbeschwerde statthaft (§§ 58, 70 FamFG).

Zweiter Teil
Besondere Vorschriften

Erster Abschnitt Verschmelzung unter Beteiligung von Personengesellschaften

Erster Unterabschnitt
Verschmelzung unter Beteiligung von Personenhandelsgesellschaften

§ 39 Ausschluß der Verschmelzung

Eine aufgelöste Personenhandelsgesellschaft kann sich nicht als übertragender Rechtsträger an einer Verschmelzung beteiligen, wenn die Gesellschafter nach § 145 des Handelsgesetzbuchs eine andere Art der Auseinandersetzung als die Abwicklung oder als die Verschmelzung vereinbart haben.

Literatur:

Bayer, 1000 Tage neues Umwandlungsrecht – eine Zwischenbilanz, ZIP 1997, 1613; *Heckschen*, Die Entwicklung des Umwandlungsrechts aus Sicht der Rechtsprechung und Praxis, DB 1998, 1385.

I. Allgemeines

1 Personenhandelsgesellschaften sind gem. § 1 Abs. 1 Nr. 1 und § 3 Abs. 1 Nr. 1 grds. verschmelzungsfähig. § 3 Abs. 3 eröffnet die Möglichkeit der Beteiligung bereits aufgelöster Gesellschaften als übertragende Rechtsträger einer Verschmelzung dann, wenn deren Fortsetzung beschlossen werden könnte. Der gesetzgeberische Zweck liegt in der Erleichterung von Sanierungsfusionen.[1]

2 In Konkretisierung des § 3 Abs. 3 lässt § 39 eine **Beteiligung aufgelöster Personenhandelsgesellschaften** an einer Verschmelzung als übertragende Rechtsträger nur dann zu, wenn die Gesellschafter im Rahmen der Auseinandersetzungsvereinbarung nach § 145 Abs. 1 1. Alt. HGB eine andere Art der Auseinandersetzung vereinbart haben als die Abwicklung oder eine Verschmel-

17 S § 2 Rn 31.
1 BT-Drucks. 12/6699 S. 82; s. § 3 Rn 18; Semler/Stengel/*Ihrig*, § 39 Rn 1; Lutter/*Schmidt*, § 39 Rn 8.

zung. Nur dann steht der vorrangige bei Abschluss des Gesellschaftsvertrags zum Ausdruck gebrachte Gesellschafterwillen der Verschmelzung nicht entgegen.[2] Demzufolge werden die **Minderheitsgesellschafter** durch § 39 davor geschützt, ihre ggf durch die Auflösung entstandenen Rechte aus der vorgesehenen anderen Auseinandersetzungsart wieder zu verlieren. Dieser Schutz des § 39 kann aber nur soweit gehen, als dass er davor schützt, dass Mehrheitsgesellschafter die Verschmelzung ohne die Minderheit beschließen können, weil der Gesellschaftsvertrag ein solches Mehrheitserfordernis vorsieht, § 43 Abs. 2 S. 1.[3] Bezieht sich die Möglichkeit eines Mehrheitsbeschlusses auch auf die Vereinbarung einer anderen Art der Auseinandersetzung, greift § 39 nicht, da in diesen Fällen nie eine gesicherte Rechtsposition der Minderheitsgesellschafter bestand, die es zu schützen gilt.[4] Ist der Verschmelzungsbeschluss, wie in Personenhandelsgesellschaften üblich, einstimmig zu fassen, ist in einem solchen Beschluss zugleich die Aufhebung der gesellschaftsvertraglichen Auseinandersetzungsvereinbarung zu sehen.[5] In diesem Fall bleibt ebenfalls kein Raum für eine Anwendung des § 39.

Neben dem Minderheitenschutz bezweckt die Vorschrift vor allem, dass das Gesellschaftsvermögen bei der Verschmelzung noch vollumfänglich vorhanden ist[6] und sorgt damit reflexartig dafür, dass dem übernehmenden Rechtsträger zu einer Kapitalgrundlage (ohne Vorbelastungen) verholfen wird.[7] 3

§ 39 gilt sowohl für Verschmelzungen durch Aufnahme als auch für solche zur Neugründung, sofern eine Personenhandelsgesellschaft als übertragender Rechtsträger beteiligt ist. Nach § 125 Abs. 1 S. 1 und § 135 Abs. 1 S. 1 ist § 39 in dieser Konstellation auch auf Spaltungen anzuwenden. Für den **Formwechsel** enthält § 214 Abs. 2 eine dem § 39 entsprechende Vorschrift. Ein Formwechsel ist nicht möglich, wenn eine andere Art der Auseinandersetzung als die Abwicklung oder der Formwechsel vereinbart wurde. 4

II. Inhalt

Aufgelöste Personenhandelsgesellschaften können an einer Verschmelzung als übertragende Rechtsträger beteiligt sein, wenn die Gesellschafter nicht nach § 145 HGB die mit der Auflösung an sich verbundene Abwicklung durch eine andere Art der Auseinandersetzung ersetzt haben. 5

1. Personenhandelsgesellschaft. Personenhandelsgesellschaften iSd UmwG sind die OHG und die KG (einschließlich der GmbH & Co. KG). Nicht einbezogen sind die Gesellschaft bürgerlichen Rechts und die stille Gesellschaft. Die Europäische Wirtschaftliche Interessenvereinigung (EWIV) gilt gesetzlich als OHG iSd § 3 Abs. 1 Nr. 1.[8] Gem. § 45 e ist § 39 zudem auf die Partnerschaftsgesellschaft anzuwenden. 6

2. Fortsetzungsfähigkeit. Unter § 39 fallen gem. § 3 Abs. 3 nur solche aufgelösten Gesellschaften, deren Fortsetzung beschlossen werden könnte. Ein Fortsetzungsbeschluss kann bei Personenhandelsgesellschaften bis zur Vollbeendigung grds. zu jeder Zeit nach dem Auflösungsbeschluss gefasst werden.[9] Da der Fortsetzungsbeschluss auch stillschweigend gefasst werden kann, ist ein entsprechender Verschmelzungsbeschluss dahin gehend auszuglegen, dass er diesen mitenthält.[10] 7

2 Kallmeyer/*Kallmeyer/Kocher*, § 39 Rn 2; Keßler/Kühnberger/*Brügel*, § 39 Rn 2.
3 Semler/Stengel/*Ihrig*, § 39 Rn 2; KölnKomm-UmwG/*Dauner-Lieb/Tettinger*, § 39 Rn 2; Widmann/Mayer/*Vossius*, § 39 Rn 1.
4 Semler/Stengel/*Ihrig*, § 39 Rn 2; KölnKomm-UmwG/*Dauner-Lieb/Tettinger*, § 39 Rn 24.
5 Semler/Stengel/*Ihrig*, § 39 Rn 2; Keßler/Kühnberger/*Brügel*, § 39 Rn 2.
6 Vgl BR-Drucks. 75/94, 97; Semler/Stengel/*Ihrig*, § 39 Rn 1; Lutter/*Schmidt*, § 39 Rn 8; KölnKomm-UmwG/*Dauner-Lieb/Tettinger*, § 39 Rn 2.
7 Semler/Stengel/*Ihrig*, § 39 Rn 1; Widmann/Mayer/*Vossius*, § 39 Rn 1 f; Keßler/Kühnberger/*Brügel*, § 39 Rn 1.
8 Für eine ausf. Darstellung s. § 3 Rn 6.
9 Statt vieler BGH NJW 1995, 2843, 2844; Semler/Stengel/*Ihrig*, § 39 Rn 6; Lutter/*Schmidt*, § 39 Rn 10; KölnKomm-UmwG/*Dauner-Lieb/Tettinger*, § 39 Rn 15; Widmann/Mayer/*Vossius*, § 39 Rn 39 f.
10 So auch Lutter/*Lutter/Drygala*, § 3 Rn 17; Schmitt/Hörtnagl/*Stratz*, § 3 Rn 52; Widmann/Mayer/*Vossius*, § 39 Rn 39.

8 Nach wohl herrschender Meinung kann ein Fortsetzungsbeschluss nicht mehr gefasst werden, wenn die Verteilung des Gesellschaftsvermögens an die Gesellschafter beendet wurde, da sonst der Zweck der §§ 3 Abs. 3 und 39, nämlich zu gewährleisten, dass zum Zeitpunkt der Verschmelzung noch Vermögen vorhanden ist, unterlaufen werden würde.[11] Weitere Ausnahmen bilden Fälle, in denen die Entscheidung über die Fortsetzung der Gesellschaft nicht mehr (allein) in den Händen der Gesellschafter liegt und der Auflösungsgrund nicht beseitigt ist oder werden kann:[12] Hierzu zählen bspw die Eröffnung des Insolvenzverfahrens über das Gesellschaftsvermögen bzw das Gesellschaftervermögen – soweit der Fortsetzungsbeschluss nicht nach § 144 HGB zulässig ist[13] bzw die Zustimmung des Insolvenzverwalters oder des Privatgläubigers gem. § 145 Abs. 2 HGB nicht erteilt wird;[14] Auflösung der Gesellschaft durch Verwaltungsakt (bspw Verbot der Gesellschaft gem. § 2 Abs. 1 iVm § 3 Abs. 1 S. 1 Hs 2 VereinsG);[15] Löschung der Ein-Mann-Personenhandelsgesellschaft aus dem Handelsregister – sofern kein Fall des § 145 Abs. 3 HGB vorliegt –, da die Gesellschaft, sobald nur noch ein Gesellschafter vorhanden ist, aufgelöst und sogleich beendet wird.[16]

9 **3. Übertragender Rechtsträger.** Nach dem Wortlaut muss die aufgelöste Personenhandelsgesellschaft als übertragender Rechtsträger an der Verschmelzung beteiligt sein. Richtigerweise muss damit die Beteiligung einer aufgelösten Personenhandelsgesellschaft als übernehmender Rechtsträger einer Verschmelzung verneint werden, da der Gesetzgeber in Kenntnis der umstrittenen Rechtslage zum § 19 Abs. 2 KapErhG dessen Formulierung übernommen hat und es bewusst unterließ, die Verschmelzungsfähigkeit des aufgelösten übernehmenden Rechtsträgers anderweitig zu regeln.[17] Nach der gesetzgeberischen Intention soll zwar die Sanierung mit § 3 Abs. 3 erleichtert werden, was jedoch nicht für reine Abwicklungsfusionen gilt.[18]

Praxishinweis: Damit aufgelöste Personenhandelsgesellschaften als übernehmender Rechtsträger an einer Verschmelzung teilnehmen können, ist vorab ein Fortsetzungsbeschluss erforderlich.[19] Die Eintragung des Fortsetzungsbeschlusses im Handelsregister wirkt nur deklaratorisch und ist daher keine Wirksamkeitsvoraussetzung.[20]

10 **4. Keine Vereinbarung einer anderen Auseinandersetzungsart.** Die Arten der Auseinandersetzung können **frei vereinbart** werden.[21] Eine andere Art der Auseinandersetzung ist zB das Recht zur Übernahme des Handelsgeschäfts durch einen Gesellschafter oder die Realteilung. Weiter kommt in Betracht die Einbringung des Handelsgeschäfts im Wege der Einzelrechtsübertragung, die Übertragung aller Anteile auf einen Nichtgesellschafter sowie die Abwicklung unter Einschaltung von Treuhändern im Rahmen eines Liquidationsvergleichs.[22]

11 Daneben kommt naturgemäß die Änderung des Gesellschaftsvertrags hinsichtlich der Auseinandersetzungsart in Frage: Die Einhaltung etwaiger Formvorschriften vorausgesetzt liegt bei (nachträglichem) einstimmigem Gesellschafterbeschluss über die Verschmelzung zumindest konkludent eine **neue Vereinbarung** iSd § 145 Abs. 1 1. Alt. HGB zur Art der Abwicklung vor, sei es, dass der Gesellschaftsvertrag ursprünglich die Verschmelzung durch Mehrheitsbeschluss

11 Widmann/Mayer/*Vossius*, § 39 Rn 42; KölnKomm-UmwG/*Dauner-Lieb/Tettinger*, § 39 Rn 20; Semler/Stengel/*Ihrig*, § 39 Rn 6; aA auf den Beginn der Verteilung abstellend Lutter/*Schmidt*, § 39 Rn 11; Semler/Stengel/*Stengel*, § 3 Rn 38.

12 BayObLG NJW-RR 1998, 902 f; Lutter/*Lutter/Drygala*, § 3 Rn 17; KölnKomm-UmwG/*Dauner-Lieb/Tettinger*, § 39 Rn 16.

13 § 144 HGB greift, wenn das Insolvenzverfahren auf Antrag des Schuldners eingestellt oder nach Bestätigung eines Insolvenzplans aufgehoben wurde.

14 Semler/Stengel/*Ihrig*, § 39 Rn 6; Widmann/Mayer/*Vossius*, § 39 Rn 43; KölnKomm-UmwG/*Dauner-Lieb/Tettinger*, § 39 Rn 16.

15 Semler/Stengel/*Ihrig*, § 39 Rn 6; Lutter/*Schmidt*, § 39 Rn 10; Widmann/Mayer/*Vossius*, § 39 Rn 40.

16 Vgl Baumbach/Hopt/*Hopt*, HGB § 131 Rn 19; Widmann/Mayer/*Vossius*, § 39 Rn 27, 40.

17 So auch OLG Naumburg NJW-RR 1998, 178 f; AG Erfurt Rpfleger 1996, 163; Lutter/*Lutter/Drygala*, § 3 Rn 23; Semler/Stengel/*Stengel*, § 3 Rn 46; aA KG Berlin DB 1998, 2409; Kallmeyer/*Marsch-Barner*, § 3 Rn 26; *Bayer*, ZIP 1997, 1613, 1614; *Heckschen*, DB 1998, 1385, 1387.

18 AG Erfurt Rpfleger 1996, 163; Lutter/*Lutter/Drygala*, § 3 Rn 23.

19 OLG Naumburg, NJW-RR 1998, 178 f; Lutter/*Lutter/Drygala*, § 3 Rn 23; Semler/Stengel/*Stengel*, § 3 Rn 46.

20 Semler/Stengel/*Ihrig*, § 39 Rn 20.

21 Semler/Stengel/*Ihrig*, § 39 Rn 17; Lutter/*Schmidt*, § 39 Rn 17; KölnKomm-UmwG/*Dauner-Lieb/Tettinger*, § 39 Rn 25.

22 Semler/Stengel/*Ihrig*, § 39 Rn 16.

vorsah, sei es, dass er weder zur Fortsetzung noch zur Verschmelzung eine Regelung getroffen oder gar eine andere Art der Auseinandersetzung vorgesehen hat.[23] In der einstimmigen Beschlussfassung liegt immer zugleich auch die Aufhebung der zuvor vereinbarten Art der Auseinandersetzung.[24]

Ist eine andere Auseinandersetzungsart festgelegt, kann diese durch einen aufgrund gesellschaftsvertraglicher **Mehrheitsklausel** mit Mehrheit ergangenen Verschmelzungsbeschluss (§ 43 Abs. 2 S. 1) geändert werden, wenn für den Beschluss über die andere Art der Auseinandersetzung ebenfalls dieselbe Mehrheit vorgesehen war.[25] Zu beachten ist, dass eine Mehrheitsklausel, die sich auf die Auflösung der Gesellschaft im Allgemeinen bezieht, nur Auflösungsbeschlüsse mit gewöhnlicher Liquidationsfolge deckt,[26] nicht aber eine andere Art der Auseinandersetzung, da dem Bestimmtheitsgrundsatz nicht genügt werden würde.[27] 12

Ist hingegen für den Beschluss über die andere Art der Auseinandersetzung **Einstimmigkeit** erforderlich, führt ein in Übereinstimmung mit dem Gesellschaftsvertrag mit Mehrheit gefasster Verschmelzungsbeschluss nicht zur Änderung der Auseinandersetzungsart, so dass die Einschränkung des § 39 greift. Dieser Mehrheitsbeschluss kann auch nicht als konkludenter, gesellschaftsvertraglich ebenfalls mit Mehrheit zu fassender Fortsetzungsbeschluss interpretiert werden,[28] da ansonsten § 39 – der nach einem Fortsetzungsbeschluss nicht mehr anwendbar ist – umgangen würde.[29] Ob eine solche Vorgehensweise im Fall, dass für den Verschmelzungsbeschluss sowie den Beschluss über die andere Art der Auseinandersetzung eine Mehrheitsentscheidung genügt, zur Auslegung des Beschlusses als konkludenten mehrheitlichen Fortsetzungsbeschluss führt, kann für die Praxis stehen, da hier auch bei grundsätzlicher Anwendbarkeit des § 39 dieser der Verschmelzung nicht entgegensteht.[30] 13

Praxishinweis: Sofern keine Umgehungsabsicht vorliegt, bleibt es aber möglich, einen ausdrücklichen Fortsetzungsbeschluss zu fassen, um die grundsätzliche Anwendbarkeit des § 39 zu beseitigen und so die Verschmelzung durchführen zu können.[31]

III. Prüfung durch das Registergericht/Rechtsfolge bei Verstoß

Ob die an einer Verschmelzung beteiligten Rechtsträger **verschmelzungsfähig** sind, wird im Interesse der Richtigkeit des Handelsregisters durch den Registerrichter geprüft.[32] Daher wird auch die Einhaltung des § 39, damit auch die erforderlichen Mehrheiten, überprüft.[33] Inwieweit der Registerrichter dabei von der die Verschmelzung hindernden Vereinbarung über eine andere Art der Auseinandersetzung Kenntnis erlangt, hängt stark davon ab, welche Informationen der Notar beurkundet.[34] 14

Praxishinweis: Gesellschafter, die eine Verletzung des § 39 für möglich halten, sollten deshalb ausdrücklich zur Niederschrift erklären, dass ihrer Ansicht nach eine die Verschmelzung hindernde andere Art der Auseinandersetzung vereinbart wurde.[35]

Liegen die Voraussetzungen des § 39 nicht vor, so darf der Registerrichter die Eintragung der Verschmelzung nicht vornehmen. IdR sind Verschmelzungsbeschluss und -vertrag **nichtig**, wenn nicht die für die vorgesehene andere Art der Auseinandersetzung erforderliche Mehrheit 15

23 Semler/Stengel/*Ihrig*, § 39 Rn 17 f; Kallmeyer/*Kallmeyer/Kocher*, § 39 Rn 7.
24 Lutter/*Schmidt*, § 39 Rn 15; Semler/Stengel/*Ihrig*, § 39 Rn 18; Widmann/Mayer/*Vossius*, § 39 Rn 52.
25 Lutter/*Schmidt*, § 39 Rn 15; Semler/Stengel/*Ihrig*, § 39 Rn 18.
26 Semler/Stengel/*Ihrig*, § 39 Rn 17; Kallmeyer/*Kallmeyer/Kocher*, § 39 Rn 4.
27 Vgl Semler/Stengel/*Ihrig*, § 39 Rn 17.
28 Lutter/*Schmidt*, § 39 Rn 15; Semler/Stengel/*Ihrig*, § 39 Rn 15.
29 Semler/Stengel/*Ihrig*, § 39 Rn 14.
30 Lutter/*Schmidt*, § 39 Rn 15; Semler/Stengel/*Ihrig*, § 39 Rn 18.
31 So auch Semler/Stengel/*Ihrig*, § 39 Rn 14; Lutter/*Schmidt*, § 39 Rn 20.
32 OLG Naumburg NJW-RR 1998, 178, 179; KölnKomm-UmwG/*Dauner-Lieb/Tettinger*, § 39 Rn 32; Semler/Stengel/*Ihrig*, § 39 Rn 22.
33 Semler/Stengel/*Ihrig*, § 39 Rn 22.
34 KölnKomm-UmwG/*Dauner-Lieb/Tettinger*, § 39 Rn 32.
35 So auch KölnKomm-UmwG/*Dauner-Lieb/Tettinger*, § 39 Rn 32.

(Einstimmigkeit oder größere Mehrheit als für Verschmelzungsbeschluss notwendig) erreicht wurde (s. Rn 12).[36]

16 Ein solcher Beschluss ist hingegen **wirksam**, wenn er unter der Bedingung gefasst wird, dass die andere Art der Auseinandersetzung mit der für sie erforderlichen Stimmenanzahl geändert wird.[37] Er kann aber mangels Bedingungseintritt nicht zur Wirksamkeit der Verschmelzung führen. Ein nichtiger bzw bedingter Beschluss führt allerdings nicht zur Wirksamkeit des Vertrags gem. § 13 Abs. 1 S. 1, letzterer bleibt vielmehr (schwebend) unwirksam.[38] Sofern die andere Art der Auseinandersetzung aber doch noch geändert wird, sei es, dass hierdurch eine Bedingung der o.g. Art eintritt, sei es, dass dies von einer solchen bedingten Beschlussfassung losgelöst geschieht, wird der Verschmelzungsbeschluss und damit auch der -vertrag nachträglich geheilt, bzw wird er durch Bedingungseintritt wirksam.[39]

17 Findet die **Eintragung trotz Nichtigkeit** statt, so wird der Mangel durch die Eintragung nach § 20 Abs. 2 geheilt und die Verschmelzung wirksam. Die vereinbarte Art der Auseinandersetzung wird so umgangen. Die Minderheitsgesellschafter haben für diesen Fall die Möglichkeit, gegen diejenigen Gesellschafter, die treuwidrig gehandelt haben, Anspruch auf Schadenersatz gem. § 25 Abs. 1 geltend zu machen und in Vorbereitung hierauf ggf Klage gegen die Wirksamkeit des Verschmelzungsbeschlusses zu erheben.[40] Die Klage ist gem. § 28 gegen den übernehmenden Rechtsträger zu richten.

§ 40 Inhalt des Verschmelzungsvertrags

(1) [1]Der Verschmelzungsvertrag oder sein Entwurf hat zusätzlich für jeden Anteilsinhaber eines übertragenden Rechtsträgers zu bestimmen, ob ihm in der übernehmenden oder der neuen Personenhandelsgesellschaft die Stellung eines persönlich haftenden Gesellschafters oder eines Kommanditisten gewährt wird. [2]Dabei ist der Betrag der Einlage jedes Gesellschafters festzusetzen.

(2) [1]Anteilsinhabern eines übertragenden Rechtsträgers, die für dessen Verbindlichkeiten nicht als Gesamtschuldner persönlich unbeschränkt haften, ist die Stellung eines Kommanditisten zu gewähren. [2]Abweichende Bestimmungen sind nur wirksam, wenn die betroffenen Anteilsinhaber dem Verschmelzungsbeschluß des übertragenden Rechtsträgers zustimmen.

Literatur:

Petersen, Der Gläubigerschutz im System des Umwandlungsrechts, Der Konzern 2004, 185; *Priester*, Personengesellschaften im Umwandlungsrecht – Praxisrelevante Fragen und offene Posten, DStR 2005, 788; *Naraschewski*, Haftung bei der Spaltung von Kommanditgesellschaften, DB 1995, 1265; *K. Schmidt*, Zur gesetzlichen Befristung der Nichtigkeitsklage gegen Verschmelzungs- und Umwandlungsbeschlüsse, DB 1995, 1849.

36 KölnKomm-UmwG/*Dauner-Lieb/Tettinger*, § 39 Rn 28; Semler/Stengel/*Ihrig*, § 39 Rn 21; Lutter/*Schmidt*, § 39 Rn 20.

37 KölnKomm-UmwG/*Dauner-Lieb/Tettinger*, § 39 Rn 29.

38 Vgl KölnKomm-UmwG/*Dauner-Lieb/Tettinger*, § 39 Rn 29; Semler/Stengel/*Ihrig*, § 39 Rn 21.

39 Vgl KölnKomm-UmwG/*Dauner-Lieb/Tettinger*, § 39 Rn 30; Lutter/*Schmidt*, § 39 Rn 15; Semler/Stengel/*Ihrig*, § 39 Rn 21.

40 KölnKomm-UmwG/*Dauner-Lieb/Tettinger*, § 39 Rn 31; Semler/Stengel/*Ihrig*, § 39 Rn 21.

I. Allgemeines

1 Die Vorschrift gewährleistet die Ausübung der **Gestaltungsfreiheit** der Gesellschafter,[1] indem sie den Anteilsinhabern eines übertragenden Rechtsträgers das Recht einräumt zu bestimmen, ob sie in der übernehmenden oder neuen Personenhandelsgesellschaft die Stellung eines unbeschränkt persönlich haftenden Gesellschafters oder eines Kommanditist innehaben wollen.[2] Auf die Rechtsform der übertragenden Gesellschaft kommt es dabei nicht an. Der Begriff des Anteilsinhabers ist insofern weit zu verstehen und umfasst Aktionäre, GmbH-Gesellschafter, Genossen, Mitglieder von Vereinen und Kommanditisten einer KG,[3] sowie persönlich haftende Gesellschafter oder Mitglieder einer EWIV.[4] Zudem ist der Beteiligungsumfang eines jeden Gesellschafters festzulegen, da Abs. 1 S. 2 die Festsetzung der Einlage vorschreibt. Damit werden die allgemeinen Vorschriften der §§ 4 und 5 ergänzt.

2 Im Zusammenhang mit § 43 Abs. 2 S. 3 werden durch Abs. 2 S. 1, 2 insb. das Interesse insb. der bislang nur beschränkt haftenden Anteilsinhaber gewahrt, in der neuen Gesellschaft **keinem erhöhten Haftungsrisiko** ausgesetzt zu sein.[5] Ihnen ist zwingend die Stellung eines Kommanditisten zu gewähren (Satz 1). Soll hiervon abgewichen und Ihnen die Stellung als OHG-Gesellschafter oder Komplementär einer KG zugewiesen werden, so haben die bislang beschränkt haftenden Anteilsinhaber dem Verschmelzungsbeschluss – unabhängig von sonstigen durch Gesetz oder Satzung vorgesehenen Mehrheitserfordernissen für die Verschmelzung – ausdrücklich zuzustimmen (Satz 2).[6]

3 Strittig ist, ob das **Zustimmungserfordernis** des § 40 Abs. 2 S. 2 entsprechend im Fall der Zuweisung einer Kommanditistenstellung zu gelten hat, wenn der Wert des übertragenden Vermögens nicht den Betrag der im neuen Rechtsträger festgelegten Hafteinlage erreicht und es folglich mangels Deckung zur Haftung der betroffenen Anteilsinhaber nach § 171 Abs. 1 HGB kommt.[7] Im Grundsatz ist eine analoge Anwendung des § 40 Abs. 2 S. 2 zu verneinen, da die Vorschrift allein auf den Typus der Gesellschafterstellung abstellt und nicht auf die jeweilige Haftungssituation der einzelnen Anteilsinhaber.[8] Die betroffenen Gesellschafter sind vor einer Fehlbewertung des übertragenen Vermögens bereits dadurch ausreichend geschützt, dass die Mehrheitsgesellschafter verpflichtet sind, die Kommanditeinlagen so festzusetzen, dass der Wert des übertragenen Vermögens die Haftsummen abdeckt.[9] Weiter stehen ihnen Schadensersatzansprüche nach § 25 wegen fehlerhafter Bewertung des übertragenden Vermögens zu.[10] Soll hingegen die Hafteinlage im neuen Rechtsträger per se höher angesetzt werden als im alten Rechtsträger, dann ist dies nur mit Zustimmung der betroffenen Kommanditisten möglich.[11]

4 Die Vorschrift ist auf die Verschmelzung durch Aufnahme sowie auf die Verschmelzung durch Neugründung anwendbar, sofern eine Personenhandelsgesellschaft übernehmender Rechtsträ-

1 BT-Drucks. 12/6699, 98.
2 Statt aller Widmann/Mayer/*Vossius*, § 40 Rn 1; Semler/Stengel/*Ihrig*, § 40 Rn 1.
3 Vgl BT-Drucks. 12/6699, 98.
4 Semler/Stengel/*Ihrig*, § 40 Rn 6; Lutter/*Schmidt*, § 40 Rn 5.
5 Vgl BT-Drucks. 12/6699, 98; aber auch die bisher unbeschränkt persönlich Haftenden werden vor einem höheren Haftungsrisiko aufgrund des Eintritts in die Haftung der Verbindlichkeiten des übernehmenden Rechtsträgers geschützt, vgl Semler/Stengel/*Ihrig*, § 40 Rn 3; KölnKomm-UmwG/*Dauner-Lieb/Tettinger*, § 40 Rn 3.
6 KölnKomm-UmwG/*Dauner-Lieb/Tettinger*, § 40 Rn 36; Lutter/*Schmidt*, § 40 Rn 10; Keßler/Kühnberger/*Brügel*, § 40 Rn 9.
7 Gegen eine analoge Anwendung Lutter/*Schmidt*, § 40 Rn 10; Kallmeyer/*Kallmeyer/Kocher*, § 40 Rn 13; *Priester*, DStR 2005, 788, 790; für eine analoge Anwendung Widmann/Mayer/*Vossius*, § 40 Rn 26, 46 f; Schmitt/Hörtnagl/Stratz/*Stratz*, § 40 Rn 8.
8 Lutter/*Schmidt*, § 40 Rn 10; Kallmeyer/*Kallmeyer/Kocher*, § 40 Rn 13; *Priester*, DStR 2005, 788, 790.
9 *Priester*, DStR 2005, 788, 790.
10 Semler/Stengel/*Ihrig*, § 40 Rn 15.
11 So auch Semler/Stengel/*Ihrig*, § 40 Rn 15, der bei offensichtlichen Fällen der Nachschusspflicht ein Zustimmungsrecht befürwortet.

ger ist. Die Rechtsform des übertragenden Rechtsträgers ist im Rahmen des § 40 unerheblich.[12] Über §§ 125 S. 1 und 135 S. 1 gilt die Vorschrift auch für Spaltungen. Für den Formwechsel sieht § 233 Abs. 1 Hs 2, Abs. 2 S. 3 und Abs. 3 S. 1 einen dem § 40 entsprechenden Schutz vor.

II. Inhalt

5 **1. Bestimmung der künftigen Gesellschafterstellung, Abs. 1 Satz 1.** Für jeden Anteilsinhaber muss zusätzlich zu den allgemeinen Anforderungen des § 5 eine **eindeutige Festlegung** hinsichtlich seiner Stellung als persönlich haftender Gesellschafter oder Kommanditist im übernehmenden Rechtsträger getroffen werden. Dies ist der Fall, wenn der Verschmelzungsvertrag oder der nach § 4 Abs. 2 erforderliche Entwurf jeden Anteilsinhaber und seine künftige Gesellschafterstellung namentlich benennt.[13] Ferner sollte dem Sinn und Zweck der Vorschrift genüge getan sein, wenn im Vertragstext lediglich eine generelle, gattungsmäßige Bezeichnung erfolgt,[14] zB „alle bisherigen Kommanditisten", „alle Gesellschafter der X-GmbH",[15] und in der angefügten Anlage, auf die der Text verweist, eine namentliche Auflistung erfolgt,[16] solange eine Bestimmung der Stellung der einzelnen Anteilsinhaber ohne weitere Hilfsmittel möglich ist.[17]

6 Für übertragende Rechtsträger in der Rechtsform einer **AG** oder **KGaA** sieht § 35 die **Erleichterung** vor, dass unbekannte Aktionäre oder Kommanditaktionäre durch die Angabe des insgesamt auf sie entfallenden Teils des Grundkapitals der Gesellschaft und der auf sie nach der Verschmelzung entfallenden Anteile bezeichnet werden können, sofern diese Anteile insgesamt 5 % des Grundkapitals nicht überschreiten.[18] Die Erleichterung gilt gleichermaßen für die Verschmelzung durch Aufnahme wie durch Neugründung (§ 36 Abs. 1 S. 1).[19]

7 Sofern die übernehmende **Personenhandelsgesellschaft** am übertragenden Rechtsträger beteiligt ist, entfällt insoweit das Erfordernis der Festlegung der künftigen Gesellschafterstellung, da eine Personenhandelsgesellschaft keine Anteile an sich selbst halten kann.[20] Diese Anteile sollen vielmehr den Anteilsinhaber der übernehmenden Personenhandelsgesellschaft zugutekommen.[21] In diesem wie auch im Fall, dass ein Anteilsinhaber des übertragenden Rechtsträger bereits Gesellschafter der übernehmenden Personenhandelsgesellschaft ist, muss allerdings das **Verbot der Mehrfachbeteiligung** beachtet werden, weshalb den Anteilsinhabern kein weiterer Gesellschaftsanteil eingeräumt werden kann. Vielmehr ist der (feste) Kapitalanteil (Pflichteinlage) dieser Anteilsinhaber zu erhöhen, ohne das es einer gleichzeitigen Erhöhung der im Handelsregister eingetragenen Haftsumme (Hafteinlage) bedarf.[22]

8 Ist der übernehmende Rechtsträger eine **OHG** und soll dies auch bleiben, darf keinem der Anteilsinhaber des übertragenden Rechtsträgers die Stellung eines Kommanditisten eingeräumt werden. Geschieht dies dennoch, bspw aufgrund der fehlenden Zustimmung eines Gesellschafters zum Verschmelzungsvertrag gem. § 40 Abs. 2 S. 2 oder wegen § 43 Abs. 2 S. 3, erfolgt mit der Verschmelzung durch Aufnahme als deren Rechtsfolge eine Rechtsformänderung auf eine

12 Widmann/Mayer/*Vossius*, § 40 Rn 4; Semler/Stengel/*Ihrig*, § 40 Rn 3; KölnKomm-UmwG/*Dauner-Lieb*/*Tettinger*, § 40 Rn 7 mit der Einschränkung, dass die Rechtsform des übertragenden Rechtsträgers nur bei Abs. 1 unerheblich ist.

13 KölnKomm-UmwG/*Dauner-Lieb*/*Tettinger*, § 40 Rn 9; Lutter/*Schmidt*, § 40 Rn 6.

14 So etwa KölnKomm-UmwG/*Dauner-Lieb*/*Tettinger*, § 40 Rn 10 f; Lutter/*Schmidt*, § 40 Rn 6; Semler/Stengel/*Ihrig*, § 40 Rn 7; *Priester*, DStR 2005, 788, 789.

15 KölnKomm-UmwG/*Dauner-Lieb*/*Tettinger*, § 40 Rn 9.

16 KölnKomm-UmwG/*Dauner-Lieb*/*Tettinger*, § 40 Rn 9; Lutter/*Schmidt*, § 40 Rn 6; Semler/Stengel/*Ihrig*, § 40 Rn 7.

17 Semler/Stengel/*Ihrig*, § 40 Rn 7.

18 S. § 35 Rn 2; KölnKomm-UmwG/*Dauner-Lieb*/*Tettinger*, § 40 Rn 9; Lutter/*Schmidt*, § 40 Rn 7; Widmann/Mayer/*Vossius*, § 40 Rn 11.1.

19 S. § 36 Rn 4; Kallmeyer/*Marsch-Barner*, § 35 Rn 2 f; KölnKomm-UmwG/*Dauner-Lieb*/*Tettinger*, § 40 Rn 11 aE; Lutter/*Schmidt*, § 40 Rn 7, vgl auch BT-Drucks. 12/6699, 95; aA Semler/Stengel/*Ihrig*, § 40 Rn 8.

20 KölnKomm-UmwG/*Dauner-Lieb*/*Tettinger*, § 40 Rn 14; Lutter/*Schmidt*, § 40 Rn 20; Semler/Stengel/*Ihrig*, § 40 Rn 11; *Priester*, DStR 2005, 788, 790.

21 Kallmeyer/*Kallmeyer*/*Kocher*, § 40 Rn 3, 4.

22 Widmann/Mayer/*Vossius*, § 40 Rn 10; Kallmeyer/*Kallmeyer*/*Kocher*, § 40 Rn 3.

KG, ohne dass weitere Vereinbarungen oder Beschlüsse erforderlich sind.[23] Sofern gesellschaftsvertraglich eine Mehrheitsklausel für den Verschmelzungsbeschluss vorgesehen ist, deckt dieser daher ebenfalls die ggf erfolgende Umwandlung der OHG in eine KG.[24] Bei Eintragung der Verschmelzung ins Handelsregister erfolgt gleichzeitig auch die Eintragung der Rechtsformänderung in eine KG.[25]

2. Festsetzung der künftigen Einlage, Abs. 1 Satz 2. Des Weiteren sind im Verschmelzungsvertrag die künftig gehaltenen Einlagen der bisherigen Gesellschafter des übertragenden Rechtsträgers oder der beitretenden Gesellschafter (s. Rn 24) am übernehmenden bzw neuen Rechtsträger festzulegen. Dies sollte, um Unsicherheiten zu vermeiden, zusätzlich zur Festlegung des Umtauschverhältnisses gem. § 5 Abs. 1 Nr. 3 erfolgen.[26] Sofern der übernehmende Rechtsträger am übertragenden Rechtsträger beteiligt ist, entfällt dieses Erfordernis mit der Maßgabe, dass die Anteile den Anteilsinhabern der übernehmenden Personenhandelsgesellschaft zugutekommen.[27] Eine Festsetzung des Einlagebetrages kann des Weiteren unterbleiben, wenn ein persönlich haftender Gesellschafter ohne Kapitalbeteiligung an der neuen oder aufnehmenden Personenhandelsgesellschaft beteiligt werden muss.[28] 9

a) **Einlagebegriff.** Einlage meint im Falle der persönlich haftenden Gesellschafter deren (idR festen) Kapitalanteil (**Pflichteinlage**), da dieser in aller Regel für die künftigen Vermögensrechte der Gesellschafter wie etwa hinsichtlich der Gewinnanteile oder des Abfindungs- und Auseinandersetzungsguthabens, und für ihre Verwaltungsrechte (va das Stimmrecht) maßgeblich ist. Sollten die Gesellschafterrechte im Innenverhältnis an vom Kapitalanteil zu trennende Kriterien anknüpfen, so sind in Beachtung des gesetzgeberischen Ziels der Vorschrift Gewinn- und Verlustbeteiligung, Abfindungs- und Auseinandersetzungsquote und Stimmrecht einzeln festzulegen.[29] 10

Für den Kommanditisten ist freilich nicht nur seine Stellung im Innenverhältnis, sondern auch die zu Dritten im **Außenverhältnis**, etwa hinsichtlich seines Haftungsrisikos, von großer Bedeutung. Daher ist für Kommanditisten einerseits der Betrag der Pflichteinlage und andererseits, sofern davon abweichend, derjenige der Hafteinlage anzugeben.[30] Sonst wird allgemeinen Auslegungsgrundsätzen folgend der Betrag der Hafteinlage dem der Pflichteinlage gleichgesetzt. 11

Andere Gesellschafterleistungen als Einlagen in diesem Sinne werden nur bei der Verschmelzung durch Neugründung durch § 37 und nicht durch § 40 Abs. 1 S. 2 erfasst.[31] 12

Bei der Verschmelzung zur Aufnahme geht die Festlegung der Einlage der aufgenommenen Gesellschafter grundsätzlich mit der **Erhöhung der Gesamtkapitalgröße** einher. Das Kommanditkapital erhöht sich in diesem Fall automatisch als Rechtsfolge der Verschmelzung.[32] Möglich ist es aber auch, die Kapitalanteile am übernehmenden Rechtsträger unter Beibehaltung ihrer ursprünglichen Summe neu zu verteilen, wofür die Änderung des Gesellschaftsvertrags des übernehmenden Rechtsträgers erforderlich ist.[33] 13

b) **Festsetzung des Einlagebetrags.** Hinsichtlich der **personellen Zuordnung** des Einlagebetrags gilt das zu Abs. 1 S. 1 Gesagte: Die Bezeichnung der Gesellschafter, denen ein Einlagebetrag zugeordnet wird, sollte in der Praxis zusätzlich namentlich erfolgen, wobei aber auch ein Einla- 14

23 Lutter/*Schmidt*, § 40 Rn 13; Semler/Stengel/*Ihrig*, § 40 Rn 16; Kallmeyer/*Kallmeyer/Kocher*, § 40 Rn 9.

24 Kallmeyer/*Kallmeyer/Kocher*, § 40 Rn 9.

25 Lutter/*Schmidt*, § 40 Rn 13; Kallmeyer/*Kallmeyer/Kocher*, § 40 Rn 9.

26 KölnKomm-UmwG/*Dauner-Lieb/Tettinger*, § 40 Rn 13; Lutter/*Schmidt*, § 40 Rn 15; Semler/Stengel/*Ihrig*, § 40 Rn 10.

27 S. Rn 7; KölnKomm-UmwG/*Dauner-Lieb/Tettinger*, § 40 Rn 14; Lutter/*Schmidt*, § 40 Rn 20; Semler/Stengel/*Ihrig*, § 40 Rn 11.

28 Semler/Stengel/*Ihrig*, § 40 Rn 11; Lutter/*Schmidt*, § 40 Rn 15.

29 Vgl BT-Drucks. 12/1699, 98; KölnKomm-UmwG/*Dauner-Lieb/Tettinger*, § 40 Rn 16.

30 KölnKomm-UmwG/*Dauner-Lieb/Tettinger*, § 40 Rn 17; Semler/Stengel/*Ihrig*, § 40 Rn 9; Widmann/Mayer/*Vossius*, § 40 Rn 14; aA (nur Hafteinlage) *Naraschewski*, DB 1995, 1265, 1266 aE.

31 KölnKomm-UmwG/*Dauner-Lieb/Tettinger*, § 40 Rn 18.

32 Lutter/*Schmidt*, § 40 Rn 13; Semler/Stengel/*Ihrig*, § 40 Rn 17; Kallmeyer/*Kallmeyer/Kocher*, § 40 Rn 10.

33 KölnKomm-UmwG/*Dauner-Lieb/Tettinger*, § 40 Rn 19; Semler/Stengel/*Ihrig*, § 40 Rn 10.

gebetrag einer Gruppe von Gesellschaftern zugeordnet werden kann, sofern dieser für alle gleich hoch ist.[34]

15 Ob der Einlagebetrag beziffert werden muss, oder ob seine Bestimmbarkeit ausreicht, ist nicht abschließend geklärt, so dass für die Praxis zu raten ist, die jeweilige Einlage ziffernmäßig festzulegen.[35] Von der Bestimmung der Einlage durch Dritte gem. § 315 BGB ist abzuraten.[36]

16 Inhaltlich ist der Betrag der Einlage am **Grundsatz der Angemessenheit** auszurichten,[37] da § 40 Abs. 1 Satz 1 als Ergänzung zu § 5 Abs. 1 Nr. 3 zu sehen ist.[38] Eine wertentsprechende Anteilsgewährung ist dann aber nicht erforderlich, wenn sich alle Gesellschafter mit Kapitalbeteiligung damit einverstanden erklären, da der Wert des übertragenen Vermögens durch die teilweise Verbuchung auf Rücklagenkonten oder Fremdkapitalkonten (Darlehens- oder Privatkonten) nicht vollumfänglich wiedergegeben wird.[39] Sollten Vermögenswerte entsprechend bspw auf Darlehens- oder Privatkonten übertragen und so Forderungen eines oder mehrerer Gesellschafter gegen die Gesellschaft begründet werden, kann dies aufgrund des Zuzahlungscharakters und § 5 Abs. 1 Nr. 3, der nur bare Zuzahlungen erwähnt, problematisch sein. Es ist nicht geklärt, ob andere als bare Zuzahlungen zulässig sind oder ob diese von § 5 Abs. 1 Nr. 3 ausgeschlossen werden.[40] Insofern ist in der Praxis eine Abstimmung mit dem Handelsregister angezeigt, da durch die Handelsregistereintragung der Verschmelzung auch bei Unzulässigkeit sonstiger Zuzahlungen deren Wirksamkeit begründet würde.

17 Für den Kommanditisten gilt, dass es keinen Mindesteinlagebetrag bei der übernehmenden Personengesellschaft gibt, der etwa durch die **Haft- bzw Pflichteinlage** bei der übertragenden Gesellschaft zu bestimmen ist, so dass keine Haftung gem. oder analog § 174 HGB besteht, wenn der neue Einlagebetrag des Kommanditisten niedriger ist als der alte Einlagebetrag.[41] Der neue Einlagebetrag kann aber auch höher als derjenige beim übertragenden Rechtsträger sein, so dass sich für den betroffenen Gesellschafter eine Nachschusspflicht ergeben kann, wenn der Wert des übertragenden Vermögens den Einlagebetrag nicht erreicht. Hinsichtlich der sich ergebenden Differenz haftet der betroffene Anteilsinhaber bis zum Ausgleich wie ein persönlich haftender Gesellschafter, wenn er zuvor der Verschmelzung analog § 40 Abs. 2 S. 2 zugestimmt hat.[42] Aus rein haftungsrechtlicher Sicht empfiehlt es sich daher in der Praxis, die Hafteinlage beim übernehmenden Rechtsträger nicht höher anzusetzen, als den Wert der Beteiligung am übertragenden Rechtsträger.[43]

18 c) **Keine unbeschränkte Kommanditistenhaftung.** Gem. § 176 HGB haftet der Kommanditist vor Eintragung der Kommanditgesellschaft ins Handelsregister grundsätzlich unbeschränkt für Verbindlichkeiten, die vor der Eintragung der Gesellschaft oder seines Beitritts begründet wurden. In der Literatur ist es umstritten, ob eine solche Haftung auch im Rahmen einer Verschmelzung bestehen kann. Nach zum Teil vertretener Ansicht wird eine Haftung nach § 176 Abs. 2 HGB in diesen Fällen abgelehnt. Begründet wird dies damit, dass der Eintritt des neuen Kommanditisten erst mit Wirksamwerden der Verschmelzung erfolgt, also mit Eintragung der Verschmelzung im Handelsregister.[44] Die für § 176 HGB maßgeblichen Zeitpunkte fallen folglich hiernach zusammen, so dass diese Haftungsregelung keine Anwendung findet. Dem wird entgegengehalten, dass die Gründung der Kommanditgesellschaft/der Beitritt des Kommandi-

34 S. Rn 5; Semler/Stengel/*Ihrig*, § 40 Rn 9.
35 Lutter/*Schmidt*, § 40 Rn 15; Semler/Stengel/*Ihrig*, § 40 Rn 9; für Bestimmbarkeit; KölnKomm-UmwG/*Dauner-Lieb/Tettinger*, § 40 Rn 21; Widmann/Mayer/*Vossius*, § 40 Rn 11.
36 Lutter/*Schmidt*, § 40 Rn 15; Semler/Stengel/*Ihrig*, § 40 Rn 9; aA Widmann/Mayer/*Vossius*, § 40 Rn 11; zweifelnd: KölnKomm-UmwG/*Dauner-Lieb/Tettinger*, § 40 Rn 22.
37 § 5 Rn 35.
38 KölnKomm-UmwG/*Dauner-Lieb/Tettinger*, § 40 Rn 23.
39 Lutter/*Schmidt*, § 40 Rn 16; Widmann/Mayer/*Vossius*, § 40 Rn 13; Semler/Stengel/*Ihrig*, § 40 Rn 10; *Priester*, DStR 2005, 788, 790.
40 S. Darstellung bei Lutter/*Schmidt*, § 40 Rn 17 f.
41 Lutter/*Schmidt*, § 40 Rn 19; Widmann/Mayer/*Vossius*, § 40 Rn 15; Keßler/Kühnberger/*Brügel*, § 40 Rn 5; aA *Petersen*, Der Konzern 2004, 185.
42 S. zum Meinungsstreit Rn 3.
43 Widmann/Mayer/*Vossius*, § 40 Rn 24.
44 Happ/*Richter*, Konzern- und Umwandlungsrecht, Muster 7.08 Anm. 6.4; Kallmeyer/*Kallmeyer/Kocher*, UmwG, § 40 Rn 7.

tisten regelmäßig auf einen Zeitpunkt zurückbezogen wird, der vor der Eintragung liegt, § 5 Abs. 1 Nr. 5, 6.[45] Zur Vermeidung jeglicher Haftungsrisiken solle deshalb entweder bis zur Eintragung keine Verbindlichkeiten für die übernehmende Kommanditgesellschaft eingegangen werden oder die Kommanditisten ihre Stellung als Gesellschafter erst mit der Eintragung erhalten.[46] Dies sei bei einer Verschmelzung durch Aufnahme im Verschmelzungsvertrag und bei der Verschmelzung durch Neugründung im Gesellschaftsvertrag entsprechend festzuhalten. Bis zur Eintragung müsse den Gesellschaftern eine Stellung als atypisch stiller Gesellschafter zukommen.[47]

Im Ergebnis ist eine solche Hilfskonstruktion allerdings nicht erforderlich, da der von dieser Ansicht angeführte Verschmelzungsstichtag lediglich der Ergebnisabgrenzung dient, aber nicht zur einer Vorverlagerung der Haftung führen kann, weshalb durch die Verschmelzung keine Haftung nach § 176 HGB begründet werden kann.[48] 19

3. Recht auf Kommanditistenstellung, Abs. 2. Abs. 2 findet Anwendung bei Verschmelzungen auf eine Personenhandelsgesellschaft, bei der Gesellschafter des übertragenden Rechtsträgers für dessen Verbindlichkeiten nicht unbeschränkt persönlich haften. Es kommt dabei allein auf die gesellschaftsrechtliche, nicht auf eine Durchgriffs-, Delikts- oder vertragliche Haftung an.[49] Mithin hat die Vorschrift nur Relevanz, wenn es sich beim übertragenden Rechtsträger um eine(n) GmbH, AG, KGaA (hinsichtlich der Kommanditaktionäre), KG, eG, e.V. oder um einen wirtschaftlichen Verein handelt.[50] Kommanditisten, die ihre Einlage noch nicht gezahlt oder zurückerhalten haben und aufgrund dessen gem. § 171 ff HGB oder die gem. § 176 HGB haften, sind trotzdem durch den Abs. 2 geschützt.[51] Nicht unter die übertragenden Rechtsträger des § 40 Abs. 2 fällt hingegen die OHG sowie der persönlich haftenden Gesellschafter einer übertragenden KG bzw KGaA.[52] 20

Bei der übernehmenden/neuen Personenhandelsgesellschaft muss es sich um eine KG handeln bzw eine OHG, die durch das Hinzutreten eines Kommanditisten zu einer solchen werden kann.[53] Ebenfalls erfasst ist die zukünftige Mitgliedschaft in einer EWIV.[54] 21

a) Anspruchsinhalt. Den erfassten Gesellschaftern ist grundsätzlich auch in der übernehmenden/neuen Personenhandelsgesellschaft die Stellung eines beschränkt haftenden Gesellschafters einzuräumen, der aufgrund vollständiger Leistung der Einlage gegenüber den Gesellschaftsgläubigern nicht mehr haftet. Weiter darf der nicht zustimmende Gesellschafter auch nicht dem Haftungsrisiko des § 176 HGB ausgesetzt sein, so dass ihm bis zu seiner Eintragung als Kommanditist ins Handelsregister des übernehmenden Rechtsträgers die Stellung eines atypisch stillen Gesellschafters eingeräumt werden sollte um die Haftung nach § 176 HGB zu vermeiden (s. Rn 18). 22

b) Zustimmungserfordernis. Die Stellung als persönlich unbeschränkt haftender Gesellschafter im übernehmenden Rechtsträger kann den erfassten Gesellschaftern gem. Abs. 2 S. 1 nur mit ihrer Zustimmung zum Verschmelzungsbeschluss auferlegt werden. Die Zustimmung ist eine empfangsbedürftige Willenserklärung, die gem. § 13 Abs. 3 notarielle Beurkundung erfordert.[55] Fraglich ist, ob sie konkludent mit der Ja-Stimme zum Verschmelzungsbeschluss abge- 23

45 Widmann/Mayer/*Vossius*, § 40 Rn 28.
46 Widmann/Mayer/*Vossius*, § 40 Rn 34.
47 Widmann/Mayer/*Vossius*, § 40 Rn 34, mit einem entsprechenden Formulierungsvorschlag.
48 So auch Happ/*Richter*, Konzern- und Umwandlungsrecht, Muster 7.08 Anm. 6.4.
49 KölnKomm-UmwG/*Dauner-Lieb/Tettinger*, § 40 Rn 32; Widmann/Mayer/*Vossius*, § 40 Rn 39.
50 Widmann/Mayer/*Vossius*, § 40 Rn 35, 45; Lutter/*Schmidt*, § 40 Rn 8.
51 Semler/Stengel/*Ihrig*, § 40 Rn 12; Widmann/Mayer/*Vossius*, § 40 Rn 41; Lutter/*Schmidt*, § 40 Rn 8; *Priester*, DStR 2005, 788, 790.
52 Widmann/Mayer/*Vossius*, § 40 Rn 35; Lutter/*Schmidt*, § 40 Rn 8.
53 KölnKomm-UmwG/*Dauner-Lieb/Tettinger*, § 40 Rn 33; Lutter/*Schmidt*, § 40 Rn 10.
54 Semler/Stengel/*Ihrig*, § 40 Rn 21; Lutter/*Schmidt*, § 40 Rn 10.
55 KölnKomm-UmwG/*Dauner-Lieb/Tettinger*, § 40 Rn 36; Semler/Stengel/*Ihrig*, § 40 Rn 23.

geben werden kann[56] oder ob nur die Abgabe einer gesonderten Erklärung möglich ist,[57] so dass bspw zwar gegen den Verschmelzungsbeschluss gestimmt, aber für den Fall des anderweitigen Mehrheitsbeschlusses jedenfalls die Zustimmung zur unbeschränkten Haftung erteilt werden kann. Aus Gründen der Rechtssicherheit sollte immer die gesonderte Zustimmung erfolgen.[58] Alle persönlich unbeschränkt haftenden Gesellschafter hingegen müssen der Verschmelzung widersprechen, damit ihnen gem. § 43 Abs. 2 S. 3 beim neuen/übernehmenden Rechtsträger die Stellung eines Kommanditisten eingeräumt wird (s. dort Rn 16).

24 c) **Notwendiger Beitritt eines persönlich haftenden Gesellschafters.** Grundsätzlich setzt § 40 voraus, dass jedenfalls ein persönlich haftender Gesellschafter bei der übernehmenden Personenhandelsgesellschaft zur Verfügung steht.[59] Bei einer Verschmelzung durch Neugründung kann es allerdings zu der Situation kommen, dass kein Anteilsinhaber der übertragenden Rechtsträger zur Übernahme der persönlichen, unbeschränkten Haftung in der Personenhandelsgesellschaft bereit ist. Hier bleibt nur die Aufnahme eines Dritten, der persönlich unbeschränkt haftet. Unproblematisch ist der Beitritt des Dritten gemäß den allgemeinen gesellschaftsrechtlichen Regelungen vor der Verschmelzung möglich, wenn dieser bereits einen Kapitalanteil vor der Verschmelzung halten kann/soll.[60]

25 Soll die Komplementär-GmbH – wie im Regelfall – jedoch nicht am Kapital der KG beteiligt sein, steht diese Lösung nicht zur Verfügung. Nach richtiger Auffassung muss in diesen Fällen ein Beitritt im Rahmen der Verschmelzung als Bestandteil des Verschmelzungsvertrages zulässig sein.[61] Der Gesetzgeber hat diese Möglichkeit zumindest im Falle eines Formwechsels in eine KGaA ausdrücklich in § 221 S. 1 vorgesehen. Die Verbindung einer Umwandlungsmaßnahme mit einem Gesellschafterwechsel als Rechtsgedanken kann auch im Rahmen einer Verschmelzung auf eine GmbH & Co. KG übertragen werden.[62]

Praxishinweis: Zur Absicherung sollte diese Vorgehensweise vorher mit dem zuständigen Registergericht besprochen werden. Vertritt das Registergericht hierzu eine ablehnende Haltung, wird man auf die Hilfskonstruktion eines Treuhandmodells zurückgreifen müssen, wie sie sich im Rahmen eines Formwechsels etabliert hat. Der Anteil am übertragenden Rechtsträger wird hier lediglich treuhänderisch an die zukünftige Komplementärin (typischerweise eine GmbH) abgetreten. Mit Eintragung der Verschmelzung fällt die Kapitalbeteiligung an den oder die Treugeber zurück und erhöht seine oder deren Kommanditeinlage. Die Komplementärin bleibt am übernehmenden Rechtsträger ohne eigenen Kapitalanteil beteiligt.[63]

26 d) **Prüfung durch den Registerrichter.** Der Handelsregisteranmeldung sind die erforderlichen Zustimmungen nach § 40 Abs. 2 S. 2 in notariell beurkundeter Form beizufügen. Geschieht dies nicht, darf der Registerrichter die Verschmelzung nicht eintragen. Bei Änderung der Rechtsform in eine KG und der dadurch erfolgenden Änderung der Firmierung, sowie beim Eintritt der neuen Gesellschafter werden die Änderungen automatisch ohne gesonderte Anmeldung eingetragen. Eine ausdrückliche Anmeldung ist daher nicht erforderlich, empfiehlt sich aber.[64] Gleiches gilt für die übernehmende KG hinsichtlich der Erhöhung des Kommanditkapitals oder der Erhöhung bereits bestehender Hafteinlagen.

27 e) **Rechtsfolgen von Verstößen gegen Abs. 2.** Ohne entsprechende Zustimmung zur Übernahme einer persönlich und unbeschränkt haftenden Gesellschafterstellung ist den erfassten Ge-

56 *Priester* in: DStR 2005, 788, 790; Lutter/*Schmidt*, § 40 Rn 11; Schmitt/Hörtnagl/Stratz/*Stratz*, § 40 Rn 8.

57 Semler/Stengel/*Ihrig*, § 40 Rn 23; Widmann/Mayer/*Vossius*, § 40 Rn 50.

58 Keßler/Kühnberger/*Brügel*, § 40 Rn 9.

59 Widmann/Mayer/*Vossius*, § 40 Rn 3.1; Lutter/*Schmidt*, § 40 Rn 14; Semler/Stengel/*Ihrig*, § 40 Rn 18.

60 Semler/Stengel/*Ihrig*, § 40 Rn 18; Lutter/*Schmidt*, § 40 Rn 14.

61 BGH DStR 2005, 1539, 1540 f (für den Formwechsel); Lutter/*Schmidt*, § 40 Rn 14; Semler/Stengel/*Ihrig*, § 40 Rn 18; aA Widmann/Mayer/*Vossius*, § 40 Rn 3.1.

62 Semler/Stengel/*Ihrig*, § 40 Rn 18; Kallmeyer/*Kallmeyer/Kocher*, § 40 Rn 11; Keßler/Kühnberger/*Brügel*, § 40 Rn 7.

63 Semler/Stengel/*Ihrig*, § 40 Rn 18; Keßler/Kühnberger/*Brügel*, § 40 Rn 7.

64 Lutter/*Schmidt*, § 40 Rn 21; Semler/Stengel/*Ihrig*, § 40 Rn 28; KölnKomm-UmwG/*Dauner-Lieb/Tettinger*, § 40 Rn 48.

sellschaftern die Stellung eines **beschränkt haftenden Gesellschafters**, auch im übernehmenden/neuen Rechtsträger, einzuräumen. Anderslautende Bestimmungen im Verschmelzungsvertrag sind nach endgültiger Verweigerung der Zustimmung unwirksam, so dass der Verschmelzungsbeschluss des übertragenden Rechtsträgers nichtig, der Verschmelzungsvertrag unwirksam ist und die Verschmelzung aufgrund der allgemeinen Prüfpflicht des Registerrichters nicht eingetragen werden darf.[65]

Dem Betroffenen steht zudem der **Klageweg** offen nach § 14, mit der Folge der starren Registersperre des § 16 Abs. 2.[66] Erfolgt die Eintragung dennoch, wird der Mangel der fehlenden Zustimmungserklärungen einzelner Anteilsinhaber gem. § 20 Abs. 1 Nr. 4 geheilt und zuvor beschränkt haftende Gesellschafter, die der Zuweisung der Stellung eines persönlich haftenden Gesellschafters im Verschmelzungsvertrag nicht zugestimmt haben, werden durch die Eintragung in der übernehmenden/neuen Gesellschaft gegen ihren Willen zu persönlich haftenden Gesellschaftern. Aufgrund der gesellschaftsrechtlichen Treuepflicht der Mitgesellschafter können diese im Einzelfall dazu verpflichtet sein, den Gesellschaftsvertrag zu ändern und dem betroffenen Gesellschafter die Kommanditistenstellung einzuräumen.[67] Ist dies nicht der Fall oder sind die übrigen Gesellschafter nicht zur Vertragsänderung bereit, hat der Betroffene ein Recht auf Ausscheiden gegen angemessene Abfindung, sei es aufgrund der Treuepflicht oder aufgrund einer Analogie zu § 29.[68] 28

Sofern der betroffene Gesellschafter wegen seiner persönlich unbeschränkten Haftung in Anspruch genommen wird, stehen ihm außerdem gem. § 25 **Schadensersatzansprüche** gegen die Vertretungsorgane und ggf das Aufsichtsorgan des übertragenden Rechtsträgers, nicht aber gegen die Mitgesellschafter, zu.[69] Haftet ein betroffener Gesellschafter den Gesellschaftsgläubigern aufgrund einer fälschlicherweise zu hohen Bewertung seiner Beteiligung am übertragenden Rechtsträger gem. § 171 HGB oder gem. § 176 HGB, stehen ihm die Ansprüche aus §§ 15 und 25 zu, ohne dass jedoch der Verschmelzungsbeschluss des übertragenden Rechtsträgers nichtig oder der Verschmelzungsvertrag unwirksam wird.[70] 29

4. Kosten. Für die Beurkundung einzelner Zustimmungserklärungen gilt als Ausgangspunkt der Geschäftswert der Verschmelzung. Die Beurkundung von Zustimmungserklärungen löst eine volle Gebühr aus.[71] Der Geschäftswert berechnet sich jedoch im Gegensatz zur KostO nach der Hälfte des Geschäftswertes für die Beurkundung des Verschmelzungsvertrages gem. § 107 Abs. 1 GNotKG. Dies führt zu einem moderaten Anstieg der Beurkundungsgebühr. § 98 Abs. 4 GNotKG begrenzt den Geschäftswert auf höchstens 1 Mio. EUR. Ferner ist bei einer Zustimmungserklärung einzelner Anteilsinhaber deren Beteiligungsquote am betreffenden Rechtsträger zugrunde zu legen. 30

Aus Kostengründen empfiehlt es sich, die Zustimmungserklärungen in derselben notariellen Urkunde, die den Verschmelzungsvertrag umfasst, mit zu beurkunden. In diesem Fall handelt es sich bezüglich aller Zustimmungserklärungen um denselben Beurkundungsgegenstand gemäß § 109 GNotKG, so dass keine weiteren Gebührenerhöhungen stattfinden. 31

65 Semler/Stengel/*Ihrig*, § 40 Rn 25; Widmann/Mayer/*Vossius*, § 40 Rn 57; Kallmeyer/*Kallmeyer/Kocher*, § 40 Rn 15.

66 Widmann/Mayer/*Vossius*, § 40 Rn 58, der aber zusätzlich nach Ablauf der Frist des § 14 entgegen der hA die Erhebung einer Klage nach § 256 ZPO für zulässig erachtet; ebenso *K. Schmidt*, DB 1995, 1849, 1850.

67 Lutter/*Schmidt*, § 40 Rn 12; Semler/Stengel/*Ihrig*, § 40 Rn 25; Ulmer/Schäfer/*Ulmer*, § 705 BGB Rn 232.

68 So auch Semler/Stengel/*Ihrig*, § 40 Rn 25; Widmann/Mayer/*Vossius*, § 40 Rn 50; Lutter/*Schmidt*, § 40 Rn 12.

69 Lutter/*Schmidt*, § 40 Rn 12; Semler/Stengel/*Ihrig*, § 40 Rn 26; aA Widmann/Mayer/*Vossius*, § 40 Rn 50 „Freistellungsanspruch gegen Mitgesellschafter".

70 Vgl auch Lutter/*Schmidt*, § 40 Rn 12; Kallmeyer/*Kallmeyer/Kocher*, § 40 Rn 15; Keßler/Kühnberger/*Brügel*, § 40 Rn 10.

71 Die Regelung einer halben Gebühr gem. § 38 Abs. 2 Nr. 1 KostO ist in das GNotKG nicht übernommen worden.

§ 41 Verschmelzungsbericht

Ein Verschmelzungsbericht ist für eine an der Verschmelzung beteiligte Personenhandelsgesellschaft nicht erforderlich, wenn alle Gesellschafter dieser Gesellschaft zur Geschäftsführung berechtigt sind.

1 **1. Allgemeines.** § 41 sieht für eine an einer Verschmelzung durch Aufnahme bzw durch Neugründung beteiligte (übertragende oder übernehmende) Personenhandelsgesellschaft vor, dass das Erstellen eines Verschmelzungsberichts nicht erforderlich ist, wenn alle Gesellschafter zur Geschäftsführung befugt sind. Die Rechtsform der übrigen beteiligten Rechtsträger ist dabei unerheblich,[1] da für diese der Verschmelzungsbericht weiterhin zu erstellen ist. Die geschäftsführungsbefugten Gesellschafter haben die Möglichkeit, alle Unterlagen einzusehen und bei der Verschmelzung mitzuwirken.[2] Folglich wäre es bloße Förmelei, in dieser Situation auf einen Verschmelzungsbericht zu bestehen, da es keine schützenswerten Gesellschafter gibt.

2 Die Vorschrift tritt damit als weitere Ausnahme neben § 8 Abs. 3 S. 1 1. Alt. iVm S. 2, wonach eine **Berichtspflicht entfällt**, wenn alle Anteilsinhaber aller beteiligten Rechtsträger darauf mittels notarieller Urkunde verzichten[3] oder wenn der übernehmende Rechtsträger alleiniger Gesellschafter des übertragenden Rechtsträgers ist.[4] Für Personenhandelsgesellschaften, deren sämtliche Gesellschafter auch die Geschäftsführungsbefugnis innehaben, ist § 8 Abs. 3 zwar neben § 41 anwendbar, der Vorschrift kommt in dieser Konstellation allerdings keinerlei Bedeutung zu.[5] Eine kombinierte Anwendung der §§ 41 und 8 Abs. 3 derart, dass nur die nicht geschäftsführenden Gesellschafter einer Personenhandelsgesellschaft auf den Verschmelzungsbericht verzichten müssen, während auf die anderen Anteilsinhaber § 41 angewendet wird und damit zusätzliche Verzichtserklärungen nicht notwendig sind, ist aufgrund des klaren Wortlauts der Vorschriften nicht zulässig.[6]

3 Über die Verweise in §§ 125, 135 Abs. 1 gilt § 41 auch für **Spaltungen**. Für den Formwechsel einer Personenhandelsgesellschaft in eine Kapitalgesellschaft oder eG enthält § 215 eine dem § 41 entsprechende Regelung.

4 **2. Berechtigung zur Geschäftsführung.** Maßgeblich für die Berechtigung zur Geschäftsführung im Sinne des § 41 ist zunächst die tatsächliche Regelung der **Geschäftsführungsbefugnis** im Gesellschaftsvertrag bzw in Ermangelung abweichender gesellschaftsvertraglicher Vorschriften die gesetzliche Regelung.[7]

5 Für die **OHG** sieht § 114 Abs. 1 HGB die Geschäftsführung durch alle Gesellschafter vor, so dass § 41 im gesetzlichen Regelfall Anwendung findet. Sieht der Gesellschaftsvertrag jedoch vor, dass nur einige Gesellschafter geschäftsführungsbefugt sind, findet § 41 keine Anwendung. Ebenfalls keine Anwendung findet die Vorschrift, wenn es sich um den gesetzlichen Regelfall der Geschäftsführung in der **KG** handelt, da hier gem. § 164 S. 1 Hs 1 HGB die Kommanditisten von der Geschäftsführung ausgeschlossen sind. Sind sie umgekehrt nach dem Gesellschaftsvertrag zur Geschäftsführung berechtigt, so dass alle Gesellschafter geschäftsführungsbefugt sind, ist ein Verschmelzungsbericht nicht erforderlich.[8] Für die **EWIV**, die von der ihr durch Art. 19 EWIV-VO[9] eingeräumten Möglichkeit der Fremdgeschäftsführung unter gleichzeitig fehlender Geschäftsführungsbefugnis aller ihrer Mitglieder Gebrauch gemacht hat, ist § 41

1 KölnKomm-UmwG/*Dauner-Lieb/Tettinger*, § 41 Rn 5.
2 BT-Drucks. 12/6699, 98; KK-UmwG/*Dauner-Lieb/Tettinger*, § 41 Rn 1; Semler/Stengel/*Ihrig*, § 41 Rn 1; Widmann/Mayer/*Vossius*, § 41 Rn 1.
3 S. § 8 Rn 42.
4 Semler/Stengel/*Ihrig*, § 41 Rn 1; Lutter/*Schmidt*, § 41 Rn 1.
5 Semler/Stengel/*Ihrig*, § 41 Rn 5; Kallmeyer/*Kallmeyer/Kocher*, § 41 Rn 1.
6 Lutter/*Schmidt*, § 41 Rn 6; Semler/Stengel/*Ihrig*, § 41 Rn 6; aA Widmann/Mayer/*Vossius*, § 41 Rn 13, 19, 23; KölnKomm-UmwG/*Dauner-Lieb/Tettinger*, § 41 Rn 10.
7 Vgl Widmann/Mayer/*Vossius*, § 41 Rn 7 ff; KölnKomm-UmwG/*Dauner-Lieb/Tettinger*, § 41 Rn 6; Lutter/*Schmidt*, § 41 Rn 4.
8 Lutter/*Schmidt*, § 41 Rn 4 ff; Semler/Stengel/*Ihrig*, § 41 Rn 9; Widmann/Mayer/*Vossius*, § 41 Rn 22 f.
9 EG VO (EWG) Nr. 2137/85, ABl. 1985 L 199, 1.

gleichermaßen nicht anwendbar. Im Übrigen gilt die Erleichterung des § 41.[10] Für die **Partnerschaft** gilt mit § 45 c S. 1 eine dem § 41 vergleichbare Vorschrift, soweit von § 6 Abs. 2 PartGG kein Gebrauch gemacht wurde und damit alle Partner zur Geschäftsführung befugt sind.

Ist ein Gesellschafter von der Geschäftsführung gerichtlich gem. § 117 HGB oder durch gesellschaftsvertraglichen Beschluss der übrigen Gesellschafter ganz oder teilweise ausgeschlossen oder ist ihm die Geschäftsführungsbefugnis aufgrund einstweiliger Verfügung ganz oder teilweise untersagt, ist grundsätzlich ein **Verschmelzungsbericht** zu erstellen.[11] Im Falle eines nur teilweisen Entzugs bzw einer teilweisen Untersagung verbietet es die Rechtssicherheit, danach zu differenzieren, ob dem Gesellschafter der für die Verschmelzung maßgebliche Teil der Geschäftsführungsbefugnis verblieben ist oder nicht.[12] 6

Für eine **Kapitalgesellschaft & Co. KG** gilt das unter Rn 5 Gesagte. Sind alle Kommanditisten geschäftsführungsbefugt, die Komplementärin aber von der Geschäftsführung ausgeschlossen und sind die Kommanditisten zugleich alleinige Gesellschaftergeschäftsführer der Komplementärin, ist § 41 nach seinem Normzweck ebenfalls anzuwenden.[13] In der Praxis sollte diese Thematik allerdings mit dem Registergericht vorab besprochen werden. 7

Liegen die Voraussetzungen des § 41 nicht vor und wurde trotzdem kein Verschmelzungsbericht erstellt, ist der Verschmelzungsbeschluss fehlerhaft und somit nichtig.[14] Kommt es dennoch zur Eintragung, wird der Mangel des fehlenden Verschmelzungsberichts geheilt, § 20 Abs. 2. 8

§ 42 Unterrichtung der Gesellschafter

Der Verschmelzungsvertrag oder sein Entwurf und der Verschmelzungsbericht sind den Gesellschaftern, die von der Geschäftsführung ausgeschlossen sind, spätestens zusammen mit der Einberufung der Gesellschafterversammlung, die gemäß § 13 Abs. 1 über die Zustimmung zum Verschmelzungsvertrag beschließen soll, zu übersenden.

I. Allgemeines

§ 42 statuiert eine **Informationspflicht** der Personenhandelsgesellschaft gegenüber den nicht geschäftsführenden Gesellschaftern, indem sie vorschreibt, dass ihnen der Verschmelzungsvertrag oder sein Entwurf und der Verschmelzungsbericht spätestens zusammen mit der Einberufung der Gesellschafterversammlung, die die Zustimmung zum Verschmelzungsvertrag beschließen soll, zu übersenden sind. Für die Gesellschafter der OHG, die Mitglieder einer EWIV oder eine nicht zur Geschäftsführung berechtigte Komplementärin wird das Recht aus § 118 Abs. 1 HGB (iVm § 161 Abs. 2 HGB) aufgewertet. Insoweit konkretisiert § 42 diese Vorschrift. Für die nicht an der Geschäftsführung beteiligten Kommanditisten – für die § 118 Abs. 1 HGB aufgrund von § 166 Abs. 2 HGB nicht anzuwenden ist – wird mit der Vorschrift ein über das 1

10 Semler/Stengel/*Ihrig*, § 41 Rn 8 und 11.

11 KölnKomm-UmwG/*Dauner-Lieb/Tettinger*, § 41 Rn 6; Lutter/*Schmidt*, § 41 Rn 5; Widmann/Mayer/*Vossius*, § 41 Rn 15.

12 KölnKomm-UmwG/*Dauner-Lieb/Tettinger*, § 41 Rn 8; Lutter/*Schmidt*, § 41 Rn 5; aA Widmann/Mayer/*Vossius*, § 41 Rn 15 f.

13 KölnKomm-UmwG/*Dauner-Lieb/Tettinger*, § 41 Rn 9; Semler/Stengel/*Ihrig*, § 41 Rn 10; aA Lutter/*Schmidt*, § 41 Rn 5; Kallmeyer/*Kallmeyer*, § 41 Rn 2; vermittelnde Ansicht Widmann/Mayer/*Vossius*, § 41 Rn 27 „Verzicht konkludent im Verschmelzungsbeschluss".

14 KölnKomm-UmwG/*Dauner-Lieb/Tettinger*, § 41 Rn 11; Semler/Stengel/*Ihrig*, § 41 Rn 10, mit dem Hinweis, dass sich etwas anderes ergibt, wenn der Gesellschaftsvertrag bloße Anfechtbarkeit vorsieht.

Recht zur Kontrolle des Jahresabschlusses gem. § 166 Abs. 1 HGB hinausgehendes, selbstständiges Informationsrecht geschaffen, dem eine Informationspflicht seitens der Gesellschaft gegenübersteht.[1]

2 Durch die Pflicht zur unaufgeforderten **Zusendung der Verschmelzungsunterlagen** soll den Gesellschaftern die Möglichkeit zur Bildung einer ausreichenden Informationsgrundlage für ihre Entscheidung im Rahmen des Verschmelzungsbeschlusses gegeben werden,[2] die ihnen im Gegensatz zu den geschäftsführenden Gesellschaftern sonst nicht eröffnet wäre.[3] Etwaige im Rahmen des § 118 Abs. 2 HGB zulässige Einschränkungen des Informationsrechts sind aufgrund des zwingenden Charakters für das Informationsrecht aus § 42 unzulässig.[4] Dies muss aufgrund des Schutzzwecks der Vorschrift auch für den geschäftsführenden Gesellschafter gelten, dessen Rechte gem. § 118 Abs. 2 HGB ausgeschlossen oder beschränkt sind.[5]

3 § 42 findet sowohl auf Verschmelzungen durch Aufnahme als auch durch Neugründung Anwendung. Gem. §§ 125, 135 Abs. 1 gilt die Vorschrift auch für entsprechende Spaltungen, sofern eine Personenhandelsgesellschaft als übertragender oder übernehmender Rechtsträger beteiligt ist. Für den Formwechsel einer Personenhandelsgesellschaft in einer Kapitalgesellschaft oder eG enthält § 216 eine dem § 42 entsprechend Regelung.

4 Neben dem durch § 42 gewährten Informationsrecht stehen den nicht zur Geschäftsführung befugten Gesellschaftern **weitere Informationsrechte** aus allgemeinen Rechtsgrundsätzen zu. Während und vor der Gesellschafterversammlung können sie Auskunft zur Verschmelzung und zu den verschmelzungserheblichen Angelegenheiten der anderen Rechtsträger verlangen, wenn diese zur Beurteilung der Verschmelzung erforderlich ist und sich nicht schon aus den bereits überlassenen Unterlagen ergibt.[6] Erläuterungs- oder Auslagepflichten bestehen – anders als bei der AG (§ 64 S. 1) – nicht.[7]

II. Inhalt

5 **1. Verpflichteter.** Zur Information verpflichtet ist die Gesellschaft, die durch ihre Geschäftsführer die Übersendung der Verschmelzungsunterlagen vornimmt. Sie hat aufgrund des Normzwecks der Vorschrift und im Vergleich mit § 13 Abs. 3 die Kosten zu tragen.[8]

6 **2. Erfasste Unterlagen.** Zu übersenden sind je eine Kopie[9] des **Verschmelzungsvertrags** oder des Entwurfs, einschließlich der in ihm genannten Anlagen und beschlusserheblichen Nebenabreden[10] sowie des Verschmelzungsberichts. Inhaltlich müssen die Unterlagen den Anforderungen der für sie maßgeblichen Vorschriften des UmwG genügen, dh der Verschmelzungsvertrag muss mindestens die in § 5 genannten Angaben enthalten.[11] Muss kein Verschmelzungsbericht erstellt werden (§ 8 Abs. 3), entfällt die Pflicht auf Übersendung.[12]

1 BT-Drucks. 12/6699, 98.
2 BT-Drucks. 12/6699, 98.
3 Ihnen steht zwar gem. § 13 Abs. 3 S. 3 das Recht auf Erteilung einer Vertragsabschrift und der Niederschrift des Verschmelzungsbeschlusses zu, jedoch müssen sie hiernach die Kosten dafür selbst tragen.
4 Lutter/*Schmidt*, § 42 Rn 3; Semler/Stengel/*Ihrig*, § 42 Rn 14; einschränkend bzgl der Informationspflicht an gemeinsame Vertreter mehrerer Gesellschafter Widmann/Mayer/*Voissius*, § 42 Rn 12.
5 Lutter/*Schmidt*, § 42 Rn 3; Semler/Stengel/*Ihrig*, § 42 Rn 14.
6 Semler/Stengel/*Ihrig*, § 42 Rn 17; Lutter/*Schmidt*, § 42 Rn 12; KölnKomm-UmwG/Dauner-Lieb/*Tettinger*, § 42 Rn 22.
7 Widmann/Mayer/*Vossius*, § 42 Rn 2; KölnKomm-UmwG/Dauner-Lieb/*Tettinger*, § 42 Rn 23; Lutter/*Schmidt*, § 42 Rn 12; Semler/Stengel/*Ihrig*, § 42 Rn 17.
8 Semler/Stengel/*Ihrig*, § 42 Rn 10; Lutter/*Schmidt*, § 42 Rn 8; KölnKomm-UmwG/Dauner-Lieb/*Tettinger*, § 42 Rn 6.
9 Lutter/*Schmidt*, § 42 Rn 5; Semler/Stengel/*Ihrig*, § 42 Rn 11; Widmann/Mayer/*Vossius*, § 42 Rn 13.
10 KölnKomm-UmwG/*Dauner-Lieb/Tettinger*, § 42 Rn 7; Widmann/Mayer/*Vossius*, § 42 Rn 4; Semler/Stengel/*Ihrig*, § 42 Rn 5; Lutter/*Schmidt*, § 42 Rn 5.
11 Widmann/Mayer/*Vossius*, § 42 Rn 8; Semler/Stengel/*Ihrig*, § 42 Rn 5.
12 Semler/Stengel/*Ihrig*, § 42 Rn 5; Widmann/Mayer/*Vossius*, § 42 Rn 9; KölnKomm-UmwG/*Dauner-Lieb/Tettinger*, § 42 Rn 8, Lutter/*Schmidt*, § 42 Rn 5.

Ferner ist – obwohl vom Wortlaut der Vorschrift nicht erfasst – der ggf nach § 44 erforderliche **Prüfungsbericht**[13] zu übersenden.[14] Dies gilt selbst, wenn der Prüfungsbericht nur auf Veranlassung der Geschäftsführung erstellt wurde.[15] Sofern das Prüfungsverlangen nach § 44 bereits vor der Einberufung der Gesellschafterversammlung gestellt wurde, ist mit der Einberufung zu warten, bis der Prüfungsbericht vorliegt.[16] Wird das Verlangen nach diesem Zeitpunkt gestellt, muss zwischen Nachsendung des Prüfungsberichts und der Gesellschafterversammlung, die über die Verschmelzung beschließt, mindestens eine Woche liegen, damit den Gesellschaftern genügend Zeit zur Auswertung verbleibt und sie ihre Entscheidung auf eine ausreichende Informationsgrundlage stützen können.[17] Bei Prüfungsverlangen im Rahmen der Gesellschafterversammlung ist die Beschlussfassung zu vertagen und der Prüfungsbericht spätestens mit der erneuten Einberufung zu übersenden.[18] 7

3. Adressaten. Die Verschmelzungsunterlagen sind zunächst allen von der Geschäftsführung ausgeschlossenen Gesellschaftern zuzusenden. Ist die Ausübung des Stimmrechts einem Vertreter einer Gesellschaftergruppe übertragen, ist die Übersendung der erforderlichen Unterlagen an diesen erforderlich.[19] Zur Sicherheit sollte in der Praxis aber zusätzlich an die übrigen Gesellschafter zugestellt werden, um Anfechtungsrisiken an dieser Stelle auszuschließen.[20] Auch ist der geschäftsführungsbefugte Gesellschafter, dessen Informationsrecht gem. § 118 Abs. 2 HGB eingeschränkt oder ausgeschlossen ist, der Empfängerliste hinzuzufügen (s. Rn 2). 8

Mangels anderweitiger gesellschaftsvertraglicher Regelungen sind die Unterlagen bei Versendung an die der Gesellschaft bekannten Adressen der Gesellschafter zu richten.[21] 9

4. Form. Die Verschmelzungsunterlagen müssen aufgrund der Formulierung in § 42 in Schriftform übersandt werden.[22] Neben der Versendung einer Abschrift (auf Kosten des verlangenden Anteilsinhabers)[23] ist auch die Versendung einer Kopie zulässig.[24] Anders als § 63 Abs. 3 S. 2 sieht § 42 keine Einwilligung der Anteilsinhaber für die Versendung der Unterlagen auf elektronischem Wege vor, weshalb die Übermittlung per Telefax und E-Mail möglich ist.[25] Werden die Unterlagen jedoch zusammen mit der Einberufung zur Gesellschafterversammlung verschickt, so ist grds. anzuraten, auch für die Verschmelzungsunterlagen die Form der Einberufung zu wahren.[26] Eine persönliche Übergabe ist anstelle einer Übersendung grundsätzlich nicht zu beanstanden.[27] 10

5. Frist. Spätester Zeitpunkt für die Übersendung der Verschmelzungsunterlagen ist die Einberufung der Gesellschafterversammlung. Regelmäßig wird es sich im Sinne eines reibungslosen Ablaufs aber gerade im Hinblick auf § 44 empfehlen, die Unterlagen bereits vorher zu versen- 11

13 S. hierzu § 44 Rn 9.
14 Lutter/*Schmidt*, § 42 Rn 5; Semler/Stengel/*Ihrig*, § 42 Rn 6; Keßler/Kühnberger/*Brügel*, § 42 Rn 3.
15 Lutter/*Schmidt*, § 42 Rn 5; Semler/Stengel/*Ihrig*, § 42 Rn 6; Widmann/Mayer/*Vossius*, § 42 Rn 29.
16 Semler/Stengel/*Ihrig*, § 42 Rn 7; Lutter/*Schmidt*, § 42 Rn 5; KölnKomm-UmwG/*Dauner-Lieb/Tettinger*, § 42 Rn 24.
17 Lutter/*Schmidt*, § 42 Rn 5; Semler/Stengel/*Ihrig*, § 42 Rn 7; KölnKomm-UmwG/*Dauner-Lieb/Tettinger*, § 42 Rn 24; vgl hierzu auch § 44, der eine Woche für die Auswertung der Verschmelzungsunterlagen als ausreichend bewertet.
18 Lutter/*Schmidt*, § 42 Rn 5; Semler/Stengel/*Ihrig*, § 42 Rn 7.
19 Lutter/*Schmidt*, § 42 Rn 6; Keßler/Kühnberger/*Brügel*, § 42 Rn 5; Semler/Stengel/*Ihrig*, § 42 Rn 9.
20 So auch Kallmeyer/*Kallmeyer*/Kocher, § 42 Rn 4; Semler/Stengel/*Ihrig*, § 42 Rn 9; Schmidt/Hörtnagl/Stratz/*Stratz*, § 42 Rn 4; aA Lutter/*Schmidt*, § 42 Rn 6; Keßler/Kühnberger/*Brügel*, § 42 Rn 5; Widmann/Mayer/*Vossius*, § 42 Rn 7, die eine doppelte Zustellung für nicht erforderlich halten.
21 Lutter/*Schmidt*, § 42 Rn 9; KölnKomm-UmwG/*Dauner-Lieb/Tettinger*, § 42 Rn 10; Semler/Stengel/*Ihrig*, § 42 Rn 13.
22 Widmann/Mayer/*Vossius*, § 42 Rn 13.
23 Semler/Stengel/*Ihrig*, § 42 Rn 11; aA Lutter/*Schmidt*, § 42 Rn 8.
24 Widmann/Mayer/*Vossius*, § 42 Rn 13; KölnKomm-UmwG/*Dauner-Lieb/Tettinger*, § 42 Rn 9; Semler/Stengel/*Ihrig*, § 42 Rn 11; Lutter/*Schmidt*, § 42 Rn 8.
25 KölnKomm-UmwG/*Dauner-Lieb/Tettinger*, § 42 Rn 9; Lutter/*Schmidt*, § 42 Rn 8; Kallmeyer/*Kallmeyer/Kocher*, § 42 Rn 4; bzgl Telefax Semler/Stengel/*Ihrig*, § 42 Rn 9; aA Widmann/Mayer/*Vossius*, § 42 Rn 13 f der verlangt, dass der Gesellschaftsvertrag der jeweiligen Gesellschaft diese Form der Übermittlung vorsieht.
26 Semler/Stengel/*Ihrig*, § 42 Rn 11; aA Lutter/*Schmidt*, § 42 Rn 8.
27 KölnKomm-UmwG/*Dauner-Lieb/Tettinger*, § 42 Rn 9; Widmann/Mayer/*Vossius*, § 42 Rn 13; Lutter/*Schmidt*, § 42 Rn 8; Semler/Stengel/*Ihrig*, § 42 Rn 11.

den.[28] Gesellschaftsvertragliche Einberufungsfristen sind auf ihre Angemessenheit der zur Auswertung verbleibenden Zeit zu prüfen. Die Mindestfrist beträgt in Ansehung des Normzwecks und in Anlehnung an § 44 eine Woche.[29]

12 **6. Zugang.** § 42 schreibt lediglich die Übersendung der Verschmelzungsunterlagen vor. Der Zugang ist nicht erforderlich, sofern die Gesellschaft entsprechende Bemühungen nachweisen kann.[30] Mit Versendung an die zuletzt vom Anteilsinhaber bekanntgegebene Adresse ist dem Genüge getan, es sei denn, der Gesellschaft ist ein Wohnsitzwechsel oder ein längerer Auslandsaufenthalt bekannt.[31]

Hinweis: Da § 44 für den Beginn der Frist für das Prüfungsverlangen auf den Erhalt der Verschmelzungsunterlagen abstellt, sollte in der Praxis sichergestellt werden, dass die Unterlagen dem Empfänger auch tatsächlich zugehen[32] und der entsprechende Nachweis auch (gegenüber dem Handelsregister) geführt werden kann. Neben anderen Möglichkeiten der Dokumentation (zB Zustellungsurkunde, Rückschein)[33] bietet es sich an, eine entsprechende Empfangsbestätigung aller Gesellschafter in das Versammlungsprotokoll aufzunehmen.[34] Diese könnte wie folgt lauten:

▶ Eine Abschrift des [Entwurfs des] Verschmelzungsvertrages sowie eine Abschrift des Verschmelzungsberichts wurde den Gesellschaftern mit der Einberufung zu dieser Gesellschafterversammlung zugestellt. Die Gesellschafter erklären, dass ihnen der Inhalt des [Entwurfs des] Verschmelzungsvertrages sowie des Verschmelzungsberichts bekannt ist und sie auf die Verlesung dieser Dokumente verzichten. ◀

13 Im Hinblick auf die Prüfungskompetenz des Registergerichts und die Möglichkeit der Eintragungsverweigerung sollte darin auch das Vorliegen einer Negativerklärung bzw eines Klageverzichts festgehalten werden.[35]

14 **7. Verzicht.** Ein Verzicht auf bzw der Ausschluss des Rechts auf die Übersendung der Verschmelzungsunterlagen bspw durch Gesellschaftsvertrag kann im Vorfeld der Gesellschafterversammlung, die über die Verschmelzung beschließt, grds. nicht erfolgen.[36] Erklären die berechtigten Gesellschafter aber vorab, sie würden in der Gesellschafterversammlung nachträglich auf die Übersendung verzichten, handeln sie uU treuwidrig, wenn sie in der Gesellschafterversammlung ohne wichtigen Grund nicht verzichten.[37]

15 Der **nachträgliche Verzicht** im Rahmen der Gesellschafterversammlung – ob durch die Gesellschaftergesamtheit oder durch einzelne Gesellschafter – ist unstreitig möglich.[38] In der Praxis sollte der Verzicht möglichst in der Gesellschafterversammlung ausdrücklich erklärt und durch den zuständigen Notar protokolliert werden.[39] Eine besondere Form – wie etwa bei § 8 Abs. 3 S. 2 – ist für den Verzicht nicht zu beachten.[40]

28 Lutter/*Schmidt*, § 42 Rn 7.
29 Vgl Lutter/*Schmidt*, § 42 Rn 7, der auch einen Vergleich zu § 51 Abs. 1 S. 2 GmbHG zieht; so auch Semler/Stengel/*Ihrig*, § 42 Rn 12; KölnKomm-UmwG/*Dauner-Lieb/Tettinger*, § 42 Rn 12.
30 Semler/Stengel/*Ihrig*, § 42 Rn 13; KölnKomm-UmwG/*Dauner-Lieb/Tettinger*, § 42 Rn 10; aA Widmann/Mayer/*Vossius*, § 42 Rn 12.
31 Lutter/*Schmidt*, § 42 Rn 9; Semler/Stengel/*Ihrig*, § 42 Rn 13; KölnKomm-UmwG/*Dauner-Lieb/Tettinger*, § 42 Rn 10.
32 So auch Lutter/*Schmidt*, § 42 Rn 9; Semler/Stengel/*Ihrig*, § 42 Rn 13.
33 Zu weiteren Dokumentationsmöglichkeiten s. die Auflistung bei Widmann/Mayer/*Vossius*, § 42 Rn 15.
34 Widmann/Mayer/*Vossius*, § 42 Rn 21; Kallmeyer/*Kallmeyer/Kocher*, § 42 Rn 7; Semler/Stengel/*Ihrig*, § 42 Rn 18.
35 KölnKomm-UmwG/*Dauner-Lieb/Tettinger*, § 42 Rn 20; Kallmeyer/*Kallmeyer/Kocher*, § 42 Rn 7; aA Lutter/*Schmidt*, § 42 Rn 11; Semler/Stengel/*Ihrig*, § 42 Rn 18.
36 Widmann/Mayer/*Vossius*, § 42 Rn 17; Lutter/*Schmidt*, § 42 Rn 3; Semler/Stengel/*Ihrig*, § 42 Rn 14; aA KölnKomm-UmwG/*Dauner-Lieb/Tettinger*, § 42 Rn 14 nach denen die Bindungswirkung des Verzichts bei nachträglicher wesentlicher Veränderung der Umstände entfallen soll.
37 Kallmeyer/*Kallmeyer/Kocher*, § 42 Rn 3; Keßler/Kühnberger/*Brügel*, § 42 Rn 2; aA Semler/Stengel/*Ihrig*, § 42 Rn 14.
38 Semler/Stengel/*Ihrig*, § 42 Rn 14; Lutter/*Schmidt*, § 42 Rn 3.
39 Widmann/Mayer/*Vossius*, § 42 Rn 21; Semler/Stengel/*Ihrig*, § 42 Rn 14; aA KölnKomm-UmwG/*Dauner-Lieb/Tettinger*, § 42 Rn 14.
40 Widmann/Mayer/*Vossius*, § 42 Rn 20; Semler/Stengel/*Ihrig*, § 42 Rn 14; aA KölnKomm-UmwG/*Dauner-Lieb/Tettinger*, § 42 Rn 14.

III. Rechtsfolgen bei Verstoß

Werden die Verschmelzungsunterlagen nicht oder verspätet übersandt, stellt dies einen Beschlussmangel dar, der in der Personenhandelsgesellschaft stets[41] zur **Nichtigkeit** des Verschmelzungsbeschlusses führt.[42] IdR ist von der Relevanz der verspäteten/nicht erfolgten Übersendung für das Beschlussergebnis auszugehen, da die Übersendung von besonderer Bedeutung für die adäquate Vorbereitung der betroffenen Gesellschafter auf die Gesellschafterversammlung ist.[43] Die Gesellschaft kann aber den Gegenbeweis antreten.[44] 16

Gem. § 14 Abs. 1 kann gegen den dennoch gefassten Beschluss Klage erhoben werden, so dass die Eintragung nicht vorgenommen werden darf, vgl § 16 Abs. 2. Erfolgt sie dennoch, wird der Mangel gem. § 20 Abs. 2 geheilt und es verbleibt ein Anspruch auf Schadenersatz gegen die geschäftsführenden Gesellschafter gem. § 25.[45] 17

§ 43 Beschluß der Gesellschafterversammlung

(1) Der Verschmelzungsbeschluß der Gesellschafterversammlung bedarf der Zustimmung aller anwesenden Gesellschafter; ihm müssen auch die nicht erschienenen Gesellschafter zustimmen.

(2) [1]Der Gesellschaftsvertrag kann eine Mehrheitsentscheidung der Gesellschafter vorsehen. [2]Die Mehrheit muß mindestens drei Viertel der abgegebenen Stimmen betragen. [3]Widerspricht ein Anteilsinhaber eines übertragenden Rechtsträgers, der für dessen Verbindlichkeiten persönlich unbeschränkt haftet, der Verschmelzung, so ist ihm in der übernehmenden oder der neuen Personenhandelsgesellschaft die Stellung eines Kommanditisten zu gewähren; das gleiche gilt für einen Anteilsinhaber der übernehmenden Personenhandelsgesellschaft, der für deren Verbindlichkeiten persönlich unbeschränkt haftet, wenn er der Verschmelzung widerspricht.

Literatur:

Pfeiffer, Auswirkungen der geplanten Notarkostenreform auf gesellschaftsrechtliche Vorgänge und M&A-Transaktionen, NZG 2013, 244.

I. Allgemeines

§ 43 regelt die für einen Verschmelzungsbeschluss gemäß § 13 Abs. 1 erforderlichen **Mehrheiten**, sofern zumindest eine Personenhandelsgesellschaft als übertragender oder übernehmender Rechtsträger beteiligt ist. Nach Abs. 1 gilt der Grundsatz, dass der Verschmelzungsbeschluss in einer Personenhandelsgesellschaft der Zustimmung aller Gesellschafter bedarf. Abs. 2 S. 1 und S. 2 sehen hiervon abweichend die Möglichkeit von Mehrheitsbeschlüssen vor, wenn der Bestimmtheitsgrundsatz gewahrt ist. Für den Fall, dass ein Mehrheitsbeschluss zulässig ist, räumt Abs. 2 S. 3 den persönlich haftenden Gesellschafter der beteiligten Rechtsträger den Anspruch 1

41 Lediglich anfechtbare Gesellschafterbeschlüsse gibt es in der Personenhandelsgesellschaft nicht, zuletzt hierzu OLG München v. 21.3.2013, Az 23U 3344/12.

42 Lutter/*Schmidt*, § 42 Rn 10; KölnKomm-UmwG/*Dauner-Lieb/Tettinger*, § 42 Rn 17; Semler/Stengel/*Ihrig*, § 42 Rn 15.

43 Lutter/*Schmidt*, § 42 Rn 10; Semler/Stengel/*Ihrig*, § 42 Rn 15; KölnKomm-UmwG/*Dauner-Lieb/Tettinger*, § 42 Rn 17.

44 Semler/Stengel/*Ihrig*, § 42 Rn 15.

45 Semler/Stengel/*Ihrig*, § 42 Rn 16; KölnKomm-UmwG/*Dauner-Lieb/Tettinger*, § 42 Rn 18; praxisfern Widmann/Mayer/*Vossius*, § 42 Rn 28, der eine Rückgängigmachung mittels Spaltung (nicht verhältniswahrende Abspaltung) befürwortet.

ein, die Stellung eines Kommanditisten in der übernehmenden oder neuen Personenhandelsgesellschaft verlangen zu können, sofern sie der Verschmelzung widersprechen. Sinn und Zweck des Widerspruchsrechts ist der Schutz der bisherigen persönlich haftenden Gesellschafter vor einer Erhöhung der Haftungsrisiken, die mit dem Zusammenschluss der beteiligten Rechtsträger einhergehen.[1] § 43 tritt insoweit neben § 40 der die erstmalige Übernahme einer persönlichen Haftung bei einer aufnehmenden Personenhandelsgesellschaft nur mit ausdrücklicher Zustimmung der bislang beschränkt haftenden Anteilsinhaber zulässt.[2]

2 Über die §§ 125, 135 Abs. 1 ist die Vorschrift auch in Fällen der Spaltung anwendbar. In den §§ 217, 233 finden sich für den Formwechsel einer Personenhandelsgesellschaft in eine Kapitalgesellschaft dem § 43 entsprechende Vorschriften.

3 Neben § 43 Abs. 2 können sich weitere **Zustimmungserfordernisse** (i) aus Gesellschaftsvertrag,[3] (ii) nach § 13 Abs. 2 im Falle einer Anteilsvinkulierung beim übertragenden Rechtsträger[4] und (iii) bei Vorliegen der Voraussetzungen der §§ 51 Abs. 1 S. 1 und S. 2 im Falle der Verschmelzung auf eine GmbH[5] ergeben.

II. Inhalt

4 **1. Erfordernis einer Gesellschafterversammlung.** Nach § 43 Abs. 1 und § 13 Abs. 1 S. 2 hat der Verschmelzungsbeschluss zwingend im Rahmen einer Gesellschafterversammlung zu erfolgen, selbst wenn der Gesellschaftsvertrag entweder keine Regelung enthält oder eine Beschlussfassung im Umlaufverfahren ausdrücklich (oder sogar ausschließlich) zulässt.[6] Nach wohl hM ist allerdings eine – notariell zur beurkundende – schriftlichen Stimmabgabe im Rahmen einer Gesellschafterversammlung möglich.[7]

5 Nach ganz herrschender Meinung soll es – sofern gesellschaftsvertragliche Regelungen nichts anderes bestimmen – ausreichen, wenn in einer (ordnungsgemäß einberufenen) Gesellschafterversammlung nur ein Gesellschafter anwesend ist, die übrigen Gesellschafter aber nach § 43 Abs. 1 S. 2 die Zustimmung – die ebenso wie der Beschluss notariell zu beurkunden ist, § 13 Abs. 3 S. 1 – erklärt haben.[8] Die nachträgliche Zustimmung abwesender Gesellschafter reicht allerdings nicht aus, wenn zuvor in der Gesellschafterversammlung die erforderliche Mehrheit nicht erreicht wurde, da insoweit bereits kein zustimmender Beschluss vorliegt, der als Anknüpfungspunkt für die nachträgliche Zustimmung herhalten kann.[9]

6 **2. Einstimmigkeitsgrundsatz, Abs. 1. a) Einstimmigkeit in der Gesellschafterversammlung.** Nach § 43 Abs. 1 müssen – sofern eine Mehrheitsklausel im Gesellschaftsvertrag fehlt – alle zur Gesellschafterversammlung erschienen Anteilsinhaber dem Verschmelzungsbeschluss zustimmen. Enthaltungen oder unwirksame Stimmabgaben sind als nicht erteilte Zustimmung zu werten.[10] Selbst Anteilsinhaber, deren Anteilen kein Stimmrecht zukommt oder deren Stimmrecht im Gesellschaftsvertrag ausgeschlossen wurde, müssen dem Verschmelzungsbe-

1 KölnKomm-UmwG/*Dauner-Lieb/Tettinger*, § 43 Rn 48; Semler/Stengel/*Ihrig*, § 43 Rn 3; Keßler/Kühnberger/*Brügel*, § 43 Rn 1.
2 S. § 40 Rn 2.
3 Lutter/*Schmidt*, § 43 Rn 22; KölnKomm-UmwG/*Dauner-Lieb/Tettinger*, § 43 Rn 41; Semler/Stengel/*Ihrig*, § 43 Rn 43.
4 S. § 13 Rn 33; Semler/Stengel/*Ihrig*, § 43 Rn 47; Lutter/*Schmidt*, § 43 Rn 22; KölnKomm-UmwG/*Dauner-Lieb/Tettinger*, § 43 Rn 41.
5 S. § 51 Rn 1.
6 Lutter/*Schmidt*, § 43 Rn 6; KölnKomm-UmwG/*Dauner-Lieb/Tettinger*, § 43 Rn 12; Kallmeyer/*Zimmermann*, § 43 Rn 3; Semler/Stengel/*Ihrig*, § 43 Rn 10.
7 Lutter/*Schmidt*, § 43 Rn 7; Widmann/Mayer/*Vossius*, § 43 Rn 41.1; KölnKomm-UmwG/*Dauner-Lieb/Tettinger*, § 43 Rn 16; aA Semler/Stengel/*Ihrig*, § 43 Rn 12.
8 Widmann/Mayer/*Vossius*, § 43 Rn 17; KölnKomm-UmwG/*Dauner-Lieb/Tettinger*, § 43 Rn 12; Keßler/Kühnberger/*Brügel*, § 43 Rn 4.
9 Widmann/Mayer/*Vossius*, § 43 Rn 16; ausf. Semler/Stengel/*Ihrig*, § 43 Rn 11; Keßler/Kühnberger/*Brügel*, § 43 Rn 11; aA KölnKomm-UmwG/*Dauner-Lieb/Tettinger*, § 43 Rn 12.
10 KölnKomm-UmwG/*Dauner-Lieb/Tettinger*, § 43 Rn 14; Semler/Stengel/*Ihrig*, § 43 Rn 16; Lutter/*Schmidt*, § 43 Rn 10.

schluss zustimmen.[11] Hiervon **ausgenommen** ist zum einen die Komplementär-GmbH einer personenidentischen GmbH & Co. KG, sofern ihr Stimmrecht nach dem Gesellschaftsvertrag ausgeschlossen ist[12] und zum anderen Anteilsinhaber, die von einer im Gesellschaftsvertrag zugelassenen Stimmrechtsausübung durch gemeinsame Vertreter oder Stammesbevollmächtigte Gebrauch gemacht haben.[13]

Die Stimmabgabe kann durch einen **gesetzlichen Vertreter**,[14] Partei kraft Amtes aber auch durch **Bevollmächtigte** erfolgen.[15] Letzteres allerdings nur, sofern dies entweder laut Gesellschaftsvertrag gestattet ist oder alle Gesellschafter in der betreffenden Gesellschafterversammlung der Stimmabgabe durch einen Bevollmächtigten zustimmen.[16] 7

Praxishinweis: Die Vollmacht sollte so gefasst werden, dass sie eindeutig auch die Ermächtigung einschließt, erforderliche Verzichtserklärungen oder Zustimmungserklärungen abzugeben. Nach wohl herrschender Ansicht kann die Vollmacht gemäß § 167 Abs. 2 BGB formlos erteilt werden.[17] Etwas anderes kann sich allerdings aus dem jeweiligen Gesellschaftsvertrag ergeben, der insoweit zu prüfen ist, oder sofern die Vollmacht unwiderruflich sein soll.[18] Darüber hinaus gilt die Regelung des § 167 Abs. 2 BGB in einigen Ausnahmefällen nicht. So reicht für Vollmachten bei Umwandlungsvorgängen, die zu einer Neugründung einer Kapitalgesellschaft führen, eine einfache Schriftform nicht aus. Hierbei kommt es mit der Umwandlung zugleich zu einem Abschluss eines Gesellschaftsvertrags bzw zur Feststellung der Satzung, was zur Anwendbarkeit der rechtsformspezifischen Gründungsvorschriften des neuen Rechtsträgers mit den besonderen Formerfordernissen für die Vollmacht führt (§ 2 Abs. 2 GmbHG, § 23 Abs. 1 AktG, § 280 Abs. 1 S. 3 AktG).[19]

Im Hinblick auf die Prüfungskompetenz der Registergerichte in punkto ordnungsgemäße Vertretung der Gesellschafter sollte im Rahmen der Vorbereitung der Verschmelzung auf eine schriftliche Bevollmächtigung geachtet werden.[20]

b) Zustimmung nicht erschienener Gesellschafter, Abs. 1 S. 2. Bei Zustimmung der nicht erschienen Gesellschafter handelt es sich um eine einseitige, durch die Gesellschaft empfangsbedürftige Willenserklärung,[21] die, wie der Verschmelzungsbeschluss selbst, gemäß § 8 ff BeurkG notariell zu beurkunden ist.[22] Dies gilt nicht für die Verweigerung der Zustimmung, die formlos gegenüber der Gesellschaft erklärt werden kann.[23] 8

Praxishinweis: Die Zustimmungserklärung muss auch in notarieller Form zugehen, dh. der Zugang einer beglaubigten Abschrift reicht nicht.[24] Zum Zwecke des Nachweises des Zugangs sollte dem mit der Beurkundung betrauten Notar bereits im Verschmelzungsvertrag eine Emp-

11 BGHZ 20, 363, 368 f; Lutter/*Schmidt*, § 43 Rn 11; Semler/Stengel/*Ihrig*, § 43 Rn 17; KölnKomm-UmwG/*Dauner-Lieb/Tettinger*, § 43 Rn 21; Keßler/Kühnberger/*Brügel*, § 43 Rn 5; aA Kallmeyer/*Zimmermann*, § 43 Rn 20.

12 BGH DB 1993, 1664; Semler/Stengel/*Ihrig*, § 43 Rn 19; Lutter/*Schmidt*, § 43 Rn 11.

13 Lutter/*Schmidt*, § 43 Rn 11; Widmann/Mayer/*Vossius*, § 43 Rn 45; KölnKomm-UmwG/*Dauner-Lieb/Tettinger*, § 43 Rn 23.

14 Bzgl Genehmigungsvorbehalten des Vormundschaftsgerichts s. ausf. *Brügel*, § 43 Rn.

15 Eine ausf. Übersicht findet sich bei Widmann/Mayer/*Vossius*, § 43 Rn 24.

16 Kallmeyer/*Zimmermann*, § 43 Rn 16; KölnKomm-UmwG/*Dauner-Lieb/Tettinger*, § 43 Rn 15; Semler/Stengel/*Ihrig*, § 43 Rn 13.

17 Lutter/*Schmidt*, § 43 Rn 8; Semler/Stengel/*Ihrig*, § 43 Rn 13; aA Schmitt/Hörtnagl/Stratz/*Stratz*, § 43 Rn 8; Deutsches Notarinstitut, Gutachten zum Umwandlungsrecht 1996/97, S. 20; einschränkend Widmann/Mayer/*Vossius*, § 43 Rn 32.

18 Palandt/*Ellenberger*, BGB, § 167 Rn 2; KölnKomm-UmwG/*Dauner-Lieb/Tettinger*, § 43 Rn 15; Keßler/Kühnberger/*Brügel*, § 43 Rn 6.

19 *Melchior*, GmbHR 1999, 520 (521); Widmann/Mayer/*Mayer*, § 4 Rn 41; Semler/Stengel/*Schröer*, § 4 Rn 11.

20 Widmann/Mayer/*Vossius*, § 43 Rn 35 f; KölnKomm-UmwG/*Dauner-Lieb/Tettinger*, § 43 Rn 15; Keßler/Kühnberger/*Brügel*, § 43 Rn 6.

21 Widmann/Mayer/*Vossius*, § 43 Rn 52; Semler/Stengel/*Ihrig*, § 43 Rn 20.

22 KölnKomm-UmwG/*Dauner-Lieb/Tettinger*, § 43 Rn 17; Widmann/Mayer/*Vossius*, § 43 Rn 62.

23 Widmann/Mayer/*Vossius*, § 43 Rn 56.

24 BGHZ 31, 5, 7; 36, 201, 204; Happ/*Richter*, Muster 7.03 Anm. 25.3.

fangsvollmacht für alle erforderlichen Zustimmungs- und Verzichtserklärungen erteilt werden.[25]

9 Unerheblich ist, ob die Zustimmung vor oder nach der Beschlussfassung erfolgt.[26] Sofern die Zustimmung vor der eigentlichen Beschlussfassung erfolgen soll, empfiehlt es sich, den Verschmelzungsvertrag bzw seinen Entwurf sowie den Wortlaut des noch zu fassenden Verschmelzungsbeschlusses zum Nachweis der entsprechenden Kenntnisnahme als Anlage zur Zustimmungserklärung zu nehmen.[27]

10 In den Verschmelzungsbeschluss sollte weiter eine **Klausel** aufgenommen werden, mit welcher die nicht erschienenen Gesellschafter unter Fristsetzung zur Erklärung ihrer Zustimmung nach Abs. 1 S. 2 aufgefordert werden mit der Maßgabe, dass nach Fristablauf eine unterbliebene Erklärung als Zustimmungsverweigerung gewertet wird.[28]

11 Bis zum Ablauf dieser Frist oder bis zum Eingang der letzten ausstehenden Zustimmungserklärung ist der Verschmelzungsbeschluss **schwebend unwirksam.** Bis zu diesem Zeitpunkt ist die im Rahmen der Gesellschafterversammlung erfolgte Stimmabgabe bindend.[29] Gleiches gilt für die nach dem Beschluss der Gesellschafterversammlung erteilte Zustimmung,[30] wohingegen vor Beschlussfassung erteilte Zustimmungen widerrufbar sein sollen.[31]

12 **3. Abweichende Mehrheitserfordernisse im Gesellschaftsvertrag, Abs. 2.** Nach Abs. 2 S. 1 und 2 kann vom Einstimmigkeitsprinzip insoweit abgewichen werden, als der Gesellschaftsvertrag der Personenhandelsgesellschaft eine Mehrheitsentscheidung mit einer **qualifizierten Mehrheit** von mindestens 75 % der in der Gesellschafterversammlung abgegebenen Stimmen vorsehen kann. Weitergehende Einschränkungen (größere Mehrheiten; abstellen auf vorhandene Stimmen und nicht nur abgegebene) sind durch Satz 2, der lediglich ein Untergrenze vorschreibt, nicht ausgeschlossen.[32]

13 Wie auch im Rahmen der einstimmigen Beschlussfassung, muss die erforderliche Mehrheit bereits in der Beschlussfassung in der Gesellschafterversammlung erreicht werden. Nachträglich erteilte Zustimmung nicht anwesender Gesellschafter sind für die Fragen des Erreichens dieses Quorums – ebenso wie im Falle der einstimmigen Beschlussfassung – nicht relevant.[33] Ob die nach Gesellschaftsvertrag vorgeschriebene Mehrheit erreicht wurde, ist aufgrund des eindeutigen Wortlauts des Abs. 2 S. 2 anhand der Zahl der abgegebenen **Ja- und Nein-Stimmen** zu ermitteln und nicht nach Köpfen.[34] Stimmenthaltungen sind – sofern der Gesellschaftsvertrag für die Mehrheitsberechnung nicht auf die vorhandenen Stimmen abstellt oder Mehrstimmrechte bzw unterschiedliche Stimmgewichtungen enthält – nicht mitzuzählen.[35] Enthält der Gesellschaftsvertrag bzgl der Stimmen (häufig mit dem Kapitalanteil der Gesellschafter verknüpft) keine Regelung, ist nach Köpfen abzustimmen.[36]

14 Nach wohl herrschender Meinung können nur **Mehrheitsklauseln** im Gesellschaftsvertrag der Personenhandelsgesellschaft zum Zwecke des § 43 Abs. 2 herangezogen werden, die sich zu-

25 So der Vorschlag von Widmann/Mayer/*Vossius*, § 43 Rn 52, der auch einen Formulierungsvorschlag unterbreitet.
26 Lutter/*Schmidt*, § 43 Rn 10; Semler/Stengel/*Ihrig*, § 43 Rn 22; KölnKomm-UmwG/*Dauner-Lieb/Tettinger*, § 43 Rn 17.
27 So ausdrücklich Semler/Stengel/*Ihrig*, § 43 Rn 22; Widmann/Mayer/*Vossius*, § 43 Rn 64; aA KölnKomm-UmwG/*Simon*, § 13 Rn 81; Happ/*Richter*, Konzern- und Umwandlungsrecht, Muster 7.03 Anm. 23.2.
28 Lutter/*Schmidt*, § 43 Rn 10; Semler/Stengel/*Ihrig*, § 43 Rn 24; KölnKomm-UmwG/*Dauner-Lieb/Tettinger*, § 3 Rn 19; Keßler/Kühnberger/*Brügel*, § 43 Rn 9.
29 BGHZ 48, 163, 172; Lutter/*Schmidt*, § 43 Rn 10; KölnKomm-UmwG/*Dauner-Lieb/Tettinger*, § 43 Rn 19.
30 Semler/Stengel/*Ihrig*, § 43 Rn 26; KölnKomm-UmwG/*Dauner-Lieb/Tettinger*, § 43 Rn 20; Lutter/*Schmidt*, § 43 Rn 10.
31 Semler/Stengel/*Ihrig*, § 43 Rn 26; KölnKomm-UmwG/*Dauner-Lieb/Tettinger*, § 43 Rn 20; aA Lutter/*Schmidt*, § 43 Rn 10.
32 Lutter/*Schmidt*, § 43 Rn 12; KölnKomm-UmwG/*Dauner-Lieb/Tettinger*, § 43 Rn 34.
33 S. oben Rn 5.
34 Semler/Stengel/*Ihrig*, § 43 Rn 29; KölnKomm-UmwG/*Dauner-Lieb/Tettinger*, § 43 Rn; Lutter/*Schmidt*, § 43 Rn 13.
35 Semler/Stengel/*Ihrig*, § 43 Rn 29; Lutter/*Schmidt*, § 43 Rn 13 mit Verweis auf BGHZ 83, 35, 36 f; 106, 179, 183 f.
36 § 119 Abs. 2 HGB; vgl auch statt aller Semler/Stengel/*Ihrig*, § 43 Rn 29.

mindest zusammenfassend auf Umwandlungsmaßnahmen iSd § 1 Abs. 1 beziehen.[37] Dies entspricht dem allg. gesellschaftsrechtlichen Grundsatz, nach dem bei wesentlichen Änderungen des Gesellschaftsvertrages sich der Beschlussgegenstand bereits unzweideutig, sei es auch nur durch Auslegung, aus dem Gesellschaftsvertrag ergeben muss.[38] Nach diesem Grundsatz müssen allgemein gefasste Klauseln, denen sich die Einbeziehung von Umwandlungen nicht zweifelsfrei entnehmen lässt oder die für alle Arten von Satzungsänderungen gelten, für Zwecke des Abs. 2 ausscheiden.[39]

Dies gilt nicht für Publikumsgesellschaften oder körperschaftlich strukturierte Personenhandelsgesellschaften.[40] Hier genügt für die Anwendung des § 43 Abs. 2 eine Mehrheitsklausel, die allgemein für Vertragsänderungen eine Entscheidung mit qualifizierter Mehrheit der abgegebenen Stimmen zulässt.[41] 15

4. Widerspruch persönlich haftender Gesellschafter, Abs. 2 S. 3. Nach § 43 Abs. 2 S. 3 Hs 1 steht den persönlich haftenden Gesellschaftern eines übertragenden Rechtsträgers ein **Widerspruchsrecht** zu, mit welchem sie verhindern können, auch in der übernehmenden oder neuen Personenhandelsgesellschaft weiterhin unbeschränkt persönlich zu haften. Wie schon eingangs erwähnt, steht dahinter der Gedanke, den betroffenen Gesellschafter im Falle einer zulässigen Mehrheitsentscheidung nach Abs. 2 S. 1 vor einer aufgezwungenen Erweiterung seines Haftungsrisikos (durch die hinzukommenden Verbindlichkeiten des übernehmenden Rechtsträger) zu schützen.[42] Dem widersprechenden Gesellschafter ist an der übernehmenden oder neuen Personenhandelsgesellschaft die Stellung eines Kommanditisten einzuräumen.[43] 16

Das Widerspruchsrecht steht den persönlich haftenden Gesellschaftern einer übertragenden oHG, KG, KGaA und der EWIV zu.[44] Nach § 43 Abs. 2 S. 3 Hs 2 steht das Widerspruchsrecht gleichermaßen den persönlich haftenden Gesellschaftern der übernehmenden Personenhandelsgesellschaft zu.[45] 17

Der Widerspruch ist eine **empfangsbedürftige, formlose Willenserklärung**, die den vertretungsberechtigten Gesellschaftern oder dem Leiter der Gesellschafterversammlung gegenüber zu erklären ist.[46] Er muss – anders als im Rahmen des § 29[47] – nicht zur Niederschrift in das notarielle Protokoll der Gesellschafterversammlung erklärt werden.[48] Ein Widerspruch durch schlüssiges Verhalten ist möglich.[49] Anders als bei reiner Stimmenthaltung macht eine Abstimmung gegen die Verschmelzung oder ein Widerspruch gemäß § 29 einen gesonderten Widerspruch nach § 43 Abs. 2 S. entbehrlich.[50] 18

Ein **Widerspruch** vor der Beschlussfassung ist möglich.[51] Nach wohl herrschender Ansicht ist der Widerspruch allerdings spätestens bis zur Beendigung der Gesellschafterversammlung, die den Verschmelzungsbeschluss fasst, zu erklären.[52] Nach zum Teil vertretener Ansicht soll es bereits ausreichen, dass der nicht in der Gesellschafterversammlung anwesende Gesellschafter 19

37 Lutter/*Schmidt*, § 43 Rn 14; Semler/Stengel/*Ihrig*, § 43 Rn 31; Widmann/Mayer/*Vossius*, § 43 Rn 114; die Gesetzesbegründung zum UmwG geht sogar noch weiter, in dem sie für Mehrheitsklauseln eine ausdrückliche Bezugnahme auf die Beschlussfassung über die Verschmelzung verlangt, vgl *Ganske*, Umwandlungsrecht, S. 94.

38 Baumbach/Hopt/*Hopt*, HGB, § 119 Rn 37 ff; Widmann/Mayer/*Vossius*, § 43 Rn 114 mwN.

39 Statt aller Semler/Stengel/*Ihrig*, § 43 Rn 33.

40 Widmann/Mayer/*Vossius*, § 43 Rn 126 f; Semler/Stengel/*Ihrig*, § 43 Rn 34; Lutter/*Schmidt*, § 43 Rn 16.

41 Semler/Stengel/*Ihrig*, § 43 Rn 34; Lutter/*Schmidt*, § 43 Rn 16 mwN; Keßler/Kühnberger/*Brügel*, § 43 Rn 13.

42 S. Rn 1; Semler/Stengel/*Ihrig*, § 43 Rn 37.

43 Statt aller Lutter/*Schmidt*, § 43 Rn 17.

44 Lutter/*Schmidt*, § 43 Rn 17; Semler/Stengel/*Ihrig*, § 43 Rn 35; KölnKomm-UmwG/*Dauner-Lieb/Tettinger*, § 43 Rn 44.

45 Für den persönlich haftenden Gesellschafter der KGaA ergibt sich dies aus § 78 S. 3.

46 Semler/Stengel/*Ihrig*, § 43 Rn 38; Kallmeyer/*Zimmermann*, § 43 Rn 24 f.

47 S. § 29 Rn 26.

48 Kallmeyer/*Zimmermann*, § 43 Rn 24; Lutter/*Schmidt*, § 43 Rn 18; Keßler/Kühnberger/*Brügel*, § 43 Rn 15.

49 Semler/Stengel/*Ihrig*, § 43 Rn 38; KölnKomm-UmwG/*Dauner-Lieb/Tettinger*, § 43 Rn 49.

50 Lutter/*Schmidt*, § 43 Rn 18; KölnKomm-UmwG/*Dauner-Lieb/Tettinger*, § 43 Rn 49.

51 Lutter/*Schmidt*, § 43 Rn 18; Semler/Stengel/*Ihrig*, § 43 Rn 39; aA KölnKomm-UmwG/*Dauner-Lieb/Tettinger*, § 43 Rn 48, Widerspruch nur mit Stimmabgabe.

52 Semler/Stengel/*Ihrig*, § 43 Rn 39; Lutter/*Schmidt*, § 43 Rn 18.

unverzüglich nach Kenntnisnahme des Beschlusses widerspricht.[53] Dem kann nur für den Fall zugestimmt werden, dass die Abwesenheit in der Gesellschafterversammlung auf einem Mangel der Ladung beruht.[54]

20 Im Falle des Widerspruchs, sei es auf Ebene des übertragenden Rechtsträgers oder der übernehmenden Personengesellschaft, kann die Verschmelzung nicht wie vorgesehen durchgeführt werden, da die Angaben im Verschmelzungsvertrag zur Rechtsstellung des Widersprechenden (vgl § 40 Abs. 1 S. 1) nicht mehr zutreffend sind.[55] Dem oder den Widersprechenden ist im übernehmenden oder neuen Rechtsträger die Stellung eines Kommanditisten einzuräumen, was bei bereits erfolgter Beurkundung neben einer entsprechenden Änderung des Verschmelzungsvertrages in der Folge auch einen neuen Verschmelzungsbeschluss im Rahmen einer Nachtragsbeurkundung erfordert.[56] Ist der Widersprechende als einziger Komplementär des übernehmenden bzw neuen Rechtsträgers eingeplant gewesen, scheitert die Verschmelzung.[57]

Praxishinweis: Um diese Folgen in der Praxis zu vermeiden, sollten im Falle von Widerspruchsrisiken im Verschmelzungsvertrag Regelungen aufgenommen werden, die aufschiebend bedingt durch den eventuellen Widerspruch die Rechtstellung des Widersprechenden alternativ ausgestalten.[58]

21 **5. Kosten.** Unter Geltung des GNotKG fällt für die Beurkundung des Verschmelzungsbeschlusses eine doppelte (20/10)-Gebühr an (KV 21100).[59] Der Geschäftswert bestimmt sich weiterhin nach dem Wert des Vermögens des übertragenden Rechtsträgers; maßgeblich ist insoweit allein der Wert des Aktivvermögens, Passiva sind nicht vermögensmindernd in Ansatz zu bringen;[60] er beträgt mindestens 30.000 EUR (§ 108 Abs. 1 S. 2 GNotKG iVm § 105 GNotKG) und höchstens 5.000.000 EUR (§ 108 Abs. 5 GNotKG) und zwar auch dann, wenn mehrere Beschlüsse zusammengefasst wurden. Die aus dem bisherigen Recht bekannte Deckelung auf einen absoluten Gebührenhöchstbetrag von EUR 5.000 (§ 47 S. 2 KostO) entfällt. Für die Eintragung der Verschmelzung zum Register der übertragenden Kapitalgesellschaft sowie für eine eventuell erforderliche Eintragung zu einem Register des Alleingesellschafters fallen nach § 58 GNotKG iVm HR-GebVO (KV 1400 und KV 1401) jeweils 180 EUR an; demgegenüber soll die Höchstgebühr für die notarielle Beglaubigung der Anmeldung von 130 EUR auf 70 EUR abgesenkt werden (KV 25100).[61]

22 Für die Beurkundung einzelner Zustimmungserklärungen (§ 13 Abs. 2) gilt als Ausgangspunkt ebenfalls der Geschäftswert der Verschmelzung. Die Beurkundung von Zustimmungserklärungen löst eine volle Gebühr aus.[62] Der Geschäftswert berechnet sich jedoch im Gegensatz zur KostO nach der Hälfte des Geschäftswertes für die Beurkundung des Verschmelzungsvertrages gem. § 107 Abs. 1 GNotKG. Ferner ist bei einer Zustimmungserklärung einzelner Anteilsinhaber deren Beteiligungsquote am betreffenden Rechtsträger zugrunde zu legen. Es empfiehlt sich auch hier, die Zustimmungserklärungen gemeinsam mit dem Verschmelzungsvertrag zu beurkunden, da in diesem Falle keine zusätzlichen Kosten anfallen.[63]

53 Widmann/Mayer/*Vossius*, § 43 Rn 135.
54 So auch Lutter/*Schmidt*, § 43 Rn 18; Semler/Stengel/*Ihrig*, § 43 Rn 39; Keßler/Kühnberger/*Brügel*, § 43 Rn 16; aA KölnKomm-UmwG/*Dauner-Lieb/Tettinger*, § 43 Rn 48, die den aufgrund der fehlerhaften Einladung vorliegenden Beschlussmangel allein über § 14 sanktionieren wollen.
55 Semler/Stengel/*Ihrig*, § 43 Rn 40; Lutter/*Schmidt*, § 43 Rn 19; KölnKomm-UmwG/*Dauner-Lieb/Tettinger*, § 43 Rn 50.
56 Lutter/*Schmidt*, § 43 Rn 19; Widmann/Mayer/*Vossius*, § 43 Rn 143; KölnKomm-UmwG/*Dauner-Lieb/Tettinger*, § 43 Rn 52; Semler/Stengel/*Ihrig*, § 43 Rn 4.
57 Widmann/Mayer/*Vossius*, § 43 Rn 138; Keßler/Kühnberger/*Brügel*, § 43 Rn 17.
58 Widmann/Mayer/*Vossius*, § 43 Rn 139; Lutter/*Schmidt*, § 43 Rn 19; Semler/Stengel/*Ihrig*, § 43 Rn 42; KölnKomm-UmwG/*Dauner-Lieb/Tettinger*, § 43 Rn 54; Keßler/Kühnberger/*Brügel*, § 43 Rn 17.
59 Vgl *Pfeiffer*, NZG 2013, 244, 245.
60 *Pfeiffer*, NZG 2013, 244, 247.
61 *Pfeiffer*, NZG 2013, 244, 245.
62 Die Regelung einer halben Gebühr gem. § 38 Abs. 2 Nr. 1 KostO ist in das GNotKG nicht übernommen worden, zB *Pfeiffer*, NZG 2013, 244, 247.
63 S. § 6 6 Rn 21.

§ 44 Prüfung der Verschmelzung

[1]Im Fall des § 43 Abs. 2 ist der Verschmelzungsvertrag oder sein Entwurf für eine Personenhandelsgesellschaft nach den §§ 9 bis 12 zu prüfen, wenn dies einer ihrer Gesellschafter innerhalb einer Frist von einer Woche verlangt, nachdem er die in § 42 genannten Unterlagen erhalten hat. [2]Die Kosten der Prüfung trägt die Gesellschaft.

I. Allgemeines

Nach § 44 kann eine Verschmelzungsprüfung für eine an einer Verschmelzung beteiligte Personenhandelsgesellschaft nur dann verlangt werden, sofern der **Verschmelzungsbeschluss** aufgrund einer Mehrheitsentscheidung iSd § 43 Abs. 2 getroffen werden kann (vgl hierzu insoweit die Ausführung in der Kommentierung zu § 43). Zur Durchführung der Verschmelzungsprüfung enthält § 44 keine besonderen Regelungen, sondern verweist vielmehr auf die §§ 9-12. 1

Aus dem Umkehrschluss des § 44 lässt sich ableiten, dass für eine Personenhandelsgesellschaft keine generelle Prüfungspflicht besteht, was vor dem Hintergrund des grds. geltenden Einstimmigkeitsprinzips[1] auch nicht zu Schutzlücken führt.[2] Sinn und Zweck des § 44 ist folglich der Schutz der Minderheitsgesellschafter durch Verschaffung einer hinreichenden **Informationsgrundlage**, wenn sie im Rahmen des Verschmelzungsbeschlusses überstimmt werden können.[3] Hier muss zumindest die Möglichkeit gegeben sein, die Verschmelzung und insb. das Umtauschverhältnis durch gerichtlich bestellte Sachverständige überprüfen zu lassen.[4] Die Kostentragungspflicht der Gesellschaft nach Satz 2 soll nach dem Willen des Gesetzgebers bewirken, die Geschäftsführer der beteiligten Rechtsträger dazu anzuhalten, auch ohne Verlangen umfassende und überzeugende Informationen zu liefern.[5] 2

§ 44 findet Anwendung, sofern eine Personenhandelsgesellschaft als übernehmender oder übertragender Rechtsträger an der Verschmelzung (durch Aufnahme oder durch Neugründung)[6] beteiligt ist.[7] Im Rahmen von Mischverschmelzungen kann das Prüfungsverlangen nur von den Gesellschaftern der Personenhandelsgesellschaft gestellt werden.[8] Nach § 45 e S. 2 ist die Vorschrift auf Partnerschaftsgesellschaften entsprechend anzuwenden. Über § 125 S. 1 iVm § 135 Abs. 1 S. 1 gilt § 44 weiter für Auf- und Abspaltungen durch Aufnahme als auch durch Neugründung. Da bei einer Ausgliederung eine Prüfung generell nicht stattfindet, ist eine Anwendung des § 44 nach § 125 S. 2 ausgeschlossen.[9] 3

Die Prüfung nach § 44 steht neben der Prüfung nach § 30, da beide unterschiedliche Gegenstände betreffen.[10] Während § 44 die Prüfung des Verschmelzungsvertrages vorsieht, ist nach § 30 – auch ohne ein entsprechendes Verlangen der Anteilsinhaber – die Angemessenheit der Barabfindung zu prüfen.[11] Trotzdem ist es zulässig und auch für die Praxis anzuraten, für bei- 4

1 S. § 43 Rn 6 ff.
2 Lutter/*Schmidt*, § 44 Rn 1; Widmann/Mayer/*Vossius*, § 44 Rn 2.
3 Semler/Stengel/*Ihrig*, § 44 Rn 1; Lutter/*Schmidt*, § 44 Rn 1; KölnKomm-UmwG/Dauner-Lieb/*Tettinger*, § 44 Rn 2.
4 Lutter/*Schmidt*, § 44 Rn 1; Semler/Stengel/*Ihrig*, § 44 Rn 1; Keßler/Kühnberger/*Brügel*, § 44 Rn 1.
5 RegBegr, abgedruckt bei *Ganske*, Umwandlungsrecht, S. 99.
6 Semler/Stengel/*Ihrig*, § 44 Rn 3; Widmann/Mayer/*Vossius*, § 44 Rn 6.
7 Semler/Stengel/*Ihrig*, § 44 Rn 3; Widmann/Mayer/*Vossius*, § 44 Rn 6; KölnKomm-UmwG/*Dauner-Lieb*/*Tettinger*, § 44 Rn 6.
8 Semler/Stengel/*Ihrig*, § 44 Rn 3.
9 Widmann/Mayer/*Vossius*, § 44 Rn 8; Semler/Stengel/*Ihrig*, § 44 Rn 5.
10 Semler/Stengel/*Ihrig*, § 44 Rn 24; Widmann/Mayer/*Vossius*, § 44 Rn 1; aA KölnKomm-UmwG/*Dauner-Lieb*/*Tettinger*, § 44 Rn 43.
11 Semler/Stengel/*Ihrig*, § 44 Rn 24.

de Prüfungen ein und denselben Prüfer zu bestellen, der auch beide Prüfungen in einem Bericht zusammenfassen kann.[12]

II. Inhalt

5 **1. Aktivlegitimation für Verlangen.** Das Prüfungsverlangen nach § 44 kann von jedem Gesellschafter – unabhängig von eventuell bestehenden Stimmrechtsausschlüssen oder einer Kapitalbeteiligung an der Gesellschaft[13] – für die Gesellschaft gestellt werden, an der er beteiligt ist.[14] Es steht folglich nicht nur den Minderheitsgesellschaftern zu, die aufgrund des abgesenkten Mehrheitserfordernisses von § 44 geschützt werden sollen.[15] Unerheblich ist, ob der Gesellschafter für oder gegen den Verschmelzungsbeschluss gestimmt hat.[16] Voraussetzung ist aber, dass die Gesellschafterstellung zum Zeitpunkt des Prüfungsverlangens besteht.[17] Im Falle von Anteilsübertragungen geht das Recht – oder ein bereits gestelltes Verlangen – auf den Rechtsnachfolger über.[18]

6 **2. Form.** Eine besondere Form ist für das Prüfungsverlangen nicht angezeigt. Es kann auch durch schlüssiges Verhalten zum Ausdruck gebracht werden.[19] Sofern das Verlangen allerdings nicht in der Gesellschafterversammlung gestellt und damit in der Niederschrift des beurkundenden Notars vermerkt wird, empfiehlt sich in der Praxis die Einhaltung der Schriftform.[20] Die empfangsbedürftige Willenserklärung hat, wie der Widerspruch nach § 43 Abs. 2 S. 3, der Gesellschaft zuzugehen,[21] die hierfür durch vertretungsberechtigte Gesellschafter oder den Leiter der Gesellschafterversammlung vertreten wird.[22]

7 **3. Frist.** Das Prüfungsverlangen muss innerhalb von einer Woche nach Erhalt der Verschmelzungsunterlagen gemäß § 42 geltend gemacht werden.[23] Durch die zeitlichen Begrenzung soll sichergestellt werden, dass ein Prüfungsbegehren nicht zur Verzögerung der Beschlussfassung über die Verschmelzung führt.[24] Die Frist beginnt erst mit dem tatsächlichen Zugang der Unterlagen.[25]

Praxishinweis: Der Zugang der Unterlagen sollte durch Zustellungsurkunden, Empfangsbestätigung oder Überbringung durch Boten dokumentiert werden.[26]

8 **4. Verzichtsbarkeit.** Da es sich bei der Vorschrift um zwingendes Recht handelt, kann von dem vorstehend Gesagten im Gesellschaftsvertrag nicht abgewichen werden.[27] Dies gilt auch für eine Verkürzung der Frist des S. 1 Hs 2, die ausgeschlossen ist.[28] Verzichten allerdings alle Anteilsinhaber der an der Verschmelzung beteiligten Rechtsträger – wie häufig üblich – im Rahmen der Beurkundung auf die Verschmelzungsprüfung gemäß §§ 9 Abs. 3, 8 Abs. 3, liegt hierin jedenfalls auch ein Verzicht auf die Prüfung selbst, soweit zu diesem Zeitpunkt alle Tatsachen

12 Lutter/*Schmidt*, § 44 Rn 12; Semler/Stengel/*Ihrig*, § 44 Rn 24; Kallmeyer/*Müller*, § 44 Rn 16.
13 Semler/Stengel/*Ihrig*, § 44 Rn 10; Lutter/*Schmidt*, § 44 Rn 5; Kallmeyer/*Müller*, § 44 Rn 6.
14 Widmann/Mayer/*Vossius*, § 44 Rn 22; Semler/Stengel/*Ihrig*, § 44 Rn 10; KölnKomm-UmwG/*Dauner-Lieb/Tettinger*, § 44 Rn 10; Keßler/Kühnberger/*Brügel*, § 44 Rn 4.
15 Lutter/*Schmidt*, § 43 Rn 5; Semler/Stengel/*Ihrig*, § 44 Rn 10; KölnKomm-UmwG/*Dauner-Lieb/Tettinger*, § 44 Rn 9.
16 Widmann/Mayer/*Vossius*, § 43 Rn 23; Semler/Stengel/*Ihrig*, § 44 Rn 10.
17 Semler/Stengel/*Ihrig*, § 44 Rn 10; KölnKomm-UmwG/*Dauner-Lieb/Tettinger*, § 44 Rn 10; Kallmeyer/*Müller*, § 44 Rn 6.
18 Semler/Stengel/*Ihrig*, § 44 Rn 10; KölnKomm-UmwG/*Dauner-Lieb/Tettinger*, § 44 Rn 10; Kallmeyer/*Müller*, § 44 Rn 6.
19 Widmann/Mayer/*Vossius*, § 44 Rn 13; Semler/Stengel/*Ihrig*, § 44 Rn 12; KölnKomm-UmwG/*Dauner-Lieb/Tettinger*, § 44 Rn 12.
20 Widmann/Mayer/*Vossius*, § 44 Rn 14 f; Semler/Stengel/*Ihrig*, § 44 Rn 12; KölnKomm-UmwG/*Dauner-Lieb/Tettinger*, § 44 Rn 12.
21 KölnKomm-UmwG/*Dauner-Lieb/Tettinger*, § 44 Rn 11; Kallmeyer/*Müller*, § 44 Rn 5.
22 KölnKomm-UmwG/*Dauner-Lieb/Tettinger*, § 43 Rn 11; Semler/Stengel/*Ihrig*, § 44 Rn 11.
23 Für die Fristberechnung gelten die §§ 187 Abs. 1, 188 Abs. 2, 193 BGB.
24 Semler/Stengel/*Ihrig*, § 44 Rn 13; KölnKomm-UmwG/*Dauner-Lieb/Tettinger*, § 44 Rn 13; Lutter/*Schmidt*, § 44 Rn 6.
25 Semler/Stengel/*Ihrig*, § 44 Rn 13; Lutter/*Schmidt*, § 44 Rn 7; Keßler/Kühnberger/*Brügel*, § 44 Rn 4.
26 Semler/Stengel/*Ihrig*, § 44 Rn 13; Schmitt/Hörtnagl/Stratz/*Stratz*, § 44 Rn 4.
27 Semler/Stengel/*Ihrig*, § 44 Rn 21; Schmitt/Hörtnagl/Stratz/*Stratz*, § 44 Rn 2.
28 Lutter/*Schmidt*, § 44 Rn 6; KölnKomm-UmwG/*Dauner-Lieb/Tettinger*, § 44 Rn 16.

bekannt waren.[29] Ein Verzicht vor der Gesellschafterversammlung sollte wie der Verzicht auf die Verschmelzungsprüfung notariell beurkundet werden, §§ 12 Abs. 3, 8 Abs. 3 S. 2.[30]

5. Zustellung, Kosten, Handelsregister. Nach wohl hM ist der Prüfungsbericht den Antragstellern zu übersenden.[31] In entsprechender Anwendung des § 42 UmwG sollte der Bericht auch an alle von der Geschäftsführung ausgeschlossenen Gesellschafter versendet werden.[32] 9

Nach § 44 S. 2 trägt die Gesellschaft die Kosten der Verschmelzungsprüfung. Eine Verlagerung der Kosten auf die jeweiligen Antragsteller ist weder durch abweichende Regelungen im Gesellschaftsvertrag noch durch entsprechenden Gesellschafterbeschluss möglich.[33] 10

Ein aufgrund eines Verlangens erstellter Prüfungsbericht ist gemäß § 17 Abs. 1 der Anmeldung zum Handelsregister beizufügen.[34] Für den Fall, dass kein Verlangen nach § 44 gestellt wurde, empfiehlt es sich – um die Eintragung nicht unnötig zu verzögern – eine entsprechende Negativerklärung in die Anmeldung aufzunehmen.[35] 11

6. Verstoß gegen § 44. Wird einem Prüfungsverlangen nicht entsprochen oder der Prüfungsbericht den betroffenen Gesellschaftern nicht vor der Beschlussfassung zugestellt, stellt dies einen Beschlussmangel dar.[36] Aufgrund der Relevanz der im Prüfungsbericht enthaltenen Informationen ist, soweit der Gesellschaft nicht der Gegenbeweis gelingt, vom Einfluss der fehlenden oder fehlerhaften Verschmelzungsprüfung auf das Abstimmungsergebnis und damit von der Nichtigkeit des Verschmelzungsbeschlusses auszugehen.[37] Eine Eintragung der Verschmelzung heilt allerdings diesen Beschlussmangel, § 20 Abs. 2. Zu prüfen sind dann aber Schadensersatzansprüche gegen die geschäftsführenden Gesellschafter nach § 25.[38] 12

§ 45 Zeitliche Begrenzung der Haftung persönlich haftender Gesellschafter

(1) Überträgt eine Personenhandelsgesellschaft ihr Vermögen durch Verschmelzung auf einen Rechtsträger anderer Rechtsform, dessen Anteilsinhaber für die Verbindlichkeiten dieses Rechtsträgers nicht unbeschränkt haften, so haftet ein Gesellschafter der Personenhandelsgesellschaft für ihre Verbindlichkeiten, wenn sie vor Ablauf von fünf Jahren nach der Verschmelzung fällig und daraus Ansprüche gegen ihn in einer in § 197 Abs. 1 Nr. 3 bis 5 des Bürgerlichen Gesetzbuchs bezeichneten Art festgestellt sind oder eine gerichtliche oder behördliche Vollstreckungshandlung vorgenommen oder beantragt wird; bei öffentlich-rechtlichen Verbindlichkeiten genügt der Erlass eines Verwaltungsakts.

(2) [1]Die Frist beginnt mit dem Tage, an dem die Eintragung der Verschmelzung in das Register des Sitzes des übernehmenden Rechtsträgers nach § 19 Abs. 3 bekannt gemacht worden ist. [2]Die für die Verjährung geltenden §§ 204, 206, 210, 211 und 212 Abs. 2 und 3 des Bürgerlichen Gesetzbuchs sind entsprechend anzuwenden.

(3) Einer Feststellung in einer in § 197 Abs. 1 Nr. 3 bis 5 des Bürgerlichen Gesetzbuchs bezeichneten Art bedarf es nicht, soweit der Gesellschafter den Anspruch schriftlich anerkannt hat.

29 Semler/Stengel/*Ihrig*, § 44 Rn 21; Widmann/Mayer/*Vossius*, § 44 Rn 26.

30 Semler/Stengel/*Ihrig*, § 44 Rn 21; Widmann/Mayer/*Vossius*, § 44 Rn 25.

31 Lutter/*Schmidt*, § 44 Rn 11; Semler/Stengel/*Ihrig*, § 44 Rn 19; Widmann/Mayer/*Vossius*, § 44 Rn 29.

32 Kallmeyer/*Müller*, § 44 Rn 10; Lutter/*Schmidt*, § 44 Rn 11; Keßler/Kühnberger/*Brügel*, § 44 Rn 10; einschränkend Widmann/Mayer/*Vossius*, § 43 Rn 29.

33 Semler/Stengel/*Ihrig*, § 44 Rn 20; Kallmeyer/*Müller*, § 44 Rn 15.

34 Lutter/*Schmidt*, § 44 Rn 11; Semler/Stengel/*Ihrig*, § 44 Rn 25.

35 KölnKomm-UmwG/*Dauner-Lieb*/*Tettinger*, § 44 Rn 29; Lutter/*Schmidt*, § 44 Rn 11; Semler/Stengel/*Ihrig*, § 44 Rn 25.

36 Semler/Stengel/*Ihrig*, § 44 Rn 22; Keßler/Kühnberger/*Brügel*, § 44 Rn 12.

37 Semler/Stengel/*Ihrig*, § 44 Rn 22; KölnKomm-UmwG/*Dauner-Lieb*/*Tettinger*, § 44 Rn 34; Lutter/*Lutter*/*Drygala*, § 12 Rn 15.

38 Semler/Stengel/*Ihrig*, § 44 Rn 23; Keßler/Kühnberger/*Brügel*, § 44 Rn 12.

(4) Die Absätze 1 bis 3 sind auch anzuwenden, wenn der Gesellschafter in dem Rechtsträger anderer Rechtsform geschäftsführend tätig wird.

I. Allgemeines

1 **1. Normzweck.** § 45 begrenzt die unbeschränkte Haftung der persönlich haftenden Gesellschafter nach §§ 128, 161 HGB in zeitlicher Hinsicht, sofern diese Gesellschafter im übernehmenden Rechtsträger nicht mehr unbeschränkt persönlich für dessen Verbindlichkeiten haften. Infolgedessen begründet die Norm keinen eignen Haftungstatbestand, sondern setzt die Haftung der persönlich haftenden Gesellschafter voraus.[1] Die Vorschrift führt zur **Beendigung** der persönlichen Haftung des übertragenden Rechtsträgers nach Ablauf von fünf Jahren nach der Bekanntmachung der Verschmelzung. Dies ist – anders als bei der Verjährung – im Prozess von Amts wegen zu berücksichtigen.[2]

2 Betreiben die Gläubiger allerdings vor dem Ablauf der Fünfjahresfrist die Durchsetzung ihrer Ansprüche, bleibt es trotz der neuen Rechtsstellung im übernehmenden Rechtsträger beim Grundsatz der §§ 128, 161 HGB, dh der unbeschränkt persönlichen **Weiterhaftung** für die Verbindlichkeiten des übertragenden Rechtsträgers.[3] Die Vorschrift enthält damit keine Verjährungsregelung, sondern ist eine reine Ausschlussfrist.[4]

3 Von der **Enthaftungswirkung** des § 45 unberührt bleibt jedoch die Haftung des übernehmenden Rechtsträgers für von diesem im Rahmen der Verschmelzung übernommenen Verbindlichkeiten des übertragenden Rechtsträgers, die § 45 nicht erfasst.[5] § 45 setzt damit den Rechtsgedanken des § 160 HGB im Falle eines verschmelzungsbedingten Wegfalls der unbeschränkten persönlichen Haftung fort, der die zeitliche Begrenzung der Haftung für den Fall des Austritts eines OHG- oder KG-Gesellschafters aus der Gesellschaft bzw den Wechsel in eine Kommanditistenstellung regelt.[6] Die **Enthaftungsmöglichkeit** des § 45 besteht neben sonstigen Einwendungen und Einreden, die der Gesellschaft möglich sind und die nach § 129 Abs. 1 bis 3 HGB auch zugunsten des betroffenen Gesellschafters wirken.[7] Einwendungen und Einreden können einer Inanspruchnahme jederzeit und damit unabhängig vom Eintritt der Enthaftung entgegengesetzt werden.[8] Auf der anderen Seite wirken verjährungshemmende Maßnahmen gegenüber dem übertragenden Rechtsträger auch zulasten des unbeschränkt persönlich haftenden Gesellschafters, § 129 Abs. 1 HGB.[9] Dies gilt allerdings nicht für nach Wirksamwerden der Verschmelzung erfolgte Maßnahmen gegenüber dem übernehmenden Rechtsträgers; diese sind im Rahmen des § 45 unbeachtlich.[10]

4 **2. Anwendungsbereich.** Nach dem Wortlaut findet die Regelung des § 45 allein im Falle der **Verschmelzung durch Aufnahme oder Neugründung** unter Beteiligung einer **Personenhandelsgesellschaft** als übertragender Rechtsträger Anwendung, dessen Anteilsinhaber unbeschränkt

1 Semler/Stengel/*Ihrig*, § 45 Rn 16, 19; Lutter/*Schmidt*, § 45 Rn 1; KölnKomm-UmwG/*Dauner-Lieb*/*Tettinger*, § 45 Rn 2.
2 Semler/Stengel/*Ihrig*, § 45 Rn 20; Lutter/*Schmidt*, § 45 Rn 5; Keßler/Kühnberger/*Brügel*, § 45 Rn 2.
3 KölnKomm-UmwG/*Dauner-Lieb*/*Tettinger*, § 45 Rn 2.
4 Lutter/*Schmidt*, § 45 Rn 5; Semler/Stengel/*Ihrig*, § 45 Rn 20; Widmann/Mayer/*Vossius*, § 45 Rn 157.
5 Keßler/Kühnberger/*Brügel*, § 45 Rn 1.
6 KölnKomm-UmwG/*Dauner-Lieb*/*Tettinger*, § 45 Rn 8.
7 Lutter/*Schmidt*, § 45 Rn 8.
8 Semler/Stengel/*Ihrig*, § 45 Rn 16; Lutter/*Schmidt*, § 45 Rn 8.
9 Lutter/*Schmidt*, § 45 Rn 8; Semler/Stengel/*Ihrig*, § 45 Rn 17.
10 Semler/Stengel/*Ihrig*, § 45 Rn 17; Lutter/*Schmidt*, § 45 Rn 8.

persönlich haften. Erfasst wird mithin die Verschmelzung von OHG, KG (einschließlich GmbH & Co. KG) sowie EWIV auf eine AG, GmbH oder eG, da allein deren Anteilsinhaber insgesamt „nicht unbeschränkt haften" im Sinne des § 45. § 45 greift darüber hinaus auch bei einer Verschmelzung einer OHG oder KG auf eine KG oder eine KGaA, soweit zumindest ein bisher persönlich unbeschränkt haftender Anteilsinhaber im Zuge der Verschmelzung im übernehmenden oder neu gegründeten Rechtsträger nur noch beschränkt haftet.[11] Aus dem Anwendungsbereich des § 45 fallen damit lediglich Verschmelzungen zweier OHGs bzw einer KG auf eine OHG.[12]

Des Weiteren muss ein zuvor unbeschränkt persönlich haftender Anteilsinhaber des übertragenden Rechtsträgers im übernehmenden bzw neuen Rechtsträger nunmehr nur noch einer beschränkten Haftung unterliegen.[13] Maßgeblich ist hierfür allein die Rechtsstellung des Gesellschafters im übernehmenden oder neu gegründeten Rechtsträger. Daneben bestehende zivilrechtliche Haftungstatbestände wie zB eine Bürgschaft für Verbindlichkeiten des übernehmenden Rechtsträgers bleiben außer Betracht.[14] 5

Nach herrschender Meinung gilt § 45, trotz der klaren Beschränkung auf Personenhandelsgesellschaften, analog für den persönlich haftenden Gesellschafter einer übertragenden **KGaA**, da insoweit von einem Redaktionsversehen auszugehen ist.[15] Ebenfalls sollte § 45 entsprechend Anwendung finden auf Kommanditisten einer übertragenden KG, die im Zeitpunkt der Verschmelzung persönlich gegenüber Gläubigern haften, sei es zB[16] aufgrund nicht vollständig geleisteter Einlage oder einer Einlagenrückgewähr[17] oder weil die Einlage herabgesetzt wurde.[18] Nach zutreffender Ansicht stellt das Ausscheiden gegen Barabfindung nach § 29 nach Wirksamwerden der Verschmelzung keinen Fall der Einlagenrückgewähr dar, weshalb die Zahlung der Abfindung nicht die Nachhaftung nach § 45 UmwG auslöst.[19] 6

Ist übernehmender oder neu gegründeter Rechtsträger eine **Partnerschaftsgesellschaft**, gilt § 45 über den Verweis in § 45 e entsprechend.[20] Aufgrund der Verweisung in §§ 125 S. 1 und 135 Abs. 1 Satz 1 ist die Vorschrift auch auf Spaltung anwendbar.[21] Parallelvorschriften zu § 45 finden sich in § 224 Abs. 2 bis 5 für den Formwechsel einer Personenhandelsgesellschaft sowie in §§ 133 Abs. 3, 4 und 157 für die Frage der Mithaftung des übertragenden Rechtsträgers im Rahmen einer Spaltung nach § 133 Abs. 1. 7

Für vor dem 1. Januar 1995 entstandene Verbindlichkeiten richtet sich die Frage der Anwendbarkeit der Enthaftungsregelung allein nach § 319. 8

II. Inhalt

1. Erfasste Verbindlichkeiten. Die Vorschrift betrifft sämtliche Verbindlichkeiten der von § 45 erfassten übertragenden Rechtsträger (s. Rn 4), für die der Anteilsinhaber allein aufgrund seiner Gesellschafterstellung unbeschränkt persönlich haftet.[22] Dem Anwendungsbereich der Vorschrift unterfallen dabei nur Verbindlichkeiten, die vor der Wirksamkeit der Verschmelzung 9

11 Lutter/*Schmidt*, § 45 Rn 10.

12 Lutter/*Schmidt*, § 45 Rn 10.

13 Wechselt der bisherige Komplementär des übernehmenden Rechtsträgers im Zuge der Verschmelzung in eine Kommanditistenstellung gilt hinsichtlich der Frage der Enthaftung allein § 160 Abs. 3 HGB und nicht § 45, vgl Semmler/Stengel/*Ihrig*, § 45 Rn 6.

14 Semler/Stengel/*Ihrig*, § 45 Rn 9; Keßler/Kühnberger/*Brügel*, § 45 Rn 3.

15 Lutter/*Schmidt*, § 45 Rn 11; KölnKomm-UmwG/*Dauner-Lieb/Tettinger*, § 45 Rn 12; Semler/Stengel/*Ihrig*, § 45 Rn 5; Kallmyer/*Kallmeyer*, § 45 Rn 3; Keßler/Kühnberger/*Brügel*, § 45 Rn 4; aA Widmann/Meyer/*Vossius*, § 45 Rn 12.

16 Für weitere Anwendungsbeispiele vgl die Auflistung bei Semler/Stengel/*Ihrig*, § 45 Rn 7 oder Widmann/Mayer/*Vossius*, § 45 Rn 122 ff.

17 Lutter/*Schmidt*, § 45 Rn 2, 12; KölnKomm-UmwG/*Dauner-Lieb/Tettinger*, § 45 Rn 11.

18 Widmann/Mayer/*Vossius*, § 45 Rn 122; nach Ansicht von KölnKomm-UmwG/*Dauner-Lieb/Tettinger*, § 45 Rn 11 soll so eine Heransetzung auch zu bejahen sein, wenn die Haftsumme eines Kommanditisten in der übertragenden KG niedriger angesetzt wird, als im übertragenden Rechtsträger.

19 Semler/Stengel/*Ihrig*, § 45 Rn 8; Lutter/*Schmidt*, § 45 Rn 12; aA Widmann/Mayer/*Vossius*, § 45 Rn 125.

20 S. hierzu die Kommentierung zu § 45 e.

21 KölnKomm-UmwG/Dauner-Lieb/*Tettinger*, § 45 Rn 7.

22 KölnKomm-UmwG/*Dauner-Lieb/Tettinger*, § 45 Rn 14.

begründet worden sind; Neuverbindlichkeiten (des übernehmenden Rechtsträgers) werden von § 45 dagegen nicht erfasst.[23] Ausreichend ist allerdings, wenn die Rechtsgrundlage der Verbindlichkeit bereits vor Wirksamkeit der Verschmelzung gelegt worden ist, etwa durch Abschluss eines Vertrages[24] oder Verwirklichung des anspruchsbegründenden Tatbestandes eines gesetzlichen Schuldverhältnisses (zB Anspruch aus unerlaubter Handlung).[25]

10 § 45 erfasst Ansprüche aus rechtsgeschäftlichen oder gesetzlichen Schuldverhältnissen sowie Sekundäransprüche (zB aufgrund Unmöglichkeit oder Verzug) oder Ansprüche öffentlich-rechtlicher Natur.[26]

11 Verbindlichkeiten aus **Dauerschuldverhältnissen** wie Miete oder Pacht sind regelmäßig bereits mit Vertragsabschluss begründet.[27] Die persönliche Haftung erstreckt sich in diesen Fällen auch auf Verbindlichkeiten, die nach Wirksamwerden der Verschmelzung anfallen.[28] Dies gilt auch für Verpflichtungen aus Pensions- und Versorgungszusagen.[29]

12 Verbindlichkeiten aus **Kontokorrentverhältnissen** sind grds. beschränkt auf die zum Zeitpunkt des Wirksamwerdens der Verschmelzung bestehenden (negativen) Rechnungs-Salden.[30] Die Beschränkung gilt nicht, soweit vor diesem Zeitpunkt begründete und damit erfasste Verbindlichkeiten nachträglich in das Kontokorrent eingestellt werden.[31] Allerdings führt ein sich nach diesem Zeitpunkt ergebender niedrigerer negativer Rechnungs-Saldo zu einer entsprechender Herabsenkung der Haftung nach §§ 128, 161 HGB,[32] während ein positiver Rechnungs-Saldo zum endgültigen Erlöschen der Haftung führt, also nicht wieder auflebt.[33]

13 Nach zum Teil vertretener Ansicht soll dies im Hinblick auf die Vergleichbarkeit der Rechtslage bei Dauerschuldverhältnissen nicht für Kontokorrentkredite gelten. Wurde die Kreditlinie nicht vor Wirksamkeit der Verschmelzung gekündigt, haftet der Anteilsinhaber des übertragenden Rechtsträgers auch für eine nach der Verschmelzung erfolgte Ausnutzung der Kreditlinie durch die übernehmende Gesellschaft.[34]

14 Bei **Kreditverträgen** sollte richtigerweise auf den Zeitpunkt des Vertragsschlusses abgestellt werden, wenn damit bereits eine bindende Auszahlungsverpflichtung der Bank verbunden wird.[35] Ist dies nicht der Fall, besteht eine Haftung nur in Höhe des bereits valutierten Kredits.[36]

15 **2. Fälligkeit.** Die vorstehend aufgeführten Verbindlichkeiten müssen vor Ablauf der Fünfjahresfrist fällig werden. Werden sie erst nach Ablauf der Frist fällig, ist der Gesellschafter nach § 45 von dieser Verpflichtung befreit, dh sie führen nicht zu einer Forthaftung nach §§ 128, 161 HGB.[37] Die Fälligkeit kann sowohl vor als nach der Verschmelzung eintreten.[38]

23 Lutter/*Schmidt*, § 45 Rn 14; Widmann/Mayer/*Vossius*, § 45 Rn 22; Keßler/Kühnberger/*Brügel*, § 45 Rn 7. Zur Ausnahme s. sogleich unter Rn 11.

24 Aufschiebende Bedingungen sind unschädlich, soweit die Verpflichtung an sich bereits begründet ist, vgl Schmitt/Hörtnagl/Stratz/*Stratz*, § 45 Rn 6; Widmann/Meyer/*Vossius*, § 45 Rn 48.

25 Lutter/*Schmidt*, § 45 Rn 14; KölnKomm-UmwG/*Dauner-Lieb/Tettinger*, § 45 Rn 19.

26 Schmitt/Hörtnagl/Stratz/*Stratz*, § 45 Rn 8; Semler/Stengel/*Ihrig*, § 45 Rn 26; Keßler/Kühnberger/*Brügel*, § 45 Rn 7.

27 Keßler/Kühnberger/*Brügel*, § 45 Rn 8.

28 BGHZ 36, 224, 228; BGH NJW 1995, 1899; Semler/Stengel/*Ihrig*, § 45 Rn 27.

29 Semler/Stengel/*Ihrig*, § 45 Rn 27; Widmann/Meyer/*Vossius*, § 45 Rn 30 ff; Keßler/Kühnberger/*Brügel*, § 45 Rn 8.

30 BGHZ 50, 277; OLG Köln NZG 2001, 1044; Semler/Stengel/*Ihrig*, § 45 Rn 28; Widmann/Meyer/*Vossius*, § 45 Rn 38.

31 Semler/Stengel/*Ihrig*, § 45 Rn 28; Widmann/Meyer/*Vossius*, § 45 Rn 39 f; KölnKomm-UmwG/*Dauner-Lieb/Tettinger*, § 45 Rn 18.

32 Semler/Stengel/Ihrig, § 45 Rn 28; Widmann/Meyer/*Vossius*, § 45 Rn 39 f.

33 OLG Köln NZG 2001, 1044; Semler/Stengel/*Ihrig*, § 45 Rn 28.

34 Widmann/Meyer/*Vossius*, § 45 Rn 42; KölnKomm-UmwG/*Dauner-Lieb/Tettinger*, § 45 Rn 18;; Keßler/Kühnberger/*Brügel*, § 45 Rn 8; MüKo-HGB/*K. Schmidt*, § 128 Rn 50 mwN.

35 So auch KölnKomm-UmwG/*Dauner-Lieb/Tettinger*, § 45 Rn 17.

36 So auch KölnKomm-UmwG/*Dauner-Lieb/Tettinger*, § 45 Rn 17; zur Rechtslage bei § 160 vgl MüKo-HGB/*K. Schmidt*, § 128 Rn 50; ohne Einschränkung auf bindende Zusagen Widmann/Meyer/*Vossius*, § 45 Rn 44; allein auf die Valutierung abstellend Semler/Stengel/*Ihrig*, § 45 Rn 28; Schmitt/Hörtnagl/Stratz/*Stratz*, § 45 Rn 7.

37 Semler/Stengel/*Ihrig*, § 45 Rn 21 u. 30.

38 Semler/Stengel/*Ihrig*, § 45 Rn 30; Keßler/Kühnberger/*Brügel*, § 45 Rn 10.

Fristbezogene Vereinbarungen zwischen dem übertragenden Rechtsträger und dem Gläubiger, die auf eine Verschiebung des Fälligkeitszeitpunktes oder auf die Nichtgeltendmachung des fällig gewordenen Anspruchs (pactum de non petendo) gerichtet sind, wirken zugunsten des betroffenen Gesellschafters.[39] Entsprechende Vereinbarungen zwischen der übernehmenden Gesellschaft und dem Gläubiger sind nur zu beachten, soweit sie für den Gesellschafter günstig sind.[40] 16

3. Enthaftung nach Ablauf von fünf Jahren. Die Enthaftungswirkung des § 45 erstreckt sich nur auf den betroffenen Anteilsinhaber, in dessen Person die Voraussetzungen vorliegen.[41] Eine Pauschalenthaftung auch der Mitgesellschafter oder des übernehmenden Rechtsträgers findet nicht statt.[42] Umgekehrt wirkt die Verhinderung einer Enthaftung durch Wahrung der Fünfjahresfrist auch nur zulasten des hiervon betroffenen Gesellschafters (also personenbezogen).[43] 17

Tritt die Enthaftung eines Gesellschafters ein, bevor sein – noch der Nachhaftung unterliegender – Mitgesellschafter in Anspruch genommen wird, erlischt gleichzeitig das Gesamtschuldverhältnis und ein Regress im Innenverhältnis scheidet aus.[44] Tritt die Enthaftung ein, während der Mitgesellschafter bereits in Anspruch genommen wird, ist der Rückgriff im Innenverhältnis nicht versperrt.[45] 18

a) Fristbeginn und -ende, Abs. 2 S. 1. Nach Abs. 2 S. 1 beginnt die Frist mit dem Tag, an dem die Eintragung der Verschmelzung im Handelsregister am Sitz des übernehmenden Rechtsträgers gemäß § 19 Abs. 3 bekannt gemacht worden ist.[46] Das geschieht nach § 10 HGB in dem von der Landesjustizverwaltung bestimmten elektronischen Informations- und Kommunikationssystem. Für die Fristberechnung gelten die §§ 187 ff BGB. Der Fristbeginn bestimmt sich demnach gemäß § 187 Abs. 1 BGB, weshalb bei der Berechnung der Frist der Tag der Bekanntmachung nicht mitzurechnen ist.[47] Die Frist errechnet sich nach §§ 188, 193 BGB. Sie endet daher mit dem Ablauf des Tages, der seiner Bezeichnung nach (Tag und Monat) dem Tag der Bekanntmachung der Verschmelzung entspricht.[48] 19

b) Hemmung des Fristablaufs, Abs. 2 S. 2. Nach § 45 Abs. 2 S. 2 sind die für die Verjährung geltenden Regelungen der §§ 204, 206, 210, 211 und § 213 Abs. 2 und 3 entsprechend anwendbar.[49] Nach herrschender Meinung ist diese Auflistung abschließend, weshalb sonstige Bestimmungen, die eine Hemmung der Verjährung vorsehen, wie etwa die Verhandlungen zwischen Gläubiger und dem betroffenen Gesellschafter (§ 203 BGB), nicht zu einer Hemmung der Fünfjahresfrist führen können.[50] 20

In der Praxis dürfte überwiegend der Hemmungsmöglichkeit durch Rechtsverfolgungsmaßnahmen des Gläubigers Relevanz zukommen,[51] insbesondere die Klageerhebung (§ 204 Abs. 1 Nr. 1 BGB), die Zustellung eines Mahnbescheids (§ 204 Abs. 1 Nr. 3 BGB) oder der Beginn eines Schiedsverfahrens (§ 204 Abs. 1 Nr. 11 BGB).[52] Nach § 204 Abs. 2 BGB endet die Hemmung des Fristlaufs sechs Monate nach der rechtskräftigen Entscheidung oder anderweitigen Beendigung des Verfahrens. 21

39 Semler/Stengel/*Ihrig*, § 45 Rn 31; Lutter/*Schmidt*, § 45 Rn 18; Keßler/Kühnberger/*Brügel*, § 45 Rn 11.
40 Semler/Stengel/*Ihrig*, § 45 Rn 32.
41 Semler/Stengel/*Ihrig*, § 45 Rn 20.
42 Semler/Stengel/*Ihrig*, § 45 Rn 23.
43 Semler/Stengel/*Ihrig*, § 45 Rn 23.
44 KölnKomm-UmwG/*Dauner-Lieb/Tettinger*, § 45 Rn 50; Semler/Stengel/*Ihrig*, § 45 Rn 59; ohne nach dem Zeitpunkt der Inanspruchnahme zu differenzieren Lutter/*Schmidt*, § 45 Rn 16; Keßler/Kühnberger/*Brügel*, § 45 Rn 27.
45 *KölnKomm*-UmwG/*Dauner-Lieb/Tettinger*, § 45 Rn 50; Semler/Stengel/*Ihrig*, § 45 Rn 59.
46 Hierzu ausf. § 19 Rn 19.
47 Semler/Stengel/*Ihrig*, § 45 Rn 35; Lutter/*Schmidt*, § 45 Rn 26; aA Widmann/Meyer/*Vossius*, § 45 Rn 158.
48 Statt aller Lutter/*Schmidt*, § 45 Rn 26.
49 Der Verweis des § 45 Abs. 2 S. 2 auf § 212 Abs. 2 und 3 regelt nicht die Hemmung der Frist, sondern die Abwendung der Haftung durch Vollstreckungshandlungen.
50 Lutter/*Schmidt*, § 45 Rn 27; KölnKomm-UmwG/*Dauner-Lieb/Tettinger*, § 45 Rn 24; Widmann/Mayer/*Vossius*, § 45 Rn 167.
51 KölnKomm-UmwG/*Dauner-Lieb/Tettinger*, § 45 Rn 25, 26; Keßler/Kühnberger/*Brügel*, § 45 Rn 16.
52 Eine ausf. Darstellung zu den Möglichkeiten nach § 204 BGB findet sich bei Widmann/Mayer/*Vossius*, § 45 Rn 170 ff.

22 Der Gläubiger kann bereits vor Fälligkeit eine auf künftige Leistung (§§ 257-259 ZPO) oder Feststellung (§ 256 ZPO) gerichtete Klage einreichen und so die Hemmung der Verjährung herbeiführen.[53] Die Fälligkeit muss allerdings – unter Außerachtlassung einer verfahrensbedingten Hemmung – vor Ablauf der Fünfjahresfrist liegen, da ansonsten die Klage als unbegründet zurückzuweisen wäre.[54] Der Hemmung kommt folglich nicht die Wirkung zu, dass aus erst nach Ablauf von fünf Jahren fällig werdenden Ansprüchen eine Haftung entstehen kann.[55]

23 **4. Vermeidung der Enthaftung.** Nach § 45 Abs. 1 und Abs. 3 stehen den Gläubiger vier verschiedene Möglichkeiten offen, um eine Enthaftung seines vor Fristablauf fälligen Anspruchs zu verhindern. Dies sind (i) Feststellung der fälligen Verbindlichkeit in einer in § 197 Abs. 1 Nr. 3-5 BGB bezeichneten Weise,(ii) gerichtliche oder behördliche Vollstreckungshandlungen, (iii) Erlass eines Verwaltungsakts sowie (iv) schriftliches Anerkenntnis des Gesellschafters (Abs. 3). Wie vorstehend schon festgehalten (Rn 12), zählen nur personenbezogene Maßnahmen, um eine Enthaftung nach § 45 zu verhindern. Nicht ausreichend sind daher Maßnahmen gegen die übernehmende Gesellschaft oder ebenfalls unbeschränkt persönlich haftende Mitgesellschafter.[56]

24 **a) Feststellung des Haftungsanspruchs.** Wird der Anspruch des Gläubigers gegen den Gesellschafter nach Wirksamwerden der Verschmelzung festgestellt, ist für eine Enthaftung kein Raum.[57] Feststellung kann durch rechtskräftige Feststellung des Anspruchs mittels Urteil, Schiedsspruch[58] (§ 1055 ZPO) oder Vollstreckungsbescheid (§ 197 Abs. 1 Nr. 3 BGB) oder durch vollstreckbare Vergleiche und Urkunden (§ 197 Abs. 1 Nr. 4 BGB)[59] sowie über den Verweis auf § 197 Abs. 1 Nr. 5 BGB durch eine Feststellung des Anspruchs im Insolvenzverfahren erfolgen.

Praxishinweis: Die nur teilweise Geltendmachung des Anspruchs im Wege einer Teilklage führt im Falle der Feststellung des Anspruchs auch nur in dieser Höhe zu einer Abwendung der Enthaftung.[60]

25 **b) Vollstreckungshandlung.** Die Enthaftung kann weiter durch gerichtliche oder behördliche Vollstreckungshandlungen verhindert werden. Das setzt allerdings einen vollstreckbaren Titel oder einen vollziehbaren Verwaltungsakt voraus, die bereits ohne weitere Maßnahmen zur Abwendung der Enthaftung ausreichen, weshalb dieser Fallgruppe in der Praxis keine wirkliche Bedeutung zukommt.[61]

26 **c) Erlass eines Verwaltungsakts.** Der Erlass eines Verwaltungsaktes gegenüber dem unbeschränkt persönlich haftenden Gesellschafter führt nach Abs. 1 zu einer Abwendung der Enthaftung für öffentlich-rechtliche Verbindlichkeiten des Gesellschafters. Für die Fristwahrung kommt es auf die Bekanntgabe des Verwaltungsaktes an.[62]

27 **d) Schriftliches Anerkenntnis, Abs. 3.** Erkennt der haftende Gesellschafter einen vor Ablauf der Fünfjahresfrist fälligen Anspruch (privatrechtlicher oder öffentlich-rechtlicher Natur)[63] innerhalb der Frist schriftlich an, ersetzt dies nach Abs. 3 das Erfordernis einer Feststellung. Ein nach Ablauf der Frist erfolgtes Anerkenntnis wirkt nicht enthaftungshindernd, begründet aber

53 KölnKomm-UmwG/*Dauner-Lieb/Tettinger*, § 45 Rn 25.
54 KölnKomm-UmwG/*Dauner-Lieb/Tettinger*, § 45 Rn 25.
55 Semler/Stengel/*Ihrig*, § 45 Rn 37 mit Hinweis auf eine Ausnahme bei Anwendung der §§ 210, 211 BGB; zum grds. Ausschluss solcher Ansprüche vgl Rn 15.
56 KölnKomm-UmwG/*Dauner-Lieb/Tettinger*, § 45 Rn 41; Keßler/Kühnberger/*Brügel*, § 45 Rn 18.
57 KölnKomm-UmwG/*Dauner-Lieb/Tettinger*, § 45 Rn 42.
58 Und zwar auch dann, wenn er nicht nach §§ 1060 ff für vollstreckbar erklärt wurde.
59 Ausreichen dürfte in diesem Zusammenhang auch der vor einem Schiedsgericht geschlossene Vergleich oder der Anwaltsvergleich sein, vgl Keßler/Kühnberger/*Brügel*, § 45 Rn 19.
60 Semler/Stengel/*Ihrig*, § 45 Rn 47; Widmann/Mayer/*Vossius*, § 45 Rn 171; Keßler/Kühnberger/*Brügel*, § 45 Rn 18.
61 Schmitt/Hörtnagl/Stratz/*Stratz*, § 45 Rn 14; Semler/Stengel/*Ihrig*, § 45 Rn 49; Lutter/*Schmidt*, § 45 Rn 22; KölnKomm-UmwG/*Dauner-Lieb/Tettinger*, § 45 Rn 46; Keßler/Kühnberger/*Brügel*, § 45 Rn 21.
62 Schmitt/Hörtnagl/Stratz/*Stratz*, § 45 Rn 15; KölnKomm-UmwG/*Dauner-Lieb/Tettinger*, § 45 Rn 47.
63 KölnKomm-UmwG/*Dauner-Lieb/Tettinger*, § 45 Rn 45; Lutter/*Schmidt*, § 45 Rn 24.

wohl eine neue Verbindlichkeit des Gesellschafters in Form eines konstitutiven Schuldanerkenntnisses.[64] Gleiches gilt für Ansprüche, die erst nach Ablauf der Fünfjahresfrist fällig werden.[65]

Das Anerkenntnis ist eine einseitige empfangsbedürftige Willenserklärung, für die die Schriftform des § 126 BGB gilt. Die Erklärung ist durch den betroffenen Gesellschafter gegenüber dem Gläubiger zu erklären, wobei Vertretung auf beiden Seiten zulässig ist.[66] Der Inhalt der Erklärung muss zweifelsfrei zum Ausdruck bringen, dass der haftende Gesellschafter ohne jegliche Einwendung den Anspruch gegen den übertragenden Rechtsträger und seine daraus folgende akzessorische Haftung als bestehend betrachtet.[67] In der Praxis dürfte das Anerkennen der Verbindlichkeit des übertragenden Rechtsträgers ausreichen, soweit der Gesellschafter nicht zugleich seine Haftung nach § 128 HGB bestreitet.[68] 28

Zweiter Unterabschnitt
Verschmelzung unter Beteiligung von Partnerschaftsgesellschaften

Vor §§ 45 a ff

Literatur:

Grunewald, Die Partnerschaftsgesellschaft mit beschränkter Berufshaftung – sinnvolle Ergänzung des PartGG oder systemwidrige Privilegierung einiger Weniger? ZIP 2012, 1115; *Hessler/Mansel*, Die Limited Liability Partnership als Organisationsform anwaltlicher Berufsausübung, NJW 2007, 1393; *Leuering*, Auf dem Weg zur Partnerschaftsgesellschaft mit beschränkter Berufshaftung, ZIP 2012, 1112; *Michalski/Römermann*, PartGG, 4. Aufl. 2014; *Neye*, Partnerschaft und Umwandlung. Ein Gesetzentwurf mit neuen Möglichkeiten, ZIP 1997, 722; *ders.*, Die Änderungen im Umwandlungsrecht nach den handels- und gesellschaftsrechtlichen Reformgesetzen in der 13. Legislaturperiode, DB 1998, 1649; *Römermann*, Neues im Recht der Partnerschaftsgesellschaft, NZG 1998, 675; *Römermann/Praß*, Die Partnerschaftsgesellschaft mit beschränkter Berufshaftung – Rechtspolitische Kritik und rechtssystematische Einordnung, NZG 2012, 601; *Schüppen*, Wider die LLP, für rechtspolitische Plausibiliät – es bleibt viel zu tun bei der Änderung des PartGG, BB 2012, 783; *Wälzholz*, Wege in die PartG mbB – Überlegungen zur Gründung und Umwandlung bereits existierender Rechtsträger in einer PartG mbB, DStR 2013, 2637.

I. Normzweck der §§ 45 a ff UmwG

Die Partnerschaftsgesellschaft ist Organisationsform ausschließlich zur gemeinschaftlichen Berufsausübung von Angehörigen freier Berufe, deren Mitgliedschaft ausschließlich natürlichen Personen offensteht (vgl § 1 Abs. 1 PartGG). Die Anteilseigner einer PartG müssen grundsätzlich vier Kriterien kumulativ erfüllen: (1) es muss sich um natürliche Personen handeln, (2) die jeweils einem freien Beruf angehören, (3) diesen freien Beruf aktiv ausüben und (4) ihnen darf die partnerschaftliche Organisation nicht durch das jeweils einschlägige Berufsrecht untersagt 1

64 KölnKomm-UmwG/*Dauner-Lieb/Tettinger*, § 45 Rn 45; Lutter/*Schmidt*, § 45 Rn 24; Semler/Stengel/*Ihrig*, § 45 Rn 52.

65 Keßler/Kühnberger/*Brügel*, § 45 Rn 25.

66 Semler/Stengel/*Ihrig*, § 45 Rn 53; Widmann/Mayer/*Vossius*, § 45 Rn 109 f.

67 Widmann/Meyer/*Vossius*, § 45 Rn 107.

68 Widmann/Meyer/*Vossius*, § 45 Rn 112 f; Keßler/Kühnberger/*Brügel*, § 45 Rn 24.

sein. Die 1998 in das Umwandlungsrecht eingefügten §§ 45 a ff[1] tragen diesen Besonderheiten der Partnerschaftsgesellschaft Rechnung, indem die berufsrechtlichen Beschränkungen, denen die Partnerschaftsgesellschaft nach dem PartGG unterliegt, in das Umwandlungsrecht verlängert werden.[2] Unabhängig von der rechtspolitischen Grundsatzfrage, ob man der antiquierten und an das Zunftwesen erinnernden Sonderbehandlung der freien Berufe Sympathie entgegenzubringen vermag,[3] wird hierdurch mittelbar der Rechtsverkehr geschützt, indem vermieden wird, dass die Erwartungen, die dieser mit dem Rechtsformkürzel der PartG verbindet, enttäuscht werden.

2 **PartG mit beschränkter Berufshaftung (PartG mbB).** Die §§ 45 a ff beanspruchen nicht nur für die traditionelle PartG Geltung, sondern auch für die am 19.7.2013 Gesetz gewordene sogenannte PartG mbB, mit der der Gesetzgeber auf die gefühlte Konkurrenz durch die britische Limited Liability Partnership reagiert hat.[4] Diese ist in der Gesetz gewordenen Form – entgegen teilweise anderslautender Kommunikation – weder als echte Beschränkthafterin nach dem Vorbild von AG und GmbH konzipiert[5] noch als eigenständige Rechtsform mit Vollstatut, sondern – vergleichbar dem Regelungsmodell der UG – als Unterform der PartG,[6] so dass die Regelungen über die PartG auf sie Anwendung finden.[7] Zusätzlichen Auftrieb könnte die PartG mbB dann erhalten, wenn man den Entscheidungen Cadburry/Schweppes und Cartesio des EuGH mit einer verbreiteten Ansicht im Schrifttum die Wertung entnehmen will, dass die Niederlassungsfreiheit Aufnahmemitgliedstaaten nicht verpflichte, auch reine Briefkastengesellschaften anzuerkennen.[8]

II. Partnerschaft im Umwandlungsrecht

3 Eine Partnerschaft nach dem PartG kann als übertragende Gesellschaft an Verschmelzungen mit folgenden übernehmenden Rechtsträgern beteiligt sein: PartG, OHG, KG, GmbH, AG, KGaA und e.G., nicht möglich ist die Verschmelzung auf eingetragene und wirtschaftliche Vereine, genossenschaftliche Prüfverbände, VVaG und natürliche Personen.[9] Als aufnehmende Gesellschaft kommt die PartG bei Verschmelzungen mit PartG, OHG, KG, GmbH, AG, KGaA, e.G., e.V. bzw wirtschaftlichem Verein in Betracht, nicht möglich ist hingegen die Verschmelzung eines VVaG oder genossenschaftlichen Prüfungsverbands auf eine PartG.[10] Auf Grundlage der Sevic-Entscheidung des EuGH, die nicht zwischen Kapital- und Personengesellschaften differenziert, kann sich eine PartG zudem an grenzüberschreitenden Verschmelzungen als aufnehmende wie auch übertragende Gesellschaft beteiligen. Insbesondere möglich ist damit die Verschmelzung einer deutschen PartG auf die als Konkurrenz empfundene LLP bzw vice versa die Verschmelzung einer europäischen LLP auf eine deutsche PartG. Daneben kann eine Partnerschaftsgesellschaft an einer Spaltung beteiligt sein, hingegen nicht an einer Ausgliederung,

1 Gesetz v. 22.7.1998, BGBl. I S. 1878.

2 Semler/Stengel/*Ihrig*, § 45 a Rn 1; Lutter/*H. Schmidt*, § 45 a Rn 4.

3 So ist etwa im österreichischen Gesellschaftsrecht die Differenzierung zwischen Handelsgesellschaften und freiberuflichen Erwerbsgesellschaften durch Zusammenführung in der „offenen Gesellschaft" aufgegeben worden. Vgl § 105 S. 3 UBG. Für eine Öffnung der KG auch für Freiberufler etwa *Grunewald*, ZIP 2012, 1115, 1116. Skeptisch gegenüber der PartG auch Widmann/Mayer/*Vossius*, § 45 a Rn 10.

4 Michalski/Römermann/*Römermann*, Einführung Rn 41. Zur PartG mbB *Römermann/Praß*, NZG 2012, 601; *Leuering*, ZIP 2012, 1112. Zur bisher nicht besonders drängenden Konkurrenzsituation *Grunewald*, ZIP 2012, 1115, 1116.

5 Eine echte Beschränkung der Haftung auf das Gesellschaftsvermögen („PartG mbH") fordernd *Schüppen*, BB 2012, 783, 784. Zu den aufgrund der „Beschränkung der beschränkten Haftung" resultierenden Fallstricken etwa *Wälzholz*, DStR 2013, 2637, 2638 f.

6 Vgl etwa Michalski/Römermann/*Römermann*, PartGG, 4. Aufl. 2014, Einführung Rn 41: „Rechtsformvariante der Partnerschaft". Entsprechend bedarf die Überführung einer PartG in eine PartG mbB keines Formwechsels, vgl *Wälzholz*, DStR 2013, 2637, 2639 ff.

7 *Wälzholz*, DStR 2013, 2637, 2638.

8 In diese Richtung *Kindler*, EuZW 2012, 888 (891 ff); *König/Bormann*, NZG 2012, 1241, 1241 ff; *Wolbrab*, GPR 2012, 316, 317. AA etwa *Schüppen*, BB 2012, 873 Fn 3, der davon ausgeht, dass sich Schein-LLP auf die Niederlassungsfreiheit berufen können. Festzuhalten ist, dass der EuGH einen „genuine link" lediglich zum Aufnahmestaat, nicht aber zum Gründungsstaat fordert, vgl EuGH ZIP 2012, 1394, 1396 („Vale").

9 Widmann/Mayer/*Vossius*, § 45 a Rn 11 ff.

10 Widmann/Mayer/*Vossius*, § 45 a Rn 16.

da im Rahmen der Ausgliederung die Anteile am neuen Rechtsträger nicht von natürlichen Personen gehalten würden.[11] Ein Formwechsel steht der PartG nach den Vorgaben der § 225 a ff offen.

III. Verfahren

Die Partnerschaftsgesellschaft ist das freiberufliche Pendant der offenen Handelsgesellschaft. Das Verfahren der Verschmelzung unter Beteiligung einer Partnerschaftsgesellschaft folgt dementsprechend weitgehend dem Verfahren für Verschmelzungen unter Beteiligung von Personenhandelsgesellschaften und trägt vermittels der §§ 45 a ff lediglich an einigen Stellen den Besonderheiten der PartG Rechnung. Grob folgt die Verschmelzung unter Beteiligung einer PartG dem folgenden Muster: 4

1. Verschmelzungsvertrag. Den offiziellen Beginn einer Verschmelzung unter Beteiligung einer PartG stellt der Abschluss des Verschmelzungsvertrages dar. Der Inhalt des Verschmelzungsvertrags richtet sich sowohl dann, wenn die PartG übertragender Rechtsträger ist wie auch dann, wenn sie übernehmender Rechtsträger ist, nach § 5; im Falle der Verschmelzung zur Aufnahme durch eine PartG sind ergänzend die Vorgaben des § 45 b zu beachten, während im Falle der Verschmelzung zur Neugründung einer PartG dem Verschmelzungsvertrag der Partnerschaftsvertrag der neuen Gesellschaft beizufügen ist (§ 37). 5

2. Verschmelzungsbericht. Die Erforderlichkeit eines Verschmelzungsberichts ist für jeden an einer Verschmelzung beteiligten Rechtsträger gesondert zu bestimmen (§ 8). Für beteiligte Partnerschaftsgesellschaften ist aufgrund des Prinzips der Selbstorganschaft die Erstattung eines Verschmelzungsberichts entbehrlich, es sei denn ein von der Geschäftsführung ausgeschlossener Partner verlangt dies (vgl hierzu die Kommentierung zu § 45 c). 6

3. Verschmelzungsprüfung(sbericht). Mangels ausdrücklicher gesetzlicher Anordnung (§ 9 Abs. 1) sind auch Verschmelzungsprüfung und Verschmelzungsprüfungsbericht grundsätzlich nicht erforderlich. Etwas anderes gilt nur dann, wenn ein Anteilsinhaber eine Verschmelzungsprüfung nach § 45 c UmwG verlangt. 7

4. Zustimmungsbeschlüsse. Die Verschmelzung bedarf sodann der Zustimmungsbestimmungsbeschlüsse der beteiligten Rechtsträger, jeweils in notarieller Form (§ 13 Abs. 3). Der Zustimmungsbeschluss einer PartG als aufnehmender oder übertragender Rechtsträgerin ist einstimmig zu fassen, soweit nicht der Partnerschaftsvertrag Abweichendes regelt (vgl § 45 d). 8

5. Registeranmeldung. Die Verschmelzung ist schließlich zu den Registern der beteiligten Rechtsträger anzumelden, wobei danach zu differenzieren ist, ob die PartG als übertragender oder aufnehmender Rechtsträger beteiligt ist bzw es sich um eine Verschmelzung zur Neugründung einer PartG handelt. 9

a) PartG als übertragende Rechtsträgerin. Die Anmeldung erfolgt nach § 16 Abs. 1 durch die Vertretungsorgane der beteiligten Rechtsträger zu ihren jeweiligen Registern; für die PartG damit durch Partner in vertretungsberechtigter Anzahl zum Partnerschaftsregister; nicht erforderlich ist die Anmeldung durch sämtliche Partner.[12] Nach allgemeinen Grundsätzen zulässig ist, dass die Verschmelzung durch das Vertretungsorgan des übernehmenden Rechtsträgers auch zum Partnerschaftsregister der übertragenden PartG erfolgt (§ 16 Abs. 1 S. 2). 10

b) PartG als übernehmende Rechtsträgerin. Die Anmeldung zum Partnerschaftsregister erfolgt durch Partner in vertretungsberechtigter Zahl.[13] Partner der übernehmenden PartG in vertretungsberechtigter Zahl können in diesem Fall die Verschmelzung auch zum Register des übertragenden Rechtsträgers anmelden. 11

11 Lutter/*H. Schmidt*, § 45 a Rn 3; Widmann/Mayer/*Vossius*, § 45 a Rn 21.

12 Lutter/*Schmidt*, § 45 a Rn 14; Widmann/Mayer/*Vossius*, § 45 a Rn 33.

13 Lutter/*Schmidt*, UmwG, 4. Aufl. 2009, § 45 a Rn 14; Widmann/Mayer/*Vossius*, § 45 a Rn 33.

12 c) **Verschmelzung zur Neugründung einer PartG.** Verschmelzen sich Rechtsträger zur Neugründung einer PartG ist die Anmeldung zum Partnerschaftsregister durch die Vertretungsorgane aller übertragenden Rechtsträger (§ 38 Abs. 2) vorzunehmen. Umstritten ist, ob über die allgemeinen Grundsätze hinaus gemäß § 36 Abs. 2 S. 1, § 4 Abs. 1 S. 1 PartGG, § 108 HGB sämtliche Partner der zu gründenden PartG an der Anmeldung mitzuwirken haben.[14]

§ 45 a Möglichkeit der Verschmelzung

[1]Eine Verschmelzung auf eine Partnerschaftsgesellschaft ist nur möglich, wenn im Zeitpunkt ihres Wirksamwerdens alle Anteilsinhaber übertragender Rechtsträger natürliche Personen sind, die einen Freien Beruf ausüben (§ 1 Abs. 1 und 2 des Partnerschaftsgesellschaftsgesetzes). [2]§ 1 Abs. 3 des Partnerschaftsgesellschaftsgesetzes bleibt unberührt.

A. Normzweck

1 Nach § 1 Abs. 1 PartGG steht die Partnerschaftsgesellschaft ausschließlich natürlichen Personen offen, die Angehörige eines freien Berufes sind. § 45 a spiegelt diesen ausschließlich berufsständischen Charakter der Partnerschaftsgesellschaft und schließt aus, dass im Rahmen einer Verschmelzung auf eine Partnerschaftsgesellschaft juristische Personen oder natürliche Personen, die keine Angehörigen eines freien Berufes sind bzw diesen nicht „ausüben", Partner einer PartG werden. § 45 a S. 2 sichert gleichzeitig, dass die berufsrechtlichen Schranken bzw Kautelen, die der Gründung einer PartG nach § 1 Abs. 3 PartGG entgegenstehen können, gleichfalls nicht durch das Instrument einer Verschmelzung auf eine PartG ausgehöhlt werden;[1] der Zugang zur Partnerschaftsgesellschaft soll sich nicht über den Umweg des UmwG „erschlichen" werden können. Entsprechend gilt umgekehrt aber auch, dass, soweit das PartG Einschränkungen des Erfordernisses der Ausübung einer freiberuflichen Tätigkeit zulässt, diese Einschränkungen auch im Umwandlungsrecht zu beachten sind, das die berufsrechtlichen Bestimmungen lediglich absichern, nicht aber auch verschärfen soll.

B. Inhalt

I. PartG als Zielrechtsträger

2 Als Instrument der Eingangskontrolle in die Partnerschaftsgesellschaft ist § 45 a nur anwendbar, wenn eine PartG übernehmender Rechtsträger einer Verschmelzung zur Aufnahme oder Neugründung[2] bzw Zielrechtsträger einer Auf- oder Abspaltung ist.[3]

II. Ausübung eines freien Berufs

3 **1. Natürliche Personen als Anteilsinhaber.** Angehörige einer Partnerschaft nach dem PartGG können nur natürliche Personen sein (§ 1 Abs. 1 S. 3 PartGG). Dementsprechend müssen bei Verschmelzung auf eine PartG sämtliche Anteilsinhaber aller übertragenden Rechtsträger, dh die zukünftigen Partner der aufnehmenden PartG, natürliche Personen sein. Auch die GbR als

14 So Widmann/Mayer/*Vossius*, § 45 a Rn 33.
1 KölnKomm-UmwG/*Dauner-Lieb/Tettinger*, § 45 a Rn 3.
2 Widmann/Mayer/*Vossius*, § 45 a Rn 38; *Neye*, ZIP 1997, 722, 723.
3 Semler/Stengel/*Ihrig*, § 45 a Rn 3; KölnKomm-UmwG/*Dauner-Lieb/Tettinger* 2009, § 45 b Rn 23.

solche kann aufgrund ihrer (Teil-)Rechtsfähigkeit kein Partner einer PartG sein und damit auch nicht Anteilsinhaber eines übertragenden Rechtsträgers.[4]

2. Zugehörigkeit zu einem freien Beruf. Die Anteilseigner jedes übertragenden Rechtsträgers müssen sämtlich Mitglieder eines freien Berufs sein. Zur Bestimmung, ob ein freier Beruf in diesem Sinne vorliegt, kann in einem ersten Schritt auf den in § 1 Abs. 2 S. 2 PartGG niedergelegten, nicht abschließenden („und ähnlicher Berufe") Katalog freier Berufe zurückgegriffen werden; bes. praktische Relevanz haben die Berufsgruppen der Ärzte, Rechtsanwälte, Steuerberater, Wirtschaftsprüfer, Architekten und Ingenieure.[5] Ist der in Rede stehende Beruf im Katalog des § 1 Abs. 2 S. 2 PartGG nicht aufgeführt, muss in einem zweiten Schritt die allerdings gleichfalls nicht abschließende und insofern wenig hilfreiche Definition des § 1 Abs. 2 PartGG bemüht werden.[6] Hiernach ist ein freier Beruf dadurch gekennzeichnet, dass er im Allgemeinen die persönliche, eigenverantwortliche und fachlich unabhängige Erbringung von Dienstleistungen höherer Art im Interesse der Auftraggeber und der Allgemeinheit auf der Grundlage besonderer beruflicher Qualifikation oder schöpferischer Begabung zum Inhalt hat. 4

3. Ausübung des freien Berufs. Nicht ausreichend ist die bloße Zugehörigkeit zu einem freien Beruf, vielmehr muss der Zusammenschluss als PartG gerade dem Zweck gemeinschaftlicher Ausübung des freien Berufs dienen. D.h. üben einzelne oder mehrere Berufsträger eines übertragenden Rechtsträgers ihre freiberufliche Tätigkeit nicht mehr aus, kann dies gegebenenfalls einer Verschmelzung entgegenstehen. Zwischen folgenden Konstellationen ist zu unterscheiden: der **endgültige Verlust der Zulassung** zieht gem. § 9 Abs. 3 PartGG das Ausscheiden aus einer PartG nach sich; in das Umwandlungsrecht gespiegelt folgt daraus, dass eine Verschmelzung auf eine PartG ausscheiden muss, wenn ein Berufsträger eines übertragenden Rechtsträgers seine Zulassung endgültig verloren hat[7] bzw dass der betroffene Anteilsinhaber im Rahmen der Verschmelzung ausscheidet. Bei bloßer **Einstellung der freiberuflichen Tätigkeit** ist demgegenüber nach wohl hM weiter zu differenzieren. Bei Verschmelzung zur Neugründung ist parallel zum Gründungsrecht der PartG zu fordern, dass sämtliche Anteilsinhaber der übertragenden Rechtsträger aktiv berufstätig sind und (voraussichtlich) bleiben; unschädlich ist allein die kurzfriste Verhinderung.[8] Demgegenüber sollen bei Verschmelzung zur Aufnahme auf eine bereits bestehende PartG die Regeln über die Beibehaltung der Mitgliedschaft in einer Partnerschaftsgesellschaft zur Anwendung gelangen mit der Folge, dass – vorbehaltlich abweichender Bestimmungen des Partnerschaftsvertrages – nicht nur die vorübergehende, sondern auch die mittelfristige oder endgültige Einstellung der freiberuflichen Tätigkeit einer Verschmelzung nicht entgegensteht bzw nicht notwendig zum Ausscheiden des betroffenen Partners anlässlich der Verschmelzung führt.[9] 5

4. Maßgeblicher Zeitpunkt. Ausreichend ist die freiberufliche Tätigkeit im Zeitpunkt des Wirksamwerdens der Verschmelzung, dh mit Eintragung der Verschmelzung im Partnerschaftsregister der übernehmenden bzw neugegründeten Partnerschaftsgesellschaft;[10] unschädlich ist damit, wenn die Voraussetzungen des § 45 a erst nach Abschluss des (Entwurfs des) Verschmelzungsvertrages, aber vor Eintragung erfüllt werden.[11] 6

4 Widmann/Mayer/*Vossius*, § 45 a Rn 42.
5 Vgl Lutter/*H. Schmidt*, § 45 a Rn 6.
6 KölnKomm-UmwG/*Dauner-Lieb/Tettinger*, UmwG 2009, § 45 a Rn 5; Semler/Stengel/*Ihrig*, § 45 a Rn 6; Lutter/*H. Schmidt*, § 45 a Rn 6. Den praktischen Wert der Definition verneinend *Römermann*, NZG 1998, 675, 676 f.
7 KölnKomm-UmwG/*Dauner-Lieb/Tettinger*, § 45 a Rn 7; Kallmeyer/*Kallmeyer/Kocher*, § 45 a Rn 4.
8 Kallmeyer/*Kallmeyer/Kocher*, § 45 a Rn 4.
9 In diese Richtung Semler/Stengel/*Ihrig*, § 45 a Rn 9; ähnlich KölnKomm-UmwG/*Dauner-Lieb/Tettinger*, § 45 a Rn 8; Kallmeyer/*Kallmeyer/Kocher*, § 45 a Rn 4.
10 KölnKomm-UmwG/*Dauner-Lieb/Tettinger*, § 45 a Rn 10; Lutter/*H. Schmidt*, § 45 a Rn 12.
11 Semler/Stengel/*Ihrig*, § 45 a Rn 10; Schmitt/Hörtnagl/Stratz/*Stratz*, §§ 45a-45 e Rn 7.

III. Vorbehalt abweichender berufsrechtlicher Regelungen

7 Grundsätzlich steht die Organisationsform der Partnerschaftsgesellschaft allen Freiberuflern zur Verfügung. Allerdings kann gemäß § 1 Abs. 3 PartGG die partnerschaftliche Berufsausübung in Vorschriften über einzelne Berufe ausgeschlossen oder von weiteren Voraussetzungen abhängig gemacht werden. Um die Wirksamkeit dieser spezialgesetzlichen Kautelen zu sichern, bestimmt § 45 a S. 2, dass entsprechende Beschränkungen auch im Rahmen einer Verschmelzung zu beachten sind.

8 Wenig praktische Bedeutung haben in diesem Zusammenhang berufsrechtliche Regelungen, die bestimmten Berufsgruppen generell den Zusammenschluss in einer PartG verbieten: Erfasst sind zunächst **Apotheker** (§ 8 ApoG), denen der Gesetzgeber bewusst das arbeitsteilige Zusammenwirken in einer PartG verwehrt hat.[12] Nach jüngerer Auffassung des BGH soll § 8 ApoG allerdings nur auf solche Apotheker anwendbar sein, die sich zum gemeinschaftlichen Betrieb einer Apotheke verbunden haben; beschränken sich Apotheker hingegen auf „gutachterliche und fachliche beratende Tätigkeit", steht ihnen demnach auch die Partnerschaft als zulässige Organisationsform zur Verfügung.[13] Neben im vorgenannten Sinne qualifizierten Apothekern ist insbesondere **öffentlich bestellten Vermessungsingenieuren** das arbeitsteilige Zusammenwirken in einer Partnerschaft verwehrt.[14] Demgegenüber steht nach zutreffender und mittlerweile hM auch Nur-Notaren die Kooperation mittels einer PartG offen (vgl § 9 Abs. 3 BNotO).[15]

9 Mehr praktische Relevanz als die direkten Verbote partnerschaftlicher Betätigung haben demgegenüber die gesetzlichen Vorgaben für die **Begrenzung interprofessioneller Zusammenarbeit**, die gleichfalls nicht über den Umweg des Umwandlungsrechts ausgehebelt werden können. Bedeutung haben in diesem Kontext zunächst die inhaltsgleichen §§ 59 a Abs. 1 BRAO, 52 a PatAnwO, 56 Abs. 1 StBerG, 44 b Abs. 1WPO, wonach sich Rechtsanwälte grundsätzlich nur mit Mitgliedern einer Rechtsanwalts- bzw der Patentanwaltskammer, mit Steuerberatern, Steuerbevollmächtigten, Wirtschaftsprüfern und vereidigten Buchprüfern zur gemeinschaftlichen Berufsausübung im Rahmen der eigenen beruflichen Befugnisse verbinden dürfen.[16] Durch Neufassung von § 9 Abs. 2 BNotO einfachen Rechtsanwälten diesbezüglich ausdrücklich gleichgestellt sind Anwaltsnotare, womit der Gesetzgeber zu Recht eine wenig überzeugende höchstrichterliche Rechtsprechung beendet hat.[17] Praktische Relevanz hat zudem § 23 b der Muster-Berufsordnung der Ärzte, der die Reichweite einer medizinischen Kooperationsgemeinschaft zwischen Ärztinnen und Ärzten und Angehörigen anderer Fachberufe absteckt.[18]

10 Eine erhebliche Ausweitung zulässiger interprofessioneller Zusammenarbeit könnte mit einer **Vorlage des BGH an das BVerfG** verbunden sein. Nach – aufgrund bisheriger Erfahrungen – überraschend wirtschaftsliberaler Einschätzung des BGH verstößt die gesetzliche Ausgestaltung der Verbindung zur gemeinschaftlichen Berufsausübung von Rechtsanwälten mit Angehörigen anderer freier Berufe in § 59 a Abs. 1 BRAO gegen Art. 12 Abs. 1, 9 Abs. 1 und 3 Abs. 1 GG, soweit sie die berufliche Verbindung von Rechtsanwälten mit Ärzten oder Apothekern nicht zulässt.[19] Sollte sich das BVerfG dem BGH anschließen, könnte dieser offensichtliche Paradigmenwechsel zu einer Neujustierung des Rechts der interprofessionellen Zusammenarbeit insgesamt führen. Gegebenenfalls wäre – nicht zuletzt aufgrund der durch den BGH zu Recht herausgestellten Berufsfreiheit – dem Markt mehr Recht einzuräumen sein bei Entscheidung

12 BGH NJW 2013 2674, 2675 f; Lutter/*H. Schmidt*, § 45 a Rn 11; MünchKommBGB/*Schäfer*, § 1 PartGG Rn 79.

13 BGH NJW 2013 2674, 2675 f.

14 KölnKomm-UmwG/*Dauner-Lieb/Tettinger*, § 45 a Rn 17. Ein partnerschaftlicher Zusammenschluss soll allerdings insoweit in Betracht kommen, soweit auf privatwirtschaftlicher Grundlage Vermessungstätigkeiten durchgeführt werden. Vgl MünchHbGesR I/*Salger*, § 40 Rn 18.

15 Lutter/*H. Schmidt*, § 45 a Rn 13; KölnKomm-UmwG/*Dauner-Lieb/Tettinger*, UmwG, 2009, § 45 a Rn 20; MüKo-BGB/*Schäfer*, § 1 PartGG Rn 80.

16 Der Verweis des § 44 b Abs. 1 WPO auf § 53 Abs. 1 Nr. 3 StPO ist nach teilweise vertretener Ansicht auf die benannten Berufsgruppen zu beschränken. So etwa MüKo-BGB/*Ulmer/Schäfer*, § 1 PartGG Rn 82. Ausdrücklich aA jetzt aber BGH NJW 2013 2674, 2682.

17 MüKo-BGB/*Ulmer/Schäfer*, § 1 PartGG Rn 83 mwN.

18 Hierzu MüKo-BGB/*Ulmer/Schäfer*, § 1 PartGG Rn 84.

19 BGH NJW 2013, 2674, 2679 ff.

der Frage, welche Berufsgruppen sich sinnvollerweise zusammenschließen sollten.[20] Eine Erosion berufsrechtlicher Regelungen wäre hiermit nicht verbunden, da selbstverständlich die jeweils angefragte freiberufliche Dienstleistung durch einen hierfür qualifizierten Partner zu erfolgen hätte. Abzuwarten bleibt allerdings, ob die Rechtsprechung da Schranken zieht, wo es sich um freie Berufe handelt, deren Angehörige nicht berufsrechtlich zur Verschwiegenheit verpflichtet sind.[21] Eine natürliche Grenze stellt allerdings auch dieser Aspekt nicht dar, sind doch schon bisher in den Betrieb einer Rechtsanwaltskanzlei etc. im Regelfall auch Nichtberufsträger involviert, ohne dass dies mit einem Verlust an Verschwiegenheit verbunden wäre. Denkbar also, die Erprobung bisher unzulässiger Formen arbeitsteiligen interprofessionellen Zusammenwirkens von Berufsgeheimnisträgern mit sonstigen Freiberuflern dadurch zu ermöglichen, dass die einschlägigen Verschwiegenheitsrechte und -pflichten in sensiblen Bereichen auf letztere nach dem Vorbild von § 53 a StPO etc. erstreckt werden.

IV. Rechtsfolgen eines Verstoßes

Ist die Beteiligung eines Anteilsinhabers vorgesehen, der die Voraussetzungen für die Mitgliedschaft in einer PartG nicht erfüllt, ist der Verschmelzungsvertrag nichtig,[22] es sei denn im Zeitpunkt des Abschlusses des Verschmelzungsvertrages wird offengelegt, dass die Freiberufler-Qualifikation noch vor der insoweit maßgeblichen Eintragung erworben wird.[23] Auch ein Verstoß gegen den Vorbehalt berufsrechtlicher Regelungen begründet die Nichtigkeit des Verschmelzungsvertrags.[24] 11

C. Verfahrensrecht

Ein Verstoß gegen § 45 a begründet ein Eintragungshindernis, das Registergericht darf die Verschmelzung nicht eintragen. Wird dennoch eingetragen, nimmt die Verschmelzung auf eine PartG an der Heilungswirkung gemäß § 20 teil; möglich bleiben hingegen berufs- und gesellschaftsrechtliche Sanktionen, zu denen auch eine Amtslöschung nach § 142 FGG aF/§ 395 FamFG zählt.[25] Die gleichen Grundsätze gelten bei Verstoß gegen den Vorbehalt berufsrechtlicher Regelungen (§ 45 a S. 2).[26] 12

§ 45 b Inhalt des Verschmelzungsvertrages

(1) Der Verschmelzungsvertrag oder sein Entwurf hat zusätzlich für jeden Anteilsinhaber eines übertragenden Rechtsträgers den Namen und den Vornamen sowie den in der übernehmenden Partnerschaftsgesellschaft ausgeübten Beruf und den Wohnort jedes Partners zu enthalten.
(2) § 35 ist nicht anzuwenden.

20 Vgl nur die zutreffende Feststellung des BGH NJW 2013, 2013, 2674, 2682: „Nachfrage für eine interprofessionelle Tätigkeit des Rechtsanwalts kann auf anderen Gebieten ebenso bestehen" unter Hinweis auf Quodbach.

21 Der BGH NJW 2014, 2674, 2679 ff begründet seine Annahme der Verfassungswidrigkeit der fehlenden Sozietätsfähigkeit von Apothekern und Ärzten insbesondere auch mit deren einem Rechtsanwalt vergleichbaren Verschwiegenheitspflichten, ohne diese gleichzeitig ausdrücklich zum allein maßgeblichen Kriterium zu erheben.

22 KölnKomm-UmwG/*Dauner-Lieb/Tettinger*, § 45 a Rn 12; aA Kallmeyer/*Kallmeyer/Kocher*, § 45 a Rn 8: bloßes Eintragungshindernis.

23 So Lutter/*H. Schmidt*, § 45 a Rn 18.

24 Lutter/*H. Schmidt*, § 45 b Rn 18; KölnKomm-UmwG/*Dauner-Lieb/Tettinger*, § 45 b Rn 22.

25 KölnKomm-UmwG/*Dauner-Lieb/Tettinger*, § 45 a Rn 14 f; Widmann/Mayer/*Vossius*, § 45 a Rn 78 f.

26 KölnKomm-UmwG/*Dauner-Lieb/Tettinger*, § 45 b Rn 22.

A. Normzweck

1 Die im Zusammenspiel mit der allgemeinen Vorschrift des § 5 zu lesende Norm formuliert ergänzende Anforderungen an den Verschmelzungsvertrag für den Fall einer Verschmelzung zur Aufnahme auf eine Partnerschaftsgesellschaft. Person und Beruf der Anteilseigner des übertragenden Rechtsträgers sind parallel zu § 3 Abs. 2 PartGG zu spezifizieren, um die Prüfung zu ermöglichen, ob die Voraussetzungen des § 45 a tatsächlich erfüllt sind.[1] Demselben Zweck dient der in Abs. 2 niedergelegte – eigentlich redundante – Nichtanwendungsbefehl von § 35, mit dem sichergestellt wird, dass die Identität sämtlicher Anteilsinhaber aller übertragenden Rechtsträger im Zeitpunkt der Registerprüfung bekannt ist.

B. Inhalt

I. PartG als Zielrechtsträger

2 Als Instrument der Eingangskontrolle in die Partnerschaftsgesellschaft findet § 45 b Anwendung bei Verschmelzung zur Aufnahme auf eine oder zur Neugründung einer PartG[2] sowie bei Auf- und Abspaltung zur Neugründung oder Aufnahme einer PartG.[3]

II. Zusätzliche Pflichtangaben im Verschmelzungsvertrag

3 Auch bei Verschmelzung auf eine Partnerschaftsgesellschaft hat der Verschmelzungsvertrag zunächst dem Katalog des § 5 zu genügen.[4] Ergänzend ist für jeden Anteilsinhaber Name und Vorname, der zukünftig in der Partnerschaftsgesellschaft ausgeübte Beruf sowie der Wohnort zu benennen; die Angabe der Adresse ist demgegenüber nicht notwendig.[5]

III. Ausschluss von § 35 UmwG

4 Ist übertragender Rechtsträger eine AG, KGaA oder SE (Art. 10 SE-VO), schließt Abs. 2 die entsprechende Anwendung von § 35 aus, da die bloße Beschreibung der gehaltenen Anteile eine Prüfung der Freiberuflereigenschaft nicht zulässt.[6] Lässt sich die Identität sämtlicher Anteilsinhaber nicht zweifelsfrei klären, scheidet eine Verschmelzung auf eine PartG somit aus.[7] Zum gleichen Ergebnis würde man auch ohne den ausdrücklichen Nichtanwendungsbefehl des § 45 b Abs. 2 gelangen, da bereits nach dem im Verhältnis der Spezialität zu § 35 stehenden § 45 b Abs. 1 zwingend die Identität der zukünftigen Partner offengelegt werden muss.

C. Verfahren

5 Fehlen die nach § 45 b erforderlichen Angaben im Zeitpunkt der Eintragung,[8] liegt ein Eintragungshindernis vor, da sie zum notwendigen Inhalt des Verschmelzungsvertrages gehören.[9] Nach Eintragung gilt wiederum, dass ein Verstoß gemäß § 20 Abs. 2 geheilt wird, gleichzeitig aber weitere Sanktionen bis hin zur Amtslöschung im Raume stehen.[10]

1 *Neye*, ZIP 1997, 722, 723; KölnKomm-UmwG/*Dauner/Lieb/Tettinger*, § 45 b Rn 1.
2 KölnKomm-UmwG/*Dauner-Lieb/Tettinger*, § 45 b Rn 1.
3 KölnKomm-UmwG/*Dauner-Lieb/Tettinger*, 2009, § 45 c Rn 6; Semler/Stengel/*Ihrig*, § 45 b Rn 5.
4 Lutter/*H. Schmidt*, § 45 b Rn 3.
5 KölnKomm-UmwG/*Dauner-Lieb/Tettinger*, § 45 b Rn 3; Lutter/*H. Schmidt*, § 45 b Rn 3.
6 Semler/Stengel/*Ihrig*, § 45 c Rn 10.
7 Lutter/*H. Schmidt*, § 45 b Rn 4 mit dem zutreffenden Hinweis, dass dies bei Freiberufler-AGs und gleichgestellten Gesellschaften selten der Fall sein wird. AA Widmann/Mayer/*Vossius*, § 45 b Rn 16 ff. mit Gestaltungsvorschlägen.
8 Widmann/Mayer/*Vossius*, § 45 a Rn 21 f.
9 Kallmeyer/ *Kallmeyer/Kocher*, § 45 b Rn 6.
10 Widmann/Mayer/*Vossius*, § 45 a Rn 27 f.

D. Kosten

6 Für die Beurkundung des Verschmelzungsvertrages verbleibt es unter dem Regime des GNotKG wie bereits unter Geltung der KostO (§§ 141, 36 Abs. 2 KostO) dabei, dass eine doppelte (20/10)-Gebühr zu entrichten ist (KV 21100).[11] Der Geschäftswert berechnet sich weiterhin nach dem Bruttoaktivvermögen bzw der Bilanzsumme der übertragenden Gesellschaften,[12] wobei ein Mindestgeschäftswert von 30.000 EUR (bisher 25.000 EUR) und ein deutlich angehobener Höchstwert von 10.000.000 EUR (bisher 5.000.000 EUR) zu beachten sind (§ 107 Abs. 1 S. 1 GNotKG).[13]

§ 45 c Verschmelzungsbericht und Unterrichtung der Partner

[1]Ein Verschmelzungsbericht ist für eine an der Verschmelzung beteiligte Partnerschaftsgesellschaft nur erforderlich, wenn ein Partner gemäß § 6 Abs. 2 des Partnerschaftsgesellschaftsgesetzes von der Geschäftsführung ausgeschlossen ist. [2]Von der Geschäftsführung ausgeschlossene Partner sind entsprechend § 42 zu unterrichten.

A. Normzweck

1 Ein Verschmelzungsbericht ist nicht erforderlich, wenn dessen potenzielle Adressaten, also die Anteilsinhaber der beteiligten Rechtsträger, sämtlich in geschäftsführender Funktion an der Verschmelzung mitgewirkt haben bzw aufgrund ihrer Stellung als Geschäftsführer von sämtlichen relevanten Vorgängen Kenntnis nehmen können.[1] § 45 c übernimmt diesen in den § 41 f niedergelegten Grundgedanken für die Verschmelzung unter Beteiligung einer Partnerschaftsgesellschaft, bei der legaltypisch gleichfalls sämtliche Partner zugleich geschäftsführend tätig sind. § 45 c erklärt deshalb einen Verschmelzungsbericht für obsolet, es sei denn ein oder mehrere Partner sind von der Führung der sonstigen Geschäfte gemäß § 6 Abs. 2 PartGG der sich verschmelzenden Partnerschaftsgesellschaft ausgeschlossen.

B. Inhalt

I. Anwendungsbereich

2 Als Instrument zur Information der Anteilseigner über eine bevorstehende Verschmelzung ist § 45 c sowohl für übertragende als auch für aufnehmende PartG zu beachten,[2] ebenso bei Auf- und Abspaltungen zur Aufnahme oder Neugründung.[3]

II. Ausschluss von der Führung der sonstigen Geschäfte

3 Der Verschmelzungsbericht ist entbehrlich, wenn kein Partner von den sog. sonstigen Geschäften iSv § 6 Abs. 2 PartGG ausgeschlossen ist. In Abgrenzung zu den der freiberuflichen Tätigkeit unmittelbar zuzurechnenden Geschäften, von denen ein Partner einer PartG nicht wirksam

11 *Fackelmann*, Notarkosten nach dem neuen GNotKG, Rn 861.
12 Zu § 18 Abs. 3 KostO noch Widmann/Mayer/*Vossius*, Vor § 39 Rn 137 (für den insoweit identischen Fall der Verschmelzung unter Beteiligung einer Personenhandelsgesellschaft).
13 *Pfeiffer*, NZG 2013, 244, 247.
1 Semler/Stengel/*Ihrig*, § 41 Rn 1; Widmann/Mayer/*Vossius*, § 45 c Rn 1.
2 KölnKomm-UmwG/*Dauner-Lieb/Tettinger*, § 45 c Rn 1; Kallmeyer/*Kallmeyer/Kocher*, § 45 c Rn 1.
3 Semler/Stengel/*Ihrig*, § 45 c Rn 3.

ausgeschlossen werden kann (§ 6 Abs. 2 PartGG), betreffen sonstige Geschäfte idS insbesondere die Organisation bzw das Management der Kanzlei/Praxis etc.[4] § 45 c dispensiert allein die beteiligte PartG vom Erfordernis eines Verschmelzungsberichts; inwieweit ein Verschmelzungsbericht insgesamt entbehrlich ist, beurteilt sich deshalb nach den für die weiteren beteiligten Rechtsträger einschlägigen Rechtsvorschriften im Zusammenspiel mit § 45 c.[5]

III. Übersendungspflicht

4 Sind ein oder mehrere Partner der PartG von der Führung der sonstigen Geschäfte ausgeschlossen, ist diesen spätestens zusammen mit der Einberufung der Gesellschafterversammlung, die gemäß § 13 Abs. 1 über die Zustimmung zum Verschmelzungsvertrag beschließen soll, der Verschmelzungsvertrag oder sein Entwurf und der Verschmelzungsbericht zu übersenden (§ 45 c S. 2 iVm § 42); wurde ein Verschmelzungsprüfungsbericht abgefasst, wird auch dieser von der Übersendungspflicht erfasst.[6]

IV. Keine abschließende Regelung bzgl Entbehrlichkeit des Verschmelzungsberichts

5 § 45 c entfaltet keine Sperrwirkung gegenüber den allgemeinen Vorschriften. Ein Verschmelzungsbericht ist damit auch dann entbehrlich, wenn die Anteilseigner der beteiligten Rechtsträger auf seine Erstattung durch notariell beurkundete Erklärungen gem. § 8 Abs. 3 verzichten.[7] Da § 45 c allein den von der Führung der laufenden Geschäfte ausgeschlossenen Partnern einen Anspruch auf Erstattung eines Verschmelzungsberichts einräumt, ist ausreichend, dass diese nach § 8 Abs. 3 auf den Bericht verzichten.[8]

C. Verfahren

6 Ein gegenüber dem Registergericht zu führender Nachweis der Übersendung der Verschmelzungsunterlagen ist gesetzlich nicht vorgesehen, es handelt sich insofern nicht um eine formelle Eintragungsvoraussetzung. Allerdings ist nicht auszuschließen, dass das Register im Rahmen seiner materiellen Prüfungskompetenz einen Nachweis über die ordnungsgemäße Erfüllung der Informationsverpflichtung nach § 45 c verlangt, weshalb es sich für die Praxis empfiehlt, die Dokumentation der Verschmelzung bereits bei Anmeldung um einen entsprechenden Nachweis zu ergänzen.[9] Mit Eintragung der Verschmelzung gilt der Verstoß gegen § 45 c als geheilt.[10]

§ 45 d Beschluß der Gesellschafterversammlung

(1) Der Verschmelzungsbeschluß der Gesellschafterversammlung bedarf der Zustimmung aller anwesenden Partner; ihm müssen auch die nicht erschienenen Partner zustimmen.

(2) [1]Der Partnerschaftsvertrag kann eine Mehrheitsentscheidung der Partner vorsehen. [2]Die Mehrheit muß mindestens drei Viertel der abgegebenen Stimmen betragen.

4 KölnKomm-UmwG*Dauner-Lieb/Tettinger*, § 45 c Rn 1; Semler/Stengel/*Ihrig*, § 45 c Rn 6.
5 Kallmeyer/*Kallmeyer/Kocher*, § 45 c Rn 5.
6 Widmann/Mayer/*Vossius*, § 45 c Rn 10.
7 Semler/Stengel/*Ihrig*, § 45 c Rn 7; Lutter/*H. Schmidt*, § 45 c Rn 4.
8 Widmann/Mayer/*Vossius*, § 45 c Rn 7.
9 Semler/Stengel/*Ihrig*, § 45 c Rn 7; Lutter/*H. Schmidt*, § 45 c Rn 7.
10 Widmann/Mayer/*Vossius*, § 45 c Rn 16.

A. Normzweck

1 § 45 d bildet das im Personengesellschaftsrecht geltende Einstimmigkeitsprinzip als Instrument des Minderheitenschutzes für den notwendigen Verschmelzungsbeschluss der PartG (§ 13 Abs. 1) ab.[1] Gleichzeitig erlaubt die Norm – auch insoweit in Übereinstimmung mit allgemeinen Grundsätzen – die gesellschaftsvertragliche Absenkung des erforderlichen Quorums auf eine Mehrheit von drei Vierteln der abgegebenen Stimmen. Da das PartGG keine dem Kommanditisten vergleichbare Möglichkeit zur Haftungsbeschränkung einzelner Partner kennt, steht dissentierenden Gesellschaftern demgegenüber kein § 43 Abs. 2 S. 2 vergleichbares Recht zu; Minderheitenschutz wird widersprechenden Partnern damit in Abwesenheit des Einstimmigkeitsprinzips ausschließlich über §§ 29, 33[2] sowie gegebenenfalls über eine Kündigung des Partnerschaftsvertrages[3] zuteil.

B. Inhalt

I. Anwendungsbereich

2 Als Verfahrensvoraussetzung der Beteiligung einer PartG an Verschmelzungsvorgängen sind die besonderen Beschlusserfordernisse des § 45 d sowohl auf aufnehmende als auch übertragende PartG anwendbar.[4] Neben Verschmelzungen ist § 45 d auch bei Auf- und Abspaltung sowie bei Ausgliederung aus einer PartG auf einen Rechtsträger anderer Rechtsform zu beachten.[5]

II. Verschmelzungsbeschluss

3 **1. Versammlungserfordernis.** Die Beschlussfassung über die Zustimmung zur Verschmelzung muss zwingend in einer Partnerversammlung erfolgen, eine Abstimmung im schriftlichen Verfahren (Umlaufverfahren) ist ebenso ausgeschlossen wie die nachträgliche Zustimmung einzelner Partner;[6] Bestimmungen des Partnerschaftsvertrages, die entsprechende oder vergleichbare Ausnahmen vom zwingenden Versammlungserfordernis enthalten, sind wegen Verstoßes gg. § 134 BGB nichtig.[7] Unproblematisch zulässig ist demgegenüber die Vertretung des Partners in der Versammlung.[8]

4 **2. Notwendige Mehrheit. Grundsatz der Einstimmigkeit:** Nach der Grundregel des § 45 d Abs. 1 ist der Verschmelzungsbeschluss grundsätzlich einstimmig zu fassen, wobei Einstimmigkeit nicht nur die Zustimmung aller in der Versammlung anwesenden bzw vertretenen, sondern sämtlicher Partner verlangt.[9] Enthaltungen und ungültige Stimmen sind als Nein-Stimmen zu zählen.[10] Nach hM erfordert Einstimmigkeit iSd § 45 d Abs. 1 zusätzlich auch die Zustimmung eventuell vom Stimmrecht ausgeschlossener Partner.[11] **(Qualifizierte) gesellschaftsvertragliche Mehrheitsklausel:** der Partnerschaftsvertrag kann das für den Verschmelzungsbeschluss erforderliche Quorum absenken, allerdings nicht auf unter 75% der abgegebenen Stimmen. Die Mehrheitsklausel muss sich ausdrücklich auch auf den Fall der Umwandlung beziehen.[12] Eine schlichte Mehrheitsklausel genügt damit grundsätzlich nicht, allerdings soll es nach verbreiteter Ansicht ausreichen, dass der Partnerschaftsvertrag allgemein für Änderungen des

1 Semler/Stengel/*Ihrig*, § 45 d Rn 1; Widmann/Mayer/*Vossius*, § 45 d Rn 14.
2 *Neye*, ZIP 1997, 722, 724.
3 Vgl hierzu Widmann/Mayer/*Vossius*, § 45 d Rn 4 f.
4 Semler/Stengel/*Ihrig*, § 45 d Rn 1; Kallmeyer/*Kallmeyer/Kocher*, § 45 d Rn 1; KölnKomm-UmwG/*Dauner-Lieb/Tettinger*, § 45 d Rn 2.
5 Semler/Stengel/*Ihrig*, 2012, § 45 d Rn 5.
6 Semler/Stengel/*Ihrig*, § 45 d Rn 8; Lutter/*H. Schmidt*, § 45 d Rn 4.
7 Kallmeyer/*Kallmeyer/Kocher*, § 45 d Rn 3.
8 Semler/Stengel/*Ihrig*, § 45 d Rn 9; Widmann/Mayer/*Vossius*, § 45 d Rn 12.
9 Kallmeyer/*Kallmeyer/Kocher*, § 45 d Rn 5.
10 Kallmeyer/*Kallmeyer/Kocher*, § 45 d Rn 5, Lutter/*H. Schmidt*, § 45 d Rn 4.
11 So Lutter/*H. Schmidt*, § 45 d Rn 4; Semler/Stengel/*Ihrig*, § 45 d Rn 11; Widmann/Mayer/*Vossius*, § 45 d Rn 43. AA Kallmeyer/*Zimmermann*, § 45 d Rn 5.
12 Lutter/*H. Schmidt*, UmwG, 4. Aufl. 2009, § 45 d Rn 5.

Gesellschaftsvertrages eine den Vorgaben des § 45 d genügende Mehrheitsklausel enthält.[13] **Form des Verschmelzungsbeschlusses:** der Verschmelzungsbeschluss bedarf notarieller Beurkundung.

III. Kein Widerspruchsrecht

5 Anders als dem Gesellschafter einer oHG steht einem Partner kein Widerspruchsrecht gegen den Verschmelzungsbeschluss zur Verfügung, dessen Geltendmachung zur Folge hätte, dass ihm die Stellung eines Kommanditisten einzuräumen wäre. Ohne Einfluss auf dieses Ergebnis bleibt die Einführung der Partnerschaftsgesellschaft mbB, da es sich einerseits nicht um eine allgemeine Haftungsbeschränkung, sondern um eine beschränkte Haftung für den Bereich der Berufshaftung und vor allem nicht um eine individuelle, sondern eine generelle Haftungsbeschränkung handelt, die allen Partnern zuteil wird und insofern kein geeignetes Instrument zur Verwirklichung von Minderheiten- bzw Individualschutz ist.

C. Kosten

6 Unter Geltung des GNotKG fällt für die Beurkundung des Verschmelzungsbeschlusses eine doppelte (20/10)-Gebühr an (KV 21100).[14] Der Geschäftswert bestimmt sich nach dem Wert des Vermögens des übertragenden Rechtsträgers; maßgeblich ist insoweit allein der Wert des Aktivvermögens, Passiva sind nicht vermögensmindernd in Ansatz zu bringen;[15] er beträgt mindestens 30.000 EUR (§ 108 Abs. 1 S. 2 GNotKG iVm § 105 GNotKG) und höchstens 5.000.000 EUR (§ 108 Abs. 5 GNotKG) und zwar auch dann, wenn mehrere Beschlüsse zusammengefasst werden.[16] Die aus dem bisherigen Recht bekannte Deckelung auf einen absoluten Gebührenhöchstbetrag von 5.000 EUR (§ 47 S. 2 KostO) entfällt. Für die Eintragung der Verschmelzung zu den Registern der beteiligten Rechtsträger fallen nach § 58 GNotKG iVm HR-GebVO (KV 1400 und KV 1401) jeweils 180 EUR an; demgegenüber ist die Höchstgebühr für die notarielle Beglaubigung der Anmeldung von 130 EUR auf 70 EUR abgesenkt werden (KV 25100).[17]

§ 45 e Anzuwendende Vorschriften

[1]Die §§ 39 und 45 sind entsprechend anzuwenden. [2]In den Fällen des § 45 d Abs. 2 ist auch § 44 entsprechend anzuwenden.

A. Normzweck

1 Aufgrund der Typenverwandtheit von PartG und oHG verweist § 45 e auf verschiedene umwandlungsrechtliche Bestimmungen des Rechts der Personenhandelsgesellschaften, die die Sondervorschriften der §§ 45a-45 d ergänzen.

13 Semler/Stengel/*Ihrig*, § 45 d Rn 12. Im Ergebnis ähnlich Kallmeyer/*Zimmermann*, § 45 d Rn 5 und Widmann/Mayer/*Vossius*, § 45 d Rn 20 ff; die eine Auslegung des Partnerschaftsvertrags für zulässig halten. Strenger für den insoweit identischen § 43 UmwG *Priester*, DStR 2005, 788, 790 f, der verlangt, dass die Mehrheitsklausel ausdrücklich Umwandlungsbeschlüsse als zulässigen Gegenstand bestimmt.

14 Vgl *Fackelmann*, Notarkosten nach dem neuen GNotKG, Rn 861; *Pfeiffer*, NZG 2013, 244, 245.

15 *Pfeiffer*, NZG 2013, 244, 247.

16 *Fackelmann*, Notarkosten nach dem neuen GNotKG, Rn 865.

17 *Pfeiffer*, NZG 2013, 244, 245. Die Gebühr beträgt nunmehr mindestens 20 EUR und höchstens 70 EUR.

B. Inhalt

I. Anwendungsbereich

§ 45 e erfasst Verschmelzungen zur Aufnahme oder Neugründung, bei denen eine PartG als übertragender oder aufnehmender Rechtsträger beteiligt ist, sowie über die Verweisung des § 125 Auf- und Abspaltungen unter Beteiligung einer PartG.[1] 2

II. Verschmelzungsfähigkeit aufgelöster PartG (§ 39 UmwG)

Eine aufgelöste Partnerschaftsgesellschaft kann sich als übertragender Rechtsträger an einer Verschmelzung nur dann beteiligen, wenn der Partnerschaftsvertrag keine andere Art der Auseinandersetzung als die Abwicklung festgesetzt hat, es sei denn diese abweichende Auseinandersetzung besteht gerade in einer Verschmelzung. 3

III. Nachhaftungsbegrenzung (45 UmwG)

Grundsätzlich haften die Partner einer an einer Verschmelzung beteiligten PartG auch nach Vollzug der Verschmelzung weiter.[2] § 45 e beschränkt diese grundsätzlich zeitlich unbegrenzte Nachhaftung für den Fall, dass die PartG auf einen Rechtsträger verschmolzen wird, dessen Anteilsinhaber für seine Verbindlichkeiten nicht unbeschränkt haften. Ein Partner haftet in diesem Fall nur für solche Verbindlichkeiten, die vor Ablauf von fünf Jahren nach der Verschmelzung fällig werden und deren Durchsetzung durch die Gläubiger betrieben wird. Eine in diesem Sinne beschränkte Haftung der Anteilsinhaber ist nicht nur bei Verschmelzung auf eine AG, KGaA, SE oder GmbH anzunehmen, sondern auch dann, wenn nur einzelne Gesellschafter, insbesondere also Kommanditisten, nach der Haftungsverfassung des übernehmenden Rechtsträger nicht unbeschränkt haften.[3] 4

Von der Nachhaftungsbegrenzung werden sämtliche Ansprüche gegen die übertragende Partnerschaftsgesellschaft erfasst, insbesondere also auch solche Ansprüche, die in den Anwendungsbereich des § 8 Abs. 2 PartGG fallen, sowie Ansprüche gegen eine übertragende PartG bzw ihre Partner, die von der Haftungsbeschränkung nach § 8 Abs. 3 PartG Gebrauch gemacht hat.[4] Gleichsinnig wird man zu entscheiden haben, soweit Ansprüche in Rede stehen, die sich gegen eine Partnerschaftsgesellschaft mbB richten.[5] 5

Fraglich ist demgegenüber, ob § 45 auch dann zur Anwendung kommt, wenn eine bisher – im Rahmen des § 8 Abs. 2 PartGG – unbeschränkt haftende PartG oder aber eine (nur) nach § 8 Abs. 3 PartGG beschränkt haftende PartG auf eine Partnerschaftsgesellschaft verschmolzen wird, die von der Haftungsbeschränkung nach § 8 Abs. 3 PartGG oder aber nach § 8 Abs. 4 PartGG Gebrauch gemacht hat. Nach bisher verbreiteter Ansicht scheidet in diesen Fällen eine Anwendung der Enthaftungsregelung aus.[6] Berücksichtigt man, dass die Nachhaftungsbeschränkung dem Zweck dient, die Partner einer übertragenden PartG nach Ablauf einer im Gläubigerinteresse gebotenen Karenzzeit in den Genuss der Haftungsverfassung des aufnehmenden Rechtsträgers kommen zu lassen,[7] wird man allerdings entgegen dieser hM zumindest für die Haftungskonzentration nach § 8 Abs. 3 PartGG sowie die beschränkte Berufshaftung nach § 8 Abs. 4 PartGG anzunehmen haben, dass sie von der Verweisung des § 45 e erfasst werden: einerseits haben die Partner der übertragenden PartG ein nicht minder großes Interesse, sämtliche durch die aufnehmende Gesellschaft in Anspruch genommenen Haftungsprivilegien auch persönlich zu verwenden, andererseits werden die Interessen der Gläubiger bei Über- 6

1 Semler/Stengel/*Ihrig*, § 45 e Rn 4 f.
2 Semler/Stengel/*Ihrig*, § 45 e Rn 10.
3 KölnKomm-UmwG/*Dauner-Lieb/Tettinger*, § 45 Rn 9; Widmann/Mayer/*Vossius*, § 45 e Rn 19.
4 Semler/Stengel/*Ihrig*, § 45 e Rn 10; Kallmeyer/*Kallmeyer/Kocher*, § 45 e Rn 2; Lutter/*Schmidt*, UmwG, 4. Aufl. 2009, § 45 e Rn 5.
5 Insoweit ohne Stellungnahme Kallmeyer/*Kallmeyer/Kocher*, § 45 e Rn 2.
6 So für die bisherige Rechtslage etwa Semler/Stengel/*Ihrig*, § 45 e Rn 12; Kallmeyer/*Kallmeyer/Kocher*, § 45 e Rn 2. A. A. wohl Widmann/Mayer/*Vossius*, § 45 e Rn 20.
7 So wohl auch Widmann/Mayer/*Vossius*, § 45 e Rn 20.

tragung auf einen nur summen- bzw bereichsmäßig beschränkt haftenden Rechtsträger nicht stärker, sondern im Gegenteil weniger beeinträchtigt als bei Übertragung auf einen echten Beschränkthafter.

7 Wird eine deutsche PartG auf Grundlage der Sevic-Entscheidung des EuGH auf einen Beschränkthafter ausländischer Rechtsform aus einem EU/EWR-Mitgliedstaat verschmolzen, ist gleichfalls von der Anwendbarkeit des § 45 auszugehen; insbesondere wird man dem deutschen Umwandlungsrechtsgesetzgeber insoweit nicht die Gesetzgebungskompetenz absprechen können, da das Verhältnis der übertragenden PartG und ihrer Partner zu ihren Gläubigern auch bis zum Zeitpunkt des Eingreifens des § 45 durch deutsches Recht regiert wird.

IV. Verschmelzungsprüfung (§ 44 UmwG)

8 Beschließt die Gesellschafterversammlung der Partnerschaft mit Mehrheitsentscheidung über den Verschmelzungsvertrag (vgl 45 d Abs. 2), kann ein Partner innerhalb einer Frist von einer Woche nach Erhalt der Unterlagen die Durchführung einer Verschmelzungsprüfung gem. §§ 9–12 verlangen. Da das Recht auf Verschmelzungsprüfung voraussetzt, dass dem Gesellschafter die Unterlagen über die Verschmelzung übersandt werden, steht es nur von der Geschäftsführung ausgeschlossenen Partnern zu. Soweit der Verschmelzungsvertrag nach dem Gesellschaftsvertrag der PartG Einstimmigkeit verlangt, findet § 44 mangels Schutzbedürfnisses keine Anwendung.[8] Die Kosten der Prüfung trägt die Gesellschaft.[9]

Zweiter Abschnitt Verschmelzung unter Beteiligung von Gesellschaften mit beschränkter Haftung

Erster Unterabschnitt Verschmelzung durch Aufnahme

§ 46 Inhalt des Verschmelzungsvertrags

(1) [1]Der Verschmelzungsvertrag oder sein Entwurf hat zusätzlich für jeden Anteilsinhaber eines übertragenden Rechtsträgers den Nennbetrag des Geschäftsanteils zu bestimmen, den die übernehmende Gesellschaft mit beschränkter Haftung ihm zu gewähren hat. [2]Der Nennbetrag kann abweichend von dem Betrag festgesetzt werden, der auf die Aktien einer übertragenden Aktiengesellschaft oder Kommanditgesellschaft auf Aktien als anteiliger Betrag ihres Grundkapitals entfällt. [3]Er muss auf volle Euro lauten.

(2) Sollen die zu gewährenden Geschäftsanteile im Wege der Kapitalerhöhung geschaffen und mit anderen Rechten und Pflichten als sonstige Geschäftsanteile der übernehmenden Gesellschaft mit beschränkter Haftung ausgestattet werden, so sind auch die Abweichungen im Verschmelzungsvertrag oder in seinem Entwurf festzusetzen.

(3) Sollen Anteilsinhaber eines übertragenden Rechtsträgers schon vorhandene Geschäftsanteile der übernehmenden Gesellschaft erhalten, so müssen die Anteilsinhaber und die Nennbeträge der Geschäftsanteile, die sie erhalten sollen, im Verschmelzungsvertrag oder in seinem Entwurf besonders bestimmt werden.

8 Vgl etwa KölnKomm-UmwG/*Dauner-Lieb/Tettinger*, § 45 e Rn 5.
9 Semler/Stengel/*Ihrig*, § 45 e Rn 9.

I. Allgemeines

1. Norminhalt; Normzweck. Die Vorschrift ergänzt die in § 5 Abs. 1 Nr. 1–9 enthaltenen Bestimmungen zum Mindestinhalt des Verschmelzungsvertrages oder seines Entwurfs (vgl §§ 4 Abs. 2, 13) um weitere zwingende Festsetzungen, wenn der übernehmende Rechtsträger eine GmbH ist. Dabei macht **Abs. 1** Vorgaben zu den von der übernehmenden GmbH zu gewährenden Geschäftsanteilen und deren Zuordnung. **Abs. 2** betrifft Konstellationen, in denen die Geschäftsanteile im Wege einer Kapitalerhöhung geschaffen werden und mit besonderen Rechten oder Pflichten ausgestattet werden sollen. **Abs. 3** regelt den Fall, dass Anteilsinhaber eines übertragenden Rechtsträgers schon vorhandene Geschäftsanteile der übernehmenden Gesellschaft erhalten sollen. 1

Die inhaltlichen Vorgaben für den Verschmelzungsvertrag nach § 46 sollen die rechtstechnische Durchführung der Verschmelzung auf eine übernehmende GmbH vereinfachen und die gebotene Aufklärung der Beteiligten stärken. Unterbleiben die erforderlichen Festsetzungen, ist der Verschmelzungsvertrag bis zur Eintragung der Verschmelzung unwirksam; ein etwaiger Verschmelzungsbeschluss ist anfechtbar; das Registergericht muss die Eintragung der Verschmelzung zurückweisen.[1] Wird dennoch eingetragen, gilt § 20 Abs. 2. 2

2. Normgeschichte; Normzusammenhänge. Die Vorschrift knüpft an Regelungen an, die auch schon vor der Umwandlungsrechtsnovelle 1995 galten. So entspricht Abs. 1 S. 1 der früheren Bestimmung des § 21 Abs. 1 KapErhG; Abs. 1 S. 2 und 3 entsprechen § 33 Abs. 3 KapErhG iVm § 369 Abs. 6 S. 1 und 2 AktG aF; Abs. 2 und 3 entsprechen § 21 Abs. 2 und 3 KapErhG. 3

Abs. 1 S. 2 wurde im Zuge der Zulassung nennwertloser Aktien durch das StückAG,[2] Abs. 1 S. 3 wurde durch das EuroEG[3] sowie das MoMiG[4] geändert und an die neue Rechtslage angepasst. 4

Die Vorschrift findet auch auf alle Arten der Spaltung Anwendung (§ 125 S. 1). Die Voraussetzungen nach Abs. 1 S. 2 (fehlende Nennbetragsidentität bei AG oder KGaA als übertragendem Rechtsträger) sind zugleich Anknüpfung für das Zustimmungserfordernis nach Maßgabe von § 50 Abs. 2. 5

II. Zuordnung der Geschäftsanteile (Abs. 1)

1. Namentliche Zuordnung. Das UmwG geht (selbstverständlich) auch bei der Verschmelzung auf eine übernehmende GmbH von dem Grundsatz aus, dass jedem Anteilsinhaber eines übertragenden Rechtsträgers ein (ggf mehrere; vgl unten Rn 13) Anteil(e) an der Übernehmerin – als Gegenleistung für den Vermögensübergang – gewährt wird: § 5 Abs. 1 Nr. 2. Die nach Abs. 1 S. 1 erforderlichen Angaben tragen dem Bedürfnis Rechnung, die mit eingetragener Verschmelzung erlangte Anteilsinhaberschaft gegenüber der übernehmenden GmbH nachweisen zu können.[5] Deshalb ist für jeden an der übernehmenden Gesellschaft zu gewährenden Ge- 6

1 KölnKomm-UmwG/*Simon/Nießen* Rn 1; Semler/Stengel/*Reichert* Rn 1.
2 Stückaktiengesetz v. 25.3.1998, BGBl. I S. 590.
3 Euro-Einführungsgesetz v. 9.6.1998, BGBl. I S. 1242.
4 Gesetz zur Modernisierung des GmbH-Rechts und zur Bekämpfung von Missbräuchen v. 23.10.2008, BGBl. I S. 2026.
5 Kallmeyer/*Kallmeyer/Kocher* Rn 2; KölnKomm-UmwG/*Simon/Nießen* Rn 2.

schäftsanteil grds. eine **namentliche Zuordnung** zum jeweiligen Anteilsinhaber des übertragenden Rechtsträgers vorzunehmen; die Gegenleistung an die Anteilsinhaber eines jeden übertragenden Rechtsträgers muss sich bereits zweifelsfrei aus dem Verschmelzungsvertrag (bzw seinem Entwurf) ergeben.[6]

7 **2. Unbekannte Anteilsinhaber.** Ist **übertragender Rechtsträger** eine **AG oder KGaA**, so greifen, soweit deren **Anteilsinhaber nicht bekannt** sind (zB Inhaberaktien), hinsichtlich des Gebots namentlicher Zuordnung die Erleichterungen nach § 35 (vgl die Erläuterungen dort): Die Angabe des insgesamt auf die unbekannten Aktionäre entfallenden Teils des Grundkapitals sowie der auf sie entfallenden Anteile an der übernehmenden GmbH sind ausreichend, sofern die Anteile der so bezeichneten Aktionäre zusammen 5 % des Grundkapitals der übertragenden AG/KGaA nicht übersteigen; § 35 S. 1. Bis zum Bekanntwerden der so bezeichneten Anteilsinhaber ruht deren aus der Beteiligung folgendes Stimmrecht (§ 35 S. 3). Nach ihrem Bekanntwerden ist die Gesellschafterliste der übernehmenden GmbH unverzüglich von Amts wegen zu berichtigen, § 35 S. 2.[7]

8 Ob § 35 entsprechende Anwendung finden kann, wenn der übertragende Rechtsträger in einer **anderen Rechtsform** organisiert ist, wird im Schrifttum kontrovers erörtert.[8] Indes hat der hinter der Vorschrift stehende Rechtsgedanke – der Umstand, dass bei einer übertragenden Gesellschaft die Identität einzelner Aktionäre nicht feststeht, soll die Umwandlung nicht grundsätzlich verhindern[9] – rechtsformübergreifende Berechtigung. Dies streitet dafür, die Erleichterungen nach § 35 im Fall eines übertragenden Rechtsträgers anderer Rechtsform dann entsprechend anzuwenden, wenn eine Individualisierung der Berechtigten ähnlich eindeutig erfolgen kann wie nach den Vorgaben jener Vorschrift.[10]

9 **3. Veränderungen hinsichtlich der Anteilsinhaberschaft.** Werden **Anteile** am übertragenden Rechtsträger im Zeitraum zwischen Abschluss des Verschmelzungsvertrages und Eintragung der Verschmelzung **veräußert** – Abs. 1 S. 1 steht dem nicht entgegen –, so wird der Anteilserwerber mit Eintragung der Verschmelzung Gesellschafter der übernehmenden GmbH. Den Nachweis seiner Anteilsinhaberschaft kann er durch Vorlage der das Veräußerungsgeschäft betreffenden Dokumente führen; es ist nicht etwa eine Anpassung des Verschmelzungsvertrages erforderlich.[11]

10 Entsprechendes gilt für sonstige denkbare zwischenzeitliche Veränderungen der Anteilsinhaberschaft; auch für den Fall, dass die Anteilsveräußerung etc. vor Abschluss des Verschmelzungsvertrags, die Änderung der Gesellschafterliste (§§ 16 Abs. 1, 40 GmbHG) aber erst nachträglich erfolgt.[12] Im Falle des **Ausschlusses** eines Anteilsinhabers bzw (bei übertragender GmbH) der **Einziehung** eines Geschäftsanteils erhalten die nicht von Ausschluss oder Einziehung betroffenen Anteilsinhaber (im Wege der Anwachsung) Geschäftsanteile an der übernehmenden GmbH, deren Nennbeträge sich entsprechend dem Umtauschverhältnis und dem Nennbetrag des eingezogenen bzw des dem ausgeschlossenen Anteilsinhaber vormals zustehenden Anteils erhöhen.[13]

6 KölnKomm-UmwG/*Simon/Nießen* Rn 2; Lutter/*Winter/Vetter* Rn 18 ff.

7 S. auch Kallmeyer/*Kallmeyer/Kocher* Rn 2; KölnKomm-UmwG/*Simon/Nießen* Rn 8.

8 Befürwortend etwa Kallmeyer/*Kallmeyer/Kocher* Rn 2; Keßler/Kühnberger/*Keßler* Rn 4; Lutter/*Winter/Vetter* Rn 21; Semler/Stengel/*Reichert* Rn 2; Widmann/Mayer/*Mayer* Rn 9; ablehnend etwa HK-UmwG/*Rebmann* Rn 9; HK-UmwG/*Stockburger* § 35 Rn 4; Henssler/Strohn/*Haeder* Rn 4; Kallmeyer/*Marsch-Barner* § 35 Rn 1; KölnKomm-UmwG/*Simon/Nießen* § 35 Rn 5; Schmitt/Hörtnagl/Stratz/*Stratz* § 35 Rn 1; Semler/Stengel/*Schwanna* § 35 Rn 2; Widmann/Mayer/*Wälzholz* § 35 Rn 6.

9 Vgl Gegenäußerung der BReg zur Stellungnahme des BR zum RegE 2. UmwGÄndG, BT-Drucks. 16/2919 S. 27.

10 So zutreffend Lutter/*Grunewald* § 35 Rn 2.

11 Kallmeyer/*Kallmeyer/Kocher* Rn 4; KölnKomm-UmwG/*Simon/Nießen* Rn 13 f; Lutter/*Winter/Vetter* Rn 25; Semler/Stengel/*Reichert* Rn 4.

12 HK-UmwG/*Rebmann* Rn 11; KölnKomm-UmwG/*Simon/Nießen* Rn 13; Lutter/*Winter/Vetter* Rn 26; Semler/Stengel/*Reichert* Rn 4.

13 Lutter/*Winter/Vetter* Rn 27; Semler/Stengel/*Reichert* Rn 5.

In allen vorgenannten Fällen folgt aus § 40 Abs. 1 S. 1 GmbHG die Pflicht der Geschäftsführer der übernehmenden GmbH, die jeweilige Veränderung dem Handelsregister anzuzeigen.[14] 11

4. Zuordnung im Einzelnen. a) Zuordnungsgegenstände. Die grds. namentliche Zuordnung (oben Rn 6) hat die gesamte Gegenleistung zu erfassen, die den Anteilsinhabern eines übertragenden Rechtsträgers für die Vermögensübertragung gewährt wird. **Gegenstand der Zuordnung** ist deshalb zuvörderst eine bestimmte Anzahl hinsichtlich Nennbetrag (Abs. 1) und ggf Ausstattung (Abs. 2) sowie Herkunft (Abs. 3) näher bestimmter Geschäftsanteile (vgl § 5 Abs. 1 Nr. 2 und sogleich Rn 13 ff). Im Verschmelzungsvertrag zuzuordnen sind ggf aber auch **bare Zuzahlungen** (§ 5 Abs. 2 Nr. 3, 54 Abs. 4): sei es als Zuzahlungen, die neben die Gewährung von Anteilen an der übernehmenden Gesellschaft treten, sei es als Barabfindungen, welche die Gewährung eines solchen Anteils gänzlich ersetzen (näher unten Rn 20 ff und § 54 Rn 40 ff). 12

b) Anzahl und Nennbetrag von Geschäftsanteilen. aa) Anzahl. Im **Grundsatz** muss jedem Inhaber eines Anteils am übertragenden Rechtsträger auch ein Anteil an der übernehmenden GmbH gewährt werden; Inhabern von mehreren Anteilen am übertragenden Rechtsträger – bei Mehrfachverschmelzungen: an mehreren übertragenden Rechtsträgern – ist grundsätzlich auch eine entsprechende Anzahl von Geschäftsanteilen an der übernehmenden GmbH zu gewähren, um die Fungibilität der ursprünglichen Beteiligung zu wahren.[15] 13

Dieser Grundsatz erfährt freilich Einschränkungen durch **Ausnahmen** bzw **Gestaltungsalternativen.** So kann die in Abs. 1 vorausgesetzte **Anteilsgewährungspflicht** („Geschäftsanteil ..., den die Gesellschaft ... zu gewähren hat") im Einzelfall schon gar **nicht bestehen**, etwa bei der Verschmelzung einer Tochter- auf die Muttergesellschaft[16] oder bei Kleinstbeteiligungen (s. unten Rn 19). Auch kann der Anteilsinhaber auf eine Anteilsgewährung **verzichten** (§ 54 Abs. 1 S. 3; s. § 54 Rn 25 ff) oder etwa der Gestaltungsvariante zustimmen, einen bereits bestehenden Anteil an der übernehmenden GmbH durch sog. **Aufstockung** zu erhöhen.[17] Eine **Zusammenlegung mehrerer Anteile** (auch verschiedener Personen)[18] ist ebenso möglich, bedarf wegen der damit einhergehenden Fungibilitätseinschränkung aber grds. gleichfalls der Zustimmung der betroffenen Anteilsinhaber;[19] vgl auch unten Rn 23. Umgekehrt ist auch eine **erweiterte Stückelung** möglich, indem mehrere Anteile an der übernehmenden GmbH als Gegenleistung für eine geringere Anzahl von Anteilen am übertragenden Rechtsträger gewährt werden.[20] 14

Stimmen die betroffenen Anteilsinhaber zu, ist eine **Zusammenlegung von Anteilen** bei einer **Mehrfachverschmelzung** auch derart zulässig, dass für mehrere Anteile verschiedener Rechtsträger eine geringere Anzahl Geschäftsanteile bzw ein einheitlicher Geschäftsanteil an der übernehmenden GmbH gewährt wird.[21] Entgegen der Auffassung des OLG Frankfurt/Main in einer Entscheidung aus dem Jahre 1998,[22] die zu Recht auf allgemeine Ablehnung gestoßen ist,[23] muss nicht für jede Beteiligung an den übertragenden Rechtsträgern zwingend ein Geschäftsanteil an der übernehmenden Gesellschaft gewährt werden. Ob dem übertragenen Vermögen mehrerer Ausgangsrechtsträger eine wertadäquate Gegenleistung zugunsten der Anteilsinhaber gegenübersteht, entscheidet sich als Ergebnis einer Gesamtbetrachtung der Mehrfachverschmelzung (einheitlicher Verschmelzungsvorgang); dies lässt auch die Gewährung eines 15

14 KölnKomm-UmwG/*Simon/Nießen* Rn 15; Lutter/*Winter/Vetter* Rn 27.
15 Kallmeyer/*Kallmeyer/Kocher* Rn 6; KölnKomm-UmwG/*Simon/Nießen* Rn 11; Lutter/*Winter/Vetter* Rn 43; Schmitt/Hörtnagl/Stratz/*Stratz* Rn 7; Semler/Stengel/*Reichert* Rn 9; Widmann/Mayer/*Mayer* Rn 11.
16 Schmitt/Hörtnagl/Stratz/*Stratz* Rn 9; Widmann/Mayer/*Mayer* Rn 17.
17 Kallmeyer/*Kallmeyer/Kocher* Rn 6; KölnKomm-UmwG/*Simon/Nießen* Rn 10; Lutter/*Winter/Vetter* Rn 34; Schmitt/Hörtnagl/Stratz/*Stratz* Rn 7; Semler/Stengel/*Reichert* Rn 9 b; Widmann/Mayer/*Mayer* Rn 12.
18 Kallmeyer/*Kallmeyer/Kocher* Rn 8; Widmann/Mayer/*Mayer* Rn 9.2.
19 Lutter/*Winter/Vetter* Rn 43.
20 Vgl Kallmeyer/*Kallmeyer/Kocher* Rn 6; Schmitt/Hörtnagl/Stratz/*Stratz* Rn 12; Widmann/Mayer/*Mayer* Rn 11.
21 Dazu etwa Lutter/*Winter/Vetter* Rn 23; Semler/Stengel/*Reichert* Rn 3; bezogen auf die Anteile mehrerer identischer Anteilsinhaber auch HK-UmwG/*Rebmann* Rn 17; Schmitt/Hörtnagl/Stratz/*Stratz* Rn 8.
22 Urt. v. 10.3.1998 – 20 W 60/98, ZIP 1998, 1191.
23 Einzelnachweise bei Lutter/*Winter/Vetter* Rn 23.

einheitlichen Geschäftsanteils an der Übernehmerin zu.[24] Der Wortlaut des Abs. 1 S. 1 steht dem nicht entgegen, denn „Anteilsinhaber" in dessen Sinne kann auch ein *mehrfacher* Anteilsinhaber sein, der „*den* Geschäftsanteil" mit seiner Zustimmung zugewiesen bekommt. Im Falle der Gewährung eines einheitlichen Geschäftsanteils ist im Übrigen auch nicht zu fordern, einen auf jeden übertragenden Rechtsträger entfallenden Teil des Nennbetrages des gewährten Anteils anzugeben.[25]

16 **bb) Nennbetrag.** Der **Nennbetrag** des jeweils zu gewährenden Anteils an der übernehmenden Gesellschaft bestimmt sich nach dem Wertverhältnis von übertragendem und übernehmendem Rechtsträger (sog. Umtauschverhältnis), kann im Einvernehmen sämtlicher Anteilsinhaber aber auch frei festgelegt werden.[26]

17 Für den Fall der Mischverschmelzung einer AG/KGaA auf eine GmbH stellt **Abs. 1 S. 2** im Übrigen ausdrücklich klar, dass der Nennbetrag der zu gewährenden Anteile an der übernehmenden Gesellschaft nicht dem Betrag entsprechen muss, der auf die untergehenden Anteile der übertragenden AG/KGaA als anteiliger Betrag ihres Grundkapitals entfällt: „**keine Nennbetragsidentität**".[27] Dies gilt indes unbestritten ebenso für die Verschmelzung anderer Rechtsträger; andernfalls wäre – da das Umtauschverhältnis von der Wertrelation der beteiligten Rechtsträger bestimmt wird (soeben Rn 16) – die Verschmelzung in aller Regel nur mit Zustimmung aller Anteilsinhaber des übertragenden Rechtsträgers durchführbar.[28] – Zur Reichweite des Zustimmungserfordernisses aus § 51 Abs. 2 s. unten Rn 21 sowie die Erläuterungen § 51 Rn 22 f.

18 Der im Zuge des MoMiG (oben Rn 4) neu formulierte **Abs. 1 S. 3**, der der Neufassung von § 5 Abs. 2 S. 1 GmbHG Rechnung trägt, begrenzt die Freiheit zur Bestimmung des Nennbetrags eines Geschäftsanteils an der übernehmenden GmbH nur noch insoweit, als jener zumindest auf volle Euro lauten muss (**Mindestnennbetrag** mithin 1 EUR). Damit wird die verhältniswahrende Anteilsgewährung erheblich erleichtert; die früher in Abs. 1 S. 3 aF vorgesehenen verschmelzungsspezifischen Erleichterungen sind seither entbehrlich geworden.

19 **c) Anteilsspitzen und Kleinstbeteiligungen. aa) Hintergrund.** Gleichwohl ist trotz der Neuregelung ein nicht verteilungsfähiger (Rest-)Anteil in Form von sog. **Anteilsspitzen** oder im Falle von **Kleinstbeteiligungen (Zwerganteilen)** nicht völlig auszuschließen.[29] Von Kleinstbeteiligungen ist die Rede, wenn bei Umsetzung des Umtauschverhältnisses für den (untergehenden) Anteil am übertragenden Rechtsträger nicht einmal der Mindestnennbetrag nach Abs. 1 S. 3 (soeben Rn 18) erreicht, ein jenen Anforderungen entsprechender Anteil an der übernehmenden Gesellschaft also nicht (jedenfalls nicht ohne Zusammenlegung von Anteilen) gewährt werden kann. Von sog. Anteilsspitzen wird gesprochen, wenn neben (mindestens) einem zu gewährenden Geschäftsanteil (zu vollen Euro) noch ein Rest unterhalb des Mindestnennbetrags verbleibt. Jenen Anteilsspitzen und Kleinstbeteiligungen kann durch **bare Zahlungen** – entweder in Form von Zuzahlungen, die neben die Gewährung eines Anteils an der übernehmenden Gesellschaft treten, oder von Barabfindungen, welche die Gewährung eines solchen Anteils ersetzen – Rechnung getragen werden (s. sogleich Rn 20). Alternativ kommt eine **Zusammenlegung mehrerer Anteile** in Betracht, die dann gegen (wenigstens) einen Geschäftsanteil der übernehmenden GmbH getauscht werden (unten Rn 23 f).

24 Lutter/*Winter/Vetter* Rn 23; Schmitt/Hörtnagl/Stratz/*Stratz* Rn 8; Semler/Stengel/*Reichert* § 55 Rn 9; Widmann/Mayer/*Mayer* Rn 9.1.

25 So aber Kallmeyer/*Kallmeyer/Kocher* Rn 5; dagegen zutreffend Widmann/Mayer/*Mayer* Rn 9.1.

26 KölnKomm-UmwG/*Simon/Nießen* Rn 17; Widmann/Mayer/*Mayer* Rn 8; s. auch Schmitt/Hörtnagl/Stratz/*Stratz* § 5 Rn 8.

27 Statt anderer Kallmeyer/*Kallmeyer/Kocher* Rn 7; Lutter/*Winter/Vetter* Rn 28 ff.

28 Vgl etwa Kallmeyer/*Kallmeyer/Kocher* Rn 7; KölnKomm-UmwG/*Simon/Nießen* Rn 21; Lutter/*Winter* Rn 9 und 16; Schmitt/Hörtnagl/Stratz/*Stratz* Rn 11; Semler/Stengel/*Reichert* Rn 6; Widmann/Mayer/*Mayer* Rn 17.

29 Vgl etwa Semler/Stengel/*Reichert* § 51 Rn 30 a.

bb) Bare Zahlungen. Ein (teilweises) Ausscheiden gegen **bare Zahlung** lässt sich in den Grenzen des § 54 Abs. 4 (s. die Erläuterungen dort) **mit Zustimmung** der betroffenen Anteilsinhaber schon im Rahmen der allgemeinen verschmelzungsrechtlichen Gestaltungsspielräume verwirklichen. Zum Ausgleich von Anteilsspitzen und in den Fällen von Kleinstbeteiligungen im Sinne des soeben Rn 19 Gesagten ist aber auch die (zwangsweise) Festsetzung einer baren Zahlung **ohne Zustimmung** des betroffenen Anteilsinhabers als zulässig anzusehen;[30] (zumindest) im Fall von Anteilsspitzen stellen bare Zuzahlungen in der Praxis auch die Regel dar.[31] Vor etwaigen Missbräuchen ist ein betroffener Anteilsinhaber durch die Möglichkeit der Beschlussanfechtung geschützt, etwa wenn er mit dem Verschmelzungsvorhaben gezielt aus der Gesellschaft herausgedrängt oder die Beteiligungsquote um die Anteilsspitze reduziert werden soll.[32] 20

In Fällen der Mischverschmelzung einer AG/KGaA auf eine GmbH lässt sich ein Zustimmungserfordernis auch nicht aus der – dann anwendbaren – Bestimmung des **§ 51 Abs. 2** herleiten. Nach ihr muss zwar, wenn der Nennbetrag der Geschäftsanteile nach § 46 Abs. 1 S. 2 abweichend vom Betrag der Aktien festgesetzt wird (dazu oben Rn 17), der Festsetzung jeder Aktionär zustimmen, der sich nicht mit seinem gesamten Anteil beteiligen kann; s. dazu § 51 Rn 21 f. Jedoch ist eine Zustimmung nach § 51 Abs. 2 dann entbehrlich, wenn der Mindestnennbetrag des Abs. 1 S. 3 – wie bei Anteilsspitzen oder Kleinstbeteiligungen – nicht erreicht werden kann und der mit der Verschmelzung verbundene Anteilsverlust deshalb unvermeidbar ist.[33] Das war in § 51 Abs. 2 aF noch ausdrücklich in diesem Sinne geregelt und sollte durch die Neufassung der Vorschrift im Zuge des MoMiG (s. § 51 Rn 23) nicht etwa geändert werden;[34] Vgl auch § 51 Rn 23. 21

Im Rahmen der Verschmelzung gewährte bare Zahlungen müssen schon nach § 5 Abs. 1 Nr. 3 im Verschmelzungsvertrag (bzw dessen Entwurf) festgesetzt werden. Nach § 46 Abs. 1 sind sie den jeweils betroffenen Anteilsinhabern des übertragenden Rechtsträgers **namentlich zuzuordnen.**[35] Denn mit den Pflichtangaben nach jener Vorschrift soll die gesamte Gegenleistung verlautbart werden, die den Anteilsinhabern eines übertragenden Rechtsträgers für die Vermögensübertragung zu gewähren ist (oben Rn 12); zu ihr gehört gerade auch eine bare Zahlung. Zudem erleichtert die Angabe barer Zahlungen die Überprüfung, ob die **Schranke des § 54 Abs. 4** eingehalten wurde.[36] Nach dieser Bestimmung dürften im Verschmelzungsvertrag festgesetzte bare Zuzahlungen den zehnten Teil des Gesamtbetrages der gewährten Geschäftsanteile der übernehmenden Gesellschaft nicht übersteigen (s. dazu § 54 Rn 46). 22

cc) Zwangszusammenlegung von Anteilen. Alternativ zur Gewährung barer Zahlungen lässt sich Kleinstbeteiligungen (ggf auch Anteilsspitzen) durch **Zusammenlegung mehrerer Anteile** Rechnung tragen. Eine solche Zusammenlegung ist mit Zustimmung der jeweils betroffenen Anteilsinhaber möglich (oben Rn 14), auch bei mehreren personenverschiedenen Anteilsinhabern. Inhaber von Kleinstbeteiligungen, denen ein Anteil an der übernehmenden Gesellschaft in Höhe des Mindestnennbetrages nach Abs. 1 S. 3 (oben Rn 18) nicht gewährt werden kann, können auf diesem Wege dem Ausscheiden gegen Barabfindung begegnen.[37] 23

Ob in den Fällen von Kleinstbeteiligungen (oder zum Ausgleich von Anteilsspitzen) im Sinne des oben Rn 19 Gesagten auch die (zwangsweise) Zusammenlegung von Anteilen **ohne Zustimmung** der betroffenen Anteilsinhaber zulässig ist, ist indes umstritten. Insbesondere mit Blick auf die Folgen einer Mitberechtigung am Geschäftsanteil nach § 18 Abs. 1 und 2 24

30 Kallmeyer/*Kallmeyer/Kocher* Rn 8; KölnKomm-UmwG/*Simon/Nießen* Rn 20; Lutter/*Winter/Vetter* Rn 40 ff; Semler/Stengel/*Reichert* § 54 Rn 45; Widmann/Mayer/*Mayer* Rn 20.
31 KölnKomm-UmwG/*Simon/Nießen* Rn 20.
32 Lutter/*Winter/Vetter* § 54 Rn 135.
33 Kallmeyer/*Kallmeyer/Kocher* Rn 8; KölnKomm-UmwG/*Simon/Nießen* Rn 17; Semler/Stengel/*Reichert* Rn 13 und § 51 Rn 28; Lutter/*Winter/Vetter* Rn 40 f; Widmann/Mayer/*Mayer* § 51 Rn 28.
34 Zutreffend KölnKomm-UmwG/*Simon/Nießen* Rn 17; Semler/Stengel/*Reichert* § 51 Rn 28; zweifelnd indes Keßler/Kühnberger/*Keßler* § 51 Rn 9.
35 HK-UmwG/*Rebmann* Rn 18; KölnKomm-UmwG/*Simon/Nießen* Rn 20; Lutter/*Winter/Vetter* Rn 45; Semler/Stengel/*Reichert* Rn 15.
36 Lutter/*Winter/Vetter* Rn 45.
37 Kallmeyer/*Kallmeyer/Kocher* Rn 8; KölnKomm-UmwG/*Simon/Nießen* Rn 20.

GmbHG wird dies zum Teil verneint.[38] Die Gegenposition sieht die Zwangszusammenlegung als zulässig an, wenn sie dem Ziel dient, einen Geschäftsanteil zum Mindestnennbetrag nach Abs. 1 S. 3 gewähren zu können,[39] und wenn den betroffenen Anteilsinhabern alternativ eine Kompensation durch bare Zahlung angeboten wird.[40]

III. Abweichend ausgestattete Geschäftsanteile (Abs. 2)

25 **1. Abweichende Ausstattung. Abs. 2** trifft eine Bestimmung für den Fall, dass die von der übernehmenden GmbH zu gewährenden Geschäftsanteile im Wege der Kapitalerhöhung geschaffen und mit anderen Rechten und Pflichten als sonstige Geschäftsanteile der übernehmenden Gesellschaft ausgestattet werden sollen: dann sind auch die entsprechenden Abweichungen der Ausstattung im Verschmelzungsvertrag (bzw dessen Entwurf) festzusetzen. In der Praxis kommt es insbesondere dort zur Einräumung von Sonderrechten zugunsten der zu gewährenden Geschäftsanteile, wo bestimmte Rechte der Inhaber von Anteilen eines übertragenden Rechtsträgers, die mit diesem untergehen (vgl § 20 Abs. 1 Nr. 2), in der übernehmenden Gesellschaft gespiegelt werden sollen.[41]

26 Eine **abweichende Ausstattung** iSd Abs. 2 liegt vor, wenn die Geschäftsanteile nicht in Übereinstimmung mit den bei sonstigen Geschäftsanteilen der übernehmenden Gesellschaft bestehenden Rechten oder Pflichten ausgestattet werden sollen: entweder im Sinne einer **Besserstellung** durch Einräumung eines besonderen Rechts bzw durch Befreiung von einer an sich bestehenden Pflicht oder im Sinne einer **Schlechterstellung** durch Zuweisung einer besonderen Pflicht bzw Nichtgewährung eines an sich bestehenden Rechts.[42] Beispiele: Ernennungs- oder Entsendungsrechte für die Besetzung von Gesellschaftsorganen, Bevorzugungen/Benachteiligungen beim Gewinnbezug, Veränderungen des Stimmrechts, besondere Vorerwerbs-/Andienungsrechte, Zustimmungsrechte nach § 15 Abs. 5 GmbHG, Abtretungsbeschränkungen, sonstige korporative Vergünstigungen bzw Benachteiligungen.

27 Die dann erforderlichen Festsetzungen nach Abs. 2 verfolgen eine **Warnfunktion:**[43] entweder im Interesse der Gesellschafter der übernehmenden GmbH (im Fall der Besserstellung der im Zuge der Verschmelzung zu gewährenden Anteile) oder der Anteilsinhaber des übertragenden Rechtsträgers (im Falle einer Schlechterstellung zu deren Lasten).

28 Angesichts seines Normzwecks ist **Abs. 2 entsprechend anwendbar**, wenn den Anteilsinhabern einer übertragenden Gesellschaft bereits vorhandene Geschäftsanteile der übernehmenden Gesellschaft gewährt werden sollen, die im Wege einer Satzungsänderung im Zuge der Verschmelzung abweichend zu anderen Geschäftsanteilen der Übernehmerin ausgestattet werden sollen (oder die schon abweichend ausgestattet sind) und es in dieser Weise zu einer Besser- oder Schlechterstellung gegenüber anderen Anteilsinhabern der übernehmenden Gesellschaft kommt.[44]

29 **2. Rechtstechnische Umsetzung.** Die abweichende Ausstattung von Geschäftsanteilen im Zuge der Verschmelzung geht rechtstechnisch in der Regel mit einer **Satzungsänderung bei der über-**

38 Henssler/Strohn/*Haeder* Rn 8; Kallmeyer/*Kallmeyer/Kocher* Rn 8; KölnKomm-UmwG/*Simon/Nießen* Rn 20.

39 Lutter/*Winter/Vetter* Rn 44.

40 Lutter/*Winter/Vetter* § 54 Rn 136.

41 Kallmeyer/*Kallmeyer/Kocher* Rn 9; Keßler/Kühnberger/*Keßler* Rn 11; KölnKomm-UmwG/*Simon/Nießen* Rn 25; Lutter/*Winter/Vetter* Rn 54; Schmitt/Hörtnagl/Stratz/Stratz Rn 15; Widmann/Mayer/*Mayer* Rn 22.

42 Vgl KölnKomm-UmwG/*Simon/Nießen* Rn 26 f; Keßler/Kühnberger/*Keßler* Rn 11; KölnKomm-UmwG/*Simon/Nießen* Rn 25 f; Semler/Stengel/*Reichert* Rn 17; Widmann/Mayer/*Mayer* Rn 22.

43 Kallmeyer/*Kallmeyer/Kocher* Rn 9; Keßler/Kühnberger/*Keßler* Rn 13; Lutter/*Winter/Vetter* Rn 57; Schmitt/Hörtnagl/Stratz/*Stratz* Rn 15; Semler/Stengel/*Reichert* Rn 18; Widmann/Mayer/*Mayer* Rn 22. Demgegenüber sieht Henssler/Strohn/*Haeder* Rn 10 den Zweck der Regelung v.a. in Nachweiserleichterungen; Lutter/*Winter/Vetter* Rn 58 verweisen ergänzend auf den materiellen Schutz der Anteilsinhaber des übertragenden Rechtsträgers.

44 Vgl – mit Unterschieden im Einzelnen – HK-UmwG/*Rebmann* Rn 24; Kallmeyer/*Kallmeyer/Kocher* Rn 10; Schmitt/Hörtnagl/Stratz/*Stratz* Rn 15; KölnKomm-UmwG/*Simon/Nießen* Rn 27; Lutter/*Winter/Vetter* Rn 61; Widmann/Mayer/*Mayer* Rn 16 und 22.

nehmenden GmbH einher, deren Durchführung **aufschiebende Bedingung für die Wirksamkeit des Verschmelzungsvertrages** (der Verschmelzung) ist; die entsprechende Satzungsänderung muss deshalb wenigstens eine „logische Sekunde" vor der Verschmelzung eingetragen werden. Eine klagbare Verpflichtung zur Durchführung der Satzungsänderung kann aus den Zustimmungsbeschlüssen zum Verschmelzungsvertrag indes nicht abgeleitet werden.[45]

Hinsichtlich der **Mehrheitserfordernisse bei der Beschlussfassung** ist zu unterscheiden: Während sich für den Zustimmungsbeschluss zum Verschmelzungsvertrag in der **übernehmenden GmbH** keine Besonderheiten ergeben, bedarf der Beschluss über die dortige Satzungsänderung der Zustimmung sämtlicher Gesellschafter, wenn die im Zuge der Verschmelzung zu gewährenden Geschäftsanteile (gleichheitswidrig) besser gestellt, dh mit Sonderrechten ausgestattet werden sollen;[46] bei Schaffung lediglich von Sonderpflichten zulasten der Anteilsinhaber eines übertragenden Rechtsträgers verbleibt es mangels nachteiliger Betroffenheit der bisherigen Gesellschafter der übernehmenden Gesellschaft hingegen bei den allgemeinen Regeln.[47] 30

Im Blick auf den **übertragenden Rechtsträger** stehen demgegenüber allein die Mehrheitserfordernisse für den dortigen Verschmelzungsbeschluss in Frage: Sollen nur bestimmten (nicht allen) Anteilsinhabern des übertragenden Rechtsträgers Sonderrechte in der Übernehmerin zustehen und ist eine solche Ungleichbehandlung nicht schon in der Satzung des übertragenden Rechtsträgers verankert, müssen die nicht begünstigten Anteilsinhaber zustimmen.[48] Ebenso bedarf es der Zustimmung eines jeden Anteilsinhabers des übertragenden Rechtsträgers, zu dessen Lasten Sonderpflichten in der Übernehmerin begründet werden sollen, die ihn nicht schon beim übertragenden Rechtsträger trafen (arg. § 53 Abs. 3 GmbHG).[49] – Zur Frage der Zustimmungsbedürftigkeit in (hiervon zu unterscheidenden) Fällen, in denen jene Pflichten kraft Satzung der übernehmenden Gesellschaft *jeden* ihrer Gesellschafter treffen (kein Anwendungsfall des § 46 Abs. 2!), vgl die Erläuterungen § 51 Rn 26 f. Zum Zustimmungserfordernis aus § 50 Abs. 2 bei der Beeinträchtigung von Minderheits- bzw Geschäftsführungs-Sonderrechten s. § 50 Rn 16 ff. 31

IV. Schon vorhandene Geschäftsanteile (Abs. 3)

Abs. 3 trifft eine Bestimmung für den Fall, dass Anteilsinhaber eines übertragenden Rechtsträgers schon vorhandene Geschäftsanteile der übernehmenden GmbH erhalten sollen. Dann müssen – über die Angaben nach Abs. 1 sowie ggf die Festsetzungen entsprechend Abs. 2 (vgl oben Rn 28) hinaus – diese Anteilsinhaber und die Nennbeträge der schon vorhandenen Geschäftsanteile, die ihnen gewährt werden sollen, im Verschmelzungsvertrag (oder dessen Entwurf) bestimmt werden, wobei ggf wiederum die Erleichterungen aus § 35 (vgl oben Rn 7 f) greifen. Hinsichtlich jedes vorhandenen Geschäftsanteils ist anzugeben, ob es sich um einen von der übernehmenden Gesellschaft selbst, einen vom übertragenden Rechtsträger gehaltenen oder um einen von einem Dritten zur Verfügung gestellten Anteil handelt.[50] Auf diese Weise sollen Herkunft und Zuordnung der zu gewährenden vorhandenen Geschäftsanteile transparent gemacht und die Prüfung erleichtert werden, ob jene Anteile auch tatsächlich zur Verfügung stehen.[51] 32

45 Zum Ganzen auch HK-UmwG/*Rebmann* Rn 25; Kallmeyer/*Kallmeyer*/*Kocher* Rn 15; KölnKomm-UmwG/*Simon*/*Nießen* Rn 31; Lutter/*Winter*/*Vetter* Rn 62 ff; Schmitt/Hörtnagl/Stratz/*Stratz* Rn 16; Widmann/Mayer/*Mayer* Rn 28.

46 Kallmeyer/*Kallmeyer*/*Kocher* Rn 11; KölnKomm-UmwG/*Simon*/*Nießen* Rn 31; Lutter/*Winter*/*Vetter* Rn 66.

47 Kallmeyer/*Kallmeyer*/*Kocher* Rn 12; Lutter/*Winter*/*Vetter* Rn 70; Semler/Stengel/*Reichert* Rn 24.

48 Kallmeyer/*Kallmeyer*/*Kocher* Rn 11; KölnKomm-UmwG/*Simon*/*Nießen* Rn 29; Lutter/*Winter*/*Vetter* Rn 65; Semler/Stengel/*Reichert* Rn 21.

49 Kallmeyer/*Kallmeyer*/*Kocher* Rn 12; KölnKomm-UmwG/*Simon*/*Nießen* Rn 29; *Wälzholz* DStR 2006, 236, 240; im Ausgangspunkt ebenso auch Lutter/*Winter*/*Vetter* Rn 68; Semler/Stengel/*Reichert* Rn 23.

50 HK-UmwG/*Rebmann* Rn 27; KölnKomm-UmwG/*Simon*/*Nießen* Rn 32; Lutter/*Winter* Rn 51; Schmitt/Hörtnagl/Stratz/*Stratz* Rn 19; Semler/Stengel/*Reichert* Rn 25; Widmann/Mayer/*Mayer* Rn 14; s. auch das Formulierungsbeispiel bei Kallmeyer/*Kallmeyer*/*Kocher* Rn 13.

51 Henssler/Strohn/*Haeder* Rn 13; Lutter/*Winter*/*Vetter* Rn 51; Semler/Stengel/*Reichert* Rn 25.

33 Im Übrigen ermöglichen die Angaben nach Abs. 3 die Feststellung, ob und welche der den Anteilsinhabern eines übertragenden Rechtsträgers zu gewährenden Geschäftsanteile an der übernehmenden Gesellschaft erst durch eine Kapitalerhöhung neu geschaffen werden sollen.[52] Eine Verpflichtung zu der Angabe im Verschmelzungsvertrag, dass und in welcher Höhe es zur Durchführung der Verschmelzung einer **Kapitalerhöhung** bedarf und wie die so geschaffenen neuen Anteile auf die Anteilsinhaber des übertragenden Rechtsträgers verteilt werden sollen, besteht – entgegen einer von Teilen des Schrifttums verfochtenen Auffassung[53] – nicht:[54] In Abs. 2, der an eine entsprechende Kapitalerhöhung anknüpft, hat der Gesetzgeber eine derartige Festsetzungspflicht gerade nicht normiert. Und die nach Abs. 3 erforderlichen Angaben lassen einen exakten Rückschluss auf die durch Kapitalerhöhung zu schaffenden Anteile zu. Zur Erleichterung der registergerichtlichen Prüfung (und mit Blick auf die umstrittene Rechtslage) werden die entsprechenden (in der Praxis üblichen) Angaben freilich empfohlen.[55]

§ 47 Unterrichtung der Gesellschafter

Der Verschmelzungsvertrag oder sein Entwurf und der Verschmelzungsbericht sind den Gesellschaftern spätestens zusammen mit der Einberufung der Gesellschafterversammlung, die gemäß § 13 Abs. 1 über die Zustimmung beschließen soll, zu übersenden.

I. Norminhalt; Normzweck

1 § 47 normiert eine **eigenständige verschmelzungsrechtliche Informationspflicht** gegenüber den Gesellschaftern einer an der Verschmelzung beteiligten GmbH. Demgegenüber hatte das früher geltende Recht (§ 24 Abs. 2 UmwG 1969) spezielle, über das allgemeine Informationsrecht hinausgehende Unterrichtungspflichten nur für den Fall der Mehrheitsumwandlung der GmbH auf ihren Hauptgesellschafter vorgesehen. Die Unterrichtungspflicht nach § 47 tritt neben das individuelle Informationsrecht eines jeden GmbH-Gesellschafters nach § 51 a GmbHG. Während jenes – das seinerseits durch § 49 Abs. 3 ergänzt wird (s. die Erläuterungen § 49 Rn 20 ff) – an ein entsprechendes Informationsverlangen anknüpft, sind die von § 47 erfassten Unterlagen (Verschmelzungsvertrag oder dessen Entwurf; Verschmelzungsbericht; ggf auch der Bericht über die Prüfung der Verschmelzung, s. unten Rn 5 ff) jedem Gesellschafter unaufgefordert auf Kosten der Gesellschaft (arg. § 48 S. 2) durch deren Geschäftsführer zu übersenden.[1] Vor diesem Hintergrund wird zutreffend betont, dass § 47 den Geschäftsführern die **Initiativlast** zur Informationserteilung im Verschmelzungsfall auferlegt.[2]

2 **Zweck der Unterrichtungspflicht** ist es, die Information der Gesellschafter über die verschmelzungsrelevanten Umstände zu gewährleisten und sicherzustellen, dass ihnen die wesentlichen Unterlagen, derer es zur Bewertung des Verschmelzungsvorhabens bedarf, rechtzeitig vor der Beratung und Beschlussfassung übersandt werden; im Konzept des Gesetzes (vgl unten Rn 14) heißt das: spätestens mit der Einberufung zu jener Gesellschafterversammlung, die den Verschmelzungsbeschluss (§ 13 Abs. 1) fassen soll.

52 Semler/Stengel/*Reichert* Rn 25.
53 Lutter/*Winter/Vetter* Rn 48; für eine Verpflichtung zur Angabe im Verschmelzungsvertrag oder im Verschmelzungsbeschluss der übernehmenden Gesellschaft Widmann/Mayer/*Mayer* Rn 23.1.
54 Gleichsinnig Kallmeyer/*Kallmeyer/Kocher* Rn 3; Schmitt/Hörtnagl/Stratz/*Stratz* Rn 4; Semler/Stengel/*Reichert* Rn 16.
55 Vgl HK-UmwG/*Rebmann* Rn 19; Kallmeyer/*Kallmeyer/Kocher* Rn 3; Schmitt/Hörtnagl/Stratz/*Stratz* Rn 4.
1 KölnKomm-UmwG/*Simon/Nießen* Rn 3; Semler/Stengel/*Reichert* Rn 3; Widmann/Mayer/*Mayer* Rn 5.
2 Lutter/*Winter/Vetter* Rn 1.

Die Unterrichtungspflicht nach Maßgabe von § 47 ist insoweit **zwingend**, als sie durch die Satzung der Gesellschaft nicht für die Zukunft eingeschränkt (oder gar abbedungen) werden kann. Davon unberührt bleibt die wirksame Verschmelzungsbeschlussfassung unter allseitigem Verzicht auf die Informationserfordernisse nach jener Vorschrift; zu Recht wird die Aufnahme eines solchen Verzichts in das notarielle Protokoll über die entsprechende Gesellschafterversammlung empfohlen.[3] 3

Die Vorschrift ist gem. § 56 auch auf eine Verschmelzung zur Neugründung sowie nach § 125 S. 1 auf alle Arten der Spaltung anzuwenden. Parallelvorschrift für Personenhandelsgesellschaften: § 42. 4

II. Gegenstände der Unterrichtung

Unterrichtungsgegenstand sind der **Verschmelzungsvertrag** bzw dessen Entwurf (vgl §§ 4 Abs. 2, 13) mit den nach §§ 5, 46 vorgeschriebenen Mindestangaben sowie der **Verschmelzungsbericht** (§ 8), sofern ein solcher nicht nach § 8 Abs. 3 entbehrlich ist. Zu übersenden ist jeweils der vollständige Text der genannten Dokumente (nicht etwa nur eine Zusammenfassung ihrer wesentlichen Inhalte).[4] 5

Angesichts des Normzwecks von § 47 (oben Rn 2) erstreckt sich die Übersendungspflicht aber auch – über den Wortlaut der Vorschrift hinaus – auf den **Bericht über** eine nach § 48 iVm §§ 9–12 ggf durchgeführte **Verschmelzungsprüfung**.[5] Nach § 48 S. 1 kann ein Gesellschafter eine solche Prüfung innerhalb einer Frist von einer Woche verlangen, nachdem er die in § 47 genannten Unterlagen (Verschmelzungsvertrag und Verschmelzungsbericht) erhalten hat; s. auch unten Rn 16 zu der daraus resultierenden Empfehlung einer frühzeitigen Versendung von Verschmelzungsvertrag und -bericht. 6

Werden nach der Versendung **Änderungen** in den übersendungspflichtigen Unterlagen vorgenommen und sind diese nicht bloß redaktioneller Natur oder (wenn materieller Art) nicht lediglich unwesentlich, so bedarf es einer Übersendung auch der geänderten Unterlagen innerhalb der gesetzlichen Mindestfrist (zu ihr unten Rn 14).[6] Ob es sich um eine wesentliche Änderung handelt, ist einzelfallabhängig danach zu beurteilen, ob ein objektiv urteilender Gesellschafter die vorzeitige Unterrichtung (Übersendung im Vorfeld der Gesellschafterversammlung) als zur sachgerechten Wahrnehmung seiner Mitgliedschaftsrechte erforderlich ansehen würde.[7] 7

III. Adressaten, Form und Frist der Übersendung

1. Adressaten. Die übersendungspflichtigen Unterlagen sind regelmäßig an **alle Gesellschafter** zu übersenden, und zwar unabhängig von ihrer Stimmberechtigung.[8] Nur ausnahmsweise wird man eine Übersendung als entbehrlich ansehen können, nämlich wenn ein Informationsadressat dokumentierte Kenntnis vom Informationsgegenstand hat; so bei dem Gesellschafter-Geschäftsführer, der den Verschmelzungsbericht unterzeichnet hat.[9] 8

Die Geschäftsführer der übernehmenden GmbH haben eine Unterrichtungspflicht aber nicht schon gegenüber jenen Gesellschaftern, die erst im Zuge der Verschmelzung neu hinzu kom- 9

3 Kallmeyer/*Kallmeyer/Kocher* Rn 6; Lutter/*Winter/Vetter* Rn 7; Semler/Stengel/*Reichert* Rn 5.

4 Lutter/*Winter/Vetter* Rn 2 und 9; Semler/Stengel/*Reichert* Rn 5; Widmann/Mayer/*Mayer* Rn 3.

5 Ganz hM; etwa Maulbetsch/Klumpp/Rose/*Rebmann* Rn 5: Kallmeyer/*Kallmeyer/Kocher* Rn 1; Keßler/Kühnberger/*Keßler* Rn 3; KölnKomm-UmwG/*Simon/Nießen* Rn 7; Lutter/*Winter/Vetter* Rn 10; Schmitt/Hörtnagl/Stratz/*Stratz* Rn 1; Semler/Stengel/*Reichert* Rn 8; aA Widmann/Mayer/*Mayer* Rn 4.

6 Kallmeyer/*Kallmeyer/Kocher* Rn 2; KölnKomm-UmwG/*Simon/Nießen* Rn 8.

7 KölnKomm-UmwG/*Simon/Nießen* Rn 8.

8 Wohl allg. Ansicht; s. etwa Kallmeyer/*Kallmeyer/Kocher* Rn 7; KölnKomm-UmwG/*Simon/Nießen* Rn 9; Lutter/*Winter/Vetter* Rn 11; Schmitt/Hörtnagl/Stratz/*Stratz* Rn 1; Semler/Stengel/*Reichert* Rn 9; Widmann/Mayer/*Mayer* Rn 8.1.

9 Ebenso wohl KölnKomm-UmwG/*Simon/Nießen* Rn 10; weitergehend Kallmeyer/*Kallmeyer/Kocher* Rn 7: Übersendung des Verschmelzungsberichts an Gesellschafter-Geschäftsführer immer entbehrlich; s. auch noch Widmann/Mayer/*Mayer* Rn 14 zur Einpersonen-GmbH.

men.[10] Denn diese sind bis zur Eintragung der Verschmelzung noch keine Gesellschafter der Übernehmerin; ihre Informationsansprüche folgen allein den für ihren Rechtsträger geltenden Regeln.[11]

10 Die Unterlagen sind – den für die Ladung zur Gesellschafterversammlung nach § 51 GmbHG entwickelten Grundsätzen entsprechend[12] – an die **letzte der Gesellschaft mitgeteilte Anschrift** des jeweiligen Gesellschafters zu übersenden. § 47 verlangt eine **Übersendung** an die Gesellschafter; der tatsächliche Zugang der Verschmelzungsunterlagen bei diesen ist *keine* Voraussetzung ordnungsgemäßer Übersendung.[13] Ein Scheitern der Übermittlung wegen Umzugs etc. fällt insoweit also in den Risikobereich des Gesellschafters (vgl aber auch § 48 Rn 9 zum Beginn der Wochenfrist hinsichtlich des Verlangens auf Verschmelzungsprüfung). Hat die Gesellschaft von einer tatsächlichen Änderung der bisherigen Adresse des Gesellschafters freilich auf andere Weise zuverlässig Kenntnis erlangt, kann die Berufung auf ein vom Gesellschafter zu vertretendes Scheitern der Übermittlung an die zuletzt mitgeteilte Anschrift (weil Mitteilung über Adressänderung unterlassen worden sei) rechtsmissbräuchlich sein.[14]

11 Bei minderjährigen oder unter Betreuung stehenden Gesellschaftern ist an den gesetzlichen Vertreter bzw Betreuer zu übersenden. Im Falle der Mitberechtigung an einem Geschäftsanteil (§ 18 GmbHG) reicht die Übersendung an *einen* Mitberechtigten nach § 18 Abs. 3 GmbHG aus, sofern kein gemeinsamer Vertreter bestellt sein sollte; die Übersendung an alle Mitberechtigten ist aber zu empfehlen, soweit dies nicht im Einzelfall unzumutbar ist.[15] Ist eine GbR Gesellschafterin, reicht die Übersendung an einen geschäftsführungs- und vertretungsberechtigten Gesellschafter derselben aus.[16]

12 **2. Form.** Die Übersendung der Verschmelzungsunterlagen muss – entgegen teilweise vertretener Auffassung[17] – **nicht zwingend** in der für die Einladung zur Gesellschafterversammlung nach § 51 Abs. 1 S. 1 GmbHG vorgeschriebenen Form (**„mittels eingeschriebener Briefe"**) erfolgen, denn § 47 knüpft nur insoweit an die Einberufung an, als die dafür vorgeschriebene Mindestfrist von einer Woche (§ 51 Abs. 1 S. 2 GmbHG) gleichermaßen gilt („spätestens zusammen mit der Einberufung", s. unten Rn 14). Die Übersendung muss aber nicht etwa zwingend oder regelmäßig im Verbund („zusammen") mit der Einberufung vorgenommen werden; sie ist deshalb auch auf andere Weise als durch Einschreiben zulässig, auch auf elektronischem Wege.[18] Die Beweislast hinsichtlich fristgerechter Übersendung trägt freilich die Gesellschaft.[19]

13 Da eine generelle Koppelung der Form der Übersendung nach § 47 an die Form der Einberufung nach § 51 Abs. 1 S. 1 GmbHG nicht besteht, vermag auch die verbreitete Ansicht nicht zu überzeugen, eine etwaige (GmbH-rechtlich zulässige)[20] abweichende **Satzungsregelung** zur Form der Einberufung schlage automatisch auch auf die Übersendung nach § 47 durch, selbst wenn dies in der Satzung nicht ausdrücklich bestimmt sei.[21] Es bedarf vielmehr der Auslegung der jeweiligen Satzungsbestimmung im Einzelfall.

14 **3. Frist.** Weil die Übersendung der Verschmelzungsunterlagen kraft ausdrücklicher Bestimmung in § 47 „spätestens" zusammen mit der Einberufung der Gesellschafterversammlung, in

10 So aber offenbar Widmann/Mayer/*Mayer* Rn 8.3.
11 Zutreffend KölnKomm-UmwG/*Simon/Nießen* Rn 11.
12 Zu ihnen etwa Lutter/Hommelhoff/*Bayer* § 51 GmbHG Rn 6.
13 Lutter/*Winter/Vetter* Rn 18; Schmitt/Hörtnagl/Stratz/*Stratz* Rn 2; Semler/Stengel/*Reichert* Rn 13.
14 S. zum Ganzen auch Maulbetsch/Klumpp/Rose/*Rebmann* Rn 7; Lutter/*Winter/Vetter* Rn 12; Semler/Stengel/*Reichert* Rn 10.
15 Maulbetsch/Klumpp/Rose/*Rebmann* Rn 8; Lutter/*Winter/Vetter* Rn 15; Semler/Stengel/*Reichert* Rn 11.
16 Lutter/*Winter/Vetter* Rn 15; Semler/Stengel/*Reichert* Rn 11; Widmann/Mayer/*Mayer* Rn 8.3.
17 So etwa (vorbehaltlich einer abweichenden Satzungsbestimmung zur Form der Einberufung) Keßler/Kühnberger/*Keßler* Rn 5; Lutter/*Winter/Vetter* Rn 16; wohl auch Maulbetsch/Klumpp/Rose/*Rebmann* Rn 9.
18 Wie hier Kallmeyer/*Kallmeyer/Kocher* Rn 3; KölnKomm-UmwG/*Simon/Nießen* Rn 13; im Ergebnis auch Semler/Stengel/*Reichert* Rn 13.
19 Widmann/Mayer/*Mayer* Rn 8 will deshalb wohl eine Übermittlung per Einschreiben empfehlen.
20 Zu Einzelheiten etwa Lutter/Hommelhoff/*Bayer* § 51 GmbHG Rn 35 f; Saenger/Inhester/*Bergjan* GmbHG § 51 Rn 9 f.
21 So etwa Maulbetsch/Klumpp/Rose/*Rebmann* Rn 9; Keßler/Kühnberger/*Keßler* Rn 5; Lutter/*Winter/Vetter* Rn 17; auch Semler/Stengel/*Reichert* Rn 13.

welcher der Verschmelzungsbeschluss gefasst werden soll, zu erfolgen hat, gilt die Wochenfrist des § 51 Abs. 1 S. 2 GmbHG als zeitliche Untergrenze auch hier. Entsprechend den zu § 51 Abs. 1 S. 2 GmbHG entwickelten Grundsätzen[22] muss die Übersendung der Verschmelzungsunterlagen mithin so erfolgen, dass zwischen dem Termin der Gesellschafterversammlung und dem Tag, an dem (angesichts der konkret gewählten Übersendungsart) üblicherweise mit dem Zugang der Unterlagen beim letzten Gesellschafter gerechnet werden kann, **mindestens eine Woche** liegt; Fristberechnung nach §§ 187 Abs. 1, 188 Abs. 2, 193 BGB.[23]

15 Diese Mindestfrist ist angesichts der Bedeutung und der typischen Komplexität eines Verschmelzungsvorhabens denkbar knapp bemessen; sie ist als gesetzliche Vorgabe aber zu akzeptieren, soweit die Satzung der Gesellschaft (s. sogleich Rn 16) keine längere Frist vorsieht. Allenfalls in eng begrenzten Ausnahmefällen kann die Anfechtbarkeit des Verschmelzungsbeschlusses deshalb erfolgreich mit dem Vorbringen begründet werden, die Unterlagen seien lediglich in der gesetzlichen Mindestfrist übersandt worden, während zu ihrer Prüfung ein längerer Zeitraum zwingend erforderlich gewesen sei.[24]

16 Eine deutlich frühere Versendung ist freilich schon deshalb vielfach ratsam, weil ein Gesellschafter binnen einer Woche, nachdem er die in § 47 genannten Unterlagen erhalten hat (dazu § 48 Rn 9), eine Verschmelzungsprüfung verlangen kann (§ 48) und der Bericht über die Verschmelzungsprüfung ebenfalls in der von § 47 angeordneten Frist übersandt sein muss (s. schon oben Rn 6). Im Übrigen kann die **Satzung** eine längere Übersendungsfrist vorsehen. Eine Verkürzung der gesetzlichen Mindestfrist kann durch Satzungsbestimmung indes nicht wirksam eingeführt werden.[25]

IV. Rechtsfolgen bei Verstößen

17 Ein unter Verstoß gegen die Vorgaben des § 47 gefasster Verschmelzungsbeschluss ist anfechtbar,[26] sofern kein allseitiger Verzicht der Gesellschafter vorliegt (s. oben Rn 3).

§ 48 Prüfung der Verschmelzung

[1]Der Verschmelzungsvertrag oder sein Entwurf ist für eine Gesellschaft mit beschränkter Haftung nach den §§ 9 bis 12 zu prüfen, wenn dies einer ihrer Gesellschafter innerhalb einer Frist von einer Woche verlangt, nachdem er die in § 47 genannten Unterlagen erhalten hat. [2]Die Kosten der Prüfung trägt die Gesellschaft.

I. Norminhalt; Normzweck; Normgeschichte

1 § 48 S. 1 gewährt jedem Gesellschafter einer an der Verschmelzung beteiligten GmbH das Recht, innerhalb einer Woche nach Erhalt des Verschmelzungsvertrages oder seines Entwurfs

22 Zu ihnen weiterführend etwa Lutter/Hommelhoff/*Bayer* § 51 GmbHG Rn 13 ff; Saenger/Inhester/*Bergjan* GmbHG § 51 Rn 10 ff.

23 Vgl zum Ganzen auch Kallmeyer/*Kallmeyer/Kocher* Rn 4; KölnKomm-UmwG/*Simon/Nießen* Rn 15; Lutter/*Winter/Vetter* Rn 22 f; Semler/Stengel/*Reichert* Rn 16 f; Widmann/Mayer/*Mayer* Rn 7.

24 Lutter/*Winter/Vetter* Rn 21; Semler/Stengel/*Reichert* Rn 15; gegen die Anerkennung selbst solcher Ausnahmefälle Kallmeyer/*Kallmeyer/Kocher* Rn 5; KölnKomm-UmwG/*Simon/Nießen* Rn 16.

25 IE übereinstimmend Lutter/*Winter/Vetter* Rn 20; Semler/Stengel/*Reichert* Rn 15.

26 Semler/Stengel/*Reichert* Rn 5; Widmann/Mayer/*Mayer* Rn 9 ff; mit Einschränkungen auch Kallmeyer/*Kallmeyer/Kocher* Rn 8; KölnKomm-UmwG/*Simon/Nießen* Rn 5.

(vgl §§ 4 Abs. 2, 13) dessen Prüfung nach den §§ 9–12 zu verlangen; Satz 2 legt die Kosten der Prüfung der Gesellschaft auf.

2 Das Recht, die Prüfung der Verschmelzung zu verlangen, ist Bestandteil des allgemeinen Mitgliedschaftsrechts und dient dem Minderheitenschutz; es steht nicht zur Disposition der Satzung. Im Falle des fristgerecht erklärten Prüfungsverlangens ist die Prüfung iSv § 9 Abs. 1 „in diesem Gesetz vorgeschrieben"; zu den Einschränkungen nach § 9 Abs. 2 sowie § 9 Abs. 3 iVm § 8 Abs. 3 (Verzichtserklärungen aller Gesellschafter) s. die Erläuterungen dort. Bei notariell erklärtem Verzicht eines *einzelnen* Gesellschafters wird das später gleichwohl erklärte Prüfungsverlangen in der Regel als rechtsmissbräuchlich anzusehen sein.[1]

3 § 48 geht auf § 355 Abs. 2 S. 1 Hs 2 iVm §§ 340 b Abs. 1, 352 b Abs. 2 AktG aF zurück, hat das Recht, eine Verschmelzungsprüfung zu verlangen, jedoch auf alle Verschmelzungen unter Beteiligung einer GmbH erweitert. Die Wochenfrist nach S. 1 Hs 2 ist durch das 2. UmwGÄndG[2] eingeführt worden, um Verzögerungen der Verschmelzung durch ein erst in der Gesellschafterversammlung geäußertes Prüfungsverlangen entgegen zu wirken.

4 Die Vorschrift ist gem. § 56 auch auf die Verschmelzung zur Neugründung sowie nach § 125 S. 1 auf Auf- und Abspaltungen anzuwenden, nicht hingegen auf die Ausgliederung (§ 125 S. 2). Parallelvorschrift für Personenhandelsgesellschaften: § 44.

II. Prüfungsverlangen (Satz 1)

5 **1. Berechtigung. Berechtigt**, die Verschmelzungsprüfung zu verlangen, ist **jeder Gesellschafter** einer an der Verschmelzung beteiligten GmbH, unabhängig von seiner Stimmberechtigung.[3] Als Gesellschafter gilt der in der Gesellschafterliste Eingetragene (§§ 16 Abs. 1 S. 1, 40 GmbHG), wobei die Gesellschafterstellung zum Zeitpunkt seines Verlangens vorliegen muss.[4] Im Falle späterer Rechtsnachfolge wirkt der Antrag zugunsten des Nachfolgers fort.[5]

6 **Nicht berechtigt** sind hingegen Inhaber sonstiger Rechte, die von der Verschmelzung betroffen sein können (wie Inhaber von Wandelschuldverschreibungen, Genussrechten etc.);[6] auch (schuldrechtliche oder dingliche) Sicherungsrechte am Gesellschaftsanteil (Nießbrauch; Pfandrecht) stehen der Beteiligung als Gesellschafter regelmäßig nicht gleich.[7] An der Gesellschafterstellung in der übernehmenden GmbH fehlt es zum maßgeblichen Zeitpunkt im Übrigen im Blick auf die erst künftigen Gesellschafter:[8] bis zur Eintragung der Verschmelzung sind sie Anteilsinhaber eines übertragenden Rechtsträgers (vgl auch § 47 Rn 9).

7 **2. Erklärung gegenüber der Gesellschaft.** Das Verlangen nach Prüfung des Verschmelzungsvertrages ist eine **empfangsbedürftige Willenserklärung**; der Gesellschafter muss erkennen lassen, dass die sachverständige Überprüfung der Verschmelzung begehrt wird.[9] Das Prüfungsverlangen kann formfrei geäußert werden, seine Dokumentation zu Beweiszwecken ist indes empfehlenswert.[10]

1 KölnKomm-UmwG/*Simon*/*Nießen* Rn 12; Schmitt/Hörtnagl/Stratz/*Stratz* Rn 3; Semler/Stengel/*Reichert* Rn 5 und 11; Widmann/Mayer/*Mayer* Rn 18.
2 Zweites Gesetz zur Änderung des Umwandlungsgesetzes vom 19.4.2007, BGBl. I 2007 S. 542.
3 Kallmeyer/*Müller* Rn 3; KölnKomm-UmwG/*Simon*/*Nießen* Rn 8; Semler/Stengel/*Reichert* Rn 8; Lutter/*Winter*/*Vetter* Rn 11.
4 Kallmeyer/*Müller* Rn 3; KölnKomm-UmwG/*Simon*/*Nießen* Rn 8; Lutter/*Winter*/*Vetter* Rn 13 f; Widmann/Mayer/*Mayer* Rn 6.
5 KölnKomm-UmwG/*Simon*/*Nießen* Rn 10; Semler/Stengel/*Reichert* Rn 9; Widmann/Mayer/*Mayer* Rn 6.
6 Lutter/*Winter*/*Vetter* Rn 12.
7 KölnKomm-UmwG/*Simon*/*Nießen* Rn 9.
8 KölnKomm-UmwG/*Simon*/*Nießen* Rn 10; Lutter/*Winter*/*Vetter* Rn 14; aA Widmann/Mayer/*Mayer* Rn 6.
9 Kallmeyer/*Müller* Rn 2; Schmitt/Hörtnagl/Stratz/*Stratz* Rn 3; Semler/Stengel/*Reichert* Rn 7.
10 Kallmeyer/*Müller* Rn 2; Semler/Stengel/*Reichert* Rn 7.

Adressat des Prüfungsverlangens ist die **Gesellschaft**; es bedarf einer Erklärung gegenüber dem Geschäftsführer, bei mehreren reicht die Erklärung gegenüber einem (§ 35 Abs. 2 S. 2 GmbHG).[11] 8

3. Frist. Nach Satz 1 ist das Prüfungsverlangen (spätestens) **innerhalb einer Woche** zu erklären, nachdem der die Prüfung verlangende Gesellschafter die in § 47 genannten Verschmelzungsunterlagen (Verschmelzungsvertrag oder dessen Entwurf; Verschmelzungsbericht) erhalten hat. Während § 47 allein die „Übersendung" der Verschmelzungsunterlagen spätestens mit der Einberufung der Gesellschafterversammlung – also innerhalb der Wochenfrist von § 51 Abs. 1 S. 2 GmbHG – verlangt (dazu § 47 Rn 10), beginnt die einwöchige Ausschlussfrist des § 48 erst mit dem tatsächlichen **Zugang** der Verschmelzungsunterlagen beim jeweiligen Gesellschafter zu laufen („nachdem er ... erhalten hat").[12] Fristberechnung nach §§ 187 Abs. 1, 188 Abs. 2, 193 BGB. 9

Die Beweislast für den Zugang der Unterlagen (und damit für den Beginn des Laufs der Wochenfrist) trifft im Streitfall die Gesellschaft; Dokumentation des Zugangs deshalb praktisch wichtig. Eine Erklärung des Prüfungsverlangens schon *vor* Zugang der Verschmelzungsunterlagen ist im Übrigen möglich.[13] Umgekehrt kann die Gesellschaft auch ihrerseits die Durchführung einer Verschmelzungsprüfung veranlassen, selbst wenn in der Wochenfrist des § 48 kein Gesellschafter ein entsprechendes Verlangen geäußert hat.[14] 10

Wird die Gesellschafterversammlung, in welcher der Verschmelzungsbeschluss auf der Tagesordnung steht, erst auf einen Tag nach Ablauf der Wochenfrist von § 48 S. 1 terminiert, kann – anders als nach früherem Recht (oben Rn 3) – das Prüfungsverlangen nicht mehr erst in der Versammlung wirksam erklärt werden. Jedenfalls wenn mit einem Prüfungsverlagen gerechnet werden muss (und keine allseitigen Verzichtserklärungen nach § 9 Abs. 3 iVm § 8 Abs. 3 vorliegen), empfiehlt es sich im Übrigen, den Verschmelzungsvertrag (oder dessen Entwurf) deutlich früher als nach § 47 verlangt zu übermitteln (vgl schon § 47 Rn 16): Andernfalls kann ein Prüfungsverlangen zur Aufhebung eines schon anberaumten Versammlungstermins zwingen, da – über die in § 47 genannten Unterlagen hinaus – auch der Bericht über die Verschmelzungsprüfung in der von § 47 angeordneten Frist übersandt sein muss (s. dazu § 47 Rn 6). 11

Hat ein Gesellschafter die Prüfung der Verschmelzung fristgerecht verlangt, so richtet sich das weitere Verfahren nach §§ 10 12; s. die dortigen Erläuterungen. 12

III. Kosten (Satz 2)

Die Kosten der Prüfung (zur näheren Bestimmung der Kosten vgl § 10 Abs. 1 S. 3 und die Erläuterungen dort) trägt nach Satz 2 die **Gesellschaft**; sie können dem die Prüfung verlangenden Gesellschafter weder durch Satzungsbestimmung noch durch Gesellschafterbeschluss auferlegt werden. Nach dem Willen des Gesetzgebers soll die Zuweisung der Kostenlast an die Gesellschaft deren Geschäftsführung zu einer möglichst umfassenden Information bereits im Verschmelzungsbericht (§ 8) veranlassen, um so ein etwaiges Prüfungsverlangen eines Gesellschafters zu vermeiden.[15] 13

Unter die Kosten *der Prüfung* fallen im Übrigen nur die reinen Prüfungskosten; eigene Kosten des Gesellschafters (zB im Zusammenhang mit der Erklärung des Prüfungsverlangens oder der eigenen Überprüfung des Prüfungsberichts) hat dieser selbst zu tragen.[16] 14

11 Semler/Stengel/*Reichert* Rn 7; Widmann/Mayer/*Mayer* Rn 8 und 17; ferner Kallmeyer/*Müller* Rn 4, der alternativ auch eine Erklärung gegenüber allen Mitgesellschaftern (zB in der Gesellschafterversammlung) genügen lassen will.

12 Gleichsinnig Kallmeyer/*Müller* Rn 5; KölnKomm-UmwG/*Simon/Nießen* Rn 15; Lutter/*Winter/Vetter* Rn 26; aA Widmann/Mayer/*Mayer* Rn 11; *Mayer/Weiler*, DB 2007, 1235, 1237. Übersehen wird die Unterscheidung bei HK-UmwG/*Rebmann* Rn 9; Semler/Stengel/*Reichert* Rn 13.

13 Keßler/Kühnberger/*Keßler* Rn 6; Lutter/*Winter/Vetter* Rn 29.

14 KölnKomm-UmwG/*Simon/Nießen* Rn 14.

15 Vgl BegrRegE UmwG bei *Ganske* S. 99.

16 KölnKomm-UmwG/*Simon/Nießen* Rn 19.

IV. Rechtsfolgen bei Verstößen

15 Ein unter Verstoß gegen die gesetzlichen Vorgaben zur Verschmelzungsprüfung gefasster Verschmelzungsbeschluss ist anfechtbar; hat ein Gesellschafter fristgerecht die Prüfung verlangt, muss der Prüfungsbericht abgewartet werden, bevor über die Verschmelzung Beschluss gefasst werden darf.[17] Wie die in § 47 genannten Unterlagen (Verschmelzungsvertrag oder dessen Entwurf; Verschmelzungsbericht) muss auch der Bericht über die Verschmelzungsprüfung allen Gesellschaftern spätestens zusammen mit der Einberufung der Gesellschafterversammlung – also innerhalb der Wochenfrist von § 51 Abs. 1 S. 2 GmbHG – übersandt werden (s. dazu § 47 Rn 6).

§ 49 Vorbereitung der Gesellschafterversammlung

(1) Die Geschäftsführer haben in der Einberufung der Gesellschafterversammlung, die gemäß § 13 Abs. 1 über die Zustimmung zum Verschmelzungsvertrag beschließen soll, die Verschmelzung als Gegenstand der Beschlußfassung anzukündigen.

(2) Von der Einberufung an sind in dem Geschäftsraum der Gesellschaft die Jahresabschlüsse und die Lageberichte der an der Verschmelzung beteiligten Rechtsträger für die letzten drei Geschäftsjahre zur Einsicht durch die Gesellschafter auszulegen.

(3) Die Geschäftsführer haben jedem Gesellschafter auf Verlangen jederzeit Auskunft auch über alle für die Verschmelzung wesentlichen Angelegenheiten der anderen beteiligten Rechtsträger zu geben.

I. Norminhalt; Normzweck; Normgeschichte

1 § 49 gilt für eine jede an der Verschmelzung beteiligte GmbH. **Abs. 1** konkretisiert die gesetzlichen Erfordernisse hinsichtlich der Einberufung zur Gesellschafterversammlung nach § 51 Abs. 2 GmbHG dahin gehend, dass in der Einberufung die Zustimmung zum Verschmelzungsvertrag als Gegenstand der Beschlussfassung anzukündigen ist; § 51 Abs. 4 GmbHG, wonach die Beschlussgegenstände auch noch nach der Einberufung – nämlich bis drei Tage vor der Gesellschafterversammlung – angekündigt werden können, gilt hier also nicht.[1] Nach **Abs. 2** sind ab Einberufung zur Gesellschafterversammlung, welche den Verschmelzungsbeschluss fassen soll, die Jahresabschlüsse und Lageberichte aller an der Verschmelzung beteiligter Rechtsträger für die letzten 3 Geschäftsjahre zur Einsichtnahme durch die Gesellschafter im Geschäftsraum der Gesellschaft auszulegen. **Abs. 3** erweitert das allgemeine Informationsrecht des GmbH-Gesellschafters aus § 51 a GmbHG und verpflichtet die Geschäftsführer, jedem Gesellschafter der GmbH auf Verlangen jederzeit auch Auskunft über alle für die Verschmelzung wesentlichen Angelegenheiten der *anderen* an der Verschmelzung beteiligten Rechtsträger zu geben.

2 § 49 bezweckt damit – in Ergänzung von § 47 (s. die Erläuterungen dort) – die rechtzeitige Unterrichtung der Gesellschafter über den angestrebten Verschmelzungsbeschluss sowie ihre hinreichende Information über alle verschmelzungsrelevanten Umstände. Die Informationsrechte

17 Vgl Lutter/*Winter/Vetter* Rn 32; Widmann/Mayer/*Mayer* Rn 21.

1 Kallmeyer/*Kallmeyer/Kocher* Rn 2; Lutter/*Winter/Vetter* Rn 8; Semler/Stengel/*Reichert* Rn 5; Widmann/Mayer/*Mayer* Rn 9.

nach § 49 stehen nicht zur Disposition der **Satzung**; ein **Verzicht aller Gesellschafter** auf einzelne oder alle Vorgaben des § 49, um ein etwaiges Anfechtungsrisiko auszuschließen, ist aber möglich.[2]

Während Abs. 1 ohne Entsprechung im früheren Recht ist, knüpft Abs. 2 an die Regelung in § 355 Abs. 2 S. 2 Hs 1 iVm § 340 d Abs. 2 Nr. 2 AktG aF an und erweitert diese auf alle Verschmelzungen unter Beteiligung einer GmbH. Abs. 3 entspricht im Wesentlichen dem früheren § 20 Abs. 5 KapErhG sowie § 340 d AktG aF. 3

Die Vorschrift findet auch auf die Verschmelzung zur Neugründung (§ 56) sowie auf alle Arten der Spaltung Anwendung (§ 125 S. 1). 4

II. Ankündigung des Beschlussgegenstandes (Abs. 1)

Nach Abs. 1 haben die Geschäftsführer in der Einberufung der Gesellschafterversammlung, die 5 gem. § 13 über die Zustimmung zum Verschmelzungsvertrag beschließen soll, die **Verschmelzung als Gegenstand der Beschlussfassung anzukündigen.** Dass es einer vorherigen Ankündigung des Beschlussgegenstandes bedarf, folgt schon aus dem heutigen Verständnis des § 51 Abs. 2 GmbHG, wonach „der Zweck der Versammlung … jederzeit bei der Berufung angekündigt werden" soll.[3] § 49 Abs. 1 verlangt aber die Ankündigung des Beschlussgegenstandes **in der Einberufung der nämlichen Versammlung**, während nach der allgemeinen Bestimmung des § 51 Abs. 4 GmbHG die Ankündigung von Beschlussgegenständen noch bis zu drei Tagen vor der Versammlung nachgeschoben werden kann. Diese Möglichkeit besteht für den Beschlussgegenstand „Zustimmung zum Verschmelzungsvertrag" also gerade nicht (s. schon oben Rn 1). Da dieser Beschlussgegenstand „in der Einberufung" zur Versammlung angekündigt werden muss, genügt die Ankündigung in einem separaten Schreiben – selbst wenn es in der Form und Frist des § 51 Abs. 1 GmbHG (s. unten Rn 8) übermittelt wird – nicht.[4]

In der Einberufung ist allein der **Beschlussgegenstand** (das konkrete Verschmelzungsvorhaben) 6 anzukündigen. Nicht erforderlich ist hingegen, weitere Angaben zum wesentlichen Inhalt des Verschmelzungsvertrages zu machen oder gar den Wortlaut des Vertrages mitzuteilen.[5] Der Verschmelzungsvertrag (oder sein Entwurf) und der Verschmelzungsbericht können vielmehr auch separat übersandt werden, doch muss die Übersendung der Verschmelzungsunterlagen gem. § 47 spätestens bis zur Wochenfrist des § 51 Abs. 1 S. 2 GmbHG erfolgt sein (näher § 47 Rn 14 ff).

Ebenso wenig müssen in der Einberufung zur Gesellschafterversammlung ein etwaiges Barabfindungsangebot nach § 29 mitgeteilt[6] oder die anderen an der Verschmelzung beteiligten Rechtsträger benannt werden,[7] da diese Informationen den nach § 47 zu übersendenden Verschmelzungsunterlagen zu entnehmen sind. 7

Im Übrigen gelten für die Ankündigung der Beschlussfassung in der Einberufung zur Versammlung die Vorgaben hinsichtlich **Form** und **Frist** nach Maßgabe von § 51 Abs. 1 GmbHG (eingeschriebener Brief mit einer Frist von mindestens einer Woche; vgl dazu auch § 47 Rn 12 ff), 8

2 Kallmeyer/*Kallmeyer/Kocher* Rn 1; Semler/Stengel/*Reichert* Rn 3 und 19; Widmann/Mayer/*Mayer* Rn 10, 20, 38; wohl auch KölnKomm-UmwG/*Simon/Nießen* Rn 5; Lutter/*Winter/Vetter* Rn 6.

3 Näher zur Auslegung des § 51 Abs. 2 GmbHG etwa Lutter/Hommelhoff/*Bayer* § 51 GmbHG Rn 21 ff; Saenger/Inhester/*Bergjan* GmbHG § 51 Rn 17 ff.

4 Kallmeyer/*Kallmeyer/Kocher* Rn 2; KölnKomm-UmwG/*Simon/Nießen* Rn 8; Lutter/*Winter/Vetter* Rn 9; Schmitt/Hörtnagl/Stratz/*Stratz* Rn 5; Semler/Stengel/*Reichert* Rn 5.

5 KölnKomm-UmwG/*Simon/Nießen* Rn 7; Widmann/Mayer/*Mayer* Rn 6.

6 KölnKomm-UmwG/*Simon/Nießen* Rn 7; insoweit aA Maulbetsch/Klumpp/Rose*Rebmann* Rn 4; Widmann/Mayer/*Mayer* Rn 6.

7 Kallmeyer/*Kallmeyer/Kocher* Rn 2; KölnKomm-UmwG/*Simon/Nießen* Rn 7; Schmitt/Hörtnagl/Stratz/*Stratz* Rn 5; Semler/Stengel/*Reichert* Rn 4; aA Widmann/Mayer/*Mayer* Rn 6.

soweit die Satzung keine anderweitige Bestimmung zur Einberufung der Gesellschafterversammlung trifft.[8]

III. Auslage von Jahresabschlüssen und Lageberichten (Abs. 2)

9 **1. Auszulegende Rechnungslegungsunterlagen.** Abs. 2 verpflichtet jede an der Verschmelzung beteiligte GmbH, die (auf die letzten drei Geschäftsjahre bezogenen) Jahresabschlüsse und Lageberichte aller an der Verschmelzung beteiligter Rechtsträger zur Einsicht durch die Gesellschafter auszulegen. Diese Pflicht zur Auslage besteht unabhängig davon, ob die jeweiligen Rechnungslegungsunterlagen der Publizitätspflicht nach §§ 325 ff HGB unterliegen oder nicht. Vorbehaltlich eines Verzichts aller zur Einsichtnahme berechtigten Gesellschafter (vgl oben Rn 2) sind die Jahresabschlüsse und Lageberichte auch dann auszulegen, wenn die Pflicht zur Erstellung eines Verschmelzungsberichts und/oder Prüfungsberichts nicht besteht (vgl § 8 Abs. 3, 9 Abs. 3).[9]

10 Auszulegen sind freilich nur solche Jahresabschlüsse sowie Lageberichte, zu deren Aufstellung der jeweilige an der Verschmelzung beteiligte Rechtsträger von Gesetzes wegen verpflichtet ist. Aus § 49 Abs. 2 folgt für nicht rechnungslegungspflichtige Rechtsträger (zB eingetragene Vereine) nicht etwa eine verschmelzungsrechtliche Verpflichtung zur Aufstellung eines Jahresabschlusses.[10] Ebenso wenig werden ggf freiwillig erstellte Rechnungslegungsunterlagen (zB der Lagebericht einer kleinen Kapitalgesellschaft; vgl § 264 Abs. 1 S. 4 HGB) von der Auslegungspflicht nach Abs. 2 erfasst.[11] Liegen bei einem anderen Rechtsträger freiwillig erstellte Unterlagen vor, kann der Gesellschafter Auskunft über deren Inhalt freilich nach Maßgabe von § 49 Abs. 3 – „für die Verschmelzung wesentliche Angelegenheit" (dazu unten Rn 20 ff) – verlangen.

11 Auszulegen sind die **Jahresabschlüsse** (bestehend aus Bilanz, Gewinn- und Verlustrechnung sowie bei Gesellschaften, die einen Anhang zu erstellen haben, diesem) und ggf **Lageberichte** *aller* an der Verschmelzung beteiligten Rechtsträger, auch die der auslegungspflichtigen GmbH selbst; Unterlagen der *Konzern*rechnungslegung werden von der Auslegungspflicht nach Abs. 2 indes nicht erfasst.[12] Die Auslage der eigenen Rechnungslegungsunterlagen (zusammen mit denen der anderen beteiligten Rechtsträger) wird auch dann nicht als entbehrlich angesehen, wenn diese den Gesellschaftern schon nach § 42 a Abs. 1 S. 1 GmbHG vorgelegt worden sind.[13] Zwischenbilanzen müssen nicht ausgelegt werden.

12 Die Pflicht zur Auslage erfasst die Jahresabschlüsse und Lageberichte eines jeden an der Verschmelzung beteiligten Rechtsträgers für die **letzten drei Geschäftsjahre**, und zwar bezogen auf den Zeitpunkt der Einberufung jener Gesellschafterversammlung (der zur Auslage verpflichteten GmbH), die den Verschmelzungsbeschluss fassen soll. Besteht ein Rechtsträger zum Zeitpunkt der Einberufung noch keine drei Jahre, sind nur die Abschlüsse für die Geschäftsjahre seines Bestehens (einschließlich eines etwaig gebildeten Rumpfgeschäftsjahres) auszulegen.[14]

13 Für das Kriterium „die letzten drei Geschäftsjahre" sind im Übrigen diejenigen Geschäftsjahre zu berücksichtigen, für welche der jeweilige Jahresabschluss und ggf Lagebericht tatsächlich aufgestellt (bzw festgestellt) worden ist oder zum Zeitpunkt der Einberufung der Gesellschaf-

8 Zu den Möglichkeiten und Grenzen der Satzungsgestaltung weiterführend Lutter/Hommelhoff/*Bayer* § 51 GmbHG Rn 35 f; Saenger/Inhester/*Bergjan* GmbHG § 51 Rn 9 f.

9 Kallmeyer/*Kallmeyer/Kocher* Rn 5; KölnKomm-UmwG/*Simon/Nießen* Rn 14; Lutter/*Winter/Vetter* Rn 13; Semler/Stengel/*Reichert* Rn 8; Widmann/Mayer/*Mayer* Rn 16.

10 Kallmeyer/*Kallmeyer/Kocher* Rn 3; KölnKomm-UmwG/*Simon/Nießen* Rn 13; Lutter/*Winter/Vetter* Rn 14; Schmitt/Hörtnagl/Stratz/*Stratz* Rn 6; Semler/Stengel/*Reichert* Rn 8.

11 Kallmeyer/*Kallmeyer/Kocher* Rn 3; KölnKomm-UmwG/*Simon/Nießen* Rn 13; Widmann/Mayer/*Mayer* Rn 13.

12 Lutter/*Winter/Vetter* Rn 18 f.

13 Kallmeyer/*Kallmeyer/Kocher* Rn 3; Keßler/Kühnberger/*Keßler* Rn 3.

14 Kallmeyer/*Kallmeyer/Kocher* Rn 3; KölnKomm-UmwG/*Simon/Nießen* Rn 16; Lutter/*Winter/Vetter* Rn 14; Semler/Stengel/*Reichert* Rn 8; Widmann/Mayer/*Mayer* Rn 14.

terversammlung nach der gesetzlichen Vorgabe (vgl insbesondere § 264 Abs. 1 S. 3 und 4 HGB) hätte aufgestellt werden müssen.[15] Das bedeutet: Sind zum Zeitpunkt der Einberufung Jahresabschluss und ggf Lagebericht für das jüngste abgelaufene Geschäftsjahr schon aufgestellt (oder gar festgestellt), so sind diese (sowie die festgestellten Jahresabschlüsse und Lageberichte der beiden vorangegangenen Geschäftsjahre) auszulegen. Ist der Jahresabschluss für das jüngste abgelaufene Geschäftsjahr indes noch nicht aufgestellt und ist die gesetzliche Aufstellungsfrist auch noch *nicht* verstrichen, sind die Rechnungslegungsunterlagen für die drei vorausgehenden Geschäftsjahre auszulegen;[16] es muss nicht etwa abgewartet werden, bis der Abschluss für das jüngste abgelaufene Geschäftsjahr aufgestellt worden ist.

Anders hingegen, wenn die Aufstellungsfrist für jenes letzte Geschäftsjahr schon abgelaufen ist, ohne dass ein an der Verschmelzung beteiligter Rechtsträger den Abschluss aufgestellt hat: Dann können nicht alle Rechnungslegungsunterlagen, die von der Auslagepflicht nach § 49 Abs. 2 umfasst sind, ausgelegt werden. In der Konsequenz muss mit der Einberufung der Gesellschafterversammlung gewartet werden, bis der fehlende Abschluss aufgestellt ist und ausgelegt werden kann. Ein Zuwarten bis zur Feststellung des Jahresabschlusses ist indes nicht zu verlangen; bezogen auf das jüngste Geschäftsjahr genügt auch in diesem Fall die Auslage des aufgestellten Abschlusses. 14

Sollten im Übrigen nach Einberufung der Gesellschafterversammlung Rechnungslegungsunterlagen fertiggestellt werden, die nicht von der Auslegungspflicht erfasst sind (zB: der das jüngste abgelaufene Geschäftsjahr betreffende Abschluss wird aufgestellt; der bisher nur aufgestellte Abschluss wird festgestellt), so müssen diese nicht etwa nachträglich zur Einsichtnahme ausgelegt werden. Ein Gesellschafter kann aber im Wege seines Informationsrechts nach Abs. 3 (s. unten Rn 20 ff) Auskunft über den Inhalt auch solcher Rechnungslegungsunterlagen verlangen, die sich auf andere beteiligte Rechtsträger beziehen; die Unterlagen der eigenen Gesellschaft sind ihm nach § 42 a GmbHG ohnehin unverzüglich vorzulegen. 15

2. Modalitäten der Auslage. Die Rechnungslegungsunterlagen sind **in den Geschäftsräumen der Gesellschaft** auszulegen. Hat sie Geschäftsräume an verschiedenen Orten, hat die Auslage zumindest am Sitz der Gesellschaft (§ 4 a GmbHG) zu erfolgen.[17] Die Auslage von Kopien genügt,[18] die Einstellung der Unterlagen in das Internet indes nicht (da eine dem § 63 Abs. 4 entsprechende Bestimmung fehlt).[19] 16

Auszulegen sind die Unterlagen **„von der Einberufung an"**, also spätestens ab dem Zeitpunkt, zu dem üblicherweise mit dem Zugang beim ersten Gesellschafter zu rechnen ist.[20] Die Auslage ist – zu den üblichen Geschäftszeiten (sogleich Rn 18) – bis zum Ende der den Verschmelzungsbeschluss fassenden Gesellschafterversammlung beizubehalten.[21] 17

3. Einsichtnahme durch die Gesellschafter. Abs. 2 verlangt die Auslage „zur Einsicht durch die Gesellschafter", diese haben also das **Recht auf Einsichtnahme** in die auszulegenden Rechnungslegungsunterlagen zu den üblichen Geschäftszeiten.[22] Dabei dürfen sie sachkundige Dritte hinzuziehen, die zur Berufsverschwiegenheit verpflichtet sind.[23] 18

Die GmbH-Gesellschafter haben (anders als Aktionäre nach § 63 Abs. 3) keinen Anspruch auf kostenlose Übersendung der ausgelegten Unterlagen in Kopie,[24] jedoch ist – als Ausfluss ihres 19

15 Kallmeyer/*Kallmeyer/Kocher* Rn 3; KölnKomm-UmwG/*Simon/Nießen* Rn 15; Lutter/*Winter/Vetter* Rn 31; Semler/Stengel/*Reichert* Rn 7; Widmann/Mayer/*Mayer* Rn 15; *J. Vetter* NZG 1999, 925, 928 f.

16 Für diesen Fall aA Maulbetsch/Klumpp/Rose/*Rebmann* Rn 9: Auslage nur der letzten zwei schon aufgestellten Abschlüsse.

17 Kallmeyer/*Kallmeyer/Kocher* Rn 4; KölnKomm-UmwG/*Simon/Nießen* Rn 12.

18 Kallmeyer/*Kallmeyer/Kocher* Rn 4; KölnKomm-UmwG/*Simon/Nießen* Rn 12; Widmann/Mayer/*Mayer* Rn 16.1.

19 Lutter/*Winter/Vetter* Rn 43; Schmitt/Hörtnagl/Stratz/*Stratz* Rn 2.

20 Vgl KölnKomm-UmwG/*Simon/Nießen* Rn 11.

21 Semler/Stengel/*Reichert* Rn 6.

22 KölnKomm-UmwG/*Simon/Nießen* Rn 12; Lutter/*Winter/Vetter* Rn 40; Schmitt/Hörtnagl/Stratz/*Stratz* Rn 6; Widmann/Mayer/*Mayer* Rn 16.1.

23 Schmitt/Hörtnagl/Stratz/*Stratz* Rn 6.

24 Wohl unstreitig, s. etwa Kallmeyer/*Kallmeyer/Kocher* Rn 4; KölnKomm-UmwG/*Simon/Nießen* Rn 17; Lutter/*Winter/Vetter* Rn 41; Semler/Stengel/*Reichert* Rn 8.

Einsichtnahmerechts – die Befugnis anzuerkennen, vor Ort **Kopien auf eigene Kosten** anzufertigen bzw anfertigen zu lassen, und zwar auch bezüglich der Rechnungslegungsunterlagen aller anderen an der Verschmelzung beteiligten Rechtsträger.[25] Insoweit hat der Gesetzgeber mit Abs. 2 das Informationsinteresse des einzelnen Gesellschafters ersichtlich höher eingestuft als das Geheimhaltungsinteresse jener anderen Rechtsträger, die nicht der Rechnungslegungspublizität unterliegen.[26] Die Einsichtnahme in die Rechnungslegungsunterlagen kann deshalb auch nicht unter Berufung auf den Rechtsgedanken von § 8 Abs. 2 UmwG, § 131 Abs. 3 Nr. 1 AktG (s. dazu noch unten Rn 27 im Zusammenhang mit dem Auskunftsanspruch nach Abs. 3) verwehrt werden.

IV. Auskunft über Angelegenheiten beteiligter Rechtsträger (Abs. 3)

20 Abs. 3 verpflichtet die Geschäftsführer einer an der Verschmelzung beteiligten GmbH, jedem **Gesellschafter** der (eigenen) Gesellschaft auf Verlangen jederzeit auch **Auskunft** über alle für die Verschmelzung wesentlichen Angelegenheiten der anderen an der Verschmelzung beteiligten Rechtsträger zu geben. Das ist sachgerecht, da in Verschmelzungsfällen ein entsprechendes Informationsbedürfnis besteht.[27] Die Vorschrift erweitert somit das allgemeine Informationsrecht des GmbH-Gesellschafters aus § 51 a GmbHG, wonach die Geschäftsführer jedem Gesellschafter auf Verlangen unverzüglich Auskunft über die Angelegenheit ihrer Gesellschaft zu geben haben. **§ 51 a GmbHG** bleibt Grundlage des Auskunftsanspruchs, soweit es um die Angelegenheiten der *eigenen* Gesellschaft geht. Auskunft über die verschmelzungsrelevanten Angelegenheiten der *anderen* beteiligten Rechtsträger kann ein GmbH-Gesellschafter nach **§ 49 Abs. 3** verlangen.

21 Der **Auskunftsanspruch** über die Angelegenheiten der anderen Rechtsträger gem. Abs. 3 richtet sich freilich **allein gegen die Geschäftsführer der eigenen Gesellschaft**. Diese müssen sich die verlangten Informationen ggf vom anderen Rechtsträger beschaffen. Die an der Verschmelzung beteiligten Rechtsträger sind – schon unabhängig von einem tatsächlichen Auskunftsverlangen des Gesellschafters einer anderen an der Verschmelzung beteiligten Gesellschaft[28] – aus vorvertraglichem Schuldverhältnis zur wechselseitigen Informationsgewähr verpflichtet.[29] Der einzelne GmbH-Gesellschafter hat indes keinen direkten Informationsanspruch gegenüber einem anderen an der Verschmelzung beteiligten Rechtsträgern oder dessen Organwaltern, mag die Hinzuziehung Letzterer zu der den Verschmelzungsbeschluss fassenden Gesellschafterversammlung auch zu empfehlen sein.[30] Sollten diese dann dort selbst über verschmelzungsrelevante Angelegenheiten ihres Rechtsträgers informieren, handeln sie freilich als Erfüllungsgehilfen der (auskunftspflichtigen) Geschäftsführer der besuchten Gesellschaft, so dass ihre Auskünfte diesen zuzurechnen sind.[31]

22 Gelingt es den auskunftspflichtigen Geschäftsführern trotz allen Bemühens nicht, die zur Beantwortung eines Auskunftsverlangens über Angelegenheiten eines anderen Rechtsträgers notwendigen Informationen von dessen Organwaltern zu erhalten, ist es ihnen zwar unmöglich, ihrer Auskunftspflicht aus Abs. 3 zu entsprechen. Sie dürfen aber den Gesellschaftern nicht die Zustimmung zum Verschmelzungsvertrag vorschlagen, wenn diesen nachgefragte Informationen verwehrt bleiben, die für die sachgerechte Beurteilung des Verschmelzungsvorhabens we-

25 Gleichsinnig Kallmeyer/*Kallmeyer/Kocher* Rn 4; KölnKomm-UmwG/*Simon/Nießen* Rn 18; Lutter/*Winter/Vetter* Rn 42; Semler/Stengel/*Reichert* Rn 8; Widmann/Mayer/*Mayer* Rn 16.1; aA Schmitt/Hörtnagl/Stratz/*Stratz* Rn 6.

26 Zutreffend KölnKomm-UmwG/*Simon/Nießen* Rn 18.

27 Semler/Stengel/*Reichert* Rn 13; Lutter/*Winter/Vetter* Rn 50.

28 Widmann/Mayer/*Mayer* Rn 30.

29 Kallmeyer/*Kallmeyer/Kocher* Rn 7; KölnKomm-UmwG/*Simon/Nießen* Rn 25; Lutter/*Winter/Vetter* Rn 54; Schmitt/Hörtnagl/Stratz/*Stratz* Rn 9; Semler/Stengel/*Reichert* Rn 15; Widmann/Mayer/*Mayer* Rn 30.

30 So etwa Lutter/*Winter/Vetter* Rn 53; Semler/Stengel/*Reichert* Rn 15; Widmann/Mayer/*Mayer* Rn 31.

31 KölnKomm-UmwG/*Simon/Nießen* Rn 25; Lutter/*Winter/Vetter* Rn 53; Semler/Stengel/*Reichert* Rn 15; Widmann/Mayer/*Mayer* Rn 31.

sentlich sind, und ein Auskunftsverweigerungsrecht entsprechend § 8 Abs. 2 UmwG, § 131 Abs. 3 Nr. 1 AktG (dazu unten Rn 27) im konkreten Fall nicht anzuerkennen ist.[32]

Eine Auskunft nach Abs. 3 ist – nicht anders als nach § 51 a Abs. 1 GmbHG – erst **auf Verlangen des Gesellschafters** zu geben; das Auskunftsverlangen kann formlos innerhalb oder außerhalb Gesellschafterversammlung geäußert werden[33] und ist unverzüglich („jederzeit") – ggf also schon vor der Gesellschafterversammlung – zu erfüllen.[34] Eine Dokumentation erteilter Auskünfte zu Beweiszwecken ist empfehlenswert.[35] 23

Die Geschäftsführer sind grundsätzlich nicht verpflichtet, in der über die Verschmelzung beratenden und beschließenden Gesellschafterversammlung – über den Verschmelzungsbericht hinaus – *von sich aus* Erläuterungen zum Verschmelzungsvorhaben vorzutragen (Umkehrschluss aus § 64 Abs. 1 S. 2).[36] Unter besonderen Voraussetzungen können sie aber zur Informationserteilung aus eigener Initiative verpflichtet sein, etwa wenn aus dem Auskunftsverlangen eines Gesellschafters erkennbar ist, dass eine nicht ausdrücklich nachgefragte Information für seine Willensbildung ebenso erforderlich ist oder wenn sich nach Erstellung des Verschmelzungsberichts (oder schon erteilter weiterer Auskünfte) neue relevante Umstände ergeben haben.[37] 24

Während Auskunft über alle verschmelzungsrelevanten Angelegenheiten der eigenen Gesellschaft schon nach § 51 a Abs. 1 GmbHG verlangt werden kann, erfasst der Auskunftsanspruch des Gesellschafters nach § 49 Abs. 3 alle **für die Verschmelzung wesentlichen Angelegenheiten der anderen beteiligten Rechtsträger**. Verschmelzungsrelevant in diesem Sinne sind gleichermaßen die gesellschaftsrechtlichen wie die wirtschaftlichen Verhältnisse jener anderen Rechtsträger[38] einschließlich der mit diesen verbundenen Unternehmen.[39] 25

Die Geschäftsführer sind freilich nicht zur Auskunft verpflichtet, soweit sie ein **Auskunftsverweigerungsrecht** haben. Insoweit ist zu unterscheiden: Der in § 51 a Abs. 1 GmbHG normierten Verpflichtung zur Auskunftserteilung über verschmelzungsrelevante **Angelegenheiten der eigenen Gesellschaft** kann unter den engen Voraussetzungen des **§ 51 a Abs. 2 S. 1 GmbHG** begegnet werden: Danach dürfen die Geschäftsführer eine verlangte Auskunft (von Fällen treuwidriger Auskunftsbegehren abgesehen) grds nur verweigern, wenn zu besorgen ist, dass gerade der die Auskunft verlangende Gesellschafter sie zu gesellschaftsfremden Zwecken verwenden und dadurch der Gesellschaft (oder einem mit dieser verbundenen Unternehmen) einen nicht unerheblichen Nachteil zufügen wird.[40] Die engen Voraussetzungen des Auskunftsverweigerungsrechts nach § 51 a Abs. 2 S. 1 GmbHG gelten auch in Verschmelzungsangelegenheiten; ein Auskunftsverweigerungsrecht schon entsprechend § 8 Abs. 2 UmwG, § 131 Abs. 3 Nr. 1 AktG (vgl sogleich Rn 27) kommt – soweit Auskunft über verschmelzungsrelevante Angelegenheiten der *eigenen* GmbH verlangt wird – deshalb nicht in Betracht.[41] Durch § 8 Abs. 2 gerechtfertigte Informationslücken im Verschmelzungsbericht (s. dazu die Erläuterungen zu § 8 Abs. 2) kann ein GmbH-Gesellschafter, soweit die dort nicht aufgenommenen Tatsachen die eigene Gesellschaft betreffen, folglich mittels seines individuellen Auskunftsanspruchs aus § 51 a Abs. 1 GmbHG ausgleichen.[42] 26

32 Insoweit großzügiger KölnKomm-UmwG/*Simon/Nießen* Rn 28; Lutter/*Winter/Vetter* Rn 55.

33 Semler/Stengel/*Reichert* Rn 12; Widmann/Mayer/*Mayer* Rn 32.

34 Zutreffend KölnKomm-UmwG/*Simon/Nießen* Rn 30.

35 KölnKomm-UmwG/*Simon/Nießen* Rn 31.

36 Lutter/*Winter/Vetter* Rn 46; Schmitt/Hörtnagl/Stratz/*Stratz* Rn 10; Semler/Stengel/*Reichert* Rn 11; Widmann/Mayer/*Mayer* Rn 26.1.

37 S. etwa Henssler/Strohn/*Haeder* Rn 6; Kallmeyer/*Kallmeyer/Kocher* Rn 7; KölnKomm-UmwG/*Simon/Nießen* Rn 29; Lutter/*Winter/Vetter* Rn 46; Schmitt/Hörtnagl/Stratz/*Stratz* Rn 10; Semler/Stengel/*Reichert*/Rn 11 und 15; Widmann/Mayer/*Mayer* Rn 27.

38 KölnKomm-UmwG/*Simon/Nießen* Rn 26; Lutter/*Winter/Vetter* Rn 51; Schmitt/Hörtnagl/Stratz/*Stratz* Rn 7; Semler/Stengel/*Reichert* Rn 14; näher Widmann/Mayer/*Mayer* Rn 32 ff.

39 Dazu, mit Unterschieden im einzelnen, Lutter/*Winter/Vetter* Rn 52; Semler/Stengel/*Reichert* Rn 15; Widmann/Mayer/*Mayer* Rn 35.

40 Zu Einzelheiten s. etwa Lutter/Hommelhoff/*Lutter/Bayer* § 51 a GmbHG Rn 26 ff; Saenger/Inhester/*Bergjan* GmbHG § 51 a Rn 17 ff.

41 Kallmeyer/*Kallmeyer/Kocher* Rn 6; KölnKomm-UmwG/*Simon/Nießen* Rn 22; Lutter/*Winter/Vetter* Rn 48; Schmitt/Hörtnagl/Stratz/*Stratz* Rn 7; Semler Stengel/*Reichert*/ Rn 10; Widmann/Mayer/*Mayer* Rn 25.

42 Zutreffend Lutter/*Winter/Vetter* Rn 48.

27 Bezogen auf den Auskunftsanspruch nach § 49 Abs. 3 über verschmelzungsrelevante **Angelegenheiten der anderen beteiligten Rechtsträger** besteht ein **Auskunftsverweigerungsrecht** hingegen schon **entsprechend § 8 Abs. 2 UmwG, § 131 Abs. 3 Nr. 1 AktG,**[43] dh schon dann, wenn die verlangte Auskunft geeignet ist, einem der anderen beteiligten Rechtsträger (oder einem verbundenen Unternehmen) einen nicht unerheblichen Nachteil zuzufügen; es muss also nicht zusätzlich zu besorgen sein, dass gerade der die Auskunft verlangende Gesellschafter diese zu gesellschaftsfremden Zwecken verwenden und dadurch der Gesellschaft einen Nachteil zufügen wird. Jene Unterschiede in den Voraussetzungen des Auskunftsverweigerungsrechts rechtfertigen sich durch den Umstand, dass zum Zeitpunkt des Auskunftsbegehrens noch nicht feststeht, ob die Verschmelzung tatsächlich durchgeführt wird; es bestehen deshalb schützenswerte Geheimhaltungsinteressen der anderen am Verschmelzungsvorhaben beteiligten Rechtsträger.[44]

V. Rechtsfolgen bei Verstößen

28 Ein unter Verstoß gegen die gesetzlichen Vorgaben aus § 49 gefasster Verschmelzungsbeschluss führt – vorbehaltlich wirksamen Verzichts aller Gesellschafter (s. oben Rn 2) – grundsätzlich zu dessen Anfechtbarkeit.[45] Ein Verstoß gegen das Einsichtnahmerecht aus Abs. 2 oder den Auskunftsanspruch nach Abs. 3 macht den Beschluss (entsprechend dem Rechtsgedanken von § 243 Abs. 4 S. 1 AktG) freilich nur dann anfechtbar, wenn sich ein objektiv urteilender Gesellschafter dadurch an der sachgerechten Wahrnehmung seiner Teilnahme- oder Mitgliedschaftsrechte gehindert sehen durfte.[46] Sofern Abs. 3 dadurch verletzt wird, dass verlangte Auskünfte zur Überprüfung der Höhe von baren Zahlungen vorenthalten oder unzulänglich erteilt werden, wird sich der Gesellschafter (entsprechend dem Rechtsgedanken von § 243 Abs. 4 S. 2 AktG) auf das Spruchverfahren gem. § 14 Abs. 2, 15 bzw § 32, 34 verweisen lassen müssen, soweit dieses zur Verfügung steht.[47] – Vgl auch § 313 Abs. 1 Nr. 1 zur Strafbarkeit falscher Angaben.

§ 50 Beschluß der Gesellschafterversammlung

(1) [1]Der Verschmelzungsbeschluß der Gesellschafterversammlung bedarf einer Mehrheit von mindestens drei Vierteln der abgegebenen Stimmen. [2]Der Gesellschaftsvertrag kann eine größere Mehrheit und weitere Erfordernisse bestimmen.

(2) Werden durch die Verschmelzung auf dem Gesellschaftsvertrag beruhende Minderheitsrechte eines einzelnen Gesellschafters einer übertragenden Gesellschaft oder die einzelnen Gesellschaftern einer solchen Gesellschaft nach dem Gesellschaftsvertrag zustehenden besonderen Rechte in der Geschäftsführung der Gesellschaft, bei der Bestellung der Geschäftsführer oder hinsichtlich eines Vorschlagsrechts für die Geschäftsführung beeinträchtigt, so bedarf der Verschmelzungsbeschluß dieser übertragenden Gesellschaft der Zustimmung dieser Gesellschafter.

43 Kallmeyer/*Kallmeyer/Kocher* Rn 7; KölnKomm-UmwG/*Simon/Nießen* Rn 27; Lutter/*Winter/Vetter* Rn 56; Schmitt/Hörtnagl/Stratz/*Stratz* Rn 7 ff; Semler/Stengel/*Reichert* Rn 17; Widmann/Mayer/*Mayer* Rn 26.

44 Kallmeyer/*Kallmeyer/Kocher* Rn 7; KölnKomm-UmwG/*Simon/Nießen* Rn 27; Lutter/*Winter/Vetter* Rn 56; Semler/Stengel/*Reichert* Rn 17; Widmann/Mayer/*Mayer* Rn 26.

45 Vgl dazu etwa Kallmeyer/*Kallmeyer/Kocher* Rn 8; Lutter/*Winter/Vetter* Rn 58; Schmitt/Hörtnagl/Stratz/*Stratz* Rn 11; Semler/Stengel/*Reichert* Rn 18.

46 KölnKomm-UmwG/*Simon/Nießen* Rn 19 und 32; ebenso Kallmeyer/*Kallmeyer/Kocher* Rn 8; Lutter/*Winter/Vetter* Rn 59.

47 In diesem Sinne Lutter/*Winter/Vetter* Rn 61 für den Fall entsprechender Informationsmängel beim übertragenden Rechtsträger; ebenso etwa Kallmeyer/*Kallmeyer/Kocher* Rn 8; KölnKomm-UmwG/*Simon/Nießen* Rn 32; zweifelnd Widmann/Mayer/*Mayer* Rn 36.

I. Norminhalt und Normzusammenhänge; Normgeschichte

Abs. 1 legt das gesetzliche Mehrheitserfordernis für den Gesellschafterbeschluss über die Zustimmung zum Verschmelzungsvertrag fest, soweit der betreffende (übertragende oder übernehmende) Rechtsträger in der Rechtsform der GmbH organisiert ist: Der Beschluss bedarf einer Mehrheit von mindestens drei Vierteln der abgegebenen Stimmen, soweit die Satzung der Gesellschaft keine größere Mehrheit (und/oder weitere Erfordernisse) festlegt. Das Beschlusserfordernis selbst sowie sonstige Modalitäten der Beschlussfassung sind (rechtsformübergreifend) im allgemeinen Teil des Gesetzes – nämlich in § 13 – geregelt; vgl die Erläuterungen dort. 1

Abs. 2 normiert spezifische Zustimmungserfordernisse für den Verschmelzungsbeschluss einer *übertragenden* GmbH: Werden durch die Verschmelzung statutarische Minderheitenrechte eines einzelnen Gesellschafters einer solchen Gesellschaft oder einzelnen Gesellschaftern zustehende Geschäftsführungs-Sonderrechte beeinträchtigt, bedarf der Beschluss zwingend der Zustimmung der betroffenen Gesellschafter. 2

Abs. 1 hatte eine Entsprechung im früheren § 20 Abs. 2 S. 1 und 2 KapErhG; Parallelvorschriften fanden sich in § 355 Abs. 3 S. 1 und 2 AktG aF sowie in § 33 Abs. 2 S. 1 KapErhG. Das Zustimmungserfordernis nach Maßgabe von Abs. 2 war zwar bis zum Inkrafttreten des UmwG nicht kodifiziert, der Sache nach aber schon im früheren Recht ganz überwiegend anerkannt.[1] 3

Die Vorschrift findet auch auf die Verschmelzung zur Neugründung (§ 56) sowie auf alle Arten der Spaltung Anwendung (§ 125 S. 1). 4

II. Beschlusserfordernisse für den Verschmelzungsbeschluss (Abs. 1)

1. Gesellschafterbeschluss. Abs. 1 enthält eine wesentliche Ergänzung zu **§ 13**, dessen Abs. 1 S. 1 rechtsformübergreifend festlegt, dass der Verschmelzungsvertrag nur wirksam wird, wenn die Anteilseigner der beteiligten Rechtsträger ihm durch Beschluss (**Verschmelzungsbeschluss**) zustimmen. Dieser Zustimmungsbeschluss kann gem. § 13 Abs. 1 S. 2 nur in einer Versammlung der Anteilseigner gefasst werden. Er bedarf der notariellen Beurkundung (§ 13 Abs. 3 S. 1); der Verstoß gegen das Formerfordernis führt zur Nichtigkeit.[2] Hierzu und zu weiteren Einzelheiten s. die Erläuterungen zu § 13. 5

Vor diesem Hintergrund bedarf auch jede Verschmelzung unter Beteiligung einer GmbH (sei es als übertragender, sei es als übernehmender Rechtsträger) der Zustimmung durch **Beschluss der Gesellschafterversammlung.** Für die Beschlussfassung dort gelten – soweit das UmwG keine spezielleren Vorgaben enthält – die allgemeinen Regelungen des GmbH-Rechts (§§ 47 ff GmbHG). 6

Stimmabgabe durch Vertreter ist – vorbehaltlich abweichender Satzungsregelung – zulässig; Vollmachten bedürfen zu ihrer Gültigkeit der Textform (§ 47 Abs. 3 GmbHG).[3] § 181 BGB ist 7

1 Nachweise bei KölnKomm-UmwG/*Simon/Nießen* Rn 6; Lutter/*Winter/Vetter* Rn 41; Semler/Stengel/*Reichert* Rn 1.

2 Lutter/*Winter/Vetter* Rn 71; Semler/Stengel/*Reichert* Rn 53.

3 Zu (teils strittigen) Einzelheiten weiterführend Lutter/Hommelhoff/*Bayer* § 47 GmbHG Rn 25 und etwa Kallmeyer/*Zimmermann* Rn 11; Lutter/*Winter/Vetter* Rn 16 ff; Schmitt/Hörtnagl/Stratz/*Stratz* § 13 Rn 47; Semler/Stengel/*Reichert* Rn 16; Widmann/Mayer/*Heckschen* § 13 Rn 112 und § 6 Rn 42; Widmann/Mayer/*Mayer* Rn 12.

im Vertretungsfall auch im Rahmen von Verschmelzungsbeschlüssen anwendbar.[4] Bei minderjährigen Gesellschaftern bedarf es der Bestellung eines Ergänzungspflegers nach § 1909 BGB iVm §§ 1629 Abs. 2, 1795 Abs. 2, 181 BGB. Ist der übernehmende Rechtsträger eine GmbH, deren Einlagen noch nicht sämtlich geleistet sind, ist zudem (wegen § 24 GmbHG) eine vormundschaftsgerichtliche Genehmigung nach § 1822 Nr. 10 BGB erforderlich; § 1822 Nr. 3 BGB kommt nur bei eine Verschmelzung durch Neugründung (vgl § 59 S. 1) zur Anwendung.[5]

8 **2. Gesetzliches Mehrheitserfordernis (Abs. 1 S. 1).** Welches **Mehrheitserfordernis für den Verschmelzungsbeschluss** iSd § 13 gilt, hat der Gesetzgeber des UmwG nicht rechtsformübergreifend im allgemeinen Teil des Verschmelzungsrechts, sondern rechtsformspezifisch geregelt. Für den Zustimmungsbeschluss der Gesellschafter einer GmbH verlangt § 50 Abs. 1 S. 1 eine Mehrheit von mindestens drei Vierteln der abgegebenen Stimmen. Ergänzend bestimmt Abs. 1 S. 2, dass die Satzung der Gesellschaft eine größere Mehrheit und weitere Erfordernisse bestimmen kann. – Zu den Folgen einer zu Unrecht festgestellten Beschlussmehrheit s. unten Rn 14.

9 Die Vorgaben in Abs. 1 entsprechen jenen Bestimmungen, die der Gesetzgeber des GmbHG für satzungsändernde Beschlüsse der GmbH-Gesellschafter getroffen hat. Auch diese bedürfen nach § 53 Abs. 2 GmbHG (wenigstens) einer Mehrheit von drei Vierteln der abgegebenen Stimmen, soweit der Gesellschaftsvertrag nicht noch andere Erfordernisse aufstellt. Diese Parallele ist sachgerecht, da die Verschmelzung in ihrer Auswirkung und Bedeutung nicht hinter einer typischen Satzungsänderung zurücksteht.

10 Die Berechnung der nach Abs. 1 S. 1 für den Verschmelzungsbeschluss notwendigen gesetzlichen **Mehrheit von mindestens drei Vierteln der abgegeben Stimmen** richtet sich nach den allgemeinen Grundsätzen des GmbH-Rechts:[6] Jeder Euro eines Geschäftsanteils gewährt eine Stimme (§ 47 Abs. 2 GmbHG); es zählen nur gültige Ja- oder Nein-Stimmen, Stimmenthaltungen bleiben unberücksichtigt. Inhaber stimmrechtsloser Geschäftsanteile sind – vorbehaltlich etwaiger Zustimmungserfordernisse, etwa nach Abs. 2 (dazu unten Rn 16 ff) – auch bei der Beschlussfassung über den Verschmelzungsvertrag nicht stimmberechtigt;[7] etwaige Mehrstimmrechte wirken sich uneingeschränkt aus.[8] Ist ein anderer an der Verschmelzung beteiligter Rechtsträger zugleich Gesellschafter der den Verschmelzungsbeschluss fassenden GmbH, so ist auch er hier stimmberechtigt; das Stimmverbot nach § 47 Abs. 4 S. 2 GmbHG kommt nicht zur Anwendung.[9]

11 **3. Weitergehende Satzungserfordernisse (Abs. 1 S. 2).** Das Mehrheitserfordernis von drei Vierteln der abgegebenen Stimmen gem. Abs. 1 S. 1 ist insoweit zwingend, als die Satzung der Gesellschaft keine geringere Mehrheit genügen lassen kann („mindestens"); nach Abs. 1 S. 2 kann der Gesellschaftsvertrag aber eine **größere Mehrheit und weitere Erfordernisse** bestimmen. Die Satzung kann etwa Einstimmigkeit verlangen oder neben der ¾-Mehrheit der abgegebenen Stimmen auch eine Mehrheit der vorhandenen Stimmen oder eine bestimmte Mindestkapitalmehrheit zur Wirksamkeitsvoraussetzung des Beschlusses machen.[10] Selbst eine Abweichung von der Stimmkraftregelung des § 47 Abs. 2 GmbHG (s. oben Rn 10) ist entsprechend den allgemeinen Grundsätzen des GmbH-Rechts[11] möglich, wodurch die Mehrheitsregelung des § 50 Abs. 1 S. 1 ebenso relativiert werden kann wie jene nach § 53 Abs. 2 S. 1 GmbHG. Zulässig ist

4 Zu Einzelheiten s. Lutter/Hommelhoff/*Bayer* § 47 GmbHG Rn 23 und 31 sowie § 53 Rn 9; Kallmeyer/*Zimmermann* Rn 13; Lutter/*Winter*/*Vetter* Rn 26 f; Semler/Stengel/*Reichert* Rn 17.

5 Zum Ganzen Lutter/*Winter*/*Vetter* Rn 28 ff; Semler/Stengel/*Reichert* Rn 19.

6 S. etwa Lutter/Hommelhoff/*Bayer* § 47 GmbHG Rn 7 und § 53 Rn 13; Saenger/Inhester/*Bergjan* § 47 GmbHG Rn 13; Lutter/*Winter*/*Vetter* Rn 20 mwN

7 Lutter/*Winter*/*Vetter* Rn 22; Semler/Stengel/*Reichert* Rn 14; Schmitt/Hörtnagl/Stratz/*Stratz* Rn 4.

8 Widmann/Mayer/*Mayer* Rn 36.

9 Vgl schon BegrRegE UmwG bei *Ganske* S. 100 und etwa Kallmeyer/*Zimmermann* Rn 14; KölnKomm-UmwG/*Simon*/*Nießen* Rn 11; Lutter/*Winter*/*Vetter* Rn 25; Schmitt/Hörtnagl/Stratz/*Stratz* Rn 5; Semler/Stengel/*Reichert* Rn 15; Widmann/Mayer/*Mayer* Rn 38, je mwN

10 Vgl zu den entsprechenden Gestaltungsmöglichkeiten im Rahmen von Satzungsänderungen nach § 53 Abs. 2 GmbHG etwa Lutter/Hommelhoff/*Bayer* § 53 GmbHG Rn 13; Saenger/Inhester/*Inhester* § 53 GmbHG Rn 33 f

11 Dazu etwa Lutter/Hommelhoff/*Bayer* § 47 GmbHG Rn 7 und § 53 Rn 13.

es schließlich auch, die Beschlussfähigkeit der Gesellschafterversammlung an bestimmte Voraussetzungen (zB Anwesenheit eines bestimmten Stimmen- oder Kapitalquorums) zu binden.[12]

Die Wirksamkeit des Verschmelzungsbeschlusses kann an die Zustimmung einzelner (oder auch aller) Gesellschafter geknüpft werden; ebenso wenig wie für Satzungsänderungen ist es aber zulässig, die Verschmelzung von der Zustimmung eines anderen GmbH-Organs (Beirat) oder gar Dritter abhängig zu machen.[13] Kraft Satzungsregelung kann die Verschmelzung der Gesellschaft auch nicht generell ausgeschlossen werden; eine derartige Satzungsbestimmung ist aber regelmäßig dahin gehend auszulegen, dass eine Verschmelzung der Zustimmung aller Gesellschafter bedarf.[14] Im Ergebnis ebenso wird eine Satzungsregelung interpretiert, welche die Gesellschaft für „unauflöslich" erklärt.[15] 12

Stellt der Gesellschaftsvertrag **verschärfende Beschlusserfordernisse für Satzungsänderungen** auf, so gelten diese wegen der vergleichbaren Tragweite von Satzungsänderung und Verschmelzung (s. oben Rn 9) im Zweifel (Auslegungsregel) auch für den Verschmelzungsbeschluss.[16] Auf diesen sind die entsprechenden Satzungsvorgaben also nur dann unanwendbar, wenn die Auslegung des Gesellschaftsvertrags ergibt, dass das jeweilige (Mehrheits-)Erfordernis für Verschmelzungen gerade nicht gelten soll.[17] Nur eine solche Auslegungsregel wird man auch annehmen dürfen, wenn die Satzung (gegenüber § 60 Abs. 1 Nr. 2 GmbHG) verschärfende Erfordernisse für einen Auflösungsbeschluss trifft.[18] 13

Wird mit dem (notariell beurkundeten, vgl oben Rn 5) Verschmelzungsbeschluss *zu Unrecht* die erforderliche Beschlussmehrheit als erzielt – oder weitergehende statutarische Beschlusserfordernisse als erfüllt – festgestellt, so führt das zur **Anfechtbarkeit** des Beschlusses.[19] Zur fristgebundenen Klage gegen die Wirksamkeit des Beschlusses sowie zur registergerichtlichen Entscheidung über die Eintragung (einschließlich des Unbedenklichkeitsverfahrens) vgl §§ 14, 16 und die Erläuterungen dort. Wird die Eintragung vorgenommen, bleibt die Wirksamkeit der Verschmelzung von den Mängeln derselben unberührt (§ 20 Abs. 2); die Gesellschafter sind dann auf mögliche Schadensersatzansprüche nach §§ 25 ff verwiesen. 14

4. Erforderlichkeit sachlicher Rechtfertigung. Ob der Verschmelzungsbeschluss nach § 13 – über die gesetzlichen und ggf statutarischen (Mehrheits-)Erfordernisse hinaus – zum Schutz einer überstimmten Minderheit der sachlichen Rechtfertigung bedarf, die ggf im Rahmen richterlicher Inhaltskontrolle überprüft wird, war vom Gesetzgeber des UmwG bewusst ungeregelt gelassen worden.[20] Zum heutigem Stand der Diskussion lässt sich zusammenfassend festhalten:[21] Im Grundsatz bedarf ein mit der erforderlichen Mehrheit gefasster Verschmelzungsbeschluss nach heute überwiegender Auffassung weder in der übertragenden noch in der übernehmenden GmbH einer sachlichen Rechtfertigung. Denn Minderheitsgesellschafter sind bereits durch das Instrumentarium des Verschmelzungsrechts (Verschmelzungsbericht; Verschmelzungsprüfung; Abfindungs- und Zustimmungsrechte) hinreichend geschützt. Unter Berufung auf das Erfordernis eines Konzerneingangsschutzes wird eine sachliche Rechtfertigung indes teilweise dann als erforderlich angesehen, wenn die Gesellschafter eines beteiligten 15

12 Vgl auch Lutter/Hommelhoff/*Bayer* § 47 GmbHG Rn 8; Lutter/*Winter/Vetter* Rn 32.

13 Näher dazu Lutter/*Winter/Vetter* Rn 34; Semler/Stengel/*Reichert* Rn 9, je mwN

14 Lutter/*Winter/Vetter* Rn 37; Semler/Stengel/*Reichert* Rn 12; Widmann/Mayer/*Mayer* Rn 44.

15 Lutter/Hommelhoff/*Kleindiek* § GmbHG 60 Rn 6.

16 Gleichsinnig HK-UmwG/*Rebmann* Rn 6; Keßler/Kühnberger/*Keßler* Rn 7; Lutter/*Winter/Vetter* Rn 35; wohl auch Semler/Stengel/*Reichert* Rn 10; Widmann/Mayer/*Mayer* Rn 42; nicht eindeutig KölnKomm-UmwG/*Simon/Nießen* Rn 14: „letztlich Auslegung im Einzelfall".

17 Die generelle Übertragung der für Satzungsänderungen festgelegten höheren Anforderungen befürworten aber offenbar Henssler/Strohn/*Haeder* Rn 4; Kallmeyer/*Zimmermann* Rn 9; Schmitt/Hörtnagl/Stratz/*Stratz* Rn 7.

18 Ähnlich Widmann/Mayer/*Mayer* Rn 45; für generelle Übertragung wohl wiederum Schmitt/Hörtnagl/Stratz/*Stratz* Rn 7.

19 S. nur Lutter/*Winter/Vetter* Rn 75; Semler/Stengel/*Reichert* Rn 54.

20 Vgl BegrRegE UmwG bei *Ganske* S. 61.

21 S. auch etwa Kallmeyer/*Zimmermann* § 13 Rn 12; Lutter/*Drygala* § 13 Rn 38 ff; Schmitt/Hörtnagl/Stratz/*Stratz* § 13 Rn 42 ff; Semler/Stengel/*Gehling* § 13 Rn 23; Widmann/Mayer/*Heckschen* § 13 Rn 163.11 ff, je mwN

Rechtsträgers durch die Verschmelzung erstmalig Gesellschafter einer abhängigen Gesellschaft werden.[22] Jedenfalls hat der mehrheitlich gefasste Verschmelzungsbeschluss den Gleichbehandlungsgrundsatz und das Treuepflichtgebot zu beachten.[23] – Einzelheiten zum Ganzen sind im Rahmen der Erläuterungen von § 13 zu erörtern (vgl § 13 Rn 23).

III. Zustimmungserfordernisse nach Abs. 2

16 **1. Übersicht. Abs.** 2 normiert spezifische Zustimmungserfordernisse für den Verschmelzungsbeschluss einer **übertragenden GmbH**, wenn durch die Verschmelzung auf dem Gesellschaftsvertrag beruhende Minderheitenrechte eines einzelnen Gesellschafters oder einzelnen Gesellschaftern nach der Satzung zustehende Geschäftsführungs-Sonderrechte beeinträchtigt werden; dann bedarf der Beschluss – über das Mehrheitserfordernis nach Abs. 1 S. 1 und etwaige weitere statutarische Beschlusserfordernisse (s. oben Rn 8 ff) hinaus – der Zustimmung der betroffenen Gesellschafter. Grund: Etwaige Sonderrechte der Gesellschafter gehen unter, wenn die übertragende Gesellschaft nach § 20 Abs. 1 Nr. 2 S. 1 mit Eintragung der Verschmelzung erlischt; und der Entzug von Sonderrechten ist nach allgemeinen Grundsätzen nur mit Zustimmung des betroffenen Inhabers möglich (vgl § 35 BGB).

17 Das Zustimmungserfordernis nach Abs. 2 tritt neben die Zustimmungserfordernisse auf anderer Grundlage des UmwG, s. etwa § 13 Abs. 2, § 51. Nach § 13 Abs. 3 S. 1 müssen die nach dem UmwG erforderlichen Zustimmungserklärungen einzelner Anteilsinhaber – also auch solche nach § 50 Abs. 2 – notariell beurkundet werden.

18 **2. Erfasste Sonderrechte.** Die ein Zustimmungserfordernis nach Abs. 2 begründenden Gesellschafter-Sonderrechte müssen „auf dem Gesellschaftsvertrag beruhen" (Abs. 2 Fall 1) bzw ihren Inhabern „nach dem Gesellschaftsvertrag zustehen" (Abs. 2 Fall 2). Die entsprechenden Rechte müssen deshalb **durch den Gesellschaftsvertrag bestimmten Gesellschaftern ad personam oder den Inhabern bestimmter Geschäftsanteile zugewiesen** sein,[24] wobei die individuelle Zuweisung nicht dadurch ausgeschlossen wird, dass ein Sonderrecht (zB Vorkaufsrecht im Fall der Anteilsveräußerung) ggf *jedem* Gesellschafter gleichermaßen zusteht.[25] Nicht von Abs. 2 erfasst werden Individualrechte, die auf gesetzlicher Grundlage beruhen (zB § 51 a GmbHG); ebenso wenig statutarisch (schon gar nicht gesetzlich; zB § 50 GmbHG) eingeräumte Rechte, die an eine bestimmte Beteiligungsquote geknüpft sind.[26]

19 **„Minderheitsrechte eines einzelnen Gesellschafters" iSd Abs. 2 Fall 1** sind solche, die zumindest auch (nicht notwendig nur) solchen Gesellschaftern zustehen, welche nicht über eine Sperrminorität verfügen, die eine Verschmelzung verhindern könnte.[27] Darunter fallen etwa Zustimmungserfordernisse oder Vetorechte bei der Beschlussfassung durch die Gesellschafterversammlung; Mehrstimmrechte; Vorkaufs- oder Vorerwerbsrechte etc.[28] Nicht von Abs. 2 erfasst wird indes das statutarische Erfordernis der Zustimmung einzelner (oder auch aller) Gesellschafter zur Übertragung vinkulierter Geschäftsanteile. Diese Fälle haben ihre spezielle Regelung in § 13 Abs. 2 gefunden, der – anders als § 50 Abs. 2 (s. unten Rn 22) – die Zustimmung der betroffenen Gesellschafter zum Verschmelzungsbeschluss unabhängig davon verlangt, ob deren Rechtsposition durch die Verschmelzung beeinträchtigt wird.[29]

22 S. etwa *Binnewies* GmbHR 1997, 727, 730 f; Lutter/*Drygala* § 13 Rn 46 mwN, auch zu Gegenstimmen.

23 KölnKomm-UmwG/*Simon* § 13 Rn 98 ff; Lutter/*Drygala* § 13 Rn 54 ff; Lutter/*Winter/Vetter* Rn 38; Semler/Stengel/*Gehling* § 13 Rn 24.

24 KölnKomm-UmwG/*Simon/Nießen* Rn 18; Lutter/*Winter/Vetter* Rn 46; Schmitt/Hörtnagl/Stratz/*Stratz* Rn 12; Semler/Stengel/*Reichert* Rn 29.

25 Kallmeyer/*Zimmermann* Rn 21; Lutter/*Winter/Vetter* Rn 46; Semler/Stengel/*Reichert* Rn 29.

26 BegrRegE UmwG bei *Ganske* S. 100; KölnKomm-UmwG/*Simon/Nießen* Rn 19; Lutter/*Winter/Vetter* Rn 44; Semler/Stengel/*Reichert* Rn 27 f; Widmann/Mayer/*Mayer* Rn 84; näher zum Ganzen *Reichert* GmbHR 1995, 176 ff.

27 KölnKomm-UmwG/*Simon/Nießen* Rn 18; Lutter/*Winter/Vetter* Rn 50; Semler/Stengel/*Reichert* Rn 30.

28 S. etwa Lutter/*Winter/Vetter* Rn 53; Semler/Stengel/*Reichert* Rn 26 ff.

29 Zutreffend Lutter/*Winter/Vetter* Rn 54; zu Einzelheiten s. Semler/Stengel/*Reichert* Rn 34 ff mwN.

Ein **einzelnen Gesellschaftern zustehendes Geschäftsführungs-Sonderrecht iSd Abs. 2 Fall 2** ist etwa das im Gesellschaftsvertrag eingeräumte Recht auf das Amt eines Geschäftsführers, wenn eine Abberufung nur aus wichtigem Grund möglich ist;[30] ebenso erfasst werden statutarische Bestellungsrechte[31] sowie Benennungs- oder Präsentationsrechte[32] hinsichtlich eines Geschäftsführers. Vergleichbare Rechte hinsichtlich der Besetzung eines anderen Gesellschaftsorgans (zB Aufsichtsrat, Beirat) werden von Abs. 2 Fall 1 erfasst;[33] Abs. 2 Fall 2 umschreibt lediglich eine (speziell herausgestellte) Teilmenge der Sonderrechte nach Abs. 2 Fall 1. 20

Vom Zustimmungserfordernis des Abs. 2 **nicht erfasst** sind nach dem Konzept des Gesetzgebers[34] freilich **vermögensbezogene Sonderrechte** einzelner Gesellschafter (zB auf Gewinnvorzug oder auf bevorzugte Beteiligung am Liquidationserlös), da solche schon bei der Bestimmung des Umtauschverhältnisses zu berücksichtigen und daher durch § 23 geschützt sind. Für die Abgrenzung ist entscheidend, ob der verschmelzungsbedingte Rechtsverlust durch entsprechende Anpassung des Umtauschverhältnisses kompensiert werden kann; wo dies nicht der Fall ist, bleibt Abs. 2 anwendbar.[35] 21

3. Beeinträchtigung des Rechts

Ein Zustimmungserfordernis nach Abs. 2 entsteht nur, soweit die von der Vorschrift erfassten Sonderrechte einzelner Gesellschafter einer übertragenden Gesellschaft „durch die Verschmelzung (...) beeinträchtigt" werden. An einer solchen **Beeinträchtigung** fehlt es, soweit den Gesellschaftern der übertragenden Gesellschaft im übernehmenden Rechtsträger funktional gleichwertige Rechte gewährt werden.[36] Vgl auch § 46 Rn 29 zu den gesellschaftsrechtlichen Kautelen der Schaffung solcher Rechte im Zuge der Verschmelzung. 22

Gleichwertigkeit ist nicht gegeben, wenn die entsprechenden Rechte lediglich in die Verschmelzung begleitenden Konsortialverträgen eingeräumt werden.[37] Bezogen auf Vorkaufs- bzw Vorerwerbsrechte ist eine Gleichwertigkeit nur dann gegeben, wenn solche hinsichtlich *aller* Anteile des übernehmenden Rechtsträgers bestehen (und nicht lediglich jener Anteile, welche den Gesellschaftern der übertragenden GmbH im Zuge der Verschmelzung gewährt werden).[38] 23

4. Zustimmung betroffener Gesellschafter. Die nach Abs. 2 erforderliche Zustimmung ist gegenüber der Gesellschaft (Vertretung durch einen Geschäftsführer genügt; vgl § 35 Abs. 2 S. 2 GmbHG) zu erklären,[39] was innerhalb oder außerhalb der Gesellschafterversammlung, vor oder nach der Beschlussfassung über die Verschmelzung geschehen kann, solange nur die gesetzlich vorgeschriebene Form nach § 13 Abs. 3 S. 1 (notarielle Beurkundung; s. oben Rn 17) eingehalten ist.[40] Nimmt ein Gesellschafter, dessen Zustimmung es nach Abs. 2 bedarf, an der Abstimmung über den Verschmelzungsbeschluss teil und stimmt dabei für die Verschmelzung, ist darin im Zweifel zugleich seine Zustimmung nach Abs. 2 zu sehen; eine gesonderte Protokollierung der Zustimmungserklärung ist dann entbehrlich, sofern bei der notariellen Beurkundung des Verschmelzungsbeschlusses (§§ 36, 37 BeurkG) auch die Vorgaben zur Beurkundung 24

30 Dazu Lutter/Hommelhoff/*Kleindiek* § 38 GmbHG Rn 34 f; KölnKomm-UmwG/*Simon/Nießen* Rn 24; Lutter/*Winter/Vetter* Rn 55; Semler/Stengel/*Reichert* Rn 42; Widmann/Mayer/*Mayer* Rn 90.

31 Hierzu Lutter/Hommelhoff/*Kleindiek* Vor § 35 GmbHG Rn 3 und etwa KölnKomm-UmwG/*Simon/Nießen* Rn 25; Lutter/*Winter/Vetter* Rn 56; Semler/Stengel/*Reichert* Rn 43.

32 Dazu Lutter/Hommelhoff/*Bayer* § 46 GmbHG Rn 25 und etwa KölnKomm-UmwG/*Simon/Nießen* Rn 25; Lutter/*Winter/Vetter* Rn 57; Semler/Stengel/*Reichert* Rn 44.

33 Kallmeyer/*Zimmermann* Rn 22; Lutter/*Winter/Vetter* Rn 53; Semler/Stengel/*Reichert* Rn 45.

34 Vgl BegrRegE UmwG bei *Ganske* S. 100.

35 KölnKomm-UmwG/*Simon/Nießen* Rn 20; Lutter/*Winter/Vetter* Rn 51 f; Semler/Stengel/*Reichert* Rn 31; Widmann/Mayer/*Mayer* Rn 89.

36 Kallmeyer/*Zimmermann* Rn 23; KölnKomm-UmwG/*Simon/Nießen* Rn 21 und 26; Lutter/*Winter/Vetter* Rn 59; Semler/Stengel/*Reichert* Rn 40 und 46.

37 KölnKomm-UmwG/*Simon/Nießen* Rn 21; Lutter/*Winter/Vetter* Rn 64.

38 KölnKomm-UmwG/*Simon/Nießen* Rn 22; Lutter/*Winter/Vetter* Rn 61.

39 Lutter/*Winter/Vetter* Rn 65; Semler/Stengel/*Reichert* Rn 47 mit Fn 133; Widmann/Mayer/*Mayer* Rn 70; alternativ lässt Kallmeyer/*Zimmermann* Rn 27 auch Erklärung gegenüber der Gesellschafterversammlung genügen.

40 Lutter/*Winter/Vetter* Rn 67 f; Semler/Stengel/*Reichert* Rn 47; Widmann/Mayer/*Mayer* Rn 64, 66, 73.

von Willenserklärungen nach §§ 6 ff BeurkG (u.a. Verlesung der Niederschrift und Unterzeichnung auch durch die Beteiligten; vgl § 13 BeurkG) eingehalten werden.[41]

25 Die Zustimmung ist nicht fristgebunden, doch sind die gesetzlich erforderlichen Zustimmungserklärungen der Anmeldung der Verschmelzung zur Handelsregistereintragung beizufügen (§ 17 Abs. 1). Die Gesellschaft kann dem Zustimmungsberechtigten zu diesem Zweck eine Frist setzen, innerhalb derer zugestimmt werden muss; andernfalls gilt sie als versagt (entsprechend §§ 108 Abs. 2 S. 2, 177 Abs. 2 S. 2 BGB).[42]

26 So lange eine **erforderliche Zustimmungserklärung fehlt**, ist ein Verschmelzungsbeschluss (sofern er nicht schon aus einem anderen Grund nichtig ist) schwebend unwirksam, nicht lediglich anfechtbar. Mit Erteilung aller notwendigen Zustimmungen wird er – soweit kein sonstiger Beschlussmangel vorliegt; vgl zur Frist für eine Klage gegen die Beschlusswirksamkeit § 14 und die Erläuterungen dort – endgültig wirksam; er wird endgültig unwirksam, wenn die Zustimmung verweigert wird.[43] Fehlende bzw verweigerte Zustimmungen stellen ein Eintragungshindernis dar. Wird die Eintragung dennoch vorgenommen, lässt die fehlende Zustimmung die Wirksamkeit der Verschmelzung jedoch unberührt (§ 20 Abs. 2). Ein etwaiger Mangel der notariellen Beurkundung einer erteilten Zustimmung wird durch die Eintragung geheilt (§ 20 Abs. 1 Nr. 4).[44]

IV. Kosten

27 Zu den Kosten der Verschmelzung vgl die Übersicht § 2 Rn 29 ff und speziell zur Beurkundung einzelner Zustimmungserklärungen § 13 Rn 61 ff; s. im Übrigen die Erläuterungen § 4 Rn 31, § 6 Rn 19 ff (Beurkundung des Verschmelzungsvertrages); § 6 Rn 21, § 13 Rn 58 ff (Beurkundung der Zustimmungsbeschlüsse); § 16 Rn 52 ff (Anmeldung der Verschmelzung); § 16 Rn 55, § 19 Rn 23 ff (Registereintragung und Bekanntmachung).

§ 51 Zustimmungserfordernisse in Sonderfällen

(1) [1]Ist an der Verschmelzung eine Gesellschaft mit beschränkter Haftung, auf deren Geschäftsanteile nicht alle zu leistenden Einlagen in voller Höhe bewirkt sind, als übernehmender Rechtsträger beteiligt, so bedarf der Verschmelzungsbeschluß eines übertragenden Rechtsträgers der Zustimmung aller bei der Beschlußfassung anwesenden Anteilsinhaber dieses Rechtsträgers. [2]Ist der übertragende Rechtsträger eine Personenhandelsgesellschaft, eine Partnerschaftsgesellschaft oder eine Gesellschaft mit beschränkter Haftung, so bedarf der Verschmelzungsbeschluß auch der Zustimmung der nicht erschienenen Gesellschafter. [3]Wird eine Gesellschaft mit beschränkter Haftung, auf deren Geschäftsanteile nicht alle zu leistenden Einlagen in voller Höhe bewirkt sind, von einer Gesellschaft mit beschränkter Haftung durch Verschmelzung aufgenommen, bedarf der Verschmelzungsbeschluss der Zustimmung aller Gesellschafter der übernehmenden Gesellschaft.

(2) Wird der Nennbetrag der Geschäftsanteile nach § 46 Abs. 1 Satz 2 abweichend vom Betrag der Aktien festgesetzt, so muss der Festsetzung jeder Aktionär zustimmen, der sich nicht mit seinem gesamten Anteil beteiligen kann.

41 S. hierzu und zu weiteren Einzelheiten Maulbetsch/Klumpp/Rose/*Rebmann* Rn 23; Lutter/*Winter*/*Vetter* Rn 12 und 66; Semler/Stengel/*Reichert* Rn 22 und 47; Widmann/Mayer/*Mayer* Rn 77.

42 Vgl auch Kallmeyer/*Zimmermann* Rn 27; Semler/Stengel/*Reichert* Rn 47 mwN

43 KölnKomm-UmwG/*Simon*/*Nießen* Rn 34; Lutter/*Winter*/*Vetter* Rn 79; Semler/Stengel/*Reichert* Rn 55.

44 Lutter/*Grunewald* § 20 Rn 75.

I. Norminhalt und Normzweck; Normgeschichte

§ 51 normiert zum Schutz von Anteilsinhabern der an der Verschmelzung beteiligten Rechtsträger besondere Zustimmungserfordernisse hinsichtlich des Verschmelzungsbeschlusses nach § 13, wenn an der Verschmelzung (durch Aufnahme; s. unten Rn 7) Gesellschaften mbH beteiligt sind. 1

Sind bei einer *übernehmenden* GmbH auf deren Geschäftsanteile nicht alle Einlagen in voller Höhe geleistet, bedarf der Verschmelzungsbeschluss eines übertragenden Rechtsträgers (unabhängig von dessen Rechtsform) jedenfalls der Zustimmung aller bei der Beschlussfassung (vgl § 13 Abs. 1 S. 2) anwesenden Anteilsinhaber dieses (übertragenden) Rechtsträgers: **Abs. 1 S. 1.** Darüber hinaus bedarf der Beschluss aber auch der Zustimmung der nicht (zur Gesellschafterversammlung) erschienenen Anteilseigner des übertragenden Rechtsträgers, wenn dieser eine Personengesellschaft, eine Partnerschaftsgesellschaft oder eine GmbH ist: **Abs. 1 S. 2.** Nach **Abs. 1 S. 3** bedarf der Verschmelzungsbeschluss der Zustimmung aller Gesellschafter der übernehmenden Gesellschaft, wenn eine übertragende GmbH von einer übernehmenden GmbH aufgenommen wird und auf die Geschäftsanteile der *übertragenden* Gesellschaft nicht alle Einlagen in voller Höhe geleistet sind. 2

Jene besonderen Zustimmungserfordernisse (zur Interpretation s. unten Rn 8 ff) bezwecken den Schutz der Gesellschafter angesichts der Risiken einer Ausfallhaftung aus § 24 GmbHG, soweit eine Stammeinlage weder vom Zahlungspflichtigen eingezogen noch durch Verkauf des Geschäftsanteils gedeckt werden kann.[1] Dabei erklärt sich die unterschiedliche Reichweite des Zustimmungserfordernisses nach Abs. 1 S. 1 einerseits (Zustimmung aller bei Beschlussfassung anwesenden Anteilsinhaber des übertragenden Rechtsträgers) und Abs. 1 S. 2 andererseits (Zustimmung auch der nicht erschienen Gesellschafter) aus der Überlegung, dass sich das Erfordernis der Zustimmung aller (auch der nicht erschienenen) Gesellschafter nur bei den von Satz 2 erfassten, (typischerweise) personalistisch strukturierten Gesellschaften praktisch umsetzen lässt.[2] 3

Liegen die Tatbestandsvoraussetzungen für Zustimmungserfordernisse nach Abs. 1 S. 1 und 2 oder Abs. 1 S. 3 vor, verpflichtet § 52 die Vertretungsorgane aller an der Verschmelzung beteiligten Rechtsträger, bei der Anmeldung der Verschmelzung zum Handelsregister auch zu erklären, dass die erforderlichen Zustimmungen tatsächlich erteilt worden sind; s. § 52 Rn 2. 4

Abs. 2 betrifft den Fall der Mischverschmelzung einer AG/KGaA auf eine GmbH, wenn dabei – was durch **§ 46 Abs. 1 S. 2** ausdrücklich (klarstellend) zugelassen wird (vgl dazu § 46 Rn 17) – der Nennbetrag der zu gewährenden Anteile an der übernehmenden Gesellschaft nicht dem Betrag entspricht, der auf die untergehenden Anteile der übertragenden AG/KGaA als anteiliger Betrag ihres Grundkapitals entfällt: Dann muss der Festsetzung jeder Aktionär der übertragenden Gesellschaft zustimmen, der sich nicht mit seinem gesamten (ursprünglichen) Anteil an den übernehmenden GmbH beteiligen kann. Auch das dient dem Gesellschafterschutz: Die Ak- 5

1 BegrRegE UmwG bei *Ganske* S. 101.
2 Lutter/*Winter/Vetter* Rn 25; Semler/Stengel/*Reichert* Rn 14.

tionäre der übertragenden AG oder KGaA sollen den (teilweisen) Verlust ihrer Beteiligung nicht ohne ihre Zustimmung hinnehmen müssen.[3]

6 § 51 knüpft an die früheren Bestimmungen der §§ 20 Abs. 2 S. 3, 33 Abs. 2 S. 1, Abs. 3 KapErhG sowie § 369 Abs. 6 AktG aF an, wobei Abs. 1 eine gegenüber § 20 Abs. 2 S. 3 KapErhG inhaltlich erweiterte Regelung enthält.[4] Abs. 1 S. 3 ist im Zuge des 2. UmwGÄndG[5] neu formuliert worden, um bestehenden Auslegungsschwierigkeiten zu begegnen (s. unten Rn 17). Abs. 2 basiert auf § 369 Abs. 6 S. 3 AktG aF und wurde durch das StückAG[6] sowie im Zuge des MoMiG[7] – nach dessen Inkrafttreten der Nennbetrag eines jeden GmbH-Geschäftsanteils (nur noch) auf volle Euro lauten muss (§ 5 Abs. 2 GmbHG), so dass seither auch Anteile im Nennbetrag von 1 EUR ausgegeben werden können (s. § 46 Abs. 1 S. 3 und dazu § 46 Rn 18) – geändert.

7 Die Vorschrift findet nach dem Willen des Gesetzgebers nicht auf die Verschmelzung durch Neugründung (§ 56; vgl § 56 Rn 7), im Übrigen aber auch auf Spaltungen Anwendung (§ 125 S. 1).

II. Zustimmungserfordernisse bei nicht vollständig geleisteten Einlagen (Abs. 1)

8 **1. Nicht vollständig geleistete Einlagen bei der übernehmenden GmbH (Satz 1 und 2). a) Tatbestandsvoraussetzungen.** Abs. 1 S. 1 und 2 erfasst nur Konstellationen, in denen der **übernehmende Rechtsträger eine GmbH** ist; übertragender Rechtsträger kann demgegenüber jeder nach § 3 verschmelzungsfähige Rechtsträger sein. Der Zustimmung aller anwesenden (oder auch der nicht erschienen Anteilseigner des übertragenden Rechtsträgers) nach Maßgabe von Abs. 1 S. 1 und 2 bedarf es, wenn auf die Geschäftsanteile der übernehmenden GmbH **nicht alle zu leistenden Einlagen in voller Höhe bewirkt** sind.[8]

9 Das Zustimmungserfordernis besteht – dem Normzweck entsprechend (vgl oben Rn 3) – in allen Fällen, in denen zulasten der künftigen Gesellschafter der übernehmenden GmbH eine **Ausfallhaftung nach § 24 GmbHG** in Betracht kommt.[9] Dazu zählen auch eine etwaige Differenzhaftung nach § 9 GmbHG bei Überbewertung von Sacheinlagen sowie Konstellationen der verdeckten Sacheinlage oder des Hin- und Herzahlens außerhalb des Tatbestandes der verdeckten Sacheinlage, soweit hier die Voraussetzungen einer Befreiung von der Einlageschuld nach Maßgabe von § 19 Abs. 4 und 5 GmbHG nicht erfüllt sind. Ebenso greift das Zustimmungserfordernis in Fällen einer bestehenden Unterbilanzhaftung (Vorbelastungshaftung) zulasten der Gründer einer übernehmenden GmbH.[10] Denn die damit einhergehende (pro ratarische) Ausfallhaftung aus § 24 GmbHG trifft nicht etwa nur die jeweiligen Mit-Gründer (oder deren Rechtsnachfolger), die der vorzeitigen Geschäftsaufnahme zugestimmt hatten, sondern – entsprechend den allgemeinen Grundsätzen zu § 24 GmbHG[11] – alle aktuellen Gesellschafter, auch die im Zuge einer Verschmelzung (oder Kapitalerhöhung) neu hinzukommenden.

10 Demgegenüber ist dem Risiko aus einer in der *Satzung* der übernehmenden Gesellschaft angeordneten Ausfallhaftung entsprechend § 24 GmbHG für offene Nachschusspflichten (§§ 26 ff GmbHG) mit dem Zustimmungserfordernis nach Maßgabe des unten Rn 26 f Ausgeführten zu begegnen.[12]

3 KölnKomm-UmwG/*Simon/Nießen* Rn 5.
4 Näher etwa Semler/Stengel/*Reichert* Rn 1.
5 Zweites Gesetz zur Änderung des Umwandlungsgesetzes v. 19.4.2007, BGBl. I S. 542.
6 Stückaktiengesetz v. 25.3.1998, BGBl. I S. 590.
7 Gesetz zur Modernisierung des GmbH-Rechts und zur Bekämpfung von Missbräuchen v. 23.10.2008, BGBl. I S. 2026.
8 Zu weiteren Einzelheiten KölnKomm-UmwG/*Simon/Nießen* Rn 10 ff.
9 S. etwa Kallmeyer/*Zimmermann* Rn 8; KölnKomm-UmwG/*Simon/Nießen* Rn 10; Lutter/*Winter/Vetter* Rn 16 ff; Semler/Stengel/*Reichert* Rn 11; Widmann/Mayer/*Mayer* Rn 10.
10 Zu deren Voraussetzungen s. etwa Lutter/Hommelhoff/*Bayer* § 11 GmbHG Rn 32 ff; Saenger/Inhester/*Pfisterer* § 11 GmbHG Rn 15 ff und 45 ff.
11 Vgl nur Lutter/Hommelhoff/*Bayer* § 24 GmbHG Rn 8 und 9 ff; Saenger/Inhester/*Saenger* GmbHG § 24 Rn 5 ff.
12 Für einen Rückgriff auf § 51 Abs. 1 S. 1 und 2 in einem solchen Fall Schmitt/Hörtnagl/Stratz/*Stratz* Rn 3; *Wälzholz* DStR 2006, 236.

Ein das Zustimmungsrecht (in einem übertragenden Rechtsträger) beanspruchender Anteilsinhaber muss zumindest konkrete Umstände für den Bestand eines Ausfallhaftungsrisikos auf einer der skizzierten Grundlagen (zB fehlende Werthaltigkeit erbrachter Sacheinlagen; verdeckte Sacheinlage etc.) darlegen.[13] Nicht ausreichend wäre insoweit etwa der Umstand, dass in der übernehmenden GmbH vorzeiten Sacheinlagen übernommen worden waren und die (heute) zehnjährige Verjährungsfrist für eine etwaige Differenzhaftung (§ 9 Abs. 2 GmbHG) noch nicht abgelaufen ist.[14] 11

b) **Zustimmungserfordernisse.** Unter den soeben Rn 8 ff beschriebenen Voraussetzungen bedarf der Verschmelzungsbeschluss eines übertragenden Rechtsträgers nach **Abs. 1 S. 1** jedenfalls der Zustimmung aller bei der Beschlussfassung (vgl § 13 Abs. 1 S. 2) anwesenden (ggf vertretenen) Anteilsinhaber des übertragenden Rechtsträgers. Darüber hinaus verlangt **Abs. 1 S. 2** auch die Zustimmung aller nicht (zur Gesellschafterversammlung) erschienen Anteilseigner des übertragenden Rechtsträgers, wenn dieser eine Personengesellschaft, eine Partnerschaftsgesellschaft oder eine GmbH ist. 12

Das Erfordernis der Zustimmung aller anwesenden Anteilsinhaber nach Maßgabe von Satz 1 ist nicht im Sinne individueller Zustimmungserklärungen eines jeden dieser Anteilsinhaber zu verstehen, die nach § 13 Abs. 3 S. 1 – unter Beachtung der Kautelen für die Beurkundung von Willenserklärungen nach §§ 6 ff BeurkG (u.a. Verlesung der Niederschrift und Unterzeichnung auch durch die Beteiligten; vgl § 13 BeurkG) – notariell zu beurkunden wären. Die Vorgabe nach S. 1 begründet vielmehr – als eine gegenüber den allgemeinen Mehrheitserfordernissen (zB § 50 Abs. 1 S. 1 für die GmbH) speziellere Bestimmung[15] – ein **Einstimmigkeitserfordernis** für den Verschmelzungsbeschluss im übertragenden Rechtsträger: Der Beschluss ist nicht mit „Zustimmung aller anwesenden Anteilseigner" gefasst, wenn auch nur einer der (stimmberechtigten) Anwesenden nicht mit Ja stimmt. Insoweit wirken sich etwaige Enthaltungen faktisch wie Nein-Stimmen aus, denn auch dann stimmen gerade nicht alle anwesenden Anteilsinhaber dem Beschluss in der Gesellschafterversammlung zu.[16] 13

Der einstimmig erzielte Beschluss ist notariell zu beurkunden (§ 13 Abs. 3 S. 1). Daneben bedarf es der **gesonderten Zustimmung von ggf anwesenden Anteilsinhabern ohne Stimmrecht;** *diese* Zustimmungen sind „echte" iSd § 13 Abs. 3 S. 1.[17] Werden sie in der Gesellschafterversammlung abgegeben, sind sie gesondert zu beurkunden; sie können aber auch außerhalb der Versammlung (zB schon vorher) abgegeben und beurkundet werden.[18] 14

Ist die einstimmige Beschlussfassung zu Unrecht festgestellt (und beurkundet) worden, ist der Beschluss anfechtbar (fehlende Beurkundung führt schon zur Beschlussnichtigkeit). Fehlt es (noch) an einer erforderlichen Zustimmung iSd § 13 Abs. 3 S. 1, führt das zur (vorläufigen) Unwirksamkeit des Beschlusses; vgl § 50 Rn 26. 15

Ist übertragender Rechtsträger eine **Personengesellschaft,** eine **Partnerschaftsgesellschaft** oder eine **GmbH,** bedarf es – über das soeben Rn 13 f Ausgeführte hinaus – nach Satz 2 auch der **gesonderten Zustimmung aller nicht erschienenen Anteilseigner** (solcher mit und ohne Stimm- 16

13 Kallmeyer/*Zimmermann* Rn 8; KölnKomm-UmwG/*Simon/Nießen* Rn 10; Lutter/*Winter/Vetter* Rn 20; Semler/Stengel/*Reichert* Rn 11; Widmann/Mayer/*Mayer* Rn 10; anders Schmitt/Hörtnagl/Stratz/*Stratz* Rn 3, der dem Anteilsinhaber offenbar die volle „Darlegungs- und Beweislast" auferlegen will.

14 Zutreffend Lutter/*Winter/Vetter* Rn 20.

15 Vgl auch BegrRegE UmwG bei *Ganske* S. 101.

16 Im Ergebnis wohl ganz überwiegende Auffassung; s. etwa Maulbetsch/Klumpp/Rose/*Rebmann* Rn 5; Kallmeyer/*Zimmermann* Rn 2; Lutter/*Winter/Vetter* Rn 21; Schmitt/Hörtnagl/Stratz/*Stratz* Rn 5; Widmann/Mayer/*Mayer* Rn 11. Demgegenüber wollen KölnKomm-UmwG/*Simon/Nießen* Rn 14 einem Gesellschafter, der in der Versammlung mit Nein gestimmt oder sich enthalten hat, eine (korrigierende) Zustimmungserklärung außerhalb der Versammlung ermöglichen.

17 Kallmeyer/*Zimmermann* Rn 2; Semler/Stengel/*Reichert* Rn 12; Widmann/Mayer/*Mayer* Rn 11.

18 KölnKomm-UmwG/*Simon/Nießen* Rn 14; Semler/Stengel/*Reichert* Rn 12; Widmann/Mayer/*Mayer* Rn 11.

recht), die wiederum (als „echte" Zustimmungen iSd § 13 Abs. 3 S. 1) nach den für Willenserklärungen geltenden Vorschriften (§§ 6 ff BeurkG) zu beurkunden sind.[19]

17 **2. Nicht vollständig geleistete Einlagen bei der übertragenden GmbH (Satz 3). a) Tatbestandsvoraussetzungen. Abs. 1 S. 3** betrifft den Fall einer reinen GmbH-Verschmelzung durch Aufnahme, sofern auf die Geschäftsanteile der *übertragenden* GmbH nicht alle zu leistenden Einlagen in voller Höhe bewirkt sind; dann bedarf der Verschmelzungsbeschluss in der *übernehmenden* GmbH der Zustimmung aller Gesellschafter dieser (übernehmenden) Gesellschaft. Mit der heutigen Formulierung von Satz 3 – im Zuge des 2. UmwGÄndG neu gefasst (s. oben Rn 6) – hat der Gesetzgeber einen bis dahin bestehenden Streit über die zutreffende Auslegung von Abs. 1 S. 3 aF[20] beilegen wollen. Unter den Tatbestandsvoraussetzungen der Norm bedarf es der Zustimmung aller Gesellschafter der übernehmenden GmbH zum dort gefassten Verschmelzungsbeschluss, weil offene Einlageforderungen der übertragenden Gesellschaft mit Eintragung der Verschmelzung auf die übernehmende GmbH übergehen und die Ausfallhaftung aus § 24 GmbHG (für nicht voll eingezahlte Geschäftsanteile in der übertragenden GmbH) nach Wirksamwerden der Verschmelzung alle Gesellschafter der übernehmenden GmbH, auch alle Altgesellschafter, trifft. Letzteres steht heute außer Streit, wenn für die nicht voll eingezahlten Geschäftsanteile der übertragenden Gesellschaft wiederum nicht voll eingezahlte Geschäftsanteile in der übernehmenden GmbH gewährt werden; ob das indes auch dort gilt, wo voll eingezahlte Anteile an der übernehmenden Gesellschaft gewährt werden,[21] ist umstritten.[22]

18 Hinsichtlich der möglichen Entstehungsgründe für die Ausfallhaftung aus § 24 GmbHG gilt das oben Rn 9 Gesagte entsprechend.[23]

19 Das Zustimmungserfordernis nach Abs. 1 S. 3 ist auf Fälle der reinen GmbH-Verschmelzung beschränkt. Angesichts des eindeutigen Wortlauts der Norm – der insoweit auch durch das 2. UmwGÄndG (oben Rn 17) keine Korrektur erfahren hat – muss eine analoge Anwendung auf **Mischverschmelzungen** ausscheiden.[24]

20 **b) Zustimmungserfordernisse.** Unter den soeben Rn 17 ff beschriebenen Voraussetzungen bedarf der Verschmelzungsbeschluss in der übernehmenden Gesellschaft der **Zustimmung aller Gesellschafter.** Hinsichtlich der (in der Gesellschafterversammlung) anwesenden (ggf vertretenen) Gesellschafter mit Stimmrecht gilt das Einstimmigkeitserfordernis entsprechend dem oben Rn 13 Gesagten. Anwesende Inhaber von Anteilen ohne Stimmrecht sowie alle nicht erschienenen Gesellschafter müssen gesonderte Zustimmungserklärungen (innerhalb oder außerhalb der Versammlung) entsprechend dem oben Rn 14 und 16 Ausgeführten abgeben.[25]

III. Zustimmungserfordernis wegen Beteiligungsverlustes (Abs. 2)

21 **1. Tatbestandsvoraussetzungen. Abs. 2** normiert ein spezielles Zustimmungserfordernis im Fall der Mischverschmelzung einer AG/KGaA auf eine GmbH: Wenn dabei der Nennbetrag der zu gewährenden Anteile an der übernehmenden Gesellschaft nicht dem Betrag entspricht, der auf die untergehenden Anteile der übertragenden AG/KGaA als anteiliger Betrag ihres Grundkapi-

19 S. auch Lutter/*Winter*/*Vetter* Rn 26; Schmitt/Hörtnagl/Stratz/*Stratz* Rn 5; Semler/Stengel/*Reichert* Rn 13; Widmann/Mayer/*Mayer* Rn 12 ff.

20 Darin war die „entsprechende Anwendung der Sätze 1 und 2" angeordnet, wenn bei einer übertragenden GmbH nicht alle Einlagen in voller Höhe bewirkt waren; zu den daraus resultierenden Auslegungsschwierigkeiten s. etwa Lutter/*Winter*, 4. Aufl., Rn 11.

21 Zu den bestehenden Möglichkeiten s. etwa Lutter/*Grunewald* § 20 Rn 47 f.

22 Ausdrücklich bejahend Maulbetsch/Klumpp/Rose/*Rebmann* Rn 10; verneinend Kallmeyer/*Zimmermann* Rn 5 f, der dann nur eine Ausfallhaftung der (bisherigen) Gesellschafter der übertragenden Gesellschaft annimmt.

23 Zu Besonderheiten im Fall der Mehrfachverschmelzung unter Beteiligung einer übertragenden GmbH weiterführend KölnKomm-UmwG/*Simon*/*Nießen* Rn 26 ff.

24 Im Ergebnis ebenso Henssler/Strohn/*Haeder* Rn 4; Maulbetsch/Klumpp/Rose/*Rebmann* Rn 13; KölnKomm-UmwG/*Simon*/*Nießen* Rn 30; Lutter/*Winter*/*Vetter* Rn 37; Widmann/Mayer/*Mayer* Rn 22; aA *Bayer* ZIP 1997, 1613, 1623; Schmitt/Hörtnagl/Stratz/*Stratz* Rn 10; Semler/Stengel/*Reichert* Rn 23.

25 S. auch Kallmeyer/*Zimmermann* Rn 6; Schmitt/Hörtnagl/Stratz/*Stratz* Rn 5; Semler/Stengel/*Reichert* Rn 21.

tals entfällt, muss der Festsetzung jeder Aktionär der übertragenden Gesellschaft zustimmen, der sich nicht mit seinem gesamten (ursprünglichen) Anteil an der übernehmenden GmbH beteiligen kann. Die Aktionäre der übertragenden AG oder KGaA sollen den (teilweisen) Verlust ihrer Beteiligung nicht ohne ihre Zustimmung hinnehmen müssen. Dass es der Nennwertidentität keineswegs zwingend bedarf, wird für den Fall der nämlichen Mischverschmelzung in § 46 Abs. 1 S. 2 ausdrücklich klargestellt (s. dazu § 46 Rn 17); so konnte der Gesetzgeber bei der Formulierung von § 51 Abs. 2 auf jene Bestimmung Bezug nehmen.

Voraussetzung des Zustimmungserfordernisses nach Abs. 2 ist eine **abweichende Festsetzung des Nennbetrags iSv § 46 Abs. 1 S. 2** (s. dazu § 46 Rn 16 f) sowie ein darauf beruhender **Beteiligungsverlust (Anteilsverlust)**[26] eines Aktionärs einer übertragenden AG oder KGaA; auch nicht stimmberechtigte Aktionäre werden durch die Vorschrift geschützt.[27] Ein solcher Anteilsverlust kann eintreten, wenn es aufgrund der konkreten – den Mindestbetrag nach § 46 Abs. 1 S. 3 (1 EUR) überschreitenden – Festsetzung des Nennbetrages der zu gewährenden Anteile an der übernehmenden GmbH zu einem nicht verteilungsfähigen Anteilsrest kommt oder wenn die Beteiligung am übertragenden Rechtsträger so gering war, dass der im Verschmelzungsvertrag festgesetzte Nennbetrag eines Anteils an der übernehmenden GmbH nicht erreicht wird.[28] 22

Die **Zustimmung** nach Abs. 2 ist allerdings dann **entbehrlich**, wenn – wie bei Anteilsspitzen oder Kleinstbeteiligungen iSd bei § 46 Rn 19 Ausgeführten – nicht einmal der Mindestnennbetrag des § 46 Abs. 1 S. 3 (1 Euro) erreicht werden kann, so dass der mit der Verschmelzung verbundene Anteilsverlust unvermeidbar ist.[29] Das war in § 51 Abs. 2 aF noch ausdrücklich in diesem Sinne geregelt und sollte durch die Neufassung der Vorschrift im Zuge des MoMiG (s. § 51 oben Rn 6) nicht etwa geändert werden.[30] Zu den dann bestehenden Gestaltungsmöglichkeiten (bare Zahlungen; Zusammenlegung von Anteilen) s. § 46 Rn 20 ff. 23

Abs. 2 ist **nicht analog** anzuwenden, **wenn der übertragende Rechtsträger** keine Aktiengesellschaft (bzw KGaA), sondern **in einer anderen Rechtsform organisiert** ist;[31] angesichts des eindeutigen Wortlauts der Vorschrift kommt eine solche Analogie nicht in Betracht. Dem lässt sich auch nicht etwa entgegenhalten, dass § 46 Abs. 1 S. 2 (keine Nennbetragsidentität) nur einen allgemeinen Rechtsgedanken zum Ausdruck bringt, der für die Verschmelzung anderer Rechtsträger gleichermaßen gilt (vgl § 46 Rn 17). Wenn der Gesetzgeber des UmwG jenen Rechtsgedanken nur bezogen auf die Mischverschmelzung einer AG/KGaA auf eine GmbH kodifiziert hat, so dürfte sich dies gerade daraus erklären, dass nach seinem Willen nur in diesem Fall (zum Schutz der betroffenen Aktionäre) ein Zustimmungserfordernis iSd § 51 Abs. 2 gelten soll; die Kodifizierung des § 46 Abs. 1 S. 2 ermöglichte die Bezugnahme in § 51 Abs. 2. Vergleichbar betroffene Anteilsinhaber von übertragenden Rechtsträgern anderer Rechtsform werden durch die allgemeinen Schranken der Mehrheitsherrschaft (v.a. Treuepflicht) geschützt, wenn die mit § 46 Abs. 1 S. 3 bestehenden Gestaltungsmöglichkeiten nach dem Willen der Mehrheit nicht genutzt werden sollen und es deshalb zu Beteiligungsverlusten kommt.[32] 24

2. Zustimmungserfordernisse. Unter den oben Rn 22 beschriebenen Voraussetzungen (Anteilsverlust) bedarf die abweichende Festsetzung des Nennbetrages der Zustimmung jedes betroffenen Aktionärs; in einer positiven Stimmabgabe zum Verschmelzungsbeschluss ist diese Zustim- 25

26 Vgl auch die Terminologie bei Lutter/*Winter/Vetter* Rn 61 f („Beteiligungsdefizit") und KölnKomm-UmwG/*Simon/Nießen* Rn 32 („nicht wertäquivalente Beteiligung").

27 KölnKomm-UmwG/*Simon/Nießen* Rn 34; Lutter/*Winter/Vetter* Rn 64; Semler/Stengel/*Reichert* Rn 26.

28 Semler/Stengel/*Reichert* Rn 25 und 29; Widmann/Mayer/*Mayer* § 46 Rn 18.1 und § 51 Rn 26 f.

29 Kallmeyer/*Kallmeyer/Kocher* § 46 Rn 8; KölnKomm-UmwG/*Simon/Nießen* § 46 Rn 17 und § 51 Rn 36 f; Semler/Stengel/*Reichert* § 46 Rn 13 und § 51 Rn 28; Lutter/*Winter/Vetter* § 46 Rn 40 f, § 51 Rn 61 und 65 f; Widmann/Mayer/*Mayer* Rn 28.

30 Zutreffend KölnKomm-UmwG/*Simon/Nießen* § 46 Rn 17; Semler/Stengel/*Reichert* Rn 28; zweifelnd indes Keßler/Kühnberger/*Keßler* § 51 Rn 9.

31 Ganz hM; s. Maulbetsch/Klumpp/Rose/*Rebmann* Rn 22; Kallmeyer/*Zimmermann* Rn 12; KölnKomm-UmwG/*Simon/Nießen* Rn 39; Lutter/*Winter/Vetter* Rn 69; Semler/Stengel/*Reichert* Rn 32; Widmann/Mayer/*Mayer* Rn 30.1; aA indes Keßler/Kühnberger/*Keßler* Rn 10.

32 KölnKomm-UmwG/*Simon/Nießen* Rn 39; Lutter/*Winter/Vetter* Rn 70; Semler/Stengel/*Reichert* Rn 32; Widmann/Mayer/*Mayer* Rn 30.1.

mung im Zweifel enthalten.[33] Es handelt sich um „echte" Zustimmungen iSd § 13 Abs. 3 S. 1, für deren Erklärung und Beurkundung das bei § 50 Rn 24 Ausgeführte entsprechend gilt.

IV. Zustimmungserfordernisse wegen vermehrter Pflichten kraft Gesellschaftsvertrags der übernehmenden Gesellschaft

26 Im UmwG nicht normiert sind **Zustimmungserfordernisse zugunsten der Anteilsinhaber eines übertragenden Rechtsträgers** für den Fall, dass sie als (neue) Gesellschafter der übernehmenden GmbH mit **besonderen (so nicht schon im übertragenden Rechtsträger existenten) Pflichten** belastet werden, die **kraft Satzung der übernehmenden GmbH** *jeden* ihrer Gesellschafter treffen;[34] in Betracht kommen zB Wettbewerbsverbote, Nachschusspflichten, Sachleistungspflichten, Schiedsklauseln etc. (zum davon zu unterscheidenden Fall, dass nur die Anteile der neu hinzutretenden Gesellschafter mit besonderen Pflichten ausgestattet werden sollen, s. § 46 Rn 31).

27 Teile des Schrifttums lehnen hier ein Zustimmungserfordernis ab,[35] weil sich der Gesetzgeber des UmwG bewusst dagegen entschieden und die Zustimmungserfordernisse im UmwG abschließend geregelt habe;[36] zum Schutz der betroffenen Anteilsinhaber ist auf eine Pflicht zum Barabfindungsangebot analog § 29[37] bzw auf ein Austrittsrecht auf wichtigem Grund[38] verwiesen worden. Die besseren Gründe sprechen indes dafür, in solchen Fällen die Zustimmung aller Gesellschafter des übertragenden Rechtsträgers analog § 53 Abs. 3 GmbHG zu verlangen.[39] Zur Begründung wird zutreffend auf das Verbot der Leistungsvermehrung gegen den Willen des Betroffenen als rechtsformübergreifendes gesellschaftsrechtliches Prinzip verwiesen.[40] Ein solches Ergebnis wird zudem durch die gesetzgeberischen Wertungen gestützt, wie sie in den Zustimmungserfordernissen nach dem UmwG (u.a. § 13 Abs. 2, § 50 Abs. 2, § 51 Abs. 1 und Abs. 2) zum Ausdruck kommen. Denn angesichts jener Vorgaben wäre es inkonsistent, müssten die Anteilsinhaber des übertragenden Rechtsträgers vermehrte Leistungspflichten in der übernehmenden Gesellschaft ohne ihre Zustimmung hinnehmen, zumal sich diese (weil nicht wertmäßig bezifferbar) durch eine entsprechende Anpassung des Umtauschverhältnisses häufig nicht kompensieren lassen. Wenn der Gesetzgeber im UmwG insoweit keine Zustimmungserfordernisse normiert hat, schließt dies den Rückgriff auf die allgemeinen Prinzipien des Gesellschaftsrechts noch keineswegs aus.

V. Kosten

28 Zu den Kosten der Verschmelzung vgl die Verweise § 50 Rn 27; speziell zu den Kosten für die Beurkundung einzelner Zustimmungserklärungen s. § 13 Rn 61 ff.

33 S. dazu auch Kallmeyer/*Zimmermann* Rn 11; KölnKomm-UmwG/*Simon/Nießen* Rn 35; Widmann/Mayer/*Mayer* Rn 29; eine „ausdrückliche Zustimmung" verlangt Schmitt/Hörtnagl/Stratz/*Stratz* Rn 11.

34 Näher dazu, mit Nachweisen zum Meinungsstand, KölnKomm-UmwG/*Simon/Nießen* Rn 17 ff; Lutter/*Winter/Vetter* Rn 38 ff; Semler/Stengel/*Reichert* Rn 15 ff.

35 KölnKomm-UmwG/*Simon/Nießen* Rn 20; *Wälzholz* DStR 2006, 236, 237 ff; Widmann/Mayer/*Mayer* § 50 Rn 109 ff.

36 Vgl etwa KölnKomm-UmwG/*Simon/Nießen* Rn 20 unter Hinweis auf BegrRegE UmwG bei *Ganske* S. 61.

37 *H. Schmidt* in: Lutter, Kölner Umwandlungsrechtstage, 1995, S. 59, 84 f.

38 *Grunewald* in: Lutter, Kölner Umwandlungsrechtstage, 1995, S. 19, 24.

39 Gleichsinnig *Bayer* ZIP 1997, 1613, 1623; Maulbetsch/Klumpp/Rose/*Rebmann* Rn 9; Kallmeyer/*Zimmermann* Rn 8; Lutter/*Winter/Vetter* Rn 42; *Reichert* GmbHR 1995, 176, 189; *Reichert/Harbarth* NZG 2003, 379, 382; Semler/Stengel/*Reichert* Rn 16 ff (dort Rn 18 auch zur Form der Zustimmung).

40 So schon *Winter* in: Lutter, Kölner Umwandlungsrechtstage, 1995, S. 19, 47 f; vgl auch Lutter/*Drygala* § 13 Rn 37: „fundamentales Prinzip des Korporationsrechts".

§ 52 Anmeldung der Verschmelzung

[1]Bei der Anmeldung der Verschmelzung zur Eintragung in das Register haben die Vertretungsorgane der an der Verschmelzung beteiligten Rechtsträger im Falle des § 51 Abs. 1 auch zu erklären, daß dem Verschmelzungsbeschluß jedes der übertragenden Rechtsträger alle bei der Beschlußfassung anwesenden Anteilsinhaber dieses Rechtsträgers und, sofern der übertragende Rechtsträger eine Personenhandelsgesellschaft, eine Partnerschaftsgesellschaft oder eine Gesellschaft mit beschränkter Haftung ist, auch die nicht erschienenen Gesellschafter dieser Gesellschaft zugestimmt haben. [2]Wird eine Gesellschaft mit beschränkter Haftung, auf deren Geschäftsanteile nicht alle zu leistenden Einlagen in voller Höhe bewirkt sind, von einer Gesellschaft mit beschränkter Haftung durch Verschmelzung aufgenommen, so ist auch zu erklären, dass alle Gesellschafter dieser Gesellschaft dem Verschmelzungsbeschluss zugestimmt haben.

I. Norminhalt und Normzweck; Normgeschichte

§ 52 ergänzt die allgemeinen Vorschriften der §§ 16, 17 (s. die Erläuterungen dort) über die Anmeldung der Verschmelzung zum Handelsregister. Liegen die Tatbestandsvoraussetzungen für Zustimmungserfordernisse nach § 51 Abs. 1 S. 1 und 2 oder § 51 Abs. 1 S. 3 vor, haben die Vertretungsorgane aller an der Verschmelzung beteiligten Rechtsträger bei der Anmeldung auch zu erklären, dass die in jenen Bestimmungen verlangten Zustimmungen tatsächlich erteilt worden sind. 1

Die Vorschrift verstärkt den Gesellschafterschutz vor den Risiken einer Ausfallhaftung nach § 24 GmbHG, den die Zustimmungserfordernisse nach § 51 Abs. 1 gewährleisten sollen (s. § 51 Rn 3):[1] Der Registerrichter wird durch die Erklärung darüber informiert, dass im konkreten Verschmelzungsfall besondere Zustimmungserfordernisse nach § 51 Abs. 1 bestehen und kann so prüfen, ob die entsprechenden Zustimmungserklärungen – wie in § 17 vorgeschrieben – als Anlagen der Anmeldung beigefügt sind.[2] Wenn keiner der Tatbestände des § 51 Abs. 1 erfüllt ist, verlangt das Gesetz allerdings keine Negativerklärung. Die Mitglieder der erklärungspflichtigen Vertretungsorgane einer GmbH, AG oder KGaA unterliegen der Strafandrohung nach § 313 Abs. 2 iVm Abs. 1, wenn sie in der Erklärung nach § 52 vorsätzlich unrichtige Angaben machen oder der Erklärung unrichtige Angaben zugrunde legen. 2

§ 52 geht zurück auf den früheren § 24 Abs. 2 S. 2 KapErhG.[3] Satz 2 wurde im Zuge des 2. UmwGÄndG[4] eingefügt, um bestehende Auslegungsprobleme zu beseitigen.[5] 3

Der **frühere Abs. 2** der Vorschrift ist durch das 3. UmwGÄndG[6] aufgehoben worden. Abs. 2 aF bestimmte, dass der Anmeldung der Verschmelzung zum Register des Sitzes der übernehmenden GmbH eine von den Geschäftsführern dieser Gesellschaft unterschriebene **berichtigte Gesellschafterliste** beizufügen sei. Diese Bestimmung war hinfällig geworden, nachdem die Pflichten zur Einreichung einer aktualisierten Gesellschafterliste sowie die Adressaten dieser Pflicht (Geschäftsführer oder Notar) durch **§ 40 Abs. 1 und 2 GmbHG idFd MoMiG**[7] neu geordnet worden waren. Die mit Eintragung der Verschmelzung wirksam werdenden Veränderungen im 4

1 Semler/Stengel/*Reichert* Rn 2.
2 Kallmeyer/*Zimmermann* Rn 4; KölnKomm-UmwG/*Simon/Nießen* Rn 2; Lutter/*Winter/Vetter* Rn 3 f; Semler/Stengel/*Reichert* Rn 2; Widmann/Mayer/*Mayer* Rn 2.
3 Widmann/Mayer/*Mayer* Rn 3.
4 Zweites Gesetz zur Änderung des Umwandlungsgesetzes v. 19.4.2007, BGBl. I S. 542.
5 Näher dazu Semler/Stengel/*Reichert* Rn 5; Widmann/Mayer/*Mayer* Rn 1 und 5.1.
6 Drittes Gesetz zur Änderung des Umwandlungsgesetzes v. 11.7.2011, BGBl. I S. 1338.
7 Gesetz zur Modernisierung des GmbH-Rechts und zur Bekämpfung von Missbräuchen v. 23.10.2008, BGBl. I S. 2026.

Gesellschafterkreis der übernehmenden GmbH verpflichten den **Notar**, der die Verschmelzung beurkundet hat, zur Einreichung der neuen Gesellschafterliste, § 40 Abs. 2 GmbHG.[8]

5 Die Vorschrift findet ebenso wenig wie § 51 auf die Verschmelzung durch Neugründung Anwendung (§ 56; vgl § 56 Rn 7), gilt im Übrigen aber auch für Spaltungen (§ 125 S.1).

II. Erklärung über erforderliche Zustimmungen

6 **1. Erklärungsinhalt.** Die Erklärungspflichten nach § 52 knüpfen an die in § 51 Abs. 1 normierten Zustimmungspflichten an: **Satz 1 iVm § 51 Abs. 1 S. 1 und 2** betrifft den Fall, dass bei einer *übernehmenden* GmbH auf deren Geschäftsanteile nicht alle Einlagen in voller Höhe geleistet worden sind; dann bedarf der Verschmelzungsbeschluss eines übertragenden Rechtsträgers (unabhängig von dessen Rechtsform) jedenfalls der Zustimmung aller bei der Beschlussfassung anwesenden Anteilsinhaber dieses (übertragenden) Rechtsträgers; darüber hinaus bedarf der Beschluss auch der Zustimmung der nicht (zur Gesellschafterversammlung) erschienenen Anteilseigner des übertragenden Rechtsträgers, wenn dieser eine Personengesellschaft, eine Partnerschaftsgesellschaft oder eine GmbH ist (näher § 51 Rn 12 ff und 16). Demgemäß haben nach **§ 52 S. 1** die Vertretungsorgane aller an der Verschmelzung beteiligten Rechtsträger bei der Anmeldung der Verschmelzung auch zu erklären, dass dem Verschmelzungsbeschluss jedes der übertragenden Rechtsträger alle anwesenden Gesellschafter bzw – sofern ein übertragender Rechtsträger eine Personenhandelsgesellschaft, eine Partnerschaftsgesellschaft oder eine GmbH ist – auch alle nicht erschienenen Gesellschafter dieser Gesellschaft zugestimmt haben.

7 **Satz 2 iVm § 51 Abs. 1 S. 3** betrifft den Fall, dass eine übertragende GmbH von einer übernehmenden GmbH aufgenommen wird und auf die Geschäftsanteile der *übertragenden* Gesellschaft nicht alle Einlagen in voller Höhe geleistet sind; dann bedarf der Verschmelzungsbeschluss der Zustimmung aller Gesellschafter der übernehmenden Gesellschaft (näher § 51 Rn 20). Demgemäß haben nach **§ 52 S. 2** die Vertretungsorgane der an der Verschmelzung beteiligten Gesellschaften bei der Anmeldung der Verschmelzung auch zu erklären, dass dem Verschmelzungsbeschluss der übernehmenden Gesellschaft alle Gesellschafter dieser Gesellschaft zugestimmt haben.

8 Die mit diesen Inhalten abzugebenden Erklärungen sind „Wissenserklärungen“[9] über das tatsächliche Vorliegen nach § 51 Abs. 1 jeweils erforderlicher Zustimmungen, und zwar bezüglich sämtlicher an der Verschmelzung beteiligter Rechtsträger, also auch dann, wenn das Zustimmungserfordernis den Verschmelzungsbeschluss in einem *anderen* beteiligten Rechtsträger betrifft.[10]

9 **2. Adressaten der Erklärungspflicht; Erklärungsmodalitäten.** Die Erklärungen sind von dem jeweiligen Vertretungsorgan der an der Verschmelzung beteiligten Rechtsträger abzugeben, und zwar höchstpersönlich; Stellvertretung ist ausgeschlossen.[11] Zur Abgabe der Erklärung verpflichtet sind **sämtliche Mitglieder des Vertretungsorgans**; eine nur durch einen zur Vertretung berechtigten Teil der Organmitglieder abgegebene Erklärung genügt den gesetzlichen Anforderungen nicht.[12]

8 Zu weiteren Einzelheiten, auch zur Frage der Notarzuständigkeit im Falle der Beurkundung bloß mittelbarer Veränderungen, vgl etwa Lutter/Hommelhoff/*Bayer* GmbHG § 40 Rn 23 ff; Saenger/Inhester/*Lücke*/*Simon* GmbHG § 40 Rn 19 ff.

9 Kallmeyer/*Zimmermann* Rn 5.

10 Kallmeyer/*Zimmermann* Rn 2; KölnKomm-UmwG/*Simon*/*Nießen* Rn 9.

11 Kallmeyer/*Zimmermann* Rn 5; KölnKomm-UmwG/*Simon*/*Nießen* Rn 8; Lutter/*Winter*/*Vetter* Rn 15; Semler/Stengel/*Reichert* Rn 6; Widmann/Mayer/*Mayer* Rn 4.

12 Heute ganz hM; s. etwa Kallmeyer/*Zimmermann* Rn 5; KölnKomm-UmwG/*Simon*/*Nießen* Rn 8; Lutter/*Winter*/*Vetter* Rn 14; Schmitt/Hörtnagl/Stratz/*Stratz* Rn 2; Semler/Stengel/*Reichert* Rn 6; Widmann/Mayer/*Mayer* Rn 4; aA noch Maulbetsch/Klumpp/Rose/*Rebmann* Rn 5.

§ 52 verlangt lediglich die Erklärung „*bei* **der Anmeldung**"; sie ist nicht etwa zwingend *in* der Anmeldung abzugeben. Die Erklärungen können auch außerhalb der jeweiligen Anmeldungen abgegeben werden[13] und unterliegen nicht der Formvorgabe des § 12 Abs. 1 HGB.[14] 10

Die Erklärung wird nicht etwa durch die Vorlage der jeweiligen Verschmelzungsbeschlüsse und Zustimmungserklärungen nach § 51 Abs. 1 ersetzt, sondern ist neben diesen (vgl § 17 Abs. 1) einzureichen.[15] Eine Erklärung nach § 52 wird jedoch allgemein als entbehrlich angesehen, wenn alle Anteilsinhaber in einer Universalversammlung der Verschmelzung zugestimmt haben;[16] ebenso bei der Verschmelzung einer 100%igen Tochter auf ihre Muttergesellschaft.[17] 11

Fehlt es an der nach § 52 erforderlichen Erklärung, so stellt dies ein Eintragungshindernis dar, auf das der Registerrichter mit Zwischenverfügung (§ 382 Abs. 4 FamFG) hinzuweisen hat.[18] Wird trotz fehlender Erklärung eingetragen, ist die Verschmelzung dennoch wirksam (§ 20 Abs. 2). Die verspätete Einreichung hat keine Auswirkung auf die Frist nach § 17 Abs. 2 S. 4.[19] 12

Die Mitglieder der erklärungspflichtigen Vertretungsorgane einer GmbH, AG oder KGaA machen sich nach § 313 Abs. 2 iVm Abs. 1 strafbar, wenn sie in der Erklärung vorsätzlich unrichtige Angaben machen oder der Erklärung unrichtige Angaben zugrunde legen; Strafrahmen: Freiheitsstrafe bis zu drei Jahren oder Geldstrafe. 13

III. Kosten

Zu den Kosten der Verschmelzung vgl die Verweise § 50 Rn 27; speziell zu den Kosten für die Anmeldung der Verschmelzung s. § 16 Rn 52 ff. 14

§ 53 Eintragung bei Erhöhung des Stammkapitals

Erhöht die übernehmende Gesellschaft zur Durchführung der Verschmelzung ihr Stammkapital, so darf die Verschmelzung erst eingetragen werden, nachdem die Erhöhung des Stammkapitals im Register eingetragen worden ist.

I. Norminhalt

Die Vorschrift ergänzt § 19, dessen Abs. 1 Bestimmung zur Reihenfolge der Eintragung der Verschmelzung in die Register der übertragenden und des übernehmenden Rechtsträgers trifft. Demgegenüber verhält sich § 53 zur Reihenfolge der Eintragung von Kapitalerhöhung und Verschmelzung im Register einer übernehmenden GmbH, wenn diese ihr Stammkapital zur Durchführung der Verschmelzung erhöht. In diesem Fall darf die Verschmelzung erst eingetragen werden, nachdem die Kapitalerhöhung eingetragen worden ist. So soll sichergestellt werden, dass die den (bisherigen) Anteilsinhabern des übertragenden Rechtsträgers zu gewährenden Geschäftsanteile der Übernehmerin im Zeitpunkt der Wirksamkeit der Verschmelzung (durch Eintragung derselben, vgl § 20 Abs. 1) auch tatsächlich entstanden sind. 1

§ 53, der dem früheren § 25 Abs. 1 S. 2 KapErhG entspricht, gilt nur für die Verschmelzung durch Aufnahme (nicht auch für die Verschmelzung durch Neugründung, § 56, denn mit dieser geht keine Kapitalerhöhung einher). Die Vorschrift ist im Übrigen unanwendbar, wenn die 2

13 Kallmeyer/*Zimmermann* Rn 5; KölnKomm-UmwG/*Simon/Nießen* Rn 11; Lutter/*Winter/Vetter* Rn 17; Semler/Stengel/*Reichert* Rn 6; Widmann/Mayer/*Mayer* Rn 4.

14 S. auch Maulbetsch/Klumpp/Rose/*Rebmann* Rn 6; KölnKkomm-UmwG/*Simon/Nießen* Rn 11.

15 KölnKomm-UmwG/*Simon/Nießen* Rn 10; Semler/Stengel/*Reichert* Rn 7; Widmann/Mayer/*Mayer* Rn 4.

16 Kallmeyer/*Zimmermann* Rn 7; KölnKomm-UmwG/*Simon/Nießen* Rn 12; Semler/Stengel/*Reichert* Rn 7; Widmann/Mayer/*Mayer* Rn 6.

17 Kallmeyer/*Zimmermann* Rn 7; KölnKomm-UmwG/*Simon/Nießen* Rn 12; Semler/Stengel/*Reichert* Rn 7; Widmann/Mayer/*Mayer* Rn 6.

18 Kallmeyer/*Zimmermann* Rn 6; KölnKomm-UmwG/*Simon/Nießen* Rn 13 f; Lutter/*Winter/Vetter* Rn 19; Widmann/Mayer/*Mayer* Rn 6 f.

19 Kallmeyer/*Zimmermann* Rn 6; Lutter/*Winter/Vetter* Rn 20; Widmann/Mayer/*Mayer* Rn 7.

übernehmende GmbH ihr Stammkapital nicht zur Durchführung der Verschmelzung, sondern nur bei Gelegenheit der Verschmelzung erhöht.[1]

3 § 53 findet auch auf alle Arten der Spaltung zur Aufnahme Anwendung (§ 125 S. 1). Vgl auch die Parallelbestimmung des § 66.

4 Die Vorschrift steht im Zusammenhang mit § 55, aus dem sich (insbesondere) ergibt, **welche Bestimmungen des GmbH-Gesetzes zu Kapitalerhöhungen (§§ 53 f, §§ 55 ff GmbHG) anwendbar** bzw unanwendbar sind, wenn das Stammkapital einer übernehmenden GmbH zur Durchführung der Verschmelzung erhöht wird. Nähere Einzelheiten zur Beschlussfassung über eine solche Kapitalerhöhung, zur Kapitaldeckung sowie zur Anmeldung, Eintragung und Bekanntmachung der Kapitalerhöhung sind in diesem Kommentar **bei § 55 erläutert** (s. § 55 Rn 7 ff und 21 ff).

II. Die konditionale Verknüpfung von Verschmelzung und Kapitalerhöhung zur Durchführung der Verschmelzung

5 Bei der Verschmelzung durch Aufnahme sind den (bisherigen) Anteilsinhabern des übertragenden Rechtsträgers – zum Ausgleich des vom übertragenden auf den übernehmenden Rechtsträger übergehenden Vermögens – in der Regel Anteile oder Mitgliedschaften am übernehmenden Rechtsträger zu gewähren (vgl §§ 2, 5 Abs. 1 Nr. 2, 20 Abs. 1 Nr. 3), bei der Verschmelzung auf eine übernehmende GmbH also Geschäftsanteile dieser Gesellschaft. Jene Geschäftsanteile müssen, soweit nicht schon vorhandene Anteile zur Verteilung genutzt werden können und sollen (s. dazu die Erläuterungen zu § 54), durch eine Kapitalerhöhung zur Durchführung der Verschmelzung erst geschaffen werden. Hierbei handelt es sich um eine Kapitalerhöhung gegen Sachkapital, welches nicht durch Einlagen der neuen Gesellschafter, sondern durch den Übergang des Vermögens der übertragenden Rechtsträger (vgl §§ 2, 5 Abs. 1 Nr. 2, 20 Abs. 1 Nr. 1) erbracht wird. Die neuen Gesellschafter der aufnehmenden GmbH übernehmen also keine Einlagepflichten iSv § 55 Abs. 1 GmbHG; an die Stelle der entsprechenden Übernahmeerklärungen treten vielmehr der Verschmelzungsvertrag sowie die Verschmelzungsbeschlüsse der Anteilsinhaber der beteiligten Rechtsträger. Dabei entstehen die neuen Geschäftsanteile an der übernehmenden GmbH unmittelbar zugunsten der Anteilsinhaber des übertragenden Rechtsträgers, und zwar mit dem Wirksamwerden der Verschmelzung im Moment der Eintragung der Verschmelzung im Register der Übernehmerin (§ 20 Abs. 1 Nr. 3).

6 **Verschmelzung** einerseits **und** die zu ihrer Durchführung vorgenommene **Kapitalerhöhung** andererseits sind rechtlich voneinander zu unterscheidende Vorgänge. Aber sie sind **konditional miteinander verknüpft:**[2] Anders als die reguläre Kapitalerhöhung in der GmbH wird eine Kapitalerhöhung zur Durchführung der Verschmelzung nicht schon mit ihrer Eintragung im Register der Gesellschaft, sondern erst mit der dortigen Eintragung (auch) der Verschmelzung wirksam;[3] denn erst im Moment der Wirksamkeit der Verschmelzung kommt es zum Vermögensübergang auf die Übernehmerin (s. oben Rn 5). Ebenso wie die Wirksamkeit der Verschmelzung Bedingung für die Wirksamkeit der Kapitalerhöhung ist, steht aber auch die Wirksamkeit der Verschmelzung ihrerseits unter der Voraussetzung der eingetragenen Kapitalerhöhung;[4] denn ohne deren Eintragung können die Geschäftsanteile nicht entstehen, die den (bisherigen) Anteilsinhabern des übertragenden Rechtsträgers im Moment des Wirksamwerdens der Verschmelzung gewährt werden.

1 Kallmeyer/*Zimmermann* Rn 1; Widmann/Mayer/*Mayer* Rn 2.
2 S. nur Kallmeyer/*Zimmermann* Rn 19; Lutter/*Winter*/*Vetter* Rn 19.
3 Kallmeyer/*Zimmermann* Rn 18 f; Lutter/*Winter*/*Vetter* Rn 19 f und § 55 Rn 9; Semler/Stengel/*Reichert* § 53 Rn 12; Widmann/Mayer/*Mayer* Rn 6 und § 55 Rn 110.
4 Kallmeyer/*Zimmermann* Rn 19; Lutter/*Winter*/*Vetter* § 55 Rn 8; Semler/Stengel/*Reichert* Rn 14; Widmann/Mayer/*Mayer* § 55 Rn 108.

III. Eintragungsreihenfolge

Aus jener konditionalen Verknüpfung erklärt sich die in § 53 getroffene Vorgabe für die Reihenfolge der **Eintragung von Kapitalerhöhung und Verschmelzung im Register der übernehmenden GmbH**: Dort „darf" die Verschmelzung erst eingetragen werden, nachdem die Kapitalerhöhung eingetragen worden ist. Damit soll sichergestellt werden, dass die den (bisherigen) Anteilsinhabern des übertragenden Rechtsträgers (zum Ausgleich des Vermögensübergangs) zu gewährenden Geschäftsanteile der Übernehmerin, die durch die Kapitalerhöhung geschaffen werden, im Zeitpunkt der Wirksamkeit der Verschmelzung (durch Eintragung derselben) auch tatsächlich entstanden sind. 7

Sofern die **Verschmelzung** in das Register der übertragenden GmbH **eingetragen** werden sollte, **ohne dass zuvor** die **Kapitalerhöhung eingetragen** worden ist, wird die Verschmelzung – abweichend von § 20 Abs. 1 – erst mit der späteren Eintragung der Kapitalerhöhung wirksam.[5] Denn die Wirksamkeit der Verschmelzung steht – wie oben Rn 6 erläutert – unter der Voraussetzung der eingetragenen Kapitalerhöhung; ohne deren Eintragung können die Geschäftsanteile nicht entstehen, die den (bisherigen) Anteilsinhabern des übertragenden Rechtsträgers im Zuge der der Verschmelzung zu gewähren sind. Einer wiederholten Eintragung der (vorzeitig eingetragenen) Verschmelzung bedarf es in einem solchen Fall freilich nicht, doch empfiehlt sich ein klarstellender Registervermerk über den hier geltenden (von der Regel abweichenden) Zeitpunkt der Wirksamkeit der Verschmelzung (Tag der Eintragung der Kapitalerhöhung).[6] 8

§ 53 verhält sich allein zur Reihenfolge der Eintragung von Kapitalerhöhung und Verschmelzung in das Register der *übernehmenden* GmbH. Die Vorschrift verlangt nicht, die Eintragung der Kapitalerhöhung in das Register der Übernehmerin auch vor der Eintragung der Verschmelzung in die Register der *übertragenden* Rechtsträger vorzunehmen.[7] 9

Demgegenüber enthält **§ 19 Abs. 1 S. 1** eine (rechtsformübergreifende) Bestimmung zur **Reihenfolge der Eintragungen der Verschmelzung in die Register aller beteiligten Rechtsträger**. Danach „darf" die Verschmelzung in das Register des übernehmenden Rechtsträgers erst eingetragen werden, *nachdem* sie – ggf verbunden mit dem klarstellenden Vermerk nach § 19 Abs. 1 S. 2 über den Zeitpunkt des Wirksamwerdens der Verschmelzung – in die Register jedes der übertragenden Rechtsträger eingetragen worden ist. Konstitutive Wirkung hat freilich allein die Eintragung der Verschmelzung in das Register des übernehmenden Rechtsträgers. Im Anwendungsbereich von § 53 folgt daraus: Sobald Kapitalerhöhung und Verschmelzung in das Register der *übernehmenden* GmbH eingetragen worden sind, werden Kapitalerhöhung und Verschmelzung auch dann wirksam, wenn die Eintragung der Verschmelzung in den Registern von übertragenden Rechtsträgern (entgegen der in § 19 Abs. 1 S. 1 vorgegebenen Reihenfolge) noch aussteht; fehlende Eintragungen in diesen Registern werden (mit lediglich deklaratorischer Wirkung) nachgeholt.[8] 10

Zu den Folgen für einen eingetragenen Kapitalerhöhungsbeschluss, wenn die Eintragung der Verschmelzung scheitert, s. § 55 Rn 29. 11

IV. Kosten

Zu den Kosten der Verschmelzung vgl die Verweise § 50 Rn 27; speziell zu Registereintragung und Bekanntmachung s. § 16 Rn 55, § 19 Rn 23 ff. 12

5 Kallmeyer/*Zimmermann* Rn 19; Lutter/*Winter/Vetter* Rn 24; Semler/Stengel/*Reichert* Rn 14; Widmann/Mayer/*Mayer* Rn 12 und § 55 Rn 108.

6 Eine solche Empfehlung wird verbreitet gegeben, s. etwa Lutter/*Winter/Vetter* Rn 24; Semler/Stengel/*Reichert* Rn 14; Widmann/Mayer/*Mayer* Rn 12.

7 Zutreffend Kallmeyer/*Zimmermann* Rn 18; Semler/Stengel/*Reichert* Rn 15; jetzt auch Lutter/*Winter/Vetter* Rn 15; anders noch Lutter/*Winter*, 4. Aufl., Rn 3.

8 Wohl unstreitig; s. etwa KölnKomm-UmwG/*Simon/Nießen* Rn 19; Lutter/*Winter/Vetter* Rn 25; Semler/Stengel/*Reichert* Rn 16; Widmann/Mayer/*Mayer* Rn 13.

§ 54 Verschmelzung ohne Kapitalerhöhung

(1) [1]Die übernehmende Gesellschaft darf zur Durchführung der Verschmelzung ihr Stammkapital nicht erhöhen, soweit

1. sie Anteile eines übertragenden Rechtsträgers innehat;
2. ein übertragender Rechtsträger eigene Anteile innehat oder
3. ein übertragender Rechtsträger Geschäftsanteile dieser Gesellschaft innehat, auf welche die Einlagen nicht in voller Höhe bewirkt sind.

[2]Die übernehmende Gesellschaft braucht ihr Stammkapital nicht zu erhöhen, soweit

1. sie eigene Geschäftsanteile innehat oder
2. ein übertragender Rechtsträger Geschäftsanteile dieser Gesellschaft innehat, auf welche die Einlagen bereits in voller Höhe bewirkt sind.

[3]Die übernehmende Gesellschaft darf von der Gewährung von Geschäftsanteilen absehen, wenn alle Anteilsinhaber eines übertragenden Rechtsträgers darauf verzichten; die Verzichtserklärungen sind notariell zu beurkunden.

(2) Absatz 1 gilt entsprechend, wenn Inhaber der dort bezeichneten Anteile ein Dritter ist, der im eigenen Namen, jedoch in einem Fall des Absatzes 1 Satz 1 Nr. 1 oder des Absatzes 1 Satz 2 Nr. 1 für Rechnung der übernehmenden Gesellschaft oder in einem der anderen Fälle des Absatzes 1 für Rechnung des übertragenden Rechtsträgers handelt.

(3) [1]Soweit zur Durchführung der Verschmelzung Geschäftsanteile der übernehmenden Gesellschaft, die sie selbst oder ein übertragender Rechtsträger innehat, geteilt werden müssen, um sie den Anteilsinhabern eines übertragenden Rechtsträgers gewähren zu können, sind Bestimmungen des Gesellschaftsvertrags, welche die Teilung der Geschäftsanteile der übernehmenden Gesellschaft ausschließen oder erschweren, nicht anzuwenden; jedoch muss der Nennbetrag jedes Teils der Geschäftsanteile auf volle Euro lauten. [2]Satz 1 gilt entsprechend, wenn Inhaber der Geschäftsanteile ein Dritter ist, der im eigenen Namen, jedoch für Rechnung der übernehmenden Gesellschaft oder eines übertragenden Rechtsträgers handelt.

(4) Im Verschmelzungsvertrag festgesetzte bare Zuzahlungen dürfen nicht den zehnten Teil des Gesamtnennbetrags der gewährten Geschäftsanteile der übernehmenden Gesellschaft übersteigen.

I. Norminhalt; Normgeschichte

1 Bei der Verschmelzung durch Aufnahme sind den (bisherigen) Anteilsinhabern der übertragenden Rechtsträger in der Regel Geschäftsanteile am übernehmenden Rechtsträger zu gewähren (vgl §§ 2, 5 Abs. 1 Nr. 2, 20 Abs. 1 Nr. 3), die typischerweise durch eine Kapitalerhöhung bei der Übernehmerin erst geschaffen werden müssen. § 54 – der Anwendung findet, wenn Übernehmerin eine GmbH ist – verbietet im Falle bestimmter Beteiligungsverhältnisse die Kapitalerhöhung zur Durchführung der Verschmelzung (**Kapitalerhöhungsverbote nach Abs. 1 S. 1, ggf iVm Abs. 2**): nämlich dann, wenn und soweit die übernehmende GmbH Anteile eines übertragenden Rechtsträgers innehat (**Abs. 1 S. 1 Nr. 1**), ein übertragender Rechtsträger eigene Anteile innehat (**Abs. 1 S. 1 Nr. 2**) oder ein übertragender Rechtsträger Anteile der Übernehmerin innehat, auf welche die Einlagen nicht in voller Höhe bewirkt sind (Abs. 1 S. 1 Nr. 3). Diese Verbote sind dem Gebot der realen Kapitalaufbringung geschuldet und gelten nach Maßgabe von **Abs. 2** entsprechend bei Anteilsinhaberschaft eines Dritten, der zwar in eigenem Namen, aber für Rechnung der übernehmenden Gesellschaft bzw eines übertragenden Rechtsträgers handelt (sog. verdeckte Anteilsinhaberschaft).

2 Daneben gewährt die Vorschrift **Kapitalerhöhungswahlrechte nach Abs. 1 S. 2, ggf iVm Abs. 2.** Unter den dort genannten Voraussetzungen kann von einer Kapitalerhöhung in der übernehmenden GmbH abgesehen werden, soweit schon Geschäftsanteile vorhanden sind, die den (bisherigen) Anteilsinhabern eines übertragenden Rechtsträgers gewährt werden können: so wenn und soweit die Übernehmerin bereits eigene Geschäftsanteile innehat (**Abs. 1 S. 2 Nr. 1**) oder ein übertragender Rechtsträger voll eingezahlte Anteile der übernehmenden GmbH innehat (**Satz 2 Nr. 2**). Wiederum werden Konstellationen der sog. verdeckten Anteilsinhaberschaft nach Maßgabe von **Abs. 2** gleichgestellt.

3 **Abs. 1 S. 3** stellt klar, dass ein **Verzicht auf die Anteilsgewährung** zulässig ist: Die übernehmende GmbH darf von der Anteilsgewährung absehen, soweit die Anteilsinhaber eines übertragenden Rechtsträgers darauf verzichten; die Verzichtserklärungen sind notariell zu beurkunden. Auch unter dieser Voraussetzung ist eine Kapitalerhöhung zur Durchführung der Verschmelzung entbehrlich: Denn soweit keine Anteile der Übernehmerin zu verteilen sind, müssen solche auch nicht durch Kapitalerhöhung geschaffen werden.

4 **Abs. 3** bezweckt die Sicherung der Zuteilungsmöglichkeit schon vorhandener Geschäftsanteile der übernehmenden GmbH, wenn die Anteile zur Durchführung der Verschmelzung geteilt werden müssen, um sie (bisherigen) Anteilsinhabern eines übertragenden Rechtsträgers gewähren zu können. Dann finden nach **Abs. 1 S. 1** etwaige Bestimmungen in der Satzung der Übernehmerin, welche die Teilung erschweren, keine Anwendung; auch nach der Teilung muss der Nennbetrag jedes Teils der Geschäftsanteile allerdings auf volle Euro (also mindestens 1 Euro) lauten. Die Vorschrift findet auf Fälle verdeckter Anteilsinhaberschaft wiederum entsprechende Anwendung (**Abs. 3 S. 2**).

5 **Abs. 4** legt schließlich eine quantitative Grenze für die Zulässigkeit von „baren Zuzahlungen" fest, die in Fällen der Verschmelzung mit und ohne Kapitalerhöhung gleichermaßen gilt: Die baren Zuzahlungen dürfen 10% des Gesamtnennbetrages der gewährten Anteile der Übernehmerin nicht übersteigen. Zugleich bringt die Vorschrift – wie schon 5 Abs. 1 Nr. 3 – die Grundsatzentscheidung des Gesetzgebers zum Ausdruck, dass zum Ausgleich des auf den übernehmenden Rechtsträger übergehenden Vermögens eines übertragenden Rechtsträgers nicht allein Geschäftsanteile gewährt, sondern ggf auch Barzahlungen geleistet werden können.

6 § 54 Abs. 1 S. 1 und 2 entspricht, von redaktionellen Änderungen abgesehen, dem früheren § 23 Abs. 1 KapErhG. Abs. 1 S. 3 ist durch das 2. UmwGÄndG[1] eingefügt worden und klärt die zuvor umstrittene Frage über die Verzichtbarkeit der Anteilsgewährungspflicht. Abs. 2 und

1 Zweites Gesetz zur Änderung des Umwandlungsgesetzes vom 19.4.2007, BGBl. I S. 542.

Abs. 3 S. 2 entsprechen § 344 Abs. 1 S. 4 AktG aF, Abs. 3 S. 1, der auf den früheren § 23 Abs. 2 KapErhG zurückgeht, wurde durch das EuroEG[2] sowie im Zuge des MoMiG[3] geändert. Abs. 4 entspricht dem früheren § 23 Abs. 3 KapErhG.

7 § 54 gilt in den Fällen der Verschmelzung durch Aufnahme mit einer GmbH als übernehmender Gesellschaft. Auf die Verschmelzung durch Neugründung ist nur Abs. 4 anwendbar (§ 56). Die Vorschrift findet auch auf Auf- und Abspaltungen Anwendung, nicht hingegen auf Ausgliederungen (§ 125 S. 1).[4] Vgl auch die Parallelbestimmung des § 68.

II. Kapitalerhöhungsverbote (Abs. 1 S. 1)

8 **1. Übernehmende GmbH hat Anteile eines übertragenden Rechtsträgers inne (Satz 1 Nr. 1).** Nach **Abs. 1 S. 1 Nr. 1** darf die übernehmende GmbH zur Durchführung der Verschmelzung ihr Stammkapital nicht erhöhen, soweit sie Anteile eines übertragenden Rechtsträgers innehat; maßgeblich sind die Beteiligungsverhältnisse zum Zeitpunkt des Wirksamwerdens der Verschmelzung durch Eintragung.[5] Dieses Kapitalerhöhungsverbot korrespondiert mit § 20 Abs. 1 Nr. 3 S. 1 2. Hs 1. Fall, wonach unter den nämlichen Voraussetzungen keine Anteile am übernehmenden Rechtsträger gewährt werden. Mit dem Wirksamwerden der Verschmelzung tritt an die Stelle der (von der Übernehmerin gehaltenen) Anteile am übertragenden Rechtsträger (die mit diesem untergehen) dessen (übergehendes) Vermögen einschließlich seiner Verbindlichkeiten, § 20 Abs. 1 Nr. 1. Träten an die Stelle der Anteile am übertragenden Rechtsträger hingegen solche an der Übernehmerin, würden bei dieser aus der Kapitalerhöhung im Ergebnis eigene Anteile entstehen, was dem Gebot realer Kapitalaufbringung zuwider liefe. Zudem könnte die Übernehmerin im Verschmelzungsvertrag nicht wirksam sich selbst gegenüber die Verpflichtung eingehen, Anteile zu gewähren.[6]

9 Wichtiger Anwendungsfall von Abs. 1 S. 1 Nr. 1 ist die Verschmelzung einer 100%igen Tochter- auf ihre Muttergesellschaft („upstream-merger"); hier entfallen Kapitalerhöhung und Anteilstausch vollständig.[7] Nicht anwendbar ist die Vorschrift indes im Fall der Verschmelzung einer Enkelgesellschaft auf die Mutter, da die übernehmende Gesellschaft dann lediglich mittelbar Anteile des übertragenden Rechtsträgers innehat; solche Konstellationen werden – wie nicht zuletzt der Vergleich mit § 71 d S. 1 und 2 AktG zeigt – von § 54 Abs. 1 S. 1 Nr. 1 nicht erfasst, auch nicht iVm Abs. 2.[8] Ebenso wenig ist Abs. 1 S. 1 Nr. 1 bei der Verschmelzung zweier beteiligungsidentischer Schwestergesellschaften anwendbar; hier entstehen keine eigenen Geschäftsanteile der Übernehmerin.[9] Bei bloßer Mitberechtigung an einer Beteiligung iSv Abs. 1 S. 1 Nr. 1 (zB §§ 705, 741, 2032 BGB oder § 18 GmbHG) gilt das Kapitalerhöhungsverbot ebenfalls grundsätzlich nicht, weil die jeweils anderen Mitberechtigten sonst nicht an der übernehmenden GmbH beteiligt werden könnten.[10]

2 Euro-Einführungsgesetz v. 9.6.1998, BGBl. I S. 1242.

3 Gesetz zur Modernisierung des GmbH-Rechts und zur Bekämpfung von Missbräuchen v. 23.10.2008, BGBl. I S. 2026.

4 Vgl OLG München, Beschl. v. 15.11.2011 – 31 Wx 482/11, ZIP 2011, 2359, 2360.

5 Kallmeyer/*Kallmeyer/Kocher* Rn 5; KölnKomm-UmwG/*Simon/Nießen* Rn 19; Widmann/Mayer/*Mayer* Rn 18.1. Ebenso jetzt Lutter/*Winter/Vetter* Rn 43; anderer Ansatz dann aber aaO Rn 152 (wie noch in der 4. Aufl., Rn 44; gleichsinnig Semler/Stengel/*Reichert* Rn 48): Beschlussfassung über die Kapitalerhöhung als maßgeblicher Zeitpunkt, doch soll ein späterer Wegfall der Verbotsvoraussetzungen berücksichtigt werden.

6 S. zum Ganzen, mit Unterschieden im Detail, KölnKomm-UmwG/*Simon/Nießen* Rn 6 und 20; *Lieder* GmbHR 2014, 232, 233; Lutter/*Winter/Vetter* Rn 17; *Petersen*, Gläubigerschutz im Umwandlungsrecht, 2001, S. 186 f; Schmitt/Hörtnagl/Stratz/*Stratz* Rn 3; Semler/Stengel/*Reichert* Rn 5; Widmann/Mayer/*Mayer* Rn 12 f.

7 Kallmeyer/*Kallmeyer/Kocher* Rn 5; Lutter/*Winter/Vetter* Rn 19; Semler/Stengel/*Reichert* Rn 6. Zur Aufwärtsverschmelzung auf eine UG (haftungsbeschränkt) s. Kallmeyer/*Kallmeyer/Kocher* Rn 6; Semler/Stengel/*Reichert* Rn 6 a mwN.

8 Kallmeyer/*Kallmeyer/Kocher* Rn 5 und 24; Widmann/Mayer/*Mayer* Rn 18 und 70; s. auch KölnKomm-UmwG/*Simon/Nießen* Rn 62; Lutter/*Winter/Vetter* Rn 21 und 111 ff; Schmitt/Hörtnagl/Stratz/*Stratz* Rn 16; Semler/Stengel/*Reichert* Rn 34 f.

9 Kallmeyer/*Kallmeyer/Kocher* Rn 5; Lutter/*Winter/Vetter* Rn 21; Semler/Stengel/*Reichert* Rn 6.

10 Hierzu und zu Ausnahmen näher Widmann/Mayer/*Mayer* Rn 15 ff.

Das Kapitalerhöhungsverbot nach Abs. 1 S. 1 Nr. 1 greift nur, „**soweit**" entsprechende Beteiligungsverhältnisse bestehen. Sind neben der Übernehmerin weitere Gesellschafter am übertragenden Rechtsträger beteiligt, bleibt es bei der Anteilsgewährungspflicht.[11] 10

2. Übertragender Rechtsträger hat eigene Anteile inne (Satz 1 Nr. 2). Nach **Abs. 1 S. 1 Nr. 2** darf die übernehmende GmbH zur Durchführung der Verschmelzung ihr Stammkapital nicht erhöhen, soweit ein übertragender Rechtsträger – wiederum beurteilt nach den Verhältnissen zum Eintragungszeitpunkt (oben Rn 8) – eigene Anteile innehat. Dieses Kapitalerhöhungsverbot korrespondiert mit § 20 Abs. 1 Nr. 3 S. 1 2. Hs 2. Fall, wonach unter den nämlichen Voraussetzungen ebenfalls keine Anteile am übernehmenden Rechtsträger gewährt werden; die eigenen Anteile des übertragenden Rechtsträgers erlöschen vielmehr (mit diesem) ersatzlos.[12] Wären hingegen – zum Ausgleich der eigenen Anteile des übertragenden Rechtsträgers – der übernehmenden Gesellschaft (als dessen Rechtsnachfolgerin) Anteile an der Übernehmerin zu gewähren, entstünden bei dieser aus der Kapitalerhöhung im Ergebnis wiederum eigene Anteile, was dem Gebot realer Kapitalaufbringung zuwider liefe. Zudem würde die im Verschmelzungsvertrag begründete Verpflichtung der Übernehmerin zur Anteilsgewährung mit der Eintragung erlöschen, weil dann die korrespondierende Forderung auf die übernehmende GmbH überginge.[13] 11

Das Kapitalerhöhungsverbot gilt unabhängig davon, ob die vom übertragenden Rechtsträger gehaltenen eigenen Anteile voll eingezahlt sind oder nicht;[14] es greift – wie auch Nr. 1 (oben Rn 10) – nur ein, „soweit" ein übertragender Rechtsträger eigene Anteile hält. Im Übrigen werden nur (unmittelbare) eigene Anteile eines übertragenden Rechtsträgers erfasst, nicht etwa auch Anteile des übertragenden Rechtsträgers an einer Tochter, die ihrerseits wiederum Anteile am übertragenden Rechtsträger hält.[15] 12

3. Übertragender Rechtsträger hat Anteile der übernehmenden GmbH inne, auf welche die Einlagen nicht in voller Höhe bewirkt sind (Satz 1 Nr. 3). Nach **Abs. 1 S. 1 Nr. 3** darf die übernehmende GmbH zur Durchführung der Verschmelzung ihr Stammkapital nicht erhöhen, soweit ein übertragender Rechtsträger – wiederum beurteilt nach den Verhältnissen zum Eintragungszeitpunkt (oben Rn 8) – Anteile der Übernehmerin innehat, auf welche die Einlagen nicht in voller Höhe bewirkt sind. Dies entspricht zwar keinem der Fälle, in denen nach Maßgabe von § 20 Abs. 1 Nr. 3 schon die Anteilsgewährungspflicht entfällt.[16] Würde die übernehmende GmbH jedoch (mit Wirksamkeit der Verschmelzung) jene Geschäftsanteile im Wege der Gesamtrechtsnachfolge (als nunmehr eigene) erwerben, stünde auch das im Widerspruch zum Gebot der realen Kapitalaufbringung; denn der (bislang offene) Einlageanspruch würde durch Konfusion erlöschen, weil Schuldner und Gläubiger zusammenfielen. Aus genau diesem Grund verbietet § 33 Abs. 1 GmbHG einer GmbH den Erwerb eigener, nicht voll eingezahlter Anteile. Und eben daran knüpft auch das Kapitalerhöhungsverbot des § 54 Abs. 1 S. 1 Nr. 3 an.[17] Soweit es reicht (also im Umfang der nämlichen Anteile), darf die übernehmende GmbH eine Kapitalerhöhung nur vornehmen, wenn die von der Verbotsnorm erfassten (bei Wirksamwerden der Verschmelzung nach wie vor nicht voll eingezahlten) Anteile zum Anteilstausch genutzt, dh 13

11 Kallmeyer/*Kallmeyer/Kocher* Rn 5; KölnKomm-UmwG/*Simon/Nießen* Rn 21; Widmann/Mayer/*Mayer* Rn 17.

12 Kallmeyer/*Kallmeyer/Kocher* Rn 8; KölnKomm-UmwG/*Simon/Nießen* Rn 7 und 22 f.

13 S. etwa Kallmeyer/*Kallmeyer/Kocher* Rn 8; Köln-Komm-UmwG/*Simon/Nießen* Rn 22; Lutter/*Winter/Vetter* Rn 23; Semler/Stengel/*Reichert* Rn 7; Widmann/Mayer/*Mayer* Rn 19.

14 Kallmeyer/*Kallmeyer/Kocher* Rn 8; Lutter/*Winter* Rn 8; Schmitt/Hörtnagl/Stratz/*Stratz* Rn 4; Semler/Stengel/*Reichert* Rn 7.

15 Widmann/Mayer/*Mayer* Rn 20.

16 Vgl Kallmeyer/*Kallmeyer/Kocher* Rn 9; Semler/Stengel/*Reichert* Rn 8; Widmann/Mayer/*Mayer* Rn 23.

17 Vgl zum Zweck der Regelung, mit Unterschieden im Detail, auch Maulbetsch/Klumpp/Rose/*Rebmann* Rn 11; KölnKomm-UmwG/*Simon/Nießen* Rn 8 f, 25 f; Lutter/*Winter/Vetter* Rn 30 ff; *Petersen*, Gläubigerschutz im Umwandlungsrecht, 2001, S. 187 f; Schmitt/Hörtnagl/Stratz/*Stratz* Rn 5; Semler/Stengel/*Reichert* Rn 8; Widmann/Mayer/*Mayer* Rn 23.

den Anteilsinhabern des übertragenden Rechtsträgers gewährt werden; das ist im Verschmelzungsvertrag festzusetzen.[18]

14 Allerdings kommt ein solcher Tausch – der sich im Übrigen ohne Durchgangserwerb bei der übernehmenden GmbH vollzieht und deshalb auch nicht in Konflikt mit § 33 Abs. 1 GmbHG gerät[19] – nur in Betracht, wenn die (bisherigen) Anteilsinhaber des übertragenden Rechtsträgers dem zustimmen oder sie ihrerseits nicht voll eingezahlte Anteile besaßen.[20] Wo der Anteilstausch deshalb scheitern muss, bleiben – jeweils im Vorfeld der Verschmelzung – zwei andere Optionen: Entweder die Veräußerung der nicht voll eingezahlten Geschäftsanteile an Dritte (die aber nicht solche iSd § 54 Abs. 2 sein dürfen; s. unten Rn 34 ff). Oder die Einzahlung der ausstehenden Einlage, in deren Folge dann das Kapitalerhöhungswahlrecht nach Abs. 1 S. 2 Nr. 2 (dazu unten Rn 22) entsteht.[21]

15 Einer der beiden zuletzt genannten Optionen bedarf es im Übrigen auch, wenn ein übertragender Rechtsträger nicht voll eingezahlte Anteile der Übernehmerin besitzt, das Kapitalerhöhungsverbot aus Abs. 1 S. 1 Nr. 3 seine Wirkung aber nicht entfalten kann, weil es zur Durchführung der Verschmelzung einer Kapitalerhöhung gar nicht bedarf: So insb. dort, wo schon vorhandene Geschäftsanteile der Übernehmerin in ausreichender Zahl zur Verteilung zur Verfügung stehen oder Verzichtserklärungen nach Abs. 1 S. 3 abgegeben werden. Denn immer ist das in § 33 Abs. 1 GmbHG normierte Verbot des Erwerbs eigener, nicht voll eingezahlter Geschäftsanteile zu beachten; die Gesamtrechtsnachfolge im Zuge einer Verschmelzung fällt unter den Erwerbstatbestand jener Vorschrift.[22]

16 **4. Rechtsfolgen bei Verstößen.** Ein Verstoß gegen ein Kapitalerhöhungsverbot nach Abs. 1 S. 1 Nr. 1–3 (ggf iVm Abs. 2; s. unten Rn 34 ff) führt zur Nichtigkeit des Kapitalerhöhungsbeschlusses[23] und begründet ein Eintragungshindernis; bei gleichwohl vollzogener Eintragung bleibt nicht nur die Verschmelzung, sondern auch die Kapitalerhöhung wirksam (arg. § 20 Abs. 2).[24] Unzulässig erworbene eigene Geschäftsanteile hat die übernehmende Gesellschaft analog § 71 c iVm § 71 d S. 2 und 4 AktG unverzüglich zu veräußern.[25]

III. Kapitalerhöhungswahlrechte (Abs. 1 S. 2)

17 **1. Grundsätze. Abs. 1 S. 2** gibt der übernehmenden GmbH ein **Wahlrecht, auf eine Kapitalerhöhung zur Durchführung der Verschmelzung zu verzichten**, soweit verteilungsfähige Geschäftsanteile schon ohne eine solche Kapitalerhöhung vorhanden sind: entweder weil die Übernehmerin bereits eigene Geschäftsanteile innehat (**Satz 2 Nr. 1**) oder weil ein übertragender Rechtsträger *voll eingezahlte* Anteile der Übernehmerin besitzt, die mit Wirksamwerden der Verschmelzung (Gesamtrechtsnachfolge) auf die übernehmende GmbH übergehen würden (**Satz 2 Nr. 2**). Soweit ein übertragender Rechtsträger hingegen *nicht* voll eingezahlte Anteile der Übernehmerin innehat, folgt daraus ein Kapitalerhöhungsverbot nach Abs. 1 S. 1 Nr. 3 (oben Rn 13 ff).

18 Zum Ganzen Lutter/*Winter/Vetter* Rn 33; Semler/Stengel/*Reichert* Rn 9.

19 Maulbetsch/Klumpp/Rose/*Rebmann* Rn 12; Lutter/*Winter/Vetter* Rn 33.

20 Kallmeyer/*Kallmeyer/Kocher* Rn 9; KölnKomm-UmwG/*Simon/Nießen* Rn 28 f; Lutter/*Winter/Vetter* Rn 38 f; Semler/Stengel/*Reichert* Rn 10.

21 Kallmeyer/*Kallmeyer/Kocher* Rn 9; Keßler/Kühnberger/*Keßler* Rn 7; KölnKomm-UmwG/*Simon/Nießen* Rn 28; Lutter/*Winter/Vetter* Rn 40; Schmitt/Hörtnagl/Stratz/*Stratz* Rn 5; Semler/Stengel/*Reichert* Rn 10; Widmann/Mayer/*Mayer* Rn 25.

22 S. dazu KölnKomm-UmwG/*Simon/Nießen* Rn 8 und 26; Lutter/*Winter/Vetter* Rn 36; übereinstimmend auch Kallmeyer/*Kallmeyer/Kocher* Rn 9; Semler/Stengel/*Reichert* Rn 11; Widmann/Mayer/*Mayer* Rn 23.

23 KölnKomm-UmwG/*Simon/Nießen* Rn 78; Lutter/*Winter/Vetter* Rn 149; Schmitt/Hörtnagl/Stratz/*Stratz* Rn 27; Semler/Stengel/*Reichert* Rn 46; Widmann/Mayer/*Mayer* Rn 71.

24 Im Ergebnis übereinstimmend, mit Unterschieden in der Begründung, Kallmeyer/*Kallmeyer/Kocher* Rn 31; KölnKomm-UmwG/*Simon/Nießen* Rn 79; Lutter/*Winter/Vetter* Rn 154 f; Schmitt/Hörtnagl/Stratz/*Stratz* Rn 27; Semler/Stengel/*Reichert* Rn 47.

25 Lutter/*Winter/Vetter* Rn 155; Semler/Stengel/*Reichert* Rn 47; Widmann/Mayer/*Mayer* Rn 73; iE auch KölnKomm-UmwG/*Simon/Nießen* Rn 80.

Es steht im Ermessen der übernehmenden GmbH, ob sie den Anteilsinhabern eines übertragenden Rechtsträgers diese (eigenen) Geschäftsanteile gewährt (und insoweit von einer Kapitalerhöhung absieht), oder ob sie ihr Stammkapital erhöht und die dadurch neu geschaffenen Geschäftsanteile verteilt. Das Wahlrecht gibt der Übernehmerin jedenfalls die Möglichkeit, eigene Anteile, die sie schon innehat oder mit Wirksamwerden der Verschmelzung erwerben würde, abzustoßen. Sollen Anteilsinhaber eines übertragenden Rechtsträgers schon vorhandene Geschäftsanteile der übernehmenden Gesellschaft erhalten, muss das freilich nach Maßgabe von § 46 Abs. 3 im Verschmelzungsvertrag festgelegt werden (s. § 46 Rn 32 f); es bedarf also auch einer zustimmenden Entscheidung der Anteilseigner aller anderen an der Verschmelzung beteiligter Rechtsträger im Rahmen der Zustimmungsbeschlüsse zum Verschmelzungsvertrag (§ 13 Abs. 1).[26] 18

Sind die eigenen Geschäftsanteile der Übernehmerin mit Rechten Dritter belastet, eignen sie sich nur dann zur Verteilung an Anteilsinhaber eines übertragenden Rechtsträgers, wenn der jeweilige Dritte die Belastung freigibt, die Anteile am übertragenden Rechtsträger ebenso belastet waren oder der jeweilige Anteilsinhaber der Gewährung belasteter Anteile zustimmt; die Belastung besteht entsprechend § 20 Abs. 1 Nr. 3 S. 2 fort.[27] 19

Die Erhöhung des Stammkapitals zur Durchführung der Verschmelzung ist nur entbehrlich, „soweit" verteilungsfähige eigene Geschäftsanteile der übernehmenden Gesellschaft zur Verfügung stehen. Soweit dies nicht der Fall ist, bleibt eine Kapitalerhöhung erforderlich.[28] 20

2. Übernehmende GmbH hat eigene Anteile inne (Satz 2 Nr. 1). Das Wahlrecht nach **Abs. 1 S. 2 Nr. 1** betrifft den Fall, dass die übernehmende GmbH schon vor der Verschmelzung über (zulässigerweise) erworbene Geschäftsanteile verfügt; die Übernehmerin kann diese Anteile den (bisherigen) Anteilsinhabern eines übertragenden Rechtsträgers gewähren oder sie behalten und statt dessen eine Kapitalerhöhung durchführen, um jene Anteilsinhaber zu bedienen.[29] 21

3. Übertragender Rechtsträger hat Anteile der übernehmenden GmbH inne, auf welche die Einlagen bereits in voller Höhe bewirkt sind (Satz 2 Nr. 2). Abs. 1 S. 2 Nr. 2 gewährt ein Wahlrecht zum Verzicht auf die Kapitalerhöhung, soweit die übernehmende GmbH mit dem Wirksamwerden der Verschmelzung *voll eingezahlte* (eigene) Geschäftsanteile erwerben würde, die bislang ein übertragender Rechtsträger an der Übernehmerin innehatte. Im Gegensatz zu Abs. 1 S. 1 Nr. 3, der nicht voll eingezahlte Anteile betrifft (vgl oben Rn 13), besteht hier also keine Verpflichtung, diese Geschäftsanteile im Rahmen eines Anteilstausches an die Anteilsinhaber des übertragenden Rechtsträgers weiterzugeben. Sollen die Anteile (unter Verzicht auf eine Kapitalerhöhung) zur Verteilung an jene Anteilsinhaber genutzt werden und trifft der Verschmelzungsvertrag entsprechende Festsetzungen, gehen sie mit Wirksamwerden der Verschmelzung unmittelbar – dh ohne Durchgangserwerb der übernehmenden GmbH – auf den jeweiligen Anteilsinhaber über.[30] 22

Wichtiger Anwendungsfall ist die Verschmelzung der Muttergesellschaft auf ihre Tochtergesellschaft („Down-stream-merger"), die unter den Voraussetzungen von Abs. 1 S. 2 Nr. 2 ohne Kapitalerhöhung möglich ist.[31] 23

4. Entbehrlichkeit der Kapitalerhöhung bei Bereitstellung von verteilungsfähigen Anteilen durch Dritte. Eine Kapitalerhöhung zur Durchführung der Verschmelzung ist – über die in Abs. 1 S. 2 normierten Fälle hinaus – auch entbehrlich, soweit **von Dritten gehaltene Geschäfts-** 24

26 Kallmeyer/*Kallmeyer/Kocher* Rn 10.
27 Kallmeyer/*Kallmeyer/Kocher* Rn 10 und 12; KölnKomm-UmwG/*Simon/Nießen* Rn 36.
28 Lutter/*Winter Vetter* Rn 45 mwN.
29 Statt aller Semler/Stengel/*Reichert* Rn 13.
30 Kallmeyer/*Kallmeyer/Kocher* Rn 11; KölnKomm-UmwG/*Simon/Nießen* Rn 35; Lutter/*Winter/Vetter* Rn 52; Widmann/Mayer/*Mayer* Rn 48.
31 Zu weiteren (teils umstrittenen) Folgefragen s. etwa *Heckschen* GmbHR 2008, 802 ff; Kallmeyer/*Kallmeyer/Kocher* Rn 13 ff; *Klein/Stephanblome* ZGR 2007, 351 ff; Lutter/*Winter/Vetter* Rn 53 ff; *Priester* FS Spiegelberger, 2009, S. 890 ff, je mwN.

anteile der Übernehmerin zum Anteilstausch zur Verfügung stehen.[32] Dazu kann vor dem Wirksamwerden der Verschmelzung eine Übereignung der Geschäftsanteile an die übernehmende GmbH vollzogen, ein Treuhandverhältnis zwischen der Übernehmerin und dem Dritten vereinbart oder auch eine unmittelbare (unter der aufschiebenden Bedingung der Eintragung der Verschmelzung stehende) dingliche Übertragung der Anteile vom Dritten auf die (bisherigen) Anteilsinhaber des übertragenden Rechtsträgers vorgenommen werden.[33] Sollen Anteile eines Dritten auf die übernehmende Gesellschaft selbst übertragen werden, gelten die Zulässigkeitsvoraussetzungen nach § 33 GmbHG (volle Einzahlung und ausreichend freies Vermögen).[34] Die Anteilsinhaber des übertragenden Rechtsträgers müssen nicht voll eingezahlten Anteile der Übernehmerin nur akzeptieren, soweit sie schon ihrerseits nicht voll eingezahlte Anteile besaßen (vgl oben Rn 14).

IV. Verzicht auf die Anteilsgewährung (Abs. 1 S. 3)

25 **1. Hintergrund und Gestaltungsmöglichkeiten.** Nach **Abs. 1 S. 3** darf die übernehmende GmbH von der Gewährung von Geschäftsanteilen absehen, wenn alle Anteilsinhaber eines übertragenden Rechtsträgers durch notariell zu beurkundende Erklärungen auf die Anteilsgewährung verzichten. Die im Zuge des 2. UmwGÄndG[35] eingefügte (rechtspolitisch nicht unumstrittene)[36] Bestimmung klärt eine bis dahin umstrittene Rechtsfrage.[37] Werden entsprechende Verzichtserklärungen abgegeben, ist eine Erhöhung des Stammkapitals der übernehmenden Gesellschaft zur Durchführung der Verschmelzung insoweit nicht erforderlich, weil neue Anteile nicht benötigt werden.

26 Der Verzicht auf die Anteilsgewährung ist insb. für die **Verschmelzung beteiligungsidentischer Schwestergesellschaften** im Konzern von erheblicher praktischer Bedeutung, weil sich das Verschmelzungsverfahren so deutlich beschleunigen lässt. Der Verzicht ermöglicht zudem die **„sanierende" Verschmelzung** eines vermögenslosen oder überschuldeten Rechtsträgers.[38]

27 Der nach Satz 3 erforderliche **Verzicht *„aller* Anteilsinhaber eines übertragenden Rechtsträgers"** ist in dem Sinne zu verstehen, dass all diejenigen Anteilsinhaber den Verzicht erklären müssen, die bei der Anteilsgewährung (ganz oder teilweise) unberücksichtigt bleiben sollen.[39] Sofern einem (bisherigen) Anteilsinhaber eines übertragenden Rechtsträgers dem Wert seiner bisherigen Beteiligung entsprechende Anteile an der Übernehmerin gewährt werden, bedarf es seiner Zustimmung zu den Verzichtserklärungen anderer Anteilsinhaber nicht; denn der einzelne hat keinen eigenen Rechtsanspruch darauf, dass auch alle anderen Anteilsinhaber wertadäquate Geschäftsanteile an der übernehmenden GmbH erhalten.[40]

28 Der vor diesem Hintergrund auch zulässige **teilweise Verzicht** auf die Anteilsgewährung ist etwa in dem Sinne möglich, dass einzelne Anteilsinhaber eines übertragenden Rechtsträgers auf eine Beteiligung an der übernehmenden GmbH gänzlich verzichten, wenn nur diese keine Anteile erhalten sollen; im Blick auf die übrigen Anteilsinhaber bleibt dann eine Kapitalerhöhung in der übernehmenden Gesellschaft erforderlich, sofern nicht schon genügend vorhandene An-

32 Etwa: Lutter/*Winter/Vetter* Rn 61; Kallmeyer/*Kallmeyer/Kocher* Rn 17; Keßler/Kühnberger/*Keßler* Rn 11; KölnKomm-UmwG/*Simon/Nießen* Rn 39; Widmann/Mayer/*Mayer* Rn 46.

33 Kallmeyer/*Kallmeyer/Kocher* Rn 17; Semler/Stengel/*Reichert* Rn 18; KölnKomm-UmwG/*Simon/Nießen* Rn 40 f; Lutter/*Winter/Vetter* Rn 62; Widmann/Mayer/*Mayer* Rn 46 f.

34 Kallmeyer/*Kallmeyer/Kocher* Rn 17; Semler/Stengel/*Reichert* Rn 18; Widmann/Mayer/*Mayer* Rn 47.

35 Zweites Gesetz zur Änderung des Umwandlungsgesetzes vom 19.4.2007, BGBl. I 2007 S. 542.

36 Kritisch etwa Schmitt/Hörtnagl/Stratz/*Stratz* Rn 13 f; Widmann/Mayer/*Mayer* Rn 10.2; befürwortend zB Lutter/*Winter/Vetter* Rn 76 ff; Semler/Stengel/*Reichert* Rn 24 ff.

37 S. zum früheren Meinungsstreit zusammenfassend KölnKomm-UmwG/*Simon/Nießen* Rn 42 f; Lutter/*Winter/Vetter* Rn 72 ff; Semler/Stengel/*Reichert* Rn 20 ff.

38 Zu damit verbundenen (teils umstrittenen) Folgefragen s. etwa *Keller/Klett* DB 2010, 1220 ff; KölnKomm-UmwG/*Simon/Nießen* Rn 42 f; Lutter/*Winter/Vetter* Rn 67 f und 98 ff; Widmann/Mayer/*Mayer* § 55 Rn 83.1 ff.

39 KölnKomm-UmwG/*Simon/Nießen* Rn 49; Lutter/*Winter/Vetter* Rn 94 ff; Schmitt/Hörtnagl/Stratz/*Stratz* Rn 15; Widmann/Mayer/*Mayer* Rn 51.1.

40 Zutreffend KölnKomm-UmwG/*Simon/Nießen* Rn 49.

teile zur Verteilung zur Verfügung stehen.[41] Ebenso möglich ist der Verzicht einzelner oder aller Anteilsinhaber eines übertragenden Rechtsträgers auf eine *vollwertige* (dem tatsächlichen Umtauschverhältnis voll entsprechende) Anteilsgewährung.[42] Auch die Nichtgewährung von Geschäftsanteilen an verzichtende Anteilsinhaber muss im Verschmelzungsvertrag, über den alle Anteilsinhaber der beteiligten Rechtsträger Beschluss fassen (§ 13 Abs. 1), festgesetzt sein; der Verzichtende kann also nicht einseitig seine Beteiligung aufgeben.[43]

Selbstverständlich können die Anteilsinhaber ihren (Teil-)Verzicht von **baren Zahlungen** abhängig machen; diese müssen aber ebenso im Verschmelzungsvertrag festgesetzt werden (§ 5 Abs. 1 Nr. 3) und dürfen die 10%-Grenze des § 54 Abs. 4 nicht überschreiten (dazu näher unten Rn 40 ff). 29

Über den Wortlaut des Abs. 1 S. 3 hinaus kann für den Verzicht auf die Anteilsgewährung zudem die **Zustimmung Dritter** erforderlich sein, zB wenn der jeweilige Anteil am übertragenden Rechtsträger mit dinglichen Rechten Dritter belastet ist und aufgrund des Verzichts auf die Anteilsgewährung der Schutz nach § 20 Abs. 1 Nr. 3 S. 2 (wonach Rechte Dritte an Anteilen des übertragenden Rechtsträgers an den dafür gewährten Anteilen des übernehmenden Rechtsträgers fortbestehen) wegfallen würde.[44] Zur Verzichtserklärung nach Abs. 1 S. 3 bedarf es hingegen nicht der Zustimmung der (Alt-)Gesellschafter der übernehmenden GmbH; sofern diesen Einbußen drohen (zB bei der „sanierenden" Verschmelzung eines Rechtsträgers mit negativem Vermögen), können sie sich ggf mit einer Anfechtungsklage gegen den Verschmelzungsbeschluss wehren.[45] 30

2. Verzichtserklärung. Die Verzichtserklärung ist von allen Anteilsinhabern eines übertragenden Rechtsträgers abzugeben, die bei der Anteilsgewährung (ganz oder teilweise) unberücksichtigt bleiben sollen (s. oben Rn 27 f). Sie ist als empfangsbedürftige Willenserklärung an die GmbH, vertreten durch deren Geschäftsführer (einer genügt; § 35 Abs. 2 S. 2 GmbHG), zu richten und kann – da mit ihr ein Gestaltungsrecht ausgeübt wird – weder unter eine Bedingung gestellt noch einseitig zurückgenommen werden.[46] 31

Die Erklärung bedarf der **notariellen Beurkundung**; das soll auch für etwaig erforderliche Zustimmungserklärungen Dritter (s. oben Rn 30) gelten.[47] Der Verzicht kann entweder anlässlich der Beschlussfassung über die Zustimmung zum Verschmelzungsvertrag (vgl § 13 Abs. 3 S. 1) oder in einer gesonderter Urkunde erklärt werden, solange jeweils die Form der Beurkundung von Willenserklärungen nach §§ 6 ff BeurkG (u.a. Verlesung der Niederschrift und Unterzeichnung auch durch die Beteiligten; vgl § 13 BeurkG) eingehalten wird.[48] Gegenüber der Annahme eines *konkludent* erklärten Verzichts durch positive Stimmabgabe zum Verschmelzungsbeschluss, wenn der Verschmelzungsvertrag keine Anteilsgewährung vorsieht oder den Beteiligungsumfang an der übernehmenden GmbH abweichend vom (angemessenen) Umtauschverhältnis festsetzt,[49] ist angesichts der Bedeutung einer Verzichtserklärung Zurückhaltung geboten.[50] 32

Der **Anmeldung** der Verschmelzung zum Handelsregister sind die Verzichtserklärungen beizufügen (§ 17 Abs. 1). Nicht erforderlich ist aber eine Erklärung analog § 16 Abs. 2, dass am An- 33

41 Kallmeyer/*Kallmeyer/Kocher* Rn 21; s. ferner KölnKomm-UmwG/*Simon/Nießen* Rn 48 f; Widmann/Mayer/*Mayer* Rn 51.2.
42 Kallmeyer/*Kallmeyer/Kocher* Rn 21; Lutter/*Winter/Vetter* Rn 91 und 93.
43 Kallmeyer/*Kallmeyer/Kocher* Rn 21 („kein einseitiges Austrittsrecht"); KölnKomm-UmwG/*Simon/Nießen* Rn 58.
44 Vgl Kallmeyer/*Kallmeyer/Kocher* Rn 20; KölnKomm-UmwG/*Simon/Nießen* Rn 47.
45 Dazu weiterführend KölnKomm-UmwG/*Simon/Nießen* Rn 50 ff; *S. Weiler* NZG 2008, 527, 529 ff; s. auch *Keller/Klett* DB 2010, 1220, 1221 f.
46 Widmann/Mayer/*Mayer* Rn 51.1.
47 So etwa KölnKomm-UmwG/*Simon/Nießen* Rn 57; aA Lutter/*Winter/Vetter* Rn 105.
48 Lutter/*Winter/Vetter* Rn 87.
49 Für die Annahme einer konkludenten Verzichtserklärung in diesen Fällen Kallmeyer/*Kallmeyer/Kocher* Rn 19 und 21; KölnKomm-UmwG/*Simon/Nießen* Rn 56.
50 Ebenso Lutter/*Winter/Vetter* Rn 88; Widmann/Mayer/*Mayer* Rn 51.1: allenfalls, wenn Verzichtswille anderweitig hinreichend dokumentiert ist.

teil des Verzichtenden keine Rechte Dritter bestehen.[51] Liegen erforderliche Verzichtserklärungen nicht vor, darf der Registerrichter die Verschmelzung nicht eintragen. Wird dennoch eingetragen, bleibt die WIrksamkeit der Verschmelzung unberührt (§ 20 Abs. 2).

V. Kapitalerhögungsverbote und -wahlrechte bei von Dritten gehaltenen Anteilen (Abs. 2)

34 Nach **Abs. 2** gelten die Kapitalerhöhungsverbote des **Abs. 1 S. 1** sowie die Kapitalerhöhungswahlrechte des **Abs. 1 S. 2** entsprechend, wenn ein Dritter im eigenen Namen, aber für Rechnung der übernehmenden GmbH (so in den Fällen von Satz 1 Nr. 1 und Satz 2 Nr. 1) bzw für Rechnung des übertragenden Rechtsträgers (in den Fällen von Satz 1 Nr. 2 und 3 sowie Satz 2 Nr. 2) handelt. Dann sind die Anteile (wirtschaftlich) nicht dem Dritten, sondern dem Rechtsträger zuzurechnen, für dessen Rechnung der Dritte die Anteile hält; sie sind wie Anteile jenes Rechtsträgers zu behandeln. Damit will der Gesetzgeber insb. Umgehungen der Verbote aus Abs. 1 S. 1 begegnen.[52]

35 Keine Bedeutung hat Abs. 2 hingegen für die Regelung in **Abs. 1 S. 3** (Entbehrlichkeit der Anteilsgewährung im Verzichtsfall); Satz 3 war im Zuge des 2. UmwGÄndG in Abs. 1 eingefügt (s. oben Rn 25), Abs. 2 dabei aber nicht redaktionell angepasst worden.[53]

36 Abs. 2 erfasst Treuhandverhältnisse und Konstellationen mittelbarer Stellvertretung.[54] Kein Dritter im Sinne der Vorschrift ist hingegen schon jedes von der übernehmenden GmbH bzw einem übertragenden Rechtsträger abhängige Unternehmen;[55] vgl auch oben Rn 9.

VI. Erleichterte Teilung vorhandener Geschäftsanteile der übernehmenden GmbH (Abs. 3)

37 Abs. 3 bezweckt die Sicherung der Zuteilungsmöglichkeit schon vorhandener Geschäftsanteile der übernehmenden GmbH, wenn die Anteile zur Durchführung der Verschmelzung geteilt werden müssen, um sie den (bisherigen) Anteilsinhabern eines übertragenden Rechtsträgers gewähren zu können. Bestimmungen der Satzung der Übernehmerin, die – was auch nach Streichung des früheren § 17 GmbHG im Zuge des MoMiG[56] möglich bleibt[57] – die Anteilsteilung erschweren, sind dann unanwendbar (**Abs. 3 S. 1 Hs 1**). In welchem Ausmaß auch mittelbare Teilungserschwerungen (zB Vorerwerbsrecht von Gesellschaftern) erfasst werden, ist noch nicht hinreichend geklärt.[58]

38 Auch nach der Teilung muss der Nennbetrag jedes Teils der Geschäftsanteile auf volle Euro (also mindestens 1 EUR) lauten (**Abs. 3 S. 1 Hs 2**), was § 5 Abs. 2 S. 1 GmbHG idFd MoMiG entspricht. Ein etwaiger Verstoß gegen diese Vorgabe zum Mindestnennbetrag (sollte er in der Praxis überhaupt vorkommen) macht den Verschmelzungsvertrag nichtig (§§ 134, 139 BGB) und die Verschmelzungsbeschlüsse anfechtbar; der Registerrichter darf die Verschmelzung nicht eintragen. Wird gleichwohl eingetragen, wird der Mangel geheilt (§ 20 Abs. 2).[59]

51 KölnKomm-UmwG/*Simon/Nießen* Rn 57; iE wohl auch Kallmeyer/*Kallmeyer/Kocher* Rn 20.

52 Lutter/*Winter/Vetter* Rn 108; Widmann/Mayer/*Mayer* Rn 69.

53 Kallmeyer/*Kallmeyer/Kocher* Rn 24; KölnKomm-UmwG/*Simon/Nießen* Rn 60.

54 KölnKomm-UmwG/*Simon/Nießen* Rn 61; Schmitt/Hörtnagl/Stratz/*Stratz* Rn 16; Semler/Stengel/*Reichert* Rn 33.

55 Kallmeyer/*Kallmeyer/Kocher* Rn 24; KölnKomm-UmwG/*Simon/Nießen* Rn 62; Lutter/*Winter/Vetter* Rn 110 ff; Schmitt/Hörtnagl/Stratz/*Stratz* Rn 16; Semler/Stengel/*Reichert* Rn 34 f; Widmann/Mayer/*Mayer* Rn 70.

56 Gesetz zur Modernisierung des GmbH-Rechts und zur Bekämpfung von Missbräuchen v. 23.10.2008, BGBl. I S. 2026.

57 KölnKomm-UmwG/*Simon/Nießen* Rn 65; Lutter/*Winter/Vetter* Rn 118; Schmitt/Hörtnagl/Stratz/*Stratz* Rn 18; Semler/Stengel/*Reichert* Rn 37; Widmann/Mayer/*Mayer* Rn 52.

58 S. einerseits Lutter/*Winter/Vetter* Rn 119; Semler/Stengel/*Reichert* Rn 37; Widmann/Mayer/*Mayer* Rn 52; andererseits KölnKomm-UmwG/*Simon/Nießen* Rn 66.

59 KölnKomm-UmwG/*Simon/Nießen* Rn 82; Semler/Stengel/*Reichert* Rn 49.

Die Teilungserleichterungen nach Satz 1 gelten entsprechend, wenn die Anteile der Übernehmerin ein Dritter im eigenen Namen, aber für Rechnung der übernehmenden Gesellschaft oder eines übertragenden Rechtsträgers innehat: **Abs. 3 S. 2.** Dann sind die Anteile – wie schon im Rahmen von Abs. 2 (s. oben Rn 34) – (wirtschaftlich) nicht dem Dritten, sondern dem Rechtsträger zuzurechnen, für dessen Rechnung der Dritte die Anteile hält. Über den Wortlaut der Vorschrift hinaus gelten die Teilungserleichterungen nach Abs. 3 S. 1 schließlich auch dann, wenn ein Dritter die Anteile der übernehmenden GmbH für eigene Rechnung hält, sie aber für eine Verteilung zur Durchführung der Verschmelzung zur Verfügung stellt (vgl oben Rn 24).[60] 39

VII. Bare Zuzahlungen (Abs. 4)

1. Grundsätze. Wie schon in § 5 Abs. 1 Nr. 3 (s. die Erläuterungen § 5 Rn 37 ff) kommt auch in § 54 Abs. 4 die Grundsatzentscheidung des Gesetzgebers zum Ausdruck, dass den Anteilsinhabern der übertragenden Rechtsträger – zum Ausgleich des auf den übernehmenden Rechtsträger übergehenden Vermögens – nicht allein Geschäftsanteile am übernehmenden Rechtsträger gewährt, sondern ggf auch Barzahlungen („bare Zuzahlungen") geleistet werden können. § 54 Abs. 4 legt die Grenze fest, bis zu der im Verschmelzungsvertrag – zusätzlich zur oder statt der Gewährung von Geschäftsanteilen an der übernehmenden Gesellschaft (s. sogleich Rn 43) – bare Zahlungen festgesetzt werden können: Die baren Zahlungen dürfen 10 % des Gesamtnennbetrages der gewährten Anteile der Übernehmerin nicht übersteigen. 40

Die Vorschrift mit ihrer 10%-Grenze ist zwingend;[61] sie will (innerhalb ihres Anwendungsbereichs; s. sogleich Rn 42) nicht nur dem „Auskauf" der Anteilsinhaber eines übertragenden Rechtsträgers begegnen, sondern bezweckt den Schutz von Kapitalgrundlage und Liquidität der übernehmenden Gesellschaft.[62] 41

Abs. 4 ist (wie § 54 insgesamt) anwendbar, wenn übernehmender Rechtsträger eine GmbH ist (für die AG s. § 68 Abs. 3). Dabei kommt es – ungeachtet der vom Gesetzgeber vorgenommenen Einstellung der Regelung in den Text des § 54 – nicht darauf an, ob zur Durchführung der Verschmelzung auf eine Erhöhung des Stammkapitals der Übernehmerin verzichtet wird oder nicht. Die Vorschrift gilt vielmehr auch bei einer Verschmelzung mit Kapitalerhöhung,[63] ebenso – über § 56 – im Falle einer Verschmelzung durch Neugründung mit Zielgesellschaft in der Rechtsform der GmbH (s. § 56 Rn 9). 42

2. Begriff „bare Zuzahlungen". Der vom Gesetzgeber gewählte **Begriff der „baren *Zuzahlung*"** ist nicht in dem Sinne zu verstehen, dass er zwingend Barzahlungen voraussetzen würde, die einem Anteilsinhaber eines übertragenden Rechtsträgers gerade *zusätzlich* zu Geschäftsanteilen an der übernehmenden GmbH gewährt werden. § 54 Abs. 4 gilt nicht nur für solche „Zuzahlungen" – die etwa zum Ausgleich von Spitzenbeträgen bzw von nicht verteilungsfähigen Anteilsresten Bedeutung erlangen (näher § 46 Rn 19 ff; § 51 Rn 22 f) –, sondern auch, wenn die Zahlung *an die Stelle* der Anteilsgewährung tritt: Das wird insb. relevant, wenn die Beteiligung an einem übertragenden Rechtsträger so gering ist, dass ihr kein Geschäftsanteil an der Übernehmerin (in Höhe des konkret festgesetzten Nennbetrags dieses Anteils, ggf nicht einmal in Höhe des gesetzlichen Mindestnennbetrags nach § 46 Abs. 1 S. 3) entspricht (s. § 46 Rn 19; § 51 Rn 22). Der Begriff „bare Zuzahlungen" ist dann **im Sinne von „baren Zahlungen" zu verstehen.** 43

60 Kallmeyer/*Kallmeyer/Kocher* Rn 26; KölnKomm-UmwG/*Simon/Nießen* Rn 67; Lutter/*Winter/Vetter* Rn 123; Semler/Stengel/*Reichert* Rn 39.

61 Ganz hM; s. etwa Kallmeyer/*Kallmeyer/Kocher* Rn 29 und 33; Lutter/*Winter/Vetter* Rn 130; *Petersen*, Gläubigerschutz im Umwandlungsrecht, 2001, S. 183 f; Semler/Stengel/*Reichert* Rn 42 und 50; Widmann/Mayer/*Mayer* Rn 60 und 75; aA *Priester* ZIP 2013, 2033, 2036 und 2037: Nichteinhaltung der 10%-Obergrenze soll bei „Einverständnis aller Beteiligten" zulässig sein.

62 Lutter/*Winter/Vetter* Rn 127 und 130; Widmann/Mayer/*Mayer* Rn 65; anders wohl *Ihrig* GmbHR 1995, 622, 631.

63 Kallmeyer/*Kallmeyer/Kocher* Rn 27; Lutter/*Winter/Vetter* Rn 125; Semler/Stengel/*Reichert* Rn 41; Widmann/Mayer/*Mayer* Rn 55.

44 Ein (teilweises) Ausscheiden gegen bare Zahlung lässt sich in den Grenzen des § 54 Abs. 4 mit Zustimmung der betroffenen Anteilsinhaber schon im Rahmen der allgemeinen verschmelzungsrechtlichen Gestaltungsspielräume verwirklichen; s. § 46 Rn 20. Unter welchen Voraussetzungen sich die (bisherigen) Anteilseigner eines übertragenden Unternehmens ggf auch ohne ihre individuelle Zustimmung auf eine solche Barzahlung (zusätzlich zur bzw statt der Gewährung von Geschäftsanteilen an der Übernehmerin) verweisen lassen müssen, ist nicht Regelungsgegenstand von § 54 Abs. 4; s. auch dazu näher die Erläuterungen § 46 Rn 20 f. In Abs. 4 geht es vielmehr – neben der (schon in § 5 Abs. 1 Nr. 3 zum Ausdruck kommenden) grundsätzlichen Zulässigkeit solcher Zahlungen – um den Höchstbetrag, bis zu dem bare Zahlungen überhaupt gewährt werden dürfen.

45 Bare Zahlungen, die neben oder anstelle von Anteilen an der übernehmenden Gesellschaft im Verschmelzungsvertrag festgesetzt werden können, sind nach zutreffender und überwiegender Ansicht grundsätzlich nur **Geldleistungen**, nicht auch Sachleistungen.[64] Gleichwohl fraglich bleibt, was für die **Begründung von Darlehensverbindlichkeiten** zu gelten hat. Sie mit der Erwägung, dass es sich um Sachleistungen handele, auch dann nicht zulassen zu wollen, wenn sich die betroffenen Anteilsinhaber mit der Kreditierung ihrer Geldleistungsansprüche einverstanden erklären,[65] kann angesichts der gesetzlichen Wertung in §§ 5 Abs. 1 Nr. 3, 54 Abs. 4 (Zulässigkeit von baren Zahlungen statt Anteilsgewährung) kaum überzeugen. Jedenfalls unter der Voraussetzung der Zustimmung des Anteilsinhabers lässt sich mit guten Gründen geltend machen, dass es sich wirtschaftlich gesehen um der Barzahlung gleichzustellende (wenn auch mit einem Ausfallrisiko verbundene) Leistungen („zeitlich aufgeschobene Barzahlung")[66] handele. Dann ist es nur konsequent, solche Leistungen auch bei der Berechnung der 10%-Grenze zu berücksichtigen und sie im Rahmen dieser Grenze zuzulassen.[67]

46 3. **Zulässigkeitsgrenzen.** Abs. 4 begrenzt die Zulässigkeit barer Zahlungen, die im Verschmelzungsvertrag festgesetzt werden, auf eine Höhe von **10% des Gesamtnennbetrags aller** den Anteilsinhabern des übertragenden Rechtsträgers **tatsächlich gewährten Geschäftsanteile** der übernehmenden GmbH, unabhängig von der Herkunft der gewährten Anteile.[68] Barzahlungen, die nicht im Verschmelzungsvertrag festgesetzt wurden, sind nicht zu berücksichtigen, auch nicht spätere Erhöhungen oder Neufestsetzungen im Spruchverfahren nach § 15.[69] Auf Barabfindungsangebote nach § 29 findet die 10%-Grenze ebenfalls keine Anwendung, weil sie hier typischerweise überschritten ist und die Verschmelzung deshalb an § 54 Abs. 4 scheitern müsste, was der Gesetzheber nicht gewollt haben kann.[70]

47 Im Übrigen dürfen bare Zahlungen nicht den **Gleichbehandlungsgrundsatz** verletzen[71] und auch nicht gegen das **Verbot der Unterpari-Emission** verstoßen. Sie sind deshalb unzulässig, wenn der Wert des übertragenden Unternehmens gerade dem Gesamtnennbetrag der hierfür gewährten Anteile entspricht oder wenn der Umfang barer Zahlungen insgesamt höher ist als

64 Lutter/*Winter/Vetter* Rn 142; Semler/Stengel/*Reichert* Rn 42; Widmann/Mayer/*Mayer* Rn 64; aA Kallmeyer/*Kallmeyer/Kocher* Rn 30; *Priester* ZIP 2013, 2033, 2036 und 2037, die bei Zustimmung des betroffenen Gesellschafters auch Sachleistungen als zulässig ansehen.

65 So iE wohl Widmann/Mayer/*Mayer* Rn 63 f.

66 KölnKomm-UmwG/*Simon/Nießen* Rn 74.

67 Gleichsinnig Lutter/*Winter/Vetter* Rn 145 f, der im Falle der Verzinsung des Darlehens sogar die Zustimmung aller Anteilsinhaber des übertragenden Rechtsträgers als erforderlich ansieht; im Ansatz wie hier auch schon KölnKomm-UmwG/*Simon/Nießen* Rn 74, freilich ohne das Zustimmungserfordernis explizit zu thematisieren; für Zulässigkeit der Darlehensgewährung ohne zwingende Bindung an die 10%-Obergrenze *Priester* ZIP 2013, 2033, 2036 und 2037.

68 Kallmeyer/*Kallmeyer/Kocher* Rn 29; KölnKomm-UmwG/*Simon/Nießen* Rn 73; Lutter/*Winter/Vetter* Rn 128; Schmitt/Hörtnagl/Stratz/*Stratz* Rn 22; Semler/Stengel/*Reichert* Rn 42.

69 Kallmeyer/*Kallmeyer/Kocher* Rn 29; KölnKomm-UmwG/*Simon/Nießen* Rn 72; Lutter/*Winter/Vetter* Rn 129; Schmitt/Hörtnagl/Stratz/*Stratz* Rn 22; Semler/Stengel/*Reichert* Rn 42; Widmann/Mayer/*Mayer* Rn 57.

70 Ähnlich KölnKomm-UmwG/*Simon/Nießen* Rn 72; iE ebenso Kallmeyer/*Kallmeyer/Kocher* Rn 29; Lutter/*Winter/Vetter* Rn 129; Semler/Stengel/*Reichert* Rn 42.

71 Statt aller Semler/Stengel/*Reichert* Rn 40.

die Differenz zwischen Unternehmenswert und Gesamtnennbetrag.[72] Zur Frage der erforderlichen Zustimmung des einzelnen Anteilsinhabers s. schon den Verweis oben Rn 44.

Werden im Verschmelzungsvertrag bare Zahlungen unter **Verstoß gegen Abs. 4** (also unter Überschreitung der 10%-Grenze) festgesetzt, hat das gem. § 134 BGB die Nichtigkeit der entsprechenden Bestimmungen im Verschmelzungsvertrag und eine Vermutung der Gesamtnichtigkeit des Vertrages nach § 139 BGB zur Folge.[73] Ein gleichwohl gefasster Verschmelzungsbeschluss ist anfechtbar.[74] Der Verstoß gegen Abs. 4 stellt ein Eintragungshindernis dar. Im Fall gleichwohl vollzogener Eintragung bleibt die Wirksamkeit der Verschmelzung jedoch unberührt (§ 20 Abs. 2); auch der Anspruch auf bare Zahlung wird wirksam.[75] 48

Ein Verstoß gegen das Verbot der Unterpari-Emission führt zur Nichtigkeit des Verschmelzungsbeschlusses; wird gleichwohl eingetragen, berührt auch dieser Mangel die Wirksamkeit der Verschmelzung nicht (§ 20 Abs. 2).[76] Nach einer im Schrifttum verfochtenen Auffassung soll jedoch jeder Anteilsinhaber des übertragenden Rechtsträgers quotal nach Maßgabe seiner Beteiligung auf die Differenz zwischen Nominalbetrag der gewährten Geschäftsanteile zzgl geleisteter barer Zahlungen und tatsächlichem Wert des übertragenden Rechtsträgers haften (§ 56 GmbHG iVm § 9 GmbHG; Ausfallhaftung nach § 24 GmbHG);[77] s. zur Frage der Differenzhaftung bei mangelnder Kapitaldeckung § 55 Rn 15 ff. 49

VIII. Kosten

Zu den Kosten der Verschmelzung vgl die Übersicht § 2 Rn 29 ff sowie die Verweise § 50 Rn 27. 50

§ 55 Verschmelzung mit Kapitalerhöhung

(1) Erhöht die übernehmende Gesellschaft zur Durchführung der Verschmelzung ihr Stammkapital, so sind § 55 Abs. 1, §§ 56 a, 57 Abs. 2, Abs. 3 Nr. 1 des Gesetzes betreffend die Gesellschaften mit beschränkter Haftung nicht anzuwenden.

(2) Der Anmeldung der Kapitalerhöhung zum Register sind außer den in § 57 Abs. 3 Nr. 2 und 3 des Gesetzes betreffend die Gesellschaften mit beschränkter Haftung bezeichneten Schriftstücken der Verschmelzungsvertrag und die Niederschriften der Verschmelzungsbeschlüsse in Ausfertigung oder öffentlich beglaubigter Abschrift beizufügen.

72 Kallmeyer/*Kallmeyer/Kocher* Rn 28; KölnKomm-UmwG/*Simon/Nießen* Rn 77; Lutter/*Winter/Vetter* Rn 131; Schmitt/Hörtnagl/Stratz/*Stratz* Rn 23; Semler/Stengel/*Reichert* Rn 43; Widmann/Mayer/*Mayer* Rn 66 f.

73 Kallmeyer/*Kallmeyer/Kocher* Rn 33; KölnKomm-UmwG/*Simon/Nießen* Rn 83; Lutter/*Winter/Vetter* Rn 157; Schmitt/Hörtnagl/Stratz/*Stratz* Rn 28; Semler/Stengel/*Reichert* Rn 50; Widmann/Mayer/*Mayer* Rn 75.

74 Lutter/*Winter/Vetter* Rn 157.

75 Kallmeyer/*Kallmeyer/Kocher* Rn 33; KölnKomm-UmwG/*Simon/Nießen* Rn 84; aA Widmann/Mayer/*Mayer* Rn 77.

76 Lutter/*Winter/Vetter* Rn 158.

77 So Kallmeyer/*Kallmeyer/Kocher* Rn 33; Lutter/*Winter/Vetter* Rn 160; Widmann/Mayer/*Mayer* Rn 59 und 77; monographisch *Moog* Differenzhaftung im Umwandlungsrecht, 2009.

I. Norminhalt; Normzusammenhänge

1 Bei der Verschmelzung durch Aufnahme sind den (bisherigen) Anteilsinhabern des übertragenden Rechtsträgers in der Regel Geschäftsanteile am übernehmenden Rechtsträger zu gewähren (vgl §§ 2, 5 Abs. 1 Nr. 2, 20 Abs. 1 Nr. 3), die typischerweise durch eine Kapitalerhöhung zur Durchführung der Verschmelzung erst geschaffen werden müssen. Dabei handelt es sich um eine Kapitalerhöhung gegen Sachkapital, das durch den Übergang des Vermögens der übertragenden Rechtsträger erbracht wird (vgl §§ 2, 5 Abs. 1 Nr. 2, 20 Abs. 1 Nr. 1). Wo die aufnehmende Gesellschaft in der Rechtsform der GmbH organisiert ist, übernehmen ihre neuen Gesellschafter – anders als im Fall der regulären Kapitalerhöhung einer GmbH (§ 55 ff GmbHG) – also keine Einlagepflichten iSv § 55 Abs. 1 GmbHG. An die Stelle der entsprechenden Übernahmeerklärungen treten vielmehr der – zwischen den beteiligten Rechtsträgern (nicht dessen Mitgliedern) geschlossene – Verschmelzungsvertrag sowie die Verschmelzungsbeschlüsse der Anteilsinhaber aller beteiligten Rechtsträger. Verschmelzung einerseits und die zu ihrer Durchführung vorgenommene Kapitalerhöhung andererseits sind rechtlich voneinander zu unterscheidende Vorgänge. Aber sie sind konditional miteinander verknüpft: Die Eintragung der Verschmelzung ist Voraussetzung für die Wirksamkeit der Kapitalerhöhung zur Durchführung der Verschmelzung; umgekehrt kann auch die Verschmelzung nicht schon vor Eintragung der Kapitalerhöhung wirksam werden. S. dazu näher § 53 Rn 6.

2 § 55 findet auf die Verschmelzung durch Aufnahme Anwendung, wenn der übernehmende Rechtsträger eine GmbH ist.[1] Die Vorschrift modifiziert – vor dem Hintergrund der soeben Rn 1 skizzierten Besonderheiten einer Kapitalerhöhung zur Durchführung der Verschmelzung – die Bestimmungen des GmbH-Gesetzes über die (reguläre) Kapitalerhöhung in der GmbH: Nach § **55 Abs. 1** sind § 55 Abs. 1, § 56 a sowie § 57 Abs. 2 und Abs. 3 Nr. 1 GmbHG unanwendbar. § **55 Abs. 2** ordnet – in Ergänzung von § 57 Abs. 3 Nr. 2 und 3 GmbHG – an, dass der Anmeldung der Kapitalerhöhung zur Eintragung in das Handelsregister auch der Verschmelzungsvertrag und die Niederschriften der Verschmelzungsbeschlüsse in Ausfertigung oder öffentlich beglaubigter Abschrift beizufügen sind.

3 Die Vorschrift betrifft die zur Durchführung der Verschmelzung vorgenommene Kapitalerhöhung; sie gilt hingegen nicht für eine Kapitalerhöhung, die nur bei Gelegenheit der Verschmelzung vorgenommen wird. Deshalb wird zu Recht verbreitet empfohlen, eine etwaige weitere (reguläre) Kapitalerhöhung gesondert zu beschließen.[2]

4 § 55 geht auf § 22 KapErhG zurück. Die frühere Bestimmung des Abs. 1 S. 2, die auf § 5 GmbHG aF Bezug nahm, konnte nach Neufassung von § 5 GmbHG im Zuge des MoMiG[3] ersatzlos gestrichen werden.

5 Die Vorschrift gilt in den Fällen der Verschmelzung durch Aufnahme mit einer GmbH als übernehmender Gesellschaft, nicht hingegen bei der Verschmelzung durch Neugründung (§ 56). Sie findet auch auf alle Arten der Spaltung zur Aufnahme Anwendung (§ 125 S. 1). Vgl auch die Parallelbestimmung des § 69.

II. Kapitalerhöhung zur Durchführung der Verschmelzung: Anwendbare und nicht anwendbare Vorschriften (Abs. 1)

6 **1. Grundlagen.** Die Kapitalerhöhung zur Durchführung der Verschmelzung ist eine **Sachkapitalerhöhung gegen Einbringung des (Unternehmens-)Vermögens des übertragenden Rechtsträgers** und unterliegt im Grundsatz den Bestimmungen des GmbH-Gesetzes über Satzungsände-

1 Zur UG (haftungsbeschränkt) als übernehmende Gesellschaft s. Kallmeyer/*Kallmeyer/Kocher* Rn 3 und Kallmeyer/*Marsch-Barner* § 3 Rn 9; Semler/Stengel/*Reichert* Rn 13 a.

2 Kallmeyer/*Kallmeyer/Kocher* Rn 2; Lutter/*Winter/Vetter* Rn 13; Widmann/Mayer/*Mayer* Rn 118.

3 Gesetz zur Modernisierung des GmbH-Rechts und zur Bekämpfung von Missbräuchen v. 23.10.2008, BGBl. I S. 2026.

rungen im Allgemeinen und (Sach-)Kapitalerhöhungen im Besonderen (§§ 53 f, 55 ff GmbHG). Diese allgemeinen Vorschriften werden jedoch modifiziert, soweit dies angesichts der Besonderheiten einer Kapitalerhöhung *zur Durchführung der Verschmelzung* (vgl oben Rn 1) geboten ist.

2. Beschlussfassung. Zur Kapitalerhöhung bedarf es eines entsprechenden Beschlusses der Gesellschafter der übernehmenden GmbH nach den Vorgaben der §§ 53 ff GmbHG. Dabei sind die Kapitalerhöhungsverbote nach § 54 Abs. S. 1 Nr. 1 – 3 zu beachten (näher § 54 Rn 8 ff). Dieser **Kapitalerhöhungsbeschluss** ist vom Verschmelzungsbeschluss in der übernehmenden GmbH (§§ 13, 50 Abs. 1) rechtlich streng zu unterscheiden,[4] wenngleich die gemeinsame Beurkundung von Verschmelzungs- und Kapitalerhöhungsbeschluss (sowie der damit einhergehenden Satzungsänderung) möglich und – auch zur Reduzierung der Kosten (wegen Gleichheit des Beschlussgegenstandes, vgl §§ 94 Abs. 2. 109 Abs. 2 Nr. 4 b GNotKG) –empfehlenswert ist.[5] Liegt eine entsprechende Satzungsermächtigung vor (die Sachkapitalerhöhung zulassen muss), kann die Kapitalerhöhung auch durch Ausnutzung genehmigten Kapitals (§ 55 a GmbHG) vorgenommen werden. 7

Gegenstand der Beschlussfassung ist die Sachkapitalerhöhung um einen bestimmten Nennbetrag und die Gewährung der neuen Geschäftsanteile an die Anteilseigner des übertragenden Rechtsträgers als Gegenleistung für den Übergang von dessen Vermögen (mit allen Aktiva und Passiva) auf die übernehmende GmbH.[6] Die (sonst erforderliche; § 56 Abs. 1 GmbHG) nähere Bezeichnung des Gegenstands der Sacheinlage ist ebenso entbehrlich wie die namentliche Zuordnung der Geschäftsanteile auf die neuen Gesellschafter, da diese Festsetzungen bereits aus dem Verschmelzungsvertrag hervorgehen, der der Anmeldung der Kapitalerhöhung nach § 55 Abs. 2 beizufügen ist.[7] Der Betrag, um den das Kapital erhöht werden soll, kann auch nur mit einer Höchstgrenze („Erhöhung bis zu …") angegeben werden; der endgültige Kapitalerhöhungsbetrag wird dann bei der Anmeldung zur Eintragung in das Handelsregister beziffert.[8] 8

Im Übrigen unterliegt die nähere Ausgestaltung der Kapitalerhöhung den allgemeinen Vorschriften, so etwa zum Erfordernis, den Nennbetrag eines Geschäftsanteils auf volle Euro festzusetzen, zum daraus resultierenden Mindestnennbetrag eines Anteils (1 Euro) und zur Möglichkeit, einem Gesellschafter mehrere Geschäftsanteile zu gewähren (§ 55 Abs. 4 GmbHG iVm § 5 Abs. 2 S. 1 und S. 2 GmbHG). 9

3. Kapitaldeckung. Ebenso wie bei einer regulären Sachkapitalerhöhung muss auch bei der Kapitalerhöhung zur Durchführung der Verschmelzung der **Gesamtnennbetrag der Kapitalerhöhung** – ggf zuzüglich des Gesamtbetrages barer Zuzahlungen (§§ 5 Abs. 1 Nr. 3, 54 Abs. 4) – **durch den Wert des Vermögens des übertragenden Rechtsträgers gedeckt** sein, das auf die übernehmende GmbH übergeht. Im Fall der Mehrfachverschmelzung ist – weil einheitlicher Verschmelzungsvorgang (s. auch § 46 Rn 15) – auf den saldierten Wert des übergehenden Vermögens der übertragenden Rechtsträger abzustellen.[9] 10

Teilweise wird für die Kapitaldeckung zusätzlich verlangt, auch der Nennbetrag der einem Anteilsinhaber eines übertragenden Rechtsträgers gewährten Geschäftsanteils der Übernehmerin – ggf wiederum zuzüglich ihm gewährter barer Zuzahlungen – müsse vom (nach der Beteiligungsquote auf ihn entfallenden) anteiligen Wert des Vermögens des übertragenden Rechtsträ- 11

4 Lutter/*Winter/Vetter* Rn 14; Widmann/Mayer/*Mayer* Rn 21 und 39.

5 S. Kallmeyer/*Kallmeyer/Kocher* Rn 4; Widmann/Mayer/*Mayer* Rn 24 und 40.

6 S. etwa Kallmeyer/*Kallmeyer/Kocher* Rn 4; Lutter/*Winter/Vetter* Rn 24 f; Semler/Stengel/*Reichert* Rn 7.

7 Kallmeyer/*Kallmeyer/Kocher* Rn 7; KölnKomm-UmwG/*Simon/Nießen* Rn 19; Schmitt/Hörtnagl/Stratz/*Stratz* Rn 13; Widmann/Mayer/*Mayer* Rn 33.

8 Dazu näher Lutter/*Winter/Vetter* Rn 16 ff; Semler/Stengel/*Reichert* Rn 5 f; Widmann/Mayer/*Mayer* Rn 32.

9 Ganz hM; s. etwa Maulbetsch/Klumpp/Rose/*Rebmann* Rn 5; Lutter/*Winter/Vetter* Rn 26 und 29 f; *D. Mayer* DB 1998, 913, 914 ff; Schmitt/Hörtnagl/Stratz/*Stratz* § 46 Rn 8; Semler/Stengel/*Reichert* Rn 9; Widmann/Mayer/*Mayer* Rn 60; aA OLG Frankfurt ZIP 1998, 1191.

gers gedeckt sein.[10] Indes ist eine separate Wertdeckungsprüfung für jeden Anteilsinhaber nicht veranlasst.[11] Denn im Falle einer Kapitalerhöhung zur Durchführung der Verschmelzung verspricht nicht der einzelne Anteilseigner eine Sacheinlage; vielmehr verpflichtet sich der jeweilige übertragende Rechtsträger im Verschmelzungsvertrag zur Übertragung seines (Unternehmens-)Vermögens.

12 Die Kapitaldeckung ist vom Registergericht nach §§ 57 a, 9 c Abs. 1 S. 2 GmbHG zu prüfen; bei (nicht unwesentlicher) Unterdeckung ist die Eintragung abzulehnen (s. auch unten Rn 26 ff). Ob das erhöhte Kapital gedeckt ist oder nicht, ist allerdings (anders als bei der regulären Sachkapitalerhöhung, wo eine Sacheinlage vor der Anmeldung zu bewirken ist; §§ 56 a, 7 Abs. 3 GmbHG) nicht nach den Verhältnissen am Tag der Anmeldung der Kapitalerhöhung zu beurteilen.[12] Maßgeblich ist vielmehr der (spätere, vgl § 53) **Zeitpunkt des Wirksamwerdens der Verschmelzung** kraft Eintragung derselben;[13] denn erst dann geht das Vermögen des übertragenden Rechtsträgers auf die Übernehmerin über (§ 20 Abs. 1 Nr. 1).

13 Ob das Kapital gedeckt ist, beurteilt sich nach dem **wahren Wert** des übergegangenen Vermögens des (der) übertragenden Rechtsträger(s), nicht nach dem Buchwert.[14] Der Wert eines übergehenden Unternehmens ist grundsätzlich nach der Ertragswertmethode zu ermitteln.[15] Bei einer Mehrfachverschmelzung unter Beteiligung eines überschuldeten übertragenden Rechtsträgers[16] kommt es darauf an, ob als Ergebnis einer Gesamtsaldierung (s. oben Rn 10) der eingebrachten (wahren) Vermögenswerte aller übertragenden Rechtsträger der Gesamtnennbetrag der Kapitalerhöhung – ggf zuzüglich barer Zuzahlungen – gedeckt ist.

14 Übersteigt der Buchwert des übertragenen Vermögens den Nennwert der Kapitalerhöhung (ggf zuzüglich barer Zuzahlungen), ist die Differenz in die Kapitalrücklage (§ 272 Abs. 2 Nr. 1 HGB) einzustellen.[17]

15 **4. Differenzhaftung.** Ob und ggf in welchem Umfang die (bisherigen) Anteilsinhaber eines übertragenden Rechtsträgers bei fehlender Kapitaldeckung der **Differenzhaftung aus § 9 GmbHG** unterliegen, ist nach wie vor nicht rechtssicher geklärt.[18] Im Fall einer reinen AG-Verschmelzung durch Aufnahme (mit Kapitalerhöhung der übernehmenden AG) hat der **BGH** in seiner Grundsatzentscheidung vom 12. März 2007[19] die (aktienrechtliche) Differenzhaftung freilich verworfen – u.a. mit der Erwägung, dass die Bestimmung des § 36 a Abs. 2 S. 3 AktG, aus der die aktienrechtliche Differenzhaftung (auch) abgeleitet wird und die nach § 188 Abs. 2 S. 1 AktG für die reguläre Kapitalerhöhung ebenfalls gilt, auf die AG-Verschmelzung mit Kapitalerhöhung ausdrücklich für unanwendbar erklärt wird (§ 69 Abs. 1 UmwG). Demgegenüber nimmt § 55 Abs. 1 UmwG für die GmbH-rechtliche Verschmelzung mit Kapitalerhöhung die Vorschrift des § 9 GmbHG gerade *nicht* von der Anwendbarkeit aus. Auch deshalb spricht sich ein erheblicher Teil des Schrifttums *hier* für die Differenzhaftung aus;[20] der BGH hat dies in seiner Entscheidung aus 2007 ausdrücklich offen gelassen.[21] Die Befürworter machen zudem geltend: Weil die Anteilsinhaber des übertragenden Rechtsträgers die Geschäftsanteile an der

10 Semler/Stengel/*Reichert* Rn 8 im Anschluss an Lutter/*Winter*, 4. Aufl. Rn 10.
11 Gleichfalls ablehnend Kallmeyer/*Kallmeyer/Kocher* Rn 10; KölnKomm-UmwG/Simon/*Nießen* Rn 39; jetzt auch Lutter/*Winter/Vetter* Rn 26.
12 So aber KölnKomm-UmwG/Simon/*Nießen* Rn 41; *Wälzholz* AG 2006, 469, 475; jetzt auch Lutter/*Winter/Vetter* Rn 27.
13 *Ihrig* GmbHR 1995, 622, 636; Semler/Stengel/*Reichert* Rn 8; Widmann/Mayer/*Mayer* Rn 71 ff; s. auch *Petersen*, Gläubigerschutz im Umwandlungsrecht, 2001, S. 162 f.
14 Kallmeyer/*Kallmeyer/Kocher* Rn 12; Lutter/*Winter/Vetter* Rn 31; Schmitt/Hörtnagl/Stratz/*Stratz* Rn 15 ff; Semler/Stengel/*Reichert* Rn 10.
15 Lutter/*Winter/Vetter* Rn 32 ff; Schmitt/Hörtnagl/Stratz/*Stratz* § 5 Rn 10 ff; Widmann/Mayer/*Mayer* Rn 64.
16 Dazu weiterführend Widmann/Mayer/*Mayer* Rn 83.1 ff mwN.
17 Kallmeyer/*Kallmeyer/Kocher* Rn 5; Lutter/*Winter/Vetter* Rn 15; Widmann/Mayer/*Mayer* Rn 36.
18 Monographisch *Moog* Differenzhaftung im Umwandlungsrecht, 2009, S. 46 ff.
19 BGH NZG 2007, 513.
20 *Ihrig* GmbHR 1995, 622, 633 ff; *Kallmeyer* GmbHR 2007, 1121, 1122; Kallmeyer/*Kallmeyer/Kocher* Rn 13; Lutter/*Winter/Vetter* Rn 35 ff, 42; Schmitt/Hörtnagl/Stratz/*Stratz* Rn 5; Semler/Stengel/*Reichert* Rn 11 ff; Widmann/Mayer/*Mayer* Rn 80; ebenso Henssler/Strohn/*Haeder* Rn 8.
21 BGH NZG 2007, 513 Tz. 8.

Übernehmerin als Gegenleistung für den Vermögensübergang gewährt würden, sei ihnen auch die „Kapitaldeckungsverantwortung" („Kapitalaufbringungsverantwortung") zuzuweisen;[22] nur die Differenzhaftung führe zudem zur notwendigen Korrektur des unzutreffenden Umtauschverhältnisses.[23]

Indes sieht der BGH die **Legitimationsgrundlage** der GmbH-rechtlichen Differenzhaftung des Gesellschafters bei Gründung oder Kapitalerhöhung (§§ 9, 56 Abs. 2 GmbHG) gerade darin, dass „der Wert der von *ihm* versprochenen Sacheinlage den Betrag der dafür übernommenen Stammeinlage nicht erreicht".[24] Und hier macht der Senat – zutreffend – den wesentlichen Unterschied zur Verschmelzung mit Kapitalerhöhung aus, auch bei der AG-Verschmelzung. Denn im Verschmelzungsfall wird eine Sacheinlage von den Anteilsinhabern des übertragenden Rechtsträgers weder versprochen noch geschuldet; sie übernehmen keine Verpflichtung zur Leistung einer werthaltigen Sacheinlage. „Sachinferent und Partner des Verschmelzungsvertrags mit der übernehmenden Gesellschaft ist vielmehr der übertragende Rechtsträger".[25] Eben deshalb sieht der BGH für eine Differenzhaftung jedenfalls bei der aktienrechtlichen Verschmelzung mit Kapitalerhöhung keine Grundlage. Will man dem folgen, kann für die GmbH-Verschmelzung mit Kapitalerhöhung kaum anderes gelten.[26] Gewiss lässt sich der Hinweis auf die Unterschiede zwischen einer regulären Kapitalerhöhung und einer solchen zur Durchführung der Verschmelzung nicht als „zu formal" abtun.[27] Im Verschmelzungsfall gibt es keine rechtsgeschäftliche Übernahmeerklärung des einzelnen Anteilsinhabers, die Verpflichtungsgrund für die Differenzhaftung sein könnte. Allein fraglich kann sein, ob schon der Verschmelzungsbeschluss im eigenen (übertragenden) Rechtsträger als Legitimationsgrundlage für eine Differenzhaftung des jeweiligen Anteilsinhabers ausreicht. Für die AG-Verschmelzung hat der BGH dies im Ergebnis klar (und unabhängig vom individuellen Abstimmungsverhalten) verneint: Auch der Verschmelzungsbeschluss enthalte keine Kapitaldeckungszusage der Aktionäre, die als Grundlage für eine Differenzhaftung erforderlich wäre.[28] Legt man die Entscheidung aus 2007 zugrunde, kann bei der Verschmelzung auf eine GmbH kaum etwas anderes gelten. Man wird wohl annehmen dürfen, dass der BGH insoweit zum selben Ergebnis kommen und die Differenzhaftung nach § 9 GmbHG ablehnen würde.[29] 16

Soweit ein Teil des Schrifttums eine Differenzhaftung der Anteilsinhaber des übertragenden Rechtsträgers nach § 9 GmbHG gleichwohl weiterhin befürwortet, werden als **Adressaten der Haftung** auch diejenigen Anteilsinhaber angesehen, die gegen den Verschmelzungsbeschluss gestimmt haben;[30] ihnen wird allerdings (im Innenverhältnis) ein Regressanspruch gegen die Mitgesellschafter zugebilligt.[31] Die Haftung zielt auf Ausgleich der Differenz zwischen dem Wert des (auf die übernehmende GmbH übergehenden) Vermögens des übertragenden Rechtsträgers und dem Gesamtnennbetrag der seinen (bisherigen) Anteilsinhabern gewährten Anteile (ggf zuzüglich barer Zuzahlungen). Die Anteilsinhaber sollen **pro rata** ihrer Beteiligung am Gesamtnennbetrag der gewährten Geschäftsanteile an der übernehmenden GmbH haften.[32] Werden den Anteilsinhabern des übertragenden Rechtsträgers neben Anteilen aus der (zur Durchführung der Verschmelzung vorgenommenen) Kapitalerhöhung auch schon vorhandene Anteile 17

22 *Ihrig* GmbHR 1995, 622, 634; ebenso *Kallmeyer* GmbHR 2007, 1121, 1122; Lutter/*Winter/Vetter* Rn 36; Semler/Stengel/*Reichert* Rn 11.

23 *Kallmeyer* GmbHR 2007, 1121, 1122; Kallmeyer/*Kallmeyer/Kocher* Rn 13; zustimmend Lutter/*Winter/Vetter* Rn 42; Widmann/Mayer/*Mayer* Rn 80.

24 BGH NZG 2007, 513 Tz. 5 (Hervorhebung im Original).

25 BGH NZG 2007, 513 Tz. 7; s. auch Tz. 9 und 16.

26 Gegen eine Differenzhaftung deshalb etwa Maulbetsch/Klumpp/Rose/*Rebmann* Rn 13; KölnKomm-UmwG/Simon/*Nießen* Rn 23.

27 So aber Lutter/*Winter/Vetter* Rn 36; Schmitt/Hörtnagl/Stratz/*Stratz* Rn 5; dagegen auch BGH NZG 2007, 513 Tz. 16.

28 BGH NZG 2007, 513 Tz. 8 und 11.

29 Übereinstimmende Einschätzung insoweit bei Lutter/*Winter/Vetter* Rn 41 aE; wohl auch Semler/Stengel/*Reichert* Rn 11 a; anders indes *Kallmeyer* GmbHR 2007, 1121, 1124.

30 Lutter/*Winter/Vetter* Rn 39; Schmitt/Hörtnagl/Stratz/*Stratz* Rn 6; Semler/Stengel/*Reichert* Rn 11; aA *Thoß* NZG 2006, 376 ff.

31 Lutter/*Winter/Vetter* Rn 39; Semler/Stengel/*Reichert* Rn 11; Widmann/Mayer/*Mayer* Rn 80.

32 Kallmeyer/*Kallmeyer/Kocher* Rn 13; Lutter/*Winter/Vetter* Rn 43; Schmitt/Hörtnagl/Stratz/*Stratz* Rn 6; Semler/Stengel/*Reichert* Rn 11; Widmann/Mayer/*Mayer* Rn 81.

gewährt, wird für die Bemessung der Deckungslücke zwar nur auf den Nominalbetrag der Kapitalerhöhung abgestellt; Adressat der so bemessenen Differenzhaftung sollen aber – weil die konkrete Verteilung der vorhandenen und der neu geschaffenen Anteile zufällig sei – auch diejenigen Anteilsinhaber sein, die schon vorhandene Anteile der Übernehmerin erhalten haben.[33] Im Falle der **Mehrfachverschmelzung** soll die auszugleichende Deckungslücke für jeden übertragenden Rechtsträger je gesondert bestimmt werden.[34] Wenn ein Anteilsinhaber an mehreren übertragenden Rechtsträgern beteiligt ist, sollen die rechnerisch auf ihn entfallenen Vermögensanteile zu saldieren sein.[35]

18 **5. Nicht anwendbare Vorschriften des GmbHG. § 55 Abs.** 1 erklärt **bestimmte Vorschriften des GmbH-Gesetzes** auf die Kapitalerhöhung zur Durchführung der Verschmelzung ausdrücklich für **unanwendbar**: nämlich § 55 Abs. 1, § 56 a sowie § 57 Abs. 2 und Abs. 3 Nr. 1.

19 Übernahmeerklärungen iSd § 55 Abs. 1 GmbHG werden im Verschmelzungsfall nicht abgegeben; an ihre Stelle treten der von den beteiligten Rechtsträgern geschlossene Verschmelzungsvertrag sowie die Verschmelzungsbeschlüsse der Anteilsinhaber aller beteiligten Rechtsträger (vgl oben Rn 1). Die Vorgaben für die „Leistungen der Einlagen auf das neue Stammkapital" nach § 56 a, 7 Abs. 2 und 3, 19 Abs. 5 GmbHG haben im Verschmelzungsfall keine tatbestandsmäßige Entsprechung, da solche Einlageleistungen nicht zu erbringen sind; vielmehr geht das Vermögen des übertragenden Rechtsträgers auf der Grundlage der Festsetzung im Verschmelzungsvertrag im Wege der Gesamtrechtsnachfolge auf die Übernehmerin über (§§ 5 Abs. 1 Nr. 2, 20 Abs. 1 Nr. 1). Ebenfalls keine tatbestandsmäßige Entsprechung haben schließlich § 57 Abs. 2 und Abs. 3 Nr. 1 GmbHG (Versicherungen über die Einlageleistung; Beifügung der Übernahmeerklärungen bei der Anmeldung der Kapitalerhöhung zur Eintragung in das Handelsregister).

20 Der **Katalog** der **in Abs. 1** ausdrücklich für unanwendbar erklärten Bestimmungen des GmbH-Rechts ist **nicht abschließend**. Auch weitere Bestimmungen des GmbHG sind nicht oder nur eingeschränkt anwendbar. So etwa § 55 Abs. 2 GmbHG, da zum Bezug der neu geschaffenen Anteile nur die Anteilsinhaber eines übertragenden Rechtsträgers (nicht andere Personen) zugelassen sind; auch die Altgesellschafter haben kein Bezugsrecht.[36] Entgegen § 55 Abs. 3 GmbHG ist eine Nennwertaufstockung möglich.[37] Anders als nach § 56 Abs. 1 S. 1 GmbHG vorgeschrieben bedarf es im Kapitalerhöhungsbeschluss keiner näheren Bezeichnung des Gegenstandes der Sacheinlage (s. schon oben Rn 8). Auch § 57 Abs. 3 Nr. 3 GmbHG passt nicht (trotz des Verweises in § 55 Abs. 2 UmwG; s. unten Rn 22). Und schließlich ist auch § 57 Abs. 1 GmbHG nicht anwendbar, soweit dort die Anmeldung an die Deckung des erhöhten Kapitals durch Übernahme von Geschäftsanteilen geknüpft wird.[38]

III. Anmeldung der Kapitalerhöhung zur Eintragung in das Handelsregister (Abs. 2)

21 **1. Grundlagen.** Nach §§ 54 Abs. 1, 57 Abs. 1 GmbHG ist die Kapitalerhöhung „zur Durchführung der Verschmelzung"[39] zur Eintragung in das Handelsregister am Sitz der übernehmenden GmbH anzumelden; das kann erst nach Abschluss des Verschmelzungsvertrages und Fassung der Verschmelzungsbeschlüsse erfolgen (erst dann ist die vorgesehene Übertragung des Sachkapitals nachvollziehbar).[40] Üblicherweise wird daneben auch die (mit der Kapitalerhöhung freilich notwendigerweise verbundene und deshalb nicht eigens anzumeldende)[41] Sat-

33 Lutter/*Winter/Vetter* Rn 48; Semler/Stengel/*Reichert* Rn 13; Widmann/Mayer/*Mayer* Rn 81.
34 Lutter/*Winter/Vetter* Rn 45; Semler/Stengel/*Reichert* Rn 12; Widmann/Mayer/*Mayer* Rn 81.
35 Lutter/*Winter/Vetter* Rn 46; Semler/Stengel/*Reichert* Rn 12; Widmann/Mayer/*Mayer* Rn 81.
36 Lutter/*Winter/Vetter* Rn 58; Widmann/Mayer/*Mayer* Rn 51.
37 Kallmeyer/*Kallmeyer/Kocher* Rn 7; KölnKomm-UmwG/*Simon/Nießen* Rn 18.
38 Kallmeyer/*Kallmeyer/Kocher* Rn 7; KölnKomm-UmwG/*Simon/Nießen* Rn 28.
39 Vgl zu dieser Klarstellung bei der Anmeldung Widmann/Mayer/*Mayer* Rn 88.
40 Kallmeyer/*Zimmermann* § 53 Rn 4; Lutter/*Winter/Vetter* Rn 63; Widmann/Mayer/*Mayer* Rn 97.
41 Zutreffend Scholz/*Priester* § 57 Rn 4; Baumbach/Hueck/*Zöllner/Fastrich* GmbHG § 57 Rn 7.

zungsänderung ausdrücklich angemeldet.[42] Die gleichzeitige Anmeldung von Kapitalerhöhung (mit Satzungsänderung) und Verschmelzung ist möglich. Die Anmeldung ist nach § 78 GmbHG von *sämtlichen* Geschäftsführern vorzunehmen, und zwar nach zutreffender hM persönlich (Vertretung wird im Blick auf § 82 Abs. 1 Nr. 3 GmbHG als ausgeschlossen angesehen).[43] Die Gegenmeinung lässt eine Bevollmächtigung mit Hinweis darauf zu, dass die Versicherungen der Geschäftsführer nach § 57 Abs. 2 GmbHG entfallen (s. oben Rn 19);[44] indes werden von § 82 Abs. 1 Nr. 3 GmbHG nicht nur falsche Versicherungen iSd § 57 Abs. 2 GmbHG erfasst.[45]

2. Beizufügende Unterlagen. Der Anmeldung beizufügen sind (von den verschmelzungsbedingten Ausnahmen abgesehen, dazu sogleich Rn 23 f) die **auch im Falle der regulären Kapitalerhöhung einzureichenden Unterlagen**, darunter der notariell beurkundete Beschluss über die Kapitalerhöhung mit der damit einhergehenden Satzungsänderung (ggf stattdessen: der Organbeschluss über die Ausnutzung genehmigten Kapitals, § 55 a GmbHG) und der Wortlaut der neuen Fassung der Satzung (geänderte Stammkapitalziffer) mit Notarbescheinigung (§ 54 Abs. 1 GmbHG).[46] Nach ausdrücklicher Bezugnahme in § 55 Abs. 2 UmwG müssen der Anmeldung auch die nach § 57 Abs. 3 Nr. 2 GmbHG bei der regulären Kapitalerhöhung einzureichende Liste der Übernehmer der neuen Geschäftsanteile beigefügt werden. Das wird – weil die entsprechenden Angaben schon aus den Festsetzungen im (ebenfalls beizufügenden, s. unten Rn 23) Verschmelzungsvertrag hervorgehen – zum Teil zwar als überflüssig angesehen,[47] schon im Hinblick auf den Wortlaut von § 55 Abs. 2 UmwG aber zu Recht überwiegend (auch in der registergerichtlichen Praxis) verlangt.[48] Der Beifügung einer aktualisierten Gesellschafterliste (§ 40 Abs. 2 GmbHG) schon mit Anmeldung der Kapitalerhöhung bedarf es hingegen nur für den Fall, dass *vor* der Anmeldung der Kapitalerhöhung schon *vorhandene* Anteile an der übernehmenden GmbH an die Gesellschafter eines übertragenden Rechtsträgers abgetreten wurden (etwa im Zuge eines entsprechenden Umtauschangebotes); solche Erwerber sind selbstverständlich nicht in die Liste der Übernehmer neuer Anteile aus der Kapitalerhöhung aufzunehmen. 22

§ 55 Abs. 2 UmwG erweitert den Umfang der beizufügenden Unterlagen verschmelzungsspezifisch um den **Verschmelzungsvertrag** sowie die **Niederschriften der Verschmelzungsbeschlüsse aller beteiligten Rechtsträger** in Ausfertigung oder öffentlich beglaubigter Abschrift. Diese Dokumente ersetzen bei einer Kapitalerhöhung zur Durchführung der Verschmelzung die Übernahmeerklärungen iSd § 55 Abs. 1 GmbHG. 23

Der in § 55 Abs. 2 darüber hinaus enthaltene Verweis auf § 57 Abs. 3 Nr. 3 GmbHG geht hingegen fehl, da es bei der Kapitalerhöhung zur Durchführung der Verschmelzung – außer dem Verschmelzungsvertrag – keine weiteren Festsetzungsverträge iSv § 57 Abs. 3 Nr. 3 GmbHG gibt.[49] Die Versicherungen und Unterlagen nach § 57 Abs. 2 und Abs. 3 Nr. 1 GmbHG sind ebenfalls nicht beizufügen; § 55 Abs. 1 UmwG erklärt jene Bestimmungen ausdrücklich für unanwendbar (s. oben Rn 19). 24

42 Das verlangen etwa Henssler/Strohn/*Haeder* § 53 Rn 1; Kallmeyer/*Zimmermann* § 53 Rn 5; KölnKomm-UmwG/*Simon/Nießen* § 53 Rn 4; Semler/Stengel/*Reichert* § 53 Rn 5.

43 Kallmeyer/*Kallmeyer/Kocher* Rn 8; Kallmeyer/*Zimmermann* § 53 Rn 3; KölnKomm-UmwG/*Simon/Nießen* Rn 30; Lutter/*Winter/Vetter* Rn 59; Semler/Stengel/*Reichert* Rn 23 und § 53 Rn 4.

44 So *Melchior* GmbHR 1999, 520, 521; Widmann/Mayer/*Mayer* Rn 87 (freilich im Widerspruch zu § 53 Rn 5: „Bevollmächtigung nicht möglich").

45 Näher MünchKommGmbHG/*Wißmann* § 82 Rn 220.

46 KölnKomm-UmwG/Simon/*Nießen* Rn 35 f; Widmann/Mayer/*Mayer* Rn 93.

47 Lutter/*Winter/Vetter* Rn 64; Schmitt/Hörtnagl/Stratz/*Stratz* Rn 25.

48 S. etwa Henssler/Strohn/*Haeder* Rn 10; Kallmeyer/*Zimmermann* § 53 Rn 9; KölnKomm-UmwG/*Simon/Nießen* Rn 32; Semler/Stengel/*Reichert* § 53 Rn 6; Widmann/Mayer/*Mayer* Rn 91.

49 KölnKomm-UmwG/Simon/*Nießen* Rn 33.

25 Was die beizufügenden **Wertnachweise** hinsichtlich des (Unternehmens-)Vermögens eines übertragenden Rechtsträgers betrifft, reicht dessen – mit der Anmeldung der Verschmelzung ohnehin einzureichende (§ 17 Abs. 2) – Schlussbilanz regelmäßig aus.[50]

26 **3. Prüfung durch das Registergericht; Eintragung und Bekanntmachung.** Das Registergericht hat zu prüfen (vgl (§§ 57 a, 9 c Abs. 1 S. 2 GmbHG), ob der **Kapitalerhöhungsbeschluss** (mit dem damit notwendig einhergehenden Satzungsänderungsbeschluss) **wirksam gefasst** und die **Kapitalerhöhung** – unter Beifügung der erforderlichen Unterlagen – **ordnungsgemäß angemeldet** worden ist. Zudem ist zu prüfen, ob auch die **Voraussetzungen für die Wirksamkeit der Verschmelzung** (durch spätere Eintragung derselben) gegeben sind.[51] Denn die Kapitalerhöhung wird ihrerseits erst mit der Eintragung der Verschmelzung wirksam, die Verschmelzung ist konstitutive Voraussetzung wirksamer Kapitalerhöhung; vgl zur konditionalen Verknüpfung zwischen Kapitalerhöhung und Verschmelzung § 53 Rn 5 f.

27 Insb. hat das Registergericht die **Kapitaldeckung** zu prüfen: Der Gesamtnennbetrag der Kapitalerhöhung – ggf zuzüglich des Gesamtbetrages barer Zuzahlungen (§ 5 Abs. 1 Nr. 3, 54 Abs. 4) – muss durch den Wert des (auf die übernehmende GmbH übergehenden) Vermögens des übertragenden Rechtsträgers gedeckt sein (s. schon oben Rn 10 ff). Jedenfalls wenn der Gesamtnennbetrag der Kapitalerhöhung (zzgl barer Zuzahlungen) die (Netto-)Buchwerte der Schlussbilanz des übertragenden Rechtsträgers übersteigt, kann der Registerrichter weitere Nachweise (zB: Sachverständigengutachten) verlangen.[52] Im Falle der (nicht unwesentlichen; vgl § 9 c Abs. 1 S. 2 GmbHG) Kapitalunterdeckung ist die Eintragung abzulehnen, sofern – trotz Hinweises in einer entsprechenden Zwischenverfügung – die Wertdifferenz nicht durch Zahlung ausgeglichen wird.[53]

28 Die **eingetragene Kapitalerhöhung** (zur Reihenfolge der Eintragung von Kapitalerhöhung und Verschmelzung s. § 53 Rn 7 ff) ist nach § 10 HGB (nicht etwa § 19 Abs. 3 UmwG, der die Verschmelzung betrifft) **bekanntzumachen.** Dabei muss deutlich werden, dass es sich um eine Kapitalerhöhung zur Durchführung einer Verschmelzung handelt.[54]

29 **4. Wirksamkeit der Kapitalerhöhung.** Die Kapitalerhöhung zur Durchführung der Verschmelzung wird nicht schon mit Eintragung des erhöhten Kapitals, sondern erst mit der Eintragung (auch) der Verschmelzung in das Register der übernehmenden Gesellschaft wirksam (s. § 53 Rn 6). Scheitert die Eintragung der Verschmelzung, so kann eine zuvor eingetragene Kapitalerhöhung (zur Reihenfolge der Eintragungen s. § 53 Rn 7 ff) nicht mehr wirksam werden;[55] die Eintragung der Kapitalerhöhung ist von Amts wegen zu löschen (§§ 398, 395 FamFG).[56]

IV. Rechtsfolgen mangelhafter Kapitalerhöhung

30 Ein fehlerhafter Kapitalerhöhungsbeschluss ist nach den allgemeinen Grundsätzen des Beschlussmängelrechts anfechtbar oder nichtig. Ebenso wie der Verschmelzungsbeschluss (§ 14 Abs. 2 erfasst nur übertragende Rechtsträger) kann auch der – konditional damit verknüpfte – Kapitalerhöhungsbeschluss wegen eines fehlerhaft festgesetzten Umtauschverhältnisses ange-

50 Zu weiteren Einzelheiten s. Kallmeyer/*Kallmeyer/Kocher* Rn 9; Lutter/*Winter/Vetter* Rn 68 ff; Widmann/Mayer/*Mayer* Rn 75.

51 Kallmeyer/*Zimmermann* § 53 Rn 13; KölnKomm-UmwG/*Simon/Nießen* § 53 Rn 11; Semler/Stengel/*Reichert* § 53 Rn 8.

52 Zu (teils strittigen) Einzelheiten weiterführend Kallmeyer/*Zimmermann* § 53 Rn 14 ff; KölnKomm-UmwG/*Simon/Nießen* Rn 40 und § 53 Rn 12; Lutter/*Winter/Vetter* Rn 71; Semler/Stengel/*Reichert* Rn 24 f und § 53 Rn 9; Widmann/Mayer/*Mayer* § 55 Rn 57 ff, 76 ff.

53 Vgl dazu Kallmeyer/*Zimmermann* § 53 Rn 17; KölnKomm-UmwG/*Simon/Nießen* § 53 Rn 12; Lutter/*Winter/Vetter* Rn 73; Widmann/Mayer/*Mayer* Rn 79.1.

54 Kallmeyer/*Zimmermann* § 53 Rn 20; Lutter/*Winter/Vetter* Rn 77; Widmann/Mayer/*Mayer* Rn 103 und § 53 Rn 15 s. auch *Krafka/Kühn*, Registerrecht, Rn 1067.

55 KölnKomm-UmwG/*Simon/Nießen* § 53 Rn 16; Semler/Stengel/*Reichert* § 53 Rn 13; wohl auch Maulbetsch/Klumpp/Rose/*Rebmann* § 53 Rn 5.

56 Vgl KölnKomm-UmwG/Simon/*Nießen* Rn 47; Lutter/*Winter/Vetter* § 53 Rn 21; Schmitt/Hörtnagl/Stratz/*Stratz* § 53 Rn 1; Semler/Stengel/*Reichert* § 53 Rn 13.

fochten werden.[57] Das Freigabeverfahren nach § 16 Abs. 3 erfasst auch den Kapitalerhöhungsbeschluss,[58] selbst wenn *ausschließlich* gegen diesen vorgegangen wird.[59]

Wird die Verschmelzung eingetragen, führt das – wiederum als Folge der konditionalen Verknüpfung zwischen Kapitalerhöhung und Verschmelzung – entsprechend § 20 Abs. 2 UmwG zur Heilung auch eines fehlerhaften Kapitalerhöhungsbeschlusses.[60] Zu den Folgen für einen eingetragenen Kapitalerhöhungsbeschluss, wenn die Eintragung der Verschmelzung scheitert, s. oben Rn 29. 31

V. Kosten

Zu den Kosten der Verschmelzung vgl die Übersicht § 2 Rn 29 ff und die Verweise § 50 Rn 27; speziell zur Anmeldung der Verschmelzung mit Kapitalerhöhung s. § 16 Rn 52 ff. 32

Zweiter Unterabschnitt
Verschmelzung durch Neugründung

§ 56 Anzuwendende Vorschriften

Auf die Verschmelzung durch Neugründung sind die Vorschriften des Ersten Unterabschnitts mit Ausnahme der §§ 51 bis 53, 54 Absatz 1 bis 3 sowie des § 55 entsprechend anzuwenden.

I. Norminhalt und Normzusammenhänge

§ 56, der auf den früheren § 32 Abs. 1 S. 1 KapErhG zurückgeht, legt fest, welche Bestimmungen der §§ 46–55 (Verschmelzung durch Aufnahme unter Beteiligung von Gesellschaften mbH) auf die Verschmelzung durch Neugründung Anwendung finden, wenn daran eine GmbH – als übertragender Rechtsträger oder als die neu gegründete Gesellschaft (Zielgesellschaft)[1] – beteiligt ist. Dabei kann übertragende GmbH auch eine UG (haftungsbeschränkt) sein, wegen des Sacheinlageverbots nach § 5 a Abs. 2 S. 2 GmbHG kommt sie als Zielgesellschaft einer Verschmelzung durch Neugründung indes nicht in Betracht. § 56 erklärt die Bestimmungen der §§ 46–55 im Grundsatz für entsprechend anwendbar, nimmt einige dieser Vorschriften aber ausdrücklich von der Anwendbarkeit aus: nämlich §§ 51–53, § 54 Abs. 1–3 sowie § 55. 1

Die Vorschrift tritt an die Seite von **§ 36 Abs. 1**, der bestimmt, welche der allgemeinen (rechtsformübergreifenden) Vorschriften über die Verschmelzung durch Aufnahme (§§ 4–35) auf die Verschmelzung durch Neugründung entsprechend anzuwenden sind. Daneben ordnet **§ 36 Abs. 2** an, dass auf die Gründung des neuen Rechtsträgers die für dessen Rechtsform geltenden Gründungsvorschriften anzuwenden sind, soweit sich aus dem Zweiten Buch des UmwG (§§ 2–122 l) nichts anderes ergibt; vgl die Erläuterungen zu § 36 Abs. 2. Zu den anwendbaren Gründungsvorschriften des GmbHG, wenn die Zielgesellschaft eine GmbH ist, s. zusammenfassend auch unten Rn 10 ff. 2

57 Kallmeyer/*Kallmeyer/Kocher* Rn 16; Lutter/*Winter/Vetter* Rn 79; Semler/Stengel/Reichert Rn 27; Widmann/Mayer/*Mayer* Rn 106; aA (nur Vorgehen gegen Verschmelzungsbeschluss möglich) Schmitt/Hörtnagl/Stratz/*Stratz* Rn 29.

58 BGH ZIP 2007, 1524, 1526 (für AG-Verschmelzung).

59 Kallmeyer/*Kallmeyer/Kocher* Rn 16; Lutter/*Winter/Vetter* Rn 81; Semler/Stengel/Reichert Rn 28.

60 Kallmeyer/*Kallmeyer/Kocher* Rn 17; Lutter/*Winter/Vetter* Rn 82 und § 53 Rn 23; Semler/Stengel/Reichert Rn 29 und § 53 Rn 13.

1 S. etwa KölnKomm-UmwG/*Simon/Nießen* Rn 1; Lutter/*Winter/Vetter* Rn 1.

3 Die nach § 36 und § 56 auf die Verschmelzung durch Neugründung anwendbaren Vorschriften werden durch die Bestimmungen der §§ 57–59 ergänzt, die (nur) Anwendung finden, wenn die Zielgesellschaft eine GmbH ist.[2]

4 Über §§ 125 S. 1, 135 Abs. 1 findet § 56 auch Anwendung auf die Spaltung zur Neugründung.

II. Ablauf der Verschmelzung durch Neugründung (Überblick)

5 Bei der Verschmelzung durch Neugründung (mit einer GmbH als Zielgesellschaft) wird das Vermögen der übertragenden Rechtsträger im Wege der Gesamtrechtsnachfolge (§ 20 Abs. 1 Nr. 1) auf eine durch die Verschmelzung *neu* gegründete GmbH übertragen, und zwar gegen Gewährung von Geschäftsanteilen der neuen Gesellschaft an die Anteilsinhaber der übertragenden Rechtsträger: § 2 Nr. 2. Der Verschmelzungsvorgang wird eingeleitet durch den Abschluss des Verschmelzungsvertrages durch die Vertretungsorgane der übertragenden Rechtsträger (§§ 5, 46 Abs. 1, 57), der den Gesellschaftsvertrag der neuen Gesellschaft enthalten muss (§ 37). Der Zustimmungsbeschluss der Anteilsinhaber jedes übertragenden Rechtsträgers nach § 13 (bei einer GmbH als übertragendem Rechtsträger ergänzt durch § 50) ist Wirksamkeitsvoraussetzung für den Gesellschaftsvertrag einer durch Verschmelzung neu gegründeten GmbH (§ 59 S. 1). Die Verschmelzung ist durch die Vertretungsorgane jedes übertragenden Rechtsträgers beim für den jeweiligen Rechtsträger zuständigen Registergericht anzumelden (§ 38 Abs. 1), ebenso beim für die neu gegründete Gesellschaft zuständigen Register (§ 38 Abs. 2). Abschließend wird die Verschmelzung in das jeweilige Register der übertragenden Rechtsträger und sodann (§§ 36 Abs. 1, 19 Abs. 1) in das der neuen Gesellschaft eingetragen. Erst die Eintragung im Register des neuen Rechtsträgers löst die Wirkungen der Verschmelzung aus (§ 20 Abs. 1 iVm § 36 Abs. 1).

III. Anwendbare und nicht anwendbare Vorschriften des Ersten Unterabschnitts (§§ 46–55)

6 **1. Nicht anwendbare Vorschriften.** Für unanwendbar erklärt § 56 die Vorschriften der §§ 51–53, 54 Abs. 1–3 sowie 55. Die mangelnde Anwendbarkeit der §§ 53, 54 Abs. 1–3 und 55 folgt schon daraus, dass bei der Verschmelzung zur Neugründung keine Kapital*erhöhung* in einer übernehmenden GmbH durchgeführt, sondern das Kapital der neuen GmbH neu aufgebracht wird. Obgleich nicht ausdrücklich genannt, ist auch § 46 Abs. 3 nicht anwendbar, da es „schon vorhandene Geschäftsanteile der übernehmenden Gesellschaft" vor dem Wirksamwerden der Verschmelzung durch Neugründung noch nicht gibt.[3]

7 Für unanwendbar erklärt ist auch § 51 sowie – insoweit folgerichtig – § 52, der an bestehenden Zustimmungserfordernisse nach § 51 Abs. 1 anknüpft. Die Unanwendbarkeit auch von § 51 Abs. 1 S. 3 und Abs. 2 wird (rechtspolitisch) zu Recht kritisiert;[4] doch ist die Vorgabe des Gesetzgebers in § 56 eindeutig, das von manchen angenommene „Redaktionsversehen"[5] zweifelhaft.

8 **2. Anwendbare Vorschriften.** Als entsprechend anwendbar angesehen wird neben § 46 Abs. 1 auch dessen Abs. 2, und zwar dergestalt, dass Sonderrechte und -pflichten in der neuen Gesellschaft, die nicht alle Anteilsinhaber der übertragenden Rechtsträger gleichermaßen treffen,

2 Lutter/*Winter/Vetter* Rn 4; Semler/Stengel/*Reichert* Rn 4.

3 KölnKomm-UmwG/*Simon/Nießen* Rn 10; Lutter/*Winter/Vetter* Rn 11; Semler/Stengel/*Reichert* Rn 7; Widmann/Mayer/*Mayer* Rn 9.

4 Kallmeyer/*Kallmeyer/Kocher* Rn 4; KölnKomm-UmwG/*Simon/Nießen* Rn 13; Lutter/*Winter/Vetter* Rn 20 ff; Semler/Stengel/*Reichert* Rn 11.

5 So Kallmeyer/*Kallmeyer/Kocher* Rn 4 und Widmann/Mayer/*Mayer* Rn 12, die deshalb die Anwendbarkeit von § 51 Abs. 1 S. 3 und Abs. 2 annehmen wollen; bezogen auf § 51 Abs. 2 auch Lutter/*Winter/Vetter* Rn 24; dagegen etwa KölnKomm-UmwG/*Simon/Nießen* Rn 13.

schon im Verschmelzungsvertrag ausdrücklich festzusetzen sind;[6] zur Unanwendbarkeit von § 46 Abs. 3 s. oben Rn 6. Auf einen übertragenden Rechtsträger in der Form der GmbH unstreitig anwendbar sind die Bestimmungen der §§ 47–50, und zwar unabhängig von der Rechtsform des neuen Rechtsträgers.[7]

Entsprechende Anwendung findet schließlich auch § 54 Abs. 4, wenn die Zielgesellschaft eine GmbH ist.[8] Dabei wird die 10%-Grenze des § 54 Abs. 4 in diesem Fall ganz überwiegend[9] so interpretiert, dass bare Zuzahlungen 10 % des Stammkapitals der neuen GmbH *und* 10 % des Gesamtnennbetrags der den Anteilsinhabern *jedes einzelnen übertragenden Rechtsträgers* gewährten Geschäftsanteile nicht übersteigen dürfen (die Grenze ist also nicht erst oberhalb von 10 % des Gesamtnennbetrags sämtlicher Geschäftsanteile überschritten).[10] 9

IV. Anwendbare Gründungsvorschriften des GmbHG

Bei der Verschmelzung durch Neugründung sind nach **§ 36 Abs. 2** auf die Gründung des neuen Rechtsträgers die für dessen Rechtsform geltenden Gründungsvorschriften anzuwenden, soweit sich aus dem Zweiten Buch des UmwG (§§ 2–122 l) nichts anderes ergibt. Ist Zielgesellschaft eine GmbH, sind mithin die Gründungsvorschriften des GmbHG anwendbar, sofern nicht umwandlungsrechtliche Sonderregeln greifen; vgl die die Erläuterungen zu § 36 Abs. 2. Zusammenfassend lässt sich zur Anwendbarkeit bzw Unanwendbarkeit des GmbH-Gründungsrechts (§§ 1–12 GmbHG) festhalten:[11] 10

§ 2 Abs. 1 GmbHG wird durch §§ 37, 36 Abs. 2 S. 2 UmwG verdrängt;[12] **§ 2 Abs. 2 GmbHG** bleibt anwendbar.[13] **§ 3 GmbHG** ist uneingeschränkt anwendbar, während **§ 4 GmbHG** durch § 18 UmwG modifiziert wird. **§ 5 GmbHG** ist ebenfalls anwendbar, wobei § 5 Abs. 4 GmbHG durch § 58 UmwG ergänzt wird.[14] Zur mangelnden Eignung einer UG (haftungsbeschränkt) iSd **§ 5 a GmbHG** als Zielgesellschaft einer Verschmelzung durch Neugründung s. schon oben Rn 1. Die Bestellung der ersten Geschäftsführer der neuen Gesellschaft (**§ 6 GmbHG** gilt) kann im Verschmelzungsvertrag vorgenommen werden. Die Bestellung bedarf nach § 59 S. 2 UmwG der Zustimmung der Anteilsinhaber aller übertragenden Rechtsträger (vgl § 59 Rn 9) und muss stets *vor* Wirksamwerden der Verschmelzung vorgenommen werden, da der Registerrichter die neu gegründete GmbH andernfalls nicht eintragen darf.[15] **§§ 7 Abs. 1, 78 GmbHG** werden durch § 38 Abs. 2 UmwG verdrängt, § 7 Abs. 2 und 3 GmbHG (Modalitäten der Einlageleistung) finden bei der Verschmelzung durch Neugründung schon keine tatbestandsmäßige Entsprechung.[16] 11

Von den Bestimmungen des **§ 8 GmbHG** (Inhalt der Anmeldung) sind Abs. 1 Nr. 2 und 3 sowie Abs. 3–5 anwendbar; § 8 Abs. 1 Nr. 1 und 4 GmbHG werden durch § 17 Abs. 1 (iVm § 37) UmwG, Abs. 1 Nr. 5 GmbHG wird durch § 17 Abs. 1 und 2 UmwG verdrängt. § 8 Abs. 2 12

6 So Lutter/*Winter/Vetter* Rn 15; zustimmend etwa Kallmeyer/*Kallmeyer/Kocher* Rn 3; KölnKomm-UmwG/*Simon/Nießen* Rn 10; Semler/Stengel/*Reichert* Rn 8; für Unanwendbarkeit des § 46 Abs. 2 indes Schmitt/Hörtnagl/Stratz/*Stratz* Rn 2.

7 Kallmeyer/*Kallmeyer/Kocher* Rn 1; Lutter/*Winter/Vetter* Rn 9.

8 KölnKomm-UmwG/*Simon/Nießen* Rn 8.

9 HK-UmwG/*Rebmann* Rn 16; Kallmeyer/*Kallmeyer/Kocher* Rn 6; Semler/Stengel/*Reichert* Rn 10; Widmann/Mayer/*Mayer* Rn 11.

10 So aber KölnKomm-UmwG/*Simon/Nießen* Rn 12; jetzt auch Lutter/*Winter/Vetter* Rn 17; wohl ebenso Schmitt/Hörtnagl/Stratz/*Stratz* Rn 9.

11 Vgl zum Folgenden auch Maulbetsch/Klumpp/Rose/*Rebmann* Rn 17 ff; KölnKomm-UmwG/*Simon/Nießen* § 36 Rn 29 ff; Lutter/*Winter/Vetter* Rn 28 ff; Semler/Stengel/*Bärwaldt* § 36 Rn 29 ff; Semler/Stengel/*Reichert* Rn 13 ff; eingehend Widmann/Mayer/*Mayer* § 36 Rn 20 ff.

12 Zur Unterzeichnung des Gesellschaftsvertrages der neuen GmbH vgl Kallmeyer/*Marsch-Barner* § 37 Rn 2 mwN.

13 Lutter/*Winter/Vetter* Rn 31.

14 Vgl Maulbetsch/Klumpp/Rose/*Rebmann* Rn 21; Lutter/*Winter/Vetter* Rn 39 (wo irrtümlich § 57 statt § 58 zitiert wird).

15 Kallmeyer/*Zimmermann* § 59 Rn 6; Lutter/*Winter/Vetter* Rn 42 und § 59 Rn 13; Schmitt/Hörtnagl/Stratz/*Stratz* Rn 18 und § 59 Rn 2; Semler/Stengel/*Reichert* Rn 16 und § 59 Rn 9.

16 Lutter/*Winter/Vetter* Rn 44.

GmbHG ist unanwendbar, weil er bei der Verschmelzung durch Neugründung schon keine tatbestandsmäßige Entsprechung findet.[17]

13 Die Bestimmungen der §§ 9–11 GmbHG sind grundsätzlich anwendbar, doch sind die verschmelzungsbedingten Besonderheiten zu beachten. So ist die Anwendbarkeit von § 9 GmbHG (Differenzhaftung des Sacheinlegers) schon für die Verschmelzung durch Aufnahme umstritten (s. dazu § 55 Rn 15 ff). Sofern im Schrifttum die Anwendbarkeit – im Sinne einer Haftung der (bisherigen) Anteilseigner eines überbewerteten (übertragenden) Rechtsträgers – (auch) bei der Verschmelzung durch Neugründung bejaht wird,[18] soll auch hier ein etwaiger Mehrwert eines anderen übertragenden Rechtsträgers die Haftung nicht ausschließen.[19] §§ 9 a, 9 b GmbHG kommen grundsätzlich zur Anwendung,[20] ebenso § 10 GmbHG[21] sowie die Handelndenhaftung nach § 11 GmbHG.[22]

§ 57 Inhalt des Gesellschaftsvertrags

In den Gesellschaftsvertrag sind Festsetzungen über Sondervorteile, Gründungsaufwand, Sacheinlagen und Sachübernahmen, die in den Gesellschaftsverträgen, Partnerschaftsverträgen oder Satzungen übertragender Rechtsträger enthalten waren, zu übernehmen.

I. Norminhalt und Normzweck

1 Die auf den früheren § 32 Abs. 3 S. 2 KapErhG zurückgehende Bestimmung gilt nur für die Verschmelzung durch Neugründung mit einer Zielgesellschaft in der Rechtsform der GmbH. Sie soll verhindern, dass die Pflicht zur Beibehaltung bestimmter (obligatorischer) Festsetzungen im Gesellschaftsvertrag eines übertragenden Rechtsträgers durch Verschmelzung umgangen wird. Denn nach Aktien- und GmbH-Recht müssen bestimmte „Festsetzungen über Sondervorteile, Gründungsaufwand, Sacheinlagen und Sachübernahmen" zwingend in der jeweiligen Satzung getroffen werden; sie dürfen erst nach einer bestimmten Zeit (30 Jahre nach Aktienrecht, 10 Jahre nach GmbH-Recht) durch Satzungsänderung beseitigt werden (sog. Beibehaltungs- oder Fortschreibungspflicht; näher unten Rn 8 und 9). Vor diesem Hintergrund verlangt § 57, derartige Festsetzung in die (der Registerpublizität unterliegende) Satzung der neu gegründeten GmbH zu übernehmen, um so die Transparenz im Gläubiger- und Gesellschafterinteresse weiterhin sicherzustellen.[1]

2 Über §§ 125 S. 1, 135 Abs. 1 findet § 57 auch Anwendung auf die Spaltung zur Neugründung mit einer Zielgesellschaft in der Rechtsform einer GmbH. Vgl auch die Parallelvorschrift des § 74.

II. Zu übernehmende Festsetzungen

3 **1. Grundsätze.** Angesichts des Normzwecks der Vorschrift (Umgehungsschutz) werden von § 57 nur **obligatorische Festsetzungen** erfasst, dh solche, die nach den gesetzlichen Bestimmun-

17 Vgl zum Ganzen auch Maulbetsch/Klumpp/Rose/*Rebmann* Rn 28; Lutter/*Winter/Vetter* Rn 45 ff; Widmann/Mayer/*Mayer* § 36 Rn 91 ff.

18 So etwa Lutter/*Winter/Vetter* Rn 49; Schmitt/Hörtnagl/Stratz/*Stratz* Rn 13; Widmann/Mayer/*Mayer* § 36 Rn 100 f.

19 Vgl Maulbetsch/Klumpp/Rose/*Rebmann* Rn 30; Lutter/*Winter/Vetter* Rn 50.

20 Maulbetsch/Klumpp/Rose/*Rebmann* Rn 31; Lutter/*Winter/Vetter* Rn 51; Schmitt/Hörtnagl/Stratz/*Stratz* Rn 14.

21 Dazu Lutter/*Winter/Vetter* Rn 54.

22 Weiterführend Lutter/*Winter/Vetter* Rn 55; zur Unterbilanzhaftung bei der Verschmelzung durch Neugründung s. etwa Lutter/*Winter/Vetter* Rn 56 f; Semler/Stengel/*Reichert* Rn 17.

1 Ähnlich KölnKomm-UmwG/*Simon/Nießen* Rn 2; Lutter/*Winter/Vetter* Rn 1.

gen, denen der jeweilige übertragende Rechtsträger unterliegt, zwingend in dessen Gesellschaftsvertrag (bzw Partnerschaftsvertrag, Satzung oder Statut) aufgenommen werden müssen; fakultative Festsetzungen über Sondervorteile, Gründungsaufwand, Sacheinlagen und Sachübernahmen fallen nicht unter § 57.[2]

Unter § 57 fallen nur **derivative Festsetzungen**, also solche, die bislang schon im Gesellschaftsvertrag etc. eines übertragenden Rechtsträgers enthalten waren. Davon zu unterscheiden sind im Zuge der Verschmelzung neu in die Satzung der Zielgesellschaft aufgenommene (originäre) Festsetzungen, die – über § 36 Abs. 2 – dem GmbH-Gründungsrecht unterliegen.[3] 4

Im Interesse besserer Übersichtlichkeit und Bestimmbarkeit empfiehlt es sich, übernommene Festsetzungen in der Satzung der neuen GmbH als solche zu kennzeichnen.[4] Ob und welche Festsetzungen im konkreten Verschmelzungsfall übernommen werden müssen, hängt von der Rechtsform des übertragenden Rechtsträgers und den für ihn geltenden gesetzlichen Bestimmungen ab (näher unten Rn 7 ff). War die gesetzlich vorgeschriebene Dauer der Beibehaltung einer Festsetzung schon vor der Verschmelzung abgelaufen, muss diese Festsetzung nicht in die Satzung der neuen GmbH übernommen werden.[5] Die **Beibehaltungsfristen** laufen durch die Verschmelzung nicht neu an, sondern sind weiterhin ab der ursprünglichen Eintragung im Register des übertragenden Rechtsträgers zu berechnen.[6] 5

§ 57 trifft eine Bestimmung zur Übernahme obligatorischer Festsetzungen aus dem Gesellschaftsvertrag etc. eines übertragenden Rechtsträgers in die Satzung der durch Verschmelzung neu gegründeten GmbH. Waren **erforderliche Festsetzungen schon in den Gesellschaftsvertrag des übertragenden Rechtsträgers nicht aufgenommen** worden, so wird dieses Versäumnis durch die nachträgliche Aufnahme in die Satzung der neu gegründeten GmbH nicht etwa geheilt.[7] Waren zB vereinbarte Sacheinlagen schon in der Satzung einer übertragenden AG oder GmbH nicht verlautbart und war der Gesellschafter von seiner so entstandenen Bareinlagepflicht später weder durch Bar- noch (analog § 27 Abs. 3 AktG bzw analog § 19 Abs. 4 GmbHG)[8] durch Sachleistung frei geworden, ändert sich an seiner fortbestehenden Barleistungspflicht nichts, wenn die unterlassenen Festsetzungen nachträglich in die Satzung der neuen GmbH aufgenommen werden.[9] Entsprechendes gilt in Fällen fehlender Verlautbarung der Zuweisung von Gründungsaufwand in der Satzung einer übertragenden Gesellschaft.[10] Demgegenüber können zunächst nicht verlautbarte Sondervorteile im Verhältnis zur neuen GmbH durch Aufnahme in deren Satzung neu (mit Wirkung für die Zukunft) begründet werden.[11] 6

Da von § 57 nur obligatorische Festsetzungen erfasst werden (oben Rn 3), kann die Vorschrift aktuell praktische Bedeutung erlangen, wenn ein übertragender Rechtsträger in der Form der AG (SE) bzw KGaA oder GmbH organisiert ist. Das Gesetzesrecht anderer Rechtsträger (Personenhandelsgesellschaft, Partnerschaftsgesellschaft, eingetragener Verein) trifft in seinem gegenwärtigen Stand keine Bestimmung zu obligatorischen Festsetzungen über Sondervorteile, Gründungsaufwand, Sacheinlagen und Sachübernahmen.[12] Eine (noch nicht eingehender un- 7

2 Kallmeyer/*Kallmeyer/Kocher* Rn 1; Lutter/*Winter/Vetter* Rn 3; Semler/Stengel/*Reichert* Rn 2; Widmann/Mayer/*Mayer* Rn 1; aA KölnKomm-UmwG/*Simon/Nießen* Rn 5.

3 Kallmeyer/*Kallmeyer/Kocher* Rn 1; KölnKomm-UmwG/*Simon/Nießen* Rn 3; Lutter/*Winter/Vetter* Rn 4; Semler/Stengel/*Reichert* Rn 2; Widmann/Mayer/*Mayer* Rn 1.

4 Dazu etwa Henssler/Strohn/*Haeder* Rn 7; KölnKomm-UmwG/*Simon/Nießen* Rn 23; Lutter/*Winter/Vetter* Rn 17; Semler/Stengel/*Reichert* Rn 4; Widmann/Mayer/*Mayer* Rn 9.1.

5 Lutter/*Winter/Vetter* Rn 18; Semler/Stengel/*Reichert* Rn 4; Schmitt/Hörtnagl/Stratz/*Stratz* Rn 2; Widmann/Mayer/*Mayer* Rn 2.

6 Kallmeyer/*Kallmeyer/Kocher* Rn 2; Lutter/*Winter/Vetter* Rn 18; Schmitt/Hörtnagl/Stratz/*Stratz* Rn 2; Semler/Stengel/*Reichert* Rn 4; Widmann/Mayer/*Mayer* Rn 2.

7 Kallmeyer/*Kallmeyer/Kocher* Rn 5; KölnKomm-UmwG/*Simon/Nießen* Rn 28; Semler/Stengel/*Reichert* Rn 13; Widmann/Mayer/*Mayer* Rn 21.

8 Dazu etwa *Hüffer* AktG § 27 Rn 12 a; Lutter/Hommelhoff/*Bayer* GmbHG § 5 Rn 32.

9 Lutter/*Winter/Vetter* Rn 19; Semler/Stengel/*Reichert* Rn 13; Widmann/Mayer/*Mayer* Rn 21.

10 Lutter/*Winter/Vetter* Rn 19; Semler/Stengel/*Reichert* Rn 13.

11 Lutter/*Winter/Vetter* Rn 19; Semler/Stengel/*Reichert* Rn 13; Mayer/Widmann/*Mayer* Rn 9.1.

12 Vgl auch Lutter/*Winter/Vetter* Rn 14; Semler/Stengel/*Reichert* Rn 11; Widmann/Mayer/*Mayer* Rn 3.

tersuchte)[13] Besonderheit gilt für die Genossenschaft, für die § 7 a Abs. 3 GenG bestimmt, dass die Satzung Sacheinlagen als Einzahlungen auf den Geschäftsanteil zulassen kann. Sofern man für diesen Fall (bei Überbewertung der Scheinlage) eine dem GmbH- oder Aktienrecht entsprechende Differenzhaftung befürwortet,[14] wird auch eine entsprechende Fortschreibungspflicht zu bejahen sein.

8 **2. AG als übertragender Rechtsträger.** Ist übertragender Rechtsträger eine AG, sind deren Satzungsfestsetzungen zu Sondervorteilen (§ 26 Abs. 1 AktG), zur Übernahme von Gründungsaufwand durch die Gesellschaft (§ 26 Abs. 2 AktG) sowie zu Sacheinlagen und Sachübernahmen (§ 27 Abs. 1 AktG) in den Gesellschaftsvertrag der neuen GmbH zu übernehmen. Nach dem oben Rn 5 Gesagten ist die Übernahme allerdings nicht erforderlich, wenn die AG schon 30 Jahre im Handelsregister eingetragen war und die den Festsetzungen zugrundeliegenden Rechtsverhältnisse seit mindestens fünf Jahren abgewickelt sind (§§ 26 Abs. 5, 27 Abs. 5 AktG).[15]

9 **3. GmbH als übertragender Rechtsträger.** Ist übertragender Rechtsträger eine GmbH, sind deren Satzungsfestsetzungen zu Sacheinlagen und Sachübernahmen (§ 5 Abs. 4 S. 1 GmbHG) zu übernehmen. Gleiches gilt für die Festsetzung von Sondervorteilen und Gründungsaufwand (§ 26 Abs. 1 und 2 AktG analog). Satzungsfestsetzungen zu Gründungsaufwand sowie Sacheinlagen oder –übernahmen müssen angesichts der Verjährungsregeln der §§ 9 Abs. 2 und 19 Abs. 6 zehn Jahre seit der Eintragung der übertragenden GmbH ins Handelsregister beibehalten werden.[16] Festsetzungen zu Sondervorteilen können hingegen ohne besondere Frist gelöscht werden, sobald sie weggefallen sind.[17]

III. Rechtsfolgen bei Verstößen

10 Werden obligatorische Festsetzungen pflichtwidrig nicht übernommen, besteht ein Eintragungshindernis, das nach der Anmeldung noch beseitigt werden kann.[18] Wird dennoch eingetragen, hat die fehlende Nichtübernahme solcher Festsetzungen, die schon vollständig abgewickelt worden sind, keine negativen Auswirkungen; eine tatsächlich erfüllte Einstandspflicht des Gesellschafters (zB aus ordnungsgemäß verlautbarter Sacheinlage) lebt nicht etwa deshalb wieder auf, weil in der neuen GmbH die (historischen) Satzungsfestsetzungen entgegen § 57 nicht übernommen wurden.[19]

11 Nicht erfüllte Verpflichtungen zwischen den übertragenden Rechtsträgern und ihren jeweiligen Anteilsinhabern bestehen indes auch ohne Festsetzung in der Satzung der neuen GmbH fort, da die korrespondierenden Forderungen kraft Gesamtrechtsnachfolge auf die neue Gesellschaft übergehen.[20] Das gilt für unerfüllte Verpflichtungen hinsichtlich des Gründungsaufwands, aber auch für Sacheinlageverpflichtungen. Die fehlende Übernahme der Festsetzung einer (gegenüber einem übertragenden Rechtsträger wirksam entstandenen) Sacheinlageverpflichtung führt nicht dazu, dass sich diese Sacheinlageverpflichtung in eine Bareinlagepflicht verwandelt; denn der Verstoß gegen § 57 nimmt dem Gesellschafter nicht die Möglichkeit der Sachleistung.[21]

13 Erste Überlegungen bei Lutter/*Winter/Vetter* Rn 15 f.
14 So (unter knappem Hinweis auf das GmbH- *und* Aktienrecht) *Beuthien*§ 7 a GenG Rn 8.
15 Zu Einzelheiten s. etwa KölnKomm-UmwG/*Simon/Nießen* Rn 8 ff.
16 Näher zum Ganzen etwa KölnKomm-UmwG/*Simon/Nießen* Rn 8 ff; Lutter/*Winter/Vetter* Rn 9 ff.
17 Lutter/*Winter/Vetter* Rn 13; Semler/Stengel/*Reichert* Rn 9.
18 Kallmeyer/*Kallmeyer/Kocher* Rn 5; KölnKomm-UmwG/*Simon/Nießen* Rn 27; Lutter/*Winter/Vetter* Rn 19; Semler/Stengel/*Reichert* Rn 12; Widmann/Mayer/*Mayer* Rn 13.1.
19 AllgemM; s. etwa Kallmeyer/*Kallmeyer/Kocher* Rn 5; KölnKomm-UmwG/*Simon/Nießen* Rn 29 f; Lutter/*Winter/Vetter* Rn 22; Semler/Stengel/*Reichert* Rn 12; Widmann/Mayer/*Mayer* Rn 20.
20 Kallmeyer/*Kallmeyer/Kocher* Rn 5; KölnKomm-UmwG/*Simon/Nießen* Rn 29 f; Lutter/*Winter/Vetter* Rn 24; Semler/Stengel/*Reichert* Rn 12; Widmann/Mayer/*Mayer* Rn 20.
21 Zutreffend Kallmeyer/*Kallmeyer/Kocher* Rn 5; im Ergebnis ebenso Semler/Stengel/*Reichert* Rn 12; Widmann/Mayer/*Mayer* Rn 20; aA KölnKomm-UmwG/*Simon/Nießen* Rn 30; Lutter/*Winter/Vetter* Rn 24.

Werden ursprünglich ordnungsgemäß verlautbarte Sondervorteile nicht in die Satzung der neuen GmbH übernommen, gehen sie unter.[22] – Zu den Rechtfolgen in Fällen, in denen erforderliche Festsetzungen schon in den Gesellschaftsvertrag des übertragenden Rechtsträgers nicht aufgenommen worden waren, s. schon oben Rn 6. 12

§ 58 Sachgründungsbericht

(1) In dem Sachgründungsbericht (§ 5 Abs. 4 des Gesetzes betreffend die Gesellschaften mit beschränkter Haftung) sind auch der Geschäftsverlauf und die Lage der übertragenden Rechtsträger darzulegen.

(2) Ein Sachgründungsbericht ist nicht erforderlich, soweit eine Kapitalgesellschaft oder eine eingetragene Genossenschaft übertragender Rechtsträger ist.

I. Norminhalt; Normzusammenhänge

§ 58 gilt nur für die Verschmelzung durch Neugründung mit einer Zielgesellschaft in der Rechtsform der GmbH. Auf diese sind nach § 36 Abs. 2 S. 1 die Gründungsvorschriften des GmbH-Gesetzes anwendbar (vgl § 56 Rn 10 ff), darunter auch § 5 Abs. 4 GmbHG. Wenn Sacheinlagen geleistet werden sollen, verlangt § 5 Abs. 4 S. 2 GmbHG die Erstellung eines Sachgründungsberichts. Die dort normierten Vorgaben zum Berichtsinhalt (s. unten Rn 5) werden durch § 58 **Abs. 1** UmwG – orientiert am früheren § 56 d UmwG 1969 – verschmelzungsspezifisch ergänzt: Im Sachgründungsbericht sind dann auch der Geschäftsverlauf und die Lage der übertragenden Rechtsträger darzulegen Das soll helfen, den jeweiligen Wert der übertragenden Rechtsträger (v.a. im Rahmen der registergerichtlichen Prüfung nach § 9 c Abs. 1 GmbHG) zu beurteilen.[1] Ein Verzicht auf den Sachgründungsbericht ist nicht möglich.[2] 1

Freilich schränkt § 58 **Abs. 2** UmwG die Verpflichtung zur Erstellung eines Sachgründungsberichts in praktisch wichtigen Konstellationen ein: Dieser ist nicht erforderlich, *soweit* eine Kapitalgesellschaft oder eine eingetragene Genossenschaft als übertragende Rechtsträger an der Verschmelzung durch Neugründung beteiligt sind. Der Gesetzgeber war der Auffassung, die Werthaltigkeit dieser Rechtsträger sei schon aufgrund der bestehenden Kapitalaufbringungs- und Kapitalerhaltungsvorschriften (sowie der genossenschaftsrechtlich vorgeschriebenen Prüfung bei Gründung einer eG) hinreichend gewährleistet.[3] 2

Der **Sachgründungsbericht** ist der Anmeldung der neu gegründeten GmbH zum Handelsregister beizufügen (§ 36 Abs. 2 S. 1 UmwG iVm § 8 Abs. 1 Nr. 4 GmbHG) und bedarf deshalb (nur) der Schriftform. Er ist von den Mitgliedern der Vertretungsorgane der übertragenden Rechtsträger (Letztere stehen den Gründern der GmbH iSd GmbHG gleich: § 36 Abs. 2 S. 2 UmwG), soweit diese nicht nach Abs. 2 von der Berichtspflicht befreit sind (dazu unten Rn 9 f), zu unterzeichnen, und zwar von sämtlichen Organmitgliedern persönlich.[4] 3

Über §§ 125 S. 1, 135 Abs. 1 findet § 58 Abs. 1 auch Anwendung auf die Spaltung zur Neugründung mit einer Zielgesellschaft in der Rechtsform einer GmbH. § 58 Abs. 2 gilt hier indes nicht; denn nach § 138 ist ein Sachgründungsbericht stets erforderlich. Vgl im Übrigen auch die Parallelbestimmung des § 75. 4

22 Kallmeyer/*Kallmeyer/Kocher* Rn 5; KölnKomm-UmwG/*Simon/Nießen* Rn 28; Lutter/*Winter/Vetter* Rn 21; Schmitt/Hörtnagl/Stratz/*Stratz* Rn 2; Semler/Stengel/*Reichert* Rn 12; Widmann/Mayer/*Mayer* Rn 14.

1 KölnKomm-UmwG/*Simon/Nießen* Rn 1 f.

2 Kallmeyer/*Kallmeyer/Kocher* Rn 5.

3 BegrRegE UmwG bei *Ganske* S. 105.

4 Kallmeyer/*Kallmeyer/Kocher* Rn 1; KölnKomm-UmwG/*Simon/Nießen* Rn 5; Semler/Stengel/*Reichert* Rn 4 f; Widmann/Mayer/*Mayer* Rn 5.

II. Inhalt des Sachgründungsberichts (Abs. 1)

5 Der Inhalt des Sachgründungsberichts muss zunächst den **Vorgaben des § 5 Abs. 4 S. 2 GmbHG** entsprechen. Danach sind im Bericht die für die Angemessenheit der Leistungen für Sacheinlagen wesentlichen Umstände darzulegen und beim Übergang eines Unternehmens auf die neu gegründete Gesellschaft die „Jahresergebnisse" der beiden letzten vollen Geschäftsjahre – ausgehend vom Zeitpunkt der Anmeldung der Verschmelzung[5] – anzugeben. Ein Unternehmensübergang liegt im Fall der Verschmelzung durch Neugründung regelmäßig vor. Die dann erforderliche Angabe des Jahresergebnisses meint nach allgemeiner Auffassung den Jahresüberschuss bzw Jahresfehlbetrag nach §§ 266 Abs. 3 A.V., 275 Abs. 2 Nr. 20 bzw Abs. 3 Nr. 19 HGB.[6]

6 Zusätzlich zu diesen Berichtsinhalten verlangt **Abs. 1** – vorbehaltlich der Befreiung nach Abs. 2 (unten Rn 8 ff) – auch die **Darlegung von „Geschäftsverlauf und Lage" jedes der übertragenden Rechtsträger.** Dabei bezieht sich der berichtspflichtige „Geschäftsverlauf" auf die letzten beiden vollen Geschäftsjahre und das laufende Geschäftsjahr;[7] existiert der betreffende Rechtsträger erst seit einer kürzeren Zeit, ist der Berichtszeitraum entsprechend kürzer zu bemessen. Während der Bericht über den Geschäftsverlauf zeitraumbezogene Darlegungen erfordert, beschreibt die „Lage" eines übertragenden Rechtsträgers dessen wirtschaftliche Situation zu einem bestimmten Zeitpunkt (hier richtigerweise bezogen auf den Zeitpunkt der Anmeldung der Verschmelzung zur Eintragung),[8] wobei freilich nicht nur gegenwarts-, sondern auch zukunftsbezogene Aspekte in die Lagedarstellung einfließen müssen. Zur Darstellung der Lage – die sich u.a. aus dem zurückliegenden Geschäftsverlauf ergibt – ist auf die aktuelle wirtschaftliche Situation des jeweiligen Rechtsträgers unter Einbeziehung seiner Vermögens-, Finanz- und (angesichts des Zwecks des Sachgründungsberichts besonders wichtig) Ertragslage einzugehen.

7 „Geschäftsverlauf" und „Lage" sind auch Gegenstände der Lageberichtserstattung nach § 289 HGB, so dass an die dort entwickelten Begriffsinterpretationen und Berichtsgrundsätze[9] zwar immerhin angeknüpft werden kann. Es ist aber zu berücksichtigen, dass Lagebericht einerseits und Sachgründungsbericht andererseits nicht identische Zwecke verfolgen. Die Darlegungen zu Geschäftsverlauf und Lage nach Abs. 1 dienen dazu, den Wert des Unternehmens des jeweiligen Rechtsträgers (und so das Wertverhältnis der beteiligten Rechtsträger zueinander) einzuschätzen.[10] An diesem Zweck sind die Anforderungen an den verschmelzungsspezifischen Berichtsinhalt nach Abs. 1 auszurichten.

III. Entbehrlichkeit des Sachgründungsberichts (Abs. 2)

8 Nach **Abs. 2** ist der Sachgründungsbericht entbehrlich, soweit übertragender Rechtsträger eine Kapitalgesellschaft (AG, KGaA oder GmbH) oder eG ist. Die dem zugrunde liegenden Erwägungen des Gesetzgebers (vgl oben Rn 2) werden zu Recht kritisiert, da weder Kapitalaufbringungs- oder Kapitalerhaltungsvorschriften noch die Werthaltigkeitsprüfung bei Gründung eines Rechtsträgers sichere Rückschlüsse auf den aktuellen Wert seines Unternehmens zum Verschmelzungszeitpunkt zulassen.[11] Zwar müssen dem Registergericht die Schlussbilanzen der übertragenden Rechtsträger vorgelegt werden (§ 17 Abs. 2). Bei kleinen Kapitalgesellschaften (§ 267 Abs. 1 HGB) unterliegen die Schlussbilanzen aber ebenso wenig wie die Jahresabschlüsse der Pflichtprüfung (§ 17 Abs. 2 S. 2; § 316 Abs. 1 HGB); auch müssen die Jahresabschlüsse hier nicht durch den Lagebericht (§ 289 HGB) ergänzt werden (§ 264 Abs. 1 S. 4 HGB). Dem

5 KölnKomm-UmwG/*Simon/Nießen* Rn 9; Lutter/*Winter/Vetter* Rn 8; Semler/Stengel/*Reichert* Rn 7.
6 S. nur Lutter/Hommelhoff/*Bayer* GmbHG § 5 Rn 33; Lutter/*Winter/Vetter* Rn 8; Semler/Stengel/*Reichert* Rn 7.
7 Zutreffend Kallmeyer/*Kallmeyer/Kocher* Rn 3.
8 Gleichsinnig Kallmeyer/*Kallmeyer/Kocher* Rn 3.
9 Dazu näher MüKo-BilanzR/*Kleindiek* § 289 HGB Rn 12 ff.
10 S. auch Kallmeyer/*Kallmeyer/Kocher* Rn 3; Lutter/*Winter/Vetter* Rn 9; Semler/Stengel/*Reichert* Rn 8; ferner *Petersen*, jGläubigerschutz im Umwandlungsrecht, 2001, S. 150 f.
11 KölnKomm-UmwG/*Simon/Nießen* Rn 3; Lutter/*Winter/Vetter* Rn 14; Widmann/Mayer/*Mayer* Rn 17.

Registergericht steht es aber frei, nach eigenem Ermessen weitere Unterlagen zur Darlegung der Werthaltigkeit des Unternehmensvermögens einzufordern (zB Testat der Schlussbilanz) oder auch die Begutachtung durch einen Sachverständigen in Auftrag zu geben.[12]

Abs. 2 befreit von der Pflicht zur Aufstellung eines Sachgründungsberichts, **„soweit" eine Kapitalgesellschaft oder eine eG übertragender Rechtsträger** ist. Das bedeutet: Sind an der Verschmelzung durch Neugründung nur Kapitalgesellschaften oder Genossenschaften als übertragende Rechtsträger beteiligt, ist der Sachgründungsbericht gänzlich entbehrlich. Sind daneben noch (ein oder mehrere) übertragende Rechtsträger in anderer Rechtsform beteiligt, muss der Sachgründungsbericht nur die Werthaltigkeit dieser anderen Rechtsträger darstellen. Die Darstellung muss sich allein darauf beziehen, ob der Wert des von einem berichtspflichtigen (anderen) Rechtsträger betriebenen Unternehmens jeweils den Nennbetrag der den (bisherigen) Anteilsinhabern dieses Rechtsträgers gewährten Geschäftsanteile (an der neuen GmbH) erreicht.[13] 9

Der Sachgründungsbericht ist dann nur von den Mitgliedern der Vertretungsorgane dieser berichtspflichtigen Rechtsträger zu erstellen und zu unterzeichnen (vgl oben Rn 3); wenn ein Rechtsträger nicht berichtspflichtig ist, sind seine Organvertreter auch nicht zur Unterzeichnung des von anderen zu erstellenden Berichts verpflichtet.[14] Davon unberührt bleibt die Option, einen „Gesamtsachgründungsbericht" unter Einbeziehung auch der nach § 58 Abs. 2 nicht zum Bericht verpflichteten Rechtsträger zu erstellen.[15] 10

IV. Rechtsfolgen bei Verstößen gegen die Berichtspflicht

Fehlt bei der Anmeldung der erforderliche Sachgründungsbericht oder ist sein Inhalt unzureichend, darf der Registerrichter die Verschmelzung nicht eintragen.[16] Er kann dann weitere Informationen zur Bestimmung der Werthaltigkeit der übertragenden Rechtsträger einfordern oder auch ein Sachverständigengutachten in Auftrag geben.[17] Zu entsprechenden Möglichkeiten im Falle der Entbehrlichkeit eines Sachgründungsberichts nach Abs. 2 s. schon oben Rn 8. 11

§ 59 Verschmelzungsbeschlüsse

[1]Der Gesellschaftsvertrag der neuen Gesellschaft wird nur wirksam, wenn ihm die Anteilsinhaber jedes der übertragenden Rechtsträger durch Verschmelzungsbeschluß zustimmen. [2]Dies gilt entsprechend für die Bestellung der Geschäftsführer und der Mitglieder des Aufsichtsrats der neuen Gesellschaft, soweit sie von den Anteilsinhabern der übertragenden Rechtsträger zu wählen sind.

12 Kallmeyer/*Kallmeyer/Kocher* Rn 6; Lutter/*Winter/Vetter* Rn 14; Semler/Stengel/*Reichert* Rn 12.

13 Kallmeyer/*Kallmeyer/Kocher* Rn 4; Lutter/*Winter/Vetter* Rn 15; KölnKomm-UmwG/*Simon/Nießen* Rn 16 f; Semler/Stengel/*Reichert* Rn 11.

14 Insoweit zweifelnd freilich Schmitt/Hörtnagl/Stratz/*Stratz* Rn 2.

15 Näher dazu KölnKomm-UmwG/*Simon/Nießen* Rn 17, die für diesen Fall eine Unterzeichnungspflicht der Vertretungsorgane aller Rechtsträger annehmen.

16 Kallmeyer/*Kallmeyer/Kocher* Rn 6; KölnKomm-UmwG/*Simon/Nießen* Rn 13; Semler/Stengel/*Reichert* Rn 10; Widmann/Mayer/*Mayer* Rn 6.

17 Kallmeyer/*Kallmeyer/Kocher* Rn 6; KölnKomm-UmwG/*Simon/Nießen* Rn 14 f; Lutter/*Winter/Vetter* Rn 16; Semler/Stengel/*Reichert* Rn 10 f; Widmann/Mayer/*Mayer* Rn 6.

I. Norminhalt und Normzweck; Normgeschichte

1 § 59 gilt für die Verschmelzung durch Neugründung mit einer Zielgesellschaft in der Rechtsform der GmbH. **Satz 1** der Vorschrift bestimmt, dass der Gesellschaftsvertrag der durch die Verschmelzung neu gegründeten GmbH zu seiner Wirksamkeit der Zustimmung der Anteilsinhaber jedes der übertragenden Rechtsträger bedarf, und zwar durch Verschmelzungsbeschluss. Diese Zustimmungen unterliegen damit den für den Verschmelzungsbeschluss im jeweiligen Rechtsträger – rechtsformspezifisch unterschiedlich – geltenden Mehrheitserfordernissen (s. unten Rn 7).

2 Das Zustimmungserfordernis trägt dem Umstand Rechnung, dass der Gesellschaftsvertrag der neuen GmbH, der nach § 37 im Verschmelzungsvertrag enthalten sein muss, von den Vertretungsorganen der übertragenden Rechtsträger geschlossen wird (§§ 4 Abs. 1, 36 Abs. 1 S. 1, 37). Die erforderliche Zustimmung der Anteilseigner jedes übertragenden Rechtsträgers (und damit der künftigen Gesellschafter der neuen GmbH) soll deren Entscheidungskompetenz hinsichtlich des Inhalts der Satzung ihrer künftigen Gesellschaft sichern.[1] Das wird allerdings schon durch § 13 Abs. 1 S. 1 gewährleistet, wonach der Verschmelzungsvertrag – in dem der Gesellschaftsvertrag der neuen Gesellschaft gerade enthalten sein muss – der Zustimmung durch Verschmelzungsbeschluss der Anteilsinhaber aller übertragenden Rechtsträger bedarf.[2]

3 Nach **Satz 2** der Vorschrift besteht ein entsprechendes Zustimmungserfordernis für die (notwendig vor dem Wirksamwerden der Verschmelzung vorzunehmende) Bestellung der ersten Geschäftsführer der neuen GmbH sowie für die Bestellung der Mitglieder ihres Aufsichtsrats, soweit diese (was nicht notwendig ist) vor dem Wirksamwerden der Verschmelzung bestellt werden und sie von den Anteilseignern der übertragenden Rechtsträger zu wählen sind. Auf diese Weise soll die (nach allgemeinem GmbH-Recht) den Gesellschaftern zustehende Kompetenz zur Bestellung der Geschäftsführer und Aufsichtsratsmitglieder gesichert werden, wenn die Bestellung selbst – vor Eintragung der neuen Gesellschaft – von den Vertretungsorganen der übertragenden Rechtsträger vorgenommen wird.[3]

4 Die Vorschrift geht auf den früheren § 32 Abs. 2 KapErhG zurück. Die in Satz 2 (aufgrund eines Redaktionsversehens des Gesetzgebers) zunächst fehlende Einbeziehung der Geschäftsführerbestellung ist durch das 2. UmwGÄndG[4] nachgeholt worden (Einfügung der Worte „... der Geschäftsführer und ...").

5 Über §§ 125 S. 1, 135 Abs. 1 findet § 59 auch Anwendung auf die Spaltung zur Neugründung mit einer Zielgesellschaft in der Rechtsform einer GmbH. Vgl auch die Parallelvorschrift in § 76 Abs. 2.

II. Zustimmung zum Gesellschaftsvertrag (Satz 1)

6 Die Bestimmung in **Satz 1**, wonach die Anteilsinhaber jedes übertragenden Rechtsträgers dem Gesellschaftsvertrag der neuen GmbH durch Verschmelzungsbeschluss zustimmen müssen, ist redundant: Denn nach § 37 ist der Gesellschaftsvertrag notwendiger Bestandteil des Verschmelzungsvertrages, dessen Wirksamkeit nach §§ 13 Abs. 1 S. 1, 36 Abs. 1 S. 1 von der Zustimmung der Anteilseigner jedes übertragenden Rechtsträgers abhängt (s. schon oben Rn 2).

7 Die für den Verschmelzungsbeschluss im jeweiligen übertragenden Rechtsträger geltenden Mehrheitserfordernisse sind rechtsformspezifisch unterschiedlich normiert. Für einen übertragenden Rechtsträger in der Rechtsform der GmbH gilt §§ 50 Abs. 1, 56 (mindestens 3/4 Mehr-

1 KölnKomm-UmwG/*Simon/Nießen* Rn 2 f; Lutter/*Winter/Vetter* Rn 1.

2 Zutreffend KölnKomm-UmwG/*Simon/Nießen* Rn 6; Schmitt/Hörtnagl/Stratz/*Stratz* Rn 1; Widmann/Mayer/*Mayer* Rn 2.

3 KölnKomm-UmwG/*Simon/Nießen* Rn 2 f; Lutter/*Winter/Vetter* Rn 2 und 11, 18.

4 Zweites Gesetz zur Änderung des Umwandlungsgesetzes v. 19.4.2007, BGBl. I S. 542.

heit der abgegebenen Stimmen); vgl im Übrigen v.a. § 43 (Personenhandelsgesellschaften), § 45 d (Partnerschaftsgesellschaft), §§ 65, 73, 78 (AG, SE und KGaA), §§ 84, 96 (eG).[5]

Liegt im Zeitpunkt des Verschmelzungsbeschlusses nur der Entwurf des (den Gesellschaftsvertrag enthaltenden) Verschmelzungsvertrages vor, tritt die Wirksamkeit des Gesellschaftsvertrages erst mit der späteren Beurkundung des Verschmelzungsvertrags (§ 6) ein.[6] 8

III. Zustimmung zur Bestellung der ersten Geschäftsführer und der Aufsichtsratsmitglieder (Satz 2)

1. Geschäftsführer. Die Bestellung der ersten Geschäftsführer (wenigstens eines Geschäftsführers) der durch die Verschmelzung neu gegründeten GmbH muss zwingend vor dem Wirksamwerden der Verschmelzung (durch Eintragung der neuen GmbH) erfolgen, weil eine nicht handlungsfähige Gesellschaft nicht eingetragen werden darf.[7] Die Geschäftsführerbestellung kann **durch die Vertretungsorgane der übertragenden Rechtsträger** innerhalb oder außerhalb des Verschmelzungsvertrages (bzw des darin enthaltenen Gesellschaftsvertrages der neuen GmbH) vorgenommen werden. Hier wie dort bedarf es nach § 59 S. 1, den Satz 2 für entsprechend anwendbar erklärt, zur Wirksamkeit der Bestellung der Zustimmung der Anteilseigner jedes übertragenden Rechtsträgers durch (notariell zu beurkundenden; § 13 Abs. 3 S. 1) Verschmelzungsbeschluss, und zwar mit der für den Verschmelzungsbeschluss erforderlichen (je nach Rechtsform des übertragenden Rechtsträgers unterschiedlich geregelten) Beschlussmehrheit (bei GmbH als übertragendem Rechtsträger mindestens 3/4-Mehrheit); s. dazu oben Rn 7. Ist die Geschäftsführerbestellung im Verschmelzungsvertrag (bzw dem darin enthaltenen Gesellschaftsvertrag) vorgenommen worden, so umfasst der diesem zustimmende Verschmelzungsbeschluss der Anteilseigner auch die Zustimmung zur Geschäftsführerbestellung nach § 59 S. 2.[8] 9

Eine verbreitete Ansicht im Schrifttum[9] sieht es **alternativ** aber auch als zulässig an, die Geschäftsführer nach wirksam geschlossenem (durch Verschmelzungsbeschlüsse aller übertragenden Rechtsträger bestätigtem) Verschmelzungsvertrag **durch Beschluss der designierten Gesellschafter der neuen GmbH** – also durch alle Anteilsinhaber der übertragenden Rechtsträger, die ja die künftigen Gesellschafter der Zielgesellschaft sind – bestellen zu lassen. Für einen solchen Bestellungsbeschluss soll dann (entsprechend den allgemeinen Grundsätzen des GmbH-Rechts) die *einfache Mehrheit* ausreichen. Zur Begründung wird geltend gemacht, dass auch so dem Zweck des § 59 – Sicherung der Entscheidungskompetenz der (künftigen) Gesellschafter der neuen GmbH – Rechnung getragen sei; Anteilseigner eines übertragenden Rechtsträgers, die sich auf ein solches Verfahren nicht einlassen wollten, hätten die Möglichkeit, ihre Zustimmung zum Verschmelzungsbeschluss zu versagen, solange die Geschäftsführerbestellung nicht im Verschmelzungsvertrag vorgenommen werde. 10

2. Aufsichtsratmitglieder. Wenn in der neuen GmbH ein Aufsichtsrat gebildet und dessen Mitglieder bereits vor Eintragung der Gesellschaft (durch die Vertretungsorgane der übertragenden Rechtsträger) bestellt werden sollen, macht Satz 2 auch die Wirksamkeit einer solchen Bestellung von der Zustimmung durch Verschmelzungsbeschluss der Anteilsinhaber jedes der übertragenden Rechtsträger abhängig; anders nur, soweit die Aufsichtsratsmitglieder nicht von den Anteilsinhabern der übertragenden Rechtsträger zu wählen sind (zB: Arbeitnehmervertreter in mitbestimmtem Aufsichtsrat; Entsendung). Hinsichtlich der Mehrheitserfordernisse für den jeweiligen Beschluss gilt das oben Rn 7 Ausgeführte. 11

5 Vgl auch Widmann/Mayer/*Mayer* Rn 8 ff.

6 Kallmeyer/*Zimmermann* Rn 2; KölnKomm-UmwG/*Simon/Nießen* Rn 8; Semler/Stengel/*Reichert* Rn 6.

7 Kallmeyer/*Zimmermann* Rn 6; Lutter/*Winter/Vetter* Rn 13 und § 56 Rn 42; Schmitt/Hörtnagl/Stratz/*Stratz* Rn 2 und § 56 Rn 18; Semler/Stengel/*Reichert* Rn 9 und § 56 Rn 16.

8 KölnKomm-UmwG/*Simon/Nießen* Rn 11.

9 Maulbetsch/Klumpp/Rose/*Rebmann* Rn 10; Kallmeyer/*Zimmermann* Rn 6; Lutter/*Winter/Vetter* Rn 15; Semler/Stengel/*Reichert* Rn 11; Widmann/Mayer/*Mayer* Rn 12; aA KölnKomm-UmwG/*Simon/Nießen* Rn 12 f.

12 Teile des Schrifttums wollen die Regelung nur im Fall eines fakultativen Aufsichtsrats der durch Verschmelzung neu gegründeten GmbH anwenden.[10] Das ist indes zu eng.[11] Zwar dürfte die neue Gesellschaft erst ab ihrer rechtlichen Entstehung den gesetzlichen Vorgaben zur Bildung und Zusammensetzung eines obligatorischen Aufsichtsrats unterworfen sein, da erst dann die Unternehmensvermögen der übertragenden Rechtsträger (einschließlich der den Mitbestimmungsstatus prägenden Arbeitsverhältnisse) übergehen. Wenn Aufsichtsratsmitglieder im Vorgriff auf die später entstehenden Verpflichtungen aber schon vor der Eintragung der Gesellschaft bestellt werden sollen,[12] entspricht es dem Zweck des § 59, auch ein Zustimmungserfordernis nach Satz 2 anzunehmen.

Dritter Abschnitt Verschmelzung unter Beteiligung von Aktiengesellschaften

Erster Unterabschnitt Verschmelzung durch Aufnahme

§ 60 Prüfung der Verschmelzung; Bestellung der Verschmelzungsprüfer

Der Verschmelzungsvertrag oder sein Entwurf ist für jede Aktiengesellschaft nach den §§ 9 bis 12 zu prüfen.

Literatur:

Henze, Die „zweistufige" Konzernverschmelzung, AG 1993, 341; *Krieger,* Der Konzern in Fusion und Umwandlung, ZGR 1990, 517; *Oplustil/Schneider,* Zur Stellung der Europäischen Aktiengesellschaft im Umwandlungsrecht, NZG 2003, 13.

1 **1. Einleitendes.** Die §§ 60–77 enthalten spezielle Regelungen für die **AG**. Gem. § 78 sind diese Vorschriften auch für die **KGaA** anzuwenden. Naturgemäß ist auch die **SE** vom Geltungsbereich erfasst.[1] Die Prüfung folgt den allg. Vorschriften über die Verschmelzung nach §§ 9–12; auf sie wird unmittelbar Bezug genommen. Nach § 10 steht es den verschmelzenden Gesellschaften frei, einen **gemeinsamen Verschmelzungsprüfer** bestellen zu lassen.[2] In jedem Fall wird ein Prüfer gerichtlich bestellt.[3] In der Regel stützt sich das Gericht auf Vorschläge des oder der beteiligten Rechtsträger(s.). Da die Prüfung von Verschmelzungen gesetzlich vorgeschrieben ist, muss sie grds. auch durchgeführt werden, vgl § 9 Abs. 1. Entspr. steht die Prüfung nicht zur Disposition der Gesellschafter und ihrer Organe. Für Rechtsträger in Form einer AG ist dies gesetzlich vorgeschrieben, da die Prüfung ausschließlich dem Schutz der Aktionäre dient.[4] Die Vorschrift gilt auch für den Fall der Verschmelzung einer AG auf eine andere AG.[5]

2 **2. Ablauf einer Verschmelzungsprüfung.** § 60 stellt iVm § 9 Abs. 1 klar (**„soweit"**), dass bei AGs eine Verschmelzungsprüfung durchzuführen **ist**. Dies gilt für jede Konstellation, in der eine AG als aufnehmender oder übertragender Rechtsträger an einer Verschmelzung beteiligt

10 In diesem Sinne – freilich ohne nähere Begründung – Maulbetsch/Klumpp/Rose/*Rebmann* Rn 13; Semler/Stengel/*Reichert* Rn 8; Widmann/Mayer/*Mayer* Rn 17; dagegen KölnKomm-UmwG/*Simon/Nießen* Rn 18; Lutter/*Winter/Vetter* Rn 21.

11 Kritisch auch KölnKomm-UmwG/*Simon/Nießen* Rn 18 ff; Lutter/*Winter/Vetter* Rn 21 ff.

12 Zu den rechtstechnischen Möglichkeiten hierzu s. KölnKomm-UmwG/*Simon/Nießen* Rn 21.

1 *Oplustil/Schneider*, NZG 2003, 13, 16; Kallmeyer/*Marsch-Barner*, § 3 Rn 11; KölnKomm/*Simon,* § 3 Rn 27; Lutter/*Drygalla,* § 3 Rn 14; Semler/*Stengel*, § 3 Rn 24 f; Widmann/Meyer/*Vossius,* § 20 Rn 423.

2 So nach dem SpruchG vom 12.6.2003 BGBl. I S. 838.

3 Das hierfür zuständige Gericht ist das jeweilige Landgericht, vgl Kallmeyer/*Müller*, § 10 Rn 6.

4 BGH ZIP 1989, 980; vgl OLG Düsseldorf NZG 2000, 1071; vgl Begr. RegE Verschmelzungsrichtlinie-Gesetz, BT-Drucks. 9/1065 S. 15; Maulbetsch/Klumpp/Rose/*Maulbetsch*, § 9 Rn 9; KölnKomm/*Simon*, § 60 Rn 1; Lutter/*Drygalla,* § 9 Rn 4; Lutter/*Grunewald*, § 60 Rn 2; Semler/Stengel/*Diekmann*, § 60 Rn 2; Widmann/Mayer/*Rieger*, § 60 Rn 4.

5 Maulbetsch/Klumpp/Rose/*Maulbetsch*, § 60 Rn 4; Lutter/*Grunewald*, § 60 Rn 2; Widmann/Meyer/*Rieger*, § 60 Rn 2.

ist; also auch bei der Verschmelzung zweier AGs. Dabei gilt die Besonderheit, dass von der Prüfung in einzelnen Fällen abgesehen werden kann.

3. Absehen von der Verschmelzungsprüfung. Von der für AGs grds. zwingend vorgeschriebenen **Verschmelzungsprüfung** kann im Fall des § 9 Abs. 2 abgesehen werden. Voraussetzung ist, dass sich alle Anteile des übertragenden Rechtsträgers in der Hand des übernehmenden Rechtsträgers befinden und sich die Prüfung auf die Aufnahme dieses Rechtsträgers bezieht. Diese Sonderregelung verstößt nicht gegen Art. 24 der 3. Verschmelzungsrichtlinie, da in diesem Fall keine außenstehenden Anteilsinhaber betroffen sein können, deren Schutz jede Verschmelzungsprüfung dient.[6] Diese Ausnahme kann jedoch nur für den hier bezeichneten Fall des „**Upstream-Merger**" gelten. Im Fall der Verschmelzung zweier Schwesterngesellschaften („Sidestream-Merger") und der Verschmelzung von Mutter- auf Tochtergesellschaft („Downstream-Merger") kann nicht auf eine Verschmelzungsprüfung verzichtet werden.[7] Die Begründung findet sich darin, dass der grds. für notwendig erachtete Schutz der Anteilsinhaber in diesen Konstellationen nicht gewährleistet ist, da außenstehende Aktionäre betroffen sein können.[8] 3

Gesondert zu erörtern ist, ob der Verweis in § 60 auf § 9 Abs. 3 auch § 8 Abs. 3 erfasst. Wäre dies der Fall, könnten die berechtigten Aktionäre auf die Verschmelzungsprüfung und entsprechende Belehrung in notarieller Urkunde verzichten. Da Art. 10 der 3. Verschmelzungsrichtlinie eine solche vorsah, erscheint die Anwendung des § 8 Abs. 3 mangels direkten Verweises ausgeschlossen.[9] Das grds. Erfordernis der Verschmelzungsprüfung dient indes allein dem Schutz der Aktionäre.[10] Wer den Schutz des Gesetzes genießt, sollte auf diesen auch unter Belastung der ihm mitgehörenden Gesellschaft einseitig verzichten können. Es ist nicht einzusehen, warum ein gesetzlich Privilegierter stärker gebunden werden soll, als er möchte. Demnach besteht ein Wahlrecht für die betroffenen Anteilsinhaber. § 8 Abs. 3 über § 9 Abs. 3 ist richtigerweise vom Anwendungsbereich des § 60 erfasst.[11] Zu beachten ist die **notarielle Beurkundung** der Verzichtserklärung, die Gewähr dafür bietet, dass verzichtende Gesellschafter sich der Tragweite ihrer Erklärungen bewusst sind. 4

Zudem können die Aktionäre über § 12 Abs. 3 iVm § 8 Abs. 3 mit den vorstehenden Erwägungen auch auf den Prüfungsbericht verzichten, was ebenfalls der notariellen Beurkundung bedarf.[12] 5

4. Anforderungen an den Verschmelzungsprüfer. Die Anforderungen an die Person des Verschmelzungsprüfers sind in §§ 9 ff geregelt. Die Prüfung hat durch einen oder mehrere **sachverständige Prüfer** zu erfolgen, vgl § 9 Abs. 1.[13] Zu beachten ist, dass nur Vertreter von Gesellschaften oder Personen, die in der Buchführung ausreichend vorgebildet und erfahren sind, als Prüfer in Betracht kommen.[14] 6

§ 319 Abs. 1 S. 1 HGB konkretisiert den dazu befähigten Personenkreis auf Wirtschaftsprüfer und Wirtschaftsprüfergesellschaften. [15] Diese müssen ihre Berufsqualifikation durch eine Bescheinigung über die Teilnahme an der Qualitätskontrolle nach § 57 a WPO nachweisen kön-

6 Maulbetsch/Klumpp/Rose/*Maulbetsch*, § 60 Rn 7; Lutter/*Grunewald*, § 60 Rn 2; Semler/Stengel/*Diekmann*, § 60 Rn 4.

7 Zur Problematik der Verschmelzung zweier Schwesterngesellschaften s. *Krieger* ZGR 1990, 517, 522 ff; Maulbetsch/Klumpp/Rose/*Maulbetsch*, § 9 Rn 9; Kallmeyer/*Müller*, § 9 Rn 40; Lutter/*Drygalla*, § 9 Rn 16.

8 Semler/Stengel/*Diekmann*, § 60 Rn 4.

9 So zunächst *Engelmeyer* DB 1998, 330; wohl auch *Ganske*, S. 106; *Henze* AG 1993, 341, 351; Goutier/Knopf/Tulloch/*Bermel*, § 60 Rn 5; Maulbetsch/Klumpp/Rose/*Maulbetsch*, § 60 Rn 9; Schmitt/Hörtnagl/Stratz/*Stratz*, § 60 Rn 2.

10 Maulbetsch/Klumpp/Rose/*Maulbetsch*, § 60 Rn 7; Lutter/*Grunewald*, § 60 Rn 2; Semler/Stengel/*Diekmann*, § 60 Rn 4.

11 So die hM: Kallmeyer/*Müller*, § 60 Rn 2, Widmann/Mayer/*Rieger*, § 60 Rn 7; Lutter/*Grunewald*, § 60 Rn 2.

12 Maulbetsch/Klumpp/Rose/*Maulbetsch*, § 60 Rn 10; Kallmeyer/*Müller*, § 12 Rn 14.

13 Kallmeyer/*Müller*, § 9 Rn 39.

14 Grigoleit/*Vetter*, § 33 AktG Rn 13; GroßKomm-AktG/*Röhricht*, § 33 AktG Rn 26.

15 So jedenfalls *Hüffer*, § 33 AktG Rn 8; Maulbetsch/Klumpp/Rose/*Maulbetsch*, § 11 Rn 6; Kallmeyer/*Müller*, § 11 Rn 2; Lutter/*Drygalla*, § 11 Rn 2.

nen. In der Praxis sind Nachprüfungen insoweit durch die nach § 10 Abs. 1 bestellenden Landgerichte nicht festzustellen.

§ 61 Bekanntmachung des Verschmelzungsvertrags

[1]Der Verschmelzungsvertrag oder sein Entwurf ist vor der Einberufung der Hauptversammlung, die gemäß § 13 Abs. 1 über die Zustimmung beschließen soll, zum Register einzureichen. [2]Das Gericht hat in der Bekanntmachung nach § 10 des Handelsgesetzbuchs einen Hinweis darauf bekanntzumachen, daß der Vertrag oder sein Entwurf beim Handelsregister eingereicht worden ist.

Literatur:

J. Schmidt, § 123 Abs. 1 idF des UMAG und §§ 61 S. 1, 63 Abs. 1 UmwG – ein unbeabsichtigter Richtlinienverstoß, DB 2006, 375.

I. Einleitendes

1 Der Grund für die Einreichung des Verschmelzungsvertrages bereits vor Durchführung der Hauptversammlung besteht darin, den Aktionären frühzeitig die Möglichkeit zu geben, den Verschmelzungsvertrag einzusehen und sich so hinreichend auf die bevorstehende Hauptversammlung vorbereiten zu können.[1] Dementsprechend sind etwaige Anlagen zum Verschmelzungsvertrag mit einzureichen.[2] Zudem soll dem Registergericht die Möglichkeit gegeben werden den Verschmelzungsvertrag bzw seinen Entwurf auf Fehler zu überprüfen, die dann bis zur Hauptversammlung noch korrigiert werden könnten.[3]

2 Die Bekanntmachungspflicht besteht sowohl bei der Verschmelzung durch Aufnahme, als auch bei der Verschmelzung zur Neugründung. Darüber hinaus gelten die Vorschriften auch für die Spaltung gem. §§ 125 S. 1, 135 Abs. 1 S. 1. Auf einer Seite muss eine **AG, KGaA** oder eine **SE** beteiligt sein.[4] Sofern an der Verschmelzung Rechtsträger anderer Rechtsformen beteiligt sind, ist den jeweiligen Gesellschaftern der Verschmelzungsvertrag separat zuzuleiten.[5]

II. Einreichung zum Register

3 Es besteht nach Satz 1 eine **Einreichungspflicht** zum Handelsregister. Diese Pflicht obliegt dem Vorstand der AG als Vertretungsorgan. Um die Interessen der Gläubiger sinnvoll schützen zu können, kann der Vorstand dazu durch die Festsetzung von Zwangsgeld nach § 14 HGB angehalten werden.[6]

1 Maulbetsch/Klumpp/Rose/*Rose*, § 61 Rn 1; Kallmeyer/*Marsch-Barner*, § 61 Rn 2; Semler/Stengel/*Diekmann*, § 61 Rn 5.

2 KölnKomm/*Simon*, § 61 Rn 6; Lutter/*Grunewald*, § 61 Rn 4; Semler/Stengel/*Diekmann*, § 61 Rn 10; Widmann/Meyer/*Rieger*, § 61 Rn 4.

3 Kallmeyer/*Marsch-Barner*, § 61 Rn 1; Semler/Stengel/*Diekmann*, § 61 Rn 6.

4 Kallmeyer/*Marsch-Barner*, § 3 Rn 11; KölnKomm/*Simon*, § 3 Rn 27; Lutter/*Drygalla*, § 3 Rn 14; Semler/*Stengel*, § 3 Rn 24 f; Widmann/Meyer/*Vossius*, § 20 Rn 423.

5 Semler/Stengel/*Diekmann*, § 61 Rn 8; Kallmeyer/*Marsch-Barner*, § 61 Rn 6.

6 Maulbetsch/Klumpp/Rose/*Rose*, § 61 Rn 4; Lutter/*Grunewald*, § 61 Rn 5; Schmitt/Hörtnagl/Stratz/*Stratz*, § 61 Rn 1.

1. Zuständiges Gericht. Gem. §§ 14, 36 ff AktG ist der Vertrag bzw der Eentwurf beim zuständigen Amtsgericht einzureichen. Dies richtet sich nach dem **Sitz** der Gesellschaft, wobei zu beachten ist, dass im Falle des (seltenen) Doppelsitzes einer Gesellschaft beiden Amtsgerichten der Vertrag bzw der Entwurf zuzuleiten ist.[7] 4

2. Einzureichende Unterlagen. Nicht erforderlich ist, dass bereits der allseits beurkundete Verschmelzungsvertrag beim Gericht eingereicht wird. Bereits der **Entwurf** ist ausreichend.[8] Sofern dem Vertrag Anlagen beiliegen, sind auch diese mit einzureichen.[9] Jede Änderung des Entwurfs ist erneut einzureichen.[10] Gleiches gilt für etwaige Nachtragsbeurkundungen. Ausgenommen sind jedoch lediglich **unwesentliche** Änderungen wie Schreibfehler oder Umformulierungen von Sätzen, sofern dadurch der Sinngehalt nicht angetastet wird.[11] Zu beachten ist jedoch, dass die Einreichung nach einer relevanten Änderung **unverzüglich** zu erfolgen hat.[12] 5

3. Zeitpunkt. Dem Wortlaut von § 61 zufolge hat die **Einreichung** der Unterlagen vor Einberufung der Hauptversammlung zu erfolgen. Eine Zeitspanne zwischen Einreichung und Einberufung der Hauptversammlung ist nicht vorgeschrieben. Daher können diese beiden Zeitpunkte unmittelbar aufeinander folgen.[13] Da es aber um den Schutz der Aktionäre geht, mit dem Ziel der Vorbereitungsmöglichkeit auf die Hauptversammlung durch Einsichtnahme in die Unterlagen, muss folglich die Zeitspanne zwischen Einreichung und Durchführung der Hauptversammlung mind. einen Monat betragen.[14] Dies können 30, aber auch 31 Tage sein.[15] Der Zeitpunkt der Einberufung richtet sich nach dem Erscheinen in den Gesellschaftsblättern nach § 121 Abs. 4 S. 1 AktG.[16] Anstelle des Erscheinens in den Gesellschaftsblättern kann auch die Absendung eines eingeschriebenen Briefes den Zeitpunkt der Einberufung bestimmen, wenn alle Aktionäre namentlich bekannt sind.[17] Sofern auf die Einberufung der Hauptversammlung aufgrund einer Abstimmung innerhalb einer Vollversammlung gem. § 121 Abs. 6 AktG **verzichtet** wurde, muss der Verschmelzungsvertrag oder sein Entwurf erst bis zur Durchführung der Hauptversammlung eingereicht werden.[18] In diesem Fall disponieren die Aktionäre selbst über ihre Schutzbedürftigkeit. Es gibt vereinzelt Stimmen, die auch von einer Einreichung vor der Durchführung der Hauptversammlung absehen, da der Schutzgedanke ins Leere läuft und die Unterlagen mit Durchführung der Hauptversammlung ausliegen.[19] Dabei wird allerdings verkannt, dass die Einreichung des Vertrages oder seines Entwurfs dazu dient, dem zuständigen Gericht die Möglichkeit zu geben, die Unterlagen auf Fehler zu untersuchen und ggf eine Korrektur zu ermöglichen. Zudem bleibt die Einreichungspflicht des § 61 auch bei einem Verzicht bestehen.[20] Daher sollte in der Praxis vor der Durchführung der Hauptversammlung der Vertrag oder sein Entwurf stets dem zuständigen Gericht zugeleitet werden, um nicht Gefahr zu laufen, dass eine Eintragung wegen einer nicht durchgeführten Einreichung verweigert wird.[21] Zumindest sollte – etwa in Fällen des § 62 Abs. 4 – eine Vorabstimmung mit dem Registergericht erfolgen. Ein Aktionärsschutz ist hier nicht angezeigt. 6

7 Semler/Stengel/*Diekmann*, § 61 Rn 9.

8 Maulbetsch/Klumpp/Rose/*Rose*, § 61 Rn 5; Kallmeyer/*Marsch-Barner*, § 61 Rn 1; KölnKomm/*Simon*, § 61 Rn 7; Semler/Stengel/*Diekmann*, § 61 Rn 10; Widmann/Mayer/*Rieger*, § 61 Rn 4.

9 Maulbetsch/Klumpp/Rose/*Rose*, § 61 Rn 5; Semler/Stengel/*Diekmann*, § 61 Rn 10.

10 Maulbetsch/Klumpp/Rose/*Rose*, § 61 Rn 5; Semler/Stengel/*Diekmann*, § 61 Rn 11.

11 § 44 a Abs. 2 BeurkG.

12 Semler/Stengel/*Diekmann*, § 61 Rn 11.

13 Kallmeyer/*Marsch-Barner*, § 61 Rn 2; Kessler/Kühnberger/*Brügel*, § 61 Rn 4; KölnKomm/*Simon*, § 61 Rn 14; Lutter/*Grunewald*, § 61 Rn 3; Schmitt/Hörtnagl/Stratz/*Stratz*, § 61 Rn 2; Semler/Stengel/*Diekmann*, § 61 Rn 13; Widmann/Mayer/*Rieger*, § 61 Rn 7.

14 Kallmeyer/*Marsch-Barner*, § 61 Rn 2; vgl Art. 6 Abs. 1 der 3. RL 78/855/EWG des Rates v. 9.10.1978 betreffend die Verschmelzung von AG, ABl. EGL 295 v. 20.12.1978, S. 36.

15 *J. Schmidt*, DB 2006, 375.

16 Kessler/Kühnberger/*Brügel*, § 61 Rn 4; Semler/Stengel/*Diekmann*, § 61 Rn 12.

17 Maulbetsch/Klumpp/Rose/*Rose*, § 61 Rn 6; Lutter/*Grunewald*, § 61 Rn 2; Semler/Stengel/*Diekmann*, § 61 Rn 12.

18 Semler/Stengel/*Diekmann*, § 61 Rn 15; Widmann/Mayer/*Rieger*, § 61 Rn 7.1.

19 Maulbetsch/Klumpp/Rose/*Rose*, § 61 Rn 6; KölnKomm/*Simon*, § 61 Rn 16 f; Lutter/*Grunewald*, § 61 Rn 3.

20 Kessler/Kühnberger/*Brügel*, § 61 Rn 5.

21 Maulbetsch/Klumpp/Rose/*Rose*, § 61 Rn 7.

7 **4. Form.** Die gesamten Unterlagen können wegen § 8 a Abs. 2 HGB auf **elektronischem Weg** beim zuständigen Gericht eingereicht werden.[22]

8 **5. Verzicht.** Unklar ist, ob die Aktionäre auf eine Einreichung **verzichten** können. Zwar gibt es Meinungen, die anführen, dass ein Verzicht nur möglich ist, wenn dieser gesetzlich ausdr., wie bspw in § 8 Abs. 3, vorgesehen ist, da § 1 Abs. 3 eine solche Formulierung fordert, diese aber in § 61 fehlt.[23] Dem steht entgegen, dass der **Schutzzweck** der Vorschrift ganz vorrangig den Aktionären gilt.[24] Diese Ansichten verkennen jedoch, dass es nicht allein um den Schutz der Aktionäre geht. Primär soll das Registergericht einer eigenen Prüfungspflicht nachkommen können. Es hat gem. Satz 2 in der Bekanntmachung nach § 10 HGB einen Hinweis aufzunehmen, dass der Vertrag oder sein Entwurf eingereicht wurde. Insofern hat das Gericht die ordentliche Einreichung zu prüfen. Hieraus mag abgeleitet werden, dass das Gericht zudem zu prüfen hat, ob der Verschmelzungsvertrag oder sein Entwurf fehlerfrei ist. Diese Prüfung stellt wiederum mittelbar den Schutz der Aktionäre sicher. Das Gläubigerschutzregime des Umwandlungsrechts ist ein anderes. Ob der Sekundärschutzgedanke allerdings ausreicht, um einen einseitigen Verzicht allein durch die Aktionäre zuzulassen ist fraglich. Zwar können diese einseitig grds. auf ihre Rechte verzichten. Daher macht es keinen Sinn, eine Einreichungspflicht auch für den Fall des einseitigen Verzichts aufrechterhalten zu wollen. Allerdings würden die Primärpflichten und -rechte des Registergerichts dadurch abgeschnitten. Es empfiehlt sich daher, vorab mit dem Register abzustimmen, ob dieses – über die Fälle des § 62 Abs. 4 hinaus – einen Verzicht auf die Einreichung mitträgt.[25] Der Verzicht muss notariell beurkundet werden.[26]

III. Bekanntmachung

9 Das zuständige Gericht hat, sobald die Unterlagen eingegangen sind, einen Hinweis gem. Satz 2 über die Einreichung **bekanntzumachen.**[27] Nicht erforderlich ist, dass das Gericht die Unterlagen bekanntmacht.[28] Eine Einsicht in den Verschmelzungsvertrag oder seinen Entwurf kann jedermann gem. § 9 HGB verlangen.[29]

IV. Rechtsfolgen von Verstößen

10 **1. Keine Einreichung.** Werden die Unterlagen trotz Einreichungspflicht nicht oder unvollständig beim Registergericht eingereicht, ist der Verschmelzungsbeschluss **anfechtbar.**[30] Schon das Versäumnis hat zur Folge, dass die Verschmelzung aufgrund eines Eintragungshindernisses nicht wirksam werden kann.[31] Ein gleichwohl gefasster Verschmelzungsbeschluss ist zudem anfechtbar, wenngleich zweifelhaft ist, ob der Beschluss auf dem Mangel der fehlerhaften Bekanntmachung beruht. Denn jedenfalls, wenn die Einreichung beim Gericht versäumt wurde, die Aktionäre jedoch den Verschmelzungsvertrag oder seinen Entwurf in der Hauptversammlung ausgeteilt bekommen haben,[32] wird keine Anfechtungsmöglichkeit bestehen, denn der Mangel war dann nicht relevant für den Verschmelzungsbeschluss.[33]

22 Kessler/Kühnberger/*Brügel*, § 61 Rn 3; Widmann/Meyer/*Rieger*, § 61 Rn 10.

23 Kessler/Kühnberger/*Brügel*, § 61 Rn 5; Widmann/Mayer/*Rieger*, § 61 Rn 10.1.

24 Kallmeyer/*Marsch-Barner*, § 61 Rn 1; Semler/Stengel/*Diekmann*, § 61 Rn 17.

25 Zur weiteren Problematik des Verzichts und der Bestimmung der Einreichungspflicht im Rahmen von Konzernverschmelzungen s. § 62 Rn 32 ff.

26 Semler/Stengel/*Diekmann*, § 61 Rn 17; aA Kallmeyer/*Marsch-Barner*, § 61 Rn 1; Lutter/*Grunewald*, § 61 Rn 4.

27 Kallmeyer/*Marsch-Barner*, § 61 Rn 5; Lutter/*Grunewald*, § 61 Rn 3; Schmitt/Hörtnagl/Stratz/*Stratz*, § 61 Rn 3; Widmann/Mayer/*Rieger*, § 61 Rn 12.

28 Schmitt/Hörtnagl/Stratz/*Stratz*, § 61 Rn 3; Maulbetsch/Klumpp/Rose/*Rose*, § 61 Rn 9.

29 Kallmeyer/*Marsch-Barner*, § 61 Rn 1; Lutter/*Grunewald*, § 61 Rn 2.

30 Semler/Stengel/*Diekmann*, § 61 Rn 19; Kallmeyer/*Marsch-Barner*, § 61 Rn 3; Schmitt/Hörtnagl/Stratz/*Stratz*, § 61 Rn 4; Widmann/Meyer/*Rieger*, § 61 Rn 15.

31 Maulbetsch/Klumpp/Rose/*Rose*, § 61 Rn 10; Kallmeyer/*Marsch-Barner*, § 61 Rn 3; Lutter/*Grunewald*, § 61 Rn 5; Widmann/Meyer/*Rieger*, § 61 Rn 16.

32 Kallmeyer/*Marsch-Barner*, § 61 Rn 3; Schmitt/Hörtnagl/Stratz/*Stratz*, § 61 Rn 4; Semler/Stengel/*Diekmann*, § 61 Rn 19.

33 *Hüffer*, § 243 AktG Rn 12 ff.

2. Verspätete Einreichung. Sofern die Einreichung der Unterlagen lediglich verspätet erfolgt ist, kann hierin **kein Verfahrensfehler** gesehen werden.[34] Voraussetzung ist jedoch die Einreichung bis spätestens unmittelbar vor Durchführung der Hauptversammlung.[35] Da die Vorfrist nur dem Schutz der Aktionäre dient, können sich diese gegen den Verschmelzungsbeschluss im Rahmen einer Anfechtungsklage wehren, bei der es allerdings meist an der Kausalität fehlen wird.[36] 11

3. Keine oder verspätete Bekanntmachung. Eine verspätete oder nicht durchgeführte Bekanntmachung durch das Gericht stellt zwar einen **Verfahrensfehler** dar, dieser ist jedoch **unbeachtlich**, wenn die Unterlagen gem. § 63 Abs. 1 ausgelegen haben oder gem. § 63 Abs. 4 idF des ARUG zugänglich gemacht wurden.[37] 12

Hinweis: Bestandteil jeder sorgfältig vorbereiteten Verschmelzung ist ein detaillierter „Step Plan".

Die Bekanntmachungsfristen sollten hierin wichtige Positionen darstellen.

§ 62 Konzernverschmelzungen

(1) [1]Befinden sich mindestens neun Zehntel des Stammkapitals oder des Grundkapitals einer übertragenden Kapitalgesellschaft in der Hand einer übernehmenden Aktiengesellschaft, so ist ein Verschmelzungsbeschluß der übernehmenden Aktiengesellschaft zur Aufnahme dieser übertragenden Gesellschaft nicht erforderlich. [2]Eigene Anteile der übertragenden Gesellschaft und Anteile, die einem anderen für Rechnung dieser Gesellschaft gehören, sind vom Stammkapital oder Grundkapital abzusetzen.

(2) [1]Absatz 1 gilt nicht, wenn Aktionäre der übernehmenden Gesellschaft, deren Anteile zusammen den zwanzigsten Teil des Grundkapitals dieser Gesellschaft erreichen, die Einberufung einer Hauptversammlung verlangen, in der über die Zustimmung zu der Verschmelzung beschlossen wird. [2]Die Satzung kann das Recht, die Einberufung der Hauptversammlung zu verlangen, an den Besitz eines geringeren Teils am Grundkapital der übernehmenden Gesellschaft knüpfen.

(3) [1]Einen Monat vor dem Tage der Gesellschafterversammlung oder der Hauptversammlung der übertragenden Gesellschaft, die gemäß § 13 Abs. 1 über die Zustimmung zum Verschmelzungsvertrag beschließen soll, sind in dem Geschäftsraum der übernehmenden Gesellschaft zur Einsicht der Aktionäre die in § 63 Abs. 1 bezeichneten Unterlagen auszulegen. [2]Gleichzeitig hat der Vorstand der übernehmenden Gesellschaft einen Hinweis auf die bevorstehende Verschmelzung in den Gesellschaftsblättern der übernehmenden Gesellschaft bekanntzumachen und den Verschmelzungsvertrag oder seinen Entwurf zum Register der übernehmenden Gesellschaft einzureichen; § 61 Satz 2 ist entsprechend anzuwenden. [3]Die Aktionäre sind in der Bekanntmachung nach Satz 2 erster Halbsatz auf ihr Recht nach Absatz 2 hinzuweisen. [4]Der Anmeldung der Verschmelzung zur Eintragung in das Handelsregister ist der Nachweis der Bekanntmachung beizufügen. [5]Der Vorstand hat bei der Anmeldung zu erklären, ob ein Antrag nach Absatz 2 gestellt worden ist. [6]Auf Verlangen ist jedem Aktionär der übernehmenden Gesellschaft unverzüglich und kostenlos eine Abschrift der in Satz 1 bezeichneten Unterlagen zu erteilen. [7]Die Unterlagen können dem Aktionär mit dessen Einwilligung auf dem Wege elektronischer Kommunikation übermittelt werden. [8]Die Verpflichtungen nach den Sätzen 1 und 6 entfallen,

34 Maulbetsch/Klumpp/Rose/*Rose*, § 61 Rn 10; Kallmeyer/*Marsch-Barner*, § 61 Rn 3; Semler/Stengel/*Diekmann*, § 61 Rn 21.

35 Lutter/*Grunewald*, § 61 UmG Rn 5; Semler/Stengel/*Diekmann*, § 61 Rn 21.

36 GroßKomm-AktG/Schmidt, § 243 AktG Rn 36 ff; *Hüffer*, § 243 AktG Rn 12 ff; Schmitt/Hörtnagl/Stratz/*Stratz*, § 61 Rn 4 mit Verweis auf BGH DB 2002, 196; Semler/Stengel/*Diekmann*, § 61 Rn 21; Widmann/Meyer/*Rieger*, § 61 Rn 15.

37 Semler/Stengel/*Diekmann*, § 61 Rn 22; Lutter/*Grunewald*, § 61 Rn 4; Kallmeyer/*Marsch-Barner*, § 61 Rn 5; Maulbetsch/Klumpp/Rose/*Rose*, § 61 Rn 10.

wenn die in Satz 1 bezeichneten Unterlagen für denselben Zeitraum über die Internetseite der Gesellschaft zugänglich sind.

(4) [1]Befindet sich das gesamte Stamm- oder Grundkapital einer übertragenden Kapitalgesellschaft in der Hand einer übernehmenden Aktiengesellschaft, so ist ein Verschmelzungsbeschluss des Anteilsinhabers der übertragenden Kapitalgesellschaft nicht erforderlich. [2]Ein solcher Beschluss ist auch nicht erforderlich in Fällen, in denen nach Absatz 5 Satz 1 ein Übertragungsbeschluss gefasst und mit einem Vermerk nach Absatz 5 Satz 7 in das Handelsregister eingetragen wurde. [3]Absatz 3 gilt mit der Maßgabe, dass die dort genannten Verpflichtungen nach Abschluss des Verschmelzungsvertrages für die Dauer eines Monats zu erfüllen sind. [4]Spätestens bei Beginn dieser Frist ist die in § 5 Absatz 3 genannte Zuleitungsverpflichtung zu erfüllen.

(5) [1]In Fällen des Absatzes 1 kann die Hauptversammlung einer übertragenden Aktiengesellschaft innerhalb von drei Monaten nach Abschluss des Verschmelzungsvertrages einen Beschluss nach § 327 a Absatz 1 Satz 1 des Aktiengesetzes fassen, wenn der übernehmenden Gesellschaft (Hauptaktionär) Aktien in Höhe von neun Zehnteln des Grundkapitals gehören. [2]Der Verschmelzungsvertrag oder sein Entwurf muss die Angabe enthalten, dass im Zusammenhang mit der Verschmelzung ein Ausschluss der Minderheitsaktionäre der übertragenden Gesellschaft erfolgen soll. [3]Absatz 3 gilt mit der Maßgabe, dass die dort genannten Verpflichtungen nach Abschluss des Verschmelzungsvertrages für die Dauer eines Monats zu erfüllen sind. [4]Spätestens bei Beginn dieser Frist ist die in § 5 Absatz 3 genannte Zuleitungsverpflichtung zu erfüllen. [5]Der Verschmelzungsvertrag oder sein Entwurf ist gemäß § 327 c Absatz 3 des Aktiengesetzes zur Einsicht der Aktionäre auszulegen. [6]Der Anmeldung des Übertragungsbeschlusses (§ 327 e Absatz 1 des Aktiengesetzes) ist der Verschmelzungsvertrag in Ausfertigung oder öffentlich beglaubigter Abschrift oder sein Entwurf beizufügen. [7]Die Eintragung des Übertragungsbeschlusses ist mit dem Vermerk zu versehen, dass er erst gleichzeitig mit der Eintragung der Verschmelzung im Register des Sitzes der übernehmenden Aktiengesellschaft wirksam wird. [8]Im Übrigen bleiben die §§ 327 a bis 327 f des Aktiengesetzes unberührt.

Literatur:

Austmann, Der verschmelzungsrechtliche Squeeze-out nach dem 3. UmwÄndG 2011, NZG 2011, 648; *Bayer/Schmidt,* Der Referentenentwurf zum 3. UmwÄndG: Vereinfachungen bei Verschmelzungen und Spaltungen und ein neuer verschmelzungsrechtlicher Squeeze out, ZIP 2010, 953; *Bödeker/Fink,* Unternehmensvertragliche Ausgleichsansprüche bei Zusammentreffen mit Squeeze-out – Grundsatzentscheidung des BGH, NZG 2011, 816; *Breschendorf/Wallner,* Neues im Umwandlungsrecht durch das Dritte Gesetz zur Änderung des UmwG, GWR 2011, 511; *Bungert/Wettich,* Der verschmelzungsspefizische Squeeze-out: Neue Gestaltungsmöglichkeiten für die Praxis, DB 2010, 2545; *ders.,* Der neue verschmelzungsspezifische Squeeze out nach § 62 Abs 5 UmwG nF, DB 2011, 1500; *Buschmann,* Neues zur Novellierung des Umwandlungsgesetzes, DZWIR 2011, 318; *Diekmann,* Änderung des Umwandlungsgesetzes, NZG 2010, 489; *Freytag,* Neues zum Recht der Konzernverschmelzung und des Squeeze out, BB 2010, 1611; *Freytag/Müller-Etienne,* Das Dritte Gesetz zur Änderung des Umwandlungsgesetzes: Herabsetzung der Squeeze-out-Schwelle auf 90% kommt, BB 2011, 1731; *Göthel,* Der verschmelzungsrechtliche Squeeze out, ZIP 2011, 1541; *Goslar/Mense,* Der umwandlungsrechtliche Squeeze out als neues Gestaltungsmittel für die Praxis, GWR 2011, 275; *Habersack,* Umwandlung der AG ohne Mitwirkung der Hauptversammlung – eine Studie zu § 62 UmwG, FS Horn 2006, 337; *Handelsrechtsausschuss des Deutschen Anwaltvereins e.V.,* Vorschläge zur Änderung des UmwG, NZG 2000, 802; *Heckschen,* Das Dritte Gesetz zur Änderung des Umwandlungsgesetzes in der Fassung des Regierungsentwurfs, NZG 2010, 1041; *ders.,* Die Novelle des Umwandlungsgesetzes – Erleichterungen für Verschmelzungen und Squeeze-out, NJW 2011, 2390; *Hofmeister,* Der verschmelzungsrechtliche Squeeze-out: Wichtige Aspekte und Besonderheiten der Verschmelzung, NZG 2012, 688; *Ising,* Umwandlungen im Konzern – Verzicht auf Hauptversammlungsbeschluss, NZG 2010, 1403; *ders.,* Wegfall des Umwandlungsbeschlusses im Konzern – Probleme in der Praxis, NZG 2011, 1368; *Keller/Klett,* Geplante Änderung des Umwandlungsgesetzes – eine Evaluierung für die Praxis, GWR 2010, 415; *Kiefner/Brügel,* Der umwandlungsrechtliche

Squeeze-out – Verfahren, Einsatzmöglichkeiten, Rechtsschutzfragen, AG 2011, 525; *Klie/Wind/Rödter,* Praxisfragen des umwandlungsrechtlichen Squeeze-out, DStR 2011, 1668; *Krieger,* Der Konzern in Fusion und Umwandlung, ZGR 1990, 517; *Leitzen,* Die Änderungen des Umwandlungsgesetzes durch das Dritte Gesetz zur Änderung des Umwandlungsrechts, DNotZ 2011, 526; *Martens,* Der Erwerb eigener Aktien zum Umtausch im Verschmelzungsverfahren, FS Boujong, 1996, 335; *Mayer,* Praxisfragen des verschmelzungsrechtlichen Squeeze-out-Verfahrens, NZG 2012, 561; *Meyer,* Änderungen im WpÜG durch die Umsetzung der EU-Übernahmerichtlinie, WM 2006, 1135; *Mülbert,* Aktiengesellschaft, Unternehmensgruppe und Kapitalmarkt, 1995; *Neye/Jäckel,* Umwandlungsrecht zwischen Brüssel und Berlin, AG 2010, 237; *Neye/Kraft,* Neuigkeiten beim Umwandlungsrecht, NZG 2011, 681; *Rogall,* Wesentliche Aspekte des neuen Umwandlungssteuererlasses, NZG 2011, 810; *Simon/Merkelbach,* Das Dritte Gesetz zur Änderung des UmwG, DB 2011,1317; *Stohlmeier,* Zuleitung der Umwandlungsdokumentation und Einhaltung der Monatsfrist: Verzicht des Betriebsrats?, BB 1999, 1394; *Wagner,* Der Regierungsentwurf für ein Drittes Gesetz zur Änderung des Umwandlungsgesetzes, DStR 2010, 1629.

A. Einleitendes

I. Entstehungsgeschichte

1 Die ursprüngliche Fassung des § 62 UmwG trat am 1.1.1995 in Kraft und regelte unter dem Titel „Hauptversammlung in besonderen Fällen" die Verschmelzung einer Kapitalgesellschaft auf eine AG.[1] Sie war vergleichbar mit § 352 b Abs. 1 AktG. Im damaligen Regierungsentwurf war zunächst vorgesehen, dass auf den Beschluss des übernehmenden Rechtsträgers nur verzichtet werden konnte, wenn dieser sich zur Haftung für alle Verbindlichkeiten der übertragenden Gesellschaft bereit erklärt hätte.[2] Dies hätte in der Praxis zu einer starken Reduzierung des Kreises potenziell verschmelzbarer Gesellschaften geführt, da nur eingegliederte oder über einen Unternehmensvertrag verbundene Gesellschaften ohne Hauptversammlungsbeschluss

1 BGBl. I S. 3210; 1995 I S. 428.
2 RegBegr. *Ganske,* S. 108; Semler/Stengel/*Diekmann,* § 62 Rn 3.

hätten verschmolzen werden können.[3] Daher wurden auf Anraten des Rechtsausschusses die für die Konzernverschmelzungen entwickelten Erleichterungen des § 352 b Abs. 1 AktG aF in die endgültige Fassung aufgenommen.[4]

2 Seit dem 15.7.2011 gibt es in Umsetzung der EU-Richtlinie 2009/109/EG die Möglichkeit, im Zusammenhang mit einer Verschmelzung die Minderheitsaktionäre iSd § 327 a AktG unter bestimmten Voraussetzungen vollständig aus der Gesellschaft **auszuschließen.**[5] Daneben wurden weitere Erleichterungen eingeführt, wie die **elektronische Übermittlung** der in § 63 genannten Unterlagen, sowie der **Verzicht** auf den Verschmelzungsbeschluss des übertragenden Rechtsträgers im Fall der Inhaberschaft des gebundenen Kapitals durch die übernehmende Gesellschaft. Den europäischen Mitgliedsstaaten wurde dabei zur Umsetzung der Richtlinie die Möglichkeit gegeben, sich zwischen einem Andienungsrecht (entspr. § 39 c WpÜG) und einem Premerger Squeeze-out zu entscheiden.[6] Der deutsche Gesetzgeber hat sich bewusst gegen ein Andienungsrecht entschieden, da dieses dem deutschen Recht fremd sei.[7]

3 Anlass für die Schaffung der Richtlinie war die Verringerung der Verwaltungslasten der in der Gemeinschaft ansässigen Unternehmen im Zusammenhang mit Umwandlungsmaßnahmen und der Schutz der Informationsinteressen der von einer Umwandlung betroffenen Gesellschafter und Gläubiger.[8]

II. Normzweck

4 Sinn der Norm ist es, die Voraussetzungen einer Verschmelzung in bestimmten Konstellationen zu erleichtern.[9] Grds. ist nach § 13 Abs. 1 S. 1 ein Verschmelzungsbeschluss des übernehmenden Rechtsträgers erforderlich. Die Erleichterung greift, wenn die übernehmende Gesellschaft mind. 90 % des Grund- bzw Stammkapitals der übertragenden Gesellschaft hält, § 62 Abs. 1. In diesem Fall spricht man von einer **Konzernverschmelzung.**[10] Um dennoch ausreichend Schutz für die Minderheit der übernehmenden Gesellschaft zu gewährleisten, können diese Aktionäre die Einberufung der Hauptversammlung verlangen, wenn deren Anteil an der übernehmenden Gesellschaft mind. 5 % beträgt, § 62 Abs. 2. Auf dieses Recht sind die Aktionäre hinzuweisen, § 62 Abs. 3.

5 Zur Umsetzung der EU-Richtlinie 2009/109/EG wurde durch das 3. UmwÄndG die Möglichkeit geschaffen, Minderheitsaktionäre im Zuge einer Verschmelzung zweier Unternehmen gegen Zahlung einer Barabfindung aus der übertragenden Gesellschaft auszuschließen, § 62 Abs. 5. Voraussetzung hierfür ist, dass die übernehmende Gesellschaft (zumindest) 90 % – anstatt der wie bei anderen Squeeze-out-Regelungen erforderlichen 95 % – des Stamm- bzw Grundkapitals der übertragenden Gesellschaft hält.[11] Außerdem kann nun auch auf den Zustimmungsbeschluss des übertragenden Rechtsträgers zur Verschmelzung verzichtet werden, wenn der übernehmende Rechtsträger das gesamte Stamm- bzw Grundkapital der übertragenden Gesellschaft hält, § 62 Abs. 4.

3 Semler/Stengel/*Diekmann*, § 62 Rn 3.
4 RegBegr. *Ganske*, S. 109.
5 BGBl. I S. 1338.
6 Semler/Stengel/*Diekmann*, § 62 Rn 3 a.
7 Vgl BegrRegE 3. UmwÄndG v. 1.10.2010 zu Buchst. c zur Einf. des § 62 Abs. 4, BT-Drucks. 17/3122, S. 12; Semler/Stengel/*Diekmann*, § 62 Rn 3.
8 Vgl Gesetzesentwurf der BReg v. 1.10.2010, BT-Drucks. 17/3122, S. 1.
9 Kallmeyer/*Marsch-Barner*, § 62 Rn 1; KölnKomm/*Simon*, § 62 Rn 2; Semler/Stengel/*Diekmann*, § 62 Rn 4; Widmann/Mayer/*Rieger*, § 62 Rn 1, 5, 15.
10 Kallmeyer/*Marsch-Barner*, § 62 Rn 1; Semler/Stengel/*Diekmann*, § 62 Rn 1.
11 Vgl § 327 a AktG und § 39 a WpÜG, bei denen dem ausschließenden Aktionär mind. 95,00 % der Aktien gehören müssen; vgl Rn 39 ff.

III. Anwendungsbereich

Übernehmender Rechtsträger muss dabei eine **AG**, **KGaA**[12] oder nach Art. 10 SE-VO eine **SE**[13] sein. Als **übertragende Rechtsträger** kommen nur **Kapitalgesellschaften** (GmbH, AG, KGaA, SE) in Betracht.[14] Soll die Verschmelzung mit einem **Squeeze-out** verbunden werden, muss der übertragende Rechtsträger in der Rechtsform der **AG**, **KGaA** oder **SE** bestehen.[15] Gem. § 125 S. 1 sind die Regelungen auch bei der Spaltung zur Aufnahme zu beachten.[16] Im Rahmen einer Spaltung zweier Gesellschaften ist die Verknüpfung mit einem Squeeze-out dagegen nicht zulässig. Sollen mehrere Gesellschaften auf einen Rechtsträger verschmolzen werden, so müssen die Voraussetzungen des § 62 für jede einzelne zu verschmelzende Gesellschaft gegeben sein.[17] Sollte die Muttergesellschaft zum Zweck der Verschmelzung mit anschließendem Squeeze-out in eine AG umgewandelt werden, muss sie spätestens im Zeitpunkt des Übertragungsbeschlusses als AG im Register eingetragen sein.[18] 6

Jenseits der in § 62 formulierten Erleichterung müssen alle übrigen Voraussetzungen für eine Verschmelzung erfüllt werden, sofern nicht wirksam darauf **verzichtet** wurde.[19] Nicht entbehrlich ist auch der Kapitalerhöhungsbeschluss.[20] Ein solcher Beschluss kann nur unter Vorlage des Verschmelzungsvertrages und der Prüfungsberichte erreicht werden, da wie bei jeder Kapitalerhöhung gegen Sacheinlagen die §§ 183, 194, 205 AktG zu beachten sind.[21] Zur Vermeidung einer Kapitalerhöhung kann die übernehmende AG gem. § 71 Abs. 1 Nr. 3 AktG eigene Aktien erwerben.[22] 7

Eine weitere Besonderheit ist gegeben, wenn eine **100%ige Tochtergesellschaft** auf die übernehmende Gesellschaft verschmolzen wird. In diesem Fall sind ein Verschmelzungsbericht, eine -prüfung und eine Schlussbilanz entbehrlich.[23] Der Verschmelzungsvertrag oder sein Entwurf sind aber dennoch ordnungsgemäß an den Betriebsrat der übernehmenden Gesellschaft zu übermitteln.[24] 8

In diesem Zusammenhang stellt sich die Frage, ob die Grundzüge der **„Holzmüller"-Doktrin** gleichwohl bei einer derart erleichterten Konzernverschmelzung anwendbar sind.[25] Hierbei handelt es sich um ungeschriebene Kompetenzen der Hauptversammlung der AG, mit dem Ziel tiefe Eingriffe in die Rechte der Aktionäre zu verhindern, indem sie bei Entscheidungen des Vorstandes, die dieser aufgrund der Satzung alleine treffen dürfte, beteiligt werden müssen.[26] Soweit eine Regelung keinen abschließenden Charakter aufweist wird eine Heranzie- 9

12 *Bayer/Schmidt*, ZIP 2010, 953, 959; *Bungert/Wettich*, DB 2010, 2545; *Göthel*, ZIP 2011, 1541, 1543; *Klie/Wind/Rödter*, DStR 2011, 1668, 1669; *Mayer*, NZG 2012, 561, 563; Maulbetsch/Klumpp/Rose/*Rose*, § 62 Rn 6.

13 *Austmann*, NZG 2011, 684, 686; *Göthel*, ZIP 2011, 1541, 1544; *Heckschen*, NJW 2011, 2390, 2395; *Klie/Wind/Rödter*, DStR 2011, 1668; *Mayer*, NZG 2012, 561, 563.

14 Henssler/Strohn/*Junker*, § 62 Rn 1; Kallmeyer/*Marsch-Barner*, § 62 Rn 1.

15 Kallmeyer/*Marsch-Barner*, § 62 Rn 7.

16 *Neye/Kraft*, NZG 2011, 681, 682.

17 Semler/Stengel/*Diekmann*, § 62 Rn 4; Kallmeyer/*Marsch-Barner*, § 62 Rn 10; Widmann/Mayer/*Rieger*, § 62 Rn 15 f.

18 *Göthel*, ZIP 2011, 1541, 1544; *Mayer*, NZG 2012, 561, 563.

19 Maulbetsch/Klumpp/Rose/*Rose*, § 62 Rn 3; Semler/Stengel/*Diekmann*, § 62 Rn 4.

20 Kallmeyer/*Marsch-Barner*, § 62 Rn 4; KölnKomm/*Simon*, § 62 Rn 25; Semler/Stengel/*Diekmann*, § 62 Rn 4.

21 Maulbetsch/Klumpp/Rose/*Rose*, § 62 Rn 3; Kallmeyer/*Marsch-Barner*, § 62 Rn 4; Semler/Stengel/*Diekmann*, § 62 Rn 4.

22 Kallmeyer/*Marsch-Barner*, § 62 Rn 5; Semler/Stengel/*Diekmann*, § 62 Rn 4; bzgl eines nach der hM abzulehnenden Erwerbsverbots eigener Aktien zum Zweck des Umtauschs nach § 71 Abs. 1 Nr. 3 AktG unter Zugrundelegung einer Analogie zu den konzernrechtlichen Abfindungsfällen nach §§ 305 Abs. 2, 320 b AktG vgl MüKo-AktG/*Oechsler*, § 71 AktG Rn 147; *Mülbert*, S. 430; *Martens* in: FS Boujong, 1996 335 ff; aA *Hüffer*, § 71 AktG Rn 15.

23 Semler/Stengel/*Diekmann*, § 62 Rn 7.

24 Semler/Stengel/*Diekmann*, § 62 Rn 7; Semler/Stengel/*Simon*, § 5 Rn 140 ff.

25 Bejahend Kallmeyer/*Marsch-Barner*, § 62 Rn 3; Widmann/Mayer/*Rieger*, § 62 Rn 3; zweifelnd Semler/Stengel/*Diekmann*, § 62 Rn 5; verneinend OLG Frankfurt v. 7.12.2010 – 5 U 29/10, ZIP 2011, 75, 81 = AG 2011, 173.

26 BGHZ 83, 122 ff; BGH ZIP 2004, 993, 1001; vgl auch MünchHbGesR/*Semler*, Bd. 4 § 34 Rn 35 ff.

hung der Grundsätze bejaht.[27] In Anlehnung an den **Gelatine-Fall**[28] folgen die überwiegenden Meinungen der Rechtsprechung, wonach die Verschmelzung einer 90%igen Tochtergesellschaft auf ihre Mutter keinen vergleichbaren Fall darstellt, weswegen die Grundsätze der Holzmüller-Doktrin hier nicht anwendbar sind.[29] Dies ist zutreffend. Begründen lässt sich dies damit, dass ein Upstream-Merger eine Erweiterung und nicht eine Beschränkung (wie bei der Ausgliederung) der Einflussmöglichkeiten der Anteilsinhaber darstellt.[30]

B. Entbehrlichkeit des Verschmelzungsbeschlusses (Abs. 1)

10 Sofern die übernehmende AG mind. 90 % des Stamm- bzw Grundkapitals des übertragenden Rechtsträgers hält, ist ein Verschmelzungsbeschluss des übernehmenden Rechtsträgers entbehrlich, Abs. 1 S. 1. Aufgrund der allseits anerkannten Anwendbarkeit der Vorschriften auf die KGaA und die SE sind auch diese neben der in Abs. 1 S. 1 genannten AG erfasst.[31]

I. Beteiligungsquote

11 Bereits aus dem Wortlaut des Abs. 1 S. 1 folgt, dass für die 90%ige Beteiligung einer AG/KGaA an einer Kapitalgesellschaft der übernehmende Rechtsträger auch Eigentümer der Aktien bzw Geschäftsanteile sein muss.[32] Die **Berechnung** der Quote erfolgt unter Zugrundelegung des Stamm- bzw Grundkapitals der übertragenden Gesellschaft.[33] Gleichwohl ist dieses zunächst sachgerecht zu bestimmen. Nach Abs. 1 S. 2 ist darauf zu achten, dass eigene Anteile des übertragenden Rechtsträgers vom Stamm- bzw Grundkapital zur korrekten Berechnung abgezogen werden.[34] Irrelevant ist die Höhe der Stimmrechte, da aus dem Sinn der vereinfachten Konzernverschmelzung folgt, dass es nur auf die Beteiligung am Kapital ankommt.[35] Nicht mit in die Berechnung fließen zudem die Anteile ein, die eine mit der AG verbundene Drittgesellschaft an der übertragenden Gesellschaft hält.[36] Weitere Abzugsposten existieren nicht.[37] Daher sind Anteile von Tochtergesellschaften des übertragenden Rechtsträgers nicht abzuziehen.[38] Tochterunternehmen des übernehmenden Rechtsträgers, die selbst Anteile an der übertragenden Gesellschaft halten, werden als indirekte Beteiligung dagegen konsequenterweise nicht zugerechnet.[39] Aus dem Grundsatz der Rechtssicherheit[40] folgt, dass nur eine direkte Beteiligung maßgebend sein kann.[41] In konsequenter Fortführung dieser Grundsätze ist auch eine **Übertragung** dieser Grundsätze auf andere vergleichbare Gesellschaftsformen im Wege der Analogie nicht angebracht.[42] Weiterhin bezweckt die Vorschrift auch den Schutz der Minderheiten. Daher

27 Semler/Stengel/*Diekmann*, § 62 Rn 5; den abschließenden Charakter bejahend Lutter/*Grunewald*, § 62 Rn 8; Maulbetsch/Klumpp/Rose/*Rose*, § 62 Rn 5.

28 BGH v. 26.4.2004 – II ZR 155/02; BGH ZIP 2004, 1001, 1003; BGHZ 159, 33 ff.

29 Semler/Stengel/*Diekmann*, § 62 Rn 5; Lutter/*Grunewald*, § 62 Rn 8; Kallmeyer/*Marsch-Barner*, § 62 Rn 3.

30 *Habersack* in: FS Horn, 2006, 337, 343; Maulbetsch/Klumpp/Rose/*Rose*, § 62 Rn 5.

31 Für die KGaA. *Bayer/Schmidt*, ZIP 2010, 953, 959; *Bungert/Wettich*, DB 2010, 2545; *Göthel*, ZIP 2011, 1541, 1543; *Klie/Wind/Rödter*, DStR 2011, 1668, 1669; *Mayer*, NZG 2012, 561, 563; Maulbetsch/Klumpp/Rose/*Rose*, § 62 Rn 6; für die SE *Austmann*, NZG 2011, 684, 686; *Göthel*, ZIP 2011, 1541, 1544; *Heckschen*, NJW 2011, 2390, 2395; *Klie/Wind/Rödter*, DStR 2011, 1668; *Mayer*, NZG 2012, 561, 563.

32 Vgl §§ 319 Abs. 1, 320 Abs. 1 AktG; Begr. RegE zu § 319 AktG bei *Kropff*, 422; Goutier/Knopf/Tulloch/*Bermel*, § 62 Rn 7; Lutter/*Grunewald*, § 62 Rn 3; Kallmeyer/*Marsch-Barner*, § 62 Rn 11; Schmitt/Hörtnagl/Stratz/*Stratz*, § 62 Rn 4; Semler/Stengel/*Diekmann*, § 62 Rn 9.

33 Lutter/*Grunewald*, § 62 Rn 4 mwN.

34 *Habersack*, FS Horn 2006, 337, 348; Kallmeyer/*Marsch-Barner*, § 62 Rn 11; KölnKomm/*Simon*, § 62 Rn 14.

35 Maulbetsch/Klumpp/Rose/*Rose*, § 62 Rn 7; Kallmeyer/*Marsch-Barner*, § 62 Rn 13; KölnKomm/*Simon*, § 62 Rn 13; Lutter/*Grunewald*, § 62 Rn 3; Semler/Stengel/*Diekmann*, § 62 Rn 12; Widmann/Mayer/*Rieger*, § 62 Rn 13 f.

36 Semler/Stengel/*Diekmann*, § 62 Rn 10.

37 Lutter/*Grunewald*, § 62 Rn 4.

38 LG Mannheim ZIP, 1990, 1992, 1993; *Henze*, AG 1993, 341, 349; Lutter/*Grunewald*, § 62 Rn 4; Semler/Stengel/*Diekmann*, § 62 Rn 10; s.a. *Habersack*, FS Horn, 337, 349 f.

39 Maulbetsch/Klumpp/Rose/*Rose*, § 62 Rn 7; Semler/Stengel/*Diekmann*, § 62 Rn 11.

40 Semler/Stengel/*Diekmann*, § 62 Rn 11; krit. *HRA*, NZG 2000, 802, 803.

41 Maulbetsch/Klumpp/Rose/*Rose*, § 62 Rn 7; Widmann/Mayer/*Rieger*, § 62 Rn 11 f.

42 Maulbetsch/Klumpp/Rose/*Rose*, § 62 Rn 7; Semler/Stengel/*Diekmann*, § 62 Rn 10.

können reine Optionsrechte Dritter auf Anteile keine Berücksichtigung finden, wenn sie nicht bereits auf die übernehmende AG übertragen wurden.[43] Gleiches gilt für Anteile innerhalb einer Stimmrechtsvereinbarung.[44]

Sollen **mehrere Rechtsträger** auf eine AG unter Anwendung des Abs. 1 verschmolzen werden, so müssen für jeden Rechtsträger gesondert die Voraussetzungen erfüllt sein.[45] Dies bedeutet, dass die übernehmende AG ihrerseits mind. 90 % des Stamm- bzw Grundkapitals jeder übertragenden Gesellschaft halten muss und jeder übertragende Rechtsträger in der Form einer Kapitalgesellschaft besteht.[46] Liegen diese Bedingungen bei einem Rechtsträger nicht vor, kommt Abs. 1 insgesamt nicht zur Anwendung, mit der Folge, dass ein Verschmelzungsbeschluss der übernehmenden AG zu fassen ist.[47] Um in der Praxis Probleme zu vermeiden, sollte der übernehmende Rechtsträger vorsichtshalber einen Verschmelzungsbeschluss fassen.[48] 12

Fraglich ist, ob eine erst kurz vor der eigentlichen Verschmelzung durchgeführte Aufstockung der Beteiligung der übernehmenden Gesellschaft durch **Anteilsübernahme** der übertragenden Gesellschaft zu einer Umgehung des Schutzes führt. Dies wird teilweise damit begründet, dass die Anteilsübernahme nur dem Zweck der Ermöglichung des Abs. 1 und damit der Erleichterung des Verschmelzungsbeschlusses dient. Umstritten ist in diesem Zusammenhang, ob eine Sachkapitalerhöhung des übernehmenden Rechtsträgers zum Zweck der Anteilsübernahme Unwirksamkeit zur Folge hat, da es sich faktisch bereits an dieser Stelle schon um eine Verschmelzung handele, für die eine Verschmelzungsprüfung und ein -bericht erforderlich wären.[49] Die wohl hM lässt eine solche Kapitalerhöhung ohne gesonderte Prüfung zu.[50] Begründet werden kann dies nur damit, dass Prüfung und Bericht allein dem Schutz der Aktionäre dienen. Allerdings hat der Vorstand gem. § 186 Abs. 4 S. 2 AktG im Rahmen der Sachkapitalerhöhung einen detaillierten Bericht zu fertigen und der Hauptversammlung vorzulegen. Sofern sich an die Kapitalerhöhung eine Verschmelzung anschließen soll, hat der Vorstand die Hauptversammlung auch darüber zu informieren.[51] Bereits diese Vorgaben stellen sicher, dass die Aktionäre frühzeitig informiert werden. Das erforderliche Schutzniveau wird daher erreicht. 13

II. Zeitpunkt

Dem Wortlaut des § 62 lässt sich nicht ohne Weiteres entnehmen, **wann** die erforderliche Beteiligungsquote vorliegen muss. Zum Teil wird vertreten, dass die 90%ige Beteiligung bei Anmeldung der Verschmelzung zur Eintragung im Handelsregister,[52] spätestens im Zeitpunkt des Wirksamwerdens der Verschmelzung – also bei Eintragung im Handelsregister[53] – erreicht sein muss. Die Erleichterung des Abs. 1 ersetzt jedoch nur den Beschluss in der Hauptversammlung. Daher spricht vieles dafür, dass die Quote zum Zeitpunkt der (fiktiven) **Hauptversammlung** erreicht sein muss.[54] Dies muss in diesem Fall der letztmögliche Zeitpunkt vor der Hauptversammlung der übertragenden Gesellschaft sein, da bei Durchführung der Hauptversammlung 14

43 *Habersack*, FS Horn, S. 337, 348 f; Maulbetsch/Klumpp/Rose/*Rose*, § 62 Rn 7.
44 Semler/Stengel/*Diekmann*, § 62 Rn 11.
45 Kallmeyer/*Marsch-Barner*, § 62 Rn 12; KölnKomm/*Simon*, § 62 Rn 15 f; Lutter/*Grunewald*, § 62 Rn 9; Semler/Stengel/*Diekmann*, § 62 Rn 13; Widmann/Mayer/*Rieger*, § 62 Rn 15.
46 So die hM Kallmeyer/*Marsch-Barner*, § 62 Rn 12; Semler/Stengel/*Diekmann*, § 62 Rn 13; Widmann/Mayer/*Rieger*, § 62 Rn 15 f; aA Maulbetsch/Klumpp/Rose/*Rose*, § 62 Rn 8; KölnKomm/*Simon*, § 62 Rn 15 f; Schmitt/Hörtnagl/Stratz/*Stratz*, § 62 Rn 6.
47 Semler/Stengel/*Diekmann*, § 62 Rn 13; Widmann/Mayer/*Rieger*, § 62 Rn 16 f.
48 Maulbetsch/Klumpp/Rose/*Rose*, § 62 Rn 8.
49 So jedenfalls OLG Karlsruhe ZIP 1991, 1145 ff.
50 Semler/Stengel/*Diekmann*, § 62 Rn 14 ff; Kallmeyer/*Marsch-Barner*, § 62 Rn 8; Widmann/Mayer/*Rieger*, § 62 Rn 18 ff; zur zweistufigen Konzernverschmelzung ausf. *Henze*, AG 1993, 341 ff.
51 *Diekmann* in Semler/Stengel, § 62 Rn 16.
52 *Bungert*, NZG 2000, 16 ff unter Heranziehung des BayObLG vom 4.11.1999 (unveröffentlicht), wonach es genügt, wenn die Voraussetzungen für einen Formwechsel zum Zeitpunkt der Eintragung vorliegen; *Henze*, AG 1993, 341, 344; Goutier/Knopf/Tulloch/*Bermel*, § 62 Rn 8; Kallmeyer/*Marsch-Barner*, § 62 Rn 9; Widmann/Mayer/*Rieger*, § 62 Rn 23 ff.
53 Ausf. Begr. *Habersack*, FS Horn, 337, 345; KölnKomm/*Simon*, § 62 Rn 23. Widmann/Mayer/*Rieger*, § 62 Rn 7.
54 LG Mannheim ZIP 1990, 992 ff; Lutter/*Grunewald*, § 62 Rn 7; Schmitt/Hörtnagl/Stratz/*Stratz*, § 62 Rn 7.

der übertragenden Gesellschaft bereits feststehen muss, ob die übernehmende AG verschmelzen möchte.[55] Es besteht auch keine Gefahr, dass der neu eingeführte Abs. 4 S. 1 dem Zeitpunkt der Hauptversammlung des übertragenden Rechtsträgers zuwiderläuft, da dieser lediglich die Entbehrlichkeit eines Verschmelzungsbeschlusses auf Ebene des übertragenden Rechtsträgers regelt, sofern die übernehmende AG 100 % des Stamm- bzw Grundkapitals innehat. Nur in dieser Konstellation ist zu vertreten, dass die Beteiligungsquote erst bei Anmeldung der Verschmelzung zum Registergericht vorliegen muss. Allerdings sollte zusätzlich gefordert werden, dass die Quote bis zur Eintragung der Verschmelzung gehalten werden muss, um eine missbräuchliche Anwendung des Abs. 1 zu vermeiden.[56]

C. Informationspflichten (Abs. 3)

15 Abs. 3 dient dem Schutz der Aktionäre. Sofern die Voraussetzungen des Abs. 1 vorliegen, hat der Vorstand der übernehmenden AG die Anteilsinhaber entsprechend in Kenntnis zu setzen, da die eigentlich zur Informationsbeschaffung gedachte Beschlussfassung in der Hauptversammlung und die mit ihr verbundene Aussprache entbehrlich ist.

I. Auslage der Dokumente (Abs. 3 S. 1)

16 Der Vorstand hat die in § 63 Abs. 1 bezeichneten Dokumente in den **Geschäftsräumen** der übernehmenden Gesellschaft auszulegen. Dabei ist darauf zu achten, dass die Auslage bis **spätestens** einen Monat vor der Gesellschafter- bzw Hauptversammlung der übertragenden Gesellschaft, in der über die Verschmelzung beschlossen werden soll, erfolgt. Von der Auslage kann durch den neu eingeführten Abs. 3 S. 7 **abgesehen** werden. Dazu müssen die Dokumente jedoch auf der **Internetseite** der Gesellschaft zugänglich gemacht werden, wobei die Monatsfrist auch hier gilt.

17 Daneben besteht eine weitere, durch die Einfügung des Abs. 4 entstandene, Herausforderung. Sind die Voraussetzungen des Abs. 4 S. 1 gegeben, entfällt der zeitliche Anknüpfungspunkt zur Fristberechnung mangels Hauptversammlung des übertragenden Rechtsträgers nach Abs. 3 S. 1. Die Frist zur Auslage beginnt grds. **einen Monat** vor dem Tag der Gesellschafter- oder Hauptversammlung der übertragenden Gesellschaft, in der über die Verschmelzung entschieden werden soll. Ist jedoch diese Beschlussfassung auf Grundlage des Abs. 4 entbehrlich, gibt es nur den Anknüpfungspunkt des Abschlusses des Verschmelzungsvertrages nach Abs. 4 S. 3. Problematisch wird dies bei einer **Kettenverschmelzung**, bei der etwa im Rahmen der Verschmelzung auf der ersten Stufe Abs. 4 S. 1 greift und bei der Verschmelzung auf der zweiten Stufe Abs. 4 S. 1 nicht greift. In diesem Fall ergeben sich zwei unterschiedliche zeitliche Anknüpfungspunkte. Diese Rechtsunsicherheit kann zum einen durch einen Verzicht der Anteilsinhaber auf eine Auslage der Dokumente vermieden werden.[57] Zum anderen könnte der Gesetzgeber dieses Problem durch eine entsprechende Präzisierung lösen. Dies ist indes bis auf weiteres nicht zu erwarten.

II. Bekanntmachung und Einreichung (Abs. 3 S. 2 bis 5)

18 Zusammen mit der Auslage der Dokumente muss der Vorstand der übernehmenden AG die geplante Verschmelzung in den Gesellschaftsblättern **bekanntmachen**. Dies geschieht insb. durch Veröffentlichung im **Bundesanzeiger**.[58] Daneben ist auch der Verschmelzungsvertrag oder sein Entwurf beim zuständigen Registergericht **einzureichen**. Hierfür gelten die Regeln des § 61

55 So auch Maulbetsch/Klumpp/Rose/Rose, § 62 Rn 10; Schmitt/Hörtnagl/Stratz/*Stratz*, § 62 Rn 7.

56 So auch Semler/Stengel/*Diekmann*, § 62 Rn 20; Lutter/*Grunewald*, § 62 Rn 7; ausf. zum Problem des Nacherwerbs durch den übernehmenden Rechtsträger s. *Habersack*, FS Horn, 337, 345 ff.

57 So *Ising*, NZG 2010, 1403, 1404.

58 Maulbetsch/Klumpp/Rose/*Rose*, § 62 Rn 11; Köln-Komm/*Simon*, § 62 Rn 45; Schmitt/Hörtnagl/Stratz/*Stratz*, § 62 Rn 11; Semler/Stengel/*Diekmann*, § 62 Rn 22; Widmann/Mayer/Rieger, § 62 Rn 36 ff.

S. 1.[59] Gem. Abs. 3 S. 3 sind die Aktionäre vom Vorstand auch auf ihr Recht nach Abs. 2 hinzuweisen. Sofern die übernehmende AG nur **einen Anteilsinhaber** kennt, soll nach einer Meinung auf die Bekanntmachung verzichtet werden können. [60] In diesem Fall muss jedoch ein unmittelbarer Kontakt mit diesem Aktionär hergestellt und dieser mit dem gleichen Informationsgehalt unterrichtet werden. Darüber hinaus ist ein ausdr. Verzicht dieses Aktionärs auf die Bekanntmachung im Bundesanzeiger sowie die Einberufung der Hauptversammlung erforderlich. Dieser Überlegung ist zuzustimmen. Die Gegenmeinung, nach der ein Verzicht auf die Bekanntmachung im Bundesanzeiger in diesem Ausnahmefall nicht möglich ist, stützt sich auf den Wortlaut des Abs. 3 S. 1. Dieser erlaube keine derart weite Auslegung. [61] Richtigerweise kann sehr wohl auf die vorgesehene Bekanntmachung im Bundesanzeiger verzichtet werden, da dies allein dem Schutz der Anteilsinhaber dient und diese den Schutz einseitig aufgeben können.[62] Eine Bekanntmachung ist in diesem Fall verzichtbar. Mit Blick auf den Nachweis eines solchen Verzichts ist dieser hinreichend zu dokumentieren.

Zudem muss gem. Abs. 3 S. 4 bei Anmeldung der Verschmelzung zum Handelsregister ein **Nachweis** über die Bekanntmachung erbracht werden. Dies kann bspw durch einen Auszug aus dem Bundesanzeiger erfolgen.[63] Bei einem Verzicht durch einen kleinen, überschaubaren Aktionärskreis muss der Nachweis gegenüber dem Registergericht bspw durch ein Informationsschreiben an die Aktionäre und dem darauf beruhenden Verzicht erfolgen. In der Praxis empfiehlt es sich, ein solches Vorgehen im Vorfeld mit dem Register abzustimmen. 19

Neben der Nachweiserbringung muss der Vorstand auch **erklären**, ob von den Aktionären ein Minderheitsverlangen nach Abs. 2 gestellt wurde, vgl § 62 Abs. 3 S. 5. 20

Die **Berechnung** der in Abs. 3 S. 1 bezeichneten Monatsfrist erfolgt gem. §§ 187 Abs. 1, 188 Abs. 2 BGB.[64] Die Beachtung von Sonn- und Feiertagen gem. § 193 BGB spielt hierbei keine Rolle, da der Einberufung weder die Stellung einer Willenserklärung noch einer Leistung zukommt.[65] 21

In der bes. Konstellation einer **Kettenverschmelzung** mit und ohne Entbehrlichkeit des Verschmelzungsbeschlusses der Gesellschafter- oder Hauptversammlung[66] ergibt sich das Problem, dass mit Blick auf Abs. 4 der zeitliche Anknüpfungspunkt für die Auslage der Dokumente auf den Abschluss des Verschmelzungsvertrages **vorgezogen** wird, was auch für Abs. 3 S. 2 gilt. Der Vorstand hat **gleichzeitig** mit den Unterlagen nach Abs. 3 S. 1 einen Hinweis auf die bevorstehende Verschmelzung in den Gesellschaftsblättern bekanntzumachen. Da in der beschriebenen Konstellation der Kettenverschmelzung für die erste Verschmelzung auf den Abschluss des Verschmelzungsvertrages und für die weitere Verschmelzung wie bisher üblich auf die Gesellschafter- bzw Hauptversammlung des übertragenden Rechtsträgers abzustellen ist, ergeben sich **Probleme** bei der genauen Berechnung der Monatsfrist.[67] Es besteht zwar die Möglichkeit trotz Entbehrlichkeit des Verschmelzungsbeschlusses in der Gesellschafter- oder Hauptversammlung nach Abs. 4 S 1 eine solche Abstimmung gleichwohl durchzuführen, um so Probleme mit der Fristberechnung zu vermeiden. Insoweit ergibt sich jedoch schwerlich eine praktikable Lösung, da Abs. 4 als Erleichterung eingeführt wurde und seine Zielsetzung nur eingeschränkt erreicht wäre. 22

59 § 61 Rn 5 ff; so auch Maulbetsch/Klumpp/Rose/*Rose*, § 62 Rn 11; Kallmeyer/*Marsch-Barner*, § 62 Rn 18; Semler/Stengel/*Diekmann*, § 62 Rn 22.

60 *Ising*, NZG 2010, 1403, 1404.

61 So Semler/Stengel/*Diekmann*, § 62 Rn 22.

62 So auch *Ising*, NZG 2010, 1403, 1405.

63 Maulbetsch/Klumpp/Rose/*Rose*, § 62 Rn 11; Kallmeyer/*Marsch-Barner*, § 62 Rn 19; KölnKomm/*Simon*, § 62 Rn 50; Lutter/*Grunewald*, § 62 Rn 11; Semler/Stengel/*Diekmann*, § 62 Rn 32.

64 *Freytag*, BB 2010, 1611, 1613; ausf. dazu Henssler/Strohn/*Junker*, § 62 Rn 11 f; Kessler/Kühnberger/*Brügel*, § 62 Rn 14.

65 Semler/Stengel/*Diekmann*, § 62 Rn 23; Kallmeyer/*Marsch-Barner*, § 62 Rn 15; KölnKomm/*Simon*, § 62 Rn 40; Widmann/Mayer/*Rieger*, § 62 Rn 56; aA Lutter/*Grunewald*, § 62 Rn 10.

66 S. hierzu Rn 22.

67 *Bayer/Schmidt*, ZIP 2010, 953, 958; *Diekmann*, NZG 2010, 489, 490; *Neye/Jäckel*, AG 2010, 237, 239; *Freytag*, BB 2010, 1611, 1613.

23 Sollten die Informationspflichten nach Abs. 3 einem **Verzicht** zugänglich sein, ergäben sich jene Probleme nicht. Zumindest auf die Bekanntmachung im Bundesanzeiger kann verzichtet werden, da dies dem Schutz der Anteilsinhaber dient und diese einseitig darauf verzichten können.[68] Umstritten ist jedoch, ob auch auf die Einreichung des Verschmelzungsvertrages oder seines Entwurfs beim Registergericht verzichtet werden kann.[69] Sollte ein Verzicht auf Einreichung des Vertrages oder seines Entwurfs nicht möglich sein, könnte dies wiederum zu Problemen bei der Berechnung der Monatsfrist führen. Wie bereits geklärt, dient die Pflicht der Einreichung des Vertrages beim Registergericht nur sekundär dem Schutz der Aktionäre. Primär soll hierdurch die Prüfungspflicht durch das Registergericht gewahrt bleiben. Es hat die ordnungsgemäße Einreichung des Verschmelzungsvertrages bekanntzumachen. Dabei fungiert das Gericht als **zweites Kontrollorgan.** Die Bekanntmachung der ordnungsgemäßen Einreichung soll Dritte hierüber informieren, jedoch nicht schützen. Daher kann auch das Gericht einseitig auf den Schutz verzichten. Allerdings bleibt zu bedenken, dass ein Verzicht nur möglich ist, wenn er entweder gesetzlich normiert oder ein aufgrund der Schutzrichtung beruhender Ausnahmefall gegeben ist. Es verbleibt aber ein Restrisiko, dass ein Verzicht mit Hinweis auf die Prüfungspflicht durch das Registergericht und dem Schutzzweck gegenüber Dritten abgelehnt werden könnte. In jedem Fall sollte mit dem zuständigen Registergericht **vorab** Rücksprache gehalten werden. Zudem muss ein Verzicht hinreichend dokumentiert sein.[70]

III. Abschriften (Abs. 3 S. 6 bis 8)

24 Gem. Abs. 3 S. 6 hat jeder Aktionär der übernehmenden AG das Recht, die unverzügliche und kostenlose Aushändigung der in Abs. 1 bezeichneten Dokumente zu **verlangen.**[71]

25 Mit **Einwilligung,** also der vorherigen Zustimmung,[72] des Aktionärs, die auch konkludent erfolgen kann,[73] können die Dokumente auf **elektronischem Weg** zugesandt werden, § 62 Abs. 3 S. 7.[74] Eine per E-Mail angeforderte Zuleitung der Dokumente sollte bereits als Zusendungswunsch auf demselben Weg verstanden werden können, wenn der Aktionär das Angebot der Gesellschaft auf Zusendung der Unterlagen per Post nicht annimmt.[75] Die im Anhang einer E-Mail versendeten Dokumente müssen ein **druckfähiges Format** haben,[76] die Übermittlung im reinen Lese-Format reicht dagegen nicht aus.[77]

26 Sofern der Vorstand der übernehmenden Gesellschaft die Dokumente auf der **Internetseite** zugänglich macht, entfallen die Pflicht zur Auslage der Dokumente und das Recht der Aktionäre auf Zusendung einer Abschrift gem. § 62 Abs. 3 S. 7. Auch hier ist die Darstellung in **Druckformat** zu fordern. Die Zusendung der Abschrift ist nicht mehr erforderlich, wenn bereits von der Auslage der Dokumente abgesehen werden kann. Der Zeitpunkt der Veröffentlichung auf der Internetseite muss dem der Auslage in den Geschäftsräumen entsprechen. Dabei hat die Gesellschaft dafür zu sorgen, dass die Veröffentlichung rechtzeitig erfolgt. Es empfiehlt sich allerdings zur Vermeidung einer fehlerhaften Bekanntmachung über das Internet Vorkehrungsmaßnahmen durchzuführen. Die Gesellschaft sollte deshalb bereit sein, Dokumente auf Anfrage der Aktionäre postalisch zu versenden. Die zusätzliche Auslegung der Dokumente in den Geschäftsräumen der Gesellschaft ist aber nicht notwendig, da Abs. 3 S. 7 sonst praktisch leer-

68 So auch *Ising*, NZG 2010, 1403, 1405.
69 Vgl hierzu auch § 61 Rn 10.
70 So auch *Ising*, NZG 2010, 1403, 1404.
71 Dies gilt unabhängig davon, ob ein Minderheitsverlangen nach Abs. 2 gestellt wurde; so jedenfalls Schmitt/Hörtnagl/Stratz/*Stratz*, § 62 Rn 12; Semler/Stengel/*Diekmann*, § 62 Rn 25.
72 *Leitzen*, DNotZ 2011, 526, 532 f; *Wagner*, DStR 2010, 1629, 1629.
73 Kallmeyer/*Marsch-Barner*, § 62 Rn 17.
74 *Neye/Kraft*, NZG 2011, 681, 683.
75 So auch Semler/Stengel/*Diekmann*, § 62 Rn 25.
76 Vgl Gesetzesentwurf BReg v. 1.10.2010, zu Buchst. c, BT-Drucks. 17/3122, S. 12; *Bayer/Schmidt*, ZIP 2010, 953, 955; *Neye/Jäckel*, AG 2010, 237, 239; *Simon/Merkelbach*, DB 2011, 1317, 1317; *Wagner*, DStR 2010, 1629; Kallmeyer/*Marsch-Barner*, § 62 Rn 17.
77 *Bayer/Schmidt*, ZIP 2010, 953, 955; *Breschendorf/Wallner*, GWR 2011, 511; *Neye/Jäckel*, AG 2010, 237, 239; *Simon/Merkelbach*, DB 2011, 1317.

laufen würde. Bei Anmeldung der Verschmelzung beim Registergericht muss die ordnungsgemäße Bekanntmachung auf der Internetseite dargelegt werden.[78]

D. Minderheitsverlangen (Abs. 2)

Auch wenn eine mind. 90 % betragende Beteiligungsquote einen Verschmelzungsbeschluss der übernehmenden AG nach Abs. 1 grds. entbehrlich macht (s. Rn 11 ff), kann es unter bestimmten Voraussetzungen dennoch zu dem Erfordernis eines solchen Beschlusses kommen. Dies ist der Fall, wenn Aktionäre der übernehmenden AG einen Beschluss verlangen und deren Anteile am Grund- bzw Stammkapital dieser Gesellschaft mind. 5 % ausmachen, vgl § 62 Abs. 2 S. 1. 27

I. Erforderliches Quorum (Abs. 2 S. 1)

Voraussetzung für ein solches berechtigtes Verlangen eines Verschmelzungsbeschlusses in der Hauptversammlung der übernehmenden AG ist, dass die betroffenen Aktionäre zusammen mind. 5 % des Grund- bzw Stammkapitals der Gesellschaft auf sich vereinen. Bei der **Berechnung** der Fünf-Prozent-Hürde sind die Anteile jedes Aktionärs in Summe zu werten, wobei der § 122 Abs. 1 S. 1 AktG Anwendung findet. Der Nachweis erfolgt durch Vorlage von Aktienurkunden, Bankbescheinigungen oder Depotauszügen.[79] Bei der prozentualen Bewertung der Anteile der Aktionäre im Verhältnis zur Gesellschaft sind auch die Aktien, die die Gesellschaft selbst hält, mitzurechnen.[80] Die geforderte Mindestbeteiligung muss bis zur Einberufung der Hauptversammlung aufrechterhalten werden.[81] Zudem können sich die Aktionäre nicht darauf berufen, dass sie zwar – alleine oder gemeinsam – nicht 5 % des Grund- bzw Stammkapitals auf sich vereinen, aber zusammen eine Beteiligung von 500.000 EUR an der Gesellschaft erreichen. Denn § 122 Abs. 2 AktG ist als lex generalis nicht anwendbar.[82] 28

Ein bestimmtes **Formerfordernis** ist im Gesetz nicht vorgesehen. Daher ist ein formloser Antrag möglich, wobei aus Beweisgründen die Schriftform zu empfehlen ist.[83] Zu richten ist das Begehren entweder an den Vorstand als das zu einer Einberufung zuständige Organ oder an die Gesellschaft.[84] 29

Ebenso ist keine **Frist** geregelt. Daher können Anträge bis zur Anmeldung der Verschmelzung beim Registergericht gestellt werden, wobei das Begehren bis zu diesem Zeitpunkt bei der Gesellschaft eingegangen sein muss.[85] Die Gesellschaft kann jedoch eine Frist zur Antragsstellung setzen.[86] Diese orientiert sich an der Monatsfrist zwischen Bekanntmachung des Verschmel- 30

78 Semler/Stengel/*Diekmann*, § 62 Rn 25 c.

79 Semler/Stengel/*Diekmann*, § 62 Rn 29; Maulbetsch/Klumpp/Rose/*Rose*, § 62 Rn 15 nicht ausreichend hingegen ist eine reine Glaubhaftmachung nach Kallmeyer/*Marsch-Barner*, § 62 Rn 22; KölnKomm/*Simon*, § 62 Rn 32.

80 Maulbetsch/Klumpp/Rose/*Rose*, § 62 Rn 15; *Hüffer*, § 122 AktG Rn 3; KölnKomm/*Simon*, § 62 Rn 28; KölnKomm/*Zöllner*, § 122 AktG Rn 10; Semler/Stengel/*Diekmann*, § 62 Rn 27.

81 So auch Goutier/Knopf/Tulloch/*Bermel*, § 62 Rn 17; Maulbetsch/Klumpp/Rose/*Rose*, § 62 Rn 15; *Hüffer*, § 122 AktG Rn 3 a; Kallmeyer/*Marsch-Barner*, § 62 Rn 22; KölnKomm/*Zöllner*, § 122 AktG Rn 16; vgl auch LG Duisburg v. 21.8.2003 – 21 T 6/02, AG 2004, 159 = ZIP 2004, 76 und OLG Duisburg v. 16.1.2004 – I-3 Ex 290/03, ZIP 2004, 313, 314 = AG 2004, 211; abl. GroßKomm-AktG/*Werner*, § 122 AktG Rn 16.

82 Maulbetsch/Klumpp/Rose/*Rose*, § 62 Rn 20; zur weiteren entspr. Anwendbarkeit von § 122 Abs. 3 AktG vgl Lutter/*Grunewald*, § 62 Rn 16 mwN.

83 Maulbetsch/Klumpp/Rose/*Rose*, § 62 Rn 15. Kallmeyer/*Marsch-Barner*, § 62 Rn 20; KölnKomm/*Simon*, § 62 Rn 31; Lutter/*Grunewald*, § 62 Rn 16; Schmitt/Hörtnagl/Stratz/*Stratz*, § 62 Rn 9; Semler/Stengel/*Diekmann*, § 62 Rn 30; Widmann/Mayer/*Rieger*, § 62 Rn 30.

84 Lutter/*Grunewald*, § 62 Rn 16; KölnKomm/*Simon*, § 62 Rn 30.

85 Maulbetsch/Klumpp/Rose/*Rose*, § 62 Rn 18; Lutter/*Grunewald*, § 62 Rn 15; Kallmeyer/*Marsch-Barner*, § 62 Rn 26; KölnKomm/*Simon*, § 62 Rn 33; Semler/Stengel/*Diekmann*, § 62 Rn 30; ausf. Widmann/Mayer/*Rieger*, § 62 Rn 29.1.

86 Lutter/*Grunewald*, § 62 Rn 15; Kallmeyer/*Marsch-Barner*, § 62 Rn 26; KölnKomm/*Simon*, § 62 Rn 34; Semler/Stengel/*Diekmann*, § 62 Rn 30.

zungsvorhabens und der Anmeldung beim Registergericht nach § 62 Abs. 3 S. 2.[87] Eine Verkürzung dieser Frist ist nicht angemessen.[88]

II. Abweichende Satzungsregelung (Abs. 2 S. 2)

31 Zugunsten der Aktionäre kann in der Satzung der Gesellschaft festgelegt werden, dass auch eine niedrigere Beteiligung als 5 % ausreicht, um die Einberufung der Hauptversammlung zu verlangen, § 62 Abs. 2 S. 2. Eine Anhebung dieser minderheitsschützenden Grenze ist jedoch nicht möglich.[89]

III. Verzicht

32 Eine aufgrund des Minderheitsverlangens einberufene Hauptversammlung kann kurzfristig wieder abgesagt werden, wenn die Aktionäre ihr Begehren zurücknehmen.[90] Gleiches gilt, wenn die Anteilsinhaber auf den Verschmelzungsbeschluss verzichten.[91] Rücknahme und Verzicht sind ebenfalls form- und fristlos möglich.

E. Entbehrlichkeit des Verschmelzungsbeschlusses für den übertragenden Rechtsträger (Abs. 4)

33 Unter bestimmten Umständen ist nicht nur der Verschmelzungsbeschluss der übernehmenden, sondern auch der übertragenden Gesellschaft entbehrlich.

I. Erleichterung (Abs. 4 S. 1 und 2)

34 Eine **Entbehrlichkeit** des Verschmelzungsbeschlusses kommt in Betracht, wenn entweder die übernehmende AG 100 % des Grund- bzw Stammkapitals der übertragenden Gesellschaft hält, § 62 Abs. 4 S. 1, oder der Übertragungsbeschluss nach Abs. 5 S. 1 bereits gefasst und im Handelsregister eingetragen ist, § 62 Abs. 4 S. 2. Da ein geplanter **Squeeze-out** der Minderheitsaktionäre gem. § 62 Abs. 5 S. 2 bereits im Verschmelzungsvertrag oder seinem Entwurf enthalten sein muss, kommt dieser Variante eine besondere praktische Bedeutung zu. Sofern es primär um den Ausschluss der Minderheitsaktionäre über einen Squeeze-out geht, wird auch der Übertragungsbeschluss vor Durchführung der Hauptversammlung sowohl bei übernehmender AG, als auch übertragender Gesellschaft bereits gefasst sein. Die Eintragung des Beschlusses im Handelsregister erfolgt dann in aller Regel problemlos. Dies führt zu einer erheblichen Vereinfachung des gesamten Verschmelzungs- und Ausschlussverfahrens, was gerade der Intention des Gesetzgebers in Umsetzung der Richtlinie entspricht.[92]

35 Unter Verzicht auf die genannten Erleichterungen ist es möglich, trotzdem eine Hauptversammlung durchzuführen.[93] Hierbei muss beachtet werden, dass die Niederschrift des Verschmelzungsbeschlusses als Anlage gem. § 17 den Dokumenten zur Anmeldung der Verschmelzung beigefügt wird.[94] Dieses Recht steht auch der Minderheit nach Abs. 2 zu, da Abs. 4 S. 3 den Abs. 3 unmittelbar für anwendbar erklärt und dieser in Abs. 3 S. 3 auf das Einberufungsrecht verweist.[95]

87 Kallmeyer/*Marsch-Barner*, § 62 Rn 26, 15; KölnKomm/*Simon*, § 62 Rn 34; Semler/Stengel/*Diekmann*, § 62 Rn 30.

88 *Bungert/Wettich*, DB 2011, 1500 1502; *Ising*, NZG 2010, 1403, 1404; *Lutter/Grunewald*, § 62 Rn 13; Kallmeyer/*Marsch-Barner*, § 62 Rn 26; KölnKomm/*Simon*, § 62 Rn 34; Semler/Stengel/*Diekmann*, § 62 Rn 30; Widmann/Mayer/*Rieger*, § 62 Rn 29.1.

89 Lutter/*Grunewald*, § 62 Rn 19; Kallmeyer/*Marsch-Barner*, § 62 Rn 23; Schmitt/Hörtnagl/Stratz/*Stratz*, § 62 Rn 9; Semler/Stengel/*Diekmann*, § 62 Rn 28.

90 Maulbetsch/Klumpp/Rose/*Rose*, § 62 Rn 19; Lutter/*Grunewald*, § 62 Rn 16; KölnKomm/*Simon*, § 62 Rn 36; Widmann/Mayer/*Rieger*, § 62 Rn 30.1.

91 Semler/Stengel/*Diekmann*, § 62 Rn 31.

92 Vgl BT-Drucks. 17/5930, S. 6, 11.

93 Vgl BegrRegE 3. UmwÄndG v. 1.10.2010 zu Buchst. c zur Einf. des § 62 Abs. 4, BT-Drucks. 17/3122, S. 12; Kallmeyer/*Marsch-Barner*, § 62 Rn 28.

94 Semler/Stengel/*Diekmann*, § 62 Rn 32 a.

95 Kallmeyer/*Marsch-Barner*, § 62 Rn 28.

II. Auslage der Dokumente (Abs. 4 S. 3)

Durch die Einf. des Abs. 4 ist die übliche Methode zur **Fristberechnung** hinfällig geworden. 36
Wurde im Umwandlungsrecht, bspw bei der Erfüllung von Informationspflichten mind. einen Monat vor einer Gesellschafterversammlung, bisher von diesem vorgegebenen Stichtag „**rückwärts**“ gerechnet, sieht der Wortlaut der Norm vor, dass die Frist „**vorwärts**“ zu berechnen ist, Informationspflichten also dem Stichtag nachfolgend zu erfüllen sind.[96] Die fristgerechte Erfüllung der Informationspflichten hat im Umwandlungsgesetz **grundsätzlich** vor der Beurkundung des Verschmelzungsvertrages zu erfolgen. Sie dient der Information der Anteilsinhaber über die bevorstehende Verschmelzung. Hierdurch soll die Möglichkeit auf Einflussnahme auf den Vertrag gewahrt bleiben. Nach dem Wortlaut des neu eingeführten Abs. 4 S. 3 sind diese Pflichten dem Ereignis **nachfolgend** zu erfüllen.[97] Dies stellt eine Ausnahme des Grundprinzips dar und lässt den Schutz der Anteilsinhaber entfallen. Mit Erfüllung der Pflichten nach Beurkundung des Verschmelzungsvertrages erreichen die Informationen die Adressaten zu einem **Zeitpunkt**, zu dem sie keinen Einfluss mehr auf den Vertrag nehmen können. Dies ist vom Gesetzgeber so gewollt. Zum einen ist die tatsächliche Einflussnahme der Aktionäre auf den Verschmelzungsvertrag in der Praxis eher gering. Der Verschmelzungsvertrag kann trotz Einwänden wirksam beurkundet werden. Daher genügt es auch, lediglich über die bevorstehende Verschmelzung zu informieren, ohne dass hieraus Rechte abgeleitet werden können. Zum anderen wollte der Gesetzgeber mit Schaffung des Abs. 4 das Ziel der Richtlinie umsetzen, die Voraussetzungen von Verschmelzungen in bestimmten Konstellationen zu erleichtern.

III. Zuleitungsverpflichtung (Abs. 4 S. 4)

Fraglich ist, wann die Monatsfrist zu laufen beginnt. Maßgeblicher **Zeitpunkt** für die Auslage 37
der Dokumente ist dem Wortlaut nach der Abschluss des Verschmelzungsvertrages. Die Vorverlagerung von der Eintragung der Verschmelzung im Handelsregister auf den Zeitpunkt des Abschlusses des Verschmelzungsvertrages stellt keine Umgehung der in der Richtlinie vorgegebenen Monatsfrist dar.[98] Allerdings ergeben sich bei der Berechnung dieses Zeitpunktes in der Praxis ernsthafte Probleme.[99] In der Regierungsbegründung wird von einer **Ereignisfrist** iSd § 187 Abs. 1 BGB ausgegangen.[100] Fristbeginn wäre demnach der Tag nach der Beurkundung. Gem. Abs. 3 S. 2 müssten dann alle Dokumente „**gleichzeitig**“ am Tag der Verschmelzung bekanntgemacht werden, um die Monatsfrist wahren zu können. Bez. der Bekanntmachung im Bundesanzeiger würde dies bedeuten, dass die Unterlagen – aufgrund der Vorlaufzeit – bereits vor Abschluss des Verschmelzungsvertrages eingereicht werden müssten, um mit dem Stichtag des Fristbeginns veröffentlicht zu werden.[101] Die zeitliche Vorverlagerung des Anknüpfungspunktes einer Fristberechnung sollte Sicherheit schaffen. Der üblicherweise gewählte Zeitpunkt der Eintragung ins Handelsregister sei für diesen Fall wenig geeignet, denn er lasse sich nicht genau vorhersagen.[102] Um dieses Problem zu umgehen, wäre es dem Gesetzgeber durchaus möglich gewesen, auf den Zeitpunkt der Anmeldung beim Handelsregister abzustellen.[103] In diesem Fall könnte wie bisher üblich zeitlich rückwärts gerechnet werden. Eine Berechnung der Monatsfrist, innerhalb derer die Informationspflichten nach Abschluss des Vertrages erfüllt sein müssen, wäre in diesem Fall möglich. Richtigerweise ist die Norm so auszulegen, dass nicht der Abschluss des Verschmelzungsvertrages, sondern die Erfüllung der **letzten Informati-**

96 Der deutsche Gesetzgeber entschied sich damit bewusst gegen die in der Richtlinie 78/855/EWG in Art. 25 weiterhin vorgesehene rückwärts zu berechnende Frist, nach der die Informationen „mindestens einen Monat vor dem Zeitpunkt, zu dem der Vorgang wirksam wird“, offenzulegen seien.

97 *Ising*, NZG 2011, 1368, 1369.

98 Vgl RL 78/855/EWG.

99 Zur Problematik einer Kettenverschmelzung unter bes. Bedingungen vgl Rn 16 ff.

100 Begr. RegE, BT-Drucks.17/3122 v. 1.10.2010, S. 12 (liSp).

101 *Freytag*, BB 2010, 1611, 1613 f; *Heckschen*, NZG 2010, 1041, 1043.

102 Vgl BegrRegE 3. UmwÄndG v. 1.10.2010 zu Buchst. c zur Einf. des § 62 Abs. 4, BT-Drucks. 17/3122, S. 12; *Leitzen*, DNotZ 2011, 526, 535 f.

103 Ebenso *Ising*, NZG 2011, 1368, 1370; krit. hierzu *Freytag*, BB 2010, 1611, 1613 f.

onspflicht, in der Regel die Bekanntmachung im Bundesanzeiger, für den Fristbeginn maßgeblich ist.[104] Der Wortlaut des Abs. 4 S. 3 lässt diese Auslegung zu. Er sieht keinen bestimmten Fristbeginn zur Erfüllung der Informationspflichten vor. Diese Pflichten sind lediglich nach Abschluss des Vertrages für die Dauer eines Monats zu erfüllen. Zwischen Erfüllung der letzten Informationspflicht und Eintragung der Verschmelzung im Handelsregister muss daher lediglich ein Monat liegen. Die Gesellschaft kann daher selbst entscheiden, wann die Monatsfrist beginnen soll. Dieser Zeitpunkt ist von der Gesellschaft einseitig bestimmbar und hängt nicht von unbeeinflussbaren Faktoren, wie bspw der Eintragung ins Handelsregister, ab. Zudem entspricht dieses Vorgehen auch der vom Gesetzgeber offensichtlich gewollten Umstellung auf eine vorwärts gerichtete Monatsfrist. In diesem Fall ist ein exakter Anknüpfungspunkt bestimmbar, der der ursprünglichen Regelung am ehesten entspricht.

F. Ausschluss der Minderheitsaktionäre (Abs. 5)

38 Die in Abs. 5 S. 1 neu eingeführte Möglichkeit des Ausschlusses von Minderheitsaktionären im Rahmen einer Verschmelzung ist an den aktienrechtlichen Squeeze-out angelehnt. Es ist jedoch eine niedrigere Beteiligungsquote von 90 % erforderlich.

I. Andere Formen des Squeeze-out

39 Neben dem neu eingeführten verschmelzungsrechtlichen Squeeze-out existieren die Sonderformen des aktien-, übernahme- und kapitalmarktrechtlichen Squeeze-out.

40 **1. Aktienrechtlicher Squeeze-out.** Der **aktienrechtliche Squeeze-out** findet seine Grundlage in § 327 a AktG. Es besteht demnach die Möglichkeit die Minderheitsaktionäre gegen Entschädigung aus der Gesellschaft auszuschließen, wenn ein Hauptaktionär oder eine Gruppe von Aktionären gemeinsam mind. 95 % an der Gesellschaft halten. Eines bes. Grundes bedarf es dabei nicht.[105] Erforderlich ist lediglich ein Beschluss im Rahmen einer Hauptversammlung. Die ausscheidenden Aktionäre haben ihre Aktien gegen eine angemessene Barabfindung zu übertragen. Die Berechnung der Barabfindung erfolgt anhand § 327 b AktG. Darüber hinaus können die Minderheitsaktionäre von einer Anfechtungsklage gegen den Beschluss Gebrauch machen. Die Anfechtung wegen einer möglichen unangemessenen Höhe der Barabfindung ist dagegen nicht zulässig. Hierfür stehen dem Aktionär §§ 1–17 SpruchG zur Verfügung, um die Höhe der festgesetzten Abfindung überprüfen zu lassen.

41 **2. Übernahmerechtlicher Squeeze-out.** Der **übernahmerechtliche Squeeze-out** ist in §§ 39 a – c WpÜG geregelt und geht dem aktienrechtlichen Squeeze-out vor.[106] Die notwendige Mindestbeteiligung beträgt auch hier 95 %. Der Ausschluss der Minderheit ist möglich, wenn in engem zeitlichem Zusammenhang zu einem Übernahme- oder Pflichtangebot die Übertragung der verbleibenden Aktien beantragt wird, § 39 a Abs. 1 WpÜG. Ausstehende Aktien werden nicht durch Beschluss in der Hauptversammlung, sondern durch einen Gerichtsbeschluss übertragen.[107] Als Gegenleistung erhalten die Aktionäre gem. § 39 a Abs. 3 S. 3 WpÜG eine angemes-

104 So auch *Göthel*, ZIP 2011, 1541, 1548; *Leitzen*, DNotZ 2011, 526, 535 f; *Kiefner/Brügel*, AG 2011, 525, 530 f; *Simon/Merkelbach*, DB 2011, 1317, 1320; *Wagner*, DStR 2010, 1629, 1630 f; aA *Freytag*, DB 2010, 2839, 2840 f (Annahme einer Rückwärtsfrist ab Registeranmeldung); *Ising*, NZG 2011, 1368, 1371; *Keller/Klett*, GWR 2010, 415, 417.

105 BGHZ 180, 154 Tz 14; OLG Düsseldorf AG 2004, 207, 209; OLG Düsseldorf AG 2006, 202, 203 f; OLG Frankfurt AG 2008, 167, 169 reSp; OLG Frankfurt AG 2010, 39, 41 reSp; OLG Karlsruhe AG 2007, 92, 93 liSp; OLG Köln AG 2004, 39, 40 reSp; OLG Stuttgart AG 2009, 204, 212 reSp; LG Krefeld AG 2008, 754, 755 liSp; GroßKomm/*Fleischer*, AktG, § 327 a Rn 75; *Hüffer*, § 327 a AktG Rn 11; KölnKomm/*Hasselbach*, § 327 a AktG Rn 49. Zur gleichen Rechtslage beim Liquidationsbeschluss BGHZ 76, 352, 353 ff; BGHZ 103, 184.

106 *Hüffer*, § 327 a AktG Rn 1 a; Spindler/Stilz/*Singhof*, § 327 a AktG Rn 10.

107 Ausschließlich zuständiges Gericht ist das LG Frankfurt a.M. gem. § 39 a Abs. 5 WpÜG.

sene Barabfindung, die gem. § 31 Abs. 2 S. 1 WpÜG iVm § 5 WpÜG-AngVO ermittelt wird. Ein Anfechtungsrecht der Aktionäre ist nicht vorgesehen.[108]

3. Kapitalmarktrechtlicher Squeeze-out. Gem. § 12 Abs. 3 Nr. 1 FMStBG besteht die Sondermöglichkeit mit herabgesetzter Schwelle auf 90 % vom übernahmerechtlichen und gem. § 12 Abs. 4 FMStBG vom aktienrechtlichen Squeeze-out Gebrauch zu machen. 42

II. Verschmelzungsrechtlicher Squeeze-out

Mit Inkrafttreten des neuen § 62 am15.7.2011 besteht eine weitere Möglichkeit, Minderheitsaktionäre gegen Zahlung einer angemessenen Abfindung aus der Gesellschaft auszuschließen.[109] Die Besonderheit liegt darin, dass der aufnehmende Rechtsträger nur 90 % des Grundkapitals der übertragenden Gesellschaft halten muss. Der Ausschluss, der sich grds. nach § 327 a Abs. 1 S. 1 AktG richtet, vgl § 62 Abs. 5 S. 1, kann jedoch nur erfolgen, wenn er in Zusammenhang mit einer Verschmelzung steht. 43

1. Anwendungsbereich. Die Möglichkeit des **Squeeze-out** ist nur dann gegeben, wenn **übernehmender Rechtsträger** eine **AG, KGaA** oder inländische **SE** ist,[110] § 62 Abs. 5 S. 1.[111] Dass **übertragender Rechtsträger** ebenfalls eine **AG** – und damit sind auch **KGaA** und **SE** erfasst – sein muss, ist bereits im Wortlaut des Abs. 5 S. 1 klargestellt. 44

Der Squeeze-out ist zwar grds. im Zusammenhang mit einer Verschmelzung vorgesehen und möglich, allerdings beschränkt sich der Anwendungsbereich nur auf den Fall der **Verschmelzung zur Aufnahme**, nicht jedoch auf eine Verschmelzung zur Neugründung. Letztere setzt einen Sidestream-Merger voraus, der vom Wortlaut sowie von Sinn und Zweck des § 62 nicht erfasst ist.[112] 45

2. Voraussetzungen für den Squeeze-out. a) Beteiligungsquote (Abs. 5 S. 1 und 2). Für den Ausschluss der Minderheitsaktionäre ist ein entspr. **Beschluss** innerhalb von drei Monaten nach Abschluss des Verschmelzungsvertrages erforderlich, § 62 Abs. 5 S. 1. Hierfür ist die Hauptversammlung einzuberufen. Für die Vorbereitung dieser Hauptversammlung, insb. Art und Frist der Einberufung gelten die allg. Bestimmungen, § 62 Abs. 5 S. 8. Unabhängig davon muss bereits im Verschmelzungsvertrag oder seinem Entwurf auf den geplanten Squeeze-out hingewiesen werden, § 62 Abs. 5 S. 2. 46

Bei der **Berechnung** der erforderlichen 90 %-Schwelle ist fraglich, ob bereits eine indirekte Beteiligung ausreicht. Die übernehmende Gesellschaft muss 90 % des Grundkapitals bzw 90 % aller ausgegebenen Aktien halten.[113] Für die Behandlung eigener Aktien der Gesellschaft ist Abs. 1 S. 2 maßgebend (s. Rn 11). Die Aktien müssen jedoch – anders als bei §§ 327 a ff AktG – direkt gehalten werden.[114] Dies liegt bereits strukturell in der Tatsache begründet, dass der Sinn der Verschmelzung mit anschließendem Squeeze-out in der 100%igen Übernahme durch den Hauptaktionär liegt. Insofern ist es zwingend, dass dieser Hauptaktionär auch unmittelbar mit 90 % am Grundkapital der übertragenden AG beteiligt ist.[115] Daher reicht eine bloß indirekte Beteiligung nicht aus. Sie könnte nicht zu einer Bündelung aller Mitgliedschaftsrechte unmittelbar beim aufnehmenden Rechtsträger führen. Zudem ist auch wie bei § 327 a AktG eine Wertpapierleihe denkbar.[116] 47

108 *Meyer*, WM 2006, 1135, 1143; GroßKomm-AktG/Fleischer, vor §§ 327 a–f AktG Rn 29; Spindler/Stilz/*Singhof*, § 327 a AktG Rn 10 a.

109 Umsetzung der EU-Richtlinie 2009/109/EG.

110 So auch Kallmeyer/*Marsch-Barner*, § 62 Rn 36 mit Verweis auf § 78 bzw Art. 10 SE-VO; Semler/Stengel/*Diekmann*, § 62 Rn 32 d.

111 Anders als bei § 327 a AktG, der auch die GmbH als Hauptaktionär erfasst, *Bungert/Wettich*, DB 2010, 2545, 2547.

112 Ausf. dazu § 73 Rn 9.

113 Kallmeyer/*Marsch-Barner*, § 62 Rn 39; Semler/Stengel/*Diekmann*, § 62 Rn 32 d.

114 *Wagner*, DStR 2010, 1629, 1632.

115 So auch *Kiefner/Brügel*, AG 2011, 525, 533.

116 BGH v. 16.3.2009 – II ZR 302/06, BGHZ 180, 154 = AG 2009, 441; *Austmann*, NZG 2011, 648, 690; *Bungert/Wettich*, DB 2011, 1500, 1501; Kallmeyer/*Marsch-Barner*, § 62 Rn 39.

48 Zudem stellt sich die Frage, ob ein **sachlicher Zusammenhang** zwischen Verschmelzung und Squeeze-out erforderlich ist.[117]Dieses Erfordernis könnte sich aus einer besonderen Schutzbedürftigkeit der Minderheitsaktionäre ergeben. Allerdings ist für den Sachzusammenhang des Umwandlungsrechts grds. anerkannt,[118] dass umwandlungsrechtliche Maßnahmen ihre (sachliche) Rechtfertigung in sich tragen.[119] Daher ist ein weitergehender Grund nicht zu benennen.[120] Zudem bedarf es auch beim aktienrechtlichen Squeeze-out keiner gesonderten Rechtfertigung für das Recht der qualifizierten Mehrheit, die Minderheit gegen Entschädigung unter Verlust ihrer Anteilseignerstellung auszuschließen. Da der verschmelzungsrechtliche Squeeze-out in seiner Ausgestaltung dem aktienrechtlichen stark ähnelt, kann zumindest in diesem Punkt nichts anderes gelten.

49 Für die Höhe der Barabfindung gilt das zu § 327 b AktG bereits Gesagte (s. Rn 37).

50 b) **Auslage der Dokumente (Abs. 5 S. 3-5).** Nach Abs. 5 S. 3 müssen die Verpflichtungen des Abs. 3 auch für den umwandlungsrechtlichen Squeeze-out erfüllt werden. Dazu zählt neben der **Auslage** der dort bezeichneten Dokumente auch der **Hinweis** auf die Rechte der Anteilsinhaber. Dies dient dem Schutz der Minderheitsaktionäre, indem ihnen die Möglichkeit gegeben werden soll, ihre Rechte zu begreifen und sodann von ihnen Gebrauch zu machen. Erst bei Vorliegen dieser Voraussetzung kann der Squeeze-out beschlossen werden. Bez. dieser Frist ist anzuraten, die Möglichkeit des Minderheitsbegehrens mit Hinweisbekanntmachung zeitlich zu begrenzen (vgl Rn 27). Zudem ist darauf zu achten, dass spätestens mit Abschluss des Verschmelzungsvertrages dieser oder sein Entwurf gem. § 5 Abs. 3 dem zuständigen **Betriebsrat** zuzuleiten ist, § 62 Abs. 5 S. 4. Für die Auslage des Verschmelzungsvertrages oder seines Entwurfs gilt § 327 c Abs. 3 AktG, vgl § 62 Abs. 5 S. 5. Zwar verweist Abs. 5 S. 5 nur auf § 327 c Abs. 3 AktG. Allerdings muss auch die Erleichterung des § 327 c Abs. 5 AktG gelten, da sich dieser explizit auf § 327 c Abs. 3 AktG bezieht. Daher kann auf die Auslage der Dokumente in den Geschäftsräumen der übernehmenden AG **verzichtet** werden, wenn diese auf der **Internetseite** der Gesellschaft zugänglich gemacht werden.

51 c) **Anmeldung des Übertragungsbeschlusses (Abs. 5 S. 6).** Für die **Anmeldung** des Übertragungsbeschlusses gilt § 327 e Abs. 1 AktG. Danach hat der Vorstand der Gesellschaft den Übertragungsbeschluss beim Registergericht zur Eintragung anzumelden, § 327 e Abs. 1 S. 1 AktG. Der Anmeldung sind der Verschmelzungsvertrag in Ausfertigung oder öffentlich beglaubigter Abschrift oder sein Entwurf beizufügen, § 62 Abs. 5 S. 6. Damit will diese Vorschrift die Kontrolle der Einhaltung der Drei-Monats-Frist durch das Registergericht sicherstellen.[121] Diese Kontrollmöglichkeit könnte aber durch das Einreichen des Entwurfs nicht sichergestellt werden. Daher soll es sich bei der Nennung in Abs. 5 S. 6 um ein Redaktionsversehen handeln und letztlich nur der fertige Verschmelzungsvertrag erfasst sein.[122] Dagegen spricht jedoch, dass Einreichung von Übertragungsbeschluss und Verschmelzungsvertrag unabhängig voneinander erfolgen können, da ersterer erst mit Eintragung der Verschmelzung wirksam wird.[123] Demnach genügt bereits die Einreichung des Entwurfs des Verschmelzungsvertrags.

52 d) **Wirksamkeitszeitpunkt der Übertragung (Abs. 5 S. 7).** Abs. 5 S. 7 dient dem Schutz der Minderheitsaktionäre, indem er sicherstellt, dass der Übertragungsbeschluss erst wirksam wird, wenn die Verschmelzung wirksam wird.[124] Dies geschieht mit **Eintragung** im Handelsre-

117 So jedenfalls BegrRegE 3. UmwÄndG v. 1.10.2010 zu Buchst. c zur Einf. des § 62 Abs. 4, BT-Drucks. 17/3122, S. 13.
118 Vgl *Hüffer*, § 327 a AktG Rn 1 b; Lutter/*Drygala*, § 13 Rn 31 ff mwN.
119 *Freytag*, BB 2010, 2839, 2841; *Wagner*, DStR 2010, 1629, 1634. *Kiefner/Brügel*, AG 2011, 525, 533.
120 Vgl Begr. RegE, BT-Drucks. 17/3122, 13; OLG Hamburg v. 14.6.2012 – 11 AktG 1/12, BB 2012, 2073, 2075 f = AG 2012, 639; Kallmeyer/*Marsch-Barner*, § 62 Rn 34.
121 Wagner DStR 2010, 1629, 1633; Semler/Stengel/*Diekmann*, § 62 Rn 32 f.
122 *Bungert/Wettich*, DB 2010, 2545, 2546; *Freytag*, BB 2010, 2839, 2841; *Wagner* DStR 2010, 1629, 1633.
123 So auch Semler/Stengel/*Diekmann*, § 62 Rn 32 f.
124 Zur aufschiebenden Bedingung ausf. *Bungert/Wettich*, DB 2010, 2545, 2547; *Heckschen*, NZG 2010, 1041, 1045; *Freytag*, BB 2010, 2839, 2841; *Leuering/Rubner*, NJW-Spezial 2010, 271, 272.

gister. Dafür erforderlich ist, dass der Übertragungsbeschluss mit einem Vermerk versehen ist, wonach er erst gleichzeitig mit Eintragung der Verschmelzung im Register wirksam wird. Dieser Einschub war zunächst im Regierungsentwurf nicht vorgesehen.[125] Allerdings ist er notwendig, da der Übertragungsbeschluss sonst bereits vor der Verschmelzung wirksam werden kann. Dies birgt die Gefahr, dass es nach Wirksamwerden des Übertragungsbeschlusses, aber vor Eintragung des Verschmelzungsbeschlusses zu einem Abbruch der Verschmelzung kommen könnte, welcher den bereits wirksamen Übertragungsbeschluss unberührt ließe.[126] Dieses Risiko soll abgewendet werden. Daher steht die Eintragung des Übertragungsbeschlusses unter der **aufschiebenden Bedingung** der Eintragung der Verschmelzung. Zudem stellt der Wortlaut („gleichzeitig") klar, dass zwischen Übertragung und Verschmelzung keine juristische Sekunde liegen kann, wodurch die Aktien der übertragenden Gesellschaft exakt in diesem Moment der Registereintragung untergehen.[127]

Aus dem Wortlaut und dem Zusammenhang von Verschmelzung und Squeeze-out folgt, dass 53 der Squeeze-out bereits im Handelsregister eingetragen sein muss, damit auch die Verschmelzung **eintragungsreif** ist. Fraglich ist in diesem Zusammenhang, ob die Verschmelzung **anmeldereif** ist, wenn der Squeeze-out noch nicht beim Register eingetragen ist. Dies folgt aus der Überlegung, dass gem. § 17 Abs. 1 dem Gericht bei der Anmeldung die Niederschriften über die Verschmelzungsbeschlüsse zuzuleiten sind. Da es wegen Abs. 1 (Beteiligungshöhe) und Abs. 4 (Eintragung des Squeeze-out) auf Seiten des übernehmenden und des übertragenden Rechtsträgers kein Beschlusserfordernis gibt, könnte dies zum Rückschluss führen, dass die Verschmelzung erst mit der Eintragung des Squeeze-out anmeldereif ist. Dies ist aber nicht der Fall.[128] Bei § 62 Abs. 5 handelt es sich um ein (Konzern-)Verschmelzungsverfahren **sui generis**, bei dem der übertragende Rechtsträger allein aufgrund der in Abs. 4 gesondert angeordneten Privilegierung nicht an der Beschlussfassung beteiligt ist. Der Squeeze-out ersetzt in dieser Konstellation den Verschmelzungsbeschluss.[129] Es ist bei einer isolierten Verschmelzung allg. anerkannt, dass der Verschmelzungsbeschluss weiterhin anmeldereif ist, wenn die Eintragungsreife des zum Gericht eingereichten Verschmelzungsbeschlusses mangels bestehendem Negativattests oder beendetem Freigabeverfahrens noch nicht vorliegt.[130]

e) **Anwendbarkeit des AktG (Abs. 5 S. 8).** Die Regeln der §§ 327 a–327 f AktG, die beim akti- 54 enrechtlichen Squeeze-out gelten, sind auch im Rahmen des **umwandlungsrechtlichen Squeeze-out** anwendbar, indes mit der Besonderheit, dass der Hauptaktionär eine AG sein muss, § 62 Abs. 5 S. 8. Daher ist besonders §§ 327 e Abs. 2 iVm § 319 Abs. 5, 6 AktG relevant. Gem. § 319 Abs. 5 AktG hat der Vorstand zu erklären, dass eine Klage gegen die Wirksamkeit eines Hauptversammlungsbeschlusses nicht oder nicht fristgemäß erhoben oder eine solche Klage rechtskräftig abgewiesen oder zurückgenommen worden ist (**Negativattest**). Liegt die Erklärung nicht vor, wird die Verschmelzung nicht im Register eingetragen. Gleiches gilt für den Fall, dass ein Freigabeverfahren nach § 319 Abs. 6 AktG erfolgreich durchlaufen wurde. Auch hier ist gegenüber dem Register eine entsprechende Erklärung abzugeben. Ihr Fehlen führt zu einem Eintragungshindernis.

3. Gestaltungsvarianten. Mit der Einf. des verschmelzungsrechtlichen Squeeze-out sind die 55 möglichen Kombinationen von Verschmelzung und Ausschluss vielfältig geworden. Daher besteht die Notwendigkeit, die wesentlichen Varianten auf ihre rechtliche Wirksamkeit hin zu überprüfen.

125 Hierzu *Mayer*, NZG 2012, 561, 562; *Ising*, NZG 2010, 614; *Diekmann*, NZG 2010, 489.
126 BRAK-Stellungnahme April 2010, Nr. 10/2010, S. 5.
127 *Austmann*, NZG 2011, 648, 688; *Kiefner/Brügel*, AG 2011, 525, 528.
128 *Bungert/Wettich*, DB 2011, 1500, 1501; *Bungert/Wettich*, DB 2010, 2545, 2546; *Keller/Klett*, GWR 2010, 415.
129 *Kiefner/Brügel*, AG 2011, 525, 531.
130 BGHZ 112, 9, 13, 25; Kallmeyer/*Marsch-Barner*, § 16 Rn 25 ff; KölnKomm/*Simon*, § 17 Rn 43; Semler/Stengel/*Schwanna*, § 16 Rn 12.

56 a) **Nach Formwechsel in AG.** Zulässig ist es, wenn eine **GmbH** zum Zweck des Upstream-Mergers in eine **AG** umgewandelt wird. Die Umwandlung erfolgt nach §§ 191, 226. Sobald der Formwechsel in eine AG gem. § 198 ins Handelsregister eingetragen ist, kann sie als Verschmelzungsgesellschaft nach Abs. 5 eingesetzt werden.[131] Ebenso ist die Umwandlung des Hauptaktionärs in die Rechtsform der AG mit Eintragung im Register bis spätestens zum Zeitpunkt des Übertragungsbeschlusses möglich.[132] Dass die AG vor einem umwandlungsrechtlichen Squeeze-out erst eine bestimmte **Zeitspanne** existieren muss, ist gesetzlich nicht geregelt und wäre auch unter dem Gesichtspunkt des Minderheitenschutzes nicht nachvollziehbar.

57 b) **Squeeze-out unter Beteiligung eines SPV.** Sofern der Hauptaktionär kein Interesse an der Verschmelzung einer AG auf seine Gesellschaft hat, gleichwohl aber die Minderheitsaktionäre ausschließen möchte, kommt die Einschaltung einer **Zweckgesellschaft** bzw eines „Special Purpose Vehicle“ (**SPV**) in Betracht. Dieses SPV kann bspw in der Form einer AG existieren und dient lediglich dazu als Verschmelzungsobjekt zu fungieren. Besteht dieses SPV bereits vor Verschmelzungs- und Übertragungsbeschluss oder wurde es bereits anderweitig unternehmerisch eingesetzt, ist nicht davon auszugehen, dass es rechtsmissbräuchlich gegründet wurde.[133] Nach einer Ansicht soll der Einsatz eines SPV dagegen rechtsmissbräuchlich sein, wenn es alleine zum Zweck des Ausschlusses der Minderheit geschaffen wurde.[134] Diese Überlegung überzeugt zunächst. Auch wenn ein bestimmter (unternehmerischer) **Zweck** keine gesetzlich angeordnete Voraussetzung zur Schaffung eines SPV ist, wird ein solches nur gegründet, um ein bestimmtes Ziel zu erreichen. Wenn dieses Ziel allein in der Umgehung gesetzlicher Vorschriften liegt, ist die Schaffung rechtsmissbräuchlich. Hiervon kann im ersten Moment davon ausgegangen werden, wenn ein SPV gegründet wurde, welches (zunächst) nur für Verschmelzung und Squeeze-out dienen soll. Daran würde sich auch nichts ändern, wenn zwischen Gründung und Verwendung des SPV eine gewisse **Zeitspanne** liegt, aufgrund derer aus objektiver Sicht ein unmittelbarer Zusammenhang zwischen Schaffung und Ausschluss nicht mehr hergestellt wird. Allerdings übersieht diese Ansicht, dass sich der Gesetzgeber bewusst für die Absenkung der Beteiligungsquote auf 90 % entschieden hat. Sind die Grundvoraussetzungen des Abs. 5 erfüllt, kann auch die Schaffung eines SPV mit dem alleinigen Zweck des Ausschlusses von Minderheitsaktionären nicht rechtsmissbräuchlich sein.[135] Für die Minderheitsaktionäre macht es außerdem keinen Unterschied, ob auf die Gesellschaft direkt oder das SPV verschmolzen wird, da der Hauptaktionär zu 100 % am SPV beteiligt ist. Die Schaffung und Verwendung eines SPV alleine zum Zweck des Ausschlusses der Minderheitsaktionäre ist daher nicht rechtsmissbräuchlich. Relevant wird diese Variante allerdings nur, wenn der Hauptaktionär mehr als 90 %, aber weniger als 95 % hat, da sonst bereits § 327 a AktG anwendbar wäre.[136]

58 c) **Beteiligungs-Pooling.** In einer weiteren Variante **übertragen** mehrere Aktionäre ihre Anteile auf ein SPV, mit der Folge, dass diese Gesellschaft mindestens 90 % des Grundkapitals der übertragenden AG hält. Eine Verschmelzung der AG auf das SPV wäre unproblematisch möglich. Ebenso wäre nun der Weg für den Ausschluss der Minderheitsaktionäre frei. Daher muss man kritisch hinterfragen, ob das Beteiligungs-Pooling rechtsmissbräuchlich ist. Sofern der Zusammenschluss mehrerer Aktionäre alleine zum Zweck des Ausschlusses der Minderheit erfolgt, kann zwar zunächst kein unternehmerischer Grund für die Einschaltung des SPV gesehen werden. Dies begründet aber keinen Rechtsmissbrauch, da Gestaltungsmöglichkeiten zur Ausgliederung gegen Abfindung zulässig und vorgesehen sind.

131 *Bungert/Wettich*, DB 2010, 2545, 2550; *Göthel*, ZIP 2011, 1541, 1549; *Heckschen*, NJW 2011, 2390, 2393; *Mayer*, NZG 2012, 561, 563; *Simon/Merkelbach*, DB 2011, 1317, 1322; *Wagner*, DStR 2010, 1629, 1634.

132 *Göthel*, ZIP 2011, 1541, 1544; *Mayer*, NZG 2012, 561, 563.

133 *Bungert/Wettich*, DB 2011, 1500, 1501.

134 So *Bungert/Wettich*, DB 2010, 2545, 2549; *Wagner*, DStR 2010, 1629, 1634.

135 *Goslar/Mense*, GWR 2011, 275; *Heckschen*, NJW 2011, 2390, 2393; *Hofmeister*, NZG 2012, 688, 690; *Klie/Wind/Rödter* DStR 2011, 1668, 1671 f; *Simon/Merkelbach*, DB 2011, 1317, 1321 f; *Wagner*, DStR 2010, 1629, 1634 f.

136 Ausf. dazu *Kiefner/Brügel*, AG 2011, 525, 535.

d) **Squeeze-out bei Cross-Border-Verschmelzung.** Denkbar und in der Praxis nicht selten der Fall ist die **Verschmelzung** einer **inländischen** AG auf eine **ausländische AG**. Hier stellt sich die Frage, ob in diesem Zusammenhang auch ein Ausschluss von Minderheitsaktionären erfolgen kann. Die §§ 122 a ff regeln explizit den Fall der **grenzüberschreitenden** Verschmelzung. § 122 a Abs. 2 verweist auf die Regeln des allg. Teils bzw die speziellen Vorschriften über die Verschmelzung. Daher ist auch Abs. 5 anwendbar. Eine Umgehung ausländischer Vorschriften ist unter Zugrundelegung der SEVIC-Entscheidung des EuGH[137] nicht ersichtlich, da sich im Falle der Verschmelzung einer deutschen AG auf eine ausländische Gesellschaft der Ausschluss der Minderheitsaktionäre nur auf den deutschen Teil bezieht.[138] Allerdings muss beachtet werden, dass die Angabe über den Ausschluss der Aktionäre gem. Abs. 5 S. 2 nach § 122 c in den Verschmelzungsvertrag übernommen werden muss.[139] Da § 8 Abs. 3 wegen § 122 e S. 3 keine Anwendung findet, kann auf den Verschmelzungsbericht in keinem Fall verzichtet werden. 59

e) **Gefahr der „Pro-forma"-Verschmelzung.** Wenn die übertragende Gesellschaft eine AG/KGaA und die übernehmende Gesellschaft ebenfalls eine AG/KGaA ist und diese zwischen 90 und 94,99 % des Grundkapitals der übertragenden AG/KGaA hält, könnte eine **„Pro-forma"-Verschmelzung** mit dem alleinigen Ziel erwogen werden, die Minderheitsaktionäre wirksam auszuschließen.[140] Dies lässt sich damit begründen, dass in derselben Konstellation ein aktienrechtlicher Squeeze-out über § 327 a AktG nicht möglich wäre. Denn die notwendige Beteiligung von 95 % wäre nicht erreicht. In der Praxis ist es nicht selten, dass die Minderheitsaktionäre der übertragenden AG/KGaA eine Beteiligung von mehr als 5 % halten, um nicht der Gefahr des Ausschlusses über § 327 a AktG zu unterliegen. Allerdings ist der Anwendungsbereich dieser Variante stark eingeschränkt. Zudem wird diese Konstellation nur in den Fällen relevant, in denen die Minderheitsaktionäre zwischen 5 und 10 % des Grundkapitals halten. Da der Gesetzgeber davon ausgeht, dass eine Beteiligung von weniger als 10 % keine reale Einflussmöglichkeit vermittelt, geht es nur um den Verlust einer vermögensrechtlichen Position, die durch die Barabfindung angemessen ausgeglichen werden kann. Eine Verschmelzung allein zum Zweck des Ausschlusses von Minderheitsaktionären ist nicht rechtsmissbräuchlich und daher als Gestaltungsvariante zulässig. 60

4. **Verfassungsrechtlicher Hintergrund.** Durch die Schaffung des neuen verschmelzungsrechtlichen Squeeze-out soll erreicht werden, dass trotz herabgesetzter Schwelle auf 90 % nur die Aktionäre aus der Gesellschaft ausgeschlossen werden können, die ihren Interessenschwerpunkt innerhalb der Gesellschaft auf den vermögensrechtlichen Teil legen. Insofern sind in der Praxis wohl nur jene Anteilsinhaber betroffen, die keine realen Einflussmöglichkeiten haben und auch nicht anstreben.[141] Eine generelle Absenkung der Schwelle in § 39 c WpÜG und § 327 a AktG auf 90 % wäre daher zur Umsetzung der Richtlinie nicht zielführend gewesen. 61

Zwar handelt es sich bei dem Ausschluss um eine **eigentumsentziehende** Maßnahme nach Art. 14 Abs. 1 GG.[142] Diese findet ihre verfassungsrechtliche Rechtfertigung in den Inhalts- und Schrankenbestimmungen. Der ausscheidende Aktionär muss zwar seine Aktien herausgeben. Allerdings bekommt er im Gegenzug eine **angemessene Barabfindung**, die gerichtlich voll überprüfbar ist.[143] 62

137 EuGH, Slg I 2005, 10825 = NZG 2006, 112.
138 *Mayer*, NZG 2012, 561, 564.
139 *Kiefner/Brügel*, AG 2011, 525, 533.
140 Hierzu krit. *Bayer/Schmidt*, ZIP 2010, 953, 961; *Buschmann*, DZWIR 2011, 318, 319; *Freytag*, BB 2010, 1611, 1617; *Heckschen*, NZG 2010, 1041, 1044.
141 Vgl BegrRegE 3. UmwÄndG v. 1.10.2010 zu Buchst. c zur Einf. des § 62 Abs. 4, BT-Drucks. 17/3122, S. 13.
142 Vgl hierzu BVerfG v. 7.8.1962 – 1 Bv L 16/60, AG 1962, 249; BVerfG v. 23.8.2000 – 1 BvR 68/95, 1 BvR 147/97, AG 2001, 42; BVerfG v. 30.5.2007 – 1 BvR 390/04, AG 2007, 544.
143 Vgl BegrRegE 3. UmwÄndG v. 1.10.2010 zu Buchst. c zur Einf. des § 62 Abs. 4, BT-Drucks. 17/3122, S. 13; zust. OLG Hamburg v. 14.6.2012 – 11 AktG 1/12, BB 2012, 2073, 2074 f = AG 2012, 639.

63 Die Grundsätze dieses Squeeze-out sind auch nicht auf die anderen Formen übertragbar. Nach der Intention des Gesetzgebers ist der Kreis der Betroffenen klar erfasst. Daher ist Abs. 5 S. 1 abschließend.

64 5. **Verfahrensfragen.** Die Möglichkeit der Einlegung von Rechtsbehelfen steht den Minderheitsaktionären weiterhin zu. Die Einf. des Squeeze-out hat keinen Ausschluss dieser Rechte zur Folge. Eine **Anfechtungsklage** der Aktionäre, die sich aber nicht auf die Höhe der Barabfindung beziehen kann,[144] hat eine **Registersperre** zur Folge. Diese kann lediglich durch ein erfolgreiches **Freigabeverfahren** beseitigt werden (s. Rn 50). Problematisch erscheint der Fall, dass eine vor wirksamer Verschmelzung und Squeeze-out rechtshängige Anfechtungsklage nach Eintragung gerichtlichen Erfolg hat. Die ausgeschiedenen Aktionäre verlieren durch den wirksamen Squeeze-out nicht ihre Klagebefugnis.[145] Klagegegner ist durch den Wegfall der übertragenden Gesellschaft der neue Rechtsträger, also die übernehmende AG.[146] Sollte die Anfechtungsklage Erfolg haben, müsste nach den allg. Regeln nicht nur der Squeeze-out, sondern wegen des gesetzlichen Zusammenhangs auch die Verschmelzung rückgängig gemacht werden. Dies hieße, dass Verschmelzung und Squeeze-out rückabgewickelt werden müssten. Losgelöst von dem allg. Grundsatz der **Rückabwicklung** existieren im Aktiengesetz **Sonderregelungen**. Danach regelt § 319 Abs. 6 S. 1 AktG über § 62 Abs. 5 S. 8 iVm § 327 e Abs. 2 AktG, dass Mängel des Beschlusses nach Eintragung im Register diesen **unberührt** lassen; [147] er bleibt also für die Strukturmaßnahme **konsequenzlos fehlerhaft**. Den betroffenen Aktionären steht es weiter frei, Schadensersatzansprüche gegen die Gesellschaft geltend zu machen. Eine Rückgängigmachung des Beschlusses kann aber nicht durch die Erhebung eines Schadensersatzanspruches, gerichtet auf Naturalrestitution, erreicht werden.

G. Rechtsfolge bei Verfahrensverstößen

I. Fehlerhafte Beteiligungsberechnung

65 Auf den **Zustimmungsbeschluss** nach § 13 Abs. 1 kann nur verzichtet werden, wenn die erforderliche Beteiligungsquote von 90 % erreicht ist. Ist diese Mindestgrenze aufgrund einer fehlerhaften Berechnung nicht erreicht worden, liegt ein Verstoß gegen § 13 Abs. 1 vor, welcher zu einer **Unwirksamkeit** des Verschmelzungsvertrages führt. Auch die Eintragung durch den Registerrichter heilt diesen Verstoß nicht, da er nicht nach § 20 Abs. 2 beachtlich ist.[148] Dies gilt auch für den **Übertragungsbeschluss** beim Squeeze-out nach Abs. 5, der ohnehin ohne die wirksame Verschmelzung nicht wirksam werden würde.

II. Nicht-Einberufung trotz Minderheitsverlangens

66 Machen die Minderheitsaktionäre von ihrem Recht auf Einberufung einer Hauptversammlung nach Abs. 2 Gebrauch und kommt der Vorstand der Gesellschaft diesem Begehren nicht nach, so können die Aktionäre gem. § 122 Abs. 3 AktG analog gerichtlich ermächtigt werden, die Hauptversammlung einzuberufen und die Tagesordnung bekannt zu machen.[149] Die Mindestquote von 5 % ist notfalls durch eine Bevollmächtigung der berechtigten Aktionäre zu erreichen.[150]

144 Rn 37; über § 62 Abs. 5 S. 8 iVm § 327 b AktG.

145 BGH v. 22.3.2011 – II ZR 229/09, AG 2011, 518 = NZG 2011, 669.

146 HM OLG Hamburg v. 16.4.2004 – 11 U 11/03, ZIP 2004, 906, 908 = AG 2004, 619; Lutter/*Grunewald*, § 28 Rn 2; Semler/Stengel/*Kübler*, § 28 Rn 5; Kallmeyer/*Marsch-Barner*, § 28 Rn 2; Schmitt/Hörtnagl/Stratz/*Stratz*, § 28 Rn 8.

147 So auch *Kiefner/Brügel*, NZG 2011, 525, 539.

148 Semler/Stengel/*Diekmann*, § 62 Rn 34; aA KölnKomm/*Simon*, § 62 Rn 59, der auch die nichtige Verschmelzung von § 20 Abs. 2 erfasst sieht.

149 Goutier/Knopf/Tulloch/*Bermel*, § 62 Rn 20; Lutter/*Grunewald*, § 62 Rn 18; Kallmeyer/*Marsch-Barner* § 62 Rn 21; Schmitt/Hörtnagl/Stratz/*Stratz*, § 62 Rn 9; Widmann/Mayer/*Rieger*, § 62 Rn 31.

150 Semler/Stengel/*Diekmann*, § 62 Rn 35.

III. Verstoß gegen Informationspflichten

Sind die Informationspflichten nach Abs. 3 verletzt worden liegt ein **Eintragungshindernis** vor.[151] Die Umsetzung des Abs. 3 dient dem Schutz der Informationsinteressen der Aktionäre und stellt deren einzige Möglichkeit dar, ausreichend Informationen über die geplante Verschmelzung zu erlangen und sich diesbezüglich vorzubereiten. Zudem ist zu beachten, dass sich der Vorstand bei Verletzung dieser Pflichten nach § 93 AktG **schadensersatzpflichtig** machen kann.[152] 67

§ 63 Vorbereitung der Hauptversammlung

(1) Von der Einberufung der Hauptversammlung an, die gemäß § 13 Abs. 1 über die Zustimmung zum Verschmelzungsvertrag beschließen soll, sind in dem Geschäftsraum der Gesellschaft zur Einsicht der Aktionäre auszulegen

1. der Verschmelzungsvertrag oder sein Entwurf;

2. die Jahresabschlüsse und die Lageberichte der an der Verschmelzung beteiligten Rechtsträger für die letzten drei Geschäftsjahre;

3. falls sich der letzte Jahresabschluß auf ein Geschäftsjahr bezieht, das mehr als sechs Monate vor dem Abschluß des Verschmelzungsvertrags oder der Aufstellung des Entwurfs abgelaufen ist, eine Bilanz auf einen Stichtag, der nicht vor dem ersten Tag des dritten Monats liegt, der dem Abschluß oder der Aufstellung vorausgeht (Zwischenbilanz);

4. die nach § 8 erstatteten Verschmelzungsberichte;

5. die nach § 60 in Verbindung mit § 12 erstatteten Prüfungsberichte.

(2) [1]Die Zwischenbilanz (Absatz 1 Nr. 3) ist nach den Vorschriften aufzustellen, die auf die letzte Jahresbilanz des Rechtsträgers angewendet worden sind. [2]Eine körperliche Bestandsaufnahme ist nicht erforderlich. [3]Die Wertansätze der letzten Jahresbilanz dürfen übernommen werden. [4]Dabei sind jedoch Abschreibungen, Wertberichtigungen und Rückstellungen sowie wesentliche, aus den Büchern nicht ersichtliche Veränderungen der wirklichen Werte von Vermögensgegenständen bis zum Stichtag der Zwischenbilanz zu berücksichtigen. [5]§ 8 Absatz 3 Satz 1 erste Alternative und Satz 2 ist entsprechend anzuwenden. [6]Die Zwischenbilanz muss auch dann nicht aufgestellt werden, wenn die Gesellschaft seit dem letzten Jahresabschluss einen Halbjahresfinanzbericht gemäß § 37 w des Wertpapierhandelsgesetzes veröffentlicht hat. [7]Der Halbjahresfinanzbericht tritt zum Zwecke der Vorbereitung der Hauptversammlung an die Stelle der Zwischenbilanz.

(3) [1]Auf Verlangen ist jedem Aktionär unverzüglich und kostenlos eine Abschrift der in Absatz 1 bezeichneten Unterlagen zu erteilen. [2]Die Unterlagen können dem Aktionär mit dessen Einwilligung auf dem Wege elektronischer Kommunikation übermittelt werden.

(4) Die Verpflichtungen nach den Absätzen 1 und 3 entfallen, wenn die in Absatz 1 bezeichneten Unterlagen für denselben Zeitraum über die Internetseite der Gesellschaft zugänglich sind.

Literatur:

Bayer, Informationsrecht bei der Verschmelzung von Aktiengesellschaften, AG 1988, 323; *Bayer/Schmidt,* Der Referentenentwurf zum 3. UmwÄndG: Vereinfachungen bei Verschmelzungen und Spaltungen und ein neuer verschmelzungsspezifischer Squeeze out, ZIP 2010, 953; *Becker,* Die gerichtliche Kontrolle von Maßnahmen bei der Verschmelzung von AG, AG 1988, 223; *Bungert,* Ausgliederung durch Einzelrechtsübertragung und analoge Anwendung des Umwandlungsgesetzes, NZG 1998, 367; *Deilmann/Messerschmidt,* Vorlage von Verträgen an die Hauptversammlung, NZG 2004, 977; *Ganske,* Änderungen des Verschmelzungsrechts, DB 1981, 1551; *Hoffmann-Be-*

151 Kessler/Kühnberger/*Brügel*, § 62 Rn 17.
152 Kessler/Kühnberger/*Brügel*, § 62 Rn 17; Semler/Stengel/*Diekmann*, § 62 Rn 37.

cking, Das neue Verschmelzungsrecht in der Praxis, FS Fleck, 1988, S. 105; *Hommelhoff,* Zur Kontrolle strukturverändernder Gesellschafterbeschlüsse, ZGR 1990, 447; *Kort,* Kein Erfordernis der Aufstellung und Auslegung eines Konzernabschlusses beim Squeeze-out (§ 327 c III Nr. 2 AktG), NZG 2006, 604; *Krieger,* Der Konzern in Fusion und Umwandlung, ZGR 1990, 517; *Leuering,* Die Erteilung von Abschriften an Aktionäre, ZIP 2000, 2053; *Neye/Jäckel,* Umwandlungsrecht zwischen Brüssel und Berlin – Der Referentenentwurf für ein Drittes Gesetz zur Änderung des Umwandlungsgesetzes, AG 2010, 237; *Neye/Kraft,* Neuigkeiten beim Umwandlungsrecht, NZG 2011, 681; *Schmidt,* § 123 Abs. 1 AktG i. d. F. des UMAG und §§ 61 Satz 1, 63 Abs. 1 UmwG – ein unbeabsichtigter Richtlinienverstoß, DB 2006, 375; *Simon/Merkelbach,* Das Dritte Gesetz zur Änderung des UmwG, DB 2011, 1317; *Vetter,* Auslegung der Jahresabschlüsse für das letzte Geschäftsjahr zur Vorbereitung von Strukturbeschlüssen der Gesellschafter, NZG 1999, 925; *Wendt,* Die Auslegung des letzten Jahresabschlusses zur Vorbereitung der Hauptversammlung – Strukturmaßnahmen als Saisongeschäft, DB 2003, 191; *Wilde,* Informationsrechte und Informationspflichten im Gefüge der Gesellschaftsorgane, ZGR 1998, 423.

I. Einleitendes

1 Sofern ein Verschmelzungsbeschluss nach § 62 Abs. 1 nicht entbehrlich ist, ist zu einer Hauptversammlung, in der über die Verschmelzung beschlossen wird, einzuladen. Diese ist entspr. vorzubereiten und durchzuführen.[1] Daher ist § 63 als Ergänzung der Vorschriften aus §§ 121 ff AktG zu verstehen.[2] Zentraler Punkt ist die frühzeitige Informationsübermittlung an die Aktionäre. Diese soll gewährleisten, dass die Anteilsinhaber bzgl der geplanten Verschmelzung umfassend in Kenntnis gesetzt werden und sich ausreichend auf die Abstimmung vorbereiten können.[3]

2 Die Vorschrift erfasst jede übertragende oder übernehmende **AG**, die an einer Verschmelzung beteiligt ist.[4] Dies gilt sowohl für die Verschmelzung zur Aufnahme, als auch zur Neugründung. Gem. § 125 S. 1 sind die Regeln auch für die **Spaltung** anzuwenden.

3 Auch wenn Abs. 1 nicht ausdr. auf § 8 Abs. 3 verweist, können die Aktionäre auf den Verschmelzungsbericht **verzichten**. Grundlage ist eine analoge Anwendung von § 8 Abs. 3.[5] Der Verzicht auf die Erstellung einer Zwischenbilanz ist seit der Einf. in Abs. 2 S. 5 ausdr. geregelt. In Umsetzung der EU-Richtlinie 2009/109/EG wurde durch das 3. UmwÄndG die Aufstellungspflicht einer Zwischenbilanz weiter gelockert. Zudem wurde die bereits in § 62 umgesetzte Wahlmöglichkeit der Aktionäre, sich die Unterlagen auf **elektronischem Weg** zustellen zu lassen, eingeführt, Abs. 3 S 2. Sofern eine Vollversammlung ohne Einladung nach § 121 Abs. 6 AktG abgehalten wird, ist die vorherige Auslage entbehrlich.[6]

1 Vgl § 13 Abs. 1.
2 Kallmeyer/*Marsch-Barner,* § 63 Rn 1; *Kessler*/Kühnberger/*Brügel,* § 63 Rn 1; Semler/Stengel/*Diekmann,* § 63 Rn 1.
3 Maulbetsch/Klumpp/Rose/*Rose,* § 63 Rn 1; Kallmeyer/*Marsch-Barner,* § 63 Rn 1; Widmann/Mayer/*Rieger,* § 63 Rn 1.
4 Henssler/Strohn/*Junker,* § 63 Rn 1; Semler/Stengel/*Diekmann,* § 63 Rn 3.
5 Maulbetsch/Klumpp/Rose/*Rose,* § 63 Rn 1; KölnKomm/*Simon,* § 63 Rn 31; Lutter/*Grunewald,* § 63 Rn 8; Semler/Stengel/*Diekmann,* § 63 Rn 3.
6 Lutter/*Grunewald,* § 63 Rn 2; Kallmeyer/*Marsch-Barner,* § 63 Rn 2. Maulbetsch/Klumpp/Rose/*Rose,* § 63 Rn 1; KölnKomm/*Simon,* § 63 Rn 30; Semler/Stengel/*Diekmann,* § 63 Rn 3.

II. Auslage der Dokumente (Abs. 1)

1. Zeitpunkt und Ort der Auslegung. Die in Abs. 1 bezeichneten Unterlagen sind jeweils bis zur Einberufung der **Hauptversammlung** in den Geschäftsräumen der Gesellschaft auszulegen.[7] Dies ist der Tag der Bekanntmachung in den Gesellschaftsblättern bzw die Veröffentlichung der Tagesordnung im **Bundesanzeiger.**[8] Bei mehreren Geschäftsstellen der AG hat die Auslage in der **Hauptverwaltung** zu erfolgen, deren Sitz in der Satzung genannt ist, wobei sich gleichwohl eine Auslage in allen Geschäftsstellen empfiehlt.[9] Sobald die Hauptversammlung begonnen hat, endet die Pflicht zur Auslage der Dokumente nach Abs. 1.[10] Ab diesem Zeitpunkt ist jedoch die Pflicht zur Auslage der Dokumente nach § 64 Abs. 1 zu beachten. 4

Soweit Gesellschaften dem Deutschen Corporate Governance Kodex unterliegen, haben sie die Dokumente nicht nur auszulegen, sondern auch auf der Internetseite zugänglich zu machen.[11] Hierfür notwendig ist, dass die Gesellschaft den Kodex für anwendbar erklärt hat.[12] Dabei ist zu beachten, dass der Kodex lediglich eine für die Strukturmaßnahme sanktionslose Empfehlung darstellt. 5

Die Auslage der Dokumente hat zu den **gewöhnlichen Geschäftszeiten** der Gesellschaft zu erfolgen. Weichen diese Geschäftszeiten von den allg. üblichen ab, muss die Gesellschaft neben der Bekanntmachung in der Einladung zur Hauptversammlung darauf hinweisen.[13] 6

Eine Ausnahme von der Auslage ist aber dann zu machen, wenn die bezeichneten Dokumente gem. Abs. 4 innerhalb desselben Zeitraums über die **Internetseite** der Gesellschaft zugänglich gemacht werden. 7

2. Bezeichnete Dokumente. Gem. Abs. 1 Nr. 1 ist der **Verschmelzungsvertrag** in notariell beglaubigter Form oder sein **Entwurf** auszulegen. Soweit nur der Entwurf ausgelegt wird, sollte darauf geachtet werden, dass zwischen den Parteien Einigkeit über ihn herrscht und dass der Entwurf bereits mit dem diesbezüglichen Datum versehen wird.[14] Außerdem ist Voraussetzung für einen wirksamen Zustimmungsbeschluss, dass der Entwurf inhaltlich dem später zugestimmten Verschmelzungsvertrag entspricht.[15] Zudem ist zu beachten, dass der Entwurf bis auf **unwesentliche** Kleinigkeiten – zB Schreibfehler oder offensichtliche Unrichtigkeiten – nicht mehr verändert werden darf.[16] Auch wenn es keine Voraussetzung ist, sollte der Entwurf paraphiert werden, da in der Praxis idR der gesamte Wortlaut des Verschmelzungsvertrages in der Tagesordnung abgedruckt wird.[17] 8

Daneben sind auch nach Abs. 1 Nr. 2 die **Jahresabschlüsse** und die **Lageberichte** der an der Verschmelzung beteiligten Rechtsträger für die letzten drei Geschäftsjahre auszulegen. Für diese gelten die Regeln des HGB.[18] Besondere Bedeutung besteht im Rahmen von Konzernabschlüssen, die dem Wortlaut nach nicht auszulegen sind, bei denen sich die Auslegung aber dennoch empfiehlt, wenn die übertragende Gesellschaft nach § 264 b HGB von der Pflicht zur Aufstellung des Jahresabschlusses befreit ist und in den Konzernabschluss der übernehmenden Gesell- 9

7 *Deilmann/Messerschmidt*, NZG 2004, 977, 980; *Schmidt*, DB 2006, 375; Maulbetsch/Klumpp/Rose/*Rose*, § 63 Rn 2; Kallmeyer/*Marsch-Barner*, § 63 Rn 2.
8 Maulbetsch/Klumpp/Rose/*Rose*, § 63 Rn 2; Semler/Stengel/*Diekmann*, § 63 Rn 6.
9 Maulbetsch/Klumpp/Rose/*Rose*, § 63 Rn 3; Semler/Stengel/*Diekmann*, § 63 Rn 9.
10 Maulbetsch/Klumpp/Rose/*Rose*, § 63 Rn 2; Kallmeyer/*Marsch-Barner*, § 63 Rn 2; Lutter/*Grunewald*, § 63 Rn 2; Semler/Stengel/*Diekmann*, § 63 Rn 8.
11 Ziffer 2.3.1 des Deutschen Corporate Governance Kodex; Kallmeyer/*Marsch-Barner*, § 63 Rn 4; Semler/Stengel/*Diekmann*, § 63 Rn 6.
12 § 161 Abs. 1 AktG.
13 Kallmeyer/*Marsch-Barner*, § 63 Rn 2; KölnKomm/*Simon*, § 63 Rn 26; Lutter/*Grunewald*, § 63 Rn 2; Semler/Stengel/*Diekmann*, § 63 Rn 8.
14 Maulbetsch/Klumpp/Rose/*Rose*, § 63 Rn 5; Semler/Stengel/*Diekmann*, § 63 Rn 10.
15 Semler/Stengel/*Diekmann*, § 63 Rn 10; Widmann/Mayer/*Rieger*, § 63 Rn 7.
16 Vgl § 61 Rn 7.
17 Maulbetsch/Klumpp/Rose/*Rose*, § 63 Rn 5; KölnKomm/*Simon*, § 63 Rn 7; Kallmeyer/*Müller*, § 63 Rn 6; Lutter/*Grunewald*, § 63 Rn 4.
18 §§ 242 ff, 264 ff HGB.

schaft einbezogen wurde.[19] Sofern der beteiligte Rechtsträger noch keine drei Jahre besteht, sind die seit Eintragung erstellten Jahresabschlüsse und Lageberichte auszulegen.[20]

10 Grds. reicht es aus, die Jahresabschlüsse und Lageberichte der Gesellschaft auszulegen. Sollte der letzte Jahresabschluss allerdings länger als sechs Monate vor dem Abschluss des Verschmelzungsvertrages oder der Aufstellung des Entwurfs liegen, hat die Gesellschaft eine **Zwischenbilanz**, welche nicht älter als drei Monate sein darf, zugänglich zu machen, Abs. 1 Nr. 3. Dies ist deshalb notwendig, da im ungünstigsten Fall knapp 15 Monate zwischen letztem Jahresabschluss und Hauptversammlung liegen können, was keine realistische Beurteilung der Gesellschaft mehr gestattet.[21] Die Berechnung der Frist erfolgt über §§ 187 Abs. 1, 188 Abs. 2 BGB.[22] Daher ist in der Praxis darauf zu achten, falls das Geschäftsjahr dem Kalenderjahr entspricht, den Entwurf des Verschmelzungsvertrages bis zum 30.6. des Folgejahres fertig gestellt zu haben, um den Jahresabschluss anstelle der sonst notwendigen Zwischenbilanz auslegen zu können.[23]

11 Weiterhin sind gem. Abs. 1 Nr. 4 die Verschmelzungsberichte nach § 8 und gem. Abs. 1 Nr. 5 die nach § 60 iVm § 12 erstatteten Prüfungsberichte auszulegen.

12 Die bezeichneten Dokumente sind gedruckt in **deutscher Sprache** vorzuhalten.[24]

13 Zwar gibt es keine gesetzlich vorgeschriebene **Zeitspanne**, die zwischen Aufstellung des Verschmelzungsvertrags und Einberufung der Hauptversammlung liegen darf. Es ist aber anzuraten, dass diese Spanne möglichst kurz gehalten wird. Über eine längere Dauer hinweg können sich für die Verschmelzung relevante Änderungen ergeben. Der Eentwurf, der die Grundlage des Verschmelzungsvertrages bildet, müsste in diesem Fall überarbeitet werden, was erneute Kosten verursachen würde. Bei einer Zeitspanne von mehr als einem Monat zwischen diesen beiden Handlungen bedarf es einer sachlichen Rechtfertigung.[25]

III. Zwischenbilanz (Abs. 2)

14 Sofern zwischen dem letzten Geschäftsjahr der AG und dem Abschluss des Verschmelzungsvertrages bzw der Aufstellung des Entwurfs mehr als sechs Monate liegen, ist die **Jahresbilanz** dieses Geschäftsjahrs nicht mehr verwendbar. In diesem Fall ist eine **Zwischenbilanz** zu erstellen (s. Rn 10). Für die Aufstellung der Zwischenbilanz gelten die Regeln entspr. der Aufstellung des letzten Jahresabschlusses, Abs. 2 S. 1. Ist die Aufstellung einer Zwischenbilanz notwendig, ist bei ihrer Erstellung darauf zu achten, dass sie nicht vor dem ersten Tag des dritten Monats vor Erstellung des Verschmelzungsvertrages oder seines Entwurfs aufgestellt wurde. Wurde der Verschmelzungsvertrag bspw am 20.9. abgeschlossen bzw sein Entwurf an diesem Tag aufgestellt, darf die Zwischenbilanz nicht vor dem 1.6. datiert sein, sofern das Geschäftsjahr dem Kalenderjahr entspricht. Für die Bilanz ist es nicht erforderlich eine detaillierte Auflistung der Gewinne und Verluste bzw einen Lagebericht zu verfassen.[26] Ein **Anhang** ist nicht Teil der Bilanz und muss daher auch nicht als gesonderter Teil dem Jahresabschluss beigefügt werden.[27]

19 Maulbetsch/Klumpp/Rose/*Rose*, § 63 Rn 6; zur Auslagepflicht bei bereits erstellten Jahresabschlüssen und Lageberichten *Vetter*, NZG 1999, 925, 928; *Wendt*, DB 2003, 191, 193.

20 Maulbetsch/Klumpp/Rose/*Rose*, § 63 Rn 6; Kallmeyer/*Marsch-Barner*, § 63 Rn 3; KölnKomm/*Simon*, § 63 Rn 11; Lutter/*Grunewald*, § 63 Rn 3; Semler/Stengel/*Diekmann*, § 63 Rn 11.

21 Zur Möglichkeit der Erstellung einer Zwischenbilanz zur Umgehung der Problematik vgl Semler/Stengel/*Diekmann*, § 63 Rn 12; krit. und abl. Widmann/Mayer/*Rieger*, § 63 Rn 11.

22 Maulbetsch/Klumpp/Rose/*Rose*, § 63 Rn 7; Semler/Stengel/*Diekmann*, § 63 Rn 14.

23 Lutter/*Grunewald*, § 63 Rn 4; Widmann/Mayer/*Rieger*, § 63 Rn 17.

24 Vgl LG München v. 3.5.2001, BB 2001, 1678.

25 Semler/Stengel/*Diekmann*, § 63 Rn 14; Maulbetsch/Klumpp/Rose/*Rose*, § 63 Rn 8.

26 Lutter/*Grunewald*, § 63 Rn 6; Kallmeyer/*Müller*, § 63 Rn 7; Widmann/Mayer/*Rieger*, § 63 Rn 18.

27 KölnKomm/*Simon*, § 63 Rn 22; Lutter/*Grunewald*, § 63 Rn 4; Schmitt/Hörtnagl/Stratz/*Stratz*, § 63 Rn 5; Semler/Stengel/*Diekmann*, § 63 Rn 16; Widmann/Mayer/*Rieger*, § 63 Rn 18.

Erforderlich ist auch nicht, dass ein Anhang in reduzierter Form der Bilanz angefügt wird.[28] Auch eine Prüfung der Bilanz findet nicht statt.[29]

Für die **Zwischenbilanz** gilt die Erleichterung des Abs. 2 S. 2. Danach ist eine körperliche Bestandsaufnahme, die sog. **Effektive Inventur,**[30] nicht erforderlich. Außerdem dürfen nach Abs. 2 S. 3 die Wertansätze der letzten Jahresbilanz übernommen werden. Diese Erleichterung unterliegt jedoch der Beschränkung des Abs. 2 S. 4, wonach Abschreibungen, Wertberichtigungen und Rückstellungen sowie wesentliche, aus den Büchern nicht ersichtliche Veränderungen der wirklichen Werte von Vermögensgegenständen bis zum Stichtag der Zwischenbilanz zu berücksichtigen sind. Eine diesbezügliche fehlerhafte Aktualisierung der Bilanz kann zur **Anfechtbarkeit** des Zustimmungsbeschlusses führen.[31] Daher ist bei der Erstellung besondere Sorgfalt geboten. 15

Durch die Einfügung der Sätze 5 bis 7 im Rahmen des 3. UmwÄndG wurde zum einen die Möglichkeit des Verzichts nach § 8 Abs. 3 S. 1 Var. 1 gesetzlich normiert, wobei schon vor Inkrafttreten der Neuerungen von der Möglichkeit eines solchen **Verzichts** ausgegangen wurde.[32] Erforderlich hierfür ist die **notarielle Beurkundung** des Verzichts.[33] Eine weitere Erleichterung wurde in der Form geschaffen, dass die Aufstellung der Zwischenbilanz nicht erforderlich ist, wenn die Gesellschaft seit dem letzten Jahresabschluss einen Halbjahresfinanzbericht gem. § 37 w WpHG veröffentlicht hat, Abs. 2 S. 6. Die Zwischenbilanz ist in diesem Fall nicht erforderlich, da der Halbjahresbericht die Zeitspanne des Jahresabschlusses halbiert und daher die Sechs-Monats-Frist des Abs. 1 Nr. 3 in jedem Fall gewahrt werden kann. Zur Verdeutlichung stellt Abs. 2 S. 7 klar, dass der Halbjahresfinanzbericht an die Stelle der Zwischenbilanz tritt. Diese Erleichterung hat in der Praxis eine große Relevanz, da in vielen Fällen andernfalls nicht auf die Erstellung der Zwischenbilanz verzichtet werden könnte, obwohl jede von § 37 w WpHG erfasste Gesellschaft einen solchen Finanzbericht zu erstellen hat. 16

IV. Erteilung von Abschriften (Abs. 3)

Nach Abs. 3 S. 1 kann jeder Aktionär eine **Abschrift** der in Abs. 1 genannten Dokumente verlangen. Eine schriftliche Aufforderung ist nicht notwendig. Die Bitte auf Zusendung der Dokumente kann vom Aktionär zwar bereits vor der Einladung zur Hauptversammlung erfolgen. Allerdings ist der Gesellschaft in diesem Fall bis zur Einberufung der Hauptversammlung Zeit zu geben, die Dokumente zu aktualisieren und versandfertig zu machen.[34] Der Aktionär hat sich gegenüber der Gesellschaft zu legitimieren. Dies erfolgt üblicherweise anhand von Depotbescheinigungen. Ebenso denkbar ist die Identifizierung über das Aktienregister, das die Gesellschaft führt.[35] 17

Die **Versendung** der Unterlagen erfolgt auf Gefahr des Aktionärs.[36] Zwar soll der Aktionär generell durch die Vorschrift geschützt werden, allerdings hat dieser Schutz Grenzen. Für den Fall des Verlustes der Dokumente auf dem Postweg kann kein Verstoß gegen die Norm angenommen werden.[37] Daher genügt es, wenn die Gesellschaft nachweisen kann, dass sie die Unterlagen tatsächlich an den Aktionär verschickt hat.[38] Hierzu empfiehlt sich die Versendung als 18

28 So jedenfalls Lutter/*Grunewald*, § 63 Rn 6.
29 Kallmeyer/*Müller*, § 63 Rn 7; Widmann/Mayer/*Rieger*, § 63 Rn 20.
30 § 240 HGB.
31 BGH ZIP 1995, 1256 ff.
32 Lutter/*Grunewald*, § 63 Rn 7; Maulbetsch/Klumpp/Rose/*Rose*, § 63 Rn 12; Semler/Stengel/*Diekmann*, § 63 Rn 18 a.
33 Diese ergibt sich aus § 63 Abs. 2 S. 5 iVm § 8 Abs. 3 S. 2.
34 Goutier/Knopf/Tulloch/*Bermel*, § 63 Rn 14; Widmann/Mayer/*Rieger*, § 63 Rn 31 mwN; dagegen *A/D/S*, AktG § 145 Rn 14.
35 Semler/Stengel/*Diekmann*, § 63 Rn 20.
36 Semler/Stengel/*Diekmann*, § 63 Rn 22; *Leuering* ZIP 2000, 2053, 2056.
37 *Leuering*, ZIP 2000, 2053, 2056; Maulbetsch/Klumpp/Rose/*Rose*, § 63 Rn 13; Kallmeyer/*Marsch-Barner*, § 63 Rn 11; KölnKomm/*Simon*, § 63 Rn 36; Semler/Stengel/*Diekmann*, § 63 Rn 22.
38 Maulbetsch/Klumpp/Rose/*Rose*, § 63 Rn 13; Semler/Stengel/*Diekmann*, § 63 Rn 22.

Einschreiben. Es ist die übliche Versandart, nicht zwingend eine Express-Sendung, zu wählen.[39]

19 Bzgl der **Kosten** stellt Abs. 3 S. 1 klar, dass nicht der Aktionär, sondern die Gesellschaft die Kosten der Abschrift zu tragen hat. Dies bezieht sich auf Anfertigung und Versendung der Dokumente.[40]

20 Um das Risiko des Verlustes der Unterlagen auf dem Postweg zu vermeiden und die Kosten für die Gesellschaft zu reduzieren, wurde mit Abs. 3 S. 2 die Möglichkeit geschaffen, die Unterlagen dem Aktionär nach dessen Einwilligung auf **elektronischem Weg** zukommen zu lassen. Eine per E-Mail angeforderte Zuleitung der Dokumente kann bereits als Zusendungswunsch auf demselben Weg verstanden werden, wenn der Aktionär dem Gegenangebot der Gesellschaft auf Zusendung per Postweg nicht nachkommt.[41] Hierfür ausreichend ist die Versendung einer E-Mail mit den Unterlagen in **druckfähigem Format**.

21 Falls die Dokumente zwischenzeitlich aktualisiert wurden, ist dem Aktionär unaufgefordert die neueste Version der Dokumente zukommen zu lassen.[42] Dabei muss nicht zwingend die Versandart gewählt werden, die beim ersten Versand benutzt wurde.

V. Erleichterung durch Veröffentlichung auf der Internetseite (Abs. 4)

22 Sofern der Vorstand der übernehmenden Gesellschaft die Dokumente auf der Internetseite zugänglich macht, entfallen die Pflicht zur Auslage der Dokumente und das Recht der Aktionäre auf Zusendung einer Abschrift, Abs. 4. Auch hier ist die Darstellung in Druckformat zu fordern. Die Zusendung der Abschrift ist nicht mehr erforderlich, wenn bereits von der Auslage der Dokumente abgesehen werden kann. Der Zeitpunkt der Veröffentlichung auf der Internetseite muss dem der Auslage in den Geschäftsräumen nach Abs. 1 entsprechen. Dabei hat die Gesellschaft dafür zu sorgen, dass die Veröffentlichung rechtzeitig geschieht. Nicht von der Gesellschaft zu vertretende Verspätungen bei der Bekanntmachung können ihr nicht zugerechnet werden. Die zusätzliche Auslegung der Dokumente in den Geschäftsräumen der Gesellschaft ist aber nicht erforderlich, da Abs. 4 sonst praktisch leerlaufen würde.

VI. Rechtsfolge von Verstößen

23 **1. Verspätete Auslage oder Zugänglichmachung.** Erfolgt die Auslage nach Abs. 1 oder die Zugänglichmachung nach Abs. 4 verspätet oder gar nicht, stellt dies einen **Verfahrensverstoß** dar, der gem. § 243 Abs. 1 AktG grds. zu einer **Anfechtbarkeit** des Verschmelzungsbeschlusses führen kann.[43] Für die Veröffentlichung auf der Internetseite der Gesellschaft empfiehlt es sich, weitere Sicherungsvorkehrungen zu treffen. Allerdings ist ein möglicher Verstoß anhand eines objektiven Maßstabes zu werten.[44] War die Auslage der Dokumente nicht **kausal** für den späteren Beschluss, kann auch eine Verletzung von Abs. 1 oder 4 nicht zu einem relevanten Verstoß führen. Nimmt kein Aktionär das ihm zustehende Einsichtsrecht wahr, kann auch kein Verstoß dagegen denkbar sein. Eine Anfechtbarkeit ergibt sich zudem aus der fehlerhaften Zugänglichmachung auf der Internetseite (vgl Rn 22).

24 **2. Missachtung des Deutschen Corporate Governance Kodex.** Sofern die Gesellschaft unter den Deutschen Corporate Governance Kodex fällt, hat sie jedes Jahr eine Erklärung darüber abzugeben, ob sie sich an die Empfehlungen des Kodex halten wird und gehalten hat, soweit dieser anerkannt wurde. Liegt bspw ein Verstoß gegen die Empfehlung aus Ziffer 2.3.1 des

39 Semler/Stengel/*Diekmann*, § 63 Rn 21.

40 Goutier/Knopf/Tulloch/*Bermel*, § 63 Rn 14; Lutter/*Grunewald*, § 63 Rn 10.

41 So auch Semler/Stengel/*Diekmann*, § 63 Rn 21 a; zur grundsätzlichen Formfreiheit der Einwilligung vgl *Wagner*, DStR 2010, 1629, 1630; *Simon/Merkelbach*, DB 2011, 1317.

42 Maulbetsch/Klumpp/Rose/*Rose*, § 63 Rn 14, der eine solche Vorgehensweise empfiehlt.

43 Vgl LG Hagen v. 8.12.1964 – Z HO 132/64, AG 1965, 82 (re. Sp.); Kallmeyer/*Marsch-Barner*, § 63 Rn 16; Semler/Stengel/*Diekmann*, § 63 Rn 26.

44 Vgl § 243 Abs. 4 S. 1 AktG.

Deutschen Corporate Governance Kodex in der Form vor, dass die in Abs. 1 bezeichneten Dokumente ausschließlich ausgelegt und nicht auf der Internetseite zugänglich gemacht wurden, hat eine Abweichungserklärung (negative Entsprechenserklärung) zu erfolgen, warum die Empfehlung nicht eingehalten wurde. Unterbleibt diese Erklärung, hat dies keinerlei Auswirkungen auf einen gefassten Verschmelzungsbeschluss.[45]

3. Fehler bei der Zusendung. Wenn Aktionäre die in Abs. 1 bezeichneten Dokumente trotz Zusendungsverlangen nach Abs. 3 S. 1 nicht erhalten, ist ein Verstoß und damit eine Anfechtbarkeit nur dann gegeben, wenn die Gesellschaft die Unterlagen nicht verschickt hat bzw die ordnungsgemäße Abgabe bei der Post bzw die Versendung per E-Mail nicht nachweisen kann. Daneben muss der Verschmelzungsbeschluss gerade wegen der Stimme des oder der betroffenen Anteilsinhaber(s.) entspr. ausgefallen sein.[46] In der Regel wird dies aber nicht der Fall oder nur schwer nachzuweisen sein.[47] 25

§ 64 Durchführung der Hauptversammlung

(1) [1]In der Hauptversammlung sind die in § 63 Absatz 1 bezeichneten Unterlagen zugänglich zu machen. [2]Der Vorstand hat den Verschmelzungsvertrag oder seinen Entwurf zu Beginn der Verhandlung mündlich zu erläutern und über jede wesentliche Veränderung des Vermögens der Gesellschaft zu unterrichten, die seit dem Abschluss des Verschmelzungsvertrages oder der Aufstellung des Entwurfs eingetreten ist. [3]Der Vorstand hat über solche Veränderungen auch die Vertretungsorgane der anderen beteiligten Rechtsträger zu unterrichten; diese haben ihrerseits die Anteilsinhaber des von ihnen vertretenen Rechtsträgers vor der Beschlussfassung zu unterrichten. [4]§ 8 Absatz 3 Satz 1 erste Alternative und Satz 2 ist entsprechend anzuwenden.

(2) Jedem Aktionär ist auf Verlangen in der Hauptversammlung Auskunft auch über alle für die Verschmelzung wesentlichen Angelegenheiten der anderen beteiligten Rechtsträger zu geben.

Literatur:

Deilmann/Messerschmidt, Vorlage von Verträgen an die Hauptversammlung, NZG 2004, 977; *Krieger,* Der Konzern in Fusion und Umwandlung, ZGR 1990, 517; *Schmidt,* Die Änderung der umwandlungsrechtlichen Informationspflichten durch das ARUG, NZG 2008, 734.

I. Einleitendes

§ 64 regelt die Durchführung der Hauptversammlung und knüpft hierzu an § 63 an. Primär bezweckt die Vorschrift ein hinreichendes Schutzniveau für die Aktionäre zu gewährleisten, basierend auf der Bereitstellung bestimmter Informationen in der Hauptversammlung. Grundlage der Informationsvermittlung in der Hauptversammlung sind die in § 63 genannten Dokumen- 1

45 Semler/Stengel/*Diekmann*, § 63 Rn 26.

46 Semler/Stengel/*Diekmann*, § 63 Rn 28; Widmann/Mayer/*Rieger*, § 63 Rn 35; aA KölnKomm/*Simon*, § 63 Rn 41 mit Verweis auf den Normzweck des Abs. 3.

47 *Leuering*, ZIP 2000, 2053, 2058 gegen das Erfordernis eines strengen Kausalitätsnachweises, mit Verweis auf die Relevanz des Verstoßes.

te. Folgerichtig hat der Vorstand den Verschmelzungsvertrag oder seinen Entwurf in der Verhandlung mündlich zu erläutern, Abs. 1 S. 2. Durch die Neufassung im Rahmen des 3. UmwÄndG wurde im Rahmen des Abs. 1 S. 2 daneben die Pflicht des Vorstandes dahin gehend erweitert, dass nun über jede wesentliche Veränderung des Gesellschaftsvermögens zu unterrichten ist. Außerdem müssen die Vertretungsorgane aller beteiligten Rechtsträger, sowie die Anteilsinhaber über solche Veränderungen informiert werden, Abs. 1 S. 3. Dies bezweckt einen weiterreichenden Schutz aller an der Verschmelzung beteiligten Personen und Rechtsträger. Auch die Möglichkeit des Verzichts auf Berichte und Erläuterungen über § 8 Abs. 3 S. 1 ist nun gesetzlich normiert, Abs. 1 S. 4. Zuletzt wird der Informationsumfang für die Aktionäre durch die Möglichkeit der Einsichtnahme in alle für die Verschmelzung wesentlichen Angelegenheiten der anderen beteiligten Rechtsträger erweitert, Abs. 2.

2 Die Vorschrift greift bei **AGs**, sowohl als übernehmende, als auch übertragende Rechtsträger.[1] Zudem ist § 64 auch bei der **Spaltung** gem. § 125 Abs. 1 zu beachten.

II. Informationspflichten (Abs. 1)

3 **1. Auslage der Dokumente** (**Abs. 1 S. 1**). Die für die Vorbereitung der Hauptversammlung in § 63 Abs. 1 bezeichneten Unterlagen sind gem. Abs. 1 S. 1 während der Hauptversammlung zugänglich zu machen. Die Pflicht zur **Zugänglichmachung** beginnt mit Eröffnung der Hauptversammlung. Es genügt, wenn der Vorstand eine **Abschrift** der Dokumente auslegt. Die Originaldokumente sind nicht zwingend zugänglich zu machen, werden jedoch für den Fall eines Abgleichbegehrens[2] oftmals bereitgehalten und Aktionären auf Verlangen zugänglich gemacht.[3] Bei hoher Teilnehmerzahl sollten mehrere identische Abschriften ausgelegt werden, um eine geordnete Informationsweiterleitung zu gewährleisten.[4] Möglichen Verzögerungen im Ablauf der Hauptversammlung kann hierdurch vorgebeugt werden. Macht die Gesellschaft von der Möglichkeit der Veröffentlichung der Dokumente auf der Internetseite nach § 63 Abs. 4 Gebrauch, muss sie sicherstellen, dass die Aktionäre während der Hauptversammlung eine Zugriffsmöglichkeit haben, um dem Informationsinteresse ausreichend Rechnung zu tragen.[5] Dem Wortlaut nach müssen die Dokumente nicht zwangsläufig ausgelegt werden, ein Zugänglichmachen reicht aus. Darunter fällt neben der Auslage auch die Darstellung in **elektronischer Form**.[6] Denkbar wäre die Angabe eines Links in der Versammlung neben der Auslage von Abschriften in reduzierter Zahl, auf den Aktionäre mit Laptops oder sonstigen mobilen Geräten zugreifen und die Unterlagen vollständig lesbar darstellen können.

4 Die Pflicht zur Auslage der Dokumente endet nicht schon mit der Fassung des Beschlusses zur Verschmelzung.[7] Zwar besteht auf den ersten Blick ab diesem Moment kein Bedürfnis der Aktionäre mehr auf Informationsweiterleitung, da die Verschmelzung beschlossen wurde. Allerdings geht der Schutz der Aktionäre darüber hinaus. Jeder Anteilsinhaber kann auch nach der Beschlussfassung **Widerspruch** zu notariellem Protokoll geben. Dieser kann bis zum Ende der Hauptversammlung erhoben werden.[8] Somit können die Aktionäre durchaus auch nach Beschlussfassung ein gesteigertes Interesse an der Einsicht der Dokumente haben, um sich über einen möglichen Widerspruch Gedanken machen zu können.[9] Zudem sind dem Wortlaut der

1 Semler/Stengel/*Diekmann*, § 64 Rn 3; Widmann/Mayer/*Rieger*, § 64 Rn 2.
2 Maulbetsch/Klumpp/Rose/*Rose*, § 64 Rn 3.
3 *Deilmann/Messerschmidt*, NZG 2004, 977, 981; Kallmeyer/*Marsch-Barner*, § 64 Rn 1.
4 Kallmeyer/*Marsch-Barner*, § 64 Rn 1; KölnKomm/*Simon*, § 64 Rn 8; Lutter/*Grunewald*, § 64 Rn 2; Semler/Stengel/*Diekmann*, § 64 Rn 5.
5 Begr. RegE zur entspr. Änderung in § 52 AktG, BT-Drucks. 16/11642 S. 25; *Schmidt*, NZG 2008, 734, 735; Kallmeyer/*Marsch-Barner*, § 64 Rn 1; Semler/Stengel/*Diekmann*, § 64 Rn 4; krit. zum Zugänglichmachen KölnKomm/*Simon*, § 64 Rn 5.
6 Semler/Stengel/*Diekmann*, § 64 Rn 5.
7 Kallmeyer/*Marsch-Barner*, § 64 Rn 1; KölnKomm/*Simon*, § 64 Rn 13; Semler/Stengel/*Diekmann*, § 64 Rn 4; Widmann/Mayer/*Rieger*, § 64 Rn 3; aA Lutter/*Grunewald*, § 64 Rn 2.
8 Semler/Stengel/*Diekmann*, § 64 Rn 4; Widmann/Mayer/*Rieger*, § 64 Rn 3.
9 Kallmeyer/*Marsch-Barner*, § 64 Rn 1; Semler/Stengel/*Diekmann*, § 64 Rn 4.

Norm keine Anhaltspunkte dafür zu entnehmen, dass auf den Zeitpunkt der Beschlussfassung abzustellen ist.[10]

5 **2. Erläuterung des Verschmelzungsvertrags oder des Entwurfs (Abs. 1 S. 2).** Die **Erläuterung** durch den Vorstand hat mündlich zu erfolgen und ist vor Eröffnung der Generaldebatte vorzunehmen.[11] Es ist keinesfalls nötig, dass der Verschmelzungsvertrag oder der Entwurf wörtlich vorgelesen wird, eine Zusammenfassung und Erklärung aller relevanten Eckpunkte ist sinnvoll, aber nicht notwendig.[12] Dazu gehören u.a. auch die Gründe für die geplante Verschmelzung mit ihren wirtschaftlichen und rechtlichen Folgen. Auch das Umtauschverhältnis muss bereits offengelegt und ggf begründet werden.[13] Verschmelzungs- und Prüfungsberichte werden nicht vorgetragen.[14]

6 **3. Unterrichtung über wesentliche Veränderungen (Abs. 1 S. 2).** Der Vorstand hat die Aktionäre zu unterrichten, falls es **wesentliche Veränderungen** des Gesellschaftsvermögens in der Zeit zwischen Erstellung des Verschmelzungsberichts und Eröffnung der Hauptversammlung gegeben hat. Da der Verschmelzungsbericht gem. §§ 8, 63 Abs. 1 Nr. 1 bei Einberufung der Hauptversammlung bereits ausgelegt werden muss, ist es notwendig, dass er bis zu diesem Zeitpunkt erstellt ist. In der Zeit zwischen Erstellung des Berichts und Eröffnung der Hauptversammlung kann es jedoch zu Änderungen des Gesellschaftsvermögens kommen. Die Zeitspanne beträgt nicht selten einige Wochen. Daher ist auch hier der aktuelle Stand des Vermögens als Ganzes offenzulegen, da sich eine Vermögensänderung auch unmittelbar auf das Umtauschverhältnis auswirken kann.[15]

7 **4. Unterrichtung der Vertretungsorgane und Anteilsinhaber (Abs. 1 S. 3).** Sollten sich wesentliche Vermögensänderungen ergeben, über die der Vorstand nach Abs. 1 S. 2 unterrichten muss, hat die **Weiterleitung** dieser Informationen an die Vertretungsorgane aller beteiligten Rechtsträger zu erfolgen, Abs. 1 S. 3. Hierzu hat der Vorstand einen **Nachtragsbericht** zu erstellen, der den aktuellen Vermögensstand im Vergleich zum Verschmelzungsbericht widergibt. Sofern die Aktionäre einen Verschmelzungsbericht von der Gesellschaft bekommen haben, ist ihnen unaufgefordert der Nachtragsbericht zuzuleiten.[16] Dies kann unabhängig von der für die Versendung des Verschmelzungsberichts nach § 63 Abs. 1 gewählten Versandart in jeder zugelassen Form erfolgen. Sofern kein Verschmelzungsbericht versandt wurde, ist ein Nachtragsbericht auf Wunsch der Aktionäre auszuhändigen.

8 **5. Verzicht (Abs. 1 S. 4).** Die Möglichkeit des **Verzichts** bezieht sich sowohl auf die Auslage der Dokumente, als auch die Erörterung und Weiterleitung an die Vertretungsorgane und Anteilsinhaber der beteiligten Rechtsträger. Davon kann nach § 8 Abs. 3 bereits vor Aufstellung des Verschmelzungsvertrages durch eine notariell zu beurkundende Erklärung Gebrauch gemacht werden. Falls im Vorfeld der Hauptversammlung kein einstimmiger Verzicht der Aktionäre zustande gekommen ist, kann noch in der **Hauptversammlung** sowohl auf die Auslage, als auch

10 Goutier/Knopf/Tulloch/*Bermel*, § 64 Rn 5; Kallmeyer/*Marsch-Barner*, § 64 Rn 1; KölnKomm/*Simon*, § 64 Rn 13; Semler/Stengel/*Diekmann*, § 64 Rn 4; Widmann/Mayer/*Rieger*, § 64 Rn 3.

11 Maulbetsch/Klumpp/Rose/*Rose*, § 64 Rn 4.

12 Kallmeyer/*Marsch-Barner*, § 64 Rn 3 mit Verweis auf die Widergabe der Erläuterungen im Verschmelzungsbericht; *Simon*, § 64 Rn 15; Lutter/*Grunewald*, § 64 Rn 3; Schmitt/Hörtnagl/Stratz/*Stratz*, § 64 Rn 4; Widmann/Mayer/*Rieger*, § 64 Rn 6; aA Semler/Stengel/*Diekmann*, § 64 Rn 9, der eine zusammenfassende Darstellung des Verschmelzungsberichts für erforderlich hält.

13 Maulbetsch/Klumpp/Rose/*Rose*, § 64 Rn 4; Kallmeyer/*Marsch-Barner*, § 64 Rn 3; KölnKomm/*Simon*, § 64 Rn 15; Lutter/*Grunewald*, § 64 Rn 3; Schmitt/Hörtnagl/Stratz/*Stratz*, § 64 Rn 4; Widmann/Mayer/*Rieger*, § 64 Rn 6.

14 Kallmeyer/*Marsch-Barner*, § 64 Rn 3; Semler/Stengel/*Diekmann*, § 64 Rn 9.

15 Allg. Ansicht der vor dem 3. UmwÄndG vergleichbaren Vorschrift § 143 vgl Maulbetsch/Klumpp/Rose/*Klumpp*, § 143 Rn 5; *Kallmeyer/Sichinger*, § 143 Rn 2; KölnKomm/*Simon*, § 143 Rn 4; Lutter/*Schwab*, § 143 Rn 11; Semler/Stengel/*Diekmann*, § 64 Rn 10; Widmann/Mayer/*Rieger*, § 143 Rn 5; unklar daher RegBegr. *Ganske*, S. 178, der sich im Rahmen des § 143 beim Eintritt von Wertschwankungen nur auf den übertragenden Rechtsträger bezieht.

16 So auch Semler/Stengel/*Diekmann*, § 64 Rn 12 b; bezogen auf die vergleichbare Vorschrift § 143 vor dem 3. UmwÄndG Lutter/*Schwab*, § 143 Rn 15; aA Maulbetsch/Klumpp/Rose/*Klumpp*, § 143 Rn 6; KölnKomm/*Simon*, § 143 Rn 6 f; Schmitt/Hörtnagl/Stratz/*Hörtnagl*, § 143 Rn 5.

auf die Erörterung wesentlichen Vermögensänderungen und deren Weiterleitung an die Vertretungsorgane und Anteilsinhaber der beteiligten Rechtsträger verzichtet werden. Naturgemäß kommt diese Erleichterung nur bei einem überschaubaren und homogenen Aktionärskreis in Betracht.

III. Auskunftsrecht (Abs. 2)

9 Gem. Abs. 2 hat jeder Aktionär das Recht, **Auskunft** über die wesentlichen Angelegenheiten der anderen an der Verschmelzung beteiligten Rechtsträger zu verlangen. Die Erteilung der Auskunft hat den Grundsätzen einer gewissenhaften und getreuen Rechenschaft zu entsprechen.[17] Die Pflicht stellt eine Erweiterung der Rechte und damit des Schutzes der Anteilsinhaber dar.[18] Das Bedürfnis nach diesem Auskunftsrecht liegt darin begründet, dass jeder Aktionär nicht nur über seine Gesellschaft Bescheid wissen muss, um sich ein möglichst reales Gesamtbild für die geplante Verschmelzung und damit seine für den Verschmelzungsbeschluss abzugebende Stimme machen zu können, sondern auch über alle anderen daran beteiligten Rechtsträger. Uneingeschränkt gilt dies auch für die Rechtsträger, die mit dem Konzern verbunden sind.[19]

10 Sofern, was in der Praxis bei miteinander nicht verbundenen Rechtsträgern üblich ist, eine wechselseitige **Due Diligence** durchgeführt wird, hat der Vorstand auf Nachfrage der Aktionäre in der Hauptversammlung keine Auskunft über die darin gewonnenen Informationen zu geben. § 131 Abs. 4 AktG, der grds. für die Aktionäre bzgl aller beteiligten Rechtsträger gilt, kann einen Informationsanspruch nicht begründen. Die Erkenntnisse aus einer Due Diligence dienen allein den Interessen möglicher Erwerber, nicht aber den nur mittelbar am Prozess beteiligten Aktionären.[20] Hierbei handelt es sich idR um **vertrauliche Informationen**, deren Preisgabe nur gegenüber den potenziellen Erwerbern erfolgen soll. Auf Grundlage dieser Informationen wird eine Erwerbsentscheidung herbeigeführt. Dies gilt auch dann, wenn der mögliche Erwerber bereits Aktien des Zielunternehmens besitzt. Er erwirbt die Informationen in diesem Fall nicht in der Stellung eines Aktionärs, sondern eines Erwerbers.

11 Das Recht auf Auskunft unterliegt der **Verweigerungsmöglichkeit** durch den Vorstand.[21] Davon erfasst sind nur solche Informationen, die der Vorstand auch tatsächlich beschaffen[22] oder beantworten[23] kann. Dies gilt insb. bei der Verschmelzung von Konkurrenzunternehmen. Hierbei geht es oftmals um die Auskunft von vertraulichen Daten gegenüber den Aktionären des anderen beteiligten Rechtsträgers, durch deren Preisgabe eine nicht unerhebliche Nachteilszufügung droht.[24] Das Recht auf Auskunftsverweigerung folgt den allg. aktienrechtlichen Regelungen und ist abschließend.[25]

IV. Rechtsfolge von Verstößen

12 **1. Verstoß gegen Informationspflichten** (Abs. 1). Ein Verstoß gegen die Pflicht zur Zugänglichmachung der Dokumente führt idR zu einer **Anfechtbarkeit** des Verschmelzungsbeschlusses.[26]

17 § 131 Abs. 2 S. 1 AktG.

18 Vgl für die eigene Gesellschaft § 131 AktG.

19 *Krieger*, ZGR 1990, 517, 526; Kallmeyer/*Marsch-Barner*, § 64 Rn 12; Lutter/*Grunewald*, § 64 Rn 6; Semler/Stengel/*Diekmann*, § 64 Rn 15.

20 GroßKomm-AktG/*Decher*, § 131 AktG Rn 340 und 350; KölnKomm/*Simon*, § 64 Rn 20; Lutter/*Grunewald*, § 64 Rn 9; Semler/Stengel/*Diekmann*, § 64 Rn 17; Widmann/Mayer/*Rieger*, § 64 Rn 13.1.

21 Heute ganz hM, vgl Begr. RegE, BR-Drucks. 75/94 S. 103; Goutier/Knopf/Tulloch/*Bermel*, § 64 UmwG, UmwStG, 1995/1996 Rn 10; Lutter/*Grunewald*, § 64 Rn 8.

22 KölnKomm/*Simon*, § 64 Rn 22; Lutter/*Grunewald*, § 64 Rn 7; Widmann/Mayer/*Rieger*, § 64 Rn 14.

23 Wenn er mit der Frage nicht rechnen durfte s. OLG Hamm ZIP 1999, 798, 804 „Thyssen Krupp".

24 Vgl § 131 Abs. 3 Nr. 1 AktG, § 8 Abs. 2; OLG Hamm WM 1988, 1164, 1168.

25 § 131 Abs. 3 Nr. 1 bis 6 AktG; weitere Auskunftsverweigerungsrechte sind durch § 131 Abs. 3 Satz 2 AktG ausgeschlossen; Semler/Stengel/*Diekmann*, § 64 Rn 21.

26 Kallmeyer/*Marsch-Barner*, § 64 Rn 14; KölnKomm/*Simon*, § 64 Rn 25; Semler/Stengel/*Diekmann*, § 64 Rn 8.

Es muss sich um Punkte handeln, die für die Beschlussfassung **relevant** sind.[27] Dies trifft für den Fall nicht zu, dass die Dokumente nur unwesentlich verspätet ausgelegt werden. Gleiches gilt, wenn dem anfechtenden Aktionär auf der Hauptversammlung keine Abschrift nach § 63 Abs. 3 erteilt worden ist.[28] Werden grds. keine Abschriften zur Verfügung gestellt, führt dies generell zur Anfechtbarkeit, unabhängig davon, ob die Aktionäre anderweitigen Zugriff auf die Dokumente haben.[29]

Auch die fehlerhafte Erläuterung des Verschmelzungsvertrags oder des Entwurfs kann zur **Anfechtbarkeit** des Beschlusses führen.[30] Dies trifft gleichermaßen zu, wenn es der Vorstand versäumt über wesentliche Änderungen des Gesellschaftsvermögens zu unterrichten.[31] Für die Anfechtbarkeit ist neben einem Verstoß gegen diese Pflichten aber nach allg. Regeln **Relevanz** des Verstoßes für die Beschlussfassung zu fordern, die idR gegeben sein wird, da gerade die Änderung der Vermögenslage einen mitentscheidenden Faktor für die Gesamtbeurteilung der Gesellschaft und damit die Entscheidungsfindung des Beschlusses darstellt.[32] Bzgl strafrechtlich relevanter Tatbestände in der Person des Vorstands ist auf § 313 Abs. 1 S. 1 zu achten. 13

2. Verstoß gegen Auskunftspflicht (Abs. 2). Auch ein Verstoß gegen die Auskunftspflicht des Vorstandes kann eine **Anfechtbarkeit** des Verschmelzungsbeschlusses begründen.[33] Allerdings muss es sich bei den vorenthaltenen Informationen um für die anstehende Verschmelzung **wesentliche** handeln. Die Wesentlichkeit ergibt sich aus § 243 Abs. 4 S. 1 AktG. Daneben ist auch bei der Verletzung der Auskunftspflicht an eine Strafbarkeit der Mitglieder des Vorstandes aus § 313 Abs. 1 zu denken.[34] 14

Hinweis: Mit Blick auf die nach Abs. 2 auch auf alle an der Verschmelzung beteiligten Rechtsträger bezogene Auskunftspflicht ist die Verwaltung gut beraten, in der Hauptversammlung auch hierauf vorbereitet zu sein. Eine sorgfältige Vorbereitung von Vorstand und Aufsichtsrat – und auch des „Back Office" – ist unverzichtbar!

§ 65 Beschluß der Hauptversammlung

(1) [1]Der Verschmelzungsbeschluß der Hauptversammlung bedarf einer Mehrheit, die mindestens drei Viertel des bei der Beschlußfassung vertretenen Grundkapitals umfaßt. [2]Die Satzung kann eine größere Kapitalmehrheit und weitere Erfordernisse bestimmen.

(2) [1]Sind mehrere Gattungen von Aktien vorhanden, so bedarf der Beschluß der Hauptversammlung zu seiner Wirksamkeit der Zustimmung der stimmberechtigten Aktionäre jeder Gattung. [2]Über die Zustimmung haben die Aktionäre jeder Gattung einen Sonderbeschluß zu fassen. [3]Für diesen gilt Absatz 1.

Literatur:

Reichert, Folgen der Anteilsvinkulierung für Umstrukturierungen von GmbH und AG nach dem Umwandlungsgesetz 1995, GmbHR 1995, 176.

27 Zur Thematik der Relevanztheorie vgl § 243 Abs. 4 Satz 1 AktG.
28 Maulbetsch/Klumpp/Rose/*Rose*, § 64 Rn 7; Semler/Stengel/*Diekmann*, § 64 Rn 8.
29 Kallmeyer/*Marsch-Barner*, § 64 Rn 14; Semler/Stengel/*Diekmann*, § 64 Rn 8.
30 Kallmeyer/*Marsch-Barner*, § 64 Rn 14; Lutter/*Grunewald*, § 63 Rn 5; Semler/Stengel/*Diekmann*, § 64 Rn 13; Widmann/Mayer/*Rieger*, § 64 Rn 8 f.
31 Goutier/Knopf/Tulloch/*Bermel*, § 64 Rn 8; KölnKomm/Simon, § 64 Rn 26; Schmitt/Hörtnagl/Stratz/*Stratz*, § 64 Rn 7; Semler/Stengel/*Diekmann*, § 64 Rn 13; Widmann/Mayer/*Rieger*, § 64 Rn 8 f.
32 Maulbetsch/Klumpp/Rose/*Rose*, § 64 Rn 7; Kallmeyer/*Marsch-Barner*, § 64 Rn 14; Semler/Stengel/*Diekmann*, § 64 Rn 13.
33 Kallmeyer/*Marsch-Barner*, § 64 Rn 14; Lutter/*Grunewald*, § 63 Rn 10; Schmitt/Hörtnagl/Stratz/*Stratz*, § 64 Rn 7; Widmann/Mayer/*Rieger*, § 64 Rn 16.
34 Kallmeyer/*Marsch-Barner*, § 64 Rn 14; Semler/Stengel/*Diekmann*, § 64 Rn 24; Widmann/Mayer/*Rieger*, § 64 Rn 10, 17.

I. Einleitendes

1 § 65 regelt den Zustimmungsbeschluss der Hauptversammlung und stellt eine Ergänzung der allg. Regeln aus §§ 13, 61 bis 64, 67 dar. Voraussetzung ist die Beteiligung mind. einer AG als übertragender oder übernehmender Rechtsträger.[1] Neben der Regelung der Verschmelzung ist die Vorschrift auch für die Spaltung gem. § 125 Abs. 1 anzuwenden. Ist der übernehmende Rechtsträger eine **AG** oder **KGaA** und ist diese noch nicht zwei Jahre im Register eingetragen, so gelten hierfür die Regeln über die Nachgründung nach § 67.

II. Kapitalmehrheit (Abs. 1)

2 **1. Erforderliches Quorum (Abs. 1 S. 1).** Für den **Zustimmungsbeschluss** der Verschmelzung bedarf es gem. Abs. 1 einer Mehrheit von mind. drei Viertel des bei der Beschlussfassung vertretenen Grundkapitals, sofern eine Beschlussfassung nach § 62 Abs. 1 nicht entbehrlich ist. Dies meint die einfache Mehrheit der abgegebenen Stimmen nach § 133 Abs. 1 AktG und eine Kapitalmehrheit von drei Viertel des bei der Beschlussfassung vertretenen Grundkapitals nach Abs. 1 S. 1.[2] Grundlage bildet der Verschmelzungsvertrag oder sein Entwurf, dem in der Hauptversammlung zuzustimmen ist. Soweit es um die Zustimmung zum Entwurf geht, entfaltet der Beschluss Bindungswirkung, so dass der endgültige Verschmelzungsvertrag dem Entwurf entsprechen muss.[3] **Unwesentliche Änderungen**, wie bspw die Korrektur von Schreibfehlern oder offensichtlichen Unrichtigkeiten, dürfen in der Vertragsfassung jedoch vorgenommen werden.[4] Bei wesentlichen Änderungen müssen die Aktionäre umgehend informiert werden und es ist eine erneute Beschlussfassung herbeizuführen.

3 Teilweise wird in der Praxis zwischen dem Entschluss zur Verschmelzung und Errichtung des Verschmelzungsvertrags bzw seines Entwurfs eine schriftliche Absichtserklärung, Grundsatzvereinbarung oder Letter of Intent, fixiert.[5] Darin sind alle wesentlichen Punkte zwischen den verschmelzenden Rechtsträgern geregelt, die den Parteien essentiell und wichtig für die spätere Umwandlungsmaßnahme sind. Diese Vereinbarung entfaltet in der Regel – oft bereits mangels notarieller Beurkundung – keine Rechtsbindung, kann allerdings im Rahmen von Ansprüchen aus culpa in contrahendo (cic) bereits eine vorvertragliche Haftung auslösen.[6] Da es sich hierbei um eine Nebenabrede iSd § 139 BGB handelt, für deren Wirksamkeit ein Zustimmungsbeschluss der Hauptversammlung erforderlich ist, ist sie dem Verschmelzungsvertrag als Anlage beizufügen.

4 **2. Änderungen des Verschmelzungsvertrages.** Zwischen Einberufung und Durchführung der Hauptversammlung können sich bereits wesentliche **Änderungen** des Verschmelzungsvertrages ergeben. Eine erneute Einberufung der Hauptversammlung ist in diesem Fall gleichwohl nicht erforderlich. Es reicht aus, in der Hauptversammlung einen den Änderungen angepassten Be-

1 Lutter/*Grunewald*, § 65 Rn 1; Semler/Stengel/*Diekmann*, § 65 Rn 3; Widmann/Mayer/*Rieger*, § 65 Rn 2.
2 Kallmeyer/*Zimmermann*, § 65 Rn 5; Widmann/Mayer/*Rieger*, § 65 Rn 3; krit. hierzu LG Hamburg, DB 1997, 516 ff „Wünsche AG"; BayOLG, ZIP 1998, 120 ff „Badenwerk"; Lutter/Leinekugel, ZIP 1999, 264 ff; LG Frankfurt a.M., ZIP 1997, 1698 „Altana/Milupa"; LG Karlsruhe DB 1998, 120 ff.
3 Semler/Stengel/*Diekmann*, § 65 Rn 5.
4 Vgl § 61 Rn 7.
5 Vgl hierzu BGH v. 16.11.1981 – II ZR 150/80, BGHZ 82, 188, 196; Semler/Stengel/*Diekmann*, § 65 Rn 6.
6 Vgl hierzu § 311 BGB.

schlussantrag zu stellen.[7] Besteht nach Abschluss des Verschmelzungsvertrages jedoch Anlass, den Vertrag zu ändern, so ist dies nur durch eine erneute Zustimmung im Rahmen einer neu einzuberufenden Hauptversammlung möglich. Wurde die Verschmelzung bereits zum Handelsregister angemeldet, so ist die Änderung wesentlicher Punkte naturgemäß nur noch möglich, solange die Verschmelzung noch nicht eingetragen wurde.

3. Das Stimmrecht und die Vertretung bei der Abstimmung. Die Ausübung des **Stimmrechts** in der Hauptversammlung unterliegt den allg. Regeln. Es richtet sich nach den Aktiennennbeträgen, bei Stückaktien nach deren Zahl.[8] Daher kann nur derjenige ein Stimmrecht ausüben, der im Zeitpunkt der Beschlussfassung Aktionär des beteiligten Rechtsträgers ist.[9] Ebenso kann sich der Berechtigte durch einen Bevollmächtigten vertreten lassen.[10] Für die Erteilung der Vollmacht ist jedoch auf Einhaltung der Schriftform nach § 134 Abs. 3 S. 3 AktG zu achten, sofern in der Satzung keine Befreiung vom Formzwang enthalten ist. Gleiches gilt für den Widerruf der Vollmacht. Vertritt der gesetzliche Vertreter einen minderjährigen Stimmberechtigten, so ist keine Genehmigung des Familiengerichts einzuholen.[11] Bei einer übertragenden AG gilt dies jedoch nicht wegen der möglichen Differenzhaftung bei Kapitalerhöhungen.[12] Sofern der gesetzliche Vertreter jedoch selbst stimmberechtigter Aktionär ist, kann der Minderjährige nicht von ihm, sondern nur von einem Ergänzungspfleger vertreten werden, der gem. §§ 1909, 1629 Abs. 2, 1795 Abs. 2 BGB zu bestellen ist.[13] 5

Mit den allg. Regeln findet ggf auch § 181 BGB Anwendung. Eine etwaige Befugnis kann bereits durch eine entspr. Formulierung in der Satzung erfolgen. Vollmachten unter Mitaktionären enthalten für den Fall, dass in der Satzung nichts geregelt ist, eine konkludente Befreiung.[14] 6

4. Rechtfertigung des Beschlusses. Zum Schutz der Minderheit könnte eine **sachliche Rechtfertigung** für den Verschmelzungsbeschluss erforderlich sein. Bei einer Verschmelzung zur Aufnahme ist der Beschluss der übertragenden Gesellschaft zur Verschmelzung praktisch ein Beschluss zur Auflösung. Selbst für die Auflösung ist nach der Rechtsprechung des BGH allerdings keine sachliche Rechtfertigung erforderlich.[15] Daher ist der im Gesetz verankerte Minderheitenschutz ausreichend. Weitere Rechtfertigungsgründe sind abzulehnen. 7

5. Stimmverbote. Die **Stimmverbote** richten sich nach den allg. Regeln. § 47 Abs. 4 S. 2 GmbHG gilt nach hM nicht, wenn der Gesellschafter einer übertragenden GmbH eine AG oder KGaA ist.[16] Sind bei einer Verschmelzung ausschließlich AGs beteiligt, darf die übertragende Gesellschaft gem. ihrem Aktienbesitz in der übernehmenden Gesellschaft stimmen; gleiches gilt auch für den umgekehrten Fall.[17] 8

Hinweis: Mit Blick auf etwaige hohe Anforderungen der Satzung an die erforderlichen Beschlussmehrheiten ist auf klare Gestaltungen zu achten. Nicht für jede Satzung ist klar, ob dort etwa für Struktur- und Kapitalmaßnahmen vorgesehene Regelungen auch für Verschmelzungsbeschlüsse gelten sollen!

6. Sonderbestimmungen (Abs. 1 S. 2). Gem. Abs. 1 S. 2 kann in der Satzung abweichend von der Regelung in Abs. 1 S. 1 eine größere Kapitalmehrheit als drei Viertel zur Beschlussfassung festgelegt werden. Die Vorschrift dient dem Schutz der Aktionäre. Eine geringere Kapitalmehr- 9

7 OLG Hamm v. 28.2.2005, AG 2005, 361; dagegen wohl Kallmeyer/*Zimmermann*, § 65 Rn 4; Semler/Stengel/*Diekmann*, § 65 Rn 7.
8 § 134 Abs. 1 S. 1 AktG.
9 Maulbetsch/Klumpp/Rose/*Frenz*, § 65 Rn 14; Widmann/Mayer/*Rieger*, § 65 Rn 11.
10 § 134 Abs. 3 S. 1 AktG.
11 Kallmeyer/*Zimmermann*, § 65 Rn 10; Semler/Stengel/*Diekmann*, § 65 Rn 18.
12 Vgl § 50 Rn 7 zur GmbH; Kallmeyer/*Zimmermann*, § 65 Rn 10; Semler/Stengel/*Diekmann*, § 65 Rn 18.
13 Kallmeyer/*Zimmermann*, § 65 Rn 12.
14 Maulbetsch/Klumpp/Rose/*Frenz*, § 65 Rn 11; Kallmeyer/*Zimmermann*, § 65 Rn 11; Semler/Stengel/*Diekmann*, § 65 Rn 19.
15 BGHZ 76, 352 ff; BGHZ 103, 184 ff.
16 Maulbetsch/Klumpp/Rose/*Frenz*, § 65 Rn 13; Kallmeyer/*Zimmermann*, § 65 Rn 13; Scholz/*Schmidt*, § 47 GmbHG Rn 114; Semler/Stengel/*Diekmann*, § 65 Rn 21; Widmann/Mayer/*Rieger*, § 65 Rn 12.
17 Kallmeyer/*Zimmermann*, § 65 Rn 13; KölnKomm/*Kraft*, § 340 c AktG Rn 21; Lutter/*Grunewald*, § 65 Rn 11; Semler/Stengel/*Diekmann*, § 65 Rn 21; Widmann/Mayer/*Rieger*, § 65 Rn 12.

heit kann nicht bestimmt werden. Da sich Abs. 1 S. 2 sowohl auf das anwesende Kapital, als auch die anwesenden Aktionäre bezieht, sind Abweichungen auch in der Form denkbar, dass bspw Einstimmigkeit unter den abstimmenden oder auch anwesenden Aktionären verlangt werden kann.[18]

10 Fraglich ist, ob spezielle **Mehrheitserfordernisse** in der Satzung, die nur für die Satzungsänderungen gelten sollen, auch bei Verschmelzungsbeschlüssen zu beachten sind. Zwar gibt es Stimmen, die davon ausgehen, dass eine Verschmelzung grds. keine Satzungsänderung ist und zudem qualitativ von ihr zu unterscheiden sei.[19] Allerdings verkennt diese Ansicht, dass die unmittelbaren Folgen einer Verschmelzung die Aktionäre ebenso stark oder noch gravierender wie eine Satzungsänderung treffen. Daher sind unter Schutzgesichtspunkten dieselben Anforderungen zu beachten wie bei einer Satzungsänderung.[20]

11 Ebenso umstritten ist, ob die in der Satzung verschärften Regeln für den Fall der Auflösung der Gesellschaft auf den **Verschmelzungsbeschluss** übertragbar sind. Auf den ersten Blick könnte dafür sprechen, dass der übertragende Rechtsträger im Zeitpunkt der Verschmelzung auf den neuen Rechtsträger erlischt. Allerdings ist zu beachten, dass bei einer Auflösung im Rechtssinne nicht nur der Rechtsträger erlischt, sondern auch die Rechte der Aktionäre beendet werden und diese nur einen Anteil am Liquidationserlös erhalten. Bei der Verschmelzung bleiben die Aktionäre dagegen aktiv am neuen Rechtsträger beteiligt. Daher sind die erhöhten Anforderungen an eine Auflösung nicht für die Verschmelzung zu berücksichtigen.[21]

12 Eine in der Satzung stehende Regelung, welche der Hauptversammlung eine Verschmelzung generell untersagt, ist nicht wirksam.[22] Allerdings besteht in diesem Fall die Möglichkeit, im Rahmen der Auslegung der Satzung die Untersagung dahin gehend zu verstehen, dass aufgrund der verschärften Voraussetzungen eine Beschlussfassung nur unter den maximal möglichen strengen Anforderungen zustande kommen soll. Dies wäre die Einstimmigkeit der anwesenden Aktionäre.[23] Gleiche Bedenken gegen die Wirksamkeit gelten für die Festlegung, dass der Verschmelzungsbeschluss von der Zustimmung des Aufsichtsrats abhängig gemacht wird.[24] Dies würde das gesetzlich normierte Recht der Hauptversammlung über Strukturentscheidungen zu beschließen abschneiden und dem Grundsatz des Schutzes der Aktionäre zuwiderlaufen.

III. Sonderbeschlüsse (Abs. 2)

13 **1. Sonderbeschluss als Wirksamkeitsvoraussetzung (Abs. 2 S. 1).** Sofern nach Abs. 2 S. 1 **mehrere Gattungen** von Aktien vorhanden sind, müssen die jeweils stimmberechtigten Aktionäre dem Verschmelzungsbeschluss in der Hauptversammlung gesondert zustimmen. Dafür erforderlich ist ein Sonderbeschluss der Aktionäre jeder Gattung, unabhängig davon, ob sich dies auf eine übertragende oder übernehmende AG oder KGaA bezieht.[25]

14 Bei einer **Einpersonen-AG** ergibt sich aus der Natur der Sache, dass keine Sonderbeschlüsse zu fassen sind, auch wenn der alleinige Aktionär Inhaber mehrerer Aktiengattungen ist.[26] Da von der Regelung über den Sonderbeschluss nur diejenigen Aktionäre berücksichtigt werden kön-

18 Lutter/*Grunewald*, § 65 Rn 7; Schmitt/Hörtnagl/Stratz/*Stratz*, § 65 Rn 11; Semler/Stengel/*Diekmann*, § 65 Rn 13; Widmann/Mayer/*Rieger*, § 65 Rn 7.

19 Lutter/*Grunewald*, § 65 Rn 6; KölnKomm/*Kraft*, § 340 c AktG Rn 8.

20 Maulbetsch/Klumpp/Rose/*Frenz*, § 65 Rn 5; Kallmeyer/*Zimmermann*, § 65 Rn 7; Semler/Stengel/*Diekmann*, § 65 Rn 14; Widmann/Mayer/*Rieger*, § 65 Rn 10.

21 So auch Maulbetsch/Klumpp/Rose/*Frenz*, § 65 Rn 6; Semler/Stengel/*Diekmann*, § 65 Rn 15; aA Lutter/*Grunewald*, § 65 Rn 6.

22 Goutier/Knopf/Tulloch/*Bermel*, § 65 Rn 16; Lutter/*Grunewald*, § 65 Rn 7; Semler/Stengel/*Diekmann*, § 65 Rn 16; Widmann/Mayer/*Rieger*, § 65 Rn 7.

23 So auch Goutier/Knopf/Tulloch/*Bermel*, § 65 Rn 16; Lutter/*Grunewald*, § 65 Rn 7; Semler/Stengel *Diekmann*, § 65 Rn 16; Widmann/Mayer/*Rieger*, § 65 Rn 7.

24 KölnKomm/*Simon*, § 65 Rn 14; Semler/Stengel/*Diekmann*, § 65 Rn 16.

25 Henssler/Strohn/*Junker*, § 65 Rn 7; Kallmeyer/*Zimmermann*, § 65 Rn 21; Semler/Stengel *Diekmann*, § 65 Rn 22; Widmann/Mayer/*Rieger*, § 65 Rn 13.

26 Vgl *Hüffer*, § 182 AktG Rn 18; Kallmeyer/*Zimmermann*, § 65 Rn 21.

nen, die tatsächlich stimmberechtigt sind, können Inhaber von Vorzugsaktien ohne Stimmrechte keinen Anspruch auf Mitstimmung bei Sonderbeschlüssen erheben.[27] Diese können ausreichenden Schutz aus § 23 herleiten. Existieren neben Stammaktien noch Vorzugsaktien, so müssten nach dem Wortlaut des Abs. 2 S. 1 Sonderbeschlüsse für beide Gattungen durchgeführt werden. Da aber diese Vorzugsaktionäre nicht stimmberechtigt sind, würde ein Sonderbeschluss in dieser Konstellation leerlaufen und ist daher ausnahmsweise entbehrlich.[28]

2. Gesonderte Versammlung bzw Abstimmung (Abs. 2 S. 2 und 3). Der Sonderbeschluss ist unabhängig, aber zeitnah zur Hauptversammlung zu fassen. Dabei kann er bereits im Vorfeld, während der Hauptversammlung oder auch erst danach veranlasst werden.[29] Wann der Vorstand die jeweiligen Aktionäre dazu auffordert steht in seinem Ermessen.[30] Es gelten die allg. Regeln. Daher ist gem. Abs. 2 S. 3 die einfache Mehrheit der anwesenden Aktionäre und drei Viertel des bei der Beschlussfassung vertretenen Grundkapitals erforderlich. Sonderregelungen gelten über den Verweis von Abs. 2 S. 3 auf Abs. 1 für in der Satzung erhöhte Anforderungen (vgl Rn 9 ff). 15

IV. Zustimmung einzelner Aktionäre

Inhaber vinkulierter Namensaktien, die im Aktienregister der AG eingetragen sein müssen, um ihre allg. Rechte geltend machen zu können,[31] haben keinen Anspruch auf Zustimmung zum Verschmelzungsbeschluss.[32] Durch das Erfordernis der Eintragung im Aktienregister wird deutlich, dass die Inhaber nicht unter § 13 Abs. 2 fallen. [33] Daher ist die Übertragung der Aktie nicht von der Zustimmung einzelner Aktionäre, sondern von der AG oder KGaA erforderlich.[34] 16

Weichen die Nennbeträge der zu gewährenden Geschäftsanteile eines Aktionärs einer untergehenden AG von denen einer aufnehmenden GmbH ab und erleidet der Aktionär hierdurch einen Beteiligungsverlust, ist dessen Zustimmung zum Verschmelzungsbeschluss notwendig.[35] Die Zustimmung ist notariell zu beurkunden.[36] 17

Bestimmt die Satzung des übernehmenden Rechtsträgers, dass den Aktionären der übertragenden Gesellschaft Nebenpflichten auferlegt werden, ist deren Zustimmung zur Verschmelzung notwendig.[37] Denn auch eine qualifizierte Mehrheit kann nicht zulasten der überstimmten Minderheit Pflichten begründen. 18

V. Rechtsfolgen bei Verstößen

Aktionäre können den Verschmelzungsbeschluss unter denselben Voraussetzungen wie bei anderen Hauptversammlungsbeschlüssen **anfechten.**[38] Klagen, die auf das zu niedrig angesetzte Umtauschverhältnis gestützt werden, sind jedoch unbegründet.[39] Eine Anfechtungsklage hat aufschiebende Wirkung, weshalb der beim Registergericht eingereichte Antrag auf Eintragung der Verschmelzung für die Dauer des Verfahrens nicht weiter bearbeitet wird. 19

27 Henssler/Strohn/*Junker,* § 65 Rn 7; Lutter/*Grunewald,* § 65 Rn 8; Semler/Stengel *Diekmann,* § 65 Rn 24.
28 So auch *Hüffer,* § 182 AktG Rn 19; Semler/Stengel/*Diekmann,* § 65 Rn 24; Widmann/Mayer/*Rieger,* § 65 Rn 15 und ausf. zur Frage der Anwendbarkeit des § 14 AktG neben dem Umwandlungsrecht Rn 17 ff; aA *Kiem* ZIP 1997, 1627, 1628.
29 Kallmeyer/*Zimmermann,* § 65 Rn 24.
30 Es gelten alle Regelungen analog § 138 AktG.
31 Vgl § 67 Abs. 1 AktG.
32 Begr. RegE, *Ganske,* S. 61; *Reichert,* GmbHR 1995, 176, 177; Kallmeyer/*Zimmermann,* § 65 Rn 16; Semler/Stengel/*Diekmann,* § 65 Rn 28.
33 Kallmeyer/*Zimmermann,* § 65 Rn 16; Semler/Stengel/*Diekmann,* § 65 Rn 28.
34 Vgl *Reichert,* GmbHR 1995, 176, 191.
35 §§ 51 Abs. 2, 46 Abs. 1.
36 Vgl § 13 Abs. 3 S. 1.
37 Analog § 180 AktG; Semler/Stengel/*Diekmann,* § 65 Rn 30; Kallmeyer/*Zimmermann,* § 65 Rn 19; Widmann/Mayer/*Rieger,* § 65 Rn 10; aA Goutier/Knopf/Tulloch/*Bermel,* § 65 Rn 29 ff; Lutter/*Grunewald,* § 65 Rn 6.
38 Vgl § 241 ff AktG.
39 § 14 Abs. 2.

20 Wird die Eintragung der Verschmelzung trotz Fehlens eines Sonderbeschlusses beantragt, kommt es zu einer **Ablehnung** durch das Registergericht, da dies einen Verfahrensfehler darstellt.[40] Der Verschmelzungsvertrag wird gleichermaßen wie der Verschmelzungsbeschluss unwirksam.[41] Solange eine Anmeldung der Verschmelzung nicht vorgenommen ist, ist der Verschmelzungsbeschluss lediglich **schwebend unwirksam.**[42] Die rechtliche Wirksamkeit kann durch einen Sonderbeschluss bis zur Anmeldung nachgeholt werden. Für eine gleichwohl eingetragene Verschmelzung gilt die Heilungswirkung des § 20 Abs. 2.[43]

§ 66 Eintragung bei Erhöhung des Grundkapitals

Erhöht die übernehmende Gesellschaft zur Durchführung der Verschmelzung ihr Grundkapital, so darf die Verschmelzung erst eingetragen werden, nachdem die Durchführung der Erhöhung des Grundkapitals im Register eingetragen worden ist.

1 **1. Einleitendes.** Die Vorschrift regelt den zeitlichen Ablauf der Eintragungen im Handelsregister, bei Zusammentreffen von Verschmelzung und Kapitalerhöhung auf Seiten der übernehmenden Gesellschaft. Inhaltlich ist § 66 mit § 53 identisch, der den Fall der Kapitalerhöhung bei einer GmbH erfasst. Zweck der Vorschrift ist der Schutz der Aktionäre. Die zuerst einzutragende Kapitalerhöhung soll gewährleisten, dass die aufgrund der Verschmelzung auszugebenden Aktien auch tatsächlich vorhanden sind.[1] Übernehmender Rechtsträger muss entweder eine **AG, KGaA** oder **SE** sein.[2] Die Vorschrift gilt nicht für die Verschmelzung zur Aufnahme.[3] Ferner gilt die Vorschrift gem. § 125 S. 1 auch für die **Spaltung.**

2 **2. Reihenfolge.** Zunächst ist die Verschmelzung im **Handelsregister** des **übertragenden Rechtsträgers** einzutragen.[4] Anschließend erfolgt die Eintragung der Verschmelzung durch Aufnahme beim **übernehmenden Rechtsträger.** Sofern die übernehmende Gesellschaft durch eine Erhöhung ihres Kapitals neue Aktien ausgibt, ist sowohl die Erhöhung als auch die Durchführung der Erhöhung des Kapitals vor der Eintragung der Verschmelzung beim übernehmenden Rechtsträger beim Register anzumelden.[5] Eine erst nach wirksamer Verschmelzung eingetragene Kapitalerhöhung ist für die Durchführung der Verschmelzung dagegen unbeachtlich.[6]

3 **3. Anmeldung und Prüfung des Beschlusses zur Kapitalerhöhung. a) Anmeldung der Kapitalerhöhung.** Die **Anmeldung** der Kapitalerhöhung erfolgt in **zwei Schritten.** Zunächst ist der **Erhöhungsbeschluss** gem. § 184 Abs. 1 AktG zur Eintragung beim zuständigen Registergericht anzumelden. Darauf folgt die Anmeldung zur **Eintragung** der Durchführung der Erhöhung nach § 188 Abs. 1 AktG. Es ist darauf zu achten, dass die Anmeldung vom Vorstand in vertretungsberechtigter Zahl und vom Vorsitzenden des Aufsichtsrats – notariell beglaubigt[7] – unter-

40 Lutter/*Grunewald*, § 65 Rn 10.
41 Kallmeyer/*Zimmermann*, § 65 Rn 27; KölnKomm/*Simon*, § 65 Rn 22.
42 Kallmeyer/*Zimmermann*, § 65 Rn 27; Lutter/*Grunewald*, § 65 Rn 10; Semler/Stengel/*Diekmann*, § 65 Rn 27; Widmann/Mayer/*Rieger*, § 65 Rn 70.
43 Lutter/*Grunewald*, § 65 Rn 10; Widmann/Mayer/*Rieger*, § 65 Rn 70.
1 Semler/Stengel/*Diekmann*, § 66 Rn 1; Widmann/Mayer/*Rieger*, § 66 Rn 5.
2 Maulbetsch/Klumpp/Rose/*Frenz*, § 66 Rn 2; Kallmeyer/*Zimmermann*, § 66 Rn 1; Semler/Stengel/*Diekmann*, § 66 Rn 3.
3 Vgl § 73 Rn 13; Semler/Stengel/*Diekmann*, § 66 Rn 4; Widmann/Mayer/*Rieger*, § 66 Rn 3.
4 § 19 Abs. 1.
5 Semler/Stengel/*Diekmann*, § 66 Rn 4; Kallmeyer/*Zimmermann*, § 66 Rn 2; Widmann/Mayer/*Rieger*, § 66 Rn 5.
6 Vgl Kallmeyer/*Zimmermann*, § 66 Rn 20; Semler/Stengel/*Diekmann*, § 66 Rn 4; Widmann/Mayer/*Rieger*, § 66 Rn 2.
7 § 12 HGB, § 129 BGB, §§ 39, 40 BeurkG.

zeichnet ist.[8] Dabei können die berechtigten Personen jeweils auf eigenen gleichlautenden Registeranmeldungen unterschreiben.[9]

Zeitgleich sind auch **Verschmelzungsvertrag** und die **Niederschriften** der Verschmelzungsbeschlüsse beim Registergericht einzureichen.[10] Ob dies auch bereits mit Anmeldung des Erhöhungsbeschlusses erfolgen kann ist in der Praxis irrelevant, da die Anmeldung des Erhöhungsbeschlusses meist zusammen mit der Anmeldung der Durchführung gem. § 188 Abs. 4 AktG eingereicht wird.[11] Nicht selten werden zusätzlich noch die Anmeldungen der Satzungsänderung und der Verschmelzung beigefügt.[12] Da die Kapitalerhöhung erst mit Abschluss des Verschmelzungsvertrages wirksam ist, kann sie auch nicht vorher angemeldet werden.[13] Dem Gericht wird mit der Anmeldung mitgeteilt, dass die Kapitalerhöhung durchgeführt wurde und in welcher Höhe.[14] 4

b) Prüfung des Registergerichts. Die örtliche und sachliche **Zuständigkeit** des Gerichts ergibt sich aus dem Sitz des übernehmenden Rechtsträgers.[15] Zunächst hat das Gericht die Anmeldung auf Vollständigkeit zu überprüfen.[16] Die Prüfung des Gerichts umfasst formelle und materielle Wirksamkeitsgesichtspunkte der Kapitalerhöhung.[17] Da die Kapitalerhöhung erst mit einem wirksamen Verschmelzungsbeschluss durchgeführt ist, hat das Gericht auch den Verschmelzungsvertrag auf relevante Fehler zu überprüfen. Stellt das Gericht die Nichtigkeit des Erhöhungsbeschlusses fest, wird dieser naturgemäß nicht in das Handelsregister eingetragen.[18] Die Gesellschaft muss in diesem Fall den Beschluss wiederholen, bevor die Verschmelzung im Register des übernehmenden Rechtsträgers eingetragen wird.[19] Sofern der Erhöhungsbeschluss lediglich anfechtbar ist und nicht Drittinteressen tangiert werden, hat das Gericht die Erhöhung im Handelsregister einzutragen.[20] 5

Neben diesen überprüfungsrelevanten Bereichen hat das Gericht bei einer **Kapitalerhöhung**, die im Rahmen einer Verschmelzung in der Sache eine Sachkapitalerhöhung ist, zu ermitteln, ob ein Verstoß gegen das Verbot der Unter-Pari-Emission vorliegt.[21] Dies ist der Fall, wenn der Wert der Einlage nicht nur unwesentlich hinter dem **Nennbetrag** der dafür zugewiesenen Aktien zurückbleibt.[22] Bei Zweifeln des Gerichts kann die Meinung eines unabhängigen Prüfers eingeholt werden.[23] 6

4. Eintragung. Erst mit **Eintragung** der Verschmelzung wird auch die Kapitalerhöhung wirksam.[24] Diese Verknüpfung gewährleistet, dass eine Verschmelzung nur zu dem Zweck angemeldet wird, eine Kapitalerhöhung zu ermöglichen, um nach deren Eintragung von der Verschmelzung abzusehen. Dadurch würden die Vorschriften zur Nachgründung umgangen. Wird auf die Eintragung der Verschmelzung verzichtet, darf auch die Kapitalerhöhung nicht dauerhaft wirksam bleiben und ist daher zu löschen.[25] Die Löschung erstreckt sich auch auf die in der durch die Kapitalerhöhung bedingt geänderten Satzung geregelten Kapitalziffern.[26] 7

8 Maulbetsch/Klumpp/Rose/*Frenz*, § 66 Rn 3; Semler/Stengel/*Diekmann*, § 66 Rn 5; Kallmeyer/*Zimmermann*, § 66 Rn 3.
9 Kallmeyer/*Zimmermann*, § 66 Rn 5; Semler/Stengel/*Diekmann*, § 66 Rn 5.
10 Dies gilt für alle in § 69 bezeichneten Dokumente.
11 Nach Semler/Stengel/*Diekmann*, § 66 Rn 7 ist zwingend auf den Zeitpunkt der Anmeldung der Durchführung der Erhöhung abzustellen, da diese nur der Verschmelzung dient.
12 Kallmeyer/*Zimmermann*, § 66 Rn 14; Semler/Stengel/*Diekmann*, § 69 Rn 25; Widmann/Mayer/*Rieger*, § 69 Rn 42.
13 Kallmeyer/*Zimmermann*, § 66 Rn 9; Lutter/Winter, § 66 Rn 21 mwN.
14 *Hüffer*, § 188 AktG Rn 3.
15 Semler/Stengel/*Diekmann*, § 66 Rn 9; Kallmeyer/*Zimmermann*, § 66 Rn 15.
16 Kallmeyer/*Zimmermann*, § 66 Rn 16; Semler/Stengel/*Diekmann*, § 66 Rn 9.
17 Semler/Stengel/*Diekmann*, § 66 Rn 9; Kallmeyer/*Zimmermann*, § 66 Rn 16.
18 Kallmeyer/*Zimmermann*, § 66 Rn 16; Semler/Stengel/*Diekmann*, § 66 Rn 10, vgl Hüffer, § 184 AktG Rn 6.
19 Semler/Stengel/*Diekmann*, § 66 Rn 10; Kallmeyer/*Zimmermann*, § 66 Rn 16.
20 So die hM *Hüffer*, § 188 AktG Rn 6; Kallmeyer/*Zimmermann*, § 66 Rn 17; Semler/Stengel/*Diekmann*, § 66 Rn 10.
21 Kallmeyer/*Zimmermann*, § 66 Rn 18; Semler/Stengel/*Diekmann*, § 66 Rn 10.
22 § 184 Abs. 3 S. 1 AktG.
23 § 69 Abs. 1 S. 1 Hs 2.
24 Maulbetsch/Klumpp/Rose/*Rose*, § 66 Rn 8; Kallmeyer/*Zimmermann*, § 66 Rn 22; Semler/Stengel/*Diekmann*, § 66 Rn 11.
25 § 398 iVm § 395 Abs. 1 FamFG.
26 OLG Karlsruhe AG 1986, 167 f.

8 Stellt sich nach Eintragung der Verschmelzung heraus, dass der Erhöhungsbeschluss nichtig war und daher nicht hätte eingetragen werden dürfen, bleibt die Verschmelzung nach § 20 Abs. 2 wirksam.[27] Ebenso wird der Mangel auf Ebene des Erhöhungsbeschlusses nach § 20 Abs. 2 geheilt, da sich dieser auf den gesamten Verschmelzungsvorgang bezieht. Sofern jedoch der Beschluss der Satzungsänderung fehlerhaft ist, greift § 20 nicht.[28] Davon unberührt bleiben Verschmelzung und Kapitalerhöhung, da es an einer relevanten Verknüpfung zum Satzungsänderungsbeschluss fehlt.[29]

9 Wird die Reihenfolge der Eintragung derart missachtet, dass die Verschmelzung bereits vor der Durchführung der Kapitalerhöhung im Register des übernehmenden Rechtsträgers eingetragen wird, hat dies lediglich zur Folge, dass die Verschmelzung aufschiebend bedingt erst wirksam wird, wenn auch die Durchführung der Kapitalerhöhung im Register eingetragen wurde.[30]

10 **5. Bekanntmachung.** Der Kapitalerhöhungsbeschluss ist nicht bekannt zu machen.[31] Dies ist lediglich für die Eintragung der Durchführung der Kapitalerhöhung der Fall.[32] Nach § 10 HGB sind die Eintragungen in das Handelsregister in dem von der Landesjustizverwaltung bestimmten elektronischen Informations- und Kommunikationssystem in der zeitlichen Folge ihrer Eintragung nach Tagen geordnet bekannt zu machen.

§ 67 Anwendung der Vorschriften über die Nachgründung

[1]Wird der Verschmelzungsvertrag in den ersten zwei Jahren seit Eintragung der übernehmenden Gesellschaft in das Register geschlossen, so ist § 52 Abs. 3, 4, 6 bis 9 des Aktiengesetzes über die Nachgründung entsprechend anzuwenden. [2]Dies gilt nicht, wenn auf die zu gewährenden Aktien nicht mehr als der zehnte Teil des Grundkapitals dieser Gesellschaft entfällt oder wenn diese Gesellschaft ihre Rechtsform durch Formwechsel einer Gesellschaft mit beschränkter Haftung erlangt hat, die zuvor bereits seit mindestens zwei Jahren im Handelsregister eingetragen war. [3]Wird zur Durchführung der Verschmelzung das Grundkapital erhöht, so ist der Berechnung das erhöhte Grundkapital zugrunde zu legen.

Literatur:

Angermayer, Die Prüfung von Sacheinlagen im neuen Umwandlungsrecht, WPg 1995, 681; *Handelsrechtsausschuss des Deutschen Anwaltvereins e.V.*, Vorschläge zur Änderung des UmwG, NZG 2000, 802; *Hartmann/Barcaba*, Die Anforderungen an den Bericht des Aufsichtsrats im Nachgründungsverfahren, AG 2001, 437.

27 Vgl OLG Karlsruhe v. 18.12.1985; Semler/Stengel/*Diekmann*, § 66 Rn 12; Maulbetsch/Klumpp/Rose/*Frenz*, § 66 Rn 9; KölnKomm/*Simon*, § 66 Rn 15; Lutter/*Winter*, § 53 Rn 4; Kallmeyer/*Zimmermann*, § 66 Rn 22.
28 Ausnahmen s. *Hüffer*, § 181 AktG Rn 27.
29 Kallmeyer/*Zimmermann*, § 66 Rn 23.
30 Maulbetsch/Klumpp/Rose/*Rose*, § 66 Rn 10; Lutter/*Winter*, § 53 Rn 5; Kallmeyer/*Zimmermann*, § 66 Rn 21; Semler/Stengel/*Diekmann*, § 66 Rn 14.
31 Semler/Stengel/*Diekmann*, § 66 Rn 12; Kallmeyer/*Zimmermann*, § 66 Rn 24.
32 Kallmeyer/*Zimmermann*, § 66 Rn 24; Semler/Stengel/*Diekmann*, § 66 Rn 12.

I. Einleitendes

Die Norm dient dem Schutz der Kapitalaufbringung und -erhaltung der übernehmenden AG und dem Schutz der Gläubiger.[1] Sie soll verhindern, dass die Regeln der Nachgründung durch eine Verschmelzung unterlaufen werden.[2] Die Verschmelzung ist eine Form der Sacheinlage, da Aktien des übernehmenden Rechtsträgers gegen die Übertragung des Vermögens der übertragenden Gesellschaft gewährt werden. Die Vorschriften für Sacheinlage und Nachgründung könnten umgangen werden, weshalb hierfür ein bes. Schutz notwendig ist. Dieser wird durch die entspr. Anwendung des § 52 AktG sichergestellt. Dies geschieht insb. dadurch, dass in § 52 Abs. 3 und 4 AktG eine Nachgründungsprüfung und die Erstellung eines Nachgründungsberichts durch externe Prüfer und den Aufsichtsrat angeordnet ist. § 52 Abs. 6–9 AktG regelt den Ablauf des Registerverfahrens. Zwar gibt es Stimmen, die § 67 im Hinblick auf § 69 iVm § 183 Abs. 3 AktG für überflüssig halten. Eine Prüfung der auszugebenden Aktien sei bereits schon dort gesetzlich angeordnet, weshalb es einer entspr. Anwendung des § 52 AktG nicht bedürfe.[3] Allerdings verkennt diese Ansicht, dass § 69 nur für den Fall einer tatsächlichen Kapitalerhöhung anwendbar ist. § 67 gilt dagegen auch für alle Verschmelzungen, auch solche, bei denen eigene Aktien – ohne Kapitalerhöhung – als Gegenleistung gewährt werden.[4] 1

Der Anwendungsbereich beschränkt sich auf eine **AG** als **übernehmender Rechtsträger**.[5] Ist die AG übertragende Gesellschaft, so findet § 67 keine Anwendung, da ein Schutz ihres gebundenen Kapitals nicht geboten ist.[6] 2

II. Voraussetzungen

1. Zweijahresfrist (Satz 1). Die übernehmende AG unterliegt innerhalb der ersten zwei Jahre ab Gründung den Vorschriften der Nachgründung.[7] Die **Frist** beginnt mit dem Tag der Eintragung der AG im Handelsregister.[8] Findet ein **Formwechsel** in eine AG statt, wird die Zeit zwischen Eintragung der Ursprungsgesellschaft und der AG nur mitgerechnet, wenn es sich früher um eine **KGaA** gehandelt hat.[9] Denn nur dann bestand von Anfang an eine vergleichbare Kapitalbindung. Gleiches gilt für die **SE**. Die Zeitspanne, in der der übernehmende Rechtsträger vor dem Formwechsel in eine AG als **GmbH** existierte, kann ebenfalls auf die Frist angerechnet werden, § 67 S. 2.[10] Dabei müssen die frühere GmbH und die AG in Summe mindestens zwei Jahre bestanden haben.[11] 3

Der entscheidende **Zeitpunkt** für die Berechnung der Frist ist der Tag der notariellen Beurkundung des Verschmelzungsvertrages.[12] Da mit dem Abschluss des Verschmelzungsvertrages ein Eingriff in die bisherige strenge Kapitalerhaltung bei der AG erfolgt, muss richtigerweise auf diesen Zeitpunkt abgestellt werden.[13] 4

1 GroßKomm-AktG/*Barz*, § 52 AktG Anm. 1; Maulbetsch/Klumpp/Rose/*Frenz*, § 67 Rn 1; *Hüffer*, § 52 AktG Rn 1.

2 Semler/Stengel/*Diekmann*, § 67 Rn 1; Kallmeyer/*Marsch-Barner*, § 67 Rn 1; Lutter/*Grunewald*, § 67 Rn 1 a; KölnKomm/*Simon*, § 67 Rn 1.

3 Widmann/Mayer/*Rieger*, § 67 Rn 4; Kallmeyer/*Marsch-Barner*, § 67 Rn 1.

4 Kallmeyer/*Marsch-Barner*, § 67 Rn 1; KölnKomm/*Simon*, § 67 Rn 3; Lutter/*Grunewald*, § 67 Rn 1; Semler/Stengel/*Diekmann*, § 67 Rn 2.

5 Keßler/Kühnberger/*Brügel*, § 67 Rn 2; Semler/Stengel/*Diekmann*, § 67 Rn 4; Kallmeyer/*Marsch-Barner*, § 67 Rn 2; Widmann/Mayer/*Rieger*, § 67 Rn 2.

6 Lutter/*Grunewald*, § 67 Rn 2; Semler/Stengel/*Diekmann*, § 67 Rn 4.

7 Maulbetsch/Klumpp/Rose/*Frenz*, § 67 Rn 4; Widmann/Mayer/*Rieger*, § 67 Rn 5; Kallmeyer/*Marsch-Barner*, § 67 Rn 2; Semler/Stengel/*Diekmann*, § 67 Rn 6.

8 Semler/Stengel/*Diekmann*, § 67 Rn 6; Kallmeyer/*Marsch-Barner*, § 67 Rn 2; Widmann/Mayer/*Rieger*, § 67 Rn 6; Lutter/*Grunewald*, § 67 Rn 2; Schmitt/Hörtnagl/Stratz/*Stratz*, § 67 Rn 2.

9 Kallmeyer/*Marsch-Barner*, § 67 Rn 2; Lutter/*Grunewald*, § 67 Rn 5; Widmann/Mayer/*Rieger*, § 67 Rn 7 ff.

10 Diese Ausnahme wurde durch das 2. UmwÄndG ermöglicht und beruht auf einem Vorschlag des Handelsrechtsauschusses des DAV, NZG 2000, 803, 805.

11 Kallmeyer/*Marsch-Barner*, § 67 Rn 2; KölnKomm/*Simon*, § 67 Rn 9.

12 Goutier/Knopf/Tulloch/*Bermel*, § 67 Rn 3; Kallmeyer/*Marsch-Barner*, § 67 Rn 3; KölnKomm/*Simon*, § 67 Rn 6; Lutter/*Grunewald*, § 67 Rn 4; Schmitt/Hörtnagl/Stratz/*Stratz*, § 67 Rn 3. Semler/Stengel/*Diekmann*, § 67 Rn 7.

13 Vgl Semler/Stengel/*Diekmann*, § 67 Rn 7; Widmann/Mayer/*Rieger*, § 67 Rn 5.

Hinweis: Sollten die Nachgründungsvorschriften anwendbar sein, da die anstehende Verschmelzung innerhalb des Zweijahreszeitraums liegt, ist die ihm Rahmen des § 52 AktG vorzunehmende Prüfung sorgfältig vorzubereiten und durchzuführen. Die vorbereitenden Maßnahmen hierzu sollten zu den ersten der geplanten Verschmelzung gehören!

5 **2. Ausschluss der Nachgründungsvorschriften (Sätze 2 und 3). a) Hintergrund.** Die Vorschriften über die Nachgründung sind nach Satz 2 dann nicht anzuwenden, wenn auf die zu gewährenden Aktien nicht mehr als der **zehnte Teil** des Grundkapitals der Gesellschaft entfällt. Die Norm enthält damit eine unwiderlegbare gesetzliche Vermutung.[14] Der Schutz über die Nachgründungsvorschriften soll nur dann aufrechterhalten werden, wenn eine Vermögensgefährdung der übernehmenden AG denkbar ist. Dieses Risiko entfällt aber, wenn der Nennbetrag bzw anteilige Betrag am Grundkapital der zu gewährenden Aktien der AG die Zehn-Prozent-Grenze nicht übersteigt.[15] Für die Berechnung der Zehn-Prozent-Grenze ist gem. Satz 3 bei einer Kapitalerhöhung das erhöhte Grundkapital zugrunde zu legen. Der entscheidende **Zeitpunkt** für die korrekte Berechnung ist die Eintragung der Verschmelzung im Register.[16] Die Norm schließt an § 52 Abs. 1 S. 1 AktG an, nach der eine Nachgründung nur für den Fall erforderlich ist, in dem eine Vergütung gewährt wird, die mehr als 10 % des Grundkapitals der Gesellschaft ausmacht.[17]

6 **b) Berechnung der Zehn-Prozent-Grenze.** Zunächst ist das gesamte relevante **Grundkapital** der übernehmenden Gesellschaft zu bestimmen. Auf der Grundlage dieses Wertes (100 %) wird dann der Zehn-Prozent-Wert berechnet und mit dem Wert der zu gewährenden Aktien verglichen. Ausgehend von diesem Grundkapital der übernehmenden Gesellschaft, bei welchem eine im Zusammenhang mit der Verschmelzung ggf durchgeführte Kapitalerhöhung einzuberechnen ist, bilden auch die Aktien, die den Anteilsinhabern der übertragenden Rechtsträger gewährt werden, einen Teil des Kapitals.[18] Dabei ist irrelevant, ob die Aktien bereits existieren oder im Rahmen der Kapitalerhöhung erst noch entstehen.[19] Bare Zuzahlungen werden von der Berechnung nicht erfasst.[20] Werden **mehrere Rechtsträger** nacheinander aufeinander verschmolzen (Kettenverschmelzung), können die zu gewährenden Aktien nur dann addiert werden, wenn ein zeitlicher und sachlicher Zusammenhang zwischen den Verschmelzungen besteht.[21]

7 Soweit der **übernehmende Rechtsträger** Anteile an der **übertragenden AG** hält, werden diese nicht in die Berechnung der Zehn-Prozent-Grenze einbezogen.[22] Gleichwohl verringert sich aber durch diese Anteile mittelbar das Volumen der zu gewährenden Aktien. Dieser Effekt kann durch einen entspr. Erwerb bewusst erreicht werden, um § 67 gezielt zu umgehen. Ein solches Vorgehen ist – auch ohne sachlichen Grund – zulässig.[23] Zwar dienen die zwingend zu berücksichtigenden Nachgründungsvorschriften dem Schutz der Kapitalaufbringung und Kapitalerhaltung. Es ließe sich daher einwenden, dass der Anteilserwerb unmittelbar vor Verschmelzung ohne besonderen sachlichen Grund zur Umgehung des § 67 rechtsmissbräuchlich sei.[24] Richtigerweise sind Anteilserwerb und Verschmelzung aber zwei abstrakt voneinander

14 Semler/Stengel/*Diekmann*, § 67 Rn 8; Lutter/*Grunewald*, § 67 Rn 5; Widmann/Mayer/*Rieger*, § 67 Rn 11.
15 Keßler/Kühnberger/*Brügel*, § 67 Rn 3.
16 Maulbetsch/Klumpp/Rose/*Frenz*, § 67 Rn 8; Widmann/Mayer/*Rieger*, § 67 Rn 13; Lutter/*Grunewald*, § 67 Rn 7; Semler/Stengel/*Diekmann*, § 67 Rn 9; Kallmeyer/*Marsch-Barner*, § 67 Rn 4; KölnKomm/*Simon*, § 67 Rn 12; Schmitt/Hörtnagl/Stratz/*Stratz*, § 67 Rn 5.
17 Semler/Stengel/*Diekmann*, § 67 Rn 8; Kallmeyer/*Marsch-Barner*, § 67 Rn 2.
18 Maulbetsch/Klumpp/Rose/*Frenz*, § 67 Rn 9; Semler/Stengel/*Diekmann*, § 67 Rn 9.
19 Lutter/*Grunewald*, § 67 Rn 9; Semler/Stengel/*Diekmann*, § 67 Rn 9; Lutter/*Grunewald*, § 67 Rn 13; Widmann/Mayer/*Rieger*, § 67 Rn 9; Kallmeyer/*Marsch-Barner*, § 67 Rn 4.
20 Kallmeyer/*Marsch-Barner*, § 67 Rn 4.
21 Semler/Stengel/*Diekmann*, § 67 Rn 13; Widmann/Mayer/*Rieger*, § 67 Rn 15; Lutter/*Grunewald*, § 67 Rn 8; aA Kallmeyer/*Marsch-Barner*, § 67 Rn 4.
22 Goutier/Knopf/Tulloch/*Bermel*, § 67 Rn 5; Maulbetsch/Klumpp/Rose/*Frenz*, § 67 Rn 9; Kallmeyer/*Marsch-Barner*, § 67 Rn 5; Widmann/Mayer/*Rieger*, § 67 Rn 13.
23 Kallmeyer/*Marsch-Barner*, § 67 Rn 5; Semler/Stengel/*Diekmann*, § 67 Rn 12; Schmitt/Hörtnagl/Stratz/*Stratz*, § 67 Rn 7; Widmann/Mayer/*Rieger*, § 67 Rn 14; KölnKomm/*Simon*, § 67 Rn 17.
24 So jedenfalls Lutter/*Grunewald*, § 67 Rn 10.

getrennte Vorgänge. Der Erwerb ist an § 52 AktG und die Verschmelzung separat an § 67 zu prüfen.[25]

III. Anwendbare Nachgründungsvorschriften (S. 1)

Soweit die Vorschriften über die Nachgründung greifen, verweist S. 1 auf die entspr. Anwendung von § 52 Abs. 3, 4, 6–9 AktG. Ist im Rahmen des § 62 Abs. 1 eine Zustimmung der übernehmenden Gesellschaft zum Verschmelzungsbeschluss entbehrlich, kann ein Zustimmungserfordernis nicht über S. 1 hergeleitet werden, da das grds. Zustimmungsbedürfnis in § 52 Abs. 1 S. 1 AktG gerade nicht von S. 1 erfasst ist.[26] Dieselbe Frage nach der Entbehrlichkeit des Zustimmungsbeschlusses über § 62 Abs. 4 ist hier allerdings nicht relevant, da nach dem Wortlaut des § 67 nur der Fall der AG als übernehmender, nicht aber als übertragender Rechtsträger erfasst ist. 8

1. Nachgründungsbericht (§ 52 Abs. 3 AktG). Nach § 52 Abs. 3 AktG hat der Aufsichtsrat vor Beschlussfassung der Hauptversammlung den Vertrag zu prüfen und darüber hinaus einen schriftlichen Bericht (**Nachgründungsbericht**) zu erstellen. Der Nachgründungsbericht ist durch alle Mitglieder des Aufsichtsrates zu unterschreiben.[27] Ist die Beschlussfassung der Hauptversammlung im Fall des § 62 entbehrlich, muss der Nachgründungsbericht naturgemäß nicht einen Monat vor Beschlussfassung der Gesellschafterversammlung der übertragenden Gesellschaft im Geschäftsraum des übernehmenden Rechtsträgers zugänglich gemacht werden.[28] 9

Auf den Nachgründungsbericht finden die Regeln des **Gründungsberichts** (§ 32 Abs. 2 und 3 AktG) sinngemäß Anwendung. Dabei sind insb. die relevanten Umstände anzugeben, von denen die Angemessenheit des Umtauschverhältnisses abhängt.[29] Zudem ist gem. § 32 Abs. 3 AktG im Bericht anzugeben, ob und in welchem Umfang bei der Gründung für Rechnung eines Mitglieds des Vorstands oder des Aufsichtsrats Aktien übernommen worden sind und ob und in welcher Weise einem Mitglied des Vorstands oder des Aufsichtsrats Sondervorteile gewährt wurden. Die Angabe hat sich dabei aber nur auf den in § 67 bezeichneten Personenkreis zu erstrecken. Dies sind die Vorstands- und Aufsichtsratsmitglieder der übernehmenden AG, nicht aber die Organmitglieder der übertragenden Gesellschaft.[30] 10

In der Praxis nimmt der Nachgründungsbericht auf den Verschmelzungsbericht – sofern dieser nicht entbehrlich ist – Bezug. Zwar ist es nicht vorgesehen, den Nachgründungsbericht zur Hauptversammlung auszulegen, da dieser hauptsächlich der Prüfung durch den Nachgründungsprüfer bzw Registerrichter dient, gleichzeitig empfiehlt sich dieses.[31] 11

2. Nachgründungsprüfung (§ 52 Abs. 4 AktG). Nach § 52 Abs. 4 AktG hat vor der Beschlussfassung eine Prüfung durch einen oder mehrere **Gründungsprüfer** stattzufinden, für die §§ 33 Abs. 3-5, 34, 35 AktG sinngemäß gelten.[32] Der Nachgründungsprüfungsbericht ist **schriftlich** zu verfassen und auch nicht im Fall des § 62 mit der Bekanntmachung der Verschmelzung in den Geschäftsräumen zugänglich zu machen.[33] Die Prüfer werden vom zuständigen Gericht auf Antrag des Vorstandes der übernehmenden Gesellschaft bestellt.[34] Zulässig ist die Bestel- 12

25 So die hM Maulbetsch/Klumpp/Rose/*Frenz*, § 67 Rn 9; Kallmeyer/*Marsch-Barner*, § 67 Rn 5; Semler/Stengel/*Diekmann*, § 67 Rn 12; Widmann/Mayer/*Rieger*, § 67 Rn 14.

26 Maulbetsch/Klumpp/Rose/*Frenz*, § 67 Rn 13; Widmann/Mayer/*Rieger*, § 67 Rn 18.

27 Semler/Stengel/*Diekmann*, § 67 Rn 14.

28 Lutter/*Grunewald*, § 67 Rn 11 Fn 1; Widmann/Mayer/*Rieger*, § 67 Rn 20.

29 Maulbetsch/Klumpp/Rose/*Frenz*, § 67 Rn 14; Widmann/Mayer/*Rieger*, § 67 Rn 21.

30 So die hM Maulbetsch/Klumpp/Rose/*Frenz*, § 67 Rn 15; Lutter/*Grunewald*, § 67 Rn 11; Widmann/Mayer/*Rieger*, § 67 Rn 22; aA Schmitt/Hörtnagl/Stratz/*Stratz*, § 67 Rn 9.

31 Gem. analog § 52 Abs. 2 S. 2 und 4 AktG; So die hM *Hartmann/Barcaba* AG 2001, 437, 444 f; Kallmeyer/*Marsch-Barner*, § 67 Rn 7; Spindler/Stilz/*Heidinger*, § 52 AktG Rn 64; aA Semler/Stengel/*Diekmann*, § 67 Rn 14.

32 Vgl *Angermayer*, WPg 1995, 681, 683 f.

33 Gleiche Gründe wie unter Rn 9.

34 § 14 AktG iVm §§ 375 Nr. 3, 376 Abs. 1, 377 Abs. 1 FamFG.

lung der **Verschmelzungsprüfer** als Nachgründungsprüfer.[35] Dies ist in der Praxis zu empfehlen, da es so nur einer Bestellung des Gerichts bedarf und insgesamt Zeit und Kosten gespart werden können.[36] Außerdem sind die Verschmelzungsprüfer weitestgehend mit den Angelegenheiten der Verschmelzung vertraut und leiten die Nachgründungsprüfung aus der Verschmelzungsprüfung ab.[37]

13 Bei der Nachgründungsprüfung ist zu ermitteln, ob der Wert des Reinvermögens der übertragenden Gesellschaft (Vermögensgegenstände abzüglich Schulden) den niedrigsten Ausgabewert der Aktien erreicht, die dem übertragenden Rechtsträger gewährt werden müssen.[38] Ob der Wert der übergehenden Vermögensgegenstände und Schulden in einem angemessenen Verhältnis zum Wert der Aktien steht, die zu gewähren sind, wird dagegen nicht untersucht.[39]

14 **3. Handelsregisterangelegenheiten (§ 52 Abs. 6–8 AktG). a) Anmeldung zum Handelsregister (§ 52 Abs. 6 AktG).** Nach § 52 Abs. 6 AktG hat der Vorstand nach Zustimmung der Hauptversammlung den Vertrag zur Eintragung in das Handelsregister anzumelden. Dem Vertrag sind der Bericht der Gründungsprüfer und der Nachgründungsbericht anzuhängen.[40]

15 **b) Eintragung im Handelsregister (§ 52 Abs. 7 AktG).** Nach § 52 Abs. 7 AktG kann der Registerrichter die Eintragung der Verschmelzung im Register ablehnen, wenn gegen den Nachgründungsbericht wegen Unvollständigkeit oder Unrichtigkeit oder gegen die Angemessenheit der Gegenleistung Bedenken bestehen. Dem Handelsregister kommt ein formelles und materielles Prüfungsrecht zu.[41] Eine Unangemessenheit ist vom Gericht dann anzunehmen, wenn sich der Wert der zu gewährenden Aktien nicht nur unerheblich über dem Wert des Vermögens der übertragenden Gesellschaft befindet.[42] In die Berechnung fließen auch bare Zuzahlungen ein.[43] Ob eine Unerheblichkeit gegeben ist, hat das Register selbstständig zu entscheiden.[44] Entgegen dem Wortlaut des § 52 Abs. 7 AktG handelt es sich nicht um eine Ermessensvorschrift.[45]

16 **c) Registereinträge (§ 52 Abs. 8 AktG).** Nach § 52 Abs. 8 AktG sind der Tag des Vertragsschlusses und der Zustimmung der Hauptversammlung sowie der oder die Vertragspartner der Gesellschaft im Handelsregister einzutragen. Der Vertragstext wird nicht eingetragen, ist aber für jedermann in der Registerakte zugänglich.[46] Da für die Eintragung der Verschmelzung die wirksame Nachgründung Voraussetzung ist, hat die Eintragung dieser vorrangig zu erfolgen. In der Praxis empfiehlt es sich die Anmeldung der Eintragung der Nachgründung mit der Anmeldung der Kapitalerhöhung bzw der Verschmelzung zu verknüpfen.[47]

17 **4. Anwendungsausschluss der Nachgründungsvorschriften (§ 52 Abs. 9 AktG).** Nach § 52 Abs. 9 AktG sind die Vorschriften über die Nachgründung für den Erwerb von Vermögensgegenständen als laufende Geschäfte der Gesellschaft, in der Zwangsvollstreckung oder an der Börse **ausgeschlossen.** Eine praktische Relevanz für den Fall der Verschmelzung kann sich nur ergeben, wenn der Erwerb der Vermögensgegenstände im Rahmen laufender Geschäfte er-

35 Kallmeyer/*Marsch-Barner*, § 67 Rn 7; Schmitt/Hörtnagl/Stratz/*Stratz*, § 67 Rn 12; Lutter/*Grunewald*, § 67 Rn 14; Widmann/Mayer/*Rieger*, § 67 Rn 28; Maulbetsch/Klumpp/Rose/*Frenz*, § 67 Rn 17.

36 Lutter/*Grunewald*, § 67 Rn 14; Semler/Stengel/*Diekmann*, § 67 Rn 19; Kallmeyer/*Marsch-Barner*, § 67 Rn 7; KölnKomm/*Simon*, § 67 Rn 23.

37 Kallmeyer/*Marsch-Barner*, § 67 Rn 7; Lutter/*Grunewald,* § 67 Rn 14; Semler/Stengel/*Diekmann*, § 67 Rn 19.

38 Maulbetsch/Klumpp/Rose/*Frenz*, § 67 Rn 17; Lutter/*Grunewald,* § 67 Rn 14; Semler/Stengel/*Diekmann*, § 67 Rn 24.

39 Widmann/Mayer/*Rieger*, § 67 Rn 30; Semler/Stengel/*Diekmann*, § 67 Rn 21.

40 Maulbetsch/Klumpp/Rose/*Frenz*, § 67 Rn 19.

41 Widmann/Mayer/*Rieger*, § 67 Rn 39 ff; Semler/Stengel/*Diekmann*, § 67 Rn 24; KölnKomm/*Simon*, § 67 Rn 27.

42 Vgl Lutter/*Grunewald*, § 67 Rn 16; Schmitt/Hörtnagl/Stratz/*Stratz*, § 67 Rn 14; Semler/Stengel/*Diekmann*, § 67 Rn 24; Widmann/Mayer/*Rieger*, § 67 Rn 40.

43 Lutter/*Grunewald*, § 67 Rn 16; Semler/Stengel/*Diekmann*, § 67 Rn 24.

44 Lutter/*Grunewald*, § 67 Rn 16; Widmann/Mayer/*Rieger*, § 67 Rn 40.

45 *Hüffer*, § 52 AktG Rn 17.

46 KölnKomm/*Simon*, § 67 Rn 25; Semler/Stengel/*Diekmann*, § 67 Rn 26; Widmann/Mayer/*Rieger*, § 67 Rn 44.

47 Widmann/Mayer/*Rieger*, § 67 Rn 37; Semler/Stengel/*Diekmann*, § 67 Rn 26.

folgt.[48] Dies ist denkbar, wenn die übernehmende Gesellschaft laufend Unternehmen erwirbt, über die die übertragende Gesellschaft fast ausschließlich verfügt.[49]

IV. Rechtsfolgen eines Verstoßes

Ein ohne Nachgründungsprüfung gefasster Verschmelzungsbeschluss ist **nichtig** und darf daher nicht im Register eingetragen werden.[50] Der Schutz der Gläubiger könnte andernfalls nicht gewährleistet werden. Bei Verletzung anderer Vorschriften ist der Verschmelzungsbeschluss durch die Aktionäre lediglich **anfechtbar**, soweit sich keine Nichtigkeit aus § 241 AktG ergibt.[51] Wird die Verschmelzung trotz Vorliegen eines Nichtigkeits- oder Anfechtungsgrundes ins Register eingetragen, greift die Heilungswirkung des § 20 Abs. 2, wodurch die Verschmelzung wirksam bleibt. 18

Sofern die Verschmelzung, nicht aber der Verschmelzungsvertrag im Register eingetragen wurde, hat dies keine Auswirkungen, da § 67 nicht auf § 52 Abs. 1 S. 1 AktG verweist. Bezüglich der fehlenden Eintragung des Verschmelzungsvertrages greift in diesem Fall ebenfalls § 20 Abs. 2. 19

§ 68 Verschmelzung ohne Kapitalerhöhung

(1) [1]Die übernehmende Gesellschaft darf zur Durchführung der Verschmelzung ihr Grundkapital nicht erhöhen, soweit

1. sie Anteile eines übertragenden Rechtsträgers innehat;
2. ein übertragender Rechtsträger eigene Anteile innehat oder
3. ein übertragender Rechtsträger Aktien dieser Gesellschaft besitzt, auf die der Ausgabebetrag nicht voll geleistet ist.

[2]Die übernehmende Gesellschaft braucht ihr Grundkapital nicht zu erhöhen, soweit

1. sie eigene Aktien besitzt oder
2. ein übertragender Rechtsträger Aktien dieser Gesellschaft besitzt, auf die der Ausgabebetrag bereits voll geleistet ist.

[3]Die übernehmende Gesellschaft darf von der Gewährung von Aktien absehen, wenn alle Anteilsinhaber eines übertragenden Rechtsträgers darauf verzichten; die Verzichtserklärungen sind notariell zu beurkunden.

(2) Absatz 1 gilt entsprechend, wenn Inhaber der dort bezeichneten Anteile ein Dritter ist, der im eigenen Namen, jedoch in einem Fall des Absatzes 1 Satz 1 Nr. 1 oder des Absatzes 1 Satz 2 Nr. 1 für Rechnung der übernehmenden Gesellschaft oder in einem der anderen Fälle des Absatzes 1 für Rechnung des übertragenden Rechtsträgers handelt.

(3) Im Verschmelzungsvertrag festgesetzte bare Zuzahlungen dürfen nicht den zehnten Teil des auf die gewährten Aktien der übernehmenden Gesellschaft entfallenden anteiligen Betrags ihres Grundkapitals übersteigen.

48 Maulbetsch/Klumpp/Rose/*Frenz*, § 67 Rn 11; Kallmeyer/*Marsch-Barner*, § 67 Rn 9; Semler/Stengel/*Diekmann*, § 67 Rn 27.

49 Maulbetsch/Klumpp/Rose/*Frenz*, § 67 Rn 11; Lutter/*Grunewald*, § 67 Rn 10; Semler/Stengel/*Diekmann*, § 67 Rn 27.

50 § 241 Nr. 3 AktG; Maulbetsch/Klumpp/Rose/*Frenz*, § 67 Rn 23; Kallmeyer/*Marsch-Barner*, § 67 Rn 10; Lutter/*Grunewald*, § 67 Rn 18; aA KölnKomm/*Simon*, § 67 Rn 28; Widmann/Mayer/*Rieger*, § 67 Rn 34.

51 Kallmeyer/*Marsch-Barner*, § 67 Rn 10; Lutter/*Grunewald*, § 67 Rn 18; Schmitt/Hörtnagl/Stratz/*Stratz*, § 67 Rn 16; Semler/Stengel/*Diekmann*, § 67 Rn 28; Widmann/Mayer/*Rieger*, § 67 Rn 24.

Literatur:

Bungert/*Hentzen*, Kapitalerhöhung zur Durchführung von Verschmelzung oder Abspaltung bei parallelem Rückkauf eigener Aktien durch die übertragende Aktiengesellschaft, DB 1999, 2501; *Drinhausen,* Regierungsentwurf eines Zweiten Gesetzes zur Änderung des Umwandlungsgesetzes – ein Gewinn für die Praxis, BB 2006, 2313; *Handelsrechtsausschuss des Deutschen Anwaltvereins e.V.,* Vorschläge zur Änderung des UmwG, NZG 2000, 802; *Heckschen*, Kapitalerhaltung und Down-Stream-Merger, GmbHR 2008, 802; *Klein/Stephanblome,* Der Downstream Merger – aktuelle umwandlungs- und gesellschaftsrechtliche Fragestellungen, ZGR 2007, 351; *Kowalski,* Kapitalerhöhung bei horizontaler Verschmelzung, GmbHR 1996, 158; *Korte,* Aktienerwerb und Kapitalschutz bei Umwandlungen, WiB 1997, 953; *Krieger*, Der Konzern in Fusion und Umwandlung, ZGR 1990, 17; *Limmer*, Anteilsgewährung und Kapitalschutz bei Verschmelzung und Spaltung nach neuem Umwandlungsrecht, FS Schippel, 1996, S. 415; *Martens*, Der Erwerb eigener Aktien zum Umtausch im Verschmelzungsverfahren, FS Boujong, 1996, S. 335; *Petersen,* Vereinfachte Kapitalherabsetzung durch Verschmelzung?, GmbHR 2004, 728; *Priester*, Das neue Verschmelzungsrecht, NJW 1983, 1459: *Winter,* Die Anteilsgewährung – Zwingendes Prinzip des Verschmelzungsrechts?, FS Lutter, S. 1279.

I. Einleitendes

1 Die Vorschrift stellt zum einen in Abs. 1 S. 1 ein Verbot der Kapitalerhöhung im Zusammenhang mit einer Verschmelzung auf. In Abs. 1 S. 2 wird der übernehmenden Gesellschaft zum anderen ein Wahlrecht zur Kapitalerhöhung gewährt. Während das Verbot die Entstehung neuer Aktien verhindern soll, zielt das Wahlrecht darauf ab, die Reduzierung des Bestandes an eigenen Aktien zu fördern.[1] Abs. 1 S. 3 beinhaltet einen Verzicht der Gewährung von Aktien und wird besonders bei der konzerninternen Verschmelzung von Schwestergesellschaften relevant.[2]

2 Zudem wird der Höhe der baren Zuzahlung eine Obergrenze gesetzt, die 10 % des anteiligen Betrags am Grundkapital der gewährten Aktien des übernehmenden Rechtsträgers nicht überschreiten darf, Abs. 3. Der Anwendungsbereich erstreckt sich bei Abs. 1 und 2 nur auf die Verschmelzung zur Aufnahme.[3] Abs. 3 dagegen erfasst auch den Fall der Verschmelzung durch Neugründung.[4]

II. Verbot der Kapitalerhöhung (Abs. 1 S. 1)

3 **1. Übernehmende Gesellschaft hält Anteile am übertragenden Rechtsträger (Abs. 1 S. 1 Nr. 1).** Der **übernehmende Rechtsträger** darf im Rahmen einer Verschmelzung sein Kapital

1 Maulbetsch/Klumpp/Rose/*Frenz*, § 68 Rn 2 f; Kallmeyer/*Marsch-Barner*, § 68 Rn 1; Semler/Stengel/*Diekmann*, § 68 Rn 1.

2 Vgl Keßler/Kühnberger/*Brügel*, § 68 Rn 3; Kallmeyer/*Marsch-Barner*, § 68 Rn 16; Semler/Stengel/*Diekmann*, § 68 Rn 16.

3 Kallmeyer/*Marsch-Barner*, § 68 Rn 1 Semler/Stengel/*Diekmann*, § 68 Rn 4.

4 Vgl § 73 Rn 14.

nicht erhöhen, wenn er Anteile am **übertragenden Rechtsträger** hält. In diesem Fall ist er selbst dem Kreis der umtauschberechtigten Anteilsinhaber zuzuordnen. Folglich würde er im Wege der Verschmelzung Anteile an sich selbst erwerben. Dieses Ergebnis ist jedoch nicht erwünscht.[5] Da ein Anteilserwerb des übernehmenden Rechtsträgers an sich selbst dem Gebot der realen Kapitalaufbringung zuwiderliefe, darf dieser Rechtsträger im Wege der Verschmelzung auch nicht sein Kapital erhöhen.[6] Ist eine **Mutter-AG** als übernehmende Gesellschaft zu 100 % an der **Tochtergesellschaft** beteiligt, scheidet eine Kapitalerhöhung von vornherein aus. Hierbei handelt es sich um einen Upstream-Merger, bei dem eine Kapitalerhöhung materiellrechtlich nicht erforderlich ist.[7] Gleiches gilt für die Behandlung von zu 100 % beteiligten **Enkelgesellschaften.**

Das **Verbot** der Kapitalerhöhung ist aber dann nicht gegeben, wenn die übernehmende AG **nicht unmittelbar** an der übertragenden Gesellschaft, sondern nur als Mitglied einer Rechtsgemeinschaft, zB einer GbR, beteiligt ist.[8] Würde ein Verbot bejaht werden, wäre die Gewährung einer Beteiligung an die anderen, der Rechtsgemeinschaft zugehörigen Gesellschaften ausgeschlossen.[9] Hierbei ist zu beachten, dass die übernehmende AG selbst keine eigenen Aktien erwirbt, sondern nur die Rechtsgemeinschaft.[10] Die übernehmende AG kann jedoch gem. § 71 d AktG gezwungen sein, die Anteile zu erwerben und sie dann zu veräußern bzw einzuziehen. Hält ein von der übernehmenden AG abhängiges oder im Mehrheitsbesitz stehendes Unternehmen Anteile an der übertragenden Gesellschaft ist eine Kapitalerhöhung aufgrund der mittelbaren Beteiligung nicht verboten.[11] §§ 71 a und 71 c AktG sind anwendbar. 4

Entscheidender **Zeitpunkt** für die Feststellung der Beteiligungsverhältnisse an der übertragenden Gesellschaft ist der Zeitpunkt der Eintragung der Durchführung der Kapitalerhöhung.[12] Werden nach Eintragung der Durchführung der Kapitalerhöhung vom übernehmenden Rechtsträger weitere Anteile an der übertragenden Gesellschaft erworben, ist der Kapitalerhöhungsbetrag entspr. dem Kapitalerhöhungsvolumen durch korrigierende Beschlussfassung zu verringern.[13] Hält eine übernehmende AG eigene Aktien, ist eine Kapitalerhöhung dennoch möglich, da sie nicht verpflichtet ist, diese Aktien zur Durchführung der Verschmelzung einzusetzen.[14] 5

2. Übertragender Rechtsträger hält eigene Anteile (Abs. 1 S. 1 Nr. 2). Besitzt ein **übertragender Rechtsträger** eigene Anteile, ist eine Kapitalerhöhung unzulässig. Wird die Verschmelzung wirksam, erlöschen diese Anteile ersatzlos.[15] Daher bedarf es bzgl dieser Aktien keiner neuen Aktien des aufnehmenden Rechtsträgers als Gegenleistung.[16] Hält ein von dem übertragenden Rechtsträger abhängiges oder im Mehrheitsbesitz stehendes Unternehmen Anteile an der übertragenden Gesellschaft ist eine Kapitalerhöhung aufgrund der mittelbaren Beteiligung nicht zu beanstanden.[17] Dabei ist auf § 71 d AktG zu achten.[18] 6

5 § 20 Abs. 1 Nr. 3 S. 1 Hs 2 Var. 1.
6 § 56 Abs. 1 AktG; Goutier/Knopf/Tulloch/*Bermel*, § 68 Rn 5; Semler/Stengel/*Diekmann*, § 68 Rn 5.
7 Vgl zu § 344 AktG BT-Drucks. 9/1065, S. 20; *BayOLG* v. 5.12.1983 – Breg 3 Z 168/83, WM 1984, 553, 555 = GmbHR 1984, 122; BayOLG v. 17.10.1983 – 3 Z BR 153/83, AG 1984, 22, 23; BayOLG v. 24.5.1989 – 3 Z BR 20/89, WM 1989, 1930, 1931 = AG 1990, 161; Kallmeyer/*Marsch-Barner*, § 68 Rn 5; KölnKomm/*Simon*, § 68 Rn 17; *Semler*/Stengel/*Diekmann*, § 68 Rn 5.
8 Widmann/Mayer/*Rieger*, § 68 Rn 10 f; Semler/Stengel/*Diekmann*, § 68 Rn 6.
9 So auch Semler/Stengel/*Diekmann*, § 68 Rn 6; Widmann/Meyer/*Rieger*, § 68 Rn 10.
10 Semler/Stengel/*Diekmann*, § 68 Rn 6; HK/*Frenz*, § 68 Rn 8.
11 Maulbetsch/Klumpp/Rose/*Frenz*, § 68 Rn 9; Widmann/Mayer/*Rieger*, § 68 Rn 11.2.
12 Semler/Stengel/*Diekmann*, § 68 Rn 7; Maulbetsch/Klumpp/Rose/*Frenz*, § 68 Rn 10.
13 Maulbetsch/Klumpp/Rose/*Frenz*, § 68 Rn 10; Semler/Stengel/*Diekmann*, § 68 Rn 7; Widmann/Mayer/*Rieger*, § 68 Rn 11.1.
14 Kallmeyer/*Marsch-Barner*, § 68 Rn 6; Semler/Stengel/*Diekmann*, § 68 Rn 13; *Limmer*, in: FS Schippel, 1996, 415, 431; *Priester*, NJW 1983, 1459, 1464.
15 Goutier/Knopf/Tulloch/*Bermel*, § 68 Rn 6; Kallmeyer/*Marsch-Barner*, § 68 Rn 7; Semler/Stengel/*Diekmann*, § 68 Rn 8.
16 Semler/Stengel/*Diekmann*, § 68 Rn 8.
17 Maulbetsch/Klumpp/Rose/*Frenz*, § 68 Rn 11; Kallmeyer/*Marsch-Barner*, § 68 Rn 8; Semler/Stengel/*Diekmann*, § 68 Rn 9; Widmann/Mayer/*Rieger*, § 68 Rn 13.
18 Semler/Stengel/*Diekmann*, § 68 Rn 9; Kallmeyer/*Marsch-Barner*, § 68 Rn 8; Widmann/Mayer/*Rieger*, § 68 Rn 13.

7 Erwirbt die übertragende Gesellschaft nach Eintragung der Kapitalerhöhung im Zuge der Verschmelzung eigene Anteile, ist der Kapitalerhöhungsbetrag entspr. der Anzahl erworbener Aktien zu verringern.[19] Dieses Szenario kann von vornherein durch eine „Bis-zu-Kapitalerhöhung“ berücksichtigt werden.[20]

8 **3. Übertragender Rechtsträger hält Aktien am übernehmenden Rechtsträger, auf die der Ausgabebetrag nicht voll geleistet ist (Abs. 1 S. 1 Nr. 3).** Besitzt der **übertragende Rechtsträger** Aktien der **übernehmenden Gesellschaft**, ist eine Kapitalerhöhung unzulässig, soweit der Ausgabebetrag nicht voll geleistet wurde. In Parallele zum GmbH-Recht wird die Meinung vertreten, dass die betroffenen Aktien für den Umtausch zur Durchführung der Verschmelzung zur Verfügung gestellt werden können.[21] Diese Auffassung ist abzulehnen. Im Aktienrecht ist ein Erwerb nicht voll eingezahlter Aktien im Wege der Gesamtrechtsnachfolge nach § 71 Abs. 1 Nr. 5 AktG möglich.[22] Zwar ist der Erwerb nicht voll eingezahlter Aktien in bestimmten Fällen nach § 71 Abs. 2 S. 3 AktG ausgeschlossen. Allerdings ist der Verweisungsbereich abschließend. Vom Wortlaut und damit vom Verweis nicht erfasst ist § 71 Abs. 1 Nr. 5 AktG, der damit im Ergebnis den Erwerb nicht voll eingezahlter Aktien im Wege einer Gesamtrechtsnachfolge zulässt. Eine Verwendung dieser Aktien im Wege der Verschmelzung ist damit möglich, aber nicht verpflichtend.[23] Insofern besteht ein **Wahlrecht**. Allerdings ist bei einem Umtausch nicht voll eingezahlter Aktien zu beachten, dass dieser nur gegen nicht voll eingezahlte Anteile des übertragenden Rechtsträgers erfolgen kann, damit §§ 63 ff AktG nicht umgangen werden.[24]

9 Gehen im Zuge der Verschmelzung Aktien der übernehmenden AG, auf die der Ausgabebetrag nicht voll geleistet wurde, vom übertragenden Rechtsträger über, erlischt die fällige Einlagepflicht nicht durch Konfusion.[25] Ein Verzicht auf die noch fällige Forderung der Einlage im Verschmelzungsvertrag ist nicht möglich.[26]

III. Kapitalerhöhungswahlrechte (Abs. 1 S. 2 und S. 3)

10 **1. Übernehmender Rechtsträger hält eigene Aktien (Abs. 1 S. 2 Nr. 1).** Besitzt die **übernehmende Gesellschaft** eigene Aktien, kann sie diese den Anteilsinhabern des übertragenden Rechtsträgers gewähren, um von einer Kapitalerhöhung abzusehen. Voraussetzung ist indes, dass die Aktien die gleiche Gattung wie die Aktien, die für den Vermögensübergang zu gewähren sind, haben.[27] Entgegen dem Wortlaut des § 71 Abs. 1 Nr. 3 AktG ist der Erwerb eigener Aktien nicht nur zum Zweck der Abfindung der Anteilsinhaber erfasst, sondern auch zum Umtausch.[28] Dies lässt sich damit begründen, dass die übernehmende AG auch bei einem Umtausch die eigenen Anteile nur kurzfristig hält.[29]

11 **2. Übertragender Rechtsträger hält Aktien der übernehmenden Gesellschaft, auf die der Ausgabebetrag voll geleistet ist (Abs. 1 S. 2 Nr. 2).** Sofern der **übertragende Rechtsträger** Aktien der **übernehmenden Gesellschaft** besitzt, auf die der Ausgabebetrag in voller Höhe geleistet wurde, besteht ebenso ein **Wahlrecht** für die übernehmende Gesellschaft, ob sie ihr Grundkapital erhöht. Wird von einer Kapitalerhöhung abgesehen, kommt es im Zuge der Verschmelzung bei-

19 Kallmeyer/*Marsch-Barner*, § 68 Rn 7; Semler/Stengel/*Diekmann*, § 68 Rn 8.
20 Semler/Stengel/*Diekmann*, § 68 Rn 8; Kallmeyer/*Marsch-Barner*, § 68 Rn 7; Maulbetsch/Klumpp/Rose/*Frenz*, § 68 Rn 12; Bungert/*Hentzen*, DB 1999, 2501 ff.
21 Zum alten Recht: Geßler/Hefermehl/Eckardt/Kropff/*Grunewald*, § 346 AktG Rn 34.
22 Goutier/Knopf/Tulloch/*Bermel*, § 68 Rn 7; Semler/Stengel/*Diekmann*, § 68 Rn 10.
23 So auch Goutier/Knopf/Tulloch/*Bermel*, § 68 Rn 7; Kallmeyer/*Marsch-Barner*, § 68 Rn 9; Semler/Stengel/*Diekmann*, § 68 Rn 10; aA Lutter/*Grunewald*, § 68 Rn 3; Maulbetsch/Klumpp/Rose/*Frenz*, § 68 Rn 14 ff; aA RGJW 1933, 1012, 1014, KölnKomm/*Kraft*, § 339 AktG Rn 56.
24 Semler/Stengel/*Diekmann*, § 68 Rn 10.
25 Maulbetsch/Klumpp/Rose/*Frenz*, § 68 Rn 18; Semler/Stengel/*Diekmann*, § 68 Rn 11; Kallmeyer/*Marsch-Barner*, § 68 Rn 9; aA Widmann/Mayer/*Rieger*, § 68 Rn 18; Limmer, in: FS Schippel, 1996, 415, 430.
26 Vgl § 66 Abs. 1 AktG; Kallmeyer/*Marsch-Barner*, § 68 Rn 9; Semler/Stengel/*Diekmann*, § 68 Rn 11; aA Goutier/Knopf/Tulloch/*Bermel*, § 68 Rn 7.
27 Maulbetsch/Klumpp/Rose/*Frenz*, § 68 Rn 19; Semler/Stengel/*Diekmann*, § 68 Rn 13.
28 *Martens*, in: FS Boujong S. 335 ff; vgl *HRA*, NZG 2000, 802, 805 f; Maulbetsch/Klumpp/Rose/*Frenz*, § 68 Rn 19.
29 Semler/Stengel/*Diekmann*, § 68 Rn 13.

der Rechtsträger zu der Entstehung eigener Aktien.[30] Diese Entstehung widerspricht zwar dem Zweck des § 68, allerdings ist sie gem. § 71 Abs. 1 Nr. 5 AktG iVm § 71 Abs. 2 S. 3 AktG gestaltet. Erwirbt der übernehmende Rechtsträger durch die Verschmelzung eigene Aktien, gehen diese nicht unter. Für eine diesbezügliche Rücklage ist § 272 Abs. 4 HGB zu beachten.[31] Übersteigt der Erwerb eigener Aktien die Schwelle von 10 % des Grundkapitals, ist § 71 c Abs. 2 AktG mit der Maßgabe zu beachten, dass der oberhalb der Schwelle liegende Teil innerhalb von drei Jahren veräußert oder nach drei Jahren eingezogen werden muss.[32]

Bei der Verschmelzung einer Mutter- auf die 100%ige Tochtergesellschaft (**Downstream-Merger**) ist zu beachten, dass die Anteilsinhaber der Muttergesellschaft direkt die Anteile, die die Muttergesellschaft an der Tochtergesellschaft hält, erwerben, ohne dass die Tochtergesellschaft im Wege eines Durchgangserwerbs die Anteile erhält.[33] Allerdings ist ein solcher Downstream-Merger unzulässig, wenn hierdurch ein Verschmelzungsverlust entsteht, der das gezeichnete Kapital der Tochtergesellschaft angreift.[34] Hierdurch würde eine Einlagenrückgewähr entstehen, welche nicht zulässig ist.[35] 12

3. Alle Anteilsinhaber der übertragenden Gesellschaft verzichten auf die Gewährung von Aktien (Abs. 1 S. 3). Von der Kapitalerhöhung kann zuletzt abgesehen werden, wenn alle Anteilsinhaber des übertragenden Rechtsträgers auf die Gewährung von Aktien **verzichten**. Relevant ist vor allem die Frage nach der Erforderlichkeit einer Kapitalerhöhung bei gleicher Beteiligung der Anteilsinhaber von Schwesterngesellschaften, die aufeinander verschmolzen werden sollen.[36] Durch den identischen Anteilsinhaberkreis ändert sich die Beteiligungsquote nach der Verschmelzung nicht, wenn die Beteiligungsquote gleichmäßig war.[37] Gleichwohl gibt es Stimmen die eine Kapitalerhöhung in diesem Fall dennoch für zwingend erachten.[38] Richtigerweise ist die Notwendigkeit einer Kapitalerhöhung nicht mit dem Schutzgedanken des § 68 erklärbar. Die Vorschriften zur Kapitalerhöhung schützen letztlich nicht die Gläubiger, sondern stellen die Gewährung entspr. Anteile für die Anteilsinhaber der übertragenden Gesellschaften sicher.[39] Umgangen werden kann dieses Problem in der Praxis ohnehin dadurch, dass alle Anteilsinhaber auf die Kapitalerhöhung verzichten.[40] Durch den neuen Abs. 1 S. 3 ist diese Möglichkeit nun auch im Gesetz ausdr. geregelt. 13

Nach Abs. 1 S. 3 Hs 2 sind die **Verzichtserklärungen** der Aktionäre notariell zu beurkunden. Dies gilt sowohl für die Erklärungen bzgl der Gewährung von Aktien, als auch der Kapitalerhöhung. 14

Hinweis: Der nach Abs. 1 aF mögliche Verzicht auf die Ausgabe einer Aktie des übernehmenden Rechtsträgers stellte eine erhebliche Vereinfachung des Verfahrens dar.

Beraterseitig sollte im Regelfall darauf hingewirkt werden!

4. Ergänzende Fälle der Entbehrlichkeit der Kapitalerhöhung. Abs. 1 S. 2 hat keinen abschließenden Charakter.[41] Es sind Konstellationen denkbar, die gesetzlich nicht ausdr. geregelt sind, für die die Notwendigkeit einer Kapitalerhöhung aber ebenso entbehrlich ist. Daher ist § 68 entspr. anzuwenden. Dies ist bspw der Fall, wenn Aktien von einem Dritten zum Umtausch zur 15

30 Maulbetsch/Klumpp/Rose/*Frenz*, § 68 Rn 20; Kallmeyer/*Marsch-Barner*, § 68 Rn 13.
31 Semler/Stengel/*Diekmann*, § 68 Rn 14; Kallmeyer/*Marsch-Barner*, § 68 Rn 13.
32 Keßler/Kühnberger/*Brügel*, § 68 Rn 7; Kallmeyer/*Marsch-Barner*, § 68 Rn 13.
33 *Klein/Stephanblome* ZGR 2007, 351, 354 mwN.
34 Maulbetsch/Klumpp/Rose/*Frenz*, § 68 Rn 21; Semler/Stengel/*Diekmann*, § 68 Rn 15.
35 § 57 AktG, § 30 Abs. 1 GmbHG; vgl *Klein/Stephanblome*, ZGR 2007, 351, 364 ff; *Heckschen*, GmbHR 2008, 802, 804 f.
36 Semler/Stengel/*Diekmann*, § 68 Rn 16.
37 *Winter*, FS Lutter, S. 1279, 1280 ff; Widmann/Mayer/*Rieger*, § 68 Rn 33 ff.
38 RegBegr. *Ganske*, S. 114; OLG Hamm WM 1988, 1125 f; *BayObLG* WM 1989, 1930, 1933 ff; *Kowalski*, GmbHR 1996, 158, 159 ff; *Petersen*, GmbHR 2004, 728 f.
39 Semler/Stengel/*Diekmann*, § 68 Rn 16; Kallmeyer/*Marsch-Barner*, § 68 Rn 16.
40 *Drinhausen*, BB 2006, 2313, 2315.
41 Maulbetsch/Klumpp/Rose/*Frenz*, § 68 Rn 23; Semler/Stengel/*Diekmann*, § 68 Rn 19; Widmann/Mayer/*Rieger*, § 68 Rn 29 ff.

Verfügung gestellt werden.[42] Da in diesem Fall die Vorschriften über den Erwerb eigener Aktien zum Tragen kommen, ist nur ein unentgeltlicher Erwerb nach § 71 Abs. 1 Nr. 4 AktG zulässig.

IV. Aktienbesitz eines Dritten (Abs. 2)

16 Hält ein **Dritter** Aktien treuhänderisch, sind die Vorschriften über das Verbot bzw das Wahlrecht zur Kapitalerhöhung aus Abs. 1 entspr. anzuwenden. Voraussetzung ist, dass der Dritte in eigenem Namen, aber für Rechnung des übernehmenden bzw übertragenden Rechtsträgers tätig wird. Die von dem Dritten gehaltenen Aktien können zum Umtausch gem. § 71 Abs. 1 Nr. 4 AktG unentgeltlich zur Verfügung gestellt werden, sofern kein Fall des § 71 d AktG vorliegt.[43] In der Praxis empfiehlt es sich, diesem bereits vor Eintragung der Verschmelzung nachzukommen, damit der automatische Übergang der Aktien auf die Anteilsinhaber gem. § 20 Abs. 1 Nr. 3 gewährleistet ist.[44]

17 Hält ein **abhängiges** oder im **Mehrbesitz** stehendes Unternehmen Anteile an der übertragenden Gesellschaft, ist eine Anwendung des Abs. 1 ausgeschlossen.[45] Abs. 2 regelt diesen Sachverhalt abschließend.[46] § 71 d S. 2 AktG ist in diesem Fall nicht anwendbar, da die außenstehenden Aktionäre des abhängigen Unternehmens vor dem ersatzlosen Untergang ihrer Anteile im Wege der Verschmelzung geschützt werden.[47]

V. Bare Zuzahlungen (Abs. 3)

18 **1. Allgemeines.** Sofern es zu einer **baren Zuzahlung** kommt, muss dies bereits im Verschmelzungsvertrag angegeben werden.[48] Die Gesamthöhe ist gemessen am Verhältnis zum Nennbetrag der zu gewährenden Aktien der übernehmenden Gesellschaft begrenzt.[49] Die baren Zuzahlungen dürfen in der Summe maximal 10 % des Nennbetrages der zu gewährenden Aktien erreichen, um einen Auskauf der Gesellschafter des übertragenden Rechtsträgers zu verhindern.[50] Die Zuzahlung soll dem Ausgleich von nicht durch die Gewährung der Aktien regulierbaren Spitzen dienen und erfolgt an Erfüllung statt gem. § 364 Abs. 1 BGB.[51]

19 Umstritten ist, ob jeder Aktionär **Anspruch** auf Gewährung mind. einer Aktie hat.[52] Verschiedentlich wird angeführt, dies sei unter dem Gesichtspunkt des Schutzes einzelner Aktionäre vor einem drohenden Auskauf erforderlich.[53] Allerdings wird bereits durch die Grenze von 10 % einem Auskauf genügend vorgebeugt.[54] Sollte die Beteiligung einzelner Aktionäre so gering sein, dass die Gewährung nur einer Aktie nicht in Betracht kommt, ist hierfür ein entspr. Ausgleich in bar vorzunehmen.[55] Dies könnte sich durch die Schaffung von Aktien mit einem anteiligen Betrag am Grundkapital von EUR 1 vermeiden lassen.[56]

20 **2. Berechnung der Zehn-Prozent-Grenze.** In die **Berechnung** der Grenze fließen alle gewährten Aktien ein, unabhängig davon, ob sie bereits existieren oder durch eine Kapitalerhöhung erst

42 Semler/Stengel/*Diekmann*, § 68 Rn 19; Kallmeyer/*Marsch-Barner*, § 68 Rn 14; Schmitt/Hörtnagl/Stratz/*Stratz*, § 67 Rn 12.
43 Kallmeyer/*Marsch-Barner*, § 68 Rn 14; Schmitt/Hörtnagl/Stratz/*Stratz*, § 67 Rn 12.
44 Maulbetsch/Klumpp/Rose/*Frenz*, § 68 Rn 24; Semler/Stengel/*Diekmann*, § 68 Rn 17; Kallmeyer/*Marsch-Barner*, § 68 Rn 14; Widmann/Mayer/*Rieger*, § 68 Rn 20 f.
45 Semler/Stengel/*Diekmann*, § 68 Rn 18; Kallmeyer/*Marsch-Barner*, § 68 Rn 10; KölnKomm/*Simon*, § 68 Rn 39; Schmitt/Hörtnagl/Stratz/*Stratz*, § 67 Rn 14.
46 Keßler/Kühnberger/*Brügel*, § 68 Rn 9.
47 *Korte*, WiB 1997, 953, 963 ff; Widmann/Mayer/*Rieger*, § 68 Rn 20.
48 § 5 Abs. 1 Nr. 3.
49 § 68 Abs. 3.
50 KölnKomm/*Simon*, § 68 Rn 12; Semler/Stengel/*Diekmann*, § 68 Rn 20.
51 Semler/Stengel/*Diekmann*, § 68 Rn 20; KölnKomm/*Simon*, § 68 Rn 62; Kallmeyer/*Marsch-Barner*, § 68 Rn 20; Maulbetsch/Klumpp/Rose/*Frenz*, § 68 Rn 26.
52 Vgl zum Streitstand Widmann/Mayer/*Rieger*, § 68 Rn 39 f.
53 Widmann/Mayer/*Rieger*, § 68 Rn 40.
54 So auch *Winter*, FS Lutter, S. 1279, 1285 ff; Semler/Stengel/*Diekmann*, § 68 Rn 2.
55 Kallmeyer/*Marsch-Barner*, § 68 Rn 22.
56 So jedenfalls Maulbetsch/Klumpp/Rose/*Frenz*, § 68 Rn 26.

noch entstehen werden.[57] Sind mehrere übertragende Rechtsträger an der Verschmelzung beteiligt ist die Zehn-Prozent-Grenze für jeden Rechtsträger einzeln zu überprüfen.[58] Die Berechnung erfolgt demnach absolut und relativ.[59]

3. **Unter-Pari-Emission.** Werden Aktien ausgegeben und zusätzlich eine bare Zuzahlung gewährt, ist darauf zu achten, dass es zu keiner Unter-Pari-Emission kommt.[60] Dies ist zum einen der Fall, wenn Aktien **zu Pari** ausgegeben werden und darüber hinaus eine **bare Zuzahlung** erfolgt.[61] Zum anderen kann es zu einer Unter-Pari-Emission kommen, wenn Aktien über Pari ausgegeben werden und die Höhe der baren Zuzahlung den über Pari liegenden Wert der Gesellschaft übersteigt.[62] Kommt es zu einer Unter-Pari-Emission ist eine bare Zuzahlung nicht möglich.[63] 21

VI. Rechtsfolge von Verstößen

Ein Verstoß gegen Abs. 1 oder 2 macht den Kapitalerhöhungsbeschluss lediglich **anfechtbar**, nicht aber nichtig.[64] Ein Verstoß gegen die Zehn-Prozent-Grenze des Abs. 3 führt zu einer **Nichtigkeit** der entspr. Regelung im Verschmelzungsvertrag,[65] im Zweifel des kompletten Vertrages.[66] Sollte die Verschmelzung trotz Verstoßes im Register eingetragen werden, bleibt sie gem. § 20 Abs. 2 wirksam. Bare Zuzahlungen sind in diesem Fall komplett zu leisten.[67] 22

§ 69 Verschmelzung mit Kapitalerhöhung

(1) [1]Erhöht die übernehmende Gesellschaft zur Durchführung der Verschmelzung ihr Grundkapital, so sind § 182 Abs. 4, § 184 Abs. 1 Satz 2, §§ 185, 186, 187 Abs. 1, § 188 Abs. 2 und 3 Nr. 1 des Aktiengesetzes nicht anzuwenden; eine Prüfung der Sacheinlage nach § 183 Abs. 3 des Aktiengesetzes findet nur statt, soweit übertragende Rechtsträger die Rechtsform einer Personenhandelsgesellschaft, einer Partnerschaftsgesellschaft oder eines rechtsfähigen Vereins haben, wenn Vermögensgegenstände in der Schlußbilanz eines übertragenden Rechtsträgers höher bewertet worden sind als in dessen letzter Jahresbilanz, wenn die in einer Schlußbilanz angesetzten Werte nicht als Anschaffungskosten in den Jahresbilanzen der übernehmenden Gesellschaft angesetzt werden oder wenn das Gericht Zweifel hat, ob der Wert der Sacheinlage den geringsten Ausgabebetrag der dafür zu gewährenden Aktien erreicht. [2]Dies gilt auch dann, wenn das Grundkapital durch Ausgabe neuer Aktien auf Grund der Ermächtigung nach § 202 des Aktiengesetzes erhöht wird. [3]In diesem Fall ist außerdem § 203 Abs. 3 des Aktiengesetzes nicht anzuwenden. [4]Zum Prüfer kann der Verschmelzungsprüfer bestellt werden.

(2) Der Anmeldung der Kapitalerhöhung zum Register sind außer den in § 188 Abs. 3 Nr. 2 und 3 des Aktiengesetzes bezeichneten Schriftstücken der Verschmelzungsvertrag und die Niederschriften der Verschmelzungsbeschlüsse in Ausfertigung oder öffentlich beglaubigter Abschrift beizufügen.

57 Goutier/Knopf/Tulloch/*Bermel*, § 68 Rn 13; Kallmeyer/*Marsch-Barner*, § 68 Rn 20.
58 Semler/Stengel/*Diekmann*, § 68 Rn 23; Widmann/Mayer/*Rieger*, § 68 Rn 43.
59 Widmann/Mayer/*Rieger*, § 68 Rn 43.
60 Maulbetsch/Klumpp/Rose/*Frenz*, § 68 Rn 28; Semler/Stengel/*Diekmann*, § 68 Rn 24; Kallmeyer/*Marsch-Barner*, § 68 Rn 20; Widmann/Mayer/*Rieger*, § 68 Rn 47.
61 Semler/Stengel/*Diekmann*, § 68 Rn 24.
62 Widmann/Mayer/*Rieger*, § 68 Rn 44.
63 Semler/Stengel/*Diekmann*, § 68 Rn 24; Kallmeyer/*Marsch-Barner*, § 68 Rn 20; Maulbetsch/Klumpp/Rose/*Frenz*, § 68 Rn 28.
64 Maulbetsch/Klumpp/Rose/*Frenz*, § 68 Rn 29; Kallmeyer/*Marsch-Barner*, § 68 Rn 16; aA KölnKomm/*Simon*, § 68 Rn 69.
65 Semler/Stengel/*Diekmann*, § 68 Rn 28; Maulbetsch/Klumpp/Rose/*Frenz*, § 68 Rn 31; Schmitt/Hörtnagl/Stratz/*Stratz*, § 67 Rn 17.
66 § 139 BGB; KölnKomm/*Simon*, § 68 Rn 73.
67 Semler/Stengel/*Diekmann*, § 68 Rn 28; Kallmeyer/*Marsch-Barner*, § 68 Rn 23; KölnKomm/*Simon*, § 68 Rn 74.

Literatur:

Grunewald, OLG München vom 27.10.2005 – Keine Ausgleichspflicht der Aktionäre einer wertlosen übertragenen Gesellschaft nach Verschmelzung zweier AG, EWiR 2006, 29; *Ihrig*, Gläubigerschutz durch Kapitalaufbringung bei Verschmelzung und Spaltung nach neuem Umwandlungsrecht, GmbHR 1995, 622, 627; *Kallmeyer*, Differenzhaftung bei Verschmelzung mit Kapitalerhöhung und Verschmelzung im Wege der Neugründung, GmbHR 2007, 1121; *Simon/Merkelbach*, Das Dritte Gesetz zur Änderung des UmwG, DB 2011, 1317.

I. Einleitendes

1 Bei einer Verschmelzung hat die übernehmende AG den Anteilsinhabern der übertragenden Gesellschaft als Gegenleistung Aktien zu gewähren.[1] Sofern § 68 nicht greift, sind neue Aktien im Wege einer Kapitalerhöhung zu schaffen.[2] Die Kapitalerhöhung ist eine Sachkapitalerhöhung, für die die §§ 182 ff AktG gelten.[3] § 69 stellt zu den Vorschriften aus dem AktG eine Erleichterung dar. Voraussetzung ist, dass die Kapitalerhöhung zur Durchführung der Verschmelzung erfolgt.[4] Findet die Kapitalerhöhung zu einem anderen Zweck statt, findet § 69 keine Anwendung.[5] Stattdessen gelten die allg. Vorschriften.[6]

2 Zudem ist der Anwendungsbereich des § 69 nur eröffnet, wenn übernehmender Rechtsträger eine AG ist.[7] Voraussetzung für die Eintragung der Verschmelzung bei der übernehmenden AG ist die vorherige Eintragung der Durchführung der Kapitalerhöhung im Register.[8] Ist eine AG an der Spaltung zur Aufnahme beteiligt, findet § 69 mit der Maßgabe Anwendung, dass eine Prüfung der Sacheinlage gem. 142 Abs. 1 stets stattzufinden hat.[9]

II. Ausschluss aktienrechtlicher Vorschriften (Abs. 1 S. 1 Hs 1)

3 **1. § 182 Abs. 4 AktG.** § 182 AktG ist bei der Verschmelzung im Rahmen einer **Kapitalerhöhung** grds. anzuwenden. Ausgenommen ist lediglich Abs. 4. Demnach ist klargestellt, dass eine Kapitalerhöhung auch dann erfolgen darf, wenn auf die bestehenden Aktien der übernehmenden AG noch Einlagen ausstehen. Grundgedanke des § 182 Abs. 4 AktG ist, noch ausstehende Einlagen einzufordern bevor (weiterer) Kapitalbedarf durch eine erneute Erhöhung des Grundkapitals gedeckt wird.[10] Begründen lässt sich die in § 69 umwandlungsrechtlich vorgesehene

1 § 20 Abs. 1 Nr. 3.
2 Maulbetsch/Klumpp/Rose/*Klumpp*, § 69 Rn 1.
3 Keßler/Kühnberger/*Brügel*, § 69 Rn 1; Kallmeyer/*Marsch-Barner*, § 69 Rn 1; Semler/Stengel/*Diekmann*, § 69 Rn 1; Maulbetsch/Klumpp/Rose/*Klumpp*, § 69 Rn 1.
4 Kallmeyer/*Marsch-Barner*, § 69 Rn 1; Semler/Stengel/*Diekmann*, § 69 Rn 2.
5 Widmann/Mayer/*Rieger*, § 69 Rn 3; Kallmeyer/*Marsch-Barner*, § 69 Rn 2; Semler/Stengel/*Diekmann*, § 69 Rn 3.
6 KölnKomm/*Kraft*, § 343 AktG Rn 3.
7 Semler/Stengel/*Diekmann*, § 69 Rn 3; Maulbetsch/Klumpp/Rose/*Klumpp*, § 69 Rn 1.
8 § 66 Rn 2.
9 Semler/Stengel/*Diekmann*, § 69 Rn 3 Fn 5.
10 Keßler/Kühnberger/*Brügel*, § 69 Rn 4; Widmann/Mayer/*Rieger*, § 69 Rn 6.

Ausnahme zu § 182 Abs. 4 AktG mit dem Zweck der Kapitalerhöhung.[11] Sofern die Kapitalerhöhung der Durchführung der Verschmelzung dient, steht die Verschmelzung im Vordergrund und nicht die Beschaffung von Kapital.[12]

2. § 184 Abs. 1 S. 2 AktG. Die Kapitalerhöhung zur Durchführung der Verschmelzung dient der **Bereitstellung** neuer Aktien, die die Aktionäre im Gegenzug zur Verschmelzung ihres Rechtsträgers auf die AG erhalten. Da das Kapitalerhöhungsverbot des § 182 Abs. 4 AktG im Rahmen des § 69 nicht gilt, sind auch die Angaben über Umfang und Uneinbringlichkeit noch ausstehender Einlagen entbehrlich.[13] 4

3. § 185 AktG. Komplett unanwendbar im Rahmen des § 69 ist § 185 AktG. Danach hat keine **Zeichnung** neuer Aktien stattzufinden. Grds. ist zwar die Zeichnung neuer Aktien erforderlich für deren Entstehung, allerdings tritt an die Stelle des Zeichnungsscheins der Verschmelzungsvertrag.[14] Zwar gibt es Stimmen, die bereits den Verschmelzungsbeschluss als ausreichendes Äquivalent zum Zeichnungsschein gelten lassen.[15] Allerdings ist dieser Streit in der Praxis irrelevant, da bei jeglicher Verschmelzung sowohl Verschmelzungsbeschluss als auch Verschmelzungsvertrag vorliegen. 5

4. § 186 AktG. Ebenfalls komplett ausgeschlossen ist § 186 AktG. Gäbe es ein **Bezugsrecht** der Aktionäre bzgl der im Wege der Kapitalerhöhung neu zu schaffenden Aktien, könnte das eigentliche Ziel – die Gewährung neuer Aktien als Gegenleistung der Verschmelzung für die Aktionäre des übertragenden Rechtsträgers – nicht erreicht werden.[16] Die neuen Aktien sollen den Anteilsinhabern des übertragenden Rechtsträgers ausschließlich zustehen.[17] 6

5. § 187 Abs. 1 AktG. Da sich § 187 Abs. 1 AktG auf § 186 AktG und die darin geregelten Bezugsrecht bezieht, ist durch den Ausschluss von § 186 AktG auch § 187 Abs. 1 AktG nicht anwendbar. Da sich § 187 Abs. 2 AktG nicht auf eine der durch § 69 ausgeschlossenen Normen bezieht und selbst nicht für unanwendbar erklärt ist, bleibt er auch im Rahmen der Verschmelzung zu beachten. Daraus wird deutlich, dass über den Verschmelzungsvertrag kein Anspruch auf die Durchführung der Kapitalerhöhung hergeleitet werden kann.[18] 7

6. § 188 Abs. 2 AktG. Der Anmeldung zum Handelsregister ist grds. ein **Nachweis** über die Leistung der Einlagen beizufügen. Bei einer Kapitalerhöhung im Rahmen der Verschmelzung ist dies jedoch nicht erforderlich, da durch den Übergang des Vermögens der übertragenden Gesellschaft die Einlagen geleistet werden.[19] Bei dem Übergang handelt es um eine Sacheinlage, die gem. § 20 Abs. 1 Nr. 1 übergeht.[20] Wurde das Vermögen der übertragenden Gesellschaft im Vorfeld überbewertet, trifft die Gesellschafter des übertragenden Rechtsträgers keine **Differenzhaftung.**[21] Ein Ausgleich zwischen dem Wert des Vermögens und dem Nennbetrag der zu gewährenden Aktien findet nicht statt.[22] 8

7. § 188 Abs. 3 Nr. 1 AktG. Da keine Zeichnungsscheine nach § 185 AktG erforderlich sind, können auch weder Zeichnungsschein, noch ein Verzeichnis der Zeichner der Registeranmeldung beigefügt werden. 9

11 Lutter/*Grunewald*, § 69 Rn 6; Maulbetsch/Klumpp/Rose/*Klumpp*, § 69 Rn 4.
12 So auch Maulbetsch/Klumpp/Rose/*Klumpp*, § 69 Rn 4; Lutter/*Grunewald*, § 69 Rn 6; Kallmeyer/*Marsch-Barner*, § 69 Rn 5.
13 Keßler/Kühnberger/*Brügel*, § 69 Rn 4; Semler/Stengel/*Diekmann*, § 69 Rn 13; Lutter/*Grunewald*, § 69 Rn 13.
14 Kallmeyer/*Marsch-Barner*, § 69 Rn 12; Semler/Stengel/*Diekmann*, § 69 Rn 14.
15 Lutter/*Grunewald*, § 69 Rn 15.
16 Maulbetsch/Klumpp/Rose/*Klumpp*, § 69 Rn 7; Widmann/Mayer/*Rieger*, § 69 Rn 10; Semler/Stengel/*Diekmann*, § 69 Rn 15.
17 Keßler/Kühnberger/*Brügel*, § 69 Rn 4; Semler/Stengel/*Diekmann*, § 69 Rn 15; Kallmeyer/*Marsch-Barner*, § 69 Rn 12.
18 So auch Lutter/*Grunewald*, § 69 Rn 17; Schmitt/Hörtnagl/Stratz/*Stratz*, § 69 Rn 10.
19 Maulbetsch/Klumpp/Rose/*Klumpp*, § 69 Rn 9.
20 Keßler/Kühnberger/*Brügel*, § 69 Rn 4.
21 *Kallmeyer,* GmbHR 2007, 1121; Maulbetsch/Klumpp/Rose/*Klumpp*, § 69 Rn 9.
22 BGH Urt. v. 12.3.2007, Az II ZR 302/05, abgedr. in AG 2007, S. 487 ff; *Grunewald,* EWiR 2006, 30; aA *Thoß,* NZG 2006, 378.

III. Prüfung der Sacheinlage (Abs. 1 S. 1 Hs 2)

10 Die Prüfung einer **Sacheinlage** ist auch im Zuge einer Verschmelzung in bestimmten Fällen erforderlich. Hierfür verweist Abs. 1 S. 1 Hs 2 auf § 183 Abs. 3 AktG. Die Kapitalerhöhung zur Durchführung der Verschmelzung ist eine Sachkapitalerhöhung. Die durch Abs. 1 eingeschränkte Prüfungspflicht der Werthaltigkeit der Sacheinlagen besteht in folgenden Sonderfällen:

11 **1. Übertragender Rechtsträger ist Personenhandelsgesellschaft, Partnerschaftsgesellschaft oder rechtsfähiger Verein.** Sofern die übertragende Gesellschaft eine **Personenhandelsgesellschaft, Partnerschaftsgesellschaft** oder ein rechtsfähiger **Verein** ist, hat ein externer Prüfer die Sacheinlage zu prüfen. Von der Prüfungspflicht befreit sind alle Rechtsformen, die den gesetzlichen Kapitalaufbringungs- und -erhaltungsvorschriften unterliegen.[23] Da die drei genannten Gesellschaftsformen diesem gesetzlichen System des Gläubigerschutzes nicht unterliegen, ist bei ihnen zwingend eine Prüfung der Sacheinlagen vorzunehmen.[24]

12 **2. Vermögensgegenstände eines übertragenden Rechtsträgers sind in der Schlussbilanz höher bewertet als in der letzten Jahresbilanz.** Werden **Vermögensgegenstände** eines übertragenden Rechtsträgers in der Schlussbilanz höher bewertet als in der letzten Jahresbilanz, ist eine Prüfung der Sacheinlage vorzunehmen. Die Prüfung hat in diesem Fall unabhängig von der Rechtsform der Gesellschaft zu erfolgen.[25] Der Wertunterschied kann durch die Aufdeckung **stiller Reserven** zustande kommen.[26] Ebenso denkbar ist dies auch, wenn in der Schlussbilanz Zuschreibungen gem. §§ 253 Abs. 5, 280 HGB erfolgen, da diese als Hinweise auf eine mangelnde Werthaltigkeit angesehen werden können.[27] Zu prüfen ist die gesamte Sacheinlage und nicht nur die höher bewerteten Vermögensgegenstände.[28] Sofern als Schlussbilanz die Jahresbilanz verwendbar ist, dient die letzte davor aufgestellte Jahresbilanz als Vergleichsmaßstab.[29]

13 **3. Buchwerte werden in Anwendung des Bilanzierungswahlrechts nach § 24 von der übernehmenden Gesellschaft nicht weitergeführt.** Nach § 24 steht es der übernehmenden Gesellschaft frei, die Werte der Schlussbilanz des übertragenden Rechtsträgers als **Anschaffungskosten** in ihrer Jahresbilanz anzusetzen.[30] In diesem Fall hat eine Prüfung der Werthaltigkeit stattzufinden, um einer Überbewertung vorzubeugen.[31] Vergleichsmaßstab bildet die nächste Jahresbilanz des übertragenden Rechtsträgers.[32] Da diese zum Zeitpunkt der Anmeldung beim Register regelmäßig noch nicht vorliegen wird, besteht die Gefahr, dass der Registerrichter mangels prüfbarer Unterlagen die Eintragung der Verschmelzung versagt.[33] In der Praxis sollte daher bereits im Verschmelzungsvertrag aufgeführt werden, dass die übernehmende Gesellschaft die Buchwerte der übertragenden Gesellschaft weiterführt.[34] Hilfreich ist auch, mit dem Registergericht abzustimmen, dass eine Weiterführung zu Anschaffungskosten erfolgt, um dessen Prüfungsmaßstab im Einzelfall zu berücksichtigen.[35]

23 Widmann/Mayer/*Rieger*, § 69 Rn 24; Semler/Stengel/*Diekmann*, § 69 Rn 7 f; Maulbetsch/Klumpp/Rose/*Klumpp*, § 69 Rn 12.

24 Semler/Stengel/*Diekmann*, § 69 Rn 8; KölnKomm/*Simon*, § 69 Rn 16; Goutier/Knopf/Tulloch/*Bermel*, § 68 Rn 22; Kallmeyer/*Marsch-Barner*, § 69 Rn 7.

25 Maulbetsch/Klumpp/Rose/*Klumpp*, § 69 Rn 13; Kallmeyer/*Marsch-Barner*, § 69 Rn 8; Semler/Stengel/*Diekmann*, § 69 Rn 10; Widmann/Mayer/*Rieger*, § 69 Rn 26; Lutter/*Grunewald*, § 69 Rn 10; KölnKomm/*Simon*, § 69 Rn 20.

26 Schmitt/Hörtnagl/Stratz/*Stratz*, § 69 Rn 15; Semler/Stengel/*Diekmann*, § 69 Rn 9.

27 So jedenfalls Lutter/*Grunewald*, § 69 Rn 10; Widmann/Mayer/*Rieger*, § 69 Rn 25; krit. KölnKomm/*Simon*, § 69 Rn 18.

28 Kallmeyer/*Marsch-Barner*, § 69 Rn 8.

29 Lutter/*Grunewald*, § 69 Rn 11; Semler/Stengel/*Diekmann*, § 69 Rn 10; Widmann/Mayer/*Rieger*, § 69 Rn 26; Kallmeyer/*Marsch-Barner*, § 69 Rn 8; KölnKomm/*Simon*, § 69 Rn 20.

30 Maulbetsch/Klumpp/Rose/*Klumpp*, § 69 Rn 14; Kallmeyer/*Marsch-Barner*, § 69 Rn 9; Semler/Stengel/*Diekmann*, § 69 Rn 10.

31 Semler/Stengel/*Diekmann*, § 69 Rn 10; Kallmeyer/*Marsch-Barner*, § 69 Rn 9.

32 Widmann/Mayer/*Rieger*, § 69 Rn 29; Semler/Stengel/*Diekmann*, § 69 Rn 10; Maulbetsch/Klumpp/Rose/*Klumpp*, § 69 Rn 14; Kallmeyer/*Marsch-Barner*, § 69 Rn 9.

33 Maulbetsch/Klumpp/Rose/*Klumpp*, § 69 Rn 14.

34 Kallmeyer/*Marsch-Barner*, § 69 Rn 9; Widmann/Mayer/*Rieger*, § 69 Rn 30.

35 Ähnlich KölnKomm/*Simon*, § 69 Rn 23; Lutter/*Grunewald*, § 69 Rn 10.

4. Zweifel des Gerichts an der Werthaltigkeit der Sacheinlage. Grds. hat das Registergericht die eingereichten Unterlagen daraufhin zu überprüfen, ob der Wert der Sacheinlage den geringsten Ausgabebetrag der zu gewährenden Aktien erreicht.[36] Bestehen nach dieser Durchsicht **Zweifel** daran, ist eine Prüfung der Werthaltigkeit durchzuführen. Allein das Vorliegen einer Schlussbilanz oder die Durchführung einer Verschmelzungsprüfung müssen nicht in jedem Fall genügen, um Zweifel auszuschließen.[37] Denn eine Verschmelzungsprüfung zielt lediglich auf das Umtauschverhältnis ab, woraus sich jedoch nicht ohne weiteres die Deckung des anteiligen Betrags Grundkapital der neuen Aktien bestimmen lässt.[38] Bei mehreren übertragenden Gesellschaften hat eine Prüfung nur bei den Rechtsträgern stattzufinden, bei denen Abs. 1 Anwendung findet.[39] Die Erreichung des geringsten Ausgabebetrags der zu gewährenden Aktien ist am Gesamtvermögen aller beteiligten Gesellschaften zu bestimmen.[40] 14

IV. Prüfer (Abs. 1 S. 4)

Durch das 3. UmwÄndG vom 11.7.2011 wurde in Abs. 1 der S. 4 eingefügt, nach dem es der Gesellschaft nun freisteht, als Prüfer der Sacheinlage den **Verschmelzungsprüfer** einzusetzen.[41] Dies schafft nicht nur eine zeitliche Erleichterung, sondern reduziert tendenziell die Kosten des Rechtsträgers, da der Verschmelzungsprüfer bereits mit den gesamten Verschmelzungsvorgängen vertraut ist. 15

V. Genehmigtes Kapital (Abs. 1 S. 2 und 3)

Wird für die Kapitalerhöhung **genehmigtes Kapital** eingesetzt, gelten nach Abs. 1 S. 2 die Erleichterungen des Abs. 1 S. 1 gleichermaßen. Dementsprechend gelten die Regeln zur Prüfung der Sacheinlage auch nur in den von Abs. 1 S. 1 Hs 2 erfassten Sonderfällen. Dabei ist die Grenze des genehmigten Kapitals gem. § 202 Abs. 3 AktG auf höchstens 50 % des Grundkapitals beschränkt, das zur Zeit der Ermächtigung vorhanden ist. Daneben gilt nach Abs. 1 S. 3 das Ausgabeverbot neuer Aktien nach § 203 Abs. 3 AktG nicht, auch wenn ausstehende Einlagen noch erlangt werden können. 16

VI. Bedingtes Kapital

Ebenfalls möglich ist es, die für den Umtausch benötigten Anteile über ein vorhandenes **bedingtes Kapital** gem. § 192 Abs. 2 Nr. 2 AktG zu schaffen.[42] Auch in diesem Fall ist gem. § 194 Abs. 4 AktG eine Prüfung der Werthaltigkeit vorzunehmen. Da die Prüfung des § 194 Abs. 4 AktG der Prüfung nach § 183 Abs. 3 AktG entspricht, müssen auch hier die Erleichterungen des Abs. 1 S. 1 mit der Maßgabe gelten, dass eine Prüfung (nur) in den von Abs. 1 S. 1 Hs 1 erfassten Fälle durchzuführen ist. Auch hier gilt die Beschränkung des Nennbetrags auf höchstens 50 % des Grundkapitals, das zur Zeit der Ermächtigung vorhanden ist.[43] 17

Da die Verwendung von bedingtem Kapital notwendig immer bedeutet, dass das Grundkapital erst mit Ausgabe der Bezugsaktien erhöht wird, bietet sich dieses Vorgehen an, wenn zum Zeitpunkt der Beschlussfassung über die Kapitalerhöhung noch unklar ist, wie viele Aktien zur Durchführung der Verschmelzung exakt benötigt werden.[44] In der Praxis kann dies bei der Verschmelzung von **mehreren Rechtsträgern** auf eine übernehmende Gesellschaft in mehreren 18

36 Semler/Stengel/*Diekmann*, § 69 Rn 11; Kallmeyer/*Marsch-Barner*, § 69 Rn 11.

37 KölnKomm/*Simon*, § 69 Rn 24; Schmitt/Hörtnagl/Stratz/*Stratz*, § 69 Rn 17.

38 Vgl *Ihrig*, GmbHR 1995, 622, 627, 641; Semler/Stengel/*Diekmann*, § 69 Rn 11.

39 Kallmeyer/*Marsch-Barner*, § 69 Rn 11; Semler/Stengel/*Diekmann*, § 69 Rn 11.

40 Lutter/*Grunewald*, § 69 Rn 12; Schmitt/Hörtnagl/Stratz/*Stratz*, § 69 Rn 18.

41 Drittes Gesetz zur Änderung des Umwandlungsgesetzes v. 11.7.2011, BGBl. I S. 1338.

42 Keßler/Kühnberger/*Brügel*, § 69 Rn 12; Semler/Stengel/*Diekmann*, § 69 Rn 20 f.

43 § 192 Abs. 3 AktG.

44 Semler/Stengel/*Diekmann*, § 69 Rn 21; Kallmeyer/*Marsch-Barner*, § 69 Rn 15; Widmann/Mayer/*Rieger*, § 69 Rn 50; KölnKomm/*Simon*, § 69 Rn 37.

Verschmelzungsvorgängen relevant werden.[45] Der Vorteil unterschiedlicher, zeitlich gestufter Verschmelzungsvorgänge besteht darin, dass die Anfechtung eines Verschmelzungsbeschlusses nur die Verschmelzung des jeweiligen übertragenden Rechtsträgers betrifft, die anderen übertragenden Rechtsträger aber unberührt lässt.[46]

VII. Zeitpunkt der Beschlussfassung

19 Der Beschluss über die Kapitalerhöhung ist **spätestens** bis zur Anmeldung der Verschmelzung des übernehmenden Rechtsträgers zu fassen, da die Eintragung der Durchführung der Kapitalerhöhung vor der Eintragung der Verschmelzung des übernehmenden Rechtsträgers erfolgen muss.[47] Er kann allerdings auch vor oder zusammen mit dem Abschluss des Verschmelzungsvertrages gefasst werden. Ein Bezug zur geplanten Verschmelzung ist nicht erforderlich.[48] Da der Beschluss der Kapitalerhöhung notariell zu beurkunden ist, empfiehlt es sich in der Praxis, die Kapitalerhöhung bereits mit der Satzungsänderung in den Verschmelzungsvertrag aufzunehmen. Da auch dieser gem. § 6 notariell beurkundet werden muss, können so nicht unerhebliche Kosten eingespart werden.

VIII. Anmeldung beim Handelsregister (Abs. 2)

20 Beim Handelsregister sind grundsätzlich der **Kapitalerhöhungsbeschluss** und die **Durchführung** der Kapitalerhöhung zur Eintragung anzumelden. Beides wird in der Praxis meist verbunden. Daneben sind nach Abs. 2 noch weitere Unterlagen einzureichen. Der Verschmelzungsvertrag, in dem meist die durch die Kapitalerhöhung bedingte Satzungsänderung enthalten ist, die Niederschriften über die Verschmelzungsbeschlüsse in Ausfertigung oder öffentlich beglaubigter Abschrift und die in § 188 Abs. 3 Nr. 2 und 3 AktG aufgeführten Dokumente. Sollte eine Prüfung der Sacheinlagen notwendig sein, ist auch der entsprechende **Prüfungsbericht** der Anmeldung beizufügen.

21 Wurden alle Unterlagen beim Registergericht eingereicht, wird eine Prüfung der Voraussetzungen der **Eintragung** durch das Registergericht durchgeführt. Unter Umständen kann der Richter die Prüfung der Werthaltigkeit nach Abs. 1 S. 1 Hs 1 iVm § 183 AktG anordnen. Richtigerweise ist der **Eintragungszeitpunkt** für die Prüfung maßgeblich, nicht der Anmeldezeitpunkt, da die Verschmelzung erst im Zeitpunkt der Eintragung und somit der auch der Vermögensübergang wirksam wird.[49]

22 Sofern der Verschmelzungsbeschluss durch Gesellschafter **angefochten** wurde, stellt sich die Frage, ob in diesem Fall die Registersperre in entsprechender Anwendung des § 16 Abs. 2 greift. Richtigerweise darf der Kapitalerhöhungsbeschluss weiterhin eingetragen werden, da die Kapitalerhöhung mit der Verschmelzung verknüpft ist.[50] Hierdurch wird bereits ausreichend Schutz gewährleistet. Bei endgültigem Scheitern der Verschmelzung wird auch die Kapitalerhöhung unwirksam.[51] Im Umkehrschluss bedeutet dies, dass die Kapitalerhöhung nicht durchgeführt wurde und daher nicht im Handelsregister eingetragen werden darf.[52] Sofern der Kapitalerhöhungsbeschluss erfolgreich angefochten oder nichtig ist, darf auch die Verschmelzung nicht im Register eingetragen werden.[53] Wird die Eintragung der Verschmelzung dennoch

45 Kallmeyer/*Marsch-Barner*, § 69 Rn 15; Semler/Stengel/*Diekmann*, § 69 Rn 21; Maulbetsch/Klumpp/Rose/*Klumpp*, § 69 Rn 16.

46 Semler/Stengel/*Diekmann*, § 69 Rn 21; Kallmeyer/*Marsch-Barner*, § 69 Rn 15.

47 Vgl § 66 Rn 2.

48 Semler/Stengel/*Diekmann*, § 69 Rn 23.

49 *Ihrig* GmbHR 1995, 622, 628.

50 So auch Kallmeyer/*Marsch-Barner*, § 69 Rn 20; KölnKomm/*Simon*, § 69 Rn 46; Semler/Stengel/*Diekmann*, § 69 Rn 27; aA Lutter/*Grunewald*, § 69 Rn 21; Maulbetsch/Klumpp/Rose/*Klumpp*, § 69 Rn 18.

51 KölnKomm/*Simon*, § 69 Rn 49; Lutter/*Winter*, § 55 Rn 3; Kallmeyer/*Marsch-Barner*, § 69 Rn 19; Schmitt/Hörtnagl/Stratz/*Stratz*, § 69 Rn 28.

52 Lutter/*Winter*, § 55 Rn 3; Semler/Stengel/*Diekmann*, § 69 Rn 31.

53 Semler/Stengel/*Diekmann*, § 69 Rn 31; Kallmeyer/*Marsch-Barner*, § 69 Rn 19.

durch das Handelsregister vorgenommen, bleiben Verschmelzung und Kapitalerhöhung gem. § 20 Abs. 2 weiterhin wirksam.[54]

Hinweis: Die Vorschrift schafft Erleichterungen bei Kapitalerhöhung und Bezugsrechtausübung im Rahmen einer Verschmelzung.

Wegen verbleibender Zweifelsfragen in der praktischen Abwicklung ist auch hierzu eine frühe Abstimmung mit dem Handelsregister und – nach Möglichkeit – im Aktionärskreis anzustreben.

§ 70 Geltendmachung eines Schadenersatzanspruchs

Die Bestellung eines besonderen Vertreters nach § 26 Abs. 1 Satz 2 können nur solche Aktionäre einer übertragenden Gesellschaft beantragen, die ihre Aktien bereits gegen Anteile des übernehmenden Rechtsträgers umgetauscht haben.

1. Einleitendes. Die Vorschrift ergänzt § 26 Abs. 1, der auf die eigentliche Schadensersatznorm § 25 Bezug nimmt. Sie bestimmt, dass nur die Aktionäre der übertragenden Gesellschaft, die ihre Aktien bereits gegen Anteile des übernehmenden Rechtsträgers getauscht haben, wegen der Verschmelzung unter Einschaltung eines besonderen Vertreters Schadensersatz von den Organmitgliedern des übertragenden Rechtsträgers oder dem übertragenden Rechtsträger selbst verlangen können. Der Sinn und Zweck der Norm liegt darin, die Aktionäre zum Umtausch ihrer Aktien zu motivieren. Daneben sollen durch § 70 Schwierigkeiten, die sich bei noch laufendem Umtausch ergeben könnten, vermieden werden.[1] 1

Übertragender Rechtsträger muss eine **AG, KGaA** oder **SE** sein, während die Rechtsform der übertragenden Gesellschaft im Rahmen des § 3 beliebig ist.[2] Da § 70 nicht durch § 73 ausgeschlossen ist, gilt er für die Verschmelzung zur Aufnahme und Neugründung. Über §§ 125 S. 1, 135 Abs. 1 ist § 70 auch auf die Spaltung in der Form der **Aufspaltung** anwendbar. Er gilt nicht für die anderen Formen der Spaltung.[3] 2

2. Antragsberechtigung. Neben der **Voraussetzung**, dass die Aktien des betroffen Anteilsinhabers bereits nach § 72 umgetauscht sind, ist weiterhin erforderlich, dass der Antragsteller zum Zeitpunkt des Wirksamwerdens der Verschmelzung auch Aktionär war.[4] Der Nachweis geschieht in der Regel über einen Depotauszug bzw bei Namensaktien über die Eintragung im Register der Gesellschaft.[5] Im Fall der Gesamtrechtsnachfolge erlangt der Rechtsnachfolger die Antragsberechtigung.[6] Ein Übergang ist indes ausgeschlossen, wenn die Aktien nach der Verschmelzung rechtsgeschäftlich übertragen werden.[7] Ebenso ist die Abtretung oder Übertragung des Antragsrechts nicht möglich.[8] 3

54 Zur Frage der Differenzhaftung bei Unter-Pari-Emission vgl BGH Urt. v. 12.3.2007 – II ZR 302/05, AG 2007, 487.

1 Kallmeyer/*Marsch-Barner*, § 70 Rn 1; KölnKomm/*Simon*, § 70 Rn 2; Widmann/Mayer/*Rieger*, § 70 Rn 8; ähnlich Maulbetsch/Klumpp/Rose/*Klumpp*, § 70 Rn 2; krit. zum Sinn und Zweck des § 70 Lutter/*Grunewald*, § 70 Rn 2.

2 Kallmeyer/*Marsch-Barner*, § 70 Rn 2; Keßler/Kühnberger/*Brügel*, § 70 Rn 1; Semler/Stengel/*Diekmann*, § 70 Rn 3.

3 So die hM Semler/Stengel/*Diekmann*, § 70 Rn 3; *Kallmeyer*, § 125 Rn 81; Maulbetsch/Klumpp/Rose/*Stockbuger*, § 70 Rn 3; für die Anwendbarkeit bei der Abspaltung Widmann/Mayer/*Rieger*, § 70 Rn 2.

4 Kallmeyer/*Marsch-Barner*, § 70 Rn 4; Semler/Stengel/*Diekmann*, § 70 Rn 4; Widmann/Mayer/*Rieger*, § 70 Rn 4.

5 § 67 Abs. 2 S. 1 AktG.

6 Kallmeyer/*Marsch-Barner*, § 70 Rn 4; KölnKomm/*Simon*, § 70 Rn 9; Schmitt/Hörtnagl/Stratz/*Stratz*, § 70 Rn 2; Semler/Stengel/*Diekmann*, § 70 Rn 5; Widmann/Mayer/*Rieger*, § 70 Rn 5 f.

7 Kallmeyer/*Marsch-Barner*, § 70 Rn 4; Semler/Stengel/*Diekmann*, § 70 Rn 5; Widmann/Mayer/*Rieger*, § 70 Rn 5 f.

8 Semler/Stengel/*Diekmann*, § 70 Rn 4; Widmann/Mayer/*Rieger*, § 70 Rn 9.

4 Die übernehmende Gesellschaft hat kein Recht auf Geltendmachung eines **Schadensersatzanspruchs** nach § 70.[9] Da die Anteile des übertragenden Rechtsträgers am übernehmenden Rechtsträger mit Verschmelzung untergehen, liegen die Voraussetzungen des § 70 nicht vor.[10]

§ 71 Bestellung eines Treuhänders

(1) [1]Jeder übertragende Rechtsträger hat für den Empfang der zu gewährenden Aktien und der baren Zuzahlungen einen Treuhänder zu bestellen. [2]Die Verschmelzung darf erst eingetragen werden, wenn der Treuhänder dem Gericht angezeigt hat, daß er im Besitz der Aktien und der im Verschmelzungsvertrag festgesetzten baren Zuzahlungen ist.

(2) § 26 Abs. 4 ist entsprechend anzuwenden.

Literatur:

Bandehzadeh, Verschmelzungen unter Beteiligung von Aktiengesellschaften: Bestellung eines Treuhänders bei unverbrieften Aktien (§ 71 Abs. 1 UmwG)?, DB 2007, 1514; *Bote*, Der Eigentumserwerb bei der Ausgabe von Aktienurkunden nach der Verschmelzung zweier Aktiengesellschaften, ZHR 118 (1955), 196; *Schleyer*, Die unzulässige Anerkennung alter Aktien bei der Verschmelzung von Aktiengesellschaften, AG 1958, 208.

I. Einleitendes

1 Die Vorschrift vereinfacht die Abwicklung der Verschmelzung, indem ein Treuhänder zur Übernahme der nun zu gewährenden Aktien beauftragt wird.[1] Daneben werden die Aktionäre der übertragenden Gesellschaft geschützt, indem ihre Positionen als Anteilseigner sichergestellt werden, da diese am übertragenden Rechtsträger mit der Verschmelzung untergehen.[2] Im Zeitpunkt des Wirksamwerdens der Verschmelzung hält der Treuhänder die auszugebenden Anteile am übernehmenden Rechtsträger und die baren Zuzahlungen.[3] Dies soll gewährleisten, dass bis zur Verschmelzung kein unbefugter Zugriff auf die Anteile stattfindet.[4] Ein solcher könnte durch die Gläubiger des übernehmenden als auch die Gläubiger der Aktionäre des übertragenden Rechtsträgers erfolgen.

2 Der Anwendungsbereich erstreckt sich auf Verschmelzungen und Auf- bzw Abspaltungen zur Aufnahme und Neugründung.[5] Übernehmender Rechtsträger muss eine **AG** oder **KGaA** sein.[6] Nicht erfasst ist die Gründung einer **SE** durch Verschmelzung, da die Vorschriften des UmwG bei der SE nur dann Berücksichtigung finden, wenn ihre Anwendung mit der VerschmRL in Einklang steht, was für die Bestellung eines Treuhänders nicht der Fall ist.[7] Hierfür wäre eine in der Richtlinie dem Treuhänder entsprechende Vorschrift notwendig. Eine solche gibt es jedoch nicht. Dennoch wird empfohlen einen Treuhänder analog § 71 zur Vereinfachung der

9 Semler/Stengel/*Diekmann*, § 70 Rn 7.
10 § 20 Abs. 1 Nr. 3 S. 1 Hs 1.
1 Maulbetsch/Klumpp/Rose/*Stockburger*, § 71 Rn 1; Semler/Stengel/*Diekmann*, § 71 Rn 1; Kallmeyer/*Marsch-Barner*, § 71 Rn 1.
2 § 20 Abs. 1 Nr. 2 S. 1.
3 Semler/Stengel/*Diekmann*, § 71 Rn 2; Kallmeyer/*Marsch-Barner*, § 71 Rn 1.
4 Widmann/Mayer/*Rieger*, § 71 Rn 4, KölnKomm/*Simon*, § 81 Rn 1; *Bote*, ZHR 118 (1955), 196, 199 f.
5 Lutter/*Grunewald*, § 71 Rn 2; Kallmeyer/*Marsch-Barner*, § 71 Rn 1; Semler/Stengel/*Diekmann*, § 71 Rn 4.
6 Maulbetsch/Klumpp/Rose/*Stockburger*, § 71 Rn 2; Semler/Stengel/*Diekmann*, § 71 Rn 2.
7 Semler/Stengel/*Diekmann*, § 71 Rn 4; aA Kallmeyer/*Marsch-Barner*, § 71 Rn 3.

Abwicklung einzusetzen.[8] Die Bestellung eines Treuhänders ist jedoch dann nicht mehr angezeigt, wenn das eigentliche Ziel, der Schutz der Anteilsinhaber, nicht mehr erreicht werden kann. Dies ist bspw der Fall, wenn der übernehmende Rechtsträger bereits alle Aktien erhalten hat und keine neuen Aktien oder baren Zuzahlungen ausgegeben werden.[9]

II. Der Treuhänder

1. Bestellung (Abs. 1 S. 1). Jeder übertragende Rechtsträger hat einen **Treuhänder** zu bestellen, Abs. 1 S. 1. Für die Auswahl und Bestellung des Treuhänders hat das Vertretungsorgan der übertragenden Gesellschaft zu sorgen.[10] Erforderlich ist ein Handeln der Organmitglieder in vertretungsberechtigter Zahl.[11] Ein Treuhänder kann auch bereits vorab im Verschmelzungsvertrag bestimmt werden.[12] In diesem Fall ist das Vertretungsorgan für die Mitteilung der Bestellung an den Treuhänder verantwortlich, da es sich bei der Bestellung um ein annahmebedürftiges Rechtsgeschäft handelt.[13] Sofern **mehrere** übertragende Gesellschaften an der Verschmelzung beteiligt sind, obliegt es diesen für jeden Rechtsträger einen gesonderten oder einen gemeinsamen Treuhänder zu bestellen.[14] 3

Treuhänder können alle natürlichen oder juristischen Personen sein.[15] Selbst eine Personenhandelsgesellschaft kann dieses Kriterium erfüllen.[16] In der Praxis übernehmen oft Banken, Wirtschaftsprüfer oder Rechtsanwälte die Funktion.[17] Der Treuhänder darf nicht an der Verschmelzung beteiligt und sollte wegen möglicher Interessenkonflikte unabhängig von den verschmelzenden Rechtsträgern sein.[18] Ausgeschlossen ist ebenfalls der **Notar**, der bei einem beteiligten Rechtsträger im Rahmen der Verschmelzung eine Beurkundung von Dokumenten (Verschmelzungsvertrag, etc.) vorgenommen hat. Dieser ist zur Neutralität verpflichtet und darf daher nicht im Auftrag des übertragenden Rechtsträgers tätig werden.[19] 4

Vor allem bei der Bestellung einer natürlichen Person als Treuhänder empfiehlt es sich, einen **Ersatztreuhänder** zu bestellen.[20] Das Risiko, dass der Treuhänder ausfällt und sein Amt nicht übernehmen kann ist naturgemäß höher als bei juristischen Personen oder Handelsgesellschaften. 5

2. Rechtsstellung des Treuhänders. Der zwischen dem Rechtsträger und dem Treuhänder geschlossene **Vertrag** ist ein Auftrags- oder Geschäftsbesorgungsvertrag nach §§ 662, 611, 675 BGB.[21] Begründet wird der Vertrag mit Annahme durch den Treuhänder.[22] Gegenüber den Anteilsinhabern stellt sich das Treuhandverhältnis als Vertrag zugunsten Dritter dar.[23] Insofern haben die Anteilsinhaber einen Direktanspruch gegen den Treuhänder auf Aushändigung der 6

8 Maulbetsch/Klumpp/Rose/*Stockburger*, § 71 Rn 2.
9 Semler/Stengel *Diekmann*, § 71 Rn 4; aA Kallmeyer/*Marsch-Barner*, § 71 Rn 3.
10 Semler/Stengel/*Diekmann*, § 71 Rn 6; Kallmeyer/*Marsch-Barner*, § 71 Rn 4.
11 Kallmeyer/*Marsch-Barner*, § 71 Rn 4; Maulbetsch/Klumpp/Rose/*Stockburger*, § 71 Rn 3;; Widmann/Mayer/*Rieger*, § 71 Rn 8; KölnKomm/*Simon*, § 81 Rn 6.
12 Keßler/Kühnberger *Brügel*, § 71 Rn 2.
13 Maulbetsch/Klumpp/Rose/*Stockburger*, § 71 Rn 4; Semler/Stengel/*Diekmann*, § 71 Rn 7; Kallmeyer/*Marsch-Barner*, § 71 Rn 4;; Widmann/Mayer/*Rieger*, § 71 Rn 9; KölnKomm/*Simon*, § 81 Rn 10.
14 Kallmeyer/*Marsch-Barner*, § 71 Rn 2; Lutter/*Grunewald*, § 71 Rn 3; Schmitt/Hörtnagl/Stratz/*Stratz*, § 71 Rn 3.
15 Semler/Stengel/*Diekmann*, § 71 Rn 5; Kallmeyer/*Marsch-Barner*, § 71 Rn 5; Schmitt/Hörtnagl/Stratz/*Stratz*, § 71 Rn 2; Widmann/Mayer/*Rieger*, § 71 Rn 7; KölnKomm/*Simon*, § 81 Rn 8.
16 Maulbetsch/Klumpp/Rose/*Stockburger*, § 71 Rn 6; Semler/Stengel/*Diekmann*, § 71 Rn 5.
17 Keßler/Kühnberger/*Brügel*, § 71 Rn 2; Kallmeyer/*Marsch-Barner*, § 71 Rn 5.
18 Semler/Stengel/*Diekmann*, § 71 Rn 5; aA Kallmeyer/*Marsch-Barner*, § 71 Rn 5; Widmann/Mayer/*Rieger*, § 71 Rn 7; Lutter/*Grunewald*, § 71 Rn 4; KölnKomm/*Simon*, § 81 Rn 8.
19 Maulbetsch/Klumpp/Rose/*Stockburger*, § 71 Rn 6; Semler/Stengel/*Diekmann*, § 71 Rn 5.
20 Semler/Stengel/*Diekmann*, § 71 Rn 8; Kallmeyer/*Marsch-Barner*, § 71 Rn 5; KölnKomm/*Simon*, § 81 Rn 9.
21 Semler/Stengel/*Diekmann*, § 71 Rn 7; Kallmeyer/*Marsch-Barner*, § 71 Rn 6.
22 Kallmeyer/*Marsch-Barner*, § 71 Rn 4;; Widmann/Mayer/*Rieger*, § 71 Rn 9; KölnKomm/*Simon*, § 81 Rn 10; Semler/Stengel/*Diekmann*, § 71 Rn 7.
23 Maulbetsch/Klumpp/Rose/*Stockburger*, § 71 Rn 8; Semler/Stengel/*Diekmann*, § 71 Rn 18; Widmann/Mayer/*Rieger*, § 71 Rn 30; Kallmeyer/*Marsch-Barner*, § 71 Rn 16; KölnKomm/*Simon*, § 81 Rn 13.

Anteile bzw baren Zuzahlungen.[24] Das Treuhandverhältnis wird über die allg. Vorschriften beendet.[25] Für den Fall der Kündigung ist anzuraten, im Vertrag Kündigungsfristen und -regeln festzuhalten, um genügend Zeit für den Austausch des Treuhänders zu haben.[26] Allerdings ist ein Kündigungsrecht des Treuhänders zur Unzeit, bspw nach Entgegennahme der Aktien und baren Zuzahlungen, aber vor Verteilung, ausgeschlossen.[27]

7 **3. Aufgaben.** Der Treuhänder hat die Aufgabe, die Aktien des übernehmenden Rechtsträgers und baren Zuzahlungen **entgegenzunehmen**, dies dem Gericht anzuzeigen und anschließend die Aktien und Zuzahlungen an die Anteilsinhaber der übertragenden Rechtsträger zu **verteilen.**[28] Bei Scheitern der Verschmelzung muss der Treuhänder die Aktien und baren Zuzahlungen wieder an den übernehmenden Rechtsträger zurückgeben.[29]

8 **a) Entgegennahme der Aktien und baren Zuzahlungen.** Die **Aktienurkunden** werden vom Treuhänder durch körperliche Übergabe angenommen, soweit verkörperte Aktienurkunden existieren.[30] Zu unterscheiden ist zwischen der Ausgabe bestehender, eigener und neuer Aktien. Bei eigenen Aktien sind dem Treuhänder die Aktienurkunden zu übergeben. Diese verbriefen bereits die Aktien der übernehmenden Gesellschaft.[31] Der übernehmende Rechtsträger verliert mit Übergabe der Urkunden die Verfügungsbefugnis, da hierfür der unmittelbare Besitz notwendig ist.[32] Werden durch eine Kapitalerhöhung neue Aktien geschaffen und ausgegeben, so erhält der Treuhänder ebenfalls die Aktienurkunden. Allerdings verbriefen diese erst ab Eintragung der Verschmelzung Aktien, da die Wirksamkeit der Kapitalerhöhung an die Eintragung der Verschmelzung gekoppelt ist.[33] Der Treuhänder erhält keine Stimm- oder Gewinnbezugsrechte durch die Annahme der Aktien.[34]

9 Bei verkörperten Aktien muss zumindest eine **Globalurkunde** übergeben werden.[35] Namensaktien sind nach wirksamer Verschmelzung unverzüglich umzuschreiben.[36] Die Vorschrift gilt auch für unverbriefte Aktien, soweit neben unverbrieften Mitgliedschaftsrechten auch bare Zuzahlungen zu gewähren sind, da hierfür ein Treuhänder notwendig ist.[37] Die baren Zuzahlungen werden auf ein bestimmtes nur für diesen Zweck eingerichtetes Treuhandkonto überwiesen.[38]

10 **b) Empfangsanzeige (Abs. 1 S. 2).** Der Treuhänder hat den **Empfang** der Aktien und baren Zuzahlungen dem Gericht anzuzeigen.[39] Dem Gericht ist Auskunft darüber zu erteilen, um welche Art von Aktien es sich handelt, wie viele es sind und wie hoch die baren Zuzahlungen sind.[40] Zuständiges Gericht hierfür ist das Gericht am Sitz des übernehmenden Rechtsträgers.[41] Die Anzeige erfolgt schriftlich.[42] Sie ist Voraussetzung für die Eintragung der Verschmelzung, Abs. 1 S. 2. Eine ohne Anzeige eingetragene Verschmelzung bleibt gem. § 20 Abs. 2 weiterhin wirksam.

11 **c) Aushändigung.** Mit der Eintragung der Verschmelzung hat der Treuhänder die **Aktien** und **baren Zuzahlungen** an die Anteilsinhaber der erloschenen Rechtsträger unverzüglich auszu-

24 Semler/Stengel/*Diekmann*, § 71 Rn 18; Kallmeyer/*Marsch-Barner*, § 71 Rn 16.
25 Semler/Stengel/*Diekmann*, § 71 Rn 9.
26 Widmann/Mayer/*Rieger*, § 71 Rn 13.
27 Vgl § 671 Abs. 2 BGB.
28 Kallmeyer/*Marsch-Barner*, § 71 Rn 7; Semler/Stengel/*Diekmann*, § 71 Rn 10.
29 Maulbetsch/Klumpp/Rose/*Stockburger*, § 71 Rn 9; Kallmeyer/*Marsch-Barner*, § 71 Rn 13; Semler/Stengel/*Diekmann*, § 71 Rn 19; Goutier/Knopf/Tulloch/*Bermel*, § 71 Rn 5.
30 Maulbetsch/Klumpp/Rose/*Stockburger*, § 71 Rn 10; Kallmeyer/*Marsch-Barner*, § 71 Rn 7 f; Semler/Stengel/*Diekmann*, § 71 Rn 11.
31 Semler/Stengel/*Diekmann*, § 71 Rn 12.
32 Vgl Palandt/*Sprau*, § 793 BGB Rn 3.
33 Semler/Stengel/*Diekmann*, § 71 Rn 11.
34 Maulbetsch/Klumpp/Rose/*Stockburger*, § 71 Rn 11.
35 Kallmeyer/*Marsch-Barner*, § 71 Rn 8; Semler/Stengel/*Diekmann*, § 71 Rn 11.
36 Maulbetsch/Klumpp/Rose/*Stockburger*, § 71 Rn 12.
37 Kallmeyer/*Marsch-Barner*, § 71 Rn 8; Lutter/*Grunewald*, § 71 Rn 7.
38 Lutter/*Grunewald*, § 71 Rn 10; Semler/Stengel/*Diekmann*, § 71 Rn 15.
39 Keßler/Kühnberger/*Brügel*, § 71 Rn 5; Semler/Stengel/*Diekmann*, § 71 Rn 16; Kallmeyer/*Marsch-Barner*, § 71 Rn 11.
40 HK/*Stockburger*, § 71 Rn 14.
41 Semler/Stengel/*Diekmann*, § 71 Rn 16.
42 Kallmeyer/*Marsch-Barner*, § 71 Rn 11; Semler/Stengel/*Diekmann*, § 71 Rn 17; Maulbetsch/Klumpp/Rose/*Stockburger*, § 71 Rn 3; aA Lutter/Grunewald, § 71 Rn 12; KölnKomm/*Simon*, § 81 Rn 25.

händigen.[43] Diese haben aus dem Treuhandverhältnis einen **Direktanspruch** gegen den Treuhänder.[44] Bei Scheitern der Verschmelzung hat der Treuhänder die Aktien und baren Zuzahlungen an den übernehmenden Rechtsträger zurückzugeben.[45] Dies muss dem Gericht vorab angezeigt werden.[46]

4. Vergütung (Abs. 2). Für den **Auslagenersatz** und die **Vergütung** des Treuhänders gilt über Abs. 2 § 26 Abs. 4 entspr. Maßgeblich sind für die Höhe der Vergütung die zwischen Treuhänder und übernehmendem Rechtsträger geschlossenen Vereinbarungen.[47] Sollte keine Vergütung festgelegt worden sein, ist ein üblicher Vergütungssatz zu gewähren.[48] Sollten sich Treuhänder und übernehmender Rechtsträger hierüber nicht einigen können, kann auch das zuständige Gericht die Höhe der Vergütung bestimmen.[49] 12

III. Haftung des Treuhänders

Die **Haftung** des Treuhänders wegen Pflichtverletzungen bestimmt sich nach den allg. Regeln.[50] Sowohl der übernehmende Rechtsträger als auch die betroffenen Anteilsinhaber können einen Haftungsanspruch gegen den Treuhänder geltend machen.[51] 13

Hinweis: Die Person des Treuhänders ist frühzeitig und sorgfältig auszuwählen. Mitunter gestaltet sich die Verhandlung über die Treuhandkonditionen und die Vergütung aufwändiger als erwartet.

§ 72 Umtausch von Aktien

(1) [1]Für den Umtausch der Aktien einer übertragenden Gesellschaft gilt § 73 Abs. 1 und 2 des Aktiengesetzes, bei Zusammenlegung von Aktien dieser Gesellschaft § 226 Abs. 1 und 2 des Aktiengesetzes über die Kraftloserklärung von Aktien entsprechend. [2]Einer Genehmigung des Gerichts bedarf es nicht.

(2) Ist der übernehmende Rechtsträger ebenfalls eine Aktiengesellschaft, so gelten ferner § 73 Abs. 3 des Aktiengesetzes sowie bei Zusammenlegung von Aktien § 73 Abs. 4 und § 226 Abs. 3 des Aktiengesetzes entsprechend.

Literatur:

Vetter, Zum Ausgleich von Spitzen(beträgen) bei der Abfindung von Aktien, AG 1997, 6.

I. Einleitendes

Bei der Verschmelzung mehrerer Gesellschaften sind die Aktienurkunden der übertragenden AG gegen neue Anteile beim übernehmenden Rechtsträger umzutauschen, da die übertragende 1

43 Goutier/Knopf/Tulloch/*Bermel*, § 71 Rn 5; Maulbetsch/Klumpp/Rose/*Stockburger*, § 71 Rn 15.
44 S. Rn 6.
45 Goutier/Knopf/Tulloch/*Bermel*, § 71 Rn 5; Semler/Stengel/*Diekmann*, § 71 Rn 19; Kallmeyer/*Marsch-Barner*, § 71 Rn 13; Maulbetsch/Klumpp/Rose/*Stockburger*, § 71 Rn 9.
46 Semler/Stengel/*Diekmann*, § 71 Rn 19; Kallmeyer/*Marsch-Barner*, § 71 Rn 13.
47 Maulbetsch/Klumpp/Rose/*Stockburger*, § 71 Rn 17; Kallmeyer/*Marsch-Barner*, § 71 Rn 14; Widmann/Mayer/*Rieger*, § 71 Rn 33; aA Lutter/Grunewald, § 71 Rn 6; KölnKomm/*Simon*, § 81 Rn 33.
48 Kallmeyer/*Marsch-Barner*, § 71 Rn 14.
49 Maulbetsch/Klumpp/Rose/*Stockburger*, § 71 Rn 17; aA Lutter/*Grunewald*, § 71 Rn 6.
50 Semler/Stengel/*Diekmann*, § 71 Rn 20; Kallmeyer/*Marsch-Barner*, § 71 Rn 12; Schmitt/Hörtnagl/Stratz/*Stratz*, § 71 Rn 5; Widmann/Mayer/*Rieger*, § 71 Rn 32.
51 Kallmeyer/*Marsch-Barner*, § 71 Rn 12; Widmann/Mayer/*Rieger*, § 71 Rn 32.

AG mit Verschmelzung erlischt und somit auch die Aktien untergehen. Ist übernehmender Rechtsträger ebenfalls eine AG, werden neue Aktienurkunden ausgegeben.[1] Gem. §§ 125 S. 1, 135 Abs. 1 gilt die Norm auch für die Aufspaltung. Nicht erfasst werden können Ausgliederung und Abspaltung, da es hierbei nicht zum Umtausch von Aktienurkunden kommt.[2] Abs. 2 gilt nur für den Fall, dass auf beiden Seiten AGs beteiligt sind.[3] Treuhänder und übernehmende Gesellschaft haben einen Vertrag, der zugunsten der Anteilsinhaber gilt.[4]

II. Umtausch von Aktien einer übertragenden AG

2 Sobald die Verschmelzung im Register der übernehmenden Gesellschaft eingetragen ist, erwerben die Aktionäre der übertragenden AG **Anteile** an dem übernehmenden Rechtsträger.[5] Dies bedeutet aber nicht, dass die Aktienurkunden des übertragenden Rechtsträgers automatisch erlöschen. Nach Abs. 1 ist ein Verfahren vorgesehen, nach welchem der übernehmende Rechtsträger die Aktionäre der übertragenden AG auffordert, ihre alten Aktien bei dem Rechtsträger direkt oder bei einem Treuhänder abzugeben.[6] Die Aufforderung geschieht durch Veröffentlichung in den **Gesellschaftsblättern.**[7] Den Aktionären ist eine **Frist** zu setzen und für den Fall des Verstreichens der Frist anzudrohen, die Aktien für **kraftlos** zu erklären.[8] Die Aufforderung in den Gesellschaftsblättern bzw im Bundesanzeiger hat **dreimal** zu erfolgen.[9] Die erste Aufforderung muss mindestens drei Monate, die letzte einen Monat vor der Kraftloserklärung veröffentlicht werden, wobei mindestens drei Wochen zwischen den einzelnen Aufforderungen liegen müssen.[10]

3 Erst mit **Abgabe** der Aktien beim übernehmenden Rechtsträger oder Treuhänder erhalten die Aktionäre Zug-um-Zug ihre neuen Anteile und die bare Zuzahlung.[11] Anschließend sind die eingereichten alten Aktien ungültig zu stempeln oder zu vernichten.[12] Aktien, die nicht in der gesetzten Frist eingereicht werden, werden durch eine selbstständige Bekanntmachung unter eindeutiger Bezeichnung der betroffenen Urkunden (Serie, Nummer) für kraftlos erklärt.[13] Die **Kraftloserklärung** hat indes keine Auswirkung auf die Mitgliedschaftsrechte der Aktionäre in der übernehmenden Gesellschaft.[14]

4 Entfallen nach dem Umtauschverhältnis mehrere Aktien der übertragenden AG auf nur einen Anteil des übernehmenden Rechtsträgers, sind gem. § 226 Abs. 1 und 2 AktG so viele Aktien zusammenzulegen, dass genau ein Anteil erreicht wird. Wurden bereits Aktien beim übernehmenden Rechtsträger eingereicht, werden auch diese mit den nach der Aufforderung noch ausstehenden Aktien für kraftlos erklärt.[15] Die Kraftloserklärung ist jedoch dann nicht erforderlich, wenn alle Aktien beim übernehmenden Rechtsträger eingereicht und der Gesellschaft zur Verwertung zur Verfügung gestellt wurden.[16] Denkbar ist auch anstatt der Zusammenlegung ein Erwerb oder Verkauf von Teilrechten, um so auf eine glatte Zahl an Aktien zu kommen.[17]

1 Kallmeyer/*Marsch-Barner*, § 72 Rn 1; Goutier/Knopf/Tulloch/*Bermel*, § 72 Rn 1.
2 Semler/Stengel/*Diekmann*, § 72 Rn 2; KölnKomm/*Simon*, § 72 Rn 3, Maulbetsch/Klumpp/Rose/*Stockburger*, § 72 UwG Rn 2; Widmann/Meyer/*Rieger*, § 72 Rn 3.
3 Maulbetsch/Klumpp/Rose/*Stockburger*, § 72 Rn 1; Semler/Stengel/*Diekmann*, § 72 Rn 2.
4 KölnKomm/*Simon*, § 72 Rn 24; Lutter/*Grunewald*, § 72 Rn 8.
5 § 20 Abs. 1 Nr. 3.
6 Kallmeyer/*Marsch-Barner*, § 72 Rn 2; Semler/Stengel/*Diekmann*, § 72 Rn 4; Goutier/Knopf/Tulloch/*Bermel*, § 72 Rn 4.
7 § 73 Abs. 2 S. 2 AktG.
8 § 73 Abs. 2 S. 1 AktG.
9 Semler/Stengel/*Diekmann*, § 72 Rn 4.
10 §§ 73 Abs. 2 S. 2, 64 Abs. 2 AktG.
11 Goutier/Knopf/Tulloch/*Bermel*, § 72 Rn 4; Maulbetsch/Klumpp/Rose/*Stockburger*, § 72 Rn 4.
12 Keßler/Kühnberger/*Brügel*, § 72 Rn 1; Lutter/*Grunewald*, § 72 Rn 2.
13 § 73 Abs. 2 S. 3 und 4 AktG; Kallmeyer/*Marsch-Barner*, § 72 Rn 2; Keßler/Kühnberger/*Brügel*, § 72 Rn 1.
14 Vgl *Hüffer*, § 73 AktG Rn 6.
15 Kallmeyer/*Marsch-Barner*, § 72 Rn 3; Keßler/Kühnberger/*Brügel*, § 72 Rn 2.
16 Semler/Stengel/*Diekmann*, § 72 Rn 11; Lutter/*Grunewald*, § 72 Rn 3.
17 Vgl *Vetter*, AG 1997, 6, 9.

III. AG als übernehmender Rechtsträger

Die Bestellung eines **Treuhänders**, bei dem es sich idR um eine Bank handelt, zum Umtausch der Aktien ist immer dann erforderlich, wenn sowohl übertragende, als auch übernehmende Gesellschaft eine AG ist.[18] Der Treuhänder wird gem. § 71 bestellt. Vor Eintragung der Verschmelzung ist der Treuhänder im Besitz der für den Umtausch erforderlichen Aktien der übernehmenden AG.[19] An ihn sind auch die Aktien der übertragenden AG auszuhändigen.[20] Falls trotz Aufforderung Aktien nicht bei dem Treuhänder eingereicht werden, hat die Gesellschaft die noch ausstehenden Aktien für kraftlos zu erklären.[21] 5

Der Treuhänder verteilt die **neuen Aktien** und **baren Zuzahlungen**.[22] Soweit sich die Aktien in Girosammelverwahrung befinden, werden die Depots entspr. umgebucht.[23] Sind Aktionäre unbekannt, so hat der Treuhänder deren Aktienurkunden gem. § 372 BGB bei dem für den Sitz der übertragenden AG zuständigen Gericht zu hinterlegen.[24] Im Rahmen einer Globalverbriefung ist zwar eine Hinterlegung ausgeschlossen, allerdings wird der Schutz der unbekannten Aktionäre durch Verwahrung der Aktien auf einem entspr. eingerichteten Depot gewahrt.[25] Nach 30 Jahren erlischt das Gläubigerrecht gem. § 382 BGB. Die in dieser Zeit auf die Aktien ausgeschütteten Dividenden sind ebenfalls vom Treuhänder in dem entspr. Depot zu verwahren. Zudem hat der Aktionär die Kosten der Hinterlegung zu tragen.[26] 6

Kommt es zu einer Zusammenlegung von Aktien bei der übertragenden AG, sind die anfallenden Aktien der übernehmenden AG zum Börsenpreis oder durch öffentliche Versteigerung zu verwerten.[27] Die Abwicklung geschieht durch die übernehmende AG oder den Treuhänder.[28] Die in den neuen Aktien verbrieften Rechte ruhen in der Zwischenzeit bis zur Verwertung.[29] Die übernehmende AG übt die Vermögensrechte der bisherigen Aktionäre der übertragenden AG aus.[30] 7

IV. Übertragung der Mitgliedschaft

Eine Übertragung der Mitgliedschaft nach §§ 413, 398 BGB ist auch bereits vor Umtausch der Aktien möglich.[31] Gem. § 952 geht das Eigentum an den neuen Aktienurkunden automatisch auf den Erwerber über. 8

V. Rechtsträger anderer Rechtsformen

Ist der **übernehmende Rechtsträger** eine **GmbH** oder **Personenhandelsgesellschaft**, findet kein Umtausch von Aktien statt.[32] In diesem Fall ist auch kein Treuhänder zu bestellen.[33] Sofern eine Kraftloserklärung notwendig ist, hat diese somit die übernehmende Gesellschaft zu erklären. Ebenso findet ein Umtausch von Aktien nicht statt, wenn der **übertragende Rechtsträger** keine AG oder KGaA ist. Aktienurkunden müssen nicht eingereicht bzw für kraftlos erklärt werden.[34] 9

18 Keßler/Kühnberger/*Brügel*, § 72 Rn 3; Semler/Stengel/*Diekmann*, § 72 Rn 6.
19 Kallmeyer/*Marsch-Barner*, § 72 Rn 4.
20 Maulbetsch/Klumpp/Rose/*Stockburger*, § 72 Rn 7; Semler/Stengel/*Diekmann*, § 72 Rn 6.
21 Keßler/Kühnberger/*Brügel*, § 72 Rn 3.
22 Semler/Stengel/*Diekmann*, § 72 Rn 6.
23 Kallmeyer/*Marsch-Barner*, § 72 Rn 4; Semler/Stengel/*Diekmann*, § 72 Rn 7; Lutter/*Grunewald*, § 72 Rn 4.
24 Maulbetsch/Klumpp/Rose/*Stockburger*, § 72 Rn 8; Semler/Stengel/*Diekmann*, § 72 Rn 8.
25 Kallmeyer/*Marsch-Barner*, § 72 Rn 4; Semler/Stengel/*Diekmann*, § 72 Rn 7.
26 § 381 BGB.
27 Keßler/Kühnberger/*Brügel*, § 72 Rn 3; Semler/Stengel/*Diekmann*, § 72 Rn 10; KölnKomm/*Simon*, § 72 Rn 13.
28 Kallmeyer/*Marsch-Barner*, § 72 Rn 4; Semler/Stengel/*Diekmann*, § 72 Rn 12; Widmann/Meyer/*Rieger*, § 72 Rn 25; KölnKomm/*Simon*, § 72 Rn 23.
29 Vgl *Hüffer*, § 226 AktG Rn 13.
30 Semler/Stengel/*Diekmann*, § 72 Rn 13; Kallmeyer/*Marsch-Barner*, § 72 Rn 4; Maulbetsch/Klumpp/Rose/*Stockburger*, § 72 Rn 6.
31 Lutter/*Grunewald*, § 72 Rn 6; Semler/Stengel/*Diekmann*, § 72 Rn 16.
32 Kallmeyer/*Marsch-Barner*, § 72 Rn 6; Semler/Stengel/*Diekmann*, § 72 Rn 17.
33 Semler/Stengel/*Diekmann*, § 72 Rn 17; Kallmeyer/*Marsch-Barner*, § 72 Rn 6; Widmann/Meyer/*Rieger*, § 72 Rn 9.
34 Kallmeyer/*Marsch-Barner*, § 72 Rn 5.

VI. Rechtsfolgen bei Verstoß

10 Verstöße gegen die Vorschriften zum Umtausch von Aktien haben keine Auswirkung auf die Wirksamkeit der Verschmelzung.[35] Allerdings können **Schadensersatzansprüche** geltend gemacht werden.[36] Gegenstand des Anspruchs ist der konkrete Verstoß gegen die Vorschriften zum Umtausch von Aktien. Die Ansprüche können insb. gegen den Treuhänder[37] oder die Organmitglieder des übernehmenden Rechtsträgers gerichtet werden.[38]

Zweiter Unterabschnitt
Verschmelzung durch Neugründung

§ 73 Anzuwendende Vorschriften

Auf die Verschmelzung durch Neugründung sind die Vorschriften des Ersten Unterabschnitts mit Ausnahme der §§ 66, 67, 68 Abs. 1 und 2 und des § 69 entsprechend anzuwenden.

Literatur:

Austmann, Der verschmelzungsrechtliche Squeeze-out nach dem 3. UmwÄndG 2011, NZG 2011, 684.

I. Einleitendes

1 Die Norm stellt die Umsetzung von Art. 4 und 13 der VerschmRL dar.[1] Bei der Verschmelzung durch Neugründung wird im Gegensatz zur Verschmelzung durch Aufnahme ein neuer Rechtsträger geschaffen, indem er die Vermögen aller an der Verschmelzung beteiligten Rechtsträger übernimmt. Die beteiligten Rechtsträger gehen im Zuge der Verschmelzung unter. Es entsteht ein neuer Rechtsträger. Dabei ist die Neugründung als Sachgründung gem. § 27 AktG zu behandeln.[2]

II. Anwendbare Vorschriften und deren Einzelheiten

2 § 73 gilt für **AGs**, wenn sie als übertragender oder übernehmender Rechtsträger an der Verschmelzung durch Neugründung beteiligt sind.[3] Ebenso fällt die **KGaA** darunter.[4] Nicht erfasst sein soll dagegen die **SE**, da für diese die SE-VO gilt.[5] Diese Aussage lässt sich in dieser Grundsätzlichkeit so nicht halten. Richtig ist allein, dass Art. 15 der SE-VO bzgl der Gründung einer SE auf das nationale Gründungsrecht verweist. Für die Vorbereitungs- und Beschlussphase der

35 KölnKomm/*Simon*, § 72 Rn 24; Lutter/*Grunewald*, § 72 Rn 8.
36 Semler/Stengel/*Diekmann*, § 72 Rn 18; Kallmeyer/*Marsch-Barner*, § 72 Rn 7; Maulbetsch/Klumpp/Rose/*Stockburger*, § 72 Rn 10.
37 Maulbetsch/Klumpp/Rose/*Stockburger*, § 71 Rn 10; Kallmeyer/*Marsch-Barner*, § 72 Rn 7; Semler/Stengel/*Diekmann*, § 72 Rn 18; Widmann/Meyer/*Rieger*, § 72 Rn 13, 34; Lutter/*Grunewald*, § 72 Rn 8; KölnKomm/*Simon*, § 72 Rn 24.
38 Maulbetsch/Klumpp/Rose/*Stockburger*, § 72 Rn 24; Kallmeyer/*Marsch-Barner*, § 72 Rn 7; KölnKomm/*Simon*, § 72 Rn 24; Lutter/*Grunewald*, § 72 Rn 8; Semler/Stengel/*Diekmann*, § 72 Rn 18; Widmann/Meyer/*Rieger*, § 72 Rn 13, 34.
1 Semler/Stengel/*Diekmann*, § 73 Rn 1.
2 Kessler/Kühnberger *Brügel*, § 73 Rn 3.
3 Maulbetsch/Klumpp/Rose/*Maulbetsch*, § 73 Rn 2; Kessler/Kühnberger/*Brügel*, § 73 Rn 1.
4 § 78.
5 So Kallmeyer/*Marsch-Barner*, § 73 Rn 1.

SE verweist Art. 18 der SE-VO allerdings auf das nationale Umwandlungsrecht.[6] Somit müssen auch die §§ 73 ff grds. zur Anwendung gelangen.[7] Weiter ist der Geltungsbereich der allg. Vorschriften (§§ 36-38) zu beachten. Der Verweis in § 36 Abs. 1 S. 1 eröffnet den erweiterten Anwendungsbereich in §§ 4–35 (außer § 16 Abs. 1 und § 27).[8] § 36 Abs. 2 verweist in das AktG. Daneben gilt der eingeschränkte Anwendungsbereich der §§ 60–72 mit den in § 73 bezeichneten Ausnahmen. Außerdem gelten die §§ 74–77.

Die Vorschriften der Verschmelzung zur Neugründung gelten auch für den Fall der Spaltung zur Neugründung. Die Norm ergänzt insoweit über § 135 Abs. 2 die speziellen Vorschriften der Spaltung zur Neugründung, §§ 135–137. 3

III. Folgen der Verweisung auf §§ 60 ff.

Durch den **Anwendungsverweis** in § 73 auf die §§ 60-72 (mit den darin bezeichneten Ausnahmen) sind für eine Verschmelzung durch Neugründung die Vorschriften der Verschmelzung durch Aufnahme zu beachten und entspr. zu berücksichtigen. 4

1. Verschmelzungsprüfung. Zunächst ist gem. § 60 die **Verschmelzungsprüfung** durchzuführen.[9] Diese richtet sich nach den allg. Vorschriften der §§ 9-12.[10] Von der Prüfung kann nach ausdr. Verzicht der Aktionäre abgesehen werden.[11] Die Ausnahme von der gesetzlichen Prüfungspflicht nach § 9 Abs. 2 greift allerdings nicht für die Verschmelzung zur Neugründung, da die Ausnahme nur für den Fall der Aufnahme durch eine Muttergesellschaft, die 100 % des Gesamtkapitals der übertragenden Gesellschaft hält, gelten kann. Es kommt also nicht auf eine Übertragung **auf** eine Gesellschaft an, sondern auf die Zusammenlegung zweier Gesellschaften **zu** einer neuen Gesellschaft. Insofern besteht zum Zeitpunkt der möglichen Ausnahme noch keine neue Gesellschaft, so dass notwendigerweise noch keine Anteile vom zukünftigen Rechtsträger gehalten werden können.[12] 5

2. Verschmelzungsvertrag. Der **Verschmelzungsvertrag** ist gem. § 61 bekanntzumachen. Dies geschieht durch das zuständige Registergericht.[13] Der Inhalt des Vertrages richtet sich dabei nach § 37. 6

3. Hauptversammlung. Der Zustimmungsbeschluss der **Hauptversammlung** gem. § 13 Abs. 1 ist gesetzlich vorgeschrieben und daher erforderlich. Auch hier gilt das Drei-Viertel-Erfordernis.[14] Die Ausnahmen in § 62 können bei einer Verschmelzung durch Neugründung allerdings keine Rolle spielen, da der spätere Rechtsträger zur Zeit des Beschlusses noch nicht entstanden ist und daher auch keine Anteile iHv 90 % oder mehr halten kann.[15] Der Verweis in § 73 auf die Vorschriften der §§ 60–72 kann daher nicht so verstanden werden, dass § 62 gleichwohl Anwendung findet. Eine Nennung des § 62 im § 73 ist allerdings überflüssig, da sich aus der Natur der Sache kein Anwendungsbereich für Verschmelzungen durch Neugründung ergeben kann. 7

Vorbereitung (§ 63) und Durchführung der Hauptversammlung (§§ 64, 65) bleiben von der Ausnahme der Nichtanwendbarkeit des § 62 unberührt und sind daher entspr. anzuwenden. 8

4. Verschmelzungsrechtlicher Squeeze-out. Der Ausschluss des § 62 legt nahe, dass die Vorschrift über den **Squeeze-out** nach § 62 Abs. 5 nicht für die Verschmelzung zur Neugründung gilt. Zwar ist die Verschmelzung zur Neugründung direkt vergleichbar mit der Verschmelzung zur Aufnahme, da die Vorschriften entspr. herangezogen werden. Es ist auch denkbar, dass der 9

6 S. *Schwarz*, SE-VO, Art. 18 Rn 16.
7 Richtigerweise dazu Maulbetsch/Klumpp/Rose/*Maulbetsch*, § 73 Rn 4; Semler/Stengel/*Diekmann*, § 73 Rn 2.
8 Kessler/Kühnberger/*Brügel*, § 73 Rn 1.
9 Maulbetsch/Klumpp/Rose/*Maulbetsch*, § 73 Rn 10; Semler/Stengel/*Diekmann*, § 73 Rn 3.
10 S. § 60 Rn 1.
11 S. § 9 Rn 4.
12 Lutter/*Grunewald*, § 73 Rn 8.
13 § 61.
14 § 65 Abs. 1.
15 Lutter/*Grunewald*, § 73 Rn 10; Semler/Stengel/*Diekmann*, § 73 Rn 5.

an der Verschmelzung beteiligte Hauptaktionär mehr als 90 % des Gesamtkapitals der übertragenden Gesellschaft hält. Allerdings ist zu bedenken, dass der Hauptaktionär bei einer Verschmelzung zur Neugründung selbst nicht übernehmender, sondern auch übertragender Rechtsträger ist, da die neu zu gründende Gesellschaft erst **später** entsteht. Im Gesetzesentwurf der Bundesregierung zum Entwurf des dritten Gesetzes zur Änderung des Umwandlungsgesetzes findet sich lediglich eine Stellungnahme zur Notwendigkeit der Einführung eines verschmelzungsrechtlichen Squeeze-out für übernehmende Muttergesellschaften als Hauptaktionärin bei Innehaltung von mind. 90 % des Gesamtkapitals.[16] Bei genauer Betrachtung ist die Verschmelzung zur Aufnahme technisch von der Verschmelzung zur Neugründung zu unterscheiden. Bei der Verschmelzung zur Aufnahme handelt es sich stets um einen „Upstream-Merger", während bei der Verschmelzung zur Neugründung ein **„Sidestream-Merger"** stattfindet.[17] Da der Verschmelzungsrichtlinie nach auch nur der „Upstream-Merger" von der Neuregelung erfasst sein soll, ist die Konstellation des verschmelzungsrechtlichen Squeeze-out für den Fall der Neugründung generell nicht denkbar.

10 **5. Geltendmachung eines Schadensersatzanspruches.** Für die Geltendmachung eines **Schadensersatzanspruches** ist der Rückgriff auf § 70 möglich, da dieser nicht durch § 73 oder sonstige Erwägungen ausgeschlossen ist. Zudem ist § 36 zu beachten, der wiederum auf § 25 verweist. Durch den Ausschluss des § 27 im Wortlaut des § 36 können lediglich die Verwaltungsträger der übertragenden Gesellschaft, die eine AG, KGaA oder SE sein muss, solche Ansprüche gem. § 26 Abs. 1 geltend machen. Denn der neue Rechtsträger existiert noch nicht und kann daher Ansprüche gegen Vertretungs- und Aufsichtsorgane noch nicht geltend machen.[18] Voraussetzung ist jedoch, dass die betroffenen Anteilsinhaber ihre Aktien bereits gegen Anteile des übernehmenden Rechtsträgers getauscht haben.[19]

11 **6. Bestellung eines Treuhänders.** Sofern der neue Rechtsträger eine AG ist, muss nach § 71 ein **Treuhänder** bestellt werden. Es ist jedoch zu beachten, dass bei der Neugründung vor Eintragung des zu gründenden Rechtsträgers vom Treuhänder noch keine Aktienurkunden entgegen genommen und dem Gericht angezeigt werden können.[20] Allerdings dürften in diesem Fall Absichtserklärungen zur Entgegennahme der **Urkunden** ausreichen.[21]

12 **7. Umtausch von Aktien.** Durch den nicht ausgeschlossenen Anwendungsbereich des § 72 gelten die dort geregelten Vorschriften.[22] Sofern ein **Umtausch** der Aktien in Frage kommt, können die alten Aktien für kraftloserklärt und zusammengelegt werden.[23] Sofern der neue Rechtsträger eine AG ist, sind an die Aktionäre neue Aktien auszugeben.[24]

IV. Ausschluss der in § 73 genannten Vorschriften

13 Vom Anwendungsbereich der §§ 60–72 sind in § 73 die §§ 66, 67, 68 Abs. 1, 2 und 69 ausgeschlossen. Diese regeln die **Erhöhung** des Grundkapitals im Rahmen einer Verschmelzung zur Aufnahme. Für die Erhöhung des Kapitalstamms ist jedoch erforderlich, dass der neue Rechtsträger bereits über einen eigenen Kapitalstamm verfügt. Da aber bei der Verschmelzung zur Neugründung der Rechtsträger erst mit Eintragung der Verschmelzung besteht, existiert davor noch kein Kapitalstamm. Stattdessen greifen die Vorschriften über die **Sachgründung.**[25] Indem die übertragenden Rechtsträger auf den neu zu gründenden Rechtsträger übertragen werden, wird die Sacheinlage geleistet.[26] Dies geschieht im Wege der Gesamtrechtsnachfolge.[27] Entspr.

16 BT-Drucks. 17/3122, S. 12 ff.
17 *Austmann*, NZG 2011, 684, 687.
18 Lutter/*Grunewald*, § 36 Rn 12 Fn 4; Semler/Stengel/*Diekmann*, § 73 Rn 9.
19 Maulbetsch/Klumpp/Rose/*Maulbetsch* § 73 Rn 17; Semler/Stengel/*Diekmann*, § 73 Rn 9.
20 § 41 Abs. 4 AktG.
21 Kallmeyer/*Marsch-Barner*, § 73 Rn 5; aA Lutter/*Grunewald*, § 73 Rn 15.
22 Vgl § 72.
23 Maulbetsch/Klumpp/Rose/*Maulbetsch*, § 73 Rn 19; Semler/Stengel/*Diekmann*, § 73 Rn 10.
24 Maulbetsch/Klumpp/Rose/*Maulbetsch*, § 73 Rn 19; Semler/Stengel/*Diekmann*, § 73 Rn 10.
25 Kessler/Kühnberger/*Brügel*, § 73 Rn 5.
26 Semler/Stengel/*Diekmann*, § 73 Rn 7; Schmitt/Hörtnagl/Stratz/*Stratz*, § 73 Rn 8.
27 Schmitt/Hörtnagl/Stratz/*Stratz*, § 73 Rn 8.

den für eine Sacheinlage geltenden Regeln ist eine Bewertung der übertragenden Rechtsträger zwingend erforderlich.[28]

Nach § 73 ist § 68 Abs. 3 nicht ausgeschlossen. Danach dürfen die im Verschmelzungsvertrag festgesetzten baren Zuzahlungen 10 % des Grundkapitals der von der neu gegründeten AG gewährten Anteile nicht übersteigen.[29] Diese Einschränkung ist jedoch nur zu beachten, wenn der **neue Rechtsträger** eine **AG** oder **KGaA** ist.[30] Sofern der neue Rechtsträger eine GmbH ist, greifen bezüglich der baren Zuzahlungen entspr. die §§ 56, 54 Abs. 3.[31] Hält bei der Übertragung ein Rechtsträger in der Form einer Kapitalgesellschaft eigene Anteile, so ist – entgegen dem Wortlaut des § 73 – § 68 Abs. 1 S. 1 Nr. 2 dahin gehend anzuwenden, dass von der neu gegründeten AG keine Aktien ausgegeben werden dürfen.[32] Für den Fall, dass übertragender Rechtsträger eine GmbH ist, die eigene Geschäftsanteile hält, gilt § 54 Abs. 1 S. 1 Nr. 2 entspr.[33] 14

Weiterhin sind auch die Vorschriften über die Nachgründung, § 67, von § 73 ausgeschlossen. Um dennoch nicht die Nachgründungsvorschriften durch eine Verschmelzung durch Neugründung zu unterlaufen, werden die Vorschriften des § 67 durch § 76 Abs. 1 ersetzt. Dieser regelt, dass eine übertragende AG die Verschmelzung erst beschließen darf, wenn sie und jede andere übertragende AG bereits **zwei Jahre** im Register eingetragen ist.[34] 15

§ 74 Inhalt der Satzung

[1]In die Satzung sind Festsetzungen über Sondervorteile, Gründungsaufwand, Sacheinlagen und Sachübernahmen, die in den Gesellschaftsverträgen, Partnerschaftsverträgen oder Satzungen übertragender Rechtsträger enthalten waren, zu übernehmen. [2]§ 26 Abs. 4 und 5 des Aktiengesetzes bleibt unberührt.

Literatur:

Ihrig, Gläubigerschutz durch Kapitalaufbringung bei Verschmelzung und Spaltung nach neuem Umwandlungsrecht, GmbHR 1995, 622.

I. Einleitendes

1 Die Norm greift bei der Neugründung einer AG ein und gilt gleichsam für die KGaA (§ 78). Auf die Rechtsform der übertragenden Gesellschaft kommt es nicht an.[1] § 74 geht aus Transparenzgesichtspunkten weiter als die Gründungsvorschriften.[2] Die Norm soll gewährleisten, dass Sondervorteile, Gründungsaufwand, Sacheinlagen und Sachübernahmen bei übertragenden Rechtsträgern offengelegt werden.[3] Weiterhin ist zu beachten, dass die Vorschrift für die Spaltung zur Neugründung gem. §§ 125 S. 1, 135 Abs. 1 S. 1 entspr. Anwendung finden.[4]

28 Schmitt/Hörtnagl/Stratz/*Stratz*, § 73 Rn 10 ff.
29 Kallmeyer/*Marsch-Barner*, § 73 Rn 3; Kessler/Kühnberger/*Brügel*, § 73 Rn 5.
30 Kallmeyer/*Marsch-Barner*, § 73 Rn 3.
31 Lutter/*Grunewald*, § 73 Rn 7 Fn 1.
32 Kallmeyer/*Marsch-Barner*, § 73 Rn 3; Maulbetsch/Klumpp/Rose/*Maulbetsch*, § 73 Rn 15.
33 Lutter/*Grunewald*, § 73 Rn 7; Maulbetsch/Klumpp/Rose/*Maulbetsch*, § 73 Rn 15.
34 Kallmeyer/*Marsch-Barner*, § 73 Rn 4.
1 Maulbetsch/Klumpp/Rose/*Maulbetsch*, § 74 Rn 2.
2 Semler/Stengel/*Diekmann*, § 74 Rn 1.
3 Kallmeyer/*Marsch-Barner*, § 74 Rn 2.
4 Vgl *Ihrig* GmbHR 1995, 622, 636; Maulbetsch/Klumpp/Rose/*Maulbetsch*, § 74 Rn 5.

II. Satzung des neuen Rechtsträgers

2 **1. Festlegung der Satzung.** Da zudem die allg. Vorschriften greifen, ist der **Satzungsinhalt** gem. § 37 Teil des Verschmelzungsvertrages, der von den Organen des übertragenden Rechtsträgers abgeschlossen wird.[5] Damit bestimmen die Organe auch den Inhalt der Satzung. Bei der **Neugründung** einer AG übernehmen dies die übertragenden Rechtsträger als die Gründer der neuen Gesellschaft gem. §§ 73, 36 Abs. 2 iVm §§ 23, 28 AktG.[6] Wirksamkeit erlangt die neue Satzung über den Zustimmungsbeschluss der Anteilsinhaber zur Verschmelzung.[7]

3 **2. Inhalt der Satzung.** Gem. § 23 Abs. 2–5 AktG sind in der **Satzung** Firma und Sitz der Gesellschaft, Gegenstand des Unternehmens, Höhe des Grundkapitals und Zerlegung des Grundkapitals entweder in Nennbetragsaktien oder Stückaktien anzugeben.[8] Der Verschmelzungsvertrag gibt Aufschluss über die genaue Aufteilung auf die Anteilsinhaber.[9] Bei Bestimmung der **Höhe** des Grundkapitals sind Abfindungen und bare Zuzahlungen nach § 29 abzuziehen.[10] Eine **Unter-Pari-Emission** ist dabei nach § 9 Abs. 1 AktG zu vermeiden, da in diesem Fall eine Verschmelzung nicht im Register eingetragen werden darf.[11] Auf einer derartigen fehlerhaften Grundlage geschlossene Verschmelzungsbeschlüsse sind zwar nichtig,[12] allerdings gilt dies nicht für den – unwahrscheinlichen – Fall der Eintragung der Verschmelzung durch den Registerrichter.[13] Außerdem muss das Vermögen des übertragenden Rechtsträgers den anteiligen Betrag am Grundkapital, den die Anteilsinhaber dieses Rechtsträgers gewährt bekommen, decken.[14]

4 Da die verschmelzenden Rechtsträger Gründer der neuen AG sind, kann sie grds. die aktienrechtliche **Gründerhaftung** treffen. Eine Haftung der Aktionäre im Verhältnis ihrer Anteile an der neuen AG ist allerdings nicht denkbar, da im Zeitpunkt der Eintragung der Verschmelzung die Gründerhaftung der übertragenden Rechtsträger durch Konfusion bereits erloschen ist.[15] Dies wird auch daran deutlich, dass eine Inanspruchnahme der Aktionäre wegen rückständiger Einlagen ausgeschlossen ist, da die Aktionäre keine eigene Einlage leisten und keinen Einfluss auf die Wertbemessung des Vermögens des Rechtsträgers haben und sie außerdem die Aktien gem. den Grundgedanken der §§ 929, 932, 936 BGB auch ohne rechtsgeschäftlichen Erwerb „gutgläubig" erwerben können.[16]

5 Aufgrund der Verweisung über § 36 Abs. 2 ist die Vorschrift des § 27 AktG zu beachten.[17] Da die Verschmelzung zur Neugründung eine Sachgründung ist, sind die auf den neuen Rechtsträger übergehenden Sacheinlagen in der Satzung der neuen AG aufzuführen.[18] Dasselbe gilt für auch für Sachübernahmen.[19]

III. Erweiterung durch § 74

6 Durch § 74 wird die allg. **Gründungspublizität** erweitert. Nach Satz 1 sind Festsetzungen über Sondervorteile, Gründungsaufwand, Sacheinlagen und Sachübernahmen, die in den Gesellschaftsverträgen, Partnerschaftsverträgen oder Satzungen übertragender Rechtsträger enthalten waren, zu übernehmen. Wenn es sich bei dem übertragenden Rechtsträger um eine **AG, KGaA**

5 Maulbetsch/Klumpp/Rose/*Maulbetsch*, § 74 Rn 4.
6 Kallmeyer/*Marsch-Barner*, § 74 Rn 1.
7 § 76 Abs. 2 S. 1.
8 Maulbetsch/Klumpp/Rose/*Maulbetsch*, § 74 Rn 7; Lutter/*Grunewald*, § 74 Rn 3.
9 Lutter/*Grunewald*, § 74 Rn 3.
10 Semler/Stengel/*Diekmann*, § 74 Rn 4; Kallmeyer/*Marsch-Barner*, § 74 UwG Rn 4.
11 Semler/Stengel/*Diekmann*, § 74 Rn 4.
12 Lutter/*Grunewald*, § 74 Rn 4; Maulbetsch/Klumpp/Rose/*Maulbetsch*, § 74 Rn 9.
13 Trotz fehlerhafter Eintragung bleibt die Verschmelzung gem. § 20 Abs. 2 wirksam.
14 Semler/Stengel/*Diekmann*, § 74 Rn 4; Kallmeyer/*Marsch-Barner*, § 74 Rn 1.
15 BGH v. 12.3.2007 – II ZR 302/05, NZG 2007, 513, 514; Lutter/*Grunewald*, § 74 Rn 5; aA *Ihrig*, GmbHR 1995, 622, 626 ff.
16 Maulbetsch/Klumpp/Rose/*Maulbetsch*, § 74 Rn 12; *Hüffer*, § 54 AktG Rn 4; Lutter/*Grunewald*, § 74 Rn 5; vgl. auch Semler/Stengel/*Diekmann*, § 74 Rn 5.
17 Maulbetsch/Klumpp/Rose/*Maulbetsch*, § 74 Rn 11; Kallmeyer/*Marsch-Barner*, § 74 Rn 1; Semler/Stengel/*Diekmann*, § 74 Rn 3.
18 § 73 Rn 1.
19 Maulbetsch/Klumpp/Rose/*Maulbetsch*, § 74 Rn 11.

oder **SE** handelt, sind §§ 26, 27 AktG einschlägig.[20] § 74 soll ein Unterlaufen der allg. Vorschriften aus dem AktG verhindern.[21] Es bestünde sonst die Gefahr, dass die in der Satzung einer übertragenden AG stehenden Festsetzungen über Sondervorteile, Gründungsaufwand, Sacheinlagen und Sachübernahmen durch die Neugründung nicht mit in die Satzung der neu zu gründenden AG aufgenommen werden könnten, da die allg. Vorschriften dies nicht vorsehen.[22] Für die GmbH wird dasselbe Ergebnis über § 5 Abs. 4 GmbHG erreicht bzw über eine analoge Anwendung des § 26 Abs. 2 AktG.[23]

Nach Satz 2 bleiben § 26 Abs. 4 und 5 AktG unberührt. Dadurch ist klar, dass diese zusätzliche Beschränkung nur gelten kann, wenn übertragender Rechtsträger eine AG oder KGaA ist.[24] Eine **Änderung** der zu übernehmenden Festsetzungen kann demnach nur erfolgen, wenn die betreffende Gesellschaft mindestens fünf Jahre im Register eingetragen ist (§ 26 Abs. 4 AktG). Die **Beseitigung** der Festsetzungen ist dagegen sogar erst 30 Jahre nach Eintragung der Gesellschaft möglich, wenn die Rechtsverhältnisse, die den Festsetzungen zugrunde liegen, seit mind. fünf Jahren abgewickelt sind (§ 26 Abs. 5 AktG). Gleiches gilt gem. § 27 Abs. 5 AktG für Sacheinlagen und Sachübernahmen.[25] Diese Fristen werden durch die Verschmelzung nicht unterbrochen und laufen daher weiter.[26] 7

IV. Verstöße gegen § 74 S. 2

Sofern in der Satzung oder im Gesellschaftsvertrag eines übertragenden Rechtsträgers Festsetzungen über Sondervorteile getroffen wurden, **erlöschen** die Sondervorteile, wenn gegen die Bestimmung des § 74 verstoßen wird.[27] Denkbar ist ein solcher Verstoß bereits durch bloße Nichtübernahme von Sondervorteilen in die neue Satzung.[28] Der Untergang erfolgt erst ab dem **Zeitpunkt** der Eintragung der Verschmelzung, also mit **ex nunc** Wirkung.[29] Vor Eintragung der Verschmelzung im Register sind dagegen die jeweiligen Gesellschaftsverträge als Rechtsgrundlage für die darin geregelten Sondervorteile des übertragenden Rechtsträgers maßgeblich.[30] 8

Hinweis: Die Vorschrift enthält ein umfangreiches Handlungsprogramm. Die Vorgabe, Regelungen aus Gesellschaftsverträgen übertragender Rechtsträger in die des übernehmenden Rechtsträgers sachgerecht zu inkorporieren, stellt oft eine Herausforderung dar. Auch hier ist regelmäßig die Abstimmung mit dem Handelsregister und – nach Möglichkeit – den Gesellschaftern aller Rechtsträger zu suchen!

§ 75 Gründungsbericht und Gründungsprüfung

(1) [1]In dem Gründungsbericht (§ 32 des Aktiengesetzes) sind auch der Geschäftsverlauf und die Lage der übertragenden Rechtsträger darzustellen. [2]Zum Gründungsprüfer (§ 33 Absatz 2 des Aktiengesetzes) kann der Verschmelzungsprüfer bestellt werden.

(2) Ein Gründungsbericht und eine Gründungsprüfung sind nicht erforderlich, soweit eine Kapitalgesellschaft oder eine eingetragene Genossenschaft übertragender Rechtsträger ist.

20 Kallmeyer/*Marsch-Barner*, § 74 Rn 2; Maulbetsch/Klumpp/Rose/*Maulbetsch*, § 74 Rn 14.
21 Maulbetsch/Klumpp/Rose/*Maulbetsch*, § 74 Rn 13.
22 Maulbetsch/Klumpp/Rose/*Maulbetsch*, § 74 Rn 13.
23 BGHZ 107, 1; Maulbetsch/Klumpp/Rose/*Maulbetsch*, § 74 Rn 14; Kallmeyer/*Marsch-Barner*, § 74 Rn 2.
24 Kallmeyer/*Marsch-Barner*, § 74 Rn 3; Lutter/*Grunewald*, § 74 Rn 8; Semler/Stengel/*Diekmann*, § 74 Rn 6.
25 Kallmeyer/*Marsch-Barner*, § 74 Rn 3.
26 Maulbetsch/Klumpp/Rose/*Maulbetsch*, § 74 Rn 16; Kallmeyer/*Marsch-Barner*, § 74 Rn 3; Lutter/*Grunewald*, § 74 Rn 8; Semler/Stengel/*Diekmann*, § 74 Rn 6; Widmann/Mayer/*Rieger*, § 74 Rn 8.
27 Maulbetsch/Klumpp/Rose/*Maulbetsch*, § 74 Rn 17; Lutter/*Grunewald*, § 74 Rn 9; Semler/Stengel/*Diekmann*, § 74 Rn 6.
28 Kallmeyer/*Marsch-Barner*, § 74 Rn 3.
29 Lutter/*Grunewald*, § 74 Rn 8.
30 Kessler/Kühnberger/*Brügel*, § 74 Rn 3.

Literatur:

Angermeyer, Die Prüfung von Sacheinlagen im neuen Umwandlungsrecht, WPg 1995, 681; *Ihrig*, Gläubigerschutz durch Kapitalaufbringung bei Verschmelzung und Spaltung nach neuem Umwandlungsrecht, GmbHR 1995, 622.

1 **1. Einleitendes.** Der Geltungsbereich des § 75 erstreckt sich auf alle Verschmelzungen zur Neugründung, sofern die **übernehmende Gesellschaft** eine **AG** ist und befasst sich mit dem Gründungsbericht und der Gründungsprüfung.[1]

2 **Gründungsbericht** und **Gründungsprüfung** dienen der Sicherheit der Gläubiger und zukünftigen Aktionäre. Nach alter Rechtslage waren Verschmelzungen zur Neugründung nur unter **Kapitalgesellschaften** (KGaA/AG/SE) möglich. Ausreichender Schutz wurde durch die Regeln über die Kapitalaufbringung und -erhaltung gewährleistet.[2] Auf Gründungsbericht und -prüfung konnte daher verzichtet werden. Nach heutigem Recht sind bei einer Verschmelzung zur Neugründung auch **Personengesellschaften** verschmelzungsfähige Rechtsträger. Die Sondervorschriften für Kapitalgesellschaften sind bei einer solchen „Mischverschmelzung" nicht anwendbar. Daher bedarf es des Schutzes der Gläubiger und zukünftigen Aktionäre durch das Erfordernis eines Gründungsberichts und einer -prüfung. Dieser Schutz wird durch einen Verweis auf die allgemeinen Gründungsvorschriften in § 36 Abs. 1 S. 1 für den Fall der Verschmelzung zur Neugründung sichergestellt.

3 Die Vorschriften der Neugründung durch Verschmelzung erstrecken sich gem. §§ 125 S. 1, 135 Abs. 1, 2 auch auf die **Spaltung** zur Neugründung. Auch hier ist Voraussetzung, dass der übernehmende Rechtsträger eine AG ist.

4 **2. Anforderungen an den Gründungsbericht (Abs. 1).** Der notwendige Inhalt des **Gründungsberichts** ist gesetzlich normiert. Die Grundvoraussetzungen sind über den Verweis in § 36 Abs. 2 S. 1 und die Nennung in Abs. 1 in § 32 AktG geregelt. Dieser schreibt vor, dass ein Gründungsbericht erstellt werden muss. Inhaltliche Vorgaben werden in Abs. 2 konkretisiert.[3] Darüber hinaus sind die zusätzlichen Anforderungen des Abs. 1 zu beachten. Danach sind in dem Bericht auch **Geschäftsverlauf** und **Lage** des übertragenden Rechtsträgers darzustellen. Die Voraussetzungen sind vergleichbar mit denen in § 289 HGB, der den Lagebericht für Kapitalgesellschaften regelt.[4] Die Darstellung der Details muss ein realistisches Gesamtbild der Gesellschaft widerspiegeln.[5] Zusätzlich muss der übertragende Rechtsträger eine **Aussage** dazu treffen, welcher Entwicklungsverlauf zukünftig zu erwarten ist.[6] Die Anforderungen an die Substantiierung dieser Prognose sind aber relativ niedrig.[7] Falls wesentliche Abweichungen nach Abfassung der Prognose und vor Anmeldung der neuen AG bekannt werden, ist ein **Nachgründungsbericht** zu erstatten.[8] Besonders hinzuweisen ist in diesem Zusammenhang auf mögliche in der Vergangenheit liegende oder gegenwärtige **Risiken**, sowie solche, die zukünftig relevant werden könnten.[9] Für den Fall, dass die Gründer im Bericht falsche Angaben machen, besteht die Gefahr der zivil- und/oder strafrechtlichen Haftung.[10]

5 Neu eingefügt wurde die Erlaubnis, den **Verschmelzungsprüfer** als Gründungsprüfer einzusetzen.[11] Grds. sind die Fälle, in denen ein Gründungsprüfer gesetzlich vorgeschrieben ist, in § 33 Abs. 2 AktG genannt. Dabei ist die Erleichterung in Abs. 3 zu beachten, nach der der beurkun-

1 Maulbetsch/Klumpp/Rose/*Maulbetsch*, § 75 Rn 1 f; Kallmeyer/*Marsch-Barner*, § 75 Rn 1.
2 Maulbetsch/Klumpp/Rose/*Maulbetsch*, § 75 Rn 4; Semler/Stengel/*Diekmann*, § 75 Rn 1; Widmann/Mayer/*Rieger*, § 75 Rn 9 ff.
3 Vgl § 32 Abs. 2 AktG.
4 Kallmeyer/*Marsch-Barner*, § 75 Rn 2; Kessler/Kühnberger/*Brügel*, § 75 Rn 2; Lutter/*Grunewald*, § 75 Rn 3; Semler/Stengel/*Diekmann*, § 75 Rn 3.
5 Lutter/*Grunewald*, § 75 Rn 2; Semler/Stengel/*Diekmann*, § 75 Rn 3.
6 Maulbetsch/Klumpp/Rose/*Maulbetsch*, § 75 Rn 11; Kallmeyer/*Marsch-Barner*, § 75 Rn 3.
7 Kallmeyer/*Marsch-Barner*, § 75 Rn 3.
8 Lutter/*Grunewald*, § 75 Rn 3; Schmitt/Hörtnagel/Stratz/*Stratz*, § 75 Rn 3; Semler/Stengel/*Diekmann*, § 75 Rn 3; Widmann/Mayer/*Rieger*, § 75 Rn 7 f.
9 Schmitt/Hörtnagel/Stratz/*Stratz*, § 75 Rn 3.
10 § 46 bzw § 399 AktG.
11 Zu den Anforderungen an den Verschmelzungsprüfer vgl § 60 Rn.

dende Notar die Rolle des Gründungsprüfers einnehmen kann. Zur weiteren Vereinfachung in Umsetzung der EU-Richtlinie kann jetzt auch der Verschmelzungsprüfer zum Gründungsprüfer eingesetzt werden, da durch die Bestellung eines Prüfers zur Verschmelzung bereits ausreichend Schutz für Gläubiger und Aktionäre besteht.[12] Außerdem kann dadurch eine **Kostenersparnis** und **Effizienzsteigerung** erreicht werden, was Zielsetzung der Richtlinie war. Für diesen Fall gelten § 11 Abs. 1 UmwG, § 319 Abs. 1 bis 4 und § 319 a Abs. 1 HGB.[13]

3. Anforderungen an die Gründungsprüfung. Grds. ist gem. § 33 Abs. 2 AktG eine Gründungsprüfung durch einen externen Fachmann/Sachverständigen durchzuführen. Der Umfang der Gründungsprüfung ist in § 34 AktG geregelt. 6

In § 33 Abs. 1 AktG ist die interne Prüfungspflicht geregelt. Danach haben die Mitglieder des Vorstandes und des Aufsichtsrates den Hergang der Gründung zu prüfen. Die Prüfungen dienen grds. dazu die ordnungsgemäße Errichtung der AG zu gewährleisten.[14] 7

4. Ausnahmen von Gründungsbericht und Gründungsprüfung (Abs. 2). Sofern an einer Neugründung als übertragender Rechtsträger eine **Kapitalgesellschaft** oder eine **eingetragene Genossenschaft** beteiligt ist, sind Berichterstellung und Prüfung nicht erforderlich, Abs. 2. Diese Erleichterung gilt, weil für Kapitalgesellschaften durch die bekannten Kapitalaufbringungs und -erhaltungsregelungen ohnehin strengere Schutzvorkehrungen für Gläubiger und Aktionäre getroffen wurden.[15] Von der Ausnahme auf eine Gründungsprüfung zu verzichten, § 33 a AktG, wird in Abs. 1 kein Gebrauch gemacht. Wegen der Befreiung nach Abs. 2 ist ein solcher Verweis aber ohnehin überflüssig.[16] 8

Für den Fall, dass bei **mehreren** übertragenden Rechtsträgern nur teilweise Kapitalgesellschaften beteiligt sind, gilt die Befreiung nach Abs. 2 nicht für die Rechtsträger anderer Gesellschaftsformen.[17] Unabhängig davon bleibt die interne Prüfungspflicht der Mitglieder des Vorstandes und des Aufsichtsrates bestehen.[18] 9

Hinweis: Aus Effizienz- und Kostengründen wird man regelmäßig anstreben, den Verschmelzungsprüfer auch zum Gründungsprüfer zu bestellen.

§ 76 Verschmelzungsbeschlüsse

(1) Eine übertragende Aktiengesellschaft darf die Verschmelzung erst beschließen, wenn sie und jede andere übertragende Aktiengesellschaft bereits zwei Jahre im Register eingetragen sind.

(2) [1]Die Satzung der neuen Gesellschaft wird nur wirksam, wenn ihr die Anteilsinhaber jedes der übertragenden Rechtsträger durch Verschmelzungsbeschluß zustimmen. [2]Dies gilt entsprechend für die Bestellung der Mitglieder des Aufsichtsrats der neuen Gesellschaft, soweit diese nach § 31 des Aktiengesetzes zu wählen sind. [3]Auf eine übertragende Aktiengesellschaft ist § 124 Abs. 2 Satz 2, Abs. 3 Satz 1 und 3 des Aktiengesetzes entsprechend anzuwenden.

12 Richtlinie 2009/109/EG vom 2.10.2009, ABl. L 259 S. 15.
13 BegRegE des 3. UmwÄndG vom 1.10.2010, BT-Drucks. 17/3122, S. 14.
14 *Hüffer*, § 33 AktG Rn 1.
15 Semler/Stengel/*Diekmann*, § 75 Rn 4; Maulbetsch/Klumpp/Rose/*Maulbetsch*, § 75 Rn 14; Widmann/Mayer/*Rieger*, § 75 Rn 8.
16 Kallmeyer/*Marsch-Barner*, § 75 Rn 4.
17 Semler/Stengel/*Diekmann*, § 75 Rn 6.
18 § 33 Abs. 1 AktG.

I. Einleitendes

1 § 76 ist die rechtsformspezifische Ergänzung des § 13 Abs. 1, der die Verschmelzungsbeschlüsse für alle Rechtsformen regelt.[1] Abs. 1 soll eine Umgehung der Vorschriften über die Nachgründung nach § 52 ff AktG verhindern.[2] Dies ist deshalb notwendig, da im Falle der Verschmelzung zur Neugründung § 67 wegen seines Ausschlusses in § 73 nicht gilt.[3] Damit dient § 76 dem Schutz der Gläubiger und der Sicherstellung der Kapitalerhaltungsvorschriften.[4] Neben der **AG** ist auch die **KGaA** davon erfasst.[5] Dies gilt jedoch nicht für die Spaltung, da hier der speziellere § 141 greift. Insofern ist Abs. 1 für die Spaltung nicht anwendbar.[6]

2 Abs. 2 soll gewährleisten, dass die Aufsichtsratsmitglieder für die neu zu gründende Gesellschaft entsprechend den Vorschriften der Sachgründung ordnungsgemäß bestellt werden.[7] Bei Abs. 2 S. 1 und 2 ist entscheidend, dass übernehmender Rechtsträger eine AG ist, während bei Abs. 2 S. 3 der übertragende Rechtsträger eine AG sein muss. Die Gesellschaftsform des jeweils anderen Rechtsträgers spielt keine Rolle.[8]

II. Zwei-Jahres-Frist (Abs. 1)

3 Voraussetzung für die zulässige Fassung des Verschmelzungsbeschlusses nach §§ 73, 65 ist, dass die übertragende AG oder KGaA mindestens seit **zwei Jahren** im Register eingetragen ist. Sollten an der Verschmelzung **mehrere** übertragende Rechtsträger in Form einer **AG** oder **KGaA** beteiligt sein, so muss jeder Rechtsträger **separat** das Fristerfordernis erfüllen.[9] Die **Berechnung** der Frist erfolgt nach §§ 187 Abs. 1, 188 Abs. 2 S. 1 BGB, wobei sich der Beginn aus dem **Zeitpunkt** der **Eintragung** im Handelsregister ergibt.[10] Zweiter entscheidender Zeitpunkt ist der Tag der **Hauptversammlung**, die über die Verschmelzung abstimmt. Daher muss die Zeitspanne zwischen diesen beiden Terminen mindestens zwei Jahre betragen.[11] Auf den Verschmelzungsstichtag oder den Abschluss des Verschmelzungsvertrages kommt es daher bei der Beachtung der Zwei-Jahres-Frist nicht an, so dass eine kürzere Zeitspanne bzgl dieser Zeitpunkte für die Berechnung unschädlich ist.[12]

4 Ein unter Missachtung dieser Frist zustande gekommener Beschluss ist gem. § 243 Abs. 1 AktG grds. **anfechtbar.**[13] Wird der Beschluss dennoch in das Handelsregister eingetragen, erlangt die Verschmelzung Wirksamkeit über § 20 Abs. 2.[14]

III. Wirksamwerden der neuen Satzung (Abs. 2 S. 1)

5 Zur Wirksamkeit der **neuen Satzung** ist der Zustimmungsbeschluss der Anteilsinhaber der übertragenden AG erforderlich.[15] Eine gesonderte Zustimmung zur Satzung des neuen Rechtsträgers durch die Hauptversammlung ist allerdings nicht erforderlich, da die Satzung Teil des Verschmelzungsvertrages ist.[16] Daher genügt die Zustimmung der Aktionäre zur Zustimmung der Verschmelzung. Die neue Satzung wird demnach mit Zustimmung zum Verschmelzungsbeschluss wirksam. Zu beachten ist jedoch, dass für die Satzung gem. § 23 Abs. 1 AktG die Ein-

1 Maulbetsch/Klumpp/Rose/*Maulbetsch*, § 76 Rn 1; Kallmeyer/*Zimmermann*, § 76 Rn 1.
2 Maulbetsch/Klumpp/Rose/*Maulbetsch*, § 76 Rn 2; Kallmeyer/*Zimmermann*, § 76 Rn 3; Semler/Stengel/*Diekmann*, § 76 Rn 2.
3 Kessler/Kühnberger/*Brügel*, § 76 Rn 1.
4 Semler/Stengel/*Diekmann*, § 76 Rn 2.
5 Maulbetsch/Klumpp/Rose/*Maulbetsch*, § 76 Rn 4; Kallmeyer/*Zimmermann*, § 76 Rn 2.
6 Maulbetsch/Klumpp/Rose/*Maulbetsch*, § 76 Rn 4.
7 Semler/Stengel/*Diekmann*, § 76 Rn 2.
8 Maulbetsch/Klumpp/Rose/*Maulbetsch*, § 76 Rn 3.
9 Kallmeyer/*Zimmermann*, § 76 Rn 2.
10 Maulbetsch/Klumpp/Rose/*Maulbetsch*, § 76 Rn 6; Semler/Stengel/*Diekmann*, § 76 Rn 6.
11 Semler/Stengel/*Diekmann*, § 76 Rn 6; Widmann/Mayer/*Rieger*, § 76 Rn 7.
12 Maulbetsch/Klumpp/Rose/*Maulbetsch*, § 76 Rn 6; Kallmeyer/*Zimmermann*, § 76 Rn 4; Lutter/*Grunewald*, § 76 Rn 3; Semler/Stengel/*Diekmann*, § 76 Rn 6.
13 Kallmeyer/*Zimmermann*, § 76 Rn 4; Maulbetsch/Klumpp/Rose/*Maulbetsch*, § 76 Rn 6; Lutter/*Grunewald*, § 76 Rn 5; Gleiches Ergebnis, jedoch über Nichtigkeit: Kessler/Kühnberger/*Brügel*, § 76 Rn 1; Semler/Stengel/*Diekmann*, § 76 Rn 7.
14 Lutter/*Grunewald*, § 76 Rn 6; Schmitt/Hörtnagl/Stratz/*Stratz*, § 73 Rn 17; Semler/Stengel/*Diekmann*, § 76 Rn 7.
15 Maulbetsch/Klumpp/Rose/*Maulbetsch*, § 76 Rn 7.
16 Lutter/*Grunewald*, § 76 Rn 7; Semler/Stengel/*Diekmann*, § 76 Rn 8.

haltung der notariellen Beurkundung des Verschmelzungsvertrages Voraussetzung ist. Relevant wird dies in der Praxis, wenn in der Hauptversammlung lediglich über den Entwurf des Verschmelzungsvertrages entschieden wird.[17] Erforderlich ist, dass mindestens drei Viertel des bei der Beschlussfassung vertretenen Grundkapitals der Verschmelzung zustimmen.[18]

IV. Bestellung der Aufsichtsratsmitglieder (Abs. 2 S. 2)

Die neuen Mitglieder des ersten **Aufsichtsrats** sind von den Gründern des neuen Rechtsträgers zu bestellen.[19] Die Mitglieder dieses neuen Aufsichtsrates bestellen ihrerseits den ersten **Vorstand.**[20] Da Gründer die übertragenden Rechtsträger sind, können nur deren Vertretungsorgane für die Bestellung des ersten Aufsichtsrates zuständig sein. Die Bestellung erfolgt idR bereits durch Benennung im Verschmelzungsvertrag.[21] 6

Zudem muss bedacht werden, dass bei der Verschmelzung durch **Neugründung** die Vorschriften der Sachgründung Anwendung finden.[22] Daher ist auch § 31 Abs. 1 AktG zu beachten, der regelt, dass im Falle eines mitbestimmenden Aufsichtsrates die Gründer nicht alle Aufsichtsratsmitglieder bestellen können, sondern nur so viele, wie in Abhängigkeit von gesetzlichen Bestimmungen von der Hauptversammlung des neuen Rechtsträgers zu wählen wären, mind. jedoch drei Mitglieder.[23] 7

Abs. 2 S. 2 stellt klar, dass, wie bei der Satzung, für die Wirksamkeit der Bestellung der Aufsichtsratsmitglieder die Zustimmung zum Verschmelzungsbeschluss maßgeblich ist. Daher ist davon auszugehen, dass eine Bestellung der Aufsichtsratsmitglieder außerhalb des Verschmelzungsvertrages nicht wirksam ist, da sie fester Bestandteil des Verschmelzungsvertrages ist.[24] Stimmt die Versammlung bereits dem E. des Verschmelzungsvertrages zu, gilt das zur Satzung Gesagte entspr. Die Bestellung wird erst mit notarieller Beurkundung des Verschmelzungsvertrages wirksam.[25] Allerdings können die Aufsichtsratsmitglieder bereits vor der Beurkundung bestellt werden.[26] 8

Auch hier gilt das Erfordernis der **Dreiviertelmehrheit** entspr. § 65 Abs. 1 S. 1 bei Zustimmung zum Verschmelzungsbeschluss.[27] 9

Eine Änderung der Besetzung des Aufsichtsrates ist auch nach Eintragung der Verschmelzung im Handelsregister möglich.[28] Zudem hat die wirksame Anfechtung der Bestellung der Aufsichtsratsmitglieder keine Auswirkung auf die Eintragung der Verschmelzung.[29] Hierbei ist zu beachten, dass im Falle der wirksamen Anfechtung iSd § 31 AktG eine zügige Neubestellung der Aufsichtsratsmitglieder geboten ist. 10

V. Bekanntmachung der Tagesordnung (Abs. 2 S. 3)

Im Rahmen der **Bekanntmachung** der Tagesordnung sind die allg. Vorschriften des AktG zu beachten. Daher sind in der Hauptversammlung, in der über die Verschmelzung und damit auch über die Satzung und Bestellung der Aufsichtsratsmitglieder entschieden wird, zunächst gem. § 124 Abs. 2 S. 2 AktG der vollständige Wortlaut der Satzung und daneben gem. § 124 11

17 Kallmeyer/*Zimmermann*, § 76 Rn 5.
18 § 65 Abs. 1 S. 1.
19 §§ 36 Abs. 2, 30 AktG.
20 § 30 Abs. 4 AktG.
21 Maulbetsch/Klumpp/Rose/*Maulbetsch*, § 76 Rn 10.
22 Maulbetsch/Klumpp/Rose/*Maulbetsch*, § 76 Rn 11; Kallmeyer/*Zimmermann*, § 76 Rn 6; Semler/Stengel/*Diekmann*, § 76 Rn 10.
23 Maulbetsch/Klumpp/Rose/*Maulbetsch*, § 76 Rn 11; Kallmeyer/*Zimmermann*, § 76 Rn 6; Semler/Stengel/*Diekmann*, § 76 Rn 10.
24 Maulbetsch/Klumpp/Rose/*Maulbetsch*, § 76 Rn 12; Kallmeyer/*Zimmermann*, § 76 Rn 7; Semler/Stengel/*Diekmann*, § 76 Rn 12; aA Widmann/Mayer/*Rieger*, § 76 Rn 18.
25 Maulbetsch/Klumpp/Rose/*Maulbetsch*, § 76 Rn 12.
26 Semler/Stengel/*Diekmann*, § 76 Rn 12.
27 Maulbetsch/Klumpp/Rose/*Maulbetsch*, § 76 Rn 13; Kallmeyer/*Zimmermann*, § 76 Rn 8.
28 Maulbetsch/Klumpp/Rose/*Maulbetsch*, § 76 Rn 14; Semler/Stengel/*Diekmann*, § 76 Rn 13.
29 Maulbetsch/Klumpp/Rose/*Maulbetsch*, § 76 Rn 14; Lutter/*Grunewald*, § 76 Rn 9; Semler/Stengel/*Diekmann*, § 76 § 76 Rn 13.

Abs. 3 S. 1 AktG Namen, Beruf und Wohnort der durch die Gründer bestellten Aufsichtsratsmitglieder, sowie die Beschlussvorschläge von Vorstand und Aufsichtsrat bekannt zu machen.[30]

VI. Kosten

12 Die **notarielle Gebühr** für die Beurkundung des Verschmelzungsvertrages beinhaltet bereits die Mitbeurkundung der Zustimmung zur Satzung des neuen Rechtsträgers, so dass diese daher nicht gesondert zu vergüten ist.[31]

§ 77 (aufgehoben)

MWv 1.1.2007 durch Art. 8 EUG vom 10.11.2006 (BGBl. I S. 2553) aufgehoben.

Vierter Abschnitt Verschmelzung unter Beteiligung von Kommanditgesellschaften auf Aktien

§ 78 Anzuwendende Vorschriften

[1]Auf Verschmelzungen unter Beteiligung von Kommanditgesellschaften auf Aktien sind die Vorschriften des Dritten Abschnitts entsprechend anzuwenden. [2]An die Stelle der Aktiengesellschaft und ihres Vorstands treten die Kommanditgesellschaft auf Aktien und die zu ihrer Vertretung ermächtigten persönlich haftenden Gesellschafter. [3]Der Verschmelzungsbeschluß bedarf auch der Zustimmung der persönlich haftenden Gesellschafter; die Satzung der Kommanditgesellschaft auf Aktien kann eine Mehrheitsentscheidung dieser Gesellschafter vorsehen. [4]Im Verhältnis zueinander gelten Aktiengesellschaften und Kommanditgesellschaften auf Aktien nicht als Rechtsträger anderer Rechtsform im Sinne der §§ 29 und 34.

I. Einleitendes

1 Nach Satz 1 gelten die Vorschriften über die Verschmelzung von Aktiengesellschaften, wenn eine KGaA als Rechtsträger an einer solchen Verschmelzung beteiligt ist. Da der Wortlaut keine Einschränkungen macht, gilt der Anwendungsbereich der **AG** sowohl bei Verschmelzungen zur Aufnahme, als auch zur Neugründung. Die **KGaA** kann demnach entweder übertragender, übernehmender oder neu gegründeter Rechtsträger sein.[1] Gem. § 125 S. 1 gilt die Norm auch für die **Spaltung** unter Beteiligung einer KGaA.

2 Zudem stellt § 78 klar, dass es für die Verschmelzung einer KGaA der Zustimmung der persönlich haftenden Gesellschafter bedarf, § 78 S. 3. Außerdem gelten nach S. 4 KGaA und AG im Rahmen der §§ 29 und 34 nicht als Rechtsträger anderer Rechtsformen.

II. Verweis auf die Vorschriften der AG (Sätze 1 und 2)

3 Soweit eine **KGaA** an der Verschmelzung beteiligt ist, gelten gem. Satz 1 die Vorschriften der §§ 60–76 entspr. Ebenso anwendbar sind die allg. Vorschriften über die Verschmelzung.[2] Die

30 Maulbetsch/Klumpp/Rose/*Maulbetsch*, § 76 Rn 15; Kallmeyer/*Zimmermann*, § 76 Rn 9.
31 Kallmeyer/*Zimmermann*, § 76 Rn 10.

1 Semler/Stengel/*Perlitt*, § 78 Rn 1; Kallmeyer/*Marsch-Barner*, § 78 Rn 1.
2 Maulbetsch/Klumpp/Rose/*Maulbetsch*, § 78 Rn 5; Kallmeyer/*Marsch-Barner*, § 78 Rn 2 f.

Betrachtung der KGaA als Sonderform der AG iSd UmwG ist sachgerecht, da die Rechtsstellung der Kommanditaktionäre mit der der Aktionäre einer AG vergleichbar ist.[3] Demnach gelten die Vorschriften über die Hauptversammlung, die Kapitalerhöhung, den Umtausch von Aktien und die Neugründung gleichermaßen.[4]

Nach Satz 2 wird die Position des Vorstandes der AG in der KGaA durch die persönlich haftenden Gesellschafter (Komplementäre) ersetzt.[5] Im Rahmen der Vertretungsmacht der Komplementäre können bei der KGaA – anders als gegenüber dem Vorstand bei der AG – jedoch Einschränkungen oder Ausschlüsse gem. § 278 Abs. 2 AktG iVm § 125 HGB vorgenommen werden. Insofern stellt Satz 2 klar, dass an die Stelle des Vorstandes nur die zur Vertretung ermächtigten Komplementäre treten. 4

III. Zustimmungserfordernis der Komplementäre (Satz 3)

Nach Satz 3 Hs 1 bedarf der **Verschmelzungsbeschluss** neben der erforderlichen **Dreiviertelmehrheit** nach § 65 Abs. 1 S. 1 auch der Zustimmung aller persönlich haftenden Gesellschafter. Davon erfasst sind auch die nicht vertretungsberechtigten Komplementäre.[6] Sofern es **mehrere Komplementäre** gibt, hat der Zustimmungsbeschluss **einstimmig** zu erfolgen.[7] Das Zustimmungserfordernis spiegelt die hervorgehobene Stellung der Komplementäre in der Hauptversammlung nach § 285 Abs. 2 AktG wider. Für das Erfordernis spielt es keine Rolle, ob die KGaA übernehmender oder übertragender Rechtsträger ist oder die Verschmelzung nur zwischen KGaA stattfindet und die Komplementäre der übertragenden KGaA ihre Rechtstellung bei der übernehmenden KGaA unverändert weiterführen.[8] Sollten Komplementäre ihre Funktion als persönlich haftender Gesellschafter bei der übernehmenden KGaA nicht weiterführen, ist dennoch die Zustimmung des betroffenen Komplementärs notwendig.[9] 5

Von dem Erfordernis der Einstimmigkeit im Fall des Vorhandenseins mehrerer Komplementäre sieht Satz 3 Hs 2 eine Erleichterung vor. In der **Satzung** kann festgelegt werden, dass bereits eine Entscheidung mit **einfacher Mehrheit** ausreicht.[10] Soll von der Erleichterung der Einführung der Mehrheitsentscheidung in der Satzung Gebrauch gemacht werden, müssen dies alle Komplementäre einstimmig beschließen.[11] Das Zustimmungsrecht kann durch die Satzung weder eingeschränkt noch ausgeschlossen werden.[12] Die Zustimmung bedarf gem. § 13 Abs. 3 S. 1 der notariellen Beurkundung. Möglich ist es auch, gem. § 285 Abs. 3 S. 2 AktG die Zustimmung in der Niederschrift über die Hauptversammlung der Kommanditaktionäre zu beurkunden. Die Zustimmung kann vor, gemeinsam mit oder nach dem Beschluss der Kommanditaktionäre erklärt werden.[13] 6

IV. Rechtsstellung der Komplementäre

Eine übertragende KGaA geht im Zuge der Verschmelzung unter.[14] Gleichzeitig erlischt auch die Organstellung der Komplementäre.[15] Sofern der übernehmende Rechtsträger eine **KGaA, KG** oder **OHG** ist, können die Komplementäre in ihrer **Stellung** als persönlich haftenden Gesellschafter dem übernehmenden Rechtsträger beitreten.[16] Eine diesbezügliche Vereinbarung ist 7

3 Vgl § 278 Abs. 3 AktG; Kallmeyer/*Marsch-Barner*, § 78 Rn 2.
4 Semler/Stengel/*Perlitt*, § 78 Rn 6 f.
5 Vgl § 283 AktG.
6 Maulbetsch/Klumpp/Rose/*Maulbetsch*, § 78 Rn 9.
7 Keßler/Kühnberger/*Brügel*, § 78 Rn 3; Kallmeyer/*Marsch-Barner*, § 78 Rn 5; Widmann/Mayer/*Rieger*, § 78 Rn 17; Lutter/*Grunewald*, § 78 Rn 2; KölnKomm/*Simon*, § 78 Rn 9; Schmitt/Hörtnagl/Stratz/*Stratz*, § 78 Rn 5; Semler/Stengel/*Perlitt*, § 78 Rn 14.
8 Kallmeyer/*Marsch-Barner*, § 78 Rn 4; Maulbetsch/Klumpp/Rose/*Maulbetsch*, § 78 Rn 8 f.
9 Maulbetsch/Klumpp/Rose/*Maulbetsch*, § 78 Rn 10.
10 Schmitt/Hörtnagl/Stratz/*Stratz*, § 78 Rn 5; Widmann/Mayer/*Rieger*, § 78 Rn 14.
11 Maulbetsch/Klumpp/Rose/*Maulbetsch*, § 78 Rn 13.
12 Vgl § 23 Abs. 5 S. 1 AktG; Lutter/*Grunewald*, § 78 Rn 4; Semler/Stengel/*Perlitt*, § 78 Rn 13.
13 So auch Maulbetsch/Klumpp/Rose/*Maulbetsch*, § 78 Rn 14.
14 § 20 Abs. 1 Nr. 2.
15 Kallmeyer/*Marsch-Barner*, § 78 Rn 7; Semler/Stengel/*Perlitt*, § 78 Rn 21 ff.
16 Schmitt/Hörtnagl/Stratz/*Stratz*, § 78 Rn 8; Semler/Stengel/*Perlitt*, § 78 Rn 21; Widmann/Mayer/*Rieger*, § 78 Rn 22, 23; Lutter/*Grunewald*, § 78 Rn 8.

bereits im Verschmelzungsvertrag zu treffen.[17] Erforderlich ist dafür eine entspr. Änderung der Satzung nach § 281 Abs. 1 AktG. Die Satzungsänderung kann, muss aber nicht vor Vollzug der Verschmelzung erfolgen.[18]

8 Entsteht durch die **Verschmelzung** zweier Rechtsträger zur Neugründung eine KGaA, muss sich daran mind. ein persönlich haftender Gesellschafter der übertragenden Rechtsträger beteiligen.[19] Sofern dieser Gesellschafter bisher nicht mit seinem Vermögen am übertragenden Rechtsträger beteiligt war, muss er im Vorfeld (treuhänderisch) einen Gesellschaftsanteil übernehmen.[20] Ebenso kann auch ein Dritter Komplementär der neu zu gründenden KGaA werden.[21]

9 **Komplementäre** können neben ihrer Stellung als persönlich haftende Gesellschafter auch als Kommanditaktionäre an der KGaA beteiligt sein.[22] Ihnen erwächst durch die **Doppelstellung** kein Nachteil gegenüber reinen Kommanditaktionären.[23] Insofern erhält dieser Kommanditaktionär entspr. dem Umtauschverhältnis Anteile am übernehmenden Rechtsträger.[24] Leistet der Kommanditaktionär zusätzlich oder ausschließlich eine Vermögenseinlage, die nach § 281 Abs. 2 AktG nicht zum Grundkapital gezählt wird, wird diese gem. § 278 Abs. 2 AktG iVm §§ 161 Abs. 2, 105 Abs. 3 HGB, 738 BGB abgefunden, wenn übernehmender Rechtsträger KGaA, KG oder OHG ist und der Komplementär persönlich haftender Gesellschafter wird.[25]

10 Anstelle einer **Barabfindung** können nach Absprache mit dem übernehmenden Rechtsträger auch **Anteile** an ihm gewährt werden.[26] Denkbar ist dies durch Einbringung des Abfindungsanspruchs als Sacheinlage im Wege einer Kapitalerhöhung.[27] Für eine diesbezügliche Kapitalerhöhung sind die allg. Vorschriften der Kapitalerhöhung in der Rechtsform des übernehmenden Rechtsträgers zu beachten.[28] Die Erleichterung der §§ 55, 69 kommt somit nicht zur Anwendung.[29]

11 Möchte der Komplementär weder eine Barabfindung noch einen Umtausch in Anteile am übernehmenden Rechtsträger, kann seine Vermögenseinlage nach Absprache bei der übernehmenden Gesellschaft weitergeführt werden.[30]

12 Für die Verbindlichkeiten und Verpflichtungen des übertragenden Rechtsträger, die bis zur Verschmelzung begründet werden, haften die Komplementäre gem. § 278 Abs. 2 AktG iVm §§ 161 Abs. 2, 128, 159 HGB weiter.[31]

V. Barabfindung (Satz 4)

13 Sofern eine Mischverschmelzung vorgenommen wird, besteht grds. ein Austrittsrecht gegen Gewährung einer **Barabfindung** gem. §§ 29, 34. Durch die Klarstellung in Satz 4, dass AG und KGaA im Verhältnis zueinander nicht als Rechtsträger anderer Rechtsformen gelten, wird deutlich, dass bei einer Mischverschmelzung unter Beteiligung einer AG und einer KGaA eine Barabfindung nicht notwendig ist.[32]

14 Kommt es dagegen bspw zu einer Mischverschmelzung einer börsennotierten AG auf eine nichtbörsennotierte KGaA nach § 29 Abs. 1 S. 1 Var. 1 oder einer Vinkulierung der Anteile der

17 Keßler/Kühnberger/*Brügel*, § 78 Rn 4.
18 Kallmeyer/*Marsch-Barner*, § 78 Rn 7.
19 §§ 280 Abs. 2, 281 Abs. 1 AktG.
20 Maulbetsch/Klumpp/Rose/*Maulbetsch*, § 78 Rn 18.
21 Maulbetsch/Klumpp/Rose/*Maulbetsch*, § 78 Rn 18.
22 Keßler/Kühnberger/*Brügel*, § 78 Rn 5.
23 Maulbetsch/Klumpp/Rose/*Maulbetsch*, § 78 Rn 19.
24 Keßler/Kühnberger/*Brügel*, § 78 Rn 5.
25 Schmitt/Hörtnagl/Stratz/*Stratz*, § 78 Rn 8; Widmann/Mayer/*Rieger*, § 78 Rn 20.
26 Kallmeyer/*Marsch-Barner*, § 78 Rn 8.
27 Maulbetsch/Klumpp/Rose/*Maulbetsch*, § 78 Rn 22.
28 Kallmeyer/*Marsch-Barner*, § 78 Rn 8.
29 Semler/Stengel/*Perlitt*, § 78 Rn 26.
30 Kallmeyer/*Marsch-Barner*, § 78 Rn 8; Lutter/*Grunewald*, § 78 Rn 8; Schmitt/Hörtnagl/Stratz/*Stratz*, § 78 Rn 7.
31 Maulbetsch/Klumpp/Rose/*Maulbetsch*, § 78 Rn 23; Widmann/Mayer/*Rieger*, § 78 Rn 23; aA Lutter/*Grunewald*, § 78 Rn 10; Semler/Stengel/*Perlitt*, § 78 Rn 32.
32 So auch Kallmeyer/*Marsch-Barner*, § 78 Rn 9.

übernehmenden Gesellschaft nach § 29 Abs. 1 S. 2, muss ein Angebot zur Barabfindung unterbreitet werden.[33]

Hinweis: Die im Detail von der Verschmelzung mit einer AG abweichende Vorschrift für eine Verschmelzung unter Beteiligung einer KGaA erfordert eine klare und frühzeitige Identifizierung der rechtsformspezifischen Besonderheiten. Korrekturen in den abzuschließenden oder gar abgeschlossen Verträgen bzw geplanten Beschlüssen sind aufwändig oder nicht möglich.

Fünfter Abschnitt Verschmelzung unter Beteiligung eingetragener Genossenschaften

Erster Unterabschnitt Verschmelzung durch Aufnahme

§ 79 Möglichkeit der Verschmelzung

Ein Rechtsträger anderer Rechtsform kann im Wege der Aufnahme mit einer eingetragenen Genossenschaft nur verschmolzen werden, wenn eine erforderliche Änderung der Satzung der übernehmenden Genossenschaft gleichzeitig mit der Verschmelzung beschlossen wird.

I. Einordnung der Verschmelzung von eingetragenen Genossenschaften

1 Die Verschmelzung (auch „Fusion") von eingetragenen Genossenschaften war bis zum Inkrafttreten des UmwG vom 28.10.1994 (BGBl. I S. 3210) zum 1.1.1995 in §§ 93 a bis 93 s GenG aF geregelt.

2 Um die Vielzahl der möglichen Umwandlungsarten übersichtlich und anwendbar zu halten, bedient sich der Gesetzgeber im UmwG eines nach gesellschaftsrechtlichen Vereinigungsformen sowie vom Allgemeinen zum Besonderen geordneten **„Baukastensystem"**.[1] Gleichfalls zeichnet sich das System durch eine parallele Anwendung mehrerer vereinigungsformspezifischer Vorschriften aus den Organisationsgesetzen aus.

3 Verschmelzen zB eine AG und eine GmbH zu einer eingetr. Genossenschaft (eG), dann finden über die allgemeinen Vorschriften (§§ 2 bis 38) hinaus für die AG die §§ 60 bis 77, für die GmbH die §§ 46 bis 59 und für die neu zu gründende eG über die Verweisung in § 36 Abs. 2 die §§ 1 bis 16 GenG sowie die §§ 96 bis 98 Anwendung.

Beratungshinweis: Das Umwandlungsrecht ist regelmäßig zwingend (numerus clausus, § 1 Abs. 2 und 3). So ist etwa eine Verschmelzung der als rechtsfähige Anstalten des öffentlichen Rechts errichteten **Sparkassen auf die als eG verfassten Volks- und Raiffeisenbanken** im Wege der Aufnahmen nach §§ 1 Abs. 1 Nr. 1, 2 Nr. 1 zwar derzeit nicht möglich, eine solche Möglichkeit kann jedoch durch einzelne Landessparkassengesetze eröffnet werden (s. § 1 Abs. 2).[2] Nach §§ 1 Abs. 1 Nr. 4, 191 Abs. 1 Nr. 6 iVm § 301 Abs. 1 und 2 kann eine rechtsfähige Anstalt des öffentlichen Rechts, soweit gesetzlich nichts anderes bestimmt ist,[3] formwechselnd lediglich in eine Kapitalgesellschaft umgewandelt werden. Zudem muss das für sie maßgebliche Bundes- oder Landesgesetz den Formwechsel zulassen (s. § 301 Abs. 2) und feststellen, wer Anteilsinhaber und wer Gründer der Kapitalgesellschaft wird (s. § 302 S. 2). Eine solche **Umwandlungsermächtigung** haben zB die Länder Bremen und Sachsen in ihre Sparkassengesetze

33 Maulbetsch/Klumpp/Rose/*Maulbetsch*, § 78 Rn 24; Kallmeyer/*Marsch-Barner*, § 78 Rn 9; Semler/Stengel/*Perlitt*, § 78 Rn 35; KölnKomm/Simon, § 78 Rn 16.
1 S. BT-Drucks. 12/6699 vom 1.2.1994, 79.
2 Ausdrücklich BT-Drucks. 12/6699 vom 1.2.1994, 80.
3 Ausweislich der Gesetzesmaterialien schafft dieser Halbsatz des § 301 Abs. 1 die Voraussetzung dafür, dass die Umwandlung in eine eG durch Landesrecht, also etwa auch in den Landessparkassengesetzen, normiert werden kann (s. BT-Drucks. 12/7265 vom 14.4.1994, Anlage 2, S. 8).

aufgenommen und wird auch für andere Bundesländer diskutiert. Erst anschließend kann die als AG verfasste „Sparkasse" auf eine als eG organisierte Genossenschaftsbank im Wege der Aufnahme verschmolzen werden (vgl §§ 1 Abs. 1 Nr. 1, 2 Nr. 1, 3 Abs. 1 Nr. 2 und 3, 60 ff, 79 ff).[4] Die „Absicht", dies tun zu wollen, muss der **BaFin** und der Deutschen Bundesbank nach § 24 Abs. 2 KWG frühzeitig angezeigt werden. Weiterhin bedarf es einer Vollzugsanzeige (s. § 24 Abs. 1 Nr. 3 KWG).

II. Norminhalt

4 Das alte Recht (§§ 93 a bis 93 s GenG aF) ließ nur die Verschmelzung durch Übernahme und Neubildung unter eingetragenen Genossenschaften gleicher Haftart zu. Eine eG mit dem gesetzlichen Regelfall unbeschränkter Nachschusspflicht zur Insolvenzmasse (s. §§ 6 Nr. 3, 105 Abs. 1 S. 1 GenG) konnte nicht mit einer eG verschmolzen werden, bei der die Nachschusspflicht in der Satzung ausgeschlossen oder auf eine bestimmte Haftsumme je Geschäftsanteil beschränkt war (s. § 119 GenG). Auch eine Verschmelzung mit Rechtsträgern anderer gesellschaftsrechtlicher Vereinigungsformen, also die sog. **Mischverschmelzung**, war nicht möglich. Beide Beschränkungen sind durch das UmwG entfallen.

Beratungshinweis: Mischverschmelzung bedeutet konkret eine Fusion mit einer oder auf eine eG, eine AG, eine GmbH, eine Personenhandelsgesellschaft, eine Partnerschaftsgesellschaft und eine KGaA. Mit einem rechtsfähigen Verein kann eine eG nach § 99 Abs. 2 nur in eine andere Rechtsform als diejenige des rechtsfähigen Vereins verschmelzen. Nicht möglich ist die Verschmelzung einer eG mit oder auf einen genossenschaftlichen Prüfungsverband (s. § 105) oder einen Versicherungsverein auf Gegenseitigkeit (s. § 109). Ebenso wenig ermöglicht das UmwG eine **grenzüberschreitende Verschmelzung** von Genossenschaften (s. § 122 b Abs. 2 Nr. 1).

5 Eine Mischverschmelzung setzt voraus, dass die erforderliche Änderung der Satzung der übernehmenden eG gleichzeitig mit der Verschmelzung beschlossen wird. Die Verschmelzung soll nicht wirksam werden, ohne dass aufgrund der unterschiedlichen Rechtsformen notwendige Anpassungen vorgenommen werden. Zwar sind die Anpassungen idR Bestandteile des Verschmelzungsvertrags. Sie wären nach den Verschmelzungsbeschlüssen aber kaum noch durchsetzbar. Dies gilt gerade ab Eintragung und Wirksamwerden der Verschmelzung, da der übertragende Rechtsträger ab diesem Zeitpunkt nicht mehr existiert.

Beratungshinweis: Ein Durchsetzungsinstrument kann darstellen, den Beschluss über die erforderlichen Satzungsänderungen in den Verschmelzungsvertrag als aufschiebende Bedingung aufzunehmen. Eine Verschmelzung kann dann widrigenfalls nicht eingetragen werden.[5]

6 § 79 stellt klar, dass alle gem. § 3 Abs. 1 Nr. 1 bis 4 verschmelzungsfähigen Rechtsträger ihr Vermögen mittels Aufnahme auf eine eG als den übernehmenden Rechtsträger verschmelzen können. Die Vorschrift ergänzt die Bestimmung über die Beschlussfassung nach § 13.

III. Normbedeutung

7 Die von § 79 geregelte Mischverschmelzung durch Aufnahme zB einer AG **ist praktisch nicht relevant**[6] (s. zum Inhalt des Verschmelzungsvertrags auch § 80 Abs. 1 S. 2, dort Rn 10). Grund dafür sind u.a. die mit der Umwandlung des die stillen Reserven berücksichtigenden Anteilswerts von Geschäftsanteilen bzw Aktien gem. § 88 verbundenen Bewertungsschwierigkeiten. In dem seltenen Anwendungsfall der Übernahme einer 100%-igen Tochtergesellschaft durch die Mutter-eG wird eine Satzungsänderung idR nicht „erforderlich" werden. Die Formalvorgabe des § 79 wäre daher ebenfalls nicht einschlägig.

4 Eingehender *Geschwandtner/Helios*, Fusion von Sparkassen mit Kreditgenossenschaften – rechtliche Annäherung und steuerliche Folgen, ZfgK 2006, 290 ff.

5 Vgl Semler/Stengel/*Scholderer*, § 79 Rn 6.

6 S. auch Pöhlmann/Fandrich/Bloehs/*Fandrich*, § 79 UmwG Rn 2.

§ 80 Inhalt des Verschmelzungsvertrags bei Aufnahme durch eine Genossenschaft

(1) [1]Der Verschmelzungsvertrag oder sein Entwurf hat bei Verschmelzungen im Wege der Aufnahme durch eine eingetragene Genossenschaft für die Festlegung des Umtauschverhältnisses der Anteile (§ 5 Abs. 1 Nr. 3) die Angabe zu enthalten,

1. daß jedes Mitglied einer übertragenden Genossenschaft mit einem Geschäftsanteil bei der übernehmenden Genossenschaft beteiligt wird, sofern die Satzung dieser Genossenschaft die Beteiligung mit mehr als einem Geschäftsanteil nicht zuläßt, oder
2. daß jedes Mitglied einer übertragenden Genossenschaft mit mindestens einem und im übrigen mit so vielen Geschäftsanteilen bei der übernehmenden Genossenschaft beteiligt wird, wie durch Anrechnung seines Geschäftsguthabens bei der übertragenden Genossenschaft als voll eingezahlt anzusehen sind, sofern die Satzung der übernehmenden Genossenschaft die Beteiligung eines Mitglieds mit mehreren Geschäftsanteilen zuläßt oder die Mitglieder zur Übernahme mehrerer Geschäftsanteile verpflichtet; der Verschmelzungsvertrag oder sein Entwurf kann eine andere Berechnung der Zahl der zu gewährenden Geschäftsanteile vorsehen.

[2]Bei Verschmelzungen im Wege der Aufnahme eines Rechtsträgers anderer Rechtsform durch eine eingetragene Genossenschaft hat der Verschmelzungsvertrag oder sein Entwurf zusätzlich für jeden Anteilsinhaber eines solchen Rechtsträgers den Betrag des Geschäftsanteils und die Zahl der Geschäftsanteile anzugeben, mit denen er bei der Genossenschaft beteiligt wird.

(2) Der Verschmelzungsvertrag oder sein Entwurf hat für jede übertragende Genossenschaft den Stichtag der Schlußbilanz anzugeben.

I. Normzweck

Die Norm ergänzt die Bestimmungen über den Mindestinhalt des Verschmelzungsvertrages gem. § 5 Abs. 1 und modifiziert § 5 Abs. 1 Nr. 3 hinsichtlich der vertraglichen Regelungen des Umtauschverhältnisses, wenn an der Verschmelzung eine eG als übernehmender Rechtsträger beteiligt ist (s. § 5 Rn 31). 1

Mit Unsicherheiten belastetes Kernstück des Verschmelzungsverfahrens ist auch bei eingetragenen Genossenschaften die **Anteils- und Mitgliedschaftsbewertung.** Ziel ist ein angemessenes, den Grundsatz der Gleichbehandlung wahrendes Umtauschverhältnis.[1] Gemäß § 5 Abs. 1 Nr. 3 hat daher jeder Verschmelzungsvertrag – sofern sich nicht alle Anteile des übertragenden Rechtsträgers in der Hand des übernehmenden Rechtsträgers befinden (s. § 5 Abs. 2) – Angaben über „das Umtauschverhältnis der Anteile und gegebenenfalls die Höhe der baren Zuzahlung oder Angaben über die Mitgliedschaft bei den übernehmenden Rechtsträger" zu enthalten. Für eingetragene Genossenschaften wird diese Vorgabe durch § 80 Abs. 1 für den Fall ergänzt, dass der übernehmende Rechtsträger eine eG ist. Ferner setzt das Umwandlungs- auf dem Organisationsrecht der eG auf (s. zB §§ 7, 7 a, 73 GenG). 2

Beratungshinweis: Ist der übertragende, aber nicht übernehmende Rechtsträger eine eG, so liefert das UmwG keine weiteren Anhaltspunkte zur Gestaltung des Umtauschverhältnisses.

1 Für die Ermittlung s. zB Lutter/*Lutter*, § 5 Rn 18 ff.

II. Norminhalt

3 § 80 Abs. 1 ergänzt für eingetragene Genossenschaften den § 5 Abs. 1 Nr. 3 und regelt die folgenden Fallkonstellationen:

4 **1. Beteiligung mit einem Geschäftsanteil (§ 80 Abs. 1 S. 1 Nr. 1).** Lässt die Satzung der übernehmenden eG die Beteiligung mit nur einem Geschäftsanteil zu (gesetzlicher Regelfall, § 7 Nr. 1 Fall 1 GenG), so wird jedes Mitglied der übertragenden eG mit einem Geschäftsanteil an der übernehmenden eG beteiligt. Übersteigt das bisherige Geschäftsguthaben des Mitglieds[2] die Höhe des Geschäftsanteils der übernehmenden eG, so ist der insoweit überschießende Betrag an das Mitglied auszuzahlen (s. § 87 Abs. 2).

5 **2. Beteiligung mit mehreren Geschäftsanteilen (§ 80 Abs. 1 S. 1 Nr. 2 Hs 1).** Lässt die Satzung der übernehmenden eG die Beteiligung mit mehreren Geschäftsanteilen zu (s. § 7 a Abs. 1 GenG) oder verpflichtet gar hierzu (s. § 7 a Abs. 2 GenG; § 87 Abs. 1 S. 2), so muss der Verschmelzungsvertrag die Regelung enthalten, dass jedes Mitglied einer übertragenden eG mit mindestens einem und im Übrigen mit so vielen Geschäftsanteilen beteiligt wird, wie er mit seinem bisherigen Geschäftsguthaben voll einzahlen kann („*durch Anrechnung ... als voll eingezahlt anzusehen*"). Auch hier gilt: Übersteigt das bisherige Geschäftsguthaben des Mitglieds die Gesamthöhe aller Geschäftsanteile der übernehmenden eG, so ist der insoweit überschießende Betrag an das Mitglied auszuzahlen (s. § 87 Abs. 2). Insofern benötigen Mitglieder der übertragenden eG uU ein höheres Geschäftsguthaben, um dieselbe Anzahl an Geschäftsanteilen zu erreichen.

6 **Beispiel 1:**

Die Satzung der übernehmenden eG lässt eine Mitgliederbeteiligung mit drei Geschäftsanteilen von bis zu jeweils 400 EUR zu. Das Mitglied mit einem Geschäftsguthaben von 1.000 EUR (EK der eG, s. § 337 Abs. 1 S. 1 HGB) vermag sich also (lediglich) mit zwei „vollen Geschäftsanteilen" zu beteiligen. Die überschießenden 200 EUR sind an das Mitglied auszuzahlen. Noch deutlicher wird die – mit Rücksicht auf das in § 7 a Abs. 2 S. 2 GenG normierte Gleichbehandlungsgebot bedenkliche – Diskrepanz zwischen „alten" und „neuen" Mitgliedern, wenn die Satzung der übernehmenden eG eine Pflichtbeteiligung (s. § 7 a Abs. 2 S. 1 GenG) vorsieht.

7 **Beispiel 2:**

Die Satzung der übernehmenden eG verpflichtet zu einer Mitgliederbeteiligung mit zehn Geschäftsanteilen von jeweils 400 EUR, auf die jeweils 100 EUR einzuzahlen sind (vgl § 7 a Abs. 1 GenG). Das Mitglied hat ein Geschäftsguthaben von 1.000 EUR, vermag sich also lediglich mit zwei „vollen Geschäftsanteilen" zu beteiligen. Die überschießenden 200 EUR sind an das Mitglied auszuzahlen (vgl § 87 Abs. 2). Zugleich wäre es gezwungen, weitere 600 EUR für die noch fehlenden acht Pflichtgeschäftsanteile (Einzahlung ja 100 EUR) aufzubringen. Insgesamt würde also ein „neues" Mitglied für die Beteiligung an der übernehmenden eG 1.600 EUR aufbringen müssen.

8 **3. Gestaltungsmöglichkeiten (§ 80 Abs. 1 S. 1 Nr. 2 Hs 2).** Aus den vorgenannten Gründen (Rn 5 ff) eröffnet § 80 Abs. 1 S. 1 Nr. 2 Hs 2 Gestaltungsmöglichkeiten. Danach kann der Verschmelzungsvertrag oder sein Entwurf eine andere Art der Berechnung der Zahl der zu gewährenden Geschäftsanteile vorsehen. Naheliegend ist, das bisherige Geschäftsguthaben auf möglichst viele Pflichtbeteiligungen anzurechnen, dem Mitglied also zB die zehn Geschäftsanteile mit jeweils eingezahlten 100 EUR zu gewähren. Bei einer möglichen, aber freiwilligen Beteiligung mit mehreren Geschäftsanteilen schreibt § 15 b Abs. 2 GenG ohnehin zwingend eine Volleinzahlung vorhergehender Geschäftsanteile vor.

2 Zu dessen Höhe s. §§ 80 Abs. 2, 87 Abs. 3.

Auf den ersten Blick ist also nicht zwingend, dass sich das Mitglied der übertragenden eG im Zuge einer Verschmelzung schlechter stellt. Sein Geschäftsguthaben bleibt in voller Höhe erhalten, aber eben beschränkt auf den Nominalwert. Eine Anrechnung des die Summe der Geschäftsguthaben übersteigenden **„inneren Geschäftswerts"** (offene Rücklagen, stille Reserven, good will) der übertragenden eG findet nicht statt. Auch insoweit folgt das Umwandlungs- dem Organisationsrecht. Scheidet das Mitglied aus der eG aus, erhält es nach § 73 Abs. 2 S. 2 und 3, Abs. 3 GenG ohne eine Vermögensbeteiligung regelmäßig nur das Geschäftsguthaben ausgezahlt;[3] so auch für die Ausschlagung der Mitgliedschaft in der übernehmenden eG (s. §§ 90 Abs. 2 und 3, 91, 93 Abs. 2). Gleichwohl sollen die Vertragsparteien nach dem Willen der Gesetzesverfasser auf der Grundlage von § 80 Abs. 1 S. 1 Nr. 2 Hs 2 ein „angemessenes Umtauschverhältnis" festlegen können („*kann*"), aber nicht müssen.[4] 9

Beratungshinweis: § 80 Abs. 1 S. 1 Nr. 2 Hs 2 ermöglicht es, den unterschiedlichen „inneren Wert" der an der Verschmelzung beteiligten eG auszugleichen. Eine Regelung dazu, wie die Wertermittlung zu vollziehen ist, gibt das Umwandlungsrecht nicht vor. Die gängigen Methoden zur Bewertung von Unternehmen sind im **IDW S 1** festgelegt.

Im Zuge einer Genossenschaftsbewertung sind das genossenschaftliche Prinzip der Mitgliederselbstförderung (s. § 1 Abs. 1 GenG), das Gleichbehandlungsgebot sowie der für die eG und dessen Geschäftsbetrieb vorherrschende Kostendeckungsgrundsatz (s. §§ 1 Abs. 1, 19 Abs. 1 S. 1 GenG; § 22 KStG) zu beachten.

4. Mischverschmelzung (§ 80 Abs. 1 S. 2). § 80 Abs. 1 S. 2 regelt in Bezug auf den Verschmelzungsvertrag eigens für die eG die Verschmelzung im Wege der Aufnahme eines Rechtsträgers in anderer gesellschaftsrechtlicher Vereinigungsform (sog. Mischverschmelzung, s. auch § 79, dort Rn 7). Mit Wirksamwerden der Verschmelzung werden die Anteilsinhaber einer übertragenden Kapitalgesellschaft (zB deren Aktionäre) Mitglieder der übernehmenden eG. Der Verschmelzungsvertrag hat dann zusätzlich für jeden Anteilsinhaber den Betrag des Geschäftsanteils und deren Zahl anzugeben, mit der er an der übernehmenden eG beteiligt wird. Maßgeblich hierfür ist § 88 Abs. 1.[5] Danach gilt das Prinzip, dass jedem Anteilsinhaber der Wert seiner Aktien oder Gesellschaftsanteile als Geschäftsguthaben bei der übernehmenden eG gutzuschreiben ist. Die Wertermittlung der Beteiligung erfolgt auf der Grundlage der Schlussbilanz der übertragenden Kapitalgesellschaft. Entscheidend ist die richtige Ermittlung der Relation der Unternehmenswerte zueinander. 10

Beratungshinweis: In der Praxis ist der (auch von § 79) beschriebene Fall (zB Verschmelzung einer AG auf eine eG) selten. Das liegt an den unterschiedlichen Unternehmenszielen, den geltenden Finanzverfassungen, den damit verbundenen **Umtauschverhältnis- und Bewertungs(methoden)problemen**[6] und damit häufig zusammenhängenden baren Zuzahlungen (s. §§ 85 Abs. 1, 88 Abs. 1 S. 3, 12 Abs. 2, 15). Sie sollen lediglich dem Spitzenausgleich dienen, laufen aber den Motiven für eine Verschmelzung zuwider. Praktikabler kann der umgekehrte Weg sein: Verschmelzung der eG auf die AG (s. § 87 Abs. 1 S. 1).

5. Angabe des Stichtags der Schlussbilanz (§ 80 Abs. 2). § 80 Ab. 2 fordert ergänzend zu § 5 Abs. 1 Nr. 6 lediglich die Angabe des Stichtags der Schlussbilanz, nicht jedoch das Vorliegen der Schlussbilanz selbst bei Aufstellung des Vertragsentwurfs oder Beschlussfassung über den Verschmelzungsvertrag. Damit ist ebenfalls eine Verschmelzung auf einen künftigen Schlussbilanzstichtag möglich.[7] 11

3 S. auch LG Berlin Urt. v. 19.4.2007 – 52 S 359/06.

4 S. BT-Drucks. 13/8808 vom 22.10.1997, 13 f; aA wohl Lutter/*Bayer*, § 87 Rn 35.

5 Ferner gelten für die Ausschlagung der Mitgliedschaft nicht die §§ 90 ff, sondern §§ 29 ff.

6 Im Gegensatz zu den Mitgliedern einer eG sind Aktionäre uneingeschränkt am wirklichen Vermögenswert des übertragenden Rechtsträgers beteiligt, erleiden somit im Falle einer Mischverschmelzung keinerlei Vermögenseinbußen.

7 Str., s. im Einzelnen Pöhlmann/Fandrich/Bloehs/*Fandrich*, § 5 UmwG Rn 8, 10.

§ 81 Gutachten des Prüfungsverbandes

(1) [1]Vor der Einberufung der Generalversammlung, die gemäß § 13 Abs. 1 über die Zustimmung zum Verschmelzungsvertrag beschließen soll, ist für jede beteiligte Genossenschaft eine gutachtliche Äußerung des Prüfungsverbandes einzuholen, ob die Verschmelzung mit den Belangen der Mitglieder und der Gläubiger der Genossenschaft vereinbar ist (Prüfungsgutachten). [2]Das Prüfungsgutachten kann für mehrere beteiligte Genossenschaften auch gemeinsam erstattet werden.

(2) Liegen die Voraussetzungen des Artikels 25 Abs. 1 des Einführungsgesetzes zum Handelsgesetzbuche in der Fassung des Artikels 21 § 5 Abs. 2 des Gesetzes vom 25. Juli 1988 (BGBl. I S. 1093) vor, so kann die Prüfung der Verschmelzung (§§ 9 bis 12) für die dort bezeichneten Rechtsträger auch von dem zuständigen Prüfungsverband durchgeführt werden.

I. Normzweck

1 § 81 geht den §§ 9 bis 12 als **speziellere Regelung** vor[1] und steht in einem engen Zusammenhang zu den §§ 82, 83. Er knüpft an § 93 b Abs. 2 S. 1 GenG aF an und sieht für die an einer Verschmelzung beteiligten eingetragenen Genossenschaften eine besondere Verschmelzungsprüfung durch den nach §§ 54, 55 Abs. 1 S. 1 GenG jeweils zuständigen Prüfungsverband vor. Für an einer Verschmelzung beteiligte Unternehmen in anderer Rechtsform gelten weiterhin die §§ 9 bis 12 (auch arg. § 63 b Abs. 3 GenG). Eine solche Prüfung kann jedoch auch ein zuständiger genossenschaftlicher Prüfungsverband übernehmen, wenn sich an der Verschmelzung beteiligte Kapitalgesellschaften mehrheitlich in der Hand von eingetragenen Genossenschaften oder von Prüfungsverbänden befinden (Abs. 2 iVm Art. 25 Abs. 1 EGHGB). Diese Ausnahme ist gerechtfertigt wegen der besonderen Vertrautheit der Prüfungsverbände mit den Verhältnissen der von ihnen betreuten Genossenschaften und deren Tochterunternehmen.[2]

2 Entsprechend den §§ 53 ff GenG dient das in Abs. 1 S. 1 legaldefinierte „Prüfungsgutachten" dem **Mitglieder- und Gläubigerschutz.** Der Prüfungsverband muss sich gutachterlich dazu äußern, ob die Fusion *„mit den Belangen der Mitglieder und der Gläubiger der Genossenschaft vereinbart ist (Prüfungsgutachten)"*. Das Gutachten soll die Mitglieder über das Vorhaben und dessen Folgen hinreichend informieren und davor bewahren, dem Verschmelzungsvertrag nach § 13 übereilt zuzustimmen.

II. Norminhalt

3 Jede beteiligte eG muss **vor der Einberufung** der über die Verschmelzung beschließenden General- bzw Vertreterversammlung ein Prüfungsgutachten des für sie nach §§ 53 ff GenG zuständigen Prüfungsverbandes (s. aber Abs. 1 S. 2, Rn 13) einholen.

Beratungshinweis: Weil das Prüfungsgutachten an sich und auch die Zuständigkeitsregelung in § 81 auf die Verbandszuordnung und Pflichtprüfung (s. §§ 53 ff GenG) zurückreichen und das Gutachten in seiner Zielsetzung und damit inhaltlich über die regelmäßige Verschmelzungsprüfung nach §§ 9 ff hinausreicht, ist ein **Verzicht** darauf – anders als bei der Verschmelzungsprüfung nach §§ 9 Abs. 3, 12 Abs. 3 – rechtlich **nicht möglich.**[3] Aber auch praktisch ist ein solcher

1 S. Pöhlmann/Fandrich/Bloehs/*Fandrich/Bloehs*, § 81 UmwG Rn 1.
2 S. BT-Drucks. 12/6699 vom 1.2.1994, 107.
3 HM, aber str., wie hier s. Schmitt/Hörtnagl/Stratz/*Stratz*, Rn 4 mwN; Semler/Stengel/*Scholderer*, § 81 Rn 4; Pöhlmann/Fandrich/Bloehs/*Fandrich/Bloehs*, § 81 UmwG Rn 2; aA Beuthien/*Beuthien/Wolff*, §§ 2 ff UmwG Rn 26.

Verzicht, zumal es einer notariellen Beurkundung bedarf, für die regelmäßig mitgliederstarken Genossenschaften nicht durchführbar. Eine davon zu unterscheidende Tatsache ist, dass die General- bzw Vertreterversammlung nicht an das Votum des Prüfungsverbandes gebunden ist.

1. Inhalt des Prüfungsgutachtens (§ 81 Abs. 1 S. 1). § 81 legt auch den **Gegenstand der Prüfung** abweichend zu den §§ 9 bis 12 fest. Während der Schwerpunkt des Prüfungsberichts nach § 12 Abs. 2 darauf liegt, ob das vorgeschlagene Umtauschverhältnis der Anteile angemessen ist, muss sich das Prüfungsgutachten insb. damit befassen, „*ob die Verschmelzung mit den Belangen der Mitglieder und der Gläubiger der Genossenschaft vereinbar ist*" (vgl auch § 11 Abs. 2 Nr. 3 Hs 2 GenG). Es geht dabei also nicht um die reine Beurteilung der förderwirtschaftlichen Zweckmäßigkeit des genossenschaftlichen Unternehmens, sondern unter dem Gesichtspunkt der **Mitglieder- und Gläubigersicherheit** um dessen künftige förderwirtschaftliche Chancen und Risiken am Markt. Maßgeblich ist also vor allem die Sorge vor einer negativen Entwicklung des Unternehmens der übernehmenden oder neuen eG. Vor diesem Hintergrund sollen die Mitglieder jeder der beteiligten eingetragenen Genossenschaften ihr Stimmrecht in der General- bzw Vertreterversammlung hinreichend informiert ausüben können.[4] Das Prüfungsgutachten soll die Mitglieder also davor bewahren, dem Verschmelzungsvertrag nach § 13 übereilt zuzustimmen. Hierzu leistet der Prüfungsverband eine qualifizierte Hilfestellung. Im Mittelpunkt steht somit dessen Für und Wider der förderwirtschaftlichen Aspekte. Maßstab der Mitgliederinteressen ist die **Erfüllbarkeit des umfassenden Förderzwecks** der eG (s. § 1 Abs. 1 GenG; vgl §§ 53 Abs. 1 S. 1, 11 Abs. 2 Nr. 3 Hs 2 GenG). Damit einher geht die hinreichende Finanzkraft der übernehmenden oder neuen eG. 4

In dem Prüfungsgutachten sind daher sämtliche wirtschaftliche und rechtliche Aspekte der Verschmelzung eingehend zu prüfen, zu würdigen und **schriftlich** nieder zu legen. Der Inhalt und die Ausgestaltung des Prüfungsgutachtens stehen zwar im pflichtgemäßen Ermessen jedes Prüfungsverbandes, in der **Praxis** sind aber die folgenden Aspekte zwangsläufig Gegenstand der Gutachten: 5

- Darstellung der Auswirkungen der Verschmelzung auf die Erfüllung des Förderzwecks der eG und die festgelegten Unternehmensgegenstände, soweit diese (zB „Bankgeschäfte", § 1 Abs. 1 S. 2 KWG) nicht identisch sind;
- erläuternde Ausführungen zu den Regelungen über den Anteilstausch, vor allem dann, wenn von den dahin gehenden Vorschriften nach § 80 Abs. 1 abgewichen wird;
- erläuternde Ausführungen zu dem nach § 8 erforderlichen Verschmelzungsbericht und den dortigen Angaben des Vorstands;
- erläuternde Ausführungen dazu, ob die Verschmelzung Gefahren für die Forderungen der Gläubiger birgt, etwa durch Wegfall der Nachschusspflicht in der Insolvenz.[5]

Bei Verschmelzungen zwischen eingetragenen Genossenschaften spielt der Schwerpunkt eines Verschmelzungsberichts (s. § 12 Abs. 2) keine Rolle. Aufgrund der regelmäßigen Umstellung der Geschäftsguthaben nach ihrem Nennwert ist in der Praxis zumeist keine Beurteilung der **Angemessenheit des Umtauschverhältnisses** erforderlich. Anders sieht es hingegen bei Verschmelzungen von Unternehmen unterschiedlicher gesellschaftsrechtlicher Vereinigungsform aus (zB eG auf AG oder umgekehrt). 6

Wie im Rahmen der gutachterlichen Stellungnahme bei Gründung einer eG nach § 11 Abs. 1 Nr. 3 Hs 2 GenG haben die Prüfungsverbände ebenfalls bei einer Verschmelzung außer den wirtschaftlichen auch die **persönlichen Verhältnisse** zu überprüfen. Dies betrifft die fachliche und charakterliche Eignung der Vorstands- und Aufsichtsratsmitglieder. Für diese Organmitglieder gibt es zB bei Kreditgenossenschaften besondere Vorgaben im KWG. Gleiches gilt für Wohnungsbaugenossenschaften mit Spareinrichtung. Beide betreiben ein genehmigungspflichti- 7

4 S. statt aller Semler/Stengel/*Scholderer*, § 81 Rn 3.
5 Zum Ganzen s. *Fandrich/Graef/Bloehs*, Verschmelzung von Genossenschaften in der Praxis, S. 56.

ges Gewerbe und müssen daher frühzeitig die BaFin in ihr Vorhaben einbeziehen (s. § 24 Abs. 2 KWG).

8 Zu den vorgenannten Gesichtspunkten (Rn 4–7) muss der Prüfungsverband für die Genossenschaftsmitglieder **klar und verständlich** Stellung beziehen. Deshalb, und weil das Prüfungsgutachten in der gem. § 13 beschließenden Versammlung im Wortlaut zu verlesen ist (s. § 83 Abs. 2 S. 1), und die Genossenschaftsmitglieder nicht an die Empfehlung des Prüfungsverbandes gebunden sind, bedarf es auch dann einer angemessenen schriftlichen Begründung und einer Stellungnahme des Prüfungsverbandes, wenn dessen Votum hinsichtlich der Verschmelzung insgesamt positiv ausfällt.[6] Umgekehrt sind die Mitglieder für den Fall einer negativen Stellungnahme des Prüfungsverbandes nicht gehindert, die Verschmelzung ihrer Genossenschaft dennoch zu beschließen. In der **Praxis** sind Fälle von nachhaltig erfolgreichen eingetragenen Genossenschaften bekannt, bei denen die Mitglieder bzw die Vertreter trotz massiver Bedenken des Prüfungsverbandes der Verschmelzung mit überwältigender Mehrheit zugestimmt hatten.

Beratungshinweis: Bei allen wettbewerblich verständlichen Wachstums- und Fusionsbemühungen vor allem im Bereich der **Kreditgenossenschaften** darf daher schutzzweckbezogen das individuelle Marktumfeld sowie gleichfalls nicht übersehen werden, dass Zusammenschlüsse nur dann auch mit dem Genossenschaftsrecht vereinbar sind, wenn sie die **Förderfähigkeit** der beteiligten Kreditgenossenschaften nachhaltig verbessern oder jedenfalls erhalten (s. §§ 1 Abs. 1 und 2, 53 Abs. 1 S. 1 GenG). Allgemeine großbetriebliche Vorzüge vermögen daher lediglich dann zugleich auch eigens genossenschaftliche Vorzüge zu sein, wenn sie tatsächlich der vereinigungsformeigenen **Mitgliederselbstförderung** dienen. Vor allem damit haben sich die jeweiligen Prüfungsverbände in ihren Prüfungsgutachten über Verschmelzungsprüfungen zu befassen. Hierbei und bei der Beschlussfassung durch die Mitglieder sind die finanzwirtschaftlichen **Belange der Nichtmitglieder** nur insoweit zu berücksichtigen, als sie der Förderwirtschaft rechtsformgerecht dienen.[7] Letztendlich aber entscheiden die Mitglieder nach ihrem freien Willen über den Verschmelzungsvertrag und die „optimale Fördergeschäftsbetriebsgröße". Zu Vertretern gewählte Mitglieder sind insoweit an das Gesamtinteresse aller (übrigen) Mitglieder gebunden (s. § 43 a GenG; §§ 34, 41 GenG entspr.).

Mitgliederschützend wirken ferner die Strafbewehrung in § 313 Abs. 1 Nr. 1, die **Haftung von Vorstand und Aufsichtsrat** aus §§ 25 ff für Verschmelzungsschäden sowie diejenige der Prüfungsverbände für ein sorgfaltswidriges Gutachten (s. Rn 12) und schließlich die Klagen gegen den Verschmelzungsbeschluss (s. § 15 GenG, § 14) oder auf Verbesserung des Umtauschverhältnisses (s. §§ 15, 85, 87).

9 Der Prüfungsverband hat zwar eine wichtige Beratungsfunktion, aber **keine Entscheidungskompetenzen.** Als Selbsthilfeeinrichtung seiner selbstbestimmten Mitglieder hat er eine rein dienende Funktion. Er hat vor allem stets das Primat des Vorstandes nach § 27 Abs. 1 S. 1 GenG zu beachten. Ihm steht kein Initiativrecht zu. Daher dürfen mögliche übergeordnete verbandspolitische Erwägungen und strukturpolitische Konzepte in einem stets einzelfallbezogenen Prüfungsgutachten von vornherein keine Rolle spielen. Das schließt natürlich nicht aus, dass sich deren Ergebnisse decken können.

10 **2. Verfahren der Begutachtung (§ 81 Abs. 1 S. 1).** Für das Begutachtungsverfahren gelten die §§ 53 ff. GenG, insb. § 57 GenG, und ergänzend dazu § 11 entspr. Hervorzuheben sind die besondere Rolle des Aufsichtsrats und die Einsichts- und Auskunftsrechte des Verbandes (s. auch § 11 Abs. 1 S. 4).

6 S. statt aller Pöhlmann/Fandrich/Bloehs/*Fandrich/Bloehs*, § 81 UmwG Rn 5 ff; Beuthien/*Beuthien/Wolff*, §§ 2 UmwG ff Rn 24 (unter Hinweis auf die noch aA des LG Tübingen NJW 1965, 640).

7 Näher zur selbstbestimmten Dezentralität der Mitgliederkunden *Geschwandtner*, Staatliche Aufsicht, S. 168 ff; *ders.*, Bankenfusion wider Willen? – Wenn die Mittel den Zweck nicht heiligen –, Bank intern spezial, Beilage zu Nr. 32/2008.

11 Das Prüfungsgutachten ist vor der Einberufung der über die Verschmelzung beschließenden General- bzw Vertreterversammlung einzuholen und bereits von der Einberufung der Versammlung an zur Einsichtnahme auszulegen (s. § 82 Abs. 1). Für die insoweit rechtzeitige **Einholung des Prüfungsgutachtens** ist der **Vorstand** jeder eG zuständig. Weil der Prüfungsverband eine angemessene Vorlaufzeit benötigt, sollte der Verband rechtzeitig in das Verschmelzungsvorhaben eingebunden werden. Das gilt auch für die eine Verschmelzung begleitende Tätigkeit verbandsunabhängiger Berater (zB Gespräche auf Leitungsebene, betriebswirtschaftliche Analysen, interne Kommunikation, Mitarbeiter, Öffentlichkeitsarbeit, Erstellung des Verschmelzungsvertrags und -berichts, etc. bis hin zur Begleitung der beschließenden Versammlung und der Umsetzung der Beschlüsse). Um den geplanten Ablauf der Verschmelzung zu gewährleisten, sollte der Prüfungsverband an einen **Termin zur Abgabe des Prüfungsgutachtens** gebunden werden. Die durch den Prüfungsverband vorzunehmende Begutachtung kann an dem Verschmelzungsvertrag oder an dessen Entwurf erfolgen und bereits vor Unterzeichnung des Verschmelzungsberichts durchgeführt werden.[8]

Beratungshinweis: Die besondere Stellung und Prüfungsträgerschaft des Prüfungsverbands (s. §§ 53 ff GenG) zeigt sich auch darin, dass die eG seine Mitwirkung an der Verschmelzung erzwingen kann. Es besteht ein **vereinsrechtlicher einklagbarer Anspruch** auf Erstattung des Prüfungsgutachtens, der nach § 888 ZPO auch vollstreckbar ist. Ferner kann sich eine eG zur Erstellung des Prüfungsgutachtens an die mit hoheitlichen Mitteln ausgestattete Aufsichtsbehörde (s. § 64 GenG) oder an die nach den §§ 63 e ff GenG für die sog. Qualitätsaufsicht zuständige Wirtschaftsprüferkammer wenden. Insoweit droht letztlich die Entziehung des Prüfungsrechts.

12 Verletzt ein Prüfungsverband seine Verpflichtung schuldhaft, steht der eG ein vertraglicher Schadensersatzanspruch wegen Nichterfüllung nach § 280 Abs. 1 BGB zu. Für ein fehlerhaftes Prüfungsgutachten haftet der Prüfungsverband den jeweiligen Genossenschaften unmittelbar aus § 62 GenG. Im Fall des Abs. 2 richtet sich die Haftung für ein solches Unternehmen nach § 11 Abs. 2 iVm § 323 HGB. Außerdem ist Abs. 1 S. 1 für die Gläubiger der eG Schutzgesetz iS von § 823 Abs. 2 BGB. Bei schuldhafter Verletzung droht daher zusätzlich eine Haftung aus Delikt.[9]

13 **3. Gemeinsame Erstattung des Prüfungsgutachtens (§ 81 Abs. 1 S. 2).** § 81 Abs. 1 S. 2 ermöglicht ein gemeinsames Prüfungsgutachten für mehrere beteiligte eingetragene Genossenschaften. Hiervon wird in der **Praxis** regelmäßig Gebrauch gemacht. Das setzt nicht voraus, dass die beteiligten Genossenschaften demselben Prüfungsverband angehören. Vielmehr können auch mehrere Prüfungsverbände gemeinsam für die beteiligten Genossenschaften ein gemeinsames Prüfungsgutachten erstatten.[10] Der Wortlaut von § 81 Abs. 1 S. 2 weicht dahin gehend bewusst von § 93 b Abs. 2 S. 1 GenG aF ab.

14 Die Mitwirkung mehrerer Prüfungsverbände bedeutet indes nicht, dass eine eG allein von einem Prüfungsverband geprüft und begutachtet würde, dem sie nicht angehört. Es findet lediglich eine übergreifende Zusammenarbeit der jeweils zuständigen Prüfungsverbände statt. Angesichts jedoch der anhaltenden Fusionswelle auf der Ebene der Prüfungsverbände und der nicht mehr fernliegenden Perspektive, dass bundesweit nur noch 1 bis 3 Prüfungsverbände übrig bleiben werden, kommt diesem Gesichtspunkt ohnehin nur noch geringe praktische Bedeutung zu. In der Zukunft werden die beteiligten Genossenschaften also erst recht regelmäßig demselben Prüfungsverband angehören, der dann ein gemeinsames Prüfungsgutachten erstattet.

8 S. OLG Hamm DB 2005, 2236.
9 S. Schmitt/Hörtnagl/Stratz/*Stratz*, Rn 8 unter Hinweis auf Beuthien/*Beuthien*/*Wolff*, §§ 2 UmwG ff Rn 107.
10 HM, aber str., wie hier s. Schmitt/Hörtnagl/Stratz/*Stratz*, Rn 10; Semler/Stengel/*Scholderer*, § 81 Rn 32; Pöhlmann/Fandrich/Bloehs/*Fandrich*/*Bloehs*, § 81 UmwG Rn 11; *Geschwandtner*, Staatliche Aufsicht, S. 268; Lutter/*Lutter*, § 81 Rn 7 (Darstellung verschiedener Prüfungen in einem Gutachten); wohl aA Beuthien/*Beuthien*/*Wolff*, UmwG §§ 2 ff Rn 25 und Lang/Weidmüller/*Lehnhoff*, § 81 UmwG Rn 7.

15 Es sind Zweifel angebracht, ob die **bevorstehende Prüfungsverbandsstruktur** aus Sicht der pflichtprüfungsunterworfenen eingetragenen Genossenschaften und vor allem mit Rücksicht auf die Verbandszuordnung und Reichweite der Betreuungsprüfung von Vorteil sein wird. Ggf ist auch die **sog. Pflichtmitgliedschaft** (s. §§ 54, 54 a, 55 Abs. 1 S. 1 GenG) unter solch veränderten Rahmenbedingungen rechtlich neu zu bewerten.

§ 82 Vorbereitung der Generalversammlung

(1) [1]Von der Einberufung der Generalversammlung an, die gemäß § 13 Abs. 1 über die Zustimmung zum Verschmelzungsvertrag beschließen soll, sind auch in dem Geschäftsraum jeder beteiligten Genossenschaft die in § 63 Abs. 1 Nr. 1 bis 4 bezeichneten Unterlagen sowie die nach § 81 erstatteten Prüfungsgutachten zur Einsicht der Mitglieder auszulegen. [2]Dazu erforderliche Zwischenbilanzen sind gemäß § 63 Absatz 2 Satz 1 bis 4 aufzustellen.

(2) Auf Verlangen ist jedem Mitglied unverzüglich und kostenlos eine Abschrift der in Absatz 1 bezeichneten Unterlagen zu erteilen.

I. Normzweck

1 § 82 dient, wie auch § 48 Abs. 3 GenG, der Information aller Mitglieder und derjenigen Organmitglieder (General- oder Vertreterversammlung, also allen Mitgliedern oder den zu Vertretern gewählten Mitgliedern), die gem. § 13 über die Zustimmung zum Verschmelzungsvertrag Beschluss fassen (Verschmelzungsbeschluss).

II. Norminhalt

2 Hierzu ordnet die Vorschrift in Abs. 1 S. 1 die Auslage der in § 63 Abs. 1 Nr. 1 bis 4 bezeichneten Unterlagen sowie des Prüfungsgutachtens (s. § 81) in dem Geschäftsraum jeder der beteiligten eingetragenen Genossenschaften an und verpflichtet in Abs. 2 jede der beteiligten eingetr. Genossenschaften dazu, ihren Mitgliedern auf deren Verlangen *„unverzüglich"* und *„kostenlos"* eine Abschrift dieser Unterlagen zu erteilen. Das Recht auf **Einsichtnahme** und das Recht auf Erhalt einer **Abschrift** der Unterlagen bestehen also gleichermaßen für alle Genossenschaftsmitglieder und sind bei bestehender Vertreterversammlung nicht auf die nach § 13 dann Beschluss fassenden Vertreter beschränkt. Insoweit ist mit dem § 82 nicht allein die informierte Stimmrechtsausübung bezweckt, sondern mit Rücksicht auf den unterschiedslosen Vermögenswert „Geschäftsguthaben" ein umfassendes Einsichtsrecht gleichermaßen aller Mitglieder. Abs. 1 S. 2 verpflichtet zur Aufstellung „dazu erforderlicher" **Zwischenbilanzen.**

3 **1. Recht auf Einsichtnahme in Unterlagen (§ 82 Abs. 1).** Zu den in dem Geschäftsraum der eG auszulegenden **Unterlagen** s. § 63 Rn 4 ff.[1]

4 Die Verweisung auf den § 63 Abs. 1 Nr. 3 und Abs. 2 beeinflusst den Zeitablauf der Verschmelzung. Nach § 63 Abs. 1 Nr. 3 darf sich der zum Zeitpunkt der Aufstellung des Entwurfs des Verschmelzungsvertrags letzte Jahresabschluss auf ein höchstens sechs Monate zurückliegendes Geschäftsjahr beziehen. Andernfalls muss eine Zwischenbilanz aufgestellt werden.

Beratungshinweis: Die Aufstellung einer Zwischenbilanz ist lästig und mit Aufwand verbunden. Bei den Verhandlungen über die Verschmelzung sollte daher darauf geachtet werden, den Verschmelzungsvertrag oder dessen Entwurf innerhalb von sechs Monaten nach dem letzten Bilanzstichtag (idR bis zum 30.6. des jeweiligen Kalenderjahres) abzuschließen. Es reicht aus, wenn bereits eine Einigung darüber erzielt wurde, dass der ausgehandelte Vertragsentwurf

1 S. im Einzelnen auch Pöhlmann/Fandrich/Bloehs/*Fandrich*, § 82 UmwG Rn 2.

Grundlage der Verschmelzung sein soll. Nicht erforderlich ist eine Paraphierung des Verschmelzungsvertrags bis zu diesem Zeitpunkt. Sie kann vor der Auslegung nachgeholt werden.

Die in Abs. 1 angeführten Unterlagen sind **zeitgleich** mit der Einberufung der über die Verschmelzung beschließenden General- oder Vertreterversammlung in den Geschäftsräumen jeder der beteiligten eingetr. Genossenschaften zur Einsichtnahme auszulegen. Die Einberufung der Versammlung richtet sich nach den allgemeinen Bestimmungen (s. §§ 44 ff GenG). Es gilt also eine Einberufungs- und damit nach § 81 Abs. 1 (anders als regelmäßig nach § 48 Abs. 3 GenG „sollen mindestens eine Woche") eine **Auslegungsfrist** für die Unterlagen *„von mindestens zwei Wochen"* (§ 46 Abs. 1 S. 1 GenG). Die Verschmelzung könnte zwar nach § 46 Abs. 2 GenG auch erst mindestens eine Woche vor der Versammlung als Verhandlungsgegenstand angekündigt werden; den Wortlaut des Verschmelzungsvertrags braucht die Ankündigung nicht zu enthalten.[2] Eine solche kurze Ankündigungsfrist, ohne vorher auf das Beschlussvorhaben aufmerksam zu machen, dürfte sich aber nicht mit dem klaren Wortlaut des § 82 Abs. 1 S. 1 *„Von der Einberufung der Generalversammlung an"*, dessen Bedeutung und Zwecksetzung – die Mitglieder müssen daher nach Erhalt der Einladung und der damit verbundenen ersten Tagesordnung (s. § 46 Abs. 1 S. 1 und 2 GenG) auch um die geplante Verschmelzung wissen und zur Kenntnis gebracht bekommen, dass die Unterlagen zu ihrer Einsichtnahme ausliegen – und der Einberufungsfrist des § 46 Abs. 1 S. 1 GenG vertragen. 5

Den Genossenschaftsmitgliedern die Unterlagen entspr. § 63 Abs. 4 alternativ allein über die **Internetseiten** der beteiligten eingetragenen Genossenschaften zugänglich zu machen, reicht hingegen nicht aus.[3] Jedoch ist eine Auslegung in sämtlichen Filialen und Zweigstellen der beteiligten Genossenschaften nicht erforderlich, wenn die Mitglieder mit zumutbarem Aufwand zum Auslegungsort (idR am Sitz der Gesellschaft) gelangen können. Vertraulichkeit der Unterlagen ist zu gewährleisten. Hierzu reicht es aus, wenn die Mitglieder die Unterlagen nach Anmeldung und Legitimation zur Einsicht vor Ort erhalten. 6

Die Pflicht jeder der beteiligten eingetragenen Genossenschaften zur Auslegung und das korrespondierende Recht ihrer Mitglieder auf Einsichtnahme besteht während der **üblichen Geschäftszeiten**. Es endet mit dem Ende der regelmäßigen Geschäftszeit an dem Tag der nach § 13 beschließenden Versammlung, spätestens jedoch mit deren Beginn (für die Versammlung s. § 83). Findet die Versammlung an einem Tag statt, an dem die Geschäftsräume geschlossen sind, endet das Einsichtsrecht mit dem Ende des letzten Öffnungstages vor der Versammlung.[4] 7

2. Recht auf Erhalt einer Abschrift der Unterlagen (§ 82 Abs. 2). Die Mitglieder jeder der beteiligten eingetr. Genossenschaften haben Anspruch darauf, auf Verlangen im Einzelfall *„unverzüglich"* (= ohne schuldhaftes Zögern, § 121 Abs. 1 S. 1 BGB) und *„kostenlos"* eine Abschrift der auszulegenden Unterlagen zu erhalten (Abs. 2; anders zB § 48 Abs. 3 GenG). Das Verlangen ist an die jeweilige eingetragene Genossenschaft, vertreten durch deren Vorstand, zu richten. Eine unverzügliche Übersendung der Abschrift reicht aus. 8

Beratungshinweis: In der Praxis machen zwar nur wenige Mitglieder von ihrem Recht auf Erhaltung einer Abschrift Gebrauch. Die Genossenschaft muss jedoch auf ein form- und fristfrei mögliches Verlangen unverzüglich (= idR sofort) reagieren können. Ratsam ist, während der Auslegungsphase ein paar Exemplare zur Aushändigung vorzuhalten.

Nach dem Verschmelzungsbeschluss können die Mitglieder gem. § 13 Abs. 3 S. 3 unter denselben Voraussetzungen (unverzüglich und kostenlos) eine **Abschrift des Verschmelzungsvertrags** oder des Vertragsentwurfs sowie der **Niederschrift des Beschlusses** verlangen. Davon unberührt bleibt das Recht jedes Mitglieds auf Erteilung einer Abschrift der Versammlungsniederschrift (s. § 47 Abs. 3 S. 2 GenG). 9

2 S. Beuthien/*Beuthien*/*Wolff*, §§ 2 ff UmwG Rn 29 mN.

3 S. auch Beuthien/*Beuthien*/*Wolff*, §§ 2 ff UmwG Rn 29; Pöhlmann/Fandrich/Bloehs/*Fandrich*, § 82 UmwG Rn 4 mit Herleitung.

4 S. *Fandrich*/*Graef*/*Bloehs*, Verschmelzung von Genossenschaften in der Praxis, S. 62.

10 Das Recht auf Erhalt einer Abschrift der Unterlagen endet mit dem Recht der Mitglieder auf Einsichtnahme. Während der nach § 13 über den Verschmelzungsvertrag beschließenden General- bzw Vertreterversammlung besteht das Recht auf Erhalt einer Abschrift nicht fort (s. § 83 Abs. 1 und 2 sowie den Wortlaut von § 82 *„in dem Geschäftsraum“*).[5] Die Mitglieder können dann die auszulegenden Unterlagen nur noch einsehen.

§ 83 Durchführung der Generalversammlung

(1) [1]In der Generalversammlung sind die in § 63 Abs. 1 Nr. 1 bis 4 bezeichneten Unterlagen sowie die nach § 81 erstatteten Prüfungsgutachten auszulegen. [2]Der Vorstand hat den Verschmelzungsvertrag oder seinen Entwurf zu Beginn der Verhandlung mündlich zu erläutern. [3]§ 64 Abs. 2 ist entsprechend anzuwenden.

(2) [1]Das für die beschließende Genossenschaft erstattete Prüfungsgutachten ist in der Generalversammlung zu verlesen. [2]Der Prüfungsverband ist berechtigt, an der Generalversammlung beratend teilzunehmen.

I. Normzweck

1 § 83 ergänzt die allg. Bestimmungen über die Durchführung der General- bzw Vertreterversammlung nach den §§ 43 ff GenG und soll dazu beitragen, die Verschmelzungswirkungen möglichst unangreifbar zu machen.[1] Auch § 83 zielt auf eine umfassende **Aufklärung der Mitglieder** bzw jedenfalls eine Aufklärung der in der Verschmelzungsversammlung anwesenden Mitglieder bis hin zur Beschlussfassung.

II. Norminhalt

2 **1. Pflicht zur Auslegung von Unterlagen (§ 83 Abs. 1 S. 1).** Nach Abs. 1 S. 1 sind die mit der Einberufung der Versammlung gem. § 82 Abs. 1 S. 1 auszulegenden Unterlagen (dort Rn 3 ff) ebenfalls **während der gesamten Dauer** der über den Verschmelzungsvertrag beschließenden General- bzw Vertreterversammlung in dem Versammlungsraum selbst auszulegen (*„in der Generalversammlung“*). Jedem anwesenden Mitglied sollen die **Einsichtnahme** und damit die Information bis hin zur Beschlussfassung möglich bleiben. Während der nach § 13 über den Verschmelzungsvertrag beschließenden Versammlung besteht das Recht auf **Erhalt einer Abschrift** nicht fort (s. § 83 Abs. 1 und 2 sowie den Wortlaut von § 82 *„in dem Geschäftsraum“*).[2] Die Mitglieder können dann die auszulegenden Unterlagen nur noch einsehen.

Beratungshinweis: Damit in der Verschmelzungsversammlung mehrere Mitglieder gleichzeitig Einsicht in die Unterlagen nehmen können – was in der Praxis selten vorkommt –, sollten **mehrere Ansichtsexemplare** ausgelegt werden. Der anwesende Notar sollte darüber wachen, dass die Unterlagen auch tatsächlich während der gesamten Versammlung zur Einsichtnahme bereit lagen. Das schließt spätere **Beweisprobleme** aus. Es besteht keine Pflicht des Versammlungsleiters, auf die ausgelegten Unterlagen explizit hinzuweisen. Ratsam ist dies dennoch.

5 Dahingehend offener für die HV der AG Schmitt/Hörtnagl/Stratz/*Stratz*, Rn 4 mN.

1 S. BT-Drucks. 12/6699 vom 1.2.1994, 86.

2 Dahin gehend offener für die HV der AG Schmitt/Hörtnagl/Stratz/*Stratz*, Rn 3 mN.

2. Pflicht zur Erläuterung des Verschmelzungsvertrags (§ 83 Abs. 1 S. 2). Unter dem Tagesordnungspunkt „Verschmelzung" hat der Vorstand gleich zu Beginn den Verschmelzungsvertrag oder dessen Entwurf mündlich zu erläutern (Abs. 1 S. 2). Wortlautgemäß („*mündlich zu erläutern*"; anders Abs. 2 S. 1, s. Rn 8) muss der Vorstand den Vertrag **weder im Ganzen noch in Teilen verlesen.** S. auch § 64 Rn 5. 3

Erläuterungspflichtig ist der Vorstand. Er kann die Aufgabe **nicht delegieren,** auch nicht an den Aufsichtsrat oder den Prüfungsverband (s. auch Abs. 2 S. 1). Zwar kann sich der Vorstand zB durch externe Sachverständige unterstützen lassen. Die **Verantwortung** für die Erläuterung verbleibt aber beim Vorstand. Er soll den von ihm abgeschlossenen Verschmelzungsvertrag „aus erster Hand" den Mitgliedern vorstellen. 4

Zu erläutern sind die wirtschaftliche und rechtliche Bedeutung der Verschmelzung in knapper und für die Mitglieder klar verständlicher Form. Zudem dient die Vertragserläuterung dazu, mögliche Veränderungen zu den ausliegenden Unterlagen deutlich zu machen.[3] Hierher gehört auch, auf mögliche **Änderungen der Satzung** der eG einzugehen. 5

3. Auskunftsrecht der Mitglieder (§ 83 Abs. 1 S. 3). Den anwesenden Mitgliedern ist nach Abs. 1 S. 2 iVm § 64 Abs. 2 während der Beratungen über die Beschlussfassung umfassend Auskunft über alle die Verschmelzung betreffenden Angelegenheiten zu erteilen. Dies gilt ausdrücklich soweit es die anderen beteiligten eingetragenen Genossenschaften betrifft (s. § 64 Rn 9 f). Ein die eigene Genossenschaft betreffendes Auskunftsrecht in der Versammlung folgt bereits aus dem Mitgliedschaftsverhältnis.[4] 6

Ein **Auskunftsverweigerungsrecht** steht dem Vorstand lediglich in engen unternehmensbezogenen Grenzen zu (Rechtsgedanke des § 8 Abs. 2; § 131 Abs. 3 AktG entspr.). Rein pauschale Verweigerungen ohne eine Begründung sind nicht zulässig. 7

Beratungshinweis: Häufig wird der Vorstand nicht Auskunft zu der für ihn fremden beteiligten Genossenschaft erteilen können und/oder auch nicht wollen. Es empfiehlt sich, den Vorstand der anderen Genossenschaft zu der eigenen Versammlung einzuladen. Auskunftsverantwortlich bleibt aber der eigene Vorstand. Er hat sich dementsprechend vorzubereiten.

4. Verlesung des Prüfungsgutachtens (§ 83 Abs. 2 S. 1). Nach Abs. 2 S. 2 ist das für die nach § 13 beschließende eingetr. Genossenschaft erstattete Prüfungsgutachten (s. § 81) in der General- bzw Vertreterversammlung „*zu verlesen*", **dh im gesamten Wortlaut vorzutragen.** Es genügen weder eine Wiedergabe des Ergebnisses oder auszugsweise Zitate noch eine Erläuterung des Inhalts (arg. Wortlaut von Abs. 2 S. 1 und Abs. 1 S. 2). Wer das Prüfungsgutachten verliest, ist nicht vorgegeben. Zuständig ist dafür grundsätzlich der **Vorstand.** Er kann aber eine Hilfsperson hinzuziehen. Da der **Prüfungsverband** ein Anwesenheits- und Beratungsrecht in der Versammlung hat (Abs. 2 S. 2), kann es sich auch empfehlen, dem anwesenden Vertreter des Prüfungsverbandes die Verlesung des Prüfungsgutachtens zu überlassen.[5] Für den Fall eines für mehrere an der Verschmelzung beteiligte eingetr. Genossenschaften gemeinsam erstatteten Prüfungsgutachtens (s. § 81 Rn 13 ff) ist das vollständige Gutachten zu verlesen.[6] 8

5. Beratende Teilnahme des Prüfungsverbands (§ 83 Abs. 2 S. 2). Wie bereits allg. nach § 59 Abs. 3 Hs 1 GenG ist der Prüfungsverband auch nach § 83 Abs. 2 S. 2 „*berechtigt*", an der über die Verschmelzung beschließenden General- bzw Vertreterversammlung „beratend teilzunehmen". Hierauf hat der Prüfungsverband also einen **Rechtsanspruch.** 9

3 S. Pöhlmann/Fandrich/Bloehs/*Fandrich*, § 83 UmwG Rn 3.

4 S. *Fandrich/Graef/Bloehs*, Verschmelzung von Genossenschaften in der Praxis, S. 67.

5 S. Pöhlmann/Fandrich/Bloehs/*Fandrich*, § 83 UmwG Rn 4.

6 S. Lutter/*Bayer*, § 83 Rn 17; *Fandrich/Graef/Bloehs*, Verschmelzung von Genossenschaften in der Praxis, S. 68.

10 Ob der Prüfungsverband zur Teilnahme nur berechtigt oder aber abseits der Anforderung durch die Genossenschaft entgegen des Wortlauts auch ansonsten sogar **verpflichtet ist, ist str.**[7] Dem eindeutigen Wortlaut folgend wird man aus § 83 Abs. 2 S. 2 wohl keine allg. Teilnahmepflicht des Prüfungsverbandes herleiten können. Entsprechend § 59 Abs. 3 Hs 1 GenG wird der Prüfungsverband aufgrund der mitgliederbezogenen Schutzfunktion vor allem auch des § 83 Abs. 2 S. 2 und seiner vereinsrechtlichen Betreuungspflicht (s. §§ 53 ff. GenG) aber jedenfalls dann an der Verschmelzungsversammlung teilnehmen müssen, wenn er in seinem Prüfungsgutachten nennenswerte Bedenken gegen die Verschmelzung äußert oder gar gegen die Verschmelzung Stellung bezieht. Insoweit ist nötig, dass sich der Prüfungsverband hierzu schutzzweckgerecht gegenüber den Mitgliedern selbst erklärt und die Verschmelzung betreffende Fragen der Mitglieder beantwortet. Es mag in jedem Fall sinnvoll sein, dass der Prüfungsverband den/die mit der Erstattung des Prüfungsgutachtens befassten Prüfer entsendet, verpflichtet ist er hierzu jedoch nicht; jedenfalls sofern sichergestellt ist, dass die anwesenden Verbandsvertreter nach dem Zweck der §§ 81, 83 entspr. hinreichend „beratend teilnehmen" können.

11 Der Prüfungsverband darf das Prüfungsgutachten erläutern und ergänzen, Fragen stellen und beantworten, zu allen Fragen der Verschmelzung Stellung nehmen und an der Aussprache zu dem entspr. TOP teilnehmen, kurzum: der Umfang seiner Teilnahme steht in seinem pflichtgemäßen Ermessen.[8] Dessen Ausübung wiederum hängt von dem Ergebnis des Prüfungsgutachtens und dem Verlauf der Versammlung ab. Dem Prüfungsverband stehen **keine Stimm- oder Antragsrechte** zu. Er darf keine sachfremden Argumente einbringen und kann einen ihm nicht gefallenden Verschmelzungsbeschluss nicht verhindern.

12 Werden die entsandten Vertreter des Prüfungsverbands nicht zur General- bzw Versammlung zugelassen, stellt dies einen Grund zur **Anfechtung** des Verschmelzungsbeschlusses nach § 51 GenG dar.[9] Gleiches gilt, wenn die Unterlagen nicht ausgelegt werden oder der Verschmelzungsvertrag nicht erläutert bzw das Prüfungsgutachten nicht verlesen wird. Gem. § 20 Abs. 2 lässt die Verletzung des § 83 Abs. 2 S. 2 die Wirkungen der Eintragung der Verschmelzung jedoch unberührt.

§ 84 Beschluß der Generalversammlung

[1]Der Verschmelzungsbeschluß der Generalversammlung bedarf einer Mehrheit von drei Vierteln der abgegebenen Stimmen. [2]Die Satzung kann eine größere Mehrheit und weitere Erfordernisse bestimmen.

I. Normzweck

1 Das Verfahren über die Beschlussfassung richtet sich nach den allg. Bestimmungen (s. § 43 GenG; § 13). § 84 ergänzt diese lediglich.

II. Norminhalt

2 § 84 S. 1 gibt vor, dass der Verschmelzungsbeschluss einer **Mehrheit von mindestens 75 %** der abgegebenen Stimmen bedarf. Die Satzung kann eine größere Mehrheit und weitere Erfordernisse vorsehen (S. 2), wie zB eine Mindestanzahl anwesender Mitglieder. Der dauerhafte Ausschluss einer Verschmelzung kann in der Satzung nicht vereinbart werden (s. bereits § 16 Abs. 4 GenG). § 84 gilt auch für alle Fälle der Abspaltung einschließlich der Ausgliederung (s. § 125 S. 1). Zum Formwechsel s. § 262.

7 S. dazu Beuthien/*Beuthien*/*Wolff*, §§ 2 ff UmwG Rn 34 aE; Schmitt/Hörtnagl/Stratz/*Stratz*, Rn 8.
8 S. auch Schmitt/Hörtnagl/Stratz/*Stratz*, Rn 8.
9 So zB Beuthien/*Beuthien*/*Wolff*, §§ 2 ff UmwG Rn 34; Pöhlmann/Fandrich/Bloehs/*Fandrich*, § 83 UmwG Rn 4.

Die Form der Abstimmung über die Zustimmung zum Verschmelzungsvertrag (s. § 13) richtet sich nach § 43 GenG. Sieht die Satzung nichts Abweichendes vor, kann das Abstimmungsergebnis bei offener Abstimmung auch durch die sog. **Subtraktionsmethode** ermittelt werden,[1] was sich in der **Praxis** bei der Beschlussfassung im Rahmen der Verschmelzung bewährt hat.[2] Hierbei wird die Anzahl der abstimmenden Mitglieder festgestellt. Im Anschluss daran werden lediglich die Nein-Stimmen und die Enthaltungen abgefragt, wodurch sich im Wege der Subtraktion die Anzahl der Ja-Stimmen errechnen lässt. Die danach idR erfolgende Bitte um die Ja-Stimmen erfolgt nur noch pro forma. Abzulehnen ist allerdings der Vorschlag, Stimmzettel hervorgehoben mit einem Ja-Zeichen oder anderweitigen Entscheidungsalternativen vorzudrucken. Das wäre ein Verstoß gegen den Grundsatz der freien unbeeinflussten Abstimmung.[3] 3

Mitglieder mit **Mehrstimmrechten** können diese bei der Abstimmung nicht ausüben. Sie verfügen bei zentralen Entscheidungen wie zB einer Verschmelzung wie alle anderen Mitglieder über nur eine Stimme (s. § 43 Abs. 3 S. 2 Nr. 1 S. 3 GenG; s. jedoch die Ausnahmen in § 43 Abs. 3 Nr. 2 und 3 GenG für sog. **Unternehmergenossenschaften** und eingetragenen Genossenschaften, deren Mitglieder überwiegend selbst eingetragene Genossenschaften sind). 4

Probeabstimmungen oder, wenn zB im ersten Anlauf eine Mehrheit nicht zustande gekommen ist, eine erneute Beratung und Abstimmung sind zulässig. 5

Beratungshinweis: Es kann auch sinnvoll sein, zunächst vor Abschluss des Verschmelzungsvertrags eine außerordentliche Versammlung einzuberufen und über bestimmte alternative Vertragsinhalte zu beraten und abstimmen zu lassen.[4]

§ 85 Verbesserung des Umtauschverhältnisses

(1) Bei der Verschmelzung von Genossenschaften miteinander ist § 15 nur anzuwenden, wenn und soweit das Geschäftsguthaben eines Mitglieds in der übernehmenden Genossenschaft niedriger als das Geschäftsguthaben in der übertragenden Genossenschaft ist.

(2) Der Anspruch nach § 15 kann auch durch Zuschreibung auf das Geschäftsguthaben erfüllt werden, soweit nicht der Gesamtbetrag der Geschäftsanteile des Mitglieds bei der übernehmenden Genossenschaft überschritten wird.

I. Normzweck

§ 85 soll im Hinblick auf die Nennwertbeteiligung verhindern, dass nach dem § 14 Abs. 2 grds. anfechtungsgesperrte Mitglieder der übertragenden eG über eine verzinsliche bare Zuzahlung (s. § 15), die zur ausgleichenden Verbesserung des Umtauschverhältnisses erfolgt, eine Beteiligung an den Rücklagen und den stillen Reserven der übertragenden Genossenschaft („Wertausgleich") erhalten, die ihnen beim Ausscheiden durch Ausschlagung (s. §§ 90 ff) oder nach den allgemeinen Bestimmungen für den Fall der Auseinandersetzung mit der Genossenschaft nicht zustünde (vgl § 73 Abs. 2 S. 3, Abs. 3 GenG).[1] 1

II. Norminhalt

Abs. 1 ist nur auf Verschmelzungen unter ausschließlicher Beteiligung von eingetr. Genossenschaften anwendbar und schränkt hierfür die Anwendung des § 15 („*wenn und soweit*") auf die Fälle ein, in denen das Geschäftsguthaben eines Mitglieds in der übernehmenden eG niedri- 2

1 S. BGH NJW 2002, 3629 zur WEG; OLG Frankfurt NZG 1999, 119 zur AG.

2 S. Pöhlmann/Fandrich/Bloehs/*Fandrich*, § 84 UmwG Rn 2.

3 S. Pöhlmann/Fandrich/Bloehs/*Fandrich*, § 84 UmwG Rn 2.

4 S. *Fandrich/Graef/Bloehs*, Verschmelzung von Genossenschaften in der Praxis, S. 65.

1 Kritisch zu § 85 Schmitt/Hörtnagl/Stratz/*Stratz*, Rn 1 mN.

ger ist als in der übertragenden eG. Es findet also eine **Beschränkung des Barzuzahlungsanspruchs** gegen die übernehmende eG auf die Differenz zwischen den jeweiligen Geschäftsguthaben statt.

3 **Abs. 2** gilt für sämtliche Verschmelzungen mit einer eG als übernehmendem Rechtsträger. Insoweit räumt Abs. 2 der übernehmenden eG ein Wahlrecht dafür ein, ob sie den Anspruch auf den Differenzbetrag durch Barzuzahlung oder durch Zuschreibung auf die Geschäftsguthaben erfüllt, die bis zur Höhe des Gesamtbetrags der Geschäftsanteile des Mitglieds zulässig ist. Das vermeidet eine weitere Verringerung des Eigenkapitals bei der übernehmenden Genossenschaft. Die bare Auszahlung des die Höhe der Geschäftsanteile übersteigenden Geschäftsguthabens nach § 87 Abs. 1 S. 2 (sog. **„Spitzenbetrag"**) begründet kein weiteres Barzuzahlungsrecht gem. § 15 Abs. 1.

4 Zur Anfechtung des Verschmelzungsbeschlusses und zum Spruchverfahren s. § 14 Abs. 2, dort Rn 4 ff.

§ 86 Anlagen der Anmeldung

(1) Der Anmeldung der Verschmelzung ist außer den sonst erforderlichen Unterlagen auch das für die anmeldende Genossenschaft erstattete Prüfungsgutachten in Urschrift oder in öffentlich beglaubigter Abschrift beizufügen.

(2) Der Anmeldung zur Eintragung in das Register des Sitzes des übernehmenden Rechtsträgers ist ferner jedes andere für eine übertragende Genossenschaft erstattete Prüfungsgutachten in Urschrift oder in öffentlich beglaubigter Abschrift beizufügen.

I. Normzweck

1 § 86 ergänzt für die Anmeldung der Verschmelzung zur Eintragung in das Genossenschaftsregister die §§ 16, 17.

II. Norminhalt

2 **Abs. 1** sieht vor, dass zusätzlich zu den allg. Unterlagen das *„für die anmeldende Genossenschaft erstattete Prüfungsgutachten"* (s. § 81) beizufügen ist. Dies hat in Urschrift oder öffentlich beglaubigter Abschrift zu erfolgen.

3 Die Anmeldung der Verschmelzung erfolgt durch die **Vorstandsmitglieder** der beteiligten eingetragenen Genossenschaften in vertretungsberechtigter Anzahl (s. § 157 GenG; § 16).[1]

4 Nach **Abs. 2** sind bei der Anmeldung zum Genossenschaftsregister des übernehmenden Rechtsträgers (eingetragene Genossenschaft oder andere Rechtsform) zusätzlich sämtliche für alle übertragenden eingetragenen Genossenschaften erstatteten **Prüfungsgutachten** den übrigen Unterlagen beizufügen. Das reicht über die frühere Regelung in § 93 d Abs. 2 GenG aF hinaus. Adressat sind die Mitglieder des Vertretungsorgans des übernehmenden Rechtsträgers; die Vorstände der übertragenden eingetragenen Genossenschaften sind ersatzbewehrt (s. §§ 25 ff) zur Überlassung der Prüfungsgutachten verpflichtet.

5 Zu den übrigen allg. Unterlagen s. die Erläuterungen zu **§§ 16, 17.**[2]

1 S. Schmitt/Hörtnagl/Stratz/*Stratz*, Rn 1 mN.
2 S. auch Pöhlmann/Fandrich/Bloehs/*Fandrich*, § 17 UmwG.

§ 87 Anteilstausch

(1) [1]Auf Grund der Verschmelzung ist jedes Mitglied einer übertragenden Genossenschaft entsprechend dem Verschmelzungsvertrag an dem übernehmenden Rechtsträger beteiligt. [2]Eine Verpflichtung, bei einer übernehmenden Genossenschaft weitere Geschäftsanteile zu übernehmen, bleibt unberührt. [3]Rechte Dritter an den Geschäftsguthaben bei einer übertragenden Genossenschaft bestehen an den Anteilen oder Mitgliedschaften des übernehmenden Rechtsträgers anderer Rechtsform weiter, die an die Stelle der Geschäftsanteile der übertragenden Genossenschaft treten. [4]Rechte Dritter an den Anteilen oder Mitgliedschaften des übertragenden Rechtsträgers bestehen an den bei der übernehmenden Genossenschaft erlangten Geschäftsguthaben weiter.

(2) [1]Übersteigt das Geschäftsguthaben, das das Mitglied bei einer übertragenden Genossenschaft hatte, den Gesamtbetrag der Geschäftsanteile, mit denen es nach Absatz 1 bei einer übernehmenden Genossenschaft beteiligt ist, so ist der übersteigende Betrag nach Ablauf von sechs Monaten seit dem Tage, an dem die Eintragung der Verschmelzung in das Register des Sitzes der übernehmenden Genossenschaft nach § 19 Abs. 3 bekannt gemacht worden ist, an das Mitglied auszuzahlen; die Auszahlung darf jedoch nicht erfolgen, bevor die Gläubiger, die sich nach § 22 gemeldet haben, befriedigt oder sichergestellt sind. [2]Im Verschmelzungsvertrag festgesetzte bare Zuzahlungen dürfen nicht den zehnten Teil des Gesamtnennbetrags der gewährten Geschäftsanteile der übernehmenden Genossenschaft übersteigen.

(3) Für die Berechnung des Geschäftsguthabens, das dem Mitglied bei einer übertragenden Genossenschaft zugestanden hat, ist deren Schlußbilanz maßgebend.

I. Normzweck

§ 87 entspricht weitestgehend der Vorgängerregelung des § 93 h Abs. 2 bis 4 GenG aF. Die Vorschrift ergänzt den § 20 Abs. 1 und gilt für Verschmelzungen von eingetragenen Genossenschaften auf alle möglichen Rechtsträger. 1

Die §§ 87 ff regeln – anders als die §§ 79 ff (Zustandekommen der Verschmelzung) – die mit dem Zustandekommen der Verschmelzung verbundenen Folgen. 2

II. Norminhalt

In **Abs. 1 S. 1** regelt § 87 den Erwerb der Beteiligung an dem übernehmenden Rechtsträger (s. auch § 80). Maßgeblich ist der Inhalt des Verschmelzungsvertrags. Für den **Erwerb der Mitgliedschaft** in einer übernehmenden eG ist keine gesonderte Beitrittserklärung erforderlich. 3

Denn mit Eintragung der Verschmelzung in das Register des übernehmenden Rechtsträgers wird dieser **Gesamtrechtsnachfolger** des übertragenden Rechtsträgers (s. § 20 Abs. 1 Nr. 1). Sämtliche Rechte und Pflichten sowie sonstige Rechtsstellungen und Beteiligungen (s. § 1 Abs. 2 GenG) gehen kraft Gesetzes von dem übertragenden auf den übernehmenden Rechtsträger über. Dieser haftet für die auf ihn übergehenden Verbindlichkeiten unmittelbar, ausschließlich und unbeschränkt, dh nicht beschränkt auf das Neuvermögen des übertragenden Rechtsträgers. 4

Zugleich erlischt der übertragende Rechtsträger mit der Registereintragung (s. § 20 Abs. 1 Nr. 2). Damit entfällt für die Anteilsinhaber des übertragenden Rechtsträgers der Gegenstand ihrer Beteiligung. Als **Ausgleich** sehen die §§ 20 Abs. 1 Nr. 3, 87 f eine dem Verschmelzungsvertrag entsprechende Beteiligung an dem übernehmenden Rechtsträger vor (s. § 2: *„gegen Gewährung von Anteilen oder Mitgliedschaften“*). 5

Verschmelzen – wie in der **Praxis** üblich – zwei eingetragene Genossenschaften miteinander, erwerben die Mitglieder der übertragenden (anders als nach § 15 GenG) kraft Gesetzes die Mitgliedschaft in der übernehmenden Genossenschaft. Für die hinzukommenden Mitglieder gilt 6 fortan die Satzung der übernehmenden Genossenschaft. Wollen einzelne Mitglieder die Mitgliedschaft in / die Beteiligung an dem übernehmenden Rechtsträger gar nicht erwerben, können sie diese nach Maßgabe der §§ 90 Abs. 2 und 3, 91 **ausschlagen.** Die übernehmende Genossenschaft hat sich dann mit dem früheren Mitglied auseinanderzusetzen (s. § 93). Maßgebend ist die **Schlussbilanz** der übertragenden eG (s. auch **§ 87 Abs. 3** für die Berechnung des Geschäftsguthaben bei Verschmelzungen von eingetragenen Genossenschaften).

7 Zwar ist für den Erwerb der Mitgliedschaft oder (bei Rechtsträgern in anderer Rechtsform) die Gewährung von Anteilen die Erfüllung satzungsmäßiger Anforderungen an die Mitgliedschaft oder Beteiligung nicht erforderlich. Die fehlende Erfüllung von satzungsmäßigen Anforderungen an die Mitgliedschaft kann jedoch einen nachfolgenden **Ausschluss** aus der übernehmenden eG rechtfertigen (s. § 68 GenG).

8 Eine **Doppelmitgliedschaft** in der übernehmenden Genossenschaft ist nicht möglich.[1] Auch die Mitgliedschaft der übertragenden eingetragenen Genossenschaft in ihrem Prüfungsverband (s. §§ 54, 55 Abs. 1 S. 1 GenG) erlischt daher regelmäßig.[2]

Beratungshinweis: Die übernehmende eG tritt in sämtliche Anstellungsverträge – auch in die der **Vorstandsmitglieder** – der übertragenden eG ein.[3] Das gilt selbst für den Fall, dass Vorstandsmitglieder im Zuge der Verschmelzung nicht zu Mitgliedern des Vorstands der übernehmenden eingetr. Genossenschaft bestellt werden[4] oder bei als eG verfassten Kreditinstituten mit Rücksicht auf **bankaufsichtsrechtliche Anforderungen** (s. §§ 1 Abs. 2 S. 1, 24 Abs. 1 Nr. 1, 35 Abs. 2 Nr. 3, 33 Abs. 1 Nr. 2 und 4, Abs. 2, 36 KWG) nicht ohne Einwand der BaFin bestellt werden können. Vorstände bilanzsummenschwächerer Kreditgenossenschaften werden dann häufig zu unterhalb des neuen Vorstands angesiedelten „Generalbevollmächtigten" ernannt. Ob diese Aufsichtspraxis gegenüber den Vorständen „nicht systemrelevanter" sowie besonders verbands- und sicherungseinrichtungsgeprüfter Kreditgenossenschaften[5] angemessen ist, bedarf der Überprüfung in jedem Einzelfall.

Sollen einzelnen (idR ausscheidenden) Vorstandsmitgliedern des übertragenden Rechtsträgers anlässlich der Verschmelzung „besondere Vorteile" gewährt werden – etwa die Zahlung einer **Abfindung** im Zuge der Dienstvertragsauflösung –, sind nach Maßgabe von § 5 Abs. 1 Nr. 8 im Verschmelzungsvertrag wohl jedenfalls der Name des Begünstigten sowie die Art des Vorteils im Verschmelzungsvertrag aufzuführen.

9 Str. ist, ob die Mitglieder der übertragenden Genossenschaft ein in der Satzung der übernehmenden Genossenschaft vorgesehenes **Eintrittsgeld** entrichten müssen.[6]

Beratungshinweis: Im Verschmelzungsvertrag kann eine Anpassung oder Abschaffung der Satzungsbestimmung der übernehmenden Genossenschaft über das Eintrittsgeld vorgesehen werden.[7]

1 Hierzu u.a. Beuthien/*Beuthien/Wolff*, §§ 2 ff UmwG Rn 71.

2 Zu Sonderkonstellationen *Fandrich/Graef/Bloehs*, Verschmelzung von Genossenschaften in der Praxis, S. 17 f.

3 Das gilt selbstverständlich auch für die Kündigungsrechte. Das Dienstverhältnis wandelt sich im Zuge der Verschmelzung nicht in ein Arbeitsverhältnis um. Insoweit empfiehlt sich eine dahingehend rechtzeitige Vertrags(laufzeit)gestaltung oder auch eine nachträgliche Vertragsanpassung (s. § 313 BGB). Den Organmitgliedern kann, sofern sich ihre dienstliche Stellung wesentlich verändert, ein außerordentliches Kündigungsrecht zustehen (s. § 626 Abs. 1 BGB). Die Anstellungsverträge können zudem im Vorfeld mit einer auflösenden Bedingung („Verschmelzung", s. § 158 Abs. 2 BGB) versehen werden.

4 Die Organstellungen – auch die der gewählten Vertreter (s. § 43 a Abs. 2 GenG) – in der übertragenden eG erlöschen gem. § 20 Abs. 1 Nr. 2. Jedoch sind die körperschaftliche Organstellung und das schuldrechtliche Anstellungsverhältnis zwingend voneinander zu trennen (s. BGH NJW 1995, 2850 f unter Verweisung auf BGH NJW-RR 1990, 1123 f).

5 Eingehend *Geschwandtner*, Staatliche Aufsicht, S. 193 ff.

6 Zum Meinungsstand s. Beuthien/*Beuthien/Wolff*, §§ 2 ff UmwG Rn 68 und Pöhlmann/Fandrich/Bloehs/*Fandrich*, § 87 UmwG Rn 3.

7 S. Pöhlmann/Fandrich/Bloehs/*Fandrich*, § 87 UmwG Rn 3 aE.

Abs. 1 S. 2 hat klarstellenden Charakter. Danach müssen auch die hinzukommenden Mitglieder eine in der Satzung der übernehmenden eG niedergelegte Pflicht zur Beteiligung mit mehreren Geschäftsanteilen erfüllen (s. § 7 a Abs. 2 GenG: **„Pflichtbeteiligung"**). Kraft Satzung ist das Mitglied zur Abgabe einer insoweitigen Beitrittserklärung verpflichtet. 10

Abs. 2 S. 1 ordnet für die Verschmelzung von eingetragenen Genossenschaften an, dass ein übersteigendes Geschäftsguthaben eines hinzukommenden Mitglieds erst dann ausgezahlt werden darf, wenn sich nach § 22 meldende Gläubiger befriedigt oder ihre Ansprüche besichert wurden und die Sechsmonatsfrist des Abs. 1 S. 1 Hs 1 verstrichen ist. Ihnen soll das Haftkapital (s. § 22 GenG) ungeschmälert zugutekommen. Bleibt das überschießende Geschäftsguthaben in der eG stehen, ist es als Darlehen zu behandeln,[8] ggf sind Zinsen zu gewähren. 11

Abs. 2 S. 2 begrenzt im Verschmelzungsvertrag nach § 5 Abs. 1 Nr. 3 festgesetzte bare Zuzahlungen auf den zehnten Teil des Gesamtnennbetrags der gewährten Geschäftsanteile der übernehmenden eG. Hierbei sind nur die Geschäftsanteile zu berücksichtigen, die bei der Verschmelzung an die hinzukommenden Mitglieder gewährt werden.[9] 12

§ 88 Geschäftsguthaben bei der Aufnahme von Kapitalgesellschaften und rechtsfähigen Vereinen

(1) [1]Ist an der Verschmelzung eine Kapitalgesellschaft als übertragender Rechtsträger beteiligt, so ist jedem Anteilsinhaber dieser Gesellschaft als Geschäftsguthaben bei der übernehmenden Genossenschaft der Wert der Geschäftsanteile oder der Aktien gutzuschreiben, mit denen er an der übertragenden Gesellschaft beteiligt war. [2]Für die Feststellung des Wertes dieser Beteiligung ist die Schlußbilanz der übertragenden Gesellschaft maßgebend. [3]Übersteigt das durch die Verschmelzung erlangte Geschäftsguthaben eines Mitglieds den Gesamtbetrag der Geschäftsanteile, mit denen es bei der übernehmenden Genossenschaft beteiligt ist, so ist der übersteigende Betrag nach Ablauf von sechs Monaten seit dem Tage, an dem die Eintragung der Verschmelzung in das Register des Sitzes der übernehmenden Genossenschaft nach § 19 Abs. 3 bekannt gemacht worden ist, an das Mitglied auszuzahlen; die Auszahlung darf jedoch nicht erfolgen, bevor die Gläubiger, die sich nach § 22 gemeldet haben, befriedigt oder sichergestellt sind.

(2) Ist an der Verschmelzung ein rechtsfähiger Verein als übertragender Rechtsträger beteiligt, so kann jedem Mitglied dieses Vereins als Geschäftsguthaben bei der übernehmenden Genossenschaft höchstens der Nennbetrag der Geschäftsanteile gutgeschrieben werden, mit denen es an der übernehmenden Genossenschaft beteiligt ist.

I. Normzweck

Der 1994 eingeführte § 88 ergänzt den § 20 Abs. 1 Nr. 3 und regelt die (in der Praxis sehr seltenen) Fälle der übertragenden Verschmelzung von **Kapitalgesellschaften** und rechtsfähigen **Vereinen** mittels Aufnahme durch eine übernehmende eG. Anders als bei dem § 87 tritt die eG in dem § 88 nicht als übertragender, sondern als übernehmender Rechtsträger auf. Die Vorschrift ist also auf Verschmelzungen unter ausschließlicher Beteiligung von eingetragenen Genossenschaften nicht anwendbar. Für die **Personenhandelsgesellschaften** gilt nur § 20 Abs. 1 Nr. 3. 1

II. Norminhalt

Gem. **Abs. 1** wird den Anteilsinhabern von Aktiengesellschaften, Gesellschaften mbH sowie Aktionären von KGaA im Rahmen der Verschmelzung auf eine eG der **volle Wert** ihrer Aktien 2

8 S. Beuthien/*Beuthien*/*Wolff*, §§ 2 ff UmwG Rn 73.
9 S. statt aller Lutter/*Bayer*, § 87 Rn 38; Semler/Stengel/*Scholderer*, § 87 Rn 51.

oder Geschäftsanteile ihrem Geschäftsguthaben in der übernehmenden eG gutgeschrieben.[1] Für die Ermittlung des Werts ist die Schlussbilanz der übertragenden Kapitalgesellschaft maßgebend (Abs. 1 S. 2). Die Auszahlung des **übersteigenden Geschäftsguthabens** (Abs. 1 S. 3) folgt denselben Vorgaben wie in dem § 87 Abs. 2 S. 1 (dort Rn 11), es kommt also zur bedingten Barauszahlung an die hinzukommenden Mitglieder. Die 10 %-Begrenzung des § 87 Abs. 2 S. 3 kennt § 88 jedoch nicht.

3 Der **Abs. 2** kommt über die §§ 79, 80 Abs. 1 S. 2 hinaus für die Aufnahme rechtsfähiger Vereine (s. §§ 21, 22 BGB) zur Anwendung. Für Vereinsmitglieder steht kein Bewertungsmaßstab für die Höhe der Beteiligung an der übernehmenden eingetragenen Genossenschaft zur Verfügung, weil Vereinsmitglieder nicht am Vereinsvermögen beteiligt sind. Die Ermittlung bleibt den Verschmelzungspartnern überlassen. Abs. 2 legt lediglich einen **Höchstbetrag** für die Beteiligung fest. Das Geschäftsguthaben eines hinzukommenden Mitglieds kann höchstens der Nennbetrag der Geschäftsanteile sein, mit denen das Mitglied an der übernehmenden eG beteiligt ist. Ein übersteigendes Geschäftsguthaben kann so nicht entstehen. Sollte das Vereinsvermögen den Wert der neu gebildeten Geschäftsguthaben übersteigen, kommt eine Zuführung in die Rücklagen der eG in Betracht.[2]

§ 89 Eintragung der Genossen in die Mitgliederliste; Benachrichtigung

(1) [1]Die übernehmende Genossenschaft hat jedes neue Mitglied nach der Eintragung der Verschmelzung in das Register des Sitzes der übernehmenden Genossenschaft unverzüglich in die Mitgliederliste einzutragen und hiervon unverzüglich zu benachrichtigen. [2]Sie hat ferner die Zahl der Geschäftsanteile des Mitglieds einzutragen, sofern das Mitglied mit mehr als einem Geschäftsanteil beteiligt ist.

(2) Die übernehmende Genossenschaft hat jedem Anteilsinhaber eines übertragenden Rechtsträgers, bei unbekannten Aktionären dem Treuhänder der übertragenden Gesellschaft, unverzüglich in Textform mitzuteilen:

1. **den Betrag des Geschäftsguthabens bei der übernehmenden Genossenschaft;**
2. **den Betrag des Geschäftsanteils bei der übernehmenden Genossenschaft;**
3. **die Zahl der Geschäftsanteile, mit denen der Anteilsinhaber bei der übernehmenden Genossenschaft beteiligt ist;**
4. **den Betrag der von dem Mitglied nach Anrechnung seines Geschäftsguthabens noch zu leistenden Einzahlung oder den Betrag, der ihm nach § 87 Abs. 2 oder nach § 88 Abs. 1 auszuzahlen ist, sowie**
5. **den Betrag der Haftsumme der übernehmenden Genossenschaft, sofern deren Mitglieder Nachschüsse bis zu einer Haftsumme zu leisten haben.**

I. Normzweck

1 Die Vorschrift führt den § 93 i GenG aF fort und ergänzt den § 30 Abs. 2 GenG. Mit dem Abs. 2 ist die Aufklärung der Mitglieder über deren Rechte und Pflichten sowie deren Prüfung eines Vorgehens nach den §§ 15, 85 oder §§ 90 ff bezweckt.

II. Norminhalt

2 Der Abs. 1 S. 1 hat klarstellenden Charakter. Auch die mit der Eintragung der Verschmelzung in das Register der übernehmenden eingetragenen Genossenschaft neu hinzugetretenen Mitglieder (s. § 20 Abs. 1 Nr. 3) sind *„unverzüglich"* (s. § 121 Abs. 1 S. 1 BGB „ohne schuldhaftes

1 Vgl BVerfG NJW 1999, 3769.
2 S. Pöhlmann/Fandrich/Bloehs/*Fandrich*, § 88 UmwG Rn 3 aE.

Zögern") in die Mitgliederliste der Genossenschaft einzutragen und hiervon ebenfalls unverzüglich zu benachrichtigen (vgl § 15 Abs. 2 S. 1 GenG). Es darf nicht abgewartet werden bis die Ausschlagungsfrist des § 91 Abs. 2 abgelaufen ist.[1] Zum Zwangsgeldverfahren s. § 160 GenG. In die Mitgliederliste eingetragen werden gem. § 30 Abs. 2 GenG der Familienname, Vorname bzw die Firma, die Anschrift sowie die Anzahl der übernommenen weiteren Geschäftsanteile (s. auch § 89 Abs. 1 S. 2), der Grund für die Eintragung „Verschmelzung" und das Datum des Registereintrags. Die Eintragung ist nur deklaratorisch.

Zuständig für die Eintragung und Benachrichtigung ist der Vorstand der übernehmenden Genossenschaft. Die Mitgliederliste ordnungsgemäß zu führen, ist Teil seiner Geschäftsführung (s. auch § 53 Abs. 1 S. 1 GenG). 3

Die neu hinzu kommenden Mitglieder müssen mittels einer ergänzenden „unverzüglichen" Benachrichtigung in Textform über die in Abs. 2 aufgeführten Mitgliedschaftsdaten informiert werden. 4

§ 90 Ausschlagung durch einzelne Anteilsinhaber

(1) Die §§ 29 bis 34 sind auf die Mitglieder einer übertragenden Genossenschaft nicht anzuwenden.

(2) Auf der Verschmelzungswirkung beruhende Anteile und Mitgliedschaften an dem übernehmenden Rechtsträger gelten als nicht erworben, wenn sie ausgeschlagen werden.

(3) [1]Das Recht zur Ausschlagung hat jedes Mitglied einer übertragenden Genossenschaft, wenn es in der Generalversammlung oder als Vertreter in der Vertreterversammlung, die gemäß § 13 Abs. 1 über die Zustimmung zum Verschmelzungsvertrag beschließen soll,

1. **erscheint und gegen den Verschmelzungsbeschluß Widerspruch zur Niederschrift erklärt oder**
2. **nicht erscheint, sofern es zu der Versammlung zu Unrecht nicht zugelassen worden ist oder die Versammlung nicht ordnungsgemäß einberufen oder der Gegenstand der Beschlußfassung nicht ordnungsgemäß bekanntgemacht worden ist.**

[2]Wird der Verschmelzungsbeschluß einer übertragenden Genossenschaft von einer Vertreterversammlung gefaßt, so steht das Recht zur Ausschlagung auch jedem anderen Mitglied dieser Genossenschaft zu, das im Zeitpunkt der Beschlußfassung nicht Vertreter ist.

I. Normzweck

Genau betrachtet regeln die §§ 90 bis 95 im Ergebnis nichts Neues. Bereits nach dem alten Recht stand den Mitgliedern der übertragenden eingetragenen Genossenschaft ein Sonderkündigungsrecht zu (s. §§ 93 k ff GenG aF).[1] Das Ausschlagungsrecht ist zwingend und dient dem **Minderheitenschutz.** 1

Gem. Abs. 1 sind die §§ 29 bis 34 über das Recht zum Widerspruch gegen Gewährung einer Barabfindung auf die Mitglieder einer übertragenden eG nicht anzuwenden. Der Grund hierfür liegt in einer Kombination aus dem § 29, dem vollen Wertansatz und der Begrenzung des Auseinandersetzungsguthabens auf den Nominalbetrag des Geschäftsguthabens. Bei Verschmelzungen mit übertragenden Rechtsträgern anderer Rechtsformen bleiben die §§ 29 ff anwendbar. 2

An die Stelle des Widerspruchsrechts tritt die Ausschlagung (Abs. 2 und 3). 3

1 S. Pöhlmann/Fandrich/Bloehs/*Fandrich*, § 89 UmwG Rn 1.

1 S. BT-Drucks. 12/6699 v. 1.2.1994, 109.

4 **1. Wirkung der Ausschlagung (§ 90 Abs. 2).** Mit der Wirksamkeit der Eintragung der Verschmelzung in das Register erlischt der übertragende Rechtsträger. Dies führt den Anteilstausch herbei (s. § 20 Abs. 1 Nr. 2). Für die Anteilsinhaber des übertragenden Rechtsträgers entfällt der Gegenstand ihrer Beteiligung. Als Ausgleich sehen die §§ 20 Abs. 1 Nr. 3, 87 f eine dem Verschmelzungsvertrag entsprechende Beteiligung an dem übernehmenden Rechtsträger vor (s. § 2: *„gegen Gewährung von Anteilen oder Mitgliedschaften"*). Dieser kraft Gesetzes bei zB einer eG herbeigeführte Mitgliedschaftserwerb wird durch die Ausschlagung (Frist in § 91 Abs. 2) **mit Wirkung ex tunc** beseitigt. Bei der Ausschlagung handelt es sich um eine einseitige empfangsbedürftige Willenserklärung. Das Mitglied wird also hinsichtlich der mit der Mitgliedschaft verbundenen Belastungen so gestellt, als sei es nie Mitglied gewesen. Bis zu der tatsächlichen Ausschlagung besteht die Mitgliedschaft aber ansonsten fort. In der Zwischenzeit unter Mitwirkung eines später ausschlagenden Mitglieds ergangene Organisationsakte bleiben also trotz der ex tunc-Wirkung wirksam; insbesondere sind solche Beschlüsse nicht anfechtbar.[2]

5 Es ist nicht möglich, die Ausschlagung bei einer übernehmenden eG auf einzelne **Geschäftsanteile** zu begrenzen.[3] Gegenstand der Ausschlagung von Mitgliedern einer übertragenden eingetragenen Genossenschaft ist deren unteilbare Mitgliedschaft in der eG und die damit verbundene besondere Bindung.

6 **2. Voraussetzungen der Ausschlagung (§ 90 Abs. 3).** Die Voraussetzungen der Ausschlagung in Abs. 3 sind denjenigen der außerordentlichen Kündigung in **§ 67 a Abs. 1 GenG nachgebildet.** Das Recht zur Ausschlagung steht grundsätzlich jedem Mitglied der übertragenden Genossenschaft zu (Abs. 3 S. 1 und 2). In zeitlicher Hinsicht gilt die Beschränkung des § 91 Abs. 2.

§ 91 Form und Frist der Ausschlagung

(1) Die Ausschlagung ist gegenüber dem übernehmenden Rechtsträger schriftlich zu erklären.

(2) Die Ausschlagung kann nur binnen sechs Monaten nach dem Tage erklärt werden, an dem die Eintragung der Verschmelzung in das Register des Sitzes des übernehmenden Rechtsträgers nach § 19 Abs. 3 bekannt gemacht worden ist.

(3) Die Ausschlagung kann nicht unter einer Bedingung oder einer Zeitbestimmung erklärt werden.

1 Die Ausschlagung ist ein **Gestaltungsrecht.** Sie muss gegenüber dem Vertretungsorgan des übernehmenden Rechtsträgers schriftlich erklärt werden – bei der eG also gegenüber dem Vorstand (s. § 24 GenG) –, und erkennen lassen, dass sie aus Anlass der Verschmelzung erfolgt.

2 Als einseitige empfangsbedürftige Willenserklärung wird die Ausschlagung erst mit ihrem **Zugang** wirksam (s. § 92 Abs. 2). Bis zu diesem Zeitpunkt kann sie zurückgenommen werden (s. § 130 Abs. 1 S. 2 BGB); ansonsten wird sie wirksam (s. § 92 Abs. 2) und führt die Wirkung des § 90 Abs. 2 herbei. Eine mündlich erklärte Ausschlagung ist nichtig (s. § 125 S. 1 BGB).

Beratungshinweis: Der zur Niederschrift der Verschmelzungsversammlung erklärte Widerspruch (s. § 90 Abs. 3 S. 1 Nr. 1) vermag die wirksame Erklärung der Ausschlagung nicht zu ersetzen. Es fehlt bereits an einem Zugang der Erklärung.

3 Zeitlich ist das Ausschlagungsrecht nach Abs. 2 auf sechs Monate nach Bekanntmachung der Eintragung der Verschmelzung in das Register des übernehmenden Rechtsträgers begrenzt. Es handelt sich um eine Ausschlussfrist. Für die **Fristberechnung** gelten die allg. §§ 186 ff BGB. Eine verspätete Erklärung ist unwirksam.

2 S. Lutter/*Bayer*, § 90 Rn 14 f; Beuthien/*Beuthien*/*Wolff*, UmwG §§ 2 ff Rn 118.

3 S. auch Beuthien/*Beuthien*/*Wolff*, UmwG §§ 2 ff Rn 111 a.

Die Ausschlagung darf nach Abs. 3 nicht unter eine Bedingung oder eine Befristung gestellt werden. Sie ist jedoch von der Eintragung der Verschmelzung in das Register des übernehmenden Rechtsträgers abhängig (vgl § 90 Abs. 2). 4

§ 92 Eintragung der Ausschlagung in die Mitgliederliste

(1) Die übernehmende Genossenschaft hat jede Ausschlagung unverzüglich in die Mitgliederliste einzutragen und das Mitglied von der Eintragung unverzüglich zu benachrichtigen.

(2) Die Ausschlagung wird in dem Zeitpunkt wirksam, in dem die Ausschlagungserklärung dem übernehmenden Rechtsträger zugeht.

Nach **Abs. 1** muss die übernehmende eingetragene Genossenschaft jede Ausschlagung *„unverzüglich"* (s. § 121 Abs. 1 S. 1 BGB „ohne schuldhaftes Zögern") in die Mitgliederliste der Genossenschaft eintragen und das Mitglied hiervon ebenfalls unverzüglich benachrichtigen (vgl § 15 Abs. 2 S. 1 GenG). Die Eintragung in die Mitgliederliste ist nur **deklaratorisch**. Deshalb erfolgt in Abs. 2 die wegen des § 130 Abs. 2 BGB eigentlich unnötige Klarstellung. Die Benachrichtigung sollte schriftlich erfolgen. 1

Zuständig für die Eintragung und Benachrichtigung ist der **Vorstand** der übernehmenden Genossenschaft. Die Mitgliederliste ordnungsgemäß zu führen, ist Teil seiner Geschäftsführung (s. auch § 53 Abs. 1 S. 1 GenG). 2

Anders als die §§ 30 GenG, 89 gibt § 92 Abs. 1 den **Inhalt** der Eintragung und Benachrichtigung nicht vor. Eingetragen werden sollten die „Ausschlagung" und das Datum des Zugangs der Erklärung. 3

Maßgeblich für den **Zeitpunkt** der Wirksamkeit der Ausschlagung ist allein der Zugang der Ausschlagungserklärung bei dem übernehmenden Rechtsträger (**Abs. 2**), vorausgesetzt die Eintragung der Verschmelzung in das Register ist bereits vollzogen. Eine bereits vor der Eintragung erklärte Ausschlagung, kann selbst erst im Zeitpunkt der wirksamen Eintragung ihre Wirksamkeit erlangen. 4

§ 93 Auseinandersetzung

(1) [1]Mit einem früheren Mitglied, dessen Beteiligung an dem übernehmenden Rechtsträger nach § 90 Abs. 2 als nicht erworben gilt, hat der übernehmende Rechtsträger sich auseinanderzusetzen. [2]Maßgebend ist die Schlußbilanz der übertragenden Genossenschaft.

(2) Dieses Mitglied kann die Auszahlung des Geschäftsguthabens, das es bei der übertragenden Genossenschaft hatte, verlangen; an den Rücklagen und dem sonstigen Vermögen der übertragenden Genossenschaft hat es vorbehaltlich des § 73 Abs. 3 des Genossenschaftsgesetzes keinen Anteil, auch wenn sie bei der Verschmelzung den Geschäftsguthaben anderer Mitglieder, die von dem Recht zur Ausschlagung keinen Gebrauch machen, zugerechnet werden.

(3) [1]Reichen die Geschäftsguthaben und die in der Schlußbilanz einer übertragenden Genossenschaft ausgewiesenen Rücklagen zur Deckung eines in dieser Bilanz ausgewiesenen Verlustes nicht aus, so kann der übernehmende Rechtsträger von dem früheren Mitglied, dessen Beteiligung als nicht erworben gilt, die Zahlung des anteiligen Fehlbetrags verlangen, wenn und soweit dieses Mitglied im Falle der Insolvenz Nachschüsse an die übertragende Genossenschaft zu leisten gehabt hätte. [2]Der anteilige Fehlbetrag wird, falls die Satzung der übertragenden Genossenschaft nichts anderes bestimmt, nach der Zahl ihrer Mitglieder berechnet.

I. Normzweck

1 § 93 knüpft für die Ausschlagung an die allg. nach § 73 GenG mit einem ausgeschiedenen Mitglied vorzunehmende Auseinandersetzung an. Besonderheiten ergeben sich verschmelzungsbedingt vor allem hinsichtlich des Zeitpunkts des Ausscheidens (s. § 92 Abs. 2), der Fälligkeit des Anspruchs auf Auszahlung des Auseinandersetzungsguthabens (s. § 94) und der maßgeblichen Schlussbilanz (Abs. 1 S. 2). § 93 dient der Festsetzung des dann nach Maßgabe von § 94 auszuzahlenden Auseinandersetzungsguthabens.

II. Norminhalt

2 Die Auseinandersetzung findet nach der wirksamen Ausschlagung durch den übernehmenden Rechtsträger, zB eine eingetragene Genossenschaft, mit dessen nach § 90 Abs. 2 „früherem Mitglied" statt. Maßgeblich für die Ermittlung des Auseinandersetzungsguthabens ist jedoch die Schlussbilanz der übertragenden eingetragenen Genossenschaft (**Abs. 1 S. 2**). Auf ihrer Grundlage ist das **Geschäftsguthaben** des (auch hinsichtlich dieser eG) früheren Mitglieds zu ermitteln (s. Abs. 2 Hs 1). Nach Maßgabe von Abs. 2 Hs 2 kann dieser Guthabenwert uU erhöht, gem. Abs. 3 aber idR nicht gemindert werden. Wirtschaftliche Entwicklungen nach dem Bilanzstichtag bleiben unberücksichtigt.

3 Eine Teilhabe an den Rücklagen und dem sonstigen Vermögen der übertragenden eingetragenen Genossenschaft findet idR nicht statt (**Abs. 2 Hs 2**). Die einzige Ausnahme ermöglicht **§ 73 Abs. 3 GenG**. Hiernach kann die Satzung den Mitgliedern, die ihre Geschäftsanteile voll eingezahlt haben, für den Fall der Beendigung der Mitgliedschaft einen Anspruch auf Auszahlung eines Anteils an einer eigens zu diesem Zweck aus dem Jahresüberschuss zu bildenden **Ergebnisrücklage** einräumen. Ist über die Gewinnverwendung noch nicht beschlossen, scheidet ein dahin gehender Anspruch aus.[1] Eine Beteiligung am sonstigen Vermögen der eG ist ausgeschlossen. Der Abs. 2 Hs 2 aE schneidet dem Mitglied den Einwand ab, es sei gegenüber den nicht die Ausschlagung erklärenden Mitgliedern benachteiligt.

4 In engen Grenzen kommt in Betracht, dass ein Auseinandersetzungsguthaben nicht zustande kommt und stattdessen der übernehmende Rechtsträger von dem ausschlagenden Mitglied die Zahlung eines anteiligen Fehlbetrags verlangen kann. Hierzu muss die Bilanz der übertragenden eG **negatives Eigenkapital** aufweisen und zusätzlich deren Satzung eine Nachschusspflicht in der Insolvenz vorgesehen haben (**Abs. 3 S. 1**; vgl §§ 6 Nr. 3, 105 ff GenG). Nur dann und nur soweit die Nachschusspflicht reichte, kann die Zahlung eines anteiligen Fehlbetrags verlangt werden.

5 Sah die Satzung eine solche Regelung nicht vor, wird der anteilige Ausgleichsbetrag gem. **Abs. 3 S. 2** nach der Zahl aller Mitglieder der übertragenden eingetragenen Genossenschaft ermittelt.

6 Zum 15.12.2004 wurde der Abs. 4 des § 93 gestrichen (so auch § 74 GenG). Der Anspruch auf Auszahlung des Auseinandersetzungsguthabens **verjährt** seither einheitlich nach den allg. Vorschriften innerhalb von drei Jahren nach Ende des Kalenderjahres, in dem der Anspruch entstanden (s. Fälligkeit § 94) und der Anspruchsgrund bekannt ist (s. §§ 195, 199 Abs. 1 BGB).[2]

§ 94 Auszahlung des Auseinandersetzungsguthabens

Ansprüche auf Auszahlung des Geschäftsguthabens nach § 93 Abs. 2 sind binnen sechs Monaten seit der Ausschlagung zu befriedigen; die Auszahlung darf jedoch nicht erfolgen, bevor die Gläubiger, die sich nach § 22 gemeldet haben, befriedigt oder sichergestellt sind, und nicht vor

1 S. Schmitt/Hörtnagl/Stratz/*Stratz*, Rn 2.
2 S. BT-Drucks. 15/3653 v. 24.8.2004, 19.

Ablauf von sechs Monaten seit dem Tag, an dem die Eintragung der Verschmelzung in das Register des Sitzes des übernehmenden Rechtsträgers nach § 19 Abs. 3 bekannt gemacht worden ist.

Die Regelung zur Auszahlung des Auseinandersetzungsguthabens in § 94 entspricht im Wesentlichen denjenigen in § 87 Abs. 2 S. 1 und § 88 Abs. 1 S. 3 zum übersteigenden Geschäftsguthaben. Das „Geschäftsguthaben" iS von § 94 ist das Auseinandersetzungsguthaben (s. § 93 Abs. 2; § 73 Abs. 3 GenG). 1

§ 94 ordnet für die Ansprüche auf Auszahlung des Auseinandersetzungsguthabens nach § 93 Abs. 2 an, dass dies binnen sechs Monaten nach der Ausschlagung von dem übernehmenden Rechtsträger auszuzahlen ist, die Auszahlung aus Gründen des Gläubigerschutzes aber erst dann erfolgen darf, wenn sich nach § 22 meldende Gläubiger befriedigt oder ihre Ansprüche besichert wurden (**Auszahlungssperre**) und die 6-Monatsfrist verstrichen ist (**Sperrfrist**). Wird das Guthaben unter Verstoß gegen § 94 ausgezahlt, kann diese Leistung nicht von dem ehemaligen Mitglied zurückgefordert werden.[1] 2

Der Auseinandersetzungsanspruch des ausschlagenden Mitglieds **entsteht** dem Grunde nach bereits mit der Bildung der Geschäftsguthaben und ist aufschiebend bedingt durch das Ausscheiden aus dem übernehmenden Rechtsträger nach § 90 Abs. 2.[2] 3

§ 95 Fortdauer der Nachschußpflicht

(1) [1]Ist die Haftsumme bei einer übernehmenden Genossenschaft geringer, als sie bei einer übertragenden Genossenschaft war, oder haften den Gläubigern eines übernehmenden Rechtsträgers nicht alle Anteilsinhaber dieses Rechtsträgers unbeschränkt, so haben zur Befriedigung der Gläubiger der übertragenden Genossenschaft diejenigen Anteilsinhaber, die Mitglieder der übertragenden Genossenschaft waren, weitere Nachschüsse bis zur Höhe der Haftsumme bei der übertragenden Genossenschaft zu leisten, sofern die Gläubiger, die sich nach § 22 gemeldet haben, wegen ihrer Forderung Befriedigung oder Sicherstellung auch nicht aus den von den Mitgliedern eingezogenen Nachschüssen erlangen können. [2]Für die Einziehung der Nachschüsse gelten die §§ 105 bis 115 a des Genossenschaftsgesetzes entsprechend.

(2) Absatz 1 ist nur anzuwenden, wenn das Insolvenzverfahren über das Vermögen des übernehmenden Rechtsträgers binnen zwei Jahren nach dem Tage eröffnet wird, an dem die Eintragung der Verschmelzung in das Register des Sitzes dieses Rechtsträgers nach § 19 Abs. 3 bekannt gemacht worden ist.

I. Normzweck

Die Vorschrift bezweckt den Schutz der Gläubiger der übertragenden eingetr. Genossenschaft für den Fall der Insolvenz des übernehmenden Rechtsträgers. 1

II. Norminhalt

Gem. **Abs. 2** lebt die Nachschusspflicht des Abs. 1 nur in dem Fall auf, wenn das Insolvenzverfahren über das Vermögen des übernehmenden Rechtsträgers binnen zwei Jahren nach der Bekanntgabe der Verschmelzung im Register des übernehmenden Rechtsträgers über dessen Vermögen eröffnet wird. Maßgeblich ist der Eröffnungsbeschluss (s. § 27 InsO). 2

1 Allg. Ansicht s. Schmitt/Hörtnagl/Stratz/*Stratz*, Rn 1 mN.

2 S. Beuthien/*Beuthien*/*Wolff*, §§ 2 ff UmwG Rn 123; Pöhlmann/Fandrich/Bloehs/*Fandrich*, § 94 UmwG Rn 1.

3 Dann können nach Maßgabe von **Abs. 1** frühere Mitglieder der übertragenden eingetragenen Genossenschaft, die jetzt dem übernehmenden Rechtsträger angehören, in engen Grenzen einer **subsidiären Nachschusspflicht** gegenüber den Gläubigern der übertragenden eingetragenen Genossenschaft unterliegen. § 95 ist nicht anwendbar auf frühere Mitglieder der übertragenden eingetragenen Genossenschaft, die im Zeitpunkt der Eröffnung des Insolvenzverfahrens bereits gem. § 90 oder §§ 65 ff GenG aus dem übernehmenden Rechtsträger ausgeschieden sind.[1]

4 Werden ausschließlich eingetragene Genossenschaften miteinander verschmolzen, setzt die Nachschusspflicht voraus, dass die Satzung der übertragenden eG im Zeitpunkt der Verschmelzung eine höhere **Haftsumme** beinhaltete als diejenige der übernehmenden eG in diesem Zeitpunkt. Dazu bedarf es für jedes Mitglied des Vergleichs der Satzungsbestimmungen.

5 **Begünstigt** sind nur solche Gläubiger, deren Ansprüche bei Eintritt der Verschmelzungswirkung (s. § 20 Abs. 1) gegenüber der übertragenden eingetragenen Genossenschaft begründet waren. Zudem muss die Forderung nach § 22 form- und fristgerecht angemeldet worden sein und die übrigen allg. Voraussetzungen dieser Vorschrift erfüllen (dort Rn 12 ff).

Zweiter Unterabschnitt
Verschmelzung durch Neugründung

§ 96 Anzuwendende Vorschriften

Auf die Verschmelzung durch Neugründung sind die Vorschriften des Ersten Unterabschnitts entsprechend anzuwenden.

1 § 96 ordnet an, dass die §§ 79 bis 95 auch für die Verschmelzung durch Neugründung „*entsprechend*" anzuwenden sind. Die **§§ 97, 98** kommen lediglich ergänzend zur Anwendung. Hinzu treten nach § 36 Abs. 2 S. 1 die §§ 1 bis 16 GenG.

2 Die §§ 96 bis 98 ergänzen die §§ 2 ff, 36 bis 38 für den Fall, dass übernehmender Rechtsträger eine neu gegründete eG wird. Es vereinigen sich also zwei oder mehrere Rechtsträger zu einer eingetragenen Genossenschaft, die zuvor nicht bestand.

Beratungshinweis: Das ist in der **Praxis** aufgrund der regelmäßig erhöhten Belastung mit **Grunderwerbsteuer**[1] sowie den mit der Gründung der neuen eingetragenen Genossenschaft verbundenen Zeitverzögerungen und erhöhten Kosten so gut wie nie der Fall.

3 Für als eingetragene Genossenschaften verfasste Kreditinstitute ist dieser Weg ohnehin praktisch verschlossen. Rein emotionale Gründe, wie zB die Tatsache, dass keiner der Rechtsträger auf eine bereits bestehende Genossenschaft verschmelzen will, rechtfertigen die mit diesem Weg verbundenen Nachteile idR nicht.[2]

§ 97 Pflichten der Vertretungsorgane der übertragenden Rechtsträger

(1) Die Satzung der neuen Genossenschaft ist durch sämtliche Mitglieder des Vertretungsorgans jedes der übertragenden Rechtsträger aufzustellen und zu unterzeichnen.

1 S. Beuthien/*Beuthien/Wolff*, §§ 2 ff UmwG Rn 129; s. auch Schmitt/Hörtnagl/Stratz/*Stratz*, Rn 4 begründend auch unter Verweisung auf § 95 Abs. 1 S. 2 und die dortige klarstellende Verweisung nur auf die §§ 105 bis 115 a GenG und nicht auch auf §§ 115 b, c GenG.

1 Dazu *Fandrich/Graef/Bloehs*, Verschmelzung von Genossenschaften in der Praxis, S. 100 f.

2 S. Pöhlmann/Fandrich/Bloehs/*Fandrich*, § 96 UmwG Rn 1; Beuthien/*Beuthien/Wolff*, §§ 2 ff UmwG Rn 133 stellen auf die Beweggründe zur Einfügung der Verschmelzung durch Neubildung ab und verweisen auf „Traditions-, Rivalitäts- u Prestigefragen" (*Schultz* NJW 1974, 161, 164), die in der Praxis aber nicht die erwartet große Rolle spielen.

(2) [1]Die Vertretungsorgane aller übertragenden Rechtsträger haben den ersten Aufsichtsrat der neuen Genossenschaft zu bestellen. [2]Das gleiche gilt für die Bestellung des ersten Vorstands, sofern nicht durch die Satzung der neuen Genossenschaft anstelle der Wahl durch die Generalversammlung eine andere Art der Bestellung des Vorstands festgesetzt ist.

Nach **Abs. 1** ist die **Satzung** der neu gegründeten eingetragenen Genossenschaft durch ausnahmslos alle („*sämtliche*") Mitglieder des Vertretungsorgans jedes übertragenden Rechtsträgers aufzustellen und zu unterzeichnen. Wirkt ein Mitglied eines Vertretungsorgans nicht mit, ist die Satzung nicht formgerecht errichtet (zur Heilung s. § 20 Abs. 2). Die Satzung ist Bestandteil des Verschmelzungsvertrags (s. auch § 98 S. 1) und bedarf daher der notariellen Beurkundung. 1

Gründer sind die übertragenden Rechtsträger, vertreten durch die Mitglieder der Vertretungsorgane (s. § 97 Abs. 1). § 4 GenG gilt nicht (s. § 36 Abs. 2 S. 3). 2

Der erste **Aufsichtsrat** der neu gegründeten eG wird durch die Vertretungsorgane aller übertragenden Rechtsträger, also durch die Gründer der eG, bestellt (**Abs. 2 S. 1**). Dabei ist der Grundsatz der Selbstorganschaft zu wahren (s. § 9 Abs. 2 GenG, § 36 Abs. 2 S. 1). Das Amt ist von der Annahme abhängig (s. auch § 98 S. 2). 3

Auch der erste **Vorstand** der neu gegründeten eG wird unter Berücksichtigung von § 9 Abs. 2 GenG durch die Vertretungsorgane aller übertragenden Rechtsträger, also durch die Gründer der eG, bestellt (**Abs. 2 S. 2 Hs 1**); es sei denn, die Satzung der neuen Genossenschaft sieht vor, dass die Vorstandsmitglieder nicht durch die General- bzw Vertreterversammlung, sondern durch den Aufsichtsrat bestellt werden (**Abs. 2 S. 2 Hs 2**). Dann ist der erste Aufsichtsrat für die Vorstandsbestellung zuständig. 4

Beratungshinweis: Für die Bestellung des ersten Aufsichtsrats und Vorstands nach § 97 Abs. 2 bedarf es – anders als nach § 97 Abs. 1 – nicht der Mitwirkung aller Mitglieder des Vertretungsorgans. Es genügt die Mitwirkung in vertretungsberechtigter Anzahl.

Die **Anzahl** der Organmitglieder ergibt sich aus §§ 24 Abs. 2 S. 1, 36 Abs. 1 GenG oder aus der Satzung. Bei Kreditgenossenschaften sind sowohl hinsichtlich des Vorstands als auch des Aufsichtsrats bankaufsichtliche Bestimmungen aus dem KWG zu beachten. 5

§ 98 Verschmelzungsbeschlüsse

[1]Die Satzung der neuen Genossenschaft wird nur wirksam, wenn ihm die Anteilsinhaber jedes der übertragenden Rechtsträger durch Verschmelzungsbeschluß zustimmen. [2]Dies gilt entsprechend für die Bestellung der Mitglieder des Vorstands und des Aufsichtsrats der neuen Genossenschaft, für die Bestellung des Vorstands jedoch nur, wenn dieser von den Vertretungsorganen aller übertragenden Rechtsträger bestellt worden ist.

Die Satzung wird nach **Satz 1** nur dann wirksam und die eingetragene Genossenschaft kann als neuer Rechtsträger auch nur dann errichtet werden, wenn die Verschmelzungsbeschlüsse der Anteilsinhaber aller übertragenden Rechtsträger (s. § 13 Abs. 1 S. 1) auch die Zustimmung zu der **Satzung** einer neuen eG enthalten. Nach dem letzten Beschluss bestimmt sich der Zeitpunkt der Wirksamkeit. Der Beschluss bedarf jeweils einer **Mehrheit von 75 %** der abgegebenen Stimmen (s. auch § 84), sofern die Satzung nicht höhere Mehrheitsanforderungen aufstellt. 1

Vorgenanntes gilt nach dem **Satz 2** auch für die Bestellung von **Aufsichtsrat und Vorstand** der neuen eG; für den Vorstand jedoch nur, wenn er von den Vertretungsorganen aller übertragenden Rechtsträger bestellt worden ist. Sieht die Satzung eine Bestellung des Vorstands durch den ersten Aufsichtsrat vor, muss zuvor die Bestellung des ersten Aufsichtsrats durch Verschmel- 2 zungsbeschluss wirksam werden. Der Beschluss nimmt dann keinen Bezug auf die Bestellung der Vorstandsmitglieder.

Sechster Abschnitt Verschmelzung unter Beteiligung rechtsfähiger Vereine

§ 99 Möglichkeit der Verschmelzung

(1) Ein rechtsfähiger Verein kann sich an einer Verschmelzung nur beteiligen, wenn die Satzung des Vereins oder Vorschriften des Landesrechts nicht entgegenstehen.

(2) Ein eingetragener Verein darf im Wege der Verschmelzung Rechtsträger anderer Rechtsform nicht aufnehmen und durch die Verschmelzung solcher Rechtsträger nicht gegründet werden.

Literatur:

Bergeest, Die Verschmelzung des „Verein Hamburger Assecuradeure" mit dem Verein Bremer Seeversicherer e.V." am 28. November 2000, FS Winter, 2002, S. 21; *Katschinski*, Verschmelzung von Vereinen, 1999; *Neumayer/Schulz*, Die Verschmelzung von rechtsfähigen Vereinen, DStR 1996, 872.

A. Normzweck und systematische Einordnung

1 **Eingetragene Vereine** (iSv § 21 BGB) sind gemäß § 3 Abs. 1 Nr. 4 als übertragende, übernehmende oder neu entstehende Rechtsträger, **wirtschaftliche Vereine** (iSv § 22 BGB) gemäß § 3 Abs. 2 Nr. 1 hingegen nur als übertragende Rechtsträger verschmelzungsfähig. Durch § 99 wird die Umwandlungsfähigkeit dieser Vereine weiter eingeschränkt. Damit schützt die Norm die **ideelle Zweckbindung eingetragener Vereine**[1] und verhindert – rechtspolitisch gewollt – die erleichterte Gründung und Ausdehnung wirtschaftlicher Vereine, die vom Gesetzgeber aufgrund der mangelhaften Publizitäts- und Kapitalerhaltungsvorschriften als Unternehmensträger nach wie vor kritisch betrachtet werden.[2]

2 Die für die Verschmelzung unter Beteiligung von Vereinen anwendbaren Voraussetzungen ergeben sich zunächst aus den speziellen Regelungen der §§ 99 bis 104 a. Soweit sich hieraus keine abweichenden Regelungen ergeben, sind die allgemeinen Vorschriften über die Verschmelzung (§§ 2 bis 38) heranzuziehen. Sofern an den Verschmelzungsvorgängen neben Vereinen auch Rechtsträger anderer Rechtsformen beteiligt sind (**Mischverschmelzung**), sind außerdem die für diese Rechtsträger maßgeblichen besonderen Vorschriften (§§ 39 bis 122) zu beachten. Schlussendlich sind bei einer Verschmelzung zur Neugründung gemäß § 36 Abs. 2 die Gründungsvorschriften des neuentstehenden Rechtsträgers einzuhalten. Der mit § 99 inhaltsgleiche § 149 regelt wiederum die Voraussetzungen der **Spaltung unter Beteiligung rechtsfähiger Vereine**.

1 Widmann/Mayer/*Vossius*, § 99 Rn 4.
2 Semler/Stengel/*Katschinski*, § 99 Rn 11.

B. Verschmelzungsfähigkeit von Vereinen

I. Allgemeine Voraussetzungen

Vereine sind nur insoweit taugliche Objekte umwandlungsrechtlicher Maßnahmen im Sinne des UmwG als es sich um **rechtsfähige Vereine** handelt. Der rechtsfähige Verein wird in Anknüpfung an die Terminologie des BGB als **Oberbegriff** für **eingetragene Vereine** (e.V.) im Sinne von § 21 BGB sowie für **wirtschaftliche Vereine** im Sinne von § 22 BGB verwendet und wird damit begrifflich von den nicht eingetragenen und nicht konzessionierten Vereinen abgegrenzt. Die Bezeichnungen „rechtsfähiger Verein" und „nicht rechtsfähiger Verein" sind insoweit etwas missverständlich, als dass sich **nicht rechtsfähige Vereine** iSv § 54 BGB von rechtsfähigen Vereinen allein durch das Fehlen der Eintragung im Register unterscheiden. Sie können durch Teilnahme am Rechtsverkehr Rechte und Pflichten erwerben und sind ebenso wie die GbR damit partiell rechtsfähig.[3] Sobald ein Verein zB durch Entzug nach §§ 43, 73 BGB seine Rechtsfähigkeit verliert, endet damit auch die Verschmelzungsfähigkeit.[4] 3

Nicht umwandlungsfähig sind damit **Parteien und Gewerkschaften**, soweit sie – meist historisch bedingt – als nicht eingetragene Vereine organisiert und folglich nicht rechtsfähig iSd § 54 BGB sind. Obwohl ihnen eine verfassungsrechtliche Sonderstellung zukommt, ist das umwandlungsrechtliche Analogieverbot des § 1 Abs. 2[5] auch hier zu beachten, da es seitens des Gesetzgebers in Kenntnis dieser Sachlage im Rahmen der Umwandlungsrechtsreform 1995 so verabschiedet wurde.[6] 4

Hinweis: Sofern ein nicht rechtsfähiger bzw nicht eingetragener Verein eine Verschmelzung nach dem UmwG durchführen will, muss zuvor die Rechtsfähigkeit durch Eintragung in das Vereinsregister herbeigeführt werden.

Auch der **Vorverein** selbst ist nicht verschmelzungsfähig. Hierbei handelt es sich um einen Verein, der auf Eintragung bzw Konzessionierung gerichtet und dessen Satzung bereits durch die Gründer verbindlich festgestellt ist. Es fehlt lediglich an der Eintragung im Register. Der Vorverein selbst kann einen Verschmelzungsvertrag abschließen. Er muss jedoch zum Zeitpunkt der Wirksamkeit der Verschmelzung im Vereinsregister eingetragen sein.[7] 5

Ferner ist nach hM ein **ausländischer Verein**, also einer, dessen Verwaltungssitz außerhalb der Bundesrepublik Deutschland belegen ist, nicht verschmelzungsfähig.[8] Der Gegenansicht[9] ist zwar zuzugeben, dass auch bei Vereinen ggf ein Bedürfnis für eine grenzüberschreitende Verschmelzung besteht. Jedoch hat der Gesetzgeber im Zuge der Umwandlungsrechtsreform 2007 lediglich eine grenzüberschreitende Verschmelzung von Kapitalgesellschaften (§§ 122 a ff) vorgesehen, weswegen auch hier das generelle Analogieverbot eingreift. Auch europarechtliche Erwägungen, insb. die EuGH-Rechtsprechung zur grenzüberschreitenden Verschmelzung (Urteil v. 13.12.2005 – C-411/03 – SEVIC Systems AG)[10] stehen dem nicht entgegen, da die Niederlassungsfreiheit gemäß Art. 49 AEUV lediglich für Gesellschaften gilt, die auf eine Erwerbstätigkeit gerichtet sind, also nicht für (Ideal-)Vereine.[11] Vom ausländischen Verein ist jedoch der **Ausländerverein** nach § 14 Abs. 1 VereinsG zu unterscheiden, dessen Mitglieder oder Leiter sämtlich oder überwiegend nicht deutsche Staatsangehörige sind. Ein solcher Ausländerverein ist ein nach deutschem Recht errichteter Verein mit Sitz im Inland und ist, sofern im Vereinsregister angemeldet, verschmelzungsfähig.[12] 6

Dagegen können sich **aufgelöste rechtsfähige Vereine** als übertragende Rechtsträger (vgl § 3 Abs. 3) an Verschmelzungen beteiligen, wenn deren Fortsetzung noch beschlossen werden 7

3 Palandt/*Ellenberger*, § 54 BGB Rn 2.
4 Lutter/*Hennrichs*, § 99 Rn 14.
5 Vgl Kommentierung zu § 1 Abs. 2 Rn 44 ff.
6 Semler/Stengel/*Katschinski*, § 99 Rn 41; Lutter/*Hennrichs*, § 99 Rn 9.
7 Semler/Stengel/*Katschinski*, § 99 Rn 54.
8 Semler/Stengel/*Katschinski*, § 99 Rn 57; Widmann/Mayer/*Vossius*, § 99 Rn 10; KölnKomm-UmwG/*Leuering*, § 99 Rn 13.
9 Lutter/*Hennrichs*, § 99 Rn 3.
10 EuGH NJW 2006, 425.
11 OLG Zweibrücken NJW-RR 2006, 32.
12 Semler/Stengel/*Katschinski*, § 99 Rn 58.

kann. Voraussetzung dafür ist, dass sich der Verein im Stadium der Abwicklung befindet und noch nicht vollbeendigt (endgültige Verteilung des Vermögens) ist. Ferner muss der Auflösungsgrund beseitig werden. Bei einem laufenden Insolvenzverfahren über das Vermögen des Vereins muss das Verfahren erst aufgehoben werden, da dieses auf Vollbeendigung des Rechtsträgers gerichtet ist.[13] Anders als bei Kapitalgesellschaften und bei der Genossenschaft steht die bereits begonnene Verteilung des Vereinsvermögens einer möglichen Fortsetzung nicht entgegen. Die analoge Anwendung der § 274 Abs. 1 S. 1 AktG, § 79 a Abs. 1 S. 1 GenG, wonach der Beginn der Vermögensverteilung die Fortsetzung der aufgelösten Gesellschaft ausschließt, wird zwar nach hM bei der Gesellschaft mit beschränkter Haftung angenommen, ist aber bei Vereinen nicht sachgerecht. Da bei Vereinen keine Vorschriften zum Schutz von Gläubigern bzw keine Kapitalerhaltungsvorschriften existieren, ist bereits die Ausgangssituation verschieden, weshalb keine zu einer Analogie berechtigende planwidrige Regelungslücke vorliegt.[14] An einer **Fortsetzungsfähigkeit** fehlt es ferner, wenn aufgrund eines Sonderrechts (§ 35 BGB) ein Anspruch auf Liquidation des Vereins besteht und der Sonderrechtsinhaber nicht der Fortsetzung zustimmt sowie in den Fällen, in denen das gesamte Vermögen des Vereins bei Auflösung an den Fiskus fällt (entweder kraft Satzungsbestimmung oder nach § 45 Abs. 3 BGB), da dann der Verein gemäß § 47 BGB ohne Liquidation erlischt.

8 Vereine, die ihrer Rechtsfähigkeit vor Inkrafttreten des BGB zum 1.1.1900 erhalten haben, können nach § 317 S. 1 umgewandelt werden.[15] Für derartige sog. **altrechtliche Vereine** gelten die Vorschriften über den wirtschaftlichen Verein entsprechend.

II. Besondere Voraussetzungen für alle Arten von Vereinen (§ 99 Abs. 1)

9 Ein rechtsfähiger Verein kann sich an Verschmelzungsmaßnahmen nur dann beteiligen, wenn **landesrechtliche Regelungen** nicht entgegenstehen. Diese Beschränkung betrifft zwar sämtliche Formen von Vereinen, wird aber im Ergebnis nur bei wirtschaftlichen Vereinen einschlägig sein, die gemäß § 22 BGB für die Rechtsfähigkeit einer staatlichen Konzession bedürfen. Diese Verleihung steht dem Land zu, in dessen Gebiet der Verein seinen Sitz hat. Da gemäß § 33 Abs. 2 bei diesen Vereinen sämtliche Satzungsänderungen ebenfalls der Genehmigung durch die entsprechende (Landes-)Behörde bedürfen, wollte der Gesetzgeber des UmwG nicht ausschließen, dass sich aus den anwendbaren landesrechtlichen Regelungen weitere Beschränkungen in Bezug auf umwandlungsrechtliche Maßnahmen ergeben können.[16] *De lege lata* sind aber derartige landesrechtliche Beschränkungen nicht ersichtlich, obgleich dies aufgrund der nicht ausgeschöpften konkurrierenden Gesetzgebungskompetenz für die Zukunft nicht ausgeschlossen ist.[17]

10 § 99 Abs. 1 stellt für alle Arten von Vereinen die **Verschmelzungsfähigkeit unter Satzungsvorbehalt**. Dies gilt nicht nur in den Fällen, in denen die Satzung ausdrücklich die Auflösung des Vereins im Wege der Verschmelzung ausschließt, sondern auch dann, wenn einzelne Satzungsbestimmungen einer Verschmelzung lediglich sinngemäß entgegenstehen.[18] Daher ist zunächst durch Auslegung der entsprechenden Satzungsbestimmung zu ermitteln, ob eine Beschränkung oder der Ausschluss einer Verschmelzungsmaßnahme beabsichtigt ist. Umstritten ist dies insb. in den Fällen, in denen die Vereinssatzung im Fall der Auflösung des Vereins vorsieht, dass das Vereinsvermögen einem bestimmten Anfallberechtigten zufällt. Dies kommt in der Praxis bei gemeinnützigen Vereinen vor, bei denen wegen des Grundsatzes der Vermögensbindung für gemeinnützige Zwecke gemäß §§ 55 Abs. 1 Nr. 4, 61 AO in der Regel ein ebenfalls gemeinnütziger Anfallberechtigter in der Satzung genannt wird. Nach einer Ansicht soll zumindest dann, wenn der übernehmende Rechtsträger selbst nicht steuerbegünstigt ist, eine solche Regelung

13 Semler/Stengel/*Katschinski*, § 99 Rn 46.
14 Lutter/*Hennrichs*, § 99 Rn 14; Widmann/Mayer/*Vossius*, § 99 Rn 16.
15 Vgl Kommentierung zu § 317; *Bergeest*, S. 21 ff.
16 Lutter/*Hennrichs*, § 99 Rn 4.
17 Lutter/*Hennrichs*, § 99 Rn 13; Semler/Stengel/*Katschinski*, § 99 Rn 18.
18 Semler/Stengel/*Katschinski*, § 99 Rn 20; Widmann/Mayer/*Vossius*, § 99 Rn 21.

der Verschmelzung entgegenstehen, da ihr Sinn und Zweck in der Sicherstellung der Vermögensbindung für die vom Verein verfolgten steuerbegünstigten Zwecke liegt.[19] Nach anderer, im Ergebnis vorzugswürdiger, Ansicht bewirkt eine solche Regelung keine handelsrechtliche Verschmelzungsbeschränkung, sondern führt – wie ggf bei anderen Verschmelzungskonstellationen auch – unter Umständen lediglich zu steuerlichen Nachteilen.[20]

Hinweis: Will man derartige steuerliche Nachteile vermeiden oder satzungsbedingte Verschmelzungshindernisse beseitigen, muss man die Satzung im Zusammenhang mit der geplanten Verschmelzung überprüfen und ggf anpassen. Im Regelfall bedürfen sowohl die Satzungsänderung (§ 33 Abs. 1 BGB) als auch der Zustimmungsbeschluss für die Verschmelzung einer Dreiviertelmehrheit, weshalb die Beschränkungen des § 99 Abs. 1 nur dann zu Problemen führen können, wenn für eine Satzungsänderung besondere Erfordernisse (zB Zustimmungsvorbehalt bestimmter einzelner Mitglieder) vorgesehen sind.

III. Besondere Voraussetzungen betreffend eingetragene Vereine (§ 99 Abs. 2)

Während § 99 Abs. 1 allgemeine Beschränkungen für alle (rechtsfähigen) Vereine aufstellt, beschränkt § 99 Abs. 2 **spezielle Verschmelzungskonstellationen** beim **eingetragenen Verein** (e.V.). Aus der Zusammenschau von § 3 und § 99 ergeben sich somit zunächst für den eingetragenen Verein die folgenden zulässigen Verschmelzungskonstellationen: 11

- die Verschmelzung eines e.V. auf einen anderen, bereits bestehenden e.V. (Verschmelzung im Wege der Aufnahme);
- die Verschmelzung eines e.V. auf einen Rechtsträger anderer Rechtsform ((Misch-)Verschmelzung im Wege der Aufnahme);
- die Verschmelzung mehrerer e.V. auf einen neu entstehenden e.V. (Verschmelzung im Wege der Neugründung);
- die Verschmelzung von e.V. auf einen neu entstehenden Rechtsträger anderer Rechtsform ((Misch-)Verschmelzung im Wege der Neugründung);
- die Verschmelzung eines e.V. mit einem Rechtsträger anderer Rechtsform auf einen bestehenden oder neu entstehenden Rechtsträger anderer Rechtsform ((Misch-)Verschmelzung im Wege der Aufnahme oder der Neugründung).

Daneben bleibt der Zusammenschluss von Rechtsträgern sonstiger Rechtsform auf einen eingetragenen Verein im Wege der Einzelübertragung der einzelnen Vermögenswerte sowie bei Personengesellschaften der Zusammenschluss durch Anwachsung auf das Vermögen des einzigen übriggebliebenen Gesellschafters (der eingetragene Verein) möglich.[21]

Bereits durch § 3 Abs. 2 Nr. 1 wird die Möglichkeit umwandlungsrechtlicher Maßnahmen für **wirtschaftliche Vereine** iSv § 22 BGB dadurch eingeschränkt, dass diese nur als **übertragende Rechtsträger** in Frage kommen. Damit sind neben Verschmelzungen „auf" einen wirtschaftlichen Verein auch Verschmelzungen wirtschaftlicher Vereine untereinander ausgeschlossen.[22] Wie beim eingetragenen Verein stehen beim wirtschaftlichen Verein weder § 3 Abs. 2 Nr. 1 noch § 1 Abs. 2 einem Zusammenschluss im Wege der Einzelrechtsübertragung oder bei Personengesellschaften durch Anwachsung entgegen. 12

19 Semler/Stengel/*Katschinski*, § 99 Rn 21.
20 Lutter/*Hennrichs*, § 99 Rn 11; Widmann/Mayer/*Vossius*, § 99 Rn 26.
21 Vgl Kommentierung zu § 1 Rn 36; Lutter/*Lutter/Drygala*, § 1 Rn 34.
22 Lutter/*Hennrichs*, § 99 Rn 20; Semler/Stengel/*Katschinski*, § 99 Rn 37.

C. Verschmelzungsverfahren

I. Überblick

13 Das Verschmelzungsverfahren richtet sich grundsätzlich nach den allgemeinen Vorschriften über die Verschmelzung gem. §§ 2 bis 38, die ggf durch die vereinsspezifischen Regelungen modifiziert werden. Erforderlich sind demnach:

- **Verschmelzungsvertrag**, vgl §§ 4 bis 7, 29, 30;
- **Verschmelzungsbericht**, vgl § 8;
- ggf **Verschmelzungsprüfung**, vgl § 100 iVm §§ 9 bis 12, 30 Abs. 2;
- Vorbereitung der Mitgliederversammlung, vgl § 101;
- Durchführung der Mitgliederversammlung (§ 102) sowie Herbeiführung der **Zustimmungsbeschlüsse** durch die Anteilsinhaber der beteiligten Rechtsträger (§ 103 iVm § 13);
- **Anmeldung im Register** oder – bei nicht registrierten Vereinen – Bekanntmachung der Verschmelzung, vgl §§ 16, 17 bzw § 104;
- ggf Kapitalerhöhung bei einer übernehmenden Kapitalgesellschaft (§§ 53 bis 55, 66 bis 69) bzw Gründungsmaßnahmen bei einer Verschmelzung zur Neugründung, vgl §§ 36 Abs. 2, 37;
- **Eintragung/Bekanntmachung** der Verschmelzung (beim anderen Rechtsträger).

II. Einzelheiten

14 **1. Verschmelzungsvertrag.** Die Verschmelzung unter Beteiligung rechtsfähiger Vereine erfordert stets den Abschluss eines Verschmelzungsvertrages, der von den **Vertretungsorganen** der beteiligten Rechtsträger geschlossen werden muss. Für den Verein handelt regelmäßig der Vorstand (§ 26 Abs. 1 S. 2 BGB). Die Satzung kann indes bestimmen, dass für bestimmte Aufgabenbereiche, zu denen auch der Abschluss des Verschmelzungsvertrages zählen kann,[23] ein besonderer Vertreter (§ 30 BGB) bestellt wird, der den Verein insoweit neben dem Vorstand vertritt. Höchstpersönliches Handeln ist nicht erforderlich. Ebenso kann ein vollmachtsloser Vertreter unterzeichnen und das Vertretungsorgan genehmigt nach. Dabei bedürfen weder die Vollmacht noch die Genehmigung einer bestimmten Form (vgl § 167 Abs. 2 BGB), es sei denn, es findet eine Verschmelzung zur Neugründung einer GmbH oder einer AG statt. In diesen Fällen bedarf die Vollmacht oder die Genehmigung zumindest einer notariellen Beglaubigung, vgl § 36 Abs. 2 iVm § 23 Abs. 1 S. 2 AktG, bzw § 2 Abs. 2 GmbHG. Der **Verschmelzungsvertrag** selbst muss **notariell beurkundet** werden. Daher empfiehlt es sich, zunächst einen privatschriftlichen Entwurf des Verschmelzungsvertrages aufzustellen und diesen den Anteilsinhabern zur Entscheidung vorzulegen (§ 4 Abs. 2), so dass im Falle eines Negativentscheids die Beurkundungskosten erspart werden können.[24]

15 Der Inhalt des Verschmelzungsvertrages richtet sich nach den allgemeinen Vorgaben gem. **§ 5 Abs. 1 Nr. 1 bis 9.** Neben der genauen Bezeichnung der Vertragsparteien (Name, Sitz, ggf Vereinsnummer und Beteiligungsform bei der Verschmelzung) (**Nr. 1**) ist zunächst ausdrücklich zu erklären, dass Gegenstand des Vertrages die Durchführung einer Verschmelzungsmaßnahme ist (**Nr. 2**), also die *Übertragung des Vermögens als Ganzes auf den übernehmenden Rechtsträger gem. § 2 Nr. 1 oder Nr. 2.*

16 Ferner ist das **Umtauschverhältnis der Anteile** und ggf die Höhe der baren Zuzahlung anzugeben oder **Angaben über die Mitgliedschaft** beim übernehmenden Rechtsträger zu tätigen (**Nr. 3**). Bei einer Verschmelzung, bei der lediglich **eingetragene Vereine** beteiligt sind, deren Mitgliedschaften naturgemäß entweder gar keine oder nur geringfügige Vermögenspositionen vermitteln,[25] wird somit nur die **zweite Alternative** vorliegen. Bei diesen Vereinen bilden meist

23 Katschinski, S. 73; Lutter/*Hennrichs*, § 99 Rn 22.
24 Vgl Kommentierung zu § 4 Abs. 2 Rn 24 ff.
25 Semler/Stengel/*Katschinski*, § 99 Rn 67; Lutter/*Hennrichs*, § 99 Rn 23.

die Teilhabe- und Verwaltungsrechte den Kern der Mitgliedschaft,[26] weswegen hier ausführliche Angaben über die Mitgliedschaft im übernehmenden Rechtsträger aufzunehmen sind. In Betracht kommen insb. Benutzungs-, Leistungs- und Teilhaberechte sowie dem korrespondierend die besonderen Pflichten im Verein, einschließlich der Beitragszahlung.[27]

Hinweis: Um möglichst genau die sich aus der Mitgliedschaft im übernehmenden Rechtsträger ergebenen Rechte und Pflichten beschreiben zu können, empfiehlt sich in der Praxis, die vollständige Satzung des übernehmenden Rechtsträgers als Anlage zum Verschmelzungsvertrag zu nehmen und im Rahmen der Angaben zu Nr. 3 auf diese zu verweisen.[28]

Aufgrund möglicherweise unterschiedlicher Vereinsstrukturen bei übertragendem und übernehmendem Rechtsträger und angesichts des Umstandes, dass nach der Verschmelzung mit Ausnahme etwaiger Sonderrechte (§ 35 BGB) die gleichen einheitlichen Mitgliedschaftsrechte existieren, scheint es oftmals gerechtfertigt zu sein, für eine begrenzte Übergangszeit unterschiedliche Beitragsstaffeln vorzusehen, um die vorgenannten Unterschiede ausgleichen zu können.[29] Dies kann auch in Form einer einmaligen Sonderzahlung geschehen.[30] Es darf sich aber nicht auf Dauer verfestigen und nicht zu einer kapitalistischen Mitgliedschaft entwickeln, im Rahmen derer die Vereinsmitglieder unterschiedlich am wirtschaftlichen Erfolg des Vereins beteiligt sind.[31] Die übrigen Unterschiede in der Mitgliedschaft zwischen den an der Verschmelzung beteiligten Rechtsträgern haben die Mitglieder des übertragenden Vereins grundsätzlich hinzunehmen. Insoweit sind sie an der Umgestaltung ihrer Mitgliedschaftsrechte durch den von ihnen zu erteilenden Zustimmungsbeschluss beteiligt, der gem. § 103 ebenso wie ein satzungsändernder Beschluss nach § 33 Abs. 1 BGB eine Dreiviertelmehrheit erfordert.[32] 17

Lediglich in den Fällen, in denen beim übertragenden Rechtsträger **Sonderrechte iSv § 35 BGB**, also auf der Mitgliedschaft beruhende, über die allgemeine Rechtstellung der Mitgliedschaft hinausreichende Rechtspositionen, existieren (zB erhöhtes Stimmrecht, festgeschriebene Mitgliedschaft im Vorstand, Recht zur Bestellung eines Vereinsorgans etc.), bedarf es entweder einer ausdrücklichen Zustimmung der jeweiligen Sonderrechtsinhaber zum Erlöschen dieser Rechte oder die Sonderrechte müssen im übernehmenden Rechtsträger fortbestehen. Für das Letztgenannte wiederum bedarf es aus Gründen des vereinsrechtlichen Gleichbehandlungsgrundsatzes der Zustimmung derjenigen (Alt-)Mitglieder des übernehmenden Vereins, denen diese Sonderrechte nicht eingeräumt werden.[33] 18

Umstritten ist, ob Mitglieder, die vor der Verschmelzung Mitgliedschaften in mehreren, an der Verschmelzung beteiligten, Rechtsträger innehatten (sog. **Doppelmitgliedschaften**), einen Ausgleich für den Verlust der erlöschenden Mitgliedschaft(en) erhalten müssen. Da wegen des Grundsatzes der Einheit der Mitgliedschaft keine neue zusätzliche Mitgliedschaft im übernehmenden Rechtsträger gewährt werden kann,[34] wird vertreten, solchen Mitgliedern auf andere Art einen Ausgleich zu verschaffen, etwa durch Einräumung von Sonderrechten, Beitragsreduzierung für eine Übergangsphase oder die Zahlung einer Abfindung analog § 29.[35] Hierfür besteht indes keine Notwendigkeit, da sich mit der Verschmelzung das Vermögen des übernehmenden Vereins um das Vermögen des übertragenden Vereins erhöht und die nunmehr einheitlich bestehende Mitgliedschaft auf das gesamte Spektrum der Vereinseinrichtungen (und Teilhaberechte) zugreifen kann.[36] 19

In den Fällen der Mischverschmelzung (Verschmelzung von Vereinen auf Kapital- oder Personenhandelsgesellschaften) findet ein **Umtausch von Mitgliedschaften des übertragenden Vereins** 20

26 *Katschinski*, S. 83 ff.
27 Lutter/*Hennrichs*, § 99 Rn 23.
28 KölnKomm-UmwG/*Leuering*, § 99 Rn 35; Semler/Stengel/*Katschinski*, § 99 Rn 68.
29 Lutter/*Hennrichs*, § 99 Rn 23.
30 Semler/Stengel/*Katschinski*, § 99 Rn 71.
31 Semler/Stengel/*Katschinski*, § 99 Rn 72.
32 Semler/Stengel/*Katschinski*, § 99 Rn 70.
33 Lutter/*Hennrichs*, § 99 Rn 24.
34 *K. Schmidt*, GesR § 24 IV 2 a).
35 KölnKomm-UmwG/*Leuering*, § 99 Rn 41; *Katschinski*, S. 86 f; differenzierend: Semler/Stengel/*Katschinski*, § 99 Rn 73.
36 Lutter/*Hennrichs*, § 99 Rn 24.

gegen Anteile der jeweils übernehmenden Rechtsträgers statt. Folglich sind im Verschmelzungsvertrag Angaben über das Umtauschverhältnis und ggf die Höhe der baren Zuzahlung zu machen (**Nr. 3, erste Alternative**). Bei der Bestimmung des Wertverhältnisses ist hierbei der Wert der Mitgliedschaft aus dem Vereinsvermögen abzuleiten (sog. indirekte Methode),[37] auch wenn strenggenommen die Mitgliedschaft im Idealverein gerade keine Rechte am Vereinsvermögen vermittelt.[38] Für die Bewertung des Vereinsvermögens stehen die herkömmlichen Bewertungsmethoden zur Verfügung (Ertragswert- und Substanzwertmetode sowie Liquidationswertverfahren). Welche der vorgenannten Methoden sachgerecht ist, ist eine Frage des jeweiligen Vereinstyps und wird im Einzelfall zu entscheiden sein; das Gesetz schreibt diesbezüglich nichts vor. Generell lässt sich sagen, dass in den Fällen, in denen der Verein selbst wirtschaftlich tätig ist oder aber im Rahmen des sog. Nebenzweckprivilegs, in dessen Rahmen auch ein Idealverein in untergeordneter Funktion wirtschaftlich tätig sein kann, einen Geschäftsbetrieb unterhält, die Ertragswertmethode häufig sachgerecht ist. Bei einem eingetragenen Verein, der seinen Mitgliedern über Teilhaberechte im Wesentlichen Zugang zu den Vereinseinrichtungen gewährt, wird man eher die Substanzwertmethode bevorzugen.[39] Schlussendlich kann man erwägen, bei einem aufgelösten Verein, der auf einen übernehmenden Rechtsträger verschmolzen werden soll, das Liquidationswertverfahren anzuwenden.[40] Aus dem so ermittelten Vereinswert wird dann der Wert der einzelnen Mitgliedschaft (nach Köpfen)[41] errechnet und dem Umtauschverhältnis zugrunde gelegt. Sonstige qualitative Unterschiede zwischen der ursprünglichen Mitgliedschaft und dem als Gegenleistung zu erwerbenden Anteil (zB persönliche oder betragsmäßige Haftung bei Personengesellschaften) bleiben nach richtiger Ansicht[42] unberücksichtigt, da dies bei Verschmelzungen auf einen Rechtsträger anderer Rechtsform immanent ist und die Mitglieder insoweit durch das Zustimmungserfordernis zur Verschmelzung hinreichend geschützt sind. Zudem steht allen Mitgliedern nach erklärtem Widerspruch gegen den Zustimmungsbeschluss die Möglichkeit offen, gegen eine angemessene Abfindung gem. § 29 auszuscheiden.

21 Des Weiteren sind die **Einzelheiten für die Übertragung der Anteile** des übernehmenden Rechtsträgers im Verschmelzungsvertrag anzugeben (**Nr. 4**). Da bei einer reinen Verschmelzung von Vereinen die neuen Mitgliedschaften automatisch mit Wirksamwerden der Verschmelzung entstehen, hat diese Vorschrift lediglich bei Mischverschmelzungen, insb. bei Verschmelzungen auf Kapitalgesellschaften, Bedeutung.[43] Bei einer Verschmelzung auf eine Aktiengesellschaft wäre beispielsweise anzugeben, ob die zu gewährenden Anteile am übernehmenden Rechtsträger aus eigenen, oder aus durch eine Kapitalerhöhung neu zu schaffenden Anteilen erfolgen soll. Ferner wäre hier die Bestellung des Treuhänders zu nennen, der die Aktien gem. § 71 Abs. 1 für den übertragenden Rechtsträger in Empfang zu nehmen hat.

22 Bei der Verschmelzung von eingetragenen Vereinen untereinander passt **§ 5 Abs. 1 Nr. 5** vom Wortlaut her nicht, da ein **Gewinnbezugsrecht** beim Idealverein nicht existiert. In diesen Fällen wird man daher den Zeitpunkt angeben, an dem die Teilhaberechte oder – falls ausnahmsweise vorhanden – die sonstigen Vermögensrechte am übernehmenden Verein wirksam werden und die Mitglieder die Einrichtungen des Vereins nutzen können.[44] Bei Mischverschmelzungen ergeben sich keine vereinsspezifischen Besonderheiten.[45]

23 Besonderheiten in Bezug auf die Angabe des **Verschmelzungsstichtags** gibt es bei Vereinen nicht (**Nr. 6**). Hierunter ist allgemein der Zeitpunkt zu verstehen, ab wann die Handlungen des übertragenden Rechtsträgers im Innenverhältnis als für Rechnung des übernehmenden Rechtsträgers vorgenommen gelten.

37 Lutter/*Hennrichs*, § 99 Rn 28.
38 Semler/Stengel/*Katschinski*, § 99 Rn 74.
39 Lutter/*Hennrichs*, § 99 Rn 28.
40 Semler/Stengel/*Katschinski*, § 99 Rn 74.
41 Semler/Stengel/*Katschinski*, § 99 Rn 75.
42 Semler/Stengel/*Katschinski*, § 99 Rn 76; Lutter/*Hennrichs*, § 99 Rn 28; KölnKomm-UmwG/*Leuering*, § 99 Rn 45.
43 KölnKomm-UmwG/*Leuering*, § 99 Rn 49.
44 Lutter/*Hennrichs*, § 99 Rn 33.
45 Vgl insoweit die Kommentierung zu § 5 Abs. 1 Nr. 5 Rn 45 ff.

Weiter sind im Verschmelzungsvertrag die einzelnen Mitglieder beim übernehmenden Rechtsträger einzuräumenden **Sonderrechte** iSv § 35 BGB aufzuführen (**Nr.** 7). Die Einführung solcher Sonderrechte bedarf der Zustimmung der nicht begünstigten Mitglieder im übernehmenden Rechtsträger.[46] Ebenfalls aufführungspflichtig sind diejenigen **Vorteile** (**Nr.** 8), die Mitgliedern eines Vertretungsorgans (Vereinsvorstand) oder in vergleichbaren herausgehobenen Positionen im Rahmen der Verschmelzung gewährt werden. 24

Daneben muss der Verschmelzungsbericht Angaben über die **Folgen der Verschmelzung für Arbeitnehmer** sowie deren Arbeitnehmervertreter (sofern vorhanden) enthalten (**Nr.** 9). Diese Angaben müssen auch dann erfolgen, wenn keiner der an der Verschmelzung beteiligten Rechtsträger einen Betriebsrat besitzt, da die Folgen für die Arbeitnehmer grundsätzlich für die Willensbildung im Rahmen der Mitgliederversammlung von Relevanz sein kann.[47] Anzugeben sind insb. automatisch mit der Verschmelzung eintretende Veränderungen der Arbeitsverhältnisse, wie geänderte Kündigungsschutzbestimmungen, Tarifbindung oder Verbandszugehörigkeit.[48] 25

Schlussendlich ist gem. § 29 ein **Barabfindungsangebot** in den Verschmelzungsvertrag aufzunehmen. Bei **Mischverschmelzungen** (§ 29 Abs. 1 S. 1 1. Alt.) ist ein solches Angebot stets an diejenigen zu richten, die der Verschmelzung widersprechen. Dies gilt auch in den Fällen, in denen die Mitgliedschaft in dem übertragenen Verein selbst keine Wertrechte vermittelt.[49] Insoweit kommt es gem. § 30 Abs. 1 lediglich auf die „Verhältnisse" des übertragenden Rechtsträgers an, mithin auch auf das „Wertverhältnis", welches sich durch den Substanzwert des übertragenen Vereins ausdrücken lässt. Bei **reinen Vereinsverschmelzungen** bedarf es eines Barabfindungsangebots nur dann, wenn die Mitgliedschaften im übernehmenden Rechtsträger Verfügungsbeschränkungen unterliegen (§ 29 Abs. 1 S. 2). Das gilt grundsätzlich auch dann, wenn sich die Verfügungsbeschränkungen lediglich aus gesetzlichen Regelungen ergeben, was bei Vereinen gem. § 38 BGB der Regelfall ist.[50] Eine Ausnahme hingegen besteht in den Fällen, in denen bei den an der Verschmelzung beteiligten Rechtsträgern exakt die gleichen Verfügungsbeschränkungen bestehen, zB nur die gesetzliche Regelung nach § 38 BGB. Hier ist nach allgemeiner Ansicht[51] eine teleologische Reduktion des insoweit zu weit gefassten Wortlauts des § 29 Abs. 1 S. 2 vorzunehmen, da die Mitglieder des übertragenden Vereins gegenüber der vorherigen Situation keinerlei Nachteile erleiden. Schließlich sind die §§ 29 ff gem. § 104 a nicht bei der Verschmelzung eines eingetragenen Vereins, der nach **§ 5 Abs. 1 Nr. 9 des Körperschaftsteuergesetzes** steuerbefreit ist (zB gemeinnütziger Verein), anzuwenden.[52] Ein Barabfindungsangebot ist hier nicht im Verschmelzungsvertrag aufzunehmen. 26

Die Berechnung, Nachprüfung (Spruchverfahren) sowie die Annahme des Angebots richten sich nach den §§ 30 ff.[53] 27

2. Verschmelzungsbericht. Gem. § 8 haben die Vertretungsorgane der an der Verschmelzung beteiligten Rechtsträger einen ausführlichen schriftlichen Verschmelzungsbericht zu erstatten. Bei Vereinen trifft diese Pflicht den Vorstand. Sinn und Zweck des Verschmelzungsberichts ist der Schutz der Anteilsinhaber (Vereinsmitglieder) durch Informationen über die Folgen der Verschmelzung, so dass diese bei der Entscheidung über die Verschmelzung berücksichtigt werden können.[54] Erläuterungspflichtig sind gem. § 8 Abs. 1 S. 1 insb. das Umtauschverhältnis oder die Angabe über die neuen Mitgliedschaften beim übernehmenden Rechtsträger sowie die Höhe der Barabfindung nach § 29. Ansonsten bezieht sich die Berichtspflicht auf die Erläuterung sämtlicher rechtlich und wirtschaftlich relevanten Aspekte der Verschmelzung. Bei Verei- 28

46 Semler/Stengel/*Katschinski*, § 99 Rn 83.
47 Lutter/*Hennrichs*, § 99 Rn 33.
48 KölnKomm-UmwG/*Leuering*, § 99 Rn 55.
49 Lutter/*Hennrichs*, § 99 Rn 31; Semler/Stengel/*Katschinski*, § 99 Rn 86.
50 Semler/Stengel/*Katschinski*, § 99 Rn 86.
51 Semler/Stengel/*Katschinski*, § 99 Rn 90; Lutter/*Hennrichs*, § 99 Rn 30; KölnKomm-UmwG/*Leuering*, § 99 Rn 65.
52 Vgl Kommentierung zu § 104 a.
53 Vgl dortige Kommentierung.
54 Lutter/*Hennrichs*, § 99 Rn 34.

nen sind dies neben Sondervorteilen einzelner Mitglieder auch sonstige Unterschiede in den Satzungen von übertragenden und übernehmenden Rechtsträger, so dass es sich in Praxis empfiehlt, die Satzungen der beteiligten Vereine dem Verschmelzungsbericht als Anlagen beizufügen.[55]

29 Soweit die Erstellung des Verschmelzungsberichts nicht ausnahmsweise entbehrlich ist (sämtliche Anteilinhaber der an der Verschmelzung beteiligten Rechtsträger müssten in notariell beurkundeter Form auf die Erstattung des Berichts verzichten), kann die Verletzung der Berichtspflicht mit einer Klage gegen die Wirksamkeit der Verschmelzung insgesamt gerügt werden.[56] § 14 Abs. 2 schließt nur den Einwand der Klage gegen ein zu niedrig bemessenes Umtauschverhältnis aus. Daher ist den Vertretungsorganen der beteiligten Rechtsträger anzuraten, den Verschmelzungsbericht äußerst sorgfältig zu erstellen.

30 **3. Prüfung der Verschmelzung.** Eine Pflicht zur Prüfung des Verschmelzungsvertrages bei Vereinen richtet sich nach § 100, so dass auf die dortige Kommentierung verweisen wird.

31 **4. Zustimmungsbeschlüsse.** Die Wirksamkeit des Verschmelzungsvertrages hängt von der Zustimmung der Anteilsinhaber ab. Auf Seiten eines Vereins bedarf dieser Verschmelzungsbeschluss einer Mehrheit von mindestens drei Vierteln der bei der Mitgliederversammlung erschienen Mitglieder, sofern die Satzung für diesen Fall nicht eine höhere Mehrheit vorzieht. Der Verschmelzungsbeschluss muss notariell beurkundet werden (§ 13). Das Verfahren zur Vorbereitung und Durchführung der Mitgliederversammlung ist in den §§ 100 bis 103 geregelt.[57]

32 **5. Registeranmeldung.** Schlussendlich muss die Verschmelzung durch den Vorstand zur **Eintragung in das entsprechende Register angemeldet** werden, beim e.V. in das Vereinsregister, beim wirtschaftlichen Verein in das Handelsregister (§ 16 Abs. 1). Es genügt, wenn die Anmeldung seitens des Vorstands in vertretungsberechtigter Anzahl in notariell beglaubigter Form (§ 77 BGB bzw § 12 HGB) unterzeichnet wird; eine Unterzeichnung sämtlicher Vorstandsmitglieder ist nicht erforderlich.[58] Der Anmeldung ist gem. § 16 Abs. 2 eine Erklärung beizufügen, dass keine Klage gegen die Wirksamkeit des Verschmelzungsbeschlusses erhoben bzw eine solche Klage rechtskräftig abgewiesen oder zurückgenommen wurde. Sofern nicht sämtliche klageberechtigten Anteilsinhaber durch notariell beurkundete Erklärung auf ihr Klagerecht verzichtet haben, wirkt das Fehlen der vorgenannten Erklärung des Vorstands als Registersperre.[59]

33 Der Anmeldung sind die in **§ 17 Abs. 1 genannten Anlagen** beizufügen (Verschmelzungsvertrag, Niederschriften der Verschmelzungsbeschlüsse, ggf erforderliche Zustimmungserklärungen, Verschmelzungsbericht, Prüfungsbericht bzw Verzichtserklärungen, ggf Nachweis über die rechtzeitige Zuleitung des Verschmelzungsvertrages an den Betriebsrat). Des Weiteren ist nach § 17 Abs. 2 der Registeranmeldung die Schlussbilanz des übertragenden Rechtsträgers beizufügen, die auf einen höchstens acht Monate vor der Anmeldung liegenden Stichtag aufzustellen ist. Da jedoch Vereine nicht in allen Fällen bilanzierungspflichtig sind (Ausnahmen: § 141 Abs. 1 AO bei Umsätzen von mehr als 500.000 EUR oder Gewinn von mehr als 50.000 EUR; Kaufmann nach §§ 1 ff HGB; politische Parteien gem. § 28 PartG), sondern regelmäßig nur Aufzeichnungspflichten (Einnahmen-Überschuss-Rechnung nach §§ 8 Abs. 3 KStG, 4 Abs. 3 EStG sowie die Rechenschaftspflicht nach §§ 27 Abs. 3, 666, 259 BGB) unterliegen, ist fraglich, ob § 17 Abs. 2 eine **eigenständige Bilanzierungspflicht** begründet. Dies ist umstritten. Eine Mindermeinung verlangt die Einreichung einer Schlussbilanz grundsätzlich auch in den Fällen, in denen die an der Verschmelzung beteiligten Vereine selbst nicht bilanzierungspflichtig sind.[60] Nach herrschender und zutreffender Ansicht begründet § 17 Abs. 2 keine eigenständige Bilanzierungspflicht, so dass in den Fällen, in denen sich keine Bilanzierungspflicht aus ande-

55 Semler/Stengel/*Katschinski*, § 99 Rn 87.
56 Lutter/*Hennrichs*, § 99 Rn 34.
57 Vgl die dortige Kommentierung.
58 Semler/Stengel/*Katschinski*, § 99 Rn 107.
59 KölnKomm-UmwG/*Leuering*, § 99 Rn 76.
60 Widmann/Mayer/*Vossius*, § 99 Rn 119 ff.

ren Regelungen ergibt oder der übertragende Rechtsträger freiwillig eine solche Schlussbilanz aufstellt (zB um beim übernehmenden Rechtsträger eine Buchwertfortführung nach § 24 zu ermöglichen), die Einreichung der steuerlichen Einnahmen-Überschuss-Rechnung sowie die Vermögensaufstellung nach §§ 27 Abs. 3, 666, 259 BGB ausreichend ist.[61]

6. Registereintragung. Das Verfahren zur Eintragung in das Register richtet sich nach § 19.[62] Die Verschmelzung wird zunächst in das Register des übertagenden Rechtsträgers eingetragen, ergänzt durch den Vermerk, dass die Verschmelzung erst mit der Eintragung im Register des übernehmenden Rechtsträgers wirksam wird. 34

7. Wirkungen der Verschmelzung. Mit der Eintragung der Verschmelzung in das Register des übernehmenden Rechtsträgers wird die Verschmelzung wirksam, das Vermögen mit allen Verbindlichkeiten geht auf den übernehmenden Rechtsträger über und der übertragende Rechtsträger erlischt – Prinzip der **rechtsgeschäftlichen Gesamtrechtsnachfolge** (§ 20). Umstritten ist, ob auch Vereinsmitgliedschaften, die der übertragende Rechtsträger innehatte, auf den übernehmenden Rechtsträger übergehen. Nach zutreffender Ansicht[63] ist aufgrund des insoweit eindeutigen Wortlauts des § 38 BGB die Vereinsmitgliedschaft als höchstpersönliches Recht von der Gesamtrechtsnachfolge ausgeschlossen, soweit die Satzung nicht ausnahmsweise die Übertragbarkeit ermöglicht. Die Mitgliedschaft des übertragenden Rechtsträgers in einem Dritt(Verein) erlischt somit zum Zeitpunkt der Wirksamkeit der Verschmelzung. 35

Auch im Rahmen der Verschmelzung von Gewerkschaften untereinander gehen die Tarifverträge nur dann auf den übernehmenden Rechtsträger über, wenn dieser die notwendige Tarifzuständigkeit besitzt.[64] 36

8. Kosten. Bezüglich der Kosten für die Verschmelzung bestehen in Bezug auf Vereine keine Besonderheiten. Insofern sei auf die Kommentierung in § 2 Rn 28 ff verwiesen. 37

III. Besonderheiten bei der Verschmelzung zur Neugründung

Gem. § 99 Abs. 2 kann ein e.V. nur durch die Verschmelzung zweier oder mehrerer e.V. im Wege der **Verschmelzung zur Neugründung** entstehen. Dabei sind neben den allgemeinen Vorschriften über die Verschmelzung zur Aufnahme die für den e.V. geltenden Gründungsvorschriften anzuwenden (§ 36), mit Ausnahme der Vorschriften, die eine Mindestzahl der Gründer vorsehen (§ 36 Abs. 2 S. 3). Somit kann abweichend von § 56 BGB ein e.V. auch mit weniger als sieben Gründungsmitgliedern entstehen. § 36 Abs. 2 ist jedoch nur auf die Gründungsphase selbst anwendbar und gewährt keinen Bestandschutz, so dass einem Verein, der dauerhaft weniger als drei Mitglieder hat, nach § 73 BGB die Rechtsfähigkeit wieder entzogen werden kann.[65] 38

Nach § 37 muss die neue Satzung des entstehenden e.V. im Verschmelzungsvertrag enthalten oder festgestellt sein. Sie wird zugleich mit dem Verschmelzungsbeschluss und der hierfür erforderlichen Dreiviertelmehrheit beschlossen. Die Bestellung des neuen Vorstands kann entweder durch die Satzung des neu gegründeten e.V. erfolgen oder bereits vor Wirksamwerden der Verschmelzung im Verschmelzungsvertrag vorgenommen werden.[66] Da die Gründer und die zukünftigen Vereinsmitglieder nicht deckungsgleich sind, müssen die Mitgliederversammlungen der übertragenden Rechtsträger der Bestellung des Vorstands zustimmen. Für die Anmeldung des neu gegründeten Rechtsträgers sind allein die Vorstände der übertragenden Vereine zuständig, der neu bestellte Vorstand ist nicht zu beteiligen.[67] 39

61 Lutter/*Hennrichs*, § 99 Rn 40 ff; Semler/Stengel/*Katschinski*, § 99 Rn 115; KölnKomm-UmwG/*Leuering*, § 99 Rn 86 ff.
62 Vgl dortige Kommentierung.
63 Semler/Stengel/*Katschinski*, § 99 Rn 123; KölnKomm-UmwG/*Leuering*, § 99 Rn 93.
64 Semler/Stengel/*Katschinski*, § 99 Rn 124.
65 Semler/Stengel/*Katschinski*, § 99 Rn 125; KölnKomm-UmwG/*Leuering*, § 99 Rn 95.
66 Semler/Stengel/*Katschinski*, § 99 Rn 127.
67 Semler/Stengel/*Katschinski*, § 99 Rn 130.

§ 100 Prüfung der Verschmelzung

[1]Der Verschmelzungsvertrag oder sein Entwurf ist für einen wirtschaftlichen Verein nach den §§ 9 bis 12 zu prüfen. [2]Bei einem eingetragenen Verein ist diese Prüfung nur erforderlich, wenn mindestens zehn vom Hundert der Mitglieder sie schriftlich verlangen.

I. Überblick

1 Sinn und Zweck der Prüfung des Verschmelzungsvertrages ist die **Information der Mitglieder** und Anteilsinhaber, damit diese in Kenntnis der Wertrelation der beteiligten Rechtsträger eine pflichtgemäße Entscheidung über die Verschmelzung treffen können.[1] Folgerichtig unterscheidet § 100 hinsichtlich der Prüfungspflicht zwischen wirtschaftlichen und eingetragenen Vereinen, da insoweit ein unterschiedliches Schutzbedürfnis besteht. § 100 gilt für alle Arten der Verschmelzung unter Beteiligung von Vereinen und über die Verweisung nach § 125 auch für deren Auf- und Abspaltung.

2 Die Vorschrift verweist auf die Regelungen der Verschmelzungsprüfung nach den §§ 9 bis 12, nicht jedoch auf die Prüfung der Angemessenheit der Barabfindung nach § 30 Abs. 2. Daher ist die letztgenannte Prüfung stets durchzuführen, auch wenn nach § 100 S. 2 eine Prüfung des Verschmelzungsvertrages selbst entbehrlich ist.[2]

II. Verschmelzungsprüfung beim wirtschaftlichen Verein

3 § 100 S. 1 ordnet für wirtschaftliche Vereine stets eine **Prüfung des Verschmelzungsvertrages** an. Ausnahmen hiervon bestehen nur, wenn der übernehmende Rechtsträger das einzige Vereinsmitglied ist (§ 9 Abs. 2) oder wenn sämtliche Mitglieder der an der Verschmelzung beteiligten Rechtsträger in notariell beurkundeter Form auf die Prüfung verzichten (§§ 9 Abs. 3, 8 Abs. 3).

4 Entgegen einer Mindermeinung[3] besteht auch kein Bedürfnis für eine teleologische Reduktion der Vorschrift für den Fall, dass die Satzung des wirtschaftlichen Vereins für die Verschmelzung einen **einstimmigen Zustimmungsbeschluss** vorsieht, da insoweit kein Schutzbedürfnis der Mitglieder bestehe. Diese Ansicht steht im Widerspruch zur gesetzlichen Wertung der §§ 9 Abs. 3, 8 Abs. 3, wonach die Verzichtserklärungen sämtlicher Mitglieder erst dann die Prüfungspflicht entfallen lassen, wenn diese in notariell beurkundeter Form erfolgen. Gerade der Schutz der Mitglieder durch die Belehrungspflicht des Notars würde durch den insoweit nicht formgebundenen Zustimmungsbeschluss entfallen.[4]

III. Verschmelzungsprüfung bei eingetragenen Vereinen

5 Bei einem e.V. besteht die Prüfungspflicht nur dann, wenn mindestens 10% der Mitglieder dies gegenüber dem Verein, vertreten durch den Vorstand, in Schriftform (§ 126 BGB) bzw in elektronischer Form gem. § 126 a BGB verlangen. Damit ist gegenüber dem wirtschaftlichen Verein das Regel-Ausnahme-Verhältnis umgekehrt; es besteht grundsätzlich Prüfungsfreiheit. Der Gesetzgeber ging davon aus, dass die Mitglieder eines e.V. nur ein geringes Interesse an ihrer vermögensrechtlichen Beteiligung haben und dass es in der Praxis aufgrund der regelmäßig hohen Mitgliederzahl eingetragener Vereine schwer sein wird, von jedem Mitglied eine notariell beurkundete Verzichtserklärung zu bekommen. Das Verlangen selbst ist eine einseitige Willenserklärung und kann somit von jedem Mitglied einzeln gestellt werden.[5]

6 § 100 S. 2 verlangt ein **Quorum in Höhe von 10 % der Mitglieder** des Vereins; ein Quorum von 10 % der in einer Mitgliederversammlung erschienenen Mitglieder reicht nicht aus (sofern

1 KölnKomm-UmwG/*Leuering*, § 100 Rn 1.
2 Semler/Stengel/*Katschinski*, § 100 Rn 4.
3 Lutter/*Hennrichs*, § 100 Rn 4.
4 Semler/Stengel/*Katschinski*, § 100 Rn 6; KölnKomm-UmwG/*Leuering*, § 100 Rn 6.
5 Lutter/*Hennrichs*, § 100 Rn 4.

nicht sämtliche Mitglieder erschienen sind). Entscheidend ist die Anzahl der Vereinsmitglieder zum Zeitpunkt des Zugangs des Prüfungsverlangens, wobei der Vorstand über die genaue Zahl der Vereinsmitglieder darlegungs- und beweispflichtig ist.[6]

7 Nicht ausdrücklich im Gesetz geregelt ist der **Zeitpunkt, bis wann spätestens ein Prüfungsverlangen** gestellt werden muss (anders bei Personenhandelsgesellschaften und GmbH – hier innerhalb einer Woche nach Erhalt der Unterlagen, vgl §§ 44, 48). Damit ist ein Prüfungsverlangen grundsätzlich noch bis zur Fassung des Zustimmungsbeschlusses über die Verschmelzung möglich.[7] Nach der Beschlussfassung ist – entgegen einer teilweise vertretenen Ansicht[8] – die Stellung eines Prüfungsverlangens nicht mehr möglich, da die Verschmelzungsprüfung auf den vorwirkenden Schutz der Informationsinteressen der Vereinsmitglieder gerichtet ist. Da aber der Prüfungsbericht eine der Entscheidungsgrundlagen für die Beschlussfassung über die Verschmelzung darstellt, kann dieses Ziel im nachhinein nicht mehr erreicht werden, weswegen sich dann der vorwirkende Schutz durch Information in eine nachwirkende Klagemöglichkeit (in den gesetzlich engen Grenzen) gegen die Wirksamkeit der Verschmelzung wandelt.[9]

8 Allerdings führt ein erst in der Mitgliederversammlung, in der über die Verschmelzung beschlossen werden soll, gestelltes Prüfungsverlangen regelmäßig dazu, dass die Beschlussfassung verschoben werden muss, da ansonsten der gefasste Beschluss aufgrund der Verletzung der Informationsrechte gem. §§ 101, 102 anfechtbar wäre.[10] Aus diesem Grund wird in der Literatur erwogen, den spätesten Zeitpunkt für die Stellung eines Prüfungsverlangens trotz mangelnder Regelung im Gesetz anderweitig zu bestimmen. Eine analoge Anwendung der für die Personenhandelsgesellschaften und der GmbH geltenden Ein-Wochen-Frist nach §§ 44, 48 wird regelmäßig abgelehnt, da es insoweit an einer planwidrigen Regelungslücke fehlt. Der Gesetzgeber hat die vorgenannte Frist durch das Zweite Gesetz zur Änderung des UmwG eingeführt und ausdrücklich auf eine entsprechende Regelung bei der Verschmelzung unter Beteiligung von Vereinen verzichtet. Weitestgehend Einigkeit besteht indes in der Annahme, dass sich eine Frist zur Stellung eines Prüfungsverlangens aus dem **Grundsatz der vereinsrechtlichen Treuepflicht** ergeben kann.[11] Hierfür hat der Vorstand die Vereinsmitglieder auf die rechtliche Bedeutung der Verschmelzungsprüfung hinzuweisen und eine angemessene Frist für ein Prüfungsverlangen zu setzen. Nach Ablauf dieser Frist soll die Stellung eines Prüfungsverlangens unzulässig sein.[12] Dies setzt jedoch voraus, dass die Mitglieder umfassend über ihre Rechte aus § 100 S. 2 belehrt wurden und ausreichend Zeit hatten, sich über die Umstände und Bedingungen der Verschmelzung zu informieren und sich rechtlich beraten zu lassen.[13] Ferner kann ein Prüfungsverlangen dann rechtsmissbräuchlich sein, wenn offensichtlich ist, dass die Stellung nur dem Zweck dient, eine Verzögerung der Verschmelzung zu erreichen.[14]

9 Unter dem Gesichtspunkt des Minderheitenschutzes trägt die **Kosten der Verschmelzungsprüfung** der Verein und nicht diejenigen Mitglieder, die die Verschmelzungsprüfung verlangt haben.[15]

§ 101 Vorbereitung der Mitgliederversammlung

(1) [1]Von der Einberufung der Mitgliederversammlung an, die gemäß § 13 Abs. 1 über die Zustimmung zum Verschmelzungsvertrag beschließen soll, sind in dem Geschäftsraum des Vereins die in § 63 Abs. 1 Nr. 1 bis 4 bezeichneten Unterlagen sowie ein nach § 100 erforderlicher Prü-

6 Semler/Stengel/*Katschinski*, § 100 Rn 10.
7 Lutter/*Hennrichs*, § 100 Rn 4.
8 Widmann/Mayer/*Vossius*, § 44 Rn 17.
9 Lutter/*Hennrichs*, § 100 Rn 6.
10 Semler/Stengel/*Katschinski*, § 100 Rn 13.
11 *Katschinski*, S. 131.
12 Lutter/*Hennrichs*, § 100 Rn 7; *Katschinski*, aaO.
13 Semler/Stengel/*Katschinski*, § 100 Rn 15.
14 KölnKomm-UmwG/*Leuering*, § 100 Rn 13.
15 Semler/Stengel/*Katschinski*, § 100 Rn 18; Lutter/*Hennrichs*, § 100 Rn 13.

fungsbericht zur Einsicht der Mitglieder auszulegen. [2]Dazu erforderliche Zwischenbilanzen sind gemäß § 63 Absatz 2 Satz 1 bis 4 aufzustellen.

(2) Auf Verlangen ist jedem Mitglied unverzüglich und kostenlos eine Abschrift der in Absatz 1 bezeichneten Unterlagen zu erteilen.

§ 102 Durchführung der Mitgliederversammlung

[1]In der Mitgliederversammlung sind die in § 63 Abs. 1 Nr. 1 bis 4 bezeichneten Unterlagen sowie ein nach § 100 erforderlicher Prüfungsbericht auszulegen. [2]§ 64 Abs. 1 Satz 2 und Abs. 2 ist entsprechend anzuwenden.

I. Allgemeines

1 Die §§ 101, 102 ergänzen die Vorschriften über die Beschlussfassung nach §§ 13, 103 und dienen ebenfalls dem Schutz der Vereinsmitglieder durch ein weitreichendes Informationsrecht. Ausgangspunkt dessen ist die gesetzgeberische Annahme, dass Mitglieder von Vereinen ebenso wie Aktionäre bei einer AG grundsätzlich nur beschränkte Einsichtsrechte in die laufenden geschäftlichen Aktivitäten des Vereins haben. Dies soll dadurch kompensiert werden, dass die für die wirtschaftliche und rechtliche Beurteilung maßgeblichen Dokumente (§ 63 Abs. 1 Nr. 1 bis 4) bereits im Vorfeld der Beschlussfassung über die Zustimmung zur Verschmelzung zur Einsichtnahme durch die Mitglieder ausgelegt werden müssen.[1]

2 Die Regelungen über die Vorbereitung und Durchführung der Mitgliederversammlung gelten für alle Arten von Vereinen und aufgrund der Verweisung in § 125 auch für die Auf- und Abspaltung.

II. Informationsrechte im Vorfeld der Mitgliederversammlung

3 Die **Einberufung zur Mitgliederversammlung** selbst richtet sich nach den allgemeinen Regelungen und den hierfür maßgeblichen Satzungsbestimmungen. Die §§ 101, 102 enthalten hierzu keine besonderen Regelungen. Soweit die Satzung keine spezielle **Einberufungsfrist** enthält, sollte diese großzügig bemessen werden (mindestens 30 Tage – analog 132 Abs. 1 AktG), da es sich bei der Beschlussfassung über die Verschmelzung um ein Grundlagengeschäft handelt, worauf sich die Vereinsmitglieder angemessen vorbereiten können müssen.[2]

4 Gem. §§ 101, 63 Abs. 1 Nr. 1 bis 4 sind die folgenden Unterlagen auszulegen:

- Verschmelzungsvertrag oder dessen Entwurf (§ 63 Abs. 1 Nr. 1);
- Jahresabschlüsse und Lageberichte der beteiligten Rechtsträger der letzten drei Geschäftsjahre (§ 63 Abs. 1 Nr. 2);
- Zwischenbilanz, sofern sich der letzte Jahresabschluss auf ein Geschäftsjahr bezieht, welches mehr als sechs Monate vor dem Abschluss des Verschmelzungsvertrages oder der Erstellung des Entwurfs abgelaufen ist (§ 63 Abs. 1 Nr. 3);
- Verschmelzungsberichte nach § 8 (§ 63 Abs. 1 Nr. 4);
- ggf Prüfungsberichte (§ 63 Abs. 1 Nr. 2).

Ebenso wie § 17 Abs. 2 begründen die §§ 101, 63 Abs. 1 Nr. 2 und Nr. 3 **keine eigenständige Bilanzierungspflicht**, sondern setzen eine solche voraus. Sofern sich also die Bilanzierungspflicht nicht aus anderen Vorschriften ergibt oder die Rechtsträger freiwillig bilanzieren, sind die Vereine nur verpflichtet, ihre Rechnungsunterlagen (Einnahmen-Überschuss-Rechnung,

1 Semler/Stengel/*Katschinski*, § 102 Rn 3.
2 *Katschinski*, S. 137; Lutter/*Hennrichs*, § 102 Rn 2.

Rechnungslegung nach §§ 27 Abs. 3, 666, 259 BGB) der letzten drei „Geschäftsjahre" sowie eine Aufstellung des Vereinsvermögens auszulegen.[3]

Die vorgenannten Unterlagen sind in den **Geschäftsräumen des Vereins** (Sitz des Vereins, vgl § 27 BGB) den Mitgliedern **zur Einsichtnahme auszulegen.** Die Pflicht beginnt mit der Einberufung der Mitgliederversammlung, also spätestens mit Zugang der Einladung beim ersten Mitglied.[4] Die Unterlagen müssen den Mitgliedern während der üblichen Geschäftszeiten zugänglich sein. Zudem ist jedem Mitglied auf dessen Verlangen unverzüglich auf Kosten des Vereins eine Abschrift der vorgenannten Unterlagen zu erstellen und auszuhändigen (§ 101 Abs. 2). 5

III. Informationsrechte in der Mitgliederversammlung

Die gem. § 101 Abs. 1, 63 Abs. 1 Nr. 1 bis 4 bereits im Vorfeld der Mitgliederversammlung auszulegenden Unterlagen sind ferner in der Mitgliederversammlung selbst in **ausreichender Menge auszulegen,** um denjenigen Mitgliedern, die zuvor ihre Informationsrechte nicht wahrgenommen haben oder nicht wahrnehmen konnten, abschließend die Möglichkeit einzuräumen, dies noch vor der Beschlussfassung über die Verschmelzung zu tun. 6

Zusätzlich zur Auslage der Dokumente hat der Vorstand den Verschmelzungsbericht oder dessen Entwurf zu Beginn der Mitgliederversammlung den Mitgliedern **mündlich zu erläutern.** Notwendig sind hierbei Erläuterungen zu den Motiven, zur Durchführung der Verschmelzung sowie zu besonderen Schwierigkeiten; eine bloße Verlesung des Verschmelzungsvertrages genügt nicht.[5] Daneben ist nach §§ 102, 64 Abs. 1 S. 2 über jede wesentliche Veränderung des Vereinsvermögens zu unterrichten, die seit dem Abschluss des Verschmelzungsvertrages oder der Aufstellung des Entwurfs eingetreten ist. 7

Schließlich hat der Vorstand den Mitgliedern auf deren Verlangen Auskunft über alle für die Verschmelzung wesentlichen Angelegenheiten der anderen beteiligten Rechtsträger zu geben. Da nur der Vorstand des eigenen Vereins seinen Mitgliedern auskunftspflichtig ist, hat sich dieser über die Umstände der anderen Rechtsträger im Vorfeld der Mitgliederversammlung ausreichend zu informieren. In der Praxis ist es zweckmäßig, dass auch die Vertretungsorgane der anderen Rechtsträger bei der Mitgliederversammlung anwesend sind und dort ggf Informationen erteilen können.[6] 8

Eine Verletzung der Informationsrechte nach §§ 101, 102 berechtigen die Mitglieder zur Anfechtung des Verschmelzungsbeschlusses. Ferner ist die vorsätzliche Verletzung der Erläuterungs- und Auskunftspflicht gem. § 313 Abs. 1 Nr. 1 strafbewehrt. 9

§ 103 Beschluß der Mitgliederversammlung

[1]Der Verschmelzungsbeschluß der Mitgliederversammlung bedarf einer Mehrheit von drei Vierteln der abgegebenen Stimmen. [2]Die Satzung kann eine größere Mehrheit und weitere Erfordernisse bestimmen.

I. Allgemeines

§ 103 ergänzt in Bezug auf die **Mehrheitsanforderung** die allgemeine Regelung in § 13. Die für den Zustimmungsbeschluss zur Verschmelzung erforderliche Mehrheit von drei Vierteln der erschienenen Mitglieder entspricht dem Mindestquorum für eine Satzungsänderung und die Vereinsauflösung gem. §§ 33 Abs. 1 S. 1, 41 S. 2 BGB. § 103 gilt sowohl für wirtschaftliche als 1

3 Lutter/*Hennrichs*, § 102 Rn 4.
4 Semler/Stengel/*Katschinski*, § 102 Rn 10.
5 Lutter/*Hennrichs*, § 102 Rn 8; Semler/Stengel/*Katschinski*, § 102 Rn 14.
6 Lutter/*Hennrichs*, § 102 Rn 9.

auch für eingetragene Vereine und ist über die Verweisung in § 125 ebenfalls im Rahmen der Spaltung anwendbar.

II. Zustimmungsbeschluss

2 Der Zustimmungsbeschluss zur Verschmelzung wird von den Mitgliedern **im Rahmen der Mitgliederversammlung** gefasst. Eine Beschlussfassung im schriftlichen Umlaufverfahren ist unzulässig.[1] Anstelle der Mitgliederversammlung kann – sofern dies in der Satzung vorgesehen ist (vgl auch §§ 9, 13 PartG) – eine Delegiertenversammlung treten.[2] Eine Übertragung der Zuständigkeit auf ein anderes Vereinsorgan ist unzulässig. Der Zustimmungsbeschluss ist **notariell zu beurkunden** (§ 13 Abs. 3 S. 1), wobei die Beurkundung sowohl in Form des Taschenprotokolls (§§ 36 ff BeurkG) als auch in Form der Beurkundung von Willenserklärungen (§§ 8 ff BeurkG) erfolgen kann.[3]

3 Die in § 103 genannte Mehrheit stellt eine **Mindestanforderung** dar. Die Satzung kann ein höhere Mehrheit, bis hin zur Einstimmigkeit vorsehen.[4] Ob dies der Fall ist, ist durch Auslegung der entsprechenden Satzungsbestimmung zu ermitteln. Sieht zB die Satzung eine höhere Mehrheit für Satzungsänderungen vor, so gilt dies im Zweifel auch für den Verschmelzungsbeschluss, da die Verschmelzung im Ergebnis stärker in die Rechtspositionen der Mitglieder eingreift, als eine schlichte Satzungsänderung.[5] Fraglich ist in diesem Zusammenhang, wie das Verhältnis der Regelung zum Mehrheitserfordernis beim Verschmelzungsbeschluss zu den Regelungen der Mehrheitserfordernisse für **Änderungen des Vereinszwecks** zu beurteilen ist. Für eine Änderung des Vereinszwecks sieht § 33 Abs. 1 S. 2 BGB eine Zustimmung sämtlicher Mitglieder vor. Im Rahmen des Formwechsels eines Vereins in eine Kapitalgesellschaft sieht § 275 ebenfalls die Zustimmung sämtlicher Mitglieder vor, sofern der Zweck des Rechtsträgers geändert werden soll. Eine entsprechende Regelung bei der Verschmelzung fehlt indes. Einigkeit besteht weitestgehend darin, dass für den Fall einer Zweckänderung beim übernehmenden Rechtsträger faktisch zwei Beschlussgegenstände miteinander kombiniert werden: Einmal der Zustimmungsbeschluss zur Verschmelzung und einmal ein Beschluss zur Änderung des Vereinszwecks.[6] Insofern bleibt es bei der Regelung in § 33 Abs. 1 S. 2 BGB mit der Folge, dass die Zweckänderung nur einstimmig beschlossen werden kann.[7] Streitig dagegen ist die Behandlung einer Verschmelzung eines Vereins auf einen anderen Rechtsträger, der einen vom Verein abweichenden Vereins- oder Gesellschaftszweck verfolgt. Nach einer Ansicht verbleibt es in diesem Fall bei dem Erfordernis einer Dreiviertelmehrheit. § 33 Abs. 1 S. 2 BGB sei hier nicht einschlägig, da mit dem Vollzug der Verschmelzung der Verein aufgelöst ist (was nach § 41 S. 2 BGB ebenfalls nur einer Dreiviertelmehrheit bedarf) und für eine analoge Anwendung des § 275 sei kein Raum, da bei einem Formwechsel der Verein gerade bestehen bleibt (Fortbestehensfiktion gem. § 202 Abs. 1 Nr. 1). Daher sei hier eine andere Betrachtungsweise geboten.[8] Diese Ansicht verkennt indes den Umstand, dass bei einer Auflösung des Vereins die Mitgliedschaft schlicht erlischt, während bei der Verschmelzung die Mitgliedschaft in dem übernehmenden Rechtsträger „fortgeführt" wird. Daher sind die Mitglieder ebenso wie beim Formwechsel schutzwürdig. Ihnen darf gegen ihren Willen nicht die Mitgliedschaft in einem Rechtsträger aufgedrängt werden, der einen völlig anderen Vereins- oder Gesellschaftszweck hat. Verfolgt somit der übernehmende Rechtsträger einen grundlegend anderen Zweck als der übertragende Verein, scheint eine analoge Anwendung des § 275 sachgerecht zu sein, so dass sämtliche – auch die in der Mitgliederversammlung nicht erschienen – Mitglieder der Verschmelzung zustimmen müssen.[9]

1 Semler/Stengel/*Katschinski*, § 103 Rn 3.
2 Lutter/*Hennrichs*, § 103 Rn 5.
3 Lutter/*Hennrichs*, § 103 Rn 6.
4 Semler/Stengel/*Katschinski*, § 103 Rn 11.
5 Semler/Stengel/*Katschinski*, § 103 Rn 14.
6 Semler/Stengel/*Katschinski*, § 103 Rn 18.
7 Lutter/*Hennrichs*, § 103 Rn 12; Semler/Stengel/*Katschinski*, § 103 Rn 18.
8 Lutter/*Hennrichs*, § 103 Rn 11; Widmann/Mayer/*Vossius*, § 103 Rn 18.
9 Semler/Stengel/*Katschinski*, § 103 Rn 19; KölnKomm-UmwG/*Leuering*, § 103 Rn 13.

§ 104 Bekanntmachung der Verschmelzung

(1) [1]Ist ein übertragender wirtschaftlicher Verein nicht in ein Handelsregister eingetragen, so hat sein Vorstand die bevorstehende Verschmelzung durch den Bundesanzeiger bekanntzumachen. [2]Die Bekanntmachung im Bundesanzeiger tritt an die Stelle der Eintragung im Register. [3]Sie ist mit einem Vermerk zu versehen, daß die Verschmelzung erst mit der Eintragung im Register des Sitzes des übernehmenden Rechtsträgers wirksam wird. [4]Die §§ 16 und 17 Abs. 1 und § 19 Abs. 1 Satz 2, Abs. 2 und Abs. 3 sind nicht anzuwenden, soweit sie sich auf die Anmeldung und Eintragung dieses übertragenden Vereins beziehen.

(2) Die Schlußbilanz eines solchen übertragenden Vereins ist der Anmeldung zum Register des Sitzes des übernehmenden Rechtsträgers beizufügen.

I. Allgemeines

§ 104 ergänzt die §§ 16 bis 19 in den Fällen, in denen ein wirtschaftlicher Verein als übertragender Rechtsträger nicht im Handelsregister (und somit in keinem Register) eingetragen ist. Die Vorschrift ist daher nicht auf eigetragene und nach § 33 HGB registrierte wirtschaftliche Vereine anwendbar. 1

II. Bekanntmachung

Anstelle der Registereintragung tritt die Bekanntmachung im elektronischen Bundesanzeiger. Erst danach darf die Eintragung der Verschmelzung im Register des übernehmenden Rechtsträgers erfolgen. Dieser Hinweis ist zwingend in die Bekanntmachung aufzunehmen. Ebenso der Hinweis an die Gläubiger auf ihr Recht, Sicherheitsleistung nach Maßgabe des § 22 verlangen zu können.[1] Zeitpunkt der Bekanntmachung ist entsprechend der Regelung zur Registereintragung nach Abschluss des Verschmelzungsvertrages und Fassung der Verschmelzungsbeschlüsse.[2] 2

III. Schlussbilanz

Gem. § 104 Abs. 2 hat der übertragende Verein eine Schlussbilanz der Registeranmeldung des übernehmenden Rechtsträgers beizufügen. Anders als zB § 17 Abs. 2 begründet die Vorschrift eine selbstständige Bilanzierungspflicht für den Fall, dass diese sich nicht bereits aus anderen Vorschriften ergibt.[3] 3

§ 104 a Ausschluß der Barabfindung in bestimmten Fällen

Die §§ 29 bis 34 sind auf die Verschmelzung eines eingetragenen Vereins, der nach § 5 Abs. 1 Nr. 9 des Körperschaftsteuergesetzes von der Körperschaftsteuer befreit ist, nicht anzuwenden.

I. Allgemeines

§ 104 a ist eine Sondervorschrift für steuerbegünstigte Verein iSv § 5 Abs. 1 Nr. 9 KStG, also solche, die ausschließlich und unmittelbar gemeinnützige, mildtätige oder kirchliche Zwecke iSd §§ 51 bis 68 AO verfolgen. Da die Gewährung von Abfindungszahlungen die Steuerbegünstigung dieser Vereine gefährden können, erklärt die Vorschrift die §§ 29 bis 34 für nicht anwendbar. § 104 a gilt aufgrund der Verweisung nach § 125 auch für die Spaltung unter Beteiligung steuerbegünstigter Vereine. 1

1 Semler/Stengel/*Katschinski*, § 104 Rn 5.
2 Lutter/*Hennrichs*, § 104 Rn 3.
3 Semler/Stengel/*Katschinski*, § 104 Rn 9.

II. Anwendungsvoraussetzungen

2 Aufgrund des vorgenannten Normzwecks ist der Anwendungsbereich der Vorschrift auf diejenige Fälle zu beschränken, bei denen „durch“ die Abfindungszahlung die Steuerbegünstigung gefährdet werden kann, also nicht bei einer Verschmelzung eines steuerbegünstigten Vereins auf einen nicht steuerbegünstigten Rechtsträger (hier würde der Verein bereits durch die Verschmelzung seiner Steuerbegünstigung verlieren) und auch nicht bei der Verschmelzung eines nicht steuerbegünstigten Verein auf einen steuerbegünstigten Verein (hier würden die Abfindungszahlungen allein vom übertragenden selbst nicht steuerbegünstigten Rechtsträger zu leisten sein).[1]

3 Die Vorschrift selbst regelt nicht den Zeitpunkt, wann die Voraussetzungen für eine Steuerbegünstigung vorliegen müssen. Maßgeblich wird hier die Eintragung der Verschmelzung in das Register des übernehmenden Rechtsträgers (Wirksamkeit der Verschmelzung) sein, unabhängig davon, wann die Voraussetzungen des § 5 Abs. 1 Nr. 9 KStG von den Behörden letztmalig festgestellt wurden.[2] Die Voraussetzungen für eine Steuerbegünstigung müssen ferner noch solange fortbestehen, bis die Frist nach § 31 abgelaufen ist. Verliert der Verein die Steuerbegünstigung während dieses Zeitraums, so ist es nicht (mehr) gerechtfertigt, den Schutz der Mitglieder nach den §§ 29 ff für nicht anwendbar zu erklären.[3]

4 Der Nachweis der Steuerbegünstigung ist gegenüber dem Registergericht durch geeignete Unterlagen der Steuerbehörden (Bescheinigung, Feststellungsbescheid) zu erbringen.[4]

Siebenter Abschnitt Verschmelzung genossenschaftlicher Prüfungsverbände

§ 105 Möglichkeit der Verschmelzung

[1]Genossenschaftliche Prüfungsverbände können nur miteinander verschmolzen werden. [2]Ein genossenschaftlicher Prüfungsverband kann ferner als übernehmender Verband einen rechtsfähigen Verein aufnehmen, wenn bei diesem die Voraussetzungen des § 63 b Abs. 2 Satz 1 des Genossenschaftsgesetzes bestehen und die in § 107 Abs. 2 genannte Behörde dem Verschmelzungsvertrag zugestimmt hat.

§ 106 Vorbereitung, Durchführung und Beschluß der Mitgliederversammlung

Auf die Vorbereitung, die Durchführung und den Beschluß der Mitgliederversammlung sind die §§ 101 bis 103 entsprechend anzuwenden.

§ 107 Pflichten der Vorstände

(1) [1]Die Vorstände beider Verbände haben die Verschmelzung gemeinschaftlich unverzüglich zur Eintragung in die Register des Sitzes jedes Verbandes anzumelden, soweit der Verband eingetragen ist. [2]Ist der übertragende Verband nicht eingetragen, so ist § 104 entsprechend anzuwenden.

(2) Die Vorstände haben ferner gemeinschaftlich den für die Verleihung des Prüfungsrechts zuständigen obersten Landesbehörden die Eintragung unverzüglich mitzuteilen.

1 Semler/Stengel/*Katschinski*, § 104 a Rn 3; Lutter/*Hennrichs*, § 104 a Rn 2.
2 Lutter/*Hennrichs*, § 104 a Rn 3.
3 Semler/Stengel/*Katschinski*, § 104 a Rn 5.
4 Semler/Stengel/*Katschinski*, § 104 a Rn 6.

(3) Der Vorstand des übernehmenden Verbandes hat die Mitglieder unverzüglich von der Eintragung zu benachrichtigen.

§ 108 Austritt von Mitgliedern des übertragenden Verbandes

Tritt ein ehemaliges Mitglied des übertragenden Verbandes gemäß § 39 des Bürgerlichen Gesetzbuchs aus dem übernehmenden Verband aus, so sind Bestimmungen der Satzung des übernehmenden Verbandes, die gemäß § 39 Abs. 2 des Bürgerlichen Gesetzbuchs eine längere Kündigungsfrist als zum Schlusse des Geschäftsjahres vorsehen, nicht anzuwenden.

I. Einordnung der Verschmelzung von genossenschaftlichen Prüfungsverbänden

1 Die nach dem § 63 b Abs. 1 GenG idR als e.V. verfassten genossenschaftlichen Prüfungsverbände sind verschmelzungsfähige Rechtsträger (s. § 3 Abs. 1 Nr. 5). Für sie gelten außer den allg. Verschmelzungsvorschriften der **§§ 2 bis 35** die besonderen **§§ 105 bis 108** (zuvor §§ 63 e bis 63 i GenG aF).

2 Die Möglichkeiten, miteinander zu verschmelzen, sind für die Prüfungsverbände entgegen des Wortlauts von § 3 Abs. 1 Nr. 5 nach wie vor begrenzt. Nach dem § 105 iVm § 2 Nr. 1 konnten genossenschaftliche Prüfungsverbände zunächst nur untereinander im Wege der **Aufnahme** eines Verbandes durch einen anderen Verband verschmolzen werden. Eine Verschmelzung durch Neugründung wie nach § 2 Nr. 2 war nicht vorgesehen. Seit 2007 ist das anders. Die Gesetzesverfasser haben auch die **Verschmelzung zur Neugründung** erlaubt und zudem die Beschränkung auf zwei beteiligte Rechtsträger aufgegeben. Es können nun also auch mehrere genossenschaftliche Prüfungsverbände übertragende Rechtsträger sein.[1]

3 Desgleichen soll die in dem § 105 S. 2 zugelassene Aufnahme eines nach Maßgabe von § 63 b Abs. 2 S. 1 GenG rechtsfähigen Vereins praktisch geboten sein.[2] Hierzu bedarf es jedoch der Zustimmung der nach § 63 GenG für die Verleihung des Prüfungsrechts zuständigen obersten Landesbehörde (s. § 105 S. 2). Nicht zulässig ist weiterhin die Verschmelzung in eine andere gesellschaftsrechtliche Vereinigungsform hinein.[3]

4 Die §§ 105 bis 108, 3 Abs. 1 Nr. 5 lassen offen, in welcher Rechtsform die genossenschaftlichen Prüfungsverbände verfasst sind. Zugleich unterstellt das UmwG mit dem § 63 b Abs. 1 GenG („sollen"), dass die Prüfungsverbände idR als e.V. verfasst sind[4] und verweist zB in § 106 auf die vereinsrechtlichen Bestimmungen. Das UmwG behandelt den genossenschaftlichen Prüfungsverband als einen **Rechtsträger eigener Art.**[5]

II. Formwechsel bei genossenschaftlichen Prüfungsverbänden

5 Über die Möglichkeit zur Verschmelzung hinaus kann ein idR als e.V. verfasster Prüfungsverband nach Maßgabe von §§ 190, 272 auch formwechselnder Rechtsträger sein. Mögliche Ziel-

1 S. das Zweite UmwGÄndG vom 19.4.2007 (BGBl. I S. 542).
2 S. BT-Drucks. 16/2919 vom 12.10.2006, 14.
3 S. Beuthien/*Beuthien/Wolff*, §§ 105 ff UmwG Rn 1.
4 S. BT-Drucks. 12/6699 vom 1.2.1994, 112.
5 Zu den weiteren rechtlichen Folgen Beuthien/*Beuthien/Wolff*, §§ 105 ff UmwG Rn 1 aE (krit.).

rechtsform sind nach dem § 272 Abs. 1 eine **Kapitalgesellschaft oder eine eG.** Der Formwechsel und die weitere Entwicklung des sowohl ideell als auch wirtschaftlich tätigen Verbandes hin zu einer „Gesamt-eG" kann für Prüfungsverbände aus verschiedenen Gründen durchaus erwägenswert sein, ist aber mit Rücksicht auf das Einstimmigkeitserfordernis des § 284 S. 1 eine Frage der konkreten Gestaltung.

III. Vorbereitung, Durchführung und Beschluss über die Verschmelzung (§ 106)

6 Für die genossenschaftlichen Prüfungsverbände verweist § 106 zur Vorbereitung der (rechtsformunabhängig) „*Mitgliederversammlung*" umfassend auf die Vorschriften eines rechtsfähigen Vereins in den §§ **101 bis 103** (s. dort).

7 In Abweichung von den §§ 101 Abs. 1 S. 1, 102 S. 1 ist die **Auslegung** eines nach § 100 erforderlichen **Prüfungsberichts** zur Vorbereitung auf die Mitgliederversammlung nicht erforderlich. Bei der Verschmelzung genossenschaftlicher Prüfungsverbände ist eine Prüfung nach §§ 9 bis 12 nicht vorgeschrieben. Eine Verweisung auf den § 100 ist daher in dem § 106 bewusst unterblieben. Der Prüfungsverband ist nicht Verein iS des UmwG (s. Rn 4). Zudem sei davon auszugehen, dass die Leitungsorgane der Mitglieder der Prüfungsverbände – regelmäßig eingetragene Genossenschaften und andere Unternehmen – aus eigener Sachkenntnis heraus in der Lage seien, die Interessen der von ihnen vertretenen Unternehmen zu wahren.[6]

8 Allg. zum **Ablauf der Verschmelzung** unter Einbeziehung der §§ 2 ff. *Beuthien/Wolff*, UmwG §§ 105 ff Rn 2.

IV. Pflichten der Prüfungsverbandsvorstände (§ 107)

9 **1. Anmeldung zur Eintragung in das Register (Abs. 1).** Die „*unverzügliche*" (= ohne schuldhaftes Zögern, § 121 Abs. 1 S. 1 BGB) Anmeldung zur Eintragung der Verschmelzung in die (Vereins-)Register des Sitzes jedes an der Verschmelzung beteiligten Prüfungsverbands müssen die Vorstände der Verbände **gemeinschaftlich** vornehmen. Aus welchem Grund der besondere § 107 Abs. 1 die allg. Regelung in § 16 Abs. 1 durchbricht und die Vorstände eigens zum gemeinschaftlichen Handeln verpflichtet, erschließt sich nicht. Eine Unterzeichnung der Anmeldung in jeweils vertretungsberechtigter Zahl reicht im Übrigen aus. Die **gegenseitige Mitwirkungspflicht** der Verbandsvorstände folgt aus § 107 Abs. 1 sowie aus dem Verschmelzungsvertrag. Sie ist einklagbar und unterliegt der Vollstreckung nach § 894 ZPO. Der Anmeldung sind die in dem § 17 angeführten Unterlagen beizufügen.

10 Ist der übertragende Prüfungsverband nicht eingetragen, gilt § 104 entspr. und es tritt die **öffentliche Bekanntmachung** an die Stelle der Anmeldung (s. § 107 Abs. 1 S. 2). Jeder Vorstand vertritt nun seinen Verband, aber die Bekanntmachung ist von beiden Vorständen zu veranlassen.[7]

11 **2. Anzeige der Verschmelzung an die Staatsaufsicht (Abs. 2).** Ebenfalls gemeinschaftlich und unverzüglich haben die Vorstände der beteiligten Prüfungsverbände die Eintragung der nach § 63 GenG für die Verleihung des Prüfungsrechts zuständigen obersten Landesbehörde mitzuteilen. Sind sitzbedingt Behörden unterschiedlicher Bundesländer zuständig, ist jede Verleihungsbehörde zu informieren. **Sinn von § 107 Abs. 2** ist, dass die Verleihungsbehörden vom Eintritt der Verschmelzungswirkungen Kenntnis erlangen, zumal sich die Verschmelzung aufgrund der sog. Pflichtmitgliedschaft (s. §§ 54, 54 a GenG) auch auf die jeweilige vereinsrechtliche Beziehung auswirken wird. Die Mitteilung dient vor allem dazu, die fortwährende Erfüllungsgewähr (s. §§ 63 ff. GenG) überprüfen zu können.

6 S. BT-Drucks. 12/6699 vom 1.2.1994, 112; kritisch Lutter *Bayer*, § 106 Rn 12 f.

7 S. Semler/Stengel/*Katschinski*, § 107 Rn 3.

Beratungshinweis: Aus diesem Grund dürfte mit Rücksicht auf die mittlerweile ebenfalls stattfindende und mit der Staatsaufsicht aus §§ 64, 64 a GenG rechtlich verzahnte **Qualitätsaufsicht** (s. §§ 63 e ff GenG) auch eine Benachrichtigung der **Wirtschaftsprüferkammer** erforderlich sein.

3. Benachrichtigung der Verbandsmitglieder (Abs. 3). Auch die Pflicht des Vorstands des über- 12
nehmenden Prüfungsverbandes, seine (bisherigen und neuen)[8] Mitglieder unverzüglich von der Eintragung zu benachrichtigen, dient der Information über den Eintritt der Verschmelzungswirkungen.[9] Für die Benachrichtigung ist keine Form vorgeschrieben.

IV. Austritt von Mitgliedern des übertragenden Prüfungsverbandes (§ 108)

Beratungshinweis: § 108 hat aufgrund der in §§ 54, 54 a GenG normierten sog. Pflichtmitgliedschaft jeder eG in einem genossenschaftlichen Prüfungsverband **keine große praktische Relevanz.** Einschränkend wirken im Übrigen auf den Sitz der Mitglieder bezogene und gebietsbeschränkende Satzungsregelungen der regionalen Prüfungsverbände.

Aus Gründen der Rechtsbereinigung wurde das Sonderkündigungsrecht des § 63 h Abs. 2 13
GenG aF, bei dessen Ausübung die Mitgliedschaft in dem übernehmenden Prüfungsverband als nicht erworben galt, durch § 108 und das Austrittsrecht des § 39 Abs. 1 BGB ersetzt. § 108 soll die Mitglieder des übertragenden Prüfungsverbands davor schützen, dass ihnen eine Mitgliedschaft aufgenötigt wird und sie gegen ihren Willen in dem übernehmenden Prüfungsverband (ggf vom status quo abweichende) Rechte und Pflichten übernehmen müssen. Diesem **Schutzzweck** entsprechend wird ein Verbandsmitglied den § 108 und damit die befreiende Erleichterung von § 39 Abs. 2 nur in einem **engen zeitlichen Zusammenhang** mit der Verschmelzung beanspruchen können.[10]

In Anbetracht derselben Interessenlage findet § 108 abseits seines Wortlauts **entspr. Anwen-** 14
dung auf die ehemaligen Mitglieder eines nach § 105 S. 2 aufgenommenen rechtsfähigen Vereins.[11]

Beratungshinweis: Die Kündigung bedarf keiner Form und ist gegenüber dem Vorstand des übernehmenden Prüfungsverbands zu erklären. Die Austrittserklärung wird den § 108 als zeitlich befristete Erleichterung jedenfalls konkludent in Form der stattgefundenen Verschmelzung in Bezug nehmen, aber darüber hinaus nicht gesondert begründet werden müssen.

Achter Abschnitt Verschmelzung von Versicherungsvereinen auf Gegenseitigkeit

Erster Unterabschnitt Möglichkeit der Verschmelzung

§ 109 Verschmelzungsfähige Rechtsträger

[1]Versicherungsvereine auf Gegenseitigkeit können nur miteinander verschmolzen werden. [2]Sie können ferner im Wege der Verschmelzung durch eine Aktiengesellschaft, die den Betrieb von Versicherungsgeschäften zum Gegenstand hat (Versicherungs-Aktiengesellschaft), aufgenommen werden.

8 S. Beuthien/*Beuthien*/*Wolff*, UmwG §§ 105 ff Rn 5. Bei Schmitt/Hörtnagl/Stratz/*Stratz*, §§ 105 -108 Rn 7 wird dessen Ansicht zu § 107 Abs. 3 („seine Mitglieder") als str. bezeichnet, ohne dass klar wird, worüber der Streit handelt.

9 Kritisch zur Pflicht aus § 107 Abs. 3 im Verhältnis zur Begründung für die Ausnahme in den §§ 106, 100 Beuthien/*Beuthien*/*Wolff*, UmwG §§ 105 ff Rn 5.

10 Dennoch str., s. Schmitt/Hörtnagl/Stratz/*Stratz*, §§ 105 -108 Rn 8; Beuthien/*Beuthien*/*Wolff*, UmwG §§ 105 ff Rn 6.

11 S. Beuthien/*Beuthien*/*Wolff*, UmwG §§ 105 ff Rn 6 aE.

Literatur:

Benkel, Der Versicherungsverein auf Gegenseitigkeit, 2002; *Biewer*, Die Umwandlung eines Versicherungsvereins auf Gegenseitigkeit in eine Aktiengesellschaft, 1998; *Fahr/Kaulbach/Bähr/Pohlmann*, VAG Kommentar, 5. Aufl. 2012; *Gerner*, Demutualisierung eines VVaG: Die Umwandlung eines Versicherungsvereins auf Gegenseitigkeit in eine Aktiengesellschaft, 2003; *Gesamtverband der Deutschen Versicherungswirtschaft*, Statistisches Taschenbuch der Versicherungswirtschaft 2013; *Petersen*, Versicherungsunternehmensrecht, 2003; *Prölss*, Versicherungsaufsichtsgesetz: VAG, 12. Aufl. 2005; *Schmid*, Bestandsübertragung und Umwandlung von Versicherungsunternehmen, 2010; *Sieger/Bank*, Probleme bei der Kooperation von Versicherungsvereinen auf Gegenseitigkeit, VersR 2012, 270; *Venohr/Naujoks/Zinke*, Größe als Chance? Konzentrationstendenzen in der Versicherungswirtschaft, VW 1998, 1120; *Weber*, Die Demutualisierung von Versicherungsvereinen, VW 1998, 1274; *Weber-Rey/Guinomet*, Wege zur Demutualisierung, AG 2002, 278; *Wirsing*, Die Demutualisierung: Dazu das Beispiel der Standard Life, 2007.

I. Normzweck

1 **1. Versicherungsunternehmen und Rechtsformzwang.** Gem. § 7 Abs. 1 VAG[1] besteht für Versicherungsunternehmen ein Rechtsformzwang. Unternehmen, die das Versicherungsgeschäft betreiben und die entsprechende Erlaubnis von der Versicherungsaufsichtsbehörde, idR der Bundesanstalt für Finanzdienstleistungsaufsicht (kurz „**BaFin**"), erhalten wollen, müssen entweder die Rechtsform einer Aktiengesellschaft, einer Europäischen Gesellschaft (Societas Europeae, „**SE**"), eines Versicherungsvereins auf Gegenseitigkeit oder aber einer Körperschaft oder Anstalt des öffentlichen Rechts haben (**Rechtsformzwang**). Dh, eine GmbH oder auch eine Personengesellschaft kann keine Erlaubnis zum Betreiben des Versicherungsgeschäfts in Deutschland erhalten. § 7 VAG erfasst erst seit der Novelle von 2009 (Gesetz zur Stärkung der Finanzmarkt- und der Versicherungsaufsicht vom 29.7.2009)[2] auch die SE neben der Aktiengesellschaft.

2 Bei Verabschiedung des Gesetzes über die Umwandlung von Kapitalgesellschaften und bergrechtlichen Gewerkschaften vom 12.11.1956[3] gab es insg. 841Versicherungsunternehmen in Deutschland, die das Privatversicherungsgeschäft unter deutscher Aufsicht betrieben: Die ganz überwiegende Zahl, nämlich 684, dieser Versicherungsunternehmen hatten die Rechtsform des VVaG, nur 110 waren **Versicherungs-Aktiengesellschaften** und nur 15 waren **öffentlich-rechtli-**

1 Versicherungsaufsichtsgesetz vom 17.12.1992 (BGBl. 1993 I S. 2).
2 BGBl. I S. 2305.
3 BGBl. I S. 844.

che Versicherungsunternehmen. Als das UmwG in der neuen, auf Art. 1 des Gesetzes zur Bereinigung des Umwandlungsrechts beruhenden Fassung vom 28.10.1994[4] am 1.1.1995 in Kraft trat, gab es insg. noch 692 das Privatversicherungsgeschäft in Deutschland betreibende Versicherungsunternehmen unter Aufsicht der damaligen Aufsichtsbehörde, dem Bundesaufsichtsamt für das Versicherungswesen:[5] Davon waren allerdings nur noch 324 VVaG, dagegen bereits 320 Versicherungs-Aktiengesellschaften und 31 öffentlich-rechtliche Versicherungsunternehmen. Während sich in den fast 40 Jahren die Zahl der VVaG also halbierte, hat sich die Zahl der Versicherungs-Aktiengesellschaften verdreifacht und die der öffentlich-rechtlichen Versicherungsunternehmen verdoppelt. Der Trend hält bis heute an: Im Jahre 2011 gab es von insgesamt 589 Versicherungsunternehmen noch 261 VVaG und 302 Versicherungs-Aktiengesellschaften; die Zahl der öffentlich-rechtlichen Versicherungsunternehmen sank auf 17.[6]

Angesichts der vor allem in den 90er Jahren stark zunehmenden Konsolidierung innerhalb der deutschen Versicherungswirtschaft[7] sah der deutsche Gesetzgeber ein Bedürfnis, nicht nur für Aktiengesellschaften und VVaG miteinander, sondern explizit auch für die Umwandlung eines VVaG in eine Aktiengesellschaft zu regeln.[8] Bis dahin war ausschließlich die Verschmelzung von VVaG miteinander gesetzlich vorgesehen (vgl § 44 a Abs. 1 VAG aF). Diese Bestimmung wurde so in den neuen § 109 S. 1 übernommen, und es wurde ein S. 2 angefügt, der zusätzlich die Verschmelzung des VVaG mit einer Aktiengesellschaft regelte (**Mischverschmelzung**).[9] Mit den Vorschriften der §§ 109 ff verschaffte der Gesetzgeber also vor allem den Versicherungsunternehmen in der Rechtsform des VVaG einen gesetzlichen Rahmen für die neue Form der Umwandlung des VVaG in eine Versicherungs-Aktiengesellschaft (sog. „**Demutualisierung**"), dies insb. unter den Aspekten der Verbesserung der Wettbewerbsfähigkeit bei der Abwägung der wirtschaftlichen Vor- und Nachteile von VVaG im Vergleich zur Versicherungs-Aktiengesellschaft. 3

Einerseits haben Aktiengesellschaften einen wesentlich besseren Zugang zum Kapitalmarkt, als dies bei VVaG der Fall ist: Denn VVaG können außer den eigenen Versicherungsnehmern, die zugleich gem. § 20 VAG die Mitglieder, also die Gesellschafter, sind, grds. keine Fremdinvestoren in den Gesellschafterkreis aufnehmen (**Mitgliedschaftsprinzip**). Es kommt somit nur die Ausgabe von Genussrechtskapital in Betracht.[10] Die Zeichner des Genussrechtskapitals an einem VVaG haben aber keine rechtliche Möglichkeit der Einflussnahme auf den VVaG in Form von Stimmrechten oÄ, wie dies die Mitglieder oder Mitgliedervertreter haben. Zudem begründet die Kapitaleinzahlung eine Verbindlichkeit des VVaG, dh die Zeichner haben einen Anspruch auf Rückzahlung des eingezahlten Kapitalbetrags.[11] Die Aufnahme von Genussrechtskapital erfolgt grundsätzlich durch Ausgabe von Genussscheinen. Einzelheiten können im Genussrechtsvertrag bestimmt werden.[12] Andererseits sind die Vorstände eines VVaG sehr viel freier vom Rendite- und Shareholder Value-Druck und den Berichterstattungspflichten, dem Aktiengesellschaften – insb. wenn Sie börsennotiert sind – ausgesetzt sind.[13] 4

Die **Verschmelzung von VVaG mit Körperschaften oder Anstalten des öffentlichen Rechts** hat der Gesetzgeber allerdings bis heute nicht geregelt, sie ist nach wie vor nicht möglich. Lediglich die Vermögensübertragung vom VVaG auf ein öffentlich-rechtliches Versicherungsunternehmen ist in den §§ 174 ff vorgesehen und im Einzelnen geregelt. 5

Die **grenzüberschreitende Verschmelzung** eines VVaG auf eine Aktiengesellschaft oder SE ist ebenfalls nicht ausdr. in den §§ 109 ff geregelt. Seit Inkrafttreten der Europäischen Richtlinie 6

4 BGBl. I S. 3210.
5 Dieses bestand bis 2002 und wurde durch Verschmelzung mit der damaligen Bankenaufsichtsbehörde zur heutigen BaFin.
6 *Gesamtverband der Deutschen Versicherungswirtschaft*, Statistisches Taschenbuch 2013, Tabelle 3.
7 *Venohr/Naujoks/Zinke*, VW 1998, 1120.
8 BT-Drucks. 12/6699, 113.
9 BGBl. 1994 I S. 3210, 3228.
10 *Sieger/Bank*, VersR 2012, 270.
11 *Benkel*, Der VVaG, S. 226.
12 *Benkel*, Der VVaG, S. 227 f.
13 *Wirsing*, Demutualisierung, S. 27; *Weber-Rey/Guinomet*, AG 2002, 278; *Weber*, VW 1998, 1274.

zur Verschmelzung von Kapitalgesellschaften aus verschiedenen Mitgliedstaaten,[14] die im April 2007 durch das Zweite Gesetz zur Änderung des UmwG mit den neu eingefügten §§ 122 a ff umgesetzt wurde,[15] ist die grenzüberschreitende Verschmelzung von Kapitalgesellschaften für die in § 122 b iVm Art. 2 Nr. 1 der Richtlinie definierten Kapitalgesellschaften nunmehr auch nach dem UmwG (§§ 122 a ff) gesetzlich möglich.[16] Eine grenzüberschreitende Verschmelzung ist nach der Legaldefinition des § 122 a Abs. 1 eine Verschmelzung, bei der mind. eine der beteiligten Gesellschaften dem Recht eines anderen Mitgliedstaats der Europäischen Union oder eines anderen Vertragsstaats des Abkommens über den Europäischen Wirtschaftsraum unterliegt. Weder die Richtlinie noch § 122 b definieren eindeutig, ob der VVaG von dem darin verwendeten Kapitalgesellschafts-Begriff erfasst wird. Es sprechen gute Gründe dafür, dass dies so ist und somit eine grenzüberschreitende Verschmelzung eines VVaG auf eine Aktiengesellschaft oder SE innerhalb der EU möglich ist.[17]

7 Gleiches gilt für die grenzüberschreitende Verschmelzung von VVaG miteinander innerhalb der EU: Die von der EU-Kommission, vor allem auf Initiative Frankreichs, seit 1992 bereits mehrfach angestoßene, aber bislang stets am Widerstand Deutschlands bzw der starken Lobby der deutschen VVaG gescheiterte Einführung einer **Europäischen Gegenseitigkeitsgesellschaft (EUGGES)** oder Mutualité Européenne (ME) lässt weiter auf sich warten. Das Europäische Parlament hat aufgrund des hohen Anteils der Gegenseitigkeitsgesellschaften auf dem europäischen Versicherungsmarkt (ca. 25 %) die hohe Relevanz dieser Rechtsform hervorgehoben und dies als Anlass genommen, ein erneutes Gesetzgebungsverfahren zur Statuierung der Europäischen Gegenseitigkeitsgesellschaft anzuregen.[18] Wenn die grenzüberschreitende Verschmelzung eines VVaG auf eine SE zulässig ist, sollten auch die grenzüberschreitenden Verschmelzungen von Gegenseitigkeitsvereinen innerhalb der EU aufgrund der §§ 122 a ff zulässig sein. Es fehlt jedoch auch insoweit noch an der Rechtssicherheit (s. dazu auch Rn 28 ff).

8 **2. Versicherungsverein auf Gegenseitigkeit (VVaG).** Die Geschichte des VVaG reicht weit zurück:[19] Die erste privatrechtliche Gegenseitigkeitsgesellschaft wurde 1762 in Großbritannien mit der heute noch existierenden Equitable Life, die sich allerdings im Run-off befindet, gegründet. Der erste in Deutschland heute noch bestehende Lebensversicherungsverein a.G. (nämlich die Gothaer) wurde bereits 1827 gegründet, damals allerdings noch ohne spezielle gesetzliche Grundlage, vielmehr auf Grundlage der allg. Gesetzesbestimmungen des bürgerlichen Rechts über Korporationen und Gesellschaften. Erst das Reichs-Versicherungsaufsichtsgesetz vom 12.5.1901 regelte den VVaG als Rechtsform gesetzlich und schaffte damit eine Gesetzesgrundlage. Trotz mehrfacher Reform des VAG sind die gesetzlichen Regelungen zum VVaG nach wie vor enthalten, und zwar in den §§ 15 ff VAG.

9 Gem. § 15 VAG ist der VVaG ein privatrechtlicher auf die Versicherung seiner Mitglieder nach dem Gegenseitigkeitsprinzip gerichteter, rechtsfähiger Verein, der seine Rechtsfähigkeit erst mit **Erlaubniserteilung** durch die Aufsichtsbehörde BaFin gem. § 5 Abs. 1 VAG erlangt.[20] Da der VVaG einerseits aufgrund des Mitgliedschaftsprinzips ein Merkmal der Genossenschaft aufweist, anderseits seine Organisation an aktienrechtliche Vorgaben angelehnt wird und zudem das VAG spezielle Vorschriften für diese Rechtsform vorsieht, ist der VVaG als **Rechtsträger sui generis** anzusehen.[21] Den VVaG zeichnen die folgenden wesentlichen Kriterien aus:

14 Richtlinie 2005/56/EG des Europäischen Parlaments und des Rates vom 26.10.2005, ABl. EG L 310 vom 25.11.2005 S. 1 ff.

15 Zweites Gesetz zur Änderung des Umwandlungsgesetzes vom 19.4.2007, BGBl. I S. 542, in Kraft seit 25.4.2007.

16 Für einen Überblick über die Voraussetzungen nach §§ 122 a ff UmwG s. dort und Kurzüberblick bei *Herrler*, EuZW 2007, 295 ff.

17 Im Einzelnen Rn 25.

18 Bericht mit Empfehlung an die EU-Kommission zum Statut der Europäischen Gegenseitigkeitsgesellschaft (2012/2039(INI) vom 28.1.2013, Plenarsitzungsdok. lit. Q der Erwägungsgründe. Ein Verordnungsvorschlag der Kommission zur Statuierung wurde bereits 1992 vorgelegt, jedoch 2005 zurückgezogen; s. hierzu § 109 Rn 26 f mwN.

19 Ausf. dazu: *Benkel*, Der VVaG, S. 21 ff.

20 Prölss/*Weigel*, § 15 Rn 3 ff.

21 *Benkel*, Der VVaG, S. 40 f.

- Die Versicherungsnehmer werden laut Satzung mit Abschluss eines Versicherungsvertrags mit dem VVaG zugleich Mitglieder des VVaG. Das Gesetz sieht somit eine Identität von Versicherungsnehmer und Mitglied vor (**Mitgliedschaftsprinzip**). Da also auch Interessenidentität zwischen den Versicherungsnehmern, die günstige Prämien und größtmöglichen Versicherungsschutz anstreben, und denselben Personen als Mitglieder, die eine möglichst hohe Überschussbeteiligung erzielen wollen, besteht, kann sich ein VVaG bei seinem Versicherungsgeschäft ganz an den Interessen seiner Mitglieder und deren Förderung orientieren.[22] Die Mitgliedschaft besteht, solange ein Versicherungsverhältnis zwischen Versicherungsnehmer und VVaG besteht (§ 20 VAG). Ausnahmsweise zulässig sind daneben grds. auch Versicherungsgeschäfte gegen feste Entgelte ohne Erwerb der Mitgliedschaft, soweit die Satzung solche ausdr. gestattet (§ 21 Abs. 2 VAG). Prominentestes Beispiel ist der Pensions-Sicherungs-Verein (s. Rn 18).
- Aus dem Mitgliedschaftsprinzip folgt, dass ein VVaG nach dem **Gegenseitigkeitsprinzip** wirtschaftet:[23] Er betreibt seine Versicherungsgeschäfte für seine Mitglieder und durch seine Mitglieder zugleich, während seine Mitglieder die Verluste und Risiken, aber auch die Gewinne gemeinsam tragen, indem sie durch Begründung eines Versicherungsverhältnisses in eine wirtschaftliche und rechtliche Beziehung zum Verein treten.[24] Der Vereinszweck liegt somit in der Gegenseitigkeit, die in der beständigen Ausübung von möglichst schadenfreien Versicherungsgeschäften und nicht wie bei einer Versicherungs-Aktiengesellschaft gleichermaßen auch in der Gewinnerzielung zum Ausdruck kommt. Die Gegenseitigkeit schließt ein Gewinnerstreben zwecks notwendiger Bildung von Eigenkapital des VVaG nicht aus, im Gegensatz zu einer Aktiengesellschaft fließt der Gewinn allerdings den Versicherten selbst und nicht dritten Anteilseignern zu.[25]
- Ein VVaG unterliegt dem **Gleichbehandlungsgrundsatz** gem. § 21 Abs. 1 VAG, wonach Mitgliederbeiträge und Vereinsleistungen bei gleichen Voraussetzungen nach gleichen Grundsätzen zu bemessen sind.[26] Daraus folgt die Pflicht des Vorstands als geschäftsführendem Organ, gleiche Versicherungsbedingungen für gleichartige Versicherungsrisiken zu schaffen, aber auch Gleichbehandlung in der Schadenbearbeitung zu gewährleisten.[27]
- Oberstes Organ des VVaG ist die **oberste Vertretung**, welche entweder eine Mitgliedervollversammlung oder eine Mitgliedervertreterversammlung ist (§§ 29, 36 VAG). Der Regelfall in der Praxis ist die Mitgliedervertreterversammlung, die satzungsgem. nur in ihrer ersten Zusammensetzung tatsächlich von den Mitgliedern, dh allen Versicherungsnehmern, gewählt wird; danach werden die Nachfolger ausscheidender Mitgliedervertreter im Wege der satzungsmäßigen sog. **Kooptation** durch die verbleibenden Mitgliedervertreter selbst oder durch den Vorstand gewählt.[28] Geschäftsführendes Organ des VVaG ist der Vorstand, der aus mindestens zwei Personen besteht (§ 34 VAG). Aufsichtsorgan ist der Aufsichtsrat, der mindestens aus drei Personen und maximal aus 21 Personen besteht (§ 35 Abs. 1 VAG). Er bestellt die Mitglieder des Vorstands und überwacht diesen. Bzgl. aller drei Organe verweisen die §§ 34, 35 und 36 VAG weitgehend auf die Bestimmungen des AktG, wodurch die gesellschaftsrechtliche Parallele zwischen Aktiengesellschaft und VVaG in der Regelung der Organisation und deren Entscheidungsverfahren hergestellt wird.[29]
- Da die Mitglieder des VVaG zugleich Versicherungsnehmer sind, ergeben sich für sie Rechte und Pflichten sowohl aus der Mitgliedschaft als auch aus dem Versicherungsvertragsverhältnis: Der Versicherungsvertrag, insb. die Allgemeinen Versicherungsbedingungen, be-

22 *Wirsing*, Demutualisierung, S. 11.
23 Da das Gegenseitigkeitsprinzip zwar in § 15 VAG erwähnt ist, das VAG aber keine Legaldefinition oder zumindest Ansätze für eine Beschreibung der Gegenseitigkeit liefert, wurden verschiedene Theorien zum Verständnis der Gegenseitigkeit im VVaG entwickelt, s. dazu ausf. *Benkel*, Der VVaG, S. 42 ff.
24 *Petersen*, Versicherungsunternehmensrecht, Rn 44.
25 *Benkel*, Der VVaG, S. 53, zur Interpretation des Prinzips der Gegenseitigkeit beim VVaG S. 42 ff.
26 *Wirsing*, Demutualisierung, S. 12.
27 *Benkel*, Der VVaG, S. 133.
28 Vgl zur Zulässigkeit des Kooptationsverfahrens im VVaG: LG Köln, Urteil vom 24.8.2007 – Az 82 O 212/06, VersR 2008, 665.
29 *Benkel*, Der VVaG, S. 40.

stimmt den Umfang der Beitragszahlungspflichten und die Leistungsansprüche des Mitglieds im Versicherungsfall. § 24 VAG sieht vor, dass in der Satzung bestimmt werden muss, ob die Ausgaben des VVaG durch im Voraus zu zahlende einmalige oder wiederkehrende Beiträge oder durch Beiträge, die je nach Bedarf umgelegt werden, gedeckt werden sollen. Da die Beiträge der Mitglieder die wesentliche Finanzierungsquelle für den VVaG darstellt, muss die Beitragspflicht nicht auf Versicherungsbeiträge beschränkt sein, sondern der VVaG kann über das Versicherungsverhältnis hinaus Beiträge verlangen, soweit dies in der Satzung ausdr. vorgesehen ist. Ebenso kann eine Nachschusspflicht in der Satzung begründet werden, wenn die Beiträge im Voraus erhoben werden (§ 24 Abs. 2 VAG). Zu den wesentlichen **vermögenswerten Rechten** der Mitglieder zählt das Recht auf Beteiligung am Überschuss, der grds. an die in der Satzung bestimmten Mitglieder zu verteilen ist (§ 38 Abs. 1 VAG) und das Recht auf Teilhabe am verbleibenden Vermögen bei Liquidation des VVaG, das auf den Maßstab, nach dem der Überschuss verteilt wird, verweist (§ 48 Abs. 2 VAG). Diesbzgl. und allg. bzgl des **Verwaltungsrechts** bestehen Wahl- und Stimmrechte, Informationsrechte und Schutzrechte der Mitglieder zur Teilhabe an geschäftsführenden Entscheidungen und Verwaltungsabläufen des VVaG.[30] Zudem besteht im Insolvenzfall eine Haftung solcher Mitglieder, die die Satzung zu einer Beitragspflicht iSv §§ 24 ff VAG verpflichtet (§ 50 Abs. 1 VAG).

- Der VVaG hat bei seiner Gründung einen **Gründungsstock** zu bilden. Der Gründungsstock dient dazu, die Kosten der Vereinserrichtung zu decken und den Betrieb des VVaG zu sichern (§ 22 Abs. 1 S. 1 VAG). Garanten, dh die Zeichner des Gründungsstocks, können auch dritte Personen sein. Der Gründungsstock ist zu tilgen, dh als eine Verbindlichkeit an die Garanten zurückzuzahlen. Die Modalitäten der Tilgung sind neben möglichen Rechten der Garanten zur Teilnahme an der Vereinsverwaltung in der Satzung zu bestimmen (§ 22 Abs. 1 S. 2 VAG). Aufgrund der Tilgungspflicht gegenüber den Garanten, die nicht zwangsläufig Mitglieder des VVaG sind, ist der Gründungsstock im Wesentlichen als Fremdkapital einzuordnen, wenn er auch wegen seiner Gewährfunktion in der Insolvenz des VVaG wie Eigenkapital als Haftungsvermögen behandelt wird.[31] IÜ hat der VVaG wie alle Versicherungsunternehmen auch den Eigenmittelanforderungen (**Solvabilität**) nach § 53 c VAG zu genügen.
- Auf den VVaG sind gem. § 16 VAG teilweise die Vorschriften des HGB entsprechend anwendbar, wobei für die **Anwendbarkeit des HGB** auf den VVaG nicht dessen Kaufmannseigenschaft Voraussetzung ist: §§ 1 bis 7 HGB sind ausdr. von der Verweisung ins HGB ausgeschlossen. Es finden insb. die Vorschriften über das Handelsregister, die Eintragung und deren Bek. gem. §§ 8 ff HGB Anwendung, welche bei einer Umwandlung (vgl § 110 bei der Verschmelzung) zu beachten sind. Da ein VVaG seine Rechtsfähigkeit nicht durch Eintragung ins Handelsregister, sondern durch Erteilung der Erlaubnis zum Geschäftsbetrieb durch die Aufsichtsbehörde gem. § 15 VAG erlangt, hat die Eintragung, welche in § 32 VAG näher bestimmt wird, allerdings lediglich deklaratorische Wirkung.[32]

10 **3. Weitere VVaG-Arten.** Neben dem allgemeinen in § 15 ff VAG geregelten VVaG gibt es weitere Ausformungen des VVaG:

11 **a) Kleinerer Verein (§ 53 VAG).** Ein VVaG, der einen sachlich, örtlich oder dem Personenkreis nach eng begrenzten Wirkungskreis hat, ist in § 53 VAG als sog. kleinerer Verein definiert. Wirtschaftlich betrachtet ist dies ein VVaG, der wegen seines geringen Marktanteils, Beitragsvolumens, Geschäftsumfangs und seiner geringen Bedeutung für eine bestimmte Versicherungssparte wirtschaftlich **kaum Einfluss auf den Versicherungsmarkt** ausübt, was sich aus dem kleinen Personenkreis der Versicherten, („persönlich"), der Art und der Größe des Versicherungs-

30 *Wirsing*, Demutualisierung, S. 17 mit weiteren Details.
31 *Benkel*, Der VVaG, 224.
32 Fahr/Kaulbach/Bähr/Pohlmann/*Kaulbach*, § 32 Rn 1.

geschäfts („sachlich") oder dem Geschäftsgebiet („örtlich") ergibt.[33] Letztlich entscheidet über die Einstufung als kleinerer Verein die Aufsichtsbehörde (§ 53 Abs. 4 VAG).[34]

Im Zusammenhang mit Verschmelzungen ist zu beachten, dass die große Mehrheit, nämlich gut zwei Drittel aller VVaG, in Deutschland kleinere Vereine sind.[35] Für einen kleineren Verein gelten die Vorschriften über den VVaG nur eingeschränkt gem. dem in § 53 Abs. 1 VAG definierten Geltungsbereich. Soweit die Bestimmungen im VAG nichts anderes regeln, ist zudem das **Vereinsrecht** (nämlich die §§ 24 bis 53 BGB) anwendbar, allerdings mit der Modifizierung, dass im Fall einer Notbestellung der Vorstandsmitglieder (§ 29 BGB) und im Fall der Ermächtigung zur Berufung der Mitgliederversammlung (§ 37 Abs. 2 BGB) an die Stelle des AG die Aufsichtsbehörde tritt (§ 53 Abs. 2 VAG). Eine weitere Besonderheit bei dem kleineren Verein besteht in der Verweisung auf Vorschriften des Genossenschaftsgesetzes gem. § 53 Abs. 3 für den Fall, dass nach der Satzung ein Aufsichtsrat bestellt werden soll. Der Gesetzgeber hat sich hier für eine Anlehnung an das Verbandsrecht und nicht an das Aktienrecht entschieden. Denn § 35 VAG, der auf das AktG verweist, ist gem. § 53 Abs. 1 VAG nicht auf den kleineren Verein anwendbar.[36] Weitere Erleichterungen befinden sich außerhalb des § 53 VAG in den Schlussvorschriften des VAG (§§ 156 a ff). 12

Ein kleinerer Verein unterliegt den Verweisungen ins HGB nur hinsichtlich der Rechnungslegung (vgl § 53 Abs. 1 iVm 16 S. 2 VAG). Da kleinere Vereine somit auch nicht den Bestimmungen des HGB unterliegen, die eine Eintragung voraussetzen, und für sie zudem auch nicht § 32 VAG (Eintragung) gilt (§ 53 Abs. 1 VAG), sind sie **nicht im Handelsregister** eingetragen. Für die Verschmelzung kleinerer Vereine gelten daher hinsichtlich Anmeldung und Bekanntmachung einer Verschmelzung die auf den kleineren Verein zugeschnittenen Sonderregelungen der §§ 118 und 119 (Einzelheiten s. dort). 13

b) Kleinstverein (§ 157 a VAG). Weiterhin gibt es VVaG, die aufgrund der Art der betriebenen Geschäfte durch die BaFin sogar von der laufenden Versicherungsaufsicht freigestellt werden können. Dies sind kleinere Vereine iS des § 53 VAG, bei denen nach der Art der betriebenen Geschäfte und den sonstigen Umständen eine Beaufsichtigung zur Wahrung der Belange der Versicherten nicht erforderlich ist. Das Gesetz selbst nennt Fallgestaltungen, die diese Kriterien erfüllen können: Sterbekassen oder Vereine mit örtlich begrenztem Wirkungskreis, geringer Mitgliederzahl und geringem Beitragsaufkommen (§ 157 a Abs. 1 S. 2 VAG). Gemäß gemeinsamer Verwaltungsvorschrift der BaFin und der Länder als Ergänzung zu den Richtlinien über die Freistellung der Kleinstunternehmen von der Versicherungsaufsicht beträgt die Grenze der Mitgliederzahl 750 und des Beitragsvolumens idR 40.000 EUR bei vergleichbar geringem Versicherungsrisiko.[37] Diese Norm dient der Vereinfachung der Aufsicht über sog. **Kleinstunternehmen**, indem diese von der Aufsicht ganz ausgenommen werden.[38] 14

Zwecks einheitlicher Handhabung der Freistellung wurden von den Aufsichtsbehörden des Bundes und der Länder „Richtlinien der Versicherungsaufsichtsbehörden des Bundes und der Länder"[39] vereinbart. Demgem. kommt keine **Freistellung von der Aufsichtspflicht** bei dem Betrieb bestimmter Versicherungssparten, nämlich der Haftpflicht-, Kraftfahrt-, Rechtschutz-, Kredit-, Kautions-, Hagel- und Schiffversicherung in Betracht (Abschn. II Nr. 1 der Richtlinien). Weiter wird die Freistellung nicht gewährt für kleinere Vereine mit komplizierten Tarifsystemen, hohen Vermögensbeständen oder mangelhafter Geschäftsführung in den vergangenen Jahren. Auch wird die Freistellung für unvertretbar gehalten, wenn ein Verein aufgrund der 15

33 Prölss/*Weigel*, § 53 Rn 4 ff.
34 *Petersen*, Versicherungsunternehmensrecht, Rn 134.
35 Vgl Prölss/*Weigel*, § 53 Rn 1; *Benkel*, Der VVaG, S. 5 ff; Zur Anzahl der VVaG insgesamt s. Rn 2 .
36 *Petersen*, Versicherungsunternehmensrecht, Rn 144.
37 VerBaFin 2006, 4.
38 Prölss/*Kollhosser*, § 157 a Rn 1 f.
39 Diese sind abgedruckt in Prölss/*Kollhosser*, § 157 a Rn 1 f, wurden allerdings durch Verwaltungsvorschrift der BaFin und der Länder dahingehend geändert, dass Sterbekassen das Kriterium des Kleinstvereins aufgrund ihres Versicherungsgeschäfts schon erfüllen können, so wie es der aufgrund Gesetzes vom 28.5.2007 (BGBl. I S. 923) novellierte § 157 a VAG auch vorsieht, s. dazu VerBaFin, Ausg. August 2006, 3 f.

bisherigen Entwicklung in absehbarer Zeit die bekanntgegebenen Grenzwerte (Mitgliederzahl und Beitragseinnahmen) überschreiten wird.[40]

16 Die Freistellung von der Aufsicht beruht auf behördlicher Entscheidung in Form eines Verwaltungsakts gem. § 35 VwVfG und kann befristet oder mit Auflagen verbunden werden (§ 157 a Abs. 2 Hs VAG 1).[41] Ist ein kleinerer Verein freigestellt, finden auf ihn die Vorschriften der laufenden Aufsicht keine Anwendung (§ 157 a Abs. 3 Hs 1 VAG). Solange der betreffende Freistellungsbescheid der BaFin gilt, ist eine **Verschmelzung** des Kleinstvereins **nicht zulässig** (§ 157 a Abs. 3 VAG). Denn eine Umwandlung bedarf grds. der Genehmigung gem. §§ 14 a, 14 VAG. Für die Umwandlung eines Kleinstvereins ist daher zunächst die Aufhebung des Freistellungsbescheids erforderlich.[42] Die Regelung in § 157 a Abs. 3 VAG beruht auf der Änderung des VAG im Zuge der Novellierung des UmwG von 1994.[43] Die Gesetzesbegründung erläutert, dass es sich dabei um „redaktionelle Folgeänderungen" handelt.[44] Da der Genehmigungs- und Prüfungsvorbehalt im Fall der Bestandsübertragung gem. § 14 VAG auf den Kleinstverein keine Anwendung findet, ist es nur folgerichtig, dass auch die Genehmigung und Prüfung im Rahmen einer Umwandlung gem. § 14 a VAG nicht stattfindet, mithin der Kleinstverein auch nicht an der Versicherungsaufsicht vorbei umgewandelt werden darf. In der Praxis erfordert die Umwandlung, dass ein Kleinstverein die Eigenschaften eines „normalen" kleineren Vereins gem. § 53 VAG aufgrund der Entscheidung der BaFin gem. § 53 Abs. 4 VAG annimmt. Der kleinere Verein ist dann nach §§ 118, 119 UmwG verschmelzungsfähig.

17 c) **Rückversicherungsverein.** Wenn ein VVaG ausschließlich das Rückversicherungsgeschäft betreibt,[45] sind auf diesen die §§ 121 a ff VAG anwendbar. Gemäß Art. 2 Abs. 1 lit. a der EU-Rückversicherungsrichtlinie 2005/68/EG vom 16.11.2005[46] bezeichnet der Begriff „"Rückversicherung" die Tätigkeit der Übernahme von Risiken, die von einem Versicherungsunternehmen oder einem anderen Rückversicherungsunternehmen abgegeben werden." Rückversicherung ist also die **Versicherung des Erstversicherers**, der die von ihm gezeichneten versicherten Risiken ganz oder zum Teil gegen Zahlung einer Rückversicherungsprämie an den Rückversicherer weiterreicht resp. zediert. Die Regelungen in den §§ 109 ff finden somit auf Rückversicherungsvereine grds. uneingeschränkt Anwendung. Da § 121 a Abs. 2 VAG für Rückversicherungsvereine nicht auf § 53 VAG verweist, ist dieser nicht auf den Rückversicherungsverein anwendbar; den kleineren Rückversicherungsverein gibt es also nicht. Die Sonderbestimmungen der §§ 118, 119 sind somit ebenfalls nicht anwendbar. Es gibt derzeit allerdings **kaum Praxisrelevanz**: Bei der BaFin sind fast ausschließlich Rückversicherer in der Rechtsform der Aktiengesellschaft registriert, als VVaG existiert demnach lediglich der Kieler Rückversicherungsverein auf Gegenseitigkeit.[47]

18 d) **Pensions-Sicherungs-Verein (§ 14 BetrAVG).** Dieser VVaG wurde im Jahr 1974 aufgrund des zeitgleich in Kraft getretenen Gesetzes zur Verbesserung der betrieblichen Altersversorgung gegründet mit dem Zweck, laufende Versorgungsleistungen an Arbeitnehmer sowie unverfallbare Versorgungsanwartschaften von Arbeitnehmern gegen die **Gefahr der Insolvenz des Arbeitgebers** abzusichern. Er ist eine Art Selbsthilfeeinrichtung der deutschen Wirtschaft, und Mitglieder dieses VVaG sind die ca. 90.700 Arbeitgeber, die der betreffenden gesetzlichen Insolvenzsicherungspflicht nach dem BetrAVG unterliegen. Es handelt sich um die besondere Form des VVaG in Gestalt der sog. Versicherung gegen festes Entgelt, ohne dass die Versiche-

40 VerBaFin, Ausg. August 2006, 4.
41 Prölss/*Kollhosser*, § 157 a Rn 3 f.
42 Semler/Stengel/*Koerfer*, § 109 UmwG Rn 21; Widmann/Mayer/*Vossius*, § 109 Rn 13.
43 Art. 8 Nr. 3 c) des Gesetzes zur Bereinigung des Umwandlungsrechts vom 28.10.1994, BGBl. I S. 3210).
44 BT-Drucks. 12/6699, 180.
45 Früher in § 779 Abs. 1 HGB aF enthaltene Legaldefinition zum 1.1.2008 aufgehoben.
46 Rückversicherungsrichtlinie 2005/68/EG vom 16.11.2005, ABl. EG L 323 vom 9.12.2005, S. 1, ersetzt durch Richtlinie 2009/138/EG vom 25.11.2009, ABl. EU L 335 vom 17.12.2009, S. 1).
47 Vgl Gesamtliste aller zugelassenen Versicherungsunternehmen und Pensionfonds mit Geschäftstätigkeit, http://www.bafin.de/SharedDocs/Downloads/DE/Liste/Unternehmensdatenbank/dl_li_vu_gesamt_mit_gesch.html?nn=2696484.

rungsnehmer, dh die Arbeitnehmer, Mitglieder werden (§ 21 Abs. 2 VAG).[48] Die Regelungen der §§ 109 ff finden auf den Pensions-Sicherungs-Verein uneingeschränkt Anwendung.

4. Versicherungs-Aktiengesellschaft. Ein Versicherungsunternehmen in der Rechtsform der Aktiengesellschaft unterliegt zum einen wie jede andere Aktiengesellschaft dem Aktienrecht, insb. also dem AktG, zum anderen aber auch der versicherungsrechtlichen Aufsicht nach dem VAG, welches insb. für Eigenmittelanforderungen (§ 53 c VAG), Rechnungslegung (§ 55, 56 a VAG), die Jahresabschlussprüfung (§§ 57 bis 59 VAG) und den Insolvenzfall (§§ 88, 88 a VAG) spezielle Vorschriften enthält.[49] Anders als beim VVaG existieren bei der Versicherungs-Aktiengesellschaft **zwei Interessengruppen**: Die Anteilseigner (Aktionäre) als Eigentümer der Aktiengesellschaft und die Versicherungsnehmer, welche allein aufgrund eines Vertragsverhältnisses mit der Gesellschaft verbunden sind und auf die Geschäftsentscheidungen und die Verwaltung der Gesellschaft keinen Einfluss nehmen können. 19

Nur die Aktionäre haben **Verwaltungs- und vermögenswerte Rechte** an der Gesellschaft, die sie grds. in der Hauptversammlung ausüben (§ 118 Abs. 1 AktG). Während der VVaG grundsätzlich einen Nachschuss zur Bedarfsdeckung verlangen kann, erlangen Versicherungsnehmer der Aktiengesellschaft Versicherungsschutz gegen Zahlung einer festen Prämie. Nicht sie, sondern die Aktionäre tragen das Risiko der ungenügenden Beitragsdeckung und sind dementsprechend am Bilanzgewinn beteiligt (§ 176 AktG). Ausnahmen von dieser Trennung bildet der versicherungsvertragliche Anspruch des Versicherungsnehmers auf Überschussbeteiligung in der Lebensversicherung und in der Berufsunfähigkeitsversicherung gem. § 153 (iVm § 176) VVG bzw auf Beitragsrückerstattung in der Krankenversicherung.[50] Eine Versicherungs-Aktiengesellschaft wirtschaftet mit dem Abschluss von Versicherungsverhältnissen nicht – wie ein VVaG – nur zum Zweck der Deckung des Bedarfs an Versicherungsschutz für die Versicherungsnehmer, sondern auch zwecks Erzielung eines möglichst hohen Gewinns und damit Dividende zur Befriedigung der Aktionäre. Dagegen steht das Interesse der Versicherungsunternehmer, die Versicherungsprämie bei möglichst breiter Risikoabdeckung möglichst gering zu halten. Anders als ein nach dem Gegenseitigkeitsprinzip wirtschaftender VVaG muss also die Versicherungs-Aktiengesellschaft die Interessen zu beiden Seiten hin berücksichtigen.[51] 20

II. Inhalt und Anwendungsbereich

1. Verschmelzung von VVaG miteinander (Satz 1). Die Verschmelzung von VVaG miteinander ist grds. sowohl als Verschmelzung durch Aufnahme (§ 2 Nr. 1) als auch durch Neugründung (§ 2 Nr. 2) möglich.[52] Zwar erwähnt S. 1 nicht ausdr. die Verschmelzung durch Neugründung, diese Art der Verschmelzung wird jedoch in § 115 S. 1 und § 116 Abs. 1 S. 1 vorausgesetzt. Daraus ergibt sich im Umkehrschluss, dass S. 1 nicht nur die Verschmelzung durch Aufnahme, sondern auch durch Neugründung erfasst.[53] Der Wortlaut des S. 1 ist zudem nicht beschränkt auf eine Verschmelzung von nur zwei VVaG miteinander. Vielmehr deckt er auch die Verschmelzung mehrerer VVaG im Wege der Aufnahme durch einen weiteren VVaG in einem einzigen Rechtsakt ab.[54] 21

Ein sich in Liquidation befindlicher VVaG (§ 49 Abs. 1 und 2 VAG) kann als übertragender Rechtsträger noch mit einem anderen VVaG verschmolzen werden, solange zwar das Vermö- 22

48 Er wird deshalb auch als VVaG kraft Fiktion bezeichnet: Prölss/*Weigel*, § 15 Rn 29 b; Semler/Stengel/*Koerfer*, § 9 UmwG Rn 19.
49 *Wirsing*, Demutualisierung, S. 25 f.
50 *Wirsing*, Demutualisierung, S. 26 f.
51 *Petersen*, Versicherungsunternehmensrecht, Rn 161 f.
52 Semler/Stengel/*Koerfer*, § 109 UmwG Rn 5; Widmann/Mayer/*Vossius*, § 109 UmwG Rn 5.
53 KölnKomm-UmwG/*Beckmann*, § 109 UmwG Rn 9; Lutter/*Wilm*, § 109 Rn 2; Semler/Stengel/*Koerfer*, § 109 Rn 26.
54 KölnKomm-UmwG/*Beckmann*, § 109 UmwG Rn 9; Widmann/Mayer/*Vossius*, § 109 Rn 18; Semler/Stengel/*Koerfer*, § 109 UmwG Rn 25.

gen festgestellt, aber noch nicht mit seiner Verteilung an die verbliebenen bzw ehemaligen Mitglieder begonnen wurde. [55] Näheres dazu Rn 59 ff.

23 **2. Verschmelzung auf eine Versicherungs-Aktiengesellschaft** (**Satz 2**). Der Wortlaut des Satzes 2 regelt ausdr. die Verschmelzung eines oder mehrerer VVaG **im Wege der Aufnahme** (s. § 2 Nr. 1) durch eine bereits bestehende, dh das Versicherungsgeschäft bereits betreibende, Versicherungs-Aktiengesellschaft. Der Fall der Verschmelzung von zwei oder mehreren VVaG **durch Neugründung** (§ 2 Nr. 1) einer Versicherungs-Aktiengesellschaft ist nicht ausdr. im Wortlaut enthalten, wird aber vom Gesetzgeber als zulässige Verschmelzungsform ausdr. angesehen.[56] Eine betreffende Entscheidung eines Registergerichts besteht bislang ersichtlich nicht.[57]

24 Bei der Verschmelzung im Wege der Aufnahme oder durch Neugründung einer Versicherungs-Aktiengesellschaft gehen die Mitgliedschaftsrechte der Versicherungsnehmer in Aktionärsrechte über, während sie Versicherungsnehmer bleiben.[58]

25 **3. Grenzüberschreitende Verschmelzung eines VVaG.** Für grenzüberschreitende Verschmelzungen, dh Verschmelzungen unter Beteiligung mind. zweier Versicherungsunternehmen unterschiedlicherer EU-Staaten bietet sich als Zielgesellschaft die **Europäische Aktiengesellschaft** (SE)[59] an. Für das Betreiben von Versicherungsgeschäften nennt § 7 Abs. 1 VAG die SE ausdr. als zulässige Rechtsform. Eine Verschmelzung im Wege der Aufnahme eines VVaG durch eine bestehende SE wird von § 109 als erfasst und daher zulässig angesehen.[60] Kennzeichnend für die SE ist, dass sie aufgrund grenzüberschreitender Aktivität innerhalb der EU unter Beteiligung von Aktiengesellschaften gegründet wird.[61] Folglich kann ein VVaG nicht an einer Verschmelzung beteiligt sein, die zur Neugründung einer SE durchgeführt wird. Ein VVaG ließe sich jedoch in einem Zwischenschritt in eine Versicherungs-Aktiengesellschaft und diese dann in eine SE iS der SE-VO[62] umwandeln, um eine Verschmelzung durch Neugründung innerhalb des Anwendungsbereichs der SE-VO zu ermöglichen. Teilweise wird schon unmittelbar aus Art. 9 Abs. 1 lit. c der SE-VO – wonach nationales Recht der Aktiengesellschaft Anwendung findet, soweit die SE-VO bestimmte Bereiche nicht abschließend regelt – gefolgert, dass die SE neben der nationalen Aktiengesellschaft gleichsam verschmelzungsfähig ist, dh sowohl übertragender als auch aufnehmender Rechtsträger sein kann. [63] Für beide Ansätze ist aber letztlich die Beteiligung von Unternehmen in der Rechtsform einer Aktiengesellschaft erforderlich und mindestens zwei dieser Unternehmen müssen dem Recht verschiedener Mitgliedstaaten unterliegen.[64]

26 Die EU-Kommission hat bereits 1992 mit dem Vorschlag über ein Statut für eine **Europäische Gegenseitigkeitsgesellschaft** (**EUGGES**) eine Rechtsform für Personenvereinigungen schaffen

55 Semler/Stengel/*Koerfer*, § 109 UmwG Rn 28; allg. zur Verschmelzungsfähigkeit aufgelöster Rechtsträger, s. § 3 Abs. 3 Rn 35 ff).

56 Gem. der Gesetzesbegr. zu § 114 UmwBerG ist die Verschmelzung durch Neugründung einer Versicherungs-Aktiengesellschaft ausdr. von § 114 (und damit auch den folgenden Vorschriften) erfasst BT-Drucks. 12/6699, 113.

57 Widmann/Mayer/*Vossius*, § 109 UmwG Rn 20 und 24 ff; Semler/Stengel/*Koerfer*, § 109 UmwG Rn 6 vertreten sogar die Auffassung, dass die doppelte Mischverschmelzung (dh Verschmelzung eines VVaG und einer Versicherungs-Aktiengesellschaft mit einer neu zu gründenden Versicherungs-Aktiengesellschaft) zulässig sein müsste.

58 Lutter/*Wilm*, § 109 UmwG Rn 7.

59 Die Schaffung dieser Rechtsform durch EU-Recht zielte im Wesentlichen darauf ab, Gesellschaften verschiedener EU-Mitgliedstaaten die Fusion oder die Gründung einer Holdinggesellschaft oder gemeinsamer Tochtergesellschaften innerhalb europaweiter Unternehmensverbunde zu ermöglichen. Ebenso sollte die Gründung einer SE ohne vorherige Auflösung ermöglicht werden, wenn Mutter- und Tochterunternehmen in verschiedenen Mitgliedssaaten ansässig sind (vgl Nr. 10 und 11 der Erwägungsgründe der SE-VO).

60 KölnKomm-UmwG/*Beckmann*, § 109 UmwG Rn 7.

61 Art. 2 Abs. 1 iVm Anhang I der SE-VO.

62 Es handelt sich um die Verordnung (EG) Nr. 2157/2001 des Rates vom 8.10.2001 über das Statut der Europäischen Gesellschaft. Ergänzende Vorgaben für die Umwandlung in eine SE ergeben sich aus dem SE-Einführungsgesetz (SEEG), wonach das (Gesellschafts-)Recht des Staates Anwendung findet, in dem die SE ihren Sitz hat. Bei dem Gründungsakt sind aufgrund des Verweises des Art. 9 Abs. 3 der SE-VO die aufsichtsrechtlichen Bestimmungen des Mitgliedsstaates (in Deutschland mithin AktG und Versicherungsaufsichtsrecht, die für eine Versicherungs-Aktiengesellschaft gelten) zu beachten.

63 KölnKomm-UmwG/*Beckmann*, § 109 UmwG Rn 6 f; Lutter/*Wilm*, § 109 UmwG Rn 8.

64 Art. 2 Abs. 1 iVm Anh. I der SE-VO.

wollen, die u.a. speziell für das Versicherungswesen als supranationale, mitgliedschaftlich auf Gegenseitigkeit gegründete Gesellschaftsform dienen und damit deren Besonderheiten gegenüber der SE Rechnung tragen sollte.[65] Vereinen in verschiedenen Mitgliedsstaaten, insb. einer Muttergesellschaft mit Sitz in einem Mitgliedstaat und Tochtergesellschaften mit Sitz in anderen Mitgliedsstaaten, wie auch nationalen Gegenseitigkeitsgesellschaften sollte ermöglicht werden, grenzüberschreitend eine EUGGES zu gründen bzw sich ohne Auflösung in eine EUGGES umzuwandeln.[66] Jüngst wurde dieser Verordnungsvorschlag, der bislang keinen Niederschlag in einem Gesetz fand, vom Europäischen Parlament wieder aufgegriffen, um infolge der EU-Richtlinie, die die grenzüberschreitende Verschmelzung von Kapitalgesellschaften ermöglicht, grenzüberschreitende Fusionen auch für Gegenseitigkeitsgesellschaften zu legitimieren.[67]

Bislang ist die europäische Gegenseitigkeitsgesellschaft also gesetzlich nicht konstituiert. Wenn 27
die grenzüberschreitende Verschmelzung eines VVaG auf eine SE letztlich möglich ist, sollte auch die grenzüberschreitende Verschmelzung von Gegenseitigkeitsvereinen innerhalb der EU zulässig sein. Nach Auffassung eines Teils der Lit. ist der VVaG als Gesellschaft iS des Art. 2 Nr. 1 b) der Europäischen Richtlinie 2005/56/EG[68] über die Verschmelzung von Kapitalgesellschaften aus verschiedenen Mitgliedstaaten („**Verschmelzungsrichtlinie**") von dem Begriff der „**Kapitalgesellschaft**" erfasst und damit schon vom Wortlaut her grenzüberschreitend verschmelzungsfähig.[69] Nach dieser Bestimmung gelten auch solche Gesellschaften als „Kapitalgesellschaft" iS der Richtlinie, welche Rechtspersönlichkeit besitzen und über gesondertes Gesellschaftskapital verfügen, das allein für die Gesellschaft haftet, und die Schutzbestimmungen iS der Richtlinie 68/151/EWG[70] im Interesse der Gesellschafter sowie Dritter einhalten muss. Deshalb werden dem Begriff der Kapitalgesellschaft auch vergleichbare Gesellschaften, u.a. auch der VVaG, zugeordnet. Denn der VVaG besitzt eine eigene Rechtspersönlichkeit und verfügt über ein gesondertes Vereinsvermögen als Haftungskapital. Grds. haften auch die Mitglieder eines VVaG nicht für Verbindlichkeiten gegenüber Dritten (§ 19 VAG). Allerdings wird die prinzipielle „gesellschaftliche" Haftung des VVaG durch Beitrags- und Nachschusspflichten sowie die Haftung der Mitglieder im Insolvenzfall (§§ 24 ff, 50, 52 VAG) durchbrochen.[71] Zudem verweist Art. 1 b) der Richtlinie auf die Richtlinie 68/151/EWG, welche Koordinierungsmaßnahmen, insb. zu Publizitätspflichten der Gesellschaft, ausdr. nur für die Aktiengesellschaft, die KGaA und die GmbH regelt (vgl Art. 1). Bei solchen Gesellschaften sieht der EU-Gesetzgeber gerade ein dringendes Bedürfnis zur Koordinierung von Vorschriften zum Schutz von Interessen Dritter, weil diese gerade nur aus dem Gesellschaftskapital befriedigt werden können.[72]

Aus der Umsetzung dieser Richtlinie zur Verschmelzung von Kapitalgesellschaften aus ver- 28
schiedenen Mitgliedstaaten in den §§ 122 a ff ergibt sich aber, dass der deutsche Gesetzgeber nur die in § 3 Abs. 1 Nr. 2 genannten Rechtsträger als **verschmelzungsfähige Rechtsträger iS des § 122 b** anerkennt.[73] Den VVaG, der als Rechtsform sui generis (s. Rn 9) uneingeschränkt weder als von einer grenzüberschreitenden Verschmelzung ausdr. ausgenommenen Genossenschaft (§ 122 b Abs. 2 Nr. 1) noch als Kapitalgesellschaft iS des Art. 2 Nr. 1 der Richtlinie eindeutig qualifiziert werden kann, hat der deutsche Gesetzgeber somit nicht eindeutig als ver-

65 Vorschlag für eine Verordnung des Rates über das Statut der Europäischen Gegenseitigkeitsgesellschaft, ABl. EG C 99 vom 21.4.1992, S. 40. Zum Wesen der EUGGES s. Dauses-*Behrens*, EU-Wirtschaftsrecht, 2012, Rn 186 ff. Dieser Vorschlag wurde allerdings nach langjährigem, nicht erfolgreichem Gesetzgebungsverfahren zurückgenommen (ABl. EG C 64 vom 17.3.2006, S. 3.

66 S. Erwägungsgründe der EUGES-VO.

67 Empfehlung 1 des Berichts des Europäischen Parlaments, s. Fn 13.

68 Verschmelzungsrichtlinie vom 25.10.2005, ABl. EG L 310 vom 25.11.2005, S. 1.

69 Semler/Stengel/*Koerfer*, § 109 UmwG Rn 13; *Lüttringhaus*, VersR 2008, 1040; EuGH Urt. vom 13.12.2005, NJW 2006, 425 (SEVIC Systems AG); aA Lutter/*Wilm*, § 109 UmwG Rn 27, *Weber-Rey/Guinomet*, AG 2002, 284.

70 ABl. EG L 65 vom 14.3.1968, S. 8.

71 *Petersen*, Versicherungsunternehmensrecht, Rn 61 ff.

72 Vgl Art. 1 der Richtlinie und die Erwägungsgründe.

73 BT-Drucks. 16/2919, 14.

schmelzungsfähigen Rechtsträger zugelassen. Dies kann in anderen Mitgliedstaaten anders sein.

29 Die unklare europäische und die enge deutsche Gesetzgebung zum Umwandlungsrecht für grenzüberschreitende Verschmelzungen von VVaG werden im Lichte der Niederlassungsfreiheit gem. Art. 49 AEUV zunehmend kritisiert, und die Zulässigkeit der grenzüberschreitenden Verschmelzung in Anlehnung an die **EuGH-Rspr** von 2005 im Fall **„SEVIC Systems AG"** auch für VVaG gefordert.[74] Das EuGH befasste sich zu einem Zeitpunkt, als die §§ 122 a ff noch nicht ins UmwG eingefügt waren, mit dem Fall, dass die Verschmelzung einer Aktiengesellschaft mit Sitz in Deutschland mit einer in einem anderen Mitgliedstaat ansässigen Gesellschaft in der Rechtsform S.A. (*societé anonyme*) vom Registergericht mit Berufung auf § 1 Abs. 1 Nr. 1 und der Begründung verweigert wurde, dass nach damals geltendem UmwG nur die Verschmelzung zwischen inländischen Gesellschaften möglich sei. Zu entscheiden hatte der EuGH die Frage, ob eine aus dem § 1 Abs. 1 Nr. 1 resultierende unterschiedliche Behandlung grenzüberschreitender und inländischer Verschmelzungen eine zulässige Beschränkung der Niederlassungsfreiheit gem. Art. 49, 54 AEUV (ex-Art. 43, 48 EGV) darstellt. Der EuGH entschied, dass diese Beschränkung mangels gerechtfertigter Beschränkung im Widerspruch zur Niederlassungsfreiheit steht, da auch solche grenzüberschreitenden Verschmelzungen verhindert würden, die den Schutzzweck des § 1 – nämlich den Schutz der Interessen von Gläubigern, Minderheitsgesellschaftern und Arbeitnehmern, dem Funktionieren einer wirksamen Steueraufsicht sowie der Lauterkeit des Handelsverkehrs – nicht beeinträchtigen. Insoweit gehe die Bestimmung des UmwG über das zur Erreichung dieses Schutzziels Erforderliche hinaus. Dieses Urteil ist daher als Forderung des EuGH der grds. **Öffnung des UmwG für grenzüberschreitende Verschmelzungen** anzusehen.[75]

30 Auch wenn der VVaG als Rechtsform nicht ausdr. vom Anwendungsbereich der Verschmelzungsrichtlinie und des § 122 b erfasst ist, ist mit Blick auf die europäische Niederlassungsfreiheit eine zukünftige Öffnung des UmwG zugunsten grenzüberschreitender Verschmelzungen von VVaG miteinander wünschenswert und zu erwarten.[76] Weiteren Antrieb dazu wird vor allem der Wille des EU-Gesetzgebers geben, der sich derzeit schwerpunktmäßig mit den Hürden befasst, die einen funktionierenden Binnenmarkt auch in der Versicherungswirtschaft behindern.[77] Ein dem SEVIC-Fall entsprechender Präzedenzfall für den VVaG könnte zwar schon früher Klarheit schaffen, ist jedoch hinsichtlich des in der Praxis angestrebten Ziels einer zügigen Verschmelzung nicht zu empfehlen und daher auch nicht zu erwarten.

31 **4. Unzulässige Verschmelzungssachverhalte. a) Verschmelzung mit Körperschaften oder Anstalten des öffentlichen Rechts.** Es wurde bereits erwähnt, dass die Verschmelzung mit Körperschaften oder Anstalten des öffentlichen Rechts nicht vom Anwendungsbereich des § 109 erfasst wird.

32 **b) Verschmelzung einer Versicherungs-Aktiengesellschaft auf einen VVaG.** Ebenso ist auch die Verschmelzung einer Versicherungs-Aktiengesellschaft im Wege der Aufnahme durch einen VVaG oder durch Neugründung eines VVaG unzulässig. Zum einen sieht das der Wortlaut nicht vor, zum anderen würde dies auch gegen Versicherungsaufsichtsrecht verstoßen, da gem.

74 EuGH, Urteil vom 13.12.2005 – C-411/03, Slg 2005 I-10825, EuZW 2006, 81; KölnKomm-UmwG/*Beckmann*, § 109 UmwG Rn 15; Semler/Stengel/*Koerfer*, § 109 UmwG Rn 12 f; *Herrler*, EuZW 2007, 297.

75 Vgl dazu auch die jüngere Rspr des EuGH im Fall (Vale Epitesi kft): Urteil vom 12.7.2012 – C-378/10, EuZW 2012, 621.

76 So auch Lutter/*Wilm*, § 109 Rn 27.

77 Vgl Beschl. der Kommission vom 17.1.2013 zur Einsetzung einer Expertengruppe der Kommission für europäisches Versicherungsvertragsrecht, ABl. EG C 16 vom 19.1.2013, S. 6. Während die Expertengruppe zunächst das Versicherungsvertragsrechts betrifft, ist die Ausweitung auf das Gesellschaftsrecht nur der nächste logische Schritt.

§ 20 VAG die Mitgliedschaft in einem VVaG nur durch Begründung eines Versicherungsverhältnisses und damit nicht durch Verschmelzung entstehen kann.[78]

In den Fällen, die von § 109 nicht gedeckt sind, kommen daher nur die folgenden vertraglichen **Alternativen** zur rechtswirksamen Übertragung des Vermögens bzw der versicherten Risiken durch einen VVaG in Betracht: 33

- Vermögensübertragung gem. § 174 ff (s. dort);
- Bestandsübertragung gem. §§ 14, 44, 44 a VAG: Weiterhin kann das übertragende Versicherungsunternehmen seinen gesamten Versicherungsbestand oder einen Teil davon zusammen mit den die versicherungstechnischen Rückstellungen bedeckenden Vermögenswerten im Wege der Einzelrechtsübertragung übertragen (dazu ausf. Rn 49 ff);
- Outsourcing: Wenn eine Übertragung des gesamten Vermögens bzw der Versicherungsverträge nicht gewollt ist, können auch einzelne Funktionen auf ein anderes Versicherungsunternehmen übertragen werden (Funktionsausgliederung iSv § 5 Abs. 3 Nr. 4 VAG), es kann bspw auch ein sog. Abwicklungsvertrag mit einem professionellen Run-off Unternehmen abgeschlossen werden;
- Schließlich kann das gesamte versicherte Risiko auch im Wege eines proportionalen Rückversicherungsvertrages zu 100 % auf einen Rückversicherer gegen Zahlung einer Rückversicherungsprämie weitergegeben werden.

Bei den drei erstgenannten Konzepten sind aufsichtsrechtliche Maßnahmen, insb. die Genehmigung der Aufsichtsbehörde nach den §§ 14 a, 14 VAG (Vermögens- und Bestandsübertragung) und §§ 5, 13 VAG (Funktionsausgliederung) zu beachten. 34

III. Aufsichtsrechtliche Anforderungen

Der Versicherungssektor ist – ähnlich wie Banken, Energieunternehmen, Telekommunikationsunternehmen – eine regulierte Branche. Wie eingangs schon erwähnt, darf ein Unternehmen das Versicherungsgeschäft in Deutschland nur unter der Voraussetzung betreiben, dass die Aufsichtsbehörde BaFin die Erlaubnis hierzu erteilt hat (§ 5 Abs. 1 VAG). Auch die vorstehend dargestellten Verschmelzungsvorgänge sind gem. Versicherungsaufsichtsrecht nur dann wirksam, wenn die Aufsichtsbehörde die Genehmigung der Verschmelzung erteilt hat. Gem. §§ 14 a, 14 VAG bedarf die Verschmelzung von Versicherungsunternehmen der Genehmigung durch die zuständige Aufsichtsbehörde. Die Aufsichtsbehörde ist im Regelfall die BaFin.[79] Bei kleineren Vereinen kann die Kompetenz zur Erteilung der erforderlichen Genehmigung auf die zuständige Landesbehörde übertragen werden (§ 147 VAG). Die Prüfung der Aufsichtsbehörde umfasst dabei die Abklärung versicherungsaufsichtsrechtlicher Kriterien (Wahrung der Belange der Versicherten und Erfordernis der Solvabilität gem. § 14 VAG Abs. 1 S. 2) und der umwandlungsrechtlichen[80] Anforderungen. 35

Als **Belange der Versicherten** gelten die Rechte, die Versicherte aufgrund des Versicherungsverhältnisses haben. Zu denken ist hierbei insb. an den Anspruch auf Beteiligung am Überschuss gem. § 153 VVG.[81] Nach ständiger Rspr sind die Belange der Versicherten nicht ausreichend gewahrt, wenn schutzwürdige Interessen der Versicherten beeinträchtigt werden, indem die Versicherten durch die Umwandlung tatsächlich oder rechtlich schlechter gestellt werden und dies zusätzlich unter Berücksichtigung der Gesamtheit der beteiligten Interessen und der Besonderheiten des Versicherungszweigs derart unangemessen ist, dass ein Eingreifen der Behörde, also eine Versagung der Genehmigung der Umwandlung, gerechtfertigt ist.[82] 36

78 Die Gesetzesbegr. stützt sich auf das fehlende Bedürfnis von Aktionären der übertragenden Aktiengesellschaft, da diese kaum die Begr. eines Versicherungsverhältnisses beabsichtigen (BT-Drucks. 12/6699, 113); s.a. Lutter/*Wilm*, § 109 UmwG Rn 10.

79 § 146 VAG iVm § 1, 4 FinDAG.

80 Die Genehmigung kann versagt werden, wenn Vorschriften über die Umwandlung nicht beachtet wurden (§ 14 a S. 3 VAG).

81 *Biewer*, Die Umwandlung eines VVaG, S. 144.

82 BVerwG, Urteil vom 11.1.1994, VersR 1994, 542.

37 Das Erfordernis der **Solvabilität** ist erfüllt, wenn durch die Verschmelzung (oder jede andere nach § 14 a VAG genehmigungsbedürftige Umwandlung) die dauerhafte Erfüllbarkeit der Forderungen aus den Versicherungsverträgen nicht gefährdet ist. Die Erfüllbarkeit bemisst sich danach, wie sich der Zeitwert der Vermögensgegenstände auf der Aktivseite seiner Bilanz, auf die der Versicherer zur Erfüllung seiner versicherungsvertraglichen Pflichten zurückgreifen kann, zu dem Zeitwert dieser Pflichten verhält. Je mehr sich beide Werte annähern, desto geringer wird die Erfüllbarkeit als vorliegend betrachtet. Das Mindestmaß regelt § 53 c VAG: Demgem. müssen Versicherungsunternehmen zur Sicherstellung der dauernden Erfüllbarkeit ihrer Verträge stets über freie unbelastete Eigenmittel mindestens in Höhe der geforderten sog. Solvabilitätsspanne verfügen. Diese bemisst sich nach dem gesamten Geschäftsumfang. Die Erfüllbarkeit kann bereits geschmälert sein, selbst wenn der Grenzwert der Solvabilitätsspanne noch nicht unterschritten ist.[83] Eine Schmälerung oder Unterschreitung ist dann möglich, wenn die Gegenleistung, die der übernehmende Rechtsträger den Mitgliedern oder Anteilseignern des übertragenden Rechtsträgers zu gewähren hat, in Barabfindungen und nicht in Anteilen besteht – so bspw zwingend im Fall einer Vermögensübertragung gem. § 174.[84]

38 Werden deutsche Versicherungsunternehmen mit ausländischen Versicherungsunternehmen verschmolzen, so kann auch die Genehmigung der betreffenden **ausländischen Aufsichtsbehörde** erforderlich sein, sofern das jeweilige ausländische Aufsichtsrecht eine betreffende Genehmigungspflicht vorsieht. Innerhalb der EU ist dies stets der Fall.[85] Aus der Verweisung des § 14 a S. 2 VAG auf § 14 Abs. 2 VAG ergibt sich, dass bei grenzüberschreitender Verschmelzung, soweit deutsches Aufsichtsrecht Anwendung findet, jedenfalls die Genehmigung der Aufsichtsbehörde erforderlich ist, in dessen Zuständigkeitsbereich das übertragende Versicherungsunternehmen seinen Sitz hat. Wird also ein im EU-Ausland ansässiges Unternehmen auf Unternehmen mit Sitz in Deutschland verschmolzen, ist die Genehmigung der ausländischen Aufsichtsbehörde maßgebend.[86]

39 Seit Inkrafttreten des Gesetzes zur Umsetzung der Aktionärsrechte-Richtlinie (ARUG)[87] verlangt § 17 Abs. 1 nicht mehr ausdrücklich, dass die aufsichtsbehördliche Genehmigung mit der Anmeldung zum **Handelsregister** als Anlage vorzulegen ist. Daraus könnte nunmehr gefolgert werden, dass die aufsichtsrechtliche Genehmigung auch nicht mehr Eintragungsvoraussetzung ist. Die hM geht jedoch davon aus, dass es sich bei der Gesetzesänderung von 2009 um ein editorisches Versehen des Gesetzgebers handelt, da die Genehmigung nach § 14 a VAG jedenfalls Wirksamkeitsvoraussetzung für die Verschmelzung nach Versicherungsaufsichtsrecht ist. Ein deutsches Handelsregister wird sich also auch weiterhin vor der Eintragung der Verschmelzung iS des § 109 davon überzeugen wollen, dass die Wirksamkeitsvoraussetzung nach § 14 a VAG erfüllt ist. Die aufsichtsbehördliche Genehmigung sollte also auch weiterhin der Anmeldung zum Handelsregister beigefügt werden.[88]

IV. Besonderheiten bei den Rechtsfolgen

40 Neben den allg. Rechtsfolgen der Eintragung der Verschmelzung gem. § 20 (Vermögensübergang auf den übernehmenden Rechtsträger, Erlöschen des übertragenden Rechtsträgers, Anteilsinhaberschaft am übernehmenden Rechtsträger, Heilung von Formmängeln) sind bei Versicherungsunternehmen zusätzlich die folgenden **Besonderheiten** zu beachten:

41 Alle Versicherungsunternehmen mit Sitz in Deutschland haben gem. § 66 VAG ein sog. Sicherungsvermögen zu bilden. Gemäß den §§ 77, 77 a Abs. 1 S. 1 VAG sind Versicherungsnehmer im Falle der Insolvenz eines Versicherungsunternehmens als bevorrechtigte Gläubiger iS des

83 *Schmid*, Bestandsübertragung und Umwandlung, Rn 428 f.
84 *Gerner*, Demutualisierung eines VVaG, S. 177; s.a. Kommentierung zu §§ 174 ff UmwG.
85 Semler/Stengel/*Koerfer*, § 109 UmwG Rn 41.
86 Vgl Fahr/Kaulbach/Bähr/Pohlmann/*Kaulbach*, VAG, § 14 a Rn 4; *Lüttringhaus*, VersR 2008, 1041.
87 Gesetz vom 20.7.2009, BGBl. I S. 2479.
88 Semler/Stengel/*Koerfer*, § 109 UmwG Rn 42.

§ 22 Abs. 2 anzusehen. Daraus folgt, dass Versicherungsnehmer keinen Anspruch auf Sicherheitsleistung gem. § 22 Abs. 1 haben.[89]

Sämtliche Mitglieder eines VVaG haben gem. § 38 VAG einen gesetzlichen Anspruch auf Beteiligung am Überschuss des Unternehmens, soweit der Überschuss nicht nach der Satzung anderweitig verwendet wird (Zuführung zu Rücklagen, Verteilung von Vergütungen oder Übertrag auf das nächste Geschäftsjahr). Dieser versicherungsaufsichtsrechtliche Anspruch der Versicherungsnehmer des VVaG, der keine Stimmrechte gewährt, ist als Sonderrecht gem. § 23 anzusehen. Dh, dass den Versicherungsnehmern des übertragenden VVaG grds. gem. § 23 gleichwertige Rechte im übernehmenden Rechtsträger, ob VVaG oder Versicherungs-Aktiengesellschaft, zu gewähren sind.[90] Denn durch die Verschmelzung verlieren die Versicherungsnehmer als Gläubiger des Anspruchs auf Überschussbeteiligung mit dem übertragenden und sich auflösenden VVaG nicht nur den Schuldner ihres Anspruchs, sondern auch den Gegenstand zur Bestimmung der Überschussbeteiligung. Damit der Anspruch nicht entwertet, insb. verwässert, wird und weiterhin erfüllbar bleibt, müssen die Versicherungsnehmer also ein gleichwertiges Recht an der Überschussbeteiligung am übernehmenden Rechtsträger erlangen.[91] Als Maßstab für die Gleichwertigkeit bietet sich ein Gleichlauf mit dem Verfahren an, nach dem die Wahrung der Belange der Versicherungsnehmer gem. §§ 14 a S. 2, 14 Abs. 4 VAG geprüft wird.[92] 42

Ein rein versicherungsvertragliches Recht auf Überschussbeteiligung (in der Lebensversicherung gem. § 153 VVG und in der Berufsunfähigkeitsversicherung gem. §§ 176, 153 VVG) ist dagegen nicht als ein stimmrechtloses Sonderrecht iS des § 23 anzusehen.[93] Denn der Versicherungsvertrag des einzelnen Versicherungsnehmers geht unverändert mit der Umwandlung auf den übernehmenden Rechtsträger über und besteht weiter, es handelt sich nicht um ein stimmrechtsloses gesellschafterähnliches Recht iSv § 23. Zudem prüft bereits die Aufsichtsbehörde bei der Genehmigung der Verschmelzung, ob die Belange der Versicherten gewahrt sind (Rn 36). 43

Anders als eine Versicherungs-Aktiengesellschaft verfügt ein VVaG nicht über ein gezeichnetes Grundkapital, da die Versicherungsnehmer die Mitglieder des Vereins sind. Gem. § 22 VAG hat der VVaG lediglich einen sog. Gründungsstock, der die Kosten der Vereinserrichtung als auch die Anlaufkosten und die zur Deckung von Versicherungsansprüchen notwendigen Mittel zu decken hat. Die Zeichnung des Gründungsstocks durch die sog. Garanten, die nicht unbedingt Mitglieder des VVaG sein müssen, erfolgt durch einen schuldrechtlichen Vertrag.[94] Der Gründungsstock ist gem. § 53 c Abs. 3 S. 1 Nr. 1 lit. b) VAG somit als Bestandteil der Eigenmittel des VVaG anzusehen. Bei einer Verschmelzung von VVaG miteinander ist zu ermitteln, ob und in welchem Umfang der Gründungsstock bereits aus den Jahreseinnahmen getilgt wurde (§ 22 Abs. 4 VAG). Besteht zB beim übertragenden VVaG noch der Gründungsstock ganz oder zum Teil, so geht die Tilgungspflicht des übertragenden VVaG gegenüber den Garanten auf den übernehmenden VVaG über. Weiterhin ist eine etwaige Verlustrücklage des übertragenden VVaG auf die Rücklage des übernehmenden VVaG hinzuzurechnen (§ 37 VAG). Bei den Tilgungsrechten der Garanten handelt es sich nach hL um Sonderrechte iSv § 23.[95] Dh, den Versi- 44

89 Semler/Stengel/*Koerfer*, § 109 UmwG Rn 46.

90 KölnKomm-UmwG/*Beckmann*, § 109 UmwG Rn 12; *Gerner*, Demutualisierung eines VVaG, S. 31; *Enzian/Schleifenbaum*, ZVersW 1996, 521 (538); entgegen der Vorauflage nunmehr aA Lutter/*Wilm*, § 109 UmwG Rn 26, der weder den versicherungsvertraglichen Anspruch noch den versicherungsaufsichtsrechtlichen Anspruch auf Überschussbeteiligung als Sonderrecht iS des § 23 UmwG ansieht; s. dazu auch Rn 43.

91 *Schmid*, Bestandsübertragung und Umwandlung, Rn 699.

92 *Schmid*, Bestandsübertragung und Umwandlung, Rn 707.

93 Semler/Stengel/*Koerfer*, § 109 UmwG Rn 47; Lutter/*Wilm*, § 109 UmwG Rn 26; aA *Schmid*, Bestandsübertragung und Umwandlung, Rn 699; *Gerner*, Demutualisierung, S. 31 f; KölnKomm-UmwG/*Beckmann*, § 109 UmwG Rn 12.

94 Semler/Stengel/*Koerfer*, § 109 UmwG Rn 49.

95 Semler/Stengel/*Koerfer*, § 109 UmwG Rn 51; Widmann/Mayer/*Vossius*, § 109, Rn 94 u. 99 ff; aA Schmidt/Hörtnagl/Stratz/*Stratz*, § 112 UmwG Rn 4, der Garanten als normale Gläubiger ansieht, die unter den Gläubigerschutz des § 22 UmwG fallen.

cherungsnehmern des übertragenden VVaG ist gem. § 23 ein gleichwertiges Recht im übernehmenden Rechtsträger, ob VVaG oder Versicherungs-Aktiengesellschaft, zu gewähren.

45 Ist der Gründungsstock beim übertragenden VVAG bereits getilgt, nicht aber beim übernehmenden VVaG, so richtet sich die Tilgung nach Verrechnung der Verlustrücklagen beider Unternehmen nach der beim übernehmenden VVaG bestehenden Verlustrücklage. Wenn bei beiden an der Verschmelzung beteiligten VVaG noch ein Gründungsstock vorhanden ist, bedarf es einer Änderung der Satzung des übernehmenden VVaG, die dann das Verhältnis der Tilgungen an die betreffenden Garanten des übertragenden VVaG und des übernehmenden VVaG regelt.

V. Haftung

46 Zu beachten ist die allg. Bestimmung des § 25 zur Haftung für Schäden im Zusammenhang mit der Verschmelzung. Demgem. trifft die Schadensersatzpflicht die einzelnen **Mitglieder des Vorstands und des Aufsichtsrats** des übertragenden VVaG gegenüber dem VVaG, den Mitgliedern und Gläubigern als Gesamtschuldner. Gegenstand dieser Ansprüche sind Sorgfaltspflichten, die bei der Prüfung der Vermögenslage der beteiligten Rechtsträger und beim Abschluss des Verschmelzungsvertrags schuldhaft verletzt werden. Diese Schadensersatzansprüche verjähren in fünf Jahren. Die Verjährungsfrist beginnt mit dem Tag der Bekanntmachung der Eintragung in das Handelsregister des Sitzes des übernehmenden Rechtsträgers (§ 25 Abs. 3).

47 Weiter lässt der Gesetzgeber den übertragenden Rechtsträger als Fiktion für Schadensersatzansprüche und andere Ansprüche nach allg. Vorschriften fortbestehen (§ 25 Abs. 2 S. 1). Eine Vereinigung von Forderungen und Verbindlichkeiten zwischen übertragendem und übernehmendem Rechtsträger findet insoweit infolge der Verschmelzung nicht statt (§ 25 Abs. 2 S. 2).[96]

48 Der übernehmende Rechtsträger kann sich dagegen, soweit er Schäden erleidet, nicht auf § 25, sondern nur auf die allg. Haftungsvorschriften berufen.[97]

VI. Bestandsübertragung als Alternative zur Verschmelzung?

49 Die Bestandsübertragung bezeichnet die Übertragung einer Gesamtheit von Versicherungsverträgen, wodurch im Wege der Einzelrechtsnachfolge die vertraglichen Rechte und Pflichten – meist zusammen mit den die betreffenden versicherungstechnischen Rückstellungen bedeckenden Vermögenswerten – auf den Erwerber übertragen werden; wie die Verschmelzung bedarf die Bestandsübertragung zu ihrer Wirksamkeit der Genehmigung der zuständigen Aufsichtsbehörde (§§ 44, 44 a, 14 Abs. 1 S. 1, Abs. 5 VAG). Der Bestandsübertragungsvertrag stellt einen **Vertrag sui generis** dar.[98] Die Bestandsübertragung durch einen VVaG ist gesondert in den §§ 44, 44 a VAG geregelt, wobei sich das aufsichtsrechtliche Genehmigungsverfahren zusätzlich nach den Vorgaben des § 14 VAG richtet.[99] Zur Wirksamkeit der Bestandsübertragung bedarf es außer der aufsichtsbehördlichen Genehmigung keiner Zustimmung der Versicherungsnehmer, obwohl eine Schuldübernahme durch das übernehmende Versicherungsunternehmen als Drittem gem. § 415 BGB vorliegt (§ 14 Abs. 5 Hs 2 VAG). Die Interessen und Belange der Versicherungsnehmer hat die Aufsichtsbehörde im Rahmen des Genehmigungsverfahrens gem. § 14 Abs. 1 VAG zu berücksichtigen.[100] Insoweit besteht also kein Unterschied zur Verschmelzung. Teilweise wird in der Lit. daher eine Ausstrahlungswirkung der Bestimmungen des

96 Semler/Stengel/*Kübler*, § 25 Rn 26, 30.
97 Semler/Stengel/*Kübler*, § 25 Rn 12.
98 Prölss/*Präve*, § 14 Rn 7.
99 Prölss/*Präve*, § 44 Rn 1.
100 Vgl dazu die Verpflichtung des Gesetzgebers, ein ausreichendes Schutzniveau für die Belange der Versicherten im Wege einer Novellierung des § 14 VAG bis Ende 2007 herzustellen, BVerfG Urteil vom 26.7.2005 – 1 BvR 782/94, 1 BvR 957/96. Aufgrund dieser Rspr wurde der § 14 VAG in der heute geltenden Fassung neu gefasst.

UmwG auf eine Bestandsübertragung, insb. hinsichtlich Informations- und Minderheitenschutzrechte, angenommen.[101]

Mitglieder eines VVaG verlieren bei der Bestandsübertragung auf eine Versicherungs-Aktiengesellschaft ihre Mitgliedschaft im übertragenden VVaG, da diese mit dem Übergang des Versicherungsverhältnisses endet (§ 20 S. 3 VAG). § 44 a VAG sieht dafür einen Anspruch des Mitglieds auf **angemessene Barabfindung** vor, deren Höhe in dem Zustimmungsbeschluss unter Berücksichtigung der Verhältnisse des VVaG zum Zeitpunkt der Beschlussfassung zu bestimmen ist. Soweit das übernehmende Versicherungsunternehmen nicht auch VVaG ist und die betroffenen Mitglieder keine Mitgliedschaft an einem übernehmenden VVaG erwerben, muss also der Bestandsübertragungsvertrag das angemessene Abfindungsentgelt gem. § 14 Abs. 3 Hs 1 VAG regeln. Dieses Entgelt dient dem Ausgleich des Vermögenswerts der Mitgliedschaft im Zeitpunkt der Übertragung.[102] Die Genehmigung der Aufsichtsbehörde ist von der Vereinbarung der Barabfindung im Bestandsübertragungsvertrag abhängig.[103] 50

Die Bestandsübertragung ist ein für Versicherungsunternehmen spezielles Instrument der Reorganisation, das als Alternative zu den Umwandlungsformen nach dem UmwG, zwecks Sanierung eines Unternehmens oder auch einzelner Vertragsbestände, der Neustrukturierung eines Konzerns oder auch der Aufgabe einer Versicherungssparte eingesetzt werden kann. Sie stellt sich nicht von vornherein und unbedingt als wirtschaftlich und rechtlich gleichwertige Alternative zu einer Verschmelzung dar. Die folgenden Vor- und Nachteile, die die Bestandsübertragung gegenüber einer Verschmelzung hat, sind sorgfältig im Vorfeld einer Entscheidung der beteiligten Versicherungsunternehmen über den Durchführungsweg abzuwägen: 51

1. Vorteile einer Bestandsübertragung. Ein Bestandsübertragungsvertrag bedarf lediglich der **Schriftform** gem. § 126 BGB, nicht wie der Verschmelzungsvertrag (§ 6) der notariellen Beurkundung (§ 14 Abs. 6 VAG). 52

Weiter stellt sich die Durchführung einer Bestandsübertragung für die beteiligten Rechtsträger als ein idR **kürzeres Verfahren** im Vergleich mit einer Verschmelzung dar: Eine Erläuterung des Vertrags, der Barabfindung und der Rechtsfolgen für die Mitgliedschaft bzw Versicherungsnehmer bei dem übernehmenden Versicherungsunternehmen in Form eines dem Verschmelzungsbericht nach § 8 entsprechenden Berichts sieht das Gesetz für eine Bestandsübertragung nicht vor. Auch eine Prüfung der Bestandsübertragung ist nicht erforderlich. 53

Zu beachten ist lediglich eine **Informationspflicht** des übernehmenden Versicherungsunternehmens **nach Wirksamwerden** der Bestandsübertragung: Die Versicherungsnehmer müssen demnach über Anlass, Ausgestaltung und Folgen der Bestandsübertragung informiert werden (§ 14 Abs. 7 S. 2 VAG). Schließlich erfordert das Publizitätsgebot für die Bestandsübertragung lediglich die Veröffentlichung der aufsichtsbehördlichen Genehmigung im **Bundesanzeiger** (§ 14 Abs. 7 S. 1 VAG). Eine Eintragung ins Handelsregister findet nicht statt. 54

2. Nachteile der Bestandsübertragung als solche. a) Fortbestehen des übertragenden Versicherers. Wesentliche Rechtsfolge der Bestandsübertragung ist, dass grds. nur die Rechte und Pflichten aus den Versicherungsverträgen im Wege der Abtretung übergehen. Im Gegensatz zu einer Verschmelzung geht weder das gesamte Vermögen des übertragenden Rechtsträgers auf den übernehmenden Rechtsträger über, noch erlischt der übertragende Rechtsträger automatisch (vgl § 20 Abs. 1 Nr. 1 und 2). Übrig bleibt der übertragende Rechtsträger mit allen Aktiva und Passiva, soweit nicht alle Vermögenswerte zusammen mit den Rechten und Pflichten aus den Versicherungsverträgen ebenfalls im Wege der Einzelrechtsnachfolge übertragen wer- 55

101 Semler/Stengel/*Koerfer*, Anh. § 119 UmwG Rn 9 ff; teilweise wird sogar eine planwidrige Regelungslücke bei der Bestandsübertragung angenommen und auch für sie ein Übertragungsbericht und eine Übertragungsprüfung gefordert: *Schmid*, Bestandsübertragung und Umwandlung, Rn 301 ff.

102 BVerfG Urteil vom 26.7.2005 – Az 1 BvR 957/96.

103 Fahr/Kaulbach/Bähr/Pohlmann/*Kaulbach*, § 14 Rn 27; zur Vorgabe der vertraglichen Festsetzung eines angemessenen Entgelts und damit einer Neuregelung des bis 2007 geltenden § 14 VAG: BVerfG Urteil vom 26.7.2005 – Az 1 BvR 957/96.

den.[104] Da eine Konnexität zwischen den versicherungstechnischen Rückstellungen und den mit den Versicherungsverträgen übernommenen versicherten Risiken besteht, werden die Vermögenswerte, die die versicherungstechnischen Rückstellungen bedecken, hinsichtlich der übertragenen Verträge idR zusammen mit den Verträgen an das übernehmende Versicherungsunternehmen durch Einzelübertragungsakt übertragen.[105] Sonstige Aktiva und Passiva, die nicht dem Versicherungsbestand zuzuordnen sind, gehen dagegen grds. nicht mit über.[106]

56 **b) Zurückbleiben sonstiger Vertragsverhältnisse.** Sonstige Verträge des Versicherungsunternehmens sind also nicht Gegenstand der Bestandsübertragung, sondern bestehen bei dem übertragenden Versicherungsunternehmen fort. Folglich müssen diese einzeln abgewickelt werden: Dazu gehören Rückversicherungsverträge, Verträge mit Versicherungsvertretern und Maklern, IT- und Serviceverträge, Outsourcing-Verträge, Mietverträge, Unternehmensverträge etc.

57 **c) Betriebsübergang gem. § 613 a BGB?** Weiterhin sind die Regelungen zum Betriebsübergang gem. § 613 a BGB und dessen Folgen zu beachten: Eine Bestandsübertragung kann als Übergang eines Betriebs oder Betriebsteils zu qualifizieren sein mit der Folge, dass der übernehmende Rechtsträger in die Rechte und Pflichten aus den im Zeitpunkt des Übergangs bestehenden Arbeitsverhältnissen eintritt und die übergehenden **Arbeitsverhältnisse** nicht gekündigt werden können. Ein Betriebsübergang ist gegeben, wenn eine auf Dauer angelegte wirtschaftliche Einheit, dh eine organisatorische Gesamtheit von Personen und Sachen zur Ausübung einer wirtschaftlichen Tätigkeit mit eigener Zielsetzung übergeht.[107] Ob eine Bestandsübertragung diese Kriterien erfüllt, ist nach dem jeweiligen Einzelfall in einer Gesamtschau aller betrieblichen Umstände zu beurteilen, wobei die Übertragung des gesamten Versicherungsbestandes idR einen Betriebsübergang darstellt.[108] Im Hinblick auf die Übertragung von Lebens-, Unfall oder Krankenversicherungsverträgen kann der Betriebsübergang, dh das Mitgehen der betreffenden vertragsverwaltenden Arbeitnehmer, aber auch von Vorteil sein, indem dies zugleich die optimale Lösung für das anderenfalls aus der Datenübertragung an den übernehmenden Rechtsträger ergebende Datenschutzthema gem. § 203 Abs. 1 Nr. 6 StGB darstellt.

58 Ein Versicherungsunternehmen, das eine Gesamtübertragung beabsichtigt, so dass lediglich der Mantel des VVaG bestehen bleibt, muss daher noch mit der Abwicklung von Widersprüchen von Arbeitnehmern gem. § 613 a Abs. 6 BGB rechnen. Zusätzlich hat das Fortbestehen des übertragenden Rechtsträgers bei der Bestandsübertragung zu Folge, dass dieser – anders als bei einer Verschmelzung, bei der der übertragende Rechtsträger automatisch erlischt (vgl § 613 a Abs. 3 BGB) – gesamtschuldnerisch neben dem übernehmenden Rechtsträger für Verpflichtungen aus den Arbeitsverhältnissen haftet, soweit diese vor dem Zeitpunkt des Übergangs entstanden sind und vor Ablauf von einem Jahr nach diesem Zeitpunkt fällig werden (§ 613 a Abs. 2 BGB).

59 **3. Liquidation des verbleibenden VVaG.** Wenn ein VVaG als Alternative zur Verschmelzung seine kompletten Versicherungsbestände gem. §§ 44, 44 a, 14 VAG auf einen anderen Risikoträger überträgt, so besteht er also grds. als Rechtsperson fort, bis er vollständig liquidiert, dh abgewickelt, worden ist. Auch wenn der VVaG durch die vollständige Übertragung seiner Versicherungsverträge und die Einstellung des Neugeschäfts ieS kein Versicherungsgeschäft mehr betreibt, erstreckt sich die Aufsicht der BaFin grds. auch auf die Abwicklung des VVaG (§ 86 VAG).

60 Durch die Bestandsübertragung, die sämtliche Versicherungsverträge betrifft, wird der VVaG zwar mitgliederlos, die Mitglieder verlieren ihre Mitgliedschaftsrechte aber erst mit vollständiger Abwicklung.[109] Um die Situation zu vermeiden, dass das oberste Organ, idR die Mitglie-

104 *Schmid*, Bestandsübertragung und Umwandlung, Rn 303.
105 Prölss/*Präve*, § 14 Rn 5; eine Pflicht zur Übertragung der Bedeckungswerte ablehnend: *Schmid*, Bestandsübertragung und Umwandlung, Rn 551 ff.
106 Semler/Stengel/*Koerfer*, Anh. § 119 UmwG Rn 7.
107 Palandt/*Weidenkaff*, § 613 a BGB Rn 9.
108 Prölss/*Präve*, § 14 Rn 46.
109 Vgl Prölss/*Weigel*, § 46 Rn 3, der dies aus § 46 Abs. 2 S. 2 VAG ableitet.

dervertreterversammlung, während der Abwicklung aufgrund des Ablaufs der Wahlperiode, für die die Mitglieder bestellt sind, noch neugewählt werden muss, ist Folgendes zu empfehlen: Die Auflösung des VVaG sollte vor der Bewirkung der Bestandsübertragung aktiv betrieben werden. Gem. § 42 Nr. 2 VAG beschließt grds. die oberste Vertretung, idR die Mitgliedervertreterversammlung, die Auflösung. Dies sollte gleichzeitig mit dem Beschluss, den gesamten Versicherungsbestand des VVaG auf einen anderen Risikoträger zu übertragen, erfolgen. Der Auflösungsbeschluss ist gem. § 43 Abs. 1 S. 1 VAG mit mindestens drei Vierteln der abgegebenen Stimmen zu fassen. Er ist zudem von der BaFin zu genehmigen (§ 43 Abs. 1 S. 1 VAG). Die BaFin-Erlaubnis erlischt gem. § 6 Abs. 5 Nr. 3 VAG zwar grds. nach Ablauf von sechs Monaten seit Einstellung des Versicherungsgeschäfts. Das Erlöschen geschieht aber nicht automatisch, sondern bedarf ebenfalls einer förmlichen Entscheidung der BaFin. Insofern bleibt die BaFin bis zum Abschluss der Abwicklung involviert.[110]

Gem. § 46 VAG findet infolge des Auflösungsbeschlusses der obersten Vertretung die Abwicklung statt. Der Ablauf der Abwicklung des VVaG ergibt sich aus den §§ 45–48 VAG: Der VVaG erhält gem. § 47 Abs. 3 S. 1 VAG iVm § 268 Abs. 4 S. 1 AktG den Firmenzusatz „i.L.“, wodurch die Publizitätswirkung darüber hergestellt wird, dass der VVaG sich in Liquidation befindet. Die Abwicklung besorgen gem. § 47 VAG grds. die Vorstandsmitglieder als Abwickler, wenn nicht die oberste Vertretung andere Personen für diese Funktion bestellt. Für die Abwicklung verweist § 47 VAG ansonsten auf die §§ 265 Abs. 4, 266–269, 270 Abs. 1 und Abs. 2 S. 1, 272 und 273 AktG. Im Einzelnen haben die Abwickler demnach folgende Schritte durchzuführen, um die Liquidation des VVaG herbeizuführen:[111] 61

- Gem. § 267 AktG haben die Abwickler unter Hinweis auf die Auflösung die Gläubiger des VVaG i.L. aufzufordern, ihre Ansprüche anzumelden. Dies erfolgt durch dreimalige Bekanntmachung in den Gesellschaftsblättern, dh im elektronischen Bundesanzeiger und ggf in einem satzungsgem. vorgesehenen weiteren Blatt. Nach dreimaliger Bekanntmachung beginnt das sog. Sperrjahr gem. § 272 AktG, vor dessen Ablauf kein Vermögen an die Mitglieder verteilt werden darf.
- Gem. § 268 Abs. 1 AktG beenden die Abwickler das laufende Geschäft, ziehen sämtliche noch bestehenden Forderungen des VVaG ein, setzen etwaig noch vorhandene Vermögensgegenstände in Geld um und befriedigen etwaige noch vorhandene Gläubiger. In diesem Zusammenhang stellt sich in der Praxis vor allem die Frage, ob es noch Arbeitnehmer in dem VVaG gibt, denen mit allen arbeitsrechtlichen Konsequenzen zu kündigen ist. Weiterhin ist abzuklären, ob es noch Steuerverbindlichkeiten des VVaG gibt. Hier ist anzuraten, nicht auf eine etwaige Betriebsprüfung des zuständigen Finanzamtes zu warten, sondern proaktiv auf das betreffende Finanzamt zuzugehen und eine vorzeitige Klärung herbeizuführen. Denn das Handelsregister wird die Liquidation erst dann eintragen, wenn es die Freigabe vom betreffenden Finanzamt erhält.
- Gem. § 270 Abs. 1 und Abs. 2 S. 1 AktG erstellen die Abwickler die Liquidationseröffnungsbilanz und den betreffenden erläuternden Bericht, über deren Feststellung die oberste Vertretung beschließt. Da § 47 VAG ausdr. nicht auf § 270 Abs. 2 S. 2 AktG verweist, wird kein Prüfer von der Mitgliedervertreterversammlung gewählt, und der Aufsichtsrat erteilt auch keinen Prüfungsauftrag an einen Wirtschaftsprüfer.
- Wenn ein Jahr seit dem Tag verstrichen ist, an dem die Liquidation dreimal bekannt gemacht worden ist, darf das Vermögen gem. § 272 AktG an die (ehemaligen) Mitglieder verteilt werden. Sollten Gläubiger bekannt sein, die noch nicht befriedigt wurden, so erfolgt eine Hinterlegung gem. § 272 Abs. 2 AktG, wenn ein Recht zur Hinterlegung besteht. Sollten Verbindlichkeiten des VVaG noch streitig oder noch nicht erfüllbar sein, so ist gem. § 272 Abs. 3 AktG eine Verteilung des Vermögens nur möglich, wenn dem Gläubiger eine Sicherheit geleistet wird.

110 Fahr/Kaulbach/Bähr/Pohlmann/*Kaulbach*, § 6 Rn 12.
111 Fahr/Kaulbach/Bähr/Pohlmann/*Kaulbach*, § 47 Rn 3.

- Wenn gem. § 273 AktG die Vorlage der Schlussrechnung der Abwickler durch Beschluss der obersten Vertretung gebilligt wurde und die Entlastung der Abwickler erteilt wurde, so kann der Schluss der Abwicklung zur Eintragung ins Handelsregister von den Abwicklern gem. § 273 Abs. 1 S. 2 AktG angemeldet werden.

62 Es zeigt sich, dass eine Bestandsübertragung des gesamten Versicherungsgeschäfts von einem VVaG auf einen anderen VVaG oder ein anderes Versicherungsunternehmen zwar relativ zügig durchzuführen ist. Es bleibt aber die Abwicklung des zurückgelassenen und eben nicht automatisch aufgelösten VVaG zu erledigen. Insbesondere wenn noch ungeklärte Forderungen oder Verbindlichkeiten, insbesondere gegenüber Arbeitnehmern oder den Finanzbehörden, in dem verbleibenden VVaG enthalten sind, kann sich dieser Abwicklungsvorgang über Jahre hinziehen. Vor diesem Hintergrund ist es also denkbar, dass eine Verschmelzung gem. den §§ 109 ff sogar wesentlich schneller und effizienter durchführbar ist.

Zweiter Unterabschnitt
Verschmelzung durch Aufnahme

§ 110 Inhalt des Verschmelzungsvertrags

Sind nur Versicherungsvereine auf Gegenseitigkeit an der Verschmelzung beteiligt, braucht der Verschmelzungsvertrag oder sein Entwurf die Angaben nach § 5 Abs. 1 Nr. 3 bis 5 und 7 nicht zu enthalten.

I. Normzweck und Anwendungsbereich

1 Die §§ 110 bis 113 enthalten besondere Regelungen für die Verschmelzung eines VVaG im Wege der Aufnahme durch einen anderen bereits bestehenden übernehmenden Rechtsträger. § 110 betrifft allerdings nur den Fall der Verschmelzung eines VVaG im Wege der Aufnahme durch einen anderen VVaG. Die Bestimmung stellt für diesen Fall klar, dass die ansonsten gem. § 5 Abs. 1 Nr. 3 bis 5 und Nr. 7 erforderlichen Angaben zum Umtauschverhältnis, zur Übertragung der Mitgliedsrechte und zur Gewährung von Sonderrechten im Verschmelzungsvertrag grds. entbehrlich sind. Hintergrund dieser Einschränkung ist die Annahme, dass die **Mitgliedschafts- und Sonderrechte** der Mitglieder, die zugleich Versicherungsnehmer sind, vorrangig im jeweiligen Versicherungsvertrag, der jeweils unverändert mit der Verschmelzung übergeht,[1] und iÜ im VAG geregelt sind. Der Übergang der Versicherungsverträge vollzieht sich im Wege des Verschmelzungsakts; für die Mitglieder entsteht eine neue Mitgliedschaft beim übernehmenden VVaG.[2] Der Umtausch der Anteile soll daher gem. Gesetzesbegr. nicht berücksichtigt werden.[3]

2 Seit 2008 ist allerdings im neu eingefügten § 44 a VAG geregelt, dass jedem Mitglied bei Verlust seiner Mitgliedschaft durch Bestandsübertragung eine Barabfindung zusteht, die nach bestimmten Kriterien zu berechnen ist. Diese neue Bestimmung ist zwar nicht unmittelbar auf die Verschmelzung anwendbar, sie stellt aber klar, dass der Mitgliedschaft nicht nur eine rein gesellschaftsrechtliche Bedeutung zukommt, sondern dass diese auch einen vermögenswerten Charakter hat.[4] Daraus folgt, dass insb. in dem Fall, in dem zwei VVaG mit unterschiedlichen Vermögenswerten miteinander verschmolzen werden, entweder eine vertragliche Vereinbarung mit den Mitgliedern des höherwertigen übertragenden VVaG über eine Barabfindung zu tref-

1 Widmann/Mayer/*Vossius*, § 110 UmwG Rn 2; Lutter/*Wilm*, § 110 UmwG Rn 4.
2 KölnKomm-UmwG/*Beckmann*, § 110 UmwG Rn 4.
3 BT-Drucks. 12/6699, 113.
4 Semler/Stengel/*Koerfer*, § 110 UmwG Rn 3 f.

fen ist, oder die Satzung des übernehmenden VVaG im Hinblick auf die Regelung der Verteilung des Überschusses (gem. § 38 Abs. 1 VAG) und eines etwaigen Liquidationserlöses (gem. § 48 Abs. 2 VAG) des höherwertigen übernehmenden VVaG entsprechend anzupassen ist.[5] Und die Satzung des übernehmenden VVaG ist gem. § 37 jedenfalls zwingender Bestandteil des Verschmelzungsvertrags.

§ 110 stellt klar, dass die Angaben gem. § 5 Abs. 1 Nr. 3 bis 5 und Nr. 7 entbehrlich sind, die Aufnahme dieser Angaben in den Verschmelzungsvertrag ist umgekehrt aber nicht verboten.[6] Insb. in dem vorgenannten Fall, in dem zwei VVaG mit unterschiedlichen Vermögenswerten miteinander verschmolzen werden, ist sogar anzuraten, dass die Berechnung der vertraglich zu gewährenden Barabfindung bzw die Berechnung des anzupassenden Verteilungsmaßstabs in der Satzung des übernehmenden VVaG in den Verschmelzungsvertrag aufgenommen wird. Ebenso sollten etwaige Tilgungsrechte der Garanten des Gründungsstocks aufgenommen werden.[7] 3

II. Inhalt

1. Erforderliche Angaben im Verschmelzungsvertrag (§ 5). Der Verschmelzungsvertrag zwischen übertragendem/-n VVaG und übernehmenden VVaG hat im Umkehrschluss von § 110 also nur die folgenden Mindestangaben gem. § 5 Abs. 1 Nr. 1, 2, 6, 8 und 9 zu enthalten: 4

- **Nr. 1:** Die Firma und Sitz der an der Verschmelzung beteiligten VVaG;
- **Nr. 2:** Vereinbarung über die Übertragung des Vermögens jedes übertragenden VVaG als Ganzes gegen Gewährung von Mitgliedschaften an dem übernehmenden VVaG;
- **Nr. 6:** Verschmelzungsstichtag;
- **Nr. 8:** Jeden besonderen Vorteil, der einem Mitglied des Vorstands oder des Aufsichtsrats der an der Verschmelzung beteiligten VVaG, einem geschäftsführenden Mitglied, einem Partner, einem Abschlussprüfer oder einem Verschmelzungsprüfer gewährt wird; und
- **Nr. 9:** die Folgen der Verschmelzung für die Arbeitnehmer und ihre Vertretungen sowie die insoweit vorgesehenen Maßnahmen.

Bei der Verschmelzung von VVaG auf eine Versicherungs-Aktiengesellschaft sind dagegen im Verschmelzungsvertrag alle nach § 5 geforderten Angaben zu machen. Grds. käme auch eine Anwendbarkeit des § 29 Abs. 1 S. 1 in Betracht, wonach einem Anteilsinhaber, der gegen den Verschmelzungsbeschluss des übertragenden Rechtsträgers einen Widerspruch zur Niederschrift erklärt, ein Abfindungsangebot zu machen ist. Da der Verschmelzungsbeschluss bei einem übertragenden VVaG allerdings in der Praxis stets von einer Vertreterversammlung gefasst wird, wird das einzelne durch dieses Organ vertretene Mitglied wohl gar kein solches Widerspruchsrecht haben. Dies ist im Einzelfall auf der Grundlage der betreffenden Versicherungsverträge und der Satzung des übertragenden VVaG zu klären. Sollte ein Widerspruchsrecht bestehen, so sollte dieses analog § 260 Abs. 1 S. 1 in die Bekanntmachung des Verschmelzungsvertrags gem. § 111 aufgenommen werden. 5

2. Keine Angaben zur Gewährung von Sonderrechten. Inhalt des Verschmelzungsvertrags sind nicht Angaben über Rechte, die der übernehmende Rechtsträger einzelnen Anteilsinhabern oder Inhabern besonderer Rechte gewährt, oder über die für diese Personen vorgesehenen Maßnahmen. Entgegen des Wortlauts des § 5 Abs. 1 betreffend die Angaben nach Nr. 7 wird teilweise die Auffassung vertreten, dass Angaben zu vertraglich geregelten Ansprüchen auf Überschussbeteiligung auch bei einer Verschmelzung erforderlich sind, an der ausschließlich 6

5 Vgl KölnKomm-UmwG/*Beckmann* § 110 UmwG Rn 5.

6 Semler/Stengel/*Koerfer*, § 110 UmwG Rn 5.

7 Dazu Widmann/Mayer/*Vossius*, § 109 UmwG Rn 93 ff.

VVaG beteiligt sind, da es sich um Sonderrechte nach § 23 handele.[8] Die Gesetzesbegründung schweigt hierzu.

7 **3. Form des Verschmelzungsvertrags (§ 6).** Der Verschmelzungsvertrag bedarf der notariellen Beurkundung gem. § 6. Dies gilt für alle Verschmelzungen, ob im Wege der Aufnahme oder durch Neugründung, an denen ein VVaG beteiligt ist, also auch für den kleineren VVaG.

§ 111 Bekanntmachung des Verschmelzungsvertrags

[1]Der Verschmelzungsvertrag oder sein Entwurf ist vor der Einberufung der obersten Vertretung, die gemäß § 13 Abs. 1 über die Zustimmung zum Verschmelzungsvertrag beschließen soll, zum Register einzureichen. [2]Das Gericht hat in der Bekanntmachung nach § 10 des Handelsgesetzbuchs einen Hinweis darauf bekanntzumachen, daß der Vertrag oder sein Entwurf beim Handelsregister eingereicht worden ist.

I. Normzweck und Anwendungsbereich

1 Anders als § 110 betrifft die Bestimmung des § 111 die Verschmelzung im Wege der Aufnahme sowohl durch einen VVaG als auch durch eine Versicherungs-Aktiengesellschaft. Aufgrund der Verweisung des § 114 findet sie zudem auf die Verschmelzung durch Neugründung unter Beteiligung von VVaG (also auch auf die Mischverschmelzung) Anwendung.

2 § 111 ist das Pendant zur Regelung für die Verschmelzung unter Beteiligung von Aktiengesellschaften in § 61. Beim VVaG ist der Verschmelzungsvertrag bzw sein Entwurf so rechtzeitig vor der Einberufung der obersten Vertretung – das ist beim VVaG die Versammlung der Mitglieder oder die Versammlung der Vertreter der Mitglieder (§ 29 VAG) – zum Handelsregister einzureichen und die Einreichung ist bekanntzumachen, dass jedes Mitglied die Unterlage beim Handelsregister gem. § 9 Abs. 1 HGB einsehen und sich auf die Sitzung der obersten Vertretung auf die Beschlussfassung vorbereiten kann.[1] Zudem sollen auch noch Vertragsänderungen aufgrund Beanstandungen des Handelsregistergerichts vor der Einberufung der obersten Vertretung berücksichtigt werden können.[2] § 111 dient also dem Mitgliederschutz und der Transparenz des Verschmelzungsverfahrens.[3]

II. Inhalt

3 Die wesentlichen Verfahrensschritte im Zusammenhang mit der Einreichung des Verschmelzungsvertrags sind:

- Einreichung beim Handelsregister (§ 111 S. 1)
- Bekanntmachung durch das Registergericht (§ 111 S. 2)
- Einberufung der obersten Vertretung (§ 36 VAG iVm §§ 121 Abs. 1 bis 4; 123 Abs. 1 AktG)

4 **1. Einreichungspflicht.** S. 1 regelt die Pflicht des Vorstands des VVaG (§ 34 VAG), den Verschmelzungsvertrag oder seinen Entwurf einzureichen, um den Mitgliedern die Einsichtnahme zu ermöglichen (Publizitätserfordernis).[4] Da die Norm ausschließlich dem Schutz der Mitglieder dient, ist ein Verzicht auf die Einreichung und Bekanntmachung zulässig; es müssen aller-

8 So KölnKomm-UmwG/*Beckmann*, § 110 UmwG Rn 5; nur soweit es sich um Sonderrechte iS des § 23 UmwG handelt auch Semler/Stengel/*Koerfer*, § 110 UmwG Rn 13 a.

1 Lutter/*Wilm*, § 111 UmwG Rn 2.
2 Semler/Stengel/*Diekmann*, § 61 Rn 6.
3 KölnKomm-UmwG/*Beckmann*, § 111 UmwG Rn 1.
4 Lutter/*Wilm*, § 111 UmwG, Rn 1 f.

dings sämtliche Mitglieder bzw Mitgliedervertreter den Verzicht erklären.[5] Zuständig ist das Registergericht, in dessen Bezirk der VVaG seinen Sitz hat (§ 30 Abs. 1 VAG).[6] Bei Verschmelzungen kleinerer Vereine (§ 53 VAG) erfolgt die Einreichung bei der zuständigen Aufsichtsbehörde (§ 118 S. 2). Die Einreichung muss vor der Einberufung der obersten Vertretung erfolgen, dh vor Bekanntmachung in den Gesellschaftsblättern oder Absenden der eingeschriebenen Briefe an die Mitglieder des VVaG oder im Fall einer Vertreterversammlung an die Vertreter der Mitglieder.[7] Mithin muss der Verschmelzungsvertrag bzw sein Entwurf spätestens in dem Zeitpunkt dem Registergericht vorliegen, in dem die Einberufung wirksam erfolgt ist.

Die Einreichung unterliegt keinen bestimmten Formerfordernissen, da es letztlich darauf ankommt, dass der Inhalt des Verschmelzungsvertrags nach Bekanntmachung zu Kenntnis genommen werden kann.[8] Die Einreichung umfasst den Verschmelzungsvertrag oder seinen Entwurf mit sämtlichen Anlagen, die wesentlicher Vertragsbestandteil sind.[9] Auch Änderungen des Vertrags müssen unverzüglich und grds. vor Einberufung der Versammlung eingereicht werden.[10] 5

2. Bekanntmachung. S. 2 regelt die Art und Weise der Bekanntmachung durch das Registergericht und entspricht § 61 S. 2. Bekanntgemacht wird (lediglich) die Tatsache, dass der Verschmelzungsvertrag bzw sein Entwurf zum Handelsregister eingereicht wurde, ohne dass der Inhalt des Verschmelzungsvertrags selbst bekanntgemacht wird.[11] Die Bekanntmachung erfolgt im elektronischen Informations- und Kommunikationssystem gem. § 10 HGB (abzurufen über www.handelsregister.de). Das Registergericht hat den Hinweis zu erteilen, dass der Verschmelzungsvertrag bzw sein Entwurf beim Handelsregister eingereicht worden ist und eingesehen werden kann. Im Fall der Verschmelzung kleinerer VVaG macht die Aufsichtsbehörde, die für den übernehmenden bzw neuzugründenden VVaG zuständig ist, die Bekanntmachung im Bundesanzeiger (§§ 118 S. 2, 119). 6

III. Rechtsfolgen bei fehlerhafter Einreichung und/oder Bekanntmachung

Kommt der Vorstand seiner Pflicht zur Einreichung nicht oder nicht ausreichend nach, kann das Registergericht ihn durch Festsetzung von Zwangsgeld dazu anhalten (§§ 14 HGB; 316 Abs. 1 S. 1). Des Weiteren führt der Pflichtverstoß zur Anfechtbarkeit des Verschmelzungsbeschlusses (§ 36 iVm § 243 AktG), wenn Kausalität zwischen der Zustimmung und dem Fehler bei der Einreichung besteht. Diese Rechtsfolge tritt auch bei mangelnder Bekanntmachung ein. Die Kausalität wird aber regelmäßig nicht vorliegen, wenn die Tatsache der Verschmelzung auf die Tagesordnung gem. § 36 VAG iVm § 124 AktG gesetzt wurde und die Mitglieder bereits hierdurch über die Verschmelzung informiert wurden und wenn die Mitglieder ab Einberufung der Versammlung anderweitig vom Verschmelzungsvertrag Kenntnis erlangen konnten, zB durch Einsichtnahme in den in den Geschäftsräumen des VVaG ausliegenden Verschmelzungsvertrag bzw Entwurf.[12] Bei einem kleineren VVaG kann der Verstoß gegen die Bekanntmachungspflichten nach § 111 in Anwendung des § 32 BGB sogar zur Nichtigkeit des Verschmelzungsbeschlusses führen.[13] 7

5 KölnKomm-UmwG/*Beckmann*, § 111 UmwG Rn 4; Semler/Stengel/*Koerfer*, § 111 Rn 22 a; zur Frage, ob ein Verzicht notariell beurkundet werden muss, näher Semler/Stengel/*Diekmann*, § 61 UmwG Rn 17.
6 Semler/Stengel/*Koerfer*, § 111 UmwG Rn 14.
7 Widmann/Mayer/*Vossius*, § 111 UmwG Rn 13; Semler/Stengel/*Koerfer*, § 111 UmwG, Rn 15, zur Einberufung ausf. Rn 8 ff.
8 Semler/Stengel/*Diekmann*, § 61 UmwG Rn 16.
9 Widmann/Mayer/*Vossius*, § 111 UmwG Rn 5 ff; Semler/Stengel/*Diekmann*, § 61 UmwG Rn 10.
10 Semler/Stengel/*Diekmann*, § 61 UmwG Rn 10.
11 Widmann/Mayer/*Vossius*, § 111 UmwG Rn 19; Semler/Stengel/*Diekmann*, § 61 UmwG Rn 18.
12 Semler/Stengel/*Koerfer*, § 111 UmwG Rn 23 f; KölnKomm-UmwG/*Beckmann*, § 111 UmwG Rn 5 f. So regelt § 112 Abs. 1 S. 1 iVm § 63 Abs. 1 Nr. 1 UmwG, dass der Verschmelzungsvertrag ab Einberufung der Versammlung in dem Geschäftsraum des Vereins zur Einsicht der Mitglieder auszulegen ist. Das Gleiche gilt während der Mitgliederversammlung (§ 112 Abs. 2).
13 BGHZ 59, 369 auch zit. in NJW 1973, 2101.

8 Zudem kommt in Betracht, dass die Aufsichtsbehörde die Genehmigung nach § 14 a VAG versagt, soweit diese im Rahmen ihrer Prüfung die Verletzung von Mitgliederinteressen aufgrund Nichtbeachtung von Vorschriften über die Umwandlung feststellt.[14]

§ 112 Vorbereitung, Durchführung und Beschluß der Versammlung der obersten Vertretung

(1) [1]Von der Einberufung der Versammlung der obersten Vertretung an, die gemäß § 13 Abs. 1 über die Zustimmung zum Verschmelzungsvertrag beschließen soll, sind in dem Geschäftsraum des Vereins die in § 63 Abs. 1 bezeichneten Unterlagen zur Einsicht der Mitglieder auszulegen. [2]Dazu erforderliche Zwischenbilanzen sind gemäß § 63 Absatz 2 Satz 1 bis 4 aufzustellen.

(2) [1]In der Versammlung der obersten Vertretung sind die in § 63 Abs. 1 bezeichneten Unterlagen auszulegen. [2]§ 64 Abs. 1 Satz 2 und Abs. 2 ist entsprechend anzuwenden.

(3) [1]Der Verschmelzungsbeschluß der obersten Vertretung bedarf einer Mehrheit von drei Vierteln der abgegebenen Stimmen. [2]Die Satzung kann eine größere Mehrheit und weitere Erfordernisse bestimmen.

I. Normzweck und Anwendungsbereich

1 Vor Durchführung der Versammlung der obersten Vertretung des VVaG, welche über die Zustimmung zum Verschmelzungsvertrag beschließen soll, soll dem Recht der Mitglieder, sich vor der Beschlussfassung über die Verschmelzung zu informieren, dadurch Rechnung getragen werden, dass ihnen die Einsichtnahme in die im Zusammenhang der Verschmelzung relevanten Unterlagen durch deren Auslegung ermöglicht wird (Abs. 1). Die Auslegungspflicht setzt sich während der Durchführung der Versammlung fort (Abs. 2), um eine Einsichtnahme noch während der Versammlung für die Mitglieder zu ermöglichen, die die Möglichkeit vorher in den Geschäftsräumen nicht wahrgenommen haben.[1] Abs. 2 verweist entgegen früherer Regelungen[2] nicht mehr auf § 63 Abs. 3 und schließt somit ein Recht der Mitglieder auf Erteilung von Abschriften der in § 63 Abs. 1 genannten Unterlagen aus. Ein solches Recht wurde im Hinblick auf die Mitglieder eines VVaG vom Gesetzgeber als entbehrlich angesehen, da sich die Stellung der Mitglieder, die zugleich Versicherungsnehmer sind, schwerpunktmäßig aus dem Versicherungsvertragsverhältnis ergibt.[3]

2 § 112 findet genau wie § 111 Anwendung auf die Verschmelzung im Wege der Aufnahme sowohl durch einen VVaG als auch durch eine Versicherungs-Aktiengesellschaft. Aufgrund der

14 Widmann/Mayer/*Vossius*, § 111 UmwG Rn 24 f. Dagegen schränkt ein Teil der Lit. die Prüfungskompetenz der Aufsichtsbehörde ein und steht der Möglichkeit der Genehmigungsversagung im Fall mangelnder Einreichung oder Bek. nach § 111 UmwG entgegen des Wortlauts des § 14 a VAG abl. gegenüber: Semler/Stengel/*Koerfer*, § 111 Rn 27; Anh. zu § 119 Rn 93 ff.

1 Lutter/*Wilm*, § 112 UmwG Rn 7.

2 § 44 a Abs. 3 VAG aF iVm § 340 d Abs. 4 AktG aF.

3 So die Gesetzesbegr. zu § 112 UmwG, BT-Drucks. 12/6699, 113; krit. dazu, ein Bedürfnis der Mitglieder auf Abschriften bejahend und Herleitung eines Anspruchs auf Erteilung von Abschriften aus §§ 101 Abs. 2 UmwG: Semler/Stengel/*Koerfer*, § 112 UmwG Rn 5 ff; Widmann/Mayer/*Vossius*, § 112 UmwG Rn 11 ff, der auch eine systematisch-teleologische Herleitung aus § 292 Abs. 1 UmwG vornimmt und daher in § 112 UmwG einen Verweis auf § 63 Abs. 3 hineinliest, Rn 18; ebenfalls krit., aber eine analoge Anwendung mangels planwidriger Regelungslücke abl.: KölnKomm-UmwG/*Beckmann*, § 112 UmwG Rn 4.

Verweisung des § 114 findet die Bestimmung zudem auf die Verschmelzung durch Neugründung unter Beteiligung von VVaG (also auch auf die Mischverschmelzung) Anwendung.

II. Inhalt

1. Vorbereitung der Versammlung (Abs. 1). Die **oberste Vertretung** setzt sich entweder aus der Versammlung aller Mitglieder oder – in der Praxis der Regelfall – aus der Versammlung der Vertreter der Mitglieder zusammen (§ 29 VAG). Sie verfügt über organschaftliche Befugnisse entsprechend der Hauptversammlung einer Aktiengesellschaft, u.a. die Befugnis, gem. § 13 Abs. 1 über die Zustimmung zum Verschmelzungsvertrag zu beschließen. Garanten[4] nehmen an der Versammlung der obersten Vertretung nicht teil, besitzen keine Stimmrechte für die Beschlussfassung und erwerben auch nicht kraft gesetzlicher Wirkung der Verschmelzung (§ 20) eine Mitgliedschaft in dem übernehmenden VVaG im Fall der reinen VVaG-Verschmelzung.[5] 3

Ab Einberufung der Versammlung der obersten Vertretung [6] sind die folgenden in § 63 Abs. 1 genannten Dokumente durch den Vorstand (als Vertretungsorgan des VVaG) zur Einsicht für die Mitglieder **auszulegen:** 4

- Verschmelzungsvertrag oder dessen Entwurf (Nr. 1)
- Jahresabschlüsse und Lageberichte der an der Verschmelzung beteiligten Rechtsträger für die letzten drei Geschäftsjahre (Nr. 2)
- Zwischenbilanz, falls sich der letzte Jahresabschluss auf ein Geschäftsjahr bezieht, das mehr als sechs Monate vor dem Abschluss des Verschmelzungsvertrags oder der Aufstellung des Entwurfs abgelaufen ist (Nr. 3).[7] Auf diese kann bei der Verschmelzung unter ausschließlicher Beteiligung von VVaG durch sämtliche Mitglieder bzw Mitgliedervertreter des übertragenden VVaG verzichtet werden.[8]
- Verschmelzungsberichte (Nr. 4): Die Vertretungsorgane jedes der an der Verschmelzung beteiligten Rechtsträger (VVaG und im Fall der Mischverschmelzung die Versicherungs-Aktiengesellschaft) haben grds. gem. § 8 S. 1 einen ausführlichen schriftlichen Bericht zu erstatten, in dem a) die Verschmelzung, b) der Verschmelzungsvertrag oder sein Entwurf und c) das Umtauschverhältnis und ggf das Barabfindungsangebot nach § 29[9] rechtlich und wirtschaftlich erläutert und begründet werden.

Die vorgenannten Unterlagen sind in dem Geschäftsraum des VVaG auszulegen. Dieser befindet sich am Sitz des VVaG, wie er in der Satzung bestimmt ist. Befinden sich an diesem Sitz Geschäftsräume an mehreren Orten, so ist der Geschäftsraum in der Hauptverwaltung maßgeblich, dh der Ort, an dem der Vorstand Geschäftsräume hat.[10] 5

Bei Verschmelzung unter ausschließlicher Beteiligung von VVaG ist eine **Verschmelzungsprüfung** grds. entbehrlich mangels Verweisung des § 112 Abs. 1 auf § 60.[11] Ein Bedarf an einer Verschmelzungsprüfung ist jedoch ausnahmsweise anzunehmen, wenn der in der Satzung des übernehmenden VVaG festgelegte Verteilungsmaßstab für Überschüsse und den Liquidationserlös zu ändern ist oder wenn Barabfindungen an die Mitglieder des VVaG mit höherem Unter- 6

4 Dies sind die Personen, die den Gründungsstock gezeichnet haben (§ 22 VAG).

5 Schmitt/Hörtnagl/Stratz/*Stratz*, § 112 UmwG Rn 4; teilweise werden Garanten allerdings als Inhaber von Sonderrechten gem. § 23 UmwG angesehen, s. dazu § 109 Rn 43.

6 Der Zeitpunkt der Einberufung der Versammlung (Mitgliederversammlung oder Vertreterversammlung) richtet sich nach § 36 iVm §§ 121 Abs. 1 bis 4, 123 AktG und erfolgt durch Bek. in den Gesellschaftsblättern oder per eingeschriebenem Brief (§ 121 Abs. 4 AktG).

7 Diese ist bei reinen Rückversicherungsvereinen idR erforderlich, da diese zunächst den Erhalt der Angaben der Schadenrückstellungen von den Erstversicherern abwarten müssen: Semler/Stengel/*Koerfer*, § 112 UmwG Rn 12.

8 Vgl Widmann/Maier/*Vossius*, § 112 UmwG Rn 6.

9 Erl. zu Umtauschverhältnis auch bei ausschließlicher Beteiligung von VVaG: s.a.§ 110 Rn 1.

10 Semler/Stengel/*Diekmann*, § 63 UmwG Rn 9.

11 Widmann/Mayer/*Vossius*, § 112 UmwG Rn 7; Lutter/*Wilm*, § 112 UmwG Rn 4; KölnKomm-UmwG/*Beckmann*, § 112 UmwG Rn 3; gem. Gesetzesbegr. kommt die Auslegung von Prüfungsberichten nur bei Mischverschmelzungen in Betracht, BT-Drucks. 12/6699, 113. AA: Semler/Stengel/*Koerfer*, § 112 UmwG Rn 17 ff.

nehmenswert zu leisten sind, um unterschiedliche Unternehmenswerte der an der Verschmelzung beteiligten VVaG auszugleichen.[12] Bei einer Mischverschmelzung ist eine Verschmelzungsprüfung sowohl bei der Versicherungs-Aktiengesellschaft als auch bei dem übertragenden VVaG zur Überprüfung des Umtauschverhältnisses der Anteile erforderlich; ein Verschmelzungsbericht ist auch für den VVaG zu erstellen (§ 63 Abs. 1 Nr. 5, § 60 iVm §§ 9 bis 12 AktG).[13] Möglich ist auch eine Prüfung auf Verlangen der Aufsichtsbehörde im Rahmen des Genehmigungsverfahrens nach § 14 a VAG. Wenn eine Verschmelzungsprüfung erforderlich ist, sind Prüfungsberichte auszulegen.[14]

7 **2. Durchführung der Versammlung (Abs. 2).** In der Versammlung der obersten Vertretung sind die in § 63 Abs. 1 genannten Unterlagen so auszulegen, dass jedes Mitglied Einsicht nehmen kann.[15] Den Vorstand trifft zusätzlich eine **Erläuterungs- und Informationspflicht** gegenüber den Mitgliedern (§ 112 Abs. 2 iVm § 64 Abs. 1 S. 2): Er hat den wesentlichen Inhalt des Verschmelzungsvertrags, die Gründe für die Verschmelzung und die wirtschaftlichen und rechtlichen Folgen der Verschmelzung zu erläutern. Zudem hat er die Mitglieder bzw die Mitgliedervertreter über jede wesentliche Veränderung des Vermögens der Gesellschaft zu unterrichten, die seit dem Vertragsabschluss oder der Aufstellung des Vertragsentwurfs eingetreten ist. Die Erläuterungspflicht umfasst auch bei ausschließlicher Beteiligung von VVaG die Darlegung der Maßstäbe der Unternehmensbewertung und des Ausgleichs durch die Änderungen des Verteilungsmaßstabs für den Liquidationserlös und den Überschuss oder durch Barabfindung im Fall, dass unterschiedliche Unternehmenswerte bestehen.

8 Als Gegenstück zur Erläuterungspflicht des Vorstands haben die Mitglieder bzw die Mitgliedervertreter das Recht, in der Versammlung über die für die Verschmelzung wesentlichen Angelegenheiten der anderen an der Verschmelzung beteiligten Rechtsträger **Auskunft** zu erlangen (§ 112 Abs. 2 S. 2 iVm § 64 Abs. 2). Dieses Auskunftsrecht hinsichtlich der anderen an der Verschmelzung beteiligten Rechtsträger ergänzt das Auskunftsrecht der Mitglieder hinsichtlich Angelegenheiten des VVaG (§ 36 VAG iVm § 131 Abs. 1 S. 1 AktG) und besteht, soweit die Auskunft zur sachgem. Beurteilung der Verschmelzung erforderlich ist.[16] Der Vorstand kann unter den Voraussetzungen des § 131 Abs. 3 AktG die Auskunft verweigern, wobei der Umfang der Auskunftspflicht der gerichtlichen Entscheidung unterworfen werden kann (§ 36 VAG iVm § 132 AktG). Teilweise wird vertreten, dass auch das einzelne Mitglied das Auskunftsrecht außerhalb der Mitgliederversammlung, dh insb. außerhalb der Mitgliedervertreterversammlung, ausüben könne, so vor allem im Fall der Mischverschmelzung im Hinblick auf die Entscheidung über die Annahme eines Abfindungsangebots oder im Fall der Verschmelzung unter Beteiligung von VVaG die Entscheidung über die Geltendmachung einer baren Zuzahlung oder die Anfechtung des Verschmelzungsbeschlusses.[17] Dies ist jedoch weder nach dem Gesetzeswortlaut noch nach der Gesetzesbegründung zu rechtfertigen; die Frage bestimmt sich vielmehr im Einzelfall nach dem Wortlaut des jeweiligen Versicherungsvertrags und der Satzung des betreffenden VVaG.[18]

9 **3. Beschlussfassung (Abs. 3).** Abs. 3 entspricht der Regelung des § 65 Abs. 1 betreffend den Beschluss der Hauptversammlung einer Aktiengesellschaft. Für die Beschlussfassung durch die oberste Vertretung sind drei Viertel der abgegebenen Stimmen der Mitglieder bzw der Mitgliedervertreter erforderlich (S. 1). Die Satzung des VVaG kann eine größere Mehrheit und strengere Abstimmungserfordernisse vorsehen. Wurden Widersprüche gegen die Verschmelzung erhoben, so wird teilweise bei Mischverschmelzung in analoger Anwendung des § 293 S. 2 eine Mehrheit von neun Zehnteln der abgegebenen Stimmen verlangt, wenn spätestens bis zum Ab-

12 Näheres dazu: § 110 Rn 2.
13 Semler/Stengel/*Koerfer*, § 112 UmwG Rn 20; Widmann/Mayer/*Vossius*, § 112 UmwG Rn 7; Lutter/*Wilm*, § 112 UmwG Rn 5.
14 Widmann/Meier/*Vossius*, § 112 UmwG Rn 7.
15 Semler/Stengel/*Koerfer*, § 112 UmwG Rn 25.
16 Semler/Stengel/*Koerfer*, § 112 UmwG Rn 30.
17 Semler/Stengel/*Koerfer*, § 112 UmwG Rn 31 f.
18 Vgl auch KölnKomm-UmwG/*Beckmann*, § 112 UmwG Rn 10.

lauf des dritten Tages vor der Versammlung mind. 100 Mitglieder des VVaG der Verschmelzung widersprochen haben, da die Verschmelzung mit der Änderung des Mitgliedschaftsrechts bei einem Formwechsel vergleichbar sei.[19] Diese Auffassung ist jedoch abzulehnen, da keine Anhaltspunkte für eine planwidrige Gesetzeslücke in § 112 bestehen.[20]

Während die Ausübung des Stimmrechts eines Mitglieds durch einen Bevollmächtigten möglich ist (§ 36 S. 3 VAG verweist auf § 134 Abs. 3 AktG), ist eine Vertretung bei der Vertreterversammlung nicht zulässig.[21] Der Beschluss beinhaltet die Zustimmung zum Abschluss des Verschmelzungsvertrags und zugleich die Entscheidung darüber, dass der übertragende VVaG durch die Verschmelzung automatisch, dh ohne Liquidation gem. den §§ 46 ff VAG, aufgelöst wird. 10

Die fortwährenden Veränderungen im Mitgliederbestand eines VVaG sind unproblematisch, da neue Mitglieder an den einmal gefassten Verschmelzungsbeschluss gebunden sind.[22] 11

III. Rechtsfolgen bei Verstoß gegen Pflichten nach § 112

Werden die in § 63 genannten Unterlagen nicht oder nicht vollständig ausgelegt, verstößt der Vorstand gegen seine Erläuterungspflicht (§ 64 Abs. 1 S. 2) oder gegen seine Auskunftspflicht (§ 64 Abs. 2) des Vorstands, so ist der Verschmelzungsbeschluss gem. § 36 VAG iVm §§ 243 ff AktG grds. anfechtbar, beim kleineren VVaG ggf sogar nichtig.[23] 12

Die unrichtige Wiedergabe oder Verschleierung von Angaben zur Verschmelzung sowie ein Verstoß gegen die Prüfungspflicht sind gem. §§ 313, 314 strafbewehrt. 13

§ 113 Keine gerichtliche Nachprüfung

Sind nur Versicherungsvereine auf Gegenseitigkeit an der Verschmelzung beteiligt, findet eine gerichtliche Nachprüfung des Umtauschverhältnisses der Mitgliedschaften nicht statt.

I. Normzweck und Anwendungsbereich

§ 113 ist lediglich auf Verschmelzungen im Wege der Aufnahme anwendbar, an denen ausschließlich VVaG beteiligt sind. Sie hat aus Sicht des Gesetzgebers lediglich klarstellenden Charakter. Laut der Gesetzesbegründung hält der Gesetzgeber eine gerichtliche Nachprüfung der Umtauschverhältnisse der Mitgliedschaften entsprechend der Regelung des § 110 für entbehrlich, da sich bei Verschmelzungen, an denen ausschließlich VVaG beteiligt sind, die Mitgliedschaft schwerpunktmäßig durch das Versicherungsvertragsverhältnis gestaltet, welches unverändert von dem neuen Rechtsträger übernommen wird.[1] Ein Umtauschverhältnis wird grds. nicht festgesetzt, da keine Anteile zwischen übertragendem und übernehmendem Rechtsträger ausgetauscht werden, so dass die Regelung lediglich der Klarstellung dient.[2] 1

II. Inhalt

Allgemein besteht bei Verschmelzungen durch Aufnahme das Recht der Anteilsinhaber des übertragenden Rechtsträgers, die Angemessenheit des Umtauschverhältnisses oder des Gegenwerts der Mitgliedschaft beim übernehmenden Rechtsträger – im Wege des Spruchverfahrens nach dem SpruchG – auf Antrag gerichtlich überprüfen zu lassen. § 15 ergänzt das Recht des Anteilsinhabers des übertragenden Rechtsträgers aus § 14, Klage gegen die Wirksamkeit des 2

19 Semler/Stengel/*Koerfer*, § 112 UmwG Rn 34.
20 Vgl Widmann/Mayer/*Vossius*, Loseblatt, Stand August 2011, § 112 UmwG, Rn 27.
21 Prölss/*Weigel*, § 36 Rn 9.
22 Semler/Stengel/*Koerfer*, § 112 UmwG Rn 45; Widmann/Mayer/*Vossius*, § 112 UmwG Rn 28.
23 S. § 111 Rn 7.
1 Vgl Begr. zu § 110 und § 112 UmwG, BT-Drucks. 12/6699, 113.
2 KölnKomm-UmwG/*Beckmann*, § 113 Rn 2.

Verschmelzungsbeschlusses zu erheben, wobei diese nicht auf die Unangemessenheit des Umtauschverhältnisses oder des Gegenwerts der Mitgliedschaft bei dem übernehmenden Rechtsträger gestützt werden kann (§ 14 Abs. 2). Für diese Fälle gewährt § 15 Abs. 1 S. 1 dem Anteilsinhaber des übertragenden Rechtsträgers einen Anspruch auf bare Zuzahlung. Die abgemessene Zuzahlung wird auf Antrag vom Gericht bestimmt (§ 15 Abs. 1 S. 2). Eine solche gerichtliche Überprüfung der Angemessenheit des Umtauschverhältnisses schließt § 113 für Verschmelzungen im Wege der Aufnahme unter ausschließlicher Beteiligung von VVaG aus.

3 Die o.a. Gesetzesbegründung ist seit dem Urteil des BVerfG vom 26.7.2005[3] als überholt zu betrachten: Aufgrund des Urteils wurde der § 14 VAG, der die Genehmigung von Bestandsübertragungen durch die BaFin regelt und auf den § 14 a VAG für Umwandlungen verweist, dahingehend geändert, dass gem. § 14 Abs. 3 VAG nF die Genehmigung nur zu erteilen ist, wenn den Mitgliedern eines VVaG, die ihre Mitgliedschaft verlieren und keine neue Mitgliedschaft in einem übernehmenden VVaG erhalten, ein angemessenes Entgelt zu zahlen ist.

4 Entsprechendes sollte bei der Verschmelzung durch Aufnahme unter ausschließlicher Beteiligung von VVaG gelten, wenn Mitglieder des übertragenden VVaG aufgrund unterschiedlicher Unternehmenswerte der beteiligten VVaG vermögenswerte Nachteile hinsichtlich der Beteiligung an Überschüssen und an dem Liquidationserlös erleiden.[4] Diese Nachteile sind durch entsprechende Änderung der Satzung des übernehmenden VVaG auszugleichen.[5] Die Überprüfung der Satzungsänderung auf die Existenz oder die Angemessenheit einer solchen satzungsmäßigen Ausgleichsregelung ist von § 113 nicht ausdrücklich erfasst und mithin nicht ausgeschlossen. Zumindest im Rahmen des aufsichtsrechtlichen Genehmigungsverfahrens gem. §§ 14 a, 14 VAG hat die BaFin die Belange der Versicherten und damit auch die Wertrelation positiv zu prüfen.[6] Die Genehmigung ist gem. §§ 14 a, 14 Abs. 1 S. 2 VAG dann zu erteilen, wenn die Belange der Versicherten sowohl des übertragenden als auch des übernehmenden VVaG gewahrt sind und bei der Entscheidung ausreichend gewürdigt wurden.[7]

Dritter Unterabschnitt
Verschmelzung durch Neugründung

§ 114 Anzuwendende Vorschriften

Auf die Verschmelzung durch Neugründung sind die Vorschriften des Zweiten Unterabschnitts entsprechend anzuwenden, soweit sich aus den folgenden Vorschriften nichts anderes ergibt.

I. Normzweck und Anwendungsbereich

1 Die Bestimmung leitet den Unterabschnitt mit den speziellen Regelungen für die Verschmelzung durch Neugründung ein und bestimmt, dass grds. die §§ 110 bis 113 auch auf diese Verschmelzungsart Anwendung finden, soweit in den besonderen Bestimmungen der §§ 115 bis 117 nichts anderes geregelt ist. Anders als § 110 beschränkt § 114 den Anwendungsbereich aber nicht auf Verschmelzungen unter ausschließlicher Beteiligung von VVaG, sondern erfasst auch die nach § 109 zulässige Mischverschmelzung zwischen VVaG durch Neugründung einer Versicherungs-Aktiengesellschaft.[1]

3 BVerfG – 1 BvR 782/94, 1 BvR 957/96, NJW 2005, 2363 (2371 ff).
4 Widmann/Mayer/*Vossius*, § 113 UmwG Rn 6.
5 Semler/Stengel/*Koerfer*, § 113 UmwG Rn 7; Köln-Komm-UmwG/*Beckmann*, § 113 UmwG Rn 2.
6 Semler/Stengel/*Koerfer*, § 113 UmwG Rn 6.
7 Prölss/*Präve*, § 14 Rn 23 f, § 14 a Rn 8.
1 Begr. zu § 114 UmwG, BT-Drucks. 12/6699, 113.

II. Inhalt

Folgende Verschmelzungskonstellationen sind möglich: 2

Zwei oder mehrere VVaG werden auf einen anderen VVaG verschmolzen durch **Neugründung des anderen VVaG:** Es gelten die §§ 114 bis 117 sowie aufgrund Verweisung die §§ 110 bis 113. Insb. § 112 wird durch die §§ 115 und 116 ergänzt. Die §§ 110 bis 113 gelten allerdings nur für die existierenden übertragenden VVaG, da der neu zu gründende VVaG erst im Wege der Eintragung ins Handelsregister rechtlich existent wird (§§ 36 Abs. 1, 19 Abs. 1). Die als lex specialis vorrangig geltende Bestimmung des § 117 regelt in Abweichung von § 15 VAG, dass der neu zu gründende VVaG nämlich erst mit Eintragung ins Handelsregister und nicht schon mit Erteilung der BaFin-Erlaubnis zum Geschäftsbetrieb rechtsfähig wird.[2] 3

Zwei oder mehrere VVaG werden auf eine Versicherungs-Aktiengesellschaft verschmolzen durch **Neugründung einer Versicherungs-Aktiengesellschaft:** Auch in diesem Fall gelten die §§ 110 bis 113 und die §§ 115, 116 nur für die übertragenden VVaG. Gem. § 36 Abs. 2 sind für die neu zu gründende Aktiengesellschaft die Gründungsvorschriften des AktG zu beachten. Die Gründungsvorschriften des AktG und die Regelungen der §§ 115, 116 sind jedoch im Wesentlichen deckungsgleich, so dass dahinstehen kann, welche Bestimmungen letztlich Vorrang haben. 4

Im zusammenfassenden Überblick regeln die nachfolgenden §§ 115 bis 117 Folgendes: 5

- Die Vorstände der übertragenden VVaG bestellen Aufsichtsrat und Abschlussprüfer des neu zu gründenden Rechtsträgers; die Bestellung ist notariell zu beurkunden (§ 115).
- Die Satzung des neu zu gründenden Rechtsträgers und die Bestellung seiner Aufsichtsratsmitglieder bedürfen der Zustimmung durch den Verschmelzungsbeschluss der übertragenden VVaG (§ 116 Abs. 1).
- Ein im Wege der Verschmelzung neu zu gründender VVaG erlangt erst mit Eintragung ins Handelsregister Rechtspersönlichkeit (§ 117).

§ 115 Bestellung der Vereinsorgane

[1]Die Vorstände der übertragenden Vereine haben den ersten Aufsichtsrat des neuen Rechtsträgers und den Abschlußprüfer für das erste Voll- oder Rumpfgeschäftsjahr zu bestellen. [2]Die Bestellung bedarf notarieller Beurkundung. [3]Der Aufsichtsrat bestellt den ersten Vorstand.

I. Normzweck und Anwendbarkeit

§ 115 soll sicherstellen, dass der neu zu gründende VVaG handlungsfähig ist, da im Zeitpunkt der Registeranmeldung und damit der Entstehung des neu zu gründenden Rechtsträgers das Organ der obersten Vertretung noch nicht existiert. Die Vorstände der übertragenden VVaG bestellen den ersten Aufsichtsrat und den Abschlussprüfer, und der bestellte Aufsichtsrat bestellt den ersten Vorstand. Bei der Verschmelzung durch Neugründung einer Versicherungs-Aktiengesellschaft ist die Regelung des § 115 nicht erforderlich, da sich bereits aus § 36 Abs. 2 UmwG iVm § 30 Abs. 1 und 4 AktG ergibt, dass die Gründer den ersten Aufsichtsrat und den Abschlussprüfer bestellen und der bestellte Aufsichtsrat den ersten Vorstand bestellt.[1] Teilweise 1

2 Semler/Stengel/*Koerfer*, § 114 UmwG Rn 3; KölnKomm-UmwG/*Beckmann*, § 114 UmwG Rn 3.

1 So auch Semler/Stengel/*Koerfer*, § 115 UmwG Rn 5; KölnKomm-UmwG/*Beckmann*, § 115 UmwG Rn 2.

wird auch vertreten, dass § 115 die Spezialvorschrift zu § 36 Abs. 2 UmwG iVm § 30 Abs. 1 und 4 AktG ist. [2] Da im Ergebnis jedenfalls jeweils der Vorstand der übertragenden VVaG Aufsichtsrat und Abschlussprüfer des neu zu gründenden Rechtsträgers zu bestellen hat, kann dieser Meinungsstreit dahinstehen.

2 Die Bestellung des Abschlussprüfers des neu zu gründenden Rechtsträgers durch die Vorstände der übertragenden VVaG wäre rechtlich nicht unbedingt erforderlich, um die Handlungsfähigkeit des übernehmenden Rechtsträgers herzustellen. Wenn der erste Aufsichtsrat bestellt ist, so kann dieser eigentlich gem. der Spezialbestimmung für Versicherungsunternehmen in § 341 k Abs. 2 S. 1 HGB in Abweichung von § 318 Abs. 1 S. 1 HGB den Abschlussprüfer bestimmen. Zusätzlich würde für den neu zu gründenden VVaG gem. § 58 VAG gelten, dass der Vorstand der BaFin den Abschlussprüfer unverzüglich anzuzeigen hat und die BaFin ggf die Bestimmung eines anderen Prüfers verlangen kann. Die Spezialregelung in § 115 führt letztlich zu einer Vereinfachung und Beschleunigung des Gründungsprozesses. Denn indem der Abschlussprüfer bereits im Zusammenhang mit dem Verschmelzungsvertrag durch notariell beurkundeten Beschluss bestimmt wird und die BaFin den Verschmelzungsvorgang gem. §§ 14 a, 14 VAG genehmigt, wird dasselbe Ergebnis bei Vermeidung einer doppelten Involvierung der Aufsichtsbehörde erreicht.

II. Inhalt

3 **1. Bestellung des ersten Aufsichtsrats (S. 1).** Die Wirksamkeit der Bestellung der Mitglieder des ersten Aufsichtsrats des neu zu gründenden Rechtsträgers ist aufschiebend bedingt durch den Verschmelzungsbeschluss. Daher bietet es sich aufgrund der Bestimmung des § 116 an, die Bestellung vor Beschlussfassung gem. § 115 durchzuführen.[3] Die persönlichen Voraussetzungen der zu bestellenden Mitglieder des Aufsichtsrats des neu zu gründenden Rechtsträgers ergeben sich bei einer Versicherungs-Aktiengesellschaft unmittelbar aus § 100 AktG, bei einem neu zu gründenden VVaG aus § 35 Abs. 3 S. 1 VAG iVm § 100 AktG.

4 Zu beachten sind grds. die Bestimmungen der **Arbeitnehmermitbestimmung** nach dem DrittelbG, das auch in diesem Fall für die Wahl der Arbeitnehmervertreter im Aufsichtsrat Anwendung findet. Dh die Mitglieder des Aufsichtsrats werden nur zu zwei Dritteln durch die Vorstände der übertragenden VVaG besetzt (gem. § 115) und zu einem Drittel durch die Arbeitnehmerschaft (gem. §§ 1, 4 ff DrittelbG).[4] § 35 Abs. 3 S. 1 VAG verweist zwar nicht auf § 31 AktG, die Verweisungskette ergibt sich aber aus §§ 116 Abs. 1 S. 2; 76 Abs. 2 S. 2. Demnach ist es bei Neugründung eines mitbestimmten Rechtsträgers ratsam, im Rahmen des Verschmelzungsvorgangs zunächst nur einen sog. Rumpfaufsichtsrat mit mind. drei Mitgliedern des neu zu gründenden Rechtsträgers zu bestellen, damit das Organ zunächst einmal beschluss- und damit handlungsfähig ist und den Vorstand bestellen kann. Dann können die Arbeitnehmervertreter durch die Arbeitnehmerschaft gem. DrittelbG gewählt werden. Die Mitglieder des ersten (Rumpf-)Aufsichtsrats sind gem. § 115 nur bis zur Beendigung der Mitgliedervertreterversammlung bzw Hauptversammlung bestellt, die über die Entlastung für das erste Voll- oder Rumpfgeschäftsjahr beschließt. Insoweit ist § 30 Abs. 3 S. 1 AktG entweder über die Verweisung in § 35 Abs. 3 S. 1 VAG oder unmittelbar anwendbar.

5 **2. Bestellung des Abschlussprüfers (S. 1).** Gem. §§ 58 VAG Abs. 2 S. 1 VAG; 341 k Abs. 2 HGB haben Versicherungsunternehmen grds. durch ihren Aufsichtsrat einen Abschlussprüfer zu bestellen. § 115 verdrängt insoweit diese Bestimmungen im Fall der Verschmelzung durch Neugründung und überträgt die Befugnis und Pflicht zur Bestellung auf die Vorstände der übertragenden VVaG. Die Voraussetzungen der Auswahl des Abschlussprüfers ergeben sich aber aus § 341 k HGB.

2 Widmann/Mayer/*Vossius*, § 115 UmwG Rn 2 ff.
3 Widmann/Mayer/*Vossius*, § 115 UmwG Rn 3.
4 Hierzu näher Widmann/Mayer/*Vossius*, § 115 UmwG Rn 14 ff.

3. Formerfordernis (S. 2). Die Bestellung des Aufsichtsrats und des Abschlussprüfers muss jeweils **notariell beurkundet** werden. Da es sich jeweils um eine Willenserklärung handelt, sind die §§ 6 ff BeurkG anzuwenden.[5] Aus Effizienzgründen sollte die Beurkundung bei Gelegenheit der Beurkundung des Verschmelzungsvertrags erfolgen. 6

4. Bestellung des Vorstands durch den Aufsichtsrat (S. 3). Der nach S. 1 bestellte Aufsichtsrat bestellt den ersten Vorstand. Die Bestellung kann bereits vor Fassung des Verschmelzungsbeschlusses durch die jeweilige Mitgliedervertreterversammlung der übertragenden VVaG erfolgen. Sie ist allerdings aufschiebend bedingt durch die Zustimmung der übertragenden VVaG mit Verschmelzungsbeschluss (§ 116 Abs. 1).[6] Es ist also die Frage, ob die Bestellung des Vorstands vor Fassung des jeweiligen Verschmelzungsbeschlusses erfolgen sollte. In jedem Fall ist es sinnvoll, wenn der erste Aufsichtsrat im Vorfeld die möglichen Kandidaten für den Vorstand identifiziert und auch bereits anspricht. Denn die Bestellung zum Vorstand ist nur mit Einverständnis des künftigen Vorstandsmitglieds wirksam,[7] und ein Vorstand muss bestellt sein, damit der neu zu gründende Rechtsträger im Handelsregister eingetragen werden kann (§§ 31, 32 VAG und § 37 Abs. 4 Nr. 3 AktG). 7

Der Aufsichtsratsbeschluss über die Bestellung der Vorstandsmitglieder erfolgt gem. § 35 Abs. 3 VAG iVm § 108 Abs. 1 AktG bzw unmittelbar gem. § 108 Abs. 1 AktG. Die persönlichen und fachlichen Voraussetzungen der Vorstände sind in den §§ 34, 7 a VAG geregelt: Insb. müssen Geschäftsleiter von Versicherungsunternehmen zuverlässig und fachlich geeignet sein. Die fachliche Eignung ist regelmäßig anzunehmen, wenn eine dreijährige leitende Tätigkeit bei einem Versicherungsunternehmen von vergleichbarer Größe und Geschäft nachgewiesen wird (§ 7 a Abs. 1 S. 3 VAG). 8

III. Rechtsfolgen der unterlassenen Bestellung

Die fehlende oder (form)fehlerhafte Bestellung des Aufsichtsrats und des Vorstands stellt ein Eintragungshindernis dar, so dass ohne gesetzmäßige Bestellung der neue VVaG oder die neue Versicherungs-Aktiengesellschaft mangels Eintragung ins Register nicht rechtsfähig wird (§ 117 S. 1 UmwG und § 36 Abs. S. 1 UmwG; § 41 Abs. 1 S. 1 AktG). Eine gerichtliche Abberufung und Ersatzbestellung ist nicht möglich. Die pflichtwidrig handelnden Aufsichtsratsmitglieder müssen in einem solchen Fall aber abzuberufen, und ein neuer Aufsichtsrat analog den §§ 115, 116 zu bestellen sein.[8] 9

§ 116 Beschlüsse der obersten Vertretungen

(1) [1]Die Satzung des neuen Rechtsträgers und die Bestellung seiner Aufsichtsratsmitglieder bedürfen der Zustimmung der übertragenden Vereine durch Verschmelzungsbeschlüsse. [2]§ 76 Abs. 2 und § 112 Abs. 3 sind entsprechend anzuwenden.

(2) [1]In der Bekanntmachung der Tagesordnung eines Vereins ist der wesentliche Inhalt des Verschmelzungvertrags bekanntzumachen. [2]In der Bekanntmachung haben der Vorstand und der Aufsichtsrat, zur Wahl von Aufsichtsratsmitgliedern und Prüfern nur der Aufsichtsrat, Vorschläge zur Beschlußfassung zu machen. [3]Hat der Aufsichtsrat auch aus Aufsichtsratsmitgliedern der Arbeitnehmer zu bestehen, so bedürfen Beschlüsse des Aufsichtsrats über Vorschläge

5 Widmann/Mayer/*Vossius*, § 115 UmwG Rn 12, der die Bestellung als einseitige empfangsbedürftige Willenserklärung ansieht; aA Semler/Stengel/*Koerfer*, § 115 UmwG Rn 9, nach dem die §§ 36 ff BeurkG anwendbar sind.

6 Widmann/Mayer/*Vossius*, § 115 UmwG Rn 28; Semler/Stengel/*Koerfer*, § 115 UmwG Rn 20; KölnKomm-UmwG/*Beckmann*, § 115 UmwG Rn 6; Lutter/*Wilm*, § 115 UmwG Rn 9.

7 *Hüffer*, AktG, § 84 Rn 3. Auf den VVaG ist § 84 AktG über die Verweisung in § 34 Abs. 1 S. 1 VAG anzuwenden.

8 Semler/Stengel/*Koerfer*, § 115 UmwG Rn 26, 30; Widmann/Mayer/*Vossius*, § 115 UmwG Rn 31.

zur Wahl von Aufsichtsratsmitgliedern nur der Mehrheit der Stimmen der Aufsichtsratsmitglieder der Mitglieder des Vereins.

I. Normzweck und Anwendungsbereich

1 Die Norm tritt ergänzend neben die §§ 111, 112, indem sie Regelungen zu den Gründungsbeschlüssen bzgl des neuen VVaG bzw der neuen Versicherungs-Aktiengesellschaft trifft. **§ 116 Abs. 1 S. 1** schafft eine zusätzliche Legitimationsgrundlage für die gem. § 115 bestellten Aufsichtsratsmitglieder. **§ 116 Abs. 1 S. 2** verweist zum einen auf § 76 Abs. 2 und stellt damit klar, dass die Satzung des neu zu gründenden Rechtsträgers nur mit der Zustimmung der obersten Vertretungen der übertragenden VVaG durch Verschmelzungsbeschluss wirksam wird (§ 76 Abs. 2 S. 1) und dass die Bestellung von Aufsichtsratsmitgliedern nach § 31 AktG (Bestellung bei Sachgründung) ebenfalls der Zustimmung der jeweiligen obersten Vertretung bedarf (§ 76 Abs. 2 S. 2). Zudem berücksichtigt der Verweis die Voraussetzungen der Gründung einer Versicherungs-Aktiengesellschaft.[1] Weiterhin verweist § 116 Abs. 1 S. 2 zum anderen nochmals ausdr. auf die Regelung des § 112 Abs. 3 (Erfordernis der Dreiviertel-Mehrheit für Verschmelzungsbeschluss), der aber auch ohne diesen Verweis gem. § 114 Anwendung findet.

2 Lediglich klarstellend sind auch die Regelungen des **§ 116 Abs. 2**, die die ansonsten ohnehin geltenden §§ 36 Abs. 1 S. 1 VAG; 124 Abs. 3 AktG entsprechend wiederholen.

II. Regelungsinhalt

3 **1. Zustimmung der übertragenden VVaG durch Verschmelzungsbeschluss (Abs. 1).** Die Regelung ergänzt §§ 111, 112, indem sie den Inhalt des Verschmelzungsbeschlusses näher bestimmt: So erfasst die Beschlussfassung die Zustimmung zu

- dem Verschmelzungsvertrag bzw zu dessen Entwurf (§ 13 Abs. 1)
- der Satzung des neu zu gründenden Rechtsträgers (§ 116 Abs. 1 S. 1 bzw allg. geregelt in § 37) und
- der Bestellung der Mitglieder des ersten Aufsichtsrats (§ 115 S. 1).[2]

4 **Beschlussfassendes Organ** ist jeweils die **oberste Vertretung**, dh die Mitgliedervertreterversammlung, der übertragenden VVaG. Dies stellt der **Verweis auf § 76 Abs. 1 S. 1** für die übertragenden VVaG klar. Zur Abstimmung bedarf es einer Mehrheit von drei Vierteln der abgegebenen Stimmen, soweit die Satzung der übertragenden VVaG keine größere Mehrheit oder weitere Erfordernisse bestimmt (§ 112 Abs. 3). Der jeweilige Verschmelzungsbeschluss ist notariell zu beurkunden (§ 13 Abs. 3 S. 1).

5 Da § 116 Abs. 1 ergänzend neben den §§ 111,112 gilt, müssen die dort genannten Voraussetzungen zusätzlich erfüllt sein (Einreichung zum Handelsregister, Bekanntmachung gem. § 111, Auslage der in § 112 genannten Unterlagen vor und während der Versammlung, Erläuterungspflicht, Auskunftspflicht).[3]

6 **2. Bekanntmachungen in der Tagesordnung (Abs. 2).** Die allg. Regelungen über die Einberufung der Versammlung gem. § 36 VAG iVm den dort genannten Bestimmungen des AktG werden durch § 116 Abs. 2 insoweit ergänzt, als der Inhalt der bekanntzumachenden Tagesordnung im Vergleich zu § 124 Abs. 3 AktG verkürzt die folgenden Elemente zu enthalten hat:

- **S. 1**: den wesentlichen Inhalt des Verschmelzungsvertrags: Da die Satzung des neu zu gründenden Rechtsträgers Bestandteil des Verschmelzungsvertrags ist, ist auch deren wesentlicher Inhalt anzugeben.

1 Lutter/*Wilm*, § 116 UmwG Rn 4.
2 Henssler/Strohn/*Wardenbach*, § 116 UmwG Rn 1; Widmann/Mayer/*Vossius*, § 116 UmwG Rn 9.
3 Widmann/Mayer/*Vossius*, § 116 UmwG Rn 17 ; s. dazu ausf. die Kommentierung zu §§ 111,112.

- S. 2: Vorschläge des Vorstands und des Aufsichtsrats der übertragenden VVaG zur Beschlussfassung: Konkret sind dies die Vorschläge des Aufsichtsrats zur Wahl von Aufsichtsratsmitgliedern und Abschlussprüfern des neu zu gründenden Rechtsträgers (gem. § 115 S. 1)[4] und die Vorschläge des Vorstands bzw des Aufsichtsrats zum Beschluss des Verschmelzungsvertrags und der Satzung des neuen Rechtsträgers.

Bei den Beschlüssen zu den vorgenannten Beschlussvorschlägen handelt es sich um einen einheitlichen Verschmelzungsbeschluss, der gem. § 13 Abs. 3 S. 1 notariell zu beurkunden ist. 7

S. 3 stellt zudem für den Fall, dass der Aufsichtsrat des neu zu gründenden Rechtsträgers auch aus Arbeitnehmervertretern gem. DrittelbG zu bestehen hat, klar, dass die Beschlüsse des Aufsichtsrats der übertragenden VVaG über Vorschläge der Wahl von Aufsichtsratsmitgliedern lediglich der Mehrheit derjenigen Aufsichtsratsmitglieder bedürfen, die nicht die Arbeitnehmer vertreten.[5] 8

§ 117 Entstehung und Bekanntmachung des neuen Vereins

[1]Vor der Eintragung in das Register besteht ein neuer Verein als solcher nicht. [2]Wer vor der Eintragung des Vereins in seinem Namen handelt, haftet persönlich; handeln mehrere, so haften sie als Gesamtschuldner.

I. Normzweck und Anwendungsbereich

Nach allg. Versicherungsaufsichtsrecht wird ein VVaG grds. dadurch rechtsfähig, dass ihm die Aufsichtsbehörde BaFin erlaubt, als „Versicherungsverein auf Gegenseitigkeit" Geschäfte zu betreiben (§ 15 VAG). Abweichend davon sieht § 117 vor, dass für die Erlangung der Rechtsfähigkeit die Eintragung in das Handelsregister erforderlich ist (§ 117), dh vor der Eintragung hat der VVaG allenfalls den Status eines nichtrechtsfähigen Vereins iS des § 54 BGB inne.[1] Das auf dem Gesetzesentwurf von 1994 basierende regelte zusätzlich Anforderungen an die Bekanntmachung der Eintragung,[2] die zum 1.1.2007 aufgehoben wurden.[3] Die Norm hat lediglich für Verschmelzungen im Wege der Neugründung eines VVaG Bedeutung, da die Versicherungs-Aktiengesellschaft ohnehin gem. § 41 Abs. 1 S. 1 AktG erst mit Eintragung in das Handelsregister rechtsfähig wird, diesbezüglich hat § 117 also nur deklaratorische Wirkung. 1

II. Inhalt

1. Keine Rechtsfähigkeit vor der Eintragung (S. 1). Die Anmeldung des neu zu gründenden VVaG richtet sich grds. nach § 31 VAG, der insb. die einzureichenden Unterlagen bestimmt, sowie nach § 38. Besondere Bestimmungen zur Anmeldung trifft § 117 nicht. Neben der Rechtsfähigkeit treten mit Eintragung des neu zu gründenden VVaG die allg. Wirkungstatbe- 2

4 Wenn die Bestellung des Aufsichtsrats und des Abschlussprüfers des neuen Rechtsträgers durch den Vorstand bereits stattgefunden hat (§ 115 S. 1 UmwG), macht diese Regelung in der Praxis wenig Sinn, sondern der Vorschlag des Aufsichtsrats wird eher bestätigend wirken und keine korrigierende Wirkung haben, vgl KölnKomm-UmwG/*Beckmann*, § 116 UmwG Rn 9.

5 KölnKomm-UmwG/*Beckmann*, § 116 UmwG Rn 8.

1 Semler/Stengel/*Koerfer*, § 117 UmwG Rn 1 f; Widmann/Mayer/*Vossius*, § 117 UmwG Rn 8, ordnet den Status nach § 54 BGB lediglich der Phase vor Eintragung und vor Erteilung de Erlaubnis gem. § 15 VAG zu und hält bzgl der Phase zwischen Erteilung der Erlaubnis und der Eintragung die Regelungen des Verbandsrechts zur werdenden juristischen Person für anwendbar.

2 BT-Drucks. 12/6699, 28.

3 Semler/Stengel/*Koerfer*, § 117 UmwG Rn 3.

stände der §§ 20 ff, soweit nicht in den §§ 109 bis 119 ausgeschlossen, ein. Zusätzlich geht auch die durch die Aufsichtsbehörde den übertragenden VVaG erteilte Erlaubnis zum Geschäftsbetrieb (gem. § 5 VAG) auf den neu zu gründenden Rechtsträger über.[4]

3 **2. Persönliche Haftung vor der Eintragung (S. 2).** Gem. § 117 S. 2 können auch vor der Eintragung des neu zu gründenden Rechtsträgers für diesen Verbindlichkeiten eingegangen werden. Der jeweils Handelnde haftet dafür jedoch persönlich. Handeln mehrere, haften diese gesamtschuldnerisch. Diese Haftungsregelung entspricht der Regelung für neu zu gründende Aktiengesellschaften gem. § 41 Abs. 1 S. 2 AktG, [5] diese ist also nur für den neu zu gründenden VVaG relevant, für die neu zu gründende Versicherungs-Aktiengesellschaft rein deklaratorisch. Unabhängig davon darf das Versicherungsgeschäft erst mit Erteilung der aufsichtsrechtlichen Erlaubnis aufgenommen werden; anderenfalls liegt eine Straftat gem. § 140 Abs. 1 Nr. 1 VAG vor. Die ohne BaFin-Erlaubnis abgeschlossenen Versicherungsverträge sind dennoch wirksam, so dass auch insoweit die persönliche Haftung der Handelnden gem. § 117 S. 2 eingreift.[6] Der Handelnde haftet daneben gem. § 823 Abs. 2 BGB iVm § 140 Abs. 1 Nr. 1 VAG.[7] Eine persönliche Haftung iSv § 117 S. 2 wird bspw relevant bei der vertraglichen Begründung des Innenverhältnisses zwischen den neu bestellten Vorstandsmitgliedern und den Mitgliedern des ersten Aufsichtsrats in Form von Dienstverträgen.[8]

4 Die persönliche Haftung der im Rahmen ihrer Vertretungsmacht Handelnden erlischt und geht über auf den neu zu gründenden Rechtsträger mit der Eintragung und dem Entstehen der Rechtsfähigkeit des neuen Rechtsträgers.

5 **3. Bekanntmachung der Eintragung.** Für die Bekanntmachung der Eintragung des neu zu gründenden Rechtsträgers gelten die allg. Bestimmungen der §§ 36 Abs. 1, 19 Abs. 3 UmwG iVm § 10 HGB.

Vierter Unterabschnitt
Verschmelzung kleinerer Vereine

§ 118 Anzuwendende Vorschriften

[1]Auf die Verschmelzung kleinerer Vereine im Sinne des § 53 des Versicherungsaufsichtsgesetzes sind die Vorschriften des Zweiten und des Dritten Unterabschnitts entsprechend anzuwenden. [2]Dabei treten bei kleineren Vereinen an die Stelle der Anmeldung zur Eintragung in das Register der Antrag an die Aufsichtsbehörde auf Genehmigung, an die Stelle der Eintragung in das Register und ihrer Bekanntmachung die Bekanntmachung im Bundesanzeiger nach § 119.

I. Normzweck und Anwendungsbereich

1 Kleinere Vereine iSv § 53 VAG[1] sind nicht im Handelsregister eingetragen, so dass die Bestimmungen des UmwG zu Anmeldung, Eintragung und Bekanntmachung bei diesen keinen Sinn machen. Die Bestimmungen der §§ 118 und 119 regeln daher für die gem. § 109 zulässige Verschmelzung durch Aufnahme bzw durch Neugründung unter Beteiligung kleinerer Vereine die betreffenden Anknüpfungspunkte: Antrag an die Aufsichtsbehörde statt Anmeldung zur Eintragung ins Handelsregister bzw Bekanntmachung durch die Aufsichtsbehörde im Bundesanzeiger statt Eintragung im Handelsregister. Kleinstvereine iS des § 157 a VAG fallen nicht in den Anwendungsbereich, da sie gem. § 157 a Abs. 3 2. Hs VAG nicht umwandlungsfähig sind.

4 KölnKomm-UmwG/*Beckmann*, § 116 UmwG Rn 8; Semler/Stengel/*Koerfer*, § 117 UmwG Rn 6.
5 Widmann/Mayer/*Vossius*, § 117 UmwG Rn 2 f.
6 Prölss/*Präve*, VAG, § 5 Rn 4; so auch Semler/Stengel/*Koerfer*, § 117 UmwG Rn 7.
7 KölnKomm-UmwG/*Beckmann*, § 117 UmwG Rn 4.
8 Widmann/Mayer/*Vossius*, § 117 UmwG Rn 11.
1 Zur Defintion des „kleineren Vereins“ s.a. in dieser Kommentierung unter § 109 UmwG.

II. Inhalt

1. Entsprechende Anwendung der §§ 110 bis 113 und §§ 114 bis 117 (S. 1). Da die Einordnung als kleinerer Verein durch Entscheidung der Aufsichtsbehörde erfolgt (§ 53 Abs. 4 VAG), sind bei deren Verschmelzung die Bestimmungen der §§ 110 bis 117 entsprechend und zusätzlich die §§ 118, 119 anzuwenden. Dies gilt auch für einen im Wege der Aufnahme übernehmenden neu zu gründenden kleineren Verein. Auf einen neu zu gründenden VVaG, der aus der Verschmelzung zweier oder mehrerer kleinerer Vereine hervorgeht und kein kleinerer Verein iS des § 53 VAG ist, sind §§ 118, 119 folgerichtig nicht anwendbar.[2] 2

Soweit die Regelungen nach UmwG keine Anwendung auf kleinere Vereine finden, gelten die in § 53 VAG genannten Bestimmungen des VAG sowie die allg. Bestimmungen des rechtsfähigen Vereins (§ 53 Abs. 2 VAG iVm §§ 24 bis 53 BGB).[3] 3

Aus der entsprechenden Anwendung des Zweiten und Dritten Unterabschnitts im Zusammenspiel mit den Bestimmungen des VAG und BGB ergeben sich folgende Besonderheiten: 4

- Die Einreichung des Verschmelzungsvertrags zum Handelsregister und deren Bekanntmachung nach § **111** wird ersetzt durch die Einreichung bei der zuständigen Aufsichtsbehörde und durch die Bekanntmachung der Einreichung durch die Aufsichtsbehörde im Bundesanzeiger.[4]
- Bei einem **kleineren Verein** können Beschlüsse ohne Versammlung durch Zustimmung der Mitglieder im schriftlichen Verfahren gefasst werden (§ 53 Abs. 2 VAG iVm § 32 Abs. BGB). Im Fall der Umwandlung geht jedoch § 112 iVm 13 Abs. 1 S. 2, 3 S. 1 vor, so dass eine Beschlussfassung der Versammlung der Mitglieder oder der Mitgliedervertreter und deren notarielle Beurkundung erforderlich und eben nicht im schriftlichen Umlaufverfahren möglich sind.[5]

2. Substitution von Anmeldung, Eintragung und Bekanntmachung. Anmeldung, Eintragung und Bekanntmachung sind typische Verfahren bei Verschmelzungen unter Beteiligung von Rechtsträgern, die der Publizitätspflicht unterliegen.[6] Da der kleinere Verein iS des § 53 VAG nicht eintragungspflichtig ist, werden diese Verfahren ersetzt: An die Stelle der Anmeldung zum Handelsregister (§§ 16,17) tritt der **Antrag an die zuständige Aufsichtsbehörde** auf Genehmigung der Verschmelzung gem. §§ 14 a, 14 VAG. Bei der Verschmelzung durch Neugründung ist zusätzlich § 31 VAG zu beachten, der die mit dem Antrag einzureichenden Unterlagen für den neu zu gründenden VVaG regelt.[7] Zuständig ist idR die BaFin (§ 146 VAG iVm §§ 1 und 4 FinDAG), eine Übertragung der Zuständigkeit auf eine Landesbehörde unter den Voraussetzungen des § 147 Abs. 1 VAG ist möglich. Da bei kleineren Vereinen keine Prüfung durch das Registergericht erfolgt, kommt der Aufsichtsbehörde insoweit die Rechtsaufsicht zu. Gem. § 14 a S. 2 VAG überprüft sie die Beachtung der umwandlungsrechtlichen Vorgaben in vollem Umfang. 5

An die Stelle der Eintragung und ihrer Bekanntmachung (§ 10 HGB) tritt die Genehmigung der Verschmelzung durch die Aufsichtsbehörde und die Bekanntmachung im Bundesanzeiger (§ 119). 6

§ 119 Bekanntmachung der Verschmelzung

Sobald die Verschmelzung von allen beteiligten Aufsichtsbehörden genehmigt worden ist, macht die für den übernehmenden kleineren Verein zuständige Aufsichtsbehörde, bei einer Ver-

2 Semler/Stengel/*Koerfer*, § 118 UmwG Rn 8.
3 KölnKomm-UmwG/*Beckmann*, § 118 UmwG Rn 4.
4 § 111 UmwG ist gem. 118 S. 2 UmwG also analog anzuwenden, Widmann/Mayer/*Vossius*, § 118 UmwG Rn 14; Semler/Stengel/*Koerfer*, § 118 UmwG Rn 5.
5 Semler/Stengel/*Koerfer*, § 118 UmwG Rn 10; Lutter/Wilm, § 118 UmwG Rn 3.
6 Vgl § 16 UmwG für die Anmeldung und § 19 UmwG für die Eintragung und Bek. der Verschmelzung.
7 Semler/Stengel/*Koerfer*, § 118 UmwG Rn 11.

schmelzung durch Neugründung eines kleineren Vereins die für den neuen Verein zuständige Aufsichtsbehörde die Verschmelzung und ihre Genehmigung im Bundesanzeiger bekannt.

I. Normzweck und Anwendungsbereich

1 Die Norm regelt die Zuständigkeit der die Verschmelzung und Genehmigung bekanntmachenden Aufsichtsbehörde für den Fall, dass für die an der Verschmelzung beteiligten kleineren Vereine unterschiedliche (Landes-)Aufsichtsbehörden für die Genehmigung der Verschmelzung zuständig sind.[1] Die Bestimmung findet wie § 118 lediglich auf kleinere Vereine Anwendung, auch wenn an der Verschmelzung andere VVaG beteiligt sind, die nicht kleinere Vereine sind; für diese gelten aber die §§ 110 ff.[2]

II. Inhalt

2 **1. Genehmigung der Verschmelzung aller beteiligten Aufsichtsbehörden.** Das Genehmigungsverfahren richtet sich nach §§ 14 a, 14 VAG. Die originäre Zuständigkeit liegt grds. bei der Bundesaufsichtsbehörde BaFin (§ 146 VAG iVm §§ 1 und 4 FinDAG). Sie kann auf Antrag der BaFin unter den Voraussetzungen des § 147 VAG vom Bundesfinanzministerium auf die Landesaufsicht übertragen werden.

3 **2. Bekanntmachung der Genehmigung und Verschmelzung.** Im Fall der Verschmelzung durch Aufnahme macht die Aufsichtsbehörde, die für den übernehmenden kleineren Verein zuständig ist (§§ 146, 147 VAG), die Genehmigung und die Verschmelzung bekannt. Findet eine Verschmelzung durch Neugründung eines kleineren Vereins statt, erfolgt die Bekanntmachung durch die für diesen zuständige Aufsichtsbehörde (§§ 146, 147 VAG) . Die Bekanntmachung beinhaltet die aufsichtsrechtliche Genehmigung, die Verschmelzung und den Hinweis an die Gläubiger auf deren Recht auf Sicherheitsleistung (§ 22 Abs. 1 S. 3).[3] Sie ersetzt die Registereintragung (§ 19).[4] Medium der Bekanntmachung ist der elektronische Bundesanzeiger.[5]

4 Mit der Bekanntmachung der Verschmelzung für den übernehmenden bzw neu zu gründenden kleineren Verein tritt der Tatbestand der Verschmelzungswirkung gem. § 20 sowie die besondere Wirkung des § 117 (Erlangung der Rechtsfähigkeit des neuen Vereins) ein. Die letzte vorzunehmende Bekanntmachung löst zudem den Beginn der Frist für die Geltendmachung der Gläubigerrechte gem. § 22 Abs. 1 aus.[6] Zu beachten ist, dass ein übernehmender oder neu zu gründender VVaG, der kein kleinerer Verein iS des § 53 VAG ist, dagegen der Publizität des Handelsregisters, dh den allg. Vorschriften der Eintragung und Bekanntmachung unterliegt.[7]

Neunter Abschnitt Verschmelzung von Kapitalgesellschaften mit dem Vermögen eines Alleingesellschafters

§ 120 Möglichkeit der Verschmelzung

(1) Ist eine Verschmelzung nach den Vorschriften des Ersten bis Achten Abschnitts nicht möglich, so kann eine Kapitalgesellschaft im Wege der Aufnahme mit dem Vermögen eines Gesellschafters oder eines Aktionärs verschmolzen werden, sofern sich alle Geschäftsanteile oder alle Aktien der Gesellschaft in der Hand des Gesellschafters oder Aktionärs befinden.

1 Semler/Stengel/*Koerfer*, § 119 UmwG Rn 1.
2 Henssler/Strohn/*Wardenbach*, § 119 UmwG Rn 1; s. Anwendungsbereich in der Kommentierung zu § 118.
3 Semler/Stengel/*Koerfer*, § 119 UmwG Rn 5.
4 S. § 118 S. 2 und die Kommentierung dazu.
5 Ein Formulierungsbeispiel einer Bekanntmachung liefert Widmann/Mayer/*Vossius*, § 119 UmwG Rn 9.
6 Widmann/Mayer/*Vossius*, § 119 UmwG Rn 12.
7 Lutter/Wilm, § 119 UmwG Rn 3.

(2) **Befinden sich eigene Anteile in der Hand der Kapitalgesellschaft, so werden sie bei der Feststellung der Voraussetzungen der Verschmelzung dem Gesellschafter oder Aktionär zugerechnet.**

Literatur:

Bärwaldt/Schabacker, Ein Dauerbrenner: Die Verschmelzung einer Kapitalgesellschaft mit dem Vermögen ihres Alleingesellschafters, NJW 1997, 93; *Tettinger*, UG (umwandlungsbeschränkt)? – Die Unternehmergesellschaft nach dem MoMiG-Entwurf und das UmwG, DK 2008, 75.

A. Normzweck

Verschmelzungen einer Kapitalgesellschaft auf ihren Alleingesellschafter/-aktionär bereiten dann keine Probleme, wenn der Alleingesellschafter/-aktionär seinerseits juristische Person ist; die Verschmelzung folgt in diesem Fall den allgemeinen Vorschriften (§§ 46 ff; 60 ff).[1] Demgegenüber können natürliche Personen grundsätzlich weder übertragende noch aufnehmende Rechtsträger einer Verschmelzung sein. Eine Ausnahme gilt nach § 3 Abs. 2 Nr. 2 für den Fall der Verschmelzung einer Kapitalgesellschaft auf das Vermögen ihres Alleingesellschafters, die durch die §§ 120–122 mit Leben gefüllt wird. Wirtschaftlich entspricht eine solche Verschmelzung einer Liquidation, bei der der Alleingesellschafter das Unternehmen aus der Liquidationsmasse erwirbt;[2] dem Alleingesellschafter wird über das Instrument der Verschmelzung der Rückzug aus der Kapitalgesellschaft („*discorporation*") ermöglicht.[3] Der Vorteil zur Liquidation liegt insbesondere in der Vermeidung des kosten- und aufgrund der Sperrfristen zeitintensiven Liquidationsverfahrens (§§ 60 ff GmbHG, 262 ff AktG (iVm Art. 63 SE-VO)) sowie in der Steuerneutralität dieser Gestaltungsvariante.[4] 1

In Abgrenzung zur Vorgängerregelung des UmwG 1969 erlauben die §§ 120 ff nur die Verschmelzung auf den Allein-, nicht hingegen auch auf den Mehrheitsgesellschafter/-aktionär, der eine Beteiligung von mindestens 90% hält.[5] Als Instrument zum Herausdrängen von Minderheitsgesellschaftern scheidet die Verschmelzung mit dem Vermögen des Alleingesellschafters nach heutiger Rechtslage damit aus: hierzu ist nach der lex lata der Weg des aktien- (§§ 327 a ff AktG), verschmelzungs- (§ 62 Abs. 5) oder übernahmerechtlichen (§§ 39 a ff WpÜG) Squeeze Out zu gehen, wobei bei einer Kapitalgesellschaft in der Rechtsform der GmbH ein vorgeschalteter Formwechsel in die Rechtsform der AG zulässig, aber auch erforderlich ist.[6] 2

B. Inhalt

I. Unmöglichkeit anderweitiger Verschmelzung

Eine Verschmelzung zur Aufnahme mit dem Vermögen des Alleingesellschafters gem. §§ 120 ff setzt zunächst voraus, dass eine Verschmelzung nach den Vorschriften des ersten bis achten 3

1 Vgl etwa Lutter/*Karollus*, § 120 Rn 1; Kallmeyer/*Marsch-Barner*, § 120 Rn 1.
2 KölnKomm-UmwG/*Simon*, § 120 Rn 10.
3 Lutter/*Karollus*, § 120 Rn 13.
4 KölnKomm-UmwG/*Simon*, § 120 Rn 10; Widmann/Mayer/*Heckschen*, § 120 Rn 1.
5 KölnKomm-UmwG/*Simon*, § 120 Rn 4; Widmann/Mayer/*Heckschen*, § 120 Rn 3.1.
6 OLG Hamburg NZG 2012, 944 zum verschmelzungsrechtlichen Squeeze Out; die Zulässigkeit der bewussten Herbeiführung der Squeeze Out-Voraussetzungen grundsätzlich bejahend auch BGH, NZG 2009, 585 (Lindner), aA noch mit beachtlichen Argumenten etwa *Lieder/Stange*, DK 2008, 617.

Abschnitts nicht möglich ist. Richtigerweise ist darunter zu verstehen, dass eine Verschmelzung nach den allgemeinen Vorschriften (§§ 39–119 ff) deshalb nicht möglich ist, weil der Alleingesellschafter natürliche Person ist;[7] demgegenüber eröffnet § 120 Abs. 1 nicht die Möglichkeit, unter Umgehung des Verbots des § 109 einen VVaG mit einem Rechtsträger anderer Rechtsform zu verschmelzen.[8]

II. Kapitalgesellschaft als übertragender Rechtsträger

4 Als übertragender Rechtsträger kommen nur **Kapitalgesellschaften**, also GmbH/UG, AG, KGaA und SE (Art. 10 SE-VO) in Betracht,[9] wobei bei Verschmelzung einer SE auf das Vermögen ihres Alleinaktionärs nach noch herrschender, aber nicht zwingender Ansicht die zweijährige Sperrfrist des Art. 66 SE-VO (analog) zu beachten sein soll (vgl hierzu ausführlich Umwandlungsrecht der SE Rn 141 ff).[10] Die Kapitalgesellschaft muss im Zeitpunkt des Wirksamwerdens der Verschmelzung als solche bestehen; die Verschmelzung einer nicht eingetragenen Vorgesellschaft auf ihren Alleingesellschafter ist damit nicht möglich.[11]

5 Demgegenüber steht eine **Auflösung** der übertragenden Kapitalgesellschaft einer Verschmelzung auf ihren Alleingesellschafter nach allgemeinen Grundsätzen (§ 3 Abs. 3) dann nicht entgegen, wenn noch die Fortsetzung beschlossen werden könnte.[12] Gleiches gilt nach hM für eine **Überschuldung iSd § 19 InsO**[13] des übertragenden Rechtsträgers, da der Gläubigerschutz im Rahmen der Verschmelzung in § 22 eine abschließende Regelung erfahren habe.[14] Zudem ist eine Umgehung der Insolvenzantragspflicht nicht zu gewärtigen, da die Insolvenzantragspflicht der Beschränkthafterin durch die unbeschränkte persönliche Haftung des Alleingesellschafters substituiert wird. Ausnahmsweise beachtlich soll nach wohl hM die Überschuldung im Falle einer bereits aufgelösten übertragenden Kapitalgesellschaft sein, da in diesem Fall die Überschuldung dem nach § 3 Abs. 2 erforderlichen Fortsetzungsbeschluss entgegenstehe.[15] Zwingend erscheint auch dieses Ergebnis nicht. Zunächst muss auch einem rechtlich überschuldeten Rechtsträger innerhalb der dreiwöchigen Sanierungshöchstfrist (§ 15 a Abs. 1 InsO) die Fassung eines Fortsetzungsbeschlusses möglich sein, wenn durch die Verschmelzung die Überschuldung als causa des Fortführungsverbots beseitigt werden soll. Außerhalb des Anwendungsbereichs der Sanierungsfrist ist zwar im Ausgangspunkt zutreffend, dass der Fortsetzungsbeschluss eines iSv § 19 Abs. 1 InsO überschuldeten Rechtsträgers rechtlich keine Anerkennung verdient, da er inhaltlich auf eine Insolvenzverschleppung gerichtet wäre. Nicht einsichtig ist allerdings, weshalb hieraus ein registerrechtliches Verschmelzungshindernis folgen soll. Die betroffenen Gläubigerbelange können hinreichend dadurch berücksichtigt werden, dass eventuelle Schäden, die mit einem möglichen Scheitern der Verschmelzung verbunden sind, über die Insolvenzverschleppungshaftung nach § 823 Abs. 2 BGB iVm § 15 a Abs. 1 InsO aufgefangen werden, während im Falle erfolgreicher Verschmelzung die Insolvenzantrags-

7 Schmitt/Hörtnagl/Stratz/*Stratz*, § 120 Rn 7.

8 Lutter/*Karollus*, § 120 Rn 23; Schmitt/Hörtnagl/Stratz/*Stratz*, UmwG, 6. Aufl. 2013, § 120 Rn 7; KölnKomm-UmwG/*Simon*, § 120 Rn 16, aA Semler/Stengel/*Maier-Reimer/Seulen*, 3. Aufl. 2012, § 120 Rn 18.

9 Lutter/*Karollus*, § 120 Rn 18; Kallmeyer/*Marsch-Barner*, § 120 Rn 2; Widmann/Mayer/*Heckschen*, § 120 Rn 2.1; speziell zur UG *Tettinger*, DK 2008, 75, 76 f. AA bzgl der KGaA mit unzutreffendem Hinweis, dass die Ein-Mann-KGaA nicht denkbar sei *Bärwaldt/Schabacker*, NJW 1997, 93, 94.

10 So noch Lutter/*Karollus*, § 120 Rn 18; Kallmeyer/*Marsch-Barner*, § 120 Rn 2. AA KölnKomm-UmwG/*Simon*, 2009, § 120 Rn 18; Widmann/Mayer/*Heckschen*, § 120 Rn 6.2.

11 Lutter/*Karollus*, § 120 Rn 19; Kallmeyer/*Marsch-Barner*, § 120 Rn 2; Semler/Stengel/*Maier-Reimer/Seulen*, § 120 Rn 10; KölnKomm-UmwG/*Simon*, § 120 Rn 19.

12 Lutter/*Karollus*, § 120 Rn 19; Semler/Stengel/*Maier-Reimer/Seulen*, § 120 Rn 11.

13 Eine bloß rechnerische Überschuldung ist für sich unbedenklich; vgl ausführlich Widmann/Mayer/*Heckschen*, § 120 Rn 8.3 ff.

14 OLG Stuttgart NZG 2006 159, 160; Kallmeyer/*Marsch-Barner*, § 120 Rn 3; KölnKomm-UmwG/*Simon* 2009, § 120 Rn 22; Semler/Stengel/*Maier-Reimer/Seulen*, § 120 Rn 13; jetzt auch Lutter/*Karollus*, § 120 Rn 21. Anders entscheidet etwa das Schweizer Recht, das eine Fusion eines überschuldeten Rechtsträgers nur dann zulässt, wenn entsprechende Deckungszusagen vorliegen, vgl Art. 6 FusG.

15 Lutter/*Karollus*, § 120 Rn 19; Schmitt/Hörtnagl/Stratz/*Stratz*, § 120 Rn 4.

pflicht ohnehin entfällt. Die §§ 120 ff verlangen schließlich nicht, dass die übertragende Kapitalgesellschaft ein vollkaufmännisches Gewerbe betreibt.[16]

III. Übernehmender Rechtsträger

1. Natürliche Person. Übernehmender „Rechtsträger" muss eine natürliche Person sein; insbesondere kann auch ein VVaG nicht nach § 120 verschmolzen werden;[17] ist übernehmender Rechtsträger eine Kapitalgesellschaft gelten, auch wenn diese Alleingesellschafter/-aktionär ist, die allgemeinen Regeln der §§ 45 ff, 60 ff. 6

2. Alleingesellschafter/Alleinaktionär. Die übernehmende natürliche Person muss **Vollrechtsinhaber sämtlicher Geschäftsanteile bzw Aktien** sein.[18] Eigene Anteile der übertragenden Kapitalgesellschaft sind dabei der übernehmenden natürlichen Person zuzurechnen, da sie wirtschaftlich in deren Eigentum stehen;[19] nicht zugerechnet werden demgegenüber Anteile, die von einem Beteiligungsunternehmen oder einem Treuhänder für Rechnung des Alleingesellschafters/-aktionärs gehalten werden.[20] Ausreichend ist, dass die – gegebenenfalls kraft Zurechnung bestehende – Alleingesellschafterstellung bei Eintragung der Verschmelzung vorliegt.[21] 7

Kaufmannseigenschaft: § 122 Abs. 2 stellt seit 1998 klar, dass der übernehmende Alleingesellschafter kein Kaufmann iSd HGB sein muss; die diesbezüglich früher geführte Debatte hat sich damit erledigt.[22] Spätestens seit der Sevic-Entscheidung des EuGH sollte zudem nichts dagegen sprechen, dass der **Alleingesellschafter** seinen **Wohnsitz im Ausland** hat, wobei allerdings auch darauf hinzuweisen ist, dass der EuGH nach wie vor an seiner wenig konsequenten und rechtspolitisch nicht überzeugenden Differenzierung zwischen Wegzugs- und Zuzugsbeschränkungen festhält.[23] 8

Überschuldung: Nach herrschender Meinung steht auch eine Überschuldung des Vermögens des übernehmenden Alleingesellschafters einer Verschmelzung nach § 120 nicht entgegen; allenfalls wird im Einzelfall ein Verstoß gegen § 138 BGB diskutiert.[24] Dem wird man im Grundsatz zu folgen haben: als natürliche Person ist der Alleingesellschafter/Alleinaktionär gerade nicht Adressat des Überschuldungstatbestandes. Weder eine bloß rechnerische Überschuldung noch eine Überschuldung im Rechtssinne (§ 19 InsO) ist für den Alleingesellschafter/Alleinaktionär rechtserheblich. Auch den Vorwurf des Rechtsmissbrauchs wird man bei Verschmelzung des Vermögens der Kapitalgesellschaft auf einen zumindest rechnerisch überschuldeten Alleingesellschafter nicht vorschnell erheben können: zu berücksichtigen ist das Korrektiv der unbeschränkten Haftung des Alleingesellschafters, der grundsätzlich mit seinem Lebenseinkommen für die Ansprüche nicht nur seiner Privatgläubiger, sondern auch der Gläubiger der Kapitalgesellschaft einzustehen hat, soweit er sich nicht durch ein Restschuldbefreiungsverfahren entschuldet. 9

16 Lutter/*Karollus*, § 120 Rn 19; Kallmeyer/*Marsch-Barner*, § 120 Rn 3; KölnKomm-UmwG/*Simon*, § 120 Rn 21.

17 OLG Schleswig NZG 2001, 418; Lutter/*Karollus*, § 120 Rn 23; Kallmeyer/*Marsch-Barner*, § 120 Rn 3; Schmitt/Hörtnagl/Stratz/*Stratz*, § 120 Rn 7; KölnKomm-UmwG/*Simon*, § 120 Rn 29; AA Semler/Stengel/*Maier-Reimer/Seulen*, § 120 Rn 18.

18 Lutter/*Karollus*, § 120 Rn 33; KölnKomm-UmwG/*Simon*, 2009, § 120 Rn 38.

19 Kallmeyer/*Marsch-Barner*, § 120 Rn 6; Schmitt/Hörtnagl/Stratz/*Stratz*, § 120 Rn 9.

20 Kallmeyer/*Marsch-Barner*, § 120 Rn 6; KölnKomm-UmwG/*Simon*, § 120 Rn 42.

21 Lutter/*Karollus*, § 120 Rn 4; Kallmeyer/*Marsch-Barner*, § 120 Rn 6.

22 Lutter/*Karollus*, UmwG, 4. Aufl. 2009, § 120 Rn 28; Kallmeyer/*Marsch-Barner*, § 120 Rn 3.

23 So auch Widmann/Mayer/*Heckschen*, § 122 UmwG Rn 4.1 ff., der davon ausgeht, dass der EuGH auch die Herausverschmelzung ohne weiteres als zulässig erachtet.

24 Kallmeyer/*Marsch-Barner*, § 120 Rn 3; gegen ein Verschmelzungsverbot auch KölnKomm-UmwG/*Simon*, § 120 Rn 33 f; Widmann/Mayer/*Heckschen*, UmwG, § 120 Rn 23.9; AA Lutter/*Karollus*, § 120 Rn 19, der die Verschmelzung auf einen überschuldeten Alleingesellschafter zumindest dann als unzulässig ansieht, wenn der Alleingesellschafter nach Verschmelzung (voraussichtlich) nicht in der Lage ist, seine persönlichen Verbindlichkeiten wie die der Kapitalgesellschaft zu bedienen.

10 **Zeitpunkt:** Die Voraussetzungen des § 120 müssen richtiger Ansicht nach erst bei Wirksamwerden der Verschmelzung vorliegen, nicht bereits bei Abschluss des Verschmelzungsvertrages.[25]

C. Verfahren

11 Nach Eintragung der Verschmelzung können Verstöße gegen § 120 nicht mehr geltend gemacht werden.[26] Dies gilt selbst dann, wenn die übernehmende natürliche Person im Verschmelzungszeitpunkt nicht Vollrechtsinhaber sämtlicher Geschäftsanteile/Aktien gewesen ist; da eine Fortsetzung der Beteiligung des übergangenen bisherigen Minderheitsgesellschafters am Vermögen des übernehmenden „Alleingesellschafters" nicht in Betracht kommt, sind Minderheitsgesellschafter auf Schadensersatzansprüche gegen die Geschäftsleitung der Kapitalgesellschaft und gegen die übernehmende natürliche Person verwiesen.[27]

§ 121 Anzuwendende Vorschriften

Auf die Kapitalgesellschaft sind die für ihre Rechtsform geltenden Vorschriften des Ersten und Zweiten Teils anzuwenden.

A. Zweck

1 § 121 besitzt rein deklaratorischen Charakter. Auch ohne ausdrücklichen Anwendungsbefehl würde sich die Verschmelzung für die übertragende Kapitalgesellschaft nach den allgemeinen Vorgaben für Verschmelzungen unter Beteiligung von Kapitalgesellschaften richten, soweit nicht die §§ 120 ff. Abweichendes regeln.[1] Insoweit ist § 121 lediglich eine Klarstellung des Inhalts zu entnehmen, dass auch für die von der Legaltypik abweichende Verschmelzung auf den Alleingesellschafter keine Besonderheiten gelten, soweit nicht die §§ 120,122 etwas anderes bestimmen.[2]

B. Inhalt

I. Anwendung der allgemeinen Regeln

2 § 121 stellt klar, dass auf die Verschmelzung einer Kapitalgesellschaft auf das Vermögen ihres Alleingesellschafters a) die allgemeinen Regeln über die Verschmelzung zur Aufnahme (§§ 2–35) und b) in Abhängigkeit von der Rechtsform der übertragenden Kapitalgesellschaft die §§ 46 ff (GmbH), §§ 60 ff (AG und SE), § 78 iVm §§ 60 ff (KGaA) anzuwenden sind.[3] Der Verfahrensablauf der Verschmelzung einer Kapitalgesellschaft auf ihren Alleingesellschafter folgt damit auf Seiten des übertragenden Rechtsträgers im Grundsatz dem für Kapitalgesellschaften typischen Muster (s. sogleich). Für das Verfahren auf Seiten des Alleingesellschafters, das in § 121 keine ausdrückliche Erwähnung erfahren hat, sind nach wohl unbestrittener Ansicht die allgemeinen, nicht rechtsformspezifischen Regeln (§§ 2–35) maßgeblich.[4]

25 KölnKomm-UmwG/*Simon*, § 120 Rn 43; Kallmeyer/*Marsch-Barner*, § 120 Rn 5.
26 Lutter/*Karollus*, § 120 Rn 42; KölnKomm-UmwG/*Simon*, § 120 Rn 46.
27 Lutter/*Karollus*, § 120 Rn 42; KölnKomm-UmwG/*Simon*, § 120 Rn 46.

1 Widmann/Mayer/*Heckschen*, § 121 Rn 2.1.
2 KölnKomm-UmwG/*Simon*, § 121 Rn 2.
3 KölnKomm-UmwG/*Simon*, § 121 Rn 5 ff; Kallmeyer/*Zimmermann*, § 121 Rn 1.
4 KölnKomm-UmwG/*Simon*, § 121 Rn 3; Widmann/Mayer/*Heckschen*, § 121 Rn 2.2.

II. Verschmelzungsvertrag

Auch am Anfang der Verschmelzung einer Kapitalgesellschaft auf das Vermögen ihres Alleingesellschafters steht ein zwischen der übertragenden Kapitalgesellschaft und dem aufnehmenden Alleingesellschafter abzuschließender und notariell zu beurkundender (§ 6) Verschmelzungsvertrag.[5] Die Pflichtangaben über einen Umtausch von Anteilen (§ 5 Abs. 1 Nr. 2-5) entfallen (§ 5 Abs. 2).[6] Da der Alleingesellschafter regelmäßig zugleich Geschäftsleiter bzw Komplementär (KGaA) der übertragenden Gesellschaft sein wird, wird der Abschluss des Verschmelzungsvertrages häufig ein Insichgeschäft darstellen, so dass den Anforderungen des § 181 BGB und § 112 AktG Rechnung zu tragen ist.[7] 3

Der Verschmelzungsvertrag oder sein Entwurf ist sowohl dem Betriebsrat der übertragenden Kapitalgesellschaft als auch einem eventuell bestehenden Betriebsrat des aufnehmenden Alleingesellschafters zuzuleiten.[8] Da auf Ebene des übernehmenden Alleingesellschafters kein Zustimmungsbeschluss gefasst wird (vgl Rn 7), berechnet sich die Monatsfrist für beide Zuleitungspflichten vom Zeitpunkt des Zustimmungsbeschlusses der übertragenden Kapitalgesellschaft.[9] Die Zuleitungspflicht gegenüber dem Betriebsrat eines Unternehmens des Alleingesellschafters entfällt ausnahmsweise, wenn das Unternehmen der übertragenden Kapitalgesellschaft und das Unternehmen des Alleingesellschafters auch nach Wirksamwerden der Verschmelzung jeweils als separate Einheiten geführt werden; es fehlt an einem Informationsbedürfnis des Betriebsrats, so dass § 5 Abs. 3 insoweit teleologisch zu reduzieren ist.[10] Ist übertragender Rechtsträger eine AG, SE oder KgaA, ist der Verschmelzungsvertrag zudem zum Handelsregister der Kapitalgesellschaft einzureichen, das die Einreichung durch Hinweisbekanntmachung veröffentlicht (§ 61).[11] 4

III. Verschmelzungsbericht, Verschmelzungsprüfung(sbericht)

Verschmelzungsbericht, Verschmelzungsprüfung und Bericht über die Verschmelzungsprüfung sind qua Natur der Sache entbehrlich, da sich alle Anteile des übertragenden Rechtsträgers notwendig in der Hand des übernehmenden Rechtsträgers befinden bzw ihm nach § 120 Abs. 2 zuzurechnen sind (§§ 8 Abs. 3 S. 2 Alt. 2, 9 Abs. 3, 12 Abs. 3); einen formbedürftigen Verzicht entsprechend § 8 Abs. 3 S. 1 Alt. 1 wird man als gekünstelten Formalismus deshalb nicht zu verlangen haben.[12] 5

IV. Verschmelzungsbeschluss

Die übertragende Kapitalgesellschaft hat nach den jeweils einschlägigen Vorschriften einen **Zustimmungsbeschluss** zu fassen; eine Befreiung nach § 64 Abs. 4 S. 1 kommt nicht in Betracht, da die Entbehrlichkeit des Zustimmungsbeschlusses voraussetzt, dass aufnehmender Rechtsträger eine AG oder SE ist.[13] Da es sich allerdings im Regelfall eo ipso um eine Vollversammlung handelt, können die entsprechenden form- und verfahrensrechtlichen Erleichterungen (§§ 121 Abs. 6 AktG; 48 Abs. 2 und 3, 51 Abs. 3 und 4 GmbHG) in Anspruch genommen werden; anderes gilt nur dann, wenn die übernehmende natürliche Person im Zeitpunkt des Verschmelzungsbeschlusses noch nicht Alleingesellschafter ist.[14] Da die Stimmverbote des § 47 Abs. 4 6

5 KölnKomm-UmwG/*Simon*, § 121 Rn 8; Kallmeyer/*Marsch-Barner*, § 120 Rn 2.

6 Schmitt/Hörtnagl/Stratz/*Stratz*, § 121 Rn 1; Kallmeyer/*Marsch-Barner*, § 120 Rn 2.

7 Lutter/*Karollus*, § 121 Rn 4; Schmitt/Hörtnagl/Stratz/*Stratz*, § 121 Rn 2.

8 Lutter/*Karollus*, § 121 Rn 3; Kallmeyer/*Zimmermann*, § 121 Rn 3; Widmann/Mayer/*Heckschen*, UmwG, § 121 Rn 17.1.

9 Lutter/*Karollus*, UmwG, 4. Aufl. 2009, § 121 Rn 8; KölnKomm-UmwG/*Simon*, 2009, § 121 Rn 14.

10 Gleiches Ergebnis bei Lutter/*Karollus*, UmwG, 4. Aufl. 2009, § 121 Rn 8; KölnKomm-UmwG/*Simon*, 2009, § 121 Rn 14.

11 KölnKomm-UmwG/*Simon*, 2009, § 121 Rn 11; Widmann/Mayer/*Heckschen*, UmwG, § 121 Rn 3.

12 Lutter/*Karollus*, UmwG, 4. Aufl. 2009, § 121 Rn 6 f; Kallmeyer/*Zimmermann*, UmwG, 5. Aufl. 2013, § 121 Rn 4; KölnKomm-UmwG/*Simon*, 2009, § 121 Rn 12; Widmann/Mayer/*Heckschen*, UmwG, § 121 Rn 3.

13 Widmann/Mayer/*Heckschen*, § 120 Rn 6.

14 KölnKomm-UmwG/*Simon*, § 121 Rn 17.

GmbHG und § 136 Abs. 1 AktG allein den Schutz des Gesellschaftsvermögens zugunsten der Gesellschaftergesamtheit, nicht aber auch der Gläubiger bezwecken, finden sie weder auf den Alleingesellschafter einer GmbH[15] noch auf den Alleinaktionär einer AG Anwendung;[16] selbst wenn man diesbezüglich grundsätzlich anderer Ansicht wäre,[17] müsste dies im Anwendungsbereich der §§ 120 ff gelten, da anderenfalls die Verschmelzung auf den Alleingesellschafter nicht rechtswirksam möglich wäre. Der Beschluss ist notariell zu beurkunden und bedarf einer Mehrheit von 3/4 der abgegebenen Stimmen bzw des vertretenen Grundkapitals. Ist übertragender Rechtsträger eine KGaA, bedarf es zusätzlich einer Zustimmung des Komplementärs gem. § 78 S. 3.[18]

7 Nach zutreffender hM ist ein Zustimmungsbeschluss des übernehmenden Alleingesellschafters nicht erforderlich.[19] An die Beschlussfassung schließen sich Anmeldung der Verschmelzung und Eintragung zu den betroffenen Handelsregistern an (vgl hierzu § 122 Rn 7 ff).

C. Kosten

8 Unter dem Regime des GNotKG fällt für die **Beurkundung des Verschmelzungsvertrages** eine doppelte (20/10) Gebühr auf den Geschäftswert an (KV 21100).[20] Der Geschäftswert berechnet sich wie nach bisheriger Rechtslage nach dem Bruttoaktivvermögen der übertragenden Gesellschafter, wobei ein Mindestgeschäftswert von EUR 30.000 und ein deutlich angehobener Höchstwert von 10.000.000 EUR zu beachten sind (§ 107 Abs. 1 S. 1 GNotKG).[21] Für die **Beurkundung des Verschmelzungsbeschlusses** ist gleichfalls eine doppelte (20/10)-Gebühr auf den Geschäftswert zu entrichten (KV 21100).[22] Der Geschäftswert bestimmt sich auch insoweit weiterhin nach dem Wert des Vermögens des übertragenden Rechtsträgers; maßgeblich ist allein der Wert des Aktivvermögens, Passiva sind nicht vermögensmindernd in Ansatz zu bringen.[23] Der Geschäftswert beträgt mindestens 30.000 EUR (§ 108 Abs. 2 iVm § 105 Abs. 1 S. 21 GNotKG) und höchstens 5.000.000 EUR (§ 108 Abs. 5 GNotKG).[24] Die aus dem bisherigen Recht bekannte absolute Gebührendeckelung auf einen Höchstbetrag von 5.000 EUR (§ 47 S. 2 KostO) entfällt.

§ 122 Eintragung in das Handelsregister

(1) Ein noch nicht in das Handelsregister eingetragener Alleingesellschafter oder Alleinaktionär ist nach den Vorschriften des Handelsgesetzbuchs in das Handelsregister einzutragen; § 18 Abs. 1 bleibt unberührt.

(2) Kommt eine Eintragung nicht in Betracht, treten die in § 20 genannten Wirkungen durch die Eintragung der Verschmelzung in das Register des Sitzes der übertragenden Kapitalgesellschaft ein.

15 BGH NJW 1989 295, 297; vgl auch Widmann/Mayer/*Heckschen*, § 121 Rn 36.1.
16 BGH, NZG 2011, 950, 951.
17 Ein Stimmverbot auch in der Einmann-Gesellschaft unter bestimmten Voraussetzungen für denkbar haltend LG München I NZG 2009, 1311, 1313.
18 KölnKomm-UmwG/*Simon*, § 121 Rn 21.
19 LG Dresden GmbHR 1997, 175, KölnKomm-UmwG/*Simon*, § 121 Rn 17; Kallmeyer/*Zimmermann*, § 122 Rn 3 aA AG Dresden GmbHR 1997, 33.
20 *Fackelmann*, Notarkosten nach dem neuen GNotKG, Rn 861.
21 *Pfeiffer*, NZG 2013, 244, 247.
22 Vgl *Fackelmann*, Notarkosten nach dem neuen GNotKG, Rn 861; *Pfeiffer*, NZG 2013, 244, 245.
23 *Pfeiffer*, NZG 2013, 244, 247.
24 *Fackelmann*, Notarkosten nach dem neuen GNotKG, Rn 865.

A. Normzweck

Zu den allgemeinen Grundsätzen des Umwandlungsrechts gehört, dass eine Verschmelzung zu den Registern aller beteiligten Rechtsträger anzumelden ist. Bei Verschmelzung auf das Vermögen des Alleingesellschafters lässt sich dieser Grundsatz allerdings nicht unmodifiziert durchhalten. Der Alleingesellschafter, der zwingend natürliche Person ist, ist nur dann im Handelsregister eingetragen, wenn er entweder Kaufmann kraft Betreiben eines Handelsgewerbes ist oder aber von der Möglichkeit einer fakultativen und konstitutiven Registereintragung Gebrauch gemacht hat. § 122 bildet die damit verbundenen firmen- und registerrechtlichen Besonderheiten der Verschmelzung auf das Vermögen des Alleingesellschafters ab und regelt zudem das Wirksamwerden der Verschmelzung, wenn eine Eintragung im für den Alleingesellschafter zuständigen Register nicht in Betracht kommt. 1

B. Inhalt

§ 122 zerfällt in zwei unterschiedliche Regelungsbereiche. § 122 Abs. 1 befasst sich mit den firmenrechtlichen Auswirkungen der Verschmelzung auf den Alleingesellschafter, während § 122 Abs. 2 die Wirksamkeit der Verschmelzung für den Fall regelt, dass abweichend von den allgemeinen Regeln eine Eintragung im Register des übernehmenden Rechtsträgers, also des Alleingesellschafters, nicht in Betracht kommt. § 122 ist insoweit Ergänzung der allgemeinen Regeln über die Verschmelzung unter Beteiligung von übertragenden Kapitalgesellschaften. 2

I. Eintragung des Alleingesellschafters als Kaufmann (§ 122 Abs. 1)

1. Bereits eingetragener Alleingesellschafter. Ist der Alleingesellschafter bereits bisher als Kaufmann im Handelsregister eingetragen, ist die Verschmelzung im Prinzip ohne firmenrechtliche Konsequenzen. Allerdings wird dem Alleingesellschafter ein unternehmerisches Ermessen dahin gehend eingeräumt, ob er sein als Einzelkaufmann bereits bisher betriebenes Einzelunternehmen und das im Rahmen der Verschmelzung zu übertragende Unternehmen der Kapitalgesellschaft organisatorisch zusammenfassen oder aber getrennt führen will.[1] In letztgenanntem Fall ist die Verschmelzung nicht zum bestehenden Einzelunternehmen einzutragen, die Eintragungspflicht richtet sich in diesem Fall nach den Grundsätzen, die für den bisher nicht eingetragenen Alleingesellschafter gelten (vgl sogleich Rn 4 ff).[2] 3

2. Noch nicht eingetragener Alleingesellschafter. a) Übertragung eines qualifizierten Gewerbes nach § 1 Abs. 2 HGB. Ist der Alleingesellschafter bisher nicht Kaufmann, erlangt die Kaufmannseigenschaft aber durch Übertragung eines iSv § 1 Abs. 2 HGB qualifizierten Unternehmens durch die Kapitalgesellschaft, ist er mit Wirksamwerden der Verschmelzung in das Handelsregister (HRA) einzutragen.[3] 4

1 Lutter/*Karollus*, § 122 Rn 5.
2 Lutter/*Karollus*, § 122 Rn 5; Semler/Stengel/*Maier-Reimer/Seulen*, § 122 Rn 6; KölnKomm-UmwG/*Simon*, § 122 Rn 9 f.
3 Lutter/*Karollus*, § 122 Rn 4; Semler/Stengel/*Maier-Reimer/Seulen*, § 122 Rn 8; KölnKomm-UmwG/*Simon*, § 122 Rn 4.

5 **b) Übertragung eines minderkaufmännischen Gewerbes.** Betreibt der Alleingesellschafter ein gewerbliches Unternehmen, das nach Art oder Umfang einen in kaufmännischer Weise eingerichteten Geschäftsbetrieb nicht erfordert (§ 2 HGB), oder einen forst- oder landwirtschaftlichen Gewerbebetrieb (§ 3 HGB), steht es ihm grundsätzlich frei, die Kaufmannseigenschaft durch fakultative und konstitutive Eintragung herbeizuführen. Dieses Wahlrecht wird richtiger Ansicht nach durch die Verschmelzung nicht tangiert.[4] Übt der Alleingesellschafter sein Wahlrecht zulässigerweise nicht aus, bleibt die Verschmelzung firmenrechtlich ohne Auswirkungen (zum Zeitpunkt des Wirksamwerdens der Verschmelzung in diesem Fall vgl Rn 10). Optiert er hingegen für die Eintragung ins Handelsregister, ist die Eintragung mit Wirksamwerden der Verschmelzung vorzunehmen.[5] Eine unechte Ausnahme von diesem Grundsatz der fakultativen Eintragung gilt für die Fälle, in denen durch Zusammenführung des bisher nach § 2 HGB qualifizierenden Unternehmens des Alleingesellschafters und des Unternehmens der Kapitalgesellschaft die Voraussetzungen nach § 1 Abs. 2 HGB erfüllt werden bzw wenn hierdurch der land- und forstwirtschaftliche Charakter eines bereits bisher vollkaufmännischen Unternehmens verloren geht.

6 **c) Kein Unternehmen/Gewerbe.** Betreibt ein Alleingesellschafter bisher kein Unternehmen und wird im Rahmen der Vermögensübertragung entweder kein Unternehmen oder aber ein freiberuflich tätiges Unternehmen bzw bloß vermögensverwaltendes Unternehmen übertragen, scheidet eine Eintragung aus.[6] Firmenrechtlich ist die Verschmelzung in diesem Fall ohne Auswirkungen (zum Zeitpunkt ihres Wirksamwerdens, vgl Rn 10).

II. Eintragung der Verschmelzung

7 Von der Eintragung des Alleingesellschafters aufgrund Kaufmannseigenschaft begrifflich und gedanklich zu trennen ist die Eintragung der Verschmelzung selbst. Das Wirksamwerden einer Verschmelzung setzt die Eintragung zu den Registern sämtlicher beteiligter Rechtsträger voraus (§ 16 Abs. 1 S. 1).[7] Diese Grundregel beansprucht grundsätzlich auch für die Verschmelzung auf das Vermögen des Alleingesellschafters Geltung: erforderlich sind prinzipiell sowohl die Eintragung beim Register der übertragenden Kapitalgesellschaft als auch beim Register des aufnehmenden Alleingesellschafters.[8] Da der Alleingesellschafter allerdings nicht zwingend in ein Register eingetragen sein muss, bedarf diese Grundregel bei einer Verschmelzung gem. §§ 120 ff im Einzelfall Korrekturen, wobei wie folgt zu differenzieren ist.

8 **1. Eintragung beim Register der übertragenden Kapitalgesellschaft.** Notwendige Voraussetzung des Wirksamwerdens der Verschmelzung ist deren Eintragung in das Register des übertragenden Rechtsträgers. Insoweit gelten im Rahmen der §§ 120 ff keine Besonderheiten.[9]

9 **2. Eintragung bei dem Alleingesellschafter als übernehmendem Rechtsträger.** Auch bei Verschmelzung auf den Alleingesellschafter ist die Eintragung in dessen Register (HRA) grundsätzlich Voraussetzung des Wirksamwerdens der Verschmelzung, wobei zwischen den oben dargestellten Fallgruppen zu unterscheiden ist. Ist der **Alleingesellschafter bereits bisher in das Handelsregister eingetragen**, ist die Verschmelzung zu dem bereits bestehenden und eingetragenen Einzelunternehmen einzutragen,[10] es sei denn der Alleingesellschafter macht von dem ihm zustehenden Wahlrecht (vgl Rn 3) Gebrauch, das Unternehmen der Kapitalgesellschaft und sein bisheriges einzelkaufmännisches Unternehmen unter getrennten Firmen zu führen. Wird der Alleingesellschafter, der bisher nicht in das Handelsregister eingetragen ist, **durch die Verschmelzung Ist-Kaufmann**, setzt das Wirksamwerden seine Eintragung als Kaufmann und die Eintragung der Verschmelzung zu seinem Register voraus. Ist der **Alleingesellschafter vor bzw**

4 Lutter/*Karollus*, § 122 Rn 4; Semler/Stengel/*Maier-Reimer/Seulen*, § 122 Rn 10.
5 Semler/Stengel/*Maier-Reimer/Seulen*, § 122 Rn 10.
6 Semler/Stengel/*Maier-Reimer/Seulen*, § 122 Rn 9; Lutter/*Karollus*, § 122 Rn 4; KölnKomm-UmwG/Simon, § 122 Rn 5.
7 Lutter/*Karollus*, § 122 Rn 3.
8 Lutter/*Karollus*, § 122 Rn 3.
9 Semler/Stengel/*Maier-Reimer/Seulen*, § 122 Rn 3.
10 Lutter/*Karollus*, § 122 Rn 5.

mit Verschmelzung Kann-Kaufmann und möchte sich eintragen lassen, ist die Verschmelzung gleichzeitig mit der Ausübung des Wahlrechts zum Register anzumelden. Es bleibt dem Alleingesellschafter allerdings unbenommen, in dieser Konstellation zunächst die Verschmelzung zu realisieren und erst zu einem späteren Zeitpunkt seine fakultative Eintragung als Kaufmann zu initiieren.

Lediglich wenn eine Eintragung nicht in Betracht kommt, lässt § 122 Abs. 2 die Eintragung in das Register des übertragenden Rechtsträgers genügen, womit gleichzeitig klargestellt wird, dass die Eintragungsfähigkeit nicht notwendige Voraussetzung einer Verschmelzung auf den Alleingesellschafter ist.[11] Das ist zunächst dann der Fall, wenn der Alleingesellschafter bisher kein Unternehmen betreibt und auch im Rahmen der Vermögensübertragung entweder kein Unternehmen oder aber ein freiberuflich tätiges Unternehmen bzw bloß vermögensverwaltendes Unternehmen übertragen wird.[12] Gleiches gilt, wenn der Alleingesellschafter zulässigerweise auf eine fakultative Eintragung verzichtet; auch hier wird die Verschmelzung nach § 122 Abs. 2 bereits mit Eintragung im Register der Kapitalgesellschaft wirksam.[13] 10

C. Verfahren

I. Anmeldung zum Register der übertragenden Kapitalgesellschaft

Immer erforderlich ist die Anmeldung der Verschmelzung zum Handelsregister der übertragenden Kapitalgesellschaft durch deren Vertretungsorgane in vertretungsberechtigter Zahl (§ 16 Abs. 1). Nach § 16 Abs. 1 S. 2 ist auch der Alleingesellschafter als übernehmender Rechtsträger berechtigt, die Verschmelzung zum Handelsregister der übertragenden Kapitalgesellschaft vorzunehmen.[14] 11

II. Anmeldung zum Register des Alleingesellschafters

1. Alleingesellschafter bereits Kaufmann. Ist der Alleingesellschafter bereits als Kaufmann in das Handelsregister eingetragen und will er das durch die Kapitalgesellschaft übertragene Unternehmen mit dem bereits bisher betriebenen Einzelunternehmen zusammenführen, ist die Verschmelzung zur Firma des bisherigen Einzelunternehmens vorzunehmen.[15] Sollen bisheriges Einzelunternehmen und übertragenes Unternehmen getrennt geführt werden, hat die Anmeldung der Verschmelzung zu dem Register zu erfolgen, in dessen Bezirk sich die Niederlassung des übertragenden Unternehmens (§ 29 HGB) befindet.[16] 12

2. Alleingesellschafter wird Kaufmann. Der bisher nicht eingetragene Alleingesellschafter, der durch die Verschmelzung ein vollkaufmännisches Unternehmen erwirbt, ist nach allgemeinen Grundsätzen in das Handelsregister einzutragen.[17] Der Alleingesellschafter hat dementsprechend einen dahin gehenden Antrag auf Eintragung in das Handelsregister zu stellen. Die Eintragung als Kaufmann wird in diesem Fall durch das Registergericht gleichzeitig mit der Eintragung der Verschmelzung vorgenommen.[18] 13

3. Alleingesellschafter ist und bleibt Nicht-Kaufmann. War der Alleingesellschafter vor der Verschmelzung weder Kaufmann kraft Betrieb eines in kaufmännischer Weise eingerichteten Geschäftsbetriebs noch kraft konstitutiver Eintragung, besteht kein Anknüpfungspunkt für eine Eintragung. Richtigerweise entfällt in diesem Fall die Pflicht zur Anmeldung der Verschmelzung;[19] nach aA soll es aus Aspekten der Rechtssicherheit auch in diesem Fall einer Anmeldung durch den Alleingesellschafter bedürfen; dieser Verpflichtung soll der Alleingesell- 14

11 KölnKomm-UmwG/Simon, § 122 Rn 12.
12 Semler/Stengel/*Maier-Reimer/Seulen*, § 122 Rn 9; Lutter/*Karollus*, UmwG, 4. Aufl. 2009, § 122 Rn 4; KölnKomm-UmwG/Simon, 2009, § 122 Rn 5.
13 Lutter/*Karollus*, § 122 Rn 7; Semler/Stengel/*Maier-Reimer/Seulen*, § 122 Rn 10.
14 Lutter/*Karollus*, § 122 Rn 10; Kallmeyer/*Zimmermann*, § 122 Rn 2.
15 Kallmeyer/*Zimmermann*, § 122 Rn 3.
16 Kallmeyer/*Zimmermann*, § 122 Rn 3.
17 Kallmeyer/*Zimmermann*, § 122 Rn 3.
18 Semler/Stengel/*Maier-Reimer/Seulen*, § 122 Rn 8.
19 Lutter/*Karollus*, § 122 Rn 10.

schafter durch Anmeldung zum Register der übertragenden Kapitalgesellschaft nachkommen.[20]

III. Der Anmeldung beizufügende Unterlagen

15 Als Anlagen sind der Anmeldung beizufügen: der Verschmelzungsvertrag und der Verschmelzungsbeschluss der übertragenden Kapitalgesellschaft jeweils in Ausfertigung oder öffentlich beglaubigter Abschrift, Nachweise über die Zuleitung des (Entwurfs des) Verschmelzungsvertrags an eventuelle Betriebsräte, die Schlussbilanz der Kapitalgesellschaft in Urschrift oder einfacher Abschrift (§ 17 Abs. 1).[21] Umstritten ist, ob eine Negativerklärung nach § 16 Abs. 2 abzugeben ist. Dagegen spricht auf den ersten Blick, dass auf beiden Seiten der Transaktion wirtschaftlich dieselbe Person steht. Denkbar bleibt allerdings eine Anfechtung durch Fremdorgane der Kapitalgesellschaft, die insoweit selbst bei einer Einpersonengesellschaft von Bedeutung bleibt, als die durch die Beschlussanfechtung eröffnete Rechtmäßigkeitskontrolle nicht in sämtlichen Fällen der Wahrung der Interessen der Anteilseigner dient, sondern im Einzelfall auch dem „öffentlichen Interesse“, sprich den Interessen der Gläubiger oder sonstiger Dritter (vgl etwa § 241 Nr. 3 u 4 AktG).[22]

IV. Eintragung der Verschmelzung

16 Nach allgemeinen Grundsätzen wird die Verschmelzung zunächst beim Register der Kapitalgesellschaft (incl. Vorläufigkeitsvermerk) und sodann bei dem Register des übernehmenden Alleingesellschafters eingetragen (§ 19).[23] Der Vorläufigkeitsvermerk entfällt, soweit eine Eintragung beim übernehmenden Alleingesellschafter nicht in Betracht kommt.[24] Entsprechend wird die Verschmelzung im Regelfall mit Eintragung der Verschmelzung bei dem Register des übernehmenden Alleingesellschafters wirksam, im Anwendungsbereich von § 122 Abs. 2 hingegen bereits durch Eintragung bei der übertragenden Kapitalgesellschaft.[25]

17 Für die Rechtswirkungen der Verschmelzung gelten im Übrigen keine Besonderheiten. Auch bei der Verschmelzung mit dem Vermögen des Alleingesellschafters kommt es zur Gesamtrechtsnachfolge des Alleingesellschafters, während die Kapitalgesellschaft erlischt.[26]

V. Bekanntmachung der Verschmelzung

18 Die Verschmelzung ist durch die Registergerichte der übertragenden Kapitalgesellschaft und des Alleingesellschafters gem. § 19 bekanntzumachen. Kommt eine Eintragung bei dem übernehmenden Alleingesellschafter nicht in Betracht, erfolgt die Bekanntmachung ausschließlich durch das Registergericht der übertragenden Kapitalgesellschaft, die dann auch allein maßgeblich für den Fristablauf nach §§ 22 Abs. 1, 25 Abs. 4 ist.[27]

D. Kosten

19 Im Rahmen des Eintragungsverfahrens ist für die notarielle Beglaubigung der Anmeldung (§ 12 Abs. 1 S. 1 HGB) nunmehr eine Höchstgebühr von EUR 70 vorgesehen (KV 25100), während für die Eintragung der Verschmelzung bei der übertragenden Kapitalgesellschaft und für eine eventuell erforderliche Eintragung beim zuständigen Register des übernehmenden Alleingesellschafters jeweils gemäß § 58 Abs. 1 S. 1 Nr. 1 GNotKG iVm KV 1400/1401 wie nach bisherigem Recht eine Gerichtsgebühr in Höhe von EUR 180 anfällt.

20 So Semler/Stengel/*Maier-Reimer/Seulen*, § 122 Rn 12 f.
21 OLG Köln GmbHR 1998, 1085.
22 Für Negativerklärung. Lutter/*Karollus*, § 122 Rn 11. AA Kallmeyer/*Zimmermann*, § 122 Rn 7.
23 Semler/Stengel/*Maier-Reimer/Seulen*, § 122 Rn 15.
24 Lutter/*Karollus*, § 122 Rn 13.
25 Lutter/*Karollus*, § 122 Rn 15.
26 Semler/Stengel/*Maier-Reimer/Seulen*, § 122 Rn 21.
27 Kallmeyer/*Zimmermann*, § 122 Rn 10.

Zehnter Abschnitt Grenzüberschreitende Verschmelzung von Kapitalgesellschaften

Literatur:

Ballmann, Der High Court of Justice erschwert die Flucht deutscher Unternehmen ins englische Insolvenzrecht. Der Fall Hans Brochier – Hintergründe und Folgen, BB 2007, 1121; *Bayer/Schmidt*, BB-Rechtsprechungs- und Gesetzgebungsreport im Europäischen Gesellschaftsrecht 2008/09, BB 2010, 387; *dies.*, Der Regierungsentwurf zur Änderung des Umwandlungsgesetzes, NZG 2006, 841; *dies.*, Die neue Richtlinie über die grenzüberschreitende Verschmelzung von Kapitalgesellschaften. Inhalt und Anregungen zur Umsetzung in Deutschland, NJW 2006, 401; *dies.*, Grenzüberschreitende Sitzverlegung und grenzüberschreitende Restrukturierungen nach MoMiG, Cartesio und Trabrennbahn, ZHR 173 (2009), 735; *Behme*, Der grenzüberschreitende Formwechsel von Gesellschaften nach Cartesio und Vale, NZG 2012, 936; *ders./Nohlen*, „Entscheidung überraschend für die Praxis", BB 2009, 13; *Behrens*, Die Umstrukturierung von Unternehmen durch Sitzverlegung oder Fusion über die Grenze im Licht der Niederlassungsfreiheit im Europäischen Binnenmarkt (Art. 52 und 58 EWGV, ZGR 1994, 1; *Böttcher/Kraft*, Grenzüberschreitender Formwechsel und tatsächliche Sitzverlegung – Die Entscheidung VALE des EuGH, NJW 2012, 2701; *Bork/Jacoby*, Das Ausscheiden des einzigen Komplementärs nach § 131 Abs. 3 HGB, ZGR 2005, 611; *Brandes*, Cross Border Merger mittels der SE, AG 2005, 177; *Breiteneicher*, Die Anwachsung als steuerliches Umwandlungsinstrument, DStR 2004, 1405; *Bungert*, Grenzüberschreitende Verschmelzungsmobilität – Anmerkung zur Sevic-Entscheidung des EuGH, BB 2006, 53; *Doralt*, Österreichischer OGH zur verschmelzenden Umwandlung über die Grenze nach Deutschland, NZG 2004, 396; *Dorr/Stukenborg*, „Going to the Chapel": Grenzüberschreitende Ehen im Gesellschaftsrecht – Die ersten transnationalen Verschmelzungen nach dem UmwG (1994), DB 2003, 647; *Drinhausen/Keinath*, Die grenzüberschreitende Verschmelzung inländischer Gesellschaften nach Erlass der Richtlinie zur grenzüberschreitenden Verschmelzung von Kapitalgesellschaften in Europa, RIW 2006, 81; *dies.*, Referentenentwurf eines Zweiten Gesetzes zur Änderung des Umwandlungsgesetzes – Erleichterung grenzüberschreitender Verschmelzungen für deutsche Kapitalgesellschaften? BB 2006, 725; *Forsthoff*, Internationale Verschmelzungsrichtlinie: Verhältnis zur Niederlassungsfreiheit und Vorwirkung; Handlungszwang für Mitbestimmungsreform, DStR 2006, 613; *Frenzel*, Grenzüberschreitende Verschmelzung von Kapitalgesellschaften – nach dem Ablauf der Umsetzungsfrist, RIW 2008, 12; *Frischhut*, Grenzüberschreitende Verschmelzungen von Kapitalgesellschaften – ein Überblick über die Zehnte gesellschaftsrechtliche Richtlinie, EWS 2006, 55; *Gesell/Krömker*, Grenzüberschreitende Verschmelzungen nach SEVIC: Praxisbericht über die Verschmelzung einer niederländischen auf eine deutsche Kapitalgesellschaft, DB 2006, 2558; *dies.*, Anmerkung zu Kantongerecht Amsterdam, DB 2007, 679; *Geyrhalter/Weber*, Transnationale Verschmelzungen – im Spannungsfeld zwischen SEVIC Systems und der Verschmelzungsrichtlinie, DStR 2006, 146; *Gottschalk*, Anmerkung zu EuGH-Urteil C-411/03 v. 13.12.2005, EuZW 2006, 83; *Grambow/Stadler*, Grenzüberschreitende Verschmelzungen unter Beteiligung einer Europäischen Gesellschaft (Societas Europea – SE), BB 2010, 977; *Goette*, Auslandsbeurkundungen im Kapitalgesellschaftsrecht, MittRhNotK 1997, 1; *Grohmann/Gruschinske*, Grenzüberschreitende Mobilität von Kapitalgesellschaften in Europa, GmbHR 2006, 191; *dies*, Beschränkungen des Wegzugs von Gesellschaften innerhalb der EU – die Rechtssache Cartesio, EuZW 2008, 463; *Grunewald*, Der Gläubigerschutz bei grenzüberschreitenden Verschmelzungen nach dem Entwurf eines zweiten Gesetzes zur Änderung des UmwG, Der Konzern 2007, 106; *Haritz/v. Wolff*, Internationalisierung des deutschen Umwandlungsrechts. Zum Entwurf eines Zweiten Gesetzes zur Änderung des Umwandlungsgesetzes, GmbHR 2006, 340; *Handelsrechtsausschuss* des Deutschen Anwaltvereins, Stellungnahme zum Regierungsentwurf eines Zweiten Gesetzes zur Änderung des Umwandlungsgesetzes, NZG 2006, 737; *Heckschen*, Die Reform des Umwandlungsrechts, DNotZ 2007, 444; *ders.*, BGH: Kompetenz eines im Ausland ansässigen Notars zur Einreichung der Gesellschafterliste, BB 2014, 462; *Ihrig*, Gläubigerschutz durch Kapitalaufbringung bei Verschmelzung und Spaltung nach neuem Umwandlungsrecht, GmbHR 1995, 622; *Kallmeyer*, Europa-AG: Strategische Optionen für deutsche Unternehmen, AG 2003, 197; *ders.*, Der gemeinsame Verschmelzungsplan für grenzüberschreitende Verschmelzungen, AG 2007, 472; *ders.*, Grenzüberschreitende Verschmelzungen und Spaltungen? ZIP 1996, 535; *ders./Kappes*, Grenzüberschreitende Verschmelzungen und Spaltungen nach SEVIC Systems und der EU-Verschmelzungsrichtlinie, AG 2006, 224; *Kappes*, Zulässigkeit grenzüberschreitender Verschmelzungen, NZG 206,

101; *Kiem*, Die Ermittlung der Verschmelzungswertrelation bei der grenzüberschreitenden Verschmelzung, ZGR 2007, 542; *ders.*, Die Regelung der grenzüberschreitenden Verschmelzung im deutschen Umwandlungsgesetz, WM 2006, 1091; *Kindler*, Der reale Niederlassungsbegriff nach dem VALE-Urteil des EuGH, EuZW 2012, 888; *Kloster*, Societas Europea und europäische Unternehmenszusammenschlüsse, EuZW 2003, 293; *Krause/Kulpa*, Grenzüberschreitende Verschmelzungen – Vor dem Hintergrund der „*Sevic*"-Entscheidung und der Reform des Deutschen Umwandlungsrechts –, ZHR 171 (2007), 38; *Kronke*, Deutsches Gesellschaftsrecht und grenzüberschreitende Strukturänderungen, ZGR 1994, 26; *Leible/Hoffmann*, Grenzüberschreitende Verschmelzungen im Binnenmarkt nach „Sevic", RIW 2006, 161; *Limmer*, Grenzüberschreitende Umwandlungen nach dem *Sevic*-Urteil des EuGH und den Neuregelungen des UmwG (Teil 1), ZNotP 2007, 242; *Louven*, Umsetzung der Verschmelzungsrichtlinie, ZIP 2006, 2021; *ders.*, Optionen grenzüberschreitender Verschmelzungen innerhalb der EU – gesellschafts- und steuerrechtliche Grundlagen, Special Nr. 03 zu BB 2006, 1; *Maul/Teichmann/Wenz,* Der Richtlinienvorschlag zur grenzüberschreitenden Verschmelzung von Kapitalgesellschaften, BB 2003, 2633; *Meilicke/Rabback*, Die EuGH-Entscheidung in der Rechtssache Sevic und die Folgen für das deutsche Umwandlungsrecht nach Handels- und Steuerrecht, GmbHR 2006, 123; *Müller*, Die grenzüberschreitende Verschmelzung nach dem Referentenentwurf des Bundesjustizministeriums, NZG 2006, 286; *ders.*, Internationalisierung des deutschen Umwandlungsrechts: Die Regelung der grenzüberschreitenden Verschmelzung, ZIP 2007, 1081; *ders.*, Der Schutz der Minderheitsgesellschafter bei der grenzüberschreitenden Verschmelzung, Der Konzern 2007, 81; *ders.*, Internationalisierung des deutschen Umwandlungsrechts: Die Regelung der grenzüberschreitenden Verschmelzung, ZIP 2007, 1081; *Neye*, Der Regierungsentwurf zur Reform des Umwandlungsrechts, ZIP 1994, 165; *ders.*, Die neue Richtlinie zur grenzüberschreitenden Verschmelzung von Kapitalgesellschaften, ZIP 2005, 1893; *ders./Timm*, Die geplante Umsetzung der Richtlinie zur grenzüberschreitenden Verschmelzung von Kapitalgesellschaften im Umwandlungsgesetz, DB 2006, 488; *Nießen*, Die internationale Zuständigkeit im Spruchverfahren, NZG 2006, 441; *Oechsler*, Die Richtlinie 2005/56/EG über die Verschmelzung von Kapitalgesellschaften aus verschiedenen Mitgliedstaaten, NZG 2006, 161; *ders.*, Die Zulässigkeit grenzüberschreitender Verschmelzungen – Die Sevic-Entscheidung des EuGH, NJW 2006, 812; *Orth*, Umwandlung durch Anwachsung (Teil I), DStR 1999, 1011; *ders.*, Umwandlung durch Anwachsung (Teil II), DStR 1999, 1053; *Paefgen*, „Cartesio": Niederlassungsfreiheit minderer Güte. Zum Urteil des EuGH vom 16.12.2008 („Cartesio") = WM 2009, 223 ff, WM 2009, 529; *ders.*, Umwandlung über die Grenze – ein leichtes Spiel? IPRax 2004, 132; *Passarge/Stark*, Gläubigerschutz bei grenzüberschreitenden Verschmelzungen nach dem Zweiten Gesetz zur Änderung des Umwandlungsgesetzes, GmbHR 2007, 803; *Priester*, Strukturänderungen – Beschlußvorbereitung und Beschlußfassung, ZGR 1990, 420, 446; *Schunder/Weber*, Die Richtlinie 2005/56/EG über die Verschmelzung von Kapitalgesellschaften aus verschiedenen Mitgliedstaaten, NZG 2006, 161; *Siems*, SEVIC: Der letzte Mosaikstein im Internationalen Gesellschaftsrecht der EU? EuZW 2006, 138; *Simon/Hinrichs*, Unterrichtung der Arbeitnehmer und ihrer Vertretungen bei grenzüberschreitenden Verschmelzungen, NZA 2008, 391; *ders./Rubner*, Die Umsetzung der Richtlinie über die grenzüberschreitende Verschmelzungen ins deutsche Recht, Der Konzern 2006, 835; *Spahlinger/Wegen,* Deutsche Gesellschaften in grenzüberschreitenden Umwandlungen nach „SEVIC" und der Verschmelzungsrichtlinie in der Praxis, NZG 2006, 721; *Tebben/Tebben*, Der Weg aus der Limited: Die grenzüberschreitende Verschmelzung auf eine GmbH, DB 2007, 2355; *Teichmann*, ECLR. Die Einführung der Europäischen Aktiengesellschaft, ZGR 2002, 383; *ders.*, Cartesio: Die Freiheit zum formwechselnden Wegzug, ZIP 2009, 393; *Teicke*, Herausforderungen bei Planung und Umsetzung einer grenzüberschreitenden Verschmelzung, DB 2012, 2675; *Thümmel/Hack*, Die grenzüberschreitende Verschmelzung von Personengesellschaften, Der Konzern 2009, 1; *Vetter,* Die Regelung der grenzüberschreitenden Verschmelzung im UmwG, AG 2006, 613; *Veil,* Kollisionsrechtliche und sachrechtliche Lösungen für eine Verschmelzung und eine Spaltung über die Grenze, Der Konzern 2009, 98; *Wenglorz*, Die grenzüberschreitende „Heraus"-Verschmelzung einer deutschen Kapitalgesellschaft: Und es geht doch! BB 2004, 1061; *Winter*, Planung und Vorbereitung einer grenzüberschreitenden Verschmelzung, Der Konzern 2007, 24; *Zimmer/Neandrup*, Das Cartesio-Urteil des EuGH: Rück- oder Fortschritt für das internationale Gesellschaftsrecht, NJW 2009, 545.

Vor §§ 122 a ff

I. Allgemeines und unionsrechtlicher Hintergrund

Die §§ 122 a–122 l regeln die grenzüberschreitende Verschmelzung von Kapitalgesellschaften und gehen auf die **Internationale Verschmelzungsrichtlinie** (IntVerschmRL)[1] vom 26.10.2005 zurück. Der europäische Gesetzgeber sah wegen der zahlreichen rechtlichen und administrativen Schwierigkeiten bei Verschmelzungen innerhalb der Gemeinschaft Handlungsbedarf.[2] Die Richtlinie verfolgt deshalb das Ziel, das Bedürfnis an Kooperation und Reorganisation bei den europäischen Kapitalgesellschaften zu befriedigen.[3] Insofern sollte eine gemeinschaftsrechtliche Regelung geschaffen werden, welche die grenzüberschreitende Verschmelzung von Kapitalgesellschaften unterschiedlicher Rechtsform, die dem Recht unterschiedlicher Mitgliedstaaten unterliegen, erleichtert und damit einen Beitrag zum reibungslosen Funktionieren des Binnenmarktes leisten würde.[4] 1

1. Hintergrund – Die Rechtslage bis 2005. a) Allgemein. Bis zur Grundsatzentscheidung des EuGH in der Rechtssache „SEVIC"[5] und der Umsetzung der IntVerschmRL waren grenzüberschreitende Verschmelzungen im Hoheitsgebiet der EU nur in wenigen Rechtsordnungen rechtlich realisierbar. Überwiegend wurden transnationale Verschmelzungen als **unzulässig** erachtet, wie etwa in den Jurisdiktionen Schwedens, Irlands, Dänemarks, Griechenlands, Finnlands und Deutschlands.[6] Umstritten war die Rechtslage hingegen in den Niederlanden. Nach dem italienischen, portugiesischen und spanischen Recht waren grenzüberschreitende Verschmelzungen hingegen zulässig.[7] In Frankreich war die Verschmelzung einer inländischen Gesellschaft mit einer nicht-französischen Gesellschaft wohl möglich.[8] Allerdings musste(n) die Rechtsordnung(en) der beteiligten übertragenden Gesellschaft(en) dies erlauben, soweit die französische Gesellschaft als aufnehmende Gesellschaft fungierte.[9] 2

b) Umwandlung durch Anwachsung bei Personengesellschaften. In der deutschrechtlichen Praxis wurde deshalb auf Ausweichlösungen zurückgegriffen. So konnte (und kann immer noch) für den Bereich der Personengesellschaften bereits vor Umsetzung der IntVerschmRL ein verschmelzungsvergleichbarer Erfolg über den Umweg der sog. „Anwachsung über die Grenze" (**Anwachsungsmodell**) erzielt werden. Hierbei treten aus einer deutschen Personengesellschaft 3

1 Richtlinie 2005/56/EG des Europäischen Parlaments und des Rates v. 26.10.2005 über die Verschmelzung von Kapitalgesellschaften aus verschiedenen Mitgliedstaaten (ABl. EU L 310 v. 25.11.2005, S. 1).
2 Erwägungsgrund 1 der IntVerschmRL, ABl. EU Nr. L 310/1.
3 Erwägungsgrund 1 der IntVerschmRL, ABl. EU Nr. L 310/1.
4 Erwägungsgrund 1 der IntVerschmRL, ABl. EU Nr. L 310/1.
5 EuGH v. 13.12.2005, Rs. C-411/03, Slg 2005 I-10805 ff = NJW 2006, 425 –Sevic.
6 *Frenzel*, Grenzüberschreitende Verschmelzung, S. 2; zum Meinungsstand vor und nach „Sevic" und der internationalen Verschmelzungsrichtlinie eingehend *Spahlinger/Wegen*, NZG 2006, 721 ff.
7 *Frenzel*, Grenzüberschreitende Verschmelzung, S. 2.
8 Widmann/Mayer/*Heckschen*, Anh. 6 (B) S. 3.
9 *Thill/Helio*, The Merger Directive, 49, 70; *Goldmann* in: Goldmann/Sanders (Hrsg.), Angleichung des Rechts der Wirtschaft in Europa, 289, 295 f; zur Rechtslage im Anwendungsbereich des UmwG 1994 auch eingehend *Dorr/Stukenborg*, DB 2003, 647, 651 ff.

(OHG, KG) sämtliche Gesellschafter aus, mit Ausnahme desjenigen ausländischen Gesellschafters, auf den alle Vermögenswerte und Verbindlichkeiten der betreffenden Personengesellschaft übergehen sollen. Dem zuletzt „verbliebenen“ ausländischen Gesellschafter wachsen sie im Wege der Gesamtrechtsnachfolge mit dem Wirksamwerden des Austritts des vorletzten Gesellschafters an, § 738 Abs. 1 S. 1 BGB iVm §§ 105 Abs. 3 bzw 161 Abs. 2 HGB.[10] Einzelner Übertragungsakte bedarf es deshalb nicht.[11] Sind nur noch zwei Gesellschafter übrig, führt das Ausscheiden des vorletzten Gesellschafters gleichzeitig nach hM zum liquidationslosen Erlöschen der zweigliedrigen Gesellschaft.[12]

Hinweis: Anwachsungsmodelle bei der GmbH & Co. KG werden in der Literatur für den Fall der Anwachsung auf den Kommanditisten aus steuerlicher Sicht teilweise jedoch kontrovers diskutiert. Umstritten ist, ob hierbei eine Buchwertfortführung beim Kommanditisten als letzten verbliebenen Gesellschafter möglich ist oder eine Aufdeckung der stillen Reserven zu erfolgen hat.[13]

4 c) **Asset Deals bei Kapitalgesellschaften.** Für den Bereich der Kapitalgesellschaften sind An- und Abwachsungsmodelle wie bei einer Personengesellschaft nicht möglich, da die Gesellschafter nicht direkt am Vermögen und den Verbindlichkeiten der Gesellschaft beteiligt sind. Es wurde daher für Kapitalgesellschaften auf **Sachkapitalerhöhungen** zurückgegriffen, bei denen die „übertragenden“ Gesellschafter einzelne oder alle ihrer Vermögensgegenstände in die „übernehmende“ Gesellschaft als Sacheinlage einbringen und dafür Anteile an der „übernehmenden“ Gesellschaft erhalten.[14] Anders als bei der regulären Verschmelzung zur Aufnahme, bei der die übertragende Gesellschaft ohne Abwicklung erlischt, besteht bei einer Sachkapitalerhöhung als Modell die „übertragende“ Gesellschaft jedoch weiter und muss noch liquidiert werden.[15]

5 **2. Grenzüberschreitende Umwandlungen. a) Die Rechtsprechung des EuGH in den Rechtssachen „Sevic“, „Cartesio“.** Die Zulässigkeit grenzüberschreitender Verschmelzungen auf Grundlage der IntVerschmRL ist vor dem Hintergrund der Judikatur des EuGH zur primärrechtlichen Niederlassungsfreiheit – insb. in den Rechtssachen „Sevic“ und „Cartesio“ – zu beurteilen. Zeitlich fiel das Inkrafttreten der IntVerschmRL mit der Grundsatzentscheidung des EuGH in der Rechtssache **„SEVIC“**[16] zusammen. Dem Sachverhalt lag die Verschmelzung einer luxemburgischen SA auf ihre deutsche Muttergesellschaft (SEVIC Systems AG) zugrunde. Nach Zurückweisung des Antrags auf Eintragung der Verschmelzung durch das AG Neuwied legte das daraufhin angerufene LG Koblenz dem EuGH die Frage vor, ob § 1 Abs. 1 Nr. 1, nach welchem sich ausschließlich Rechtsträger mit Sitz in Deutschland an einer Verschmelzung beteiligen können, mit der Niederlassungsfreiheit aus Artikel 43, 48 EG (heute Art. 49, 54 AEUV) vereinbar ist. Der Gerichtshof entschied für diesen speziellen Fall einer **„Herein-Verschmelzung“**, dass die auf § 1 Abs. 1 Nr. 1 gestützte Eintragungsverweigerung gegen die Niederlassungsfreiheit der Gesellschaft verstoße. Zur Begründung führt der EuGH an, dass die Ungleichbehandlung innerstaatlicher und grenzüberschreitender Verschmelzungen im UmwG einen Eingriff in die Grundfreiheit der Niederlassungsfreiheit darstelle.[17] Eine Rechtfertigung dieses Eingriffs scheitere bereits an der generellen Eintragungsverweigerung des Amtsgerichts.[18]

10 *Spahlinger/Wegen*, NZG 2006, 721, 728; *Spahlinger/Wegen*, Internationales Gesellschaftsrecht, Rn 515 mwN.
11 *Breiteneicher*, DStR 2004, 1405.
12 BGH BB 2004, 1244, BVerwG NJW 2011, 3671; OLG Hamm NJOZ 2013, 1167; OLG Dresden BeckRS 2011, 17863; OLG Hamm BeckRS 2007, 10797; Baumbach/Hopt/*Roth*, § 131 HGB Rn 35; Ebenroth/Boujong/Joost/Strohn/*Lorz*, § 131 HGB Rn 58; *Bork/Jacoby*, ZGR 2005, 611, 625.
13 MünchHbGesR/*Levedag*, Bd. 2, § 53 Rn 308 ff.
14 Widmann/Mayer/*Heckschen*, Vor §§ 122 a ff Rn 4.
15 Vgl auch Widmann/Mayer/*Heckschen*, § 1 Rn 323.
16 EuGH v. 13.12.2005, Rs. C-411/03, Slg 2005 I-10805 ff = NJW 2006, 425 ff – Sevic; hierzu u.a. *Oechsler*, NJW 2006, 812 ff; *Siems*, EuZW 2006, 135 ff; *Bungert*, BB 2006, 53 ff.
17 EuGH NJW 2006, 425, 426 Rn 20.
18 EuGH NJW 2006, 425, 426 Rn 30.

In der Folge entwickelte sich im deutschen Schrifttum ein Meinungsstreit darüber, ob die in der „Sevic“-Rechtsprechung für die Fallgruppe der sog. „Herein-Verschmelzung“ entwickelte Diskriminierungslogik des EuGH auch auf die Fälle der „Heraus-Verschmelzung“ übertragbar ist.[19] Spätestens seit der **„Cartesio“-Entscheidung** des EuGH darf an einer unionsrechtlichen Gleichbehandlung von Zuzugs- und Wegzugskonstellationen jedoch nicht weiter gezweifelt werden.[20] In dieser Rechtssache hatte sich der Gerichtshof erstmals seit der „Daily Mail“-Entscheidung[21] erneut zur Wegzugsfreiheit von Gesellschaften zu äußern. Für den Fall des „rechtsformwahrenden Wegzugs“ bestätigte der EuGH den in „Daily Mail“ aufgestellten Grundsatz, dass die Niederlassungsfreiheit solchen nationalen Vorschriften nicht entgegensteht, die die Sitzverlegung einer nach nationalem Recht gegründeten Gesellschaft unter Beibehaltung ihrer Rechtsform untersagen.[22] Allerdings betont der EuGH in einem *obiter dictum*, dass dies nicht für transnationale Strukturmaßnahmen gelte, bei denen die Gesellschaft in eine dem nationalen Recht des Zuzugstaates entsprechende Rechtsform „umgewandelt“ wird.[23] Die Untersagung eines solchen „Heraus-Formwechsels“ durch den Wegzugstaat würde eine Beschränkung der Niederlassungsfreiheit der betreffenden Gesellschaft darstellen, die nur durch zwingende Gründe des Allgemeinwohls gerechtfertigt werden könne.[24] 6

Die Formulierung des *obiter dictum* in der „Cartesio“-Entscheidung verdeutlicht, dass der Gerichtshof nicht qualitativ zwischen den **einzelnen Umwandlungsarten** differenziert. Stattdessen verwendet der EuGH einheitlich den Oberbegriff der „Umwandlung“. Die grenzüberschreitende Verschmelzung stellt deshalb nach der Rechtsprechung des EuGH einen Unterfall anderer, gleichberechtigter Umwandlungsmaßnahmen dar. Dafür spricht vor allen Dingen auch die Formulierung des Gerichtshofes in der „SEVIC“-Entscheidung, grenzüberschreitende Verschmelzungen würden *„wie andere Gesellschaftsumwandlungen“* den Zusammenarbeits- und Umgestaltungsbedürfnissen von Gesellschaften entsprechen.[25] Im Ergebnis darf die Unterscheidung zwischen Zuzugs- und Wegzugskonstellationen deshalb nicht im Lichte der einzelnen Umwandlungsarten erfolgen. Die Rechtsprechung des EuGH zum „Heraus-Formwechsel“ aus der „Cartesio“-Entscheidung ist daher auch auf andere Umwandlungsarten und damit auch auf die „Heraus-Verschmelzung“ übertragbar.[26] 7

Seiner **mobilitätsfreundlichen Linie** blieb der EuGH zuletzt auch in seiner jüngsten Entscheidung in der Rechtssache „VALE“ treu.[27] Mit dieser Entscheidung stellt der Gerichtshof klar, dass der „grenzüberschreitende Formwechsel“ auch in Zuzugskonstellationen und damit nunmehr in „beide Richtungen“ von der Niederlassungsfreiheit geschützt ist.[28] 8

b) Die Internationale Verschmelzungsrichtlinie. Die Mitgliedstaaten der Europäischen Union brachten im Jahre 1972 einen Entwurf für ein „Übereinkommen betreffend grenzüberschrei- 9

19 Bejahend Schmitt/Hörtnagl/Stratz/*Hörtnagl*, § 1 Rn 54; Semler/Stengel/*Drinhausen*, Einl. C Rn 30; *Gesell/Krömker*, DB 2006, 2558; *dies*, DB 2007, 679 f; *Bungert*, BB 2006, 53, 56; *Krause/Kulpa*, ZHR 171 (2007), 38, 44 f; *Gottschalk*, EuZW 2006, 83, 84; *Siems*, EuZW 2006, 135, 138; *Meilicke/Rabback*, GmbHR 2006, 123, 125 f; *Geyrhalter/Weber*, DStR 2006, 146, 149 f; ablehnend *Leible/Hoffmann*, RIW 2006, 161, 165 f; *Kappes*, NZG 2006, 101 f; *Oechsler*, NJW 2006, 812, 813.

20 EuGH v. 16.12.2008, Rs. C-210/06, Slg 2008, I 9641 = NJW 2009, 569 ff – Cartesio; hierzu u.a. *Zimmer/Neandrup*, NJW 2009, 545 ff; *Paefgen*, WM 2009, 529 ff; *Grohmann/Gruschinske*, EuZW 2008, 463 ff.

21 EuGH v. 27.9.1988, Rs. 81/87, Slg 1988, 5483 ff = NJW 1989, 2186 ff – Daily Mail.

22 EuGH NJW 2009, 569 Ls; zur terminologischen Unterscheidung zwischen rechtsformwahrenden- und rechtsformwechselnden Sitzverlegungen nach „Cartesio“ s. *Behme/Nohlen*, BB 2009, 13, 14; *Teichmann*, ZIP 2009, 393, 394; *Behme*, NZG 2012, 936 f.

23 EuGH NJW 2009, 569, 571 Rn 111.

24 EuGH NJW 2009, 569, 571 Rn 113.

25 EuGH NJW 2006, 425 Rn 19; wie hier auch Semler/Stengel/*Drinhausen*, Einl. C Rn 28.

26 So die hM, Semler/Stengel/*Drinhausen*, Einl. C, Rn 30 mwN in Fn 72; Widmann/Mayer/*Heckschen*, § 1 Rn 251; Schmitt/Hörtnagl/Stratz/*Hörtnagl*, § 1 Rn 54; Habersack/Drinhausen/*Kiem*, Vorb. §§ 122 a ff Rn 8; *Wenglorz*, BB 2004, 1061, 1063; aA etwa *Oechsler*, NJW 2006, 812, 813; *Leible/Hoffmann*, RIW 2006, 161, 166.

27 EuGH v. 12.7.2012, Rs. C-378/10, NJW 2012, 2715 ff; hierzu u.a. *Böttcher/Kraft*, NJW 2012, 2701 ff; *Behme*, NZG 2012, 936 ff; *Kindler*, EuZW 2012, 888 ff.

28 Hierauf OLG Nürnberg ZIP 2014, 128 ff; *Behme*, NZG 2012, 936, 939; zum Begriff eingehend MüKo-AktG/*Altmeppen/Ego*, Europ. AktR, B.: Europäische Niederlassungsfreiheit, Rn 333; s. hierzu auch § 190 Rn 22.

tende Verschmelzungen von Aktiengesellschaften" in den Ministerrat ein. [29] Damit erfolgte die **Grundsteinlegung** für eine europäische Verschmelzungsrichtlinie relativ früh.[30] Allerdings herrschte erhebliche Uneinigkeit im Hinblick auf die Ausgestaltung der unternehmerischen Mitbestimmung im fusionierten Unternehmen, so dass die Arbeiten hieran suspendiert werden mussten.[31]

10 Erst knapp drei Jahrzehnte später kam im Jahre 2001 mit der Einigung der Mitgliedstaaten über die gleichgelagerte Frage bei der Ausgestaltung der **SE-VO**[32] wieder Bewegung in die verhärteten Fronten, so dass die Gespräche wieder aufgenommen wurden.[33] So dann legte die Kommission am 18.11.2003 einen neuen Vorschlag für eine Verschmelzungsrichtlinie vor. Zwei Jahre später trat die IntVerschmRL am 15.12.2005 in Kraft.

11 Die IntVerschmRL ist gem. Art. 288 Abs. 3 AEUV für **jeden Mitgliedstaat** der EU verbindlich und gilt seit dem 25.6.2002 auch gegenüber den Unterzeichnerstaaten des EWR-Abkommens.[34] Neben den Mitgliedstaaten der EU haben auch die EFTA-Staaten das EWR-Abkommen ratifiziert.[35]

Hinweis: Der Europäischen Freihandelsassoziation gehören die Staaten Norwegen, Liechtenstein, Island und Schweiz an. Aufgrund eines ablehnenden Volksentscheids vom 6.12.1992 ist die Schweiz dem EWR-Abkommen jedoch nicht beigetreten.

12 In Deutschland wurde die Richtlinie durch das **Zweite Gesetz zur Änderung des Umwandlungsgesetzes**[36] durch Einfügung der §§ 122 a–122 l in einem neuen Zehnten Abschnitt in den Zweiten Teil des Zweiten Buches des UmwG umgesetzt. Das Änderungsgesetz trat am 25.4.2007 in Kraft.

13 c) **Annex: Grenzüberschreitende Verschmelzung von Personengesellschaften.** Trotz der weitreichenden Rechtsprechung des EuGH zur Niederlassungsfreiheit von Gesellschaften bleibt die Frage nach der **Zulässigkeit grenzüberschreitender Verschmelzungen von Personengesellschaften** bzw nach dem auf den Vorgang anwendbaren Recht umstritten. Im Ausgangspunkt steht fest, dass der Gesetzgeber mit den §§ 122 a ff den Anwendungsbereich des Zehnten Abschnitts auf die Verschmelzung von Kapitalgesellschaften beschränkt hat. Grundsätzlich gilt aber auch, dass die Niederlassungsfreiheit aus Artt. 49, 54 AEUV explizit gleichermaßen Gesellschaften des bürgerlichen Rechts und des Handelsrechts erfasst, soweit diese einen Erwerbszweck verfolgen und rechtsfähig sind.[37] Zumindest für den Fall transnationaler Strukturmaßnahmen hat dies der EuGH sowohl in der Rechtssache „SEVIC" als auch in der „Cartesio"-Entscheidung anerkannt und geht von der Gewährleistung der Niederlassungsfreiheit für Personengesellschaften aus.[38] Der erforderliche territoriale Bezug wird durch ihren satzungsmäßigen Sitz oder ihre Hauptverwaltung innerhalb des Hoheitsgebiets der Gemeinschaft begründet.[39] Personengesellschaften genießen damit konsequenterweise sowohl in Zuzugs- als auch in Wegzugskonstellationen grundsätzlich EU-weite Verschmelzungsfreiheit.[40]

29 Bulletin EG, 13/73, S. 1 ff.
30 Zur Entstehungsgeschichte eingehend *Frenzel*, Grenzüberschreitende Verschmelzung, S. 5 ff; *Maul/Teichmann/Wenz*, BB 2003, 2633 ff; *Drinhausen/Keinath*, RIW 2006, 81 f; *Frischhut*, EWS 2006, 55 ff; *Grohmann/Gruschinske*, GmbHR 2006, 191; *Kallmeyer/Kappes*, AG 2006, 224, 227.
31 *Frenzel*, Grenzüberschreitende Verschmelzung, S. 5.
32 Verordnung (EG) Nr. 2157/2001 des Rates über das Statut der Europäischen Gesellschaft v. 8.10.2001, ABl. EG L 294 v. 10.11.2001.
33 Widmann/Mayer/*Heckschen*, Vor §§ 122 a ff Rn 24 f.
34 Beschluss des gemeinsamen EWR-Ausschusses 93/2002 v. 25.6.2002 zur Änderung des Anhangs XXII, ABl. EG L 266 v. 3.10.2003, S. 69.
35 Abkommen über den Europäischen Wirtschaftsraum, ABl. EG L 1 v. 3.1.1994, S. 3.
36 BGBl. I 2007 S. 542.
37 Heidel/Schall/*Schall*, Anh. IntPersGesR Rn 67; Calliess/Ruffert/*Bröhmer*, Art. 54 Rn 2.
38 EuGH v. 13.12.2005, Rs. C-411/03, Slg 2005 I-10805 ff = NJW 2006, 425 Rn 17 – Sevic; hierzu eingehend *Lutter/Bayer*, ZHR 173 (2009), 735, 765 f; in der Cartesio-Entscheidung beruft sich eine KG ungarischen Rechts auf die Niederlassungsfreiheit.
39 AA Heidel/Schall/*Schall*, Anh. IntPersGesR Rn 71 (allein auf den Ort des Satzungssitzes abstellend); Sagasser/Bula/Brünger/*Schlösser*, § 16 UmwStG Rn 41 (an den Ort der Verwaltung der Gesellschaft anknüpfend).
40 *Lutter/Bayer*, ZHR 173 (2009), 735, 765.

Offen bleibt dann allerdings, **nach welchem Recht** sich die Voraussetzungen der grenzüberschreitenden Verschmelzung im konkreten Fall der Beteiligung einer Personengesellschaft richten. Teilweise wird vertreten, die Zulässigkeit des Vorgangs generell analog §§ 122 a ff zu bewerten.[41] Das überzeugt jedoch nicht, da der deutsche Gesetzgeber die Anwendung der §§ 122 a ff ausschließlich auf Kapitalgesellschaften beschränkt und inhaltlich ausgerichtet hat.[42] Vorzugswürdig erscheint vielmehr eine kombinierte Lösung: Danach finden auf die grenzüberschreitende Verschmelzung einer deutschen Personengesellschaft grundsätzlich die für innerdeutsche Verschmelzungen von Personengesellschaften geltenden §§ 2 ff, 39 ff. Anwendung und – soweit es um die besonderen Anforderungen grenzüberschreitender Verschmelzungen geht (wie zB Prüfung der Voraussetzungen der beteiligten Register) – die entsprechenden Vorschriften der §§ 122 a ff im Wege der Analogie.[43] 14

Hinweis: Wegen der bestehenden Rechtsunsicherheiten kann es daher ratsam sein, eine grenzüberschreitende Verschmelzung im Ergebnis durch die oben beschriebene sog. **„Anwachsung über die Grenze"** zu erzielen, die ohne Anwendung der Vorschriften des deutschen UmwG erfolgt (s. Rn 3).

II. Gesetzessystematik

Die §§ 122 a–122 l bilden den neuen Zehnten und damit letzten Abschnitt des Zweiten Teils des Zweiten Buches und wurden damit fester Bestandteil der deutschen verschmelzungsrechtlichen Vorschriften des UmwG. Der deutsche Gesetzgeber entschied sich bei der Umsetzung für einen **eingeschränkten Generalverweis** auf die Regelungen der §§ 2–78 (mit Ausnahme der §§ 39–45 e), die die innerdeutsche Verschmelzungen von Kapitalgesellschaften regeln. Diese bleiben danach solange anwendbar, wie sich aus den §§ 122 a ff nicht etwas anderes ergibt, § 122 a Abs. 2. 15

1. Beziehung zu § 1. Die §§ 122 a–122 l lassen die Regelung des § 1 **unberührt.**[44] Auch nach Umsetzung der IntVerschmRL können deshalb nur „Rechtsträger mit Sitz im Inland" umgewandelt werden, § 1 Abs. 1. Der Gesetzgeber begründet die fehlende Anpassung der Vorschrift mit den ungelösten Fragen im Hinblick auf die Zulässigkeit anderer grenzüberschreitender Umwandlungsmaßnahmen wie der Spaltung oder dem Formwechsel.[45] 16

2. Beziehung zu §§ 2 bis 122. § 122 a Abs. 2 legt das Verhältnis der §§ 122 a–122 l zu den Regelungen über die innerdeutsche Verschmelzung fest. Danach sind auf die Beteiligung einer Kapitalgesellschaft an einer grenzüberschreitenden Verschmelzung die Vorschriften des Ersten Teils und des Zweiten, Dritten und Vierten Abschnitts des Zweiten Teils entsprechend anzuwenden, soweit sich aus dem Zehnten Abschnitt nichts Abweichendes ergibt. Auf grenzüberschreitende Verschmelzungen sind damit die §§ 2–78 mit Ausnahme der §§ 39–45 e grundsätzlich **anwendbar.** 17

3. Beziehung zu sonstigen Regelungen. Die Vorschriften der §§ 122 a–122 l gelten nicht für die **Spaltung** gem. §§ 123 ff. Auf die Spaltung sind zwar die Regelungen über die Verschmelzung wegen § 125 S. 1 weitestgehend anwendbar. Ausgenommen von diesem Verweis ist jedoch – ausweislich des eindeutigen Wortlauts – der Regelungsbereich des Zehnten Abschnitts des Zweiten Buches. 18

Zudem gelten die §§ 122 a–122 l auch nicht für die **Vermögensübertragung** gem. §§ 172 ff und den **Formwechsel** gem. §§ 190 ff 19

41 Lutter/*Drygala*, § 1 Rn 18; zur Situation *de lege ferenda Veil*, Der Konzern 2007, 98, 105; *Thümmel/Hack*, Der Konzern 2009, 1, 5 ff.

42 Heidel/Schall/*Schall*, Anh. IntPersGesR Rn 90; *Lutter/Bayer*, ZHR 173 (2009), 735, 767.

43 *Lutter/Bayer*, ZHR 173 (2009), 735, 767; Heidel/Schall/*Schall*, Anh. IntPersGesR Rn 90.

44 Widmann/Mayer/*Heckschen*, Vor §§ 122 a ff Rn 111.

45 Begr. RegE, BT-Drucks. 16/2919, 1.

III. Prüfungssystematik

20 Der Aufbau des UmwG folgt einem „Baukastensystem".[46] Bei der Ermittlung der für einen bestimmten Sachverhalt einschlägigen Vorschriften ist deshalb stufenweise vorzugehen. Für die Prüfung der Zulässigkeit und Voraussetzungen einer grenzüberschreitenden Verschmelzung bietet sich grundsätzlich daher das folgende **Prüfungsschema** an, wobei die tatsächliche Umsetzung der grenzüberschreitenden Verschmelzung eine andere zeitliche Reihenfolge erfordern kann:

▶ **Checkliste:**

1. Stufe: § 1 (Möglichkeiten von Umwandlungen)
2. Stufe: §§ 2–38 (allgemeine Vorschriften für Verschmelzungen)
3. Stufe: §§ 46–78 (rechtsformspezifische Vorschriften für Verschmelzungen)
4. Stufe: §§ 122 a–122 l (für grenzüberschreitende Verschmelzungen spezifische Vorschriften)
5. Stufe: Beachtung der allgemeinen rechtsformspezifischen Vorschriften (AktG, GmbHG und HGB)
6. Stufe: Beachtung des MgVG[47] hinsichtlich des ggf erforderlichen Verfahrens zur Festlegung der Arbeitnehmermitbestimmung
7. Stufe: Beachtung der anwendbaren Rechtsvorschriften der einschlägigen anderen Mitgliedstaaten für grenzüberschreitende Verschmelzungen ◀

21 Bei einer grenzüberschreitenden Verschmelzung besteht aufgrund der Involvierung verschiedener Rechtsordnungen, Gerichte und Register ein **erhöhter Prüfungs-, Koordinierungs- und Abstimmungsbedarf.** Dies führt in zeitlicher Hinsicht naturgemäß zu einem längeren Verschmelzungsprozess verglichen mit einer innerdeutschen Verschmelzung, der häufig (von der Planungsphase bis zur Eintragung) länger als ein Jahr dauern kann. Dies gilt insb. dann, wenn ein Verfahren zur Festlegung der Arbeitnehmermitbestimmung nach dem MgVG durchzuführen ist.[48]

IV. Grenzüberschreitende Verschmelzung nach der SE-VO/SCE-VO

22 **1. Grenzüberschreitende Verschmelzung einer SE.** Die Gründung einer **SE** erfolgt im Wege der Verschmelzung durch Aufnahme (Art. 2 Abs. 1, 17 Abs. 2 S. 1 lit. a) SE-VO) und der Verschmelzung durch Neugründung (Art. 2 Abs. 1, 17 Abs. 2 S. 1 lit. b) SE-VO). Bei beiden Maßnahmen handelt es sich dabei immer um eine transnationale Verschmelzung, an der – wie auch von § 122 a Abs. 1 vorgesehen – zwei Aktiengesellschaften unterschiedlicher Nationalität beteiligt sein müssen.

23 Eine SE mit Sitz in Deutschland (Satzungssitz und effektiver (Haupt-)verwaltungssitz) kann sich an einer grenzüberschreitenden Verschmelzung nach den §§ 122a-122 l lediglich für den Fall der **Verschmelzung durch Aufnahme** als übertragende oder übernehmende Gesellschaft beteiligen.[49] Die hM leitet dies aus der Generalverweisung in Art. 9 Abs. 1 lit. c) ii) SE-VO ab, wonach die SE auch dem nationalen (Aktien-)recht unterliegt.[50] Daneben wird auf das Diskriminierungsverbot in Art. 10 SE-VO verwiesen, welches die Gleichbehandlung der SE mit einer nach dem Recht des Sitzstaates gegründeten Aktiengesellschaft anordnet.[51] Im Gegensatz hier-

46 Schmitt/Hörtnagl/Stratz/*Hörtnagl*, § 122 a Rn 12; *Neye*, ZIP 1994, 165, 166.

47 Gesetz über die Mitbestimmung der Arbeitnehmer bei einer grenzüberschreitenden Verschmelzung v. 21.12.2006, BGBl. I S. 3332.

48 *Teicke*, DB 2012, 2675.

49 Semler/Stengel/*Drinhausen*, Einl. C Rn 60; *Drinhausen/Keinath*, BB 2006, 725, 726; *Kallmeyer*, AG 2006, 197, 199; *Oechsler*, NZG 2006, 161 f.

50 Lutter/*Bayer*, § 122 b Rn 7; § 122 Semler/Stengel/*Drinhausen*, 122 b Rn 5; Kallmeyer/*Marsch-Barner*, § 122 b Rn 3; *Drinhausen/Keinath*, BB 2006, 725, 726; *Heckschen*, DNotZ 2007, 444, 454 f; *Krause/Kulpa*, ZHR 171 (2007), 38, 54; *Louven*, ZIP 2006, 2021, 2024; *Müller*, NZG 2006, 286, 287; *ders*, ZIP 2007; 1081, 1082; *Oechsler*, NZG 2006, 161 f; *Winter*, Der Konzern 2007, 24, 27; *Simon/Rubner*, Der Konzern 2006, 835, 836 f; *Haritz/v. Wolff*, GmbHR 2006, 340, 341; *Kiem*, WM 2006, 1091, 1093; *Limmer*, ZNotP 2007, 242, 250.

51 Semler/Stengel/*Drinhausen*, Einl. C Rn 59 ff; *Louven*, ZIP 2006, 2021, 2024; *Grambow/Stadler*, BB 2010, 977, 978.

zu ist die Verschmelzung durch Neugründung in der SE-VO abschließend geregelt. Hier sind die Gründungsvorschriften der Art. 2 Abs. 1, 17 ff SE-VO vorrangig vor den Vorschriften des Zehnten Abschnitts anwendbar.[52]

24 Bis auf einzelne Abweichungen gleichen sich die Verfahrensschritte zur Durchführung einer Verschmelzung nach SE-VO und §§ 122 a–122 l stark. Tatsächlich baut die IntVerschmRL deshalb auch (teilweise) auf der SE-VO auf.[53] Für den Fortgang der Kommentierung ergibt sich hieraus, dass bei der Auslegung der §§ 122 a–122 l auch auf die Auslegungsgrundsätze zu den **Parallelregelungen** der SE-VO Rekurs genommen werden kann.

25 **2. Grenzüberschreitende Verschmelzung einer SCE.** Die Vorschriften über die grenzüberschreitende Verschmelzung können hingegen nicht auf die Umwandlung von Gesellschaften in der Rechtsform der **Societas Cooperative Europea (SCE)** angewendet werden. Dies ergibt sich aus der entsprechenden klaren Anordnung in § 122 b Abs. 2 Nr. 1, der „Genossenschaften" ausdrücklich aus dem Bereich der grenzüberschreitenden Verschmelzungen ausnimmt. Art. 3 Abs. 2 der IntVerschmRL gibt den Mitgliedstaaten zwar die Möglichkeit, die grenzüberschreitende Verschmelzung auch auf Genossenschaften zu erstrecken; der deutsche Gesetzgeber sah die Vorschriften der SCE-VO[54] für die Gründung einer SCE jedoch als ausreichend an und wollte wohl angesichts des europäischen Harmonisierungsstandes im Genossenschaftsrecht praktische Probleme vermeiden.[55] SCEs mit Sitz in Deutschland werden insoweit daher mit den Genossenschaften deutschen Rechts gleichbehandelt.

§ 122 a Grenzüberschreitende Verschmelzung

(1) Eine grenzüberschreitende Verschmelzung ist eine Verschmelzung, bei der mindestens eine der beteiligten Gesellschaften dem Recht eines anderen Mitgliedstaats der Europäischen Union oder eines anderen Vertragsstaats des Abkommens über den Europäischen Wirtschaftsraum unterliegt.

(2) Auf die Beteiligung einer Kapitalgesellschaft (§ 3 Abs. 1 Nr. 2) an einer grenzüberschreitenden Verschmelzung sind die Vorschriften des Ersten Teils und des Zweiten, Dritten und Vierten Abschnitts des Zweiten Teils entsprechend anzuwenden, soweit sich aus diesem Abschnitt nichts anderes ergibt.

I. Allgemeines und unionsrechtlicher Hintergrund

1 **1. § 122 a Abs. 1.** § 122 a Abs. 1 geht auf Art. 1 der Internationalen Verschmelzungsrichtlinie (IntVerschmRL)[1] zurück und legt den sachlichen Anwendungsbereich der §§ 122 a–122 l fest. Art. 1 der Richtlinie definiert die grenzüberschreitenden Verschmelzung und beschreibt diese als einen Vorgang, an dem mindestens zwei Kapitalgesellschaften beteiligt sind (**persönlicher**

52 *Grambow/Stadler*, BB 2010, 977, 978 mwN in Fn 10.
53 Widmann/Mayer/*Heckschen*, Vor §§ 122 a ff Rn 122.
54 Verordnung (EG) Nr. 1435/2003 des Rates über das Statut der Europäischen Genossenschaft (SCE) v. 22.7.2003, ABl. EG L 207 v. 18.8.2003, S. 1.
55 Begr. RegE zu § 122 a, BT-Drucks. 16/2919, 14; Semler/Stengel/*Drinhausen*, § 122 b Rn 11.
1 Richtlinie 2005/56/EG des Europäischen Parlaments und des Rates v. 26.10.2005 über die Verschmelzung von Kapitalgesellschaften aus verschiedenen Mitgliedstaaten (ABl. EU L 310 v. 25.11.2005, S. 1).

Anwendungsbereich), „die nach dem Recht eines Mitgliedstaates gegründet worden sind und ihren satzungsmäßigen Sitz, ihre Hauptverwaltung oder ihre Hauptniederlassung in der Gemeinschaft haben, sofern mindestens zwei der Gesellschaften dem Recht verschiedener Mitgliedstaaten unterliegen" (**sachlicher Anwendungsbereich**).[2]

Hinweis: Der Gesetzgeber des deutschen UmwG spricht in den §§ 122 a–122 l – entgegen der traditionellen Terminologie des UmwG – nicht von „Rechtsträger", sondern von „Gesellschaft". Ursächlich hierfür ist, dass an einer grenzüberschreitenden Verschmelzung ausschließlich Kapitalgesellschaften beteiligt sein können und nicht etwa Rechtsträger anderer Rechtsform iSv § 3 Abs. 1 Nr. 3–6 und Abs. 2.[3]

2 Die Richtlinie sieht **drei Formen** der Verschmelzung vor: Die Verschmelzung durch Aufnahme (Art. 2 Nr. 2 lit. a IntVerschmRL), die Verschmelzung durch Neugründung (Art. 2 Nr. 2 lit. b IntVerschmRL) und den Sonderfall der Konzernverschmelzung einer 100%-igen Tochtergesellschaft auf ihre Muttergesellschaft (Art. 2 Nr. 2 lit. c IntVerschmRL), sog. „upstream merger".

Hinweis: Auch das deutsche Verschmelzungsrecht kennt den Fall des „upstream merger". Er ist zwar in § 2 nicht explizit genannt, ist jedoch Regelungsgegenstand des § 54 Abs. 1 Nr. 1 und daher eine allgemein anerkannte Möglichkeit der Verschmelzung durch Aufnahme.[4] Die gesonderte Aufführung dieser Verschmelzungsvariante durch den europäischen Gesetzgeber erfolgte lediglich aus Klarstellungsgründen.[5]

3 Trotz der expliziten Regelung des „upstream merger" normiert die IntVerschmRL die Möglichkeit eines sog. „**downstream merger**" – also die Verschmelzung einer Mutter- auf ihre Tochtergesellschaft – nicht. Die Richtlinie will die grenzüberschreitende Verschmelzung von Kapitalgesellschaften aus unterschiedlichen Mitgliedstaaten erleichtern.[6] Konsequenterweise erlaubt sie daher auch andere als in ihr geregelte grenzüberschreitende Verschmelzungen auf Basis des nicht harmonisierten nationalen Rechts, soweit dies nicht im Widerspruch zu ihrem Inhalt steht. Von dieser Möglichkeit hat der deutsche Gesetzgeber auch Gebrauch gemacht und mit den §§ 122 a–122 l die grenzüberschreitende Verschmelzung konzernneutral geregelt. Eine grenzüberschreitende Konzernverschmelzung ist damit in „beide Richtungen" nach den §§ 122 a–122 l möglich.[7]

4 **2. § 122 a Abs. 2.** § 122 a Abs. 2 geht auf Art. 4 Abs. 1 lit. b, Abs. 2 der IntVerschmRL zurück, wonach eine Gesellschaft bei der Beteiligung an einer grenzüberschreitenden Verschmelzung die Vorschriften und Formalitäten des für sie geltenden innerstaatlichen Rechts einhalten muss, sofern die Richtlinie nicht etwas anderes bestimmt. Die Vorgabe des Richtliniengebers wurde mit einer umfassenden **Generalverweisung** auf die §§ 2–38 sowie §§ 46–78 in nationales Recht umgesetzt.[8]

II. Legaldefinition (Abs. 1)

5 **1. Beteiligte Gesellschaften. a) Allgemein.** § 122 a Abs. 1 enthält eine Legaldefinition für den Begriff der grenzüberschreitenden Verschmelzung und legt damit den **sachlichen Anwendungsbereich** der §§ 122 a–122 l fest. Eine grenzüberschreitende Verschmelzung liegt danach vor, wenn an der Maßnahme mindestens eine Gesellschaft beteiligt ist, die dem Recht eines anderen Mitgliedstaates der EU oder des EWR-Abkommens[9] unterliegt. Dh es muss mindestens eine deutsche und eine **EU/EWR-Gesellschaft** beteiligt sein.[10] Damit orientiert sich der deutsche Gesetzgeber einerseits inhaltlich an Art. 1 der IntVerschmRL, andererseits geht er über die dor-

2 Art. 1 IntVerschmRL.
3 Semler/Stengel/*Drinhausen*, § 122 a Rn 4.
4 Vgl auch Widmann/Mayer/*Heckschen*, § 122 a Rn 60; Lutter/*Bayer*, § 122 a Rn 20.
5 Lutter/*Bayer*, § 122 a Rn 20.
6 Erwägungsgrund 1 und 3 der IntVerschmRL.
7 Widmann/Mayer/*Heckschen*, vor §§ 122 a Rn 79; Lutter/*Bayer*, § 122 a Rn 20.
8 Habersack/Drinhausen/*Kiem*, § 122 a Rn 8.
9 Abkommen über den Europäischen Wirtschaftsraum, ABl. EG L 1 v. 3.1.1994 S. 3.
10 Lutter/*Bayer*, § 122 a Rn 22; Semler/Stengel/*Drinhausen*, § 122 a Rn 7; Widmann/Mayer/*Heckschen*, § 122 a Rn 66, Rn 71.

tigen Anforderungen hinaus, wenn § 122 a Abs. 1 auch die grenzüberschreitende Verschmelzung mit einer Gesellschaft vorsieht, die dem Recht eines Vertragsstaats des EWR-Abkommens unterfällt (derzeit Island, Liechtenstein und Norwegen).[11] Zwar gibt Art. 1 der IntVerschmRL für EU-Sachverhalte vor, dass für eine grenzüberschreitende Verschmelzung mindestens zwei der Gesellschaften dem Recht verschiedener Mitgliedstaaten unterliegen müssen. Dies steht aber nicht im Widerspruch zu § 122 a Abs. 1, wonach eine der beteiligten Gesellschaften dem Recht „eines anderen" EU-Mitgliedstaates unterliegen muss.[12] Insofern handelt es sich lediglich um eine terminologische Abweichung im Gesetzgebungsverfahren.

Zu den beteiligten Gesellschaften zählen bei einer **Verschmelzung durch Aufnahme** sowohl die Ausgangsgesellschaft als auch die Zielgesellschaft.[13] Bei einer **Verschmelzung durch Neugründung** sind es die Ausgangsgesellschaften sowie die aus der Verschmelzung erst hervorgehende, neue Gesellschaft.[14] Denkbar sind somit auch Verschmelzungsvorgänge, bei denen die zwei Ausgangsgesellschaften demselben Sachrecht unterliegen, auf die neu gegründete Gesellschaft aber das Recht eines anderen Staates anwendbar ist.[15] 6

b) Auf die beteiligten Gesellschaften anwendbares Recht. Von den beteiligten Gesellschaften muss mindestens eine dem deutschem Recht und eine der Rechtsordnung eines EU- oder EWR-Staates unterliegen, § 122 Abs. 1. Die Frage, welcher Rechtsordnung die betreffende beteiligte Gesellschaft unterliegt, ist in Deutschland kollisionsrechtlich noch nicht geregelt.[16] Auch auf EU-Ebene ist es diesbezüglich noch zu keiner Harmonisierung gekommen.[17] Das anwendbare Sachrecht bestimmt sich daher nach den allgemeinen Regeln des internationalen Gesellschaftsrechts und damit nach dem Gesellschaftsstatut.[18] Lange Zeit folgte der BGH zur Bestimmung des Gesellschaftsstatuts der sog. „Sitztheorie", wonach am tatsächlichen Sitz der Gesellschaft angeknüpft wurde.[19] Nach der „Überseering"-Entscheidung[20] des EuGH aus dem Jahre 2002 geht nunmehr auch der BGH allerdings, unter Aufgabe der Sitztheorie, von der sog. (europarechtlichen) „**Gründungstheorie**" aus.[21] Dh für die betreffende beteiligte Gesellschaft ist dasjenige Recht entscheidend, nach dem sie gegründet worden ist – unabhängig von ihrem derzeitigen Satzungs- oder Verwaltungssitz. Dennoch wird der Satzungssitz regelmäßig im Gründungsstaat liegen. 7

Die Grundsätze zur Niederlassungsfreiheit von Gesellschaften aus der Rechtsprechung des EuGH sind dabei auch für Gesellschaften aus dem **Europäischen Wirtschaftsraum** einschlägig, weshalb die Gründungstheorie auch auf Sachverhalte mit Bezug zu Island, Liechtenstein und Norwegen Anwendung findet.[22] 8

2. Bestimmung der auf den Umwandlungsvorgang anwendbaren Rechtsordnung. Ist der sachliche Anwendungsbereich der §§ 122 a–122 l eröffnet, stellt sich in einem zweiten Schritt die 9

11 S. auch Semler/Stengel/*Drinhausen*, § 122 a Rn 12.
12 „[...] bei der mindestens eine der beteiligten Gesellschaften dem Recht eines anderen Mitgliedstaats [...] unterliegt" anstatt nach Art. 1 IntVerschmRL: „ [...] mindestens zwei der Gesellschaften dem Recht verschiedener Mitgliedstaaten unterliegen."
13 Widmann/Mayer/*Heckschen*, § 122 a Rn 71.
14 Habersack/Drinhausen/*Kiem*, § 122 a Rn 5; Widmann/Mayer/*Heckschen*, § 122 a Rn 72; vgl auch Semler/Stengel/*Drinhausen*, § 122 a Rn 10.
15 Semler/Stengel/*Drinhausen*, § 122 a Rn 10; vgl auch Habersack/Drinhausen/*Kiem*, § 122 a Rn 5 f.
16 Der Referentenentwurf des Bundesjustizministeriums für ein Gesetz zum Internationalen Privatrecht der Vereine, Gesellschaften und juristische Personen vom 7.1.2008 ist noch nicht in ein entsprechendes Gesetzgebungsverfahren gemündet. Der Entwurf sieht die Einfügung eines neuen Art. 10 EGBGB vor, wonach Gesellschaften dem Recht des Staates unterliegen, in dem sie in ein öffentliches Register eingetragen sind, also dem Recht ihres Gründungsstaates; vgl auch MüKo-BGB/*Kindler*, IntGesR Rn 866; Semler/Stengel/*Drinhausen*, Einl. C Rn 6; Sagasser/Bula/Brünger/*Sagasser/Link*, § 32 Rn 110 ff; *Bayer/Schmidt*, BB 2010, 387, 394 f.
17 Auf EU-Ebene regeln zwar für grenzüberschreitende Sachverhalte insb. die sog. Rom I- und Rom II- Verordnungen das anwendbare Recht, sie sind jedoch auf Fragen des Gesellschaftsrechts nicht anwendbar, Art. 1 Abs. 2 lit. f Rom I-VO, Art. 1 Abs. 2 lit. d Rom II-VO.
18 Staudinger/*Großfeld*, IntGesR Rn 683; Semler/Stengel/*Drinhausen*, Einl. C Rn 6.
19 BGHZ 53, 181, 183; 78, 318, 334; 151, 204, 206.
20 EuGH v. 5.11.2002, Rs. C-208/00, NJW 2002, 3614 ff – Überseering.
21 BGH NJW 2003, 1461 ff.
22 BGH NJW 2005, 3351; MüKo-GmbHG/*Weller*, Einl. Rn 366.

Frage, welche der unterschiedlichen zur Verfügung stehenden Rechtsordnungen dann konkret über die Zulässigkeit der Verschmelzung entscheidet. Diesbezüglich werden zwei Lösungsmodelle vertreten: Eine Ansicht macht geltend, dass sich der Umwandlungsvorgang einheitlich nach dem Recht der aufnehmenden oder übertragenden Gesellschaft beurteilt, sog. „Einzeltheorie".[23] Nach hM sind hingegen die Gesellschaftsstatute sämtlicher am Umwandlungsvorgang beteiligten Gesellschaften maßgeblich, sog. „**Vereinigungstheorie**".[24] Das ist auch zielführend, weil die Einzeltheorie den Interessen der Gesellschafter und Gläubiger beider Gesellschaften nicht ausreichend gerecht wird. Zudem entspricht die Vereinigungstheorie am ehesten dem Wortlaut von Art. 4 der IntVerschmRL.[25]

Hinweis: Für die Praxis bedeutet dies, dass es zu einer Kombination aller berührten Rechtsordnungen kommt.

10 Unter den Vertretern der Vereinigungstheorie ist dann jedoch umstritten, wie die ermittelten Rechtsordnungen koordiniert werden sollten. Teilweise wird gefordert, dass sich für den Bereich gemeinsamer Voraussetzungen grundsätzlich die strengste Rechtsordnung durchsetzen sollte.[26] Die hM entschärft hingegen die Vereinigungstheorie und zerlegt die grenzüberschreitende Verschmelzung in die Elemente: **Voraussetzungen, Verfahren** und **Wirkung.**[27] Hinsichtlich der Voraussetzungen der Umwandlungsmaßnahme sind danach die Rechtsordnungen sämtlicher Gesellschaften maßgeblich. Werden die Gesellschaften im Regelfall für das Umwandlungsverfahren separat tätig, richtet sich das Vorgehen nach dem einschlägigen Personalstatut der jeweiligen Gesellschaft. Die Wirkungen der Verschmelzung – wozu in erster Linie der Vermögensübergang zählt – werden hingegen nach dem Statut der übertragenden Gesellschaft beurteilt.

11 **3. Anwendung der §§ 122a-122 l auf Drittstaatensachverhalte.** Aus der Formulierung „mindestens" in § 122 a Abs. 1 geht noch nicht hervor, ob an einer grenzüberschreitenden Verschmelzung nach den §§ 122 a–122 l auch Gesellschaften aus **Drittstaaten** teilnehmen können.[28] Der Zehnte Abschnitt ist auf solche Sachverhalte jedoch nicht anwendbar, weil nach § 122 b Abs. 1 als übertragende, übernehmende oder neue Gesellschaft – und damit sämtliche beteiligte Rechtsträger – nur solche in Frage kommen, die nach dem Recht eines EU- oder EWR-Mitgliedstaates gegründet worden sind und ihren Satzungssitz, ihre Hauptverwaltung oder ihre Hauptniederlassung in einem Mitgliedstaat der EU- oder EWR-Mitgliedstaat haben.[29]

12 Umstritten ist, ob für **US-Gesellschaften** aufgrund des deutsch- amerikanischen Freundschafts-, Handels- und Schifffahrtsvertrag vom 29.10.1954[30] etwas Abweichendes gilt. Dieses Abkommen gewährt US-amerikanischen Gesellschaften bei der Ausübung jeder Art von geschäftlicher und anderer entgeltlicher Tätigkeit in Deutschland ein Recht auf Gleichbehandlung mit deutschen Gesellschaften (Inländerbehandlung) sowie auf Meistbegünstigung.[31] Teilweise wird in der Literatur eine Erstreckung der §§ 122 a ff auf US-amerikanische Gesellschaften befürwortet.[32] Hiergegen wird eingewandt, dass aus der Gleichstellung US-amerikanischer Gesellschaften mit deutschen Gesellschaften nicht automatisch auch eine Gleichstellung bei der Umwandlungsfähigkeit gefolgert werden könne bzw dies mit dem Wortlaut der §§ 122 a, 122 b nicht

23 OGH Wien ZIP 2003, 1086; eingehend *Paefgen*, IPRax 2004, 132 ff; *Doralt*, NZG 2004, 396 ff; s. auch MüKo-BGB/*Kindler*, IntHandelsGesR, Rn 869 ff.

24 *Beitzke* in: FS Hallstein, S. 14 ff; *Koppensteiner*, Internationale Unternehmen, S. 269; Soergel/*Lüderitz*, Anhang Art. 10 EGBGB Rn 53.

25 „[…] muss eine Gesellschaft, die sich an einer grenzüberschreitenden Verschmelzung beteiligt, die Vorschriften und Formalitäten des für sie geltenden innerstaatlichen Rechts einhalten bzw erledigen."

26 *Koppensteiner*, Internationale Unternehmen, S. 269; *Beitzke* in: FS Hallstein, S. 23; Soergel/*Lüderitz*, Anh. Art. 10 EGBGB Rn 53.

27 MüKo-BGB/*Kindler*, IntHandelsGesR, Rn 876 mwN.

28 Semler/Stengel/*Drinhausen*, § 122 a Rn 11.

29 Semler/Stengel/*Drinhausen*, § 122 b Rn 7.

30 BGBl. II 1956 S. 487.

31 S. Art. VII Nr. 1 bzw Nr. 4 des Abkommens.

32 *Kiem*, WM 2006, 1091, 1093; wohl auch *Drinhausen/Keinath*, RIW 2006, 81, 87.

vereinbar sei.[33] Diese Gegenansichten übersehen jedoch, dass Art. VII Nr. 1 S. 3, S. 4 des Abkommens eine Gleichbehandlung auch bei der Gründung von Gesellschaften, dem Erwerb von Mehrheitsbeteiligungen oder der Kontrolle und Leitung von errichteten oder erworbenen Unternehmen umfasst und kontrollierte Unternehmen in allen mit ihrer Betätigung zusammenhängenden Angelegenheiten nicht ungünstiger als Inländer behandelt werden dürfen. Unter die Gründung einer Gesellschaft iSd Abkommens dürfte auch eine Verschmelzung zur Neugründung fallen. Angesichts dessen fällt es schwer, US-Gesellschaften vom Anwendungsbereich der § 122 a ff. UmwG insgesamt auszunehmen, auch wenn Umwandlungsvorgänge nicht ausdrücklich aufgeführt werden und die §§ 122 a ff lange nach Abschluss des Abkommens in Kraft traten.[34] Das internationale Gesellschaftsrecht steht dem auch nicht entgegen, da von ihm durch Staatsverträge, wie diesem Abkommen, abgewichen werden kann, Art. 3 Abs. 2 S. 1 EGBGB.

III. Anwendbare Vorschriften (Abs. 2)

§ 122 a Abs. 2 enthält einen **Generalverweis**, nach welchem bei der Beteiligung einer inländischen Kapitalgesellschaft nach § 3 Abs. 1 Nr. 2 (GmbH mitsamt UG, AG, KGaA) an einer grenzüberschreitenden Verschmelzung die §§ 2 bis 78 ff (mit Ausnahme der §§ 39 bis 45 e) entsprechend anzuwenden sind, soweit sich aus den §§ 122 a–122 l nicht etwas Abweichendes ergibt.[35] Kapitalgesellschaft iSd Vorschrift ist auch die SE mit Sitz im Inland.[36] Die umfassende Verweisung bezweckt einen möglichst weitgehenden Gleichlauf mit den rein inländischen Verschmelzungen.[37] 13

§ 122 b Verschmelzungsfähige Gesellschaften

(1) An einer grenzüberschreitenden Verschmelzung können als übertragende, übernehmende oder neue Gesellschaften nur Kapitalgesellschaften im Sinne des Artikels 2 Nr. 1 der Richtlinie 2005/56/EG des Europäischen Parlaments und des Rates vom 26. Oktober 2005 über die Verschmelzung von Kapitalgesellschaften aus verschiedenen Mitgliedstaaten (ABl. EU Nr. L 310 S. 1) beteiligt sein, die nach dem Recht eines Mitgliedstaats der Europäischen Union oder eines anderen Vertragsstaats des Abkommens über den Europäischen Wirtschaftsraum gegründet worden sind und ihren satzungsmäßigen Sitz, ihre Hauptverwaltung oder ihre Hauptniederlassung in einem Mitgliedstaat der Europäischen Union oder einem anderen Vertragsstaat des Abkommens über den Europäischen Wirtschaftsraum haben.

(2) An einer grenzüberschreitenden Verschmelzung können nicht beteiligt sein:

1. **Genossenschaften, selbst wenn sie nach dem Recht eines anderen Mitgliedstaats der Europäischen Union oder eines anderen Vertragsstaats des Abkommens über den Europäischen Wirtschaftsraum unter die Definition des Artikels 2 Nr. 1 der Richtlinie fallen;**
2. **Gesellschaften, deren Zweck es ist, die vom Publikum bei ihnen eingelegten Gelder nach dem Grundsatz der Risikostreuung gemeinsam anzulegen und deren Anteile auf Verlangen der Anteilsinhaber unmittelbar oder mittelbar zulasten des Vermögens dieser Gesellschaft zurückgenommen oder ausgezahlt werden. Diesen Rücknahmen oder Auszahlungen gleichgestellt sind Handlungen, mit denen eine solche Gesellschaft sicherstellen will, dass der Börsenwert ihrer Anteile nicht erheblich von deren Nettoinventarwert abweicht.**

33 Widmann/Mayer/*Heckschen*, § 122 a Rn 89; Semler/Stengel/*Drinhausen*, § 122 b Rn 9.

34 AA Semler/Stengel/*Drinhausen*, § 122 b Rn 9; Lutter/*Bayer*, § 122 b Rn 11; Widmann/Mayer/*Heckschen*, § 122 a Rn 89; Schmitt/Hörtnagl/Stratz/*Hörtnagl*, § 122 b Rn 8; vgl auch Eidenmüller/*Engert*, Ausländische Kapitalgesellschaften, § 4 Rn 98, der zudem den „lex posterior"-Grundsatz gegen die Einbeziehung US-amerikanischer Gesellschaften anführt.

35 Die UG als Unterform der GmbH ist auch Kapitalgesellschaft gem. § 3 Abs. 1 Nr. 2, s. § 3 Rn 8.

36 Begr. RegE zu § 122 a, BT-Drucks. 16/2919, 14.

37 Habersack/*Drinhausen*, § 122 a Rn 8; s. auch Begr. RegE zu § 122 a, BT-Drucks. 16/2919, 14, wonach die Regelungen über die innerstaatliche Verschmelzung von Kapitalgesellschaften grundsätzlich auch für die grenzüberschreitende Verschmelzung gelten sollen.

I. Allgemeines und unionsrechtlicher Hintergrund

1 § 122 b normiert den **persönlichen Anwendungsbereich** der §§ 122 a–122 l und legt damit die an der eigentlichen grenzüberschreitenden Verschmelzung beteiligungsfähigen **Rechtsformen** fest. Insoweit ergänzt § 122 b den Inhalt von § 122 a Abs. 1 zum sachlichen Anwendungsbereich der grenzüberschreitenden Verschmelzung. Inhaltlich geht § 122 b auf Art. 1 und Art. 2 der Internationalen Verschmelzungsrichtlinie (IntVerschmRL)[1] zurück.

2 Während § 122 b Abs. 1 den persönlichen Anwendungsbereich positiv beschreibt, begrenzt § 122 b Abs. 2 diesen durch zwei **Ausnahmetatbestände** und setzt Art. 3 Abs. 2, Abs. 3 der IntVerschmRL um. Danach kann jeder EU-Mitgliedstaat beschließen, die Richtlinie nicht auf grenzüberschreitende Verschmelzungen anzuwenden, an denen eine Genossenschaft (Art. 3 Abs. 2 IntVerschmRL) oder Organismen für gemeinsame Anlagen in Wertpapieren (OGAW) (Art. 3 Abs. 3 IntVerschmRL) beteiligt sind. Von dieser Möglichkeit machte der deutsche Gesetzgeber mit § 122 b Abs. 2 Gebrauch.

II. Verschmelzungsfähige Gesellschaften (Abs. 1)

3 **1. Beteiligungsfähige Gesellschaftsformen.** Nach § 122 b Abs. 1 können sich an einer grenzüberschreitenden Verschmelzung (i) ausschließlich **Kapitalgesellschaften** im Sinne von Art. 2 Nr. 1 lit. a IntVerschmRL beteiligen, (ii) die nach dem Recht eines EU- oder EWR-Mitgliedstaates gegründet worden sind und die gleichzeitig (iii) ihren Satzungssitz, ihre Hauptverwaltung oder ihre Hauptniederlassung in einem Mitgliedstaat der EU- oder EWR-Mitgliedstaat haben. Dies gilt sowohl für die übertragende(n) und übernehmende Gesellschaft(en), als auch für die durch die grenzüberschreitende Verschmelzung erst entstehende neue Gesellschaft.

4 Kapitalgesellschaften iSv Art. 2 Nr. 1 lit. a IntVerschmRL sind insb. alle Gesellschaften, die Art. 1 der „Publizitätsrichtlinie" unterfallen.[2] Dies sind derzeit die in § 3 Abs. 1 Nr. 2 genannten Rechtsträger **AG, KGaA** und **GmbH.** Die Sonderform der **UG** als Unterfall der GmbH iSv § 5 a GmbHG fällt ohnehin als GmbH in den Anwendungsbereich.[3]

5 Eine **SE** mit Sitz in Deutschland kann sich an einer grenzüberschreitenden Verschmelzung nach den §§ 122 a–122 l beteiligen. Dies gilt allerdings nur für den Fall der Verschmelzung durch Aufnahme mit der SE als übertragender oder übernehmender Gesellschaft.[4] Das ergibt sich aus Art. 9 Abs. 1 lit. c ii) SE-VO (ergänzende Anwendbarkeit des deutschen Rechts) sowie Art. 10 SE-VO (keine Diskriminierung der SE gegenüber inländischen AGs). Hinsichtlich der Verschmelzung zur Neugründung entfalten die Art. 2 Abs. 1, 17 ff SE-VO hingegen abschließenden Charakter.[5]

1 Richtlinie 2005/56/EG des Europäischen Parlaments und des Rates v. 26.10.2005 über die Verschmelzung von Kapitalgesellschaften aus verschiedenen Mitgliedstaaten (ABl. EU L 310 v. 25.11.2005, S. 1).
2 Erste Richtlinie 68/151/EWG des Rates v. 9.3.1968 zur Koordinierung der Schutzbestimmungen, die in den Mitgliedstaaten den Gesellschaften im Sinne des Artikels 58 Absatz 2 des Vertrages im Interesse der Gesellschafter sowie Dritter vorgeschrieben sind, um diese Bestimmungen gleichwertig zu gestalten (ABl. EG L 65 v. 14.3.1968).
3 Semler/Stengel/*Drinhausen*, § 122 b Rn 4; Lutter/*Bayer*, § 122 b Rn 4; aA Habersack/Drinhausen/*Kiem*, § 122 b Rn 6 mwN.
4 Nach Art. 7 S. 1 SE-VO müssen Satzungssitz und effektiver (Haupt-)Verwaltungssitz im Inland belegen sein.
5 Habersack/Drinhausen/*Kiem*, § 122 b Rn 7; s. auch vor § 122 a Rn 23.

Umstritten ist hierbei jedoch, ob die **Sperrfrist** des Art. 66 Abs. 1 S. 2 SE-VO bei der Teilnahme einer SE zu beachten ist.[6] Danach hat die Umwandlung einer SE in eine AG nur unter der Voraussetzung zu erfolgen, dass 2 Jahre seit der Eintragung der SE im Handelsregister vergangen sind oder die ersten beiden Jahresabschlüsse der SE bereits genehmigt worden sind.[7] 6

Hinweis: In der Praxis empfiehlt es sich, wegen der Rechtsunsicherheiten die Sperrfrist des Art. 66 Abs. 1 S. 2 SE-VO zu beachten oder anderenfalls das Vorgehen mit dem Register vorab abzustimmen.

Der Begriff der **Kapitalgesellschaft** in Art. 2 Nr. 1 lit. b IntVerschmRL betrifft nicht nur Kapitalgesellschaften iSd „Publizitätsrichtlinie".[8] Erfasst werden nach dem Wortlaut auch jede andere Gesellschaftsform, die „Rechtspersönlichkeit besitzt und über gesondertes Gesellschaftskapital verfügt, das allein für die Verbindlichkeit der Gesellschaft haftet, und die nach dem für sie maßgebenden innerstaatlichen Recht Schutzbestimmungen im Sinne der Richtlinie 68/151/EWG [„Publizitätsrichtlinie"] im Interesse der Gesellschafter sowie Dritter einhalten muss". Im deutschen Recht erfüllen diese Voraussetzungen derzeit keine anderen als die hier bereits genannten Rechtsformen.[9] In der Praxis ist die Bedeutung der Verweisung deshalb bislang praktisch gleich null.[10] Daneben wird sie nicht helfen, den Kreis der Personengesellschaften über diesen „Umweg" in den Kreis beteiligungsfähiger Rechtsträger mit einzubeziehen, es sei denn, die „Publizitätsrichtlinie" wird in der Zukunft auch auf Personengesellschaften erweitert. 7

2. Aktive und passive Verschmelzungsfähigkeit. Als übertragende und übernehmende Gesellschaft ist die **GmbH**, **AG** und **KGaA** ab dem Moment ihrer Eintragung im Handelsregister aktiv und passiv verschmelzungsfähig.[11] Das gilt wegen Art. 10 SE-VO auch für die SE mit Sitz in Deutschland.[12] Damit ist die bis zum Zeitpunkt der Eintragung im Handelsregister existierende „Vorgesellschaft" nicht aktiv und passiv verschmelzungsfähig. Die Beteiligungsfähigkeit endet mit dem Beschluss der Liquidation und Beginn der Verteilung des Vermögens oder der Eröffnung des Insolvenzverfahrens.[13] 8

3. Gründung, Satzungssitz, Hauptverwaltung und Hauptniederlassung (Abs. 1). §§ 122 b Abs. 1 schränkt den **persönlichen Anwendungsbereich** weiter nur auf solche Kapitalgesellschaften ein, die nach dem Recht eines EU- oder EWR-Mitgliedstaates gegründet worden sind und ihren satzungsmäßigen Sitz, ihre Hauptverwaltung oder Hauptniederlassung in einem EU- oder EWR-Mitgliedstaat haben. Mit diesem Passus orientiert sich der Gesetzgeber streng am Wortlaut von Art. 1 der IntVerschmRL. 9

Damit scheiden zunächst sämtliche in einem **Drittstaat** gegründete Gesellschaften aus.[14] Dadurch soll verhindert werden, dass Gesellschaften in einem Drittstaat gegründet werden, um dann (unter Umgehung der nationalen Gründungsvorschriften) im Wege einer grenzüberschreitenden Verschmelzung ihren Sitz in ein EU-/EWR-Mitgliedstaat verlegen zu können.[15] Für den umgekehrten Fall sollen solche Gesellschaften nicht beteiligungsfähig sein, die zwar nach dem Recht eines EU-/EWR-Mitgliedstaates gegründet wurden, im Zeitpunkt der Umwandlung je- 10

6 S. zum Meinungsstand Semler/Stengel/*Drinhausen*, § 122 b Rn 5; Habersack/Drinhausen/*Kiem*, § 122 b Rn 7.

7 Beim Auftreten eines Rumpfgeschäftsjahres ab der Gründung kann die Sperrfrist weniger als zwei Jahre betragen.

8 Erste Richtlinie 68/151/EWG des Rates v. 9. März 1968 zur Koordinierung der Schutzbestimmungen, die in den Mitgliedstaaten den Gesellschaften im Sinne des Artikels 58 Absatz 2 des Vertrages im Interesse der Gesellschafter sowie Dritter vorgeschrieben sind, um diese Bestimmungen gleichwertig zu gestalten.

9 Semler/Stengel/*Drinhausen*, § 122 b Rn 4 ff; Habersack/Drinhausen/*Kiem*, § 122 b Rn 8 ff.

10 Schmitt/Hörtnagl/Stratz/*Hörtnagl*, § 122 b Rn 4.

11 So auch zu § 3 UmwG Henssler/Strohn/*Heidinger*, GesR, § 3 UmwG Rn 11; aA Widmann/Mayer/*Heckschen*, § 122 b Rn 55 ff, der hingegen auf den Zeitpunkt ihrer wirksamen Gründung, namentlich den Abschluss des Gesellschaftsvertrags bzw die Feststellung der Satzung abstellt.

12 Nach § 21 Abs. 1 SEAG ist die SE zur Eintragung in das Handelsregister anzumelden.

13 Widmann/Mayer/*Heckschen*, § 122 b Rn Rn 55.

14 Lutter/*Bayer*, § 122 b Rn 11; Semler/Stengel/*Drinhausen*, § 122 b Rn 7.

15 Begr. RegE zu § 122 b, BT-Drucks. 16/2919, 14.

doch nicht mehr über einen Satzungssitz, eine Hauptverwaltung oder Hauptniederlassung im Hoheitsgebiet der EU oder eines EWR-Mitgliedstaates verfügen.[16]

11 Die Auslegung der Begriffe „Satzungssitz", „Hauptverwaltung" und „Hauptniederlassung" hat im Hinblick auf den gleichbedeutenden Inhalt von Art. 54 AEUV[17] (ex Art. 48 EGV) **europarechtskonform** zu erfolgen. Praktische Unterschiede zum allgemeinen Verständnis im deutschen autonomen IPR ergeben sich hieraus erkennbar jedoch nicht: Satzungsmäßiger Sitz ist danach der im Gesellschaftsvertrag festgelegte Sitz der Gesellschaft. Die Hauptverwaltung ist hingegen am Ort des effektiven Verwaltungssitzes belegen, namentlich an dem Ort, an dem die grundlegenden Entscheidungen der Unternehmensleitung effektiv in laufende Geschäftsführungsakte umgesetzt werden.[18] Hauptniederlassung ist der tatsächliche Geschäftsschwerpunkt – bei einer Fabrik die zentrale Produktionsstätte – und entspricht bei Kapitalgesellschaften regelmäßig dem Satzungssitz.[19] Sämtliche andere Niederlassungen eines Unternehmens sind hingegen „Zweigniederlassungen" iSd Zweigniederlassungsrichtlinie.[20]

III. Ausgeschlossene Gesellschaftsformen(Abs. 2)

12 **1. Genossenschaften (Nr. 1).** Die Genossenschaft zählt nach § 122 b Abs. 2 Nr. 1 selbst dann nicht zu den verschmelzungsfähigen Rechtsformen, wenn sie dem Recht eines anderen EU-/EWR-Mitgliedstaates unterfällt. Der Gesetzgeber macht mit dieser Regelung von dem in Art. 3 Abs. 2 der IntVerschmRL eingeräumten **„opt-out-Rechts"** Gebrauch. Die Ausübung dieses Wahlrechts begründet der Gesetzgeber mit dem Verweis auf die bereits existierenden Vorschriften zur Gründung einer SCE.[21]

13 **2. OGAW (Nr. 2).** § 122 b Abs. 2 Nr. 2 setzt Art. 3 Abs. 3 der IntVerschmRL um und schließt „Organismen für gemeinsame Anlagen in Wertpapieren" (**OGAW**) vom persönlichen Anwendungsbereich der §§ 122 a–122 l aus. Die Bereichsausnahme geht auf die Intention des europäischen Gesetzgebers zurück, den speziellen Fall der grenzüberschreitenden Verschmelzung solcher Gesellschaften selbst durch den bereits in der Richtlinie 85/611/EWG[22] bestehenden Rechtsrahmen regeln zu wollen.[23] Dies muss erst Recht nach Einführung des neuen Kapitalanlagegesetzbuches (KAGB) am 22.7.2013 gelten.[24]

§ 122 c Verschmelzungsplan

(1) Das Vertretungsorgan einer beteiligten Gesellschaft stellt zusammen mit den Vertretungsorganen der übrigen beteiligten Gesellschaften einen gemeinsamen Verschmelzungsplan auf.

(2) Der Verschmelzungsplan oder sein Entwurf muss mindestens folgende Angaben enthalten:

1. Rechtsform, Firma und Sitz der übertragenden und übernehmenden oder neuen Gesellschaft,

16 Lutter/*Bayer*, § 122 b Rn 11; Semler/Stengel/*Drinhausen*, § 122 b Rn 7.
17 Vertrag über die Arbeitsweise der Europäischen Union v. 9.5.2008, ABl. EU C 115, S. 49.
18 BGHZ 97, 269, 272; Schmitt/Hörtnagl/Stratz/*Hörtnagl*, § 122 b Rn 13.
19 Von der Groeben/Schwarze/*Troberg/Tiedje*, Art. 48 EG Rn 10; Schmitt/Hörtnagl/Stratz/*Hörtnagl*, § 122 b Rn 13.
20 Richtlinie 89/666/EWG des Rates v. 21.12.1989 über die Offenlegung von Zweigniederlassungen, die in einem Mitgliedstaat von Gesellschaften bestimmter Rechtsformen errichtet wurden, die dem Recht eines anderen Staates unterliegen (ABl. EG L 395 v. 30.12.1989).
21 Begr. RegE zu § 122 b, BT-Drucks. 16/2919, 14 f.
22 Richtlinie 85/611/EWG des Rates v. 20.12.1985 zur Koordinierung der Rechts- und Verwaltungsvorschriften betreffend bestimmte Organisationen für gemeinsame Anlagen in Wertpapieren (OGAW) (ABl. EG Nr. L 375 v. 31.12.1985, S. 3).
23 Lutter/*Bayer*, § 122 b Rn 16; *Drinhausen/Keinath*, RIW 2006, 81, 82; *Neye*, ZIP 2005, 1893, 1895.
24 Bei Abschluss der Arbeiten zu diesem Kommentar war das Kapitalanlagegesetzbuch noch nicht vom Bundespräsidenten ausgefertigt und im BGBl. verkündet worden. Der Bundestag hatte es jedoch gemäß den Empfehlungen des Finanzausschusses am 16.5.2013 angenommen (BR-Drucks. 375/13) und der Bundesrat hat am 7.6.2013 beschlossen, nicht den Vermittlungsausschuss anzurufen (BR-Drucks. 375/13).

2. das Umtauschverhältnis der Gesellschaftsanteile und gegebenenfalls die Höhe der baren Zuzahlungen,
3. die Einzelheiten hinsichtlich der Übertragung der Gesellschaftsanteile der übernehmenden oder neuen Gesellschaft,
4. die voraussichtlichen Auswirkungen der Verschmelzung auf die Beschäftigung,
5. den Zeitpunkt, von dem an die Gesellschaftsanteile deren Inhabern das Recht auf Beteiligung am Gewinn gewähren, sowie alle Besonderheiten, die eine Auswirkung auf dieses Recht haben,
6. den Zeitpunkt, von dem an die Handlungen der übertragenden Gesellschaften unter dem Gesichtspunkt der Rechnungslegung als für Rechnung der übernehmenden oder neuen Gesellschaft vorgenommen gelten (Verschmelzungsstichtag),
7. die Rechte, die die übernehmende oder neue Gesellschaft den mit Sonderrechten ausgestatteten Gesellschaftern und den Inhabern von anderen Wertpapieren als Gesellschaftsanteilen gewährt, oder die für diese Personen vorgeschlagenen Maßnahmen,
8. etwaige besondere Vorteile, die den Sachverständigen, die den Verschmelzungsplan prüfen, oder den Mitgliedern der Verwaltungs-, Leitungs-, Aufsichts- oder Kontrollorgane der an der Verschmelzung beteiligten Gesellschaften gewährt werden,
9. die Satzung der übernehmenden oder neuen Gesellschaft,
10. gegebenenfalls Angaben zu dem Verfahren, nach dem die Einzelheiten über die Beteiligung der Arbeitnehmer an der Festlegung ihrer Mitbestimmungsrechte in der aus der grenzüberschreitenden Verschmelzung hervorgehenden Gesellschaft geregelt werden,
11. Angaben zur Bewertung des Aktiv- und Passivvermögens, das auf die übernehmende oder neue Gesellschaft übertragen wird,
12. den Stichtag der Bilanzen der an der Verschmelzung beteiligten Gesellschaften, die zur Festlegung der Bedingungen der Verschmelzung verwendet werden.

(3) Befinden sich alle Anteile einer übertragenden Gesellschaft in der Hand der übernehmenden Gesellschaft, so entfallen die Angaben über den Umtausch der Anteile (Absatz 2 Nr. 2, 3 und 5), soweit sie die Aufnahme dieser Gesellschaft betreffen.

(4) Der Verschmelzungsplan muss notariell beurkundet werden.

I. Allgemeines und unionsrechtlicher Hintergrund

1 § 122 c geht auf Art. 5 der Internationalen Verschmelzungsrichtlinie (IntVerschmRL)[1] zurück und setzt die Vorgabe des europäischen Gesetzgebers, den Verschmelzungsvertrag nach den §§ 4 ff durch den **Verschmelzungsplan** zu ersetzen, in deutsches Recht um. Der Verschmelzungsplan ist als „Herzstück“[2] des europäischen Verschmelzungsrechts zentraler Baustein des grenzüberschreitenden Verschmelzungsverfahrens und war bereits von der „Dritten Verschmelzungsrichtlinie“[3] von 1978 zur Verschmelzung von Aktiengesellschaften vorgesehen. Auch bei der Gründung einer SE nach den Art. 20 ff SE-VO[4] ist der Verschmelzungsplan das zentrale Element des Verschmelzungsverfahrens.

2 § 122 c Abs. 1 setzt Art. 5 S. 1 der IntVerschmRL um, wonach die Leitungs- und Verwaltungsorgane der sich verschmelzenden Gesellschaften einen **gemeinsamen Plan** für die grenzüberschreitende Verschmelzung aufzustellen haben. Die Verpflichtung trifft zwar wegen der Bereichsausnahme in § 122 a Abs. 2 nur deutschem Recht unterliegende Gesellschaften. Eine entsprechende Parallelregelung befindet sich jedoch auch in allen Rechtsordnungen der übrigen Mitgliedstaaten.[5]

3 § 122 c Abs. 2 regelt – in Umsetzung von Art. 5 S. 2 der IntVerschmRL – den **Mindestinhalt** des Verschmelzungsplans. Der Gesetzgeber setzt die Richtlinie inhaltlich annähernd deckungsgleich in nationales Recht um. Zudem stimmt der Inhalt, bis auf die Aufnahme der Satzungen in den Verschmelzungsplan (§ 122 c Abs. 2 Nr. 9), den Angaben zum Verfahren über die Arbeitnehmermitbestimmung (§ 122 c Abs. 2 Nr. 10) und zur Bewertung des Aktiv- und Passivvermögens (§ 122 c Abs. 2 Nr. 11) sowie der Nennung des Stichtags der Bilanzen (§ 122 c Abs. 2 Nr. 12) mit den Mindestangaben im Verschmelzungsvertrag nach § 5 Abs. 1 überein.

4 § 122 c Abs. 3 regelt den Fall der Verschmelzung einer 100%-gen Tochtergesellschaft auf ihre Muttergesellschaft („**upstream merger**“). Die Vorschrift ist mit § 5 Abs. 2 inhaltsgleich.

5 § 122 c Abs. 4 schreibt die **notarielle Beurkundung** des Verschmelzungsplans vor. Der Gesetzgeber trifft hiermit eine über den Inhalt der Richtlinie hinausgehende Regelung, die sich an der entsprechenden Anordnung in § 6 orientiert.

II. Rechtsnatur des Verschmelzungsplans

6 Der Begriff des Verschmelzungsplans ist dem innerstaatlichen Umwandlungsrecht fremd. Der Gesetzgeber folgt hiermit erstmalig der vom europäischen Gesetzgeber bereits schon in der „Dritten Verschmelzungsrichtlinie“[6] von 1978 vorgesehenen Terminologie. Seinerzeit wich der Gesetzgeber jedoch von den europarechtlichen Vorgaben ab und ordnet in § 4 die Pflicht zum Abschluss eines „**Verschmelzungsvertrags**“ an.

7 Wie der Verschmelzungsvertrag legt auch der Verschmelzungsplan die rechtliche, organisatorische Grundlage für die Verschmelzung fest.[7] Abgesehen hiervon haben die beiden Organisationsakte rechtsdogmatisch jedoch nur noch wenig gemein. Denn im Gegensatz zum Verschmel-

1 Richtlinie 2005/56/EG des Europäischen Parlaments und des Rates v. 26.10.2005 über die Verschmelzung von Kapitalgesellschaften aus verschiedenen Mitgliedstaaten (ABl. EU L 310/1 v. 25.11.2005, S. 1).

2 *Kloster*, EuZW 2003, 293, 295; Lutter/*Bayer*, § 122 c Rn 1; Lutter/Hommelhoff/*Bayer*, Art. 20 SE-VO, Rn 1.

3 Dritte Richtlinie 78/855/EWG des Rates v. 9.10.1978 gemäß Artikel 54 Absatz 3 Buchstabe g) des Vertrages betreffend die Verschmelzung von Aktiengesellschaften (ABl. EG L 295 v. 20.10.1978).

4 Verordnung (EG) Nr. 2157/2001 des Rates v. 8.10.2001 über das Statut der Europäischen Gesellschaft (ABl. EG L 294 v. 10.11.2001).

5 Schmitt/Hörtnagl/Stratz/*Hörtnagl*, § 122 c Rn 1.

6 Dritte Richtlinie 78/855/EWG des Rates v. 9.10.1978 gemäß Artikel 54 Absatz 3 Buchstabe g) des Vertrages betreffend die Verschmelzung von Aktiengesellschaften (ABl. EG Nr. L 295 v. 20.10.1978).

7 Widmann/Mayer/*Mayer*, § 122 c Rn 15; Semler/Stengel/*Drinhausen*, § 122 c Rn 6.

zungsvertrag entfaltet der Verschmelzungsplan **keine schuldrechtliche Wirkung.**[8] Das lässt sich aus einem Vergleich mit dem innerstaatlichen Verschmelzungsrecht herleiten. Nach § 5 Abs. 1 Nr. 2 muss der Verschmelzungsvertrag (oder sein Entwurf) die Vereinbarung über die Vermögensübertragung jedes übertragenden Rechtsträgers aufführen. Aus diesem Vereinbarungserfordernis schließt die hM richtigerweise die schuldrechtliche Wirkung des Verschmelzungsvertrags, mit dem sich die beteiligten Gesellschaften zur Durchführung der Verschmelzung verpflichten.[9] Eine hiermit vergleichbare Anordnung findet sich hingegen in § 122 c Abs. 1 nicht. Vielmehr sieht § 122 c Abs. 1 Nr. 3 lediglich vor, dass der Plan die „Einzelheiten der Übertragung der Gesellschaftsanteile" enthalten muss. Das entspricht in der Sache § 5 Nr. 4. Auch die Rechtsordnungen der meisten Mitgliedstaaten messen dem Verschmelzungsplan keine schuldrechtliche Wirkung zu.[10] Zutreffend wird gegen den schuldrechtlichen Charakter des Verschmelzungsplans schließlich auch der Vergleich mit der Parallelvorschrift zur Gründung einer SE ins Feld geführt:[11] In inhaltlicher Übereinstimmung mit § 122 c Abs. 1 legt Art. 20 Abs. 1 S. 1 SE-VO fest, dass die Leitungs- oder Verwaltungsorgane der sich verschmelzenden Gesellschaften einen Verschmelzungsplan aufstellen. Nach hM ist auch der Verschmelzungsplan gem. Art. 20 Abs. 1 SE-VO gesellschaftsrechtlicher Organisationsakt ohne schuldrechtliche Wirkung.[12]

Hinweis: Dies hindert die Beteiligten aber nicht, schuldrechtliche Verpflichtungen ggf mit dem Verschmelzungsplan oder in einem separaten Dokument aufzunehmen.[13]

III. Aufstellung durch die Vertretungsorgane (Abs. 1)

1. Zuständige Vertretungsorgane. § 122 c Abs. 1 schreibt vor, dass das **Vertretungsorgan** der beteiligten Gesellschaften den Verschmelzungsplan aufzustellen hat. Der Gesetzgeber weicht hier terminologisch von der Richtlinie ab und weist die Kompetenz zur Aufstellung des Verschmelzungsplans nicht den „Leitungs- oder Verwaltungsorganen", sondern den „Vertretungsorganen" der beteiligten Gesellschaften zu. Das ist hier insofern unschädlich, als im nationalen deutschen Gesellschaftsrecht das Vertretungsorgan einer deutschen Kapitalgesellschaft grundsätzlich auch deren Leitungsorgan ist. Bei der AG ist dies der Vorstand (§ 76 Abs. 1 AktG), bei der GmbH der Geschäftsführer (§ 35 Abs. 1 GmbHG), bei der KGaA der Komplementär (§ 278 Abs. 2 AktG iVm § 170 HGB) und bei der dualistisch verfassten SE das Leitungsorgan (Art. 39 Abs. 1 SE-VO).[14] 8

Aus der oben beschriebenen terminologischen Abweichung ergeben sich jedoch Anwendungsschwierigkeiten, wenn einer der beteiligten Gesellschaften eine dem deutschem Recht unterliegende **monistisch verfasste SE** ist. Während bei der dualistisch verfassten SE das Vertretungsorgan auch das Leitungsorgan ist, gilt dies nicht für die monistisch strukturierte SE. Dort fallen die Kompetenzen des Leitungsorgans und des Vertretungsorgans nicht auf dieselben Personen, da das Leitungsorgan der Verwaltungsrat ist (Art. 43 Abs. 1 SE-VO, § 22 Abs. 1 SEAG) und das Vertretungsorgan im Regelfall durch die geschäftsführenden Direktoren gestellt wird (§ 41 Abs. 1 SEAG). Dem Gesetzgeber unterlief insofern ein Redaktionsversehen. Eine richtlinien- 9

8 Schmitt/Hörtnagl/Stratz/*Hörtnagl*, § 122 c Rn 5, Rn 10; Lutter/*Bayer*, § 122 c Rn 3; Widmann/Mayer/*Mayer*, § 122 c Rn 17; Habersack/Drinhausen/*Kiem*, § 122 c Rn 6; *Frenzel*, Grenzüberschreitende Verschmelzung, S. 202; *Frenzel*, RIW 2008, 12, 16; *Kallmeyer*, AG 2007, 472, 473 f; offengelassen Semler/Stengel/*Drinhausen*, § 122 c Rn 6; aA *Forsthoff*, DStR 2006, 613, 614; *Winter*, Der Konzern 2007, 24, 33; *Krause/Kulpa*, ZHR 171 (2007), 38, 56; *Simon/Rubner*, Der Konzern 2006, 835, 837; *Vetter*, AG 2006, 613, 617.

9 Schmitt/Hörtnagl/Stratz/*Stratz*, § 4 Rn 9; Lutter/*Drygala*, § 4 Rn 5; *Ihrig*, GmbHR 1995, 622, 633; Semler/Stengel/*Schröer*, § 4 Rn 5.

10 Lutter/*Bayer*, § 122 c Rn 3; *Kiem*, WM 2006, 1091, 1094.

11 So auch Lutter/*Bayer*, § 122 c Rn 3.

12 Habersack/Drinhausen/*Kiem*, Art. 20 SE-VO Rn 2; Manz/Mayer/Schröder/*Schröder*, Art. 20 SE-VO Rn 2 f; MüKo-AktG/*Schäfer*, Art. 20 SE-VO Rn 3; Lutter/Hommelhoff/*Bayer*, Art. 20 SE-VO Rn 2 ff; *Brandes*, AG 2005, 177, 181; *Teichmann*, ZGR 2002, 383, 420.

13 Habersack/Drinhausen/*Kiem*, § 122 c Rn 7; Lutter/*Bayer*, § 122 c Rn 4.

14 Semler/Stengel/*Drinhausen*, § 122 c Rn 8; Lutter/*Bayer*, § 122 c Rn 5.

konforme Auslegung gebietet es richtigerweise, dass bei der monistisch verfassten SE die Mitglieder des Verwaltungsrats als Leitungsorgan ausschließlich für die Aufstellung des Verschmelzungsplans zuständig sind.[15]

10 **2. Aufstellung.** Nach § 122 c Abs. 1 haben die Vertretungsorgane gemeinsam einen Verschmelzungsplan aufzustellen. Aus der Formulierung geht hervor, dass sich **alle** an der Verschmelzung beteiligten **Vertretungsorgane** auf einen einzigen Verschmelzungsplan einigen müssen.

11 **3. Sprache.** Weder § 122 c noch die IntVerschmRL treffen eine Aussage darüber, in welcher **Sprache**der Verschmelzungsplan verfasst werden muss. Insofern besteht Rechtsunsicherheit. Bei der Beteiligung einer deutschen Gesellschaft an der Verschmelzung muss bereits wegen der notariellen Beurkundungspflicht (§ 122 c Abs. 4 iVm § 5 Abs. 1 BeurkG) der Verschmelzungsplan in deutscher Sprache erstellt werden. Hinzu kommt, dass in Deutschland Gerichtssprache Deutsch ist, so dass auch beim deutschen Registergericht (§ 122 d, §§ 488 Abs. 3 FamFG iVm 184 GVG) der Verschmelzungsplan zumindest auch in deutscher Sprache einzureichen ist.[16]

Hinweis: Für die Praxis empfiehlt es sich, den Verschmelzungsplan entsprechend mehrsprachig zu verfassen oder im Anhang eine beglaubigte Übersetzung in den jeweiligen Amtssprachen der anderen – hier relevanten – Mitgliedstaaten beizufügen.[17] Der Weg beglaubigter Übersetzungen wird häufig auch dann der einzig gangbare Weg sein, wenn sich der beurkundende deutsche Notar mangels ausreichender Sprachkenntnisse nicht in der Lage sieht, den fremdsprachigen Text mit zu beurkunden. Aufgrund der Vorgabe eines gemeinsamen Plans durch § 122 c Abs. 1 und auch Art. 5 S. 1 der IntVerschmRL muss jedoch in jedem Fall ein einheitliches Dokument ohne inhaltliche Divergenzen dem Registergericht vorgelegt werden.[18]

IV. Mindestinhalt (Abs. 2)

12 **1. Kongruenz mit den Vorgaben des innerstaatlichen Verschmelzungsrechts.** § 122 c Abs. 2 zählt enumerativ den notwendigen **Mindestinhalt** des Verschmelzungsplans auf. Diese Vorgaben sind abschließend, so dass kein (ergänzender) Rückgriff auf § 5 Abs. 1 erforderlich ist.[19] § 122 c Abs. 2 ist inhaltlich weitestgehend kongruent mit § 5 Abs. 1 (mit Ausnahme der speziellen Regelungen in § 122 c Abs. 2 Nr. 9 bis Nr. 12), weshalb ein Generalverweis als schlankere Lösung nahegelegen hätte. Für die folgende Kommentierung ergibt sich hieraus, dass an vielen Stellen auf die Ausführungen zum innerstaatlichen Verschmelzungsrecht verwiesen werden kann. Allerdings bezieht sich § 5 Abs. 1 nicht nur auf die Verschmelzung von Kapitalgesellschaften, so dass ein Verweis auf § 5 Abs. 1 zu Auslegungsproblemen hätte führen können. Die jetzige Regelung überzeugt durch die in ihr innewohnende Klarheit, insb. als sie sich eng an den entsprechenden Wortlaut von Art. 5 IntVerschmRL anlehnt.

13 **2. Rechtsform, Firma, Sitz (Abs. 2 Nr. 1).** Entsprechend § 5 Abs. 1 Nr. 1 sind im Verschmelzungsplan **Firma** und **Sitz** der übertragenden und der übernehmenden bzw neuen Gesellschaft aufzunehmen.[20] Abweichend hiervon erfordert § 122 c Abs. 2 Nr. 1 auch Angaben über die **Rechtsform** der Gesellschaft.

Hinweis: Es empfiehlt sich, die Angaben zur Rechtsform am Wortlaut der sog „Publizitätsrichtlinie“[21] zu orientieren; ausreichend dürfte jedoch auch die Verwendung der Rechtsform nach der Terminologie des einschlägigen Gesellschaftsstatuts sein.[22]

15 Semler/Stengel/*Drinhausen*, § 122 c Rn 9; Lutter/*Bayer*, § 122 c Rn 6; Kallmeyer/*Marsch-Barner*, § 122 c Rn 5; Schmitt/Hörtnagl/Stratz/*Hörtnagl*, § 122 c Rn 8; aA Widmann/Mayer/*Mayer*, § 122 c Rn 22.

16 Lutter/*Bayer*, § 122 c Rn 10; Widmann/Mayer/*Mayer*, § 122 c Rn 25; aA Habersack/Drinhausen/*Kiem*, § 122 c Rn 18.

17 Lutter/*Bayer*, § 122 c Rn 10; Semler/Stengel/*Drinhausen*, § 122 c Rn 5; *Müller*, ZIP 2007, 1081, 1083; für die Parallelvorschrift in Art. 20 SE-VO: Lutter/Hommelhoff/*Bayer*, Art. 20 SE-VO Rn 10.

18 Grundvoraussetzung ist danach ein „gemeinsamer Verschmelzungsplan“, s. Semler/Stengel/*Drinhausen*, § 122 c Rn 5; *Lutter/Bayer*, § 122 c Rn 10.

19 Widmann/Mayer/*Mayer*, § 122 c Rn 36.

20 S. § 5 Rn 9 ff.

21 Erste Richtlinie 68/151/EWG des Rates vom 9.3.1968 (ABl. L 65 v. 14.3.1968).

22 Kallmeyer/*Marsch-Barner*, § 122 c Rn 9.

3. Umtauschverhältnis und bare Zuzahlung (Abs. 2 Nr. 2). Darüber hinaus hat der Verschmelzungsplan das **Umtauschverhältnis** der Gesellschaftsanteile und gegebenenfalls die Höhe der baren Zuzahlung aufzuführen. Die Vorschrift entspricht § 5 Abs. 1 Nr. 3. Allerdings entfällt bei der grenzüberschreitenden Verschmelzung wegen der Beschränkung des Anwendungsbereichs der §§ 122 a–122 l auf Kapitalgesellschaften, im Gegensatz zur Parallelvorschrift § 5 Abs. 1 Nr. 3, die Pflicht, Angaben über die Mitgliedschaft bei dem übernehmenden Rechtsträger machen zu müssen. 14

Das Umtauschverhältnis der Gesellschaftsanteile stellt den „**Kaufpreis**" für die Beteiligung an dem übernehmenden Rechtsträger dar und bildet deshalb den zentralen Bestandteil des Verschmelzungsplans.[23] Neben der Höhe der baren Zuzahlung dient die Angabe den Anteilsinhabern zur Information über die Attraktivität der Strukturmaßnahme und ist somit bei der Entscheidungsfindung ausschlaggebende Informationsquelle. Der Verschmelzungsplan kann die Daten ohne Erläuterung wiedergeben, da bereits im Verschmelzungsbericht hierzu detaillierte Aussagen getroffen werden müssen.[24] Auf die Angemessenheit des Umtauschverhältnisses und die Höhe der baren Zuzahlung wird in dem zu erstellenden Prüfungsbericht eingegangen.[25] Hinsichtlich weiterer Einzelheiten kann auf die Ausführungen zur innerstaatlichen Verschmelzung (§ 5 Abs. 1 Nr. 3) verwiesen werden.[26] 15

4. Übertragung der Gesellschaftsanteile (Abs. 2 Nr. 3). Wortlaut und Inhalt von § 122 c Abs. 2 Nr. 3 gleichen weitestgehend § 5 Abs. 1 Nr. 4. Insofern kann hinsichtlich der **Einzelheiten zur Übertragung** auf die Ausführungen zum innerstaatlichen Recht gemäß § 5 Abs. 1 Nr. 4 verwiesen werden.[27] Dass § 122 c Abs. 2 Nr. 3 (im Gegensatz zu § 5 Abs. 1 Nr. 4) ggf keine Angaben zum Erwerb der Mitgliedschaft bei dem übernehmenden Rechtsträger fordert, ist dadurch bedingt, dass bei einer grenzüberschreitenden Verschmelzung nur Kapitalgesellschaften beteiligt sein können.[28] 16

Umstritten ist hingegen, ob bei der Beteiligung einer deutschen AG, KGaA oder SE stets das Verfahren der §§ 71 ff für den Umtausch der Aktien Anwendung finden sollte, so dass stets ein **Treuhänder** bestellt werden müsste – oder nur dann, wenn sie übertragender Rechtsträger sind. Nach einer Ansicht sind die §§ 71 ff unabhängig davon anzuwenden, ob der deutsche Rechtsträger übertragende oder übernehmende Gesellschaft ist.[29] Sinn und Zweck der Vorschriften der §§ 71 ff liegen jedoch ausschließlich im Schutze der Aktionäre des übertragenden Rechtsträgers, da ihre Aktien mit Wirksamwerden der Verschmelzung erlöschen.[30] Nach der hM ist daher richtigerweise die Bestellung eines Treuhänders iVm § 122 a Abs. 2 nur dann notwendig, wenn der deutsche Rechtsträger eine übertragende Gesellschaft ist.[31] 17

5. Auswirkungen auf die Beschäftigung (Abs. 2 Nr. 4). Weiterhin sind im Verschmelzungsplan die voraussichtlichen **Auswirkungen auf die Beschäftigung** anzugeben. Die Vorschrift deckt sich inhaltlich mit § 5 Abs. 1 Nr. 9, so dass die Einzelheiten zu den erforderlichen Angaben den dortigen Ausführungen entnommen werden können.[32] 18

Unterschiede ergeben sich nur insofern, als nach § 122 c Abs. 2 Nr. 4 die Angaben zu den Auswirkungen der Verschmelzung auf die Arbeitnehmervertretungen nicht dargelegt werden müssen. Hierzu trifft § 122 c Abs. 2 Nr. 10 eine gesonderte Regelung. Die Information der Arbeitnehmer erfolgt durch die Zuleitung des Verschmelzungsberichts an den Betriebsrat bzw bei Fehlen eines Betriebsrats an die Arbeitnehmer selbst (§ 122 e S. 2), der ohnehin auch den Verschmelzungsplan erläutern muss. Daraus folgt, dass der Verschmelzungsplan ausschließlich der Information der Gesellschafter dient. Es sind daher nur solche Angaben zur Beschäftigung auf- 19

23 Sagasser/Bula/Brünger/*Gutkès*, § 13 Rn 61; *Kiem*, ZGR 2007, 542, 543.
24 § 122 e iVm § 8.
25 § 122 f iVm § 9 ff.
26 S. § 5 Rn 28 ff.
27 S. § 5 Rn 41 ff.
28 Semler/Stengel/*Drinhausen*, § 122 c Rn 19.
29 Widmann/Mayer/*Mayer*, § 122 c Rn 93.
30 Semler/Stengel/*Diekmann*, § 68 Rn 1.
31 Semler/Stengel/*Drinhausen*, § 122 c Rn 19; Kallmeyer/*Marsch-Barner*, § 122 c Rn 14; Lutter/*Bayer*, § 122 c Rn 17; Habersack/Drinhausen/*Kiem*, § 122 c Rn 26.
32 S. § 5 Rn 72 ff.

zunehmen, die – aus Sicht der Anteilsinhaber – für die Entscheidungsfindung der Anteilsinhaber von Relevanz sind, wie zB auch die mit der Verschmelzung geplanten personellen Änderungen und damit verbundenen Kosten.[33] Für einfache Sachverhalte ohne Auswirkungen auf die Beschäftigung bietet sich als Formulierung folgender Passus an:

▶ **Formulierung:**

Die Verschmelzung der X-GmbH auf die Y-S.r.l. hat keine negativen Auswirkungen für die Arbeitnehmer der X-GmbH. Nach § 324 UmwG bleibt § 613 a Abs. 1, 4 bis 6 BGB durch die Wirkungen der Eintragung unberührt. Danach tritt die Y-S.r.l. in die Rechte und Pflichten aus den im Zeitpunkt des Übergangs bestehenden Arbeitsverhältnissen ein. Sämtliche bestehende Arbeitsverhältnisse werden damit unverändert fortgeführt. Auch für die Arbeitnehmer der Y-S.r.l. ergeben sich keine Nachteile aus der Verschmelzung der Gesellschaften. ◀

20 **6. Zeitpunkt der Gewinnbeteiligung (Abs. 2 Nr. 5).** Nach § 122 c Abs. 2 Nr. 5 ist im Verschmelzungsplan der Zeitpunkt anzugeben, von dem an die Gesellschaftsanteile ihren Inhabern das Recht auf **Beteiligung am Gewinn** gewähren sowie alle Besonderheiten, die eine Auswirkung auf dieses Recht haben. Die Vorschrift entspricht § 5 Abs. 1 Nr. 5, so dass auf die dortigen Ausführungen verwiesen werden kann.[34]

21 **7. Verschmelzungsstichtag (Abs. 2 Nr. 6).** § 122 c Abs. 2 Nr. 6 sieht die Angabe des Zeitpunktes vor, von dem an die Handlungen der übertragenden Gesellschaften unter dem Gesichtspunkt der Rechnungslegung als für Rechnung der übernehmenden oder neuen Gesellschaft vorgenommen gelten (**Verschmelzungsstichtag**). Die Regelung entspricht inhaltlich § 5 Abs. 1 Nr. 6. Sie regelt das Innenverhältnis zwischen den beteiligten Gesellschaften. Hier kann und sollte der Verschmelzungsstichtag variabel gewählt werden, um im Verschmelzungsplan auf zeitliche Verzögerungen bei der Eintragung der Verschmelzung flexibel reagieren zu können.[35]

22 **8. Gewährung von Rechten an Gesellschafter mit Sonderrechten (Abs. 2 Nr. 7).** Weiterhin sind im Verschmelzungsplan Angaben zu etwaigen (**Sonder-)Rechten** aufzuführen, die die übernehmende oder neue Gesellschaft den mit Sonderrechten ausgestatteten Gesellschaftern und den Inhabern von anderen Wertpapieren als Gesellschaftsanteilen gewährt, oder die für diese Personen vorgeschlagene Maßnahmen. Die Vorschrift korreliert weitgehend mit § 5 Abs. 1 Nr. 7, so dass hier auf die dortigen Ausführungen verwiesen werden kann.[36]

23 Allerdings ergeben sich aus dem **Wortlaut** gewichtige **Unterschiede** zu § 5 Abs. 1 Nr. 7. § 122 Abs. 2 Nr. 7 spricht von (Sonder-)Rechten, die „Gesellschaftern" mit bestehenden Sonderrechten, und nicht nur „einzelnen Anteilsinhabern" mit Sonderrechten gewährt werden sollen. Daraus wird geschlossen, dass sämtliche einem Gesellschafter mit Sonderrechten zu gewährenden Rechte zu nennen sind – seien es Sonderrechte, die einzelnen oder die allen Gesellschaftern gewährt werden.[37] Zum anderen sind nur solche Rechte zu nennen, die als Ersatz für bereits bestehende in- und ausländische Sonderrechte gewährt werden sollen.[38]

24 Die von § 122 Abs. 2 Nr. 7 verwendete Begriffe „Wertpapiere" und „Sonderrechte" zielen naturgemäß nicht nur auf deutsche, sondern auch auf **ausländische Sonderrechte** und Wertpapie-

33 Schmitt/Hörtnagl/Stratz/*Hörtnagl*, § 122 c Rn 19; Lutter/*Bayer*, § 122 c Rn 19; *Simon/Hinrichs*, NZA 2008, 391, 392 f; *Vetter*, AG 2006, 613, 619 f; *Simon/Rubner*, Der Konzern 2006, 835, 837 f; *Tebben/Tebben*, DB 2007, 2355, 2357; *Limmer*, ZNotP 2007, 242, 253 f; aA Semler/Stengel/*Drinhausen*, § 122 c Rn 21; Habersack/Drinhausen/*Kiem*, § 122 c Rn 27.

34 S. § 5 Rn 45 ff.

35 Lutter/*Bayer*, § 122 c Rn 22; Widmann/Mayer/*Mayer*, § 122 c Rn 106. Zur Frage, wie Verschmelzungsstichtag und (steuerlicher) Schlussbilanzstichtag zusammenhängen vgl Habersack/Drinhausen/*Kiem*, § 122 c Rn 33 mwN.

36 S. § 5 Rn 63 ff.

37 Lutter/*Bayer*, § 122 c Rn 23; Semler/Stengel/*Drinhausen*, § 122 c Rn 26; Kallmeyer/*Marsch-Barner*, § 122 c Rn 24.

38 Schmitt/Hörtnagl/Stratz/*Hörtnagl*, § 122 c Rn 24; Semler/Stengel/*Drinhausen*, § 122 c Rn 26 ff.

re aller Art ab.[39] Dies können zB Mehrfach- und Höchststimmrechte, Vetorechte, Gewinnvorzüge, Genussrechte oder Schuldverschreibungen sein.[40]

9. Vorteile für sonstige Beteiligte (Abs. 2 Nr. 8). Nach § 122 c Abs. 2 Nr. 8 sind im Verschmelzungsplan etwaige besondere **Vorteile** aufzunehmen, die den Sachverständigen, die den Verschmelzungsplan prüfen, oder den Mitgliedern der Verwaltungs-, Leitungs-, Aufsichts- oder Kontrollorganen der an der Verschmelzung beteiligten Gesellschaften gewährt werden. Der Inhalt der Vorschrift entspricht weitgehend der Regelung in § 5 Abs. 1 Nr. 8.[41] Es sind auch solche Vorteile mit aufzuführen, die Mitgliedern fakultativer Organe (wie zB ein Beirat) gewährt werden sollen, wenn dem betreffenden Organ eine Überwachungs- oder Leitungsfunktion übertragen worden ist.[42] 25

10. Satzung (Abs. 2 Nr. 9). § 122 c Abs. 2 Nr. 9 schreibt vor, dass die **Satzung** der übernehmenden oder neuen Gesellschaft in den Verschmelzungsplan aufzunehmen ist und dient der umfassenden Information der Anteilsinhaber. Für rein innerdeutsche Verschmelzungen findet sich eine entsprechende Parallelregelung. Eine „Vorläuferregelung" findet sich aber in der SE-VO für die Gründung einer SE durch Verschmelzung.[43] Der Gesetzgeber konnte für den Verschmelzungsvertrag jedoch aufgrund der Registerpublizität in Deutschland hierauf verzichten.[44] 26

Hinweis: Aus Gründen der besseren Übersichtlichkeit sollte die Satzung in einer Anlage zum Verschmelzungsplan geführt werden.[45] Soll die Satzung der übernehmenden Gesellschaft geändert werden, nachdem eine Anteilsversammlung ihre Zustimmung zum Verschmelzungsplan bereits erteilt hat, so ist umstritten, ob dies zulässig ist.[46] Aus Gründen der Rechtssicherheit sollten solche Satzungsänderungen daher vermieden werden.

11. Angaben zum Verfahren über die Beteiligung der Arbeitnehmer (Abs. 2 Nr. 10). Darüber hinaus legt § 122 Abs. 2 Nr. 10 fest, dass im Verschmelzungsplan gegebenenfalls Angaben zu dem Verfahren zu treffen sind, nach dem die Einzelheiten über die **Beteiligung der Arbeitnehmer** an der Festlegung ihrer Mitbestimmungsrechte in der aus der grenzüberschreitenden Verschmelzung hervorgehenden Gesellschaft geregelt werden. Wie bei § 122 c Abs. 2 Nr. 9 findet sich auch hier keine Parallelvorschrift für rein innerdeutsche Verschmelzungen, jedoch wieder im SE-Recht.[47] Der Umfang der Angaben sollte sich im Hinblick auf die detaillierte Darstellung im Verschmelzungsbericht zu den Auswirkungen der grenzüberschreitenden Verschmelzung auf die Arbeitnehmer (§ 122 e S. 1) auf die wesentlichen Grundzüge beschränken.[48] Relevant ist auch hier der Blickwinkel der Anteilsinhaber, da der Verschmelzungsplan ihrer Information dient.[49] 27

Mit der Formulierung **„gegebenenfalls"** stellt der Gesetzgeber klar, dass nur dann Angaben zu treffen sind, wenn auch tatsächlich ein solches Verfahren durchgeführt werden muss. Ob das der Fall ist, richtet sich nach dem jeweiligen (rechtsformspezifischen) nationalen Recht des Satzungssitzes der übernehmenden bzw neu gegründeten Gesellschaft.[50] Handelt es sich bei der übernehmenden oder neuen Gesellschaft um einen deutschen Rechtsträger, so regelt das MgVG[51] die Frage der Erforderlichkeit und der Durchführung des Verfahrens zur Mitbestimmung, anderenfalls regeln dies die entsprechenden ausländischen Bestimmungen, die zur Um- 28

39 Lutter/*Bayer*, § 122 c Rn 23; Habersack/Drinhausen/*Kiem*, § 122 c Rn 34.
40 Lutter/*Bayer*, § 122 c Rn 23; Semler/Stengel/*Drinhausen*, § 122 c Rn 28.
41 S. § 5 Rn 68 ff.
42 Habersack/Drinhausen/*Kiem*, § 122 c Rn 35.
43 Art. 20 Abs. 1 lit. h SE-VO.
44 Semler/Stengel/*Drinhausen*, § 122 c Rn 30.
45 Lutter/*Bayer*, § 122 c Rn 25; Semler/Stengel/*Drinhausen*, § 122 c Rn 30; Kallmeyer/*Marsch-Barner*, § 122 c Rn 26; Widmann/Mayer/*Mayer*, § 122 c Rn 121.
46 Vgl zum Streitstand Semler/Stengel/*Drinhausen*, § 122 c Rn 30; Habersack/Drinhausen/*Kiem*, § 122 c Rn 34.
47 Art. 20 Abs. 1 lit. i SE-VO.
48 Semler/Stengel/*Drinhausen*, § 122 c Rn 31; Lutter/*Bayer*, § 122 c Rn 26; Schmitt/Hörtnagl/Stratz/*Hörtnagl*, § 122 c Rn 27.
49 Lutter/*Bayer*,§ 122 c Rn 26.
50 Widman/Mayer/*Mayer*, § 122 c Rn 126; Semler/Stengel/*Drinhausen*, § 122 c Rn 31.
51 Gesetz über die Mitbestimmung der Arbeitnehmer bei einer grenzüberschreitenden Verschmelzung v. 21.12.2006, BGBl. I S. 3332.

setzung von Art. 16 der IntVerschmRL erlassen worden sind. Die Ergebnisse des Verfahrens zur Mitbestimmung (zB Abschluss einer Mitbestimmungsvereinbarung oder Eingreifen der gesetzlichen Regelung) müssen nur aufgeführt werden, soweit sie bei Aufstellung des Verschmelzungsplans bereits vorliegen.[52]

29 **12. Angaben zur Bewertung des Aktiv- und Passivvermögens (Abs. 2 Nr. 11).** Nach § 122 c Abs. 2 Nr. 11 sind im Verschmelzungsplan Angaben zur Bewertung des **Aktiv- und Passivvermögens** aufzunehmen, das auf die neue oder übernehmende Gesellschaft übertragen wird. Der Inhalt der Norm ist aus deutscher Sicht neuartig, da sich auch im SE-Recht keine Parallelregelung findet.[53] Sie geht auf die Initiative der französischen Delegation bei den Verhandlungen zur IntVerschmRL zurück.[54] Der Inhalt und die Reichweite der Norm sind anfänglich dennoch unklar gewesen, so dass die Literatur den Normzweck im Wege der negativen Abgrenzung herausgearbeitet hat.[55] Einhellige Meinung ist wohl nunmehr, dass diese Norm eine Darstellung der Umtauschverhältnisse nicht bezweckt, da dies durch § 122 c Abs. 2 Nr. 2 und den Verschmelzungsbericht bereits erfolgt; vielmehr ziele sie darauf ab, wie die übernehmende Gesellschaft das Aktiv-und Passivvermögen der übertragenden Gesellschaft nach der Verschmelzung handelsrechtlich bewerten, sprich bilanzieren wird. Es seien daher die entsprechenden Bilanzansätze (Buchwerte, Teilwerte, Zwischenwerte) darzustellen.[56] Hierbei kann es sich aus rein praktischen Gründen nur um die generellen Bilanzansätze und nicht die Einzelansätze für jeden Einzelposten des übergehenden Aktiv- und Passivvermögens handeln.[57] Diese Angaben müssen nach dem Wortlaut bereits im Verschmelzungsplan festgehalten werden.[58] Diesbezüglich könnte folgende Formulierung bei Fortführung der Buchwerte durch die übernehmende Gesellschaft gewählt werden:

▶ **Formulierung:**

Das auf die Y-S.r.l. übertragene Aktiv- und Passivvermögen der X-GmbH wird die Y-S.r.l. in ihrer Handelsbilanz zu Buchwerten fortführen. ◀

30 **13. Stichtag der Bilanzen (Abs. 2 Nr. 12).** Zuletzt ist nach § 122 Abs. 2 Nr. 12 im Verschmelzungsplan der **Stichtag der Bilanzen** der beteiligten Gesellschaften anzugeben, die zur Festlegung der Bedingungen der Verschmelzung verwendet werden. Diese Regelung findet neben § 122 c Abs. 2 Nr. 11 ebenfalls ihren Ursprung in der Initiative der französischen Delegation.[59] Auch hier fällt die Auslegung schwer. Zum Teil wird vertreten, dass sämtliche Jahresabschlüsse in den Verschmelzungsplan aufzunehmen sind.[60] Eine derart weite Auslegung scheint jedoch mit dem Wortlaut kaum vereinbar, so dass allein der Stichtag der Schlussbilanzen der beteiligten Gesellschaften zu nennen ist, für deren Bilanzposten die Bilanzansätze gem. § 122 c Abs. 2 Nr. 11 anzugeben sind und die nach § 17 Abs. 2 zum Handelsregister einzureichen sind.[61] Dann bietet sich folgende Formulierung an:

▶ **Formulierung:**

Für die Festlegung der Bedingungen der Verschmelzung sind die Bilanzen der X-GmbH zum [...] und der Y-S.r.l. zum [...] verwendet worden, die die Schlussbilanz der betreffenden Gesellschaft bilden. ◀

31 **14. Weitergehende Angaben.** Über den Mindestinhalt hinaus können dem Verschmelzungsplan weitere Angaben, insb. schuldrechtliche Vereinbarungen hinzugefügt werden, zB Sonderverein-

52 Semler/Stengel/*Drinhausen*, § 122 c Rn 31.
53 Lutter/*Bayer*, § 122 c Rn 27.
54 Semler/Stengel/*Drinhausen*, § 122 c Rn 32; *Neye/Timm*, DB 2006, 488, 489.
55 Vgl zum Meinungsstand: Habersack/Drinhausen/*Kiem*, § 122 c Rn 38 mwN.
56 Lutter/*Bayer*, § 122 c Rn 27; Semler/Stengel/*Drinhausen*, § 122 c Rn 35; Widmann/Mayer/*Mayer*, § 122 c Rn 138.
57 Habersack/Drinhausen/*Kiem*, § 122 c Rn 38; Semler/Stengel/*Drinhausen*, § 122 c Rn 32.
58 Vgl zur Diskussion, ob der Verschmelzungsplan auf eine spätere Festlegung verweisen kann Lutter/*Bayer*, § 122 c Rn 28.
59 Lutter/*Bayer*, § 122 c Rn 29; Semler/Stengel/*Drinhausen*, § 122 c Rn 32.
60 *Haritz/v. Wolff*, GmbHR 2006, 340, 341.
61 Habersack/Drinhausen/*Kiem*, § 122 c Rn 39; Semler/Stengel/*Drinhausen*, § 122 c Rn 37; Lutter/*Bayer*, § 122 c Rn 29; Widmann/Mayer/*Mayer*, § 122 c Rn 139; *Vetter*, AG 2006, 613, 619; *Simon/Rubner*, Der Konzern 2006, 835, 838 f.

barungen in Form eines sog. **Business Combination Agreements**, ggf aber auch als separates Dokument.[62] Ferner kann auch das Barabfindungsangebot einer deutschen übertragenden Gesellschaft nach § 122 i in den Verschmelzungsplan aufgenommen werden.[63]

V. Verschmelzung einer 100%-igen Tochtergesellschaft auf die Muttergesellschaft (Abs. 3)

Für den Sonderfall der Verschmelzung einer 100%-igen Tochtergesellschaft auf ihre Muttergesellschaft („**upstream merger**") enthält § 122 c Abs. 3 die Sonderbestimmung, dass die Angaben der Nr. 2, Nr. 3 und Nr. 5 des § 122 c Abs. 2 entbehrlich sind. Das ist nur konsequent, weil es beim upstream merger zu keiner „Übertragung" von Aktien kommt. 32

VI. Notarielle Beurkundung (Abs. 4)

Nach § 122 c Abs. 4 ist der Verschmelzungsplan **notariell zu beurkunden**. Der Gesetzgeber geht mit diesem Erfordernis über die Vorgaben des Richtliniengebers hinaus. Die Vorschrift entspricht der Parallelregelung in § 6, so dass auf die dortigen Ausführungen verwiesen werden kann.[64] 33

Besonderheiten ergeben sich jedoch im Hinblick auf etwaige **Auslandsbeurkundungen**, insb. wenn eine ausländische Rechtsordnung ebenfalls eine Beurkundung vorsieht und daher die Vermeidung von Doppel- oder Mehrfachbeurkundungen wünschenswert ist. Für die Erfüllung dieses Formerfordernisses gelten ausweislich der Regierungsbegründung die vom BGH festgelegten Grundsätze zum Erfordernis der Gleichwertigkeit.[65] Erfolgt bei einer grenzüberschreitenden Verschmelzung unter Beteiligung einer deutschen Gesellschaft die Beurkundung des Verschmelzungsplans im Ausland, ist dieses Vorgehen danach solange unschädlich, als die Beurkundung ihren Anforderungen nach derjenigen durch einen deutschen Notar entspricht.[66] Diese Rechtsprechung hat der BGH auch in seiner aktuellen Entscheidung vom 17.12.2013 bestätigt: In der Sache ging es zwar vorrangig um die Frage, ob ein Schweizer Notar berechtigt ist, eine Gesellschafterliste zum Handelsregister einzureichen. In diesem Zusammenhang hatte der Senat jedoch auch Gelegenheit erneut klarzustellen, dass eine Gleichwertigkeit der Auslandsbeurkundung dann gegeben ist, wenn die ausländische Urkundsperson nach Vorbildung und Stellung im Rechtsleben eine der Tätigkeit des deutschen Notars entsprechende Funktion ausübt und für die Errichtung der Urkunde ein Verfahrensrecht zu beachten hat, das den tragenden Grundsätzen des deutschen Beurkundungsrechts entspricht.[67] 34

Hinweis: Im Hinblick auf die mit der Verschmelzung verbundene Strukturänderung der sich verschmelzenden Rechtsträger und vor dem Hintergrund, dass sich die jüngste Entscheidung des BGH zur Gleichwertigkeit von Auslandsbeurkundungen „nur" auf die Einreichung einer GmbH-Gesellschafterliste bezog, erscheint es ratsam, eine Auslandsbeurkundung mit dem zuständigen Registergericht vorab abzusprechen.[68] Hingewiesen sei darauf, dass die Eintragung der Verschmelzung gem. § 122 a Abs. 2 iVm § 20 Abs. 1 Nr. 4 sämtliche Mängel der notariellen

62 Widmann/Mayer/*Mayer*, § 122 c Rn 18; Lutter/*Bayer*, § 122 c Rn 4.
63 S. § 122 i Rn 5.
64 S. § 6 Rn 4 ff.
65 Begr. RegE zu § 122 c, BT-Drucks. 16/2919, 15 unter Verweis auf BGHZ 80, 76.
66 BGH NJW 1981, 1160; Semler/Stengel/*Drinhausen*, § 122 c Rn 42; Habersack/Drinhausen/*Kiem*, § 122 c Rn 16 mwN.
67 BGH ZIP 2014, 317, 318 Rn 14; s. auch *Heckschen*, BB 2014, 462 ff.
68 Kritisch zur Gleichwertigkeit im Rahmen der Verschmelzung auch Lutter/*Drygala*, § 6 Rn 13; Semler/Stengel/*Schröer*, § 6 Rn 17; Kallmeyer/*Zimmermann*, § 6 Rn 11; generell ablehnend LG Augsburg DB 1996, 1666; *Heckschen*, BB 2014, 462, 465; *Goette*, MittRhNotK 1997, 1, 4 f; im Allgemeinen gegen die Zulässigkeit bei Bezug zur Verfassung der Gesellschaft OLG Hamm NJW 1974, 1057, 1058 f; OLG Karlsruhe RIW 1979, 578, 579; LG Köln DB 1989, 2214 f; LG Nürnberg-Fürth DB 1991, 2029; *Priester*, ZGR 1990, 420, 446.

Beurkundung heilt. Die unzulässige Beurkundung im Ausland stellt einen solchen „Mangel der notariellen Beurkundung“ iSv § 20 Abs. 1 Nr. 4 dar.[69]

VII. Keine Zuleitung an den Betriebsrat

35 Der Verschmelzungsplan ist dem **Betriebsrat** nicht zuzuleiten.[70] Eine § 5 Abs. 3 entsprechende Anordnung fehlt im grenzüberschreitenden Verschmelzungsrecht. Etwas anderes ergibt sich auch nicht über die Generalverweisung in § 122 a Abs. 2.[71] § 122 c ist diesbezüglich abschließend, weil bei grenzüberschreitenden Verschmelzungen im Gegensatz zu innerdeutschen Verschmelzungen die Unterrichtung der Arbeitnehmervertretungen (bzw bei deren Fehlen der Arbeitnehmer selbst) über die Auswirkungen der Verschmelzung nicht durch die Zuleitung des Verschmelzungsplans erfolgt, sondern über die Offenlegung des Verschmelzungsberichts, § 122 e S. 2.[72] Da der Verschmelzungsbericht den Verschmelzungsplan oder seinen Entwurf im Einzelnen rechtlich und wirtschaftlich zu erläutern und begründen hat, § 8 Abs. 1 S. 1, kommt es im Ergebnis so dennoch zu einer Unterrichtung des Betriebsrats über den Verschmelzungsplan über den Umweg des Verschmelzungsberichts.

VIII. Beurkundungskosten

36 Aus kostenrechtlicher Sicht ergeben sich für die grenzüberschreitende Verschmelzung **keine** weiteren **Besonderheiten** zum innerstaatlichen Recht, so dass auf die dortigen Ausführungen verwiesen werden kann.[73]

§ 122 d Bekanntmachung des Verschmelzungsplans

[1]Der Verschmelzungsplan oder sein Entwurf ist spätestens einen Monat vor der Versammlung der Anteilsinhaber, die nach § 13 über die Zustimmung zum Verschmelzungsplan beschließen soll, zum Register einzureichen. [2]Das Gericht hat in der Bekanntmachung nach § 10 des Handelsgesetzbuchs unverzüglich die folgenden Angaben bekannt zu machen:

1. **einen Hinweis darauf, dass der Verschmelzungsplan oder sein Entwurf beim Handelsregister eingereicht worden ist,**
2. **Rechtsform, Firma und Sitz der an der grenzüberschreitenden Verschmelzung beteiligten Gesellschaften,**
3. **die Register, bei denen die an der grenzüberschreitenden Verschmelzung beteiligten Gesellschaften eingetragen sind, sowie die jeweilige Nummer der Eintragung,**
4. **einen Hinweis auf die Modalitäten für die Ausübung der Rechte der Gläubiger und der Minderheitsgesellschafter der an der grenzüberschreitenden Verschmelzung beteiligten Gesellschaften sowie die Anschrift, unter der vollständige Auskünfte über diese Modalitäten kostenlos eingeholt werden können.**

[3]Die bekannt zu machenden Angaben sind dem Register bei Einreichung des Verschmelzungsplans oder seines Entwurfs mitzuteilen.

69 Lutter/*Grunewald*, § 20 Rn 73; Semler/Stengel/*Kübler*, § 20 Rn 82.

70 Lutter/*Bayer*, § 122 c Rn 33; Semler/Stengel/*Drinhausen*, § 122 c Rn 44; Habersack/Drinhausen/*Kiem*, § 122 c Rn 8.

71 Ohne jede Begründung so aber *Krause/Kulpa*, ZHR 171 (2007), 38, 60 f.

72 Begr. RegE zu § 122 e, BT-Drucks. 16/2919, 15.

73 S. § 6 Rn 19 ff.

I. Allgemeines und unionsrechtlicher Hintergrund

1 § 122 d regelt die **Bekanntmachung des Verschmelzungsplans** (oder seines Entwurfs) und setzt Art. 6 der Internationalen Verschmelzungsrichtlinie (IntVerschmRL)[1] in deutsches Recht um. Danach muss der gemeinsame Verschmelzungsplan auf die im innerstaatlichen Recht vorgesehene Weise im Einklang mit den Vorgaben von Art. 3 der sog. Publizitätsrichtlinie für jede der beteiligten Gesellschaften spätestens einen Monat vor der Gesellschafterversammlung, auf der über den Plan beschlossen wird, bekannt gemacht werden (Art. 6 Abs. 1 IntVerschmRL).[2] In welcher **Form** die Bekanntmachung erfolgt, richtet sich nach § 10 HGB. § 10 HGB geht seinerseits auf Art. 3 der Publizitätsrichtlinie" zurück.[3]

2 Die Bekanntmachung muss zudem nach Art. 6 Abs. 2 IntVerschmRL **Angaben** zur Rechtsform, Firma und Sitz der Gesellschaften (Art. 6 Abs. 2 lit. a IntVerschmRL), zum Register, bei dem die sich verschmelzenden Gesellschaften eingetragen sind (Art. 6 Abs. 2 lit. b IntVerschmRL) sowie einen Hinweis auf die Modalitäten für die Ausübung der Rechte der Gläubiger und gegebenenfalls der Minderheitsgesellschafter der beteiligten Gesellschaften (Art. 6 Abs. 2 lit. c IntVerschmRL) enthalten.

3 Seinem Wortlaut nach entspricht Art. 6 Abs. 1 IntVerschmRL im Wesentlichen Art. 6 Abs. 1 der Dritten Verschmelzungsrichtlinie von 1978 zur Verschmelzung von Aktiengesellschaften, den der Gesetzgeber mit § 61 S. 1 in deutsches Recht umgesetzt hat.[4] Im Gleichlauf hierzu bezweckt die Bekanntmachung nach § 122 d die vorzeitige **Information der Anteilsinhaber**. Daneben verfolgt § 122 d S. 2 Nr. 4 über den Schutz der Anteilsinhaber hinaus auch den Schutz der Gläubiger.[5]

4 Bei der **Fristbestimmung** weicht der Gesetzgeber hingegen von der Richtlinie ab. Art. 6 Abs. 1 IntVerschmRL sieht vor, dass der Verschmelzungsplan spätestens einen Monat vor der Gesellschafterversammlung bekannt zu gegeben ist. Nach § 122 d S. 1 genügt hingegen bereits seine Einreichung beim Registergericht einen Monat vor der Gesellschafterversammlung. Trotz Zeiteinsparung im Wege der elektronischen Bekanntmachung zeigt die Praxis, dass Einreichung und Bekanntmachung kaum taggleich erfolgen.[6] Tatsächlich äußerte der Bundesrat deshalb in seiner Stellungnahme erhebliche Bedenken im Hinblick auf die Richtlinienkonformität von § 122 d S. 1.[7] Die Bundesregierung begründete das abweichende Vorgehen jedoch mit dem Hinweis auf die unangefochtene Parallelregelung in § 61 S. 1, die ebenfalls auf den Zeitpunkt der Bekanntmachung abstellt.[8]

5 Dieser Hinweis der Bundesregierung verkennt, dass sich Art. 6 Abs. 1 der Dritten Verschmelzungsrichtlinie, im Gegensatz zu Art. 6 Abs. 1 der IntVerschmRL, nicht auf den Zeitpunkt der „Bekanntmachung", sondern auf den der „Offenlegung" bezieht. „Offenlegung" bedeutet nach Art. 3 Abs. 2 der Publizitätsrichtlinie jedoch bereits Hinterlegung in der Registerakte oder

1 Richtlinie 2005/56/EG des Europäischen Parlaments und des Rates v. 26.10.2005 über die Verschmelzung von Kapitalgesellschaften aus verschiedenen Mitgliedstaaten (ABl. EU L 310 v. 25.11.2005, S. 1).
2 Erste Richtlinie 68/151/EWG des Rates v. 9.3.1968 zur Koordinierung der Schutzbestimmungen, die in den Mitgliedstaaten den Gesellschaften im Sinne des Artikels 58 Absatz 2 des Vertrages im Interesse der Gesellschafter sowie Dritter vorgeschrieben sind, um diese Bestimmungen gleichwertig zu gestalten (ABl. EG L 65 v. 14.3.1968).
3 Ebenroth/Boujong/Joost/Strohn/*Schaub*, § 10 HGB Rn 1.
4 Dritte Richtlinie 78/855/EWG des Rates v. 9.10.1978 gemäß Artikel 54 Absatz 3 Buchstabe g) des Vertrages betreffend die Verschmelzung von Aktiengesellschaften (ABl. EG L 295 v. 20.10.1978).
5 Semler/Stengel/*Drinhausen*, § 122 d Rn 3, 11; Lutter/*Bayer*, § 122 d Rn 1; Widmann/Mayer/*Mayer*, § 122 d Rn 4.
6 Widmann/Mayer/*Mayer*, § 122 d Rn 8.
7 BT-Drucks. 16/2919, 53.
8 BT-Drucks. 16/2919, 60.

Eintragung im Register und gerade nicht die Bekanntmachung durch das Gericht. In der Konsequenz verkürzt der Gesetzgeber mit der vom Wortlaut der Richtlinie abweichenden Fristbestimmung in § 122 d S. 1 deshalb **richtlinienwidrig** die Informationsrechte der Anteilsinhaber.[9]

II. Einreichung beim Registergericht (S. 1)

6 **1. Zuständiges Gericht.** Nach § 122 d S. 1 ist der Verschmelzungsplan (oder dessen Entwurf) zum Registergericht einzureichen. Einzureichen hat dies die jeweils **beteiligte deutsche Gesellschaft.**[10] Zuständig ist dementsprechend dasjenige Amtsgericht, in dessen Bezirk die Gesellschaft ihren Satzungssitz unterhält, §§ 376, 377 Abs. 1 FamFG iVm § 23 a Abs. 1 Nr. 2, Abs. 2 Nr. 3 GVG iVm § 14 AktG bzw § 7 Abs. 1 GmbHG.[11] Sofern ausnahmsweise bei einer AG ein Doppelsitz besteht, ist der Verschmelzungsplan (oder dessen Entwurf) bei beiden Gerichten einzureichen.[12]

7 **2. Form.** In formeller Hinsicht hat die Einreichung des Verschmelzungsplans (oder dessen Entwurfs) nach Maßgabe von § 12 Abs. 2 HGB **elektronisch** zu erfolgen.[13] Wird lediglich der Entwurf des Verschmelzungsplans eingereicht, genügt nach § 12 Abs. 2 S. 2 Hs 1 HGB die Übermittlung einer elektronischen Aufzeichnung. Wurde der Verschmelzungsplan bereits notariell beurkundet, kann ein mit einem einfachen elektronischen Zeugnis versehenes Dokument eingereicht werden, § 12 Abs. 2 S. 2 Hs 2 HGB iVm § 39 a BeurkG.[14]

8 **3. Frist.** Nach § 122 d S. 1 ist der Verschmelzungsplan (oder sein Entwurf) spätestens **einen Monat** vor der Anteilsinhaberversammlung, die nach § 13 über die Zustimmung zum Verschmelzungsplan beschließen soll, beim Registergericht einzureichen. Die Berechnung der Monatsfrist richtet sich dann nach Maßgabe der §§ 187 ff BGB.[15] Allerdings muss das Abstellen des Fristbeginns auf die Einreichung anstatt auf die Bekanntmachung als richtlinienwidrig angesehen werden (s. Rn 4 f).

9 **4. Verzichtbarkeit.** Bei innerdeutschen Verschmelzungen ist umstritten, ob die Anteilsinhaber auf die Einreichung des Verschmelzungsplans und damit auf die **Bekanntmachung verzichten** können.[16] Bei der grenzüberschreitenden Verschmelzung ist ein solcher Verzicht in jedem Fall nicht möglich. Die Bekanntmachung dient nicht nur dem Schutz der Anteilsinhaber, sondern auch dem der Gläubiger. Dies ergibt sich aus dem Umstand, dass das Gericht nach § 122 d S. 2 Nr. 4 in seiner Bekanntmachung u.a. auch einen Hinweis auf die Modalitäten für die Ausübung von Gläubigerrechten geben muss. Allerdings können alle Anteilsinhaber eine Verkürzung der Monatsfrist beschließen. Denn im Gegensatz zur Bekanntmachung schützt die Monatsfrist gerade nicht die Gläubiger, da diese ihre Rechte innerhalb von zwei Monaten nach der Bekanntmachung ausüben können (§ 122 j Abs. 1 S. 2) und somit die Bekanntmachung selbst – und nicht deren zeitlicher Vorlauf – vor der Anteilsinhaberversammlung entscheidend ist.[17]

9 So auch Widmann/Mayer/*Mayer*, § 122 d Rn 8; Widmann/Mayer/*Heckschen*, vor §§ 122 a ff Rn 105; Lutter/*Bayer*, § 122 d Rn 7; *Louven*, ZIP 2006, 2021, 2025; *Frenzel*, Grenzüberschreitende Verschmelzung, S. 232; aA Kallmeyer/*Marsch-Barner*, § 122 d Rn 1; offengelassen bei Semler/Stengel/*Drinhausen*, § 122 d Fn 17.

10 Schmitt/Hörtnagl/Stratz/*Hörtnagl*, § 122 d Rn 2; Widmann/Mayer/*Mayer*, § 122 d Rn 9.

11 Lutter/*Bayer*, § 122 d Rn 3; Semler/Stengel/*Drinhausen*, § 122 d Rn 6; Schmitt/Hörtnagl/Stratz/*Hörtnagl*, § 122 d Rn 4.

12 Semler/Stengel/*Drinhausen*, § 122 d Rn 6; Schmitt/Hörtnagl/Stratz/*Hörtnagl*, § 122 d Rn 4.

13 Lutter/*Bayer*, § 122 d Rn 5; Semler/Stengel/*Drinhausen*, § 122 d Rn 7; Schmitt/Hörtnagl/Stratz/*Hörtnagl*, § 122 d Rn 5; Widmann/Mayer/*Mayer*, § 122 d Rn 28.

14 Semler/Stengel/*Drinhausen*, § 122 d Rn 7; Schmitt/Hörtnagl/Stratz/*Hörtnagl*, § 122 d Rn 5; Widmann/Mayer/*Mayer*, § 122 d Rn 28.

15 Semler/Stengel/*Drinhausen*, § 122 d Rn 10; Lutter/*Bayer*, § 122 d Rn 7; Schmitt/Hörtnagl/Stratz/*Hörtnagl*, § 122 d Rn 8.

16 S. § 61 Rn 8.

17 Lutter/*Bayer*, § 122 d Rn 18; Semler/Stengel/*Drinhausen*, § 122 d Rn 12.

III. Inhalt der Bekanntmachung (S. 2)

1. Hinweis auf die Einreichung (Nr. 1). Die Bekanntmachung nach § 122 d S. 2 Nr. 1 hat nicht den Verschmelzungsplan (oder dessen Entwurf) zu enthalten, sondern lediglich den **Hinweis** auf seine Einreichung beim Registergericht. Die Vorschrift geht auf Art. 6 Abs. 1 IntVerschmRL zurück und entspricht der Parallelregelung in § 61 S. 2 für das innerdeutsche Verschmelzungsrecht. 10

2. Rechtsform, Firma und Sitz (Nr. 2). Nach § 122 d S. 2 Nr. 2 sind Rechtsform, Firma und Sitz aller an der grenzüberschreitenden Verschmelzung beteiligten Gesellschaften bekanntzumachen. „**Sitz**" ist der satzungsmäßige Sitz der Gesellschaft.[18] Damit wird Art. 6 Abs. 2 lit. a der IntVerschmRL wort- und inhaltsgleich umgesetzt. Eine entsprechende Regelung für innerdeutsche Verschmelzungen existiert hingegen nicht. 11

3. Register der beteiligten Gesellschaften (Nr. 3). § 122 d S. 2 Nr. 3 legt fest, dass die Bekanntmachung sowohl die **Register**, bei denen alle beteiligten Gesellschaften eingetragen sind, als auch die jeweilige Registernummer, zu umfassen hat. § 122 d S. 2 Nr. 3 setzt Art. 6 Abs. 2 lit. b der IntVerschmRL um und verfolgt den Zweck, dem Rechtsverkehr einen ergänzenden Informationszugang zu ermöglichen.[19] Eine vergleichbare Regelung für innerdeutsche Verschmelzungen existiert auch in dieser Hinsicht nicht. 12

4. Hinweis auf die Modalitäten für die Ausübung der Gläubiger- und Minderheitsgesellschafterrechte (Nr. 4). Die Bekanntmachung hat zuletzt gem. § 122 d S. 2 Nr. 4 einen Hinweis auf die Modalitäten für die Ausübung der Rechte der Gläubiger und Minderheitsgesellschafter **aller** an der grenzüberschreitenden Verschmelzung beteiligten Gesellschaften zu enthalten.[20] Zudem ist die Anschrift, unter der vollständige Auskünfte über diese Modalitäten kostenlos eingeholt werden können, bekannt zu machen. In Umsetzung von Art. 6 Abs. 2 lit. c der IntVerschmRL dient die Vorschrift dem Gläubiger- und Minderheitenschutz und soll sicherstellen, dass diese auch tatsächlich Kenntnis von ihren Rechten erhalten.[21] Für innerdeutsche Verschmelzungen existiert keine Parallelregelung, allerdings sieht Art. 21 lit. c und d der SE-VO[22] eine inhaltsgleiche Bekanntmachungsverpflichtung vor. 13

Der **Hinweis** betrifft die Rechte der Gläubiger auf Sicherheitsleistung (§ 122 j, §§ 122 a Abs. 2, 22) und der Minderheitsgesellschafter auf Verbesserung des Umtauschverhältnisses (§ 122 h) sowie das Abfindungsangebot im Gesellschaftsvertrag (§ 122 i, §§ 122 a Abs. 2, 29).[23] 14

Hinweis: Unter „Anschrift" für die Erteilung der kostenlosen Auskünfte ist in erster Linie die postalische Anschrift zu verstehen.[24] Nach umstrittener Ansicht genügt die bloße Angabe einer Internetadresse den hohen Anforderungen des Gläubiger- und Minderheitsgesellschafterschutzes jedenfalls nicht.[25]

IV. Mitteilung der bekannt zu machenden Angaben (S. 3)

Um dem Register eine Bekanntmachung der in § 122 d S. 2 genannten Angaben zu erleichtern, legt § 122 d S. 3 fest, dass die den Verschmelzungsplan einreichende Gesellschaft die betreffenden Angaben dem Registergericht bei Einreichung des Verschmelzungsplans (oder seines Entwurfs) mitzuteilen hat.[26] Erforderlich ist eine **gesonderte Mitteilung**, die sich aber nicht mit 15

18 Lutter/*Bayer*, § 122 d Rn 11; Semler/Stengel/*Drinhausen*, § 122 d Rn 16.
19 Semler/Stengel/*Drinhausen*, § 122 d Rn 17; Lutter/*Bayer*, § 122 d Rn 12; Widmann/Mayer/*Mayer*, § 122 d Rn 12.
20 Widmann/Mayer/*Mayer*, § 122 d Rn 13.
21 Lutter/*Bayer*, § 122 d Rn 14.
22 Verordnung (EG) Nr. 2157/2001 des Rates über das Statut der Europäischen Gesellschaft v. 8.10.2001 (ABl. EG L 294 v. 10.11.2001).
23 Lutter/*Bayer*, § 122 d Rn 15; Semler/Stengel/*Drinhausen*, § 122 d Rn 19 f.
24 Lutter/*Bayer*, § 122 d Rn 16; Semler/Stengel/*Drinhausen*, § 122 d Rn 18.
25 So auch Lutter/*Bayer*, § 122 d Rn 16; Habersack/Drinhausen/*Kiem*, § 122 d Rn 19; Kallmeyer/*Marsch-Barner*, § 122 d Rn 2; *Grunewald*, Der Konzern 2007, 106, 107; aA Semler/Stengel/*Drinhausen*, § 122 d Rn 18; Schmitt/Hörtnagl/Stratz/*Hörtnagl*, § 122 d Rn 22.
26 Begr. RegE zu § 122 d, BT-Drucks. 16/2919, 15.

einem bloßen Verweis auf die Angaben im Verschmelzungsplan (oder dessen Entwurf) begnügen kann.[27]

V. Wirkung der Bekanntmachung

16 Die Bekanntmachung nach § 122 d iVm § 10 HGB löst die Zweimonatsfrist aus, innerhalb derer die Gläubiger der übertragenden Gesellschaft das Recht auf Sicherheitsleistung gem. § 122 j Abs. 1 S. 1 geltend machen können.[28]

§ 122 e Verschmelzungsbericht

[1]Im Verschmelzungsbericht nach § 8 sind auch die Auswirkungen der grenzüberschreitenden Verschmelzung auf die Gläubiger und Arbeitnehmer der an der Verschmelzung beteiligten Gesellschaft zu erläutern. [2]Der Verschmelzungsbericht ist den Anteilsinhabern sowie dem zuständigen Betriebsrat oder, falls es keinen Betriebsrat gibt, den Arbeitnehmern der an der grenzüberschreitenden Verschmelzung beteiligten Gesellschaft spätestens einen Monat vor der Versammlung der Anteilsinhaber, die nach § 13 über die Zustimmung zum Verschmelzungsplan beschließen soll, nach § 63 Abs. 1 Nr. 4 zugänglich zu machen. [3]§ 8 Abs. 3 ist nicht anzuwenden.

I. Allgemeines und unionsrechtlicher Hintergrund

1 § 122 e setzt Art. 7 der Internationalen Verschmelzungsrichtlinie (IntVerschmRL)[1] in deutsches Recht um und baut auf der Parallelregelung des § 8 zur Erstellung eines ausführlichen schriftlichen Verschmelzungsberichts bei innerdeutschen Verschmelzungen auf. § 122 e S. 1 geht über den Inhalt von § 8 hinaus, indem – in Übereinstimmung mit Art. 7 S. 1, S. 3 IntVerschmRL – „auch" die Auswirkungen der grenzüberschreitenden Verschmelzung auf die **Arbeitnehmer** und **Gläubiger** der beteiligten deutschen Gesellschaft zu erläutern sind. Damit erweitert sich die Schutzrichtung des Verschmelzungsberichts für grenzüberschreitende Verschmelzungen deutlich im Vergleich zu der Schutzrichtung für innerdeutsche Verschmelzungen: Der Verschmelzungsbericht gemäß § 8 dient ausschließlich der Unterrichtung und damit dem Schutz der Anteilsinhaber.[2] Der Verschmelzungsbericht gemäß § 122 e bezweckt darüber hinaus zusätzlich auch die Unterrichtung der Arbeitnehmer bzw deren Vertretungen. Nicht vom Schutzzweck erfasst sind hingegen die Gläubiger der Gesellschaft.[3] Die Ausklammerung des Gläubigerschutzes – obgleich der Bericht auch auf die Auswirkungen auf die Gläubiger einzugehen hat – ergibt sich daraus, dass der Verschmelzungsbericht den Gläubigern nicht zugänglich gemacht werden muss, auch nicht im Wege einer Bekanntmachung.[4]

2 Durch die Bezugnahme auf § 8 setzt § 122 e S. 1 die Pflicht zur Erstattung eines Verschmelzungsberichts **entsprechend dessen Vorgaben** für grenzüberschreitende Verschmelzungen vor-

27 So auch Schmitt/Hörtnagl/Stratz/*Hörtnagl*, § 122 d Rn 23; Semler/Stengel/*Drinhausen*, § 122 d Rn 21; aA *Tebben/Tebben*, DB 2007, 2355, 2358.

28 S. § 122 j Rn 3 ff.

1 Richtlinie 2005/56/EG des Europäischen Parlaments und des Rates v. 26.10.2005 über die Verschmelzung von Kapitalgesellschaften aus verschiedenen Mitgliedstaaten (ABl. EU L 310 v. 25.11.2005, S. 1).

2 Semler/Stengel/*Gehling*, § 8 Rn 2; s. auch § 8 Rn 2.

3 Kallmeyer/*Marsch-Barner*, § 122 e Rn 1; Schmitt/Hörtnagl/Stratz/*Hörtnagl*, § 122 e Rn 2; *Vetter*, AG 2006, 613, 620; wohl auch Lutter/*Bayer*, § 122 e Rn 1.

4 Lutter/*Bayer*, § 122 e Rn 1.

aus. § 122 e S. 1 ergänzt mithin lediglich dessen Regelungsbereich. Insoweit kann hier auf die Erläuterungen zu § 8 verwiesen werden.

II. Verschmelzungsbericht (S. 1)

Nach § 122 e S. 1 sind im Verschmelzungsbericht nach § 8 zusätzlich „auch" die **Auswirkungen der grenzüberschreitenden Verschmelzung** auf die Gläubiger und Arbeitnehmer der beteiligten Gesellschaft zu erläutern. Wie bei der Aufstellung des Verschmelzungsplans nach § 122 c fehlt es auch hier im UmwG und in der IntVerschmRL an einem Hinweis auf die konkret zu verwendende Sprache. Im Hinblick auf den Schutzzweck des Verschmelzungsberichts (Unterrichtung der Anteilsinhaber und der Arbeitnehmer bzw ihrer Vertretungen) ist es erforderlich, dass der Verschmelzungsbericht zumindest (auch) in deutscher Sprache erstellt wird.[5] Dies ergibt sich auch daraus, wer Normadressat der Vorschrift ist (s. nachfolgend). 3

1. Normadressat. Nach § 8 muss das „Vertretungsorgan" der an der Verschmelzung beteiligten deutschen Gesellschaft den Verschmelzungsbericht erstatten. Nach Art. 7 IntVerschmRL fällt die Berichtspflicht jedoch dem **„Leitungs- oder Verwaltungsorgan"** zu. Dieser begriffliche Unterschied ist im Ergebnis grundsätzlich jedoch ohne Auswirkung – wie auch bei § 122 c und der dortigen Parallelfrage, wer den Verschmelzungsplan zu erstellen hat.[6] Vertretungsorgane und Leitungsorgane sind bei der AG der Vorstand (§ 76 Abs. 1 AktG), bei der GmbH die Geschäftsführer (§ 35 Abs. 1 GmbHG), bei der KGaA die persönlich haftenden Gesellschafter (§ 278 Abs. 2 AktG iVm §§ 125 Abs. 1, 170 HGB) und bei der dualistisch verfassten SE das Leitungsorgan (Art. 39 Abs. 1 SE-VO). Verpflichtet ist nach dem Wortlaut von § 8 jeweils das Organ, nicht hingegen die einzelnen Organmitglieder.[7] 4

Hinweis: Nach neuester Rechtsprechung des BGH ist die Unterzeichnung durch die Organmitglieder in vertretungsberechtigter Zahl erforderlich, aber auch ausreichend. Eine Unterzeichnung durch jedes Organmitglied kann daher entfallen.[8]

In der **monistisch verfassten SE** ist aus dem Wortlaut nur scheinbar erkennbar, wer das nach § 8 zuständige Vertretungsorgan ist. Bei der monistisch verfassten SE fallen die Kompetenzen des Verwaltungs- und Vertretungsorgans auseinander. „Leitungsorgan" ist der Verwaltungsrat (Art. 43 Abs. 1 SE-VO, § 22 Abs. 1 SEAG), „Vertretungsorgan" hingegen die geschäftsführenden Direktoren (§ 41 Abs. 1 SEAG). Dieses Redaktionsversehen des deutschen Gesetzgebers ist daher im Wege einer richtlinienkonformen Auslegung nach allgemeiner Ansicht dahin gehend zu berichtigen, dass das zuständige Organ für die Aufstellung des Verschmelzungsberichts hier ausschließlich der Verwaltungsrat ist (Art. 43 Abs. 1 SE-VO).[9] Denn Art. 7 IntVerschmRL weist den Leitungs- oder Verwaltungsorganen die Berichtspflicht zu, und der Verwaltungsrat der monistisch verfassten SE ist das Leitungsorgan (Art. 43 Abs. 1 SE-VO) und Verwaltungsorgan (§ 20 SEAG). 5

2. Zulässigkeit eines gemeinsamen Verschmelzungsberichts. Bei innerdeutschen Verschmelzungen nutzen die Vertretungsorgane in der Praxis regelmäßig die Möglichkeit, einen **gemeinsamen Verschmelzungsbericht** nach § 8 Abs. 1 S. 1 Hs 2 aufzustellen. § 122 e geht auf diese Möglichkeit nicht gesondert ein. Auch Art. 7 der IntVerschmRL und Art. 9 der „Dritten Verschmelzungsrichtlinie", die in Form von § 8 umgesetzt worden sind, sehen die Möglichkeit einer vereinfachten Berichterstattung nicht ausdrücklich vor. Daraus kann für den Bereich einer grenzüberschreitenden Verschmelzung nicht im Rückschluss auf die Unzulässigkeit einer gemeinsa- 6

5 So Habersack/Drinhausen/*Kiem*, § 122 e Rn 7.
6 S. § 122 c Rn 8.
7 Semler/Stengel/*Drinhausen*, § 122 e Rn 4; s. auch § 8 Rn 3.
8 BGH NZG 2007, 714, 716 Rn 25 ff; so auch Schmitt/Hörtnagl/Stratz/*Hörtnagl*, § 122 e Rn 3; Semler/Stengel/*Drinhausen*, § 122 e Rn 4; aA Widmann/Mayer/*Mayer*, § 122 e Rn 10; s. auch § 8 Rn 6.
9 Semler/Stengel/*Drinhausen*, § 122 e Rn 3; Lutter/*Bayer*, § 122 e Rn 3; Habersack/Drinhausen/*Kiem*, § 122 e Rn 4; Schmitt/Hörtnagl/Stratz/*Hörtnagl*, § 122 e Rn 3; Kallmeyer/*Marsch-Barner*, § 122 e Rn 2; s. bereits § 122 c Rn 9.

men Berichterstattung geschlossen werden. Ein gemeinsamer Verschmelzungsbericht sollte daher auch hier möglich sein, soweit dies nach dem nationalen Recht aller an der Verschmelzung beteiligten Gesellschaften zulässig ist.[10]

Hinweis: Ein gemeinsamer Verschmelzungsbericht muss die jeweiligen mitgliedstaatlichen Anforderungen an einen Verschmelzungsbericht erfüllen. Die damit verbundenen Abstimmungsschwierigkeiten sollten bedacht werden.

7 **3. Inhalt des Berichts, Auswirkungen auf die Gläubiger und Arbeitnehmer.** Der Verschmelzungsbericht hat zunächst den entsprechenden **Vorgaben des** § 8 zu genügen (§§ 122 e S. 1, 122 a Abs. 2, 8), dh er muss im Einzelnen die Verschmelzung und den Verschmelzungsplan sowie insb. das Umtauschverhältnis der Anteile und die Höhe der anzubietenden Barabfindung rechtlich und wirtschaftlich erläutern und begründen und auch auf besondere Schwierigkeiten bei der Verschmelzung und die damit verbundenen Folgen für die Beteiligung der Anteilsinhaber hinweisen.[11] Insoweit kann hier auf die Kommentierung zu § 8 verwiesen werden.[12]

8 Darüber hinaus hat der Verschmelzungsbericht gem. § 122 e S. 1 die Auswirkungen der Verschmelzung auf die Gläubiger und Arbeitnehmer zu erläutern. **Adressaten dieser Informationen** sind nach dem klaren Wortlaut von § 122 e („der an der Verschmelzung beteiligten Gesellschaft") lediglich der zuständige Betriebsrat bzw die Arbeitnehmer derjenigen Gesellschaft, für die der Bericht auch verfasst wurde, nicht hingegen ihre Gläubiger.[13]

9 Hinsichtlich der Auswirkungen auf die Gläubiger einer deutschen beteiligten Gesellschaft ist zum einen auf die Gläubigerschutzregelungen (**Anspruch auf Sicherheitsleistung**) einzugehen. Das ergibt sich für eine übernehmende oder neue inländischen Gesellschaft aus §§ 122 a Abs. 2, 22 und für die Gläubiger einer übertragenden deutschen Gesellschaft aus § 122 j.[14] Daneben sind die Auswirkungen der Verschmelzung auf die den Gläubigern zur Verfügung stehende Haftungsmasse darzulegen.[15]

10 Hinsichtlich der Auswirkungen der grenzüberschreitenden Verschmelzung auf die **Arbeitnehmer** ist es erforderlich, aber auch ausreichend, sowohl die individualrechtlichen als auch die kollektivrechtlichen Auswirkungen darzulegen, insb. etwaige Veränderungen in mitbestimmungsrechtlicher Hinsicht.[16] Detaillierte Angaben über den Formwechsel und seine Zweckmäßigkeit können unterbleiben. Relevant sind nur die durch die Verschmelzung bedingten tatsächlichen Folgen der Verschmelzung.[17] In einfach gelagerten Fällen ohne Mitbestimmung und Betriebsratbietet sich folgende Formulierung an:

▶ **Formulierung:**

Die Verschmelzung der X-GmbH als übertragende Gesellschaft auf die Y-S.r.l. als übernehmende Gesellschaft hat keine negativen Auswirkungen auf die Arbeitnehmer der X-GmbH. Nach § 324 UmwG bleibt § 613 a Abs. 1, 4 bis 6 BGB durch die Wirkung der Eintragung unberührt. Danach tritt die Y-S.r.l. in die Rechte und Pflichten aus den im Zeitpunkt des Übergangs bestehenden Arbeitsverhältnissen ein. Sämtliche bestehende Arbeitsverhältnisse werden damit unverändert durch die Y-S.r.l. fortgeführt. Die Verschmelzung hat auch keine Auswirkung auf die Vertretung der Arbeitnehmer, da weder bei der X-GmbH noch bei der Y-S.r.l. ein Betriebsrat bzw [*Bezeichnung der ausländischen Arbeitnehmervertretung*] eingerichtet ist. ◀

11 **4. Beschränkung und Verzicht.** Nach § 8 Abs. 2 braucht der Verschmelzungsbericht solche Tatsachen nicht zu enthalten, die bei deren Bekanntwerden geeignet sind, einer der beteiligten

10 Semler/Stengel/*Drinhausen*, § 122 e Rn 5; Lutter/*Bayer*, § 122 e Rn 4; Schmitt/Hörtnagl/Stratz/*Hörtnagl*, § 122 e Rn 4; Widmann/Mayer/*Mayer*, § 122 e Rn 36; *Drinhausen/Keinath*, BB 2006, 725, 728; *Frenzel*, RIW 2008, 12, 17.

11 Semler/Stengel/*Drinhausen*, § 122 e Rn 6; Lutter/*Bayer*, § 122 e Rn 6; s. auch § 8 Rn 1 ff.

12 S. § 8 Rn 3 ff.

13 Lutter/*Bayer*, § 122 e Rn 7; Schmitt/Hörtnagl/Stratz/*Hörtnagl*, § 122 e Rn 10.

14 Semler/Stengel/*Drinhausen*, § 122 e Rn 10; Lutter/*Bayer*, § 122 e Rn 8.

15 Lutter/*Bayer*, § 122 e Rn 8.

16 Semler/Stengel/*Drinhausen*, § 122 e Rn 11; Lutter/*Bayer*, § 122 e Rn 9.

17 Habersack/Drinhausen/*Kiem*, § 122 e Rn 15.

Gesellschaften oder einem verbundenen Unternehmen einen nicht unerheblichen Nachteil zuzufügen. In diesem Fall bedarf es dann aber einer hinreichenden Begründung der Abweichung. Die **eingeschränkte Berichtspflicht** wegen höherrangiger Geheimhaltungsinteressen ist auch bei einer grenzüberschreitenden Verschmelzung über den Verweis in § 122 a Abs. 2 auf das innerstaatliche Verschmelzungsrecht zulässig.[18]

Anders als bei einer innerdeutschen Verschmelzung, ist es den Anteilsinhabern der beteiligten Gesellschaften jedoch ausdrücklich untersagt, auf die Erstellung des Verschmelzungsberichts gem. § 8 Abs. 3 zu **verzichten,** § 122 e S. 3. Der Gesetzgeber begründet diese Ausnahmeregelung damit, dass die IntVerschmRL eine mit § 8 Abs. 3 vergleichbare Vorschrift nicht vorsieht.[19] Indem die Berichtspflicht neben dem Gläubigerschutz im Recht der grenzüberschreitenden Verschmelzung auch den Schutz der Arbeitnehmer bezweckt, ist mit der wohl hM der wahre Grund für die mangelnde Verzichtbarkeit jedoch in den unterschiedlichen Schutzrichtungen der Vorschriften zu sehen.[20] 12

Eine **teleologische Reduktion** von § 122 e S. 3 ist allerdings dann geboten, wenn die Gesellschaft, für die ein Verschmelzungsbericht erstellt wird, arbeitnehmerlos ist.[21] Selbiges gilt für den Fall, dass alle Arbeitnehmer der jeweiligen Gesellschaft (bzw der Betriebsrat, sofern vorhanden) einem Verzicht zustimmen.[22] 13

Bei der Verschmelzung einer 100%-igen Tochtergesellschaft auf ihre Muttergesellschaft (**„upstream merger“**) ist der Verschmelzungsbericht aufgrund des klaren Wortlauts von § 122 e S. 3, der die Anwendung des § 8 Abs. 3 vollständig ausschließt, ebenfalls erforderlich.[23] Dennoch besteht auch hier dann die Möglichkeit eines Verzichts der Anteilsinhaber, wenn alle Arbeitnehmer bzw der Betriebsrat diesem zustimmen. 14

III. Zugänglichmachung (S. 2)

Nach § 122 e S. 2 ist der Verschmelzungsbericht den Anteilsinhabern sowie dem zuständigen Betriebsrat oder, falls ein solcher nicht eingerichtet ist, den Arbeitnehmern der an der grenzüberschreitenden Verschmelzung beteiligt deutschen Gesellschaft **zugänglich zu machen**. Die Regelung entspricht Art. 7 S. 2 der IntVerschmRL. 15

Der Verschmelzungsbericht ist nach § 122 e S. 2 den **Anteilsinhabern** und dem **Betriebsrat** (falls dieser nicht vorhanden: unmittelbar den Arbeitnehmern) nach § 63 Abs. 1 Nr. 4 spätestens einen Monat vor der Versammlung der Anteilsinhaber, die nach § 13 über die Zustimmung zum Verschmelzungsplan beschließt, zugänglich zu machen. Die Bekanntmachung erfolgt nach § 63 Abs. 1 Nr. 4 durch Auslegung in den Geschäftsräumen der Gesellschaft. Mit dem Beginn der Anteilsinhaberversammlung endet die Auslegungspflicht.[24] 16

18 Lutter/*Bayer*, § 122 e Rn 10; Semler/Stengel/*Drinhausen*, § 122 e Rn 14; Widmann/Mayer/*Mayer*, § 122 e Rn 34.

19 Begr. RegE zu § 122 e, BT-Drucks. 16/2919, 15.

20 Semler/Stengel/*Drinhausen*, § 122 e Rn 12; Schmitt/Hörtnagl/Stratz/*Hörtnagl*, § 122 e Rn 14; Kallmeyer/*Marsch-Barner*, § 122 e Rn 11.

21 Lutter/*Bayer*, § 122 e Rn 13; Semler/Stengel/*Drinhausen*, § 122 e Rn 13; Kallmeyer/*Marsch-Barner*, § 122 e Rn 11.

22 Lutter/*Bayer*, § 122 e Rn 13; Semler/Stengel/*Drinhausen*, § 122 e Rn 13; *Müller*, ZIP 2007, 1081, 1084; Habersack/Drinhausen/*Kiem*, § 122 e Rn 23; anders Schmitt/Hörtnagl/Stratz/*Hörtnagl*, § 122 e Rn 14, der nur den Verzicht durch sämtliche Arbeitnehmer aller beteiligten Gesellschaften als zulässig erachtet; insgesamt ablehnend KölnKomm/*Simon/Rubner*, § 122 e Rn 12 ff.

23 Lutter/*Bayer*, § 122 e Rn 14; Semler/Stengel/*Drinhausen*, § 122 e Rn 15; Kallmeyer/*Marsch-Barner*, § 122 e Rn 12.

24 Lutter/*Bayer*, § 122 e Rn 19; s. auch § 63 Rn 4.

IV. Fehlerhaftigkeit

17 Ist der Verschmelzungsbericht **formfehlerhaft** oder schlicht **inexistent**, sind die daraufhin getroffenen Zustimmungsbeschlüsse der Anteilsinhaber anfechtbar iSv § 243 Abs. 1 AktG iVm §§ 122 a Abs. 2, 14 Abs. 1.[25]

§ 122 f Verschmelzungsprüfung

[1]Der Verschmelzungsplan oder sein Entwurf ist nach den §§ 9 bis 12 zu prüfen; § 48 ist nicht anzuwenden. [2]Der Prüfungsbericht muss spätestens einen Monat vor der Versammlung der Anteilsinhaber, die nach § 13 über die Zustimmung zum Verschmelzungsplan beschließen soll, vorliegen.

I. Allgemeines und unionsrechtlicher Hintergrund

1 In Umsetzung von Art. 8 der Internationalen Verschmelzungsrichtlinie (IntVerschmRL)[1] regelt § 122 f die **Verschmelzungsprüfung**. Nach Maßgabe der Richtlinie wird grundsätzlich für jede der sich verschmelzenden Gesellschaften ein für die Anteilsinhaber bestimmter Bericht unabhängiger Sachverständiger erstellt. Die Verschmelzungsprüfung ist dabei originärer Bestandteil des europäischen Verschmelzungsrechts. Das Verfahren wurde bereits von der Dritten Verschmelzungsrichtlinie[2] vorgesehen und ist auch bei der Gründung einer SE bzw SCE (Art. 22 SE-VO,[3] Art. 26 SCE-VO)[4] durchzuführen. Für innerdeutsche Verschmelzungen enthalten die §§ 9-12 inhaltlich vergleichbare Regelungen. Mit dem Verweis auf die § 9-12 in § 122 f S. 1 wählte der deutsche Gesetzgeber dementsprechend die schlankere Lösung.

II. Verschmelzungsprüfung

2 **1. Prüfungspflicht.** § 122 f Hs 1 gibt durch den Verweis auf § 9 die Prüfung des Verschmelzungsplans durch einen oder mehrere sachverständige Prüfer (**Verschmelzungsprüfung**) vor. Die Prüfung hat stets zu erfolgen, soweit sie bei Vorliegen der gesetzlichen Voraussetzungen nicht entfallen kann.[5] Konsequenterweise schließt § 122 f Hs 2 daher die Anwendung von § 48 aus, nach dem bei der Verschmelzung einer GmbH eine Verschmelzungsprüfung nur auf fristgerechtes Verlangen eines Gesellschafters zu erfolgen hat.[6]

3 **Gegenstand** der Prüfung ist der Verschmelzungsplan oder sein Entwurf. Der Umfang der Prüfung erstreckt sich, in Gleichlauf zu § 9, auf die Vollständigkeit und Richtigkeit des Verschmelzungsplans (bzw dessen Entwurfs) und entsprechend § 12 insb. auf die Angemessenheit des Umtauschverhältnisses.[7] Insoweit kann hier auf die Kommentierung zu § 9 bis § 12 verwiesen werden. Im Unterschied zur innerdeutschen Verschmelzung enthält der Verschmelzungsplan jedoch zusätzliche, den Besonderheiten der grenzüberschreitenden Verschmelzung Rechnung tra-

25 Widmann/Mayer/*Mayer*, § 122 e Rn 39; s. auch § 8 Rn 46 ff.
1 Richtlinie 2005/56/EG des Europäischen Parlaments und des Rates v. 26.10.2005 über die Verschmelzung von Kapitalgesellschaften aus verschiedenen Mitgliedstaaten (ABl. EU L 310 v. 25.11.2005, S. 1).
2 Dritte Richtlinie 78/855/EWG des Rates v. 9.10.1978 gemäß Artikel 54 Absatz 3 Buchstabe g) des Vertrages betreffend die Verschmelzung von Aktiengesellschaften (ABl. EG L 295 v. 20.10.1978).
3 Verordnung (EG) Nr. 2157/2001 des Rates v. 8.10.2001 über das Statut der Europäischen Gesellschaft (ABl. EG L 294 v. 10.11.2001).
4 Verordnung (EG) Nr. 1435/2003 des Rates v. 22.7.2003 über das Statut der Europäischen Genossenschaft (ABl. EU L 207 v. 18.8.2003, S. 1).
5 Vgl Art. 8 IntVerschmRL.
6 Lutter/*Bayer*, § 122 f Rn 1; s. auch § 48 Rn 1 ff.
7 Lutter/*Bayer*, § 122 f Rn 9; Semler/Stengel/*Drinhausen*, § 122 f Rn 2; Kallmeyer/*Müller*, § 122 f Rn 1.

gende Angaben, wie zB solche zur Bewertung des Aktiv- und Passivvermögens nach § 122 c Abs. 2 Nr. 11.[8] Hierauf muss die Verschmelzungsprüfung und der entsprechende Verschmelzungsbericht nach § 12 naturgemäß ebenso eingehen.[9]

2. Getrennte und gemeinsame Prüfung. Für jeden an der Verschmelzung beteiligten Rechtsträger hat eine Verschmelzungsprüfung stattzufinden.[10] Diese Prüfung kann für jeden Rechtsträger getrennt oder aber für einzelne oder mehrere beteiligte Rechtsträger gemeinsam erfolgen (s. nachfolgend). 4

Bei einer getrennten Prüfung erfolgt die Bestellung des Verschmelzungsprüfers gemäß §§ 122 f S. 1, 10 Abs. 1, Abs. 2 auf Antrag des Vertretungsorgans. Zuständig ist das Landgericht, in dessen Bezirk **„eine" übertragende Gesellschaft** ihren satzungsmäßigen Sitz hat.[11] Unproblematisch ist dies, soweit die übertragende Gesellschaft eine deutsche Gesellschaft ist. Anders liegen die umgekehrten Fälle, bei denen der übertragende Rechtsträger ausschließlich eine ausländische Gesellschaft ist und die übernehmende Gesellschaft deutsch ist. Für diese Fälle entfällt die Anwendbarkeit von § 10 Abs. 2 iVm § 122 f S. 1 mangels Regelungskompetenz des deutschen Gesetzgebers für die Gerichtzuständigkeit für Rechtsträger, die ausländischem Recht unterliegen und die ihren Sitz außerhalb Deutschlands haben.[12] Konsequenterweise müsste dann die Bestellung eines Sachverständigen durch ein ausländisches Gericht erfolgen. Dies erscheint aber wenig zweckmäßig, zumal § 10 zur Vermeidung von Widersprüchen gerade die Zuständigkeit unterschiedlicher Gerichte bei der Bestellung der Verschmelzungsprüfer verhindern will. Die Regelungslücke ist daher richtigerweise nach hM dadurch zu schließen, dass das Landgericht am Satzungssitz der deutschen Gesellschaft auch dann örtlich für die Bestellung eines Sachverständigen zuständig ist, wenn keine deutsche Gesellschaft als übertragender Rechtsträger an der Verschmelzung teilnimmt.[13] 5

Bei innerdeutschen Verschmelzungen kann auf Antrag der Vertretungsorgane der beteiligten Gesellschaften statt getrennter Verschmelzungsprüfung (s. oben) auch ein **gemeinsamer Verschmelzungsprüfer** für mehrere oder alle beteiligten Rechtsträger vom Gericht bestellt werden (§ 10 Abs. 1 S. 2). § 122 f sieht dies zwar nicht explizit vor; allerdings ist auch bei einer grenzüberschreitenden Verschmelzung § 10 Abs. 1 S. 2 über den Verweis in § 122 f S. 1 anwendbar.[14] Das steht auch im Einklang mit der IntVerschmRL, welche in Art. 8 Abs. 2 ein solches Wahlrecht vorsieht. Das Wahlrecht kann jedoch nur dann ausgeübt werden, wenn die Rechtsordnung der anderen beteiligten Gesellschaften ebenfalls die Bestellung eines gemeinsamen Prüfers erlaubt.[15] Die beteiligten Gesellschaften können dann bestimmen, nach welcher Rechtsordnung die Bestellung der Verschmelzungsprüfer erfolgen soll (**Rechtswahl**).[16] Nach wohl einhelliger Ansicht richtet sich dann die Verschmelzungsprüfung nach derselben Rechtsordnung, die für die Bestellung der Wirtschaftsprüfer gewählt worden ist. [17] Umstritten ist hierbei nur, ob die Verschmelzungsprüfung inhaltlich zusätzlich alle beteiligten Rechtsordnungen kumulativ anzuwenden hat. Die Befürworter einer kumulativen Anwendung wenden ein, dass anderenfalls das strengere Verschmelzungsrecht leicht umgangen werden könne.[18] Die Gegenstimmen widersprechen dem im Hinblick auf die EU-weite Harmonisierung des Verschmelzungsrechts 6

8 S. § 122 c Rn 29.
9 Semler/Stengel/*Drinhausen*, § 122 f Rn 2.
10 Art. 8 Abs. 1 S. 1 IntVerschmRL.
11 § 122 f S. 1 iVm § 10 Abs. 2 S. 1; vgl auch Semler/Stengel/*Zeidler*, § 10 Rn 11 f.
12 Habersack/Drinhausen/*Kiem*, § 122 f Rn 2.
13 Lutter/*Bayer*, § 122 f Rn 5; ähnlich Semler/Stengel/*Drinhausen*, § 122 f Rn 4; Habersack/Drinhausen/*Kiem*, § 122 f Rn 2; aA Kallmeyer/*Müller*, § 122 f Rn 8; vgl auch Semler/Stengel/*Zeidler*, § 10 Rn 11 f.
14 Semler/Stengel/*Drinhausen*, § 122 f Rn 1; Habersack/Drinhausen/*Kiem*, § 122 f Rn 3.
15 Schmitt/Hörtnagl/Stratz/*Hörtnagl*, § 122 f Rn 5; Widmann/Mayer/*Mayer*, § 122 f Rn 10; Habersack/Drinhausen/*Kiem*, § 122 f Rn 3.
16 Lutter/*Bayer*, § 122 f Rn 3; Habersack/Drinhausen/*Kiem*, § 122 f Rn 4.
17 Semler/Stengel/*Drinhausen*, § 122 f Rn 5; Habersack/Drinhausen/*Kiem*, § 122 f Rn 4 mwN. Im Ergebnis auch Lutter/*Bayer*, § 122 f Rn 3.
18 So im Ergebnis auch Semler/Stengel/*Drinhausen*, § 122 f Rn 5; Schmitt/Hörtnagl/Stratz/*Hörtnagl*, § 122 f Rn 3; zum Parallelproblem bei der SE-Gründung MüKo-AktG/*Schäfer*, Art. 22 SE-VO Rn 8; Spindler/Stilz/*Casper*, Art. 22 SE-VO Rn 3 f; *Schwarz*, Art. 22 SE-VO Rn 19; aA Habersack/Drinhausen/*Kiem*, § 122 f Rn 4; Lutter/*Bayer*, § 122 f Rn 3; Kallmeyer/*Müller*, § 122 f Rn 10.

durch die IntVerschmRL und die Dritte Gesellschaftsrechtliche Richtlinie betreffend die Verschmelzung von AGs[19] und weisen zu Recht darauf hin, dass der gemeinsamen Prüfung zugrundeliegende Vereinfachungsgedanke anderenfalls konterkariert würde.[20]

7 **3. Prüfungsbericht.** Der schriftliche (**Verschmelzungs-)Prüfungsbericht** hat den formellen und inhaltlichen Anforderungen des § 12 zu genügen. Hinsichtlich solcher Tatsachen, deren Bekanntwerden geeignet ist, einem der beteiligten Gesellschaften oder einem verbundenen Unternehmen einen nicht unerheblichen Nachteil zuzufügen, gilt die Erleichterungsmöglichkeit des § 8 Abs. 2 über §§ 122 f S. 1, 12 Abs. 3.

8 In zeitlicher Hinsicht muss der Prüfungsbericht wegen Art. 8 Abs. 1 S. 1 der IntVerschmRL spätestens einen Monat vor der Versammlung der Anteilsinhaber, die nach § 13 über die Zustimmung zum Verschmelzungsplan beschließen soll, vorliegen, § 122 f S. 2. Die Fristberechnung bestimmt sich auch hier nach den §§ 187 ff BGB.

9 **4. Entbehrlichkeit bei Konzernverschmelzung und Verzicht.** Die Verschmelzungsprüfung und der Verschmelzungsprüfungsbericht können entfallen, wenn alle Anteilsinhaber der an der grenzüberschreitenden Verschmelzung beteiligten inländischen und ausländischen Gesellschaften hierauf **verzichten,** § 122 f S. 1 iVm §§ 9 Abs. 3, 8 Abs. 3 S. 1 Alt. 1.[21] Diese Verzichtsmöglichkeit ist durch Art. 8 Abs. 4 der IntVerschmRL ausdrücklich vorgegeben.

10 Die Verzichtserklärungen sind dann notariellen zu beurkunden.[22] Umstritten ist, ob die Beurkundungspflicht nur die Verzichtserklärungen der Anteilsinhaber der inländischen Gesellschaften erfasst oder darüber hinaus auch diejenigen der **Anteilsinhaber des ausländischen Rechtsträgers** einbezieht. § 122 f S. 1 enthält hierzu keine Angaben, ebenso wenig Art. 8 VerschmRL, der für die Verzichtserklärungen keine Form vorgibt. Neben Praktikabilitätserwägungen nimmt die wohl hM dies zum Anlass, die Beurkundungspflicht auf die Verzichtserklärungen der Anteilsinhaber deutscher Gesellschaften zu beschränken.[23] Nach der Gegenansicht, die eine generelle Beurkundungspflicht annimmt und sich dabei auf den Wortlaut von § 122 f stützen kann, der eine solche Einschränkung nicht vorsieht, stellt sich dann das Folgeproblem der Auslandsbeurkundung.[24]

11 Wird eine **Auslandsbeurkundung** dann notwendig, so erscheint es nicht zielführend, verringerte Anforderungen an die Gleichwertigkeit durch die Beurkundung der Verzichtserklärungen durch einen ausländischen Notar des Sitzstaates der betreffenden ausländischen Gesellschaft genügen zu lassen.[25]

Hinweis: Das Folgeproblem der Auslandsbeurkundung stellt sich nur dann, wenn es den Anteilsinhabern der beteiligten ausländischen Gesellschaften nicht möglich ist, für die Beurkundung der Verzichtserklärung zu einem deutschen Notar zu reisen oder einen Bevollmächtigten zu bestellen.

12 Darüber hinaus entfällt die Pflicht zur Verschmelzungsprüfung für den Fall der Verschmelzung einer 100%-igen Tochtergesellschaft auf ihre Muttergesellschaft („**upstream merger**"), § 122 f

19 Dritte Richtlinie 78/855/EWG des Rates v. 9.10.1978 gemäß Artikel 54 Absatz 3 Buchstabe g) des Vertrages betreffend die Verschmelzung von Aktiengesellschaften.

20 Lutter/*Bayer*, § 122 f Rn 3; Habersack/Drinhausen/*Kiem*, § 122 f Rn 4.

21 Lutter/*Bayer*, § 122 f Rn 16; Semler/Stengel/*Drinhausen*, § 122 f Rn 7; Schmitt/Hörtnagl/Stratz/*Hörtnagl*, § 122 f Rn 7; *Mayer* in: Widmann/Mayer, UmwG, Loseblatt, Stand September 2007, § 122 f Rn 24.

22 Lutter/*Bayer*, § 122 f Rn 17; Semler/Stengel/*Drinhausen*, § 122 f Rn 7; Widmann/Mayer/*Mayer*, § 122 f Rn 25.

23 Habersack/Drinhausen/*Kiem*, § 122 f Rn 8; Lutter/*Bayer*, § 122 f Rn 17 mit dem Vorschlag einer entsprechenden richtlinienkonformen Auslegung der Norm; *Frenzel*, RIW 2008, 12, 19; *Müller*, Der Konzern 2007, 81, 83.

24 Semler/Stengel/*Drinhausen*, § 122 f Rn 7; vgl auch Lutter/*Bayer*, § 122 f Rn 17.

25 So etwa Semler/Stengel/*Drinhausen*, § 122 f Rn 7; Lutter/*Bayer*, § 122 f Rn 17; wohl auch Habersack/Drinhausen/*Kiem*, § 122 f Rn 8; zur Frage der Gleichwertigkeit von Auslandsbeurkundungen im Allgemeinen vgl BGH ZIP 2014, 317; NJW 1981, 1160 sowie die Ausführungen unter § 122 c Rn 34 und § 6 Rn 14 ff.

S. 1 iVm §§ 9 Abs. 3, 8 Abs. 3 S. 1 Alt. 2 (in Umsetzung von Art. 15 Abs. 1 IntVerschmRL). Zu den Einzelheiten kann auf die Ausführungen zu § 9 verwiesen werden.[26]

§ 122 g Zustimmung der Anteilsinhaber

(1) Die Anteilsinhaber können ihre Zustimmung nach § 13 davon abhängig machen, dass die Art und Weise der Mitbestimmung der Arbeitnehmer der übernehmenden oder neuen Gesellschaft ausdrücklich von ihnen bestätigt wird.

(2) Befinden sich alle Anteile einer übertragenden Gesellschaft in der Hand der übernehmenden Gesellschaft, so ist ein Verschmelzungsbeschluss der Anteilsinhaber der übertragenden Gesellschaft nicht erforderlich.

I. Allgemeines und unionsrechtlicher Hintergrund

§ 122 g Abs. 1 geht auf Art. 9 Abs. 1 und Abs. 2 der Internationalen Verschmelzungsrichtlinie (IntVerschmRL)[1] zurück und setzt das vom europäischen Gesetzgeber vorgesehene **Zustimmungserfordernis der Anteilsinhaber** zum Verschmelzungsplan in deutsches Recht um. Die Vorschrift bezweckt den Minderheitenschutz und entspricht der Parallelregelung in § 13 UmwG. § 13 UmwG geht auf Art. 7 Abs. 1 der „Dritten Verschmelzungsrichtlinie" von 1978 zurück und normiert die Zustimmung der Anteilsinhaber zum Verschmelzungsvertrag.[2] Daneben enthalten auch die Artt. 23 Abs. 2 SE-VO und 27 SCE-VO eine inhaltsgleiche Zustimmungsverpflichtung. 1

In Abweichung zu § 13 kann allerdings die Zustimmung unter dem Vorbehalt erteilt werden, dass Art und Weise der Arbeitnehmermitbestimmung der übernehmenden oder neuen Gesellschaft ausdrücklich von den Anteilsinhabern bestätigt wird. Dieser **Zustimmungsvorbehalt** entspricht der unionsrechtlichen Vorgabe aus Art. 9 Abs. 2 der IntVerschmRL. 2

§ 122 g Abs. 2 sieht in Umsetzung von Art. 15 Abs. 1 2. Spiegelstrich der IntVerschmRL eine Ausnahme vom Zustimmungserfordernis für den Fall der Verschmelzung einer 100%-igen Tochtergesellschaft auf ihre Muttergesellschaft (**„upstream merger"**) vor. 3

II. Beschlussverfahren (Abs. 1)

§ 122 g ordnet das **Zustimmungserfordernis** nach § 13 nicht an, sondern setzt dieses voraus. Dementsprechend haben die Anteilsinhaber aller an der grenzüberschreitenden Verschmelzung beteiligten Gesellschaften nach §§ 122 a Abs. 2, 13 Abs. 1 S. 1 durch Verschmelzungsbeschluss in der Hauptversammlung bzw Gesellschafterversammlung dem Verschmelzungsplan zuzu- 4

26 S. § 9 Rn 23.

1 Richtlinie 2005/56/EG des Europäischen Parlaments und des Rates v. 26.10.2005 über die Verschmelzung von Kapitalgesellschaften aus verschiedenen Mitgliedstaaten (ABl. EU L 310 v. 25.11.2005, S. 1).

2 Dritte Richtlinie 78/855/EWG des Rates v. 9.10.1978 gemäß Artikel 54 Absatz 3 Buchstabe g) des Vertrages betreffend die Verschmelzung von Aktiengesellschaften (ABl. EG L 295 v. 20.10.1978).

stimmen. Die Beschlussvorbereitung und das Beschlussverfahren als solche richten sich aufgrund des Verweises in § 122 g Abs. 1 auf § 13 dann nach dem rechtsformspezifischen nationalen Recht der an der grenzüberschreitenden Verschmelzung beteiligten Gesellschaft(en).[3] Auf die Kommentierung zu § 13 kann daher hier verwiesen werden.

5 **1. Vorbereitung der Beschlussfassung in der Anteilsinhaberversammlung.** Die **Vorbereitung der Anteilsinhaberversammlung**, die über den Verschmelzungsplan entscheidet, und deren Beschlussfassung richtet sich einerseits nach den §§ 46–78 mit den dortigen besonderen rechtsformspezifischen Regelungen aufgrund des Generalverweises in § 122 a Abs. 2,[4] andererseits nach den rechtsformspezifischen allgemeinen Regelungen des AktG bzw der SE-VO[5] sowie des GmbHG.[6] Allerdings ist bei der Einberufung einer Hauptversammlung einer AG, KGaA oder SE eine Mindesteinberufungsfrist von einem Monat zu beachten, anstatt der in § 123 Abs. 1 AktG angeordneten Dreißig-Tages-Frist, damit die Monatsfrist des § 122 e S. 2 für die Zugänglichmachung des Verschmelzungsberichts gem. § 63 Abs. 1 Nr. 4 eingehalten werden kann.[7]

6 Daraus ergibt sich die Verpflichtung, im Vorfeld der Versammlung die Anteilsinhaber über die Einzelheiten der Verschmelzung entsprechend vorab zu **informieren**. Der Umfang der Informationspflichten hängt im Einzelfall sehr von den einschlägigen rechtsformspezifischen – oben erwähnten – Vorschriften ab. Auf die Einhaltung von Form und Fristen kann auch hier verzichtet werden, soweit dies bei einer innerdeutschen Verschmelzung unter denselben Voraussetzungen ebenso zulässig ist.[8]

Hinweis: Sämtliche Unterlagen (und damit auch die originär in anderer Sprache erstellten Dokumente) müssen in deutscher Sprache vorliegen.[9] Der mit den Übersetzungen verbundene Zeit- und Kostenaufwand ist bei der Planung zu berücksichtigen.

7 **a) Umfang der Informationspflichten für die Rechtsformen AG, KGaA und SE.** Für den Fall einer beteiligten AG, KGaA oder SE (für den Fall der Verschmelzung durch Aufnahme, Art. 9 Abs. 1 lit. c SE-VO) ist im UmwG § 63 für die **Vorbereitung der Hauptversammlung** zu beachten, der über § 122 a Abs. 2 anwendbar ist. Danach hat die beteiligte deutsche Gesellschaft den Verschmelzungsplan (oder seinen Entwurf) (§ 63 Abs. 1 Nr. 1), die Jahresabschlüsse und Lageberichte (§ 63 Abs. 1 Nr. 2.) sowie ggf die Zwischenbilanzen (§ 63 Abs. 1 Nr. 3) der beteiligten Gesellschaften, die Verschmelzungsberichte (§ 63 Abs. 1 Nr. 4) und die Verschmelzungsprüfungsberichte (§ 63 Abs. 1 Nr. 5) der beteiligten Gesellschaft(en) in den Geschäftsräumen zur Einsicht der Aktionäre auszulegen.

8 Soweit sich das Gesetz auf die **Unterlagen aller beteiligten Gesellschaften** bezieht, sind auch die betreffenden Unterlagen aller beteiligten ausländischen Gesellschaft auszulegen.[10] Dies gilt für die Jahresabschlüsse und Lageberichte, Zwischenbilanzen sowie (soweit vorhanden) die Verschmelzungsberichte und Verschmelzungsprüfungsberichte.

9 Dass sich die Offenlegungspflicht auch auf die **Verschmelzungsberichte** (§ 63 Abs. 1 Nr. 4) und **Verschmelzungsprüfungsberichte** (§ 63 Abs. 1 Nr. 5) der anderen beteiligten Gesellschaft(en) erstreckt, ist nicht selbstredend. Nach dem klaren Wortlaut von dem spezielleren § 122 e S. 2 werden lediglich die Anteilsinhaber „der an der Verschmelzung beteiligten Gesellschaft" informiert und damit nur diejenigen, für die der Bericht auch verfasst wurde. Vor dem Hintergrund des Schutzzwecks der Norm kann jedoch nicht davon ausgegangen werden, dass der deutsche

3 Habersack/Drinhausen/*Kiem*, § 122 g Rn 9.
4 §§ 47, 49 für die GmbH, § 63 für die AG.
5 Verordnung (EG) Nr. 2157/2001 des Rates v. 8.10.2001 über das Statut der Europäischen Gesellschaft (ABl. EG L 294 v. 10.11.2001).
6 §§ 121 ff AktG für die AG, KGaA und SE und §§ 49, 51 GmbHG für die GmbH.
7 S. auch Lutter/*Bayer*, § 122 g Rn 5, der dies unnötigerweise im Wege der richtlinienkonformen Auslegung erreicht. Zum selben Ergebnis führt jedoch die bloße Beachtung der Monatsfrist des § 122 e S. 2.
8 Semler/Stengel/*Drinhausen*, § 122 g Rn 5.
9 Habersack/Drinhausen/*Kiem*, § 122 g Rn 8; Semler/Stengel/*Drinhausen*, § 122 g Rn 4; Widmann/Mayer/*Heckschen*, § 122 g Rn 44; Lutter/*Bayer*, § 122 g Rn 15; aA *Louven*, ZIP 2006, 2021, 2022.
10 Semler/Stengel/*Drinhausen*, § 122 g Rn 4; *Drinhausen*/*Keinath*, BB 2006, 725, 729; *Louven*, ZIP 2006, 2021, 2027.

Gesetzgeber hier bewusst die Anteilsinhaber bei einer grenzüberschreitenden Verschmelzung schlechter stellen wollte, als diejenigen bei einer innerdeutschen Verschmelzung. Abweichend vom Wortlaut des § 122 e S. 2 ist die Informationspflicht deshalb im Rahmen von § 63 Abs. 1 Nr. 4, Nr. 5 auch auf die Verschmelzungsberichte und Verschmelzungsprüfungsberichte der beteiligten ausländischen Gesellschaft(en) auszuweiten.[11]

b) Umfang der Informationspflichten für die Rechtsformen GmbH bzw UG. Ist an der grenzüberschreitenden Verschmelzung eine GmbH (bzw UG) beteiligt, sind nach §§ 122 a Abs. 2, 49 Abs. 2 die **Jahresabschlüsse und Lageberichte** der an der Verschmelzung beteiligten Gesellschaften für die letzten drei Geschäftsjahre in den Geschäftsräumen der Gesellschaft zur Einsichtnahme der Gesellschafter auszulegen.[12] Zudem ist nach §§ 122 a Abs. 2, 47 der Verschmelzungsplan (oder sein Entwurf) und der Verschmelzungsbericht der jeweiligen Gesellschaft den Gesellschaftern spätestens zusammen mit der Einberufung zu übersenden.[13] Daneben ist analog § 47 den Gesellschaftern spätestens mit der Einberufung der Gesellschafterversammlung ebenso der betreffende Verschmelzungsprüfungsbericht mit zu übersenden.[14] 10

2. Durchführung der Versammlung und Beschlussfassung. Die Einzelheiten zur **Durchführung** und **Beschlussfassung** in der Versammlung der Anteilsinhaber regeln weder die IntVerschmRL noch die §§ 122a-122 l selbst. Über den Generalverweis in § 122 a Abs. 2 ist daher § 13 iVm den besonderen rechtsformabhängigen Vorschriften des UmwG anzuwenden.[15] Freilich sind daneben die allgemeinen rechtsformspezifischen Anforderungen des Aktien- und GmbH-Rechts für die Durchführung und Beschlussfassung einer Gesellschafter- bzw Hauptversammlung zu beachten.[16] 11

Auch hinsichtlich der notwendigen **Mehrheitserfordernisse** fehlen Sonderbestimmungen, so dass nach §§ 122 a Abs. 2, 65 Abs. 1 S. 1 für die AG bzw KGaA eine Mehrheit von mindestens drei Viertel des bei der Beschlussfassung vertretenen Grundkapitals vorhanden sein muss.[17] Umstritten sind hingegen die Mehrheitserfordernisse bei der Beteiligung einer deutschen SE. Naheliegend wäre auch hier, eine solche Drei-Viertel-Kapitalmehrheit nach § 65 Abs. 1 S. 1 zu fordern. Richtigerweise ist jedoch diese Kapitalmehrheit „SE-spezifisch" in eine drei Viertel Stimmenmehrheit richtlinienkonform im Hinblick auf Art. 59 Abs. 1 SE-VO umzudeuten.[18] 12

3. Genehmigungsvorbehalt hinsichtlich Arbeitnehmermitbestimmung. Mit § 122 g Abs. 1 wird den Anteilsinhabern ein Instrument an die Hand gegeben, um Art und Weise der **Mitbestimmung der Arbeitnehmer** der übernehmenden oder neuen Gesellschaft mit entscheiden zu können. Damit wird den Anteilsinhabern zwar nicht die Möglichkeit zur konkreten Einflussnahme auf die Ausgestaltung des Mitbestimmungsmodells gewährt.[19] Indem die Anteilsinhaber ihre Zustimmung zur Verschmelzung von ihrer späteren Genehmigung der Mitbestimmungsregelung abhängig machen können, verfügen sie faktisch jedoch über ein Vetorecht hinsichtlich der Mitbestimmungsregelung, wenngleich die Ausübung des Vetorechts zu einem Scheitern der grenzüberschreitenden Verschmelzung insgesamt führen würde. 13

11 So auch Widmann/Mayer/*Heckschen*, § 122 g Rn 62; Lutter/*Bayer*, § 122 g Rn 8.
12 Widmann/Mayer/*Heckschen*, § 122 g Rn 58; Lutter/*Bayer*, § 122 g Rn 12.
13 Lutter/*Bayer*, § 122 g Rn 12.
14 Lutter/*Bayer*, § 122 g Rn 13; *Frenzel*, Grenzüberschreitende Verschmelzung, S. 273; so auch Widmann/Mayer/*Heckschen*, § 122 g Rn 57, der weniger den Vergleich mit der Rechtslage bei einer innerstaatlichen Verschmelzung heranzieht, sondern vielmehr eine richtlinienkonforme Auslegung anhand von Art. 8 Abs. 2 der IntVerschmRL anstrengt.
15 §§ 50–51, 56 für GmbHs, §§ 64, 65 für AGs und KGaAs (§ 78).
16 §§ 129 ff für die AG, bzw KGaA (§ 278 Abs. 3 AktG) und SE (Art. 53 SE-VO) und die §§ 47 ff GmbHG für die GmbH; vgl auch Lutter/*Bayer*, § 122 g Rn 17 f; Semler/Stengel/*Drinhausen*, § 122 g Rn 6.
17 Lutter/*Bayer*, § 122 g Rn 20; Widmann/Mayer/*Heckschen*, § 122 g Rn 89.
18 *Schwarz*, Art. 57 SE-VO Rn 10, Art. 59 SE-VO Rn 15; aA Lutter/*Bayer*, § 122 g Rn 22, der wegen Art. 59 Abs. 1 SE-VO neben drei Viertel Kapitalmehrheit nach § 122 a Abs. 2 iVm § 65 Abs. 1 S. 1 auch zwei Drittel Stimmenmehrheit fordert; s. auch in MüKo-AktG/*Kubis*, Art. 57 SE-VO Rn 6 zur Frage der richtlinienkonformen Umdeutung der Drei-Viertel-Kapitalmehrheit in eine Drei-Viertel-Stimmenmehrheit.
19 Kritisch zum praktischen Nutzen des Genehmigungsvorbehalts Habersack/Drinhausen/*Kiem*, SE-Recht, § 122 g Rn 4.

14 Einen solchen **Genehmigungsvorbehalt** müssen die Anteilsinhaber bereits im Verschmelzungsbeschluss aufnehmen. Der Genehmigungsvorbehalt ist kein eigenständiger Beschluss iSd §§ 133 Abs. 1 AktG, 47 Abs. 1 GmbHG, Art. 57 SE-VO, sondern Bestandteil des Zustimmungsbeschlusses, für den die Mehrheitserfordernisse gem. § 50 bzw § 65 gelten.[20] Dies entspricht der ursprünglichen Intention des Gesetzgebers bei Einführung der §§ 122 a ff.[21]

15 Hat die Anteilsinhaberversammlung einen solchen Genehmigungsvorbehalt beschlossen, so ist ihre Zustimmung iSv §§ 122 a Abs. 2, 13 zum Verschmelzungsplan **schwebend unwirksam**, bis sie den Bestätigungsbeschluss hinsichtlich der Mitbestimmungsregelung gefasst hat.[22] Bis zum Bestätigungsbeschluss kann folglich auch keine Verschmelzungsbescheinigung nach § 122 k erteilt werden; die Eintragung hat dann nach § 122 l zu unterbleiben.[23]

III. Entbehrlichkeit der Zustimmung der Anteilsinhaber

16 Für den Fall der Verschmelzung einer 100%-igen Tochtergesellschaft auf ihre Muttergesellschaft („**upstream merger**") ist nach § 122 g Abs. 2 der Verschmelzungsbeschluss der Anteilsinhaber der übertragenden Gesellschaft entbehrlich.

17 Darüber hinaus ist umstritten, ob die Notwendigkeit eines Verschmelzungsbeschlusses bei der Umwandlung eines Rechtsträgers, an dem die übernehmende Gesellschaft mindestens **90% der Anteile** hält, gemäß § 62 Abs. 1 S. 1 iVm § 122 a Abs. 2 ebenfalls entfallen darf. Die hM problematisiert dies im Hinblick auf den Generalverweis des § 122 a Abs. 2 nicht näher.[24] Die Gegenansicht lehnt die Anwendung des § 62 Abs. 1 S. 1 als Richtlinienverstoß ab, da Art. 9 Abs. 3 der IntVerschmRL einen solchen Dispens nicht vorsehe.[25] Dem ist entgegenzuhalten, dass insoweit ein abschließender Charakter von Art. 9 Abs. 3 nicht erkennbar ist. § 62 Abs. 1 ist folglich auch bei grenzüberschreitenden Verschmelzungen über § 122 a Abs. 2 anwendbar.[26]

IV. Beurkundungskosten

18 Der Beschluss und die Zustimmungserklärungen der Anteilsinhaber sind nach §§ 122 a Abs. 2, 13 Abs. 3 S. 1 notariell zu **beurkunden.** Hinsichtlich der Beurkundungskosten kann auf die Ausführungen zu § 13 Abs. 3 verweisen werden.[27]

§ 122 h Verbesserung des Umtauschverhältnisses

(1) § 14 Abs. 2 und § 15 gelten für die Anteilsinhaber einer übertragenden Gesellschaft nur, sofern die Anteilsinhaber der an der grenzüberschreitenden Verschmelzung beteiligten Gesellschaften, die dem Recht eines anderen Mitgliedstaats der Europäischen Union oder eines anderen Vertragsstaats des Abkommens über den Europäischen Wirtschaftsraum unterliegen, dessen Rechtsvorschriften ein Verfahren zur Kontrolle und Änderung des Umtauschverhältnisses der Anteile nicht vorsehen, im Verschmelzungsbeschluss ausdrücklich zustimmen.

20 Schmitt/Hörtnagl/Stratz/*Hörtnagl*, § 122 g Rn 8; *Frenzel*, Grenzüberschreitende Verschmelzung, S. 281; *Frenzel*, RIW 2008, 12, 19 f; aA Semler/Stengel/*Drinhausen*, § 122 g Rn 10; Lutter/*Bayer*, § 122 g Rn 30.
21 Begr. RegE zu § 122 g, BT-Drucks. 16/2919, 15.
22 Habersack/Drinhausen/*Kiem*, § 122 g Rn 10, der vom Genehmigungsvorbehalt als aufschiebender Bedingung spricht.
23 Schmitt/Hörtnagl/Stratz/*Hörtnagl*, § 122 g Rn 10; Semler/Stengel/*Drinhausen*, § 122 g Rn 12; Lutter/*Bayer*, § 122 g Rn 31.
24 So Schmitt/Hörtnagl/Stratz/*Hörtnagl*, § 122 g Rn 14; Semler/Stengel/*Drinhausen*, § 122 g Rn 15; Kallmeyer/*Zimmermann*, § 122 g Rn 29; Widmann/Mayer/*Heckschen*, § 122 g Rn 154; aA Lutter/*Bayer*, § 122 g Rn 36, nach dessen Ansicht die Anwendbarkeit von § 62 Abs. 1 mit der IntVerschmRL nicht vereinbar ist.
25 Lutter/*Bayer*, § 122 g Rn 36.
26 So auch Schmitt/Hörtnagl/Stratz/*Hörtnagl*, § 122 g Rn 14; Semler/Stengel/*Drinhausen*, § 122 g Rn 15; Kallmeyer/*Zimmermann*, § 122 g Rn 29; Widmann/Mayer/*Heckschen*, § 122 g Rn 154; kritisch Lutter/*Bayer*, § 122 g Rn 36.
27 S. § 13 Rn 58 ff.

(2) § 15 gilt auch für Anteilsinhaber einer übertragenden Gesellschaft, die dem Recht eines anderen Mitgliedstaats der Europäischen Union oder eines anderen Vertragsstaats des Abkommens über den Europäischen Wirtschaftsraum unterliegt, wenn nach dem Recht dieses Staates ein Verfahren zur Kontrolle und Änderung des Umtauschverhältnisses der Anteile vorgesehen ist und deutsche Gerichte für die Durchführung eines solchen Verfahrens international zuständig sind.

I. Allgemeines und unionsrechtlicher Hintergrund

Der vom europäischen Gesetzgeber in Art. 10 Abs. 3 S. 1 der Internationalen Verschmelzungsrichtlinie (IntVerschmRL)[1] vorgesehene **Schutz der Minderheitsgesellschafter** wurde mit den §§ 122 h und 122 i in deutsches Recht umgesetzt. § 122 h enthält Vorgaben zur Verbesserung des Umtauschverhältnisses, § 122 i Abs. 1 sieht hingegen für die Anteilsinhaber einer deutschen übertragenden Gesellschaft ein Austrittsrecht gegen Barabfindung vor. 1

§ 122 h schränkt die Regelungen der §§ 14 Abs. 2 und 15 ein, die den **Schutz der Minderheitsgesellschafter** bei Wirksamkeitsklagen im Spruchverfahren im innerstaatlichen Verschmelzungsrecht vorsehen. Da das deutsche Spruchverfahren im europäischen Kontext immer noch ungewöhnlich ist, orientierte sich der deutsche Gesetzgeber bei der Ausgestaltung von § 122 h deshalb am Schutzkonzept von § 6 SEAG[2] für die Gründung einer SE durch Verschmelzung.[3] 2

§ 122 h Abs. 1 legt vermittelnd fest, dass ein gerichtliches Spruchverfahren zur Kontrolle und Änderung des Umtauschverhältnisses der Anteile nach § 15 nur dann durchgeführt werden kann, wenn die Rechtsordnungen **aller beteiligten Gesellschaften** ein solches Verfahren vorsehen, oder die Anteilsinhaber einem solchen Verfahren im Verschmelzungsbeschluss zustimmen. 3

§ 122 h Abs. 2 ist an § 6 Abs. 4 S. 2 SEAG angelehnt und zielt auf die Vermeidung von Doppelarbeit und sich widersprechender Entscheidungen in- und ausländischer Gerichte.[4] Hiernach können die Anteilsinhaber der ausländischen Gesellschaft die Durchführung eines **deutschen Spruchverfahrens** beantragen, soweit nach der Rechtsordnung des Staates ihrer Gesellschaft auch ein Verfahren zur Kontrolle und Änderung des Umtauschverhältnisses ihrer Anteile existiert und hierfür ein deutsches Gericht international zuständig ist. 4

II. Rechtslage bei innerstaatlichen Verschmelzungen

Nach § 15 haben die Anteilsinhaber des übertragenden Rechtsträgers bei einer innerdeutschen Verschmelzung das Recht, in einem Spruchverfahren überprüfen zu lassen, ob das Umtauschverhältnis der Anteile angemessen ist bzw ob die Mitgliedschaft bei dem übernehmenden Rechtsträger einen ausreichenden Gegenwert für den Anteil oder die Mitgliedschaft bei dem übertragenden Rechtsträger darstellt. § 15 bildet dabei mit § 14 Abs. 2 eine **„systematische Einheit"**:[5] Nach § 14 Abs. 2 wird das Klagerecht der Anteilsinhaber dahin gehend eingeschränkt, dass eine Wirksamkeitsklage nicht darauf gestützt werden kann, dass das Umtausch- 5

1 Richtlinie 2005/56/EG des Europäischen Parlaments und des Rates v. 26.10.2005 über die Verschmelzung von Kapitalgesellschaften aus verschiedenen Mitgliedstaaten (ABl. EU L 310 v. 25.11.2005, S. 1).

2 Gesetz zur Ausführung der Verordnung (EG) Nr. 2157/2001 des Rates v. 8.10.2001 über das Statut der Europäischen Gesellschaft (SE), v. 22.12.2004, BGBl. I S. 3675.

3 *Kiem*, WM 2006, 1091, 1097; kritisch zum Schutzkonzept der §§ 122 h, 122 i Habersack/Drinhausen/*Kiem*, § 122 h Rn 3 ff.

4 Begr. RegE zu § 122 h, BT-Drucks. 16/2919, 17; Schmitt/Hörtnagl/Stratz/*Hörtnagl*, § 122 h Rn 2.

5 Semler/Stengel/*Gehling*, § 15 Rn 3.

verhältnis der Anteile zu niedrig bemessen ist oder die Mitgliedschaft keinen ausreichenden Gegenwert bietet.[6]

III. Anwendbarkeit des Spruchverfahrens nach §§ 14, 15 (Abs. 1)

6 **1. Allgemeines.** § 122 h Abs. 1 schränkt den Anwendungsbereich des Spruchverfahrens zur Bestimmung der **angemessenen Zuzahlung** iSv §§ 14 Abs. 2, 15, das in erster Linie für innerdeutsche Verschmelzungen gilt, für grenzüberschreitende Verschmelzungen erheblich ein. Es steht bei grenzüberschreitenden Verschmelzungen den Anteilsinhabern einer übertragenden deutschen Gesellschaft nur dann zu, wenn die Rechtsordnung der beteiligten ausländischen Gesellschaften ebenfalls ein Verfahren zur Kontrolle und Änderung des Umtauschverhältnisses vorsieht – es sei denn, die Anteilsinhaber der ausländischen Gesellschaften stimmen im Verschmelzungsbeschluss der Anwendbarkeit des deutschen Spruchverfahrens ausdrücklich zu, § 122 h Abs. 1.

Hinweis: Dies kann zu langwierigen Verzögerungen bei der Eintragung der grenzüberschreitenden Verschmelzung führen, wenn ein mit der Umwandlung unzufriedener Anteilsinhaber Klage gegen die Wirksamkeit des Verschmelzungsbeschluss erhebt (womit die Sperrwirkung des § 16 für die Eintragung ausgelöst wird) und ein Freigabeverfahren nach § 16 Abs. 3 scheitert.

7 Das ausländische Spruchverfahren muss mit dem deutschen Spruchverfahren allerdings **vergleichbar** sein. Erforderlich ist diesbezüglich ein staatliches oder behördliches Verfahren für eine nachträgliche Überprüfung des Umtauschverhältnisses, das die Wirksamkeit der Verschmelzung als solche unberührt lässt.[7] Ein nur generelles Verfahren ist nicht ausreichend; ein vergleichbares ausländisches Spruchverfahren ist nur dann gegeben, wenn es explizit für den Fall grenzüberschreitender Verschmelzungen vorgesehen ist.[8]

Hinweis: Ein mit dem deutschen Spruchverfahren vergleichbares Verfahren zur Überprüfung der Angemessenheit des Umtauschverhältnisses sieht gegenwärtig zB das österreichische Recht mit § 12 EU-VerschG vor.[9]

8 Grundanknüpfung für die internationale Entscheidungszuständigkeit ist auch im Spruchverfahren der Sitz des ausländischen Unternehmens, Artt. 2 Abs. 1, 60 Abs. 1 EuGVO.[10] Neben dem allgemeinen Beklagtengerichtsstand besteht allerdings auch die Möglichkeit der Anknüpfung an den besonderen **Gerichtsstand des Erfüllungsortes** nach Art. 5 Abs. 1 Nr. 1 lit. a) EuGVO.[11] Zuständig ist dann das Gericht am Sitz der übertragenden deutschen Gesellschaft.[12] Die internationale Zuständigkeit eines deutschen Gerichts kann sich daneben auch aus einer Gerichtsstandsvereinbarung oder Schiedsvereinbarung ergeben.[13]

9 Wenn den Anteilsinhabern der übertragenden Gesellschaft das Spruchverfahren nicht zur Verfügung steht, so bedeutet dies aufgrund der Verknüpfung von Spruchverfahren nach § 15 und Klageausschluss nach § 14 Abs. 2 im Umkehrschluss aber auch, dass § 14 Abs. 2 **ebenso keine Anwendung** findet und die betreffenden Anteilsinhabern der übertragenden deutschen Gesellschaft „wieder" berechtigt sind, gegen die Wirksamkeit des Verschmelzungsbeschlusses (An-

6 S. § 14 Rn 11 ff.
7 Habersack/Drinhausen/*Kiem*, § 122 h Rn 7.
8 Lutter/*Bayer*, § 122 h Rn 10.
9 Semler/Stengel/*Drinhausen*, § 122 h Rn 5; Lutter/*Bayer*, § 122 h Rn 10.
10 Verordnung (EG) Nr. 44/2001 des Rates v. 22.12.2000über die gerichtliche Zuständigkeit und die Anerkennung und Vollstreckung von Entscheidungen in Zivil- und Handelssachen (ABl. EG L 12 v. 16.1.2001, S. 1).
11 So auch Habersack/Drinhausen/*Kiem*, § 122 h Rn 9; *Nießen*, NZG 2006, 441, 443 ff; aA Semler/Stengel/*Drinhausen*, § 122 h Rn 8; Schmitt/Hörtnagl/Stratz/*Hörtnagl*, § 122 h Rn 11; die Gegenansicht macht geltend, dass das Gericht am Sitz der übertragenden Gesellschaft kraft Zustimmungsbeschluss der Anteilsinhaber der ausländischen Gesellschaft international zuständig ist; differenzierend Lutter/*Bayer*, § 122 h Rn 22.
12 Habersack/Drinhausen/*Kiem*, § 122 h Rn 9.
13 Begr. RegE zu § 122 h, BT-Drucks. 16/2919, 16; Lutter/*Bayer*, § 122 h Rn 22; Semler/Stengel/*Drinhausen*, § 122 h Rn 10.

fechtungs-)Klage zu erheben – gestützt darauf, dass das Umtauschverhältnis zu niedrig bemessen ist.[14] In einem solchen Fall besteht kein Anspruch auf bare Zuzahlung; allerdings führt die Feststellung der Unangemessenheit des Umtauschverhältnisses dann zur Unwirksamkeit des Verschmelzungsbeschlusses.[15]

2. Zustimmung durch die Anteilsinhaber. Sieht die Rechtsordnung der ausländischen Gesellschaft ein Spruchverfahren zur Kontrolle und Änderung des Umtauschverhältnisses der Anteile nicht vor, können die Anteilsinhaber der an der grenzüberschreitenden Verschmelzung beteiligten ausländischen Gesellschaft(en) nach Maßgabe von § 122 h Abs. 1 der Durchführung eines Spruchverfahrens zustimmen. Diese **Zustimmung** muss „im Verschmelzungsbeschluss" erklärt werden, so dass die Zustimmung zumindest dann wirksam ist, wenn sie auch „im" Verschmelzungsbeschluss enthalten ist. 10

Hinweis: Diese Zustimmung kann auch in einem separaten Dokument im Zusammenhang mit dem Verschmelzungsbeschluss erklärt werden.[16] Art. 10 Abs. 3 der IntVerschmRL gibt vor, dass diese Zustimmung lediglich „zum" Verschmelzungsplan zu erteilen ist.

IV. Anspruch der Anteilsinhaber ausländischer Gesellschaften auf Durchführung des Spruchverfahrens (Abs. 2)

Nach § 122 h Abs. 2 wird den Anteilsinhabern einer an der grenzüberschreitenden Verschmelzung beteiligten ausländischen Gesellschaft die Möglichkeit eines **deutschen Spruchverfahrens** eröffnet, wenn ihre Rechtsordnung ebenfalls ein Verfahren zur Kontrolle und Änderung der Barabfindung vorsieht. Zusätzlich muss die internationale Zuständigkeit der deutschen Gerichte gegeben sein. Diesbezüglich gelten die Ausführungen zu Abs. 1.[17] 11

Der Wortlaut von § 122 h Abs. 2 ist insofern missverständlich, als dass durch den Verweis auf § 15 angenommen werden könnte, § 15 Abs. 1 S. 1 gewähre den Anteilsinhabern einen materiellrechtlichen Anspruch auf Ausgleich durch bare Zuzahlung. § 122 h Abs. 2 regelt jedoch lediglich den **Anspruch auf Durchführung eines Spruchverfahrens** vor einem deutschen Gericht, in welchem der betreffende Anteilsinhaber seinen nach seiner nationalen Rechtsordnung zustehenden (materiellen) Anspruch geltend machen kann.[18] Dadurch soll auch hier eine Konzentrierung der Spruchverfahren in Deutschland ermöglicht werden.[19] 12

§ 122 i Abfindungsangebot im Verschmelzungsplan

(1) [1]Unterliegt die übernehmende oder neue Gesellschaft nicht dem deutschen Recht, hat die übertragende Gesellschaft im Verschmelzungsplan oder in seinem Entwurf jedem Anteilsinhaber, der gegen den Verschmelzungsbeschluss der Gesellschaft Widerspruch zur Niederschrift erklärt, den Erwerb seiner Anteile gegen eine angemessene Barabfindung anzubieten. [2]Die Vorschriften des Aktiengesetzes über den Erwerb eigener Aktien sowie des Gesetzes betreffend die Gesellschaften mit beschränkter Haftung über den Erwerb eigener Geschäftsanteile gelten entsprechend, jedoch sind § 71 Abs. 4 Satz 2 des Aktiengesetzes und § 33 Abs. 2 Satz 3 zweiter Halbsatz erste Alternative des Gesetzes betreffend die Gesellschaften mit beschränkter Haftung insoweit nicht anzuwenden. [3]§ 29 Abs. 1 Satz 4 und 5 sowie Abs. 2 und die §§ 30, 31 und 33 gelten entsprechend.

14 Schmitt/Hörtnagl/Stratz/*Hörtnagl*, § 122 h Rn 9; Lutter/*Bayer*, § 122 h Rn 9.
15 Semler/Stengel/*Drinhausen*, § 122 h Rn 5.
16 Habersack/Drinhausen/*Kiem*, § 122 h Rn 8; Semler/Stengel/*Drinhausen*, § 122 h Rn 6; Schmitt/Hörtnagl/Stratz/*Hörtnagl*, § 122 h Rn 7; Lutter/*Bayer*, § 122 h Rn 11; aA Widmann/Mayer/*Heckschen*, § 122 h Rn 46; Kallmeyer/*Marsch-Barner*, § 122 h Rn 3.
17 S. Rn 8.
18 Schmitt/Hörtnagl/Stratz/*Hörtnagl*, § 122 h Rn 12.
19 Lutter/*Bayer*, § 122 h Rn 31.

(2) [1]Die §§ 32 und 34 gelten für die Anteilsinhaber einer übertragenden Gesellschaft nur, sofern die Anteilsinhaber der an der grenzüberschreitenden Verschmelzung beteiligten Gesellschaften, die dem Recht eines anderen Mitgliedstaats der Europäischen Union oder eines anderen Vertragsstaats des Abkommens über den Europäischen Wirtschaftsraum unterliegen, dessen Rechtsvorschriften ein Verfahren zur Abfindung von Minderheitsgesellschaftern nicht vorsehen, im Verschmelzungsbeschluss ausdrücklich zustimmen. [2]§ 34 gilt auch für Anteilsinhaber einer übertragenden Gesellschaft, die dem Recht eines anderen Mitgliedstaats der Europäischen Union oder eines anderen Vertragsstaats des Abkommens über den Europäischen Wirtschaftsraum unterliegt, wenn nach dem Recht dieses Staates ein Verfahren zur Abfindung von Minderheitsgesellschaftern vorgesehen ist und deutsche Gerichte für die Durchführung eines solchen Verfahrens international zuständig sind.

I. Allgemeines und unionsrechtlicher Hintergrund

1 § 122 i gibt die Modalitäten für ein zu gewährendes Angebot auf bare Abfindung vor und geht auf Art. 4 Abs. 2 S. 2 der Internationalen Verschmelzungsrichtlinie (IntVerschmRL)[1] zurück. In Gleichlauf zu § 122 h dient die Vorschrift dem **Schutz der Minderheitsgesellschafter.**[2] Der Gesetzgeber orientiert sich bei der Umsetzung, wie bei der Ausgestaltung von § 122 h, am Modell der §§ 6, 7 SEAG.[3] § 122 i entspricht deshalb weitestgehend § 7 Abs. 1, Abs. 7 SEAG, der für die Gründung einer SE durch Verschmelzung einschlägig ist.

2 § 122 i Abs. 1 legt fest, dass eine dem deutschen Recht unterliegende, übertragende Gesellschaft für den Fall des Widerspruchs eines Anteilsinhabers gegen den Inhalt des Verschmelzungsplans dem betreffenden Anteilsinhaber im Verschmelzungsplan (oder seinem Entwurf) ein Angebot für den Erwerb seiner Anteile gegen angemessene Barabfindung (**Barabfindungsangebot**) machen muss. Die Vorschrift ähnelt der Parallelregelungen in § 29 Abs. 1 zum Abfindungsangebot bei innerdeutschen Verschmelzungen. Im Gegensatz hierzu trifft die Verpflichtung jedoch allein die übertragende Gesellschaft und nicht den übernehmenden Rechtsträger. Daraus folgt: § 122 i ist nur dann einschlägig, wenn die übertragende Gesellschaft dem deutschen Recht unterliegt. Unterfällt hingegen die übernehmende oder neue Gesellschaft deutschem Recht, gelangt § 29 über den Generalverweis in § 122 a Abs. 2 zur Anwendung.[4]

3 § 122 i Abs. 2 trägt – wie auch § 122 h – der Tatsache Rechnung, dass im Rechtsraum der EU bzw des EWR-Abkommens ein Spruchverfahren nur von wenigen Rechtsordnungen vorgesehen ist.[5] Dementsprechend kann die Klage eines Anteilsinhabers der übertragenden deutschen Gesellschaft auf gerichtliche Kontrolle und Änderung des Umtauschverhältnisses nach § 35 nur dann erhoben werden, wenn die Rechtsordnungen aller beteiligten Gesellschaften ein solches Verfahren vorsehen (§ 122 i Abs. 2 S. 1) oder die Anteilsinhaber einem solchen Verfahren im Verschmelzungsbeschluss zustimmen (§ 122 i Abs. 2 S. 2). Im Hinblick auf § 122 h wird deutlich: § 122 i Abs. 2 S. 1 entspricht **spiegelbildlich** § 122 h Abs. 1. § 122 i Abs. 2 S. 2 hingegen § 122 h Abs. 2.

1 Richtlinie 2005/56/EG des Europäischen Parlaments und des Rates v. 26.10.2005 über die Verschmelzung von Kapitalgesellschaften aus verschiedenen Mitgliedstaaten (ABl. EU L 310 v. 25.11.2005, S. 1).
2 Habersack/Drinhausen/*Kiem*, § 122 i Rn 1: „zentraler Regelungsaspekt des Minderheitenschutzes“.
3 Gesetz zur Ausführung der Verordnung (EG) Nr. 2157/2001 des Rates vom 8.10.2001 über das Statut der Europäischen Gesellschaft (SE), v. 22.12.2004, BGBl. I S. 3675.
4 Semler/Stengel/*Drinhausen*, § 122 i Rn 2; Lutter/*Bayer*, § 122 i Rn 8; Schmitt/Hörtnagl/Stratz/*Hörtnagl*, § 122 i Rn 5; Kallmeyer/*Marsch-Barner*, § 122 i Rn 4.
5 S. § 122 h Rn 2.

II. Rechtslage bei innerdeutschen Verschmelzungen

Bei **innerdeutschen Verschmelzungen** im Wege der Aufnahme durch einen Rechtsträger anderer Rechtsform (oder der Verschmelzung einer börsennotierten AG auf eine nichtbörsennotierte AG) hat der übernehmende Rechtsträger jedem Anteilsinhaber nach § 29 Abs. 1 den Erwerb seiner Anteile gegen eine angemessene Barabfindung anzubieten. Nach § 32 kann eine Klage gegen die Wirksamkeit des Verschmelzungsbeschluss nicht darauf gestützt werden, dass das Barabfindungsangebot nach § 29 zu niedrig bemessen, oder die Barabfindung im Verschmelzungsvertrag nicht oder nicht ordnungsgemäß angeboten worden ist. Die Vorschrift ergänzt den Klageausschluss des § 14 Abs. 2.[6] Zudem sieht § 34 vor, dass die gerichtliche Überprüfung der Angemessenheit der Barabfindung in einem Spruchverfahren erfolgen muss. 4

III. Angebot auf Erwerb der Anteile gegen Barabfindung (Abs. 1)

1. Voraussetzungen. Nach § 122 i Abs. 1 hat die übertragende deutsche Gesellschaft im Verschmelzungsplan (oder seinem Entwurf) jedem Anteilsinhaber den Erwerb seiner Anteile gegen angemessen Barabfindung anzubieten, wenn die übernehmende oder neue Gesellschaft nicht dem deutschen Recht unterliegt, sog. „**rechtswechselnde Verschmelzung**".[7] Die Vorschrift dient dem Schutz der Minderheitsgesellschafter, da kein Anteilsinhaber Nachteile durch die Änderung in eine ausländische Rechtsform erfahren soll.[8] Die Verpflichtung zum Barabfindungsangebot trifft auch die übertragende deutsche börsennotierte Gesellschaft, obwohl in einem solchen Falle aus praktischen und ökonomischen Erwägungen heraus die Möglichkeit einer Veräußerung der Anteile auf dem Kapitalmarkt näher läge.[9] Es wird zu Recht darauf hingewiesen, dass die Annahme des Angebots durch zahlreiche Anteilsinhaber der übertragenden Gesellschaft zu einem signifikanten, in seiner tatsächlichen Höhe vorher nur schwer planbaren Liquiditätsabfluss führt.[10] 5

Das Barabfindungsangebot ist nur solchen Anteilsinhabern zu gewähren, die gegen den Verschmelzungsbeschluss der übertragenden Gesellschaft **Widerspruch** eingelegt haben, § 122 i Abs. 1 S. 1. 6

Hinweis: Eine Ausnahme vom Widerspruchserfordernis besteht nach §§ 122 i Abs. 1 S. 3, 29 Abs. 2 für den Fall, dass der Anteilsinhaber unverschuldet an der Einlegung verhindert war.[11]

2. Ablauf. a) Allgemeines. Die inländische übertragende Gesellschaft hat nach § 122 i Abs. 1 S. 1 ihren Anteilsinhabern den Erwerb eigener Anteile gegen eine **angemessene Barabfindung** im Verschmelzungsplan (oder seinem Entwurf) anzubieten. Ist die Bekanntmachung des Verschmelzungsplans (oder seines Entwurfs) als Gegenstand der Beschlussfassung erforderlich (für die AG und KGaA gem. § 124 Abs. 2 S. 2 AktG, für die GmbH nach § 47 oder individuell durch Vorgabe im Gesellschaftsvertrag bzw in der Satzung) hat die Bekanntgabe nach §§ 122 i Abs. 1 S. 3, 29 Abs. 1 S. 4 den vollständigen Wortlaut des Angebots zur Barabfindung wiederzugeben. Nach §§ 122 i Abs. 1 S. 3, 29 Abs. 1 S. 5 hat die übernehmende (oder neue Gesellschaft) die Kosten für die Übertragung der Anteile zu tragen. 7

§ 122 i ist nur für die Fälle einer Heraus-Verschmelzung anwendbar. Für die Fälle einer **Herein-Verschmelzung** ist § 29 insgesamt aufgrund der Generalverweisung des § 122 a anzuwenden.[12] 8

6 Semler/Stengel/*Gehling*, § 32 Rn 1.
7 Lutter/*Bayer*, § 122 i Rn 4, 6.
8 Begr. RegE zu § 122 i, BT-Drucks. 16/2919, 16.
9 Schmitt/Hörtnagl/Stratz/*Hörtnagl*, § 122 i Rn 5; kritisch HRA des DAV, NZG 2006, 737, 741; *Müller*, Der Konzern 2007, 81, 87; aA Lutter/*Bayer*, § 122 i Rn 6; Kallmeyer/*Marsch-Barner*, § 122 i Rn 1; *Bayer/Schmidt*, NZG 2006, 841, 844; *Bayer/Schmidt*, NJW 2006, 401, 406. Die Gegenansicht geht aufgrund der fortgeschrittenen Harmonisierung des europäischen Kapitalmarktrechts von einer Entbehrlichkeit des Barabfindungsangebotes aus.
10 Habersack/Drinhausen/*Kiem*, § 122 i Rn 3; *Kiem*, WM 2006, 1091, 1098.
11 Vgl § 29 Abs. 2 zu den genauen Voraussetzungen.
12 Habersack/Drinhausen/*Kiem*, § 122 i Rn 4; Lutter/*Bayer*, § 122 i Rn 8 (auch zu weiteren denkbaren Verschmelzungskonstellationen und verbundene Implikationen in diesem Zusammenhang).

9 Bei Annahme des Barabfindungsangebots führt dies zu einem **Erwerb eigener Anteile**, dh im Falle einer Heraus-Verschmelzung bei einer AG bzw KGaA zum Erwerb eigener Aktien, § 122 i Abs. 1 S. 2 iVm § 71 AktG und bei einer GmbH zum Erwerb eigener Geschäftsanteile nach § 122 i Abs. 1 S. 2 iVm § 33 GmbHG. Allerdings ist in Gleichlauf zur Parallelvorschrift des § 29 Abs. 1 S. 1 Hs 2 nach Maßgabe von § 122 i Abs. 1 S. 3 die Anwendbarkeit von § 71 Abs. 4 S. 2 AktG und § 33 Abs. 2 S. 3 Hs 2 1. Alt. GmbHG ausgeschlossen.[13]

10 Daneben sei darauf hingewiesen, dass die **deutschen Kapitalerhaltungsvorschriften**, deren Ausfluss u.a. §§ 71 Abs. 4 S. 2 AktG, 33 Abs. 2 S. 3 GmbHG sind, nur bis zum Wirksamwerden der Verschmelzung zu beachten sind, während das Barabfindungsangebot bis zu zwei Monate nach dem Wirksamwerden der Verschmelzung angenommen werden kann. Die deutschen Kapitalerhaltungsvorschriften können daher hier nur dann Bedeutung erlangen, wenn das Angebot auch vor Wirksamwerden der Verschmelzung angenommen werden kann. Mit dem Wirksamwerden der Verschmelzung werden die Anteilsinhaber der übertragenden Gesellschaft Anteilsinhaber der übernehmenden bzw neuen Gesellschaft. Der Erwerb eigner Anteile richtet sich dann nach der Rechtsordnung der übernehmenden bzw neuen Gesellschaft.[14]

11 **b) Angemessenheit.** Die **Angemessenheit** der Barabfindung richtet sich nach § 30 Abs. 1, der über § 122 i Abs. 1 S. 3 anwendbar ist. Danach sind die Verhältnisse der übertragenden Gesellschaft im Zeitpunkt der Beschlussfassung zu berücksichtigen. Der Anspruch auf Verzinsung der Barabfindung folgt wegen §§ 122 i Abs. 1 S. 3, 30 Abs. 1 S. 2 aus § 15 Abs. 2.[15] Die Angemessenheit der Abfindung ist stets durch einen Verschmelzungsprüfer zu ermitteln, §§ 122 i Abs. 1 S. 3, 30 Abs. 2.

12 **c) Annahmefrist.** Die **Annahmefrist** bemisst sich nach § 31, der über § 122 i Abs. 1 S. 3 entsprechend anwendbar ist. Danach kann das Angebot nur binnen einer Frist von zwei Monaten angenommen werden. Zur Bestimmung des **Fristbeginns** ist gem. §§ 31 S. 1, 19 Abs. 3 auf den Tag der Bekanntmachung der Eintragung der Verschmelzung in das Register der übernehmenden Gesellschaft abzustellen.[16]

13 Umstritten ist, ob das Angebot bereits **vor Wirksamwerden der Verschmelzung** angenommen werden kann. Die Möglichkeit einer frühzeitigen Annahme ist wohl deshalb zu bejahen, weil, im Gegensatz zur Regelung in § 29, die übertragende Gesellschaft selbst das Angebot unterbreitet, deren eigene Gläubiger gerade durch die Vorschrift geschützt werden sollen.[17]

14 Bei Durchführung eines **Spruchverfahrens** ist für den Beginn der Frist nach §§ 122 i Abs. 3, 31 S. 2 auf den Tag der Bekanntmachung der gerichtlichen Entscheidung im elektronischen Bundesanzeiger abzustellen.[18] Zudem ist über den Verweis in § 122 i Abs. 1 S. 3 § 33 anwendbar. Danach sind die Anteile im Zeitraum der Angebotsfrist des § 31 erleichtert veräußerbar.

IV. Rechtsschutz der Anteilsinhaber (Abs. 2)

15 § 122 i Abs. 2 S. 1 schränkt für die Anteilsinhaber der übertragenden deutschen Gesellschaft die Anwendbarkeit von § 32 (Ausschluss von Klagen gegen den Verschmelzungsbeschluss) und § 34 (Gerichtliche Nachprüfung im Rahmen eines Spruchverfahrens) auf die Fälle ein, in denen die Anteilsinhaber der an der grenzüberschreitenden Verschmelzung beteiligten ausländischen Gesellschaften aus EU-/EWR-Mitgliedstaaten, die ein Verfahren zur Abfindung von Minderheitsgesellschaftern nicht vorliegen, **im Verschmelzungsbeschluss ausdrücklich zustimmen.**

13 Kallmeyer/*Marsch-Barner*, § 122 i Rn 5; Semler/Stengel/*Drinhausen*, § 122 i Rn 8.

14 Semler/Stengel/*Drinhausen*, § 122 i Rn 8; Habersack/Drinhausen/*Kiem*, § 122 i Rn 8.

15 S. im Einzelnen § 15 Rn 18 ff.

16 Habersack/Drinhausen/*Kiem*, § 122 i Rn 9; Semler/Stengel/*Drinhausen*, § 122 i Rn 9; Lutter/*Bayer*, § 122 i Rn 17, der jedoch dieses Ergebnis im Wege einer analogen Anwendung von Art. 7 Abs. 4 S. 1 SE-AG herleitet.

17 So auch Schmitt/Hörtnagl/Stratz/*Hörtnagl*, § 122 i Rn 13; Semler/Stengel/*Drinhausen*, § 122 i Rn 9; aA Habersack/Drinhausen/*Kiem*, § 122 i Rn 9; *Simon/Rubner*, Der Konzern 2006, 835, 840; *Müller*, Der Konzern 2007, 81, 86.

18 Schmitt/Hörtnagl/Stratz/*Hörtnagl*, § 122 i Rn 13; Semler/Stengel/*Drinhausen*, § 122 i Rn 9.

16 Liegen die Voraussetzungen von § 122 i Abs. 2 nicht vor, verbleibt den Anteilsinhabern die Möglichkeit, den Verschmelzungsbeschluss auf Grundlage eines unangemessenen Barabfindungsangebots **anzufechten.**[19] Die Vorschrift gleicht somit den Vorgaben zur Durchführung eines Spruchverfahrens bei der Überprüfung des Umtauschverhältnisses nach § 122 h, so dass auf die dortigen Ausführungen verwiesen werden kann.[20]

17 Daneben wird wie bei § 122 h Abs. 2 den Anteilsinhabern einer übertragenden ausländischen Gesellschaft das deutsche Spruchverfahren zur Überprüfung der Barabfindung eröffnet, wenn der betreffende EU-/EWR-Mitgliedstaat ebenso ein Verfahren zur Kontrolle und Änderung der Barabfindung vorsieht und die internationale Zuständigkeit der deutschen Gerichte gegeben ist, § 122 i Abs. 2 S. 2.[21] Wie § 122 h Abs. 2 gewährt § 122 i Abs. 2 S. 2 nur den **Anspruch auf Durchführung eines Spruchverfahrens** vor einem deutschen Gericht; das Vorliegen des materiellrechtlichen Anspruchs richtet sich auch hier nach dem betreffenden ausländischen Recht.[22] Dies ermöglicht die Konzentrierung des gesamten Verfahrens vor einem deutschen Gericht.[23] Auf die Kommentierung zu § 122 h wird verwiesen.[24]

§ 122 j Schutz der Gläubiger der übertragenden Gesellschaft

(1) [1]Unterliegt die übernehmende oder neue Gesellschaft nicht dem deutschen Recht, ist den Gläubigern einer übertragenden Gesellschaft Sicherheit zu leisten, soweit sie nicht Befriedigung verlangen können. [2]Dieses Recht steht den Gläubigern jedoch nur zu, wenn sie binnen zwei Monaten nach dem Tag, an dem der Verschmelzungsplan oder sein Entwurf bekannt gemacht worden ist, ihren Anspruch nach Grund und Höhe schriftlich anmelden und glaubhaft machen, dass durch die Verschmelzung die Erfüllung ihrer Forderung gefährdet wird.

(2) Das Recht auf Sicherheitsleistung nach Absatz 1 steht Gläubigern nur im Hinblick auf solche Forderungen zu, die vor oder bis zu 15 Tage nach Bekanntmachung des Verschmelzungsplans oder seines Entwurfs entstanden sind.

I. Allgemeines und unionsrechtlicher Hintergrund

1 § 122 j geht auf Art. 4 Abs. 2 S. 1 der Internationalen Verschmelzungsrichtlinie (IntVerschm-RL)[1] zurück und bezweckt den Schutz der Gläubiger der übertragenden inländischen Gesellschaft. Bei der Umsetzung der Regelung diente § 13 SEAG als Vorbild. Die Vorschrift orientiert sich strukturell an § 22, wonach der Gläubigerschutz durch das **Recht auf Sicherheitsleistung** gewährleistet wird. § 22 war seinerseits bereits von Art. 13 der Dritten Verschmelzungsrichtlinie von 1978 zur Verschmelzung von Aktiengesellschaften vorgesehen.[2] Allerdings gewährleistet § 122 j einen über § 22 hinausgehenden Gläubigerschutz, da die Sicherheitsleistung bereits vor Eintragung der Verschmelzung verlangt werden kann. Diese Abweichung ist jedoch gewollt und den Besonderheiten einer grenzüberschreitenden Verschmelzung geschuldet: Denn bei transnationalen Sachverhalten müssen die Gläubiger oftmals ihre Ansprüche im Ausland

19 Semler/Stengel/*Drinhausen*, § 122 i Rn 11.
20 S. § 122 h Rn 9.
21 Habersack/Drinhausen/*Kiem*, § 122 i Rn 11.
22 Semler/Stengel/*Drinhausen*, § 122 i Rn 11.
23 Lutter/*Bayer*, § 122 i Rn 30.
24 S. § 122 h Rn 11.

1 Richtlinie 2005/56/EG des Europäischen Parlaments und des Rates v. 26.10.2005 über die Verschmelzung von Kapitalgesellschaften aus verschiedenen Mitgliedstaaten (ABl. EU L 310 v. 25.11.2005, S. 1).
2 Dritte Richtlinie 78/855/EWG des Rates v. 9.10.1978 gemäß Artikel 54 Absatz 3 Buchstabe g) des Vertrages betreffend die Verschmelzung von Aktiengesellschaften (ABl. EG L 295 v. 20.10.1978).

geltend machen.[3] Zudem kann das Recht auf Sicherheitsleistung nur von den Gläubigern der übertragenden inländischen Gesellschaft beansprucht werden.

2 § 122 j geht bei einer grenzüberschreitenden Verschmelzung für die Gläubiger einer inländischen übertragenden Gesellschaft § 22 als ***lex specialis*** vor.[4] Für die Gläubiger einer deutschen übernehmenden oder neuen Gesellschaft gilt hingegen über den Generalverweis in § 122 a Abs. 2 § 22 entsprechend.[5]

II. Anspruch auf Sicherheitsleistung (Abs. 1)

3 **1. Voraussetzungen. a) Allgemeines.** Nach § 122 j Abs. 1 haben die Gläubiger einer übertragenden deutschen Gesellschaft einen Anspruch auf Sicherung ihrer **obligatorischen Ansprüche.** Der Anspruch besteht damit nur für die Fälle einer sog. Heraus-Verschmelzung. Allerdings richtet sich der Anspruch, im Gegensatz zu § 22, (bereits) gegen den übertragenden Rechtsträger.[6]

4 **b) Anmeldung.** Der Anspruch auf Sicherheitsleistung ist nach § 122 j Abs. 1 S. 2 binnen zwei Monaten nach Bekanntmachung des Verschmelzungsplans (oder dessen Entwurfs) schriftlich nach Grund und Höhe bei der übertragenden deutschen Gesellschaft **anzumelden.** In Gleichlauf zu § 22 darf der Anspruch noch nicht fällig sein.[7] Im Einzelnen kann dabei auf die Ausführungen zum innerstaatlichen Verschmelzungsrecht verwiesen werden.[8]

5 **c) Glaubhaftmachung.** Darüber hinaus haben die Gläubiger der übertragenden deutschen Gesellschaft, in Gleichklang mit § 22, die Gefährdung des Anspruchs durch die Verschmelzung glaubhaft zu machen. Allerdings gelten hier engere Voraussetzungen als im innerstaatlichen Verschmelzungsrecht, so dass eine **konkrete Gefährdung** der Forderung verlangt wird.[9] Eine solche ist nicht etwa bereits im Charakter der grenzüberschreitenden Verschmelzung *per se* begründet. Ungenügend ist deshalb der bloße Hinweis des Gläubigers auf mögliche Schwierigkeiten bei der Durchsetzung seiner Ansprüche im Ausland.[10] Ansonsten würde die Erfüllungsgefährdung in Gestalt der erschwerten Durchsetzbarkeit schnell zum Regelfall bei der transnationalen Verschmelzung.[11] Aufgrund der weit fortgeschrittenen Harmonisierung des europäischen Zuständigkeitsrechts stellen leichte Prozesshindernisse noch keine konkrete Gefährdung dar.[12] Eine solche kann sich allerdings aus erheblichen Bilanzverlusten der übernehmenden oder neuen Gesellschaft ergeben.[13] Auch bei einer drohenden deutlich längeren Prozessdauer im Ausland liegt eine konkrete Gefährdung der Forderung nahe.[14] Im Übrigen gelten die zu § 22 entwickelten Grundsätze.[15]

6 **d) Anmeldefrist.** Die Anmeldefrist beträgt zwei Monate ab dem Tage der Bekanntmachung des Verschmelzungsplans (oder seines Entwurfs) iSv § 122 d S. 2. Die Frist ist eine **materielle Ausschlussfrist,** so dass für ihre Berechnung die §§ 186 BGB ff einschlägig sind.[16] Für die Wahrung der Frist ist der Zugang der Anmeldung bei der Gesellschaft ausschlaggebend.[17]

7 **e) Versicherung des Anspruchs.** Soweit ein Anspruch auf Sicherheitsleistung besteht, haben die Mitglieder des Vertretungsorgans der übertragenden deutschen Gesellschaft nach § 122 k

3 Begr. RegE zu § 122 j, BT-Drucks. 16/2919, 17; Schmitt/Hörtnagl/Stratz/*Hörtnagl*, § 122 j Rn 1.
4 Semler/Stengel/*Drinhausen*, § 122 j Rn 4; Lutter/*Bayer*, § 122 j Rn 3.
5 Begr. RegE zu § 122 j, BT-Drucks. 16/2919, 17; Lutter/*Bayer*, § 122 j Rn 3; Semler/Stengel/*Drinhausen*, § 122 j Rn 4.
6 Semler/Stengel/*Drinhausen*, § 122 j Rn 11.
7 Schmitt/Hörtnagl/Stratz/*Hörtnagl*, § 122 j Rn 5; Semler/Stengel/*Drinhausen*, § 122 j Rn 7.
8 S. § 22 Rn 12 ff.
9 Lutter/*Bayer*, § 122 j Rn 14; Semler/Stengel/*Drinhausen*, § 122 j Rn 9; Kallmeyer/*Marsch-Barner*, § 122 j Rn 7.
10 Schmitt/Hörtnagl/Stratz/*Hörtnagl*, § 122 j Rn 8; Semler/Stengel/*Drinhausen*, § 122 j Rn 9; Lutter/*Bayer*, § 122 j Rn 14; *Passarge/Stark*, GmbHR 2007, 803, 808 ff; aA Habersack/Drinhausen/*Kiem*, § 122 j Rn 10.
11 *Passarge/Stark*, GmbHR 2007, 803, 808.
12 Lutter/*Bayer*, § 122 j Rn 14.
13 Lutter/*Bayer*, § 122 j Rn 14; Kallmeyer/*Marsch-Barner*, § 122 j Rn 7.
14 Lutter/*Bayer*, § 122 j Rn 14.
15 S. § 22 Rn 10.
16 Schmitt/Hörtnagl/Stratz/*Hörtnagl*, § 122 j Rn 7.
17 Semler/Stengel/*Drinhausen*, § 122 j Rn 8; Schmitt/Hörtnagl/Stratz/*Hörtnagl*, § 122 j Rn 7.

Abs. 1 S. 3 die Leistung zu versichern.[18] Die Versicherung ist gem. § 122 k Abs. 1 S. 4 zwingende Voraussetzung für die Erteilung einer **Verschmelzungsbescheinigung**, welche wiederum Grundvoraussetzung für die Anmeldung der Eintragung beim Registergericht durch die übernehmende deutsche Gesellschaft ist, § 122 d Abs. 1 S. 2. Wie bei § 22, sind die Sicherheiten dann nach § 232 HGB zu leisten.[19]

III. 15-tägige Nachfrist (Abs. 2)

Nach § 122 Abs. 2 besteht nur für solche Forderungen ein Anspruch auf Sicherheitsleistung, 8
die vor oder bis zu 15 Tage **nach Bekanntmachung** des Verschmelzungsplans (oder seines Entwurfs) iSv § 122 d S. 1 entstanden sind. Die Frist beginnt mit dem Tage nach der Bekanntmachung (§ 187 Abs. 1 BGB) und endet mit Ablauf des letzten Tages, § 188 Abs. 1 BGB.

§ 122 k Verschmelzungsbescheinigung

(1) [1]Das Vertretungsorgan einer übertragenden Gesellschaft hat das Vorliegen der sie betreffenden Voraussetzungen für die grenzüberschreitende Verschmelzung zur Eintragung bei dem Register des Sitzes der Gesellschaft anzumelden. [2]§ 16 Abs. 2 und 3 und § 17 gelten entsprechend. [3]Die Mitglieder des Vertretungsorgans haben eine Versicherung abzugeben, dass allen Gläubigern, die nach § 122 j einen Anspruch auf Sicherheitsleistung haben, eine angemessene Sicherheit geleistet wurde.

(2) [1]Das Gericht prüft, ob für die Gesellschaft die Voraussetzungen für die grenzüberschreitende Verschmelzung vorliegen, und stellt hierüber unverzüglich eine Bescheinigung (Verschmelzungsbescheinigung) aus. [2]Als Verschmelzungsbescheinigung gilt die Nachricht über die Eintragung der Verschmelzung im Register. [3]Die Eintragung ist mit dem Vermerk zu versehen, dass die grenzüberschreitende Verschmelzung unter den Voraussetzungen des Rechts des Staates, dem die übernehmende oder neue Gesellschaft unterliegt, wirksam wird. [4]Die Verschmelzungsbescheinigung darf nur ausgestellt werden, wenn eine Versicherung nach Absatz 1 Satz 3 vorliegt. [5]Ist ein Spruchverfahren anhängig, ist dies in der Verschmelzungsbescheinigung anzugeben.

(3) Das Vertretungsorgan der Gesellschaft hat die Verschmelzungsbescheinigung innerhalb von sechs Monaten nach ihrer Ausstellung zusammen mit dem Verschmelzungsplan der zuständigen Stelle des Staates vorzulegen, dessen Recht die übernehmende oder neue Gesellschaft unterliegt.

(4) Nach Eingang einer Mitteilung des Registers, in dem die übernehmende oder neue Gesellschaft eingetragen ist, über das Wirksamwerden der Verschmelzung hat das Gericht des Sitzes der übertragenden Gesellschaft den Tag des Wirksamwerdens zu vermerken und die bei ihm aufbewahrten elektronischen Dokumente diesem Register zu übermitteln.

18 S. § 122 k Rn 11.
19 S. § 22 Rn 19 f.

I. Allgemeines und unionsrechtlicher Hintergrund

1 § 122 k setzt die Art. 11, 12 und 13 der Internationalen Verschmelzungsrichtlinie (IntVerschm-RL) [1] in deutsches Recht um und regelt das Handelsregisterverfahren für eine inländische übertragende Gesellschaft und damit die Anmeldung zum Handelsregister bei der sog. **Heraus-Verschmelzung**. Die Vorschrift ist im Zusammenhang mit § 122 l zu sehen, der spiegelbildlich das Handelsregisterverfahren für die übernehmende Gesellschaft bzw die neue, aus der Verschmelzung hervorgehende Gesellschaft regelt und damit die Fälle der Herein-Verschmelzung betrifft. § 122 k hat sein Vorbild in den Vorschriften zur Gründung einer SE bzw SCE nach Art. 25, 26 SE-VO[2] bzw Art. 29, 30 SCE-VO,[3] denen er inhaltlich entspricht. Die IntVerschmRL sieht in ihren Artt. 10 Abs. 1, 11 Abs. 1 eine Rechtmäßigkeitsprüfung vor, die nach Maßgabe des europäischen Gesetzgebers und in Übereinstimmung zu den Parallelvorschriften der SE-/SCE-VOen in einem zweistufigen Verfahren erfolgt.[4]

2 Auf der **ersten Stufe** hat eine vom nationalen Recht der jeweiligen Gesellschaft bestimmte öffentliche Stelle (Gericht, Notar oder Behörde) gem. Art. 10 Abs. 1, Abs. 2 der IntVerschm-RL nach erfolgter Anmeldung (§ 122 k Abs. 1) die Einhaltung der vorgeschriebenen Rechtshandlungen und Formalitäten für das Vorbereitungsstadium der grenzüberschreitenden Verschmelzung zu prüfen und ggf eine Verschmelzungsbescheinigung auszustellen (§ 122 k Abs. 2).

3 Die **zweite Stufe** besteht hingegen in der Überprüfung der ordnungsgemäßen Durchführung der Verschmelzung und ggf der Gründung einer neuen inländischen Gesellschaft. Zuständig hierfür ist eine vom nationalen Recht des Sitzstaates der übernehmenden oder neu gegründeten Gesellschaft berufene öffentliche Stelle (Gericht, Notar oder Behörde), Art. 11 Abs. 1 der IntVerschmRL (§ 122 k Abs. 3).

4 Darüber hinaus ordnet Art. 13 der IntVerschmRL an, dass das Registergericht der übernehmenden bzw neuen Gesellschaft dem Register der übertragenden Gesellschaft(en) die Eintragung **zu melden** hat (§ 122 k Abs. 4).

5 Die Pflicht zur Durchführung des Handelsregisterverfahrens nach § 122 k trifft nur das Vertretungsorgan der **übertragenden** deutschen Gesellschaft. Das Registerverfahren der übernehmenden bzw neu gegründeten deutschen Gesellschaft richtet sich hingegen nach der einstufigen Rechtmäßigkeitsprüfung des § 122 l.[5]

II. Anmeldeverfahren (Abs. 1)

6 **1. Anmeldeberechtigter.** Nach § 122 k Abs. 1 S. 1 hat das Vertretungsorgan der **übertragenden Gesellschaft** das Vorliegen der sie betreffenden Voraussetzungen für die grenzüberschreitende Verschmelzung bei dem Registergericht ihres Sitzes **anzumelden.** Wie bei der Parallelvorschrift des § 16 Abs. 1 S. 1 ist eine Anmeldung durch Organmitglieder in vertretungsberechtigter Zahl ausreichend.[6]

1 Richtlinie 2005/56/EG des Europäischen Parlaments und des Rates v. 26.10.2005 über die Verschmelzung von Kapitalgesellschaften aus verschiedenen Mitgliedstaaten (ABl. EU L 310 v. 25.11.2005, S. 1).

2 Verordnung (EG) Nr. 2157/2001 des Rates v. 8.10.2001 über das Statut der Europäischen Gesellschaft (ABl. EG L 294 v. 10.11.2001).

3 Verordnung (EG) Nr. 1435/2003 des Rates v. 22.7.2003über das Statut der Europäischen Genossenschaft (SCE) (ABl. L 207 v. 18.8.2003).

4 Lutter/*Bayer*, § 122 k Rn 1; Semler/Stengel/*Drinhausen*, § 122 k Rn 2; Schmitt/Hörtnagl/Stratz/*Hörtnagl*, § 122 k Rn 1.

5 Schmitt/Hörtnagl/Stratz/*Hörtnagl*, § 122 k Rn 4; Semler/Stengel/*Drinhausen*, § 122 k Rn 1; Lutter/*Bayer*, § 122 k Rn 3. Indem die Prüfung nach § 122 l nur auf der *zweiten Stufe* stattfindet, ohne dass die übernehmende oder neue Gesellschaft eine Verschmelzungsbescheinigung einzuholen hat, wird von einer Mindermeinung in der Literatur die Richtlinienkonformität von § 122 l angezweifelt, vgl hierzu etwa *Haritz/v. Wolff*, GmbHR 2006, 340, 343 f; *Louven*, ZIP 2006, 2021, 2027; kritisch auch Semler/Stengel/*Drinhausen*, § 122 k Rn 5; aA Lutter/*Bayer*, § 122 k Rn 6; Schmitt/Hörtnagl/Stratz/*Hörtnagl*, § 122 k Rn 4; *Krause/Kulpa*, ZHR 171 (2007), 38, 67; *Heckschen*, DNotZ 2007, 444, 463 f.

6 Habersack/Drinhausen/*Kiem*, § 122 k Rn 4; Schmitt/Hörtnagl/Stratz/*Hörtnagl*, § 122 k Rn 5; Semler/Stengel/*Drinhausen*, § 122 k Rn 7.

2. Anmeldeadressat. Die Anmeldung erfolgt nach § 122 k Abs. 1 S. 1 beim Registergericht des Sitzes der übertragenden Gesellschaft. **Zuständig** ist danach das Gericht, in dessen Handelsregister die übertragende Gesellschaft eingetragen ist.[7] 7

3. Inhalt der Anmeldung. a) Anlagen der Handelsregisteranmeldung. Aus dem Verweis in § 122 k Abs. 1 S. 2 auf § 17 geht hervor, welche konkreten Unterlagen als **Anlagen** die übertragende Gesellschaft zusammen mit der Handelsregisteranmeldung einzureichen hat. 8

b) Negativerklärung. Darüber hinaus hat das Vertretungsorgan der übertragenden deutschen Gesellschaft der Anmeldung eine **Negativerklärung** nach § 16 Abs. 2 iVm § 122 k Abs. 1 S. 2 beizufügen, dass eine Klage gegen die Wirksamkeit des Verschmelzungsbeschlusses der deutschen übertragenden Gesellschaft nicht oder nicht fristgerecht erhoben, oder eine solche Klage rechtskräftig abgewiesen oder zurückgenommen worden ist.[8] An dieser Stelle kann zu den Einzelheiten auf die Ausführungen zu § 16 verwiesen werden.[9] 9

Falls eine solche Klage erhoben worden sein sollte, kann die übertragende Gesellschaft – wie bei einer innerdeutschen Verschmelzung – einen **gerichtlichen Beschluss** beantragen, dass die Erhebung der Klage der Eintragung nicht entgegensteht, § 16 Abs. 3 S. 1 iVm § 122 k Abs. 1 S. 2. Voraussetzungen und Verfahren dieses Freigabeverfahrens richten sich nach § 16 Abs. 3, auf den § 122 k Abs. 1 S. 2 umfänglich verweist. Auf die Kommentierung zu § 16 Abs. 3 wird verwiesen.[10] 10

c) Versicherung bzgl Einräumung angemessener Sicherheitsleistungen für Gläubiger. Zuletzt haben die Mitglieder des Vertretungsorgans zu **versichern**, dass den Gläubigern ggf nach § 122 j angemessene Sicherheit geleistet wurde, § 122 k Abs. 1 S. 3. Diese Versicherung ist zwingende Voraussetzung für die Ausstellung der Verschmelzungsbescheinigung, § 122 k Abs. 2 S. 4, so dass auf sie besondere Sorgfalt verwendet werden sollte. Die Versicherung ist strafbewehrt iSv § 314 a.[11] Angesichts dessen muss von der Höchstpersönlichkeit dieser Versicherung ausgegangen werden, so dass eine Vertretung der Organmitglieder bei Abgabe dieser Versicherung ausscheidet. Der Umfang der Versicherung betrifft alle von den Gläubigern fristgerecht geltend gemachten Ansprüche und kann deshalb erst nach Ablauf der 2-Monats-Frist des § 122 j Abs. 1 S. 2 wirksam abgegeben werden.[12] 11

Es ist ratsam, auf das Vorliegen sämtlicher Unterlagen in der Anmeldung zum Handelsregister ausdrücklich hinzuweisen. Im Übrigen bietet sich folgende **Formulierung** an: 12

▶ Hiermit wird zur Eintragung in das Handelsregister angemeldet, dass für die X-GmbH alle Voraussetzungen für eine grenzüberschreitende Verschmelzung durch Aufnahme/durch Neugründung auf die Y-S.r.l. vorliegen.

Wir versichern, dass eine Klage gegen die Wirksamkeit des Verschmelzungsbeschlusses der X-GmbH nicht oder nicht fristgerecht erhoben, oder eine solche Klage rechtskräftig abgewiesen oder zurückgenommen worden ist. Sämtlichen Gläubiger, die einen Anspruch auf Sicherheitsleistung nach § 122 j UmwG fristgerecht geltend gemacht haben, wurde angemessen Sicherheit nach § 122 j UmwG geleistet. ◀

d) Einzureichende Unterlagen. Damit sind der Anmeldung folgende **Unterlagen** einzureichen:[13] 13

7 Schmitt/Hörtnagl/Stratz/*Hörtnagl*, § 122 k Rn 6.
8 Begr. RegE zu § 122 k, BT-Drucks. 16/2919, 17; Schmitt/Hörtnagl/Stratz/*Hörtnagl*, § 122 k Rn 10.
9 S. § 16 Rn 14.
10 S. § 16 Rn 24.
11 Schmitt/Hörtnagl/Stratz/*Hörtnagl*, § 122 k Rn 11; Lutter/*Bayer*, § 122 k Rn 16.
12 Lutter/*Bayer*, § 122 k Rn 15; Schmitt/Hörtnagl/Stratz/*Hörtnagl*, § 122 k Rn 11; aA Widmann/Mayer/*Vossius*, § 122 k Rn 31.
13 Urkunden über Erteilung erforderlich staatlicher Genehmigungen sind nicht mehr erforderlich, vgl § 37 AktG und § 8 GmbHG.

▶ **Checkliste:**
- Beglaubigte Abschrift des notariell beurkundeten Verschmelzungsplan nach § 122 c.
- Ggf Nachweis über die Bekanntmachung des Verschmelzungsplans nach § 122 d.[14]
- Beglaubigte Abschrift des notariell beurkundeten Verschmelzungsbeschlusses der übertragenden deutschen Gesellschaft nach § 122 g (Ausnahme § 122 g Abs. 2).
- Ggf beglaubigte Abschrift der notariell beurkundeten Zustimmungserklärungen einzelner Anteilsinhaber der übertragenden deutschen Gesellschaft nach §§ 122 g Abs. 1, 13 Abs. 2.
- Ggf Bestätigungsbeschluss der Anteilsinhaberversammlung jeder an der Verschmelzung beteiligten Gesellschaft hinsichtlich der Art und Weise der Mitbestimmung der Arbeitnehmer der übernehmenden oder neuen Gesellschaft nach § 122 g Abs. 1.[15]
- Verschmelzungsbericht der übertragenden deutschen Gesellschaft nach § 122 e.
- (Ggf gemeinsamer) Verschmelzungsprüfungsbericht der übertragenden deutschen Gesellschaft nach § 122 f bzw beglaubigte Abschrift der notariell beurkundeten Verzichtserklärung sämtlicher Anteilsinhaber aller an der Verschmelzung beteiligten Gesellschaften nach § 122 f S. 1 Hs 1 iVm §§ 9 Abs. 3, 8 Abs. 3.
- Schlussbilanz der übertragenden deutschen Gesellschaft nach § 17 Abs. 2.[16]
- Ggf Nachweis über das fristgerechte Zugänglichmachen des Verschmelzungsberichts nach § 122 e.[17]

Ferner folgende Erklärungen:[18]
- Versicherung über Leistung angemessener Sicherheit an alle Gläubiger nach § 122 k Abs. 1 S. 3.
- Negativerklärung nach §§ 122 k Abs. 1 S. 2, 16 Abs. 2, dass gegen die Wirksamkeit des Verschmelzungsbeschlusses der übertragenden deutschen Gesellschaft eine Klage nicht oder nicht fristgerecht erhoben oder eine solche Klage rechtskräftig abgewiesen oder zurückgenommen ist.
- Ggf Erklärung über das Nichtbestehen eines Betriebsrats im Hinblick auf das Zugänglichmachen des Verschmelzungsberichts nach § 122 e S. 2. ◀

Hinweis: Diese Angaben betreffen ausschließlich die Unterlagen der übertragenden deutschen Gesellschaft.[19] Die Dokumente der anderen beteiligten Gesellschaft(en) müssen hingegen nicht eingereicht werden.[20] Es ist jedoch grundsätzlich erforderlich, alle Dokumente in deutscher Sprache vorzulegen.

14 Eine etwaige Vereinbarung über die **Mitbestimmung der Arbeitnehmer** nach § 122 l ist richtigerweise nicht beizufügen. Sie ist nur im Rahmen des beim Handelsregister der übernehmenden bzw neuen Gesellschaft durchzuführenden Handelsregisterverfahrens beizufügen und ist daher nur Teil der 2. Stufe der Rechtmäßigkeitsprüfung. Dies ergibt sich aus dem Wortlaut von Art. 11 Abs. 1 S. 2 der IntVerschmRL, der die Überprüfung des Abschlusses einer Mitbestimmungsvereinbarung derjenigen öffentlichen Stelle zuweist, die auch die Rechtmäßigkeit der grenzüberschreitenden Verschmelzung untersucht.[21]

15 Ebenso wenig ist es erforderlich, einen Nachweis über die fristgemäße Zuleitung des Verschmelzungsplans **an den Betriebsrat** mit einzureichen.[22]

14 Dies sollte mit dem Handelsregister vorab abgestimmt werden.

15 Habersack/Drinhausen/*Kiem*, § 122 g Rn 31. Beizufügen sind ggf beglaubigte Kopien der schriftlichen Bestätigungsbeschlusses oder beglaubigte Abschriften der notariell beurkundeten Bestätigungsbeschlüsse.

16 Bitte beachten, dass zum Zeitpunkt der Einreichung der Handelsregisteranmeldung der Bilanzstichtag der Schlussbilanz nicht älter als 8 Monate sein darf. Ist der Bilanzstichtag der 31.12, so muss die Handelsregisteranmeldung spätestens am 31.08. des darauffolgenden Kalenderjahres eingereicht werden.

17 Dies sollte mit dem Handelsregister vorab abgestimmt werden.

18 Teilweise wird zusätzlich auch eine Angabe gefordert, ob ein Spruchverfahren anhängig sei, vgl Habersack/Drinhausen/*Kiem*, § 122 k Rn 9 ohne nähere Begründung.

19 Begr. RegE zu § 122 k, BT-Drucks. 16/2919, 17; Lutter/*Bayer*, § 122 k Rn 12; Semler/Stengel/*Drinhausen*, § 122 k Rn 9; Habersack/Drinhausen/*Kiem*, § 122 k Rn 7.

20 Begr. RegE zu § 122 k Abs. 1, BT-Drucks. 16/2919, 17; Lutter/*Bayer*, § 122 k Rn 12; s. auch Art. 10 Abs. 1 der IntVerschmRL.

21 Lutter/*Bayer*, § 122 k Rn 13; Semler/Stengel/*Drinhausen*, § 122 k Rn 11; KölnKomm/*Simon/Rubner*, § 122 k Rn 15; *Teicke*, DB 2012, 2675, 2680; aA Widmann/Mayer/*Vossius*, § 122 k Rn 22.

22 S. § 122 c Rn 35.

III. Prüfung durch das Gericht und Ausstellung der Verschmelzungsbescheinigung (Abs. 2)

16 Nach § 122 k Abs. 2 prüft das Registergericht das **Vorliegen der Voraussetzungen** für eine grenzüberschreitende Verschmelzung der übertragenden deutschen Gesellschaft und erteilt ggf eine Verschmelzungsbescheinigung. Prüfungsgegenstand sind somit die oben dargestellten Verfahrensvorgaben.[23] Zudem kontrolliert das Gericht das Vorliegen der Versicherung auf Einräumung einer angemessenen Sicherheitsleistung (§ 122 k Abs. 2 S. 4) sowie die Existenz einer Negativerklärung.[24]

17 Soweit die Voraussetzungen für die grenzüberschreitende Verschmelzung durch die übertragende deutsche Gesellschaft erfüllt sind, hat das Registergericht unverzüglich eine **Verschmelzungsbescheinigung** auszustellen. Gleichbedeutend mit einer Verschmelzungsbescheinigung ist die Nachricht über die Eintragung der Verschmelzung im Register der übertragenden deutschen Gesellschaft, § 122 k Abs. 2 S. 2. Es wird in der Literatur in diesem Zusammenhang zu Recht diskutiert, ob die gesetzliche Fiktion von § 122 k Abs. 2 S. 2 den Vorgaben des Art. 10 Abs. 2 der IntVerschmRL genügt. Dieser spricht in diesem Zusammenhang von einer auszustellenden „Bescheinigung […], aus der zweifelsfrei hervorgeht, dass die der Verschmelzung vorangehenden Rechtshandlungen und Formalitäten ordnungsgemäß vollzogen wurden". Zwar kann dies aus einer entsprechenden Eintragungsnachricht geschlossen werden, weil andernfalls die Eintragung unterblieben wäre. Jedoch kann bezweifelt werden, dass ein solcher Vorgang einer „zweifelsfreien" Bescheinigung gleich kommt.

Hinweis: Es ist daher empfehlenswert, ggf dennoch eine separate Verschmelzungsbescheinigung einzuholen, um eine Zurückweisung durch die die Rechtmäßigkeit der grenzüberschreitenden Verschmelzung prüfende ausländische Stelle zu vermeiden.[25]

IV. Vorlage der Verschmelzungsbescheinigung (Abs. 3)

18 Das Vertretungsorgan der übertragenden Gesellschaft hat nach § 122 k Abs. 3 die Verschmelzungsbescheinigung innerhalb von sechs Monaten nach ihrer Ausstellung zusammen mit dem Verschmelzungsplan der zuständigen Stelle des Staates der übernehmenden oder neuen Gesellschaft **weiterzuleiten**. Die Rechtsfolge einer verspäteten Vorlage kann nicht abschließend beantwortet werden. Schließlich obliegt es dem alleinigen Ermessen der ausländischen Behörde, die Bescheinigung trotz Fristablaufs noch zu akzeptieren.[26] Ausgeschlossen erscheint jedoch ein Anspruch der übertragenden Gesellschaft, im Falle einer verschuldet verfristeten Verschmelzungsbescheinigung eine neue Bescheinigung zu beantragen und diese dann vorzulegen.[27] Zumindest ist nicht erkennbar, warum dem Handelsregister der übertragenden Gesellschaft eine Neuausstellung untersagt sein sollte.

V. Vermerk der Wirksamkeit und Übermittlung der Dokumente (Abs. 4)

19 Nach Übermittlung der Mitteilung über das Wirksamwerden der Verschmelzung durch das Register, in dem die übernehmenden oder neue Gesellschaft eingetragen ist, hat das Registergericht der deutschen übertragenden Gesellschaft nach § 122 k Abs. 4 Hs 1 den Tag des Wirksamwerdens zu **vermerken**. Die Bestimmung des relevanten Zeitpunktes des Wirksamwerdens richtet sich nach der Rechtsordnung der übernehmenden oder neuen Gesellschaft.[28] Daneben hat das Registergericht der übertragenden deutschen Gesellschaft die bei ihm aufbewahrten

23 S. Rn 8 ff.
24 Semler/Stengel/*Drinhausen*, § 122 k Rn 14 ff.
25 Schmitt/Hörtnagl/Stratz/*Hörtnagl*, § 122 k Rn 16; Semler/Stengel/*Drinhausen*, § 122 k Rn 22; *Bayer/Schmidt*, NZG 2006, 841, 843; *Haritz/v. Wolff*, GmbHR 2006, 340, 344.
26 Hierzu eingehend Semler/Stengel/*Drinhausen*, § 122 k Fn 56.
27 Habersack/Drinhausen/*Kiem*, § 122 k Rn 15; aA Kallmeyer/*Zimmermann*, § 122 k Rn 18; Schmitt/Hörtnagl/Stratz/*Hörtnagl*, § 122 k Rn 21.
28 Semler/Stengel/*Drinhausen*, § 122 k Rn 23.

elektronischen Dokumente an die zuständige staatliche Stelle der übernehmenden oder neuen Gesellschaft zu übermitteln, § 122 k Abs. 4 Hs 2. Die Verpflichtung bezieht sich ausschließlich auf Dokumente in elektronischer Form. Im Übrigen entspricht der Inhalt von Abs. 4 der Parallelregelung in § 19 Abs. 2 S. 2.

VI. Bekanntmachung

20 Die **Bekanntmachung** der grenzüberschreitenden Verschmelzung richtet sich über den Generalverweis des § 122 a Abs. 2 nach § 19 Abs. 3 iVm § 10 HGB.[29]

VII. Kosten

21 Für die **Beglaubigung der Unterschriften** unter der **Handelsregisteranmeldung** sowie deren Einreichung beim Handelsregister fallen Gebühren an, deren Höhe sich wie bei der innerdeutschen Verschmelzung bestimmt. Auf die dortige Kommentierung zu § 16 wird verwiesen.[30]

§ 122 l Eintragung der grenzüberschreitenden Verschmelzung

(1) [1]Bei einer Verschmelzung durch Aufnahme hat das Vertretungsorgan der übernehmenden Gesellschaft die Verschmelzung und bei einer Verschmelzung durch Neugründung haben die Vertretungsorgane der übertragenden Gesellschaften die neue Gesellschaft zur Eintragung in das Register des Sitzes der Gesellschaft anzumelden. [2]Der Anmeldung sind die Verschmelzungsbescheinigungen aller übertragenden Gesellschaften, der gemeinsame Verschmelzungsplan und gegebenenfalls die Vereinbarung über die Beteiligung der Arbeitnehmer beizufügen. [3]Die Verschmelzungsbescheinigungen dürfen nicht älter als sechs Monate sein; § 16 Abs. 2 und 3 und § 17 finden auf die übertragenden Gesellschaften keine Anwendung.

(2) Die Prüfung der Eintragungsvoraussetzungen erstreckt sich insbesondere darauf, ob die Anteilsinhaber aller an der grenzüberschreitenden Verschmelzung beteiligten Gesellschaften einem gemeinsamen, gleichlautenden Verschmelzungsplan zugestimmt haben und ob gegebenenfalls eine Vereinbarung über die Beteiligung der Arbeitnehmer geschlossen worden ist.

(3) Das Gericht des Sitzes der übernehmenden oder neuen Gesellschaft hat den Tag der Eintragung der Verschmelzung von Amts wegen jedem Register mitzuteilen, bei dem eine der übertragenden Gesellschaften ihre Unterlagen zu hinterlegen hatte.

I. Allgemeines und unionsrechtlicher Hintergrund

1 § 122 l regelt das Handelsregisterverfahren für die an der grenzüberschreitenden Verschmelzung beteiligte übernehmende deutsche Gesellschaft bzw die aus der Verschmelzung hervorgehende neue deutsche Gesellschaft und betrifft damit den Fall der sog. **„Herein-Verschmelzung“**. Die Vorschrift geht, wie § 122 k, auf die Art. 10, 11 und 13 der Internationalen Verschmelzungsrichtlinie (IntVerschmRL)[1] zurück. Im Gegensatz zu § 122 k, der für die Durchführung des Registerverfahrens einer übertragenden deutschen Gesellschaft einschlägig ist und

29 Semler/Stengel/*Drinhausen*, § 122 k Rn 26; Lutter/*Bayer*, § 122 k Rn 27.

30 S. § 16 Rn 52 ff.

1 Richtlinie 2005/56/EG des Europäischen Parlaments und des Rates v. 26.10.2005 über die Verschmelzung von Kapitalgesellschaften aus verschiedenen Mitgliedstaaten (ABl. EU L 310 v. 25.11.2005, S. 1).

eine zweistufige Rechtmäßigkeitsprüfung vorsieht, normiert die Vorschrift lediglich nach der unter § 122 k dargestellten Prüfungssystematik eine gerichtliche Kontrolle auf der zweiten Stufe. § 122 l Abs. 1 regelt das Anmeldeverfahren und ähnelt inhaltlich § 122 k Abs. 1. § 122 l Abs. 2 setzt Art. 11 Abs. 1 S. 2 der IntVerschmRL um und betrifft die Prüfungsmodalitäten. § 122 l Abs. 3 entspricht der Vorgabe des europäischen Gesetzgebers aus Art. 13 über die Mitteilungspflicht des Registergerichts der übernehmenden oder neuen Gesellschaft.

II. Anmeldeverfahren (Abs. 1)

1. Anmeldeberechtigter. Bei einer grenzüberschreitenden Verschmelzung **durch Aufnahme** hat das Vertretungsorgan der übernehmenden deutschen Gesellschaft nach § 122 l Abs. 1 S. 1 Alt. 1 die Umwandlung beim Registergericht anzumelden.[2] Entsteht hingegen durch die Verschmelzung eine dem deutschen Recht unterliegende Gesellschaft **durch Neugründung**, sind die Vertretungsorgane aller übertragenden Gesellschaften anmeldeverpflichtet, § 122 l Abs. 1 S. 1 Alt. 2.[3] Eine Anmeldung durch Organmitglieder in vertretungsberechtigter Zahl ist ausreichend.[4] Die Vertretungsberechtigung richtet sich nach dem Gesellschaftsstatut der betreffenden übertragenden Gesellschaft.[5] 2

2. Anmeldeadressat. Die Anmeldung erfolgt nach § 122 l Abs. 1 S. 1 bei dem **Registergericht** des Sitzes der übernehmenden bzw neuen Gesellschaft.[6] 3

3. Inhalt der Anmeldung. Anmeldegegenstand ist stets sowohl bei der Verschmelzung durch Aufnahme, als auch bei der Verschmelzung durch Neugründung die **neue Gesellschaft.** 4

Bei einer **Verschmelzung durch Neugründung** bestimmt sich der Umfang der einzureichenden Unterlagen lediglich nach Maßgabe von § 122 l Abs. 1 S. 2.[7] Danach sind folgende Unterlagen einzureichen: 5

▶ **Checkliste:**

- Verschmelzungsbescheinigungen aller übertragenden Gesellschaften, die bei Einreichen der Anmeldung nicht älter als sechs Monate sein dürfen (§ 122 l Abs. 1 S. 3 Hs 1).[8]
- Gemeinsamer Verschmelzungsplan, dem die Anteilsinhaber zugestimmt haben.
- Ggf die Vereinbarung über die Arbeitnehmerbeteiligung.
- Nachweise und Unterlagen nach den relevanten Gründungsvorschriften des GmbHG oder AktG. ◀

Bei einer **Verschmelzung durch Aufnahme** richtet sich der Umfang der einzureichenden Unterlagen grundsätzlich auch nach § 122 l Abs. 1 S. 2. Daneben sind, über den Generalverweis in § 122 a Abs. 2, die von § 17 Abs. 1 vorgesehenen Dokumente einzureichen.[9] Die Abgabe einer **Negativerklärung** nach §§ 122 a, 16 Abs. 2 entfällt jedoch bei der Verschmelzung durch Neugründung, da § 16 auf übertragende ausländische Gesellschaften nicht anwendbar ist.[10] Der Anmeldung sind dann folgende Unterlagen beizufügen: 6

2 Semler/Stengel/*Drinhausen*, § 122 l Rn 3; Lutter/*Bayer*, § 122 l Rn 4.

3 Semler/Stengel/*Drinhausen*, § 122 l Rn 4; Lutter/*Bayer*, § 122 l Rn 4.

4 Schmitt/Hörtnagl/Stratz/*Hörtnagl*, § 122 l Rn 2; Semler/Stengel/*Drinhausen*, § 122 l Rn 3; Lutter/*Bayer*, § 122 l Rn 4.

5 Habersack/Drinhausen/*Kiem*, § 122 l Rn 3.

6 Semler/Stengel/*Drinhausen*, § 122 l Rn 5; Schmitt/Hörtnagl/Stratz/*Hörtnagl*, § 122 l Rn 4.

7 Schmitt/Hörtnagl/Stratz/*Hörtnagl*, § 122 l Rn 9.

8 Die einzureichenden Verschmelzungsbescheinigung ausländischer öffentlicher Stellen als ausländische öffentliche Urkunden aus EU-Mitgliedstaaten müssen regelmäßig mit einer Apostille versehen werden, um gegenüber deutschen Gerichten verwendet werden zu können; vgl auch Habersack/Drinhausen/*Kiem*, § 122 l Rn 6. Aufgrund bilateraler Staatsverträge der Bundesrepublik Deutschland u.a. mit bestimmten EU-Mitgliedstaaten ist eine Apostille bei den ausländischen Urkunden aus den betreffenden Staaten nicht erforderlich; vgl „Kurzübersicht Apostille und Legalisation" des Deutschen Notarinstituts vom 09.01 2012 (abrufbar im Internet unter (www.dnoti.de/Arbeitshilfen).

9 Lutter/*Bayer*, § 122 l Rn 9; Semler/Stengel/*Drinhausen*, § 122 l Rn 7.

10 Habersack/Drinhausen/*Kiem*, § 122 l Rn 7.

▶ **Checkliste:**
- Verschmelzungsbescheinigungen aller übertragenden Gesellschaften, die bei Einreichen der Anmeldung nicht älter als sechs Monate sein dürfen (§ 122 l Abs. 1 S. 3 Hs 1).
- Gemeinsamer Verschmelzungsplan, dem die Anteilsinhaber zugestimmt haben.
- Ggf die Vereinbarung über die Arbeitnehmerbeteiligung.
- Beglaubigte Abschrift des notariell beurkundeten Verschmelzungsbeschlusses der Anteilsinhaberversammlung der übernehmenden deutschen Gesellschaft nach § 122 g (Ausnahme § 122 g Abs. 2).
- Ggf beglaubigte Abschrift des notariell beurkundeten Verschmelzungsbeschlusses der Anteilsinhaberversammlung der übertragenden Gesellschaft.
- Ggf beglaubigte Abschrift der notariell beurkundeten Zustimmungserklärungen der Anteilsinhaber der übernehmenden Gesellschaft (§§ 122 a Abs. 2, 13 Abs. 2).
- Ggf Bestätigungsbeschluss der Anteilsinhaberversammlung jeder an der Verschmelzung beteiligten Gesellschaften hinsichtlich der Art und Weise der Mitbestimmung der Arbeitnehmer der übernehmenden oder neuen Gesellschaft nach § 122 g Abs. 1.[11]
- (Ggf gemeinsamer) Verschmelzungsbericht der übernehmenden deutschen Gesellschaft.
- (Ggf gemeinsamer) Verschmelzungsprüfungsbericht der übernehmenden deutschen Gesellschaft bzw beglaubigte Abschrift der notariell beurkundeten Verzichtserklärungen sämtlicher Anteilsinhaber aller an der Verschmelzung beteiligten Gesellschaften nach § 122 f S. 1 Hs 1 iVm §§ 9 Abs. 3, 8 Abs. 3.
- Ggf Nachweis über das fristgerechte Zugänglichmachen des Verschmelzungsberichts nach § 122 e.[12] ◀

7 Darüber hinaus hat bei der Verschmelzung durch Aufnahme das Vertretungsorgan der übernehmenden deutschen Gesellschaft nach §§ 122 a Abs. 2, 16 Abs. 2 eine **Negativerklärung** mit der Anmeldung abzugeben, die nicht auf die übertragenden Gesellschaften Bezug nehmen muss.[13] Hinsichtlich der weiteren Einzelheiten wird auf die Kommentierung zu § 122 k und § 16 verwiesen.[14]

III. Prüfung durch das Gericht (Abs. 2)

8 Das Registergericht der übernehmenden bzw neuen Gesellschaft hat die **Verfahrensschritte** zu prüfen, die für die Durchführung einer grenzüberschreitenden Verschmelzung bzw für die Gründung einer neuen Gesellschaft gesetzlich vorgesehen sind.[15] Dies erfolgt ausschließlich auf Basis der eingereichten Unterlagen.[16] Der Prüfungsumfang erstreckt sich dabei jedoch nicht auf die Verfahrensschritte, die das Register der übertragenden Gesellschaft für die Ausstellung der Verschmelzungsbescheinigung nach § 122 k bereits zu kontrollieren hat. Hiervon ausgenommen sind lediglich eine Prüfung formaler Aspekte der Verschmelzungsbescheinigung, die das Gericht der übernehmenden bzw neuen Gesellschaften zwangsläufig mit zu kontrollieren hat, wie die fristgemäße Vorlage der Verschmelzungsbescheinigung, ihre Ausstellung durch die zuständige öffentliche Stelle und ob sie ggf den Anforderungen des Art. 10 Abs. 2 der IntVerschmRL entspricht.[17]

9 Darüber hinaus ist **„insbesondere"** nach § 122 l Abs. 2 zu prüfen, ob die Anteilsinhaber aller an der grenzüberschreitenden Verschmelzung beteiligten Gesellschaften einem gemeinsamen, gleichlautenden Verschmelzungsplan zugestimmt haben und ob ggf eine Vereinbarung über die Beteiligung der Arbeitnehmer getroffen wurde. Um die erstere Prüfung (gleichlautender Verschmelzungsplan) dem Registergericht zu ermöglichen, sind die entsprechenden Zustimmungs-

11 Habersack/Drinhausen/*Kiem*, § 122 g Rn 31. Beizufügen sind ggf beglaubigte Kopien der schriftlichen Bestätigungsbeschlusses oder beglaubigte Abschriften der notariell beurkundeten Bestätigungsbeschlüsse.
12 Dies sollte mit dem Registergericht vorab abgestimmt werden.
13 Lutter/*Bayer*, § 122 l Rn 10; Semler/Stengel/*Drinhausen*, § 122 l Rn 8.
14 S. § 122 k Rn 9; § 16 Rn 14 ff.
15 Begr. RegE zu § 122 l Abs. 2, BT-Drucks. 16/2919, 18; Semler/Stengel/*Drinhausen*, § 122 l Rn 10; Schmitt/Hörtnagl/Stratz/*Hörtnagl*, § 122 l Rn 12.
16 Semler/Stengel/*Drinhausen*, § 122 l Rn 10.
17 Habersack/Drinhausen/*Kiem*, § 122 l Rn 8; Lutter/*Bayer*, § 122 l Rn 20.

beschlüsse der Anteilsinhaberversammlungen (mit den ihnen jeweils zugrundeliegenden Verschmelzungsplänen) mit einzureichen.[18] Dies führt aber nicht dazu, dass das Registergericht auch das ordnungsgemäße Zustandekommen des **Verschmelzungsbeschlusses** bei der übertragenden Gesellschaft zu kontrollieren hat; dieser Nachweis wird bereits durch die eingereichte Verschmelzungsbescheinigung geführt.[19]

Hinweis: In praktischer Hinsicht ist es deshalb ratsam, den in ausländischer Sprache gefassten Verschmelzungsplan, der den Anteilsinhabern der ausländischen Gesellschaften vorgelegt wurde, bereits in übersetzter Form einzureichen.[20]

Daneben prüft das Registergericht, ob eine Vereinbarung über die **Beteiligung der Arbeitnehmer** getroffen wurde. Die Prüfung erstreckt sich daneben auch auf die ordnungsgemäße Durchführung des Verfahrens zur Beteiligung der Arbeitnehmer iSd §§ 5 ff. MgVG.[21] Daraus folgt, dass bis spätestens zur Anmeldung der Verschmelzung durch die übernehmende oder neu zu gründende Gesellschaft das Verfahren zur Arbeitnehmerbeteiligung auch abgeschlossen sein muss. Um die Prüfung des Handelsregisters zu erleichtern, kann es sich empfehlen, in der Handelsregisteranmeldung mit anzugeben, ob der Anwendungsbereich des § 5 MgVG eröffnet ist.[22] 10

IV. Eintragung der Verschmelzung (Abs. 3)

In Übereinstimmung mit § 122 k Abs. 4 hat das für die übernehmende bzw neue Gesellschaft zuständige Registergericht den Tag der Eintragung der Verschmelzung von Amts wegen jedem Register **mitzuteilen**, bei dem eine der übertragenden Gesellschaften ihre Unterlagen zu hinterlegen hatte, § 122 l Abs. 3. Diese Mitteilung hat – auch wenn dies der Wortlaut nicht ausdrücklich vorschreibt – unverzüglich zu erfolgen, wie sich aus dem zugrundeliegenden Art. 13 Abs. 2 der IntVerschmRL in richtlinienkonformer Auslegung ergibt.[23] 11

Damit muss das Registergericht der übernehmenden oder neuen Gesellschaft positiv über das Vorliegen der Voraussetzungen für eine grenzüberschreitende Verschmelzung oder Neugründung entscheiden. Dann ist die Verschmelzung oder neue Gesellschaft im Handelsregister **einzutragen** und die Verschmelzung auch wirksam (§§ 122 a Abs. 2, 20).[24] 12

Hinweis: Art. 13 S. 2 der IntVerschmRL sieht vor, dass das Register der Zielgesellschaft mitteilt, dass die grenzüberschreitende Verschmelzung „wirksam geworden ist". Im UmwG ist konzeptionell vorgesehen, dass die Eintragung des Umwandlungsvorgangs im Register der übernehmenden Rechtsträgers die Wirksamkeit der Umwandlung bewirkt, vgl zB § 20 Abs. 1. Um Missverständnisse bei den ausländischen Registergerichten zu vermeiden, empfiehlt es sich, in die Mitteilung den Hinweis aufzunehmen, dass der in Bezug genommene Zeitpunkt dem Tag des Wirksamwerdens der Verschmelzung entspricht.[25]

V. Kosten

Für die Beglaubigung der Unterschriften unter der Handelsregisteranmeldung sowie deren Einreichung beim Handelsregister fallen **Gebühren** an, deren Höhe sich wie bei der innerdeutschen Verschmelzung bestimmt. Auf die dortige Kommentierung zu § 16 wird verwiesen.[26] 13

18 Habersack/Drinhausen/*Kiem*, § 122 l Rn 8; Semler/Stengel/*Drinhausen*, § 122 l Rn 11.
19 Semler/Stengel/*Drinhausen*, § 122 l Rn 11; Kallmeyer/*Zimmermann*, § 122 l Rn 21.
20 Semler/Stengel/*Drinhausen*, § 122 l Rn 11; *Louven*, ZIP 2006, 2021, 2028.
21 Eingehend Habersack/Drinhausen/*Kiem*, § 122 l Rn 11; instruktiv zur Koordination der gesellschaftsrechtlichen und arbeitsrechtlichen Fristen *Teicke*, DB 2012, 2675, 2677 ff.
22 Eine Angabepflicht nimmt an Habersack/Drinhausen/*Kiem*, § 122 l Rn 7.
23 Lutter/*Bayer*, § 122 l Rn 22.
24 Schmitt/Hörtnagl/Stratz/*Hörtnagl*, § 122 l Rn 14.
25 Semler/Stengel/*Drinhausen*, § 122 l Rn 15.
26 S. § 16 Rn 52 ff.

Drittes Buch Spaltung

Erster Teil
Allgemeine Vorschriften

Erster Abschnitt Möglichkeit der Spaltung

§ 123 Arten der Spaltung

(1) Ein Rechtsträger (übertragender Rechtsträger) kann unter Auflösung ohne Abwicklung sein Vermögen aufspalten

1. zur Aufnahme durch gleichzeitige Übertragung der Vermögensteile jeweils als Gesamtheit auf andere bestehende Rechtsträger (übernehmende Rechtsträger) oder
2. zur Neugründung durch gleichzeitige Übertragung der Vermögensteile jeweils als Gesamtheit auf andere, von ihm dadurch gegründete neue Rechtsträger

gegen Gewährung von Anteilen oder Mitgliedschaften dieser Rechtsträger an die Anteilsinhaber des übertragenden Rechtsträgers (Aufspaltung).

(2) Ein Rechtsträger (übertragender Rechtsträger) kann von seinem Vermögen einen Teil oder mehrere Teile abspalten

1. zur Aufnahme durch Übertragung dieses Teils oder dieser Teile jeweils als Gesamtheit auf einen bestehenden oder mehrere bestehende Rechtsträger (übernehmende Rechtsträger) oder
2. zur Neugründung durch Übertragung dieses Teils oder dieser Teile jeweils als Gesamtheit auf einen oder mehrere, von ihm dadurch gegründeten neuen oder gegründete neue Rechtsträger

gegen Gewährung von Anteilen oder Mitgliedschaften dieses Rechtsträgers oder dieser Rechtsträger an die Anteilsinhaber des übertragenden Rechtsträgers (Abspaltung).

(3) Ein Rechtsträger (übertragender Rechtsträger) kann aus seinem Vermögen einen Teil oder mehrere Teile ausgliedern

1. zur Aufnahme durch Übertragung dieses Teils oder dieser Teile jeweils als Gesamtheit auf einen bestehenden oder mehrere bestehende Rechtsträger (übernehmende Rechtsträger) oder
2. zur Neugründung durch Übertragung dieses Teils oder dieser Teile jeweils als Gesamtheit auf einen oder mehrere, von ihm dadurch gegründeten neuen oder gegründete neue Rechtsträger

gegen Gewährung von Anteilen oder Mitgliedschaften dieses Rechtsträgers oder dieser Rechtsträger an den übertragenden Rechtsträger (Ausgliederung).

(4) Die Spaltung kann auch durch gleichzeitige Übertragung auf bestehende und neue Rechtsträger erfolgen.

Literatur:

Kallmeyer, Das neue Umwandlungsgesetz, ZIP 1994, 1746; *Mayer*, Erste Zweifelsfragen bei der Unternehmensspaltung, DB 1995, 861; *Schmidt*, Totalausgliederung nach § 123 Abs. 3 UmwG, AG 2005, 26.

I. Normzweck

Eine weitere Art der Umwandlung ist gemäß § 1 Abs. 1 Nr. 2 die Spaltung. Die gesetzlichen Regelungen zu dieser Art der Umwandlung finden sich innerhalb des dritten Buches des Umwandlungsgesetzes (§§ 123 bis 173). Dabei bilden die §§ 123 bis 137 den allgemeinen Teil und beinhalten die rechtsformunabhängigen Grundsätze. Über die Grundverweisung nach § 125 S. 1 sind die Vorschriften zur Verschmelzung – von Ausnahmen abgesehen – auf Spaltungsvorgänge entsprechend anzuwenden. Die besonderen Vorschriften der §§ 138 bis 173 regeln schließlich die rechtsformabhängigen Vorschriften der Spaltung. 1

Die Spaltung ist dadurch gekennzeichnet, dass **Vermögensteile** eines Rechtsträgers **als Gesamtheit** auf einen oder auch mehrere übernehmende Rechtsträger **übertragen werden**. Als übertragender Rechtsträger kann dabei immer nur ein einziger Rechtsträger am Spaltungsvorgang beteiligt sein.[1] 2

1. Entstehungsgeschichte. Eine erstmalige gesetzliche Normierung erfuhr die Spaltung von Gesellschaften in Europa wohl in Frankreich[2] in den 1960er Jahren.[3] Auf europäischer Ebene folgte dann nach der Verschmelzungsrichtlinie[4] aus dem Jahre 1978 die Spaltungsrichtlinie[5] im Jahre 1982. Die Spaltungsrichtlinie hat jedoch keine Umsetzungspflicht zum Inhalt und ist dementsprechend nur dann anzuwenden, wenn die Spaltung durch nationales Recht der Mitgliedsstaaten bereits vorgesehen ist.[6] Ferner sind ihre Vorgaben in Deutschland nur bei der Beteiligung von Aktiengesellschaften zu beachten.[7] 3

In Deutschland entwickelte sich seit Mitte der 1970er Jahre eine Diskussion bezüglich eines „Spaltungsgesetzes“.[8] Hieran anschließend und an den Bedürfnissen der Praxis orientiert wurde die Spaltung in Westdeutschland durch das Steuerrecht bereits teilweise anerkannt.[9] Vor dem Inkrafttreten des Umwandlungsgesetztes am 1.1.1995 war die Möglichkeit der Spaltung nach gesellschaftsrechtlichen Regeln aber dennoch nur für bestimmte Rechtsträger im SpTrUG[10] und im LAnpG[11] vorgesehen. Diese gesetzlichen Normierungen waren jedoch den spezifischen Verhältnissen der Wiedervereinigung geschuldet, so dass sie auch nur eine eingeschränkte Vorbildwirkung für die aktuellen Regelungen der Spaltung haben konnten.[12] Als Vorbild fungierten vielmehr die bereits angesprochenen Vorschriften des französischen Rechts.[13] Mit der Einführung der §§ 123 ff wurde dann erstmalig in Deutschland ein einheitliches und umfassendes gesellschaftsrechtliches Spaltungsrecht etabliert, welches die Spaltung verschiedenster Rechtsträger (vgl § 124 iVm § 3 Abs. 1) im Wege der Gesamtrechtsnachfolge erlaubt.[14] 4

1 Semler/Stengel/*Stengel*, § 123 Rn 1; Kallmeyer/*Kallmeyer/Sickinger*, § 123 Rn 1.
2 Gesetz Nr. 66-537 vom 24.7.1966 über die Handelsgesellschaften.
3 Lutter/*Teichmann*, § 123 Rn 1; Semler/Stengel/*Stengel*, § 123 Rn 9.
4 Dritte RL 78/855/EWG vom 9.10.1978, ABl. L 295 vom 20.10.1978 S. 36.
5 Sechste RL 82/891/EWG vom 17.12.1982, ABl. L 378/47 vom 31.12.1982 S. 47.
6 Vgl Art. 1 Abs. 1 Spaltungsrichtlinie.
7 Vgl Art. 1 Abs. 1 Spaltungsrichtlinie iVm Art. 1 Abs. 1 Verschmelzungsrichtlinie.
8 Lutter/*Teichmann*, § 123 Rn 2 mwN.
9 BR-Drucks. 75/94, 74.
10 Gesetz über die Spaltung von der Treuhandanstalt verwalteten Unternehmen vom 5.4.1991.
11 Landwirtschaftsanpassungsgesetz idF vom 3.7.1991.
12 Lutter/*Teichmann*, § 123 Rn 4; Semler/Stengel/*Stengel*, § 123 Rn 8 f.
13 BR-Drucks. 75/94, 115; Widmann/Mayer/*Schwarz*, § 123 Rn 2.
14 KölnKomm-UmwG/*Simon*, § 123 Rn 3.

5 **2. Regelungsgegenstand.** § 123 definiert in den Abs. 1 bis 3 zunächst die drei zulässigen Arten der Spaltung. Dies sind die **Aufspaltung** (Abs. 1), die **Abspaltung** (Abs. 2) und die **Ausgliederung** (Abs. 3). Bei jeder dieser Spaltungsmöglichkeiten ist eine solche zur Aufnahme (§§ 126 ff) sowie zur Neugründung (§§ 135 ff) durchführbar.[15] Gemäß Abs. 4 kann eine Spaltung gleichzeitig zur Aufnahme und zur Neugründung erfolgen, womit sich also Kombinationsmöglichkeiten konstruieren lassen.

6 Die **Motive und Gründe**, welche ausschlaggebend für eine Spaltung sein können, sind in der Praxis von vielschichtiger Natur. Grundsätzlich soll nach der Intention des Gesetzgebers die Spaltung – wie auch die anderen Umwandlungsarten – die Umstrukturierung von Rechtsträgern erleichtern, um den Unternehmen die notwendigen Möglichkeiten einzuräumen, ihre rechtliche Strukturierung an den Erfordernissen des Wirtschaftslebens auszurichten.[16]

7 Bereits der Gesetzgeber hatte die maßgeblichen, von betriebswirtschaftlichen Aspekten beeinflussten Zielsetzungen für eine Spaltung, welche sich aus der Unternehmenspraxis herauskristallisiert haben, vor Augen.[17] Diese sind zum einen die Schaffung von kleineren, selbstständigen Einheiten, die Vorbereitung einer Teilveräußerung des Unternehmens sowie die Isolierung von Haftungsrisiken. Ferner sind auch die Umwandlung in eine Holding und die Spaltung zur Regelung von Auseinandersetzungen zwischen Erben oder Anteilseignern zu den Spaltungsgründen zu zählen. Als Spaltungsmotive kommen daneben auch das Rückgängigmachen von erfolglosen oder fehlerhaften Verschmelzungen und von sonstigen Entflechtungsmaßnahmen in Betracht.[18] Schlussendlich wird in der Literatur auch die Privatisierung von Unternehmen der öffentlichen Hand als ein weiterer Grund für eine Spaltung angeführt.[19]

8 **3. Grundprinzipien der Spaltung.** Die verschiedenen Spaltungsarten werden allesamt durch das Grundprinzip der Übertragung von Vermögensteilen „als Gesamtheit" sowie durch das Prinzip der Gewährung von Anteilen geprägt.

9 **a) Übertragung von Vermögensteilen „als Gesamtheit".** Das wohl charakteristischste Prinzip der Spaltung ist die Übertragung von Vermögen bzw Teilvermögen ***„jeweils als Gesamtheit"***, wie es § 131 Abs. 1 Nr. 1 zum Ausdruck bringt. Dies bedeutet, dass die in der Regel umständlichere **Einzelrechtsnachfolge**, welche dem sachenrechtlichen Bestimmtheitsgrundsatz unterliegt und zudem im Falle der Übertragung von Verbindlichkeiten oder von Dauerschuldverhältnissen der Zustimmung der Gläubiger bedarf, **entbehrlich** ist.[20] Vielmehr gehen die betreffenden Vermögensbestandteile mit der Wirksamkeit der Spaltung durch einen einzigen Rechtsakt auf den übernehmenden Rechtsträger über. Diese Vermögensübertragung wird verbreitet als **partielle Gesamtrechtsnachfolge**[21] bezeichnet, wobei mit *partiell* gemeint ist, dass bei der Spaltung im Gegensatz zur Verschmelzung nicht notwendigerweise das gesamte Vermögen des übertragenden Rechtsträgers betroffen sein muss.[22]

10 Obwohl der gesetzliche Wortlaut *„jeweils als Gesamtheit"* Gegenteiliges vermuten lässt, entspricht es verbreiteter Ansicht, dass sich das zu übertragende Vermögen auch auf nur einen **einzigen Gegenstand** beschränken kann, welcher dann unter Anwendung der §§ 123 ff auf den übernehmenden Rechtsträger übertragen wird.[23] Dies ergibt sich auch vor dem Hintergrund, dass – der noch im Referentenentwurf vom 15.4.1992 enthaltene – § 123 Abs. 5 keine Berück-

15 Schmitt/Hörtnagl/Stratz/*Hörtnagl*, Vor §§ 123-173 Rn 3; § 123 Rn 1.
16 BR-Drucks. 75/94, 1, 75; BT-Drucks. 12/6699, 1, 75.
17 BR-Drucks. 75/94, 74; BT-Drucks. 12/6699, 74.
18 Lutter/*Teichmann*, § 123 Rn 33 ff; Semler/Stengel/*Stengel*, § 123 Rn 7; KölnKomm-UmwG/*Simon*, § 123 Rn 16.
19 Lutter/*Teichmann*, § 123 Rn 36.
20 Semler/Stengel/*Stengel*, Vor § 123 Rn 3; KölnKomm-UmwG/*Simon*, § 123 Rn 7 f; Lutter/*Teichmann*, § 123 Rn 6; Widmann/Mayer/*Schwarz*, § 123 Rn 4.1.3.
21 Die Gesetzesbegründung spricht auch von Sonderrechtsnachfolge, teilweiser Gesamtrechtsnachfolge, partieller Universalsukzession oder Spezialsukzession, vgl BR-Drucks. 75/94, 71.
22 Semler/Stengel/*Stengel*, § 123 Rn 6; KölnKomm-UmwG/*Simon*, § 123 Rn 7 ff; Lutter/*Teichmann*, § 123 Rn 7; Widmann/Mayer/*Schwarz*, § 123 Rn 4.1.2 f.
23 Kallmeyer/*Kallmeyer/Sickinger*, § 123 Rn 1; Semler/Stengel/*Stengel*, § 123 Rn 6; KölnKomm-UmwG/*Simon*, § 123 Rn 11; Lutter/*Teichmann*, § 123 Rn 12; 27 (spez. zur Ausgliederung); Widmann/Mayer/*Schwarz*, § 123 Rn 4.1.2.

sichtigung im Gesetz gefunden hat. Hiernach sollten die Spaltungsvorschriften dann keine Anwendung finden, wenn *„im Wesentlichen nur ein einzelner Gegenstand übertragen"* werden würde.[24] Hintergrund war die Befürchtung, dass die Spaltungsvorschriften zu einer Umgehung der Vorschriften bezüglich der Einzelrechtsnachfolge, insbesondere der vorhandenen Schutzvorschriften, führen könnten. Dieser Befürchtung wurde jedoch mit dem Hinweis auf § 126 Abs. 2 und der Vergleichbarkeit der jeweiligen Anforderungen zwischen den Übertragungsvorgängen entgegengetreten.[25] Dennoch erscheint es zumindest nicht ausgeschlossen zu sein, dass eine Spaltung eines einzelnen Vermögensgegenstandes, die allein zu dem Zweck durchgeführt wird, das Zustimmungserfordernis eines Dritten zu umgehen, als rechtsmissbräuchlich deklariert werden könnte und somit unzulässig wäre.[26]

Hinweis: Trotz der beschriebenen Entbehrlichkeit der **Einzelrechtsnachfolge** besteht diese Möglichkeit der Vermögensübertragung neben der partiellen Gesamtrechtsnachfolge gemäß den §§ 123 ff weiterhin fort und wird in der Praxis insbesondere zur Haftungsbegrenzung (Ausschluss der gesamtschuldnerischen Nachhaftung der beteiligten Rechtsträger, vgl §§ 133 f) eingesetzt.[27]

Eine analoge Anwendung der Normen des UmwG auf die Einzelrechtsübertragungen wird zwar diskutiert, ist jedoch mangels einer bestehenden Regelungslücke abzulehnen. Dies ergibt sich schon aus dem Gesichtspunkt, dass in den Gesetzesentwürfen eine entsprechende Anwendung der Spaltungsvorschriften angedacht gewesen ist, eine solche dann aber nicht in das Gesetz aufgenommen wurde.[28] 11

b) **Die Anteilsgewährung.** Ein weiteres Grundprinzip der Spaltung ist der **Anteilserwerb** bzw der Anteilstausch kraft Gesetzes; vgl § 131 Abs. 1 Nr. 3. Als **Gegenleistung für die Vermögensübertragung** sind in sämtlichen Fällen der Spaltung Anteile am übernehmenden Rechtsträger entweder den Anteilseignern des übertragenden Rechtsträgers (bei der Auf- und Abspaltung) oder dem übertragenden Rechtsträger selbst (bei der Ausgliederung) zu gewähren.[29] 12

Der Grundsatz der Anteilsgewährung setzt allerdings nicht voraus, dass die Beteiligungen am übertragenden Rechtsträger denen am übernehmenden Rechtsträger entsprechen müssen. Vielmehr ist neben der verhältniswahrenden Spaltung auch eine **nichtverhältniswahrende Spaltung** zulässig,[30] vgl Erläuterung zu § 128 Rn 4 ff. 13

Die Anteilsgewähr kann grundsätzlich weder durch bare Zuzahlungen noch durch anderweitige Ausgleichszahlungen vollständig ersetzt werden. Die Spaltungsmaßnahme soll gerade nicht die Möglichkeit eröffnen, einzelne unbequeme Gesellschafter aus dem Kreise der Anteilsinhaber auszuschließen. Das Prinzip der Anteilsgewähr dient demnach ausschließlich dem **Schutz der einzelnen Anteilsinhaber**. Aus diesem Grund kann seitens der einzelnen Gesellschafter hierauf verzichtet werden (vgl §§ 125 S. 1, 54 Abs. 1 S. 3, 68 Abs. 1 S. 3), so dass auch eine **Spaltung zu Null** mit einem vollständigen Anteilsverzicht möglich ist.[31] 14

Nach überwiegender Ansicht ist es trotz der diversen Freiheiten bezüglich der Gewährung von Gesellschaftsanteilen nicht möglich, außenstehende Dritte an den übernehmenden oder neuen Rechtsträgern unmittelbar im Rahmen der Spaltungsmaßnahme zu beteiligen. Anteile am übernehmenden Rechtsträger können dementsprechend nur solchen Gesellschaftern gewährt wer- 15

24 BR-Drucks. 75/94, 116; Lutter/*Teichmann*, § 123 Rn 12.
25 BR-Drucks. 75/94, 116.
26 KölnKomm-UmwG/*Simon*, § 123 Rn 11.
27 Semler/Stengel/*Stengel*, § 123 Rn 4; Lutter/*Teichmann*, § 123 Rn 6.
28 LG München NZG 2006, 873 (874); Keßler/Kühnberger/*Gündel*, § 123 Rn 27; Schmitt/Hörtnagl/Stratz/*Hörtnagl*, § 123 Rn 24; Lutter/*Teichmann*, § 123 Rn 28.
29 KölnKomm-UmwG/*Simon*, § 123 Rn 13 ff; Widmann/Mayer/*Schwarz*, § 123 Rn 4.1.4.
30 Kallmeyer/*Kallmeyer/Sickinger*, § 123 Rn 4; Semler/Stengel/*Stengel*, § 123 Rn 21; Lutter/*Teichmann*, § 123 Rn 20.
31 Kallmeyer/*Kallmeyer/Sickinger*, § 123 Rn 3 f.

den, die bereits im jeweiligen Spaltungszeitpunkt dem Gesellschafterkreis des übertragenden Rechtsträgers angehörten.[32]

II. Die Spaltungsarten, § 123 Abs. 1 bis Abs. 3

16 § 123 Abs. 1 bis Abs. 3 beinhaltet drei verschiedene Arten der Spaltung. Das Gesetz spricht von *„aufspalten"*, *„abspalten"*, und *„ausgliedern"* des Vermögens eines Rechtsträgers. Aus dem Grunde, dass jede dieser Spaltungsarten sowohl zur Aufnahme als auch zur Neugründung erfolgen kann, ergeben sich also insgesamt sechs Variationen der Spaltung.

17 **1. Die Aufspaltung, § 123 Abs. 1**[33] Die Aufspaltung gemäß § 123 Abs. 1 ist dadurch gekennzeichnet, dass der übertragende Rechtsträger sein **gesamtes Vermögen auf mindestens zwei** andere, **übernehmende Rechtsträger** überträgt. Bei der **Aufspaltung zur Aufnahme** nach § 123 Abs. 1 Nr. 1 existiert der übernehmende Rechtsträger bereits vor der Spaltung und die Vermögensübernahme erfolgt durch eine Kapital- oder Anteilserhöhung. Durch die **Aufspaltung zur Neugründung** gemäß § 123 Abs. 1 Nr. 2 entsteht der übernehmende Rechtsträger erstmalig und die Übernahme des Vermögens geschieht idR durch eine Sacheinlage.[34] Das Gesetz sieht ferner vor, dass sich der aufspaltende, das gesamte Vermögen **übertragende Rechtsträger ohne Abwicklung auflöst.** Diese Rechtsfolge tritt, wie sich aus § 131 Abs. 1 Nr. 2 ergibt, mit der Registereintragung der Spaltung ein und unterscheidet die Aufspaltung von den weiteren Spaltungsarten. Ferner werden die ehemaligen Anteilsinhaber des übertragenden Rechtsträgers **Anteilsinhaber** der übernehmenden Rechtsträger nach den im Spaltungsvertrag bzw -plan festgelegten Verhältnissen.[35] Die Aufspaltung gemäß § 123 Abs. 1 Nr. 1 und Nr. 2 entspricht der Spaltung durch Übernahme in Art. 2 Abs. 1 und der Spaltung durch Gründung neuer Gesellschaften in Art. 21 Abs. 1 der Spaltungsrichtlinie.[36]

18 **2. Die Abspaltung, § 123 Abs. 2**[37] § 123 Abs. 2 normiert als weitere Spaltungsart die Abspaltung. Anders als bei der Aufspaltung ist bei dieser **nicht das gesamte Vermögen** des übertragenden Rechtsträgers betroffen, sondern nur ein Teil des Vermögens, so dass der **übertragende Rechtsträger** nach der Abspaltung mit dem übrigen Vermögensteil **fortbesteht.** Als weiterer Unterschied zur Aufspaltung kann an der Abspaltung auch nur ein übernehmender Rechtsträger involviert sein.[38] Je nach Gestaltung ist auch die Abspaltung nach Intention des Gesetzes zur Aufnahme (§ 123 Abs. 2 Nr. 1) und zur Neugründung (§ 123 Abs. 2 Nr. 2) möglich. Wie bei der Aufspaltung sind die Gesellschafter des übertragenden Rechtsträgers als Gegenleistung für den Vermögensübergang an dem übernehmenden Rechtsträger zu beteiligen.[39] Die Abspaltung nach deutschem Recht wird von Art. 25 der Spaltungsrichtlinie erfasst.[40]

19 Sofern es sich bei dem übertragenden Rechtsträger um eine Kapitalgesellschaft handelt, ist im Rahmen der Abspaltung der **Kapitalerhaltungsgrundsatz** zu beachten.[41] Die Abspaltung mit ihrer kapitalabfließenden Wirkung darf somit das eingetragene Stammkapital nicht beeinträchtigen. Auch deshalb setzt die Registereintragung der Abspaltung voraus, dass die geschäftsleitenden Organe der übertragenden Gesellschaften erklären, dass die Gründungsvoraussetzungen auch nach der Spaltungsmaßnahme weiterhin gegeben sind, vgl §§ 140, 146. Insbesondere

32 Kallmeyer/*Kallmeyer/Sickinger*, § 123 Rn 6; Semler/Stengel/*Stengel*, § 123 Rn 21.
33 BR-Drucks. 75/94, 71, 115; KölnKomm-UmwG/*Simon*, § 123 Rn 18 ff; Semler/Stengel/*Stengel*, § 123 Rn 12; Lutter/*Teichmann*, § 123 Rn 22.
34 KölnKomm-UmwG/*Simon*, § 123 Rn 18 f; Semler/Stengel/*Stengel*, § 123 Rn 12; Lutter/*Teichmann*, § 123 Rn 22.
35 KölnKomm-UmwG/*Simon*, § 123 Rn 20 f; Semler/Stengel/*Stengel*, § 123 Rn 13; Lutter/*Teichmann*, § 123 Rn 22; Widmann/Mayer/*Schwarz*, § 123 Rn 5.3.
36 Sechste RL 82/891/EWG vom 17.12.1982, ABl. L 378 vom 31.12.1982, S. 47; Schmitt/Hörtnagl/Stratz/*Hörtnagl*, § 123 Rn 8.
37 BR-Drucks. 75/94, 71, 115; KölnKomm-UmwG/*Simon*, § 123 Rn 23 f; Semler/Stengel/*Stengel*, § 123 Rn 14; Lutter/*Teichmann*, § 123 Rn 23.
38 Schmitt/Hörtnagl/Stratz/*Hörtnagl*, § 123 Rn 9; KölnKomm-UmwG/*Simon*, § 123 Rn 24; Semler/Stengel/*Stengel*, § 123 Rn 14; Lutter/*Teichmann*, § 123 Rn 23; Widmann/Mayer/*Schwarz*, § 123 Rn 5.4.
39 KölnKomm-UmwG/*Simon*, § 123 Rn 23; Lutter/*Teichmann*, § 123 Rn 23.
40 Sechste RL 82/891/EWG vom 17.12.1982, ABl. L 378 vom 31.12.1982, S. 47.
41 MüKo/*Bayer*, § 57 AktG Rn 1; Roth/Altmeppen/*Altmeppen*, § 30 GmbHG Rn 1.

umfasst dies auch eine Erklärung bezüglich der Erhaltung des Mindeststammkapitals auch nach der jeweiligen Abspaltungsmaßnahme.[42]

In der Praxis ist die Abspaltung im Vergleich zur Aufspaltung die häufiger vorkommende Variante der Spaltung.[43] Dies hängt damit zusammen, dass bei der Abspaltung nicht das gesamte Vermögen einer Gesellschaft übertragen wird, sondern nur Vermögensteile. Dies kann sich kostenmäßig dann auswirken, wenn Grundstücke, bei deren Übertragung ansonsten Grunderwerbsteuer anfallen würde, sich im Vermögen des übertragenden Rechtsträgers befinden. Der Ausschluss von Grundstücken aus dem zu übertragenden Vermögensteil kann bei einer Abspaltung – bei welcher Schwestergesellschaften (= horizontale Spaltung) entstehen – somit ein kostensparender Faktor sein.[44] 20

Hinweis: Die Abspaltung ist im Ergebnis in der Regel mit geringeren Aufwendungen und Kosten verbunden als die Aufspaltung.[45]

3. Die Ausgliederung, § 123 Abs. 3[46] Die dritte Spaltungsart ist nach § 123 Abs. 3 die Ausgliederung. Wie die beiden anderen Spaltungsarten, kann auch die Ausgliederung zur Aufnahme (§ 123 Abs. 3 Nr. 1) und zur Neugründung (§ 123 Abs. 2 Nr. 2) – genannt Ausgründung – erfolgen. Entscheidendes Merkmal der Ausgliederung, welche bezüglich des Übertragungsaktes der Vermögenswerte mit der Abspaltung identisch ist, ist die **Gewährung von Anteilen** des übernehmenden Rechtsträgers **an den übertragenden Rechtsträger**. Die Anteile werden also nicht – wie bei der Auf- und Abspaltung – *„an die Anteilsinhaber des übertragenden Rechtsträgers"* übertragen, sondern *„an den übertragenden Rechtsträger"* selbst. Seitens der übertragenden Gesellschaft kommt es demnach – anders als bei den übrigen Spaltungsarten – nicht zu einem Vermögensverlust. Vielmehr findet eine **Vermögensumschichtung** statt, da dem Verlust von Sachwerten auf der einen Seite der Zuwachs von Beteiligungsbesitz auf der anderen Seite gegenübersteht.[47] Durch das Institut der Ausgliederung kann demnach eine Unternehmensverbindung iSd §§ 15 ff AktG hergestellt werden.[48] Die Ausgliederung wird auch als vertikale Spaltung bezeichnet, da insbesondere bei der Ausgliederung zur Neugründung eine 100%-ige Tochtergesellschaft entsteht.[49] 21

Nach überwiegender, aber nicht unbestrittener[50] Auffassung ist auch eine sog. **Totalausgliederung** auf einen übernehmenden Rechtsträger zulässig.[51] Bei einer solchen Totalausgliederung wird das gesamte Vermögen des übertragenden Rechtsträgers ausgegliedert, wodurch dieser als reine **Holdinggesellschaft** fortbesteht. Mit dieser Totalausgliederung geht dann seitens der übertragenden Gesellschaft eine Änderung des Unternehmensgegenstandes einher. Die Formulierung *„kann aus seinem Vermögen einen Teil oder mehrere Teile ausgliedern"* in § 123 Abs. 3, welche identisch mit der Formulierung in § 123 Abs. 2 ist, steht einer solchen Totalausgliederung nicht entgegen. Mit einem Teil des Vermögens kann bei § 123 Abs. 3 – anders als bei der Abspaltung nach § 123 Abs. 2 – daher auch das gesamte Vermögen des übertragenden Rechtsträgers gemeint sein. Im Gegensatz zur Abspaltung besteht bei der Ausgliederung nicht die Gefahr eines vollständig vermögenslosen Rechtsträgers, da es beim übertragenden Rechtsträger nicht zu einem Vermögensverlust, sondern lediglich zu einer Vermögensumschichtung kommt. Dieser generelle Unterschied zwischen der Ausgliederung und der Abspaltung rechtfertigt die unterschiedliche Auslegung des identischen Gesetzeswortlautes in § 123 Abs. 2 und in 22

42 Lutter/*Teichmann*, § 123 Rn 15, 23.
43 „Die Abspaltung erscheint daher rationeller", *Kallmeyer*, ZIP 1994, 1746 (1748).
44 BR-Drucks. 75/94, 71; Semler/Stengel/*Stengel*, § 123 Rn 14; Lutter/*Teichmann*, § 123 Rn 23.
45 Keßler/Kühnberger/*Gündel*, § 123 Rn 23.
46 BR-Drucks. 75/94, 71, 115; KölnKomm-UmwG/*Simon*, § 123 Rn 25 ff; Semler/Stengel/*Stengel*, § 123 Rn 15 ff; Lutter/*Teichmann*, § 123 Rn 24 ff.
47 KölnKomm-UmwG/*Simon*, § 123 Rn 25 f; Semler/Stengel/*Stengel*, § 123 Rn 15 f; Lutter/*Teichmann*, § 123 Rn 26.
48 Widmann/Mayer/*Schwarz*, § 123 Rn 5.5.
49 Semler/Stengel/*Stengel*, § 123 Rn 14 (Fn 28).
50 *Mayer*, DB 1995, 861 (861 f).
51 Semler/Stengel/*Stengel*, § 123 Rn 17; KölnKomm-UmwG/*Simon*, § 123 Rn 27; Lutter/*Teichmann*, § 123 Rn 25; Widmann/Mayer/*Schwarz*, § 123 Rn 7.3; *K. Schmidt*, Gesellschaftsrecht, § 13, IV, 6 b; *H. Schmidt*, AG 2005, 26, 31.

§ 123 Abs. 3.[52] Das aufgezeigte Ergebnis und damit die Zulässigkeit der Totalausgliederung wird auch durch die Gesetzesbegründung bekräftigt, welche die Umwandlung in eine Holding oder Teilholding als Anwendungsfall der Spaltung ausdrücklich hervorhebt.[53]

23 Die Ausgliederung wird – mit dem Hinweis auf die Rechtswirkungen, die den übertragenden Rechtsträger betreffen – systematisch auch als ein eigenes Rechtsinstitut angesehen und damit nicht als Unterfall der Spaltung verstanden.[54] Die Ausgliederung nach deutschem Recht findet sich auch nicht in der europäischen Spaltungsrichtlinie.[55]

III. Kombinationsmöglichkeiten iSv § 123 Abs. 4

24 § 123 Abs. 4 stellt ausdrücklich klar, dass ein einheitlicher Spaltungsvorgang auch teiweise als **Spaltung zur Aufnahme** und teilweise als **Spaltung zur Neugründung** durchgeführt werden kann. Ein Teil des Vermögens wird hier auf einen oder mehrere bestehende Rechtsträger und ein anderer Teil auf mindestens einen neu zu gründenden Rechtsträger übertragen.[56]

25 Daneben ist fraglich, ob § 123 Abs. 4 auch die **Kombinationen der verschiedenen Spaltungsarten** iSd § 123 Abs. 1 bis 3 zulässt. Zunächst ist diesbezüglich festzuhalten, dass die Kombinationsmöglichkeiten von Aufspaltung und Abspaltung sowie von Aufspaltung und Ausgliederung bereits rein wesenstechnisch nicht miteinander kombinierbar sind. Dies ergibt sich schon aus dem Aspekt, dass sowohl die Abspaltung als auch die Ausgliederung das Fortbestehen des übertragenden Rechtsträgers voraussetzen. Im Gegensatz hierzu ist bei der Aufspaltung aber gerade die Auflösung des übertragenden Rechtsträgers ein charakteristisches Merkmal. Demnach ist also nur die Möglichkeit der Kombination von Abspaltung und Ausgliederung näher zu betrachten.[57]

26 Hierzu wird vertreten, dass diese Kombination von Abspaltung und Ausgliederung immer dann möglich sein soll, wenn sich der gesamte Vorgang in die jeweiligen Spaltungsarten zerlegen lässt. Entscheidend sei demnach, ob verschiedene Vermögensteile des übertragenden Rechtsträgers betroffen seien. Unzulässig sei somit die Kombination von Abspaltung und Ausgliederung immer dann, wenn dasselbe Teilvermögen betroffen ist.[58]

27 Nach anderer vorzugswürdiger Ansicht ist eine solche Differenzierung zu formalistisch und im Interesse der Pluralität der Gestaltungsmöglichkeiten abzulehnen. Eine Gefährdung der Interessen Beteiligter (Anteilseigner sowie Gläubiger) ist nicht ersichtlich, so dass die **Kombination von Abspaltung und Ausgliederung** auch dann möglich sein soll, wenn lediglich dasselbe Teilvermögen betroffen ist.[59] Im Ergebnis sind bei dieser Kombination als Rechtsfolge sowohl dem übertragenden Rechtsträger selbst als auch den Anteilsinhabern des übertragenden Rechtsträgers Anteile an der übernehmenden Gesellschaft zu gewähren.[60]

28 Eine zeitgleiche Beteiligung **mehrerer übertragender Rechtsträger** an einem Spaltungsvorgang ist weder bei der Spaltung zur Aufnahme noch bei der Spaltung zur Neugründung möglich. Trotz eines unzweifelhaft bestehenden praktischen Bedürfnisses (zB bei der Gründung eines Gemeinschaftsunternehmens) steht der insoweit eindeutige Wortlaut des § 123 (*„Ein Rechts-*

52 Instruktiv zur Totalausgliederung: *Schmidt*, AG 2005, 26, 27, 31; Semler/Stengel/*Stengel*, § 123 Rn 17; KölnKomm-UmwG/*Simon*, § 123 Rn 27; Lutter/*Teichmann*, § 123 Rn 25; *K. Schmidt*, Gesellschaftsrecht, § 13, IV, 6 b.

53 BR-Drucks. 75/94, 74.

54 Lutter/*Teichmann*, § 123 Rn 27; *Schmidt*, AG 2005, 26, 30.

55 Sechste RL 82/891/EWG vom 17.12.1982, ABl. L 378 vom 31.12.1982 S. 47.

56 Semler/Stengel/*Stengel*, § 123 Rn 18; KölnKomm-UmwG/*Simon*, § 123 Rn 28; Lutter/*Teichmann*, § 123 Rn 30; Widmann/Mayer/*Schwarz*, § 123 Rn 6.

57 Keßler/Kühnberger/*Gündel*, § 123 Rn 16 f; Semler/Stengel/*Stengel*, § 123 Rn 20; KölnKomm-UmwG/*Simon*, § 123 Rn 35 („Eine Kombination von Aufspaltung und Ausgliederung ist somit nicht unzulässig, sondern logisch nicht denkbar."); Lutter/*Teichmann*, § 123 Rn 30; Widmann/Mayer/*Schwarz*, § 123 Rn 7 ff; *Mayer*, DB 1995, 861 (861 f); aA wohl Kallmeyer/*Kallmeyer/Sickinger*, § 123 Rn 13 („Auch die Kombination von Aufspaltung und Ausgliederung ist möglich, ...").

58 Semler/Stengel/*Stengel*, § 123 Rn 20.

59 KölnKomm-UmwG/*Simon*, § 123 Rn 33; Widmann/Mayer/*Schwarz*, § 123 Rn 7.2; *Kallmeyer*, DB 1995, 81 (82); *Mayer*, DB 1995, 861.

60 Lutter/*Teichmann*, § 123 Rn 30.

träger (übertragender Rechtsträger…)") einer solchen Spaltungskonstellation entgegen. Ferner lässt sich auch der Entstehungsgeschichte entnehmen, dass die Beteiligung mehrerer übertragender Rechtsträger an einem Spaltungsvorgang nicht dem Willen des Gesetzgebers entspricht. Nach § 123 Abs. 4 RefE war eine Beteiligung von mehreren Rechtsträgern noch ausdrücklich vorgesehen. Dies wurde in der endgültigen Gesetzesfassung nicht umgesetzt.

Hinweis: In der praktischen Gestaltung bleibt aus diesen Gründen nur die Option, aufeinander abgestimmte, einzelne Spaltungsvorgänge hintereinander zu schalten, damit zumindest eine faktische Verbindung der Spaltungsvorgänge erreicht werden kann.[61]

§ 124 Spaltungsfähige Rechtsträger

(1) An einer Aufspaltung oder einer Abspaltung können als übertragende, übernehmende oder neue Rechtsträger die in § 3 Abs. 1 genannten Rechtsträger sowie als übertragende Rechtsträger wirtschaftliche Vereine, an einer Ausgliederung können als übertragende, übernehmende oder neue Rechtsträger die in § 3 Abs. 1 genannten Rechtsträger sowie als übertragende Rechtsträger wirtschaftliche Vereine, Einzelkaufleute, Stiftungen sowie Gebietskörperschaften oder Zusammenschlüsse von Gebietskörperschaften, die nicht Gebietskörperschaften sind, beteiligt sein.

(2) § 3 Abs. 3 und 4 ist auf die Spaltung entsprechend anzuwenden.

I. Bestimmung der Spaltungsfähigkeit verschiedener Rechtsträger (§ 124 Abs. 1 iVm § 3 Abs. 1)

§ 124 bestimmt abschließend den Kreis derjenigen Rechtsträger, die an einer Spaltung beteiligt sein können.[1] Aufgrund der Verweisung auf § 3 Abs. 1 sind alle dort genannten Rechtsträger sowohl als übertragende als auch als übernehmende Rechtsträger uneingeschränkt beteiligungsfähig, mithin Personenhandelsgesellschaften, Partnerschaftsgesellschaften, Kapitalgesellschaften, eingetragene Genossenschaften, eingetragene Idealvereine, genossenschaftliche Prüfungsverbände sowie Versicherungsverbände auf Gegenseitigkeit. Den Kreis der möglichen Rechtsträger, die an einer Spaltung als übertragende Rechtsträger beteiligt sein können, wird jedoch in § 124 Abs. 1 im Vergleich zu § 3 Abs. 1 erweitert. Als übertragende Rechtsträger können demnach zusätzlich an sämtlichen Spaltungsvorgängen wirtschaftliche Vereine und an einer Ausgliederung Einzelkaufleute, Stiftungen, Gebietskörperschaften oder Zusammenschlüsse von Gebietskörperschaften beteiligt sein. Bezüglich ggf bestehender rechtsformspezifischer Besonderheiten ist auf die §§ 141, 149 Abs. 2, 150, 151, 152, 161, 168 zu verweisen.[2] 1

1. Beteiligtenfähigkeit der Societas Europaea (SE). Ferner ist auch die **Beteiligung einer SE** mit Sitz im Inland möglich, da diese grundsätzlich als vollwertiger spaltungsfähiger Rechtsträger – neben den in § 3 Abs. 1 genannten – angesehen werden kann. Die SE kann daher sowohl als 2

61 KölnKomm-UmwG/*Simon*, § 123 Rn 36; Lutter/*Teichmann*, § 123 Rn 32; Semler/Stengel/*Stengel*, § 123 Rn 19; Widmann/Mayer/*Schwarz*, § 123 Rn 9.

1 Semler/Stengel/*Stengel*, § 124 Rn 1; KölnKomm-UmwG/*Simon*, § 124 Rn 1.

2 Widmann/Mayer/*Schwarz*, § 124 Rn 2; Semler/Stengel/*Stengel*, § 124 Rn 1; KölnKomm-UmwG/*Simon*, § 124 Rn 1, 8 ff; Lutter/*Teichmann*, § 124 Rn 2 ff – Eine tabellarische Übersicht bezüglich der Beteiligtenfähigkeit ist zu finden bei Semler/Stengel/*Stengel*, § 124 Rn 3.

übertragender Rechtsträger als auch als übernehmender Rechtsträger an einer Spaltung beteiligt sein. **Ausnahmen** sind jedoch bei der **Spaltung zur Neugründung** zu berücksichtigen. So ist eine Auf- und Abspaltung zur Neugründung einer SE nicht möglich, da in Art. 2 Abs. 1 bis 4, Art. 3 Abs. 2 SE-VO[3] die Gründungstatbestände einer SE abschließend normiert sind und eine solche Form der SE-Neugründung dort nicht vorgesehen ist. Eine Ausgliederung zur Neugründung einer SE ist nur insoweit zulässig, als es sich bei dem übertragenden Rechtsträger ebenfalls um eine SE handelt (vgl Art. 3 Abs. 2 SE-VO zur Gründung einer Tochter-SE).[4]

3 **2. Beteiligtenfähigkeit der Unternehmergesellschaft (UG).** Die **Unternehmergesellschaft (UG)** als Sonderfall der GmbH kann an einer Spaltung zur Neugründung nicht als neu entstehender Rechtsträger beteiligt sein. Der BGH hat mit Beschluss vom 11.4.2011 in Übereinstimmung mit der innerhalb des juristischen Schrifttums vorherrschenden Ansicht[5] diesbezüglich festgestellt, dass die **Neugründung** einer Unternehmergesellschaft im Wege einer **Abspaltung** gegen das Sacheinlagenverbot aus § 135 Abs. 2 S. 1, § 5 a Abs. 2 S. 2 GmbHG verstößt.[6]

4 Darüber hinaus ist die UG auch bei einer **Spaltung zur Aufnahme** als übernehmender Rechtsträger grundsätzlich nicht beteiligtenfähig.[7] Anders ist dies nur, wenn ihr Stammkapital durch den Vermögenstransfer im Wege der Spaltung auf mindestens 25.000 EUR erhöht wird und die UG so zur GmbH erwächst. Diese Beschränkungen ergeben sich aus dem Verbot der Sacheinlage gemäß § 5 a Abs. 2 S. 2 GmbHG, welches sowohl bei der Gründung der UG als auch bei der späteren Kapitalerhöhung zu beachten ist.[8]

5 In Bezug auf die Beteiligtenfähigkeit der UG als übertragender Rechtsträger gibt es demgegenüber keinerlei Beschränkungen.[9]

6 **3. Keine Beteiligtenfähigkeit der Gesellschaft bürgerlichen Rechts (GbR).** Die **GbR** hingegen ist **nicht spaltungsfähig.**[10] Dies ergibt sich bereits aus der abschließenden Aufzählung der Rechtsträger, die an einer Spaltungsmaßnahme beteiligt sein können. Grund hierfür ist, dass die fehlende allgemeine Registerpublizität der GbR der Spaltung als ein registergestütztes Verfahren entgegensteht.[11]

II. Beteiligungsfähigkeit aufgelöster Rechtsträger (§ 124 Abs. 2 iVm § 3 Abs. 3)

7 Durch den Verweis in § 124 Abs. 2 auf § 3 Abs. 3 können auch **aufgelöste Rechtsträger** als **übertragende** Rechtsträger grundsätzlich an Spaltungsvorgängen beteiligt sein, sofern deren Fortsetzung beschlossen werden kann. Entscheidend ist demnach – insbesondere bei der Abspaltung und Ausgliederung – lediglich die **Fortsetzungsfähigkeit** und nicht die tatsächlich durchgeführte Fortsetzung.[12]

8 Charakteristisch für eine aufgelöste Gesellschaft ist die **Wandlung des Gesellschaftszweckes** von einer aktiven werbenden Gesellschaft in eine solche, deren Zweck auf die Beendigung ihrer Existenz (Vollbeendigung) ausgerichtet ist.[13] Die Auflösungsgründe sind beispielsweise bei der AG in § 262 AktG, bei der GmbH in § 60 GmbHG und für die OHG in § 131 HGB beschrieben. Die Fortsetzung der Gesellschaft nach der Auflösung setzt dementsprechend die

3 Verordnung (EG) Nr. 2157/2001 vom 8.10.2001.
4 Semler/Stengel/*Stengel*, § 124 Rn 9; KölnKomm-UmwG/*Simon*, § 124 Rn 5; Lutter/*Teichmann*, § 124 Rn 5 ff.
5 Baumbach/Hueck/*Fastrich*, GmbHG, § 5 a Rn 17; Lutter/*Teichmann*, § 124 Rn 2; Lutter/*Priester*, § 138 Rn 3; weitere Nachweise bei BGH, NZG 2011, 666 (667).
6 BGH NZG 2011, 666 (in Übereinstimmung mit OLG Frankfurt a.M. NZG 2010, 1429 in dieser Sache).
7 AA *Michalski-Miras*, GmbHG, § 5 a Rn 14.
8 BGH NZG 2011, 664, 664 f; *Michalski-Miras*, GmbHG, § 5 a Rn 111; Roth/Altmeppen/*Roth*, GmbHG, § 5 a Rn 18.
9 KölnKomm-UmwG/*Simon*, § 124 Rn 7; Semler/Stengel/*Stengel*, § 124 Rn 8 a; Lutter/*Teichmann*, § 124 Rn 2.
10 KölnKomm-UmwG/*Simon*, § 124 Rn 4; Schmitt/Hörtnagl/Stratz/*Hörtnagl*, § 124 Rn 3.
11 KölnKomm-UmwG/*Simon*, § 3 Rn 5.
12 Semler/Stengel/*Stengel*, § 124 Rn 11; KölnKomm-UmwG/*Simon*, § 124 Rn 2, 11.
13 MüKo/*Berner*, GmbHG Rn 8 f; Hüffer/*Hüffer*, AktG, § 262 Rn 2.

Rückkehr zur aktiven werbenden Gesellschaft voraus, womit eine erneute Zweckänderung einhergeht.[14]

Die Möglichkeit der Fortsetzung eines Rechtsträgers entfällt, wenn das Stadium der Vollbeendigung bereits eingetreten ist, also das Gesellschaftsvermögen verteilt und eine Löschung im Handelsregister vorgenommen wurde. Wurde bereits mit der Verteilung des Vermögens begonnen oder wurde ein Insolvenzverfahren eröffnet, so scheidet die Fortsetzungsfähigkeit ebenfalls aus (vgl für die AG § 274 AktG).[15] 9

III. Die Mischspaltung (§ 124 Abs. 2 iVm § 3 Abs. 4)

Ferner sind gemäß § 124 Abs. 2 iVm § 3 Abs. 4 auch sog. **Mischspaltungen** zulässig, so dass mehrere Rechtsträger mit unterschiedlichen Rechtsformen gleichzeitig an einem Spaltungsvorgang teilnehmen können. Bezüglich der jeweiligen spezifischen Kombinationssituation gilt es, ggf bestehende Einschränkungen innerhalb der besonderen Vorschriften zur Spaltung zu beachten.[16] 10

§ 125 Anzuwendende Vorschriften

[1]Auf die Spaltung sind die Vorschriften des Ersten Teils und des Ersten bis Neunten Abschnitts des Zweiten Teils des Zweiten Buches mit Ausnahme des § 9 Absatz 2 und des § 62 Absatz 5, bei Abspaltung und Ausgliederung mit Ausnahme des § 18 sowie bei Ausgliederung mit Ausnahme des § 14 Abs. 2 und der §§ 15, 29 bis 34, 54, 68 und 71 entsprechend anzuwenden, soweit sich aus diesem Buch nichts anderes ergibt. [2]Eine Prüfung im Sinne der §§ 9 bis 12 findet bei Ausgliederung nicht statt. [3]An die Stelle der übertragenden Rechtsträger tritt der übertragende Rechtsträger, an die Stelle des übernehmenden oder neuen Rechtsträgers treten gegebenenfalls die übernehmenden oder neuen Rechtsträger.

I. Normzweck

Die Spaltung weist deutliche systematische Parallelen zum Vorgang der Verschmelzung auf. Die Spaltung wird daher oftmals plakativ als **Spiegelbild der Verschmelzung** beschrieben, da bei der Verschmelzung Vermögen zusammengeführt, wohingegen bei einer Spaltung Vermögen auf andere Rechtsträger aufgeteilt wird. Diese Betrachtung kann jedoch nur für die Auf- und Abspaltung im Vergleich zur Verschmelzung zutreffen. Die Ausgliederung hingegen findet sich nicht unmittelbar spiegelbildlich in der Verschmelzung wieder.[1] 1

Aufgrund der ausgeführten typologischen Nähe von Verschmelzung und Spaltung sieht § 125 S. 1 für die Spaltung eine entsprechende Anwendung der Vorschriften des ersten Teils und des ersten bis neunten Abschnitts des zweiten Teils des zweiten Buches (§§ 2 bis 122) mit wenigen 2

14 Lutter/Hommelhoff/*Kleindiek*, GmbHG, § 60 Rn 28; *Hüffer*, AktG, § 274 Rn 2.

15 KölnKomm-UmwG/*Simon*, § 3 Rn 53 f; 12; Semler/Stengel/*Stengel*, § 3 Rn 37 f.

16 KölnKomm-UmwG/*Simon*, § 124 Rn 2, 12; Semler/Stengel/*Stengel*, § 124 Rn 12.

1 Widmann/Mayer/*Fronhöfer*, § 125 Rn 1; Semler/Stengel/*Stengel*, § 125 Rn 1; KölnKomm-UmwG/*Simon*, § 125 Rn 1; Lutter/*Teichmann*, § 123 Rn 5; § 125 Rn 1.

Ausnahmen vor. Aufgrund dieser umfassenden Grundverweisung gilt § 125 als **zentrale Norm** innerhalb des Spaltungsrechts.[2] Auf eine Verweisung auch auf die Vorschriften zur grenzüberschreitenden Verschmelzung (§§ 122 a bis 122 l) wurde allerdings verzichtet.

II. Bestimmung der auf die Spaltung anwendbaren Vorschriften

3 Die umfassende Verweisungstechnik des Gesetzgebers führt zu der Notwendigkeit, die anwendbaren Vorschriften in jedem konkreten Spaltungsfall herausfiltern zu müssen, was mitunter recht mühsam sein kann. Hinzu kommt, dass aufgrund der in § 125 S. 1 beschriebenen *entsprechenden* Anwendung der Verschmelzungsvorschriften gerade den spaltungsspezifischen Besonderheiten und Modifikationen sowie der besonderen Terminologie der Spaltung Rechnung zu tragen ist.[3] Eine entsprechende Anwendung der Verschmelzungsvorschriften kommt deshalb immer nur dann in Betracht, **wenn sich aus den Vorschriften des dritten Buchs nichts anderes ergibt** (vgl § 125 S. 1 aE). **Abweichungen** zur entsprechenden Anwendbarkeit ergeben sich dabei teilweise schon **explizit aus § 125 S. 1 und 2** sowie **aus dem Gesamtkontext.**[4] **Explizit ausgenommen** von einer entsprechenden Anwendung sind gemäß § 125 S. 1 die Regelungen in **§ 9 Abs. 2** sowie in **§ 62 Abs. 5** (eingefügt durch das dritte Gesetz zur Änderung des UmwG vom 11.7.2011). Ferner findet in den Fällen, welche Abspaltungen und Ausgliederungen betreffen, **§ 18** keine entsprechende Anwendung. Bei der Spaltungsart der Ausgliederung sind darüber hinaus **§ 14 Abs. 2** sowie die **§§ 15, 29 bis 34, 54, 68 und 71** von einer entsprechenden Anwendung ausdrücklich ausgenommen. § 125 S. 2 erklärt zusätzlich die **§§ 9 bis 12** bei der Ausgliederung für unanwendbar.

4 Die nachfolgenden tabellarischen Übersichten[5] sollen einen Überblick über die jeweilige entsprechende Anwendbarkeit der §§ 2 bis 122 auf die konkrete Art der Spaltung geben. Nicht aufgeführte Normen des zweiten Buches des Umwandlungsgesetzes (exklusive des zehnten Abschnitts) sind auf Spaltungsvorgänge entsprechend anzuwenden.

1. Allgemeine Bestimmungen zur Aufspaltung (§§ 2–38)

5

§ 2	ersetzt durch	§ 123 Abs. 1 bis 3
§ 3	ersetzt durch	§ 124 (teilweise Rückverweisung auf § 3)
§ 4	ersetzt durch	§ 136 (bei Aufspaltung z. Neugr., § 135)
§ 5	ersetzt durch	§ 126 (zur Aufn.), § 136 S. 2 (zur Neugr.)
§ 7	entfällt	s. § 135 Abs. 1 (bei Aufspaltung z. Neugr.)
§ 8	ersetzt durch	§§ 127, (135) (teilw. Rückverweisung auf § 8)
§ 9 Abs. 2[6]	entfällt ausdr.	s. § 125 S. 1
§§ 13–15	ergänzt durch	§§ 128, (135)
§ 16 Abs. 1	entfällt	s. § 135 Abs. 1 (bei Aufspaltung z. Neugr.)
§§ 16 Abs. 2 u. 3, 17	ergänzt durch	§§ 129 (zur Aufnahme),137 (zur Neugr.)

2 Widmann/Mayer/*Fronhöfer*, § 125 Rn 1; Semler/Stengel/*Stengel*, § 125 Rn 2.

3 Semler/Stengel/*Stengel*, § 125 Rn 3; KölnKomm-UmwG/*Simon*, § 125 Rn 1; Lutter/*Teichmann*, § 125 Rn 3.

4 KölnKomm-UmwG/*Simon*, § 125 Rn 7.

5 Inhaltlich Bezug nehmend auf Widmann/Mayer/*Fronhöfer*, § 125 Rn 13 ff; Semler/Stengel/*Stengel*, § 125 Rn 5 ff, 11; KölnKomm-UmwG/*Simon*, § 125 Rn 22 ff; Lutter/*Teichmann*, § 125 Rn 5 ff.

6 Für den Fall einer Auf- bzw Abspaltung von einer 100 %-Tochter auf die Muttergesellschaft wird – gegen den eindeutigen Wortlaut in § 125 S. 1 – dennoch eine entsprechende Anwendung von § 9 Abs. 2 diskutiert. Die Folge einer solchen entsprechenden Anwendung wäre, dass die Spaltungsprüfungspflicht in den einschlägigen Fallkonstellationen entfiele (KölnKomm-UmwG/*Simon*, § 125 Rn 9 f; Widmann/Mayer/*Fronhöfer*, § 125 Rn 42 ff).

§ 19 Abs. 1 u. 2	ersetzt durch	§ 130 (bei Aufspaltung zur Aufnahme)
		§§ 130 Abs. 1, 137 (bei Aufspaltung z. Neugr.)
§ 20	ersetzt durch	§§ 131 (135)
§ 22	ergänzt durch	§§ 133, 134 (135)
§ 23	ergänzt durch	§ 133
§ 27	entfällt	s. § 135 Abs. 1 (bei Aufspaltung z. Neugr.)
§ 36	ersetzt durch	§ 135 (bei Aufspaltung z. Neugr.)
§ 37	ergänzt durch	§ 136 (bei Aufspaltung z. Neugr.)
§ 38	ersetzt durch	§ 137 (bei Aufspaltung z. Neugr.)

2. Rechtsformspezifische Bestimmungen zur Aufspaltung (§§ 39–122)

6

§§ 51, 52, 53, 54 Abs. 1–3, 55	entfallen	§§ 135, 125 S. 1, 56 (bei Aufspaltung z. Neugr.)
§ 58 Abs. 2	ersetzt durch	§ 138 (bei Aufspaltung z. Neugr.)
§§ 60 bis 69	ergänzt durch	§§ 141, 142 (bei Aufspaltung z. Aufnahme)
§§ 60 bis 65	ergänzt durch	§§ 141, 143, 144 (bei Aufspaltung z. Neugr.)
§ 62 Abs. 5	entfällt ausdr.	/ s. § 125 S. 1
§§ 66, 67, 68 Abs. 1 u. 2, 69	entfallen	§§ 135, 125 S. 1, 73 (bei Aufspaltung z. Neugr.)
§ 75 Abs. 2	ersetzt durch	§ 144 (bei Aufspaltung z. Neugr.)
§ 79	ersetzt durch	§ 147
§ 99	ersetzt durch	§ 149
§ 105	ersetzt durch	§ 150
§ 109	ersetzt durch	§ 151
§§ 120 bis 122	entfallen	/

3. Allgemeine Bestimmungen zur Abspaltung. Hinsichtlich der nachfolgenden tabellarischen Übersicht zur abspaltungsrechtlichen Modifikation der §§ 2 bis 122 ist zunächst auf die beiden obenstehenden Übersichten zur Aufspaltung zu verweisen. Ausgeführt werden deshalb nur weitergehende Besonderheiten bezüglich der Abspaltung. Bei der Suche nach den auf die Abspaltung entsprechend anwendbaren Vorschriften ist demnach auch die Übersicht zur Aufspaltung hinzuzuziehen. 7

§ 18	entfällt ausdr.	/ s. § 125 S. 1
§ 28	nicht anwendbar	/

4. Rechtsformspezifische Bestimmungen zur Abspaltung

8

§§ 46 bis 55	ergänzt durch	§§ 139, 140 (bei Abspaltung z. Aufnahme)
§§ 46 bis 50	ergänzt durch	§§ 139, 140 (bei Abspaltung z. Neugr.)
§§ 60 bis 69	ergänzt durch	§§ 145, 146 (bei Abspaltung z. Aufnahme)

§§ 80 bis 95	ergänzt durch	§ 148 (bei Abspaltung z. Aufnahme)
§§ 80 bis 98	ergänzt durch	§ 148 (bei Abspaltung z. Neugr.)

9 **5. Allgemeine Bestimmungen zur Ausgliederung.** Auch der folgende tabellarische Überblick zur entsprechenden Anwendbarkeit der verschmelzungsrechtlichen Normen auf die Ausgliederung ergänzt die Ausführungen zur Auf- und Abspaltung und nimmt sinngemäß auf diese Bezug. Die nachstehende Tabelle enthält dementsprechend lediglich die zusätzlichen Besonderheiten bezogen auf die Ausgliederung.

§§ 9 bis 12	entfallen ausdr.	/ s. § 125 S. 2
§§ 14 Abs. 2,[7] 15	entfallen ausdr.	/ s. § 125 S. 1
§ 27	entfällt	/ (nur bei Ausgliederung zur Neugründung)
§§ 29–34	entfallen ausdr.	/ s. § 125 S. 1

6. Rechtsformspezifische Bestimmungen zur Ausgliederung

10

§ 48	nicht anwendbar	/
§ 54	entfällt ausdr.	/ s. § 125 S. 1
§ 60	nicht anwendbar	/
§§ 68, 71	entfallen ausdr.	/ s. § 125 S. 1

III. Sprachliche Anpassungen in § 125 S. 3

11 § 125 S. 3 hat lediglich die Funktion, die entsprechend anzuwendenden Normen des Verschmelzungsrechts **sprachlich** an die Eigenarten des Spaltungsrechts **anzupassen**. Eine solche terminologische Anpassung ist dem bereits beschriebenen spiegelbildlichen Charakter der Spaltung im Vergleich zum Vorgang der Verschmelzung geschuldet. Bei der Spaltung ist notwendigerweise nur ein übertragender Rechtsträger beteiligt und möglicherweise eine Mehrzahl von übernehmenden Rechtsträgern. Bei der Verschmelzung ist dies umgekehrt. Nach § 125 S. 3 ist es für eine entsprechende Anwendung einer verschmelzungsrechtlichen Norm **völlig unerheblich**, ob diese den jeweils aufgeführten Rechtsträger im Plural oder im Singular bezeichnet.[8]

Zweiter Abschnitt Spaltung zur Aufnahme

§ 126 Inhalt des Spaltungs- und Übernahmevertrags

(1) Der Spaltungs- und Übernahmevertrag oder sein Entwurf muß mindestens folgende Angaben enthalten:

1. den Namen oder die Firma und den Sitz der an der Spaltung beteiligten Rechtsträger;

7 Die Rechtsfolge der Nichtanwendbarkeit von § 14 Abs. 2 im Falle einer Ausgliederung ist umstritten. Nach einer vertretenen Ansicht würde diese Nichtanwendbarkeit die Möglichkeit eröffnen, eine Klage gegen die Wirksamkeit des Verschmelzungsbeschlusses auf eine unzureichende Gegenleistung zu stützen (KölnKomm-UmwG/*Simon*, § 125 Rn 16). Eine andere Meinung im Schrifttum hält eine solche Klagemöglichkeit auch bei der Ausgliederung für nicht gegeben (Semler/Stengel/*Stengel*, § 125 Rn 9).

8 Widmann/Mayer/*Fronhöfer*, § 125 Rn 2; KölnKomm-UmwG/*Simon*, § 125 Rn 38; Lutter/*Teichmann*, § 125 Rn 11; Semler/Stengel/*Stengel*, § 125 Rn 12.

2. die Vereinbarung über die Übertragung der Teile des Vermögens des übertragenden Rechtsträgers jeweils als Gesamtheit gegen Gewährung von Anteilen oder Mitgliedschaften an den übernehmenden Rechtsträgern;
3. bei Aufspaltung und Abspaltung das Umtauschverhältnis der Anteile und gegebenenfalls die Höhe der baren Zuzahlung oder Angaben über die Mitgliedschaft bei den übernehmenden Rechtsträgern;
4. bei Aufspaltung und Abspaltung die Einzelheiten für die Übertragung der Anteile der übernehmenden Rechtsträger oder über den Erwerb der Mitgliedschaft bei den übernehmenden Rechtsträgern;
5. den Zeitpunkt, von dem an diese Anteile oder die Mitgliedschaft einen Anspruch auf einen Anteil am Bilanzgewinn gewähren, sowie alle Besonderheiten in bezug auf diesen Anspruch;
6. den Zeitpunkt, von dem an die Handlungen des übertragenden Rechtsträgers als für Rechnung jedes der übernehmenden Rechtsträger vorgenommen gelten (Spaltungsstichtag);
7. die Rechte, welche die übernehmenden Rechtsträger einzelnen Anteilsinhabern sowie den Inhabern besonderer Rechte wie Anteile ohne Stimmrecht, Vorzugsaktien, Mehrstimmrechtsaktien, Schuldverschreibungen und Genußrechte gewähren, oder die für diese Personen vorgesehenen Maßnahmen;
8. jeden besonderen Vorteil, der einem Mitglied eines Vertretungsorgans oder eines Aufsichtsorgans der an der Spaltung beteiligten Rechtsträger, einem geschäftsführenden Gesellschafter, einem Partner, einem Abschlußprüfer oder einem Spaltungsprüfer gewährt wird;
9. die genaue Bezeichnung und Aufteilung der Gegenstände des Aktiv- und Passivvermögens, die an jeden der übernehmenden Rechtsträger übertragen werden, sowie der übergehenden Betriebe und Betriebsteile unter Zuordnung zu den übernehmenden Rechtsträgern;
10. bei Aufspaltung und Abspaltung die Aufteilung der Anteile oder Mitgliedschaften jedes der beteiligten Rechtsträger auf die Anteilsinhaber des übertragenden Rechtsträgers sowie den Maßstab für die Aufteilung;
11. die Folgen der Spaltung für die Arbeitnehmer und ihre Vertretungen sowie die insoweit vorgesehenen Maßnahmen.

(2) [1]Soweit für die Übertragung von Gegenständen im Falle der Einzelrechtsnachfolge in den allgemeinen Vorschriften eine besondere Art der Bezeichnung bestimmt ist, sind diese Regelungen auch für die Bezeichnung der Gegenstände des Aktiv- und Passivvermögens (Absatz 1 Nr. 9) anzuwenden. [2]§ 28 der Grundbuchordnung ist zu beachten. [3]Im übrigen kann auf Urkunden wie Bilanzen und Inventare Bezug genommen werden, deren Inhalt eine Zuweisung des einzelnen Gegenstandes ermöglicht; die Urkunden sind dem Spaltungs- und Übernahmevertrag als Anlagen beizufügen.

(3) Der Vertrag oder sein Entwurf ist spätestens einen Monat vor dem Tag der Versammlung der Anteilsinhaber jedes beteiligten Rechtsträgers, die gemäß § 125 in Verbindung mit § 13 Abs. 1 über die Zustimmung zum Spaltungs- und Übernahmevertrag beschließen soll, dem zuständigen Betriebsrat dieses Rechtsträgers zuzuleiten.

Literatur:

Berner/Klett, Die Aufteilung von Vertragsverhältnissen – Ein Beitrag zu mehr Rechtssicherheit bei umwandlungsrechtlichen Spaltungen –, NZG 2008, 601; *Bork/Jacoby*, Das Schicksal des Zivilprozess bei Abspaltungen, ZHR 2003, 440; *Reiß*, Die Spaltung im Zivilprozeß: Partielle Gesamtrechtsnachfolge im Spannungsfeld zwischen Umwandlungs- und Prozeßrecht, Diss. 2010; *Teichmann*, Die Spaltung von Rechtsträgern als Akt der Vermögensübertragung, ZGR 1993, 396.

I. Normzweck

1 Mit § 126 beginnt der zweite Abschnitt des ersten Teils des dritten Buches. Die Abs. 1 und 2 regeln die **inhaltlichen Anforderungen an den Spaltungsvertrag.** Der dritte Absatz normiert das Erfordernis der **rechtzeitigen Information der zuständigen Betriebsräte.** Es handelt sich bei § 126 um die speziellere Parallelregelung zu § 5, weshalb die verschmelzungsrechtliche Norm vollständig verdrängt wird.[1]

2 Aus der Systematik des Gesetzes ergibt sich, dass § 126 **unmittelbar nur auf die Spaltung zur Aufnahme,** wovon auch die Ausgliederung zur Aufnahme erfasst wird, anzuwenden ist. Bei der Spaltung zur Neugründung gibt es als Äquivalent den erforderlichen **Spaltungsplan,** vgl § 136 S. 2. Der Verzicht auf einen Spaltungsvertrag ist schon denklogisch, da es bei der Spaltung zur Neugründung keine zweite Partei gibt, mit welcher ein vertragliches Verhältnis eingegangen werden könnte. Dennoch **gelten auch für den Spaltungsplan die inhaltlichen Anforderungen aus § 126** mit leichten Modifikationen über den Verweis des § 135 Abs. 1.[2]

II. Allgemeines zum Spaltungsvertrag

3 § 126 listet die für die Aufstellung eines Spaltungsvertrages erforderlichen **Mindestanforderungen** auf. Der Spaltungsvertrag enthält vor allem die Einigung der Parteien über die **Bedingungen der Spaltung** und legt fest, welche Vermögenswerte betroffen sein sollen. Der Spaltungsvertrag soll weiterhin die **Anteilseigener** über die wesentlichen Modalitäten der Spaltung **informieren,** weshalb § 126 auch dem Schutz der Anteilsinhaber dient.[3] Die Rechtsnatur des Spaltungsvertrages ist jedoch nicht eindeutig eingrenzbar. Obwohl er unzweifelhaft ausgeprägte **schuldrechtliche Komponenten** beinhaltet, ist seine Bedeutung als **gesellschaftsrechtlicher Organisationsakt** vorrangig. Die nicht ausschließlich das schuldrechtliche Verhältnis der beteiligten

1 KölnKomm-UmwG/*Simon*, § 126 Rn 1; Semler/Stengel/*Schröer*, § 126 Rn 1 f.

2 KölnKomm-UmwG/*Simon*, § 126 Rn 4; Semler/Stengel/*Schröer*, § 126 Rn 2.

3 Semler/Stengel/*Schröer*, § 126 Rn 5.

Rechtsträger, sondern die Anteilsinhaber oder den allgemeinen Rechtsverkehr betreffenden Regelungen sind demnach nach objektiven Kriterien aus der Sicht eines verständigen Dritten auszulegen.[4] Daneben entfaltet er selbst keine unmittelbare **dingliche Wirkung,**[5] sondern stellt lediglich die Grundlage hierfür dar.[6]

Der Spaltungs- und Übernahmevertrag ist von den **Organen** der beteiligten Rechtsträger abzuschließen, vgl § 125 S. 1, § 4 Abs. 1 S. 1. Die Organe müssen dabei in vertretungsberechtigter Anzahl handeln, die sich aus dem jeweiligen Statut des Rechtsträgers ergibt.[7] Ferner ist auch eine Bevollmächtigung Dritter zum Abschluss eines Spaltungs- und Übernahmevertrages möglich.[8] Weitere Details ergeben sich aus den Erläuterungen zu § 4 (vgl dort Rn 12). 4

Gemäß § 125 S. 1 iVm § 6 ist der Spaltungsvertrag **notariell zu beurkunden,** wobei die **Wirksamkeit** nach § 125 S. 1, § 13 Abs. 1 S. 1 allerdings erst durch die **Zustimmung der Anteilsinhaber** im Wege eines **Spaltungsbeschlusses** eintritt. Zuvor ist der Spaltungsvertrag schwebend unwirksam. Sollte es unklar sein, ob überhaupt ein Spaltungsbeschluss gefasst wird, so kann der Gesellschafterversammlung auch ein noch nicht notariell beurkundeter **Entwurf des Spaltungsvertrages** zur Entscheidung vorgelegt werden, um unnötige Beurkundungskosten zu vermeiden.[9] Eine solche Entwurfsfassung ist vom zuständigen Organ schriftlich aufzustellen und muss in jedem Fall inhaltlich vollständig sein. Stimmen die Anteilsinhaber dem Vertragsentwurf zu, so ist die notarielle Beurkundung zu veranlassen.[10] 5

Aus einem wirksamen Spaltungsvertrag ergibt sich für die jeweils beteiligten Rechtsträger ein **vollstreckbarer Anspruch,** diejenigen Handlungen durchzusetzen, die zur Realisierung der Spaltung erforderlich sind. Insbesondere ist die **Eintragung der Spaltung** in das Register des übertragenden Rechtsträgers zu bewirken, damit die beabsichtigten Wirkungen der Spaltung eintreten, vgl §§ 130, 131. **Anspruchsberechtigte** sind allerdings nur die **beteiligten Rechtsträger.** Die Anteilseigner erlangen aus dem Spaltungsvertrag selbst keine unmittelbaren Ansprüche, da sie weder Vertragsparteien sind noch der Vertrag zu ihren Gunsten drittschützende Wirkung entfaltet.[11] 6

Trotz der Beteiligung mehrerer übernehmender Rechtsträger ist als Spaltungs- und Übernahmevertrag **ein einheitliches Vertragswerk** erforderlich. Die Beteiligten können allerdings mehrere, voneinander getrennte Spaltungsvorgänge und somit auch getrennte Spaltungsverträge durch die Aufnahme von Bedingungen in den einzelnen Verträgen miteinander verknüpfen.[12] 7

III. Mängel des Spaltungs- und Übernahmevertrags

Der Spaltungs- und Übernahmevertrag kann aufgrund verschiedenster Aspekte an einem Mangel leiden. Beim Fehlen oder einer nicht vollständigen notariellen Beurkundung ergibt sich die **Nichtigkeit wegen Formmangels** bereits aus § 125 S. 1 BGB. Nach § 131 Abs. 1 Nr. 4 wird dieser Mangel aber durch die Eintragung der Spaltung in das Register des übernehmenden Rechtsträgers **geheilt.**[13] Ferner kann sich die Nichtigkeit des Spaltungs- und Übernahmevertrages auch aus den §§ 134, 138 BGB ergeben. Doch auch diese Mängel haben grundsätzlich keine Auswirkungen auf die Wirksamkeit der Spaltung, wenn die Registereintragung erfolgt ist, 8

4 BGH ZIP 2008, 600 (601).

5 AA Schmitt/Hörtnagl/Stratz/*Hörtnagl*, § 126 Rn 6 (zur dinglichen Wirkung).

6 Lutter/*Priester*, § 126 Rn 7; KölnKomm-UmwG/*Simon*, § 126 Rn 4; Semler/Stengel/*Schröer*, § 126 Rn 6.

7 Semler/Stengel/*Schröer*, § 126 Rn 7; KölnKomm-UmwG/*Simon*, § 126 Rn 10.

8 KölnKomm-UmwG/*Simon*, § 126 Rn 10.

9 Die Kosten der Beurkundung ergeben sich seit dem 1.8.2013 aus dem Gerichts- und Notarkostengesetz (GNotKG). Der Geschäftswert richtet sich dabei nach dem übergehenden Aktivvermögen und ist der Höhe nach auf 10 Mio. EUR begrenzt (§ 107 Abs. 1 GNotKG).

10 Semler/Stengel/*Schröer*, § 126 Rn 8, 10, 13 f; KölnKomm-UmwG/*Simon*, § 126 Rn 11, 13 ff.

11 Semler/Stengel/*Schröer*, § 126 Rn 15, ff; KölnKomm-UmwG/*Simon*, § 126 Rn 16, 19; aA Schmitt/Hörtnagl/Stratz/*Hörtnagl*, § 126 Rn 12; wie hier Lutter/*Priester*, § 126 Rn 99.

12 Semler/Stengel/*Schröer*, § 126 Rn 9; KölnKomm-UmwG/*Simon*, § 126 Rn 9.

13 Semler/Stengel/*Schröer*, § 126 Rn 22; Semler/Stengel/*Kübler*, § 131 Rn 64.

vgl § 131 Abs. 2.[14] Die Nichtigkeit des Spaltungs- und Übernahmevertrages kann auch darin begründet liegen, dass die in **§ 126 Abs. 1 Nr. 1 bis 3 geforderten Mindestangaben** fehlen. In diesem Falle ist eine **Heilung** durch die Eintragung der Spaltung allerdings **nicht möglich.**[15]

9 Ferner kann ein Mangel des Spaltungsvertrages auch dessen **Anfechtbarkeit** begründen. Nach einer erfolgreichen Anfechtung ist der Vertrag dann nichtig, jedoch kommt auch hier der Registereintragung heilende Wirkung zu, vgl § 131 Abs. 2.[16] Im Ergebnis sollen diese Heilungswirkungen verhindern, dass eine bereits vollzogene Spaltung rückgängig zu machen wäre. Eventuell bestehende Ansprüche auf Schadenersatz bleiben indes unberührt.[17]

IV. Die notwendigen Inhalte des Spaltungs- und Übernahmevertrages (§ 126 Abs. 1)

10 § 126 Abs. 1 beinhaltet die **gesetzlich geforderten Mindestangaben**, die in einem Spaltungs- und Übernahmevertrag enthalten sein müssen. Die Nr. 1 bis 8 und 11 entsprechen ihrem Inhalt nach den Mindestanforderungen, die auch an einen Verschmelzungsvertrag zu stellen sind, vgl § 5 Abs. 1 Nr. 1 bis 9. Die spaltungsspezifischen Mindestinhalte finden sich in Nr. 9 und 10 wieder.[18]

11 **1. Die Bezeichnungspflicht** (**§ 126 Abs. 1 Nr. 1**). Der Spaltungsvertrag muss die beteiligten Vertragsparteien genau bezeichnen. Zwingende Bezeichnungsmerkmale sind nach § 126 Abs. 1 Nr. 1 der **Name** oder die **Firma** und der **Sitz** der beteiligten Rechtsträger. Ferner ist aufzuführen, wer der übertragende Rechtsträger und welcher der übernehmende Rechtsträger ist.[19] Bei der Spaltung zur Neugründung sind die Firma und der Sitz der neuen Rechtsträger im Spaltungsvertrag anzugeben.[20]

12 **2. Der Vermögensübergang** (**§ 126 Abs. 1 Nr. 2**). Weiterhin muss der Spaltungsvertrag die Vereinbarung der beteiligten Parteien zum Ausdruck bringen, dass **Teile des Vermögens** des übertragenden Rechtsträgers – **jeweils als Gesamtheit** gegen die Gewährung von Anteilen oder Mitgliedschaften – auf den übernehmenden Rechtsträgern übertragen werden. Neben den weiter konkretisierenden Angaben, die in Nr. 9 sowie Nr. 3 und Nr. 10 gefordert werden, bringt § 126 Abs. 1 Nr. 2 damit das **Hauptmerkmal der Spaltung** zum Ausdruck.[21]

Hinweis: Bezüglich der Vertragsformulierung ist aus Gründen der Klarheit eine größtmögliche Anlehnung an den Gesetzeswortlaut erstrebenswert. Dies ist allerdings keine Wirksamkeitsvoraussetzung der Spaltung.[22]

13 Neben der Vermögensübertragung ist die Spaltung auch durch die Pflicht zur **Anteilsgewährung** gekennzeichnet. Das Gesetz spricht dabei von Anteilen oder Mitgliedschaften, welche zu gewähren sind. Diese Begrifflichkeit ist darauf zurückzuführen, dass die Beteiligung an einigen Rechtsträgern (zB eV, eG, VVaG) als Mitgliedschaft bezeichnet wird. Ein weitergehender Unterschied ergibt sich aus dieser Terminologie für die Spaltung jedoch nicht.[23] Trotz dieses Prinzips der Anteilsgewährung ist bei einer entsprechenden Erklärung sämtlicher Anteilseigener neben der **nichtverhältniswahrenden Spaltung** (vgl § 128) auch eine sog. **Spaltung zu Null** zulässig. Hiernach werden den einzelnen Anteilsinhabern überhaupt keine Anteile am übernehmenden Rechtsträger gewährt. Solche Ausnahmen vom Prinzip der Anteilsgewährung sind mit Zustimmung der Anteilseigner zulässig, da die Anteilsgewährung dem Schutz der Anteilseigener selbst dient und somit auch zu deren Disposition stehen muss.[24] Die damit gegebenfalls verbundene Benachteiligung der Gläubiger der Anteilseigner ist hinzunehmen, zumal das UmwG

14 Semler/Stengel/*Schröer*, § 126 Rn 19 f.
15 Semler/Stengel/*Schröer*, § 126 Rn 21.
16 Semler/Stengel/*Schröer*, § 126 Rn 23.
17 Semler/Stengel/*Kübler*, § 131 Rn 65.
18 Lutter/*Priester*, § 126 Rn 17 f.
19 Widmann/Mayer/*Mayer*, § 126 Rn 44.
20 KölnKomm-UmwG/*Simon*, § 126 Rn 22; Lutter/*Priester*, § 126 Rn 19.
21 Lutter/*Priester*, § 126 Rn 22.
22 KölnKomm-UmwG/*Simon*, § 126 Rn 23.
23 Lutter/*Priester*, § 126 Rn 31.
24 Semler/Stengel/*Schröer*, § 126 Rn 29; KölnKomm-UmwG/*Simon*, § 126 Rn 31.

nirgends die Höhe der Anteilsgewährung regelt und auch sonst im Prinzip der Anteilsgewährung kein wesensnotwendiges Merkmal der Spaltung sieht.[25]

3. Das Umtauschverhältnis (§ 126 Abs. 1 Nr. 3). § 126 Abs. 1 Nr. 3 fordert bei einer Auf- und 14
Abspaltung die **Angabe des Umtauschverhältnisses** und ggf eine Aussage über die **Höhe der baren Zuzahlung** oder Angaben über die **Mitgliedschaft** beim übernehmenden Rechtsträger.

Zu einem **Anteilsumtausch** im eigentlichen Sinne kommt es jedoch nur bei der Aufspaltung. 15
Bei der Abspaltung muss hingegen festgelegt werden, in welchem Verhältnis die Anteile am übertragenden Rechtsträger solche am übernehmenden Rechtsträger vermitteln. Wird bei einer Auf- bzw Abspaltung das Umtauschverhältnis verhältniswahrend bestimmt, so ergibt sich seitens der Anteilseigner überhaupt keine Wertveränderung ihres Vermögens· Bei der Ausgliederung hingegen bedarf es keiner Ausführungen zum Umtauschverhältnis, da der übertragende Rechtsträger selbst sämtliche Anteile am übernehmenden Rechtsträger erhält.[26] Insgesamt geht es bei der Festlegung des Umtauschverhältnisses um die Kompensation des mit der Aufspaltung stets einhergehenden Beteiligungsverlustes bzw der mit der Abspaltung einhergehenden Wertminderung seitens der Anteilseigner.[27] Das Umtauschverhältnis muss dabei aber nicht unbedingt angemessen sein, sondern steht ebenfalls zur Disposition der Anteilseigner.[28] Weitergehende Angaben über die Ermittlung des Umtauschverhältnisses sind hingegen nicht im Spaltungsvertrag, sondern vielmehr im Spaltungsbericht aufzunehmen.[29] Die Festlegung des konkreten Umtauschverhältnisses stellt sich in der Praxis oftmals als einer der schwierigsten Punkte innerhalb des Spaltungsvorgangs dar.[30]

Neben dem Umtauschverhältnis muss der Spaltungsvertrag auch Angaben zur **Höhe etwaiger** 16
barer Zuzahlungen an die Gesellschafter des übertragenden Rechtsträgers enthalten. Bare Zuzahlungen kommen zB zur Glättung des Umtauschverhältnisses, aber auch zum Ausgleich von Anteilen mit unterschiedlichen Rechten in Betracht. Handelt es sich bei der übernehmenden Gesellschaft um eine GmbH (vgl § 125 S. 1 iVm § 54 Abs. 4), um eine AG (vgl § 125 S. 1 iVm § 68 Abs. 3), um eine KGaA (vgl § 125 S. 1 iVm § 78 iVm § 54 Abs. 4) oder um eine Genossenschaft (vgl § 125 S. 1 iVm § 87 Abs. 2 S. 2), so sind die baren Zuzahlungen jeweils auf **10% des Gesamtnennbetrages der gewährten Anteile zu begrenzen.**[31]

Bei der Ausgliederung sind keine Angaben zu etwaigen baren Zuzahlungen im Spaltungsver- 17
trag zu machen, da die Höchstgrenzen aus den §§ 54 Abs. 4, 68 Abs. 3, welche diese baren Zuzahlungen bei Aufspaltung und Abspaltung beschränken, bei der Ausgliederung gerade keine Anwendung finden (vgl § 125 S. 1).[32] Ferner gilt auch das Verbot von Darlehensgutschriften zugunsten des übertragenden Rechtsträgers bei der Ausgliederung nicht, so dass bei dieser Spaltungsform als Gegenleistung für die Vermögensübertragung eben nicht nur Anteile oder Mitgliedschaften am übernehmenden Rechtsträger gewährt werden dürfen, sondern auch anderweitige Gegenleistungen im Spaltungsvertrag festgelegt werden können.[33]

Dies bestätigend hat das OLG München entschieden, dass bei der **Ausgliederung zur Aufnah-** 18
me der übertragende Rechtsträger dem aufnehmenden Rechtsträger ein Darlehen in rechtlich zulässiger Weise gewähren darf, wenn der Wert des übertragenden Vermögens den Nennbetrag der erhaltenden Geschäftsanteile bzw Beteiligungen übersteigt.[34] Neben den Beteiligungen erhält der übertragende Rechtsträger somit zusätzlich noch einen Anspruch aus einem Darlehensvertrag, dessen Höhe sich aus der Wertdifferenz zwischen dem übertragenden Vermögen und den erhaltenen Anteilen ergibt.

25 LG Konstanz, ZIP 1998, 1226.
26 Semler/Stengel/*Schröer*, § 126 Rn 35 f.
27 Semler/Stengel/*Schröer*, § 126 Rn 37.
28 KölnKomm-UmwG/*Simon*, § 126 Rn 38; Semler/Stengel/*Schröer*, § 126 Rn 37.
29 KölnKomm-UmwG/*Simon*, § 126 Rn 36.
30 Lutter/*Priester*, § 126 Rn 32.
31 Semler/Stengel/*Schröer*, § 126 Rn 41.
32 Lutter/*Priester*, § 126 Rn 35; Widmann/Mayer/*Mayer*, § 126 Rn 125; kritisch KölnKomm-UmwG/*Simon*, § 126 Rn 41.
33 OLG München WM 2012, 512 (513); Lutter/*Priester*, § 126 Rn 35; Semler/Stengel/*Meier-Reimer/Seulen*, § 152 Rn 71.
34 OLG München WM 2012, 512.

19 **4. Weitere Einzelheiten zur Übertragung der Anteile bzw der Mitgliedschaften (§ 126 Abs. 1 Nr. 4).** § 126 Abs. 1 Nr. 4 fordert bei der Auf- und Abspaltung Angaben über die Einzelheiten bezüglich der **Übertragung von Anteilen oder Mitgliedschaften der übernehmenden Rechtsträger.** Hierbei geht es um Angaben, **in welcher Form die Anteile bzw Mitgliedschaften zu übertragen** sind und **wer die Kosten dieser Übertragung zu tragen hat.** Insbesondere ist anzugeben, ob die Anteile aus einer Kapitalerhöhung (neu geschaffene Anteile) oder aus dem Bestand (schon bestehende Anteile) resultieren.[35] Weiterführende zwingende Ausführungen im Spaltungsvertrag sind jeweils abhängig von der speziellen Rechtsform des übernehmenden Rechtsträgers. Praktisch bedeutsam ist diesbezüglich die Bestellung eines Treuhänders (vgl §§ 125 S. 1, 71, 73, 78), wenn es sich bei der übernehmenden Gesellschaft um eine AG oder eine KGaA handelt. Die Vorschrift entspricht § 5 Abs. 1 Nr. 4, so dass auf die dortigen Erläuterungen verwiesen wird (s. dort Rn 41 ff).

20 **5. Zeitpunkt der Beteiligung am Bilanzgewinn (§ 126 Abs. 1 Nr. 5).** Ferner hat der Spaltungsvertrag den **Zeitpunkt der Gewinnberechtigung** bezogen auf den übernehmenden Rechtsträger anzugeben sowie etwaige Besonderheiten, vgl § 126 Abs. 1 Nr. 5. Dieser für die Gewinnberechtigung maßgebliche Zeitpunkt kann von den beteiligten Parteien **beliebig festgelegt werden.** In der Regel wird er mit dem **Spaltungsstichtag** nach § 126 Abs. 1 Nr. 6 zusammenfallen. Eine erst spätere Beteiligung am Bilanzgewinn kann zB als Ausgleich für ein besonders günstiges Umtauschverhältnis in Betracht kommen und vereinbart werden.

21 **6. Der Spaltungsstichtag (§ 126 Abs. 1 Nr. 6).** Eine weitere Mindestangabe im Spaltungs- und Übernahmevertrag ist gemäß § 126 Abs. 1 Nr. 6 die **Festlegung des Spaltungsstichtages.** Dies ist laut der Legaldefinition der Zeitpunkt, *„von dem an die Handlungen des übertragenden Rechtsträgers als für Rechnung jedes der übernehmenden Rechtsträger vorgenommen gelten"* und markiert somit den *wirtschaftlichen* Eigentumsübergang (im Gegensatz zum Zeitpunkt des *rechtlichen* Eigentumsübergangs, der mit Eintragung der Spaltung in das Register des Sitzes des übertragenden Rechtsträgers eintritt, § 131 Abs. 1 Nr. 1). Im Rahmen der Abspaltung und der Ausgliederung bezieht sich der Spaltungsstichtag selbstverständlich lediglich auf die zu übertragenden Vermögensmassen.[36] Inhaltlich geht es bei dem Spaltungsstichtag um den **Wechsel** und die Abgrenzung der **Rechnungslegung.**[37] Der Spaltungsstichtag legt nach überwiegender Ansicht den Schlussbilanzstichtag fest, da dieser dem Spaltungsstichtag unmittelbar vorausgeht.[38] Einigkeit besteht über die Möglichkeit, einen **variablen Spaltungsstichtag** vereinbaren zu können. Dies eröffnet den Parteien insbesondere die Möglichkeit, auf abzusehende Verzögerungen, welche die Eintragung der Spaltung betreffen, adäquat reagieren zu können.[39] Der Spaltungsstichtag findet im Verschmelzungsstichtag (§ 5 Abs. 1 Nr. 6) sein Äquivalent.

22 **7. Sonderrechte (§ 126 Abs. 1 Nr. 7).** § 126 Abs. 1 Nr. 7 fordert im Spaltungsvertrag zwingend die Angabe über vorhandene gesellschaftsrechtliche oder schuldrechtliche **Sonderrechte,** welche zugunsten **einzelner Anteilseigener** der übernehmenden Rechtsträger gewährt werden. Weiter wird die Auskunft über die Inhaberschaft besonderer Rechte zugunsten **Dritter** (vgl hierzu § 23) verlangt. Hierunter fallen zB Schuldverschreibungen und Genussrechte,[40] aber auch – soweit aus rechtsformspezifischen Gesichtspunkten möglich – Mehrstimmenrechte, Gewinnvorzüge, Vorerwerbsrechte sowie Bestellungs- und Entsendungsrechte als jeweils eingeräumte Sonderrechte.[41] Die Sonderrechte müssen in jedem Falle **rechtsgeschäftlich** mit einem der beteilig-

35 Semler/Stengel/*Schröer*, § 126 Rn 44; KölnKomm-UmwG/*Simon*, § 126 Rn 42; Lutter/*Priester*, § 126 Rn 36.

36 Lutter/*Priester*, § 126 Rn 39; KölnKomm-UmwG/*Simon*, § 126 Rn 46.

37 Widmann/Mayer/*Mayer*, § 126 Rn 161.

38 Budde/Förschle/Winkeljohann/*Klingberg*, Sonderbilanzen, I Rn 55; Semler/Stengel/*Schröer*, § 126 Rn 45; Schmitt/Hörtnagl/Stratz/*Hörtnagl*, § 126 Rn 58; § 17 Rn 37; nach Lutter/*Priester*, § 126 Rn 39 sind die beiden Stichtage *„identisch"*; aA Widmann/Mayer/*Mayer*, § 126 Rn 161.

39 Widmann/Mayer/Mayer, § 126 Rn 166; Semler/Stengel/*Schröer*, § 126 Rn 48; Lutter/*Priester*, § 126 Rn 40.

40 Semler/Stengel/*Schröer*, § 126 Rn 49; KölnKomm-UmwG/*Simon*, § 126 Rn 49.

41 Lutter/*Priester*, § 126 Rn 41.

ten Rechtsträger vereinbart worden sein, weshalb Vereinbarungen zwischen den einzelnen Anteilseignern (zB bezüglich Stimmrechtsbindungen) oder gesetzliche Sonderrechte nicht aufgeführt werden müssen.[42]

Mitteilungspflichtig sind neben Sonderrechten, die gerade **mit dem Spaltungsvorgang eingeräumt werden** sollen, auch solche, die bereits **vor der Spaltung gewährt wurden** und sich nunmehr an der übernehmenden Gesellschaft fortsetzen (weitestgehende Informationspflicht).[43] Denn nur auf der Basis ausreichender Information ist den Anteilseignern eine Überprüfung dahin gehend möglich, ob der gesellschaftsrechtliche **Gleichbehandlungsgrundsatz** durch die Einräumung von Sonderrechten beeinträchtigt wird.[44] Werden bestehende Sonderrechte entgegen der gesetzlichen Vorgabe nicht im Spaltungs- und Übernahmevertrag aufgeführt, ergibt sich daraus ein **Eintragungshindernis.** Des Weiteren können die Anteilsinhaber den Spaltungsvertrag bis zur tatsächlich erfolgten Eintragung unter Berufung auf ein solches Versäumnis anfechten.[45] 23

Hinweis: Bestehen keinerlei Sonderrechte im vorstehend genannten Sinne, so ist es in Praxis ratsam, dies schon aus klarstellenden Gründen im Spaltungsvertrag auszudrücken. Vom Gesetz gefordert wird eine solche **feststellende Negativaussage** hingegen nicht.[46]

8. Sondervorteile (§ 126 Abs. 1 Nr. 8). Neben den zuvor erörterten Sonderrechten verlangt § 126 Abs. 1 Nr. 8 Angaben über sog. **besondere Vorteile,** welche einem Mitglied eines Vertretungsorgans oder eines Aufsichtsorgans eines an der Spaltung beteiligten Rechtsträgers, einem geschäftsführenden Gesellschafter, einem Partner, einem Abschlussprüfer oder einem Spaltungsprüfer gewährt werden. Sondervorteile anderer als den vorgenannten Personen müssen hingegen nicht im Spaltungsvertrag offengelegt werden. Unter **Aufsichtsorgane** gemäß § 126 Abs. 1 Nr. 8 sind neben den obligatorischen und fakultativen Aufsichtsräten außerdem solche Organe zu verstehen, welchen zumindest auch eine echte Überwachungsfunktion (zB Beiräten und Gesellschafterausschüssen) zukommt.[47] 24

Als Sondervorteile gelten neben **finanziellen Vorteilen** (zB Abfindungen) auch Zusagen an den genannten Personenkreis bezüglich **entsprechender Positionen** innerhalb des übernehmenden Rechtsträgers.[48] Dieses weit gefasste Verständnis des Begriffes Sondervorteil wird in Teilen des Schrifttums dahin gehend eingeschränkt, dass eine angabepflichtige Zuwendung gerade **aus Anlass der Spaltung** und ohne sonstigen Anspruch gewährt werden muss.[49] Insgesamt liege der Sinn und Zweck der Regelung darin begründet, den Anteilseignern die Möglichkeit zu eröffnen, bestehende **Interessenkonflikte** der spaltungsentscheidenden Personen erkennen zu können.[50] Erkennt das Registergericht fehlende Angaben über bestehende Sondervorteile im Spaltungsvertrag, so darf eine Eintragung der Spaltung nicht erfolgen. Ferner kann die fehlende Angabe zu Schadensersatzansprüchen gegen das Vertretungsorgan führen.[51] 25

Hinweis: Wie bereits zu den Sonderrechten ausgeführt, erscheint auch bei einem völligen Fehlen von Sondervorteilen eine dementsprechende **Negativaussage** im Spaltungsvertrag sinnvoll und empfehlenswert.[52]

Uneinigkeit herrscht darüber, ob die fehlende Angabe eines gewährten Sondervorteils im Spaltungsvertrag Auswirkungen auf die **Wirksamkeit dieses Sondervorteils** iSv § 126 Abs. 1 Nr. 8 hat. Einerseits wird vertreten, dass ein Verstoß gegen die Angabepflicht zugleich die Unwirk- 26

42 Semler/Stengel/*Schröer*, § 126 Rn 49; § 5 Rn 65.
43 Lutter/*Priester*, § 126 Rn 42; Semler/Stengel/*Schröer*, § 126 Rn 49.
44 Semler/Stengel/*Schröer*, § 126 Rn 49; § 5 Rn 65; KölnKomm-UmwG/*Simon*, § 126 Rn 48.
45 Semler/Stengel/*Schröer*, § 5 Rn 68.
46 Semler/Stengel/*Schröer*, § 126 Rn 52; § 5 Rn 69.
47 Widmann/Mayer/*Mayer*, § 126 Rn 170; Lutter/*Priester*, § 126 Rn 44; Semler/Stengel/*Schröer*, § 126 Rn 53.
48 Lutter/*Priester*, § 126 Rn 44; Semler/Stengel/*Schröer*, § 126 Rn 54.
49 Semler/Stengel/*Schröer*, § 126 Rn 54; Henssler/Strohn/*Wardenbach*, Gesellschaftsrecht, § 126 UmwG Rn 21.
50 KölnKomm-UmwG/*Simon*, § 126 Rn 50.
51 Widmann/Mayer/*Mayer*, § 126 Rn 171; Semler/Stengel/*Schröer*, § 126 Rn 107.
52 Widmann/Mayer/*Mayer*, § 126 Rn 170.

samkeit der Zusage bedingt.[53] In einer Entscheidung, welche sich allerdings auf eine Verschmelzung und somit auf die Parallelvorschrift des § 5 Abs. 1 Nr. 8 bezieht, begründet das LAG Nürnberg diese Rechtsfolge mit dem Hinweis auf eine Formnichtigkeit gemäß § 125 S. 1 BGB.[54] Vorzugswürdig erscheint jedoch die Ansicht, welche von einer zivilrechtlichen Wirksamkeit des Sondervorteils ausgeht, auch wenn keine Angaben hierzu im Spaltungsvertrag gemacht wurden.[55] Es ist bereits nicht ersichtlich, woraus sich die zivilrechtliche Unwirksamkeit herleiten lässt, da der Spaltungsvertrag selbst nicht der Rechtsgrund für den jeweiligen Sondervorteil ist,[56] sondern dieser gerade außerhalb des Spaltungsvertrages vereinbart wurde und daher auch grundsätzlich keiner Formvorschrift unterfällt.[57]

27 **9. Bezeichnung der zu übertragenden Vermögensteile (§ 126 Abs. 1 Nr. 9).** § 126 Abs. 1 Nr. 9 verlangt *„die genaue Bezeichnung und Aufteilung der Gegenstände des Aktiv- und Passivvermögens, die an jeden der übernehmenden Rechtsträger übertragen werden sowie der übergehenden Betriebe und Betriebsteile unter Zuordnung zu den übernehmenden Rechtsträgern"*. Im Unterschied zur Verschmelzung ist die Spaltung durch die **partielle Gesamtrechtsnachfolge** gekennzeichnet. Einerseits muss gerade nicht notwendigerweise das gesamte Vermögen des übertragenden Rechtsträgers von der Spaltung umfasst sein. Andererseits können aber auch mehrere übernehmende Rechtsträger an der Spaltung beteiligt sein, so dass eine vertragliche Regelung dahin gehend erforderlich ist, wie sich die einzelnen Vermögensteile nach der Spaltung den beteiligten Rechtsträgern zuordnen lassen. Insoweit ist dem **sachenrechtlichen Bestimmtheitsgrundsatz** bei der Beschreibung der betroffenen Vermögensbestandteile – entsprechend den Vorgaben bei der Einzelrechtsnachfolge – zu genügen.[58] Diese Bezeichnungsanforderungen ähneln denen bei der Sicherungsübereignung und beim Asset-Deal.[59]

28 **a) Gegenstände des Aktiv- und Passivvermögens.** Aus § 126 Abs. 1 Nr. 9 ergibt sich, dass **sämtliche Gegenstände des Aktiv- und Passivvermögens**, die im Wege der Spaltung übertragen werden sollen, genau im Spaltungsvertrag zu bezeichnen und zuzuordnen sind. Grundsätzlich kommt es bei der beschreibenden Individualisierung entscheidend darauf an, ob ein **sachkundiger Dritter** die Vermögensbestandteile anhand der vorgenommenen Kennzeichnung eindeutig den verschiedenen Rechtsträgern zuordnen kann. Wie bei der Einzelrechtsnachfolge **genügt dabei insgesamt die Bestimmbarkeit.**[60]

29 Es ist auch nicht erforderlich, sämtliche Einzelgegenstände zB im Rahmen von Sachgesamtheiten aufzuführen, so dass bei der Beschreibung der Vermögensgegenstände neben sog. **Allklauseln**[61] auch **Negativabgrenzungen** verwendet werden können.[62] Im Rahmen der Auslegung gemäß §§ 133, 157 BGB ist dann zu ermitteln, ob der konkrete Einzelgegenstand zur jeweiligen Sachgesamtheit gehört oder nicht.[63] Weiter kann auf separate Urkunden wie Bilanzen und Inventare verwiesen werden.

30 **aa) Bewegliche Sachen.** Einzelne **bewegliche Sachen** können entweder tabellenartig erfasst werden oder im Rahmen einer räumlichen oder sachlichen Verbindung gekennzeichnet werden.

53 LAG Nürnberg, ZIP 2005, 398 (zum Verschmelzungsvertrag); Widmann/Mayer/*Mayer*, § 126 Rn 171; Lutter/*Lutter/Drygala*, § 5 Rn 48, Fn 9 (zur Verschmelzung).
54 LAG Nürnberg ZIP 2005, 398 (400).
55 Semler/Stengel/*Schröer*, § 126 Rn 107; Semler/Stengel/*Simon*, § 5 Rn 74 (zur Verschmelzung); Pöhlmann/Fandrich/Bloehs/*Fandrich*, GenG, zu § 5 UmwG Rn 17; (zur Verschmelzung) Henssler/Strohn/*Wardenbach*, Gesellschaftsrecht, § 126 UmwG Rn 21.
56 Henssler/Strohn/*Wardenbach*, Gesellschaftsrecht, § 126 UmwG Rn 21.
57 Semler/Stengel/*Simon*, § 5 Rn 74 (zur Verschmelzung).
58 Lutter/*Priester*, § 126 Rn 46; Semler/Stengel/*Schröer*, § 126 Rn 55; KölnKomm-UmwG/*Simon*, § 126 Rn 52; Henssler/Strohn/*Wardenbach*, Gesellschaftsrecht, § 126 UmwG Rn 22.
59 Lutter/*Priester*, § 126 Rn 50; Semler/Stengel/*Schröer*, § 126 Rn 61; Henssler/Strohn/*Wardenbach*, Gesellschaftsrecht, § 126 UmwG Rn 22.
60 OLG Hamburg DB 2002, 572 (573); Lutter/*Priester*, § 126 Rn 50, 55; Semler/Stengel/*Schröer*, § 126 Rn 61; KölnKomm-UmwG/*Simon*, § 126 Rn 57.
61 BGH NZG 2003, 1172 (1174); diesem folgend BAG DB 2005, 954.
62 Lutter/*Priester*, § 126 Rn 55; Semler/Stengel/*Schröer*, § 126 Rn 61; KölnKomm-UmwG/*Simon*, § 126 Rn 58 f.
63 BGH NZG 2003, 1172 (1174).

Entscheidend ist die Identifizierbarkeit der beweglichen Sachen, die von der Vermögenübertragung im Rahmen der Spaltung betroffen sein sollen.[64]

bb) Grundstücke und Rechte an Grundstücken. Bei **Grundstücken** sowie bei **Rechten an Grundstücken** (zB Grundpfandrechte oder Dienstbarkeiten) ist zusätzlich § 126 Abs. 2 S. 2 mit dem Verweis auf **§ 28 GBO** zu beachten. Hiernach wird für die Bezeichnung eines Grundstücks die Übereinstimmung mit dem Grundbuch oder der Hinweis auf das entsprechende Grundbuchblatt verlangt. Wird der Kennzeichnungspflicht gemäß § 28 GBO nicht entsprochen, so findet nach in Teilen der Literatur[65] bestrittener Ansicht des BGH[66] auch kein Eigentumsübergang mit der Eintragung der Spaltung statt. Diese Rechtsfolge soll selbst dann zum Tragen kommen, wenn das Grundstück aus anderen Anhaltspunkten eindeutig dem übernehmenden Rechtsträger zugeordnet werden kann.[67] 31

Bei Einhaltung der Anforderungen gemäß § 28 GBO erfolgt der dingliche Übergang der Grundstücke mit der Eintragung der Spaltung in das Handelsregister. Dieser Eigentumsübergang findet somit außerhalb des Grundbuches statt, weshalb dieses zwangsläufig unrichtig wird und im Nachgang berichtigt werden muss. 32

Hinweis: Ein dahin gehender Berichtigungsantrag sollte bereits in den Spaltungsvertrag aufgenommen werden.[68]

Umfasst die Spaltung hingegen **Teilflächen eines Grundstücks**, so ist eine Bezeichnung dieser Grundstücksteile im Spaltungsvertrag nach den Kriterien des § 28 GBO noch gar nicht möglich, da das Teilgrundstück zu diesem Zeitpunkt grundbuchmäßig noch gar nicht erfasst ist. In einem solchen Fall genügt zur Individualisierung der Teilflächen ausnahmsweise die Kennzeichnung und Skizzierung innerhalb eines katastertauglichen Lageplanes. Der Eigentumsübergang bezüglich dieser Teilflächen vollzieht sich jedoch erst mit der grundbuchmäßigen Erfassung. Bis zu dieser Erfassung ist der Eigentumsübergang – unabhängig vom Zeitpunkt der Spaltungseintragung – schwebend unwirksam.[69] 33

cc) Anteile an Kapital- oder Personengesellschaften. Sind von der Spaltung Vermögenswerte in Form von **Beteiligungen an Kapital- oder Personengesellschaften** betroffen, so müssen diese durch Bezeichnung der Firma inklusive ihres Sitzes und ihrer Handelsregisternummer sowie der Beteiligungshöhe individualisiert und den jeweiligen Rechtsträgern zugewiesen werden.[70] 34

dd) Forderungen

- Bei **Forderungen** ist zur ausreichenden Individualisierung die Bezeichnung nach Betrag, Art, Grund, Schuldner und Fälligkeit innerhalb des Spaltungsvertrages vorzunehmen. Mehrere Forderungen können gemeinsam in solcher Weise individualisiert werden, dass eine Zusammenfassung bezüglich bestimmter Geschäftsbereiche, bezüglich spezieller Geschäftsarten oder in Bezug auf bestimmte zeitliche Abschnitte vorgenommen werden kann.[71] Die Aufteilung von einzelnen Forderungen auf mehrere verschiedene Rechtsträger ist immer dann möglich, wenn die Forderung insgesamt (ihrer Rechtsnatur nach) teilbar ist. Eine solche Teilbarkeit ist bei auf Geldzahlung gerichteten Forderungen grundsätzlich möglich, so- 35

64 Semler/Stengel/*Schröer*, § 126 Rn 62.
65 Widmann/Mayer/*Mayer*, § 126 Rn 212; Lutter/*Priester*, § 126 Rn 53.
66 BGHZ 175, 123 (131).
67 BGHZ 175, 123 (131); Semler/Stengel/*Schröer*, § 126 Rn 64; KölnKomm-UmwG/*Simon*, § 126 Rn 60; Henssler/Strohn/*Wardenbach*, Gesellschaftsrecht, § 126 UmwG Rn 25; aA Widmann/Mayer/*Mayer*, § 126 Rn 212; Schmitt/Hörtnagl/Stratz/*Hörtnagl*, § 126 Rn 81.
68 Widmann/Mayer/*Mayer*, § 126 Rn 214.
69 BGHZ 175, 123 (132); Widmann/Mayer/*Mayer*, § 126 Rn 213; KölnKomm-UmwG/*Simon*, § 126 Rn 61.
70 Widmann/Mayer/*Mayer*, § 126 Rn 221; Semler/Stengel/*Schröer*, § 126 Rn 66.
71 Widmann/Mayer/*Mayer*, § 126 Rn 218; Semler/Stengel/*Schröer*, § 126 Rn 67.

fern sich die Unteilbarkeit nicht aus einer entgegenstehenden Vereinbarung (vgl § 399 BGB) ergibt.[72]

36 Eine von der jeweiligen Hauptforderung losgelöste Übertragung von akzessorischen Sicherungsrechten sowie von unselbstständigen Nebenrechten ist stets ausgeschlossen. Fehlt es dem übertragenden Rechtsträger bereits an der Rechtsinhaberschaft, wie dies bei zedierten Forderungen der Fall ist, so können diese Forderungen auch nicht im Rahmen der Spaltung übertragen werden.[73]

37 **ee) Verbindlichkeiten.** Bei der Übertragung von **Verbindlichkeiten** durch eine Spaltung ist eine Mitwirkung der jeweiligen Gläubiger, im Gegensatz zur Einzelrechtsübertragung (vgl §§ 414, 415 BGB), nicht erforderlich. Solche von der Spaltung berührte Verbindlichkeiten sind dann im gleichen Umfang innerhalb des Spaltungsvertrages zu individualisieren, wie dies bei den Forderungen beschrieben wurde.[74] Eine erschöpfende Individualisierung von Verbindlichkeiten ist insbesondere dann entscheidend, wenn eine zeitlich begrenzte gesamtschuldnerische Haftung für einzelne Rechtsträger konstruiert werden soll. Nur bei solchen Verbindlichkeiten, die dem übernehmenden Rechtsträger ausdrücklich nicht im Spaltungsvertrag zugewiesen wurde, kommt eine Enthaftung nach § 133 Abs. 3 überhaupt in Betracht.[75]

Hinweis: Wird in der Praxis insbesondere bei der Aufspaltung eine zeitlich begrenzte Haftung bezüglich einzelner beteiligter Rechtsträger angestrebt, ist es ferner unerlässlich, auch die sog. „unbekannten“ Verbindlichkeiten einem bestimmten Rechtsträger im Spaltungsvertrag zuzuordnen. Bei „unbekannten“ Verbindlichkeiten handelt es sich um solche Ansprüche, die im Zeitpunkt der Spaltung zwar noch gar nicht entstanden sind und deshalb auch nicht individualisiert werden können, deren ursächliches Moment sich aber zu dieser Zeit bereits realisiert hat.[76]

38 Ob die Aufteilung einzelner Verbindlichkeiten auf unterschiedliche Rechtsträger möglich ist, ist umstritten. Eine solche Teilungsmöglichkeit ist ausweislich der Gesetzesbegründung, mit dem Hinweis auf die Grundsätze des bürgerlichen Rechts, nicht vorgesehen.[77] Nach vorzugswürdiger Ansicht ist eine solche Aufteilung von einzelnen Verbindlichkeiten allerdings immer dann zulässig, wenn die Ansprüche schon ihrem Inhalt nach teilbar sind.[78]

39 Bei der Zuweisung von Verbindlichkeiten im Rahmen der Gestaltung des Spaltungsvertrages ist eine ggf bestehende Haftung eines übernehmenden Rechtsträgers aus der Fortführung der Firma des übertragenden Rechtsträgers zu berücksichtigen, vgl § 133 Abs. 1 S. 2 iVm § 25 HGB. Nicht nur aufgrund der Möglichkeit, dieser Haftung unter Beachtung der Voraussetzungen von § 25 Abs. 2 HGB zu entgehen, kann es dennoch sinnvoll sein, eine zusätzliche umwandlungsrechtliche Nachhaftung anderer übernehmender Rechtsträger im Spaltungsvertrag zu begründen.[79]

40 **ff) Vertragsverhältnisse.** Ebenfalls keiner Mitwirkung durch die am Spaltungsvorgang unbeteiligten Vertragspartner setzt die Übertragung von **Vertragsverhältnissen** als Gesamtheit voraus. Diese Schuldverhältnisse sind allerdings so zu spezifizieren, dass auch in diesen Fällen ihre individuelle Bestimmbarkeit gewährleistet ist. Hierbei ist es grundsätzlich erforderlich, aber auch

72 Widmann/Mayer/*Mayer*, § 126 Rn 218; Semler/Stengel/*Schröer*, § 126 Rn 67; Lutter/*Priester*, § 126 Rn 62.

73 Schmitt/Hörtnagl/Stratz/*Hörtnagl*, § 126 Rn 89; Semler/Stengel/*Schröer*, § 126 Rn 67; KölnKomm-UmwG/*Simon*, § 126 Rn 64; Lutter/*Priester*, § 126 Rn 62.

74 Schmitt/Hörtnagl/Stratz/*Hörtnagl*, § 126 Rn 93; Semler/Stengel/*Schröer*, § 126 Rn 68.

75 Widmann/Mayer/*Mayer*, § 126 Rn 239; Semler/Stengel/*Schröer*, § 126 Rn 68.

76 Widmann/Mayer/*Mayer*, § 126 Rn 239; Semler/Stengel/*Schröer*, § 126 Rn 68.

77 BR-Drucks. 75/94, 1, 118.

78 Widmann/Mayer/*Mayer*, § 126 Rn 249; Lutter/*Priester*, § 126 Rn 63; Semler/Stengel/*Schröer*, § 126 Rn 69.

79 KölnKomm-UmwG/*Simon*, § 126 Rn 65; Widmann/Mayer/*Mayer*, § 126 Rn 250.1; Unklar Semler/Stengel/*Schröer*, § 126 Rn 71 (Spricht davon, dass die Aufteilung von Verbindlichkeiten bei Firmenfortführung limitiert sei).

ausreichend, wenn im Spaltungsvertrag der Vertragsgegenstand, der Vertragspartner und das Datum des Vertragsschlusses enthalten sind.[80]

Umstritten ist nach wie vor, ob ein einheitliches Vertragsverhältnis durch die Spaltung **aufgeteilt** werden kann. Dies wird in Teilen der Literatur vollständig abgelehnt.[81] Diese strikte Ablehnung überrascht angesichts der grundsätzlichen Teilbarkeit einzelner Forderungen und Verbindlichkeiten.[82] Mit Blick auf die allgemeine Spaltungsfreiheit und vor dem Hintergrund, dass keinerlei gesetzliche Beschränkungen zur Teilbarkeit von Vertragsverhältnissen existieren, erscheint es insgesamt vorzugswürdiger, von der Teilbarkeit einzelner Vertragsverhältnisse auszugehen.[83] Der Vertragspartner ist im Falle der Unzumutbarkeit der Fortführung des Vertragsverhältnisses mit den nunmehr übernehmenden Rechtsträgern durch ein außerordnentliches Kündigungsrecht hinlänglich geschützt. Ein praktisches Bedürfnis für eine Aufteilung von Vertragsverhältnissen besteht zB bei Miet- und Pachtverträgen im Rahmen von Konzernumstrukturierungen, im Zuge derer mehrere (neue) Rechtsträger ein zuvor einheitlich genutztes Betriebsgrundstück nutzen wollen. 41

Durch die Aufteilung eines ursprünglich einheitlichen Vertrages dürfen dem Vertragspartner keine unzumutbaren Rechtsnachteile entstehen.[84] Differenzierend wird aus diesem Grund die reale Aufteilung eines Schuldverhältnisses ohne Mitwirkung des Vertragspartners gesehen, wenn in diesen Fällen mehrere selbstständige Schuldverhältnisse entstehen würden.[85] In allen anderen Aufteilungskonstellationen wird der an der Spaltung unbeteiligte Vertragspartner jedoch schon durch ein mögliches außerordentliches Kündigungsrecht bei vorliegender Unzumutbarkeit bezüglich einer Fortsetzung des Vertragsverhältnisses sowie durch die gesamtschuldnerische Nachhaftung der an der Spaltung beteiligten Rechtsträger hinreichend geschützt.[86] 42

gg) Arbeitsverhältnisse. Bezüglich der Bedeutung von individualisierenden Angaben zu einzelnen **Arbeitsverhältnissen** im Spaltungsvertrag ist zu differenzieren. Wird im Wege der Spaltung ein Betrieb oder ein Betriebsteil übertragen, so gehen die betroffenen Arbeitsverhältnisse automatisch und zwingend auf den übernehmenden Rechtsträger über, solange die betroffenen Arbeitnehmer nicht widersprechen (vgl § 324 iVm § 613 a Abs. 1 S. 1 BGB).[87] Eine individualisierte Zuweisung im Spaltungsvertrag ist in diesem Fall somit nicht notwendig und könnte überhaupt nur deklaratorisch vorgenommen werden. Eine von der gesetzlichen Regelung abweichende Festlegung im Spaltungsvertrag wäre nichtig, so dass diesbezüglich die Zuordnungsfreiheit eingeschränkt ist.[88] 43

Eine bestimmbare Beschreibung und Zuweisung ist jedoch immer dann erforderlich, wenn Arbeitsverhältnisse unabhängig von einem Betriebsübergang übertragen werden sollen oder die Arbeitsverhältnisse nicht einem speziellen Betriebsteil zugeordnet werden können. Vor dem Hintergrund, dass § 613 a BGB auf die Beschäftigungsverhältnisse der Organmitglieder keine Anwendung findet, sind auch diese im Spaltungsvertrag genau zu bezeichnen und zuzuweisen.[89] 44

80 Widmann/Mayer/*Mayer*, § 126 Rn 225 f; Semler/Stengel/*Schröer*, § 126 Rn 72.
81 Teichmann, ZGR 1993, 396 (413 f); Henssler/Strohn/*Wardenbach*, Gesellschaftsrecht, § 126 UmwG Rn 31.
82 So auch *Berner/Klett*, NZG 2008, 601 (602).
83 Widmann/Mayer/*Mayer*, § 126 Rn 227; Widmann/Mayer/*Vossius*, § 131 Rn 98; Semler/Stengel/*Schröer*, § 126 Rn 72; § 131 Rn 38; KölnKomm-UmwG/*Simon*, § 126 Rn 62; *Berner/Klett*, NZG 2008, 601 (604).
84 Semler/Stengel/*Schröer*, § 126 Rn 72.
85 Nicht zulässig nach Schmitt/Hörtnagl/Stratz/*Hörtnagl*, § 131 Rn 57; wohl zulässig nach Semler/Stengel/*Schröer*, § 131 Rn 38.
86 Semler/Stengel/*Schröer*, § 126 Rn 72; *Berner/Klett*, NZG 2008, 601 (604).
87 Lutter/*Priester*, § 126 Rn 68; Semler/Stengel/*Schröer*, § 126 Rn 73; KölnKomm-UmwG/*Simon*, § 126 Rn 66.
88 Widmann/Mayer/*Mayer*, § 126 Rn 183; Lutter/*Priester*, § 126 Rn 69; Semler/Stengel/*Schröer*, § 126 Rn 73; BR-Drucks. 75/94, 118.
89 Widmann/Mayer/*Mayer*, § 126 Rn 184; Lutter/*Priester*, § 126 Rn 69; § 131 Rn 59, 64; Semler/Stengel/*Schröer*, § 126 Rn 73; KölnKomm-UmwG/*Simon*, § 126 Rn 67 f.

Hinweis: Zur Individualisierung der Arbeitsverhältnisse kann in der Praxis mit Blick auf die Registerpublizität auf die Mitarbeiternummer zurückgegriffen werden.[90]

45 **hh) Unternehmensverträge.** Zur Individualisierung von **Unternehmensverträgen** iSv § 291 AktG (Beherrschungsvertrag bzw Gewinnabführungsvertrag) sind Ausführungen zu den beteiligten Unternehmen und zu der speziellen Vertragsurkunde inklusive des Vertragsdatums und des Tages der Registereintragung im Spaltungsvertrag zu machen.[91] Bei der Zuweisung von Unternehmensverträgen iSv § 291 AktG im Rahmen des Spaltungsvertrages ist allerdings zu beachten, dass diese – aufgrund ihrer Eigenschaft als Statusrechte – nur **eingeschränkt übertragbar** sind. Zu unterscheiden sind dabei die Fälle, bei denen es sich bei dem übertragenden Rechtsträger um ein herrschendes oder um ein beherrschtes Unternehmen handelt.[92] Einzelheiten hierzu werden im Rahmen der Erläuterung von § 131 dargestellt (s. dort Rn 33 ff).

46 **ii) Öffentlich-rechtliche Rechtspositionen. Öffentlich-rechtliche Rechtspositionen**, die an einen bestimmten Gegenstand (zB dingliche Genehmigungen) gebunden sind, gehen automatisch mit diesem Gegenstand über, wenn dieser von der Spaltung erfasst wird. Eine gesonderten Bezeichnung oder Zuweisung im Spaltungsvertrag bedarf es dazu nicht. Bei an den Rechtsträger gebundenen (höchstpersönlichen) Rechtspositionen entfällt die Möglichkeit der Übertragbarkeit.[93]

47 **jj) Prozessrechtsverhältnisse. Prozessrechtsverhältnisse** – sowohl in aktiver als auch in passiver Form – sowie Verfahrensstellungen sind nicht unter den allgemeinen Vermögensbegriff zu subsumieren. Der Spaltungsvorgang knüpft als besondere Form der Vermögensübertragung aber gerade an diesen Vermögensbegriff an. Aus diesem Grunde kann bei der Übertragung von Prozessrechtsverhältnissen auch nicht auf die umwandlungsrechtlichen Vorschriften zurückgegriffen werden, sondern es ist auf die allgemeinen prozessrechtlichen Grundsätze (insbesondere § 265 ZPO zur Veräußerung oder Abtretung der Streitsache) abzustellen.[94] Eine isolierte Zuordnung und Übertragung von Prozessrechtsverhältnissen steht somit **nicht zur Disposition** der an der Spaltung beteiligten Parteien.[95] Enthält der Spaltungsvertrag dennoch solche Zuweisungen bezüglich einzelner Prozessrechtsverhältnisse, so ist diesen lediglich deklaratorische Wirkung beizumessen. Zur Individualisierung des jeweiligen Prozessrechtsverhältnisses sollten dabei jedenfalls das Aktenzeichen sowie der Prozessgegner aufgeführt werden.[96] Praktisch sinnvoll erscheinen aber spaltungsvertragliche Regelungen, welche den Innenausgleich von möglichen prozessualen Folgen zwischen dem übertragenden und übernehmenden Rechtsträger berücksichtigen.[97] Weitere Details finden sich in den Erläuterungen zu § 131 (s. dort Rn 41 ff).

48 **kk) „Vergessene" Vermögensgegenstände.** Bezüglich der Zuordnung von sog. **„vergessenen" Gegenständen** wird auf die Ausführungen zu § 131 Abs. 3 innerhalb dieser Kommentierung verwiesen (s. dort Rn 67 ff).

49 **b) Betriebe und Teilbetriebe.** Die zuvor dargestellten Bezeichnungserfordernisse aus § 126 Abs. 1 Nr. 9 erstrecken sich nicht nur auf die Gegenstände des Aktiv- und Passivvermögens sondern betreffen auch **übergehende Betriebe und Betriebsteile.** Diese im Gesetz verwendeten Begrifflichkeiten (Betrieb und Betriebsteil), sind § 613 a BGB entnommen. Aus diesem Grunde

90 KölnKomm-UmwG/*Simon*, § 126 Rn 67.
91 Schmitt/Hörtnagl/Stratz/*Hörtnagl*, § 126 Rn 92; Henssler/Strohn/*Wardenbach*, Gesellschaftsrecht, § 126 UmwG Rn 27.
92 Widmann/Mayer/*Mayer*, § 126 Rn 232 f; Semler/Stengel/*Schröer*, § 126 Rn 74 f; § 131 Rn 28 f; KölnKomm-UmwG/*Simon*, § 131 Rn 24 f; Lutter/*Teichmann*, § 131 Rn 57 f.
93 Semler/Stengel/*Schröer*, § 126 Rn 77; Henssler/Strohn/*Wardenbach*, Gesellschaftsrecht, § 126 UmwG Rn 32.
94 Semler/Stengel/*Kübler*, § 131 Rn 10; KölnKomm-UmwG/*Simon*, § 131 Rn 35; Lutter/*Teichmann*, § 131 Rn 61; Bork/Jacoby, ZHR 2003, 440 (442).
95 BFH NJW 2003, 1479; § 131 Rn 88; KölnKomm-UmwG/*Simon*, § 131 Rn 35; Reiß, Die Spaltung im Zivilprozeß, Diss. 2010, S. 166; unklar diesbezüglich Semler/Stengel/*Schröer*, § 126 Rn 78.
96 Semler/Stengel/*Schröer*, § 126 Rn 78.
97 Schmitt/Hörtnagl/Stratz/*Hörtnagl*, § 126 Rn 100.

sind die Begrifflichkeiten in einem arbeitsrechtlichen Sinne zu verstehen und es ist nicht etwa auf den steuerlich geprägten Ausdruck des Teilbetriebes zurückzugreifen.[98]

Diese arbeitsrechtliche Klassifizierung erscheint auch vor dem Hintergrund richtig und konsequent, dass die maßgeblichen Rechtsfolgen aus der individualisierenden Zuweisung eines Betriebes bzw Betriebsteiles gerade arbeitsrechtlicher Natur sind. So folgen dem Betriebsübergang im Rahmen der Spaltung – wie bereits oben beschrieben – nach § 324 iVm § 613 a BGB automatisch die innerhalb des Betriebes bestehenden Arbeitsverhältnisse. Weiterhin hat der Betriebsübergang auch Auswirkungen darauf, ob und bei welchem Rechtsträger der Betriebsrat und einzelne Betriebsvereinbarungen fortgesetzt werden.[99] 50

Als Betrieb wird allgemein *„[...] die organisatorische Einheit von Arbeitsmitteln, mit deren Hilfe der Arbeitgeber allein oder in Gemeinschaft mit seinen Arbeitnehmern mithilfe von technischen und immateriellen Mitteln einen bestimmten arbeitstechnischen Zweck fortgesetzt verfolgt [...]"*[100] bezeichnet. Ein Betriebsteil ist daran anknüpfend ein gewisser Anteil von Betriebsmitteln eines Betriebes, welcher eine organisatorische Untergliederung des gesamten Betriebs darstellt, womit ein betrieblicher Teilzweck verfolgt wird.[101] Charakteristisch für den **Übergang** eines Betriebes bzw eines Betriebsteils ist die *„Wahrung der Identität der betreffenden wirtschaftlichen Einheit"*.[102] Die Verwendung der Begriffe Betrieb oder Betriebsteil im Spaltungsvertrag haben allerdings keinen konstitutiven Charakter. Entscheidend kommt es vielmehr auf den tatsächlichen Inhalt der Vermögensübertragung an.[103] 51

Zur individualisierenden Bezeichnung des Betriebes bzw des Betriebsteiles muss dieser im Rahmen des Spaltungsvertrages funktional bestimmt werden. Ferner sollten generalklauselartig sämtliche Vermögensgegenstände beschrieben werden, die nach wirtschaftlicher Betrachtungsweise dem Betrieb bzw Betriebsteil zuzuordnen und somit von dem Vermögenstransfer betroffen sind.[104] Zur Individualisierung des Betriebs bzw des Betriebsteils kann ferner auch auf die den Betrieb betreffenden Teile der Bilanzen zurückgegriffen werden (§ 126 Abs. 2 S. 2).[105] 52

Die abstrakte Bezeichnung eines übergehenden Betriebes bzw Betriebsteiles im Rahmen des Spaltungsvertrages ist für die Zuordnung der Vermögensgegenstände zwar ein maßgebliches Indiz, wird aber meist zur Individualisierung der einzelnen Vermögensgegenstände noch nicht ausreichend sein. 53

Hinweis: Neben der zusammenfassenden Betriebsbezeichnung sollte zur präzisen Zuordnung eine individualisierende Darstellung der einzelnen, übergehenden Vermögenspositionen erfolgen, welche den zuvor beschriebenen Kriterien entspricht.[106]

In der Praxis wird trotz der vorgenannten Ausführungen häufig auch der engere Begriff des **Teilbetriebs** im Sinne des Steuerrechts von Bedeutung sein. Als Teilbetrieb ist nach ständiger Rechtsprechung und unter Zustimmung der Literatur *„ein mit einer gewissen Selbstständigkeit ausgestatteter, organisch geschlossener Teil eines Gesamtbetriebs zu verstehen, der als solcher lebensfähig ist."*[107] Nach § 15 Abs. 1 S. 2 UmwStG iVm §§ 11 Abs. 2, 13 Abs. 2 UmwStG besteht die Möglichkeit einer Buchwertfortführung und somit der Vermeidung einer steuerauslösenden Wertaufstockung (durch Aufdeckung stiller Reserven) immer nur dann, wenn ein Teilbetrieb[108] im steuerrechtlichen Sinn auf den übernehmenden Rechtsträger auf- oder abgespal- 54

98 Widmann/Mayer/*Mayer*, § 126 Rn 258; Lutter/*Priester*, § 126 Rn 48, 70; Semler/Stengel/*Schröer*, § 126 Rn 57.
99 Semler/Stengel/*Schröer*, § 126 Rn 57.
100 BAG NJW 2005, 90 (91); angelehnt an BAG NZA 2001, 831; so auch Lutter/*Priester*, § 126 Rn 48; Palandt/*Weidenkaff*, Einf. v. § 611 BGB Rn 14.
101 BAG NJW 2000, 1589 (1590); Lutter/*Priester*, § 126 Rn 48; Semler/Stengel/*Schröer*, § 126 Rn 57; Palandt/*Weidenkaff*, § 613 a BGB Rn 10.
102 BAG NJW 1998, 2994 (2995); BAG NJW 2000, 1589 (1590).
103 KölnKomm-UmwG/*Simon*, § 126 Rn 56.
104 Widmann/Mayer/*Mayer*, § 126 Rn 204; Semler/Stengel/*Schröer*, § 126 Rn 58.
105 Widmann/Mayer/*Mayer*, § 126 Rn 204.
106 Semler/Stengel/*Schröer*, § 126 Rn 58.
107 BFH BStBl. 1989 II, 458 (460); Lutter/*Priester*, § 126 Rn 70; Semler/Stengel/*Schröer*, § 126 Rn 57; KölnKomm-UmwG/*Simon*, § 126 Rn 55.
108 Nach § 15 Abs. 1 S. 3 UmwStG gilt allerdings auch ein Mitunternehmerteil und die 100 % Beteiligung an einer Kapitalgesellschaft als Teilbetrieb.

ten wird. Bei der Abspaltung muss zusätzlich auch noch der Vermögensteil, der bei dem übertragenden Rechtsträger verbleibt, als Teilbetrieb zu klassifizieren sein (sog. doppeltes Teilbetriebserfordernis),[109] um dieses steuerliche Ergebnis zu erzielen.

Hinweis: Lediglich die Anknüpfung an den steuerlich geprägten Begriff des Teilbetriebs ermöglicht eine steuerneutrale Vermögensübertragung, sowohl auf Seiten der Gesellschaft als auch auf Seiten der Anteilseigner.[110]

55 **10. Die Aufteilung der Anteile bei Auf- und Abspaltung (§ 126 Abs. 1 Nr. 10).** § 126 Abs. 1 Nr. 10 hat einen spezifisch spaltungsrechtlichen Charakter[111] und bestimmt, dass im Spaltungs- und Übernahmevertrag sowohl bei Aufspaltung als auch bei Abspaltung die Aufteilung der Anteile oder Mitgliedschaften jedes der beteiligten Rechtsträger auf die Anteilsinhaber des übertragenden Rechtsträgers sowie der zugrunde liegende Maßstab für die Aufteilung enthalten sein müssen.

56 Im Falle einer **verhältniswahrenden Spaltung** ist hierzu bereits ausreichend, wenn der Spaltungsvertrag ausführt, dass den Anteilsinhabern des übertragenden Rechtsträgers die zu gewährenden Anteile oder Mitgliedschaften am übernehmenden Rechtsträger in einem solchen Verhältnis zugewiesen werden, wie es ihren ursprünglichen Anteilen bzw Mitgliedschaften am übertragenden Rechtsträger entspricht. Zusammenfassend bedeutet dies, dass für die Anteilsgewähr der Maßstab des bisherigen Beteiligungsverhältnisses entscheidend ist. Indes können diese Angaben zur Anteilsaufteilung bei einer verhältniswahrenden Spaltung in der Regel bereits den erforderlichen Ausführungen zum maßgeblichen Umtauschverhältnis aus § 126 Abs. 1 Nr. 3 entnommen werden.[112]

57 Ist der übernehmende Rechtsträger eine Personenhandelsgesellschaft oder eine GmbH, so ergeben sich auch schon aus § 125 iVm § 40 Abs. 1 bzw nach § 125 iVm § 46 weitergehende, **rechtsformspezifische Beschreibungsanforderung** bezüglich der Verteilung der Gesellschaftsanteile.[113]

58 Tatsächlich eigenständige Bedeutung erlangt § 126 Abs. 1 Nr. 10 immer nur dann, wenn es sich um eine **nichtverhältniswahrende** Auf- bzw Abspaltung iSv § 128 handelt und sich keinerlei rechtsformspezifische Verpflichtung zur Beschreibung der Gesellschaftsanteile – wie insbesondere bei der AG oder KGaA – im Gesetz finden lassen.[114] Bei einer solchen nichtverhältniswahrenden Spaltung sind immer weitergehende, zusätzliche Angaben im Spaltungsvertag erforderlich. In jedem Falle ist der Aufteilungsmaßstab abstrakt anzugeben. Vielfach wird jedoch die konkrete Aufteilung der Beteiligungsanteile – unter der individualisierenden Angabe ihrer Inhaber – anzugeben sein, um den Anforderungen aus § 126 Abs. 1 Nr. 10 zu genügen. Aus dem Spaltungsvertrag muss stets ersichtlich sein, *„wem wie viele Anteile an den beteiligten Rechtsträgern im Zuge der Spaltung zugewiesen werden.“*[115]Ferner fallen auch vereinbarte Ausgleichszahlungen zwischen den Anteilsinhabern unter den Begriff des Aufteilungsmaßstabes und sind deshalb in den Spaltungsvertrag aufzunehmen.[116]

59 Aufgrund der klarstellenden Gesetzesänderung im Jahre 1998 sind auch Beteiligungsveränderungen an einem übertragenden Rechtsträger im Spaltungsvertrag anzugeben, welche als Kompensationsmittel einer nichtverhältniswahrenden Spaltung eingesetzt werden. Das Gesetz spricht nunmehr von „beteiligten“ Rechtsträgern und nicht wie zuvor von „übernehmenden“ Rechtsträgern.[117]

109 Schmitt/Hörtnagl/Stratz/*Hörtnagl*, § 15 UmwStG Rn 62.
110 Semler/Stengel/*Schröer*, § 126 Rn 57; KölnKomm-UmwG/*Simon*, § 126 Rn 55; § 126 Rn 57; Lutter/*Priester*, § 126 Rn 70.
111 KölnKomm-UmwG/*Simon*, § 126 Rn 76.
112 Kallmeyer/*Kallmeyer/Sickinger*, § 126 Rn 41; Lutter/*Priester*, § 126 Rn 73; KölnKomm-UmwG/*Simon*, § 126 Rn 76; Semler/Stengel/*Schröer*, § 126 Rn 83.
113 Schmitt/Hörtnagl/Stratz/*Hörtnagl*, § 126 Rn 104.
114 Semler/Stengel/*Schröer*, § 126 Rn 82.
115 KölnKomm-UmwG/*Simon*, § 126 Rn 78.
116 Schmitt/Hörtnagl/Stratz/*Hörtnagl*, § 126 Rn 106.
117 Kallmeyer/*Kallmeyer/Sickinger*, § 126 Rn 41; Widmann/Mayer/*Mayer*, § 126 Rn 204; KölnKomm-UmwG/*Simon*, § 126 Rn 77; Lutter/*Priester*, § 126 Rn 75.

11. Folgen der Spaltung für die Arbeitnehmer und ihre Vertretungen (§ 126 Abs. 1 Nr. 11). § 126 Abs. 1 Nr. 11 ist die spaltungsrechtliche Parallelvorschrift zu § 5 Abs. 1 Nr. 9. Demnach sind *„die Folgen der Spaltung für die Arbeitnehmer und ihre Vertretungen sowie die insoweit vorgesehenen Maßnahmen"* als notwendiger Inhalt in den Spaltungsvertrag aufzunehmen. Die Regierungsbegründung zu § 5 Abs. 1 Nr. 9 spricht von einem Aufzeigen der eintretenden individual- und kollektivarbeitsrechtlichen Änderungen.[118] Demnach geht es vornehmlich um den Schutz der Arbeitnehmer. Fehlt es den beteiligten Gesellschaften schon an Arbeitnehmern, was dann möglichst im Spaltungsvertrag klargestellt werden sollte, so spielt § 126 Abs. 1 Nr. 11 auch keine Rolle für den Spaltungsvertrag (vgl Kommentierung zu § 5 Abs. 1 Nr. 9, dort Rn 72 ff). 60

In der Praxis sind die nachfolgend – nicht abschließend – aufgeführten Aspekte im Spaltungsvertrag zu behandeln:[119] 61

- Tarifvertragssituation der Arbeitnehmer
- Unternehmensmitbestimmung im Aufsichtsrat durch die Arbeitnehmer
- Existenz und Fortbestand der Betriebsräte
- Übergangsmandat des Betriebsrats nach § 21 a BetrVG
- Entstehung eines gemeinsamen Betriebsrates § 322
- Mitbestimmungsbeibehaltung nach § 325 Abs. 1
- Fortgeltung von Rechten nach § 325 Abs. 2
- Besonderer Kündigungsschutz nach § 323
- Haftung nach § 134 bei einer Betriebsaufspaltung

Bezüglich des Übergangs von Arbeitsverhältnissen sind die Ausführungen zu § 126 Abs. 1 Nr. 9 zu beachten. Weitergehend wird auf die Kommentierung der Parallelvorschrift im Verschmelzungsrecht § 5 Abs. 1 Nr. 9 verweisen (s. dort Rn 72 ff).

12. Weitere zwingende Inhalte des Spaltungs- und Übernahmevertrages. Neben den in § 126 Abs. 1 Nr. 1 bis 11 ausdrücklich genannten Angaben können sich aus den rechtsformabhängigen Besonderheiten der beteiligten Rechtsträger für den Spaltungsvertrag weitere zwingende Inhaltsanforderungen ergeben. 62

Insbesondere muss der Spaltungsvertrag bei der Auf- und Abspaltung in den folgenden drei Konstellationen ein **Abfindungsangebot** nach § 125 S. 1 iVm § 29 Abs. 1 S. 1 enthalten:[120] 63

- Der übernehmende Rechtsträger weist im Unterschied zum übertragenden Rechtsträger eine andere Rechtsform auf (vgl § 29 Abs. 1 S. 1, 1. Alt.).
- Die übernehmende Aktiengesellschaft unterscheidet sich von der übertragenden Aktiengesellschaft durch ihre fehlende Börsennotierung (vgl § 29 Abs. 1 S. 1, 2. Alt.).
- Die Anteile am übernehmenden Rechtsträger unterliegen einer Verfügungsbeschränkung (vgl § 29 Abs. 1 S. 2).

Auf das Abfindungsangebot kann seitens der Anteilsinhaber verzichtet werden.[121]

Weitere notwendige Inhalte im Spaltungsvertrag können sich aus den **rechtsformspezifischen Regelungen** ergeben. Auch diesbezüglich wird auf die entsprechenden Stellen der Kommentierung zur Verschmelzung hingewiesen.[122] 64

118 RegBegr. *Ganske*, Umwandlungsrecht, S. 50.

119 Aufzählung entnommen bei Lutter/*Priester*, § 126 Rn 78.

120 Lutter/*Priester*, § 126 Rn 83; Semler/Stengel/*Schröer*, § 126 Rn 92; KölnKomm-UmwG/*Simon*, § 126 Rn 81.

121 Widmann/Mayer/*Mayer*, § 126 Rn 289; Lutter/*Priester*, § 126 Rn 83; Semler/Stengel/*Schröer*, § 126 Rn 92.

122 Zur GmbH § 125 S. 1 iVm §§ 46 Abs. 1, 52 Abs. 2; zur AG/KGaA § 125 S. 1 iVm § 35; zur Personenhandelsgesellschaft § 125 S. 1 iVm § 40 Abs. 1; zur PartG § 125 S. 1 iVm § 45 b Abs. 1; zur eG zur AG/KGaA § 125 S. 1 iVm § 80.

V. Mögliche fakultative Bestandteile des Spaltungs- und Übernahmevertrages

65 Neben den zwingenden Vertragsbestandteilen des § 126 Abs. 1 können weitere fakultative Regelungen im Spaltungsvertrag sinnvoll sein. Gemäß § 1 Abs. 3 sind ergänzende Bestimmungen in Verträgen immer dann zulässig, wenn im Rahmen dieses Gesetzes keine abschließende Regelung vorgesehen ist. Nachfolgend werden beispielhaft fakultative Regelungen angeführt, welche typischerweise im Rahmen eines Spaltungsvertrages zu finden sind.

66 **1. Die Absicherung der Bewertungsgrundlage.** Zunächst kann die **Absicherung der Bewertungsgrundlagen** im Spaltungsvertrag für beide Seiten sinnvoll sein. Hierzu sind Zusicherungen bezüglich der Richtigkeit und Vollständigkeit sämtlicher Umstände, die sich auf die Bewertung des eingebrachten Vermögens und den Maßstab der Anteilsgewähr ausgewirkt haben, in den Spaltungsvertrag aufzunehmen. Insbesondere sollte das buchmäßige Eigenkapital garantiert werden. Zusätzlich kann der Spaltungs- und Übernahmevertrag für den Fall der Verletzung einer solchen vertraglichen Zusicherung oder Bestandsgarantie vorsehen, dass der jeweilige Rechtsträger so zu stellen ist, wie es der Fall wäre, wenn die gemachte Zusicherung oder Garantie den tatsächlichen Gegebenheiten entsprechen würde.[123]

67 **2. Mögliche Haftungsfreistellungen.** Weiterhin können auch **Haftungsfreistellungen** im Rahmen des Spaltungsvertrages interessengerecht sein. Wird einem Rechtsträger eine bestimmte bestehende Verbindlichkeit im Rahmen der Spaltung zugewiesen, dann erscheint auch eine Freistellung der jeweils anderen beteiligten Rechtsträger von der Haftung des § 133 Abs. 1 S. 1, Abs. 3 im Innenverhältnis konsequent. Entspricht eine solche Freistellung nicht den beteiligten Parteiinteressen, so sollte jedenfalls das Haftungsverhältnis zwischen den Gesamtschuldnern normiert werden. Handelt es sich bei der übertragenden Gesellschaft um eine KG, ist zu erwägen, ob die jeweiligen Kommanditisten von einer möglichen Haftung aus § 172 Abs. 4 HGB, welche sich aufgrund der Abspaltung ergeben kann, freigestellt werden sollen.[124]

68 **3. Satzungsänderung bzw Satzungsanpassung.** Entsteht durch die Spaltung ein Bedarf zur **Satzungsänderung** bzw zur **Satzungsanpassung** beim übertragenden oder übernehmenden Rechtsträger, beispielsweise bezüglich der Firmierung oder eines veränderten Unternehmensgegenstands sowie bei **Erhöhung oder Herabsetzung des Gesellschaftskapitals**, so kann auch eine diesbezügliche Regelung im Spaltungsvertrag interessengerecht sein. Für die wirksame Änderung der Satzung ist jedoch nach wie vor ein nach den allgemeinen Vorschriften gefasster Gesellschafterbeschluss erforderlich.[125]

69 **4. Organbestellung beim übernehmenden Rechtsträger.** Der Spaltungsvertrag kann auch eine Vereinbarung zur **Organbestellung** beim übernehmenden Rechtsträger beinhalten. Wird angestrebt, dass die geschäftsführenden Organe, die Mitglieder des Aufsichtsrates oder eines Beirates in dieser Funktion auch beim übernehmenden Rechtsträger eingesetzt werden sollen, so ist es sinnvoll, dies im Spaltungsvertag festzulegen, da die Organstellungen nicht automatisch übergeleitet werden. Der Bestellungsbeschluss des zuständigen Organs beim übernehmenden Rechtsträger wird dadurch allerdings nicht entbehrlich. Ferner sollte sich der Spaltungsvertrag über das Schicksal der zugehörigen Anstellungsverträge der Organmitglieder äußern.[126]

70 **5. Vermeidung der Aufdeckung stiller Reserven.** Nach gewissen in § 15 Abs. 3 UmwStG festgelegten Voraussetzungen, kann die Veräußerung von Geschäftsanteilen einer Kapitalgesellschaft, die an einer Auf- oder Abspaltung beteiligt gewesen ist, in einem Zeitraum von bis zu fünf Jahren nach der Spaltung zu einer steuerlich relevanten Aufdeckung von stillen Reserven führen. Um einen solchen steuerlichen Nachteil zu vermeiden, kann eine **Anteilsvinkulierung** im Spaltungsvertrag vereinbart werden, wozu allerdings die Zustimmung sämtlicher Anteilsinhaber er-

123 Kallmeyer/*Kallmeyer/Sickinger*, § 126 Rn 44 ff; Semler/Stengel/*Schröer*, § 126 Rn 95.

124 Lutter/*Priester*, § 126 Rn 91; Semler/Stengel/*Schröer*, § 126 Rn 96.

125 Lutter/*Priester*, § 126 Rn 87; Semler/Stengel/*Schröer*, § 126 Rn 97 f.

126 Lutter/*Priester*, § 126 Rn 88; Semler/Stengel/*Schröer*, § 126 Rn 99.

forderlich ist. Wenn dies insbesondere aufgrund der Vielzahl von Gesellschaftern als nicht praktikabel erscheint, könnte der Spaltungs- und Übernahmevertrag – für den Fall einer nachträglich entstehenden Steuerlast aufgrund des § 15 Abs. 3 UmwStG – eine **Ausgleichsverpflichtung** beinhalten.[127]

71 **6. Reaktionen auf das Erfordernis einer Genehmigung oder Zustimmung.** Im Rahmen einer Spaltungsmaßnahme können **behördliche Genehmigungen** oder **Zustimmungen** Dritter erforderlich werden. In einem solchen Fall kann es Sinn machen, eine sog. „Bemühungsklausel" in das Vertragswerk aufzunehmen. Ferner könnte der Vertrag für den Fall, dass eine Genehmigung bzw Zustimmung endgültig nicht erteilt wird, eine Alternative aufzeigen. Ist die behördliche Genehmigung bzw die Zustimmung eines Dritten für die Spaltung von besonderem Gewicht, so sollte der Spaltungsvertrag durch eine **aufschiebende Bedingung** ausdrücken, dass erst nach der Erteilung der Genehmigung bzw Zustimmung die Spaltung zum Handelsregister anzumelden ist.[128] Für den Fall, dass die Spaltung ausnahmsweise die Kartellbehörden zu einer Fusionskontrolle veranlasst, sollte der Spaltungsvertrag mit Blick auf die Freigabe durch die Kartellbehörden **aufschiebend bedingt** werden.[129]

72 Der Gefahr, dass zwischen dem Abschluss des Spaltungsvertrages und der Eintragung im Handelsregister ein recht langer Zeitraum liegen kann, und gerade durch diesen Zeitablauf die getroffenen Vertragsregeln als dann nicht mehr interessengerecht und angemessen erscheinen mögen, kann mit einer **auflösenden Bedingung** oder einem **Kündigungsrecht bzw einem Rücktrittsrecht** begegnet werden.[130]

73 **7. Auffangbestimmungen.** Scheitert der Vermögensübergang bei einzelnen Gegenständen, ist es wünschenswert, wenn der Spaltungsvertrag auch diesbezüglich eine **Auffangbestimmung** enthält. Umfasst die Spaltungsmasse auch **Auslandsvermögen,** ist für den Fall, dass die jeweilige ausländische Rechtsordnung die dingliche Spaltungswirkung nicht berücksichtigt, eine Verpflichtung zur Einzelübertragung als Vertragsbestandteil vorzusehen.[131] Auch eine vertragliche Auslegungshilfe für **„vergessene" Gegenstände** ist besonders dann sinnvoll, wenn in Zweifelfällen nicht die Regelung des § 131 Abs. 3 eintreten soll.[132]

74 **8. Kostentragungspflichten.** In der Praxis von Bedeutung ist auch eine vertragliche Vereinbarung über die **Pflicht zur Übernahme der Kosten** des Spaltungsvorganges. Der Spaltungsvertrag sollte weiterhin auch eine Kostenregelung für den Fall des Scheiterns der Spaltung enthalten.[133] Die Kosten des Spaltungsvorgangs bestehen im Wesentlichen aus den Notarkosten für die Beurkundung des Spaltungsvertrages (§§ 97 Abs. 1, 107 Abs. 1 GNotKG) sowie den Kosten für die Eintragung des Spaltungsvorgangs in die Register der betroffenen Rechtsträger.

VI. Zuleitung des Spaltungsvertrages an den zuständigen Betriebsrat (§ 126 Abs. 3)

75 § 126 Abs. 3 erfordert die rechtzeitige Zuleitung des Spaltungs- bzw Übernahmevertrages an den zuständigen Betriebsrat. Diese Zuleitung hat dabei spätestens eine Monat vor der jeweiligen Anteilsinhaberversammlung stattzufinden. Nach § 125 iVm § 17 Abs. 1 ist die fristgerechte Zuleitung als **Voraussetzung für die Eintragung** zu qualifizieren, weshalb ein Zuleitungsnachweis der Registeranmeldung als Anlage beizufügen ist. Bezüglich der weiteren Erörterungen kann auf die inhaltsgleiche Parallelvorschrift des § 5 Abs. 3 und die dortige Kommentierung verwiesen werden (s. dort Rn 115 ff).

127 Lutter/*Priester*, § 126 Rn 92; Semler/Stengel/*Schröer*, § 126 Rn 100.
128 Lutter/*Priester*, § 126 Rn 89; Semler/Stengel/*Schröer*, § 126 Rn 102.
129 Semler/Stengel/*Schröer*, § 126 Rn 103.
130 Semler/Stengel/*Schröer*, § 126 Rn 101; Kallmeyer/*Kallmeyer/Sickinger*, § 126 Rn 57 a.
131 Lutter/*Priester*, § 126 Rn 93; Semler/Stengel/*Schröer*, § 126 Rn 104.
132 Schmitt/Hörtnagl/Stratz/*Hörtnagl*, § 126 Rn 111; Semler/Stengel/*Schröer*, § 126 Rn 104.
133 Lutter/*Priester*, § 126 Rn 95; Semler/Stengel/*Schröer*, § 126 Rn 105.

§ 127 Spaltungsbericht

[1]Die Vertretungsorgane jedes der an der Spaltung beteiligten Rechtsträger haben einen ausführlichen schriftlichen Bericht zu erstatten, in dem die Spaltung, der Vertrag oder sein Entwurf im einzelnen und bei Aufspaltung und Abspaltung insbesondere das Umtauschverhältnis der Anteile oder die Angaben über die Mitgliedschaften bei den übernehmenden Rechtsträgern, der Maßstab für ihre Aufteilung sowie die Höhe einer anzubietenden Barabfindung rechtlich und wirtschaftlich erläutert und begründet werden (Spaltungsbericht); der Bericht kann von den Vertretungsorganen auch gemeinsam erstattet werden. [2]§ 8 Abs. 1 Satz 2 bis 4, Abs. 2 und 3 ist entsprechend anzuwenden.

Literatur:

Lutter, Zur Vorbereitung und Durchführung von Grundlagenbeschlüssen in Aktiengesellschaften, S. 169 in Festschrift für Hans-Joachim Fleck, 1988.

I. Allgemeine Anforderungen an den Spaltungsbericht

1 Der in § 127 normierte **Spaltungsbericht** hat die Aufgabe, die Anteilsinhaber bereits vor der entscheidenden Versammlung über die maßgeblichen Inhalte und Beweggründe der Spaltung in Kenntnis zu setzen. Nur im Falle einer **ausreichenden Information** sind die Anteilseigner in der Lage, insbesondere die Wirtschaftlichkeit und Zweckmäßigkeit der Spaltung einschätzen zu können, um daraufhin eine sachgerechte Entscheidung in der beschlussfassenden Versammlung treffen zu können. Dem Spaltungsbericht kommt demnach eine dem **Verschmelzungsbericht** (vgl § 8) entsprechende Funktion zu.[1] Ausdrücklich verlangt § 127 S. 1, dass sich im Falle einer Auf- oder Abspaltung der Spaltungsbericht auch über den **Maßstab der Aufteilung der Anteile** zu verhalten hat. Dieser Aspekt ist spaltungsspezifisch und findet sich daher nicht im Verschmelzungsbericht.

2 Die Pflicht, einen Spaltungsbericht aufstellen zu müssen, gilt für **sämtliche Spaltungsarten** und **unabhängig davon, welche Rechtsform** die beteiligten Rechtsträger aufweisen. Ausnahmen sieht das Gesetz nur in besonderen Ausgliederungsfällen vor, zB beim Einzelkaufmann (§ 153), bei einer rechtsfähigen Stiftung (§ 162) und bei einer Gebietskörperschaft (§ 169). Eine Berichtspflicht ist ferner gegenüber den geschäftsführenden Organen einer Personenhandelsgesellschaft zu verneinen, vgl § 125 S. 1 iVm § 41.[2]

3 Die europarechtliche Grundlage stellt Art. 7 der Spaltungsrichtlinie[3] dar, wobei sich die Umsetzungspflicht aus dieser Richtlinie lediglich auf die Auf- bzw Abspaltung der Aktiengesellschaft

1 Lutter/*Schwab*, § 127 Rn 4; Semler/Stengel/*Gehling*, § 127 Rn 1; KölnKomm-UmwG/*Simon*, § 127 Rn 1.
2 Lutter/*Schwab*, § 127 Rn 1; Semler/Stengel/*Gehling*, § 127 Rn 2; KölnKomm-UmwG/*Simon*, § 127 Rn 2.
3 Sechste RL 82/891/EWG vom 17.12.1982, ABl. L 378 vom 31.12.1982 S. 47.

bezieht. Der Anwendungsbereich des § 127 geht somit weit über die gemeinschaftsrechtlichen Vorgaben hinaus.[4]

4 Umstritten ist, ob auch im Falle einer **Ausgliederung im Wege der Einzelrechtsnachfolge** die Berichtspflichten aus **§ 127 entsprechend anzuwenden** sind. Die Rechtsprechung hat diesbezüglich eine entsprechende Anwendung der Vorschriften über den Spaltungsbericht auf eine Ausgliederung im Wege der Einzelrechtsübertragung – mit dem Hinweis auf die Gleichheit der Interessenlage – bejaht. Eine solche analoge Anwendung sei aber immer nur dann vorzunehmen, falls aufgrund der Wesentlichkeit des zu übertragenden Vermögensgegenstandes eine ungeschriebene Hauptversammlungszuständigkeit gegeben ist.[5] Eine **vermittelnde Ansicht** hält eine solche Berichtspflicht nach dem Vorbild des § 127 immer nur dann für notwendig, wenn der Spaltungsvertragsentwurf nicht vor der entscheidenden Gesellschafterversammlung vorgelegt wird, und die Anteilseigner demnach nur durch einen Ausgliederungsbericht iSd § 127 ausreichend informiert werden können.[6] Nach vorzugswürdiger, anderer Ansicht wird eine entsprechende Anwendung der Berichtspflichten aus § 127 auf die Ausgliederung im Wege der Einzelrechtsübertragung insgesamt **abgelehnt**. Die besonderen Vorschriften des Umwandlungsrechts sind gerade nicht auf die Einzelrechtsnachfolge zu übertragen.[7] Auch der BGH tendiert in seiner Gelatine-Entscheidung zur Begründung von ungeschriebenen Mitwirkungsbefugnissen der Hauptversammlung bei wesentlichen Umstrukturierungen zur Ablehnung einer Gesetzesanalogie. Das Ergebnis einer offenen Rechtsfortbildung sei vielmehr als Rechtsgrundlage für die ungeschriebenen Mitwirkungsbestimmungen, mit welchen auch Informationsrechte der Aktionäre einhergehen, anzusehen.[8]

Hinweis: Trotz einer generellen Ablehnung der analogen Anwendung von § 127 auf eine Ausgliederung im Wege der Einzelrechtsnachfolge, sollte man – zur Vermeidung von Unsicherheiten – sich bei der **Information der Anteilsinhaber** vor der beschlussfassenden Versammlung inhaltlich **an den Berichtspflichten des § 127 orientieren.**[9]

5 Die Pflicht zur Erstellung des Spaltungsberichts trifft die jeweiligen Verwaltungsorgane der beteiligten Rechtsträger. Es handelt sich bei dieser Pflicht um eine **höchstpersönliche Verpflichtung des Gesamtorgans.**[10]

6 Wie § 127 S. 1 aE zum Ausdruck bringt, ist auch ein **gemeinschaftlicher Spaltungsbericht** der Vertretungsorgane sämtlicher an der Spaltung beteiligter Rechtsträger möglich. Bei einem solchen gemeinsamen Spaltungsbericht darf es allerdings nicht zu einer verringerten Informationsdichte für die Anteilsinhaber kommen.[11]

7 Der Spaltungsbericht ist in **schriftlicher Form** iSd § 126 BGB aufzustellen. Streitig ist allerdings, ob der Spaltungsbericht von sämtlichen Organmitgliedern zu unterzeichnen ist oder ob die **Unterzeichnung in vertretungsberechtigter Anzahl** genügt. Der BGH hat im Rahmen eines *obiter dictums* diesbezüglich angedeutet, dass aufgrund einer fehlenden Manipulationsgefahr die Unterzeichnung durch eine vertretungsberechtigte Anzahl der Organmitglieder ausreichend ist.[12] Diese Ansicht wird indes nur von Teilen im Schrifttum vertreten.[13] Nach anderer – jedoch abzulehnender – Ansicht wird auch weiterhin die Unterzeichnung des Spaltungsberichts durch sämtliche Organmitglieder gefordert.[14]

4 Lutter/*Schwab*, § 127 Rn 3; Semler/Stengel/*Gehling*, § 127 Rn 4; KölnKomm-UmwG/*Simon*, § 127 Rn 4.
5 LG Karlsruhe NZG 1998, 393 (395); Lutter in FS Fleck, S. 169 (179 f); grundsätzliche Bejahung der Analogie LG Frankfurt NJW-RR 1997, 1464 (1466).
6 Lutter/*Schwab*, § 127 Rn 2.
7 Semler/Stengel/*Gehling*, § 127 Rn 3; KölnKomm-UmwG/*Simon*, § 127 Rn 3.
8 BGH NZG 2004, 571 (574); Lutter/*Teichmann*, § 123 Rn 28.
9 Semler/Stengel/*Gehling*, § 127 Rn 3.
10 Semler/Stengel/*Gehling*, § 127 Rn 5; KölnKomm-UmwG/*Simon*, § 127 Rn 5.
11 Lutter/*Schwab*, § 127 Rn 14; Semler/Stengel/*Gehling*, § 127 Rn 5 f; KölnKomm-UmwG/*Simon*, § 127 Rn 11.
12 BGH NZG 2007, 714 (717).
13 KölnKomm-UmwG/*Simon*, § 127 Rn 9; Semler/Stengel/*Gehling*, § 127 Rn 7.
14 Lutter/*Schwab*, § 127 Rn 10 f.

8 Der Spaltungsbericht ist den Gesellschaftern je nach Gesellschaftsform in unterschiedlicher Art und Weise **zugänglich zu machen.** Den Gesellschaftern einer GmbH ist der Bericht spätestens mit der Einberufung der Gesellschafterversammlung zu übersenden (vgl § 125 iVm § 47). In gleicher Weise sind die Gesellschafter einer Personengesellschaft zu unterrichten (vgl § 125 iVm § 42). Bei der AG, der KGaA und der Genossenschaft ist der Spaltungsbericht ab der Einberufung der Hauptversammlung bzw der Generalversammlung in den Geschäftsräumen des Rechtsträgers zur Einsicht der Anteilsinhaber auszulegen (vgl für die AG § 125 iVm § 63 Abs. 1).[15]

II. Inhalt des Spaltungsberichts

9 § 127 S. 1 verlangt einen „**ausführlichen Bericht**", in welchem die Strukturmaßnahmen „**rechtlich und wirtschaftlich** erläutert und begründet werden". Entscheidend sind dabei aufgrund der Vielschichtigkeit der Spaltungsmöglichkeiten stets die Umstände des Einzelfalls,[16] wobei dem jeweiligen Vertretungsorgan ein **Ermessensspielraum** bezüglich des Umfanges des Spaltungsberichtes eingeräumt wird. Als Orientierungsrahmen dient diesbezüglich der Zweck des Spaltungsberichts, nämlich den Anteilsinhabern eine ausreichende Informationsbasis und einen Gesamtüberblick über die Strukturmaßnahme zu vermitteln, wobei ein „verständiger Gesellschafter" als Maßstab zu nehmen ist.[17]

10 **1. Information bezüglich der Spaltungsmaßnahme.** Zunächst ist die **Spaltungsmaßnahme in ihrer rechtlichen und wirtschaftlichen Gesamtheit** darzustellen und zu begründen. Der Spaltungsbericht hat demnach die Ausgangslage der beteiligten Rechtsträger darzustellen und anschließend die mit der Spaltung angestrebte Zielkonstellation abzubilden.[18] Die Darstellung der **Ist-Situation** erfordert Ausführungen zur gesellschaftsrechtlichen Struktur, zu den Organen und zur Gesellschafterstruktur der beteiligten Unternehmen. Zudem sind Angaben zu den bedeutsamen Geschäftsfeldern, zu den entscheidenden unternehmerischen Tätigkeiten, zu den Umsätzen sowie zu den Marktanteilen[19] zu machen. Ferner sind die Mitarbeiterstrukturen sowie die mitbestimmungsrechtlichen Einrichtungen im jeweiligen Unternehmen darzustellen.[20]

11 An die Erläuterung der Ist-Situation hat eine genügende Darstellung der mit der Spaltung einhergehenden unternehmerischen **Chancen und Risiken** anzuknüpfen.[21] Hierbei ist der Fokus auf gesellschaftsrechtliche, steuerrechtliche, bilanzielle und finanzwirtschaftliche Potentiale und Gefahren zu legen.[22] Damit die Anteilseigner einen solchen umfassenden Einblick erhalten, ist es unausweichlich im Spaltungsbericht auf die Kapitalsituation und den Grad der Verschuldung der beteiligten Rechtsträger hinzuweisen. Diese zukünftige Kapitallage wird entscheidend geprägt durch die **Zuweisung der Gegenstände des Aktiv- und Passivvermögens** im Rahmen der angestrebten Spaltungsmaßnahme, weshalb der Spaltungsbericht diesbezügliche Angaben zu enthalten hat.[23]

12 Besondere Bedeutung hat dabei die Darstellung der **Haftungssituation** der beteiligten Rechtsträger im Rahmen des Spaltungsberichtes. Als spaltungsspezifische Besonderheit ist zunächst auf die Gläubigerschutzvorschriften der §§ 133, 134 und die grundsätzliche Begründung einer zeitlich befristeten **gesamtschuldnerischen Haftung** im Außenverhältnis hinzuweisen.[24] Ferner ist die **Zuordnung der Verbindlichkeiten** im Innenverhältnis darzustellen, um eine Klassifizierung nach „Hauptschuldner" und „Mithafter" vornehmen zu können. Die ausreichende Ab-

15 Semler/Stengel/*Gehling*, § 127 Rn 9.
16 Semler/Stengel/*Gehling*, § 127 Rn 10 f; KölnKomm-UmwG/*Simon*, § 127 Rn 14.
17 Semler/Stengel/*Gehling*, § 127 Rn 11.
18 Lutter/*Schwab*, § 127 Rn 18 f; Semler/Stengel/*Gehling*, § 127 Rn 16.
19 Lutter/*Schwab*, § 127 Rn 19; Kallmeyer/*Kallmeyer/Sickinger*, § 127 Rn 5; aA Semler/Stengel/*Gehling*, § 127 Rn 15, Fn 39 („Eine Angabe zu Marktanteilen wird idR [...] nicht erfoderlich sein").
20 Lutter/*Schwab*, § 127 Rn 19; Semler/Stengel/*Gehling*, § 127 Rn 15.
21 Kallmeyer/*Kallmeyer/Sickinger*, § 127 Rn 5.
22 Schmitt/Hörtnagl/Stratz/*Hörtnagl*, § 127 Rn 13 ff; Semler/Stengel/*Gehling*, § 127 Rn 17.
23 Semler/Stengel/*Gehling*, § 127 Rn 18; Lutter/*Schwab*, § 127 Rn 19.
24 Lutter/*Schwab*, § 127 Rn 21; Semler/Stengel/*Gehling*, § 127 Rn 19; KölnKomm-UmwG/*Simon*, § 127 Rn 15.

bildung der Haftungssituation setzt weiterhin die Prognose voraus, ob der vorgesehene „Hauptschuldner" die ihm zugewiesene Verbindlichkeit bei Fälligkeit auch erfüllen können wird. Entscheidende Kriterien sind diesbezüglich der Umfang der jeweiligen Verbindlichkeit sowie die zukünftige Leistungsfähigkeit des „Hauptschuldners".[25] Die Kriterien sind aber nicht nur den Anteilsinhabern des „Hauptschuldners" mitzuteilen, sondern in Bezug auf die Gesamtschuldnerstellung im Außenverhältnis auch den Gesellschaftern der „nur mithaftenden" Rechtsträger.[26]

Bedingt die Spaltung seitens des übertragenden Rechtsträgers eine Kapitalherabsetzung oder seitens des übernehmenden Rechtsträgers eine Kapitalerhöhung, so sind diese Maßnahmen im Spaltungsbericht zu erläutern.[27] 13

2. Erläuterung des Spaltungsvertrages. § 127 fordert weiter die **Erläuterung des Spaltungsvertrages bzw der Entwurfsversion „im Einzelnen"**. Die konkreten Vertragsbestandteile „sind nach Sinngehalt und wirtschaftlicher Funktion zu erklären".[28] Die Erklärungstiefe hat sich dabei anhand des Adressatenkreises zu orientieren, der sich in der Regel aus juristisch nicht vorgebildeten Anteilsinhabern zusammensetzt. Besondere Bedeutung bei der Darstellung des Spaltungsvertrages, haben die Ausführungen bezüglich der Aufteilung der Gegenstände des Aktiv- und Passivvermögens.[29] 14

3. Beschreibung des Umtauschverhältnisses und Angaben zum Aufteilungsmaßstab. Weiterhin verlangt § 127 S. 1 Angaben zum **Umtauschverhältnis** sowie zum **Aufteilungsmaßstab** der Anteile. Der Gesetzeswortlaut nimmt allerdings nur auf die **Auf- und Abspaltung** Bezug und fordert im Spaltungsbericht demnach bei diesen Spaltungsarten Ausführungen zur Bestimmung der Relationen zwischen den bisherigen Beteiligungen und der Gewährung der neuen Anteile.[30] 15

Im Fall einer **Ausgliederung** verlangt § 127 S. 1 somit ausdrücklich keine Angaben zum maßgeblichen Umtauschverhältnis. Diese abweichende Behandlung der Ausgliederung erscheint zunächst folgerichtig, da bei dieser Spaltungsart keine Anteilsgewähr im eigentlichen Sinne erfolgt. Eine mit der Auf- und Abspaltung vergleichbare Interessenlage ergibt sich allerdings im Falle einer **Ausgliederung zur Aufnahme** immer dann, wenn der übertragende Rechtsträger nicht zu 100% an der übernehmenden Gesellschaft beteiligt ist oder die Beteiligungen der Gesellschafter nicht im selben Verhältnis zueinander stehen bzw der Gesellschafterkreis schon nicht personenidentisch ist. In diesen Ausgliederungsfällen ist es für die Anteilsinhaber ebenfalls wichtig zu erkennen, ob der Vermögensübertragung eine angemessene Anteilsgewähr gegenübersteht. Aufgrund dieser vergleichbaren Interessenlage und gleichzeitigem Vorliegen einer planwidrigen Regelungslücke,[31] ist § 127 S. 1 mit seinen Berichtspflichten zum Umtauschverhältnis auf die beschriebenen Fälle der Ausgliederung **entsprechend anzuwenden**.[32] 16

Die Angaben und Erläuterungen zum Umtauschverhältnis sind so zu gestalten, dass den Anteilsinhabern die Möglichkeit zur **Plausibilitätskontrolle** gegeben wird. Aus dem Spaltungsbericht müssen sich demnach die zur Festlegung des Umtauschverhältnisses erforderlichen **Unternehmensbewertungen nachvollziehbar** entnehmen lassen. Als Grundlage für eine eigenständige Unternehmensbewertung seitens der Anteilsinhaber muss der Spaltungsbericht allerdings nicht dienen.[33] 17

Die Tiefe sowie der Umfang der Berichtspflichten zum Umtauschverhältnis werden wiederum durch die Umstände des Einzelfalls geprägt, wobei es insbesondere von Bedeutung ist, ob es 18

25 Lutter/*Schwab*, § 127 Rn 22 f; Semler/Stengel/*Gehling*, § 127 Rn 19; KölnKomm-UmwG/*Simon*, § 127 Rn 15.
26 Lutter/*Schwab*, § 127 Rn 24; KölnKomm-UmwG/*Simon*, § 127 Rn 15.
27 Semler/Stengel/*Gehling*, § 127 Rn 20.
28 Lutter/*Schwab*, § 127 Rn 27.
29 Semler/Stengel/*Gehling*, § 127 Rn 24; KölnKomm-UmwG/*Simon*, § 127 Rn 17.
30 Semler/Stengel/*Gehling*, § 127 Rn 25; Lutter/*Schwab*, § 127 Rn 28.
31 Kallmeyer/*Kallmeyer/Sickinger*, § 127 Rn 7, spricht von einem „Redaktionsversehen".
32 Lutter/*Schwab*, § 127 Rn 29; KölnKomm-UmwG/*Simon*, § 127 Rn 18, 20.
33 Lutter/*Schwab*, § 127 Rn 33; Semler/Stengel/*Gehling*, § 127 Rn 26; KölnKomm-UmwG/*Simon*, § 127 Rn 22.

sich um eine verhältniswahrende oder eine nichtverhältniswahrende Spaltung handelt.[34] Mit Blick auf eine mögliche nichtverhältniswahrende Spaltung (vgl § 128) verlangt § 127 S. 1 im Spaltungsbericht neben den Ausführungen zum Umtauschverhältnis auch solche zum **Maßstab der Anteilsaufteilung.**[35]

19 Relativ wenige Erläuterungen sind demnach erforderlich, wenn es sich um eine **verhältniswahrende Spaltung** handelt. Grundsätzlich sollte in diesen Fällen der Hinweis genügen, dass die bisherigen Beteiligungen den Maßstab für die Anteilsgewähr am übernehmenden Rechtsträger abbilden. Neben den reinen Anteilsquoten sollten allerdings auch keine rechtlichen Veränderungen der Anteile (zB durch den Erwerb oder den Verlust von Sonderrechten) mit der Spaltung einhergehen. Andernfalls hat der Spaltungsbericht zu diesen rechtlichen Veränderungen Stellung zu nehmen und etwaige Kompensationen zu beziffern.[36] Herrscht bei einer verhältniswahrenden Spaltung zugleich seitens der übertragenden und der übernehmenden Gesellschaft eine Beteiligungsidentität, so ist weder das Umtauschverhältnis noch der Aufteilungsmaßstab erklärungsbedürftig.[37]

20 Die **nichtverhältniswahrende** Spaltung verlangt im Spaltungsbericht eine angemessene Darstellung des Umtauschverhältnisses und eine Erläuterung des Aufteilungsmaßstabes. Die Gründe für die unverhältnismäßige Anteilsgewähr müssen deutlich zum Ausdruck kommen. Hierzu ist insbesondere eine plausible Darstellung der Unternehmensbewertung notwendig.[38]

21 Weiterhin muss der Spaltungsbericht darlegen, dass die gewährten Anteile einen angemessenen Ausgleich in der angestrebten Vermögensübertragung finden. Die ist – mit Bezugnahme auf die Unternehmensbewertungen – besonders erklärungsbedürftig, wenn der Anteilsinhaberkreis zwischen dem übertragenden und übernehmenden Rechtsträger personenverschieden ist.[39]

22 **4. Angaben über die Mitgliedschaften.** Ergibt sich aus der Rechtsform des übernehmenden Rechtsträgers (insbesondere bei Genossenschaften und Vereinen), dass nicht etwa Anteile, sondern vielmehr **Mitgliedschaften** zu gewähren sind, so haben sich die Angaben im Rahmen des Spaltungsberichts auf diese Mitgliedschaften zu beziehen.[40] Der Wortlaut des Gesetzes begründet ein Alternativverhältnis („oder") zwischen den Angaben zum Umtauschverhältnis und den Angaben zu den Mitgliedschaften. Im Ergebnis besteht jedoch Einigkeit, dass seitens der berichtspflichtigen Organe kein Wahlrecht bestehen kann, so dass neben den Angaben bezüglich der Mitgliedschaften auch solche zum Umtauschverhältnis zwingend erforderlich sein können. Teilweise wird die Gesetzesformulierung als Redaktionsversehen bewertet und das „oder" durch „und gegebenenfalls" ersetzt.[41] Andernorts wird zwar das Alternativverhältnis anerkannt, die entsprechenden Berichts- und Informationspflichten dann aber aus § 127 S. 2 iVm § 8 Abs. 1 S. 2 hergeleitet.[42] Unterschiedliche Ergebnisse ergeben sich aus den vorgenannten Ansichten somit nicht.

23 **5. Angaben zur Barabfindung.** Der Spaltungsbericht muss ferner **Angaben zu Barabfindungsangeboten** enthalten. Dies ist natürlich immer nur dann erforderlich, wenn solche Barabfindungen überhaupt im Rahmen des Spaltungsvertrages notwendig sind (vgl §§ 125 S. 1, 29). Im Spaltungsbericht sind dabei insbesondere Ausführungen zur Höhe bzw zur Angemessenheit der Zahlung zu machen.[43]

24 **6. Hinweis bei der AG auf den Bericht über die Prüfung der Sacheinlage.** Nach § 142 Abs. 2 ist bei einer übernehmenden Aktiengesellschaft im Spaltungsbericht auf den Bericht zur Prü-

34 Semler/Stengel/*Gehling*, § 127 Rn 27, 29.
35 KölnKomm-UmwG/*Simon*, § 127 Rn 19.
36 Lutter/*Schwab*, § 127 Rn 31.
37 KölnKomm-UmwG/*Simon*, § 127 Rn 23; Lutter/*Schwab*, § 127 Rn 30.
38 Lutter/*Schwab*, § 127 Rn 32.
39 Semler/Stengel/*Gehling*, § 127 Rn 27, 32, 34; Lutter/*Schwab*, § 127 Rn 32.
40 Semler/Stengel/*Gehling*, § 127 Rn 37; KölnKomm-UmwG/*Simon*, § 127 Rn 26; Lutter/*Schwab*, § 127 Rn 35 f.
41 Lutter/*Schwab*, § 127 Rn 36; Widmann/Mayer/*Mayer*, § 127 Rn 41.
42 KölnKomm-UmwG/*Simon*, § 127 Rn 26.
43 Semler/Stengel/*Gehling*, § 127 Rn 38; KölnKomm-UmwG/*Simon*, § 127 Rn 27.

fung von Sacheinlagen (vgl § 183 Abs. 3 AktG) hinzuweisen. Weiter ist auch anzugeben, bei welchem Register dieser Prüfbericht zu hinterlegen ist. Aus dieser Hinweispflicht ergibt sich allerdings, dass im Spaltungsbericht selbst keine Berichtspflichten bezüglich der Prüfung von Sacheinlagen bestehen.[44]

7. Verweisung auf die Vorschriften zum Verschmelzungsbericht (§ 127 S. 2). Die **Ähnlichkeit zwischen dem Spaltungsbericht und dem Verschmelzungsbericht**, wird nochmals durch die **umfassende Verweisung in § 127 S. 2** verdeutlicht. Dort heißt es: „§ 8 Abs. 1 Satz 2 bis 4, Abs. 2 und 3 ist entsprechend anzuwenden." Grundsätzlich gelten bezüglich dieser Vorgaben sowohl beim Spaltungsbericht als auch beim Verschmelzungsbericht gleichartige Darstellungsmaßstäbe.[45] Insgesamt kann somit an dieser Stelle auf die Erläuterungen zu § 8 verwiesen werden (s. dort Rn 10 ff). 25

a) Hinweis auf besondere Schwierigkeiten bei der Bewertung sowie auf die Folgen für die Beteiligung der Anteilsinhaber (§ 127 S. 2 iVm § 8 Abs. 1 S. 2). Nach § 127 S. 2 iVm § 8 Abs. 1 S. 2 ist im Spaltungsbericht ein Hinweis „auf **besondere Schwierigkeiten bei der Bewertung der Rechtsträger**" aufzunehmen. Solche Probleme, welche über die Standardprobleme der Unternehmensbewertung hinausgehen, müssen aber nicht in einem besonderen Teil des Spaltungsberichts dargestellt werden, sondern können in die allgemeine Unternehmensbewertung integriert werden. Spezielle Probleme bei der Unternehmensbewertung können sich beispielsweise aus einem Sanierungsfall oder einem sehr jungen Unternehmen ergeben.[46] Weiter kann die Anwendung unterschiedlicher Unternehmensbewertungsverfahren oder die Übertragung von einzelnen Vermögensgegenständen zu besonderen Schwierigkeiten führen.[47] 26

Ferner verlangt die Norm einen Hinweis **„auf die Folgen für die Beteiligung der Anteilsinhaber"**. Dies bedeutet, dass den Anteilsinhabern im Spaltungsbericht aufzuzeigen ist, wie sich ihre Beteiligungsquote sowie ihre rechtliche Position durch die Spaltung verändert. Besonders bei nichtverhältniswahrenden Spaltungen, bei Rechtsformwechseln und bei rechtsqualitativen Veränderungen (Entstehung oder Untergang von Sperrminoritäten oder von einfachen bzw qualifizierten Mehrheiten) besteht Erläuterungsbedarf im Spaltungsbericht.[48] 27

b) Informationen bei verbundenen Unternehmen (§ 127 S. 2 iVm § 8 Abs. 1 S. 3 und 4). Das Gesetz erweitert die Berichtspflichten in § 127 S. 2 iVm § 8 Abs. 1 S. 3 immer dann, wenn an der Spaltung ein **Rechtsträger als verbundenes Unternehmen** (vgl § 15 AktG) beteiligt ist. Der Gesetzeswortlaut spricht von *„für die [Spaltung] wesentlichen Angelegenheiten"*, so dass lediglich Informationen der anderen verbundenen Unternehmen, welche **für die Spaltung von Relevanz** sind, in den Spaltungsbericht aufzunehmen sind.[49] Bei der Spaltung einer abhängigen Gesellschaft sind nur wenige Zusatzinformationen erforderlich. Handelt es sich hingegen um die Spaltung eines konzernherrschenden Rechtsträgers, so muss der Spaltungsbericht sich zu den Spaltungsfolgen für sämtliche abhängige Gesellschaften äußern, wobei insbesondere auf die Struktur und Form des Konzerns sowie auf die Verpflichtungen gegenüber den abhängigen Gesellschaften einzugehen ist.[50] 28

Den Berichtspflichten stehen Auskunftspflichten der Organe der anderen verbundenen Unternehmen gegenüber (vgl § 127 S. 2 iVm § 8 Abs. 1 S. 4). 29

c) Begrenzung der Berichtspflicht (§ 127 S. 2 iVm § 8 Abs. 2). Mit der entsprechenden Anwendung von § 8 Abs. 2 S. 1 auf den Spaltungsbericht wird deutlich, dass solche **Tatsachen nicht offenkundig gemacht werden müssen**, die geeignet sind, *„einem der beteiligten Rechtsträger* 30

44 Semler/Stengel/*Gehling*, § 127 Rn 45; KölnKomm-UmwG/*Simon*, § 127 Rn 32.
45 KölnKomm-UmwG/*Simon*, § 127 Rn 28, 29, 31, 33, 35.
46 Semler/Stengel/*Gehling*, § 127 Rn 39 f; KölnKomm-UmwG/*Simon*, § 127 Rn 28.
47 Schmitt/Hörtnagl/Stratz/*Hörtnagl*, § 127 Rn 17.
48 Lutter/*Schwab*, § 127 Rn 37; Semler/Stengel/*Gehling*, § 127 Rn 41; KölnKomm-UmwG/*Simon*, § 127 Rn 29.
49 Lutter/*Schwab*, § 127 Rn 41; Semler/Stengel/*Gehling*, § 127 Rn 43; KölnKomm-UmwG/*Simon*, § 127 Rn 31.
50 Schmitt/Hörtnagl/Stratz/*Hörtnagl*, § 127 Rn 18; Lutter/*Schwab*, § 127 Rn 43 f.

oder einem verbundenen Unternehmen einen ***nicht unerheblichen Nachteil zuzufügen.*** " Die Gründe für die Geheimhaltung sind allerdings im Spaltungsbericht in der Form anzugeben, dass diese von den Anteilsinhabern jedenfalls nachvollzogen werden können, vgl § 127 S. 2 iVm § 8 Abs. 2 S. 2.[51] Diese Begrenzung der Berichtspflichten ist aufgrund des Informationsbedürfnisses der Anteilsinhaber auf Ausnahmefälle zu begrenzen, weshalb die Tatbestandsvoraussetzungen eng auszulegen sind.[52]

31 **d) Entbehrlichkeit des Spaltungsberichts (§ 127 S. 2 iVm § 8 Abs. 3).** Für den Fall, dass ***„alle Anteilsinhaber aller beteiligten Rechtsträger"*** **auf den Spaltungsbericht verzichten**, ist dieser nach § 127 S. 2 iVm § 8 Abs. 3 S. 1 Alt. 1 entbehrlich. Die Verzichtserklärungen sind dabei notariell zu beurkunden, vgl § 8 Abs. 3 S. 2. Ist allerdings nur ein einziger Anteilsinhaber einer der beteiligten Rechtsträger nicht zu einem solchen Verzicht bereit, so haben sämtliche Organe für ihre Gesellschaft einen Spaltungsbericht anzufertigen.[53] Bei großen Publikumsgesellschaften wird ein solcher Verzicht daher praktisch kaum durchführbar sein.[54]

32 Die Verzichtserklärung muss sich auf ein konkretes Spaltungsverfahren beziehen, weshalb ein genereller Verzicht auf einen Spaltungsbericht im Vorhinein zB im Rahmen des Gesellschaftsvertrages oder der Satzung nicht zulässig ist. Ob es zur Konkretisierung der Spaltungsmaßnahmen erforderlich ist, dass bereits ein Entwurf des Spaltungsvertrages vorliegt, ist zweifelhaft.[55] In jedem Falle muss einem Verzicht auf den Spaltungsbericht eine individualisierte Beschreibung der Spaltung, insbesondere unter Bennennung der involvierten Gesellschaften, vorausgehen.[56]

33 Der Verweis in § 127 S. 2 bezieht sich auch auf § 8 Abs. 3 S. 1 Alt. 2, wonach ein Spaltungsbericht immer dann nicht erforderlich ist, wenn sich *„alle Anteile des übertragenden Rechtsträgers in der Hand des übernehmenden Rechtsträgers befinden."* Das Gesetz hat dabei die **Spaltung einer 100%-igen Tochter auf ihre Muttergesellschaft** vor Augen, wobei die Gesetzesformulierung unmittelbar nur die Ausgliederung zur Aufnahme erfasst.[57] Nach überwiegender Ansicht ist aber auch bei der Abspaltung von einer 100%-igen Tochter auf die Mutter ein Spaltungsbericht nicht notwendig.[58]

34 Eine andere Ansicht möchte den Verweis auf § 8 Abs. 3 in **teleologischer Weise** dahin gehend **einschränken**, dass § 8 Abs. 3 S. 1 Alt. 2 auf die Spaltung nicht entsprechend anzuwenden ist, weshalb auch bei der Spaltung einer 100%-igen Tochter auf ihre Mutter in jedem Fall ein Spaltungsbericht zu erstellen sei. Eine ausführliche Information der Anteilsinhaber sei schon deshalb erforderlich, weil „das konzerninterne Haftungsschott" beseitigt und eine gesamtschuldnerische Mithaftung für den übernehmenden Rechtsträger entstehen würde.[59] **Diese Meinung ist abzulehnen**, da insbesondere der Hinweis auf die veränderte Haftungssituation nicht überzeugt. Denn auch bei einer Verschmelzung einer 100%-igen Tochter auf ihre Muttergesellschaft – auf welche § 8 Abs. 3 S. 1 Alt. 2 unzweifelhaft anzuwenden wäre – kommt es zu einer solchen Veränderung der unmittelbaren Haftungssituation im Konzern.[60] Aufgrund der vergleichbaren Situationen bei Verschmelzung und Spaltung fehlt es an einem Wertungswiderspruch im Gesetz, der für die angestrebte telelogische Reduktion allerdings vorliegen müsste.

51 Lutter/*Schwab*, § 127 Rn 47 f; Semler/Stengel/*Gehling*, § 127 Rn 46; KölnKomm-UmwG/*Simon*, § 127 Rn 33.

52 Lutter/*Schwab*, § 127 Rn 47.

53 Lutter/*Schwab*, § 127 Rn 51; Semler/Stengel/*Gehling*, § 127 Rn 48; KölnKomm-UmwG/*Simon*, § 127 Rn 34 f.

54 Semler/Stengel/*Gehling*, § 127 Rn 50; KölnKomm-UmwG/*Simon*, § 127 Rn 35.

55 Semler/Stengel/*Gehling*, § 127 Rn 48 (Spaltungsvertrag bzw sein Entwurf für Verzicht nicht erforderlich); Lutter/*Schwab*, § 127 Rn 52 (Spaltungs- und Übernahmevertrag bzw Spaltungsplan im Entwurf regelmäßig Voraussetzung eines wirksamen Verzichts).

56 Semler/Stengel/*Gehling*, § 127 Rn 48; Lutter/*Schwab*, § 127 Rn 52.

57 Lutter/*Schwab*, § 127 Rn 53.

58 Widmann/Mayer/Mayer, § 127 Rn 64; Semler/Stengel/*Gehling*, § 127 Rn 51; KölnKomm-UmwG/*Simon*, § 127 Rn 36; aA Lutter/*Schwab*, § 127 Rn 53.

59 Lutter/*Schwab*, § 127 Rn 54.

60 So auch Semler/Stengel/*Gehling*, § 127 Rn 51; Köln-Komm-UmwG/*Simon*, § 127 Rn 36.

III. Fehlerhafter Spaltungsbericht

35 Fehlen im Spaltungsbericht zwingend erforderliche Ausführungen bzw wurden die vorgeschriebenen Inhalte in unzureichender Art und Weise dargestellt, so ist der **Spaltungsbericht fehlerhaft.** Eine solche Fehlerhaftigkeit berechtigt immer dann zur **Anfechtung des Spaltungsbeschlusses,** wenn dieser auf den mangelhaften Ausführungen im Rahmen des Spaltungsberichtes beruht. Solche Anfechtungsgründe stehen der Registereintragung entgegen, wenn nicht die Klagefrist von einem Monat (vgl §§ 125 S. 1, § 14 Abs. 1) bereits abgelaufen ist und der Spaltungsbeschluss damit unanfechtbar geworden ist.[61]

36 Zuletzt ist auf eine mögliche **strafrechtliche Verantwortlichkeit** bei unrichtigen Darstellungen oder Verschleierung im Spaltungsbericht gemäß § 313 Abs. 1, Nr. 1 hinzuweisen.[62]

§ 128 Zustimmung zur Spaltung in Sonderfällen

[1]Werden bei Aufspaltung oder Abspaltung die Anteile oder Mitgliedschaften der übernehmenden Rechtsträger den Anteilsinhabern des übertragenden Rechtsträgers nicht in dem Verhältnis zugeteilt, das ihrer Beteiligung an dem übertragenden Rechtsträger entspricht, so wird der Spaltungs- und Übernahmevertrag nur wirksam, wenn ihm alle Anteilsinhaber des übertragenden Rechtsträgers zustimmen. [2]Bei einer Spaltung zur Aufnahme ist der Berechnung des Beteiligungsverhältnisses der jeweils zu übertragende Teil des Vermögens zugrunde zu legen.

I. Normzweck

1 § 128 regelt die **nichtverhältniswahrende Spaltung,** deren Zulässigkeit bereits durch § 126 Abs. 1 Nr. 10 zum Ausdruck kommt. Die Vorschrift betrifft ausweislich ihres Wortlautes lediglich die Auf- und Abspaltung in den Formen zur Aufnahme und zur Neugründung, nicht aber auch die Ausgliederung.[1] Sieht der Spaltungsvertrag eine nichtverhältniswahrende Spaltung vor, verlangt § 128 S. 1 aE, dass alle Anteilsinhaber des übertragenden Rechtsträgers diesem Spaltungs- und Übernahmevertrag zustimmen müssen. Die Vorschrift verfolgt dabei den Zweck, die Gesellschafter des übertragenden Rechtsträgers vor Beschränkungen oder Verlusten ihrer organschaftlichen Rechte zu schützen.[2]

2 Die Zustimmungserfordernisse des § 128 beziehen sich allerdings immer nur auf die **Anteilsinhaber des übertragenden Rechtsträgers.** Für die Gesellschafter des übernehmenden Rechtsträgers ergeben sich aus § 128 unmittelbar keine Folgen.[3] Da die Zustimmung sämtlicher Anteilseigner vorausgesetzt wird, ist die nichtverhältnismäßige Spaltung für **Publikumsgesellschaften** praktisch kaum durchführbar.[4] **Die nichtverhältniswahrende Spaltung**

3 Eine nichtverhältniswahrende Auf- bzw Abspaltung liegt immer dann vor, *„wenn die Anteile oder Mitgliedschaften der übernehmenden Rechtsträger den Anteilsinhabern des übertragenden Rechtsträgers nicht in dem Verhältnis zugeteilt werden, das ihrer Beteiligung an dem übertragenden Rechtsträger entspricht."*[5] Eine **nichtverhältniswahrende Spaltung zur Neugründung** zeichnet sich dadurch aus, dass die rechnerischen Beteiligungsquoten der Gesellschafter des übertragenden Rechtsträgers an der übernehmenden Gesellschaft nicht mit den ursprünglichen Beteiligungsquoten an der übertragenden Gesellschaft übereinstimmen.[6]

61 Semler/Stengel/*Gehling*, § 127 Rn 53; Lutter/*Schwab*, § 127 Rn 56 ff.
62 § 313 Rn 4 ff; Semler/Stengel/*Gehling*, § 127 Rn 53; KölnKomm-UmwG/*Simon*, § 127 Rn 37.
1 Lutter/*Priester*, § 128 Rn 3; Semler/Stengel/*Schröer*, § 128 Rn 2.
2 Lutter/*Priester*, § 128 Rn 2; KölnKomm-UmwG/*Simon*, § 128 Rn 2; Semler/Stengel/*Schröer*, § 128 Rn 3.
3 Lutter/*Priester*, § 128 Rn 22; KölnKomm-UmwG/*Simon*, § 128 Rn 5; Semler/Stengel/*Schröer*, § 128 Rn 16.
4 Semler/Stengel/*Schröer*, § 128 Rn 3.
5 Lutter/*Priester*, § 128 Rn 8.
6 Kallmeyer/*Kallmeyer/Sickinger*, § 128 Rn 2; Lutter/*Priester*, § 128 Rn 8; KölnKomm-UmwG/*Simon*, § 128 Rn 7; Semler/Stengel/*Schröer*, § 128 Rn 5.

4 Bei einer **Spaltung zur Aufnahme** verringern sich die reinen Beteiligungsquoten der Anteilseigner des übertragenden Rechtsträgers am übernehmenden Rechtsträger naturgemäß, denn deren Beteiligungen treten neben diejenigen der bisherigen Gesellschafter am übernehmenden Rechtsträger. Diese mangelnde direkte Übertragbarkeit der Beteiligungsquote im Falle der Spaltung zur Aufnahme führt allerdings nicht unmittelbar zu einer nichtverhältniswahrenden Spaltung und damit zu einem Zustimmungserfordernis. § 128 S. 2 stellt diesbezüglich klar, dass in einem solchen Fall für das Beteiligungsverhältnis der jeweils zu übertragende Vermögensteil als Basis dienen soll. Eine **nichtverhältniswahrende Spaltung zur Aufnahme** ist somit gegeben, wenn die Anteilsinhaber des übertragenden Rechtsträgers untereinander nicht im Verhältnis ihrer ursprünglichen Beteiligungsquoten am übernehmenden Rechtsträger beteiligt werden.[7]

5 Unbeachtlich bei der Frage nach einer nichtverhältniswahrenden Spaltung ist der Aspekt, ob die Anteilsgewährungen an die Gesellschafter des übertragenden Rechtsträgers in einem angemessenen Verhältnis zu den Beteiligungen der bisherigen Anteilsinhaber am übernehmenden Rechtsträger stehen. Denn diese Frage betrifft die Angemessenheit des Umtauschverhältnisses (§ 126 Abs. 1 S. 3).[8]

6 Als erste Erscheinungsform der nichtverhältniswahrenden Spaltung können die Gesellschafter des übertragenden Rechtsträgers im Rahmen der Spaltung in von der Beteiligungsquote am übertragenden Rechtsträger abweichenden Verhältnissen an den übernehmenden Rechtsträgern beteiligt werden. Im Ergebnis findet in diesen Fällen eine **Verschiebung der Beteiligungsquote** statt.[9] Eine weitere Art der nichtverhältniswahrenden Spaltung ist die sog. **Spaltung zu Null**. Bei dieser Art der Spaltung werden Gesellschafter des übertragenden Rechtsträgers an einem oder mehreren übernehmenden Rechtsträgern überhaupt nicht beteiligt, an einem oder mehreren anderen Rechtsträgern im Ausgleich dafür jedoch überproportional.[10] Erhalten einzelne Anteilseigner des übertragenden Rechtsträgers überhaupt keine Beteiligungen an der oder den aufnehmenden Gesellschaften, ist von einer **Spaltung zu Null mit vollständigem Verzicht** die Rede. Eine solche Art der Spaltung zu Null stellt eine ausnahmsweise zulässige Durchbrechung des Grundprinzips der Anteilsgewähr im Rahmen der Spaltung dar.[11] Dies ist freilich nur mit Zustimmung der Betroffenen möglich, deren Schutz durch § 128 gerade sichergestellt werden soll.

7 Ein Zustimmungserfordernis iSv § 128 besteht jedoch immer dann nicht, wenn die verminderte Beteiligung durch **bare Zuzahlungen** iSd §§ 125 S. 1, 54 Abs. 4, 68 Abs. 3 **des übernehmenden Rechtsträgers** kompensiert wird.[12] Ob in diesem Fall dogmatisch betrachtet bereits tatbestandlich eine nichtverhältniswahrende Spaltung ausscheidet[13] oder eine teleologische Reduktion vorzunehmen ist,[14] spielt in der Praxis keine Bedeutung. Beachtet werden muss allerdings, dass die baren Zuzahlungen lediglich als Mittel zum Spitzenausgleich herangezogen werden dürfen, so dass jedenfalls die 10%-Grenze aus den §§ 125 S. 1, 54 Abs. 4, 68 Abs. 3 zu unterschreiten ist.[15]

8 **Ausgleichszahlungen** durch begünstigte Anteilsinhaber an benachteiligte Gesellschafter stellen allerdings keine baren Zuzahlungen im obigen Sinne dar. Solche Zahlungen sind zwar im Spaltungsvertrag anzugeben, aber in beliebiger Höhe zulässig. Trotz solcher Ausgleichszahlungen

7 Kallmeyer/*Kallmeyer/Sickinger*, § 128 Rn 3; Lutter/*Priester*, § 128 Rn 9; KölnKomm-UmwG/*Simon*, § 128 Rn 8 ff; Semler/Stengel/*Schröer*, § 128 Rn 5.

8 Lutter/*Priester*, § 128 Rn 9; Semler/Stengel/*Schröer*, § 128 Rn 5.

9 Lutter/*Priester*, § 128 Rn 12; KölnKomm-UmwG/*Simon*, § 128 Rn 15; Semler/Stengel/*Schröer*, § 128 Rn 6.

10 Lutter/*Priester*, § 128 Rn 13; KölnKomm-UmwG/*Simon*, § 128 Rn 16; Semler/Stengel/*Schröer*, § 128 Rn 6.

11 LG Essen NZG 2002, 736 (737); im Ergebnis auch schon LG Konstanz DB 1998, 1177 (1177 f); Lutter/*Priester*, § 128 Rn 15; KölnKomm-UmwG/*Simon*, § 128 Rn 17; Semler/Stengel/*Schröer*, § 128 Rn 6; aA Widmann/Mayer/*Mayer*, § 128 Rn 29.

12 AA Kallmeyer/*Kallmeyer/Sickinger*, § 128 Rn 2.

13 Schmitt/Hörtnagl/Stratz/*Hörtnagl*, § 128 Rn 21; Semler/Stengel/*Schröer*, § 128 Rn 9.

14 KölnKomm-UmwG/*Simon*, § 128 Rn 37.

15 Lutter/*Priester*, § 128 Rn 11; KölnKomm-UmwG/*Simon*, § 128 Rn 39; Semler/Stengel/*Schröer*, § 128 Rn 9.

bleibt das Zustimmungserfordernis iSv § 128 aber bestehen, da die Spaltung trotzdem als nichtverhältniswahrend zu qualifizieren ist.[16]

II. Die Zustimmung sämtlicher Anteilsinhaber des übertragenden Rechtsträgers

Damit eine nichtverhältniswahrende Spaltung tatsächlich wirksam wird, müssen **sämtliche Anteilseigner des übertragenden Rechtsträgers** dem Spaltungs- und Übernahmevertrag **zustimmen**. Erforderlich ist demnach ein einstimmiger Spaltungsbeschluss, wobei die Zustimmung in notariell beurkundeter Form zu erfolgen hat (vgl §§ 125 S. 1, 13 Abs. 3 S. 1). Das Zustimmungserfordernis aus § 128 S. 1 erstreckt sich auch auf die **Inhaber stimmrechtloser Anteile** sowie auf solche Personen, die eine **dingliche Berechtigung** (zB Nießbrauch oder Pfandrechte) an den Anteilen des übertragenden Rechtsträgers halten.[17] 9

Bevor nicht sämtliche Anteilsinhaber und dinglich Berechtigte ihre Zustimmung zur nichtverhältniswahrenden Spaltung erklärt haben, ist der Spaltungs- und Übernahmevertrag **schwebend unwirksam**. Fehlt es schlussendlich auch nur an einer einzelnen erforderlichen Zustimmung, so ist der Spaltungsvertrag insgesamt **unwirksam**.[18] 10

Die Zustimmung zu einer nichtverhältniswahrenden Spaltung steht allein im **freien Ermessen** der jeweiligen Anteilsinhaber. Nur in Ausnahmefällen und unter besonderen Voraussetzungen kann sich aus der **gesellschaftsrechtlichen Treuepflicht** eine Pflicht zur Zustimmung ergeben. Dies ist vor allem dann in Betracht zu ziehen, wenn die Spaltungsmaßnahme in einem überwiegenden Interesse der Gesellschaft steht und der betreffende Anteilsinhaber für seinen Rechtsverlust eine angemessene Kompensation erhält. Da aufgrund des insoweit eindeutigen Wortlauts der Vorschrift ("*alle Anteilsinhaber ... zustimmen*") diese Zustimmung nicht einfach fingiert werden kann, müssen die übrigen Anteilsinhaber die sich weigernden Anteilsinhaber auf Zustimmung verklagen.[19] Die Zustimmung gilt dann nach Erlangung der Rechtskraft des stattgebenden Urteils gemäß § 894 ZPO als abgegeben. 11

§ 129 Anmeldung der Spaltung

Zur Anmeldung der Spaltung ist auch das Vertretungsorgan jedes der übernehmenden Rechtsträger berechtigt.

I. Das zusätzliche Anmelderecht der übernehmenden Rechtsträger

§ 129 ist lediglich eine **Klarstellung und Ergänzung** zu § 16 Abs. 1 S. 2.[1] Die Details der Registeranmeldung der Spaltung ergeben sich vielmehr bereits aus den §§ 125 S. 1, 16, 17 und somit also durch eine entsprechende Anwendung der verschmelzungsrechtlichen Vorschriften. Inhaltlich räumt § 129 dem Vertretungsorgan jedes der **übernehmenden Rechtsträger die Berechtigung** ein, die Spaltung auch zur **Eintragung in das Register des übertragenden Rechtsträgers** anzumelden. Diese spaltungsspezifische Ergänzung zu § 16 Abs. 1 S. 2, der im Singular vom Vertretungsorgan des übernehmenden Rechtsträgers spricht, ist notwendig, da an einer Spaltungsmaßnahme – anders als an einer Verschmelzung – mehrere übernehmende Rechtsträger beteiligt sein können. Die Vorschrift des § 129 findet – wie sich aus § 135 Abs. 1 ergibt – allerdings nur auf die Spaltungsarten **zur Aufnahme** Anwendung.[2] 1

16 Kallmeyer/*Kallmeyer/Sickinger*, § 128 Rn 5; Lutter/*Priester*, § 128 Rn 16; KölnKomm-UmwG/*Simon*, § 128 Rn 35; Semler/Stengel/*Schröer*, § 128 Rn 10.

17 Lutter/*Priester*, § 128 Rn 17 f; Semler/Stengel/*Schröer*, § 128 Rn 11 ff; Schmitt/Hörtnagl/Stratz/*Hörtnagl*, § 128 Rn 29.

18 Lutter/*Priester*, § 128 Rn 18, 20; Semler/Stengel/*Schröer*, § 128 Rn 11, 17.

19 Kallmeyer/*Kallmeyer/Sickinger*, § 128 Rn 6; Lutter/*Priester*, § 128 Rn 19; Semler/Stengel/*Schröer*, § 128 Rn 14.

1 Lutter/*Priester*, § 129 Rn 2; Semler/Stengel/*Schröer*, § 129 Rn 1; KölnKomm-UmwG/*Simon*, § 129 Rn 5.

2 Lutter/*Priester*, § 129 Rn 1 f; Semler/Stengel/*Schröer*, § 129 Rn 1; KölnKomm-UmwG/*Simon*, § 129 Rn 3.

2 Aufgrund des engen Bezuges zu § 16 Abs. 1 S. 2 betrifft das zusätzliche Anmelderecht der Vertretungsorgane der übernehmenden Rechtsträger aber nur die Spaltungsanmeldung, welche sich auf den übertragenden Rechtsträger bezieht. Bezüglich eines weiteren, anderen, übernehmenden Rechtsträgers besteht keine Berechtigung zur Anmeldung der Spaltung seitens der Vertretungsorgane des jeweils anderen, übernehmenden Rechtsträgers.[3] Neben diesem **zusätzlichen Anmelderecht** bleibt natürlich die **Anmeldepflicht** bezüglich der eigenen Gesellschaft, seitens der Vertretungsorgane jedes der an der Spaltung beteiligten Rechtsträgers, bestehen, vgl §§ 129, 16 Abs. 1 S. 1.[4] Zweck der § 129 iVm §§ 125, 16 Abs. 1 S. 2 ist eine **Beschleunigung des Verfahrens** im Interesse der übernehmenden Rechtsträger.[5] Mit der Vorschrift des § 129 wurde die Vorgabe aus Art. 16 Abs. 2 der Spaltungsrichtlinie umgesetzt.[6]

II. Die Spaltungsanmeldung

3 Inhaltlich geht es um die **Anmeldung der Spaltung selbst**, wobei **Firma, Sitz** der beteiligten Rechtsträger sowie **Art der Spaltungsmaßnahme** angegeben werden müssen. Weitere Angaben sind nicht zwingend, können aber zur Fehlerminimierung bei der Eintragung und zur Vermeidung von Zwischenverfügungen zweckmäßig und sinnvoll sein. Gehen mit der Umwandlungsmaßnahme insb. Kapitalerhöhungen oder Kapitalherabsetzungen einher, sind diese nach den rechtsformspezifischen Grundsätzen anzumelden.[7]

4 Die Spaltungsanmeldung hat in das **Register am Sitz des jeweiligen Rechtsträgers** zu erfolgen, vgl § 16 Abs. 1 S. 1. Die Anmeldung ist gemäß § 12 Abs. 1 HGB elektronisch in öffentlich beglaubigter Form vorzunehmen.[8] Bei dem übertragenden Rechtsträger muss die **Acht-Monats-Frist** aus § 17 Abs. 2 S. 4 beachtet werden. Demnach muss die Spaltungsanmeldung innerhalb dieser Frist nach dem Stichtag der Bilanz beim Registergericht erfolgen.[9] Bezüglich der weiteren Einzelheiten wird auf die Kommentierung zu § 16 hingewiesen (s. dort Rn 3 ff).

III. Die Anlagen der Spaltungsanmeldung

5 Welche besonderen **Anlagen der Spaltungsanmeldung** jeweils beizufügen sind, ergibt sich aus den §§ 125 S. 1, 17. Demnach sind Spaltungsvertrag, Niederschriften der Spaltungsbeschlüsse, etwaige Zustimmungserklärungen, Spaltungsbericht oder die entsprechenden Verzichtserklärungen, Spaltungsprüfungsbericht, Nachweis über die Zuleitung des Spaltungsvertrages an den Betriebsrat sowie die Schlussbilanz des übertragenden Rechtsträgers bei der Anmeldung miteinzureichen.[10] Weitere Anlagen sind insb. dann erforderlich, wenn im Falle der Beteiligung von Kapitalgesellschaften eine Satzungsänderung mit der Spaltungsmaßnahme einhergeht.[11] In Bezug auf die einzelnen Details zu den erforderlichen Anlagen bei der Anmeldung der Spaltung ist auf die vorstehenden Ausführungen zu § 17 hinzuweisen (s. dort Rn 3 ff).

§ 130 Eintragung der Spaltung

(1) [1]Die Spaltung darf in das Register des Sitzes des übertragenden Rechtsträgers erst eingetragen werden, nachdem sie im Register des Sitzes jedes der übernehmenden Rechtsträger einge-

3 Lutter/*Priester*, § 129 Rn 2; Semler/Stengel/*Schröer*, § 129 Rn 5; KölnKomm-UmwG/*Simon*, § 129 Rn 6; Kallmeyer/*Zimmermann*, § 129 Rn 3.

4 Lutter/*Priester*, § 129 Rn 3; Semler/Stengel/*Schröer*, § 129 Rn 2.

5 Lutter/*Priester*, § 129 Rn 2 (kritisch); Semler/Stengel/*Schwanna*, § 16 Rn 9.

6 Lutter/*Priester*, § 129 Rn 2; Semler/Stengel/*Schröer*, § 129 Rn 1.

7 Lutter/*Priester*, § 129 Rn 6; Semler/Stengel/*Schröer*, § 129 Rn 7 f; KölnKomm-UmwG/*Simon*, § 129 Rn 11; Kallmeyer/*Zimmermann*, § 129 Rn 6 f.

8 Lutter/*Priester*, § 129 Rn 4, 7; Semler/Stengel/*Schröer*, § 129 Rn 7; KölnKomm-UmwG/*Simon*, § 129 Rn 8.

9 Lutter/*Priester*, § 129 Rn 5; Semler/Stengel/*Schröer*, § 129 Rn 16; KölnKomm-UmwG/*Simon*, § 129 Rn 9; Kallmeyer/*Zimmermann*, § 129 Rn 10.

10 Lutter/*Priester*, § 129 Rn 10; Semler/Stengel/*Schröer*, § 129 Rn 11; KölnKomm-UmwG/*Simon*, § 129 Rn 15.

11 Lutter/*Priester*, § 129 Rn 11 f; Semler/Stengel/*Schröer*, § 129 Rn 12 ff.

tragen worden ist. ²Die Eintragung im Register des Sitzes jedes der übernehmenden Rechtsträger ist mit dem Vermerk zu versehen, daß die Spaltung erst mit der Eintragung im Register des Sitzes des übertragenden Rechtsträgers wirksam wird, sofern die Eintragungen in den Registern aller beteiligten Rechtsträger nicht am selben Tag erfolgen.

(2) ¹Das Gericht des Sitzes des übertragenden Rechtsträgers hat von Amts wegen dem Gericht des Sitzes jedes der übernehmenden Rechtsträger den Tag der Eintragung der Spaltung mitzuteilen sowie einen Registerauszug und den Gesellschaftsvertrag, den Partnerschaftsvertrag oder die Satzung des übertragenden Rechtsträgers in Abschrift, als Ausdruck oder elektronisch zu übermitteln. ²Nach Eingang der Mitteilung hat das Gericht des Sitzes jedes der übernehmenden Rechtsträger von Amts wegen den Tag der Eintragung der Spaltung im Register des Sitzes des übertragenden Rechtsträgers zu vermerken.

I. Normzweck

§ 130 **ersetzt** § **19 Abs. 1, Abs. 2.** Die Bekanntmachung iSv § 19 Abs. 3 bleibt über § 125 S. 1 allerdings auch auf die Spaltung anwendbar.[1] Für die Spaltung zur Neugründung ist, wie sich aus § 135 Abs. 1 ergibt, die Regelung des § 130 Abs. 2 nicht anwendbar. Hier ist vielmehr § 137 Abs. 3 einschlägig.[2] 1

§ 130 Abs. 1 kehrt gegenüber § 19 Abs. 1 die **Eintragungsreihenfolge bei der Spaltung** um. Nach § 19 Abs. 1 ist die Verschmelzungsmaßnahme zwingend zunächst bei den übertragenden Rechtsträgern einzutragen und erst danach bei dem übernehmenden Rechtsträger. Die umgekehrte Eintragungsreihenfolge ergibt sich aus § 130 Abs. 1, so dass die Spaltung immer zuerst in das Register der beteiligten übernehmenden Rechtsträger eingetragen werden muss. Erst nachfolgend darf und muss dann die Eintragung beim übertragenden Rechtsträger vorgenommen werden.[3] 2

Grund für die veränderte Eintragungsreihenfolge ist, dass an einer Spaltung zwar mehrere übernehmende Rechtsträger beteiligt sein können, aber stets nur ein übertragender Rechtsträger. Bei einer Verschmelzung ist dies genau umgekehrt. Vor diesem Hintergrund sind auch die unterschiedlichen Regelungen in § 20 Abs. 1 und § 131 Abs. 1 zu verstehen. Demnach treten die Wirkungen der Verschmelzung mit der Eintragung in das Register des übernehmenden Rechtsträgers ein, vgl § 20 Abs. 1, wohingegen die Wirkungen der Spaltung mit der Eintragung in das Register des übertragenden Rechtsträgers eintreten, vgl § 131 Abs. 1. Der Gesetzgeber bezweckt damit, dass die **konstitutive Maßnahme für die jeweilige Umwandlungsart immer zuletzt** erfolgt, so dass deren Zeitpunkt einheitlich beurteilt werden kann.[4] 3

II. Prüfungskompetenz der Registergerichte

Vor der Eintragung der Spaltung hat das Registergericht – wie bei der Verschmelzung – das Vorliegen der **formellen und materiellen Voraussetzungen** für diese Eintragung zu prüfen.[5] Zu den formellen Prüfungspunkten gehören die Zuständigkeit des Registergerichts, die Ordnungsmäßigkeit der Anmeldung, die Form der Anmeldung sowie die Vollständigkeit der eingereich- 4

1 Lutter/*Priester*, § 130 Rn 2; Semler/Stengel/*Schwanna*, § 130 Rn 1; Kallmeyer/*Zimmermann*, § 130 Rn 1.
2 Schmitt/Hörtnagl/Stratz/*Hörtnagl*, § 130 Rn 1.
3 Lutter/*Priester*, § 130 Rn 3; Schmitt/Hörtnagl/Stratz/*Hörtnagl*, § 130 Rn 2; KölnKomm-UmwG/*Simon*, § 130 Rn 4.
4 Lutter/*Priester*, § 130 Rn 4; Semler/Stengel/*Schwanna*, § 130 Rn 8; KölnKomm-UmwG/*Simon*, § 130 Rn 4.
5 Lutter/*Priester*, § 130 Rn 5; Semler/Stengel/*Schwanna*, § 130 Rn 2; Kallmeyer/*Zimmermann*, § 130 Rn 2.

ten Unterlagen. Zum materiellen Prüfungsumfang gehören die Einhaltung der gesetzlichen Mindeststandards bezüglich des Spaltungsvertrages, die Ordnungsmäßigkeit des Spaltungsbeschlusses, die Zuleitung an den Betriebsrat, die Wirksamkeit ggf erforderlicher Zustimmungen sowie die formelle Ordnungsmäßigkeit der Schlussbilanz.[6]

5 Der Prüfungsumfang des Registergerichtes bezieht sich allerdings nur auf die **Vollständigkeit und Ordnungsmäßigkeit der Spaltungsmaßnahme**, nicht hingegen auf deren Zweckmäßigkeit. Auch das Umtauschverhältnis wird nicht vom Registergericht überprüft. Diese Punkte können nur im Rahmen des Spruchverfahrens überprüft werden.[7] Werden im Rahmen der Umwandlungsmaßnahme ordentliche Kapitalherabsetzungen oder Kapitalerhöhungen durchgeführt, so sind auch diese auf Vollständigkeit und Ordnungsmäßigkeit zu überprüfen.[8]

6 Das Registergericht hat über die Spaltungseintragung stets unverzüglich zu entscheiden, bzw beim Vorliegen eines behebbaren Eintragungshindernisses unverzüglich eine Zwischenverfügung zu erlassen (§ 25 Abs. 1 Handelsregisterverordnung).[9] Sind alle Voraussetzungen für die Eintragung der Spaltung erfüllt, muss diese auch seitens des Registergerichts eingetragen werden.[10]

7 Sind für die beteiligten Rechtsträger **mehrere Registergerichte** zuständig, so entscheiden diese grundsätzlich unabhängig voneinander. Allerdings ergeben sich **wechselseitige Bindungswirkungen.** So ist das Registergericht des übertragenden Rechtsträgers an die Voreintragungen beim übernehmenden Rechtsträger bezüglich der Spaltung und einer möglichen Kapitalerhöhung gebunden. Eine inhaltlich anderweitige Entscheidung ist diesbezüglich nicht möglich.[11]

III. Die Spaltungseintragung

8 Die in § 130 Abs. 1 S. 1 vorgesehene und oben bereits dargelegte **Eintragungsreihenfolge** ist **zwingend.** Demnach ist die Spaltung immer zuerst bei jedem der beteiligten **übernehmenden Rechtsträger** einzutragen, wobei diesen Eintragungen aber nur deklaratorische Bedeutung zukommt. Diese Eintragungen sind dann grundsätzlich nach § 130 Abs. 1 S. 2 mit einem **Vorläufigkeitsvermerk** zu versehen, aus welchem sich ergibt, *„dass die Spaltung erst mit der Eintragung im Register des Sitzes des übertragenden Rechtsträgers wirksam wird…“*. Ein solcher Vermerk ist nur dann **nicht notwendig**, wenn sämtliche Eintragungen an einem Tag erfolgen, vgl § 130 Abs. 1 S. 2 aE. Die Eintragung einer ggf erforderlichen **Kapitalerhöhung** bei einem übernehmenden Rechtsträger, welche grundsätzlich auch mit einem Vorläufigkeitsvermerk zu versehen ist, muss der Eintragung der Spaltungsmaßnahme stets vorausgehen, vgl §§ 53 (GmbH), 66, 69 (AG), 78 iVm 66, 69 (KGaA).[12]

9 Wird die Eintragung der Umwandlungsmaßnahme im Register des **übertragenden Rechtsträgers** nicht am selben Tage vorgenommen, ist immer nachzuweisen, dass die Spaltungseintragung bei den beteiligten übernehmenden Rechtsträgern tatsächlich erfolgt ist. Eine Information von Amts wegen erfolgt diesbezüglich nicht. Der Eintragung beim übertragenden Rechtsträger kommt dann die konstitutive Wirkung zu, vgl § 131 Abs. 1. Auch bei dem übertragenden Rechtsträger ist eine **Kapitalherabsetzung** im Vorhinein einzutragen, vgl §§ 139 (GmbH), 145 (AG/KGaA).[13]

6 Semler/Stengel/*Schwanna*, § 130 Rn 3.
7 Lutter/*Priester*, § 130 Rn 5 f; Semler/Stengel/*Schwanna*, § 130 Rn 7.
8 Semler/Stengel/*Schwanna*, § 130 Rn 5 f; Kallmeyer/*Zimmermann*, § 130 Rn 3, 5.
9 Lutter/*Priester*, § 130 Rn 5.
10 Kallmeyer/*Zimmermann*, § 130 Rn 7.
11 Schmitt/Hörtnagl/Stratz/*Hörtnagl*, § 130 Rn 10 ff.
12 Lutter/*Priester*, § 130 Rn 9; Semler/Stengel/*Schwanna*, § 130 Rn 9; KölnKomm-UmwG/*Simon*, § 130 Rn 14; Kallmeyer/*Zimmermann*, § 130 Rn 8 f.
13 Lutter/*Priester*, § 130 Rn 10; Semler/Stengel/*Schwanna*, § 130 Rn 11; KölnKomm-UmwG/*Simon*, § 130 Rn 15.

Inhaltlich hat die Spaltungseintragung die Art der Spaltung, eine Umschreibung des betroffenen Vermögensteils, die beteiligten Rechtsträger und die Daten zum Spaltungsvertrag sowie zu den Spaltungsbeschlüssen zu enthalten.[14] 10

Die Zuständigkeit für die Spaltungseintragung bleibt bei Kapitalgesellschaften dem Richter vorbehalten. In sämtlichen anderen Fällen wird diese auf den Rechtspfleger übertragen, vgl §§ 3 Nr. 2 lit. d, § 17 Nr. 1 lit. c RpflG.[15] 11

IV. Verstöße gegen die Eintragungsreihenfolge

Wird die vorgeschriebene Eintragungsreihenfolge bei der Spaltung **nicht eingehalten**, so hat dieser Verstoß **keine Konsequenzen für die Wirksamkeit der Spaltungsmaßnahme**. Wird die Spaltung in Abweichung von § 130 Abs. 1 zuerst beim übertragenden Rechtsträger eingetragen, so treten die Wirkungen der Spaltung bereits in diesem Zeitpunkt ein. Die Registereintragungen bezüglich der übernehmenden Rechtsträger sind dann nachzuholen.[16] Gleiches gilt für die Eintragung einer ggf erforderlichen Kapitalerhöhung.[17] 12

V. Rechtsmittel

Ein statthaftes **Rechtsmittel** gegen die Spaltungseintragung ist **nicht vorhanden**. Vor der Eintragung in das Register des übertragenden Rechtsträgers ist eine Löschung der bereits erfolgten Eintragungen in die Register der übernehmenden Rechtsträger lediglich von Amts wegen (§ 395 FamFG) möglich, sofern wesentliche Mängel an den Voraussetzungen der Spaltung vorliegen.[18] Anders ist die Situation, wenn die Eintragung der Spaltung vollständig abgelehnt oder eine Zwischenverfügung erlassen wird. In diesen Fällen kann das Rechtsmittel der **Beschwerde** (§ 58 FamFG) eingelegt werden.[19] 13

VI. Mitteilung der Eintragung und Verbleib der Registerakten (§ 130 Abs. 2)

Gemäß § 130 Abs. 2 S. 1 hat das Registergericht des übertragenden Rechtsträgers von Amts wegen den **Tag der Eintragung der Spaltung** jedem Registergericht der übernehmenden Rechtsträger **mitzuteilen**. Die Registergerichte an den Sitzen der übernehmenden Rechtsträger haben diesen Zeitpunkt nach § 130 Abs. 2 S. 2 dann in die maßgeblichen Register einzutragen, so dass der Zeitpunkt der Wirksamkeit der Spaltungsmaßnahmen aus den Registern sämtlicher an der Umwandlungsmaßnahme beteiligter Rechtsträger ersichtlich ist.[20] 14

Im Unterschied zur Verschmelzung, bei welcher nach § 19 Abs. 2 die Registerakten stets an das für den übernehmenden Rechtsträger zuständige Gericht zu übermitteln sind, verbleiben die **Registerunterlagen** bei allen Spaltungsarten (auch bei der Aufspaltung) bei dem für den übertragenden Rechtsträger zuständigen Registergericht. § 130 Abs. 1 S. 1 sieht stattdessen vor, dass seitens des Registergerichts am Sitz des übertragenden Rechtsträgers von Amts wegen ein Registerauszug und der Gesellschaftsvertrag, der Partnerschaftsvertrag oder die Satzung des übertragenden Rechtsträgers in Abschrift, als Ausdruck oder elektronisch zu übermitteln ist. Eine Übermittlung des Gesellschaftsvertrages bzw der Satzung kann allerdings nur dann erfolgen, sofern solche – meistens aufgrund von Einreichungspflichten bei der Gründung (so bei Kapitalgesellschaften) oder bei einem Formwechsel in eine Kommanditgesellschaft, im Zuge dessen ein Gesellschaftsvertrag einzureichen ist – überhaupt im Register des übertragenden Rechtsträgers vorhanden sind. Bei Personengesellschaften wird dies normalerweise nicht der 15

14 Lutter/*Priester*, § 130 Rn 8; KölnKomm-UmwG/*Simon*, § 130 Rn 7; Kallmeyer/*Zimmermann*, § 130 Rn 10.

15 Schmitt/Hörtnagl/Stratz/*Hörtnagl*, § 130 Rn 17.

16 Lutter/*Priester*, § 130 Rn 11; Semler/Stengel/*Schwanna*, § 130 Rn 12; KölnKomm-UmwG/*Simon*, § 130 Rn 22.

17 Lutter/*Priester*, § 130 Rn 11; Semler/Stengel/*Schwanna*, § 130 Rn 12; KölnKomm-UmwG/*Simon*, § 130 Rn 23.

18 Semler/Stengel/*Schwanna*, § 130 Rn 13.

19 Semler/Stengel/*Schwanna*, § 130 Rn 14.

20 Lutter/*Priester*, § 130 Rn 12.

Fall sein, weshalb der Wortlaut des § 130 Abs. 1 S. 2 auch als Redaktionsversehen anzusehen ist.[21] § 130 Abs. 2 ist nach § 135 Abs. 1 – wie bereits oben beschrieben – auf die Spaltung zur Neugründung nicht anwendbar.

VII. Bekanntmachung

16 Die Eintragungen bezüglich der Spaltungsmaßnahme sind von jedem Registergericht von Amts wegen nach § 10 HGB ihrem **ganzen Inhalt nach bekannt zu machen**, vgl §§ 125 S. 1, 19 Abs. 3. Die Bekanntmachung muss den Hinweis enthalten, dass die Gläubiger berechtigt sind, Sicherheiten zu verlangen, §§ 125 S. 1, 22 Abs. 1 S. 3.[22]

VIII. Kostenaspekte

17 Die bei einer Spaltungsmaßnahme entstehenden Kosten setzten sich vorwiegend aus den Gerichtskosten und den Notargebühren zusammen. Im Rahmen der Anlage zu § 1 HRegGebV (Gebührenverzeichnis) wird nicht zwischen den verschiedenen Umwandlungsmaßnahmen unterschieden. Die Kosten entsprechen demnach grundsätzlich den Kosten, die auch bei der Verschmelzung anfallen, weshalb auf die dortigen Ausführungen verwiesen werden kann (s. § 16 Rn 52 ff). Weitere Kosten entstehen durch eine gleichzeitige Kapitalerhöhung oder Kapitalherabsetzung.[23]

§ 131 Wirkungen der Eintragung

(1) Die Eintragung der Spaltung in das Register des Sitzes des übertragenden Rechtsträgers hat folgende Wirkungen:

1. **Das Vermögen des übertragenden Rechtsträgers, bei Abspaltung und Ausgliederung der abgespaltene oder ausgegliederte Teil oder die abgespaltenen oder ausgegliederten Teile des Vermögens einschließlich der Verbindlichkeiten gehen entsprechend der im Spaltungs- und Übernahmevertrag vorgesehenen Aufteilung jeweils als Gesamtheit auf die übernehmenden Rechtsträger über.**
2. **[1]Bei der Aufspaltung erlischt der übertragende Rechtsträger. [2]Einer besonderen Löschung bedarf es nicht.**
3. **[1]Bei Aufspaltung und Abspaltung werden die Anteilsinhaber des übertragenden Rechtsträgers entsprechend der im Spaltungs- und Übernahmevertrag vorgesehenen Aufteilung Anteilsinhaber der beteiligten Rechtsträger; dies gilt nicht, soweit der übernehmende Rechtsträger oder ein Dritter, der im eigenen Namen, jedoch für Rechnung dieses Rechtsträgers handelt, Anteilsinhaber des übertragenden Rechtsträgers ist oder der übertragende Rechtsträger eigene Anteile innehat oder ein Dritter, der im eigenen Namen, jedoch für Rechnung dieses Rechtsträgers handelt, dessen Anteilsinhaber ist. [2]Rechte Dritter an den Anteilen oder Mitgliedschaften des übertragenden Rechtsträgers bestehen an den an ihre Stelle tretenden Anteilen oder Mitgliedschaften der übernehmenden Rechtsträger weiter. [3]Bei Ausgliederung wird der übertragende Rechtsträger entsprechend dem Ausgliederungs- und Übernahmevertrag Anteilsinhaber der übernehmenden Rechtsträger.**
4. **Der Mangel der notariellen Beurkundung des Spaltungs- und Übernahmevertrags und gegebenenfalls erforderlicher Zustimmungs- oder Verzichtserklärungen einzelner Anteilsinhaber wird geheilt.**

(2) Mängel der Spaltung lassen die Wirkungen der Eintragung nach Absatz 1 unberührt.

21 Lutter/*Priester*, § 130 Rn 14; KölnKomm-UmwG/*Simon*, § 130 Rn 20; Kallmeyer/*Zimmermann*, § 130 Rn 12.

22 Lutter/*Priester*, § 130 Rn 14; Semler/Stengel/*Schwanna*, § 130 Rn 20.

23 Semler/Stengel/*Schwanna*, § 130 Rn 15 f.

(3) Ist bei einer Aufspaltung ein Gegenstand im Vertrag keinem der übernehmenden Rechtsträger zugeteilt worden und läßt sich die Zuteilung auch nicht durch Auslegung des Vertrags ermitteln, so geht der Gegenstand auf alle übernehmenden Rechtsträger in dem Verhältnis über, das sich aus dem Vertrag für die Aufteilung des Überschusses der Aktivseite der Schlußbilanz über deren Passivseite ergibt; ist eine Zuteilung des Gegenstandes an mehrere Rechtsträger nicht möglich, so ist sein Gegenwert in dem bezeichneten Verhältnis zu verteilen.

I. Normzweck

§ 131 ist eine der **Kernvorschriften** des Spaltungsrechtes.[1] Die Norm orientiert sich am Regelungskonzept der Verschmelzung nach § 20 und wandelt es unter Berücksichtigung der spaltungsspezifischen Besonderheiten um.[2] Die Vorschrift regelt die Rechtsfolgen der Spaltungseintragung, welche ab dem Zeitpunkt der Eintragung im Register des übertragenden Rechtsträgers eintreten. Essentielle Bedeutung erlangt dabei der **Vermögensübergang (Abs. 1 Nr. 1) im Wege der partiellen Gesamtrechtsnachfolge**. Weitere in § 131 enthaltene Rechtsfolgen sind das Erlöschen des übertragenden Rechtsträgers bei der Aufspaltung (Abs. 1 Nr. 2), die Anteilsübertragung nach den Vorgaben im Spaltungs- und Übernahmevertrag (Abs. 1 Nr. 3), die Mängelheilung (Abs. 1 Nr. 4, Abs. 2) sowie die Zuteilung von „vergessenen" Vermögensgegenständen (Abs. 3).[3] Die Vorschrift ist grundsätzlich auf sämtliche Spaltungsarten anzuwenden,[4] was sich für die Spaltung zur Neugründung aus § 135 Abs. 1 S. 1 ergibt. 1

II. Der Übergang des Vermögens (§ 131 Abs. 1 Nr. 1)

Mit der Spaltungseintragung beim übertragenden Rechtsträger vollzieht sich der **Vermögensübergang** in der Art und Weise, wie er im Spaltungsvertrag vorgesehen ist, im Wege der partiellen Gesamtrechtsnachfolge. Der Wortlaut des § 131 Abs. 1 Nr. 1 unterscheidet dabei zwischen der Aufspaltung einerseits und der Abspaltung sowie der Ausgliederung andererseits. Dies lässt sich aufgrund der Systematik der Spaltungsarten erklären. Im Gegensatz zur Aufspaltung verbleibt nämlich sowohl bei der Abspaltung als auch bei der Ausgliederung Vermögen beim übertragenden Rechtsträger.[5] 2

1 Lutter/*Teichmann*, § 131 Rn 1.
2 Semler/Stengel/*Kübler*, § 131 Rn 1; KölnKomm-UmwG/*Simon*, § 131 Rn 4; Lutter/*Teichmann*, § 131 Rn 1.
3 Semler/Stengel/*Kübler*, § 131 Rn 1; KölnKomm-UmwG/*Simon*, § 131 Rn 1 ff.
4 KölnKomm-UmwG/*Simon*, § 131 Rn 5.
5 Semler/Stengel/*Kübler*, § 131 Rn 7; KölnKomm-UmwG/*Simon*, § 131 Rn 9 ff.

III. Die Beschränkungen und Grenzen der partiellen Gesamtrechtsnachfolge

3 Fraglich ist, ob das Prinzip der **partiellen Gesamtrechtsnachfolge zu beschränken** ist. Das UmwG idFv 28.10.1994 enthielt diesbezügliche Beschränkungen insb. im Rahmen des § 132 aF.[6] Diese Norm sollte vornehmlich verhindern, dass es im Rahmen der Spaltung zu einer Umgehung spezieller Hindernisse kommen würde, welche bei der Einzelrechtsnachfolge bestehen würden. Durch das 2. Gesetz zur Änderung des UmwG vom 19.4.2007 ist § 132 aF allerdings ersatzlos weggefallen.[7] Nach dieser Streichung des § 132 aF enthält das UmwG nun keine gesetzlichen Beschränkungen der partiellen Gesamtrechtsnachfolge mehr. Doch auch *de lege lata* sind gewisse Schranken der Vermögensübertragung im Wege der partiellen Gesamtrechtsnachfolge anzuerkennen, die im Rahmen einer Auslegung zu ermitteln sind.[8] *Teichmann* bringt dies auf den Punkt, indem er formuliert: „Ging […] § 132 aF zu weit, so entbindet dies nach dem Wegfall dieser Bestimmung nicht von der Aufgabe zu überprüfen, inwieweit für die Einzelrechtsnachfolge Schranken fixiert sind, die Grundprinzipien jeder Übertragung darstellen und deshalb auch für die Spaltung respektiert werden müssen."[9]

4 **1. Die mangelnde Übertragbarkeit von Vermögenspositionen.** Die **mangelnde Übertragbarkeit** von Vermögensbestandteilen beurteilt sich bei der Spaltung nach den gleichen Grundsätzen, wie dies bei der Verschmelzung der Fall ist (s. § 20 Rn 8 ff). Diesbezüglich stellte bereits der Gesetzentwurf zum 2. Gesetz zur Änderung des UmwG fest, dass **höchstpersönliche Rechte und Pflichten**, also solche, die gerade nicht durch ein Rechtsgeschäft auf einen anderen übertragen werden können (zB Mitgliedschaft in einem Verein, Nießbrauch etc.), von der Rechtsnachfolge ausgenommen sind.[10]

5 Als **Rechtsfolge** führt eine mangelnde Übertragbarkeit idR aufgrund der Höchstpersönlichkeit der jeweiligen Vermögensposition unabhängig von der Zuweisung im Spaltungsvertrag – nach freilich nicht unbestrittener Ansicht – dazu, dass diese bei der **Ausgliederung und Abspaltung beim übertragenden Rechtsträger verbleibt.**[11] Auf die geänderten Rahmenbedingungen ist dann möglicherweise auf sekundärer Ebene mit Gestaltungsrechten (zB Kündigung, Rücktritt, Vertragsanpassung im Rahmen der Grundsätze zur Störung der Geschäftsgrundlage gemäß § 313 BGB) zu reagieren.

6 Im Falle einer **Aufspaltung erlischt die Vermögensposition** jedenfalls dann, wenn diese aufgrund ihrer Höchstpersönlichkeit gerade nicht verwertbar ist.[12] In Ausnahmefällen, zB bei unübertragbaren Beteiligungen an Personengesellschaften, kommt neben dem Erlöschen der Vermögensposition allerdings die **Übertragung eines Abfindungsanspruches** in Betracht.[13] In den praxisrelevanten Fällen ist, wie nachfolgend noch zu zeigen sein wird, gerade die **Höchstpersönlichkeit** entscheidend für die mangelnde Übertragbarkeit der Vermögensposition. Demnach ist auch die Diskussion[14] zur Lösung der möglichen Diskrepanz zwischen ggf verbleibenden Vermögenspositionen einerseits und der zwingenden Auflösung des übertragenden Rechtsträgers bei der Aufspaltung nach § 131 Abs. 1 Nr. 2 andererseits für die Praxis nicht wesentlich.

7 Sonstige Übertragungshindernisse, die im Rahmen der Einzelrechtsnachfolge zu beachten wären (zB relative Übertragungshindernisse), spielen in Bezug auf den Vermögensübergang im

6 § 132 aF lautete: „Allgemeine Vorschriften, welche die Übertragbarkeit eines bestimmten Gegenstandes ausschließen oder an bestimmte Voraussetzungen knüpfen oder nach denen die Übertragung eines bestimmten Gegenstandes einer staatlichen Genehmigung bedarf, bleiben durch die Wirkungen der Eintragung nach § 131 unberührt. § 399 des Bürgerlichen Gesetzbuchs steht der Aufspaltung nicht entgegen."

7 BT-Drucks. 16/2919, 19; Semler/Stengel/*Kübler*, § 131 Rn 12; Lutter/*Teichmann*, § 131 Rn 3.

8 Semler/Stengel/*Kübler*, § 131 Rn 9, 12; Lutter/*Teichmann*, § 131 Rn 3 f.

9 Lutter/*Teichmann*, § 131 Rn 6.

10 BT-Drucks. 16/2919, 19.

11 Lutter/*Teichmann*, § 131 Rn 19; aA Semler/Stengel/*Schröer*, § 131 Rn 19, der die betroffenen Vermögensgegenstände gemäß der Zuweisung im Spaltungs- und Übernahmevertrag zunächst übergehen lassen will, dann aber ebenfalls eine Korrektur über die Ausübung von Gestaltungsrechten vornehmen will.

12 Schmitt/Hörtnagl/Stratz/*Hörtnagl*, § 131 Rn 99; Lutter/*Teichmann*, § 131 Rn 21.

13 Semler/Stengel/*Schröer*, § 131 Rn 26; Lutter/*Teichmann*, § 131 Rn 21.

14 Lutter/*Teichmann*, § 131 Rn 19 ff, 67; Semler/Stengel/*Schröer*, § 131 Rn 18 ff.

Rahmen der partiellen Gesamtrechtsnachfolge keine Rolle.[15] An der Spaltung nichtbeteiligten Dritten, die aber durch die Rechtsfolgen der Spaltung betroffen sind, werden allerdings auf **Sekundärebene** Gestaltungsrechte zugestanden.[16] Der Gesetzesentwurf spricht diesbezüglich von Kündigung, Rücktritt und von einer Berufung auf den Wegfall der Geschäftsgrundlage.[17]

2. Die fehlende Trennbarkeit von Vermögenspositionen. Als spezifisches spaltungsrechtliches Problem tritt die Frage nach der **Trennbarkeit von Vermögenspositionen** auf. Im Unterschied zur Verschmelzung stellt sich bei der Spaltung die Frage, ob Vermögenspositionen, welche in einer Vermögensmasse miteinander vereint sind, auf verschiedene Rechtsträger aufgeteilt werden können.[18] Die Untrennbarkeit eines Vermögensgegenstandes müsste sich dabei wiederum aus den allgemeinen Vorschriften bezüglich des jeweiligen Vermögensgegenstandes ergeben und nicht etwa direkt aus dem UmwG.[19] Als Beispiel für untrennbare Vermögensgegenstände werden die akzessorischen Sicherungsrechte iSv § 401 BGB sowie die Ausübung von Gestaltungsrechten (zB Anfechtung oder Kündigung) genannt, bei denen das zu gestaltende Rechtsverhältnis auf einen anderen Rechtsträger übertragen werden soll.[20] 8

Als Rechtsfolge ergibt sich bei einer Untrennbarkeit von Vermögenspositionen, **dass das abhängige Recht zwingend der übergeordneten Rechtsposition folgen muss.** Eine Zuordnung zu verschiedenen Rechtsträgern dieser untrennbaren Vermögenspositionen ist nicht möglich, weshalb beide Vermögenspositionen stets in einer Vermögensmasse zu vereinen sind.[21] So folgt damit zB idR die Bürgschaft der abgesicherten Darlehnsforderung. Ggf muss durch Auslegung des Parteiwillens ermittelt werden, welchem Rechtsträger die gemeinsam zu behandelnden Vermögenspositionen zugeordnet werden sollen. 9

3. Der Missbrauchseinwand. Der Einwand der missbräuchlichen Vertragsgestaltung kann im Rahmen der Spaltung als Korrektiv von Bedeutung werden, da es sich bei dem Missbrauchsverbot um ein allgemeines Rechtsprinzip handelt.[22] Es geht dabei um die Frage, ob durch die Spaltungsgestaltung „spezielle Interessen anderer in nicht hinnehmbarer Weise verletzt werden."[23] Offenkundig wird dies in den Fällen, in denen der Vermögensmasse eines Rechtsträgers lediglich Passiva zugewiesen werden und somit zumindest in Kauf genommen wird, dass dieser Rechtsträger insolvent wird. Da das UmwG gerade nicht regelt, dass im Rahmen von Spaltungsmaßnahmen stets ein ausgewogenes Verhältnis von Aktiva zu Passiva einzuhalten ist,[24] wird man für einen Missbrauchseinwand zusätzlich eine konkrete Schädigungsabsicht der an der Spaltungsmaßnahme Beteiligten fordern müssen.[25] 10

IV. Die partielle Gesamtrechtsnachfolge und ihre Auswirkungen bezüglicher einzelner Vermögenspositionen

1. Bewegliche Sachen. Die im Spaltungsvertrag vorgesehenen Eigentumsübertragungen von **beweglichen Sachen** finden mit Eintragung der Spaltung beim übertragenden Rechtsträger statt. Einer besonderen Übergabe bzw eines Übergabesurrogates bedarf es diesbezüglich nicht. Ein gutgläubiger Erwerb ist allerdings im Rahmen dieser Form der Vermögensübertragung nicht möglich.[26] 11

Auch **Anwartschaften** – insb. an Sachen, die unter **Vorbehaltseigentum** geliefert worden sind – können übertragen werden. Eine Trennung des Anwartschaftsrechtes von der dazugehörigen 12

15 Lutter/*Teichmann*, § 131 Rn 19.
16 Semler/Stengel/*Schröer*, § 131 Rn 31, 36; KölnKomm-UmwG/*Simon*, § 131 Rn 27.
17 BT-Drucks. 16/2919, 19.
18 KölnKomm-UmwG/*Simon*, § 131 Rn 17; Lutter/*Teichmann*, § 131 Rn 5.
19 Semler/Stengel/*Schröer*, § 131 Rn 14, 21.
20 Semler/Stengel/*Schröer*, § 131 Rn 14; KölnKomm-UmwG/*Simon*, § 131 Rn 17; Lutter/*Teichmann*, § 131 Rn 7.
21 Semler/Stengel/*Schröer*, § 131 Rn 14.
22 KölnKomm-UmwG/*Simon*, § 131 Rn 19.
23 Lutter/*Teichmann*, § 131 Rn 16; ähnlich Semler/Stengel/*Schröer*, § 131 Rn 17.
24 AA LG Hamburg ZIP 2005, 2331, 2332.
25 Lutter/*Teichmann*, § 131 Rn 16; Semler/Stengel/*Schröer*, § 131 Rn 17.
26 Kallmeyer/*Kallmeyer/Sickinger*, § 131 Rn 6.

Verbindlichkeit ist zwar möglich, aber wohl nur selten sinnvoll.[27] Diese Grundsätze sind dann aus umgekehrter Perspektive auch auf das **Sicherungseigentum** an beweglichen Sachen zu übertragen.[28]

13 **2. Grundstücke.** Der Übergang des Eigentums vollzieht sich bei **Grundstücken** (und grundstückgleichen Rechten) ebenfalls im Zeitpunkt des Wirksamwerdens der Spaltung und findet daher außerhalb des Grundbuches statt, weshalb dieses im Nachgang zur Spaltungsmaßnahme zu berichtigen ist. Ferner können im Rahmen der Spaltung auch nur **Teilflächen** eines Grundstücks übertragen werden. Neben der Einräumung von Alleineigentum kann ein Grundstück auch in Form von **Miteigentum** auf mehrere Rechtsträger im Rahmen der Spaltung aufgeteilt werden.[29] Die **wesentlichen Bestandteile** eines Grundstückes iSv § 94 BGB können immer nur der Vermögensmasse zugeordnet werden, zu welcher auch das Grundstück selbst zugewiesen wird, vgl § 93 BGB.[30] Bereits **existierende Belastungen** eines Grundstücks mit Grundpfandrechten oder Nutzungsrechten zugunsten Dritter bleiben durch die Spaltung unverändert bestehen.[31]

14 Eine Trennbarkeit vom Grundstück ist zu bejahen für **Scheinbestandteile** (§ 95 BGB) und **Zubehör** (§ 97 BGB), so dass diese Vermögenspositionen einem anderen Rechtsträger zugeordnet werden können.[32]

15 **3. Rechte an Grundstücken (Grundpfandrechte und Nutzungsrechte). Grundpfandrechte** sind grundsätzlich im Wege der partiellen Gesamtrechtsnachfolge frei übertragbar. Bei verbrieften Grundpfandrechten vollzieht sich der Vermögensübergang ohne Rücksicht auf die Übergabe des jeweiligen Briefes.[33] Es ist jedoch zu beachten, dass eine **Hypothek** immer untrennbar mit der zugrunde liegenden Forderung verbunden ist. Wird die gesicherte Forderung im Spaltungsvertrag einem bestimmten Rechtsträger zugewiesen, so folgt die Hypothek unausweichlich dieser Forderung (vgl § 1153 BGB). Sowohl die **Grundschuld** als auch die **Rentenschuld** können im Gegensatz dazu aufgrund ihrer mangelnden Akzessorietät von den jeweiligen Forderungen getrennt und unterschiedlichen Vermögensmassen zugeordnet werden.[34]

16 Grundsätzlich nicht übertragbar sind **Nießbrauch** (§ 1059 S. 1 BGB) und **beschränkt persönliche Dienstbarkeiten** (§ 1092 Abs. 1 BGB). Ausnahmen können sich jedoch in beiden Fällen aus den §§ 1059 a ff BGB ergeben, deren Anwendbarkeit sich für die beschränkt persönliche Dienstbarkeit aus § 1092 Abs. 2 BGB ergibt.[35] Nach den tatbestandlichen Voraussetzungen des **§ 1059 a Abs. 1 Nr. 1 BGB** ist eine Übertragung immer dann möglich, wenn der Nießbrauch bzw die beschränkt persönliche Dienstbarkeit aus dem Vermögen einer juristischen Person (bzw einer rechtfähigen Personengesellschaft, vgl § 1059 a Abs. 2 BGB) im Wege der **Gesamtrechtsnachfolge** übertragen wird, wobei ein solcher Übergang nicht ausdrücklich ausgeschlossen sein darf. Nach vorherrschender, aber nicht unbestrittener[36] Ansicht greift diese Ausnahmeregelung im Grundsatz **auch im Falle der partiellen Gesamtrechtsnachfolge** im Rahmen der Spaltung ein.[37] *Schröer* beschränkt die Übertragungsmöglichkeit allerdings nach diesen Grundsätzen auf die Aufspaltung und fordert für die Übertragung des Nutzungsrechtes bei der Abspaltung und Ausgliederung die Beachtung des Rechtsgedankens des § 1059 a Abs. 1 Nr. 2 S. 1 BGB.[38] Diese Vorschrift enthält eine weitere Ausnahme von der grundsätzlichen Unübertragbarkeit der angesprochenen Rechte. Nach § 1059 a Abs. 1 Nr. 2 S. 1 BGB ist die Übertragung des Nießbrauchs oder der beschränkt persönlichen Dienstbarkeit möglich, wenn eine juristi-

27 Schmitt/Hörtnagl/Stratz/*Hörtnagl*, § 131 Rn 28.
28 Kallmeyer/*Kallmeyer/Sickinger*, § 131 Rn 6.
29 Lutter/*Teichmann*, § 131 Rn 26; Semler/Stengel/*Schröer*, § 131 Rn 22.
30 Lutter/*Teichmann*, § 131 Rn 26; Semler/Stengel/*Schröer*, § 131 Rn 22.
31 Lutter/*Teichmann*, § 131 Rn 26.
32 Lutter/*Teichmann*, § 131 Rn 28; Semler/Stengel/*Schröer*, § 131 Rn 22.
33 Lutter/*Teichmann*, § 131 Rn 29.
34 Lutter/*Teichmann*, § 131 Rn 29; Semler/Stengel/*Schröer*, § 131 Rn 34.
35 Semler/Stengel/*Schröer*, § 131 Rn 42.
36 Lutter/*Teichmann*, § 131 Rn 30; „Zunächst ist festzuhalten, dass sich entgegen der wohl hL keine Freigabe aus § 1059 a Abs. 1 Nr. 1 BGB ergibt."
37 Semler/Stengel/*Schröer*, § 131 Rn 42.
38 Semler/Stengel/*Schröer*, § 131 Rn 42.

sche Person ein Unternehmen oder einen Unternehmensteil überträgt und das Nutzungsrecht den Zwecken des übertragenden Unternehmens **zu dienen geeignet** ist. Das Vorliegen dieser Voraussetzungen ist dabei von der zuständigen Landesbehörde festzustellen, vgl § 1059 a Abs. 1 Nr. 2 S. 2 BGB.[39]

Die Ausführungen zum Nießbrauch und zur persönlichen Dienstbarkeit sind auch auf das **dingliche Vorkaufsrecht** zu übertragen, wobei § 1098 Abs. 3 BGB die entsprechende Anwendung der §§ 1059 a ff BGB anordnet.[40] 17

4. Forderungen. Der **Übergang von Forderungen** im Rahmen der Spaltung erfolgt nach Maßgabe der Festlegungen im Spaltungsvertrag. Grundsätzlich wird dem Schuldnerschutz durch die Anwendung der §§ 404 ff BGB Rechnung getragen.[41] Generell nicht übertragbar sind allerdings Forderungen mit **höchstpersönlichem Charakter**.[42] 18

Umfasst die zu übertragende Forderung eine **teilbare Leistung**, so kann die einzelne Forderung auch auf unterschiedliche Rechtsträger aufgeteilt werden.[43] Untrennbar mit der jeweiligen Forderung verbunden sind aber die **unselbstständigen Nebenrechte** iSv § 401 BGB (Hypotheken, Pfandrechte, Bürgschaften), die **Hilfsrechte** (zB Anspruch auf Quittungserteilung nach § 368 BGB) sowie solche **Gestaltungsrechte**, die ihre Grundlage in der zu übertragenden Forderung finden.[44] 19

Die in § 399 BGB enthalten **Abtretungsverbote** aufgrund einer Inhaltsänderung (1. Alt.) oder einer Vereinbarung (2. Alt.) **stehen** einer Forderungsübertragung im Wege der partiellen Gesamtrechtsnachfolge nach der Abschaffung von § 132 aF **nicht mehr entgegen**. Vielmehr finden diese Einzelübertragungshindernisse aus § 399 BGB *de lege lata* auf sämtliche Spaltungsarten keine Anwendung mehr und entfalten demnach auch keinerlei dingliche Wirkung.[45] Den Schuldnerinteressen wird jedoch im Falle einer Forderungsübertragung im Rahmen der Spaltung, trotz Vorliegens einer der Alternativen aus § 399 BGB, dadurch Rechnung getragen, dass auf Sekundärebene **Kündigungs- oder Vertragsanpassungsrechte** begründet sein können.[46] 20

5. Verbindlichkeiten. Neben den Forderungen einerseits können auch **Verbindlichkeiten** im Spaltungsvertrag frei zugewiesen und bei Teilbarkeit auf verschiedene Rechtsträger aufgeteilt werden. Die Mitwirkungsrechte der Gläubiger aus den §§ **414, 415 BGB** sind aufgrund der partiellen Gesamtrechtsnachfolge **nicht zu beachten**. Schutz erlangen die Gläubiger vielmehr durch die gesamtschuldnerische Haftung der beteiligten Rechtsträger aus § 133 sowie aus der Möglichkeit, Sicherheiten nach § 22 verlangen zu können.[47] 21

Wurden für die zu übertragende Verbindlichkeit Sicherheiten bestellt, so gelten diese auch nach der Spaltung fort. § 418 BGB findet demnach nach vorherrschender Ansicht keine Anwendung.[48] 22

6. Verträge bzw Schuldverhältnisse. Vertragsverhältnisse können im Rahmen der partiellen Gesamtrechtsnachfolge auf übernehmende Rechtsträger übertragen werden, wobei in der Regel **sämtliche Rechtspositionen** übergehen.[49] Dem außenstehenden Vertragspartner werden für den Fall der Unzumutbarkeit seines neuen (aufgezwungenen) Vertragspartners verschiedene Gestaltungsrechte gewährt, insb. das Recht zur außerordentlichen Kündigung.[50] 23

39 Kallmeyer/*Kallmeyer/Sickinger*, § 131 Rn 8.
40 Kallmeyer/*Kallmeyer/Sickinger*, § 131 Rn 8.
41 Lutter/*Teichmann*, § 131 Rn 36.
42 Semler/Stengel/*Schröer*, § 131 Rn 32.
43 Semler/Stengel/*Schröer*, § 131 Rn 32.
44 Kallmeyer/*Kallmeyer/Sickinger*, § 131 Rn 9.
45 Semler/Stengel/*Schröer*, § 131 Rn 31; KölnKomm-UmwG/*Simon*, § 131 Rn 27; Widmann/Mayer/*Vossius*, § 131 Rn 28.
46 Semler/Stengel/*Schröer*, § 131 Rn 31; Widmann/Mayer/*Vossius*, § 131 Rn 28.
47 Semler/Stengel/*Schröer*, § 131 Rn 33; KölnKomm-UmwG/*Simon*, § 131 Rn 28; Lutter/*Teichmann*, § 131 Rn 39.
48 Semler/Stengel/*Schröer*, § 131 Rn 34; KölnKomm-UmwG/*Simon*, § 131 Rn 28; aA Lutter/*Teichmann*, § 131 Rn 39.
49 BGH WM 2003, 2335 (2336); OLG Dresden WM 2008, 1273 (1274).
50 Semler/Stengel/*Schröer*, § 131 Rn 35 f; KölnKomm-UmwG/*Simon*, § 131 Rn 30; Lutter/*Teichmann*, § 131 Rn 43.

24 Spezielle, im Gesetz normierte Übertragungstatbestände (zB § 566 BGB – Mietvertrag folgt dem Immobilieneigentum) gehen allerdings den Zuweisungen im Spaltungsvertrag vor, so dass diese Verträge der zugehörigen Vermögensposition folgen.[51]

25 Die **Aufteilbarkeit einzelner Vertragsverhältnisse** ist grundsätzlich möglich. Es ist jedoch zu beachten, dass sich aufgrund dieser Teilung keine weitergehenden Verpflichtungen (Änderung der Leistungspflicht) seitens des unbeteiligten Vertragspartners ergeben dürfen.[52] Als Aufteilungsvarianten können dabei einmal **Leistungs- und Gegenleistungspflichten** voneinander getrennt werden und unterschiedlichen Vermögensmassen zugeordnet werden. Ferner können aber auch **einheitliche Vertragspflichten insgesamt** auf mehrere Rechtsträger verteilt werden. In diesem Falle würden die verschiedenen Rechtsträger zu Gesamtschuldnern bzw Gesamtgläubigern des einheitlichen Vertragsverhältnisses.[53] Ferner besteht die Möglichkeit, den **einzelnen Anspruch oder die einzelne Verbindlichkeit an sich aufzuteilen, sofern der** jeweilige Anspruch bzw die jeweilige Verbindlichkeit ihrer Natur nach überhaupt teilbar ist. So ist zB die Abtrennung von unselbstständigen Nebenpflichten und abhängigen Gestaltungsrechten von den jeweiligen Hauptpflichten nicht möglich.[54] Streitig ist schließlich, ob ein einzelnes Vertragsverhältnis dabei auch real in mehrere selbstständige Schuldverhältnisse aufgeteilt werden kann[55] oder ob es vielmehr stets bei einem einheitlichen Schuldverhältnis bleibt.[56] Für die Zulässigkeit der Realteilung spricht dabei, dass sämtliche an dem Spaltungsvorgang beteiligte Rechtsträger als Gesamtschuldner haften, so dass die Annahme eines einheitlichen Schuldverhältnisses nicht erforderlich ist.

26 **7. Mitgliedschaften in Vereinen.** Aus § 38 S. 1 BGB ergibt sich, dass die Mitgliedschaft in einem Verein selbst **nicht übertragbar** ist. Diese Vorschrift findet allerdings gemäß § 40 S. 1 BGB dann keine Anwendung, wenn sich aus der **Satzung des jeweiligen Vereins etwas Abweichendes ergibt.** Trotz des klaren Wortlauts des Gesetzes will ein Teil der Literatur dennoch eine Übertragungsmöglichkeit der Vereinsmitgliedschaft annehmen, wenn dem übernehmenden Rechtsträger gerade die Vermögensmasse zugeordnet wird, welche ursprünglich im Zusammenhang mit der Vereinsmitgliedschaft steht.[57] Diese Ansicht ist im Ergebnis abzulehnen. Die Mitgliedschaft im Verein ist als höchstpersönliches Recht konzipiert. Solange nicht die vorgenannte Ausnahmevorschrift des § 40 S. 1 BGB greift (Übertragbarkeit aufgrund Satzungsbestimmung), ist das gesetzliche Übertragungshindernis gemäß § 38 S. 1 BGB in Übereinstimmung mit der gesetzgeberischen Begründung zur Änderung des UmwG[58] zu respektieren.

27 **8. Genossenschaftsanteile.** Im Rahmen einer Gesamtrechtsnachfolge bestimmt § 77 a S. 2 GenG, dass die Mitgliedschaft zwar mit dem Gesamtrechtsnachfolger fortgesetzt wird, aber nur bis zum Ende des jeweiligen Geschäftsjahres. Dieser Rechtsgedanke ist auch auf die partielle Gesamtrechtsnachfolge im Rahmen von Spaltungsvorgängen zu übertragen.[59]

28 **9. Anteile an Personengesellschaften.** Eine Beteiligung als **persönlich haftender Gesellschafter an einer Personengesellschaft** ist grundsätzlich von **höchstpersönlichem Charakter.** Soweit im Gesellschaftsvertrag diesbezüglich ausdrücklich keine anderweitige Regelung getroffen wurde bzw die Mitgesellschafter nicht ihre Zustimmung erteilen, sind solche Beteiligungen im Rahmen der Spaltung **nicht übertragbar.**[60] Im Falle der Abspaltung und Ausgliederung bleibt es somit bei der Beteiligung als persönlich haftender Gesellschafter am übertragenden Rechtsträger.

51 Semler/Stengel/*Schröer*, § 131 Rn 36.
52 Semler/Stengel/*Schröer*, § 131 Rn 38; Schmitt/Hörtnagl/Stratz/*Hörtnagl*, § 131 Rn 52; KölnKomm-UmwG/*Simon*, § 131 Rn 31; Lutter/*Teichmann*, § 131 Rn 47.
53 Semler/Stengel/*Schröer*, § 131 Rn 38; KölnKomm-UmwG/*Simon*, § 131 Rn 31; Lutter/*Teichmann*, § 131 Rn 47.
54 S. Rn 8 f.
55 Semler/Stengel/*Schröer*, § 131 Rn 38; KölnKomm-UmwG/*Simon*, § 131 Rn 31.
56 Schmitt/Hörtnagl/Stratz/*Hörtnagl*, § 131 Rn 57.
57 Lutter/*Teichmann*, § 131 Rn 51; diesem folgend KölnKomm-UmwG/*Simon*, § 131 Rn 23; aA Semler/Stengel/*Schröer*, § 131 Rn 24.
58 BT-Drucks. 16/2919, 19.
59 KölnKomm-UmwG/*Simon*, § 131 Rn 23; Semler/Stengel/*Schröer*, § 131 Rn 25; Lutter/*Teichmann*, § 131 Rn 53.
60 Semler/Stengel/*Schröer*, § 131 Rn 26; Lutter/*Teichmann*, § 131 Rn 52; aA KölnKomm-UmwG/*Simon*, § 131 Rn 22 (ohne nähere Begründung).

Bei der Aufspaltung kann nur der Abfindungs- und Liquidationsanspruch dem übernehmenden Rechtsträger zugewiesen werden; die Gesellschafterstellung erlischt.[61] Dem übernehmenden Rechtsträger muss ggf ein neuer persönlich haftender Gesellschafter zur Seite gestellt werden.

Anders ist die Situation in Bezug auf die Übertragbarkeit von **Kommanditanteilen und stillen Beteiligungen.** Die Gesamtrechtsnachfolge ist in den §§ 177, 234 Abs. 2 HGB geregelt. Auch im Wege der partiellen Gesamtrechtsnachfolge sind diese Beteiligungsformen ohne Zustimmung der übrigen Gesellschafter **frei übertragbar.** Dies soll nur dann nicht möglich sein, wenn der Gesellschaftsvertrag explizit eine Übertragbarkeit ausschließt.[62] 29

10. Anteile an Kapitalgesellschaften. Die Beteiligungen an Kapitalgesellschaften sind grundsätzlich in Rahmen der partiellen Gesamtrechtsnachfolge frei übertragbar. Die Übertragbarkeit im Rahmen der Spaltungsmaßnahme wird auch nicht durch Vinkulierungen der Anteile iSv § 68 Abs. 2 S. 1 AktG bzw § 15 Abs. 5 GmbHG im Rahmen der Satzung eingeschränkt. Diese Einzelübertragungshindernisse werden im Rahmen der partiellen Gesamtrechtsnachfolge überwunden.[63] 30

Bei der Zuweisung der Beteiligungen sind jedoch die besonderen Vorschriften des GmbHG und des AktG zu beachten.[64] Einzelne Aktien sind gemäß § 8 Abs. 5 AktG unteilbar und können somit nicht in mehrere separate Beteiligungen aufgeteilt werden. Auch eine getrennte Zuweisung der Verwaltungsrechte, losgelöst von der eigentlichen Beteiligung, ist unzulässig.[65] Daneben besteht aber die Möglichkeit der Rechtsgemeinschaft an einer Aktie nach § 69 AktG. Zur Aufteilung eines GmbH-Geschäftsanteils bedarf es nach der Aufhebung von § 17 GmbHG aF nunmehr eines Gesellschafterbeschlusses, vgl § 46 Nr. 4 GmbHG.[66] Kommt ein solcher nicht zustande, ist die Aufteilung nicht möglich. Die Möglichkeit der Mitberechtigung an einem Geschäftsanteil wird durch § 18 GmbHG eingeräumt. 31

11. Firma. Im Rahmen der **Aufspaltung** ergibt sich die Möglichkeit der separaten Firmenübertragung aus § 125 S. 1 iVm § 18 (explizit ausgeschlossen bei Abspaltung und Ausgliederung). Eine Sperrwirkung bezüglich der Fortführung der Firma seitens des übernehmenden Rechtsträgers ergibt sich daraus allerdings nicht. Vielmehr kann die Firma auch im Rahmen der **Abspaltung und Ausgliederung** übertragen werden. Dazu müssen allerdings die Voraussetzungen nach §§ 22 ff HGB vorliegen. Hierbei sind insb. die Firmenkontinuität sowie die Zustimmung des übertragenden Rechtsträgers erforderlich.[67] 32

12. Unternehmensverträge. Bei der **Übertragbarkeit von Rechtspositionen aus Unternehmensverträgen** iSd § 291 AktG ist zu unterscheiden, ob es sich bei dem übertragenden Rechtsträger um ein herrschendes oder ein beherrschtes Unternehmen handelt.[68] 33

Zunächst kann grundsätzlich seitens eines **herrschenden Unternehmens ein Unternehmensvertrag** gemeinsam mit den jeweiligen Beteiligungsanteilen an der beherrschten Gesellschaft auf einen übernehmenden Rechtsträger **übertragen** werden.[69] Fraglich ist, ob diesbezüglich **Zustimmungen** seitens des übernehmenden Rechtsträgers bei der Spaltung zur Aufnahme über die Zuordnung im Spaltungsvertrag hinaus[70] und seitens der abhängigen Gesellschaft[71] zwingend erforderlich werden. Solche Zustimmungserfordernisse bei der Übertragung von Unterneh- 34

61 Schmitt/Hörtnagl/Stratz/*Hörtnagl*, § 131 Rn 38; Semler/Stengel/*Schröer*, § 131 Rn 26.
62 Semler/Stengel/*Schröer*, § 131 Rn 26.
63 KölnKomm-UmwG/*Simon*, § 131 Rn 21; Semler/Stengel/*Schröer*, § 131 Rn 26.
64 Schmitt/Hörtnagl/Stratz/*Hörtnagl*, § 131 Rn 41; Semler/Stengel/*Schröer*, § 131 Rn 26.
65 *Hüffer*, § 8 AKtG Rn 29.
66 Baumbach/Hueck/*Zöller*, § 46 GmbHG Rn 31.
67 Semler/Stengel/*Schröer*, § 131 Rn 44; Lutter/*Teichmann*, § 131 Rn 50.
68 Lutter/*Teichmann*, § 131 Rn 56; KölnKomm-UmwG/*Simon*, § 131 Rn 24 f.
69 Semler/Stengel/*Schröer*, § 131 Rn 29; KölnKomm-UmwG/*Simon*, § 131 Rn 24.
70 Lutter/*Priester*, § 126 Rn 65.
71 Lutter/*Teichmann*, § 131 Rn 57.

mensverträgen im Rahmen der partiellen Gesamtrechtsnachfolge werden aber überwiegend **abgelehnt.**[72]

35 Handelt es sich bei dem übertragenden Unternehmen um eine **abhängige Gesellschaft**, so werden die Spaltungsformen zur Aufnahme und zur Neugründung unterschiedlich betrachtet. Die Möglichkeit der Erstreckung des Unternehmensvertrages iSd § 291 AktG auf den übernehmenden Rechtsträger wird bei der **Spaltung zur Aufnahme** grundsätzlich **abgelehnt**. Vielmehr bleibt bei der Abspaltung und der Ausgliederung zur Aufnahme der Unternehmensvertrag zwischen der übertragenden, abhängigen Gesellschaft und der herrschenden Gesellschaft bestehen. Im Falle einer Aufspaltung erlischt der Unternehmensvertrag dann konsequenterweise. Wird eine Erstreckung des Unternehmensvertrages auch auf die aufnehmende Gesellschaft angestrebt, so ist dieser in neuer Form abzuschließen.[73]

36 Im Gegensatz dazu[74] wird nach vorherrschender Ansicht bei der **Spaltung zur Neugründung** die Übertragungsmöglichkeit des Unternehmensvertrages inklusive der Rechtsposition des abhängigen Unternehmens aufgrund wirtschaftlicher Identität der Vermögensmassen eröffnet.[75] Da in diesen Fällen keine Vermischung mit anderen Vermögensmassen eintreten kann, ist es gerechtfertigt, den Unternehmensvertrag und die Rechtsstellung als abhängiges Unternehmen auch ohne ausdrückliche Zuweisung im Spaltungsvertrag automatisch auf sämtliche übernehmende Rechtsträger zu erstrecken.[76]

37 Der Transfer eines einheitlichen Unternehmensvertrages auf verschiedene übernehmende Rechtsträger durch **Aufteilung (Realteilung) ist allerdings nicht möglich.**[77] Die tatsächliche Übertragung eines Beherrschungs- und Gewinnabführungsvertrags bringt ferner die Notwendigkeit der Korrektur des Handelsregisters mit sich, wobei dieser Registereintragung nur deklaratorische Bedeutung zukommt.[78]

38 **13. Immaterialgüterrechte.** Immaterialgüterechte in Form von Patenten (§ 15 PatG), Marken (§ 27 MarkenG), Gebrauchsmustern (§ 22 GebrMG), Geschmacksmustern (§ 29 GeschmMG) sind grundsätzlich übertragbar und gehen entsprechend den Festlegungen im Spaltungsvertrag mit der Wirksamkeit der Spaltungsmaßnahme auf den übernehmenden Rechtsträger über.[79] Allerdings sind hier ggf die vorgenannten öffentlich-rechtlichen Voraussetzungen für die Übertragbarkeit zu beachten. Liegen diese Voraussetzungen nicht vor, so erlischt das entsprechende Immaterialgüterrecht. Ist das zu übertragende Immaterialgüterrecht in einem Register erfasst, so ist das betreffende Register nach der wirksamen Spaltungsmaßnahme zu berichtigen. Einfluss auf den tatsächlichen Übergang des jeweiligen Rechtes hat die registerrechtliche Situation nicht.[80]

39 Grundsätzlich nicht übertragbar ist das Urheberrecht (vgl § 29 Abs. 1 UrhG), welches als höchstpersönliches Recht dem Schöpfer des Werkes zusteht. Dem übernehmenden Rechtsträger können aber die Nutzungsrechte an dem durch das Urheberrecht geschützten Werk eingeräumt (§ 31 UrhG) oder übertragen werden (vgl § 34 Abs. 1 und 3 UrhG).[81]

40 Die aufgeführten Immaterialgüterrechte sind einer Realteilung nicht zugänglich. Sie können allerdings mehreren übernehmenden Rechtsträgern zur gemeinsamen Ausübung übertragen werden.[82]

72 Widmann/Mayer/*Mayer*, § 126 Rn 232; Semler/Stengel/*Schröer*, § 131 Rn 29; KölnKomm-UmwG/*Simon*, § 131 Rn 24.

73 Semler/Stengel/*Schröer*, § 126 Rn 74; § 131 Rn 28; KölnKomm-UmwG/*Simon*, § 131 Rn 25; Lutter/*Priester*, § 126 Rn 65; Lutter/*Teichmann*, § 131 Rn 59.

74 AA Widmann/Mayer/*Mayer*, § 126 Rn 232 (Differenzierung nicht angezeigt).

75 Semler/Stengel/*Schröer*, § 131 Rn 28; KölnKomm-UmwG/*Simon*, § 131 Rn 25; Lutter/*Teichmann*, § 131 Rn 59; aA Lutter/*Priester*, § 126 Rn 65; Widmann/Mayer/*Mayer*, § 126 Rn 233.

76 Semler/Stengel/*Schröer*, § 126 Rn 74, § 131 Rn 28; aA Schmitt/Hörtnagl/Stratz/*Hörtnagl*, § 131 Rn 77; Lutter/*Teichmann*, § 131 Rn 59.

77 Widmann/Mayer/*Mayer*, § 126 Rn 232; Lutter/*Priester*, § 126 Rn 65; Semler/Stengel/*Schröer*, § 126 Rn 75.

78 Widmann/Mayer/*Mayer*, § 126 Rn 232.

79 Semler/Stengel/*Schröer*, § 131 Rn 41.

80 Kallmeyer/*Kallmeyer/Sickinger*, § 131 Rn 16; Schmitt/Hörtnagl/Stratz/*Hörtnagl*, § 131 Rn 43.

81 Semler/Stengel/*Schröer*, § 131 Rn 41.

82 Schmitt/Hörtnagl/Stratz/*Hörtnagl*, § 131 Rn 44.

14. Prozessrechtsverhältnisse. Wie bereits oben festgestellt wurde (s. § 126 Rn 47), sind Prozessrechtsverhältnisse nicht vom allgemeinen Vermögensbegriff umfasst. Demnach kann auch nicht auf die spaltungsrechtlichen Vorschriften zurückgegriffen werden, da diese gerade eine spezielle Art der Vermögensübertragung abbilden. Die Zuordnung von verfahrensrechtlichen Stellungen zum übertragenden oder übernehmenden Rechtsträger bestimmt sich vielmehr nach den allgemeinen prozessualen Bestimmungen.[83] 41

Die partielle Gesamtrechtsnachfolge im Rahmen der **Abspaltung und Ausgliederung** hat keine Auswirkungen auf einen **Aktivprozess**, vgl § 265 ZPO.[84] Trotz Übertragung der streitbefangenen Sache wird der Prozess **mit dem übertragenden Rechtsträger**, der als Prozessstandschafter agiert, **fortgesetzt**. Die Rechtskraft des Urteils erstreckt sich dabei auch auf den übernehmenden Rechtsträger, vgl § 325 ZPO. Die Möglichkeit der Titelumschreibung zugunsten des übernehmenden Rechtsträgers eröffnet § 727 Abs. 1 ZPO.[85] Der übernehmende Rechtsträger kann dem Verfahren zwar als Nebenintervenient beitreten, aber nur im Wege einer Klageänderung iSv § 263 ZPO Partei des Aktivprozesses werden.[86] 42

Wird im Zuge eines **Aktivprozesses** ein beteiligter Rechtsträger **aufgespalten**, so ist der Prozess in entsprechender Anwendung von § 239 ZPO ohne Unterbrechung **mit den übernehmenden Rechtsträgern fortzuführen**. In diesem Fall handelt es sich um einen gesetzlichen Parteiwechsel.[87] 43

Im **Passivprozess** sind die dargestellten Grundsätze zum Aktivprozess im Hinblick auf die streitgegenständliche Verbindlichkeit entsprechend anzuwenden.[88] 44

15. Öffentlich-rechtliche Rechtspositionen. Entscheidendes Kriterium bei der Frage nach der Übertragbarkeit einer öffentlich-rechtlichen Rechtsposition ist die Einordnung als eine sachbezogene oder als eine personenbezogene Rechtsposition. **Sachbezogene Rechte und Pflichten** (zB Baugenehmigung oder Zustandshaftung) sind stets **untrennbar** mit dem jeweiligen Vermögensgegenstand verknüpft und folgen diesem unabhängig von der getroffenen Zuweisung im Spaltungsvertrag.[89] 45

Ist die öffentlich-rechtliche Rechtsstellung jedoch an den Rechtsträger gebunden, so **entfällt die Übertragungsmöglichkeit.** Eine solche **personenbezogene Rechtsposition** (zB Gaststättenerlaubnis) hat höchstpersönlichen Charakter und verbleibt bei der Abspaltung und der Ausgliederung stets beim übertragenden Rechtsträger. Erfüllt dieser jedoch nach der Spaltung die tatbestandlichen Voraussetzungen nicht mehr, so erlischt die öffentlich-rechtliche Rechtsposition oder kann widerrufen werden.[90] 46

Hinweis: In der Praxis sollten diese unübertragbaren Rechtsstellungen – soweit diese benötigt werden – bereits vor der Spaltung zugunsten des übernehmenden Rechtsträgers neu beantragt werden.[91]

16. Wettbewerbsverbote. Wettbewerbsverbote, Kartellverpflichtungen oder andere Unterlassungsverpflichtungen sind grundsätzlich übertragbar. Die Interessenlage des Gläubigers kann jedoch eine Erstreckung auf mehrere Rechtsträger erfordern, wenn ansonsten die Verpflichtung 47

83 Kallmeyer/*Kallmeyer/Sickinger*, § 131 Rn 19; Semler/Stengel/*Kübler*, § 131 Rn 10; KölnKomm-UmwG/*Simon*, § 131 Rn 35; Lutter/*Teichmann*, § 131 Rn 61.

84 BGH ZIP 2001, 305 (306).

85 Kallmeyer/*Kallmeyer/Sickinger*, § 131 Rn 16; Schmitt/Hörtnagl/Stratz/*Hörtnagl*, § 131 Rn 89; Semler/Stengel/*Kübler*, § 131 Rn 10; Lutter/*Teichmann*, § 131 Rn 62.

86 Semler/Stengel/*Kübler*, § 131 Rn 10; KölnKomm-UmwG/*Simon*, § 131 Rn 36; Lutter/*Teichmann*, § 131 Rn 62.

87 Kallmeyer/*Kallmeyer/Sickinger*, § 131 Rn 19; Schmitt/Hörtnagl/Stratz/*Hörtnagl*, § 131 Rn 89; KölnKomm-UmwG/*Simon*, § 131 Rn 37; Lutter/*Teichmann*, § 131 Rn 63.

88 Kallmeyer/*Kallmeyer/Sickinger*, § 131 Rn 19; Schmitt/Hörtnagl/Stratz/*Hörtnagl*, § 131 Rn 90; Semler/Stengel/*Kübler*, § 131 Rn 10; Lutter/*Teichmann*, § 131 Rn 64.

89 Semler/Stengel/*Schröer*, § 131 Rn 43; Lutter/*Teichmann*, § 131 Rn 65.

90 Lutter/*Teichmann*, § 131 Rn 65.

91 Kallmeyer/*Kallmeyer/Sickinger*, § 131 Rn 17; Schmitt/Hörtnagl/Stratz/*Hörtnagl*, § 131 Rn 85.

nicht wirksam begründet werden kann. Demgegenüber kann sich auch im Wege der Auslegung eine Einschränkung der Verpflichtungen auf bestimmte, übernommene Betriebsteile ergeben.[92]

48 17. **Arbeitsverhältnisse.** Die Übertragbarkeit von einzelnen **Arbeitsverhältnissen** wird immer dann eingeschränkt, wenn ein **Betrieb oder ein Betriebsteil im Rahmen der Spaltung übertragen** wird. In diesen Fällen sind die jeweils dem Betrieb bzw Betriebsteil zugeordneten Arbeitsverhältnisse **nicht abtrennbar**. Dies ergibt sich aus § 324 iVm § 613 a Abs. 1 S. 1 BGB.[93] Den Arbeitnehmern steht im Falle einer Übertragung ein Widerspruchsrecht nach § 613 a Abs. 6 BGB zu. Dies hat bei der Abspaltung und Ausgliederung zur Folge, dass der Arbeitsvertrag mit dem übertragenden Rechtsträger zunächst einmal fortbesteht, wobei sich dann seitens des übertragenden Rechtsträgers ein Kündigungsrecht ergeben kann. Bei der Aufspaltung führt der Widerspruch zum Erlöschen des jeweiligen Arbeitsvertrages.[94]

49 Wird allerdings kein Betrieb oder Betriebsteil übertragen, können die Arbeitsverhältnisse **grundsätzlich frei übertragen** werden, was auch gilt, wenn die betreffenden Arbeitsverhältnisse bei einem Betriebsübergang diesem nicht zugeordnet werden können.[95] Die Auslegungsregel des § 613 S. 2 BGB, wonach der Anspruch auf die Dienste **im Zweifel** nicht übertragbar ist, steht der Übertragbarkeit nicht grundsätzlich im Wege. Erklärt der Dienstverpflichtete seine Zustimmung, ist eine Übertragung des Arbeitsvertrages unproblematisch möglich.[96]

50 18. **Versorgungsverbindlichkeiten/Pensionsverpflichtungen.** Die partielle Gesamtrechtsnachfolge wirkt sich auch auf die Zuordnung von bestehenden **Pensionsverpflichtungen** aus. Die Versorgungsansprüche **aktiver Arbeitnehmer** fallen beim Übergang eines Betriebes oder eines Betriebsteiles in den Anwendungsbereich von § 613 a Abs. 1 S. 1, und gehen zwingend mit dem zugehörigen Betrieb oder Betriebsteil auf den übernehmenden Rechtsträger über.[97]

51 Außerhalb des Anwendungsbereiches von § 613 a BGB können Anwartschaften auf Versorgungsleistungen sowie bereits bestehende Pensionsverpflichtungen grundsätzlich frei übertragen werden. § 4 BetrAVG findet auf die partielle Gesamtrechtsnachfolge keine Anwendung, so dass keine Zustimmungserfordernisse zu beachten sind.[98] Die an der Spaltung beteiligten Rechtsträger haften allerdings gemäß § 133 Abs. 3 S. 2 zehn Jahre für die bereits bestehenden Versorgungsverpflichtungen als Gesamtschuldner.[99] Wie bei sämtlichen Vermögensübertragungen ist auch bei der Übertragung von Pensionsverpflichtungen als Korrektiv das Missbrauchsverbot zu beachten.[100]

52 19. **Organstellungen.** Bei der Aufspaltung eines Rechtsträgers erlischt der übertragende Rechtsträger, so dass die bestehenden **Organstellungen** ebenfalls untergehen. Allerdings behalten bei der Abspaltung und bei der Ausgliederung die Organe grundsätzlich ihre Stellung.[101]

53 Unabhängig von diesen Organstellungen können die Arbeitsverträge der jeweiligen Organe frei übertragen werden. § 613 a BGB findet dabei keine Anwendung. Indes wird den betroffenen Organen, sollten diese einer Übertragung ihrer Dienstverträge nicht zustimmen, ein Kündigungsrecht oder ein Recht zur Vertragsanpassung zugestanden.[102]

V. Das Erlöschen des aufgespaltenen Rechtsträgers (§ 131 Abs. 1 Nr. 2)

54 Das Gesetz ordnet in § 131 Abs. 1 Nr. 2 S. 1 das **Erlöschen des aufgespaltenen Rechtsträgers** an, wenn die Spaltung in das Register des übertragenden Rechtsträgers eingetragen wird. Diese Rechtsfolge betrifft nur die Aufspaltung, da bei der Abspaltung und der Ausgliederung der

92 Semler/Stengel/*Schröer*, § 131 Rn 30.
93 Semler/Stengel/*Simon*, § 131 Rn 46.
94 Schmitt/Hörtnagl/Stratz/*Hörtnagl*, § 131 Rn 60.
95 Schmitt/Hörtnagl/Stratz/*Hörtnagl*, § 131 Rn 59.
96 Palandt/*Weidenkaff*, § 613 BGB Rn 5.
97 Semler/Stengel/*Simon*, § 131 Rn 47.
98 AA LG Hamburg ZIP 2005, 2331 (2332) (allerdings mit Blick auf § 132 aF).
99 Semler/Stengel/*Simon*, § 131 Rn 49; Lutter/*Teichmann*, § 131 Rn 40.
100 Lutter/*Teichmann*, § 131 Rn 41.
101 Kallmeyer/*Kallmeyer/Sickinger*, § 131 Rn 12; Semler/Stengel/*Kübler*, § 131 Rn 57; KölnKomm-UmwG/*Simon*, § 131 Rn 20.
102 Semler/Stengel-*Simon*, § 131 Rn 23.

übertragende Rechtsträger nur einen Teil seines Vermögens überträgt und ansonsten weiter fortbesteht.[103] Das Erlöschen erfolgt automatisch (*ipso iure*), ein Liquidationsverfahren hat nicht zu erfolgen.[104] Auch hier ergeben sich wiederum Parallelen zur Verschmelzung, weshalb insb. auf die Kommentierung zum inhaltsgleichen § 20 Abs. 1 Nr. 2 verwiesen wird (s. dort Rn 34).

Ausnahmsweise wird das **Fortbestehen** des übertragenden Rechtsträgers im Rahmen der Aufspaltung **fingiert**, vgl §§ 125 S. 1, 25 Abs. 2. Diese Fortbestandsfiktion tritt für den Fall ein, dass sich die Organmitglieder des übertragenden Rechtsträgers iSv § 25 Abs. 1 schadenersatzpflichtig gemacht haben. Eine solche Schadenersatzpflicht kann sich dabei aber nur aus der Spaltungsmaßnahme an sich ergeben, wobei der Haftungsgrund nur in einer Verletzung von Sorgfaltspflichten in Bezug auf die Vermögenslage der beteiligten Rechtsträger oder bezüglich des Abschlusses des Spaltungsvertrages liegen kann.[105] 55

VI. Der Anteilserwerb (§ 131 Abs. 1 Nr. 3)

Bereits in der Kommentierung zu § 123 wurde die Anteilsgewährung als ein wesentliches Grundprinzip der Spaltung vorgestellt (s. dort Rn 12 ff). § 131 Abs. 1 Nr. 3 drückt diesbezüglich aus, dass sämtliche **neu zu gewährenden Anteile** an den jeweils beteiligten[106] Rechtsträgern kraft Gesetzes im Zeitpunkt der Spaltungseintragung beim übertragenden Rechtsträger übergehen.[107] Die tatsächliche Aufteilung der neuen Beteiligungsverhältnisse ergibt sich dabei aus den **Festlegungen im Spaltungsvertrag bzw im Ausgliederungsvertrag** (vgl § 126 Abs. 1 Nr. 3 und Nr. 9).[108] 56

§ 131 Abs. 1 Nr. 3 unterscheidet aufgrund der unterschiedlichen Systematik der Spaltungsarten zwischen der **Auf- und Abspaltung (Satz 1 1. Hs)** und der **Ausgliederung** (**Satz 3**). Bei der Auf- und Abspaltung werden **den Gesellschaftern** des übertragenden Rechtsträgers die jeweiligen Anteile gewährt. Bei der Ausgliederung erlangt der übertragende **Rechtsträger** selbst die Beteiligungen an den übernehmenden Rechtsträgern.[109] 57

Weder der Spaltungsvertrag noch der Spaltungsbeschluss bewirkt vor der tatsächlichen Wirksamkeit der Spaltungsmaßnahme eine Beschränkung der **Veräußerungsmöglichkeit** der von der Spaltungsmaßnahme betroffenen Anteile. Bis zur Spaltungseintragung können die Beteiligungen somit ohne Rücksicht auf die Spaltung frei veräußert werden.[110] Der neue Anteilsinhaber partizipiert dann an den Regelungen und Auswirkungen der Spaltung. 58

Vom Grundsatz der automatischen Anteilsgewährung enthält § 131 Abs. 1 Nr. 3 S. 1 2. Hs **zwei Ausnahmealternativen,** die allerdings **nur auf die Auf- und Abspaltung anzuwenden sind.**[111] Eine Übertragung von Anteilen ist immer dann ausgeschlossen, wenn der übernehmende Rechtsträger Anteilsinhaber des übertragenden Rechtsträgers ist (1. Alt.) oder der übertragende Rechtsträger eigene Anteile innehat (2. Alt.). Das Gleiche gilt für die Fälle, in denen zwar ein Dritter im eigenen Namen handelt, aber auf Rechnung des jeweiligen Rechtsträgers, da diese Konstellation, zumindest wirtschaftlich betrachtet, zum gleichen Ergebnis führt.[112] 59

103 Semler/Stengel/*Kübler*, § 131 Rn 58; KölnKomm-UmwG/*Simon*, § 131 Rn 42; Lutter/*Teichmann*, § 131 Rn 66.

104 Semler/Stengel/*Kübler*, § 131 Rn 58; KölnKomm-UmwG/*Simon*, § 131 Rn 43.

105 Semler/Stengel/*Kübler*, § 131 Rn 58; KölnKomm-UmwG/*Simon*, § 131 Rn 43.

106 Das Gesetz spricht nach der klarstellenden Änderung des Wortlautes im Jahre 1998 nicht mehr von „übernehmenden“ sondern von „beteiligten“ Rechtsträgern. Diese Änderung ist auch bei dem korrespondierenden § 126 Abs. 1 Nr. 10 vorgenommen worden (s. auch die Kommentierung zu § 126 Rn 59).

107 Semler/Stengel/*Kübler*, § 131 Rn 59.

108 Semler/Stengel/*Kübler*, § 131 Rn 59; KölnKomm-UmwG/*Simon*, § 131 Rn 46.

109 Semler/Stengel/*Kübler*, § 131 Rn 59; KölnKomm-UmwG/*Simon*, § 131 Rn 45; Lutter/*Teichmann*, § 131 Rn 68.

110 Semler/Stengel/*Kübler*, § 131 Rn 59; Lutter/*Teichmann*, § 131 Rn 69.

111 Semler/Stengel/*Kübler*, § 131 Rn 60; KölnKomm-UmwG/*Simon*, § 131 Rn 47.

112 KölnKomm-UmwG/*Simon*, § 131 Rn 50.

Diese speziellen Anteile können allerdings anderen Anteilsinhabern des übertragenden Rechtsträgers zu Ausgleichszwecken sehr wohl zugewiesen werden.[113]

60 Die beschriebenen Ausnahmen verhindern, dass der übernehmende Rechtsträger **Anteile an sich selbst erwerben kann.** Im Rahmen der Verschmelzung ergeben sich diese Ausnahmen aus § 20 Abs. 1 Nr. 3 S. 2 2. Hs Die Ausnahmetatbestände korrespondieren mit den Kapitalerhöhungsverboten aus § 54 Abs. 1 Nr. 1 (für die GmbH) und aus § 68 Abs. 1 Nr. 1 AktG (für die AG).[114]

61 Die Übertragung von Anteilen am übernehmenden Rechtsträger unterbleibt auch dann, wenn per notariell beurkundeter Erklärung darauf verzichtet wurde, wobei die Zustimmung aller Anteilsinhaber hierzu erforderlich ist.[115] Sind die Beteiligungsverhältnisse beim übertragenden und übernehmenden Rechtsträger identisch, kann eine Anteilsgewährung uU auch ohne Verzichtserklärung entfallen.

62 § 131 Abs. 1 Nr. 3 S. **2** (entspricht § 20 Abs. 1 Nr. 3 S. 2) bestimmt, dass sich die **Rechte Dritter**, welche an den Anteilen oder Mitgliedschaften des übertragenden Rechtsträgers bestehen, an den an ihre Stelle tretenden Anteilen oder Mitgliedschaften am übernehmenden Rechtsträger fortsetzen. Trotz der Formulierung „an ihre Stelle tretenden Anteilen" ist § 131 Abs. 1 Nr. 3 S. 2 **neben der Aufspaltung auch auf Abspaltung anzuwenden**, obwohl hierbei gerade kein tatsächlicher Anteilsumtausch vollzogen wird.[116]

63 Inhaltlich geht es um eine **dingliche Surrogation**,[117] so dass auch nur dingliche Belastungen (zB Pfandrecht, Nießbrauch) der Anteile und Mitgliedschaften eine Fortsetzung an den eingeräumten Beteiligungen erfahren. Schuldrechtliche Belastungen bezüglich der Nutzung und Verwaltung der Anteile erstrecken sich aus diesem Grunde nicht automatisch auf die neuen Anteile. Vielmehr sind dabei die Regelungen im Spaltungsvertrag ausschlaggebend.[118]

VII. Die Heilung von Beurkundungsmängeln (§ 131 Abs. 1 Nr. 4)

64 Mit der Eintragung der Spaltung werden solche Mängel, welche die **notarielle Beurkundung** des Spaltungsvertrages (§§ 125 S. 1, 6), des Spaltungsbeschlusses[119] und ggf erforderliche Zustimmungserklärungen (§§ 125 S. 1, 13 Abs. 3) sowie ggf erforderliche Verzichterklärungen betreffen, geheilt.[120] Die Vorschrift entspricht § 20 Abs. 1 Nr. 4, so dass auf die dortige Kommentierung verwiesen werden kann (s. dort Rn 39 ff). Aufgrund dieser **Heilungswirkung der Spaltungseintragung** kann die fehlende notarielle Beurkundung weder die Wirksamkeit der Spaltung noch einen Anspruch auf Schadensersatz begründen.[121]

VIII. Die Unbeachtlichkeit sonstiger Spaltungsmängel (§ 131 Abs. 2)

65 § 131 Abs. 2 entspricht § 20 Abs. 2 und lautet: „*Mängel der Spaltung lassen die Wirkungen der Eintragung nach Absatz 1 unberührt*" Die Vorschrift beruht auf der Intention, dass eine Rückabwicklung einer bereits vollzogenen Spaltung praktisch kaum durchzuführen ist bzw zu erheblichen Unsicherheiten im Rechtsverkehr führen würde. Demnach können die **Spaltungswirkungen** nach der konstitutiven Eintragung grundsätzlich unabhängig von der Art des Mangels weder mit *ex tunc* Wirkung noch mit *ex nunc* Wirkung rückgängig gemacht werden.[122] Eine

113 Lutter/*Teichmann*, § 131 Rn 70.
114 Semler/Stengel/*Kübler*, § 131 Rn 60; KölnKomm-UmwG/*Simon*, § 131 Rn 47.
115 Semler/Stengel/*Kübler*, § 131 Rn 61.
116 Semler/Stengel/*Kübler*, § 131 Rn 62 a; KölnKomm-UmwG/*Simon*, § 131 Rn 54.
117 Das Prinzip der dinglichen Surrogation meint die „Fortsetzung einer dinglichen Berechtigung an anderen als den bisher belasteten Rechten", Lutter/*Teichmann*, § 131 Rn 72.
118 Semler/Stengel/*Kübler*, § 131 Rn 63; KölnKomm-UmwG/*Simon*, § 131 Rn 57; Lutter/*Teichmann*, § 131 Rn 72, 74, 75.
119 Anders Kallmeyer/*Kallmeyer/Sickinger*, § 131 Rn 27, *„Nicht erfasst werden jedoch Mängel bei der Beurkundung von Zustimmungsbeschlüssen"*.
120 Semler/Stengel/*Kübler*, § 131 Rn 64; KölnKomm-UmwG/*Simon*, § 131 Rn 58.
121 KölnKomm-UmwG/*Simon*, § 131 Rn 59.
122 Semler/Stengel/*Kübler*, § 131 Rn 65.

„Rückabwicklung" der eingetragenen Spaltung kann somit nur im Wege neuer Umwandlungsmaßnahmen nach den Vorgaben des Umwandlungsgesetzes erreicht werden.[123] Bezüglich der möglichen, einzelnen Spaltungsmängel sowie zu weiteren Einzelheiten wird auf die Kommentierung zu § 20 Abs. 2 verwiesen (s. dort Rn 42 ff).

Anders als die Beurkundungsmängel im Rahmen des § 131 Abs. 1 Nr. 4 können die von § 131 Abs. 2 umfassten sonstigen Spaltungsmängel insb. **im Rahmen von Schadenersatzansprüchen geltend gemacht werden.** Die in § 131 Abs. 2 beschriebene Unbeachtlichkeit dieser Mängel bezieht sich nämlich nur auf die Spaltungswirkungen iSd § 131 Abs. 1.[124] 66

IX. Die Zuordnung sog. „vergessener" Vermögensgegenstände (§ 131 Abs. 3)

In § 131 Abs. 3 geht es um solche **Lücken im Spaltungsvertrag,** die immer dann entstehen, wenn ein Vermögensgegenstand keinem der übernehmenden Rechtsträger zugewiesen worden ist. Der Wortlaut des § 131 Abs. 3 bezieht sich dabei allerdings nur auf die Aufspaltung. Eine weitere Begrenzung findet die Regelung dahin gehend, dass diese nach vorwiegender Ansicht nur auf „vergessenes" Aktivvermögen und nicht auch auf „vergessene" Verbindlichkeiten anzuwenden ist.[125] Schon die Gesetzesbegründung hielt eine besondere Regelung bezüglich „vergessener" Verbindlichkeiten für entbehrlich, da eine gesamtschuldnerische Haftung aller beteiligten Rechtsträger nach § 133 Abs. 1 entstehen würde.[126] Dies entspricht auch der überwiegenden Meinung,[127] wobei § 131 Abs. 3 allerdings teilweise im Rahmen des Innenausgleichs (§ 426 Abs. 1 BGB) zu berücksichtigen sein wird.[128] 67

§ 131 Abs. 3 reagiert auf die ausgebliebene Zuweisung von Aktivvermögen im Rahmen der Aufspaltung mit folgendem **dreistufigen Regelungskonzept.** Zunächst gilt es auf **erster Stufe** den Spaltungsvertrag nach den allgemeinen Kriterien **auszulegen.** Im Rahmen der Auslegung sind dann beispielsweise die Zugehörigkeit zu einem Teilbetrieb oder die wirtschaftliche Verbundenheit einzelner Vermögensgegenstände zu berücksichtigen.[129] 68

Ergibt sich allerdings aus einer solchen Auslegung des Vertrages keine Zuordnung der „vergessenen" Aktiva, dann sollen auf **zweiter Stufe** diese **auf sämtliche übernehmenden Rechtsträger** übergehen. § 131 Abs. 3 1. Hs aE sieht ein **Aufteilungsverhältnis** vor, welches *„sich aus dem Vertrag für die Aufteilung des Überschusses der Aktivseite der Schlussbilanz über deren Passivseite ergibt"*. Der Zuteilungsmaßstab orientiert sich somit am sog. Reinvermögen,[130] welches sich aus den übertragenen Aktiva unter Abzug der Verbindlichkeiten und Rückstellungen ergibt.[131] 69

Grundsätzlich geht § 131 Abs. 3 1 Hs von einem **teilbaren Vermögensgegenstand** aus, so dass eine Aufteilung unproblematisch erfolgen könnte.[132] Nach einer bestritten Ansicht kann bei nicht teilbaren Vermögensgegenständen allerdings eine Gesamtberechtigung in Form einer Bruchteilsgemeinschaft[133] oder einer Gesamthandsgemeinschaft[134] begründet werden. Hierzu wird jedoch die Zustimmung sämtlicher Rechtsträger, welche an der Spaltung beteiligt sind, gefordert.[135] Nach anderer Ansicht ist eine solche Gesamtberechtigung nicht möglich, da ansonsten § 131 Abs. 3 2. Hs leerlaufen würde.[136] Die zuletzt genannte Ansicht ist abzulehnen, 70

123 Lutter/*Teichmann*, § 131 Rn 81.
124 Semler/Stengel/*Kübler*, § 131 Rn 65; KölnKomm-UmwG/*Simon*, § 131 Rn 60.
125 Semler/Stengel/*Kübler*, § 131 Rn 70; KölnKomm-UmwG/*Simon*, § 131 Rn 61 f.
126 BR-Drucks. 75/64, 121.
127 Semler/Stengel/*Kübler*, § 131 Rn 72; KölnKomm-UmwG/*Simon*, § 131 Rn 61; Lutter/*Teichmann*, § 131 Rn 91; aA Schmitt/Hörtnagl/Stratz/*Hörtnagl*, § 131 Rn 127.
128 Semler/Stengel/*Kübler*, § 131 Rn 72.
129 Schmitt/Hörtnagl/Stratz/*Hörtnagl*, § 131 Rn 117 f.
130 RegBegr. *Ganske*, Umwandlungsrecht, S. 162.
131 Semler/Stengel/*Kübler*, § 131 Rn 70; KölnKomm-UmwG/*Simon*, § 131 Rn 64 f; Lutter/*Teichmann*, § 131 Rn 86.
132 Semler/Stengel/*Kübler*, § 131 Rn 70; KölnKomm-UmwG/*Simon*, § 131 Rn 66; Lutter/*Teichmann*, § 131 Rn 87.
133 Lutter/*Teichmann*, § 131 Rn 87.
134 Lutter/*Teichmann*, § 131 Rn 87; aA Schmitt/Hörtnagl/Stratz/*Hörtnagl*, § 131 Rn 120: „Eine gesamthänderische Berechtigung erscheint indes zweifelhaft".
135 Semler/Stengel/*Kübler*, § 131 Rn 70.
136 KölnKomm-UmwG/*Simon*, § 131 Rn 67.

da § 131 Abs. 3 2. Hs sehr wohl seine Berechtigung für den Fall behält, dass eine Zustimmung sämtlicher beteiligter Rechtsträger unterbleibt; eine Gesamtberechtigung ist häufig eine sachgerechte Lösung.

71 Auf **dritter Stufe** ergibt sich aus § 131 Abs. 3 2. HS, dass wenn der betreffende Gegenstand nicht mehreren Rechtsträgern zugeordnet werden kann, der **Gegenwert verhältnismäßig zu verteilen** ist. Aus dem Gesetz ergibt sich nicht, wie der Gegenwert zu realisieren ist. Demnach kann der Vermögensgegenstand im Rahmen einer Nachtragsliquidation **veräußert** und der Erlös aufgeteilt werden. Genauso kann der Gegenstand aber auch **einem Rechtsträger zugeteilt** werden, welcher dann entsprechende **Ausgleichzahlungen** zu leisten hat.[137]

72 Die Gesetzesbegründung beschreibt die dargestellte Auffangregel des § 131 Abs. 3 als „*unentbehrlich Regelung*" in Bezug auf die Aufspaltung. Eine solche sei aber für die **Abspaltung und Ausgliederung** gerade nicht erforderlich, da ein „vergessener" Vermögensgegenstand in diesen Fällen **bei dem übertragenden Rechtsträger verbleiben würde.**[138] Dennoch hat auch hier vorrangig eine (ergänzende) **Auslegung des Spaltungsvertrages** zu erfolgen, die ggf zu einem anderen Ergebnis kommen kann.[139]

§ 132 (aufgehoben)

§ 132 aF ist durch das Zweite Gesetz zur Änderung des Umwandlungsgesetztes vom 19.4.2007 mit Wirkung zum 25.4.2007 **ersatzlos aufgehoben** worden.[1] Auf die Anmerkungen zu dieser ursprünglichen Norm im Rahmen der Kommentierung zu § 131 wird hingewiesen (s. dort Rn 3).

§ 133 Schutz der Gläubiger und der Inhaber von Sonderrechten

(1) [1]Für die Verbindlichkeiten des übertragenden Rechtsträgers, die vor dem Wirksamwerden der Spaltung begründet worden sind, haften die an der Spaltung beteiligten Rechtsträger als Gesamtschuldner. [2]Die §§ 25, 26 und 28 des Handelsgesetzbuchs sowie § 125 in Verbindung mit § 22 bleiben unberührt; zur Sicherheitsleistung ist nur der an der Spaltung beteiligte Rechtsträger verpflichtet, gegen den sich der Anspruch richtet.

(2) [1]Für die Erfüllung der Verpflichtung nach § 125 in Verbindung mit § 23 haften die an der Spaltung beteiligten Rechtsträger als Gesamtschuldner. [2]Bei Abspaltung und Ausgliederung können die gleichwertigen Rechte im Sinne des § 125 in Verbindung mit § 23 auch in dem übertragenden Rechtsträger gewährt werden.

(3) [1]Diejenigen Rechtsträger, denen die Verbindlichkeiten nach Absatz 1 Satz 1 im Spaltungs- und Übernahmevertrag nicht zugewiesen worden sind, haften für diese Verbindlichkeiten, wenn sie vor Ablauf von fünf Jahren nach der Spaltung fällig und daraus Ansprüche gegen sie in einer in § 197 Abs. 1 Nr. 3 bis 5 des Bürgerlichen Gesetzbuchs bezeichneten Art festgestellt sind oder eine gerichtliche oder behördliche Vollstreckungshandlung vorgenommen oder beantragt wird; bei öffentlich-rechtlichen Verbindlichkeiten genügt der Erlass eines Verwaltungsakts. [2]Für vor dem Wirksamwerden der Spaltung begründete Versorgungsverpflichtungen auf Grund des Betriebsrentengesetzes beträgt die in Satz 1 genannte Frist zehn Jahre.

137 Kallmeyer/*Kallmeyer/Sickinger*, § 131 Rn 30; Schmitt/Hörtnagl/Stratz/*Hörtnagl*, § 131 Rn 123; KölnKomm-UmwG/*Simon*, § 131 Rn 68; Lutter/*Teichmann*, § 131 Rn 89.

138 BR-Drucks. 75/64, 120 f.

139 Schmitt/Hörtnagl/Stratz/*Hörtnagl*, § 131 Rn 116, 124; Semler/Stengel/*Kübler*, § 131 Rn 71; KölnKomm-UmwG/*Simon*, § 131 Rn 63; Lutter/*Teichmann*, § 131 Rn 85.

1 BGBl. I 2007 S. 542.

(4) [1]Die Frist beginnt mit dem Tage, an dem die Eintragung der Spaltung in das Register des Sitzes des übertragenden Rechtsträgers nach § 125 in Verbindung mit § 19 Abs. 3 bekannt gemacht worden ist. [2]Die für die Verjährung geltenden §§ 204, 206, 210, 211 und 212 Abs. 2 und 3 des Bürgerlichen Gesetzbuchs sind entsprechend anzuwenden.

(5) Einer Feststellung in einer in § 197 Abs. 1 Nr. 3 bis 5 des Bürgerlichen Gesetzbuchs bezeichneten Art bedarf es nicht, soweit die in Absatz 3 bezeichneten Rechtsträger den Anspruch schriftlich anerkannt haben.

(6) [1]Die Ansprüche nach Absatz 2 verjähren in fünf Jahren. [2]Für den Beginn der Verjährung gilt Absatz 4 Satz 1 entsprechend.

Literatur:

Habersack, Grundfragen der Spaltungshaftung nach § 133 Abs. 1 S. 1 UmwG, FS Gerold Bezzenberger, 2000, S. 93.

I. Normzweck

1 § 133 bezweckt seiner Überschrift folgend den *„Schutz der Gläubiger und der Inhaber von Sonderrechten“*. Ein **spaltungsspezifisches Gläubigerschutzsystem** ist erforderlich, da Spaltungsmaßnahmen Gläubigerinteressen massiv beeinträchtigen können. Die umfassende **Spaltungsfreiheit** erlaubt es, Aktiva und Passiva ungleichmäßig auf verschiedene Rechtsträger zu verteilen. Als Reaktion auf diese Gestaltungsmöglichkeiten und zur Vermeidung von Missbräuchen wurde in den §§ 133, 134 ein umfangreicher Gläubigerschutz festgeschrieben. § 133 wird aus diesen Gründen vielfach als **„Korrelat zur Spaltungsfreiheit“** umschrieben.[1]

1 Semler/Stengel/*Maier-Reimer/Seulen*, § 133 Rn 1; KölnKomm-UmwG/*Simon*, § 133 Rn 1; Lutter/*Schwab*, § 133 Rn 1, 12.

2 Das Haftungssystem aus § 133 Abs. 1 S. 1 zeichnet sich durch eine **Mithaftung sämtlicher an der Spaltung beteiligter Rechtsträger** aus. Bezugspunkt hierfür sind freilich nur die **(Alt-) Verbindlichkeiten des übertragenden Rechtsträgers** und nicht etwa auch solche des übernehmenden Rechtsträgers. Die Zuweisungen der Verbindlichkeiten im Spaltungsvertrag sind für die Begründung der Haftung der an der Spaltung beteiligten Rechtsträger zunächst ohne Bedeutung. Jedoch kann eine spätere **Enthaftung** eines Rechtsträgers **nach fünf Jahren** nur dann in Betracht kommen, wenn die konkrete Verbindlichkeit diesem gerade nicht durch den Spaltungsvertrag (dauerhaft) zugewiesen wurde, vgl § 133 Abs. 3 S. 1.[2] Zugunsten der Gläubiger sowohl des übertragenden als auch des übernehmenden Rechtsträgers tritt gemäß § 133 Abs. 1 S. 2, 125 S. 1, 22 noch ein **Anspruch auf Sicherheitsleistung** hinzu.[3]

3 Anwendung findet § 133 auf **sämtliche Arten der Spaltung**, was sich für die Spaltung zur Neugründung über den Verweis in § 135 Abs. 1 ergibt. Nur in besonderen Fällen der Ausgliederung können sich aus den spezielleren Normen (§§ 156, 157, 166, 167, 172, 173) Abweichungen zu dem allgemeinen Haftungskonzept ergeben.[4]

4 § 133 wird insb. bei einer Beteiligung von Personengesellschaften an der Spaltung ergänzt durch die **Fortsetzung der Haftung der persönlich haftenden Gesellschaftern** nach §§ 125 S. 1, 45. Bei der Haftungsausgestaltung von § 45 ergeben sich Parallelen zu § 133.[5]

II. Gemeinschaftsrechtliche Vorgaben

5 Die europäische Spaltungsrichtlinie, deren Anwendungsbereich sich unmittelbar allerdings nur auf Aktiengesellschaften erstreckt, fordert in Art. 12 Abs. 1 SpaltRL **ein angemessenes Schutzsystem für die Interessen der Gläubiger.** Art. 12 enthält diesbezüglich verschiedene Wahlmöglichkeiten, nach welchen die Mitgliedsstaaten ihr jeweiliges Haftungssystem ausgestalten können. Trotz der Kombination aus gemeinschaftlicher Haftung (Art. 12 Abs. 6 SpaltRL) und dem Recht auf Sicherheitsleistung (Art. 12 Abs. 2 SpaltRL) hat der deutsche Gesetzgeber nicht von der Möglichkeit Gebrauch gemacht, die **Haftung auf das zugeteilte Nettoaktivvermögen zu beschränken** (Art. 12 Abs. 7 SpaltRL).[6] Die deutsche Umsetzung sieht somit zwar keine betragsmäßige Haftungsbeschränkung vor, wohl aber in § 133 Abs. 3 eine **zeitliche Schranke der Haftung** jener Rechtsträger, denen die Verbindlichkeit gerade nicht im Spaltungsvertrag zugewiesen wurde. Obwohl eine solche zeitlich eingeschränkte Mithaftung **in Art. 12 SpaltRL nicht vorgesehen** ist, wird die deutsche Umsetzung als richtlinienkonform angesehen, da in einer Gesamtbetrachtung das Schutzsystem für die Interessen der Gläubiger als angemessen beurteilt wird.[7]

III. Das Haftungssystem bzw das Gläubigerschutzsystem

6 Das Haftungssystem nach § 133 Abs. 1 verfolgt das **grundsätzliche Ziel, die Gläubiger des übertragenden Rechtsträgers wirtschaftlich** – jedenfalls für fünf Jahre – in eine solche Position zu versetzen, als seien die Wirkungen **der Spaltungsmaßnahme tatsächlich nicht eingetreten.** Um dieser Zielsetzung gerecht zu werden, verhindert das Regelungskonzept eine wirtschaftliche Trennung der maßgeblichen Haftungsmasse von den Altverbindlichkeiten des übertragenden Rechtsträgers. Auf sachenrechtlicher Ebene spielt dieses Haftungssystem allerdings keine

2 Semler/Stengel/*Maier-Reimer/Seulen*, § 133 Rn 3 f; KölnKomm-UmwG/*Simon*, § 133 Rn 2; Lutter/*Schwab*, § 133 Rn 11.
3 Lutter/*Schwab*, § 133 Rn 11.
4 Semler/Stengel/*Maier-Reimer/Seulen*, § 133 Rn 2 f; KölnKomm-UmwG/*Simon*, § 133 Rn 4; Lutter/*Schwab*, § 133 Rn 1.
5 Semler/Stengel/*Maier-Reimer/Seulen*, § 133 Rn 5; KölnKomm-UmwG/*Simon*, § 133 Rn 5.
6 Semler/Stengel/*Maier-Reimer/Seulen*, § 133 Rn 6; KölnKomm-UmwG/*Simon*, § 133 Rn 9 ff; Lutter/*Schwab*, § 133 Rn 4 ff.
7 Semler/Stengel/*Maier-Reimer/Seulen*, § 133 Rn 7; Lutter/*Schwab*, § 133 Rn 8.

Rolle, so dass die dinglichen Trennungen von Vermögenspositionen im Wege der Spaltungsmaßnahme ohne Rücksicht auf § 133 vollzogen werden.[8]

Dieser Schutz der Gläubiger des übertragenden Rechtsträgers wird in § 133 Abs. 1 S. 1 umfassend gewährleistet, wenn es dort wörtlich heißt: *„Für die Verbindlichkeiten des übertragenden Rechtsträgers, die vor dem Wirksamwerden der Spaltung begründet worden sind, haften die an der Spaltung beteiligten Rechtsträger als Gesamtschuldner."* 7

Die Regelung hat einmal zur Folge, dass sich **der übertragende Rechtsträger** sowohl bei der Abspaltung als auch bei der Ausgliederung – jedenfalls nicht vor Ablauf der fünfjährigen Frist – **von einer Mithaftung für Altverbindlichkeiten befreien kann.** Dies gilt auch für den Fall, dass diese Verbindlichkeiten im Spaltungsvertrag ausdrücklich einem übernehmenden Rechtsträger zugewiesen wurden. Zweitens **haften alle übernehmenden Rechtsträger** für solche Altverbindlichkeiten, welche entweder beim übertragenden Rechtsträger verbleiben oder auf andere übernehmende Rechtsträger übertragen wurden.[9] Durch dieses *„Konzept der gegenständlich und summenmäßig unbegrenzten, aber zeitlich beschränkten Gesamtschuld"*[10] entsteht für einen gewissen Zeitraum daher eine ***„Risiko- und Schicksalsgemeinschaft"***[11] der beteiligten Rechtsträger. Den Gläubigern des übertragenden Rechtsträgers stehen folglich größere Gesamthaftungsmassen zur Verfügung. 8

Diesen Schutz nach § 133 erlangen aber nur die Gläubiger des übertragenden Rechtsträgers und **nicht etwa auch die Gläubiger des übernehmenden Rechtsträgers.** Dies gilt trotz der Tatsache, dass durch die Spaltungsmaßnahme auch die **Interessen der Gläubiger des übernehmenden Rechtsträgers** in nicht unerheblichem Maße tangiert sein können. Die Gläubiger des aufnehmenden Rechtsträgers können dadurch beeinträchtigt sein, dass dem Rechtsträger mehr Passiva als Aktiva zugeordnet werden. Eine Beeinträchtigung der Gläubiger ergibt sich auch aus der Mithaftung für die Verbindlichkeiten sämtlicher an der Spaltung beteiligter Rechtsträger. Trotz dieser Gefahren für die Gläubiger des übernehmenden Rechtsträgers findet das **Schutzsystem des § 133 auf diese keine Anwendung.** Es verbleibt lediglich ein **Anspruch auf Sicherheitsleistung** nach §§ 125 S. 1, 22.[12] 9

1. Der Begriff des Hauptschuldners und des Mithafters. Wird einem Rechtsträger durch den Spaltungsvertrag bzw –plan eine Verbindlichkeit zugewiesen, was sich auch durch Auslegung des Vertragswerkes ergeben kann, so wird dieser üblicherweise als **Hauptschuldner** und die anderen beteiligten Rechtsträger werden als **Mithafter** bezeichnet.[13] Die Hauptschuldnereigenschaft bezüglich einer konkreten Verbindlichkeit kann sich losgelöst vom Spaltungsvertrag auch aus §§ 25, 28 HGB ergeben (vgl § 133 Abs. 1 S. 2). Insbesondere bei „vergessenen" Verbindlichkeiten iSv § 131 Abs. 3 kann die Position des Hauptschuldners vervielfacht werden.[14] 10

Dem als Mithafter bezeichneten Rechtsträger wird die Verbindlichkeit gerade nicht im Rahmen der Spaltungsmaßnahme zugeordnet. Eine Haftung dieser Rechtsträger bezüglich dieser Verbindlichkeit ergibt sich dennoch aus § 133 Abs. 1 S. 1. Allerdings wird diese Mithaftung durch § 133 Abs. 3 S. 1 auf eine Dauer von fünf Jahren begrenzt.[15] Im Außenverhältnis gehen mit diesen Einstufungen innerhalb der ersten fünf Jahre nach der Spaltungsmaßnahme keine relevanten Rechtsfolgen einher. Die Klassifizierung als Hauptschuldner und Mithafter ist vielmehr **für das Innenverhältnis von Bedeutung.**[16] 11

8 Semler/Stengel/*Maier-Reimer/Seulen*, § 133 Rn 26; KölnKomm-UmwG/*Simon*, § 133 Rn 17; Lutter/*Schwab*, § 133 Rn 11.
9 Semler/Stengel/*Maier-Reimer/Seulen*, § 133 Rn 3, 26.
10 Lutter/*Schwab*, § 133 Rn 16.
11 Lutter/*Schwab*, § 133 Rn 13.
12 Lutter/*Schwab*, § 133 Rn 140 ff; Semler/Stengel/*Maier-Reimer/Seulen*, § 133 Rn 117 f; KölnKomm-UmwG/*Simon*, § 133 Rn 84 f.
13 Lutter/*Schwab*, § 133 Rn 16 f; Semler/Stengel/*Maier-Reimer/Seulen*, § 133 Rn 27.
14 Lutter/*Schwab*, § 133 Rn 18; Semler/Stengel/*Maier-Reimer/Seulen*, § 133 Rn 37, 39.
15 Lutter/*Schwab*, § 133 Rn 19; Semler/Stengel/*Maier-Reimer/Seulen*, § 133 Rn 27.
16 Lutter/*Schwab*, § 133 Rn 20; Semler/Stengel/*Maier-Reimer/Seulen*, § 133 Rn 27.

12 **2. Altverbindlichkeiten/Neuverbindlichkeiten.** Das Gläubigerschutzsystem des § 133 bezieht sich allerdings nur auf solche Verbindlichkeiten seitens des übertragenden Rechtsträgers, *„die vor dem Wirksamwerden der Spaltung begründet worden sind"*, vgl § 133 Abs. 1 S. 1. Die bereits **vor der Wirksamkeit der Spaltungsmaßnahme** entstandenen Verbindlichkeiten des übertragenden Rechtsträgers können auch als sog. **Altverbindlichkeiten** bezeichnet werden. Die Spaltung wird gemäß § 131 Abs. 1 mit der Eintragung in das Register des übertragenden Rechtsträgers wirksam. Dieser **Zeitpunkt der Eintragung ist** daher nach überwiegender Ansicht **maßgeblich**, ob die Verbindlichkeit in das Haftungssystem des § 133 fällt oder eben nicht.[17]

13 Eine Abgrenzung zwischen den Altverbindlichkeiten und Neuschulden beim übertragenden Rechtsträger kommt naturgemäß nur bei der Abspaltung und der Ausgliederung in Betracht, da bei der Aufspaltung der übertragende Rechtsträger erlischt. Die sog. **Neuverbindlichkeiten**, welche nach der Eintragung der Abspaltung und Ausgliederung entstehen, werden **nicht vom Haftungssystem des § 133 erfasst.**[18]

14 **3. Die Begründung der Verbindlichkeit iSv § 133 Abs. 1 S. 1.** Ferner stellt sich die Frage, wann die konkreten Verbindlichkeiten *„**begründet** worden sind"*. Entscheidend ist dabei, dass **die jeweilige Rechtsgrundlage der Verbindlichkeit** vor Eintragung der Spaltung entstanden ist. Keine Rolle spielt dabei die Fälligkeit der Verbindlichkeit[19] oder bei einer bedingten Verbindlichkeit der tatsächliche Bedingungseintritt.[20]

15 Der **Rechtsgrund für vertragliche Ansprüche liegt im Vertragsabschluss selbst**, so dass dieser vor der Spaltungseintragung erfolgen muss, damit die (auch später erst entstehenden) vertraglichen Verbindlichkeiten zu den Altschulden zu zählen sind. Neben den Primäransprüchen erfasst die gemeinsame Haftung aller an der Spaltung beteiligten Rechtsträger auch Sekundäransprüche, welche aus dem jeweiligen Vertragsverhältnis resultieren. Insbesondere betrifft dies Schadenersatzansprüche statt der Leistung.[21] Umstritten ist die Klassifizierung bei Ansprüchen aus einer **Verletzung von vertraglichen Schutzpflichten**. Nach einer Ansicht kommt es dabei entscheidend auf den Zeitpunkt der Verletzungshandlung an,[22] die überwiegende Ansicht stellt zur Einordnung als Altverbindlichkeit wiederum auf den Zeitpunkt des Vertragsschlusses ab.[23] Der überwiegenden Ansicht ist im Ergebnis zu folgen, da dieser Anspruch auf dem Anspruch auf Einhaltung von Nebenpflichten basiert und somit ebenfalls zum Zeitpunkt des Vertragsschlusses begründet wurde.

16 Altverbindlichkeiten werden auch dann begründet, wenn der Gläubiger bereits vor der Spaltungsmaßnahme ein **bindendes Vertragsangebot** unterbreitet hat. Dies gilt gerade auch für den Fall, dass der übertragende Rechtsträger dieses Angebot erst nach der Spaltungsmaßnahme annimmt.[24] Vertragsangebote des übertragenden Rechtsträgers, die seitens des Gläubigers erst nach Vollzug der Spaltung angenommen wurden, begründen indes neue Verbindlichkeiten, da dem Gläubiger der Vertragspartner nicht mehr „aufgedrängt" wird und er insoweit nicht schutzwürdig ist.[25]

17 Kallmeyer/*Kallmeyer/Sickinger*, § 133 Rn 6; Lutter/*Schwab*, § 133 Rn 81; KölnKomm-UmwG/*Simon*, § 133 Rn 25; aA Semler/Stengel/*Maier-Reimer/Seulen*, § 133 Rn 11: „Im praktischen Ergebnis ist daher der Zeitpunkt der Bekanntmachung der Eintragung maßgeblich".

18 Lutter/*Schwab*, § 133 Rn 84; Semler/Stengel/*Maier-Reimer/Seulen*, § 133 Rn 10.

19 Lutter/*Schwab*, § 133 Rn 81; Semler/Stengel/*Maier-Reimer/Seulen*, § 133 Rn 12; KölnKomm-UmwG/*Simon*, § 133 Rn 22.

20 Semler/Stengel/*Maier-Reimer/Seulen*, § 133 Rn 15.

21 Schmitt/Hörtnagl/Stratz/*Hörtnagl*, § 133 Rn 11; Lutter/*Schwab*, § 133 Rn 82; Semler/Stengel/*Maier-Reimer/Seulen*, § 133 Rn 13; KölnKomm-UmwG/*Simon*, § 133 Rn 22.

22 Semler/Stengel/*Maier-Reimer/Seulen*, § 133 Rn 13.

23 KölnKomm-UmwG/*Simon*, § 133 Rn 22.

24 Lutter/*Schwab*, § 133 Rn 82; Semler/Stengel/*Maier-Reimer/Seulen*, § 133 Rn 14; KölnKomm-UmwG/*Simon*, § 133 Rn 24; aA Schmitt/Hörtnagl/Stratz/*Hörtnagl*, § 133 Rn 11.

25 Lutter/*Schwab*, § 133 Rn 82; KölnKomm-UmwG/*Simon*, § 133 Rn 24.

Erfolgt der Vertragsabschluss bezüglich eines **Dauerschuldverhältnisses** vor der Spaltungsmaßnahme, so gelten sämtliche damit verbundene Verbindlichkeiten unabhängig von deren Entstehungszeitpunkt oder Fälligkeit als solche, die vor der Spaltung begründet wurden.[26] 17

Verbindlichkeiten, welche aus einem **gesetzlichen Schuldverhältnis** (zB auf unerlaubter Handlung) resultieren, sind immer dann Altverbindlichkeiten, wenn die jeweils **haftungsbegründende Handlung** bereits vor der Spaltungsmaßnahme stattfand.[27] Verbindlichkeiten aus **Produkt- und Umwelthaftung** sind dann Altverbindlichkeiten, wenn einerseits das Produkt vor der Spaltung in den Verkehr gebracht wurde, oder andererseits die Verunreinigungen oder Emissionen vor der Spaltungsmaßnahme geschehen sind, auch wenn schlussendlich der Schaden erst nach Eintragung der Spaltung eintritt.[28] 18

4. Die Haftung für „vergessene" Verbindlichkeiten. Sind Verbindlichkeiten im Spaltungsvertrag bzw im Spaltungsplan keinem der beteiligten Rechtsträger ausdrücklich zugeordnet, stellt sich die Frage nach der Haftung für diese sog. **„vergessenen Verbindlichkeiten"**. In einem ersten Schritt ist eine **allgemeinen Auslegung** der Vertragswerke vorzunehmen (s. § 131 Rn 68). Hierbei ist der Blick darauf zu richten, ob die fraglichen Verbindlichkeiten nicht konkludent einem der beteiligten Rechtsträger zugeordnet wurden bzw werden können. Ergeben sich allerdings auch aus einer allgemeinen Vertragsauslegung keine Kriterien zur Bestimmung der Haftung für diese „vergessenen Verbindlichkeiten", so muss zwischen der Abspaltung und Ausgliederung einerseits und der Aufspaltung andererseits unterschieden werden.[29] 19

Bei der **Abspaltung und Ausgliederung verbleiben die „vergessenen" Verbindlichkeiten bei dem übertragenden Rechtsträger**, so dass dieser als Hauptschuldner gegenüber den Gläubigern haftet und die anderen beteiligten Rechtsträger als Mithafter anzusehen sind. Im Falle einer **Aufspaltung** erlischt der übertragende Rechtsträger, so dass zweifelhaft erscheint, wer nun dem Gläubiger als Hauptschuldner oder als Mithafter gegenübertritt. Wie bereits erwähnt (s. Erläuterung zu § 131, Rn 67), ist die Regelung zur Aufteilung von „vergessenen" Gegenständen gemäß § 131 Abs. 3 – nach überwiegender Auffassung – nicht auf „vergessene" Verbindlichkeiten anzuwenden. Vielmehr begründet die vorherrschende Ansicht in der Kommentarliteratur für die „vergessenen" Verbindlichkeiten eine **Haftung sämtlicher an der Spaltung beteiligter Rechtsträger.** Alle Rechtsträger haften dann als Hauptschuldner, ohne die Möglichkeit einer zeitlichen Haftungsbegrenzung iSv § 133 Abs. 3 S. 1.[30] 20

5. Gesamtschuld oder akzessorisches Haftungssystem. Fraglich ist, ob das skizzierte Haftungssystem eine **gesamtschuldnerische Haftung iSd § 421 ff BGB** oder eine **akzessorische Haftung entsprechend §§ 128 f HGB** begründet.[31] In beiden Fällen hat der Gläubiger der jeweiligen Verbindlichkeit stets ein **Wahlrecht, welchen der jeweiligen Schuldner er in Anspruch nimmt.**[32] Ein Mithafter kann den Gläubiger somit nicht auf eine vorrangige Inanspruchnahme des Hauptschuldners verweisen, denn im **Außenverhältnis besteht eine gleichrangige und eben nicht subsidiäre Haftung** der an der Spaltungsmaßnahme beteiligten Rechtsträger.[33] Auch ist in beiden Fällen sowohl die Haftung des Hauptschuldners als auch die des Mithafters auf die Er- 21

26 Semler/Stengel/*Maier-Reimer/Seulen*, § 133 Rn 21; KölnKomm-UmwG/*Simon*, § 133 Rn 23.

27 Semler/Stengel/*Maier-Reimer/Seulen*, § 133 Rn 18; KölnKomm-UmwG/*Simon*, § 133 Rn 23.

28 Kallmeyer/*Kallmeyer/Sickinger*, § 133 Rn 9; Schmitt/Hörtnagl/Stratz/*Hörtnagl*, § 133 Rn 14; Lutter/*Schwab*, § 133 Rn 84; Semler/Stengel/*Maier-Reimer/Seulen*, § 133 Rn 18.

29 Semler/Stengel/*Maier-Reimer/Seulen*, § 133 Rn 37; KölnKomm-UmwG/*Simon*, § 133 Rn 26; Lutter/*Schwab*, § 133 Rn 88.

30 *Habersack*, FS Bezzenberger, S. 93 (104); Kallmeyer/*Kallmeyer/Sickinger*, § 133 Rn 17; Semler/Stengel/*Maier-Reimer/Seulen*, § 133 Rn 37 f; KölnKomm-UmwG/*Simon*, § 133 Rn 26; Lutter/*Schwab*, § 133 Rn 88; aA Schmitt/Hörtnagl/Stratz/*Hörtnagl*, § 131 Rn 127.

31 Eine Gesamtschuld befürworten: Schmitt/Hörtnagl/Stratz/*Hörtnagl*, § 133 Rn 2; Semler/Stengel/*Maier-Reimer/Seulen*, § 133 Rn 33; KölnKomm-UmwG/*Simon*, § 133 Rn 19, 21; Für eine akzessorischen Haftung *Habersack*, FS Bezzenberger, S. 93 (96 ff); Kallmeyer/*Kallmeyer/Sickinger*, § 133 Rn 3; Lutter/*Schwab*, § 133 Rn 23; Widmann/Mayer/*Vossius*, § 133 Rn 25.

32 Lutter/*Schwab*, § 133 Rn 28; Erman/*Böttcher*, § 421 BGB Rn 1; Baumbach/*Hopt*, § 128 HGB Rn 21.

33 Lutter/*Schwab*, § 133 Rn 28.

füllung der jeweiligen Verbindlichkeit und nicht lediglich auf die Erfüllung des Interesses gerichtet (**Erfüllungshaftung**).[34] Unterschiede können sich indes aufgrund der konkreten **inhaltlichen Haftungsausgestaltung** ergeben, da diese sich maßgeblich nach der Art des jeweiligen Anspruches des Gläubigers und den möglichen Gegenrechten der beteiligten Rechtsträger richtet, wie im Folgenden näher zu zeigen ist.

22 **a) Allgemeine Aspekte zu Einreden bzw Einwendungen.** Praktische Unterschiede zwischen den beiden Haftungssystemen ergeben sich vor allem mit Blick auf solche **Einreden und Einwendungen der haftenden Rechtsträger,** die das Schuldverhältnis inhaltlich verändern. Für das Modell der Gesamtschuld ergibt sich aus § 425 Abs. 1 BGB das **Prinzip der Einzelwirkung** (Ausnahmen in §§ 422–424 BGB), wonach Einwendungen und Einreden nur für denjenigen Rechtsträger gelten, in dessen Person sie auch tatsächlich vorliegen. Dies hat zur Folge, dass sich die Forderungen gegen die einzelnen Gesamtschuldner in unterschiedlicher Weise entwickeln können.[35] Die Annahme einer akzessorischen Haftung führt dazu, dass Einwendungen und Einreden, welche **in der Person des Hauptschuldners vorliegen, auch seitens des Mithafters vorgetragen werden können (Prinzip der Gesamtwirkung)**. Dies entspricht dem Regelungsgedanken des § 129 HGB.[36] Trotz dieser eigentlich konträren Ansätze ergeben sich einige Parallelen zwischen den Haftungsmodellen im Hinblick auf die Rechtsfolgen bestimmter Einreden und Einwendungen.

23 Das **Einzelwirkungsprinzip**, welches der gesamtschuldnerischen Haftung immanent ist, wird im gesamtschuldnerischen Haftungsmodell letztlich **durch die §§ 422 bis 424 BGB durchbrochen**. Hiernach ergibt sich, dass die Erfüllung sowie die Erfüllungssurrogate inklusive der Aufrechnung (§ 422 BGB), der Erlass (§ 423 BGB) und der Verzug des Gläubigers (§ 424 BGB) Gesamtwirkung entfalten. Dies hat zur Folge, dass sich nun doch sämtliche an der Spaltung beteiligten Rechtsträger auf diese Einreden und Einwendungen berufen können, auch wenn die Voraussetzungen dieser Einwendungen und Einreden nur bei einem der haftenden Rechtsträger vorliegen.[37] Nach dem gesamtschuldnerischen Haftungssystem kommt ferner solchen Einwendungen und Einreden Gesamtwirkung zu, die bereits **vor der Spaltungsmaßnahme begründet wurden.**[38]

24 Im Rahmen des akzessorischen Haftungsmodells sind grundsätzlich sämtlichen Gegenrechten – die dem jeweiligen Hauptschuldner zukommen – **Gesamtwirkung beizumessen**. Liegen die Voraussetzungen der jeweiligen Einreden und Einwendungen aber nur in der Person des Mithafters vor, so kann sich auch nur dieser Rechtsträger auf das jeweilige Gegenrecht berufen.[39]

25 Aufgrund des eindeutigen Wortlauts von § 133 Abs. 1 S. 1, welcher von einer Haftung als „Gesamtschuldner" spricht, schließt sich ein bedeutsamer Teil der Literatur dem Konzept der **gesamtschuldnerischen Haftung gemäß §§ 421 ff BGB** an.[40] Auch hier wird eine terminologische Unterscheidung von Hauptschuldner und Mithafter vorgenommen,[41] was nicht zuletzt durch § 133 Abs. 1 S. 2, Abs. 3 S. 1 vorgezeichnet wird. Bereits diese unterschiedliche Terminologie spricht aber letztlich für eine **abgestufte – also akzessorische – Haftung**, die im Ergebnis eher dem Sinn und Zweck von § 133 Abs. 1 S. 1 entspricht, nämlich der vorrangigen Bewahrung

34 *Habersack*, FS Bezzenberger, S. 93 (107); Kallmeyer/*Kallmeyer/Sickinger*, § 133 Rn 4; Schmitt/Hörtnagl/Stratz/*Hörtnagl*, § 133 Rn 7, 9; Semler/Stengel/*Maier-Reimer/Seulen*, § 133 Rn 40; KölnKomm-UmwG/*Simon*, § 133 Rn 28.

35 Semler/Stengel/*Maier-Reimer/Seulen*, § 133 Rn 30, 49 f; Palandt/*Grüneberg*, § 425 BGB Rn 1; Erman/*Böttcher*, § 425 BGB Rn 1; Jauernig/*Stürner*, § 425 BGB Rn 1.

36 Baumbach/Hopt/*Hopt*, § 129 HGB Rn 1; Schmitt/Hörtnagl/Stratz/*Hörtnagl*, § 133 Rn 2; Lutter/*Schwab*, § 133 Rn 22, 62 f; Semler/Stengel/*Maier-Reimer/Seulen*, § 133 Rn 30; KölnKomm-UmwG/*Simon*, § 133 Rn 18.

37 Schmitt/Hörtnagl/Stratz/*Hörtnagl*, § 133 Rn 9; Semler/Stengel/*Maier-Reimer/Seulen*, § 133 Rn 49 f.

38 MüKo/*Bydlinski*, § 425 BGB Rn 23; Semler/Stengel/*Maier-Reimer/Seulen*, § 133 Rn 50; KölnKomm-UmwG/*Simon*, § 133 Rn 31.

39 Lutter/*Schwab*, § 133 Rn 62 f.

40 Semler/Stengel/*Maier-Reimer/Seulen*, § 133 Rn 31, 33; KölnKomm-UmwG/*Simon*, § 133 Rn 21.

41 Schmitt/Hörtnagl/Stratz/*Hörtnagl*, § 133 Rn 7; Semler/Stengel/*Maier-Reimer/Seulen*, § 133 Rn 27.

der Rechte der Gläubiger des übertragenden Rechtsträgers.[42] Dieser Schutzgedanke setzt voraus, dass die Gläubigerrechte in ihrem Umfang weder beschränkt noch erweitert werden.[43] Vor diesem Hintergrund müssen Einreden und Einwendungen des Hauptschuldners auch durch den Mithafter geltend zu machen sein, weshalb das Prinzip der Einzelwirkung des § 425 BGB vielfach nicht angemessen ist. Trotz des insoweit eindeutigen Wortlautes ergibt sich im Wege einer teleologischen Auslegung des § 131 Abs. 1 S. 1 daher ein akzessorisches Haftungsmodell, was sich an den Grundsätzen der §§ 128 f HGB bzw der §§ 767–770, 774 BGB orientiert.[44]

b) Die Gestaltungsrechte der beteiligten Rechtsträger. Nachfolgend werden im Rahmen der Darstellung der Rechtsfolgen bei **Gestaltungsrechten** aufgrund fehlender höchstrichterlicher Rechtsprechung die Auswirkungen nach beiden Haftungssystemen (gesamtschuldnerisch/akzessorisch) erläutert. 26

aa) Das Anfechtungs- und Rücktrittsrecht. In Bezug auf das **Anfechtungsrecht und das Rücktrittsrecht** gelangen beide Haftungsmodelle zu den **gleichen Ergebnissen.** Nach beiden Konzepten können sich alle haftenden Rechtsträger auf diese Gestaltungsrechte berufen, auch wenn sie selbst diese Rechte nicht ausüben können, solange nur der Hauptschuldner zur Anfechtung bzw zum Rücktritt berechtigt ist.[45] Eine solche **Gesamtwirkung** ist auch dann anzunehmen, wenn das Gestaltungsrecht durch den Hauptschuldner bereits **wirksam ausgeübt wurde.**[46] Nach vorwiegender Ansicht können sowohl Anfechtung als auch Rücktritt aber immer nur von demjenigen Rechtsträger tatsächlich ausgeübt werden, welchem das dazugehörige Vertragsverhältnis im Rahmen der Spaltung auch zugewiesen wurde.[47] 27

bb) Aufrechnung bzw das Bestehen einer Aufrechnungslage. In Bezug auf eine tatsächlich ausgeübte Aufrechnung kommen beide Konzepte zu den gleichen Ergebnissen. Die **Gesamtwirkung** ergibt sich im gesamtschuldnerischen Haftungskonzept aus § 421 Abs. 1 S. 2 BGB und beim akzessorischen Haftungssystem aus dem Gedanken des § 129 Abs. 1 HGB bzw § 767 Abs. 1 S. 1 BGB.[48] 28

Besteht seitens des Hauptschuldners lediglich eine **Aufrechnungslage,** ist es fraglich, ob sich auch ein in Anspruch genommener mithaftender Rechtsträger auf die Aufrechnungsmöglichkeit berufen kann. Nach dem akzessorischen Modell besteht seitens der Mithafter in einem solchen Fall ein Leistungsverweigerungsrecht, so dass die Aufrechnungslage seitens des Hauptschuldners Gesamtwirkung entfaltet.[49] Dieses Ergebnis wird teilweise auch von den Anhängern des gesamtschuldnerischen Haftungssystems befürwortet.[50] Allerdings soll eine Gesamtwirkung zugunsten der Mithafter dann ausscheiden, wenn die Aufrechnungslage erst nach der Spaltung entstanden ist.[51] 29

c) Rechtshandlungen des Gläubigers. Wirkt der Gläubiger durch eigene Handlungen umgestaltend auf seinen Anspruch ein, so ergeben sich gegensätzliche Ergebnisse. Nach dem akzessorischen Haftungssystem entfalten die Mahnung und die sonstigen verzugsbegründenden Handlungen, die Fristsetzung sowie das Schadenersatzverlangen gegenüber dem Hauptschuldner Gesamtwirkung. Das gesamtschuldnerische System führt bei diesen rechtsgestaltenden Gläubi- 30

42 *Habersack*, FS Bezzenberger, S. 93 (96 ff); Lutter/*Schwab*, § 133 Rn 23; Widmann/Mayer/*Vossius*, § 133 Rn 25.
43 *Habersack*, FS Bezzenberger, S. 93 (102 f); Dies sehen auch die Anhänger des gesamtschuldnerischen Haftungssystems so. Semler/Stengel/*Maier-Reimer/Seulen*, § 133 Rn 43; KölnKomm-UmwG/*Simon*, § 133 Rn 17.
44 *Habersack*, FS Bezzenberger, S. 93 (102 f, 105 f); Keßler/Kühnberger/*Gündel*, § 133 Rn 3; Lutter/*Schwab*, § 133 Rn 23; Widmann/Mayer/*Vossius*, § 133 Rn 25.
45 *Habersack*, FS Bezzenberger, S. 93 (106 f); Lutter/*Schwab*, § 133 Rn 53, 71; Semler/Stengel/*Maier-Reimer/Seulen*, § 133 Rn 53; KölnKomm-UmwG/*Simon*, § 133 Rn 36.
46 Dies darstellend: Lutter/*Schwab*, § 133 Rn 66, 69, 73.
47 Lutter/*Schwab*, § 133 Rn 72; Semler/Stengel/*Maier-Reimer/Seulen*, § 133 Rn 53; KölnKomm-UmwG/*Simon*, § 133 Rn 36.
48 *Habersack*, FS Bezzenberger, S. 93 (106); Lutter/*Schwab*, § 133 Rn 69; Semler/Stengel/*Maier-Reimer/Seulen*, § 133 Rn 52.
49 Lutter/*Schwab*, § 133 Rn 70 f.
50 Semler/Stengel/*Maier-Reimer/Seulen*, § 133 Rn 51; KölnKomm-UmwG/*Simon*, § 133 Rn 36.
51 Semler/Stengel/*Maier-Reimer/Seulen*, § 133 Rn 52.

gerhandlungen nur zur Wirkung gegenüber dem Rechtsträger, welcher Adressat der Handlung war.[52]

31 d) **Verjährung.** Sämtliche Aspekte, welche die Einrede der Verjährung beeinflussen, wie beispielsweise der Beginn oder die Hemmung der Verjährungsfrist sind im Rahmen des gesamtschuldnerischen Haftungssystems gemäß § 425 Abs. 2 BGB für jeden Rechtsträger getrennt zu beurteilen.[53] Doch auch das Modell der akzessorischen Haftung kommt teilweise zu diesem Ergebnis und verneint die Gesamtwirkungen der Verjährungsaspekte, wenn diese nach der Wirksamkeit der Spaltung eintreten.[54]

32 e) **Verzicht.** Zu gegensätzlichen Ergebnissen kommen die beiden Haftungssysteme dann, wenn der Hauptschuldner auf die Einwendungen bzw Einreden verzichtet. Einen solchen Verzicht des Hauptschuldners müssten nach der akzessorischen Haftung auch die Mithafter gegen sich gelten lassen,[55] wohingegen im Rahmen der Gesamtschuld der Verzicht grundsätzlich nur gegenüber dem verzichtenden Hauptschuldner Einzelwirkung erlangt.[56]

33 f) **Die Sachleistungspflicht und der Einwand der Unmöglichkeit nach § 275 Abs. 1 BGB.** Handelt es sich bei dem Anspruch des Gläubigers um eine **Pflicht zur Sachleistung**, wird es im Hinblick auf die grundsätzliche Erfüllungshaftung sämtlicher an der Spaltung beteiligter Rechtsträger immer dann problematisch, wenn der konkret in Anspruch genommene Rechtsträger gar **nicht selbst erfüllen kann.** Dies kommt insb. dann in Betracht, wenn dem Rechtsträger die erforderlichen Mittel oder Vermögensgegenstände im Rahmen der Spaltungsmaßnahme gerade nicht zugewiesen wurden.[57]

34 Nach einer Auffassung könne in dieser Konstellation der in Anspruch genommene Rechtsträger den Einwand der nachträglichen bzw anfänglichen **Unmöglichkeit iSv § 275 BGB** gegen den Primäranspruch erheben. Dieser Unmöglichkeitseinwand sei allerdings erst dann begründet, wenn tatsächlich der in Anspruch genommene Hauptschuldner nicht leistungsfähig oder der Freistellungsanspruch des in Anspruch genommenen mithaftenden Rechtsträgers nicht durchsetzbar ist. Dem Gläubiger würden dann gegen die beteiligten Rechtsträger allerdings **Schadenersatzansprüche** verbleiben.[58] Nach dem gesamtschuldnerischen Haftungssystem kann der Unmöglichkeitseinwand aber jeweils nur von demjenigen Rechtsträger geltend gemacht werden, in dessen Person die Voraussetzungen vorliegen, vgl § 425 BGB.[59]

35 Nach dem **akzessorischen Haftungsmodell** müsste eine Befreiung des Hauptschuldners von der Primärleistungspflicht dazu führen, dass auch die Mithafter lediglich auf das Erfüllungsinteresse in Anspruch genommen werden können. Wäre das Unvermögen des Hauptschuldners allerdings spaltungsbedingt und würde der bestimmte Vermögensgegenstand einem mithaftenden Rechtsträger zugeteilt, so könnte dieser Mithafter dennoch auf Erfüllung in Anspruch genommen werden.[60] Davon abweichend wird eine **Haftung sämtlicher Rechtsträger auf die Primärleistung** angenommen.[61] **Vorzugswürdig erscheint jedoch das Konzept**, wonach die Mithafter nur auf das jeweilige Interesse in Anspruch genommen werden können, wenn den Hauptschuldner selbst aufgrund des Unmöglichkeitseinwands lediglich eine Pflicht zum Schadenersatz trifft.[62] Dies gilt aber nicht für den mithaftenden Rechtsträger, welcher aufgrund der spaltungsbedingten Zuweisung der Vermögensgegenstände gerade zur Erfüllung der Sachleistungspflicht in der Lage ist.

52 Lutter/*Schwab*, § 133 Rn 47 ff; KölnKomm-UmwG/*Simon*, § 133 Rn 35.
53 Semler/Stengel/*Maier-Reimer/Seulen*, § 133 Rn 56.
54 BGHZ 104, 76 (80) zu § 129 HGB; Lutter/*Schwab*, § 133 Rn 64.
55 *Habersack*, FS Bezzenberger, S. 93 (106); Lutter/*Schwab*, § 133 Rn 62.
56 Semler/Stengel/*Maier-Reimer/Seulen*, § 133 Rn 57; Erman/*Böttcher*, § 425 BGB Rn 1, 12.
57 Lutter/*Schwab*, § 133 Rn 31; Schmitt/Hörtnagl/Stratz/*Hörtnagl*, § 133 Rn 9.
58 Schmitt/Hörtnagl/Stratz/*Hörtnagl*, § 133 Rn 9; Semler/Stengel/*Maier-Reimer/Seulen*, § 133 Rn 41; KölnKomm-UmwG/*Simon*, § 133 Rn 33.
59 Schmitt/Hörtnagl/Stratz/*Hörtnagl*, § 133 Rn 9; Semler/Stengel/*Maier-Reimer/Seulen*, § 133 Rn 41, 54; Erman/*Böttcher*, § 425 BGB Rn 11.
60 *Habersack*, FS Bezzenberger, S. 93 (108).
61 Lutter/*Schwab*, § 133 Rn 36, 39.
62 *Habersack*, FS Bezzenberger, S. 93 (108).

g) Die bestehenden Wettbewerbsverbote. Von der grundsätzlichen Erfüllungshaftung sämtlicher beteiligter Rechtsträger ist mit Blick auf bestehende **Wettbewerbsverbote** eine weitere Ausnahme zu machen. Lediglich der jeweilige Hauptschuldner ist zur Unterlassung des Wettbewerbs verpflichtet. Die mithaftenden Rechtsträger können bei Verstößen gegen Wettbewerbsverbote nur auf Schadenersatz in Anspruch genommen werden.[63] Dem Gläubigerschutz wird allerdings auch dadurch genüge getan, dass ein Wettbewerbsverbot in der Regel nicht vom zugehörigen Unternehmensteil getrennt werden darf. Eine solche Trennung würde nämlich als missbräuchliche Spaltungsgestaltung betrachtet werden.[64] 36

h) Der Ausgleich im Innenverhältnis. Im Innenverhältnis der haftenden Rechtsträger kommen die beiden Haftungssysteme, auf der Grundlage unterschiedlicher dogmatischer Herleitungen, **zu identischen Ergebnissen.** Dem **Hauptschuldner**, welchem die Verbindlichkeit im Spaltungsvertrag zugewiesen wurde, stehen durch die Erfüllung der Verbindlichkeit **keine Ausgleichsansprüche gegen die mithaftenden Rechtsträger** zu. Nach den spaltungsvertraglichen Vereinbarungen soll der Hauptschuldner im Innenverhältnis gerade alleine haften.[65] 37

Diese Zuweisung der Verbindlichkeit im Spaltungsvertrag prägt dann auch das Innenverhältnis zwischen **Hauptschuldner und Mithafter.** Um den vertraglichen Regelungen Geltung zu verschaffen, muss seitens des Mithafters die Möglichkeit der Schadloshaltung gegenüber dem Hauptschuldner bestehen. Hierbei sind die Fälle zu unterscheiden, in welchen erstens der Mithafter den Gläubigeranspruch bereits befriedigt hat, und zweitens der Mithafter zwar noch nicht erfüllt hat, aber seine Inanspruchnahme[66] bezüglich der fälligen Forderung droht.[67] Auf der Grundlage der akzessorischen Haftung steht dem mithaftenden Rechtsträger im ersten Fall ein **vollumfänglicher Erstattungsanspruch** gegen den Hauptschuldner zu. Der Gläubigeranspruch gegen den Hauptschuldner ist nun in analoger Anwendung des § 774 Abs. 1 S. 1 BGB auf den Mithafter – inklusive möglicher bestehender Sicherheiten – übergegangen.[68] Die Haftung nach dem gesamtschuldnerischen Ansatz kommt in Anwendung des § 426 BGB zum gleichen Ergebnis.[69] In der zweiten Fallgestaltung, in welcher dem Mithafter eine Inanspruchnahme für eine fällige Verbindlichkeit des Hauptschuldners bevorsteht, erwächst seitens des mithaftenden Rechtsträgers gegenüber dem Hauptschuldner ein **Freistellungsanspruch.** Dieser ergibt sich nach dem Akzessorietätsmodell aus der Auslegung des Spaltungsvertrages[70] und nach dem Konzept der Gesamtschuldnerschaft aus § 426 BGB.[71] 38

Mithaftende Rechtsträger untereinander haften dann als Gesamtschuldner (§ 426 BGB), wenn der Hauptschuldner nicht solvent ist und der Erstattungsanspruch bzw der Freistellungsanspruch deshalb ins Leere geht. Der Maßstab der Haftung unter den mithaftenden Rechtsträgern wird allerdings unterschiedlich festgelegt. Zum einen wird bezüglich dieses Maßstabes auf die Haftung **zu gleichen Teilen** nach § 426 Abs. 1 S. 1 BGB zurückgegriffen.[72] Anderer Ansicht nach soll der Haftungsmaßstab *„nach dem Verhältnis des übertragenden Reinvermögens zu bestimmen“* sein.[73] Daher ist es empfehlenswert, den Maßstab der Innenhaftung für die mithaftenden Gesellschaften bereits im **Spaltungsvertrag ausdrücklich zu regeln.**[74] 39

63 Lutter/*Schwab*, § 133 Rn 46; Semler/Stengel/*Maier-Reimer/Seulen*, § 133 Rn 44 f; KölnKomm-UmwG/*Simon*, § 133 Rn 30.

64 Lutter/*Schwab*, § 133 Rn 45; Semler/Stengel/*Maier-Reimer/Seulen*, § 133 Rn 46.

65 Lutter/*Schwab*, § 133 Rn 146; Semler/Stengel/*Maier-Reimer/Seulen*, § 133 Rn 66; KölnKomm-UmwG/*Simon*, § 133 Rn 63.

66 AA Semler/Stengel/*Maier-Reimer/Seulen*, § 133 Rn 66: wonach die bloße Fälligkeit für den Freistellungsanspruch ausreichend ist.

67 Lutter/*Schwab*, § 133 Rn 147 f; Semler/Stengel/*Maier-Reimer/Seulen*, § 133 Rn 66.

68 Lutter/*Schwab*, § 133 Rn 148; KölnKomm-UmwG/*Simon*, § 133 Rn 64.

69 Semler/Stengel/*Maier-Reimer/Seulen*, § 133 Rn 66; KölnKomm-UmwG/*Simon*, § 133 Rn 63.

70 Lutter/*Schwab*, § 133 Rn 148.

71 Semler/Stengel/*Maier-Reimer/Seulen*, § 133 Rn 66; KölnKomm-UmwG/*Simon*, § 133 Rn 63; Erman/*Böttcher*, § 426 BGB Rn 7.

72 Lutter/*Schwab*, § 133 Rn 150.

73 Semler/Stengel/*Maier-Reimer/Seulen*, § 133 Rn 67.

74 Lutter/*Schwab*, § 133 Rn 150; Semler/Stengel/*Maier-Reimer/Seulen*, § 133 Rn 67.

40 **6. Die Haftung aus § 133 im Rahmen der Bilanzen.** Unzweifelhaft ist zunächst der **Hauptschuldner verpflichtet**, die jeweilige Verbindlichkeit im Rahmen seiner Bilanz **zu passivieren.**[75] Die mithaftenden Rechtsträger müssen die Verbindlichkeit zunächst nicht in ihren Bilanzen aufnehmen. Dies verändert sich allerdings immer dann, wenn eine **Inanspruchnahme des Mithafters konkret droht**. In diesem Fall ist eine Rückstellung iSd § 249 Abs. 1 S. 1 HGB zu bilden. Weiter können die bestehenden Freistellungs- und Erstattungsansprüche abhängig von ihrer Werthaltigkeit aktiviert werden.[76] Bevor allerdings eine konkrete Inanspruchnahme der Mithafter droht, ist auch ein Vermerk unter der Bilanz gemäß § 251 HGB nicht verpflichtend, da dessen abschließender Anwendungsbereich nicht eröffnet ist. Für mithaftende Kapitalgesellschaften ergibt sich aber eine Angabepflicht aus § 285 Nr. 3 a HGB, wenn die Verbindlichkeit für die Beurteilung der Finanzlage von Bedeutung ist, so dass die Haftung aus § 133 im **Anhang der Bilanz aufzuführen** ist.[77]

IV. Weitere Haftungstatbestände

41 Erfüllen sich durch die Spaltungsmaßnahme weitere Haftungstatbestände, so werden diese nicht durch § 133 verdrängt. Neben den in § 133 Abs. 1 S. 2 1. Hs lediglich erwähnten §§ 25, 26, 28 HGB sind auch noch weitere allgemein gültige Haftungsgrundlagen denkbar. Beispielhaft soll nur auf **§ 75 AO** hingewiesen werden, der eine Haftung für Steuern des Übernehmers eines Betriebes enthält.[78]

42 **1. Firmenfortführungshaftung (§ 133 Abs. 1 S. 2 1 Hs).** § 133 Abs. 1 S. 2 1. Hs bestimmt ausdrücklich, dass die **Haftung nach §§ 25, 26, 28 HGB wegen Fortführung der Firma** trotz des Haftungssystems in § 133 unberührt bestehen bleibt. Sind die handelsrechtlichen Haftungsvoraussetzungen erfüllt, ergibt sich demnach eine Anspruchskonkurrenz zur spaltungsrechtlichen Haftung. Ein Ausschluss der handelsrechtlichen Haftung ist nach § 25 Abs. 2 HGB durch abweichende Vereinbarungen, worunter auch solche im Spaltungsvertrag zu subsumieren sind, möglich. Außenwirkung erlangt ein solcher handelsrechtlicher Haftungsausschluss allerdings nur, wenn dieser ins Handelsregister eingetragen und bekanntgemacht wird oder dem Dritten mitgeteilt wird, vgl § 25 Abs. 2 HGB.[79] Die Haftung aus einer Firmenfortführung hat neben der spaltungsrechtlichen Haftung **selbstständige Bedeutung**, denn sie ist – anders als die spaltungsrechtliche Haftung für nicht zugewiesene Verbindlichkeiten – **nicht zeitlich begrenzt.**[80]

43 Im Falle der Abspaltung und Ausgliederung kann seitens eines nur noch mithaftenden, übertragenden Rechtsträgers eine Haftung auch aus **§ 26 HGB** hinzutreten, die allerdings, wie die spaltungsrechtliche Mithaftung, auf fünf Jahre beschränkt ist.[81] Ob sich durch eine Spaltungsmaßnahme ein Fall des **§ 28 HGB** überhaupt ergeben kann, wird teilweise angezweifelt[82] bzw vollständig abgelehnt.[83]

44 **2. Kommanditistenhaftung.** Bei der Spaltung einer KG kann es nach überwiegender Ansicht grundsätzlich nicht zu einem Wiederaufleben der Kommanditistenhaftung gemäß § 172 Abs. 4 HGB kommen.[84] Es ist zwar insb. im Fall der Abspaltung unbestritten, dass einerseits Gesellschaftsvermögen abfließt, und andererseits gerade auch die Kommanditisten Beteiligungen am

75 Lutter/*Schwab*, § 133 Rn 85; Semler/Stengel/*Maier-Reimer/Seulen*, § 133 Rn 69; KölnKomm-UmwG/*Simon*, § 133 Rn 66.

76 Lutter/*Schwab*, § 133 Rn 86; Semler/Stengel/*Maier-Reimer/Seulen*, § 133 Rn 69; KölnKomm-UmwG/*Simon*, § 133 Rn 67.

77 Semler/Stengel/*Maier-Reimer/Seulen*, § 133 Rn 69; KölnKomm-UmwG/*Simon*, § 133 Rn 68; aA Lutter/*Schwab*, § 133 Rn 85 (Unterstrichvermerk oder Anhangsangabe unverzichtbar).

78 Lutter/*Schwab*, § 133 Rn 96; KölnKomm-UmwG/*Simon*, § 133 Rn 70.

79 Schmitt/Hörtnagl/Stratz/*Hörtnagl*, § 133 Rn 17; Lutter/*Schwab*, § 133 Rn 97; KölnKomm-UmwG/*Simon*, § 133 Rn 69.

80 Schmitt/Hörtnagl/Stratz/*Hörtnagl*, § 133 Rn 19; KölnKomm-UmwG/*Simon*, § 133 Rn 69.

81 Lutter/*Schwab*, § 133 Rn 98; Semler/Stengel/*Maier-Reimer/Seulen*, § 133 Rn 112.

82 Semler/Stengel/*Maier-Reimer/Seulen*, § 133 Rn 111.

83 Schmitt/Hörtnagl/Stratz/*Hörtnagl*, § 133 Rn 18: („*Der Hinweis auf § 28 HGB ist überflüssig, ...*").

84 Lutter/*Schwab*, § 133 Rn 99; Semler/Stengel/*Maier-Reimer/Seulen*, § 133 Rn 116; KölnKomm-UmwG/*Simon*, § 133 Rn 86.

übernehmenden Rechtsträger erhalten. In einigen dieser Fälle wird dementsprechend eine Einlagenrückgewähr gesehen, weswegen die persönliche Haftung der Kommanditisten wiederaufleben könnte.[85] Dies wird jedoch zu Recht überwiegend abgelehnt, da der Gläubigerschutz im Rahmen der Spaltung ausreichend und abschließend verankert ist, so dass eine erneute Haftung aus § 172 Abs. 4 HGB nicht in Betracht kommt.[86]

V. Die Sicherheitsleitung (§ 133 Abs. 1 S. 2)

Neben der Haftung sämtlicher an der Spaltungsmaßnahme beteiligter Rechtsträger komplettiert das **Recht zur Sicherheitsleitung** als weiteres Element den Schutz der Gläubiger. § 133 Abs. 1 S. 2 1. Hs bringt dabei zum Ausdruck, dass dieser Sicherheitsleistungsanspruch **unabhängig von der allgemeinen Haftung** aus § 133 Abs. 1 S. 1 zu beurteilen ist.[87] 45

Die Sicherheitsleistung kann **von sämtlichen Gläubigern** der an der Spaltung beteiligten Rechtsträger geltend gemachten werden. Im Unterschied zu § 133 Abs. 1 S. 1 können auch die Gläubiger des übernehmenden Rechtsträgers Schutz erlangen.[88] Der Anspruch auf Sicherheitsleistung ist – wie sich aus § 133 Abs. 1 S. 2 2. Hs ergibt – immer nur gegen den Rechtsträger zu richten, welchem die **Verbindlichkeit im Rahmen des Spaltungsvertrages zugewiesen wurde (Hauptschuldner)**.[89] 46

Die Einzelheiten und Besonderheiten zum Anspruch auf Sicherheitsleistung sind bereits im Rahmen der Kommentierung zu § 22 dargestellt worden, weshalb auf die dortigen Ausführungen verwiesen werden kann (s. dort Rn 2 ff). An dieser Stelle sind deshalb nur die Grundzüge sowie die spaltungsspezifischen Unterschiede darzustellen. 47

Das Recht des Gläubigers, Sicherheiten zu verlangen, ist immer dann ausgeschlossen, wenn diesem bereits ein Erfüllungsanspruch zusteht, vgl §§ 125 S. 1, 22 Abs. 1 S. 1. Demnach muss es sich bei der abzusichernden Forderung um eine **noch nicht fällige Verbindlichkeit** handeln.[90] Neben dem Beweis für die tatsächliche Existenz der abzusichernden Forderung muss der Anspruchsteller ferner **glaubhaft machen**, dass durch die Spaltungsmaßnahme die Erfüllung **der erst später fällig werdenden Forderung gefährdet** wird, vgl §§ 125 S. 1, 22 Abs. 1 S. 2.[91] 48

Eine **Gefährdung der Gläubigerinteressen** kann sich durch die Spaltung insb. aufgrund der **Enthaftungsregelung** aus § 133 Abs. 3 ergeben, wenn die abzusichernde Forderung erst nach mehr als fünf Jahren fällig wird.[92] Für die Gläubiger solcher Rechtsträger, welchen durch die Spaltung eine größere Anzahl an Verbindlichkeiten zugeordnet worden ist, kann diese **Vervielfältigung der Haftung** ebenfalls eine Gefährdung ihrer noch nicht fälligen Forderung bedeuten.[93] Der Gefährdungsgrund kann allerdings niemals allein in der einer Spaltung immanenten Vermögensumschichtung wurzeln. Andernfalls würden nämlich mit jeder Spaltungsmaßnahme Ansprüche auf Sicherheitsleistungen einhergehen.[94] 49

VI. Der Schutz der Inhaber von Sonderrechten (§ 133 Abs. 2)

Gemäß §§ 125 S. 1, 23 sind *„den Inhabern von Rechten in einem übertragenden Rechtsträger, die kein Stimmrecht gewähren"*, auch bei der Spaltung **gleichwertige Rechte einzuräumen**. § 23 benennt als solche Rechte insb. die Anteile ohne Stimmrecht, die Wandelschuldverschreibun- 50

85 Schmitt/Hörtnagl/Stratz/*Hörtnagl*, § 133 Rn 42 f.
86 Lutter/*Schwab*, § 133 Rn 99; Semler/Stengel/*Maier-Reimer/Seulen*, § 133 Rn 116; KölnKomm-UmwG/*Simon*, § 133 Rn 86.
87 Lutter/*Schwab*, § 133 Rn 90; KölnKomm-UmwG/*Simon*, § 133 Rn 71.
88 Schmitt/Hörtnagl/Stratz/*Hörtnagl*, § 133 Rn 22; Semler/Stengel/*Maier-Reimer/Seulen*, § 133 Rn 119; KölnKomm-UmwG/*Simon*, § 133 Rn 71.
89 Lutter/*Schwab*, § 133 Rn 90; Semler/Stengel/*Maier-Reimer/Seulen*, § 133 Rn 123; KölnKomm-UmwG/*Simon*, § 133 Rn 74.
90 Lutter/*Schwab*, § 133 Rn 90 f; Semler/Stengel/*Maier-Reimer/Seulen*, § 133 Rn 119; KölnKomm-UmwG/*Simon*, § 133 Rn 72.
91 Lutter/*Schwab*, § 133 Rn 92; KölnKomm-UmwG/*Simon*, § 133 Rn 72.
92 Lutter/*Schwab*, § 133 Rn 92; Semler/Stengel/*Maier-Reimer/Seulen*, § 133 Rn 121.
93 Semler/Stengel/*Maier-Reimer/Seulen*, § 133 Rn 122.
94 Lutter/*Schwab*, § 133 Rn 92.

gen, die Gewinnschuldverschreibungen und die Genussrechte. Bezüglich der weiteren Einzelheiten wird auf die Kommentierung zu § 23 verwiesen (s. dort Rn 3 ff). Insgesamt soll der Vermögenswert, welcher durch ein solches Recht verkörpert wird, durch die Spaltungsmaßnahme nicht ersatzlos entfallen oder an Wert verlieren können. Durch § 133 Abs. 2 wird dieser Schutz der Sonderrechtsinhaber aufgrund der **spaltungsspezifischen Besonderheiten** ergänzt.[95]

51 Bei welchem der beteiligten Rechtsträger die jeweiligen Sonderrechte einzuräumen sind, muss **zwingend im Spaltungsvertrag** (vgl § 126 Abs. 1 Nr. 7) geregelt werden. Die Parteien des Spaltungsvertrages können dabei **frei festlegen**, welchen Rechtsträger sie zum **Hauptschuldner** dieser Verbindlichkeiten erklären wollen.[96] Dieser Zuordnungsfreiheit begegnet § 133 Abs. 2 S. 1 mit einer **gesamtschuldnerischen Haftung** von sämtlichen an der Spaltung beteiligten Rechtsträgern, wobei wiederum zwischen Hauptschuldner und Mithafter zu unterscheiden ist. Diese neuerliche Haftungsanordnung wurde notwendig, da die Verpflichtungen, die sich im Hinblick auf die Einräumung von Sonderrechten ergeben, nicht schon von § 133 Abs. 1 erfasst werden.[97] § 133 Abs. 2 S. 2 reagiert auf die Unterschiede zwischen der Verschmelzung einerseits und der Abspaltung bzw Ausgliederung andererseits. Da bei Letzteren der **übertragende Rechtsträger** bestehen bleibt, kann auch dieser **Hauptschuldner für eine Verbindlichkeit iSd §§ 125, 23 sein.**[98]

52 Inhaltlich spricht sowohl § 23 als auch § 133 Abs. 2 S. 2 von der Pflicht, **gleichwertige Rechte** einzuräumen. Um einen effektiven Schutz der in den Sonderrechten verkörperten Werte zu gewährleisten, sind – soweit dies möglich ist – die Sonderrechte in **gleichartiger** Form an dem jeweiligen Rechtsträger zu gewähren.[99] In jedem Fall müssen die eingeräumten Sonderrechte nach der Spaltungsmaßnahme **wirtschaftlich einen vollwertigen Ersatz** für die vormals bestehenden Sonderrechte darstellen.[100]

53 So eindeutig der Inhalt der beschriebenen Hauptschuld ist, ergeben sich bei der **inhaltlichen Ausgestaltung der Mithaftung** vielmehr unterschiedliche Ansichten. Inhaltlich geht es um die Frage, ob die Mithafter bei einem vollständigen oder teilweisen Ausfall des Hauptschuldners auf die **primäre Erfüllung** in Anspruch genommen werden können. Dies würde bedeuten, dass die jeweiligen Sonderrechte nicht etwa an dem Hauptschuldner einzuräumen wären, sondern an dem jeweils mithaftenden Rechtsträger selbst.[101] Nach wohl überwiegender Meinung haften die Mithafter allerdings grundsätzlich nur auf das **Erfüllungsinteresse.** Die Einräumung der Sonderrechte an sich selbst würde nämlich ein **Aliud** zur eigentlich geschuldeten Leistung, der Einräumung von Sonderrechten am Hauptschuldner, darstellen. Demnach ist der Inhalt der Verpflichtung der mithaftenden Rechtsträger darauf ausgerichtet, zunächst auf den Hauptschuldner einzuwirken, seiner Pflicht zur Einräumung der jeweiligen Sonderrechte nachzukommen. Verweigert der Hauptschuldner allerdings endgültig die Leistung, so **haften sämtliche Mithafter auf Schadensersatz.** Das Verhältnis der mithaftenden Rechtsträger untereinander wird dabei durch eine gesamtschuldnerische Haftung geprägt.[102]

54 **Fehlt es im Spaltungsvertrag auch nach verständiger Auslegung an einer Regelung** bezüglich einzelner Sonderrechte, und wird die Spaltung trotzdem eingetragen und dadurch wirksam, kann der Sonderrechtsinhaber bestimmen, an welchem der beteiligten Rechtsträger ihm ein gleichwertiges Sonderrecht eingeräumt werden soll.[103]

95 Lutter/*Schwab*, § 133 Rn 127; Semler/Stengel/*Maier-Reimer/Seulen*, § 133 Rn 70.
96 Lutter/*Schwab*, § 133 Rn 129; Semler/Stengel/*Maier-Reimer/Seulen*, § 133 Rn 73; KölnKomm-UmwG/*Simon*, § 133 Rn 76.
97 Lutter/*Schwab*, § 133 Rn 129; Semler/Stengel/*Maier-Reimer/Seulen*, § 133 Rn 73.
98 Lutter/*Schwab*, § 133 Rn 130; Semler/Stengel/*Maier-Reimer/Seulen*, § 133 Rn 70.
99 Lutter/*Schwab*, § 133 Rn 131.
100 Semler/Stengel/*Maier-Reimer/Seulen*, § 133 Rn 72.
101 Schmitt/Hörtnagl/Stratz/*Hörtnagl*, § 133 Rn 28.
102 Lutter/*Schwab*, § 133 Rn 133 f; Semler/Stengel/*Maier-Reimer/Seulen*, § 133 Rn 73; aA Schmitt/Hörtnagl/Stratz/*Hörtnagl*, § 133 Rn 28.
103 Lutter/*Schwab*, § 133 Rn 137; Semler/Stengel/*Maier-Reimer/Seulen*, § 133 Rn 74.

Sowohl die Ansprüche auf Gewährung der Sonderrechte gegen den Hauptschuldner als auch die Haftung der mithaftenden Rechtsträger **verjähren** gemäß § 133 Abs. 6 S. 1 **in fünf Jahren.** Nach § 133 Abs. 6 S. 2 iVm Abs. 4 S. 1 beginnt diese Sonderverjährungsfrist, wenn die Eintragung der Spaltung in das Register des übertragenden Rechtsträgers bekannt gemacht wurde.[104] 55

VII. Enthaftung der mithaftenden Rechtsträger nach fünf Jahren (§ 133 Abs. 3)

Bereits bei der Erläuterung des Haftungskonzepts aus § 133 Abs. 1 S. 1 wurde auf die Unterscheidung zwischen **Hauptschuldner und Mithafter** hingewiesen. Charakteristisch für die Mithaftung ist dabei, dass die vor der Spaltung begründete Verbindlichkeit dem mithaftenden Rechtsträger gerade nicht im Spaltungsvertrag zugewiesen wurde. § 133 Abs. 3 S. 1 bringt nunmehr den Grundsatz zum Ausdruck, dass die mithaftenden Rechtsträger mit dem Ablauf eines Zeitraums von **fünf Jahren** nach der jeweiligen Spaltungsmaßnahme von dieser **Mithaft befreit** werden. 56

Damit eine Haftung der Mithafter innerhalb der fünfjährigen Frist überhaupt in Betracht kommt, verlangt das Gesetz zwei Voraussetzungen, welche kumulativ erfüllt sein müssen. Die Verbindlichkeit muss innerhalb der fünfjährigen Frist **fällig** werden und der Gläubiger muss seine Forderung in einer in § 133 Abs. 3 S. 1 iVm § 197 Abs. 1 Nr. 3 bis 5 BGB vorgesehenen Form **feststellen lassen** oder eine **Vollstreckungshandlung vornehmen oder beantragen.**[105] 57

Bei der nach fünf Jahren eintretenden Enthaftung handelt es sich um eine **rechtsvernichtende Einwendung,** so dass eine Leistung trotz dieser Enthaftung rechtsgrundlos erfolgen würde, weshalb ein Kondiktionsanspruch des Mithafters aus § 812 Abs. 1 S. 1 BGB begründet sein würde.[106] 58

§ 133 Abs. 3 S. 2 enthält eine zehnjährige Enthaftungsfrist für Versorgungsverpflichtungen aus dem Betriebsrentengesetz, was allerdings nur für solche Spaltungen gilt, die nach dem 25.4.2007 Wirksamkeit erlangt haben.[107] 59

1. Mangelnde Fälligkeit innerhalb von fünf Jahren als Enthaftungsgrund. Der mithaftende Rechtsträger wird **stets enthaftet,** wenn der Anspruch des Gläubigers **nicht innerhalb von fünf Jahren nach der Spaltung fällig wird,** vgl § 133 Abs. 3 S. 1. Im Unterschied zum Hauptschuldner scheidet eine Inanspruchnahme des Mithafter dann aus. Diese Fünfjahresfrist gilt für sämtliche Altverbindlichkeiten unabhängig von der jeweiligen Rechtsnatur der Verbindlichkeit.[108] Der Verweis auf die Hemmungsvorschriften des BGB in § 133 Abs. 4 S. 2 hat keine Auswirkung auf die fünfjährige Enthaftungsfrist, da sich dieser Verweis lediglich auf die gerichtliche Feststellung bzw auf die gleichgestellten Maßnahmen bezieht.[109] 60

2. Enthaftung aufgrund mangelnder Feststellung oder mangelnder Vollstreckung. Wird die jeweilige Verbindlichkeit zwar in einem Zeitraum von fünf Jahren nach der Spaltung fällig, **droht gleichwohl eine Enthaftung** der mithaftenden Rechtsträger, wenn der Gläubiger seine Ansprüche nicht in einer in § 197 Abs. 1 Nr. 3 bis 5 BGB bezeichneten Art **feststellen lässt** oder **Vollstreckungshandlungen vornimmt oder beantragt,** vgl § 133 Abs. 3 S. 1.[110] 61

a) Feststellung iSv § 133 Abs. 3 iVm § 197 Abs. 1 Nr. 3 bis 5. Der Gläubiger kann zur Vermeidung einer Enthaftung seine Verbindlichkeit nach § 133 Abs. 3 S. 1 iVm § 197 Abs. 1 Nr. 3 bis 5 BGB **feststellen lassen.** Dies bedeutet, dass er eine rechtskräftige Feststellung des An- 62

104 Lutter/*Schwab*, § 133 Rn 138; Semler/Stengel/*Maier-Reimer/Seulen*, § 133 Rn 76.

105 Lutter/*Schwab*, § 133 Rn 103 f; Semler/Stengel/*Maier-Reimer/Seulen*, § 133 Rn 77, 79 ff; KölnKomm-UmwG/*Simon*, § 133 Rn 37 ff.

106 Lutter/*Schwab*, § 133 Rn 104, 114; KölnKomm-UmwG/*Simon*, § 133 Rn 59.

107 Semler/Stengel/*Maier-Reimer/Seulen*, § 133 Rn 77 a; KölnKomm-UmwG/*Simon*, § 133 Rn 41.

108 Lutter/*Schwab*, § 133 Rn 105; Semler/Stengel/*Maier-Reimer/Seulen*, § 133 Rn 79; KölnKomm-UmwG/*Simon*, § 133 Rn 40, 43.

109 Semler/Stengel/*Maier-Reimer/Seulen*, § 133 Rn 81; KölnKomm-UmwG/*Simon*, § 133 Rn 42.

110 Lutter/*Schwab*, § 133 Rn 106; Semler/Stengel/*Maier-Reimer/Seulen*, § 133 Rn 82; KölnKomm-UmwG/*Simon*, § 133 Rn 44.

spruchs (§ 197 Abs. 1 Nr. 3), eine Feststellung in einem vollstreckbaren Vergleich oder einer vollstreckbaren Urkunde (§ 197 Abs. 1 Nr. 4) oder eine vollstreckbare Feststellung im Insolvenzverfahren (§ 197 Abs. 1 Nr. 5) erwirken muss. Im Ergebnis setzt die Haftungserhaltung also einen vollstreckbaren Titel gegen den Mithafter voraus.[111] Da diese Feststellung gegenüber dem Mithafter zu erfolgen hat, muss diese also zu einem Zeitpunkt geschehen, in welchem die Spaltung bereits Wirksamkeit erlangt hat, welche ursächlich für die Mithaft war.[112]

63 **b) Gerichtliche oder behördliche Vollstreckungshandlung.** Eine Enthaftung ist auch dann ausgeschlossen, wenn der Gläubiger gegen den mithaftenden Rechtsträger eine **gerichtliche oder behördliche Vollstreckungshandlung** vorgenommen oder beantragt hat, vgl § 133 Abs. 3 S. 1 Alt 2. Diese Alternative der Haftungsbewahrung ist dann entscheidend, wenn zugunsten des Gläubigers **ein vollstreckbarer Titel vorliegt, der bereits vor der Spaltungsmaßnahme erwirkt wurde.**[113] Existiert ein solcher rechtskräftiger Titel **vor** der Spaltung, so muss der Gläubiger also zur Vermeidung einer Enthaftung – trotz des vorliegenden, rechtskräftigen Titels – gegen die mithaftenden Rechtsträger vollstrecken.[114] Ein nach der Spaltungsmaßnahme erwirkter rechtskräftiger Titel (iSv § 197 Abs. 1 Nr. 3 bis 5 BGB) genügt allerdings, um die Haftung zu erhalten, so dass in diesen Fällen keine zusätzlichen Vollstreckungshandlungen notwendig sind.[115] Wird die Vollstreckung aufgehoben oder dem Antrag hinsichtlich der Vollstreckung nicht stattgegeben oder wird dieser zurückgenommen, vgl § 133 Abs. 4 S. 2 iVm § 212 Abs. 2 und Abs. 3 BGB, so entfällt die haftungserhaltende Wirkung.[116]

64 **c) Erlass eines Verwaltungsaktes (§ 133 Abs. 3 S. 1 2. Hs).** Grundsätzlich ergibt sich auch bei öffentlich-rechtlichen Verpflichtungen die Möglichkeit einer Enthaftung. Dies gilt vom Grundsatz her auch für die polizeilichen Zustandsverpflichtungen. Fraglich ist allerdings, ob die Zustandshaftung überhaupt als Altverbindlichkeit eingestuft werden kann oder aufgrund der Nähe zur Störungsquelle als Neuverbindlichkeit, so dass sich die Frage nach einer Enthaftung nicht stellt.[117]

65 Mit Blick auf diese öffentlich-rechtlichen Pflichten genügt zur Vermeidung der Enthaftungswirkung gemäß § 133 Abs. 3 S. 1 2. Hs der **Erlass eines Verwaltungsaktes.** Dieser Verwaltungsakt, in dem der Anspruch festgelegt wird, muss allerdings innerhalb der fünfjährigen Frist dem mithaftenden Rechtsträger zugehen. Eine Enthaftung ist erst dann wieder möglich, wenn der Verwaltungsakt entweder zurückgenommen oder aufgehoben wird.[118]

66 **d) Schriftliches Anerkenntnis (§ 133 Abs. 5).** Nach § 133 Abs. 5 ist eine Enthaftung ferner ausgeschlossen, wenn der mithaftende Rechtsträger den Anspruch **in schriftlicher Form anerkennt.** Ein solches Anerkenntnis entfaltet jedoch nur Auswirkungen gegen den anerkennenden Rechtsträger selbst und strahlt nicht auf die anderen Mithafter aus.[119]

67 **3. Die Enthaftungsfrist und eine mögliche Hemmung.** Die Enthaftung nach § 133 Abs. 3 S. 1 ist ferner vom **Ablauf der Fünfjahresfrist** abhängig, in welcher die Verbindlichkeit fällig werden muss und der Anspruch des Gläubigers festgestellt oder die Vollstreckungshandlung vorgenommen, das Anerkenntnis abgegeben oder der Verwaltungsakt erlassen werden muss.[120] Gemäß § 133 Abs. 4 beginnt die Frist *„mit dem Tage, an dem die Eintragung der Spaltung in das Register des Sitzes des übertragenden Rechtsträgers nach § 125 in Verbindung mit § 19 Abs. 3 bekannt gemacht worden ist“*. Dies gilt sowohl für die Spaltung zur Aufnahme als auch für die

111 Semler/Stengel/*Maier-Reimer/Seulen*, § 133 Rn 84; KölnKomm-UmwG/*Simon*, § 133 Rn 46.
112 Semler/Stengel/*Maier-Reimer/Seulen*, § 133 Rn 92 ff.
113 Semler/Stengel/*Maier-Reimer/Seulen*, § 133 Rn 85; KölnKomm-UmwG/*Simon*, § 133 Rn 53.
114 Lutter/*Schwab*, § 133 Rn 112 f; Semler/Stengel/*Maier-Reimer/Seulen*, § 133 Rn 95; KölnKomm-UmwG/*Simon*, § 133 Rn 45.
115 Lutter/*Schwab*, § 133 Rn 112 f; KölnKomm-UmwG/*Simon*, § 133 Rn 53.
116 Lutter/*Schwab*, § 133 Rn 109; KölnKomm-UmwG/*Simon*, § 133 Rn 54.
117 Lutter/*Schwab*, § 133 Rn 120; Semler/Stengel/*Maier-Reimer/Seulen*, § 133 Rn 110.
118 Lutter/*Schwab*, § 133 Rn 119; Semler/Stengel/*Maier-Reimer/Seulen*, § 133 Rn 86; KölnKomm-UmwG/*Simon*, § 133 Rn 55.
119 Lutter/*Schwab*, § 133 Rn 118; Semler/Stengel/*Maier-Reimer/Seulen*, § 133 Rn 87; KölnKomm-UmwG/*Simon*, § 133 Rn 52.
120 Semler/Stengel/*Maier-Reimer/Seulen*, § 133 Rn 88.

Spaltung zur Neugründung.[121] Die Fristberechnung erfolgt nach den Vorgaben der §§ 187, 188 BGB.[122]

Hinweis: Die Frist des § 133 Abs. 3 S. 1 ist allerdings **nicht zwingend.** Die Gläubiger können mit den mithaftenden Rechtsträgern vielmehr eine verkürzte oder verlängerte Enthaftungsfrist vereinbaren. Im Rahmen des Spaltungsvertrages können die beteiligten Rechtsträger naturgemäß aber nur eine Verlängerung der Frist bezüglich der Mithaftung festlegen.[123]

Beachtlich ist weiter, dass die fünfjährige Frist nach § 133 Abs. 4 S. 2 iVm §§ 204, 206, 210 und 211 BGB einer **Hemmung** unterliegen kann. Die Enthaftungsfrist wird zunächst einmal durch **Maßnahmen der Rechtsverfolgung** iSv § 204 Abs. 1 BGB gehemmt. Die Hemmung endet dabei stets sechs Monate nach einer rechtskräftigen Entscheidung bzw nach einer anderweitigen Beendigung des Verfahrens, vgl § 204 Abs. 2 BGB.[124] Von praktischer Relevanz für die Hemmung ist dabei insb. die rechtzeitige[125] **Klageerhebung** iSv § 204 Abs. 1 Nr. 1 BGB. Der Ablauf der Enthaftungsfrist ist auch dann gehemmt, wenn der Gläubiger aufgrund **höherer Gewalt** in den letzten sechs Monaten der Frist an der Inanspruchnahme des mithaftenden Rechtsträgers gehindert wurde, vgl § 206 BGB.[126] Abschließend kommt eine Ablaufhemmung bei nicht voll Geschäftsfähigen (§ 210 BGB) sowie in Nachlassfällen (§ 211) in Betracht. Aufgrund einer fehlenden Verweisung auf § 203 BGB führen **Verhandlungen** zwischen dem Gläubiger und dem Mithafter über die jeweilige Verbindlichkeit jedoch gerade **nicht zu einer Hemmung** der Verjährung.[127] 68

Als **Rechtsfolge** bewirkt die Verjährungshemmung, dass der Zeitraum der jeweiligen Hemmung entsprechend § 209 BGB nicht im Rahmen der fünfjährigen Enthaftungsfrist miteingerechnet wird. Mit dem Wegfall des jeweiligen Hemmungsgrundes läuft dann die restliche Frist, welche vor dem Eintritt des hemmenden Ereignisses noch nicht abgelaufen war, weiter.[128] Ein Neubeginn der Enthaftungsfrist iSd § 212 Abs. 1 BGB kommt nicht in Betracht. Vielmehr verhindert ein Anerkenntnis, ein bestandskräftiger Titel oder eine wirksame Vollstreckung endgültig die Enthaftung.[129] 69

4. Sicherheiten. Unterschiedlich beantwortet wird die Frage, welches Schicksal **Sicherheiten** erleiden, die gerade mit Blick auf die enthaftete Verbindlichkeit bestellt wurden. Nach einer Ansicht würden Dritte, welche zugunsten des mithaftenden Rechtsträgers Sicherheiten gestellt hätten, in entsprechender Anwendung von § 418 BGB von einer möglichen Haftung befreit werden. Diese Rechtsfolge würde allerdings nicht für solche Sicherheiten gelten, die vom Mithafter selbst gestellt worden seien.[130] Nach vorherrschender Ansicht findet § 418 BGB allerdings im Rahmen der Spaltung keine Anwendung. Im Ergebnis **bleiben die akzessorischen Sicherheiten auch im Falle einer Enthaftung** nach § 133 Abs. 3 Abs. 5 somit weiterhin **bestehen.**[131] 70

121 Lutter/*Schwab*, § 133 Rn 122 f.
122 Lutter/*Schwab*, § 133 Rn 124.
123 Lutter/*Schwab*, § 133 Rn 125; KölnKomm-UmwG/*Simon*, § 133 Rn 56.
124 Lutter/*Schwab*, § 133 Rn 106; Semler/Stengel/*Maier-Reimer/Seulen*, § 133 Rn 88; KölnKomm-UmwG/*Simon*, § 133 Rn 48.
125 Nach § 167 ZPO ist es ausreichend, wenn die Klage vor Fristablauf bei Gericht eingeht, auch wenn dann die Zustellung erst nach Ablauf der Frist stattfindet, sofern die Zustellung jedenfalls demnächst erfolgt. S. hierzu Lutter/*Schwab*, § 133 Rn 107.
126 Lutter/*Schwab*, § 133 Rn 106; Semler/Stengel/*Maier-Reimer/Seulen*, § 133 Rn 90; KölnKomm-UmwG/*Simon*, § 133 Rn 49.
127 Lutter/*Schwab*, § 133 Rn 106; KölnKomm-UmwG/*Simon*, § 133 Rn 50.
128 Lutter/*Schwab*, § 133 Rn 110; KölnKomm-UmwG/*Simon*, § 133 Rn 51.
129 Lutter/*Schwab*, § 133 Rn 109 f; Semler/Stengel/*Maier-Reimer/Seulen*, § 133 Rn 99; KölnKomm-UmwG/*Simon*, § 133 Rn 51.
130 Lutter/*Schwab*, § 133 Rn 116 f.
131 Semler/Stengel/*Maier-Reimer/Seulen*, § 133 Rn 101; KölnKomm-UmwG/*Simon*, § 133 Rn 61 f.

§ 134 Schutz der Gläubiger in besonderen Fällen

(1) [1]Spaltet ein Rechtsträger sein Vermögen in der Weise, daß die zur Führung eines Betriebes notwendigen Vermögensteile im wesentlichen auf einen übernehmenden oder mehrere übernehmende oder auf einen neuen oder mehrere neue Rechtsträger übertragen werden und die Tätigkeit dieses Rechtsträgers oder dieser Rechtsträger sich im wesentlichen auf die Verwaltung dieser Vermögensteile beschränkt (Anlagegesellschaft), während dem übertragenden Rechtsträger diese Vermögensteile bei der Führung seines Betriebes zur Nutzung überlassen werden (Betriebsgesellschaft), und sind an den an der Spaltung beteiligten Rechtsträgern im wesentlichen dieselben Personen beteiligt, so haftet die Anlagegesellschaft auch für die Forderungen der Arbeitnehmer der Betriebsgesellschaft als Gesamtschuldner, die binnen fünf Jahren nach dem Wirksamwerden der Spaltung auf Grund der §§ 111 bis 113 des Betriebsverfassungsgesetzes begründet werden. [2]Dies gilt auch dann, wenn die Vermögensteile bei dem übertragenden Rechtsträger verbleiben und dem übernehmenden oder neuen Rechtsträger oder den übernehmenden oder neuen Rechtsträgern zur Nutzung überlassen werden.

(2) Die gesamtschuldnerische Haftung nach Absatz 1 gilt auch für vor dem Wirksamwerden der Spaltung begründete Versorgungsverpflichtungen auf Grund des Betriebsrentengesetzes.

(3) Für die Ansprüche gegen die Anlagegesellschaft nach den Absätzen 1 und 2 gilt § 133 Abs. 3 Satz 1, Abs. 4 und 5 entsprechend mit der Maßgabe, daß die Frist fünf Jahre nach dem in § 133 Abs. 4 Satz 1 bezeichneten Tage beginnt.

I. Normzweck

1 Das spaltungsspezifische Gläubigerschutzsystem des § 133 wird durch § 134 (Schutz der Gläubiger in besonderen Fällen) für den Sonderfall der sog. **Betriebsaufspaltung ergänzt und erweitert.**[1] Die Gesetzesbegründung sieht in einer solchen Betriebsaufspaltung, welche durch die Spaltung eines Rechtsträgers in eine Anlage- und eine Betriebsgesellschaft geprägt ist und insoweit nicht mit dem umwandlungsrechtlichen Begriff der Aufspaltung identisch ist, erhebliche **Nachteile für die Arbeitnehmer** der Betriebsgesellschaft, weshalb diese in besonderem Maße geschützt werden müssen.[2]

2 Aus diesem Grunde wird die **Haftung aller beteiligten Anlagegesellschaften und Betriebsgesellschaften** nach § 134 Abs. 1 im Vergleich zu § 133 insb. mit Blick auf Sozialplan- und Nachteilsausgleichsansprüche (vgl §§ 111 ff BetrVG) erweitert. Die beteiligten Anlagegesellschaften hafteten neben den beteiligten Betriebsgesellschaften für die genannten Verbindlichkeiten gegenüber den Arbeitnehmern aus dem BetrVG auch dann, wenn die Ansprüche in einem Zeitraum von fünf Jahren **nach der Spaltung** entstanden sind. Somit **verlängert sich die Nachhaf-**

1 KölnKomm-UmwG/*Hohenstatt/Schramm*, § 134 Rn 1; Lutter/*Schwab*, § 134 Rn 1; Semler/Stengel/*Maier-Reimer/Seulen*, § 134 Rn 2.

2 BR-Drucks. 75/94, 122; Semler/Stengel/*Maier-Reimer/Seulen*, § 134 Rn 2.

tungspflicht für die Ansprüche aus dem Betriebsverfassungsgesetz auf insgesamt **zehn Jahre**, vgl § 134 Abs. 3.

§ 134 ist rechtspolitisch umstritten und wird im Hinblick auf den unbestimmten Tatbestand teilweise als „vollkommen missglückt" bezeichnet.[3] Daneben wird die praktische Bedeutung aufgrund der schwindenden Attraktivität der Betriebsaufspaltung als gering bzw als rückläufig eingestuft.[4] 3

II. Die Betriebsaufspaltung iSv § 134 Abs. 1

§ 134 Abs. 1 enthält **zwei grundsätzliche Formen der Betriebsaufspaltung**. Zunächst beschreibt **§ 134 Abs. 1 S. 1** den Fall, dass ein Rechtsträger das wesentliche Betriebsvermögen auf eine oder mehrere Anlagegesellschaften überträgt, der übertragende Rechtsträger aber dennoch den Betrieb fortsetzt, weshalb ihm das Anlagevermögen vom übernehmenden Rechtsträger wiederum zur Nutzung überlassen wird. Der übertragende Rechtsträger als Betriebsgesellschaft verbleibt dabei in der Position des Arbeitgebers.[5] 4

§ 134 Abs. 1 S. 2 beschreibt den umgekehrten Fall. Demnach verbleibt das wesentliche Betriebsvermögen beim übertragenden Rechtsträger, so dass dieser nun als Anlagegesellschaft fungiert. Der übernehmende Rechtsträger wird durch die Spaltungsmaßnahme zur Betriebsgesellschaft,[6] weshalb diesem das Anlagevermögen zur Nutzung überlassen wird. In der praktischen Fallgestaltung ist diese zweite Konstellation die **häufiger anzutreffende Variante**, da aufgrund der fehlenden Übertragung des Anlagevermögens die Transaktionskosten in der Regel geringer ausfallen dürften.[7] Nur im Falle von § 134 Abs. 1 S. 2 liegt ein **Betriebsübergang iSv § 613 a BGB** vor, so dass die übernehmende Betriebsgesellschaft nunmehr als Arbeitgeber fungiert.[8] Es ist jedoch zu beachten, dass § 134 im Verhältnis zu § 613 a BGB als *lex specialis* zu betrachten ist.[9] 5

Die zuvor beschriebene Betriebsaufspaltung führt in beiden von § 134 Abs. 1 vorgesehenen Alternativen jeweils zu einer **Trennung der betrieblichen Aktivität** (inklusive der haftungsrelevanten Risiken) einerseits **und dem wesentlichen Anlagevermögen** andererseits. In der Literatur wird derweil auch von einer ***„Abschottung der Haftungsmassen"*** bzw von einer künstlichen Trennung gesprochen, woraus die besondere Schutzbedürftigkeit der Arbeitnehmer erwächst.[10] 6

III. Die von § 134 Abs. 1 erfassten Spaltungsarten

Fraglich ist, welche der verschiedenen Spaltungsarten von § 134 Abs. 1 erfasst werden. Unstreitig ist die **Abspaltung** vom Wortlaut des § 134 Abs. 1 umfasst, unabhängig ob es sich dabei um eine solche zur Aufnahme oder zur Neugründung handelt.[11] 7

Da eine grundsätzliche Identität der Gesellschafter – wie in § 134 Abs. 1 gefordert – auch im Wege einer mittelbaren Beteiligung erreicht werden kann, fällt auch die Spaltungsvariante der **Ausgliederung** in den Anwendungsbereich von § 134.[12] Von praktischer Bedeutung ist allerdings nur eine **Ausgliederung des Betriebs** (§ 134 Abs. 1 S. 2), so dass der Anlagegesellschaft 8

3 KölnKomm-UmwG/*Hohenstatt/Schramm*, § 134 Rn 1.
4 KölnKomm-UmwG/*Hohenstatt/Schramm*, § 134 Rn 3.
5 KölnKomm-UmwG/*Hohenstatt/Schramm*, § 134 Rn 2, 6; Semler/Stengel/*Maier-Reimer/Seulen*, § 134 Rn 5.
6 Als Betriebsgesellschaft können nach § 134 Abs. 1 Satz 2 auch mehrere übernehmende Rechtsträger eingesetzt werden.
7 KölnKomm-UmwG/*Hohenstatt/Schramm*, § 134 Rn 2; Semler/Stengel/*Maier-Reimer/Seulen*, § 134 Rn 5; Widmann/Mayer/*Vossius*, § 134 Rn 28 f.
8 KölnKomm-UmwG/*Hohenstatt/Schramm*, § 134 Rn 6, 16; Lutter/*Schwab*, § 134 Rn 13 f.
9 Lutter/*Schwab*, § 134 Rn 40; Semler/Stengel/*Maier-Reimer/Seulen*, § 134 Rn 9.
10 KölnKomm-UmwG/*Hohenstatt/Schramm*, § 134 Rn 2; Lutter/*Schwab*, § 134 Rn 1; Semler/Stengel/*Maier-Reimer/Seulen*, § 134 Rn 1 f.
11 KölnKomm-UmwG/*Hohenstatt/Schramm*, § 134 Rn 4; Lutter/*Schwab*, § 134 Rn 10, 65; Semler/Stengel/*Maier-Reimer/Seulen*, § 134 Rn 34; Kallmeyer/*Willemsen*, § 134 Rn 4.
12 KölnKomm-UmwG/*Hohenstatt/Schramm*, § 134 Rn 4; Lutter/*Schwab*, § 134 Rn 10, 69 ff (allerdings in analoger Anwendung); Semler/Stengel/*Maier-Reimer/Seulen*, § 134 Rn 34; Kallmeyer/*Willemsen*, § 134 Rn 5.

Anteile an der Betriebsgesellschaft erwachsen. Nur im Rahmen einer solchen Ausgliederungskonstellation kann die Trennung der Haftungsmassen zuungunsten der Gläubiger überhaupt erreicht werden.[13]

9 Umstritten ist die Frage, ob auch die **Aufspaltung** in den Anwendungsbereich von § 134 Abs. 1 fällt. Die Spaltungsvariante der Aufspaltung wird vom **Wortlaut** der Norm allerdings **nicht erfasst**, da dieser vom Fortbestand des übertragenden Rechtsträgers ausgeht. Nach der wohl vorherrschenden Ansicht wird aber eine **analoge Anwendung** des § 134 Abs. 1 auch auf die Fälle der Aufspaltung befürwortet, wenn die sonstigen Voraussetzungen der Betriebsaufspaltung gegeben sind. Dies ist immer dann der Fall, wenn der Betrieb auf einen Rechtsträger und das wesentliche Anlagevermögen auf einen anderen Rechtsträger aufgespalten wird. Diese Analogie erfolgt mit Blick auf die Schutzbedürftigkeit der Arbeitnehmer auch in einer solchen Aufspaltungsvariante und zur Verhinderung einer möglichen Umgehung des Schutzkonzepts aus § 134.[14]

10 Erfolgt die Betriebsaufspaltung im Wege der **Einzelrechtsnachfolge**, so findet nach herrschender Ansicht § 134 **keine Anwendung.** Die Regelungen des UmwG zum Gläubigerschutz setzten nämlich stets eine partielle Gesamtrechtsnachfolge voraus, so dass für eine analoge Anwendung der Vorschrift auf die Fälle der Einzelrechtsnachfolge kein Raum besteht.[15]

IV. Die tatbestandlichen Elemente von § 134 Abs. 1, S. 1

11 Sämtliche der nachfolgend dargestellten Tatbestandsmerkmale aus § 134 Abs. 1 S. 1 müssen im Zeitpunkt des Wirksamwerdens der Spaltung vorliegen, damit eine erweiterte Haftung der Anlagegesellschaft eintritt.[16]

12 **1. Die zur Führung eines Betriebes notwendigen Vermögensteile.** Der Begriff des Betriebs in § 134 Abs. 1 S. 1 ist im **arbeitsrechtlichen Sinne** und nicht etwa nach der steuerlichen Begriffsprägung zu verstehen. Er folgt demnach der bereits im Rahmen der Kommentierung zu § 126 Abs. 1 Nr. 9 gefundenen Definition (s. dort Rn 51). Aus diesen Gründen kommt es auf die **organisatorische Einheit** von Arbeitsmitteln an, mit welchen ein bestimmter arbeitstechnischer Zweck fortgesetzt verfolgt wird.[17]

13 Weiterhin muss die Spaltung die zur Führung des Betriebes **notwendigen Vermögensbestandteile** umfassen. Bei dieser Bewertung muss eine **funktionale Betrachtung des konkreten Zwecks des entstehenden Betriebes** in der Betriebsgesellschaft erfolgen. Ein für den Betrieb notwendiger Vermögensbestandteil liegt somit immer dann vor, wenn aufgrund des Betriebszweckes dieser nicht entbehrlich ist.[18] Der Wert der jeweiligen Vermögensposition ist auf Grundlage dieser funktionalen Betrachtung nicht von Relevanz, so dass insb. Produkte zur reinen Finanzanlage nicht zum notwendigen Vermögen iSd § 134 Abs. 1 S. 1 zu zählen sind. Etwas anderes gilt nur dann, wenn der Betrieb gerade auf solche Produkte ausgerichtet ist, wie zB bei Versicherungen oder Banken.[19] Unter dem Begriff des notwendigen Vermögens fallen in der Regel das materielle und immaterielle **Anlagevermögen** (vgl § 266 Abs. 2 HGB). Dies können beispielweise Betriebsgrundstücke, Gebäude, technische Produktionsanlagen oder gewerbliche Schutzrechte sein.[20] Fraglich ist jedoch, ob auch das **Umlaufvermögen** unter das zur Führung des Betriebes

13 Lutter/*Schwab*, § 134 Rn 72; Semler/Stengel/*Maier-Reimer/Seulen*, § 134 Rn 34 (Fn 79); Kallmeyer/*Willemsen*, § 134 Rn 5.

14 Lutter/*Schwab*, § 134 Rn 66 ff; Semler/Stengel/*Maier-Reimer/Seulen*, § 134 Rn 34; Kallmeyer/*Willemsen*, § 134 Rn 4; aA KölnKomm-UmwG/*Hohenstatt/Schramm*, § 134 Rn 4; Widmann/Mayer/*Vossius*, § 134 Rn 5 (es fehle an einer planwidrigen Regelungslücke, so dass auch eine Analogie ausscheiden würde).

15 KölnKomm-UmwG/*Hohenstatt/Schramm*, § 134 Rn 5; Lutter/*Schwab*, § 134 Rn 21; Semler/Stengel/*Maier-Reimer/Seulen*, § 134 Rn 4; Kallmeyer/*Willemsen*, § 134 Rn 6.

16 Semler/Stengel/*Maier-Reimer/Seulen*, § 134 Rn 33.

17 KölnKomm-UmwG/*Hohenstatt/Schramm*, § 134 Rn 7; Semler/Stengel/*Maier-Reimer/Seulen*, § 134 Rn 11; Kallmeyer/*Willemsen*, § 134 Rn 7.

18 Lutter/*Schwab*, § 134 Rn 30; Kallmeyer/*Willemsen*, § 134 Rn 7 ff.

19 KölnKomm-UmwG/*Hohenstatt/Schramm*, § 134 Rn 7; Kallmeyer/*Willemsen*, § 134 Rn 10.

20 Semler/Stengel/*Maier-Reimer/Seulen*, § 134 Rn 12; Kallmeyer/*Willemsen*, § 134 Rn 7.

notwendige Vermögen fällt. Dies wird teilweise unter Berufung auf die rasche Austauschbarkeit und Wandelbarkeit des Umlaufvermögens, ohne dass damit jemals eine Beeinträchtigung des Betriebs verbunden sei, abgelehnt.[21]

2. Die Übertragung „im wesentlichen". Die Übertragung des betriebsnotwendigen Vermögens hat nach § 134 Abs. 1 S. 1 ***„im wesentlichen"*** zu erfolgen. Unklarheiten ergeben sich zunächst dahin gehend, wie der Maßstab der Wesentlichkeit konkret auszugestalten ist. Nach der wohl überwiegenden Ansicht ist dieses Kriterium – im Unterschied zum Kriterium der Notwendigkeit – **wertmäßig zu bestimmen.** Hierbei gilt es, das zu übertragende Vermögen in Relation zu den verbleibenden Vermögensbestandteilen zu setzten.[22] 14

Streitig ist, ab wann das Merkmal der „Wesentlichkeit" tatsächlich erfüllt ist. Teilweise wird hierfür in Anlehnung an den früheren § 419 BGB sowie an § 1365 BGB die Übertragung von mindestens 85–90 % des betriebsnotwendigen Vermögens auf die Anlagegesellschaft gefordert.[23] Teilweise soll die Grenze bereits bei zwei Dritteln des betriebsnotwendigen Vermögens liegen,[24] oder eine fixe Wertziffer wird insgesamt für nicht überzeugend erachtet.[25] Angesichts des Tatbestandsmerkmals „im wesentlichen" und der insoweit bei vergleichbaren Tatbestandsmerkmalen zu anderen Normen ergangenen Rechtsprechung[26] erscheint ein erster Orientierungsrahmen von 85-90 % des betriebsnotwendigen Vermögens sachgerecht zu sein. Freilich ist immer der konkrete Einzelfall zu berücksichtigen, der ggf eine andere Betrachtungsweise erfordert. 15

3. Die Beschränkung auf die Verwaltung der Vermögensteile „im wesentlichen". Als weiteres Tatbestandsmerkmal muss die Tätigkeit des übernehmenden Rechtsträgers ***„im wesentlichen auf die Verwaltung dieser Vermögensteile beschränkt"*** sein. Nach einer Ansicht würde jede anderweitige, nicht unerhebliche Tätigkeit der Anlagegesellschaft und insb. die Führung eines anderen Betriebes zum **Ausschluss der Mithaftung** nach § 134 Abs. 1 führen.[27] Richtigerweise legt die überwiegende Meinung dieses Tatbestandmerkmal – unter Berücksichtigung der arbeitnehmerschützenden Intention der Vorschrift – dahin gehend aus, dass die Verwaltungstätigkeit des übernehmenden Rechtsträgers sich „im wesentlichen" nur auf jenes Vermögen zu beschränken hat, welches gerade zu dem maßgeblichen Betrieb zu zählen ist und im Rahmen der konkreten Spaltungsmaßnahme übertragen wurde. Anderweitige Tätigkeiten, die sich nicht auf den konkreten Betrieb beziehen, unabhängig ob es sich dabei um operative oder vermögensverwaltende Aktivitäten handelt, sind für die Anwendung von § 134 unbeachtlich. Entscheidend ist demnach nicht, welche sonstigen Tätigkeiten die Anlagegesellschaft ausübt. Vielmehr kommt es gerade darauf an, dass diese nach den Regelungen des Spaltungsvertrages bezüglich der betriebsnotwendigen Vermögensbestandteile nur verwaltende Aufgaben wahrnimmt.[28] 16

4. Die Nutzungsüberlassung. Ferner setzt das erweiterte Gläubigerschutzsystem nach § 134 Abs. 1 S. 1 voraus, dass *„dem übertragenden Rechtsträger diese Vermögensteile bei der Führung seines Betriebes **zur Nutzung überlassen werden**"*. Demnach muss also zwischen der Anlagegesellschaft und der Betriebsgesellschaft ein Rechtsverhältnis begründet werden, wonach der Betriebsgesellschaft eine **Nutzung des betriebsnotwendigen Vermögens**, welches durch die 17

21 Lutter/*Schwab*, § 134 Rn 35; Semler/Stengel/*Maier-Reimer/Seulen*, § 134 Rn 12; aA KölnKomm-UmwG/*Hohenstatt/Schramm*, § 134 Rn 8; Widmann/Mayer/*Vossius*, § 134 Rn 32; Kallmeyer/*Willemsen*, § 134 Rn 7; 10.

22 Semler/Stengel/*Maier-Reimer/Seulen*, § 134 Rn 14; Widmann/Mayer/*Vossius*, § 134 Rn 43 f; Kallmeyer/*Willemsen*, § 134 Rn 11; aA KölnKomm-UmwG/*Hohenstatt/Schramm*, § 134 Rn 12 (Erforderlich sei eine operativ-funktionale Betrachtung, so dass dem Merkmal neben dem Kriterium der Notwendigkeit keine eigenständige Bedeutung mehr zukäme.); aA auch Lutter/*Schwab*, § 134 Rn 38 (Zu berücksichtigen sei das unternehmerische Erfolgspotential des Vermögensteils).

23 Semler/Stengel/*Maier-Reimer/Seulen*, § 134 Rn 14; Widmann/Mayer/*Vossius*, § 134 Rn 44.

24 Kallmeyer/*Willemsen*, § 134 Rn 11.

25 Lutter/*Schwab*, § 134 Rn 38.

26 So BGH FamRZ 1991, 669 zu § 1365 BGB.

27 Kallmeyer/*Willemsen*, § 134 Rn 15 (Dieser hält allerdings § 134 für anwendbar, wenn die Anlagegesellschaft weiteres Vermögen verwalte).

28 KölnKomm-UmwG/*Hohenstatt/Schramm*, § 134 Rn 14; Lutter/*Schwab*, § 134 Rn 48 f; Semler/Stengel/*Maier-Reimer/Seulen*, § 134 Rn 15 f; Widmann/Mayer/*Vossius*, § 134 Rn 53.

Spaltung in das Eigentum der Anlagegesellschaft gelangt ist, gestattet wird. Die Art der Nutzungsüberlassung spielt dabei keine Rolle, so dass auch ein rein **faktisches Nutzungsverhältnis ausreichend** ist.[29] Die Nutzungsüberlassung hat nach dem Gesetzeswortlaut im Hinblick auf die Führung des Betriebes zu erfolgen. Dies bedeutet zwar nicht, dass der Betrieb nach der Spaltung unverändert fortgeführt werden müsste, was zB im Falle einer Betriebsteilung nicht der Fall wäre. Jedoch ist der Tatbestand von § 134 Abs. 1 immer dann nicht erfüllt, wenn die betriebsnotwenigen Vermögensgegenstände einem anderen Betrieb oder einem Dritten überlassen werden.[30]

18 **5. Die Beteiligung der „im wesentlichen" selben Personen.** Endlich müssen nach § 134 Abs. 1 S. 1 an der Betriebsgesellschaft und an der Anlagegesellschaft **„im wesentlichen dieselben Personen beteiligt"** sein. Die Haftungserweiterung des § 134 soll ihrem Schutzzweck nach immer dann eintreten, wenn Haftungsmasse gezielt von der Betriebsgesellschaft getrennt wird.[31] Eine solche **Gefahr des Entzugs der Haftungsmasse** – insb. für die Arbeitnehmer der Betriebsgesellschaft – besteht typischerweise gerade dann, wenn die Tätigkeiten sowohl der Anlagegesellschaft als auch der Betriebsgesellschaft **von den identischen Gesellschaftern bestimmt werden können.**[32]

19 Durch das Erfordernis der Identität „im Wesentlichen" wird wiederum deutlich, dass eine vollständige Kongruenz nicht vom Gesetz gefordert wird.[33] Der Anwendungsbereich von § 134 ist vielmehr immer schon dann eröffnet, wenn die identischen Gesellschafter in der Anlage- und Betriebsgesellschaft einen einheitlichen geschäftlichen Betätigungswillen ausüben können, so dass die **Beherrschungsidentität** als entscheidendes Kriterium bei diesem Tatbestandsmerkmal zu werten ist.[34] Die im Rahmen von § 134 erforderliche Beherrschungsidentität ist erreicht, wenn die **Mehrheiten** (also mehr als 50 %) **in den betroffen Gesellschaften identisch sind.** Eine leichte Disproportionalität der Beteiligung im Rahmen der jeweiligen Mehrheiten ist dann unschädlich, wenn die Mehrheiten in der Gesamtschau wiederum identisch sind, so dass die Leitung der beteiligten Gesellschaften von den identischen Gesellschaftergruppen ausgeübt wird.[35]

20 Entscheidend ist bei der Bestimmung dieser Beherrschungsidentität in der Anlage- und Betriebsgesellschaft auf die **Beteiligungen nach Anteilsquoten** und nicht etwa nach Köpfen abzustellen. Demnach ist es denkbar, dass trotz vollständiger Identität des Gesellschafterkreises, aufgrund besonders unterschiedlicher Beteiligungsquoten, eine Identität iSd § 134 Abs. 1 S. 1 zu verneinen ist.[36] Fallen Stimmrechte und Kapital- bzw Gewinnbeteiligungen auseinander, so ist mit Blick auf den Schutzzweck der Norm bei der Bestimmung der Beteiligungsquoten der einzelnen Gesellschafter nach herrschender Ansicht **auf die jeweiligen Stimmrechte abzustellen.**[37]

21 Ferner sind auch mittelbare Beherrschungsmöglichkeiten, zB durch konzernrechtliche Gestaltungen oder Treuhandvereinbarungen, bei der Bestimmung der Beherrschungsidentität zu berücksichtigen.[38]

29 KölnKomm-UmwG/*Hohenstatt/Schramm*, § 134 Rn 15 f; Semler/Stengel/*Maier-Reimer/Seulen*, § 134 Rn 17 f; Kallmeyer/*Willemsen*, § 134 Rn 12.
30 Lutter/*Schwab*, § 134 Rn 44; Semler/Stengel/*Maier-Reimer/Seulen*, § 134 Rn 17; Kallmeyer/*Willemsen*, § 134 Rn 14.
31 KölnKomm-UmwG/*Hohenstatt/Schramm*, § 134 Rn 17; Kallmeyer/*Willemsen*, § 134 Rn 16.
32 KölnKomm-UmwG/*Hohenstatt/Schramm*, § 134 Rn 17.
33 Semler/Stengel/*Maier-Reimer/Seulen*, § 134 Rn 27.
34 KölnKomm-UmwG/*Hohenstatt/Schramm*, § 134 Rn 17; Lutter/*Schwab*, § 134 Rn 58 ff.
35 Lutter/*Schwab*, § 134 Rn 60 ff; Kallmeyer/*Willemsen*, § 134 Rn 16.
36 KölnKomm-UmwG/*Hohenstatt/Schramm*, § 134 Rn 18; Semler/Stengel/*Maier-Reimer/Seulen*, § 134 Rn 26; Kallmeyer/*Willemsen*, § 134 Rn 16.
37 KölnKomm-UmwG/*Hohenstatt/Schramm*, § 134 Rn 20; Lutter/*Schwab*, § 134 Rn 60; Kallmeyer/*Willemsen*, § 134 Rn 16; aA Semler/Stengel/*Maier-Reimer/Seulen*, § 134 Rn 26.
38 KölnKomm-UmwG/*Hohenstatt/Schramm*, § 134 Rn 17; Lutter/*Schwab*, § 134 Rn 57; Semler/Stengel/*Maier-Reimer/Seulen*, § 134 Rn 31 f.

V. Die Betriebsübertragung nach § 134 Abs. 1 S. 2

§ 134 Abs. 1 S. 2 enthält – wie bereits beschrieben (s. Rn 5) – den umgekehrten Fall, so dass der übertragende Rechtsträger zur Anlagegesellschaft und der übernehmende Rechtsträger zur Betriebsgesellschaft werden. Bei dieser in der Praxis häufiger anzutreffenden Gestaltungsform wird der **Betrieb selbst** und nicht das Anlagevermögen **übertragen.**[39] Die Übertragung muss sich dabei bereits auf eine **bestehende organisatorische Einheit** im Sinne eines Betriebes oder eines Betriebsteiles beziehen.[40] § 134 Abs. 1 S. 2 stellt dabei klar, dass die tatbestandlichen Voraussetzungen wie zuvor bei § 134 Abs. 1 S. 1 gelten. Besonderheiten ergeben sich bis auf die veränderte Rollenverteilung des übertragenden und des übernehmenden Rechtsträgers nicht.[41] 22

VI. Die Rechtsfolgen

Die Rechtsfolgen, welche sich aus § 134 ergeben, wurden bereits oben in einem kurzen Überblick skizziert (s. Rn 2). Inhaltlich werden **Arbeitnehmeransprüche aufgrund der §§ 111 bis 113 Betriebsverfassungsgesetz** (§ 134 Abs. 1 S. 1) sowie **Versorgungsverpflichtungen aufgrund des Betriebsrentengesetzes** der Arbeitnehmer erfasst (§ 134 Abs. 2). Im Hinblick auf diese Ansprüche wird die Mithaftung der Anlagegesellschaft im Vergleich zu der Haftung aus § 133 erweitert.[42] 23

1. Betriebsverfassungsrechtliche Ansprüche der Arbeitnehmer. Der Tatbestand des § 134 Abs. 1 beinhaltet solche betriebsverfassungsrechtlichen Ansprüche, die **innerhalb von fünf Jahren nach der jeweiligen Spaltungsmaßnahme** begründet werden. Bei diesen geschützten Ansprüchen der Arbeitnehmer handelt es sich vornehmlich um solche aus einem erzwingbaren **Sozialplan** (§ 112 BetrVG) oder um gesetzliche **Nachteilsausgleichsansprüche** (§ 113 BetrVG). Für die Begründung dieser Ansprüche ist die sozialplanpflichtige Betriebsänderung (§§ 111, 112 a BetrVG) der entscheidende Zeitpunkt. Wurden die betriebsverfassungsrechtlichen Ansprüche allerdings bereits vor der jeweiligen Spaltungsmaßnahme begründet, so ergibt sich eine Haftung der beteiligten Rechtsträger aus § 133.[43] 24

a) Der Arbeitnehmerbegriff in § 134 Abs. 1 S. 1. Die erweiterte Haftung der Anlagegesellschaft bezüglich der genannten betriebsverfassungsrechtlichen Ansprüche schützt nach dem Wortlaut des Gesetzes die „*Arbeitnehmer der Betriebsgesellschaft*". Der Arbeitnehmerbegriff in § 134 Abs. 1 S. 1 ist an § 5 BetrVG angelehnt. Der Vorteil der Haftungserweiterung entfällt daher für leitende Angestellte (§ 5 Abs. 3 BetrVG), freie Mitarbeiter, Organmitglieder und mitarbeitende, persönlich haftende Gesellschafter einer Personengesellschaft, da Mitglieder dieser Personengruppe bereits keine Ansprüche aus §§ 111 bis 113 BetrVG erworben haben können.[44] 25

Unzweifelhaft werden von § 134 solche Arbeitnehmer geschützt, deren Arbeitsverhältnisse bereits vor der Spaltungsmaßnahme bestanden haben (sog. **Altarbeitnehmer**). Zweifel bestehen allerdings dahin gehend, ob auch solche Arbeitnehmer in den Schutzbereich von § 134 fallen, **deren Arbeitsverhältnisse erst nach der Spaltung begründet worden sind** (sog. **Neuarbeitnehmer**). 26

Dies wird teilweise mit dem Hinweis auf den eindeutigen Wortlaut von § 134 Abs. 1 S. 1 und dem qualifizierten Arbeitnehmerschutzkonzept des § 134 bejaht.[45] Die vorherrschende Ansicht lehnt die Einbeziehung von Neuarbeitnehmern allerdings ab und eröffnet den erweiterten Schutz des § 134 nur solchen Arbeitnehmern der Betriebsgesellschaft, deren Arbeitsverhältnisse 27

39 Semler/Stengel/*Maier-Reimer/Seulen*, § 134 Rn 20 f.
40 Semler/Stengel/*Maier-Reimer/Seulen*, § 134 Rn 21; Kallmeyer/*Willemsen*, § 134 Rn 13.
41 Semler/Stengel/*Maier-Reimer/Seulen*, § 134 Rn 22.
42 Lutter/*Schwab*, § 134 Rn 80; Semler/Stengel/*Maier-Reimer/Seulen*, § 134 Rn 35.
43 KölnKomm-UmwG/*Hohenstatt/Schramm*, § 134 Rn 21 f; Semler/Stengel/*Maier-Reimer/Seulen*, § 134 Rn 36; Kallmeyer/*Willemsen*, § 134 Rn 17.
44 Semler/Stengel/*Maier-Reimer/Seulen*, § 134 Rn 43 (Fn 100); Lutter/*Schwab*, § 134 Rn 73.
45 Lutter/*Schwab*, § 134 Rn 76.

bereits vor der Spaltung bestanden haben.[46] Die Vorschrift sei insoweit **einschränkend auszulegen**. Dies ergebe sich mit Blick auf den Schutzzweck der Norm, der gerade darauf gerichtet sei, solche Arbeitnehmer zu schützen, deren Ansprüche durch die Spaltung eine nachteilige Entwicklung genommen hätten. Dies könne aber nur bei sog. Altarbeitnehmern der Fall sein. Denn nur solchen Arbeitnehmern könne gerade nicht zugemutet werden, wegen der Spaltungsmaßnahme einen Arbeitsplatzwechsel zu vollziehen. Einen grundsätzlichen Schutz vor Betriebsgesellschaften als Arbeitgeber insb. für Neuarbeitnehmer sei in § 134 nämlich gerade nicht vorgesehen.[47]

28 **b) Die Haftung der Anlagegesellschaft.** Liegen sämtliche der genannten Voraussetzungen vor, so **haften** die Betriebsgesellschaft und die Anlagegesellschaft für die betriebsverfassungsrechtlichen Ansprüche **gemeinsam**. In Anlehnung an die Ausführungen zur gesamtschuldnerischen und der vom Verfasser bevorzugten akzessorischen Haftung (s. Erläuterungen zu § 133 Rn 25) haftet die **Betriebsgesellschaft als Hauptschuldner** und die **Anlagegesellschaft übernimmt die Rolle als Mithafter.**[48]

29 **c) Der sog. Bemessungsdurchgriff.** Fraglich ist ferner, ob bei der **Bemessung des finanziellen Gesamtbetrages der Sozialplanleistungen** (§ 112 Abs. 5 BetrVG) die wirtschaftlichen Verhältnisse nur der Betriebsgesellschaft oder der **Betriebsgesellschaft und der Anlagegesellschaft** (**sog. Bemessungsdurchgriff) zu berücksichtigen sind.**

30 Einer Ansicht nach ist ein solcher Bemessungsdurchgriff **abzulehnen** und im Rahmen von § 134 gerade nicht geregelt. Dies ergebe sich schon im Hinblick auf die Regressmöglichkeit der Anlagegesellschaft im Innenverhältnis zur Betriebsgesellschaft. Ferner fehle jegliche arbeitsrechtliche oder gesellschaftsrechtliche Grundlage für die Annahme eines solchen Durchgriffes.[49]

31 Unter Berücksichtigung der Gewährung eines ausreichenden Arbeitnehmerschutzes **erscheint es allerdings vorzugswürdig, einen solchen Bemessungsdurchgriff vorzunehmen.**[50] Dieser Ansatz wird auch vom Bundesarbeitsgericht (BAG) vertreten. Das BAG führt in einem Urteil vom 15.3.2011 aus, dass der Schutzzweck des § 134 immer nur dann erreicht werden könne, „wenn schon bei der Bemessung der Sozialplanleistungen auch das Vermögen der Anlagegesellschaft zur Verfügung steht, denn eine infolge der Spaltung vermögenslose Betriebsgesellschaft kann keinen Sozialplan aufstellen, der den berechtigten Belangen ihrer Beschäftigten genügt."[51] Nach dem BAG ist der Bemessungsdurchgriff allerdings dahin gehend zu beschränken, dass nur solches Vermögen zu berücksichtigen ist, welches der Betriebsgesellschaft gerade durch die Spaltungsmaßnahme entzogen wurde.[52]

32 **2. Die Versorgungsansprüche § 134 Abs. 2.** § 134 Abs. 2 erstreckt die gesamtschuldnerische Haftung der Anlagegesellschaft nach § 134 Abs. 1 auch auf **Versorgungsverpflichtungen aufgrund des Betriebsrentengesetzes**, wenn diese vor dem Wirksamwerden der Spaltung begründet wurden. Diese Haftungsfolge ergibt sich allerdings bereits aus § 133 Abs. 1 S. 1, so dass § 134 Abs. 2 bis ins Jahr 2007 lediglich die **Verlängerung der Haftungsfrist** der Anlagengesellschaft von fünf auf zehn Jahre als eigenständigen Regelungsgehalt enthielt.[53]

33 Durch das zweite Gesetz zur Änderung des UmwG vom 19.4.2007 hat § 134 Abs. 2 allerdings auch diesen einzigen, eigenständigen Regelungsgehalt verloren. **§ 133 Abs. 3 S. 2** bestimmt nunmehr eine zehnjährige Enthaftungspflicht für die genannten Versorgungspflichten bei sämt-

46 KölnKomm-UmwG/*Hohenstatt/Schramm*, § 134 Rn 21; Semler/Stengel/*Maier-Reimer/Seulen*, § 134 Rn 37 f; Widmann/Mayer/*Vossius*, § 134 Rn 89.
47 Semler/Stengel/*Maier-Reimer/Seulen*, § 134 Rn 37 f.
48 Lutter/*Schwab*, § 134 Rn 81; Semler/Stengel/*Maier-Reimer/Seulen*, § 134 Rn 40.
49 KölnKomm-UmwG/*Hohenstatt/Schramm*, § 134 Rn 23; Kallmeyer/*Willemsen*, § 134 Rn 19.
50 Lutter/*Schwab*, § 134 Rn 85; Semler/Stengel/*Maier-Reimer/Seulen*, § 134 Rn 41.
51 BAG NZA 2011, 1112, (1115).
52 BAG, NZA 2011, 1112, (1115).
53 Semler/Stengel/*Maier-Reimer/Seulen*, § 134 Rn 42; Schmitt/Hörtnagl/Stratz/*Hörtnagl*, § 134 Rn 42; Kallmeyer/*Willemsen*, § 134 Rn 20.

lichen Spaltungsmaßnahmen und nicht nur in den Fällen einer Betriebsaufspaltung.[54] Aus diesem Grund hat § 134 Abs. 2 somit nur noch eine **Bedeutung für Altfälle.**[55] Auf eine weitergehende Kommentierung zu § 134 Abs. 2 wird daher verzichtet.

3. Die Enthaftung nach § **134 Abs. 3.** Bezüglich der Enthaftung der Anlagegesellschaft **verweist § 134 Abs. 3 auf § 133 Abs. 3 S. 1, Abs. 4 und Abs. 5.** Auf die dort gemachten Ausführungen bezüglich der Tatbestandmerkmale, der Frist sowie den möglichen Hemmungstatbeständen wird daher verwiesen (s. Rn 56 ff). 34

§ 134 Abs. 3 aE **verschiebt jedoch den Zeitpunkt des Fristbeginns um fünf Jahre** nach der Bekanntmachung der Spaltung, so dass sich für die Ansprüche aus § 134 Abs. 1 und 2 eine **verlängerte Enthaftungsfrist von zehn Jahren** ergibt.[56] § 134 Abs. 3 verweist allerdings nicht auf § 133 Abs. 3 S. 2, weshalb sich für Versorgungsverpflichtungen nicht etwa eine fünfzehnjährige Enthaftungsfrist ergibt, sondern es bei der zehnjährigen Frist verbleibt.[57] 35

Dritter Abschnitt Spaltung zur Neugründung

§ 135 Anzuwendende Vorschriften

(1) [1]Auf die Spaltung eines Rechtsträgers zur Neugründung sind die Vorschriften des Zweiten Abschnitts entsprechend anzuwenden, jedoch mit Ausnahme der §§ 129 und 130 Abs. 2 sowie der nach § 125 entsprechend anzuwendenden §§ 4, 7 und 16 Abs. 1 und des § 27. [2]An die Stelle der übernehmenden Rechtsträger treten die neuen Rechtsträger, an die Stelle der Eintragung der Spaltung im Register des Sitzes jeder der übernehmenden Rechtsträger tritt die Eintragung jedes der neuen Rechtsträger in das Register.

(2) [1]Auf die Gründung der neuen Rechtsträger sind die für die jeweilige Rechtsform des neuen Rechtsträgers geltenden Gründungsvorschriften anzuwenden, soweit sich aus diesem Buch nichts anderes ergibt. [2]Den Gründern steht der übertragende Rechtsträger gleich. [3]Vorschriften, die für die Gründung eine Mindestzahl der Gründer vorschreiben, sind nicht anzuwenden.

I. Normzweck

Mit § 135 beginnt der dritte Abschnitt des ersten Teils des dritten Buches (Spaltung) des Umwandlungsgesetzes, welcher mit „Spaltung zur Neugründung" überschrieben ist. Die §§ 135 bis 137 sind dabei als **allgemeiner Teil der Spaltung zur Neugründung** zu bezeichnen. § 135, welcher durch seine **umfassende Verweisungstechnik** insb. die Normen bestimmt, die bei einer Spaltung zur Neugründung Anwendung finden, kann dabei als Grundregelung der Spaltung zur Neugründung verstanden werden.[1] Diese Regelung ähnelt insgesamt § 36, der thematisch die Verschmelzung durch Neugründung beinhaltet. § 135 Abs. 2 und § 36 Abs. 2 stimmen darüber hinaus sogar wörtlich überein. 1

54 BGBl. 2007 I S. 542 (546).
55 Semler/Stengel/*Maier-Reimer/Seulen*, § 134 Rn 42; Schmitt/Hörtnagl/Stratz/*Hörtnagl*, § 134 Rn 42; Kallmeyer/*Willemsen*, § 134 Rn 20.
56 Semler/Stengel/*Maier-Reimer/Seulen*, § 134 Rn 48; Schmitt/Hörtnagl/Stratz/*Hörtnagl*, § 134 Rn 45 f; Lutter/*Schwab*, § 134 Rn 83; Kallmeyer/*Willemsen*, § 134 Rn 27.
57 Semler/Stengel/*Maier-Reimer/Seulen*, § 134 Rn 49; Schmitt/Hörtnagl/Stratz/*Hörtnagl*, § 134 Rn 46; Kallmeyer/*Willemsen*, § 134 Rn 27.
1 Semler/Stengel/*Bärwaldt*, § 135 Rn 1; KölnKomm-UmwG/*Simon/Nießen*, § 135 Rn 4.

2 Die Möglichkeit, eine Unternehmensumwandlung in der Form einer Spaltung zur Neugründung durchzuführen, wurde erst durch Inkrafttreten des Umwandlungsgesetzes im Jahre 1995 geschaffen. Vergleichbare Rechtsfolgen konnten zuvor ausschließlich im Wege der Einzelrechtsnachfolge herbeigeführt werden.[2] Heute ist die Spaltung zur Neugründung im Vergleich zu der Verschmelzung durch Neugründung die in der **Praxis häufiger anzutreffende Gestaltungsform.**[3]

II. Die nach § 135 Abs. 1 S. 1 entsprechend anzuwendenden Vorschriften

3 Das Recht der Spaltung zur Neugründung beginnt in § 135 Abs. 1 S. 1 mit einer umfassenden Verweisung auf die Vorschriften, welche gerade auf diese Art der Spaltung entsprechend anzuwenden sind. Hierbei stellt die Norm zunächst die entsprechende Anwendbarkeit der Vorschriften des zweiten Abschnitts (§§ 126 bis 134 – Spaltung zur Aufnahme) fest. Ferner werden die Ausnahmen von dieser generellen Anwendbarkeit festgelegt, welche sowohl die Normen zur Spaltung zur Aufnahme als auch die gemäß § 125 S. 1 auf sämtliche Spaltungsarten entsprechend anzuwendenden Regelungen des Verschmelzungsrechtes (§§ 2 bis 122) betreffen.

4 Zunächst werden in § 135 Abs. 1 S. 1 die §§ 129 und 130 Abs. 2 von einer entsprechenden Anwendung auf die Spaltung zur Neugründung explizit ausgenommen. Das in § 129 – den Vertretungsorganen der übernehmenden Rechtsträger – zusätzlich eingeräumte Recht zur Anmeldung der Spaltung würde auch wenig Sinn machen. Denn bei der Spaltung zur Neugründung ist der übernehmende Rechtsträger im Zeitpunkt der Anmeldung entweder noch gar nicht oder nur als Vor-Gesellschaft existent, so dass diese Ausnahme nur konsequent ist.[4] Die Nichtanwendbarkeit von § 130 Abs. 2 beruht auf der **Sonderregelung des § 137 Abs. 3**, worin das Registerverfahren für die Spaltung zur Neugründung eigenständig geregelt wird.[5]

5 Weiterhin finden § 4 (Verschmelzungsvertrag), § 7 (Kündigung des Verschmelzungsvertrags), § 16 Abs. 1 (Anmeldung der Verschmelzung) und § 27 (Schadensersatzpflicht der Verwaltungsträger des übernehmenden Rechtsträgers) neben solchen Vorschriften, die bereits im Rahmen von § 125 explizit ausgeschlossen worden sind, auf die Spaltung eines Rechtsträgers zur Neugründung keine Anwendung.

6 Zweifelhaft erscheint allerdings der **Ausschluss von § 4 Abs. 2**. Dies wird allgemein als **Redaktionsversehen** betrachtet, da keinerlei Grund besteht, nicht über den Spaltungsplan als Entwurf zu beschließen. § 4 Abs. 2 ist somit trotz des klaren Wortlauts des § 135 Abs. 1 S. 1 auch auf die Spaltung zur Neugründung anwendbar. Somit könnte der Spaltungsbeschluss bei der Spaltung zur Neugründung auch auf der Grundlage eines schriftlichen Entwurfs des Spaltungsplans gefasst werden.[6]

7 Mit Blick auf das gesondert geregelte **Verfahren zur Anmeldung und Eintragung** der Spaltung zur Neugründung in § 137 Abs. 1 und Abs. 2 entfällt weiterhin eine entsprechende Berücksichtigung von § 16 Abs. 1.[7] Eine mögliche **Haftung der Organe des übernehmenden Rechtsträgers** iSv § 27 kommt bei einer Spaltung zur Neugründung schon mangels Existenz eines solchen Rechtsträgers nicht in Betracht.[8]

8 Aus dem dargestellten umfassenden Verweisungssystem des § 135 Abs. 1 S. 1 ergibt sich bei der Spaltung zur Neugründung nunmehr folgendes **Prüfungssystem.** Zunächst sind die in den §§ 138 ff enthaltenen besonderen rechtsformabhängigen Vorschriften zu berücksichtigen. Da-

2 Semler/Stengel/*Bärwaldt*, § 135 Rn 2; KölnKomm-UmwG/*Simon/Nießen*, § 135 Rn 5.

3 Widmann/Mayer/*Mayer*, § 135 Rn 2; Semler/Stengel/*Bärwaldt*, § 135 Rn 2; KölnKomm-UmwG/*Simon/Nießen*, § 135 Rn 3.

4 KölnKomm-UmwG/*Simon/Nießen*, § 135 Rn 18; Semler/Stengel/*Bärwaldt*, § 135 Rn 4.

5 KölnKomm-UmwG/*Simon/Nießen*, § 135 Rn 19; Semler/Stengel/*Bärwaldt*, § 135 Rn 4.

6 Widmann/Mayer/*Mayer*, § 136 Rn 6; Lutter/*Priester*, § 136 Rn 6; Semler/Stengel/*Bärwaldt*, § 135 Rn 4, Fn 13; Semler/Stengel/*Schröer*, § 136 Rn 5.

7 KölnKomm-UmwG/*Simon/Nießen*, § 135 Rn 23; Semler/Stengel/*Bärwaldt*, § 135 Rn 4.

8 KölnKomm-UmwG/*Simon/Nießen*, § 135 Rn 23; Semler/Stengel/*Bärwaldt*, § 135 Rn 4.

nach folgt der allgemeine Teil zur Spaltung zur Neugründung gemäß §§ 135 bis 137 sowie über § 135 Abs. 1 S. 1 die Anwendung der §§ 126 bis 134. Auf der nächsten Stufe müssen die §§ 123 bis 125 beachtet werden, und gemäß §§ 135 Abs. 1 S. 1, 125 S. 1 sind abschließend die besonderen und allgemeinen Regelungen des Verschmelzungsrechts auf ihre Anwendbarkeit bezüglich der Spaltung zur Neugründung zu überprüfen.[9]

III. Die terminologischen Anpassungen des § 135 Abs. 1 S. 2

In § 135 Abs. 1 S. 2 werden terminologische Anpassungen aufgrund der Besonderheiten der Spaltung zur Neugründung vorgenommen. Statt „*der übernehmenden Rechtsträger*" heißt es „*die neuen Rechtsträger*" und aus der Formulierung „*der Eintragung der Spaltung im Register des Sitzes jeder der übernehmenden Rechtsträger*" wird bei der Spaltung zur Neugründung „*die Eintragung jedes der neuen Rechtsträger in das Register*".[10] 9

IV. Die Elemente der Spaltung zur Neugründung

Bei der Spaltung zur Neugründung können sämtliche der in § 3 Abs. 1 genannten Rechtsträger neu gegründet werden und als übernehmende Rechtsträger fungieren.[11] Ferner kann die Spaltung zur Neugründung im Rahmen einer einzigen Spaltungsmaßnahme mit der Spaltung zur Aufnahme **kombiniert werden**, vgl § 123 Abs. 4.[12] 10

Bezüglich des Ablaufs der Spaltung zur Neugründung ergeben sich keine wesentlichen Unterschiede im Vergleich zur Spaltung zur Aufnahme. Ein Unterscheidungsmerkmal liegt allerdings darin, dass an einer Spaltung zur Neugründung nur ein Rechtsträger – nämlich der übertragende Rechtsträger – beteiligt ist und somit. **der Spaltungsplan iSv § 136 den Spaltungsvertrag ersetzt.**[13] Dieser ist vom Vertretungsorgan des übertragenden Rechtsträgers aufzustellen und bedarf der notariellen Beurkundung, vgl § 125 S. 1 iVm § 6.[14] 11

Der **Spaltungsbericht** ist von den Organen des übertragenden Rechtsträgers aufzustellen, vgl § 135 Abs. 1 S. 1, 127. Im Falle einer Aufspaltung und einer Abspaltung ist grundsätzlich auch eine **Spaltungsprüfung** iSd §§ 125 S. 1, 9 bis 12 durchzuführen. Die Entbehrlichkeit des Berichts und der Prüfung der Spaltung kann sich wie bei der Verschmelzung aus den allgemeinen Bestimmungen ergeben.[15] 12

Die Wirksamkeit des Spaltungsplanes bedingt einen **zustimmenden Beschluss** der Anteilsinhaber des übertragenden Rechtsträgers, vgl §§ 125 S. 1, 13 Abs. 1.[16] Das Verfahren zur **Anmeldung und Eintragung** der Spaltung zur Neugründung ist in § 137 geregelt, weshalb bezüglich der Details auf die dortige Kommentierung verwiesen wird (s. dort Rn 16 ff). 13

V. Verweis auf die Gründungsvorschriften (§ 135 Abs. 2 S. 1)

§ 135 Abs. 2 S. 1[17] sieht in Bezug auf die Gründung der neuen Rechtsträger die **Anwendung der jeweils einschlägigen Gründungsvorschriften** vor, solange sich aus dem Spaltungsrecht und den ggf anzuwendenden verschmelzungsrechtlichen Vorschriften nichts anderes ergibt. Hierbei sind die Vorschriften zur **Sachgründung** gemeint, da es sich bei der Neugründung eines Rechts- 14

9 Schmitt/Hörtnagl/Stratz/*Hörtnagl*, § 135 Rn 3; KölnKomm-UmwG/*Simon/Nießen*, § 135 Rn 13.
10 Schmitt/Hörtnagl/Stratz/*Hörtnagl*, § 135 Rn 1; Semler/Stengel/*Bärwaldt*, § 135 Rn 3; Lutter/*Teichmann*, § 135 Rn 1.
11 Semler/Stengel/*Bärwaldt*, § 135 Rn 6; KölnKomm-UmwG/*Simon/Nießen*, § 135 Rn 7.
12 Semler/Stengel/*Bärwaldt*, § 135 Rn 8; KölnKomm-UmwG/*Simon/Nießen*, § 135 Rn 9.
13 Semler/Stengel/*Bärwaldt*, § 135 Rn 9; KölnKomm-UmwG/*Simon/Nießen*, § 135 Rn 10.
14 Kallmeyer/*Kallmeyer/Sickinger*, § 135 Rn 12; Semler/Stengel/*Bärwaldt*, § 135 Rn 10; KölnKomm-UmwG/*Simon/Nießen*, § 135 Rn 10.
15 Schmitt/Hörtnagl/Stratz/*Hörtnagl*, § 135 Rn 21 f; Semler/Stengel/*Bärwaldt*, § 135 Rn 11 f; KölnKomm-UmwG/*Simon/Nießen*, § 135 Rn 10, 16.
16 Semler/Stengel/*Bärwaldt*, § 135 Rn 13; KölnKomm-UmwG/*Simon/Nießen*, § 135 Rn 10.
17 Die Parallelvorschrift ist § 36 Abs. 2 S. 1.

trägers im Rahmen der Spaltung immer nur um eine Sachgründung handeln kann.[18] Insb. bei einer Neugründung von Kapitalgesellschaften sind die **Vorschriften zur Kapitalaufbringung** einzuhalten.[19]

VI. Die Gründereigenschaft (§ 135 Abs. 2 S. 2, S. 3)

15 Gemäß § 135 Abs. 2 S. 2 ist der übertragende Rechtsträger und nicht etwa dessen Anteilsinhaber als Gründer des neuen Rechtsträgers anzusehen. Somit handelt es sich bei der Neugründung eines Rechtsträgers durch eine Spaltungsmaßnahme immer um eine sog. **Einpersonen-Gründung.**[20] Den übertragenden Rechtsträger als Gründer trifft folglich eine mögliche Gründungshaftung (zB nach § 46 AktG oder § 9 a GmbHG).[21]

16 **Errichtet** wird der neue Rechtsträger schon mit dem zustimmenden Beschluss zum Spaltungsplan. Die eigentliche **Gründung** des neuen Rechtsträgers geht allerdings erst mit der Wirksamkeit der Spaltungsmaßnahme, also mit der Eintragung der Spaltung in das Register des übertragenden Rechtsträgers, einher. Bei Kapitalgesellschaften befindet sich der neue Rechtsträger in dieser Zeitspanne in dem Stadium einer **Vor-Gesellschaft.**[22]

17 Abschließend erklärt § 135 Abs. 2 S. 3 solche Vorschriften für nicht anwendbar, die für eine Gründung eine Mindestzahl der Gründerpersonen vorschreiben. Nicht anwendbar sind demnach beispielsweise § 56 BGB und § 4 GenG. Dieses **Privileg** ist allerdings auf die **Gründungsphase beschränkt** und basiert auf dem Umstand, dass Gründer nicht die Anteilsinhaber sind. Ein dauerhaftes Unterschreiten der Mindestmitgliederzahl wird damit nicht legalisiert.[23]

18 Fraglich ist, ob eine **Personenhandelsgesellschaft** sowohl durch eine Ausgliederung zur Neugründung als auch durch eine Auf- und Abspaltung zur Neugründung gegründet werden kann, wenn an dem übertragenden Rechtsträger nur ein einziger Anteilsinhaber beteiligt ist.

19 Nach einer Ansicht scheiden diese Möglichkeiten aus. Eine Personenhandelsgesellschaft könne wesensnotwendig nur mit mindestens zwei Gesellschaftern existieren. Dies sei in den genannten Spaltungsfällen nicht gegeben. Insb. könne die Spaltungsmaßnahme **nicht mit dem Beitritt Dritter verbunden werden**, ohne gegen den Identitätsgrundsatz[24] zu verstoßen.[25]

20 Nach anderer Ansicht ist jedoch die **Kombination der Spaltungsmaßnahme mit dem gleichzeitigen Beitritt eines bislang nicht am übertragenden Rechtsträger beteiligten Gesellschafters sehr wohl möglich**, da insb. Drittinteressen nicht beeinträchtigt würden. Aus diesem Grund ergibt sich in den oben genannten Zweifelsfällen also die Möglichkeit, eine Personenhandelsgesellschaft im Rahmen der Spaltung neu zu gründen.[26] Diese Ansicht stützt sich dabei auf ein **Urteil des BGH** aus dem Jahre 2005, in welchem der Beitritt eines weiteren Gesellschafters im Rahmen eines **Formwechsels** für zulässig erachtet wurde;[27] ihr ist im Ergebnis zu folgen.

§ 136 Spaltungsplan

[1]Das Vertretungsorgan des übertragenden Rechtsträgers hat einen Spaltungsplan aufzustellen. [2]Der Spaltungsplan tritt an die Stelle des Spaltungs- und Übernahmevertrags.

18 Semler/Stengel/*Bärwaldt*, § 135 Rn 16; Lutter/*Teichmann*, § 135 Rn 2.
19 Semler/Stengel/*Bärwaldt*, § 135 Rn 16.
20 Semler/Stengel/*Bärwaldt*, § 135 Rn 29; KölnKomm-UmwG/*Simon/Nießen*, § 135 Rn 25; Lutter/*Teichmann*, § 135 Rn 2.
21 Semler/Stengel/*Bärwaldt*, § 135 Rn 29.
22 Semler/Stengel/*Bärwaldt*, § 135 Rn 29; KölnKomm-UmwG/*Simon/Nießen*, § 135 Rn 27; Lutter/*Teichmann*, § 135 Rn 3, 6.
23 Semler/Stengel/*Bärwaldt*, § 135 Rn 29; KölnKomm-UmwG/*Simon/Nießen*, § 135 Rn 26.
24 Schmitt/Hörtnagl/Stratz/*Hörtnagl*, § 136 Rn 14.
25 Widmann/Mayer/*Mayer*, § 135 Rn 14; Schmitt/Hörtnagl/Stratz/*Hörtnagl*, § 135 Rn 14; Lutter/*Teichmann*, § 135 Rn 2.
26 Lutter/*Grunewald*, § 36 Rn 15; Lutter/*Priester*, § 136 Rn 14; Semler/Stengel/*Bärwaldt*, § 36 Rn 70; Semler/Stengel/*Bärwaldt*, § 135 Rn 18 aber im Kontrast zu § 135 Rn 29; KölnKomm-UmwG/*Simon/Nießen*, § 135 Rn 47.
27 BGH NZG 2005, 722 (723).

I. Normzweck

1 Die Regelung des § 136 zum Spaltungsplan hat **ausschließliche Bedeutung** für die Spaltung zur Neugründung. Charakteristisch für eine Spaltung zur Neugründung ist die **Beteiligung nur eines Rechtsträgers**, da der übernehmende Rechtsträger erst durch die Spaltungsmaßnahme entsteht. Deshalb **fehlt es für einen Spaltungs- und Übernahmevertrag an dem erforderlichen Vertragspartner**, so dass der Spaltungsplan an dessen Stelle tritt, vgl § 136 S. 2.[1]

II. Die grundsätzlichen Besonderheiten des Spaltungsplans

2 Nach allgemeiner Ansicht ist der Spaltungsplan iSd § 136 eine **einseitige, nicht empfangsbedürftige Willenserklärung**, was insb. bei einer möglichen Auslegung zu beachten ist.[2]

3 **§ 136 S. 1** bestimmt, dass dieser Spaltungsplan **vom jeweiligen Vertretungsorgan** des übertragenden Rechtsträgers **aufzustellen** ist. Das vertretende Organ muss dabei in **vertretungsberechtigender Anzahl** handeln und den Spaltungsplan unterzeichnen.[3]

4 Der Spaltungsplan ist gemäß §§ 125 S. 1, 6 **notariell zu beurkunden.** Die notarielle Beurkundung kann dabei nach richtiger Auffassung auch erst nach dem Spaltungsbeschluss erfolgen, da der Ausschluss von § 4 Abs. 2 im Rahmen von § 135 Abs. 1 S. 1 als Redaktionsversehen zu behandeln ist.[4]

5 Wie ein Spaltungs- und Übernahmevertrag ist auch der Spaltungsplan nach §§ 135 Abs. 1 S. 1, 126 Abs. 3 dem zuständigen **Betriebsrat fristgerecht und ordnungsgemäß zuzuleiten.**[5]

6 Grundsätzlich kann der Spaltungsplan bis zur Wirksamkeit der Spaltung durch das aufstellende Vertretungsorgan in vertretungsberechtigter Anzahl **widerrufen oder abgeändert** werden. Dies ergibt sich aufgrund seiner Rechtsnatur als einseitige, nicht empfangsbedürftige Willenserklärung. Ein **Zustimmungsbeschluss** seitens der Gesellschafter des übertragenden Rechtsträgers ändert an dieser grundsätzlichen Widerrufsmöglichkeit nichts. Die Anteilsinhaber müssen allerdings in diesem Falle dem Widerruf bzw der Abänderung des Spaltungsplanes zustimmen. Diese **Zustimmung hat mit der gleichen Mehrheit zu erfolgen**, mit welcher der ursprüngliche Spaltungsplan beschlossen wurde. Die **Widerrufs- und Änderungsmöglichkeit entfällt,** sobald die Spaltung durch Eintragung in das Register des übertragenden Rechtsträgers Wirksamkeit erlangt hat.[6]

III. Die inhaltlichen Besonderheiten des Spaltungsplans

7 Da der Spaltungsplan an die Stelle des Spaltungsvertrages tritt, muss dieser grundsätzlich auch denselben inhaltlichen Anforderungen genügen. Die **inhaltlichen Mindestanforderungen** ergeben sich dabei aus §§ 135 Abs. 1 S. 1, 126.[7] An dieser Stelle sind demnach lediglich einige Besonderheiten des Spaltungsplanes herauszustellen.

8 Ein Umtauschverhältnis iSd § 126 Abs. 1 Nr. 3 gibt es bei der Auf- und Abspaltung zur Neugründung nicht, da die Anteilsinhaber des übertragenden Rechtsträgers sämtliche Anteile erhalten. Der Spaltungsplan hat sich daher lediglich zur **Höhe der Beteiligung** zu verhalten.[8]

1 Lutter/*Priester*, § 136 Rn 2; Semler/Stengel/*Schröer*, § 136 Rn 1; KölnKomm-UmwG/*Simon/Nießen*, § 136 Rn 1.

2 Lutter/*Priester*, § 136 Rn 4; Semler/Stengel/*Schröer*, § 136 Rn 3; KölnKomm-UmwG/*Simon/Nießen*, § 136 Rn 4.

3 Lutter/*Priester*, § 136 Rn 5; Semler/Stengel/*Schröer*, § 136 Rn 4; KölnKomm-UmwG/*Simon/Nießen*, § 136 Rn 4.

4 Lutter/*Priester*, § 136 Rn 6; Semler/Stengel/*Schröer*, § 136 Rn 5; KölnKomm-UmwG/*Simon/Nießen*, § 136 Rn 5 f.

5 Lutter/*Priester*, § 136 Rn 5; Semler/Stengel/*Schröer*, § 136 Rn 7; KölnKomm-UmwG/*Simon/Nießen*, § 136 Rn 9.

6 Widmann/Mayer/*Mayer*, § 135 Rn 58 ff; Lutter/*Priester*, § 136 Rn 7; Semler/Stengel/*Schröer*, § 136 Rn 8; KölnKomm-UmwG/*Simon/Nießen*, § 136 Rn 9 ff.

7 Semler/Stengel/*Schröer*, § 136 Rn 10; KölnKomm-UmwG/*Simon/Nießen*, § 136 Rn 15.

8 Lutter/*Priester*, § 136 Rn 8; Semler/Stengel/*Schröer*, § 136 Rn 11; KölnKomm-UmwG/*Simon/Nießen*, § 136 Rn 19.

9 Ferner muss der Spaltungsplan den Gesellschaftsvertrag, den Partnerschaftsvertrag oder die Satzung des neuen Rechtsträgers beinhalten, vgl §§ 125 S. 1, 37. Die umwandlungsrechtlichen Besonderheiten sowie die rechtsformspezifischen Anforderungen sind dabei zu beachten.[9] Sinnvoll ist es, bereits im Spaltungsplan auch die Organe des neuen Rechtsträgers zu bestimmen.[10]

10 Auch für den Fall, dass im Rahmen einer einzelnen Spaltungsmaßnahme mehrere neue Rechtsträger entstehen sollen, ist stets ein **einheitlicher Spaltungsplan** erforderlich.[11]

§ 137 Anmeldung und Eintragung der neuen Rechtsträger und der Spaltung

(1) Das Vertretungsorgan des übertragenden Rechtsträgers hat jeden der neuen Rechtsträger bei dem Gericht, in dessen Bezirk er seinen Sitz haben soll, zur Eintragung in das Register anzumelden.

(2) Das Vertretungsorgan des übertragenden Rechtsträgers hat die Spaltung zur Eintragung in das Register des Sitzes des übertragenden Rechtsträgers anzumelden.

(3) [1]Das Gericht des Sitzes jedes der neuen Rechtsträger hat von Amts wegen dem Gericht des Sitzes des übertragenden Rechtsträgers den Tag der Eintragung des neuen Rechtsträgers mitzuteilen. [2]Nach Eingang der Mitteilungen für alle neuen Rechtsträger hat das Gericht des Sitzes des übertragenden Rechtsträgers die Spaltung einzutragen sowie von Amts wegen den Zeitpunkt der Eintragung den Gerichten des Sitzes jedes der neuen Rechtsträger mitzuteilen sowie ihnen einen Registerauszug und den Gesellschaftsvertrag, den Partnerschaftsvertrag oder die Satzung des übertragenden Rechtsträgers in Abschrift, als Ausdruck oder elektronisch zu übermitteln. [3]Der Zeitpunkt der Eintragung der Spaltung ist in den Registern des Sitzes jedes der neuen Rechtsträger von Amts wegen einzutragen; gesetzlich vorgesehene Bekanntmachungen über die Eintragung der neuen Rechtsträger sind erst danach zulässig.

I. Normzweck

1 § 137 regelt seiner Überschrift entsprechend die *„Anmeldung und Eintragung der neuen Rechtsträger und der Spaltung"*. Das Verfahren stimmt dabei in weiten Teilen mit dem Verfahren bei der Spaltung zur Aufnahme überein.[1] § 137 reagiert jedoch auf die **Besonderheiten der Spaltung zur Neugründung**, welche sich insb. daraus ergeben, dass der übernehmende Rechtsträger erst mit der Wirksamkeit der Spaltung entsteht.[2]

2 Inhaltlich werden die Vertretungsorgane des übertragenden Rechtsträgers verpflichtet, ***„jeden der neuen Rechtsträger"*** (§ 137 Abs. 1) sowie **die Spaltungsmaßnahme** (§ 137 Abs. 2) anzumelden. In § 137 Abs. 3 werden dann die **Eintragungsreihenfolge** und die **Zusammenarbeit der unterschiedlichen Registergerichte** bei der Spaltung zur Neugründung geregelt. Ferner wird der Zeitpunkt der **Bekanntmachung** der neuen Rechtsträger (§ 137 Abs. 3 S. 3 2. Hs) festgelegt.[3]

9 Lutter/*Priester*, § 136 Rn 9; Semler/Stengel/*Schröer*, § 136 Rn 6, 13; KölnKomm-UmwG/*Simon/Nießen*, § 136 Rn 22.
10 Widmann/Mayer/*Mayer*, § 135 Rn 30; Semler/Stengel/*Schröer*, § 136 Rn 14; KölnKomm-UmwG/*Simon/Nießen*, § 136 Rn 23.
11 Lutter/*Priester*, § 136 Rn 6; Semler/Stengel/*Schröer*, § 136 Rn 15; KölnKomm-UmwG/*Simon/Nießen*, § 136 Rn 7.

1 RegBegr. *Ganske*, Umwandlungsrecht, S. 170.
2 Lutter/*Priester*, § 137 Rn 2; Semler/Stengel/*Schwanna*, § 137 Rn 1; KölnKomm-UmwG/*Simon/Nießen*, § 137 Rn 3.
3 KölnKomm-UmwG/*Simon/Nießen*, § 137 Rn 2; Kallmeyer/*Zimmermann*, § 137 Rn 1.

§ 137 Abs. 3 verdrängt dabei § 130 Abs. 2. Auf das Anmelde- und Registerverfahren bei der Spaltung zur Neugründung sind der **§ 130 Abs. 1 und die §§ 16 Abs. 2, Abs. 3, 17** jedoch entsprechend anzuwenden. Weiterhin sind die rechtsformspezifischen Vorschriften sowie die Gründungsvorschriften des neuen Rechtsträgers beim Anmeldeverfahren zu beachten.[4] 3

II. Die Anmeldung des neuen Rechtsträgers (§ 137 Abs. 1)

Nach **§ 137 Abs. 1** hat *„das Vertretungsorgan des übertragenden Rechtsträgers [...] jeden der* ***neuen Rechtsträger*** *bei dem Gericht, in dessen Bezirk er seinen Sitz haben soll, zur Eintragung in das Register anzumelden."* Dies unterscheidet das Anmeldeverfahren bei der Spaltung zur Neugründung von dem der Spaltung zur Aufnahme, bei welchem lediglich die Spaltungsmaßnahme selbst anzumelden ist.[5] 4

Zur Anmeldung des neuen Rechtsträgers ist das **Vertretungsorgan des übertragenden Rechtsträgers** verpflichtet. Bei dieser Anmeldzuständigkeit handelt es sich um eine **ausschließliche Zuständigkeit,** weshalb eine mögliche Anmeldebefugnis aus den im Übrigen anwendbaren Gründungsvorschriften durch § 137 Abs. 1 verdrängt wird, vgl § 135 Abs. 2. Insb. die zukünftigen Organe des neuen Rechtsträgers können die Anmeldung des neuen Rechtsträgers nicht vornehmen. Diese ausschließliche Zuständigkeit der Vertretungsorgane des übertragenden Rechtsträgers umfasst dabei sämtliche zur Gründung und Anmeldung erforderlichen Erklärungen und Handlungen.[6] Ausnahmsweise sind jedoch bestimmte höchstpersönliche Erklärungen, wie solche iSd § 8 Abs. 3 GmbHG und des § 37 Abs. 2 AktG, von den zukünftigen Organen und nicht von dem anmeldeberechtigten Vertretungsorgan zu erbringen.[7] Diese können jedoch als Anlage der Anmeldung beigefügt werden.[8] 5

Die Mitglieder des Vertretungsorgans müssen in vertretungsberechtigter Anzahl auftreten, wobei sowohl eine unechte Gesamtvertretung als auch eine Bevollmächtigung möglich und zulässig ist.[9] Eine Vertretung der Organe des übertragenden Rechtsträgers kommt jedoch in Bezug auf die negative Wissenserklärung nach § 16 Abs. 2 und auf eine mögliche strafbewehrte Erklärung nach § 140 bzw § 146 Abs. 1 nicht in Betracht.[10] 6

Bei der Ausgliederung zur Neugründung einer Kapitalgesellschaft aus dem Vermögen eines Einzelkaufmanns ergibt sich die Besonderheit, dass die Anmeldung vom jeweiligen Einzelkaufmann mit den Geschäftsführern oder mit den Mitgliedern des Vorstandes und des Aufsichtsrates der neuen Gesellschaft vorzunehmen ist, vgl § 160 Abs. 1.[11] 7

Gemäß § 137 Abs. 1 ist **der neue Rechtsträger** bei dem Registergericht anzumelden, in dessen Bezirk der zukünftige Sitz dieses Rechtsträgers liegen wird. Die konkrete Ausgestaltung der Anmeldung des neuen Rechtsträgers und die konkret beizufügenden Unterlagen richten sich – soweit sich aus den umwandlungsrechtlichen Normen nichts anderes ergibt – nach den einschlägigen **Gründungsvorschriften.** In jedem Fall muss sich aus der Anmeldung ergeben, dass die Neugründung des Rechtsträgers **auf einer Spaltungsmaßnahme beruht und welche Form der Spaltung vorliegt.**[12] Der Anmeldung sind die nach **§§ 125 S. 1, 17** erforderlichen **Anlagen** 8

4 Semler/Stengel/*Schwanna*, § 137 Rn 1; KölnKomm-UmwG/*Simon/Nießen*, § 137 Rn 4.

5 Schmitt/Hörtnagl/Stratz/*Hörtnagl*, § 137 Rn 2; KölnKomm-UmwG/*Simon/Nießen*, § 137 Rn 2.

6 Semler/Stengel/*Schwanna*, § 137 Rn 2; KölnKomm-UmwG/*Simon/Nießen*, § 137 Rn 8; Kallmeyer/*Zimmermann*, § 137 Rn 3.

7 Lutter/*Priester*, § 137 Rn 12; Semler/Stengel/*Schwanna*, § 137 Rn 2 (Fn 4); KölnKomm-UmwG/*Simon/Nießen*, § 137 Rn 9.

8 KölnKomm-UmwG/*Simon/Nießen*, § 137 Rn 15.

9 Lutter/*Priester*, § 137 Rn 11; KölnKomm-UmwG/*Simon/Nießen*, § 137 Rn 8; Kallmeyer/*Zimmermann*, § 137 Rn 5.

10 KölnKomm-UmwG/*Simon/Nießen*, § 137 Rn 9.

11 KölnKomm-UmwG/*Simon/Nießen*, § 137 Rn 10.

12 Lutter/*Priester*, § 137 Rn 4 f; KölnKomm-UmwG/*Simon/Nießen*, § 137 Rn 11.

beizufügen.[13] Weiterhin ist die Negativerklärung iSv § 16 Abs. 2 bei der Anmeldung abzugeben.[14]

9 Handelt es sich um eine **kombinierte Spaltung iSv § 123 Abs. 4**, muss es dem Registergericht am Sitz des neuen Rechtsträgers möglich sein, die Wirksamkeit der gesamten Spaltungsmaßnahme zu überprüfen. Aus diesem Grund sind auch diesem Registergericht die Spaltungsbeschlüsse und Unterlagen bezüglich der aufnehmenden Rechtsträger im Rahmen der Anmeldung zuzuleiten.[15]

10 Weitere **Anmeldedetails sowie die Notwendigkeit weiterer Anlagen** bei der AG ergeben sich aus §§ 141 ff und den §§ 36, 37 AktG, bei der GmbH aus den §§ 138 ff sowie den §§ 7 f GmbHG und bei den Personenhandelsgesellschaften aus §§ 106, 162 Abs. 1 HGB.

11 In Abweichung zu § 123 Abs. 2 HGB ist die **Entstehung der Personenhandelsgesellschaft kraft Geschäftsbeginn** im Rahmen der Spaltung zur Neugründung **unmöglich**, so dass diese erst im Zeitpunkt des Wirksamwerdens der Spaltung entstehen.[16]

12 Der Anmeldung einer Ausgliederung zur Neugründung einer Kapitalgesellschaft aus dem Vermögen eines Einzelkaufmanns ist die Erklärung, dass die Verbindlichkeiten des Kaufmanns sein Vermögen nicht übersteigen, beizufügen, vgl § 160 Abs. 2.[17]

III. Die Anmeldung der Spaltung (§ 137 Abs. 2)

13 Weiter hat das Vertretungsorgan des übertragenden Rechtsträgers nach § 137 Abs. 2 die **Spaltung** zur Eintragung in das Register des Sitzes des übertragenden Rechtsträgers **anzumelden**. Vom Grundsatz her erfolgt die Anmeldung der Spaltungsmaßnahme bei einer Spaltung zur Neugründung wie bei einer Spaltung zur Aufnahme nach § 129, mit den folgenden zwei Unterschieden: Zum einen ist nur das Vertretungsorgan des übertragenden Rechtsträgers zur jeweiligen Spaltungsanmeldung berechtigt, und zum anderen wird die Spaltung zur Neugründung nur bei einem Registergericht – nämlich bei dem am Sitz des übertragenden Rechtsträgers – angemeldet.[18]

14 Bezüglich der Einzelheiten zur Vertretung der geschäftsführenden Organe, den ggf notwendigen Erklärungen nach §§ 16 Abs. 2, Abs. 3, 140, oder 146 und den beizufügenden Anlagen, ist auf die zuvor gemachten Ausführungen bezüglich der Anmeldung der neuen Rechtsträger zu verweisen (s. dort Rn 5 ff).

15 Aus der Spaltungsanmeldung müssen sich inhaltlich jedenfalls die **beteiligten Rechtsträger** und die konkrete **Art der Spaltungsmaßnahme** ergeben.[19] Die Anmeldung der Spaltung bei dem Register am Sitz des übertragenden Rechtsträgers muss allerdings nicht die Gründungsunterlagen des neuen Rechtsträgers enthalten, da diese dort in der Regel nicht geprüft werden.[20]

IV. Eintragungsreihenfolge und das Zusammenwirken der Registergerichte (§ 137 Abs. 3)

16 § 137 Abs. 3 enthält die Regelungen zum **Registerverfahren** und normiert die **Zusammenarbeit der beteiligten Registergerichte** im Rahmen der Eintragung einer Spaltung zur Neugründung. Durch die Abhängigkeit der einzelnen Eintragungsakte wird ein **einheitlicher Wirksamkeitszeit-**

13 Lutter/*Priester*, § 137 Rn 5; Semler/Stengel/*Schwanna*, § 137 Rn 9; KölnKomm-UmwG/*Simon/Nießen*, § 137 Rn 12.
14 Lutter/*Priester*, § 137 Rn 4; Semler/Stengel/*Schwanna*, § 137 Rn 8; KölnKomm-UmwG/*Simon/Nießen*, § 137 Rn 11.
15 Lutter/*Priester*, § 137 Rn 5; Semler/Stengel/*Schwanna*, § 137 Rn 13; KölnKomm-UmwG/*Simon/Nießen*, § 137 Rn 13; Kallmeyer/*Zimmermann*, § 137 Rn 12.
16 Lutter/*Priester*, § 137 Rn 6; Semler/Stengel/*Schwanna*, § 137 Rn 7; aA KölnKomm-UmwG/*Simon/Nießen*, § 137 Rn 24.
17 KölnKomm-UmwG/*Simon/Nießen*, § 137 Rn 26.
18 Semler/Stengel/*Schwanna*, § 137 Rn 14; KölnKomm-UmwG/*Simon/Nießen*, § 137 Rn 29 f; Kallmeyer/*Zimmermann*, § 137 Rn 18.
19 KölnKomm-UmwG/*Simon/Nießen*, § 137 Rn 32.
20 KölnKomm-UmwG/*Simon/Nießen*, § 137 Rn 35.

punkt gewährleistet, der sowohl für die Spaltungsmaßnahme als auch für die Eintragung der neuen Rechtsträger gilt.[21]

Das Verfahren zur Eintragung der Spaltung zur Neugründung vollzieht sich in **drei Schritten.**[22] Zuerst sind die **neuen Rechtsträger** von den zuständigen Registergerichten **einzutragen**. Nur diesen Registergerichten obliegt es dann, die ordnungsgemäße Gründung der neuen Rechtsträger zu überprüfen.[23] Ferner haben die Registergerichte der neuen Rechtsträger aber auch die Rechtmäßigkeit der Spaltungsmaßnahme zu überprüfen.[24] Die Eintragung der neuen Rechtsträger hat zunächst lediglich **deklaratorische Bedeutung**, da diese erst mit der Spaltungseintragung im Register des Sitzes des übertragenden Rechtsträgers entstehen, wenn nicht sämtliche Eintragungen am selben Tag erfolgen. Daher ist die Eintragung der neuen Rechtsträger mit einem dahin gehenden **Vorläufigkeitsvermerk** zu verbinden, vgl §§ 135 Abs. 1 S. 1, 130 Abs. 1 S. 2.[25] Die Registergerichte der neuen Rechtsträger haben nun nach § 137 Abs. 3 S. 1 von Amts wegen den Registergerichten des übertragenden Rechtsträgers den Tag der Eintragung der neuen Rechtsträger mitzuteilen. Im Unterschied zur Spaltung zur Aufnahme haben die beteiligten Rechtsträger die Voreintragungen also nicht selbst nachzuweisen.[26] 17

Nach der Eintragung der neuen Rechtsträger und den entsprechenden Mitteilungen kann im zweiten Schritt die Spaltung in das Register des übertragenden Rechtsträgers eingetragen werden, vgl §§ 135 Abs. 1 S. 1, 130 Abs. 1 S. 1. Diese Eintragung wirkt **konstitutiv**, so dass die Spaltungswirkungen (vgl § 131) unumkehrbar eintreten. Demnach entstehen die neuen Rechtsträger, die Beteiligungen an diesen werden erworben und der Vermögensübergang vollzieht sich.[27] Nunmehr teilt das Registergericht des übertragenden Rechtsträgers den Registergerichten der neuen Rechtsträger gemäß § 137 Abs. 3 S. 2 von Amts wegen den **Zeitpunkt der Eintragung der Spaltung** mit. Ferner wird den Registergerichten am Sitz der neuen Rechtsträger der Registerauszug und der Gesellschaftsvertrag, der Partnerschaftsvertrag oder die Satzung des übertragenden Rechtsträgers übermittelt, vgl § 137 Abs. 3 S. 2 aE.[28] 18

Abschließend ist gemäß **§ 137 Abs. 3 S. 3 1. Hs** im Register der neuen Rechtsträger der **Zeitpunkt der Spaltungseintragung** beim übertragenden Rechtsträger von Amts wegen zu vermerken. Schlussendlich ist der Vorläufigkeitsvermerk aus dem Register zu löschen.[29] 19

Die in § 137 dargestellte **Eintragungsreihenfolge** bei der Spaltung zur Neugründung ist **zwingend.** Ein **Verstoß** gegen diese Abfolge hat jedoch **auf die Wirksamkeit der Spaltungsmaßnahme keine Auswirkungen.** Die Spaltungswirkungen treten bereits dann ein, wenn die Spaltung in das Register des übertragenden Rechtsträgers eingetragen wird, vgl § 131 Abs. 2. Für den Fall, dass die neuen Rechtsträger entgegen § 137 zu diesem Zeitpunkt noch nicht eingetragen waren, sind diese Eintragungen nachzuholen.[30] 20

V. Die Bekanntmachung der neuen Rechtsträger (§ 137 Abs. 3 S. 3 2. Hs)

Bezüglich der Bekanntmachung der Spaltung zur Neugründung gilt § 19 Abs. 3 entsprechend. § 137 Abs. 3 S. 3 2. Hs bestimmt darüber hinaus, dass die **Eintragung der neuen Rechtsträger** erst nach der Eintragung des Spaltungstages in das Register des neuen Rechtsträgers **bekannt**

21 RegBegr. Ganske, S. 170; KölnKomm-UmwG/*Simon/Nießen*, § 137 Rn 40.
22 KölnKomm-UmwG/*Simon/Nießen*, § 137 Rn 36.
23 Lutter/*Priester*, § 137 Rn 14; Semler/Stengel/*Schwanna*, § 137 Rn 17; KölnKomm-UmwG/*Simon/Nießen*, § 137 Rn 37.
24 KölnKomm-UmwG/*Simon/Nießen*, § 137 Rn 37; Kallmeyer/*Zimmermann*, § 137 Rn 20.
25 Lutter/*Priester*, § 137 Rn 14; Semler/Stengel/*Schwanna*, § 137 Rn 18; KölnKomm-UmwG/*Simon/Nießen*, § 137 Rn 37.
26 Lutter/*Priester*, § 137 Rn 14.
27 Lutter/*Priester*, § 137 Rn 14, 16; Semler/Stengel/*Schwanna*, § 137 Rn 19; KölnKomm-UmwG/*Simon/Nießen*, § 137 Rn 38; Kallmeyer/*Zimmermann*, § 137 Rn 23.
28 Lutter/*Priester*, § 137 Rn 18; KölnKomm-UmwG/*Simon/Nießen*, § 137 Rn 41; Semler/Stengel/*Schwanna*, § 137 Rn 20.
29 KölnKomm-UmwG/*Simon/Nießen*, § 137 Rn 39.
30 Lutter/*Priester*, § 137 Rn 17; KölnKomm-UmwG/*Simon/Nießen*, § 137 Rn 42; Semler/Stengel/*Schwanna*, § 137 Rn 22; Kallmeyer/*Zimmermann*, § 137 Rn 28.

zu machen ist.[31] Somit werden Bekanntmachungen verhindert, die sich auf nur vorläufige Gegebenheiten beziehen, wie dies bei der deklaratorischen Eintragung der neuen Rechtsträger vor der Spaltungseintragung der Fall ist.[32]

Zweiter Teil Besondere Vorschriften

Erster Abschnitt Spaltung unter Beteiligung von Gesellschaften mit beschränkter Haftung

§ 138 Sachgründungsbericht

Ein Sachgründungsbericht (§ 5 Abs. 4 des Gesetzes betreffend die Gesellschaften mit beschränkter Haftung) ist stets erforderlich.

I. Normzweck

1 Mit § 138 beginnt der zweite Teil des dritten Buches des Umwandlungsgesetzes. Die §§ 138 bis 140 normieren dabei die besonderen Vorschriften bezüglich einer **Spaltung unter Beteiligung von Gesellschaften mit beschränkter Haftung**. Gemäß §§ 125 S. 1, 46 bis 59 sind aber auch die besonderen, verschmelzungsrechtlichen Vorschriften zur GmbH auf die Spaltung entsprechend anzuwenden.[1]

2 § 138 beschränkt sich auf die Anordnung, dass ein **Sachgründungsbericht iSv § 5 Abs. 4 GmbHG** stets erforderlich ist. Auf den ersten Blick erscheint diese Regelung jedenfalls bei der Spaltung zur Neugründung überflüssig zu sein, da über **§ 135 Abs. 2 S. 1 die jeweiligen Gründungsvorschriften** anzuwenden sind, wovon auch § 5 Abs. 4 GmbHG umfasst ist. Daneben ordnet § 125 S. 1 aber auch die entsprechende Anwendung von **§ 58 Abs. 2** an. Dieser beinhaltet die **Entbehrlichkeit eines Sachgründungsberichts** bei der Verschmelzung durch Neugründung, wenn als übertragender Rechtsträger eine Kapitalgesellschaft bzw eine eingetragene Genossenschaft fungiert. Durch § 138 wird somit **klarstellend festgestellt**, dass die Ausnahmeregelung des **§ 58 Abs. 2** bei der Spaltung zur Neugründung **nicht gilt**, weshalb in diesem Fall ein Sachgründungsbericht losgelöst vom Gesellschaftstyp des übertragenden Rechtsträgers stets zu erfolgen hat.[2]

3 Die Pflicht zur Erstellung eines Sachgründungsberichtes ist dem **Gläubigerschutz** geschuldet, weshalb ein **Verzicht nicht in Betracht** kommt.[3]

II. Die Anwendung des § 138

4 Zunächst ist der Anwendungsbereich des § 138 immer dann nicht eröffnet, wenn lediglich auf der Seite des übertragenden Rechtsträgers eine GmbH an der Spaltung beteiligt ist. Unzweifelhaft ist § 138 hingegen dann anzuwenden, wenn eine GmbH durch eine Spaltung zur Neugründung entsteht.[4]

5 Fraglich ist, ob § 138 auch bei einer **Spaltung zur Aufnahme bedeutsam** ist. In diesem Falle würde es sich nicht um einen Sachgründungsbericht, sondern um einen **Kapitalerhöhungsbericht** handeln.[5] Teilweise wird ein solcher Sachkapitalerhöhungsbericht bei der Spaltung zur

31 Lutter/*Priester*, § 137 Rn 18; KölnKomm-UmwG/*Simon/Nießen*, § 137 Rn 43.

32 RegBegr. *Ganske*, Umwandlungsrecht, S. 170.

1 Lutter/*Priester*, Vor § 138 Rn 1; KölnKomm-UmwG/*Simon/Nießen*, § 138 Rn 1.

2 Kallmeyer/*Kallmeyer/Sickinger*, § 138 Rn 1; Lutter/*Priester*, § 138 Rn 2 f; Schmitt/Hörtnagl/Stratz/*Hörtnagl*, § 138 Rn 2; KölnKomm-UmwG/*Simon/Nießen*, § 138 Rn 3; Semler/Stengel/*Reichert*, § 138 Rn 1.

3 Lutter/*Priester*, § 138 Rn 4; KölnKomm-UmwG/*Simon/Nießen*, § 138 Rn 4, 7.

4 KölnKomm-UmwG/*Simon/Nießen*, § 138 Rn 5.

5 KölnKomm-UmwG/*Simon/Nießen*, § 138 Rn 6.

Aufnahme gefordert, unter Verweisung auf die auf rechtsdogmatische Diskussion zur regulären Kapitalerhöhung einer GmbH.[6] Die **vorherrschende Ansicht verneint** allerdings die **Anwendung von § 138 auf die Spaltung zur Aufnahme.**[7] Dies erscheint mit Blick auf den Wortlaut und unter Berücksichtigung des Willens des Gesetzgebers vorzugswürdig. § 138 spricht lediglich von einem Sachgründungsbericht. Ferner beginnt die Regierungsbegründung zu § 138 mit den Worten: „Wird eine GmbH im Wege der Spaltung **neu gegründet, …**".[8] Demnach erstreckt sich der Anwendungsbereich von § 138 ausschließlich auf die Spaltung zur Neugründung einer GmbH.

Für die Praxis wird allerdings empfohlen, einen solchen Kapitalerhöhungsbericht bei der Spaltung zur Aufnahme dennoch zu erstellen, da ein solcher von einigen Registergerichten eingefordert wird[9] oder zumindest dies im Vorfeld mit dem zuständigen Registergericht abzuklären. 6

III. Die formelle und inhaltliche Ausgestaltung des Sachgründungsberichts

Der Sachgründungsbericht ist nach § 5 Abs. 4 S. 2 von den Gründungsgesellschaftern aufzustellen. Bei der Spaltung zur Neugründung ist der übertragende Rechtsträger gemäß § 135 Abs. 2 S. 2 als Gründungsgesellschafter anzusehen. Demnach hat das **Vertretungsorgan des übertragenden Rechtsträgers den Bericht zu erstellen,** und – unter Beachtung der Regelungen zur Vertretungsberechtigung – persönlich zu unterzeichnen.[10] 7

Der Sachgründungsbericht ist in **schriftlicher Form** zu erstellen und durch die Vertretungsorgane des übertragenden Rechtsträgers persönlich zu unterzeichnen. Eine notarielle Beurkundung ist nicht erforderlich, da der Bericht insb. nicht als Teil des Spaltungsplanes oder des Spaltungsbeschlusses anzusehen ist.[11] Er ist der **Registeranmeldung** des neuen Rechtsträgers anliegend **beizufügen,** vgl §§ 135 Abs. 2 S. 1, 8 Abs. 1 Nr. 4 GmbHG.[12] 8

Die **inhaltlichen Anforderungen** des Sachgründungsberichtes haben sich an dem grundsätzlichen Ziel zu orientieren, dem **Registergericht die Überprüfung der Kapitalaufbringungsgrundsätze** bezüglich des Stammkapitals zu ermöglichen, vgl § 5 Abs. 4 S. 2 GmbHG.[13] Demnach muss der Bericht die wesentlichen Umstände aufzeigen, die zur Einschätzung erforderlich sind, ob die zu **gewährenden Geschäftsanteile** auf der einen Seite den zu **übertragenden Vermögensbestandteilen** auf der anderen Seite wertmäßig **entsprechen.**[14] 9

Für den bei der Spaltung häufig anzutreffenden Fall, dass ein **Unternehmen bzw ein Unternehmensteil übertragen werden soll,** sind zur Ermittlung des Wertes die Jahresergebnisse[15] der letzten beiden Geschäftsjahre (vgl § 5 Abs. 4, S. 2 2. Hs) des Unternehmens bzw des selbstständigen Unternehmensteils anzugeben.[16] 10

Im Spaltungsbericht ist nach § 125 S. 1 iVm § 58 Abs. 1 auch der **Geschäftsverlauf und die Lage des übertragenden Rechtsträgers** darzustellen. Aufgrund der lediglich entsprechenden Anwendung der Vorschriften des Verschmelzungsrechts bei der Spaltung gilt dies aber nur bei der Übertragung eines gesamten Unternehmens bzw im Hinblick auf den Geschäftsverlauf eines selbstständigen Unternehmensteils.[17] 11

6 Lutter/*Priester*, § 138 Rn 8.
7 Widmann/Mayer/*Mayer*, § 138 Rn 2.1; KölnKomm-UmwG/*Simon/Nießen*, § 138 Rn 6.
8 RegBegr. *Ganske*, Umwandlungsrecht, S. 173.
9 So zB OLG Stuttgart BB 1982, 398; vgl Semler/Stengel/*Reichert*, § 138 Rn 2.
10 Lutter/*Priester*, § 138 Rn 5; KölnKomm-UmwG/*Simon/Nießen*, § 138 Rn 9; Semler/Stengel/*Reichert*, § 138 Rn 9.
11 Lutter/*Priester*, § 138 Rn 5; KölnKomm-UmwG/*Simon/Nießen*, § 138 Rn 8; Semler/Stengel/*Reichert*, § 138 Rn 9.
12 Schmitt/Hörtnagl/Stratz/*Hörtnagl*, § 138 Rn 5; KölnKomm-UmwG/*Simon/Nießen*, § 138 Rn 8.
13 Baumbach/Hueck/*Fastrich*, § 5 GmbHG Rn 54; KölnKomm-UmwG/*Simon/Nießen*, § 138 Rn 7.
14 Lutter/*Priester*, § 138 Rn 6; KölnKomm-UmwG/*Simon/Nießen*, § 138 Rn 10; Semler/Stengel/*Reichert*, § 138 Rn 10.
15 Mit dem Jahresergebnis ist der Jahresüberschuss oder Jahresfehlbetrag iSv § 275 Abs. 2 Nr. 20 bzw Abs. 3 Nr. 19 HGB gemeint.
16 Lutter/*Priester*, § 138 Rn 6; KölnKomm-UmwG/*Simon/Nießen*, § 138 Rn 11 ff; Semler/Stengel/*Reichert*, § 138 Rn 10.
17 Lutter/*Priester*, § 138 Rn 7; KölnKomm-UmwG/*Simon/Nießen*, § 138 Rn 15 ff; Semler/Stengel/*Reichert*, § 138 Rn 11.

IV. Der mangelhafte Sachgründungsbericht und die Differenzhaftung

12 Ist der **Sachgründungsbericht mangelhaft** oder **fehlt** dieser vollständig, kann das Registergericht die **Eintragung der neuen Gesellschaft ablehnen**, vgl §§ 135 Abs. 2 S. 1, 9 c GmbHG.[18] Der Prüfungsumfang des Registergerichts erstreckt sich nach § 9 c Abs. 1 S. 2 GmbHG dabei auch auf die Frage, ob die **Sacheinlagen nicht unwesentlich überbewertet** wurden.[19] Allerdings können sämtliche Mängel des Sachgründungsberichts noch nachträglich geheilt werden bzw kann der Bericht nachgereicht werden.[20]

13 Wird die neue GmbH trotz eines mangelhaften Sachgründungsberichts oder trotz einer nicht unwesentlichen Überbewertung der Sacheinlagen in das Register eingetragen, so entsteht dieser neue Rechtsträger dennoch.[21] In diesen Fällen kommt als Ausgleich eine **Differenzhaftung** nach § 9 Abs. 1 S. 1 GmbHG in Betracht. Ein solcher Anspruch richtet sich **gegen den übertragenden Rechtsträger**, da dieser als Gründer der neuen GmbH anzusehen ist, vgl § 135 Abs. 2 S. 2. Bei der **Ausgliederung** gilt dies uneingeschränkt. Im Falle einer **Abspaltung** zur Neugründung der GmbH treten die Gesellschafter des übertragenden Rechtsträgers als Mithafter hinzu. Im Innenverhältnis bleibt es aber auch dann bei der alleinigen Haftung des übertragenden Rechtsträgers. Handelt es sich bei der Spaltungsmaßnahme um eine **Aufspaltung**, so erlischt der übertragende Rechtsträger. Der Ausgleichsanspruch aus § 9 Abs. 1 S. 1 GmbHG trifft dann ausschließlich die Anteilsinhaber des neuen Rechtsträgers.[22]

§ 139 Herabsetzung des Stammkapitals

[1]Ist zur Durchführung der Abspaltung oder der Ausgliederung eine Herabsetzung des Stammkapitals einer übertragenden Gesellschaft mit beschränkter Haftung erforderlich, so kann diese auch in vereinfachter Form vorgenommen werden. [2]Wird das Stammkapital herabgesetzt, so darf die Abspaltung oder die Ausgliederung erst eingetragen werden, nachdem die Herabsetzung des Stammkapitals im Register eingetragen worden ist.

I. Überblick

1 Handelt es sich bei der übertragenden Gesellschaft um eine GmbH, so hat die jeweilige Spaltungsmaßnahme stets das **System der Kapitalerhaltung iSv § 30 GmbHG** zu beachten. Die Übertragung des Vermögens im Wege der partiellen Gesamtrechtsnachfolge darf nicht zu einer Verringerung des Stammkapitals der übertragenden GmbH und somit zu einer **Unterbilanz** führen.[1] Ohne Bedeutung ist dies bei der Aufspaltung, da in diesem Falle der übertragende Rechtsträger erlischt. Das System der Kapitalerhaltung kann allerdings durch eine Abspaltung oder eine Ausgliederung beeinträchtigt werden.[2]

18 Baumbach/Hueck/*Fastrich*, § 5 GmbHG Rn 56; Köln-Komm-UmwG/*Simon/Nießen*, § 138 Rn 19.
19 Semler/Stengel/*Reichert*, § 138 Rn 6.
20 Baumbach/Hueck/*Fastrich*, § 5 GmbHG Rn 56; Köln-Komm-UmwG/*Simon/Nießen*, § 138 Rn 19.
21 Baumbach/Hueck/*Fastrich*, § 5 GmbHG Rn 56; Köln-Komm-UmwG/*Simon/Nießen*, § 138 Rn 20; Schmitt/Hörtnagl/Stratz/*Hörtnagl*, § 138 Rn 5.
22 Lutter/*Priester*, § 138 Rn 10; Schmitt/Hörtnagl/Stratz/*Hörtnagl*, § 138 Rn 5; Semler/Stengel/*Reichert*, § 138 Rn 7.
1 KölnKomm-UmwG/*Simon/Nießen*, § 139 Rn 2.
2 Lutter/*Priester*, § 139 Rn 3; Semler/Stengel/*Reichert*, § 139 Rn 1.

Um Verstöße gegen die Kapitalerhaltungsregelungen vermeiden zu können, ermöglicht § 139 S. 1 zur Durchführung einer Abspaltung oder einer Ausgliederung, das **Stammkapital auch in vereinfachter Form herabzusetzen.** § 139 S. 1 verweist damit indirekt auf die §§ 58 a ff GmbHG, ohne diese Normen ausdrücklich zu benennen.[3] Neben dieser Herabsetzung des Stammkapitals in vereinfachter Form besteht ferner die Möglichkeit einer ordentlichen Stammkapitalherabsetzung gemäß § 58 GmbHG. In der Praxis hat eine solche ordentliche Kapitalherabsetzung zur Durchführung einer Spaltung aber nur eine sehr geringe Relevanz. Dies beruht insb. auf dem einzuhaltenden Sperrjahr, vgl § 58 Abs. 1 Nr. 3, welches bei der vereinfachten Kapitalherabsetzung nicht zu beachten ist.[4] 2

§ 139 S. 1 steht dabei in einem direkten Kontext zu den Erklärungspflichten der Geschäftsführer iSv § 140, die insb. auch eine Erklärung zur Kapitaldeckung einschließen.[5] 3

§ 139 S. 2 legt fest, dass die **vereinfachte Kapitalherabsetzung vor der eigentlichen Spaltungsmaßnahme** in das Register **einzutragen** ist. Dieser entspricht damit der Eintragungsreihenfolge des § 53 bei der Erhöhung des Stammkapitals im Rahmen einer Verschmelzung.[6] 4

II. Die Voraussetzungen einer vereinfachten Kapitalherabsetzung nach § 139 S. 1

1. Die unter § 139 S. 1 fallenden Spaltungsmaßnahmen. Der Wortlaut von § 139 S. 1 umfasst jede Form der **Abspaltung und der Ausgliederung**, unabhängig, ob diese **zur Neugründung** oder **zur Aufnahme** erfolgen. Probleme im Zusammenhang mit dem Gebot der Kapitalerhaltung bestehen vorrangig bei der **Abspaltung**. Bei dieser Spaltungsform wird das **Vermögen** der übertragenden GmbH **in tatsächlicher Form gemindert**, da die beim Vermögenstransfer entstehenden kompensierenden Beteiligungen am übernehmenden Rechtsträger gerade nicht der übertragenden GmbH, sondern ihren Gesellschaftern gewährt werden.[7] 5

Bei der **Ausgliederung** findet dagegen beim übertragenden Rechtsträger **kein Vermögensverlust** statt. Der übertragende Rechtsträger selbst erhält die Gesellschaftsanteile am übernehmenden Rechtsträger (**ergebnisneutraler Aktivtausch**).[8] Im Regelfall ist demnach bei der Ausgliederung eine Kapitalherabsetzung nicht durchzuführen.[9] Eine tatsächliche Vermögensminderung kann bei der Ausgliederung jedoch dann eintreten, wenn **die gewährten Anteile wertmäßig nicht dem übertragenden Vermögen entsprechen**. Eine solche Vermögensminderung kann insb. bei der Ausgliederung zur Aufnahme entstehen, wenn der aufnehmende Rechtsträger überschuldet ist. In diesem Ausgliederungsfall kann somit die Herabsetzung des Stammkapitals notwendig werden.[10] 6

2. Rechtsfolgen- oder Rechtsgrundverweisung. Umstritten ist die Qualifikation von § 139 S. 1 als Rechtsfolgenverweisung oder als Rechtsgrundverweisung. Nach herrschender Ansicht[11] handelt es sich um eine **Rechtsfolgenverweisung.** Der Gegenansicht,[12] welche von einer Rechtsgrundverweisung ausgeht, ist nicht zu folgen. 7

Gegen die Einordnung als Rechtsgrundverweisung spricht insb., dass eine vereinfachte Kapitalherabsetzung dann nur zum Ausgleich von Wertminderungen oder zur Deckung von sonstigen Verlusten vorgenommen werden könnte, vgl § 58 a Abs. 1 GmbHG. Der Vermögensverlust, 8

3 Lutter/*Priester*, § 139 Rn 1; KölnKomm-UmwG/*Simon/Nießen*, § 139 Rn 3.
4 Semler/Stengel/*Reichert*, § 139 Rn 2; KölnKomm-UmwG/*Simon/Nießen*, § 139 Rn 3 f.
5 Lutter/*Priester*, § 139 Rn 1; KölnKomm-UmwG/*Simon/Nießen*, § 139 Rn 5.
6 Semler/Stengel/*Reichert*, § 139 Rn 5; KölnKomm-UmwG/*Simon/Nießen*, § 139 Rn 6.
7 Lutter/*Priester*, § 139 Rn 3; Semler/Stengel/*Reichert*, § 139 Rn 3; KölnKomm-UmwG/*Simon/Nießen*, § 139 Rn 10.
8 Kallmeyer/*Kallmeyer/Sickinger*, § 139 Rn 4; Lutter/*Priester*, § 139 Rn 4; Semler/Stengel/*Reichert*, § 139 Rn 4; KölnKomm-UmwG/*Simon/Nießen*, § 139 Rn 11.
9 Kallmeyer/*Kallmeyer/Sickinger*, § 139 Rn 4; Köln-Komm-UmwG/*Simon/Nießen*, § 139 Rn 11.
10 Lutter/*Priester*, § 139 Rn 4; Semler/Stengel/*Reichert*, § 139 Rn 4; KölnKomm-UmwG/*Simon/Nießen*, § 139 Rn 12.
11 Lutter/*Priester*, § 139 Rn 5; Semler/Stengel/*Reichert*, § 139 Rn 6; KölnKomm-UmwG/*Simon/Nießen*, § 139 Rn 13.
12 Schmitt/Hörtnagl/Stratz/*Hörtnagl*, § 139 Rn 8 f.

welche mit der Spaltung einhergehen kann, stellt aber gerade keinen Verlust iSv § 58 a Abs. 1 GmbHG dar, denn im Zeitpunkt der Kapitalherabsetzung wurde die Spaltung noch gar nicht durchgeführt und somit kann auch ein etwaiger Vermögensverlust durch die Spaltungsmaßnahme noch gar nicht eingetreten sein. Demnach müsste bei der übertragenden GmbH schon vor der eigentlichen Spaltungsmaßname eine Unterbilanz vorliegen, um eine vereinfachte Kapitalherabsetzung durchführen zu können. Da dies in der Regel nicht der Fall ist, wäre die Anwendung von § 139 S. 1 zweckwidrig stark eingeschränkt.

9 **3. Der Tatbestand des § 139 S. 1.** Da § 139 S. 1 somit nur auf die Rechtsfolgen, aber nicht auch auf die tatbestandlichen Voraussetzungen der §§ 58 a GmbHG verweist, sind nur dessen Voraussetzungen bei der vereinfachten Herabsetzung des Stammkapitals zu beachten. Demnach muss die Herabsetzung des Stammkapitals zur Durchführung der Abspaltung oder der Ausgliederung **erforderlich** sein. Dies ist dann der Fall, wenn die Spaltungsmaßnahme ohne Absenkung des Stammkapitals nicht vollzogen werden könnte, da mangels verfügbaren Eigenkapitals (zB in Form von Rücklagen oder Gewinnvorträgen) der Vermögensabflusses nicht kompensiert werden kann.[13] Hieraus ergibt sich zwingend das Erfordernis, **vorhandenes Eigenkapital vorrangig zu verwenden.** Anders ausgedrückt bedeutet dies, dass vorhandenes Eigenkapital, welches den durch die Spaltung aufgetretenen Vermögensverlust ausgleichen kann, einer vereinfachten Kapitalherabsetzung entgegensteht.[14]

10 Ausnahmsweise nicht vorrangig zu verwenden sind hingegen die gesetzlichen Rücklagen für eigene Anteile (§ 272 Abs. 4 HGB) und das Nachschusskapital iSv § 42 Abs. 2 S. 3 GmbHG;[15] ferner **stille Reserven**, da nur das buchmäßige Eigenkapital zu berücksichtigen ist.[16]

11 Aus der Qualifikation des § 139 S. 1 als Rechtsfolgenverweisung folgt ferner, dass § 58 a Abs. 2 GmbHG auf die vereinfachte Kapitalherabsetzung im Rahmen einer Spaltungsmaßnahme nicht anzuwenden ist. Demnach steht auch eine Rücklage in Höhe von bis zu 10 % des nach der Kapitalherabsetzung vorhandenen Stammkapitals einer vereinfachten Herabsetzung des Stammkapitals entgegen.[17]

12 Als ausschlaggebender Beurteilungszeitpunkt bezüglich der Erforderlichkeit einer vereinfachten Kapitalherabsetzung ist auf den Zeitpunkt des Wirksamwerdens der Spaltungsmaßnahme abzustellen. Deshalb ist seitens der Geschäftsführer der Zeitraum zwischen der Anmeldung und der Wirksamkeit der Spaltung hinsichtlich der Kapitalentwicklung und einer ggf erforderlichen Herabsetzung des Stammkapitals besonders zu beachten.[18]

13 Streitig ist, ob das **Kriterium der Erforderlichkeit** daneben noch eine **weitere Bedeutung** bezüglich der Kapitalausstattung des übernehmenden Rechtsträgers hat. Nach einer Ansicht **ist die vereinfachte Herabsetzung des Stammkapitals immer nur in der Höhe zulässig, in welcher beim übernehmenden Rechtsträger neues Stammkapital gebildet wird.** Aus Gründen des Gläubigerschutzes sei es nicht möglich, einen Betrag aus der Stammkapitalherabsetzung bei der neuen Gesellschaft als Rücklage und somit nicht als Nennkapital zu verbuchen. Wäre dies durchführbar, so bestünde die **Gefahr,** dass im Wege der Spaltungsmaßnahme eine **Ausschüttung an die Anteilsinhaber** durchgeführt werden könnte.[19]

14 Nach anderer Meinung besteht eine solche **Abhängigkeit zwischen der Höhe der Herabsetzung des Stammkapitals** beim übertragenden Rechtsträgers und der **Höhe des neuen Stammkapitals** beim übernehmenden Rechtsträger aber **gerade nicht.** Eine solche Begrenzung des Kapitalher-

13 Lutter/*Priester*, § 139 Rn 6; KölnKomm-UmwG/*Simon/Nießen*, § 139 Rn 14.

14 Lutter/*Priester*, § 139 Rn 6; Semler/Stengel/*Reichert*, § 139 Rn 8; KölnKomm-UmwG/*Simon/Nießen*, § 139 Rn 14.

15 Lutter/*Priester*, § 139 Rn 6; KölnKomm-UmwG/*Simon/Nießen*, § 139 Rn 15.

16 Lutter/*Priester*, § 139 Rn 8; Schmitt/Hörtnagl/Stratz/*Hörtnagl*, § 139 Rn 6; KölnKomm-UmwG/*Simon/Nießen*, § 139 Rn 17.

17 Lutter/*Priester*, § 139 Rn 6; KölnKomm-UmwG/*Simon/Nießen*, § 139 Rn 16; aA Widmann/Mayer/*Mayer*, § 139 Rn 20, 34.

18 KölnKomm-UmwG/*Simon/Nießen*, § 139 Rn 19 f.

19 Lutter/*Priester*, § 139 Rn 10 f; Semler/Stengel/*Reichert*, § 139 Rn 10.

absetzungsbetrages würde sich weder aus dem Gesetz noch aus der Gesetzesbegründung ergeben. Es sei **allein die Kapitallage der übertragenden GmbH zu betrachten.** Einen Summengrundsatz, wonach das Stammkapital insgesamt erhalten bleiben müsste, würde es im Umwandlungsrecht gerade nicht geben.[20]

Hinweis: Der erstgenannten Ansicht ist zu folgen und der Kapitalherabsetzungsbetrag ist demnach nur zur Bildung von Stammkapital bei der übernehmenden Gesellschaft einzusetzen. Andernfalls könnte man so Ausschüttungen an die Anteilsinhaber bewirken, die ansonsten eine ordentliche Kapitalherabsetzung iSd § 58 GmbHG erfordern. Dies wird zu Recht auch in der Rechtsprechung kritisch gesehen.[21]

4. Die Bedeutung der §§ 58 a bis 58 f GmbHG im Kontext des § 139 S. 1. Trotz der Einordnung von § 139 S. 1 als Rechtsfolgenverweisung finden die §§ 58 a bis 58 f GmbHG auch auf die vereinfachte Herabsetzung des Stammkapitals im Rahmen der Spaltung Anwendung. Es ist jedoch im Einzelnen zu prüfen, ob eine Anwendung insb. wegen der spaltungsrechtlichen Eigenarten interessengerecht ist.[22] 15

Wie bereits oben festgestellt, findet **§ 58 a Abs. 1 und Abs. 2 GmbHG** im Rahmen der Spaltung keine Anwendung (s. § 138 Rn 8, 11). Anwendbar sind hingegen die Abs. 3 bis 5.[23]

Aus § 58 b Abs. 1 GmbHG ergibt sich eine **Zweckbindung des freiwerdenden Kapitals**, so dass insb. eine Auszahlung an die Gesellschafter nicht zulässig ist. Dies gilt grundsätzlich auch bei einer vereinfachten Kapitalherabsetzung nach § 139 S. 1, wobei sich diese Zweckbindung bereits aus dem Kriterium der Erforderlichkeit ergibt. Demnach verbleibt für § 58 b Abs. 1 GmbHG kaum ein eigener Anwendungsbereich.[24] Ferner ergibt sich aus § 58 b Abs. 1 GmbHG in entsprechender Anwendung das **Verbot der Bildung auszahlbarer Rücklagen** auch beim übernehmenden Rechtsträger.[25] 16

Wird bei der Beschlussfassung zur Herabsetzung des Stammkapitals ein höherer Fehlbetrag angenommen als der im Zeitpunkt der Wirksamkeit der Spaltungsmaßnahme tatsächlich vorliegende Betrag, so ist dieser **Unterschiedsbetrag** in entsprechender Anwendung von § 58 c S. 1 GmbHG in die Rücklage aufzunehmen.[26] Ob dann allerdings auch die Verwendungsbeschränkungen aus § 58 c S. 2 GmbHG zu beachten sind, ist umstritten,[27] jedoch auch bei der Kapitalherabsetzung im Rahmen der Spaltung aufgrund der insoweit vergleichbaren Konstellation sachgerecht. Ein solche Fall liegt zB vor, wenn bei der Beschlussfassung über die Kapitalherabsetzung noch keine Bilanz des übertragenden Rechtsträgers vorliegt und sich hinterher herausstellt, dass der Fehlbetrag geringer ist als ursprünglich angenommen. 17

Nach überwiegender und im Ergebnis zu folgender Ansicht finden §§ 58 d GmbHG (Begrenzung der Gewinnausschüttung), 58 e GmbHG (bilanzielle Rückbeziehung der Kapitalherabsetzung), sowie 58 f GmbHG (Gleichzeitige Kapitalerhöhung) auf die spaltungsbedingte, vereinfachte Kapitalherabsetzung keine Anwendung.[28] Diese Vorschriften setzen ihrer ursprünglichen Intention nach Unternehmen voraus, die in wirtschaftliche Schwierigkeiten geraten sind und insoweit Vorsorge gegen weitere Verluste treffen sollen. Dies trifft im Regelfall bei Spal- 18

20 Widmann/Mayer/*Mayer*, § 139 Rn 21; KölnKomm-UmwG/*Simon/Nießen*, § 139 Rn 23.
21 AG Charlottenburg GmbHR 2008, 993 (994).
22 Lutter/*Priester*, § 139 Rn 13; KölnKomm-UmwG/*Simon/Nießen*, § 139 Rn 24.
23 KölnKomm-UmwG/*Simon/Nießen*, § 139 Rn 26.
24 Lutter/*Priester*, § 139 Rn 14; Semler/Stengel/*Reichert*, § 139 Rn 14; KölnKomm-UmwG/*Simon/Nießen*, § 139 Rn 27.
25 Lutter/*Priester*, § 139 Rn 14; Semler/Stengel/*Reichert*, § 139 Rn 15; aA KölnKomm-UmwG/*Simon/Nießen*, § 139 Rn 29.
26 Lutter/*Priester*, § 139 Rn 15; Semler/Stengel/*Reichert*, § 139 Rn 15; KölnKomm-UmwG/*Simon/Nießen*, § 139 Rn 30.
27 Bejahend: Semler/Stengel/*Reichert*, § 139 Rn 15; verneinend: KölnKomm-UmwG/*Simon/Nießen*, § 139 Rn 31.
28 Lutter/*Priester*, § 139 Rn 16 f (aber: § 58 e GmbHG erscheint nicht unanwendbar); Schmitt/Hörtnagl/Stratz/*Hörtnagl*, § 139 Rn 29 f (aber: § 58 d GmbHG ist nicht auszuschließen); Semler/Stengel/*Reichert*, § 139 Rn 16 f; KölnKomm-UmwG/*Simon/Nießen*, § 139 Rn 32 f.

tungsmaßnahmen nicht zu. Hier steht der Gedanke der gesellschaftsrechtlichen Restrukturierung im Vordergrund.

III. Der Verfahrensgang bei der spaltungsbedingten Kapitalherabsetzung

Die Gesellschafter der übertragenden GmbH müssen zunächst einen entsprechenden **Kapitalherabsetzungsbeschluss** fassen. Dieser Beschluss bedarf einer **satzungsändernden Mehrheit** (drei Vierteln der abgegebenen Stimmen) und einer **notariellen Beurkundung**, vgl §§ 58 a Abs. 5, 53 Abs. 2 GmbHG.[29] Aus Zweckmäßigkeitsgründen sollte der Kapitalherabsetzungsbeschluss mit dem Spaltungsbeschluss verknüpft werden.[30] Aus dem Beschluss über die Herabsetzung des Stammkapitals muss sich ergeben, dass es sich **um eine vereinfachte Form der Kapitalherabsetzung** handelt. Ferner ist ein Hinweis bezüglich des Betrages und des Zweckes („zur Durchführung der Spaltung") der Kapitalherabsetzung in den Beschluss mit aufzunehmen. Daneben sind auch noch die Nennbeträge der Geschäftsanteile gemäß dem herabgesetzten Stammkapital in dem Beschluss anzupassen, vgl § 58 a Abs. 3 S. 1 GmbHG.[31]

19 Die **Anmeldung** der Kapitalherabsetzung muss durch **sämtliche Geschäftsführer** in öffentlich beglaubigter Form durchgeführt werden, vgl § 78 GmbHG.[32]

20 Nach der Handelsregisteranmeldung **überprüft das Registergericht die vereinfachte Kapitalherabsetzung.** Hierbei wird insb. nachgeprüft, ob die Herabsetzung erforderlich iSv § 139 S. 1 ist.[33]

21 Entspricht die Kapitalherabsetzung nicht den gesetzlichen Voraussetzungen, wie es insb. bei einer fehlenden Erforderlichkeit der Fall ist, so ist der Kapitalherabsetzungsbeschluss **anfechtbar.** Das Registergericht hat in einem solchen Fall die **Eintragung** der Kapitalherabsetzung auch dann **zu verweigern**, wenn eine Anfechtung nicht erklärt worden ist.[34]

IV. Die Eintragungsreihenfolge des § 139 S. 2

22 In § 139 S. 2 wird die **Eintragungsreihenfolge** in der Weise festgelegt, dass zunächst die Herabsetzung des Stammkapitals und dann erst die Abspaltung oder die Ausgliederung in das Register eingetragen werden. § 139 S. 2 entspricht dabei spiegelbildlich § 53.[35] Die Voreintragung der Herabsetzung des Stammkapitals bewirkt, dass Spaltungsmaßnahme und Kapitalherabsetzung im gleichen Zeitpunkt Wirksamkeit erlangen. Denn die Kapitalherabsetzung wird nicht schon mit ihrer Eintragung wirksam. Vielmehr ist diese aufschiebend bedingt. Die Herabsetzung wird erst wirksam, wenn auch die Ausgliederung bzw die Aufspaltung wirksam wird.[36] Wird die Spaltungsmaßnahme endgültig nicht eingetragen, so ist die Eintragung der Kapitalherabsetzung von Amts wegen zu löschen.[37]

23 Bei einem Verstoß gegen die Eintragungsreihenfolge des § 139 S. 2 wird die jeweilige Spaltungsmaßnahme dennoch wirksam. Vom Registergericht ist die Eintragung der Kapitalherab-

29 Lutter/*Priester*, § 139 Rn 18; Semler/Stengel/*Reichert*, § 139 Rn 12; KölnKomm-UmwG/*Simon/Nießen*, § 139 Rn 34.
30 Lutter/*Priester*, § 139 Rn 18; Semler/Stengel/*Reichert*, § 139 Rn 12.
31 Lutter/*Priester*, § 139 Rn 18; Semler/Stengel/*Reichert*, § 139 Rn 12; KölnKomm-UmwG/*Simon/Nießen*, § 139 Rn 34.
32 Lutter/*Priester*, § 139 Rn 19; KölnKomm-UmwG/*Simon/Nießen*, § 139 Rn 35.
33 Lutter/*Priester*, § 139 Rn 20; KölnKomm-UmwG/*Simon/Nießen*, § 139 Rn 37.
34 Lutter/*Priester*, § 139 Rn 12; Semler/Stengel/*Reichert*, § 139 Rn 11; KölnKomm-UmwG/*Simon/Nießen*, § 139 Rn 37.
35 Lutter/*Priester*, § 139 Rn 21; KölnKomm-UmwG/*Simon/Nießen*, § 139 Rn 38.
36 Lutter/*Priester*, § 139 Rn 22; Semler/Stengel/*Reichert*, § 139 Rn 18; KölnKomm-UmwG/*Simon/Nießen*, § 139 Rn 39.
37 Lutter/*Priester*, § 139 Rn 22; Schmitt/Hörtnagl/Stratz/*Hörtnagl*, § 139 Rn 35; Semler/Stengel/*Reichert*, § 139 Rn 19; KölnKomm-UmwG/*Simon/Nießen*, § 139 Rn 39.

setzung allerdings **unverzüglich nachzuholen,** um die bei der übertragenden GmbH entstandene Unterbilanz aufzulösen.[38]

§ 140 Anmeldung der Abspaltung oder der Ausgliederung

Bei der Anmeldung der Abspaltung oder der Ausgliederung zur Eintragung in das Register des Sitzes einer übertragenden Gesellschaft mit beschränkter Haftung haben deren Geschäftsführer auch zu erklären, daß die durch Gesetz und Gesellschaftsvertrag vorgesehenen Voraussetzungen für die Gründung dieser Gesellschaft unter Berücksichtigung der Abspaltung oder der Ausgliederung im Zeitpunkt der Anmeldung vorliegen.

I. Normzweck

1 § 140 enthält eine **Erklärungspflicht,** wonach die Geschäftsführer einer übertragenden GmbH bei der Anmeldung einer Abspaltung oder einer Ausgliederung erklären müssen, „*dass die durch Gesetz und Gesellschafsvertrag vorgesehenen Voraussetzungen für die Gründung dieser Gesellschaft unter Berücksichtigung der Abspaltung oder der Ausgliederung im Zeitpunkt der Anmeldung vorliegen*“.

2 Der Zweck des § 140 liegt darin, die **Kapitalausstattung der übertragenden GmbH zu schützen.** Die Erklärungspflicht soll dabei bewirken, dass die jeweilige Spaltungsmaßnahme nicht ohne Kapitalherabsetzungsmaßnahme (vgl § 139) das satzungsmäßige Stammkapital beeinträchtigt und das gesetzliche Mindeststammkapital nicht unterschritten wird.[1]

3 Einen umfassenden Schutz der Kapitallage der übertragenden GmbH hätte auch durch eine Prüfung des Registergerichts im Rahmen der Spaltungsmaßnahme erreicht werden können. Der Gesetzgeber hat als Schutzmechanismus jedoch die Erklärungspflicht nach § 140 gewählt. Er führt diesbezüglich aus, dass der Spaltungsvorgang durch eine weitere richterliche Überprüfung zu förmlich bzw zu teuer geworden wäre.[2] Nicht zuletzt aufgrund dieser fehlenden richterlichen Prüfung wurde die Erklärungspflicht durch **§ 313 Abs. 2 strafrechtlich sanktioniert.**

II. Die Erklärung nach § 140

4 Zunächst ist § 140 auf **sämtliche Fälle der Abspaltung und Ausgliederung** anzuwenden, wenn es sich bei der übertragenden Gesellschaft um eine GmbH handelt.[3] Demnach sind die Anwendungsbereiche von § 140 und § 139 deckungsgleich.

5 Der **Erklärungsinhalt** hat sich mit Blick auf den Zweck der Norm in erster Linie auf die **Kapitalerhaltung** zu beziehen. Entscheidend ist dabei eine bilanzielle Betrachtungsweise, so dass stille Reserven nicht zu berücksichtigen sind. Aus diesen Gründen muss die Erklärung iSv § 140 zwingend zum Ausdruck bringen, dass das Stammkapital der übertragenden GmbH auch nach der durchgeführten Spaltungsmaßnahme durch ausreichend vorhandenes Nettobuchvermögen weiterhin abgedeckt ist.[4] Dieser zwingende Inhalt der Erklärung in Bezug auf den Kapitalerhalt ergibt sich einmal aus der Begründung des Gesetzgebers,[5] aber auch aus der

38 KölnKomm-UmwG/*Simon/Nießen*, § 139 Rn 40; aA Lutter/*Priester*, § 139 Rn 23 („Die Spaltung wird [...] erst mit Eintragung der Kapitalherabsetzung wirksam“).

1 RegBegr. Ganske, S. 174 f; Lutter/*Priester*, § 140 Rn 2; Semler/Stengel/*Reichert*, § 140 Rn 1; KölnKomm-UmwG/*Simon/Nießen*, § 140 Rn 2.

2 RegBegr. Ganske, S. 175; Lutter/*Priester*, § 140 Rn 2; Semler/Stengel/*Reichert*, § 140 Rn 1; KölnKomm-UmwG/*Simon/Nießen*, § 140 Rn 3.

3 Lutter/*Priester*, § 140 Rn 3; KölnKomm-UmwG/*Simon/Nießen*, § 140 Rn 8.

4 Lutter/*Priester*, § 140 Rn 4 f; Semler/Stengel/*Reichert*, § 140 Rn 2; KölnKomm-UmwG/*Simon/Nießen*, § 140 Rn 10.

5 RegBegr. Ganske, S. 175 („*Es muss aber auch sichergestellt werden, dass das im Gesellschaftsvertrag der übertragenden GmbH vorgesehene Stammkapital, das über dem gesetzlichen Mindestkapital liegen kann, durch die Aktiva weiter gedeckt ist.*“).

korrespondierenden strafrechtlichen Sanktion in § 313 Abs. 2, die sich gerade auf eine unrichtige Erklärung zur Deckung des Stammkapitals bezieht.[6]

6 Für den Sonderfall, dass bereits **vor der Spaltung** bei der übertragenden GmbH eine **Unterbilanz** besteht, ist der Inhalt der Erklärung dahin gehend abzuwandeln, dass mit der Spaltung **keine weitergehende Verringerung des Stammkapitals** einhergeht.[7]

7 Trotz des weitergehenden Wortlautes in § 140, welcher von Voraussetzungen spricht, die für die Gründung der Gesellschaft durch Gesetz und Gesellschaftsvertrag vorgesehenen sind, sind neben den Erklärungen zur Kapitallage nach überwiegender Ansicht **keine weiteren Erklärungen bezüglich der sonstigen Gründungsvoraussetzungen der übertragenden GmbH abzugeben.**[8] Durch die Abspaltung oder die Ausgliederung würden nämlich neben dem Vermögensabfluss keine weiteren Veränderungen bezüglich der Gründungsvoraussetzungen der übertragenden Gesellschaft eintreten, so dass ein weitergehender Erklärungsinhalt reiner Formalismus wäre.[9]

8 Die Erklärung nach § 140 kann **zweckmäßigerweise in die Spaltungsanmeldung integriert** werden. Zwingend ist eine solche Verbindung allerdings nicht. Denn die gesetzliche Formulierung lautet *„bei der Anmeldung"*, so dass die Erklärung nach § 140 **auch in einer gesonderten Anlage** gegenüber dem Registergericht abgegeben werden kann.[10] Für eine isolierte Erklärung iSv § 140 ergibt sich dann **keine besondere Formvorschrift.** Die Schriftform ist insgesamt ausreichend, und eine notarielle Beglaubigung ist nicht erforderlich.[11]

Hinweis: Im Unterschied zur Regelung in § 139 ist bei der Erklärung gemäß § 140 der **Zeitpunkt der Anmeldung** der entscheidende Bezugspunkt.[12]

III. Die zur Erklärung nach § 140 verpflichteten Personen

9 § 140 verlangt die beschriebene Erklärung von den **Geschäftsführern der übertragenden GmbH.** Es handelt sich dabei gerade wegen der Strafbewehrtheit um eine **höchstpersönliche Erklärung,** weshalb **weder eine unechte Gesamtvertretung noch eine Bevollmächtigung** zur Erklärungsabgabe zulässig ist.[13]

10 Für den Fall, dass die **Spaltungsanmeldung durch das Vertretungsorgan des übernehmenden Rechtsträgers** vorgenommen wird (vgl § 129), ist fraglich, wer nunmehr zur Erklärung iSv § 140 verpflichtet ist. Teilweise soll dem Vertretungsorgan des übernehmenden Rechtsträgers neben der Spaltungsanmeldung auch zugestanden werden, die Erklärung iSv § 140 abgeben zu können, wobei eine solche dann nicht strafbewehrt sein würde.[14] Dem ist jedoch mit der überwiegenden Ansicht nicht zuzustimmen. **Auch im Falle des § 129 haben die Geschäftsführer der übertragenden GmbH die Erklärung iSv § 140 abzugeben.** Andernfalls würde es der Erklärung aufgrund der mangelnden Strafandrohung an Gewicht fehlen, was angesichts der Intention des § 140 – nämlich die richterliche Überprüfung der Kapitallage zu ersetzen – nicht hinnehmbar wäre.[15]

11 Streitig ist ferner, ob die Erklärung iSv § 140 **von allen Geschäftsführern** abzugeben ist, oder ob es ausreicht, wenn dies die Geschäftsführer **in vertretungsberechtigter Anzahl** tun. Aufgrund einer mangelnden gesetzlichen Anordnung soll es einerseits – wie bei der Spaltungsan-

6 § 313 Rn 21 f; Lutter/*Priester*, § 140 Rn 4; Schmitt/Hörtnagl/Stratz/*Hörtnagl*, § 140 Rn 7.

7 KölnKomm-UmwG/*Simon/Nießen*, § 140 Rn 13.

8 Lutter/*Priester*, § 140 Rn 6 f; Schmitt/Hörtnagl/Stratz/*Hörtnagl*, § 140 Rn 7 f; Semler/Stengel/*Reichert*, § 140 Rn 2; aA KölnKomm-UmwG/*Simon/Nießen*, § 140 Rn 16.

9 Semler/Stengel/*Reichert*, § 140 Rn 2; einschränkend KölnKomm-UmwG/*Simon/Nießen*, § 140 Rn 15.

10 Lutter/*Priester*, § 140 Rn 11; Semler/Stengel/*Reichert*, § 140 Rn 7; KölnKomm-UmwG/*Simon/Nießen*, § 140 Rn 21.

11 Semler/Stengel/*Reichert*, § 140 Rn 7; KölnKomm-UmwG/*Simon/Nießen*, § 140 Rn 21; aA Lutter/*Priester*, § 140 Rn 11.

12 Semler/Stengel/*Reichert*, § 140 Rn 6; KölnKomm-UmwG/*Simon/Nießen*, § 140 Rn 22.

13 Lutter/*Priester*, § 140 Rn 8; Semler/Stengel/*Reichert*, § 140 Rn 4; KölnKomm-UmwG/*Simon/Nießen*, § 140 Rn 19; Kallmeyer/*Zimmermann*, § 140 Rn 6.

14 Schmitt/Hörtnagl/Stratz/*Hörtnagl*, § 140 Rn 5 f.

15 Lutter/*Priester*, § 140 Rn 9; Semler/Stengel/*Reichert*, § 140 Rn 5; KölnKomm-UmwG/*Simon/Nießen*, § 140 Rn 18.

meldung – genügen, wenn die Geschäftsführer in vertretungsberechtigter Zahl die relevante Erklärung abgeben.[16] **Vorzugswürdig** erscheint hingegen die Ansicht, die eine **Erklärung nach § 140 von sämtlichen Geschäftsführern verlangt.** Dies ergebe sich aus der besonderen Formulierung in § 140 („*deren Geschäftsführer*") und aus der Strafandrohung des § 313 Abs. 2.[17] Ferner kann nur so verhindert werden, dass gutgläubige Geschäftsführer von bösgläubigen Mit-Geschäftsführern zur alleinigen Erklärung gedrängt und vorgeschoben würden.[18]

IV. Die richterliche Prüfungskompetenz und die fehlende Erklärung

Vor dem aufgezeigten Hintergrund, dass die Erklärung nach § 140 die erneute richterliche Überprüfung insb. der Kapitalausstattung der übertragenden GmbH ersetzen soll, hat das Registergericht **den Inhalt der Erklärung als inhaltlich korrekt und vollständig hinzunehmen.** Hat das Registergericht allerdings **begründete Zweifel** an der Richtigkeit der Erklärung, ist es nicht gehindert, im Rahmen von Amtsermittlungen weitere Nachweise einzufordern.[19] 12

Mangelt es an der Erklärung iSv § 140, so hat das Registergericht im Rahmen einer Zwischenverfügung nach einer solchen Erklärung zu verlangen. Wird die Erklärung auch dann nicht abgegeben, so ist die Eintragung der Spaltungsmaßnahme abzulehnen.[20] 13

Wird die Spaltung allerdings trotz des Fehlens der Erklärung eingetragen, so ist die Spaltungsmaßnahme dennoch wirksam, vgl § 131 Abs. 2.[21] 14

Zweiter Abschnitt Spaltung unter Beteiligung von Aktiengesellschaften und Kommanditgesellschaften auf Aktien

§ 141 Ausschluss der Spaltung

Eine Aktiengesellschaft oder eine Kommanditgesellschaft auf Aktien, die noch nicht zwei Jahre im Register eingetragen ist, kann außer durch Ausgliederung zur Neugründung nicht gespalten werden.

Literatur:

Diekmann, Die Nachgründung der Aktiengesellschaft, ZIP 1996, 2149; *Engelmeyer*, Das Spaltungsverfahren bei der Spaltung von Aktiengesellschaften, AG 1996, 193.

1. Allgemeines. Das in § 141 verankerte **Spaltungsverbot** für Aktiengesellschaften oder Kommanditgesellschaften auf Aktien, die noch nicht zwei Jahre im Handelsregister eingetragen sind, hat – wie auch § 76 Abs. 1 – zum Zweck, eine Umgehung des § 52 AktG auszuschließen. Das Verschmelzungsverbot des § 76 Abs. 1, der ansonsten über §§ 125 S. 1, 135 Abs. 1 S. 1 entsprechend anwendbar wäre, wird durch § 141 als speziellere Vorschrift verdrängt.[1] 1

§ 52 AktG verbietet der Gesellschaft den Abschluss von Verträgen über den Erwerb von Vermögensgegenständen, die sie innerhalb von zwei Jahren nach ihrer Entstehung mit Gründern oder mit solchen Aktionären abschließt, die mehr als 10 % des Grundkapitals halten, sofern nicht die Hauptversammlung dem Abschluss zugestimmt hat und eine entsprechende Eintragung ins Handelsregister erfolgt ist.[2] Eine solche Gefährdung kann auch durch eine Spaltung bewirkt werden, wenn die im Rahmen der Spaltung gewährten Anteile wertmäßig nicht dem 2

16 Semler/Stengel/*Reichert*, § 140 Rn 4.
17 Lutter/*Priester*, § 140 Rn 8; KölnKomm-UmwG/*Simon/Nießen*, § 140 Rn 20.
18 Kallmeyer/*Zimmermann*, § 140 Rn 6.
19 Lutter/*Priester*, § 140 Rn 13; Semler/Stengel/*Reichert*, § 140 Rn 8; KölnKomm-UmwG/*Simon/Nießen*, § 140 Rn 23.
20 Lutter/*Priester*, § 140 Rn 14; Semler/Stengel/*Reichert*, § 140 Rn 9; KölnKomm-UmwG/*Simon/Nießen*, § 140 Rn 24; Kallmeyer/*Zimmermann*, § 140 Rn 9.
21 Lutter/*Priester*, § 140 Rn 14; KölnKomm-UmwG/*Simon/Nießen*, § 140 Rn 25.
1 Semler/Stengel/*Diekmann*, § 76 Rn 5; Widmann/Mayer/*Rieger*, § 76 Rn 2.
2 Statt vieler *Hüffer*, AktG, § 52 Rn 2.

übertragenen Vermögen entsprechen.[3] Hs 2 des § 141 macht von diesem Spaltungsverbot eine Ausnahme, soweit es sich um eine **Ausgliederung zur Neugründung** handelt. Die Gefahr eines Vermögensverlustes, vor dem § 52 AktG schützen soll, kann im Rahmen solcher Umwandlungsmaßnahmen nicht entstehen. Vielmehr verkörpern die im Zusammenhang mit der Ausgliederung zur Neugründung geschaffenen Anteile den Wert der übertragenen Vermögensgegenstände.[4]

3 Damit gilt das Spaltungsverbot des § 141 im Fall einer Ab- und Aufspaltung zur Aufnahme und zur Neugründung, sowie im Rahmen einer Ausgliederung zur Aufnahme, sofern eine neu gegründete AG oder KGaA als übertragender Rechtsträger beteiligt ist. Erfasst werden ferner Aktiengesellschaften oder KGaAs, die aus einem Formwechsel hervorgegangen sind, da auf sie Gründungs- und damit auch die Nachgründungsvorschriften des AktG anzuwenden sind.[5]

4 Die Rechtsform des übernehmenden oder neuen Rechtsträgers ist für Zwecke des § 141 hingegen nicht erheblich.[6] Die Einhaltung von Nachgründungsvorschriften beim übernehmenden Rechtsträger wird bereits durch die §§ 125 S. 1, 67 S. 1 gewährleistet.[7]

5 **2. Inhalt.** a) **Zweijahresfrist, Fristbeginn.** Verboten sind Spaltungen während der ersten zwei Jahre ab Eintragung des jeweiligen Rechtsträgers in das Handelsregister. Damit wird ein Gleichlauf zu den Nachgründungsfristen der §§ 52, 53 AktG hergestellt, die ebenfalls zwei Jahre betragen.

6 Die Fristberechnung richtet sich nach §§ 187 Abs. 2 S. 1, 188 Abs. 2 S. 1 Alt. 1 BGB.[8] Fristbeginn ist damit der Tag, der im Register der Gesellschaft als Tag der Eintragung vermerkt ist (§ 187 Abs. 2 S. 1 BGB).[9] Dies gilt für eine aus einem Formwechsel hervorgegangene AG oder KGaA mit der Maßgabe, dass für den Fristbeginn auf den Tag der Eintragung des Formwechsels gem. § 202 Abs. 1 abzustellen ist.[10] Die Zweijahresfrist wird allerdings nicht erneut ausgelöst bei einem Formwechsel, bei dem der übertragende Rechtsträger bereits die Rechtsform einer AG bw. KGaA innehatte, sondern die Ersteintragung bleibt der maßgebliche Zeitpunkt für den Fristbeginn.[11] Etwas anderes gilt, sofern die AG bzw KGaA aus einer Verschmelzung durch Neugründung hervorgegangen ist. Selbst für den Fall, dass die an der Verschmelzung beteiligten übertragenden Rechtsträger ihrerseits die Rechtsform einer AG bzw KGaA hatten, beginnt die Frist zwingend mit Eintragung des neuen Rechtsträgers, da, anders als beim Formwechsel, ein neuer Rechtsträger geschaffen und nicht nur die Rechtsidentität gewechselt wird.[12]

7 b) **Fristende.** Hinsichtlich des Zeitpunkts für den Ablauf der Zweijahresfrist gibt § 141– im Gegensatz zum § 76 Abs. 1, der darauf abstellt, ob der Verschmelzungsbeschluss nach Ablauf der Nachgründungsfrist gefasst wurde – keine Hinweise. Rspr zu dieser Frage ist bislang nicht ergangen. Im Schrifttum werden unterschiedliche Anknüpfungspunkte verfolgt.

8 Nach zum Teil vertretener Meinung soll der Rechtslage des § 52 entsprechend auf den Abschluss des Spaltungs- und Übernahmevertrages bzw die Aufstellung des Spaltungsplans abge-

3 *Engelmeyer*, AG 1996, 193, 202; KölnKomm-UmwG/*Simon*, § 141 Rn 1.

4 Semler/Stengel/*Diekmann*, § 141 Rn 6; zum § 141 aF bereits Widmann/Mayer/*Rieger*, § 141 Rn 1; KölnKomm-UmwG/*Simon*, § 141 Rn 4.

5 Lutter/*Hommelhoff/Schwab*, § 141 Rn 10; Widmann/Mayer/*Rieger*, § 141 Rn 6; Schmitt/Hörtnagl/Stratz/*Hörtnagl*, § 141 Rn 1; KölnKomm-UmwG/*Simon*, § 141 Rn 5; *Diekmann*, ZIP 1996, 2149.

6 Semler/Stengel/*Diekmann*, § 141 Rn 7; Schmitt/Hörtnagl/Stratz/*Hörtnagl*, § 141 Rn 1;Kallmeyer/*Kallmeyer/Sickinger*, § 141 Rn 1; Lutter/*Hommelhoff/Schwab*, § 141 Rn 8.

7 Widmann/Mayer/*Rieger*, § 141 Rn 13; KölnKomm-UmwG/*Simon*, § 141 Rn 5.

8 Widmann/Mayer/*Rieger*, § 141 Rn 4; KölnKomm-UmwG/*Simon*, § 141 Rn 7.

9 Widmann/Mayer/*Rieger*, § 141 Rn 5; KölnKomm-UmwG/*Simon*, § 141 Rn 7.

10 Lutter/*Hommelhoff/Schwab*, § 141 Rn 10; Semler/Stengel/*Diekmann*, § 141 Rn 10; Widmann/Mayer/*Rieger*, § 141 Rn 6.

11 Wie hier Widmann/Mayer/*Rieger*, § 141 Rn 6; KölnKomm-UmwG/*Simon*, § 141 Rn 8; aA *Priester* in: Großkomm. z. AktG, § 52 Rn 21.

12 Widmann/Mayer/*Rieger*, § 141 Rn 7; Semler/Stengel/*Diekmann*, § 141 Rn 11; aA Kallmeyer/*Kallmeyer/Sickinger*, § 141 Rn 1.

stellt werden.[13] Als weiterer Anknüpfungspunkt wird der Spaltungsstichtag ins Spiel gebracht.[14] Folglich wäre eine Spaltung nach § 141 verboten, wenn der Spaltungsstichtag innerhalb von zwei Jahren seit Eintragung der übertragenden AG bzw KGaA liegt.[15] Weiter finden sich Stimmen im Schrifttum, die dem Leitbild des § 76 AktG folgend auf den Tag des Spaltungsbeschlusses abstellen.[16] Richtigerweise wird man aber allein auf die **Eintragung der Spaltung im Handelsregister** abstellen müssen, da die Spaltung erst zu diesem Zeitpunkt wirksam wird und damit erst der „Erfolg“ eintritt.[17]

Praxishinweis: Da die Eintragung im registerlichen Verfahren nicht steuerbar ist und damit die Eintragung auch vor Ablauf der Zwei-Jahresfrist erfolgen kann,[18] sollte der Spaltungsbeschluss die Vollzugsordnung an den Vorstand enthalten, die Eintragung der Spaltung erst nach Ablauf der Frist zum Handelsregister anzumelden.[19]

Der Vorteil der letztgenannten Meinung liegt für die Praxis auf der Hand, da es hierdurch 9
möglich wird, die Spaltung in vollem Umfang bereits während der Zweijahresfrist des § 141 vorzubereiten und auch – bis auf die Eintragung – durchzuführen.[20] Damit kann das zuständige Registergericht die Anmeldung aber auch nicht wegen Verstoßes gegen § 141 zurückweisen, sondern muss vielmehr den Ablauf der Sperrfrist abwarten.[21] Es ist allerdings zwingend zu raten, die Vorgehensweise mit dem zuständigen Registergericht vorab abzustimmen, da aufgrund fehlender Rspr zu dieser Frage das Risiko verbleibt, dass alle vor Ablauf der Frist umgesetzten Maßnahmen wegen Verstoßes gegen § 141 als nichtig angesehen werden (§ 134 BGB).

§ 142 Spaltung mit Kapitalerhöhung; Spaltungsbericht

(1) § 69 ist mit der Maßgabe anzuwenden, daß eine Prüfung der Sacheinlage nach § 183 Abs. 3 des Aktiengesetzes stets stattzufinden hat.

(2) In dem Spaltungsbericht ist gegebenenfalls auf den Bericht über die Prüfung von Sacheinlagen bei einer übernehmenden Aktiengesellschaft nach § 183 Abs. 3 des Aktiengesetzes sowie auf das Register, bei dem dieser Bericht zu hinterlegen ist, hinzuweisen.

Literatur:

Engelmeyer, Das Spaltungsverfahren bei der Spaltung von Aktiengesellschaften, AG 1996, 193

I. Allgemeines

Abs. 1 des § 142 schreibt für Spaltungen mit Kapitalerhöhung bei einer übernehmenden AG 1
oder KGaA zwingend eine **Sacheinlageprüfung** vor. Hiermit wird unter Gläubigerschutzgesichtspunkten, aber auch zum Schutz der existierenden Anteilsinhaber des übernehmenden Rechtsträgers, eine Überprüfung der Werthaltigkeit der im Rahmen der Spaltung übertragenen Vermögensgegenstände bezweckt.[1]

13 Lutter/*Hommelhoff/Schwab*, § 141 Rn 13; Schmitt/Hörtnagl/Stratz/*Hörtnagl*, § 141 Rn 3.
14 Widmann/Mayer/*Rieger*, § 141 Rn 11, der diesen Zeitpunkt aber iE ablehnt.
15 Widmann/Mayer/*Rieger*, § 141 Rn 11, der diesen Zeitpunkt aber iE ablehnt.
16 Kallmeyer/*Kallmeyer/Sickinger*, § 141 Rn 2; Semler/Stengel/*Diekmann*, § 141 Rn 14.
17 Widmann/Mayer/*Rieger*, § 141 Rn 12; KölnKomm-UmwG/*Simon*, § 141 Rn 14.
18 So der Einwand von Semler/Stengel/*Diekmann*, § 141 Rn 13.
19 KölnKomm-UmwG/*Simon*, § 141 Rn 14.
20 KölnKomm-UmwG/*Simon*, § 141 Rn 16.
21 So auch Lutter/*Hommelhoff/Schwab*, § 141 Rn 19; KölnKomm-UmwG/*Simon*, § 141 Rn 16; aA Semler/Stengel/*Diekmann*, § 141 Rn 17.
1 Vgl Semler/Stengel/*Diekmann*, § 142 Rn 1; *Lutter*, § 142 Rn 5.

2 Nach Abs. 2 ist im Spaltungsbericht der übernehmenden AG auf den Bericht über die Sacheinlagenprüfung sowie auf dessen Hinterlegung beim Register hinzuweisen, damit sich alle Anteilsinhaber umfassend über die Sacheinlageprüfung informieren können. Trotz des insoweit einschränkenden Wortlauts des Abs. 2 („übernehmende AG") erstreckt sich die Hinweispflicht des Abs. 2 auch auf die KGaA.[2] In der Gesetzesbegründung zu § 142 ist von der Hinweispflicht bei dem „übernehmenden Rechtsträger" die Rede,[3] weshalb die Einschränkung im Wortlaut des § 142 als redaktionelles Versehen zu qualifizieren ist.[4]

II. Inhalt

3 **1. Prüfung der Sacheinlagen, Abs. 1.** Sofern eine Kapitalerhöhung bei der übernehmenden AG oder KGaA zur Schaffung neuer Aktien als Gegenleistung im Rahmen der Spaltung erforderlich ist,[5] schreibt § 142 als zwingendes Gesetzesrecht ohne Ausnahme eine Sacheinlagenprüfung vor. Im Hinblick auf die Gefahr, dass nicht ausreichende Vermögensgegenstände im Zuge der Spaltung übertragen werden, weicht der Gesetzgeber damit von der Rechtslage einer Kapitalerhöhung im Rahmen einer Verschmelzung ab. Hier sieht § 125 iVm § 69 eine Reihe von Erleichterungen[6] gegenüber einer ordentlichen Kapitalerhöhung nach §§ 182 ff AktG vor.[7]

4 Eine Ausnahme von der Prüfungspflicht ergibt sich auch nicht aus den im Rahmen des ARUG[8] eingeführten § 183 a AktG, der die ebenfalls mit dem ARUG eingeführten Erleichterungen des § 33 a AktG hinsichtlich der Sacheinlageprüfung auch auf die Kapitalerhöhungen mit Sacheinlage erstreckt. Hierzu hätte es einer entsprechenden Änderung des § 142 bedurft.[9]

5 **a) Ablauf der Prüfung.** Die Prüfung hat den Gründungsvorschriften des AktG entsprechend zu erfolgen, vgl §§ 69 Abs. 1, 142 Abs. 1 iVm § 183 Abs. 3 S. 2 AktG. Danach hat die Prüfung nach § 33 Abs. 2 AktG grds. durch einen **gerichtlich bestellten Gründungsprüfer** stattzufinden, der die in § 33 Abs. 4 aufgeführten Qualifikationen aufweist. Der Prüfer wird auf einen Antrag (§ 135 Abs. 2 S. 1 iVm § 33 Abs. 3 S. 1 AktG) hin, mit dem ein entsprechender Vorschlag zur Person des Prüfers verbunden werden sollte und nach Anhörung der Industrie- und Handelskammer, durch das Amtsgericht bestellt, in dessen Bezirk der Sitz des übernehmenden Rechtsträgers liegt. Antragsberechtigt sind der übertragende Rechtsträger (als Gründer) sowie der Vorstand der neu zu gründenden AG bzw KGaA.[10]

6 Das Gericht muss dem Vorschlag nicht folgen. Die Auswahl erfolgt vielmehr nach pflichtgemäßem Ermessen des Gerichts, wobei nach der hM einer Bestellung des Spaltungsprüfers zugleich zum Gründungsprüfer nichts entgegensteht.[11] Zu prüfen ist, ob der Wert der aufgrund der Spaltung zu übernehmenden Gegenstände den Nennbetrag der als Gegenleistung auszugebenen Aktien insgesamt erreicht.[12]

7 **b) Bericht über die Prüfung.** Nach § 34 Abs. 2 AktG ist über die Prüfung ein **schriftlicher Bericht** zu verfassen, der alle Umstände zu erfassen hat, die Gegenstand der Prüfung waren. Obwohl ein Bestätigungsvermerk nicht vorgeschrieben ist, sollte das Ergebnis der Prüfung zumindest in einer Schlussbemerkung zusammengefasst werden.[13] Der Bericht ist bei dem für die Eintragung zuständigen Registergericht und beim Vorstand jedes übernehmenden Rechtsträgers einzureichen, § 34 Abs. 3 S. 1 AktG.

2 Schmitt/Hörtnagl/Stratz/*Hörtnagl*, § 142 Rn 2; Lutter/*Hommelhoff/Schwab*, § 142 Rn 7; KK-UmwG/*Simon*, § 142 Rn 12; aA Widmann/Mayer/*Rieger*, § 142 Rn 3 ff.
3 Vgl BR-Drucks., 75/94 S. 126.
4 So auch KK-UmwG/*Simon*, § 142 Rn 12.
5 S. § 126 Rn 13, 19.
6 ZB ist die Prüfung der Sacheinlage grundsätzlich ausgeschlossen und nur unter bestimmten Voraussetzungen angeordnet; KK-UmwG/*Simon*, § 142 Rn 4.
7 Lutter/*Hommelhoff/Schwab*, § 142 Rn 1; *Engelmeyer*, AG 1996, 193, 203.
8 Gesetz zur Umsetzung der Aktionärsrichtlinie, BGBl. I S. 2479.
9 KK-UmwG/*Simon*, § 142 Rn 7 f.
10 MünchKomm/*Pentz* z. AktG, § 33 Rn 30; *Hüffer*, AktG, § 33 Rn 7.
11 S. § 144 Rn 7; Kallmeyer/*Kallmeyer/Sickinger*, § 144 Rn 3.
12 Lutter/*Hommelhoff/Schwab*, § 142 Rn 3; KK-UmwG/*Simon*, § 142 Rn 5.
13 MünchKomm/*Pentz* z. AktG, § 34 Rn 20; KK-UmwG/*Simon*, § 142 Rn 6.

2. Hinweise im Spaltungsbericht, Abs. 2. Die Spaltungsberichte der an der Umwandlungsmaßnahme beteiligten Rechtsträger haben einen Hinweis auf den Bericht über die Prüfung von Sacheinlagen beim übernehmenden Rechtsträger zu enthalten.[14] Die Verpflichtung besteht nur dann nicht (s. Wortlaut „gegebenenfalls"), wenn eine Kapitalerhöhung beim übernehmenden Rechtsträger unterbleibt.[15] Darüber hinaus greift Abs. 2 nicht ein, wenn ein Spaltungsbericht ausnahmsweise nicht erforderlich ist. Das ist der Fall, wenn alle Anteilsinhaber der beteiligten Rechtsträger einen notariell beurkundeten Verzicht hierauf erklärt haben oder sich alle Anteile des übertragenden Rechtsträgers in der Hand des oder der übernehmenden Rechtsträger befinden (§ 127 iVm § 8 Abs. 3).[16] 8

Die **Einsichtnahme** in den Prüfungsbericht erfolgt allein beim zuständigen Handelsregister. Es ist nicht erforderlich, dass der Prüfungsbericht im Spaltungsbericht als Anlage enthalten oder nach seinem wesentlichen Inhalt wiedergegeben ist. Da der Prüfungsbericht nicht zu den in §§ 125, 63 aufgezählten Dokumenten zählt, muss er ferner nicht in den Geschäftsräumen des übernehmenden Rechtsträgers ausliegen.[17] Im Hinblick auf § 63 Abs. 4 ist für die Praxis allerdings zu empfehlen, den Bericht über die Sacheinlageprüfung zumindest auf der Internetseite der beteiligten Rechtsträger zu veröffentlichen.[18] 9

3. Rechtsfolgen eines Verstoßes. Das Fehlen einer Sacheinlagenprüfung nach Abs. 1 stellt ein Eintragungshindernis dar. Der Verstoß wird nach § 131 aber dennoch geheilt, sobald die Eintragung (unzulässiger Weise) erfolgt ist.[19] Ein Verstoß gegen Abs. 2 begründet nach hM ein Anfechtungsrecht bzgl des Beschlusses, da unter den Begriff der Informationspflichten auch Verletzungen von Auslegungspflichten subsumiert werden können.[20] Die Anforderungen des § 243 Abs. 4 S. 1 AktG dürften im Fall des Prüfungsberichts regelmäßig erfüllt sein.[21] 10

§ 143 Verhältniswahrende Spaltung zur Neugründung

Erfolgt die Gewährung von Aktien an der neu gegründeten Aktiengesellschaft oder an den neu gegründeten Aktiengesellschaften (§ 123 Absatz 1 Nummer 2, Absatz 2 Nummer 2) im Verhältnis zur Beteiligung der Aktionäre an der übertragenden Aktiengesellschaft, so sind die §§ 8 bis 12 sowie 63 Absatz 1 Nummer 3 bis 5 nicht anzuwenden.

1. Allgemeines. § 143 regelte in seiner alten Fassung, die bis zum 15.7.2011 galt, eine Unterrichtungspflicht der Organe bei wesentlichen Vermögensveränderungen, die zwischen Abschluss des Spaltungsvertrags oder der Aufstellung des Entwurfs und der Beschlussfassung auftreten konnten.[1] Sie erweiterte damit die Pflichten des § 64 Abs. 1 S. 2 aF um eine Nachinformationspflicht für den Vorstand der übertragenden AG bzw die persönlich haftenden Gesellschafter der übertragenden KGaA.[2] Diese Nachinformationspflicht ist nunmehr – auch für die Spaltung – in den §§ 64 Abs. 1, 125 geregelt.[3] 1

Der Norminhalt des § 143 aF war damit entbehrlich und wurde ersetzt durch eine Regelung, die für den Fall einer verhältniswahrenden Spaltung zur Neugründung Erleichterungen vorsieht, wonach der Bericht der Vertretungsorgane nach § 8 sowie die Prüfung mit einem entsprechenden Prüfungsbericht nach §§ 9 bis 12 nicht zu erfolgen haben. Ferner sieht § 143 letz- 2

14 Schmitt/Hörtnagl/Stratz/*Hörtnagl*, § 142 Rn 2; Kallmeyer/*Kallmeyer/Sickinger*, § 142 Rn 2; Widmann/Mayer/*Rieger*, § 142 Rn 11.
15 Semler/Stengel/*Diekmann*, § 142 Rn 7; Schmitt/Hörtnagl/Stratz/*Hörtnagl*, § 142 Rn 2; Lutter/*Hommelhoff/Schwab*, § 142 Rn 6.
16 Statt aller Lutter/*Hommelhoff/Schwab*, § 142 Rn 6.
17 Anstatt vieler Schmitt/Hörtnagl/Stratz/*Hörtnagl*, § 142 Rn 2.
18 Vgl KK-UmwG/*Simon*, § 142 Rn 11.
19 S. § 131 Rn 4, 6.
20 Schmitt/Hörtnagl/Stratz/*Hörtnagl*, § 142 Rn 2; Lutter/*Hommelhoff/Schwab*, § 142 Rn 7; Semler/Stengel/*Diekmann*, § 142 Rn 8.
21 KK-UmwG/*Simon*, § 142 Rn 14.
1 Lutter/*Hommelhoff/Schwab*, § 143 Rn 1.
2 Kallmeyer/*Kallmeyer/Sickinger*, § 143 Rn 1.
3 S. § 64 Rn 6 f.

ter Hs als logische Folge eine Befreiung von der Verpflichtung des § 63 Abs. 1 Nr. 3 bis 5 vor, diese (nicht erforderlichen) Unterlagen vor der Hauptversammlung auszulegen.[4]

3 Nach dem eindeutigen Wortlaut des § 143 ist die Vorschrift nur auf Spaltungen anwendbar, wenn sowohl der übertragende als auch der übernehmende Rechtsträger die Rechtsform einer Aktiengesellschaft hat. Weiter müssen der oder die übernehmenden Rechtsträger jeweils im Zuge der Spaltung neu gegründet worden sein. Eine Anwendung des § 143 im Rahmen einer Spaltung auf bestehende Rechtsträger scheidet folglich aus.[5]

4 Aufgrund des Erfordernisses der Neugründung des oder der übernehmenden Rechtsträger werden nur die Spaltungsvarianten der §§ 123 Abs. 1 Nr. 2 und 123 Abs. 2 Nr. 2 vom Anwendungsbereich des § 143 erfasst. Die Vorschrift wird folglich nur für Spaltungen relevant, bei denen unter Auflösung des alten Rechtsträgers alle Vermögensteile als Gesamtheit auf die neu gegründeten Aktiengesellschaften übertragen werden oder ein Teil des Vermögens der übertragenden Aktiengesellschaft auf eine oder mehrere Aktiengesellschaften übertragen wird.[6]

5 **2. Inhalt.** Die Erleichterung des § 143 greift, wenn die Spaltung nach § 123 Abs. 1 Nr. 2 bzw § 123 Abs. 2 Nr. 2 verhältniswahrend erfolgt. Dies ist der Fall, wenn sich das Verhältnis, nach dem Aktionäre des übertragenden Rechtsträgers an dem oder den übernehmenden Rechtsträgern beteiligt werden, an dem Maßstab ihrer Beteiligungsquoten am übertragenden Rechtsträger ausrichtet. Dh allen Anteilsinhabern des übertragenden Rechtsträgers werden entsprechend ihrer bisherigen Quote Anteilsrechte an dem übernehmenden Rechtsträger gewährt. Maßstab hierfür ist allein das Grundkapital der beteiligten Rechtsträger.[7]

6 Da die Abspaltung im Fall des § 143 nur auf neu gegründete Aktiengesellschaften erfolgt, ist es anders als bei anderen Spaltungen ausgeschlossen, dass bei einer Spaltung zur Aufnahme die künftige Beteiligungsquote der Gesellschafter der übertragenden Gesellschaft an der übernehmenden Gesellschaft gegenüber ihrer bisherigen Quote an der übertragenden Gesellschaft absinkt, weil ihre Beteiligungen neben die schon bestehenden Beteiligungen der Altgesellschafter der übernehmenden Gesellschaft treten.

7 Liegen die Voraussetzungen vor, ist weder der Bericht der Vertretungsorgane noch die Prüfung mit einem entsprechenden Prüfungsbericht erforderlich. Ferner entfällt die entsprechende Auslagepflicht nach § 61 Abs. 1 Nr. 3 bis 5. Sofern die Voraussetzungen zur verhältniswahrenden Spaltung nicht vorliegen und trotzdem keine Berichterstattung und Prüfung erfolgt und folglich auch keine Dokumente ausgelegt werden können, ist der Spaltungsbeschluss anfechtbar.[8]

§ 144 Gründungsbericht und Gründungsprüfung

Ein Gründungsbericht (§ 32 des Aktiengesetzes) und eine Gründungsprüfung (§ 33 Abs. 2 des Aktiengesetzes) sind stets erforderlich.

Literatur:

Engelmeyer, Das Spaltungsverfahren bei der Spaltung von Aktiengesellschaften, AG 1996, 193.

1 **1. Allgemeines.** Nach § 144 sind bei einer Spaltung unter Beteiligung einer AG bzw KGaA, ein Gründungsbericht und eine Gründungsprüfung gem. §§ 32, 33 Abs. 3 AktG stets zu erstellen.

4 Semler/Stengel/*Diekmann*, § 143 Rn 1.
5 Semler/Stengel/*Diekmann*, § 143 Rn 2.
6 Semler/Stengel/*Diekmann*, § 143 Rn 3.
7 Begr. RegE 3. UmwÄndG vom 1.1.2010, BT-Drucks. 17/3122, 15; Semler/Stengel/*Diekmann*, § 143 Rn 4.
8 Semler/Stengel/*Diekmann*, § 143 Rn 7.

Nach ganz herrschender Ansicht gilt diese Verpflichtung allerdings nur, sofern der neu entstehende übernehmende Rechtsträger eine AG oder KGaA ist.[1] § 144 kommt damit die Funktion einer Gegenausnahme zu, die bestimmt, dass die im Rahmen einer Verschmelzung geltenden Ausnahmen (§ 75 Abs. 2) bei einer Spaltung zur Neugründung einer AG bzw KGaA nicht gelten. Die Klarstellung ist insoweit erforderlich, da § 135 Abs. 2 zwar bereits die Anwendung von Gründungsvorschriften vorschreibt,[2] über § 125 S. 1 allerdings auch § 75 Abs. 2 Anwendung findet, wonach ein Sachgründungsbericht nicht erforderlich ist, soweit eine Kapitalgesellschaft oder eine eingetragene Genossenschaft übertragender Rechtsträger ist.[3]

Mit der **Gründungsprüfung** soll der Gefahr einer Zuteilung nicht ausreichender Vermögensgegenstände entgegengetreten werden.[4] § 144 dient damit in erster Linie dem Schutz der Aktionäre, Gläubiger und Inhaber sonstiger Rechte der an der Spaltung beteiligten Gesellschaften.[5] 2

Nach zum Teil vertretener Ansicht soll der Anwendungsbereich des § 144 dahin gehend teleologisch reduziert werden, dass ein **Gründungsbericht** nur bei Vorliegen der Voraussetzungen des § 33 Abs. 2 AktG, insb. bei einer Sachgründung, erforderlich sei.[6] Zur Begründung wird auf Art. 22 Abs. 4 der europäischen Spaltungsrichtlinie[7] verwiesen, der eine Gründungsprüfung nur für Einlagen vorsieht, die nicht Bareinlagen sind.[8] Sofern eine isolierte Übertragung von Geld im Wege der Spaltung in der Praxis überhaupt einmal relevant werden sollte,[9] kann derzeit, da Rspr zu diesem Thema bisher nicht ergangen ist, allerdings nicht empfohlen werden, in diesem Fall von einem Gründungsbericht abzusehen. 3

2. Inhalt. a) Gründungsbericht. Der Gründungsbericht entspricht seinem Inhalt nach den bei einer „normalen" Gründung geltenden Anforderungen. Er muss dementsprechend Angaben enthalten, die dem Registergericht eine Beurteilung erlauben, ob die an der neuen AG bzw KGaA gewährten Anteile durch den Zeitwert der im Zuge der Spaltung übergehenden Vermögensgegenstände gedeckt sind.[10] Ferner ist nach §§ 135, 125 S. 1 iVm § 75 Abs. 1 der Geschäftsverlauf und die Lage des übertragenden Rechtsträgers darzustellen, sofern ein gesamtes Unternehmen übertragen wird.[11] 4

b) Mängel des Berichts. Nach Ansicht des BayObLG kann der Registerrichter die Eintragung der AG bzw KGaA ablehnen (vgl § 38 Abs. 2 AktG), wenn der Gründungsprüfer zu dem Ergebnis kommt, dass der Gründungsbericht fehlerhaft ist oder er vollständig fehlt.[12] Es besteht allerdings die Möglichkeit, Mängel am Sachgründungsbericht nachträglich zu heilen oder die Berichte insgesamt nachzuholen.[13] Weder das Fehlen noch Mängel am Bericht stehen einer wirksamen Anmeldung der Spaltung nach § 16 f entgegen.[14] 5

Da dingliche Bestandskraft der Eintragung unabhängig davon besteht, ob Rechtshandlungen im Rahmen des Umwandlungsverfahrens mit Mängeln behaftet sind und wie schwer diese Mängel wiegen,[15] führt eine Eintragung der Spaltung trotz Vorhandensein der vorstehenden Mängel zu einer wirksam entstandenen neuen AG bzw KGaA.[16] 6

1 Widmann/Mayer/*Rieger*, § 144 Rn 1; Semler/Stengel/*Diekmann*, § 144 Rn 2; Schmitt/Hörtnagl/Stratz/*Hörtnagl*, § 144 Rn 1; Lutter/*Hommelhoff/Schwab*, § 144 Rn 1; KölnKomm-UmwG/*Simon*, § 144 Rn 1.
2 S. § 135 Rn 14.
3 S. § 75 Rn 8 f.
4 Vgl Begr. Referentenentwurf zu § 145 UmwG (= § 144 UmwG), BMJ III A 1 – 3501/1, S. 185, 187.
5 Lutter/*Hommelhoff/Schwab*, § 144 Rn 6.
6 Lutter/*Hommelhoff/Schwab*, § 144 Rn 11 ff; Semler/Stengel/*Diekmann*, § 144 Rn 7; aA KölnKomm-UmwG/*Simon*, § 144 Rn 10 f mit ausf. Begr.
7 Sechste RL 82/891/EWG vom 17.12.1982 ABl. Nr. L 378 vom 31.12.1982, S. 47-54.
8 Semler/Stengel/*Diekmann*, § 144 Rn 7; Lutter/*Hommelhoff/Schwab*, § 144 Rn 10.
9 Zweifelnd Schmitt/Hörtnagl/Stratz/*Hörtnagl*, § 144 Rn 3; KölnKomm-UmwG/Simon, § 144 Rn 11.
10 KölnKomm-UmwG/*Simon*, § 144 Rn 3.
11 Lutter/*Hommelhoff/Schwab*, § 144 Rn 7; Semler/Stengel/*Diekmann*, § 144 Rn 6; Schmitt/Hörtnagl/Stratz/*Hörtnagl*, § 144 Rn 2; Widmann/Mayer/*Rieger*, § 144 Rn 4; *Engelmeyer*, AG 1996, 193, 206; zum Umfang der Darstellung s. § 138 Rn 11.
12 BayObLG GmbHR 1999, 295; Kallmeyer/*Kallmeyer/Sickinger*, § 144 Rn 2; KölnKomm-UmwG/Simon, § 144 Rn 6.
13 *Hüffer*, AktG, § 38 Rn 5; Kallmeyer/*Kallmeyer/Sickinger*, § 144 Rn 2; KölnKomm-UmwG/*Simon*, § 144 Rn 7.
14 Vgl § 17 Rn 5.
15 S. § 20 Rn 45 ff.
16 KölnKomm-UmwG/*Simon*, § 144 Rn 7.

7 c) **Gründungsprüfung.** Die Prüfung hat entsprechend den Gründungsvorschriften des AktG zu erfolgen, vgl §§ 69 Abs. 1, 142 Abs. 1 iVm § 183 Abs. 3 S. 2 AktG. Danach hat die Prüfung nach § 33 Abs. 2 AktG grds. durch einen gerichtlich bestellten Gründungsprüfer stattzufinden, der die in § 33 Abs. 4 aufgeführten Qualifikationen aufweist. Der Prüfer wird auf einen Antrag (§ 135 Abs. 2 S. 1 iVm § 33 Abs. 3 S. 1 AktG) hin, mit dem ein entsprechender Vorschlag zur Person des Prüfers verbunden werden sollte, nach Anhörung der Industrie- und Handelskammer durch das Amtsgericht bestellt, in dessen Bezirk der Sitz des übernehmenden Rechtsträgers liegt. Antragsberechtigt sind der übertragende Rechtsträger (als Gründer) sowie der Vorstand der neu zu gründenden AG bzw KGaA.[17] Das Gericht muss dem Vorschlag nicht folgen. Die Auswahl erfolgt vielmehr nach pflichtgemäßem Ermessen des Gerichts, wobei nach herrschender Meinung einer Bestellung des Spaltungsprüfers zugleich auch zum Gründungsprüfer nichts entgegensteht.[18]

8 Der Umfang der Gründungsprüfung ergibt sich aus § 135 Abs. 2 S. 1 iVm § 34 Abs. 1 AktG.[19] Zu prüfen ist, ob die Angaben der übertragenden Aktiengesellschaft bzgl der Übernahme der Aktien, über die Einlagen auf das Grundkapital sowie über die Festsetzungen nach §§ 26, 27 AktG richtig und vollständig sind (§ 34 Abs. 1 Nr. 1 AktG). Ferner ist Gegenstand der Prüfung, ob der Wert der Sacheinlage, also das im Zuge der Spaltung zu übertragende Vermögen, den Nennbetrag der dafür zu gewährenden Aktien erreicht.[20]

9 Der Gründungsprüfer hat über die Ergebnisse seiner Prüfung einen schriftlichen Gründungsprüfungsbericht zu verfassen, vgl § 135 Abs. 2 S. 1 iVm § 34 Abs. 2 S. 1 AktG. Nach § 135 Abs. 1 S. 1 iVm § 34 Abs. 3 S. 1 AktG muss der Prüfungsbericht bei dem Amtsgericht der neu zu gründenden AG bzw KGaA als auch bei deren Vorstand eingereicht werden. Obwohl nicht durch den Gesetzeswortlaut verlangt, ist der übertragende Rechtsträger ebenfalls Adressat des Berichts.[21]

§ 145 Herabsetzung des Grundkapitals

[1]Ist zur Durchführung der Abspaltung oder der Ausgliederung eine Herabsetzung des Grundkapitals einer übertragenden Aktiengesellschaft oder Kommanditgesellschaft auf Aktien erforderlich, so kann diese auch in vereinfachter Form vorgenommen werden. [2]Wird das Grundkapital herabgesetzt, so darf die Abspaltung oder die Ausgliederung erst eingetragen werden, nachdem die Durchführung der Herabsetzung des Grundkapitals im Register eingetragen worden ist.

Literatur:

Groß, Deckung eines Spaltungsverlustes bei einer Aktiengesellschaft durch Auflösung nach § 150 III und IV AktG gebundener Rücklagen, NZG 2010, 770; *Ihrig*, Zum Kapitalschutz bei der Spaltung von Aktiengesellschaften, in: FS für Karsten Schmidt, 2009, S. 779; *Priester*, in: FS für Schippel, 1996, S. 487; *W. Müller*, Zweifelsfragen zum Umwandlungsrecht, WPg 1996, 857.

17 MünchKomm/*Pentz*, AktG, § 33 Rn 30; *Hüffer*, AktG, § 33 Rn 7.
18 Kallmeyer/*Kallmeyer/Sickinger*, § 144 Rn 3; Köln-Komm-UmwG/Simon, § 144 Rn 7.
19 Hierzu statt vieler MüKo/*Pentz* z. AktG, § 34 Rn 7 ff.
20 Lutter/*Hommelhoff/Schwab*, § 144 Rn 12.
21 Lutter/*Hommelhoff/Schwab*, § 144 Rn 12; Köln-Komm-UmwG/*Simon*, § 144 Rn 9.

I. Allgemeines

Die Vorschrift des § 145 entspricht § 139, der die Regelung zur Herabsetzung des Stammkapitals für die Spaltung einer GmbH aufstellt. Auf die dortigen Ausführungen kann daher weitgehend verwiesen werden. Soweit für AG bzw KGaA Besonderheiten bestehen, sind diese nachfolgend dargestellt. 1

II. Inhalt

1. Erfordernis einer Kapitalherabsetzung. Eine Kapitalherabsetzung wird im Rahmen der **Spaltung** erforderlich, wenn durch den spaltungsbedingten Abzug des Eigenkapitals eine **Unterbilanz** herbeigeführt würde.[1] Die Unterbilanz muss grds. durch die Spaltung eingetreten oder zumindest durch die Spaltung vertieft worden sein.[2] Eine Unterbilanz liegt vor, wenn die Summe der auf der Aktivseite der Bilanz (iSd § 266 Abs. 2 A. und B. HGB) ausgewiesenen Vermögensgegenstände des Anlage- und Umlaufvermögens abzüglich aller auf der Passivseite der Bilanz (iSd § 266 Abs. 3 B., C., D. HGB) ausgewiesenen Verbindlichkeiten, Rückstellungen und Rechnungsabgrenzungen das gezeichnete Kapital im Sinne von § 266 Abs. 3 A. I. HGB nicht mehr decken. 2

Eine Unterbilanz scheidet aus, soweit die AG bzw KGaA **frei verwendbare Rücklagen** und Gewinnvorträge (§ 266 Abs. 3 A IV HGB) hat und diese für den spaltungsbedingten Vermögensabgang verbraucht werden können.[3] Weiter sind ein den Nennbetrag oder den rechnerischen Wert übersteigender Differenzbetrag aus dem spaltungsbedingten Abgang eigener Anteile (vgl § 272 Abs. 1 b HGB) mit dem spaltungsbedingten Eigenkapitalabgang zu verrechnen.[4] 3

Darüber hinaus sollte auch eine Verrechnung mit satzungsmäßigen Rücklagen möglich sein.[5] Fraglich ist, ob hiervon auch die **gebundenen Rücklagen** nach § 150 Abs. 3, 4 AktG iVm § 272 Abs. 2 Nr. 1 bis 2 HGB erfasst sind. Nach wohl herrschender Meinung stehen die gebundenen Rücklagen, im Gegensatz zur Rechtslage bei der GmbH, für eine Auflösung zur Vermeidung einer Unterbilanz nicht zur Verfügung.[6] Nach zum Teil vertretener Auffassung sind die gebundenen Rücklagen dagegen vollständig aufzulösen und nur in dem Umfang, in dem dann noch eine Unterdeckung verbleibt, sei eine vereinfachte Kapitalherabsetzung zulässig.[7] Nach einer vermittelnden Auffassung ist eine Auflösung der gebundenen Rücklagen nach § 150 Abs. 3, 4 AktG zulässig und auch vor einer Kapitalherabsetzung nach § 145 erforderlich, soweit die 10%-Grenze des § 229 Abs. 2 AktG überschritten wird.[8] Auch wenn die besseren Argumente für die vermittelnde Ansicht sprechen, sollte in der Praxis bis zu einer gerichtlichen Klärung der ersten Ansicht gefolgt werden. Dies hat allerdings zur Konsequenz, dass sofern die Kapitalherabsetzung zu einer Unterschreitung des Mindestkapitals nach § 7 AktG führen würde, zuvor eine Kapitalerhöhung aus Gesellschaftsmitteln über § 208 AktG zu erfolgen hat.[9] 4

Weiterhin ist eine **Auflösung der Rücklagen** für eigene Aktien unzulässig,[10] sofern diese nicht im Zuge der Spaltung mit übertragen werden.[11] 5

1 Lutter/*Hommelhoff/Schwab*, § 145 Rn 10; Semler/Stengel/*Diekmann*, § 145 Rn 4.

2 KölnKomm-UmwG/*Simon*, § 144 Rn 6; weitergehend Semler/Stengel/*Diekmann*, § 145 Rn 6, der keine Vertiefung verlangt; aA Widmann/Mayer/*Rieger*, § 145 Rn 13.

3 Lutter/*Hommelhoff/Schwab*, § 145 Rn 17.

4 KölnKomm-UmwG/*Simon*, § 145 Rn 4.

5 KölnKomm-UmwG/*Simon*, § 145 Rn 5; zum AktG vgl *Hüffer*, AktG, § 229 Rn 14; KölnKomm-AktG/*Lutter*, § 229 Rn 27.

6 Semler/Stengel/*Diekmann*, § 145 Rn 5; Lutter/*Hommelhoff/Schwab*, § 145 Rn 18; Kallmeyer/*Kallmeyer/Sickinger*, § 145 Rn 1; KölnKomm-UmwG/*Simon*, § 145 Rn 3; *Ihrig*, FS K. Schmidt, 2009, 779, 789 f.

7 *W. Müller*, WPg 1996, 857, 866; HFA des IDW, WPg, 1998, 508, 510; Schmitt/Hörtnagl/Stratz/*Hörtnagl*, § 145 Rn 4.

8 *Groß*, NZG 2010, 770 ff.

9 So selbst die Vertreter der hM Kallmeyer/*Kallmeyer/Sickinger*, § 145 Rn 1.

10 Widmann/Mayer/*Rieger*, § 145 Rn 11; *Groß*, NZG 2010, 770, 772; zur hM im Aktienrecht vgl KölnKomm-AktG/*Lutter*, § 229 Rn 27; *Hüffer*, AktG, § 229 Rn 14.

11 KölnKomm-UmG/*Simon*, § 145 Rn 4.

6 **2. Durchführung der Kapitalherabsetzung.** Die **Hauptversammlung** der übertragenden Gesellschaft beschließt über die Kapitalherabsetzung, § 145 S. 1 iVm §§ 229 Abs. 3, 222 Abs. 1 AktG. Eine ggf erforderliche Auflösung von Rücklagen hat in einem separaten Hauptversammlungsbeschluss vor dem Beschluss über die Kapitalherabsetzung zu erfolgen.[12] Der Beschluss über und die Durchführung der Kapitalherabsetzung sind zur Eintragung anzumelden, §§ 229 Abs. 3, 223, 227 AktG. Die Bekanntmachung der Eintragungen im Handelsregister erfolgt gem. § 10 HGB. Der Herabsetzungsbeschluss kann gem. § 243 Abs. 1 AktG angefochten werden, wenn die Voraussetzungen für eine vereinfachte Herabsetzung nicht vorlagen.[13] Daneben kann der Registerrichter die Registereintragung unabhängig von einer Anfechtungsklage nach Maßgabe von § 382 Abs. 3 und 4 FamFG[14] ablehnen.[15]

Hinweis: Es sprechen gute Argumente dafür, dass eine Eintragung der Durchführung der Kapitalherabsetzung vor Eintragung einer sich anschließenden Spaltung bzw Ausgliederung nicht notwendig ist.[16] Dem steht allerdings der eindeutige Wortlaut des § 145 S. 2 entgegen, wonach die Abspaltung oder die Ausgliederung erst eingetragen werden darf, nachdem die Durchführung der Herabsetzung des Grundkapitals im Register eingetragen worden ist. Für die Praxis ist deshalb zwingend zu raten, die vorstehende Thematik vorab mit dem zuständigen Registergericht zu besprechen.

7 **3. Voraussetzungen.** Gem. § 145 S. 1 ist eine Kapitalherabsetzung aufgrund einer Abspaltung/Ausgliederung nur insoweit zulässig, wie sie *„erforderlich“* ist. Das Kriterium der **Erforderlichkeit** bestimmt auch den Umfang der Kapitalherabsetzung. Das Grundkapital darf nur insoweit herabgesetzt werden, wie es erforderlich ist, um eine Unterbilanz zu verhindern.[17] Ein Verstoß ist insoweit unproblematisch, weil die Differenz zum richtigen Betrag nachträglich entsprechend § 232 AktG in die Kapitalrücklage des übertragenden Rechtsträgers eingestellt werden kann, wo sie gem. § 150 Abs. 3, 4 AktG gebunden ist.[18]

8 Nach wohl noch herrschender Ansicht ist § 233 Abs. 1, 2 AktG auch bei der vereinfachten Kapitalherabsetzung zur Durchführung einer Abspaltung anzuwenden.[19] Hiernach wird die Ausschüttung künftiger Gewinne im Fall einer vereinfachten Kapitalherabsetzung begrenzt. Gewinne dürfen nur ausgeschüttet werden, wenn die gesetzliche Rücklage und die Kapitalrücklage zusammen 10 % des Grundkapitals erreicht haben. Darüber hinaus ist die Zahlung eines Gewinnanteils von mehr als 4 % erst nach Ablauf von zwei Jahren zulässig.

9 Eine **Rückwirkung** der Kapitalherabsetzung analog § 234 AktG ist hingegen nicht möglich.[20] Die Vorschrift ermöglicht, wie auch § 58 e GmbHG für die GmbHG, das Grundkapital der AG bereits in der der Kapitalherabsetzung vorangegangenen Jahresbilanz in verminderter Höhe auszuweisen. Im Fall des § 145 wäre die Aussage der Jahresbilanz damit allerdings verfälscht, weil zwar die Kapitalherabsetzung, nicht aber der spaltungsbedingte Vermögensabgang ausgewiesen werden würde.[21]

12 Schmitt/Hörtnagl/Stratz/*Hörtnagl*, § 145 Rn 5; KölnKomm-UmwG/*Simon*, § 145 Rn 7.

13 Lutter/*Hommelhoff/Schwab*, § 145 Rn 19; KölnKomm-UmwG/*Simon*, § 145 Rn 8; aA Semler/Stengel/*Diekmann*, § 145 Rn 16, der die Nichtigkeit des Beschlusses annimmt.

14 Zum Prüfungsmaßstab der Vorgängervorschrift des § 144 a FGG *vgl.* § 19 Rn 14.

15 S. § 139 Rn 12; KölnKomm-UmwG/*Simon*, § 145 Rn 8.

16 So KölnKomm-UmwG/*Simon*, § 145 Rn 14 ff mit ausf. Begr.

17 KölnKomm-UmwG/*Simon*, § 145 Rn 10.

18 KölnKomm-UmwG/*Simon*, § 145 Rn 10.

19 Schmitt/Hörtnagl/Stratz/*Hörtnagl*, § 145 Rn 6; Semler/Stengel/*Diekmann*, § 145 Rn 9; Widmann/Mayer/*Rieger*, § 145 Rn 21; aA Lutter/*Hommelhoff/Schwab*, § 145 Rn 20; KölnKomm-UmwG/Simon, § 145 Rn 12.

20 Schmitt/Hörtnagl/Stratz/*Hörtnagl*, § 145 Rn 6; Semler/Stengel/*Diekmann*, § 145 Rn 11; Widmann/Mayer/*Rieger*, § 145 Rn 10; KölnKomm-UmwG/*Simon*, § 145 Rn 13; aA Lutter/*Hommelhoff/Schwab*, § 145 Rn 27; *Priester* in: FS Schippel, S. 499 f.

21 KölnKomm-UmwG/*Simon*, § 145 Rn 13.

§ 146 Anmeldung der Abspaltung oder der Ausgliederung

(1) Bei der Anmeldung der Abspaltung oder der Ausgliederung zur Eintragung in das Register des Sitzes einer übertragenden Aktiengesellschaft hat deren Vorstand oder einer Kommanditgesellschaft auf Aktien haben deren zu ihrer Vertretung ermächtigte persönlich haftende Gesellschafter auch zu erklären, daß die durch Gesetz und Satzung vorgesehenen Voraussetzungen für die Gründung dieser Gesellschaft unter Berücksichtigung der Abspaltung oder der Ausgliederung im Zeitpunkt der Anmeldung vorliegen.

(2) Der Anmeldung der Abspaltung oder der Ausgliederung sind außer den sonst erforderlichen Unterlagen auch beizufügen:

1. der Spaltungsbericht nach § 127;

2. bei Abspaltung der Prüfungsbericht nach § 125 in Verbindung mit § 12.

Schrifttum:

Engelmeyer, Das Spaltungsverfahren bei der Spaltung von Aktiengesellschaften, AG 1996, 193; *Mayer*, Erste Zweifelsfragen bei der Unternehmensspaltung, DB 1995, 861.

I. Allgemeines

1. Inhalt und Zweck. § 146 Abs. 1 entspricht dem Wortlaut des § 140, weshalb insoweit auf die Ausführungen bei der GmbH verwiesen werden kann. Die Vorschrift sieht vor, dass die Organe des übertragenden Rechtsträgers (AG bzw KGaA) zu erklären haben, dass die in Gesetz und Satzung vorgesehenen Voraussetzungen für die Gründung der Gesellschaft auch unter Berücksichtigung der Abspaltung/Ausgliederung noch vorliegen. 1

§ 146 bezweckt damit, dass die Kapitalausstattung der übertragenden Rechtsträgers nicht unter die gesetzlichen Mindesterfordernisse absinkt und die gesetzlichen sowie satzungsmäßigen Voraussetzungen für die Gründung nicht nachträglich unterlaufen werden.[1] 2

Die Erklärung der Organe macht nach dem Willen des Gesetzgebers eine neue registergerichtliche Prüfung der Gründungsvorschriften obsolet.[2] Die Erklärung ist dementsprechend gem. § 313 Abs. 2 strafbewehrt.[3] 3

2. Anwendungsbereich. § 146 ist auf jegliche Abspaltung und Ausgliederung zur Aufnahme und Neugründung anwendbar, an denen eine **AG** oder **KGaA** als übertragender Rechtsträger beteiligt ist. Nach zum Teil vertretener Ansicht soll die Vorschrift jedoch nicht auf Ausgliederungen anwendbar sein, da hier lediglich ein Aktivtausch (Anteile gegen übertragendes Vermögen) stattfände.[4] Aufgrund des eindeutigen Wortlauts des § 146 und der Tatsache, dass der Gesetzgeber die Norm trotz Kenntnis des Streits keiner Einschränkung unterworfen hat, wie etwa beim § 141,[5] kann dieser Ansicht in der Praxis nicht gefolgt werden.[6] 4

Für eine übernehmende AG bzw KGaA oder einen neu gegründeten Rechtsträger dieser Rechtsformen gilt § 146 dagegen nicht. Nicht erfasst wird die Aufspaltung, weil der übertra- 5

1 RegBegr. bei *Ganske*, Umwandlungsrecht, S. 174 f.
2 BR-Drucks. 75/94, S. 125, 127.
3 Semler/Stengel/*Diekmann*, § 146 Rn 12; s. auch § 140 Rn 3, 5 zur GmbH.
4 Semler/Stengel/*Diekman*, § 146 Rn 3; Widmann/Mayer/*Rieger*, § 146 Rn 4.
5 S. § 141 Rn 2 zur Ausklammerung der Ausgliederung zur Neugründung vom Spaltungsverbot.
6 Lutter/*Hommelhoff/Schwab*, § 146 Rn 6; Kallmeyer/*Kallmeyer*, § 146 Rn 2; Schmitt/Hörtnagl/*Stratz*, § 146 Rn 2; KölnKomm-UmwG/*Simon*, § 146 Rn 6 mit ausf. Begr.

gende Rechtsträger nicht fortbesteht, sondern aufgelöst wird, weshalb die Erklärung hier ins Leere gehen würde.

II. Soliditätserklärung

6 **1. Erklärungsinhalt.** Wie oben festgehalten, haben die Organe des übertragenden Rechtsträgers (AG bzw KGaA) zu erklären, dass die in Gesetz und Satzung vorgesehenen Voraussetzungen für die Gründung der Gesellschaft auch unter Berücksichtigung der Abspaltung bzw Ausgliederung noch vorliegen.

7 Entgegen dem Wortlaut des § 146, der nur von den „Voraussetzungen für die Gründung" der Gesellschaft spricht, sind weitergehende Angaben zur Einhaltung der Gründungsvoraussetzungen im Rahmen der Erklärung nicht erforderlich.[7] Es ist ausreichend, wenn die Soliditätserklärung die Aussage enthält, dass die sonstigen für die Gründung der AG bzw KGaA vorgesehenen Voraussetzungen[8] unter Berücksichtigung der Abspaltung oder Ausgliederung nach wie vor erfüllt sind. Dh die übertragende AG bzw KGaA muss weiterhin das gesetzliche Mindeststammkapital aufweisen (§ 7 AktG), die Höhe der neuen Aktien muss den gesetzlichen Anforderungen entsprechen (§ 8 AktG) und mit Blick auf die Regelung des § 313 Abs. 2 muss das satzungsmäßige Grundkapital durch das verbleibende Nettobuchvermögen gedeckt sein.

8 Ebenso wie bei § 140 ist im Rahmen des § 146 Abs. 1 bei der Erklärung auf die **Kapitalerhaltung** beim übertragenden Rechtsträger abzustellen, dh es ist eine bilanzielle Betrachtung vorzunehmen, ohne dass stille Reserven zu berücksichtigen sind (sog. Nettobuchvermögen).[9] So auch die flankierende Vorschrift des § 313 Abs. 2, der auf die Kapitaldeckung und nicht die Kapitalaufbringung abstellt. Eine andere Auslegung würde zu einem Auseinanderfallen von Erklärung und Strafbarkeit führen und ist in der Praxis nicht zu empfehlen.[10]

9 **Praxishinweis:** Die Erklärung nach § 140 und § 313 Abs. 2 sollten aufeinander abgestimmt sein und kombiniert werden.[11]

10 **2. Erklärungsverpflichteter.** Alle Vorstandsmitglieder bzw sämtliche vertretungsberechtigten persönlich haftenden Gesellschafter haben die Soliditätserklärung abzugeben.[12] Im Hinblick auf den strafbewehrten Charakter der Vorschrift scheiden eine unechte Gesamtvertretung oder Bevollmächtigung zur Erklärungsabgabe genauso wie ein Handeln der Organe des übernehmenden Rechtsträgers aus.[13]

11 **3. Form und Zeitpunkt der Erklärung.** Die Soliditätserklärung hat schriftlich zu erfolgen.[14] Sie ist entweder Bestandteil der Handelsregisteranmeldung des übertragenden Rechtsträgers oder erfolgt in einer separaten, öffentlich zu beglaubigenden, Erklärung, die dann als Anlage der Anmeldung beigefügt wird.[15]

12 Nach dem eindeutigen Wortlaut des § 146 muss sich die Erklärung auf den Zeitpunkt der Anmeldung beziehen. Dh, dass nach diesem Zeitpunkt, aber doch vor Eintragung der Abspaltung bzw Ausgliederung eintretende Veränderungen nicht mehr zu berücksichtigen sind. Ebenso we-

7 Lutter/*Priester*, § 140 Rn 7; Schmitt/Hörtnagl/Stratz/*Hörtnagl*, § 140 Rn 8; Kallmeyer/*Zimmermann*, § 140 Rn 3; Semler/Stengel/*Reichert*, § 140 Rn 2; Köln-Komm-UmwG/Simon, § 146 Rn 10.

8 Vgl hierzu § 140 Rn 5 ff.

9 So auch § 140 Rn 5; Kallmeyer/*Zimmermann*, § 146 Rn 3; Lutter/*Hommelhoff/Schwab*, § 146 Rn 10; Widmann/Mayer/*Rieger*, § 146 Rn 10; KölnKomm-UmwG/Simon, § 146 Rn 8; *Mayer*, DB 1995, 861, 866; aA Semler/Stengel/*Diekmann*, § 146 Rn 12; Widmann/Mayer/*Rieger*, § 146 Rn 15.

10 Schmitt Hörtnagl/Stratz/*Hörtnagl*, § 146 Rn 7; Kallmeyer/*Zimmermann*, § 140 Rn 3.

11 So Kallmeyer/*Zimmermann*, § 140 Rn 3 für die Parallelnorm des § 140.

12 Widmann/Mayer/*Rieger*, § 146 Rn 7; Kallmeyer/*Zimmermann*, § 146 Rn 4; KölnKomm-UmwG/*Simon*, § 146 Rn 11.

13 AA Semler/Stengel/*Diekmann*, § 146 Rn 5; Schmitt/Hörtnagl/Stratz/*Hörtnagl*, § 146 Rn 2; Lutter/*Hommelhoff/Schwab*, § 146 Rn 7.

14 Semler/Stengel/*Diekmann*, § 146 Rn 9; Schmitt/Hörtnagl/Stratz/*Hörtnagl*, § 146 Rn 7; Lutter/*Hommelhoff/Schwab*, § 146 Rn 12 a; Kallmeyer/*Zimmermann*, § 146 Rn 5; aA Widmann/Mayer/*Rieger*, § 146 Rn 9; *Engelmeyer*, AG 1996, 193, 204.

15 KölnKomm-UmwG/*Simon*, § 146 Rn 12.

nig begründen neu eintretende Tatsachen die Pflicht zur Abgabe einer neuen (aktuellen) Erklärung.[16]

4. Weitere Unterlagen, Abs. 2. Der Handelsregisteranmeldung sind neben der Soliditätserklärung der Spaltungsbericht nach § 127 und bei Abspaltung der Prüfungsbericht nach § 125 iVm § 12 in Urschrift oder Abschrift beizufügen. 13

Wurde auf diese Berichte im Rahmen der Umwandlung wirksam verzichtet, kann aus Abs. 2 keine (eigenständige) Verpflichtung hergeleitet werden.[17] 14

III. Verschiedenes

1. Prüfung durch das Registergericht. Der Gesetzgeber hat zwar keine gesetzlich vorgeschriebene Prüfung der Erklärung durch das zuständige Registergericht vorgesehen, hat das Gericht aber nach summarischer Überprüfung der Schlüssigkeit der abgegebenen Erklärung und der eingereichten Unterlagen begründete Zweifel an deren Richtigkeit, so kann es Amtsermittlungen vornehmen (zB Anfordern von weiteren Nachweisen).[18] 15

2. Folgen einer fehlerhaften Erklärung. Die Folgen einer fehlerhaften Erklärung oder des Fehlens der Unterlagen nach Abs. 2 sind die gleichen wie bei einem Verstoß gegen § 140, weshalb auf die dortigen Ausführungen entsprechend verwiesen werden kann.[19] 16

Praxishinweis: Die Erklärung nach § 146 kann nachgeholt werden. In der Praxis besteht daher die Möglichkeit, eine Unterbilanz beim übertragenden Rechtsträger (zB durch Kapitalherabsetzung) auszuräumen.[20]

Dritter Abschnitt Spaltung unter Beteiligung eingetragener Genossenschaften

Vor §§ 147, 148

Eingetragene Genossenschaften können an **Spaltungen** als übertragender, übernehmender oder neuer Rechtsträger beteiligt sein. Die besonderen genossenschaftlichen Vorschriften des Dritten Buchs bestehen nur aus den **§§ 147, 148**. Ferner sind die §§ 79 bis 98 entsprechend anzuwenden (s. §§ 125, 135). 1

Die Mindestanforderungen an den **Spaltungs- und Übernahmevertrag** bestimmt § 126. Bei der Beteiligung einer eingetragenen Genossenschaft an einer Spaltung als übernehmender Rechtsträger gilt über die Verweisungen in § 125 hinaus zusätzlich § 80. Das berührt die nach § 126 Abs. 1 Nr. 3 zum Umtauschverhältnis zu machenden Angaben. 2

Genossenschaftliche Besonderheiten ergeben sich in Bezug auf die **Spaltungsprüfung** aus den §§ 125, 135 iVm § 81. Anstelle der Spaltungsprüfung – findet bei einer Ausgliederung nach § 125 S. 2 idR nicht statt – tritt nach § 81 Abs. 1 das für sämtliche beteiligte eingetragene Genossenschaften zu erstattende **Prüfungsgutachten** des zuständigen genossenschaftlichen Prüfungsverbandes, welches auch bei einer Ausgliederung zu erstatten ist. Das Prüfungsgutachten muss auch dann erstattet werden, wenn alle Mitglieder einvernehmlich darauf verzichten (arg. e. § 148 Abs. 2 S. 2 *„sind beizufügen"*, dort Rn 5). Zum Prüfungsgutachten s. § 81. 3

Nach § 127 müssen die Vertretungsorgane der beteiligten Rechtsträger jeweils einen **Spaltungsbericht** aufstellen. Dieser kann auch als ein gemeinsamer verfasst sein. Der Bericht ist der Anmeldung der Spaltung beizufügen (s. § 148 Abs. 2 Nr. 1). 4

16 Widmann/Mayer/*Rieger*, § 146 Rn 13; Schmitt/Hörtnagl/Stratz/*Hörtnagl*, § 146 Rn 7; Lutter/*Hommelhoff/Schwab*, § 146 Rn 12.

17 Semler/Stengel/*Diekmann*, § 146 Rn 10; Kallmeyer/*Zimmermann*, § 146 Rn 6; Schmitt/Hörtnagl/Stratz/*Hörtnagl*, § 146 Rn 9.

18 S. § 140 Rn 12; KölnKomm-UmwG/*Simon*, § 146 Rn 14; Schmitt/Hörtnagl/Stratz/*Hörtnagel*, § 140 Rn 12; Semler/Stengel/*Reichert*, § 140 Rn 8.

19 S. § 140 Rn 13.

20 KölnKomm-UmwG/*Simon*, § 146 Rn 15.

5 Die Spaltung bedarf eines zustimmenden **Spaltungsbeschlusses** in einer General- oder Vertreterversammlung (s. §§ 125, 84, 13 Abs. 1 S. 2) oder in der Versammlung der Anteilsinhaber weiterer beteiligter Rechtsträger. Die Einberufung und Durchführung einer General- oder Vertreterversammlung richtet sich nach den allg. Regelungen des GenG (s. §§ 43 ff GenG). In den Versammlungen sind sämtliche Unterlagen auszulegen. Der Spaltungsbeschluss bedarf einer Mehrheit von mindestens 75 % der abgegebenen Stimmen, soweit die Satzung nicht höhere Mehrheitserfordernisse vorsieht (s. §§ 125, 135, 84).

6 Die **Anmeldung** einer Spaltung richtet sich nach den §§ 125, 16 f, 86, 129 und 148 und erfolgt durch den Vorstand in vertretungsberechtigter Anzahl (s. § 157 GenG).

7 Für den **Anteilstausch** bei der Auf- oder Abspaltung einer eingetragenen Genossenschaft gilt § 87 (s. §§ 125, 135). Bei der Spaltung einer Kapitalgesellschaft oder eines rechtsfähigen Vereins auf eine eingetragene Genossenschaft ist § 88 zu beachten (s. §§ 125, 135).

8 Die §§ 29 bis 34 finden auf eine Auf- oder Abspaltung einer eingetragenen Genossenschaft keine Anwendung. An die Stelle des Abfindungsangebots tritt das **Ausschlagungsrecht** nach den §§ 90 bis 94 (s. §§ 125, 135).

9 Schließlich ist an die mitgliederbezogenen **Eintragungs- und Benachrichtigungspflichten** des § 89 zu denken, wenn es sich bei dem übernehmenden Rechtsträger um eine eingetragene Genossenschaft handelt (s. §§ 125, 135).

§ 147 Möglichkeit der Spaltung

Die Spaltung eines Rechtsträgers anderer Rechtsform zur Aufnahme von Teilen seines Vermögens durch eine eingetragene Genossenschaft kann nur erfolgen, wenn eine erforderliche Änderung der Satzung der übernehmenden Genossenschaft gleichzeitig mit der Spaltung beschlossen wird.

I. Einordnung der Spaltungen von eingetragenen Genossenschaften

1 Mit Rücksicht auf den Gehalt der Grundnorm des § 1 Abs. 1 und 2 GenG, die Förderzweckgeschäfts- und Mitgliederstruktur sowie die idR lokale/regionale Verwurzelung von Genossenschaften, sind **Spaltungen** bei eingetragenen Genossenschaften **in der Praxis selten.** Das gilt insb. für Aufspaltungen und Abspaltungen.

2 Durchaus **gängig** war bereits vor der Neuordnung des Umwandlungsrechts die **Ausgliederung** von Vermögensteilen einer eG etwa zur Gründung von Tochtergesellschaften. Hier schafft die partielle Gesamtrechtsnachfolge gegenüber der Einzelrechtsnachfolge Erleichterung. So können zB auch im Paket Forderungen und Verbindlichkeiten übertragen werden, deren Einzelübertragung mangels einer aus zivil-, datenschutz- oder bankaufsichtsrechtlichen Gründen erforderlichen Zustimmung der schuldrechtlichen Partner ausgeschlossen wäre.[1]

3 Umwandlungsrechtlich kann eine Ausgliederung im Gegensatz zu einer Abspaltung auch in Form einer **Totalausgliederung** erfolgen. Hiernach hält die übertragende eG als Holdinggenossenschaft noch lediglich die Anteile am übernehmenden Rechtsträger. Dabei stellt sich jedoch stets die Frage nach der genossenschaftsrechtlichen Zulässigkeit. Denn nach § 1 Abs. 1 GenG betreibt die eG einen eigenen Fördergeschäftsbetrieb. Die übertragende eG muss noch ihren Förderzweck erfüllen können. Würde zB die **Ausgliederung sämtlicher Kredite** einer Genossenschaftsbank bei gleichzeitiger Einstellung des Fördergeschäftsbetriebs nur zu dem Zweck erfol-

1 S. Pöhlmann/Fandrich/Bloehs/*Fandrich*, § 123 UmwG Rn 2.

gen, die danach übrig bleibende Hülle einfacher liquidieren zu können, so wäre das unzulässig.[2]

Beratungshinweis: Umstritten ist, ob auch laufende Pensionsverpflichtungen ausgegliedert werden können.[3]

II. Norminhalt

Die Vorschrift entspricht inhaltlich dem § 79. Sie gilt bei Spaltungen zur Aufnahme von Teilen des Vermögens, an denen eine eG als übernehmender Rechtsträger und ein gesellschaftsrechtlich anders verfasster übertragender Rechtsträger beteiligt sind. In anderen Fällen ist die gleichzeitige Beschlussfassung nicht Eintragungsvoraussetzung, selbst wenn Änderungen der Satzung „erforderlich" sind. 4

„*Erforderlich*" bedeutet nicht, dass die Satzungsänderung zur Durchführung der Spaltung notwendig ist. Erforderlich ist vielmehr jede Änderung, die im Spaltungsvertrag vereinbart ist.[4] Praktisch bedeutsam kann insoweit im Einzelfall die Aufnahme einer Regelung zur Beteiligung eines Genossenschaftsmitglieds mit mehr als einem Geschäftsanteil sein. Es können aber auch andere Änderungen der Satzung vereinbart werden, wie zB Unternehmensgegenstand, Firma, Beitrittsvoraussetzungen, etc. 5

Die Änderung der Satzung der übernehmenden eG ist „*gleichzeitig*" mit der Spaltung zu beschließen. **Getrennte Beschlüsse** in derselben General- bzw Vertreterversammlung reichen nicht. Vielmehr müssen die Beschlüsse zu einem gemeinsamen Beschlussgegenstand zusammengefasst werden.[5] 6

§ 148 Anmeldung der Abspaltung oder der Ausgliederung

(1) Bei der Anmeldung der Abspaltung oder der Ausgliederung zur Eintragung in das Register des Sitzes einer übertragenden Genossenschaft hat deren Vorstand auch zu erklären, daß die durch Gesetz und Satzung vorgesehenen Voraussetzungen für die Gründung dieser Genossenschaft unter Berücksichtigung der Abspaltung oder der Ausgliederung im Zeitpunkt der Anmeldung vorliegen.

(2) Der Anmeldung der Abspaltung oder der Ausgliederung sind außer den sonst erforderlichen Unterlagen auch beizufügen:

1. der Spaltungsbericht nach § 127;
2. das Prüfungsgutachten nach § 125 in Verbindung mit § 81.

Die Vorschrift entspricht inhaltlich § 146, in Bezug auf den Abs. 1 auch § 140. Ebenso wie der Vorstand einer AG oder der Geschäftsführer einer GmbH hat der Vorstand einer übertragenden eG anlässlich der Anmeldung einer Abspaltung oder Ausgliederung zu erklären, dass trotz der Vermögensübertragung die gesetzlichen und satzungsmäßigen Voraussetzungen für die Gründung der eG unverändert gegeben sind. 1

I. Norminhalt

Der Gesetzgeber hielt die Erklärung für erforderlich, obschon bei der eG keine den Kapitalgesellschaften vergleichbaren Kapitalaufbringungs- oder Kapitalerhaltungsvorschriften existieren.[1] In Anlehnung an § 11 a Abs. 2 GenG wird sich der Vorstand einer eG vor allem dazu 2

2 Eingehender dazu Pöhlmann/Fandrich/Bloehs/*Fandrich*, § 123 UmwG Rn 4.

3 S. Pöhlmann/Fandrich/Bloehs/*Fandrich*, § 123 UmwG Rn 7 mit Hinweis auf BAG NJW 2005, 3371 (dafür) und LG Hamburg ZIP 2005, 2331 (dagegen).

4 S. Schmitt/Hörtnagl/Stratz/*Hörtnagl*, § 147 Rn 2.

5 S. Schmitt/Hörtnagl/Stratz/*Hörtnagl*, § 147 Rn 3.

1 S. BT-Drucks. 12/6699 vom 1.2.1994, 127.

erklären müssen, ob nach der Spaltung oder Ausgliederung die persönlichen oder wirtschaftlichen Verhältnisse eine **Gefährdung der Belange der Mitglieder oder der Gläubiger** besorgen lassen. Der Text der Erklärung sollte sich an § 11 a Abs. 2 GenG orientieren. Zudem ist von Bedeutung, ob ein nach § 8 a GenG ggf in der Satzung vorgesehenes **Mindestkapital** unterschritten wird. Die weiteren satzungsmäßigen Angaben des Vorstands umfassen die Inhalte der §§ 6, 7 GenG (Sitz der eG, Unternehmensgegenstand).

3 Die Erklärung zur Eintragung in das Register ist jedoch nicht strafbewehrt (s. § 313 Abs. 2).[2] Bei einer Aufspaltung entfällt die Erklärungspflicht, weil die übertragende eG erlischt.

II. Form der Anmeldung

4 Die Erklärung teilt idR die Form der Anmeldung. Das ist aber nicht zwingend, weil die Erklärung nicht Bestandteil der Anmeldung ist. Sie erfolgt *„bei"* der Anmeldung, muss also auch nicht öffentlich beglaubigt sein (s. § 157 GenG). Sie bedarf **keiner besonderen Form.** Aus diesen Gründen braucht die Erklärung auch nicht durch sämtliche Mitglieder des Vorstands, sondern nur durch Vorstandsmitglieder in vertretungsberechtigter Anzahl abgegeben zu werden.[3] In der **Praxis** ist die Erklärung regelmäßig Bestandteil des Anmeldungstextes.

III. Beifügung zusätzlicher Unterlagen

5 Der Abs. 2 entspricht § 146 Abs. 2. Nach dem Willen der Gesetzesverfasser soll es der Abs. 2 ermöglichen, die Solidität der verbleibenden Genossenschaft auch im Interesse der Gläubiger zu prüfen.[4] Stets sind der Anmeldung daher der Spaltungsbericht (Nr. 1) und das nach § 81 zu erstellende Prüfungsgutachten (Nr. 2) beizufügen.[5]

Vierter Abschnitt Spaltung unter Beteiligung rechtsfähiger Vereine

§ 149 Möglichkeit der Spaltung

(1) Ein rechtsfähiger Verein kann sich an einer Spaltung nur beteiligen, wenn die Satzung des Vereins oder Vorschriften des Landesrechts nicht entgegenstehen.

(2) Ein eingetragener Verein kann als übernehmender Rechtsträger im Wege der Spaltung nur andere eingetragene Vereine aufnehmen oder mit ihnen einen eingetragenen Verein gründen.

I. Normzweck und systematische Einordnung

1 **Eingetragene Vereine** (iSv § 21 BGB) können sich als übertragende, übernehmende oder neu entstehende Rechtsträger, **wirtschaftliche Vereine** (iSv § 22 BGB) hingegen nur als übertragende Rechtsträger an Spaltungsvorgängen beteiligen. Ebenso wie durch die Parallelvorschrift zur Verschmelzung unter Beteiligung von rechtsfähigen Vereinen (§ 99) wird die Möglichkeit dieser Vereine, sich an Spaltungsvorgängen zu beteiligen, durch § 149 weiter eingeschränkt (**ideelle Zweckbindung eingetragener Vereine**).[1]

2 Bei Vereinen besteht ein besonderes Interesse, sich an Spaltungsvorgängen zu beteiligen, um ihnen die Trennung von wirtschaftlichen Betätigungen (zB Profiabteilung bei Fußball- oder Handballvereinen, die regelmäßig ebenfalls Amateursport anbieten) zu ermöglichen, die nicht mehr von dem sog. Nebenzweckprivileg gedeckt werden und somit entweder die steuerliche Begünstigung (§§ 51 bis 68 AO) oder sogar den rechtlichen Fortbestand des gesamten Vereins

2 AA Semler/Stengel/*Bonow*, § 148 Rn 8.
3 So auch Lutter/*Bayer*, § 148 Rn 19; KölnKomm-UmwG/*Schöpflin*, § 148 Rn 4; aA Semler/Stengel/*Bonow*, § 148 Rn 4.
4 S. BT-Drucks. 12/6699 vom 1.2.1994, 127.
5 Näher Beuthien/*Beuthien*/*Wolff*, §§ 123 ff UmwG Rn 14.
1 Vgl Kommentierung zu § 99 Rn 1.

gefährden. Solchen Vereinen droht aufgrund der wirtschaftlichen Betätigung eine Löschung aus dem Vereinsregister (§ 395 FamFG), mithin der Verlust ihrer Rechtsfähigkeit.[2] Nach hM in der Literatur und entgegen der Rechtsprechung des BGH im sog. ADAC-Urteil[3] löst allein eine Ausgliederung des wirtschaftlichen Geschäftsbetriebs eines Idealvereins dieses Problem zumindest dann nicht, wenn die durch die Ausgliederung geschaffene Tochterkapitalgesellschaft vom Verein beherrscht wird und die Voraussetzungen des konzernrechtlichen Unternehmensbegriffs erfüllt werden.[4] Bei einer Ab- oder Aufspaltung hingegen können die Bereiche sauber getrennt werden, da nicht der Verein unmittelbar Anteilseigner des „ausgelagerten" Geschäftsbetriebs wird, sondern die Anteilsinhaber des übertragenden Rechtsträgers (i.e. die Mitglieder).

Für die Spaltung unter Beteiligung von Vereinen gilt primär § 149. Soweit sich hieraus keine abweichenden Regelungen ergeben, sind die allgemeinen Vorschriften über die Spaltung (§§ 123 ff) sowie über die Verweisungsnormen der §§ 125, 135 die Vorschriften über die Verschmelzung unter Beteiligung rechtsfähiger Vereine heranzuziehen. Sofern an den Spaltungsvorgängen neben Vereinen auch Rechtsträger anderer Rechtsformen beteiligt sind (**Mischspaltung**), sind außerdem die für diese Rechtsträger maßgeblichen besonderen Vorschriften zu beachten. 3

II. Voraussetzungen der Spaltung unter Beteiligung von Vereinen

Rechtsfähige Vereine können sich grundsätzlich, auch unter Beteiligung von Rechtsträgern andere Rechtsformen (Mischspaltung), an allen drei Spaltungsarten (**Aufspaltung, Abspaltung und Ausgliederung**) beteiligen. § 124 Abs. 1 führt dabei die möglichen Spaltungskonstellationen auf, die wiederum durch § 149 weiter eingeschränkt werden. So kann sich ein **eingetragener Verein** als übernehmender Rechtsträger nur dann an Spaltungsvorgängen beteiligen, wenn als übertragender Rechtsträger wiederum ausschließlich eingetragene Vereine beteiligt sind; **Mischspaltungen sind hierbei ausgeschlossen.** 4

§ 149 Abs. 1 stellt für alle Arten von Vereinen die **Spaltungsfähigkeit unter Satzungsvorbehalt.** Dies gilt nicht nur in den Fällen, in denen die Satzung ausdrücklich die Spaltung des Vereins ausschließt, sondern auch dann, wenn einzelne Satzungsbestimmungen einer Spaltung lediglich sinngemäß entgegenstehen, was durch eine entsprechende Auslegung der jeweiligen Satzungsbestimmung zu ermitteln ist. Ebenfalls wie bei der Verschmelzung bewirkt eine Regelung, die der Sicherstellung der Vermögensbindung eines von einem steuerbegünstigten Verein verfolgten steuerbegünstigten Zwecks dient, **keine handelsrechtliche Spaltungsbeschränkung.** Eine entgegen einer solchen Regelung durchgeführte Spaltung kann jedoch zu steuerlichen Nachteilen führen.[5] Einer Spaltung entgegenstehende Satzungsbestimmungen können im Regelfall durch eine vorherige oder gleichzeitig mit der Spaltung durchgeführte Satzungsänderung überwunden werden.[6] 5

Schließlich ist eine Spaltung dann unzulässig, wenn landesrechtliche Vorschriften der Spaltung entgegenstehen.[7] *De lege lata* sind derartige Regelungen nicht ersichtlich, obgleich dies aufgrund der nicht ausgeschöpften konkurrierenden Gesetzgebungskompetenz für die Zukunft nicht völlig ausgeschlossen werden kann. 6

2 Semler/Stengel/*Katschinski*, § 149 Rn 1.
3 BGHZ 85, 84.
4 Semler/Stengel/*Katschinski*, § 149 Rn 2; *Wagner*, NZG 1999, 471 ff; *Steinbeck/Menke*, NJW 1998, 2170 f; weitergehend, ohne die Voraussetzung des konzernrechtlichen Unternehmensbegriffs verlangend: MüKo/*Reuter*, BGB § 22 Rn 15 f, 26; *K. Schmidt*, NJW 1983, 543, 546.
5 Vgl entsprechende Kommentierung zu § 99 Rn 10.
6 Vgl § 99 Rn 10.
7 Vgl § 99 Rn 9.

III. Durchführung des Spaltungsverfahrens

7 Das Verfahren zur Spaltung unter Beteiligung rechtsfähiger Vereine richtet sich grundsätzlich nach den allgemeinen Vorschriften über die Spaltung gem. §§ 123 ff, die ggf durch die vereinsspezifischen Regelungen modifiziert werden. Erforderlich sind demnach:

- **Spaltungs- und Übernahmevertrag** bzw **Spaltungsplan,** vgl § 126;
- **Spaltungsbericht,** vgl § 127 (Ausnahme: § 127 S. 2 iVm § 8 Abs. 3);
- ggf **Spaltungsprüfung,** vgl § 125 iVm §§ 100, 9 bis 12, 30 Abs. 2;
- Vorbereitung der Mitgliederversammlung, vgl § 125 iVm § 101;
- Durchführung der Mitgliederversammlung (§ 125 iVm § 102) sowie Herbeiführung der **Zustimmungsbeschlüsse** durch die Anteilsinhaber der beteiligten Rechtsträger (§ 125 iVm § 103, 13);
- **Anmeldung zum Register** oder – bei nicht registrierten Vereinen – Bekanntmachung der Spaltung, vgl § 125 iVm §§ 16, 17 bzw § 125 iVm § 104;
- ggf Kapitalerhöhung bei einer übernehmenden Kapitalgesellschaft (§ 125 iVm §§ 53 bis 55, 66 bis 69) bzw Gründungsmaßnahmen bei einer Spaltung zur Neugründung, vgl § 125 iVm §§ 36 Abs. 2, 37;
- **Eintragung/Bekanntmachung** der Spaltung (beim anderen Rechtsträger).

In Bezug auf die Einzelheiten der vorgenannten Verfahrensschritte und die sich für die Spaltung unter Beteiligung rechtsfähiger Vereine ergebenden Besonderheiten gelten die Ausführungen zur Verschmelzung entsprechend.[8]

Fünfter Abschnitt Spaltung unter Beteiligung genossenschaftlicher Prüfungsverbände

§ 150 Möglichkeit der Spaltung

Die Aufspaltung genossenschaftlicher Prüfungsverbände oder die Abspaltung oder Ausgliederung von Teilen eines solchen Verbandes kann nur zur Aufnahme der Teile eines Verbandes (übertragender Verband) durch einen anderen Verband (übernehmender Verband), die Ausgliederung auch zur Aufnahme von Teilen des Verbandes durch eine oder zur Neugründung einer Kapitalgesellschaft erfolgen.

I. Einordnung der Spaltungen von genossenschaftlichen Prüfungsverbänden

1 Für die Spaltung von genossenschaftlichen Prüfungsverbänden ist § 150 die einzige Regelung innerhalb des Dritten Buchs. Die Vorschrift regelt nur die zulässigen Spaltungskombinationen.

2 Die nach § 63 b Abs. 1 GenG idR als e.V. verfassten genossenschaftlichen Prüfungsverbände sind spaltungsfähige Rechtsträger (s. §§ 124 Abs. 1, 3 Abs. 1 Nr. 5). Das UmwG erlaubt in § 150 aber **nur Spaltungen, an denen andere Prüfungsverbände beteiligt sind.** Der Gesetzgeber hat die Spaltung von Prüfungsverbänden anders als deren Verschmelzung (s. §§ 105 ff) nicht geöffnet. Nur an der Ausgliederung eines Prüfungsverbandes zur Aufnahme oder Neugründung kann auch eine GmbH, AG oder KGaA als übernehmender oder neuer Rechtsträger beteiligt sein. Damit sollte vor allem die Verselbstständigung von technischen Hilfsfunktionen mithilfe von Kapitalgesellschaften ermöglicht werden.[1] Das Prüfungsrecht würde einer solchen Kapitalgesellschaft grds. nicht verliehen. Nicht möglich ist deshalb eine **Spaltung zur Neugründung** eines Prüfungsverbandes.[2] Es können stets nur Teile des Prüfungsverbandes ausgegliedert oder abgespalten werden. Von Spaltungsvorgängen sind die **Aufsichtsbehörden** (s. §§ 64 f

8 Vgl Kommentierung zu § 99 Rn 14 ff.
1 S. BR-Drucks. 75/94 vom 4.2.1994 zu § 150.
2 S. Beuthien/*Beuthien*/*Wolff*, UmwG §§ 123 ff Rn 2.

GenG; wohl auch nach §§ 63 e ff GenG die Wirtschaftsprüferkammer) einheitlich zu benachrichtigen.

II. Anwendbare Vorschriften

Ergänzend zu § 150 sind die allg. Vorschriften der §§ 123 ff und über die §§ 125, 135 die §§ 105 bis 108 anwendbar. 3

III. Besonderes Austrittsrecht

Die Mitglieder eines übertragenden Prüfungsverbands können gem. § 39 Abs. 1 BGB nach Maßgabe der §§ 125, 135, 108 aus dem sie aufnehmenden Prüfungsverband vorzeitig austreten. Wortlautgemäß ist der § 108 nur auf die Auf- und Abspaltung anwendbar, nicht jedoch auf die Ausgliederung. Zu § 108 s. die §§ 105 bis 108 Rn 13 f. 4

Eine neue Mitgliedschaft in dem aufnehmenden Rechtsträger erhält **nur der übertragende Prüfungsverband und nicht auch dessen Mitglieder.** In einem solchen Fall besteht nach den allg. Regeln für die Verbandsmitglieder nur dann ein außerordentliches Austrittsrecht, sofern die Ausgliederung auf Verbandsebene eigens die Rechtsposition der betroffenen Verbandsmitglieder in dem übernehmenden Prüfungsverband wesentlich verschlechtert und ihnen ein Verbleiben in dem für sie neuen Prüfungsverband nicht zumutbar ist.[3] 5

Sechster Abschnitt Spaltung unter Beteiligung von Versicherungsvereinen auf Gegenseitigkeit

§ 151 Möglichkeit der Spaltung

[1]Die Spaltung unter Beteiligung von Versicherungsvereinen auf Gegenseitigkeit kann nur durch Aufspaltung oder Abspaltung und nur in der Weise erfolgen, daß die Teile eines übertragenden Vereins auf andere bestehende oder neue Versicherungsvereine auf Gegenseitigkeit oder auf Versicherungs-Aktiengesellschaften übergehen. [2]Ein Versicherungsverein auf Gegenseitigkeit kann ferner im Wege der Ausgliederung einen Vermögensteil auf eine bestehende oder neue Gesellschaft mit beschränkter Haftung oder eine bestehende oder neue Aktiengesellschaft übertragen, sofern damit keine Übertragung von Versicherungsverträgen verbunden ist.

Literatur:

S. Literaturverzeichnis zu § 109.

3 S. Semler/Stengel/*Katschinski*, § 150 Rn 15.

I. Normzweck

1 § 151 regelt die zulässigen Formen der Spaltung unter Beteiligung eines Versicherungsvereins auf Gegenseitigkeit („**VVaG**“) als übertragendem Rechtsträger auf einen VVaG oder eine Versicherungs-Aktiengesellschaft als übernehmendem Rechtsträger. Der Gesetzgeber stellte im Zusammenhang mit den Bestimmungen zur Verschmelzung unter Beteiligung von VVaG (§§ 109 ff) fest, dass VVaG dieselben Umwandlungsmöglichkeiten erhalten sollten wie Versicherungs-Aktiengesellschaften.[1] Allerdings beschränkt **S. 1** den VVaG im Hinblick auf eine Spaltung auf die Aufspaltung gem. § 123 Abs. 1 und auf die Abspaltung gem. § 123 Abs. 2, soweit die Übertragung von Versicherungsverhältnissen betroffen ist. Die Ausgliederung (§ 123 Abs. 3) vom Versicherungsgeschäft eines VVaG ist nicht zulässig. Diese Beschränkung der Spaltungsmöglichkeiten des VVaG folgt zwingend aus dem Versicherungsaufsichtsrecht: Gemäß § 20 S. 1 VAG gilt für den VVaG das sog. **Mitgliedschaftsprinzip**, dh Versicherungsnehmer und Mitglieder des Vereins sind bis auf wenige Ausnahmen identisch.[2] Bei einer Ausgliederung von Versicherungsverträgen würden die Versicherungsnehmer ihre Mitgliedschaft im übertragenden Rechtsträger verlieren, die Anteile oder Mitgliedschaften am übernehmenden Rechtsträger (entweder einem VVaG oder einer Versicherungs-Aktiengesellschaft) würde aber der übertragende VVaG und nicht dessen ausscheidenden Mitglieder erhalten. Nur bei einer Auf- oder Abspaltung (§ 123 Abs. 1 bzw 2) erhalten die ausscheidenden Mitglieder des VVaG unmittelbar keine Anteile oder Mitgliedschaften am übernehmenden Rechtsträger.[3] Dementsprechend ist der vom

Gesetzgeber gewählte Wortlaut § 151 S. 1 auch eindeutig und lässt keinen Auslegungsspielraum zu.[4]

2 Als Alternativen zur unzulässigen Ausgliederung vom Versicherungsgeschäft eines VVaG kommen also nur die Spaltung, eine Bestandsübertragung gem. § 14 VAG oder eine Vermögensübertragung gem. den §§ 174 ff; 180 ff in Betracht, da diese Übertragungsformen sämtlich einen Ausgleich für den Verlust der Mitgliedschaftsrechte im übertragenden VVaG in der Form vorsehen, dass die ausscheidenden Mitglieder entweder Anteile an der aufnehmenden Versicherungs-Aktiengesellschaft, Mitgliedschaftsrechte am aufnehmenden VVaG und/oder eine sonstige **Entschädigungsleistung** erhalten.

3 Die weitere Beschränkung der Rechtsform des aufnehmenden Rechtsträgers auf die VVaG bzw die Versicherungs-Aktiengesellschaft folgt ebenfalls aus dem Versicherungsaufsichtsrecht: Gemäß § 7 Abs. 1 VAG (für Erstversicherungsunternehmen) bzw gem. § 120 Abs. 1 S. 1 VAG (für Rückversicherungsunternehmen) dürfen nur Aktiengesellschaften, SEs, VVaG oder Körperschaften und Anstalten des öffentlichen Rechts das Versicherungsgeschäft betreiben. Auch wenn der § 151 S. 1 die Europäische Aktiengesellschaft (**SE**) nicht ausdr. erwähnt, ist davon auszugehen, dass eine (grenzüberschreitende) Ab- oder Aufspaltung auf SEs zulässig ist.[5] Die **Spaltung auf Körperschaften oder Anstalten des öffentlichen Rechts** hat der Gesetzgeber zwar auch nicht ausdrücklich genannt, sie ist aber unzulässig, da der Gesetzgeber diesbzgl lediglich die Vermögensübertragung vom VVaG auf ein öffentlich-rechtliches Versicherungsunternehmen gem. den §§ 174 ff vorgesehen und im Einzelnen geregelt hat.[6]

4 Die im Wortlaut des § 151 S. 1 enthaltene Wortfolge „auf andere bestehende oder neue“ bezieht sich nicht nur auf die nachstehenden VVaG, sondern auch auf die Versicherungs-Aktiengesellschaften. Auf- und Abspaltung des VVaG dürfen also nicht nur auf einen bestehenden oder neu gegründeten VVaG, sondern auch auf eine bestehende oder neu gegründete Versicherungs-Aktiengesellschaft erfolgen.[7]

1 BT-Drucks. 12/6699, 113.
2 S. Kommentierung zu § 109 Rn 4 und Rn 9 mit den Details.
3 *Schmid*, Bestandsübertragung und Umwandlung, Rn 1236.
4 BT-Drucks.12/6699, 128.
5 S. Kommentierung zu § 109 Rn 25.
6 S. Kommentierung zu § 109 Rn 31.
7 Semler/Stengel/*Koerfer*, § 151 UmwG Rn 5; Widmann/Mayer/*Vossius*, § 151 UmwG Rn 1, 7.

In **S. 2** der Regelung wird nochmals klargestellt, dass sich eine **Ausgliederung** bei einem VVaG nicht auf Versicherungsverträge beziehen darf. Dagegen dürfen andere Geschäftsbereiche oder Vermögenswerte eines VVaG ausgegliedert werden. Übernehmender Rechtsträger kann danach aber nur eine GmbH oder eine Aktiengesellschaft sein, wobei letztere Rechtsform erst durch die Novelle des UmwG von 2007 in den § 151 S. 2 eingefügt wurde.[8] Im Jahr 1994 sah der Gesetzgeber das praktische Bedürfnis für die Ausgliederung von „Hilfsfunktionen“, sah als übernehmenden Rechtsträger aber nur die GmbH vor,[9] im Jahr 2007 sah er dann das zusätzliche Bedürfnis für die Ausgliederung eines „Vermögensteils“ auch auf eine Aktiengesellschaft.[10] Somit dürfen alle Geschäftsbereiche, die keine Versicherungsverträge beinhalten, also keine aufsichtsrechtliche Erlaubnis zum Betrieb des Versicherungsgeschäfts (§ 5 Abs. 1 VAG) durch die Versicherungsaufsichtsbehörde BaFin erfordern, an eine GmbH oder eine Aktiengesellschaft ausgegliedert werden. Somit können zB die Schadenbearbeitung oder die Immobilien oder die Anlagenverwaltung auf eine bestehende oder neu gegründete GmbH oder Aktiengesellschaft übertragen werden. Sowohl der Gesetzeswortlaut als auch die Begründung des Gesetzgebers sind insoweit eindeutig, dh andere in § 3 Abs. 1 genannte Rechtsformen sind für das aufnehmende Unternehmen bislang leider nicht zulässig, obwohl es keinen sachlichen Grund dafür gibt.[11] 5

II. Inhalt und Anwendungsbereich

1. Auf- oder Abspaltung (S. 1). Satz 1 findet Anwendung auf Auf- oder Abspaltungen, bei denen der übertragende Rechtsträger ein VVaG, der übernehmender Rechtsträger ein VVaG oder eine Versicherungs-Aktiengesellschaft ist. Auch eine SE ist wie bereits erwähnt nach § 151 spaltungsfähiger aufnehmender Rechtsträger. Damit lehnt sich der Anwendungsbereich für die Spaltung dem der Verschmelzung (vgl §§ 109 ff) an, indem ein numerus clausus der Rechtsformen für die verschmelzungs- bzw spaltungsfähigen Rechtsträger, nämlich VVaG und Versicherungs-Aktiengesellschaft bzw SE, bestimmt wird. 6

a) **Anwendung der Vorschriften über die Verschmelzung.** Die Auf- oder Abspaltung besteht in der Übertragung von Teilen des Vermögens des übertragenden Rechtsträgers jeweils als Gesamtheit (partielle Gesamtrechtsnachfolge),[12] wobei ganze oder auch partielle Vermögenseinheiten eines VVaG auf einen anderen VVaG oder eine Versicherungs-Aktiengesellschaft übergehen können.[13] Zu beachten sind dafür die allgemeinen und besonderen Vorschriften der Verschmelzung, also auch die §§ 109 bis 119, die gem. der **Verweisung in § 125** auf die Spaltung entsprechend anzuwenden sind. Insb. ist eine Auf- oder Abspaltung im Wege der Übertragung auf einen bestehenden Rechtsträger oder der Neugründung des übernehmenden Rechtsträgers möglich. Für die Spaltung zur Neugründung eines Rechtsträgers gilt § 135: Die Vorschriften der §§ 125 ff finden mit Ausnahme des § 129 (Anmeldung der Spaltung durch den übernehmenden Rechtsträger) und § 130 Abs. 2 (Eintragung der Spaltung) Anwendung (s. § 135 Abs. 1). Der Vorstand hat einen Spaltungsplan, auch Spaltungsbericht genannt, aufzustellen (§ 136). 7

Bei der **Spaltung zur Neugründung** sind zudem die Gründungsvorschriften für die jeweilige Rechtsform des neuen Rechtsträgers und die Spezialbestimmungen in den §§ 114 bis 117 zu beachten.[14] 8

8 Zweites Gesetz zur Änderung des Umwandlungsgesetzes vom 19.4.2007, BGBl. I S. 542, 546, in Kraft seit 25.4.2007.

9 BT-Drucks. 12/69699, 128.

10 BT-Drucks. 16/2919, 19.

11 Lutter/*Wilm*, § 151 UmwG Rn 8; aA: Semler/Stengel/*Koerfer*, § 151 UmwG Rn 8, der alle in § 3 Abs. 1 UmwG genannten Rechtsträger als übernehmende Rechtsträger für zulässig halten will; konkret wird zudem wegen der großen praktischen Relevanz vertreten, dass auch die KGaA von dem Anwendungsbereich erfasst und deren Nichterwähnung ein bloßes Redaktionsversehen sei, Widmann/Mayer/*Vossius*, § 151 UmwG Rn 1.

12 Semler/Stengel/*Stengel*, § 123 UmwG Rn 6.

13 KölnKomm-UmwG/*Beckmann*, § 151 UmwG Rn 1.

14 KölnKomm-UmwG/*Beckmann*, § 151 UmwG Rn 14.

9 **b) Gewährung von Mitgliedschaften oder Anteilen.** Satz 1 regelt die Auf- oder Abspaltung auf bestehende Rechtsträger (§§ 151 S. 1, 123 Abs. 1 Nr. 1, 123 Abs. 2 Nr. 1). Den Anteilsinhabern des übertragenden Rechtsträgers sind Anteile oder Mitgliedschaften an den übernehmenden Rechtsträgern zu gewähren. Sind allerdings ausschließlich VVaG beteiligt, so können nur diejenigen Mitglieder des übertragenden VVaG Mitglieder des übernehmenden VVaG werden, deren Versicherungsverhältnis auf den übernehmenden VVaG übertragen, dh auf- oder abgespalten, werden. Sie scheiden zugleich aus dem übertragenden VVaG als Mitglieder und Versicherungsnehmer aus.[15] Bei der Auf- oder Abspaltung, an der nur VVaG beteiligt sind, erhalten diejenigen Mitglieder, deren Versicherungsverhältnis von dem Umwandlungsprozess nicht berührt wird, allerdings weder Mitgliedschaftsrechte am übernehmenden Rechtsträger noch Anteile.[16] Dies folgt aus dem Mitgliedschaftsprinzip beim VVaG.[17] Bei der Auf- oder Abspaltung auf übernehmende VVaG stellt sich also die Frage, wie die in dem übertragenden VVaG verbleibenden Mitglieder und Versicherungsnehmer ggf zu entschädigen sind (Rn 11 f).

10 Bei der Auf- oder Abspaltung eines übertragenden VVaG auf Versicherungs-Aktiengesellschaften erhalten dagegen alle Mitglieder des übertragenden VVaG – ob ihre Versicherungsverhältnisse auf die übernehmende Aktiengesellschaft übertragen werden oder nicht – Aktien an den übernehmenden Versicherungs-Aktiengesellschaften.[18]

11 **c) Entschädigung der verbleibenden Mitglieder des übertragenden VVaG.** Bei der Auf- oder Abspaltung eines VVaG auf einen anderen VVaG ergibt sich die Aufteilung der Mitgliedschaften automatisch durch die Aufteilung in verbleibende Versicherungsverhältnisse und in zu übertragende Versicherungsverhältnisse (§ 126 Abs. 1 Nr. 9). Es ist dann sicherzustellen, dass die Beteiligung der Mitglieder des übertragenden VVaG an dessen versicherungstechnischen Rückstellungen und damit an dessen stillen Reserven und letztlich Überschüssen gleichmäßig zwischen den verbleibenden und den übergehenden Mitgliedern verteilt wird. Ggf ist also im Spaltungs- und Übernahmevertrag eine bare Zuzahlung entweder an die Ausscheidenden oder ggf auch an die verbleibenden Versicherungsnehmer des übertragenden VVaG zu regeln.[19]

12 Es ist somit das Verhältnis der durch Auf- oder Abspaltung zu übertragenden Vermögenswerte des übertragenden VVaG zu den dort verbleibenden Vermögenswerten festzustellen. In dem Maße, in dem die die betreffenden versicherungstechnischen Rückstellungen bedeckenden Vermögenswerte auf den aufnehmenden VVaG übertragen werden und ggf stille Reserven enthalten, die zT auch den verbleibenden Versicherungsnehmern und Mitgliedern des übertragenden VVaG zustehen, hat der aufnehmende VVaG an die verbleibenden Mitglieder des übertragenden VVaG Ausgleichszahlungen zu leisten. Umgekehrt hat der übertragende VVaG den ausscheidenden Mitgliedern bei verhältnismäßig zu hohem Verbleib stiller Reserven in dem übertragenden VVaG eine Entschädigung in entsprechender Höhe auszuzahlen.[20]

13 **d) Durchführung der Auf- bzw Abspaltung.** Folgende Schritte sind bei der Auf- oder Abspaltung eines übertragenden VVaG durchzuführen:

- **Spaltungs- und Übernahmevertrag (§ 126):** Im Spaltungs- und Übernahmevertrag sind auch bei nicht verhältniswahrender Spaltung keine Angaben über die Aufteilung der Mitgliedschaften zu machen. Diese ergeben sich wie nachstehend unter Rn 24 ff ausgeführt automatisch aus der Aufteilung der Versicherungsverhältnisse, die im Spaltungs- und Übernahmevertrag zu bestimmen sind. Ggf sind Entschädigungszahlungen an verbleibende oder ausscheidende Mitglieder des übertragenden VVaG in dem Spaltungs- und Übernahmevertrag gesondert zu regeln (vgl §§ 29 Abs. 1, 125 S. 1).[21] Wie bei der Verschmelzung (dort § 110)

15 Semler/Stengel/*Koerfer*, § 151 UmwG Rn 15.
16 KölnKomm-UmwG/*Beckmann*, § 151 UmwG Rn 5; Semler/Stengel/*Koerfer*, § 151 UmwG Rn 15.
17 S. Rn 1.
18 KölnKomm-UmwG/*Beckmann*, § 151 UmwG Rn 5; Lutter/*Wilm*, § 151 UmwG Rn 10.
19 Vgl auch Kommentierung zu § 113 Rn 2 ff; Semler/Stengel/*Koerfer*, § 151 UmwG Rn 20, 30.
20 Semler/Stengel/*Koerfer*, § 151 UmwG Rn 20, 30.
21 *Schmid*, Bestandsübertragung und Umwandlung, Rn 1265.

sind bei einer Spaltung unter ausschließlicher Beteiligung von VVaG die Angaben nach § 126 Abs. 1 Nr. 3 bis 5 zum Umtauschverhältnis der Anteile, zur Höhe der baren Zuzahlung und über die Mitgliedschaft bei den übernehmenden Rechtsträgern nicht erforderlich,[22] wenn sie auch praktisch sinnvoll sind.

- Der Spaltungs- und Übernahmevertrag wird gem. §§ 125 S. 1, 111 **bekannt gemacht.**[23]
- **Spaltungsbericht:** Die Vertretungsorgane des übertragenden VVaG haben einen ausführlichen schriftlichen Bericht zu erstellen, in dem sie die Spaltung und – allerdings nur bei Auf- oder Abspaltung auf eine Versicherungs-Aktiengesellschaft – das Umtauschverhältnis der Anteile oder – bei reiner Beteiligung von VVaG – die Angaben über die Mitgliedschaftsrechte bzw die zu übertragenden Versicherungsverhältnisse erläutern und begründen. Dem Spaltungsbericht wird zu diesem Zweck regelmäßig der Spaltungs- und Übernahmevertrag oder sein Entwurf beigefügt. Zu erläutern sind außerdem die Unternehmensbewertung, Regelungen über die Änderung des satzungsmäßigen Verteilungsmaßstabs bzw über eine bare Zuzahlung zwecks Ausgleichs unterschiedlicher Unternehmenswerte.
- **Spaltungsprüfung:** Bei der Auf- oder Abspaltung findet anders als bei der Verschmelzung grds. eine Spaltungsprüfung gem. den §§ 125 S. 1, 9 Abs. 1 und 3, 10–12 statt. Lediglich bei der Ausgliederung ist diese entbehrlich (§ 125 S. 2).[24]
- **Spaltungsbeschluss der Versammlung der obersten Vertretung:** Für die Vorbereitung und Durchführung der Versammlung sowie deren Beschlussfassung finden über die Verweisung des § 125 die §§ 111, 112 und 116 Anwendung. Bei der Auf- oder Abspaltung auf eine Versicherungs-Aktiengesellschaft sind wegen der vergleichbaren Interessenlage wie bei einem Formwechsel die Vorschriften der §§ 293 S. 2,[25] 294 Abs. 1 S. 2[26] entsprechend anzuwenden. Nur bei der Ausgliederung, bei der eine Spaltungsprüfung nicht stattfindet (§ 125 S. 2), werden lediglich die in § 63 Abs. 1 Nr. 1 bis 4 genannten Unterlagen im Geschäftsraum des übertragenden VVaG und in der Versammlung der obersten Vertretung, die über die Ausgliederung beschließen soll, zur Einsicht ausgelegt.[27]

e) **Zustimmung zur Spaltung gemäß § 128.** Bei einer Spaltung unter ausschließlicher Beteili- 14
gung von VVaG, die die Vermögens- und Anspruchsverhältnisse zwischen verbleibenden und ausscheidenden Mitgliedern des übertragenden VVaG trotz Erwerbs von Mitgliedschaften im übertragenden VVaG nicht wahrt, könnte grds. gem. § 128 eine **Zustimmung aller Mitglieder** erforderlich sein. Dies wäre in der Praxis jedoch nicht durchführbar und kann daher vom Gesetzgeber nicht so gemeint sein. Die Auf- oder Abspaltung ist hinsichtlich ihrer Rechtsfolgen mit einer Teilbestandsübertragung vergleichbar, welche nur die Zustimmung der obersten Vertretung des übertragenden VVaG mit einer qualifizierten Mehrheit erfordert. Die Zustimmung umfasst auch einen Ausgleich unterschiedlicher Vermögenswerte hinsichtlich der Zuordnung der stillen Reserven durch bare Zuzahlung. Es erscheint daher praxisgerecht, wenn auch bei der Spaltung unter Beteiligung von VVaG nicht die Zustimmung aller Mitglieder erforderlich ist, sondern eine Zustimmung der obersten Vertretung mit qualifizierter Mehrheit ausreicht.[28]

Die Vergleichbarkeit fehlt allerdings bei einer entsprechenden nichtverhältniswahrenden Auf- 15
oder Abspaltung auf eine Versicherungs-Aktiengesellschaft. Hier können alle Mitglieder des übertragenden VVaG Aktien an der übernehmenden Aktiengesellschaft erwerben. Hier liegt deshalb ein Fall des § 128 vor, und es bedarf der Zustimmung aller Mitglieder des übertragenden VVaG. In der Praxis ist die nichtverhältniswahrende Auf- oder Abspaltung also kaum

22 Semler/Stengel/*Koerfer*, § 151 UmwG Rn 18 f; aA *Schmid*, Bestandsübertragung und Umwandlung, Rn 1258.
23 S.a. Kommentierung zu § 111 UmwG.
24 Semler/Stengel/*Koerfer*, § 151 UmwG Rn 24.
25 Erfordernis einer Mehrheit von neun Zehnteln der abgegebenen Stimmen bei wirksamem Widerspruch gegen Umwandlung.
26 Das bedeutet: Eine Regelung eines Ausschlusses von Mitgliedern von der Beteiligung an der übernehmenden Versicherungs-Aktiengesellschaft ist im Umwandlungsbeschluss möglich.
27 Semler/Stengel/*Koerfer*, § 151 UmwG Rn 25.
28 KölnKomm-UmwG/*Beckmann*, § 151 UmwG Rn 12; Lutter/*Wilm*, § 151 UmwG Rn 4.

durchführbar[29] bzw kommt nur dann in Betracht, wenn der übertragende VVaG ohnehin kaum noch Versicherungsnehmer und damit Mitglieder hat.

16 f) **Gläubigerschutz.** Gläubigerrechte richten sich wie bei der Verschmelzung nach den §§ 22, 23. Für die Frage, ob die versicherungsvertragliche Überschussbeteiligung als Sonderrecht iS des § 23 zu behandeln ist und für die Tilgung des etwaig noch vorhandenen Gründungsstocks des VVaG wird auf die Kommentierung zu § 109 Rn 42 f verwiesen.

17 g) **Wirksamwerden der Spaltung.** Gemäß § 131 wird die Spaltung durch Eintragung im Handelsregister wirksam. Zu beachten ist jedoch, dass zunächst die **Genehmigung der BaFin** gem. §§ 14 a, 14 VAG einzuholen ist (vgl im Einzelnen Kommentierung zu § 109 Rn 35 ff). Bei der Neugründung eines Rechtsträgers haften vor der Eintragung die Handelnden nach § 117.

18 h) **Gesamtschuldnerische Haftung.** Bei der Spaltung von Versicherungsunternehmen sind die §§ 131 Abs. 3, 133 Abs. 1 S. 1 zu beachten: Werden bei der Aufspaltung (versehentlich) Vermögenswerte, die nicht automatisch den betreffenden versicherungstechnischen Rückstellungen zugeordnet sind, nicht eindeutig dem übertragenden oder dem übernehmenden Rechtsträger zugeteilt, so gehen diese entsprechend dem Verhältnis der Verteilung der stillen Reserven auf die übernehmenden Rechtsträger über.[30] Zudem haften alle an der Spaltung beteiligten Rechtsträger für die vor der Spaltung von dem VVaG begründeten Verbindlichkeiten gesamtschuldnerisch.

19 **2. Ausgliederung (Satz 2). Satz 2** ist anwendbar auf VVaG, die Teile ihres Vermögens, die nicht die Versicherungsverträge betreffen, auf eine bestehende oder neu zu gründende Gesellschaft übertragen, wobei wie bereits dargestellt ein numerus clausus hinsichtlich der Rechtsform der übernehmenden bestehenden bzw neuen Rechtsträger besteht (Rn 3 ff).[31]

20 Die Spaltung im Wege der Ausgliederung eines VVaG auf eine bestehende oder neue GmbH oder eine bestehende oder neue Aktiengesellschaf kommt zB bzgl der folgenden Geschäftsbereiche in Betracht:[32]

- Schadenbearbeitung,
- IT-Dienstleistungen,
- Personalwesen,
- Rechnungswesen,
- Vermögensverwaltung oder
- Vermögensanlage.[33]

21 Wenn der betreffende Geschäftsbereich allerdings nicht endgültig auf die andere Gesellschaft übergehen soll, so ist die bloße vertragliche Funktionsausgliederung (**Outsourcing**), die der VVaG durch Kündigung beenden kann, der richtige Weg.

22 Sowohl bei der umwandlungsrechtlichen wie auch bei der vertraglichen Ausgliederung von Kernfunktionen eines Versicherungsunternehmens iSv § 5 Abs. 3 Nr. 4 VAG ist neben dem Genehmigungserfordernis gem. §§ 14 a, 14 VAG zu beachten, dass die Ausgliederung gem. § 13 Abs. 1 a VAG erst mit Vorlage des Funktionsausgliederungsvertrags (hier des Spaltungs- und Übernahmevertrags) bei der **BaFin** und Ablauf der **Widerspruchsfrist** von drei Monaten wirksam wird; die BaFin kann die Frist in begründeten Fällen auf sechs Monate verlängern. In beiden Fällen ist zudem zu beachten, dass der ausgegliederte Geschäftsbereich Teil des Risikomanagements des ausgliedernden VVaG bleibt (§ 64 a Abs. 4 VAG).

23 Eine Prüfung der umwandlungsrechtlichen Ausgliederung, wie sie bei einer Verschmelzung nach §§ 9 bis 12 durchzuführen ist, findet nicht statt (§ 125 S. 2). IÜ gelten die Ausführungen zu Auf- und Abspaltung (s. Rn 6 ff).

29 Semler/Stengel/*Koerfer*, § 151 UmwG Rn 29.
30 Semler/Stengel/*Koerfer*. § 151 UmwG Rn 32 f.
31 Widmann/Mayer/*Vossius*, § 151 UmwG Rn 1.
32 KölnKomm-UmwG/*Beckmann*, § 151 UmwG Rn 6.
33 KölnKomm-UmwG/*Beckmann*, § 151 UmwG Rn 7.

3. Bestandsübertragung als Alternative zur Spaltung. Die Umstrukturierung eines VVaG kann auf verschiedene Weise durchgeführt werden. Will sich ein VVaG von einem Teil seines Versicherungsportfolios trennen – bspw um sein Versicherungsgeschäft auf bestimmte, wettbewerbsstärkere Versicherungsprodukte zu konzentrieren – hat er folgende Optionen: 24

- die Abspaltung gem. § 151, ggf auch als Vorstufe zu einem Share Deal, wenn der VVaG den oder die Geschäftsbereich/-e zunächst auf eine oder mehrere von ihm selbst neu gegründete Versicherungs-Aktiengesellschaften abspaltet,
- die Vermögensübertragung (Teilübertragung) gem. §§ 174, 180 ff (s. dort),
- die Bestandsübertragung gem. §§ 14, 44, 44 a VAG oder
- den Risikotransfer im Wege eines proportionalen Rückversicherungsvertrages zu 100 % auf einen Rückversicherer gegen Zahlung einer Rückversicherungsprämie.

Die Übertragung auf eine selbst neu gegründete Versicherungs-Aktiengesellschaft kann auch schlicht dem Zweck dienen, in den Genuss freien und schnellen Zugangs zum Kapitalmarkt zu kommen.[34] Die Übernahme eines Versicherungsportfolios von einem VVaG kann umgekehrt wirtschaftlich sinnvoll sein, um bspw das eigene Versicherungsangebot zu ergänzen und/oder die für die Diversifizierung kritische Größe an Versicherungsverträgen zu erreichen. 25

Für die Übertragung eines abgrenzbaren Versicherungsportfolios durch einen VVaG, der iÜ bestehen bleiben soll, bietet sich eine Teil-Bestandsübertragung gem. den §§ 44, 14 VAG, dh die privatschriftliche Abtretung von Rechten und Pflichten aus den Versicherungsverträgen an.[35] Sowohl die Abspaltung als auch die Teil-Bestandsübertragung haben zu Folge, dass der übertragende VVaG als Rechtsträger bestehen bleibt und das verbleibende Versicherungsgeschäft samt den betreffenden Versicherungsverträgen fortführen kann. Bei der Entscheidung für die Abspaltung oder für die Bestandsübertragung haben sich die beteiligten Rechtsträger insb. über die Folgen für die Rechte der Mitglieder Klarheit zu verschaffen: [36] 26

Bei der Abspaltung erhalten die Mitglieder, deren Versicherungsverträge übergehen, schon aufgrund der Verbindung von Versicherungsverhältnis und Mitgliedschaft neue Mitgliedschaften beim übernehmenden VVaG, worin zugleich auch die gem. § 123 Abs. 2 erforderliche Gegenleistung besteht. Die verbleibenden Mitglieder erhalten dagegen qua Gesetzes (Mitgliedschaftsprinzip, § 20 VAG) keine Mitgliedschaftsrechte am übernehmenden VVaG. So kann sich eine Abspaltung als Nachteil für die verbleibenden Mitglieder auswirken, die vertreten durch ihre oberste Vertretung ihre Zustimmung für den Spaltungsbeschluss verweigern können, wenn der Spaltungsvertrag keine entsprechenden Entschädigungen vorsieht. Ist Zielrechtsträger dagegen eine Versicherungs-Aktiengesellschaft, sind den verbleibenden und übergehenden Mitgliedern Aktien von Gesetzes wegen an der Gesellschaft zu gewähren.[37] Auch wenn der Umtausch in gleichwertige Aktien nicht zwangsläufig sichergestellt ist, erlangen alle Mitglieder grundsätzlich Vermögens- und Stimmrechte am neuen Rechtsträger. 27

Bei einer Teil-Bestandsübertragung auf einen VVaG werden die Mitglieder, die ihre Mitgliedschaft aufgrund der Übertragung verlieren, neue Mitglieder des übernehmenden VVaG und erhalten ggf zusätzlich von Gesetzes wegen eine angemessene Barabfindung (§ 44 a VAG). Bei der Übertragung auf eine Aktiengesellschaft erhalten die ausscheidenden Mitglieder keine neue Mitgliedschaft und auch keine Anteile, sondern nur eine Barabfindung. Es kommt also ganz auf die Beurteilung der Angemessenheit des Kaufpreises an, ob sich für die verbleibenden Mitglieder die nichtverhältniswahrende Abspaltung wirtschaftlich günstiger darstellt. Da eine Abspaltung im Wesentlichen den Verfahrensvorschriften einer Verschmelzung unterliegt, stellt sich die Teil-Bestandsübertragung idR als die schneller und kostengünstiger durchführbare 28

34 Vgl die Merkmale eines VVaG in Abgrenzung zur Versicherungs-Aktiengesellschaft in der Kommentierung zu § 109 Rn 8 ff und 19 ff.

35 Zur Bestandsübertragung im Einzelnen s. Kommentierung zu § 109 Rn 49 ff.

36 Zu Gewährung von Anteilen oder Mitgliedschaften und von Entschädigung s. Rn 9 und 11.

37 S. Rn 9 ff; Lutter/Wilm, § 151 UmwG Rn 10; Köln-Komm-UmwG/*Beckmann*, § 151 UmwG Rn 5.

Übertragungsvariante dar.[38] Da der übertragende VVaG in jedem Fall bestehen bleibt, entstehen auch keine Komplikationen durch eine bei einer Gesamtbestandsübertragung noch durchzuführende Liquidation des verbleibenden VVaG-Mantels. § 151 erscheint daher für die Übertragung von Versicherungsportfolios von geringer praktischer Bedeutung.[39]

III. Kleinere Vereine und Kleinstvereine

29 Aus der Verweisung des § 125 ergibt sich, dass auf Spaltungen kleinerer Vereine iSv § 53 VAG die für die Verschmelzung geltenden Regelungen für kleinere Vereine in den §§ 118, 119 hinsichtlich der Ersetzung von Anmeldung und Eintragung in das Register sowie hinsichtlich der Bekanntmachung im Bundesanzeiger Anwendung finden. Eine Auf- oder Abspaltung von Kleinstvereinen ist ebenso wie die Verschmelzung von Kleinstvereinen unzulässig, da diese gem. § 157 a Abs. 3 2. Hs VAG nicht umwandlungsfähig sind.

30 Folgende Konstellationen der Spaltung unter Beteiligung kleinerer Vereine sind ebenfalls als unzulässig zu betrachten:[40]

- Gemäß § 185 kann ein kleinerer Verein sein Vermögen nur im Wege der Vollübertragung, dh nicht durch Übertragung partieller Vermögenseinheiten, übertragen. Dadurch soll die Neuentstehung von Kleinstvereinen vermieden werden. Für die Teilübertragung von Vermögen finden die Spaltungsvorschriften entsprechend Anwendung (§ 177 Abs. 1), und die Beschränkung des § 185 stellt dazu eine lex specialis dar. Im Umkehrschluss erscheint es sinnvoll, den **§ 185 analog** auf die Spaltung eines kleineren Vereins anzuwenden.
- Ähnliches gilt für die Spaltung eines kleineren Vereins durch Neugründung einer Aktiengesellschaft: Da der Formwechsel eines VVaG in eine Aktiengesellschaft für den kleineren Verein gem. **§ 291 Abs. 1** ausdrücklich ausgeschlossen ist, ist es nur folgerichtig, diese Beschränkung auch für die Spaltung analog anzuwenden, da ansonsten die Vorschrift des § 291 Abs. 1 umgangen werden könnte.

Siebenter Abschnitt Ausgliederung aus dem Vermögen eines Einzelkaufmanns

Erster Unterabschnitt
Möglichkeit der Ausgliederung

§ 152 Übernehmende oder neue Rechtsträger

[1]Die Ausgliederung des von einem Einzelkaufmann betriebenen Unternehmens, dessen Firma im Handelsregister eingetragen ist, oder von Teilen desselben aus dem Vermögen dieses Kaufmanns kann nur zur Aufnahme dieses Unternehmens oder von Teilen dieses Unternehmens durch Personenhandelsgesellschaften, Kapitalgesellschaften oder eingetragene Genossenschaften oder zur Neugründung von Kapitalgesellschaften erfolgen. [2]Sie kann nicht erfolgen, wenn die Verbindlichkeiten des Einzelkaufmanns sein Vermögen übersteigen.

Literatur:

Aha, Einzel- oder Gesamtrechtsnachfolge bei der Ausgliederung, AG 1997, 345; *Eich/Carlé*, Ausgliederung durch ein Einzelunternehmen zur Ausgliederung auf eine bestehende GmbH, FR 2003, 764; *Felix*, Fusion von Einzelunternehmen nach neuem Umwandlungs(steuer)recht, BB 1995, 1509; *Ihrig*, Gläubigerschutz durch Kapitalaufbringung bei Verschmelzung und Spaltung nach neuem Umwandlungsrecht, GmbHR 1995, 622 *Jung*, Die stille Gesellschaft in der Spaltung, ZIP 1996, 1734; *Leit-*

38 Vgl dazu die Vor- und Nachteile einer Bestandsübertragung gegenüber einer Verschmelzung, Kommentierung zu § 109 Rn 49 ff.

39 Für einen Vergleich zwischen Abspaltung, Bestandsübertragung und einer Teilübertragung des Vermögens gem. § 174 Abs. 2 UmwG s. Kommentierung zu § 174 Rn 14 ff.

40 Ebenso Semler/Stengel/*Koerfer*, § 151 UmwG Rn 36 f.

zen, Die „partielle Gesamtrechtsnachfolge“ und der Übergang von Steuerverbindlichkeiten, DStR 2009, 1853; *Lüdicke*, Nachfolgeplanung und neues Umwandlungsrecht/Umwandlungssteuerrecht, ZEV 1995, 132; *Maier-Reimer*, Nachhaftungsbegrenzung und Neues Verjährungsrecht, DB 2002, 1818; *D. Mayer*, Unternehmensnachfolge und Umwandlung, ZEV 2005, 325; *N. Mayer*, Handelsrechtliche Fragen bei der Umwandlung eines einzelkaufmännischen Unternehmens in eine GmbH und bei vergleichbaren Umwandlungsfällen, DStR 1994, 432; *Patt*, Errichtung einer Betriebsaufspaltung durch Umwandlung eines Einzelunternehmens, DStR 1994, 1383; *Perwein*, Vom Einzelunternehmen in die GmbH – Einzelrechtsnachfolge oder Gesamtrechtsnachfolge als besserer Weg?, GmbHR 2007, 1214.

I. Überblick

1 Im Rahmen des zweiten Teils des dritten Buches (Spaltung) beinhaltet der siebente Abschnitt die „**Ausgliederung aus dem Vermögen eines Einzelkaufmanns**“. Der siebente Abschnitt ist dabei wiederrum in drei Unterabschnitte aufgegliedert. Der erste Unterabschnitt (§ 152) regelt die generelle „Möglichkeit der Ausgliederung“, der zweite Unterabschnitt (§§ 153 bis 157) beschreibt die „Ausgliederung zur Aufnahme“ und der dritte Unterabschnitt (§§ 158 bis 160) betrifft die „Ausgliederung zur Neugründung“.[1] Von den grundsätzlich vorgesehenen drei Spaltungsarten (vgl § 123 Abs. 1 bis 3) steht dem Einzelkaufmann lediglich die Ausgliederung zur Verfügung. Die Spaltungsarten der Auf- und Abspaltung passen bereits systematisch nicht, da der Einzelkaufmann keine Anteilsinhaber hat, an welche die Gewährung von Anteilen erfolgen könnte.[2] § 152 beinhaltet zunächst die tatbestandlichen Voraussetzungen, welche zur Ausgliederung aus dem Vermögen eines Einzelkaufmanns vorliegen müssen. Ferner ergänzen die §§ 153 bis 160 die allgemeinen Regelungen zur Ausgliederung im Hinblick auf die Durchführung und die Rechtsfolgen bei der Ausgliederung durch einen Einzelkaufmann.[3]

2 Inhaltlich beschreiben die §§ 152 ff die **Übertragung des vom Einzelkaufmann betriebenen Unternehmens** bzw von Teilen desselben auf eine oder auf eine Vielzahl von Personenhandelsgesellschaften, Kapitalgesellschaften oder eingetragene Genossenschaften. Als Gegenleistung werden dem übertragenden Einzelkaufmann Anteile an dem aufnehmenden Rechtsträger gewährt.[4] Die Übertragung des Unternehmens eines Einzelkaufmannes gemäß §§ 152 ff erfolgt – wie bei sämtlichen Spaltungsarten iSd UmwG – im Wege der **partiellen Gesamtrechtsnachfolge. Alternativ** steht nur eine Unternehmensübertragung im Wege der **Einzelrechtsnachfolge** zur Verfügung, wobei es sich in der Regel um die Einbringung einer Sacheinlage handeln dürfte. In der Praxis werden oftmals die Vorteile und Vereinfachungen durch die Gesamtrechtsnachfolge

1 Lutter/*Karollus*, § 152 Rn 2 f.
2 KölnKomm-UmwG/*Simon*, § 152 Rn 1.
3 KölnKomm-UmwG/*Simon*, § 152 Rn 2.
4 Lutter/*Karollus*, § 152 Rn 7.

überwiegen.[5] Beachtet werden muss allerdings das im Vergleich zur Einzelrechtsnachfolge **erschwerte Verfahren**, wobei an dieser Stelle nur auf die zwingend erforderliche Zustimmung der Gesellschafter des aufnehmenden Rechtsträgers (vgl §§ 125 iVm 13 Abs. 1) und auf die Involvierung der jeweils zuständigen Betriebsräte (vgl §§ 125 iVm 5 Abs. 3) hingewiesen werden soll.[6] Ferner kann die Ausgliederung iSd §§ 152 ff im Vergleich zur Einzelrechtsnachfolge eine Verschärfung der Haftung mit sich bringen.[7] Die Ausgliederung aus dem Vermögen eines Einzelkaufmanns ist das Spiegelbild zur Verschmelzung von Kapitalgesellschaften mit dem Vermögen eines Alleingesellschafters gemäß §§ 120 bis 122.[8] Nur in diesen beiden Fällen ist es möglich, eine natürliche Person an einem Umwandlungsvorgang zu beteiligen.[9]

II. Zweckbestimmung der Ausgliederung beim Einzelkaufmann

3 Mit der besonderen Form der Ausgliederung durch den Einzelkaufmann wird vielfach eine **Haftungsbegrenzung** angestrebt, die durch das UmwG zur Verfügung gestellt wird;[10] um dies zu erreichen, muss als aufnehmender Rechtsträger freilich ein solcher mit beschränkter Haftung gewählt werden. Weiter kann mit der Ausgliederung eine **Fremdgeschäftsführung** bzw die **Nachfolge** des Unternehmens vorbereitet oder durchgeführt werden. Die Umwandlungsmaßnahme kann auch im Vorfeld eines angestrebten **Verkaufs** oder eines **Börsenganges** durchgeführt werden. Mit der Ausgliederung aus dem Vermögen eines Einzelkaufmanns kann ferner auch die **Zusammenlegung mehrerer Unternehmen des Einzelkaufmanns** oder die **Integration eines neuen Partners bzw Gesellschafters** bezweckt werden.[11]

III. Europarechtliche Ansätze

4 Konkrete **europarechtliche Vorgaben** für die Ausgliederung aus dem Vermögen des Einzelkaufmanns **existieren nicht**. Die Spaltungsart der Ausgliederung wird nämlich insgesamt von der europäischen Spaltungsrichtlinie[12] nicht erfasst.[13] Lediglich eine Empfehlung der Kommission[14] impliziert auch die „Umwandlung" von Einzelunternehmen. Die §§ 152 ff setzten diese Empfehlung um.[15]

IV. Der Ausgliedernde

5 Nach dem Gesetzeswortlaut des § 152 S. 1 muss es sich beim dem Ausgliedernden um einen **Einzelkaufmann** handeln, welcher ein **Unternehmen betreibt** und dessen **Firma im Handelsregister** eingetragen ist.

6 **1. Die Eigenschaft als Einzelkaufmann.** Bei dem Ausgliedernden muss es sich also um einen **Einzelkaufmann** handeln, was sich stets nach den Vorschriften des HGB bemisst, vgl §§ 1 ff HGB. Gemäß § 1 Abs. 1 HGB ist Kaufmann, wer ein Handelsgewerbe betreibt. Die Prüfung der Kaufmannseigenschaft ist jedoch nur in Ausnahmefällen tatsächlich bedeutsam, denn § 152 setzt auch voraus, dass eine **Handelsregistereintragung** vorliegt.[16] Ist die Firma des Betreibers eines Gewerbes bereits im Handelsregister eingetragen, so ist er entweder **Kannkaufmann** gemäß § 2 HGB oder **Kaufmann kraft Eintragung** gemäß § 5 HGB.[17] Ein Ausnahmefall

5 Lutter/*Karollus*, § 152 Rn 9 f; Semler/Stengel/*Maier-Reimer/Seulen*, § 152 Rn 3, 5; KölnKomm-UmwG/*Simon*, § 152 Rn 7, 9.
6 Lutter/*Karollus*, § 152 Rn 10; Semler/Stengel/*Maier-Reimer/Seulen*, § 152 Rn 6; KölnKomm-UmwG/*Simon*, § 152 Rn 10.
7 Semler/Stengel/*Maier-Reimer/Seulen*, § 152 Rn 8; KölnKomm-UmwG/*Simon*, § 152 Rn 10.
8 Lutter/*Karollus*, § 152 Rn 1.
9 Lutter/*Karollus*, § 152 Rn 13.
10 OLG Karlsruhe RNotZ 2008, 628, 629.
11 Semler/Stengel/*Maier-Reimer/Seulen*, § 152 Rn 4; KölnKomm-UmwG/*Simon*, § 152 Rn 6.
12 Sechste RL 82/891/EWG vom 17.12.1982 (ABl. L 378/47 vom 31.12.1982).
13 Lutter/*Karollus*, § 152 Rn 4; Semler/Stengel/*Maier-Reimer/Seulen*, § 152 Rn 11.
14 Empfehlung der Kommission vom 7.12.1994 zur Übertragung von kleinen und mittleren Unternehmen (ABl. L 385 vom 31.12.1994, S. 14), Art. 4 lit. a.
15 Lutter/*Karollus*, § 152 Rn 5; KölnKomm-UmwG/*Simon*, § 152 Rn 5.
16 Semler/Stengel/*Maier-Reimer/Seulen*, § 152 Rn 20; KölnKomm-UmwG/*Simon*, § 152 Rn 11.
17 Baumbach/Hopt/*Hopt*, HGB, § 2 Rn 1, § 5 Rn 1.

liegt jedoch dann vor, wenn trotz der Registereintragung gerade kein Gewerbe (mehr) betrieben wird, so dass § 5 HGB nicht einschlägig ist. Dann ergibt sich die Kaufmannseigenschaft nämlich nicht bereits aus der Eintragung, so dass die Tatbestandsvoraussetzungen des § 152 nicht erfüllt wären.[18] Ist die **Handelsregistereintragung** im Falle eines Unternehmens iSv §§ 2, 3 Abs. 2 HGB (Kannkaufmann) nicht auf Antrag des Unternehmers – also **ohne dessen Willen** – erfolgt, so ist eine Ausgliederung nach § 152 dennoch unproblematisch möglich. Dies ergibt sich bereits mit Blick auf § 5 HGB. Ferner beruft sich der Unternehmer im Falle einer angestrebten Ausgliederung gerade auf die Handelsregistereintragung seines Unternehmens, weshalb in diesem Falle der mangelhafte Eintrag geheilt wird.[19]

a) **Die Rechtsform des Einzelkaufmanns.** Der in § 152 verwendete Begriff des Einzelkauf- 7
manns umfasst also in jedem Fall eine **natürliche Person**, welche ein Handelsgewerbe (iSd §§ 1, 2, 3 Abs. 3 HGB) betreibt.[20] Im Hinblick auf die Kaufmannseigenschaft von **Gesamthandsgemeinschaften** ist zwischen den einzelnen Erscheinungsformen zu unterscheiden. Nicht unter diesen Begriff zu subsumieren ist jedenfalls die **Gesellschaft bürgerlichen Rechts**, da diese im Zeitpunkt der Handelsregistereintragung zur OHG bzw zur KG wird.[21] Im Hinblick auf die **Gütergemeinschaft** ist eine Ausgliederung iSd §§ 152 ff immer dann möglich, wenn das Handelsgeschäft in das **Vorbehaltseigentum** (§ 1418 BGB) eines Ehegatten fällt.[22] Gehört das Unternehmen allerdings zum **Gesamtgut** der Eheleute (§ 1416 BGB), dann entfällt nach hM grundsätzlich die Möglichkeit der Ausgliederung nach §§ 152 ff, da die Gütergemeinschaft bereits handelsrechtlich einem Einzelkaufmann nicht gleichgestellt ist.[23]

Uneinigkeit besteht in der Kommentarliteratur allerdings bei der Frage, ob auch die **Erbenge-** 8
meinschaft als Einzelkaufmann zu bewerten ist, und ob somit für diese der Anwendungsbereich der §§ 152 ff eröffnet ist. Zunächst ist anerkannt, dass die Erbengemeinschaft das in die Erbmasse gefallene Handelsgeschäft fortführen kann.[24] Umstritten ist allerdings bereits die Frage, ob in diesen Fällen die Erbengemeinschaft die Kaufmannseigenschaft erlangt[25] oder ob diese bei den Miterben liegt.[26] Die Rechtsprechung des BGH tendiert zur letztgenannten Alternative.[27] Bezüglich einer Anwendung der §§ 152 ff auf die Erbengemeinschaft werden hieraus unterschiedliche Schlüsse gezogen. Die eine Seite des Meinungsspektrums negiert die Möglichkeit einer Ausgliederung iSd § 152 für eine Erbengemeinschaft. Die Erbengemeinschaft sei nämlich eine Abwicklungsgesellschaft, weshalb eine umwandlungsrechtliche Gleichstellung mit dem Einzelkaufmann nicht notwendig sei. Weiterhin werde die Erbengemeinschaft gerade nicht in den §§ 124 Abs. 1, 3 Abs. 1 als ausgliederungsfähiger Rechtsträger genannt.[28] Nach der wohl aktuell vorherrschenden Ansicht besteht auch für die Erbengemeinschaft eines Kaufmannes die Möglichkeit einer Ausgliederung gemäß den §§ 152 ff. Gerade aufgrund der handelsrechtlichen Gleichstellung der Erbengemeinschaft mit dem Einzelkaufmann sei diese näm-

18 So auch Lutter/*Karollus*, § 152 Rn 26; KölnKomm-UmwG/*Simon*, § 152 Rn 11; aA MüKo-HGB/*K. Schmidt*, § 5 Rn 22 ff, der auch ein nicht gewerbliches Unternehmen einschließen will.

19 Ein einfacher Eintragungsantrag würde diesen Mangel zudem beseitigen; so auch Lutter/*Karollus*, § 152 Rn 27; Semler/Stengel/*Maier-Reimer/Seulen*, § 152 Rn 22.

20 Widmann/Mayer/*Mayer*, § 152 Rn 24; Semler/Stengel/*Maier-Reimer/Seulen*, § 152 Rn 23; KölnKomm-UmwG/*Simon*, § 152 Rn 14.

21 Semler/Stengel/*Maier-Reimer/Seulen*, § 152 Rn 24; KölnKomm-UmwG/*Simon*, § 152 Rn 15.

22 Widmann/Mayer/*Mayer*, § 152 Rn 36; KölnKomm-UmwG/*Simon*, § 152 Rn 17; Lutter/*Karollus*, § 152 Rn 15.

23 Semler/Stengel/*Maier-Reimer/Seulen*, § 152 Rn 27; KölnKomm-UmwG/*Simon*, § 152 Rn 17; Widmann/Mayer/*Mayer*, § 152 Rn 35 f (Eine Ausgliederungsmöglichkeit bestehe allerdings bei einvernehmlichen Handeln der Ehegatten); aA Lutter/*Karollus*, § 152 Rn 15, der die handelsrechtlichen Folgen von den familienrechtlichen Rechtsfolgen abstrahiert und die Ausgliederung bei einverständlichem Handeln der Ehegatten zulässt.

24 BGHZ 92, 259 (263); Baumbach/Hopt/*Hopt*, HGB, § 1 Rn 37, § 22 Rn 2.

25 Semler/Stengel/*Maier-Reimer/Seulen*, § 152 Rn 26; MüKo-HGB/*K. Schmidt*, § 1 Rn 52; MüKo-HGB/*Thiessen*, § 27 Rn 70.

26 Widmann/Mayer/*Mayer*, § 152 Rn 31; KölnKomm-UmwG/*Simon*, § 152 Rn 16; Baumbach/Hopt/*Hopt*, HGB, § 1 Rn 37; Koller/Roth/Morck/*Roth*, HGB § 1 Rn 22.

27 BGHZ 92, 259 (265), „Bei der Fortführung des Handelsgeschäfts in ungeteilter Erbengemeinschaft sind dagegen die minderjährigen Erben Mitinhaber und Träger des Unternehmens."

28 Widmann/Mayer/*Mayer*, § 152 Rn 32 f.

lich sehr wohl in den Anwendungsbereich der §§ 152 ff einzubeziehen.[29] Insbesondere die Charakterisierung als Abwicklungsgesellschaft spreche eher für die Ausgliederungsmöglichkeit der Erbengemeinschaft, da die Abwicklung in diesen Fällen sogar erleichtert würde.[30] Dieser Ansicht ist zu folgen, da das Analogieverbot einer sinnvollen Ausweitung des § 124 Abs. 1 nicht entgegensteht.[31]

9 **b) Besondere Zustimmungserfordernisse.** In einigen besonderen Situationen, welche sich aus der Person des Einzelkaufmanns ergeben, kann die Zustimmung dritter Personen zur Ausgliederung erforderlich werden. Befindet sich der Kaufmann zB im gesetzlichen Güterstand der **Zugewinngemeinschaft**, ist unter den Voraussetzungen des § 1365 Abs. 1 BGB – also immer dann, wenn von der Ausgliederung (beinahe) das gesamte Vermögen des Kaufmanns betroffen ist – die Zustimmung des anderen Ehegatten erforderlich.[32] Fehlt die erforderliche Zustimmung allerdings, so wird dieser Mangel durch die Eintragung geheilt, vgl § 131 Abs. 2 UmwG.[33] Ist der Kaufmann hingegen **geschäftsunfähig oder nur beschränkt geschäftsfähig,** so kann die Ausgliederung nur mit Zustimmung des gesetzlichen Vertreters bzw durch diesen erfolgen. Häufig wird darüber hinaus auch noch eine Genehmigung des Familiengerichtes einzuholen sein, vgl § 1822 Nr. 3 bzw Nr. 10 BGB.[34] Diese Ausführungen gelten entsprechend für den unter **Betreuung** stehenden Kaufmann.[35]

10 **c) Der Einzelkaufmann mit ausländischem Bezug.** Ausgehend von § 1 Abs. 1 findet das deutsche Umwandlungsrecht immer nur dann Anwendung, wenn es sich um solche Rechtsträger handelt, die einen **Sitz im Inland** vorzuweisen haben. Hiermit kann im Kontext des § 152 nur der Sitz des jeweils auszugliedernden Unternehmens gemeint sein. Entscheidend für die Anwendung des deutschen Rechtes ist demnach die Eintragung des jeweiligen Unternehmens in ein **deutsches Handelsregister.**[36] Ohne Bedeutung ist dabei, ob der Einzelkaufmann selbst eine **ausländische Staatsangehörigkeit** besitzt oder sich sein **Wohnsitz** gerade nicht in Deutschland befindet.[37] Nach vorherrschender Ansicht ist auch auf die Ausgliederung einer ins deutsche Handelsregister eingetragenen **Zweigniederlassung** eines ausländischen Kaufmannes deutsches Umwandlungsrecht anzuwenden.[38] Weiterhin muss mit Blick auf den Anwendungsbereich des deutschen Rechtes auch der **übernehmende Rechtsträger** seinen **Sitz im Inland** haben oder mit einem solchen gegründet werden.[39]

11 **d) Anzahl der ausgliedernden Einzelkaufleute.** Die allgemeine Systematik sämtlicher Spaltungsvorgänge sieht vor, dass an einer Spaltungsmaßnahme immer **nur ein übertragender Rechtsträger beteiligt** ist. Demnach können auch bei der Ausgliederung aus dem Vermögen eines Einzelkaufmanns **niemals zwei oder mehr Einzelkaufleute beteiligt sein**. In der Praxis können jedoch mehrere Kaufleute hintereinander eine Ausgliederung auf einen identischen aufnehmenden Rechtsträger vornehmen (sog. **Kettenausgliederung**), um damit die angestrebten Rechtsfolgen zu erreichen.[40] Anders gelagert ist der Fall, wenn der Einzelkaufmann **selbst mehrere Unternehmen mit unterschiedlichen Firmierungen** betreibt. In dieser Konstellation ist es

29 Lutter/*Karollus*, § 152 Rn 14; Semler/Stengel/*Maier-Reimer/Seulen*, § 152 Rn 26; KölnKomm-UmwG/*Simon*, § 152 Rn 16.
30 KölnKomm-UmwG/*Simon*, § 152 Rn 16.
31 So auch Semler/Stengel/*Maier-Reimer/Seulen*, § 152 Rn 26; anders freilich ist diese Frage im Rahmen der Verschmelzungsfähigkeit gemäß § 3 zu beantworten (§ 3 Rn 2).
32 Lutter/*Karollus*, § 152 Rn 16; Widmann/Mayer/*Mayer*, § 152 Rn 87; KölnKomm-UmwG/*Simon*, § 152 Rn 24.
33 Semler/Stengel/*Maier-Reimer/Seulen*, § 152 Rn 43.
34 Lutter/*Karollus*, § 152 Rn 17; Widmann/Mayer/*Mayer*, § 152 Rn 84; KölnKomm-UmwG/*Simon*, § 152 Rn 23.
35 Schmitt/Hörtnagl/Stratz/*Hörtnagl*, § 152 Rn 32; KölnKomm-UmwG/*Simon*, § 152 Rn 23.
36 Lutter/*Karollus*, § 152 Rn 29; KölnKomm-UmwG/*Simon*, § 152 Rn 25.
37 Widmann/Mayer/*Mayer*, § 152 Rn 21; Semler/Stengel/*Maier-Reimer/Seulen*, § 152 Rn 16, 28; KölnKomm-UmwG/*Simon*, § 152 Rn 25.
38 Semler/Stengel/*Maier-Reimer/Seulen*, § 152 Rn 17, 29; KölnKomm-UmwG/*Simon*, § 152 Rn 25; aA Widmann/Mayer/*Mayer*, § 152 Rn 21 (Aus § 1 Abs. 1 UmwG folge, dass der Rechtsträger selbst in das deutsche Handelsregister eingetragen sein müsste.).
39 Widmann/Mayer/*Mayer*, § 152 Rn 21; Lutter/*Karollus*, § 152 Rn 33; KölnKomm-UmwG/*Simon*, § 152 Rn 25.
40 Semler/Stengel/*Maier-Reimer/Seulen*, § 152 Rn 46; KölnKomm-UmwG/*Simon*, § 152 Rn 13.

nunmehr möglich, dass mehrere Unternehmen in einem Spaltungsvorgang ausgegliedert werden, da weiterhin nur ein übertragender Rechtsträger beteiligt ist.[41]

2. Der Betrieb eines Unternehmens und die Unternehmensinhaberschaft. Gemäß § 152 S. 1 muss der ausgliedernde Einzelkaufmann ferner ein **Unternehmen betreiben**. Dieses Tatbestandmerkmal hat allerdings **gegenüber der Kaufmannseigenschaft keine eigenständige Bedeutung**. Dies ergibt sich daraus, dass die Eigenschaft des Kaufmanns stets den Betrieb eines Handelsgewerbes verlangt, vgl § 1 HGB. Der Begriff des **Gewerbes** ist dabei enger auszulegen als der gesetzlich nicht definierte, aber durch den BGH weit ausgelegte **Unternehmensbegriff**,[42] so dass die Prüfung dieses Tatbestandsmerkmals keine besonderen Schwierigkeiten aufweisen dürfte.[43] *Karollus* bringt dies auf den Punkt indem er schreibt: „Immer wenn ein Gewerbe angenommen wird, muss auch die Tatbestandsvoraussetzung des „Unternehmens" gegeben sein."[44] 12

Zweifel können sich jedoch immer dann ergeben, wenn der Einzelkaufmann **nicht der uneingeschränkte Inhaber** des Unternehmens ist.[45] Hierbei sind verschiedene Konstellationen denkbar, die nachfolgend darzustellen sind. 13

Zunächst ist auf die **Unternehmenspacht** einzugehen. Im Zusammenhang mit der **Pacht** eines Unternehmens ist der Pächter als Unternehmensbetreiber und somit als Kaufmann anzusehen. Nur dieser und nicht etwa der Verpächter ist zur Ausgliederung berechtigt.[46] Zu beachten ist jedoch, dass die Vermögensgegenstände, welche gerade **nicht im Eigentum des Unternehmenspächters** stehen – in der Regel wird dies insb. das Anlagevermögen sein – **nicht im Wege der Gesamtrechtsnachfolge** auf den übernehmenden Rechtsträger übertragen werden können. Auch die Zustimmung des Verpächters (§ 185 BGB) ändert hieran nichts. Ein Übergang dieser Vermögensbestandteile kann nur im Wege der Einzelrechtsnachfolge erreicht werden.[47] Nach der Abschaffung des § 132 aF ist es nunmehr allerdings möglich, das Unternehmen unabhängig von der Zustimmung des Verpächters inklusive oder exklusive des Pachtvertrages zu übertragen.[48] Im Hinblick auf die **schuldrechtlichen Verpflichtungen des Pächters** wird die **Zustimmung des Verpächters zur Ausgliederung** allerdings wohl stets erforderlich sein. Fehlt eine solche Zustimmung entfallen zwar nicht die dinglichen Wirkungen der Spaltungsmaßnahme, aber der Verpächter besitzt dann in der Regel ein außerordentliches Kündigungsrecht.[49] 14

Im Falle des **Unternehmensnießbrauchs** ist der Nießbraucher Betreiber des Unternehmens und selbst Kaufmann.[50] Es gilt jedoch zu beachten, dass grundsätzlich nur die Ausübung des Nießbrauchsrechts einem anderen überlassen werden kann (vgl § 1059 S. 2 BGB), wenn dies nicht gerade mit dinglicher Wirkung ausgeschlossen wurde.[51] Grundsätzlich besteht somit eine Ausgliederungsmöglichkeit iSv § 152 durch den Nießbraucher.[52] § 1059 a BGB ist als eng auszulegende Ausnahmevorschrift auf den Einzelkaufmann weder direkt noch analog anwendbar.[53] Bezüglich der Vermögensgegenstände, die nicht im Eigentum des Nießbrauchers stehen, ist auf die entsprechenden Ausführungen zur Unternehmenspacht hinzuweisen.[54] 15

41 Lutter/*Karollus*, § 152 Rn 12; Semler/Stengel/*Maier-Reimer/Seulen*, § 152 Rn 47.
42 S. nur BGHZ 31, 105, 109; 69, 334; 74, 359, 365; 121, 138, 146; 135, 107, 113; 148, 123.
43 Semler/Stengel/*Maier-Reimer/Seulen*, § 152 Rn 33; KölnKomm-UmwG/*Simon*, § 152 Rn 18.
44 Lutter/*Karollus*, § 152 Rn 21.
45 Semler/Stengel/*Maier-Reimer/Seulen*, § 152 Rn 33.
46 Widmann/Mayer/*Mayer*, § 152 Rn 43; KölnKomm-UmwG/*Simon*, § 152 Rn 19.
47 Widmann/Mayer/*Mayer*, § 152 Rn 43; Semler/Stengel/*Maier-Reimer/Seulen*, § 152 Rn 37; KölnKomm-UmwG/*Simon*, § 152 Rn 19; aA Lutter/*Karollus*, § 152 Rn 18.
48 Semler/Stengel/*Maier-Reimer/Seulen*, § 152 Rn 38; KölnKomm-UmwG/*Simon*, § 152 Rn 19.
49 Widmann/Mayer/*Mayer*, § 152 Rn 43; Semler/Stengel/*Maier-Reimer/Seulen*, § 152 Rn 38; KölnKomm-UmwG/*Simon*, § 152 Rn 19.
50 Widmann/Mayer/*Mayer*, § 152 Rn 38.
51 Widmann/Mayer/*Mayer*, § 152 Rn 39; Semler/Stengel/*Maier-Reimer/Seulen*, § 152 Rn 39; KölnKomm-UmwG/*Simon*, § 152 Rn 20.
52 Widmann/Mayer/*Mayer*, § 152 Rn 39; KölnKomm-UmwG/*Simon*, § 152 Rn 20.
53 So auch OLG Nürnberg NZG 2013, 750, 753; Widmann/Mayer/*Mayer*, § 152 Rn 39; Semler/Stengel/*Maier-Reimer/Seulen*, § 152 Rn 39; Palandt/*Bassenge*, § 1059 a Rn 1; aA MüKo-BGB/*Pohlmann*, § 1059 a Rn 3.
54 S. vorstehende Rn 14.

16 Die Beteiligung eines **stillen Gesellschafters** am Unternehmen hat keine negativen Auswirkungen auf die Ausgliederungsmöglichkeit des Einzelkaufmanns nach § 152 ff, da der Einzelkaufmann zumindest im Außenverhältnis der uneingeschränkte Unternehmensinhaber ist. Zur Wirksamkeit der Spaltungsmaßnahme ist nicht einmal die Zustimmung des stillen Teilhabers erforderlich, jedoch kann dieser die Einräumung gleichwertiger Rechte am übernehmenden Rechtsträger verlangen, vgl § 23.[55] Anders ist dies im Hinblick auf das Innenverhältnis, wo eine Zustimmung des stillen Anteilsinhabers grundsätzlich erforderlich sein wird.[56]

17 Ein **Testamentsvollstrecker** welcher das Unternehmen im eigenen Namen und nicht etwa im Namen der Erben fortführt und aus diesem Grunde im Handelsregister eingetragen ist, ist selbst Kaufmann bzw Unternehmensinhaber, weshalb er auch selbst ausgliedern kann.[57]

18 **3. Die Eintragung der Firma im Handelsregister.** Die **Firma** des Einzelkaufmanns muss als weitere Voraussetzung aus § 152 S. 1 in einem deutschen Handelsregister eingetragen sein. Hierbei geht es tatsächlich nur um die Eintragung der Firma, so dass die Eintragung des Einzelkaufmanns nicht verlangt wird.[58] Der entscheidende Zeitpunkt, in dem die Eintragung vorliegen muss, ist der Augenblick der Eintragung der Ausgliederung. Demnach kann die Anmeldung der Firma gemeinsam mit der Anmeldung der Ausgliederung erfolgen.[59]

V. Der aufnehmende Rechtsträger

19 Im Hinblick auf den **aufnehmenden Rechtsträger** unterscheidet § 152 S. 1 zwischen einer Ausgliederung aus dem Vermögen eines Einzelkaufmanns zur Aufnahme und einer solchen zur Neugründung. Unabhängig von der jeweiligen Art der Ausgliederung kommen die GbR, die Partnerschaftsgesellschaft und die Stiftung niemals als übernehmender Rechtsträger in Betracht.[60]

20 **1. Die Ausgliederung aus dem Vermögen eines Einzelkaufmanns zur Aufnahme.** Bei der Ausgliederung im Kontext der §§ 152 ff **zur Aufnahme** (§§ 153 bis 157) können als aufnehmende Rechtsträger Personenhandelsgesellschaften, Kapitalgesellschaften oder eingetragene Genossenschaften fungieren. Als **aufnehmende Personenhandelsgesellschaften** kommen bei der Ausgliederung zur Aufnahme die **OHG**, die **KG** (vgl § 3 Abs. 1 Nr. 1) und die **EWiV** in Betracht.[61] Mit den **Kapitalgesellschaften** meint § 152 S. 1 neben der **GmbH**, der **AG** und der **KGaA** (vgl § 3 Abs. 1 Nr. 2) auch die **SE**.[62] Lediglich bei der **UG** sind Einschränkungen zu beachten. Die UG kann nämlich nur als aufnehmender Rechtsträger auftreten, wenn eine Stammkapitalerhöhung auf mindestens 25.000 EUR vorgenommen wird, weshalb die UG durch die Ausgliederung zur Aufnahme dann zur regulären GmbH erwächst. Im Falle einer Stammkapitalerhöhung, die unter der Schwelle von 25.000 EUR verbleibt, würde gegen das Sacheinlageverbot aus § 5 a Abs. 2 S. 2 GmbHG verstoßen werden, so dass eine solche Ausgliederung nicht zulässig wäre.[63][64] Abschließend kann neben einer **eingetragenen Genossenschaft** auch eine **SCE** übernehmender Rechtsträger sein.[65]

55 S. § 23 Rn 13; Lutter/*Karollus*, § 152 Rn 19; Widmann/Mayer/*Mayer*, § 152 Rn 47; Semler/Stengel/*Maier-Reimer/Seulen*, § 152 Rn 40.

56 Widmann/Mayer/*Mayer*, § 152 Rn 48; Semler/Stengel/*Maier-Reimer/Seulen*, § 152 Rn 40; KölnKomm-UmwG/*Simon*, § 152 Rn 21; aA Lutter/*Karollus*, § 152 Rn 19.

57 Lutter/*Karollus*, § 152 Rn 20; Schmitt/Hörtnagl/Stratz/*Hörtnagl*, § 152 Rn 6 (Treuhandlösung), 15; KölnKomm-UmwG/*Simon*, § 152 Rn 22.

58 Semler/Stengel/*Maier-Reimer/Seulen*, § 152 Rn 31; KölnKomm-UmwG/*Simon*, § 152 Rn 26 f.

59 Lutter/*Karollus*, § 152 Rn 48; KölnKomm-UmwG/*Simon*, § 152 Rn 26.

60 Lutter/*Karollus*, § 152 Rn 30; Semler/Stengel/*Maier-Reimer/Seulen*, § 152 Rn 50 (zur Partnerschaftsgesellschaft); RegBegr. *Ganske*, S. 151 („Dagegen sollen Stiftungen nicht die Rolle des übernehmenden Rechtsträgers übernehmen können.").

61 Lutter/*Karollus*, § 152 Rn 30; Widmann/Mayer/*Mayer*, § 152 Rn 72.1; Semler/Stengel/*Maier-Reimer/Seulen*, § 152 Rn 50; KölnKomm-UmwG/*Simon*, § 152 Rn 30.

62 Lutter/Karollus, § 152 Rn 30; Widmann/Mayer/*Mayer*, § 152 Rn 72; Semler/Stengel/*Maier-Reimer/Seulen*, § 152 Rn 49; KölnKomm-UmwG/*Simon*, § 152 Rn 28.

63 S. § 124 Rn 3, 4.

64 Widmann/Mayer/*Mayer*, § 152 Rn 72; Semler/Stengel/*Maier-Reimer/Seulen*, § 152 Rn 49, Fn 117; KölnKomm-UmwG/*Simon*, § 152 Rn 29.

65 Lutter/*Karollus*, § 152 Rn 30.

2. Die Ausgliederung aus dem Vermögen eines Einzelkaufmanns zur Neugründung. Erfolgt die Ausgliederung aus dem Vermögen eines Einzelkaufmanns allerdings **zur Neugründung**, so können gemäß § 152 S. 1 als übernehmende Rechtsträger **lediglich Kapitalgesellschaften** eingesetzt werden.[66] Im Unterschied zur Ausgliederung zur Aufnahme kann es sich dabei allerdings **weder um eine SE noch um eine UG** handeln. Bei der SE werden die Gründungsmöglichkeiten nämlich abschließend in der SE-VO[67] aufgezählt,[68] und bei der UG steht das Sacheinlagenverbot aus § 5 a Abs. 2 S. 2 GmbHG einer Ausgliederung zur Neugründung entgegen.[69] Demnach können bei einer Ausgliederung zur Neugründung die **Personenhandelsgesellschaften und die eingetragenen Genossenschaften nicht als übernehmende Rechtsträger gewählt werden.** Nach vorherrschender Ansicht müssen bei diesen beiden Gesellschaftsformen stets **mindestens zwei Gesellschafter** beteiligt sein.[70] Weder die Einmann-Personengesellschaft noch die Einmann-Genossenschaft ist demnach denkbar.[71] In der praktischen Fallgestaltung kann das Ergebnis, welches aus einer Ausgliederung zur Neugründung auf eine Personengesellschaft folgen würde, aber dennoch auf einem zulässigen Umweg erreicht werden. Hierzu müsste der Einzelkaufmann mit den hinzutretenden Gesellschaftern vorab eine Personengesellschaft errichten. Diese nunmehr bestehende Personengesellschaft könnte danach als übernehmender Rechtsträger im Rahmen einer Ausgliederung zur Aufnahme eingesetzt werden.[72] 21

3. Vielzahl von übernehmenden Rechtsträgern. Die Ausgliederung des Unternehmens (oder Teile dieses Unternehmens) des Einzelkaufmanns kann in einem Spaltungsvorgang[73] auch auf eine **Vielzahl von Rechtsträger** gleichzeitig erfolgen. Die aufnehmenden Rechtsträger können dabei durchaus **unterschiedliche Rechtsformen** aufweisen, sofern die jeweilige Rechtsform – nachdem zuvor beschriebenen – als aufnehmender Rechtsträger in Betracht kommt. Ferner ist auch eine **Kombination der Ausgliederung zur Aufnahme und zur Neugründung** zulässig, vgl § 123 Abs. 4.[74] 22

4. Der übernehmende Rechtsträger im Ausland. Wird eine Ausgliederung auf einen **ausländischen aufnehmenden Rechtsträger** angestrebt, so ist bezüglich dieses Rechtsträgers die Rechtsordnung des jeweiligen Heimatstaates ausschlaggebend. Für die Zulässigkeit der konkreten Form der Ausgliederung ist demnach entscheidend, ob die jeweils betroffene Rechtsordnung eine solche anerkennt.[75] Unter das deutsche Umwandlungsrecht fällt der übernehmende Rechtsträger gemäß § 1 Abs. 1 immer nur dann, wenn sich dessen Sitz im Inland befindet.[76] 23

VI. Der Ausgliederungsgegenstand

Der Wortlaut des § 152 S. 1 spricht im Hinblick auf den Ausgliederungsgegenstand vom **Unternehmen bzw von Teilen desselben**. Dies unterscheidet die Regelung von § 123, in welchem der Gegenstand der Ausgliederung mit dem Begriff **Vermögen** umschrieben wird.[77] Für den hier verwendeten Begriff des Unternehmens findet sich aber keine gesetzliche Definition.[78] Nach dem **handelsrechtlichen Begriffsverständnis** setzt sich das Unternehmen aus solchen Sachen, 24

66 Lutter/*Karollus*, § 152 Rn 31; KölnKomm-UmwG/*Simon*, § 152 Rn 31.

67 Verordnung (EG) Nr. 2157/2001 vom 8.10.2001.

68 S. § 124 Rn 2; Lutter/*Karollus*, § 152 Rn 30; Widmann/Mayer/*Mayer*, § 152 Rn 72; KölnKomm-UmwG/*Simon*, § 152 Rn 31.

69 S. § 124 Rn 3, 4; Widmann/Mayer/*Mayer*, § 152 Rn 72 aE; KölnKomm-UmwG/*Simon*, § 152 Rn 31.

70 Widmann/Mayer/*Mayer*, § 152 Rn 72.1 f; Semler/Stengel/*Maier-Reimer/Seulen*, § 152 Rn 51; KölnKomm-UmwG/*Simon*, § 152 Rn 32.

71 Lutter/*Karollus*, § 152 Rn 31; RegBegr. *Ganske*, S. 183.

72 Widmann/Mayer/*Mayer*, § 152 Rn 72.1; Semler/Stengel/*Maier-Reimer/Seulen*, § 152 Rn 52; KölnKomm-UmwG/*Simon*, § 152 Rn 32.

73 Semler/Stengel/*Maier-Reimer/Seulen*, § 152 Rn 58, Fn 135, stellen die Einheitlichkeit des Spaltungsvorganges zunächst in Frage, tendieren dann freilich unter Verweis auf § 123 IV mit Recht zu einem einheitlichen Vorgang.

74 Widmann/Mayer/*Mayer*, § 152 Rn 72.3; Semler/Stengel/*Maier-Reimer/Seulen*, § 152 Rn 58; KölnKomm-UmwG/*Simon*, § 152 Rn 34.

75 Lutter/*Karollus*, § 152 Rn 34; Widmann/Mayer/*Mayer*, § 152 Rn 72.5; Semler/Stengel/*Maier-Reimer/Seulen*, § 152 Rn 57.

76 Lutter/*Karollus*, § 152 Rn 33 (inkl. Ausführungen zur Sitz- und Gründungstheorie).

77 Widmann/Mayer/*Mayer*, § 152 Rn 58; KölnKomm-UmwG/*Simon*, § 152 Rn 35.

78 S. bereits Rn 12.

Rechten (wie zB Forderungen, Beteiligungen, Rechten wie zB die Firma u.a.) und sonstigen bedeutsamen Positionen (wie zB Geschäftsbeziehungen, Kundenstamm, Ruf, Personal, Knowhow usw.) zusammen, die dem Zwecke der wirtschaftlichen Betätigung zu dienen bestimmt sind.[79]

25 Bei der Festlegung des Ausgliederungsgegenstandes besteht eine **weitgehende Zuordnungsfreiheit.**[80] Demnach kann das **vollständige Unternehmen** des Einzelkaufmannes auf einen oder mehrere aufnehmende Rechtsträger ausgegliedert werden. Bei der Übertragung von **Unternehmensteilen** im Rahmen des § 152 S. 1 muss es sich ferner nicht um einen Teilbetrieb iSd Steuerrechts oder um eine sonstige wirtschaftliche Einheit handeln.[81] Vielmehr können auch **lediglich einzelne Vermögenspositionen**, unabhängig ob dies Aktiva oder Passiva betrifft, übertragen werden.[82] Die von der jeweiligen Spaltungsmaßnahme erfassten Positionen können dabei sowohl **positiv bestimmt** werden als auch durch die **negative Aufzählung** der nicht erfassten Vermögensgegenstände definiert werden.[83]

26 Als Ausgliederungsgegenstand können auch Positionen aus dem **Privatvermögen des Einzelkaufmannes** in die Ausgliederung einbezogen werden. Dies ergibt sich zwar nicht direkt aus dem Wortlaut des § 152 S. 1, aber die erforderliche Umwidmung zum Unternehmensvermögen erfolgt durch die jeweilige Integration in den Ausgliederungsvertrag bzw den Ausgliederungsplan.[84] Dem Einzelkaufmann ist es demnach möglich, sein gesamtes Vermögen im Sinne einer **Totalausgliederung** zu übertragen.[85]

27 Die grundsätzlich bestehende Gestaltungsfreiheit bei der Bestimmung des Ausgliederungsgegenstandes hat jedoch Ausnahmen. Zunächst sind die **Arbeitsverhältnisse grundsätzlich an den zugehörigen Betrieb gebunden** (vgl § 324 iVm § 613 a BGB).[86] Ferner sind Restriktionen bei der Übertragung **höchstpersönlicher Verbindlichkeiten** zu beachten. Aus diesem Grunde werden beispielsweise Unterhaltsverbindlichkeiten und persönliche Einkommenssteuerverbindlichkeiten teilweise vollständig[87] und teilweise im Hinblick auf solche, die erst in der Zukunft entstehen,[88] als nicht übertragungsfähig behandelt.

VII. Die Ausgliederungssperre nach § 152 S. 2

28 In § 152 S. 2 ist eine **Ausgliederungssperre für den Fall der Überschuldung** des Einzelkaufmanns vorgesehen. Demnach kann die Ausgliederung dann nicht durchgeführt werden, „wenn die Verbindlichkeiten des Einzelkaufmanns sein Vermögen übersteigen“.

29 **1. Der Schutzzweck von § 152 S. 2.** Bei der Bestimmung des eigentlichen **Zwecks** des § 152 S. 2 sind im Schrifttum unterschiedliche Gewichtungen zu erkennen. Einerseits wird auf den **Schutz der Gläubiger** des Einzelkaufmannes vor missbräuchlichen Vermögensverschiebungen zu ihren Lasten hingewiesen.[89] Diese Zweckbestimmung ist dabei aber wohl der Vorgängerregelung (vgl § 50 S. 2 Nr. 2 UmwG 1969) entnommen worden.[90] Andererseits wird demnach zu Recht hervorgehoben, dass ein solcher Gläubigerschutz de lege lata nicht mehr notwendig sei.

79 Baumbach/Hopt/*Hopt*, Einl. vor § 1 HGB, Rn 31 ff; Widmann/Mayer/*Mayer*, § 152 Rn 58, 60; Schmitt/Hörtnagl/Stratz/*Hörtnagl*, § 152 Rn 11.
80 Widmann/Mayer/*Mayer*, § 152 Rn 59; Lutter/*Karollus*, § 152 Rn 35, 37; Semler/Stengel/*Maier-Reimer/Seulen*, § 152 Rn 61; KölnKomm-UmwG/*Simon*, § 152 Rn 36.
81 Widmann/Mayer/*Mayer*, § 152 Rn 62; Semler/Stengel/*Maier-Reimer/Seulen*, § 152 Rn 61.
82 Widmann/Mayer/*Mayer*, § 152 Rn 62; Lutter/*Karollus*, § 152 Rn 39; Schmitt/Hörtnagl/Stratz/ *Hörtnagl*, § 152 Rn 22.
83 Lutter/*Karollus*, § 152 Rn 37; KölnKomm-UmwG/*Simon*, § 152 Rn 36.
84 Widmann/Mayer/*Mayer*, § 152 Rn 62; Lutter/Karollus, § 152 Rn 41; Schmitt/Hörtnagl/Stratz/ *Hörtnagl*, § 152 Rn 22; Semler/Stengel/*Maier-Reimer/Seulen*, § 152 Rn 67; KölnKomm-UmwG/*Simon*, § 152 Rn 37.
85 Widmann/Mayer/*Mayer*, § 152 Rn 67; Lutter/*Karollus*, § 152 Rn 42; Semler/Stengel/*Maier-Reimer/Seulen*, § 152 Rn 59; KölnKomm-UmwG/*Simon*, § 152 Rn 35.
86 Widmann/Mayer/*Mayer*, § 152 Rn 63; Lutter/*Karollus*, § 152 Rn 37; Semler/Stengel/*Maier-Reimer/Seulen*, § 152 Rn 62.
87 Lutter/*Karollus*, § 152 Rn 41.
88 Widmann/Mayer/*Mayer*, § 152 Rn 62; Semler/Stengel/*Maier-Reimer/Seulen*, § 152 Rn 68.
89 Lutter/*Karollus*, § 152 Rn 43; Widmann/Mayer/*Mayer*, § 152 Rn 76.
90 Semler/Stengel/*Maier-Reimer/Seulen*, § 152 Rn 73; KölnKomm-UmwG/*Simon*, § 152 Rn 39.

Der übertragende Rechtsträger erhält nämlich im Falle einer Ausgliederung entsprechende Anteile am übernehmenden Rechtsträger, weshalb es lediglich zu einer Vermögensumschichtung beim Einzelkaufmann kommt. Ferner haftet nach der Ausgliederung neben dem Einzelkaufmann auch der übernehmende Rechtsträger gesamtschuldnerisch für die jeweiligen Altverbindlichkeiten gegenüber den Gläubigern, vgl § 133 Abs. 1 S. 1.[91]

Aus diesen Gründen ist es richtig, wenn der hauptsächliche Zweck des § 152 S. 2 nun im **Schutz des übernehmenden Rechtsträgers und dessen Kapitalaufbringung** gesehen wird. Besondere Gefahren für den aufnehmenden Rechtsträger ergeben sich daraus, dass die privaten Verbindlichkeiten des übertragenden Einzelkaufmanns nicht aus der Unternehmensbilanz ersichtlich sind, der aufnehmende Rechtsträger aber gleichwohl für diese gesamtschuldnerisch mithaftet. Ferner folgt eine Gefährdung aus dem Aspekt, dass eine Überschuldung des Kaufmannes keinen Insolvenzgrund darstellt.[92] Die Ausgliederungssperre des § 152 S. 2 ist jedoch eine abstrakte Schranke der Ausgliederungsmöglichkeiten, so dass es auf eine tatsächliche Gefährdung nicht ankommen kann.[93] 30

2. Die Überschuldung des Einzelkaufmanns. Bei der Prüfung einer möglichen Überschuldung des Kaufmannes iSv § 152 S. 2 ist auf einen **Vermögensvergleich von Aktiva und Passiva** abzustellen. Bei diesem Vergleich ist der Einzelkaufmann insgesamt in den Fokus zu nehmen. Demnach gilt es neben den jeweiligen Vermögenspositionen des Unternehmens auch das **private Vermögen** des Einzelkaufmanns mit zu berücksichtigen.[94] Bei der Bewertung, ob die Verbindlichkeiten das Vermögen des ausgliedernden Kaufmanns übersteigen und somit eine Überschuldung vorliegt, hat die Bemessung der Vermögenspositionen nicht nach den Buchwerten sondern nach den **Verkehrswerten** zu erfolgen.[95] 31

Der insolvenzrechtliche Überschuldungsbegriff des § 19 InsO wird zwar von § 152 S. 2 nicht verwendet, jedoch sind die Fragestellungen ähnlich. Fraglich ist somit, ob im Rahmen des anzustellenden Vermögensvergleiches auf die **Fortführungswerte oder auf die Liquidationswerte** abzustellen ist. Nach einer Ansicht komme es auf eine Fortführungsprognose und somit auf die Fortführungswerte nicht an, sondern stets nur auf die Liquidationswerte.[96] Bei der Aufstellung des Vermögensvergleiches sollen die Vermögensgegenstände jedoch gerade in tatsächlicher Hinsicht abgebildet werden. Demnach zeigt eine **positive oder negative Fortführungsprognose** des jeweiligen Unternehmens durchaus Auswirkungen bezüglich der Bewertung der einzelnen Vermögenspositionen. Die Fortführungsprognose hinsichtlich des ausgegliederten Unternehmens hat natürlich immer mit Blick auf den übernehmenden Rechtsträger zu erfolgen. Die Vermögensgegenstände, welche beim Einzelkaufmann verbleiben, können überhaupt nur dann mit den Fortführungswerten bemessen werden, wenn dieser weiterhin einen Gewerbebetrieb unterhält. [97] Demnach kommt es stets auf die Umstände des Einzelfalles an, welche Werte im Rahmen des Vermögensvergleiches anzusetzen sind. Sofern eine positive Fortführungsprognose besteht, sind daher richtigerweise die Fortführungswerte anstelle der Liquidationswerte in Ansatz zu bringen.[98] 32

91 Lutter/*Karollus*, § 152 Rn 43; Semler/Stengel/*Maier-Reimer/Seulen*, § 152 Rn 73; KölnKomm-UmwG/*Simon*, § 152 Rn 40.

92 S. § 19 InsO; Widmann/Mayer/*Mayer*, § 152 Rn 73; Lutter/*Karollus*, § 152 Rn 43; Semler/Stengel/*Maier-Reimer/Seulen*, § 152 Rn 74; KölnKomm-UmwG/*Simon*, § 152 Rn 40; auf Details eingehend, aber im Ergebnis unklar Schmitt/Hörtnagl/Stratz/*Hörtnagl*, § 152 Rn 24 ff.

93 Lutter/*Karollus*, § 152 Rn 43.

94 Widmann/Mayer/*Mayer*, § 152 Rn 78; Semler/Stengel/*Maier-Reimer/Seulen*, § 152 Rn 75; KölnKomm-UmwG/*Simon*, § 152 Rn 41.

95 Lutter/*Karollus*, § 152 Rn 44; KölnKomm-UmwG/*Simon*, § 152 Rn 42.

96 Kallmeyer/*Kallmeyer/Sickinger*, § 152 Rn 4; Lutter/*Karollus*, § 152 Rn 46.

97 Widmann/Mayer/*Mayer*, § 152 Rn 78; Semler/Stengel/*Maier-Reimer/Seulen*, § 152 Rn 77; KölnKomm-UmwG/*Simon*, § 152 Rn 43; enger fassend Schmitt/Hörtnagl/Stratz/*Hörtnagl*, § 152 Rn 28.

98 So im Ergebnis auch die mittlerweile wohl überwiegende Auffassung: Widmann/Mayer/*Mayer*, § 152 Rn 78; Semler/Stengel/*Maier-Reimer/Seulen*, § 152 Rn 77; KölnKomm-UmwG/*Simon*, § 152 Rn 43; Schmitt/Hörtnagl/Stratz/*Hörtnagl*, § 152 Rn 78.

33 Entscheidend für die Ausgliederungssperre nach § 152 S. 2 ist immer der direkte Zeitpunkt vor der jeweiligen Ausgliederung. Unerheblich ist es demnach, wenn durch die Ausgliederung beim Einzelkaufmann eine Überschuldung eintritt, weil das verbleibende Aktivvermögen die Verbindlichkeiten nicht mehr deckt.[99] Die offensichtliche Überschuldung des Einzelkaufmannes stellt ein **spezielles Hindernis** sowohl der Eintragung der Ausgliederungsmaßnahme gemäß § 154 als auch der Eintragung des neuen Rechtsträgers nach § 160 Abs. 2 dar. Ferner ist die Überschuldung im Rahmen der Gründung einer AG oder einer KGaA zu überprüfen, vgl § 159 Abs. 2, 3.[100]

VIII. Die Ausgliederungswirkungen

34 Die **Wirkungen einer Ausgliederung** aus dem Vermögen eines Einzelkaufmannes gemäß § 152 sind identisch mit jenen bei einem Ausgliederungsvorgang nach den allgemeinen Regeln. Im Kern gehen mit der Eintragung der Ausgliederung die im Ausgliederungsvertrag bzw Ausgliederungsplan aufgeführten **Vermögenspositionen im Wege der partiellen Gesamtrechtsnachfolge auf den übernehmenden Rechtsträger über,** vgl § 131 Abs. 1 Nr. 1.[101] Im Gegenzug werden dem Einzelkaufmann **Anteile am jeweils übernehmenden Rechtsträger gewährt,** vgl § 131 Abs. 1 Nr. 3 S. 3.[102] Insgesamt kann folglich auf die Ausführungen in § 131 verwiesen werden.

IX. Die grundsätzliche Unbeachtlichkeit von Ausgliederungsmängeln

35 Weiter gilt auch bei der Ausgliederung des Einzelkaufmannes der allgemeine Grundsatz, dass nach der konstitutiven Eintragung deren Wirkungen nicht mehr durch Mängel des Ausgliederungsvorganges beeinträchtigt werden können, vgl § 131 Abs. 2.[103] Demnach wird eine eigentlich unzulässige Ausgliederung **mit der konstitutiven Eintragung** insb. auch dann wirksam **geheilt,** wenn der Einzelkaufmann aufgrund eines **fehlenden Gewerbes zu Unrecht im Handelsregister** eingetragen war oder der Einzelkaufmann **überschuldet** war.[104]

36 Nicht heilbar ist jedoch eine gänzlich fehlende Eintragung des ausgliedernden Kaufmannes im Handelsregister. Denn in einem solchen Fall kann eine konstitutive Eintragung der Ausgliederung in das Register des übertragenden Rechtsträger – mit der heilenden Wirkung – gerade nicht erfolgen.[105]

Zweiter Unterabschnitt
Ausgliederung zur Aufnahme

§ 153 Ausgliederungsbericht

Ein Ausgliederungsbericht ist für den Einzelkaufmann nicht erforderlich.

99 Widmann/Mayer/*Mayer*, § 152 Rn 78; Lutter/*Karollus*, § 152 Rn 44; KölnKomm-UmwG/*Simon*, § 152 Rn 44.
100 Lutter/*Karollus*, § 152 Rn 47.
101 S. hierzu § 131 Rn 2 ff; Semler/Stengel/*Maier-Reimer/Seulen*, § 152 Rn 83; KölnKomm-UmwG/*Simon*, § 152 Rn 45.
102 S. hierzu § 131 Rn 56 ff; Semler/Stengel/*Maier-Reimer/Seulen*, § 152 Rn 91; KölnKomm-UmwG/*Simon*, § 152 Rn 45.
103 S. hierzu § 131 Rn 65.
104 Widmann/Mayer/*Mayer*, § 152 Rn 28 (zur fälschlichen Handelsregistereintragung); Lutter/*Karollus*, § 152 Rn 49; Schmitt/Hörtnagl/Stratz/*Hörtnagl*, § 152 Rn 30 (zur Überschuldung).
105 Lutter/*Karollus*, § 152 Rn 49; KölnKomm-UmwG/*Simon*, § 152 Rn 46.

I. Überblick

Als lex specialis bestimmt § 153 in Abweichung von der allgemeinen Regel des § 127, dass der Einzelkaufmann nicht verpflichtet ist, im Rahmen der Ausgliederung aus seinem Vermögen einen **Ausgliederungsbericht** zu erstellen. Dem liegt die gesetzgeberische Überlegung zugrunde, dass der Einzelkaufmann nicht über seine eigenen Gründe für die Ausgliederung unterrichtet werden muss.[1] Darüber hinaus wird deutlich, dass der Ausgliederungsbericht ausschließlich dem Informationsinteresse der Anteilseigner zu dienen bestimmt ist, nicht jedoch Gläubigerinteressen. In Ermangelung von Anteilseignern am Betrieb des Einzelkaufmanns wird für diesen die Erstellung eines Ausgliederungsberichts obsolet.[2] 1

II. Informationspflichten des Einzelkaufmanns

Unabhängig davon, dass der Einzelkaufmann keinen Ausgliederungsbericht zu erstellen hat, obliegen ihm gleichwohl gewisse **Informationspflichten**. Aus umwandlungsrechtlicher Sicht besteht eine Informationspflicht gegenüber dem Betriebsrat. Darüber hinaus kann auch gegenüber etwaigen stillen Gesellschaftern die Ausgliederung im Vorfeld anzuzeigen sein.[3] 2

1. Information des Betriebsrats. Gem. § 126 Abs. 3 ist der Spaltungs- und Übernahmevertrag bzw dessen Entwurf bereits vor dem Ausgliederungszeitpunkt dem **Betriebsrat** vorzulegen. Dies kann, je nach Struktur des Betriebes des Einzelkaufmanns, auch der Gesamtbetriebsrat oder der Konzernbetriebsrat sein.[4] Zwar ist die Regelung, wie sich aus der Bezugnahme auf den Zustimmungsbeschluss der Anteilseigner ergibt, nicht für den Einzelkaufmann konzipiert, es ist aber kein sachlicher Grund ersichtlich, weshalb dem im Betrieb eines Einzelkaufmanns eingerichteten Betriebsrat ein geringeres Informationsinteresse zugebilligt werden sollte als dem einer Gesellschaft.[5] 3

Anknüpfungspunkt für die in § 126 Abs. 3 festgelegte **Monatsfrist** kann im Rahmen der Ausgliederung aus dem Vermögen des Einzelkaufmanns naturgemäß nicht der Zustimmungsbeschluss der (nicht existenten) Anteilseigner sein. Es entspricht heute allgemeiner Ansicht, stattdessen auf den Zeitpunkt des Abschlusses des Ausgliederungsvertrags abzustellen.[6] Insbesondere ist nicht der Zeitpunkt des Zustimmungsbeschlusses in der aufnehmenden Gesellschaft heranzuziehen. Dies erscheint vor dem Hintergrund sachgerecht, dass durch die rechtzeitige Unterrichtung des Betriebsrates über die geplante Ausgliederung dessen Möglichkeit der Einflussnahme auf gerade den Betrieb, in dem er eingerichtet ist, gewahrt werden soll.[7] Etwas anderes gilt im Rahmen der Ausgliederung zur Neugründung. Dort ist auf den Zeitpunkt der Anmeldung zum Handelsregister abzustellen.[8] 4

2. Information der stillen Gesellschafter. Berichtspflichten gegenüber **stillen Gesellschaftern** kennt das UmwG nicht. Zwar können Informationspflichten grundsätzlich zwischen den Beteiligten individualvertraglich festgelegt werden; ein Verstoß gegen solche im Innenverhältnis begründeten Pflichten wird jedoch weder umwandlungsrechtlich sanktioniert noch durch das Registergericht geprüft und bleibt ohne Auswirkung auf die Ausgliederung an sich.[9] 5

1 Begr. RegE, BT-Drucks. 75/94, 129.
2 *Ganske*, Umwandlungsrecht, 184; Lutter/*Karollus*, § 153 Rn 2; KölnKomm-UmwG/*Simon*, § 153 Rn 3.
3 Lutter/*Karollus*, § 153 Rn 3 f; KölnKomm-UmwG/*Simon*, § 153 Rn 5 f.
4 Semler/Stengel/*Maier-Reimer/Seulen*, § 153 Rn 4.
5 Keßler/Kühnberger/*Dahlke*, Umwandlungsrecht, § 153 Rn 5.
6 Semler/Stengel/*Maier-Reimer/Seulen*, § 153 Rn 5; KölnKomm-UmwG/*Simon*, § 153 Rn 5; nunmehr auch Lutter/*Karollus*, § 153 Rn 5.
7 Semler/Stengel/*Maier-Reimer/Seulen*, § 153 Rn 5; KölnKomm-UmwG/*Simon*, § 153 Rn 5.
8 Semler/Stengel/*Maier-Reimer/Seulen*, § 158 Rn 9; KölnKomm-UmwG/*Simon*, § 153 Rn 5.
9 Widmann/Mayer/*Mayer*, § 153 Rn 8; Semler/Stengel/*Maier-Reimer/Seulen*, § 153 Rn 3; Lutter/*Karollus*, § 153 Rn 3.

III. Informationspflichten des übernehmenden Rechtsträgers

6 Auf den übernehmenden Rechtsträger findet § 153 keine Anwendung, da es sich hierbei, wie sich aus § 152 ergibt, niemals um einen Einzelkaufmann handeln kann. Der übernehmende Rechtsträger bleibt nach der allgemeinen Regelung des § 127 berichtspflichtig.[10] Für die Pflicht zur Zuleitung an den Betriebsrat gemäß § 126 Abs. 3 ergeben sich ebenfalls keine Besonderheiten.[11]

§ 154 Eintragung der Ausgliederung

Das Gericht des Sitzes des Einzelkaufmanns hat die Eintragung der Ausgliederung auch dann abzulehnen, wenn offensichtlich ist, daß die Verbindlichkeiten des Einzelkaufmanns sein Vermögen übersteigen.

I. Überblick

1 Übersteigen die Verbindlichkeiten des Einzelkaufmanns dessen Vermögen, stellt dies gem. § 152 S. 2 bereits ein **materielles Ausgliederungshindernis** dar.[1] Auch ohne die spezielle Anordnung in § 154 hätte die Eintragung einer nicht den gesetzlichen Vorgaben genügenden Ausgliederung nach allgemeinen Grundsätzen zu unterbleiben.[2] § 154 knüpft gleichwohl an diesen Umstand an und konkretisiert für das Registergericht eine **Eintragungssperre** für den Fall, dass eine offensichtliche Überschuldung des Einzelkaufmanns vorliegt.[3] Die Vorschrift besitzt keinen abschließenden Charakter. Das Registerverfahren folgt vielmehr grundsätzlich den allgemeinen spaltungs- und verschmelzungsrechtlichen Regelungen, insbesondere § 125 iVm §§ 16, 17 sowie §§ 129, 130.[4]

II. Das Eintragungshindernis der Überschuldung

2 **1. Überschuldung. Überschuldung** liegt vor, wenn die Verbindlichkeiten das Vermögen, also die Passiva die Aktiva übersteigen. Bei der Bemessung kommt es nicht allein auf den Geschäftsbetrieb des Einzelkaufmanns, sondern auch auf dessen persönliche Verhältnisse an.[5]

3 **2. Offensichtlichkeit.** § 154 lässt als Eintragungshindernis das bloße Missverhältnis zwischen Verbindlichkeiten und Vermögen nicht genügen, sondern verlangt zusätzlich, dass dieses auch **offensichtlich** in Erscheinung tritt. Diese Voraussetzung ist erfüllt, wenn das Missverhältnis aus der maßgeblichen Sicht des Registergerichts zweifelsfrei feststeht. Eine sofortige Erkennbarkeit auf den ersten Blick ist demgegenüber nicht erforderlich.[6]

III. Registergerichtliche Prüfung

4 Grundsätzlich obliegt jedem der beteiligten Registergerichte die Pflicht, die eingereichten Unterlagen auf ihre **Vollständigkeit** hin zu überprüfen sowie die materiellen Ausgliederungsvor-

10 S. hierzu § 127 Rn 2 ff; Begr. RegE, BT-Drucks. 75/94, S. 129; Keßler/Kühnberger/*Dahlke*, Umwandlungsrecht, § 153 Rn 6.
11 KölnKomm-UmwG/*Simon*, § 153 Rn 7.
1 Widmann/Mayer/*Mayer*, § 154 Rn 1; KölnKomm-UmwG/*Simon*, § 154 Rn 1.
2 Lutter/*Karollus*, § 154 Rn 2.
3 KölnKomm-UmwG/*Simon*, § 154 Rn 1; Widmann/Mayer/*Mayer*, § 154 Rn 1.
4 Keßler/Kühnberger/*Dahlke*, § 154 Rn 1; Lutter/*Karollus*, § 154 Rn 1; KölnKomm-UmwG/*Simon*, § 154 Rn 2.
5 S. hierzu § 152 Rn 31 ff.
6 KölnKomm-UmwG/*Simon*, § 154 Rn 4; Lutter/*Karollus*, § 154 Rn 3.

aussetzungen festzustellen.[7] Aus dem in § 154 angelegten Kriterium der Zweifelsfreiheit folgt, dass das Registergericht darüber hinaus dazu verpflichtet ist, erkennbaren Anhaltspunkten nachzugehen, die auf eine **Überschuldung** des Einzelkaufmannes hindeuten. Zu diesem Zweck ist es auch berechtigt, gem. § 26 FamFG weitere Nachweise anzufordern. Verbleibende Restzweifel, die trotz vorangegangener Aufklärungsversuche des Registergerichts fortbestehen, wirken nicht zulasten des um Eintragung ersuchenden Einzelkaufmanns. Ohne konkrete Anhaltspunkte dahin gehend, dass sich für das Registergericht in absehbarer Zeit neue Erkenntnisse ergeben werden, ist dieses nicht berechtigt, die Ermittlungen zeitlich unbegrenzt weiterzuführen. Der Registerrichter hat die Eintragung in derartigen Fällen – trotz verbleibender Zweifel – vorzunehmen.[8]

Als Grundlage der Beurteilung dient zunächst die Bilanz des Einzelkaufmannes, zu deren Einreichung dieser gem. § 125 S. 1 iVm § 17 Abs. 2 verpflichtet ist. Diese muss den allgemeinen Rechnungslegungsvorschriften genügen. Zur Vorlage einer durch einen unabhängigen Prüfer geprüften und testierten **Bilanz** ist der Einzelkaufmann, wie sich aus § 316 Abs. 1 iVm § 267 Abs. 2 und 3 HGB ergibt,[9] grundsätzlich nicht verpflichtet. Derartige Maßnahmen kann das Registergericht lediglich bei Vorhandensein substantiierter Zweifel anordnen.[10] Ein Prüfbericht gem. § 159 Abs. 2 steht dem Registergericht lediglich im Falle der Ausgliederung zur Neugründung einer AG oder einer KGaA zur Verfügung.[11] 5

Die dem Registergericht im Rahmen seiner Prüfung qua Gesetz zur Verfügung stehenden Unterlagen bieten freilich keinerlei Aufschluss über die privaten finanziellen Verhältnisse des Einzelkaufmanns. Die herrschende Ansicht im Schrifttum nimmt daher eine Verpflichtung desselben zur **Abgabe einer Versicherung** mit dem Inhalt an, dass seine Verbindlichkeiten das Vermögen nicht übersteigen.[12] Hierfür spricht, dass die Abgabe einer entsprechenden Versicherung bereits im Rahmen des § 56 e UmwG 1969 von der überwiegenden Auffassung als erforderlich erachtet wurde.[13] Sofern mitunter die Pflicht zur Abgabe einer Versicherung negiert wird, soll das Registergericht zumindest infolge des Amtsermittlungsgrundsatzes (§ 26 FamFG) zur Einholung einer solchen befugt sein.[14] Nach der Gegenauffassung, wonach in der Anmeldung zum Registergericht das Vorliegen der Eintragungsvoraussetzungen und damit auch das Nichtvorliegen einer Überschuldung konkludent miterklärt wird, besteht für die Einforderung einer zusätzlichen positiven Versicherung mangels eigenständigen Aussagegehalts und mangels Strafbewehrung einer solchen Versicherung kein Raum.[15] Freilich erfüllt auch eine nicht strafbewehrte Versicherung ihren Zweck, da sich der Einzelkaufmann über seine finanzielle Situation Gedanken machen muss.[16] 6

Nimmt man mit der herrschenden Ansicht die Pflicht zur Abgabe einer Versicherung bezüglich Verbindlichkeiten und Vermögen des Einzelkaufmanns an, kann diese Erklärung grundsätzlich ohne die Einhaltung besonderer Formvorschriften erfolgen. Die Versicherung kann gesondert oder gemeinsam mit der Anmeldung zum Handelsregister abgegeben oder nachgereicht werden.[17] In keinem Fall ist die höchstpersönliche Pflicht zur Abgabe der Versicherung zu fordern.[18] Es ist daher grundsätzlich auch ausreichend, wenn das Vertretungsorgan des übernehmenden Rechtsträgers das Nichtvorliegen einer Überschuldung des ausgliedernden Einzelkaufmanns versichert.[19] Dieses ist schließlich gem. § 129 auch zur Anmeldung der Spaltung beim 7

7 Lutter/*Karollus*, § 154 Rn 13.
8 KölnKomm-UmwG/*Simon*, § 154 Rn 4; Lutter/*Karollus*, § 154 Rn 3.
9 Semler/Stengel/*Maier-Reimer/Seulen*, § 154 Rn 10.
10 Vgl zur Umwandlung eines Einzelunternehmens in eine „kleine" GmbH OLG Düsseldorf, NJW 1995, 2927 f.
11 Lutter/*Karollus*, § 154 Rn 4.
12 Keßler/Kühnberger/*Dahlke*, § 154 Rn 4; Semler/Stengel/*Maier-Reimer/Seulen*, § 154 Rn 3.
13 So Schmitt/Hörtnagl/Stratz/*Hörtnagl*, § 154 Rn 4; Kallmeyer/*Zimmermann*, § 154 Rn 5 unter Verweis auf Begr. RegE bei *Ganske*, 182.
14 KölnKomm-UmwG/*Simon*, § 154 Rn 6.
15 Lutter/*Karollus*, § 154 Rn 11.
16 So auch Semler/Stengel/*Maier-Reimer/Seulen*, § 154 Rn 3.
17 Keßler/Kühnberger/*Dahlke*, § 154 Rn 4.
18 So auch Lutter/*Karollus*, § 154 Rn 11.
19 Semler/Stengel/*Maier-Reimer/Seulen*, § 154 Rn 4; KölnKomm-UmwG/*Simon*, § 154 Rn 7.

Registergericht für den Einzelkaufmann befugt.[20] In diesem Fall setzt die Glaubhaftmachung allerdings voraus, dass zugleich eine valide Grundlage mitgeteilt wird, auf der die Versicherung beruht. Dies wird regelmäßig eine Erklärung des Einzelkaufmannes selbst sein, wobei eine solche bereits im Ausgliederungsvertrag enthalten sein kann.[21] Da der Schutzzweck des § 152 und folglich auch des § 154 in der **Kapitalaufbringung** des übernehmenden Rechtsträgers begründet ist,[22] sollte die Versicherung (auch) gegenüber dem Register des übernehmenden Rechtsträgers abgegeben werden, auch wenn – wie *Maier-Reimer/Seulen* zu Recht ausführen – eine diesbezügliche gesetzliche Verpflichtung nicht besteht und der Wortlaut des § 154 dem entgegensteht.[23] Insgesamt ist zu konstatieren, dass eine eindeutige gesetzliche Verpflichtung zur Abgabe und Einreichung einer solchen **Versicherung** nicht besteht und die Argumentation der herrschenden Ansicht sich auf Zweckmäßigkeitsgesichtspunkte beschränkt, ohne jedoch zwingende Gründe hierfür ins Feld zu führen.[24]

Hinweis: Um Verzögerungen bei der Eintragung zu vermeiden, sollte der Einzelkaufmann die Versicherung nach Maßgabe der hM abgeben; diese sollte aus Beschleunigungsgründen sowohl zum Register des übertragenden als auch des übernehmenden Rechtsträgers eingereicht werden.

8 Eine Befugnis, die Eintragung aus Gründen der Überschuldung des Einzelkaufmannes zurückzuweisen, steht nach dem eindeutigen Wortlaut der Norm nur dem Registergericht des Sitzes des Einzelkaufmannes zu und mithin ausdrücklich nicht dem für den übernehmenden Rechtsträger zuständigen Registergericht.[25]

IV. Fristen

9 Aufgrund § 125 S. 1 iVm § 17 Abs. 2 S. 4 darf das Registergericht eine Eintragung nur vornehmen, wenn die Bilanz des Einzelkaufmannes auf einen höchstens acht Monate vor der Anmeldung liegenden Stichtag aufgestellt ist. Gemeint ist damit im vorliegenden Fall, wie sich aus § 17 II S. 1 ergibt, ausschließlich das Registergericht des Einzelkaufmannes. Selbstverständlich ist es dem Registergericht des übernehmenden Rechtsträgers nicht verwehrt, sich im Rahmen seiner Prüfungspflicht nach allgemeinen Vorschriften die **Bilanz des Einzelkaufmannes** vorlegen zu lassen.[26] Das Fristerfordernis des § 17 Abs. 2 S. 4 findet hierauf jedoch keine Anwendung.[27] Für die Fristberechnung gelten sinngemäß die Bestimmungen in § 188 Abs. 2 und 3 BGB.

V. Anmeldung

10 Art und Umfang der Ausgliederung müssen klar bezeichnet werden, also insbesondere die beteiligten Rechtsträger, die zu übertragenden Vermögensteile des Einzelkaufmannes und die hierfür gewährten Anteile am übernehmenden Rechtsträger müssen eindeutig bezeichnet sein. Ausgliederungs- und Übernahmevertrag müssen mit einem Datum versehen sein, ebenso wie die Zustimmungsbeschlüsse aller übernehmenden Rechtsträger. Der Umfang der beizubringenden Unterlagen ergibt sich grundsätzlich aus der allgemeinen Regelung nach § 125 S. 1 iVm § 16 Abs. 2 und 3.[28] Auf die dortigen Ausführungen wird hiermit verwiesen. Das Registergericht prüft die **Vollständigkeit** der Anmeldung sowie der beigefügten Unterlagen und fordert die Einreichung fehlender Unterlagen mittels Zwischenverfügung an. Eine gesonderte, dem grundsätzlich nach § 125 S. 1 iVm § 13 Abs. 1 erforderlichen Beschluss der Anteilsinhaber entsprechende Ausgliederungserklärung brächte keinen Mehrwert und ist daher nicht erforder-

20 Lutter/*Karollus*, § 154 Rn 6.
21 Semler/Stengel/*Maier-Reimer/Seulen*, § 154 Rn 4; KölnKomm-UmwG/*Simon*, § 154 Rn 7.
22 S. hierzu § 152 Rn 30.
23 Semler/Stengel/*Maier-Reimer/Seulen*, § 154 Rn 4; so auch KölnKomm-UmwG/*Simon*, § 154 Rn 8.
24 So im Ergebnis auch Lutter/*Karollus*, § 154 Rn 11.
25 KölnKomm-UmwG/*Simon*, § 154 Rn 8.
26 BayObLG NZG 1999, 321 mit zustimmender Anm. Kleindieck.
27 BayObLG NZG 1999, 321 mit zustimmender Anm. Kleindieck; KölnKomm-UmwG/*Simon*, § 154 Rn 11.
28 Lutter/*Karollus*, § 154 Rn 7 f.

lich. Der Ausgliederungswille des Einzelkaufmannes kommt bereits hinreichend durch die Unterzeichnung des Ausgliederungs- und Übernahmevertrages zum Ausdruck.[29]

VI. Eintragung und Bekanntmachung

11 Hinsichtlich Eintragung und Bekanntmachung sowie deren Reihenfolge gelten die allgemeinen spaltungs- und verschmelzungsrechtlichen Regelungen, insbesondere sind die Regelungen der §§ 130, 131 zu beachten.[30] Auf die dortigen Ausführungen wird verwiesen. Mit der **Eintragung** der Ausgliederung im Handelsregister des Einzelkaufmannes wird die Ausgliederung wirksam und das Vermögen geht auf den übernehmenden Rechtsträger über. Der Einzelkaufmann erhält im Gegenzug die **Anteile** am übernehmenden Rechtsträger. Hinsichtlich der Heilung von Mängeln gelten die §§ 131 Abs. 1 Nr. 4, Abs. 2.

12 Die **Bekanntmachung** der Ausgliederung hat gem. § 125 S. 1 iVm § 19 Abs. 3 durch jedes der beteiligten Registergerichte nach den Vorgaben des § 10 HGB zu erfolgen.[31] Mit der Bekanntmachung beginnt die fünfjährige **Nachhaftungsfrist** iSd § 157 für die im Ausgliederungs- und Übernahmevertrag aufgeführten Verbindlichkeiten des Einzelkaufmanns.[32] Die Gläubiger sind zudem auf ihr Recht, **Sicherheitsleistung** zu fordern, hinzuweisen (§§ 125 Abs. 1 S. 3, 22 S. 1).

§ 155 Wirkungen der Ausgliederung

[1]Erfaßt die Ausgliederung das gesamte Unternehmen des Einzelkaufmanns, so bewirkt die Eintragung der Ausgliederung nach § 131 das Erlöschen der von dem Einzelkaufmann geführten Firma. [2]Das Erlöschen der Firma ist von Amts wegen in das Register einzutragen.

I. Überblick

1 Die Norm tritt ergänzend neben die allgemeine spaltungsrechtliche Regelung des § 131 und behandelt den speziellen, nur bei einem ausgliedernden Einzelkaufmann möglichen Fall, dass dieser durch die Ausgliederung die **Firmenfähigkeit** verliert. Es handelt sich daher um eine rein firmenrechtliche Spezialbestimmung; die weiteren Wirkungen der Ausgliederung bestimmen sich nach § 131.[1] Die allgemeinen firmenrechtlichen Regelungen bleiben durch § 155 unberührt.[2] Sind die Tatbestandsvoraussetzungen erfüllt, erlischt die **Firma des Einzelkaufmannes** automatisch ohne vorherigen Antrag.[3]

II. Erlöschen der Firma des Einzelkaufmanns

2 **1. Übertragung des gesamten Unternehmens.** § 155 findet ausschließlich in den Fällen Anwendung, in denen der Einzelkaufmann sein gesamtes Unternehmen ausgliedert. Bereits das Zurückbehalten eines nur unwesentlichen Restteils seines Unternehmens schließt die Anwendbarkeit der Vorschrift aus. Betreibt der Einzelkaufmann mehrere Unternehmen unter verschiedenen Firmen, bezieht sich das Erfordernis der vollständigen Ausgliederung jeweils nur auf das

29 Lutter/*Karollus*, § 154 Rn 12; Semler/Stengel/*Maier-Reimer/Seulen*, § 154 Rn 11.
30 KölnKomm-UmwG/*Simon*, § 154 Rn 13.
31 Semler/Stengel/*Maier-Reimer/Seulen*, § 154 Rn 20.
32 Kallmeyer/*Sickinger*, § 154 Rn 12.

1 So auch Widmann/Mayer/*Mayer*, § 155 Rn 1; Semler/Stengel/*Maier-Reimer/Seulen*, § 155 Rn 2; Lutter/*Karollus*, § 155 Rn 1.
2 Semler/Stengel/*Maier-Reimer/Seulen*, § 155 Rn 1 f; KölnKomm-UmwG/*Simon*, § 155 Rn 1.
3 Kallmeyer/*Kallmeyer/Sickinger*, § 155 Rn 1.

konkret ausgegliederte Unternehmen. Das Weiterführen der übrigen Unternehmen bleibt dann für die Anwendbarkeit des § 155 ohne Bedeutung.[4]

3 Eine Ausgliederung des gesamten Unternehmens liegt auch dann vor, wenn der Einzelkaufmann im Vorfeld einzelne Vermögensgegenstände aus dem Unternehmen im Wege einer **Entwidmung** derart „herauslöst", dass diese keinem unternehmerischen Zweck mehr zuzuordnen sind.[5] Kontrovers wird demgegenüber beurteilt, wie zu verfahren ist, wenn solche Vermögensgegenstände ohne ausdrückliche vorherige Entwidmung der Unternehmensmasse entzogen werden. In diesem Fall ist streitig, ob in dem Zurückbehalten der Vermögensgegenstände zugleich eine konkludent erklärte Entwidmung zu sehen ist.[6] Im Ergebnis führen beide Auffassungen zum selben Ergebnis, da beide die Anwendbarkeit von § 155 auf Fälle beschränken, in denen ein entsprechender Wille des Einzelkaufmanns auch ohne expliziten Antrag auf **Löschung der Firma** für das Registergericht eindeutig erkennbar wird.[7] Dies ist regelmäßig der Fall, wenn der Einzelkaufmann gegenüber dem Registergericht erklärt, dass bestimmte Vermögensgegenstände fortan keinem unternehmerischen Zweck mehr dienen sollen.[8]

4 **2. Rechtsfolgen.** Die Firma des Einzelkaufmanns erlischt – soweit diese nicht von dem übernehmenden Rechtsträger fortgeführt wird – ipso jure mit erfolgter Ausgliederung, also mit deren Eintragung im Register des Einzelkaufmanns. Eines entsprechenden Antrages bedarf es nicht. Die gem. § 155 S. 2 von Amts wegen vorzunehmende Eintragung des Erlöschens der Firma in das Register besitzt lediglich deklaratorischen Charakter.[9] Wird die Firma von dem neuen Rechtsträger fortgeführt, erlischt diese als solche nicht. Die **Firmenfortführung** folgt dann allgemeinen Grundsätzen (§§ 18 UmwG, 22 HGB, s. unten Rn 8). Im Register erfolgt die Löschung der Eintragung des Einzelkaufmanns mit der Firma gem. § 42 HRV mittels Rötung.[10]

5 Zur zweifelsfreien Klärung der Frage, ob die Voraussetzungen des § 155 vorliegen, hat das Registergericht gem. § 26 FamFG notfalls eigene Nachforschungen anzustellen. Anhaltspunkte kann vor allem der Abgleich des Ausgliederungs- und Übernahmevertrags mit der Schlussbilanz des Einzelkaufmanns liefern. Da sich aus den genannten Unterlagen nicht zwangsläufig ergibt, ob sich die Ausgliederung auf das gesamte Unternehmen des Einzelkaufmanns bezieht, ist dieser zweckmäßigerweise selbst hierüber zu befragen. Es bietet sich aus diesem Grund an, bereits in den Ausgliederungs- und Übernahmevertrag eine entsprechende Erklärung des Einzelkaufmannes mit aufzunehmen.[11]

6 Die Eintragung der Ausgliederung erfolgt gänzlich unabhängig von der Eintragung der **Löschung der Firma.** § 5 HGB findet vor Eintragung der Löschung keine Anwendung, da der Einzelkaufmann unter der bisherigen Firma kein Gewerbe mehr betreibt. Eine Anwendung des § 15 Abs. 1 HGB scheidet ebenfalls aus, da ein hierfür erforderlicher Antrag des Einzelkaufmannes gerade nicht vorliegt.[12]

7 **3. Teilübertragungen.** Keine Anwendung findet die Norm, wenn nur eine **Teilausgliederung** vollzogen wird. Insoweit ergeben sich keine Besonderheiten und der Einzelkaufmann bleibt unter seiner Firma im Register eingetragen. Zu einer Weiterführung ist er allerdings nur so lange befugt, als er mit dem Restbestand seines Unternehmens weiterhin in kaufmännischer Weise tätig ist. Bleibt er dieses Erfordernis schuldig, ist er gem. § 31 Abs. 2 S. 1 HGB zur Beantragung der Löschung seiner Firma verpflichtet.[13] Darüber hinaus steht es ihm gem. § 22 HGB

4 Lutter/*Karollus*, § 155 Rn 3; KölnKomm-UmwG/*Simon*, § 155 Rn 3.
5 Lutter/*Karollus*, § 155 Rn 2; Semler/Stengel/*Maier-Reimer/Seulen*, § 155 Rn 4; KölnKomm-UmwG/*Simon*, § 155 Rn 4.
6 Dafür: Lutter/*Karollus*, § 155 Rn 2; dagegen: Semler/Stengel/*Maier-Reimer/Seulen*, § 155 Rn 4; iE ebenfalls ablehnend: Kallmeyer/*Kallmeyer/Sickinger*, § 155 Rn 2; KölnKomm-UmwG/*Simon*, § 155 Rn 4.
7 Lutter/*Karollus*, § 155 Rn 2; Semler/Stengel/*Maier-Reimer/Seulen*, § 155 Rn 4.
8 Lutter/*Karollus*, § 155 Rn 2; KölnKomm-UmwG/*Simon*, § 155 Rn 4.
9 Lutter/*Karollus*, § 155 Rn 4; KölnKomm-UmwG/*Simon*, § 155 Rn 5.
10 Semler/Stengel/*Maier-Reimer/Seulen*, § 155 Rn 5.
11 Schmitt/Hörtnagl/Stratz/*Hörtnagl*, § 155 UmwG Rn 1; Lutter/*Karollus*, § 155 Rn 4.
12 So auch Lutter/*Karollus*, § 155 Rn 4; KölnKomm-UmwG/*Simon*, § 155 Rn 5.
13 Lutter/*Karollus*, § 155 Rn 5.

grundsätzlich frei, sein Handelsgeschäft zu veräußern, wobei bei entsprechendem Parteiwillen gleichzeitig auch die Übertragung der Firma einhergehen kann.[14]

II. Firmenbildung beim übernehmenden Rechtsträger

Nach erfolgter Übertragung steht dem übernehmenden Rechtsträger zur Wahl, nach allgemei- 8
nen Grundsätzen[15] eine neue **Firma** zu bilden oder die eigene Firma oder die des übertragenden Rechtsträgers fortzuführen.[16] Der letztgenannten Möglichkeit steht insbesondere § 125 S. 1 nicht entgegen, der für den Fall der Abspaltung und Ausgliederung die Anwendbarkeit von § 18 ausschließt. Richtigerweise muss in § 125 S. 1 Hs 2 zumindest in Bezug auf die §§ 152 ff ein Redaktionsversehen des Gesetzgebers gesehen werden, da es diesem freistehen muss, den in der Firma liegenden Wert mit zu übertragen.[17] Vielmehr verbleibt es bei der allgemeinen Regelung des § 22 HGB. Demnach besteht gem. § 22 Abs. 1 HGB das **Recht zur Firmenfortführung** unter anderem dann, wenn ein Handelsgeschäft unter Lebenden übertragen wird. Dies ist bei der Ausgliederung aus dem Vermögen des Einzelkaufmanns grundsätzlich der Fall. Der Grund für die Nichtanwendbarkeit des § 18 auf die Abspaltung und Ausgliederung ist – im Gegensatz zur Verschmelzung und Aufspaltung – darin zu sehen, dass hiermit nicht notwendigerweise die Übertragung des gesamten Handelsgeschäfts einhergeht.[18] Die darüber hinausgehende Annahme der gesetzgeberischen Intention, dass § 22 HGB durch § 125 S. 1 gesperrt sei und damit die Annahme einer gravierenden Bereichsausnahme vom Grundsatz der Firmenbeständigkeit vorläge, ist in Ermangelung eindeutiger Anhaltspunkte nicht angezeigt.[19] In jedem Fall ist jedoch auf die Verwendung des korrekten Rechtsformzusatzes zu achten.[20]

§ 156 Haftung des Einzelkaufmanns

[1]Durch den Übergang der Verbindlichkeiten auf übernehmende oder neue Gesellschaften wird der Einzelkaufmann von der Haftung für die Verbindlichkeiten nicht befreit. [2]§ 418 des Bürgerlichen Gesetzbuchs ist nicht anzuwenden.

I. Überblick

Die Bestimmungen in §§ 156, 157 sind im Zusammenhang zu betrachten und regeln die **Haf-** 1
tung des Einzelkaufmannes nach dem Ausgliederungsvorgang sowie die gesetzliche **Begrenzung dieser Haftung.**[1] Auch nach Übergang der übertragenen Verbindlichkeiten auf den übernehmenden Rechtsträger haftet der Einzelkaufmann weiterhin bis zum Ablauf der in § 157 geregelten Zeitspanne. Keine Aussage treffen §§ 156 f über die Haftung des übernehmenden Rechtsträgers sowie insbesondere über dessen Haftung im Verhältnis zum übertragenden Einzelkaufmann.[2] Insoweit verbleibt es bei den allgemeinen spaltungsrechtlichen Haftungsvor-

14 Semler/Stengel/*Maier-Reimer/Seulen*, § 155 Rn 7.
15 Vgl §§ 4, 279 AktG; Art. 11 SE-VO; § 4 GmbHG; § 3 GenG; § 19 HGB. Vgl Lutter/*Karollus*, § 155 Rn 6.
16 Lutter/*Karollus*, § 155 Rn 6; KölnKomm-UmwG/*Simon*, § 155 Rn 8.
17 So auch die hM, LG Hagen GmbHR 1996, 127; Widmann/Mayer/*Mayer*, § 155 Rn 12; KölnKomm-UmwG/*Simon*, § 155 Rn 8; Lutter/*Karollus*, § 155 Rn 6; aA wohl Semler/Stengel/*Maier-Reimer/Seulen*, § 155 Rn 9; *Kögel*, GmbHR 1996, 168, 173.
18 Semler/Stengel/*Maier-Reimer/Seulen*, § 155 Rn 9.
19 Lutter/*Karollus*, § 155 Rn 6.
20 Semler/Stengel/*Maier-Reimer/Seulen*, § 155 Rn 9.
1 Widmann/Mayer/*Mayer*, § 156 Rn 1.
2 Semler/Stengel/*Maier-Reimer/Seulen*, § 156 Rn 1; KölnKomm-UmwG/*Simon*, § 156 Rn 1.

schriften der §§ 133 f[3] Die haftungsrechtliche Behandlung nicht übertragbarer Verbindlichkeiten ist ebenfalls nicht Regelungsgegenstand des § 156.[4]

2 Für den Einzelkaufmann stellen die §§ 156 f leges speciales im Verhältnis zu den §§ 133 f dar, soweit sie denselben Regelungsgegenstand betreffen. Im Speziellen bedeutet dies, dass § 133 Abs. 1 S. 1, Abs. 3 S. 1, Abs. 4, 5 verdrängt wird und dass die §§ 133 Abs. 1 S. 2, Abs. 2, Abs. 3 S. 2, Abs. 6, 134 weiterhin Anwendung finden.[5]

II. Haftung des Einzelkaufmanns

3 **1. Übertragene Verbindlichkeiten.** Durch die Ausgliederung von Verbindlichkeiten kann sich der Einzelkaufmann, wie § 156 S. 1 ausdrücklich klarstellt, von seiner Haftung zunächst nicht befreien. Die Ausgliederung bewirkt vielmehr einen bloßen **Schuldbeitritt** des übernehmenden Rechtsträgers.[6] Ob eine Verbindlichkeit übertragen wird, bemisst sich anhand des Ausgliederungs- und Übernahmevertrags. Dazu zählen nicht nur diejenigen Verbindlichkeiten, die im Zeitpunkt der Ausgliederung bereits entstanden waren. Es genügt, wenn konkrete Rechtsverhältnisse übertragen werden, aus denen heraus sich erst nach dem künftigen Eintritt einer oder mehrerer Bedingungen Verbindlichkeiten ergeben.[7] Einzelkaufmann und übernehmender Rechtsträger haften Dritten gegenüber als **Gesamtschuldner.**[8] Davon unberührt bleibt die haftungsrechtliche Ausgestaltung im Innenverhältnis, wonach grundsätzlich der übernehmende Rechtsträger zum Ausgleich der mit übernommenen Verbindlichkeiten verpflichtet ist.[9] Erst nach Ablauf der in § 157 bestimmten Frist tritt nach den Grundzügen einer befreienden Schuldübernahme die **Enthaftung** des Einzelkaufmanns ein.[10]

4 **2. Nicht übertragene Verbindlichkeiten.** Der Einzelkaufmann haftet auch weiterhin für Verbindlichkeiten, die nicht übertragen worden sind. Die nach § 133 I angeordnete Mithaftung des übernehmenden Rechtsträgers führt im **Außenverhältnis** zu einer gesamtschuldnerischen Haftung. Auf das **Innenverhältnis** ist dies jedoch ohne Belang. Hier bleibt der Einzelkaufmann – sofern der Ausgliederungs- und Übernahmevertrag keine abweichende Vereinbarung enthält – nach den Grundsätzen der Gesamtschuld zum Ausgleich verpflichtet.[11] Da das UmwG hinsichtlich nicht übertragener Forderungen keine Regelungen über eine Enthaftung enthält, verbleibt es diesbezüglich bei den allgemeinen Vorschriften. Demnach tritt unter der Voraussetzung, dass der übernehmende Rechtsträger nach § 25 HGB haftet, gem. § 26 HGB nach Ablauf von fünf Jahren die **Enthaftung** des Einzelkaufmanns ein.[12] Diese gilt jedoch lediglich im Verhältnis zu Dritten. Im Innenverhältnis wird – obwohl ein Regress aufgrund nicht mehr vorliegender Gesamtschuld nunmehr ausscheidet – eine ergänzende Auslegung des Ausgliederungs- und Übernahmevertrags regelmäßig ergeben, dass der Einzelkaufmann dem übernehmenden Rechtsträger auch weiterhin zum Ausgleich verpflichtet bleibt.[13]

5 **3. Neuverbindlichkeiten.** Für Verbindlichkeiten, die beim übernehmenden Rechtsträger nach erfolgter Ausgliederung (= Eintragung der Ausgliederung im Register am Sitz des Einzelkaufmanns) entstehen, haftet der Einzelkaufmann nicht mehr persönlich. Für die Beurteilung maßgeblich ist der Zeitpunkt, in dem der Rechtsgrund gelegt wird. Entsteht der Rechtsgrund vor dem Vollzug der Ausgliederung, liegt eine Altverbindlichkeit vor, die nach den in vorstehender Rn 3 aufgeführten Grundsätzen zu behandeln ist. Entsteht der Rechtsgrund nach dem Vollzug

3 KölnKomm-UmwG/*Simon*, § 156 Rn 3.
4 Semler/Stengel/*Maier-Reimer/Seulen*, § 156 Rn 1; KölnKomm-UmwG/*Simon*, § 156 Rn 1.
5 Lutter/*Karollus*, § 156 Rn 2; KölnKomm-UmwG/*Simon*, § 156 Rn 2.
6 Widmann/Mayer/*Mayer*, § 156 Rn 6; Lutter/*Karollus*, § 156 Rn 3; KölnKomm-UmwG/*Simon*, § 156 Rn 6.
7 Semler/Stengel/*Maier-Reimer/Seulen*, § 156 Rn 4 f; KölnKomm-UmwG/*Simon*, § 156 Rn 7.
8 Lutter/*Karollus*, § 156 Rn 3; KölnKomm-UmwG/*Simon*, § 156 Rn 6.
9 Widmann/Mayer/*Mayer*, § 156 Rn 7; Lutter/*Karollus*, § 156 Rn 3.
10 Lutter/*Karollus*, § 156 Rn 3; KölnKomm-UmwG/*Simon*, § 156 Rn 6.
11 Lutter/*Karollus*, § 156 Rn 4; KölnKomm-UmwG/*Simon*, § 156 Rn 8.
12 Semler/Stengel/*Maier-Reimer/Seulen*, § 156 Rn 14, 17; KölnKomm-UmwG/*Simon*, § 156 Rn 8 f.
13 Lutter/*Karollus*, § 156 Rn 5.

der Ausgliederung, handelt es sich demgegenüber um eine **Neuverbindlichkeit**, bezüglich derer der Einzelkaufmann keiner persönlichen Haftung mehr ausgesetzt ist. Die Möglichkeit einer Rechtsscheinhaftung sowie einer Haftung gem. § 15 HGB für Verbindlichkeiten, die bis zur Bekanntmachung der Ausgliederung entstehen, bleibt hiervon unberührt.[14]

4. Betriebsaufspaltung. Beschränkt sich der Einzelkaufmann nach einer **Betriebsaufspaltung** auf die Verwaltung der zur Führung des Betriebes notwendigen Vermögensteile, haftet er grundsätzlich nach § 134 für **Neuverbindlichkeiten** aus Arbeitsverhältnissen, die binnen fünf Jahren nach Ausgliederung mit der Betreibergesellschaft geschlossen werden. Er gilt in diesem Fall als Anlagegesellschaft, kann jedoch grundsätzlich auch als Betreibergesellschaft agieren.[15] Zwar passen diese Begrifflichkeiten nicht reibungslos auf den Einzelkaufmann, es ist indes kein Grund ersichtlich, diesen im Rahmen einer Betriebsaufspaltung im Vergleich zu anderen Rechtsträgern besser zu stellen.[16] Anlagegesellschaft und Betreibergesellschaft haften Dritten gegenüber als Gesamtschuldner.[17] 6

5. Sicherheiten. Gemäß § 156 S. 2 ist § 418 BGB nicht anzuwenden.[18] Die für die ausgegliederte Forderung bestellten **Sicherungs- und Vorzugsrechte** erlöschen daher gerade nicht, sondern bestehen auch ohne Einwilligung des Sicherungsgebers fort.[19] Dies gilt nicht nur für die in § 418 BGB namentlich genannten Rechte, sondern darüber hinaus auch für alle anderen akzessorischen Sicherheiten sowie die Sicherungsgrundschuld.[20] Regelmäßig geht mit Übertragung der Verbindlichkeit auch der Freistellungsanspruch des Sicherungsgebers gegen den Einzelkaufmann mit über. Nach Ablauf der in § 157 bestimmten Zeitspanne und der damit verbundenen Enthaftung des Einzelkaufmannes ist dem Sicherungsgeber der Rückgriff auf seinen ursprünglichen Rückgriffschuldner verwehrt. Der Freistellungsanspruch kann dann nur noch gegen den übernehmenden Rechtsträger gerichtet werden. Es ist daher nur billig, dem Sicherungsgeber das Recht einzuräumen, gem. § 22 iVm § 133 Abs. 1 S. 2 Hs 2 Sicherheit vom übernehmenden Rechtsträger für den Fall zu verlangen, dass der Rückgriffanspruch durch die Veränderung der ursprünglichen Haftungssituation gefährdet scheint.[21] 7

III. Haftung des übernehmenden Rechtsträgers

1. Übertragene Verbindlichkeiten. Die Haftung des übernehmenden Rechtsträgers für übernommene Verbindlichkeiten folgt aus § 131 Abs. 1 Nr. 1. Insoweit ergeben sich keinerlei Besonderheiten.[22] Übernehmender Rechtsträger und Einzelkaufmann haften Dritten gegenüber als **Gesamtschuldner**. Im Innenverhältnis wird der übernehmende Rechtsträger durch die Ausgliederung zum primären Schuldner. 8

2. Nicht übertragene Verbindlichkeiten. Verbindlichkeiten, die vom Einzelkaufmann nicht ausgegliedert werden, verbleiben weiterhin bei diesem. Aufgrund § 133 Abs. 1 S. 1 haftet der übernehmende Rechtsträger gleichwohl gesamtschuldnerisch neben dem Einzelkaufmann (siehe bereits Rn 4). Dem Wortlaut nach erstreckt sich die Haftung auf „die Verbindlichkeiten" des übertragenden Rechtsträgers und damit auf sämtliche Verbindlichkeiten des Einzelkaufmannes, unabhängig von deren Rechtsgrund. Umfasst sind daher sowohl die aus seinem Gewerbebetrieb herrührenden als auch die in seiner Eigenschaft als Privatperson begründeten Verbind- 9

14 Lutter/*Karollus*, § 156 Rn 27; KölnKomm-UmwG/*Simon*, § 156 Rn 10.
15 Lutter/*Karollus*, § 156 Rn 27; Semler/Stengel/*Maier-Reimer/Seulen*, § 156 Rn 28; KölnKomm-UmwG/*Simon*, § 156 Rn 12.
16 Lutter/*Karollus*, § 156 Rn 6.
17 Semler/Stengel/*Maier-Reimer/Seulen*, § 156 Rn 28.
18 § 156 S. 2 hat freilich nur klarstellende Funktion, da § 418 im Rahmen der Gesamtrechtsnachfolge ohnehin nicht anwendbar ist; so auch Widmann/Mayer/*Mayer*, § 156 Rn 10.
19 Widmann/Mayer/*Mayer*, § 156 Rn 1, 10.
20 KölnKomm-UmwG/*Simon*, § 156 Rn 13. Für die Sicherungsgrundschuld: Lutter/*Karollus*, § 156 Rn 21.
21 Lutter/*Karollus*, § 156 Rn 21; Semler/Stengel/*Maier-Reimer/Seulen*, § 156 Rn 11; KölnKomm-UmwG/*Simon*, § 156 Rn 13.
22 Lutter/*Karollus*, § 156 Rn 8; KölnKomm-UmwG/*Simon*, § 156 Rn 14.

lichkeiten.[23] Dies gilt nach allgemeiner Auffassung selbst für solche **Verbindlichkeiten,** die in einem anderen als dem übertragenen Unternehmen des Einzelkaufmanns entstanden sind.[24]

10 **3. Neuverbindlichkeiten.** Hinsichtlich der eingegangenen **Neuverbindlichkeiten** (s. bereits Rn 5) ergeben sich keine Besonderheiten. Es haftet stets der Rechtsträger, der die Verpflichtung eingegangen ist.

11 **4. Haftung aus weiteren Vorschriften.** Wie § 133 Abs. Hs 1 ausdrücklich regelt, sind §§ 25, 26, 28 HGB durch die umwandlungsrechtlichen Vorschriften nicht gesperrt. Sie finden auch weiterhin Anwendung. Gem. §§ 25 Abs. 1, 26 HGB haftet der übernehmende Rechtsträger fünf Jahre für Verbindlichkeiten des Unternehmens des Einzelkaufmannes, soweit die Ausgliederung den Kern dessen Handelsgeschäfts betrifft, der übernehmende Rechtsträger die bisherige Firma fortführt und kein Haftungsausschluss nach § 25 Abs. 2 HGB einschlägig ist. Auf eine anderslautende, mit dem Einzelkaufmann getroffene Vereinbarung kann sich der übernehmende Rechtsträger Dritten gegenüber nicht berufen.[25]

12 Trotz des Verweises auf § 28 HGB findet die Norm im Fall der Ausgliederung mangels Vorliegen der Tatbestandsvoraussetzungen keine Anwendung. § 28 HGB regelt nämlich den Fall, dass jemand als Gesellschafter in das Geschäft eines Einzelkaufmanns eintritt und damit die Gründung einer Personenhandelsgesellschaft herbeiführt. Demgegenüber wird in § 152 das Vorhandensein einer Personenhandelsgesellschaft gerade vorausgesetzt. Auch eine analoge Anwendung scheidet in Anbetracht der Existenz von § 133 und damit in Ermangelung einer Regelungslücke aus.[26]

§ 157 Zeitliche Begrenzung der Haftung für übertragene Verbindlichkeiten

(1) [1]Der Einzelkaufmann haftet für die im Ausgliederungs- und Übernahmevertrag aufgeführten Verbindlichkeiten, wenn sie vor Ablauf von fünf Jahren nach der Ausgliederung fällig und daraus Ansprüche gegen ihn in einer in § 197 Abs. 1 Nr. 3 bis 5 des Bürgerlichen Gesetzbuchs bezeichneten Art festgestellt sind oder eine gerichtliche oder behördliche Vollstreckungshandlung vorgenommen oder beantragt wird; bei öffentlich-rechtlichen Verbindlichkeiten genügt der Erlass eines Verwaltungsakts. [2]Eine Haftung des Einzelkaufmanns als Gesellschafter des aufnehmenden Rechtsträgers nach § 128 des Handelsgesetzbuchs bleibt unberührt.

(2) [1]Die Frist beginnt mit dem Tage, an dem die Eintragung der Ausgliederung in das Register des Sitzes des Einzelkaufmanns nach § 125 in Verbindung mit § 19 Abs. 3 bekannt gemacht worden ist. [2]Die für die Verjährung geltenden §§ 204, 206, 210, 211 und 212 Abs. 2 und 3 des Bürgerlichen Gesetzbuchs sind entsprechend anzuwenden.

(3) Einer Feststellung in einer in § 197 Abs. 1 Nr. 3 bis 5 des Bürgerlichen Gesetzbuchs bezeichneten Art bedarf es nicht, soweit der Einzelkaufmann den Anspruch schriftlich anerkannt hat.

(4) Die Absätze 1 bis 3 sind auch anzuwenden, wenn der Einzelkaufmann in dem Rechtsträger anderer Rechtsform geschäftsführend tätig wird.

I. Überblick

1 Die Bestimmungen in §§ 156, 157 sind im Zusammenhang zu betrachten und regeln die **Haftung des Einzelkaufmannes** nach dem Ausgliederungsvorgang sowie die gesetzliche **Begren-**

23 Semler/Stengel/*Maier-Reimer/Seulen*, § 156 Rn 15; Lutter/*Karollus*, § 156 Rn 10 f; KölnKomm-UmwG/*Simon*, § 156 Rn 15.
24 Semler/Stengel/*Maier-Reimer/Seulen*, § 156 Rn 15; Lutter/*Karollus*, § 156 Rn 11.
25 Semler/Stengel/*Maier-Reimer/Seulen*, § 156 Rn 17.
26 KölnKomm-UmwG/*Simon*, § 156 Rn 15; Semler/Stengel/*Maier-Reimer/Seulen*, § 156 Rn 18.

zung dieser Haftung.[1] In §§ 156, 157 wird ein von §§ 133, 134 für andere Fälle der Spaltung abweichendes und diesen im Rahmen ihres beschränkten Regelungsgehaltes als lex specialis vorgehendes Haftungsregime statuiert.[2] § 157 verdrängt die Haftung gemäß § 134 allerdings nur, soweit Ansprüche aus § 156 betroffen sind. Insgesamt ist § 157 eng an Nachhaftungsbegrenzungsgesetz angelehnt. Aufgrund der lex posterior-Regel greift freilich die zehnjährige Enthaftungsfrist des § 133 Abs. 3 S. 2 für Versorgungsverpflichtungen gemäß Betriebsrentengesetz.[3] Verfassungsrechtliche Bedenken gegen § 157 greifen nicht durch.[4]

§ 157 ist eine selbstständige **Enthaftungsgrundlage** für die Haftung aus § 156. Daneben gelten 2
insbesondere die Haftungsregeln der §§ 25, 28, 128 HGB (s. § 157 Abs. 1 S. 2), 826 BGB und der Insolvenzordnung. Im Hinblick auf die zeitliche Anwendbarkeit gilt § 319 (siehe die dortigen Ausführungen) und betreffend die Neuregelung der **Verjährung** durch das Schuldrechtsmodernisierungsgesetz ist Art. 29 § 6 EGBGB zu beachten. § 157 ist dispositiv und kann durch Vereinbarungen mit dem Gläubiger – nicht dem übernehmenden Rechtsträger – abbedungen werden.[5] Auf Teilübertragungen ist § 157 gemäß § 175 nicht anwendbar.

Im Innenverhältnis zwischen übertragendem und übernehmendem Rechtsträger wird die Haf- 3
tung grundsätzlich speziell geregelt, so dass interne **Freistellungs- und Ausgleichsansprüche** bestehen. Im Außenverhältnis sind diese freilich ohne Belang; insbesondere stellt § 157 keine Schutznorm für den übernehmenden Rechtsträger dar.[6]

II. Voraussetzungen

Zunächst muss eine Ausgliederung aus dem Vermögen eines Einzelkaufmannes vorliegen.[7] 4
Übernehmender Rechtsträger ist bei einer Ausgliederung zur Aufnahme entweder eine bereits bestehende Personenhandels-, Kapitalgesellschaft oder Genossenschaft bzw bei einer Ausgliederung zur Neugründung eine Kapitalgesellschaft.

Es muss eine gemäß Ausgliederungsvertrag zu übertragende **Altverbindlichkeit** vorhanden sein, 5
die bereits zum Zeitpunkt der Ausgliederung begründet sein und innerhalb von fünf Jahren ab dem Tag der letzten Bekanntmachung der Ausgliederung im elektronischen Bundesanzeiger (§§ 157 Abs. 2, 125, 19 Abs. 3 UmwG, § 10 HGB) fällig werden muss.[8] Die **Fünfjahresfrist** stellt hierbei eine Ausschlussfrist dar. Innerhalb dieser Frist muss der Gläubiger einen Manifestationsakt[9] gemäß § 157 Abs. 1 S. 1 vornehmen; ein vor der Ausgliederung vorgenommener Akt ist hierbei allerdings nur dann ausreichend, wenn der Anspruch auch bereits tituliert wurde.[10] Dies ist entweder ein rechtskräftiges Urteil, ein vollstreckbarer Vergleich, eine vollstreckbare Urkunde, die insolvenzverfahrensrechtliche Feststellung, der Erlass eines Verwaltungsaktes, eine gerichtliche oder behördliche Vollstreckungshandlung gemäß § 157 Abs. 1 oder ein schriftliches Anerkenntnis des Einzelkaufmannes gemäß § 157 Abs. 3. Die Einreichung der Klage oder der Antrag auf Erlass eines Mahnbescheides hemmen die Frist.[11] Für **Neuverbindlichkeiten** haftet der Einzelkaufmann nicht, so dass § 157 nicht eingreift.[12] **Vergessene Verbindlichkeiten** werden ebenfalls nicht von § 157 umfasst, da diese stets beim Einzelkaufmann bleiben.[13]

1 Widmann/Mayer/*Vossius*, § 156 Rn 1.
2 So auch Semler/Stengel/*Maier-Reimer/Seulen*, § 157 Rn 3 iVm § 156 Rn 2; Widmann/Mayer/*Vossius*, § 156 Rn 1.
3 So auch Semler/Stengel/*Maier-Reimer/Seulen*, § 157 Rn 9 a.
4 Anders jedoch *Canaris*, FS Odersky, 753, 775 f; wie hier Semler/Stengel/*Maier-Reimer/Seulen*, § 157 Rn 4.
5 Semler/Stengel/*Maier-Reimer/Seulen*, § 157 Rn 19; Widmann/Mayer/*Vossius*, § 157 Rn 32 f; Lutter/*Karollus*, § 157 Rn 21; aA Lutter/*Schmidt*, § 45 Rn 28.
6 Widmann/Mayer/*Vossius*, § 157 Rn 8 ff mit Beispielen und weiteren Nachweisen.
7 S. hierzu § 152 Rn 5 ff.
8 Lutter/*Karollus*, § 157 Rn 7; Semler/Stengel/*Maier-Reimer/Seulen*, § 157 Rn 10.
9 So eingängig Widmann/Mayer/*Vossius*, § 157 Rn 23.
10 So im Ergebnis auch *Maier-Reimer*, DB 2002, 1818, 1820; Semler/Stengel/*Maier-Reimer/Seulen*, § 157 Rn 16; § 133 Rn 92 ff; ähnlich und auf § 204 Abs. 2 S. 2 BGB verweisend KölnKomm-UmwG/*Simon*, § 157 Rn 12, 14; aA Lutter/*Karollus*, § 157 Rn 10, 13 mwN.
11 Lutter/*Karollus*, § 157 Rn 3, 17.
12 Semler/Stengel/*Maier-Reimer/Seulen*, § 157 Rn 6.
13 Widmann/Mayer/*Vossius*, § 157 Rn 12.

III. Rechtsfolgen

6 Der Einzelkaufmann haftet **akzessorisch** mit dem übernehmenden Rechtsträger, sofern der Anspruch innerhalb der Fünfjahresfrist ordnungsgemäß geltend gemacht wurde.[14] Dem Einzelkaufmann steht jedoch ein Freistellungs- bzw Ausgleichsanspruch gegenüber dem übernehmenden Rechtsträger aus dem Ausgliederungsvertrag oder – sofern dieser nichts regelt – allgemeinen Grundsätzen der Gesamtschuld zu.[15] Zwar greift § 129 HGB nicht zugunsten des Kaufmannes, jedoch kann er anderweitige Einreden und Einwendungen gemäß §§ 422 ff, 768, 770 BGB geltend machen.

7 Sofern die Fünfjahresfrist abläuft, ohne dass der Gläubiger einen der vorgenannten Manifestationsakte vorgenommen oder eingeleitet hat, so wird der Einzelkaufmann frei von dieser Verbindlichkeit.[16] Leistet er trotz Fristablauf, so kann er das Geleistete freilich in analoger Anwendung der §§ 813, 214 BGB nicht zurückverlangen.[17]

IV. Geschäftsführende Tätigkeit

8 Während zu § 159 HGB aF früher vertreten wurde, dass eine Enthaftung nicht einträte, sofern der Einzelkaufmann auch in dem übernehmenden Rechtsträger eine **geschäftsführende Position** bekleidet, stellt § 157 Abs. 4 eindeutig klar, dass eine solche Tätigkeit die Enthaftung nicht verhindert.[18]

Dritter Unterabschnitt
Ausgliederung zur Neugründung

§ 158 Anzuwendende Vorschriften

Auf die Ausgliederung zur Neugründung sind die Vorschriften des Zweiten Unterabschnitts entsprechend anzuwenden, soweit sich aus diesem Unterabschnitt nichts anderes ergibt.

I. Überblick

1 § 158 erklärt die Vorschriften über die Ausgliederung zur Aufnahme (§§ 153–157) für die Ausgliederung zur Neugründung für entsprechend anwendbar, soweit sich aus den Bestimmungen der §§ 159, 160 nichts anderes ergibt. Es sind allerdings in den §§ 159, 160 keine abweichenden Regelungen enthalten, sondern ausschließlich ergänzende Regelungen hinsichtlich der neu gegründeten Gesellschaft. Folglich sind die §§ 153–157 insgesamt analog anzuwenden.[1] Ferner gelten grundsätzlich auch die Regelung des § 152 und die allgemeinen Vorschriften des Spaltungsrechts sowie die rechtsformspezifischen Regelungen der neu zu gründenden Kapitalgesellschaft.[2]

2 Im früheren Recht waren entsprechende Regelungen in den §§ 51 Abs. 2 S. 1 UmwG 1969, 56 b Abs. 2 UmwG 1969/1980 enthalten.

3 Da eine Ausgliederung zur Neugründung aus dem Vermögen eines Einzelkaufmannes gemäß § 152 ausschließlich auf eine Kapitalgesellschaft (AG, KGaA oder GmbH, nicht jedoch UG) als neuem Rechtsträger erfolgen kann, stellt diese aus Sicht der übernehmenden Kapitalgesellschaft stets eine **Sachgründung** dar.[3] Hierbei wird die Sacheinlage durch vollständige oder an-

14 S. hierzu § 133 Rn 6 ff, 21 ff.
15 Widmann/Mayer/*Vossius*, § 157 Rn 27.
16 Lutter/*Karollus*, § 157 Rn 20.
17 Semler/Stengel/*Maier-Reimer/Seulen*, § 157 Rn 17; Widmann/Mayer/*Vossius*, § 157 Rn 31.
18 KölnKomm-UmwG/*Simon*, § 157 Rn 19; Lutter/*Karollus*, § 157 Rn 2; zum früheren Recht BGH NJW 1981, 175.

1 KölnKomm-UmwG/*Simon*, § 158 Rn 1; Widmann/Mayer/*Mayer*, § 158 Rn 1.
2 Semler/Stengel/*Maier-Reimer/Seulen*, § 158 Rn 3.
3 Lutter/*Karollus*, § 158 Rn 2; Semler/Stengel/*Maier-Reimer/Seulen*, § 158 Rn 4.

teilige Übertragung des einzelkaufmännischen Unternehmens im Wege der Gesamtrechtsnachfolge auf die neu gegründete Kapitalgesellschaft gegen Übernahme sämtlicher im Wege der Gründung zu schaffender Gesellschaftsanteile übertragen.[4] Zulässig ist auch eine zusätzliche Bareinlage des Einzelkaufmannes, so dass eine **Mischgründung** vorläge.[5]

II. Verfahren

Im Rahmen einer Ausgliederung zur Neugründung wird anstelle eines Ausgliederungsvertrages vom Einzelkaufmann gemäß § 136 II ein **Ausgliederungsplan** aufgestellt; dessen Inhalt ist im Wesentlichen der Gleiche, allerdings muss der Ausgliederungsplan den Gesellschaftsvertrag der neu zu gründenden Kapitalgesellschaft enthalten bzw diesen feststellen.[6] Der Ausgliederungsplan bedarf der notariellen Beurkundung. 4

Weder der Ausgliederungsplan noch dessen Entwurf bedürfen einer **Prüfung** (§ 125 S. 2). Auch ein Ausgliederungsbericht ist durch den Einzelkaufmann nicht zu erstellen (§ 153). Da dieser zudem der einzige Gesellschafter der neuen Kapitalgesellschaft sein wird und er den Ausgliederungsplan erstellt hat, ist auch für diese kein **Ausgliederungsbericht** zu erstellen.[7] Aus Gründen der Vorsicht kann ein **Verzicht** gemäß § 8 Abs. 3 erklärt werden, notwendig ist dies freilich nicht.[8] Seitens der Kapitalgesellschaft ist gemäß § 159 ein Sachgründungsbericht (GmbH)[9] bzw ein Gründungsbericht sowie eine Gründungsprüfung (AG bzw KGaA) notwendig. 5

Sofern im Unternehmen des Einzelkaufmannes ein **Betriebsrat** (oder gar ein Konzernbetriebsrat) vorhanden ist, muss diesem der Ausgliederungsplan bzw dessen Entwurf innerhalb der Monatsfrist des § 126 Abs. 3 zugeleitet werden. Anstelle des Tages der beim Einzelkaufmann nicht vorgesehenen Versammlung ist für die Berechnung der **Monatsfrist** auf den Tag der Einreichung der Handelsregisteranmeldung abzustellen.[10] 6

Die Ausgliederung bedarf weder eines **Zustimmungsbeschlusses** des Einzelkaufmannes oder des übernehmenden Rechtsträgers noch einer **Ausgliederungserklärung** des Einzelkaufmannes.[11] Bereits mit der Beurkundung des Ausgliederungsplans entsteht eine Vorgesellschaft, die jedoch erst durch die Eintragung der Ausgliederung mit einem Unternehmen ausgestattet wird.[12] 7

III. Gründung, Anmeldung und Eintragung

Gemäß § 135 sind hinsichtlich der Gründung des neuen Rechtsträgers die Gründungsvorschriften der jeweiligen Rechtsform (GmbHG, AktG) zu beachten. § 159 sieht entsprechende Weiterungen vor.[13] Handelsregisteranmeldung und -eintragung werden in § 160 geregelt.[14] Die Wirkung der Ausgliederung zur Neugründung sind im Wesentlichen identisch mit denen der Ausgliederung zur Aufnahme mit der einzigen Ausnahme, dass im Wege der Ausgliederung ein neuer Rechtsträger entsteht. 8

4 Widmann/Mayer/*Mayer*, § 158 Rn 4; Lutter/*Karollus*, § 158 Rn 2; Semler/Stengel/*Maier-Reimer/Seulen*, § 158 Rn 4.

5 So bereits *Priester*, BB 1978, 1291, 1292; OLG Oldenburg DB 1994, 88 (zum alten Recht); KölnKomm-UmwG/*Simon*, § 158 Rn 3.

6 Widmann/Mayer/*Mayer*, § 158 Rn 4; Semler/Stengel/*Maier-Reimer/Seulen*, § 158 Rn 5; Lutter/*Karollus*, § 158 Rn 6; KK-UmwG/*Simon*, § 158 Rn 5.

7 Lutter/*Karollus*, § 158 Rn 8; Semler/Stengel/*Maier-Reimer/Seulen*, § 158 Rn 7; KölnKomm-UmwG/*Simon*, § 158 Rn 7.

8 Lutter/*Karollus*, § 158 Rn 8; Semler/Stengel/*Maier-Reimer/Seulen*, § 158 Rn 7; KölnKomm-UmwG/*Simon*, § 158 Rn 7.

9 BayObLG NZG 1999, 321 (mAnm. *Kleindiek*).

10 Semler/Stengel/*Maier-Reimer/Seulen*, § 158 Rn 9; Lutter/*Karollus*, § 158 Rn 9; KölnKomm-UmwG/*Simon*, § 158 Rn 8; aA Schmitt/Hörtnagl/Stratz/*Hörtnagl*, Vor §§ 152-160 Rn 5, der auf den Tag der Beurkundung des Ausgliederungsplans abstellt.

11 KölnKomm-UmwG/*Simon*, § 158 Rn 9; Lutter/*Karollus*, § 158 Rn 9 f; Semler/Stengel/*Maier-Reimer/Seulen*, § 158 Rn 16; aA Widmann/Mayer/*Mayer*, § 158 Rn 4, § 152 Rn 94; Kallmeyer/*Kallmeyer/Sickinger*, § 158 Rn 2.

12 S. hierzu *Wilken*, DStR 1999, 677, 678 f.

13 S. hierzu § 159 Rn 1 ff.

14 S. hierzu § 160 Rn 1 ff.

§ 159 Sachgründungsbericht, Gründungsbericht und Gründungsprüfung

(1) Auf den Sachgründungsbericht (§ 5 Abs. 4 des Gesetzes betreffend die Gesellschaften mit beschränkter Haftung) ist § 58 Abs. 1, auf den Gründungsbericht (§ 32 des Aktiengesetzes) § 75 Abs. 1 entsprechend anzuwenden.

(2) Im Falle der Gründung einer Aktiengesellschaft oder einer Kommanditgesellschaft auf Aktien haben die Prüfung durch die Mitglieder des Vorstands und des Aufsichtsrats (§ 33 Abs. 1 des Aktiengesetzes) sowie die Prüfung durch einen oder mehrere Prüfer (§ 33 Abs. 2 des Aktiengesetzes) sich auch darauf zu erstrecken, ob die Verbindlichkeiten des Einzelkaufmanns sein Vermögen übersteigen.

(3) [1]Zur Prüfung, ob die Verbindlichkeiten des Einzelkaufmanns sein Vermögen übersteigen, hat der Einzelkaufmann den Prüfern eine Aufstellung vorzulegen, in der sein Vermögen seinen Verbindlichkeiten gegenübergestellt ist. [2]Die Aufstellung ist zu gliedern, soweit das für die Prüfung notwendig ist. [3]§ 320 Abs. 1 Satz 2 und Abs. 2 Satz 1 des Handelsgesetzbuchs gilt entsprechend, wenn Anlaß für die Annahme besteht, daß in der Aufstellung aufgeführte Vermögensgegenstände überbewertet oder Verbindlichkeiten nicht oder nicht vollständig aufgeführt worden sind.

I. Überblick

1 Da eine Ausgliederung zur Neugründung aus dem Vermögen eines Einzelkaufmannes gemäß § 152 ausschließlich auf eine Kapitalgesellschaft (AG, KGaA oder GmbH, nicht jedoch UG) als neuem Rechtsträger erfolgen kann und diese aus Sicht der übernehmenden Kapitalgesellschaft stets eine **Sachgründung** darstellt,[1] verweist § 160 Abs. 1 (lediglich klarstellend)[2] auf die hierfür einschlägigen Rechtsnormen des UmwG, AktG und GmbHG und erweitert § 160 Abs. 2, 3 für bestimmte Teilaspekte der Sachgründung die bereits bestehenden Anforderungen bei der Neugründung einer AG oder KGaA. Dies betrifft aufgrund des in § 152 Abs. 1 S. 2 statuierten Ausgliederungsverbotes bei Überschuldung des Einzelkaufmannes vor allem die Prüfmaßnahmen beim **Gründungsbericht** und der **Gründungsprüfung**. Im Gegensatz zu § 154 kommt es hier nicht auf die Offensichtlichkeit der Überschuldung an; die Eintragung der Ausgliederung zur Neugründung ist vielmehr abzulehnen, wenn eine **Überschuldung** vorliegt, so dass diese Frage vom Registergericht stets konkret zu prüfen ist.[3]

2 Im früheren Recht waren entsprechende Regelungen in den §§ 53 Abs. 2, 3 UmwG 1969, 56 d UmwG 1969/1980 enthalten.

II. Gründungsberichte gemäß Abs. 1

3 Die Notwendigkeit zur Erstellung eines **Sachgründungsberichtes** bei der Sachgründung einer GmbH ergibt sich aus § 5 Abs. 4 S. 2 GmbHG und zur Erstellung eines **Gründungsberichts** bei einer AG aus § 32 AktG. Gemäß § 135 Abs. 2 S. 2 hat der Einzelkaufmann als Gründer diese Berichte aufzustellen. Die Gründungsberichte ist Grundlage für die Gründungsprüfungen durch Vorstand, Aufsichtsrat und Gründungsprüfer der AG sowie das Registergericht. Die in § 159 Abs. 1 aufgeführten Regelungen der §§ 58 Abs. 1 und 75 Abs. 1 haben zur Folge, dass im jeweiligen Gründungsbericht der **Geschäftsverlauf** und die **Lage des Einzelkaufmannes** als

1 Lutter/*Karollus*, § 158 Rn 2; Semler/Stengel/*Maier-Reimer/Seulen*, § 158 Rn 4; KölnKomm-UmwG/*Simon*, § 158 Rn 3; Widmann/Mayer/*Mayer*, § 158 Rn 4.

2 Semler/Stengel/*Maier-Reimer/Seulen*, § 159 Rn 1; KölnKomm-UmwG/*Simon*, § 159 Rn 1.

3 KölnKomm-UmwG/*Simon*, § 159 Rn 2; Semler/Stengel/*Maier-Reimer/Seulen*, § 159 Rn 1; Widmann/Mayer/*Mayer*, § 158 Rn 2.

übertragendem Rechtsträger darzustellen sind; hierbei sind die Jahresergebnisse der letzten beiden vollständigen Geschäftsjahre anzugeben.[4]

Hierbei ist streitig, ob nur der **Unternehmensbereich** des Einzelkaufmannes darzulegen ist oder 4
auch dessen **Privatbereich.** Nach einem Teil des Schrifttums soll nur der unternehmerische Teil in diese Darstellung einzubeziehen sein, da die Überschuldung des Einzelkaufmannes allein auf Grundlage dieser Vermögensaufstellung zu beurteilen sei.[5] Da das Registergericht jedoch einerseits zu prüfen hat, ob die Verbindlichkeiten des Kaufmannes dessen Vermögen übersteigen, und andererseits sicherzustellen hat, dass die im Rahmen der Ausgliederung zur Neugründung erbrachte Sacheinlage werthaltig ist, kommt es – insb. aufgrund der **Haftungsrisiken** gemäß § 133 Abs. 1 – auch auf die Vermögensverhältnisse des Kaufmannes im Privatbereich an.[6] Der Berichtsinhalt ist aufgrund der Handelsregisterpublizität (§ 9 Abs. 1 S. 1 HGB) zum Schutz der Privatsphäre des Kaufmannes freilich teleologisch auf etwaige Haftungsrisiken, welche die Werthaltigkeit beeinträchtigen und zu Haftungsrisiken des neuen Rechtsträgers führen können, zu beschränken.[7]

III. Gründungsprüfung gemäß Abs. 2

Ist der neu zu gründende Rechtsträger eine AG oder KGaA, so gelten einerseits die allgemeinen 5
aktienrechtlichen Prüfungsbestimmungen der §§ 33, 34 AktG und ist andererseits die zusätzliche Prüfung, ob die Verbindlichkeiten des Einzelkaufmannes sein Vermögen übersteigen, notwendig. Hierdurch soll die ordnungsgemäße **Kapitalaufbringung** der neu gegründeten Kapitalgesellschaft sichergestellt werden.[8] Die **vereinfachte Sachgründung** gemäß § 33 a AktG ist bei der Ausgliederung zur Neugründung aufgrund des fehlenden Verweises in § 159 Abs. 2 nicht anwendbar.[9] Der Prüfungsbericht ist mit der Anmeldung zum Registergericht einzureichen (§§ 135 Abs. 2 UmwG, 37 Abs. 4 Nr. 4 AktG) und ermöglicht dem Registergericht neben der Prüfung der ordnungsgemäßen **Gründung** auch die Prüfung der **Überschuldung** des Einzelkaufmannes.

Die **Gründungsprüfung** umfasst die Frage, ob der Einzelkaufmann ohne das auszugliedernde 6
Vermögen überschuldet ist, richtigerweise nicht. Diese Frage sollte im Ergebnis auch nicht zu einem anderen Ergebnis führen als die insgesamt durchzuführende Überschuldungsprüfung, da die dem Einzelkaufmann im Gegenzug zu gewährenden Gesellschaftsanteile hierbei zu berücksichtigen wären.[10]

IV. Vermögensaufstellung gemäß Abs. 3

Bei der Ausgliederung zur Neugründung einer AG oder KGaA hat der Einzelkaufmann eine 7
vollständige **Vermögensaufstellung** seines gesamten Aktivvermögens und seiner gesamten Verbindlichkeiten in gegliederter Form vorzulegen, also sowohl des Unternehmens- als auch des Privatbereiches.[11] Diese Aufstellung stellt keine **Bilanz** im handelsrechtlichen Sinne dar. Aus der Aufstellung müssen sich jedoch die **Werthaltigkeit** des ausgegliederten Vermögens und die fehlende Überschuldung des Einzelkaufmannes ergeben.[12] Da sich die Pflicht zur Vorlage der

4 Semler/Stengel/*Reichert*, § 58 Rn 7; Semler/Stengel/*Maier-Reimer/Seulen*, § 159 Rn 3; Lutter/*Karollus*, § 159 Rn 7.

5 Lutter/*Karollus*, § 159 Rn 7.

6 So auch Semler/Stengel/*Maier-Reimer/Seulen*, § 159 Rn 5 f; Widmann/Mayer/*Mayer*, § 159 Rn 4; im Ergebnis auch KölnKomm-UmwG/*Simon*, § 159 Rn 6.

7 Für dieses Ergebnis im Wege der teleologischen Reduktion ebenfalls Semler/Stengel/*Maier-Reimer/Seulen*, § 159 Rn 6; Widmann/Mayer/*Mayer*, § 159 Rn 4; KölnKomm-UmwG/*Simon*, § 159 Rn 6.

8 Lutter/*Karollus*, § 159 Rn 9; Widmann/Mayer/*Mayer*, § 159 Rn 7; Semler/Stengel/*Maier-Reimer/Seulen*, § 159 Rn 7.

9 So auch Widmann/Mayer/*Mayer*, § 159 Rn 7; Semler/Stengel/*Maier-Reimer/Seulen*, § 159 Rn 8.

10 In diesem Sinne auch KölnKomm-UmwG/*Simon*, § 159 Rn 8; aA Semler/Stengel/*Maier-Reimer/Seulen*, § 159 Rn 20 f, die den Wert der Anteile nicht berücksichtigen wollen.

11 Lutter/*Karollus*, § 159 Rn 13; KölnKomm-UmwG/*Simon*, § 159 Rn 11; Widmann/Mayer/*Mayer*, § 159 Rn 12; Semler/Stengel/*Maier-Reimer/Seulen*, § 159 Rn 13.

12 KölnKomm-UmwG/*Simon*, § 159 Rn 7; Widmann/Mayer/*Mayer*, § 159 Rn 9.

Vermögensaufstellung auf die Gründungsprüfung gemäß § 159 Abs. 2 bezieht, ist im Rahmen einer Ausgliederung auf eine neue GmbH grundsätzlich keine Aufstellung notwendig. § 159 Abs. 3 ist auch nicht analog anwendbar; allerdings kann das Registergericht bei Zweifeln an der Überschuldung des Einzelkaufmannes eine solche im Rahmen seiner Prüfung verlangen.[13]

8 Die Vermögensaufstellung muss die gesamten **Aktiva** und **Passiva** des Einzelkaufmannes enthalten; diese sind mit dem **Verkehrswert** unter Aufdeckung etwaiger **stiller Lasten** sowie unter Aufdeckung **stiller Reserven** in Ansatz zu bringen.[14] Da eine Gesamtvermögensbetrachtung notwendig ist, sind neben den **Privatverbindlichkeiten** auch **ungewisse Verbindlichkeiten**, die in einem bilanzierungspflichtigen Unternehmen als Rückstellungen ausgewiesen würden, aufzuführen.[15] Gleiches gilt für Verpflichtungen aus Dauerschuldverhältnissen, nicht jedoch für ungewisse künftige Ansprüche und Verbindlichkeiten.[16] Eine Trennung der Aufstellung nach **unternehmerischem Vermögen** und **Privatvermögen** wird zwar als sinnvoll betrachtet, ist aber gesetzlich nicht gefordert.[17]

9 Die Vermögensaufstellung ist sowohl den **externen Gründungsprüfern** als auch den zur Prüfung verpflichteten **Organen** der neuen Gesellschaft vorzulegen. Zwar spricht der Wortlaut des § 159 Abs. 3 S. 1 für eine Einschränkung der Vorlagepflicht auf die „Prüfer“ iSd § 159 II, womit nur die externen Gründungsprüfer gemeint sind;[18] jedoch ist diese Auslegung nicht zwingend. Zur Prüfung gemäß § 159 Abs. 2 verpflichtet sind sowohl die externen Gründungsprüfer als auch die Mitglieder des Vorstandes und des Aufsichtsrates als interne Prüfer. Das Wortlautargument verfängt hierbei ebenso wenig wie der Verweis auf die in § 159 Abs. 3 S. 2 in Bezug genommene Norm des § 320 HGB, der schließlich auch nur als entsprechend anwendbar erklärt wird. Aufgrund des gleichen **Prüfungsauftrages** und derselben **Prüfungstiefe** der internen und externen Prüfer ist daher die Vorlagepflicht der Vermögensaufstellung auch an die Organe der Aktiengesellschaft aufgrund teleologischer Auslegung zwingend.[19]

V. Vorlage- und Auskunftspflichten gemäß Abs. 3 S. 3

10 Besteht Anlass für die Annahme, dass Vermögensgegenstände überbewertet oder Verbindlichkeiten in der Vermögensaufstellung nicht vollständig aufgeführt wurden, so verweist § 159 Abs. 3 S. 3 auf die handelsrechtlichen Bestimmungen in § 320 Abs. 1 S. 2, Abs. 2 S. 1 HGB, nach denen der Prüfer[20] die Bücher und Schriften sowie Vermögensgegenstände und Verbindlichkeiten – wie zB die Kasse, Bestände, Saldenstände und Wertpapiere – prüfen dürfen. Dieses Prüfungsrecht schließt sowohl das **Unternehmensvermögen** als auch das **Privatvermögen** mit ein.[21] Hierbei sind freilich die Privatsphäre des Kaufmannes zu schützen und insb. die **Verschwiegenheitspflichten** gemäß § 323 Abs. 1 HGB zu beachten.[22] Die erforderliche Befürchtung einer nicht ordnungsgemäßen Vermögensaufstellung muss zunächst durch eine **Plausibili-**

13 So auch Semler/Stengel/*Maier-Reimer/Seulen*, § 159 Rn 22; KölnKomm-UmwG/*Simon*, § 159 Rn 9.

14 Widmann/Mayer/*Mayer*, § 159 Rn 12; Lutter/*Karollus*, § 159 Rn 14; KölnKomm-UmwG/*Simon*, § 159 Rn 7; differenzierend Semler/Stengel/*Maier-Reimer/Seulen*, § 159 Rn 15, die zu Recht darauf hinweisen, dass stille Reserven aus dem Privatvermögen nicht aufgedeckt werden müssen, sofern dies für den Nachweis mangelnder Überschuldung nicht notwendig sein sollte.

15 Semler/Stengel/*Maier-Reimer/Seulen*, § 159 Rn 13; Widmann/Mayer/*Mayer*, § 159 Rn 13; KölnKomm-UmwG/*Simon*, § 159 Rn 11.

16 Widmann/Mayer/*Mayer*, § 159 Rn 13; Semler/Stengel/*Maier-Reimer/Seulen*, § 159 Rn 14.

17 So zu Recht Widmann/Mayer/*Mayer*, § 159 Rn 9; Semler/Stengel/*Maier-Reimer/Seulen*, § 159 Rn 16; KölnKomm-UmwG/*Simon*, § 159 Rn 13; für zwingend halten diese Aufgliederung jedoch Lutter/*Karollus*, § 159 Rn 11; Schmitt/Hörtnagl/Stratz/*Hörtnagl*, § 159 Rn 7.

18 So Widmann/Mayer/*Mayer*, § 159 Rn 14; Semler/Stengel/*Maier-Reimer/Seulen*, § 159 Rn 12 unter Hinweis auf die RegBegr. bei *Ganske*, 187.

19 So im Ergebnis auch Lutter/*Karollus*, § 159 Rn 10; KölnKomm-UmwG/*Simon*, § 159 Rn 10; Schmitt/Hörtnagl/Stratz/*Hörtnagl*, § 159 Rn 8.

20 Nach richtiger Auffassung die internen und externen Prüfer, siehe Rn 9.

21 Lutter/*Karollus*, § 159 Rn 14; KölnKomm-UmwG/*Simon*, § 159 Rn 15.

22 So auch KölnKomm-UmwG/*Simon*, § 159 Rn 15.

tätskontrolle überprüft werden, bevor die **Vorlage- und Auskunftsrechte** geltend gemacht werden dürfen.[23]

Die Prüfer können zur Verifizierung der Angaben des Einzelkaufmannes stets **Vollständigkeitserklärungen** hinsichtlich sämtlicher Vermögensgegenstände und Verbindlichkeiten und der **Vermögensaufstellung** an sich fordern. Sofern Meinungsverschiedenheiten zwischen den Prüfern und dem Einzelkaufmann über den Umfang der notwendigen Informationen und erforderliche Nachweise bestehen, ist gemäß § 35 Abs. 2 AktG im Zweifel eine gerichtliche Entscheidung einzuholen.[24] 11

Den Auskunftsrechten der Prüfer steht eine gleichlautende **Nachforschungspflicht** gegenüber.[25] 12
Im zum Handelsregister einzureichenden Prüfungsbericht ist lediglich das aus der Prüfung der Vermögensaufstellung sowie etwaiger zusätzlicher Unterlagen des Einzelkaufmannes abgeleitete Ergebnis anzugeben, ob eine Überschuldung vorliegt und ob die Einlage werthaltig ist. Die **Vermögensaufstellung** ist hingegen dem zum Registergericht einzureichenden Prüfungsbericht nicht beizufügen und nicht im Handelsregister zu veröffentlichen.[26]

§ 160 Anmeldung und Eintragung

(1) Die Anmeldung nach § 137 Abs. 1 ist von dem Einzelkaufmann und den Geschäftsführern oder den Mitgliedern des Vorstands und des Aufsichtsrats einer neuen Gesellschaft vorzunehmen.

(2) Die Eintragung der Gesellschaft ist abzulehnen, wenn die Verbindlichkeiten des Einzelkaufmanns sein Vermögen übersteigen.

I. Überblick

1 § 160 normiert und modifiziert ausschließlich die bereits in § 137 Abs. 1 geregelte Anmeldung der neuen durch die Ausgliederung zur Neugründung geschaffenen **Kapitalgesellschaft**. Die hiervon zu differenzierende Anmeldung der **Ausgliederung** an sich wird hingegen ausschließlich in den §§ 137 Abs. 2, 3, 154, 158 geregelt, wonach der Einzelkaufmann selbst – ein vertretungsberechtigtes Organ im Sinne des § 137 Abs. 2 existiert schließlich[1] nicht – die Ausgliederung zum für ihn zuständigen Handelsregister anzumelden hat.[2]

2 Im früheren Recht waren entsprechende Regelungen in den §§ 54 UmwG 1969, 56 e UmwG 1969/1980 enthalten.[3]

II. Anmeldebefugnis

3 § 160 Abs. 1 ergänzt § 137 Abs. 1 dahin gehend, dass neben dem Einzelkaufmann auch die **Organmitglieder** des neuen Rechtsträgers die **Anmeldung zum Handelsregister** zu bewirken haben. Dies sind bei der GmbH sämtliche Geschäftsführer, bei der AG sämtliche Mitglieder des

23 Lutter/*Karollus*, § 159 Rn 15; Schmitt/Hörtnagl/Stratz/*Hörtnagl*, § 159 Rn 10.
24 Lutter/*Karollus*, § 159 Rn 15; Semler/Stengel/*Maier-Reimer/Seulen*, § 159 Rn 18.
25 KölnKomm-UmwG/*Simon*, § 159 Rn 14; Lutter/*Karollus*, § 159 Rn 15.
26 Widmann/Mayer/*Mayer*, § 159 Rn 15; Semler/Stengel/*Maier-Reimer/Seulen*, § 159 Rn 19; KölnKomm-UmwG/*Simon*, § 159 Rn 18; Lutter/*Karollus*, § 159 Rn 10; Schmitt/Hörtnagl/Stratz/*Hörtnagl*, § 159 Rn 9.
1 Lutter/*Karollus*, § 160 Rn 12; Semler/Stengel/*Maier-Reimer/Seulen*, § 160 Rn 1.
2 KölnKomm-UmwG/*Simon*, § 160 Rn 1; Widmann/Mayer/*Mayer*, § 160 Rn 1; Lutter/*Karollus*, § 160 Rn 2; Semler/Stengel/*Maier-Reimer/Seulen*, § 160 Rn 1.
3 RegBegr. bei *Ganske*, 187.

Vorstands und des Aufsichtsrates sowie bei der KGaA anstelle der Vorstandsmitglieder alle persönlich haftenden Gesellschafter.[4] Die Anmeldung muss nicht zwingend in einem Dokument erfolgen, sofern der Inhalt sämtlicher Dokumente identisch ist.[5] Der Einzelkaufmann kann sich bei der Anmeldung rechtsgeschäftlich vertreten lassen; bei den Geschäftsführern und Vorstandsmitgliedern ist dies für die Anmeldung zwar auch möglich, jedoch müssen diese die höchstpersönliche Erklärung über das Nichtvorliegen von Bestellungshindernissen (§ 8 Abs. 3 GmbHG, § 37 Abs. 2 AktG) selber abgeben.[6] Die **Vollmacht** bedarf ebenso wie die Handelsregisteranmeldung der notariellen Beglaubigung (§ 12 Abs. 1 S. 1, 2 HGB, § 129 BGB).[7]

III. Inhalt der Anmeldung

4 Die Anmeldung der neuen Gesellschaft hat die gemäß deren Rechtsform einschlägigen Bestimmungen der § 8 GmbHG, § 37 AktG zu beachten.[8] Neben der Einreichung des den Gesellschaftsvertrag beinhaltenden **Ausgliederungsplanes** sind sämtliche dort aufgeführten Erklärungen abzugeben und Anlagen beizufügen. Eine Erklärung über die **Erbringung der Sacheinlage** gemäß § 8 Abs. 2 GmbHG, § 37 Abs. 1 AktG ist aufgrund der einer Ausgliederung immanenten Übertragung des einzelkaufmännischen Unternehmens, welches die Sacheinlage darstellt, allerdings nicht notwendig.[9] In der Anmeldung ist darauf hinzuweisen, dass es sich um eine Neugründung durch Ausgliederung handelt, damit das Registergericht auch das Prüfverfahren gemäß § 137 Abs. 3 durchführt.[10]

5 Ist der übernehmende Rechtsträger eine GmbH, so müssen die Geschäftsführer die den Einzelkaufmann als einzigen Gesellschafter ausweisende **Gesellschafterliste** gemäß § 8 Abs. 1 Nr. 3 GmbHG unterzeichnen;[11] eine Notarzuständigkeit gemäß § 40 Abs. 2 GmbHG liegt nicht vor.[12] Die **Schlussbilanz** der Einzelkaufmannes ist freilich nicht zum Registergericht des übernehmenden, sondern ausschließlich zu demjenigen des übertragenden Rechtsträgers einzureichen.[13]

IV. Registerverfahren gemäß Abs. 2

6 Das Registergericht prüft grundsätzlich anhand der gemäß Rechtsform der neuen Gesellschaft einschlägigen Bestimmungen (§§ 9 c GmbHG, 38 AktG) und kontrolliert die Einhaltung sämtlicher **Gründungsvorschriften**, insb. der **Werthaltigkeit der Sacheinlage**.[14]

7 Zusätzlich hat das Registergericht des übernehmenden Rechtsträgers gemäß § 160 Abs. 2 eine etwaige **Überschuldung des Einzelkaufmannes** zu prüfen. Mithin liegt eine doppelte Prüfung der Überschuldung des Einzelkaufmannes vor, da auch das Registergericht des übertragenden Rechtsträgers gemäß § 154 die Überschuldung des Einzelkaufmannes zu prüfen hat. Der Prüfungsmaßstab des § 160 Abs. 2 weicht allerdings von demjenigen des § 154 ab, da dieser ledig-

4 Widmann/Mayer/*Mayer*, § 160 Rn 3; KölnKomm-UmwG/*Simon*, § 160 Rn 5; Lutter/*Karollus*, § 160 Rn 3; Semler/Stengel/*Maier-Reimer/Seulen*, § 160 Rn 2.

5 Lutter/*Karollus*, § 160 Rn 3; KölnKomm-UmwG/*Simon*, § 160 Rn 8.

6 Widmann/Mayer/*Mayer*, § 160 Rn 4; KölnKomm-UmwG/*Simon*, § 160 Rn 6; Semler/Stengel/*Maier-Reimer/Seulen*, § 160 Rn 3.

7 Semler/Stengel/*Maier-Reimer/Seulen*, § 160 Rn 3; Widmann/Mayer/*Mayer*, § 160 Rn 4.

8 KölnKomm-UmwG/*Simon*, § 160 Rn 7; Widmann/Mayer/*Mayer*, § 160 Rn 13; Semler/Stengel/*Maier-Reimer/Seulen*, § 160 Rn 4.

9 Semler/Stengel/*Maier-Reimer/Seulen*, § 160 Rn 4; Lutter/*Karollus*, § 160 Rn 5; KölnKomm-UmwG/*Simon*, § 160 Rn 7.

10 So zu Recht Lutter/*Karollus*, § 160 Rn 5; Widmann/Mayer/*Mayer*, § 160 Rn 7.2.

11 Lutter/*Karollus*, § 160 Rn 4, der darauf hinweist, dass sich die alleinige Gesellschafterstellung zwar bereits aus dem Ausgliederungsplan ergibt, die Gesellschafterliste jedoch eine dauerhafte Publizitätsfunktion erfüllt und das UmwG keine Ausnahme vorsieht; Semler/Stengel/*Maier-Reimer/Seulen*, § 160 Rn 5.

12 Widmann/Mayer/*Mayer*, § 160 Rn 7.1.

13 BayObLG NZG 1999, 321 (mAnm. *Kleindiek*); *Ihrig*, GmbHR 1995, 622, 627 f; Semler/Stengel/*Maier-Reimer/Seulen*, § 160 Rn 5; Widmann/Mayer/*Mayer*, § 160 Rn 7.3; Lutter/*Karollus*, § 160 Rn 5, der unter Bezugnahme auf BayObLG NZG 1999, 321 darauf hinweist, dass das Registergericht des übernehmenden Rechtsträgers diese im Rahmen seiner Prüfungspflicht gemäß § 160 Abs. 2 verlangen kann.

14 Lutter/*Karollus*, § 160 Rn 6; Widmann/Mayer/*Mayer*, § 160 Rn 8.

lich bei einer offensichtlichen Überschuldung die Eintragung der Ausgliederung verbietet, während jener die Eintragung der neuen Gesellschaft bereits ausschließt, wenn das Registergericht die Überschuldung des Einzelkaufmannes nicht zweifelsfrei feststellen kann, jedoch deutliche Anhaltspunkte vorliegen, die darauf schließen lassen, dass die Verbindlichkeiten das Vermögen des Einzelkaufmannes übersteigen.[15] Der Unterschied erklärt sich daraus, dass das Registergericht des übernehmenden Rechtsträgers eine etwaige Überschuldung des Einzelkaufmannes aufgrund der **gesamtschuldnerischen Haftung** der neuen Gesellschaft für die beim Einzelkaufmann verbleibenden Verbindlichkeiten im Rahmen der Bewertung der Sacheinlage zu berücksichtigen hat.[16]

Sofern der Einzelkaufmann unterschiedliche Teile seines Vermögens im Rahmen einer einheitli- 8
chen Ausgliederung auf mehrere neu zu gründende Gesellschaften ausgliedert, haben alle Registergerichte der übernehmenden Rechtsträger die **Überschuldungsprüfung** durchzuführen. Kommt auch nur ein Register nicht zur Überzeugung, dass keine Überschuldung vorliegt, so scheitert die gesamte Ausgliederung, da nicht alle neuen Rechtsträger eingetragen werden. Die Gefahr divergierender Entscheidungen besteht hierbei also im Ergebnis selbst bei divergierenden Beurteilungen er Überschuldung ebenso wenig wie bei der Neugründung nur eines übernehmenden Rechtsträgers.[17]

Maßgeblicher Zeitpunkt für die Beurteilung der Werthaltigkeit der **Sacheinlage** ist nach hM in 9
Rspr und Lit. nicht der Zeitpunkt der Handelsregisteranmeldung, sondern der Zeitpunkt der wirksamen **Entstehung** der neuen Gesellschaft.[18] Dies ist bei der Ausgliederung zur Neugründung folglich der Zeitpunkt der Eintragung der Ausgliederung im Handelsregister des übertragenden Rechtsträgers.[19] Daraus folgt die Frage, ob somit das Registergericht des Einzelkaufmannes aufgrund etwaiger Änderungen der Werthaltigkeit der Sacheinlage eine **Nachtragsprüfung** für die neu gegründete Kapitalgesellschaft als übernehmender Rechtsträger durchzuführen hat.[20] Dies ist jedoch abzulehnen, da dem Registergericht des Einzelkaufmannes diese Kompetenz nicht zukommt.[21] Jedenfalls wird das Registergericht des Einzelkaufmannes keine eigenen Nachforschungen anzustellen haben, wenn ihm nicht ausnahmsweise konkrete Verdachtsmomente vorliegen.[22]

V. Eintragung und Bekanntmachung

Nach der **Eintragung** der neuen Gesellschaft ins Handelsregister unter Beifügung eines Ausglie- 10
derungsvermerks (§§ 135 Abs. 1, 130 Abs. 1 S. 2) erfolgt zunächst die Eintragung der Ausgliederung im Register des Einzelkaufmannes und danach erst die Eintragung des Zeitpunktes der Ausgliederung im Register der neuen Gesellschaft (§ 137 Abs. 3). Erst wenn diese Eintragungen sämtlich bewirkt sind, erfolgt die **Bekanntmachung** der neuen Gesellschaft im elektronischen Bundesanzeiger.[23]

Trägt das Registergericht die Ausgliederung zur Neugründung unter Verstoß gegen § 160 11
Abs. 2 ein, obwohl das Vermögen des Einzelkaufmannes die Verbindlichkeiten nicht deckt, so

15 So auch KölnKomm-UmwG/*Simon*, § 160 Rn 10; Semler/Stengel/*Maier-Reimer/Seulen*, § 160 Rn 8; Widmann/Mayer/*Mayer*, § 160 Rn 9; während Lutter/*Karollus*, § 160 Rn 8 auf „ernste Zweifel" und Schmitt/Hörtnagl/Stratz/*Hörtnagl*, § 160 Rn 6 auf „ernstzunehmende Anhaltspunkte" abstellen.

16 Semler/Stengel/*Maier-Reimer/Seulen*, § 160 Rn 8; KölnKomm-UmwG/*Simon*, § 160 Rn 10.

17 Widmann/Mayer/*Mayer*, § 160 Rn 6; Semler/Stengel/*Maier-Reimer/Seulen*, § 160 Rn 11.

18 BGHZ 80, 129, 136 f (zur GmbH); Semler/Stengel/*Maier-Reimer/Seulen*, § 160 Rn 10; Lutter/*Karollus*, § 160 Rn 6; KölnKomm-UmwG/*Simon*, § 160 Rn 12; Ulmer/Habersack/Winter/*Ulmer*, GmbHG, § 9 c Rn 21, 41; aA Widmann/Mayer/*Mayer*, § 160 Rn 12; § 36 Rn 29 ff; Baumbach/Hueck/*Fastrich*, GmbHG, § 9 c Rn 8 mwN.

19 Lutter/*Karollus*, § 160 Rn 7; KölnKomm-UmwG/*Simon*, § 160 Rn 12; Semler/Stengel/*Maier-Reimer/Seulen*, § 160 Rn 10.

20 In diesem Sinne *Ihrig*, GmbHR 1995, 622, 638.

21 So auch Semler/Stengel/*Maier-Reimer/Seulen*, § 160 Rn 10, die vorschlagen, dieses Problem durch eine interne Abstimmung der beteiligten Registergerichte zu lösen, die dafür Sorge zu tragen haben, dass die Eintragungen möglichst zeitnah erfolgen.

22 So Lutter/*Karollus*, § 160 Rn 16.

23 *Neye*, GmbHR 1995, 565, 566.

sind sowohl die Ausgliederung als auch die Gründung der neuen Gesellschaft **wirksam** erfolgt (§ 131 Abs. 2). Zum Schutz der Gläubiger greifen die Eigenkapitalschutzregelungen sowie die gesamtschuldnerische Haftung der an der Ausgliederung beteiligten Rechtsträger.[24]

Achter Abschnitt Ausgliederung aus dem Vermögen rechtsfähiger Stiftungen

§ 161 Möglichkeit der Ausgliederung

Die Ausgliederung des von einer rechtsfähigen Stiftung (§ 80 des Bürgerlichen Gesetzbuchs) betriebenen Unternehmens oder von Teilen desselben aus dem Vermögen dieser Stiftung kann nur zur Aufnahme dieses Unternehmens oder von Teilen dieses Unternehmens durch Personenhandelsgesellschaften oder Kapitalgesellschaften oder zur Neugründung von Kapitalgesellschaften erfolgen.

I. Anwendungsbereich der Vorschrift

1 Die §§ 161 bis 167 regeln die Umwandlung von Stiftungen. Gemäß dem eindeutigen Wortlaut des § 161 ist die einzige Umwandlungsmöglichkeit bei Stiftungen die Ausgliederung von Betriebsvermögen einer rechtsfähigen Stiftung in eine Personenhandels- oder Kapitalgesellschaft. Diese Vorschrift ist abschließend.[1] Alle anderen Arten der Umwandlung nach dem UmwG, also die Verschmelzung, die Auf- oder Abspaltung oder der Formwechsel, sind auf die Stiftung nicht anwendbar. Diese Beschränkung des Gesetzgebers findet ihren Grund in der Rechtsform der Stiftung, die als eigentümerloses Rechtssubjekt ein zweckgebundenes Vermögen verwaltet.[2] Die Stiftung hat weder Mitglieder noch Gesellschafter, denen die Anteile an dem übernehmenden Rechtsträger zugewiesen werden könnten. Das hat zur Folge, dass sich die Ausgliederungsmöglichkeiten auf eine bloße Vermögensverschiebung beschränken, bei der das übertragende Vermögen gegen Anteile am übernehmenden Rechtsträger getauscht wird.[3] Eine derartige Vermögensverschiebung ist allein bei der Ausgliederung möglich.

2 Die Stiftung kann lediglich als übertragender Rechtsträger tätig sein. Die Rolle des aufnehmenden Rechtsträgers bleibt ihr aus rechtspolitischen Gründen des Gesetzgebers verwehrt, denn die Stiftung war ursprünglich vom Gesetzgeber nicht als Unternehmensträger gedacht.[4]

3 Die Ausgliederungsmöglichkeiten beschränken sich auf die Aufnahme durch Personenhandels- oder Kapitalgesellschaften oder zur Neugründung von Kapitalgesellschaften. Einschlägige Vorschriften sind die allgemeinen Regeln zur Spaltung, die in § 125 wiederum auf die Verschmelzungsregelungen verweisen. §§ 161 bis 167 stellen dazu vorrangige Sonderregelungen dar. Um den Anwendungsbereich des § 161 zu eröffnen, ist die Eintragung der Stiftung in das Handelsregister notwendig (s. Rn 8); folglich nur im Handelsgewerbe betrieben werden.

24 Widmann/Mayer/*Mayer*, § 160 Rn 16.
1 Widmann/Mayer/*Rieger*, § 161 Rn 6; Maulbetsch/Klumpp/Rose/*Schmidt*, § 161 Rn 2.
2 BGHZ 99, 344 (350); Lutter/*Rawert/Hüttemann*, § 161 Rn 5.
3 Lutter/*Rawert/Hüttemann*, § 161 Rn 5; Semler/Stengel/*Stengel*, § 161 Rn 5.
4 RegBegrE, *Ganske*, Umwandlungsrecht, S. 151; Köln-Komm-UmwG/*Leuering*, § 161 Rn 22.

II. Inhalt

1. Rechtsfähige Stiftung im Sinne des § 80 BGB. Von § 161 werden bürgerlich-rechtliche rechtsfähige Stiftungen im Sinne des § 80 BGB erfasst. Auch wenn das BGB für den Begriff der Stiftung keine Legaldefinition vorsieht, wird allgemein unter der Stiftung eine mit eigener Rechtspersönlichkeit ausgestatte Organisation, welche bestimmte, durch ein Stiftungsgeschäft festgelegte Zwecke mithilfe eines Vermögens verfolgt, das diesen Zwecken dauerhaft gewidmet ist, verstanden.[5] 4

Nicht unter diesen Begriff fallen die nicht rechtsfähigen oder auch unselbstständigen Stiftungen. Zwar sieht auch diese Stiftungsform die Förderung eines bestimmten Zweckes durch ein Vermögen vor. Hier steht allerdings die Zuwendung eines zweckgebundenen Vermögens durch den Stifter an eine existierende natürliche oder juristische Person im Fokus.[6] Der unselbstständigen Stiftung kommt dadurch keine eigene Rechtssubjektivität zu; ihr mangelt es mithin an Rechtsfähigkeit.[7] Die Wahrnehmung des mit der Vermögenszuwendung verbundenen Zwecks einer unselbstständigen Stiftung obliegt stets einem Treuhänder.[8] Die Ausgliederung des Vermögens richtet sich daher immer nach den für die jeweilige Rechtsform des Treuhänders geltenden Regularien.[9] 5

Auch die öffentlich-rechtliche Stiftung stellt keine rechtsfähige Stiftung im Sinne des § 80 BGB dar, selbst wenn einschlägiges Landesrecht auf die §§ 80 ff BGB verweist.[10] Zwar bestehen kaum Unterschiede zwischen öffentlich-rechtlicher und privatrechtlicher Stiftung – diese erschöpfen sich allein in dem unterschiedlichen Entstehungsakt.[11] Dennoch bezieht sich der Wortlaut des § 161 eindeutig und ausschließlich auf die privatrechtlichen Stiftungen und schließt somit die Anwendung auf öffentlich-rechtliche Stiftungen aus.[12] Bei kirchlichen Stiftungen kommt es wiederum auf die Rechtsnatur der betreffenden Stiftung an. Sie fallen unter § 161, sofern sie als rechtsfähige Stiftung des BGB organisiert sind. Anderes gilt für kirchliche Stiftungen nach kanonischem Recht.[13] 6

Stiftungsvereine und -gesellschaften erfüllen auch nicht die Tatbestandsmerkmale einer Stiftung nach § 80 BGB. Rechtsträger dieser Stiftungsorganisationen ist regelmäßig ein eingetragener Verein oder eine GmbH, so dass sich die Umwandlung in diesem Falle nach den allgemeinen Regeln für den jeweiligen Rechtsträger richtet.[14] 7

2. Handelsregistereintragung der Stiftung. Die Anforderung der Handelsregistereintragung ergibt sich zwar nicht aus dem Wortlaut von § 161, wird jedoch als ungeschriebenes Tatbestandsmerkmal allgemein vorausgesetzt.[15] Diese Erkenntnis basiert unter anderem auf der Regelung des § 164 Abs. 2, die von einem für die Stiftung zuständigen Registergericht ausgeht. Mangels Existenz eines bundeseinheitlichen Stiftungsregisters bedarf es folglich zur Bestimmung des Registergerichts der Eintragung in das Handelsregister gemäß § 33 HGB.[16] Auch wenn das Umwandlungsgesetz an anderer Stelle im Gegensatz zu den §§ 161 bis 167 explizite Regelungen für die Löschung der Firma des Umwandlungssubjekts im Handelsregister vorsieht, vgl § 155, steht diese Tatsache dem Verlangen nach einer Handelsregistereintragung nicht entgegen. Die Löschung der Firma erfolgt im Falle der Stiftung nach allgemeinen Regeln, 8

5 BayOLG NJW 1973, 249; Palandt/*Ellenberger*, Vorb v. § 80 BGB Rn 5; Staudinger/*Hüttemann/Rawert*, BGB Vor §§ 80 ff Rn 1 ff; Widmann/Mayer/*Rieger*, § 161 Rn 19.

6 *Ebersbach*, Handbuch des dt. Stiftungsrechts, S. 24, 170.

7 AA wohl *Koos*, Fiduziarische Person und Widmung, 2004, S. 168, 184 ff.

8 Semler/Stengel/*Stengel*, § 161 Rn 18 mwN.

9 Widmann/Mayer/*Rieger*, § 161 Rn 23.

10 Lutter/*Rawert/Hüttemann*, § 161 Rn 13; KölnKomm-UmwG/*Leuering*, § 161 Rn 8.

11 So Schmitt/Hörtnagl/Stratz/*Hörtnagl* § 124 Rn 48, der deswegen die §§ 161 ff auch auf öffentlich-rechtlichen Stiftungen anwenden will.

12 Semler/Stengel/*Stengel*, § 161 Rn 18; Widmann/Mayer/*Rieger*, § 161 Rn 25. S. auch *Kirmse*, NJW 2006, 3325 ff.

13 Lutter/Rawert/*Hüttemann*, § 161 Rn 15.

14 KölnKomm-UmwG/*Leuering*, § 161 Rn 8; Widmann/Mayer/*Rieger*, § 161 Rn 26.

15 KölnKomm-UmwG/*Leuering*, § 161 Rn 10; Semler/Stengel/*Stengel*, § 161 Rn 21; Lutter/*Rawert/Hüttemann*, § 161 Rn 15 ff.

16 Vgl Staudinger/*Hüttemann/Rawert* Vor §§ 80 BGB Rn 105; Semler/Stengel/*Stengel*, § 161 Rn 21.

§ 31 HGB. Einer gesonderten Regelung hätte es hier also lediglich aus Klarstellungsgesichtspunkten bedurft, sie ist jedoch nicht konstitutiv erforderlich.[17] Darüber hinaus knüpft auch die allgemeine, auf die Stiftung anwendbare Vorschrift des § 131 Rechtsfolgen an die Eintragung der Spaltung in das Handelsregister.[18] In zeitlicher Hinsicht muss die Eintragung der Stiftung spätestens bis zur Eintragung der Ausgliederung aus ihrem Vermögen erfolgen, denn die Ausgliederung wird erst mit Eintragung in das Handelsregister der übertragenden Stiftung wirksam.[19]

III. Gegenstand der Ausgliederung

9 Gemäß § 161 kann Gegenstand der Ausgliederung das von der Stiftung betriebene Unternehmen oder ein Teil dieses Unternehmens sein. Mangels jeglicher gesetzlicher Definition ist zur Bestimmung des Unternehmensbegriffs auf das allgemeine handelsrechtliche Verständnis abzustellen. Es besteht Einigkeit darüber, dass das Handelsgewerbe eines Kaufmanns immer Unternehmen ist.[20] Wegen der Eintragung der Stiftung in das Handelsregister (s. Rn 8) ist dieser Grundsatz auch auf den Unternehmensbegriff im Sinne des § 161 anwendbar.[21] Zudem ist eine Eintragung nach § 33 HGB ohnehin nur bei Betreiben eines Handelsgewerbes möglich.[22]

10 Besonderheiten bei der Stiftung ergeben sich im Vergleich zu den allgemeinen Regeln zur Spaltung daraus, dass sich die Ausgliederung aus der Stiftung lediglich auf das Unternehmen oder Teile desselben bezieht. Die §§ 123 ff ermöglichen hingegen die Ausgliederung jeglichen Teils des Vermögens, und zwar gemäß § 124 Abs. 1 auch der Stiftung. § 161 ist jedoch als lex specialis zu verstehen, so dass die Ausgliederung jeglichen Vermögens der Stiftung nicht möglich sein soll.[23] Parallel zur Stiftung treffen diese Besonderheiten auch den Einzelkaufmann nach § 152 und die Gebietskörperschaften nach § 168. Begründet liegt dieser Unterschied in der Tatsache, dass bei der Stiftung genauso wie beim Einzelkaufmann zwischen Unternehmensvermögen der Stiftung und weiterem, privaten Vermögen differenziert werden muss.[24]

11 Hinsichtlich der Ausgliederung eines Teils des Unternehmens ist auf die Regelung in § 123 Abs. 3 abzustellen. Dabei gibt es keine Beschränkung auf die Ausgliederung eines wirtschaftlich sinnvollen Teils des Unternehmens, vielmehr kann jeder beliebige Teil, also auch ein einzelner Gegenstand, ausgegliedert werden.[25] Die Ausgliederung von Privatvermögen der Stiftung ist nicht möglich, jedoch kann das Privatvermögen durch Widmung an das Unternehmen zu Unternehmensvermögen werden und über diese Hilfskonstruktion sodann ausgegliedert werden. Die Umwidmung ist durch Aufnahme in den Ausgliederungs- und Übernahmevertrag zu erreichen.[26]

12 Entgegengesetzt ist auch die Ausgliederung mehrerer Unternehmen unter verschiedenen Firmen möglich. Sofern die Firmen in unterschiedlichen Handelsregistern eingetragen sind, wird die Ausgliederung erst mit dem Zeitpunkt wirksam, zu dem sie in allen Handelsregistern eingetragen ist.[27]

Praxistipp: Komplexere Ausgliederungen sollten vor der Ausgliederung mit den Registergerichten besprochen werden.

17 Lutter/Rawert/*Hüttemann*, § 161 Rn 20.
18 Semler/Stengel/*Stengel*, § 161 Rn 21; Widmann/Mayer/*Rieger*, § 161 Rn 31.
19 Lutter/*Rawert/Hüttemann*, § 161 Rn 15; Widmann/Mayer/*Rieger*, § 161 Rn 34.
20 Baumbach/*Hopt*, Einl. v. § 1 HGB Rn 33.
21 Schmitt/Hörtnagl/Stratz/*Hörtnagl*, § 161 Rn 1; Köln-Komm-UmwG/*Leuering*, § 161 Rn 14; Semler/Stengel/*Stengel*, § 161 Rn 25; Lutter/*Rawert/Hüttemann*, § 161 Rn 22.
22 Baumbach/*Hopt*, § 33 HGB Rn 1.
23 Krit. *Raupach/Böckstiegel* in: FS für Widmann, S. 485.
24 Lutter/*Rawert/Hüttemann*, § 161 Rn 21, 23; Köln-Komm-UmwG/*Leuering*, § 161 Rn 15; Widmann/Mayer/*Rieger*, § 161 Rn 52.
25 *Karollus*, Kölner Umwandlungsrechtstage, S. 157, 159 f; Semler/Stengel/*Stengel*, § 161 Rn 26; Lutter/*Rawert/Hüttemann*, § 161 Rn 23.
26 Widmann/Mayer/*Rieger*, § 161 Rn 63 f.
27 Widmann/Mayer/*Rieger*, § 161 Rn 67 ff, 73.

IV. Ausgliederungsmöglichkeiten

Für die Ausgliederung aus dem Unternehmensvermögen einer Stiftung stehen nur zwei Szenarien zur Verfügung: Zum einen die Ausgliederung zur Aufnahme durch Personenhandels- oder Kapitalgesellschaften, zum anderen die Ausgliederung zur Neugründung von Kapitalgesellschaften. Diese Einschränkung basiert auf der Struktur der Stiftung, die ohne Gesellschafter oder Anteilsinhaber auskommt. Die Umwandlung kann hier folglich nicht dadurch erfolgen, die Gegenleistung für die Umwandlung an Anteilsinhaber auszukehren, hier kann sie nur dem übertragenden Rechtsträger selbst zu Gute kommen.[28] Das ist nur im Wege der Ausgliederung möglich. Die genannten Zielrechtsträger sind abschließend, eine Ausgliederung des Unternehmensvermögens auf andere bestehende oder neu gegründete Stiftungen kommt nach dem Umwandlungsgesetz nicht in Betracht.[29] Wie bereits oben (Rn 3) erläutert, finden die allgemeinen Vorschriften zur Spaltung, die in § 125 wiederum auf die Verschmelzungsregeln verweisen, Anwendung. 13

1. Die Ausgliederung zur Aufnahme. Die Ausgliederung zur Aufnahme erfolgt durch die Beteiligung eines Rechtsträgers auf der übertragenden Seite und eines bestehenden oder mehrerer bestehender Rechtsträger als übernehmende Rechtsträger, § 123 Abs. 3. Dabei ist auch die Kombination einer Ausgliederung zur Aufnahme und zur Neugründung erlaubt, § 123 Abs. 4. Zwingend zu beachten ist jedoch der in landesrechtlichen Stiftungsgesetzen festgelegte Grundsatz der Vermögenserhaltung,[30] aus dem folgt, dass die zu gewährenden Anteile und Mitgliedschaftsrechte dem Wert des übertragenen Vermögens entsprechen müssen. Bei der Aufnahme durch **Personengesellschaften** ist neben dem Betrag der Einlage festzulegen, ob die Stiftung die Stellung eines Kommanditisten oder des persönlich haftenden Gesellschafters einnimmt. Die Stellung des persönlich haftenden Gesellschafters ist bei entsprechender Regelung in der Stiftungssatzung möglich.[31] Die Aufnahme durch **Kapitalgesellschaften** kann etwa durch eine Kapitalerhöhung erfolgen oder durch die Gewährung vorhandener Anteile. Die in §§ 54 und 68 niedergelegten Kapitalerhöhungsverbote finden dabei wegen § 125 S. 1 auf die Stiftung keine Anwendung. 14

2. Die Ausgliederung zur Neugründung. Die Ausgliederung zur Neugründung erschöpft sich in der Errichtung von Kapitalgesellschaften. Diese Einschränkung ist dem Umstand geschuldet, dass nur Kapitalgesellschaften als Einpersonengesellschaft gegründet werden können.[32] Sofern das Unternehmensvermögen auf eine neu zu gründende Personenhandelsgesellschaft ausgegliedert werden soll, bedarf es wiederum der Ausgliederung zur Aufnahme durch diese soeben entstandene Personenhandelsgesellschaft. Die Neugründung der Kapitalgesellschaften richtet sich nach den für die jeweilige Rechtsform geltenden Gründungsvorschriften, wie der Verweis in § 135 Abs. 2 S. 1 klarstellt. 15

3. Notwendige Schritte bei der Ausgliederung. Nach den allgemeinen Regeln sind bestimmte Schritte im Rahmen einer Ausgliederung regelmäßig vorzunehmen. Für die Ausgliederung zur Aufnahme sind dies die Folgenden: 16

- Erstellen des Ausgliederungsplans bei Neugründung gemäß § 136 durch den Stiftungsvorstand;
- Errichtung der Kapitalgesellschaft entsprechend der jeweils geltenden Gründungsvorschriften und Aufnahme in den Ausgliederungsplan nach §§ 125 S. 1 iVm § 37;
- Erstellen eines Ausgliederungsberichts gemäß § 162;
- Fassen eines Ausgliederungsbeschlusses gemäß § 163;
- Anmeldung und Eintragung des neuen Rechtsträgers gemäß § 137 Abs. 1;

28 KölnKomm-UmwG/*Leuering*, § 161 Rn 19.

29 KölnKomm-UmwG/*Leuering*, § 161 Rn 22. Nach allgemeinem Stiftungsrecht ist jedoch eine Zulegung oder eine Zusammenlegung möglich, s. Rn 22.

30 Vgl u.a. § 4 Abs. 2 StiftG NRW.

31 Vgl dazu Semler/Stengel/*Stengel*, § 161 Rn 33; Lutter/*Rawert/Hüttemann*, § 161 Rn 35, 49.

32 KölnKomm-UmwG/*Leuering*, § 161 Rn 20.

und bei der Ausgliederung zur Aufnahme:

- Abschluss des Ausgliederungsvertrags bei Aufnahme gemäß § 126 in Form einer notariellen Beurkundung gemäß § 125 S. 1 iVm § 6;
- Erstellen eines Ausgliederungsberichts durch den übernehmenden Rechtsträger gemäß § 127 und gegebenenfalls auch gemäß § 162 (s. dort);
- Fassen eines Ausgliederungsbeschlusses gemäß § 163, für den übernehmenden Rechtsträger gelten die allgemeinen Regeln nach § 125 S. 1 iVm §§ 13, 43, 50, 65, 78.

17 In beiden Fällen müssen Ausgliederungsvertrag bzw Ausgliederungsplan einem etwaig vorhandenen Betriebsrat zugeleitet werden, § 126 Abs. 3. Für die Aktiengesellschaft gilt die Besonderheit, dass die Ausgliederung im Sinne des § 10 HGB bekannt gemacht werden muss; s. § 125 S. 1 iVm § 61.

18 Die Ausgliederung muss zudem in jedem Fall angemeldet und eingetragen werden, §§ 129, 130, 137, 125 S. 1 iVm §§ 16, 17. Sofern die Ausgliederung einer behördlichen Genehmigung bedarf, ist das entsprechende Verfahren durchzuführen. Die Genehmigungsbestätigung ist bei der Anmeldung vorzulegen, § 164.

19 **4. Folgen der Ausgliederung.** Die Folgen der Ausgliederung sind in § 131 geregelt. Demnach geht das Vermögen einschließlich der Verbindlichkeiten der Stiftung mit der Registereintragung im Wege der partiellen Gesamtrechtsnachfolge auf den übernehmenden Rechtsträger über. Die Modalitäten, zB die Stellung der Stiftung als persönlich haftender Gesellschafter, sind den Regelungen im Ausgliederungsplan bzw -vertrag zu entnehmen.

20 Eine Regelung entsprechend § 155, nach der die Handelsregistereintragung der Ausgliederung des gesamten Unternehmens des Einzelkaufmanns das Erlöschen der Firma bewirkt, gibt es speziell in Bezug auf die Ausgliederung bei Stiftungen nicht. Hier greifen jedoch mit identischer Wirkung die allgemeinen firmenrechtlichen Grundsätze.[33] Aufgrund des Umstandes, dass die das gesamte Unternehmen übertragende Stiftung aufgrund der Ausgliederung kein Handelsgewerbe mehr betreibt, verliert die Stiftung ihre Firmenfähigkeit. Anders ist dies jedoch selbstverständlich zu beurteilen, sofern nur ein Teilvermögen ausgegliedert wird, welches allein eigenständig noch als Handelsgewerbe anerkannt bleibt und demgemäß auch firmenfähig ist. Die allgemeinen Regeln, etwa zu Firmenfortführung in § 22 HGB und die Löschung der Firma nach § 31 HGB sind analog auf die Stiftung anzuwenden.

V. Stiftungsrechtliche Besonderheiten bei der Ausgliederung

21 Die besondere Ausprägung der Stiftung als vermögensverwaltende Organisation ohne Anteilsinhaber, die einen besonderen Stiftungszweck verfolgt, kann im Rahmen der Umwandlung Beschränkungen hervorbringen. Unterschieden wird hier zwischen dem Stiftungsunternehmen als Zweckverwirklichungsbetrieb und dem Stiftungsunternehmen als Dotationsquelle.[34] Im ersten Fall wird der Stiftungszweck durch das Betreiben des Unternehmens selbst erreicht; so etwa im Falle sozialer Einrichtungen, die Stiftungen gewidmet sind. In letzterem Fall steht das Unternehmen nicht im Zusammenhang mit dem Stiftungszweck, hier werden lediglich die erzielten Erträge für die Erreichung des Stiftungswecks eingesetzt. Da die Einhaltung des Stiftungszwecks bei Erhaltung des Stiftungsvermögens oberstes Gebot der Stiftung ist, können unterschiedlich gewährte gesellschaftsrechtliche Eingriffsrechte die Einhaltung des Stiftungszwecks erschweren. Die Gefahr besteht insbesondere bei der Ausgliederung auf einen bestehenden Rechtsträger, da die Stiftung nicht automatisch Alleingesellschafterin wird.[35] In diesem Fall ist dafür Sorge zu tragen, dass die Stiftung durch entsprechende vertragliche Regelungen beherr-

33 S. zu den firmenrechtlichen Grundsätzen: Baumbach/*Hopt*, § 17 HGB Rn 23 ff.

34 Grundlegend *Trops*, AG 1970, 367 ff; Staudinger/*Hüttemann/Rawert*, Vorbem zu §§ 80 BGB Rn 136 ff; Widmann/Mayer/*Rieger*, § 161 Rn 274.

35 Vgl dazu Lutter/*Rawert/Hüttemann*, § 161 Rn 49 ff; KölnKomm-UmwG/*Leuering*, § 161 Rn 24.

schenden Einfluss auf die Unternehmensführung erlangt. Die Zulässigkeit solcher Regelungen haben die Stiftungsbehörden im Rahmen ihrer allgemeinen Aufsicht und Genehmigungserteilung nach § 164 zu überprüfen.

VI. Weitere stiftungsrechtliche Umwandlungsmöglichkeiten

Neben den umwandlungsrechtlichen Umstrukturierungsmaßnahmen gibt es weitere, wesent- 22
lich praxisrelevantere Maßnahmen. Dazu zählen die Sachgründung und die Sacheinlage mittels derer eine Ausgliederung aus der Stiftung gegen entsprechende Beteiligung an einer Gesellschaft erreicht werden kann. Darüber hinaus kann die Stiftung nach § 87 Abs. 1 BGB eine Zweckänderung im Wege der Satzungsänderung vornehmen, wenn die Erfüllung des Stiftungszwecks unmöglich geworden ist oder das Gemeinwohl gefährdet. Das landesrechtliche Stiftungsrecht kennt auch die Zulegung von Vermögen auf eine bestehende Stiftung und die Zusammenlegung mehrerer, auf vergleichbare Zwecke ausgelegter Stiftungen regelmäßig im Wege der Einzelrechtsnachfolge.[36] Ein Nebeneinander dieser unterschiedlichen Maßnahmen ist vom Gesetzgeber gesehen worden und ausdrücklich gewollt.[37]

§ 162 Ausgliederungsbericht

(1) Ein Ausgliederungsbericht ist nur erforderlich, wenn die Ausgliederung nach § 164 Abs. 1 der staatlichen Genehmigung bedarf oder wenn sie bei Lebzeiten des Stifters von dessen Zustimmung abhängig ist.

(2) Soweit nach § 164 Abs. 1 die Ausgliederung der staatlichen Genehmigung oder der Zustimmung des Stifters bedarf, ist der Ausgliederungsbericht der zuständigen Behörde und dem Stifter zu übermitteln.

I. Anwendungsbereich der Vorschrift

§ 162 trifft eine Sonderregelung über die Erstellung eines Berichts bei der Ausgliederung aus 1
dem Vermögen von Stiftungen. Die allgemeinen Vorschriften sehen stets die Erstellung eines Ausgliederungsberichts aller an der Ausgliederung beteiligten Rechtsträger vor, vgl § 127. Im Gegensatz dazu ist ein Ausgliederungsbericht gemäß § 162 nur dann erforderlich, wenn die Ausgliederung genehmigungs- oder zustimmungspflichtig ist. Zweck des Berichtes ist es, Dritte über die Umstrukturierung zu informieren. Wegen der Rechtsform der Stiftung als anteilsinhaberlose Vermögensverwaltung kann es bei der Ausgliederung aber lediglich der Information der Genehmigungsbehörde oder des Stifters bedürfen. Ein Bericht nach § 127 sieht dagegen die Information der Anteilsinhaber vor, weil diese der Spaltung zustimmen müssen.

Der Anwendungsbereich des § 162 bezieht sich nur auf die Stiftung als übertragender Rechts- 2
träger. Im Falle der Ausgliederung zur Aufnahme ist jedoch der übernehmende Rechtsträger nach § 127 verpflichtet, den Anteilsinhabern zu berichten.[1] Der Beschluss wird von dem zuständigen Geschäftsführungs- und Vertretungsorgan der Stiftung getroffen.

36 Semler/Stengel/*Stengel*, § 161 Rn 39 ff; Lutter/*Rawert*/*Hüttemann*, § 161 Rn 56 ff; KölnKomm-UmwG/*Leuering*, § 161 Rn 42 ff; vgl § 100 Abs. 1 GO NRW.

37 RegBegrE, *Ganske*, S. 43, 44. S. hierzu und zur Abgrenzung zu anderen Umstrukturierungsmaßnahmen *Lepper*, RNotZ 2006, 313, 314.

1 Semler/Stengel/*Stengel*, § 162 Rn 3; KölnKomm-UmwG/*Leuering*, § 162 Rn 2.

II. Inhalt

3 **1. Erforderlichkeit des Ausgliederungsberichts nach § 162 Abs. 1.** Die Stiftung hat einen Ausgliederungsbericht zu erstellen, wenn die Ausgliederung nach § 164 genehmigungsbedürftig ist. Das Erfordernis dieser Genehmigung ergibt sich aus den Landesstiftungsgesetzen. Diese regeln die Ausgliederung nicht im Speziellen, sondern verhalten sich lediglich zu genehmigungspflichtigen Satzungsänderungen oder teilweise auch zu Rechtsgeschäften mit Genehmigungsvorbehalt. Zu den einzelnen Voraussetzungen s. § 164.

4 Ein Ausgliederungsbericht ist darüber hinaus auch dann zu erstellen, wenn sie bei Lebzeiten des Stifters von dessen Zustimmung abhängig ist.[2] Dies ist entweder der Fall, wenn die Stiftungssatzung eine entsprechende Regelung vorbehält oder das anzuwendende Landesrecht eine solche Regelung vorschreibt. Einige Länder machen die Satzungsänderung von der Zustimmung des Stifters abhängig, so dass hier entscheidend ist, ob die Ausgliederung eine Satzungsänderung nach sich zieht.

5 **2. Übermittlungspflicht nach § 162 Abs. 2.** Soweit einer der Tatbestände des Abs. 1 erfüllt ist, fordert Abs. 2 die Übermittlung des Ausgliederungsberichts an die staatliche Behörde und den Stifter. Der Wortlaut der Vorschrift ist zunächst so zu verstehen, dass in jedem Fall immer beide mögliche Empfänger, die Behörde und der Stifter, informiert werden sollen. Für diese Auslegung ergeben sich aber keine weiteren Anhaltspunkte, vielmehr ist der Sicherstellung des Informationsbedürfnisses durch die Übermittlung des Berichts entweder an die Behörde oder den Stifter ausreichend Rechnung getragen, je nachdem ob die Genehmigung der Behörde oder die Zustimmung des Stifters erforderlich ist. Die Vorschrift ist dementsprechend teleologisch zu reduzieren.[3] Dies schließt nicht aus, dass im Falle einer Satzungsänderung beide Parteien ihr Einverständnis erklären müssen und dementsprechend an beide zu berichten ist.

6 Die Übermittlung des Ausgliederungsberichts wird ebenso wie dessen Erstellung durch das zur Geschäftsführung und Vertretung berechtigte Organ durchgeführt. Der Zeitpunkt der Übermittlung ist nicht von dem Beschluss nach § 163 abhängig, weil die Wirksamkeit der Ausgliederung von der Genehmigung der Behörde bzw der Zustimmung des Stifters abhängt und die Information der Vorbereitung der entsprechenden Einverständniserklärung dient.

III. Inhalt des Ausgliederungsberichts

7 Der Inhalt des Ausgliederungsberichts richtet sich nach § 127 iVm § 8 Abs. 1 S. 2 bis 4, Abs. 2. Da bei der Ausgliederung aus dem Vermögen der Stiftung kein Anteilstausch stattfindet, bedarf es grundsätzlich keiner Ausführungen zum Umtauschverhältnis. Wird allerdings auf ein Unternehmen ausgegliedert, an dem Dritte beteiligt sind, müssen ein Beteiligungswert für den Wert des übertragenden Stiftungsvermögens und der erlangte Gegenwert in Anteilen am Unternehmen angegeben werden.[4] Das gebietet der Grundsatz des Erhalts des Stiftungsvermögens.

IV. Verzicht auf den Erhalt des Ausgliederungsberichts

8 Durch den Verweis in § 127 auf § 8 Abs. 3 ist auch ein Verzicht der Zustimmungsberechtigten auf den Erhalt des Ausgliederungsberichts möglich. Die Verzichtserklärung ist notariell zu beurkunden.[5] Die Berichterstattung gegenüber dem Stifter kann auch dann obsolet sein, wenn dieser gleichzeitig Organ der Stiftung ist und dem Ausgliederungsbeschluss nach § 163 zugestimmt hat. Das Organ ist schließlich selbst für die Erstellung und Übermittlung des Berichts zuständig. Anders verhält es sich, wenn der Stifter gegen den Beschluss gestimmt hat.[6]

2 Widmann/Mayer/*Rieger*, § 162 Rn 13.
3 So schon: Widmann/Mayer/*Rieger*, § 162 Rn 37; iE auch Semler/Stengel/*Stengel*, § 162 Rn 9.
4 Lutter/*Rawert*/*Hüttemann*, § 162 Rn 8; Schmitt/Hörtnagl/Stratz/*Hörtnagl* § 127 Rn 9 f.
5 § 8 Abs. 3 S. 2.
6 So Widmann/Mayer/*Rieger*, § 162 Rn 18.

Hinsichtlich der genehmigungspflichtigen Behörde ist umstritten, ob diese auf die Berichterstattung verzichten kann. Hier wird teilweise[7] argumentiert, die Behörde dürfe sich ihrer Informationsmöglichkeiten, die zur Wahrnehmung ihrer hoheitlichen Befugnisse dienen, nicht begeben. Mangels ausdrücklich abweichender Regelung und der Tatsache, dass die Behörde bei ordnungsgemäßer Sachverhaltsermittlung selbst über den Umfang der Informationswege entscheiden kann, ist dieser Meinung freilich nicht zu folgen. Die Pflicht der Behörde besteht darin, eine rechtmäßige Entscheidung über die Genehmigung oder Versagung der Ausgliederung nach § 164 iVm mit dem anwendbaren Landesrecht zu treffen. Diese setzt eine sachgerechte Informationsbasis voraus. Darüber, welche Informationsquellen die Behörde zur sorgfältigen Abwägung ihrer Entscheidung heranzieht, kann sie selbst entscheiden.[8] 9

V. Informationsrecht der Stiftungsbehörden

Den Stiftungsbehörden steht aufgrund der landesrechtlichen Regelungen generell ein Informationsrecht bei grundlegenden Maßnahmen wie etwa Satzungsänderung oder wesentlichen Geschäften zu. Auch wenn also keine Pflicht zur Erstellung eines Ausgliederungsberichts im engeren Sinne besteht, sind die Informationen über die Ausgliederung dennoch an die Behörde weiterzuleiten.[9] Die Stiftung trifft somit weitere Unterrichtungspflichten. 10

§ 163 Beschluß über den Vertrag

(1) Auf den Ausgliederungsbeschluß sind die Vorschriften des Stiftungsrechts für die Beschlußfassung über Satzungsänderungen entsprechend anzuwenden.

(2) Sofern das nach Absatz 1 anzuwendende Stiftungsrecht nicht etwas anderes bestimmt, muß der Ausgliederungsbeschluß von dem für die Beschlußfassung über Satzungsänderungen nach der Satzung zuständigen Organ oder, wenn ein solches Organ nicht bestimmt ist, vom Vorstand der Stiftung einstimmig gefaßt werden.

(3) Der Beschluß und die Zustimmung nach den Absätzen 1 und 2 müssen notariell beurkundet werden.

I. Anwendungsbereich der Vorschrift

Nach den allgemeinen Vorschriften bedarf der Umwandlungsakt eines Beschlusses der Anteilsinhaber, § 125 iVm § 13. Da die Stiftung als einziges Rechtskonstrukt keine Anteilsinhaber hat, trifft § 163 eine gesonderte Regelung zum Ausgliederungsbeschluss bei Umwandlungen von Stiftungen. 1

7 Lutter/*Rawert/Hüttemann*, § 162 Rn 4, der die Verzichtserklärung nur für den Stifter zulässt.

8 So auch: Schmitt/Hörtnagl/Stratz/*Hörtnagl* § 162 Rn 1; KölnKomm-UmwG/*Leuering*, § 162 Rn 6; Semler/Stengel/*Stengel*, § 162 Rn 6; Widmann/Mayer/*Rieger*, § 162 Rn 22.

9 Das nordrheinwestfälische Stiftungsgesetz wurde beispielsweise vor kurzem dahingehend geändert, dass für diese Unterrichtungspflicht eine Frist von einem Monat gilt, § 5 Abs. 1 S. 2 StiftG NW. Vgl auch § 9 Abs. 1 S. 2 StiftG BW; § 7 Abs. 1 StiftG Bbg.

II. Inhalt

2 **1. Anwendbarkeit des Stiftungsrechts für Beschlussfassung über Satzungsänderungen, § 163 Abs. 1.** Für den Ausgliederungsbeschluss schreibt § 163 Abs. 1 die entsprechende Anwendung der Stiftungsvorschriften über Satzungsänderungen vor. Da die §§ 80 ff BGB derartige Regelungen nicht vorsehen, ist regelmäßig auf das jeweilige Landesstiftungsgesetz abzustellen.[1] Dadurch wird die Kompetenz, über den Ausgliederungsbeschluss zu bestimmen, entweder den Stiftungsorganen auferlegt oder eine derartige Kompetenzzuweisung kann durch die Stiftungssatzung erfolgen. Die Vorschrift des § 163 Abs. 1 ist nicht direkt anwendbar, weil nicht jede Ausgliederung eine Satzungsänderung nach sich zieht.[2]

3 **2. Kompetenzzuweisung für den Ausgliederungsbeschluss nach § 163 Abs. 2.** Den Beschluss trifft – so das jeweils geltende Landesrecht – das zuständige Stiftungsorgan. Welches Stiftungsorgan für Satzungsänderungen und damit auch für den Ausgliederungsbeschluss zuständig ist, regelt die Satzung. Fehlt eine solche Regelung, ist der Vorstand der Stiftung für den Ausgliederungsbeschluss zuständig und hat diesen einstimmig zu fassen, § 163 Abs. 2.

4 **3. Formerfordernisse nach § 163 Abs. 3.** Die Regelung schreibt vor, dass sowohl der Ausgliederungsbeschluss als auch die Zustimmungen Dritter der notariellen Beurkundung bedürfen. Das Beurkundungserfordernis ergibt sich bereits aus § 125 S. 1 iVm § 13 Abs. 3. Da dieser jedoch von Anteilsinhabern spricht und die Zustimmung bei der Ausgliederung aus Stiftungsvermögen nur von Dritten erfolgen kann, war hier eine Klarstellung durch eine eigenständige Regelung geboten.[3] Die Beurkundungspflicht ist im Zuge der Gleichbehandlung aller Umwandlungsvorgänge vom Gesetzgeber gewollt. Weder die Gründung der Stiftung noch Beschlüsse über Satzungsänderungen bedürfen sonst der notariellen Form.[4]

III. Mehrheitserfordernisse

5 Da kein Landesgesetz eine Bestimmung über die Mehrheitserfordernisse trifft, findet sich eine Vorgabe regelmäßig in der Satzung der Stiftung. Ist dies nicht der Fall und findet sich auch keine Regelung über die Zuständigkeit der Beschlussfassung, gilt das Einstimmigkeitserfordernis aus § 163 Abs. 2.

IV. Zustimmungsvorbehalte

6 Einige Stiftungsgesetze schreiben zu dessen Lebzeiten die Zustimmung des Stifters zu Satzungsänderungen vor.[5] Dies gilt auch für den Ausgliederungsbeschluss. Die Satzung kann weitere Zustimmungsvorbehalte, etwa von weiteren Stiftungsorganen, begründen.[6]

7 Bei der Ausgliederung durch Aufnahme gelten die allgemeinen Vorschriften für den übernehmenden Rechtsträger. Gemäß § 125 S. 1 iVm § 13 bedarf es der Zustimmung der Anteilsinhaber zu dem Umwandlungsvorhaben.

V. Rechtsbehelf gegen den Ausgliederungsbeschluss

8 Gegen Beschlüsse über Umwandlungsmaßnahmen kann gemäß § 125 Abs. 1 iVm § 14 Abs. 1 Klage erhoben werden. Die Struktur der Stiftung bedingt es, dass einer Klage gegen den Ausgliederungsbeschluss wenig Praxisrelevanz zukommt. Mangels Anteilsinhabern an der Stiftung können Kläger allenfalls Stiftungsorgane oder Dritte sein, denen es in der Regel an einem ein-

1 Schmitt/Hörtnagl/Stratz/*Hörtnagl* § 163 Rn 2; vgl zu den Landesstiftungsgesetzen § 5 StiftG NRW; § 9 StiftG M-V; § 9 ThürStiftG; § 7 SaarlStiftG.
2 Lutter/*Rawert/Hüttemann*, § 163 Rn 2.
3 So die Intention des Gesetzgebers, s. RegBegrE, *Ganske*, S. 191.
4 Gem. § 81 Abs. 1 S. 1 BGB bedarf die Errichtung der Stiftung lediglich der schriftlichen Form.
5 Vgl zB § 8 Abs. 1 S. 3 BremStiftG; § 5 Abs. 1 S. 3 SchlHolStiftG. Die neue Formulierung in § 5 Abs. 2 StiftG NRW sieht nur noch die Anhörung der Stifterinnen und Stifter vor.
6 So auch Widmann/Mayer/*Rieger*, § 163 Rn 12 f.

klagbaren Anspruch fehlen wird.[7] Stiftungsorganen steht der Klageweg nämlich nur offen, wenn sie in ihren organschaftlichen Rechten verletzt wurden[8] und Destinatären – die durch den Stiftungszweck begünstigten Personen – nur, sofern ihnen aufgrund von Landesrecht oder Satzung einklagbare Rechte zugestanden wurden.[9] Der Beschluss unterliegt jedoch in jedem Fall der allgemeinen Aufsicht der Stiftungsbehörde, die ihn beanstanden und aufheben kann, vgl dazu auch § 164.

§ 164 Genehmigung der Ausgliederung

(1) Die Ausgliederung bedarf der staatlichen Genehmigung, sofern das Stiftungsrecht dies vorsieht.

(2) Soweit die Ausgliederung nach Absatz 1 der staatlichen Genehmigung nicht bedarf, hat das Gericht des Sitzes der Stiftung die Eintragung der Ausgliederung auch dann abzulehnen, wenn offensichtlich ist, daß die Verbindlichkeiten der Stiftung ihr Vermögen übersteigen.

1. Anwendungsbereich der Vorschrift. § 164 regelt die staatliche Genehmigung der Ausgliede- 1
rung aus dem Stiftungsvermögen. Adressat dieser Vorschrift sind in erster Linie die zuständigen Behörden der Stiftungsaufsicht. Wird die Genehmigung nicht erteilt oder wird die Ausgliederung beanstandet, ist sie nicht zulässig und damit nicht eintragungsfähig. Anwendbar ist die Vorschrift sowohl auf die Ausgliederung zur Aufnahme als auch auf die Ausgliederung zur Neugründung.

2. Inhalt. a) Genehmigungspflicht gemäß § 164 Abs. 1. Das Erfordernis einer staatlichen Ge- 2
nehmigung der Ausgliederung aus dem Stiftungsvermögen ergibt sich aus den Landesstiftungsgesetzen. Diese regeln die Ausgliederung nicht direkt, sondern verhalten sich lediglich zu genehmigungspflichtigen Satzungsänderungen oder teilweise auch zu Rechtsgeschäften mit Genehmigungsvorbehalt. Da die Ausgliederung häufig eine Satzungsänderung nach sich zieht oder die Ausgliederung unter einen der genehmigungsbedürftigen Sondertatbestände fallen kann, ist demnach in all diesen Fällen eine staatliche Genehmigung des Ausgliederungsbeschlusses notwendig. Rechtsgeschäftliche Genehmigungsvorbehalte gelten etwa für die Veräußerung und die Belastung von Grundstücken, die Aufnahme von Darlehen oder die Entgegennahme unentgeltlicher Zuwendungen.

Hinweis: Die Ausgliederung im Sinne des Umwandlungsrechts ist nicht mit der Zulegung oder der/dem Zusammenlegung/-schluss gleichzuziehen, s. § 161 Rn 22. Diese Regelungen befinden sich zwar in den Landesstiftungsgesetzen, basieren aber auf der Grundlage der §§ 85, 87 BGB und meinen regelmäßig nicht die Umwandlung nach dem Umwandlungsgesetz.

Denkbar ist allerdings, dass die Umwandlung unter den Genehmigungsvorbehalt der Zule- 3
gung/Zusammenlegung zu subsumieren ist, weil der Gesetzgeber gerade größere Eingriffe in das Stiftungsgebaren beaufsichtigen wollte und eine Unterscheidung zwischen den umwandlungsrechtlichen und den stiftungsrechtlichen Umwandlungsmöglichkeiten reine Formalie ist.

Sind in der Satzung Regelungen über das Unternehmen der Stiftung, insbesondere über einen 4
bestimmten Betrieb oder die Rechtsform des Unternehmens geregelt, kann dies zur Notwendigkeit einer Satzungsänderung führen.

Es wird zwischen einfachen und qualifizierten Satzungsänderungen unterschieden. Bei einer 5
einfachen Satzungsänderung bleibt der Stiftungszweck unberührt.[1] Sie ist in der Regel gerechtfertigt, wenn sie sich für die Stiftung als zweckmäßig erweist. Die qualifizierte Satzungsände-

7 Lutter/*Rawert/Hüttemann*, § 163 Rn 10; Semler/Stengel/*Stengel*, § 163 Rn 6.
8 BGH NJW 1994, 184, 185; *Ebersbach*, Handbuch des dt. Stiftungsrechts, S. 105.
9 OLG Hamburg ZIP 1994, 1950.
1 Lutter/*Rawert/Hüttemann*, § 164 Rn 5.

rung setzt höhere Maßstäbe, da der Stiftungszweck betroffen ist. Damit ein derart weiter Eingriff zulässig ist, muss eine Veränderung der wesentlichen Verhältnisse vorliegen.[2] Da die Ausgliederung jedoch immer nur das Stiftungsvermögen und gerade nicht den davon losgelösten Stiftungszweck betrifft, kann im Zuge der Ausgliederung nur eine einfache Satzungsänderung in Betracht kommen.[3] Entscheidend ist also, ob die aufgrund der Ausgliederung notwendige Satzungsänderung im Interesse der Leistungs- und Funktionsfähigkeit der Stiftung liegt.

6 Die Genehmigungsvoraussetzungen, deren Einhaltung die zuständige Stiftungsbehörde zu überprüfen hat, sind zum einen das Nichtvorliegen einer Überschuldung und zum anderen die Rechtmäßigkeit des Ausgliederungsbeschlusses.

7 **b) Genehmigungsfreie Ausgliederung nach § 164 Abs. 2.** Ist für die jeweilige Ausgliederung nach Landesrecht oder kraft Satzung keine Genehmigung erforderlich, hat das zuständige Registergericht die Ausgliederung zu überprüfen. Inhaltlich wird sich das Gericht dabei zunächst mit den formellen Anforderungen an die Eintragung in das Handelsregister und den materiellen Anforderungen aus dem Umwandlungsgesetz auseinandersetzen und in einem weiteren Schritt prüfen, ob die Verbindlichkeiten der Stiftung ihr Vermögen nicht übersteigen, § 164 Abs. 2. Ist dies der Fall, muss das Gericht die Eintragung der Ausgliederung ablehnen. Der Prüfungsumfang umfasst auch die Feststellung der Genehmigungsfreiheit, nicht jedoch die Vereinbarkeit der Ausgliederung mit dem Stiftungsrecht.

Praxistipp: Aus diesem Grund ist es sinnvoll, dem Gericht ein Negativattest der Stiftungsbehörde vorzulegen, um den reibungslosen Ablauf der Ausgliederung zu sichern.[4] Gleichzeitig ist eine Erklärung der Stiftung hilfreich, dass keine Überschuldung vorliegt.

8 Ausweislich des klaren Gesetzeswortlautes muss die Überschuldung „offensichtlich" vorliegen. Bestehen dagegen Zweifel an der Überschuldung hat das Gericht die Ausgliederung einzutragen.[5] Eine Eintragung der Ausgliederung in das Handelsregister, die erfolgt, obwohl die Voraussetzungen einer rechtmäßigen Ausgliederung nicht oder nicht vollständig erfüllt sind, hat wegen § 131 Abs. 2 heilende Wirkung.

§ 165 Sachgründungsbericht und Gründungsbericht

Auf den Sachgründungsbericht (§ 5 Abs. 4 des Gesetzes betreffend die Gesellschaften mit beschränkter Haftung) ist § 58 Abs. 1, auf den Gründungsbericht (§ 32 des Aktiengesetzes) § 75 Abs. 1 entsprechend anzuwenden.

I. Anwendungsbereich der Vorschrift

1 Bei der Ausgliederung aus dem Stiftungsvermögen sind bestimmte Berichtspflichten zu beachten. § 165 nimmt Bezug auf den Sachgründungsbericht für eine GmbH und den Gründungsbericht für eine AG. Mithin findet die Vorschrift ausschließlich Anwendung auf die Ausgliederung zur Neugründung einer Kapitalgesellschaft.[1]

II. Inhalt

2 Die Vorschrift verweist neben den für die Kapitalgesellschaften zu veröffentlichenden Gründungsberichten nach § 5 Abs. 4 GmbHG bzw § 32 AktG auf die Notwendigkeit von Darlegungen zum Geschäftsverlauf und zur Lage des übertragenden Rechtsträgers, §§ 58 Abs. 1, 75 Abs. 1. Die Berichtspflichten werden dadurch zwar erweitert, die Vorschrift hat jedoch wegen

2 Lutter/*Rawert/Hüttemann*, § 164 Rn 6 mit Verweis auf WM 1976, 869 (872); BGHZ 99, 344 (348 f).

3 Ausf. hierzu: Lutter/*Rawert/Hüttemann*, § 164 Rn 8 f; Widmann/Mayer/*Rieger*, § 164 Rn 19.

4 Lutter/*Rawert/Hüttemann*, § 164 Rn 22; v. Campenhausen/Richter/*Hof*, § 10 Rn 44 f.

5 Widmann/Mayer/*Rieger*, § 164 Rn 46.

1 Widmann/Mayer/*Rieger*, § 165 Rn 4.

des sich bereits in den allgemeinen Vorschriften der § 135 Abs. 1 iVm § 125 befindlichen Verweises lediglich klarstellenden Charakter.

Zweck der erweiterten Berichtspflichten ist die Kapitalsicherung des neuen Rechtsträgers, da eine vorhergehende Prüfung der Kapitalaufbringung bei der Stiftung nicht vorgesehen ist.[2] Ob im Rahmen einer Teilausgliederung aus dem Vermögen der Stiftung die Berichtspflichten lediglich das auszugliedernde (Teil-)Unternehmen treffen oder die gesamte Stiftung als übertragender Rechtsträger, ist umstritten. Wegen der im Wortlaut des § 165 verankerten „entsprechenden" Anwendung der §§ 58 Abs. 1, 75 Abs. 1 ist wohl davon auszugehen, dass lediglich der auszugliedernde Teil gemeint ist.[3] Die speziellen Regeln der §§ 161 ff stellen nämlich entgegen der allgemeinen Verschmelzungsregeln auf den Unternehmensbegriff ab und nicht auf den ausgliedernden Rechtsträger. 3

§ 166 Haftung der Stiftung

[1]Durch den Übergang der Verbindlichkeiten auf übernehmende oder neue Gesellschaften wird die Stiftung von der Haftung für die Verbindlichkeiten nicht befreit. [2]§ 418 des Bürgerlichen Gesetzbuchs ist nicht anzuwenden.

I. Anwendungsbereich der Vorschrift

§ 166 Abs. 1 regelt die Haftung der Stiftung für alle im Wege der partiellen Gesamtrechtsnachfolge auf den neuen Rechtsträger übergegangenen Verbindlichkeiten. Die Vorschrift ist *lex specialis* zu den allgemeinen Haftungsvorschriften in §§ 133 f[1] und gilt sowohl für die Ausgliederung zur Neugründung als auch zur Aufnahme. § 166 entspricht der Vorschrift des § 156,[2] die die Haftung des Einzelkaufmannes in gleicher Weise beschreibt. 1

II. Inhalt

1. Haftung der Stiftung nach § 166 Abs. 1. Die Ausgliederung bewirkt den Übergang sämtlicher Vermögenswerte auf den übernehmenden Rechtsträger. § 166 macht eine Ausnahme für Verbindlichkeiten, welche zum Zeitpunkt der Eintragung der Ausgliederung in das Handelsregister Gegenstand des Ausgliederungsplans bzw -vertrages sind. Für diese Verbindlichkeiten haftet die Stiftung als übertragender Rechtsträger weiterhin neben dem neuen oder übernehmenden Rechtsträger, und zwar für einen Zeitraum von fünf Jahren, § 167. Stiftung und übernehmender Rechtsträger haften dann gegenüber dem Gläubiger – dessen Schutz die Vorschrift im Blick hat – [3] als Gesamtschuldner. Im Innenverhältnis bestimmt der Ausgliederungsplan bzw -vertrag im Sinne einer anderweitigen Bestimmung nach § 426 Abs. 1 S. 1 2. Hs BGB die primäre Haftung des übernehmenden Rechtsträgers.[4] Die Verbindlichkeiten gehen in ihrem jeweiligen Bestand über, die Verjährung beeinflusst die Ausgliederung mithin nicht.[5] 2

2 RegBegrE, *Ganske*, S. 194; KölnKomm-UmwG/*Leuering*, § 165 Rn 2.
3 Lutter/*Rawert/Hüttemann*, § 165 Rn 4; KölnKomm-UmwG/*Leuering*, § 165 Rn 2; Semler/Stengel/*Stengel*, § 165 Rn 2; Maulbetsch/Klumpp/Rose//*Schmidt*, § 165 Rn 2; aA Widmann/Mayer/*Rieger*, § 165 Rn 7 und 9, der auch die Darstellung des Geschäftsverlaufs und der Lage der übertragenden Stiftung verlangt.

1 Lutter/*Rawert/Hüttemann*, § 166 Rn 1; KölnKomm-UmwG/*Leuering*, § 166 Rn 1.
2 RegBegrE, *Ganske*, Umwandlungsrecht, S. 194.
3 KölnKomm-UmwG/*Leuering*, § 166 Rn 2; Lutter/*Rawert/Hüttemann*, § 166 Rn 1.
4 Semler/Stengel/*Stengel*, § 166 Rn 2 mwN.
5 Widmann/Mayer/*Rieger*, § 166 Rn 6 und 18.

3 **2. Ausschluss von § 418 BGB gemäß § 166 Abs. 2.** Gemäß § 418 BGB erlöschen die für die Forderung bestellten Bürgschaften und Pfandrechte und die Hypothek wird einem Gläubigerverzicht gleichgestellt. § 166 Abs. 2 schließt die Anwendbarkeit dieser Regelung auf die Ausgliederung aus dem Vermögen der Stiftung aus. Wegen dieser Sonderregelung bleiben die Sicherungsrechte an den Verbindlichkeiten des auszugliedernden Unternehmens trotz Umwandlung weiterhin fortbestehen. Die Regelung greift analog auch für Sicherungsgrundschulden.[6]

III. Haftung des übernehmenden Rechtsträgers

4 Die Haftung des übernehmenden Rechtsträgers richtet sich nach den allgemeinen Vorschriften, § 131 Abs. 1 Nr. 1. Für bereits vor der Spaltung begründete Verbindlichkeiten gilt § 133 Abs. 1, § 25 HGB, wonach die an der Ausgliederung beteiligten Rechtsträger als Gesamtschuldner haften. Besonderheiten gelten bei Ansprüchen von Sonderrechtsinhabern.[7]

§ 167 Zeitliche Begrenzung der Haftung für übertragene Verbindlichkeiten

Auf die zeitliche Begrenzung der Haftung der Stiftung für die im Ausgliederungs- und Übernahmevertrag aufgeführten Verbindlichkeiten ist § 157 entsprechend anzuwenden.

1 **1. Haftungszeitraum.** Die Haftung der Stiftung für die im Ausgliederungsvertrag bzw -plan vorgesehenen Verbindlichkeiten ist nicht unbegrenzt. § 167 verweist auf die entsprechende Anwendung des für den Einzelkaufmann geltenden § 157. Auch wenn § 157 den Ausgliederungsplan nicht erwähnt, ist kein Grund ersichtlich, der für die Einbeziehung desselben neben dem Ausgliederungsvertrag spricht.[1] Gegenstand der Haftung sind demnach lediglich Ansprüche, die vor Ablauf von fünf Jahren nach der Ausgliederung fällig werden und bereits im Wege eines gerichtlichen oder eines Insolvenzverfahrens tituliert sind bzw bei öffentlich-rechtlichen Streitigkeiten über die ein Verwaltungsakt erlassen wurde, § 157 Abs. 1 S. 1. Dies gilt nicht für Ansprüche, welche die Stiftung schriftlich anerkannt hat, § 157 Abs. 3. Einbezogen sind aber alle Verbindlichkeiten, deren Rechtsgrund zum Zeitpunkt der Ausgliederung bereits vorlag.[2]

2 **2. Fünfjahres-Frist.** Maßgeblich für die Berechnung der Fünfjahres-Frist ist der Tag, an dem die Eintragung der Ausgliederung in das Handelsregister des Sitzes des Unternehmens der ausgliedernden Stiftung nach § 125 iVm § 19 Abs. 3 bekannt gemacht worden ist, § 157 Abs. 2 S. 1.

3 Mangels Abweichungen aufgrund stiftungsrechtlicher Besonderheiten wird im Detail auf die Kommentierung zu § 157 verwiesen.

Neunter Abschnitt Ausgliederung aus dem Vermögen von Gebietskörperschaften oder Zusammenschlüssen von Gebietskörperschaften

§ 168 Möglichkeit der Ausgliederung

Die Ausgliederung eines Unternehmens, das von einer Gebietskörperschaft oder von einem Zusammenschluß von Gebietskörperschaften, der nicht Gebietskörperschaft ist, betrieben wird, aus dem Vermögen dieser Körperschaft oder dieses Zusammenschlusses kann nur zur Aufnahme dieses Unternehmens durch eine Personenhandelsgesellschaft, eine Kapitalgesellschaft oder eine eingetragene Genossenschaft oder zur Neugründung einer Kapitalgesellschaft oder einer eingetragenen Genossenschaft sowie nur dann erfolgen, wenn das für die Körperschaft oder

6 Widmann/Mayer/*Rieger*, § 166 Rn 9.
7 S. ausf. Lutter/*Rawert/Hüttemann*, § 166 Rn 5; Widmann/Mayer/*Rieger*, § 166 Rn 32 f.

1 So auch KölnKomm-UmwG/*Leuering*, § 167 Rn 2; Semler/Stengel/*Stengel*, § 167 Rn 1; Widmann/Mayer/*Rieger*, § 167 Rn 3.
2 KölnKomm-UmwG/*Leuering*, § 167 Rn 1.

den Zusammenschluß maßgebende Bundes- oder Landesrecht einer Ausgliederung nicht entgegensteht.

I. Anwendungsbereich der Vorschrift

1 Die §§ 168 ff regeln die Ausgliederung aus dem Vermögen von Gebietskörperschaften sowie Zusammenschlüsse von Gebietskörperschaften. Die praktische Bedeutung dieser Vorschriften liegt in der Privatisierung von Unternehmen der öffentlichen Hand, insbesondere von Regie- und Eigenbetrieben, die in der Vergangenheit aber auch in der Zukunft von tragender Bedeutung ist.[1] Prominenteste Beispiele sind etwa die Deutsche Bahn AG, die Deutsche Post AG oder die Deutsche Telekom AG.

2 Die Vorschriften regeln für diese Fälle Besonderheiten im Verhältnis zu den allgemeinen Vorschriften des Umwandlungsgesetzes. § 168 beschränkt die Umwandlungsmöglichkeit auf die Ausgliederung – als einzige Form der Spaltung – von (ganzen) Unternehmen – als einziges Ausgliederungssubjekt. Darüber hinaus kommen als übernehmende Rechtsträger bei der Ausgliederung zur Aufnahme alleine Personenhandelsgesellschaften, Kapitalgesellschaften oder eingetragene Genossenschaften und im Falle der Ausgliederung zur Neugründung Kapitalgesellschaften und eingetragene Genossenschaften in Betracht. Der übernehmende Rechtsträger ist damit stets privatrechtlicher Natur.[2] Der Ausgliederung darf kein für die Körperschaft oder den Zusammenschluss maßgebendes Bundes- oder Landesrecht entgegenstehen. Dennoch sind etwaige öffentlich-rechtliche Voraussetzungen nicht Gegenstand des Regelungsumfangs der §§ 168 ff, diese regeln lediglich die zivilrechtlichen Voraussetzungen. Die Zulässigkeit der Privatisierung richtet sich ausschließlich nach öffentlich-rechtlichen Vorschriften.[3]

3 Neben den besonderen Regelungen des 9. Abschnitts finden die allgemeinen Vorschriften des Spaltungsrechts Anwendung, §§ 123 bis 137. § 125 verweist ergänzend auf verschiedene Verschmelzungsregeln.

II. Inhalt

4 **1. Ausgliederungsfähige Rechtsträger. a) Gebietskörperschaften.** Als ausgliederungsfähiger Rechtsträger nennt § 168 die Gebietskörperschaft. Diese ist eine juristische Person des öffentlichen Rechts, deren Mitgliedschaft sich durch alle anhand des registrierten Wohnsitzes erfassten Bewohner eines bestimmten räumlich abgegrenzten Teils des Staatsgebietes definiert.[4] Zu den Gebietskörperschaften zählen die Gemeinden, Kreise, Landkreise, kreisfreie Städte sowie andere kommunale Körperschaften und Verbände mit Selbstverwaltungscharakter. Einzelheiten sind dem jeweiligen Landesrecht zu entnehmen. Auch wenn § 175 Nr. 1 zwischen den Begrifflichkeiten unterscheidet, gehören nach allgemeinem Verständnis zu den Gebietskörperschaften

1 RegBegrE, *Ganske*, Umwandlungsrecht, S. 151, 195.
2 So klarstellend BAG NJW 2002, 916, 917.
3 *Krölls*, GewArch 1995, 129, 130 f, ebenso Lutter/*H. Schmidt*, § 168 Rn 4, 7; KölnKomm-UmwG/*Leuering*, § 168 Rn 11.
4 Wolff/Bachof/Stober/Kluth//*Kluth*, § 87 Rn 5 ff, Rn 31; Erichsen/Ehlers/Burgi/*Burgi*, § 8 Rn 12.

im Sinne der § 168 ff auch der Bund und die Bundesländer.[5] Daneben finden die Vorschriften auch auf kirchenrechtliche Gebietskörperschaften Anwendung.[6] Auch wenn der Wortlaut der Vorschrift diese nicht vorsieht, gibt es keine zwingenden entgegenstehenden Gründe, kirchenrechtliche Gebietskörperschaften von dieser Regelung auszunehmen.[7]

5 **b) Zusammenschluss von Gebietskörperschaften.** Auch Zusammenschlüsse von Gebietskörperschaften kommen als übertragende Rechtsträger in Betracht. Unter solchen Zusammenschlüssen sind höhere, bundkörperschaftliche Gemeindeverbände – zu denen auch kommunale Zweckverbände zählen – zu verstehen, die selbst keine Gebietskörperschaft sind und gemeinsam soziale oder kulturelle Aufgaben wahrnehmen.[8] Hier ist nicht die Gebietszugehörigkeit ausschlaggebend, vielmehr steht die Bewältigung gemeinsamer Aufgaben im Mittelpunkt. Zu den Gebietskörperschaften zählen beispielsweise Versorgungskassen, Sparkassenverbände oder Landeswohlfahrtsverbände.[9] Darüber hinaus muss der Zusammenschluss eine rechtsfähige Einheit darstellen, die Träger des auszugliedernden Unternehmens sein kann. Das ist etwa bei bloßer Aufgabenübertragung an einzelne Gebietskörperschaften oder bei einer rein internen Kooperation nicht gegeben.[10]

6 Landesrechtliche Vorschriften lassen auch Kapitalgesellschaften als Mitglieder von Zweckverbänden zu. Da die Zuordnung eines solchen Zweckverbandes zur öffentlichen Hand unproblematisch weiterhin möglich ist, ist es sachgerecht, auch diese Zweckverbände unter den Anwendungsbereich des § 168 fallen zu lassen.[11]

7 **c) Beteiligung mehrerer übertragender Rechtsträger.** Diskutiert wird die Frage, ob an einem Ausgliederungsvorgang mehrere übertragende Rechtsträger beteiligt sein können. Der Wortlaut sowohl des § 168 als auch der allgemeinen Regelung zur Spaltung, § 123, sprechen jeweils nur von einem einzelnen übertragenden Rechtsträger. Für die allgemeinen Spaltungsvorschriften ist dies auch anerkannt.[12]

8 Die Ausgliederung bedarf zu ihrer Wirksamkeit der Eintragung ins Handelsregister am Sitz des übertragenden Rechtsträgers.[13] Würde es sich um mehr als einen übertragenden Rechtsträger handeln, müsste zumindest festgelegt werden, welche der Eintragungen verbindlich ist. Obwohl es an einer solchen Regelung fehlt, wird die Beteiligung mehrerer öffentlich-rechtlicher Rechtsträger an einer Ausgliederung befürwortet.[14] Denn entgegen der allgemeinen Regelung des § 131 treten die Wirkungen der Ausgliederung aus dem Vermögen von Gebietskörperschaften und deren Zusammenschlüssen gemäß § 171 mit Eintragung in das Register des Sitzes des übernehmenden Rechtsträgers ein. Aufgrund dieser abweichenden Norm ist eine gesonderte Behandlung der Ausgliederung aus dem Vermögen öffentlich-rechtlicher Rechtsträger gerechtfertigt.

Hinweis: Um Ungewissheiten vorzubeugen, sollte die Ausgliederung aus dem Vermögen zweier oder mehrerer Gebietskörperschaften oder Zusammenschlüsse in einem gemeinsamen Ausgliederungsvertrag geregelt sein. Darin sollte ein Wirksamkeitsstichtag festgelegt werden.[15] Die vorherige Abklärung mit dem zuständigen Registerrichter empfiehlt sich.[16]

9 **2. Gegenstand der Ausgliederung. a) Unternehmensbegriff.** Anders als § 123 Abs. 3, der die Ausgliederung von jeglichen Teilen des Vermögens vorsieht, erlaubt § 168 lediglich die Ausgliederung von Unternehmen aus dem Vermögen der Gebietskörperschaft bzw des Zusammen-

5 KölnKomm-UmwG/*Leuering*, § 168 Rn 12; Semler/Stengel/*Perlitt*, § 168 Rn 17; Widmann/Mayer/*Heckschen*, § 168 Rn 135.
6 S. nur Widmann/Mayer/*Heckschen*, § 168 Rn 135.
7 Vgl Diskussion bei *Pfeiffer*, NJW 2000, 3694 f; *Lepper*, RNotZ 2006, 313, 316 f; Lutter/*H. Schmidt*, § 168 Rn 6; KölnKomm-UmwG/*Leuering*, § 168 Rn 16 ff.
8 Wolff/Bachof/*Stober*, VerwR III, § 87, Rn 34.
9 Näher dazu Semler/Stengel/*Perlitt*, § 168 Rn 19.
10 Lutter/*H. Schmidt*, § 168 Rn 8.
11 S. dazu ausf. Widmann/Mayer/*Heckschen*, § 168 Rn 137; KölnKomm-UmwG/*Leuering*, § 168 Rn 14.
12 Vgl § 123 Rn 9 ff.
13 S. § 131 Rn 1 ff.
14 KölnKomm-UmwG/*Leuering*, § 168 Rn 20; Widmann/Mayer/*Heckschen*, § 168 Rn 144; aA Lutter/*H. Schmidt*, § 168 Rn 9.
15 *Heckschen/Simon*, Umwandlungsrecht, § 5 Rn 22 ff.
16 *Lepper*, RNotZ 2006, 313, 317.

schlusses von Gebietskörperschaften. Das beruht ähnlich wie beim Einzelkaufmann und der Stiftung darauf, dass Teile des Vermögens nicht als ausgliederungsfähig angesehen werden. Anders als bei der Stiftung kann allerdings für die Definition des Unternehmensbegriffs nicht ohne weiteres auf das handelsrechtliche Verständnis zurückgegriffen werden. Denn die kommunalen Unternehmen sind nicht in jedem Fall zur Handelsregistereintragung verpflichtet und agieren nicht immer nur mit Gewinnerzielungsabsicht. Für die Ausgliederung aus dem Vermögen von Gebietskörperschaften und deren Zusammenschlüsse bedarf es mithin einer eigenen Definition des Unternehmensbegriffs.

Insbesondere hat eine Abgrenzung zu den privatrechtlich organisierten Unternehmen der öffentlich rechtlichen Hand stattzufinden, die bereits aufgrund ihrer Gesellschaftsform etwa als AG oder GmbH unter die allgemeinen Spaltungsregeln fallen.[17] Für rechtsfähige Körperschaften und Anstalten des öffentlichen Rechts greift der Formwechsel nach § 301. Sinn und Zweck der §§ 168 ff ist insbesondere, der öffentlichen Hand die Möglichkeit der Privatisierung zu geben. Anhand dieser Zweckausrichtung ist der umwandlungsrechtliche Unternehmensbegriff funktional zu ermitteln.[18] In diesen Begriff können der kommunalverfassungsrechtliche Unternehmensbegriff[19] und der steuerlich geprägte Begriff des kommunalen Betriebs gewerblicher Art[20] zwar hineinspielen, die Grundsätze dienen jedoch weder für sich genommen noch gemeinsam dazu, den umwandlungsrechtlichen Unternehmensbegriff zu bestimmen. Die Regierungsbegründung nimmt hinsichtlich des Anwendungsbereichs der §§ 168 ff explizit Bezug auf die Eigen- und Regiebetriebe der Kommunen.[21] Eigenbetriebe sind organisatorisch verselbstständigte Einrichtungen, die auch haushaltsrechtlich abgegrenzt sind, Regiebetriebe erfüllen zwar eigenständig und gegen Entgelt ihre Aufgaben innerhalb der Körperschaft, sind dabei jedoch weniger selbstständig als die Eigenbetriebe. In Abgrenzung zu den privatrechtlich organisierten Einrichtungen der öffentlichen Hand und den rechtsfähigen Körperschaften und Anstalten des öffentlichen Rechts lässt sich folgender Rückschluss für den hier maßgeblichen umwandlungsrechtlichen Unternehmensbegriff ziehen: Unter einem Unternehmen im Sinne des § 168 sind Einrichtungen zu verstehen, die allein nicht rechtsfähig sind, eine gewisse organisatorische Selbstständigkeit aufweisen, auf Dauer angelegte Aufgaben wahrnehmen und am Markt tätig sind.[22] Darüber hinaus ist entscheidend, ob die Wahrnehmung der öffentlich-rechtlichen Ziele auch in privater Rechtsform betrieben werden kann.[23] Letzteres greift insbesondere auch für die nicht rechtsfähigen Anstalten des öffentlichen Rechts, die deswegen Gegenstand der Ausgliederung nach dem Umwandlungsrecht sein können.[24] 10

b) Ausgliederung des ganzen Unternehmens. § 168 erwähnt – im Gegensatz zu §§ 152, 161 – ausdrücklich nur das „Unternehmen" als Ausgliederungsobjekt und nicht auch Teile dessen. Ausweislich der Regierungsbegründung ist die Ausgliederung des Unternehmens als Ganzes gewollt.[25] Gerade in Abgrenzung zu den Vorschriften betreffend den Einzelkaufmann und die Stiftungen ist eine Erweiterung des Tatbestandes auf Teile des Unternehmens grundsätzlich nicht angezeigt. Aus Praktikabilitätsgründen und um der Funktion der Ausgliederung, nämlich der Privatisierung von öffentlich-rechtlichen Betrieben, gerecht zu werden, ist die Beschränkung auf das Unternehmen als Ganzes nicht zu eng zu verstehen. Zwar können einzelne Teile von Betrieben lediglich im Wege der Einzelrechtsnachfolge ausgegliedert werden, möglich ist jedoch das Zusammenführen von Vermögensgegenständen mit dem Unternehmen, in dem diese in den Ausgliederungsplan aufgenommen werden bzw eine Verselbstständigung von Einrich- 11

17 S. §§ 3, 124 Abs. 1, 191 Abs. 1.
18 Widmann/Mayer/*Heckschen*, § 168 Rn 144, *Schindhelm/Stein* DB 1999, 1375, 1377.
19 *Cronauge/Westermann*, Kommunale Unternehmen, Rn 22 ff; Lutter/*H. Schmidt*, § 168 Rn 10.
20 KölnKomm-UmwG/*Leuering*, § 168 Rn 22.
21 RegBegrE, *Ganske*, Umwandlungsrecht, S. 151, 195.
22 *Steuck*, NJW 1995, 2887, 2888; KölnKomm-UmwG/*Leuering*, § 168 Rn 23.
23 Lutter/*H. Schmidt*, § 168 Rn 10; Semler/Stengel/*Perlitt*, § 168 Rn 30.
24 S. nur Lutter/*H. Schmidt*, § 168 Rn 10 mwN.
25 RegBegrE, *Ganske*, Umwandlungsrecht, S. 196.

tungen, die sodann als eigenes Unternehmen ausgegliedert werden können.[26] *Perlitt*[27] und *Heckschen*[28] halten aus Praktikabilitätsgründen die Ausgliederung des Unternehmenskerns für ausreichend, demgegenüber will *H. Schmidt*[29] den Unternehmensbegriff nicht so weit ausdehnen. Letzterer hält es jedoch auch für wenig praktikabel, einzelne Vermögensgegenstände mit ausgliedern zu müssen, um diese im Anschluss wieder gemäß §§ 174 ff zurück zu übertragen. Im Ergebnis sind die Vertreter der beiden Ansichten nicht weit voneinander entfernt, mit der Folge dass der Unternehmensbegriff nach beiden Ansätzen flexibel und funktional auszulegen ist. Als Maßstab können hierzu die Grundsätze des Betriebsübergangs nach § 613 a BGB dienen.[30] Es soll also möglich sein, betriebsnotwendige Grundstücke nicht mit auszugliedern, um sie an den übernehmenden Rechtsträger zu verpachten oder die Ausgliederung einer Kantine aus dem Großkrankenhaus als selbstständige Einheit vorzunehmen.[31]

12 c) **Ausgliederung mehrerer Unternehmen.** Auch wenn der Gesetzestext von der Ausgliederung „eines" Unternehmens spricht, ergibt sich kein Grund, warum nicht parallel mehrere Unternehmen aus einer Gebietskörperschaft oder einem Zusammenschluss von Gebietskörperschaften ausgegliedert werden sollten. Dies entspricht allgemeiner Meinung.[32]

13 **3. Ausgliederungsmöglichkeiten. a) Ausgliederung zur Aufnahme.** Gemäß § 168 kann die Ausgliederung des Unternehmens zur Aufnahme nur auf eine Personenhandelsgesellschaft, eine Kapitalgesellschaft oder eine eingetragene Genossenschaft erfolgen. Diese Aufzählung ist gemäß § 1 Abs. 2 und 3 abschließend. Im Wege der Umwandlung ist die Ausgliederung auf die Gesellschaft bürgerlichen Rechts, die Stiftung, den Verein, den Einzelkaufmann und Körperschaften öffentlichen Rechts daher nicht möglich, hier käme lediglich eine Gestaltung durch Einzelrechtsübertragung in Frage.

14 Vom Umfang der genannten möglichen übernehmenden Rechtsträger sind auch die Kommanditgesellschaft auf Aktien, die GmbH & Co KG, die Europäische wirtschaftliche Interessenvereinigung (EWIV)[33] sowie in Gründung befindliche Rechtsträger umfasst, etwa die Vor-GmbH und die Vor-AG. Der deutschen AG wird die europäische SE gleichgestellt,[34] so dass diese auch übernehmender Rechtsträger sein kann. Nicht übertragbar ist dieser Gedanke auf die Vorgründungsgesellschaften, sie sind regelmäßig Gesellschaften bürgerlichen Rechts und damit keine potenziellen übernehmenden Rechtsträger nach dem Verständnis des neunten Abschnitts des Umwandlungsgesetzes.[35]

15 Eingeschränkt werden die Umwandlungsmöglichkeiten zudem meist durch das jeweils geltende Kommunalrecht. Hiernach wird die Umwandlung auf diejenigen Möglichkeiten reduziert, bei denen die Gebietskörperschaft nicht unbeschränkt haftet. Eine Umwandlung zur Aufnahme in eine OHG oder eine KG, bei der der übertragende Rechtsträger Komplementär werden soll, ist deswegen in den meisten Bundesländern praktisch ausgeschlossen.[36]

16 b) **Ausgliederung zur Neugründung.** Die Ausgliederung eines Unternehmens von Gebietskörperschaften bzw von Zusammenschlüssen derer kann auch zur Neugründung erfolgen. Als neu zu gründende Rechtsträger kommen nur Kapitalgesellschaften und eingetragene Genossenschaften in Betracht. Personengesellschaften sind generell bei der Neugründung nicht zulässig,

26 Lutter/*H. Schmidt*, § 168 Rn 12; Semler/Stengel/*Perlitt*, § 168 Rn 31 f; Schmitt/Hörtnagl/Stratz/*Hörtnagl* § 168 Rn 6.
27 Semler/Stengel/*Perlitt*, § 168 Rn 31 f.
28 Widmann/Mayer/*Heckschen*, § 168 Rn 126.
29 Lutter/*H. Schmidt*, § 168 Rn 12.
30 So Widmann/Mayer/*Heckschen*, § 168 Rn 127; *Steuck*, NJW 1995, 2887, 2889. Zu § 613 a s. NK-BGB/*Franzen*, zu § 613 a BGB.
31 Beide Beispiele bei Widmann/Mayer/*Heckschen*, § 168 Rn 126, 128.
32 Widmann/Mayer/*Heckschen*, § 168 Rn 132; Semler/Stengel/*Perlitt*, § 168 Rn 34; Lutter/*H. Schmidt*, § 168 Rn 13; Schmitt/Hörtnagl/Stratz/*Hörtnagl* § 168 Rn 5.
33 Lutter/*H. Schmidt*, § 168 Rn 15; KölnKomm-UmwG/*Leuering*, § 168 Rn 31.
34 Art. 10 SE-VO.
35 Widmann/Mayer/*Heckschen*, § 168 Rn 88, 88.1, Semler/Stengel/*Perlitt*, § 168 Rn 36; KölnKomm-UmwG/*Leuering*, § 168 Rn 29. Krit. zu den in der Gründung befindlichen Gesellschaften Lutter/*Lutter/Drygala*, § 3 Rn 5.
36 Semler/Stengel/*Perlitt*, § 168 Rn 38; mit einzelnen Gesetzeshinweisen: Widmann/Mayer/*Heckschen*, § 168 Rn 92 Fn 6.

im Wege der Umgehung können Personenhandelsgesellschaften jedoch erst gegründet werden, so dass auf diese dann im Wege der Ausgliederung zur Aufnahme auszugliedern wäre. Im Rahmen der Neugründung finden die Gründungsvorschriften des jeweiligen Rechtsträgers Anwendung.[37] Zwar muss bei der Ausgliederung auf eine neu zu gründende Genossenschaft die Mindestzahl der Mitglieder wegen § 135 Abs. 2 S. 3[38] nicht eingehalten werden. Um jedoch die Amtslöschung gemäß § 80 Abs. 1 GenG der Genossenschaft zu vermeiden, müssen zeitnah drei Gründungsmitglieder vorhanden sein.[39]

Bei der Ausgliederung zur Neugründung erhält die Gebietskörperschaft sämtliche Anteile an der neu gegründeten Gesellschaft, bei der Ausgliederung zur Aufnahme erhält die Gebietskörperschaft nur einen dem Unternehmenswert entsprechenden Anteil.[40] 17

c) **Ausgliederung auf mehrere Unternehmen.** Der Anwendungsbereich des § 168 ist hinsichtlich der übernehmenden Rechtsträger enger als der des § 123 Abs. 3. Bei Gebietskörperschaften und deren Zusammenschlüssen ist die Ausgliederung allein auf einen, und nicht auf mehrere Rechtsträger, möglich. Ausweislich der Regierungsbegründung hat der Gesetzgeber dies ausdrücklich gewollt, um registergerichtliche Probleme zu verhindern.[41] Es mangelt jedoch regelmäßig auch an einem praktischen Bedürfnis für derartige Ausgliederungen im Bereich der öffentlichen Hand. Sollte die Ausgliederung auf mehrere Unternehmen vonnöten sein, wäre die Übertragung von Vermögen im Wege der Einzelrechtsnachfolge eine mögliche Gestaltungsalternative.[42] 18

4. **Kein entgegenstehendes Bundes- oder Landesrecht.** Am Ende wird in § 168 ein Negativvorbehalt formuliert, wonach etwaiges Bundes- oder Landesrecht der Ausgliederung aus dem Vermögen der Gebietskörperschaften bzw deren Zusammenschlüssen nicht entgegenstehen darf. Diese Regelung bezieht sich lediglich auf die öffentlich-rechtliche Zulässigkeit der Ausgliederung, da der Regelungsgegenstand der § 168 ff nur privatrechtliche Voraussetzungen betrifft (s. Rn 2). Im Bundes- oder Landesrecht sind derzeit keine Vorschriften ersichtlich, welche die Ausgliederung in Gänze untersagen.[43] Partielle Einschränkungen der Ausgliederung nach öffentlichem Recht befinden sich jedoch sowohl auf landesrechtlicher als auch auf kommunaler Ebene. So können insbesondere Gemeindeordnungen die Zulässigkeit der Ausgliederung an weitergehende Voraussetzungen knüpfen.[44] Daneben sind allgemeine Grundsätze zu beachten, nach denen originär hoheitliche Aufgaben nicht privatisiert werden können. Dies gilt insbesondere für die Kernbereiche der Eingriffsverwaltung wie etwa Polizei oder Justiz, Beschränkungen kann es auch aufgrund von Verfassungs- oder Haushaltsrecht geben.[45] 19

§ 169 Ausgliederungsbericht; Ausgliederungsbeschluß

[1]Ein Ausgliederungsbericht ist für die Körperschaft oder den Zusammenschluß nicht erforderlich. [2]Das Organisationsrecht der Körperschaft oder des Zusammenschlusses bestimmt, ob und unter welchen Voraussetzungen ein Ausgliederungsbeschluß erforderlich ist.

37 KölnKomm-UmwG/*Leuering*, § 168 Rn 30.
38 Gem. § 4 GenG beträgt die Mindestmitgliederzahl drei.
39 Lutter/*H. Schmidt*, § 168 Rn 14 Fn 2; Semler/Stengel/*Perlitt*, § 168 Rn 43.
40 KölnKomm-UmwG/*Leuering*, § 168 Rn 34.
41 RegBegrE, *Ganske*, Umwandlungsrecht, S. 196.
42 Semler/Stengel/*Perlitt*, § 168 Rn 44; Lutter/*H. Schmidt*, § 168 Rn 16.
43 KölnKomm-UmwG/*Leuering*, § 168 Rn 43; Lutter/*H. Schmidt*, § 168 Rn 17; Semler/Stengel/*Perlitt*, § 168 Rn 87; Widmann/Mayer/*Heckschen*, § 168 Rn 38.
44 Zu den Voraussetzungen des § 108 Abs. 3 Gemeindeordnung NRW *Böttcher/Krömker*, NZG 2001, 590 ff.
45 Semler/Stengel/*Perlitt*, § 168 Rn 87.

I. Anwendungsbereich der Vorschrift

1 Entgegen der allgemeinen Vorschriften des Umwandlungsrechts regelt § 169 S. 1 für die Gebietskörperschaften und deren Zusammenschlüsse eine Ausnahme hinsichtlich der Erstellung eines Ausgliederungsberichts. Da die öffentlich-rechtlichen Rechtsträger keine Anteilseigner haben, ist hier mangels Informationsbedarf kein Ausgliederungsbericht erforderlich. Satz 2 unterstellt, dass ein Ausgliederungsbeschluss mangels Anteilsinhabern aus umwandlungsrechtlichen Gesichtspunkten nicht notwendig ist. Deshalb sind etwaige Voraussetzungen für einen Ausgliederungsbeschluss dem öffentlichen Recht zu entnehmen.

II. Inhalt

2 **1. Kein Ausgliederungsbericht nach § 169 S. 1.** Satz 1 befreit also abweichend von § 127 den übertragenden Rechtsträger von der Erstellung des Ausgliederungsberichts. Eine Informationspflicht liefe ins Leere, weil die in dem Bericht typischerweise enthaltenen Angaben etwa über das Umtauschverhältnis der Anteile sowie die Höhe der anzubietenden Barabfindung bei der Ausgliederung keine Rolle spielen.[1]

3 Für den übernehmenden Rechtsträger bleibt es freilich weiterhin bei der Pflicht zur Erstellung des Berichts, soweit nicht von der Ausnahme in § 8 Abs. 3 S. 1 Gebrauch gemacht worden ist.[2] Abweichungen auch für den übertragenden Rechtsträger können sich im Einzelfall jedoch aus öffentlich-rechtlichen Vorschriften ergeben.

4 **2. Ausgliederungsbeschluss nach § 169 S. 2.** Die allgemeinen Vorschriften aus § 13 Abs. 1 iVm § 125 S. 1 zur Erforderlichkeit eines Ausgliederungsbeschlusses treten hinter § 169 Abs. 2 zurück und finden keine Anwendung. Der Grund hierfür ist, dass die Gebietskörperschaft oder der Zusammenschluss keine Anteilsinhaber haben, die den Beschluss fassen könnten.

5 Der übernehmende Rechtsträger muss neben dem Ausgliederungsbericht jedoch weiterhin den Ausgliederungsbeschluss treffen. Ihn befreit Satz 2 nicht von dieser Pflicht, so dass die allgemeinen Vorschriften gelten. Das öffentlich-rechtliche Organisationsrecht kann weitergehende Regelungen für die Erforderlichkeit eines Ausgliederungsbeschlusses vorsehen. Dies umfasst auch Form- und Verfahrensvorgaben.[3] Eine notarielle Beurkundung nach § 13 Abs. 3 greift deshalb – sofern das öffentliche Recht nicht gleiche Anforderungen stellt – nicht durch. Dies ist dem öffentlichen Recht bei internen Willensbildungen jedoch grundsätzlich fremd.[4] Die Ausgliederung kann in vielen Fällen dennoch ohne eine erforderliche Zustimmung wirksam sein: Sofern die Zustimmung nach öffentlichem Recht lediglich eine interne Willensbildung darstellt, steht sie dem Handeln der relevanten Vertretungsorgane und damit der Ausgliederung nach dem Umwandlungsrecht nicht entgegen.[5] Die Vorlage eines Nachweises beim Handelsregister ist entbehrlich.

6 **c) Weitergehende Zustimmungserfordernisse.** Über den Ausgliederungsbeschluss hinausgehende Genehmigungsvorbehalte anderer Behörden, etwa der Rechts- oder Fachaufsichtsbehörde, fallen nicht unter den Tatbestand des § 169. Dennoch werden sie vom Umwandlungsrecht in § 168 erfasst, wonach die Ausgliederung aus dem Vermögen der Gebietskörperschaft oder deren Zusammenschlüsse unter dem Vorbehalt der Einhaltung bundes- oder landesrechtlicher Vorgaben hinsichtlich der Ausgliederung steht.[6] Für die Wirksamkeit der Ausgliederung kommt es darauf an, ob diesen Zustimmungen Außenwirkung zukommt. Ist diese nicht gegeben – handelt es sich also lediglich um eine interne Willensbildung – ist die Ausgliederung

1 Lutter/*H. Schmidt*, § 169 Rn 1; Semler/Stengel/*Perlitt*, § 169 Rn 3.
2 Lutter/*H. Schmidt*, § 169 Rn 5.
3 Widmann/Mayer/*Heckschen*, § 169 Rn 15; Semler/Stengel/*Perlitt*, § 169 Rn 8; Lutter/*H. Schmidt*, § 169 Rn 6.
4 Semler/Stengel/*Perlitt*, § 169 Rn 8; mit Beispielen: Widmann/Mayer/*Heckschen*, § 169 Rn 12 ff.
5 Semler/Stengel/*Perlitt*, § 169 Rn 9.
6 KölnKomm-UmwG/*Leuering*, § 169 Rn 5; Widmann/Mayer/*Heckschen*, § 169 Rn 20; Lutter/*H. Schmidt*, § 169 Rn 7.

wirksam. Dies hat zur Folge, dass es auch keines Nachweises der Zustimmung beim Handelsregister bedarf.[7]

§ 170 Sachgründungsbericht und Gründungsbericht

Auf den Sachgründungsbericht (§ 5 Abs. 4 des Gesetzes betreffend die Gesellschaften mit beschränkter Haftung) ist § 58 Abs. 1, auf den Gründungsbericht (§ 32 des Aktiengesetzes) § 75 Abs. 1 entsprechend anzuwenden.

I. Anwendungsbereich der Vorschrift

§ 170 trifft Regelungen zu den Berichtspflichten des übernehmenden Rechtsträgers bei der Ausgliederung zur Neugründung einer GmbH oder einer AG (und der KGaA).[1] Damit stellt die Vorschrift zunächst klar, dass es für die Ausgliederung aus dem Vermögen der Gebietskörperschaft bzw deren Zusammenschlüsse eines Gründungs- bzw eines Sachgründungsberichts des übernehmenden Rechtsträgers bedarf.[2] 1

II. Inhalt

Die Pflicht zur Erstellung dieser Berichte ergibt sich originär bereits aus §§ 125, 135 Abs. 2 S. 1. Die Verweisung auf die § 58 Abs. 1 und § 75 Abs. 1 erweitert lediglich den Umfang der Berichte. Danach sind auch der Geschäftsverlauf und die Lage der übertragenden Rechtsträger darzulegen. Da die genannten Vorschriften des allgemeinen Teils sich jedoch auf den Fall beziehen, dass der übertragende Rechtsträger vollständig übergeht, müssen sich die Angaben bei der Ausgliederung nach §§ 167 ff lediglich auf das auszugliedernde Unternehmen beziehen und nicht auf die ausgliedernde Gebietskörperschaft selbst.[3] Die Erweiterung der Berichtspflicht trägt dem Umstand Rechnung, dass das auszugliedernde Vermögen der Gebietskörperschaft keiner vorherigen Prüfung unterzogen wurde. Durch die Berichtspflicht soll die Kapitalaufbringung und die Nachprüfbarkeit durch das Registergericht sichergestellt werden.[4] 2

Hinsichtlich des Inhalts des Sachgründungs- und Gründungsberichts ist auf die einschlägige Literatur zu der entsprechenden Rechtsform zu verweisen. 3

§ 171 Wirksamwerden der Ausgliederung

Die Wirkungen der Ausgliederung nach § 131 treten mit deren Eintragung in das Register des Sitzes des übernehmenden Rechtsträgers oder mit der Eintragung des neuen Rechtsträgers ein.

I. Anwendungsbereich der Vorschrift

§ 171 regelt den Zeitpunkt des Eintritts der Ausgliederungswirkungen bei der Ausgliederung aus dem Vermögen einer Gebietskörperschaft oder eines Zusammenschlusses von Gebietskörperschaften. 1

7 Lutter/*H. Schmidt*, § 169 Rn 7.
1 Semler/Stengel/*Perlitt*, § 170 Rn 5.
2 Schmitt/Hörtnagl/Stratz/*Hörtnagl* § 170 Rn 1; Lutter/*H. Schmidt*, § 170 Rn 1.
3 Semler/Stengel/*Perlitt*, § 170 Rn 1, 8 mwN.
4 RegBegrE, *Ganske*, Umwandlungsrecht, S. 196 iVm S. 194; Lutter/*H. Schmidt*, § 170 Rn 2; Semler/Stengel/*Perlitt*, § 170 Rn 1.

II. Inhalt

2 Anders als § 131 stellt die Vorschrift für den Zeitpunkt des Eintritts der Wirkungen der Ausgliederung auf die Eintragung in das Register des Sitzes des übernehmenden oder des neuen Rechtsträgers ab. Die Unterscheidung liegt begründet in der Natur der öffentlich-rechtlichen Beteiligung. Gemäß einer in § 36 HGB aF verankerten gesetzlichen Privilegierung bedurften gewerbliche Unternehmen der öffentlichen Hand zunächst keiner Eintragung in das Handelsregister.[1] Um die Wirkungen der Ausgliederung von einer Eintragung abhängig machen zu können und auch alle umwandlungsfähigen Unternehmen einer Eintragungspflicht zu unterziehen, wurde auf die Eintragung in das Register des Sitzes des aufnehmenden Rechtsträgers abgestellt. Mit Wegfall des § 36 HGB aF ist die Notwendigkeit der Eintragung bei der Zielgesellschaft eigentlich überholt. Im Regelfall erfolgt ohnehin eine Eintragung nach § 33 HGB. Dennoch findet die Vorschrift weiterhin Anwendung.[2]

3 **1. Anmeldung.** Die Eintragung der Ausgliederung erfolgt aufgrund einer Anmeldung beim zuständigen Registergericht. Die Anmeldung richtet sich nach den allgemeinen Spaltungsvorschriften, die für die Ausgliederung zur Aufnahme in §§ 125, 16, 17 und für die Ausgliederung zur Neugründung in §§ 137, 125, 16, 17 zu finden sind.

4 Zuständig für die Anmeldung zur Eintragung bei der Ausgliederung zur Aufnahme ist das Vertretungsorgan des aufnehmenden Rechtsträgers, bei der Ausgliederung zur Neugründung jedoch das Vertretungsorgan der Gebietskörperschaft oder des Zusammenschlusses. Nicht zuständig sind hier die Geschäftsführer der neuen Gesellschaft.[3] Es ist jedoch sinnvoll, die zukünftigen Geschäftsführer der neuen Gesellschaft an der Anmeldung zu beteiligen, damit diese die weiteren Eintragungsanforderungen, die an die jeweilige Rechtsform der neuen Gesellschaft gestellt werden, erfüllen können.[4] Die Anmeldung zur Eintragung hat bei dem Registergericht zu erfolgen, an dessen Ort der Sitz des neuen Rechtsträgers vorgesehen ist. Die Eintragung des neuen Rechtsträgers ist unverzüglich bekannt zu machen.[5]

5 **2. Gegenstand der Anmeldung.** Angemeldet werden muss die Eintragung der Ausgliederung. Es wird diskutiert, ob bei der Ausgliederung zur Neugründung alleine die Anmeldung des neuen Rechtsträgers ausreicht oder auch der Tatbestand der Ausgliederung selbst eintragungspflichtig ist. Für die zusätzliche Eintragung des Tatbestands der Ausgliederung spricht der Ausnahmecharakter des § 171. Die Eintragung erfolgt abweichend zur generellen Regelungssystematik und soll insbesondere die Eintragung der Ausgliederung sicherstellen.[6] Aus Gründen der Rechtssicherheit ist deshalb auch die Ausgliederung selbst anzumelden.

6 Eine Negativerklärung im Sinne des § 16 Abs. 2 findet mangels Anteilsinhabern keine Anwendung auf Gebietskörperschaften oder Zusammenschlüsse von Gebietskörperschaften.[7] Es wird kein Ausgliederungsbeschluss gefasst, gegen den gemäß § 14 Klage erhoben werden könnte. Ein Ausgliederungsbeschluss erfolgt lediglich bei der Ausgliederung zur Aufnahme auf Seiten des aufnehmenden Rechtsträgers, so dass die Bestimmungen vollumfänglich gelten. Das ausgegliederte Unternehmen trifft nicht die Pflicht aus § 17 Abs. 2, eine Schlussbilanz zu erstellen.[8]

7 Der Anmeldung zum Handelsregister ist ein Nachweis über die erfolgten Zustimmungsbeschlüsse übergeordneter Organe oder bei der Ausgliederung in eine Genossenschaft das Prüfungsgutachten des genossenschaftlichen Prüfungsverbandes beizufügen.

1 RegBegrE, *Ganske*, Umwandlungsrecht, S. 196; *Lepper*, RNotZ 2006, 313, 334. S. zur Konstellation auch Widmann/Mayer/*Heckschen*, § 171 Rn 2 f.
2 Lutter/*H. Schmidt*, § 171 Rn 1.
3 Semler/Stengel/*Perlitt*, § 171 Rn 3.
4 Semler/Stengel/*Perlitt*, § 171 Rn 3; KölnKomm-UmwG/*Leuering*, § 171 Rn 3.
5 Schmitt/Hörtnagl/Stratz/*Hörtnagl* § 171 Rn 1.
6 So auch KölnKomm-UmwG/*Leuering*, § 171 Rn 4; differenzierter: Semler/Stengel/*Perlitt*, § 171 Rn 4; aA Lutter/*H. Schmidt*, § 171 Rn 4.
7 Semler/Stengel/*Perlitt*, § 171 Rn 6; Lutter/*H. Schmidt*, § 171 Rn 5.
8 § 17 Abs. 2 gilt nur für den übertragenden Rechtsträger, für bei der Ausgliederung nach § 168 jedoch keine Anmeldepflicht besteht.

3. Heilung einer mangelhaften Ausgliederung. Durch die Eintragung in das Register des zuständigen Gerichts werden Mängel der Ausgliederung geheilt. Dies gilt sowohl für Form- als auch für Zustimmungsmängel.[9] 8

§ 172 Haftung der Körperschaft oder des Zusammenschlusses

[1]Durch den Übergang der Verbindlichkeiten auf den übernehmenden oder neuen Rechtsträger wird die Körperschaft oder der Zusammenschluß von der Haftung für die Verbindlichkeiten nicht befreit. [2]§ 418 des Bürgerlichen Gesetzbuchs ist nicht anzuwenden.

I. Anwendungsbereich der Vorschrift

Die Vorschrift befasst sich mit der Haftung der übertragenden Gebietskörperschaft oder dem Zusammenschluss von Gebietskörperschaften nach der Ausgliederung. Die Vorschrift tritt neben die allgemeinen Haftungsvorschriften aus §§ 133 ff und findet Anwendung sowohl auf die Ausgliederung zur Aufnahme als auch auf die Ausgliederung zur Neugründung. Die Vorschrift entspricht dem für den Einzelkaufmann geltenden § 156. 1

II. Inhalt

1. Haftung nach § 172 Abs. 1. Die Dauer der Nachhaftung für Verbindlichkeiten des ausgegliederten Unternehmens beträgt für die Gebietskörperschaften bzw deren Zusammenschlüsse vom Zeitpunkt der Ausgliederung an fünf Jahre, § 173. Der übertragende Rechtsträger haftet weiterhin im Wege der Gesamtschuld neben dem aufnehmenden Rechtsträger für alle übergegangenen Verbindlichkeiten. Auch wenn die partielle Gesamtrechtsnachfolge dazu führt, dass die Verbindlichkeiten grundsätzlich auf den aufnehmenden Rechtsträger übergehen, liegt der Grund in der hier getroffenen Haftungsregelung darin, die Gläubiger vollumfänglich zu schützen. 2

Die Gesamtschuld greift nur für die Verbindlichkeiten, die zum Zeitpunkt der Eintragung Bestandteil des Ausgliederungvertrags oder -plans waren.[1] Die Vorschrift ist *lex specialis* zu dem allgemein Haftungssystem des § 133.[2] 3

2. Fortbestand der akzessorischen Sicherungsrechte § 172 Abs. 2. Nach Absatz 2 ist § 418 BGB nicht anzuwenden. Das hat zur Folge, dass etwaige akzessorische Sicherungsrechte an den Verbindlichkeiten fortbestehen. Sie werden auch nicht von der zeitlichen Einschränkung der §§ 173, 157 erfasst. 4

3. Haftung des übernehmenden Rechtsträgers. Der übernehmende Rechtsträger haftet nach allgemeinen Grundsätzen zum einen unbeschränkt für die im Ausgliederungsvertrag oder -plan aufgezählten Verbindlichkeiten und zum anderen für Verbindlichkeiten, die zum Zeitpunkt der Ausgliederung begründet sind, § 133 Abs. 1 und Abs. 3, § 25 HGB.[3] Im Innenverhältnis haftet primär der übernehmende Rechtsträger, was als vertragliche Ausnahmeregelung zu § 426 Abs. 1 BGB zu verstehen ist. Es besteht bei vorrangiger Inanspruchnahme der Gebietskörper- 5

9 Vgl iE Semler/Stengel/*Perlitt*, § 171 Rn 14; KölnKomm-UmwG/*Leuering*, § 171 Rn 10; Lutter/*H. Schmidt*, § 170 Rn 8, 9; *Lepper*, RNotZ 2006, 313, 334.

1 KölnKomm-UmwG/*Leuering*, § 172 Rn 3; Semler/Stengel/*Perlitt*, § 172 Rn 8.

2 Lutter/*H. Schmidt*, § 172 Rn 2; Semler/Stengel/*Perlitt*, § 172 Rn 3.

3 Widmann/Mayer/*Heckschen*, § 172 Rn 11.

schaft bzw des Zusammenschlusses ein vollumfänglicher Erstattungsanspruch gegen den übernehmenden Rechtsträger. Dieses Recht kann auch vorab durch einen Freistellungsanspruch geltend gemacht werden.[4]

§ 173 Zeitliche Begrenzung der Haftung für übertragene Verbindlichkeiten

Auf die zeitliche Begrenzung der Haftung für die im Ausgliederungs- und Übernahmevertrag aufgeführten Verbindlichkeiten ist § 157 entsprechend anzuwenden.

I. Anwendungsbereich der Vorschrift

1 Die Vorschrift regelt die zeitliche Befristung der Haftung des übertragenden Rechtsträgers für übertragene Verbindlichkeiten.

II. Inhalt

2 Aus der Verweisung auf § 157 folgt, dass die Haftung der Gebietskörperschaft oder des Zusammenschlusses für übertragene Verbindlichkeiten auf einen Zeitraum von fünf Jahren begrenzt ist. Anknüpfungspunkt für den Beginn der Frist ist der Zeitpunkt der Bekanntmachung der Eintragung der Ausgliederung im Register des übernehmenden Rechtsträgers, § 157 Abs. 2.

3 Auch sachlich erfährt die Haftung durch die Vorschrift eine Einschränkung. Die Verbindlichkeiten müssen nämlich innerhalb der Fünfjahresfrist auch fällig sein[1] und geltend gemacht werden.[2]

4 Auch wenn die Vorschrift nur auf den Ausgliederungsvertrag Bezug nimmt, ist die Anwendung auf die Verbindlichkeiten aus einem Ausgliederungsplan genauso angezeigt. Hier liegt – parallel zu § 167 – lediglich ein redaktionelles Versehen vor.[3] Zudem ist die Vorschrift weit zu verstehen: Es kommt nicht auf die Aufführung im Ausgliederungsplan oder -vertrag an, sondern die Frist gilt für alle übertragenen Verbindlichkeiten, die sich aus den Unterlagen, zB Anhängen zum Plan oder Bilanzen, ergeben.[4]

Viertes Buch Vermögensübertragung

Erster Teil
Möglichkeit der Vermögensübertragung

§ 174 Arten der Vermögensübertragung

(1) Ein Rechtsträger (übertragender Rechtsträger) kann unter Auflösung ohne Abwicklung sein Vermögen als Ganzes auf einen anderen bestehenden Rechtsträger (übernehmender Rechtsträger) gegen Gewährung einer Gegenleistung an die Anteilsinhaber des übertragenden Rechtsträgers, die nicht in Anteilen oder Mitgliedschaften besteht, übertragen (Vollübertragung).

(2) Ein Rechtsträger (übertragender Rechtsträger) kann

1. unter Auflösung ohne Abwicklung sein Vermögen aufspalten durch gleichzeitige Übertragung der Vermögensteile jeweils als Gesamtheit auf andere bestehende Rechtsträger,

4 Lutter/*H. Schmidt*, § 172 Rn 6.
1 Semler/Stengel/*Perlitt*, § 173 Rn 2; KölnKomm-UmwG/*Leuering*, § 173 Rn 1.
2 Semler/Stengel/*Perlitt*, § 173 Rn 7; Lutter/*H. Schmidt*, § 172 Rn 8.
3 Maulbetsch/Klumpp/Rose/*Peus*, § 173 Rn 1; Lutter/*H. Schmidt*, § 172 Rn 5.
4 Lutter/*H. Schmidt*, § 172 Rn 5.

2. von seinem Vermögen einen Teil oder mehrere Teile abspalten durch Übertragung dieses Teils oder dieser Teile jeweils als Gesamtheit auf einen oder mehrere bestehende Rechtsträger oder

3. aus seinem Vermögen einen Teil oder mehrere Teile ausgliedern durch Übertragung dieses Teils oder dieser Teile jeweils als Gesamtheit auf einen oder mehrere bestehende Rechtsträger

gegen Gewährung der in Absatz 1 bezeichneten Gegenleistung in den Fällen der Nummer 1 oder 2 an die Anteilsinhaber des übertragenden Rechtsträgers, im Falle der Nummer 3 an den übertragenden Rechtsträger (Teilübertragung).

I. Entstehungsgeschichte und Normzweck

1. Historie. Die §§ 174 ff fassen gesetzliche Bestimmungen zusammen, die bis zur **UmwG-Novelle von 1994** im AktG[1] und im VAG[2] enthalten waren: Schon bis dahin konnten Aktiengesellschaften oder KGaA ihr Vermögen als Ganzes unter Auflösung ohne Abwicklung auf den Bund, ein Land, einen Gemeindeverband oder eine Gemeinde übertragen. Der § 175 Nr. 1 erweiterte die Regelung auf alle Kapitalgesellschaften, also insb. auf die GmbH. Für die Übertragung des gesamten Vermögens einer Aktiengesellschaft, die nicht nach den Umwandlungsbestimmungen, sondern im Wege der Einzelrechtsnachfolge durchgeführt wird, gilt weiterhin **§ 179 a AktG**, die einzige Bestimmung, die von dem im AktG aF enthaltenen Umwandlungsrecht (früher war dies der § 361 AktG aF) im AktG verblieben ist. 1

Nach den alten VAG-Bestimmungen konnten auch VVaG schon vor 1994 ihr Vermögen als Ganzes unter Auflösung ohne Abwicklung auf eine Versicherungs-Aktiengesellschaft oder ein öffentlich-rechtliches Versicherungsunternehmen übertragen. Der § 175 Nr. 2 lit. a und lit. c regelt zusätzlich die Vermögensübertragung von der Versicherungs-Aktiengesellschaft auf den VVaG bzw von dem öffentlich-rechtlichen Versicherungsunternehmen auf die Versicherungs-Aktiengesellschaft oder auf den VVaG. Das **öffentlich-rechtliche Versicherungsunternehmen**[3] ist durch die Novelle von 1994 im Hinblick auf die Vermögensübertragung erstmals den anderen beiden Rechtsformen für Versicherungsunternehmen, dem VVaG und der Versicherungs-Aktiengesellschaft, gleichgestellt worden. Die 1994 aufgehobenen Bestimmungen des AktG und des VAG sahen nur die Übertragung des Vermögens als Ganzes vor. Die sie ersetzenden §§ 174 ff lassen dagegen zusätzlich die Teilübertragung zu.[4] 2

2. Vermögensübertragung als dritte Umwandlungsart. Der Gesetzgeber hat mit der Vermögensübertragung gem. den §§ 174 ff in Ergänzung zur Verschmelzung und zur Spaltung eine **dritte Form der Umwandlung** geschaffen, die insb. für Übertragungen oder Umstrukturierungen von Unternehmen gedacht ist, die wegen ihrer rechtlichen Struktur weder die Verschmelzung noch die Spaltung zulassen. Dies ist zB dann der Fall, wenn kein Anteilsaustausch zwischen den Anteilsinhabern oder Mitgliedern der beteiligten Rechtsträger möglich ist wie bei der Übertragung vom Geschäft eines privatrechtlichen Unternehmens auf einen Träger der öffentlichen Hand. In diesem Fall ist die Verschmelzung oder Spaltung eines privatrechtlichen Unternehmens auf einen Träger der öffentlichen Hand grds. nicht zulässig, lediglich die §§ 168 ff sehen auf dem umgekehrten Weg eine Ausgliederung aus dem Vermögen von Ge- 3

1 Nämlich insb. die §§ 359 f AktG aF.
2 Nämlich die §§ 44 b und 44 c, 53 a VAG aF.
3 Weitere Einzelheiten zu dem öffentlich-rechtlichen Versicherungsunternehmen, s. Kommentierung zu § 175 Rn 8 ff.
4 Semler/Stengel/*Fonk*, § 174 UmwG Rn 9.

bietskörperschaften auf ein privatrechtliches Unternehmen vor. Deshalb wird bei der Vermögensübertragung die Gewährung von Anteilen oder Mitgliedschaften durch die **Gegenleistung anderer Art** ersetzt.

4 Zudem ist für **Versicherungsunternehmen** in der Rechtsform des VVaG eine Verschmelzung oder Spaltung nur auf andere VVaG oder Versicherungs-Aktiengesellschaften zulässig (vgl §§ 109 ff, 151). § 175 Nr. 2 lit. b und lit. c macht zusätzlich eine Vermögensübertragung eines VVaG auch auf ein öffentlich-rechtliches Versicherungsunternehmen und umgekehrt möglich. Bei allen Vermögensübertragungen zwischen Versicherungsunternehmen ist der Grundsatz der **Spartentrennung** zu wahren.[5] Vermögensübertragungen im Bereich der Lebensversicherungsunternehmen bzw der Krankenversicherungsunternehmen sind nur jeweils zwischen Unternehmen ders. Sparte möglich. Dagegen ist eine Übertragung von Vermögensgegenständen zulässig, soweit der übernehmende Rechtsträger seiner bisherigen Versicherungssparte unverändert zugeordnet werden kann.[6]

5 Die dritte Umwandlungsart der Vermögensübertragung dient also idR als **Auffangrechtsinstitut** für solche Vorgänge, die zwar mit der Verschmelzung oder Spaltung vergleichbar sind, aber nach den betreffenden Bestimmungen nicht zulässig sind. Anders als bei Verschmelzung ist die Vollvermögensübertragung jedoch auf die Beteiligung von maximal **zwei bereits bestehenden Rechtsträgern** beschränkt, dh sie kann nur von einem einzigen Rechtsträger auf einen anderen bereits bestehenden Rechtsträger erfolgen.[7] Die Teilübertragung erfolgt aber wie die Spaltung auf einen oder mehrere Rechtsträger, die allerdings auch bereits bestehen müssen; die Teilübertragung zur Neugründung ist ebenfalls nicht möglich. Zudem müssen beide beteiligten Unternehmen **Rechtsträger unterschiedlicher Rechtsform** sein, ansonsten sind die betreffenden Verschmelzungs- oder Spaltungsbestimmungen anzuwenden. Es fällt allerdings auf, dass der Gesetzgeber die Verschmelzung, Spaltung oder Vermögensübertragung unter ausschließlicher Beteiligung von öffentlich-rechtlichen Versicherungsunternehmen gar nicht im UmwG regelt.[8]

6 Wie bei der Verschmelzung und Spaltung kann auch ein bereits in Auflösung befindlicher Rechtsträger an einer Vermögensübertragung beteiligt sein, wenn der **aufgelöste Rechtsträger** Vermögen überträgt und nicht zugleich aufnimmt. Denn § 176 Abs. 1 verweist auf die Vorschriften der Verschmelzung und damit auch auf die allg. Regelung des § 3 Abs. 3, nach der auch ein in Auflösung befindlicher Rechtsträger als übertragender Rechtsträger in Betracht kommt, solange er noch nicht voll abgewickelt ist, also noch übertragbares Vermögen hat, und seine Fortsetzung noch beschlossen werden könnte.[9]

7 Die Vermögensübertragung kann ähnlich wie die Verschmelzung durch Vollübertragung (Gesamtrechtsnachfolge) oder ähnlich wie die Spaltung durch Teilübertragung (partielle Gesamtrechtsnachfolge oder Sonderrechtsnachfolge) erfolgen. Wie bei der Spaltung sind drei Unterarten der Teilübertragung, nämlich die aufspaltende, abspaltende und die ausgliedernde Teilübertragung, geregelt. Bei einer ausgliedernden Teilübertragung eines VVaG ist die Spaltungsbestimmung des § 151 S. 2 zu beachten; dh auch bei einer ausgliedernden Teilübertragung darf der VVaG keine Versicherungsverträge, sondern nur andere Geschäftsbereiche übertragen.[10]

8 Schließlich ist eine Vermögensübertragung im Wege der **Neugründung nicht zulässig.**[11]

9 **3. Systematik und Praxisrelevanz.** Der aus den §§ 174, 175 bestehende **Erste Teil** des Vierten Buches bildet den Allgemeinen Teil zur Vermögensübertragung:[12] § 174 bestimmt zunächst den Begriff der Vermögensübertragung und die zulässigen Arten der Vermögensübertragung. § 175

5 Gem. § 8 Abs. 1 a VAG schließen die Erlaubnis zum Betrieb der Lebensversicherung und die Erlaubnis zum Betrieb anderer Versicherungssparten einander aus. Das Gleiche gilt für die Erlaubnis zum Betrieb der Krankenversicherung iS des § 12 Abs. 1 VAG.
6 Widmann/Mayer/*Heckschen*, § 175 UmwG Rn 18.
7 BT-Drucks. 12/6699, 133.
8 Im Einzelnen dazu in der Kommentierung zu § 175 Rn 8 ff und Rn 26 f.
9 Vgl Lutter/*H. Schmidt*, § 174 UmwG Rn 6.
10 Vgl Kommentierungen zu § 151 Rn 1 ff und Rn 19 ff und zu § 184.
11 BT-Drucks. 12/6699, 133.
12 Vgl Lutter/*H. Schmidt*, vor § 174 UmwG Rn 1.

benennt die beteiligungsfähigen Rechtsträger. Der aus den §§ 176 und 177 bestehende **Zweite Teil** enthält darauf aufbauend besondere Bestimmungen zur Vermögensübertragung einer Kapitalgesellschaft auf die öffentliche Hand, und der aus den §§ 178 bis 189 bestehende **Dritte Teil** stellt die Spezialbestimmungen zu den verschiedenen Konstellationen der Vermögensübertragung unter Versicherungsunternehmen dar. Die Bestimmungen des Zweiten und Dritten Teils verweisen sämtlich auf die Bestimmungen des Allgemeinen Teils sowie auf die allgemeinen Bestimmungen zur Verschmelzung bzw zur Spaltung im Wege der Aufnahme. Durch diese **verschachtelte Verweisungstechnik** wird die Lesbarkeit der §§ 177 bis 189 und damit die praktische Anwendbarkeit der Vermögensübertragung erheblich erschwert. Die Verweisungsketten finden jeweils ihr maximales Maß bei der Teilübertragung, indem auch die in Bezug genommenen Spaltungsbestimmungen wiederum auf die Bestimmungen zur Verschmelzung verweisen.[13]

Es wird aber nicht nur daran liegen, dass bislang die Vermögensübertragung **in der Praxis** 10
kaum Relevanz hatte: Zum einen sind seit Inkrafttreten der Bestimmungen keine (Rück-)Umwandlungen von Kapitalgesellschaften auf die öffentliche Hand (§ 175 Abs. 2 Nr. 1) erfolgt. Zum anderen hat auch die Versicherungswirtschaft kaum von der Vermögensübertragung (§ 175 Abs. 2 Nr. 2) Gebrauch gemacht: Bis 2001 hatte die Versicherungsaufsichtsbehörde (damals noch das BAV) ganze sieben relativ bedeutungslose Vermögensübertragungen in der Versicherungswirtschaft gem. §§ 14 a, 14 VAG genehmigt. Schaut man sich die Veröffentlichungen der BaFin von ihrer Gründung in 2002 bis Frühjahr 2014 an, so blieb die Vermögensübertragung auch in diesem Zeitraum ein selten gewähltes Instrument der Umwandlung von Versicherungsunternehmen: Im Zeitraum 2002 bis März 2014 wurden ganze zwei Vermögensübertragungen, jeweils von einer Versicherungs-Aktiengesellschaft auf einen VVaG, genehmigt.[14] Dagegen erfreuen sich in der Versicherungswirtschaft die **alternativen Umstrukturierungsformen**, nämlich die Bestandsübertragung – bis 2010 wurden insg. 542 Bestandsübertragungen von der Aufsichtsbehörde genehmigt – und, allerdings schon deutlich weniger, auch die Verschmelzung – bis 2010 wurden insg. 158 Verschmelzungen von der Aufsichtsbehörde genehmigt – deutlich größerer Beliebtheit.[15] Insb. für die Übertragung von Versicherungsgeschäft zwischen Versicherungs-Aktiengesellschaften, SEs, VVaG und öffentlich-rechtlichen Versicherungsunternehmen wird die **Bestandsübertragung** als deutlich effizientere Umstrukturierungsform gesehen, vor allem wenn der übertragende Rechtsträger nicht abgewickelt werden, sondern bestehen bleiben soll. Eine Bestandsübertragung ist die Übertragung einer Gesamtheit von Versicherungsverträgen, wodurch im Wege der Einzelrechtsnachfolge die vertraglichen Rechte und Pflichten – idR zusammen mit den die versicherungstechnischen Rückstellungen und Beitragsüberträge bedeckenden Vermögenswerten – auf den Erwerber übergehen.[16]

II. Inhalt und Anwendungsbereich

1. Vollübertragung. Für die Vollübertragung einer Kapitalgesellschaft auf einen Träger der öf- 11
fentlichen Hand (§ 175 Nr. 1) verweist § 176, für die Vollübertragung von Versicherungsunternehmen untereinander verweisen die §§ 178, 180, 188 jeweils auf die Bestimmungen zur Verschmelzung. Somit erfolgt die Vollübertragung grds. wie eine Verschmelzung, es sind aber folgende Besonderheiten zu beachten:

13 Vgl die treffende Beschreibung von *Bayer/Wirth*, Eintragung der Spaltung und Eintragung der neuen Rechtsträger – oder – Pfadsuche im Verweisungsdschungel des neuen Umwandlungsrechts, ZIP 1996, 817; auch die Kommentierung des Vierten Buches erfordert daher Wiederholungen.

14 BaFinJournal Ausgabe Dezember 2012, S. 23 (LVM-Rechtsschutzversicherungs-Aktiengesellschaft überträgt Vermögen auf LVM Landwirtschaftlicher Versicherungsverein); BaFinJournal Ausgabe September 2011, S. 24 (KRAVAG-Holding AG überträgt Vermögen auf KRAVAG-SACH Versicherung des Deutschen Kraftverkehrs VVaG); so iÜ auch schon *Thode*, Veräußerung öffentlich-rechtlicher Versicherungsunternehmen, 131.

15 Vgl die Ausgaben der BaFinJournals im Zeitraum 2004 bis 2013; so auch Semler/Stengel/*Koerfer*, § 174 UmwG Rn 10.

16 Vgl Kommentierung zu § 109 Rn 49 ff mit weiteren Details zu Besonderheiten, Vor- und Nachteilen zur Verschmelzung und damit entspr. auch zur Vermögensübertragung.

- **Beteiligungsfähige Rechtsträger** sind nur Kapitalgesellschaften, der Bund, ein Land, eine Gebietskörperschaft oder ein Zusammenschluss von Gebietskörperschaften (§ 175 Nr. 1) oder die Versicherungs-Aktiengesellschaft, der VVaG und das öffentlich-rechtliche Versicherungsunternehmen (§ 175 Nr. 2).
- Die Neugründung eines übernehmenden Rechtsträgers ist nicht zulässig, dh nur auf **bestehende Rechtsträger** kann Vermögen übertragen werden. Dies folgt jeweils aus dem Verweis in den §§ 176 Abs. 1, 178 Abs. 1, 180 Abs. 1, 188 Abs. 1 auf die Vorschriften der Verschmelzung „durch Aufnahme".
- Es kann nur einen übertragenden und einen übernehmenden Rechtsträger geben, wobei diese **Rechtsträger unterschiedlicher Rechtsform** sein müssen.
- Die **Gegenleistung** muss aus anderen Vermögenswerten als Anteilen und Mitgliedschaften bestehen. Sie wird nicht kraft Eintragung gem. § 20 Abs. 1 Nr. 3, sondern **durch Leistung** gem. § 362 BGB bewirkt.

12 Vollübertragung bedeutet, dass das gesamte Vermögen als Ganzes im Wege der Gesamtrechtsnachfolge übertragen wird und im Zuge dessen der übertragende Rechtsträger ohne Abwicklung erlischt. Es ist Wirksamkeitsvoraussetzung der Vollübertragung, dass keinerlei Vermögen bei dem übertragenden Rechtsträger verbleibt. Anderenfalls ist der Übertragungsvertrag unwirksam.[17] Es kommt stattdessen nur die Teilübertragung in Betracht.

13 Gegenstand der Vollübertragung ist die Gesamtheit der Vermögenswerte (alle Aktiva und Passiva) des übertragenden Rechtsträgers im Zeitpunkt des Vollzugs, dh des Wirksamwerdens der Übertragung.[18] Die Vollübertragung wird mit ihrer Eintragung in das Handelsregister am Sitz des übertragenden Rechtsträgers wirksam. Dessen Vermögen geht auf den übernehmenden Rechtsträger über, der übertragende Rechtsträger erlischt (§ 176 Abs. 3). Veränderungen der Vermögensverhältnisse des übertragenden Rechtsträgers, die in der Zeit zwischen Abschluss des Übertragungsvertrags und Wirksamwerden der Übertragung stattfinden, sind unbedenklich, solange sie aus der unveränderten Fortführung des übertragenden Rechtsträgers resultieren und somit in der Berechnung der Gegenleistung berücksichtigt sind. Anderenfalls kommen Schadensersatz oder Rücktritt in Betracht.[19]

14 **2. Teilübertragung in drei Formen.** Die Teilübertragung vollzieht sich grds. im Wege der partiellen Gesamtrechtsnachfolge oder – mit Ausnahme der ausgliedernden Teilübertragung – der Sonderrechtsnachfolge. Die Bestimmungen der Spaltung sind gem. den Verweisungen in den §§ 177, 179, 184, 189 entspr. anzuwenden. Die Teilübertragung ist also in den drei Varianten der Spaltung, der Auf-, Abspaltung oder Ausgliederung, möglich. Wesentlich sind auch hier folgende Besonderheiten im Vergleich zur Spaltung:

- **Beteiligungsfähige Rechtsträger** sind nur Kapitalgesellschaften, der Bund, ein Land, eine Gebietskörperschaft oder ein Zusammenschluss von Gebietskörperschaften (§ 175 Nr. 1) oder die Versicherungs-Aktiengesellschaft, der VVaG und das öffentlich-rechtliche Versicherungsunternehmen (§ 175 Nr. 2).
- Die Neugründung eines übernehmenden Rechtsträgers ist nicht zulässig, dh nur auf **bestehende Rechtsträger** kann Vermögen teilweise übertragen werden. Dies folgt aus dem jeweiligen Verweis in den §§ 177 Abs. 1, 179 Abs. 1, 184 Abs. 1, 189 Abs. 1 auf die Vorschriften der Verschmelzung „zur Aufnahme".
- Übertragender Rechtsträger kann wie bei der Spaltung nur ein einziger Rechtsträger sein, der oder die übernehmenden Rechtsträger müssen aber **Rechtsträger unterschiedlicher Rechtsform** sein.
- Die **Gegenleistung** muss wie bei der Vollübertragung aus anderen Vermögenswerten als Anteilen und Mitgliedschaften bestehen. Sie wird auch hier nicht kraft Eintragung gem. § 20 Abs. 1 Nr. 3, sondern durch Leistung gem. § 362 BGB bewirkt.

17 Semler/Stengel/*Fonk*, § 174 UmwG Rn 12.
18 KölnKomm-UmwG/*Leuering*, § 174 UmwG Rn 8.
19 Semler/Stengel/*Fonk*, § 174 UmwG Rn 13 mwN.

Bei einer Teilübertragung werden Vermögensteile als Gesamtheit von dem übertragenden Rechtsträger auf einen oder mehrere übernehmende Rechtsträger gegen Gewährung einer Gegenleistung übertragen. Folgende Konstellationen sind vorgesehen: 15

- Bei der **aufspaltenden Teilübertragung** (§ 174 Abs. 2 Nr. 1) wird in einem Vorgang das gesamte Vermögen des übertragenden Rechtsträgers auf mehrere, mind. zwei übernehmende Rechtsträger übertragen, und der übertragende Rechtsträger erlischt. Die Gegenleistung erhalten die Anteilsinhaber des übertragenden Rechtsträgers;
- Bei der **abspaltenden Teilübertragung** (§ 174 Abs. 2 Nr. 2) wird ein Teil oder werden Teile des Vermögens des übertragenden Rechtsträgers auf einen oder mehrere übernehmende Rechtsträger übertragen, und der übertragende Rechtsträger besteht fort. Auch hierbei wird die Gegenleistung an die Anteilsinhaber des übertragenden Rechtsträgers erbracht;
- Bei der **ausgliedernden Teilübertragung** (§ 174 Abs. 2 Nr. 3) wird ein Teil oder werden mehrere Teile des Vermögens ausgegliedert, indem diese/-r auf einen oder mehrere übernehmende Rechtsträger übertragen werden und der übertragende Rechtsträger fortbesteht. Der übertragende Rechtsträger selbst erhält die Gegenleistung, nicht seine Anteilsinhaber. Entsprechend der Gesetzesbegründung soll der Vorteil in der Wirkung der Übertragung als partielle Gesamtrechtsnachfolge darin liegen, dass keine mit den Risiken des Unternehmenskaufs (Asset Deal) verbundenen Einzelübertragungen erforderlich sind. Ein Unternehmenskauf nach allg. Zivilrecht bleibt daneben aber zulässig.[20]

Eine **Beschränkung hinsichtlich der Art und des Umfangs der Vermögensteile** sieht das Gesetz nicht vor. Daher kann auch ein einzelner Gegenstand gleich welcher Art übertragen werden.[21] 16

Eine **Totalausgliederung**, dh die Ausgliederung des gesamten Vermögens des übertragenden Rechtsträgers durch Übertragung auf einen oder mehrere Rechtsträger wird als Umwandlungsmöglichkeit neben der Vollübertragung allg. als zulässig angesehen und ist von dieser abzugrenzen.[22] Während bei der Vollübertragung der übertragende Rechtsträger erlischt, bleibt dieser bei der Totalausgliederung bestehen und erwirbt als Gegenleistung Vermögenswerte, so dass dieser trotz Totalausgliederung weiterhin über Vermögen in entspr. Höhe, aber anderer Art verfügt.[23] Damit stellt das Gesetz ein geeignetes Mittel zur Konzern(um)bildung und zugleich zur Vermögensumschichtung innerhalb eines Konzerns zur Verfügung.[24] 17

3. Gegenleistung. Durch die negative Formulierung des Gesetzeswortlauts („Gegenleistung (...), die nicht in Anteilen oder Mitgliedschaften besteht") lässt der Gesetzgeber bzgl der Form der Gegenleistung unbegrenzten Spielraum.[25] Die Gegenleistung kann also zB bestehen in: 18

- Geld als „Barabfindung";
- Anteilen und Mitgliedschaften an einem Beteiligungsunternehmen des übertragenden Rechtsträgers;
- Beteiligungen an dritten Unternehmen;[26]
- ggf sogar versicherungstechnischen Abfindungen wie Prämienfreiheit über einen gewissen Zeitraum, Erhöhung der Versicherungssumme oder der Überschussbeteiligung; diese Konstellation ist denkbar, wenn die Empfänger die verbleibenden Mitglieder und zugleich Versicherten des übertragenden VVaG sind und der übernehmende Rechtsträger den übertragenden Rechtsträger als eigentlichen Risikoträger entsprechend im Innenverhältnis freistellt.[27]

20 BT-Drucks. 12/6699, 133.
21 Widmann/Mayer/*Heckschen*, § 174 UmwG Rn 31; Lutter/*H. Schmidt*, § 174 UmwG Rn 12.
22 Widmann/Mayer/*Heckschen*, § 174 UmwG Rn 37; Semler/Stengel-*Fonk*, § 174 UmwG Rn 19; Lutter/*H. Schmidt*, § 174 UmwG Rn 16.
23 Widmann/Mayer/*Heckschen*, § 174 UmwG Rn 37; s. hier auch ausf. zu der Argumentation für eine Totalausgliederung.
24 Semler/Stengel/*Fonk*, § 174 UmwG Rn 18 mwN.
25 Semler/Stengel/*Fonk*, § 174 UmwG Rn 20 f.
26 So KölnKomm-UmwG/*Leuering*, § 174 UmwG Rn 9; Widmann/Mayer/*Heckschen*, § 174 UmwG Rn 23; aA: Semler/Stengel/*Fonk*, § 174 UmwG Rn 20, der auf den Gesetzeswortlaut abstellt.
27 Vgl Semler/Stengel/*Fonk*, § 174 UmwG Rn 21; Widmann/Mayer/*Heckschen*, § 174 UmwG Rn 24.

19 § 174 verlangt nicht ausdrücklich die **Angemessenheit der Gegenleistung**. Lediglich für die Vermögensübertragung von VVaG wird ausdr. die Verpflichtung zur „Gewährung einer angemessene Gegenleistung“ erwähnt (§ 181 Abs. 1). Daraus folgt aber nicht, dass in den übrigen Fällen der Vermögensübertragung keine Angemessenheit gefordert wird. Dass der Begriff der Angemessenheit nur in § 181 und ansonsten nicht in den §§ 174 ff erwähnt ist, hat seine Ursache schlicht darin, dass die alten Bestimmungen aus dem AktG und dem VAG unverändert übernommen wurden. Die Angemessenheit ist jedenfalls ein **Prinzip des Umwandlungsrechts**, das über die Verweisung auf das Verschmelzungsrecht auf alle Formen der Vermögensübertragung anzuwenden ist:[28] So ist der Begriff der **Angemessenheit** als Gegenwert in § 12 Abs. 2 S. 1 (bzgl Umtauschverhältnis und ggf barer Zuzahlung oder Mitgliedschaft) und in § 29 Abs. 1 S. 1 (angemessene Barabfindung bei Verschmelzung) niedergelegt.

20 Ob die Gegenleistung **angemessen** ist, bestimmt sich nach dem Verkehrswert, der nach den Regeln ordnungsgem. Unternehmensbewertung (wie auch bei der Berechnung von Umtauschverhältnissen und Barabfindungen bei einer Verschmelzung) zu ermitteln ist.[29] Die Gegenleistung ist grds. also dann angemessen, wenn der Wert der Gegenleistung dem Gegenwert des übertragenden Gesamt- oder Teilgeschäfts entspricht.[30] Bei einer ausgliedernden Teilübertragung bestimmt sich die Angemessenheit nach dem Verkehrswert des zu übertragenden Vermögens. Bei der Vermögensübertragung durch einen VVaG sind die Besonderheiten nach § 181 zu beachten. In der Literatur wird die Frage diskutiert, ob die Gegenleistung durch Dritte, also eine andere Person als dem übertragenden und dem übernehmenden Rechtsträger als Vertragsparteien, iSv § 317 BGB bestimmt werden kann; so zB im Fall, dass die beteiligten Rechtsträger sich nicht einigen können und ein Schiedsgutachten erforderlich ist. Dies wird grds. für zulässig angesehen, wobei auch der Dritte das Kriterium der Angemessenheit zu beachten hat.[31]

21 Einen Sonderfall stellt die **Konzernumstrukturierung** dar, bei dem die Anteilsinhaber des übertragenden und des übernehmenden Rechtsträgers identisch sind: Hier werden bei einer Verschmelzung die Anteile am übertragenden Rechtsträger mit den Anteilen an dem übernehmenden Rechtsträger nicht wirklich getauscht, und es besteht daher keine Gegenleistungspflicht. Ebenso kann sich bei einer Vermögensübertragung der Anteilsinhaber grds. nicht aus seinem eigenen Vermögen eine Gegenleistung verschaffen. Abhängig von dem Umfang der Vermögensübertragung **entfällt** daher **die Gegenleistungspflicht** teilweise oder ganz.[32] In dem Fall, dass das Gesamtvermögen einer Tochtergesellschaft auf die Muttergesellschaft übertragen wird, ist die Gegenleistung bspw gänzlich ausgeschlossen.[33]

22 Einen **Anspruch auf die Gegenleistung** hat der übertragende Rechtsträger als Partei des Übertragungsvertrags, nicht dessen Anteilsinhaber. Der Vertrag ist jedoch insofern als echter Vertrag zugunsten Dritter (§ 328 BGB) auszulegen, als auch die Anteilsinhaber unmittelbar von dem übernehmenden Rechtsträger die Gegenleistung verlangen können. Diese Leistungsberechtigung besteht unbestritten, wenn der übertragende Rechtsträger mit Wirkung der Vermögensübertragung durch Registereintragung erlischt. Die Gegenleistung wird bewirkt gem. § 362 BGB durch Übereignung oder Abtretung und nicht kraft Gesetzes durch Wirkung der Eintragung gem. § 20 Abs. 1 Nr. 3.[34] Soweit nicht vertraglich geregelt, bestimmt sich die Fälligkeit dieses Anspruchs nach § 271 BGB.[35] Etwas anderes gilt, wenn ein **Treuhänder** zum Empfang der Gegenleistung bestellt wurde: In diesem Fall ist der Zeitpunkt der Zahlung bzw Übergabe der Gegenleistung entscheidend, da sie Voraussetzung für die Eintragung der Vermögensübertragung in das Register ist (s. § 71).[36]

28 Semler/Stengel/*Fonk*, § 174 UmwG Rn 22; Widmann/Mayer/*Heckschen*, § 174 UmwG Rn 26.
29 Semler/Stengel/*Fonk*, § 174 UmwG Rn 22 f, Widmann/Mayer/*Heckschen*, § 174 UmwG Rn 27.
30 KölnKomm-UmwG/*Leuering*, § 174 UmwG Rn 10; Lutter/*H. Schmidt*, § 174 UmwG Rn 9.
31 Semler/Stengel/*Fonk*, § 174 UmwG Rn 27; Widmann/Mayer/*Heckschen*, § 174 UmwG Rn 25; Lutter/*H. Schmidt*, § 174 UmwG Rn 7.
32 Semler/Stengel/*Fonk*, § 174 UmwG Rn 23 ff.
33 Widmann/Mayer/*Heckschen*, § 174 UmwG Rn 29.
34 Widmann/Mayer/*Heckschen*, § 174 UmwG Rn 28.
35 Semler/Stengel/*Fonk*, § 174 UmwG Rn 28.
36 Widmann/Mayer/*Heckschen*, § 174 UmwG Rn 28.

Ein **Verzicht auf die Gegenleistung** durch die Anteilsinhaber des übertragenden Rechtsträgers 23
im Rahmen einer Vermögensübertragung ist gesetzlich nicht ausdr. ausgeschlossen. Es sprechen gute Gründe dafür, unter Heranziehung der §§ 54 Abs. 1 S. 3, 68 Abs. 1 S. 3 eine Verzichtserklärung auch durch die Anteilsinhaber des aufnehmenden Rechtsträgers zuzulassen.[37]

III. Aufsichtsrechtliche Anforderungen

Zu einer wirksamen Vermögensübertragung zwischen Versicherungsunternehmen bedarf es 24
nach § 175 Nr. 2 der Genehmigung durch die zuständige Versicherungsaufsichtsbehörde gem. §§ 14 a, 14 VAG. Diese kann die Umwandlung nicht nur aus Gründen des Versicherungsaufsichtsrechts (Wahrung der Belange der Versicherten, der dauerhaften Erfüllbarkeit der Verpflichtungen aus den Versicherungsverträgen, des Grundsatzes der Spartentrennung), sondern auch dann versagen, wenn die Vorschriften über die Umwandlung nicht beachtet worden sind (§ 14 a S. 2 VAG). Für Näheres zum Erfordernis der Genehmigung s. Kommentierung zu § 109 Rn 35 ff.

§ 175 Beteiligte Rechtsträger

Eine Vollübertragung ist oder Teilübertragungen sind jeweils nur möglich

1. **von einer Kapitalgesellschaft auf den Bund, ein Land, eine Gebietskörperschaft oder einen Zusammenschluß von Gebietskörperschaften;**
2. **a) von einer Versicherungs-Aktiengesellschaft auf Versicherungsvereine auf Gegenseitigkeit oder auf öffentlich-rechtliche Versicherungsunternehmen;**
   b) von einem Versicherungsverein auf Gegenseitigkeit auf Versicherungs-Aktiengesellschaften oder auf öffentlich-rechtliche Versicherungsunternehmen;
   c) von einem öffentlich-rechtlichen Versicherungsunternehmen auf Versicherungs-Aktiengesellschaften oder auf Versicherungsvereine auf Gegenseitigkeit.

Literatur:

Bähr, Handbuch des Versicherungsaufsichtsrechts, 2011; *Hebeler*, Die Vereinigung, Auflösung und Schließung von Sozialversicherungsträgern, NZS 2008, 238; *Petersen*, Versicherungsunternehmensrecht, 2003 *Renger*, Gesetz zur Überleitung landesrechtlicher Gebäudeversicherungsverhältnisse, VersR 1993, 942; *Thode*, Veräußerung öffentlich-rechtlicher Versicherungsunternehmen in der Bundesrepublik Deutschland, Dissertation, 1994 *Wille/Hamilton/Graf von der Schulenburg/Thüsing*, Privatrechtliche Organisation der gesetzlichen Krankenkassen, 2012.

37 Dazu näher Widmann/Mayer/*Heckschen*, § 174 UmwG Rn 30. Da zu dieser Frage jedoch keine Rechtsklarheit besteht, wird übereinstimmend mit *Heckschen* die Gewährung einer Gegenleistung empfohlen, um eine Unwirksamkeit des Vertrags insoweit zu vermeiden.

I. Normzweck

1 In Anlehnung an § 3 (verschmelzungsfähige Rechtsträger) und § 124 (spaltungsfähige Rechtsträger) enthält § 175 eine **abschließende Aufzählung der Rechtsträger**, die an einer Vermögensübertragung (Voll- oder Teilübertragung) beteiligt sein können.[1] Aus der Aufzählung ergeben sich zugleich die zulässigen Konstellationen einer Vermögensübertragung. Hier wird auch klargestellt, dass übertragender und übernehmender Rechtsträger stets unterschiedlicher Rechtsform sein müssen. § 175 unterscheidet die folgenden zwei Konstellationen von beteiligten Rechtsträgern:

- Zum einen schafft die Bestimmung ein rechtliches Instrument für die öffentliche Hand, Vermögen einer Kapitalgesellschaft zu übernehmen (Nr. 1);
- Zum anderen bietet sie für Versicherungsunternehmen die Möglichkeit der Vermögensübertragung untereinander (Nr. 2). Die Vermögensübertragung ergänzt diesbzgl die anderen zulässigen Umwandlungsformen für Versicherungsunternehmen, dh die Verschmelzung zweier Versicherungs-Aktiengesellschaften gem. §§ 2 ff oder zweier VVaG miteinander oder die Mischverschmelzung von VVaG auf Versicherungs-Aktiengesellschaft gem. §§ 109 ff.[2]

II. Inhalt und Anwendungsbereich

2 **1. Beteiligungsfähige Rechtsträger. a) Kapitalgesellschaft.** Das UmwG definiert in § 3 Abs. 1 Nr. 2 die Kapitalgesellschaft ausdrücklich als GmbH, Aktiengesellschaft und die KGaA. Erfasst sind aber auch die (haftungsbeschränkte) Unternehmergesellschaft und die SE. Die Beteiligungsfähigkeit der SE lässt sich aus Art. 9 Abs. 1 lit. c ii der SE-VO[3] ableiten, da die SE danach den auf eine Aktiengesellschaft anwendbaren nationalen Vorschriften unterliegt, soweit die SE-VO keine Regelung trifft.[4]

3 **b) Öffentliche Hand.** Die Regelung enthält für die zugelassenen übernehmenden Rechtsträger der öffentlichen Hand ebenfalls die folgende abschließende Aufzählung:

- den Bund,
- ein Land,
- eine Gebietskörperschaft (Gemeinde, Landkreis, Stadt),
- einen Zusammenschluss von Gebietskörperschaften (Zweckverband wie zB Landschaftsverbände).

4 Überwiegend wird der Wortlaut der „Gebietskörperschaft“ iSv § 168 dahingehend ausgelegt, dass auch kirchliche Gebietskörperschaften erfasst sind.[5]

5 Der abschließende Charakter der Norm und das Analogieverbot des § 1 Abs. 2 schließen die analoge Anwendung auf andere öffentlich-rechtliche Rechtsformen wie die Körperschaft, Stiftung oder Anstalt des öffentlichen Rechts aus. Die Öffnungsklausel des § 1 Abs. 2 ermöglicht lediglich dem Landesgesetzgeber, Abweichungen von den in § 175 genannten Formen der Vermögensübertragung zu regeln.[6] Rechtsträger der öffentlichen Hand in der Form des Privatrechts fallen ebenfalls nicht in den Kreis der Rechtsträger, die als übernehmende Rechtsträger der öffentlichen Hand für eine Vermögensübertragung in Betracht kommen. Für sie stehen aber die anderen Umwandlungsformen der Verschmelzung und Spaltung zur Verfügung.[7]

6 **c) Versicherungs-Aktiengesellschaft.** In § 109 ist die Versicherungs-Aktiengesellschaft als Aktiengesellschaft, die den Betrieb von Versicherungsgeschäften zum Gegenstand hat, definiert. Die Versicherungs-Aktiengesellschaft hat also die versicherungsaufsichtsrechtlichen Voraussetzun-

1 BT-Drucks. 12/6699, 133.
2 Semler/Stengel/*Fonk*, § 175 Rn 3.
3 VO (EG) Nr. 2157/2001 des Rates vom 8.10.2001, ABl. EG L 294 S. 1.
4 Widmann/Mayer/*Heckschen*, § 175 UmwG Rn 15.
5 Widmann/Mayer/*Heckschen*, § 175 UmwG Rn 14 mwN.
6 Widmann/Mayer/*Heckschen*, § 175 UmwG Rn 16; KölnKomm-UmwG/*Leuering*, § 175 UmwG Rn 1.
7 Widmann/Mayer/*Heckschen*, § 175 UmwG Rn 17.

gen eines Versicherungsunternehmens zu erfüllen, insb. die Erlaubnis zum Betrieb des Versicherungsgeschäfts gem. § 5 Abs. 1 VAG zu besitzen. Für weitere Einzelheiten zu den Merkmalen einer Versicherungs-Aktiengesellschaft wird auf die Kommentierung zu § 109 Rn 19 ff verwiesen.

d) **Versicherungsverein auf Gegenseitigkeit (VVaG).** Der VVaG wird als Rechtsform im UmwG nicht definiert. Die Gründungsvoraussetzungen sind im VAG geregelt (vgl §§ 15 bis 53 VAG). Kennzeichnend für den VVaG ist, dass die Mitgliedschaft die Begründung eines Versicherungsverhältnisses mit dem VVaG voraussetzt (§ 20 S. 2 VAG) und dass das Versicherungsgeschäft den Grundsätzen der Gegenseitigkeit und der Gleichbehandlung (§ 21 Abs. VAG) unterliegen. Für weitere Einzelheiten zu den Merkmalen eines VVaG wird auf die Kommentierung zu § 109 Rn 8 f und 10 verwiesen. Kleinere Vereine iSv § 53 VAG können zumindest als übertragende Rechtsträger an einer Vermögensübertragung beteiligt sein. Diesbzgl sind die Sonderregelungen in den §§ 185 bis 187 zu beachten. 7

e) **Öffentlich-rechtliches Versicherungsunternehmen.** Öffentlich-rechtliche Rechtsträger können als übernehmende Rechtsträger keine Anteile gewähren und sind somit **weder verschmelzungs- noch spaltungsfähig.** Dies gilt auch für öffentlich-rechtliche Versicherungsunternehmen, da letztlich die Länder deren alleinige Eigentümer sind. Ein öffentlich-rechtliches Versicherungsunternehmen kann dagegen an der Vermögensübertragung sowohl als übernehmender (§ 175 Abs. 2 lit. a und b) als auch als übertragender (§ 175 Abs. 2 lit. c) Rechtsträger beteiligt sein. 8

Bei dem öffentlich-rechtlichen Versicherungsunternehmen handelt es sich um ein Versicherungsunternehmen, das – wie ein privatrechtlicher Versicherer – den Betrieb von Privatversicherungsgeschäften zum Gegenstand hat und **nicht Träger der Sozialversicherung**[8] ist (§ 1 Abs. 1 Nr. 1 VAG). Für die Anwendbarkeit der Legaldefinition des VAG im Umwandlungsrecht und damit für die Nichtanwendbarkeit des UmwG auf Sozialversicherungsträger spricht die Gesetzesbegründung zum Entwurf des UmwG von 1994: Ziel der Gesetzgebung war es, Umwandlungsformen für Unternehmen aus mehreren Gesetzen – nämlich dem UmwG von 1969, dem AktG, dem Kapitalerhöhungsgesetz, dem GenG und eben dem VAG – für gleichgelagerte Sachverhalte in einem Gesetz zusammenzufassen.[9] So verweist die Gesetzesbegründung zu § 175 auf die alte Vorschrift des § 44 c VAG aF (Übertragung des Vermögens eines VVaG auf ein öffentlich-rechtliches Versicherungsunternehmen),[10] die auch schon den Begriff des öffentlich-rechtlichen Versicherungsunternehmens verwendet.[11] Dessen Bedeutung ergab sich schon damals aus der Legaldefinition des Versicherungsunternehmens des § 1 VAG aF, die dem heutigen § 1 Abs. 1 Nr. 1 VAG entspricht. Zudem verweist die Gesetzesbegründung zu § 178 auf den § 44 c VAG aF.[12] Eine umwandlungsrechtliche Vermögensübertragung auf einen Sozialversicherungsträger ist also nicht zulässig; für den Gesetzgeber kam es bei dieser Abgrenzung also nicht allein auf die Rechtsform, sondern auf das privatrechtliche Versicherungsgeschäft an.[13] 9

Das öffentlich-rechtliche Versicherungsunternehmen darf die Rechtsform der **Körperschaft oder Anstalt** des öffentlichen Rechts haben (§ 7 Abs. 1 VAG). Die bestehenden öffentlich-rechtlichen Versicherungsunternehmen stehen ausnahmslos im Eigentum der Bundesländer. Dies ist durch die **Historie** der öffentlich-rechtlichen Versicherungsunternehmen bedingt: Insb. Feuer- und Gebäudeversicherer übten das Versicherungsgeschäft ab dem 19. Jahrhundert als staatliche Pflicht- und Monopolanstalten aus. Die Hamburger Feuerkasse war das erste öffentlich-rechtliche Versicherungsunternehmen in Deutschland und wurde von Rat und Bürgerschaft der Stadt Hamburg bereits im Jahr 1676 gegründet. Die öffentlich-rechtlichen Monopolversicherer 10

8 Dies sind die gesetzliche Kranken- Renten- und Unfallversicherungen, deren Tätigkeit sich nach dem öffentlichen Sozialversicherungsrecht bestimmt.
9 BT-Drucks. 12/6699, 1.
10 Fassung von 1983: BGBl. I S. 1269.
11 BT-Drucks. 12/6699, 133.
12 BT-Drucks. 12/6699, 134.
13 So auch hA: Widmann/Mayer/*Heckschen*, § 175 Rn 25; Semler/Stengel/*Fonk*, § 175 UmwG Rn 15.

behielten ihren Status auch mit Einf. des VVG im Jahre 1908 bei, da dieses die Geltung landesrechtlicher Bestimmungen unberührt ließ.[14] Mit Umsetzung von Art. 3 der Dritten Richtlinie Schadenversicherung[15] zum 1.7.1994 wurde ihre Monopolstellung in der Gebäudeversicherung in Deutschland allerdings abgeschafft, da diese nicht mit der europarechtlichen Dienstleistungsfreiheit (Art. 56 AEUV, seinerzeit noch Art. 50 EGV) vereinbar war. Die davon betroffenen Monopolversicherer sind in Art. 4 der Richtlinie 73/239/EWG[16] aufgelistet. Die bis dahin landesrechtlich geregelten Versicherungsverhältnisse wurden aufgrund des Gesetzes zur Überleitung landesrechtlicher Gebäudeversicherungsverhältnisse in Versicherungsvertragsverhältnisse iS des VVG umgewandelt.

11 Somit wurden die einstigen öffentlich-rechtlichen Monopolversicherer im 20. Jahrhundert in den privatwirtschaftlichen **Versicherungswettbewerb** überführt.[17] Seit den 1950er Jahren ist dadurch die Anzahl der öffentlich-rechtlichen Versicherungsunternehmen im Vergleich zu privaten Versicherern (insb. in der Form des VVaG und der Aktiengesellschaft) gering geblieben: Die Anzahl stieg zwar bis 1990 von 15 auf immerhin 47, nahm jedoch seitdem wieder stark ab auf 17 Versicherungsunternehmen im Jahre 2011. Zu diesem Zeitpunkt bestanden dagegen 302 Versicherungs-Aktiengesellschaften und 261 VVaG.[18] Heute existieren **elf öffentlich-rechtliche Versicherungsgruppen**, deren Träger die Sparkassen und Sparkassenverbände sind und die das Versicherungsgeschäft inzwischen ganz überwiegend durch Beteiligungen an Versicherungs-Aktiengesellschaften betreiben.[19] Als ihre Interessen- und Dachorganisation fungiert der Verband öffentlicher Versicherer.[20]

12 Während früher die öffentlich-rechtlichen Versicherungsanstalten also eine Monopolstellung innehatten, nehmen sie heute neben privaten Versicherungsunternehmen am Versicherungswettbewerb teil.[21] Dabei kommt ihnen nicht nur eine wettbewerbskorrigierende Funktion, sondern aufgrund der Pflicht der Länder zur **Wahrnehmung öffentlicher Aufgaben** (s. Art. 30 GG) auch die Funktion zu, Kontinuität in den Versicherungssparten zu gewährleisten, die ertragsorientiert wirtschaftende private Versicherer wegen geringer Gewinnaussichten meiden, deren Bestehen jedoch im öffentlichen Interesse ist.[22] Umgekehrt kann ein öffentlich-rechtlicher Versicherer dann die Tätigkeit einstellen, wenn das öffentliche Interesse an der Wahrnehmung seiner Versicherungstätigkeit entfällt, zB wegen ausreichenden Bedarfs an privaten Versicherungsangeboten.[23]

13 aa) **Konstitutuierung.** Öffentlich-rechtliche Versicherungsunternehmen können als Anstalten oder Körperschaften des öffentlichen Rechts nur **durch Landesrecht** oder **durch hoheitlichen Akt gegründet** werden.[24] Sie stehen im Eigentum eines Trägers der öffentlichen Hand (zB Land oder auch andere öffentlich-rechtliche Anstalten oder Körperschaften). Träger von Versicherungsanstalten bringen zur Errichtung kein Stammkapital auf, weshalb es auch ieS keine Anteilseigner am Kapital gibt.[25] Diese Struktur erklärt, dass öffentlich-rechtliche Versicherungsunternehmen als übernehmende Rechtsträger im Rahmen einer Umwandlung keine eigenen Anteile als Gegenleistung gewähren können. Das Handeln im öffentlichen Auftrag hat zur Fol-

14 *Renger*, VersR 1993, 942 f.

15 Richtlinie 92/49/EWG des Rates vom 18.6.1992 zur Koordinierung der Rechts- und Verwaltungsvorschriften für die Direktversicherung (mit Ausnahme der Lebensversicherung) sowie zur Änderung der Richtlinien 73/239/EWG und 88/357/EWG, ABl. EG L 228 vom 11.8.1992, S. 1.

16 Auf diese Richtlinie nimmt Art. 3 der Dritten Richtlinie Schadenversicherung Bezug.

17 *Petersen*, Versicherungsunternehmensrecht, Rn 172; *Renger*, VersR 1993, 944.

18 *Gesamtverband der Deutschen Versicherungswirtschaft*, Statistisches Taschenbuch der Versicherungswirtschaft 2013, Tabelle 3.

19 *Verband öffentlicher Versicherer*, https://www.voev.de/web/html/start/gruppe/oeffentliche_versicherer/index.html; für eine Liste der Gemeinschaftsunternehmen s. dessen Jahrbuch 2013, 37 ff, abrufbar unter http://www.voev.de/web/export/sites/voev/_resources/download_galerien/presse/JAHRBUCH_2013_WEB.pdf.

20 Vgl https://www.voev.de/web/html/start/verband/.

21 Fahr/Kaulbach/Bähr/Pohlmann/*Kaulbach/Pohlmann*, Vor § 1 VAG Rn 12; Prölss/*Präve*, § 7 VAG Rn 6.

22 *Thode*, Veräußerung öffentlich-rechtlicher Versicherungsunternehmen, 65.

23 *Thode*, Veräußerung öffentlich-rechtlicher Versicherungsunternehmen, 66 f.

24 Prölss/*Weigel*, Vor § 15 VAG Rn 31; § 7 VAG Rn 5.

25 *Thode*, Veräußerung öffentlich-rechtlicher Versicherungsunternehmen, 97 f.

ge, dass die heute existierenden **elf öffentlich-rechtlichen Versicherungsgruppen** stets nur regionalgebunden im Hoheitsgebiet ihres Trägers ihr Versicherungsgeschäft ausüben können, welches durch die Landeserrichtungsgesetze oder Satzungen näher bestimmt wird.[26]

bb) Versicherungsaufsicht. Die öffentlich-rechtlichen Versicherungsunternehmen unterliegen in mehrfacher Form einer **Aufsicht:** Zum einen werden sie wie private Versicherer rechtlich und fachlich iSv **§ 81 VAG** durch die **BaFin** bzw aufgrund von Kompetenzübertragung durch die zuständigen Landesaufsichtsbehörden (§ 147 Abs. 1 VAG) beaufsichtigt. Sie haben damit auch die Mindestanforderungen an die Kapitalausstattung und Vermögensanlage (§ 53 c ff VAG) zu erfüllen, jedoch können die Länder ihren Versicherungseinrichtungen über das Bundesaufsichtsrecht hinausgehende strengere oder einfach zusätzliche weitere Regelungen für die Aufgabenerfüllung (zB nach länderspezifischer Politik) auferlegen.[27] Von der Aufsicht nach VAG sind allerdings die in **§ 1 Abs. 3 VAG** abschließend aufgezählten öffentlich-rechtlichen Versicherungsträger ausgeschlossen (dazu zählen die nach dem System der Selbstversicherung funktionierenden Gemeindezusammenschlüsse oder auch die Sozialversicherungsträger). Zudem üben die Länder ihre Aufsicht über die Einhaltung der landesrechtlichen Vorgaben für die Wahrnehmung öffentlicher Aufgaben durch staatliche Einflussnahme, bspw im Wege der Vertretung in Aufsichtsgremien im Unternehmen (zB Verwaltungsrat), aus.[28] 14

cc) Tätigkeitsfelder. Öffentlich-rechtliche Versicherungsunternehmen betreiben Versicherungsgeschäfte in allen Geschäftsbereichen, in denen auch private Versicherer tätig sind. Ihre Hauptversicherungssparten bilden somit ebenfalls die Lebensversicherung (47 %) und die Schaden- und Unfallversicherung (41 %). Auf dem privaten Versicherungsmarkt hat die Gruppe der öffentlich-rechtlichen Versicherer insg. einen Marktanteil von 10,2 %, wobei sie – alter Gebäudeversicherungstradition folgend – mit 14,2 % die stärksten Umsätze in der Schaden- und Unfallversicherung generieren.[29] Typische Versicherungsanstalten sind bspw die Feuerversicherungsanstalten.[30] Um ihre Position im Versicherungswettbewerb gegenüber privaten Versicherern zu stärken, schließen sich öffentlich-rechtliche Versicherer zusammen, indem sie Kooperationen, Gemeinschaftsunternehmen oder größere Unternehmenseinheiten in der Rechtsform einer Aktiengesellschaft bilden.[31] 15

§ 1 a VAG nennt darüber hinaus ausdr. die Alters-, Invaliditäts- oder Hinterbliebenenversorgung des öffentlichen Dienstes oder der Kirchen als Gegenstand der öffentlich-rechtlichen Versicherungsunternehmen. Hier besteht die Besonderheit, dass für öffentlich-rechtliche Versicherer des öffentlichen Dienstes oder der Kirchen (**öffentlich-rechtliche Versorgungseinrichtungen**), die ausschließlich in der Alters-, Invaliditäts- oder Hinterbliebenenversicherung tätig sind, nur bestimmte Vorschriften des VAG gelten (vgl § 1 a VAG). Für diese der Landesaufsicht unterliegenden Einrichtungen kann zudem der Landesgesetzgeber vom VAG abw. Regelungen treffen (§ 1 a Abs. 4 VAG). Alters-, Invaliditäts- und Hinterbliebenenversorgung umfasst insb. Zusatzleistungen zu solchen Leistungen der Lebens- und Unfallversicherung, die von Sozialversicherungsträgern erbracht werden.[32] 16

dd) Abgrenzung von Sozialversicherungsträgern. Von den vorstehend beschriebenen öffentlich-rechtlichen Wettbewerbsversicherungsunternehmen sind die sog. **Sozialversicherungsträger** zu unterscheiden. Zu diesen zählt die gesetzliche Krankenversicherung (SGB V), die gesetzliche Rentenversicherung (SGB VI) und die gesetzliche Unfallversicherung (SGB VII). Diese sind **rechtsfähige Körperschaften des öffentlichen Rechts** mit Selbstverwaltung und erfüllen ihre 17

26 *Thode*, Veräußerung öffentlich-rechtlicher Versicherungsunternehmen, 62 f.
27 Fahr/Kaulbach/Bähr/Pohlmann/*Kaulbach/Pohlmann*, Vor § 1 VAG Rn 14.
28 Fahr/Kaulbach/Bähr/Pohlmann/*Kaulbach/Pohlmann*, Vor § 1 VAG Rn 17; *Thode*, Veräußerung öffentlich-rechtlicher Versicherungsunternehmen, 122.
29 *Verband öffentlicher Versicherer*, Jahrbuch 2013, 11 f, s. Fn 57.
30 Bähr/*Armbrüster*, § 11 Rn 14.
31 S. Liste der Gemeinschaftsunternehmen des Verbands öffentlicher Versicherer: http://www.voev.de/web/html/start/gruppe/gemeinsame_unternehmen/unternehmen/index.html.
32 Fahr/Kaulbach/Bähr/Pohlmann/*Kaulbach*, § 1 a VAG Rn 5.

vom Gesetz vorgeschriebenen oder zugelassenen Aufgaben in eigener Verantwortung (§ 29 Abs. 1 und 3, 30 Abs. 1 SGB IV). Ihre Versicherungsgeschäfte sind somit – anders als das Privatversicherungsgeschäfts – an gesetzliche Aufgabenerfüllung im Rahmen des **staatlichen Sozialleistungssystems** gebunden.

18 Öffentlich-rechtliche Versicherungsunternehmen finanzieren sich durch die Beiträge der Versicherten, Sozialversicherungsträger dagegen sind Teil der staatlichen Fürsorgepflicht und werden grds. durch Abgaben und Steuern finanziert.[33] Sozialversicherungsträger unterliegen nicht dem VAG (vgl negative Legaldefinition in § 1 Abs. 1 Nr. 1 VAG)[34] und damit nicht der Aufsicht der BaFin, soweit sie ausschließlich Sozialversicherungsgeschäfte betreiben.[35] Handelt es sich um bundesunmittelbare Versicherungsträger, unterliegen sie grds. der staatlichen Aufsicht des **Bundesversicherungsamtes** (§ 90 Abs. 1 S. 1 Hs 1 SGB IV).[36] Die landesunmittelbaren Versicherungsträger werden von den zuständigen obersten Verwaltungsbehörden der Länder oder von Landesbehörden beaufsichtigt, die von den Landesregierungen durch Rechtsverordnung bestimmt werden (§ 90 Abs. 2 SGB IV).

19 Das **Regelwerk der SGB** regelt die Begründung, Auflösung oder Schließung sowie die Fusion von als Körperschaften des öffentlichen Rechts organisierten Sozialversicherungsträgern.[37] Die Auflösung ist danach ein freiwilliger Akt der Selbstverwaltung, zu dem sich der Sozialversicherungsträger selbst entscheidet (vgl §§ 152, 162 SGB V). Die Schließung der Körperschaft erfolgt dagegen auf Entschluss der Aufsichtsbehörde (vgl zB §§ 146 a, 153, 163 SGB V). Eine Vereinigung (Fusion) kann sowohl als freiwilliger Organisationsakt, so etwa durch Beschluss der Verwaltungsräte der betreffenden Sozialversicherungsträger (aktuell kommt dies häufig bei Ortskrankenkassen vor) gem. § 144 SGB V, als auch durch einen von außen einwirkenden Akt stattfinden.[38] Die Umstrukturierung von Sozialversicherungsträgern unterliegt also einem eigenen sozialrechtlichen Regelwerk und ist nicht für das private Gesellschaftsrecht zugänglich.

20 Allerdings sind seit Beginn des neuen Jahrtausends Tendenzen in der Gesundheitspolitik erkennbar, die Trennung zwischen Sozialversicherungsträgern und den privaten Versicherungsanbietern aufzubrechen, was zu Diskussionen über die **Konsolidierung** innerhalb der gesetzlichen Krankenversicherung, deren **Kooperation** von gesetzlichen mit privaten Krankenversicherern oder auch über die **Privatisierung von Sozialversicherungsträgern** führt. Es geht letztlich um die Frage, kräftemäßig einen Gleichlauf der gesetzlichen mit privaten Krankenversicherern im Wettbewerb herzustellen.[39] Es ist daher nicht auszuschließen, dass der Gesetzgeber zukünftig eine Öffnung des Regelsystems für Sozialversicherungsträger dahingehend schafft, dass der Anwendungsbereich des UmwG auch auf Sozialversicherungsträger erweitert wird und diese Versicherungs- und andere Geschäftsrisiken[40] durch Restrukturierung im Wege der (Teil- oder

33 Fahr/Kaulbach/Bähr/Pohlmann/*Kaulbach*, § 1 VAG Rn 50; zur Zuordnung zu Privat- bzw Sozialversicherung s. Rn 52 ff.

34 Die negative Abgrenzung war erforderlich, da öffentlich-rechtliche Versicherungsunternehmen allg. in das VAG einbezogen wurden, Prölss/*Präve*, § 1 VAG Rn 9.

35 Fahr/Kaulbach/Bähr/Pohlmann/*Kaulbach*, § 1 VAG Rn 49.

36 Auf dem Gebiet der Prävention in der gesetzlichen Unfallversicherung ist dies das Bundesministerium für Arbeit und Soziales (§ 90 Abs. 1 S. 1 Hs 2 SGB IV), die Unfallkasse Post und Telekom aber wird von dem Bundesministerium der Finanzen beaufsichtigt (§ 90 Abs. 1 S. 2 SGB IV). Versicherungsträger, deren Zuständigkeitsbereich sich über das Gebiet eines Landes, aber nicht über mehr als drei Länder hinaus erstreckt, unterliegen der Aufsicht von Landesverwaltungsbehörden (§ 90 Abs. 3 SGB IV).

37 So sind für gesetzliche Krankenkassen Vereinigungs-, Auflösungs- und Schließungstatbestände im SGB V, für die gesetzliche Rentenversicherung und Unfallversicherung in §§ 141, 142 SGB VI bzw §§ 117 ff SGB VII lediglich die Vereinigung geregelt.

38 *Hebeler*, NZS 2008, 238, 242.

39 S. zB: *Haft*, ZRP 2002, 457 ff; *Kamann*/Gey, PhamrR 2006, 255 ff; *Molt*, Die Krankenversicherung, November 2010, 332 ff; zu den Nachteilen der gegenwärtigen Organisation gesetzlicher Krankenkassen und zum Vorschlag, ihnen eine rechtliche Grundlage für Unternehmensumstrukturierungen und für die Privatisierung durch Gründung von Versicherungs-Aktiengesellschaften oder VVaG bzw durch Beleihung zu bereiten: Wille u.a., Privatrechtliche Organisation der gesetzlichen Krankenkassen, 117 ff; zur Unterwerfung der Krankenkassen unter das GWB: *Thüsing/Sternberg*, GWR 2012, 555.

40 Zu derartigen Risiken im Fall der Krankenkassen: *Wille* u.a., Privatrechtliche Organisation der gesetzlichen Krankenkassen, 90 ff.

Voll-)Vermögensübertragung (oder alternativ Bestandsübertragung) minimieren und sich attraktiver im Wettbewerb darstellen können. Das würde die Praxisrelevanz der §§ 174 ff im Hinblick auf die Vermögensübertragung auf oder von öffentlich-rechtlichen Versicherungsunternehmen deutlich erhöhen. Es bleibt mithin abzuwarten, ob und inwieweit der Gesetzgeber eine neue Interpretation des Begriffs des öffentlich-rechtlichen Versicherungsunternehmens als beteiligungsfähiges Unternehmen der Vermögensübertragung vornehmen wird.

2. Übertragungsvarianten. § 175 sieht im Einzelnen die folgenden Vermögensübertragungsvarianten vor: 21

a) Übertragung von einer Kapitalgesellschaft auf die öffentliche Hand (Nr. 1). Während § 168 die Möglichkeit für die öffentliche Hand schafft, ein Unternehmen auszugliedern und in eine private Rechtsform zu überführen, bietet § 175 den Rückweg zu einem Eigenbetrieb ohne Auflösung und Abwicklung der Gesellschaft im Wege der Gesamtrechtsnachfolge.[41] Aus § 124 Abs. 2 iVm § 3 Abs. 4 ergibt sich, dass bei einer Teilübertragung gem. § 174 Abs. 2, an der mehrere übernehmende Rechtsträger beteiligt sein können, auch eine Beteiligung verschiedener Träger der öffentlichen Hand zulässig ist.[42] Weitere Einzelheiten sind in den §§ 176, 177 geregelt. 22

b) Übertragung durch Versicherungs-Aktiengesellschaft (Nr. 2 lit. a). Eine Versicherungs-Aktiengesellschaft kann ihr Vermögen auf einen VVaG oder ein öffentlich-rechtliches Versicherungsunternehmen übertragen. 23

Ob auch ein **kleinerer Verein** iSv § 53 VAG als aufnehmender Rechtsträger erfasst ist, wird in der Lit. unterschiedlich gesehen. Für einen Ausschluss spricht die Regelung des § 185, soweit man darin eine abschließende Beteiligungsfähigkeit des kleineren – nämlich lediglich als übertragenden Rechtsträger – sieht. Auch wird argumentiert, dass der kleinere Verein nicht dem Registerverfahren der Anmeldung, Eintragung und Bekanntmachung unterliegt, welches aufgrund der Verweisung auf die Verschmelzungsvorschriften Anwendung findet.[43] Dem ist aber entgegenzuhalten, dass der Gesetzgeber diese Besonderheiten des kleineren Vereins für die Verschmelzung gesehen und diesem einen eigenen Regelungsabschnitt in den §§ 118, 119 gewidmet hat.[44] Zudem lässt sich aus der Regelung der §§ 185 bis 187, die nur die Fälle erfassen, in denen ein kleinerer Verein eine Vermögensübertragung als übertragender Rechtsträger vornimmt, nicht deren abschließenden Charakter für die Beteiligungsfähigkeit des kleineren Vereins insg. folgern.[45] Demnach kann auch ein kleinerer Verein übernehmender Rechtsträger sein und durch die Vermögensübertragung ggf zu einem regulären VVaG werden. Wenn ein kleinerer Verein im Wege der Vermögensübertragung durch Aufnahme einer Versicherungs-Aktiengesellschaft seine Eigenschaft als kleinerer Verein verliert und die Aufsichtsbehörde noch vor der Eintragung der Vermögensübertragung im Genehmigungsverfahren nach den §§ 14 a, 14 VAG zugleich eine Entscheidung über die entsprechende Einstufung als VVaG getroffen hat (§ 53 Abs. 4 VAG), kann eine Vermögensübertragung mit einem „normalen" VVaG durchgeführt werden.[46] **Kleinstvereine** sind dagegen von der Regelung nicht erfasst, da sie grds. nicht umwandlungsfähig sind (157 a Abs. 3 VAG). 24

Die Einzelheiten des Verfahrens der Vermögensübertragung von einer Versicherungs-Aktiengesellschaft regeln die §§ 178, 179. 25

c) Übertragung durch VVaG (Nr. 2 lit. b). Ein VVaG kann sein Vermögen auf eine Versicherungs-Aktiengesellschaft oder ein öffentlich-rechtliches Versicherungsunternehmen übertragen. Für die Beteiligung des kleineren Vereins bzw des Kleinstvereins gilt das unter vorstehendem Abschnitt bereits Gesagte. 26

41 Semler/Stengel/*Fonk*, § 175 UmwG Rn 5.
42 Lutter/*H. Schmidt*, § 175 UmwG Rn 4.
43 Lutter/*H. Schmidt*, § 175 UmwG Rn 8.
44 Semler/Stengel/*Fonk*, § 175 UmwG Rn 11.
45 KölnKomm-UmwG/*Leuering*, § 175 UmwG Rn 7; Widmann/Mayer/*Heckschen*, § 175 UmwG Rn 23.
46 Widmann/Mayer/*Heckschen*, § 175 UmwG Rn 23.

27 Die Einzelheiten des Verfahrens der Vermögensübertragung von einem VVaG regeln die §§ 180 bis 184.

28 d) **Übertragung durch öffentlich-rechtliches Versicherungsunternehmen.** Anders als privatrechtlich organisierte Versicherungsunternehmen, bei denen eine Vermögensübertragung eindeutig gesellschaftsrechtlich geprägt ist und auf dem Willen der Gesellschafter bzw Mitglieder des übertragenden Rechtsträgers beruht, unterliegen öffentlich-rechtliche Versicherungsunternehmen den Vorgaben der Landesverfassungen, welche insb. einen Gesetzesvorbehalt für die Organisation und den Aufbau der Verwaltung,[47] mithin auch für deren Auflösung bzw Umstrukturierung in Form der Voll- bzw Teilvermögensübertragung, vorsehen können. Außerdem können landesorganisationsrechtliche Verfahrensvorschriften Pflichten zur Einbindung der entspr. Organe bestimmen.[48]

29 Dies gilt iÜ ebenso für eine Bestandsübertragung nach § 14 VAG, welche öffentlich-rechtliche Versicherungsunternehmen als Alternative zur Vermögensübertragung durchführen können.[49] Für die Vermögensübertragung verweist § 178 Abs. 3 ausdrücklich auf maßgebendes Bundes- und Landesrecht, das bestimmen kann, ob und wie neben dem Beschluss des zur Vertretung befugten Organs eine weitere Zustimmung zum Übertragungsvertrag erforderlich ist.[50]

30 Die Einzelheiten des Verfahrens der Vermögensübertragung von einem öffentlich-rechtlichen Versicherungsunternehmen regeln die §§ 188, 189.

Zweiter Teil
Übertragung des Vermögens oder von Vermögensteilen einer Kapitalgesellschaft auf die öffentliche Hand

Erster Abschnitt Vollübertragung

§ 176 Anwendung der Verschmelzungsvorschriften

(1) Bei einer Vollübertragung nach § 175 Nr. 1 sind auf die übertragende Kapitalgesellschaft die für die Verschmelzung durch Aufnahme einer solchen übertragenden Gesellschaft jeweils geltenden Vorschriften des Zweiten Buches entsprechend anzuwenden, soweit sich aus den folgenden Vorschriften nichts anderes ergibt.

(2) [1]Die Angaben im Übertragungsvertrag nach § 5 Abs. 1 Nr. 4, 5 und 7 entfallen. [2]An die Stelle des Registers des Sitzes des übernehmenden Rechtsträgers tritt das Register des Sitzes der übertragenden Gesellschaft. [3]An die Stelle des Umtauschverhältnisses der Anteile treten Art und Höhe der Gegenleistung. [4]An die Stelle des Anspruchs nach § 23 tritt ein Anspruch auf Barabfindung; auf diesen sind § 29 Abs. 1, § 30 und § 34 entsprechend anzuwenden.

(3) [1]Mit der Eintragung der Vermögensübertragung in das Handelsregister des Sitzes der übertragenden Gesellschaft geht deren Vermögen einschließlich der Verbindlichkeiten auf den übernehmenden Rechtsträger über. [2]Die übertragende Gesellschaft erlischt; einer besonderen Löschung bedarf es nicht.

(4) Die Beteiligung des übernehmenden Rechtsträgers an der Vermögensübertragung richtet sich nach den für ihn geltenden Vorschriften.

47 Vgl zB § 18 iVm § 21 Landesorganisationsgesetz NRW, demgem. Körperschaften und Anstalten nur durch Gesetz oder aufgrund eines Gesetzes errichtet werden können. Dem lässt sich ein Vorbehalt auch für die Aufhebung und Umstrukturierung entnehmen.

48 Prölss/*Präve*, § 14 VAG Rn 14.

49 *Thode*, Veräußerung öffentlich-rechtlicher Versicherungsunternehmen, 133.

50 Widmann/Mayer/*Heckschen*, § 178 UmwG, Rn 41.

I. Normzweck und Systematik

§ 176 bildet mit § 177 den zweiten Teil der Vorschriften über die Vermögensübertragung von einer Kapitalgesellschaft auf die öffentliche Hand und regelt deren Ablauf im Einzelnen. So bestimmt § 176 die **Vollübertragung** iSv § 175 Nr. 1, während § 177 die Teilübertragung iSv § 175 Nr. 1 regelt. 1

Aufgrund der bereits beschriebenen Verweisungstechnik finden auf die übertragende Kapitalgesellschaft die Bestimmungen des Zweiten Buches, welche im Fall der Verschmelzung durch Aufnahme einer solchen übertragenden Gesellschaft gelten, entsprechend Anwendung. Dies umfasst die Allgemeinen Vorschriften (§ 2 bis § 38) und die Besonderen Vorschriften für die GmbH, die Aktiengesellschaft und die KGaA. 2

Auf den § 176 Abs. 2 bis 4 verweisen wiederum die §§ 177 Abs. 2, 178 Abs. 2, 179 Abs. 2, 180 Abs. 2, 184 Abs. 2, 188 Abs. 2. 3

II. Inhalt und Anwendungsbereich

1. Substitution von allgemeinen Verschmelzungsbestimmungen (Abs. 2). Einige der Allgemeinen Vorschriften über die Verschmelzung bedürfen der Anpassung an die Vermögensübertragung und **entfallen** oder werden **ersetzt** wie folgt: 4

- Angaben im Übertragungsvertrag zur Übertragung von Anteilen nach § 5 Nr. 4 und 5 und der Gewährung von Rechten an die Anteilsinhaber nach § 5 Nr. 7 entfallen (Satz 1);
- An die Stelle des Registers des Sitzes des übernehmenden Rechtsträgers tritt das Register des Sitzes der übertragenden Gesellschaft (Satz 2). Damit wird der Besonderheit Rechnung getragen, dass die öffentliche Hand als übernehmender Rechtsträger nicht in einem Register eingetragen ist.[1]
- Ein Anteilsumtausch findet bei der Vermögensübertragung nicht statt (vgl § 174). Daher bestimmt Satz 3, dass anstelle des Umtauschverhältnisses Art und Höhe der Gegenleistung treten.
- Inhabern von Sonderrechten wird statt des Anspruchs auf gleichwertige Rechte nach § 23 ein Anspruch auf Barabfindung gewährt (Satz 4). Auch hier wird die durch die öffentliche Hand als übernehmender Rechtsträger gegebene Besonderheit berücksichtigt, dass gegen diese keine gleichwertigen Sonderrechte erlangt werden können.[2]

2. Ablauf der Vollübertragung im Überblick (Abs. 1). a) Vollübertragungsvertrag (§ 176 Abs. 1 iVm §§ 4, 5). Gemäß § 176 Abs. 1 iVm § 4 ist der Abschluss eines Vertrags über die Vermögensübertragung durch die gesetzlichen Vertreter der beteiligten Rechtsträger (Kapitalgesellschaft und Träger der öffentlichen Hand) erforderlich.[3] Welches Organ für den übernehmenden Träger der öffentlichen Hand zuständig ist, richtet sich gem. § 176 Abs. 4 nach öffentlich- 5

1 BT-Drucks. 12/6699, 134.
2 BT-Drucks. 12/6699, 134.
3 Semler/Stengel/*Fonk*, § 176 UmwG Rn 7 f.

rechtlichem Organisationsrecht. Alternativ kann gem. § 4 Abs. 2 als Grundlage für den Beschl. lediglich ein Vertrags-Entwurf aufgestellt werden, wenn der endgültige Vertrag erst nach Beschluss geschlossen und notariell beurkundet werden soll.

6 Der **Mindestinhalt** des **Übertragungsvertrags** richtet sich nach § 5 und muss folgende Angaben umfassen:

- Firma und Sitz der übertragenden Kapitalgesellschaft und Name und Ort des übernehmenden Trägers der öffentlichen Hand (Nr. 1);
- die Vereinbarung über die Übertragung des Vermögens des übertragenden Rechtsträgers als Ganzes gegen Gewährung einer Gegenleistung durch den übernehmenden Rechtsträger, welche nicht in Anteilen oder Mitgliedschaften am übernehmenden Rechtsträger besteht (Nr. 2);[4]
- anstelle der Angaben zum Umtauschverhältnis (Nr. 3) müssen Angaben zur Art und Höhe der Gegenleistung gemacht werden (§ 176 Abs. 2 S. 1 und 3). Angaben nach § 5 Abs. 1 Nr. 4, 5 und 7 entfallen, so dass die Erbringung der Gegenleistung vertraglich nicht zwingend geregelt werden muss. Als zweckmäßig wird es jedoch angesehen, die Bewirkung der Gegenleistung, den Zeitpunkt der Erfüllung und ggf die Benennung eines Treuhänders für die Empfangnahme der Gegenleistung (vgl § 71) anzugeben.[5] Hält der übernehmende Träger der öffentlichen Hand alle Anteile der übertragenden Kapitalgesellschaft, sind die Angaben zur Gegenleistung in entsprechender Anwendung des § 5 Abs. 2 entbehrlich;[6]
- weiterhin muss der Übertragungsstichtag, dh der Zeitpunkt, ab dem Handlungen der übertragenden Gesellschaft als für Rechnung der öffentlichen Hand gelten, vertraglich festgehalten werden (§ 5 Abs. 1 Nr. 6).[7] Der Vertrag ist notariell zu beurkunden (§ 6);
- jeder besondere Vorteil, der einem Mitglied eines Vertretungs- oder Aufsichtsorgans, einem Abschluss- oder Verschmelzungsprüfer (§ 5 Abs. 1 Nr. 8) gewährt wird, ist im Vertrag anzugeben;
- Eine Besonderheit hinsichtlich des Vertragsinhalts ergibt sich aus § 176 Abs. 2 S. 4: Da Inhaber von Sonderrechten einen Anspruch auf angemessene Barabfindung haben, muss diese im Vertrag geregelt sein. Die Angemessenheit bestimmt sich in entspr. Anwendung der §§ 29 und 30 und ist gerichtlich nachprüfbar gem. § 34.[8]
- Der Vertrag muss zudem die Folgen der Vermögensübertragung für die Arbeitnehmer und die Arbeitnehmervertretungen sowie die insoweit vorgesehenen Maßnahmen darlegen (Nr. 9). Damit gehen auch Informationspflichten gegenüber dem Betriebsrat einher (§ 5 Abs. 3). Strittig ist die Frage, ob auch die Arbeitnehmer des übernehmenden Trägers der öffentlichen Hand informiert werden müssen. Die Pflicht ließe sich mit dem Argument verneinen, dass für die Beschäftigten des übernehmenden Rechtsträgers das Personalvertretungsgesetz (PersVG), dh die Bestimmungen über die Personalvertretungen im öffentlichen Dienst gelten, die Informationspflicht nach dem UmwG erfasse aber nicht die Personalvertretung. Beschäftigte im öffentlichen Dienst, die sich auf das Personalvertretungsgesetz berufen können, erscheinen jedoch nicht weniger schutzbedürftig und haben ein ebenso großes Bedürfnis nach rechtzeitiger Information wie die Beschäftigten bei einem übernehmenden Rechtsträger des Privatrechts. Deren Information ist zwar nicht nach UmwG erforderlich, aber dennoch ratsam.[9]
- Auch gegenüber den Anteilsinhabern des übertragenden Rechtsträgers bestehen darüber hinaus Informationspflichten, die sich nach den besonderen Verschmelzungsvorschriften des jeweiligen Rechtsträgers richten (für die GmbH: §§ 47, 49; für die Aktiengesellschaften (auch SE) und KGaA: §§ 61 ff).[10]

4 Semler/Stengel/*Fonk*, § 176 UmwG Rn 10; Widmann/Mayer/*Heckschen*, § 176 UmwG Rn 9.
5 Semler/Stengel/*Fonk*, § 176 UmwG Rn 11; Widmann/Mayer/*Heckschen*, § 176 UmwG Rn 37.
6 Widmann/Mayer/*Heckschen*, § 176 UmwG Rn 10.
7 Widmann/Mayer/*Heckschen*, § 176 UmwG Rn 12.
8 Widmann/Mayer/*Heckschen*, § 176 UmwG Rn 38.
9 Widmann/Mayer/*Heckschen*, § 176 UmwG Rn 15.
10 Dazu ausf. Widmann/Mayer/*Heckschen*, § 176 UmwG Rn 16 f.

Für Einzelheiten zum Vertragsinhalt s.a. die Kommentierung zu § 5. Aus § 176 Abs. 1 iVm § 6 ergibt sich zudem das Erfordernis der **notariellen Beurkundung** des Vertrags. 7

b) Vollübertragungsbericht (§ 176 Abs. 1 iVm § 8). Entsprechend § 8 muss das Vertretungsorgan der übertragenden Gesellschaft einen ausführlichen schriftlichen Bericht erstatten, in dem die Vermögensübertragung, der Übertragungsvertrag oder sein Entwurf im Einzelnen sowie die Angemessenheit der Gegenleistung rechtlich und wirtschaftlich erläutert und begründet werden. Diese Verpflichtung trifft nur den übertragenden Rechtsträger, da für den übernehmenden Träger der öffentlichen Hand und somit auch für dessen Berichterstattung die öffentlich-rechtlichen Vorschriften gelten (§ 176 Abs. 4).[11] Ein notariell zu beurkundender Verzicht auf den Bericht durch alle Anteilsinhaber der übertragenden Kapitalgesellschaft ist entsprechend § 8 Abs. 3 möglich. Ist der übernehmende Träger der öffentlichen Hand sogar bereits der alleinige Anteilsinhaber, ist ein Bericht ohne weiteres entsprechend § 8 Abs. 3 entbehrlich. 8

c) Vollübertragungsprüfung und Prüfungsbericht (§ 176 Abs. 1 iVm §§ 9 bis 12). Wie die Verschmelzung unterliegt auch die Vermögensübertragung einer Prüfung zum Schutz der Anteilsinhaber des übertragenden Rechtsträgers (§ 176 iVm § 9). Neben dem Übertragungsvertrag sind die Angemessenheit der Gegenleistung und die Barabfindung (§ 176 Abs. 2 S. 4) zentrale Gegenstände der Prüfung.[12] Je nach Form der Kapitalgesellschaft ergeben sich besondere Bestimmungen hierfür: Ist eine GmbH übertragender Rechtsträger, ist eine Prüfung nach §§ 9 bis 12 nur dann erforderlich, wenn einer der Gesellschafter dies entsprechend § 48 innerhalb einer Frist von einer Woche verlangt, nachdem er die in § 47 genannten Unterlagen erhalten hat. Aus der Unterrichtungspflicht der Gesellschaft gegenüber den Gesellschaftern nach § 47 folgt eine Pflicht zum Übersenden des Prüfungsberichts an die Gesellschafter.[13] Ist eine Aktiengesellschaft/SE oder eine KGaA übertragende Gesellschaft, ist eine Prüfung des Übertragungsvertrags oder seines Entwurfs jedenfalls gesetzlich erforderlich (§ 60 bzw § 78). 9

Ein Verzicht aller Anteilsinhaber auf Prüfung und Erstattung des Prüfberichts ist möglich, und die Prüf- und Berichtspflicht entfällt, wenn der übernehmende Rechtsträger, hier also der Träger der öffentlichen Hand bereits alleiniger Anteilsinhaber der Gesellschaft ist.[14] Zu den einzelnen Voraussetzungen s. Kommentierung zu §§ 9 bis 12. 10

d) Vollübertragungsbeschluss (§ 176 Abs. 1 iVm § 13). Für eine wirksame Vermögensübertragung ist weitere Voraussetzung die Zustimmung der Anteilseigner der übertragenden Gesellschaft gem. § 13 iVm § 176 Abs. 1.[15] Ein Verzicht auf den Beschluss ist nicht möglich.[16] Im Überblick sind für den Beschl. folgende Schritte zu beachten: 11

- **Vorbereitung des Beschlusses und Einberufung der Anteilseignerversammlung**: Für die Ladung der Anteilseigner und die Voraussetzungen der Tagesordnung gilt GmbH- bzw Aktienrecht.
- Weiter sind **für die GmbH** § 47 (Unterrichtung der Gesellschafter) und § 49 (Vorbereitung der Gesellschafterversammlung, insb. Pflicht zur Auslage von Jahresabschlüssen und Lageberichte im Geschäftsraum der Gesellschaft) und **für die Aktiengesellschaft/SE und KGaA** § 61 (Einreichung des Übertragungsvertrags zum Handelsregister vor Einberufung der Hauptversammlung) und § 63 (Vorbereitung der Hauptversammlung, grds. Pflicht zur Auslage der in Nr. 1 bis 5 genannten Unterlagen in dem Geschäftsraum der Gesellschaft, soweit nicht auf der Internetseite der Gesellschaft veröffentlicht, Abs. 4) zu beachten.

11 Widmann/Mayer/*Heckschen*, § 176 UmwG Rn 39.
12 KölnKomm-UmwG/*Leuering*, § 176 UmwG Rn 7.
13 Widmann/Mayer/*Heckschen*, § 176 UmwG Rn 22 mwN.
14 Widmann/Mayer/*Heckschen*, § 176 UmwG Rn 23.
15 § 13 UmwG setzt zwar die Zustimmung der Anteilsinhaber aller beteiligten Rechtsträger voraus, § 176 Abs. 1 UmwG verweist aber auch bzgl dieser Norm auf die Verschmelzungsvorschriften für die übertragende Gesellschaft.
16 Nicht erforderlich ist der Beschluss lediglich bei grenzüberschreitenden Verschmelzungen, wenn alle Anteile in der Hand der übernehmenden Gesellschaft liegen (§ 122 g Abs. 2 UmwG). Diese Vorschrift ist aber auf Vermögensübertragungen nicht entspr. anwendbar; Widmann/Mayer-*Heckschen*, § 176 Rn 24.

- **Versammlung der Anteilseigner** zur Beschlussfassung und notarielle Beurkundung: Auch insoweit sind besondere Regelungen für die jeweilige übertragende Kapitalgesellschaft zu beachten: **Für die GmbH** richtet sich die erforderliche Beschlussmehrheit nach § 51, soweit der Gesellschaftsvertrag keine größere Mehrheit regelt; auch gelten besondere Zustimmungsrechte von Anteilsinhabern nach § 13 Abs. 2 und § 50 Abs. 2 (s. dazu die Kommentierung dort).[17] Für die **Aktiengesellschaft/SE und KGaA** gilt § 64 (Durchführung der Hauptversammlung); das Mehrheitserfordernis bestimmt sich nach § 65, soweit die Satzung keine größere Kapitalmehrheit vorsieht. Ist eine KGaA übertragende Gesellschaft, bedarf der Beschluss auch der Zustimmung der persönlich haftenden Gesellschafter. Die Satzung kann jedoch eine Mehrheitsentscheidung dieser Gesellschafter vorsehen (§ 78).

12 e) **Anmeldung, Eintragung und Bekanntmachung (§ 176 Abs. 1 iVm §§ 16, 17).** Die Anmeldung zur Eintragung erfolgt durch das Vertretungsorgan der übertragenden Gesellschaft bei dem Registergericht ihres Sitzes. Eine Anmeldung und Eintragung bei dem Register des übernehmenden Rechtsträgers – wie § 16 Abs. 1 S. 1 vorsieht – findet nicht statt, da der übernehmende Rechtsträger, die öffentliche Hand, nicht eingetragen ist; § 176 Abs. 2 S. 2 regelt daher, dass die Anmeldung und Eintragung bei dem Register des Sitzes der übertragenden Gesellschaft vorzunehmen ist. Auch im Fall, dass das auf den öffentlich-rechtlichen Rechtsträger übertragene Vermögen einem eingetragenen Eigenbetrieb zugeordnet wird, findet die Anmeldung und Eintragung im Register des Sitzes der übertragenden Gesellschaft statt.

13 Aus dem Wortlaut des § 16 Abs. 1 S. 2 folgt aber, dass auch das Vertretungsorgan des übernehmenden Trägers der öffentlichen Hand zur Anmeldung berechtigt ist.[18] Dies ist auch folgerichtig, da der übernehmende Träger der öffentlichen Hand ggf erforderliche **Genehmigungen der Aufsichtsbehörde** beim Registergericht einzureichen hat. Zu beachten sind Bestimmungen in Gemeindeordnungen, welche die Unwirksamkeit oder Nichtigkeit der Vermögensübertragung im Fall der fehlenden Genehmigung vorsehen. Allerdings wird eine Prüfungspflicht des Registergerichts hinsichtlich der öffentlich-rechtlichen Bestimmungen abgelehnt und lediglich ein Prüfungsrecht zuerkannt.[19] Eine Negativerklärung nach § 16 Abs. 2 muss durch den übernehmenden öffentlich-rechtlichen Rechtsträger aber nicht abgegeben werden.

14 Ein Anspruch der Gläubiger auf **Sicherheitsleistung** gem. § 22 ist zwar nicht ausgeschlossen, jedoch wird hierfür praktisch ein geringes Bedürfnis aufgrund der geringen Gefahr der Insolvenz des übernehmenden Trägers der öffentlichen Hand bzw der Schwierigkeit ihrer Glaubhaftmachung bestehen.[20]

15 **3. Wirkung der Eintragung (Abs. 3).** Eine entspr. Anwendung des § 20 Abs. 1 Nr. 3 passt bei der öffentlichen Hand aufgrund der fehlenden Anteilsinhaberschaft nicht. Daher stellt § 176 Abs. 3 für die Vollübertragung nach § 175 Nr. 1 klar, dass das Vermögen mit Eintragung im Handelsregister automatisch auf die öffentliche Hand übergeht und die übertragende Kapitalgesellschaft erlischt, ohne dass es einer Löschung bedarf. **Mängel** der Vermögensübertragung führen nicht zu einer Rückübertragung.

16 **4. Anwendung öffentlich-rechtlicher Vorschriften (Abs. 4).** Für die einzelnen Verfahrensschritte der Vermögensübertragung (insb. Vertragsschluss, Übertragungsprüfung, Erfordernis eines Zustimmungsbeschlusses, etwaige Zustimmungs- oder Genehmigungsvorbehalte oder Berichts- und Anzeigepflichten)[21] sind gem. § 176 Abs. 4 hinsichtlich des übernehmenden Trägers der öffentlichen Hand die auf den jeweiligen Träger (Bund, Land, Gebietskörperschaft oder ein Zusammenschluss von Gebietskörperschaften) anwendbaren öffentlich-rechtlichen Vorschrif-

17 Zur Diskussion, ob Inhaber von Sonderrechten ein Recht auf Zustimmung zur Vermögensübertragung haben, s. Widman/Mayer/*Heckschen*, § 176 UmwG Rn 29.

18 Semler/Stengel/*Fonk*, § 176 UmwG Rn 32; Köln-Komm-UmwG/*Leuering*, § 176 UmwG Rn 9; Lutter/*H. Schmidt*, § 176 UmwG Rn 25.

19 Semler/Stengel/*Fonk*, § 176 UmwG Rn 32; Widmann/Mayer/*Heckschen*, § 176 UmwG Rn 41.

20 KölnKomm-UmwG/*Leuering*, § 176 UmwG Rn 9; Lutter/*H. Schmidt*, § 176 UmwG Rn 26.

21 Lutter/*H. Schmidt*, § 176 UmwG Rn 13 und 3 f; Widmann/Mayer/*Heckschen*, § 176 UmwG Rn 6.

ten zu beachten.[22] Hier sind insb. Berichts- und Prüfungspflichten sowie Zustimmungs- und Genehmigungsvorbehalte gemeint.

Zweiter Abschnitt Teilübertragung

§ 177 Anwendung der Spaltungsvorschriften

(1) Bei einer Teilübertragung nach § 175 Nr. 1 sind auf die übertragende Kapitalgesellschaft die für die Aufspaltung, Abspaltung oder Ausgliederung zur Aufnahme von Teilen einer solchen übertragenden Gesellschaft geltenden Vorschriften des Dritten Buches sowie die dort für entsprechend anwendbar erklärten Vorschriften des Zweiten Buches auf den vergleichbaren Vorgang entsprechend anzuwenden, soweit sich aus den folgenden Vorschriften nichts anderes ergibt.

(2) [1]§ 176 Abs. 2 bis 4 ist entsprechend anzuwenden. [2]An die Stelle des § 5 Abs. 1 Nr. 4, 5 und 7 tritt § 126 Abs. 1 Nr. 4, 5, 7 und 10.

I. Normzweck

Die Norm bildet das zur Vollübertragung nach § 176 komplementäre Gegenstück für eine **Teilübertragung** einer Kapitalgesellschaft (Aktiengesellschaft/SE, KGaA und GmbH)[1] auf die öffentliche Hand im Wege der partiellen Gesamtrechtsnachfolge. Die Systematik der einzelnen Regelungen lehnt sich an § 176 mit entspr. Regelungen an,[2] indem zum einen in Abs. 1 die Vorschriften über die Spaltung (Ab-, Aufspaltung und Ausgliederung) für anwendbar erklärt werden.[3] Aufgrund der doppelten Verweisung ist daneben aus dem Spaltungsrecht heraus Verschmelzungsrecht anzuwenden. Zum anderen wird in Abs. 2 den Besonderheiten hinsichtlich der öffentlichen Hand als übernehmendem Rechtsträger Rechnung getragen und diesbzgl. auf § 176 Abs. 2 bis 4 verwiesen.[4] Der Gesetzgeber von 1994 hatte bei der Gestaltung dieser Norm insb. die Übertragung von Vermögensteilen eines **Energieversorgungsunternehmens** auf eine oder mehrere Gemeinden im Blick.[5] 1

II. Inhalt und Anwendungsbereich

1. Überblick. a) Entsprechende Anwendung der Spaltungs- und Verschmelzungsvorschriften (Abs. 1). Die Vorschriften über die Aufspaltung, Abspaltung und Ausgliederung zur Aufnahme von Vermögensteilen, dh im Allgemeinen Teil die §§ 123 bis 134 und im Besonderen Teil die §§ 138 bis 146 sind entsprechend anzuwenden. Auf die Regelungen über die Spaltung durch 2

22 BT-Drucks. 12/6699, 134.
1 Widmann/Mayer/*Heckschen*, § 177 UmwG Rn 2. Zum Anwendungsbereich des § 175 UmwG Nr. 1 s. Kommentierung dort.
2 BT-Drucks. 12/6699, 134.
3 Widmann/Mayer/*Heckschen*, § 177 UmwG Rn 1.
4 KölnKomm-UmwG/*Leuering*, § 177 UmwG Rn 1.
5 BT-Drucks. 12/6699, 134.

Neugründung wird – wie bei der Vollübertragung – nicht verwiesen, so dass eine Übertragung zur Neugründung nicht zulässig ist.

3 Welche Spaltungsvorschriften anzuwenden sind, richtet sich nach dem Typ der Vermögensübertragung (aufspaltend, abspaltend oder ausgliedernd), wie sie § 174 Abs. 2 jeweils vorsieht. Bei der Wahl des Typs kommt es darauf an, ob die übertragende Gesellschaft aufgelöst werden oder bestehen bleiben und ob den Anteilsinhabern oder der übertragenden Gesellschaft die Gegenleistung gewährt werden soll.[6] Zu beachten ist die **spezielle Spaltungsregelung des § 141**, wonach eine Aktiengesellschaft/SE und eine KGaA nicht gespalten werden kann, wenn die Gesellschaft noch nicht länger als zwei Jahre im Register eingetragen ist. Zusätzlich zum Spaltungsrecht erklärt § 177 Abs. 1 die Vorschriften des Verschmelzungsrechts für anwendbar, auf die § 125 mit Ausnahmen verweist. Die Verweisungen in Abs. 1 gelten nur für die übertragende Kapitalgesellschaft, für den übernehmende Träger der öffentlichen Hand gilt die Verweisung in Abs. 2 auf die öffentlich-rechtlichen Vorschriften entsprechend § 176 Abs. 4.

4 **b) Entsprechende Anwendung des § 176 Abs. 2 bis 4 (Abs. 2).** Durch die Verweisung auf § 176 Abs. 2 bis 4 trägt der Gesetzgeber wie bei der Vollübertragung den Besonderheiten der Gegenleistung, die nicht in Anteilen oder Mitgliedschaften am übernehmenden Rechtsträger besteht, und der öffentlich-rechtlichen Natur des übernehmenden Rechtsträgers Rechnung. Allerdings wird die danach entfallende Verschmelzungsvorschrift über den Vertragsinhalt nach § 5 Abs. 1 Nr. 4, 5 und 7 durch die entfallenden Spaltungsregelungen des § 126 Abs. 1 Nr. 4, 5, 7 und 10 ausdrücklich ersetzt; iÜ gelten die Ausführungen zu § 176 Abs. 2 bis 4 entsprechend für die Teilübertragung. Insoweit wird auf die Kommentierung zu § 176 verwiesen.

5 Zu beachten ist, dass § 176 Abs. 2 S. 4 (Anspruch auf Barabfindung anstelle der Gewährung von Sonderrechten) abschließend und daher ein Anspruch auf Ausgleich durch Gewährung gleichwertiger Sonderrechte bei Abspaltung und Ausgliederung nach § 133 Abs. 2 S. 2 ausgeschlossen ist.[7]

6 **2. Ablauf der Teilübertragung im Überblick. a) Teilübertragungsvertrag (§ 177 Abs. 1 iVm 126).** Der **Mindestinhalt** des Vertrags bestimmt sich nach § 126 mit der Einschränkung, dass die Angaben nach § 126 Abs. 1 Nr. 4, 5, 7 und 10 entfallen (§ 177 Abs. 2 S. 2). Da Gegenstand die Übertragung von einzelnen Vermögensteilen jeweils als Gesamtheit ist, müssen die Vermögensteile im Vertrag benannt werden.[8] Das bedeutet, dass die zu übertragenden Vermögensteile nach Aktiv- und Passivvermögen aufgeteilt und den jeweiligen übernehmenden Rechtsträgern zweifelsfrei zugeordnet werden müssen, wobei diese Zuordnung grds. frei wählbar ist.[9] Die Informationspflichten gegenüber der Arbeitnehmervertretung ergeben sich aus § 126 Abs. 3. Zu den weiteren Voraussetzungen s. die Ausführungen zum Vollübertragungsvertrag in der Kommentierung zu § 176.

7 **b) Teilübertragungsbericht (§ 177 Abs. 1 iVm § 127).** Parallel zur Vollübertragung ist auch für die Teilübertragung ein ausführlicher schriftlicher Bericht in entsprechender Anwendung des § 127 erforderlich. Dieser umfasst neben der rechtlichen und wirtschaftlichen Erläuterung und Begründung der Übertragung und des Vertrags bzw seines Entwurfs auch Ausführungen zur Art, Höhe und Angemessenheit der Gegenleistung bei der Aufspaltung, Abspaltung und auch der Ausgliederung.[10] Für weitere Einzelheiten s. die Ausführungen zum Vollübertragungsbericht in der Kommentierung zu § 176.

8 **c) Teilübertragungsprüfung (§ 177 Abs. 1 iVm §§ 125, 9).** Durch die Verweisung des § 125 auf § 9 Abs. 1 und 3 ergibt sich das Erfordernis einer Übertragungsprüfung für eine Abspaltung

6 BT-Drucks. 12/6699, 134.
7 KölnKomm-UmwG/*Leuering*, § 177 UmwG Rn 3.
8 KölnKomm-UmwG/*Leuering*, § 177 UmwG Rn 5.
9 Ausnahmen bestehen bei der Übertragung von Arbeitsverhältnissen, s. dazu Semler/Stengel/*Fonk*, § 177 UmwG Rn 8; näher zur Kennzeichnung der Vermögensteile auch Widmann/Mayer/*Heckschen*, § 177 UmwG Rn 17.
10 Semler/Stengel/*Fonk*, § 177 UmwG Rn 10; Widmann/Mayer/*Heckschen*, § 177 UmwG Rn 23.

und Aufspaltung. Bei einer Ausgliederung findet die Prüfung nicht statt (§ 125 S. 2). Die Prüfung samt Prüfungsbericht ist auch dann erforderlich, wenn der übernehmende Rechtsträger alle Anteile an dem übertragenden Rechtsträger hält, was sich aus der ausdrücklich ausgenommenen Verweisung auf § 9 Abs. 2 ergibt. Für Einzelheiten, insb. der Bestimmungen für eine GmbH, Aktiengesellschaft/SE und KGaA s. die Ausführungen zum Vollübertragungsbericht in der Kommentierung zu § 176.

d) **Teilübertragungsbeschluss (§ 177 Abs. 1 iVm § 13).** Auch bei der Teilübertragung ist zum einen die Vorbereitung der Beschlussfassung und der Einberufung der Versammlung der Anteilsinhaber, zum anderen die Durchführung der Versammlung und der Beschlussfassung vorgesehen. Die grundsätzliche Pflicht zur Auslage des Prüfungsberichts sowohl in dem Geschäftsraum vor der Versammlung als auch in der Versammlung entfällt bei einer Ausgliederung, da für sie kein Prüfungsbericht erforderlich ist (§ 125 S. 2).[11] Das Einstimmigkeitserfordernis nach § 128 ist auf Teilübertragungen nicht anwendbar, da ein Austausch von Anteilen oder Mitgliedschaften bei dieser gerade nicht stattfindet, sondern die Gegenleistung in anderen Vermögenswerten, idR einer Barabfindung, besteht.[12] 9

e) **Anmeldung, Eintragung und Bekanntmachung (§ 177 iVm §§ 129, 130).** Die Anmeldung und Eintragung der Teilübertragung erfolgt nur zum Handelsregister des Sitzes der übertragenden Kapitalgesellschaft (§ 177 Abs. 2 iVm § 176 Abs. 2 S. 2). Ausdrücklich kann das Vertretungsorgan des übernehmenden Rechtsträgers die Anmeldung vornehmen (§ 129). 10

2. Gesamtschuldnerische Haftung nach § 133. Von Bedeutung ist die die Gläubiger schützende Regelung des § 133, da sie spaltungsspezifisch eine gesamtschuldnerische Haftung aller beteiligten Rechtsträger für Verbindlichkeiten des übertragenden Rechtsträgers, die vor Wirksamwerden der Teilübertragung begründet worden sind, vorsieht. 11

Für die vertraglich bestimmte Gegenleistung haftet nur der übernehmende Träger der öffentlichen Hand allein; bei Teilübertragung auf mehrere Rechtsträger haftet jeder übernehmende Rechtsträger für die von ihm jeweils zu gewährende Gegenleistung. 12

3. Anwendung des § 176 Abs. 2 bis 4. Um den Besonderheiten des fehlenden Anteilsumtauschs und der Beteiligung eines öffentlich-rechtlichen Rechtsträgers Rechnung zu tragen, müssen die Verweisungen des Abs. 1 auf das Spaltungs- und Verschmelzungsrecht teilweise modifiziert werden. Daher verweist Abs. 2 auf § 176 Abs. 2 bis 4 (s. dazu die Kommentierung zu § 176 Abs. 2 bis 4). Die Wirkung der Eintragung bestimmt sich nach der Art der Teilübertragung. Die übertragende Kapitalgesellschaft erlischt nur im Fall der Aufspaltung, da in diesem Fall das gesamte Vermögen mit der Eintragung auf die übernehmenden Rechtsträger übergeht. Bei der Abspaltung und Ausgliederung bleibt die übertragende Gesellschaft jedoch bestehen, nur der vertraglich zu übertragende Teil des Vermögens geht als Gesamtheit auf den übernehmenden Rechtsträger über. Die Wirkung des § 176 Abs. 3 S. 2, nämlich das automatische Erlöschen der übertragenden Kapitalgesellschaft tritt daher nur bei der Aufspaltung ein. Die Formmängel heilende Wirkung der Eintragung bestimmt sich nach § 131 Abs. 1 Nr. 4 und Abs. 2.[13] 13

11 Semler/Stengel/*Fonk*, § 178 UmwG Rn 12.
12 Widmann/Mayer/*Heckschen*, § 177 UmwG Rn 26.
13 Widmann/Mayer/*Heckschen*, § 177 UmwG Rn 42.

Dritter Teil
Vermögensübertragung unter Versicherungsunternehmen

Erster Abschnitt Übertragung des Vermögens einer Aktiengesellschaft auf Versicherungsvereine auf Gegenseitigkeit oder öffentlich-rechtliche Versicherungsunternehmen

Erster Unterabschnitt Vollübertragung

Vor §§ 178 ff

1 Der Dritte Teil des Vierten Buches ermöglicht die Vermögensübertragung (Voll- oder Teilübertragung) unter Versicherungsunternehmen.

2 Die **Vollübertragung** (Übertragung des Vermögens im Ganzen) ist einer Verschmelzung ähnlich,[1] als Gegenleistung für die Übertragung werden jedoch keine Anteile oder Mitgliedschaften gewährt (§ 174 Abs. 1).

3 Die **Teilübertragung** entspricht dem umwandlungsrechtlichen Vorgang der Spaltung.[2] Möglich sind also folgende Arten der Teilvermögensübertragung.[3]

- Bei der **Teilübertragung nach Art der Aufspaltung** wird der übertragende Rechtsträger aufgelöst und die Gegenleistung kommt seinen Gesellschaftern zugute.
- Bei der **Teilübertragung nach Art der Abspaltung** besteht der übertragende Rechtsträger weiter fort und die Gegenleistung kommt seinen Gesellschaftern zugute.
- Bei der **Teilübertragung nach Art der Ausgliederung** besteht der übertragende Rechtsträger weiter fort und dieser erhält auch selbst die Gegenleistung.

4 Die **praktische Bedeutung** der Vermögensübertragung unter Versicherungsunternehmen ist gering. Dies liegt zum Einen daran, dass in vielen Fällen eine Vermögensübertragung bereits aus steuerrechtlichen Gründen nicht in Betracht kommt.[4] Das UmwStG sieht eine Steuerneutralität nur dann vor, wenn die Gegenleistung in Anteilen besteht oder wenn die Gegenleistung den Buchwert der übertragenen Wirtschaftsgüter nicht übersteigt.[5]

5 Außerdem ist eine **Bestandsübertragung**, also die vollständige oder teilweise Übertragung des Versicherungsbestandes, gem. § 14 VAG (für Erstversicherungsunternehmen) bzw § 121 f VAG (für Rückversicherungsunternehmen) oftmals eine attraktivere Alternative:[6] Anders als Vermögensübertragungen sind Bestandsübertragungen sowohl zwischen rechtsformgleichen als auch rechtsformverschiedenen Unternehmen zulässig. Weiterhin bedarf der Bestandsübertragungsvertrag lediglich der Schriftform und die einzelnen Folgenwirkungen der Bestandsübertragung müssen nicht im Vertrag aufgezeigt werden. Schließlich sind bei einer Bestandsübertragung im Vorfeld weniger Publizitätspflichten einzuhalten als bei einer Vermögensübertragung.

1 Lutter/*Wilm*, § 178 Rn 4 mit Verweis auf *Lüttge*, Das neue Umwandlungs- und Umwandlungssteuerrecht, NJW 1995, 417, 422; Bähr/*Wilm*, § 20 Rn 183.
2 *Lüttge*, Das neue Umwandlungs- und Umwandlungssteuerrecht, NJW 1995, 417; Bähr/*Wilm*, § 20 Rn 186.
3 BT-Drucks. 75/94, 134; Lutter/*Wilm*, § 179 Rn 1; KölnKomm-UmwG/*Beckmann*, § 179 Rn 1; Semler/Stengel/*Fonk*, § 179 Rn 1; Widmann/Mayer/*Heckschen*, § 179 Rn 2 ff.
4 Maulbetsch/Klumpp/Rose/*Findeisen*, § 178 Rn 2; Semler/Stengel/*Fonk*, § 187 Rn 6.
5 Vgl § 20 Abs. 2 S. 4 UmwStG.
6 Vgl Widmann/Mayer/*Heckschen*, § 178 Rn 5; Schmitt/Hörtnagl/Stratz/*Stratz*, § 175 Rn 5; Lutter//*Wilm*, Anh. 1 nach § 189; KölnKomm-UmwG/*Beckmann*, Anhang I §§ 178-189, Semler/Stengel/*Fonk*, § 178 Rn 4.

§ 178 Anwendung der Verschmelzungsvorschriften

(1) Bei einer Vollübertragung nach § 175 Nr. 2 Buchstabe a sind auf die beteiligten Rechtsträger die für die Verschmelzung durch Aufnahme einer Aktiengesellschaft und die für einen übernehmenden Versicherungsverein im Falle der Verschmelzung jeweils geltenden Vorschriften des Zweiten Buches entsprechend anzuwenden, soweit sich aus den folgenden Vorschriften nichts anderes ergibt.

(2) § 176 Abs. 2 bis 4 ist entsprechend anzuwenden.

(3) Das für ein übernehmendes öffentlich-rechtliches Versicherungsunternehmen maßgebende Bundes- oder Landesrecht bestimmt, ob der Vertrag über die Vermögensübertragung zu seiner Wirksamkeit auch der Zustimmung eines anderen als des zur Vertretung befugten Organs des öffentlich-rechtlichen Versicherungsunternehmens oder einer anderen Stelle und welcher Erfordernisse die Zustimmung bedarf.

I. Normzweck

1 § 178 regelt die Vollübertragung des Vermögens einer Versicherungs-AG auf einen bestehenden VVaG oder ein bestehendes öffentlich-rechtliches Versicherungsunternehmen. Dieser Möglichkeit kommt besondere Bedeutung zu, da in § 109 die Verschmelzung einer Versicherungs-AG mit einem VVaG im Wege der Aufnahme nicht vorgesehen ist.[1] Für rechtsformgleiche Versicherungsunternehmen ist die Vollübertragung unzulässig.[2]

2 In den Anwendungsbereich der Vorschrift ist auch die **SE** als übertragender Rechtsträger einbezogen, da diese über Art. 10 der SE-VO der AG gleichgestellt ist.[3]

II. Inhalt

3 Anwendbar auf die Vollübertragung sind durch den Verweis in Abs. 1 alle allgemeinen Vorschriften mit Ausnahme der Vorschriften über die Verschmelzung durch Neugründung der §§ 4 bis 35 und die besonderen Vorschriften der §§ 60 ff.[4]

4 **1. Versicherungs-AG als übertragender Rechtsträger.** Übertragender Rechtsträger einer Vollübertragung gem. § 178 ist eine Versicherungs-AG oder eine Versicherungs-SE. Es handelt sich um Gesellschaften, die eine Erlaubnis zum Geschäftsbetrieb für ein Versicherungsunternehmen gem. §§ 5 Abs. 1, 7 Abs. 1 VAG besitzen.[5]

5 **2. Bestehender VVaG als übernehmender Rechtsträger.** Übernehmender Rechtsträger einer Vollübertragung gem. § 178 kann ein bestehender VVaG sein. Eine Vollübertragung durch Neugründung eines VVaG ist nicht möglich (§ 174 Abs. 1).

1 KölnKomm-UmwG/*Beckmann*, § 178 Rn 2.
2 Semler/Stengel/*Fonk*, § 178 Rn 2; KölnKomm-UmwG/*Beckmann*, § 178 Rn 1; Widmann/Mayer/*Heckschen*, § 178 Rn 2.
3 Widmann/Mayer/*Heckschen*, § 178 Rn 2.
4 Vgl die Übersicht der anzuwendenden Vorschriften bei Schmitt/Hörtnagl/Stratz/*Stratz*, § 178 Rn 4 ff.
5 KölnKomm-UmwG/*Leuering*, § 175 Rn 6.

6 Es ist streitig, ob eine Vollübertragung auf **kleinere VVaG** rechtlich zulässig ist.[6] Kleinere VVaG sind nach der Definition des § 53 Abs. 1 S. 1 VAG solche, die bestimmungsgemäß einen sachlich, örtlich oder dem Personenkreis nach eng begrenzten Wirkungskreis haben.[7] Ob ein VVaG ein kleinerer VVaG ist, entscheidet gem. § 54 Abs. 4 VAG die Aufsichtsbehörde.

7 Nach § 185 kann ein kleinerer VVaG sein Vermögen im Wege der Vollübertragung nur auf eine Versicherungs-AG (bzw eine Versicherungs-SE)[8] oder auf ein öffentlich-rechtliches Versicherungsunternehmen übertragen. Diese Regelung wird von einigen Vertretern der Literatur als abschließende Sonderregelung für Vermögensübertragungen unter Beteiligung kleinerer VVaG verstanden. Dafür spreche auch, dass – da die kleineren VVaG nicht im Handelsregister eingetragen sind (§ 53 Abs. 1 VAG verweist nicht auf § 30 Abs. 1 S. 1 VAG) – die umwandlungsrechtlichen Vorschriften über die Bekanntmachung im Handelsregister für kleinere VVaG ins Leere gingen.[9] Gegen diese Auffassung wird zu Recht eingewandt, dass sich § 183 ausdrücklich nur auf die Übertragung des Vermögens eines kleineren VVaG bezieht und es für eine weitergehende Auslegung der Norm keinen Grund gebe. Die fehlende Handelsregistereintragung von kleineren VVaG stellt kein Hindernis für die Vollübertragung dar, da § 118 S. 2 insoweit mit der aufsichtsbehördlichen Genehmigung und deren Veröffentlichung eine Alternative bereithält.[10] Anerkannt ist die Zulässigkeit der Vollübertragung auf einen kleineren VVaG, wenn der kleinere VVaG hierdurch zu einem großen VVaG wird und eine entsprechende Anerkennung der Aufsichtsbehörde gem. § 52 Abs. 4 VAG vorliegt.[11]

8 **3. Bestehendes öffentlich-rechtliches Versicherungsunternehmen als übernehmender Rechtsträger.** Auch ein bestehendes öffentlich-rechtliches Versicherungsunternehmen (Anstalt oder Körperschaft des öffentlichen Rechts)[12] kann übernehmender Rechtsträger einer Vollübertragung gem. § 178 sein. Auf das übernehmende öffentlich-rechtliche Versicherungsunternehmen findet das maßgebliche Bundes- oder Landesrecht Anwendung (§ 178 Abs. 3, Abs. 2 iVm § 176 Abs. 4). Das maßgebliche Recht bestimmt auch, ob der Übertragungsvertrag zu seiner Wirksamkeit der Zustimmung eines anderen als des zur Vertretung befugten Organs des öffentlich-rechtlichen Versicherungsunternehmens oder einer anderen Stelle bedarf und welche Erfordernisse einzuhalten sind. Insbesondere die jeweiligen Satzungen und Anstaltsordnungen können besondere Zustimmungserfordernisse vorsehen. Darin kann beispielsweise bestimmt werden, dass ein Verwaltungsrat oder die Dienstaufsichtsbehörde ihre Zustimmung zu erteilen haben. Auch ein Gesetz kann als Zustimmungsvoraussetzung verlangt werden. Fehlt es in der Satzung/Anstaltsordnung, sind die Beschlussorgane des öffentlich-rechtlichen Versicherungsunternehmens zuständig.[13]

9 **4. Voraussetzungen der Vollübertragung.** Grundsätzlich sind für eine Vollübertragung folgende Schritte notwendig:

- Übertragungsvertrag,
- Übertragungsbericht,
- Übertragungsprüfung,
- Übertragungsbeschluss,
- Bestellung eines Treuhänders,
- Anmeldung, Eintragung und Bekanntmachung der Übertragung,
- aufsichtsbehördliche Genehmigung gem. § 14 a VAG.

6 Dafür: Semler/Stengel/*Fonk*, § 175 Rn 10 f; Henssler/Strohn/*Decker*, § 175 UmwG Rn 2; KölnKomm-UmwG/*Leuering*, § 175 Rn 7; aA Lutter/*Wilm*, § 178 Rn 5; KölnKomm-UmwG/Beckmann, § 178 Rn 3.

7 Vgl ausführlich die Kommentierung zu § 53 VAG bei Prölss/*Weigel*, VAG, und Fahr/Kaulbach/Bähr/*Kaulbach*, VAG.

8 Vgl § 178 Rn 2.

9 Lutter/*Schmidt*, § 175 Rn 8.

10 Semler/Stengel/*Fonk*, § 175 Rn 10 f; KölnKomm-UmwG/*Leuering*, § 175 Rn 7.

11 KölnKomm-UmwG/*Beckmann*, § 178 Rn 3; Semler/Stengel/*Fonk*, § 175 Rn 12.

12 Semler/Stengel/Fonk, § 175 Rn 15; Lutter/*Wilm*, § 178 Rn 24.

13 Widmann/Mayer/*Heckschen*, § 178 Rn 41.

Diese Voraussetzungen werden nun im Einzelnen ausführlich dargestellt:

a) **Übertragungsvertrag.** Die satzungsmäßigen Vertreter von übertragendem und übernehmendem Rechtsträger schließen einen **Übertragungsvertrag** in der Form der §§ 4, 6. Satzungsmäßige Vertreter der Versicherungs-AG und des VVaG sind die Vorstände (§ 78 AktG bzw § 34 VAG). Satzungsmäßige Vertreter eines öffentlich-rechtlichen Versicherungsunternehmens sind die vertretungsbefugten Organe.[14] 10

Der gesetzliche Mindestinhalt des Übertragungsvertrags ergibt sich aus § 5, wobei anstelle der Angaben zum Umtauschverhältnis der Aktien Art und Höhe der **Gegenleistung** anzugeben sind (§ 178 Abs. 2 S. 3). Nach der Gesetzesbegründung soll es der Praxis überlassen bleiben, welche Art der Gegenleistung gewährt wird.[15] In der Regel wird die Gegenleistung eine Barabfindung sein. Es kommen allerdings grundsätzlich auch andere Arten der Gegenleistung in Betracht. Genannt werden in diesem Zusammenhang versicherungstechnische Abfindungen (wie zeitweise Prämienfreiheit oder Erhöhung der Versicherungssumme).[16] Diese Alternativen werden sich jedoch nicht in allen Konstellationen anbieten.[17] Soweit vertreten wird, dass die Gegenleistung auch in der Gewährung von Aktien an der übernehmenden Versicherungs-AG bestehen kann,[18] ist dem nicht zu folgen. Die Vermögensübertragung, bei der als Gegenleistung Anteile gewährt werden, ist vielmehr eine Verschmelzung (vgl § 178 Abs. 2 iVm § 176 Abs. 2 S. 3). 11

Es ist streitig, ob die Aktionäre der übertragenden Versicherungs-AG auf eine Gegenleistung verzichten können.[19] Angesichts der derzeit unklaren Rechtslage sollte in der Praxis ein **Gegenleistungsverzicht** nur nach Absprache mit dem zuständigen Registergericht vereinbart werden.[20] 12

Bei einer Vermögensübertragung unter Beteiligung eines **öffentlich-rechtlichen Versicherungsunternehmens** liegt die Bestimmung der Gegenleistung im Ermessen der Beteiligten. Im Falle einer Barzahlung ist jedoch sehr sorgfältig die Rechtfertigung der Höhe zu prüfen, da die Mittel ausschließlich aus den Beiträgen der Versicherten stammen. Es ist bedenklich, wenn diese Mittel ohne Rechtfertigung für die Aktionäre der Versicherungs-AG verwendet werden.[21] 13

Inhaber von Sonderrechten (§ 23) in der übertragenden Versicherungs-AG sollen gem. §§ 178 Abs. 2, 176 Abs. 2 S. 4 eine Barabfindung erhalten, die gem. § 30 auf ihre Angemessenheit zu überprüfen ist. Zu den Sonderrechten gem. § 23 soll nach hM der vertragliche Überschussbeteiligungsanspruch[22] zählen. Allerdings gehen die von der Vollübertragung betroffenen Versicherungsverhältnisse inhaltlich unverändert auf den übernehmenden Rechtsträger über, so dass es insoweit einer Barabfindung nicht bedarf (str.).[23] 14

b) **Übertragungsbericht.** Die Vertretungsorgane aller an der Vollübertragung beteiligter Rechtsträger haben gem. § 178 Abs. 1 iVm § 8 einen ausführlichen schriftlichen **Übertragungsbericht** zu erstatten, wobei ein gemeinsamer Bericht gem. § 8 Abs. 1 S. 2 Hs 2 zulässig ist. Der Übertragungsbericht ist nur dann nicht erforderlich, wenn alle Anteilsinhaber aller beteiligten Rechtsträger durch notariell beurkundete Erklärung verzichtet haben (§ 8 Abs. 3). 15

c) **Übertragungsprüfung.** Gem § 178 Abs. 1 iVm §§ 60 Abs. 1, 9 Abs. 1 ist eine **Prüfung** des Übertragungsvertrags bzw dessen Entwurf durch sachverständige Prüfer nur für die übertragende Versicherungs-AG notwendig. Die hM bejaht die Frage, ob trotz fehlender ausdrückli- 16

14 Widmann/Mayer/*Heckschen*, § 178 Rn 9; Semler/Stengel/*Fonk*, § 178 Rn 10.

15 BT-Drucks. 75/94, 134.

16 Vgl Widmann/Mayer/*Heckschen*, § 178 Rn 11; Lutter/*Wilm*, § 178 Rn 8; Maulbetsch/Klumpp/Rose/*Findeisen*, § 178 Rn 10.

17 Vgl zum Meinungsstand KölnKomm-UmwG/*Beckmann*, § 178 Fn 8.

18 Vgl *Widhofer-Mohnen*, Die Übernahme eines VVaG durch einen VVaG oder durch eine Versicherungsaktiengesellschaft, VersR 1972, 236.

19 Vgl zum Meinungsstand Widmann/Mayer/*Heckschen*, § 178 Rn 13.

20 Widmann/Mayer/*Heckschen*, § 178 Rn 13.

21 Lutter/*Wilm*, § 178 Rn 27; Widmann/Mayer/*Heckschen*, § 178 Rn 36.

22 ;Henssler/Strohn/*Wardenbach*, § 151 UmwG Rn 5; aA Lutter/*Wilm*, § 151 Rn 18; Semler/Stengel/*Koerfer*, § 109 Rn 47.

23 Vgl hierzu ausführlich KölnKomm-UmwG/*Beckmann*, § 178 Rn 10; aA wohl Widmann/Mayer/*Heckschen*, § 178 Rn 38.

cher gesetzlicher Normierung auch eine Prüfung der Angemessenheit der Gegenleistung zu erfolgen hat.[24] Für den VVaG und das öffentlich-rechtliche Versicherungsunternehmen besteht unstreitig keine Pflicht zur Übertragungsprüfung.[25]

17 d) **Übertragungsbeschluss.** Wirksam wird der Übertragungsvertrag nach zustimmenden **Übertragungsbeschlüssen** (§§ 178 Abs. 1, 13 Abs. 1) der zuständigen Organe der beteiligten Rechtsträger.[26] Vorbereitung und Durchführung der Versammlungen erfolgen nach den entsprechenden verschmelzungsrechtlichen Vorschriften. Dies sind für die Versicherungs-AG die Vorschriften der § 178 Abs. 1 iVm §§ 61, 63, 64 und für den VVaG die Vorschriften der § 178 Abs. 1 iVm §§ 111, 112.[27] Der Beschluss der Hauptversammlung der Versicherungs-AG bedarf einer Mehrheit von mindestens drei Vierteln des bei der Beschlussfassung vertretenen Grundkapitals (§ 178 Abs. 1 iVm § 65 Abs. 1). Der Beschluss der obersten Vertretung des VVaG[28] bedarf einer Mehrheit von mind. drei Vierteln der abgegebenen Stimmen (§§ 178 Abs. 1, 112 Abs. 3 S. 1). Die oberste Vertretung ist gem. § 29 VAG die Versammlung der Mitglieder (Mitgliederversammlung) oder die Versammlung von Vertretern der Mitglieder (Vertreterversammlung) des VVaG. Eine größere Mehrheit und die Notwendigkeit weiterer Erfordernisse können in der Satzung vorgegeben sein (§§ 178 Abs. 1, 112 Abs. 2 S. 2). Für das öffentlich-rechtliche Versicherungsunternehmen gilt das maßgebliche öffentlich-rechtliche Unternehmensrecht.[29]

18 e) **Aufsichtsbehördliche Genehmigung gemäß § 14 a VAG.** Die Vollübertragung bedarf gem. § 14 a S. 1 VAG der **Genehmigung** der Aufsichtsbehörde (idR die Bundesanstalt für Finanzdienstleistungsaufsicht).[30] Dies betrifft sowohl die übertragende Versicherungs-AG als auch den übernehmenden VVaG bzw das übernehmende öffentlich-rechtliche Versicherungsunternehmen. Der Umfang der Prüfungskompetenz der Aufsichtsbehörde – insbesondere im Bezug auf die Angemessenheit der Gegenleistung im Rahmen der Beachtung der umwandlungsrechtlichen Vorschriften (§ 14 a S. 3 VAG) – ist streitig.[31] Für die Vollübertragung ist der Streit von geringer Bedeutung, da die Angemessenheit der Gegenleistung nur die Aktionäre der übertragenden Versicherungs-AG betrifft. Selbst wenn diese gleichzeitig Versicherte sind, betrifft die Angemessenheit der Gegenleistung den Wert der Aktie. Diesen zu beurteilen gehört nach hM nicht zu den Aufgaben der Aufsichtsbehörde.[32]

19 f) **Bestellung eines Treuhänders.** Der Vorstand der übertragenden Versicherungs-AG hat zum Schutze der Aktionäre einen **Treuhänder** zu bestellen (§ 178 Abs. 1 iVm § 71).[33] Der Treuhänder hat die Gegenleistung entgegenzunehmen und an die Aktionäre auszukehren.[34] Den Empfang der Gegenleistung hat der Treuhänder dem Registergericht anzuzeigen. Diese Anzeige ist auch Voraussetzung für die Eintragung der Vollübertragung im Handelsregister. Vgl hierzu auch Rn 21.

20 Die Vergütung/Auslagenerstattung des Treuhänders regelt sich nach § 26 Abs. 4. Zur Rechtsstellung des Treuhänders im Übrigen vgl auch die Kommentierung zu § 71.

24 Vgl Lutter/*Wilm*, § 178 Rn 11; KölnKomm-UmwG/*Beckmann*, § 178 Rn 9; aA Widmann/Mayer/*Heckschen*, § 178 Rn 25.

25 Semler/Stengel/*Fonk*, § 178 Rn 15; KölnKomm-UmwG/*Beckmann*, § 178 Rn 8; Widmann/Mayer/*Heckschen*, § 178 Rn 21.

26 Lutter/*Wilm*, § 178 Rn 13; KölnKomm-UmwG/*Beckmann*, § 178 Rn 11 Widmann/Mayer/*Heckschen*, § 178 Rn 22.

27 KölnKomm-UmwG/*Beckmann*, § 178 Rn 11; Semler/Stengel/*Fonk*, § 178 Rn 16.

28 Vgl ausführlich zur obersten Vertretung: *Lüer*, Corporate Governance im VVaG und im VVaG-Konzern, VersR 2000, 407 ff und die Kommentierung zu § 29 VAG bei Prölss/*Weigel*, VAG, und Fahr/Kaulbach/Bähr/*Kaulbach*, VAG.

29 Semler/Stengel/*Fonk*, § 178 Rn 16; Henssler/Strohn/*Decker*, § 178 UmwG Rn 3.

30 § 146 VAG iVm §§ 1, 4 FinDAG.

31 Vgl mit jeweils weiteren Ausführungen Semler/Stengel/*Fonk*, § 178 Rn 19; Widmann/Mayer/*Heckschen*, § 178 Rn 28; KölnKomm-UmwG/*Beckmann*, § 178 Rn 9.

32 Semler/Stengel/*Fonk*, § 178 Rn 19; KölnKomm-UmwG/*Beckmann*, § 178 Rn 9.

33 Vgl Widmann/Mayer/*Heckschen*, § 178 Rn 29, 35; kritisch hierzu Schmitt/Hörtnagl/Stratz/*Stratz*, § 178 Rn 5.

34 Lutter/*Wilm*, § 178 Rn 17; KölnKomm-UmwG/*Beckmann*, § 178 Rn 15.

g) **Anmeldung, Eintragung und Bekanntmachung der Vollübertragung.** Die Vollübertragung ist zur Eintragung ins **Handelsregister** am Sitz der Versicherungs-AG und des VVaG anzumelden (§§ 178 Abs. 1, 16 ff) und bekannt zu machen (§§ 178 Abs. 1, 19 Abs. 3). Zu den einzureichenden Unterlagen (§ 17) gehört auch die Genehmigung der Aufsichtsbehörde gem. § 14 a VAG. Die Eintragung im Handelsregister erfolgt, wenn die Anzeige des Treuhänders über den Besitz der Gegenleistung an das Gericht vorliegt (§§ 178 Abs. 1, 71 Abs. 1 S. 2). Bei der Vollübertragung auf ein öffentlich-rechtliches Versicherungsunternehmen erfolgt die Eintragung nur am Sitz der übertragenden Versicherungs-AG, da öffentlich-rechtliche Versicherungsunternehmen nicht im Handelsregister geführt werden.[35] 21

5. **Rechtsfolgen der Vollübertragung.** Mit der Eintragung der Vollübertragung geht das Vermögen der Versicherungs-AG im Wege der **Gesamtrechtsnachfolge** auf den VVaG bzw das öffentlich-rechtliche Versicherungsunternehmen über und die Versicherungs-AG erlischt (§ 178 Abs. 1 iVm § 20 Abs. 1 Nrn. 1 und 2 S. 1). 22

Die **Versicherungsverhältnisse** bleiben inhaltlich unverändert bei dem übernehmenden Rechtsträger bestehen. Den Versicherungsnehmern steht kein Sonderkündigungsrecht oder Rücktrittsrecht allein auf Basis der Vollübertragung zu.[36] Es ist jedoch denkbar, dass durch die Vollübertragung Umstände eintreten, die zu einem Sonderkündigungsrecht für die Versicherungsnehmer nach allgemeinen Regeln führen. Die Versicherungsnehmer der Versicherungs-AG werden auch nicht automatisch zu Mitgliedern des VVaG.[37] Daher muss die Satzung des VVaG Versicherungsgeschäfte gegen feste Entgelte (§ 21 Abs. 2 VAG) vorsehen.[38] Gegebenenfalls ist die Satzung vor Durchführung der Vollübertragung entsprechend anzupassen. Der übernehmende VVaG ist an Vertragsangebote der Versicherungs-AG nicht gebunden.[39] 23

Versicherungsgläubigern, die eine Lebens-, Kranken- oder Unfallversicherung gem. § 11, 12 VAG abgeschlossen haben, steht wegen § 22 Abs. 3 kein Recht auf **Sicherheitsleistung** (§ 22 Abs. 1) zu, da sie im Fall der Insolvenz gem. §§ 77, 79 VAG bevorrechtigt sind (str.).[40] 24

Zweiter Unterabschnitt
Teilübertragung

§ 179 Anwendung der Spaltungsvorschriften

(1) Bei einer Teilübertragung nach § 175 Nr. 2 Buchstabe a sind auf die beteiligten Rechtsträger die für die Aufspaltung, Abspaltung oder Ausgliederung zur Aufnahme von Teilen einer Aktiengesellschaft und die für übernehmende Versicherungsvereine auf Gegenseitigkeit im Falle der Aufspaltung, Abspaltung oder Ausgliederung von Vermögensteilen geltenden Vorschriften des Dritten Buches und die dort für entsprechend anwendbar erklärten Vorschriften des Zweiten Buches auf den vergleichbaren Vorgang entsprechend anzuwenden, soweit sich aus den folgenden Vorschriften nichts anderes ergibt.

(2) § 176 Abs. 2 bis 4 sowie § 178 Abs. 3 sind entsprechend anzuwenden.

35 BT-Drucks. 75/94; Semler/Stengel/*Fonk*, § 178 Rn 21.
36 KölnKomm-UmwG/*Beckmann*, § 178 Rn 18; Henssler/Strohn/*Decker*, § 178 UmwG Rn 4; Semler/Stengel/*Fonk*, § 178 Rn 22.
37 Widmann/Mayer/*Heckschen*, § 178 Rn 39.
38 *Widhofer-Mohnen*, Die Übernahme eines VVaG durch einen VVaG oder durch eine Versicherungsaktiengesellschaft, VersR 1972, 236; KölnKomm-UmwG/*Beckmann*, § 178 Rn 18.
39 AG Mannheim VersR 1982, 481; KölnKomm-UmwG/*Beckmann*, § 178 Rn 19; Widmann/Mayer/*Heckschen*, § 178 Rn 39.
40 KölnKomm-UmwG/*Beckmann*, § 178 Rn 20 mwN; Lutter/*Wilm*, § 178 Rn 18; aA Widmann/Mayer/*Heckschen*, § 178 Rn 32.

I. Normzweck

1 § 179 regelt die Teilübertragung des Vermögens einer Versicherungs-AG (bzw einer Versicherungs-SE)[1] auf einen VVaG oder ein öffentlich-rechtliches Versicherungsunternehmen. Die Norm verweist auf die für die jeweilige Übertragungsmethode einschlägigen Vorschriften des Dritten Buches.[2] Also kommt es bei der Bestimmung der anwendbaren Vorschrift auf die Art der Teilübertragung an (Teilübertragung nach Art der **Abspaltung**, nach Art der **Aufspaltung** bzw nach Art der **Ausgliederung**).[3]

2 Eine echte Spaltung (§ 123 ff) auf einen VVaG ist nicht möglich, da den Aktionären der übertragenden Versicherungs-AG als Gegenleistung Anteile oder Mitgliedschaften an dem VVaG zu gewähren wären. Die Mitgliedschaft an einem VVaG ist jedoch an das Bestehen von Versicherungsverhältnissen geknüpft. Dieses Problem besteht bei der Teilübertragung hingegen nicht, da hier die Gegenleistung nicht in Anteilen oder Mitgliedschaften besteht.[4]

3 Die Einschränkungen des § 151 für Spaltungen unter Beteiligung von VVaG gelten bei der Teilübertragung nicht, da die Gegenleistung nicht in Anteilen bzw Mitgliedschaften besteht (§ 151 S. 1) bzw die Norm nur den übertragenden VVaG betrifft (§ 151 S. 2).[5] Der Verweis auf § 151 S. 2 ist wohl ein Redaktionsversehen des Gesetzgebers.

II. Inhalt

4 **1. Beteiligte Rechtsträger.** Die übertragende Versicherungs-AG muss seit mindestens zwei Jahren im Handelsregister eingetragen sein (§ 179 Abs. 1 iVm § 141). Dabei ist streitig, ob es insoweit auf den Zeitpunkt des Abschlusses des Übertragungsvertrags[6] oder auf den Übertragungsbeschluss[7] ankommt. In der Praxis sollten also bis zur endgültigen obergerichtlichen Klärung zur Vermeidung von Rechtsunsicherheit sämtliche für die Teilübertragung erforderlichen Rechtshandlungen erst nach Ablauf der Zweijahresfrist durchgeführt werden. Reine Vorbereitungshandlungen können bereits vor Ablauf der Zweijahresfrist durchgeführt werden. Auch die Übertragungsbeschlüsse können – aber nur auf Basis des Entwurfs eines Übertragungsvertrags – bereits gefasst werden.

5 Als übernehmende Rechtsträger kommen bestehende VVaG und bestehende öffentlich-rechtliche Versicherungsunternehmen in Betracht. Wie bei der Vollübertragung gem. § 178 ist auch bei der Teilübertragung streitig, ob wegen § 151 der übernehmende VVaG ein kleinerer VVaG sein kann (vgl auch § 178 Rn 6 ff).[8]

6 **2. Voraussetzungen für die Teilübertragung.** Im Grunde hat die Teilübertragung gem. § 179 vergleichbare Voraussetzungen wir die Vollübertragung gem. § 178.

1 Vgl § 178 Rn 2.
2 Vgl zu den anwendbaren Vorschriften Schmitt/Hörtnagl/Stratz/*Stratz*, § 179 Rn 4.
3 Lutter/*Wilm*, § 179 Rn 1; Widmann/Mayer/*Heckschen*, § 179 Rn 5; KölnKomm-UmwG/*Beckmann*, § 179 Rn 1.
4 *Diehl*, Übertragung von Versicherungsbeständen im Konzern unter Beteiligung von VVaG, VersR 2000, 268; Semler/Stengel/*Fonk*, § 179 Rn 3.
5 *Diehl*, Übertragung von Versicherungsbeständen im Konzern unter Beteiligung von VVaG, VersR 2000, 268; Widmann/Mayer/*Heckschen*, § 179 Rn 6; Lutter/*Wilm*, § 179 Rn 2; KölnKomm-UmwG/*Beckmann*, § 179 Rn 2; Henssler/Strohn/*Decker*, § 179 UmwG Rn 1.
6 So Schmitt/Hörtnagl/Stratz/*Hörtnagl*, § 141 Rn 2 f.
7 So Semler/Stengel/*Diekmann*, § 141 Rn 14.
8 Vgl Semler/Stengel/*Fonk*, § 179 Rn 3; KölnKomm-UmwG/*Beckmann*, § 179 Rn 3.

a) **Übertragungsvertrag.** Es ist ein **Übertragungsvertrag** mit dem Mindestinhalt gem. § 126 erforderlich.[9] Der fehlende Verweis in Abs. 2 auf § 177 Abs. 2 S. 2 ist als Redaktionsversehen zu verstehen.[10] Der Übertragungsvertrag ist von den Vorständen der Versicherungs-AG und den Vorständen des VVaG bzw den Vertretungsorganen des öffentlich-rechtlichen Versicherungsunternehmens abzuschließen und notariell zu beurkunden (§ 6), wobei auch zunächst ein Entwurf angefertigt werden kann (§ 4 Abs. 2).[11] An die Stelle der vertraglichen Regelungen zum Umtauschverhältnis der Anteile treten Aussagen zu Art und Höhe der Gegenleistung (idR eine Geldzahlung)[12] (§ 179 Abs. 2 iVm § 176 Abs. 2 S. 3).[13] 7

Zu dem Erfordernis der sorgfältigen Prüfung der Angemessenheit der Gegenleistung bei Teilübertragungen auf öffentlich-rechtliche Versicherungsunternehmen und der Behandlung von **Inhabern von Sonderrechten** (§ 23) vgl auch § 178 Rn 14. 8

b) **Übertragungsbericht.** Soweit nicht gem. § 8 alle Anteilsinhaber aller Beteiligten formwirksam verzichtet haben oder sich alle Anteile der übertragenden Versicherungs-AG in der Hand des übernehmenden Rechtsträgers befinden, haben die Vertretungsorgane der beteiligten Rechtsträger (ggf gemeinsam) einen **Übertragungsbericht** zu erstellen (§ 179 Abs. 1 iVm § 127).[14] 9

c) **Übertragungsprüfung.** Die übertragende Versicherungs-AG hat gem. §§ 179 Abs. 1, 125 S. 1, 9 Abs. 1, 60 ff bei einer Teilübertragung nach Art der Aufspaltung und Abspaltung eine **Übertragungsprüfung** durch sachverständige Prüfer durchführen zu lassen. Ein Verzicht auf die Übertragungsprüfung bedarf der notariellen Form (§ 9 Abs. 3 iVm § 8 Abs. 2). Die Übertragungsprüfung ist entbehrlich, soweit es sich um eine Teilübertragung nach Art der Ausgliederung handelt (vgl § 125 S. 2). 10

d) **Übertragungsbeschluss.** Die zuständigen Organe aller beteiligten Rechtsträger haben dem Übertragungsvertrag durch Beschluss zuzustimmen. Für Einzelheiten zum **Übertragungsbeschluss** vgl auch § 178 Rn 17. 11

e) **Aufsichtsbehördliche Genehmigung gemäß § 14 a VAG.** Die Teilübertragung bedarf für alle beteiligten Versicherungsgesellschaften der **aufsichtsbehördlichen Genehmigung** gem. § 14 a VAG. Vgl hierzu auch § 178 Rn 18. Das Genehmigungserfordernis soll jedoch nur bestehen, wenn durch die Teilübertragung auch Versicherungsverträge übertragen werden.[15] Maßnahmen, bei denen beispielsweise nur IT-Dienstleistungen, Asset Management oder Vertriebssteuerung an andere Unternehmen übertragen werden, sollen von der Pflicht zur aufsichtsbehördlichen Genehmigung gem. § 14 a VAG befreit sein. Allerdings ist zu bedenken, dass diese Maßnahmen unter Umständen mit einer Funktionsausgliederung (§ 5 Abs. 3 Nr. 4 VAG) einher gehen können und diese gem. § 13 Abs. 1 a VAG wieder genehmigungspflichtig ist.[16] 12

Wenn durch die Teilübertragung **Lebensversicherungsverträge** übertragen werden, hat die Aufsichtsbehörde gem. § 14 a iVm § 14 Abs. 1 S. 2 VAG zu prüfen, ob die Belange der Versicherten gewahrt werden.[17] Die Versicherten dürfen durch die Teilübertragung nicht schlechter gestellt werden als bei unveränderter Fortführung ihrer Verträge. Bei der Teilübertragung gehen nicht alle Vermögensposten der Versicherungs-AG auf den übernehmenden Rechtsträger über. Daher 13

9 Lutter/*Wilm*, § 179 Rn 3; Widmann/Mayer/*Heckschen*, § 179 Rn 8; KölnKomm-UmwG/*Beckmann*, § 179 Rn 5; Henssler/Strohn/*Decker*, § 179 UmwG Rn 2.

10 KölnKomm-UmwG/*Beckmann*, § 179 Rn 5; Widmann/Mayer/*Heckschen*, § 179 Rn 19.

11 KölnKomm-UmwG/*Beckmann*, § 179 Rn 4; Lutter/*Wilm*, § 179 Rn 3.

12 *Diehl*, Übertragung von Versicherungsbeständen im Konzern unter Beteiligung von VVaG, VersR 2000, 268.

13 KölnKomm-UmwG/*Beckmann*, § 179 Rn 5; Lutter/*Wilm*, § 179 Rn 4.

14 Semler/Stengel/*Fonk*, § 178 Rn 7; Lutter/*Wilm*, § 179 Rn 5.

15 Vgl *Wolf*, Das Genehmigungserfordernis nach § 14 a VAG für Umwandlungen von Versicherern, VersR 2008, 1441.

16 Vgl ausführlich zur Funktionsausgliederung bei *Bürkle*, Compliance in Versicherungsunternehmen, 2009, § 6 Rn 66.

17 Henssler/Strohn/*Decker*, § 179 UmwG Rn 2; KölnKomm-UmwG/*Beckmann*, § 179 Rn 11, jeweils mit Verweis auf BVerfG NJW 2005, 2363.

wird die Aufsichtsbehörde die Genehmigung nur erteilen, wenn den übertragenen Versicherungsverträgen ungekürzte Überschussquellen gegenüberstehen. Dies gilt auch für die bei der Versicherungs-AG verbleibenden Versicherungsverträge.[18]

14 **f) Bestellung eines Treuhänders.** Die Bestellung eines **Treuhänders** ist nur bei einer Teilübertragung nach Art der Auf- und Abspaltung erforderlich, nicht hingegen bei einer Teilübertragung nach Art der Ausgliederung (§ 179 Abs. 1 iVm § 125 S. 1).[19] Wegen der Einzelheiten zum Treuhänder vgl auch die Kommentierung zu § 71.

15 **g) Anmeldung, Eintragung und Bekanntmachung der Teilübertragung.** Wegen der Anmeldung zum **Handelsregister**, der Eintragung und der Bekanntmachung (§§ 16 ff) vgl § 178 Rn 21. Insbesondere sind der Anmeldung der Nachweis der erfolgten Zuleitung an den Betriebsrat und die aufsichtsbehördliche Genehmigung gem. § 14 a VAG beizufügen.[20]

16 **3. Rechtsfolgen der Teilübertragung.** Durch die Eintragung ins Handelsregister der übertragenden Versicherungs-AG wird die Teilübertragung wirksam (§ 179 Abs. 1 iVm § 131). Der entsprechende Vermögensteil geht im Wege der **partiellen Gesamtrechtsnachfolge** auf den übernehmenden VVaG bzw das übernehmende öffentlich-rechtliche Versicherungsunternehmen über.[21] Bei einer Teilvermögensübertragung nach Art der Aufspaltung erlischt die übertragende Versicherungs-AG (§ 131 Abs. 1 Nr. 2), ansonsten bleibt sie bestehen.

17 Soweit sie zu dem übertragenden Vermögensteil gehören, gehen die bestehenden **Versicherungsverhältnisse** der Versicherungs-AG auf den VVaG bzw das öffentlich-rechtliche Versicherungsunternehmen über und bestehen dort unverändert fort.[22] Wegen der Einzelheiten vgl § 178 Rn 23.

Zweiter Abschnitt Übertragung des Vermögens eines Versicherungsvereins auf Gegenseitigkeit auf Aktiengesellschaften oder öffentlich-rechtliche Versicherungsunternehmen

Erster Unterabschnitt Vollübertragung

§ 180 Anwendung der Verschmelzungsvorschriften

(1) Bei einer Vollübertragung nach § 175 Nr. 2 Buchstabe b sind auf die beteiligten Rechtsträger die für die Verschmelzung durch Aufnahme eines Versicherungsvereins und die für eine übernehmende Aktiengesellschaft im Falle der Verschmelzung jeweils geltenden Vorschriften des Zweiten Buches entsprechend anzuwenden, soweit sich aus den folgenden Vorschriften nichts anderes ergibt.

(2) § 176 Abs. 2 bis 4 sowie § 178 Abs. 3 sind entsprechend anzuwenden.

(3) Hat ein Mitglied oder ein Dritter nach der Satzung des Vereins ein unentziehbares Recht auf den Abwicklungsüberschuß oder einen Teil davon, so bedarf der Beschluß über die Vermögensübertragung der Zustimmung des Mitglieds oder des Dritten; die Zustimmung muß notariell beurkundet werden.

18 KölnKomm-UmwG/*Beckmann*, § 179 Rn 11.
19 Henssler/Strohn/*Decker*, § 179 UmwG Rn 3; KölnKomm-UmwG/*Beckmann*, § 179 Rn 12.
20 Lutter/*Wilm*, § 179 Rn 8.
21 Lutter/*Wilm*, § 179 Rn 10; KölnKomm-UmwG/*Beckmann*, § 179 Rn 13.
22 Widmann/Mayer/*Heckschen*, § 179 Rn 20; Lutter/*Wilm*, § 179 Rn 10; KölnKomm-UmwG/*Beckmann*, § 179 Rn 14.

I. Normzweck

§ 180 regelt die Vollübertragung des Vermögens eines großen VVaG auf eine bestehende Versicherungs-AG (bzw eine Versicherungs-SE)[1] bzw ein bestehendes öffentlich-rechtliches Versicherungsunternehmen. Die Rechtslage entspricht den inzwischen aufgehobenen §§ 44 b und 44 c VAG aF.[2] 1

Gem. Abs. 1 sind bei der Vollübertragung des Vermögens eines VVaG auf eine Versicherungs-AG bzw ein öffentlich-rechtliches Versicherungsunternehmen grundsätzlich die Regelungen über die Verschmelzung durch Aufnahme (§ 109 S. 2) anwendbar.[3] Besonderheiten ergeben sich insb. im Hinblick auf die zu gewährende Gegenleistung (§ 181) und die Sicherung der Mitgliederrechte (§§ 182, 183).[4] 2

Die Regelungen des § 180 – wie auch die Regelungen der §§ 181 bis 183 – gelten nur für große VVaG. Für kleinere VVaG (§ 53 VAG) gelten die Sonderregelungen der §§ 185 bis 187.[5] 3

II. Inhalt

1. Voraussetzungen für eine Vollübertragung. Im Grunde hat die Vollübertragung gem. § 180 vergleichbare Voraussetzungen wie die Vollübertragung gem. § 178. Eine Besonderheit besteht darin, dass gem. Abs. 3 Inhaber unentziehbarer Rechte auf den Abwicklungsüberschuss der Vollübertragung zustimmen müssen. 4

a) Übertragungsvertrag. Die Vertretungsorgane der beteiligten Rechtsträger haben einen **Übertragungsvertrag** abzuschließen und notariell zu beurkunden, wobei auch zunächst ein Entwurf angefertigt werden kann (§ 180 Abs. 1 iVm § 4 Abs. 1 S. 1, § 6). Bei einer Vermögensübertragung auf eine Versicherungs-AG erfolgt der Vertragsschluss zwischen demnach zwischen den Vorständen des VVaG und der Versicherungs-AG als jeweiligen Vertretungsorganen. Ist der übernehmende Rechtsträger ein öffentlich-rechtliches Versicherungsunternehmen, erfolgt der Vertragsschluss zwischen dem Vorstand des VVaG und dem vertretungsberechtigten Organ des öffentlich-rechtlichen Versicherungsunternehmens als den jeweiligen Vertretungsorganen.[6] Der Mindestinhalt des Übertragungsvertrags ergibt sich aus § 5, wobei an die Stelle des Umtauschverhältnisses die Art und Höhe der Gegenleistung treten (§ 180 Abs. 2 iVm 176 Abs. 2 S. 3). Wegen der zu gewährenden Gegenleistung vgl auch die Kommentierung zu § 181. 5

b) Übertragungsbericht. Die Erforderlichkeit eines **Übertragungsberichts** sowie dessen Mindestinhalte ergeben sich aus § 180 Abs. 1 iVm § 8. Der Übertragungsbericht ist von den Vertretungsorganen aller beteiligten Rechtsträger (auch eines beteiligten öffentlich-rechtlichen Versicherungsunternehmen) zu erstatten und kann auch gemeinsam erstattet werden.[7] 6

c) Übertragungsprüfung. Bei der übernehmenden Versicherungs-AG hat eine **Übertragungsprüfung** durch unabhängige sachverständige Prüfer zu erfolgen (§ 180 Abs. 1 iVm §§ 60, 9 Abs. 1).[8] Bei den übrigen beteiligten Rechtsträgern ist dies nicht erforderlich. Vgl hierzu auch § 178 Rn 16. 7

1 Vgl § 178 Rn 2.
2 Widmann/Mayer/*Heckschen*, § 180 Rn 1.
3 Vgl zu den anwendbaren Vorschriften Schmitt/Hörtnagl/Stratz/*Stratz*, § 180 Rn 3 ff.
4 Lutter/*Wilm*, § 180 Rn 1.
5 Henssler/Strohn/*Decker*, § 180 UmwG Rn 1.
6 KölnKomm-UmwG/*Beckmann*, § 180 Rn 16.
7 Semler/Stengel/*Fonk*, § 180 Rn 7; KölnKomm-UmwG/*Beckmann*, § 180 Rn 6.
8 Semler/Stengel/*Fonk*, § 180 Rn 8; KölnKomm-UmwG/*Beckmann*, § 180 Rn 7.

8 **d) Übertragungsbeschluss.** Weiterhin ist ein zustimmender **Übertragungsbeschluss** durch die zuständigen Organe der beteiligten Rechtsträger erforderlich. Vgl hierzu auch § 178 Rn 17. Zur Vorbereitung des Übertragungsbeschlusses ist der Übertragungsvertrag für die Versicherungs-AG und den VVaG gem. § 180 Abs. 1 iVm §§ 61 S. 1, 111 S. 2 zum Handelsregister einzureichen. Das Registergericht hat den Vorgang gem. § 180 Abs. 1 iVm §§ 61 S. 2, 112 S. 2 bekannt zu machen.[9] Für das öffentlich-rechtliche Versicherungsunternehmen gilt bezüglich der Vorbereitung des Übertragungsbeschlusses das maßgebliche öffentlich-rechtliche Unternehmensrecht gem. § 180 iVm § 178 Abs. 3.[10]

9 **e) Zustimmung durch Inhaber unentziehbarer Rechte auf den Abwicklungsüberschuss.** Abs. 3 sieht vor, dass Mitglieder des VVaG oder Dritte, die nach der Satzung des VVaG ein **unentziehbares Recht** auf den Abwicklungsüberschuss oder einen Teil davon haben, dem Übertragungsbeschluss zustimmen müssen. Das Bestehen eines unentziehbaren Rechts auf den Abwicklungsüberschuss oder Teile davon bedarf einer Satzungsregelung und ist nicht der gesetzliche Regelfall (§ 38 Abs. 1 VAG). Die Zustimmung ist notariell zu beurkunden und kann sowohl vor, während oder nach dem Übertragungsbeschluss der obersten Vertretung des VVaG erfolgen. Die Zustimmung muss jedoch bei Erteilung der aufsichtsbehördlichen Genehmigung (vgl Rn 11) vorliegen und ist der Anmeldung der Vollübertragung zum Handelsregister (vgl Rn 12) beizufügen.[11]

10 **f) Bestellung eines Treuhänders.** Für die Bestellung eines Treuhänders gilt die Sonderregelung des § 183.

11 **g) Aufsichtsbehördliche Genehmigung gemäß § 14 a VAG.** Die Vollübertragung bedarf der **aufsichtsbehördlichen Genehmigung** (§ 14 a S. 1 VAG). Vgl hierzu auch § 178 Rn 18. Allerdings sind bei der Vollübertragung nach § 180 – anders als bei Vollübertragung nach § 178 – Versichertenbelange betroffen. Schließlich verlieren die Mitglieder des VVaG durch den Vorgang ihre Mitgliedschaft. Daher wird von der hM angenommen, dass die Aufsichtsbehörde in diesem Fall auch die Angemessenheit der Gegenleistung zu beurteilen hat.[12]

12 **h) Anmeldung, Eintragung und Bekanntmachung der Vollübertragung.** Die Vollübertragung ist im **Handelsregister** des übertragenden VVaG sowie der übernehmenden Versicherungs-AG einzutragen. Die Anmeldung erfolgt durch die jeweiligen Vorstände (§ 180 Abs. 1 iVm § 16).[13] Ist der übernehmende Rechtsträger ein öffentlich-rechtliches Versicherungsunternehmen, ist die Teilvermögensübertragung nur im Handelsregister des übertragenden VVaG einzutragen (§§ 180 Abs. 1 und 2, 176 Abs. 2 S. 2), wobei auch das öffentlich-rechtliche Versicherungsunternehmen die Anmeldung vornehmen darf (§§ 180 Abs. 1, 129).[14] Die Eintragung ist in jedem Fall gem. § 19 Abs. 3 bekannt zu machen.

13 **2. Rechtsfolgen der Vollübertragung.** Mit der Eintragung der Vollübertragung in das Handelsregister der Versicherungs-AG erlischt der VVaG (§ 180 Abs. 1 iVm § 20 Abs. 1 Nr. 2). Sein Vermögen geht im Wege der Gesamtrechtsnachfolge auf den übernehmenden Rechtsträger über.[15] Die **Versicherungsverträge** werden inhaltlich unverändert bei dem übernehmenden Rechtsträger fortgeführt.[16] Vgl hierzu auch § 178 Rn 23. Die Mitgliedschaften der Versicherten

9 Semler/Stengel/*Fonk*, § 180 Rn 9; KölnKomm-UmwG/*Beckmann*, § 180 Rn 8.
10 Semler/Stengel/*Fonk*, § 180 Rn 9.
11 Widmann/Mayer/*Heckschen*, § 180 Rn 19; Henssler/Strohn/*Decker*, § 180 UmwG Rn 3; Lutter/*Wilm*, § 180 Rn 6; Semler/Stengel/*Fonk*, § 180 Rn 10.
12 Henssler/Strohn/*Decker*, § 180 UmwG Rn 2; KölnKomm-UmwG/*Beckmann*, § 180 Rn 13; Semler/Stengel/*Fonk*, § 180 Rn 11; Widmann/Mayer/*Heckschen*, § 180 Rn 11.
13 KölnKomm-UmwG/*Beckmann*, § 180 Rn 14.
14 KölnKomm-UmwG/*Beckmann*, § 180 Rn 17; Semler/Stengel/*Fonk*, § 180 Rn 13.
15 *Novotny/Basold/Gründler-Mundt/Haß*, Die „indirekte" Umwandlung eines großen Versicherungsvereins auf Gegenseitigkeit (VVaG) in eine Versicherungs-AG, DB 1974, 448; KölnKomm-UmwG/*Beckmann*, § 180 Rn 15; Widmann/Mayer/*Heckschen*, § 180 Rn 16.
16 *Neye*, Verschmelzung und Vermögensübertragung bei Versicherungsvereinen nach neuem Recht, VersR 1983, 1001; *Novotny/Basold/Gründler-Mundt/Haß*, Die „indirekte" Umwandlung eines großen Versicherungsvereins auf Gegenseitigkeit (VVaG) in eine Versicherungs-AG, DB 1974, 448; Lutter/*Wilm*, § 180 Rn 11.

bei dem VVaG enden mit der Eintragung.[17] Für den Kompensationsanspruch der Mitglieder für den Verlust ihrer Mitgliedschaft vgl § 181.

§ 181 Gewährung der Gegenleistung

(1) Der übernehmende Rechtsträger ist zur Gewährung einer angemessenen Gegenleistung verpflichtet, wenn dies unter Berücksichtigung der Vermögens- und Ertragslage des übertragenden Vereins im Zeitpunkt der Beschlußfassung der obersten Vertretung gerechtfertigt ist.

(2) [1]In dem Beschluß, durch den dem Übertragungsvertrag zugestimmt wird, ist zu bestimmen, daß bei der Verteilung der Gegenleistung jedes Mitglied zu berücksichtigen ist, das dem Verein seit mindestens drei Monaten vor dem Beschluß angehört hat. [2]Ferner sind in dem Beschluß die Maßstäbe festzusetzen, nach denen die Gegenleistung auf die Mitglieder zu verteilen ist.

(3) [1]Jedes berechtigte Mitglied erhält eine Gegenleistung in gleicher Höhe. [2]Eine andere Verteilung kann nur nach einem oder mehreren der folgenden Maßstäbe festgesetzt werden:

1. **die Höhe der Versicherungssumme,**
2. **die Höhe der Beiträge,**
3. **die Höhe der Deckungsrückstellung in der Lebensversicherung,**
4. **der in der Satzung des Vereins bestimmte Maßstab für die Verteilung des Überschusses,**
5. **der in der Satzung des Vereins bestimmte Maßstab für die Verteilung des Vermögens,**
6. **die Dauer der Mitgliedschaft.**

(4) Ist eine Gegenleistung entgegen Absatz 1 nicht vereinbart worden, so ist sie auf Antrag vom Gericht zu bestimmen; § 30 Abs. 1 und § 34 sind entsprechend anzuwenden.

I. Normzweck

Durch die Regelungen des § 181 wird gewährleistet, dass die Mitglieder des übertragenden VVaG eine Gegenleistung für den Verlust ihrer Mitgliedschaft in Form einer die Vermögens- und Ertragslage berücksichtigenden Abfindung erhalten.[1] 1

II. Inhalt

1. Anspruchsberechtigte Mitglieder. Der Anspruch auf die Abfindung steht allen Mitgliedern zu, die dem VVaG im Zeitpunkt der Beschlussfassung mindestens drei Monate angehört haben (§ 181 Abs. 2 S. 1). Bei der Fristberechnung werden der Tag des Beginns der Mitgliedschaft und der Tag der Beschlussfassung nicht mitgerechnet.[2] 2

Der obersten Vertretung als Beschlussorgan steht es jedoch frei, geringere Anforderungen für die Anspruchsberechtigung zu bestimmen.[3] Nicht anspruchsberechtigt sind Versicherte, die nicht gleichzeitig Mitglieder des VVaG sind (§ 21 Abs. 2 VAG), und solche, die die gesetzliche oder anderweitig bestimmte Mindestmitgliedschaftsdauer nicht erreichen.[4] 3

17 *Neye*, Verschmelzung und Vermögensübertragung bei Versicherungsvereinen nach neuem Recht, VersR 1983, 1001; Widmann/Mayer/*Heckschen*, § 180 Rn 16; Lutter/*Wilm*, § 180 Rn 12.

1 Widmann/Mayer/*Heckschen*, § 181 Rn 1; Köln-Komm-UmwG/*Beckmann*, § 181 Rn 2; Lutter/*Wilm*, § 181 Rn 1; Henssler/Strohn/*Decker*, § 181 UmwG Rn 1.

2 Schmitt/Hörtnagl/Stratz/*Stratz*, § 181 Rn 2; Widmann/Mayer/*Heckschen*, § 181 Rn 12.

3 KölnKomm-UmwG/*Beckmann*, § 181 Rn 7; Lutter/*Wilm*, § 181 Rn 2; Henssler/Strohn/*Decker*, § 181 UmwG Rn 1; Widmann/Mayer/*Heckschen*, § 181 Rn 12.

4 Lutter/*Wilm*, § 181 Rn 2; Henssler/Strohn/*Decker*, § 181 UmwG Rn 1.

4 Der Anspruch auf die Abfindung wird im Zeitpunkt der Eintragung der Vollübertragung im Handelsregister **fällig.**[5]

5 **2. Höhe der Abfindung.** Da die Abfindung im Verhältnis zur Vermögens- und Ertragslage angemessen zu sein hat (§ 181 Abs. 1), bestimmt sich die Höhe nach dem Unternehmenswert[6] und muss wirtschaftlich ein voller Ersatz für den Verlust der Mitgliedschaft sein.[7]

6 Die Abfindung ist angemessen, wenn sie dem Verkehrswert der Beteiligung am VVaG entspricht.[8] Allerdings macht das Gesetz keine Angaben dazu, wie der Verkehrswert des VVaG zu ermitteln ist. Denkbar ist der Rückgriff auf die sogenannte **Ertragswertmethode**, also die Kapitalisierung des Zukunftsertrags.[9] Die Ertragswertmethode ist jedoch uU für VVaG nur bedingt aussagekräftig, da die Gewinnmaximierung nicht Unternehmenszweck eines VVaG ist.[10] Eine Alternative stellt die **Substanzwertmethode** dar, bei der die stillen Reserven einzubeziehen sind.[11] Weiterhin kann versucht werden, den am Markt erzielbaren **Verkaufswert** des VVaG zu bestimmen.[12] Dies wird jedoch in der Regel nur mit großem Aufwand möglich sein und nur zu bedingt aussagekräftigen Ergebnissen führen, so dass der Substanzwertmethode mE der Vorzug zu geben ist.

7 **Stichtag** für die Bewertung der Höhe der Abfindung ist der Tag der Beschlussfassung der obersten Vertretung des VVaG (§ 181 Abs. 1).[13] Allerdings werden in vielen Fällen der Stichtag der Vollübertragung und der Stichtag der Schlussbilanz von dem Zeitpunkt der Beschlussfassung der obersten Vertretung des VVaG abweichen. In diesem Fall ist der für den VVaG ermittelte Unternehmenswert auf den Zeitpunkt der Beschlussfassung fortzurechnen, wobei außerordentliche Entwicklungen zu berücksichtigen sind.[14]

8 Die Abfindung **entfällt**, wenn die Verbindlichkeiten des VVaG das Aktivvermögen übersteigen oder der VVaG nicht mehr im Stande ist, seine Verpflichtungen aus den Versicherungsverhältnissen zu erfüllen (§ 89 VAG).[15] Das gilt auch, wenn nur so geringe Abfindungen zu erbringen wären, dass die Kosten der Ermittlung der Höhe der Abfindung und die Auszahlung sie (jedenfalls fast) vollständig verbrauchen würden.[16]

9 **3. Art der Abfindung.** Das Gesetz stellt keine Anforderungen an die **Art der Abfindung.** Üblich ist die Zahlung einer Barabfindung. Sie kann jedoch in jedem vermögenswerten Gegenstand bestehen,[17] zB. zeitweilige Prämienfreiheit, Rückstellung für Beitragsrückerstattungen, Erhöhung der Versicherungssumme, Erhöhung der Gewinnanteile.[18] Die Abfindung darf allerdings nicht in Aktien der übernehmenden Versicherungs-AG bestehen (§ 174 Abs. 1).

10 **4. Verteilungsmaßstäbe.** Die Verteilung hat nach den Verteilungsmaßstäben in § 181 Abs. 3 zu erfolgen. Dabei stellt die **Verteilung nach Köpfen** gem. § 181 Abs. 3 S. 1 den Grundfall dar.

5 Lutter/*Wilm*, § 181 Rn 4; aA Henssler/Strohn/*Decker*, § 181 UmwG Rn 1, der auf den Zeitpunkt der Anmeldung zum Handelsregister abstellt.

6 Zur Berechnung des Unternehmenswerts vgl Lutter/*Wilm*, § 181 Rn 7; Semler/Stengel/*Fonk*, § 181 Rn 7 ff.

7 Widmann/Mayer/*Heckschen*, § 181 Rn 8; *Novotny/Basold/Gründler-Mundt/Haß*, Die „indirekte" Umwandlung eines großen Versicherungsvereins auf Gegenseitigkeit (VVaG) in eine Versicherungs-AG, DB 1974, 448.

8 Semler/Stengel/*Fonk*, § 181 Rn 7.

9 KölnKomm-UmwG/*Beckmann*, § 181 Rn 5; Lutter/*Wilm*, § 181 Rn 7; vgl auch für die Versicherungs-AG OLG Düsseldorf NZG 2004, 429 und OLG Düsseldorf AG 2006, 278 (speziell zur Lebensversicherungs-AG).

10 Semler/Stengel/*Fonk*, § 181 Rn 8; Widmann/Mayer/*Heckschen*, § 181 Rn 8.

11 Semler/Stengel/*Fonk*, § 181 Rn 9; Widmann/Mayer/*Heckschen*, § 181 Rn 8.

12 Semler/Stengel/*Fonk*, § 181 Rn 9.

13 Lutter/*Wilm*, § 181 Rn 4; Henssler/Strohn/*Decker*, § 181 UmwG Rn 2; Widmann/Mayer/*Heckschen*, § 181 Rn 9.

14 Semler/Stengel/*Fonk*, § 181 Rn 10; KölnKomm-UmwG/*Beckmann*, § 181 Rn 6.

15 Lutter/*Wilm*, § 181 Rn 9; Henssler/Strohn/*Decker*, § 181 UmwG Rn 2.

16 *Novotny/Basold/Gründler-Mundt/Haß*, Die „indirekte" Umwandlung eines großen Versicherungsvereins auf Gegenseitigkeit (VVaG) in eine Versicherungs-AG, DB 1974, 448; Lutter/*Wilm*, § 181 Rn 9.

17 Semler/Stengel/*Fonk*, § 181 Rn 5.

18 *Novotny/Basold/Gründler-Mundt/Haß*, Die „indirekte" Umwandlung eines großen Versicherungsvereins auf Gegenseitigkeit (VVaG) in eine Versicherungs-AG, DB 1974, 448; Bähr/*Wilm*, § 20 Rn 183; Lutter/*Wilm*, § 181 Rn 5.

Weitere mögliche **Verteilungsmaßstäbe** (§ 181 Abs. 3 S. 2 Nrn. 1 bis 6) sind die Höhe der Versicherungssumme (Nr. 1), die Höhe der Beiträge (Nr. 2), die Höhe der Deckungsrückstellung in der Lebensversicherung (Nr. 3), der in der Satzung des VVaG bestimmte Maßstab für die Verteilung des Überschusses (Nr. 4), der in der Satzung des VVaG bestimmte Maßstab für die Verteilung des Vereinsvermögens (Nr. 5) und die Dauer der Mitgliedschaft (Nr. 6). Die Verteilungsmaßstäbe sind abschließend, können jedoch untereinander kombiniert werden.[19] Dabei ist der Verteilungsmaßstab zu wählen bzw sind die Verteilungsmaßstäbe zu kombinieren, die nach den besonderen Verhältnissen des VVaG und des von ihm betriebenen Versicherungsgeschäft zu einer gerechten Verteilung führen.[20] 11

5. **Gerichtliche Bestimmung oder Überprüfung der Abfindung.** Fehlt es in Übertragungsvertrag und -beschluss an einer Bestimmung der Abfindung oder ist ein anspruchsberechtigtes Mitglied der Ansicht, dass die Abfindung zu gering ist, kann es einen Antrag auf **gerichtliche Bestimmung** oder **gerichtliche Überprüfung** (§ 81 Abs. 3) stellen. Das Gericht darf Höhe, Verteilungsmaßstab und Art der Abfindung überprüfen.[21] Die Entscheidung ergeht im Spruchverfahren gem. §§ 1 Nr. II.4, 11 SpruchG.[22] Dass daneben auch die Aufsichtsbehörde (idR die Bundesanstalt für Finanzdienstleistungsaufsicht)[23] die Angemessenheit der Abfindung zu prüfen hat, wird von der hM bejaht. Dadurch besteht jedoch die Gefahr divergierender Entscheidungen im Spruchverfahren und im Verwaltungsverfahren.[24] Diese Gefahr zu beseitigen ist Aufgabe des Gesetzgebers. 12

§ 182 Unterrichtung der Mitglieder

[1]Sobald die Vermögensübertragung wirksam geworden ist, hat das Vertretungsorgan des übernehmenden Rechtsträgers allen Mitgliedern, die dem Verein seit mindestens drei Monaten vor dem Beschluß der obersten Vertretung über die Vermögensübertragung angehört haben, den Wortlaut des Vertrags in Textform mitzuteilen. [2]In der Mitteilung ist auf die Möglichkeit hinzuweisen, die gerichtliche Bestimmung der angemessenen Gegenleistung zu verlangen.

I. Normzweck

Durch die Mitteilungspflicht gem. § 182 wird gewährleistet, dass alle Mitglieder des übertragenden VVaG über die Vermögensübertragung informiert werden. Die Mitteilung dient damit auch dem Zweck, dass die Mitglieder ihre Rechte fristgemäß wahren können.[1] Dies ist gerade für solche VVaG bedeutsam, in denen die oberste Vertretung[2] (§ 29 VAG) nicht die Versammlung der Mitglieder (Mitgliederversammlung), sondern die Versammlung von Vertretern der Mitglieder (Mitgliedervertretung) ist. In diesem Fall entscheiden nicht alle Mitglieder über die Vermögensübertragung, sondern nur einige Vertreter.[3] Ohne die Mitteilungspflicht des § 182 bestünde die Gefahr, dass einige Mitglieder gar nicht oder zu spät von dem Vorgang erfahren. 1

19 Semler/Stengel/*Fonk*, § 181 Rn 12; Lutter/*Wilm*, § 181 Rn 11; Widmann/Mayer/*Heckschen*, § 181 Rn 14.
20 Schmitt/Hörtnagl/Stratz/*Stratz*, § 181 Rn 4.
21 Lutter/*Wilm*, § 181 Rn 16; Henssler/Strohn/*Decker*, § 180 UmwG Rn 3; Widmann/Mayer/*Heckschen*, § 181 Rn 25 ff.
22 KölnKomm-UmwG/*Beckmann*, § 181 Rn 10.
23 § 146 VAG iVm §§ 1, 4 FinDAG.
24 Vgl Semler/Stengel/*Fonk*, § 181 Rn 21; Widmann/Mayer/*Heckschen*, § 181 Rn 29; KölnKomm-UmwG/*Beckmann*, § 181 Rn 12 f.

1 Widmann/Mayer/*Heckschen*, § 182 Rn 1.
2 Vgl ausführlich zur obersten Vertretung: *Lüer*, Corporate Governance im VVaG und im VVaG-Konzern, VersR 2000, 407 ff und die Kommentierung zu § 29 VAG bei Prölss/*Weigel*, VAG, und Fahr/Kaulbach/Bähr/*Kaulbach*, VAG.
3 KölnKomm-UmwG/*Beckmann*, § 182 Rn 1; Henssler/Strohn/*Decker*, § 182 UmwG Rn 1.

II. Inhalt

2 **1. Adressatenkreis der Mitteilung.** Die Mitteilung erhalten alle Mitglieder, die dem VVaG seit mind. drei Monaten vor dem Beschluss der obersten Vertretung über die Vermögensübertragung angehört haben, selbst wenn ihnen keine Abfindung (§ 181) zugesprochen wurde. Wenn Mitgliedern jedoch trotz Unterschreitung der Dreimonatsfrist eine Abfindung zugeteilt wurde, dann sind auch diese Mitglieder zu informieren.[4]

3 **2. Inhalt der Mitteilung.** Die Mitteilung hat zunächst den **Wortlaut** des Übertragungsvertrags zu enthalten.[5] Außerdem wird angenommen, dass die Mitglieder über den Übertragungsbeschluss, mit dem die Verteilungsmaßstäbe für die Gegenleistung bestimmt wurden, zu informieren sind.[6] Daneben ist in der Mitteilung auf die Möglichkeit hinzuweisen, dass ein Antrag auf gerichtliche Festsetzung bzw Überprüfung der Abfindung (§ 181) gestellt werden kann (§ 182 S. 2). Hierzu genügt ein einfacher Hinweis, eine förmliche Rechtsbehelfsbelehrung ist nicht notwendig.[7]

4 **3. Formelle Voraussetzungen der Mitteilung.** Die Mitteilung hat durch das Vertretungsorgan der übernehmenden Versicherungs-AG bzw des öffentlich-rechtlichen Versicherungsunternehmens in **Textform** (§ 126 b BGB) zu erfolgen, und zwar „sobald" die Vermögensübertragung mit Eintragung ins Handelsregister wirksam geworden ist. Teilweise nimmt die Literatur eine Pflicht zur unverzüglichen Unterrichtung an – auch wegen der dreimonatigen Antragsfrist im Spruchverfahren (§ 4 SpruchG) zur Vermeidung von Ersatzansprüchen.[8] Angesichts des klaren Wortlauts der Norm ist eine Delegation der Mitteilungspflicht auf andere Organe abzulehnen (str.).[9]

§ 183 Bestellung eines Treuhänders

(1) [1]Ist für die Vermögensübertragung eine Gegenleistung vereinbart worden, so hat der übertragende Verein einen Treuhänder für deren Empfang zu bestellen. [2]Die Vermögensübertragung darf erst eingetragen werden, wenn der Treuhänder dem Gericht angezeigt hat, daß er im Besitz der Gegenleistung ist.

(2) [1]Bestimmt das Gericht nach § 181 Abs. 4 die Gegenleistung, so hat es von Amts wegen einen Treuhänder für deren Empfang zu bestellen. [2]Die Gegenleistung steht zu gleichen Teilen den Mitgliedern zu, die dem Verein seit mindestens drei Monaten vor dem Beschluß der obersten Vertretung über die Vermögensübertragung angehört haben. [3]§ 26 Abs. 4 ist entsprechend anzuwenden.

I. Normzweck

1 Es ist ein Treuhänder für den Empfang der zu gewährenden Gegenleistung zu bestellen. Dadurch soll sichergestellt werden, dass der VVaG nicht erlischt, bevor die Gegenleistung für die Berechtigten geleistet wurde.[1] Die Bestellung eines Treuhänders für die Gegenleistung ist keine Besonderheit, sondern für die Verschmelzung auch durch § 71 vorgesehen. Die Regelung des § 183 entspricht der Regelung des inzwischen aufgehobenen § 44 b Abs. 6 und 7 VAG aF.[2]

4 KölnKomm-UmwG/*Beckmann*, § 182 Rn 3; Lutter/*Wilm*, § 182 Rn 2; Henssler/Strohn/*Decker*, § 182 UmwG Rn 1; Semler/Stengel/*Fonk*, § 182 Rn 4.

5 Widmann/Mayer/*Heckschen*, § 182 Rn 6.

6 Lutter/*Wilm*, § 182 Rn 3; Henssler/Strohn/*Decker*, § 182 UmwG Rn 1; Semler/Stengel/*Fonk*, § 182 Rn 3; Widmann/Mayer/*Heckschen*, § 182 Rn 6.

7 Lutter/*Wilm*, § 182 Rn 3.

8 Maulbetsch/Klumpp/Rose/*Findeisen*, § 182 Rn 2; Widmann/Mayer/*Heckschen*, § 182 Rn 8 f; KölnKomm-UmwG/*Beckmann*, § 182 Rn 4; Lutter/*Wilm*, § 182 Rn 5; Semler/Stengel/*Fonk*, § 182 Rn 5.

9 Vgl Semler/Stengel/*Fonk*, § 182 Rn 1; aA Schmitt/Hörtnagl/Stratz/*Stratz*, § 182 Rn 1.

1 Widmann/Mayer/*Heckschen*, § 183 Rn 1.

2 Lutter/*Wilm*, § 183 Rn 1; KölnKomm-UmwG/*Beckmann*, § 183 Rn 1.

II. Inhalt

Treugeber der Gegenleistung ist in jedem Falle allein der übertragende VVaG, nicht hingegen die einzelnen Vereinsmitglieder oder das bestellende Gericht.[3] 2

1. Bestellung des Treuhänders. Im Falle einer vereinbarten Gegenleistung (§ 181 Abs. 2) ist der Treuhänder durch den Vorstand des übertragenden VVaG zu bestellen. Treuhänder können sowohl natürliche als auch juristische Personen (zB Banken oder Treuhandgesellschaften) sein.[4] Es kann zweckmäßig sein, den Treuhänder bereits im Übernahmevertrag zu bestimmen. Allerdings wird eine vertragliche Bindung erst durch den Abschluss eines **Geschäftsbesorgungsvertrags** oder **Auftragsverhältnisses** zwischen dem Vorstand des VVaG und dem Treuhänder erreicht.[5] 3

Wird die Gegenleistung gerichtlich bestimmt (§ 181 Abs. 4), erfolgt die Bestellung des Treuhänders durch das Gericht vom Amts wegen (§ 183 Abs. 2 S. 1). 4

Zweckdienlich ist die Aushändigung einer **Legitimationsurkunde** an den Treuhänder.[6] 5

2. Aufgaben und Vergütung des Treuhänders. Der Treuhänder hat für den treugebenden VVaG die Gegenleistung in **Empfang** zu nehmen und dieses dem Registergericht des übertragenden VVaG anzuzeigen. Diese Anzeige ist auch gem. § 183 Abs. 1 S. 2 Voraussetzung für die Eintragung im Handelsregister. Keinen Einfluss auf den Empfang der Gegenleistung oder die Eintragung im Handelsregister hat ein etwaiges laufendes Spruchverfahren.[7] 6

Weiterhin hat der Treuhänder die Gegenleistung nach der Eintragung im Handelsregister zu **verteilen.**[8] Die Verteilung erfolgt gemäß dem Beschluss der obersten Vertretung des VVaG oder – sofern die Gegenleistung im Spruchverfahren bestimmt wird – nach dem gesetzlichen Verteilungsmaßstab.[9] Dies ist bei der Barabfindung unproblematisch. Wenn es sich bei der Gegenleistung nicht um eine Barabfindung, sondern um **versicherungsspezifische Leistungen** handelt, ist eine Empfangnahme und Verteilung schwieriger. In diesem Fall soll der Treuhänder für eine **vereinbarungsgemäße Umsetzung** zu sorgen haben.[10] Besteht die Gegenleistung in einer Verbesserung der Versicherungsverträge, soll der Treuhänder die Abgabe verbindlicher Angebote durch die übernehmende Versicherungs-AG oder das übernehmende öffentlich-rechtliche Versicherungsunternehmen zu prüfen haben.[11] 7

Wird die Abfindung durch das Gericht korrigiert, ist für die Empfangnahme und Verteilung nicht mehr der Treuhänder, sondern allein das Vertretungsorgan des übernehmenden Rechtsträgers zuständig.[12] 8

Der Treuhänder hat Anspruch auf **Auslagenersatz** und eine **angemessene Vergütung** aus dem der Bestellung zugrunde liegenden Geschäftsbesorgungsvertrag/Auftrag bzw im Falle seiner gerichtlichen Bestellung gem. § 183 Abs. 2 S. 3 iVm § 26 Abs. 4.[13] Nach Erlöschen des übertragenden VVaG haftet der übernehmende Rechtsträger dem Treuhänder als Rechtsnachfolger.[14] 9

3 BFH VersR 1979, 581; Widmann/Mayer/*Heckschen*, § 183 Rn 5.
4 Maulbetsch/Klumpp/Rose/*Findeisen*, § 183 Rn 7; Lutter/*Wilm*, § 183 Rn 2; Semler/Stengel/*Fonk*, § 183 Rn 3; Widmann/Mayer/*Heckschen*, § 183 Rn 4.
5 BFH VersR 1979, 581; Henssler/Strohn/*Decker*, § 183 UmwG Rn 1; Lutter/*Wilm*, § 183 Rn 3.
6 Widmann/Mayer/*Heckschen*, § 183 Rn 4.
7 Henssler/Strohn/*Decker*, § 183 UmwG Rn 2; Lutter/*Wilm*, § 183 Rn 6; KölnKomm-UmwG/*Beckmann*, § 183 Rn 5.
8 BFH VersR 1979, 581; FG Düsseldorf Urt. v. 22.2.2011, 6 K 3060/08 K, F; Lutter/*Wilm*, § 183 Rn 7.
9 Semler/Stengel/*Fonk*, § 183 Rn 5; KölnKomm-UmwG/*Beckmann*, § 183 Rn 6.
10 Henssler/Strohn/*Decker*, § 183 UmwG Rn 2; KölnKomm-UmwG/*Beckmann*, § 183 Rn 7; Widmann/Mayer/*Heckschen*, § 183 Rn 2.
11 Semler/Stengel/*Fonk*, § 183 Rn 2; KölnKomm-UmwG/*Beckmann*, § 183 Rn 7.
12 Semler/Stengel/*Fonk*, § 183 Rn 6.
13 Widmann/Mayer/*Heckschen*, § 183 Rn 6.
14 Lutter/*Wilm*, § 183 Rn 8; KölnKomm-UmwG/*Beckmann*, § 183 Rn 8; Widmann/Mayer/*Heckschen*, § 183 Rn 6.

Zweiter Unterabschnitt
Teilübertragung

§ 184 Anwendung der Spaltungsvorschriften

(1) Bei einer Teilübertragung nach § 175 Nr. 2 Buchstabe b sind auf die beteiligten Rechtsträger die für die Aufspaltung, Abspaltung oder Ausgliederung zur Aufnahme von Teilen eines Versicherungsvereins auf Gegenseitigkeit und die für übernehmende Aktiengesellschaften im Falle der Aufspaltung, Abspaltung oder Ausgliederung geltenden Vorschriften des Dritten Buches und die dort für entsprechend anwendbar erklärten Vorschriften des Zweiten Buches auf den vergleichbaren Vorgang entsprechend anzuwenden, soweit sich aus den folgenden Vorschriften nichts anderes ergibt.

(2) § 176 Abs. 2 bis 4 sowie § 178 Abs. 3 sind entsprechend anzuwenden.

I. Normzweck

1 § 184 regelt die Teilübertragung des Vermögens eines VVaG auf eine bestehende Versicherungs-AG oder ein bestehendes öffentlich-rechtliches Versicherungsunternehmen. Diese Möglichkeit wurde neu in das UmwG eingeführt.

2 Die Teilübertragung nach Art der Abspaltung wie auch die Teilübertragungen nach Art der Aufspaltung und Ausgliederung auf ein öffentlich-rechtliches Versicherungsunternehmen ist trotz des Verweises auf § 151 S. 1 nach der hM möglich.[1] § 184 ist insoweit lex specialis zu § 151.[2]

II. Inhalt

3 **1. Voraussetzungen einer Teilübertragung.** Die Regelung des 184 entspricht im Wesentlichen der Regelung des § 179.[3] Wegen der anwendbaren Vorschriften kommt es daher auf die Art der Teilübertragung (nach Art der Ausgliederung, nach Art der Abspaltung und nach Art der Aufspaltung) an.[4] Erforderlich für eine Teilübertragung sind **Übertragungsvertrag, Übertragungsbericht, Übertragungsprüfung, Übertragungsbeschluss, Bestellung eines Treuhänders** und **aufsichtsbehördliche Genehmigung** (§ 14 a VAG).[5] Insoweit kann auf die Kommentierung zu § 179 verwiesen werden.

4 **a) Notwendigkeit einer Abfindung.** Trotz Fehlens einer gesetzlichen Regelung sind die Mitglieder des VVaG bei einer Teilübertragung nach Art der Aufspaltung und Abspaltung für den Verlust ihrer Mitgliedschaft durch eine angemessene **Abfindung** zu entschädigen.[6] Dieser Grundsatz gilt bei der Teilübertragung nach Art der **Abspaltung** jedoch nur, soweit Mitglieder ihre Mitgliedschaft wirklich vollständig oder zumindest annähernd vollständig verlieren. Das BVerwG hat im Rahmen eines Urteils vom 21. Dezember 1993[7] jedenfalls für die Bestandsübertragung gem. § 14 VAG bestätigt, dass die Satzung eines VVaG den betroffenen Mitglie-

1 *Diehl*, Übertragung von Versicherungsbeständen im Konzern unter Beteiligung von VVaG, VersR 2000, 268; Lutter/*Wilm*, § 184 Rn 2 f; Henssler/Strohn/*Decker*, § 184 UmwG Rn 3.
2 Schmitt/Hörtnagel/Stratz/*Stratz*, § 184 Rn 3.
3 BT-Drucks. 75/94, 135; Widmann/Mayer/*Heckschen*, § 184 Rn 9.
4 Vgl zu den anwendbaren Vorschriften Schmitt/Hörtnagl/Stratz/*Stratz*, § 184 Rn 2 ff.
5 Lutter/*Wilm*, § 184 Rn 5 ff; KölnKomm-UmwG/*Beckmann*, § 184 Rn 3 ff; Semler/Stengel/*Fonk*, § 184 Rn 8 ff; Widmann/Mayer/*Heckschen*, § 184 Rn 11 ff.
6 Semler/Stengel/*Fonk*, § 184 Rn 2; Henssler/Strohn/*Decker*, § 184 UmwG Rn 2; Widmann/Mayer/*Heckschen*, § 184 Rn 2.
7 BVerwG VersR 1994, 797.

dern eine Art **Restmitgliedschaft** (bezogen auf das Vereinsvermögen) gewähren kann. In einem solchen Fall soll das Fehlen einer Entschädigungsregelung nicht zwangsläufig eine zu beanstandende Benachteiligung der betroffenen Mitglieder darstellen, soweit gewährleistet ist, dass die Mitglieder hinsichtlich des Vereinsvermögens so gestellt werden, als ob ihr Versicherungsverhältnis mit dem VVaG weiterhin bestehe. Diese Grundsätze will die Literatur auch auf die Teilübertragung anwenden.[8] Danach soll eine Entschädigung nicht erforderlich sein, wenn die Mitglieder ihre Mitgliedschaft tatsächlich nicht verlieren, sondern insbesondere der Anspruch auf Überschussbeteiligung, die Stimmrechte und das Recht auf einen Anteil am Liquidationserlös erhalten bleiben.

Bei einer Teilübertragung nach Art der Ausgliederung steht die Gegenleistung dem übertragenden VVaG zu. Die ausscheidenden Mitglieder erhielten in dieser Konstellation keine Entschädigung, so dass die verbleibenden Mitglieder unangemessen übervorteilt würden. Daher nimmt die hM an, dass eine Teilübertragung nach Art der Ausgliederung unter Einschluss von Versicherungsverträgen ausgeschlossen ist.[9] Allerdings wäre dies in der Regel auch aus steuerlichen Gründen unattraktiv, so dass diese Frage in der Praxis kaum Relevanz haben dürfte.[10] 5

b) Anmeldung, Eintragung und Bekanntmachung der Teilübertragung. Die Teilübertragung ist im **Handelsregister** des übertragenden VVaG sowie der übernehmenden Versicherungs-AG einzutragen. Die Anmeldung erfolgt durch die jeweiligen Vorstände (§§ 184 Abs. 1, 125 iVm § 16).[11] Ist der übernehmende Rechtsträger ein öffentlich-rechtliches Versicherungsunternehmen gelten Besonderheiten, da dieses nicht im Handelsregister eingetragen ist. In diesem Fall ist die Teilvermögensübertragung nur im Handelsregister des übertragenden VVaG einzutragen (§§ 184 Abs. 1, 129 iVm § 176 Abs. 2 S. 2), wobei auch das öffentlich-rechtliche Versicherungsunternehmen die Anmeldung vornehmen darf (§§ 184 Abs. 1, 129).[12] Die Eintragung ist gem. § 19 Abs. 3 bekannt zu machen. 6

2. Rechtsfolgen der Teilübertragung. Durch die Eintragung ins Handelsregister des übertragenden VVaG wird die Teilübertragung wirksam (§ 184 Abs. 1 iVm § 131). Der entsprechende Vermögensteil geht im Wege der **partiellen Gesamtrechtsnachfolge** auf die übernehmende Versicherungs-AG bzw das übernehmende öffentlich-rechtliche Versicherungsunternehmen über.[13] Bei einer Vermögensübertragung nach Art der Aufspaltung erlischt der übertragende VVaG (§ 131 Abs. 1 Nr. 2), ansonsten bleibt er bestehen.[14] 7

Soweit sie zu dem übertragenden Vermögensteil gehören, gehen die bestehenden **Versicherungsverhältnisse** des VVaG auf die Versicherungs-AG bzw das öffentlich-rechtliche Versicherungsunternehmen über und bestehen dort unverändert fort.[15] Wegen der Einzelheiten vgl auch § 178 Rn 23. 8

8 Vgl ausführlich Semler/Stengel/*Fonk*, § 184 Rn 3 f; Widmann/Mayer/*Heckschen*, § 184 Rn 6; Maulbetsch/Klumpp/Rose/*Findeisen*, § 184 Rn 4; so wohl auch *Weber-Ray/Guinomet*, Wege zur Demutualisierung, Umstrukturierungsbedarf bei den Versicherungsvereinen auf Gegenseitigkeit, AG 2002, 278.

9 Henssler/Strohn/*Decker*, § 184 UmwG Rn 3 mwN.

10 *Diehl*, Übertragung von Versicherungsbeständen im Konzern unter Beteiligung von VVaG, VersR 2000, 268; Semler/Stengel/*Fonk*, § 184 Rn 5; Widmann/Mayer/*Heckschen*, § 184 Rn 8.

11 Lutter/*Wilm*, § 184 Rn 11; KölnKomm-UmwG/*Beckmann*, § 184 Rn 8; Semler/Stengel/*Fonk*, § 184 Rn 13.

12 KölnKomm-UmwG/*Beckmann*, § 184 Rn 12.

13 Lutter/*Wilm*, § 184 Rn 12; KölnKomm-UmwG/*Beckmann*, § 184 Rn 9.

14 Semler/Stengel/*Fonk*, § 184 Rn 13; Lutter/*Wilm*, § 184 Rn 12.

15 Lutter/*Wilm*, § 184 Rn 12; Widmann/Mayer/*Heckschen*, § 184 Rn 21.

Dritter Abschnitt Übertragung des Vermögens eines kleineren Versicherungsvereins auf Gegenseitigkeit auf eine Aktiengesellschaft oder auf ein öffentlich-rechtliches Versicherungsunternehmen

§ 185 Möglichkeit der Vermögensübertragung

Ein kleinerer Versicherungsverein auf Gegenseitigkeit kann sein Vermögen nur im Wege der Vollübertragung auf eine Versicherungs-Aktiengesellschaft oder auf ein öffentlich-rechtliches Versicherungsunternehmen übertragen.

1 §§ 185 bis 187 betreffen die Vermögensübertragung durch einen kleineren VVaG. Kleinere VVaG sind solche, die bestimmungsgemäß einen sachlich, örtlich oder dem Personenkreis nach eng begrenzten Wirkungskreis haben (§ 53 Abs. 1 S. 1 VAG). Ob ein VVaG ein kleiner VVaG ist, entscheidet die Aufsichtsbehörde (§ 53 Abs. 4 VAG).

2 Allein zulässig ist die **Vollübertragung**, nicht hingegen eine Teilübertragung durch einen kleineren VVaG,[1] was auch an der fehlenden Größe liegen soll.[2] Übernehmende Rechtsträger können nur eine bestehende Versicherungs-AG (bzw eine Versicherungs-SE)[3] oder ein bestehendes öffentlich-rechtliches Versicherungsunternehmen sein. Eine Übertragung auf einen großen VVaG ist also unzulässig.[4]

3 Es ist streitig, ob die §§ 185 bis 187 **abschließende Regelungen** für die Beteiligung kleinerer VVaG an Vermögensübertragungen beinhalten, oder ob kleinere VVaG auch als übernehmende Rechtsträger in Betracht kommen.[5] Der Wortlaut ist insoweit nicht zwingend. Es sind auch keine zwingenden sachlichen Gründe für eine einschränkende Auslegung ersichtlich. Somit ist anzunehmen, dass kleinere VVaG auch übernehmende Rechtsträger sein können.

§ 186 Anzuwendende Vorschriften

[1]Auf die Vermögensübertragung sind die Vorschriften des Zweiten Abschnitts entsprechend anzuwenden. [2]Dabei treten bei kleineren Vereinen an die Stelle der Anmeldung zur Eintragung in das Register der Antrag an die Aufsichtsbehörde auf Genehmigung, an die Stelle der Eintragung in das Register und ihrer Bekanntmachung die Bekanntmachung im Bundesanzeiger nach § 187.

I. Normzweck

1 § 186 regelt die Vollübertragung von einem kleineren VVaG auf eine bestehende Versicherungs-AG (bzw eine Versicherungs-SE)[1] oder ein bestehendes öffentlich-rechtliches Versicherungsunternehmen. Die Regelung entspricht im Wesentlichen der des inzwischen aufgehobenen § 53 a VAG aF.

II. Inhalt

2 **1. Voraussetzungen der Vollübertragung.** § 185 verweist auf die für große VVaG geltenden Verfahrensregelungen der §§ 180 bis 183. Vgl daher im Wesentlichen die Kommentierung zu

1 BT-Drucks. 75/94, 135.
2 KölnKomm-UmwG/*Beckmann*, § 185 Rn 2; Widmann/Mayer/*Heckschen*, § 185 Rn 1.
3 Vgl § 178 Rn 2.
4 Semler/Stengel/*Fonk*, § 185 Rn 3; Henssler/Strohn/*Decker*, § 185 UmwG Rn 1; Maulbetsch/Klumpp/Rose/*Findeisen*, § 185 Rn 4.
5 Vgl KölnKomm-UmwG/*Beckmann*, § 185 Rn 2; Semler/Stengel/*Fonk*, § 185 Rn 4; Widmann/Mayer/*Heckschen*, § 185 Rn 5.

1 Vgl § 178 Rn 2.

§§ 180 bis 183. Erforderlich sind **Übertragungsvertrag, Übertragungsbericht, Übertragungsprüfung, Übertragungsbeschluss** und **aufsichtsbehördliche Genehmigung** (§ 14 a VAG).[2]

Den notariell zu beurkundenden[3] **Übertragungsbeschluss** zur Vollübertragung hat die oberste Vertretung[4] (vgl § 29 VAG) des VVaG zu fassen. Das gilt auch dann, wenn die Satzung eine Beschlussfassung im schriftlichen Verfahren (§ 53 Abs. 2 VAG, § 32 Abs. 2 BGB) vorsieht.[5] Der Beschluss bedarf einer Mehrheit von drei Vierteln der abgegebenen Stimmen (§§ 168 S. 1, 180 Abs. 1 iVm § 112 Abs. 3 S. 1), wobei in der Satzung höhere Mehrheitserfordernisse festgelegt werden können (§ 112 Abs. 3 S. 2). Verstöße gegen zwingende Bestimmungen des Gesetzes oder der Satzung können zur **Nichtigkeit** des Beschlusses führen. Die Sondervorschriften des AktG über die Anfechtbarkeit und Nichtigkeit von Beschlüssen gelten für fehlerhafte Beschlüsse der obersten Vertretung nach hM nicht.[6] Allerdings sind Klagen gegen die Wirksamkeit von Verschmelzungsbeschlüssen gem. § 14 zeitlich limitiert und diese Regelung gilt auch im Rahmen der Vollübertragung durch einen kleineren VVaG.[7] Die Klage kann nicht wegen möglicherweise unzureichender Gegenleistung erhoben werden, da dies ausschließlich im Spruchverfahren (vgl § 1 Nr. 4 SpruchG) zu klären ist.[8] 3

Da kleinere VVaG nicht im Handelsregister eingetragen werden (§ 53 Abs. 1 VAG verweist nicht auf § 30 Abs. 1 S. 1 VAG), tritt gem. § 186 S. 2 an die Stelle der Handelsregistereintragung die aufsichtsbehördliche Genehmigung gem. § 14 a VAG und deren Bekanntmachung im Bundesanzeiger gem. 187. Insoweit kommt der aufsichtsbehördlichen Genehmigung eine **Doppelfunktion** zu.[9] Zu den erforderlichen Erklärungen des Vorstands gehört die Versicherung, dass die Unwirksamkeit des Übertragungsbeschlusses nicht klageweise geltend gemacht wurde.[10] 4

2. Rechtsfolgen der Vollübertragung. In Folge der Vollübertragung geht das gesamte Vermögen des übertragenden VVaG im Wege der **Gesamtrechtsnachfolge** auf den übernehmenden Rechtsträger über (§ 20 Abs. 1 Nr. 1). Der übertragende VVaG erlischt mit der Bekanntmachung (§§ 186, 180 Abs. 2, 176 Abs. 3 S. 2). Die **Versicherungsverhältnisse** gehen unverändert auf den übernehmenden Rechtsträger über;[11] s. § 178 Rn 23. Die Mitglieder des übertragenden VVaG sind für den Verlust ihrer Mitgliedschaft gem. §§ 186 S. 1, 181 zu entschädigen.[12] Die Rechtsfolgen treten gem. §§ 186, 187, 176 Abs. 3 im **Zeitpunkt** der die Handelsregistereintragung ersetzende Bekanntmachung der aufsichtsbehördlichen Genehmigung im Bundesanzeiger ein.[13] 5

§ 187 Bekanntmachung der Vermögensübertragung

Sobald die Vermögensübertragung von allen beteiligten Aufsichtsbehörden genehmigt worden ist, macht bei einer Vermögensübertragung auf ein öffentlich-rechtliches Versicherungsunternehmen die für den übertragenden kleineren Verein zuständige Aufsichtsbehörde die Vermögensübertragung und ihre Genehmigung im Bundesanzeiger bekannt.

2 Lutter/*Wilm*, § 186 Rn 2 ff; Semler/Stengel/*Fonk*, § 186 Rn 2 ff; KölnKomm-UmwG/*Beckmann*, § 186 Rn 2 ff; Widmann/Mayer/*Heckschen*, § 186 Rn 3 ff.
3 §§ 186 S. 1, 180 Abs. 1 iVm § 13 Abs. 3.
4 Die oberste Vertretung kann die Versammlung der Mitglieder (Mitgliederversammlung) oder die Versammlung von Vertretern der Mitglieder (Vertreterversammlung) sein (§ 29 VAG).
5 KölnKomm-UmwG/*Beckmann*, § 186 Rn 4; Lutter/*Wilm*, § 186 Rn 2.
6 Widmann/Mayer/*Heckschen*, § 186 Rn 5.
7 Vgl Lutter/*Wilm*, § 186 Rn 3.
8 Semler/Stengel/*Fonk*, § 186 Rn 4.
9 Henssler/Strohn/*Decker*, § 186 UmwG Rn 1; Semler/Stengel/*Fonk*, § 186 Rn 5; Lutter/*Wilm*, § 186 Rn 4; Widmann/Mayer/*Heckschen*, § 186 Rn 6.
10 Semler/Stengel/*Fonk*, § 186 Rn 5; Lutter/*Wilm*, § 186 Rn 4.
11 KölnKomm-UmwG/*Beckmann*, § 186 Rn 10.
12 KölnKomm-UmwG/*Beckmann*, § 186 Rn 10; Lutter/*Wilm*, § 186 Rn 9.
13 KölnKomm-UmwG/*Beckmann*, § 186 Rn 10; Henssler/Strohn/*Decker*, § 186 UmwG Rn 1; Lutter/*Wilm*, § 186 Rn 7.

I. Normzweck

1 Weder der übertragende kleinere VVaG[1] noch das übernehmende öffentlich-rechtliche Versicherungsunternehmen[2] sind im Handelsregister eingetragen. Daher ersetzen gem. § 187 auch bei der Vollübertragung von einem kleineren VVaG auf ein öffentlich-rechtliches Versicherungsunternehmen die Genehmigung der Aufsichtsbehörde und deren Veröffentlichung im Bundesanzeiger die Eintragung im Handelsregister und deren Bekanntmachung.[3]

2 Die Norm des § 189 ist an den inzwischen aufgehobenen § 53 a VAG aF angelehnt.

II. Inhalt

3 Die Veröffentlichung im Bundesanzeiger hat die Vermögensübertragung, die aufsichtsbehördliche Genehmigung und den Hinweis an die Gläubiger gem. § 22 Abs. 1 S. 2 zu enthalten. Die Unterrichtung der Mitglieder des VVaG über die Möglichkeiten des Spruchverfahrens ist in diesem Rahmen nicht erforderlich, da insoweit gem. §§ 186 S. 1, 182 das übernehmende öffentlich-rechtliche Versicherungsunternehmen zuständig bleibt.[4] Mit der Veröffentlichung im Bundesanzeiger treten die Rechtsfolgen der Vollübertragung (§ 20) vom VVaG auf das öffentlich-rechtliche Versicherungsunternehmen ein.[5]

4 Bei Vollübertragung unter Beteiligung einer Versicherungs-AG fehlt es an einer ausdrücklichen gesetzlichen Regelung für die Bekanntgabe. Da die Versicherungs-AG im Handelsregister geführt wird, bleibt es bei den allgemeinen Regelungen: Die für den übertragenden kleineren VVaG zuständige Aufsichtsbehörde hat die Bekanntmachung zu veranlassen. Daneben wird die Vollübertragung durch das Registergericht am Sitz der übernehmenden Versicherungs-AG eingetragen und bekannt gemacht. Mit dieser Eintragung treten dann die Rechtsfolgen des § 20 ein.[6]

Vierter Abschnitt Übertragung des Vermögens eines öffentlich-rechtlichen Versicherungsunternehmens auf Aktiengesellschaften oder Versicherungsvereine auf Gegenseitigkeit

Erster Unterabschnitt Vollübertragung

§ 188 Anwendung der Verschmelzungsvorschriften

(1) Bei einer Vollübertragung nach § 175 Nr. 2 Buchstabe c sind auf die übernehmenden Rechtsträger die für die Verschmelzung durch Aufnahme geltenden Vorschriften des Zweiten Buches sowie auf das übertragende Versicherungsunternehmen § 176 Abs. 3 entsprechend anzuwenden, soweit sich aus den folgenden Vorschriften nichts anderes ergibt.

(2) § 176 Abs. 2 und 4 sowie § 178 Abs. 3 sind entsprechend anzuwenden.

(3) [1]An die Stelle der Anmeldung zur Eintragung in das Register treten bei den öffentlich-rechtlichen Versicherungsunternehmen der Antrag an die Aufsichtsbehörde auf Genehmigung, an die Stelle der Eintragung in das Register und ihrer Bekanntmachung die Bekanntmachung nach Satz 2. [2]Die für das öffentlich-rechtliche Versicherungsunternehmen zuständige Aufsichtsbehör-

1 § 53 Abs. 1 VAG verweist nicht auf § 30 Abs. 1 S. 1 VAG.
2 BT-Drucks. 75/94.
3 Henssler/Strohn/*Decker*, § 187 UmwG Rn 1; Widmann/Mayer/*Heckschen*, § 187 Rn 4.
4 KölnKomm-UmwG/*Beckmann*, § 187 Rn 2.
5 Maulbetsch/Klumpp/Rose/*Findeisen*, § 187 Rn 4; Semler/Stengel/*Fonk*, § 187 Rn 3; Henssler/Strohn/*Decker*, § 187 UmwG Rn 1.
6 Maulbetsch/Klumpp/Rose/*Findeisen*, § 187 Rn 2; Henssler/Strohn/*Decker*, § 187 UmwG Rn 1; Semler/Stengel/*Fonk*, § 187 Rn 3.

de macht, sobald die Vermögensübertragung von allen beteiligten Aufsichtsbehörden genehmigt worden ist, die Übertragung und ihre Genehmigung im Bundesanzeiger bekannt.

I. Normzweck

1 § 188 regelt die Vollübertragung des Vermögens eines öffentlich-rechtlichen Versicherungsunternehmens auf eine Versicherungs-AG (bzw eine Versicherungs-SE)[1] bzw einen VVaG. Nach früherem Recht war die direkte Vermögensübertragung durch öffentlich-rechtliche Versicherungsunternehmen nicht zulässig. Um das entsprechende Ergebnis zu erreichen waren zwei Schritte notwendig: Zunächst war das öffentlich-rechtliche Versicherungsunternehmen in eine Versicherungs-AG umzuwandeln. Diese Versicherungs-AG konnte dann die eigentliche Vermögensübertragung durchführen (§§ 385 a, 360 AktG aF).[2]

II. Inhalt

2 Für die Vollübertragung des Vermögens eines öffentlich-rechtlichen Versicherungsunternehmens auf eine bestehende Versicherungs-AG bzw einen bestehenden VVaG gelten im Wesentlichen die verfahrenstechnischen Anforderungen des § 178.[3]

3 **1. Streit um Verweisung auf öffentlich-rechtliches Unternehmensrecht.** Streitig ist in der Literatur, wie die Verweisung des § 188 Abs. 2 auf § 178 Abs. 3 und damit auf das für die öffentlich-rechtlichen Versicherungsunternehmen anwendbare **öffentlich-rechtlichen Unternehmensrecht** zu verstehen ist. Dem Wortlaut nach bezieht sich § 178 Abs. 3 auf öffentlich-rechtliche Versicherungsunternehmen als übernehmende Rechtsträger. Eine Ansicht nimmt daher an, dass die Norm des § 188 insoweit unvollständig ist und die Voraussetzungen für eine Vermögensübertragung von öffentlich-rechtlichen Versicherungsunternehmen nicht normiert sind. Nach dieser Ansicht soll eine praktische Anwendung der Teilvermögensübertragung eines öffentlich-rechtlichen Versicherungsunternehmens derzeit nicht möglich sein.[4] Das ist aus meiner Sicht abwegig.[5] Vielmehr ist der Ansicht zu folgen, dass die Verweisung nur missverständlich ist und sich nicht nur auf öffentlich-rechtliche Versicherungsunternehmen als übernehmende, sondern auch als übertragende Rechtsträger bezieht.[6] Folglich ergeben sich die Voraussetzungen aus dem für das öffentlich-rechtliche Versicherungsunternehmen geltenden öffentlich-rechtlichen Unternehmensrecht.

4 **2. Voraussetzungen der Vollübertragung.** Erforderlich sind für die Vollübertragung nach § 188 – ebenso wie bei der Vollübertragung nach § 178 – **Übertragungsvertrag, Übertragungsbericht, Übertragungsprüfung, Übertragungsbeschluss** und die **aufsichtsbehördliche Genehmigung** (§ 14 a VAG).[7] Insoweit kann auf die Kommentierung zu § 178 verwiesen werden.

5 Grundsätzlich wäre für die Empfangnahme und die Verteilung der Gegenleistung auch ein **Treuhänder** zu bestellen, von dessen Anzeige gegenüber dem Registergericht auch die Eintragung ins Handelsregister abhängt (vgl § 71 S. 1). Allerdings ist das öffentlich-rechtliche Versicherungsunternehmen nicht im Handelsregister eingetragen, so dass die Anzeige eines Treu-

1 Vgl § 178 Rn 2.
2 KölnKomm-UmwG/*Beckmann*, § 188 Rn 1; Semler/Stengel/*Fonk*, § 188 Rn 1.
3 Henssler/Strohn/*Decker*, § 188 UmwG Rn 1; Lutter/*Wilm*, § 188 Rn 3 ff; Semler/Stengel/*Fonk*, § 188 Rn 3 ff; KölnKomm-UmwG/*Beckmann*, § 188 Rn 2 ff.
4 Maulbetsch/Klumpp/Rose/*Findeisen*, § 188 Rn 2 f; Schmitt/Hörtnagl/Stratz/*Stratz*, § 188 Rn 1.
5 Ablehnend auch Widmann/Mayer/*Heckschen*, § 188 Rn 1.
6 Henssler/Strohn/*Decker*, § 188 UmwG Rn 1; Semler/Stengel/*Fonk*, § 188 Rn 2.
7 Lutter/*Wilm*, § 188 Rn 3 ff; Semler/Stengel/*Fonk*, § 188 Rn 3 ff; KölnKomm-UmwG/*Beckmann*, § 188 Rn 2 ff; Widmann/Mayer/*Heckschen*, § 188 Rn 5 ff.

händers insoweit nicht erforderlich ist. Vor diesem Hintergrund wird eine Pflicht zur Treuhänderbestellung auch verneint.[8] Dennoch wird in der Literatur empfohlen, für Empfangnahme und Verteilung der Gegenleistung einen Treuhänder zu bestellen, der die Mitteilung über den Empfang der Gegenleistung an die Aufsichtsbehörde machen soll.[9] In der Praxis sollte das sinnvolle Vorgehen vor Durchführung der Maßnahme mit der Aufsichtsbehörde abgesprochen werden.

6 **3. Rechtsfolgen der Vollübertragung.** Die Vollübertragung führt zum Übergang des Vermögens des öffentlich-rechtlichen Versicherungsunternehmens auf den übernehmenden Rechtsträger im Wege der **Gesamtrechtsnachfolge** (§ 188 Abs. 1 iVm § 20 Abs. 1 Nr. 1). Das übertragende öffentlich-rechtliche Versicherungsunternehmen erlischt (§ 188 Abs. 1 iVm § 20 Abs. 1 Nr. 2 S. 1).

7 Die **Versicherungsverhältnisse** gehen unverändert auf den übernehmenden Rechtsträger über;[10] vgl hierzu auch § 178 Rn 23. Die Rechtsfolgen treten gem. § 188 Abs. 1 iVm § 176 Abs. 3 im Zeitpunkt der die Handelsregistereintragung ersetzenden Bekanntmachung der aufsichtsbehördlichen Genehmigung im Bundesanzeiger (§ 188 Abs. 3 S. 2) ein.[11]

Zweiter Unterabschnitt
Teilübertragung

§ 189 Anwendung der Spaltungsvorschriften

(1) Bei einer Teilübertragung nach § 175 Nr. 2 Buchstabe c sind auf die übernehmenden Rechtsträger die für die Aufspaltung, Abspaltung oder Ausgliederung zur Aufnahme geltenden Vorschriften des Dritten Buches und die dort für entsprechend anwendbar erklärten Vorschriften des Zweiten Buches auf den vergleichbaren Vorgang sowie auf das übertragende Versicherungsunternehmen § 176 Abs. 3 entsprechend anzuwenden, soweit sich aus den folgenden Vorschriften nichts anderes ergibt.

(2) § 176 Abs. 2 und 4, § 178 Abs. 3 sowie § 188 Abs. 3 sind entsprechend anzuwenden.

I. Normzweck

1 § 189 regelt die Teilübertragung von einem öffentlich-rechtlichen Versicherungsunternehmen auf eine bestehende Versicherungs-AG (bzw eine Versicherungs-SE)[1] oder einen bestehenden VVaG. Diese Möglichkeit ist durch das UmwG erst neu geschaffen worden.[2]

2 Die Teilübertragung auf eine Versicherungs-AG ist in allen drei Varianten (nach Art der Aufspaltung, nach Art der Abspaltung und nach Art der Ausgliederung) möglich.[3]

3 Bei einer Teilübertragung auf einen **VVaG** ist streitig, ob die Ausgliederung wegen der Beschränkungen des § 151 zulässig ist.[4] Einige Vertreter der juristischen Literatur meinen, dass die Ausgliederung unter Beteiligung von VVaG durch § 151 allgemein sehr stark eingeschränkt wird. Bei dem pauschalen Verweis in § 189 Abs. 1 auf den Spaltungstyp der Ausgliederung handele es sich um einen Redaktionsfehler.[5] Dies wird von der hM jedoch zu Recht abgelehnt.[6] Es besteht kein Grund, die Spaltungsmöglichkeiten unter Beteiligung von VVaG entgegen dem klaren Wortlaut des § 189 Abs. 1 unnötig zu beschränken. Allerdings hat diese Frage in der

8 Semler/Stengel/*Fonk*, § 188 Rn 8; Widmann/Mayer/*Heckschen*, § 188 Rn 14.
9 Semler/Stengel/*Fonk*, § 188 Rn 8; Widmann/Mayer/*Heckschen*, § 188 Rn 14.
10 KölnKomm-UmwG/*Beckmann*, § 188 Rn 11.
11 KölnKomm-UmwG/*Beckmann*, § 188 Rn 12; Henssler/Strohn/*Decker*, § 188 UmwG Rn 2.
1 Vgl § 178 Rn 2.
2 Widmann/Mayer/*Heckschen*, § 189 Rn 1.
3 Lutter/*Wilm*, § 189 Rn 2; Henssler/Strohn/*Decker*, § 189 UmwG Rn 1; Semler/Stengel/*Fonk*, § 189 Rn 3.
4 Vgl Widmann/Mayer/*Heckschen*, § 189 Rn 2.
5 Maulbetsch/Klumpp/Rose/*Findeisen*, § 189 Rn 3.
6 Henssler/Strohn/*Decker*, § 189 UmwG Rn 1; KölnKomm-UmwG/*Beckmann*, § 189 Rn 2; Semler/Stengel/*Fonk*, § 189 Rn 3; Lutter/*Wilm*, § 189 Rn 2.

Praxis kaum Relevanz, da die Teilübertragung nach Art der Ausgliederung auf einen VVaG schon aus steuerrechtlichen Gründen kaum durchgeführt wird.[7]

Ebenso wie bei § 188 ist im Rahmen von § 189 auch streitig, wie die Verweisung auf § 178 Abs. 3 und das für das übernehmende öffentlich-rechtliche Versicherungsunternehmen geltende **Bundes- oder Landesrecht** zu verstehen ist und ob vor diesem Hintergrund nach aktuellem Recht die Teilübertragung überhaupt zulässig ist.[8] Das ist aus meiner Sicht abwegig. Vielmehr ist der Ansicht zu folgen, dass die Verweisung nur missverständlich ist und sich nicht nur auf öffentlich-rechtliche Versicherungsunternehmen als übernehmende, sondern auch als übertragende Rechtsträger bezieht.[9] Folglich ergeben sich die Voraussetzungen aus dem für das öffentlich-rechtliche Versicherungsunternehmen geltenden öffentlich-rechtlichen Unternehmensrecht. Vgl hierzu auch § 188 Rn 3. 4

II. Inhalt

Das Verfahren der Teilübertragung von einem öffentlich-rechtlichen Versicherungsunternehmen entspricht im Wesentlichen dem bei der Teilübertragung durch eine Versicherungs-AG (§ 179) und durch einen VVaG (§ 184),[10] vgl also auch § 179 Rn 6 ff und § 184 Rn 3 ff. 5

1. Voraussetzungen der Teilübertragung. Erforderlich sind für die Teilübertragung folgende Schritte: **Übertragungsvertrag, Übertragungsbericht, Übertragungsprüfung, Übertragungsbeschluss, Bestellung eines Treuhänders** und die **aufsichtsbehördliche Genehmigung** (§ 14 a VAG).[11] 6

Da das übertragende öffentlich-rechtliche Versicherungsunternehmen nicht im Handelsregister eingetragen ist, erfolgt die **Bekanntmachung** insoweit durch die Aufsichtsbehörde (§ 189 Abs. 2 iVm § 188 Abs. 3). Für die übernehmende Versicherungs-AG bzw den übernehmenden VVaG erfolgt die Bekanntmachung der Eintragung im **Handelsregister** durch das Registergericht (§ 189 Abs. 1 iVm § 125 und 19 Abs. 3).[12] 7

2. Rechtsfolgen der Teilübertragung. Als Rechtsfolge der Teilübertragung gehen die betroffenen Vermögensteile im Wege der partiellen **Gesamtrechtsnachfolge** auf den übernehmenden Rechtsträger über (§ 189 Abs. 1 iVm § 131 Abs. 1 Nr. 1). 8

Soweit sie zu dem übertragenden Vermögensteil gehören, gehen die bestehenden **Versicherungsverhältnisse** der Versicherungs-AG unverändert auf den übernehmenden Rechtsträger über. Bei der Vermögensübertragung nach Art der Aufspaltung erlischt das übertragende öffentlich-rechtliche Versicherungsunternehmen (§ 189 Abs. 1 iVm § 131 Abs. 1 Nr. 2). Wegen der Einzelheiten vgl auch § 178 Rn 23. 9

Fünftes Buch Formwechsel

Literatur:

Altmeppen, Schutz vor „europäischen" Kapitalgesellschaften, NJW 2004, 97; *Arbeitskreis Europäisches Unternehmensrecht*, Thesen zum Erlass einer europäischen Sitzverlegungsrichtlinie, NZG 2011, 98; *Bärwaldt/Schabacker*, Der Formwechsel als modifizierte Neugründung, ZIP 1998, 1293; *Bayer*, Die EuGH-Entscheidung „Inspire Art" und die deutsche GmbH im Wettbewerb der europäischen Rechtsordnungen, BB 2003, 2357; *ders.*, 1000 Tage neues Umwandlungsrecht – eine Zwischenbilanz, ZIP 1997, 1613; *ders./Schmidt*, Grenzüberschreitende Sitzverlegung und grenzüber-

7 Semler/Stengel/*Fonk*, § 189 Rn 3; Widmann/Mayer/*Heckschen*, § 189 Rn 2.
8 Als unzulässig angesehen von Maulbetsch/Klumpp/Rose/*Findeisen*, § 189 Rn 4 f; Schmitt/Hörtnagl/Stratz/*Stratz*, § 189 Rn 1.
9 Henssler/Strohn/*Decker*, § 189 UmwG Rn 1; Semler/Stengel/*Fonk*, § 189 Rn 2.
10 Semler/Stengel/*Fonk*, § 189 Rn 4 ff; Lutter/*Wilm*, § 189 Rn 3; Henssler/Strohn/*Decker*, § 189 UmwG Rn 1.
11 Semler/Stengel/*Fonk*, § 189 Rn 4 ff; KölnKomm-UmwG/*Beckmann*, § 189 Rn 3 ff; Widmann/Mayer/*Heckschen*, § 189 Rn 4 ff.
12 KölnKomm-UmwG/*Beckmann*, § 189 Rn 7 f.

schreitende Restrukturierungen nach MoMiG, Cartesio und Trabrennbahn, ZHR 2009, 735; *Behme*, Der grenzüberschreitende Formwechsel von Gesellschaften nach Cartesio und VALE, NZG 2012, 936; *Behrens*, Die grenzüberschreitende Sitzverlegung von Gesellschaften in der EWG, IPRax 1989, 354; *Berninger*, Die Unternehmergesellschaft (haftungsbeschränkt) – Sachkapitalerhöhungsverbot und Umwandlungsrecht, GmbHR 2010, 63; *Böhringer*, Grundbuchberichtigung bei Umwandlungen nach dem Umwandlungsgesetz, RPfleger 2001, 59; *Böttcher/Kraft*, Grenzüberschreitender Formwechsel und tatsächliche Sitzverlegung – Die Entscheidung VALE des EuGH, NJW 2012, 2701; *Bungert*, Grenzüberschreitende Verschmelzungsmobilität – Anmerkung zur Sevic-Entscheidung des EuGH, BB 2006, 53; *Drinhausen/Gesell*, Gesellschaftsrechtliche Gestaltungsmöglichkeiten grenzüberschreitender Mobilität von Unternehmen in Europa, BB-Special 8/2006, 3; *Ebenroth/Eyles*, Die innereuropäische Verlegung des Gesellschaftssitzes als Ausfluß der Niederlassungsfreiheit? (Teil I), DB 1989, 363; *Dies*, Die innereuropäische Verlegung des Gesellschaftssitzes als Ausfluß der Niederlassungsfreiheit? (Teil II), DB 1989, 413; *Eidenmüller*, Wettbewerb der Gesellschaftsrechte in Europa, ZIP 2002, 2233; *Even/Vera*, Die Techniken des Going Private in Deutschland, DStR 2002, 1315; *Feddersen/Kiem*, Die Ausgliederung zwischen „Holzmüller" und neuem Umwandlungsrecht, ZIP 1994, 1078; *Finken/Decher*, Die Umstrukturierung des Familienunternehmens in eine Aktiengesellschaft, AG 1989, 391; *Geck*, Die Spaltung von Unternehmen nach dem neuen Umwandlungsrecht, DStR 1995, 416; *Gottschalk*, Der „erste" Aufsichtsrat bei Umwandlung einer Anstalt öffentlichen Rechts in eine mitbestimmte Aktiengesellschaft, NZG 2003, 713; *Göttsche*, Das Centros-Urteil des EuGH und seine Auswirkungen. Eine Bestandsaufnahme aus gesellschafts-, handels- und steuerrechtlicher Sicht, DStR 1999, 1403; *Grohmann/Gruschinske*, Beschränkungen des Wegzugs von Gesellschaften innerhalb der EU – die Rechtssache Cartesio, EuZW 2008, 463; *Hoor*, Das Centros-Urteil des EuGH und seine Auswirkungen auf die Anknüpfung des Gesellschaftsstatuts, NZG 1999, 984; *Joost*, Arbeitsrechtliche Angaben im Umwandlungsvertrag, ZIP 1995, 976; *Kallmeyer*, Der Einsatz von Spaltung und Formwechsel nach dem UmwG 1995 für die Zukunftssicherung von Familienunternehmen, DB 1996, 28; *ders.*, Der Formwechsel der GmbH oder GmbH & Co. in die AG oder KGaA zur Vorbereitung des Going public, GmbHR 1995, 888; *Kersting*, Rechtswahlfreiheit im Europäischen Gesellschaftsrecht nach Überseering, NZG 2003, 9; *Kindler*, „Inspire Art" – Aus Luxemburg nichts Neues zum internationalen Gesellschaftsrecht, NZG 2003, 1086; *ders.*, Auf dem Weg zur Europäischen Briefkastengesellschaft? Die „Überseering"-Entscheidung des EuGH und das internationale Privatrecht, NJW 2003, 1073; *ders.*, Der reale Niederlassungsbegriff nach dem VALE-Urteil des EuGH, EuZW 2012, 888; *ders.*, Ende der Diskussion über die so genannte Wegzugsfreiheit, NZG 2009, 130; *Kossmann/Heinrich*, Möglichkeiten der Umwandlung einer bestehenden SE, ZIP 2007, 164; *Lindemeier*, Fragen der „Umschreibung" der Vollstreckungsklausel ohne Rechtsnachfolge, RNotZ 2002, 41; *Mayer*, Erste Zweifelsfragen bei der Unternehmensspaltung, DB 1995, 861; *Meister*, Die Auswirkungen des MoMiG auf das Umwandlungsrecht, NZG 2008, 767; *Melchior*, Die Beteiligung von Betriebsräten an Umwandlungsvorgängen aus Sicht des Handelsregisters, GmbHR 1996, 833; *ders.*, Vollmachten bei Umwandlungsvorgängen – Vertretungshindernisse und Interessenkollisionen, GmbHR 1999, 520; *Meyer-Landrut/Kiem*, Der Formwechsel einer Publikumsgesellschaft. Erste Erfahrungen aus der Praxis, WM 1997, 1413; *Neye*, Anm. zu OLG Nürnberg, Beschl. v. 19.6.2013, EWiR 2014, 45; *Oechsler*, Die Zulässigkeit grenzüberschreitender Verschmelzungen – Die Sevic-Entscheidung des EUGH, NJW 2006, 812; *Oplustil/Schneider*, Zur Stellung der Europäischen Aktiengesellschaft im Umwandlungsrecht, NZG 2003, 13; *Paefgen*, „Cartesio": Niederlassungsfreiheit minderer Güte, WM 2009, 529; *Pfaff*, Angaben zu den arbeitsrechtlichen Folgen einer Umwandlung sind auch bei fehlendem Betriebsrat erforderlich, BB 2002, 1604; *ders.*, Dispositivität der Betriebsratsunterrichtung im Umwandlungsverfahren, DB 2002, 686; *Priester*, Das neue Umwandlungsrecht aus notarieller Sicht, DNotZ 1995, 427; *Raiser*, Gesamthand und juristische Person im Licht des neuen Umwandlungsrechts, AcP 1994, 459; *Reichert,* Folgen der Anteilsvinkulierung für Umstrukturierungen von Gesellschaften mit beschränkter Haftung und Aktiengesellschaften nach dem Umwandlungsgesetz 1995, GmbHR 1995, 176; *Schaper*, Grenzüberschreitender Formwechsel und Sitzverlegung: Die Umsetzung der VALE-Rechtsprechung des EuGH, ZIP 2014, 810; *Schnorbus*, Analogieverbot und Rechtsfortbildung im Umwandlungsrecht. Ein Beitrag zum Verständnis des § 1 Abs. 2 UmwG, DB 2001, 1654; *Schöne*, Die Klagefrist des § 14 Abs. 1 UmwG: Teils Rechtsfortschritt, teils „Aufforderung" zu sanktionslosen Geheimbeschlüssen? DB 1995, 1317; *Schönhaus*, Grenzüberschreitender Formwechsel aus gesellschafts- und steuerrechtlicher Sicht, IStR 2013, 174; *Schwedhelm*, Die Umstrukturierung von Kapitalgesellschaften in Personengesellschaften zur Vorbereitung der Unternehmensnachfolge, ZEV 2003, 8;

Siems, Der letzte Mosaikstein im Internationalen Gesellschaftsrecht der EU? EuZW 2006, 135; *Spahlinger/Wegen*, Deutsche Gesellschaften in grenzüberschreitenden Umwandlungen nach „SE-VIC" und der Verschmelzungsrichtlinie in der Praxis, NZG 2006, 721; *Stohlmeier*, Zuleitung der Umwandlungsdokumentation und Einhaltung der Monatsfrist: Verzicht des Betriebsrats? BB 1999, 1394; *Tettinger*, UG (umwandlungsbeschränkt)? Die Unternehmergesellschaft nach dem MoMiG-Entwurf und das UmwG. Der Konzern 2008, 75; *Teichmann*, Cartesio: Die Freiheit zum formwechselnden Wegzug, ZIP 2009, 393; *Tiedtke*, Kostenrechtliche Behandlung von Umwandlungsvorgängen unter Berücksichtigung der Kostenrechtsänderung zum 27.6.1997, MittBayNot 199, 209; *Timm*, Die Rechtsfähigkeit der Gesellschaft bürgerlichen Rechts und ihre Haftungsverfassung, NJW 1995, 3209; *ders.*, Einige Zweifelsfragen zum neuen Umwandlungsrecht, ZGR 1996, 247; *Usler*, Der Formwechsel nach dem neuen Umwandlungsrecht, MittRhNotK 1998, 21; *Wansleben*, Anmerkung zu EuGH, Urteil vom 16.12.08, Rs C-210/06 („Cartesio"), StudZR 2009, 365; *Weller*, Internationales Unternehmensrecht 2010. IPR-Methodik für grenzüberschreitende gesellschaftsrechtliche Sachverhalte, ZGR 2010, 679; *Wicke*, Zulässigkeit des grenzüberschreitenden Formwechsels. Rechtssache „Vale" des Europäischen Gerichtshofs zur Niederlassungsfreiheit, DStR 2012, 1756; *Zimmer/Neandrup*, Das Cartesio-Urteil des EuGH: Rück- oder Fortschritt für das internationale Gesellschaftsrecht? NJW 2009, 545.

Erster Teil
Allgemeine Vorschriften

§ 190 Allgemeiner Anwendungsbereich

(1) Ein Rechtsträger kann durch Formwechsel eine andere Rechtsform erhalten.

(2) Soweit nicht in diesem Buch etwas anderes bestimmt ist, gelten die Vorschriften über den Formwechsel nicht für Änderungen der Rechtsform, die in anderen Gesetzen vorgesehen oder zugelassen sind.

I. Einführung

1 **1. Historische Grundlagen.** Der **Begriff** des Formwechsels wurde mit Inkrafttreten des UmwG am 1.1.1995[1] (UmwG 1994) erstmals gesetzlich festgeschrieben und wird inhaltlich in den §§ 190–304 des Fünften Buches des UmwG konkretisiert. Nachdem im Umwandlungsrecht bis zu diesem Zeitpunkt die Bezeichnungen „Formwechsel" und „Umwandlung" einheitlich für einen Vorgang verwendet wurden, wird der Formwechsel nunmehr neben der Verschmelzung (Zweites Buch), der Spaltung (Drittes Buch) sowie der Vermögensübertragung (Viertes Buch) als vierte Art und damit Unterfall der Umwandlung nach § 1 Abs. 1 Nr. 4 qualifiziert.

2 **a) GmbHG 1892 und UmwG 1934.** Trotz der verhältnismäßig späten Kodifizierung des Formwechsels im UmwG 1994 konnten Aktiengesellschaften bereits weitaus früher einen (mit dem heutigen Verständnis vergleichbaren) **identitätswahrenden Wechsel** in die Rechtsform der GmbH herbeiführen: Wurde eine AG zum Zwecke der Umwandlung in eine GmbH aufgelöst, konnte nach § 78 GmbHG 1892[2] unter bestimmten Voraussetzungen von einer Liquidation des Ausgangsrechtsträgers abgesehen werden. § 79 GmbHG 1892 ordnete dann an, dass das Vermögen der AG von Rechts wegen mit der Eintragung der neuen Gesellschaft in das Handelsregister auf die GmbH übergeht.

3 Einen Schritt weiter ging das Umwandlungsgesetz von 1934.[3] Um in geeigneten Fällen die Abkehr von anonymen Kapitalformen zur Eigenverantwortung des Unternehmers zu erleichtern, ermöglichte es Unternehmen den Weg zu einer identitätswahrenden Umwandlung.[4] Bei Vorliegen bestimmter Kriterien konnte nach den §§ 9 ff UmwG 1934 eine AG, KGaA oder GmbH unter gleichzeitiger Errichtung des Rechtsträgers in die Rechtsform der **offenen Handelsgesellschaft** wechseln. Das als Provisorium angedachte UmwG 1934 wurde niemals aufgehoben, sondern durch das UmwG 1956, UmwG 1965 und UmwG 1969 lediglich novelliert.

4 **b) Formwechselnde und übertragende Umwandlung.** Vor dem heute geltenden UmwG 1994 wurde begrifflich zwischen der **formwechselnden Umwandlung** und der **übertragenden Umwandlung** differenziert.

5 Vorschriften zur **formwechselnden Umwandlung** fanden sich insb. in den §§ 362 ff AktG aF[5] und (bereits) im HGB 1897.[6] Bei dieser Form der Umwandlung fand der Rechtsformwechsel ohne Liquidation und ohne Einzelübertragung der Aktiva und Passiva statt. Der Formwechsel war jedoch lediglich zwischen Unternehmen derselben „Kategorie" möglich. [7] Dementsprechend sah das frühere Recht formwechselnde Umwandlungen nur innerhalb von Kapitalgesellschaften, Personengesellschaften und für den Wechsel einer Personengesellschaft zu einem Einzelunternehmen vor.

6 Die **übertragende Umwandlung** war hingegen insb. im Umwandlungsgesetz 1969 geregelt. Im Gegensatz zur formwechselnden Umwandlung fand hier eine Vermögensübertragung im Wege der Gesamtrechtsnachfolge statt.[8] Das Institut der übertragenden Umwandlung konnte zudem dazu eingesetzt werden, Umwandlungen zwischen Unternehmen unterschiedlicher Kategorien zu ermöglichen. So war etwa ein Wechsel einer Personengesellschaft in die Rechtsform einer Kapitalgesellschaft und umgekehrt realisierbar.

7 Rechtstechnisch entsprach lediglich die **formwechselnde Umwandlung** dem heutigen Formwechsel.[9] Die Unterscheidung zwischen den beiden Begrifflichkeiten wurde im UmwG 1994 aufgegeben. Darüber hinaus sieht das UmwG nunmehr auch den identitätswahrenden Form-

1 BGBl. I 1994 S. 3210.
2 Gesetz betreffend die Gesellschaften mit beschränkter Haftung v. 20.4.1892, RGBl. S. 477 v. 26.4.1892.
3 Gesetz über die Umwandlung von Kapitalgesellschaften v. 5.7.1934, RGBl. I S. 569.
4 Erwägungsgrund zum Gesetz über die Umwandlung von Kapitalgesellschaften v. 5.7.1934, RGBl. I S. 569.
5 Aktiengesetz v. 6.9.1965, BGBl. I S. 1089.
6 Handelsgesetzbuch v. 10.5.1897, RGBl. S. 219 v. 21.5.1897; etwa §§ 105 Abs. 1, 161 HGB aF.
7 Lutter/*Lutter/Bayer*, Einl. I Rn 6.
8 Semler/Stengel/*Stengel*, § 190 Rn 9.
9 Semler/Stengel/*Stengel*, § 190 Rn 9.

wechsel von Personengesellschaften in Kapitalgesellschaften (§§ 241 ff) und Kapitalgesellschaften in Personengesellschaften (§§ 226, 228) vor.

c) **Rechtsdogmatische Relevanz – Absage an die Gesamthand?** Die mit der Kodifizierung des identitätswahrenden Formwechsels zwischen Personen- und Kapitalgesellschaften einhergehende Gleichbehandlung beider Rechtsformen wurde in der Lehre zum Anlass genommen, einen heftigen Streit unter dem Stichwort „**Absage an die Gesamthand**" zu führen.[10] Ursächlich für die Auseinandersetzung war die Anerkennung der GbR als Rechtsträger neuer Rechtsform im Sinne von § 191 Abs. 2 Nr. 1. Nach Bestätigung der (Teil-)Rechtsfähigkeit der GbR-Außengesellschaft durch den BGH hat sich die Relevanz dieser Debatte für die Praxis jedoch erledigt.[11] 8

2. Gesetzesaufbau. Die §§ 190–304 des Fünften Buches des UmwG sind weitestgehend ein in sich geschlossenes Regelwerk, finden sich in diesem Teilabschnitt doch nur wenige Verweise auf andere Vorschriften des UmwG wieder. Wie auch bei der Verschmelzung und der Spaltung liegt dem Recht des Formwechsels ein **dreigliedriger Gesetzesaufbau** zugrunde. § 1 UmwG sieht als allgemeine Vorschrift den Formwechsel als mögliche Unterart der Umwandlung vor. Die §§ 190–213 bauen hierauf auf und stellen rechtsformübergreifend den Allgemeinen Teil, die §§ 214–304 rechtsformspezifisch den Besonderen Teil des Formwechselrechts dar. 9

3. Motive für einen Formwechsel. Die **Motive** für einen Formwechsel können vielfältig sein. Gemeinhin unterliegt ein Unternehmen ständigen strukturellen Veränderungen. Deshalb ist die Entscheidung für die zweckmäßigste Rechtsform nicht nur bei der Unternehmensgründung relevant, sondern ist unter Berücksichtigung seiner Unternehmensentwicklung und seines Gesellschafterkreises regelmäßig neu zu bewerten. 10

a) **Wechsel einer GmbH in eine AG.** Der Wechsel in die Rechtsform der AG findet häufig als Vorstufe zum Börsengang („**going public**") statt.[12] Deshalb kann die Umwandlung einer GmbH in eine AG bei begünstigenden Finanzmarktstrukturen ein wirksames Instrument darstellen, Eigenkapital über die Börse zu günstigeren Konditionen zu beziehen, als vergleichsweise bei der Beschaffung von Fremdkapital. Dieser Vorteil kann (abgesehen von der Gefahr einer Überfremdung) insb. Familienunternehmen zugutekommen, wenn der Kapitalbedarf des Unternehmens durch die Familiengesellschafter nicht mehr allein gedeckt werden kann.[13] 11

Zudem ist die Rechtsform der AG auch aus Sicht eines Geschäftsleiters attraktiv: Der Handlungsspielraum eines Geschäftsführer einer GmbH ist aufgrund des Weisungsrechts der Gesellschafter gem. § 47 GmbHG eingeschränkt; zudem kann der Geschäftsführer jederzeit abberufen werden, § 38 Abs. 1 GmbHG. Das Aktiengesetz sieht hingegen für den Vorstand nach § 76 AktG ein solches Weisungsrecht gerade nicht vor; ein Abberufen ist nur bei Vorliegen eines wichtigen Grundes möglich, § 84 Abs. 3 AktG. Aufgrund der relativ unabhängigen Stellung des Vorstands ist die Rechtsform der AG deshalb oftmals attraktiver für **qualifizierte Fremdgeschäftsleitung.**[14] 12

b) **Wechsel einer AG in eine GmbH.** Der strukturelle Charakter einer AG ist durch eine zwingende Kompetenzverteilung zwischen Vorstand, Aufsichtsrat und Hauptversammlung geprägt.[15] Das GmbH-Recht räumt hingegen (abgesehen von dem Geschäftsführer bzw den Geschäftsführern und der Gesellschafterversammlung als zwingend notwendige Organe) den Gesellschaftern wegen der weitreichenden Satzungsautonomie (im Gegensatz zur Satzungsstrenge bei der AG) eine große Gestaltungsfreiheit für die innere Organisation der Gesellschaft ein und erlaubt eine individuell ausgerichtete Ausformung der Rechte und Pflichten der Gesellschaf- 13

10 Vgl etwa *Timm*, NJW 1995, 3209 ff; *Timm*, ZGR 1996, 247, 251; *Raiser*, AcP 1994, 459, 458; zum Diskussionsstand mwN: Lutter/*Decher/Hoger*, § 190 Rn 3.

11 BGHZ 146, 341, 346.

12 Lutter/*Decher/Hoger*, vor § 190 Rn 18; *Finken/Decher*, AG 1989, 391, 392; *Kallmeyer*, GmbHR 1995, 888; *Kallmeyer*, DB 1996, 28, 29.

13 *Kallmeyer*, DB 1996, 28.

14 *Kallmeyer*, GmbHR 1995, 888.

15 Henssler/Strohn/*Lange*, GesR, § 1 AktG Rn 5.

ter.[16] Das wichtigste Motiv für eine Umwandlung in eine GmbH liegt deshalb in dem überschaubaren, gestrafften und flexiblen Aufbau der Gesellschaftsform, so dass die GmbH insb. für kleine und mittelständische Unternehmen mit einem beschränkten Kreis von Gesellschaftern attraktiv ist.[17] Nicht zuletzt deshalb ist die GmbH die am häufigsten gewählte Gesellschaftsform unter den Kapitalgesellschaften. Ferner erfolgt der Formwechsel einer AG in eine GmbH im Anschluss an ein Delisting (**„going private"**), sprich die Aufgabe der Börsenzulassung auf entsprechenden Antrag.[18]

14 **c) Wechsel einer Kapitalgesellschaft in eine Personengesellschaft.** Der Formwechsel einer Kapitalgesellschaft in eine Personengesellschaft erfolgt meist mit dem Ziel eines **steuerlichen Systemwechsels.** Während Kapitalgesellschaften im Ertragssteuerrecht als eigenständige Steuersubjekte behandelt werden, sind Personengesellschaften zwar souveräne Gewinnerzielungs- und Gewinnermittlungssubjekte, ertragsteuerpflichtig sind jedoch nur ihre Gesellschafter.[19] Zudem ist die Umwandlung von Kapitalgesellschaften in Personengesellschaften zur Vorbereitung der Unternehmensnachfolge attraktiv, da mit dem Wechsel der Rechtsform Bewertungsvorteile bei der Erbschafts- und Schenkungssteuer erzielt werden können.[20] Zuletzt kann der Wunsch nach Vermeidung der Arbeitnehmermitbestimmung im Aufsichtsrat den Formwechsel attraktiv machen.[21]

15 **d) Wechsel einer Personengesellschaft in eine Kapitalgesellschaft.** Die Umwandlung einer Personengesellschaft in eine Kapitalgesellschaft lässt sich vorwiegend mit haftungsrechtlichen Erwägungen begründen. Zudem muss das Vertretungsorgan einer AG oder GmbH nicht auch selbst Anteilsinhaber bzw Gesellschafter sein. Die Geschäftsführung bei der Personengesellschaft ist hingegen nach dem **Prinzip der Selbstorganschaft** zwingend durch die Gesellschafter wahrzunehmen.

16 **4. Der grenzüberschreitende Formwechsel.** Ein grenzüberschreitender Formwechsel ist vor dem Hintergrund des abschließenden Charakters von § 1 Abs. 1 Nr. 4 nach dem UmwG grundsätzlich nicht möglich. Danach können am Umwandlungsvorgang nur **Rechtsträger mit Sitz im Inland** beteiligt sein. Formwechsel ausländischer Rechtsträger in Unternehmen inländischer Rechtsform und umgekehrt sind nach dem UmwG nicht möglich.[22]

17 Dies gilt jedoch nicht (mehr) bedingungslos für Formwechsel von Unternehmen mit Sitz innerhalb des Hoheitsgebiets der **Europäischen Union** und des **EWR.** Unter Zugrundelegung der vom EuGH seit der „Daily Mail"-Entscheidung[23] fortwährend ausgeweiteten Rechtsprechung zur Niederlassungsfreiheit von Gesellschaften gem. Art. 49, 54 AEUV wird der abschließende § 1 Abs. 1 Nr. 4 unter bestimmten Voraussetzungen von vorrangigem Unionsrecht überlagert.

18 **a) Ausgangspunkt: Die Trilogie Centros, Überseering und Inspire Art.** Ausgangspunkt der unionsrechtlichen Behandlung grenzüberschreitender Strukturmaßnahmen sind die Entscheidungen des EuGH zur **Mobilität von Gesellschaften** in den Rechtssachen Centros",[24] Überseering[25] und Inspire Art".[26] Betraf die Daily Mail-Entscheidung noch den Fall einer grenzüberschreitenden Sitzverlegung in einer Wegzugskonstellation, konnte sich der EuGH in der Rechtssache Centros erstmalig zu deren Zulässigkeit in Zuzugsfällen äußern. Der Gerichtshof

16 Sudhoff/*Froning*, Unternehmensnachfolge, § 38 Rn 23.
17 *Veil*, Umwandlung einer Aktiengesellschaft, S. 7.
18 Zu den Techniken des „going private" in Deutschland allgemein *Even/Vera*, DStR 2002, 1315.
19 Lutter/*Schumacher*, Anh. 1 nach § 122 l Rn 8.
20 Eingehend *Schwedhelm*, ZEV 2003, 8 ff.
21 *Jung*, Umwandlungen unter Mitbestimmungsverlust, S. 76 ff; Lutter/*Decher*, Vor § 190 Rn 23.
22 Lutter/*Decher/Hoger*, Vor § 190 Rn 33.
23 EuGH v. 27.9.1988, Rs. C-81/87, Slg 1988, I-5483 = NJW 1989, 2186 ff – Daily Mail, hierzu u.a. *Behrens*, IPRax 1989, 354 ff; *Ebenroth/Eyles*, DB 1989, 363 ff und 413 ff.
24 EuGH v. 9.3.1999, Rs. C-212/97, Slg 1999, I-1459 = NJW 1999, 2027 ff – Centros, hierzu u.a. *Hoor*, NZG 1999, 984 ff; *Göttsche*, DStR 1999, 1403 ff.
25 EuGH v. 5.11.2002, Rs. C-208/00, Slg 2002, I-9919 = NJW 2002, 3614 ff – Überseering, hierzu u.a. *Kersting*, NZG 2003, 9 ff; *Kindler*, NJW 2003, 1073 ff; *Eidenmüller*, ZIP 2002, 2233 ff.
26 EuGH v. 30.9.2003, Rs. C-167/01, Slg 2003, I-10155 = NJW 2003, 3331 ff – Inspire Art, hierzu u.a. *Kindler*, NZG 2003, 1086 ff; *Altmeppen*, NJW 2004, 97 ff; *Bayer*, BB 2003, 2357 ff.

sah in der verweigernden Haltung des Zuzugsstaates eine Verletzung der sekundären Niederlassungsfreiheit. Folgerichtig ging der EuGH in der sich anschließenden Überseering-Entscheidung davon aus, dass die Aberkennung der Rechts- und damit der Parteifähigkeit einer europäischen Gesellschaft nach der Verlegung ihres Verwaltungssitzes in einen anderen Mitgliedstaat mit der primären Niederlassungsfreiheit nicht vereinbar ist. Vielmehr sei die Rechtsfähigkeit zu achten, die diese Gesellschaft nach dem Recht ihres Gründungsstaats besitze.[27] Schließlich bestätigte der Gerichtshof in der Rechtssache Inspire Art seine Rechtsprechung und präzisiert sie für den Fall zuziehender Gesellschaften dahin gehend, dass die Eintragung einer ausländischen Zweigniederlassung nicht von der Erfüllung bestimmter gesetzlich festgelegter Kriterien abhängig gemacht werden darf.

b) Die Entscheidungen des EuGH in den Rechtssachen SEVIC und Cartesio. In der SEVIC-Entscheidung[28] hatte der EuGH die Zulässigkeit einer grenzüberschreitenden Verschmelzung zwischen der in Deutschland ansässigen SEVIC Systems AG und der Security Vision Concept SA mit Sitz in Luxemburg zu beurteilen. Der Gerichtshof entschied für diesen speziellen Fall einer „**Herein-Verschmelzung**", dass die auf § 1 Abs. 1 Nr. 1 gestützte Eintragungsverweigerung durch das AG Neuwied gegen die Niederlassungsfreiheit der Gesellschaft verstößt. Zur Begründung führt der EuGH an, dass sich der Eingriff in die Grundfreiheit aus der Ungleichbehandlung innerstaatlicher und grenzüberschreitender Verschmelzungen durch das UmwG ergebe.[29] Eine Rechtfertigung des Eingriffs scheitere bereits an der generellen Verweigerung der Eintragung in das Handelsregister.[30] 19

Ein bedeutender Teil in der Literatur nimmt die Diskriminierungsargumentation des EuGH aus der SEVIC-Entscheidung zum Anlass, die Rechtsprechung des Gerichtshofs auch auf die Fälle des „**Herein-Formwechsels**" auszuweiten.[31] Der Zuzugsstaat habe dann einen grenzüberschreitenden Formwechsel in eine seinem nationalen Recht entsprechende Rechtsform bei gleichzeitiger Verlegung des Verwaltungssitzes zu dulden, wenn nach dem nationalen Recht des Zielstaats eine solche Umwandlungsmöglichkeit eröffnet sei.[32] 20

In der Rechtssache Cartesio"[33] konnte sich der EuGH hingegen erstmals direkt zur Frage nach der Zulässigkeit identitätswahrender (mit dem deutschen Rechtsverständnis eines Formwechsels vergleichbarer) Umwandlungsvorgänge äußern. Der EuGH betont, dass die Niederlassungsfreiheit grundsätzlich Rechtsvorschriften eines Mitgliedstaates nicht entgegenstehe, die es einer nach dessen nationalem Recht gegründeten Gesellschaft verwehre, ihren Sitz in einen anderen Mitgliedstaat unter Wahrung des Gesellschaftsstatuts zu verlegen.[34] Inhaltlich differenziert der Gerichtshof jedoch (*obiter*) zwischen der Sitzverlegung unter Wahrung des Gesellschaftsstatuts und der Sitzverlegung mit grenzüberschreitendem Formwechsel.[35] In diesem zweiten Fall dürfe die vorgenannte Befugnis nicht dazu führen, dass der Gründungsmitgliedstaat die Gesellschaft daran hindert, sich in eine Gesellschaft nach dem nationalen Recht des Zuzugsstaates umzuwandeln, soweit dies nach diesem Recht auch möglich sei.[36] Versagt der Wegzugstaat einen solchen „**Heraus-Formwechsel**", sei in dieser Maßnahme eine Beschränkung der Niederlassungsfreiheit der betreffenden Gesellschaft zu sehen, welche, wenn sie nicht 21

27 In dieser Feststellung manifestiert sich zudem die vom EuGH vertretenen „Gründungstheorie" für die Bestimmung des einschlägigen Gesellschaftsstatuts bei Fragen des transnationalen Gesellschaftsrechts.

28 EuGH v. 13.12.2005, Rs C-411/03, Slg 2005, I-10805 = NJW 2006, 425 ff – Sevic, hierzu u.a. *Oechsler*, NJW 2006, 812 ff; *Siems*, EuZW 2006, 135 ff; *Bungert*, BB 2006, 53 ff.

29 EuGH NJW 2006, 425, 426 Rn 20.

30 EuGH NJW 2006, 425, 426 Rn 30.

31 *Zimmer/Neandrup*, NJW 2009, 545, 549; *Wansleben*, StudZR 2009, 365, 374; *Teichmann*, ZIP 2009, 393, 402; *Spahlinger/Wegen*, NZG 2006, 721, 725; *Bayer/Schmidt*, ZHR 173 (2009), 735, 760 f; *Drinhausen/Gesell*, BB-Special 8/2006, 3, 7; aA *Kindler*, NZG 2009, 130, 132.

32 *Zimmer/Neandrup*, NJW 2009, 545, 548.

33 EuGH v. 16.12.2008, Rs. C-210/06, Slg 2008, I 9641 = NJW 2009, 569 ff – Cartesio; hierzu u.a. *Zimmer/Neandrup*, NJW 2009, 545 ff; *Paefgen*, WM 2009, 529 ff; *Grohmann/Gruschinske*, EuZW 2008, 463 ff.

34 EuGH NJW 2009, 569 LS.

35 EuGH NJW 2009, 569, 571 Rn 111.

36 EuGH NJW 2009, 569, 571 Rn 112.

zwingenden Gründen des Allgemeininteresses entspreche, nach Art. 43 EG (nunmehr Art. 49 AEUV) verboten sei.[37]

22 c) **Die Entscheidung des EuGH in der Rechtssache VALE.** Mit der VALE-Entscheidung[38] schreibt der EuGH seinen in der Rechtssache Cartesio für Wegzugskonstellationen eingeschlagenen Kurs fort. Der Entscheidung lag ein **Zuzugssachverhalt** zugrunde, in welchem die italienische VALE-S.a.r.l. unter Beibehaltung ihrer unternehmerischen Tätigkeit ihren Sitz nach Ungarn verlegen und dabei die Rechtsform einer ungarischen GmbH annehmen wollte. Das zuständige ungarische Registergericht verweigerte die Eintragung mit dem Hinweis darauf, dass weder das ungarische Recht eine grenzüberschreitende Sitzverlegung im Ausland gegründeter Gesellschaften vorsehe noch eine nach dem anwendbaren ungarischen Recht in einem anderen Mitgliedstaat gegründete Gesellschaft als Rechtsvorgängerin in das ungarische Handelsregister eingetragen werden könne. Bezugnehmend auf die Entscheidungsgründe aus der Rechtssache Cartesio geht der Gerichtshof in seiner Urteilsbegründung vom Grundsatz aus, dass eine zuziehende Gesellschaft allein dem innerstaatlichen Recht des Aufnahmemitgliedstaates unterliege.[39] Sehe das Recht des Zielstaates die Zulässigkeit eines inländischen Formwechsels vor, habe allerdings für den speziellen Fall der Sitzverlegung unter Änderung des Gesellschaftsstatuts eine nationale Regelung des Zuzugsstaates, wonach die Umwandlung einer dem Recht eines anderen Mitgliedstaates unterliegenden Gesellschaft in eine inländische Gesellschaft mittels Gründung untersagt wird, der vorrangigen Niederlassungsfreiheit zu weichen.[40] Naturgemäß komme eine Rechtfertigung der Eintragungsverweigerung im Rahmen des Vier-Konditionen-Tests in Frage, wobei die Maßnahme dann zwingenden Gründen des Allgemeinwohls dienen muss.[41] Als solche nennt der Gerichtshof den Schutz der Gläubiger, Minderheitsgesellschafter und Arbeitnehmer sowie die Wahrung der Wirksamkeit steuerlicher Kontrollen und der Lauterkeit des Handelsverkehrs.[42] Die Frage nach einer möglichen Rechtfertigung lässt der Gerichtshof jedoch offen, weil das nationale ungarische Recht eine grenzüberschreitende Umwandlung generell ausschließt und deshalb über das hinausgehe, „was zur Erreichung der im Schutz der genannten Interessen bestehenden Ziele erforderlich ist".[43]

23 d) **Zusammenfassung.** Der Gerichtshof bestätigt mit dem Urteil in der Rechtssache VALE seine bisherige mobilitätsfreundliche Rechtsprechung zur Niederlassungsfreiheit von Gesellschaften. Für die Frage nach der Zulässigkeit eines grenzüberschreitenden Formwechsels schafft die Entscheidung nach den in der Rechtssache Cartesio noch *obiter* formulierten Grundsätzen zum „Heraus-Formwechsel" nunmehr für den „Herein-Formwechsel" endgültig Rechtsklarheit. Der **„grenzüberschreitende Formwechsel"** ist so auch in Zuzugskonstellationen und damit „in beiden Richtungen"[44] von der Niederlassungsfreiheit geschützt. Daraus ergibt sich die unionsrechtliche Verpflichtung Deutschlands, auch EU-Auslandsgesellschaften einen Formwechsel nach den Bestimmungen des Umwandlungsgesetzes zu gestatten.[45] Allgemein betrachtet ist danach ein grenzüberschreitender Formwechsel unter Beteiligung der deutsche Rechtsordnung zulässig, wenn die folgenden Voraussetzungen gegeben sind:

- Es liegt ein Unionssachverhalt vor, an dem eine EU-/EWR-Auslandsgesellschaft oder ein inländischer Rechtsträger beteiligt ist.
- Es handelt sich um einen identitätswahrenden Vorgang bei dem ein Wechsel der Rechtsform bei gleichzeitiger Verlegung von Satzungs- und Verwaltungssitz stattfindet.
- Auf die Unterscheidung zwischen Wegzugs- oder Zuzugskonstellation kommt es nicht an.

37 EuGH NJW 2009, 569, 571 Rn 113.
38 EuGH v. 12.7.2012, Rs. C-378, NJW 2012, 2715 ff 10 – VALE, hierzu u.a. *Böttcher/Kraft*, NJW 2012, 2701 ff; *Behme*, NZG 2012, 936 ff; *Kindler*, EuZW 2012, 888 ff; *Wicke*, DStR 2012, 1756 ff.
39 EuGH NJW 2012, 2715, 2716 Rn 31.
40 EuGH NJW 2012, 2715, 2717 Rn 41.
41 EuGH NJW 2012, 2715, 2717 Rn 39.
42 EuGH NJW 2012, 2715, 2717 Rn 39.
43 EuGH NJW 2012, 2715, 2717 Rn 40.
44 *Behme*, NZG 2012, 936, 939.
45 *Schönhaus*, DStR 2013, 174, 177; so auch *Kindler*, EuZW 2012, 888, 890; *Behme*, NZG 2012, 936, 939; *Wicke*, DStR 2012, 1756, 1758; so auch für den Fall des identitätswahrenden Zuzugs OLG Nürnberg ZIP 2014, 128 ff; kritisch *Neye*, EwiR 2014, 45 f in Bezug auf den der VALE-Entscheidung zugrunde liegenden Sachverhalt.

- Allerdings greift die in Art. 49 Abs. 2 AEUV verankerte Inländergleichbehandlung nur dann, wenn die Rechtsordnung des Aufnahmestaates einen mit dem Formwechsel vergleichbaren innerstaatlichen Umwandlungsvorgang vorsieht. Daneben sind nach der VALE-Rechtsprechung des EuGH die Gründungsvorschriften für die jeweilige Rechtsform im Zuzugstaat zu befolgen, da der Gerichtshof den grenzüberschreitenden Formwechsel als Gründung im Zuzugstaat qualifiziert.[46] Dies ist auch konsequent, weil andernfalls die Gründungsvorschriften im Zuzugstaat umgangen werden könnten.
- Unschädlich ist es dabei, dass die Gesellschaft im Zeitpunkt des Umwandlungsbeschlusses im ursprünglichen Handelsregister bereits gelöscht ist.[47]
- Der Zuzug ist schließlich auch dann von der Niederlassungsfreiheit geschützt, wenn die Gesellschaft keinerlei Aktivitäten im Gründungsstaat ausgeübt hat (sog. „Briefkastengesellschaft").[48] Durch die grenzüberschreitende Sitzverlegung wird der Anwendungsbereich der Niederlassungsfreiheit eröffnet.[49]
- Solange keine sekundärrechtliche unionsrechtliche Regelung (etwa in Form der Sitzverlegungsrichtlinie) die grenzüberschreitende Mobilität von Gesellschaften einheitlich regeln wird bleibt dennoch weiter unklar, welche (nationalen) umwandlungsrechtlichen Vorschriften dann im Einzelfall (analog) anzuwenden sind, wenn Deutschland der Zuzugstaat ist.[50]

Die vorangestellten Grundsätze gelten rechtsformunabhängig gleichermaßen für Kapitalgesell- 24
schaften wie für Personengesellschaften, so dass grundsätzlich auch der **grenzüberschreitende Formwechsel von Personengesellschaften** möglich ist. Die Niederlassungsfreiheit aus Art. 49, 54 AEUV erfasst nämlich explizit auch Gesellschaften des bürgerlichen Rechts und des Handelsrechts, soweit diese einen Erwerbszweck verfolgen.[51] Die Grundfreiheitsträgerschaft setzt dann allerdings voraus, dass die betreffende Gesellschaft (teil-)rechtsfähig nach der auf sie anwendbaren Rechtsordnung ist.[52]

e) **Praktische Konsequenzen.** Zwar ist ein grenzüberschreitender Formwechsel einer EU-/EWR- 25
Auslandsgesellschaft in eine deutsche Gesellschaftsform und umgekehrt nach der EuGH-Rechtsprechung trotz § 1 Abs. 1 Nr. 4 nun zulässig, der deutsche Gesetzgeber hat jedoch bislang nicht durch den Erlass entsprechender nationaler Regelungen Abhilfe schaffen können. Es stellt sich daher für die Praxis die Frage, nach welchen Bestimmungen ein solcher grenzüberschreitender Formwechsel zu erfolgen hat. Was das deutsche Recht betrifft, so liegt es nahe, das **UmwG entsprechend** auf diese Fallgestaltungen anzuwenden, soweit das EU-Recht in Form der IntVerschmRL[53] und der SE-VO hierfür kein taugliches Instrumentarium zur Verfügung stellt.[54] Weil die Anwendung der auf innerstaatliche Sachverhalte zugeschnittenen §§ 190 ff dann uU modifiziert werden muss, wird teilweise eine analoge Anwendung der §§ 12 ff SEAG bzw §§ 122 a ff UmwG befürwortet.[55] Sollten die ggf auf den Sachverhalt anwendbaren, ausländischen Vorschriften höhere Anforderungen an den Ablauf des Formwechsels stellen und/oder sollten sie mit den hier analog anwendbaren Normen des UmwG kollidie-

46 EuGH NJW 2012, 2715, 2718 Rn 51; bestätigt durch OLG Nürnberg, welches hierzu § 197 analog anwendet, ZIP 2014, 128, 129; eine eingehende Entscheidungsanalyse liefert *Schaper*, ZIP 2014, 810 ff; wenige Monate vor der VALE-Entscheidung hatte das OLG Nürnberg noch entschieden, dass das deutsche Sachrecht einen „grenzüberschreitenden Formwechsel" nicht kenne und ein solcher Vorgang daher unzulässig sei, vgl OLG Nürnberg NZG 2012, 468, 469.

47 OLG Nürnberg ZIP 2014, 128, 129.

48 EuGH NJW 2012, 2715, 2717 Rn 34.

49 *Schaper*, ZIP 2014, 810, 814 mwN.

50 S. Rn 25; s. zur Sitzverlegungsrichtlinie auch die Thesen vom *Arbeitskreis Europäisches Unternehmensrecht*, NZG 2011, 98.

51 Heidel/Schall/*Schall*, Anh. IntPersGesR Rn 67; Calliess/Ruffert/*Bröhmer*, EUV/AEUV, Art. 54 Rn 2; tendenziell zu eng wohl OLG Nürnberg ZIP 2014, 128, 129, wenn es den Kreis der dem Formwechsel zugänglichen Ausgangsrechtsträger in Anwendung des numerus clausus des UmwG gem. § 191 Abs. 1 analog auf die dort genannten Gesellschaftsformen beschränkt.

52 Heidel/Schall/*Schall*, Anh. IntPersGesR Rn 68; s. hierzu Sagasser/Bula/Brünger/*Schlösser*, § 16 UmwStG Rn 41.

53 Richtlinie 2005/56/EG des Europäischen Parlaments und des Rates v. 26.10.2005 über die Verschmelzung von Kapitalgesellschaften aus verschiedenen Mitgliedstaaten (ABl. EU L 310 v. 25.11.2005, S. 1).

54 Zur entsprechenden Einhaltung der §§ 190 ff OLG Nürnberg ZIP 2014, 128, 129 f; s. auch Habersack/Drinhausen/*Kiem*, Vorb. UmwG Rn 10.

55 *Kindler*, EuZW 2012, 888, 890; *Bayer/Schmidt*, ZIP 2012, 1481, 1488, 1491; *Wicke*, DStR 2012, 1756, 1758.

ren, so müssen die sich überschneidenden Rechtsordnungen mittels der bekannten Grundsätze der kollisionsrechtlichen Adaption und Substitution miteinander in Einklang gebracht werden.[56]

Hinweis: Es ist daher dringend zu empfehlen, jeden grenzüberschreitenden Formwechsel vorab mit den beteiligten Registergerichten in beiden Mitgliedstaaten eng abzustimmen.

II. § 190 Abs. 1

26 **1. Inhalt der Norm. a) Definition des Formwechsels.** Der Begriff Formwechsel ist im Umwandlungsgesetz nicht legaldefiniert. Nach § 190 Abs. 1 kann „ein Rechtsträger" durch den Formwechsel eine andere Rechtsform erhalten. Hiermit stellt der Gesetzgeber klar, dass am Formwechsel – im Gegensatz zu den weiteren drei Umwandlungsarten – lediglich ein Rechtsträger beteiligt sein kann.[57] Zentrales Wesensmerkmal des Formwechsels ist deshalb die **Identitätswahrung.** Der Vorgang des Formwechsels lässt sich deshalb als Wechsel der Rechtsform unter Wahrung der rechtlichen und wirtschaftlichen Identität des Rechtsträgers beschreiben.[58] Es ändert sich lediglich das auf den Rechtsträger anwendbare Recht. Im übertragenen Sinne wird der Vorgang des Formwechsels bildlich damit verglichen, dass der Rechtsträger lediglich sein „Rechtskleid" oder seine „rechtliche Hülle" wechselt. [59] Die richtige dogmatische Einordnung des Formwechsels ist seit jeher umstritten und wird von der hM aufgrund der Verweisung in § 197 auf die rechtsformspezifischen Gründungsvorschriften nunmehr als **modifizierte Neugründung** angesehen.[60]

27 **b) Wirtschaftliche Identität.** Die **wirtschaftliche Identität** wird deshalb gewahrt, weil eine Vermögensübertragung nicht stattfindet. Der Vermögensbestand bleibt somit vor und nach dem Formwechsel derselbe.

28 **c) Rechtliche Identität.** Die **rechtliche Identität** geht mit der wirtschaftlichen Identität einher und bewirkt, dass der Rechtsträger fortbesteht. Hiervon unbenommen ändert sich das auf den Rechtsträger anwendbare Recht mit den daraus resultierenden Konsequenzen, wie zB eine geänderte Haftung der Gesellschafter oder das Verhältnis der Gesellschafter untereinander.

29 **2. Verfahren.** Der Formwechsel vollzieht sich nach der traditionellen Struktur des Umwandlungsgesetzes in **drei Phasen**: Die Vorbereitung, die Beschlussfassung und den Vollzug.

30 **a) Vorbereitung.** Ausgehend von der Frage, ob der Rechtsträger umwandlungsberechtigt (§ 191 Abs. 1) ist und die angestrebte Zielrechtsform zulässig ist (§ 191 Abs. 2 iVm §§ 214, 225 a, 272, 291), ist in der **Vorbereitungsphase** ein Umwandlungsbericht (§ 192 Abs. 1 S. 1) durch das gesellschaftsrechtliche Vertretungsorgan zu verfassen, welcher einen Entwurf des Umwandlungsbeschlusses enthalten muss (§§ 192 Abs. 1 S. 3, 194).[61] Allerdings entfällt die Pflicht zur Anfertigung des Umwandlungsberichts, sofern an dem Rechtsträger nur ein Anteilsinhaber beteiligt ist oder wenn alle Anteilsinhaber auf seine Erstattung verzichten (§ 192 Abs. 2). Sind im Falle der Umwandlung einer Personengesellschaft alle Gesellschafter der formwechselnden Gesellschaft zur Geschäftsführung berechtigt, ist ein Umwandlungsbericht ebenfalls entbehrlich (§ 215).

56 *Kindler*, EuZW 2012, 888, 890; MüKo-BGB/*Kindler*, IntGesR, Rn 199. Zur IPR-Methodik bei Sachverhalten des internationalen Unternehmensrechts eingehend *Weller*, ZGR 2010, 679, 695 ff; kritisch hierzu *Neye*, EwiR 2014, 45, 46, der eine „exterritoriale Anwendung" des UmwG beim grenzüberschreitenden Formwechsel innerhalb der Union auf die ausländische Gesellschaft ablehnt; im Gegensatz dazu OLG Nürnberg ZIP 2014, 128, 129.

57 Begr. RegE zu § 190, BR-Drucks. 75/94, 137.

58 Semler/Stengel/*Stengel*, § 190 Rn 3; Lutter/*Decher/Hoger*, § 190 Rn 1.

59 Lutter/*Decher/Hoger*, vor § 190 Rn 2; Schmitt/Hörtnagl/Stratz/*Stratz*, § 190 Rn 1.

60 *Mayer* in: Widmann/Mayer, UmwG, Loseblatt, Stand Januar 2006, § 197 Rn 3; *Bärwaldt/Schabacker*, ZIP 1998, 1293, 1297; Semler/Stengel/*Bärwaldt*, § 197 Rn 3; wohl auch Lutter/*Decher/Hoger*, § 197 Rn 6.

61 Zudem sind die Sondervorschriften der §§ 218, 234, 243, 253, 263, 276, 285 und § 294 zu beachten.

Die Pflicht zur Führung einer **Vermögensaufstellung** gem. § 194 Abs. 2 aF ist im Zuge der Gesetzesnovellierung im Jahre 2007 durch das Zweite Gesetz zur Änderung des UmwG entfallen.[62] 31

Im Gegensatz zur Verschmelzung und Spaltung ist beim Formwechsel eine **sachverständige Prüfung** des Formwechsels selbst grundsätzlich nicht erforderlich. Eine Ausnahme gilt nur für den Formwechsel einer eG in die Rechtsform einer Kapitalgesellschaft (§ 259). Hiervon unabhängig sind beim Formwechsel jedoch die Gründungsvorschriften der neuen Rechtsform anzuwenden, soweit die Regelungen im UmwG zum Formwechsel nicht etwas anderes vorgeben, § 197 S. 1. Weil der Formwechsel damit als Sachgründung qualifiziert wird, entfaltet die Regelung insb. bei der Umwandlung einer Personengesellschaft oder eG in die Rechtsform einer Kapitalgesellschaft praktische Relevanz. Eine Gründungsprüfung für die neue Rechtsform findet aber nur beim Formwechsel in die Rechtsform einer AG oder KGaA statt (§§ 220 Abs. 3, 264 Abs. 3).[63] 32

Zuletzt muss der formwechselnde Rechtsträger dem **Betriebsrat** (soweit vorhanden) den Entwurf des Umwandlungsbeschlusses spätestens einen Monat vor dem Tage der Anteilsinhaberversammlung zuleiten (§ 194 Abs. 2). 33

b) Beschlussfassung. Die Gesellschafter des formwechselnden Rechtsträgers haben in der Anteilsinhaberversammlung über den Formwechsel **Beschluss** zu fassen (§ 193 Abs. 1). Beschlüsse außerhalb der Anteilsinhaberversammlung sind unzulässig (§ 193 Abs. 1 S. 2). Zu den erforderlichen Mehrheiten trifft das UmwG für die einzelnen Rechtsformen unterschiedliche Regelungen (§§ 217, 233, 240, 252, 262, 275, 284, 293). Darüber hinaus kann die Zustimmung einzelner Anteilsinhaber erforderlich sein, wenn bspw die Anteile des formwechselnden Rechtsträgers vinkuliert sind (§ 193 Abs. 2) oder der Anteilsinhaber durch den Formwechsel die Stellung eines persönlich haftenden Gesellschafters erhalten soll (§§ 217 Abs. 3, 233 Abs. 1, Abs. 2 S. 3). Das Verfahren der Beschlussfassung richtet sich nach den jeweiligen rechtsformspezifischen Vorschriften des formwechselnden Rechtsträgers.[64] 34

c) Vollzug. Die letzte Phase des Formwechsels bildet der **Vollzug**. Gem. § 198 Abs. 1 muss nach Beschlussfassung der Formwechsel bei dem Register, in dem der formwechselnde Rechtsträger eingetragen ist, zur Eintragung angemeldet werden. Wird erst durch den Formwechsel eine Eintragungspflicht begründet (198 Abs. 2 S. 1) oder wechselt die Art oder (aufgrund Sitzverlegung) die Zuständigkeit des für den Rechtsträger maßgebenden Registers (§ 198 Abs. 2 S. 2), hat die Anmeldung bei dem neuen Register zu erfolgen. In den Fällen des § 198 Abs. 2 S. 2 ist der Formwechsel dann zusätzlich auch bei dem alten Register anzumelden, § 198 Abs. 2 S. 3. Die sich daran anschließende Eintragung des Formwechsels im (ggf neuen) Register hat konstitutive Wirkung (§ 202). Die Eintragung ist vom zuständigen Gericht bekannt zu machen (§ 201). 35

III. § 190 Abs. 2

1. Allgemeines. Nach § 190 Abs. 2 ist ein Formwechsel nur insoweit möglich, wie er nach den Bestimmungen des Umwandlungsgesetzes zulässig oder nach anderen Gesetzen vorgesehen ist. Hieraus lassen sich zwei Grundaussagen herleiten: Einerseits sind die Regelungen des UmwG zum Formwechsel abschließend (**numerus clausus**).[65] Andererseits sind Umwandlungen außerhalb des UmwG zulässig. 36

62 Zweites Gesetz zur Änderung des UmwG v. 19.4.2007, BGBl. I S. 542.

63 Lutter/*Joost*, § 220 Rn 24 f.

64 Das UmwG enthält insofern nur vereinzelte Sonderregelungen, wie bspw die Pflicht, den Umwandlungsbericht in der Versammlung auszulegen, §§ 232, 261 Abs. 1, 274 Abs. 2.

65 Kallmeyer/*Meister/Klöcker*, § 190 Rn 12; Lutter/*Decher/Hoger*, § 190 Rn 9 f.

37 **2. Numerus clausus und Analogieverbot. a) Numerus clausus.** Nach § 1 Abs. 2 sind Umwandlungen iSv § 1 Abs. 1 nur in den gesetzlich vorgesehenen Fällen zulässig. Hierauf nimmt § 190 Abs. 2 Bezug und konkretisiert dies für den Bereich des Formwechsels: „Soweit nicht in diesem Buch etwas anderes bestimmt ist, gelten die Vorschriften über den Formwechsel nicht [...]". Aus der konkreten Auflistung der in den Formwechsel einbezogenen Rechtsträger in § 191 leitet sich schließlich der **abschließende Charakter** der §§ 190 ff ab. Nicht formwechselfähig im Sinne des UmwG sind etwa die GbR als Ausgangsrechtsträger oder der Einzelkaufmann.

38 **b) Analogieverbot.** Aus dem Zusammenspiel der bezeichneten Vorschriften ergibt sich auch ein umfassendes **Analogieverbot** der §§ 190 ff auf nicht in § 191 erwähnte Rechtsträger.[66]

39 **3. Formwechsel außerhalb des UmwG.** Trotz *numerus clausus* und Analogieverbot ist ein Formwechsel nach Vorschriften **außerhalb des UmwG** möglich (§ 190 Abs. 2). Diese können ausdrücklich durch Gesetz zugelassen oder danach anerkannt worden sein.

40 **a) AG wird zur SE.** Den Hauptanwendungsfall der Ausnahmeregelung in § 190 Abs. 2 bildet die Umwandlung einer AG in eine SE. Nach Inkrafttreten der **SE-VO**[67] sind gem. Art. 2 Abs. 4 iVm Art. 37 ff SE-VO Formwechsel einer AG in eine SE möglich, sofern die AG nach dem Recht eines Mitgliedstaates gegründet wurde. Am Vorgang ist nur eine Gesellschaft beteiligt, nämlich die formwechselnde AG. Diese muss allerdings mindestens zwei Jahre eine dem Recht eines anderen Mitgliedstaates unterliegende Tochtergesellschaft unterhalten haben, Art. 2 Abs. 4 SE-VO. Zur Schließung etwaiger Regelungslücken gelten neben den Gründungsvorschriften die nationalen Regelungen über den Formwechsel ergänzend. Art. 15 Abs. 1 SE-VO ordnet an, dass auf die Gründung einer SE neben den speziellen Vorschriften das für Aktiengesellschaften geltende, nationale Recht des Sitzstaates der SE Anwendung findet.[68]

41 Der Formwechsel einer sonstigen inländischen Rechtsform in eine SE ist im Hinblick auf Art. 37 iVm Art. 2 Abs. 4 SE-VO, der die Umwandlung einer AG in eine SE insoweit abschließend regelt, ausgeschlossen. Vgl dazu die Ausführungen zu § 191 Rn 15.

42 **b) SE wird zur AG oder zu einer anderen der AG offenstehenden Rechtsform.** Teilweise wird die Umwandlung einer SE in eine AG oder sonstige Rechtsform, in die eine AG umgewandelt werden kann, nach dem deutschen UmwG als zulässig angesehen, da eine SE gem. Art. 10 SE-VO nicht gegenüber einer inländischen AG diskriminiert werden dürfe. Dies ist jedoch kein Fall des Formwechsels außerhalb des UmwG, sondern innerhalb des UmwG. Vgl dazu die Ausführungen zu § 191 Rn 5.

43 **c) Sonstige gesetzlich anerkannte Fälle.** Ein weiterer gesetzlich anerkannter Fall ist der Rechtsformwechsel einer GbR in die Rechtsform einer OHG durch Aufnahme eines **Handelsgewerbes** (§ 105 Abs. 1 HGB). Dieselbe Rechtswirkung entfaltet die Eintragung der Firma des Unternehmens in das Handelsregister (§ 105 Abs. 2 HGB).

44 Tritt der OHG ein beschränkt haftender Gesellschafter bei, wandelt sich ihre Rechtsform zur **KG** (§ 161 Abs. 1 HGB). Scheiden hingegen sämtliche Kommanditisten aus der KG aus, wird sie kraft Gesetzes zur OHG, wenn die KG mindestens zwei persönlich haftende Gesellschafter hat.

45 Ein Rechtsformwechsel findet darüber hinaus auch dann statt, wenn alle Gesellschafter, bis auf einen unbeschränkt haftenden Gesellschafter, aus einer GbR, OHG oder KG ausscheiden. Dann wandelt sich die Gesellschaft in ein **einzelkaufmännischen Unternehmen**.[69]

66 Lutter/*Decher/Hoger*, § 190 Rn 11; Lutter/*Drygala*, § 1 Rn 59; Kallmeyer/*Meister/Klöcker*, § 190 Rn 12; Semler/Stengel/*Stengel*, § 190 Rn 24; *Schnorbus*, DB 2001, 1654, 1656.

67 Verordnung (EG) Nr. 2157/2001 des Rates v. 8.10.2001 über das Statut der Europäischen Gesellschaft (ABl. EG L 294 v. 10.11.2001).

68 Semler/Stengel/*Drinhausen*, Einl. C Rn 54, insb. Fn 116; Habersack/Drinhausen/*Bücker*, Art. 37 SE-VO Rn 4.

69 Baumbach/Hopt/*Roth*, Einl. v. § 105 HGB Rn 22.

IV. Kostenrechtliche Behandlung

Nachdem die KostO durch das KostRMoG,[70] das HRegGebNeuOG[71] und die HRegGebV[72] mehrfach punktuelle nachgebessert wurde, hat die kostenrechtliche Behandlung des Formwechsels nunmehr durch das **2. KostRMoG**[73] eine umfassende Reform erfahren. Der Gesetzgeber knüpft mit dem 2. KostRMoG an die fortgesetzte Modernisierung des Justizkostenrechts an und ersetzt durch das neu strukturierte GNotKG die KostO vollumfänglich.[74] Wenngleich die KostO damit das Jahr 2013 nicht überlebte, bleibt sie wegen der Übergangsregelung in § 136 GNotKG auf sämtliche Altfälle vor dem 1.7.2013 anwendbar. 46

1. Gerichtskosten. Bei einem Formwechsel löst die Registeranmeldung nach § 198 **Gerichtskosten** aus. Die Höhe der Gerichtsgebühren richtet sich wegen § 58 Abs. 1 GNotKG nach der HRegGebV iVm dem GebVerZ. § 58 GNotKG tritt damit an die Stelle von § 79 a KostO, so dass die gewohnte Systematik der Gebührenberechnung beibehalten wird. 47

2. Notarkosten. a) Allgemein. Daneben sind der Umwandlungsbeschluss (§ 193 Abs. 1) und etwaige Zustimmungserklärungen der Anteilsinhaber (§§ 193 Abs. 2, Abs. 3, 233, 241, 303 Abs. 2) nach § 193 Abs. 3 S. 1 zwingend notariell zu beurkunden, so dass **Beurkundungsgebühren** anfallen. Weitere Gebühren entstehen zudem durch die für die Anmeldung zum Register erforderliche **Beglaubigung der Unterschriften** und ggf wegen zu beurkundender Verzichtserklärungen einzelner Gesellschafter hinsichtlich der Erstattung eines Umwandlungsberichts (§ 192 Abs. 2 S. 1). Daneben können im Einzelfall auch Gebühren für die Beurkundung von Verzichtserklärungen auf Vorlage eines Abfindungsangebotes nach § 207 anfallen. 48

Sämtliche Zustimmungs- und Verzichtserklärungen sind **neben dem Umwandlungsbeschluss** zusätzlich kostenrechtlich zu bewerten, unabhängig davon, ob diese in der gleichen Urkunde enthalten sind, oder in einem separaten Dokument. Das gilt, weil die Erklärungen, die in die Urkunde über den Zustimmungsbeschluss aufgenommen werden, nicht gegenstandsgleich sind, weshalb die Anwendung von § 109 GNotKG ausgeschlossen ist.[75] Im Einzelfall können die für die Beurkundung anfallenden Kosten deshalb erheblich sein.[76] 49

3. Prüfungskosten. Prüfungskosten fallen in der Regel nicht an. Die prüfungspflichtige Gesellschaft hat zwar eine steuerliche Übertragungsbilanz aufzustellen; diese ist jedoch keiner Prüfung zu unterziehen.[77] Allenfalls die etwa anzubietende Barabfindung unterliegt einer Prüfung, sofern diese nicht wegen §§ 208, 30 Abs. 2 entbehrlich oder nach § 225 schon nicht notwendig ist. 50

§ 191 Einbezogene Rechtsträger

(1) Formwechselnde Rechtsträger können sein:

1. **Personenhandelsgesellschaften (§ 3 Abs. 1 Nr. 1) und Partnerschaftsgesellschaften;**
2. **Kapitalgesellschaften (§ 3 Abs. 1 Nr. 2);**
3. **eingetragene Genossenschaften;**
4. **rechtsfähige Vereine;**

70 Gesetz zur Modernisierung des Kostenrechts v. 5.5.2004, BGBl. I S. 718.

71 Gesetz zur Neuordnung der Gebühren in Handels-, Partnerschafts- und Genossenschaftsregistersachen v. 3.7.2004, BGBl. I S. 1410.

72 Verordnung über Gebühren in Handels-, Partnerschafts- und Genossenschaftsregistersachen v. 30.9.2004, BGBl. I S. 2562.

73 Zweites Gesetz zur Modernisierung des Kostenrechts v. 23.7.2013 (2. KostRMoG), BGBl. I S. 2586.

74 Begr. RegE, BT-Drucks. 17/11471, 1.

75 Korintenberg/Lappe/Bengel/Reimann/*Bengel/Tiedtke*, § 44 Rn 66; § 41 c Rn 62; Limmer/*Tiedtke*, Unternehmensumwandlung, Teil 8 Rn 86 (noch zu § 44 KostO).

76 S. im Einzelnen die Ausführungen nebst Beispielsrechnung, § 192 Rn 14 f; § 193 Rn 22 f.

77 MünchAnwHbGmbHR/*Meister*, § 22 Rn 291.

5. **Versicherungsvereine auf Gegenseitigkeit;**
6. **Körperschaften und Anstalten des öffentlichen Rechts.**

(2) Rechtsträger neuer Rechtsform können sein:

1. **Gesellschaften des bürgerlichen Rechts;**
2. **Personenhandelsgesellschaften und Partnerschaftsgesellschaften;**
3. **Kapitalgesellschaften;**
4. **eingetragene Genossenschaften.**

(3) Der Formwechsel ist auch bei aufgelösten Rechtsträgern möglich, wenn ihre Fortsetzung in der bisherigen Rechtsform beschlossen werden könnte.

I. Normzweck

1 § 191 führt in **abschließender Form** die am Formwechsel beteiligungsfähigen Rechtsträger auf und entspricht in struktureller und systematischer Hinsicht den §§ 3, 124 zur innerstaatlichen Verschmelzung und Spaltung. Abs. 1 bezeichnet enumerativ die denkbaren Ausgangsrechtsformen. Abs. 2 legt hingegen den Kreis der in Frage kommenden Zielrechtsformen fest. In Gleichlauf zu § 3 Abs. 3 stellt § 191 Abs. 3 zudem klar, dass am Formwechsel auch bereits aufgelöste Rechtsträger beteiligt sein können, sofern eine Fortsetzung der Gesellschaft in der bisherigen Rechtsform beschlossen werden könnte. Letztendlich entscheidet § 191 nicht allein über die Zulässigkeit des angestrebten Formwechsels; vielmehr stellt die Regelung lediglich die „erste Stufe" der Prüfungsreihenfolge dar.[1] Ob der Formwechsel tatsächlich realisierbar ist, beurteilt sich schlussendlich erst aus dem Zusammenspiel mit den rechtsformspezifischen und damit speziellen Vorschriften der §§ 214 ff.

II. Formwechselnder Rechtsträger (Abs. 1)

2 **1. Personenhandelsgesellschaften und Partnerschaftsgesellschaften.** Zunächst zählen nach § 191 Abs. 1 Nr. 1 **Personenhandelsgesellschaften** und **Partnerschaftsgesellschaften** zum Kreise der formwechselnden Ausgangsrechtsträger. Darunter fallen die OHG und KG (inklusive die Kapitalgesellschaft & Co. KG, wie die GmbH & Co. KG,aber auch die Stiftung & Co. KG.[2] Darüber hinaus sind seit der Änderung des UmwG von 1998[3] auch Partnerschaftsgesellschaften iSv § 1 Abs. 1 PartGG als formwechselnde Rechtsträger beteiligungsfähig.

3 Zudem fällt nach hM auch die Europäische Wirtschaftliche Interessenvereinigung (**EWIV**) in den Anwendungsbereich von § 191 Abs. 1 Nr. 1 (und Abs. 2 Nr. 2).[4] Denn nach § 1 EWIVAG[5] wird die EWIV in Deutschland grundsätzlich als OHG behandelt, soweit nicht die aus der

1 Widmann/Mayer/*Vossius*, § 191 Rn 3.

2 Semler/Stengel/*Stengel*, § 191 Rn 2; Lutter/*Decher*/*Hoger*, § 191 Rn 2; *Ganske*, Umwandlungsrecht, S. 212; Begr. RegE zu § 191 Abs. Nr. 1, BR-Drucks. 75/94, 137.

3 Gesetz zur Änderung des Umwandlungsgesetzes, des Partnerschaftsgesellschaftsgesetzes und anderer Gesetze v. 22.7.1998, BGBl. I S. 1878.

4 Semler/Stengel/*Stengel*, § 191 Rn 11; Schmitt/Hörtnagl/Stratz/*Stratz*, § 191 Rn 10; Lutter/*Decher*/*Hoger*, § 191 Rn 2 mwN; aA Widmann/Mayer/*Vossius*, § 191 Rn 8 f, mit der Begründung, § 1 Abs. 2 EWIVAG stelle lediglich einen Rechtsfolgenverweis dar.

5 Gesetz zur Ausführung der EWG-Verordnung über die Europäische wirtschaftliche Interessenvereinigung (EWIV-Ausführungsgesetz) v. 14.4.1988, BGBl. I S. 514.

EWIV-VO geltenden Vorschriften vorrangig anwendbar sind.[6] Für die Zwecke des Formwechsels ist die EWIV daher als OHG und damit als Personengesellschaft zu behandeln.

2. Kapitalgesellschaften. Weiterhin können sich nach § 191 Abs. 1 Nr. 2 auch **Kapitalgesellschaften** an einem Formwechsel als formwechselnde Rechtsträger beteiligen. Nach § 3 Abs. 1 Nr. 2 fallen hierunter die AG mitsamt der KGaA sowie die GmbH (inkl. der UG, § 5 a GmbHG, die als Unterfall der GmbH mit umfasst ist).[7] Die Umwandlung einer UG in eine GmbH ist allerdings bereits deshalb ausgeschlossen, weil insofern die Regelung des § 5 a GmbHG abschließend ist.[8] 4

Bei der **SE** hat die Beurteilung der Beteiligungsfähigkeit differenzierter auszufallen. Aufgrund der Gleichbehandlungsklausel in Art. 10 SE-VO[9] ist eine in Deutschland gegründete SE wie eine deutsche AG zu behandeln, mit der Folge, dass der SE konsequenter Weise auch die Umwandlungsmöglichkeiten einer AG zur Verfügung stehen. Umstritten ist jedoch, ob die SE deshalb auch formwechselfähig iSv § 191 Abs. 1 Nr. 2 ist, sprich, ob die SE auch in andere Rechtsformen als die einer AG umgewandelt werden kann. Das würde voraussetzen, dass bei der Umwandlung einer SE neben den Sondervorschriften der SE-VO auch deutsches Umwandlungsrecht anwendbar ist. Ob das möglich ist, hängt von der Auslegung von Art. 66 Abs. 1 S. 1 SE-VO ab. Die Vorschrift sieht vor, dass eine SE in eine dem Recht ihres Sitzstaates unterliegende Aktiengesellschaft umgewandelt werden kann. Hätte diese Regelung abschließenden Charakter, wäre eine Umwandlung außerhalb der SE-Verordnung nicht denkbar. Die überwiegende Ansicht legt Art. 66 Abs. 1 S. 1 SE-VO jedoch dahin gehend teleologisch aus, dass der Formwechsel einer SE mit Sitz in Deutschland nach den Vorschriften des UmwG parallel neben Art. 66 SE-VO möglich ist.[10] Dem ist zuzustimmen. Es sind keine triftigen Gründe ersichtlich, warum der europäische Verordnungsgesetzgeber die Möglichkeit des Formwechsels in andere Rechtsformen als die nationale AG ausklammern und abschließend regeln wollte. Davon abgesehen wäre es eine reine Förmelei, die SE zunächst in die Rechtsform einer AG nach Art. 66 SE-VO umzuwandeln, welcher dann ohnehin sämtliche nach dem UmwG existierende Umwandlungsvarianten zur Verfügung stünden.[11] Daraus folgt, dass die SE als Ausgangsrechtsträger einem Formwechsel so lange zugänglich ist, wie dies auch einer inländischen AG möglich wäre. Allerdings müssen dabei die Vorgaben des Art. 66 SE-VO beachtet werden, die ansonsten umgangen werden könnten.[12] Streng davon zu trennen ist naturgemäß dann der Formwechsel einer SE in eine AG, der sich exklusiv nach Art. 66 SE-VO richtet. 5

Die **Vorgesellschaft** einer Kapitalgesellschaft ist hingegen nicht beteiligungsfähig. Denn der Beginn der Umwandlungsfähigkeit setzt die vorherige konstitutive Eintragung der Kapitalgesellschaft voraus, § 41 Abs. 1 S. 1 AktG bzw §§ 278 Abs. 3 iVm 41 Abs. 1 S. 1 AktG sowie § 11 Abs. 1 GmbHG.[13] 6

3. Eingetragene Genossenschaften. Gemäß § 191 Abs. 1 Nr. 3 sind zudem als Ausgangsrechtsträger **eingetragene Genossenschaften** umwandlungsfähig. Dazu zählen alle Genossenschaften iSd Legaldefinition des § 1 Abs. 1 GenG. Wie bei den Kapitalgesellschaften ist die Genossen- 7

6 LG Ffm BB 1991, 496; *Fey* in: Beck'sches Steuer- und Bilanzrechtslexikon, Edition 3/12, Europäische Kooperationsformen, Rn 3.

7 H.M., Lutter/*Decher/Hoger,* § 191 Rn 2; Semler/Stengel/*Bärwaldt,* § 197 Rn 35 a; Baumbach/Hueck/*Fastrich*, § 5 a GmbHG Rn 32; Kallmeyer/*Meister/Klöcker*, § 191 Rn 2.

8 Semler/Stengel/*Stengel*, § 191 Rn 4; *Tettinger*, Der Konzern 2008, 75, 76; *Meister*, NZG 2008, 767, 768; *Berninger*, GmbHR 2010, 63, 67; Lutter/*Drygala*, § 3 Rn 11; Lutter/*Decher/Hoger*, § 191 Rn 2; s. auch § 226 Rn 5.

9 Verordnung (EG) Nr. 2157/2001 des Rates v. 8.10.2001 über das Statut der Europäischen Gesellschaft (ABl. EG L 294 v. 10.11. 2001).

10 Lutter/*Göthel*, § 226 Rn 3 Fn 3; Kallmeyer/*Meister/Klöcker*, § 191 Rn 5; Widmann/Mayer/*Vossius*, § 191 Rn 14.1; Spindler/Stilz/*Casper*, Art. 3 SE-VO Rn 39; *Oplustil/Schneider*, NZG 2003, 13, 15 f; *Kossmann/Heinrich*, ZIP 2007, 164, 168; Habersack/Drinhausen/*Drinhausen*, Art. 66 SCE-VO Rn 7, der dabei darauf hinweist, dass nur der EuGH diese Frage abschließend beantworten kann; differenzierend Semler/Stengel/*Drinhausen*, Einl. C Rn 63; aA Semler/Stengel/*Stengel*, § 191 Rn 12.

11 *Kossmann/Heinrich*, ZIP 2007, 164, 168; *Oplustil/Schneider*, NZG 2003, 13, 15.

12 Semler/Stengel/*Drinhausen*, Einl. C Rn 63.

13 Schmitt/Hörtnagl/Stratz/*Stratz*, § 191 Rn 14.

schaft erst ab ihrer konstitutiven Eintragung in das Genossenschaftsregister (§ 13 GenG) einem Formwechsel zugänglich[14] Die europäische Sonderform der SCE ist jedoch keine Genossenschaft iSv § 191 Abs. 1 Nr. 3. Die Umwandlung einer SCE ist in Art. 76 SCE-VO abschließend geregelt.[15]

8 **4. Rechtsfähige Vereine.** Ferner bezeichnet § 191 Abs. 1 Nr. 4 den **rechtsfähigen Verein** als formwechselnden Rechtsträger. Anders als bei der Verschmelzung (vgl § 3 Abs. 1 Nr. 4) unterscheidet der Gesetzgeber beim Formwechsel nicht zwischen Idealverein und wirtschaftlichem Verein. Als formwechselnde Rechtsträger kommen deshalb alle eingetragenen, nicht wirtschaftlichen Vereine iSv §§ 21, 55 ff BGB und alle rechtsfähigen wirtschaftlichen Vereine iSv § 22 BGB in Betracht.[16] Dazu zählen auch alle (nicht eingetragenen) altrechtlichen Vereine iSv Art. 163 EGBGB.[17] Vom Formwechsel ausgeschlossen sind, in Ermangelung eines inländischen Sitzes, ausländische Vereine iSv § 23 BGB sowie aufgrund fehlender Rechtsfähigkeit, vgl § 191 Abs. 1 Nr. 4, alle nichtrechtsfähigen Vereine gemäß § 54 BGB.[18]

9 **5. Versicherungsvereine auf Gegenseitigkeit.** Auch der Versicherungsverein auf Gegenseitigkeit (**VVaG**) kann sich an einer Umwandlung als formwechselnder Rechtsträger nach § 191 Abs. 1 Nr. 5 beteiligen. Das sind alle Vereine iSv § 15 VAG.

10 **6. Körperschaften und Anstalten des öffentlichen Rechts.** Zuletzt eröffnet § 191 Abs. 1 Nr. 6 Körperschaften und Anstalten des öffentlichen Rechts die Möglichkeit zum Formwechsel. Eine **öffentlich-rechtliche Körperschaft** ist eine rechtsfähige, mitgliedschaftlich verfasste Organisation, die durch staatlichen Hoheitsakt geschaffen wurde und unter staatlicher Aufsicht öffentliche Aufgaben wahrnimmt.[19] Dazu zählen in erster Linie alle Personalkörperschaften wie Ärztekammern, Rechtsanwaltskammern oder Hochschulen. Unter einer **Anstalt des öffentlichen Rechts** wird hingegen eine zu einer rechtsfähigen Verwaltungseinheit verselbstständigte Zusammenfassung von Bediensteten und Sachmitteln verstanden, die auf die dauerhafte Erfüllung von Verwaltungsaufgaben ausgerichtet ist.[20] Das sind zB öffentlich-rechtlich organisierte Kreditinstitute, Hallenbäder, Bibliotheken oder Betriebe der Daseinsvorsorge.[21]

11 **7. Gesellschaft des bürgerlichen Rechts.** Aufgrund der abschließenden Aufzählung ist die GbR als Ausgangsgesellschaft nicht einem Formwechsel nach dem UmwG zugänglich.[22] Sie kommt lediglich als Zielrechtsträger iSv § 191 Abs. 2 Nr. 1 in Betracht. Vor dem Hintergrund der Anerkennung der Rechtsfähigkeit der Außen-GbR durch den BGH wird dies zu Recht kritisiert.[23] Dennoch ist aufgrund des **Analogieverbotes** im UmwG eine analoge Anwendung von § 191 Abs. 1 Nr. 1 nicht möglich, auch wenn das im Hinblick auf die Rechtsfähigkeit der Ausgangs-GbR vielleicht wünschenswert wäre.[24]

12 Als Ausweg besteht die Möglichkeit, die GbR in eine OHG (also einen dem Formwechsel zugänglichen Rechtsträger) als **„Zwischenstation"** umzuwandeln. Dies erfordert die Eintragung der OHG oder auch KG im Handelsregister, weil eine GbR, die ein Handelsgewerbe gem. § 1 Abs. 2 HGB beginnt, kraft Gesetzes (auch ohne die gesetzlich erforderliche, aber deklaratorisch wirkende Eintragung ins Handelsregister) bereits in eine OHG umgewandelt wird.[25]

14 Schmitt/Hörtnagl/Stratz/*Stratz*, § 191 Rn 19.
15 Verordnung (EG) Nr. 1435/2003 des Rates v. 22.7.2003 über das Statut der Europäischen Genossenschaft (SCE) (ABl. EG L 207 v. 18.8.2003, S. 1); so auch Semler/Stengel/*Drinhausen*, Einl. C, Rn 68; wohl auch Lutter/*Decher/Hoger*, § 190 Rn 17.
16 Lutter/*Decher/Hoger*, § 191 Rn 2; Semler/Stengel/*Stengel*, § 191 Rn 6.
17 Semler/Stengel/*Stengel*, § 191 Rn 6.
18 Semler/Stengel/*Stengel*, § 191 Rn 6.
19 *Maurer*, Allgemeines Verwaltungsrecht, § 23 Rn 37; Maunz/Dürig/*Ibler*, Art. 86 GG Rn 71.
20 *Maurer*, Allgemeines Verwaltungsrecht, § 23 Rn 47; Maunz/Dürig *Ibler*, Art. 86 GG Rn 71.
21 S. § 301 Rn 12.
22 Lutter/*Decher/Hoger*, § 191 Rn 3; Semler/Stengel/*Stengel*, § 191 Rn 11; Schmitt/Hörtnagl/Stratz/*Stratz*, § 191 Rn 33; aA Goutier/Knopf/Tulloch/*Laumann*, § 190 Rn 36.
23 Lutter/*Decher/Hoger*, § 191 Rn 3.
24 Lutter/*Decher/Hoger*, § 191 Rn 3; Schmitt/Hörtnagl/Stratz/*Stratz*, § 191 Rn 33; *Timm*, NJW 1995, 3209, 3210.
25 §§ 105 Abs. 1 HGB bzw über 161 Abs. 2 HGB für die KG; Baumbach/Hopt/*Roth*, Einl. v. § 105 HGB Rn 21.

13 **8. Sonstige Rechtsformen. Sonstige Rechtsformen** können nicht formwechselnde Rechtsträger eines Formwechsels sein. Die Regelung ist also abschließend (sog. *numerus clausus* des UmwG).[26] Eine analoge Anwendung der Norm ist aufgrund des in § 1 Abs. 2 UmwG verankerten Analogieverbots ausgeschlossen.[27]

III. Rechtsträger neuer Rechtsform (Abs. 2)

14 Als **Rechtsträger neuer Rechtsform** werden nach § 191 Abs. 2 Nr. 1 die GbR, Personenhandelsgesellschaften, Partnerschaftsgesellschaften, Kapitalgesellschaften und eingetragene Genossenschaften genannt. Dh im Umkehrschluss, dass ein Formwechsel in einen rechtsfähigen Verein, Versicherungsverein auf Gegenseitigkeit, eine Stiftung sowie Körperschaft oder Anstalt des öffentlichen Rechts ausgeschlossen ist, obgleich diese Rechtsformen Ausgangsträger für einen Formwechsel sein können.

15 Soweit eine **SE Rechtsträger neuer Rechtsform** werden soll, so richtet sich dies ausschließlich nach der insoweit abschließenden SE-VO (vgl Art. 37 SE-VO iVm Art. 2 Abs. 4 SE-VO), der nur den Formwechsel einer AG in eine SE vorsieht.[28] Teilweise wird vertreten, dass beim Formwechsel einer AG in eine SE gemäß Art. 2 Abs. 4, Art. 37 SE-VO das UmwG ergänzend als Teil der zu beachtenden Gründungsvorschriften herangezogen werden kann.[29] Tatsächlich erlaubt Art. 15 Abs. 1 SE-VO erlaubt Rückgriff auf das für die AG geltende nationale Recht, so dass in entsprechender Anwendung der Normen des UmwG die lückenhafte Gestaltung des Formwechsels der SE überwunden werden kann.[30] Das ändert jedoch nicht den Vorrang von Art. 37 SE-VO.[31]Nach hier vertretener Auffassung handelt es sich daher bei einem Formwechsel nach Art. 37 SE-VO um einen Fall des Formwechsels außerhalb des UmwG (§ 190 Abs. 2). S. hierzu bereits die Erläuterungen zu § 190 Rn 39 ff.

IV. Formwechsel außerhalb des UmwG

16 Trotz *numerus clausus* und Analogieverbot existieren auch **außerhalb des UmwG** weitere Kombinationsmöglichkeiten. Insofern kann auf die Ausführungen zu § 190 verwiesen werden.[32]

V. Formwechsel bei aufgelösten Rechtsträgern (Abs. 3)

17 In Gleichlauf zur Regelung in § 3 Abs. 3 für die Verschmelzung kann sich nach § 191 Abs. 3 auch ein bereits **aufgelöster Rechtsträger** an einem Formwechsel als Ausgangsrechtsträger beteiligen, wenn die Gesellschafter eine Fortsetzung der aufgelösten Gesellschaft in der bisherigen Rechtsform beschließen könnten. Telos der Norm ist der Gläubigerschutz.[33] Danach ist der Formwechsel ausschließlich solchen aufgelösten Rechtsträgern gestattet, die über genügend Vermögen verfügen, um die Gläubiger nach dem Formwechsel aus der Haftungsmasse befriedigen zu können.[34] Voraussetzung ist grundsätzlich, dass noch nicht mit der Verteilung des Vermögens an die Anteilsinhaber begonnen wurde.[35] Für die AG (bzw KGaA über § 278 Abs. 3 AktG) ist für die Bestimmung des Zeitpunktes der Fortsetzungsfähigkeit deshalb § 274 Abs. 1 S. 1 AktG einschlägig. Für die GmbH gilt im Hinblick auf § 60 GmbHG § 274 Abs. 1 S. 1 AktG entsprechend.[36] § 79 a Abs. 1 GenG enthält eine Parallelregelung für die eG. Die Fortset-

26 Lutter/*Decher/Hoger*, § 191 Rn 1; Kallmeyer/*Meister/Klöcker*, § 191 Rn 1.
27 Semler/Stengel/*Stengel*, § 191 Rn 11; Kallmeyer/*Meister/Klöcker*, § 190 Rn 12.
28 Semler/Stengel/*Drinhausen*, Einl. C Rn 54.
29 Habersack/Drinhausen/*Bücker*, Art. 37 SE-VO Rn 4 mwN.
30 Semler/Stengel/*Drinhausen*, Einl. C, Rn 54, insb. Fn 116; vgl auch Habersack/Drinhausen/*Bücker*, Art. 37 SE-VO Rn 4.
31 Vgl zur ergänzenden Anwendung nationalen Rechts Semler/Stengel/*Drinhausen*, Einl. C Rn 54.
32 S. § 190 Rn 39 ff.
33 Semler/Stengel/*Stengel*, § 191 Rn 16; Lutter/*Decher/Hoger*, § 191 Rn 9.
34 Lutter/*Decher/Hoger*, § 191 Rn 9.
35 Begr. RegE zu § 3 Abs. 3, BR-Drucks. 75/94, 82.
36 OLG Düsseldorf GmbHR 1979, 276, 277; Semler/Stengel/*Stengel*, § 191 Rn 18.

zung einer OHG und KG ist bis zum Beginn der Liquidation möglich, § 131 Abs. 1, Abs. 2 HGB.[37]

18 Nach **Eröffnung des Insolvenzverfahrens** sind eine Fortsetzung und auch ein Formwechsel regelmäßig ausgeschlossen. Eine Ausnahme besteht nur dann, wenn das Verfahren auf Antrag des Schuldners eingestellt, oder nach Bestätigung eines Insolvenzplans aufgehoben worden ist.[38]

§ 192 Umwandlungsbericht

(1) [1]Das Vertretungsorgan des formwechselnden Rechtsträgers hat einen ausführlichen schriftlichen Bericht zu erstatten, in dem der Formwechsel und insbesondere die künftige Beteiligung der Anteilsinhaber an dem Rechtsträger rechtlich und wirtschaftlich erläutert und begründet werden (Umwandlungsbericht). [2]§ 8 Abs. 1 Satz 2 bis 4 und Abs. 2 ist entsprechend anzuwenden. [3]Der Umwandlungsbericht muß einen Entwurf des Umwandlungsbeschlusses enthalten.

(2) [1]Ein Umwandlungsbericht ist nicht erforderlich, wenn an dem formwechselnden Rechtsträger nur ein Anteilsinhaber beteiligt ist oder wenn alle Anteilsinhaber auf seine Erstattung verzichten. [2]Die Verzichtserklärungen sind notariell zu beurkunden.

I. Normzweck

1 In Gleichlauf zu den Parallelvorschriften über die Spaltung (§ 127) und Verschmelzung (§ 8) verpflichtet § 192 Abs. 1 das Vertretungsorgan des formwechselnden Rechtsträgers einen **Umwandlungsbericht** zu erstatten. Die Vorschrift bezweckt primär den Schutz der Anteilsinhaber und entspricht deshalb dem Grundgedanken von § 51 a GmbHG sowie § 131 AktG.[1] Dieses Auskunftsrecht der Anteilsinhaber soll den Gebrauch ihrer mitgliedschaftlichen Rechte in der Gesellschaft ermöglichen.[2] Für den Formwechsel soll deshalb mit Abs. 1 den Anteilsinhabern die Möglichkeit zur Vorabinformation über die Folgen der Umwandlung für ihre Anteile oder sonstige Mitgliedschaftsrechte eröffnet werden.[3]

2 Nach Abs. 2 können alle Anteilsinhaber in notariell beurkundeter Form auf die Erstattung eines Umwandlungsberichts verzichten. Die mit einem Verzicht verbundenen Notarkosten sollten hierbei beachtet werden.[4]

II. Pflicht zur Erstattung eines Umwandlungsberichts (Abs. 1)

3 **1. Schuldner der Berichtspflicht.** Nach § 192 Abs. 1 S. 1 ist das **Vertretungsorgan** des formwechselnden Rechtsträgers verpflichtet, einen Umwandlungsbericht zu erstatten. Der Um-

37 Widmann/Mayer/*Vossius*, § 191 Rn 17; Semler/Stengel/*Stengel*, § 191 Rn 17.
38 Lutter/*Decher/Hoger*, § 191 Rn 11; Semler/Stengel/*Stengel*, § 191 Rn 19.

1 Lutter/*Decher/Hoger*, § 192 Rn 2.
2 MüKo-AktG/*Kubis*, § 131 Rn 1.
3 Begr. RegE zu § 192, BR-Drucks. 75/94, 138.
4 S. Rn 14 f.

wandlungsbericht stellt keine Willens-, sondern eine Wissenserklärung dar, so dass rechtsgeschäftliche Vertretung unzulässig ist.[5] Der Bericht muss hinsichtlich der Form den Anforderungen von § 126 BGB genügen, wobei nur das Original eigenhändig zu unterschreiben ist. Dem Schrifterfordernis ist genügt, wenn die Urheberschaft auf sämtlichen Kopien damit erkenntlich gemacht wird, dass das Dokument mit der Kennzeichnung „der Vorstand" oä signiert ist.[6]

Hinweis: Bislang hatte die hM für die Unterzeichnung des Verschmelzungsberichts (§ 8 Abs. 1) angenommen, dass alle Mitglieder des Vertretungsorgans den Verschmelzungsbericht unterzeichnen müssten. In einer jüngeren Entscheidung hat sich jedoch der BGH für die (damalige) Mindermeinung ausgesprochen, dass eine Unterzeichnung durch Organmitglieder in vertretungsberechtigter Zahl nach § 8 ausreichend sei, hat aber diese Frage ausdrücklich nicht abschließend entschieden.[7] Sicherheitshalber sollten daher derzeit für den Formwechsel noch sämtliche Mitglieder des Vertretungsorgans den Umwandlungsbericht für den Formwechsel unterzeichnen.

2. Inhalt des Umwandlungsberichts. § 192 Abs. 1 S. 1 definiert den **Umwandlungsbericht**: Das Vertretungsorgan des Ausgangsrechtsträgers hat danach einen ausführlichen schriftlichen Bericht zu erstatten, in dem der Formwechsel und insb. die künftige Beteiligung der Anteilsinhaber an dem Rechtsträger rechtlich und wirtschaftlich erläutert und begründet werden. § 192 Abs. 1 S. 2 verweist auf § 8 Abs. 1 S. 2–4 und Abs. 2 und normiert damit die Anforderungen an Inhalt und Form des Umwandlungsberichts. Nach § 192 Abs. 1 S. 3 hat der Umwandlungsbericht einen Entwurf des Umwandlungsbeschlusses zu enthalten. Damit ist noch keine Aussage getroffen, wie umfassend und detailreich der Umwandlungsbericht zu verfassen ist. Vom Schutzzweck der Norm her betrachtet muss der Umwandlungsbericht dem Anteilsinhaber zumindest eine angemessene Beurteilungsgrundlage geben, um sich ein eigenes Urteil über den geplanten Formwechsel zu bilden.[8] Eine rein formelhafte Darstellung wäre daher unzureichend.[9] Hinsichtlich der inhaltlichen Ausgestaltung ist Sorgfalt geboten, denn aus einem inhaltlich nicht vollständigen Umwandlungsbericht folgt bei Kapitalgesellschaften, eG und VvaG die Anfechtbarkeit des Umwandlungsbeschlusses.[10] Bei Personenhandelsgesellschaften und eV führen Mängel im Umwandlungsbericht hingegen zu dessen Nichtigkeit.[11] 4

a) Rechtliche und wirtschaftliche Gründe für den Formwechsel. Zunächst sind im Umwandlungsbericht nach § 192 Abs. 1 S. 1 die **rechtlichen und wirtschaftlichen Gründe** für den Formwechsel ausführlich darzulegen. Dh der Umwandlungsbericht muss alle relevanten und sonst entscheidungserheblichen Tatsachen in gebotenem Umfang aufführen.[12] 5

Hinsichtlich des konkreten **Inhalts** wird in der Literatur regelmäßig empfohlen, die folgenden Punkte im Bericht aufzunehmen: 6

▶ Checkliste:

- Darstellung des Rechtsträgers, seine bisherige Entwicklung und sein jetziger Ist-Zustand, seine Einbindung in einen Konzern sowie die mit dem Formwechsel verfolgten, unternehmerischen Ziele.[13]
- Rechtliche und wirtschaftliche Zweckmäßigkeit der neuen Rechtsform für den Rechtsträger und seine Anteilsinhaber.[14]

5 Schmitt/Hörtnagl/Stratz/*Stratz*, § 192 Rn 4; Widmann/Mayer/*Mayer*, § 192 Rn 26.

6 Semler/Stengel/*Bärwaldt*, § 192 Rn 22; Lutter/*Decher*/*Hoger*, § 192 Rn 5.

7 BGH NJW-RR 2007, 1409, 1411; so auch wohl die hM, vgl Semler/Stengel/*Bärwaldt*, § 192 Rn 21; Schmitt/Hörtnagl/Stratz/*Stratz*, § 192 Rn 4; Widmann/Mayer/*Mayer*, § 192 Rn 25; Lutter/*Decher*/*Hoger*, § 192 Rn 5; aA *Hager*, RNotZ 2011, 565, 577.

8 Lutter/*Decher*/*Hoger*, § 192 Rn 10; *Meyer-Landrut*/*Kiem*, WM 1997, 1413, 1416.

9 *Meyer-Landrut*/*Kiem*, WM 1997, 1413, 1416.

10 Semler/Stengel/*Bärwaldt*, § 192 Rn 33.

11 Semler/Stengel/*Bärwaldt*, § 192 Rn 33.

12 Schmitt/Hörtnagl/Stratz/*Stratz*, § 192 Rn 7; Semler/Stengel/*Bärwaldt*, § 192 Rn 9.

13 Semler/Stengel/*Bärwaldt*, § 192 Rn 6.

14 Semler/Stengel/*Bärwaldt*, § 192 Rn 6; Lutter/*Decher*/*Hoger*, § 192 Rn 18.

- Darlegung der rechtlichen und wirtschaftlichen Nachteile, die dem Rechtsträger und seinen Anteilsinhabern durch die neue Rechtsform entstehen.[15]
- Erläuterung, warum die Vorteile des Formwechsels die Nachteile überwiegen.[16]
- Darlegung alternativer Strukturmaßnahmen und der Gründe, warum der Formwechsel vorgezogen wird.[17]
- Darlegung der ggf steuerlichen Motive sowie insb. der steuerlichen Folgen des Formwechsels für den Rechtsträger, wobei eine abstrakte Darstellung genügen sollte.[18] ◀

7 **b) Rechtliche und wirtschaftliche Folgen für die Anteilsinhaber. aa) Qualitative Veränderungen.** Der Gesetzeswortlaut verlangt auch in rechtlicher und wirtschaftlicher Hinsicht eine ausführliche Berichterstattung über die qualitativen Veränderungen für die **Anteile oder sonstigen Mitgliedschaftsrechte** der Anteilsinhaber.[19] Das schließt Angaben über die künftige Rechtsstellung der Anteilsinhaber, aber auch Informationen über die Gewährung von Minderheitenrechte in der Ausgangs- und Zielgesellschaft mit ein.[20] Sollte mit dem Formwechsel auch eine quantitative Veränderung der Beteiligungsverhältnisse einhergehen („nicht-verhältniswahrender Formwechsel"), so sind auch diese zu erläutern. Relevant wird dies insb. für den Fall des Formwechsels einer Kapitalgesellschaft in die Rechtsform einer GmbH & Co. KG aufgrund des erforderlichen Beitritts eines persönlich haftenden Gesellschafters oder bei der Gewährung zusätzlicher Anteile zur Abgeltung von Sonderrechten.[21]

8 **bb) Erläuterung und Begründung der Barabfindung.** Für den Fall eines Widerspruchs der Anteilsinhaber gegen den Umwandlungsbeschluss muss der Umwandlungsbericht auch die Einzelheiten für die Gewährung einer **Barabfindung** iSv § 207 erläutern und begründen.[22] Im Gegensatz zu § 8 Abs. 1 S. 1 sieht § 192 Abs. 1 eine solche Verpflichtung zwar nicht vor; sie ergibt sich jedoch mittelbar aus der Tatsache, dass die Barabfindung zwingender Bestandteil des Umwandlungsbeschlusses ist (§ 194 Abs. 1 Nr. 6), und dieser wiederum als Entwurf im Umwandlungsbericht enthalten sein muss (§ 192 Abs. 1 S. 3).[23]

Hinweis: In der Praxis ist es auch hier empfehlenswert, die Informationen eher ausführlicher, als zu knapp zu halten. Eine fehlerhafte Erläuterung und Begründung der Barabfindung führt nach der Rechtsprechung des BGH zwar nicht zur Anfechtbarkeit des Umwandlungsbeschlusses.[24] Etwaige Mängel des Umwandlungsberichts können jedoch im Spruchverfahren zur Überprüfung der Angemessenheit des Abfindungsangebotes gerügt werden.[25]

9 **c) Besondere Schwierigkeiten bei der Bewertung.** Die Auskunftspflicht des Vertretungsorgans des formwechselnden Rechtsträgers nach §§ 192 Abs. 1 S. 2, 8 Abs. 1 S. 2 erstreckt sich auch auf etwaige **Schwierigkeiten bei der Bewertung** des Rechtsträgers. Vor dem Hintergrund des identitätswahrenden Charakters des Formwechsels ist diesem Verweis jedoch lediglich marginale Bedeutung beizumessen, so dass die Vorschrift lediglich beim „nichtverhältnis-wahrenden Formwechsel" relevant wird.[26]

15 Semler/Stengel/*Bärwaldt*, § 192 Rn 6; Lutter/*Decher*/*Hoger*, § 192 Rn 18.
16 BGHZ 83, 319, 326; Lutter/*Decher*/*Hoger*, § 192 Rn 18; Schmitt/Hörtnagl/Stratz/*Stratz*, § 192 Rn 9; dabei genügt die Darlegung, dass der Formwechsel die geeignetere und zweckmäßigere Lösung darstellt: Lutter/*Decher*/*Hoger*, § 192 Rn 19; Widmann/Mayer/*Mayer*, § 192 Rn 36.
17 BGHZ 83, 319, 326; Lutter/*Decher*/*Hoger*, § 192 Rn 19; Semler/Stengel/*Bärwaldt*, § 192 Rn 6.
18 *Meyer-Landrut*/*Kiem*, WM 1997, 1413, 1416.
19 Begr. RegE zu § 192, BR-Drucks. 75/94, 138.
20 LG Heidelberg AG 1996, 523 ff; Semler/Stengel/*Bärwaldt*, § 192 Rn 10; *Meyer-Landrut*/*Kiem*, WM 1997, 1413, 1416.
21 Widmann/Mayer/*Mayer*, § 192 Rn 43; Lutter/*Decher*/*Hoger*, § 192 Rn 23; Semler/Stengel/*Bärwaldt*, § 192 Rn 11.
22 KG AG 1999, 126, 128; Schmitt/Hörtnagl/Stratz/*Stratz*, § 192 Rn 14; Widmann/Mayer/*Mayer*, § 192 Rn 44; Lutter/*Decher*/*Hoger*, § 192 Rn 29; Semler/Stengel/*Bärwaldt*, § 192 Rn 12; *Bayer*, ZIP 1997, 1613, 1622; *Meyer-Landrut*/*Kiem*, WM 1997, 1413, 1416.
23 Teilweise wird dies darüber hinaus auch aus der Verweisung in § 192 Abs. 1 S. 2 auf § 8 Abs. 1 S. 2 herausgelesen; so etwa Lutter/*Decher*/*Hoger*, § 192 Rn 29; Widmann/Mayer/*Mayer*, § 192 Rn 44.
24 BGH NJW 2001, 1425, 1426; 1428, 1430.
25 BGH NJW 2001, 1425; Semler/Stengel/*Bärwaldt*, § 192 Rn 14.
26 Lutter/Decher/*Hoger*, § 192 Rn 36; Semler/Stengel/*Bärwaldt*, § 192 Rn 15.

d) Verbundene Unternehmen. Darüber hinaus ist über den Verweis in § 192 Abs. 1 S. 2 § 8 Abs. 1 S. 3, S. 4 zu **verbundenen Unternehmen** entsprechend anwendbar. Ist am Formwechsel ein verbundenes Unternehmen iSv § 15 AktG beteiligt, sind im Bericht damit auch Angaben über alle für den Formwechsel wesentlichen Angelegenheiten der anderen verbundenen Unternehmen zu machen. 10

Hinweis: Im Gegensatz zur Verschmelzung ändern sich beim Formwechsel die Rechtsverhältnisse zu den verbundenen Unternehmen grundsätzlich nicht, so dass idR von der Offenlegung abgesehen werden kann.[27]

e) Nicht offenlegungspflichtige Tatsachen. Auskünfte über Tatsachen, welche geeignet sind, dem formwechselnden Rechtsträger oder einem verbundenen Unternehmen einen **nicht unerheblichen Nachteil** zuzufügen, sind jedoch nicht erforderlich (§§ 192 Abs. 1, 8 Abs. 2). Die Sonderregelung knüpft an die aktienrechtliche Regelung des Auskunftsverweigerungsrechts nach § 131 Abs. 3 Nr. 1 AktG an.[28] Für die Annahme eines nicht unerheblichen Nachteils kommt es deshalb nicht auf das Vorliegen eines drohenden Schadens iSd §§ 249 ff BGB an. Vielmehr genügt jede gewichtige Beeinträchtigung des Gesellschaftsinteresses.[29] Darüber hinaus kann sich das Vertretungsorgan auch auf die weiteren Auskunftsverweigerungsrechte des § 131 Abs. 3 Nr. 2 bis 6 AktG berufen.[30] Denn diese stellen lediglich einen Unterfall der Generalklausel des § 131 Abs. 3 Nr. 1 AktG dar.[31] 11

f) Entwurf des Umwandlungsbeschlusses. Schließlich ist nach § 192 Abs. 1 S. 3 dem Umwandlungsbericht ein Entwurf des Umwandlungsbeschlusses beizufügen. 12

Hinweis: Es empfiehlt sich eine gesonderte Erläuterung des Beschlusses, sofern dies nicht bereits Teil der Darstellung der rechtlichen und wirtschaftlichen Folgen des Formwechsels war.

III. Verzicht (Abs. 2)

1. Allgemein. Der Umwandlungsbericht bezweckt den Schutz der Anteilsinhaber.[32] Dementsprechend ist ein solcher dann entbehrlich, wenn nach § 192 Abs. 2 S. 1 an dem formwechselnden Rechtsträger nur ein Anteilsinhaber beteiligt ist (Alt. 1), oder wenn alle Anteilsinhaber auf seine Erstattung verzichten (Alt. 2). In letzterem Fall bedarf es gem. § 192 Abs. 2 S. 2 der notariellen Beurkundung der Verzichtserklärungen. Bei einem solchen Verzicht sollten jedoch die Notarkosten bedacht werden, die im Einzelfall nicht unerheblich sein können (s. Rn 14 f). Zudem kann bei **Personenhandelsgesellschaften** auch dann auf die Erstattung eines Umwandlungsberichts verzichtet werden, wenn alle Gesellschafter zur Geschäftsführung berechtigt sind.[33] 13

Hinweis: Die Verzichtserklärung ist eine Willenserklärung, die nach Maßgabe der §§ 6 ff. BeurkG zu beurkunden ist.[34] Eine Beurkundung des Verzichts im Rahmen der Hauptversammlung einer AG nach Maßgabe des § 130 Abs. 1 AktG erfüllt diese Voraussetzungen nicht. Denn die notarielle Niederschrift nach § 130 Abs. 1 AktG ist ein Ergebnisprotokoll, aber kein Wortprotokoll iSd §§ 6 ff. BeurkG.[35]

2. Kosten. Die Beurkundung der **Verzichtserklärungen** löst gem. § 97 Abs. 1 GNotKG iVm Nr. 21200 KV GNotKG eine 1,0 Gebühr aus, mindestens aber 60 EUR. Werden die Verzichtserklärungen in die Urkunde über den Umwandlungsbeschluss aufgenommen, ist die Anwendung des § 109 GNotKG ausgeschlossen, weshalb diese stets separat vom Formwechselbe- 14

27 Lutter/*Decher/Hoger*, § 192 Rn 40; Semler/Stengel/*Bärwaldt*, § 192 Rn 16.
28 Begr. RegE zu § 8 Abs. 2, BR-Drucks. 75/94, 84.
29 MüKo-AktG/*Kubis*, § 131 Rn 99; *Hüffer*, § 131 AktG Rn 22.
30 Lutter/*Decher/Hoger*, § 192 Rn 44; Semler/Stengel/*Bärwaldt*, § 192 Rn 18.
31 Semler/Stengel/*Bärwaldt*, § 192 Rn 18.
32 S. Rn 1.
33 S. § 215 5 ff.
34 Semler/Stengel/*Bärwaldt*, § 192 Fn 78 mit Hinweis auf LG Stuttgart GmbHR 2001, 977.
35 MüKo-AktG/*Kubis*, § 130 Rn 16; Bamberger/Roth/*Litzenburger*, § 6 BeurkG Rn 1 mwN.

schluss zu bewerten sind.[36] Der Bezugswert ist der Anteil des Erklärenden am Vermögen des formwechselnden Rechtsträgers, § 97 Abs. 1 GNotKG. Der Abzug eines Teilwerts iHv 10–20 %, wie noch im Rahmen von § 36 Abs. 1 KostO notwendig war, kommt nicht mehr in Betracht.[37]

15 **Beispiel:**

Beträgt der Anteil des Verzichtenden dann etwa 500.000 EUR am Vermögen des formwechselnden Rechtsträgers, so löst die Beurkundung gem. § 34 GNotKG (Tabelle B) iVm Nr. 21200 KV GNotKG Gebühren iHv 935 EUR aus.

§ 193 Umwandlungsbeschluß

(1) [1]Für den Formwechsel ist ein Beschluß der Anteilsinhaber des formwechselnden Rechtsträgers (Umwandlungsbeschluß) erforderlich. [2]Der Beschluß kann nur in einer Versammlung der Anteilsinhaber gefaßt werden.

(2) Ist die Abtretung der Anteile des formwechselnden Rechtsträgers von der Genehmigung einzelner Anteilsinhaber abhängig, so bedarf der Umwandlungsbeschluß zu seiner Wirksamkeit ihrer Zustimmung.

(3) [1]Der Umwandlungsbeschluß und die nach diesem Gesetz erforderlichen Zustimmungserklärungen einzelner Anteilsinhaber einschließlich der erforderlichen Zustimmungserklärungen nicht erschienener Anteilsinhaber müssen notariell beurkundet werden. [2]Auf Verlangen ist jedem Anteilsinhaber auf seine Kosten unverzüglich eine Abschrift der Niederschrift des Beschlusses zu erteilen.

I. Normzweck

1 § 193 Abs. 1 S. 1 schreibt vor, dass die Anteilsinhaber einen **Umwandlungsbeschluss** zu fassen haben, und ähnelt somit der Parallelregelung in § 13 Abs. 1 S. 1 zur Zustimmung zum Verschmelzungsvertrag. Im Gegensatz zur Verschmelzung und Spaltung, die zweiaktig erfolgen (Umwandlungsvertrag und Beschluss), liegt dem Formwechsel aufgrund seines identitätswahrenden Charakters nur ein einaktiger Geschehensablauf zugrunde. Ein gesonderter „Vertragsschluss" ist nicht notwendig. In Gleichlauf zur Verschmelzung und Spaltung ist auch hier die Eintragung des Umwandlungsbeschlusses im Handelsregister für das Wirksamwerden des Formwechsels konstitutiv.[1]

36 Korintenberg/Lappe/Bengel/Reimann/*Bengel/Tiedtke*, § 44 KostO Rn 66; § 41 c Rn 62; *Limmer/Tiedtke*, Unternehmensumwandlung, Teil 8 Rn 86.

37 Zur alten Rechtslage OLG Stuttgart v. 16.6.2006, Az W 283/05; *Limmer/Tiedtke*, Unternehmensumwandlung, Teil 8 Rn 90.

1 Widmann/Mayer/*Vollrath*, § 193 Rn 1; Semler/Stengel/*Bärwaldt*, § 193 Rn 1.

II. Ablauf des Beschlussverfahrens

1. Vorbereitung der Versammlung. Da der Umwandlungsbeschluss in einer Versammlung der Anteilseigner zu fassen ist (§ 193 Abs. 1 S. 2), sind diese hierzu auch ordentlich zu laden. Die dabei zu beachtenden Vorgaben für Form und Frist und die zu übersendenden Unterlagen richten sich nach den gesetzlichen und gesellschaftsvertraglichen bzw satzungsrechtlichen Vorschriften für den betreffenden Ausgangsrechtsträger. Ergänzend sind die die einzelnen weiteren, rechtsformabhängigen Vorgaben nach den §§ 214 ff zu beachten. Dies führt dazu, dass die vorherige **Übersendung des Umwandlungsbeschlusses und des Umwandlungsberichts** erforderlich ist. Auf diese Regelungen soll im Folgenden summarisch eingegangen werden; weitergehende Informationen finden sich in der Kommentierung der jeweiligen Einzelvorschrift. 2

a) Personen- und Partnerschaftsgesellschaften. Das Vertretungsorgan des formwechselnden Rechtsträgers von **Personenhandelsgesellschaften und PartG** hat nach § 216 bzw § 225 b iVm § 126 b BGB den Formwechsel allen von der Geschäftsführung ausgeschlossenen Gesellschaftern spätestens zusammen mit der Einberufung der Gesellschafterversammlung bzw der Partnerversammlung, die den Formwechsel beschließen soll, als Gegenstand der Beschlussfassung in Textform anzukündigen. Spätestens mit der Einberufung hat auch die Übermittlung des Umwandlungsberichts mitsamt Beschlussentwurf (§ 192 Abs. 1 S. 3) zu erfolgen. Ein Abfindungsangebot iSv § 207 ist stets beizufügen.[2] 3

b) eG, VVaG und rechtsfähige Vereine. Für **eG, VVaG und rechtsfähige Vereine** ist nach §§ 260 Abs. 1 S. 2, 292 Abs. 1, 274 Abs. 1 S. 1 in der Ankündigung der Beschlussfassung auf die nach § 262 Abs. 1 erforderlichen Mehrheiten sowie auf die Möglichkeit der Erhebung eines Widerspruchs und die sich daraus ergebenden Rechte hinzuweisen. Zwingend notwendig ist zudem die Übersendung des Abfindungsangebotes nach § 207. Auf die Übermittlung des Umwandlungsberichts kann verzichtet werden, wenn der Bericht ab der Einberufung der Anteilsinhaberversammlung im Geschäftsraum des Rechtsträgers zur Einsicht ausgelegt wird, Rückschluss aus §§ 251 Abs. 1, 292 Abs. 1, 274 Abs. 1 S. 1 iVm 230 Abs. 1 S. 2. 4

c) Formwechsel von GmbH, AG und KGaA in eine Personengesellschaft oder Kapitalgesellschaft. Soll eine **GmbH** in eine Personen- oder andere Kapitalgesellschaft umgewandelt werden, so ist allen Gesellschaftern spätestens zusammen mit der Einberufung der Gesellschafterversammlung der Formwechsel als Gegenstand der Beschlussfassung in Textform anzukündigen (§§ 230 Abs. 1, 238 S. 1). 5

Ebenso ist bei einem Formwechsel einer **AG** oder **KGaA** in eine Personen- oder andere Kapitalgesellschaft der Umwandlungsbericht im Geschäftsraum der Gesellschaft zur Einsicht der Aktionäre von der Einberufung der Hauptversammlung auszulegen (§§ 230 Abs. 2 S. 1, 238 S. 1) und auf Verlangen eines Aktionärs und eines von der Geschäftsführung ausgeschlossenen persönlich haftenden Gesellschafters zu übersenden, ggf auch elektronisch (§§ 230 Abs. 2, 238 S. 1). Allerdings ist die Auslegung wie auch die Übersendung des Umwandlungsberichts entbehrlich, wenn der Umwandlungsbericht im selben Zeitraum über die Internetseite der Gesellschaft zugänglich ist (§§ 230 Abs. 2 S. 4, 238 S. 1). 6

Sowohl beim Formwechsel einer **GmbH**, einer **AG** oder **KGaA** in eine Personen- oder andere Kapitalgesellschaft hat das Vertretungsorgan der formwechselnden Kapitalgesellschaft das Abfindungsangebot nach § 207 spätestens zusammen mit der Einberufung der Gesellschafter- bzw Hauptversammlung zu übersenden oder es alternativ im (elektronischen) Bundesanzeiger und in den sonstigen Gesellschaftsblättern bekanntzumachen (§§ 231 S. 2, 238 S. 1). 7

2. Durchführung der Versammlung. a) Mündliche Erläuterung. Auch die **Durchführung** der Anteilsinhaberversammlung richtet sich nach den rechtsformspezifischen Vorschriften des UmwG, die auf den formwechselnden Rechtsträgers Anwendung finden. Für den Formwechsel 8

2 Lutter/*Decher/Hoger*, § 193 Rn 5.

einer AG, einer KGaA, eines VVaG und eines rechtsfähigen Vereins bedeutet das, dass der Entwurf des Umwandlungsbeschlusses durch das betreffende Vertretungsorgan zu Beginn der Verhandlung, abhängig von der Rechtsform, in die gewechselt werden soll, zum Teil mündlich erläutert werden muss, §§ 232 Abs. 2, 239 Abs. 2, 251 Abs. 2, 261 Abs. 2 S. 2, 274 Abs. 2, 283 Abs. 2 bzw 292 Abs. 2.

9 b) **Mehrheitserfordernisse.** Die Bestimmung des **erforderlichen Quorums** für die Beschlussfassung hängt von der Rechtsform des formwechselnden Rechtsträgers und seiner zukünftigen Rechtform ab. Daher empfiehlt es sich, die gesetzlichen Vorgaben des UmwG, die zum Teil abweichende gesellschaftsvertraglichen Bestimmungen zulassen, genau zu lesen.

10 Bei dem Formwechsel einer **Kapitalgesellschaft** ist grds. eine Mehrheit von drei Vierteln der bei der Versammlung abgegebenen Stimmen erforderlich, wobei Gesellschaftsvertrag bzw Satzung ein strengeres Mehrheitserfordernis vorsehen können, §§ 233 Abs. 2, 240 Abs. 1, 252 Abs. 2, 262 Abs. 1, 275 Abs. 2, 284 S. 2, 293. Führt der Formwechsel dazu, dass einer der Gesellschafter eine unbeschränkte Haftung für die Verbindlichkeiten des Rechtsträger übernimmt (zB als Gesellschafter einer Personengesellschaft oder als Partner einer Partnergesellschaft), so resultiert hieraus ein Einstimmigkeitserfordernis bzw ein Zustimmungserfordernis des betroffenen Gesellschafters, §§ 240 Abs. 2 S. 1, Abs. 3 S 1, 251 Abs. 1, Abs. 2 S. 1.

11 Ist der formwechselnde Rechtsträger eine **Personenhandelsgesellschaft**, so gilt grds. das Primat der Einstimmigkeit, § 217 Abs. 1 S. 1. Der Gesellschaftsvertrag kann jedoch eine Mehrheitsentscheidung vorsehen, die mindestens drei Viertel der abgegebenen Stimmen erfordert, § 217 Abs. 1. S. 2, S. 3.

Hinweis: Der Umwandlungsbeschluss weist eine Doppelnatur auf:[3] Neben dem Formwechsel bewirkt er auch stets eine Satzungsänderung.[4] Als Faustregel gilt deshalb: Die für Gesellschaftsvertrags- und Satzungsänderungen vorgesehene Mehrheit ist auch für den Umwandlungsbeschluss ausschlaggebend.

12 c) **Stellvertretung. Stellvertretung** ist bei der Abstimmung grundsätzlich zulässig und richtet sich nach dem rechtsformspezifischen Recht (etwa § 47 Abs. 3 GmbHG, § 134 Abs. 3 S. 1 AktG).[5] Abweichende Bestimmungen im Gesellschaftsvertrag bzw der Satzung sind zu beachten. Die Vollmacht muss jedoch nicht notariell beurkundet werden, § 167 Abs. 2 BGB. Die Abstimmung durch Einschaltung eines Boten ist nicht zulässig:[6] Nach § 193 Abs. 1 S. 2 ist der Beschluss „in" der Versammlung der Anteilsinhaber zu fassen. Erklärungsbotenschaft ist deshalb ausgeschlossen. Denn der Erklärungsbote übermittelt – im Gegensatz zur Stellvertretung – lediglich eine bereits getätigte Willenserklärung.[7]

Hinweis: Sollte ein Anteilsinhaber nicht nur selbst abstimmen, sondern auch als Stellvertreter auftreten, ist in die Vollmachturkunde eine Befreiung vom Selbstkontrahierungsverbot des § 181 BGB aufzunehmen.

13 **3. Mängel im Beschlussverfahren.** Die Eintragung des Formwechsels im Handelsregister führt zwar rechtlich nicht zu einer Heilung etwaiger Mängel bei der Beschlussfassung.[8] Die Eintragung lässt etwaige **Beschlussmängel** dennoch unbeachtlich, da ein einmal im Handelsregister eingetragener Formwechsel „trotz Mängel des Formwechsels" wirksam bleibt, § 202 Abs. 3.

3 Lutter/*Decher/Hoger*, § 193 Rn 8.
4 BGH ZIP 2005, 1318, 1322; Lutter/*Decher/Hoger*, § 193 Rn 8.
5 Semler/Stengel/*Bärwaldt*, § 193 Rn 12, Lutter/*Decher/Hoger*, § 193 Rn 4; Smitt/Hörtnagl/Stratz/*Stratz*, § 193 Rn 8; *Melchior*, GmbHR 1999, 520.
6 Semler/Stengel/*Bärwaldt*, § 193 Rn 14.
7 Jauernig/*Mansel*, § 164 BGB Rn 13.
8 Semler/Stengel/*Bärwaldt*, § 193 Rn 31; Widmann/Mayer/*Vollrath*, § 193 Rn 55.

III. Zustimmung einzelner Anteilsinhaber (Abs. 2)

§ 193 Abs. 2 fordert immer dann die (gesonderte) **Zustimmung** einzelner Anteilsinhaber zum Umwandlungsbeschluss, wenn die Abtretung von Anteilen an dem formwechselnden Rechtsträger die Genehmigung einzelner Anteilsinhaber erfordert. 14

Das von § 193 Abs. 2 vorgesehene **Zustimmungserfordernis** ist Ausdruck des allgemeinen Rechtsgedankens, dass Sonderrechte eines Anteilsinhabers nicht ohne dessen Zustimmung beeinträchtigt werden dürfen (§ 35 BGB).[9] Konkret bedeutet dies, dass bei vinkulierten Anteilen die Wirksamkeit des Umwandlungsbeschlusses, unabhängig von den festgelegten Mehrheitsverhältnissen, zusätzlich die Zustimmung der betreffenden Anteilsinhaber erfordert, ohne deren Genehmigung eine Anteilsabtretung bei dem formwechselnden Rechtsträger nicht wirksam erfolgen könnte. Dies ist wörtlich zu verstehen, dh es kommt auf das rechtliche, nicht auf das faktische Zustimmungserfordernis des einzelnen Anteilsinhabers an, das sich aus einer gesetzlichen Regelung oder dem Gesellschaftsvertrag bzw der Satzung ergeben muss. 15

Das Zustimmungserfordernis besteht bei **Personenhandelsgesellschaften** immer dann, wenn entgegen § 717 Abs. 2 BGB der Gesellschaftsvertrag eine Abtretung unter der Bedingung der Zustimmung einzelner Gesellschafter vorsieht.[10] Bei der **GmbH** sind die Anteile nur dann vinkuliert, wenn der Gesellschaftsvertrag bzw die Satzung dies regelt (sog. Vinkulierungsklausel).[11] Nach § 68 Abs. 2 S. 1 AktG kann bei der **AG** zwar die Übertragung von Namensaktien an eine Zustimmung der Gesellschaft gebunden werden, § 193 Abs. 2 erfasst diese Form der Vinkulierung jedoch nicht.[12] Allenfalls der Zustimmungsvorbehalt der Hauptversammlung nach § 68 Abs. 2 S. 3 AktG kann bei der AG ein Zustimmungserfordernis nach § 193 Abs. 2 auslösen.[13] 16

Eine etwaige erforderliche Zustimmung des formwechselnden Rechtsträgers oder seiner Organe ist unbeachtlich. Eine Zustimmungspflicht folgt auch nicht aus schuldrechtlichen Vereinbarungen außerhalb des Gesellschaftsvertrages bzw der Satzung. Das gilt auch für solche Satzungsbestandteile, die ein **Vorkaufs-** oder **Vorerwerbsrecht** für die Anteilsinhaber vorsehen. 17

Die Verwendung des Begriffs der „Genehmigung" in § 193 Abs. 2 ist missverständlich. So könnte angenommen werden, dass etwa die Abtretung solcher Anteile, deren Abtretbarkeit von einer vorherigen Zustimmung (Einwilligung iSv § 183 BGB) abhängt, vom Zustimmungserfordernis des § 193 Abs. 2 ausgenommen ist, und die Vorschrift lediglich Fälle der nachträglichen Zustimmung (Genehmigung iSv § 184 BGB) erfasst. Die Wortwahl des Gesetzgebers ist jedoch als **Redaktionsversehen** zu werten, so dass hierunter sowohl die Einwilligung, als auch die spätere Genehmigung fallen.[14] 18

IV. Form und Abschriftenerteilung (Abs. 3)

In formeller Hinsicht muss der Umwandlungsbeschluss nach § 193 Abs. 3 S. 1 **notariell beurkundet** werden. Die Beurkundung erstreckt sich sowohl auf den Mindestinhalt des Umwandlungsbeschlusses nach § 194 Abs. 1, als auch auf die Zustimmungserklärungen. Es gelten die §§ 36 ff BeurkG.[15] Mängel bei der Beurkundung führen zur Unwirksamkeit des gesamten Beschlusses.[16] Allerdings ordnet § 202 Abs. 1 Nr. 3 die Heilung der Mängel durch Eintragung des Formwechsels in das Register an. Nach § 193 Abs. 3 S. 2 ist jedem Anteilsinhaber, der danach verlangt, auf dessen Kosten unverzüglich eine Abschrift der Niederschrift des Beschlusses zu erteilen. 19

9 Begr. RegE zu § 193 Abs. 2, BR-Drucks. 75/94, 139.
10 Lutter/*Decher/Hoger*, § 193 Rn 12.
11 Lutter/*Decher/Hoger*, § 193 Rn 15; Semler/Stengel/*Bärwaldt*, § 193 Rn 20; *Reichert*, GmbHR 1995, 176, 179; aA *Veil*, Umwandlung einer Aktiengesellschaft, S. 101.
12 Lutter/*Decher/Hoger*, § 193 Rn 13.
13 Lutter/*Decher/Hoger*, § 193 Rn 13.
14 So auch Semler/Stengel/*Bärwaldt*, § 193 Rn 18 Fn 59.
15 Lutter/*Decher/Hoger*, § 193 Rn 10.
16 Schmitt/Hörtnagl/Stratz/*Stratz*, § 193 Rn 22; Semler/Stengel/*Bärwaldt*, § 193 Rn 28.

Hinweis: Trotz der missverständlichen Formulierung ist für die Übersendung der Abschrift nicht der Notar zuständig, sondern ausschließlich der formwechselnde Rechtsträger.[17]

V. Kosten

20 **1. Beurkundung des Umwandlungsbeschlusses, Abs. 1, Abs. 3.** Nach dem GNotKG[18] bestimmen sich die Kosten der Beurkundung weiterhin nach dem Geschäftswert. Für den zu beurkundenden Umwandlungsbeschluss bestimmt er sich gem. § 108 Abs. 3 GNotKG nach dem **Vermögen des formwechselnden Rechtsträgers**. Grundlage ist die Umwandlungsbilanz, die auf den Stichtag des Formwechsels lautet.[19] Der Geschäftswert beträgt nach § 107 Abs. 1 GNotKG mindestens 30.000 EUR und höchstens 10 Millionen EUR. Nach Nr. 21100 KV GNotKG wird eine 2,0 Gebühr fällig, mindestens jedoch 120 EUR. Bei der Wertbestimmung berechnet sich der Bezugswert nach dem in der Umwandlungsbilanz ausgewiesenen Aktivvermögen, allerdings gem. § 38 GNotKG ohne Schuldenabzug.[20]

21 Im Einzelfall kann die Bilanz dennoch im Hinblick auf etwaige **Abzugsposten** korrekturbedürftig sein, etwa bei einem nicht durch Eigenkapital gedecktem Fehlbetrag.[21] Der Notar hat zudem zu überprüfen, ob die Grundstücke und/oder die Gebäude mit einem geringeren Wert als dem Verkehrswert (§ 46 Abs. 1 GNotKG) in der Bilanz enthalten sind.[22]

Beispiel:

Bei einer Beurkundung des Umwandlungsbeschlusses einer formwechselnden GmbH mit einer Bilanzsumme von 25.000 EUR würde nach § 108 Abs. 3 GNotKG iVm Nr. 21100 KV GNotKG eine 2,0 Gebühr iHv 230 EUR fällig; bei einem Aktivvermögen von 3.000.000 EUR würde die Beurkundung hingegen eine 2,0 Gebühr iHv 9.870 EUR auslösen.

22 **2. Beurkundung der Zustimmungserklärungen, Abs. 2.** Die **Zustimmung** nach § 193 Abs. 2 ist eine Willenserklärung.[23] Die Beurkundung richtet sich deshalb nach den §§ 6 ff BeurkG. Maßgebend für die Wertberechnung ist der Geschäftswert des Geschäfts der Zustimmungserklärung, § 98 Abs. 1 GNotKG. Ausschlaggebend ist dann die Hälfte des Anteils des Zustimmenden am Vermögen der formwechselnden Gesellschaft. Der Geschäftswert beträgt nach § 98 Abs. 4 GNotKGE höchstens 1 Million EUR. Werden die Zustimmungserklärungen in die Urkunde über den Umwandlungsbeschluss aufgenommen, ist die Anwendung des § 109 GNotKG ausgeschlossen, weshalb diese ggf separat vom Formwechselbeschluss zu bewerten sind.[24] Fällig wird gem. Nr. 21200 KV GNotKG eine 1,0 Gebühr, mindestens aber 60 EUR.

23 **Beispiel:**

Beträgt der Anteil des Zustimmenden 500.000 EUR am Vermögen des formwechselnden Rechtsträgers, so löst die Beurkundung gem. § 34 GNotKG (Tabelle B) iVm Nr. 21200 KV GNotKG Gebühren iHv 935 EUR aus.

17 Widmann/Mayer/*Vollrath*, § 193 Rn 33; Semler/Stengel/*Bärwaldt*, § 193 Rn 29; Lutter/*Decher/Hoger*, § 193 Rn 11; *Usler*, MittRhNotK 1998, 21, 43.
18 BGBl. I 2013 S. 2586.
19 Korintenberg/Lappe/Bengel/Reimann/*Bengel/Tiedtke*, § 41 c KostO Rn 79.
20 Korintenberg/Lappe/Bengel/Reimann/*Bengel/Tiedtke*, § 44 KostO Rn 71.
21 *Limmer/Tiedtke*, Unternehmensumwandlung, Teil 8 Rn 84.
22 Eingehend *Tiedtke*, MittBayNot 1997, 209, 211; Korintenberg/Lappe/Bengel/Reimann/*Bengel/Tiedtke*, § 44 KostO Rn 71.
23 Semler/Stengel/*Bärwaldt*, § 193 Rn 27.
24 Korintenberg/Lappe/Bengel/Reimann/*Bengel/Tiedtke*, § 44 KostO Rn 64; *Limmer/Tiedtke*, Unternehmensumwandlung, Teil 8 Rn 86.

§ 194 Inhalt des Umwandlungsbeschlusses

(1) In dem Umwandlungsbeschluß müssen mindestens bestimmt werden:
1. die Rechtsform, die der Rechtsträger durch den Formwechsel erlangen soll;
2. der Name oder die Firma des Rechtsträgers neuer Rechtsform;
3. eine Beteiligung der bisherigen Anteilsinhaber an dem Rechtsträger nach den für die neue Rechtsform geltenden Vorschriften, soweit ihre Beteiligung nicht nach diesem Buch entfällt;
4. Zahl, Art und Umfang der Anteile oder der Mitgliedschaften, welche die Anteilsinhaber durch den Formwechsel erlangen sollen oder die einem beitretenden persönlich haftenden Gesellschafter eingeräumt werden sollen;
5. die Rechte, die einzelnen Anteilsinhabern sowie den Inhabern besonderer Rechte wie Anteile ohne Stimmrecht, Vorzugsaktien, Mehrstimmrechtsaktien, Schuldverschreibungen und Genußrechte in dem Rechtsträger gewährt werden sollen, oder die Maßnahmen, die für diese Personen vorgesehen sind;
6. ein Abfindungsangebot nach § 207, sofern nicht der Umwandlungsbeschluß zu seiner Wirksamkeit der Zustimmung aller Anteilsinhaber bedarf oder an dem formwechselnden Rechtsträger nur ein Anteilsinhaber beteiligt ist;
7. die Folgen des Formwechsels für die Arbeitnehmer und ihre Vertretungen sowie die insoweit vorgesehenen Maßnahmen.

(2) Der Entwurf des Umwandlungsbeschlusses ist spätestens einen Monat vor dem Tage der Versammlung der Anteilsinhaber, die den Formwechsel beschließen soll, dem zuständigen Betriebsrat des formwechselnden Rechtsträgers zuzuleiten.

I. Normzweck

§ 194 Abs. 1 sieht den zwingenden **Mindestinhalt** des Umwandlungsbeschlusses vor. Die Vorschrift ist nicht abschließend, indem darüber hinaus die rechtsformspezifischen Regelungen der §§ 218, 225 c, 234, 243, 253, 263, 276, 285, 294 ergänzend hinzutreten. Ist beim formwechselnden Rechtsträger ein Betriebsrat eingerichtet, muss nach § 194 Abs. 2 der Entwurf des Umwandlungsbeschlusses der Arbeitnehmervertretung zugeleitet werden. Die Vorschrift entspricht den Parallelregelungen in §§ 5 Abs. 3, 126 Abs. 3 und dient der umfassenden Information der Beschäftigten über die Folgen des Formwechsels (§ 194 Abs. 1 Nr. 7). 1

II. Inhalt des Umwandlungsbeschlusses (Abs. 1)

1. Zielrechtsform (Nr. 1). Zunächst ist nach § 194 Abs. 1 Nr. 1 im Umwandlungsbeschluss die **Zielrechtsform** des Formwechsels anzugeben. Das Wort „Formwechsel" muss dabei nicht zwingend in den Beschluss aufgenommen werden.[1] 2

1 Semler/Stengel/*Bärwaldt*, § 194 Rn 5; Schmitt/Hörtnagl/Stratz/*Stratz*, § 194 Rn 3.

Hinweis: Um Missverständnisse beim Registergericht von vornherein zu vermeiden, ist die ausdrückliche Bezugnahme auf die angestrebte Umwandlungsart im Umwandlungsbeschluss dennoch stets anzuraten.

▶ **Formulierung:**

„Die A-GmbH wird durch den Formwechsel in eine Aktiengesellschaft umgewandelt." ◀

3 **2. Name oder Firma des Rechtsträgers neuer Rechtsform (Nr. 2).** Darüber hinaus hat der Umwandlungsbeschluss den **Namen** oder die **Firma** des Rechtsträgers neuer Rechtsform aufzuführen, § 194 Abs. 1 Nr. 2. Zulässigkeit und Umfang der künftigen Firmierung richten sich nach § 200. Daneben sind die einzelnen einschlägigen rechtsformspezifischen Vorschriften, namentlich § 4 AktG, § 4 GmbHG, § 3 GenG, §§ 17 ff HGB und § 2 PartGG zu beachten.

▶ **Formulierung:**

„Die Firma des Rechtsträgers neuer Rechtsform lautet A-AG". ◀

4 **3. Beteiligung der bisherigen Anteilsinhaber an der Zielgesellschaft (Nr. 3).** Weiterhin ist im Umwandlungsbeschluss die künftige **Beteiligung** der bisherigen Anteilsinhaber am Rechtsträger neuer Rechtsform zu bezeichnen, soweit ihre Beteiligung aufgrund der Regelungen für den Formwechsel nicht entfällt, § 194 Abs. 1 Nr. 3.

▶ **Formulierung:**

„Die vormaligen Gesellschafter der A-GmbH sind nach dem Formwechsel als Aktionäre an der A-AG beteiligt." ◀

5 Die explizite **namentliche Nennung** der einzelnen Anteilsinhaber ist nicht zwingend.[2] Dennoch sind solche Anteilsinhaber namentlich aufzunehmen, die durch den Formwechsel dem neuen Rechtsträger beitreten.[3] Das gilt auch für solche, die mit dem Formwechsel aus dem Rechtsträger ausscheiden.[4]

6 **4. Modalitäten zu den Anteilen an der Zielgesellschaft (Nr. 4).** Im Gegensatz zu § 194 Abs. 1 Nr. 3 regelt § 194 Abs. 1 Nr. 4 nicht die Frage, „ob" ein bisheriger Gesellschafter auch an der Zielgesellschaft beteiligt sein wird, sondern „wie" diese Beteiligung ausfallen soll. Deshalb muss der Umwandlungsbeschluss festhalten, welche **Zahl, Art und Umfang** die Anteile oder Mitgliedschaften der ehemaligen und zukünftigen Anteilsinhaber der Zielgesellschaft erlangen sollen.

Hinweis: Im Interesse einer „schlankeren Lösung" empfiehlt sich, an dieser Stelle auf den Inhalt des Gesellschaftsvertrags bzw der Satzung zu verweisen, soweit dies sinnvoll erscheint.[5] Der Gesellschaftsvertrag bzw die Satzung sind zwingender Bestandteil des Umwandlungsbeschlusses (§§ 218, 234, 243, 253, 263, 276, 285, 294).

7 **a) Beteiligungszahl.** Der Umwandlungsbeschluss muss die **Anzahl** der zu gewährenden Anteile oder Mitgliedschaften enthalten. Zu den Strukturprinzipien der Personengesellschaft gehört die Unteilbarkeit der Mitgliedschaft.[6] Bei der Umwandlung in eine Personengesellschaft hat deshalb im Umwandlungsbeschluss lediglich die Feststellung zu erfolgen, dass jeder künftige Gesellschafter auch nur eine Mitgliedschaft an der künftigen Personengesellschaft erhält.[7] Beim Formwechsel in eine Kapitalgesellschaft oder eine Genossenschaft können einem Anteilsinhaber hingegen mehrere Anteile gewährt werden. Der Umwandlungsbeschluss hat dann nach § 194 Abs. 1 Nr. 4 anzugeben, wie viele Anteile jeder Anteilsinhaber erhalten soll.[8]

2 Semler/Stengel/*Bärwaldt*, § 194 Rn 7; Lutter/*Decher/Hoger*, § 194 Rn 6.
3 Semler/Stengel/*Bärwaldt*, § 194 Rn 8; Lutter/*Decher/Hoger*, § 194 Rn 7.
4 Semler/Stengel/*Bärwaldt*, § 194 Rn 8; Lutter/*Decher/Hoger*, § 194 Rn 7.
5 Lutter/*Decher/Hoger*, § 194 Rn 9; Widmann/Mayer/*Vollrath*, § 194 Rn 15.
6 MüKo-HGB/*K. Schmidt*, § 105 Rn 75.
7 *Usler*, MittRhNotK 1998, 22, 32.
8 *Usler*, MittRhNotK 1998, 22, 32.

b) Beteiligungsart. Welche Angaben zur „**Art**" der Beteiligung zu treffen sind, richtet sich nach den für die Rechtsform der Zielgesellschaft einschlägigen Bestimmungen.[9] Der Umwandlungsbeschluss hat dann eine Aussage darüber zu treffen, ob am künftigen Rechtsträger Mitgliedschaften, Geschäftsanteile oder Aktien vermittelt werden. Treten an die Stelle der bisherigen Beteiligung Aktien, so hat der Umwandlungsbeschluss anzugeben, welche konkrete Aktienart bzw Aktiengattungen den Anteilsinhabern gewährt werden soll.[10] 8

c) Beteiligungsumfang. Den „**Umfang**" der künftigen Beteiligung legt sowohl das rechtsformspezifische Recht der Zielgesellschaft, besonders aber auch das UmwG selbst fest. Bei der Umwandlung in eine Personengesellschaft sind über die Zuordnung der Kapitalkonten zum gezeichneten Kapital bzw zu Kapitalrücklagen Aussagen treffen (bei Kommanditisten nach § 234 Nr. 2 die je Anteil eingeräumte Hafteinlage).[11] Werden den Anteilsinhabern am künftigen Rechtsträger Aktien gewährt, sind deren Nennbeträge (§§ 243 Abs. 3, 263 Abs. 3, 276 Abs. 1, 294 Abs. 1), beim Formwechsel in eine GmbH der Betrag der Stammeinlage (§§ 243 Abs. 3, 263 Abs. 1, Abs. 3 S. 1, 276 Abs. 1) und bei der künftigen Beteiligung an einer eG der Betrag der Geschäftsanteile (§§ 218 Abs. 3, 253 Abs. 2, 285) anzugeben. Im Gegensatz zu § 128 enthält § 194 Abs. 1 Nr. 4 für den Fall, dass sich die Beteiligungsquoten durch den Formwechsel ändern, keine Regelung. Dennoch steht § 194 Abs. 1 Nr. 4 der Möglichkeit eines „nichtverhältnis-wahrenden Formwechsels" nicht entgegen.[12] 9

5. Rechte einzelner Anteilsinhaber und Sonderrechte (Nr. 5). Daneben hat der Umwandlungsbeschluss nach § 194 Abs. 1 Nr. 5 Aussagen zu **Sonderrechten** zu treffen, welche die Anteilsinhaber beim Rechtsträger neuer Rechtsform erhalten sollen. Die nähere qualitative Bestimmung der künftigen Beteiligung der Anteilsinhaber entspricht der Regelung in § 5 Abs. 1 Nr. 7 und ist Ausdruck des gesellschaftsrechtlichen Gleichbehandlungsgrundsatzes.[13] Deshalb sind Aussagen zu Sonderrechten einzelner Anteilsinhaber auch nur dann zu treffen, wenn nur einige (und nicht alle) Anteilsinhaber Sonderrechte erhalten sollen.[14] Die Aufzählung in § 194 Abs. 1 Nr. 5 ist jedoch nicht abschließend, so dass freilich auch andere Sonderrechte gewährt werden können, die dann ebenfalls aufzunehmen sind.[15] 10

Hinweis: Sollten alle Anteilsinhaber gleich behandelt werden, empfiehlt es sich dennoch eine entsprechende Negativerklärung in den Umwandlungsbeschluss aufzunehmen.[16] Eine solche könnte wie folgt formuliert sein:

▶ Die A-AG gewährt ihren Aktionären keine Sonderrechte iSv § 194 Abs. 1 Nr. 5. Zudem sind auch keine ähnlichen Rechte für diese Personen vorgesehen. ◀

Die Gewährung von Sonderrechten muss nach dem Recht des zukünftigen Rechtsträgers **zulässig** sein; ein unzulässiges Recht sollte durch ein entsprechendes zulässiges Recht der Zielgesellschaft kompensiert werden.[17] 11

6. Angebot der Barabfindung (Nr. 6). Der Umwandlungsbeschluss hat zudem nach § 194 Abs. 1 Nr. 6 für den Fall eines Widerspruchs der Anteilsinhaber iSv § 207 Abs. 1 ein **Barabfindungsangebot** zu enthalten. Das Barabfindungsangebot muss die Höhe der angebotenen Abfindung pro Anteil genau festlegen.[18] 12

▶ **Formulierung:**

Jedem Gesellschafter, der gegen den Umwandlungsbeschluss Widerspruch zur Niederschrift erklärt, wird der Erwerb der eigenen Anteile gegen eine Abfindung von 1000 Euro pro Anteil angeboten. Das

9 Lutter/*Decher/Hoger*, § 194 Rn 14.
10 Lutter/*Decher/Hoger*, § 194 Rn 14.
11 Widmann/Mayer/*Vollrath*, § 194 Rn 13.
12 S. § 202 Rn 13.
13 Semler/Stengel/*Bärwaldt*, § 194 Rn 22; Lutter/*Decher/Hoger*, § 194 Rn 17.
14 Lutter/*Decher/Hoger*, § 194 Rn 17.
15 *Usler*, MittRhNotK 1998, 22, 32.
16 Kallmeyer/*Meister/Klöcker*, § 194 Rn 37.
17 *Feddersen/Kiem*, ZIP 1994, 1078, 1082.
18 Lutter/*Decher/Hoger*, § 194 Rn 20; Semler/Stengel/*Bärwaldt*, § 194 Rn 28.

Angebot unterliegt einer Befristung. Die Frist endet mit der Bekanntmachung des Formwechsels durch das Registergericht iSv § 201 UmwG. ◀

13 Nach § 194 Abs. 1 Nr. 6 ist die Mitteilung des Barabfindungsangebotes dann **entbehrlich**, wenn der Umwandlungsbeschluss zu seiner Wirksamkeit der Zustimmung aller Anteilsinhaber bedarf oder an dem formwechselnden Rechtsträger nur ein Anteilsinhaber beteiligt ist.

Hinweis: Den Anteilsinhabern bleibt es unbenommen, auf die Erstattung eines Angebots auf bare Abfindung zu verzichten.[19] Die Möglichkeit eines Verzichts enthält das Gesetz zwar nur für dessen Prüfung, §§ 208, 30 Abs. 2 S. 3. Im Verzicht auf das Abfindungsangebot manifestiert sich jedoch der Wille der Anteilsinhaber, dem Formwechsel nicht widersprechen zu wollen. Die Aufnahme eines Abfindungsangebots wäre dann eine bloße Förmelei.[20] Allerdings ist der Verzicht notariell zu beurkunden, § 30 Abs. 2 S. 3.[21] Lässt sich ein Verzicht nicht durchsetzen, ist die Durchführung der zeit- und kostenintensive Prüfung der Angemessenheit der Barabfindung durch den Sachverständigen nach §§ 208, 30 unvermeidbar.

14 **7. Folgen für die Arbeitnehmer und ihre Vertretungen** (**Nr. 7**). Zuletzt hat der Umwandlungsbeschluss nach § 194 Abs. 1 Nr. 7 Aussagen zu den **Folgen des Formwechsels** für die Arbeitnehmer und ihre Vertretungen zu treffen. Die Vorschrift bezweckt den Schutz der Arbeitnehmer durch frühzeitige Information über die mit dem Formwechsel einhergehenden individual- und kollektivrechtlichen Veränderungen. Im Gegensatz zur Verschmelzung und Spaltung hat die Regelung für den Formwechsel marginale Bedeutung, da aufgrund des identitätswahrenden Charakters des Formwechsels Veränderungen für die Arbeitnehmerschaft in der Regel kaum feststellbar sein dürften.[22] Dies ist jedoch anders, wenn der Formwechsel zu einer Änderung des anwendbaren Mitbestimmungsregimes führt, zB wenn bei der neuen Rechtsform der mitbestimmte Aufsichtsrat entfällt.[23] In allen anderen Fällen dürfte deshalb regelmäßig eine Negativerklärung mit folgendem Inhalt ausreichen:

▶ Der Formwechsel hat auf die Arbeitnehmer und ihre Vertretungen keine Auswirkungen. Zudem sind insoweit keine Maßnahmen vorgesehen. ◀

15 Für den Fall, dass beim formwechselnden Rechtsträger **kein Betriebsrat** eingerichtet ist, dürfte § 194 Abs. 1 Nr. 7 praktisch leerlaufen.[24] Denn grundsätzlich gilt: Die Arbeitnehmer werden nach § 194 Abs. 2 nach Zuleitung des Entwurfes des Umwandlungsbeschlusses ausschließlich durch den Betriebsrat über die Folgen des Formwechsels informiert. Dennoch ist es notwendig, die in § 194 Abs. 1 Nr. 7 geforderten Informationen (ggf in gebotener Kürze) auch dann in den Umwandlungsbeschluss mit aufzunehmen, wenn kein Betriebsrat existiert.[25] Anderenfalls würde die Gefahr bestehen, dass das Registergericht die Eintragung des Formwechsels zurückweist oder ein Anteilsinhaber den Umwandlungsbeschluss wegen inhaltlicher Mängel anficht.

II. Zuleitung an den Betriebsrat (Abs. 2)

16 Nach § 194 Abs. 2 ist der Entwurf des Umwandlungsbeschlusses bis spätestens einen Monat vor dem Tage der Anteilsinhaberversammlung, die den Formwechsel beschließen soll, dem zuständigen **Betriebsrat** zuzuleiten. Verzichten kann der Betriebsrat allein auf die Rechtzeitigkeit der Zuleitung des Umwandlungsbeschlusses und damit auf die Einhaltung der 1-Monatsfrist

19 *Priester*, DNotZ 1995, 427, 434; Kallmeyer/*Meister*/*Klöcker*, § 194 Rn 46; Semler/Stengel/*Bärwaldt*, § 194 Rn 29.
20 Semler/Stengel/*Bärwaldt*, § 194 Rn 29.
21 Kallmeyer/*Meister*/*Klöcker*, § 194 Rn 46.
22 Schmitt/Hörtnagl/Stratz/*Stratz*, § 194 Rn 9.
23 Schmitt/Hörtnagl/Stratz/*Stratz*, § 194 Rn 9.
24 LG Stuttgart WiB 1997, 32; WiB 1996, 994 (zu § 5 Abs. 1 Nr. 9); Lutter/*Decher*/*Hoger*, § 194 Rn 31; zur Spaltung: *Geck*, DStR 1995, 416, 420; allgemein: *Joost*, ZIP 1995, 976, 985.
25 So auch *Usler*, MittRhNotK 1998, 22, 33; Kallmeyer/*Willemsen*, § 194 Rn 59; aA Schmitt/Hörtnagl/Stratz/*Stratz*, § 194 Rn 12; Lutter/*Decher*/*Hoger*, § 194 Rn 39 f; *Pfaff*, BB 2002, 1604 f mwN in Fn 7, 8.

des § 194 Abs. 2, nicht hingegen auf die Zuleitung des Entwurfs als solchen.[26] Die rechtzeitige Zuleitung ist Eintragungsvoraussetzung (§ 199).[27]

17 Die Frage, welcher Betriebsrat konkret zuständig ist (**Einzelbetriebsrat, Konzernbetriebsrat, Gesamtbetriebsrat**), richtet sich allein nach den §§ 50, 58 BetrVG.[28] Soweit ein unternehmenseinheitlicher Betriebsrat iSv § 3 Abs. 1 Nr. 1 a) gebildet ist, ist der Entwurf nur diesem zuzuleiten.[29] Der Entwurf ist an den Betriebsratsvorsitzenden bzw im Falle seiner Verhinderung an dessen Stellvertreter (§ 26 Abs. 2) zu adressieren, alternativ dem Betriebsrat als Gesamtgremium vorzulegen. Keine Zuleitung iSd Vorschrift erfolgt hingegen bei der Entgegennahme durch ein nicht vertretungsbefugtes Betriebsratsmitglied; dieses wird dann lediglich als bloßer Empfangsbote tätig.[30]

Hinweis: Nach § 199 ist der Nachweis über die rechtzeitige Zuleitung der Anmeldung als Anlage beizufügen. Wie dies zu erfolgen hat, lässt der Gesetzgeber offen.[31] In Betracht kommt etwa die Vorlage eines Übersendungsschreibens, versehen mit einer Empfangsbestätigung über die Zuleitung vom Betriebsratsvorsitzenden bzw dessen Stellvertreter.[32] Ist hingegen beim formwechselnden Rechtsträger kein Betriebsrat eingerichtet, haben die Vertretungsorgane hierüber eine Negativerklärung abzugeben, welche der Anmeldung beigefügt wird.[33]

III. Rechtsfolgen bei Fehlen der Mindestangaben

18 Fehlen die in § 194 Abs. 1 Nr. 1, 2, 4 und 6 vorgesehenen Angaben, ist der Umwandlungsbeschluss **nicht eintragungsfähig**.[34] Fehlen Angaben zur Beteiligung der bisherigen Anteilsinhaber an dem Rechtsträger neuer Rechtsform nach Nr. 3, ist dies für den Umwandlungsvorgang solange unschädlich, als Mitteilungen nach Nr. 4 existieren.[35] Das gilt, weil die Angaben über das „Wie" der Beteiligung iSv Nr. 4 regelmäßig auch Aufschluss über das „Ob" der Beteiligung iSv Nr. 3 geben werden. Das Fehlen von Angaben zu Nr. 5 steht der Eintragung nicht entgegen.[36] Denn im Rückschluss bedeutet das Fehlen von solchen Angaben schlichtweg, dass keine Sonderrechte eingeräumt wurden. Trifft der Umwandlungsbeschluss keine Aussagen zu Nr. 7, liegt es wohl im Ermessen des Registergerichts, die Eintragung zu verweigern. Selbiges gilt wohl für den Fall, dass die Angaben unrichtig sind.[37]

§ 195 Befristung und Ausschluß von Klagen gegen den Umwandlungsbeschluß

(1) Eine Klage gegen die Wirksamkeit des Umwandlungsbeschlusses muß binnen eines Monats nach der Beschlußfassung erhoben werden.

(2) Eine Klage gegen die Wirksamkeit des Umwandlungsbeschlusses kann nicht darauf gestützt werden, daß die in dem Beschluß bestimmten Anteile an dem Rechtsträger neuer Rechtsform zu niedrig bemessen sind oder daß die Mitgliedschaft kein ausreichender Gegenwert für die Anteile oder die Mitgliedschaft bei dem formwechselnden Rechtsträger ist.

26 LG Stuttgart GmbHR 2000, 622 zu § 5 Abs. 3; Lutter/*Decher/Hoger*, § 194 Rn 42; *Pfaff*, DB 2002, 686, 688 f; *Melchior*, GmbHR 1996, 833, 837; aA *Stohlmeier*, BB 1999, 1394, 1396 f.
27 Lutter/*Decher/Hoger*, § 194 Rn 41.
28 Begr. RegE zu § 5, BR-Drucks. 75/94, 83.
29 Semler/Stengel/*Simon*, § 5 Rn 142; s. auch § 5 Rn 115 ff.
30 Semler/Stengel/*Simon*, § 5 Rn 141.
31 Begr. RegE zu § 17, BR-Drucks. 75/94, 285.
32 *Jung*, Umwandlungen unter Mitbestimmungsverlust, S. 193 ff.
33 S. § 199 Rn 9.
34 Widmann/Mayer/*Vollrath*, § 194 Rn 52.
35 Widmann/Mayer/*Vollrath*, § 194 Rn 53.
36 Widmann/Mayer/*Vollrath*, § 194 Rn 54.
37 Widmann/Mayer/*Mayer*, § 5 Rn 205; für die Verschmelzung Kallmeyer/*Willemsen*, § 5 Rn 60; *Priester*, DNotZ 1995, 427, 435; ähnlich für die Spaltung *Mayer*, DB 1995, 861, 864.

1 **1. Normzweck.** In Übereinstimmung mit der verschmelzungsrechtlichen Regelung in § 14 Abs. 1 ist auch für die Anfechtung eines Beschlusses über den Formwechsel eine **einheitliche, rechtsformunabhängige Frist** eingeführt worden.[1] Dementsprechend sieht § 195 Abs. 1 vor, dass eine Klage gegen die Wirksamkeit des Umwandlungsbeschlusses binnen eines Monats nach der Beschlussfassung erhoben werden muss. Denn: Die Klageerhebung hat nach §§ 198 Abs. 3, 16 Abs. 2 eine Registersperre zur Folge. Sinn und Zweck der Ausschlussfrist von Abs. 1 liegt deshalb in der Verhinderung des Hinausschiebens der Eintragung und damit des Wirksamwerdens des Formwechsels durch rechtsmissbräuchliche Klageerhebung.[2] In Gleichlauf zu § 14 Abs. 2 kann nach § 195 Abs. 2 zudem eine Klage nicht darauf gestützt werden, dass die Beteiligung an dem Rechtsträger neuer Rechtsform zu niedrig bemessen ist oder sonst kein ausreichender Gegenwert für die Anteile bzw die Mitgliedschaft bei dem formwechselnden Rechtsträger gewährt wird. Der Gesetzgeber gleicht diese Einschränkung des Klagerechts dadurch aus, dass die Angemessenheit der neuen Beteiligung bzw des Gegenwerts in einem Spruchverfahren nach § 196 iVm dem SpruchG überprüft werden kann.

2 **2. Einschränkung des Klagerechts bei Klagen gegen die Wirksamkeit des Umwandlungsbeschlusse (Abs. 1).** Der **Klageausschluss** des § 195 Abs. 1 betrifft nicht nur die Anfechtungsklage, sondern alle Klagearten, mit denen ein Klageberechtigter die Nichtigkeit, Unwirksamkeit oder Anfechtbarkeit des Umwandlungsbeschlusses geltend machen könnte.[3] Klageberechtigt sind einerseits Anteilsinhaber bzw Mitglieder, andererseits Organe und Organmitglieder formwechselnder Rechtsträger, wenn diese verhindern wollen, einen nichtigen oder anfechtbaren Hauptversammlungsbeschluss ausführen zu müssen.[4]

3 Es ist nahezu unbestritten, dass § 195 Abs. 1 auch auf **allgemeine Feststellungsklagen** eines Anteilsinhabers gem. § 256 Abs. 1 ZPO anzuwenden ist.[5] Zwar ist im Geltungsbereich des § 249 Abs. 1 S. 1 AktG, der auch im Recht der GmbH und eG anwendbar ist,[6] die allgemeine Feststellungsklage in der Regel unzulässig.[7] Die Einbeziehung der allgemeinen Feststellungsklage in § 195 ist aber für das Personengesellschaftsrecht von Bedeutung, wo zur Geltendmachung nichtiger Beschlüsse nur die allgemeine Feststellungsklage zur Verfügung steht.[8] Die Anwendbarkeit des § 195 Abs. 1 auch auf allgemeine Feststellungsklagen ergibt sich nicht nur aus dem Gesetzeswortlaut („Klage gegen die Wirksamkeit des Umwandlungsbeschlusses"), da der Feststellungsantrag auf die Feststellung der Nichtigkeit abzielt.[9] Auch die Gesetzesbegründung lässt den Schluss zu, dass eine solche Klage von § 195 Abs. 1 erfasst ist. Nach ihr erfasst die Norm nicht nur die Fälle der Anfechtung eines Formwechselbeschlusses „bei Kapitalgesellschaften, Genossenschaften und Versicherungsvereinen auf Gegenseitigkeit, sondern auch Klagen gegen die Wirksamkeit von Beschlüssen übertragender Personengesellschaften [...]. [Es] muss eine Fassung [...] gewählt werden, die alle Klagetypen erfasst, mit denen die Nichtigkeit, Unwirksamkeit oder Anfechtbarkeit eines Beschlusses der Anteilsinhaber geltend gemacht werden kann."[10] Das Gleiche gilt auch für Klagen von Organen und Organmitgliedern. [11]

4 Die hM nimmt hingegen an, dass der Klageausschluss für Klagen Dritter nicht gilt. Da Klagen Dritter gem. § 256 Abs. 1 ZPO aufgrund ihrer bloßen **inter-partes-Wirkung** keine Auswirkung

1 Begr. RegE zu § 195, BR-Drucks. 75/94, 140.
2 Begr. RegE zu § 14, BR-Drucks. 75/94, 87.
3 Begr. RegE zu § 210, BR-Drucks. 75/94, 147; Semler/Stengel/*Bärwaldt*, § 195 Rn 4.
4 BGH NJW 1966, 1458, 1459; s. auch Lutter/*Decher/Hoger*, § 195 Rn 3; Kallmeyer/*Meister/Klöcker*, § 195 Rn 9 f.
5 Lutter/*Decher*, § 14 Rn 6; Lutter/*Decher/Hoger*, § 195 Rn 6; Semler/Stengel/*Bärwaldt*, § 195 Rn 8; Kallmeyer/*Meister/Klöcker*, § 195 Rn 9; Schmitt/Hörtnagl/Stratz/*Stratz*, § 195 Rn 4; *Schöne*, DB 1995, 1317; aA *K. Schmidt*, DB 1995, 1850; Widmann/Mayer/*Heckschen*, § 14 Rn 30.
6 Henssler/Strohn/*Drescher*, GesR, § 249 AktG Rn 3.
7 MüKo-AktG/*Hüffer*, § 249 Rn 7; *Hüffer*, § 249 AktG Rn 2; OLG Düsseldorf AG 1968, 19, 22; OLG Koblenz NZG 2006, 270, 271 (GmbH); BGHZ 70, 384, 388 (eG).
8 Vgl Baumbach/Hopt/*Hopt*, § 119 HGB Rn 31 f; BGH NJW 1999, 3113, 3114; vgl auch die entsprechende Anmerkung von *Brandes*, BGH NZG 1999, 935, 937.
9 Vgl Saenger/*Saenger*, § 256 ZPO Rn 4.
10 Die Begr. RegE zu § 195, BR-Drucks. 75/94, 140 verweist auf die hier zitierte Begr. RegE zu § 14, BR-Drucks. 75/94, 87.
11 Kallmeyer/*Meister/Klöcker*, § 195 Rn 10; Lutter/*Decher/Hoger*, § 195 Rn 3.

auf die Bestandskraft des Formwechsels hätten, widerspreche die Anwendung der von § 195 Abs. 1 vorgesehenen Präklusionsfrist dem Normzweck.[12] Entgegen der hM muss aber auch in diesen Fällen von einer Anwendbarkeit des § 195 ausgegangen werden. Sie ist widersprüchlich, wenn sie Klagen Dritter gem. § 256 ZPO mit ihrem Verweis auf die bloße *inter-partes-Wirkung* ablehnt, gleichzeitig aber Klagen von Gesellschaftern und Organen bzw Organmitgliedern gem. § 256 Abs. 1 ZPO, die auch nur *inter partes* wirken, zulässt. Für eine Anwendbarkeit des Klageausschlusses spricht schließlich, dass anderenfalls bei Klagen von Gesellschaftsgläubigern die umwandlungsrechtlichen Nachhaftungsregelungen, bei dem Formwechsel einer Personengesellschaft in eine Kapitalgesellschaft zB § 224, umgangen werden könnten. Allerdings wird es bei allgemeinen Feststellungsklagen Dritter häufig am Feststellungsinteresse fehlen.

Anders verhält es sich bei **Unterlassungsklagen** sowie **einstweiligen Verfügungen** gegen die Durchführung des Formwechsels. Diese kommen zB in Betracht, wenn gegen Maßnahmen zur faktischen Vollziehung des Umwandlungsbeschlusses (evtl trotz fristgemäß erhobener Anfechtungsklage) vorgegangen werden soll. Nach der Gesetzesbegründung sollen nur diejenigen Klagetypen umfasst sein, „mit denen die Nichtigkeit, Unwirksamkeit oder Anfechtbarkeit eines Beschlusses der Anteilsinhaber geltend gemacht werden kann." Eine Unterlassungsklage kann hierzu nicht gezählt werden. Bei einstweiligen Verfügungen handelt es sich von vornherein nicht um eine Klage iSd Norm. 5

Die Monatsfrist ist der aktienrechtlichen Regelung in § 246 Abs. 1 AktG entlehnt. Ihrer **Rechtsnatur** nach ist sie deshalb keine prozessuale, sondern eine materiellrechtliche Ausschlussfrist.[13] Eine verfristete Klage wird somit nicht als unzulässig, sondern als unbegründet abgewiesen.[14] Konsequenterweise richtet sich die Fristberechnung daher nicht nach §§ 221 ff ZPO und §§ 203 ff BGB, sondern nach §§ 187 ff BGB.[15] Die Frist beginnt am Tage der Beschlussfassung, wobei bei mehrtägigen Versammlungen der letzte Tag der Versammlung das fristauslösende „Ereignis" iSv § 187 BGB darstellt.[16] Die Monatsfrist endet nach §§ 188 Abs. 2 BGB mit Ablauf desjenigen Tages des nächsten Monats, der durch seine Zahl dem Tage entspricht, in den die Beschlussfassung fällt. Zudem ist die Sonn- und Feiertagsregelung des § 193 BGB zu beachten. 6

Die Monatsfrist ist **zwingend** und kann weder von den Anteilsinhabern durch abweichende Regelung im Gesellschaftsvertrag oder Satzung noch von den Prozessparteien verlängert oder durch Verzichtserklärung verkürzt werden.[17] Allerdings steht es den Klageberechtigten frei, auf ihr Klagerecht zu verzichten (ggf bereits im Umwandlungsbeschluss).[18] Dies ermöglicht im Hinblick auf § 198 Abs. 3, 16 Abs. 2 aber nur dann eine frühere Einreichung der Handelsregisteranmeldung, wenn sichergestellt ist, dass jeder einzelne Klageberechtigte auf sein Klagerecht verzichtet hat und dem Handelsregister alle Personen der Klageberechtigten nachgewiesen werden können. 7

3. Einschränkung der Klagegründe (Abs. 2). § 195 Abs. 2 beschränkt das Klagerecht auf solche Klagegründe, mit denen die Anteilsinhaber **nicht** eine mit dem Formwechsel einhergehende **wirtschaftliche Schlechterstellung** geltend machen können. Denn durch Einreichung der Klage wird die Eintragung des Formwechsels im Handelsregister blockiert, §§ 198 Abs. 3, 16 Abs. 2 S. 2. Dem Rechtsträger verbleibt dann nur noch die Möglichkeit der sofortigen Beschwerde nach §§ 198 Abs. 2, 16 Abs. 3. Deshalb greift der Klageausschluss grundsätzlich selbst dann, wenn bei der Berechnung des Umtauschverhältnisses krasse Fehler gemacht wurden.[19] Die 8

12 Vgl *Schöne*, DB 1995, 1317; iE auch *K. Schmidt,* DB 1995, 1849,1850.
13 Semler/Stengel/*Bärwaldt*, § 195 Rn 13; Widmann/Mayer/*Wälzholz*, § 195 Rn 12.
14 OLG Frankfurt DB 1998, 1222; Widmann/Mayer/*Wälzholz*, § 195 Rn 12.
15 Semler/Stengel/*Bärwaldt*, § 195 Rn 13.
16 Semler/Stengel/*Bärwaldt*, § 195 Rn 14.
17 Widmann/Mayer/*Wälzholz*, § 195 Rn 17; Semler/Stengel/*Bärwaldt*, § 195 Rn 18.
18 Lutter/*Decher/Hoger*, § 195 Rn 9; Kallmeyer/*Meister/Klöcker,* § 195 Rn 12.
19 OLG Düsseldorf WM 1999, 1671, 1672; Lutter/*Decher/Hoger*, § 195 Rn 13.

Grenze des Willkürverbotes ist bei der Berufung auf § 195 Abs. 2 jedoch dann erreicht, wenn ein vorsätzliches schädigendes Verhalten nach § 826 BGB nahe liegt.[20]

9 Trotz der Einschränkung des Klagerechts verbleiben dem Kläger die allgemeinen gerichtlichen Möglichkeiten bei der Klage gegen die Wirksamkeit des Umwandlungsbeschlusses. Dazu zählt in erster Linie die Rüge von **Verfahrensfehlern.** Daneben kann der Umwandlungsbeschluss samt Umwandlungsbericht inhaltlich vollumfänglich – mit Ausnahme einer mit dem Formwechsel einhergehenden wirtschaftlichen Schlechterstellung – auf etwaige Fehler überprüft werden, wie zB Verstöße gegen die Mindestanforderungen des § 194 Abs. 1.[21]

10 Eine Klage gegen die Wirksamkeit des Umwandlungsbeschlusses kann daneben auch darauf gestützt werden, dass die **Beteiligungsverhältnisse** im Umwandlungsbericht oder in der Anteilsinhaberversammlung **unzureichend erläutert** wurden.[22] Dies betrifft zwar mittelbar Fragen über die wirtschaftliche Schlechterstellung der Anteilsinhaber, so dass der Klageausschluss eigentlich greifen müsste. Das führte auch der Bundesrat im Gesetzgebungsverfahren in seiner Stellungnahme zur Parallelregelung in § 14 Abs. 2 an. Nach Ansicht des Bundesrates sollte eine unzureichende Erläuterung des Umtauschverhältnisses keine Klageerhebung ermöglichen.[23] Der Gesetzgeber widersprach der vorgeschlagenen Erweiterung jedoch damit, dass eine derart umfängliche Einschränkung des Anfechtungsrechts nicht durch andere Rechtsbehelfe kompensiert werden könnte.[24] Insb. das Spruchverfahren sei als Verteidigungsmittel unzulänglich.[25]

11 In Ausnahmefällen kann zudem die Rechtmäßigkeit des Umwandlungsbeschlusses unter dem Aspekt eines Verstoßes gegen das **Willkürverbot** beanstandet werden.[26] In seiner „FPB"-Entscheidung hat der BGH klargestellt, dass eine sachwidrige Ungleichbehandlung der Anteilsinhaber und damit ein Verstoß gegen das Willkürverbot zumindest dann vorliegt, wenn der Formwechsel von der Mehrheit der Anteilsinhaber funktionswidrig eingesetzt wird, um die Rechte der Minderheit im Vergleich zum Zustand vor dem Formwechsel zu schmälern.[27]

§ 196 Verbesserung des Beteiligungsverhältnisses

[1]Sind die in dem Umwandlungsbeschluß bestimmten Anteile an dem Rechtsträger neuer Rechtsform zu niedrig bemessen oder ist die Mitgliedschaft bei diesem kein ausreichender Gegenwert für die Anteile oder die Mitgliedschaft bei dem formwechselnden Rechtsträger, so kann jeder Anteilsinhaber, dessen Recht, gegen die Wirksamkeit des Umwandlungsbeschlusses Klage zu erheben, nach § 195 Abs. 2 ausgeschlossen ist, von dem Rechtsträger einen Ausgleich durch bare Zuzahlung verlangen. [2]Die angemessene Zuzahlung wird auf Antrag durch das Gericht nach den Vorschriften des Spruchverfahrensgesetzes bestimmt. [3]§ 15 Abs. 2 ist entsprechend anzuwenden.

20 OLG Düsseldorf WM 1999, 1671, 1673; Semler/Stengel/*Bärwaldt*, § 195 Rn 25.

21 Lutter/*Decher/Hoger*, § 195 Rn 15 ff mit näheren Beispielen.

22 Vgl die Gegenäußerung der Bundesregierung zur Stellungnahme des Bundesrates zu Nr. 4, BT-Drucks. 12/7265, Anlage 3, 11; s. auch Lutter/*Decher/Hoger*, § 195 Rn 16.

23 Stellungnahme des Bundesrates zu § 14 Abs. 2, BR-Drucks. 75/94, 5.

24 Gegenäußerung der Bundesregierung zur Stellungnahme des Bundesrates zu Nr. 4, BT-Drucks. 12/7265, Anlage 3, 11.

25 Gegenäußerung der Bundesregierung zur Stellungnahme des Bundesrates zu Nr. 4, BT-Drucks. 12/7265, Anlage 3, 11.

26 Lutter/*Decher/Hoger*, § 195 Rn 20.

27 BGH NZG 2005, 722, 723.

I. Normzweck

§ 196 hat die verschmelzungsrechtliche Regelung des § 15 als Vorbild und gewährt nach S. 1 jedem durch den Klageausschluss des § 195 Abs. 2 benachteiligten Anteilsinhaber einen **Anspruch auf Ausgleichszahlung** bei zu niedriger Bemessung oder sonst unzureichender Beteiligung am Rechtsträger neuer Rechtsform.[1] Die Geltendmachung des Anspruchs erfolgt nach dem – im Nachhinein eingeführten – S. 2 in einem Spruchverfahren nach dem SpruchG. In Gleichlauf zur Verschmelzung sieht S. 3 die Verzinsung der baren Zuzahlung nach dem Ablauf des Tages der Bekanntmachung der Registereintragung (§ 201) mit 5%-Punkten über dem jeweiligen Basiszinssatz nach § 247 BGB vor.[2] 1

II. Anspruch auf bare Zuzahlung (S. 1)

Für die Begründung eines **Anspruchs auf bare Zuzahlung** nach § 196 S. 1 müssen sämtliche allgemeine Klagevoraussetzungen vorliegen, die Klage ausschließlich aufgrund von § 195 Abs. 2 ausgeschlossen sein und ein Nachteil iSv § 196 S. 1 vorliegen. 2

1. Sämtliche allgemeinen Klagevoraussetzungen. Zunächst kommt es auf das Vorliegen sämtlicher **allgemeiner Voraussetzungen einer Klage** an. Antragsberechtigt sind alle Anteilsinhaber, die nicht durch den Formwechsel aus dem Rechtsträger ausscheiden. Dh ausscheidende Anteilsinhaber haben keinen Anspruch auf bare Zuzahlung.[3] Der Anspruch kann unabhängig von einem etwaigen Widerspruch gegen den Umwandlungsbeschluss oder eine etwaige Zustimmung zu dem Umwandlungsbeschluss geltend gemacht werden, es sei denn, dies ist bereits als Verzicht auszulegen.[4] 3

Hinweis: Es empfiehlt sich daher, im Umwandlungsbeschluss ggf klarzustellen, dass mit einer Zustimmung zum Umwandlungsbeschluss ggf kein Verzicht auf einen etwaigen Anspruch auf bare Zuzahlung verbunden ist.

Da die wirtschaftliche Schlechterstellung erst mit dem Wirksamwerden des Formwechsels, sprich dessen Eintragung im Handelsregister, entsteht (§ 202), richtet sich der Anspruch auf bare Zuzahlung gegen den Rechtsträger neuer Rechtsform.[5] Teilweise wird gefordert, dass eine Geltendmachung dieses Anspruchs aufgrund des weiten Wortlauts der Vorschrift bereits gegen den formwechselnden Rechtsträger zulässig sei.[6]

2. Der Ausschluss der Klagemöglichkeit wegen § 195 Abs. 2. Weiterhin muss die Klage aufgrund von § 195 Abs. 2 **ausgeschlossen** sein. 4

3. Ein Nachteil nach § 196 S. 1. Zuletzt muss einer der unter § 196 S. 1 aufgezählten **Nachteile** vorliegen. Das sind entweder die zu niedrige Bemessung des Beteiligungsverhältnisses beim Rechtsträger neuer Rechtsform (quantitative Benachteiligung) oder die Gewährung eines nicht ausreichenden Gegenwertes beim Rechtsträger neuer Rechtsform für die Anteile oder die Mitgliedschaft am formwechselnden Rechtsträger (qualitative Benachteiligung). 5

a) Zu niedrige Bemessung des Beteiligungsverhältnisses. Eine **quantitative Benachteiligung** liegt dann vor, wenn das Beteiligungsverhältnis eines Anteilsinhabers am Rechtsträger neuer Rechtsform zu niedrig bemessen ist. Das ist idR anhand eines Vergleichs der Beteiligungsquote für den Anspruchsteller individuell zu ermitteln.[7] 6

1 Begr. Reg zu § 196, BR-Drucks. 75/94, 140.
2 Früher: 2%-Punkte über dem Diskontsatz der Bundesbank.
3 Kallmeyer/*Meister/Klöcker*, § 196 Rn 12; Lutter/*Decher/Hoger*, § 196 Rn 5.
4 Schmitt/Hörtnagl/Stratz/*Stratz*, § 196 Rn 4; Semler/Stengel/*Bärwaldt*, § 196 Rn 8.
5 Semler/Stengel/*Bärwaldt*, § 196 Rn 10.
6 Semler/Stengel/*Bärwaldt*, § 196 Rn 10; Kallmeyer/*Meister/Klöcker*, § 196 Rn 14, 23.
7 Widmann/Mayer/*Fronhöfer*, § 196 Rn 5.

Hinweis: Angesichts des identitätswahrenden Charakters des Formwechsels wird eine quantitative Benachteiligung, sprich ein „nicht-verhältniswahrender Formwechsel", allerdings nur in Einzelfällen vorliegen.[8]

7 **b) Kein ausreichender Gegenwert der Mitgliedschaft.** Um eine **qualitative Benachteiligung** handelt es sich, wenn die Beteiligung am bzw Mitgliedschaft beim Rechtsträger neuer Rechtsform keinen ausreichenden Gegenwert für die Anteile oder die Mitgliedschaft am formwechselnden Rechtsträger darstellt. Auch hier müssen die Anteilsinhaber eine individuelle Benachteiligung nachweisen, wie bspw den Verlust von Sonderrechten.[9] Der Anspruchsberechtigte kann sich deshalb nicht auf eine Schlechterstellung berufen, die alle Anteilsinhaber gleichermaßen trifft. Die mit einer Umwandlung einhergehende etwaige geringere Fungibilität von Anteilen stellt deshalb zB keine qualitative Benachteiligung im Sinne der Vorschrift dar.[10]

II. Durchführung des Spruchverfahrens (S. 2)

8 Der Antrag auf gerichtliche Entscheidung über die Gewährung einer Ausgleichszahlung muss nach § 4 Abs. 1 S. 1 Nr. 4 SpruchG iVm § 196 innerhalb einer **Frist** von drei Monaten erfolgen, nachdem die Eintragung des Formwechsels im Handelsregister (§ 201) bekanntgemacht worden ist. Sinn und Zweck dieser materiellrechtlichen Ausschlussfrist ist eine weitestgehende Rechts- und Planungssicherheit.[11] Der Antrag setzt die vorherige Geltendmachung des Anspruchs beim Rechtsträger alter (oder neuer) Rechtsform voraus.[12] Das Gericht prüft das Vorliegen eines Nachteils iSv § 196 S. 1 und spricht dem Anspruchsteller bei Vorliegen einer quantitativen oder qualitativen Abweichung der Anteile oder Mitgliedschaften beim Rechtsträger neuer Rechtsform einen Anspruch auf Zuzahlung zu, § 1 Nr. 4 SpruchG. Aufgrund des eindeutigen Wortlauts ist eine Gewährung weiterer Anteilsrechte durch das Gericht allerdings nicht möglich.[13]

Hinweis: Der Beschluss des Landgerichts entfaltet Wirkung *erga omnes* und kann erst auf Grundlage einer weiteren Leistungsklage zwangsweise durchgesetzt werden.[14]

§ 197 Anzuwendende Gründungsvorschriften

[1]Auf den Formwechsel sind die für die neue Rechtsform geltenden Gründungsvorschriften anzuwenden, soweit sich aus diesem Buch nichts anderes ergibt. [2]Vorschriften, die für die Gründung eine Mindestzahl der Gründer vorschreiben, sowie die Vorschriften über die Bildung und Zusammensetzung des ersten Aufsichtsrats sind nicht anzuwenden. [3]Beim Formwechsel eines Rechtsträgers in eine Aktiengesellschaft ist § 31 des Aktiengesetzes anwendbar.

8 S. § 202 Rn 13.
9 OLG Düsseldorf NZG 2005, 280; Semler/Stengel/*Bärwaldt*, § 196 Rn 13; Lutter/*Decher/Hoger*, § 196 Rn 10.
10 OLG Düsseldorf NZG 2005, 280, 282; Lutter/*Decher/Hoger*, § 196 Rn 11; *Meyer-Landrut/Kiem*, WM 1997, 1413, 1420; zum vergleichbaren Fall zu § 28 Abs. 2 LwAnpG BGH WM 1997, 890, 891.
11 Vgl OLG Düsseldorf NZG 2005, 719.
12 Semler/Stengel/*Bärwaldt*, § 196 Rn 18.
13 Lutter/*Decher/Hoger*, § 196 Rn 15; Semler/Stengel/*Bärwaldt*, § 196 Rn 14; Schmitt/Hörtnagl/Stratz/*Stratz*, § 196 Rn 5.
14 §§ 11, 13 S. 2, 16 SpruchG.

I. Normzweck

§ 197 S. 1 verweist auf die für die neue Rechtsform geltenden Gründungsvorschriften. Dies geht auf den Rechtsgedanken zurück, dass durch den Formwechsel zwar die Notwendigkeit einer Liquidation und Neugründung vermieden werden, jedoch nicht das Unterlaufen der für den Rechtsträger neuer Rechtsform geltenden, strengeren Gründungsvorschriften ermöglicht werden soll.[1] Der Formwechsel ist damit zwar keine **Sachgründung**; der Gesetzgeber behandelt den Vorgang jedoch als Sachgründung, um die Einhaltung der Gründungsvorschriften des Kapitalgesellschaftsrechts und damit insb. auch den Gläubigerschutz zu gewährleisten.[2] 1

Um einer mit dem Formwechsel einhergehenden „praktischen Neugründung“ entgegenzuwirken sah der Gesetzgeber deshalb einen Kompromiss vor:[3] Die Gründungsvorschriften für die neue Rechtsform sollten auf den Formwechsel zwar anwendbar bleiben, allerdings unter der einschränkenden Berücksichtigung der Besonderheiten des Zweiten Teils.[4] Aufgrund dessen qualifiziert die hM den Formwechsel auch als **„modifizierte Neugründung“**.[5] 2

II. Anzuwendende Gründungsvorschriften (S. 1)

§ 197 S. 1 gibt für den Formwechsel vor, dass die **Gründungsvorschriften** der neuen Rechtsform, soweit sich aus dem Fünften Buch nichts anderes ergibt, anzuwenden sind. Im UmwG ist der Begriff der Gründungsvorschrift nicht näher definiert. Der Verweis ist somit rechtsformspezifisch auszulegen.[6] 3

Mit der Bezugnahme auf die Gründungsvorschriften soll insb. sichergestellt werden, dass die besonderen Regelungen zur **Kapitalaufbringung** eingehalten und nicht umgangen werden.[7] Dies ist für die Umwandlung in eine Personengesellschaft naturgemäß weitestgehend gegenstandslos.[8] Andererseits erscheint beim Formwechsel von einer Kapitalgesellschaft in eine andere Kapitalgesellschaft die erneute Beachtung der Kapitalaufbringungsregelungen überflüssig. Dem steht jedoch der eindeutige Wortlaut der §§ 220, 245 Abs. 3 S. 1 entgegen.[9] 4

1. Formwechsel in eine AG. Beim Formwechsel in die Rechtsform der **AG** sind neben den aktienrechtlichen Gründungsvorschriften der §§ 1–13, 23–53 AktG die besonderen Vorschriften des UmwG der §§ 198 Abs. 1, 199–201 zu beachten. Aus dem Verweis auf das Gründungsrecht der AG folgt auch die Anwendbarkeit von § 41 Abs. 1 S. 1 AktG, wonach vor der Eintragung der AG bzw des Rechtsträgers neuer Rechtsform in das Handelsregister lediglich eine Vor-AG besteht. Wer nach der Fassung des Umwandlungsbeschlusses aber noch vor der Eintragung der Gesellschaft in ihrem Namen handelt, haftet deshalb gem. § 41 Abs. 1 S. 2 Hs 1 AktG persönlich. Zudem kommt eine Haftung der an der Gründung beteiligten Personen nach den §§ 46 bis 49 AktG in Betracht.[10] Daneben gelten die Regelungen der §§ 52, 53 über die Nachgründung.[11] Eine Unterbilanzhaftung der Gesellschafter des Rechtsträgers neuer Rechtsform scheidet hingegen aus.[12] Hinzu treten insb. folgende rechtsformspezifische Regelungen, welche die allgemeinen Gründungsvorschriften ergänzen oder verdrängen: 5

1 Begr. RegE zu § 197, BR-Drucks. 75/94, 141.
2 Lutter/*Decher/Hoger*, § 197 Rn 5; *Usler*, MittRhNotK 1998, 22, 54.
3 Begr. RegE zu § 197, BR-Drucks. 75/94, 141.
4 Begr. RegE zu § 197, BR-Drucks. 75/94, 141.
5 Vgl Widmann/Mayer/*Mayer*, § 197 Rn 3; Semler/Stengel/*Bärwaldt*, § 197 Rn 3 mwN; *Bärwaldt/Schabacker*, ZIP 1998, 1293, 1297; wohl auch Lutter/*Decher/Hoger*, § 197 Rn 6.
6 Kallmeyer/*Meister/Klöcker*, § 197 Rn 7; Schmitt/Hörtnagl/Stratz/*Stratz*, § 197 Rn 1.
7 S. Rn 5.
8 Lutter/*Decher/Hoger*, § 197 Rn 7; Widmann/Mayer/*Mayer*, § 197 Rn 6.
9 So auch Widmann/Mayer/*Mayer*, § 197 Rn 82; wohl auch Lutter/*Decher/Hoger*, § 197 Rn 8.
10 Semler/Stengel/*Bärwaldt*, § 197 Rn 53 f; Lutter/*Decher/Hoger*, § 197 Rn 32, Rn 41.
11 Semler/Stengel/*Bärwaldt*, § 197 Rn 55; Lutter/*Decher/Hoger*, § 197 Rn 42.
12 Lutter/*Decher/Hoger*, § 197 Rn 40.

▶ **Checkliste:**

- Ist eine Personenhandelsgesellschaft formwechselnder Rechtsträger: §§ 220, 222 Abs. 2.
- Ist eine GmbH formwechselnder Rechtsträger: §§ 243 Abs. 2, 245 Abs. 1 S. 1, 245 Abs. 3 iVm 220 Abs. 1, 246.
- Ist eine KGaA formwechselnder Rechtsträger: §§ 243 Abs. 2, 245 Abs. 3, 245 Abs. 3 iVm 220 Abs. 1, 246.
- Ist eine e.G. formwechselnder Rechtsträger: § 264.
- Ist ein VVaG formwechselnder Rechtsträger: §§ 295 iVm 264 Abs. 1, Abs. 3.
- Ist eine AöR/KöR formwechselnder Rechtsträger: § 303 Abs. 1 iVm 220. ◀

6 **2. Formwechsel in eine GmbH.** Beim Formwechsel in die Rechtsform einer **GmbH** sind vorwiegend die Gründungsvorschriften der §§ 1–11 GmbHG zu befolgen. Zudem finden die besonderen Vorschriften der §§ 198 Abs. 1, 199–201 Anwendung. Aus der Anwendbarkeit von § 11 GmbHG folgt insb. die Möglichkeit einer Handelndenhaftung gem. § 11 Abs. 2 GmbHG für die bis zur Eintragung des Formwechsels existierenden Vor-GmbH.[13] Zudem trifft sämtliche Gesellschafter die verschuldensunabhängige Differenzhaftung des § 9 GmbHG.[14] Eine Unterbilanzhaftung kommt hingegen nicht in Betracht.[15] Darüber hinaus sind insb. folgende rechtsformspezifische Regelungen zu berücksichtigen, welche die allgemeinen Gründungsvorschriften ergänzen oder verdrängen:

▶ **Checkliste:**

- Ist eine Personenhandelsgesellschaft formwechselnder Rechtsträger: § 220 Abs. 1 u. 2.
- Ist eine AG formwechselnder Rechtsträger: §§ 243 Abs. 2, 245 Abs. 3 iVm 220 Abs. 1, 245 Abs. 4, 246.
- Ist eine KGaA formwechselnder Rechtsträger: §§ 243 Abs. 2, 245 Abs. 3 iVm 220 Abs. 1, 245 Abs. 4, 246.
- Ist eine e.G. formwechselnder Rechtsträger: § 264.
- Ist eine AöR/KöR formwechselnder Rechtsträger: § 303 Abs. 1 iVm 220. ◀

7 **3. Formwechsel in eine KGaA.** Beim Formwechsel in eine **KGaA** gelten wegen der Verweisung in § 278 Abs. 3 AktG die Ausführungen zum Formwechsel in eine AG. Die Gründungsvorschriften der §§ 1–13, 23–53 AktG sind auch bei der Beteiligung einer Kapitalgesellschaft anderer Rechtsform als formwechselnder Rechtsträger anwendbar (s. Rn 5). Ist eine AG Ausgangsrechtsträger, ist zudem § 245 Abs. 2 zu beachten. Ferner ergänzen die §§ 223, 225 c die allgemeinen Vorschriften über die Anmeldung (§ 199).

8 **4. Formwechsel in eine Personen(-handels)gesellschaft.** Da das Gründungsrecht der **Personen(-handels)gesellschaften** keine Kapitalaufbringungsvorschriften vorsieht, ergeben sich im Hinblick auf den Verweis des § 197 S. 1 keine Besonderheiten. Neben den allgemeinen Vorschriften der §§ 198 Abs. 1, 199–201 ist die einschränkende Vorschrift des § 228 zu beachten.

9 **5. Formwechsel in eine eG.** Beim Formwechsel in eine **eG** sind die §§ 1–16 GenG zu beachten.[16] Dies gilt insb. für § 197 S. 1 iVm § 8 a GenG, falls die Satzung ein Mindestkapital vorsieht.[17] Auch sind §§ 198 Abs. 1, 199-201 einzuhalten. Die Satzung muss wegen § 253 Abs. 1 S. 2 nicht durch alle Mitglieder unterzeichnet werden. Ferner enthalten § 254 und §§ 277, 267 weitere Sonderbestimmungen.

10 **6. Formwechsel in eine EWIV/SE/SCE.** Die **EWIV** wird als Sonderform der OHG behandelt, § 1 EWIVAG. Deshalb sind die Vorschriften über den Formwechsel von Personengesellschaften

13 Semler/Stengel/*Bärwaldt*, § 197 Rn 35; Lutter/*Decher/Hoger*, § 197 Rn 41.

14 Lutter/*Decher/Hoger*, § 197 Rn 41, unabhängig davon, ob sie für oder gegen den Formwechsel gestimmt haben; aA Semler/Stengel/*Bärwaldt*, § 197 Rn 33.

15 Lutter/*Decher/Hoger*, § 197 Rn 40.

16 Widmann/Mayer/*Vossius*, § 197 Rn 9.

17 Henssler/Strohn/*Geibel*, GesR, § 8 a GenG Rn 2 f.

anwendbar.[18] Die **SE** und **SCE** sind hingegen als Zielrechtsträger nach dem UmwG untauglich.[19]

III. Nicht anwendbare Gründungvorschriften (S. 2)

1. Gründerzahl (§ 197 S. 2 Hs 1). Für die Bestimmung der **Gründerzahl** trifft § 197 S. 2 Hs 1 eine rechtsformübergreifende Sonderregelung. Danach sind Vorschriften, die für die Gründung eine Mindestgründerzahl vorsehen, nicht anzuwenden. 11

Hinweis: Praktische Relevanz entfaltet dieser Tatbestand jedoch nur noch beim Formwechsel in eine eG, da § 4 GenG eine Mindestzahl von 3 Gründungsmitgliedern vorsieht.

2. Bildung des ersten Aufsichtsrates (§ 197 S. 2 Hs 2). Ist für den Rechtsträger neuer Rechtsform erstmals ein **Aufsichtsrat** neu zu bilden, bestimmt § 197 S. 2 Hs 2, dass die Vorschriften über die Bildung und Zusammensetzung des ersten Aufsichtsrates nicht anzuwenden sind. Dies betrifft die Regelungen des § 30 AktG. Somit sind die Regelungen für die Arbeitnehmermitbestimmung im Aufsichtsrat schon zum Zeitpunkt des Wirksamwerdens des Formwechsels zu beachten.[20] 12

Hieraus ergibt sich für die Bestellung des neu oder anders als beim formwechselnden Rechtsträger zu bildenden Aufsichtsrat, dass sich die Bestellung des ersten Aufsichtsrats wie bei einer **Sachgründung** vollzieht, § 31 AktG. Die als Gründer geltenden Personen haben eine solche Anzahl von Aufsichtsratsmitgliedern zu bestellen, die die Hauptversammlung ohne Bindung an Wahlvorschlägen zu wählen hat (nach den Vorschriften, die nach ihrer Ansicht nach dem Formwechsel Anwendung finden), § 197 S. 3 iVm § 31 Abs. 1 S. 1 AktG. Unverzüglich nach Wirksamwerden des Formwechsels hat der Vorstand das Statusverfahren nach §§ 97 ff AktG durchzuführen, § 197 S. 3 iVm § 31 Abs. 3 S. 1 AktG.[21] 13

3. Weitere nicht anwendbare Gründungsvorschriften. Weitere nicht anwendbare Vorschriften können sich aus den besonderen Vorschriften zum Recht des Formwechsels ergeben. Vgl hierzu weiter die Erläuterungen im Besonderen Teil, insb. zu §§ 245, 246, 264, 277 sowie 295. 14

§ 198 Anmeldung des Formwechsels

(1) Die neue Rechtsform des Rechtsträgers ist zur Eintragung in das Register, in dem der formwechselnde Rechtsträger eingetragen ist, anzumelden.

(2) [1]Ist der formwechselnde Rechtsträger nicht in einem Register eingetragen, so ist der Rechtsträger neuer Rechtsform bei dem zuständigen Gericht zur Eintragung in das für die neue Rechtsform maßgebende Register anzumelden. [2]Das gleiche gilt, wenn sich durch den Formwechsel die Art des für den Rechtsträger maßgebenden Registers ändert oder durch eine mit dem Formwechsel verbundene Sitzverlegung die Zuständigkeit eines anderen Registergerichts begründet wird. [3]Im Falle des Satzes 2 ist die Umwandlung auch zur Eintragung in das Register anzumelden, in dem der formwechselnde Rechtsträger eingetragen ist. [4]Diese Eintragung ist mit dem Vermerk zu versehen, daß die Umwandlung erst mit der Eintragung des Rechtsträgers neuer Rechtsform in das für diese maßgebende Register wirksam wird, sofern die Eintragungen in den Registern aller beteiligten Rechtsträger nicht am selben Tag erfolgen. [5]Der Rechts-

18 S. auch § 191 Rn 3; so auch Henssler/Strohn/*Drinhausen/Keinath*, GesR, § 197 UmwG Rn 9; Semler/Stengel/*Bärwaldt*, § 197 Rn 16; aA Widmann/Mayer/*Vossius*, § 226 Rn 11.

19 Allgemein zur Beteiligungsfähigkeit einer SE bzw SCE nach dem UmwG s. § 191 Rn 5, 15 bzw 7.

20 Begr. RegE zu § 197, BR-Drucks. 75/94, 141.

21 Semler/Stengel/*Bärwaldt*, § 197 Rn 70.

träger neuer Rechtsform darf erst eingetragen werden, nachdem die Umwandlung nach den Sätzen 3 und 4 eingetragen worden ist.

(3) § 16 Abs. 2 und 3 ist entsprechend anzuwenden.

I. Normzweck

1 Die Wirksamkeit des Formwechsels hängt von **der konstitutiven** Registereintragung ab, § 202. Wegen der zentralen Bedeutung der Eintragung für das Umwandlungsverfahren sollte nach der Vorstellung des Gesetzgebers die Eintragung nicht von Amts wegen erfolgen, sondern vielmehr aufgrund einer förmlichen Anmeldung zur Eintragung am Registergericht vorgenommen werden.[1] § 198 regelt deshalb die **Registerzuständigkeit** für sämtliche Fallgruppen: § 198 Abs. 1 geht von dem einfach gelagerten Fall aus, dass der Formwechsel keine abweichende örtliche Registerzuständigkeit begründet. Erfolgt mit dem Formwechsel gleichzeitig eine Änderung des zuständigen Registergerichts bzw des maßgebenden Registers (zum Beispiel bei einem Formwechsel einer Personengesellschaft (Abteilung A des Handelsregisters) in eine Kapitalgesellschaft (Abteilung B des Handelsregisters), trifft § 198 Abs. 2 Regelungen für alle möglichen Fallvarianten. § 198 Abs. 3 sieht schließlich vor, dass die Vertretungsorgane des formwechselnden Rechtsträgers eine Negativerklärung darüber abzugeben haben, dass eine Klage gegen die Wirksamkeit des Umwandlungsbeschlusses nicht oder nicht fristgemäß erhoben oder eine solche Klage rechtskräftig abgewiesen worden ist, § 16 Abs. 2, Abs. 3.

II. Einzelne Fallvarianten

2 **1. Übereinstimmende Registerzuständigkeit (Abs. 1).** § 198 Abs. 1 sieht den Fall vor, dass der formwechselnde Rechtsträger bereits in einem **Handelsregister gleicher Art** eingetragen ist und darin bleiben kann, sich jedoch die maßgebende Abteilung innerhalb desselben Registers ändert (das Handelsregister unterscheidet die zwei Abteilungen: A und B).[2] Die Register lassen sich ihrer „Art" nach in Handelsregister, Vereinsregister, Genossenschaftsregister und Partnerschaftsregister kategorisieren.

3 **2. Fehlende Voreintragung (Abs. 2 S. 1).** Für den Fall der **fehlenden Voreintragung** des formwechselnden Rechtsträgers im Handelsregister sieht § 198 Abs. 2 S. 1 vor, dass der Rechtsträger neuer Rechtsform bei dem zuständigen Registergericht seines Satzungssitzes anzumelden ist. Dieser Fall ist in der Praxis weitestgehend irrelevant und etwa in Konstellationen denkbar, in denen sich am Formwechsel eine Körperschaft/Anstalt des öffentlichen Rechts beteiligt.[3] Gemeint dürften auch Formwechsel wirtschaftlicher Vereine sein, die nicht nach §§ 1, 33 HGB in das Handelsregister eingetragen sind.[4]

4 **3. Änderung der Art des Registers (Abs. 2 S. 2 Alt. 1).** Ändert sich durch den Formwechsel die **Art** des für den formwechselnden Rechtsträger maßgebenden Registers (zB bei einem Formwechsel einer Personengesellschaft bzw Kapitalgesellschaft in eine eG oder PartG), hat die Anmeldung sowohl bei dem Registergericht zu erfolgen, bei dem der formwechselnde Rechtsträ-

1 Begr. RegE zu § 198, BR-Drucks. 75/94, 141.
2 Vgl hierzu eingehend Schmitt/Hörtnagl/Stratz/*Stratz*, § 198 Rn 6.
3 Semler/Stengel/*Schwanna*, § 198 Rn 3.
4 Begr. RegE zu § 198 Abs. 2, BR-Drucks. 75/94, 142; Schmitt/Hörtnagl/Stratz/*Stratz*, § 198 Rn 7.

ger eingetragen ist, als auch bei dem für die neue Rechtsform zuständige Registergericht, § 198 Abs. 2 S. 2 Alt. 1. Nicht erfasst von der Vorschrift sind die Fallvarianten, in denen sich lediglich die Abteilung im Register ändert.[5] Vgl hierzu bereits die Erläuterungen oben zu Rn 2. Eine Änderung der Art des Registers kommt auch beim Formwechsel eines eingetragenen Vereins oder einer eingetragenen Genossenschaft in eine Kapitalgesellschaft und umgekehrt bei der Umwandlung einer Personenhandelsgesellschaft in eine eingetragene Genossenschaft und umgekehrt sowie beim Wechsel einer Partnerschaftsgesellschaft in eine Kapitalgesellschaft und umgekehrt in Betracht.

4. Sitzverlegung (Abs. 2 S. 2 Alt. 2). Schließlich regelt § 198 Abs. 2 S. 2 Alt. 2 den Fall, dass sich durch die **Sitzverlegung** eine abweichende Registerzuständigkeit ergibt, was an sich keiner Regelung bedurft hätte, hier aber der Rechtsklarheit dient. In Gleichlauf zu § 198 Abs. 2 S. 2 Alt. 1 sind dann ebenfalls zwei Anmeldungen erforderlich. 5

III. Anmeldegegenstand

1. Allgemeines. Gegenstand der Anmeldung ist die **neue Rechtsform** des Rechtsträgers, nicht der Umwandlungsbeschluss selber.[6] Der Umwandlungsbeschluss ist jedoch der Anmeldung als Anlage beizufügen, § 199. Zusätzlich für den Fall der Änderung der Art des Registers nach § 198 Abs. 2 S. 2 Alt. 1 bzw der Sitzverlegung iSv § 198 Abs. 2 S. 2 Alt. 2 ist die Umwandlung bei dem Registergericht des formwechselnden Rechtsträgers anzumelden, § 198 Abs. 2 S. 3. 6

Die Eintragung des Formwechsels im *alten* Register hat das Handelsregister nach § 198 Abs. 2 S. 4 Hs 1 mit dem Vermerk zu versehen, dass die Umwandlung erst mit der Eintragung des Rechtsträgers neuer Rechtsform in das für diesen maßgebende *neue* Register wirksam wird. Das Erfordernis eines solchen Vermerks entfällt, wenn die Eintragung in den Registern „aller beteiligten Rechtsträger" noch am selben Tage erfolgt, § 198 Abs. 2 S. 4 Hs 2. Die Formulierung „aller beteiligter Rechtsträger" ist hierbei irreführend; es bleibt weiterhin nur ein Rechtsträger beteiligt, der lediglich sein Rechtskleid ändert. 7

Zuletzt unterstreicht § 198 Abs. 2 S. 5 die **konstitutive Wirkung** der Eintragung des Rechtsträgers neuer Rechtsform (§ 202) und stellt klar, dass im Fall von § 198 Abs. 2 S. 2 die Eintragung des Rechtsträgers erst nach Eintragung der Umwandlung erfolgen darf. 8

2. Zusätzliche Anforderungen. Für die Handelsregisteranmeldung ergeben sich aus dem Zusammenspiel der besonderen Vorschriften des UmwG für den Formwechsel mit den rechtsformspezifischen Gründungsvorschriften der gewählten Zielrechtsform **weitere Anforderungen** an ihren Inhalt. So hat die Anmeldung folgende weitere Angaben zu enthalten: 9

▶ **Checkliste:**

a) AG, KGaA[7] als Zielrechtsträger

- die Vorstandsmitglieder der AG bzw die persönlich haftenden Gesellschafter der KGaA, § 246 Abs. 2,
- Versicherung der Vorstandsmitglieder der AG über etwaige bestehende Bestellungshindernisse nach § 76 AktG und die erfolgte Belehrung über ihre unbeschränkte Auskunftspflicht, § 37 Abs. 2 AktG,
- Art und Umfang der abstrakten und konkreten Vertretungsbefugnis der Vorstandsmitglieder der AG bzw der persönlich haftenden Gesellschafter, § 37 Abs. 3 Nr. 2 AktG,
- inländische Geschäftsanschrift, § 37 Abs. 3 Nr. 1 AktG.

Eine Versicherung, dass die Einlagen iSv § 37 Abs. 1 AktG erbracht sind, ist nicht erforderlich, § 246 Abs. 3.

5 Schmitt/Hörtnagl/Stratz/*Stratz*, § 198 Rn 8.
6 Begr. RegE zu § 198, BR-Drucks. 75/94, 142.
7 §§ 278 Abs. 3, 283 Nr. 1 AktG.

b) **GmbH als Zielrechtsträger**
- die Geschäftsführer der GmbH, § 246 Abs. 2,
- Versicherung der Geschäftsführer über etwaige bestehende Bestellungshindernisse, § 8 Abs. 3 GmbHG,
- inländische Geschäftsanschrift, § 8 Abs. 4 Nr. 1 GmbHG,
- Art und Umfang der abstrakten und konkreten Vertretungsbefugnis der Geschäftsführer, § 8 Abs. 4 Nr. 2 GmbHG,

Eine Versicherung, dass die Einlagen iSv § 8 Abs. 2 Nr. 2 GmbHG erbracht sind, ist nicht erforderlich, § 246 Abs. 3.

c) **OHG/KG als Zielrechtsträger**
- Name, Vorname, Geburtsdatum und Wohnort sämtlicher Gesellschafter, § 106 Abs. 2 Nr. 1 HGB. Beim Formwechsel in eine KG zudem die Kommanditisten sowie den Betrag der erbrachten Einlage, § 162 Abs. 1 HGB,
- Firma, Sitz und inländische Geschäftsanschrift, § 106 Abs. 2 Nr. 2 HGB,
- Vertretungsmacht der Gesellschafter, § 106 Abs. 2 Nr. 4 HGB,
- Angaben iSv § 24 Abs. 4 HRV sind empfehlenswert.[8]

d) **Partnerschaftsgesellschaft als Zielrechtsträger**
- Name, Vorname, Beruf und Wohnort jedes Partners, § 3 Abs. 2 Nr. 2 PartGG,
- Gegenstand der Partnerschaft, § 3 Abs. 2 Nr. 3 PartGG,
- Geburtsdatum eines jeden Partners und Vertretungsmacht, § 4 Abs. 1 S. 1 PartGG,
- Name und Sitz der Partnerschaft, §§ 4 Abs. 1 S. 2, 3 Abs. 2 Nr. 1 PartGG,
- Berufszugehörigkeit eines jeden Partners in der Partnerschaft, § 4 Abs. 2 PartGG.

e) **eG als Zielrechtsträger**
- das Statut der Genossenschaft
- die Mitglieder des Vorstandes und ihre Vertretungsbefugnis, § 222 Abs. 1 UmwG, § 11 Abs. 3 GenG.

f) **EWIV als Zielrechtsträger**
- Angaben nach § 2 Abs. 2 EWIVAG.[9] ◀

10 **3. Negativerklärung (Abs. 3).** Unabhängig von der Zielrechtsform haben die anmeldepflichtigen Personen eine **Negativerklärung** iSv §§ 198 Abs. 3, 16 Abs. 2 Hs 1 darüber abzugeben, dass eine Klage gegen die Wirksamkeit des Umwandlungsbeschlusses nicht oder nicht fristgemäß erhoben oder eine solche Klage rechtskräftig abgewiesen oder zurückgenommen worden ist. Der Erklärung steht ein Gerichtsbeschluss iSv §§ 198 Abs. 3, 16 Abs. 3 gleich.[10] Diese Negativerklärung ist höchstpersönlicher Natur, so dass eine **Stellvertretung ausgeschlossen** ist.[11]

IV. Anmeldepflichtige Personen

11 **Anmeldepflichtig** sind die nach den besonderen Vorschriften der §§ 214 ff und dem jeweiligen Gründungsrecht zu bestimmenden Personen.[12]

Hinweis: Insb. wenn die Personenzahl der Anmelder relativ umfangreich ist, empfiehlt es sich ggf in der Handelsregisteranmeldung eine Vollmacht für einen Dritten, zB die Notariatsangestellten des beglaubigenden Notars, vorzusehen. Auf diese Weise lässt es sich vermeiden, dass bei etwaigen notwendigen Ergänzungen der Handelsregisteranmeldung (zB aufgrund einer Verfügung des Handelsregisters) alle Unterzeichner der Handelsregisteranmeldung ein weiteres Mal ihre Unterschrift notariell beglaubigen lassen müssen. Zu Recht wird in diesem Zusammenhang darauf hingewiesen, dass der Notar gem. § 378 Abs. 2 FamFG ermächtigt ist, eine

8 Kallmeyer/*Zimmermann*, § 198 Rn 12; Lutter/*Decher*/*Hoger*, § 198 Rn 13.

9 Gesetz zur Ausführung der EWG-Verordnung über die Europäische wirtschaftliche Interessenvereinigung v. 14.4.1988, BGBl. I S. 514.

10 S. § 16 Rn 27 ff.

11 Lutter/*Decher*, § 16 Rn 13; *Melchior*, GmbHR 1999, 520.

12 §§ 222, 225 c, 235, 246, 254, 265, 278; eine umfassende Übersicht bietet Widmann/Mayer/*Vossius*, § 198 Rn 26.

Eintragung selbst zu beantragen.[13] Die Praxiserfahrung zeigt aber, dass eine Vollmacht der zur Anmeldung berechtigten Personen dennoch eher gewählt wird.

V. Form

Die Anmeldung der neuen Rechtsform erfolgt elektronisch in **öffentlich beglaubigter Form,** 12
§ 12 Abs. 1 S. 1 HGB iVm § 129 Abs. 1 S. 1 BGB. Die öffentliche Beglaubigung kann durch die notarielle Beurkundung ersetzt werden, § 12 Abs. 1 HGB iVm § 129 Abs. 2 BGB. Stellvertretung ist zulässig, da die Anmeldung keinen höchstpersönlichen Charakter hat.[14] Da die entsprechende Vollmacht jedoch auch der notariellen Beglaubigung bedarf, § 12 Abs. 1 S. 2 HGB, wird eine Stellvertretung häufig keine Erleichterung darstellen.

VI. Prüfung durch das Registergericht

Der Umfang der **Prüfungspflicht** des Registergerichts erstreckt sich in formeller Hinsicht, ne- 13
ben der Klärung von örtlicher und sachlicher Zuständigkeit, auf das Vorliegen der von § 198 Abs. 2 vorausgesetzten und durch § 199 vorgeschriebenen Unterlagen. Materiell prüft das zuständige Gericht die Wirksamkeit des Umwandlungsbeschlusses und das Vorliegen der Gründungsvoraussetzungen.

VI. Kosten

1. Gerichtskosten. Die Eintragung des Formwechsels löst **Gerichtskosten** aus, deren Höhe sich 14
nach Maßgabe von § 58 Abs. 1 Nr. 1 GNotKG[15] nach der HRegGebV richtet.[16] Entscheidend ist dabei, welche Fallvariante des § 198 Abs. 1, Abs. 2 im Einzelfall vorliegt:

Bei einer **Ersteintragung** (§ 198 Abs. 2 S. 1) entsteht gem. § 58 Abs. 1 Nr. 1 GNotKG iVm §§ 1, 15
2 HRegGebV eine Gebühr nach Nr. 1103 ff, 2104 ff, 3101 GebVerZ.

Ist der formwechselnde Rechtsträger hingegen **bereits** im betreffenden Register **eingetragen** 16
(§ 198 Abs. 1) oder **ändert** sich durch die Umwandlung die **Art** des Registers bzw begründet die mit dem Formwechsel verbundene Sitzverlegung eine **abweichende Registerzuständigkeit** (§ 198 Abs. 2 S. 2), fallen nach § 58 Abs. 1 Nr. 1 GNotKG iVm §§ 1, 2 HRegGebV Gebühren nach Nr. 1400, 1401, 2402, 2403, 3400 und 3401 GebVerZ an.

Bestehende **Prokuren** können durch den Rechtsträger neuer Rechtsform nicht gebührenfrei 17
übernommen werden.[17] Die Eintragungsgebühr richtet sich dann nach § 2 HRegGebV iVm Nr. 4000–4002 GebVerZ.

2. Notarkosten. Die Wertberechnung der Notargebühren orientiert sich gem. § 105 Abs. 1 18
GNotKG am **Geschäftswert** der Anmeldung. Dieser beträgt wegen § 106 GNotKG höchstens 1 Million Euro. Wird durch den Formwechsel der Rechtsträger **erstmals** in das Handelsregister **eingetragen**, handelt es sich um eine Anmeldung, die je nach Rechtsform unter § 105 Abs. 1 oder Abs. 3 GNotKG fällt. Ist die Zielgesellschaft eine BGB-Gesellschaft, beschränkt sich die Anmeldung beim Formwechsel darauf, das Erlöschen des Ausgangsrechtsträgers zum Handelsregister anzumelden. Es handelt sich dann um eine spätere Anmeldung iSv § 105 Abs. 4 GNotKG. Eine spätere Anmeldung idS liegt auch dann vor, wenn der Formwechsel einer GmbH in eine AG oder KGaA oder die Umwandlung einer AG oder KGaA in eine GmbH angemeldet wird.

13 Widmann/Mayer/*Vossius*, § 201 Rn 33 f; vgl auch OLG Karlsruhe, Beschluss vom 31.1.2011 – 11 Wx 2/11, BeckRS 2011, 05289 mwN, das allein darauf abstellt, ob der Notar das betreffende Dokument beglaubigt hat.

14 Vgl Semler/Stengel/*Schwanna*, § 198 Rn 12; Lutter/*Decher/Hoger*, § 198 Rn 10.

15 Gesetz über Kosten der freiwilligen Gerichtsbarkeit für Gerichte und Notare (Gerichts- und Notarkostengesetz – GNotKG), BGBl. I 2013 S. 2586.

16 S. insofern auch die Ausführungen zu § 190 Rn 47.

17 Widmann/Mayer/*Vossius*, § 198 Rn 54.

19 Der Geschäftswert für **sonstige Anmeldungen** sowie die Anmeldung zum **Partnerschafts-** oder **Genossenschaftsregister** bewertet sich nunmehr über § 105 Abs. 2 GNotKG nach § 105 Abs. 3-5 GNotKG.

20 Die für die Anmeldung notwendige **Beglaubigung der Unterschriften** löst nach §§ 121, 97 GNotKG iVm Nr. 25100 KV GNotKG eine 0,2 Gebühr aus, wobei mindestens 20 EUR fällig werden, höchstens jedoch 70 EUR je Beglaubigungsvermerk. Hat der Notar die Anmeldung selbst entworfen, entsteht außerhalb des Beurkundungsverfahrens eine 0,3 bis 0,5 Gebühr nach §§ 121, 97 GNotKG iVm Nr. 24102 KV GNotKG, mindestens jedoch 30 EUR.

§ 199 Anlagen der Anmeldung

Der Anmeldung der neuen Rechtsform oder des Rechtsträgers neuer Rechtsform sind in Ausfertigung oder öffentlich beglaubigter Abschrift oder, soweit sie nicht notariell zu beurkunden sind, in Urschrift oder Abschrift außer den sonst erforderlichen Unterlagen auch die Niederschrift des Umwandlungsbeschlusses, die nach diesem Gesetz erforderlichen Zustimmungserklärungen einzelner Anteilsinhaber einschließlich der Zustimmungserklärungen nicht erschienener Anteilsinhaber, der Umwandlungsbericht oder die Erklärungen über den Verzicht auf seine Erstellung, ein Nachweis über die Zuleitung nach § 194 Abs. 2 beizufügen.

I. Normzweck

1 In Übereinstimmung mit der verschmelzungsrechtlichen Vorschrift des § 17 Abs. 1 führt § 199 alle **zwingend erforderlichen Anlagen** auf, die zur Anmeldung der neuen Rechtsform oder des Rechtsträgers neuer Rechtsform dem Registergericht vorzulegen sind.[1] Neben der Stärkung des Anteilsinhaberschutzes verfolgt die Regelung den Zweck, den Arbeitsaufwand des Gerichtes bei der Prüfung der Eintragungsvoraussetzungen zu verringern.[2] § 199 ist insofern nicht abschließend, als dass neben den aufgezählten Dokumenten weitere Anlagen der Anmeldung beizufügen sind. Das beurteilt sich nach den rechtsformspezifischen Vorschriften des Besonderen Teils der §§ 214 ff sowie, über den Verweis in § 197 S. 1, nach Maßgabe des einschlägigen Gründungsrechts des Rechtsträgers neuer Rechtsform.

II. Erforderliche Anlagen

2 § 199 führt enumerativ alle erforderlichen Anlagen auf, die **unabhängig von der Rechtsform** der Anmeldung anzufügen sind. In formeller Hinsicht lassen sich die relevanten Unterlagen in zwei Kategorien einteilen. Dabei ist zwischen denjenigen Dokumenten zu unterscheiden, die in notarieller Ausfertigung (§ 49 BeurkG) oder öffentlich beglaubigter Abschrift (§ 42 BeurkG) elektronisch einzureichen sind, und solchen, für welche eine Urschrift oder Abschrift ausreichend ist.

3 **1. Notariell beglaubigte Form.** Sowohl die Niederschrift des Umwandlungsbeschlusses, als auch die nach dem UmwG erforderlichen Zustimmungserklärungen der einzelnen Anteilsinhaber sind in **notariell beglaubigter Form** iSd §§ 42, 49 BeurkG bei der Anmeldung der neuen

1 Die in § 199 genannten Anlagen sind trotz fehlender Regelung auch für den Sonderfall der Anmeldung zum Register des formwechselnden Rechtsträgers iSv § 198 Abs. 2 S. 3 zwingend erforderlich, vgl Lutter/*Decher*/*Hoger*, § 199 Rn 13; Kallmeyer/*Zimmermann*, § 199 Rn 2.

2 Begr. RegE zu § 199, BR-Drucks. 75/94, 142.

Rechtsform oder des Rechtsträgers neuer Rechtsform der Anmeldung als Anlagen beizufügen. Hierunter fallen auch etwaige Zustimmungserklärungen nicht erschienener Anteilsinhaber.

Die **Niederschrift des Umwandlungsbeschlusses** bildet den substantiellsten Teil der Anmeldung. Nach Vorstellung des Gesetzgebers sollte zwar nicht mehr der Umwandlungsbeschluss als solcher Gegenstand der anzumeldenden Eintragung sein.[3] Dennoch sollte die Niederschrift des Umwandlungsbeschlusses der Anmeldung als Anlage beigefügt werden.[4] Das verhilft in erster Linie dem Registergericht zu einer zeitnaheren Prüfung der Anmeldevoraussetzungen.[5] Gleichzeitig soll hierdurch auch der Schutz der Anteilsinhaber verstärkt werden.[6] 4

Ob und in welchem Umfang ggf die **Zustimmungserklärungen einzelner Anteilsinhaber** beizufügen sind, richtet sich einerseits nach § 193 Abs. 2 (vinkulierungsbegünstigte Gesellschafter), andererseits nach den rechtsformabhängigen Bestimmungen des Besonderen Teils, namentlich den §§ 217 Abs. 3, 233 Abs. 2 S. 3, Abs. 3 S. 1, 240 Abs. 2 S. 1, Abs. 3 S. 1, 241 Abs. 1 S. 1, Abs. 3, 242, 252 Abs. 1, 275 Abs. 1, 284 S. 1, 303 Abs. 2. 5

Wurde auf die Erstattung eines Umwandlungsberichts nach § 192 Abs. 2 S. 1 Alt. 1 verzichtet, sind zudem die **Verzichtserklärungen** in notariell beglaubigter Form einzureichen, § 192 Abs. 2 S. 2. 6

Ändert sich durch den Formwechsel die Art des Registers oder begründet die mit dem Formwechsel verbundene Sitzverlegung die Zuständigkeit eines anderen Registers (§ 198 Abs. 2 S. 2) ist beim Registergericht **Nachweis über die Eintragung** des Formwechsels beim Register des formwechselnden Rechtsträgers durch Beifügung eines beglaubigten Handelsregisterauszuges zu führen.[7] 7

2. Urschrift oder Abschrift. In Urschrift oder einfacher Abschrift ist zudem gem. §§ 199, 192 Abs. 1 der **Umwandlungsbericht** beizufügen, sofern am formwechselnden Rechtsträger nicht ein einzelner Anteilsinhaber beteiligt ist, § 192 Abs. 2 S. 1 Alt. 1, oder auf die Erstattung des Umwandlungsberichtes nach § 192 Abs. 2 S. 2 Alt. 2 verzichtet wurde. 8

Ist bei dem formwechselnden Rechtsträger ein **Betriebsrat** eingerichtet, hat zudem ein Nachweis über die rechtzeitige Zuleitung des Umwandlungsbeschlusses iSv § 194 Abs. 2 zu erfolgen. Existiert kein Betriebsrat, hat der formwechselnde Rechtsträger hierüber eine Negativerklärung abzugeben.[8] 9

III. Rechtsformabhängige Anlagen

Die für die Anmeldung sonst erforderlichen **rechtsformabhängigen Anlagen** richten sich nach den rechtsformspezifischen Vorschriften des Rechtsträgers neuer Rechtsform. Diese ergeben sich aus den einschlägigen Vorschriften der §§ 214 ff des Besonderen Teils des UmwG sowie dem jeweilige Gründungsrecht, § 197 S. 1. Danach sind, abhängig von der Zielrechtsform, folgende Unterlagen der Anmeldung beizufügen: 10

1. AG, KGaA als Zielrechtsträger

▶ **Checkliste:** 11

- Gründungsbericht, § 220 Abs. 3, §§ 33 Abs. 2, 34 Abs. 3 AktG,
- Nachweis über die Bestellung des Abschlussprüfers für das erste Voll- oder Rumpfgeschäftsjahr, § 197 S. 1 iVm § 30 Abs. 1 AktG,
- Gründungsprüfungsbericht, § 197 S. 1 iVm § 32 AktG,

3 Begr. RegE zu § 199, BR-Drucks. 75/94, 142.
4 Begr. RegE zu § 199, BR-Drucks. 75/94, 142.
5 Begr. RegE zu § 199, BR-Drucks. 75/94, 142.
6 Begr. RegE zu § 199, BR-Drucks. 75/94, 142.
7 Semler/Stengel/*Schwanna*, § 199 Rn 5; Kallmeyer/*Zimmermann*, § 199 Rn 4.
8 Lutter/*Decher/Hoger*, § 199 Rn 4; Semler/Stengel/*Schwanna*, § 199 Rn 4.

- Erklärung zur Kapitalaufbringung, § 197 S. 1 iVm § 37 Abs. 1 AktG (beim Formwechsel einer GmbH oder KGaA entbehrlich, § 246 Abs. 3),
- Versicherung, dass keine Umstände der Bestellung entgegenstehen, § 197 S. 1 iVm 37 Abs. 2 AktG,
- notariell beurkundete Satzung (falls nicht bereits im Umwandlungsbeschluss selbst oder als Anlage enthalten), § 197 S. 1 iVm § 37 Abs. 4 Nr. 1 AktG,
- Berechnungen des der Gesellschaft zur Last fallenden Gründungsaufwands, § 197 S. 1 iVm § 37 Abs. 4 Nr. 2 AktG,
- Urkunden über die Bestellung des Vorstands und des Aufsichtsrats, § 197 S. 1 iVm § 37 Abs. 4 Nr. 3 AktG,
- Liste der Mitglieder des Aufsichtsrats, aus welcher Name, Vorname, ausgeübter Beruf und Wohnort der Mitglieder ersichtlich ist, § 197 S. 1 iVm § 37 Abs. 4 Nr. 3 a AktG,
- Gründungsbericht und die Prüfungsberichte der Mitglieder des Vorstands und des Aufsichtsrats sowie der Gründungsprüfer nebst ihren urkundlichen Unterlagen, § 197 S. 1 iVm § 37 Abs. 4 Nr. 4 AktG. ◀

12 Zudem sind beim Formwechsel einer Personenhandelsgesellschaft in eine KGaA nach § 223 **Urkunden über den Beitritt** aller beitretenden persönlich haftenden Gesellschafter in Ausfertigung oder öffentlich beglaubigter Abschrift beizufügen.

2. GmbH als Zielrechtsträger

13 ▶ **Checkliste:**

- Werthaltigkeitsnachweis, dass der Nennbetrag des Grundkapitals das nach Abzug der Schulden verbleibende Vermögen des formwechselnden Rechtsträgers nicht übersteigt §§ 220 Abs. 1, 245 Abs. 4, 264,
- Auflistung unbekannter Aktionäre, §§ 213, 35,
- von den anmeldenden Geschäftsführern zu unterzeichnende, ausführliche Auflistung der Gesellschafter, §§ 222 Abs. 1, 246 Abs. 1 iVm § 8 Abs. 1 Nr. 3 GmbHG,
- Sachgründungsbericht, § 197 S. 1 iVm § 5 Abs. 4 GmbHG (ist eine AG bzw KGaA, eG oder eV formwechselnder Rechtsträger, entfällt die Verpflichtung nach §§ 245 Abs. 4, 264 Abs. 2, 277,
- Erklärung zur Kapitalaufbringung, § 197 S. 1 iVm § 8 Abs. 2 GmbHG (ist eine AG bzw KGaA formwechselnder Rechtsträger, entfällt die Verpflichtung nach § 246 Abs. 3),
- Versicherung, dass keine Umstände der Bestellung entgegenstehen, § 197 S. 1 iVm 8 Abs. 3 GmbHG,
- (privatschriftlicher) Beschluss über die Bestellung der Geschäftsführer und deren Vertretungsbefugnis, § 197 S. 1 iVm § 8 Abs. 4 GmbHG,
- ggf Urkunde über die Bestellung von Aufsichtsratsmitgliedern vor der Eintragung der Gesellschaft in das Handelsregister § 197 S. 1 iVm § 52 Abs. 2 GmbHG iVm § 37 Abs. 4 Nr. 3 AktG,
- ggf Liste der Aufsichtsratsmitglieder, § 197 S. 1 iVm § 52 Abs. 2 GmbHG iVm § 37 Abs. 4 Nr. 3 a AktG. ◀

3. OHG, KG, Partnerschaft als Zielrechtsträger

14 ▶ **Checkliste:**

- Gesellschaftsvertrag. ◀

Hinweis: Der Gesellschaftsvertrag ist beim Formwechsel einer Kapitalgesellschaft in eine Personengesellschaft wegen § 234 Nr. 3 bereits zwingender Bestandteil des Umwandlungsbeschlusses, so dass die erneute Beifügung als Anlage in diesem Falle entbehrlich ist. Darüber hinaus enthält das Gründungsrecht der Personengesellschaften keine besonderen Anforderungen an die Anmeldung.

4. eG als Zielrechtsträger

▶ **Checkliste:** 15

- Urschrift oder öffentlich beglaubigte Abschrift des Prüfungsgutachtens iSv § 259, § 265 S. 2,
- Satzung, § 197 S. 1 iVm § 11 Abs. 2 Nr. 1 GenG[9]
- Abschrift der Urkunden über die Bestellung des Vorstands und des Aufsichtsrats, § 197 S. 1 iVm § 11 Abs. 2 Nr. 2 GenG. ◀

§ 200 Firma oder Name des Rechtsträgers

(1) [1]Der Rechtsträger neuer Rechtsform darf seine bisher geführte Firma beibehalten, soweit sich aus diesem Buch nichts anderes ergibt. [2]Zusätzliche Bezeichnungen, die auf die Rechtsform der formwechselnden Gesellschaft hinweisen, dürfen auch dann nicht verwendet werden, wenn der Rechtsträger die bisher geführte Firma beibehält.

(2) Auf eine nach dem Formwechsel beibehaltene Firma ist § 19 des Handelsgesetzbuchs, § 4 des Gesetzes betreffend die Gesellschaften mit beschränkter Haftung, §§ 4, 279 des Aktiengesetzes oder § 3 des Genossenschaftsgesetzes entsprechend anzuwenden.

(3) War an dem formwechselnden Rechtsträger eine natürliche Person beteiligt, deren Beteiligung an dem Rechtsträger neuer Rechtsform entfällt, so darf der Name dieses Anteilsinhabers nur dann in der beibehaltenen bisherigen oder in der neu gebildeten Firma verwendet werden, wenn der betroffene Anteilsinhaber oder dessen Erben ausdrücklich in die Verwendung des Namens einwilligen.

(4) [1]Ist formwechselnder Rechtsträger oder Rechtsträger neuer Rechtsform eine Partnerschaftsgesellschaft, gelten für die Beibehaltung oder Bildung der Firma oder des Namens die Absätze 1 und 3 entsprechend. [2]Eine Firma darf als Name einer Partnerschaftsgesellschaft nur unter den Voraussetzungen des § 2 Abs. 1 des Partnerschaftsgesellschaftsgesetzes beibehalten werden. [3]§ 1 Abs. 3 und § 11 des Partnerschaftsgesellschaftsgesetzes sind entsprechend anzuwenden.

(5) Durch den Formwechsel in eine Gesellschaft des bürgerlichen Rechts erlischt die Firma der formwechselnden Gesellschaft.

I. Normzweck

1 § 200 fasst die **allgemeinen firmenrechtlichen Grundsätze** zusammen, die bei den verschiedene Arten des Formwechsels zu beachten sind, und ähnelt der Parallelregelung zur Verschmelzung in § 18.[1] Wegen des identitätswahrenden Charakters des Formwechsels geht § 200 Abs. 1 S. 1 vom Grundsatz der Kontinuität der Firma aus und legt fest, dass die Beibehaltung der bisherigen Firma zulässig ist, solange sich aus dem Fünften Buch des UmwG nichts Abweichendes ergibt.[2]

2 § 200 Abs. 1 S. 2, Abs. 2 reglementiert die **Beibehaltung des Firmenzusatzes**, um einer Täuschung im Rechtsverkehr vorzubeugen, und stellt die Wahrung des Grundsatzes der Firmenwahrheit (§ 19 HGB) für den Formwechsel sicher.

9 Eine Unterzeichnung der eingereichten Satzung durch alle Mitglieder gem. § 11 Abs. 2 Nr. 1 GenG ist nicht erforderlich, § 253 Abs. 1 S. 2.

1 Begr. RegE zu § 200, BR-Drucks. 75/94, 143.

2 Lutter/*Decher*/*Hoger*, § 200 Rn 1.

3 § 200 Abs. 3 dient dem **Persönlichkeitsschutz des ausscheidenden Namensgebers** des formwechselnden Rechtsträgers und sieht vor, dass dessen Name ausschließlich mit Einwilligung des Namensgebers oder seiner Erben verwendet werden darf.[3]

4 Der im Zuge des „Gesetzes zur Änderung des UmwG, PartGG und anderer Gesetze“[4] neu eingeführte § 200 Abs. 4 trifft eine **Sonderregelung zur Namensfortführung** für den Fall, dass am Formwechsel eine Partnerschaftsgesellschaft beteiligt ist. Schließlich erlischt nach § 200 Abs. 5 die Firma der formwechselnden Gesellschaft bei der Umwandlung in eine GbR.

II. Fortführung der Firma (Abs. 1 S. 1)

5 Nach § 200 Abs. 1 S. 1 darf der Rechtsträger neuer Rechtsform seine bisher geführte Firma beibehalten, soweit sich aus den §§ 190–304 nichts anderes ergibt. Eine **Firmenfortführung** ist deshalb angezeigt, weil aufgrund der fehlenden Vermögensübertragung beim Formwechsel die rechtliche und wirtschaftliche Identität des formwechselnden Rechtsträgers gewahrt bleibt.[5] Der Rechtsträger neuer Rechtsform führt deshalb keine fremde Firma fort.[6] Auf die allgemeinen Fortführungsgrundsätze des § 22 HGB sowie die allgemeinen Grundsätzen der Firmenfortführung bei Gesamtrechtsnachfolge kommt es deshalb nicht an.[7]

6 Die Möglichkeit zur **Neubildung der Firma** bleibt durch § 200 unberührt.[8] Aus den §§ 190–304 ergibt sich nichts Abweichendes.[9]

III. Rechtsformzusätze (Abs. 1 S. 2, Abs. 2)

7 § 200 Abs. 1 S. 2 stellt unmissverständlich klar, dass **Rechtsformzusätze**, welche auf die bisherige Rechtsform hindeuten, zu streichen sind. Der in § 200 Abs. 1 S. 1 festgeschriebene Grundsatz der Firmenkontinuität wird hierdurch zwar eingeschränkt. Dies ist aber notwendige Konsequenz des Formwechsels und der damit einhergehenden Änderung der Rechtsform. Entsprechend müssen auch die Rechtsformzusätze für die neue Rechtsform gesetzeskonform verwendet werden, § 200 Abs. 2.

Hinweis: Die Fortführung der „X & Y Holzwaren AG“ ist nach der Umwandlung in die Rechtsform der GmbH dann lediglich als „X & Y Holzwaren GmbH“ zulässig.

8 Unzulässig sind ferner solche Hinweise, die auf die bisherige Rechtsform **Rückschlüsse** erlauben (etwa: „X & Y Holzwaren GmbH – ehemals AG“).[10]

IV. Ausscheiden einer namensgebenden, natürlichen Person (Abs. 3)

9 Scheidet eine am formwechselnden Rechtsträger beteiligte, namensgebende natürliche Person im Zuge des Formwechsels aus dem Rechtsträger aus, stellt § 200 Abs. 3 die Fortführung der Firma unter Verwendung des Namens unter den **Einwilligungsvorbehalt** dieser Person oder dessen Erben. Trotz abweichender Stimmen in Literatur[11] und Rechtsprechung[12] muss die Einwilligung aufgrund des klaren Wortlautes der Vorschrift ausdrücklich erfolgen, so dass Duldung und Stillschweigen nicht auskömmlich sind.[13]

10 Streitig ist, ob die Einwilligung auch durch den **Testamentsvollstrecker, Nachlassverwalter** bzw **-pfleger** oder **Insolvenzverwalter** erteilt werden kann. Ausgangspunkt der Beantwortung dieser

3 Begr. RegE zu § 200, BR-Drucks. 75/94, 143.
4 Gesetze zur Änderung des Umwandlungsgesetzes, Partnerschaftsgesellschaftsgesetzes und anderer Gesetze v. 22.7.1998, BGBl. I S. 1878.
5 S. § 190 Rn 27 f.
6 Kallmeyer/*Meister/Klöcker*, § 200 Rn 22; Semler/Stengel/*Schwanna*, § 200 Rn 3.
7 Kallmeyer/*Meister/Klöcker*, § 200 Rn 21.
8 Semler/Stengel/*Schwanna*, § 200 Rn 7.
9 § 200 Abs. 1 S. 2 aF sah durch den Verweis auf § 18 Abs. 1 S. 2, 3 aF Einschränkungen für die Personenhandelsgesellschaften und die eG vor, vgl Lutter/*Decher/Hoger*, § 200 Rn 5.
10 Lutter/*Decher/Hoger*, § 200 Rn 6; Semler/Stengel/*Schwanna*, § 200 Rn 5.
11 Baumbach/Hopt/*Hopt*, § 24 HGB Rn 11.
12 BayObLG NJW 1998, 1158, 1159.
13 So auch Semler/Stengel/*Schwanna*, § 200 Rn 10; Lutter/*Decher/Hoger*, § 200 Rn 9.

Frage sollte der Schutzzweck der Norm sein. § 200 Abs. 3 verfolgt den Persönlichkeitsschutz der an einem Rechtsträger beteiligten natürlichen Person.[14] Die Möglichkeit Dritter (mit Ausnahme der Erben), über den Namen der betreffenden Person verfügen zu können, scheint mit dem absoluten und umfassenden Charakter der Persönlichkeitsrechte schwerlich vereinbar.[15]

Die Beteiligung der natürlichen Person an dem Rechtsträger neuer Rechtsform muss „**entfallen**", so dass ihr Ausscheiden durch das Wirksamwerden des Formwechsels bedingt sein muss. Relevanter Bezugspunkt ist somit die Eintragung der neuen Rechtsform oder des Rechtsträgers neuer Rechtsform im Register. Deshalb greift § 200 Abs. 3 auch nicht für den Fall des Ausscheidens vor Fassung des Umwandlungsbeschlusses.[16] 11

V. Beteiligung einer Partnerschaftsgesellschaft (Abs. 4)

Ist am Formwechsel eine **Partnerschaftsgesellschaft** beteiligt, gelten für die Beibehaltung oder Bildung der Firma oder des Namens die Abs. 1 und Abs. 3 entsprechend, § 200 Abs. 4 S. 1. Zudem muss nach § 200 Abs. 4 S. 2 iVm § 2 Abs. 1 PartGG der Rechtsträger neuer Rechtsform als Partnerschaftsgesellschaft den Namen mindestens eines Partners, den Zusatz „und Partner" oder „Partnerschaft" sowie die Berufsbezeichnungen aller in der Partnerschaft vertretenen Berufe enthalten. Die Beibehaltung der bisherigen Firma ist insoweit daher unzulässig.[17] Darüber hinaus kann nach Maßgabe von § 200 Abs. 4 S. 3 iVm § 1 Abs. 3 PartGG die Ausübung einzelner Berufe von der Partnerschaft ausgeschlossen oder von weiteren Voraussetzungen abhängig gemacht werden. Klarstellend verweist schließlich § 200 Abs. 4 S. 3 auf § 11 PartGG, nach welchem nur Partnerschaften iSd PartGG den Zusatz „Partnerschaft" oder „und Partner" führen dürfen. 12

VI. GbR als Rechtsträger neuer Rechtsform

Nach § 200 Abs. 5 erlischt für den Fall des Formwechsels in die Rechtsform einer GbR die Firma des formwechselnden Rechtsträgers. Diese Durchbrechung des Grundsatzes der Firmenkontinuität ist durch den Umstand bedingt, dass die GbR nicht zur Führung einer Firma berechtigt ist (s. Rn 1). 13

Hinweis: Die Regelung ist für die Praxis lediglich von marginaler Bedeutung, kann der GbR doch ein entsprechender Name gegeben werden.[18] Die Gesellschafter der ehemaligen „X & Y Holzwaren AG" können nach der Umwandlung somit ihre Tätigkeit unter der Bezeichnung „X & Y Holzwaren (GbR)" fortführen.

§ 201 Bekanntmachung des Formwechsels

Das für die Anmeldung der neuen Rechtsform oder des Rechtsträgers neuer Rechtsform zuständige Gericht hat die Eintragung der neuen Rechtsform oder des Rechtsträgers neuer Rechtsform nach § 10 des Handelsgesetzbuchs ihrem ganzen Inhalt nach bekanntzumachen.

1. Normzweck. Wie für die Verschmelzung in § 19 Abs. 3 ordnet § 201 die **Bekanntmachung des Formwechsels** durch das zuständige Registergericht an. Sie ist eine Wiederholung der ohnehin für Handelsgesellschaften geltenden Vorschrift des § 10 HGB. Insoweit hat sie einerseits klarstellenden Charakter, andererseits ermöglicht sie die Ausdehnung des Regelungsbereichs auf den Formwechsel von Kapitalgesellschaften oder rechtsfähige Vereine in eingetragene Ge- 1

14 Begr. RegE zu § 200, BR-Drucks. 75/94, 143.
15 Ähnlich Kallmeyer/*Marsch-Barner*, § 18 Rn 12; kritisch auch Lutter/*Decher/Hoger*, § 200 Rn 9.
16 Widmann/Mayer/*Fronhöfer*, § 200 Rn 16.
17 Im Ergebnis so auch Lutter/*Decher/Hoger*, § 200 Rn 10.
18 Lutter/*Decher/Hoger*, § 200 Rn 11.

nossenschaften.[1] Sie wurde durch das Gesetz über elektronische Handelsregister und Genossenschaftsregister sowie das Unternehmensregister (EHUG) vom 10.11.2006 neu gefasst.[2]

2 **2. Vorgehen des Registergerichts. a) Prüfungspflicht.** Das zuständige Registergericht prüft nach der Anmeldung des Formwechsels das Vorliegen der Eintragungsvoraussetzungen. Sind diese erfüllt, trifft der Richter bzw der Rechtspfleger eine **Eintragungsverfügung**, welche Grundlage für die Registereintragung ist. Die Eintragung der neuen Rechtsform in einem anderen Register oder in einer anderen Registerabteilung führt zu einer entsprechenden Löschungseintragung des Rechtsträgers im bisherigen Register, ohne dass es hierzu einer gesonderten Anmeldung bedarf.[3]

3 **b) Bekanntmachung.** Sobald die Eintragung des Formwechsels durch das für die Anmeldung der neuen Rechtsform oder des Rechtsträgers neuer Rechtsform zuständige Registergericht erfolgte, hat das Registergericht den gesamten Inhalt der Eintragung nach Maßgabe von § 10 HGB bekanntzumachen.[4] Die **Bekanntmachung** ist keine Voraussetzung für die Wirksamkeit des Formwechsels, sondern verkündet lediglich das durch die Eintragung eintretende Wirksamwerden des Formwechsels.[5]

4 Die Bekanntmachung erfolgt ausschließlich in dem von der Landesjustizverwaltung bestimmten **elektronischen Informations- und Kommunikationssystem.** Weitere vom Gesellschaftsvertrag bzw der Satzung des formwechselnden Rechtsträgers bestimmten Bekanntmachungsmedien sind nicht von Bedeutung.[6] Das Registergericht hat nach § 201 die Eintragung „ihrem gesamten Inhalt nach" bekanntzumachen. Zudem hat es auch diejenigen Bekanntmachungen vorzunehmen, die sich aus dem Gründungsrecht der jeweiligen neuen Rechtsform ergeben.[7] Weiterhin hat das Gericht in der Bekanntmachung die Gläubiger über ihren Anspruch auf Sicherheitsleistung nach §§ 204, 22 Abs. 1 S. 3 zu informieren.[8]

Hinweis: Das Fehlen des Hinweises auf den Anspruch der Gläubiger auf Sicherheitsleistung führt nicht zur Unwirksamkeit der Bekanntmachung. Allerdings kann der Mangel Amtshaftungsansprüche auslösen.[9]

5 Ist die Bekanntmachung durch das Registergericht erfolgt, so löst dies in den Fällen der §§ 267, 268, 281 und 299 die dort geregelten Mitteilungs- und Benachrichtigungsplichten der betreffenden Vertretungsorgane aus.

§ 202 Wirkungen der Eintragung

(1) Die Eintragung der neuen Rechtsform in das Register hat folgende Wirkungen:

1. **Der formwechselnde Rechtsträger besteht in der in dem Umwandlungsbeschluß bestimmten Rechtsform weiter.**
2. **[1]Die Anteilsinhaber des formwechselnden Rechtsträgers sind an dem Rechtsträger nach den für die neue Rechtsform geltenden Vorschriften beteiligt, soweit ihre Beteiligung nicht nach diesem Buch entfällt. [2]Rechte Dritter an den Anteilen oder Mitgliedschaften des formwechselnden Rechtsträgers bestehen an den an ihre Stelle tretenden Anteilen oder Mitgliedschaften des Rechtsträgers neuer Rechtsform weiter.**
3. **Der Mangel der notariellen Beurkundung des Umwandlungsbeschlusses und gegebenenfalls erforderlicher Zustimmungs- oder Verzichtserklärungen einzelner Anteilsinhaber wird geheilt.**

1 Begr. RegE zu § 201, BR-Drucks. 75/94, 143.
2 BGBl. I S. 2553.
3 Widmann/Mayer/*Vossius*, § 201 Rn 22.
4 Lutter/*Decher/Hoger*, § 201 Rn 2.
5 Semler/Stengel/*Schwanna*, § 201 Rn 4; Lutter/*Decher/Hoger*, § 201 Rn 6.
6 Widmann/Mayer/*Vossius*, § 201 Rn 39.
7 Lutter/*Decher/Hoger*, § 201 Rn 3; s. auch § 197 Rn 3 ff.
8 Semler/Stengel/*Schwanna*, § 201 Rn 3; Lutter/*Decher/Hoger*, § 201 Rn 2.
9 Kallmeyer/*Zimmermann*, § 201 Rn 3.

(2) Die in Absatz 1 bestimmten Wirkungen treten in den Fällen des § 198 Abs. 2 mit der Eintragung des Rechtsträgers neuer Rechtsform in das Register ein.

(3) Mängel des Formwechsels lassen die Wirkungen der Eintragung der neuen Rechtsform oder des Rechtsträgers neuer Rechtsform in das Register unberührt.

I. Normzweck

§ 202 regelt umfassend die **Wirkungen der Eintragung** der neuen Rechtsform oder des Rechtsträgers neuer Rechtsform in das Register und stellt klar, dass der Formwechsel erst mit Eintragung in das Register wirksam wird (konstitutive Wirkung).[1] Die Vorschrift orientiert sich an der Struktur von § 198, so dass ihr durch die Unterscheidung des Grundfalls der übereinstimmenden Registerzuständigkeit nach § 198 Abs. 1 in Abs. 1 und der Behandlung der Sondertatbestände des § 198 Abs. 2 in Abs. 2 ein zweigliedriger Aufbau zugrunde liegt. Die Regelung zielt auf eine rechtsformübergreifende Vereinheitlichung der Rechtslage hinsichtlich der Rechtsfolgen des Formwechsels.[2] 1

Abs. 1 Nr. 1 legt fest, dass der formwechselnde Rechtsträger mit der Eintragung in der in dem Umwandlungsbeschluss bestimmten Rechtsform weiterbesteht und unterstreicht damit den **identitätswahrenden Charakter** des Formwechsels. Abs. 1 Nr. 2 enthält allgemeine Regelungen zur Kontinuität der Mitgliedschaft an dem formwechselnden Rechtsträger.[3] In Übereinstimmung mit der verschmelzungsrechtlichen Regelung in § 20 Abs. 1 Nr. 4 regelt Abs. 1 Nr. 3 zudem die Wirkung der Eintragung auf Mängel der notariellen Beurkundung. Abs. 3 betrifft hingegen die allgemeinen Mängel des Formwechsels. 2

Abs. 2 ordnet an, dass bei mehreren erforderlichen Eintragungen iSv § 198 Abs. 2 die in Abs. 1 bestimmten Wirkungen mit der Eintragung des Rechtsträgers neuer Rechtsform in das Register eintreten. 3

II. Grundsatz der Identitätswahrung (Abs. 1 Nr. 1)

Abs. 1 Nr. 1 legt fest, dass der formwechselnde Rechtsträger mit der Eintragung der neuen Rechtsform in der in dem Umwandlungsbeschluss bestimmten Rechtsform weiterbesteht. Der Gesetzgeber unterstreicht hiermit den **identitätswahrenden Charakter** des Formwechsels. Die umfassende Rechtskontinuität manifestiert sich beim Formwechsel im Fortbestand der Beteiligungen und der Rechte Dritter (rechtliche Identität) sowie der Kontinuität des Vermögens (wirtschaftliche Identität) bei Diskontinuität der anwendbaren Rechtsordnung.[4] 4

Der Grundsatz der Identitätswahrung findet allerdings durch den mit der Umwandlung einhergehenden Wechsel der auf den Rechtsträger anwendbaren Rechtsordnung eine signifikante Einschränkung. Aus der **Diskontinuität der anwendbaren Rechtsvorschriften** ergeben sich insbesondere Abweichungen im Verhältnis der Anteilsinhaber untereinander bzw im Verhältnis der Anteilsinhaber zur Gesellschaft (wie bereits aus dem Wortlaut von § 202 Abs. 1 Nr. 2 S. 1 hervorgeht) und hinsichtlich der Rechtsstellung der Verwaltungsorgane. 5

1 Lutter/*Decher/Hoger*, § 202 Rn 5; Semler/Stengel/*Kübler*, § 202 Rn 5.
2 S. § 190 Rn 4 f.
3 Begr. RegE zu § 202, BR-Drucks. 75/94, 144.
4 S. § 190 Rn 27 f.

6 Exemplarisch für die Wahrung der rechtlichen Identität ist der Fortbestand der **schuldrechtlichen Beziehungen** des formwechselnden Rechtsträgers. Der Rechtsträger neuer Rechtsform tritt hier an die Stelle des formwechselnden Rechtsträgers als Gläubiger und Schuldner bestehender Vertragsverhältnisse. Beteiligungen des Ausgangsrechtsträgers an anderen Unternehmen existieren deshalb unverändert fort.[5] In arbeitsrechtlicher Hinsicht kommt es zu keinem Betriebsübergang iSv § 613 a BGB, so dass der Rechtsträger neuer Rechtsform nicht gesondert in die bestehenden Arbeitsverhältnisse eintritt.[6] Die Rechtskontinuität wirkt sich auch auf rechtshängige Verfahren aus.[7] Ggf bedarf es allerdings der Umschreibung vollstreckbarer Titel.[8]

7 Die Rechtskontinuität wirkt sich ferner auch auf die Stellung des formwechselnden Rechtsträgers als Eigentümer von Grundstücken aus. Das **Grundbuch** (wie auch andere Register) wird zwar durch den Formwechsel unrichtig.[9] Auf eine Berichtigung des Grundbuches iSv § 22 GBO kommt es dann jedoch nicht an. Denn durch den Formwechsel steht der Inhalt des Grundbuches nach wie vor mit der wirklichen Rechtslage im Einklang.[10] Dementsprechend liegt gerade kein Fall von § 894 BGB vor. In der Praxis erfolgt dann lediglich eine Richtigstellung der Bezeichnung von Amts wegen.[11]

8 Zudem lässt der Wechsel der Rechtsform sämtliche bestehenden **öffentlich-rechtlichen Rechtsverhältnisse** wie Genehmigungen oder Pflichten (etwa Steuerlasten) unberührt. Eine Ausnahme hiervon besteht nur dann, wenn die Berechtigungen an eine bestimmte Rechtsform gebunden sind.[12] Das gilt auch dann, wenn die Erlaubnis personenbezogen erteilt wurde.[13]

9 Die rechtliche Kontinuität wirkt sich zuletzt auch auf erteilte **Prokuren** aus. Diese bestehen nach dem Formwechsel unverändert fort.[14]

Hinweis: Da der Formwechsel zu einer Änderung der Art bzw Abteilung des Registers führen kann, empfiehlt es sich, der Anmeldung des Formwechsels eine Information über den Fortbestand und etwaige Änderungen der Prokuren beizufügen.

10 Keine Wirkung entfaltet die Rechtskontinuität hingegen auf die **Organe** des formwechselnden Rechtsträgers. Mit Wirksamwerden des Formwechsels erlöschen die organschaftlichen Stellungen als Vorstandsmitglied, Geschäftsführer oder persönlich haftender Gesellschafter, so dass diese beim Rechtsträger neuer Rechtsform neu bestellt werden müssen.[15]

III. Kontinuität der Mitgliedschaft (Abs. 1 Nr. 2 S. 1)

11 Nach § 202 Abs. 1 Nr. 2 S. 1 bleiben die Anteilsinhaber des formwechselnden Rechtsträgers am neuen Rechtsträger nach den für die neue Rechtsform geltenden Vorschriften beteiligt. Der Gesetzgeber schreibt damit (im Zusammenspiel mit § 194 Abs. 1 Nr. 3) das **Gebot der Kontinuität der Mitgliedschaft** fest.[16]

12 **1. Identität der Anteilsinhaber.** Die **Identität der Anteilsinhaber** bleibt beim Formwechsel grundsätzlich erhalten. Ausnahmen hiervon sind durch das UmwG abschließend geregelt

5 Lutter/*Decher/Hoger*, § 202 Rn 27.
6 Kallmeyer/*Meister/Klöcker*, § 202 Rn 27; Semler/Stengel/*Kübler*, § 202 Rn 9.
7 Schmitt/Hörtnagl/Stratz/*Stratz*, § 202 Rn 5.
8 *Lindemeier*, RNotZ 2002, 41.
9 Widmann/Mayer/*Vossius*, § 202 Rn 38; Kallmeyer/*Meister/Klöcker*, § 202 Rn 19; Schmitt/Hörtnagl/Stratz/*Stratz*, § 202 Rn 5; *Böhringer*, RPfleger 2001, 59, 66; aA Semler/Stengel/*Kübler*, § 202 Rn 8.
10 Widmann/Mayer/*Vossius*, § 202 Rn 38.
11 Semler/Stengel/*Kübler*, § 202 Rn 8; Lutter/*Decher/Hoger*, § 202 Rn 33; Widmann/Mayer/*Vossius*, § 202 Rn 38.
12 Semler/Stengel/*Kübler*, § 202 Rn 17.
13 Bspw bei der Gaststättenerlaubnis, Widmann/Mayer/*Vossius*, § 202 Rn 107; aA Semler/Stengel/*Kübler*, § 202 Rn 17; differenzierend Lutter/*Decher/Hoger*, § 202 Rn 38.
14 Widmann/Mayer/*Vossius*, § 202 Rn 114; Lutter/*Decher/Hoger*, § 202 Rn 40.
15 Widmann/Mayer/*Vossius*, § 202 Rn 110.
16 BGH NZG 2005, 722, 723.

(§ 202 Abs. 1 Nr. 2 S. 1) und betreffen die Fälle eines Formwechsels unter Beteiligung einer KGaA und des Formwechsels eines VVaG in eine AG.[17]

Das Prinzip des identitätswahrenden Charakters des Formwechsels stößt zudem bei der Umwandlung einer **Kapitalgesellschaft in eine GmbH und Co. KG** und umgekehrt auf Anwendungsschwierigkeiten, so dass es uU einer Neuordnung der Beteiligungsverhältnisse beim Rechtsträger neuer Rechtsform bedarf (sog. nichtverhältnis-wahrender Formwechsel). Im ersten Fall muss dann ein persönlich haftender Gesellschafter der neuen Rechtsform beitreten, beim Wechsel in eine Kapitalgesellschaft muss dieser ausscheiden. Das UmwG hat diese Fallvarianten nicht gesondert geregelt, so dass die Rechtslage lange umstritten war. Nunmehr hat der BGH anerkannt, dass der Ein- und Austritt der Komplementär-GmbH mit Wirksamwerden des Formwechsels zulässig ist, so dass künftig auf komplizierte Ausweichlösungen verzichtet werden kann.[18] 13

2. Verhältniswahrender Charakter. Neben der Identität der Anteilsinhaber bleibt auch deren Beteiligung grundsätzlich in ihrer bisherigen Proportionalität bestehen, so dass der Formwechsel **verhältniswahrend** erfolgt.[19] Allerdings schreibt § 194 Abs. 1 S. 3 vor, die Beteiligungsverhältnisse der Anteilsinhaber des formwechselnden Rechtsträgers am Rechtsträger neuer Rechtsform im Rahmen des Umwandlungsbeschlusses zu bestimmen, so dass das UmwG selbst hiervon Ausnahmen zulässt – unter Zustimmung der betroffenen Anteilsinhaber.[20] 14

3. Diskontinuität der Mitgliedschaftsrechte. Der identitäts- und verhältniswahrende Charakter des Formwechsels lässt jedoch die Ausgestaltung der Rechte und Pflichten der Anteilsinhaber beim Rechtsträger neuer Rechtsform nicht unberührt. Aufgrund der durch den Formwechsel bedingten Änderung der anwendbaren rechtsformspezifischen Vorschriften folgt eine **Diskontinuität der Mitgliedschaftsrechte** (aber nicht der Mitgliedschaft selbst), deren Tragweite insbesondere beim Wechsel zwischen Personen- und Kapitalgesellschaften durch die Veränderung des Haftungsregimes deutlich wird. 15

Wurden den Anteilsinhabern beim Ausgangsrechtsträger durch Satzung oder Gesellschaftsvertrag allerdings **Sonderrechte** gewährt, bestehen diese beim Rechtsträger neuer Rechtsform fort, solange sich aus den für die neue Rechtsform anwendbaren rechtsformspezifischen Vorschriften nichts Abweichendes ergibt, wie etwa aus den Bestimmungen zwingender aktienrechtlicher Regelungen.[21] 16

IV. Kontinuität der Rechte Dritter (Abs. 1 Nr. 2 S. 2)

Nach § 202 Abs. 1 Nr. 2 S. 2 bestehen Rechte Dritter an den Anteilen oder Mitgliedschaften des formwechselnden Rechtsträgers an den Anteilen oder Mitgliedschaften des Rechtsträgers neuer Rechtsform fort. Die Regelung bezweckt den Gläubigerschutz und stellt sicher, dass der Grundsatz der Kontinuität der Mitgliedschaft auch die Fortgeltung von Rechten Dritter erfasst.[22] Die Vorschrift hat lediglich klarstellenden Charakter, da der formwechselnde Rechtsträger als Rechtssubjekt fortbesteht.[23] Allerdings handelt es sich letztlich um eine Art dingliche Surrogation, da das belastete Recht umqualifiziert wird.[24] Allerdings schränkt die wohl hM den Anwendungsbereich auf **dingliche Rechte** ein, wie zB das Pfandrecht und den Nießbrauch – teilweise mit dem Zusatz, dass sich aufgrund der Identität des Rechtsträgers die schuldrecht- 17

17 Bei der KGaA kann aus dem Formwechsel die Aufnahme (§§ 194 Abs. 1 Nr. 4, 217 Abs. 3, 219 S. 2, 221) bzw das Ausscheiden (§§ 236, 247 Abs. 3, 225 Abs. 3) der Komplementäre folgen; nach § 294 Abs. 1 S. 2 können Mitglieder, die dem formwechselnden Verein weniger als drei Jahre vor der Beschlussfassung über den Formwechsel angehören, von der Beteiligung an der AG ausgeschlossen werden.

18 BGH NZG 2005, 722, 723.

19 Lutter/*Decher/Hoger*, § 202 Rn 13; Semler/Stengel/*Kübler*, § 202 Rn 23.

20 Semler/Stengel/*Bärwaldt*, § 194 Rn 18; Lutter/*Decher/Hoger*, § 202 Rn 15.

21 Eingehend hierzu Lutter/*Decher/Hoger*, § 202 Rn 19.

22 Semler/Stengel/*Kübler*, § 202 Rn 27.

23 Lutter/*Decher/Hoger*, § 202 Rn 20.

24 Schmitt/Hörtnagl/Stratz/*Stratz*, § 20 Rn 8 sieht es als eine rein dingliche Surrogation an.

lichen Verpflichtungen am Rechtsträger neuer Rechtsform ohnehin fortsetzen.[25] Teilweise wird aber auch gefordert, dass sich schuldrechtliche Belastungen an den Anteilen oder Mitgliedschaften, wie zB Vorkaufsrechte oder Treuhandvereinbarungen, nach dem Formwechsel an den Anteilen und Mitgliedschaften der neuen Rechtsform fortsetzen – sei es mithilfe der Auslegung der betreffenden schuldrechtlichen Vereinbarung.[26] Im Endergebnis macht es aber keinen Unterschied, ob das Fortbestehen schuldrechtlicher Belastungen an den Anteilen und Mitgliedschaften nach dem Formwechsel auf den Grundsatz der Kontinuität der Gläubigerrechte oder auf der Anordnung von § 202 Abs. 1 Nr. 2 beruht.

V. Heilung von Formmängeln (Abs. 1 Nr. 3)

18 § 202 Abs. 1 Nr. 3 und Abs. 3 regeln die Wirkung der Eintragung auf Mängel des Formwechsels. Mit der isolierten Behandlung von Formmängeln und sonstigen Mängeln folgt der Gesetzgeber dem verschmelzungsrechtlichen Vorbild des § 20 Abs. 1 Nr. 4 und Abs. 2. Der Mangel der **notariellen Beurkundung** des Umwandlungsbeschlusses und gegebenenfalls erforderlicher Zustimmungs- oder Verzichtserklärungen einzelner Anteilsinhaber wird nach § 202 Abs. 1 Nr. 3 durch die Eintragung geheilt. Im Einzelnen kann hier auf die Ausführungen zu § 20 Abs. 1 Nr. 4 verwiesen werden.[27]

VI. Sondertatbestände des § 198 Abs. 2 (Abs. 2)

19 Liegt ein **Sondertatbestand** nach § 198 Abs. 2 vor, ordnet § 202 Abs. 2 an, dass die Wirkungen von § 202 Abs. 1 mit der Eintragung des Rechtsträgers neuer Rechtsform in das Register eintreten. Diese Sondertatbestände sind insbesondere einschlägig bei einem Wechsel des zuständigen Registers im Zuge des Formwechsels oder der erstmaligen Zuständigkeit eines Registers. Siehe insofern die Ausführungen zu § 198 Abs. 2.[28]

VII. Sonstige Mängel (Abs. 3)

20 Schließlich lassen **sonstige Mängel** des Formwechsels die Wirkungen der Eintragung der neuen Rechtsform oder des Rechtsträgers neuer Rechtsform in das Register nach § 202 Abs. 3 unberührt. Die Vorschrift entspricht den verschmelzungs- und spaltungsrechtlichen Parallelregelungen der §§ 20 Abs. 2, 131 Abs. 2 und erfasst grundsätzlich alle Mängel des Formwechselvorganges. Die Regelung garantiert einen umfassenden Bestandsschutz, so dass auch schwerwiegende Mängel der Wirksamkeit des Formwechsels nicht entgegenstehen.[29] Den Anteilsinhabern verbleiben neben dem Klagerecht gegen den Umwandlungsbeschluss aus §§ 198 Abs. 3, 16 Abs. 2 nach erfolgter Eintragung dann lediglich Schadensersatzansprüche nach §§ 205, 206.[30]

21 Ausgenommen von der Vorschrift sind Mängel **außerhalb des Formwechsels**, wie zB die Missachtung von Gründungsvorschriften oder fehlerhafte Beschlüsse abseits des Umwandlungsbeschlusses.[31] Darüber hinaus existieren weitere Ausnahmefälle, wie zB die gesetzlich ausgeschlossene Umwandlung und der Formwechsel trotz fehlenden Umwandlungsbeschlusses.[32]

25 Lutter/*Decher/Hoger*, § 202 Rn 20; Kallmeyer/*Meister/Klöcker*, § 202 Rn 46; Widmann/Mayer/*Vossius*, § 202 Rn 171; Schmitt/Hörtnagl/Stratz/*Stratz*, § 20 Rn 20.
26 Semler/Stengel/*Kübler*, § 202 Rn 31.
27 S. § 20 Rn 39 ff.
28 S. § 198 Rn 3 ff.
29 OLG Frankfurt NZG 2003, 790, 791; Lutter/*Decher/Hoger*, § 202 Rn 53; Semler/Stengel/*Kübler*, § 202 Rn 35; Kallmeyer/*Meister/Klöcker*, § 202 Rn 56.
30 Kallmeyer/*Meister/Klöcker*, § 202 Rn 56; Schmitt/Hörtnagl/Stratz/*Stratz*, § 202 Rn 11.
31 OLG Düsseldorf ZIP 2001, 1717, 1722; Semler/Stengel/*Kübler*, § 202 Rn 40; Schmitt/Hörtnagl/Stratz/*Stratz*, § 202 Rn 11.
32 BGHZ 132, 353, 360; 138, 371, 374; eingehend hierzu Semler/Stengel/*Kübler*, § 202 Rn 36 f.

§ 203 Amtsdauer von Aufsichtsratsmitgliedern

[1]Wird bei einem Formwechsel bei dem Rechtsträger neuer Rechtsform in gleicher Weise wie bei dem formwechselnden Rechtsträger ein Aufsichtsrat gebildet und zusammengesetzt, so bleiben die Mitglieder des Aufsichtsrats für den Rest ihrer Wahlzeit als Mitglieder des Aufsichtsrats des Rechtsträgers neuer Rechtsform im Amt. [2]Die Anteilsinhaber des formwechselnden Rechtsträgers können im Umwandlungsbeschluß für ihre Aufsichtsratsmitglieder die Beendigung des Amtes bestimmen.

1. Normzweck. § 203 sieht die **Ämterkontinuität der Aufsichtsratsmitglieder** beim Rechtsträger neuer Rechtsform vor. Diese Regelung wurde mit dem UmwG 1994 eingeführt. Davor existierte mit § 65 UmwG 1969 eine vergleichbare Regelung nur für den Fall der Umwandlung einer bergrechtlichen Gewerkschaft mit eigener Rechtspersönlichkeit in eine GmbH. Diese Regelung verfolgt die Vereinfachung des Formwechsels und die Einsparung von Kosten und betrifft den besonderen Fall, dass auch beim Rechtsträger neuer Rechtsform ein Aufsichtsrat gebildet werden muss.[1] Aufgrund dessen betrifft sie nur diejenigen Unternehmen, die nach den mitbestimmungsrechtlichen Bestimmungen einen obligatorischen Aufsichtsrat in gleicher Weise vor und nach dem Formwechsel zu bilden haben.[2] Nach S. 1 bleibt der Aufsichtsrat dann für die verbleibende Wahlzeit in der gewohnten Besetzung bestehen. S. 2 sieht vor, dass hiervon durch Beschluss der Anteilsinhaber abgewichen werden kann. 1

2. Kontinuität der Amtsdauer (S. 1). Aus Satz 1 ergibt sich zunächst der Grundsatz, dass mit Wirksamwerden des Formwechsels die **Amtszeit der Aufsichtsratsmitglieder** des formwechselnden Rechtsträgers von Gesetzes wegen automatisch endet.[3] Von diesem Grundsatz weicht § 203 S. 1 nur für den Fall ab, dass der Aufsichtsrat beim Zielrechtsträger „in gleicher Weise" wie beim Ausgangsrechtsträger gebildet und zusammengesetzt werden muss. In einer solchen Konstellation bleiben bzw werden die Mitglieder des Aufsichtsrats des Ausgangsrechtsträgers für den Rest ihrer Wahlzeit auch Mitglieder des Aufsichtsrates des Rechtsträgers neuer Rechtsform. Die Vorschrift erfasst auch Ersatzmitglieder, selbst wenn diese erst nach Wirksamwerden des Formwechsels in den Aufsichtsrat nachgerückt sind.[4] 2

Die Mitglieder des Aufsichtsrates bleiben nach § 203 S. 1 nur dann für den Rest ihrer Wahlzeit im Amt, wenn beim Rechtsträger neuer Rechtsform ein Aufsichtsrat **„in gleicher Weise"** gebildet und zusammengesetzt werden muss. Das ist zum Beispiel der Fall bei dem Formwechsel 3

- einer AG in eine KGaA und umgekehrt, (§ 278 Abs. 3 AktG) §§ 30, 95 ff AktG,
- beim Wechsel einer AG/KGaA in eine GmbH, sofern mehr als 500 Arbeitnehmer beschäftigt werden und umgekehrt, § 1 Abs. 1 Nr. 2 DrittelbG,
- beim Wechsel einer AG/KGaA in eine GmbH und umgekehrt, sofern MitbestG, Montan-MitbestG oder MitbestErgG die Bildung eines Aufsichtsrates vorsehen,
- beim Wechsel eines VVaG in eine AG/KGaA, sofern mehr als 500 Arbeitnehmer beschäftigt sind, § 1 Abs. 1 Nr. 4 DrittelbG,
- beim Wechsel einer AG/KGaA oder GmbH in eine eG, sofern mehr als 500 Arbeitnehmer beschäftigt sind, § 1 Abs. 1 Nr. 5 S. 1 DrittelbG.[5]

Der Aufsichtsrat wird beim Rechtsträger neuer Rechtsform nicht „in gleicher Weise" gebildet, wenn beim formwechselnden Rechtsträger ein **fakultativer Aufsichtsrat** (etwa nach § 52 Abs. 1 GmbHG) aufgrund gesellschaftsvertraglicher oder satzungsrechtlicher Vorgaben vorgesehen 4

1 Begr. RegE zu § 203, BR-Drucks. 75/94, 144.

2 DrittelbG, MitbestG, Montan-Mitbestimmungsgesetz und MitbestErgG.

3 Arg. e contrario ex § 203 S. 1; Lutter/*Decher*/*Hoger*, § 203 Rn 5; Semler/Stengel/*Simon*, § 203 Rn 2; Kallmeyer/*Meister*/*Klöcker*, § 203 Rn 2.

4 Semler/Stengel/*Simon*, § 203 Rn 7.

5 Konstellationen unter Berücksichtigung des Montan-Mitbestimmungsgesetz und MitbestErgG sind aufgrund ihrer geringen Bedeutung bewusst ausgeklammert worden.

ist.[6] Eine Diskontinuität der Aufsichtsratsmandate liegt auch beim Formwechsel öffentlich-rechtlicher Körperschaften und Anstalten vor.[7]

5 **3. Abberufung der Aufsichtsratsmitglieder** (S. 2). Der Grundsatz der Ämterkontinuität nach § 203 S. 1 wird ferner durchbrochen durch das Recht der Anteilsinhaber des formwechselnden Rechtsträgers, „**im Umwandlungsbeschluss**" die Beendigung des Amtes ihrer Aufsichtsratsmitglieder zu bestimmen. Die Formulierung legt nahe, dass ein solcher Beschluss der Anteilsinhaber Teil des Umwandlungsbeschlusses selbst sein muss. Die Vorschrift ist jedoch weit auszulegen, so dass eine gesonderte Beschlussfassung ausreichend ist, sofern diese zeitgleich und im inneren Zusammenhang mit dem Umwandlungsbeschluss steht.[8]

6 Ein wirksamer Beschluss hat die **Beendigung des Amtes** zur Folge, deren Zeitpunkt durch die Anteilsinhaber individuell zwischen dem Tag des Umwandlungsbeschlusses und dem Ende der Amtszeit angesetzt werden kann.[9]

§ 204 Schutz der Gläubiger und der Inhaber von Sonderrechten

Auf den Schutz der Gläubiger ist § 22, auf den Schutz der Inhaber von Sonderrechten § 23 entsprechend anzuwenden.

1 **1. Normzweck.** § 204 implementiert die verschmelzungsrechtliche Regelung der §§ 22, 23 in das Fünfte Buch und leistet hierdurch einen veritablen Beitrag zum **Gläubigerschutz** im Recht des Formwechsels. Dazu sieht §§ 204 iVm § 22 S. 1 einen Anspruch der Gläubiger auf Sicherheitsleistung vor. Obwohl beim Formwechsel die Haftungsmasse erhalten bleibt, ist dies notwendig, weil die Beachtung von Kapitalschutzvorschriften (§ 30 GmbHG, § 57 AktG) bei der Umwandlung einer Kapitalgesellschaft in eine Personengesellschaft entfällt. Die Anteilsinhaber könnten dann dem Rechtsträger zum Nachteil der Gläubiger Vermögen entziehen.[1] Der Anspruch auf Sicherheitsleistung wird durch einen Anspruch der Inhaber von Sonderrechten auf Gewährung gleichwertiger Rechte beim Rechtsträger neuer Rechtsform nach §§ 204, 23 flankiert.

2 **2. Anspruch auf Sicherheitsleistung** (**§§ 204 iVm 22 Abs. 1**). Den Gläubigern des formwechselnden Rechtsträgers ist nach Maßgabe von §§ 204, 22 Abs. 1 dann ein **Anspruch auf Sicherheitsleistung** zu gewähren, wenn sie Inhaber einer Forderung iSe schuldrechtlichen Anspruchs nach §§ 194, 241 BGB sind und glaubhaft machen, dass die Erfüllung ihrer Forderung gefährdet ist. Dabei kommt es auf die Darlegung einer konkreten Gefährdung ihrer Gläubigeransprüche an.[2] Eine solche Gefährdung ist in erster Linie in den Fällen denkbar, in denen durch den Wechsel der anwendbaren Rechtsvorschriften zwingende Kapitalerhaltungsschutzvorschriften entfallen, wie etwa beim Wechsel einer Kapitalgesellschaft in eine Personengesellschaft sowie bei jeder Schmälerung der haftenden Eigenkapitalbasis.[3] Dennoch ist die Beurteilung über das Vorliegen einer konkreten Gefährdung für jeden Einzelfall gesondert vorzunehmen. Im Hinblick auf den Kreis der anspruchsberechtigten Personen, zur Glaubhaftmachung, zum Begriff der Forderung sowie zur Rechtsfolge des Anspruchs ergeben sich zum Verschmelzungsrecht keine Unterschiede, so dass auf die dortigen Ausführungen zu § 22 verwiesen werden kann.[4]

3 **3. Schutz der Inhaber von Sonderrechten** (**§§ 204 iVm 23**). Zudem gewährt das Recht des Formwechsels über den Verweis in § 204 auf § 23 den **Inhabern von Sonderrechten** beim form-

6 Lutter/*Decher/Hoger*, § 203 Rn 10; Semler/Stengel/*Simon*, § 203 Rn 3; Kallmeyer/*Meister/Klöcker*, § 203 Rn 11.
7 Lutter/*Decher/Hoger*, § 203 Rn 8; *Gottschalk*, NZG 2003, 713, 714.
8 Lutter/*Decher/Hoger*, § 203 Rn 25; Widmann/Mayer/*Vossius*, § 203 Rn 31.
9 Lutter/*Decher/Hoger*, § 203 Rn 26; Widmann/Mayer/*Vossius*, § 203 Rn 33 ff.
1 Begr. RegE zu § 204, BR-Drucks. 75/94, 145.
2 Lutter/*Decher/Hoger*, § 204 Rn 13.
3 Widmann/Mayer/*Vossius*, § 204 Rn 20.
4 S. § 22 Rn 2 ff.

wechselnden Rechtsträger einen Anspruch auf gleichwertige Rechte beim Rechtsträger neuer Rechtsform. Geschützt werden hierdurch insbesondere die Inhaber von Wandelschuldverschreibungen, Gewinnschuldverschreibungen und Genussrechten. Die Regelung überrascht etwas, existiert doch wegen der Kontinuität der Beteiligungen beim Formwechsel im Unterschied zur Verschmelzung gerade keine Gefahr der „Verwässerung" solcher Rechte.[5] Es wird daher vermutet, dass der Gesetzgeber hierdurch den Schutz vor rechtsformbedingten Beeinträchtigungen der Sonderrechte sicherstellen wollte.[6] Zu den Einzelheiten kann aufgrund mangelnder Abweichungen zum Verschmelzungsrecht auf die dortigen Ausführungen zu § 23 verwiesen werden.[7]

§ 205 Schadenersatzpflicht der Verwaltungsträger des formwechselnden Rechtsträgers

(1) [1]Die Mitglieder des Vertretungsorgans und, wenn ein Aufsichtsorgan vorhanden ist, des Aufsichtsorgans des formwechselnden Rechtsträgers sind als Gesamtschuldner zum Ersatz des Schadens verpflichtet, den der Rechtsträger, seine Anteilsinhaber oder seine Gläubiger durch den Formwechsel erleiden. [2]§ 25 Abs. 1 Satz 2 ist entsprechend anzuwenden.

(2) Die Ansprüche nach Absatz 1 verjähren in fünf Jahren seit dem Tage, an dem die anzumeldende Eintragung der neuen Rechtsform oder des Rechtsträgers neuer Rechtsform in das Register bekannt gemacht worden ist.

I. Normzweck

1 Der formwechselnde Rechtsträger sowie seine Anteilsinhaber und Gläubiger können durch ein pflichtwidriges Verhalten der Unternehmensorgane bei der Vorbereitung und Durchführung des Formwechsels geschädigt werden. Deshalb ordnet § 205 Abs. 1 für den Formwechsel eine spezialgesetzliche **umwandlungsrechtliche Organhaftung** an.[1] Insb. vor dem Hintergrund der heilenden Wirkung der Eintragung nach § 202 Abs. 3 erkannte der Gesetzgeber das Bedürfnis für eine verschärfte Haftung der Leitungs- und Aufsichtsorgane.[2] Deshalb gewährt § 205 Abs. 1 S. 1 dem Rechtsträger, seinen Anteilsinhabern und seinen Gläubigern einen umfassenden Anspruch auf Schadensersatz gegen die Mitglieder des Vertretungs- bzw Aufsichtsorgans für solche Schäden, die ihnen durch den Formwechsel entstanden sind. Neben diese weitreichende Organhaftung tritt aber die Exkulpationsmöglichkeit nach § 205 Abs. 1 S. 2 iVm § 25 Abs. 1 S. 2, die häufig eine Haftung der betreffenden Organmitglieder wieder entfallen lassen wird.

2 Über die allgemeinen Haftungsvorschriften des § 43 GmbHG bzw §§ 93, 116 AktG hinaus wird dadurch dem Rechtsträger sowie den Gläubigern und Anteilsinhabern eine weitere **eigenständige Anspruchsgrundlage** gegen die handelnden Organe an die Hand gegeben.

II. Umwandlungsrechtliche Organhaftung (S. 1)

3 **1. Anspruchsverpflichtete.** Anspruchsverpflichtet sind nach § 205 S. 1 zunächst alle Mitglieder des **Vertretungsorgans** des formwechselnden Rechtsträgers, namentlich:

5 S. § 23 Rn 2.
6 Lutter/*Decher/Hoger*, § 204 Rn 21; Semler/Stengel/*Kalss*, § 204 Rn 4.
7 S. § 23 Rn 4 ff.
1 Lutter/*Decher/Hoger*,§ 205 Rn 1.
2 Begr. RegE zu § 205, BR-Drucks. 75/94, 145.

- bei der AG der Vorstand, § 76 Abs. 1 AktG,
- bei der GmbH die Geschäftsführer, § 35 Abs. 1 S. 1 GmbHG,
- bei der KGaA die persönlich haftenden Gesellschafter, § 278Abs. 1, Abs. 2 AktG iVm §§ 161 ff HGB,
- bei den Personenhandelsgesellschaften sämtliche vertretungsberechtigte persönlich haftenden Gesellschafter der OHG bzw KG (§§ 125 Abs. 1, 161 Abs. 2 HGB). Die Vorschrift stellt allein auf die existierende Vertretungsmacht ab.[3] Deshalb können auch geschäftsführende Kommanditisten als Mitglieder des Vertretungsorgans haften.[4]
- Bei der eG und dem e.V. ist der Vorstand anspruchsverpflichtet, § 24 Abs. 1 GenG bzw § 26 Abs. 2 BGB.

4 Weiter sind nach § 205 S. 1 die **Mitglieder des Aufsichtsorgans** anspruchsverpflichtet. Darunter fallen sowohl solche eines gesetzlich vorgeschriebenen, als auch für die GmbH nach § 52 GmbHG fakultativ gebildeten Gremiums.[5] Allerdings sind von der Vorschrift nur „echte“ Aufsichtsorgane erfasst.[6] Beratende Gremien – wie etwa Beiräte – fallen nicht hierunter.[7]

5 **2. Haftungsvoraussetzungen.** Als Haftungsvoraussetzung muss dem formwechselnden Rechtsträger, seinen Anteilsinhabern oder seinen Gläubigern, ein durch eine **Pflichtverletzung** der Anspruchsverpflichteten ausgelöster, kausaler Schaden entstanden sein. „Schaden" iSd Vorschrift ist jeder vermögenswerte Nachteil, der sich aus dem Vergleich der Vermögenslage der Anspruchsgläubiger mit und ohne den Formwechsel ergibt.[8] Als mögliche Haftungsvoraussetzung kommt aufgrund des Verweises von § 205 Abs. 1 S. 2 auf § 25 Abs. 1 S. 2 die Verletzung von Sorgfaltspflichten der Organmitglieder bei der Prüfung der Vermögenslage des formwechselnden Rechtsträgers und der Abfassung des Umwandlungsbeschlusses in Betracht. In diesem Zusammenhang sind dann die Vorschriften über die Vorbereitung und Durchführung der Anteilsinhaberversammlung einzuhalten, wozu insb. die Beachtung etwaiger Zustimmungserfordernisse sowie die Pflicht zur Auskunfterteilung gegenüber den Anteilsinhabern zählen.[9]

Hinweis: In der Praxis wird es aufgrund des identitätswahrenden Charakters des Formwechsels nur in Ausnahmefällen zu einem feststellbaren Schaden kommen. Dies gilt insb. für den Rechtsträger als Anspruchsinhaber und ist allenfalls in solchen Fällen denkbar, in denen aufgrund von Fehlkalkulationen steuerliche Nachteile entstehen.[10] Wenig wahrscheinlich erscheinen auch Ansprüche der Anteilsinhaber, da die Vorschrift nicht solche Schäden erfasst, die auch Schäden des formwechselnden Rechtsträger selbst sind.[11] Zuletzt erscheint auch eine Schädigung der Gläubiger vor dem Hintergrund des Anspruchs auf Sicherheitsleistung iSv §§ 204, 22 nur dann denkbar, wenn der Rechtsträger vermögenslos ist.[12]

6 **Rechtsfolge** des Anspruchs aus § 205 Abs. 1 S. 1 ist eine gesamtschuldnerische Haftung der Organmitglieder iSv § 421 BGB zu gemeinsamen Teilen, § 426 Abs. 1 BGB.[13]

III. Entlastungsmöglichkeit der Organmitglieder (S. 2)

7 Die §§ 205 Abs. 1 S. 2, 25 Abs. 1 S. 2 garantieren den Mitgliedern der Organe eine Exkulpationsmöglichkeit. Die Haftungsprivilegierung setzt voraus, dass das betreffende Organmitglied bei der Prüfung der Vermögenslage der Rechtsträger und beim Abschluss des Formwechselbeschlusses seine Sorgfaltspflicht beachtet hat. Aus der Formulierung lässt sich entnehmen, dass

3 Kallmeyer/*Meister/Klöcker*, § 205 Rn 5.
4 So auch Semler/Stengel/*Kübler*, § 205 Rn 4; aA Lutter/*Decher/Hoger*, § 205 Rn 2.
5 Lutter/*Decher/Hoger*, § 205 Rn 7; Semler/Stengel/*Kübler*, § 205 Rn 5.
6 Schmitt/Hörtnagl/Stratz/*Stratz*, § 205 Rn 6.
7 Lutter/*Decher/Hoger*, § 205 Rn 7; Schmitt/Hörtnagl/Stratz/*Stratz*, § 205 Rn 6; abweichend Semler/Stengel/*Kübler*, § 205 Rn 5.
8 Henssler/Strohn/*Drinhausen/Keinath*, § 205 UmwG Rn 4; Schmitt/Hörtnagl/Stratz/*Stratz*, § 205 Rn 12.
9 Eingehend Semler/Stengel/*Kübler*, § 205 Rn 9 ff; Lutter/*Decher/Hoger*, § 205 Rn 13 ff.
10 Lutter/*Decher/Hoger*, § 205 Rn 7.
11 Lutter/*Decher/Hoger*, § 205 Rn 8; Semler/Stengel/*Kübler*, § 205 Rn 15.
12 Lutter/*Decher/Hoger*, § 205 Rn 12.
13 Kallmeyer/*Meister/Klöcker*, § 205 Rn 8; Semler/Stengel/*Kübler*, § 205 Rn 7.

die Haftung ein **Verschulden** voraussetzt. (Leichte) Fahrlässigkeit reicht daher bereits aus.[14] Beweispflichtig dafür, dass die Voraussetzungen für den Haftungsentfall vorliegen, ist das betreffende Organmitglied.[15] Dies kann im Einzelfall nicht leicht sein, weil das betreffende Organmitglied auch die Einhaltung der ihm konkret obliegenden Sorgfaltspflicht nach allgemeinen Beweisgrundsätzen beweisen muss. In der Literatur wird daher auch überwiegend gefordert, dass hieran nicht allzu hohe Anforderungen gestellt werden sollten.[16]

IV. Verjährung (Abs. 2)

Nach § 203 Abs. 2 **verjähren** die Ersatzansprüche des § 203 Abs. 1 S. 1 innerhalb von fünf Jahren ab dem Tage, an dem der Formwechsel iSv § 10 HGB vom Registergericht bekanntgemacht worden ist. 8

§ 206 Geltendmachung des Schadenersatzanspruchs

[1]Die Ansprüche nach § 205 Abs. 1 können nur durch einen besonderen Vertreter geltend gemacht werden. [2]Das Gericht des Sitzes des Rechtsträgers neuer Rechtsform hat einen solchen Vertreter auf Antrag eines Anteilsinhabers oder eines Gläubigers des formwechselnden Rechtsträgers zu bestellen. [3]§ 26 Abs. 1 Satz 3 und 4, Abs. 2, Abs. 3 Satz 2 und 3 und Abs. 4 ist entsprechend anzuwenden; an die Stelle der Blätter für die öffentlichen Bekanntmachungen des übertragenden Rechtsträgers treten die entsprechenden Blätter des Rechtsträgers neuer Rechtsform.

I. Normzweck

In Gleichlauf zu § 350 AktG aF regelt § 206 S. 1, dass Schadensersatzansprüche nach § 205 Abs. 1 lediglich durch einen **besonderen Vertreter** geltend gemacht werden können. Um eine Vielzahl schadensersatzrechtlicher Verfahren im Zusammenhang mit dem Formwechsel zu vermeiden, sollte die Geltendmachung der Ansprüche in einem zusammengefassten Verfahren erfolgen.[1] Ziel war die Vermeidung abweichender Entscheidungen über das Verschulden der Organmitglieder.[2] Der besondere Vertreter wird nach § 206 S. 2 auf Antrag durch das Amtsgericht am Sitz des formwechselnden Rechtsträgers bestellt. Soweit nicht Unterschiede zur Verschmelzung einer Verweisung entgegenstehen, verweist 206 S. 3 hinsichtlich der Einzelheiten zur Bestellung des besonderen Vertreters und zur Durchsetzung der Ansprüche umfassend auf die verschmelzungsrechtliche Bestimmung des § 26. 1

II. Der besondere Vertreter als Partei kraft Amtes

1. Die prozessuale Rolle des besonderen Vertreters (S. 1). Über die richtige rechtsdogmatische Qualifizierung der **prozessualen Rolle** des besonderen Vertreters im Verfahren herrscht Streit. *Vossius* begreift den besonderen Vertreter als „Prozessgeschäftsführer kraft richterlicher Bestel- 2

14 Lutter/*Decher/Hoger*, § 205 Rn 19; Kallmeyer/*Meister/Klöcker*, § 205 Rn 17.
15 Lutter/*Decher/Hoger*, § 205 Rn 19; Kallmeyer/*Meister/Klöcker*, § 205 Rn 17.
16 Widmann/Mayer/*Vossius*, § 205 Rn 30; Kallmeyer/*Meister/Klöcker*, § 205 Rn 17.
1 Begr. RegE zu § 206, BR-Drucks. 75/94, 145.
2 Begr. RegE zu § 26, BR-Drucks. 75/94, 93.

lung".[3] Die wohl hM hingegen definiert den besonderen Vertreter als eine im eigenen Namen handelnde Partei kraft Amtes.[4] Das überzeugt, scheint es doch am ehesten mit dem Wortlaut der Vorschrift vereinbar. Denn die Anordnung in § 206 S. 1 sieht eine ausschließliche Klagebefugnis des besonderen Vertreters vor, die Schadensersatzansprüche im eigenen Namen geltend zu machen und gerade nicht als Vertreter der Anspruchsteller auftreten zu müssen.

3 Der besondere Vertreter wird auf Antrag durch das Gericht und somit **von Amts wegen** bestellt, § 206 S. 2. Aus der öffentlich-rechtlichen Anordnung folgt dessen Rechtsmacht, sich über die Ansprüche der Anspruchsberechtigten ohne deren Zustimmung nach eigenem Ermessen vergleichen zu dürfen.[5] Deshalb haftet der besondere Vertreter im Innenverhältnis auch für die pflichtgemäße Geltendmachung der Ansprüche in entsprechender Anwendung der Haftungsvorschriften, die für Personen gelten, die vom Gericht zur Anspruchsverfolgung bestellt wurden.[6] Hierzu zählen etwa die Regelungen über den Vormund (§ 1833 BGB), den Betreuer (§ 1908 i), den Pfleger (§ 1915 Abs. 1) oder den Insolvenzverwalter (§ 60 InsO).

4 **2. Bestellung des besonderen Vertreters (S. 2).** Die **Bestellung** des besonderen Vertreters erfolgt auf Antrag eines Anteilsinhabers oder eines Gläubigers des formwechselnden Rechtsträgers bei dem Gericht am Sitze des Rechtsträgers neuer Rechtsform, § 206 S. 2.

5 **a) Antragsbefugnis. Antragsbefugt** sind damit die **Anteilsinhaber** des formwechselnden Rechtsträgers, die bereits zum Zeitpunkt des Wirksamwerdens des Formwechsels (§ 202) Anteilsinhaber waren.[7] Wurden die Anteile erst nach Durchführung des Formwechsels erworben, ist eine Antragsberechtigung nicht gegeben. Die nicht abtretbare Antragsberechtigung kann im Wege der Gesamtrechtsnachfolge vererbt werden.[8]

6 Entsprechend gelten diese Grundsätze für die **Gläubiger** des formwechselnden Rechtsträgers, die ebenfalls antragsbefugt sind. Danach sind die Gläubiger nur dann antragsberechtigt, wenn ihre Forderung bereits vor Wirksamwerden des Formwechsels begründet worden war. Die Antragsbefugnis entfällt für den Fall, dass sie von dem Rechtsträger neuer Rechtsform Befriedigung erlangen können, §§ 206 S. 3, 26 Abs. 1 S. 3.

7 Obwohl der **formwechselnde Rechtsträger** zum Kreise der Anspruchsberechtigten Personen des § 205 Abs. 1 S. 1 zählt, wird er neben den Anteilsinhabern und Gläubigern nicht gesondert von § 206 S. 2 erwähnt. Teilweise wird hieraus gefolgert, dass der Rechtsträger selbst nicht antragsbefugt ist.[9] In Übereinstimmung mit den Ausführungen zum Parallelproblem bei § 26 Abs. 1 S. 2 ist trotz des eindeutigen Wortlautes der Vorschrift von einer Antragsbefugnis des formwechselnden Rechtsträgers auszugehen.[10]

Hinweis: Der Streit ist für die Praxis von marginaler Bedeutung, da beim formwechselnden Rechtsträger nur ausnahmsweise ein Schaden denkbar ist.[11]

8 **b) Verfahren.** Der Antrag auf Zuteilung eines besonderen Vertreters ist an das Gericht am Ort des Sitzes des Rechtsträgers neuer Rechtsform zu adressieren, § 206 S. 2. Dies ist nach § 206 Abs. 1 S. 2 iVm § 23 a Abs. 1 S. 1 Nr. 2, Abs. 2 Nr. 4 GVG iVm § 375 Abs. 1 Nr. 5 FamFG das Amtsgericht. Nach erfolgter Bestellung hat der Vertreter nach §§ 206 S. 3, 26 Abs. 2 die Anspruchsteller aufzufordern, die Ansprüche nach § 205 S. 1 binnen einer angemessenen Frist von mindestens einem Monat anzumelden. Nicht fristgerecht angemeldete Ansprüche werden bei der Erlösverteilung nicht berücksichtigt, §§ 206 S. 3, 26 Abs. 3 S. 3. Die Aufforderung er-

3 Widmann/Mayer/*Vossius*, § 206 Rn 34, mit der Konsequenz, dass die Vertretenen Parteien des Rechtsstreits bleiben und diese auch im Rubrum der Klage namentlich Erwähnung finden.

4 OLG Frankfurt ZIP 2007, 331, 332; Lutter/*Decher/Hoger*, § 206 Rn 3; Semler/Stengel/*Kübler*, § 206 Rn 8.

5 Lutter/*Decher/Hoger*, § 206 Rn 12; Kallmeyer/*Meister/Klöcker*, § 206 Rn 14.

6 Lutter/*Decher/Hoger*, § 206 Rn 4; Kallmeyer/*Meister/Klöcker*, § 206 Rn 14; Lutter/*Grunewald*, § 26 Rn 16.

7 Lutter/*Decher/Hoger*, § 206 Rn 5; Semler/Stengel/*Kübler*, § 206 Rn 5.

8 Lutter/*Decher/Hoger*, § 206 Rn 5.

9 So Kallmeyer/*Meister/Klöcker*, § 206 Rn 11; Semler/Stengel/*Kübler*, § 206 Rn 7.

10 So auch Lutter/*Decher/Hoger*, § 206 Rn 7; differenzierend Widmann/Mayer/*Vossius*, § 206 Rn 18 ff.

11 S. § 205 Rn 5.

folgt nach §§ 206 S. 3 Hs 2, 26 Abs. 2 S. 2 im elektronischen Bundesanzeiger und ggf in entsprechenden Geschäftsblättern. Das Gericht prüft das Vorliegen der Antragsvoraussetzungen im **Verfahren** der freiwilligen Gerichtsbarkeit. Der Antragsteller hat deren Vorliegen glaubhaft vorzutragen.[12] Gegen die Entscheidung des Amtsgerichts ist die sofortige Beschwerde zulässig, §§ 206 S. 3, 26 Abs. 1 S. 4. Die Erlösverteilung erfolgt nach Maßgabe von §§ 206 S. 3, 26 Abs. 3 S. 2. Die Ansprüche der Anteilsinhaber und Gläubiger sind von der Vorschrift nicht erfasst, so dass etwaige Zahlungen vom besonderen Vertreter direkt an die Anspruchsinhaber abzuführen sind.[13]

c) **Kosten.** Bei der Geltendmachung der Ansprüche nach § 205 S. 1 fallen zunächst **Kosten** für das gerichtliche Verfahren an, welche sich nach den allgemeinen kostenrechtlichen Grundsätzen bestimmen.[14] Zudem hat der besondere Vertreter nach §§ 206 S. 3, 26 Abs. 4 S. 2 einen Anspruch auf Ersatz von Auslagen und die Vergütung seiner Tätigkeit, welche individuell vom Gericht festgesetzt werden. 9

§ 207 Angebot der Barabfindung

(1) [1]Der formwechselnde Rechtsträger hat jedem Anteilsinhaber, der gegen den Umwandlungsbeschluß Widerspruch zur Niederschrift erklärt, den Erwerb seiner umgewandelten Anteile oder Mitgliedschaften gegen eine angemessene Barabfindung anzubieten; § 71 Abs. 4 Satz 2 des Aktiengesetzes ist insoweit nicht anzuwenden. [2]Kann der Rechtsträger auf Grund seiner neuen Rechtsform eigene Anteile oder Mitgliedschaften nicht erwerben, so ist die Barabfindung für den Fall anzubieten, daß der Anteilsinhaber sein Ausscheiden aus dem Rechtsträger erklärt. [3]Der Rechtsträger hat die Kosten für eine Übertragung zu tragen.

(2) § 29 Abs. 2 ist entsprechend anzuwenden.

I. Normzweck

Die §§ 207–212 regeln die Voraussetzungen und das Verfahren zur Gewährung einer **angemessenen Barabfindung** für den Fall des Widerspruchs einzelner Anteilsinhaber gegen den Umwandlungsbeschluss. Der Gesetzgeber orientierte sich bei der Ausgestaltung des Regelungsbereichs weitestgehend an dem für die Umwandlung einer AG oder KGaA in eine GmbH geltenden Verfahren der §§ 369 Abs. 4, 375, 388 AktG aF. In Gleichlauf zu § 29 soll deshalb den widersprechenden Anteilsinhabern nach § 207 ein Austrittsrecht gegen ein angemessenes Angebot auf den Erwerb der umgewandelten Anteile oder Mitgliedschaften am Ausgangsrechtsträger durch den Rechtsträger neuer Rechtsform gewährt werden. 1

Im Verhältnis zum **Anspruch auf bare Zuzahlung** iSv § 196 S. 1 besteht Anspruchskonkurrenz: Liegen die jeweiligen Voraussetzungen vor, kann der Anteilsinhaber den Anspruch auf bare 2

12 OLG Hamm DB 1991, 2535, 2536; Semler/Stengel/*Kübler*, § 206 Rn 6.

13 S. zu den weiteren Einzelheiten die Ausführungen zu § 26, wobei jedoch stets zu berücksichtigen ist, dass beim Formwechsel nur ein Rechtsträger beteiligt ist; vgl insofern die zutreffende Anmerkung in Schmitt/Hörtnagl/Stratz/*Stratz*, § 206 Rn 1.

14 Lutter/*Decher*/*Hoger*, § 206 Rn 15.

Zuzahlung lediglich bei Fortbestehen seiner Mitgliedschaft am Rechtsträger neuer Rechtsform geltend machen.

II. Entbehrlichkeit des Abfindungsangebotes

3 Nach der Vorstellung des Gesetzgebers sollte die Abfindungsregelung grundsätzlich rechtsformübergreifend gelten.[1] Allerdings ergeben sich aus dem Zusammenspiel mit den Bestimmungen des Besonderen Teils des Fünften Buches hiervon einige **Ausnahmen**; die Erstattung eines Angebotes auf bare Abfindung ist dann entbehrlich. Für den Formwechsel einer AG in eine KGaA und umgekehrt schließt § 250 generell die Anwendung der §§ 207–212 aus. Zudem finden nach § 227 beim Formwechsel einer KGaA die § 207–212 nicht auf deren persönlich haftenden Gesellschafter Anwendung. Nach § 302 S. 1 sind die §§ 207–212 nicht auf den Formwechsel einer Körperschaft oder Anstalt des öffentlichen Rechts anwendbar, soweit sich aus dem für die formwechselnde Körperschaft oder Anstalt maßgebenden Bundes- oder Landesrecht nicht etwas anderes ergibt. Wird mit dem Formwechsel die Umwandlung in die Rechtsformen GbR, OHG oder PartG beabsichtigt, ist ohnehin Einstimmigkeit erforderlich (§ 233 Abs. 1). Auf die Abgabe eines Abfindungsangebotes kommt es dann nicht an. Weitere Sonderregelungen finden sich zudem in den §§ 282 Abs. 2, 216 und 231.

III. Anspruch auf Barabfindung (Abs. 1)

4 In weitgehender Übereinstimmung mit § 29 Abs. 1 gewährt § 207 den Anteilsinhabern des formwechselnden Rechtsträgers unter bestimmten **Voraussetzungen** ein Austrittsrecht gegen eine angemessene Barabfindung.

5 **1. Widerspruch.** Grundvoraussetzung für die Ausübung des Austrittsrechts nach § 207 Abs. 1 S. 1, dh seines Rechts zum entgeltlichen Verkauf seiner Beteiligung an den formwechselnden Rechtsträger, ist der **Widerspruch** der Anteilsinhaber gegen den Umwandlungsbeschluss. Dieser hat zur Niederschrift eines Notars zu erfolgen. Der Widerspruch muss zwar grundsätzlich nicht begründet werden; dennoch muss aus dem Widerspruch eindeutig hervorgehen, dass der Anteilsinhaber nicht Anteilsinhaber am Rechtsträger neuer Rechtsform werden will. Die Abgabe einer Gegenstimme ist deshalb nicht ausreichend.[2] Insoweit empfiehlt sich folgende Formulierung:

▶ Ich, ..., möchte in der [Gesellschafterversammlung][Hauptversammlung] der ... am ... anlässlich der Umwandlung der ... in ... unmissverständlich zur Niederschrift zum Ausdruck bringen, dass ich nicht Anteilsinhaber des Rechtsträgers neuer Rechtsform zu werden wünsche. Zudem behalte ich mir die Geltendmachung meines Rechts hinsichtlich des Angebots zum Erwerb meiner Anteile gegen Zahlung einer angemessenen Barabfindung gemäß § 207 UmwG vor.[3] ◀

6 Sollte ein Anteilsinhaber mehrere Anteile halten, muss ein solcher Widerspruch für jeden dieser Anteile, für den er eine Barabfindung begehrt, gesondert abgegeben werden.[4] Der Widerspruch muss in der betreffenden Anteilsinhaberversammlung abgegeben werden; eine Abgabe vor oder nach der Versammlung ist unwirksam.[5]

7 Streitig ist allerdings, ob der Widerspruch die Abgabe einer **Negativstimme gegen den Formwechsel** voraussetzt. Die wohl herrschende Ansicht in der Literatur bejaht dies.[6] Tragendes Argument ist hierbei, dass anderenfalls eine unkalkulierbare Anzahl von Barabfindungsansprü-

1 Begr. RegE zu §§ 207–212, BR-Drucks. 75/94, 146.
2 Widmann/Mayer/*Wälzholz*, § 207 Rn 11.
3 Vgl hierzu auch BGH NJW 1989, 2693.
4 Lutter/*Decher/Hoger*, § 207 Rn 7.
5 Semler/Stengel/*Kalss*, § 207 Rn 7; Lutter/*Decher/Hoger*, § 207 Rn 7.
6 Schmitt/Hörtnagel/Stratz/*Stratz*, § 207 Rn 4; Semler/Stengel/*Kalss*, § 207 Rn 7; Lutter/*Grunewald*, § 29 Rn 11; Widmann/Mayer/*Wälzholz*, § 207 Rn 11; aA Kallmeyer/*Meister/Klöcker*, § 207 Rn 15; Kallmeyer/*Marsch-Barner*, § 29 Rn 13; *Veil*, Umwandlung einer Aktiengesellschaft, S. 214 ff; vgl auch die Darstellung des Streitstands bei Lutter/*Decher/Hoger*, § 207 Rn 8 f, die den Wunsch nach einer entsprechenden Klarstellung durch den Gesetzgeber formulieren.

chen nicht zu verhindern sei; auch die Unerfahrenheit der einzelnen Anteilsinhaber wird mit ins Feld geführt.[7]

Hinweis: Ausscheidungswillige Gesellschafter sollten sicherheitshalber gegen den Formwechselbeschluss stimmen, soweit dies nicht den Formwechsel insgesamt verhindert.

2. Angemessenes Abfindungsangebot. Der Erwerb der Anteile oder Mitgliedschaften ist gegen eine **angemessene Barabfindung** durch den formwechselnden Rechtsträger anzubieten. Das Abfindungsangebot ist den Anteilsinhabern von dem Vertretungsorgan des formwechselnden Rechtsträgers spätestens zusammen mit der Einberufung der Gesellschafterversammlung zusammen mit dem Umwandlungsbericht zu übersenden.[8] Die Ermittlung der Angemessenheit der Abfindung richtet sich nach §§ 208, 30 Abs. 1 S. 1. 8

Von dem zwingenden Erfordernis auf Erstattung eines Abfindungsangebots existieren daneben **zwei Ausnahmen:** Bedarf der Umwandlungsbeschluss zu seiner Wirksamkeit der Zustimmung aller Anteilsinhaber oder ist am formwechselnden Rechtsträger nur ein Anteilsinhaber beteiligt (§ 194 Abs. 1 Nr. 6), ist der formwechselnde Rechtsträger nicht zur Abgabe eines Abfindungsangebotes verpflichtet. Gleiches gilt, wenn alle Anteilsinhaber auf die Abgabe eines Barabfindungsangebotes durch eine notariell beurkundete Erklärung verzichten.[9] 9

3. Erwerb der eigenen Anteile und Barabfindung gegen Austritt. a) Kapitalgesellschaft als Zielrechtsträger (Abs. 1 S. 1 Hs 1). Das Angebot auf Barabfindung erfolgt grundsätzlich gegen Erwerb der eigenen Anteile, § 207 Abs. 1 S. 1 Hs 1. Ist der Anteilserwerb durch den neuen Rechtsträger aufgrund seiner Rechtsform nicht möglich, ist nach § 207 Abs. 1 S. 2 eine Barabfindung gegen Austritt des Anteilsinhabers anzubieten. Das ist bei Personen(handels-)gesellschaften, Partnerschaftsgesellschaften, Vereinen auf Gegenseitigkeit, eingetragenen Genossenschaften und eingetragenen Vereinen der Fall.[10] Deshalb betrifft § 207 Abs. 1 S. 1 Hs 1 ausschließlich die Fälle, in denen als **Zielrechtsform eine Kapitalgesellschaft** gewählt wurde. 10

b) AG/KGaA. Beim Formwechsel in die Rechtsform einer AG/KGaA erfolgt der **Erwerb der eigenen Anteile** nach Maßgabe des AktG. Der Erwerb eigener Anteile ist für die AG/KGaA grundsätzlich jedoch nur unter den engen Voraussetzungen der §§ 71 ff AktG zulässig. § 71 Abs. 1 Nr. 3 AktG erlaubt jedoch explizit der Gesellschaft neuer Rechtsform eigene Aktien zu erwerben, wenn der Erwerb mit der Zielsetzung erfolgt, Aktionäre nach § 207 Abs. 1 S. 1 – wie hier – abzufinden. 11

Allerdings muss der Erwerb dieser eigenen Aktien die Anforderungen des § 71 Abs. 2 AktG erfüllen. Dh die solchermaßen erworbenen Aktien dürfen zusammen mit den anderen, bereits gehaltenen, eigenen Aktien der Gesellschaft, nicht mehr als 10 % des Grundkapitals ausmachen, § 71 Abs. 2 AktG. Ferner muss die Gesellschaft im Zeitpunkt des Erwerbs eine Rücklage gem. § 272 Abs. 1 a HGB bilden können. Die Frage ist, was passiert, wenn die Vorgaben des § 71 Abs. 2 AktG nicht eingehalten werden können. In der Literatur wird, soweit ersichtlich, nur der Fall diskutiert, dass sich ein Verstoß gegen § 71 Abs. 2 AktG bereits vor Fassung des Formwechselbeschlusses abzeichnet; für diesen Fall soll ein dann eintretender Verstoß gegen § 71 Abs. 2 AktG zur Rechtswidrigkeit und Anfechtbarkeit des Umwandlungsbeschlusses führen.[11] Die Vertretungsorgane des formwechselnden Rechtsträgers dürften bei einer solchen Erkennbarkeit den Formwechselbeschluss nicht zur Abstimmung bringen lassen und die zur Anmeldung des Formwechsels verpflichteten Personen dürften einen dennoch gefassten Formwechselbeschluss nicht zur Eintragung im Register anmelden. 12

7 Vgl aber auch die hörenswerten Gegenargumente bei Lutter/*Decher/Hoger*, § 207 Rn 8 f.

8 §§ 216, 231 S. 1; 238 S. 1, 251 Abs. 1, 260 Abs. 1 S. 2, 274 Abs. 1 S. 2, 283 Abs. 1 S. 1, 292 Abs. 1.

9 Lutter/*Decher/Hoger*, § 207 Rn 22; Kallmeyer/*Meister/Klöcker*, § 207 Rn 45; Semler/Stengel/*Kalss*, § 207 Rn 17.

10 Widmann/Mayer/*Wälzholz*, § 207 Rn 29.

11 Kallmeyer/*Meister/Klöcker*, § 207 Rn 35; Lutter/*Decher/Hoger*, § 207 Rn 18; Semler/Stengel/*Kalss*, § 207 Rn 11.

13 Die Lösung der Konstellation, dass ein Verstoß erst nach dem Formwechselbeschluss erkennbar wird (aufgrund der unerwartet hohen Anzahl von Anteilsinhabern, die das Barabfindungsangebot annehmen), ist noch offen. Ein solcher Fall würde noch verschärft, wenn eine entsprechende Anzahl von Anteilsinhabern das Barabfindungsangebot erst dann annimmt, wenn die regelmäßig einmonatige Anfechtungsfrist zur Anfechtung des Formwechselbeschlusses bereits abgelaufen ist oder der Formwechsel bereits im Handelsregister eingetragen und damit wirksam geworden ist. Die Annahmefristen nach § 209 lassen solchen Konstellationen zu. Als **Lösung** für diese Fälle bietet sich die (analoge) Anwendung des § 71 Abs. 1 S. 2 AktG an. Diese Norm betrifft gerade den Fall, dass ein Angebot für den Fall abgegeben werden muss, dass der Rechtsträger neuer Rechtsform eigene Anteile nicht erwerben kann. In der hier besprochenen Konstellation kann die AG bzw KGaA aufgrund ihrer Rechtsform keine eigenen Anteile (mehr) erwerben. Um diesen Weg gehen zu können, muss dies im Barabfindungsangebot von Anfang bereits mit enthalten sein. Ob ein ausscheidungswilliger Anteilsinhaber das Barabfindungsangebot nach § 207 Abs. 1 S. 1 oder S. 2 annehmen kann, darf von der Reihenfolge, in der die Angebotsannahmen beim formwechselnden Rechtsträger eingehen, abhängig gemacht werden.

14 Kommt es nach allem (dennoch) zu einem Verstoß gegen § 71 Abs. 2 AktG, so bleibt die schuldrechtliche Verpflichtung im Barabfindungsangebot wie auch die dingliche Übertragung gleichwohl wirksam.[12] Das gilt ausweislich des ausdrücklichen Verweises in § 207 Abs. 1 S. 1 Hs 2 auf § 71 Abs. 4 S. 1 AktG bzw aufgrund des unmissverständlichen Ausschlusses von § 71 Abs. 4 S. 2.

15 c) **GmbH.** Erfolgt der Formwechsel in die Rechtsform einer GmbH, richtet sich der **Erwerb der Gesellschaftsanteile** nach § 33 Abs. 3 GmbHG. Danach ist der Erwerb zulässig, sofern er binnen sechs Monaten nach dem Wirksamwerden der Umwandlung oder nach der Rechtskraft der gerichtlichen Entscheidung erfolgt und die Gesellschaft im Zeitpunkt des Erwerbs eine Rücklage (gem. § 271 Abs. 1 a HGB) in Höhe der Aufwendungen für den Erwerb bilden könnte, ohne das Stammkapital oder eine nach dem Gesellschaftsvertrag zu bildende Rücklage zu mindern, die nicht zur Zahlung an die Gesellschafter verwandt werden darf. Bei einem Verstoß gegen § 33 Abs. 3 GmbHG findet die Privilegierung des § 207 Abs. 1 S. 1 Hs 2 keine Anwendung.[13] Dies ist auf eine unzulängliche Gesetzesbereinigung durch das 2. UmwÄndG vom 19.4.2007 zurückzuführen, indem nur die Parallelvorschrift des § 29 die Anwendung des § 33 Abs. 3 GmbHG (wie des oben bereits erwähnten § 71 Abs. 4 S. 2 AktG) ausdrücklich für den Bereich der Verschmelzung ausnimmt, § 29 Abs. 1 S. 1, Hs 2.[14] Warum der Gesetzgeber Aktionäre und GmbH-Gesellschafter bei der Verschmelzung seit der Gesetzesänderung gleich behandelt, beim Formwechsel aber unterschiedlich, ist unklar.[15] In der Literatur wird daher teilweise vertreten, die unterschiedliche Behandlung zu ignorieren.[16] Es bleibt iÜ bei den Rechtsfolgen der §§ 30, 31 Abs. 1 GmbHG im Falle eines Verstoßes gegen § 33 Abs. 3 GmbHG.

16 **d) Sonstige Zielrechtsträger (Abs. 1 S. 2).** Erfolgt die Umwandlung hingegen in die Rechtsform einer Personen(handels-)gesellschaft, Partnerschaftsgesellschaft, eingetragenen Genossenschaft oder eines eingetragenen Vereins, ist der Erwerb der eigenen Anteile gesetzlich nicht vorgesehen, so dass nach § 207 Abs. 1 S. 2 den Anteilsinhabern ein Angebot auf Barabfindung gegen **Ausscheiden** als Anteilsinhaber des Rechtsträgers zu machen ist.

Hinweis: Das Ausscheiden erfolgt aus dem Rechtsträger neuer Rechtsform.[17] Die Einzelheiten hinsichtlich des Verfahrens richten sich deshalb nach den auf die Zielrechtsform anwendbaren spezialgesetzlichen Vorschriften.

12 Kallmeyer/*Meister/Klöcker*, § 207 Rn 34.
13 Semler/Stengel/*Kalss*, § 207 Rn 12; Kallmeyer/*Meister/Klöcker*, § 207 Rn 38; Lutter/*Decher/Hoger*, § 207 Rn 20.
14 Vgl Art. 1 Nr. 6 des 2. UmwÄndG v. 19.4.2007.
15 Widmann/Mayer/*Wälzholz*, § 207 Rn 15.
16 Vgl Lutter/*Decher/Hoger*, § 207 Rn 20, die für eine Anpassung von § 207 Abs. 1 S. 1 Hs. 2 UmwG an die verschmelzungsrechtliche Regelung plädieren.
17 Kallmeyer/*Meister/Klöcker*, § 207 Rn 41; Semler/Stengel/*Kalss*, § 207 Rn 13.

4. Fehlendes Angebot. Enthält der Formwechselbeschluss – entgegen § 194 Abs. 1 Nr. 6 – **kein Angebot** auf Barabfindung und wurde auf ein solches auch nicht formwirksam verzichtet, so führt dies nicht zur Nichtigkeit, Unwirksamkeit oder Anfechtbarkeit des Umwandlungsbeschlusses, § 210.[18] Stattdessen führt dies zur Berechtigung des Anteilsinhabers, die Höhe der angemessenen Barabfindung in einem Spruchverfahren nach dem SpruchG gerichtlich bestimmen zu lassen.[19] 17

IV. Kosten (Abs. 1 S. 3)

Nach § 207 Abs. 1 S. 3 trägt der formwechselnde Rechtsträger die Kosten für die Übertragung der Anteile oder Mitgliedschaften. Da dafür u.a. die Annahme des Barabfindungsangebots erforderlich ist, werden hiervon wohl auch die für die Übertragung erforderlichen schuldrechtlichen Vereinbarungen mit umfasst sein. Von der Kostenregelung sind insb. Auslagen für notarielle Tätigkeiten erfasst. Im Gegensatz zur grundsätzlich formfreien Übertragung von Aktien bedarf es zur Abtretung von Geschäftsanteilen einer GmbH eines notariell beurkundeten Vertrages, § 15 Abs. 3 GmbHG. 18

V. Gleichgestellte Fälle (Abs. 2)

Einem Widerspruch stehen nach §§ 207 Abs. 2, 29 Abs. 2 solche Fälle **gleich**, in denen ein nicht erschienener Anteilsinhaber zur Versammlung der Anteilsinhaber zu Unrecht nicht zugelassen oder die Versammlung nicht ordnungsgemäß einberufen oder der Gegenstand der Beschlussfassung nicht ordnungsgemäß bekanntgemacht worden ist.[20] 19

§ 208 Inhalt des Anspruchs auf Barabfindung und Prüfung der Barabfindung

Auf den Anspruch auf Barabfindung ist § 30 entsprechend anzuwenden.

I. Normzweck

Der Gesetzgeber verweist in § 208 umfassend auf § 30 und die dort aufgeführten Vorschriften und entscheidet sich damit für die Ermittlung der **angemessenen Barabfindung** (§ 207 Abs. 1 S. 1) (im Gegensatz zum bisher geltenden Recht) bewusst gegen die Festlegung einer bestimmten Berechnungsmethode. Indem die Auswahl der verschiedenen Methoden je nach Natur und Gegenstand des Unternehmens variieren kann, will sich der Gesetzgeber mit dem Verweis auf § 30 darauf beschränken, den für die Bewertung der Angemessenheit relevanten Bewertungszeitpunkt festzulegen.[1] Ist aus gesetzlichen Gründen kein Barabfindungsangebot nach § 207 abzugeben, so entfällt naturgemäß auch die Anwendung von § 208.[2] 1

II. Bewertung und Verzinsung der Barabfindung

Ob die Barabfindung ihrer Höhe nach **„angemessen"** ist, entscheidet sich nach den wirtschaftlichen Verhältnissen des formwechselnden Rechtsträgers zum Zeitpunkt des Umwandlungsbeschlusses, §§ 208, 30 Abs. 1 S. 1. Auch für den Formwechsel erfolgt die Ermittlung der Angemessenheit nach den allgemeinen Grundsätzen der Unternehmensbewertung.[3] Verantwortlich für die Durchführung der Bewertung ist das Vertretungsorgan des formwechselnden Rechtsträgers.[4] 2

18 Widmann/Mayer/*Wälzholz*, § 207 Rn 31.
19 Widmann/Mayer/*Wälzholz*, § 207 Rn 31.
20 BGHZ 108, 217, 219.
1 Begr. RegE zu § 30, BR-Drucks. 75/94, 94 f.
2 Vgl § 194 Abs. 1 Nr. 6 zu den gesetzlichen Voraussetzungen.
3 Eingehend zu den Bewertungsmethoden Lutter/*Decher/Hoger*, § 208 Rn 6 f.
4 Lutter/*Decher/Hoger*, § 208 Rn 5.

3 Nach §§ 208, 30 Abs. 1 S. 2, 15 Abs. 2 S. 1 ist die Barabfindung nach Ablauf des Tages, an dem die Eintragung des Formwechsels im Handelsregister bekanntgegeben wurde (§ 201), mit jährlich **5-Prozentpunkten** über dem jeweiligen Basiszinssatz nach § 247 BGB zu verzinsen.[5] Daneben ist die Geltendmachung eines weiteren Schadens nach §§ 208, 30 Abs. 1 S. 2, 15 Abs. 2 S. 2 nicht ausgeschlossen. Die Verzinsung sowie ein etwaiger Schaden sind dann außerhalb des Spruchverfahrens mit einer Leistungsklage geltend zu machen.[6] Hinsichtlich der weiteren Einzelheiten kann im Übrigen auf die Ausführungen zu § 30 Abs. 1 verwiesen werden.

III. Prüfung der Angemessenheit

4 Die Prüfung der **Angemessenheit der Barabfindung** hat zwingend durch einen externen Umwandlungsprüfer zu erfolgen, §§ 208, 30 Abs. 2 S. 1. Dies gilt naturgemäß nicht, wenn ein Barabfindungsangebot aus gesetzlichen Gründen nicht abgegeben werden muss, dh wenn der Formwechselbeschluss zu seiner Wirksamkeit der Zustimmung aller Anteilsinhaber bedarf oder an dem formwechselnden Rechtsträger nur ein Anteilsinhaber beteiligt ist, § 194 Abs. 1 Nr. 6. Eine Prüfung oder die Erstellung eines Prüfungsberichts ist weiterhin nicht erforderlich, wenn die „Berechtigten" auf die Prüfung oder die Erstellung des Prüfungsberichts durch eine notariell beurkundete **Verzichtserklärung** verzichtet haben, §§ 208, 30 Abs. 2 S. 3. „Berechtigte" sind grundsätzlich alle Anteilsinhaber. In der Literatur wird teilweise gefordert, dass nur die ausscheidenden Anteilsinhaber verzichten müssen.[7] Dies mag vom wirtschaftlichen Ergebnis her verständlich sein. Ob ein Anteilsinhaber ausscheidet, muss sich beim Fassen des Formwechselbeschlusses aber noch nicht herausgestellt haben. Für die Annahme des Barabfindungsangebots haben die Anteilsinhaber schließlich bis zu zwei Monate nach der Bekanntmachung nach der Eintragung des Formwechsels Zeit, § 209 S. 1. Der Prüfungsbericht ist auch Entscheidungsgrundlage für das Fassen des Formwechselbeschlusses. Aus diesem Grunde muss der Verzicht von allen Anteilsinhabern eingeholt werden.

5 Der **Prüfer** wird gem. §§ 208, 30 Abs. 2 S. 2, 10 Abs. 1 S. 1 auf Antrag des Vertretungsorgans des formwechselnden Rechtsträgers vom Gericht bestellt. Zuständig ist das Landgericht, in dessen Bezirk der formwechselnde Rechtsträger seinen Sitz hat, §§ 208, 30 Abs. 2 S. 2, 10 Abs. 2 S. 1.

§ 209 Annahme des Angebots

[1]Das Angebot nach § 207 kann nur binnen zwei Monaten nach dem Tage angenommen werden, an dem die Eintragung der neuen Rechtsform oder des Rechtsträgers neuer Rechtsform in das Register bekannt gemacht worden ist. [2]Ist nach § 212 ein Antrag auf Bestimmung der Barabfindung durch das Gericht gestellt worden, so kann das Angebot binnen zwei Monaten nach dem Tage angenommen werden, an dem die Entscheidung im Bundesanzeiger bekanntgemacht worden ist.

1 **1. Normzweck.** § 209 regelt die **Fristen** für die Annahme des Angebots auf bare Abfindung nach § 207 Abs. 1 S. 1 und lehnt sich an die in § 375 Abs. 1 S. 2, S. 3, Abs. 3 S. 2 AktG aF geltenden Regelungen an. Inhaltlich entspricht § 209 weitestgehend der Parallelregelung in § 31.

2 **2. Allgemeines.** Die Vorschrift ist **zweigliedrig** aufgebaut: Unterschieden wird zum einen der **Regelfall** (Satz 1), nach dem das Abfindungsangebot innerhalb von zwei Monaten nach Bekanntmachung der Eintragung des Formwechsels erfolgen muss. Zum anderen der **Sonderfall**

5 Früher: 2 Prozentpunkte über dem jeweiligen Bundesbankdiskontsatz.

6 OLG Düsseldorf AG 2006, 287, 288; Schmitt/Hörtnagl/Stratz/*Stratz*, § 15 Rn 20.

7 Lutter/*Decher/Hoger*, § 208 Rn 22.

(Satz 2), dass ein Anteilsinhaber nach § 212 geltend macht, dass die im Umwandlungsbeschluss festgelegte Barabfindung zu niedrig bemessen ist. Dann hat die Annahme innerhalb von zwei Monaten nach der Bekanntmachung der Entscheidung des Gerichts, das die Angemessenheit der Barabfindung nach § 212 iVm SpruchG bestimmt hat, im elektronischen Bundesanzeiger zu erfolgen. Die beiden Fristen stehen in keinem Konkurrenzverhältnis zueinander, so dass durchaus Fälle denkbar sind, in denen sich die Regelfrist von § 209 S. 1 um die Sonderfrist des § 209 S. 2 verlängert. Denn für die Ingangsetzung der zweiten Frist ist es unerheblich, ob der Austretende selbst oder ein Dritter den Antrag zur gerichtlichen Überprüfung der Angemessenheit nach § 212 S. 1 gestellt hat.[1]

Beide Fristen stellen **materiellrechtliche Ausschlussfristen** dar.[2] Dh nach Verstreichen dieser Fristen erlischt der Anspruch auf bare Abfindung und eine verspätete Annahme geht ins Leere. Nach Ablauf der Frist stehen dem Anteilsinhaber zudem keine weiteren Rechtsbehelfe zur Verfügung.[3] Die Berechnung der Fristen richtet sich nach den §§ 187 Abs. 2 S. 1, 188 Abs. 2 BGB. 3

Die Annahmeerklärung ist eine einseitige, empfangsbedürftige Willenserklärung und darf deshalb nicht von einer **Bedingung** abhängig gemacht werden.[4] Ihre Abgabe erfolgt formfrei.[5] 4

3. Annahmefrist nach § 209 S. 1. Die in § 209 S. 1 normierte Frist sieht den **Regelfall** vor, wonach das Barabfindungsangebot nur innerhalb von zwei Monaten nach dem Tage angenommen werden kann, an dem die Eintragung des Formwechsels iSv § 201 bekannt gemacht wurde. 5

4. Annahmefrist nach § 209 S. 2. Die zweite Annahmefrist des § 209 S. 2 regelt hingegen den **Sonderfall**, dass ein Anteilsinhaber die gerichtliche Überprüfung des Abfindungsangebots nach § 212 beantragt hat. Dann kann das Angebot binnen zwei Monaten nach dem Tage angenommen werden, nach dem die Entscheidung des Gerichts zur Bestimmung der Angemessenheit der Barabfindung im Bundesanzeiger bekannt gegeben worden ist. Aus dem Wortlaut der Norm ergibt sich, dass die zweite Annahmefrist allen Anteilsinhabern zur Verfügung steht – auch denjenigen, die das Abfindungsangebot innerhalb der ersten Frist nicht angenommen haben.[6] 6

§ 210 Ausschluß von Klagen gegen den Umwandlungsbeschluß

Eine Klage gegen die Wirksamkeit des Umwandlungsbeschlusses kann nicht darauf gestützt werden, daß das Angebot nach § 207 zu niedrig bemessen oder daß die Barabfindung im Umwandlungsbeschluß nicht oder nicht ordnungsgemäß angeboten worden ist.

I. Normzweck

Die **Einschränkung der Klagegründe** des § 210 war bereits nach altem Recht für die Umwandlung einer AG in eine GmbH in § 375 Abs. 2 S. 1 AktG aF sowie in § 13 S. 1 UmwG 1969 vorgesehen und entspricht der verschmelzungsrechtlichen Parallelregelung in § 32. § 210 ist die ergänzende Vorschrift zu § 195. Während § 195 Klagen gegen die Wirksamkeit des Formwechsels im Hinblick auf eine zu geringe Beteiligung beim Rechtsträger neuer Rechtsform aus- 1

1 Semler/Stengel/*Kalss*, § 209 Rn 3; Lutter/*Decher/Hoger*, § 209 Rn 4.
2 Kallmeyer/*Meister/Klöcker*, § 209 Rn 12; Lutter/*Decher/Hoger*, § 209 Rn 2, 4.
3 Kallmeyer/*Meister/Klöcker*, § 209 Rn 12; Lutter/*Decher/Hoger*, § 209 Rn 2.
4 Semler/Stengel/*Kalss*, § 209 Rn 5; Kallmeyer/*Meister/Klöcker*, § 209 Rn 2.
5 Kallmeyer/*Meister/Klöcker*, § 209 Rn 4; Lutter/*Decher/Hoger*, § 209 Rn 5.
6 Kallmeyer/*Meister/Klöcker*, § 209 Rn 10.

schließt, schließt § 210 das Klagerecht in Bezug auf die Höhe der Barabfindung aus. Der Gesetzgeber hat daher auch hier den Wortlaut der Vorschrift bewusst ebenso weit gefasst, weshalb die Regelung nicht nur die Anfechtungsklage betrifft, sondern sämtliche Klagetypen, mit denen die Nichtigkeit, Unwirksamkeit und Anfechtbarkeit des Umwandlungsbeschlusses geltend gemacht werden kann.[1]

II. Einschränkung der Klagegründe

2 Eine Klage gegen die Wirksamkeit des Formwechselbeschlusses kann nach § 210 **nicht** darauf gestützt werden, dass das Barabfindungsangebot zu niedrig bemessen oder dass die Barabfindung im Umwandlungsbeschluss nicht oder nicht ordnungsgemäß angeboten worden ist.

3 **1. Zu niedrig bemessenes Abfindungsangebot.** Von der Klageeinschränkung des § 210 werden zunächst solche Klagen erfasst, mit denen die Anteilsinhaber die mangelnde **Höhe der Barabfindung** geltend machen. Darunter fallen sämtliche Klagen, mit denen gerügt wird, dass die Abfindung zu niedrig oder aber auch zu hoch bemessen ist.[2] Als Ausgleich für den Verlust des Klagerechts steht dem Einzelnen die Möglichkeit offen, die Angemessenheit der Beteiligung nach § 212 S. 1 in einem Spruchverfahren nach dem SpruchG überprüfen zu lassen.[3]

4 **2. Fehlendes Abfindungsangebot.** Das Angebot auf bare Abfindung gehört nach § 194 Abs. 1 Nr. 6 zum zwingenden Mindestinhalt des Umwandlungsbeschlusses (soweit die dort genannten Ausschlusskriterien nicht vorliegen). Nach § 210 können die Anteilsinhaber jedoch nicht auf dem ordentlichen Rechtsweg mit einer Wirksamkeitsklage das **Fehlen des Abfindungsangebotes** rügen. Die Anteilsinhaber können dann nach § 212 S. 2 iVm dem SpruchG nur die Festsetzung einer angemessenen Barabfindung in einem Spruchverfahren beantragen.

5 **3. Mangelhaftes Abfindungsangebot.** Schließlich sieht § 210 ein Ausschluss des Klagerechts für solche Klagen vor, mit denen die Anteilsinhaber die Mangelhaftigkeit des Abfindungsangebotes rügen. Hierunter fallen zunächst sämtliche **inhaltliche Mängel**, wie etwa bei einer unklaren, widersprüchlichen oder unvollständigen Formulierung.[4] Mangelhaft ist das Abfindungsangebot zudem auch dann, wenn die zugunsten der Anteilsinhaber angeordneten Informations- bzw Mitteilungspflichten der Gesellschaft im Zusammenhang mit dem Barabfindungsangebot verletzt wurden.[5] Bei Informationsrechtsverstößen solcher Art ist die Barabfindung im Umwandlungsbeschluss dann sowohl im Wort- als auch im Rechtssinne „nicht ordnungsgemäß angeboten" worden.[6] Die Mangelhaftigkeit ist dann nach § 212 S. 2 auch in einem Verfahren vor den Spruchgerichten geltend zu machen.

6 **4. Erstreckung auf sonstige Klagen.** § 210 erstreckt sich auch auf die **allgemeine Feststellungsklage** nach § 256 Abs. 1 ZPO, entgegen der hM auch dann, wenn es sich um eine Feststellungsklage eines Dritten (zB eines Gläubigers) handelt. Nicht erfasst sind aber Unterlassungsklagen und einstweilige Verfügungen. Vgl hierzu im Einzelnen bereits die Erläuterungen zu der Parallelvorschrift des § 195 Rn 2 ff.

§ 211 Anderweitige Veräußerung

Einer anderweitigen Veräußerung des Anteils durch den Anteilsinhaber stehen nach Fassung des Umwandlungsbeschlusses bis zum Ablauf der in § 209 bestimmten Frist Verfügungsbeschränkungen nicht entgegen.

1 Begr. RegE zu § 210, BR-Drucks. 75/94, 147; vgl bereits die Erläuterungen zu § 195 Rn 2 ff.
2 Kallmeyer/*Meister/Klöcker*, § 210 Rn 10; Semler/Stengel/*Bärwaldt*, § 210 Rn 5; aA Lutter/*Decher/Hoger*, § 210 Rn 5; Widmann/Mayer/*Wälzholz*, § 210 Rn 14.
3 Begr. RegE zu § 195, BR-Drucks. 75/94, 140.
4 BGH NJW 2001, 1425, 1426; Semler/Stengel/*Bärwaldt*, § 210 Rn 5.
5 BGH NJW 2001, 1425, 1426; Semler/Stengel/*Bärwaldt*, § 210 Rn 5.
6 BGH NJW 2001, 1425, 1426.

I. Normzweck

Wie die parallele verschmelzungsrechtliche Regelung in § 33, erleichtert § 211 das **Veräußerungsrecht der Anteilsinhaber** im Zeitraum zwischen der Fassung des Umwandlungsbeschlusses und dem Ablauf der in § 209 bestimmten Fristen. § 211 dient dem Minderheitenschutz, indem er dem mit dem Formwechsel nicht einverstandenen Anteilsinhaber die Bandbreite seiner möglichen Reaktionen erweitert. Abseits der Regelung des § 211 kann ein solcher Anteilsinhaber seine Beteiligung an den formwechselnden Rechtsträger gegen Entgelt (die Barabfindung nach § 207 Abs. 1) veräußern, dessen Höhe er gerichtlich überprüfen lassen kann, § 212. § 211 gewährt dem Anteilsinhaber nun, seine Beteiligung auch an einen Dritten zu veräußern, ohne hierbei – und dies ist der entscheidende Unterschied zu seinem generellen Veräußerungsrecht – durch etwaige gesetzliche und/oder gesellschaftsvertragliche bzw satzungsrechtliche Verfügungsbeschränkungen eingeschränkt zu sein. 1

II. Inhalt

Nach § 211 stehen einer anderweitigen Veräußerung der Anteile durch den Anteilsinhaber im Zeitraum nach Fassung des Umwandlungsbeschlusses bis zum Ablauf der in § 209 bestimmten Fristen etwaige **Verfügungsbeschränkungen** nicht entgegen. Die Vorschrift findet dann Anwendung, wenn nach § 207 ein Abfindungsangebot erstattet wurde oder hätte erstattet werden müssen und eine Anteilsveräußerung an Dritte erfolgte, obwohl eine Veräußerungsbeschränkung der Verfügung über den Anteil entgegenstand. Wenngleich die Vorschrift hierzu schweigt, muss der verfügende Anteilsinhaber daneben auch gegen den Umwandlungsbeschluss zur Niederschrift widersprochen haben (§ 207 Abs. 1 S. 1 Hs 1).[1] 2

1. Erstattung eines Abfindungsangebotes. Die **Veräußerungserleichterung** des § 211 greift nur dann, wenn die Erstattung eines Abfindungsangebots nicht rechtsformbedingt oder nach § 194 Abs. 1 Nr. 6 Hs 2 entbehrlich war oder darauf nicht formwirksam verzichtet wurde. Voraussetzung ist damit, dass Anteile oder Mitgliedschaften gegen eine angemessene Barabfindung durch den formwechselnden Rechtsträger angeboten worden sind bzw hätten angeboten werden müssen. 3

2. Veräußerung der Beteiligung. Weiterhin muss die **Beteiligung veräußert** worden sein. Hierunter fällt jede Form der Anteilsveräußerung einer Beteiligung. Der Begriff der „Veräußerung" ist ungenau. Gemeint ist hier ausschließlich das dingliche Geschäft und damit die Verfügung selbst, da diese von der Verfügungsbeschränkung betroffen ist.[2] Welches schuldrechtliche Verpflichtungsgeschäft der Verfügung zugrunde liegt (zB Kauf, Tausch oder Schenkung), ist irrelevant.[3] 4

3. Veräußerungsbeschränkung. Während des in § 211 bestimmten Zeitraums ordnet § 211 an, dass Verfügungsbeschränkungen für die Veräußerung von Anteilen unbeachtlich sind. Aus dem Wort „Verfügung" geht hervor, dass § 211 auf nur dinglich wirkende Beschränkungen der Übertragung der Anteile abzielt.[4] Unbeachtlich sind sämtliche Arten von Verfügungsbeschränkungen – **gesetzliche und gesellschaftsvertragliche bzw satzungsrechtliche Verfügungsbeschränkungen.**[5] Nicht verwechselt werden dürfen hierbei gesetzliche Verfügungsbeschränkungen mit den Erwerbsbeschränkungen für AGs/KGaAs nach §§ 71 ff AktG bzw GmbHs nach § 33 5

1 Semler/Stengel/*Kalss*, § 211 Rn 9.
2 Semler/Stengel/*Kalss*, § 211 Rn 5; Widmann/Mayer/*Wälzholz*, § 211 Rn 22.
3 Ausdrücklich nur Semler/Stengel/*Kalss*, § 211 Rn 5.
4 Lutter/*Decher/Hoger*, § 211 Rn 6; Semler/Stengel/*Kalss*, § 211 Rn 5.
5 Lutter/*Decher/Hoger*, § 211 Rn 5.

GmbH. Hierbei handelt es sich um die Beschränkungen des Erwerbs, nicht der Verfügung an sich. Eine gesetzliche Verfügungsbeschränkung wäre beispielsweise § 68 Abs. 2 AktG, soweit eine entsprechende Satzungsregelung existiert.

6 Erfasst sind sowohl Verfügungsbeschränkungen beim formwechselnden Rechtsträger als auch solche, die erst beim Rechtsträger neuer Rechtsform vorliegen.[6] Dies ergibt sich auch daraus, dass der in § 211 iVm § 209 bestimmte Zeitraum ohne Verfügungsbeschränkungen vor dem Wirksamwerden des Formwechsels beginnt (Fassen des Formwechselbeschlusses) und nach dem Wirksamwerden des Formwechsels endet (zwei Monate nach Bekanntmachung des Formwechsels bzw zwei Monate nach Bekanntmachung der gerichtlichen Entscheidung über die Höhe der Barabfindung im Spruchverfahren).

Hinweis: In Gesellschaftervereinbarungen finden sich häufig bestimmte Mitverkaufsrechte und -pflichten von einzelnen Gesellschaftern, wenn insbesondere der Mehrheitsgesellschafter seine Beteiligung veräußert (sog. „Tag-along Rights" und „Drag-along Rights"). Solche rein schuldrechtlichen Vereinbarungen werden von § 211 nicht ausgehebelt und sind weiter zu beachten. Gleiches gilt für nur schuldrechtlich vereinbarte Verfügungsbeschränkungen.

7 **4. Einschlägiger Zeitraum.** Darüber hinaus muss die Anteilsveräußerung innerhalb der von § 211 bestimmten **Frist** nach Fassung des Umwandlungsbeschlusses bis zum Ablauf einer der zwei in § 209 festgelegten Fristen erfolgen, wenn sie ohne Einhaltung der betreffenden Verfügungsbeschränkungen erfolgen soll. Eine Verfügung über die Beteiligung, die noch vor der Beschlussfassung erfolgt, fällt daher nicht unter § 211.[7] Dh alle Verfügungen vor Fassen des Formwechselbeschlusses unterliegen noch den gesetzlichen sowie gesellschaftsvertraglichen bzw satzungsrechtlichen Verfügungsbeschränkungen (wie zB eine Zustimmung der Gesellschaft oder der Gesellschafterversammlung). Eine Ausnahme hiervon ist jedoch für den Fall denkbar, dass die Verfügung aufschiebend bedingt auf den Zeitpunkt der Beschlussfassung erfolgte.[8]

8 **5. Widerspruch iSv § 207 Abs. 1 S. 1 Hs 1.** Zuletzt muss der betroffene Anteilsinhaber auch dem Umwandlungsbeschluss iSv § 207 Abs. 1 S. 1 Hs 1 **widersprochen** haben. Dieses Erfordernis findet zwar im Wortlaut des § 211 keinen Anklang. Es ergibt sich jedoch aus der systematischen Stellung von § 211 im Regelungsgefüge der §§ 207–212.[9] Dem Widerspruch steht es daher gleich, wenn ein nicht erschienener Anteilsinhaber zu der Versammlung der Anteilsinhaber zu Unrecht nicht zugelassen worden ist oder die Versammlung nicht ordnungsgemäß einberufen oder der Gegenstand der Beschlussfassung nicht ordnungsgemäß bekanntgemacht worden ist, §§ 207 Abs. 2, 29 Abs. 2.

9 **6. Keine Abdingbarkeit.** § 211 ist als **zwingende Vorschrift** nicht abdingbar.[10]

§ 212 Gerichtliche Nachprüfung der Abfindung

[1]Macht ein Anteilsinhaber geltend, daß eine im Umwandlungsbeschluß bestimmte Barabfindung, die ihm nach § 207 Abs. 1 anzubieten war, zu niedrig bemessen sei, so hat auf seinen Antrag das Gericht nach den Vorschriften des Spruchverfahrensgesetzes die angemessene Barabfindung zu bestimmen. [2]Das gleiche gilt, wenn die Barabfindung nicht oder nicht ordnungsgemäß angeboten worden ist.

6 Lutter/*Decher/Hoger*, § 211 Rn 4.
7 Widmann/Mayer/*Wälzholz*, § 211 Rn 25.
8 Widmann/Mayer/*Wälzholz*, § 211 Rn 25.
9 Semler/Stengel/*Kalss*, § 211 Rn 9; Kallmeyer/*Meister/Klöcker*, § 211 Rn 9; Lutter/*Decher/Hoger*, § 211 Rn 3.
10 Kallmeyer/*Meister/Klöcker*, § 211 Rn 5; Lutter/*Decher/Hoger*, § 211 Rn 9.

I. Normzweck

1 § 212 ist die logische Konsequenz aus § 210, der die Klage gegen die Wirksamkeit eines Formwechselbeschlusses wegen der Höhe der Barabfindung nach § 207 ausschließt. § 212 ordnet die **gerichtliche Bestimmung der angemessenen Barabfindung** in einem Spruchverfahren an, die der formwechselnde Rechtsträger gem. § 207 angeboten hat. § 212 ist insoweit die Parallelvorschrift zu § 196, der zur Bestimmung der angemessenen Zuzahlung, falls der Gegenwert der neuen Anteile am Rechtsträger neuer Rechtform zu niedrig bemessen worden sein sollte, ebenso ins Spruchverfahren verweist. Das rechtsformübergreifend für alle Arten der Umwandlung geltende Verfahren entspricht der verschmelzungsrechtlichen Parallelregelung in § 34 und geht auf die bereits bestehenden Regelungen der §§ 375 Abs. 2 S. 2, S. 3, 388 AktG aF und §§ 13, 19 Abs. 3, 20 S. 1, 22 Abs. 2, 23 S. 1, 24 Abs. 1 S. 1 UmwG 1969 zurück.[1]

II. Inhalt

2 In Gleichlauf zu § 34 greift die Vorschrift lediglich dann, wenn Anteile oder Mitgliedschaften gegen eine angemessene Barabfindung durch den formwechselnden Rechtsträger angeboten worden sind bzw hätten angeboten werden müssen.[2] Ein antragsberechtigter Anteilsinhaber kann dann binnen einer dreimonatigen Frist (§§ 4 Abs. 1 S. 1 Nr. 4 iVm 1 Nr. 4 SpruchG) ab dem Tage, an dem die Eintragung des Formwechsels bekannt gegeben worden ist (§ 201), auf Antrag bei Gericht die **Festlegung einer angemessenen Barabfindung** iSv § 207 Abs. 1 S. 1 Hs 1 erwirken.

3 Die Antragstellung ist nur dann wirksam, wenn der betreffende Anteilsinhaber gegen den Formwechselbeschluss **Widerspruch zur Niederschrift** gemäß § 207 Abs. 1 S. 1 erklärt hat oder gem. § 29 Abs. 2 iVm § 207 Abs. 2 entsprechend gleich behandelt wird. Umstritten ist, ob dies auch erfordert, gegen den Formwechselbeschluss zu stimmen. Die wohl hM in der Literatur befürwortet dies.[3] Überzeugend erscheint jedoch im Ergebnis, keine solche Pflicht zur Abgabe einer ablehnenden Stimme anzunehmen.[4] Es sind durchaus Konstellationen denkbar, in denen der Anteilsinhaber dem Formwechsel zwar nicht im Weg und daher zustimmen will, er aber im Zuge des Formwechsel aus der Gesellschaft ausscheiden will und lediglich mit der Höhe der Barabfindung unzufrieden ist. Wäre er gezwungen, gegen den Formwechsel zu stimmen, so könnte dies aufgrund der Mehrheitserfordernisse und den Stimmrechtsverhältnissen im Einzelfall ggf den Formwechsel insgesamt verhindern. Auch ergibt sich aus dem Wortlaut von § 207 keine solche Pflicht.

4 Hat der Anteilsinhaber das Barabfindungsangebot **bereits angenommen**, so ist seine Antragsberechtigung endgültig erloschen.[5] Umstritten ist, ob die Zustimmung zu einem Formwechsel ebenso zu einem Erlöschen der Antragsberechtigung führt.[6]

§ 213 Unbekannte Aktionäre

Auf unbekannte Aktionäre ist § 35 entsprechend anzuwenden.

1 **1. Normzweck.** § 213 trifft mit einem umfassenden Verweis auf § 35 eine **Sonderregelung** für die Fälle, in denen die Aktionäre des formwechselnden Rechtsträgers unbekannt sind und deshalb nicht benannt werden können. Dann genügt nach §§ 213, 35 S. 1 Hs 1 die Angabe des insgesamt auf sie entfallenden Teils des Grundkapitals der Gesellschaft und der auf sie nach

1 Begr. RegE zu § 190, BR-Drucks. 75/94, 147.
2 S. § 207 Rn 8 f.
3 Kallmeyer/*Meister/Klöcker*, § 212 Rn 2; Widmann/Mayer/*Wälzholz*, § 211 Rn 11; Semler/Stengel/*Kalss*, § 212 Rn 7.
4 So wohl auch Lutter/*Decher/Hoger*, § 207 Rn 8 f.
5 OLG Düsseldorf ZIP 2001, 158; Semler/Stengel/*Kalss*, § 212 Rn 9.
6 S. § 207 Rn 7.

dem Formwechsel entfallenden Anteile. Die verschmelzungsrechtliche Regelung des § 35 geht ihrerseits auf § 33 Abs. 2 S. 3 KapErhG zurück.[1]

2 **2. Tatbestandsvoraussetzung.** §§ 213, 35 greift dann, wenn die Aktionäre einer formwechselnden **AG** aufgrund gesetzlicher Regelungen im Formwechselbeschluss, bei der Anmeldung des Formwechsels zum Register und ggf bei der Eintragung in eine Liste von Anteilsinhabern für den Rechtsträger neuer Rechtform benannt werden müssen, sie dem formwechselnden Rechtsträger jedoch unbekannt sind. § 213 spricht zwar nur von „Aktionären" des formwechselnden Rechtsträgers. Erfasst sind aber auch Kommanditaktionäre einer **KGaA.**[2] Ob die Anteilsinhaber zu benennen sind, ergibt sich aus den rechtsformspezifischen Vorschriften der Zielgesellschaft:

▶ **Checkliste:**

- Beim Formwechsel in eine GmbH nach den Vorschriften zur Anmeldung sowie die Erstellung der Gesellschafterliste, § 197 iVm §§ 8 Abs. 1 Nr. 3, 40 GmbHG,
- beim Formwechsel in eine KG nach § 234 Nr. 2 und nach den Vorschriften zur Anmeldung, § 197 iVm §§ 106 Abs. 2 Nr. 1, 162 Abs. 1 HGB,
- beim Formwechsel in eine Personenhandelsgesellschaft nach den Vorschriften zur Anmeldung, § 197 iVm §§ 106 Abs. 2 Nr. 1, 162 Abs. 1 HGB,
- beim Formwechsel in eine eG nach § 253 Abs. 2 S. 1 und aus der Pflicht zur Führung einer Mitgliederliste nach § 197 iVm § 30 GenG. ◀

3 **3. Rechtsfolgen.** Bleiben der formwechselnden AG bzw KGaA die namentlich zu bezeichnenden (Kommandit-)Aktionäre unbekannt, genügt nach §§ 213, 35 S. 1 Hs 1 die Angabe des insgesamt auf sie entfallenden Teils des Grundkapitals der Gesellschaft und der auf sie nach dem Formwechsel entfallenden Anteile. Diese **Ausnahme** gilt jedoch nur für die Fälle, in denen die Beteiligung maximal 5 % des Grundkapitals des formwechselnden Rechtsträgers ausmacht, §§ 213, 35 S. 1 Hs 2. Nach §§ 213, 35 S. 2 sind die Register oder Listen nach späterem Bekanntwerden der Aktionäre von Amts wegen zu berichtigen. Bis zu diesem Zeitpunkt ruht das Stimmrecht der betroffenen Anteile, §§ 213, 35 S. 3.

Zweiter Teil
Besondere Vorschriften

Erster Abschnitt Formwechsel von Personengesellschaften

Erster Unterabschnitt
Formwechsel von Personenhandelsgesellschaften

Literatur:

Bayer, 1000 Tage neues Umwandlungsrecht – eine Zwischenbilanz, ZIP 1997, 1613; *Bärwaldt/Schabacker*, Das Ausscheiden des Kommanditisten ohne Nachhaftung, NJW 1998, 1909; *Bärwaldt/Schabacker*, Der Formwechsel als modifizierte Neugründung, ZIP 1998, 1293; *Bärwaldt/Schabacker*, Der vorsorgliche Formwechsel in eine OHG beim Formwechsel einer Kapitalgesellschaft in eine GbR, NJW 1999, 623; *Binnewies,* Formelle und materielle Voraussetzungen von Umwandlungsbeschlüssen – Beschlossen ist beschlossen?, GmbHR 1997, 727; *Blasche*, Individualisierung sowie Über- und Unterschreitung des Unternehmensgegenstandes, DB 2011, 517; *Bork*, Mitgliedschaftsrechte unbekannter Aktionäre während des Zusammenlegungsverfahrens nach § 226 AktG, Festschrift für Carsten Peter Claussen, 1997, S. 49; *Bormann*, Die Kapitalaufbringung nach dem Regierungsentwurf des MoMiG, GmbHR 2007, 897; *Busch*, Die Deckung des Grundkapitals bei Form-

1 Begr. RegE zu § 35, BR-Drucks. 75/94, 35.

2 Vgl die Begr. RegE zu § 213, BR-Drucks. 75/94, 147: „unbekannte Aktionäre einer formwechselnden AG oder KGaA".

wechsel einer GmbH in eine Aktiengesellschaft, AG 1995, 555; *Carlé/Bauschatz*, Der Ausgleichsposten nach § 220 Abs. 1 UmwG im Umwandlungs- und Umwandlungssteuerrecht, GmbHR 2001, 1149; *Dirksen/Möhrle*, Die kapitalistische Kommanditgesellschaft auf Aktien, ZIP 1998, 1377; *Ebenroth/Müller*, Die Abfindungsklausel im Recht der Personengesellschaft und der GmbH – Grenzen privatautonomer Gestaltung, BB 1993, 1153; *Fischer*, Formwechsel zwischen GmbH und GmbH & Co. KG, BB 1995, 2173; *Halm*, Notwendigkeit der Bildung des mitbestimmten Aufsichtsrats bei der GmbH vor Eintragung in das Handelsregister?, BB 2000, 1849 ff; *Happ*, Immer Ärger mit den Fristen – Zu einigen Fristenfragen des Umwandlungsgesetzes in: Grunewald/Westermann (Hrsg.), Festschrift für Georg Maier-Reimer, 2010, S. 173; *Heckschen*, Die Entwicklung des Umwandlungsrechts aus Sicht der Rechtsprechung und Praxis, DB 1998, 1385; *Heckschen*, Die Reform des Umwandlungsrechts, DNotZ 2007, 444 ff; *Heinemann*, Die Unternehmergesellschaft als Zielgesellschaft von Formwechsel, Verschmelzung und Spaltung nach dem Umwandlungsgesetz, NZG 2008, 820; *Hergeth/Mingau*, Mitbestimmung und Aufsichtsratsbesetzung bei Umwandlung einer Personengesellschaft in eine Aktiengesellschaft, DStR 1999, 1948; *Joost*, Arbeitsrechtliche Angaben im Umwandlungsvertrag, ZIP 1995, 976; *Kallmeyer*, Der Ein- und Austritt der Komplementär-GmbH einer GmbH & Co. KG bei Verschmelzung, Spaltung und Formwechsel nach dem UmwG 1995, GmbHR 1996, 80; *Kallmeyer*, Der Formwechsel der GmbH oder GmbH & Co. in die AG oder KGaA zur Vorbereitung des Going public, GmbHR 1995, 888; *Kiem*, Die Stellung der Vorzugsaktionäre bei Umwandlungsmaßnahmen, ZIP 1997, 1627; *Kögel*, Firmenrechtliche Besonderheiten des neuen Umwandlungsrechts, GmbHR 1996, 168; *Meister*, Die Auswirkungen des MoMiG auf das Umwandlungsrecht, NZG 2008, 767; *Melchior*, Vollmachten bei Umwandlungsvorgängen – Vertretungshindernisse und Interessenkollisionen, GmbHR 1999, 520; *Merkt*, Unternehmensleistung und Interessenkollision, ZHR 159, 423; *Mertens*, Die formwechselnde Umwandlung einer GmbH in eine Aktiengesellschaft mit Kapitalerhöhung und die Gründungsvorschriften, AG 1995, 561; *Meyer-Landrut/Kiem*, Der Formwechsel einer Publikumsaktiengesellschaft – Erste Erfahrungen aus der Praxis, WM 1997, 1361; *Piltz*, Rechtspraktische Überlegungen zu Abfindungsklauseln in Gesellschaftsverträgen, BB 1994, 1021; *Priester*, Das neue Umwandlungsrecht aus notarieller Sicht, DNotZ 1995, 427; *Priester*, Kapitalgrundlage beim Formwechsel – Zwang zur Buchwertfortführung?, DB 1995, 911; *Priester*, Personengesellschaften im Umwandlungsrecht – Praxisrelevante Fragen und offene Posten, DStR 2005, 788; *Reichert*, Folgen der Anteilsvinkulierung für Umstrukturierungen von Gesellschaften mit beschränkter Haftung und Aktiengesellschaften nach dem Umwandlungsgesetz 1995, GmbHR 1995, 176. *Richard/Weinheimer*, Der Weg zurück: Going Private, BB 1999, 1613; *Schlitt/Beck*, Spezielle Probleme bei stillen Beteiligungen im Vorfeld eines Börsengangs, NZG 2001, 688; *Schmidt, H.*, Mehrheitsklauseln für Umwandlungsbeschlüsse in Gesellschaftsverträgen von Personenhandelsgesellschaften nach neuem Umwandlungsrecht in: Pfeiffer, Gerd et al. (Hrsg.), Festschrift für Hans Erich Brandner, 1996, S. 133; *Schmidt, J.*, Die Änderung der umwandlungsrechtlichen Informationspflichten durch das ARUG, NZG 2008, 734; *Schmidt, K.*, Die freiberufliche Partnerschaft, NJW 1995, 1; *Schmidt, K.*, Die Umwandlung einer GmbH in eine AG zu Kapitaländerungszwecken – Kontinuitätsprobleme bei der formwechselnden Umwandlung, AG 1985, 150; *Schmidt, K.*, Formwechsel zwischen GmbH und GmbH & Co. KG – Zur Gesellschafteridentität bei der Beteiligung einer Personengesellschaft am Formwechsel, GmbHR 1995, 693; *Schmidt, K.*, Umwandlung von Vorgesellschaften? §§ 41 AktG, 11 GmbHG und umwandlungsrechtlicher numerus clausus in: Lieb, Manfred et al. (Hrsg.), Festschrift für Wolfgang Zöllner, 1998, S. 521; *Schmidt, K.*, Volleinzahlungsgebot beim Formwechsel in die AG oder GmbH? – Zugleich zum Verständnis des Formwechsels nach altem und neuem Umwandlungsrecht, ZIP 1995, 1385; *Streck/Mack/Schwedhelm*, Verschmelzung und Formwechsel nach dem neuen Umwandlungsgesetz, GmbHR 1995, 161; *Tettinger*, Der hilfsweise Umwandlungsbeschluss als Gestaltungsoption – Konserviert die beabsichtigte Streichung des § 228 As. 2 UmwG ein Missverständnis?, Der Konzern 2006, 844; *Tettinger*, UG (umwandlungsbeschränkt)? – Die Unternehmergesellschaft nach dem MoMiG-Entwurf und das UmwG, Der Konzern 2008, 75; *Timmermans*, Kapitalaufbringung und Kapitalfestsetzung bei dem Formwechsel einer Personenhandelsgesellschaft in eine Kapitalgesellschaft, DB 1999, 948; *Vetter*, Verpflichtung zur Schaffung von 1 Euro-Aktien?, AG 2000, 193; *Wälzholz*, Aktuelle Probleme der Unterbilanz- und Differenzhaftung bei Umwandlungsvorgängen, AG 2006, 469; *Wertenbruch*, Partnerschaftsgesellschaft und neues Umwandlungsrecht, ZIP 1995, 712; *Wiedemann*, Identität beim Formwechsel, ZGR 1999, 568; *Wolf*, Die Haftung des Kommanditisten beim Formwechsel in die GmbH, ZIP 1996, 1200.

§ 214 Möglichkeit des Formwechsels

(1) Eine Personenhandelsgesellschaft kann auf Grund eines Umwandlungsbeschlusses nach diesem Gesetz nur die Rechtsform einer Kapitalgesellschaft oder einer eingetragenen Genossenschaft erlangen.

(2) Eine aufgelöste Personenhandelsgesellschaft kann die Rechtsform nicht wechseln, wenn die Gesellschafter nach § 145 des Handelsgesetzbuchs eine andere Art der Auseinandersetzung als die Abwicklung oder als den Formwechsel vereinbart haben.

I. Normzweck

1 Mit § 214 eröffnet der Gesetzgeber den Zweiten und Besonderen Teil der Vorschriften über den Formwechsel von Rechtsträgern. Der Regelungskonzeption liegt dabei eine kategorische Unterscheidung von Personenhandelsgesellschaften und Kapitalgesellschaften als Ausgangsrechtsträger zugrunde. Während die §§ 214-225 c den Formwechsel von **Personenhandelsgesellschaften** zum Gegenstand haben, behandeln die §§ 226-250 den Formwechsel von Kapitalgesellschaften.

2 § 214 stellt als Norm des Besonderen Teils eine **spezielle Vorschrift** für den Formwechsel einer Personenhandelsgesellschaft in eine Kapitalgesellschaft oder eG dar. Die Norm genießt nach allgemeinen Grundsätzen Vorrang vor dem Allgemeinen Teil und konkretisiert § 190 und § 191.[1] Sie gliedert sich in zwei Absätze, die jeweils unterschiedliche Stadien der Gesellschaft betreffen. Abs. 1 behandelt allein den Formwechsel einer bestehenden, Abs. 2 hingegen befasst sich mit der bereits aufgelösten Personenhandelsgesellschaft.

3 Bereits nach altem Recht war die Umwandlung einer Personenhandelsgesellschaft in eine AG, KGaA oder GmbH zulässig.[2] Der Normgehalt des Abs. 1 hat sich diesbezüglich nicht geändert. Wesentlich neu hingegen ist, dass die **Identität** des Rechtsträgers auch bei einem Formwechsel einer Personenhandelsgesellschaft erhalten bleibt.[3] Eine Vermögensübertragung ist daher ausgeschlossen.[4] Der Formwechsel einer aufgelösten Personenhandelsgesellschaft (Abs. 2) konnte nach altem Recht nur vollzogen werden, wenn eine Liquidation stattfand.[5] Dies wird vom Gesetz nicht aufrechterhalten. Der Gesetzgeber hielt das Festhalten an dieser Vorschrift für entbehrlich, da die Gläubiger des Ausgangsrechtsträgers durch die Haftung des Rechtsträgers neuer Rechtsform und die Nachhaftung der Gesellschafter des Ausgangsrechtsträgers für Verbindlichkeiten, die vor Ablauf von fünf Jahren fällig sind (vgl § 224), hinreichend geschützt sind.[6]

1 Begr. RegE zu § 214, BR-Drucks. 75/94, 147 f erwähnt nur § 190; Begr. RegE zu § 226, BR-Drucks. 75/94, 152 nennt hingegen auch explizit § 191 als konkretisierte Norm.
2 §§ 40 ff UmwG 1969; §§ 46 ff UmwG 1969.
3 Zur Kritik an dem Konzept einer umfassenden Erhaltung der Gesellschaftsidentität vgl *Bärwaldt/Schabacker*, ZIP 1998, 1293, 1297.
4 Vgl *K. Schmidt*, GesR, § 12 IV. 2; *Wiedemann*, ZGR 1999, 568, 579 f.
5 Vgl §§ 40 Abs. 2, 46 S. 2 UmwG 1969.
6 Begr. RegE zu § 214, BR-Drucks. 75/94, 147 f.

II. Formwechsel bestehender Personenhandelsgesellschaften (Abs. 1)

1. Ausgangsrechtsträger. Ausgangsrechtsträger eines Formwechsels nach § 214 Abs. 1 ist eine **Personenhandelsgesellschaft.** Der Begriff wird durch § 191 Abs. 1 Nr. 1 iVm § 3 Abs. 1 Nr. 1 legaldefiniert. Demnach sind dies allein die OHG und die KG. Nach einhelliger Auffassung kommt es auf die Rechtspersönlichkeit der Gesellschafter für einen Formwechsel nicht an.[7] Diese können also natürliche oder juristische Personen sein.[8] Auch Kapitalgesellschaften & Co. KG (etwa die praktisch häufig umzuwandelnde GmbH & Co. KG oder die AG & Co. KG) kommen folglich als Personenhandelsgesellschaft in Betracht.[9] 4

Die Legaldefinition des § 191 Abs. 1 Nr. 1 iVm § 3 Abs. 1 Nr. 1 umfasst nicht die GbR. Diese kann **nicht Ausgangsrechtsträger eines Formwechsels** nach den §§ 191 ff UmwG sein. Der Gesetzgeber hat ein Bedürfnis für eine Einbeziehung der GbR nicht sehen können.[10] Auch eine analoge Anwendung kommt aufgrund des in § 1 Abs. 2 verankerten Grundsatzes des *numerus clausus* der Umwandlungsmöglichkeiten und des hieraus abzuleitenden Analogieverbots nicht in Betracht.[11] 5

Unberührt hiervon bleibt jedoch die Möglichkeit einer Umwandlung **außerhalb des UmwG,** etwa durch Eintragung der GbR in das Handelsregister nach § 105 Abs. 2 HGB.[12] Auf diesem Umwege können die Gesellschafter die Voraussetzungen des Vorliegens einer Personenhandelsgesellschaft iSd UmwG (hier der OHG) auch selbst schaffen, um in die Vorzüge des UmwG zu kommen.[13] Die praktische Relevanz dieser Möglichkeit liegt nicht zuletzt im Sinn und Zweck des UmwG, der Vereinfachung.[14] Die Gesellschafter vermeiden aufwändigere Liquidations- und Neugründungsvorgänge zugunsten der rechtspraktisch einfacheren direkten Umwandlung der Gesellschaft in die Zielgesellschaft.[15] 6

Hinweis: Eine in der Praxis häufig vorzufindende Form der Umwandlung außerhalb des UmwG ist die Einbringung der Anteile an einer GbR in eine GmbH oder AG im Wege einer Sachgründung oder Sachkapitalerhöhung.[16]

a) **PartG.** Auch die Partnerschaftsgesellschaft ist nicht Personenhandelsgesellschaft iSd § 214.[17] Für die Umwandlung einer Partnerschaftsgesellschaft hält das UmwG aber in den §§ 225 a ff **gesonderte Regelungen** bereit. 7

b) **EWIV.** Die EWIV ist nicht in den Kreis der in § 191 Abs. 1 Nr. 1 iVm § 3 Abs. 1 Nr. 1 aufgeführten Personenhandelsgesellschaften integriert. Den Gesetzesmaterialien zum UmwG ist ein Hinweis hinsichtlich der Umwandlungsfähigkeit der EWIV nicht zu entnehmen. Auf die EWIV sind aber gem. § 1 EWIVAG neben den Normen des EWIVAG ergänzend die §§ 105 ff HGB **entsprechend anwendbar.** Die EWIV ist damit als besondere Form der OHG ausgestaltet.[18] Sie gilt deshalb als Handelsgesellschaft und kann nach hM somit tauglicher Rechtsträger für einen Formwechsel nach § 214 sein.[19] 8

c) **Sonstige Personenvereinigungen.** Die **stille Gesellschaft** ist keine Personenhandelsgesellschaften iSd § 124 Abs. 1.[20] Auch auf sonstige Gesamthandsgemeinschaften, etwa die eheliche Gütergemeinschaft oder die Erbengemeinschaft, findet § 214 keine Anwendung.[21] 9

7 Lutter/*Joost*, § 214 Rn 2.
8 Semler/Stengel/*Schlitt*, § 214 Rn 11, Kallmeyer/*Dirksen/Blasche*, § 214 Rn 3.
9 *Priester*, DStR 2005, 788, 793, *K. Schmidt*, GesR, § 13 II 3. e); Lutter/*Joost*, Umwandlungsrechtstage, S. 245, 246.
10 Begr. RegE zu § 214, BR-Drucks. 75/94, 147 f.
11 Lutter/*Joost*, § 214 Rn 3.
12 Begr. RegE zu § 214, BR-Drucks. 75/94, 147 f; s. insofern auch § 190 Rn 39 ff.
13 Lutter/*Joost*, § 214 Rn 3.
14 *K. Schmidt*, GesR, § 12 I 5. a).
15 *K. Schmidt*, GesR, § 12 I 5. b).
16 Vgl Semler/Stengel/*Schlitt*, § 214 Rn 15; Lutter/*Joost*, § 214 Rn 3.
17 Semler/Stengel/*Schlitt*, § 214 Rn 13; vgl auch Widmann/Mayer/*Vossius*, § 214 Rn 6.
18 Semler/Stengel/*Schlitt*, § 214 Rn 12; Lutter/*Joost*, § 214 Rn 4.
19 Semler/Stengel/*Schlitt*, § 214 Rn 12; Lutter/*Joost*, § 214 Rn 4.
20 Widmann/Mayer/*Vossius*, § 214 Rn 7; Semler/Stengel/*Schlitt*, § 214 Rn 16.
21 Ganz hM, so etwa Widmann/Mayer/*Vossius*, § 214 Rn 8; Semler/Stengel/*Schlitt*, § 214 Rn 16.

10 **2. Zielrechtsträger.** Zielrechtsträger kann nach dem Wortlaut des Gesetzes nur die Rechtsform einer **Kapitalgesellschaft oder einer eG** sein. Umwandlungen zwischen OHG, KG und GbR sind damit innerhalb des Umwandlungsgesetzes nicht vorgesehen.[22]

11 **a) Kapitalgesellschaft.** Als Kapitalgesellschaften gelten gem. der Legaldefinition des § 191 Abs. 1 Nr. 1 iVm § 3 Abs. 1 Nr. 2 allein die **GmbH**, die **AG** sowie die **KGaA**.

12 Ein Formwechsel in eine **UG** ist unzulässig. Dies ergibt sich aus dem Verweis auf die Gründungsvorschriften in § 197 S. 1.

13 Dieser Verweis erfasst auch § 5 a Abs. 2 S. 2 GmbHG, der bei Gründung einer UG Sacheinlagen zur Erbringung des Stammkapitals ausschließt. Da aber in § 220 Abs. 2 und § 245 Abs. 4 ausdrücklich auf einen Sachgründungsbericht Bezug genommen wird, hat der Gesetzgeber verdeutlicht, dass er den Formwechsel in eine GmbH, eine AG oder eine KGaA als Sachgründung verstanden wissen will, so dass ein Formwechsel in die UG nicht vollzogen werden kann.[23]

14 **b) Eingetragene Genossenschaft.** Auch die **eG** kann Zielrechtsträger eines Formwechsels sein (§ 191 Abs. 1 Nr. 3) und zwar unabhängig davon, ob eine volle, beschränkte oder gar keine Nachschusspflicht vorgesehen ist.[24]

III. Formwechsel aufgelöster Personenhandelsgesellschaften (Abs. 2)

15 Während § 214 Abs. 1 sich mit dem Formwechsel noch bestehender Personenhandelsgesellschaften befasst, regelt § 214 Abs. 2 den Formwechsel einer bereits aufgelösten Personenhandelsgesellschaft. Der Absatz betrifft damit ein anderes **Stadium der Gesellschaft**.

16 Auch eine aufgelöste Personenhandelsgesellschaft kann noch umgewandelt werden. Durch die Auflösung wird die Eigenschaft der Gesellschaft, Ausgangsrechtsträger einer Umwandlung sein zu können, nicht berührt.[25] Allerdings sind die Gesellschafter in der Möglichkeit eines Formwechsels beschränkt.

17 **1. Aufgelöste Personenhandelsgesellschaft.** Die Auflösung einer Gesellschaft beschreibt den Beginn ihres **Beendigungsstadiums.**[26] Erst mit dem Erlöschen der Gesellschaft ist dieses Stadium endgültig abgeschlossen.[27]

18 Zur Auflösung der Personenhandelsgesellschaft können führen:

- Zeitablauf (§ 131 Abs. 1 Nr. 1 HGB/§ 161 Abs. 2 iVm § 131 Abs. 1 Nr. 1 HGB),
- Gesellschafterbeschluss (§ 131 Abs. 1 Nr. 2 HGB/§ 161 Abs. 2 iVm § 131 Abs. 1 Nr. 2 HGB),
- Eröffnung des Insolvenzverfahrens über das Vermögen der Gesellschaft (§ 131 Abs. 1 Nr. 3 HGB/§ 161 Abs. 2 iVm § 131 Abs. 1 Nr. 3 HGB),
- Gerichtliche Entscheidung (§ 131 Abs. 1 Nr. 4 HGB/§ 161 Abs. 2 iVm § 131 Abs. 1 Nr. 4 HGB),
- im Falle der Kommanditgesellschaft: das Ausscheiden des einzigen Komplementärs.[28]

19 **2. Möglichkeit eines Fortsetzungsbeschlusses.** Zwingende Voraussetzung für die Umwandlung einer bereits aufgelösten Gesellschaft ist die noch bestehende **Möglichkeit eines Fortsetzungsbeschlusses.** Das ergibt sich aus der allgemeinen Regelung des § 191 Abs. 3. Die Umwandlung des Ausgangsrechtsträgers ist damit ausgeschlossen, wenn ein Fortsetzungsbeschluss nicht mehr gefasst werden kann. Dies ist etwa der Fall, wenn die Eröffnung des Insolvenzverfahrens mangels Masse abgelehnt worden ist (vgl §§ 143 Abs. 1, 131 Abs. 2 HGB) oder das Insolvenz-

22 *Priester,* DStR 2005, 788, 792; vgl aber die Möglichkeit einer Umwandlung außerhalb des UmwG unter Rn 6 sowie § 190 Rn 39 ff.
23 *Meister*, NZG 2008, 767, 768; *Tettinger*, Der Konzern 2008, 75, 77; vgl auch *Heinemann*, NZG 820, 821.
24 Semler/Stengel/*Schlitt*, § 214 Rn 17.
25 Semler/Stengel/*Schlitt*, § 214 Rn 20.
26 *Windbichler*, GesR, § 11 Rn 1.
27 *Windbichler*, GesR, § 11 Rn 1.
28 *Windbichler*, GesR, § 17 Rn 9.

verfahren nach dem Schlusstermin (§ 200 InsO) oder mangels Masse (§ 207 InsO) eingestellt wurde.[29]

Wurde mit der **Verteilung des Gesellschaftsvermögens** im Rahmen der Liquidation bereits begonnen, ist zu differenzieren: Anders als bei den Kapitalgesellschaften ist bei den Personenhandelsgesellschaften nicht der Zeitpunkt des Beginns der Vermögensverteilung, sondern der Zeitpunkt der Vollbeendigung entscheidend.[30] Ein Fortsetzungsbeschluss wird erst nach diesem Zeitpunkt unmöglich. Anders soll es bei Personengesellschaften liegen, bei denen der Komplementär keine natürliche Person ist, etwa der GmbH & Co. KG.[31] 20

3. Andere Art der Auseinandersetzung. Ausgeschlossen ist ein Formwechsel im Stadium der bereits aufgelösten Gesellschaft, wenn die Gesellschafter nach § 145 HGB eine **andere Art der Auseinandersetzung** als die Liquidation oder als den Formwechsel vereinbart haben. Der Ausschluss des Formwechsels in diesem Fall dient vor allem dem Gläubigerschutz. Der Gesetzgeber wollte hiermit der Gefahr entgegenwirken, dass bei der im Recht der Personenhandelsgesellschaften zulässigen anderen Art der Auseinandersetzung das Vermögen der aufgelösten Gesellschaft im Zeitpunkt des Umwandlungsbeschlusses zur Befriedigung der Gläubiger der Gesellschaft nicht mehr vorhanden ist.[32] 21

Eine **Vereinbarung einer anderen Art der Auseinandersetzung** kann im Gesellschaftsvertrag vorgesehen sein, aber auch ad hoc getroffen werden.[33] Sie kann bspw in der Veräußerung des Unternehmens an einen Dritten[34] oder in der Realteilung der aufgelösten Gesellschaft, etwa durch Spaltung, liegen.[35] Anders liegt es, wenn sich die Gesellschafter dieser Vereinbarung durch Aufhebung wieder entledigt haben.[36] Eine solche Aufhebung ist jedenfalls dann möglich, wenn mit der Verteilung des Vermögens noch nicht begonnen wurde.[37] 22

IV. Verstöße

§ 214 ist zwingendes Rechts.[38] Wird gleichwohl ein Formwechsel in eine andere als die vom Gesetz vorgesehene Rechtsform durchgeführt, ist dieser Formwechsel **unwirksam**; die Eintragung in das Handelsregister darf dann nicht erfolgen.[39] Erfolgt sie dennoch, ist eine Heilung gem. § 202 Abs. 3 ausgeschlossen.[40] 23

§ 215 Umwandlungsbericht

Ein Umwandlungsbericht ist nicht erforderlich, wenn alle Gesellschafter der formwechselnden Gesellschaft zur Geschäftsführung berechtigt sind.

29 Kallmeyer/*Meister/Klöcker*, § 191 Rn 20.
30 MüKo-HGB/*K. Schmidt*, § 145 Rn 76; ohne weitere Differenzierung: Kallmeyer/*Meister/Klöcker*, § 191, Rn 20 sowie noch *K. Schmidt*, GesR § 11 V 5.
31 MüKo-HGB/*K. Schmidt*, § 145 Rn 76.
32 Begr. RegE zu § 214, BR-Drucks. 75/94, 148.
33 MüKo-HGB/*K. Schmidt*, § 145 Rn 45; Baumbach/Hopt/*Roth*, § 145 HGB Rn 8; Staub/*Habersack*, § 145 HGB Rn 24.
34 Semler/Stengel/*Schlitt*, § 214 Rn 27.
35 Widmann/Mayer/*Vossius*, § 214 Rn 23.
36 Semler/Stengel/*Schlitt*, § 214 Rn 28.
37 Kallmeyer/*Dirksen/Blasche*, § 214 Rn 14; Lutter/*Joost*, § 214 Rn 9; weiter geht Semler/Stengel/*Schlitt*, § 214 Rn 28, der, mit dem Gesetzeszweck argumentierend, eine Aufhebung auch noch nach Beginn der Vermögensverteilung für zulässig hält, um das erforderliche Stamm- bzw Grundkapital des Zielrechtsträgers aufzubringen.
38 Vgl § 1 Abs. 3 S. 1.
39 Lutter/*Joost*, § 214 Rn 13; Semler/Stengel/*Schlitt*, § 214 Rn 30.
40 Kallmeyer/*Dirksen/Blasche*, § 214 Rn 15; hinsichtlich des Formwechsels einer GmbH OLG München AG 2010, 458, 459; hinsichtlich der Eintragung einer Ausgliederung in das Handelsregister vgl weiterhin OLG Stuttgart AG 2004, 271, 273.

I. Normzweck

1 § 215 entspricht dem für die Verschmelzung geltenden § 41. Er stellt eine **Ausnahmeregelung** zu der allgemeinen Norm des § 192 Abs. 1 dar und erweitert damit die in § 192 Abs. 2 vorgesehenen Gründe der Entbehrlichkeit des Umwandlungsberichts. Eine entsprechende Regelung existierte im alten Recht nicht; die Norm ist mit dem UmwG 1994 neu aufgenommen worden.[1]

2 Nach der allgemeinen Regelung des § 192 Abs. 1 hat das Vertretungsorgan des formwechselnden Rechtsträgers einen ausführlichen schriftlichen **Umwandlungsbericht** zu erstatten. So soll dem besonderen Interesse von Gesellschaftern ohne Geschäftsführungsbefugnis an einer ausführlichen Vorabinformation entsprochen werden.[2] § 215 hebt diesen Grundsatz auf, wenn alle Gesellschafter der Personenhandelsgesellschaft geschäftsführungsbefugt sind, da den Gesellschaftern in diesem Fall bereits kraft ihrer Geschäftsführungsbefugnis die Informationsbeschaffung möglich ist.[3]

II. Umwandlungsbericht

3 Die Gesellschafter haben gem. § 192 einen **ausführlichen schriftlichen Bericht** zu erstatten, in dem der Formwechsel und insb. die künftige Beteiligung der Anteilsinhaber an dem Rechtsträger rechtlich und wirtschaftlich erläutert und begründet werden. Der Entwurf des Umwandlungsbeschlusses (§ 192 Abs. 1 S. 3) sowie der zukünftige Gesellschaftsvertrag oder die zukünftige Satzung (§ 218) sind Teil des Umwandlungsberichts. Auch muss der Umwandlungsbericht ein Barabfindungsangebot gem. § 207 enthalten.[4]

4 **Keines Umwandlungsberichts** bedarf es, wenn die Gesellschafter auf die Erstattung eines solchen Berichts verzichtet haben oder alle Gesellschafter geschäftsführungsbefugt sind.[5]

III. Geschäftsführungsbefugnis aller Gesellschafter

5 Nach § 215 wird von dem Erfordernis des Umwandlungsberichtes bei Vorliegen einer **Geschäftsführungsbefugnis sämtlicher Gesellschafter** eine Ausnahme gemacht. Je nach Gesellschaftsform des Ausgangsrechtsträgers ist das gesetzliche Leitbild bzgl der Geschäftsführungsbefugnis unterschiedlich ausgestaltet. Auch kommt eine anderweitige einzelvertragliche Regelung in Betracht.

6 **1. OHG.** Der gesetzliche Regelfall der Geschäftsführungsbefugnis ist im Recht der OHG in § 114 Abs. 1 HGB niedergelegt. Demzufolge sind **alle Gesellschafter** zur Geschäftsführungsbefugnis berechtigt und verpflichtet. Ist die OHG, mangels einer anderweitigen einzelvertraglichen Regelung, nach diesem gesetzlichen Leitbild organisiert, ist ein Umwandlungsbericht entbehrlich. Durch Gesellschaftsvertrag kann aber die Geschäftsführungsbefugnis einem Gesellschafter oder mehreren Gesellschaftern übertragen worden sein, so dass die übrigen Gesellschafter gem. § 114 Abs. 2 HGB von der Geschäftsführung ausgeschlossen sind. Ist dies der Fall, liegt der Regelfall des § 192 Abs. 1 vor und der Umwandlungsbericht muss erstattet werden.[6]

7 Umstritten ist, ob § 215 auch dann anzuwenden ist, wenn ein Gesellschafter nicht geschäftsführungsbefugt ist, dieser aber von einem anderen Gesellschafter **beherrscht** wird, der seinerseits über Geschäftsführungsbefugnis verfügt.[7] Richtigerweise ist dies abzulehnen. Die gegenteilige Auffassung übersieht, dass es sich bei dem Geschäftsführungsrecht um ein pflichtgebun-

1 Semler/Stengel/*Schlitt*, § 215 Rn 3.
2 Begr. RegE zu § 192, BR-Drucks. 75/94, 138.
3 Begr. RegE zu § 41, BR-Drucks. 75/94, 98.
4 § 194.
5 §§ 192 Abs. 2 S. 1; 215.
6 Lutter/*Joost*, § 215 Rn 2; Semler/Stengel/*Schlitt*, § 215 Rn 6.
7 Zustimmend Goutier/Knopf/Tulloch/*Laumann*, § 215 Rn 7; aA Lutter/*Joost*, § 215 Rn 2; differenzierend Semler/Stengel/*Schlitt*, § 215 Rn 7.

denes Recht des Gesellschafters handelt.[8] Bei der Ausübung dieses Rechts ist der Gesellschafter nicht frei. Vielmehr hat er bei allen Angelegenheiten, die das Interesse der Gesellschaft berühren, zu deren Wohl und nicht zum eigenen Vorteil zu handeln.[9] Eine ausführliche Vorabinformation ist aber für die beherrschte Gesellschaft von eminenter Bedeutung. Es bleibt deshalb dem herrschenden Unternehmen nur die Möglichkeit, auf einen Verzicht auf den Umwandlungsbericht hinzuwirken.[10]

2. KG. Die Kommanditgesellschaft lässt ihrer Natur nach verschiedenartige Beteiligungsformen zu. Der Gesellschafter kann sowohl Komplementär, als auch Kommanditist sein. Während der persönlich haftende Gesellschafter zur Geschäftsführung berechtigt ist, ist der Kommanditist von dieser ausgeschlossen.[11] Ist demnach die betreffende KG nach diesem **gesetzlichen Leitbild** ausgerichtet, ist die Erstattung eines Umwandlungsberichts zwingend erforderlich, um dem Informationsinteresse des Kommanditisten gerecht zu werden. 8

Haben hingegen die Gesellschafter, was ohne Weiteres möglich ist,[12] die Geschäftsführungsbefugnis **abweichend vom gesetzlichen Leitbild** ausgestaltet, etwa indem auch sämtliche Kommanditisten zur Geschäftsführung befugt sind, ist die Erstattung eines Berichts entbehrlich. Freilich muss die Geschäftsführungsbefugnis dabei allen Kommanditisten erteilt worden sein. Eine Verleihung an einzelne Kommanditisten ist nicht hinreichend.[13] Auch die Erteilung nur beschränkter Mitwirkungsrechte macht die Erstattung eines Umwandlungsberichts nicht entbehrlich.[14] 9

Für eine **GmbH & Co. KG** kann nichts anderes gelten. Im Regelfall liegt es hier so, dass der GmbH als Komplementärin entsprechend dem gesetzlichen Leitbild die Vertretung und Geschäftsführungsbefugnis zusteht.[15] Da die GmbH durch ihren Geschäftsführer handelt, ist dieser in der GmbH & Co. KG mittelbar zur Vertretung und Geschäftsführung berufen.[16] Ob die Kommanditisten der KG zeitgleich Gesellschaftsanteile an der GmbH halten, ist für die Frage nach der Pflicht zur Erstattung des Umwandlungsberichts unerheblich.[17] Allein hierdurch ist ihnen die Möglichkeit der von § 215 bezweckten Informationsgewinnung noch nicht eröffnet.[18] Die Sache liegt aber anders, wenn die Kommanditisten zeitgleich Geschäftsführer der GmbH sind. Hier ist ihrem Informationsinteresse bereits Genüge getan, so dass ein Bericht entbehrlich ist.[19] 10

3. EWIV. Die EWIV gilt gem. § 1 EWIVAG als Handelsgesellschaft. Auf sie ist das Recht des EWIVAG und der §§ 105 ff HGB anwendbar, soweit nicht in der Verordnung (EWG) Nr. 2137/85 des Rates eine Regelung getroffen wurde. Die Geschäftsführung indes ist dort abweichend geregelt. In der EWIV wird die Geschäftsführung nicht, wie im Recht der OHG, von allen Gesellschaftern ausgeübt, sondern es wird für die EWIV, wie bei der GmbH, ein Geschäftsführer bestellt (**Grundsatz der Fremdorganschaft**).[20] Sofern nicht abweichend sämtliche Gesellschafter zu Geschäftsführern bestellt werden, ist die Erstattung eines Umwandlungsberichts deshalb erforderlich.[21] 11

8 *K. Schmidt*, GesR, § 47 V. 1. c).
9 BGH NJW 1986, 584, 585; vgl auch *Merkt*, ZHR 159 (1995), 425 ff.
10 Lutter/*Joost*, § 215 Rn 2.
11 § 164 S. 1 HGB.
12 BGHZ 51, 198, 201.
13 Semler/Stengel/*Schlitt*, § 215 Rn 9.
14 Semler/Stengel/*Schlitt*, § 215 Rn 9; vgl auch Lutter/*Joost*, § 215 Rn 3.
15 § 164 S. 1 HGB.
16 *Windbichler*, GesR, § 37 Rn 14.
17 Lutter/*Joost*, § 215 Rn 4.
18 Lutter/*Joost*, § 215 Rn 4.
19 Lutter/*Joost*, § 215 Rn 4; Kallmeyer/*Dirksen/Blasche*, § 215 Rn 3; *Streck/Mack/Schwedhelm*, GmbHR 1995, 161, 174.
20 Vgl *K. Schmidt*, GesR, § 66 II 2. b).
21 Vgl Semler/Stengel/*Schlitt*, § 215 Rn 11.

IV. Rechtsfolge

12 **1. Umwandlungsbericht.** Sind **alle Gesellschafter** der formwechselnden Gesellschaft zur Geschäftsführung berechtigt, ist ein Umwandlungsbericht nicht erforderlich, da ein Informationsinteresse nur seitens nicht geschäftsführender Gesellschafter besteht.[22]

13 **2. Entwurf des Umwandlungsbeschlusses.** § 192 Abs. 1 S. 3 schreibt vor, dass der Umwandlungsbericht einen Entwurf des Umwandlungsbeschlusses zu enthalten habe. Damit ist der Entwurf des Umwandlungsbeschlusses **Teil des Umwandlungsberichts** und unterfällt somit auch der Ausnahmeregelung des § 215. Ist nach dieser Norm kein Umwandlungsbericht zu erstatten, bedarf es, vorbehaltlich der unter Rn 14 genannten Ausnahme, auch nicht der Erstellung eines Entwurfs des Umwandlungsbeschlusses.[23]

14 Zu beachten ist in diesem Zusammenhang aber der Gesetzeszweck des § 192 Abs. 1 S. 3. Die Norm dient nicht allein der Unterrichtung der Gesellschafter, sondern soll, falls vorhanden, ebenso dem **Betriebsrat** des Unternehmens die Zuleitung des Umwandlungsbeschlusses sichern, damit dieser über den bevorstehenden Formwechsel informiert ist.[24] Vertreten wird deshalb, dass dem Betriebsrat auch dann gem. § 194 Abs. 2 ein Entwurf des Umwandlungsbeschlusses zuzuleiten ist, wenn sämtliche Gesellschafter über Geschäftsführungsbefugnis verfügen.[25] Der Ansicht ist zuzustimmen, da Gegenteiliges zu einer Aushöhlung der Informationsrechte des Betriebsrates und schließlich zu einer Gefährdung der kollektiven Rechte der Arbeitnehmer führen würde, was der Gesetzgeber verhindern wollte.[26] Verfügt der Ausgangsrechtsträger nicht über einen Betriebsrat, entfällt die Pflicht zur Zuleitung des Entwurfs des Umwandlungsbeschlusses.[27] Ein Verstoß gegen die Informationspflicht kann, da die fristgerechte Zuleitung Voraussetzung für die Eintragung des Formwechsels in das Handelsregister ist, zu einer Nichteintragung des Formwechsels führen.[28]

15 **3. Abfindungsangebot.** Fasst der formwechselnde Rechtsträger den Beschluss zur Umwandlung, hat er dem Gesellschafter ein angemessenes **Angebot der Barabfindung** zu machen.[29] Diese Verpflichtung lässt § 215 unberührt, da das Abfindungsangebot, im Gegensatz zum Entwurf des Umwandlungsbeschlusses, keinen Bestandteil des Umwandlungsberichtes darstellt.[30]

V. Verzicht auf den Umwandlungsbericht

16 Die allgemeine Regelung des § 192 Abs. 2, nach der ein Umwandlungsbericht dann nicht erforderlich ist, wenn alle Gesellschafter auf die Erstattung mit Verzichtserklärung in **notarieller Form** verzichten, wird durch § 215 nicht berührt.[31]

Hinweis: Diese Möglichkeit hat praktische Relevanz, da mit ihr einflussreicheren Gesellschaftern, die regelmäßig über Geschäftsführungsbefugnis verfügen werden, die Möglichkeit verbleibt, Gesellschafter ohne Geschäftsführungsbefugnis zum Verzicht auf die Erstattung des Umwandlungsberichts zu bewegen.[32] Sie können so diesen ggf zeitintensiven Schritt aussparen.

17 Ob der Verzicht hingegen von **sämtlichen Gesellschaftern** erklärt werden muss, ist zweifelhaft. Gem. § 192 Abs. 2 haben „alle Anteilsinhaber" auf die Erstattung zu verzichten. Der Wortlaut ist hier nicht eindeutig, da sowohl alle Anteilsinhaber (überhaupt), als auch alle nicht geschäftsführungsbefugten Anteilsinhaber als Anteilsinhaber iSd § 192 Abs. 2 in Betracht kommen. Die Pflicht zur Erstattung des Umwandlungsberichts dient aber nur dazu, dem Informationsinteresse des nicht geschäftsführungsbefugten Gesellschafters entgegenzukommen, so dass

22 Begr. RegE zu § 41, BR-Drucks. 75/94, 98; § 215.
23 Semler/Stengel/*Schlitt*, § 215 Rn 14.
24 § 194 Abs. 2; Lutter/*Joost*, § 215, Rn 8; Semler/Stengel/*Schlitt*, § 215, Rn 15.
25 Lutter/*Joost*, § 215 Rn 8; *Joost*, ZIP 1995, 976, 977; Semler/Stengel/*Schlitt*, § 215 Rn 15.
26 Vgl Begr. RegE zu § 5, BR-Drucks. 75/94, 83.
27 Lutter/*Joost*, § 215 Rn 9.
28 S. auch § 194 Rn 16.
29 § 207.
30 Lutter/*Joost*, § 215 Rn 10; Goutier/Knopf/Tulloch/*Laumann*, § 215 Rn 3.
31 Kallmeyer/ *Dirksen/Blasche*, § 215 Rn 6; Lutter/*Joost*, § 215 Rn 11; Semler/Stengel/*Schlitt*, § 215 Rn 17.
32 Lutter/*Joost*, § 215 Rn 11.

nach Sinn und Zweck der Norm eine Verzichtserklärung der geschäftsführungsbefugten Gesellschafter unterbleiben kann.[33]

Unberührt hiervon bleibt der Grundsatz, dass, sofern vorhanden, dem **Betriebsrat** des Rechtsträgers ein Entwurf des Umwandlungsbeschlusses zugeleitet wird, § 194 Abs. 2. Verzichten kann der Betriebsrat allein auf die Rechtzeitigkeit der Zuleitung des Umwandlungsbeschlusses und damit auf die Einhaltung der Einmonatsfrist des § 194 Abs. 2, nicht hingegen auf die Zuleitung des Entwurfs als solchen.[34] 18

§ 216 Unterrichtung der Gesellschafter

Das Vertretungsorgan der formwechselnden Gesellschaft hat allen von der Geschäftsführung ausgeschlossenen Gesellschaftern spätestens zusammen mit der Einberufung der Gesellschafterversammlung, die den Formwechsel beschließen soll, diesen Formwechsel als Gegenstand der Beschlußfassung in Textform anzukündigen und einen nach diesem Buch erforderlichen Umwandlungsbericht sowie ein Abfindungsangebot nach § 207 zu übersenden.

I. Normzweck

Die Norm entspricht der verschmelzungsrechtlichen Parallelvorschrift des § 41.Sie ergänzt die allgemeinen Regelungen, insbesondere die §§ 192 und 207 für das Recht des Formwechsels von Personengesellschaften. Die Regelung dient der **Entscheidungsfindung der Gesellschafter**. Stehen diese vor der Entscheidung der Umwandlung, zeitigt das für den einzelnen Gesellschafter weitgehende Konsequenzen und bedarf einer genauen Abwägung, ob dem Umwandlungsbeschluss zugestimmt und damit die Rechtsstellung als Gründer übernommen werden, oder ob der Formwechsel abgelehnt werden soll.[1] 1

In der ursprünglichen Fassung des UmwG 1994 waren die Worte „in Textform" durch das Wort „schriftlich" ersetzt. Diese Vorgabe wurde durch Art. 26 FormAnpG vom 13.7.2001 geändert.[2] Nunmehr ließ der Gesetzgeber die **Textform** zur Unterrichtung eines Gesellschafters ohne Geschäftsführungsbefugnis genügen, vor allem, um eine wesentliche Vereinfachung des Rechtsverkehrs zu ermöglichen.[3] 2

II. Vertretungsorgan des Ausgangsrechtsträgers

Die Unterrichtung der Gesellschafter hat durch das **Vertretungsorgan des Ausgangsrechtsträgers** zu erfolgen.[4] 3

33 Lutter/*Joost*, § 215 Rn 11; Semler/Stengel/*Schlitt*, § 215 Rn 17.
34 S. § 194 Rn 16.
1 Lutter/*Joost*, § 216 Rn 1; Semler/Stengel/*Schlitt*, § 216 Rn 1.
2 Gesetz zur Anpassung der Formvorschriften des Privatrechts und anderer Vorschriften an den modernen Rechtsgeschäftsverkehr v. 13.7.2001.
3 Begr. RegE zu Art. 26 FormAnpG, BT-Drucks. 14/4987, 1.
4 § 216.

4 **1. OHG.** Das Gesetz geht im Recht der OHG grundsätzlich davon aus, dass **jeder Gesellschafter** der OHG Vertretungsorgan der Gesellschaft ist.[5] Grundsätzlich besteht Einzelvertretungsmacht.[6] Sieht der Gesellschaftsvertrag keinerlei weitere Regelung vor, bleibt es bei diesem Grundsatz und Vertretungsorgan iSd § 216 ist der einzelne OHG-Gesellschafter.

5 Im Gesellschaftsvertrag kann aber auch eine von der gesetzlichen Regelkonzeption **abweichende Bestimmung** hinsichtlich der Vertretung der Gesellschaft getroffen worden sein. So können etwa einzelne Gesellschafter von der Vertretung ausgeschlossen werden, oder es kann vereinbart werden, dass alle oder mehrere Gesellschafter nur in Gemeinschaft zur Vertretung der Gesellschafter ermächtigt sein sollen, ihnen also Gesamtvertretungsmacht eingeräumt wurde.[7] Die Unterrichtung hat in diesem Fall durch diese Gesellschafter gemeinsam zu erfolgen. Auch kann der Gesellschaftsvertrag eine gemischte Gesamtvertretung vorsehen. Dies meint die Vertretung der Gesellschaft durch einen einzelnen Gesellschafter gemeinsam mit einem Prokuristen.[8] Vertretungsorgan sind dann nur Gesellschafter und Prokurist gemeinsam; eine Unterrichtung durch einen einzelnen Prokuristen ist in diesem Fall nicht hinreichend.[9]

6 **2. KG.** Im Recht der KG hat nur der **Komplementär** organschaftliche Vertretungsmacht. Diese ist wie im Recht der OHG ausgestaltet.[10] Der Kommanditist ist von der organschaftlichen Vertretung per Gesetz ausgeschlossen, obgleich ihm Geschäftsführungsbefugnis eingeräumt werden kann.[11] Selbst aber wenn dies geschehen ist, kommt eine Unterrichtung iSd § 216 durch ihn mangels organschaftlicher Vertretungsmacht nicht in Betracht.[12]

7 Für die GmbH & Co. KG gilt nichts Anderes. Der Kommanditist ist zur Vertretung der Gesellschaft nicht ermächtigt.[13] Organschaftliche Vertretungsmacht hat hier ebenso die **GmbH** als Komplementär, die durch ihren Geschäftsführer vertreten wird. Durch diesen hat auch die Unterrichtung zu erfolgen.

8 **3. EWIV.** In der EWIV erfolgt die Vertretung der Gesellschaft durch den **Geschäftsführer.** Dieser wird von der Gesellschaft bestellt (Grundsatz der Fremdorganschaft).[14] Der Geschäftsführer hat auch die Unterrichtung auszuführen.

9 Wurden mehrere Geschäftsführer bestellt, obliegt die Vertretung im Zweifel **jedem der Geschäftsführer allein.**[15] Dementsprechend wird es auch im Regelfall so liegen, dass die Verpflichtung zur Unterrichtung jedem Geschäftsführer einzeln obliegt. Durch den Gründungsvertrag kann allerdings vorgesehen werden, dass die Gesellschaft nur durch zwei oder mehr Gesellschafter wirksam verpflichtet werden kann.[16] Bei vertraglich vorgesehener Vertretungsmacht nur durch mehrere Gesellschafter hat die Unterrichtung durch die jeweiligen Gesellschafter gemeinsam zu erfolgen.

III. Unterrichtung der Gesellschafter

10 Zu unterrichten ist derjenige Gesellschafter, der **von der Geschäftsführung ausgeschlossen** ist.Zur Frage des Ausschlusses der Geschäftsführungsbefugnis in den einzelnen Gesellschaftsformen siehe bereits die Erläuterungen zu § 215.[17]

11 Hinsichtlich der **geschäftsführenden Gesellschafter** sieht § 216 eine Unterrichtungspflicht nicht vor. Das Gesetz geht davon aus, dass diese schon kraft ihrer Organstellung weitgehende Informationsmöglichkeiten haben.[18]

5 § 125 HGB.
6 *K. Schmidt*, GesR, § 48 II. 3. a); vgl auch Semler/Stengel/*Schlitt*, § 216 Rn 6.
7 §§ 125 Abs. 1 aE; Abs. 2 HGB.
8 § 125 Abs. 3 HGB.
9 Lutter/*Joost*, § 216 Rn 6; Semler/Stengel/*Schlitt*, § 216 Rn 6.
10 §§ 161 Abs. 2, 125.
11 § 170 HGB.
12 Semler/Stengel/*Schlitt*, § 216 Rn 6.
13 § 170 HGB.
14 *K. Schmidt*, GesR, § 66 II 2. b).
15 Art. 20 Abs. 1 EWIVVO.
16 Art. 20 Abs. 2 EWIVVO.
17 S. § 215 Rn 6.
18 Vgl Semler/Stengel/*Schlitt*, § 216 Rn 10; Widmann/Mayer/*Vossius*, § 216 UmwG Rn 3.

IV. Gegenstand, Zeitpunkt und Form der Unterrichtung

1. Gegenstand der Unterrichtung. Unterrichten ist nach dem Wortlaut des Gesetzes die **Ankündigung des Formwechsels** als Gegentand der Beschlussfassung in Textform sowie (kumulativ) die **Übersendung des Umwandlungsberichts und des Abfindungsgebots.**[19] 12

Hinweis: Das Vertretungsorgan des Ausgangsrechtsträgers hat somit folgendes zu veranlassen:

- Ankündigung des Formwechsels als Gegenstand der Beschlussfassung
- Übersendung des Umwandlungsberichts (§ 192)
- Übersendung des Abfindungsangebots (§ 207)

a) Ankündigung des Formwechsels als Gegenstand der Beschlussfassung. Das Vertretungsorgan des Ausgangsrechtsträgers hat den Formwechsel als Gegenstand der Beschlussfassung **anzukündigen**. Die Ankündigung unterliegt keinen besonderen inhaltlichen Anforderungen.[20] Es genügt eine Formulierung wie etwa „Umwandlung" oder „Beschlussfassung über einen Formwechsel".[21] Die Ankündigung wird regelmäßig in der Übersendung einer Einladung zur Gesellschafterversammlung mit einem entsprechenden Tagesordnungspunkt liegen.[22] Spätestens hat sie zu erfolgen zusammen mit der Einberufung der Gesellschafterversammlung, die den Formwechsel beschließen soll.[23] Weder eine solche Einladung, noch eine separiert übersandte Ankündigung ist Willenserklärung.[24] Vielmehr handelt es sich jeweils um eine rein innergesellschaftliche Verfahrenshandlung. [25] Dies hat zur Folge, dass die allgemeinen Regelungen über Willenserklärungen nicht anwendbar sind. 13

b) Umwandlungsbericht (§ 192). Weiterhin hat das Vertretungsorgan des Ausgangsrechtsträgers den Umwandlungsbericht zu übersenden. Dies hat **spätestens mit der Einberufung** der Gesellschafterversammlung, die den Formwechsel beschließen soll, zu geschehen. Ein Umwandlungsbericht ist zwingend dann zu erstellen, wenn nicht alle Gesellschafter geschäftsführungsbefugt sind oder in notariell beurkundeter Form auf seine Erstellung verzichten.[26] Zudem müssen der Entwurf des Umwandlungsbeschlusses und somit auch der zukünftige Gesellschaftsvertrag bzw die zukünftige Satzung als Bestandteil des Umwandlungsberichts übersandt werden.[27] 14

Die Gesetzesformulierung lässt im Unklaren, welchen **Formanforderungen** die Übersendung des Umwandlungsberichts genügen muss. Teilweise wird angenommen, dass dieser schriftlich, mithin in Schriftform iSd § 126 BGB, übersandt werden muss.[28] Zu Recht ist darauf hingewiesen worden, dass durch eine solche Einschränkung die vom Gesetzgeber durch Einführung der Textform angestrebte Vereinfachung untergraben würde.[29] Auch die Gesetzesbegründung zum Formanpassungsgesetz geht davon aus, dass den Gesellschaftern der Formwechsel „unter Beifügung weiterer Unterlagen anzukündigen" ist und dass für diese Ankündigung „die Textform genügen" soll.[30] Man wird deshalb auch für die Übersendung des Umwandlungsberichts die Textform als hinreichend betrachten müssen. 15

c) Abfindungsangebot (§ 207). Dem von der Geschäftsführung ausgeschlossenen Gesellschafter ist schließlich ein **angemessenes Barabfindungsangebot** nach § 207 zu übersenden.[31] Jedem Gesellschafter, der gegen den Umwandlungsbeschluss Widerspruch zur Niederschrift erklärt, hat der Rechtsträger den Erwerb seiner umgewandelten Anteile oder Mitgliedschaften gegen eine angemessene Barabfindung anzubieten.[32] 16

19 §§ 192 S. 1 u. 3, 207.
20 Semler/Stengel/*Schlitt*, § 216 Rn 11.
21 Schmitt/Hörtnagl/Stratz/*Stratz*, § 216 Rn 4.
22 Widmann/Mayer/*Vossius*, § 216 UmwG Rn 6; Semler/Stengel/*Schlitt*, § 216, Rn 11.
23 § 216.
24 Scholz/*K. Schmidt*, § 49 GmbHG Rn 3; MüKo-GmbHG/*Liebscher*, § 49 Rn 8.
25 Scholz/*K. Schmidt*, § 49 GmbHG Rn 3; MüKo-GmbHG/*Liebscher*, § 49 Rn 8.
26 § 215, § 192 Abs. 2; s. auch Semler/Stengel/*Schlitt*, § 216 Rn 17.
27 § 218; s. auch Semler/Stengel/*Schlitt*, § 216 Rn 17.
28 Semler/Stengel/*Schlitt*, § 216 Rn 18.
29 Lutter/*Joost*, § 216 Rn 4.
30 Begr. RegE zu § 216, BT-Drucks. 14/4987, 29.
31 § 216 aE.
32 § 207 S. 1 Hs 1.

17 Das Barabfindungsangebot ist **Bestandteil des Entwurfs des Umwandlungsbeschlusses.**[33] Da der Entwurf des Umwandlungsbeschlusses wiederum Teil des Umwandlungsberichts ist (§ 192 Abs. 1 S. 3), ist die Erwähnung des Abfindungsangebots in § 216 im Regelfall nur deklaratorischer Natur.[34] Eine eigenständige Bedeutung soll die Erwähnung des Abfindungsangebots in § 216 aber dann erlangen, wenn separat auf die Zusendung des Umwandlungsberichtes verzichtet wurde, nicht aber auf die Zusendung des Abfindungsangebots.[35]

18 **2. Zeitpunkt der Unterrichtung.** Die Unterrichtung der von der Geschäftsführung ausgeschlossenen Gesellschafter hat spätestens zusammen **mit der Einberufung der Gesellschafterversammlung**, die den Formwechsel beschließen soll, zu erfolgen.[36]

19 Nicht allein hinreichend ist, dass die **Unterrichtung** spätestens zusammen mit der Einberufung der Gesellschafterversammlung erfolgt. Eine solche Verpflichtung könnte dem Informationsinteresse der von der Geschäftsführung ausgeschlossenen Gesellschafter nicht gerecht werden. Es wird deshalb über den Wortlaut des Gesetzes hinaus durchgängig gefordert, dass auch die Einberufung der Gesellschafterversammlung rechtzeitig zu erfolgen hat.[37] Für die Einberufung von Personenhandelsgesellschaften existiert freilich eine gesetzliche Frist nicht.[38] Dementsprechend hat auch der Gesetzgeber von der Vorgabe einer Frist abgesehen.[39] Oft wird der Gesellschaftsvertrag vertragliche Bestimmungen zur Einberufung der Gesellschafterversammlung ausweisen, die jedoch zumeist nicht lückenlos sind.[40] Zu beachten ist jedenfalls immer der Grundsatz, dass zwischen Einladung und dem vorgeschlagenen Termin eine zur hinreichenden Vorbereitung angemessene Frist liegen muss, die je nach Beschlussgegenstand unterschiedlich ausfallen kann.[41] Sieht der Gesellschaftsvertrag keinerlei Frist vor, wird hier eine Frist von einer Woche als erforderlich, aber auch ausreichend angesehen.[42]

20 Ein Erfordernis der **zeitgleichen Übersendung** von Ankündigung des Formwechsels und Umwandlungsbericht ist dem Gesetz nicht zu entnehmen.[43] Der Einfachheit halber wird aber in der Praxis so verfahren.[44]

21 **3. Form.** Gem. § 216 ist der Formwechsel als Gegenstand der Beschlussfassung in **Textform** anzukündigen. Die Erklärung muss somit in einer Urkunde oder auf andere zur dauerhaften Wiedergabe in Schriftzeichen geeigneten Weise abgegeben, die Person des Erklärenden genannt und der Abschluss der Erklärung durch Nachbildung der Namensunterschrift oder anders erkennbar gemacht werden.[45] Telefax und Email genügen diesen Anforderungen genauso wie eine Übersendung als CD-ROM.[46] Die gesetzliche Formulierung, nach welcher der „Formwechsel ... in Textform" anzukündigen ist und die für die Übersendung des Umwandlungsberichts sowie des Abfindungsangebots nach § 207 eine explizite Regelung nicht enthält, ist, um die vom Gesetzgeber angestrebte Formvereinfachung nicht zu vereiteln, so zu lesen, dass auch hierfür die Textform genügt.[47]

V. Verzicht

22 Bzgl der Frage, ob es Gesellschaftern möglich sein soll, auf die Unterrichtung nach § 216 zu **verzichten**, muss differenziert werden. Ein genereller Verzicht, etwa im Gesellschaftsvertrag, ist unzulässig; § 216 ist nicht im Vorhinein abdingbar.[48] Anders verhält es sich mit einem Verzicht auf die Unterrichtung im konkreten Fall. Ein solcher konkreter Verzicht ist dem Gesellschafter

33 § 194 Abs. 1 Nr. 6.
34 Lutter/*Joost*, § 216 Rn 5.
35 Lutter/*Joost*, § 216 Rn 5.
36 § 216.
37 Semler/Stengel/*Schlitt*, § 216 Rn 13; *Vossius* in: UmwG, Loseblatt, Stand Juni 2009, § 216 Rn 17; Goutier/Knopf/Tulloch/*Laumann*, § 216 Rn 7.
38 Vgl *Plückelmann* in: Gummert (Hrsg.), MAH PersGesR, § 4 Rn 96.
39 Begr. RegE zu § 42, BR-Drucks. 75/94, 98.
40 MüKo-HGB/*Enzinger*, § 119 Rn 48.
41 MüKo-HGB/*Enzinger*, § 119 Rn 49.
42 Semler/Stengel/*Schlitt*, § 216 Rn 14.
43 Semler/Stengel/*Schlitt*, § 216 Rn 15, 17.
44 Semler/Stengel/*Schlitt*, § 216 Rn 17.
45 § 126 b BGB.
46 Palandt/*Heinrichs*, § 126 b BGB, Rn 3.
47 Lutter/*Joost*, § 216 Rn 4.
48 *Vossius* in: UmwG, Loseblatt, Stand Juni 2009, § 216 S. 5; Semler/Stengel/*Schlitt*, § 216 Rn 24.

möglich, da die Unterrichtung gem. § 216 nur dem Schutz des Gesellschafters selbst dient und damit zu seiner Disposition steht.[49]

Einer **notariellen Beurkundung** bedarf ein solcher konkreter Verzicht nicht.[50] Insoweit ist auch nicht das in § 192 Abs. 2 S. 2 enthaltende Formerfordernis analog heranzuziehen.[51] Im Falle des § 192 Abs. 2 S. 2 besteht seitens des Registergerichts eine Notwendigkeit zur Dokumentation, um zu überprüfen, ob die Bestimmungen über den Umwandlungsbeschluss (§ 199) eingehalten wurden, was gesetzlich in einer Pflicht zur notariellen Beurkundung seinen Niederschlag gefunden hat.[52] Einen solchen Nachweis sieht § 216 gerade nicht vor.[53] Zudem kann der Gesellschafter seine Zustimmung zum Umwandlungsbeschluss in der Gesellschafterversammlung verweigern, so dass auch die Warnfunktion einer notariellen Beurkundung hier nicht weiter von Bedeutung ist.[54] 23

VI. Fehlerhaftigkeit der Unterrichtung

1. Rechtsfolgen. Ist ein Gesellschafter über den Formwechsel **fehlerhaft unterrichtet** worden, indem die Unterrichtung entweder nicht rechtzeitig, oder unvollständig geschehen ist, kann er die Zustimmung zum Formwechsel auf der Gesellschafterversammlung verweigern. Zudem gelten die allgemeinen Regeln des Beschlussmängelrechts bei Personenhandelsgesellschaften:[55] Ein Beschluss, der trotz fehlerhafter Ladung gefasst wird, ist aus formellen Gründen rechtsfehlerhaft und unwirksam.[56] 24

Soweit es sich dagegen um eine Fehlerhaftigkeit der Unterrichtung handelt, die sich auf das **Abfindungsgebot** bezieht, hat dies nach der Rspr des BGH keine Fehlerhaftigkeit des Beschlusses zur Folge, da dieser Mangel nur im Rahmen des Spruchverfahrens gerügt werden kann.[57] 25

2. Heilung. Uneinheitlich wird die Frage beurteilt, ob ein Beschluss, der trotz einer fehlerhaften Unterrichtung gefasst wurde, einer **Heilung** zugänglich ist. Teilweise wird dies bestritten.[58] Richtigerweise ist jedoch eine Heilung bei Eintragung der neuen Rechtsform in das Handelsregister aus Gründen der Rechtssicherheit anzuerkennen. Die Heilungswirkung des § 202 Abs. 3 umfasst sämtliche Mängel in der Unterrichtung im Vorfeld der Gesellschafterversammlung.[59] 26

§ 217 Beschluß der Gesellschafterversammlung

(1) [1]Der Umwandlungsbeschluß der Gesellschafterversammlung bedarf der Zustimmung aller anwesenden Gesellschafter; ihm müssen auch die nicht erschienenen Gesellschafter zustimmen. [2]Der Gesellschaftsvertrag der formwechselnden Gesellschaft kann eine Mehrheitsentscheidung der Gesellschafter vorsehen. [3]Die Mehrheit muß mindestens drei Viertel der abgegebenen Stimmen betragen.

(2) Die Gesellschafter, die im Falle einer Mehrheitsentscheidung für den Formwechsel gestimmt haben, sind in der Niederschrift über den Umwandlungsbeschluß namentlich aufzuführen.

(3) Dem Formwechsel in eine Kommanditgesellschaft auf Aktien müssen alle Gesellschafter zustimmen, die in dieser Gesellschaft die Stellung eines persönlich haftenden Gesellschafters haben sollen.

49 Lutter/*Joost*, § 216 Rn 9; Semler/Stengel/*Schlitt*, § 216 Rn 25; vgl auch Schmitt/Hörtnagl/Stratz/*Stratz*, § 216 Rn 8 („begrenzt dispositiv").
50 Lutter/*Joost*, § 216 Rn 9; Semler/Stengel/*Schlitt*, § 216 Rn 27.
51 Lutter/*Joost*, § 216 Rn 9.
52 Lutter/*Joost*, § 216 Rn 9.
53 Lutter/*Joost*, § 216 Rn 9.
54 Semler/Stengel/*Schlitt*, § 216 Rn 27; Lutter/*Joost*, § 216 Rn 9.
55 Vgl etwa *K. Schmidt*, GesR § 15 II.
56 Kallmeyer/*Dirksen/Blasche*, § 216 Rn 13.
57 BGHZ 146, 179, 182 ff; BGH WM 2001, 306, 307 ff.
58 Kallmeyer/*Dirksen/Blasche*, § 216 Rn 10, die insofern differenzieren, als dass sie gleichwohl von einer Bestandskraft des Formwechsels durch die Eintragung in das Handelsregister gemäß § 202 Abs. 3 ausgehen.
59 Lutter/*Joost*, § 216 Rn 10; Semler/Stengel/*Schlitt*, § 216 Rn 30.

I. Normzweck

1 Bei der Norm handelt es sich um eine **Parallelvorschrift** zu § 43 im Recht der Verschmelzung. Sie konkretisiert als spezielle Regelung für den Formwechsel von Personenhandelsgesellschaften die allgemeine Vorschrift des § 193.

2 Die Bestimmung regelt speziell für das Recht der Personenhandelsgesellschaften, welche **Anforderungen an den Formwechselbeschluss** der Gesellschafterversammlung zu stellen sind. Im Grundsatz geht sie dabei von dem im gesamten Recht der Personengesellschaften herrschenden Prinzip der Einstimmigkeit bei der Beschlussfassung aus.[1] Umwandlungen durch Mehrheitsbeschluss sind damit im Ausgangspunkt kraft Gesetzes ausgeschlossen.[2] Von diesem Grundsatz löst sich das Gesetz in § 217 Abs. 1 S. 2, indem es ihn zur Disposition der Gesellschafter stellt, die im Gesellschaftsvertrag von dieser strengen Anforderung bedingt abweichen können.

3 Ein Formwechselbeschluss konnte nach altem Recht ausschließlich einstimmig gefasst werden.[3] Die den Gesellschaftern zur Disposition stehende Mehrheitsentscheidung führt zu einer **erheblichen Erleichterung** der Möglichkeit eines Formwechsels von Personenhandelsgesellschaften.[4] Der Gesetzgeber war bereit, diese Erleichterung trotz der damit zugleich in Kauf genommenen Vernachlässigung des Minderheitenschutzes umzusetzen, da im Gesellschaftsvertrag auch für andere wesentliche Entscheidungen, wie etwa der Auflösung der Gesellschaft oder der Änderung des Gesellschaftsvertrags, Mehrheitsbeschlüsse zugelassen werden können.[5]

II. Umwandlungsbeschluss der Gesellschafterversammlung

4 Die Gesellschafter haben, um den Formwechsel herbeizuführen, einen entsprechenden **Beschluss** zu fassen. Dieser muss den Formwechsel der Personenhandelsgesellschaft zu einer GmbH, AG oder KGaA zum Gegenstand haben.

Hinweis: Der Umwandlungsbeschluss muss den Anforderungen des § 194 genügen und bedarf nach § 193 Abs. 3 S. 1 zwingend der notariellen Beurkundung.

5 Der Beschluss muss **in der Gesellschafterversammlung** gefasst werden. Dies schreibt § 193 Abs. 1 S. 2 vor, der damit von dem Grundsatz der Formfreiheit für das Zustandekommen von Gesellschafterbeschlüssen im Recht der Personengesellschaften abweicht.[6] Die Beschlussfassung im Umlaufverfahren ist damit ausgeschlossen.[7] Gleichwohl müssen nicht alle Gesellschafter in der Gesellschafterversammlung anwesend sein. Hinreichend ist, wenn die nicht erschienenen Gesellschafter ihre Zustimmungserklärung außerhalb der Gesellschafterversammlung in

1 Grundlegend zu den Grundsätzen der Einstimmigkeit und Mehrstimmigkeit im Gesellschaftsrecht *K. Schmidt*, GesR, § 16 I.
2 Begr. RegE zu § 217, BR-Drucks. 75/94, 149.
3 §§ 42 Abs. 1, 48 Abs. 1 S. 1 UmwG 1969.
4 Semler/Stengel/*Schlitt*, § 217 Rn 5.
5 Begr. RegE zu § 217, 149.
6 Vgl MünchAnwHbPersGesR/*Plückelmann*, § 4 Rn 7; Staub/*Schäfer*, § 119 Rn 22.
7 Lutter/*Joost*, § 217 Rn 3; Semler/Stengel/*Schlitt*, § 217 Rn 6.

notariell beglaubigter Form abgeben.[8] Jedoch werden die außerhalb der Gesellschafterversammlung abgegebenen Stimmen bei der Fassung des Umwandlungsbeschlusses mit qualifizierter Mehrheit gem. § 217 Abs. 1 S. 3 nicht mitgezählt, sofern der Gesellschaftsvertrag eine solche Möglichkeit vorsieht.[9]

Hinweis: Es entspricht einer verbreiteten Auffassung, dass bei Gesellschafterbeschlüssen, die nicht in einem Akt gefasst werden, sondern bei denen die Wirksamkeit des Beschlusses noch von der Zustimmung weiterer Gesellschafter abhängt, die bereits erfolgten Stimmabgaben nicht bindend seien.[10] Nach Ansicht des BGH soll dies jedenfalls dann nicht gelten, wenn die zustimmenden Gesellschafter ausdrücklich oder stillschweigend erklären, sich an die Stimmabgabe gebunden zu fühlen.[11] In der Praxis sollte vor diesem Hintergrund ausdrücklich zu Protokoll des beurkundenden Notars gegeben werden, dass die anwesenden Gesellschafter bis zum Ablauf einer bestimmten Frist an das Abstimmungsergebnis gebunden sind.[12] Das führt zu Rechtsklarheit und beugt etwaigen Unsicherheiten kautelarjuristisch vor.

III. Mehrheitsanforderungen

1. Regel: Zustimmung aller anwesenden Gesellschafter. a) Anwesende Gesellschafter. Das Gesetz verlangt für den Formwechselbeschluss gem. § 217 Abs. 1 im Grundsatz die **Zustimmung aller anwesenden Gesellschafter.**[13] Anwesend sind sowohl diejenigen Gesellschafter, die in der Gesellschafterversammlung persönlich zugegen sind, als auch diejenigen, die sich in der Gesellschafterversammlung von einem anderen Gesellschafter oder durch einen Dritten vertreten lassen.[14] Eine Vertretung ist nur statthaft, wenn sie entweder bereits durch Stimmvollmacht im Gesellschaftsvertrag vorgesehen ist, oder ihr *ad hoc* durch die Gesellschafterversammlung zugestimmt wird.[15] 6

Hinweis: Es empfiehlt sich deshalb, bereits im Gesellschaftsvertrag Vorsorge zu treffen und eine ausdrückliche Regelung bzgl der Vertretung anderer Gesellschafter zu treffen.[16]

Vertritt ein Gesellschafter einen anderen Gesellschafter oder ein Dritter zeitgleich zwei Gesellschafter, sind die **Grenzen des § 181 BGB** zu beachten.[17] 7

Die anwesenden Gesellschafter müssen ihre **Zustimmung** erklären. Stimmenthaltungen zählen nicht als Zustimmung und führen bei einem Einstimmigkeitserfordernis zum Scheitern des Formwechsels.[18] Nicht einheitlich beantwortet wird die Frage, ob anwesende Gesellschafter ihre Stimme notwendig in der Gesellschafterversammlung abgeben müssen. Während teilweise vertreten wird, alle anwesenden Gesellschafter müssten zur positiven Beschlussfassung ihre Stimme abgeben,[19] wird vereinzelt befürwortet, dass der Gesellschafter im Falle seiner Unentschlossenheit auch noch im Nachhinein in notariell beurkundeter Form abstimmen kann.[20] Richtigerweise ist von einer Notwendigkeit der Stimmabgabe noch in der Gesellschafterversammlung auszugehen. Die Gesellschafter haben im Vorhinein der Versammlung hinreichend Zeit, sich auf die Beschlussfassung vorzubereiten. Es besteht deshalb keine Notwendigkeit, den Beschluss, der grundsätzlich einstimmig gefasst werden muss, durch ein Herauszögern der Stimmabgabe zu gefährden und die übrigen Gesellschafter im Unklaren zu lassen. Eine rechtliche Verpflichtung zu einer solchen Rücksichtnahme dürfte schon aus der allgemeinen Treuepflicht der Gesellschafter erwachsen.[21] 8

8 § 193 Abs. 3 S. 1.
9 S. dazu unten Rn 18.
10 Vgl RGZ 128, 172, 177; MüKo-BGB/*Schäfer*, § 709 Rn 75.
11 BGH BB 1990, 869, 871.
12 Widmann/Mayer/*Vossius*, § 217 Rn 92; Kallmeyer/*Dirksen/Blasche*, § 217 Rn 3.
13 Semler/Stengel/*Schlitt*, § 217 Rn 8; Lutter/*Joost*, § 217 Rn 5, der nur von „Zustimmung aller Gesellschafter" spricht.
14 Semler/Stengel/*Schlitt*, § 217 Rn 8.
15 Baumbach/Hopt/*Hopt*, § 119 HGB Rn 5, 21.
16 Kallmeyer/*Dirksen/Blasche*, § 217 Rn 3.
17 Semler/Stengel/*Schlitt*, § 217 Rn 8; Kallmeyer/*Dirksen/Blasche*, § 217 Rn 3.
18 Lutter/*Joost*, § 217 Rn 4.
19 Kallmeyer/*Dirksen/Blasche*, § 217 Rn 3.
20 So nur *Vossius* in: UmwG, Loseblatt, Stand August 2008, § 217 Rn 92.
21 Grundsätzlich hierzu *Windbichler*, GesR, § 7 Rn 3.

9 Handelt es sich bei dem Rechtsträger alter Rechtsform um eine **GmbH & Co. KG**, wird regelmäßig zwischen den Gesellschaftern der Komplementär-GmbH und den Kommanditisten Personenidentität bestehen.[22] In dieser Konstellation soll die Zustimmung der Komplementär-GmbH entbehrlich sein.[23]

Hinweis: In der Praxis ist eine Zustimmung auch der Komplementär-GmbH ratsam, um mögliche Beanstandungen durch das Registergericht zu vermeiden.[24]

10 b) **Nicht erschienene Gesellschafter (Abs. 1 Hs 2).** Auch die **nicht in der Gesellschafterversammlung erschienenen Gesellschafter** müssen dem Formwechselbeschluss zustimmen.[25] Die Zustimmung kann sowohl vor, als auch nach dem Beschluss erteilt werden.[26] Jedoch muss auch diese Erklärung zwingend notariell beurkundet werden.[27] Wird die Zustimmungserklärung durch den bei Beschlussfassung nicht erscheinenden Gesellschafter vor dem Formwechselbeschluss erteilt, muss ersichtlich sein, auf welchen Beschluss sie sich bezieht.[28] Bei nachträglicher Stimmabgabe ist der Beschluss gefasst, wenn die letzte außerhalb der Gesellschafterversammlung abgegebene Erklärung der Gesellschaft oder der Gesellschafterversammlung zugegangen ist.[29]

Hinweis: Die anwesenden Gesellschafter können bis zur Beschlussfassung ihre Willenserklärung widerrufen.[30] Ratsam ist es deshalb, in der Gesellschaftsversammlung die Vereinbarung einer festen Frist, bis zu der die anwesenden Gesellschafter an ihre Erklärung gebunden sind, durch den Notar protokollieren zu lassen.[31]

11 c) **Stimmrechtsausschluss nach Gesellschaftsvertrag.** Umstritten ist, welche Auswirkungen ein im Gesellschaftsvertrag vereinbarter **Ausschluss des Stimmrechts** auf das Zustimmungserfordernis hat. Ein solcher Ausschluss ist nach Ansicht des BGH grundsätzlich zulässig.[32] Nach einer Mindermeinung soll dieser Ausschluss dazu führen, dass ein Zustimmungserfordernis zum Umwandlungsbeschluss nicht besteht.[33] Dies wird jedoch von der hM zu Recht abgelehnt.[34] Der Umwandlungsbeschluss betrifft eine so umfassende Umstrukturierung der bestehenden Gesellschafterstellung, dass er damit den Kernbereich der Mitgliedschaft tangiert. Auch der BGH hatte bereits Gelegenheit, sich zu einem Stimmrechtsausschluss im Falle einer Beeinträchtigung des Kernbereichs der Mitgliedschaft zu äußern und hat sich dafür ausgesprochen, dass dem Gesellschafter insoweit sein Stimmrecht in der Gesellschafterversammlung erhalten bleibt.[35] Auch ein stimmrechtsloser Gesellschafter muss also am Umwandlungsbeschluss mitwirken.

12 Anders liegt es, wenn im Falle der GmbH & Co. KG die Gesellschafter der Komplementär-GmbH zugleich Kommanditisten der KG sind. Hier hat der BGH von der oben genannten Regel eine Ausnahme gemacht. Eine Zustimmung seitens der nichtstimmberechtigten Komplementär-GmbH zu einem den **Kernbereich der Mitgliedschaft betreffenden Beschluss** soll danach entbehrlich sein, da anderenfalls in KG und Komplementär-GmbH eine gleichmäßige Willensbildung in der Gesellschafterversammlung, die unablässlich für eine „Verzahnung der Gesellschaften" ist, nicht stattfinden kann.[36]

22 *Windbichler*, GesR, § 37 Rn 10.
23 *Kallmeyer*, GmbHR 1996, 80, 82; Kallmeyer/*Dirksen/Blasche*, § 217 Rn 4.
24 Semler/Stengel/*Schlitt*, § 217 Rn 9.
25 § 217 Abs. 1 Hs 2.
26 Lutter/*Joost*, § 217 Rn 3; Kallmeyer/*Dirksen/Blasche*, § 217 Rn 3.
27 § 193 Abs. 3 S. 1.
28 Widmann/Mayer/*Vossius*, § 217 Rn 36; Semler/Stengel/*Schlitt*, § 217 Rn 10.
29 Semler/Stengel/*Schlitt*, § 217 Rn 10.
30 Widmann/Mayer/*Vossius*, § 217 Rn 91; differenzierter Semler/Stengel/*Schlitt*, § 217 Rn 10, der zusätzlich das Abwarten einer angemessenen Frist fordert.
31 Widmann/Mayer/*Vossius*, § 217 Rn 92; Semler/Stengel/*Schlitt*, § 217 Rn 10.
32 BGH NJW 1960, 963, 964.
33 Goutier/Knopf/Tulloch/*Laumann*, § 217 Rn 19 f.
34 Lutter/*Joost*, § 217 Rn 6; Widmann/Mayer/*Vossius*, § 217 Rn 42; Semler/Stengel/*Schlitt*, § 217 Rn 12; jetzt auch: Sagasser/Bula/Brünger/*Sagasser/Luke*, § 26 Rn 135.
35 BGHZ 20, 363, 369 f.
36 BGH NJW 1993, 2100, 2100 f.

d) **Zustimmungspflicht.** Eine Zustimmungspflicht zum Umwandlungsbeschluss ist nur in sehr engen Grenzen anzunehmen. Die **allgemeine Treuepflicht** unter Gesellschaftern kann nach hM grundsätzlich zu einer Pflicht führen, seine Stimme gebunden abzugeben.[37] Diese Verpflichtung findet aber dort seine Grenze, wo die Beschlussfassung ein Grundlagengeschäft betrifft, da davon ausgegangen wird, dass der Gesellschafter den Gesellschaftsvertrag nur zu den dort niedergelegten Konditionen akzeptiert hat.[38] Ausnahmsweise soll dennoch eine aus der Treuepflicht erwachsene Zustimmungspflicht bestehen, wenn der Formwechsel im Interesse der Gesellschaft dringend erforderlich ist.[39] Ein dringendes Erfordernis soll bspw in der Angewiesenheit auf Mittel aus dem Kapitalmarkt liegen.[40] 13

Von der Zustimmungspflicht streng zu unterscheiden ist die **tatsächliche Zustimmungserklärung.** Die Zustimmungspflicht ersetzt die tatsächliche Erklärung nicht.[41] Der Gesellschafter kann also einer aus der Treuepflicht abgeleiteten Verpflichtung entgegen dieser Verpflichtung abstimmen und so den Formwechsel zum Scheitern bringen. Die übrigen Gesellschafter können dann nur im Klagewege Abhilfe schaffen, indem die Stimmabgabe durch Rechtskraft eines entsprechenden Urteils fingiert wird.[42] 14

Eine Verpflichtung des Gesellschafters zu einer gebundenen Stimmabgabe kann auch aus einem **Stimmbindungsvertrag** erwachsen. Ein solcher Vertrag ist zulässig, allerdings handelt es sich hierbei ausschließlich um eine schuldrechtliche Vereinbarung, die die gesellschaftsrechtlichen Rechtsverhältnisse unberührt lässt.[43] Die schuldrechtliche Verpflichtung ersetzt auch hier die tatsächliche Abgabe der Stimme nicht. Eine pflichtwidrig abgegebene Stimme macht die Stimmabgabe nicht unwirksam.[44] Sie kann den Umwandlungsbeschluss zum Scheitern bringen. Der Beschluss ist nicht anfechtbar, der Gesellschafter macht sich aber ggf schadensersatzpflichtig.[45] Auch können die übrigen Gesellschafter im Klagewege die Fiktion der Stimmabgabe herbeiführen.[46] 15

2. Ausnahme: Mehrheitsentscheidung der Gesellschafter. a) Vorsehen im Gesellschaftsvertrag. Im Grundsatz gilt: Die Beschlussfassung bei der Herbeiführung eines Umwandlungsbeschlusses hat einstimmig zu erfolgen.[47] § 217 Abs. 1 S. 1 hält damit an dem im gesamten Recht der Personenhandelsgesellschaften aufzufindenden Grundsatz fest.[48] Das Gesetz macht aber von dieser Regel eine Ausnahme, indem es in § 217 Abs. 1 S. 2 und 3 eine **Mehrheitsentscheidung der Gesellschafter** anerkennt. Bedingung ist, dass eine solche Mehrheitsentscheidung im Gesellschaftsvertrag der Personenhandelsgesellschaft vorgesehen ist. Es ist hinreichend, wenn der Gesellschaftsvertrag gezielt noch einmal geändert wird, um den Umwandlungsbeschluss zu ermöglichen.[49] 16

Hinweis: Auf diese Weise kann die Gründerverantwortlichkeit eines Gesellschafters, der zwar nicht prinzipiell den Formwechsel ablehnt, aber das Risiko der Gründerhaftung scheut, umgangen werden.[50] Der Gesellschafter stimmt dann der Änderung des Gesellschaftsvertrags zu und enthält sich schließlich in der Abstimmung zum Umwandlungsbeschluss. Er gilt dann nicht als Gründer iSd § 219, gleichwohl aber kann die Umwandlung durchgeführt werden, was bei dem Erfordernis der Einstimmigkeit nach § 217 Abs. 1 S. 1 aufgrund seiner Enthaltung nicht möglich gewesen wäre.[51]

37 MüKo-HGB/*Enzinger*, § 119 Rn 25.
38 *A. Hueck*, Das Recht der OHG, § 11 III 3.
39 Mit gleicher Argumentation aber allgemein zur Änderung des Gesellschaftsvertrags statt vieler BGHZ 44, 40, 41 f.
40 Semler/Stengel/*Schlitt*, § 217 Rn 13.
41 Semler/Stengel/*Schlitt*, § 217 Rn 14; Kallmeyer/*Dirksen/Blasche*, § 217 Rn 5.
42 § 894 ZPO; vgl BGHZ 48, 163, 174; MüKo-ZPO/*Gruber*, § 894 Rn 1.
43 BGH NJW 1951, 268 f; MüKo-HGB/*Enzinger*, § 119 Rn 36.
44 HM; RGZ 107, 67, 70; BGH WM 1973, 842, 844; Lutter/*Joost*, § 217 Rn 8.
45 MüKo-HGB/*Enzinger*, § 119 Rn 38.
46 S. Rn 14.
47 § 217 Abs. 1 S. 1 Hs 1.
48 Vgl Begr. RegE zu § 217, BR-Drucks. 75/94, 149.
49 Lutter/*Joost*, § 217 Rn 11.
50 Lutter/*Joost*, § 219 Rn 5; Kallmeyer/*Dirksen/Blasche*, § 217, Rn 7.
51 Lutter/*Joost*, § 219 Rn 5; Kallmeyer/*Dirksen/Blasche*, § 217, Rn 7; Semler/Stengel/*Schlitt*, § 219 Rn 7.

17 Welche **Anforderungen an gesellschaftsvertragliche Bestimmungen**, nach der die Umwandlung durch Mehrheitsentscheidung herbeigeführt werden kann, zu stellen sind, ist unklar. Teilweise wird verlangt, dass neben der Zulassung von Mehrheitsentscheiden auch die Art der Umwandlung (Verschmelzung, Spaltung oder Formwechsel) näher bezeichnet wird.[52] Dieses Erfordernis wird aus dem Bestimmtheitsgrundsatz abgeleitet. Zu Recht lehnen andere diese sehr weitgehende Anforderung aber ab.[53] Zwar kann das Argument, die Gesellschaft bestehe bei einem Formwechsel fort, nicht überzeugen.[54] Denn freilich handelt es sich auch bei einem Formwechsel um eine massive Beeinträchtigung mitgliedschaftlicher Rechte. Es ist aber nicht ersichtlich, welchen gravierenden Unterschied es machen soll, wenn die Klausel „Umwandlungen" zulässt oder „Umwandlungen wie Verschmelzung, Spaltung und Formwechsel". Das Argument, der rechtsungewandte Anteilsinhaber sei bei nicht weiterer Ausdifferenzierung der Umwandlungsmöglichkeiten überfordert, kann deshalb auch nicht überzeugen. Für den rechtlichen Laien wird es keinen Unterschied machen, ob die gesellschaftsvertragliche Klausel die Termini „Verschmelzung, Spaltung und Umwandlung" oder den Begriff „Umwandlung" verwendet. § 1 UmwG enthält darüber hinaus eine Legaldefinition des Begriffs „Umwandlung", so dass auch aus diesem Grund eine weitere Ausdifferenzierung nicht geboten erscheint. Den Anforderungen des Bestimmtheitsgrundsatzes ist deshalb mit Angabe der Mehrheitsentscheidung zur „Umwandlung" im Gesellschaftsvertrag entsprochen.

Hinweis: Um dem Risiko einer fehlerhaften Beschlussfassung zu entgehen, ist, da die Auffassung streitig ist, gleichwohl zu empfehlen, die Arten der Umwandlung in der Bestimmung des Gesellschaftsvertrags mit anzugeben.[55]

18 **b) Qualifizierte Mehrheit (Abs. 1 S. 3).** Eine Mehrheitsbeschlussfassung über einen Formwechselbeschluss ist ausschließlich mit einer qualifizierten Mehrheit von mindestens **drei Vierteln der abgegebenen Stimmen** möglich.[56] Der Gesetzgeber hielt dies aufgrund der hohen Bedeutung des Vorgangs für notwendig.[57] § 217 Abs. 1 S. 3 ist als Mindestanforderung zwingenden Rechts.[58] Eine höhere Mehrheitsanforderung kann jedoch bedenkenlos im Gesellschaftsvertrag vereinbart werden.[59] Richtigerweise muss die qualifizierte Mehrheit in der Gesellschafterversammlung erreicht werden.[60] Dies lässt sich aus dem insoweit eindeutigen Wortlaut des § 217 Abs. 1 S. 3 schließen, der sich auf die in der Gesellschafterversammlung abgegebenen Stimmen bezieht.[61] In der Praxis ist, entgegen der Gesetzeskonzeption, eine Abstimmung nach Kapitalanteilen das übliche Vorgehen,[62] was unter dem Gesichtspunkt der Vertragsfreiheit unbedenklich ist.[63] Für die Berechnung der erforderlichen Mehrheit ist immer auf die abgegebenen Stimmen abzustellen. Die Zustimmung der Mehrheit der Gesellschafter ist nicht entscheidend.[64]

19 **c) Mehrheitsmacht und ihre Schranken: Materielle Überprüfung des Gesellschafterbeschlusses?** Sehr umstritten ist die Frage, ob ein durch Mehrheitsentscheidung herbeigeführter Umwandlungsbeschluss noch einer weiteren **materiellen Überprüfung** unterliegt. Nach Ansicht des BGH ist eine solche materielle Überprüfung grundsätzlich dann erforderlich, wenn es sich um Beschlussgegenstände handelt, die in „schlechthin unverzichtbare oder in relativ unentziehbare, dh in nur mit (ggf antizipierter) Zustimmung des einzelnen Gesellschafters oder aus wichtigem Grund entziehbare Mitgliedschaftsrechte" eingreift.[65] Der Formwechselbeschluss stellt nach einer teilweise vertretenen Ansicht einen solchen Beschluss dar, so dass auch dieser einer

52 Zur Verschmelzung diesbezüglich ausdrücklich *Streck/Mack/Schwedhelm*, GmbHR 1995, 161, 169.
53 Semler/Stengel/*Schlitt*, § 217 Rn 16; *H. Schmidt* in: FS Brandner, S. 145 f.
54 Semler/Stengel/*Schlitt*, § 217 Rn 16; *Vossius* in: UmwG, Loseblatt, Stand August 2008, § 217 Rn 42.
55 Semler/Stengel/*Schlitt*, § 217 Rn 16.
56 § 217 Abs. 1 S. 3.
57 Begr. RegE zu § 217, BR-Drucks. 75/94, 149.
58 Semler/Stengel/*Schlitt*, § 217 Rn 20; Lutter/*Joost*, § 217 Rn 16.
59 Semler/Stengel/*Schlitt*, § 217 Rn 20; Lutter/*Joost*, § 217 Rn 16.
60 Lutter/*Joost*, § 217 Rn 16 f; Kallmeyer/*Dirksen/Blasche*, § 217 Rn 8; Semler/Stengel/*Schlitt*, § 217 Rn 19.
61 Lutter/*Joost*, § 217 Rn 17; Kallmeyer/*Dirksen/Blasche*, § 217 Rn 8; Semler/Stengel/*Schlitt*, § 217 Rn 19.
62
63 Semler/Stengel/*Schlitt*, § 217 Rn 20; *Vossius* in: UmwG, Loseblatt, Stand August 2008, § 217 Rn 86.1.
64 Lutter/*Joost*, § 217 Rn 18.
65 BGH NJW 2007, 1685, 1687.

besonderen materiellen Überprüfung bedarf.[66] Die hM will dagegen keine materielle Kontrolle des Umwandlungsbeschlusses vornehmen.[67] Dieser Ansicht ist zu folgen. Denn auch der Gesetzgeber hat sogar ausdrücklich zum Ausdruck gebracht, dass er es für ausgeschlossen hält, eine materielle Beschlusskontrolle speziell nur für eine Beschlussart, etwa den Verschmelzungsbeschluss oder Formwechselbeschluss, zu regeln.[68] Im Übrigen ist der Gesellschafter durch die umwandlungsrechtlichen Informations- und Ausgleichsrechte weitgehend geschützt.[69] Auch das hiergegen ins Feld geführte Argument, dass die Sicherung der Gesellschafter die Frage unberührt lasse, ob der Gesellschafter die Umwandlung überhaupt hinzunehmen habe, geht schon deswegen ins Leere, weil der Gesellschafter sich mit Abschluss des Gesellschaftsvertrags bewusst auf das Risiko eingelassen hat, dass ein Umwandlungsbeschluss auch entgegen seiner eigenen Stimme mit Mehrheitsbeschluss herbeigeführt werden kann.

d) Nicht erschienene Gesellschafter. Wie auch im Falle der einstimmigen Beschlussfassung müssen auch **nicht erschienene Gesellschafter** dem Beschluss zustimmen.[70] Die Stimmen nicht erschienener Gesellschafter können also auch noch im Nachhinein einen Umwandlungsbeschluss zustande bringen, wenn durch die Stimmabgabe die erforderliche qualifizierte Mehrheit komplettiert wird.[71] Dass dies zulässig ist, lässt sich aus § 217 Abs. 1 S. 1 schließen, der eine vorherige oder nachträgliche Stimmabgabe der Gesellschafter fordert.[72] 20

IV. Mitwirkung Dritter

1. Zustimmung mittelbar Beteiligter. Mittelbar Beteiligte müssen als Dritte dem Formwechsel grundsätzlich nicht zustimmen.[73] Dies ist dem Gesetz zu entnehmen, das in § 217 Abs. 1 S. 1 nur von „Gesellschafter" spricht. Eine mittelbare Unternehmensbeteiligung kann etwa in einem Nießbrauch an Anteilen, einer Treuhand an Anteilen oder einer stillen Beteiligung liegen.[74] Hat der Gesellschafter einem Dritten ein Nießbrauch an einer Mitgliedschaft bestellt, wie es praktisch besonders häufig zur Absicherung des künftigen Erblassers bei der Realisierung einer vorweggenommenen Erbfolge passiert, kommt es für den Umwandlungsbeschluss nicht auf die Zustimmung des Nießbrauchers an, da das Stimmrecht nach hM bei dem Nießbrauchbesteller verbleibt.[75] Bei einer treuhänderischen Beteiligung wird der Gesellschaftsanteil an einen Dritten, den Treuhänder, übertragen. Dieser wird Mitglied des Verbandes und ist durch Treuhandvertrag mit dem Treugeber intern gebunden.[76] In dieser Konstellation ändert sich also die dingliche Rechtslage, so dass es auf die Zustimmung des Treugebers nicht mehr ankommt.[77] Im Falle einer stillen Beteiligung kommt dem stillen Gesellschafter aufgrund des Grundlagencharakters der Umwandlung ein Zustimmungsrecht zum Formwechsel zu.[78] Diese wirkt indes nur intern und ist für die Wirksamkeit des Formwechselbeschlusses unerheblich.[79] 21

2. Weitere Dritte. Bei einer Beteiligung von **Minderjährigen** wird im Schrifttum durchgängig eine entsprechende Anwendung der §§ 1643, 1822 Nrn. 3 und 10 BGB auch für die Fassung eines Formwechselbeschlusses befürwortet.[80] Demnach bedarf es zu einer Stimmabgabe durch 22

66 Lutter/*Joost*, § 217 Rn 15; vgl auch Goutier/Knopf/Tulloch/*Laumann*, § 217 Rn 12.
67 Semler/Stengel/*Schlitt*, § 217 Rn 21; Lutter/*Decher/Hoger*, § 193 Rn 9; Kallmeyer/*Zimmermann*, § 193 Rn 10; *Binnewies*, GmbHR 1997, 727, 733; *Bayer*, ZIP 1997, 1613, 1624; *Heckschen*, DB 1998, 1385, 1392; *Meyer-Landrut/Kiem*, WM 1997, 1361, 1364 f.
68 Begr. RegE zu § 13, BR-Drucks. 75/94, 86.
69 Semler/Stengel/*Schlitt*, § 217 Rn 21; Lutter/*Decher/Hoger*, § 193 Rn 9.
70 § 217 Abs. 1 S. 1 Hs 2.
71 Semler/Stengel/*Schlitt*, § 217 Rn 22.
72 Semler/Stengel/*Schlitt*, § 217 Rn 20; aA Lutter/*Drygala*, § 13 Rn 14; Lutter/H. Schmidt, § 43 Rn 6; Kallmeyer/*Zimmermann*, § 43 Rn 14; Lutter/*Joost*, § 217 Rn 16.
73 Semler/Stengel/*Schlitt*, § 217 Rn 26.
74 Vgl hierzu detailliert MüKo-HGB/*K. Schmidt*, Vor § 230; *K. Schmidt*, GesR § 61 I 1.
75 MüKo-BGB/*Pohlmann*, § 1068 Rn 20; Sudhoff/*Schlitt*, § 37 Rn 16; Semler/Stengel/*Schlitt* § 217 Rn 26.
76 *K. Schmidt*, GesR, § 61 III 2.
77 Widmann/Mayer/*Vossius*, § 217 Rn 50; Semler/Stengel/*Schlitt*, § 217 Rn 26.
78 Semler/Stengel/*Schlitt*, § 217 Rn 26, *Schlitt/Beck*, NZG 2001, 688, 689 f.
79 Semler/Stengel/*Schlitt*, § 217 Rn 26; vgl auch Lutter/*Joost*, § 217 Rn 4.
80 Kallmeyer/*Dirksen/Blasche*, § 217 Rn 16; Semler/Stengel/*Schlitt*, § 217 Rn 27; Lutter/*Joost*, § 217 Rn 9.

die Eltern als gesetzliche Vertreter zusätzlich der Genehmigung des Familiengerichts, sofern der Minderjährige durch den Formwechselbeschluss Gefahr läuft, einer persönlichen Haftung ausgesetzt zu werden.[81] Dies ist etwa der Fall, wenn er gem. §§ 197 S. 1, 219 als Gründer haften würde oder bei einem Formwechsel in die Rechtsform der KGaA gem. § 217 Abs. 3 die Stellung eines persönlich haftenden Gesellschafters einnehmen soll. Einer Zustimmung des Familiengerichts bedarf es bei einer Stimmabgabe gegen den Formwechsel nicht, da § 219 S. 2 nur von einer Haftung der für den Formwechsel stimmenden Gesellschafter ausgeht.[82]

23 Einer Einwilligung des im gesetzlichen Güterstand der Zugewinngemeinschaft lebenden **Ehepartners** bedarf es nach neuem Recht nicht mehr. Nach früherem Recht war der Formwechsel konzeptionell als übertragende Umwandlung ausgestaltet, so dass von einer Verfügung iSd § 1365 BGB auszugehen war.[83] Nach der heutigen rechtlichen Ausgestaltung gilt jedoch bei einem Formwechsel das Prinzip der Identitätswahrung, so dass der Rechtsträger erhalten bleibt und von einer Verfügung nicht mehr auszugehen ist.[84]

24 Aufgrund des Grundlagencharakters eines Formwechsels ist, soweit **Testamentsvollstreckung** angeordnet ist, neben der Zustimmung des Testamentsvollstreckers die Zustimmung der Erben einzuholen.[85]

V. Beschlussmängel

25 Zu der **Einordnung** als Nichtbeschluss, nichtiger, unwirksamer oder anfechtbarer Beschluss sowie zu den **Rechtsfolgen** von Mängeln des Formwechselbeschlusses vgl bereits die Erläuterungen zu § 193 Rn 13.

VI. Namentliche Aufführung der Gesellschafter (Abs. 2)

26 Gem. § 193 Abs. 3 S. 1 ist der Umwandlungsbeschluss notariell zu beurkunden. Im Falle der Mehrheitsentscheidung sind gem. § 217 Abs. 2 die Gesellschafter, die für den Formwechsel gestimmt haben, in der Niederschrift **namentlich aufzuführen**. Diese Regelung dient der Transparenz hinsichtlich einer Haftung nach § 219 S. 2, da nur diejenigen als Gründer iSd Vorschrift gelten, die dem Formwechsel zugestimmt haben.[86]

VII. Formwechsel in eine KGaA (Abs. 3)

27 Wird die Personenhandelsgesellschaft in eine KGaA umgewandelt, so müssen dem Formwechsel alle Gesellschafter zustimmen, die in der Gesellschaft die **Stellung eines persönlich haftenden Gesellschafters** erhalten sollen.[87] Der Gesetzgeber wollte dem zukünftigen persönlich haftenden Gesellschafter die Übernahme dieser Haftung ohne sein Einverständnis nicht zumuten.[88] § 217 Abs. 3 findet nur Anwendung, wenn sich ein bisheriger Gesellschafter zur persönlichen Haftung bereit erklärt. Der Fall, dass ein neuer Gesellschafter der Gesellschaft als persönlich haftender Gesellschafter hinzutritt, ist hingegen von § 217 Abs. 3 nicht erfasst, da die Norm nach ihrem eindeutigen Wortlaut nur für „Gesellschafter" gilt. Vielmehr findet hier § 221 Anwendung.[89] Das Zustimmungserfordernis besteht auch dann, wenn der Gesellschafter bereits im Ausgangsrechtsträger die Stellung eines persönlich haftenden Gesellschafters innehatte.[90]

81 Kallmeyer/*Dirksen/Blasche*, § 217 Rn 16; Semler/Stengel/*Schlitt*, § 217 Rn 27; Lutter/*Joost*, § 217 Rn 9.
82 Vgl Semler/Stengel/*Schlitt*, § 217 Rn 27.
83 Lutter/*Joost*, § 217 Rn 10.
84 Lutter/*Joost*, § 217 Rn 10; Semler/Stengel/*Schlitt*, § 217 Rn 28.
85 Kallmeyer/*Dirksen/Blasche*, § 217 Rn 16; Semler/Stengel/*Schlitt*, § 217 Rn 29.
86 Begr. RegE zu § 217, BR-Drucks. 75/94, 149.
87 § 217 Abs. 3.
88 Begr. RegE § zu 217, BR-Drucks. 75/94, 149.
89 Widmann/Mayer/*Vossius*, § 217 Rn 132; Semler/Stengel/*Schlitt*, § 217 Rn 40.
90 Widmann/Mayer/*Vossius*, § 217 Rn 133; Lutter/*Joost*, § 217 Rn 21.

§ 218 Inhalt des Umwandlungsbeschlusses

(1) [1]In dem Umwandlungsbeschluß muß auch der Gesellschaftsvertrag der Gesellschaft mit beschränkter Haftung oder die Satzung der Genossenschaft enthalten sein oder die Satzung der Aktiengesellschaft oder der Kommanditgesellschaft auf Aktien festgestellt werden. [2]Eine Unterzeichnung der Satzung durch die Mitglieder ist nicht erforderlich.

(2) Der Beschluß zur Umwandlung in eine Kommanditgesellschaft auf Aktien muß vorsehen, daß sich an dieser Gesellschaft mindestens ein Gesellschafter der formwechselnden Gesellschaft als persönlich haftender Gesellschafter beteiligt oder daß der Gesellschaft mindestens ein persönlich haftender Gesellschafter beitritt.

(3) [1]Der Beschluß zur Umwandlung in eine Genossenschaft muß die Beteiligung jedes Mitglieds mit mindestens einem Geschäftsanteil vorsehen. [2]In dem Beschluß kann auch bestimmt werden, daß jedes Mitglied bei der Genossenschaft mit mindestens einem und im übrigen mit so vielen Geschäftsanteilen, wie sie durch Anrechnung seines Geschäftsguthabens bei dieser Genossenschaft als voll eingezahlt anzusehen sind, beteiligt wird.

I. Normzweck

Die Norm stellt eine **spezielle Regelung** zu § 194 dar. Während Abs. 1 eine Regelung für einen Formwechsel in eine Kapitalgesellschaft oder eine eG trifft, befasst sich Abs. 2 nur mit dem Beschluss eines Formwechsels in eine KGaA. Abs. 3 hat nur den Formwechsel in eine eG zum Gegenstand. 1

2 § 218 regelt im Speziellen weitere, über § 194 hinausgehende **Anforderungen an den Inhalt des Umwandlungsbeschlusses.** § 218 Abs. 1 S. 1 statuiert dabei, dass in dem Umwandlungsbeschluss auch der Gesellschaftsvertrag der GmbH, die Satzung der eG enthalten sein oder die Satzung der AG bzw der KGaA festgestellt werden muss.[1] Diese Einbeziehung in den Umwandlungsbeschluss hat der Gesetzgeber aufgrund der erheblichen strukturellen Unterschiede zwischen Personenhandelsgesellschaften einerseits und Kapitalgesellschaften andererseits bei einem Formwechsel für notwendig erachtet.[2] § 218 Abs. 1 S. 2 bestimmt, dass eine **Unterzeichnung** der Satzung der Zielgesellschaft **nicht erforderlich** ist. Diese Bestimmung betrifft ausweislich der eindeutigen gesetzgeberischen Intention nur die Satzung der eG.[3] Die Norm soll in Anbetracht eines ggf hohen Gesellschafterkreises und der im Regelfall obligatorischen Unterzeichnung der Satzung durch alle Mitglieder der eG dieses Umwandlungserschwernis beseitigen.[4]

3 § 218 Abs. 2 regelt, der Rechtsnatur der KGaA entsprechend, dass der Beschluss eines **Formwechsels einer Personenhandelsgesellschaft in eine KGaA** vorsehen muss, dass sich an der Gesellschaft neuer Rechtsform mindestens ein Gesellschafter der formwechselnden Gesellschaft als persönlich haftender Gesellschafter beteiligen muss.[5] Er kann auch vorsehen, dass der Gesellschaft ein neuer, persönlich haftender Gesellschafter beitritt.[6] Letztere Variante war – für den Formwechsel einer GmbH oder einer AG in eine KGaA – bereits in § 362 Abs. 2 S. 1 und § 389 Abs. 2 S. 1 AktG aF vorgesehen, nach dessen Regelungsgehalt ein persönlich haftender Gesellschafter bei einer formwechselnden Umwandlung einer GmbH oder einer AG in eine KGaA auch neu beitreten konnte.

4 Abs. 3 konkretisiert § 194 Abs. 1 Nr. 3 und bestimmt, dass die Mitgliedschaft in der Genossenschaft die Beteiligung mit mindestens einem Geschäftsanteil voraussetzt.[7]

II. Der Gesellschaftsvertrag und Satzung als Teil des Umwandlungsbeschlusses

5 **1. Enthalten / festgestellt sein.** Die Norm geht, je nach in Rede stehender Gesellschaftsform der Zielgesellschaft, davon aus, dass das jeweilige Statut im Umwandlungsbeschluss enthalten sein (so bei der GmbH oder der Genossenschaft) oder dort festgestellt sein muss (so bei der AG oder der KGaA). Diese differierende Bezeichnung ist der **unterschiedlichen Nomenklatur** im Recht der jeweiligen Rechtsform geschuldet.[8] Während im Aktienrecht, also bei AG und KGaA, der Abschluss des Gesellschaftsvertrags als „Satzungsfeststellung" bezeichnet wird,[9] wird bei den übrigen Gesellschaftsformen der Gesellschaftsvertrag „geschlossen". Eine weitere Bedeutung hat die sprachliche Nuance nicht.

6 **2. Nähere Anforderungen an den Umwandlungsbeschluss.** In dem Formwechselbeschluss muss gem. § 218 Abs. 1 S. 1 der Gesellschaftsvertrag oder die Satzung des Zielrechtsträgers **vollständig** enthalten bzw festgestellt sein. Auch nicht zwingende Regelungen, die das Statut in der Praxis regelmäßig enthalten wird, sind hiervon erfasst.[10] Eine Angabe bloß der gesetzlichen Mindestbestimmungen, wenn außerhalb des Umwandlungsbeschlusses weitere Abreden getroffen werden, ist nicht hinreichend.[11]

7 Gem. § 193 Abs. 3 ist der Umwandlungsbeschluss **notariell zu beurkunden.** Nach hM ist eine Unterzeichnung des Statuts der Zielgesellschaft nicht erforderlich.[12] Eine aA hegt hiergegen trotz praktischer Vorzüge Bedenken, da das UmwG in § 197 Abs. 1 die Anwendung der Gründungsvorschriften des Zielrechtsträgers regelt, in denen die Unterzeichnung des Statuts aus-

1 § 218 Abs. 1 S. 1.
2 Begr. RegE zu § 218, BR-Drucks. 75/94, 149.
3 Begr. RegE zu § 218, BR-Drucks. 75/94, 149; vgl Schmitt/Hörtnagl/Stratz/*Stratz*, § 218 Rn 5; Semler/Stengel/*Schlitt*, § 218 Rn 1; Widmann/Mayer/*Vossius*, § 217 Rn 28.
4 Begr. RegE zu § 218, BR-Drucks. 75/94, 149.
5 § 218 Abs. 2 S. 1 Var. 1.
6 § 218 Abs. 2 S. 1 Var. 2.
7 Begr. RegE zu § 219, BR-Drucks. 75/94, 149.
8 Schmitt/Hörtnagl/Stratz/*Stratz*, § 218 Rn 4.
9 *Hüffer*, § 23 AktG Rn 6.
10 Semler/Stengel/*Schlitt*, § 218 Rn 5.
11 Schmitt/Hörtnagl/Stratz/Stratz, § 218 Rn 3; Semler/Stengel/*Schlitt*, § 218, Rn 5.
12 Semler/Stengel/*Schlitt*, § 218, Rn 6; Kallmeyer/*Dirksen/Blasche*, § 218 Rn 2; Schmitt/Hörtnagl/Stratz/*Stratz*, § 218 Rn 5.

drücklich angeordnet wird.[13] Dem ist dennoch nicht zuzustimmen. § 197 S. 1 ordnet die Gründungsvorschriften nur an, „soweit sich“ aus dem Fünften Buch des UmwG „nichts anderes ergibt“.[14] Gerade aus § 218 aber ergibt sich insoweit „etwas anderes“, da der Formwechsel nicht durch Gründungsakt, sondern durch Beschlussfassung einer bereits bestehenden und auch bestehen bleibenden Gesellschaft geschieht.[15] Auch ist der aus der Existenz der § 218 Abs. 1 S. 2 und § 244 Abs. 2 gezogene Rückschluss auf die Notwendigkeit einer Unterzeichnung in den vom Gesetz hier nicht geregelten Fällen keinesfalls zwingend, etwa wenn man von einer Normierung bloß deklaratorischer Art ausginge, was der Gesetzgeber iÜ auch tut.[16] Mehr noch: In der gesetzgeberischen Deklaration des § 244 Abs. 2 als „Klarstellung“ liegt das entscheidende Argument gegen eine grundsätzliche Unterzeichnungspflicht der Gesellschafter.

Hinweis: Zwar entspricht es der hM, dass es einer Unterzeichnung des Gesellschaftsstatuts des Zielrechtsträgers nicht bedarf. In der Praxis ist jedoch zu empfehlen, einer Unterzeichnung durch die dem Beschluss zustimmenden Gesellschafter vornehmen zu lassen, um kautelarjuristisch rechtlichen Konflikten schon im Vorhinein zu begegnen.

III. Formwechsel in eine AG oder KGaA

Wird eine Personenhandelsgesellschaft in eine AG oder KGaA umgewandelt, muss die künftige Satzung im Umwandlungsbeschluss der Gesellschafterversammlung festgestellt werden.[17] Da § 197 S. 1 die Gründungsvorschriften des Zielrechtsträgers für anwendbar erklärt, soweit sich aus dem Fünften Buch des UmwG nichts anderes ergibt, muss die Satzung neben den Vorschriften des UmwG auch den **Mindestanforderungen des AktG** entsprechen.[18] 8

1. Formwechsel in eine AG. a) Firma und Sitz der Gesellschaft (§ 194 Abs. 1 Nr. 2, § 23 Abs. 3 Nr. 1 AktG). Für die Voraussetzung der Bestimmung der Firma der Gesellschaft ist auf § 194 Abs. 1 Nr. 2 abzustellen, der vorrangig Anwendung findet. Demnach muss die **Firma der Gesellschaft neuer Rechtsform** angegeben werden. Es sind die üblichen Voraussetzungen des § 18 HGB einzuhalten. So muss die Firma Unterscheidungskraft haben und darf nicht irreführend sein.[19] Die Firma muss zwingend den Rechtsformzusatz „Aktiengesellschaft“ oder eine allgemein verständliche Abkürzung dieser Bezeichnung, idR „AG“ (§ 4 AktG), enthalten.[20] Der vorige Rechtsformzusatz ist insoweit zu ändern.[21] 9

Die Satzung muss weiterhin gem. § 23 Abs. 3 Nr. 1 den **Sitz der Gesellschaft** bestimmen. Hierbei muss es sich grundsätzlich um einen Ort im Inland handeln.[22] Nur die satzungsmäßigen Bestimmungen sind für den Sitz maßgeblich. Unerheblich sind tatsächliche Gegebenheiten, insb. der Ort des Betriebes oder der Sitz der Geschäftsleitung.[23] 10

b) Gegenstand des Unternehmens (§ 23 Abs. 3 Nr. 2 AktG). Es muss der **Gegenstand des Unternehmens** in der Satzung angegeben werden.[24] Hierbei darf es sich nicht um eine zu allgemeine Bezeichnung handeln. Der Unternehmensgegenstand muss vielmehr hinreichend individualisiert sein.[25] Nach den von der Rechtsprechung hierzu entwickelten Grundsätzen muss in groben Zügen erkennbar sein, welchem Tätigkeitsbereich sich die Gesellschaft widmet und welchem Geschäftszweig als Sachbereich des Wirtschaftslebens bzw nichtwirtschaftlichen Bereichs sie zuzuordnen ist.[26] Bei Industrie- und Handelsunternehmen muss die Art der Erzeugnisse und Waren, die hergestellt und gehandelt werden sollen, näher angegeben werden.[27] 11

13 Lutter/*Joost*, § 218 Rn 3.
14 § 197 S. 1.
15 Widmann/Mayer/*Vossius*, § 217 Rn 31; Schmitt/Hörtnagl/Stratz/*Stratz*, § 218 Rn 5.
16 Begr. RegE zu § 244, BR-Drucks. 75/94, 157.
17 § 218 Abs. 1 S. 1.
18 § 23 Abs. 3, 4 AktG.
19 *Windbichler*, GesR, § 26 Rn 2; *K. Schmidt*, Handelsrecht, UR I, § 12 III. 1. b).
20 *K. Schmidt*, Handelsrecht, UR I, § 12 III. 1. c).
21 *Kögel*, GmbHR 1996, 168, 174.
22 § 5 AktG.
23 *Hüffer*, § 5 AktG Rn 8.
24 § 23 Abs. 3 Nr. 2 AktG.
25 *Blasche*, DB 2011, 517 f.
26 OLG Düsseldorf DB 2011, 168, 169; OLG Hamm DB 2005, 2292, 2293.
27 § 23 Abs. 3 Nr. 2 Hs 2 AktG.

12 c) **Höhe des Grundkapitals (§ 23 Abs. 3 Nr. 3 AktG).** Die Satzung muss die **Höhe des Grundkapitals** bestimmen.[28] Das Grundkapital einer AG muss auf einen Nennbetrag in Euro lauten.[29] Bei einem Formwechsel ist ein bestimmter Rahmen des Grundkapitals der Ziel-AG zwingend vorgeben. Die Untergrenze beträgt mindestens 50.000 EUR.[30] Die Obergrenze definiert § 220 Abs. 1, nach dem der Nennbetrag des Grundkapitals einer AG das nach Abzug der Schulden verbleibende Reinvermögen der formwechselnden Gesellschaft nicht übersteigen darf. Die das Grundkapital der AG übersteigende Beträge werden den Kapital- und Gewinnrücklagen zugeordnet.[31]

13 d) **Zerlegung in Nennbetrags- oder Stückaktien (§ 23 Abs. 3 Nr. 4 AktG).** Die Satzung muss Angaben darüber enthalten, ob das Grundkapital in **Nennbetrags- oder Stückaktien** zerlegt ist.[32] Handelt es sich um **Nennbetragsaktien,** hat die Satzung die Nennbeträge und die Zahl der Aktien jedes Nennbetrages zu enthalten.[33] Weitere Anforderungen an Nennbetragsaktien ergeben sich aus § 8 Abs. 2 AktG: die Nennbetragsaktien müssen danach mindestens auf 1 EUR lauten. Aktien über einen geringeren Nennbetrag sind nichtig.[34]

14 Auch bei **Stückaktien** muss die Zahl der Aktien genannt werden.[35] Stückaktien können in bestimmte Aktiengattungen eingeteilt werden, wenn die Aktien verschiedene Rechte bzgl der Verteilung des Gewinns und des Gesellschaftsvermögens gewähren.[36] Aktien mit gleichen Rechten bilden jeweils eine Gattung.[37] Sofern bei der in Rede stehenden Ziel-AG Stückaktien mit verschiedenen Gattungen entstehen sollen, müssen auch die Gattung der Aktien und die Zahl der Aktien jeder Gattung in der Satzung genannt werden.[38]

15 e) **Ausstellung als Inhaber- oder Namensaktien (§ 23 Abs. 3 Nr. 5 AktG).** Aktien können gem. § 10 Abs. 1 AktG auf den Inhaber oder auf Namen lauten. Werden die Aktien vor der vollen Leistung des Ausgabebetrags ausgegeben, müssen sie gem. § 10 Abs. 2 S. 1 AktG auf den Namen lauten. Eine Angabe, in welcher **Aktienform** die Aktien ausgestellt werden, ist in der Satzung zwingend.[39]

16 f) **Einlagen. Bareinlagen** können durch bare oder unbare Zahlungen an die Gesellschaft erbracht werden.[40] Die Pflicht zu einer solchen Einlage ist Hauptpflicht des Aktionärs und entsteht mit der Übernahme der Aktien bei Gründung.[41] In Ausnahme zu diesem Grundsatz erkennt das Aktienrecht unter bestimmten Voraussetzungen aber auch die Sacheinlage als Möglichkeit der Kapitalaufbringung an.[42] Bei einem Formwechsel in eine AG muss seitens der Gesellschafter eine besondere Bareinlage grundsätzlich nicht mehr geleistet werden.[43] Vielmehr können die Gesellschafter ihre **Einlage durch Umwandlung** der Gesellschaft alter Rechtsform in die Rechtsform der AG als Sacheinlage erbringen.[44] Dies ist entsprechend in der Satzung aufzunehmen.[45]

17 g) **Vorstand (§ 23 Abs. 3 Nr. 6 AktG).** Die Satzung muss auch Angaben über die **Zahl der Mitglieder des Vorstandes** oder die Regel, nach denen diese Zahl festgelegt wird, enthalten.[46] Als „Regel" iSd § 23 Abs. 3 Nr. 6 AktG genügt auch eine Satzungsbestimmung, nach der die Zahl der Vorstandsmitglieder durch den Aufsichtsrat bestimmt wird.[47] Der Vorstand kann dabei aus einem oder mehreren Mitgliedern bestehen.[48] Die Festlegung des Vorstandes selbst erfolgt nicht in der Satzung, sondern wird vom Aufsichtsrat durchgeführt.[49] Da gem. § 222 Abs. 1 der

28 § 23 Abs. 3 Nr. 3 AktG.
29 § 6 AktG.
30 § 7 AktG.
31 *Timmermans*, DB 1999, 948, 949.
32 § 23 Abs. 3 Nr. 4 AktG.
33 § 23 Abs. 3 Nr. 4 AktG.
34 § 8 Abs. 2 S. 2 AktG.
35 § 23 Abs. 3 Nr. 4 AktG.
36 § 11 AktG.
37 § 11 S. 2 AktG.
38 § 23 Abs. 3 Nr. 4 AktG.
39 § 23 Abs. 3 Nr. 5 AktG.
40 *K. Schmidt*, GesR, § 29 II. 1. a).
41 *Hüffer*, § 54 AktG Rn 2.
42 *Hüffer*, § 27 AktG Rn 2.
43 Semler/Stengel/*Schlitt*, § 218 Rn 40; vgl auch Kallmeyer/*Dirksen/Blasche*, § 218 Rn 26.
44 Semler/Stengel/*Schlitt*, § 218 Rn 40; Kallmeyer/*Dirksen/Blasche*, § 218 Rn 26.
45 Semler/Stengel/*Schlitt*, § 218 Rn 40.
46 § 23 Abs. 3 Nr. 6 AktG.
47 Hölters/*Solveen*, § 23 AktG Rn 27.
48 § 76 Abs. 2 S. 1 AktG; vgl Lutter/*Joost*, § 218 Rn 26.
49 § 84 AktG; Semler/Stengel/*Schlitt*, § 218 Rn 41.

Vorstand die Anmeldung des Formwechsels zur Eintragung im Handelsregister vorzunehmen hat, ist im Rückschluss zu folgern, dass seine Bestellung *vor* dem Formwechsel zu erfolgen hat.[50]

h) **Aufsichtsrat.** Gem. § 222 Abs. 1 S. 1 hat die Anmeldung des Formwechsels zur Eintragung in das Handelsregister durch alle **Mitglieder des künftigen Vertretungsorgans**, sowie, wenn der Rechtsträger nach den für die neue Rechtsform geltenden Vorschriften über einen Aufsichtsrat verfügen muss, auch durch die **Mitglieder des Aufsichtsrates** zu erfolgen. Für die AG, die zwingend über einen Aufsichtsrat verfügt, bedeutet dies, dass sowohl der Vorstand als Vertretungsorgan, als auch der Aufsichtsrat die Anmeldung zur Eintragung in das Handelsregister durchführen muss.[51]Für den Aufsichtsrat lässt sich hieraus ableiten, dass er jedenfalls vor der Eintragung zu bestellen ist.[52] Diese Bestellung erfolgt außerhalb der Satzung im Umwandlungsbeschluss.[53] 18

Hinweis: Bei der Umwandlung in eine AG sollte deshalb Wert auf die rechtzeitige Bestellung des Aufsichtsrates gelegt werden.

Bei der Neugründung einer AG geschieht die Bestellung des Aufsichtsrats als **erster Aufsichtsrat** nach dem Verfahren der §§ 30, 31 AktG. Der mit § 197 S. 2 statuierte Grundsatz der Nichtanwendbarkeit der Vorschriften über die Bildung und Zusammensetzung des ersten Aufsichtsrats gilt gem. § 197 S. 3 nicht für den Formwechsel eines Rechtsträgers in eine AG, bei dem § 31 AktG Anwendung findet.[54] Die Gründer haben hiernach nur so viele Aufsichtsratsmitglieder zu bestellen, wie nach den gesetzlichen Vorschriften, die ihrer Ansicht nach der Einbringung oder Übernahme für die Zusammensetzung des Aufsichtsrats maßgebend sind, von der Hauptversammlung ohne Bindung an Wahlvorschläge zu wählen sind. Mindestens aber müssen es drei sein.[55] Dieser Aufsichtsrat bestellt dann den ersten Vorstand.[56] Der Vorstand ist gem. § 31 Abs. 3 S. 1 AktG verpflichtet, unverzüglich nach der Einbringung des Unternehmens – dh hier nach der Eintragung des Formwechsels in das Handelsregister – bekanntzumachen, nach welchen gesetzlichen Vorschriften seiner Ansicht nach der Aufsichtsrat zusammengesetzt sein muss. [57] 19

i) **Bekanntmachungen (§ 23 Abs. 4 AktG).** Die Satzung muss schließlich Bestimmungen über die Form der **Bekanntmachung der Gesellschaft** enthalten.[58] 20

j) **Abweichungen, Ergänzende Bestimmungen (§ 23 Abs. 5 AktG).** Eine Abweichung von den Vorschriften des AktG kann in der Satzung nur vorgenommen werden, wenn dies **ausdrücklich zugelassen** ist (Grundsatz der Satzungsstrenge).[59] Ergänzende Bestimmungen der Satzung sind dann zulässig, wenn das Gesetz keine abschließende Regelung enthält.[60] 21

2. **Formwechsel in eine KGaA.** Für den Formwechsel in eine KGaA gelten grundsätzlich die Ausführungen zum Formwechsel in die AG entsprechend.[61] Jedoch sind einige **Besonderheiten** zu beachten: 22

a) **Persönlich haftender Gesellschafter (§ 218 Abs. 2).** Gem. § 218 Abs. 2 muss bei einem Formwechsel in die KGaA diese ihrem Wesen nach über mindestens einen persönlich haftenden Gesellschafter verfügen. Dieser kann dem bereits an der formwechselnden Gesellschaft beteiligten Gesellschafterkreis entstammen.[62] Der Gesellschaft kann aber auch ein bisher nicht beteiligter Dritter als persönlich haftender Gesellschafter beitreten.[63] Als **persönlich haftender Gesellschafter** kommen natürliche Personen, aber auch Personenhandelsgesellschaften und Ka- 23

50 Lutter/*Joost*, § 218 Rn 27.
51 *Hüffer*, § 95 AktG Rn 1.
52 Lutter/*Joost*, § 218 Rn 27.
53 Semler/Stengel/*Schlitt*, § 218 Rn 42.
54 Vgl Lutter/*Joost*, § 217 Rn 28; anders noch *Hergeth/Mingau*, DStR 1999, 1948 ff.
55 Lutter/*Joost*, § 218 Rn 29.
56 § 30 Abs. 4 AktG.
57 *Happ* in: FS Maier-Reimer, S. 173, 178.
58 § 23 Abs. 4 AktG.
59 *Hüffer*, § 23 AktG Rn 34.
60 § 23 Abs. 5 S. 2 AktG.
61 § 278 Abs. 3 AktG.
62 S. § 217 Rn 27.
63 S. § 221 Rn 1 ff.

pitalgesellschaften in Betracht.[64] Vor allem bei dem Formwechsel einer Kapitalgesellschaft & Co. KG in eine KGaA ist diese Möglichkeit von besonderer Relevanz, da oftmals auch nach dem Formwechsel keine natürliche Person die Stellung eines persönlich haftenden Gesellschafters übernehmen soll. Ggf steht den Kommanditisten der Kapitalgesellschaft & Co. KG ein Anspruch auf Beteiligung an der hinzutretenden GmbH zu.[65]

24 **b) Satzungsinhalt. aa) Firma (§ 194 Abs. 1 Nr. 2, § 279 Abs. 1 AktG).** Das Erfordernis einer Angabe der **Firma des neuen Rechtsträgers** ergibt sich bereits aus § 194 Abs. 1 Nr. 2. Die Firma einer KGaA muss gem. § 279 Abs. 1 AktG die Bezeichnung „Kommanditgesellschaft auf Aktien" oder eine allgemein verständliche Abkürzung dieser Bezeichnung enthalten (für gewöhnlich „KGaA"). Wenn in der Gesellschaft keine natürliche Person haftet, muss die Firma eine Bezeichnung enthalten, welche die Haftungsbeschränkung kennzeichnet.[66]

25 **bb) Eintragung der persönlich haftenden Gesellschafter (§§ 281, 282 AktG).** Gem. §§ 281, 282 AktG sind in der Satzung die **persönlich haftenden Gesellschafter** mit Namen, Vornamen und Wohnort anzugeben.[67]

26 **cc) Vermögenseinlage (§ 281 Abs. 2).** Der KGaA neu beitretende persönlich haftende Gesellschafter können im Zuge ihres Beitritts **Vermögenseinlagen** leisten.[68] Diese müssen nach Höhe und Art in der Satzung festgelegt werden, wenn sie nicht auf das Grundkapital geleistet werden.[69]

27 **dd) Aufsichtsrat (§ 197 S. 3, § 31 AktG).** Für die **Bestellung des Aufsichtsrates** gelten keine Unterschiede zur AG. Dass die KGaA in § 193 S. 3 keine Erwähnung findet, ist eine ungewollte Gesetzeslücke, die im Wege der teleologischen Reduktion zu schließen ist.[70] Der Aufsichtsrat wird also im Verfahren nach § 31 AktG gebildet.

IV. Formwechsel in eine GmbH

28 Bei einem Formwechsel des Rechtsträgers alter Rechtsform in eine GmbH muss gem. § 218 Abs. 1 S. 1 der Gesellschaftsvertrag im Umwandlungsbeschluss enthalten sein. Der Gesellschaftsvertrag muss dabei – neben den Anforderungen des UmwG – den im **GmbHG aufgestellten Mindestanforderungen** entsprechen.[71]

29 **1. Firma und Sitz der Gesellschaft (§ 194 Abs. 1 Nr. 2, § 3 Abs. 1 Nr. 1 GmbHG).** Das Erfordernis der Bestimmung der **Firma** der GmbH ergibt sich unmittelbar aus § 194 Abs. 1 Nr. 2. Zu weiteren Anforderungen an die Firma vgl bereits § 194 Rn 3.

30 Der Gesellschaftsvertrag hat weiterhin einen bestimmten Ort als **Firmensitz** zu bestimmen.[72] Es handelt sich hierbei um einen Satzungssitz; die Gesellschafter sind in der Wahl dieses Sitzes frei.[73] Der bisherige Gesellschaftssitz kann beibehalten, aber auch im Zuge des Formwechsels verlegt werden.[74]

31 **2. Unternehmensgegenstand (§ 3 Abs. 1 Nr. 2 GmbHG).** Der **Gegenstand des Unternehmens** muss in dem Gesellschaftsvertrag bestimmt sein.[75] Hierunter ist die Art der gesellschaftlichen Betätigung zu verstehen, die durch den Zweck der Gesellschaft geprägt wird.[76]Im Rahmen des durch § 1 GmbHG vorgegebenen Maßstabes („jeder gesetzlich zulässige Zweck") können die Gesellschafter den Unternehmensgegenstand frei wählen. Regelmäßig wird es so liegen, dass der Unternehmensgegenstand mit demjenigen der Personenhandelsgesellschaft überein-

64 Kallmeyer/*Dirksen/Blasche*, § 218 Rn 32.
65 Vgl Kallmeyer/*Dirksen/Blasche*, § 218 Rn 32 Fn 2; *Dirksen/Möhrle*, ZIP 1998, 1377, 1381 f.
66 § 279 Abs. 2 AktG.
67 Vgl Lutter/*Joost*, § 218 Rn 44.
68 Vgl Semler/Stengel/*Schlitt*, § 218 Rn 54; Lutter/*Joost*, § 218 Rn 45.
69 § 281 Abs. 2.
70 Lutter/*Joost*, § 218 Rn 46.
71 Semler/Stengel/*Schlitt*, § 218 Rn 10.
72 § 3 Abs. 1 Nr. 1 GmbHG.
73 Roth/Altmeppen/*Roth*, § 3 GmbHG Rn 4.
74 Kallmeyer/*Dirksen/Blasche*, § 218 Rn 6; Semmler/Stengel/*Schlitt*, § 218 Rn 12.
75 § 3 Abs. 1 Nr. 2 GmbHG.
76 Roth/Altmeppen/*Roth*, § 3 GmbHG Rn 5.

stimmt.[77] Die Gesellschafter des formwechselnden Rechtsträgers können aber auch den Formwechsel zum Anlass nehmen, den Unternehmensgegenstand zu variieren.[78] Zur hinreichenden Individualisierung des Unternehmensgegenstandes vgl bereits die Erläuterungen zu Rn 11.

Hinweis: In der Praxis wird man regelmäßig den Unternehmensgegenstand dem Gesellschaftsvertrag der formwechselnden Personenhandelsgesellschaft entnehmen, um ihn in den Gesellschaftsvertrag der GmbH aufzunehmen. Gleichwohl sollte immer der Maßstab des § 3 GmbHG beachtet werden, insb., dass die bloße Angabe des Gesellschaftszwecks nicht hinreicht.

3. Betrag des Stammkapitals (§ 3 Abs. 1 Nr. 3 GmbHG). Der Gesellschaftsvertrag muss den **Betrag des Stammkapitals** angeben.[79] Dieser beträgt gem. § 5 Abs. 1 GmbHG mindestens 25.000 EUR. Da bei einer Personenhandelsgesellschaft ein Stammkapital im Sinne einer Kapitalgesellschaft nicht existiert, handelt es sich bei der Festsetzung im Falle des Formwechsels um die erstmalige Festsetzung dieses Kapitalbetrags.[80] 32

Zu beachten ist, wie bei einem Formwechsel in eine AG, dass weitergehende Anforderungen an die Höhe des Stammkapitals gestellt werden, als bei einer einfachen Neugründung.[81] So gibt § 220 Abs. 1 einen Rahmen für die Höhe des Nennbetrages auch nach oben vor: Der Nennbetrag des Stammkapitals einer GmbH darf das nach Abzug der Schulden verbleibende Reinvermögen des Rechtsträgers alter Rechtsform nicht übersteigen.[82] Das Stammkapital darf also nicht niedriger als der Mindestbetrag von 25.000 EUR sein und die Höchstgrenze des Reinvermögens des Ausgangsrechtsträgers nicht überschreiten. 33

4. Zahl und Nennbeträge der Geschäftsanteile (§ 3 Abs. 1 Nr. 4 GmbHG). Der Gesellschaftsvertrag hat die **Zahl der Geschäftsanteile und deren einzelne Nennbeträge** zu enthalten.[83] Die Beteiligung der Gesellschafter an der Gesellschaft erfolgt in Geschäftsanteilen, deren Nennbeträge jeweils auf volle Euro lauten müssen und die in der Summe mit dem Stammkapital iHv mindestens 25.000 EUR übereinstimmen müssen.[84] Dabei können die einzelnen Gesellschafter auch mehrere Geschäftsanteile halten.[85] Mit der Angabe des Geschäftsanteils muss auch der Name des ihn haltenden Gesellschafters verbunden sein.[86] 34

5. Bestellung der Geschäftsführer. Im Rahmen des Formwechsels sind Geschäftsführer der GmbH zu bestellen.[87] Die Bestellung der Geschäftsführer kann entweder gem. § 197 S. 1 iVm § 6 Abs. 3 S. 2 GmbHG im Formwechselbeschluss erfolgen oder gem. § 197 S. 1 iVm §§ 6 Abs. 3 S. 2, 46 Nr. 5 GmbHG im Gesellschaftsvertrag vorgesehen sein.[88] Soweit die Gesellschaft in den Anwendungsbereich des MitbestG fällt, erfolgt die Bestellung der Geschäftsführer durch den Aufsichtsrat.[89] 35

6. Bestellung des Aufsichtsrats. Die Gesellschaft hat, wenn sie gem. § 1 Abs. 1 Nr. 3 DrittelbG mehr als 500 Arbeitnehmer bzw gem. § 1 MitbestG mehr als 2000 Arbeitnehmer beschäftigt, verpflichtend einen **mitbestimmten Aufsichtsrat** zu bilden.[90] Die Anteilseignervertreter werden dabei im Formwechselbeschluss durch die Gesellschafter der formwechselnden Gesellschaft bestellt.[91] Ob auch die Arbeitnehmervertreter vor dem Wirksamwerden des Formwechsels zu bestellen sind, ist hingegen umstritten. Nach einer hierzu vertretenen Auffassung hat auch die Be- 36

77 Semler/Stengel/*Schlitt*, § 218 Rn 13; Lutter/*Joost*, § 218 Rn 7.
78 Semler/Stengel/*Schlitt*, § 218 Rn 13; Lutter/*Joost*, § 218 Rn 7.
79 § 3 Abs. 1 Nr. 3 GmbHG.
80 Lutter/*Joost*, § 218 Rn 8.
81 S. Rn 12.
82 § 220 Abs. 1.
83 § 3 Abs. 1 Nr. 4.
84 § 5 Abs. 2 S. 1 GmbHG; § 5 Abs. 1 GmbHG.
85 § 5 Abs. 2 S. 2 GmbHG.
86 Roth/Altmeppen/*Roth*, § 3 GmbHG Rn 17.
87 Semler/Stengel/Schlitt/*Schlitt*, § 218 Rn 24; Kallmeyer/*Dirksen/Blasche*, § 218 Rn 16; Lutter/*Joost*, § 218 Rn 14.
88 Semler/Stengel/Schlitt/*Schlitt*, § 218 Rn 24; Kallmeyer/*Dirksen/Blasche*, § 218 Rn 16; Lutter/*Joost*, § 218 Rn 14.
89 Semler/Stengel/Schlitt/*Schlitt*, § 218 Rn 24; Kallmeyer/*Dirksen/Blasche*, § 218 Rn 16; Lutter/*Joost*, § 218 Rn 14.
90 Grundsätzlich zur Bildung des mitbestimmten Aufsichtsrats bei der GmbH *Halm*, BB 2000, 1849 ff.
91 Semler/Stengel/Schlitt/*Schlitt*, § 218 Rn 27; Kallmeyer/*Dirksen/Blasche*, § 218 Rn 17.

stellung der Arbeitnehmervertreter vor der Eintragung des Formwechsels in das Handelsregister zu erfolgen, soll aber ggf durch gerichtliche Bestellung gem. § 104 AktG analog geschehen können.[92] Richtigerweise ist in diesem Zusammenhang auf § 31 AktG abzustellen, der in doppelter Analogie auch auf den Formwechsel einer GmbH Anwendung findet.[93] Der Formwechsel einer GmbH ist grundsätzlich mit dem Formwechsel einer AG vergleichbar, für den der Gesetzgeber die analoge Anwendung des § 31 AktG in § 197 S. 3 vorgesehen hat.[94] Eine abweichende Behandlung der GmbH wäre in diesem Fall nicht einleuchtend. Zum weiteren Verfahren vgl bereits die Erläuterungen unter Rn 18 f.

37 Die GmbH kann nach dem Gesellschaftsvertrag auch über einen fakultativen **Aufsichtsrat** verfügen.[95] Die Mitglieder des Aufsichtsrats werden in diesem Fall durch die Gesellschafter der formwechselnden Gesellschaft bestellt.[96]

V. Formwechsel in eine eG

38 Wird der Rechtsträger alter Rechtsform in eine eG umgewandelt, muss gem. § 218 Abs. 1 auch die **Satzung der eG** im Umwandlungsbeschluss enthalten sein. Auf die normalerweise notwendige Mindestzahl von Gründern (drei Gründer bei der eG) kann gem. § 197 S. 2 ausnahmsweise verzichtet werden. Weitere Anforderungen an die Satzung der Genossenschaft statuieren § 218 Abs. 3 sowie die Vorschriften des GenG.

39 **1. Firma und Sitz (§ 194 Abs. 1 Nr. 2, 200; § 6 Nr. 1 GenG).** In der Satzung sind zwingend **Firma und Sitz** der eG anzugeben. Für die **Firma** ergibt sich dies bereits aus § 194 Abs. 1 Nr. 2. § 3 GenG, der gem. § 200 Abs. 2 Anwendung findet, konkretisiert diese Bestimmung. Demzufolge muss die Firma der Genossenschaft die Bezeichnung „eingetragene Genossenschaft“ oder „eG“ enthalten. Die Firma muss sich zudem von allen anderen an demselben Ort oder in derselben Gemeinde bereits bestehenden und in das Genossenschaftsregister eingetragenen Firmen deutlich unterscheiden.[97] Die von dem Ausgangsrechtsträger bisher geführte Firma darf gem. § 200 Abs. 1 S. 1 weiter verwendet werden, jeder Hinweis auf die Rechtsform des bisherigen Rechtsträgers muss aber gem. § 200 Abs. 1 S. 2 unterbleiben.[98] Auch der **Sitz** der eG muss gem. §§ 197 S. 1 iVm 6 Nr. 1 GenG in der Satzung angegeben werden.[99] Es handelt sich um einen Satzungssitz, den die Gesellschafter frei wählen können, wenn es sich um eine im Inland befindliche Gemeinde handelt.[100]

40 **2. Unternehmensgegenstand (§ 6 Nr. 2 GenG).** In der Satzung ist der **Gegenstand des Unternehmens** anzugeben.[101] Hierdurch wird das Tätigkeitsfeld der eG beschrieben.[102] Wie bei den Anforderungen, die die hM an den Unternehmenszweck bei einer GmbH stellt, ist auch hier der Unternehmensgegenstand nicht identisch mit dem Förderzweck.[103] Eine allgemeine, abstrakte Umschreibung des Gegenstandes ist nicht hinreichend, vielmehr müssen die Tätigkeiten und Geschäftsbereiche, mit denen der Förderzweck erreicht werden soll, allgemein verständlich und konkret umschrieben werden.[104]

41 **3. Nachschussbestimmungen (§ 6 Nr. 3 GenG).** Gem. § 6 Nr. 3 GenG muss die Satzung auch Bestimmungen darüber enthalten, ob die Mitglieder für den Fall, dass die Gläubiger im Insolvenzverfahren über das Vermögen der Genossenschaft nicht befriedigt werden, **Nachschüsse** zur Insolvenzmasse unbeschränkt, beschränkt auf eine Haftsumme oder gar nicht zu leisten haben.

92 Semler/Stengel/Schlitt/*Schlitt*, § 218 Rn 27; Maulbetsch/Klumpp/Rose/*Rose*, § 218 Rn 14.
93 Vgl Kallmeyer/*Dirksen/Blasche*, § 218 Rn 17; Semler/Stengel/*Schlitt*, § 218 Rn 27.
94 Kallmeyer/*Dirksen/Blasche*, § 218 Rn 17; Lutter/*Joost*, § 218 Rn 16.
95 Vgl § 52 GmbHG; Kallmeyer/*Dirksen/Blasche*, § 218 Rn 17.
96 Kallmeyer/*Dirksen/Blasche*, § 218 Rn 17; Semler/Stengel/*Schlitt*, § 218 Rn 30.
97 § 3 S. 2 GenG iVm § 30 Abs. 1 HGB.
98 Vgl Lutter/*Joost*, § 218 Rn 48.
99 § 6 Nr. 1 GenG.
100 Pöhlmann/Fandrich/Bloehs/*Fandrich*, § 6 GenG Rn 5.
101 § 6 Nr. 2 GenG.
102 Pöhlmann/Fandrich/Bloehs/*Fandrich*, § 6 GenG Rn 6.
103 Pöhlmann/Fandrich/Bloehs/*Fandrich*, § 6 GenG Rn 6.
104 Pöhlmann/Fandrich/Bloehs/*Fandrich*, § 6 GenG Rn 6.

4. Generalversammlung (§ 6 Nr. 4 GenG). In der Satzung sind Bestimmungen aufzunehmen, die die Form für die Einberufung der **Generalversammlung** der Mitglieder sowie für die Beurkundung ihrer Beschlüsse und über den Vorsitz in der Versammlung enthalten.[105] Die Generalversammlung muss durch unmittelbare Benachrichtigung sämtlicher Mitglieder oder durch Bekanntmachung in einem öffentlichen Blatt einberufen werden.[106] Das Gericht kann hiervon Ausnahmen zulassen.[107] Die Bekanntmachung im Bundesanzeiger genügt gem. § 6 Nr. 4 Hs 4 GenG nicht. 42

5. Bekanntmachungen (§ 6 Nr. 5 GenG). Die Satzung hat gem. § 6 Nr. 5 Bestimmungen über die Form der **Bekanntmachung** der Genossenschaft sowie Bestimmungen der öffentlichen Blätter für Bekanntmachungen, deren Veröffentlichung in öffentlichen Blättern durch Gesetz oder Satzung vorgeschrieben ist, zu enthalten.[108] 43

6. Vorstand (§ 197 S. 1 iVm §§ 9 Abs. 1 S. 1, 24 Abs. 2 S. 1 GenG). Der **Vorstand** wird nicht durch Satzung bestellt.[109] Er besteht aus zwei Personen und wird von der Generalversammlung gewählt und abberufen.[110] Die Satzung kann allerdings eine höhere Personenzahl und eine andere Art der Bestellung der Vorstandsmitglieder bestimmen.[111] Da die Anmeldung des Formwechsels durch den Vorstand zu erfolgen hat, muss dieser durch die Generalversammlung schon zuvor bestimmt worden sein.[112] 44

7. Aufsichtsrat (§ 197 S. 1 iVm §§ 9 Abs. 1 S. 1, 36 Abs. 1 GenG). Die eG muss weiterhin über einen **Aufsichtsrat** verfügen.[113] Dieser besteht aus drei Personen und wird, wie der Vorstand, von der Generalversammlung gewählt.[114] Die Satzung kann eine höhere Zahl der Aufsichtsratsmitglieder bestimmen.[115] Die zu einer Beschlussfassung des Aufsichtsrates erforderlichen Mehrheitsanforderungen sind durch die Satzung zu bestimmen.[116] Hat die entstehende Genossenschaft nicht mehr als 20 Mitglieder, kann durch Bestimmung in der Satzung auf einen Aufsichtsrat verzichtet werden.[117] In diesem Fall nimmt die Generalversammlung die Rechte und Pflichten des Aufsichtsrats wahr, soweit im GenG nichts anderes bestimmt ist.[118] 45

8. Bestimmungen über Geschäftsanteile (§ 218 Abs. 3). § 218 Abs. 3 statuiert eine Sonderregelung für die von den Gesellschaftern zu haltenden **Geschäftsanteile.**[119] Der Begriff des Geschäftsanteils ist in § 7 Nr. 1 GenG legaldefiniert. Hierunter versteht man den Betrag, bis zu welchem sich die einzelnen Mitglieder mit Einlagen an der Genossenschaft beteiligen können.[120] Während das GenG in § 7 a Abs. 1 vorsieht, dass sich ein Genosse mit mehr als einem Geschäftsanteil beteiligen kann, sieht § 218 Abs. 3 vor, dass jeder Genosse mit mindestens einem Geschäftsanteil an der Genossenschaft beteiligt sein muss und sich insoweit iSv § 197 S. 1 „etwas anderes ergibt". Ohne Beteiligung kann die Mitgliedschaft in einer Genossenschaft nicht erlangt werden.[121] 46

Der Formwechselbeschluss kann gem. § 218 Abs. 3 S. 2 vorsehen, dass jeder Gesellschafter bei der Umwandlung mit mindestens einem und im Übrigen mit so vielen Geschäftsanteilen, wie sie durch die Anrechnung seines Geschäftsguthabens bei dieser Genossenschaft als voll eingezahlt anzusehen sind, beteiligt wird.[122] Die bisherige Beteiligung am Vermögen des Rechtsträgers alter Rechtsform ist nach dieser Regelung zu einer **gestaffelten Beteiligung** festzustellen und verhältniswahrend in Geschäftsanteile der Ziel-eG umzurechnen.[123] 47

105 § 6 Nr. 4 Hs 1 GenG.
106 § 6 Nr. 4 Hs 2 GenG.
107 § 6 Nr. 4 Hs 3 GenG.
108 § 6 Nr. 5 GenG.
109 Lutter/*Joost*, § 218 Rn 53.
110 § 24 Abs. 1 S. 1 GenG.
111 § 24 Abs. 2 S. 2 GenG.
112 Lutter/*Joost*, § 218 Rn 53.
113 § 9 Abs. 1 S. 1 GenG.
114 § 197 S. 1 iVm § 36 Abs. 1 S. 1 GenG.
115 § 197 S. 1 iVm § 36 Abs. 1 S. 1 GenG.
116 § 197 S. 1 iVm § 36 Abs. 1 S. 2 GenG.
117 § 197 S. 1 iVm § 9 Abs. 1 S. 2 GenG.
118 § 197 S. 1 iVm § 9 Abs. 1 S. 3 GenG.
119 Lutter/*Joost*, § 218 Rn 57.
120 § 7 Nr. 1 GenG.
121 Lutter/*Joost*, § 218 Rn 57.
122 § 218 Abs. 3 S. 2.
123 Begr. RegE zu § 218, BR-Drucks. 75/94, 149.

48 **9. Gesetzliche Rücklagebildung (§ 197 S. 1 iVm § 7 Nr. 2 GenG).** Gem. § 197 S. 1 iVm § 7 Nr. 2 GenG muss die Satzung die Bildung einer **gesetzlichen Rücklage** vorsehen, welche zur Deckung eines sich aus der Bilanz ergebenden Verlustes dient. Insb. hat die Satzung Bestimmungen zu treffen, wie die Bildung der gesetzlichen Rücklage vorzunehmen ist. [124] Sie hat sowohl klarzustellen, welcher Teil des Jahresüberschusses in die Rücklage einzustellen ist, als auch den Mindestbetrag der Bildung der Rücklage zu bestimmen, bis zu dessen Erreichung die Einstellung in die Rücklage zu erfolgen hat.[125]

49 **10. Unterzeichnung der Satzung durch die Mitglieder (§ 218 Abs. 1 S. 2).** Nach wohl hM enthält § 218 Abs. 1 S. 2 eine besondere Regelung nur für die **Unterzeichnung der Satzung** einer eG.[126] Gem. § 11 Abs. 2 Nr. 1 GenG ist die Satzung der eG bei einer Neugründung grundsätzlich von den Gesellschaftern zu unterzeichnen. Auf dieses Erfordernis verzichtet § 218 Abs. 1 S. 2 aufgrund der Erwägung, dass eine Umwandlung einer Personenhandelsgesellschaft mit vielen Mitgliedern in eine Genossenschaft ansonsten unnötig erschwert würde.[127] Nach hier vertretener Auffassung ist eine Unterzeichnung des Gesellschaftsstatuts bei einem Formwechsel einer Personenhandelsgesellschaft in eine Kapitalgesellschaft grundsätzlich nicht erforderlich. Die Bestimmung des § 218 Abs. 1 S. 2 hat vor diesem Hintergrund nur deklaratorischen Charakter.

§ 219 Rechtsstellung als Gründer

[1]Bei der Anwendung der Gründungsvorschriften stehen den Gründern die Gesellschafter der formwechselnden Gesellschaft gleich. [2]Im Falle einer Mehrheitsentscheidung treten an die Stelle der Gründer die Gesellschafter, die für den Formwechsel gestimmt haben, sowie beim Formwechsel in eine Kommanditgesellschaft auf Aktien auch beitretende persönlich haftende Gesellschafter.

I. Normzweck

1 § 219 stellt eine Konkretisierung des § 197 S. 1 für die Umwandlung einer Personenhandelsgesellschaft in eine Kapitalgesellschaft dar.[1] Die Norm geht dabei über den Regelungsgehalt des § 197 S. 1 hinaus, indem sie nicht nur die **Gründungsvorschriften** für anwendbar erklärt, sondern zudem fingiert, wer als Gründer iSd Vorschriften gilt. Da der Formwechsel eines Rechtsträgers seit der Novelle des UmwG 1994 keine (Neu-)Gründung mehr darstellt, sondern die Identität des Rechtsträgers erhalten bleibt, muss sich das Gesetz einer Fiktion bedienen. Dies leistet § 219, indem er bestimmt, dass als Gründer die Gesellschafter der formwechselnden Gesellschaft gelten.

2 Eine der Regelung des § 219 S. 1 äquivalente Regelung existierte bereits im alten Recht.[2] Neu ist allerdings die Vorschrift des § 219 S. 2, nach der bei einer **Mehrheitsentscheidung** zur Fassung des Formwechselbeschlusses nur diejenigen als Gründer gelten, die dem Beschluss zuge-

124 § 7 Nr. 2 GenG.
125 § 7 Nr. 2 GenG.
126 Begr. RegE zu § 218, BR-Drucks. 75/94, 149; vgl Schmitt/Hörtnagl/Stratz/*Stratz*, § 218 Rn 5; Semler/Stengel/*Schlitt*, § 218 Rn 1; in: Widmann/Mayer/*Vossius*, § 217 Rn 28.
127 Lutter/*Joost*, § 218 Rn 59.
1 Begr. RegE zu § 219, BR-Drucks. 75/94, 150.
2 § 41 Abs. 2 S. 2 UmwG 1969 (AG/KGaA); §§ 47 Abs. 1 S. 2 Nr. 1, 47 Abs. 2 UmwG 1969 (GmbH).

stimmt haben oder bei einem Formwechsel in eine KGaA als persönlich haftende Gesellschafter beitreten.[3]

II. Rechtsstellung als Gründer (§ 219 S. 1)

Mit § 219 S. 1 normiert der Gesetzgeber den Grundsatz, dass alle Gesellschafter iSd Gründungsvorschriften als Gründer gelten. Von besonderer Tragweite ist diese Feststellung für die **Zuweisung der sog. Gründerhaftung.** 3

1. Gesamtschuldnerische Verschuldenshaftung unter Beweislastumkehr (§ 9 a GmbHG / § 46 AktG). Das GmbH- und das Aktienrecht weisen in § 9 a GmbHG bzw § 46 AktG den Gründern der Gesellschaft eine **gesamtschuldnerische Verschuldenshaftung unter Beweislastumkehr** zu, wenn zum Zweck der Errichtung der Gesellschaft falsche Angaben gemacht wurden.[4] Diese Haftung besteht darüber hinaus auch im Falle des Formwechsels, etwa, wenn der nach § 220 Abs. 2 zu erstellende Sachgründungsbericht falsche Angaben enthält.[5] Die Haftung umfasst die Differenz zwischen dem wirklichen gemeinen Wert und dem auf Grundlage der falschen Angaben festgesetzten Wert.[6] 4

2. Differenzhaftung. a) Allgemeines. Nach § 9 GmbHG kommt es zu einer sog. **Differenzhaftung,** wenn der Wert einer Sacheinlage im Zeitpunkt der Anmeldung der Gesellschaft zur Eintragung in das Handelsregister nicht den Nennbetrag des dafür übernommenen Geschäftsanteils erreicht. Der Gesellschafter hat dann in Höhe des Fehlbetrags eine Einlage in Geld zu leisten.[7] In Rechtsprechung und Literatur wird für das Aktienrecht eine gleichartige verschuldensunabhängige Differenzhaftung angenommen.[8] Da das Mitglied einer formwechselnden Gesellschaft als Gründer gilt, greift im Falle des Formwechsels eben diese Haftung. 5

b) Differenzhaftung des Kommanditisten? Ein besonderes Problem ergibt sich hinsichtlich einer möglichen **Haftung des Kommanditisten** einer formwechselnden KG. Die Problematik liegt in der Tatsache begründet, dass das übliche Haftungsregime im Recht der Kommanditgesellschaft dem Kommanditisten eine Beschränkung seiner Haftung auf seine Einlagesumme gewährt, während § 219 eine gänzlich unbeschränkte persönliche Haftung für die fiktiven Gründer vorsieht. Die hM geht vom Wortlaut der Norm aus und will auch dem Kommanditisten der formwechselnden KG eine unbeschränkte Gründerhaftung zuweisen.[9] Der Kommanditist haftet demnach selbst dann unbeschränkt, wenn er die Kommanditeinlage erbracht hat und demnach im Normalfall der KG von der weiteren Haftung befreit wäre.[10] Dies ist von einer mM mit dem Argument angegriffen worden, ein Wechsel der Haftungsverhältnisse in der Person des Kommanditisten passe nicht zur Konzeption des Identitätsprinzips.[11] Diese Argumentation vermag indes nicht zu überzeugen. Der Identitätsgrundsatz im Formwechsel besagt letztlich nur, dass der Rechtsträger identisch bleibt, jedoch im neuen „Rechtskleide" erscheint.[12] Selbstverständlich müssen sich mit dem Formwechsel die Haftungsmodalitäten ändern. Deren Neuregelung ist oftmals gerade Anlass für die Umwandlung. Im Übrigen ist dem Kommanditisten mit Zustimmung zum Formwechselbeschluss das Risiko einer Gründerverantwortlichkeit bewusst. Ihm bleibt insbesondere auch die Möglichkeit, dem Formwechselbeschluss nicht zuzustimmen, so dass der Formwechsel entweder gar nicht zustande kommt, oder der Kom- 6

3 Semler/Stengel/*Schlitt*, § 219 Rn 3.
4 Vgl § 9 a Abs. 3 GmbHG, § 46 Abs. 3 AktG; s. auch MüKo-GmbHG/*Schaub*, § 9 a Rn 57; *Hüffer*, § 46 AktG Rn 14.
5 Semler/Stengel/*Schlitt*, § 219 Rn 12.
6 *Wälzholz*, AG 2006, 469, 474.
7 § 9 Abs. 1 S. 1 GmbHG.
8 BGHZ 64, 52, 62; 68, 191, 195; *Priester*, DB 1995, 911, 914; *ders.*, DNotZ 1995, 427, 452; *Hüffer*, § 9 AktG Rn 6.
9 Widmann/Mayer/*Vossius*, UmwG, § 197 Rn 65; Schmitt/Hörtnagl/Stratz/*Stratz*, § 219 Rn 3; Kallmeyer/*Dirksen/Blasche*, § 219 Rn 3; *Kallmeyer*, GmbHR 1995, 888, 890; *Priester*, DNotZ 1995, 427, 452; Kallmeyer/*Meister/Klöcker*, § 197 Rn 26.
10 Kallmeyer/*Dirksen/Blasche*, § 219 Rn 3; Schmitt/Hörtnagl/Stratz/*Stratz*, § 219 Rn 3.
11 Lutter/*Joost*, § 219 Rn 4; *Joost*, Formwechsel von Personenhandelsgesellschaften, S. 245, 256; *J. Wolf*, ZIP 1996, 1200, 1203.
12 Lutter/*Decher*, Vor § 190 Rn 2; Schmitt/Hörtnagl/Stratz/*Stratz*, § 190 Rn 1; s. auch bereits § 190 Rn 26 ff.

manditist im Falle eines Mehrheitsbeschlusses in den Genuss der Haftungsfreistellung des § 219 S. 2 kommt.

Hinweis: Die ganz hM geht ohnehin von einer unbeschränkten Haftung des Kommanditisten aus. In der Praxis ist deshalb der letztgenannte aufgezeigte Weg zu empfehlen, um eine Gründerhaftung des Kommanditisten nicht entstehen zu lassen.

7 **3. Vorbelastungshaftung.** Deckt das Aktivvermögen zum Zeitpunkt der Eintragung in das Handelsregister die Stammkapitalziffer rechnerisch-wertmäßig nicht, ist unabhängig von der Differenzhaftung auch eine sog. **Vorbelastungshaftung** anerkannt.[13] Der gleiche Grundsatz gilt auch im Aktienrecht.[14] Auch bei einem Formwechsel kann es ob der Gründerfiktion deshalb zu einer solchen Vorbelastungshaftung kommen. Dies kommt insbesondere dann in Betracht, wenn in dem Handelsgeschäft Verbindlichkeiten entstehen, die dem Stamm- bzw Grundkapital zum Zeitpunkt der Eintragung die wertmäßige Deckung entziehen.[15]

8 **4. Handelndenhaftung (§ 11 Abs. 2 GmbHG / § 41 Abs. 1 S. 2 AktG).** Eine **Handelndenhaftung** iSd § 11 Abs. 2 GmbHG bzw § 41 Abs. 1 S. 2 AktG kommt nicht in Betracht, da bis zum Zeitpunkt des Formwechsels das Handeln eines Gesellschafters des Ausgangsrechtsträgers noch diesem zugerechnet wird.[16]

III. Mehrheitsentscheidung (§ 219 S. 2 Hs 1)

9 Der Umwandlungsbeschluss wird grundsätzlich von der Gesellschafterversammlung einstimmig gefasst (§ 217 Abs. 1 S. 1). Ausnahmsweise kann aber der Umwandlungsbeschluss auch durch **Mehrheitsentscheidung** zustande kommen, wenn der Gesellschaftsvertrag der formwechselnden Gesellschaft dies vorsieht (§ 217 Abs. 1 S. 2). § 219 S. 2 Hs 2 bestimmt für den Fall der Mehrheitsbeschlussfassung, dass nur diejenigen Gesellschafter als Gründer iSd Norm gelten, die für den Formwechsel gestimmt haben. So wird ein differenziertes Haftungsregime erreicht, das im Falle der Mehrheitsbeschlussfassung die überstimmten Gesellschafter einer Haftung entledigt.

Hinweis: Der Mechanismus des § 219 S. 2 Hs 2 kann in der Praxis auch dazu genutzt werden, dem Gesellschafter, der zwar Gesellschafter der formwechselnden Gesellschaft bleiben möchte, aber die Gründerverantwortlichkeit scheut, eine attraktives Modell zum Verbleib in der Gesellschaft zu offerieren.[17]

IV. KGaA (§ 219 S. 2 Hs 2)

10 § 218 Abs. 2 sieht vor, dass bei einem **Formwechsel in eine KGaA** mindestens ein Gesellschafter der Ausgangsgesellschaft als persönlich haftender Gesellschafter fungieren muss bzw mindestens ein persönlich haftender Gesellschafter neu beitreten muss. Hinsichtlich dieses neu beitretenden Gesellschafters bestimmt § 221 S. 2 ergänzend, dass die Satzung des Zielrechtsträgers, hier der KGaA, von dem neu beitretenden unbeschränkt haftenden Gesellschafter zu genehmigen ist. Korrespondierend hierzu sieht § 219 S. 2 Hs 2 vor, dass bei einem Formwechsel in eine KGaA der beitretende persönlich haftende Gesellschafter als Gründer gilt.[18]

11 Die Verantwortlichkeit als Gründer gilt sowohl bei einem einstimmigen Beschluss als auch bei einem Beschluss durch Mehrheit.[19] Auch für **Altverbindlichkeiten** haftet der persönlich haftende Gesellschafter nach allgemeinen Grundsätzen akzessorisch gem. § 278 Abs. 2 AktG, §§ 161 Abs. 2, 128, 130 HGB. Eine ausdrückliche Regelung dessen, wie sie in §§ 391 S. 4 aF und 365

13 BGHZ 134, 333, 338; BGHZ 105, 300, 302; Semler/Stengel/*Schlitt*, § 219 Rn 15; Lutter/*Joost*, § 219 Rn 3.
14 Lutter/*Joost*, § 219 Rn 3; *Hüffer*, § 41 AktG Rn 8.
15 Lutter/*Joost*, § 219 Rn 3; Semler/Stengel/*Schlitt*, § 219 Rn 15.
16 Lutter/*Joost*, § 219 Rn 3; Semler/Stengel/*Schlitt*, § 219 Rn 16.
17 Lutter/*Joost*, § 219 Rn 5.
18 Vgl auch § 280 Abs. 3 AktG.
19 Semler/Stengel/*Schlitt*, § 219 Rn 8; Lutter/*Joost*, § 219 Rn 6; Goutier/Knopf/Tulloch/*Laumann*, Umwandlungsrecht, § 219 Rn 4.

S. 2 aF AktG niedergelegt war, ist in das UmwG nicht aufgenommen worden, weil man dies für überflüssig hielt.[20]

Tritt ein persönlich haftender Gesellschafter nach Wirksamwerden des Formwechsels der Gesellschaft bei, gilt § 219 S. 2 nicht.[21] Der beitretende Gesellschafter haftet dann aber **akzessorisch** gem. § 278 Abs. 2 AktG, §§ 161 Abs. 2, 130 HGB auch für Verbindlichkeiten der Gesellschaft, die vor seinem Beitritt entstanden sind. 12

§ 220 Kapitalschutz

(1) Der Nennbetrag des Stammkapitals einer Gesellschaft mit beschränkter Haftung oder des Grundkapitals einer Aktiengesellschaft oder einer Kommanditgesellschaft auf Aktien darf das nach Abzug der Schulden verbleibende Vermögen der formwechselnden Gesellschaft nicht übersteigen.

(2) In dem Sachgründungsbericht beim Formwechsel in eine Gesellschaft mit beschränkter Haftung oder in dem Gründungsbericht beim Formwechsel in eine Aktiengesellschaft oder in eine Kommanditgesellschaft auf Aktien sind auch der bisherige Geschäftsverlauf und die Lage der formwechselnden Gesellschaft darzulegen.

(3) [1]Beim Formwechsel in eine Aktiengesellschaft oder in eine Kommanditgesellschaft auf Aktien hat die Gründungsprüfung durch einen oder mehrere Prüfer (§ 33 Abs. 2 des Aktiengesetzes) in jedem Fall stattzufinden. [2]Die für Nachgründungen in § 52 Abs. 1 des Aktiengesetzes bestimmte Frist von zwei Jahren beginnt mit dem Wirksamwerden des Formwechsels.

I. Normzweck

§ 220 stellt eine den § 197 S. 1 konkretisierende Vorschrift dar. Die Norm ist unglücklich formuliert und missverständlich. Besser hätte man folgende Formulierung gewählt: „Das nach Abzug der Schulden verbleibende Vermögen der formwechselnden Gesellschaft muss seinem Werte nach mindestens dem Nennbetrag des Stammkapitals einer Gesellschaft mit beschränkter Haftung oder dem Grundkapital einer Aktiengesellschaft oder einer Kommanditgesellschaft auf Aktien entsprechen." 1

§ 220 Abs. 1 bezweckt, das für die Gründung einer AG, KGaA und GmbH grundlegende **Prinzip der Kapitaldeckung** auch im Falle des Formwechsels zu verwirklichen.[1] Die Norm hat vor allem den Schutz der Gläubiger der Zielgesellschaft zum Zweck, denen eine hinreichende Haftungsmasse zur Verfügung stehen soll.[2] 2

Auch § 220 Abs. 2 dient – wie Abs. 1 – der Konkretisierung des § 197 S. 1. Im Falle einer Neugründung wäre gem. § 5 Abs. 4 S. 2 GmbHG bzw gem. § 32 AktG ein **Sachgründungsbericht** anzufertigen. Dass dieser Sachgründungsbericht auch im Falle des Formwechsels angefertigt werden muss, ergibt sich bereits aus § 197 S. 1. § 220 Abs. 2 erweitert aber die an ihn zu stel- 3

20 Begr. RegE zu § 218, BR-Drucks. 75/94, 149.
21 Semler/Stengel/*Schlitt*, § 219 Rn 9; Lutter/*Joost*, § 219 Rn 8; Kallmeyer/*Dirksen/Blasche*, § 219 Rn 6.

1 Vgl Kallmeyer/*Dirksen/Blasche*, § 220 Rn 1; Semler/Stengel/*Schlitt*, § 220 Rn 1.
2 Begr. RegE zu § 220, BR-Drucks. 75/94, 150; Lutter/*Joost*, § 220 Rn 2; Semler/Stengel/*Schlitt*, § 220 Rn 1.

lenden Anforderungen dahin gehend, dass auch der bisherige Geschäftsverlauf und die Lage der formwechselnden Gesellschaft darzulegen sind.[3] Dieser Gedanke beruht auf der Tatsache, dass für den Ausgangsrechtsträger eine Kontrolle der Aufbringung des Vermögens bisher nicht stattgefunden hat.[4] Die Vorschrift dient damit ebenso dem Schutz der Gläubiger des Zielrechtsträgers.[5]

4 Gem. § 220 Abs. 3 S. 1 hat bei einem Formwechsel in eine AG oder eine KGaA die **Gründungsprüfung** gem. § 33 AktG durch einen oder mehrere Prüfer (§ 33 Abs. 2 AktG) in jedem Fall stattzufinden. Die Regelung ist schon dem Wortlaut der Norm nach nur deklaratorischer Natur. Nicht anders liegt es bei § 220 Abs. 3 S. 2. Danach beginnt die für Nachgründungen in § 52 Abs. 1 AktG bestimmte Frist von zwei Jahren mit dem Wirksamwerden des Formwechsels, also gem. § 202 mit Eintragung in das Handelsregister. Auch im Falle einer Neugründung ist der Zeitpunkt der Eintragung in das Handelsregister entscheidend.[6]

5 Die Regelung des Abs. 1, die den Formwechsel einer Personenhandelsgesellschaft in eine AG, KGaA oder GmbH betrifft, ist neu.[7] Die vorhergehende Regelung betraf nur den Formwechsel einer eG oder eines VVaG in die Rechtsform der AG.[8] Der Regelungsgehalt des § 220 Abs. 2 war – was den Formwechsel in eine AG oder KGaA betrifft – bereits im alten Recht normiert.[9] Die Norm ist nach der Novelle des UmwG 1994 dahin gehend ergänzt worden, dass sie auch den Formwechsel in eine GmbH erfasst.[10] Eine dem § 220 Abs. 3 S. 1 entsprechende Regelung fand sich bereits im alten Recht für den Formwechsel in eine AG oder KGaA.[11] **Neu** ist im UmwG 1994 hingegen § 220 Abs. 3 S. 2, dessen Parallelvorschriften sich in den früheren aktienrechtlichen Bestimmungen für die Umwandlung einer GmbH in die AG oder KGaA finden.[12]

II. Kapitaldeckung (§ 220 Abs. 1)

6 **1. Begriff von Stammkapital, Grundkapital und Vermögen.** Die Unternehmer einer GmbH müssen sich ihr Haftungsprivileg verdienen.[13] Dies geschieht nicht schon durch die Festlegung des Stammkapitals in der Satzung, sondern vor allem dadurch, dass das zur Deckung des Stammkapitals benötigte Vermögen aufgebracht, der Gesellschaft zugeführt und nicht wieder entzogen wird.[14] Letzteres manifestiert sich in § 30 GmbHG, der den **Grundsatz der Kapitalerhaltung** statuiert. Die Norm bestimmt, dass das zur Erhaltung des Stammkapitals erforderliche Vermögen der Gesellschaft an die Gesellschafter nicht ausgezahlt werden darf. Die Begriffe Stammkapital und Vermögen verwendet das Gesetz dabei differenziert. Das Stammkapital stellt einen bloßen Rechnungsposten im Vermögen der Gesellschaft dar, während das Vermögen das nach Abzug der Schulden verbleibende Aktivreinvermögen der Gesellschaft meint.[15] Diese begriffliche Trennung ist entscheidend für das Verständnis des sog. Prinzips der Kapitaldeckung, nach dem ein „Wertdeckungszusammenhang" zwischen dem Vermögen und dem Kapital einer GmbH bestehen, also der Betrag des Stammkapitals rechnerisch, wertmäßig und bilanziell gedeckt sein muss durch das aktive Reinvermögen der Gesellschaft.[16]

7 Auch im Recht der **AG** gelten mit §§ 27, 36 a AktG entsprechende Regelungen, die aber über die Anforderungen des GmbH-Rechts noch hinausgehen.[17] Ihre besondere Strenge erweist sich darin, dass nicht nur das zur Deckung des Grundkapitals erforderliche Kapital nicht an die

3 § 220 Abs. 2.
4 Lutter/*Joost*, § 220 Rn 3; Semler/Stengel/*Schlitt*, § 220 Rn 2.
5 Semler/Stengel/*Schlitt*, § 220 Rn 2.
6 § 54 Abs. 1 AktG.
7 Semler/Stengel/*Schlitt*, § 220 Rn 5.
8 §§ 385 m Abs. 4 S. 2, 385 d Abs. 4 S. 1 AktG 1965; vgl Semler/Stengel/*Schlitt*, § 220 Rn 5.
9 § 43 Abs. 1 UmwG 1969.
10 Semler/Stengel/*Schlitt*, § 220 Rn 5.
11 § 43 Abs. 2 UmwG.
12 § 378 Abs. 4, § 289 Abs. 4 S. 3 AktG 1965; vgl Semler/Stengel/*Schlitt*, § 220 Rn 5.
13 *K. Schmidt*, GesR, § 37 I 2.
14 *K. Schmidt*, GesR, § 37 I 2.
15 Semler/Stengel/*Schlitt*, § 220 Rn 9.
16 Lutter/*Joost*, § 220 Rn 5.
17 Lutter/*Joost*, § 220 Rn 6; *Joost*, ZHR 149 (1985), 419 ff.

Gesellschafter ausgezahlt werden darf, sondern das Vermögen schlechthin einer Auszahlung an die Gesellschafter nicht zugänglich ist.[18]

2. Kapitalschutz. Die Zulässigkeit der Umwandlung ist nach alledem vom **Grundsatz der Kapitaldeckung** abhängig. Das Kapitaldeckungsprinzip dient der Verhinderung eines Formwechsels bei einer materiellen Unterbilanz der Gesellschaft.[19] Hierunter versteht man den Fall, dass das Reinvermögen (s. Rn 6) der Personengesellschaft im Wert geringer ist, als der Nennbetrag des in der Satzung der Ziel-AG oder –GmbH bestimmten Grund- oder Stammkapitals.[20] Streng zu unterscheiden ist dieser Fall von der formellen Unterbilanz, welche vorliegt, wenn der Nennbetrag des Stamm- oder Grundkapitals zwar vom Reinvermögen, aber nicht vom Vermögen nach Buchwerten gedeckt ist.[21] Durch die Verhinderung der materiellen Unterbilanzierung erhalten die Gläubiger des Zielrechtsträgers eine zusätzliche Sicherheit, da außer dem zur rechnerischen Deckung der Schulden notwendigen Vermögen noch weiteres Vermögen als haftende Vermögensmasse zur Verfügung steht.[22] Dieses Vermögen kann aufgrund des Grundsatzes der Kapitalerhaltung überdies den Gesellschaftern nicht zur Auszahlung gebracht werden.[23] In der Aktiengesellschaft verbietet sich ohnehin eine Auszahlung des Vermögens an die Gesellschafter außerhalb des Bilanzgewinns.[24] 8

3. Berechnung des Aktivvermögens. § 220 Abs. 1 enthält keinerlei Angaben, wie der **Wert des Aktivvermögens** der Gesellschaft zu berechnen ist. Dessen Ermittlung ist für den Ausschluss einer möglichen Unterbilanz und somit zur Wahrung des Kapitaldeckungsprinzips von erheblicher Bedeutung. Da der Formwechsel gesetzlich wie eine Sachgründung behandelt wird, ist auch im Rahmen des § 220 Abs. 1 der Wert des Aktivvermögens – wie bei einer Sachgründung – nach allgemeinen Grundsätzen der Unternehmensbewertung zu ermitteln.[25] 9

Problematisch ist in diesem Zusammenhang, welche Bedeutung **rückständige Einlageansprüche** der Personengesellschaft gegen ihre Gesellschafter haben. Die Frage wird dann relevant, wenn das sonstige Vermögen zur Kapitaldeckung nicht hinreicht.[26] Richtigerweise kann der rückständige Einlageanspruch der Gesellschaft gegen den Gesellschafter nicht als Reinvermögen des Ausgangsrechtsträgers angesehen werden. Denn der Formwechsel wird rechtlich wie eine Sachgründung behandelt. Bei Sacheinlagen gilt aber das Gebot der Volleinzahlung, so dass auch für den Formwechsel nichts anderes gelten kann.[27] 10

4. Bilanzierung. Es besteht keine rechtliche Pflicht, im Rahmen des Formwechsels eine Schluss- und eine Eröffnungsbilanz zu ziehen.[28] Der Rechtsträger bleibt vor und nach dem Formwechsel derselbe (sog. Identitätsprinzip).[29] Vielmehr sind nach dem **Grundsatz der Bilanzkontinuität** die bilanziellen Bewertungsansätze der bisherigen Personenhandelsgesellschaft fortzuführen.[30] 11

Auch eine Umwandlungsbilanz ist grundsätzlich nicht erforderlich.[31] Sie kann gleichwohl aufgestellt werden, ist dann aber lediglich Kapitalnachweisbilanz und somit unabhängig vom Jahresabschluss.[32] Allerdings kann hierdurch dem Erfordernis einer hinreichenden **Kapitalnachweisrechnung** entsprochen werden, die zum Nachweis der Deckung des Stammkapitals (bei der 12

18 Lutter/*Joost*, § 220 Rn 6.
19 Vgl Lutter/*Joost*, § 220 Rn 8.
20 Hennsler/Strohn/*Drinhausen/Keinath*, § 220 UmwG Rn 5; vgl auch § 7 AktG (mind. 50.000 EUR) sowie § 5 Abs. 1 GmbHG (mind. 25.000 EUR).
21 Hennsler/Strohn/*Drinhausen/Keinath*, GesR, § 220 UmwG Rn 5; zur Zulässigkeit der formellen Unterbilanz s. sogleich Rn 14.
22 Lutter/*Joost*, § 220 Rn 8.
23 § 30 GmbHG.
24 § 57 Abs. 3 AktG.
25 HM; *Busch*, AG 1995, 555, 556 ff; *Mertens*, AG 1995, 561, Fn 3; Schmitt/Hörtnagl/Stratz/*Stratz*, § 220 Rn 6; Semler/Stengel/*Schlitt*, § 220 Rn 13; Lutter/*Joost*, § 220 Rn 10; Kallmeyer/*Dirksen/Blasche*, § 220 Rn 6.
26 Lutter/*Joost*, § 220 Rn 11.
27 Lutter/*Joost*, § 220 Rn 12; Semler/Stengel/*Schlitt*, § 220 Rn 16.
28 *Fischer*, BB 1995, 2173, 2178; Lutter/*Joost*, § 220 Rn 18; Semler/Stengel/*Schlitt*, § 220 Rn 19.
29 S. § 190 Rn 26 ff.
30 *Busch*, AG 1995, 555, 560; Kallmeyer/*W. Müller*, § 220 Rn 11.
31 *Busch*, AG 1995, 555, 560.
32 *Busch*, AG 1995, 555, 560.

GmbH) bzw des Grundkapitals (bei der AG) durch das Aktivvermögen der Gesellschaft erforderlich ist.[33]

13 Im Falle einer **materiellen Unterbilanz** ist der Differenzbetrag zum festgesetzten Nennbetrag des Stammkapitals bzw Grundkapitals nach den Grundsätzen der Differenzhaftung (s. bereits § 219 Rn 5) in bar zu leisten.[34] Bilanziell ist dieser Differenzbetrag als „ausstehende Einlage" iSd § 272 Abs. 1 HGB auszuweisen.

14 Bisher noch ungeklärt ist der Fall, dass die fortgeführten Buchwerte für eine Deckung des Stamm-, bzw Grundkapitals nicht ausreichen (sog. **formelle Unterbilanz**). Hinsichtlich dieses zu den umstrittensten Fragen des Rechts des Formwechsels gehörenden Problemfeldes sind verschiedene Lösungswege vorgeschlagen worden. *Stratz* nimmt an, dass eine bloß formelle Unterbilanz einem Formwechsel grundsätzlich nicht entgegensteht, der Differenzbetrag bilanziell aber als „formwechselbedingter Unterschiedsbetrag" auszuweisen ist, der eine Ausschüttungssperre zur Folge hat und mit zukünftigen Gewinnen zu verrechnen ist.[35] Eine vergleichbare Position bezieht die Stellungnahme des HFA 1/1996, nach der in der Bilanz die Einstellung eines „Abzugspostens" zulässig sein soll, welcher wie ein Verlustvortrag vor einer etwaigen Gewinnausschüttung zu tilgen ist.[36] Andere wollen unter Vernachlässigung des Grundsatzes der Bilanzkontinuität eine Buchwertaufstockung bis zur Höhe des zur Deckung erforderlichen Kapitals bzw bis zur Höhe nachgewiesener Verkehrswerte zulassen.[37] Richtigerweise ist den erstgenannten Ansichten zu folgen. Sie haben den Vorzug der Systemkonformität und vermeiden eine übermäßige Benachteiligung der durch § 220 geschützten Gläubiger der Zielgesellschaft.[38]

15 **5. Versicherung bzw Erklärung.** Die Gründungsvorschriften der AG und der GmbH schreiben vor, dass bei der Anmeldung der Kapitalgesellschaft zu erklären bzw zu versichern ist, dass die **Leistungen auf die Einlagen bzw die Geschäftsanteile bewirkt** sind und sich der eingezahlte Betrag endgültig zur freien Verfügung des Vorstandes bzw der Geschäftsführer befindet.[39] Diskutabel ist, ob eine solche Versicherung bzw Erklärung auch im Zuge des Formwechsels einer Gesellschaft abzugeben ist. Dies wird von einer Auffassung bejaht.[40] Eine Erforderlichkeit der Abgabe dieser Versicherung bzw Erklärung sei schon § 197 S. 1 zu entnehmen, der die Gründungsvorschriften des Zielrechtsträgers für anwendbar erklärt. Die wohl hM geht allerdings davon aus, dass eine Abgabe einer solchen Versicherung bzw Erklärung nicht notwendig ist.[41] Man begründet dies damit, dass das Vermögen nicht anders zugeordnet wird.[42]

Hinweis: Die zuvor aufgeworfene Streitfrage ist höchstrichterlich nicht geklärt. Es dürfte daher in der Praxis ratsam sein, eine solche Versicherung bzw Erklärung abzugeben, welche aber inhaltlich die spezifischen Eigenheiten des Formwechsels berücksichtigen muss. Die Mitglieder des Vertretungsorgans des Zielrechtsträgers können nur versichern, dass sich das Vermögen derzeit im gesamthänderisch gebundenen Vermögen der Gesellschafter befindet und bei Eintragung des Formwechsels in die freie Verfügung der Mitglieder des Vertretungsorgans übergehen wird.[43]

III. Sachgründungsbericht und Gründungsbericht (§ 220 Abs. 2)

16 **1. Formwechsel in eine GmbH (§ 220 Abs. 2 Var. 1).** § 197 S. 1 iVm § 5 Abs. 4 S. 2 GmbHG statuiert bei einem Formwechsel in eine GmbH die Pflicht, einen **Sachgründungsbericht** zu erstellen. Der Sachgründungsbericht ist nicht Bestandteil des Umwandlungsberichts und deshalb

33 Lutter/*Joost*, § 220 Rn 18.
34 Schmitt/Hörtnagl/Stratz/*Stratz*, § 220 Rn 10.
35 Schmitt/Hörtnagl/Stratz/*Stratz*, § 220 Rn 11.
36 Hauptfachausschuss des Instituts der Wirtschaftsprüfer; s. auch *Müller*, WPg 1996, 507; differenzierter *Carlé/Bauschatz*, GmbHR 2001, 1149, 1150.
37 *Priester*, DB 1995, 911, 915.
38 Vgl Kallmeyer/*W. Müller*, § 220 Rn 11.
39 § 37 Abs. 1, 36 a AktG; § 8 Abs. 2 GmbHG.
40 Widmann/Mayer/*Vossius*, § 222 Rn 58, 63; Schmitt/Hörtnagl/Stratz/*Stratz*, § 222 Rn 11 aE; *K. Schmidt*, ZIP 1995, 1385, 1391.
41 Lutter/*Joost*, § 220 Rn 17; Kallmeyer/*Dirksen/Blasche*, § 220 Rn 12; Semler/Stengel/*Schlitt*, § 220 Rn 18.
42 Semler/Stengel/*Schlitt*, § 220 Rn 18.
43 Semler/Stengel/*Schlitt*, § 220 Rn 18 mit Verweis auf *Schmidt-Diemitz/Moszka* in: Langenfeld (Hrsg.), MünchVertrHdb, XII 3.

einem Verzicht gem. § 192 Abs. 2 nicht zugänglich.[44] In dem Sachgründungsbericht sind Angaben über die Vorbereitung und Auswirkungen des Formwechsels zu machen und die wesentlichen Umstände anzugeben, aus denen sich ergibt, dass dem Kapitaldeckungsprinzip genügt wurde.[45] Ein Verweis auf den Werthaltigkeitsnachweis zur Reinvermögensdeckung ist idR ausreichend.[46] Auch wenn es sich nicht um den Übergang eines Unternehmens iSd § 5 Abs. 4 S. 2 GmbHG handelt, sind auch die Jahresergebnisse der letzten beiden Geschäftsjahre anzugeben.[47]

§ 220 Abs. 2 nimmt eine **Konkretisierung** der Gründungsbestimmungen nach § 197 S. 1 iVm § 5 Abs. 4 S. 2 vor. Demnach ist bei einem Formwechsel in die GmbH auch der bisherige Geschäftsverlauf und die Lage der formwechselnden Gesellschaft zu offenbaren. Die Angaben haben dabei wahrheitsgetreu zu erfolgen und müssen auf alle Vorgänge von besonderer Bedeutung, die sich nach dem Umwandlungsstichtag ergeben haben, eingehen.[48] Dies können insb. sein: die voraussichtliche Produktentwicklung, soweit die Firma Produkte vertreibt, der Erwerb oder Verlust bedeutender Kunden, wesentliche Rechtsstreitigkeiten sowie die Wettbewerbssituation der Gesellschaft.[49] Wie sich aus den allgemeinen Gründungsbestimmungen, insb. § 5 Abs. 4 S. 2 GmbHG, der über § 197 S. 1 Anwendung findet, entnehmen lässt, muss die Darlegung aber nur die letzten beiden Geschäftsjahre umfassen.[50] Für die Erteilung des Sachgründungsberichts sind gem. § 197 S. 1 iVm § 5 Abs. 4 S. 2 GmbHG die Gesellschafter zuständig. Der Sachgründungsbericht hat schriftlich zu erfolgen und ist von den Gesellschaftern der formwechselnden Gesellschaft eigenhändig zu unterzeichnen.[51] Eine gewillkürte Stellvertretung ist unzulässig.[52] 17

2. Formwechsel in eine AG oder KGaA (§ 220 Abs. 2 Var. 2). Auch bei einem Formwechsel in eine AG oder KGaA ist aufgrund des Verweises in § 197 S. 1 auf die Gründungsvorschriften der Zielgesellschaft ein **Gründungsbericht** zu erstellen.[53] Nach der Legaldefinition in § 32 AktG ist Bericht über den Hergang des Formwechsels zu erstatten.[54] Insb. sind Ausführungen zum Inhalt des Umwandlungsbeschlusses, zur Feststellung der künftigen Satzung, zur Höhe des Grundkapitals und der Beteiligungsverhältnisse, zur Bestellung der Mitglieder des Vorstandes und des Aufsichtsrates und zur Übernahme von Aktien für Rechnung von Mitgliedern des Vorstandes oder Aufsichtsrates zu machen.[55] Gem. § 32 Abs. 2 S. 1 AktG sind im Gründungsbericht darüber hinaus die wesentlichen Umstände darzulegen, von denen die Angemessenheit der Leistungen für Sacheinlagen oder Sachübernahmen abhängt. 18

§ 220 Abs. 2 Var. 2 statuiert zudem die **Pflicht**, den bisherigen Geschäftsverlauf und die Lage der formwechselnden Gesellschaft darzulegen. Vgl hierzu bereits die Erläuterungen zu Rn 17. 19

Bzgl. der formellen Anforderungen an den **Gründungsbericht** ergeben sich im Vergleich zum Formwechsel in eine GmbH keine Unterschiede. Der Gründungsbericht ist schriftlich zu verfassen und von allen Gesellschaftern zu unterzeichnen. Bei einer Mehrheitsbeschlussfassung iSv § 217 Abs. 1 S. 2 ist die Unterzeichnung durch die zustimmenden Gesellschafter hinreichend.[56] Bei einem Formwechsel in die KGaA müssen auch die beitretenden persönlich haftenden Gesellschafter unterzeichnen (§ 217 Abs. 3). 20

44 Lutter/*Joost*, § 220 Rn 21; Kallmeyer/*Dirksen/Blasche*, § 220 Rn 15; Semler/Stengel/*Schlitt*, § 220 Rn 26.
45 Semler/Stengel/*Schlitt*, § 220 Rn 24; Kallmeyer/*Dirksen/Blasche*, § 220 Rn 16.
46 Semler/Stengel/*Schlitt*, § 220 Rn 24.
47 § 5 Abs. 4 S. 2 GmbHG; Semler/Stengel/*Schlitt*, § 220 Rn 24; Kallmeyer/*Dirksen/Blasche*, § 220 Rn 16.
48 Semler/Stengel/*Schlitt*, § 220 Rn 25.
49 Lutter/*Joost*, § 220 Rn 23; Semler/Stengel/*Schlitt*, § 220 Rn 25.
50 Semler/Stengel/*Schlitt*, § 220 Rn 25.
51 Widmann/Mayer/*Vossius*, § 220 Rn 35 f; Semler/Stengel/*Schlitt*, § 220 Rn 26.
52 Semler/Stengel/*Schlitt*, § 220 Rn 26; *Melchior*, GmbHR 1999, 520, 521.
53 § 197 S. 1 iVm § 32 AktG bzw 197 S. 1 iVm §§ 278 Abs. 3, 32 AktG.
54 § 197 S. 1 iVm § 32 Abs. 1 AktG bzw 197 S. 1 iVm §§ 278 Abs. 3, 32 Abs. 1 AktG.
55 Semler/Stengel/*Schlitt*, § 220 Rn 27.
56 S. § 219.

IV. Gründungsprüfung und Frist zur Nachgründung (§ 220 Abs. 3)

21 Da im Falle eines Formwechsels gem. § 197 S. 1 die Gründungsvorschriften der Zielgesellschaft Anwendung finden, hat auch eine interne **Gründungsprüfung** gem. § 33 Abs. 1 AktG zu erfolgen. Die Gründungsprüfung wird durch die Mitglieder des Vorstandes oder Aufsichtsrates ausgeführt. Handelt es sich um einen Formwechsel in eine KGaA, treten an die Stelle der Mitglieder des Vorstandes die persönlich haftenden Gesellschafter als Prüfer der Gründung.[57] Die Prüfung durch die Mitglieder des Vorstandes und des Aufsichtsrates hat sich insb. darauf zu erstrecken, ob die Angabe der Gründer über die Übernahme der Aktien, über die Einlagen auf das Grundkapital und über die Festsetzungen bzgl Sondervorlagen und Sacheinlagen etc. (§§ 26 f AktG) richtig sind und ob der Wert der Sacheinlagen oder Sachübernahmen den geringsten Ausgabebetrag der dafür zu gewährenden Aktien oder den Wert der dafür zu gewährenden Leistungen erreicht.[58] Die Gründungsprüfung hat schriftlich zu geschehen.[59]

22 § 220 Abs. 3 enthält eine Regelung zur Überprüfung der Gründung für den Fall eines Formwechsels in eine **AG** oder **KGaA**. Die Regelung wiederholt nur die Anforderungen, die bereits das AktG in § 33 Abs. 2 statuiert. Bei einem Formwechsel in eine AG oder KGaA hat (kumulativ) die Gründungsprüfung durch einen oder mehrere externe Prüfer (§ 33 Abs. 2 AktG) stattzufinden.[60] Bei einer regulären Gründung ist dies vorgesehen, wenn eine Gründung mit Sacheinlagen oder Sachübernahmen vorliegt.[61] Dies ist bei einem Formwechsel, der wie eine Sachgründung behandelt wird, immer der Fall. Die Regelung ist deshalb deklaratorischer Natur.[62] Die Gründungsprüfer werden gem. § 33 Abs. 3 S. 2 AktG durch das zuständige Registergericht bestellt.

23 Bei einem Formwechsel in eine **GmbH** findet eine Gründungsprüfung durch die Geschäftsführung oder einen Gründungsprüfer nicht statt, da sie gesetzlich nicht vorgesehen ist.[63]

§ 221 Beitritt persönlich haftender Gesellschafter

[1]Der in einem Beschluß zur Umwandlung in eine Kommanditgesellschaft auf Aktien vorgesehene Beitritt eines Gesellschafters, welcher der formwechselnden Gesellschaft nicht angehört hat, muß notariell beurkundet werden. [2]Die Satzung der Kommanditgesellschaft auf Aktien ist von jedem beitretenden persönlich haftenden Gesellschafter zu genehmigen.

I. Normzweck

1 Die Norm enthält ergänzende Bestimmungen zu den §§ 217 Abs. 2 und 218 Abs. 2 für den Fall des **Formwechsels in eine KGaA**. Insb. betrifft sie den Fall des Beitrittes eines persönlich haftenden Gesellschafters, der zuvor noch nicht Mitglied des formwechselnden Rechtsträgers war. Bei einem Formwechsel in eine KGaA schreibt § 218 Abs. 2 vor, dass der Umwandlungsbeschluss die Beteiligung mindestens eines persönlich haftenden Gesellschafters an der zu gründenden KGaA vorsehen muss. Alternativ kann auch ein neuer, noch nicht am Ausgangsrechtsträger beteiligter Gesellschafter als persönlich haftender Gesellschafter beitreten.[1] Diesen letzten Fall betrifft § 221. Er statuiert für diesen Fall das Erfordernis einer notariellen Beurkundung, das für den Fall der bloßen Übernahme der persönlichen Haftung durch einen bereits an der Ausgangsgesellschaft beteiligten Gesellschafter (§ 218 Abs. 2 Var. 1) bereits über §§ 193

57 Semler/Stengel/*Schlitt*, § 220 Rn 29.
58 § 34 Abs. 1 AktG.
59 § 34 Abs. 2 S. 1.
60 Vgl diesbezüglich den Wortlaut des § 33 Abs. 2 AktG: „Außerdem …“.
61 § 33 Abs. 2 Nr. 4 AktG.
62 Semler/Stengel/*Schlitt*, § 220 Rn 30; Lutter/*Joost*, § 220 Rn 24.
63 Semler/Stengel/*Schlitt*, § 220 Rn 31; Lutter/*Joost*, § 220 Rn 25.
1 § 218 Abs. 2 Var. 2.

Abs. 3 S. 1, 218 Abs. 1 S. 1 klargestellt ist. Dieses Formerfordernis dient der Rechtssicherheit und dem Schutz des beitretenden, persönlich haftenden Dritten.[2]

Eine Vorgängerregelung zur Norm, jedoch bzgl der Umwandlung einer GmbH bzw einer AG in die KGaA, fand sich bereits im AktG aF.[3] Die Norm ist im UmwG so aber neu. Die Bestimmung im AktG aF stand hinter der jetzigen Regelung insoweit zurück, als die **Beitretenden nunmehr als Gründer** behandelt werden.[4] 2

II. Beitritt (§ 221 S. 1)

Bei einem Formwechsel in eine KGaA kann dem rechtsformbedingten Vorhandensein eines Komplementärs der KGaA entweder dadurch entsprochen werden, dass ein bereits im Ausgangsrechtsträger vorhandener Gesellschafter nunmehr persönlich haftet, oder ein **neuer Gesellschafter beitritt**, der sich zur persönlichen Haftung bereit erklärt.[5] Der Beitritt eines Dritten muss gem. § 218 Abs. 2 im Formwechselbeschluss vorgesehen sein. § 221 S. 1 geht von diesem Grundsatz aus. Beitretender Dritter kann dabei nicht nur eine natürliche, sondern ebenso eine juristische Person oder eine Personengesellschaft sein.[6] 3

Gem. § 221 S. 1 bedarf die Beitrittserklärung des Externen der **notariellen Beurkundung**. Diese Beurkundung richtet sich nach dem BeurkG, insb. nach den §§ 8 ff BeurkG. Die Beitrittserklärung kann als separierte Erklärung abgegeben, oder direkt mit dem Umwandlungsbeschluss beurkundet werden.[7] Allerdings ist nach dem Wortlaut des § 221 der früheste Zeitpunkt zur Erklärung des Beitritts der Zeitpunkt des Umwandlungsbeschlusses, denn nach der Norm muss der Beitritt im Umwandlungsbeschluss vorgesehen sein.[8] 4

III. Genehmigung der Satzung (§ 221 S. 2)

In dem Umwandlungsbeschluss muss die Satzung der Ziel-KGaA festgestellt werden. Ferner muss gem. § 221 S. 2 der extern beitretende persönlich haftende Gesellschafter das Statut **genehmigen**. Die Erklärung der Genehmigung muss in Bezug auf den Formwechselbeschluss sowie die Satzung in notariell beurkundeter Form erfolgen.[9] 5

Hinweis: Die Satzungsgenehmigung wird in der Praxis regelmäßig in Verbindung mit der Beitrittserklärung des persönlich haftenden Gesellschafters erfolgen.[10]

IV. Rechtsstellung des beitretenden persönlich haftenden Gesellschafters

Der beitretende persönlich haftende Gesellschafter gilt gem. § 219 S. 2 als Gründer. Er haftet mit Wirksamkeit des Formwechsels gem. § 278 Abs. 1 AktG für die **Verbindlichkeiten des neuen Rechtsträgers unbeschränkt**. Aber auch für die Altverbindlichkeiten des Ausgangsrechtsträgers haftet er akzessorisch gem. § 278 Abs. 2 AktG, §§ 161 Abs. 2, 130, 128 HGB. § 224 findet auf den beitretenden persönlich haftenden Gesellschafter einer KGaA keine Anwendung.[11] 6

§ 222 Anmeldung des Formwechsels

(1) [1]**Die Anmeldung nach § 198 einschließlich der Anmeldung der Satzung der Genossenschaft ist durch alle Mitglieder des künftigen Vertretungsorgans sowie, wenn der Rechtsträger nach den für die neue Rechtsform geltenden Vorschriften einen Aufsichtsrat haben muß, auch durch**

2 Semler/Stengel/*Schlitt*, § 221 Rn 1.
3 §§ 389 Abs. 2. S. 2 u. 3, 362 Abs. 2 S. 5 u. 6 AktG aF.
4 Semler/Stengel/*Schlitt*, § 221 Rn 3.
5 § 218 Abs. 2.
6 BGHZ 132, 392 ff.
7 Lutter/*Joost*, § 221 Rn 7.
8 § 221 S. 1.
9 Widmann/Mayer/*Vossius*, § 221 Rn 18; Semler/Stengel/*Schlitt*, § 222 Rn 11.
10 Kallmeyer/*Dirksen*/*Blasche*, § 221 Rn 4.
11 Widmann/Mayer/*Vossius*, § 221 Rn 28.

alle Mitglieder dieses Aufsichtsrats vorzunehmen. [2]Zugleich mit der Genossenschaft sind die Mitglieder ihres Vorstandes zur Eintragung in das Register anzumelden.

(2) Ist der Rechtsträger neuer Rechtsform eine Aktiengesellschaft oder eine Kommanditgesellschaft auf Aktien, so haben die Anmeldung nach Absatz 1 auch alle Gesellschafter vorzunehmen, die nach § 219 den Gründern dieser Gesellschaft gleichstehen.

(3) Die Anmeldung der Umwandlung zur Eintragung in das Register nach § 198 Abs. 2 Satz 3 kann auch von den zur Vertretung der formwechselnden Gesellschaft ermächtigten Gesellschaftern vorgenommen werden.

I. Normzweck

1 Bei dieser Norm handelt es sich um eine den § 198 **ergänzende Vorschrift.** Die Regelung legt den Personenkreis fest, der für die Anmeldung des Formwechsels nach § 198 zuständig ist. Bzgl des für die Anmeldung zuständigen Gerichts, des Inhalts der Anmeldung und der anzufügenden Unterlagen trifft § 222 keine weitere Regelung, weshalb es insoweit bei den Bestimmungen des allgemeinen Teils, sprich § 198 bleibt.[1]

2 Gem. § 222 Abs. 1 S. 1 hat die Anmeldung des Formwechsels durch alle **Mitglieder des künftigen Vertretungsorgans** sowie – wenn der Rechtsträger nach den für die neue Rechtsform geltenden Vorschriften einen Aufsichtsrat haben muss – auch durch die **Mitglieder des Aufsichtsrates** zu erfolgen. Das Vertretungsorgan des Ausgangsrechtsträgers trifft bzgl der Anmeldung des Formwechsels – sofern nicht Abs. 3 einschlägig ist – keine Verpflichtung.[2] Hintergrund ist wohl die Umwandlung von Publikumspersonengesellschaften zu erleichtern.[3] Anders lässt es sich auch nicht interpretieren, dass der handelsrechtliche Grundsatz, dass Anmeldungen von Personengesellschaften von allen Gesellschaftern zu unterzeichnen sind, §§ 108, 161 Abs. 2 HGB, hier durchbrochen worden ist.

3 Handelt es sich bei der Zielgesellschaft um eine **eG**, bestimmt § 222 Abs. 1 S. 2, dass mit der Anmeldung des Formwechsels zugleich die Mitglieder ihres Vorstandes zur Eintragung in das Register anzumelden sind. Es soll hiermit hinreichende Klarheit über die Vertretungsverhältnisse erreicht werden.[4]

4 § 222 Abs. 2 bestimmt für den Formwechsel in eine **AG** oder **KGaA**, dass die Anmeldung gem. § 222 Abs. 1 auch alle Gesellschafter vorzunehmen haben, die gem. § 219 als Gründer zählen. Dies entspricht den Vorgaben der allgemeinen Vorschriften, insb. dem über § 197 anwendbaren § 36 Abs. 1 AktG. Allerdings konterkariert diese Vorgabe das gesetzgeberische Ziel von Abs. 1, den Formwechsel von Publikums-Personengesellschaften zu erleichtern. Für den Formwechsel in eine **GmbH** ist eine solche Mitwirkung der Gesellschafter an der Anmeldung nicht vorgeschrieben, da dies auch sonst eine Angelegenheit der Geschäftsführer ist.[5] Aufgrund dessen empfiehlt es sich insoweit, Publikumspersonengesellschaften in eine GmbH umzuwandeln und nicht in eine AG oder KGaA.

5 Mit § 222 Abs. 3 wird bestimmt, dass die Anmeldung der Umwandlung zur Eintragung in das Register nach § 198 Abs. 2 S. 3 auch von den **zur Vertretung** der formwechselnden Gesellschaft **ermächtigten Gesellschafter** vorgenommen werden darf. Dies dient einer Erleichterung des Anmeldevorgangs – beschränkt jedoch auf die Fälle, dass sich durch den Formwechsel die Art des

1 Semler/Stengel/*Schlitt*, § 222 Rn 1.
2 Semler/Stengel/*Schlitt*, § 222 Rn 2.
3 Semler/Stengel/*Schlitt*, § 222 Rn 2.
4 Begr. RegE zu § 222, BR-Drucks. 75/94, 150.
5 Vgl §§ 7 Abs. 1, 78 GmbHG.

maßgebenden Registers ändert oder durch eine mit dem Formwechsel einhergehende Sitzverlegung ein anderes Register zuständig wird.[6]

II. Anmeldung des Formwechsels

1. AG und KGaA als Zielrechtsträger. a) AG als Zielrechtsträger. § 222 bestimmt, dass die Anmeldung des Formwechsels durch alle **Mitglieder des künftigen Vertretungsorgans** sowie durch die **Mitglieder des Aufsichtsrates** vorzunehmen ist. Im Falle des Formwechsels einer AG hat somit die Anmeldung durch den Vorstand als ihr Vertretungsorgan (§ 78 Abs. 1. S. 1 AktG) und den Aufsichtsrat zu geschehen. 6

Für die **AG** trifft das Gesetz in § 222 Abs. 2 darüber hinaus eine Sonderregelung. Es haben demnach neben Vorstand und Aufsichtsrat auch alle Gesellschafter mitzuwirken, die nach § 219 den Gründern der AG gleichstehen. Dies sind bei einer einstimmigen Beschlussfassung iSd § 217 Abs. 1 S. 1 alle Gesellschafter und bei einer zugelassenen Mehrheitsentscheidung iSd § 217 Abs. 1 S. 2 diejenigen Gesellschafter, die dem Umwandlungsbeschluss zugestimmt haben. Eine Vertretung bei der Anmeldung ist unzulässig.[7] Allerdings ermöglicht das Gesetz, dass die Anmeldepflichtigen die Anmeldung getrennt voneinander vornehmen.[8] 7

Hinweis: Bei einem Formwechsel einer Publikumspersonengesellschaft in eine AG ist es aus praktischen Erwägungen empfehlenswert die Anmeldung im Anschluss an die Gesellschafterversammlung zu unterzeichnen und zu beglaubigen lassen.[9]

Der **Anmeldungsinhalt** richtet sich nach den allgemeinen Vorschriften. S. hierzu bereits § 198 Rn 6 ff bzw Rn 9; § 199 Rn 2 ff bzw Rn 11. 8

b) KGaA als Zielrechtsträger. Das zur AG Ausgeführte gilt in gleicher Weise für den Formwechsel in eine KGaA, allerdings mit der rechtsformbedingten Modifikation, dass an die Stelle des Vorstandes die **persönlich haftenden Gesellschafter** treten.[10] Die Anmeldung ist daher von den persönlich haftenden Gesellschaftern, den Mitgliedern des Aufsichtsrates sowie von denjenigen Gesellschaftern, die gem. § 219 als Gründer gelten, vorzunehmen. Tritt der KGaA ein neuer Gesellschafter als persönlich haftender Gesellschafter bei (§ 218 Abs. 2 Var. 2), steht auch dieser einem Gründer gleich (§ 219 S. 2) und ist somit anmeldepflichtig. 9

Der **Anmeldungsinhalt** richtet sich auch bei der KGaA nach den allgemeinen Vorschriften. S. hierzu bereits § 198 Rn 6 ff bzw Rn 9; § 199 Rn 2 ff bzw Rn 11. 10

2. GmbH als Zielrechtsträger. Auch für den Formwechsel in eine GmbH gelten grundsätzlich die Erläuterungen zum Recht des Formwechsels in eine AG.[11] Demnach sind zur Anmeldung gem. § 222 grundsätzlich alle Mitglieder des Vertretungsorgans des Zielrechtsträgers sowie, wenn die GmbH einen Aufsichtsrat haben muss, auch die Mitglieder dieses Aufsichtsrats verpflichtet.[12] Im Recht der GmbH ist zur Vertretung der Gesellschaft grundsätzlich der Geschäftsführer zuständig.[13] Diesen trifft zunächst auch die Anmeldepflicht. Verfügt die Gesellschaft über mehrere Geschäftsführer, so hat die Anmeldung entsprechend durch **alle zukünftigen Geschäftsführer** zu erfolgen.[14] 11

In der Literatur wird bzgl des Mitwirkungserfordernisses des **Aufsichtsrates** gem. § 222 Abs. 1 S. 1 zum Teil bestritten, dass dessen Mitglieder bei der Anmeldung mitzuwirken haben. Dies wird mit dem Hinweis begründet, die Situation sei ähnlich gelagert wie in den Fällen einer völ- 12

6 Semler/Stengel/*Schlitt*, § 222 Rn 4.
7 Semler/Stengel/*Schlitt*, § 222 Rn 18; Schmitt/Hörtnagl/Stratz/*Stratz*, § 222 Rn 5; Kallmeyer/*Dirksen*/*Blasche*, § 222 Rn 1, 4.
8 Semler/Stengel/*Schlitt*, § 222 Rn 18.
9 Semler/Stengel/*Schlitt*, § 222 Rn 18.
10 Semler/Stengel/*Schlitt*, § 222 Rn 21.
11 S. Rn 6 ff.
12 Dies ist bei einer GmbH nur der Fall, wenn die entsprechenden Voraussetzungen des DrittelbG, MitbestG, MitbestErgG oder Montan-Mitbestimmungsgesetz erfüllt sind.
13 § 35 Abs. 1 S. 1 GmbHG.
14 Semler/Stengel/*Schlitt*, § 222 Rn 8; auch Lutter/*Joost*, § 222 Rn 4.

ligen Neugründung, wo es einer solchen Mitwirkung auch nicht bedürfe.[15] Diese Auslegung steht jedoch im Widerspruch zum klaren Wortlaut der Norm und überzeugt daher nicht.[16] Soll die Ziel-GmbH hingegen nur über einen fakultativen Aufsichtsrat verfügen, so besteht darüber Einigkeit, dass dessen Mitglieder bei der Anmeldung nicht mitzuwirken haben.[17]

Hinweis: Die Frage einer Mitwirkungspflicht der Mitglieder eines obligatorischen Aufsichtsrates bei der Anmeldung ist gleichwohl umstritten. Es empfiehlt sich deshalb eine vorherige Abstimmung mit dem zuständigen Handelsregister.[18]

13 Eine **Vertretung** ist auch bei der Anmeldung des Formwechsels in eine GmbH unzulässig.[19] Allerdings können die notariell zu beglaubigenden Anmeldeerklärungen getrennt voneinander abgegeben werden.[20]

14 Bzgl. des **Inhalts** der Anmeldung gelten die allgemeinen Bestimmungen über die Anmeldung des Formwechsels. S. dazu bereits § 198 Rn 6 ff bzw Rn 9; § 199 Rn 2 ff bzw Rn 13.

15 **3. eG als Zielrechtsträger.** Bei einem Formwechsel in eine eG tritt ein Registerwechsel ein, da die eG nicht in das Handels-, sondern in das Genossenschaftsregister eingetragen wird.[21] Der Formwechsel ist deshalb in diesem Fall **sowohl zum Handelsregister der formwechselnden Gesellschaft als auch zum Genossenschaftsregister** anzumelden.[22] Zunächst hat allerdings die Eintragung zum Handelsregister zu erfolgen.[23] Der Formwechsel wird wirksam, wenn der Rechtsträger neuer Rechtsform in das Genossenschaftsregister eingetragen wird.[24]

16 Anmeldungsverpflichtet sind gem. § 222 der **Vorstand** und, da die Genossenschaft verpflichtend über einen Aufsichtsrat verfügt, auch die Mitglieder des **Aufsichtsrates.**[25]

III. Sitzverlegung

17 Beschließen die Gesellschafter der Ausgangsgesellschaft zeitgleich mit dem Formwechsel eine **Sitzverlegung**, muss die Anmeldung des Formwechsels sowohl bei dem bislang zuständigen, als auch bei dem zukünftig zuständigen Registergericht erfolgen, § 198 Abs. 2 S. 2 u. S. 3. § 222 Abs. 3 sieht hierzu vor, dass die Anmeldung der Umwandlung zur Eintragung in das Register nach § 198 Abs. 2 S. 3 auch von den zur Vertretung der formwechselnden Gesellschaft ermächtigten Gesellschaftern vorgenommen werden kann. Der Gesetzgeber hielt dies für angebracht, da diese Eintragung nur das Register betrifft, in welchem die formwechselnde Gesellschaft bislang eingetragen war und sie keine konstitutive Wirkung für den Formwechsel hat.[26]

§ 223 Anlagen der Anmeldung

Der Anmeldung der neuen Rechtsform oder des Rechtsträgers neuer Rechtsform sind beim Formwechsel in eine Kommanditgesellschaft auf Aktien außer den sonst erforderlichen Unterlagen auch die Urkunden über den Beitritt aller beitretenden persönlich haftenden Gesellschafter in Ausfertigung oder öffentlich beglaubigter Abschrift beizufügen.

15 Widmann/Mayer/*Vossius*, § 222 Rn 18; Schmitt/Hörtnagl/Stratz/*Stratz*, § 222 Rn 3.
16 So auch Lutter/*Joost*, § 222 Rn 4; Semler/Stengel/*Schlitt*, § 222 Rn 9; Kallmeyer/*Dirksen/Blasche*, § 222 Rn 2.
17 Lutter/*Joost*, § 222 Rn 4; Semler/Stengel/*Schlitt*, § 222 Rn 10; Kallmeyer/*Dirksen/Blasche*, § 222 Rn 2.
18 Kallmeyer/*Dirksen/Blasche*, § 222 Rn 2.
19 Lutter/*Joost*, § 222 Rn 2; Kallmeyer/*Dirksen/Blasche*, § 222 Rn 1.
20 Semler/Stengel/*Schlitt*, § 222 Rn 12.
21 § 10 GenG.
22 § 198 Abs. 2 S. 2 und 3.
23 Semler/Stengel/*Schlitt*, § 222 Rn 24.
24 Lutter/*Joost*, § 222 Rn 10; Semler/Stengel/*Schlitt*, § 222 Rn 24.
25 Lutter/*Joost*, § 222 Rn 7; Semler/Stengel/*Schlitt*, § 222 Rn 25.
26 Begr. RegE zu § 222, BR-Drucks. 75/94, 151.

I. Normzweck

1 Die Norm ergänzt § 202. Sie ist Vorschrift des besonderen Teils und enthält eine spezielle Regelung zur Anmeldung des Formwechsels einer Personenhandelsgesellschaft in eine KGaA. § 223 legt fest, welche **weiteren Unterlagen** neben den bereits in § 202 genannten der Anmeldung des Formwechsels beizufügen sind. Die Regelung ist erforderlich, da bei einem Formwechsel in eine KGaA auch neue persönlich haftende Gesellschafter der Gesellschaft beitreten können.[1] Dem Registergericht soll so die Prüfung des Gesellschafterbestandes ermöglicht werden.[2]

2 Die Bestimmung ist neu, insoweit es sich um den Formwechsel einer **Personenhandelsgesellschaft in eine Kapitalgesellschaft** handelt.[3] Sie entspricht aber der Sache nach der früheren Regelung (§ 390 S. 2, § 364 S. 2 AktG aF) für den Fall einer Umwandlung einer GmbH oder AG in eine KGaA.[4]

II. Anlagen zur Anmeldung

3 **1. Formwechsel in eine AG, GmbH und eG.** Bei einem Formwechsel in eine **AG, GmbH** und **eG** bedarf es der Beifügung der in § 199 genannten Anlagen. Vgl dazu bereits die Ausführungen in § 199 Rn 2 ff bzw Rn 11.

4 **2. Formwechsel in eine KGaA.** Soll der Formwechsel in die Rechtsform einer **KGaA** erfolgen, sind zunächst grundsätzlich auch die in § 199 genannten Unterlagen beizufügen.[5] Bei einem Formwechsel in eine KGaA sieht das Gesetz als Variante der unbeschränkten Haftungsübernahme durch einen bereits vorhandenen Gesellschafter auch die Möglichkeit des Neubeitritts eines persönlich unbeschränkt haftenden Gesellschafters vor. In diesem Fall muss der Anmeldung, neben den schon gem. § 199 erforderlichen Unterlagen, gem. § 223 auch die Urkunde über den Beitritt des neuen persönlich haftenden Gesellschafters beigefügt werden. Beitritt in diesem Sinne meint die Beitrittserklärung des bisher nicht an der Gesellschaft beteiligten persönlich haftenden Gesellschafters der Ziel-KGaA, die auf den vorherigen Umwandlungsbeschluss bezogen ist.[6] Hinzugefügt werden muss die Ausfertigung oder die öffentlich beglaubigte Abschrift der Urkunde.[7]

5 Der beitretende Gesellschafter muss gem. § 221 S. 2 die Satzung der KGaA **genehmigen.** Über den Wortlaut des § 223 hinaus ist der Anmeldung auch eine Urkunde über diese Genehmigungserklärung der Anmeldung beizufügen.[8]

6 **3. Sonst erforderliche Unterlagen.** Unter den „**sonst erforderlichen Unterlagen**" iSd § 223 sind diejenigen Unterlagen zu verstehen, aus denen sich gem. §§ 192 ff ergibt, dass die Voraussetzungen des Formwechsels vorliegen.[9] Insbesondere sind dies der Umwandlungsbericht, die Niederschrift über den Umwandlungsbeschluss, die Zustimmungserklärungen gem. § 199 sowie die Unterlagen, die zur Einhaltung der Gründungsvorschriften erforderlich sind.[10]

1 Lutter/*Joost*, § 223 Rn 1; Semler/Stengel/*Schlitt*, § 223 Rn 1.
2 Lutter/*Joost*, § 223 Rn 1; Semler/Stengel/*Schlitt*, § 223 Rn 1.
3 Semler/Stengel/*Schlitt*, § 223 Rn 4.
4 Semler/Stengel/*Schlitt*, § 223 Rn 4.
5 Vgl § 199 Rn 2 ff bzw Rn 11.
6 Vgl Lutter/*Joost*, § 223 Rn 2.
7 Semler/Stengel/*Schlitt*, § 223 Rn 7.
8 Lutter/*Joost*, § 223 Rn 4; Semler/Stengel/*Schlitt*, § 223 Rn 8.
9 Lutter/*Joost*, § 223 Rn 5; Semler/Stengel/*Schlitt*, § 223 Rn 9.
10 Lutter/*Joost*, § 223 Rn 5; Semler/Stengel/*Schlitt*, § 223 Rn 9.

§ 224 Fortdauer und zeitliche Begrenzung der persönlichen Haftung

(1) Der Formwechsel berührt nicht die Ansprüche der Gläubiger der Gesellschaft gegen einen ihrer Gesellschafter aus Verbindlichkeiten der formwechselnden Gesellschaft, für die dieser im Zeitpunkt des Formwechsels nach § 128 des Handelsgesetzbuchs persönlich haftet.

(2) Der Gesellschafter haftet für diese Verbindlichkeiten, wenn sie vor Ablauf von fünf Jahren nach dem Formwechsel fällig und daraus Ansprüche gegen ihn in einer in § 197 Abs. 1 Nr. 3 bis 5 des Bürgerlichen Gesetzbuchs bezeichneten Art festgestellt sind oder eine gerichtliche oder behördliche Vollstreckungshandlung vorgenommen oder beantragt wird; bei öffentlich-rechtlichen Verbindlichkeiten genügt der Erlass eines Verwaltungsakts.

(3) [1]Die Frist beginnt mit dem Tage, an dem die Eintragung der neuen Rechtsform oder des Rechtsträgers neuer Rechtsform in das Register bekannt gemacht worden ist. [2]Die für die Verjährung geltenden §§ 204, 206, 210, 211 und 212 Abs. 2 und 3 des Bürgerlichen Gesetzbuchs sind entsprechend anzuwenden.

(4) Einer Feststellung in einer in § 197 Abs. 1 Nr. 3 bis 5 des Bürgerlichen Gesetzbuchs bezeichneten Art bedarf es nicht, soweit der Gesellschafter den Anspruch schriftlich anerkannt hat.

(5) Die Absätze 1 bis 4 sind auch anzuwenden, wenn der Gesellschafter in dem Rechtsträger anderer Rechtsform geschäftsführend tätig wird.

I. Normzweck

1 Die Norm trifft in Abs. 1 eine Bestimmung über die Erhaltung der akzessorischen Haftung der Gesellschafter der formwechselnden Gesellschaft für deren Altverbindlichkeiten nach dem Formwechsel. Ein Formwechsel, dem oftmals auch eine haftungsrechtliche Motivation zugrunde liegen wird, berührt demnach die akzessorische Haftung für Altverbindlichkeiten nicht (**Grundsatz der Haftungskontinuität**). Zugleich trifft die Norm in Abs. 2–4 eine den durch das NachhBG eingeführten Bestimmungen nachempfundene Regelung, die eine Enthaftung der Gesellschafter zum Gegenstand hat.[1]

2 Die Regelung ist neu. Allerdings hat sie an den Haftungsverhältnissen, die bereits zur Zeit des UmwG aF galten, nichts geändert. Lediglich eine **konzeptionelle Änderung** hat sich mit dem UmwG nF ergeben.[2] Das UmwG aF ging noch von dem Prinzip aus, dass mit dem Formwechsel die Auflösung der Altgesellschaft verbunden war, was ebenfalls zu einer Haftung für die Verbindlichkeiten des Ausgangsrechtsträgers durch die Gesellschafter führte, die nach einer Frist von fünf Jahren verjährte.[3] Die Enthaftungsfrist begann nach altem Recht mit dem Ende des Tages, an dem die Auflösung der Personenhandelsgesellschaft und das Erlöschen der Firma

1 Gesetz zur zeitlichen Begrenzung der Nachhaftung von Gesellschaftern v. 18.3.1994, BGBl. I S. 560 ff; Semler/Stengel/*Schlitt*, § 224 Rn 2.

2 Semler/Stengel/*Schlitt*, § 224 Rn 4.

3 § 45 Abs. 1 UmwG aF; §§ 49 Abs. 4, 45 Abs. 1 UmwG aF; Semler/Stengel/*Schlitt*, § 224 Rn 4.

in das Handelsregister eingetragen worden sind.[4] Nach neuem Recht beginnt die Enthaftungsfrist erst mit dem Tag, an dem die Eintragung der neuen Rechtsform oder des Rechtsträgers neuer Rechtsform in das Register bekannt gemacht worden ist.[5]

II. Haftung des Ausgangsrechtsträgers

§ 224 regelt nicht die Haftung des Ausgangsrechtsträgers selbst. Vielmehr ergibt sich schon aus dem **Identitätsgrundsatz**, dass eine durch den Ausgangsrechtsträger begründete Verbindlichkeit ab dem Zeitpunkt der Eintragung in das Register zu einer Verbindlichkeit des Zielrechtsträgers wird.[6] Der Rechtsträger behält seine Identität, auch im Hinblick auf seine Verbindlichkeiten.[7] 3

III. Akzessorische Haftung der Gesellschafter des Ausgangsrechtsträgers

1. OHG. § 224 sieht vor, dass der **Grundsatz der Haftungskontinuität** auch für den Fall des Formwechsels des Ausgangsrechtsträgers Bestand haben soll. Für die Verbindlichkeiten der Gesellschaft, die bis zur Eintragung des Formwechsels begründet wurden, haftet ein OHG-Gesellschafter damit auch nach dem Wechsel der Rechtsform fort. Das in § 128 HGB geregelte Akzessorietätsprinzip wird damit auch über den Formwechsel hinaus für anwendbar erklärt. Fraglich ist, ob die alleinige Anordnung der Forthaftung gem. § 128 HGB in § 224 den Rückschluss zulässt, dass eine Haftung nach § 130 HGB für Verbindlichkeiten, welche vor dem Eintritt des Gesellschafters in die Ausgangs-OHG entstanden sind, ausscheiden soll. Dieser Rückschluss ginge aber zu weit. § 224 weist insoweit eine Regelungslücke auf, die im Wege der Analogie zu schließen ist. Auch eine Forthaftung für die Fälle des § 130 HGB ist deshalb von § 224 erfasst. 4

2. KG. a) Komplementäre. Für die **Komplementäre** einer KG als persönlich haftende Gesellschafter gilt das bereits unter Rn 4 Gesagte entsprechend. 5

b) Kommanditisten. Die mögliche Forthaftung der **Kommanditisten** für Verbindlichkeiten der Ausgangs-KG wird von § 224 nicht explizit geregelt. Nach hM soll aber auch eine eventuelle Haftung des Kommanditisten durch einen Formwechsel nicht erlöschen.[8] Diese besteht, über den Wortlaut des § 224 hinaus, nach den einschlägigen gesetzlichen Vorschriften fort.[9] Ein gegenteiliger Rückschluss kann § 224 nicht entnommen werden.[10] § 224 weist insoweit eine Regelungslücke auf, die im Wege der Analogie zu schließen ist. Voraussetzung einer Forthaftung ist allerdings, dass die Haftung des Kommanditisten zum Zeitpunkt des Formwechsels schon besteht.[11] Einer Haftung gegenüber den Gesellschaftsgläubigern unterliegen Kommanditisten grundsätzlich unmittelbar bis zur Höhe ihrer Einlage, solange die Einlage nicht geleistet ist.[12] Eine Haftung des Kommanditisten entsteht ferner, soweit seine Einlage zurückbezahlt wurde.[13] Auch kann etwa den Kommanditisten eine unbeschränkte Haftung treffen, wenn die Gesellschaft ihre Geschäfte vor der Eintragung in das Handelsregister aufgenommen und der Kommanditist dem zugestimmt hat.[14] Infrage kommt überdies eine Haftung für Verbindlichkeiten, die in der Zeit zwischen Eintritt in eine bestehende Gesellschaft und der Eintragung des Kommanditisten im Handelsregister begründet werden.[15] 6

4 § 45 Abs. 2 UmwG aF; §§ 49 Abs. 4, 45 Abs. 2 UmwG aF.
5 § 224 Abs. 3 S. 1.
6 Lutter/*Joost*, § 224 Rn 11.
7 Lutter/*Joost*, § 224 Rn 11.
8 Semler/Stengel/*Schlitt*, § 224 Rn 8; Lutter/*Joost*, § 224 Rn 9; Kallmeyer/*Dirksen/Blasche*, § 224 Rn 8; Schmitt/Hörtnagl/Stratz/*Stratz*, § 224 Rn 1; *Bärwaldt/Schabacker*, NJW 1998,1909.
9 Semler/Stengel/*Schlitt*, § 224 Rn 9; Lutter/*Joost*, § 224 Rn 9.
10 So auch Lutter/*Joost*, § 224 Rn 9.
11 *Bärwaldt/Schabacker*, NJW 1998,1909.
12 § 171 Abs. 1 HGB.
13 § 172 Abs. 4 S. 1 HGB.
14 § 176 Abs. 1 HGB.
15 § 176 Abs. 2 HGB.

IV. Besondere Haftungsgründe

7 Die Norm findet keine Anwendung auf Verbindlichkeiten, die nicht die Gesellschaft, sondern der **einzelne Gesellschafter** begründet hat.[16] Dies können beispielsweise Bürgschaften, Garantien oder abstrakte Schuldversprechen sein.[17] Selbst dann, wenn solche Sicherheiten zugunsten der Gesellschaft gegeben werden, ist eine Anwendbarkeit der Norm ausgeschlossen.[18]

V. Haftungslimitierung (§ 224 Abs. 2 – 4)

8 **1. Grundsatz.** Die Gesellschafter des Ausgangsrechtsträgers haften grundsätzlich akzessorisch für die Verbindlichkeiten des Ausgangsrechtsträgers gem. § 128 HGB, auch wenn der Formwechsel wirksam geworden ist.[19] Konzeptionell entspricht diese Weiterhaftung derjenigen, die den Gesellschafter beim **Ausscheiden aus der Gesellschaft** treffen würde.[20] Die zu § 160 HGB entwickelten Grundsätze können bei der Auslegung des § 224 Abs. 2–4 ergänzend herangezogen werden.[21]

9 **2. Voraussetzungen der Haftungslimitierung. a) Verbindlichkeit.** Die **Haftungslimitierung** gilt für alle Verbindlichkeiten, die die Gesellschaft ab ihrem Bestehen bis zur Wirksamkeit des Formwechsels begründet hat.[22] Auf welcher Rechtsgrundlage etwaige Ansprüche beruhen, ist für die Forthaftung der Gesellschafter unerheblich. Es kommen diesbezüglich also sowohl Ansprüche aus rechtsgeschäftlichen und rechtsgeschäftsähnlichen Schuldverhältnissen, als auch aus gesetzlichen Schuldverhältnissen in Betracht.[23] Dies können etwa sein: Ansprüche aus einem Schuldverhältnis wegen Aufnahme von Vertragsverhandlungen oder Anbahnung eines Vertrages gem. § 311 Abs. 2 BGB, Primär- und Sekundäransprüche aus Verträgen (Erfüllungs-, Nacherfüllungs-, Schadensersatz- und Rückgewähransprüche), deliktische Ansprüche oder Ansprüche aus Kondiktion.[24]

10 Die Verbindlichkeit muss **vor dem Formwechsel begründet** worden sein.[25] Entscheidend ist somit der Zeitpunkt der Eintragung des Formwechsels in das Handelsregister.[26] § 224 enthält diese Voraussetzung nicht. Sie ist aber den zu § 128 HGB anerkannten Grundsätzen zu entnehmen.[27] Begründet ist die Verbindlichkeit, wenn ihre Rechtsgrundlage bereits gelegt worden ist, auch wenn die einzelnen Verpflichtungen erst später fällig werden.[28] Handelt es sich um einen Anspruch aus Vertrag, ist der Vertragsschluss maßgeblich; bei deliktischen Ansprüchen kommt es auf die Vollendung des Deliktes an.[29]

11 **b) Fälligkeit.** Nur für **fällige Verbindlichkeiten** haften die Gesellschafter.[30] Ob die Fälligkeit vor oder nach dem Formwechsel eintritt, ist nicht von Belang, soweit nicht die Fünfjahresfrist gem. § 224 Abs. 2 überschritten ist.[31] Fälligkeit meint den Zeitpunkt, zu dem der Gläubiger eine Leistung verlangen kann.[32] § 271 BGB bestimmt insoweit, dass, wenn eine Zeit zur Leistung weder vereinbart, noch aus den Umständen zu entnehmen ist, diese sofort, also mit der Entstehung der Forderung, verlangt werden kann.[33] Dieser Zeitpunkt kann eine Modifikation erfah-

16 Semler/Stengel/*Schlitt*, § 224 Rn 12; Lutter/*Joost*, § 224 Rn 10; Kallmeyer/*Dirksen/Blasche*, § 224 Rn 3.
17 Semler/Stengel/*Schlitt*, § 224 Rn 12; Lutter/*Joost*, § 224 Rn 10.
18 Semler/Stengel/*Schlitt*, § 224 Rn 12; Kallmeyer/*Dirksen/Blasche*, § 224 Rn 3.
19 § 224 Abs. 1 HGB.
20 Lutter/*Joost*, § 224 Rn 12; Semler/Stengel/*Schlitt*, § 224 Rn 13.
21 Lutter/*Joost*, § 224 Rn 12; Semler/Stengel/*Schlitt*, § 224 Rn 13.
22 Semler/Stengel/*Schlitt*, § 224 Rn 11; Widmann/Mayer/*Vossius*, § 224 Rn 9.
23 Semler/Stengel/*Schlitt*, § 224 Rn 10; Lutter/*Joost*, § 224 Rn 4; Widmann/Mayer/*Vossius*, § 224 Rn 10.
24 Vgl Semler/Stengel/*Schlitt*, § 224 Rn 10.
25 Semler/Stengel/*Schlitt*, § 224 Rn 11; Kallmeyer/*Dirksen/Blasche*, § 224 Rn 3.
26 § 202 Abs. 1, 2.
27 Vgl MüKo-HGB/*K. Schmidt*, § 128 Rn 49.
28 BGH NJW 1971, 1268; vgl auch BGH NJW 1986, 1690.
29 Kallmeyer/*Dirksen/Blasche*, § 224 Rn 4; Semler/Stengel/*Schlitt*, § 224 Rn 11.
30 § 224 Abs. 2 Hs 1.
31 Vgl Semler/Stengel/*Schlitt*, § 224 Rn 17.
32 Jauernig/*Stadler*, § 271 BGB Rn 2.
33 Semler/Stengel/*Schlitt*, § 224 Rn 17; Lutter/*Joost*, § 224 Rn 17.

ren, in dem durch Vertrag die Fälligkeit über den an sich üblichen Zeitpunkt (dh „sofort") hinaus verschoben wird (Stundung).[34]

Hinweis: In der Praxis ist die Haftungslimitierung vor allem bei Dauerschuldverhältnissen, etwa Miet-, Pacht- und Arbeitsverträgen, von Belang.[35] Insb. aber auch bei Ansprüchen aus Direktzusagen des Arbeitgebers im Rahmen der betrieblichen Altersversorgung, die regelmäßig erst mit Eintritt des Versorgungsfalles fällig werden (§§ 1 ff BetrAVG), kommt der Regelung Bedeutung zu.[36]

c) Keine Hinderung der Enthaftung gem. § 224 Abs. 2. Unter bestimmten Umständen kann es zu einer **Hinderung der Enthaftung** kommen, namentlich, wenn der Gläubiger eines Anspruchs gegen die Gesellschaft diesen innerhalb der Fünf-Jahres-Frist gem. § 197 Abs. 1 Nr. 3-5 BGB feststellen lässt, oder eine gerichtliche oder behördliche Vollstreckungshandlung vorgenommen oder beantragt wird.[37] Bei öffentlich-rechtlichen Verbindlichkeiten genügt der Erlass eines Verwaltungsakts.[38] 12

d) Beginn und Ablauf der Fünfjahresfrist (§ 224 Abs. 3). Die Frist nach § 224 Abs. 2 beginnt gem. § 224 Abs. 3 S. 1 mit dem Tage, an dem die Eintragung der neuen Rechtsform oder des Rechtsträgers neuer Rechtsform in das Register **bekannt gemacht** worden ist. Die Bekanntmachung richtet sich nach §§ 201, 10 HGB. Gem. §§ 187 Abs. 1, 188 Abs. 2 BGB endet die Frist mit Ablauf des Tages, der durch seine Zahl dem Tag des Fristbeginns entspricht. 13

3. Rechtsfolge. Liegen die Voraussetzung des § 224 Abs. 2 vor, **erlischt** der akzessorische Anspruch aus § 128 HGB gegen den Gesellschafter und dieser wird von der Haftung für die Gesellschaftsverbindlichkeit frei. Die genannte Frist ist keine Verjährungs-, sondern eine **Enthaftungsfrist.**[39] Der wesentliche Unterschied liegt darin, dass ein verjährter Anspruch bei Einrede der Verjährung lediglich nicht durchsetzbar ist, während die Enthaftung gem. § 224 Abs. 2 zu einem Erlöschen des Anspruchs aus § 128 HGB führt und als rechtsvernichtende Einwendung von Amts wegen zu berücksichtigen ist.[40] 14

Die Enthaftungsfrist gem. § 224 Abs. 2 lässt die Möglichkeit der Geltendmachung anderer Einwendungen oder Einreden, die dem Gesellschafter persönlich oder der Gesellschaft zustehen (vgl § 129 HGB) unberührt. Insb. kann sich der Gesellschafter auch auf die Einrede der **Verjährung** berufen. Da es sich bei der regelmäßigen Verjährungsfrist (3 Jahre, s. § 195 BGB) um einen kürzeren Zeitraum als die Enthaftungsfrist des § 224 Abs. 2 handelt, wird es *in praxi* oft so liegen, dass der Gesellschafter sich zeitlich zuerst auf die Einrede der Verjährung berufen kann.[41] 15

Die Enthaftungsregelung des § 224 Abs. 2 betrifft allein die akzessorische Haftung des Gesellschafters. Eine **Inanspruchnahme der Zielgesellschaft,** die aufgrund des Identitätsprinzips Schuldner des Anspruchs bleibt, ist daneben weiterhin möglich.[42] 16

VI. Innenverhältnis

1. Ansprüche gegen die Gesellschaft. Im Regelfall hätte der Gesellschafter bei akzessorischer Inanspruchnahme seitens eines Gesellschaftsgläubigers einen Ersatzanspruch gem. § 110 HGB gegen die Gesellschaft. Dieser ist allerdings, da nach dem Formwechsel eine Personenhandelsgesellschaft nicht mehr besteht, nicht unmittelbar anwendbar. Hierzu wird einhellig vorge- 17

34 Vgl BGHZ 95, 369.
35 Semler/Stengel/*Schlitt*, § 224 Rn 17; Lutter/*Joost*, § 224 Rn 17.
36 Semler/Stengel/*Schlitt*, § 224 Rn 17; Lutter/*Joost*, § 224 Rn 18.
37 § 224 Abs. 2 Hs 1.
38 § 224 Abs. 2 Hs 2.
39 Lutter/*Joost*, § 224 Rn 32.
40 *K. Schmidt/Schneider*, BB 2003, 1961; Lutter/*Joost*, § 224 Rn 32; Kallmeyer/*Dirksen/Blasche*, § 224 Rn 11; Semler/Stengel/*Schlitt*, § 224 Rn 34.
41 Semler/Stengel/*Schlitt*, § 224 Rn 35.
42 Lutter/*Joost*, § 224 Rn 35; Semler/Stengel/*Schlitt*, § 224 Rn 37.

schlagen, **§ 110 HGB, § 670 BGB analog** anzuwenden.[43] Dies gilt ebenso für die persönliche Haftung des Kommanditisten.[44]

18 **2. Ansprüche gegen die Mitgesellschafter.** Die Gesellschafter haften gem. § 128 HGB den Gesellschaftsgläubigern akzessorisch als **Gesamtschuldner**. Es finden somit im Innenverhältnis zwischen den Gesellschaftern die Regelungen der §§ 421 ff BGB Anwendung. Es steht dem Gesellschafter damit subsidiär ein Ausgleichsanspruch gegen seine Mitgesellschafter gem. § 426 Abs. 1 BGB zu. Die Inanspruchnahme der Mitgesellschafter kann nur pro rata und unter Abzug der eigenen Verlustbeteiligung geschehen.[45] Zudem steht dem Gesellschafter der aus der cessio legis übergegangene Anspruch des Gläubigers gem. § 426 Abs. 2 BGB zu.[46]

§ 225 Prüfung des Abfindungsangebots

[1]Im Falle des § 217 Abs. 1 Satz 2 ist die Angemessenheit der angebotenen Barabfindung nach § 208 in Verbindung mit § 30 Abs. 2 nur auf Verlangen eines Gesellschafters zu prüfen. [2]Die Kosten trägt die Gesellschaft.

I. Normzweck

1 Die Norm ist neu; eine entsprechende Regelung enthielt das alte Recht nicht. Sie findet Anwendung auf Formwechsel einer Personenhandelsgesellschaft in eine Kapitalgesellschaft oder eG. Die Vorschrift enthält eine Bestimmung zur Prüfung der Angemessenheit der in § 207 Abs. 1 S. 1 vorgesehenen **Barabfindung** sowie eine Kostenregelung bzgl dieser Prüfung. Eine angemessene Barabfindung hat der Ausgangsrechtsträger grundsätzlich jedem Gesellschafter, der dem Umwandlungsbeschluss widerspricht, anzubieten.[1] Die Prüfung der Angemessenheit der Barabfindung haben gem. § 208 iVm § 30 Abs. 2 S. 2 iVm § 10 gerichtlich bestellte Prüfer durchzuführen.

2 Die Vorschrift bezweckt eine **Einschränkung** des im allgemeinen Teil etablierten Grundsatzes der obligatorischen Prüfung der Barabfindung.[2] Durch § 225 S. 1 wird dieser Grundsatz von dem Prinzip einer fakultativen Prüfung durchbrochen, da das Gesetz von den Gesellschaftern einer Personengesellschaft erwartet, dass diese selbst einschätzen können, ob das Abfindungsangebot hinreichend ist.[3] Weiterhin dient die Vorschrift dem Minderheitenschutz.[4]

II. Angebotene Barabfindung

3 Im Falle eines Mehrheitsbeschlusses steht der formwechselnde Rechtsträger in der Pflicht, einem Gesellschafter, der Widerspruch zur Niederschrift erklärt hat, ein **angemessenes Barabfindungsangebot** zu unterbreiten.[5] Dieses Angebot ist gem. § 194 Abs. 1 Nr. 6 notwendiger Bestandteil des Umwandlungsbeschlusses.

43 Lutter/*Joost*, § 224 Rn 35; Kallmeyer/*Dirksen/Blasche*, § 224 Rn 18; Semler/Stengel/*Schlitt*, § 224 Rn 38.
44 Semler/Stengel/*Schlitt*, § 224 Rn 38; Kallmeyer/*Dirksen/Blasche*, § 224 Rn 18.
45 BGHZ 37, 299, 302 ff; BGHZ 103, 73, 76; Kallmeyer/*Dirksen/Blasche*, § 224 Rn 18; Semler/Stengel/*Schlitt*, § 224 Rn 39; Lutter/*Joost*, § 224 Rn 37.
46 Kallmeyer/*Dirksen/Blasche*, § 224 Rn 18; Semler/Stengel/*Schlitt*, § 224 Rn 39; Lutter/*Joost*, § 224 Rn 37.
1 § 207 Abs. 1 S. 1.
2 § 208 iVm § 30.
3 Lutter/*Joost*, § 225 Rn 1.
4 Begr. RegE zu § 44, BR-Drucks. 75/94, 98 f; Semler/Stengel/*Schlitt*, § 225 Rn 1.
5 § 207 Abs. 1 S. 1.

1. Einstimmiger Beschluss (§ 217 Abs. 1 S. 1). Der gesetzliche Regelfall der **einstimmigen Beschlussfassung** gem. § 217 Abs. 1 S. 1 sieht die Unterbreitung eines Abfindungsangebots nicht vor. Dies ist nur konsequent, da es in diesem Falle bei Widerspruch eines Gesellschafters gegen den Umwandlungsbeschluss überhaupt nicht zur Umwandlung kommen kann.[6] Dementsprechend ist auch § 225 auf den Fall der einstimmigen Beschlussfassung schon seinem Wortlaut nach nicht anwendbar.[7] 4

Teilweise wird erwogen, § 225 im Falle einer einstimmigen Beschlussfassung dann **analog** anzuwenden, wenn die Einstimmigkeit nur aufgrund einer Rechtspflicht zur Zustimmung mindestens eines Gesellschafters und damit für diesen unfreiwillig zustande gekommen ist.[8] 5

2. Mehrheitsbeschluss (§ 217 Abs. 1 S. 2). Nur wenn der Gesellschaftsvertrag eine **mehrheitliche Beschlussfassung** für zulässig erklärt, kann es zu einem Widerspruch eines Gesellschafters gegen den Umwandlungsbeschluss kommen. In diesem Fall muss dem widersprechenden Gesellschafter ein Barabfindungsangebot unterbreitet werden.[9] 6

III. Verlangen eines Gesellschafters (§ 225 S. 1)

1. Berechtigter Gesellschafter. § 225 setzt voraus, dass ein Gesellschafter die Prüfung der Angemessenheit des Abfindungsangebots verlangt. Der Wortlaut der Norm ist offen formuliert. Ein solches Prüfungsverlangen kann danach von jedem **beliebigen Gesellschafter** geäußert werden.[10] In diesem Zusammenhang wird diskutiert, ob ein solches Prüfungsverlangen nur von einem solchen Gesellschafter geäußert werden kann, der dem Umwandlungsbeschluss widersprochen hat und dem deshalb einen Abfindungsanspruch gem. § 207 Abs. 1 S. 1 zusteht.[11] Zu Recht wird dies allgemein abgelehnt. Denn die Angemessenheit der Barabfindung muss nicht zwingend nur den ausscheidenden Gesellschafter betreffen. Auch der in der Gesellschaft verbleibende Gesellschafter kann ein Interesse daran haben, die Angemessenheit überprüfen zu lassen, etwa, wenn die Barabfindung zu hoch ist, aber auch, wenn sie zu niedrig ist und die Gesellschaft dem Risiko der Verfahrenskosten des Spruchverfahrens ausgesetzt wird.[12] 7

2. Form. Eine **Form der Äußerung** des Verlangens sieht das Gesetz nicht vor. Das Verlangen kann somit mündlich, schriftlich oder zu Protokoll der Gesellschafterversammlung geäußert werden.[13] Der Erklärung muss ihrem Inhalt nach dabei eindeutig zu entnehmen sein, dass das Abfindungsangebot überprüft werden soll.[14] 8

Hinweis: Aus Gründen der Rechtssicherheit ist dem Gesellschafter, insbesondere bei Äußerung außerhalb der Gesellschafterversammlung, zu empfehlen, das Verlangen schriftlich zu erklären und einen hinreichenden Nachweis des Zugangs der Erklärung sicherzustellen.

3. Frist. Das Gesetz sieht auch **keine Frist** zur Äußerung des Prüfungsverlangens vor. Das Verlangen kann deshalb sowohl vor, als auch nach der Fassung des Umwandlungsbeschlusses erklärt werden.[15] Spätestens aber ist das Prüfungsverlangen zu erklären bis zu dem Zeitpunkt, an dem das Angebot der Barabfindung selbst überhaupt noch angenommen werden kann, also innerhalb von zwei Monaten nach dem Tage, an dem die Eintragung der neuen Rechtsform im Register bekannt gemacht worden ist.[16] Das Verlangen muss dabei so rechtzeitig vorgebracht werden, dass noch hinreichend Zeit zur eigentlichen Prüfung verbleibt.[17] Die Rechtzeitigkeit 9

6 Lutter/*Joost*, § 225 Rn 2; Semler/Stengel/*Schlitt*, § 225 Rn 5.
7 „Im Falle des § 217 Abs. 1 Satz 2“, vgl § 225 S. 1 am Anfang.
8 Widmann/Mayer/*Vossius*, § 225 Rn 11.
9 § 207 Abs. 1 S. 1.
10 Semler/Stengel/*Schlitt*, § 225 Rn 7; Lutter/*Joost*, § 225 Rn 3.
11 Semler/Stengel/*Schlitt*, § 225 Rn 7.
12 Semler/Stengel/*Schlitt*, § 225 Rn 7; Kallmeyer/*Müller*, § 225 Rn 3.
13 Semler/Stengel/*Ihrig*, § 44 Rn 12; Lutter/*Joost*, § 225 Rn 4.
14 Schmitt/Hörtnagl/Stratz/*Stratz*, § 225 Rn 2.
15 Lutter/*Joost*, § 225 Rn 5; vgl auch Kallmeyer/*Müller*, § 225 Rn 4.
16 § 209 S. 1; vgl Schmitt/Hörtnagl/Stratz/*Stratz*, § 225 Rn 4; Lutter/*Joost*, § 225 Rn 5.
17 Schmitt/Hörtnagl/Stratz/*Stratz*, § 225 Rn 4.

des Vorbringens hängt hierbei einzelfallabhängig vom Umfang der Prüfung ab.[18] Schließlich kann auch der Gesellschaftsvertrag eine Frist vorsehen, innerhalb der das Prüfungsverlangen des Gesellschafters geäußert werden muss.[19]

IV. Prüfung

10 Die eigentliche Prüfung erfolgt durch **Prüfer**, die auf Antrag des Vertretungsorgans vom Gericht bestellt werden.[20] Die Prüfer haben über das Ergebnis der Prüfung schriftlich zu berichten.[21] Nach zutreffender hM ist dieser Prüfungsbericht den Gesellschaftern nicht zu übermitteln.[22]

V. Kosten (§ 225 S. 2)

11 Für die Angemessenheitsprüfung fallen **Kosten** an. Die Kosten der Prüfung trägt gem. § 225 S. 1 der formwechselnde Rechtsträger.

Zweiter Unterabschnitt
Formwechsel von Partnerschaftsgesellschaften

§ 225 a Möglichkeit des Fomwechsels

Eine Partnerschaftsgesellschaft kann auf Grund eines Umwandlungsbeschlusses nach diesem Gesetz nur die Rechtsform einer Kapitalgesellschaft oder einer eingetragenen Genossenschaft erlangen.

I. Normzweck

1 Mit den §§ 225 a ff eröffnet der Gesetzgeber den zweiten Unterabschnitt des Formwechsels von Personengesellschaften, der den **Formwechsel von PartGen** betrifft. Die Umwandlung in eine PartG sah auch das UmwG 1994 noch nicht vor. Erst durch die UmwG-Novelle vom 22.7.1998 wurde diese Möglichkeit in das Gesetz eingeführt, da der Gesetzgeber das Bedürfnis erkannt hatte, aufgrund der zunehmenden Verbreitung der PartG auch eine entsprechende umwandlungsrechtliche Regelung in das UmwG aufzunehmen.[1]

2 § 225 a weist, außer dass es sich um eine PartG als Ausgangsrechtsträger handelt, **keinen inhaltlichen Unterschied** zu § 214 Abs. 1 auf. Die Norm ist wortgleich. Die Umwandlung einer PartG ist, der Regelung zur Folge, wie auch bei § 214 Abs. 1 nur in die Rechtsform einer Kapitalgesellschaft oder einer eG möglich, da ein weitergehendes Bedürfnis nach Ansicht des Gesetzgebers nicht besteht.[2]

18 Schmitt/Hörtnagl/Stratz/*Stratz*, § 225 Rn 4.
19 Kallmeyer/*Müller*, § 225 Rn 4; Semler/Stengel/*Schlitt*, § 225 Rn 9.
20 § 208 iVm § 30 Abs. 2 S. 2 iVm § 10.
21 § 208 iVm § 30 Abs. 2 S. 2 iVm § 12.
22 Semler/Stengel/*Schlitt*, § 225 Rn 11; Kallmeyer/*Dirksen/Blasche*, § 216 Rn 5; Lutter/*Decher/Hoger*, § 208 Rn 20; vgl auch BGH WM 2001, 467, 470; aA Widmann/Mayer/*Vossius*, § 225 Rn 33; vermittelnd Kallmeyer/*Meister/Klöcker*, § 207 Rn 21.
1 Begr. RegE zu § 225 a, BT-Drucks. 13/8808, 8; vgl noch zum alten Recht eingehend *Wertenbruch*, ZIP 1995, 712 ff; ferner *K. Schmidt*, NJW 1995, 1, 7.
2 Begr. RegE zu § 225 a, BT-Drucks. 13/8808, 15.

II. Ausgangsrechtsträger

Als **Ausgangsrechtsträgers** eines Formwechsels nach §§ 225 a ff kommt nur eine PartG iSd §§ 1 ff PartGG in Betracht. Darunter fällt auch die seit Juli 2013 zur Verfügung stehende PartG mbB iSv § 8 Abs. 4 PartGG, bei der es sich um keine andere Rechtsform, sondern lediglich um eine gleichgestellte Rechtsformvariante der PartG handelt.[3] Gem. §§ 7 Abs. 1 PartGG wird die PartG mit ihrer Eintragung in das Partnerschaftsregister wirksam. Bis zum Zeitpunkt der Eintragung handelt es sich hierbei lediglich um eine GbR.[4] Eine Umwandlung nach § 225 a scheidet dann aus.[5] 3

III. Zielrechtsträger

Zielrechtsträger einer Umwandlung gem. § 225 a kann nur eine **Kapitalgesellschaft** oder eine eG sein. 4

IV. Formwechsel außerhalb des UmwG

Neben einer Umwandlung gem. § 225 a bleibt, wie auch bei einem Formwechsel nach § 214, eine anderweitige **Umwandlung außerhalb des UmwG** denkbar. Besondere praktische Relevanz hat dabei der Rechtsformwechsel zwischen PartG und GbR.[6] Durch Eintragung in das Partnerschaftsregister können Angehörige freier Berufe, etwa Architekten oder Rechtsanwälte, eine bisher bestehenden GbR in eine PartG umwandeln.[7] Umgekehrt entsteht durch Löschung des entsprechenden Registereintrags eine GbR.[8] Ein Rechtsformwechsel in eine Kapitalgesellschaft ist zudem möglich, wenn sämtliche Gesellschafteranteile simultan auf eine Kapitalgesellschaft übertragen werden.[9] Dies führt zum Erlöschen der PartG und zum Übergang des Vermögens auf die Kapitalgesellschaft. [10] 5

V. Formwechsel aufgelöster PartGen

Eine Regelung betreffend **aufgelöste PartGen** trifft § 214 Abs. 2, der über die Verweisnorm des § 225 c Anwendung findet. S. dazu bereits § 214 Rn 16 ff. 6

VI. Verstöße

§ 225 a ist gem. § 1 Abs. 3 S. 1 **zwingenden Rechts.**[11] Ein Umwandlungsbeschluss, der eine Umwandlung in eine andere Rechtsform als eine Kapitalgesellschaft oder eine eG vorsieht, ist unwirksam; die Registereintragung darf in diesem Fall nicht vorgenommen werden.[12] S. hierzu bereits § 214 Rn 23. 7

§ 225 b Umwandlungsbericht und Unterrichtung der Partner

[1]Ein Umwandlungsbericht ist nur erforderlich, wenn ein Partner der formwechselnden Partnerschaft gemäß § 6 Abs. 2 des Partnerschaftsgesellschaftsgesetzes von der Geschäftsführung ausgeschlossen ist. [2]Von der Geschäftsführung ausgeschlossene Partner sind entsprechend § 216 zu unterrichten.

3 OLG Nürnberg ZIP 2014, 420.
4 *K. Schmidt*, GesR, § 64 II 3 b).
5 Semler/Stengel/*Schlitt*, § 225 a Rn 4.
6 Lutter/*Joost*, § 225 a Rn 5; Semler/Stengel/*Schlitt*, § 225 a Rn 7.
7 Vgl *K. Schmidt*, GesR, § 64 II 3 b).
8 Lutter/*Joost*, § 225 a Rn 5.
9 *K. Schmidt*, NJW 1995, 1, 7; Lutter/*Joost*, § 225 a Rn 5; vgl auch Semler/Stengel/*Schlitt*, § 225 a Rn 7.
10 *K. Schmidt*, NJW 1995, 1, 7; Lutter/*Joost*, § 225 a Rn 5.
11 Lutter/*Joost*, § 225 a Rn 4.
12 Lutter/*Joost*, § 225 a Rn 4.

I. Normzweck

1 Der Formwechsel einer PartG vollzieht sich grundsätzlich unter der gleichen Maßgabe wie ein Formwechsel einer Personengesellschaft.[1] Dies ergibt sich aus der mit § 214 **wortgleichen Norm** des § 225 a sowie der Verweisnorm des § 225 c.

2 § 225 b S. 1 trifft eine dem Wesen nach mit § 215 identische Regelung, die aber die Eigenarten der PartG berücksichtigt. Ein Umwandlungsbericht ist demnach nur erforderlich, wenn ein Partner der formwechselnden PartG gem. § 6 Abs. 2 PartGG **von der Geschäftsführung ausgeschlossen** ist.[2] Dies hat, wie bereits bei § 215, den Anlass, dass der nach § 192 zu erstellende Umwandlungsbericht nur dann notwendig ist, wenn einzelne Partner von der Geschäftsführung ausgeschlossen sind, da diese in der Möglichkeit einer Informationsbeschaffung im Vergleich zu geschäftsführenden Partnern benachteiligt sind.[3] § 225 b S. 1 stellt damit – wie § 215 – eine den § 192 modifizierende Regelung dar.

3 Mit § 225 b S. 2 hat der Gesetzgeber eine dem § 216 entsprechende Regelung normiert. Von der Geschäftsführung ausgeschlossene Partner sind demnach entsprechend § 216 zu **unterrichten**. Wie auch bei § 216 soll auf diese Weise sichergestellt werden, dass sich die von der Geschäftsführung ausgeschlossenen Partner ausreichend über die Einzelheiten des geplanten Formwechsels informieren können.[4]

II. Umwandlungsbericht

4 **1. Erforderlichkeit (§ 225 b S. 1).** Gem. § 225 b S. 1 ist ein **Umwandlungsbericht** nur dann erforderlich, wenn ein Partner der formwechselnden PartG von der Geschäftsführung ausgeschlossen ist. Die Geschäftsführung steht in der PartG gem. § 6 Abs. 3 S. 2 PartGG, § 114 Abs. 1 HGB grundsätzlich allen Gesellschaftern zu. Dabei ist zu berücksichtigen, dass der Begriff der Geschäftsführung im PartGG im Hinblick auf den Begriff der Geschäftsführung im übrigen Gesellschaftsrecht eine Modifikation erfährt. Das PartGG unterscheidet in § 6 die Erbringung der beruflichen Leistungen der Partner von der Führung der sonstigen neutralen Geschäfte.[5] Während die Erbringung der beruflichen Leistungen als Geschäftsführung im Gesellschaftsvertrag nicht ausgeschlossen werden kann, ist ein Ausschluss der Geschäftsführungsbefugnis für neutrale Geschäfte möglich (§ 6 Abs. 2 PartGG).[6]

5 § 225 b S. 1 bezieht sich schon kraft seines ausdrücklichen Verweises auf § 6 Abs. 2 PartGG nur auf die **sonstigen Geschäfte**.[7] Die Erstellung eines Umwandlungsberichtes ist demnach immer dann erforderlich, wenn die Geschäftsführungsbefugnis für sonstige Geschäfte gesellschaftsvertraglich ausgeschlossen wurde.[8] Der Umwandlungsbericht ist nur dann entbehrlich, wenn allen Partnern die Geschäftsführungsbefugnis für diese sonstigen Geschäfte zusteht.[9]

6 **2. Verzicht (§ 192 Abs. 2).** Die allgemeinen Vorschriften des Rechts des Formwechsels sehen in § 192 Abs. 2 die Möglichkeit vor, dass alle Anteilsinhaber auf die Erstattung eines Umwandlungsberichts in notariell beurkundeter Form **verzichten**.[10] Diese Option bleibt auch im Falle des Formwechsels einer PartG bestehen.[11]

1 §§ 214 ff.
2 § 225 b S. 1.
3 Lutter/*Joost*, § 225 b Rn 1.
4 Begr. RegE zu § 45 c, BT-Drucks. 13/8808, 12.
5 MüKo-BGB/*Schäfer*, § 6 PartGG Rn 10.
6 Müko-BGB/*Schäfer*, § 6 PartGG Rn 14.
7 Vgl Lutter/*Joost*, § 225 b Rn 4; Semler/Stengel/*Schlitt*, § 225 b Rn 3.
8 Begr. RegE zu § 45 c, BT-Drucks. 13/8808, 12.
9 Lutter/*Joost*, § 225 b Rn 4.
10 § 192 Abs. 2.
11 Lutter/*Joost*, § 225 b Rn 6.

III. Unterrichtung der Partner (§ 225 b S. 2)

§ 225 b S. 2 normiert, dass alle Partner, die gem. § 6 Abs. 2 PartGG von der Führung neutraler Geschäfte ausgeschlossen sind, entsprechend § 216 zu **unterrichten** sind. S. hierzu bereits § 216 Rn ff. 7

§ 225 c Anzuwendende Vorschriften

Auf den Formwechsel einer Partnerschaftsgesellschaft sind § 214 Abs. 2 und die §§ 217 bis 225 entsprechend anzuwenden.

I. Normzweck

§ 225 c erklärt für einen Formwechsel einer PartG ergänzend zu den in § 225 a und § 225 b getroffenen Regelungen das Recht über den Formwechsel einer Personengesellschaft für anwendbar. Die Norm zeitigt damit die Konsequenz der weitgehenden **Anwendbarkeit des Rechts der OHG** für die PartG.[1] 1

Der Gesetzgeber hat, außer der leicht modifizierenden Vorschrift des § 225 b, weitere besondere Maßgaben für die Regelung eines Formwechsels der PartG für **nicht erforderlich** gehalten.[2] Schlüssiger wäre es gewesen, den gesamten zweiten Unterabschnitt nicht auszulagern, sondern in die §§ 214 ff zu integrieren. Diese Ansicht wird überwiegend befürwortet.[3] 2

II. Aufgelöste PartG

§ 225 c verweist auf die Regelung des § 214 Abs. 2, die bestimmt, unter welchen Voraussetzungen eine bereits aufgelöste Personengesellschaft einen Formwechsel vollziehen kann. Auch der **aufgelösten PartG** ist damit ein Formwechsel möglich. Der Formwechsel ist ausgeschlossen, wenn die Partner gem. § 145 HGB, der auch auf die PartG Anwendung findet (§ 10 PartGG), eine andere Art der Auseinandersetzung als die Abwicklung oder den Formwechsel vereinbart haben.[4] 3

III. Umwandlungsbericht

§ 225 c verweist nicht auf § 215, der für die Personengesellschaft eine Bestimmung trifft, wann ein **Umwandlungsbericht** erforderlich ist. Hierzu trifft das Recht des Formwechsels der PartG mit § 225 b S. 1 eine modifizierte Regelung. Für weitere Hinweise s. bereits § 225 b Rn 2. 4

IV. Unterrichtung der Partner

§ 225 c nimmt keinen Verweis auf § 216 vor, der die **Unterrichtung** der von der Geschäftsführung ausgeschlossenen Gesellschafter betrifft. Eine entsprechende Regelung sieht das Recht des Formwechsels der PartG in § 225 b S. 2 vor. Für weitere Hinweise s. bereits § 225 b Rn 3 ff. 5

1 § 2 ff PartGG.
2 Begr. RegE § zu 225 a, BT-Drucks. 13/8808, 15.
3 Semler/Stengel/*Schlitt*, § 225 a Rn 1; Lutter/*Joost*, § 225 c Rn 1; Schmitt/Hörtnagl/Stratz/*Stratz*, § 225 c Rn 2: „keinen eigenständigen Regelungsgehalt"; kritisch Lutter/*Joost*, § 225 c Rn 1.
4 §§ 225 c, 214 Abs. 2.

V. Haftung

6 Durch den Verweis auf die §§ 217 bis 225 ist auch § 224 umfasst, der die Fortdauer und zeitliche Begrenzung der **akzessorischen Haftung** der Gesellschafter für Verbindlichkeiten des Ausgangsrechtsträgers regelt. Der Verweis ist zutreffend als „missglückt“ bezeichnet worden.[5] Die akzessorische Haftung der Partner für die Verbindlichkeiten der PartG bestimmt sich nicht nach § 128 HGB, sondern nach § 8 Abs. 1 PartGG, der lediglich am Regelungsvorbild des § 128 S. 1 HGB orientiert ist.[6] Dem Gesetzgeber mag zu Gute gehalten werden, dass er nach dem Wortlaut des § 225 c nur eine „entsprechende“ Anwendung der §§ 217 bis 225 anordnet, so dass § 224 dahin gehend abzuändern ist. Für die PartG bedeutet dies, dass der Formwechsel nicht die Ansprüche der Gläubiger der PartG gegen einen ihrer Partner aus Verbindlichkeiten der formwechselnden Partnerschaft, für die dieser im Zeitpunkt des Formwechsels nach § 8 Abs. 1 PartGG persönlich haftet, berührt.[7] Dabei ist zu beachten, dass das Haftungsregime der PartG vorsieht, dass die Haftung auf denjenigen Partner beschränkt wird, der mit der Bearbeitung eines Auftrages befasst war, § 8 Abs. 2 PartGG. Mit dem PartGGuaÄndG[8] hat der Gesetzgeber zudem mit der PartG mbB nach § 8 Abs. 4 PartGG eine weitere Möglichkeit der Haftungsbeschränkung für berufliche Fehler vorgesehen.

Zweiter Abschnitt Formwechsel von Kapitalgesellschaften

Erster Unterabschnitt Allgemeine Vorschriften

§ 226 Möglichkeit des Formwechsels

Eine Kapitalgesellschaft kann auf Grund eines Umwandlungsbeschlusses nach diesem Gesetz nur die Rechtsform einer Gesellschaft des bürgerlichen Rechts, einer Personenhandelsgesellschaft, einer Partnerschaftsgesellschaft, einer anderen Kapitalgesellschaft oder einer eingetragenen Genossenschaft erlangen.

I. Normzweck

1 Mit § 226 leitet der Gesetzgeber den zweiten Abschnitt des fünften Buches und damit die Vorschriften über den Formwechsel von Kapitalgesellschaften ein. Die Norm soll festlegen, welche Zielrechtsformen in dem Umwandlungsbeschluss nach § 194 Abs. 1 Nr. 1 bestimmt werden können. Dies sind die Rechtsformen einer GbR, einer Personenhandelsgesellschaft, einer PartG, einer Kapitalgesellschaft anderer Rechtsform oder einer eG. Damit gibt § 226 inhaltlich lediglich die Regelung des § 191 Abs. 2 wieder; die Norm ist also nur **deklaratorischer Natur**. Es bedeutet aber im Umkehrschluss auch, dass eine Kapitalgesellschaft nicht die Rechtsform eines rechtsfähigen Vereins, eines VVaG oder einer Körperschaft oder Anstalt des öffentlichen Rechts annehmen kann. Der Gesetzgeber begründete diesen Ausschluss lediglich damit, dass „die Zulassung neuer Möglichkeiten des Formwechsels bei besonderen Rechtsformen der un-

5 Lutter/*Joost*, § 225 c Rn 5.
6 MüKo-BGB/*Schäfer*, § 8 PartGG Rn 5.
7 §§ 225 c, 224 Abs. 1.
8 Gesetz zur Einführung einer Partnerschaftsgesellschaft mit beschränkter Berufshaftung und zur Änderung des Berufsrechts der Rechtsanwälte, Patentanwälte, Steuerberater und Wirtschaftsprüfer vom 15.7.2013, BGBl. I S. 2386.

ternehmerischen Betätigung wie eingetragenen Genossenschaften, rechtsfähigen Vereinen und Versicherungsvereinen auf Gegenseitigkeit im Wesentlichen auf Fälle beschränkt werden" soll, „für die in der Praxis ein Bedürfnis geltend gemacht worden ist."[1]

Die Norm entspricht strukturell § 214,als sie einen zwingend **begrenzten Kreis** von Rechtsformen als mögliche Zielrechtsformen definiert. Es handelt sich hier gegenüber den allgemeinen Vorschriften zwar um eine spezielle Regelung, welche nach der Gesetzesbegründung § 190 und § 191 konkretisiert.[2] Inhaltlich geht § 226 über die Regelung des § 191 Abs. 2 jedoch nicht hinaus, so dass § 226 auch entfallen könnte. Bis zur Reform des Umwandlungsrechts 1994 war der Formwechsel einer Kapitalgesellschaft in eine Personengesellschaft oder Kapitalgesellschaft anderer Rechtsform im Falle eines Formwechsels in eine Personengesellschaft als übertragende Umwandlung und im Falle eines Formwechsels in eine Kapitalgesellschaft als identitätswahrende Umwandlung konzipiert. Mit dem Prinzip der übertragenden Umwandlung hat der Gesetzgeber mit dem UmwG 1994 gebrochen. Die Identität des Rechtsträgers bleibt nunmehr in allen Fällen erhalten.[3] 2

Die **Gründe** für einen Formwechsel von der Rechtsform einer Kapitalgesellschaft zu einer Personengesellschaft oder Kapitalgesellschaft anderer Rechtsform können vielfältig sein. In Betracht kommen unter anderem folgende Motive: 3

- Steuerliche Einsparungen (etwa die Umgehung der Erbschaftssteuer),[4]
- im Falle einer AG als Ausgangsrechtsträger: die Umgehung der Formstrenge bei der Satzung der AG, die Vermeidung von Kostenverursachung durch Aufsichtsrat und Hauptversammlung,[5]
- Vermeidung der strengen Kapitalaufbringungs- und Erhaltungsregelungen,[6]
- Vermeidung der Publizitätsvorschriften für Kapitalgesellschaften (§§ 325–329 HGB),[7]
- Herbeiführung eines „kalten Delistings", um auf diese Weise einen Rückzug von der Börse zu erreichen. [8]

Zu den **Motiven** eines Formwechsels im Allgemeinen s. im Übrigen bereits § 190 Rn 10 ff. 4

II. Formwechsel bestehender Kapitalgesellschaften

1. Ausgangsrechtsträger. Ausgangsrechtsträger muss gem. § 226 eine Kapitalgesellschaft sein. Als **Kapitalgesellschaften** gelten gem. der Legaldefinition des § 191 Abs. 1 Nr. 1 iVm § 3 Abs. 1 Nr. 2 allein die **GmbH**, die **AG** sowie die **KGaA**. Auch die **UG** kann formwechselnder Rechtsträger sein, da es sich um eine Unterform der GmbH handelt.[9] Bei dem Fall eines Formwechsels einer UG in die Rechtsform der GmbH ist eine Umwandlung jedoch ausgeschlossen, weil § 5 a GmbHG insofern abschließend ist.[10] 5

Fraglich ist, ob auch eine **SE** Ausgangsrechtsträger sein kann. Da Art. 10 SE-VO eine unterschiedliche Behandlung einer SE gegenüber einer inländischen AG untersagt, soweit die SE-VO nicht etwas anderes vorgibt, muss die SE nach richtiger Ansicht als Ausgangsrechtsträger anerkannt werden. S. hierzu § 191 Rn 5. 6

1 Begr. RegE, BR-Drucks. 75/94, 136.
2 Begr. RegE zu § 226, BR-Drucks. 75/94, 152; vgl auch Begr. RegE zu § 226, BR-Drucks. 75/94, 147.
3 Semler/Stengel/*Ihrig*, § 226 Rn 5.
4 *K. Schmidt*, GesR, § 12 I. 3. a); Semler/Stengel/*Ihrig*, § 226 Rn 7; Kallmeyer/*Dirksen/Blasche*, § 226 Rn 3; Lutter/*Göthel*, § 226 Rn 5.
5 Semler/Stengel/*Ihrig*, § 226 Rn 7; Lutter/*Göthel*, § 226 Rn 6.
6 Semler/Stengel/*Ihrig*, § 226 Rn 7.
7 Semler/Stengel/*Ihrig*, § 226 Rn 7; Kallmeyer/*Dirksen/Blasche*, § 226 Rn 3; Lutter/*Göthel*, § 226 Rn 8.
8 Lutter/*Göthel*, § 226 Rn 9; Kallmeyer/*Dirksen/Blasche*, § 226 Rn 3; s. auch *Richard/Weinheimer*, BB 1999, 1613, 1616.
9 Kallmeyer/*Dirksen/Blasche*, § 226 Rn 4; *Meister*, NZG 2008, 767, 768; *Tettinger*, Der Konzern 2008, 75, 77; s. auch § 191 Rn 4.
10 Lutter/*Göthel*, § 226 Rn 1; Kallmeyer/*Dirksen/Blasche*, § 226 Rn 4; *Tettinger*, Der Konzern 2008, 75, 76; s. auch § 191 Rn 4.

7 Das **Bestehen** einer Kapitalgesellschaft setzt die Eintragung im Handelsregister voraus, vgl § 11 Abs. 1 GmbHG und § 41 Abs. 1 S. 1 AktG. Ein Formwechsel im Stadium zwischen Gründung und Eintragung der Gesellschaft im Handelsregister ist damit ausgeschlossen.[11]

8 **2. Zielrechtsträger. Zielrechtsträger** eines Formwechsels gem. § 226 kann nur eine GbR, eine Personenhandelsgesellschaft, eine PartG, eine Kapitalgesellschaft anderer Rechtsform oder eine eG sein.

9 Die Formwechselfähigkeit findet ihre Grenzen, wenn eine **Ein-Personen-Gesellschaft** in eine Personengesellschaft umgewandelt werden soll. Voraussetzung für einen Formwechsel ist, dass der Ausgangsrechtsträger mindestens zwei Gesellschafter hat.[12] Hat er nur einen Gesellschafter, muss entweder vor dem Formwechsel oder nach Fassung des Umwandlungsbeschlusses und vor Eintragung des Formwechsels im Handelsregister ein weiterer Gesellschafter der Gesellschaft beitreten.[13]

10 Die GmbH als Zielrechtsträger ist ausgeschlossen, sofern es sich bei dem Ausgangsrechtsträger um eine UG handelt. Siehe hierzu bereits die Ausführungen zu Rn 5. Der umgekehrte Weg des Formwechsels einer GmbH in eine UG ist gesetzlich nicht vorgesehen.[14]

11 Auch die **EWIV** kommt als Zielrechtsträger in Betracht, da diese gem. § 1 EWIVAG als Handelsgesellschaft iSd HGB gilt. [15]

III. Formwechsel aufgelöster Kapitalgesellschaften

12 Während § 214 Abs. 2 für den Formwechsel einer aufgelösten Personengesellschaft eine spezielle Regelung bereithält, findet sich eine vergleichbare Bestimmung zum Formwechsel einer **aufgelösten Kapitalgesellschaft** im Recht der §§ 226 ff nicht. Es findet in Ermangelung einer besonderen Vorschrift deshalb die allgemeine Norm des § 191 Abs. 3 UmwG Anwendung.[16] Demnach kann auch eine aufgelöste Kapitalgesellschaft einen Formwechsel vollziehen, solange nicht bereits mit der Verteilung des Vermögens unter den Anteilseignern begonnen wurde.[17]

Hinweis: Als Praxisbeispiel wird häufig eine Konstellation genannt, in der eine Gesellschaft über einen längeren Zeitraum zum Verkauf stand, die Gesellschaft mangels eines Kaufinteressenten schließlich liquidiert wird und sich während der Liquidation doch noch ein Käufer findet, der die Gesellschaft aber nur in einer anderer Rechtsform zu übernehmen bereit ist.[18]

IV. Rechtsformänderung nach anderen Gesetzen

13 Die im UmwG vorgesehenen Möglichkeiten des Formwechsels eines Rechtsträgers sind zwar abschließend (sog. *numerus clausus* des UmwG).[19] Wie auch bei § 214 bleibt die Möglichkeit eines **Formwechsels außerhalb des UmwG** aber bestehen.[20] Dies gilt insbesondere für die Einbringung sämtlicher Aktiva und Passiva einer Kapitalgesellschaft in einen anderen Rechtsträger, so dass wegen Vermögenslosigkeit die Löschung des Ausgangsrechtsträgers im Handelsregister beantragt werden kann.[21]

11 Kallmeyer/*Dirksen/Blasche*, § 226 Rn 5; Semler/Stengel/*Ihrig*, § 226 Rn 9; vgl zur Verschmelzung *Heckschen*, DB 1998, 1385, 1388; *K. Schmidt* in: FS Zöllner, S. 521, 524.

12 Kallmeyer/*Dirksen/Blasche*, § 226 Rn 6.

13 Widmann/Mayer/*Vossius*, § 226 Rn 9; vgl auch BayObLG DB 2000, 36.

14 Lutter/*Göthel*, § 226 Rn 1.

15 Lutter/*Göthel*, § 226 Rn 1; s. auch *K. Schmidt*, NJW 1995, 1, 7; aA noch Widmann/Mayer/*Vossius*, § 226 Rn 11.

16 Widmann/Mayer/*Vossius*, § 226 Rn 12.

17 § 191 Abs. 3; Widmann/Mayer/*Vossius*, § 226 Rn 12; Semler/Stengel/*Schlitt*, § 226 Rn 9.

18 Vgl Widmann/Mayer/*Vossius*, § 226 Rn 12.

19 § 1 Abs. 2.

20 § 190 Abs. 2.

21 Widmann/Mayer/*Vossius*, § 226 Rn 14.

§ 227 Nicht anzuwendende Vorschriften

Die §§ 207 bis 212 sind beim Formwechsel einer Kommanditgesellschaft auf Aktien nicht auf deren persönlich haftende Gesellschafter anzuwenden.

I. Normzweck

§ 227 betrifft ausschließlich den Formwechsel einer KGaA und normiert eine Ausnahmeregelung zur Abfindung ausscheidender Gesellschafter. Die Norm bestimmt, dass die §§ 207–212, welche Regelungen zur Barabfindung eines bei dem Formwechsel aus der Gesellschaft ausscheidenden Gesellschafters enthalten, für persönlich haftende Gesellschafter nicht anwendbar sind. Im früheren Recht war die Bestimmung nicht enthalten.[1] Sie bezweckt, dass die Abfindung des aus der Gesellschaft ausscheidenden persönlich haftenden Gesellschafters der KGaA sich nicht nach dem UmwG, sondern nach den allgemeinen Grundsätzen regelt.[2] Aufgrund dessen bestimmt sich der **Abfindungsanspruch** nach den §§ 738–740 BGB iVm § 278 Abs. 2 AktG, §§ 161 Abs. 2, 105 Abs. 2 HGB, soweit in der Satzung der KGaA nicht etwas anderes vorgesehen ist.[3] 1

II. Abfindung des ausscheidenden Komplementäraktionärs

1. Anspruch auf Abfindung. Bei einem Formwechsel einer KGaA in eine Personenhandelsgesellschaft kann der Komplementäraktionär gem. § 233 Abs. 3 S. 3 sein Ausscheiden auf den Zeitpunkt erklären, zu dem der Formwechsel wirksam wird. Da § 227 die umwandlungsrechtlichen Abfindungsregelungen für ein Ausscheiden des Komplementäraktionärs ausschließt, richtet sich die **Höhe der Abfindung** nach den allgemeinen Grundsätzen gemäß §§ 738-740 BGB iVm § 278 Abs. 2 AktG iVm §§ 161 Abs. 2, 105 Abs. 3 HGB. Der ausscheidende persönlich haftende Gesellschafter einer KGaA kann danach eine Abfindung in Höhe des Auseinandersetzungsguthabens nach Maßgabe der §§ 738–740 BGB verlangen, soweit die Satzung nichts anderes vorgibt.[4] 2

Hinweis: Für die Reichweite der Dispositionsfreiheit bei der Bestimmung der Abfindung gelten die allgemeinen Grenzen, insbesondere die des § 138 BGB.[5]

2. Anspruchsgrundlage. Anspruchsgrundlage des Abfindungsanspruch eines Komplementäraktionärs ist im gesetzlichen Regelfall § 278 Abs. 2 AktG iVm §§ 161 Abs. 2, 105 Abs. 3 HGB, §§ 738-740 BGB, bzw, wenn eine abweichende Regelung in der Satzung der KGaA vorhanden ist, die entsprechende Satzungsregelung. Der Anspruch entsteht mit Wirksamwerden des Formwechsels, dh gem. § 202 Abs. 1 Nr. 1 mit Eintragung des Formwechsels in das Register.[6] Er ist, vorbehaltlich einer anderweitigen Satzungsbestimmung, auch zu diesem Zeitpunkt fällig.[7] 3

III. Nachhaftung des ausscheidenden Komplementäraktionärs

§ 227 regelt nur die Frage des Abfindungsanspruchs des ausscheidenden Komplementäraktionärs und trifft somit keine Bestimmung hinsichtlich seiner **Nachhaftung.** Die Nachhaftung des 4

1 §§ 368 S. 2, 387 Abs. 2 S. 1 AktG aF regelten nur das Ausscheiden der Gesellschafter.
2 Begr. RegE zu § 227, BR-Drucks. 75/94, 152.
3 Begr. RegE zu § 227, BR-Drucks. 75/94, 152.
4 Kallmeyer/*Dirksen/Blasche*, § 227 Rn 2.
5 Semler/Stengel/*Ihrig*, § 227 Rn 8 mWn; Lutter/*Göthel*, § 227 Rn 3; Widmann/Mayer/*Vossius*, § 227 Rn 15; s. auch allgemein *Ebenroth/Müller*, BB 1993, 1153; *Piltz*, BB 1994, 1021, 1022.
6 Lutter/*Göthel*, § 227 Rn 4; Semler/Stengel/*Ihrig*, § 227 Rn 10.
7 § 271 Abs. 1 BGB; s. auch Lutter/*Göthel*, § 227 Rn 4; Semler/Stengel/*Ihrig*, § 227 Rn 10; Kallmeyer/*Dirksen/Blasche*, § 227 Rn 2.

ausscheidenden Komplementäraktionärs richtet sich nach den allgemeinen Vorschriften.[8] Er haftet deshalb für die zum Zeitpunkt der Wirksamkeit des Formwechsels seitens des Ausgangsrechtsträgers bereits eingegangenen Verbindlichkeiten des formwechselnden Rechtsträgers gem. § 278 Abs, 2 AktG, §§ 161 Abs. 2, 160 HGB. Verbleibt der Komplementäraktionär im Rahmen eines Formwechsels einer KGaA in eine KG in der Gesellschaft und erwirbt er dabei die Stellung eines Kommanditisten, so richtet sich seine Nachhaftung nach § 224 iVm § 237.[9] Auf die diesbezügliche Kommentierung zu § 224 wird verwiesen.

Zweiter Unterabschnitt
Formwechsel in eine Personengesellschaft

§ 228 Möglichkeit des Formwechsels

(1) Durch den Formwechsel kann eine Kapitalgesellschaft die Rechtsform einer Personenhandelsgesellschaft nur erlangen, wenn der Unternehmensgegenstand im Zeitpunkt des Wirksamwerdens des Formwechsels den Vorschriften über die Gründung einer offenen Handelsgesellschaft (§ 105 Abs. 1 und 2 des Handelsgesetzbuchs) genügt.

(2) [1]Ein Formwechsel in eine Partnerschaftsgesellschaft ist nur möglich, wenn im Zeitpunkt seines Wirksamwerdens alle Anteilsinhaber des formwechselnden Rechtsträgers natürliche Personen sind, die einen Freien Beruf ausüben (§ 1 Abs. 1 und 2 des Partnerschaftsgesellschaftsgesetzes). [2]§ 1 Abs. 3 des Partnerschaftsgesellschaftsgesetzes bleibt unberührt.

I. Normzweck

1 Die Norm leitet den zweiten Unterabschnitt (5. Buch, 2. Abschnitt) des UmwG ein, der den Formwechsel einer Kapitalgesellschaft in Personenhandelsgesellschaften betrifft. Sie normiert bestimmte **Anforderungen** an den Ausgangsrechtsträger eines Formwechsels, die im Zeitpunkt des Wirksamwerdens des Formwechsels vorliegen müssen. Damit konkretisiert sie als spezielle Norm für den Formwechsel einer Kapitalgesellschaft in eine Personenhandelsgesellschaft die allgemeine Regelung des § 197 S. 1. In ihr findet sich zugleich der Charakter des Formwechsels als modifizierte Neugründung wieder.[1]

2 § 228 Abs. 1 ist inhaltlich an § 21 UmwG 1969 orientiert.[2] Abs. 2 wurde durch Gesetz vom 22.6.1998 als Abs. 3 eingefügt und trat nach erneuter Änderung durch das Zweite Gesetz zur Änderung des UmwG an die Stelle des damaligen Abs. 2.[3]

8 Widmann/Mayer/*Vossius*, § 227 Rn 9; Lutter/*Göthel*, § 227 Rn 5; Semler/Stengel/*Ihrig*, § 227 Rn 11; Kallmeyer/*Dirksen/Blasche*, § 227 Rn 4.
9 Lutter/*Göthel*, § 227 Rn 5; Semler/Stengel/*Ihrig*, § 227 Rn 11; Kallmeyer/*Dirksen/Blasche*, § 227 Rn 4.

1 Semler/Stengel/*Ihrig*, § 228 Rn 1; s. auch § 190 Rn 26.
2 Semler/Stengel/*Ihrig*, § 228 Rn 6.
3 Semler/Stengel/*Ihrig*, § 228 Rn 6.

II. Formwechsel in eine Personenhandelsgesellschaft (§ 228 Abs. 1)

1. Unternehmensgegenstand. Die Norm macht die Zulässigkeit eines Formwechsels einer Kapitalgesellschaft in eine Personenhandelsgesellschaft davon abhängig, ob der **Unternehmensgegenstand** im Zeitpunkt des Wirksamwerdens des Formwechsels den Vorschriften über die Gründung einer offenen Handelsgesellschaft (§ 105 Abs. 1 und 2 HGB) genügt. Strenggenommen hätte es dieses Hinweises daher nicht bedurft, da § 197 S. 1 ohnehin die Gründungsvorschriften des jeweiligen Zielrechtsträgers für anwendbar erklärt. In der vorherigen Fassung der Norm wurde durch den Klammerzusatz auf § 4 Abs. 1 HGB aF Bezug genommen. Durch die Handelsrechtsreform vom 22.6.1998 sind allerdings unter anderem die Vorschriften der §§ 4 und 105 HGB aF weggefallen, bzw maßgeblich geändert worden.[4] Insb. wurden die nichteintragungsfähigen kleingewerblichen Gesellschaften sowie nichtgewerbliche Gesellschaften nunmehr eintragungsfähig, so dass auch diese durch Registereintragung den Status einer OHG erlangen können.[5] Damit hat auch der Formwechsel einer Kapitalgesellschaft in eine Personenhandelsgesellschaft gem. § 228, der auf § 105 Abs. 2 HGB Bezug nimmt, eine praktische Erleichterung erfahren, da auch diese Gesellschaften nunmehr problemlos umwandlungsfähig sind.[6] 3

2. Zulässige Rechtssubjekte als Gesellschafter. Gesellschafter einer Personenhandelsgesellschaft können sein: Natürliche Personen (auch wenn sie in der Geschäftsfähigkeit beschränkt sind),[7] juristische Personen,[8] Vor-Gesellschaften[9] und Genossenschaften (soweit die Voraussetzungen des § 1 Abs. 2 GenG erfüllt sind).[10] Auch die OHG und KG selbst kommen als Gesellschafter in Betracht. Die in diesem Kontext lange Zeit umstrittene Frage nach der Rechtsfähigkeit dieser Gesellschaften hat sich erledigt, da OHG und KG *ex lege* rechtsfähig sind, §§ 124 Abs. 1, bzw 161 Abs. 2, 124 Abs. 1.[11] Ihrer Mitgliedschaft in einer OHG oder KG ist nichts entgegenzusetzen. 4

Als Gesellschafter einer Personenhandelsgesellschaft kommen neben inländischen auch **ausländische Gesellschaften** in Betracht. Voraussetzung ist, dass sie rechtlich so strukturiert sind, dass sie einer Gesellschaft des deutschen Rechts entsprechen, die als Gesellschafterin an einer OHG beteiligt sein kann.[12] Soll Gesellschafter eine ausländische juristische Person werden, ist Voraussetzung, dass ihre im Ausland erworbene Rechtsfähigkeit auch im Inland anerkannt ist.[13] 5

Als **Gesellschafter einer OHG oder KG** kommen hingegen nicht in Betracht: Die eheliche Gütergemeinschaft,[14] die Erbengemeinschaft,[15] die Bruchteilsgemeinschaft[16] sowie der nichtrechtsfähige Verein.[17] 6

3. Firma. Für die **Firmierung** des Rechtsträgers hält § 200 eine allgemeine Regelung bereit, die auch im Recht des Formwechsels einer Kapitalgesellschaft in eine Personengesellschaft Anwendung findet.[18] S. hierzu bereits § 200 Rn 5 ff. 7

4. Formwechsel einer Ein-Personen-Kapitalgesellschaft. Während eine Personengesellschaft auf dem Prinzip der Verbundenheit ihrer Mitglieder fußt, ist die juristische Person als Rechtsträger gegenüber ihren Mitgliedern verabsolutiert.[19] Vereinigen sich die Anteile in einer Person, führt 8

4 Kallmeyer/*Dirksen/Blasche*, § 228 Rn 3.
5 MüKo-HGB/*K. Schmidt*, § 105 Rn 53; Lutter/*Göthel*, § 228 Rn 3; Kallmeyer/*Dirksen/Blasche*, § 228 Rn 3.
6 MüKo-HGB/*K. Schmidt*, § 105 Rn 53.
7 *Windbichler*, GesR, § 13 Rn 2.
8 Vgl etwa zur Fähigkeit einer GmbH, Komplementärin einer KG zu sein RGZ 105, 101; *Windbichler*, GesR, § 13 Rn 3.
9 Vgl zur Eignung der Vor-GmbH als Komplementärin einer KG BGHZ 80, 129, 132 ff; s. auch BGH WM 1985, 165 f.
10 Lutter/Göthel, § 228 Rn 5; Semler/Stengel/*Ihrig*, § 228 Rn 17.
11 MüKo-HGB/*K. Schmidt*, § 105 Rn 92 f.
12 Lutter/Göthel, § 228 Rn 6; Kallmeyer/*Dirksen/Blasche*, § 228 Rn 4.
13 BayObLG NJW 1986, 3029; s. auch Lutter/*Göthel*, § 228 Rn 6; Kallmeyer/*Dirksen/Blasche*, § 228 Rn 4; Semler/Stengel/*Ihrig*, § 228 Rn 18.
14 *Westermann*, HdbPersGes, I Rn 169.
15 BGHZ 58, 316, 317; BGH NJW 1983, 2376, 2377.
16 MüKo-HGB/*K. Schmidt*, § 105 Rn 106.
17 *Windbichler*, GesR, § 13 Rn 5.
18 *Vossius* in: Widmann/Mayer, UmwG, Loseblatt, Stand Oktober 2012, § 228 Rn 41; Lutter/*Göthel*, § 228 Rn 9.
19 *Flume*, Personengesellschaft, § 7 II.

das zu dem Ergebnis, dass im Falle der juristischen Person diese als Rechtsträgerin erhalten bleibt.[20] Anders liegt es bei der Personengesellschaft. Findet in dieser eine Vereinigung aller Mitgliedschaften in einer Person statt, führt dies zu einem liquidationslosen Erlöschen der Gesellschaft und zu einer Gesamtrechtsnachfolge durch den letzten verbliebenen Gesellschafter.[21] Im Falle des Formwechsels einer **Ein-Personen-Kapitalgesellschaft** ist dieser Grundsatz zu berücksichtigen. Demgemäß kann aus einer Ein-Personen-Kapitalgesellschaft im Wege eines Formwechsels keine Personengesellschaft werden.[22] Trifft eine Ein-Personen-Kapitalgesellschaft einen entsprechenden Umwandlungsbeschluss, ist dieser wegen eines grundlegenden Inhaltsmangels nichtig.[23]

9 Um einen Formwechsel einer **Ein-Personen-Kapitalgesellschaft** in eine Personenhandelsgesellschaft vornehmen zu können, ist es notwendig, dass mindestens ein zweiter Gesellschafter dem Rechtsträger beitritt. Dies ist unproblematisch, solange der Beitritt vor dem Formwechsel erfolgt. Umstritten ist allerdings, wie zu verfahren ist, wenn der Beitritt uno actu mit dem Umwandlungsbeschluss geschehen soll. Der Zulässigkeit einer solchen Verfahrensweise ist entgegengehalten worden, dass der Beitritt eines oder mehrerer Gesellschafter mit dem Formwechsel einen Verstoß gegen den in § 202 Abs. 1 Nr. 2 niedergelegten Grundsatz der Kontinuität der Mitgliedschaft darstelle.[24] Als tragendes Argument führt diese Auffassung den Wortlaut des § 202 Abs. 1 Nr. 2 S. 1 Hs 2 an, der die gesetzlichen Ausnahmen von diesem Grundsatz – namentlich bei einem Formwechsel einer KGaA bzw eines VVaA – eng begrenzt halte.[25] Nach vorzugswürdiger Auffassung sind die Bedenken eines Verstoßes gegen den Kontinuitätsgrundsatz jedoch unbegründet. [26] Zwar hinterlassen sowohl der Gesetzeswortlaut als auch die Begr. RegE zu § 202 Abs. 1 Nr. 2 S. 1 den Eindruck, dass der Gesetzgeber neben der im Gesetz vorgesehene Ausnahme keine weiteren Ausnahmen zulassen wollte. Unterdessen hat jedoch auch der BGH in einer Entscheidung zum Formwechsel einer AG in eine GmbH & Co. KG im Wege eines obiter dictums zu der Thematik Stellung bezogen und hervorgehoben, dass aus dem Kontinuitätsgrundsatz des § 202 Abs. 1 Nr. 2 lediglich folge, dass die an der Gesellschaft Berechtigten, die bei Eintragung des Formwechsels Anteilsinhaber sind, auch Mitglieder des neuen Rechtsträgers sein müssten.[27] Ein Gesellschafterbeitritt uno actu mit dem Formwechselbeschluss ist nach der höchstrichterlichen Rechtsprechung somit als zulässig zu betrachten.

Hinweis: Es mag ratsam sein, mit dem Registergericht ggf den präferierten Weg vorab abzustimmen. Will das Registergericht den vom BGH in seinem obiter dictum aufgezeigten Weg nicht mitgehen, so verbleibt nur formaljuristisch dafür zu sorgen, dass bei Fassen des Formwechselbeschlusses die erforderliche Anzahl von Anteilsinhabern an dem formwechselnden Rechtsträger bereits beteiligt ist. Ob diese weiteren Beteiligungen nur treuhänderisch erfolgt oder eine Kleinstbeteiligung ist, ist dann eine Frage der Einzelfallgestaltung. Bei Zustimmung aller Anteilsinhaber ist auch ein nichtverhältniswahrender Formwechsel zulässig, so dass dies genügend Flexibilität gewähren sollte.[28]

III. Formwechsel in eine GbR

10 **1. Zulässigkeit der GbR als Zielrechtsform.** Das UmwÄndG vom 19.4.2007 (BGBl. I S. 542) hat § 228 Abs. 2 aF, der eine Regelung zur hilfsweisen Umwandlung in die GbR enthielt, aufgehoben. Der Gesetzgeber sah die Regelung vor dem Hintergrund der Änderung des § 105

20 *K. Schmidt*, GesR, § 8 IV 2 b).
21 *K. Schmidt*, GesR, § 8 IV 2 b).
22 Semler/Stengel/*Ihrig*, § 228 Rn 13; Kallmeyer/*Dirksen/Blasche*, § 228 Rn 8; Lutter/*Göthel*, § 228 Rn 27.
23 Semler/Stengel/*Ihrig*, § 228 Rn 13.
24 Kallmeyer/*Meister/Klöcker*, § 191 Rn 10 ff, § 202 Rn 28 ff.
25 Kallmeyer/*Meister/Klöcker*, § 202 Rn 29; Lutter/*Göthel*, § 228 Rn 25.
26 Semler/Stengel/*Ihrig*, § 228 Rn 23; Lutter/*Göthel*, § 228 Rn 24 ff; Kallmeyer/*Dirksen/Blasche*, § 228 Rn 8; Schmitt/Hörtnagl/Stratz/*Stratz*, § 226 Rn 3; *K. Schmidt*, GmbHR 1995, 693, 695 f; *Bayer*, ZIP 1997, 1616, 1617.
27 BGH NZG 2005, 722, 723.
28 Lutter/*Göthel*, § 228 Rn 28; Semler/Stengel/*Ihrig*, § 228 Rn 25; anders Kallmeyer/*Dirksen/Blasche*, § 228 Rn 7 f, die grundsätzlich zu einem Beitritt vor dem Formwechsel raten.

Abs. 2 HGB durch das HRefG vom 22.6.1998 als entbehrlich an.[29] Seitdem nennt § 228 die **GbR nicht mehr als Zielgesellschaft** eines Formwechsels. Ein Formwechsel einer Kapitalgesellschaft in eine GbR ist aber gem. § 226 dennoch zulässig.[30]

2. GbR als fakultative oder obligatorische Zielrechtsform. § 105 Abs. 1, Abs. 2 HGB statuieren bestimmte Anforderungen, die an den **Unternehmensgegenstand** einer Gesellschaft zu stellen sind, damit diese zur OHG werden kann. § 228 macht diese Anforderungen zur Maßgabe auch für den Formwechsel. Erfüllt die formwechselnde Gesellschaft die Anforderungen nicht, bleibt den Gesellschaftern fakultativ oder ggf auch obligatorisch der Formwechsel in eine GbR.[31] 11

a) Fakultativer Formwechsel in eine GbR. Den Gesellschaftern ist eine Umwandlung in eine GbR **fakultativ** möglich, wenn das Unternehmen ein Handelsgewerbe ist, das nach Art und Umfang keinen in kaufmännischer Weise eingerichteten Geschäftsbetrieb erfordert.[32] Nach Ansicht der (neueren) Rspr und hL ist hierunter eine selbstständige, planmäßig auf gewisse Dauer angelegte, marktorientierte, entgeltliche und nicht freiberufliche Tätigkeit zu verstehen.[33] Der Formwechsel in eine GbR ist hier deshalb nicht zwingend, da es den Gesellschaftern unbenommen bleibt, durch konstitutive Registereintragung als neue Rechtsform die OHG zu wählen.[34] 12

b) Obligatorischer Formwechsel in eine GbR. In manchen Fällen ist ein Formwechsel in eine GbR jedoch auch nach der Novellierung der §§ 1 ff, 105 HGB sowie des § 228 **obligatorisch.**[35] Hierzu zählen etwa freiberufliche Kapitalgesellschaften, wenn nicht eine PartG als Zielgesellschaft in Betracht kommt, oder reine Innengesellschaften, die keine Vermögensverwaltungsgesellschaften iSd § 105 Abs. 2 sind (etwa Ehegatten-Grundstücks-BGB-Gesellschaften).[36] 13

3. Zulässige Rechtssubjekte als Gesellschafter. Bei einem Formwechsel sind die für die Zielrechtsform geltenden Gründungsvorschriften einzuhalten. Dies ergibt sich aus § 197 S. 1. Insb. richtet sich nach den Gründungsvorschriften auch die **Beteiligungsfähigkeit** der Gesellschafter.[37] Bei einem Formwechsel in eine GbR ist deshalb zu fragen, welche Rechtssubjekte an einer GbR beteiligt sein können. Neben natürlichen Personen sind dies auch juristische Personen und Personengesellschaften.[38] Nicht beteiligungsfähig sind hingegen die Erbengemeinschaft, die eheliche Gütergemeinschaft sowie die Bruchteilsgemeinschaft.[39] 14

4. Akzessorische Haftung für Altverbindlichkeiten? Der BGH hat mit Urteil vom 29.1.2001 die Rechts- und Parteifähigkeit der Außen-GbR sowie eine akzessorische Haftung der GbR-Gesellschafter für Verbindlichkeiten der Gesellschaft gem. § 128 HGB analog anerkannt. [40] Die bis dato vertretene Doppelverpflichtungslehre wurde damit seitens der Rechtsprechung aufgegeben. Konsequenterweise ließ der BGH später auch eine Haftung des in eine bestehende GbR eintretenden Gesellschafters für vor seinem Beitritt begründete Verbindlichkeiten gem. § 130 analog zu.[41] Auch bei einem Formwechsel kann deshalb nichts anderes gelten. Von einer unterschiedliche Haftung der Gesellschafter einer GbR und einer OHG kann vor dem Hintergrund der Aufgabe der Doppelverpflichtungslehre durch die Rechtsprechung nicht mehr ausge- 15

29 Begr. RegE zu Art. 1 des 2. UmwÄndG, BT-Drucks. 16/2919, 19.
30 Lutter/*Göthel*, § 228 Rn 10; Semler/Stengel/*Ihrig*, § 228 Rn 35 f; Kallmeyer/*Dirksen/Blasche*, § 228 Rn 11 ff.
31 Lutter/*Göthel*, § 228 Rn 10.
32 Lutter/*Göthel*, § 228 Rn 10; Semler/Stengel/*Schlitt*, § 228 Rn 29; *Tettinger*, Der Konzern 2006, 844, 845.
33 Vgl etwa BGHZ 57, 191, 199; OLG München NJW 1988, 1036, 1037; Oetker/*Körber*, § 1 HGB Rn 29 mwN.
34 Lutter/*Göthel*, § 228 Rn 10; Semler/Stengel/*Schlitt*, § 228 Rn 29.
35 Semler/Stengel/*Schlitt*, § 228 Rn 30; Lutter/*Göthel*, § 228 Rn 11.
36 Lutter/*Göthel*, § 228 Rn 11; *Tettinger*, Der Konzern 2006, 844, 845.
37 Semler/Stengel/*Bärwaldt*, § 197 Rn 8.
38 MüKo-BGB/*Ulmer/Schäfer*, § 705 Rn 76 ff.
39 MüKo-BGB/*Ulmer/Schäfer*, § 705 Rn 81 ff.
40 BGH NJW 2001, 1056.
41 Vgl Baumbach/Hopt/*Hopt*, § 130 HGB Rn 3.

gangen werden.[42] Bei einem Formwechsel in eine GbR haften deshalb die Gesellschafter für **Altverbindlichkeiten** des Rechtsträgers persönlich und unbeschränkt.[43]

16 **5. Hilfsweiser Formwechsel.** Der durch UmwÄndG vom 19.4.2007 weggefallene § 228 Abs. 2 aF sah eine Regelung zum sog. **Hilfsformwechsel** vor. Danach konnte der Umwandlungsbeschluss bestimmen, dass der formwechselnde Rechtsträger die Rechtsform einer GbR erhalten soll, wenn der Gegenstand des Unternehmens den Vorschriften über die Gründung einer Handelsgesellschaft (§ 105 Abs. 1 und 2 HGB) nicht genügte.[44] Ob ein solcher Hilfsformwechsel nach der Neufassung des § 228 noch zulässig ist, ist in der umwandlungsrechtlichen Literatur umstritten; Rechtsprechung hierzu gibt es, soweit ersichtlich, noch nicht. Zum Teil wird der hilfsweise Formwechsel in die GbR gerade aufgrund der Gesetzesänderung als unzulässig betrachtet.[45] Die herrschende Meinung in der Literatur geht jedoch davon aus, dass ein solcher Formwechsel auch nach der jetzigen Rechtslage nicht nur rechtmäßig sei, sondern durch Aufgabe der bisherigen „Beschränkung" nunmehr für jeden Formwechsel in eine andere Rechtsform zulässig sei.[46] Die Diskussion führt an der eigentlichen Frage etwas vorbei. Die Frage, ob die Voraussetzungen der neuen Rechtsform erfüllt werden und damit der Formwechsel in die betreffende Zielrechtsform zulässig ist, stellt sich auch in anderen Konstellationen. Dem Rechtsanwender muss sich ohnehin die Frage stellen, wie er mit diesbezüglichen Unsicherheiten und der daraus resultierenden Gefahr der Zurückweisung der Eintragung des Formwechsels im Register umgehen soll. Nach altem Recht war bereits anerkannt, dass bei einem Umwandlungsbeschluss hilfsweise der Formwechsel in eine andere Zielrechtsform mit beschlossen werden kann.[47] Dies hat sich durch die Gesetzesänderung nicht geändert.

Hinweis: Wegen des Literaturstreits empfiehlt es sich einen etwaigen hilfsweisen Formwechsel mit dem Registergericht vorab abzustimmen.

IV. Formwechsel in eine Kapitalgesellschaft & Co. KG

17 Ein Formwechsel einer Kapitalgesellschaft in eine Kapitalgesellschaft & Co. KG ist nach § 226 UmwG grundsätzlich möglich, da es sich bei der Kapitalgesellschaft & Co. KG um eine KG handelt.[48] Wenn mit einem solchen Formwechsel gleichzeitig der Beitritt eines neuen Gesellschafters (idR die Komplementär-GmbH ohne Kapitalbeteiligung) erfolgen soll, stellt sich wegen des in § 202 Abs. 1 Nr. 2 verankerten **Kontinuitätsprinzips der Mitgliedschaft** hier das gleiche Problem wie bei einem Formwechsel einer Ein-Personen-Kapitalgesellschaft in eine Personengesellschaft. Beides wird hier im Ergebnis als zulässig angesehen.[49] Vgl hierzu bereits die Erläuterungen zu Rn 8 f.

V. Formwechsel in eine Partnerschaftsgesellschaft (§ 228 Abs. 2)

18 228 Abs. 2 S. 1 knüpft den nach § 226 grundsätzlich zulässigen Formwechsel einer Kapitalgesellschaft in eine PartG an die **Bedingung**, dass im Zeitpunkt des Wirksamwerdens des Form-

42 Semler/Stengel/*Ihrig*, § 228 Rn 46; Lutter/*Göthel*, § 228 Rn 16.
43 Semler/Stengel/*Ihrig*, § 228 Rn 46; Lutter/*Göthel*, § 228 Rn 16.
44 § 228 Abs. 2 aF lautete: „Genügt der Gegenstand des Unternehmens diesen Vorschriften nicht, kann durch den Umwandlungsbeschluß bestimmt werden, daß die formwechselnde Gesellschaft die Rechtsform einer Gesellschaft des bürgerlichen Rechts erlangen soll."
45 Lutter/*Göthel*, § 228 Rn 17; differenzierend *Tettinger*, Der Konzern 2006, 844, 848, der auf die gesetzgeberische Motivation und die hieraus erwachsene Signalwirkung abstellt.
46 Semler/Stengel/*Ihrig*, § 228 Rn 36; Kallmeyer/*Dirksen/Blasche*, § 228 Rn 13; Widmann/Mayer/*Vossius*, § 228 Rn 22 ff.
47 *Bärwaldt/Schabacker*, NJW 1999, 623, 624; *Streck/Schwedhelm/Mack*, GmbHR 1995, 161, 175; Selmer/Stengel/*Ihrig*, § 228 Rn 36; Schmitt/Hörtnagl/Stratz/*Stratz*, § 228 Rn 7; aA *Tettinger*, Der Konzern 2006, 844, 847; Widmann/Mayer/*Vossius*, § 228 Rn 3, 22; zum hilfsweisen Formwechsel in die GbR Kallmeyer/*Dirksen/Blasche*, § 228 Rn 11 ff; dagegen Lutter/*Göthel*, § 228 Rn 17 f.
48 Vgl Begr. RegE zu § 191, BR-Drucks. 75/94, 137; s. auch Semler/Stengel/*Ihrig*, § 228 Rn 22.
49 Lutter/*Göthel*, § 228 Rn 25; Semler/Stengel/*Ihrig*, § 228 Rn 23; Kallmeyer/*Dirksen/Blasche*, § 228 Rn 7; Schmitt/Hörtnagl/Stratz/*Stratz*, § 226 Rn 3; *K. Schmidt*, GmbHR 1995, 693, 695 f; *Bayer*, ZIP 1997, 1616, 1617.

wechsels, also der Eintragung in das Partnerschaftsregister (§ 202 Abs. 1 Nr. 1), alle Mitglieder der Kapitalgesellschaft natürliche Personen sind, die einen freien Beruf ausüben (§ 1 Abs. 1 und 2 PartGG). Erfüllt einer der Gesellschafter der formwechselnden Kapitalgesellschaft diese Anforderungen nicht, kann der Formwechsel nur dann wirksam vollzogen werden, wenn er mit dem Formwechsel aus der Gesellschaft ausscheidet.[50] Dies kollidiert zwar mit dem Grundsatz der Mitgliederkontinuität. Richtigerweise ist der Austritt eines Gesellschafters mit der Umwandlung als Folge der gesetzgeberischen Anordnung jedoch anzuerkennen.[51] Es wäre ein unnötiger Formalismus, wenn der betreffende Gesellschafter ansonsten vor Wirksamwerden des Formwechsels anderweitig aus der Gesellschaft ausscheiden müsste.

Scheiden Gesellschafter, die **keinen freien Beruf** ausüben, nicht aus der Gesellschaft aus, darf 19
der Formwechsel seitens des Registergerichts nicht eingetragen werden.[52] Erfolgt die Eintragung trotz fehlender Partnereignung, entsteht durch die Eintragung der Gesellschaft eine OHG oder GbR – trotz ihrer Eintragung im Partnerschaftsregister.[53] Die unzulässige Eintragung als PartG kann das Partnerschaftsregister gem. § 395 FamFG löschen.[54]

§ 229 (aufgehoben)

§ 229 wurde durch das 2. UmwÄndG zum 19.4.2007 mit Wirkung vom 25.4.2007 **aufgehoben.**[1] Für die KGaA sah § 229 S. 1 vor, dass die nach § 192 Abs. 2 aF erforderliche Vermögensaufstellung nach den Grundsätzen aufzustellen war, die für die Auseinandersetzung mit den Komplementäraktionären vorgesehen war. Sollte für die Auseinandersetzung ein Stichtag maßgebend sein, der vor dem Tage der Einberufung der Hauptversammlung liegt, bestimmte § 229 S. 2, dass die Vermögensaufstellung auf diesen Stichtag aufgestellt werden konnte. Die Aufhebung des § 229 war eine Folgeänderung, die auf der ebenfalls vorgenommenen Streichung des § 192 Abs. 2 aF beruhte.

§ 230 Vorbereitung der Versammlung der Anteilsinhaber

(1) Die Geschäftsführer einer formwechselnden Gesellschaft mit beschränkter Haftung haben allen Gesellschaftern spätestens zusammen mit der Einberufung der Gesellschafterversammlung, die den Formwechsel beschließen soll, diesen Formwechsel als Gegenstand der Beschlußfassung in Textform anzukündigen und den Umwandlungsbericht zu übersenden.

(2) [1]Der Umwandlungsbericht einer Aktiengesellschaft oder einer Kommanditgesellschaft auf Aktien ist von der Einberufung der Hauptversammlung an, die den Formwechsel beschließen soll, in dem Geschäftsraum der Gesellschaft zur Einsicht der Aktionäre auszulegen. [2]Auf Verlangen ist jedem Aktionär und jedem von der Geschäftsführung ausgeschlossenen persönlich haftenden Gesellschafter unverzüglich und kostenlos eine Abschrift des Umwandlungsberichts zu erteilen. [3]Der Umwandlungsbericht kann dem Aktionär und dem von der Geschäftsführung ausgeschlossenen persönlich haftenden Gesellschafter mit seiner Einwilligung auf dem Wege elektronischer Kommunikation übermittelt werden. [4]Die Verpflichtungen nach den Sätzen 1 und 2 entfallen, wenn der Umwandlungsbericht für denselben Zeitraum über die Internetseite der Gesellschaft zugänglich ist.

50 Semler/Stengel/*Ihrig*, § 228 Rn 48; Kallmeyer/*Dirksen*/*Blasche*, § 228 Rn 10; Lutter/*Göthel*, § 228 Rn 29.
51 Semler/Stengel/*Ihrig*, § 228 Rn 48; Lutter/*Göthel*, § 228 Rn 29.
52 Semler/Stengel/*Ihrig*, § 228 Rn 49.
53 Kallmeyer/*Dirksen*/*Blasche*, § 228 Rn 16; Semler/Stengel/*Ihrig*, § 228 Rn 49; Lutter/*Göthel*, § 228 Rn 31.
54 Lutter/*Göthel*, § 228 Rn 31; Semler/Stengel/*Ihrig*, § 228 Rn 49.
1 Zweites Gesetz zur Änderung des Umwandlungsgesetzes vom 19.4.2007, BGBl. I S. 542 ff.

I. Normzweck

1 § 230 entspricht dem im Recht der Verschmelzung vorgesehenen Verfahren.[1] Die Vorschrift soll die rechtzeitige **Unterrichtung der Anteilsinhaber** sicherstellen.[2] Sie stellt damit eine Ergänzung der im Aktien- und GmbH-Recht gewährten Informationsrechte der Gesellschafter dar.[3]

2 Abs. 1 ist nahezu wortgleich mit § 216, regelt aber explizit eine Unterrichtung aller Gesellschafter der **GmbH.** Dies ist schlüssig, da die Binnenverfassung der GmbH eine gemeinsame Geschäftsführung aller Gesellschafter nicht vorsieht, sondern mit dieser ein oder mehrere Geschäftsführer betraut.[4] § 230 Abs. 1 stellt insoweit eine Konkretisierung des allgemeinen Auskunfts- und Einsichtsrechts der GmbH-Gesellschafter dar. [5]

3 Abs. 2 konkretisiert – in Entsprechung zu Abs. 1 – das allgemeine Auskunfts- und Einsichtsrecht für die Gesellschafter einer formwechselnden **AG bzw KGaA**, indem auch dieser eine Regelung bzgl der rechtzeitigen Unterrichtung der Anteilsinhaber einer formwechselnden AG oder KGaA trifft.[6]

II. Einberufung der Versammlung der Anteilsinhaber

4 § 230 normiert keine spezielle Regelung zur Einberufung der Gesellschafter- bzw Hauptversammlung.[7] Vielmehr richtet sich diese nach den **allgemeinen Vorschriften** des GmbH- und Aktienrechts bzw nach speziellen in dem Gesellschaftsvertrag oder der Satzung bestimmten Besonderheiten.[8]

III. Unterrichtung der GmbH-Gesellschafter (Abs. 1)

5 **1. Gegenstand der Unterrichtung.** Die Geschäftsführer haben gem. § 230 Abs. 1 den Formwechsel als Gegenstand der Beschlussfassung in Textform anzukündigen sowie (kumulativ) den **Umwandlungsbericht** und gem. § 231 auch ein **Barabfindungsgebot** zu übersenden.

▶ **Checkliste:**

Das Vertretungsorgan der GmbH als Ausgangsrechtsträgers, sprich die Geschäftsführer, haben Folgendes durchzuführen:

- Ankündigung des Formwechsels als Gegenstand der Beschlussfassung (Abs. 1),
- Übersendung des Umwandlungsberichts (§§ 230 Abs. 1, 192),
- Übersendung des Abfindungsangebots (§§ 231 S. 1, 207). ◀

1 §§ 47, 49 Abs. 1, 63 Abs. 1 UmwG.
2 Begr. RegE zu § 230, BR-Drucks. 75/94, 153.
3 Semler/Stengel/*Ihrig*, § 230 Rn 2; Widmann/Mayer *Vossius*, § 230 Rn 1.
4 § 6 Abs. 1 GmbHG.
5 Begr. RegE zu § 230, BR-Drucks. 75/94, 153.
6 Begr. RegE zu § 230, BR-Drucks. 75/94, 153.
7 Widmann/Mayer/*Vossius*, § 230 Rn 2.
8 Widmann/Mayer/*Vossius*, § 230 Rn 2; Semler/Stengel/*Ihrig*, § 230 Rn 5; Lutter/*Göthel*, § 230 Rn 2, 19.

a) **Ankündigung des Formwechsels als Gegenstand der Beschlussfassung (Abs. 1).** Die Geschäftsführer als Vertretungsorgan der formwechselnden GmbH haben den Formwechsel als Gegenstand der Beschlussfassung **anzukündigen**. Die Ankündigung unterliegt keinen besonderen inhaltlichen Anforderungen. Es muss aber unmissverständlich klargestellt sein, dass in der Gesellschafterversammlung ein Beschluss über einen Formwechsel gefasst werden soll.[9] Insofern bestehen keine Besonderheiten zu den ohnehin bestehenden gesetzlichen Anforderungen für die Einberufung einer Gesellschafterversammlung einer GmbH nach § 51 Abs. 2 GmbHG.[10] 6

Hinweis: Hinreichend ist regelmäßig die Übersendung einer Einladung zur Gesellschafterversammlung mit einem entsprechenden Tagesordnungspunkt.[11] Der ebenfalls zu übersendende Umwandlungsbericht enthält weitere Ausführungen zum avisierten Formwechsel (vgl insoweit bereits § 192 Rn 4 ff.).[12]

b) **Umwandlungsbericht (§§ 230 Abs. 1, 192).** Weiterhin haben die Geschäftsführer der Ausgangs-GmbH den **Umwandlungsbericht** zu übersenden. Dies hat spätestens mit der Einberufung der Gesellschafterversammlung, die den Formwechsel beschließen soll, zu geschehen. § 51 Abs. 4 GmbHG findet insoweit für den Formwechselbeschluss keine Anwendung.[13] Auch der Entwurf des Umwandlungsbeschlusses und somit der zukünftige Gesellschaftsvertrag bzw die zukünftige Satzung sind Bestandteil des Umwandlungsberichts und müssen übersandt werden.[14] Vgl insoweit auch die weiteren Erläuterungen zu § 234 Rn 2, 6. 7

c) **Abfindungsangebot (§ 207).** Den Gesellschaftern oder Aktionären ist schließlich spätestens zusammen mit der Einberufung der Gesellschafterversammlung ein angemessenes **Barabfindungsangebot** nach § 207 zu übersenden. Dies ergibt sich aus der Pflicht zur Übersendung des Umwandlungsbeschlusses, der das Abfindungsangebot enthält.[15] § 231, der die Mitteilung des Abfindungsangebots an die Gesellschafter explizit regelt, hat insoweit hinsichtlich des Formwechsels einer GmbH nur deklaratorische Bedeutung.[16] S. hierzu auch die entsprechenden Erläuterung zu § 231 Rn 3. 8

2. Zeitpunkt der Unterrichtung. Die Unterrichtung der Gesellschafter hat spätestens zusammen mit der **Einberufung der Gesellschafterversammlung**, die den Formwechsel beschließen soll, zu erfolgen.[17] Sie kann auch früher erfolgen.[18] Der Zeitpunkt der Einberufung dieser Gesellschafterversammlung richtet sich dabei nach § 51 Abs. 1 S. 2 GmbHG. Die Einberufung der Gesellschafterversammlung einer GmbH ist danach mit einer Frist von mindestens einer Woche zu bewirken, soweit der Gesellschaftsvertrag nicht eine andere Einberufungsfrist vorgibt. Nach den zu § 51 Abs. 1 S. 2 GmbHG von der Rechtsprechung entwickelten Grundsätzen beginnt die Frist mit dem Tag, an dem bei normaler postalischer Beförderung mit dem Zugang beim letzten Gesellschafter zu rechnen ist.[19] Ergibt sich aus dem Gesellschaftsvertrag der GmbH eine längere Frist zur Einberufung der Gesellschafterversammlung, gilt diese auch für die Unterrichtung der Gesellschafter iSd § 230 Abs. 1.[20] 9

3. Form der Unterrichtung. Gem. § 230 ist der Formwechsel als Gegenstand der Beschlussfassung in **Textform** anzukündigen. Ist durch Gesetz Textform vorgeschrieben, so muss gem. § 126 b BGB die Erklärung in einer Urkunde oder auf andere zur dauerhaften Wiedergabe in Schriftzeichen geeigneten Weise abgegeben, die Person des Erklärenden genannt und der Ab- 10

9 Semler/Stengel/*Ihrig*, § 230 Rn 10; vgl auch Lutter/*Göthel*, § 230 Rn 17; Widmann/Mayer/*Vossius*, § 230 Rn 9.
10 MüKo-GmbHG/*Liebscher*, § 51 Rn 39.
11 Kallmeyer/*Dirksen/Blasche*, § 230 Rn 3; Semler/Stengel/*Ihrig*, § 230 Rn 8, 10; Widmann/Mayer/*Vossius*, § 230 Rn 9.
12 Widmann/Mayer/*Vossius*, § 230 Rn 10.
13 Widmann/Mayer/*Vossius*, § 230 Rn 7, 12; Semler/Stenge/*Ihrig*, § 230 Rn 9; Lutter/*Göthel*, § 230 Rn 13.
14 § 192 Abs. 1 S. 3; § 234; Widmann/Mayer/*Vossius*, § 230 Rn 13; Kallmeyer/*Dirksen/Blasche*, § 230 Rn 4.
15 Widmann/Mayer/*Vossius*, § 231 Rn 2.
16 Widmann/Mayer/*Vossius*, § 231 Rn 2; Semler/Stengel/*Ihrig*, § 231 Rn 1.
17 § 230.
18 Kallmeyer/*Dirksen/Blasche*, § 230 Rn 2; Semler/Stengel/*Ihrig*, § 230 Rn 20.
19 BGHZ 100, 264, 267.
20 Semler/Stengel/*Schlitt*, § 230 Rn 20; Kallmeyer/*Dirksen/Blasche*, § 230 Rn 2.

schluss der Erklärung durch Nachbildung der Namensunterschrift oder anders erkennbar gemacht werden. Telefax und Email genügen diesen Anforderungen genauso wie eine Übersendung als CD-ROM.[21]

11 In einem gewissen Widerspruch steht der Vereinfachungsgedanke, der den Gesetzgeber zur Einführung der Textform veranlasst hat, zu der GmbH-spezifischen Besonderheit der Einberufung mittels **eingeschriebenem Brief** gem. § 51 Abs. 1 S. 1 GmbHG.[22] Die Anordnung der Textform in § 230 Abs. 1 kann jedenfalls nicht dazu führen, dass die Anforderung des § 51 Abs. 1 S. 1 GmbHG ausgehebelt wird.[23]

12 Die Gesetzesformulierung, nach der der „Formwechsel [...] in Textform anzukündigen" ist, lässt im Unklaren, welchen Formanforderungen die Übersendung des **Umwandlungsberichts** genügen muss. Gleichwohl geht die Gesetzesbegründung zu Art. 26 des Formanpassungsgesetzes, das zur aktuellen Formulierung von § 230 geführt hat, entsprechend der Änderung des § 216 davon aus, dass den Gesellschaftern der Formwechsel „unter Beifügung weiterer Unterlagen anzukündigen" ist und dass für diese Ankündigung „die Textform genügen" soll.[24] Auch für die Übersendung des Umwandlungsberichts ist demzufolge die Textform hinreichend.[25] Dennoch ist § 51 Abs. 1 GmbHG für die Einberufung der Gesellschafterversammlung parallel zu befolgen.[26]

IV. Unterrichtung der Aktionäre/Kommanditaktionäre (Abs. 2)

13 **1. Allgemeines.** § 230 Abs. 2 regelt nicht die Einberufung, sondern die Vorbereitung der Hauptversammlung der **AG** bzw **KGaA**. Für die Einberufung gelten die allgemeinen Bestimmungen der 121 ff AktG.[27]

14 **2. Auslegung (Abs. 2 S. 1).** § 230 Abs. 2 dient der **rechtzeitigen Unterrichtung** der Anteilsinhaber.[28] Ab dem Zeitpunkt der Einberufung der Hauptversammlung, auf der der Formwechsel einer AG oder KGaA beschlossen werden soll, ist der Umwandlungsbericht in dem Geschäftsraum des Rechtsträgers auszulegen.[29] Zeitpunkt der Einberufung iSd Norm ist gem. § 121 Abs. 4 S. 1 AktG die Bekanntmachung in den Gesellschaftsblättern. Sind die Aktionäre bzw Kommanditaktionäre der Gesellschaft namentlich bekannt, kann die Einberufung auch mittels eingeschriebenen Briefs erfolgen, sofern die Satzung keine anderweitige Bestimmung trifft.[30] Für diesen Fall gilt der Tag der Absendung als Tag der Bekanntmachung.[31] Die Auslegungspflicht besteht ab dem Zeitpunkt der Einberufung zu Beginn der üblichen Geschäftszeiten und endet mit dem Ablauf der Hauptversammlung, die den Formwechselbeschluss fassen soll.[32]

Hinweis: Als „übliche Geschäftszeit" soll nach eA in der Regel der Zeitraum zwischen 9:00 Uhr und 16:00 Uhr gelten.[33]

15 Der **Umwandlungsbericht** ist gem. § 230 Abs. 2 S. 1 zur Einsichtnahme auszulegen. Dies umfasst gem. § 192 Abs. 1 S. 3 auch den Umwandlungsbeschluss, der unter anderem ein Angebot über eine angemessene Barabfindung gem. § 207 enthalten und den Anforderungen des § 234 entsprechen muss. Diskutiert wird, ob über § 230 Abs. 2 S. 1 hinaus neben dem Barabfindungsangebot (§ 207) auch der Prüfungsbericht über die angemessene Barabfindung (§§ 208,

21 Palandt/*Heinrichs*, § 126 b BGB Rn 3.
22 Begr. RegE zu § 126 b BGB, BT-Drucks. 14/4987, 18.
23 Semler/Stengel/*Ihrig*, § 230 Rn 7; Kallmeyer/*Dirksen/Blasche*, § 230 Rn 7, die der Textformerleichterung – konsequent – nur dann Bedeutung beimessen, wenn die Ankündigung vor der Einladung zur Gesellschafterversammlung erfolgt.
24 Begr. RegE zu Art. 26 FormAnpG, BT-Drucks. 14/4987, 29.
25 IE so auch Kallmeyer/*Dirksen/Blasche*, § 230 Rn 7.
26 Kallmeyer/*Dirksen/Blasche*, § 230 Rn 7; Semler/Stengel/*Ihrig*, § 230 Rn 21, der auch im Falle der Ankündigung vor der Einladung zur Gesellschafterversammlung die Einhaltung der Anforderungen des § 51 Abs. 1 GmbHG verlangt.
27 Widmann/Mayer/*Vossius*, § 230 Rn 26.
28 Begr. RegE zu § 230, BR-Drucks. 75/94, 153.
29 § 230 Abs. 2 S. 1.
30 § 121 Abs. 4 S. 2 Hs 1.
31 § 121 Abs. 4 S. 2 Hs 2.
32 Widmann/Mayer/*Vossius*, § 230 Rn 38 f.
33 Widmann/Mayer/*Vossius*, § 230 Rn 40; vgl auch zur Parallelfrage der Auslegung der in § 175 Abs. 2 S. 2 AktG genannten Unterlagen *Hüffer*, § 175 AktG Rn 5.

30 Abs. 2) auszulegen ist, obwohl dies im Gesetz nicht vorgesehen ist. Dies wird nach ganz hM zu Recht mit Hinweis auf den Wortlaut der Norm abgelehnt. [34] Der Prüfungsbericht ist, soweit erforderlich, dennoch in der Hauptversammlung zu erörtern und Gegenstand des Auskunftsrechts des Aktionärs.[35]

3. Erteilung einer Abschrift (Abs. 2 S. 2). a) Abschrift. Eine **Abschrift** des Umwandlungsberichtes ist jedem Aktionär und jedem von der Geschäftsführung ausgeschlossenen persönlich haftenden Gesellschafter auf Verlangen unverzüglich und kostenfrei zu übermitteln.[36] Die Abschrift des Umwandlungsberichtes muss ausdrücklich verlangt werden, wie sich aus dem klaren Wortlaut der Norm ergibt. Damit unterscheidet sich die Art der Unterrichtung erheblich von der Unterrichtung eines GmbH-Gesellschafters, der ohne Äußerung eines Verlangens zu informieren ist. Ein solches Verlangen kann formfrei geäußert werden. 16

Hinweis: Zu Beweiszwecken empfiehlt es sich, ein solches Verlangen schriftlich zu äußern.

Unverzüglich iSd Norm heißt auch hier, dass die Erteilung der Abschrift **ohne schuldhaftes Zögern** zu erfolgen hat.[37] Neben dem eigentlichen Umwandlungsbericht umfasst die zu erteilende Abschrift gem. §§ 192 S. 3, 194 auch sämtliche Anlagen des Umwandlungsberichts, insbesondere also den Entwurf des Umwandlungsbeschlusses nebst dem Gesellschaftsvertrag des Rechtsträgers neuer Rechtsform sowie das Abfindungsangebot nach §§ 231, 207. 17

b) Zugang der Abschrift. aa) Art der Übersendung. Auslegungsmängel und Mängel bei der Abschrifterteilung stellen einen **Beschlussmangel** dar, der zur Anfechtung des Umwandlungsbeschlusses berechtigt.[38] Die Wahl der Art der Übersendung, die einen hinreichenden Nachweis der Abschrifterteilung ermöglicht, ist deshalb von besonderer praktischer Bedeutung. 18

Hinweis: Es ist zu empfehlen sicherzustellen, dass der Zugang der Abschrift bei den anfordernden Aktionären nachgewiesen werden kann (zB durch Einschreiben mit Rückschein oder Kurier). Ggf sollte auch die Zustellung durch einen Gerichtsvollzieher gem. § 132 BGB analog iVm §§ 166 ff ZPO aus Nachweisgründen in Betracht gezogen werden, um nachweisen zu können, dass nicht nur der Briefumschlag, sondern auch der Umwandlungsbericht selbst zugegangen ist.[39] Bei Zugangsvereitelung können die allgemeinen zivilrechtlichen Grundsätze zur Behandlung von Zugangsstörungen bei Willenserklärungen entsprechend herangezogen werden.[40]

bb) Kosten bei der Einschaltung eines Gerichtsvollziehers für die Sicherstellung des Zugangs. Schaltet der formwechselnde Rechtsträger für die Übermittlung der Unterlagen einen Gerichtsvollzieher ein, so sind die Kosten (zumindest für die einzelne Sendung) überschaubar. Die **Kosten** für eine solche Zustellung richten sich nach GVKostG. Für die persönliche Zustellung durch den Gerichtsvollzieher fallen einmalig 10 EUR an.[41] Für Kopien und Beglaubigungen fallen jeweils 0,50 EUR pro Seite für die ersten 50 Seiten und 0,15 EUR für jede Folgeseite an.[42] 19

4. Übermittlung auf dem Wege elektronischer Kommunikation und Zugänglichmachung im Internet (Abs. 2 S. 3 u. 4). § 230 Abs. 2 S. 3 lässt die Möglichkeit zu, dass dem Aktionär und dem von der Geschäftsführung ausgeschlossenen persönlich haftenden Gesellschafter die Unterlagen im Wege **elektronischer Kommunikation** übermittelt werden, wenn sie dieser Verfahrensweise zustimmen. „Elektronische Kommunikation" im Sinne der Norm ist nicht gleichzu- 20

34 Lutter/*Göthel*, § 230 Rn 42; Semler/Stengel/*Ihrig*, § 230 Rn 29; Widmann/Mayer/*Vossius*, § 230 Rn 41; Kallmeyer/*Dirksen/Blasche*, § 230 Rn 11; dahinstehenlassend LG Heidelberg DB 1996, 1768, 1769.

35 BGH WM 2001, 467, 470; Widmann/Mayer/*Vossius*, § 230 Rn 41; Semler/Stengel/*Ihrig*, § 230 Rn 29; Lutter/*Göthel*, § 230 Rn 42; Kallmeyer/*Dirksen/Blasche*, § 230 Rn 12.

36 § 230 Abs. 2 S. 2.

37 § 121 Abs. 1 S. 1 BGB.

38 Semler/Stengel/*Ihrig*, § 230 Rn 34; Lutter/*Göthel*, § 230 Rn 49.

39 S. auch Widmann/Mayer/*Vossius*, § 230 Rn 54; MüKo-ZPO/*Häublein*, § 169 Rn 9.

40 Vgl Palandt/*Heinrichs/Ellenberger*, § 130 BGB Rn 16 ff.

41 § 9 GVKostG iVm Nr. 100 KV-GVKostG-E.

42 § 9 GVKostG iVm Nr. 102 KV-GVKostG bzw. § 9 GVKostG iVm Nr. 700 KV-GVKostG-E.

setzen mit „elektronische Form" iSd § 126 a BGB, dessen Anforderungen höher sind. Mit Einführung des § 230 Abs. 2 S. 3 wollte der Gesetzgeber es dem formwechselnden Rechtsträger insbesondere ermöglichen, den Umwandlungsbericht auch per Email mit Dateianhängen in druckfähigem Format zu versenden.[43]

Hinweis: Die hierfür erforderlich Einwilligung des Aktionärs oder persönlich haftenden Gesellschafters bedarf keiner Form. Aus Gründen der Rechtssicherheit ist der formwechselnde Rechtsträger jedoch gut beraten, die erteilte Einwilligung nachvollziehbar zu dokumentieren.[44] Die Satzung kann hierzu jedoch Bestimmungen, wie etwa die Mitteilung der Email-Adresse durch den Empfänger, treffen.[45]

21 Neben der Übermittlung im Wege elektronischer Kommunikation ist auch die Zugänglichmachung des Umwandlungsberichts über die **Internetseite der Gesellschaft** zulässig.[46] Der Abruf über die Internetseite muss dann ab der Einberufung der Hauptversammlung erfolgen.[47] Das Erfordernis des Zugänglichmachens während der Geschäftszeiten gilt hier nicht; die Unterlagen sind für den gesamten Zeitraum durchgängig online auf dem Server bereitzuhalten.[48] In welchem elektronischen Format der Umwandlungsbericht auf der Internetseite abrufbar sein muss, ist nicht festlegt. Die elektronische Bereitstellung in einem druckbaren Format ist daher nicht zwingend erforderlich. Es muss eine Informationsbeschaffung seitens der Gesellschafter stattfinden können; dazu bedarf es nicht einer Druckfassung.[49] Allerdings ist die formwechselnde Gesellschaft im Wege einer „geräuschlosen" Vorbereitung der Hauptversammlung gut beraten, die Einsichtnahme im Internet eher zu erleichtern als zu erschweren.

V. Verzicht

22 Auf die Anforderungen des § 230 Abs. 1 und 2 können die Aktionäre bzw Kommanditaktionäre **verzichten**.[50] Ein solcher Verzicht ist zwar nicht in der Satzung der formwechselnden Gesellschaft, jedoch bereits vor der Hauptversammlung formlos möglich.[51] Er muss auch nicht explizit erfolgen. Teilweise wird bereits ein Verzicht angenommen, wenn der betreffende Anteilsinhaber, demgegenüber eine Pflicht aus § 230 verletzt worden ist, auf der Hauptversammlung erscheint und die mangelhafte Ladung rügelos lässt.[52] Richtigerweise ist dies aber ein Fall der fehlenden Anfechtungsbefugnis nach § 245 Nr. 1 AktG.[53]

VI. Fehlerhaftigkeit der Unterrichtung

23 **1. Rechtsfolgen.** Verstöße gegen § 230 bei der Unterrichtung der Gesellschafter können zu einer **Anfechtbarkeit** des Formwechselbeschlusses führen.[54] Eine Nichtigkeit begründen sie nicht.[55] Die Anfechtbarkeit kann sich nicht nur bei einer unterlassenen Unterrichtung nach § 230 Abs. 1 u. Abs. 2, sondern ebenso bei einer unvollständigen Unterrichtung ergeben.[56] Allerdings muss im Falle der Abschrifterteilung (§ 230 Abs. 2 S. 2) die Vollständigkeit der übersandten Abschriften durch den Aktionär selbst überprüft werden.[57] Eine Anfechtung soll nur

43 Begr. RegE zu Art. 1 3. UmwGÄndG, BT-Drucks. 17/3122, 12.
44 Begr. RegE zu Art. 1 3. UmwGÄndG, BT-Drucks. 17/3122, 12.
45 Begr. RegE zu Art. 1 3. UmwGÄndG, BT-Drucks. 17/3122, 12.
46 § 230 Abs. 2 S. 4.
47 § 230 Abs. 2 S. 1 und 2.
48 Widmann/Mayer/*Vossius*, § 230 Rn 40.
49 Beschlussempfehlung und Bericht des Rechtsausschusses Art. 6 EHUG, BT-Drucks. 16/2781, 88; *Hüffer*, § 175 AktG Rn 6 a; vgl auch Schmidt/Lutter/*Drygala*, § 175 AktG Rn 10; kritisch hierzu und zu weiteren ungeklärten Detailfragen *J. Schmidt*, NZG 2008, 734, 735.
50 Widmann/Mayer/*Vossius*, § 230 Rn 55.
51 Widmann/Mayer/*Vossius*, § 230 Rn 55 f.
52 Widmann/Mayer/*Vossius*, § 230 Rn 57.
53 S. auch MüKo-GmbHG/*Hennrichs/Pötschke*, § 175 Rn 42 ff zur parallelen Frage der Anfechtungsbefugnis, wenn die in § 175 AktG genannten Unterlagen nicht ordnungsgemäß zur Einsichtnahme ausgelegt oder auf Verlangen übersandt worden sind.
54 Semler/Stengel/*Ihrig*, § 230 Rn 33; Widmann/Mayer/*Vossius*, § 230 Rn 68.
55 Kallmeyer/*Dirksen/Blasche*, § 230 Rn 15; Semler/Stengel/*Ihrig*, § 230 Rn 34; Widmann/Mayer/*Vossius*, § 230 Rn 68.
56 Widmann/Mayer/*Vossius*, § 230 Rn 69; vgl auch Schmitt/Hörtnagl/Stratz/*Stratz*, § 230 Rn 6.
57 Lutter/*Göthel*, § 230 Rn 44.

dann möglich sein, wenn der Aktionär bzw Kommanditaktionär die Unvollständigkeit der übersandten Abschriften zuvor gegenüber dem Vorstand gerügt hat.[58]

2. Heilung. Während das Aktien- und GmbH-Recht vorsieht, dass eine Heilung der Einberufungsmängel erfolgt, wenn alle Anteilsinhaber erscheinen und keiner der Gesellschafter der Beschlussfassung widerspricht, entbehrt § 230 einer entsprechenden **Heilungsvorschrift.** Da die Vorschrift des § 230 jedoch eine Konkretisierung der GmbH- und aktienrechtlichen Einberufungsvorschriften für den Fall des Formwechsels darstellt, besteht kein Anlass, warum ein Verstoß gegen § 230 bei Erscheinen und Nichtwidersprechen aller Anteilsinhaber nicht geheilt werden sollte.[59] 24

§ 231 Mitteilung des Abfindungsangebots

[1]Das Vertretungsorgan der formwechselnden Gesellschaft hat den Gesellschaftern oder Aktionären spätestens zusammen mit der Einberufung der Gesellschafterversammlung oder der Hauptversammlung, die den Formwechsel beschließen soll, das Abfindungsangebot nach § 207 zu übersenden. [2]Der Übersendung steht es gleich, wenn das Abfindungsangebot im Bundesanzeiger und den sonst bestimmten Gesellschaftsblättern bekanntgemacht wird.

1. Normzweck. Die Norm ergänzt – wie auch schon § 230 – die Aktien- und GmbH-rechtlichen Vorschriften der §§ 49 ff GmbHG und §§ 121 ff AktG.[1] Sie regelt die Mitteilung des im Regelfall **obligatorischen Abfindungsangebots** nach § 207. Die Vorschrift findet ausschließlich auf den Formwechsel einer Kapitalgesellschaft in eine Personengesellschaft Anwendung.[2] 1

§ 231 soll sicherstellen, dass die Anteilsinhaber der formwechselnden Kapitalgesellschaft das **Abfindungsangebot direkt** erhalten, da sie es nur innerhalb von zwei Monaten nach Bekanntmachung der Eintragung des Formwechsels annehmen können, § 209 S. 1. Begründet wird dies in der Literatur häufig damit, dass eine direkte Übersendung des Angebots notwendig sei, da dies im Rahmen der gesellschaftsrechtlichen Vorschriften für die Einladung einer Gesellschafterversammlung bzw Hauptversammlung anderenfalls nicht sichergestellt wäre.[3] Dies ist bei einer AG bzw KGaA insofern richtig, als dass die Einladung zur Hauptversammlung, die über den Formwechsel beschließt, mit dem Entwurf des Formwechselbeschlusses gem. § 194 Abs. 1 Nr. 6 den Aktionären bzw Kommanditaktionären regelmäßig nicht zugesandt, sondern im Rahmen der Einladung der Hauptversammlung im Bundesanzeiger und den anderen Gesellschaftsblättern bekanntgemacht wird.[4] Richtig ist auch der Hinweis, dass der Entwurf des Umwandlungsbeschlusses zwar in den Geschäftsräumen eingesehen oder per Zusendung auf Ver- 2

58 LG Frankfurt AG 2002, 356; s. auch Lutter/*Göthel*, § 230 Rn 44.
59 Vgl § 121 Abs. 6 AktG; § 51 Abs. 3 GmbHG; Semler/Stengel/*Ihrig*, § 230 Rn 34; Schmitt/Hörtnagl/Stratz/*Stratz*, § 230 Rn 6; Lutter/*Göthel*, § 230 Rn 54 f; Kallmeyer/*Dirksen/Blasche*, § 230 Rn 15.
1 Kallmeyer/*Dirksen/Blasche*, § 231 Rn 1.
2 Vgl die Überschrift des zweiten Unterabschnitts.
3 Semler/Stengel/*Ihrig*, § 231 Rn 1; Lutter/ *Göthel*, § 231 Rn 1; Kallmeyer/*Dirksen/Blasche*, § 231 Rn 1.
4 Statt einer solchen Bekanntmachung ist die Einberufung durch eingeschriebenen Brief möglich; dies erfordert aber, dass der Gesellschaft die Namen der (Kommandit-)Aktionäre bekannt sind und die Satzung nicht etwas anderes bestimmt, vgl § 121 Abs. 4 AktG. Bei börsennotierten AGs und KGaAs tritt hinzu, dass die Einberufung zusätzlich auf der Internetseite der Gesellschaft bekannt gemacht werden muss sowie ggf für deren mediale Verbreitung in der gesamten Europäischen Union gesorgt werden muss, § 121 Abs. 4 a, Abs. 4 iVm § 124 a S. 1 Nr. 1 und Nr. 3 AktG.

langen übermittelt werden könne, eine automatische Versendung aber nicht erfolge.[5] Die Vertreter dieser Ansicht übersehen jedoch, dass die Vertretungsorgane das Abfindungsangebot gemäß § 231 S. 2 dann nicht übersenden müssen, wenn es im Bundesanzeiger und den sonst bestimmten Gesellschaftsblättern bekanntgemacht wird. Aufgrund dessen läuft § 231 S. 1 bei der AG und der KGaA praktisch leer, da der formwechselnde Rechtsträger die Tagesordnung der Hauptversammlung mit den Beschlussvorschlägen der Verwaltung ohnehin im Bundesanzeiger und den anderen Gesellschaftsblättern bekannt zu machen hat.[6] Aufgrund dessen wird der formwechselnde Rechtsträger das Abfindungsangebot als Teil des von der Verwaltung vorgeschlagenen Beschlussvorschlages für den Formwechsel, § 194 Abs. 1 Nr. 6, oder auch separat im Bundesanzeiger und in den anderen Gesellschaftsblättern bekanntmachen. Eine direkte Versendung des Abfindungsangebots an die (Kommandit-)Aktionäre wird daher regelmäßig ausbleiben.

3 Im Ergebnis nicht viel anders ist die Situation bei der **GmbH**, bei der die Gesellschafter mittels eingeschriebenen Briefes zur Gesellschafterversammlung eingeladen werden, § 51 Abs. 1 S. 1 GmbHG. Zwar verlangt § 51 Abs. 1 S. 1 GmbH keine Übersendung des genauen Beschlussvorschlags (und damit des Abfindungsangebots).[7] § 230 Abs. 1 UmwG sieht jedoch vor, dass die GmbH-Geschäftsführer mit der Einberufung den Gegenstand der Beschlussfassung in Textform ankündigen und den Umwandlungsbericht übersenden. Der Umwandlungsbericht muss wiederum einen Entwurf des Umwandlungsbeschlusses enthalten, der wiederum das Abfindungsangebot enthält, §§ 194 Abs. 1 Nr. 6, 192 Abs. 1 S. 3. Aufgrund dessen hat § 231 S. 1 UmwG für den Formwechsel einer GmbH nur klarstellende Bedeutung.[8]

4 **2. Vertretungsorgan.** Als formwechselnde Rechtsträger kommen bei § 231 nur Kapitalgesellschaften, mithin GmbH, AG und KGaA in Betracht.[9] Zur Vertretung der GmbH sind gem. § 35 GmbHG die **Geschäftsführer der Gesellschaft** berechtigt und verpflichtet. Während die AG durch ihren Vorstand vertreten wird, ist zur Vertretung der KGaA jeder persönlich haftende **Gesellschafter** befugt, soweit die Satzung nicht etwas anderes bestimmt.[10]

5 **3. Abfindungsangebot (§ 207).** Das Abfindungsangebot gem. § 207 ist **jedem Anteilsinhaber** zu übermitteln, der gegen den Umwandlungsbeschluss Widerspruch zur Niederschrift erklärt. Dies gilt gem. § 194 Abs. 1 Nr. 6 nur dann nicht, wenn der Umwandlungsbeschluss zu seiner Wirksamkeit der Zustimmung aller Gesellschafter bedarf oder an dem formwechselnden Rechtsträger nur **ein** Gesellschafter beteiligt ist. Die Zustimmung aller Gesellschafter ist erforderlich, wenn eine Kapitalgesellschaft in eine GbR, OHG oder PartG formgewechselt werden soll, § 233 Abs. 1, oder wenn der Gesellschaftsvertrag bzw die Satzung diesbezüglich Einstimmigkeit für die Beschlussfassung vorsieht.[11] S. hierzu bereits § 194 Rn 13.

6 Zu den weiteren Voraussetzungen des Abfindungsangebots s. bereits § 207 Rn 4 ff.

7 **4. Einberufung der Gesellschafterversammlung oder der Hauptversammlung.** Das Abfindungsangebot nach § 207 muss gem. § 231 spätestens zusammen mit der **Einberufung der Gesellschafterversammlung oder der Hauptversammlung**, die den Formwechsel beschließen soll, übersandt werden. Das Gesetz lässt in seiner Formulierung die Möglichkeit bestehen, ein solches Barabfindungsangebot auch vor diesem Zeitpunkt zu übersenden.[12] Es ist dem Gesell-

5 § 230 Abs. 2.

6 §§ 121 Abs. 3 S. 2, Abs. 4 S. 1, 124 Abs. 2 S. 2 AktG. S. zudem Fn 4 hinsichtlich der Möglichkeiten einer AG bzw KGaA, die Tagesordnung nicht im Bundesanzeiger und den anderen Gesellschaftsblättern bekanntzumachen.

7 Auch bei der AG bzw KGaA ist der genaue Beschlussvorschlag der bekanntzumachenden Tagesordnung zu übersenden. Inwiefern die bekanntzumachenden Beschlussvorschläge der Verwaltung nach § 124 Abs. 2 S. 2 AktG, an die die Verwaltung nicht gebunden ist, die Tagesordnung konkretisiert, ist umstritten. Vgl statt vieler MüKo-AktG/*Kubis*, § 121 Rn 46 ff.

8 Semler/Stengel/*Ihrig*, § 231 Rn 1; Widmann/Mayer/*Vossius*, § 231 Rn 2.

9 § 191 Abs. 1 Nr. 2 iVm § 3 Abs. 1 Nr. 1.

10 § 78 AktG; § 278 Abs. 2 AktG iVm § 125 Abs. 1 HGB.

11 Kallmeyer/*Dirksen*/*Blasche*, § 231 Rn 2.

12 Lutter/*Göthel*, § 231 Rn 3; Kallmeyer/*Dirksen*/*Blasche*, § 231 Rn 4.

schafter aber gem. § 192 Abs. 1 S. 3 iVm 194 Abs. 1 Nr. 6 jedenfalls als Anlage zum Umwandlungsbericht zu übersenden.

5. Frist zur Übersendung. Der späteste Zeitpunkt für die Übersendung des Abfindungsangebots ist gem. § 231 S. 1 die **Einberufung der Gesellschafterversammlung**. Zu diesem Zeitpunkt s. bereits § 230 Rn 4. 8

6. Form der Übersendung. Hinsichtlich der **Form** der Übersendung enthält § 231 keine Vorgaben. Teilweise wird in der Literatur in Analogie zu § 121 Abs. 4 S. 2 AktG bzw § 51 Abs. 1 S. 1 GmbHG die Übersendung des Abfindungsangebots mit eingeschriebenem Brief gefordert.[13] Für eine solche Analogie bleibt vorliegend jedoch kein Raum, da eine planwidrige Regelungslücke nicht ersichtlich ist. Aus praktischen Erwägungen wird aber die Übersendung in derselben Form wie auch die Einberufung der Gesellschafterversammlung oder Hauptversammlung erfolgen. Zur Form der Übersendung s. iÜ bereits § 230 Rn 4. 9

7. Bekanntmachung (§ 231 S. 2). Einer Übersendung steht es gem. § 231 S. 2 wie gesagt gleich, wenn das Abfindungsangebot im Bundesanzeiger und den sonst bestimmten Gesellschaftsblättern **bekannt gemacht** wird, was bei der AG bzw KGaA – wie oben dargelegt – § 231 S. 1 im Ergebnis praktisch leerlaufen lässt. 10

8. Verstöße. Ein Verstoß gegen § 231 führt nicht zur Anfechtbarkeit des Formwechselbeschlusses.[14] Der betroffene Anteilsinhaber wird in in diesem Fall gem. § 212 S. 2 auf die Möglichkeit verwiesen, bei Gericht nach dem SpruchG einen Antrag auf Bestimmung der angemessenen Barabfindung zu stellen.[15] S. hierzu bereits § 212 Rn 2 ff. Dies gilt bei einem Formwechsel einer KGaA nicht für den Komplementäraktionär. Dessen Abfindung richtet sich weiterhin nach den allgemeinen gesellschaftsrechtlichen bzw satzungsrechtlichen Regelungen. S. hierzu bereits § 227 Rn 2 f. 11

§ 232 Durchführung der Versammlung der Anteilsinhaber

(1) [1]In der Gesellschafterversammlung oder in der Hauptversammlung, die den Formwechsel beschließen soll, ist der Umwandlungsbericht auszulegen. [2]In der Hauptversammlung kann der Umwandlungsbericht auch auf andere Weise zugänglich gemacht werden.

(2) Der Entwurf des Umwandlungsbeschlusses einer Aktiengesellschaft oder einer Kommanditgesellschaft auf Aktien ist von deren Vertretungsorgan zu Beginn der Verhandlung mündlich zu erläutern.

I. Normzweck

§ 232 enthält Vorschriften zur Durchführung der Gesellschafter- bzw Hauptversammlung der Kapitalgesellschaft, die den Formwechsel in eine Personengesellschaft beschließen soll. Die Norm trifft dabei spezifische Regelungen für die **Zugänglichmachung** des Umwandlungsbe- 1

13 Semler/Stengel/*Ihrig*, § 231 Rn 9.
14 § 210.
15 Lutter/*Göthel*, § 231 Rn 9; Semler/Stengel/*Ihrig*, § 231 Rn 11; aA Widmann/Mayer/*Vossius*, § 231 Rn 22.

richtes sowie – im Falle des Formwechsels einer AG oder KGaA – für die **Erläuterung** des Umwandlungsberichtes in der Hauptversammlung.[1]

2 § 232 findet **ausschließlich Anwendung** auf den Formwechsel einer Kapitalgesellschaft in eine Personengesellschaft. Während Abs. 1 S. 1 auf den Formwechsel einer GmbH wie auch einer AG bzw KGaA Anwendung findet, beschränkt sich der Anwendungsbereich der Abs. 1 S. 2 und Abs. 2 nach ihrem Wortlaut auf den Formwechsel einer AG oder KGaA.

3 Die Norm ist mit dem UmwG 1994 neu eingeführt worden, die Regelungsansätze des alten Rechts sind aber mit eingeflossen.[2] Eine entsprechende Bestimmung existierte mit § 340 d Abs. 5 AktG aF bereits im Recht der Verschmelzung.[3] § 232 Abs. 1 S. 2 wurde jedoch erst durch das ARUG v. 30.7.2009 eingefügt.[4]

II. Zugänglichmachung des Umwandlungsberichts (Abs. 1)

4 **1. Auslegung (Abs. 1 S. 1). a) AG / KGaA.** Im Falle des Formwechsels einer AG bzw KGaA in eine Personengesellschaft sieht § 230 Abs. 2 S. 1 vor, dass der Umwandlungsbericht nach § 192 Abs. 1 bereits **vor Beginn der Hauptversammlung**, dh ab dem Zeitpunkt ihrer Einberufung, im Geschäftsraum der Gesellschaft ausgelegt werden muss.[5] Diese Einsichtnahmemöglichkeit verlängert § 232 Abs. 1 S. 1, indem er vorgibt, dass der Umwandlungsbericht **auch in der Hauptversammlung** der Gesellschaft auszulegen ist. Diese Informationsverpflichtung der formwechselnden AG oder KGaA zielt vor allem auf diejenigen Aktionäre ab, die von ihrem Recht auf Abschrifterteilung gem. § 230 Abs. 2 S. 2 keinen Gebrauch gemacht haben.[6]

5 **b) GmbH.** Die Pflicht zur Auslegung des Umwandlungsberichts **während der Gesellschafterversammlung** gilt auch für die formwechselnde GmbH. Schließlich muss dem GmbH-Gesellschafter im Zuge der Vorbereitung der Gesellschafterversammlung, die über den Formwechsel beschließen soll, der Formwechsel als Gegenstand der Beschlussfassung angekündigt und der Umwandlungsbericht übersandt werden.[7] Dem GmbH-Gesellschafter liegt im Zeitpunkt der Gesellschafterversammlung also der Umwandlungsbericht bereits vor. Diese Anforderung kann auch nicht durch eine dispositive Regelung des Gesellschaftsvertrages ausgeschlossen werden.[8] Gleichwohl sieht das Gesetz das Auslegen des Umwandlungsberichts auch in diesem Falle vor, wodurch eine zusätzliche Sicherstellung der Informationsrechte der Anteilsinhaber erreicht wird. Zu weitgehend ist es deshalb, diese Norm für die GmbH „wenig Sinn"zu attestieren.[9] Auch dem Aktionär einer AG oder dem Kommanditaktionär einer KGaA bleibt die Möglichkeit, sich im Vorfeld der Hauptversammlung in den Geschäftsräumen der Gesellschaft zu informieren oder sich eine Abschrift des Umwandlungsberichts zusenden zu lassen.[10] Gleichwohl hat sich der Gesetzgeber für eine Auslegungspflicht während der Hauptversammlung bzw Gesellschafterversammlung entschieden, um dem Aktionär wie auch dem GmbH-Gesellschafter die Möglichkeit zu eröffnen, sich während der Gesellschafterversammlung noch einmal umfassend über den Umwandlungsbericht zu informieren.[11]

6 **2. Zugänglichmachung auf andere Weise (Abs. 1 S. 2).** Statt der Auslegung in der Gesellschafter- oder Hauptversammlung lässt das Gesetz auch die Möglichkeit zu, den Umwandlungsbericht auf **andere Weise** zugänglich zu machen.[12] Wie die Zugänglichmachung dort geschehen kann, ist offen. Der Gesetzgeber wollte auf diese Weise zunächst den Bürokratieabbau fördern.[13]

1 Semler/Stengel/*Ihrig*, § 232 Rn 1; Kallmeyer/*Dirksen/Blasche*, § 232 Rn 1.
2 Begr. RegE zu § 232, BR-Drucks. 75/94, 154.
3 Semler/Stengel/*Ihrig*, § 232 Rn 4.
4 Semler/Stengel/*Ihrig*, § 232 Rn 4; Kallmeyer/*Dirksen*, 4. Auflage, § 232 Rn 1.
5 § 230 Abs. 2 UmwG.
6 Semler/Stengel/*Ihrig*, § 232 Rn 5.
7 § 230 Abs. 1.
8 Semler/Stengel/*Ihrig*, § 230 Rn 24.
9 Semler/Stengel/*Ihrig*, § 232 Rn 5.
10 § 230 Abs. 2 S. 1 u. 2.
11 Schmitt/Hörtnagl/Stratz/*Stratz*, § 232 Rn 1.
12 § 232 Abs. 1 S. 2.
13 Begr. RefE zu Art. 1 ARUG, 35.

Auf der anderen Seite muss vom Sinn und Zweck der Vorschrift dennoch sichergestellt sein, dass die Anteilsinhaber Kenntnis vom Umwandlungsbericht und seines Inhalts nehmen können. Aufgrund dessen sollte es zulässig sein, den Umwandlungsbericht mittels anderer Medien, zB **Bildschirm** oder **Tablet-PC** zugänglich zu machen.[14] 7

3. Gegenstand der Zugänglichmachung. Nur der **Umwandlungsbericht** gem. § 192 Abs. 1 S. 1 ist zugänglich zu machen. Er umfasst gem. § 192 Abs. 1 S. 3 auch den Entwurf des Umwandlungsbeschlusses. Hingegen ist der Prüfungsbericht über die Angemessenheit der Barabfindung (§§ 208, 30 Abs. 2) nach dem eindeutigen Gesetzeswortlaut in der Haupt- bzw Gesellschafterversammlung nicht auszulegen.[15] 8

III. Erläuterung des Umwandlungsbeschlusses einer AG / KGaA (Abs. 2)

Der Umwandlungsbeschluss einer AG oder KGaA muss gem. § 232 Abs. 2 zu **Beginn der Verhandlung** von dem Vertretungsorgan der Gesellschaft erläutert werden. 9

1. Verhandlung. „Verhandlung" iSd Norm meint die Verhandlung des Punktes der Tagesordnung, der den Beschluss des Formwechsels zum Gegenstand hat.[16] Es wäre zu weitgehend und auch nicht zielführend, den Umwandlungsbeschluss als ersten Tagesordnungspunkt bereits zu Beginn der Hauptversammlung erläutern zu müssen. 10

2. Zeitpunkt der Erläuterung. Die Erläuterung des Umwandlungsbeschlusses muss durch die Vertretungsorgane gem. § 232 Abs. 2 mündlich **zu Beginn** der Verhandlung erfolgen. Dies ist geboten, damit die Aktionäre noch Gelegenheit haben, den Inhalt des Umwandlungsbeschlusses in der Diskussion zu berücksichtigen.[17] Der Erläuterungspflicht wird genügt, wenn der Vorstand einer AG vor Beginn der Debatte zu dem betreffenden Punkt bzw Eintritt in die Generaldebatte berichtet.[18] 11

3. Inhalt der Erläuterung. Erläutert werden muss der **Entwurf des Umwandlungsbeschlusses.**[19] Da dessen Inhalt sich grundsätzlich nach § 194 Abs. 1 richtet, muss die Erläuterung die hier genannten Punkte sowie die besonderen Vorschriften für den Umwandlungsbeschluss je nach Art des Formwechsels umfassen.[20] 12

4. Erläuterungsverpflichteter. Zur Erläuterung verpflichtet ist gem. § 232 Abs. 2 das **Vertretungsorgan der Gesellschaft.** Im Falle des Formwechsels einer AG ist dies gem. § 78 Abs. 1 S. 1 AktG der Vorstand, im Falle der KGaA gem. § 278 Abs. 2 AktG iVm §§ 161 Abs. 2, 170, 125 HGB die persönlich haftenden Gesellschafter. Das Vertretungsorgan hat dabei selbst zu entscheiden, welches Mitglied des Vorstands bzw welcher persönlich haftende Gesellschafter die Erläuterung vornimmt.[21] Auch kann die Pflicht zur Erläuterung auf Dritte delegiert werden.[22] Dies findet allerdings seine Grenze, wenn es um die Delegation des Kernbereichs der Erläuterung geht; denndieser ist von dem Vertretungsberechtigten selbst zu erläutern.[23] 13

Hinweis: Als Hilfspersonen kommen etwa die Wirtschaftsprüfer der betreffenden Gesellschaft, aber auch der die Hauptversammlung protokollierende Notar in Betracht, insb. dann, wenn er bei der Vorbereitung des Formwechsels mitgewirkt hat.[24]

14 Begr. RefE zu Art. 1 ARUG, 36; kritisch hierzu *J. Schmidt*, NZG 2008, 734, 735.

15 LG Berlin DB 1997, 969, 970; Lutter/*Göthel*, § 232 Rn 3; Widmann/Mayer/*Vossius*, § 232 Rn 9; Kallmeyer/*Dirksen/Blasche*, § 232 Rn 2.

16 Semler/Stengel/*Ihrig*, § 232 Rn 8.

17 Semler/Stengel/*Ihrig*, § 232 Rn 8.

18 Widmann/Mayer/*Vossius*, § 232 Rn 21; Semler/Stengel/*Ihrig*, § 232 Rn 8; Kallmeyer/*Dirksen/Blasche*, § 232 Rn 3.

19 § 232 Abs. 2 S. 2.

20 Widmann/Mayer/*Vossius*, § 232 Rn 19; vgl auch Kallmeyer/*Dirksen/Blasche*, § 232 Rn 3 f; für eine Erläuterung des gesamten Umwandlungsberichts Semler/Stengel/*Ihrig*, § 232 Rn 7 ff; Lutter/*Göthel*, § 232 Rn 4 ff.

21 Kallmeyer/*Dirksen/Blasche*, § 232 Rn 3; Semler/Stengel/*Ihrig*, § 232 Rn 11; Widmann/Mayer/*Vossius*, § 232 Rn 23.

22 Widmann/Mayer/*Vossius*, § 232 Rn 25; Semler/Stengel/*Ihrig*, § 232 Rn 11; Kallmeyer/*Dirksen/Blasche*, § 232 Rn 3.

23 Widmann/Mayer/*Vossius*, § 232 Rn 25; Semler/Stengel/*Ihrig*, § 232 Rn 11; Kallmeyer/*Dirksen/Blasche*, § 232 Rn 3.

24 Widmann/Mayer/*Vossius*, § 232 Rn 24.

IV. Auskunftsrecht der Gesellschafter

14 Die **allgemeinen Auskunftsrechte** des Aktien- und GmbH-Rechts, namentlich gem. § 131 AktG bzw § 51 a GmbHG, gelten neben § 232 parallel.[25] Vgl hierzu die allgemeine Literatur zu den Auskunftsrechten im Aktien- und GmbH-Recht.[26]

§ 233 Beschluß der Versammlung der Anteilsinhaber

(1) Der Umwandlungsbeschluß der Gesellschafterversammlung oder der Hauptversammlung bedarf, wenn die formwechselnde Gesellschaft die Rechtsform einer Gesellschaft des bürgerlichen Rechts, einer offenen Handelsgesellschaft oder einer Partnerschaftsgesellschaft erlangen soll, der Zustimmung aller anwesenden Gesellschafter oder Aktionäre; ihm müssen auch die nicht erschienenen Anteilsinhaber zustimmen.

(2) [1]Soll die formwechselnde Gesellschaft in eine Kommanditgesellschaft umgewandelt werden, so bedarf der Umwandlungsbeschluß einer Mehrheit von mindestens drei Vierteln der bei der Gesellschafterversammlung einer Gesellschaft mit beschränkter Haftung abgegebenen Stimmen oder des bei der Beschlußfassung einer Aktiengesellschaft oder einer Kommanditgesellschaft auf Aktien vertretenen Grundkapitals; § 50 Abs. 2 und § 65 Abs. 2 sind entsprechend anzuwenden. [2]Der Gesellschaftsvertrag oder die Satzung der formwechselnden Gesellschaft kann eine größere Mehrheit und weitere Erfordernisse bestimmen. [3]Dem Formwechsel müssen alle Gesellschafter oder Aktionäre zustimmen, die in der Kommanditgesellschaft die Stellung eines persönlich haftenden Gesellschafters haben sollen.

(3) [1]Dem Formwechsel einer Kommanditgesellschaft auf Aktien müssen ferner deren persönlich haftende Gesellschafter zustimmen. [2]Die Satzung der formwechselnden Gesellschaft kann für den Fall des Formwechsels in eine Kommanditgesellschaft eine Mehrheitsentscheidung dieser Gesellschafter vorsehen. [3]Jeder dieser Gesellschafter kann sein Ausscheiden aus dem Rechtsträger für den Zeitpunkt erklären, in dem der Formwechsel wirksam wird.

25 Lutter/*Göthel*, § 232 Rn 10; Semler/Stengel/*Ihrig*, § 232 Rn 12; Widmann/Mayer/*Vossius*, § 232 Rn 38, 42.

26 S. etwa *Hüffer*, § 131 AktG Rn 1 ff; Baumbach/Hueck/*Zöllner*, § 51 a GmbHG Rn 1 ff.

I. Normzweck

§ 233 enthält eine ergänzende Regelung zu § 193 und gilt allein für die Umwandlung einer **Kapitalgesellschaft** in eine **Personengesellschaft**. Bereits das UmwG 1969 sah eine entsprechende Regelung vor.[1] Im Gegensatz zum UmwG 1969 geht § 233 aber nicht mehr von einem zwingenden Ausscheiden der Komplementäre bei einem Formwechsel in eine Personengesellschaft aus.[2] 1

Der Formwechselbeschluss bedarf, je nach Ausgangsrechtsform, bestimmter Mehrheiten. § 233 gibt die einzelnen **Mehrheitserfordernisse** vor. Durchgehendes Prinzip hierbei ist, dass diejenigen Anteilsinhaber der Kapitalgesellschaft, die in der neuen Rechtsform trotz erbrachter Einlage einer unbeschränkten Haftung für die Gesellschaftsverbindlichkeiten unterliegen sollen, dem Formwechsel zustimmen müssen. Dies ist auch sachgerecht, da die Anteilsinhaber einer Kapitalgesellschaft nach Erbringung ihrer Einlage grundsätzlich nicht mehr für die Verbindlichkeiten der Gesellschaft haften, ausgenommen der persönlich haftenden Gesellschafter einer KGaA, die aber ohnehin bereits einer unbeschränkten Haftung unterliegen. Dementsprechend ist für den Formwechsel in eine GbR, OHG oder PartG die Zustimmung aller Gesellschafter erforderlich. Ebenso ist es bei dem Formwechsel in eine KG, bei der zwar eine Dreiviertelmehrheit genügt, jedoch die zukünftigen Komplementäre explizit zustimmen müssen. Dass es nicht auf die Zustimmung aller zukünftigen Kommanditisten ankommt ist sachgerecht, da sie für die Verbindlichkeiten der KG in Anspruch genommen werden können, soweit ihre Einlage erbracht ist. 2

II. Beschluss der Versammlung der Anteilsinhaber

Die Anteilsinhaber haben, um den Formwechsel herbeizuführen, einen entsprechenden **Beschluss** zu fassen. Dieser muss den Formwechsel der Kapitalgesellschaft zu einer Personengesellschaft zum Gegenstand haben. 3

Hinweis: Der Formwechselbeschluss muss den Anforderungen des § 194 genügen und bedarf nach § 193 Abs. 3 S. 1 zwingend der notariellen Beurkundung.

Der Beschluss muss in der **Versammlung der Anteilsinhaber** gefasst werden, § 193 Abs. 1 S. 2 vor. Die Beschlussfassung im Umlaufverfahren ist damit ausgeschlossen. Gleichwohl müssen nicht alle Gesellschafter in der Gesellschafter- bzw Hauptversammlung anwesend sein. Hinreichend ist es, wenn nur ein einziger anwesender Anteilsinhaber in der Versammlung votiert und die nicht erschienenen Gesellschafter ihre Zustimmungserklärung außerhalb der Gesellschafterversammlung in notariell beurkundeter Form (§ 233 Abs. 1 S. 1. iVm § 193 Abs. 3 S. 1) abgeben.[3] Ob die Erklärung vor oder nach der Gesellschafterversammlung abgegeben wird, ist irrelevant.[4] 4

Hinweis: Es entspricht einer verbreiteten Auffassung, dass bei Gesellschafterbeschlüssen, die nicht in einem Akt gefasst werden, sondern bei denen die Wirksamkeit des Beschlusses noch von der Zustimmung weiterer Gesellschafter abhängt, die bereits erfolgten Stimmabgaben nicht bindend seien.[5] Nach Ansicht des BGH soll dies jedenfalls dann nicht gelten, wenn die zustimmenden Gesellschafter ausdrücklich oder stillschweigend erklären, sich an die Stimmabgabe gebunden zu fühlen.[6] Vor diesem Hintergrund empfiehlt es sich ausdrücklich im notariellen Protokoll mit aufzunehmen, dass die anwesenden Gesellschafter bis zum Ablauf einer bestimmten Frist an das Abstimmungsergebnis gebunden sind.[7]

1 §§ 17 Abs. 1, 19 Abs. 2, 23 S. 2 UmwG aF.
2 Begr. RegE zu § 233, BR-Drucks. 75/94, 154; s. auch Semler/Stengel/*Ihrig*, § 233 Rn 5; Schmitt/Hörtnagl/Stratz/*Stratz*, § 233 Rn 1.
3 Lutter/*Göthel*, § 233 Rn 5; Semler/Stengel/*Ihrig*, § 233 Rn 12.
4 Lutter/*Göthel*, § 233 Rn 10; Kallmeyer/*Dirksen/Blasche*, § 233 Rn 2.
5 Vgl RGZ 128, 172, 177; vgl auch MüKo-BGB/*Ulmer/Schäfer*, § 709 BGB Rn 75.
6 BGH BB 1990, 869, 871.
7 Widmann/Mayer/*Vossius*, § 233 Rn 54; Kallmeyer/*Dirksen/Blasche*, § 233 Rn 3.

III. Mehrheitsanforderungen

5 **1. Formwechsel in eine GbR, OHG, PartG oder EWIV (Abs. 1). a) Zustimmung aller anwesenden Gesellschafter.** Der Formwechsel in eine GbR, OHG, PartG oder EWIV birgt für die Mitglieder einer Kapitalgesellschaft ein **Haftungsrisiko**, da sie für die Verbindlichkeiten ihres jeweiligen Rechtsträgers unbeschränkt haften.[8] § 233 begegnet diesem Risiko dadurch, dass jeder Gesellschafter dem Formwechsel zustimmen muss. § 233 Abs. 1 ist insoweit auch Minderheitenschutz, weil ein einzelner Gesellschafter durch Verweigerung seiner Zustimmung den Formwechsel blockieren kann.[9]

6 Die einzelne abgegebene Stimme ist eine **Willenserklärung.**[10] Die bürgerlich-rechtlichen Vorschriften über Willenserklärungen, insb. die Regelungen zum Minderjährigenschutz (§ 104 ff BGB) und zur Anfechtung (119 ff BGB) sind damit anwendbar.[11]

7 Anwesende Gesellschafter müssen ihre **Zustimmung** erklären. Stimmenthaltungen zählen nicht als Zustimmung und führen aufgrund des Einstimmigkeitserfordernisses daher zum Scheitern des Formwechsels.[12]

8 **Anwesend** iSd Norm sind sowohl die Gesellschafter, die in der Gesellschafterversammlung persönlich zugegen sind, als auch diejenigen, die sich in der Gesellschafterversammlung von einem anderen Gesellschafter oder durch einen Dritten vertreten lassen.[13] Eine Stellvertretung bei der Stimmabgabe kraft Vollmacht ist bei dem Formwechsel einer Kapitalgesellschaft grundsätzlich möglich.[14] Es sind hierbei die gesellschafts- bzw satzungsrechtlichen Vorgaben für eine Bevollmächtigung zu beachten.[15]

9 **b) Nicht erschienene Gesellschafter (Abs. 1 Hs 2).** Auch **nicht** in der Gesellschafterversammlung **erschienene Gesellschafter** müssen dem Umwandlungsbeschluss zustimmen.[16] Die Zustimmungserklärung muss gem. § 193 Abs. 3 S. 1 notariell beurkundet werden. Erteilt der nichtanwesende Gesellschafter seine Zustimmung bereits vor der Gesellschafterversammlung, die über den Formwechsel entscheidet, so muss aus seiner Zustimmung ersichtlich sein, auf welchen Umwandlungsbeschluss sie sich bezieht.[17] Bei einer nachträglichen Zustimmung gilt der Umwandlungsbeschluss als gefasst, wenn die letzte außerhalb der Gesellschafterversammlung abgegebene Erklärung der Gesellschaft oder der Gesellschafterversammlung zugegangen ist.[18] Die anwesenden Gesellschafter können bis zu diesem Zeitpunkt ihre Willenserklärung widerrufen, wenn sie sich bei Abgabe nicht anderweitig erklärt haben.[19] Ratsam ist es deshalb, in der Gesellschaftsversammlung die Vereinbarung einer festen Frist, bis zu der die anwesenden Gesellschafter an ihre Erklärung gebunden sind, durch den Notar protokollieren zu lassen.[20]

10 **c) Stimmrechtslose Anteilsinhaber.** Problematisch ist, welche Auswirkungen ein **Ausschluss des Stimmrechts** bei einzelnen Gesellschaftern auf das Zustimmungserfordernis hat. Nach einer verbreiteten Auffassung, die auf den Wortlaut des § 233 Abs. 1 („aller") und den Schutzzweck der Norm rekurriert, hat bei einem Formwechselbeschluss auch der stimmrechtslose Anteilsinhaber, etwa der Inhaber stimmrechtsloser Geschäftsanteile einer GmbH oder der Vorzugsaktionär ohne Stimmrechte, dem Formwechselbeschluss zuzustimmen. [21] Dem ist beizupflichten.

8 Die EWIV nennt das Gesetz nicht explizit. Sie gilt aber gem. § 1 EWIVAG als Handelsgesellschaft iSd HGB.
9 Semler/Stengel/*Ihrig*, § 233 Rn 10.
10 RGZ 118, 67, 69; BGHZ 14, 264, 267; BGHZ 48, 163, 173; *K. Schmidt*, GesR, § 15 I 2 a); *Westermann*, Hdb PersGes, I Rn 482 f.
11 *K. Schmidt*, GesR, § 15 I 2 a).
12 Lutter/*Göthel*, § 233 Rn 7; Kallmeyer/*Dirksen/Blasche*, § 233 Rn 2.
13 Vgl Semler/Stengel/*Ihrig*, § 233 Rn 11; Lutter/*Göthel*, § 233 Rn 6, der noch differenziert zwischen „anwesend" und „vertreten".
14 Vgl § 47 Abs. 3 GmbHG (GmbH); §§ 134 Abs. 3, 135 AktG (AG); §§ 278 Abs. 2, 134 Abs. 3, 135 AktG (KGaA).
15 Widmann/Mayer/*Vossius*, § 233 Rn 14; vgl auch Kallmeyer/*Dirksen/Blasche*, § 233 Rn 4.
16 § 233 Abs. 1 Hs 2.
17 Semler/Stengel/*Ihrig*, § 233 Rn 16; Kallmeyer/*Dirksen/Blasche*, § 233 Rn 2; Lutter/*Göthel*, § 233 Rn 12.
18 Semler/Stengel/*Schlitt*, § 217 Rn 10.
19 S. oben Rn 4 bzw § 217 Rn 10.
20 S. bereits oben Rn 4.
21 Semler/Stengel/*Ihrig*, § 233 Rn 11; Lutter/*Göthel*, § 233 Rn 4; Kallmeyer/*Dirksen/Blasche*, § 233 Rn 2.

Anderenfalls würde der stimmrechtslose Anteilsinhaber schutzlos in die unbeschränkte Haftung für die Gesellschaftsverbindlichkeiten gedrängt werden können, was insb. bei einem stimmrechtlosen Anteilsinhaber zu unbilligen Ergebnis führen würde. Dem Formwechselbeschluss hat damit auch der stimmrechtslose Anteilsinhaber zuzustimmen.

d) **Zustimmungspflicht.** Eine **Zustimmungspflicht** zum Umwandlungsbeschluss ist nur in sehr engen Grenzen anzunehmen. Die gesellschaftsrechtliche Treuepflicht unter Gesellschaftern kann grundsätzlich zu einer Pflicht führen, einen Beschluss mit zu fassen.[22] Dies muss jedoch im Einzelfall entschieden werden. Hierbei ist zu berücksichtigen, dass die gesellschaftsrechtliche Treuepflicht in beide Richtungen wirkt und die Interessen aller Beteiligten zu berücksichtigen sind.[23] Da jedoch der Formwechselbeschluss einer Kapitalgesellschaft in eine Personengesellschaft zur Folge hat, dass der Gesellschafter aufgrund seiner unbeschränkten Haftung für die Gesellschaftsverbindlichkeiten einem hohen Haftungsrisiko ausgesetzt wird, kann dies hier nur sehr eingeschränkt gelten.[24] Eine Pflicht zur positiven Abstimmung kann nur dann bestehen, wenn der Gesellschafter die Möglichkeit erhält, gegen Zahlung einer angemessenen Abfindung aus der Gesellschaft auszuscheiden.[25] 11

Gibt der Anteilsinhaber trotz Zustimmungspflicht seine **Zustimmungserklärung** nicht ab, so muss seine Stimmabgabe durch Rechtskraft eines entsprechenden Urteils fingiert werden.[26] 12

e) **Formwechsel einer KGaA.** Dem Formwechsel einer KGaA in eine GbR, OHG, PartG oder EWIV müssen gem. § 233 Abs. 1 **alle persönlich haftenden Gesellschafter** der KGaA zustimmen.[27] Dem persönlich haftenden Gesellschafter ist so die Möglichkeit gegeben, durch Verweigerung seiner Zustimmung den Formwechsel zu blockieren, etwa um zu verhindern, dass er durch den Formwechsel seine alleinige Geschäftsführungsbefugnis verliert.[28] Die Zustimmung muss gegenüber der Hauptversammlung bzw gegenüber dem Aufsichtsrat der KGaA erfolgen.[29] 13

f) **Unabdingbarkeit.** § 233 Abs. 1 ist **zwingenden Rechts.**[30] Von dem Einstimmigkeitserfordernis bei einem Beschluss über den Formwechsel in eine GbR, OHG, PartG oder EWIV kann gesellschaftsvertraglich nicht abgewichen werden.[31] 14

2. Formwechsel in eine KG (Abs. 2). a) Beschlussfassung der Gesellschafter mit qualifizierter Mehrheit. Anders als bei einem Formwechsel in eine GbR, OHG, PartG oder EWIV bedarf es bei einem Formwechsel in eine KG **keines einstimmigen Formwechselbeschlusses.** Hier genügt eine qualifizierte Mehrheit von drei Vierteln der abgegebenen Stimmen (GmbH) bzw des bei der Beschlussfassung vertretenen Grundkapitals (AG/KGaA), § 233 Abs. 2 S. 1. Allerdings müssen dem Formwechsel dabei weiterhin alle Gesellschafter oder Aktionäre, die in der KG die Stellung eines Komplementärs einnehmen sollen, zustimmen.[32] Tun sie dies nicht, ist der Formwechsel gescheitert.[33] 15

aa) **Formwechselbeschluss einer GmbH (Abs. 2 S. 1 Hs 1 Var. 1).** Soll eine GmbH in eine KG umgewandelt werden, bedarf es zu einer positiven Beschlussfassung vorbehaltlich einer strengeren Regelung im Gesellschaftsvertrag einer Mehrheit von **drei Vierteln der abgegebenen Stimmen.**[34] Bei der Berechnung werden die Stimmen abwesender Gesellschafter und Enthaltungen nicht mitgezählt.[35] Auch stimmrechtslose GmbH-Anteile finden keine Berücksichti- 16

22 Vgl etwa zum Recht der GmbH BGH NJW 1987, 189, 190; *Raiser* in: Centrale für GmbH (Hrsg.), Das neue GmbH-Recht in der Diskussion, S. 21, 25.
23 Vgl etwa zur Treuepflicht der Gesellschafter untereinander in der GmbH BGHZ 65, 15, 18; *K. Schmidt*, GesR, § 20 IV 2. b).
24 Vgl Semler/Stengel/*Ihrig*, § 233 Rn 18; Kallmeyer/*Dirksen/Blasche*, § 233 Rn 5.
25 Semler/Stengel/*Ihrig*, § 233 Rn 18.
26 Semler/Stengel/*Schlitt*, § 217 Rn 14; Kallmeyer/*Dirksen/Blasche*, § 217 Rn 5; § 894 ZPO; vgl BGHZ 48, 163, 169 ff; vgl auch MüKo-ZPO/*Gruber*, § 894 Rn 1.
27 § 233 Abs. 3 S. 1.
28 Semler/Stengel/*Ihrig*, § 233 Rn 34.
29 Semler/Stengel/*Ihrig*, § 233 Rn 35; Widmann/Mayer/*Vossius*, § 233 Rn 107.
30 Vgl § 1 Abs. 3.
31 Lutter/*Göthel*, § 233 Rn 5.
32 § 233 Abs. 2 S. 3.
33 Widmann/Mayer/*Vossius*, § 233 Rn 118.
34 § 233 Abs. 2 S. 1 Var. 1.
35 Lutter/*Göthel*, § 233 Rn 22.

gung.[36] Der Gesellschaftsvertrag kann gem. § 233 Abs. 2 S. 2 auch höhere Anforderungen an die Beschlussfassung vorsehen. So kann etwa Einstimmigkeit vereinbart oder eine Mindestanwesenheitsquote in der Gesellschafterversammlung vorgesehen werden.[37]

17 **bb) Formwechselbeschluss einer AG oder KGaA (Abs. 2 S. 1 Hs 1 Var. 2).** Bei einem Formwechsel einer AG oder KGaA in eine Personengesellschaft bedarf es zur Herbeiführung des Umwandlungsbeschlusses einer Mehrheit von **drei Vierteln des bei der Beschlussfassung vertretenen Grundkapitals**, soweit keine strengere Regelung in der Satzung getroffen wurde.[38] Erforderlich ist außerdem die Mehrheit der abgegebenen Stimmen.[39] Bei der Berechnung des Grundkapitals werden naturgemäß stimmrechtslose Vorzugsaktien nicht berücksichtigt.[40]

18 **b) Anderweitige Mehrheitsanforderungen und weitere Erfordernisse.** Die **Satzung** oder der **Gesellschaftsvertrag** der formwechselnden Gesellschaft kann eine größere Mehrheit und weitere Erfordernisse bestimmen.[41]Diese statuarischen Regelungen zu Mehrheitsanforderungen können den Formwechselbeschluss nur erschweren, nicht erleichtern;[42] sie müssen sich aber nicht explizit auf einen Formwechsel beziehen.[43] Es genügt vielmehr, wenn solche Erfordernisse allgemein zB für Satzungsänderungen vorgesehen sind.[44] Die Regelung hat dann auch Gültigkeit für den Formwechselbeschluss.

19 **c) Nicht erschienene Gesellschafter.** Umstritten ist, ob bei einem Beschluss über den Formwechsel in eine KG auch **nicht erschienene Gesellschafter** ihre Stimme außerhalb der Gesellschafter- oder Hauptversammlung abgeben können. Dies wird streckenweise verneint, da § 233 Abs. 2 im Gegensatz zu § 233 Abs. 1 eine entsprechende Regelung nicht vorsieht.[45] Richtigerweise ist aber die Zulässigkeit der Stimmabgabe nicht erschienener Gesellschafter außerhalb der Gesellschafter- oder Hauptversammlung zu befürworten. Diese Regelungslücke beruht auf einem Versehen des Gesetzgebers und hat keinen sachlichen Grund.[46] Auch ist die Interessenlage der Gesellschafter in Abs. 1 und Abs. 2 vergleichbar, so dass die Lücke im Wege der Analogie geschlossen werden kann.[47] Eine Stimmabgabe nicht erschienener Gesellschafter ist mithin, wie in Abs. 1, zulässig.

20 **3. Formwechsel einer KGaA.** Dem Formwechsel einer jeden Kapitalgesellschaft, so auch einer KGaA, in eine GbR, OHG, PartG oder EWIV haben alle Gesellschafter zuzustimmen.[48] Dies schließt natürlich die **persönlich haftenden Gesellschafter** der KGaA mit ein. Allerdings lässt das Gesetz die Möglichkeit zu, eine Mehrheitsentscheidung der persönlich haftenden Gesellschafter in der Satzung der KGaA vorzusehen.[49] Damit ist die Mehrheit aller, nicht allein der anwesenden Komplementäre gemeint.[50] Bei der Berechnung der Mehrheit ist nicht die Beteiligungsquote entscheidend, sondern die Kopfzahl der Komplementäre.[51] Eine solche Satzungsregelung verdrängt aber nicht das Zustimmungserfordernis gem. § 233 Abs. 2 S. 3, dh die Zustimmung derjenigen Anteilsinhaber, die in der Ziel-KG die Stellung eines persönlich haftenden Gesellschafters erhalten sollen. Diese gesonderte Zustimmung ist weiterhin erforderlich.[52] Die Zustimmungserklärung gem. § 233 Abs. 3 S. 1, 2 und diejenige gem. § 233 Abs. 2 S. 3 sind insofern zu unterscheiden.

36 Semler/Stengel/*Ihrig*, § 233 Rn 21; Lutter/*Göthel*, § 233 Rn 24; Kallmeyer/*Dirksen*, 4. Auflage, § 233 Rn 9; aA jetzt Kallmeyer/*Dirksen/Blasche*, § 233 Rn 7.
37 Lutter/*Göthel*, § 233 Rn 19; Widmann/Mayer/*Vossius*, § 233 Rn 67 ff, 71.
38 § 233 Abs. 2 S. 1 Var. 2.
39 § 133 Abs. 1 AktG; § 278 Abs. 2, 133 Abs. 1 AktG.
40 Kallmeyer/*Dirksen/Blasche*, § 233 Rn 7.
41 § 233 Abs. 2 S. 2.
42 Widmann/Mayer/*Vossius*, § 233 Rn 68.
43 Semler/Stengel/*Ihrig*, § 233 Rn 24.
44 Widmann/Mayer/*Vossius*, § 233 Rn 73.
45 Lutter/*Göthel*, § 233 Rn 23; jetzt auch Kallmeyer/*Dirksen/Blasche*, § 233 Rn 6.
46 Kallmeyer/*Dirksen*, 4. Auflage, § 233 Rn 6.
47 Kallmeyer/*Dirksen*, 4. Auflage, § 233 Rn 6.
48 § 233 Abs. 3 S. 1; vgl dazu bereits Rn 13.
49 § 233 Abs. 3 S. 2.
50 Widmann/Mayer/*Vossius*, § 233 Rn 112; Semler/Stengel/*Ihrig*, § 233 Rn 38.
51 Widmann/Mayer/*Vossius*, § 233 Rn 114; Semler/Stengel/*Ihrig*, § 233 Rn 38.
52 Lutter/*Göthel*, § 233 Rn 74; Kallmeyer/*Dirksen/Blasche*, § 233 Rn 12.

Im Hinblick auf eine solche Satzungsregelung können die persönlich haftenden Gesellschafter einer KGaA ihr **Ausscheiden** aus der KGaA mit Wirksamwerden des Formwechsels erklären.[53] Der Formwechsel wird wirksam, wenn die Eintragung der neuen Rechtsform in das Register erfolgt.[54] Die Erklärung des Austritts stellt zugleich notwendig die Zustimmung zum Formwechsel dar.[55] Sie muss spätestens bis zum Zeitpunkt der Beschlussfassung über die Umwandlung formlos abgegeben werden, damit die Hauptversammlung bei der Entscheidung über den Formwechsel berücksichtigen kann, wer als persönlich haftender Gesellschafter an der Gesellschaft neuer Rechtsform teilnehmen wird.[56] Das Gesetz gibt keine besondere Form für diese Ausscheidenserklärung vor, so dass sie formlos erfolgen kann.[57] Aus Nachweisgründen empfiehlt sich jedoch die Einhaltung zumindest der Schriftform. Der Austritt ist gegenüber der Gesellschaft zu erklären.[58] 21

4. Andere Sonderzustimmungen und Sonderbeschlüsse. a) Zustimmung wegen der Beeinträchtigung von Minderheitsrechten gem. § 50 Abs. 2 (Abs. 2 S. 1 Hs 2 Var. 1). Gem. § 233 Abs. 2 S. 1 Hs 2 Var. 1 ist § 50 Abs. 2 entsprechend anzuwenden. Dieser regelt für den Fall des Formwechsels einer GmbH die rechtsgeschäftliche Zustimmung derjenigen Gesellschafter, denen aus dem Gesellschaftsvertrag ein **Minderheitsrecht** zusteht.[59] § 233 Abs. 2 S. 1 Hs 2 stellt eine Rechtsgrundverweisung dar, so dass die Verweisung nur für den Fall des Formwechsels einer GmbH gilt.[60] Zu den einzelnen Voraussetzungen vgl bereits die Erläuterung zu § 50 Rn 16 ff. 22

b) Sonderbeschlüsse gem. § 65 Abs. 2 (Abs. 2 S. 1 Hs 2 Var. 2). Auch § 230 Abs. 2 S. 1 Hs 2 Var. 2 stellt eine Rechtsgrundverweisung dar, die auf den Formwechsel einer AG/KGaA Anwendung findet.[61] Die Vorschrift regelt den Fall, dass in der AG/KGaA **mehrere Aktiengattungen** (§ 11 AktG)vorhanden sind, wie etwa Stammaktien und Vorzugsaktien ohne Stimmrecht. Der Formwechselbeschluss bedarf dann gem. § 65 Abs. 2 S. 1 zu seiner Wirksamkeit der Zustimmung der stimmberechtigten Aktionäre jeder Aktiengattung. Über die Zustimmung haben diese einen Sonderbeschluss zu fassen.[62] Vgl bereits die Erläuterungen zu § 65 Rn 13 f. 23

§ 234 Inhalt des Umwandlungsbeschlusses

In dem Umwandlungsbeschluß müssen auch enthalten sein:

1. **die Bestimmung des Sitzes der Personengesellschaft;**
2. **beim Formwechsel in eine Kommanditgesellschaft die Angabe der Kommanditisten sowie des Betrages der Einlage eines jeden von ihnen;**
3. **der Gesellschaftsvertrag der Personengesellschaft. Beim Formwechsel in eine Partnerschaftsgesellschaft ist § 213 auf den Partnerschaftsvertrag nicht anzuwenden.**

53 § 233 Abs. 3 S. 3.
54 § 202 Abs. 1.
55 Widmann/Mayer/*Vossius*, § 233 Rn 120; Semler/Stengel/*Ihrig*, § 233 Rn 39.
56 So auch Lutter/*Göthel*, § 233 Rn 82; Semler/Stengel/*Ihrig*, § 233 Rn 39; aA Widmann/Mayer/*Vossius*, § 233 Rn 136.
57 Lutter/*Göthel*, § 233 Rn 82; Semler/Stengel/*Ihrig*, § 233 Rn 39.
58 Widmann/Mayer/*Vossius*, § 233 Rn 130.
59 § 50 Abs. 2.
60 Widmann/Mayer/*Vossius*, § 233 Rn 84; so iE auch Kallmeyer/*Dirksen*, 4. Auflage, § 233 Rn 9.
61 Widmann/Mayer/*Vossius*, § 233 Rn 91.
62 § 65 Abs. 2 S. 2.

I. Normzweck

1 Für den Fall des Formwechsels einer Kapitalgesellschaft in eine Personengesellschaft ergänzt § 234 den Regelungsgehalt von § 194, der den **Inhalt des Umwandlungsbeschlusses** vorschreibt. Eine den Nrn. 1 und 2 des § 234 entsprechende Regelung fand sich bereits im UmwG 1969.[1] § 234 Nr. 3 wurde in seiner früheren Fassung – also bezogen nur auf den Partnerschaftsvertrag – erst durch das 1. UmwGÄndG vom in das UmwG eingeführt.[2]

II. Inhalt des Umwandlungsbeschlusses

2 **1. Allgemeines.** § 194 trifft eine detaillierte Regelung über den Mindestinhalt des Umwandlungsbeschlusses. Für den Formwechsel einer Kapitalgesellschaft in eine Personengesellschaft müssen über diesen Mindestinhalt hinaus die Anforderungen des § 234 erfüllt sein. Insb. muss gem. § 234 Nr. 3 der **Gesellschaftsvertrag der Personengesellschaft** im Umwandlungsbeschluss mit enthalten sein. Der Gesetzgeber hielt es für wichtig, dass bestimmte einzelne Festsetzungen nicht nur im Gesellschaftsvertrag erfolgen, sondern zudem auch Niederschlag im Formwechselbeschluss finden.[3]

3 **2. Sitz der Personengesellschaft (Nr. 1).** Der Umwandlungsbeschluss muss den **Sitz der Personengesellschaft** bestimmen.[4] Dies ist ohnehin notwendig, da der Formwechsel auch in dem für die neue Rechtsform zuständigen Register eingetragen werden muss und sich dessen Zuständigkeit nach dem Sitz des Rechtsträgers neuer Rechtsform richtet.[5] Der Sitz einer Personengesellschaft bestimmt sich nach dem Ort der Geschäftsführung der Gesellschaft.[6] Soweit die Geschäfte an verschiedenen Orten geführt werden, ist der Ort der zentralen Geschäftsführung entscheidend.[7] Der Sitz der Gesellschaft neuer Rechtsform kann abweichend vom Sitz der bisherigen Kapitalgesellschaft festgelegt werden.[8] Der Formwechsel muss dann auch bei dem für den bisherigen Rechtsträger zuständigen Handelsregister angemeldet werden.[9]

4 **3. Angabe des Kommanditisten und des Betrages der Einlage (Nr. 2). a) Angabe der Kommanditisten (Nr. 2 Var. 1).** Gem. § 234 Nr. 2 Var. 1 sind bei einem Formwechsel einer Kapitalgesellschaft in eine Kommanditgesellschaft im Umwandlungsbeschluss auch die **Kommanditisten** zu bestimmen. Nach hM sind die Kommanditisten mit Namen, Vornamen, Geburtsdatum und Wohnort zu nennen.[10] Insb. bei dem Formwechsel einer AG/KGaA in eine KG kann dies zu erheblichen Problemen führen, wenn nicht alle Aktionäre bzw Kommanditaktionäre und damit auch nicht alle zukünftigen Kommanditisten mit Namen bekannt sind.[11] Hinreichend ist hierbei gem. §§ 213, 35 die Bezeichnung des auf diese unbekannten Aktionäre entfallenden Teils des Grundkapitals sowie die Bezeichnung der auf sie nach dem Formwechsel entfallenden Kommanditanteile. Allerdings ist dies nur möglich, solange der Anteil der unbekannten Aktionäre bzw Kommanditaktionäre zusammen maximal 5 % des Grundkapitals ausmacht. Übersteigt ihr konsolidierter Anteil an dem formwechselnden Rechtsträger diese 5%-Schwelle, so stellt sich hier die Frage, ob ein dennoch gefasster Formwechselbeschluss unwirksam oder nur anfechtbar ist. Im Hinblick auf die Regelung des § 202 Abs. 3, dass Mängel des Formwechsels die Wirkung der Eintragung der neuen Rechtsform (und damit die Wirksamkeit des Form-

1 § 17 Abs. 2; § 20 S. 2 UmwG aF.
2 Art. 1 Nr. 36 1. UmwÄndG v. 22.7.1998, BGBl. I S. 1878.
3 Begr. RegE zu § 234, BR-Drucks. 75/94, 154.
4 § 234 Nr. 1.
5 § 13 Abs. 1 S. 1 HGB. Vgl auch Begr. RegE zu § 234, BR-Drucks. 75/94, 154.
6 Semler/Stengel/*Ihrig*, § 234 Rn 5; Lutter/*Göthel*, § 234 Rn 16.
7 Semler/Stengel/*Ihrig*, § 234 Rn 5; Lutter/*Göthel*, § 234 Rn 16.
8 Semler/Stengel/*Ihrig*, § 234 Rn 5; Lutter/*Göthel*, § 234 Rn 16; Kallmeyer/*Dirksen/Blasche*, § 234 Rn 2.
9 § 198 Abs. 2 S. 2, 3.
10 Lutter/*Göthel*, § 234 Rn 18; Widmann/Mayer/*Vossius*, § 234 Rn 9; differenzierend Kallmeyer/*Dirksen/Blasche*, § 234 Rn 3; aA Semler/Stengel/*Ihrig*, § 234 Rn 7.
11 Widmann/Mayer/*Vossius*, § 234 Rn 11.1; Lutter/*Göthel*, § 234 Rn 18; Kallmeyer/*Dirksen/Blasche*, § 234 Rn 4.

wechsels) unberührt lassen, kann hier wohl „nur" die Anfechtbarkeit des Formwechselbeschlusses angenommen werden.[12]

b) Betrag der Einlage (Nr. 2 Var. 2). Neben der Angabe zum jeweiligen Kommanditisten selbst ist gem. § 234 Nr. 2 Var. 2 auch der betreffende **Betrag seiner Einlage** im Umwandlungsbeschluss festzuhalten. Dies zielt auf den Betrag seiner Hafteinlage, also denjenigen Betrag ab, der den Gläubigern der Kommanditgesellschaft als Haftungssumme zur Verfügung steht.[13] 5

4. Gesellschaftsvertrag der Personengesellschaft. § 234 Nr. 3 S. 1 bestimmt, dass beim Formwechsel in eine Personengesellschaft der Umwandlungsbeschluss auch den Gesellschaftsvertrag des Rechtsträgers neuer Rechtsform enthalten muss. Auch der Partnerschaftsvertrag beim Formwechsel in eine Partnerschaftsgesellschaft ist hiervon erfasst. Im Recht der Personengesellschaften ist ein mündlich geschlossener Gesellschaftsvertrag – abweichend vom Grundsatz der Formfreiheit im Recht der Personengesellschaften – nicht ausreichend.[14] Allerdings kann dieser neue Gesellschaftsvertrag sehr kurz ausfallen. Den Anteilsinhabern steht es frei, von ihrem Dispositionsrecht Gebrauch zu machen und die gesetzlichen Regelungen unverändert zu akzeptieren oder sie im Gesellschaftsvertrag im Rahmen des rechtlich Zulässigen anzupassen. 6

Hinweis: Es ist ratsam, es nicht bei der bloßen Wiedergabe gesetzlicher Regelungen zu belassen, sondern bereits im Zeitpunkt des Formwechsels einen den Bedürfnissen der Gesellschafter angepassten Gesellschaftsvertrag zu vereinbaren.[15] Dies gilt insb. für die Frage, mit welchen Mehrheiten Gesellschafterbeschlüsse gefasst werden können. Ohne Regelung im Gesellschaftsvertrag greift das gesetzliche Einstimmigkeitserfordernis.[16]

Bei der Anmeldung zum Handelsregister ist der gesamte Gesellschaftsvertrag – als Teil des gem. § 199 ebenfalls beizufügenden Umwandlungsbeschlusses – mit einzureichen.[17] Dies ist der einzige Fall, dass der Gesellschaftsvertrag einer Personengesellschaft zum Handelsregister einzureichen ist. 7

Hinweis: Es sollte geprüft werden, ob der Gesellschaftsvertrag für die Zwecke des Formwechsels zunächst kurz gehalten wird, um ihn dann nach der Eintragung des Formwechsels im Register anzupassen. Auf diese Weise kann es vermieden werden, dass bestimmte gesellschaftsvertragliche Regelungen der Öffentlichkeit bekannt werden. Eine parallele vertragliche Vereinbarung der Anteilsinhaber könnte sicherstellen, dass diese nachgelagerte Anpassung des Gesellschaftsvertrages auch tatsächlich erfolgt.[18]

5. Partnerschaftsvertrag. § 234 Nr. 3 S. 2 bestimmt, dass beim Formwechsel in eine Partnerschaftsgesellschaft § 213 und infolgedessen § 35 nicht entsprechend anwendbar ist. Der Gesetzgeber wollte bei einem solchen Formwechsel sicherstellen, dass alle Gesellschafter und damit zukünftigen Partner bekannt sind. Dies erreicht er aber bereits durch § 233 Abs. 1, wonach bei einem Formwechsel in eine Partnerschaftsgesellschaft alle anwesenden und auch nicht erschienenen Anteilsinhaber dem Umwandlungsbeschluss zustimmen müssen. § 234 Nr. 3 S. 2 dient daher nur der Verdeutlichung, hat aber keine eigenständige Bedeutung.[19] 8

12 Lutter/*Göthel*, § 234 Rn 25 ff schlägt insofern Lösungsmöglichkeiten vor, wenn die 5%-Schwelle überschritten ist; die Möglichkeit des Formwechsels ablehnend Kallmeyer/*Dirksen/Blasche*, § 234 Rn 4; zurückhaltend auch Semler/Stengel/*Ihrig*, § 234 Rn 12 a.

13 Semler/Stengel/*Ihrig*, § 234 Rn 5; Kallmeyer/*Dirksen/Blasche*, § 234 Rn 5.

14 Widmann/Mayer/*Vossius*, § 234 Rn 19; Kallmeyer/*Dirksen/Blasche*, § 234 Rn 8; Lutter/*Göthel*, § 234 Rn 39.

15 Semler/Stengel/*Ihrig*, § 234 Rn 17; vgl auch Lutter/*Göthel*, § 234 Rn 40 f.

16 Semler/Stengel/*Ihrig*, § 234 Rn 18; Lutter/*Göthel*, § 234 Rn 40.

17 Kallmeyer/*Dirksen*, 4. Auflage, § 234 Rn 11; aA Widmann/Mayer/*Vossius*, § 234 Rn 19 mwN.

18 Semler/Stengel/*Ihrig*, § 234 Rn 18; Lutter/*Göthel*, § 234 Rn 40.

19 Semler/Stengel/*Ihrig*, § 234 Rn 15.

§ 235 Anmeldung des Formwechsels

(1) [1]Beim Formwechsel in eine Gesellschaft des bürgerlichen Rechts ist statt der neuen Rechtsform die Umwandlung der Gesellschaft zur Eintragung in das Register, in dem die formwechselnde Gesellschaft eingetragen ist, anzumelden. [2]§ 198 Abs. 2 ist nicht anzuwenden.

(2) Die Anmeldung nach Absatz 1 oder nach § 198 ist durch das Vertretungsorgan der formwechselnden Gesellschaft vorzunehmen.

1 **1. Normzweck.** Die neue Rechtsform des Rechtsträgers ist gem. § 198 Abs. 1 zur Eintragung in dasjenige Register, in dem der formwechselnde Rechtsträger eingetragen ist, anzumelden. Von diesem Grundsatz macht § 235 für den Formwechsel in eine **GbR** eine **Ausnahme**, da diese nicht im Handelsregister eingetragen wird.

2 § 235 Abs. 1 ist **nur anwendbar** auf den Formwechsel einer Kapitalgesellschaft in eine GbR. § 235 Abs. 2 gilt für den Formwechsel einer Kapitalgesellschaft in jede Personengesellschaft.[1]

3 **2. Zuständiges Register (Abs. 1).** Für die Anmeldung zur Eintragung der Umwandlung der Gesellschaft ist das Register zuständig, in das die formwechselnde Kapitalgesellschaft eingetragen ist. Da die GbR nicht in das Handelsregister eingetragen werden kann, ist eine Eintragung in das Register der Zielgesellschaft nicht möglich.[2] Eine bloße Eintragung in das **Register der formwechselnden Kapitalgesellschaft** ist deshalb hinreichend.

4 **3. Gegenstand der Anmeldung.** Gegenstand der Anmeldung gem. § 198 ist die neue Rechtsform des Rechtsträgers. Da die GbR nicht in das Handelsregister eingetragen wird, bestimmt Abs. 1, dass die **Umwandlung der Gesellschaft** zur Eintragung in das Handelsregister anzumelden ist.

5 **3. Anmeldepflichtiger (Abs. 2).** § 235 Abs. 2 regelt, wer bei der Umwandlung einer Kapitalgesellschaft in eine Personengesellschaft zur Eintragung in das zuständige Register **Anmeldepflichtiger** ist. Die Anmeldung hat demnach das Vertretungsorgan der formwechselnden Gesellschaft vorzunehmen. Diese Regelung wäre sachgerechter im Ersten Teil (Allgemeine Vorschriften) der Regelungen zum Formwechsele aufgehoben gewesen, zumal sich gleichlautende oder ähnliche Regelungen zB auch in § 222 Abs. 1 S. 1 und § 246 Abs. 1 finden. Bei der AG ist dies der Vorstand (§ 78 Abs. 1 AktG), bei der KGaA der persönlich haftende Gesellschafter (§ 278 Abs. 3 AktG, §§ 161 Abs. 2, 125 HGB) und bei der GmbH die Geschäftsführer (§ 35 Abs. 1 GmbHG). Die Unterzeichnung der Anmeldung durch das Vertretungsorgan muss nicht durch sämtliche Mitglieder, sondern nur in vertretungsberechtigter Anzahl erfolgen. Dies ergibt sich aus dem Umkehrschluss aus § 222 Abs. 1 S. 1. Da das Gesetz dort ausdrücklich eine Anmeldung durch sämtliche Mitglieder des neuen Vertretungsorgans vorsieht, kann dies nur bedeuten, dass bei anderen Anmeldungen eine Unterzeichnung durch eine vertretungsberechtigte Anzahl von Organmitgliedern ausreicht, auch im Wege unechter Gesamtvertretung.[3]

6 **4. Form.** Die Unterzeichnung der Anmeldung bedarf der **notariellen Beglaubigung,** § 12 Abs. 1 S. 1 HGB. Stellvertretung ist auch hier zulässig; die entsprechende Vollmacht bedarf allerdings auch der notariellen Beglaubigung, § 12 Abs. 1 S. 2 HGB. Da die Anmeldung zudem die Negativerklärung gem. §§ 198, 16 Abs. 2, Abs. 3 regelmäßig mit enthalten muss, die höchstpersönli-

1 Lutter/*Göthel*, § 235 Rn 2; Semler/Stengel/*Ihrig*, § 235 Rn 3.
2 Semler/Stengel/*Ihrig*, § 236 Rn 11.
3 Kallmeyer/*Dirksen*/*Blasche*, § 235 Rn 5; Semler/Stengel/*Ihrig*, § 235 Rn 7 f.

cher Natur ist, wird eine Bevollmächtigung aus praktischen Erwägungen häufig ausscheiden.[4] S. auch § 198 Rn 12 und § 222 Rn 7, 13.

5. **Wirkung der Anmeldung.** Die Anmeldung führt noch nicht zur Wirksamkeit des Formwechsels. Erst mit **Eintragung des Formwechsels** wird dieser wirksam.[5] 7

§ 236 Wirkungen des Formwechsels

Mit dem Wirksamwerden des Formwechsels einer Kommanditgesellschaft auf Aktien scheiden persönlich haftende Gesellschafter, die nach § 233 Abs. 3 Satz 3 ihr Ausscheiden aus dem Rechtsträger erklärt haben, aus der Gesellschaft aus.

I. Normzweck

§ 236 findet ausschließlich auf den Formwechsel einer **KGaA** in eine **Personengesellschaft** Anwendung und regelt die Rechtsfolgen einer Ausscheidenserklärung nach § 233 Abs. 3 S. 3 für aus der KGaA ausscheidende Gesellschafter. Der Gesetzgeber entschied sich dafür, dass der persönlich haftenden Gesellschafter im Zeitpunkt des Formwechsels nicht mehr, wie nach altem Recht, automatisch ausscheidet.[1] Dieser sollte nunmehr grundsätzlich in der formwechselnden Gesellschaft verbleiben und nur bei Vorliegen einer entsprechenden Ausscheidenserklärung die Rechtsfolge des Ausscheidens eintreten.[2] Strenggenommen hätte es der Regelung des § 236 nicht bedurft, da nach § 233 Abs. 3 S. 3 das Ausscheiden ohnehin auf den Zeitpunkt, in dem der Formwechsel wirksam wird, zu erklären ist. Insoweit hat § 236 nur klarstellende Funktion. 1

II. Ausscheiden aus der Gesellschaft

Der persönlich haftende Gesellschafter einer KGaA scheidet unter der Bedingung einer entsprechenden **Ausscheidenserklärung** gemäß § 233 Abs. 3 S. 3 mit Wirksamwerden des Formwechsels aus der Gesellschaft aus. Der Zeitpunkt des Wirksamwerdens des Formwechsels bestimmt sich nach § 202 Abs. 1. Der ausscheidende persönlich haftende Gesellschafter der KGaA ist danach „von Anfang an" nicht mehr Gesellschafter des Rechtsträgers neuer Rechtsform.[3] 2

III. Rechtsfolgen des Ausscheidens

1. **Auseinandersetzung.** Scheidet ein Komplementär einer KGaA mit dem Formwechsel aus der Gesellschaft aus, ist unter Berücksichtigung der Satzung der KGaA eine **Auseinandersetzung** nach den allgemeinen und satzungsrechtlichen Bestimmungen durchzuführen.[4] An die Stelle der Mitgliedschaft des Gesellschafters tritt damit, wenn das Gesellschaftsvermögen nicht durch Verluste aufgebraucht ist, ein Anspruch auf Abfindung gegen den formwechselnden Rechtsträger (§ 278 Abs. 2 AktG iVm §§ 161 Abs. 2, 105 Abs. 3 HGB, §§ 738–740 BGB), der mit dem Zeitpunkt des Ausscheidens entsteht.[5] Vgl hierzu auch bereits § 227 Rn 2 f. 3

2. **Haftung.** Mit dem Ausscheiden aus der Gesellschaft wird der Komplementär nicht von der **akzessorischen Haftung** für Verbindlichkeiten des Ausgangsrechtsträgers, die bis zum Zeit- 4

4 Semler/Stengel/*Ihrig*, § 235 Rn 8; Lutter/*Decher*, § 16 Rn 13.
5 Vgl § 202 Abs. 1.
1 Begr. RegE zu § 233, BR-Drucks. 75/94, 154.
2 Begr. RegE zu § 233, BR-Drucks. 75/94, 154.
3 Widmann/Mayer/*Vossius*, § 236 Rn 6.
4 *K. Schmidt*, GesR, § 50 IV 1.
5 *K. Schmidt*, GesR, § 50 IV 1 c).

punkt des Ausscheidens begründet wurden, befreit; diese bleibt vielmehr nach allgemeinen Grundsätzen bestehen.[6] Eine Begrenzung dieser Haftung wird aber durch § 278 Abs. 2 AktG iVm §§ 161 Abs. 2, 160 Abs. 1 HGB gewährleistet. Die Dauer der Haftung beträgt demnach fünf Jahre.[7] Diese Frist beginnt mit dem Zeitpunkt des Ausscheidens aus der Gesellschaft, also der Eintragung der neuen Rechtsform in das Register (§ 202 Abs. 1 Nr. 1) bzw bei einem Formwechsel in eine GbR mit der Eintragung in das Register, in dem die KGaA eingetragen ist (§ 235).

5 Entscheidet sich ein persönlich haftender Gesellschafter bei einem Formwechsel der KGaA in eine KG für das Verbleiben in der Gesellschaft als **Kommanditist**, findet § 237 Anwendung. Auf seine Haftung ist daher § 224 entsprechend anzuwenden. Vgl hierzu § 237 Rn 3.

§ 237 Fortdauer und zeitliche Begrenzung der persönlichen Haftung

Erlangt ein persönlich haftender Gesellschafter einer formwechselnden Kommanditgesellschaft auf Aktien beim Formwechsel in eine Kommanditgesellschaft die Rechtsstellung eines Kommanditisten, so ist auf seine Haftung für die im Zeitpunkt des Formwechsels begründeten Verbindlichkeiten der formwechselnden Gesellschaft § 224 entsprechend anzuwenden.

1 **1. Normzweck.** § 237 betrifft nur den Formwechsel einer KGaA in eine KG. Die Norm regelt deklaratorisch die Frage der **(Nach-)Haftung** für zum Zeitpunkt des Formwechsels begründete Verbindlichkeiten der formwechselnden KGaA, wenn ein persönlich haftender Gesellschafter der KGaA in der Ziel-KG die Stellung eines Kommanditisten einnehmen will.[1] Diese Nachhaftung ergibt sich bereits aus den allgemeinen gesellschaftsrechtlichen Grundsätzen.[2] Der Gesetzgeber hat es gleichwohl für notwendig befunden, dies mit § 237 noch einmal klarzustellen, da nach dem UmwG 1994 die Identität des Rechtsträgers erhalten bleibt und somit Unklarheiten bzgl der Haftung von Komplementären einer KGaA entstehen können.[3]

2 § 237 ist nach seinem Wortlaut keine Anspruchsgrundlage und verweist wiederum auf § 224. Die Anspruchsgrundlage der Gläubiger, um die Haftung des Komplementärs geltend zu machen, richtet sich weiterhin nach den **allgemeinen Regeln** des Rechts der KGaA, also nach § 278 Abs. 2 AktG iVm §§ 161 Abs. 2, 128 HGB.

3 **2. Haftung.** Durch den Formwechsel wird die **akzessorische Haftung** eines persönlich haftenden Gesellschafters einer KGaA gem. § 278 Abs. 2 AktG iVm §§ 161 Abs. 2, 128 HGB für bis zum Zeitpunkt des Formwechsels begründete Gesellschaftsverbindlichkeiten nicht berührt, §§ 237, 224 Abs. 1. Begründet die Ziel-KG nach dem Formwechsel neue Verbindlichkeiten, so richtet sich die Haftung für diese Verbindlichkeiten nach den allgemeinen Haftungsregelungen für Kommanditisten,§§ 171 ff HGB.

4 **3. Regressanspruch des persönlich haftenden Gesellschafters.** Wird der ehemalige Komplementär der formwechselnden KGaA aufgrund seiner akzessorischen Haftung für bis zum Formwechsel begründete Gesellschaftsverbindlichkeiten der Ausgangs-KGaA in Anspruch genommen, so kann er bei der Ziel-KG oder den übrigen haftenden Gesellschaftern **Regress** nehmen. Zunächst ist die KG nach § 110 HGB in Regress zu nehmen. Ist dies erfolglos oder nicht ausreichend, so kann der in Anspruch genommene Gesellschafter die übrigen Gesellschafter nach § 426 BGB in Anspruch nehmen.[4] Allerdings scheidet eine Inanspruchnahme anderer Kommanditisten aus, wenn sie ihre Einlage vollständig erbracht haben.[5]

6 So auch Widmann/Mayer/*Vossius*, § 236 Rn 13; Semler/Stengel/*Ihrig*, § 236 Rn 7; Lutter/*Göthel*, § 236 Rn 4; Kallmeyer/*Dirksen/Blasche*, § 236 Rn 3.

7 Vgl die Voraussetzungen für den Eintritt der Enthaftung nach § 160 Abs. 1 HGB.

1 Begr. RegE zu § 237, BR-Drucks. 75/94, 155.

2 Begr. RegE zu § 237, BR-Drucks. 75/94, 155 mit Verweis auf Begr. RegE zu § 224, BR-Drucks. 75/94, 151.

3 Begr. RegE zu § 224, BR-Drucks. 75/94, 155.

4 BGHZ 34, 299, 303; Kallmeyer/*Dirksen/Blasche*, § 237 Rn 2; Semler/Stengel/*Ihrig*, § 237 Rn 6.

5 Baumbach/Hopt/*Hopt*, § 128 HGB Rn 11.

Dritter Unterabschnitt
Formwechsel in eine Kapitalgesellschaft anderer Rechtsform

§ 238 Vorbereitung der Versammlung der Anteilsinhaber

[1]Auf die Vorbereitung der Gesellschafterversammlung oder der Hauptversammlung, die den Formwechsel beschließen soll, sind die §§ 230 und 231 entsprechend anzuwenden. [2]§ 192 Abs. 2 bleibt unberührt.

I. Normzweck

Mit § 238 leitet der Gesetzgeber den dritten Unterabschnitt (5. Buch, 2. Teil) und damit die Vorschriften zur Umwandlung einer Kapitalgesellschaft in eine Kapitalgesellschaft anderer Rechtsform ein. Die Vorschrift regelt die **Vorbereitung der Versammlung der Anteilsinhaber** und ergänzt so die allgemeinen Vorschriften des Aktien- und GmbH-Rechts über die Einberufung der Hauptversammlung einer AG oder KGaA bzw der Gesellschafterversammlung einer GmbH.[1] 1

§ 238 findet **nur Anwendung** auf den Formwechsel einer Kapitalgesellschaft in eine Kapitalgesellschaft anderer Rechtsform. Dabei betrifft der Verweis in § 238 S. 1 auf § 230 Abs. 1 allein den Formwechsel einer GmbH und der Verweis in § 238 S. 1 auf § 230 Abs. 2 ausschließlich den Formwechsel einer AG oder KGaA.[2] Der Verweis auf § 231 gilt weder für den Formwechsel einer AG in eine KGaA noch einer KGaA in eine AG, da § 207 in diesen Fällen keine Anwendung findet.[3] Auch bei einem Formwechsel einer KGaA in eine GmbH ist ein Angebot der Barabfindung ausgeschlossen.[4] 2

Nach dem AktG 1965 war die Vorlage einer Umwandlungsbilanz für den Formwechsel einer KGaA in eine Kapitalgesellschaft anderer Rechtsform und für den Formwechsel einer GmbH oder einer AG in eine KGaA erforderlich.[5] Der RegE zum UmwBerG sah noch vor, dass eine Vermögensaufstellung, die an die Stelle der nach altem Recht für den Formwechsel einer KGaA in eine Kapitalgesellschaft anderer Rechtsform oder umgekehrt treten sollte, auch im Falle des Formwechsels einer GmbH in eine AG oder umgekehrt gelten sollte.[6] Um eine **Erleichterung des Formwechsels** zwischen Kapitalgesellschaften zu verwirklichen, ist jedoch auf dieses Erfordernis ausdrücklich verzichtet worden.[7] Mit dem 2. UmwGÄndG ist § 192 Abs. 2 aF für gegenstandslos erklärt worden, so dass es der besonderen Regelung des § 238 S. 2 aF nicht mehr bedurfte und diese daher gestrichen wurde.[8] Aus dem § 238 S. 3 aF wurde der heutige § 238 S. 2. 3

1 Lutter/*Göthel*, § 238 Rn 1; Semler/Stengel/*Arnold*, § 238 Rn 1.
2 Semler/Stengel/*Arnold*, § 238 Rn 2; Kallmeyer/*Dirksen/Blasche*, § 238 Rn 1.
3 Semler/Stengel/*Arnold*, § 238 Rn 2 mit Verweis auf § 250.
4 Semler/Stengel/*Arnold*, § 238 Rn 2 mit Verweis § 227.
5 §§ 362 Abs. 3 S. 1, 366 Abs. 3 S. 1, 386 Abs. 2 S. 1, 389 Abs. 3 S. 1 AktG 1965 aF.
6 Begr. RegE zu § 238, BR-Drucks. 75/94, 155.
7 § 238 S. 2 aF.
8 Widmann/Mayer/*Rieger*, § 238 Rn 2; Semler/Stengel/*Arnold*, § 238 Rn 3.

II. Vorbereitung der Gesellschafterversammlung oder Hauptversammlung (S. 1)

4 **1. Vorbereitung der Hauptversammlung einer AG/KGaA.** Auf die Vorbereitung der Hauptversammlung einer **AG/KGaA**, die den Formwechselbeschluss herbeiführen soll, finden die allgemeinen aktienrechtlichen Bestimmungen zur Einberufung Anwendung (§§ 121 ff AktG).[9] Diese werden durch § 238 S. 1 iVm § 230 Abs. 2 ergänzt.[10] Danach ist der Umwandlungsbericht und damit auch der Entwurf des Umwandlungsbeschlusses von der Einberufung der Hauptversammlung an, die den Formwechsel beschließen soll, in dem Geschäftsraum der Gesellschaft zur Einsicht der Aktionäre bzw Kommanditaktionäre auszulegen. Vgl hierzu auch bereits die Erläuterungen zu § 230 Rn 14 f.

5 **2. Vorbereitung der Gesellschafterversammlung einer GmbH.** Auch im Falle des Formwechsels einer **GmbH** richtet sich die Einberufung der beschlussfassenden Gesellschafterversammlung nach den allgemeinen Bestimmungen (§§ 49 ff GmbHG),die durch § 238 S. 1 iVm § 230 Abs. 1 ergänzt werden.[11] Die Geschäftsführer der formwechselnden GmbH haben demnach allen Gesellschaftern spätestens zusammen mit der Einberufung der Gesellschafterversammlung, die den Formwechsel in eine Kapitalgesellschaft anderer Rechtsform beschließen soll, diesen Formwechsel als Gegenstand der Beschlussfassung in Textform anzukündigen und den Umwandlungsbericht zu übersenden. Vgl hierzu auch bereits die Erläuterungen zu § 230 Rn 7.

6 **3. Angebot der Barabfindung.** Das Vertretungsorgan der formwechselnden Gesellschaft hat den Gesellschaftern oder Aktionären spätestens mit der Einberufung der Gesellschafterversammlung oder der Hauptversammlung, die den Formwechsel beschließen soll, ein **Angebot der Barabfindung** nach § 207 zu übersenden.[12] Alternativ genügt auch die Bekanntmachung im elektronischen Bundesanzeiger und den sonstigen Gesellschaftsblättern.[13] Der Gesetzgeber wollte mit der Regelung allen Anteilsinhabern einen unmittelbaren Zugang zu dem Abfindungsangebot sichern.[14] Vgl hierzu auch bereits die Erläuterungen zu § 231 Rn 2 f.

III. Entbehrlichkeit der Vermögensaufstellung

7 § 192 Abs. 2 aF sah vor, dass dem Umwandlungsbericht grundsätzlich eine **Vermögensaufstellung** beizufügen ist. Mit der Novellierung des UmwG durch das Zweite Gesetz zur Änderung des Umwandlungsgesetzes im Jahre 2007 wurde § 192 Abs. 2 aF ersatzlos gestrichen und aus § 238 S. 3 aF wurde der heutige § 238 S. 2.[15] Eine entsprechende Pflicht zur Vermögensaufstellung existiert seitdem nicht mehr.

IV. Entbehrlichkeit bzw Verzicht auf die Erstattung des Umwandlungsberichts (S. 2)

8 Ist an einem Rechtsträger nur **ein Anteilsinhaber beteiligt** oder haben alle Anteilsinhaber auf die Erstattung des Umwandlungsberichts durch notariell beurkundete Erklärung **verzichtet**, bedarf es gem. § 238 S. 2 iVm § 192 Abs. 2 einer Erstattung des Umwandlungsberichts nicht. Die Norm hat, da § 192 als allgemeine Regelung auch in dem besonderen Abschnitt über den Formwechsel einer Kapitalgesellschaft in eine Kapitalgesellschaft anderer Rechtsform gilt, nur klarstellende Bedeutung.[16] Der Gesetzgeber hätte sie daher im Jahre 2007, im Zuge des Zweiten Gesetzes zur Änderung des Umwandlungsgesetzes, auch streichen können.

9 §§ 121 ff AktG.
10 Semler/Stengel/*Arnold*, § 238 Rn 6; Lutter/*Göthel*, § 238 Rn 1.
11 Semler/Stengel/*Arnold*, § 238 Rn 5.
12 §§ 238 S. 1 iVm 231 S. 1.
13 §§ 238 S. 1 iVm 231 S. 2.
14 Begr. RegE zu § 231, BR-Drucks. 75/94, 153.
15 Art. 1 Nr. 24 2. UmwÄndG; s. auch Semler/Stengel/*Arnold*, § 238 Rn 11; Lutter/*Göthel*, § 238 Rn 2; Widmann/Mayer/*Rieger*, § 238 Rn 15.
16 Begr. RegE zu § 238, BR-Drucks. 75/94, 156; kritisch zur Relevanz der Norm Lutter/*Göthel*, § 238 Rn 9.

§ 239 Durchführung der Versammlung der Anteilsinhaber

(1) [1]In der Gesellschafterversammlung oder in der Hauptversammlung, die den Formwechsel beschließen soll, ist der Umwandlungsbericht auszulegen. [2]In der Hauptversammlung kann der Umwandlungsbericht auch auf andere Weise zugänglich gemacht werden.

(2) Der Entwurf des Umwandlungsbeschlusses einer Aktiengesellschaft oder einer Kommanditgesellschaft auf Aktien ist von deren Vertretungsorgan zu Beginn der Verhandlung mündlich zu erläutern.

1. Normzweck. § 239 findet Anwendung nur auf den Formwechsel einer Kapitalgesellschaft in eine Kapitalgesellschaft anderer Rechtsform. Er trifft eine Bestimmung über die **Durchführung der Versammlung** der Anteilsinhaber hinsichtlich der Auslegung des Umwandlungsberichtes sowie der Erläuterung des Entwurfs des Umwandlungsbeschlusses. Die Norm ist im Wortlaut identisch mit § 232, der für den Formwechsel einer Kapitalgesellschaft in eine Personengesellschaft gilt. 1

Die Regelung ist neu. Im früheren Recht war lediglich die Pflicht zur Vorlage der Umwandlungsbilanz bei einem Formwechsel eines Rechtsträgers in die Rechtsform einer KGaA oder bei einem Formwechsel einer KGaA in eine andere Rechtsform normiert.[1] 2

2. Auslegung des Umwandlungsberichts (Abs. 1 S. 1). Im Falle des Formwechsels einer AG oder KGaA bzw GmbH in eine Kapitalgesellschaft anderer Rechtsform sieht das UmwG vor, dass bereits vor Beginn der Hauptversammlung, nämlich ab dem Zeitpunkt ihrer Einberufung, der Umwandlungsbericht in dem Geschäftsraum der Gesellschaft ausgelegt werden muss.[2] § 239 regelt, dass der Umwandlungsbericht nach § 192 Abs. 1 auch **in der Hauptversammlung der Gesellschaft** auszulegen ist. Vgl im Einzelnen bereits die Erläuterungen zu § 232 Rn 4 f. 3

3. Zugänglichmachung auf andere Weise (Abs. 1 S. 2). Neben der Zugänglichmachung im Wege der Auslegung lässt das Gesetz für den Fall des Formwechsels einer AG oder KGaA auch die Möglichkeit zu, den Umwandlungsbericht **auf andere Weise** zugänglich zu machen. Namentlich kann so den Gesellschaftern der Umwandlungsbericht zB über Computerbildschirme zugänglich gemacht werden.[3] Auch eine Zugänglichmachung über Tablet-PCs kommt in Betracht. Vgl auch hierzu im Einzelnen bereits § 232 Rn 6 f. 4

4. Erläuterung des Umwandlungsbeschlusses. Der Umwandlungsbeschluss einer AG oder KGaA muss gem. § 239 Abs. 2 zu Beginn der Verhandlung von dem Vertretungsorgan der Gesellschaft **erläutert** werden. Die Norm entspricht wörtlich § 232 Abs. 2. Vgl im Einzelnen § 232 Rn 9 ff. 5

§ 240 Beschluß der Versammlung der Anteilsinhaber

(1) [1]Der Umwandlungsbeschluß bedarf einer Mehrheit von mindestens drei Vierteln der bei der Gesellschafterversammlung einer Gesellschaft mit beschränkter Haftung abgegebenen Stimmen oder des bei der Beschlußfassung einer Aktiengesellschaft oder einer Kommanditgesellschaft auf Aktien vertretenen Grundkapitals; § 65 Abs. 2 ist entsprechend anzuwenden. [2]Der Gesellschaftsvertrag oder die Satzung der formwechselnden Gesellschaft kann eine größere Mehrheit und weitere Erfordernisse, beim Formwechsel einer Kommanditgesellschaft auf Aktien in eine Aktiengesellschaft auch eine geringere Mehrheit bestimmen.

(2) [1]Dem Formwechsel einer Gesellschaft mit beschränkter Haftung oder einer Aktiengesellschaft in eine Kommanditgesellschaft auf Aktien müssen alle Gesellschafter oder Aktionäre zu-

1 §§ 362 Abs. 3, 366 Abs. 3, 386 Abs. 2, 389 Abs. 3 AktG 1965.
2 § 238 iVm § 230 Abs. 2 UmwG.
3 Begr. RefE zu Art. 1 ARUG, 36; kritisch hierzu *J. Schmidt*, NZG 2008, 734, 735.

stimmen, die in der Gesellschaft neuer Rechtsform die Stellung eines persönlich haftenden Gesellschafters haben sollen. [2]Auf den Beitritt persönlich haftender Gesellschafter ist § 221 entsprechend anzuwenden.

(3) [1]Dem Formwechsel einer Kommanditgesellschaft auf Aktien müssen ferner deren persönlich haftende Gesellschafter zustimmen. [2]Die Satzung der formwechselnden Gesellschaft kann eine Mehrheitsentscheidung dieser Gesellschafter vorsehen.

I. Normzweck

1 Das Gesetz gibt vor, dass ein Rechtsträger seinen Willen zum Formwechsel in eine andere Rechtsform durch Umwandlungsbeschluss in der Gesellschafter- bzw Hauptversammlung fassen muss.[1] Die **Mehrheitsanforderungen**, die an die Beschlussfassung zur wirksamen Herbeiführung des Formwechselbeschlusses bei einem Rechtsformwechsel einer Kapitalgesellschaft in eine Kapitalgesellschaft anderer Rechtsform zu stellen sind, regelt § 240. Diese Regelung enthält – zusammen mit §§ 241 und 242 – alle Regelungen zu den Mehrheitsanforderungen für den Wechsel einer Kapitalgesellschaft in eine andere Kapitalgesellschaftsrechtsform. Hierbei darf jedoch nicht vergessen werden, dass das UmwG weitere Zustimmungserfordernisse einzelner Anteilsinhaber vorsieht.[2]

2 Im Zuge der Novellierung des UmwG durch das Gesetz zur Bereinigung des Umwandlungsrechts vom 28.10.1994 wollte der Gesetzgeber die gesetzlichen Bestimmungen, die die Vorgaben für den Formwechsel getrennt nach der jeweiligen Rechtsform des Rechtsträgers alter und neuer Rechtsform aufführten, **einheitlich regeln**.[3] Dies führte dazu, dass vor allem die strengen Mehrheitserfordernisse für den Formwechsel einer AG bzw KGaA in eine GmbH aufgegeben wurden.[4]

1 Vgl § 193 Abs. 1 S. 1 u. 2.

2 Vgl § 193 Abs. 2; etwas missverständlich Semler/Stengel/*Arnold*, § 240 Rn 1, der die §§ 240-242 insoweit als abschließende Regelungen bezeichnet.

3 Begr. RegE zu § 240, BR-Drucks. 75/94, 156.

4 Semler/Stengel/*Arnold*, § 240 Rn 4.

II. Formwechselbeschluss der Versammlung der Anteilsinhaber

Die Gesellschafter haben, um den Formwechsel herbeizuführen, einen entsprechenden **Beschluss** zu fassen. Dieser muss den Formwechsel der Kapitalgesellschaft zu einer Kapitalgesellschaft anderer Rechtsform (GmbH, AG oder KGaA) zum Gegenstand haben. Der Umwandlungsbeschluss muss den Anforderungen des § 194 genügen und bedarf nach § 193 Abs. 3 S. 1 zwingend der notariellen Beurkundung 3

Der Beschluss muss **in** der Gesellschafterversammlung gefasst werden. Dies schreibt § 193 Abs. 1 S. 2 vor. Eine Beschlussfassung außerhalb einer Gesellschafterversammlung ist daher unzulässig.[5] 4

III. Beschlussanforderungen

Die Mehrheitsanforderungen, die an die Beschlussfassung für einen Formwechselbeschluss zu stellen sind, **variieren** je nach Ausgangs- und Zielrechtsform. 5

1. Formwechsel einer AG. a) Formwechsel in eine GmbH. aa) Regel: Beschlussfassung der Gesellschafter mit qualifizierter Mehrheit (Abs. 1 S. 1). Der Formwechsel einer AG in eine GmbH bedarf gem. § 240 Abs. 1 S. 1 eines Hauptversammlungsbeschlusses, der mit einer Mehrheit von mindestens **drei Vierteln** des bei der Beschlussfassung einer AG vertretenen Grundkapitals gefasst wird; die Satzung kann hierfür allerdings eine größere Mehrheit und weitere Erfordernisse vorsehen.[6] Damit entsprechen diese Vorgaben nur scheinbar den Vorgaben für die Änderung der Satzung einer AG.[7] Bei einer Satzungsänderung kann bei entsprechender Satzungsregelung auch eine geringe Kapitalmehrheit für den Hauptversammlungsbeschluss ausreichend sein; es muss jedoch mindestens eine einfache Mehrheit sein.[8] Das Erfordernis der einfachen Mehrheit als Untergrenze ergibt sich aus § 133 Abs. 1 AktG.[9] 6

Bei der Bestimmung der Mehrheit für die Beschlussfassung kommt es nur auf das **vertretene Grundkapital** an (soweit die Satzung dazu nicht andere Vorgaben enthält).[10] Eine am Grundkapital orientierte Mindestbeteiligung der Aktionäre an der Hauptversammlung, dh ein Mindestquorum, setzt die Beschlussfassung nicht voraus.[11] Entscheidend für eine positive Beschlussfassung ist die Zahl der abgegebenen „Ja"- und „Nein"-Stimmen.[12] Dieses Erfordernis der Kapitalmehrheit tritt dabei neben das Erfordernis der Stimmmehrheit (§ 133 Abs. 1 AktG).[13] Für die Stimmmehrheit genügt eine einfache (absolute) Mehrheit.[14] 7

bb) Ausnahme: Anderweitige Mehrheitsanforderungen und weitere Erfordernisse (**Abs. 1 S. 2**). Von der Regel einer Beschlussfassung mit satzungsändernder Mehrheit kann die **Satzung** der formwechselnden AG **abweichen**, indem sie eine größere Mehrheit oder weitere Erfordernisse zur Beschlussfassung vorsieht.[15] Die Regelung ist missverständlich, wenn sie von „größerer Mehrheit und weiteren Erfordernissen" spricht. Beide Elemente müssen nicht kumulativ vorliegen; sie können auch alternativ gegeben sein. Den Aktionären der formwechselnden AG ist es daher unbenommen, in der Satzung eine höhere Anforderung an den Formwechselbeschluss (zB Einstimmigkeit) festzulegen. Durch die Formulierung „größere Mehrheit oder weitere Erfordernisse" ist klargestellt, dass nur eine Verschärfung der Anforderungen zulässig ist. Aufgrund dessen stellt die in § 240 Abs. 1 S. 2 Hs 1 vorgegebene erforderliche Dreiviermehrheit des bei der Beschlussfassung vertretenen Grundkapitals) eine Mindestanforderung dar.[16] 8

5 Vgl §§ 217, 233.
6 § 240 Abs. 1 S. 1, S. 2.
7 Vgl § 133 Abs. 1 iVm § 179 Abs. 1 AktG.
8 *Hüffer*, § 179 AktG Rn 19; MüKo-AktG/*Stein*, § 179 Rn 90; so auch Semler/Stengel/*Arnold*, § 240 Rn 6; Lutter/*Göthel*, § 240 Rn 1; vgl auch Schmitt/Hörtnagl/Stratz/*Stratz*, § 240 Rn 1.
9 *Hüffer*, § 179 AktG Rn 15; MüKo-AktG/*Stein*, § 179 Rn 93 vgl auch Widmann/Mayer/*Rieger*, § 240 Rn 19; Semler/Stengel/*Arnold*, § 240 Rn 6.
10 § 240 Abs. 1 S. 1.
11 Widmann/Mayer/*Rieger*, § 240 Rn 21; Semler/Stengel/*Arnold*, § 240 Rn 6.
12 Widmann/Mayer/*Rieger*, § 240 Rn 18.
13 RGZ 125, 356, 359 ff.
14 Widmann/Mayer/*Rieger*, § 240 Rn 19.
15 § 240 Abs. 1 S. 2 Hs 1.
16 Semler/Stengel/*Arnold*, § 240 Rn 8 ff; Widmann/Mayer/*Rieger*, § 240 Rn 23.

„Weitere Erfordernisse", die die Satzung für einen Formwechselbeschluss vorsehen kann, zB ein Quorum.[17] Als unzulässig wird es in der Literatur teilweise angesehen, einen Formwechsel qua Satzung vollständig auszuschließen; die Vertreter dieser Ansicht sehen aber in solchen Fällen die Möglichkeit, die entsprechende Satzungsregelung in das Erfordernis einer einstimmigen Beschlussfassung umzudeuten.[18]

9 Die entsprechende strengere Bestimmung in der Satzung muss sich nicht explizit auf einen Formwechselbeschluss beziehen. Es genügt vielmehr, dass solche Erfordernisse **allgemein für Satzungsänderungen** vorgesehen sind. Die Regelung hat dann erst Recht Gültigkeit für den Formwechselbeschluss, da dieser gegenüber der Satzungsänderung die noch weitergehende Maßnahme darstellt.[19]

10 cc) **Nicht erschienene Gesellschafter.** Zu einer positiven Beschlussfassung bedarf es einer Mehrheit des bei der Beschlussfassung **in der Hauptversammlung** der AG vertretenen Grundkapitals.[20] Entscheidend ist die Zahl der abgegebenen „Ja"- und „Nein"-Stimmen.[21] Stimmen nicht erschienener Gesellschafter werden ebenso wenig mitgezählt wie Enthaltungen.[22]

11 **dd) Sonderbeschluss und stimmrechtslose Mitgliedschaft.** Sind mehrere Aktiengattungen vorhanden, bedarf der Beschluss der Hauptversammlung zu seiner Wirksamkeit gem. § 240 Abs. 1 S. 1 Hs 2 iVm § 65 Abs. 2 S. 1 der Zustimmung der stimmberechtigten Aktionäre jeder Gattung. Über diese Zustimmung haben die Aktionäre der jeweiligen Gattung einen **Sonderbeschluss** zu fassen.[23] Für die Sonderbeschlussfassung bedarf es, vorbehaltlich einer anderweitigen Satzungsregelung, ebenfalls einer Mehrheit von mindestens drei Vierteln des vertretenen Grundkapitals der entsprechenden Aktiengattung.[24]

12 Einer Zustimmung durch **stimmrechtslose Mitglieder** (Aktionäre von stimmrechtslosen Vorzugsaktien) bedarf es zu einer positiven Beschlussfassung nicht.[25] Diese sind grundsätzlich nicht stimmberechtigt.[26] Allerdings kann ein Sonderbeschluss erforderlich werden, wenn das Stimmrecht der Vorzugsaktionäre gem. § 140 Abs. 2 AktG wieder auflebt, da der Gewinnvorzug nicht bedient wurde.[27]

13 **ee) Unabdingbarkeit.** § 240 Abs. 1 S. 1 ist **bedingt zwingend.** Von der dort bestimmten Mehrheitsanforderung kann in der Satzung nur dahin gehend abgewichen werden, dass eine strengere Regelung bzgl der Beschlussfassung getroffen wird.[28]

14 **b) Formwechsel in eine KGaA (Abs. 2). aa) Allgemeines.** § 240 Abs. 2 regelt zwei voneinander zu unterscheidende Fallalternativen. Abs. 2 S. 1 betrifft den Fall der Zustimmung eines künftig persönlich haftenden Gesellschafters, der **bereits Gesellschafter** des Rechtsträgers alter Rechtsform ist. Abs. 2 S. 2 regelt den Fall des Beitritts eines **neuen Gesellschafters,** der künftiger persönlich haftenden Gesellschafter werden soll.

15 **bb) Zustimmung der künftigen persönlich haftenden Gesellschafters (Abs. 2 S. 1).** Bei einem Formwechsel einer AG in eine KGaA bedarf es – neben den bereits genannten Anforderungen an den Mehrheitsbeschluss – auch der Zustimmung des künftig persönlich haftenden Gesellschafters.[29] Jede KGaA hat mindestens einen persönlich haftenden Gesellschafter.[30] Grundsätzlich kann die künftige KGaA auf zweierlei Weise einen persönlich haftenden Gesellschafter erhalten. Zum einen kann sich ein **bisheriger Gesellschafter** dazu bereit erklären, persönlich haf-

17 Widmann/Mayer/*Rieger*, § 240 Rn 23; Semler/Stengel/*Arnold*, § 240 Rn 10.
18 Widmann/Mayer/*Rieger*, § 240 Rn 24; Semler/Stengel/*Arnold*, § 240 Rn 11.
19 Widmann/Mayer/*Rieger*, § 240 Rn 27; Kallmeyer/*Dirksen/Blasche*, § 240 Rn 2.
20 § 240 Abs. 1 S. 1 Hs 1 Var. 2.
21 Widmann/Mayer/*Rieger*, § 240 Rn 18.
22 Widmann/Mayer/*Rieger*, § 240 Rn 20; Lutter/*Göthel*, § 240 Rn 2.
23 § 240 Abs. 1 S. 1 Hs 2 iVm § 65 Abs. 2 S. 1.
24 Semler/Stengel/*Arnold*, § 240 Rn 17; Lutter/*Göthel*, § 240 Rn 6.
25 Lutter/*Göthel*, § 240 Rn 7; Semler/Stengel/*Arnold*, § 240 Rn 14.
26 Semler/Stengel/*Arnold*, § 240 Rn 14; Lutter/*Göthel*, § 240 Rn 7.
27 Lutter/*Göthel*, § 240 Rn 7; *Kiem*, ZIP 1997, 1627, 1630; Semler/Stengel/*Arnold*, § 240 Rn 14.
28 § 240 Abs. 1 S. 2.
29 § 240 Abs. 2 S. 1 Var. 2.
30 § 278 Abs. 1 AktG.

tender Gesellschafter zu werden. Zum anderen kann auch ein neuer Gesellschafter beitreten, der persönlich haftender Gesellschafter wird. § 240 Abs. 2 S. 1 betrifft nur den Fall, dass ein Gesellschafter bzw Aktionär des Ausgangsrechtsträgers zum persönlich haftenden Gesellschafter des Rechtsträgers neuer Rechtsform wird.[31] Die Zustimmungserklärung ist ebenso notariell zu beurkunden.[32] Sie kann auch vor der Beschlussfassung erteilt werden.[33] Vgl hierzu auch bereits die Erläuterungen zu § 233 Rn 9.

Strikt zu trennen ist das Abstimmungsverhalten des künftigen persönlich haftenden Gesellschafters in der Gesellschafterversammlung bzw Hauptversammlung von der generellen **Zustimmungserklärung** iSd § 240 Abs. 2 S. 1. Die Zustimmung nach § 240 Abs. 2 S. 1 ist daher grundsätzlich **gesondert zu erteilen.** Sie kann vor oder nach dem Formwechselbeschluss abgegeben werden.[34] Die positive Stimmabgabe zu dem Formwechselbeschluss wird in der Literatur teilweise als konkludente Zustimmung zur Übernahme der Komplementärstellung und damit als Zustimmung iSd § 240 Abs. 2 S. 1 gewertet, da der Formwechselbeschluss aufgrund § 194 Abs. 1 Nr. 3 und Nr. 4 Angaben zum persönlich haftenden Gesellschafter der neuen Rechtsform enthalten muss.[35] Generell könnte gegen eine solche Wertung eingewendet werden, dass eine gesonderte Zustimmung auch eine Art Warnfunktion für den Betroffenen erfüllt, die dadurch ausgehebelt wird. Andererseits steht dem Wortlaut des § 240 Abs. 2 S. 1 und § 193 Abs. 3 S. 1 der Annahme einer konkludenten Zustimmung auch nicht entgegen. Aus Gründen der Rechtssicherheit sollte die Zustimmungserklärung jedoch immer separat abgeben werden; dies kann auch im Rahmen der notariellen Niederschrift des Umwandlungsbeschlusses erfolgen. 16

Zu beachten ist, dass ein solcher Formwechsel immer auch ein **nichtverhältniswahrender Formwechsel** für denjenigen Gesellschafter bzw Aktionär werden kann, der persönlich haftender Gesellschafter wird. Nach § 247 Abs. 1 wird das Stammkapital der GmbH durch den Formwechsel zum Grundkapital der KGaA, beim Formwechsel von der AG zur KGaA ohnehin (vgl hierzu § 247 Rn 3 ff). Wird der betreffende Gesellschafter bzw Aktionär daher nicht zugleich auch Kommanditaktionär, verliert er durch den Formwechsel seine geleistete Kapitaleinlage.[36] 17

cc) **Beitritt persönlich haftender Gesellschafter (Abs. 2 S. 2).** Persönlich haftender Gesellschafter des Rechtsträgers neuer Rechtsform kann auch ein **bisher nicht an der Gesellschaft beteiligter Gesellschafter** werden. § 240 Abs. 2 S. 2, der § 221 für entsprechend anwendbar erklärt, regelt dessen Beitritt.[37] Demnach muss der in einem Beschluss zur Umwandlung in eine KGaA vorgesehene Beitritt eines Dritten, welcher der formwechselnden Gesellschaft nicht angehörte, notariell beurkundet werden.[38] Zudem ist die Satzung der KGaA von jedem beitretenden persönlich haftenden Gesellschafter zu genehmigen.[39] 18

2. Formwechsel einer KGaA (Abs. 3). a) **Formwechsel in eine AG.** aa) **Allgemeines.** Für den Formwechsel einer KGaA bedarf es gem. § 240 Abs. 1 S. 1 Var. 2 neben der einfachen Stimmmehrheit grundsätzlich einer Mehrheit von mindestens **drei Vierteln** des bei der Beschlussfassung vertretenen Grundkapitals.[40] Vgl hierzu und zu den weiteren Voraussetzungen bereits Rn 6 f. 19

bb) **Mehrheitsentscheidung der Gesellschafter (Abs. 1 S. 2 Hs 2).** Soweit die Satzung nicht etwas anderes vorgibt, muss der Formwechselbeschluss mit einer **Mehrheit von Dreivierteln** des 20

31 Begr. RegE zu § 240, BR-Drucks. 75/94, 156.
32 § 193 Abs. 3 S. 1.
33 Semler/Stengel/*Arnold*, § 240 Rn 22; Lutter/*Göthel*, § 240 Rn 13.
34 Bzgl einer Abgabe vor dem Formwechselbeschluss: Lutter/*Göthel*, § 240 Rn 13; Semler/Stengel/*Arnold*, § 240 Rn 21.
35 Widmann/Mayer/*Rieger*, § 240 Rn 54.
36 Für den Fall, dass der betreffende Gesellschafter bzw Aktionär nur persönlich haftender Gesellschafter wird vgl Semler/Stengel/*Arnold*, § 240 Rn 21; Lutter/*Göthel*, § 240 Rn 12.
37 Begr. RegE zu § 240, BR-Drucks. 75/94, 156.
38 § 240 Abs. 2 S. 2 iVm § 221 S. 1.
39 § 240 Abs. 2 S. 2 iVm § 221 S. 2.
40 Semler/Stengel/*Arnold*, § 240 Rn 6; Widmann/Mayer/*Rieger*, § 240 Rn 19.

bei der Beschlussfassung vertretenen Grundkapitals gefasst werden. Zu den Möglichkeiten, dass die Satzung eine größere Mehrheit und weitere Erfordernisse vorsieht, vgl bereits § 240 Rn 8 f. Abweichend zu den Regelungen für den Formwechsel einer AG kann die Satzung einer KGaA, nur für den Formwechsel in eine AG, auch eine geringere Mehrheit vorsehen, § 240 Abs. 1 S. 2 Hs 2. Insoweit ist diese Regelung § 179 Abs. 2 S. 2 AktG nachgebildet.[41] Das Erfordernis der Mehrheit der abgegebenen Stimmen (einfache Stimmmehrheit) nach § 133 Abs. 1 AktG als Untergrenze bleibt jedoch bestehen.[42]

21 cc) **Zustimmungserfordernis der persönlich haftenden Gesellschafter (Abs. 3).** Neben dem in § 240 Abs. 1 S. 1 Var. 2 genannten Erfordernis eines Mehrheitsbeschlusses ist bei einem Formwechsel einer KGaA zwingend die **Zustimmung der persönlich haftenden Gesellschafter** einzuholen.[43] Die persönlich haftenden Gesellschafter scheiden mit Wirksamwerden des Formwechsels, also bei Eintragung der neuen Rechtsform in das Register (§ 202 Abs. 1), aus der Gesellschaft aus. Diese Rechtsfolge soll nicht ohne ihren Willen erfolgen.[44] Im Grundsatz ist die Zustimmung aller persönlich haftenden Gesellschafter einzuholen. Hiervon kann die Satzung der formwechselnden KGaA gem. § 240 Abs. 3 S. 2 abweichen und die Zustimmung aller persönlich haftenden Gesellschafter durch einen Mehrheitsbeschluss unter ihnen ersetzen. Sowohl die Zustimmungserklärung gem. § 240 Abs. 3 S. 1, als auch der Mehrheitsbeschluss gem. § 240 Abs. 3 S. 2 bedürfen der notariellen Form.[45]

22 b) **Formwechsel in eine GmbH.** Es gelten die gleichen Voraussetzungen wie bei einem Formwechsel der KGaA in eine AG. Vgl hierzu bereits Rn 19 ff.

23 3. **Formwechsel einer GmbH.** a) **Formwechsel in eine AG.** aa) **Grundsatz: Beschlussfassung der Gesellschafter mit qualifizierter Mehrheit.** Der Formwechsel einer GmbH in eine AG bedarf gem. § 240 Abs. 1 S. 1 vorbehaltlich einer abweichenden Satzungsregelung einer Mehrheit von mindestens **drei Vierteln** der bei der Gesellschafterversammlung abgegebenen Stimmen. Nur auf die abgegebenen Stimmen kommt es an. Der Begriff der abgegebenen Stimmen entspricht insoweit der im GmbH-Recht bekannten Terminologie.[46] Entscheidend sind Ja- und Nein-Stimmen, nicht Stimmenthaltungen und ungültige Stimmen.[47] Auch die Stimmen abwesender Gesellschafter finden keine Berücksichtigung.[48]

24 bb) **Ausnahme: Anderweitige Mehrheitsanforderungen und weitere Erfordernisse.** Von der Regel einer Beschlussfassung mit satzungsändernder Mehrheit kann der Gesellschaftsvertrag der GmbH abweichen, indem er eine **größere Mehrheit oder weitere Erfordernisse** zur Beschlussfassung vorsieht.[49] Vgl hierzu bereits Rn 8 f.

25 cc) **Sonderbeschluss und stimmrechtslose Mitgliedschaft.** Auch bei der GmbH besteht die Möglichkeit zur Gewährung von **Vorzugsgeschäftsanteilen**, dh Geschäftsanteilen, mit denen zusätzliche Rechte (Vorzugsrechte) verbunden sind, wie zB Mehrstimmrechte, Gewinnvoraus oder Sonderrechte, wie ein Sitz in Gesellschaftsorganen, welche sodann mit der Übertragung des Geschäftsanteils mit übergehen.[50] In der Literatur ist nicht ausdiskutiert, inwiefern die Inhaber von verschiedenen Gattungen von Geschäftsanteilen bei einer GmbH einen Sonderbeschluss fassen müssen. Nach der wohl hL richtet sich diese Frage nicht nach § 65 Abs. 2 iVm § 240 Abs. 1 S. 1 Hs 2, da es sich bei § 65 Abs. 2 nach seinem Wortlaut um eine spezifische Vorschrift für AG handele.[51] Das mag für § 65 Abs. 2 richtig sein. Der Wortlaut von § 65

41 Vgl auch Semler/Stengel/*Arnold*, § 240 Rn 9, der jedoch unberücksichtigt lässt, dass § 179 Abs. 2 S. 2 AktG eine geringere Kapitalmehrheit nicht für eine Änderung des Unternehmensgegenstandes zulässt.
42 Semler/Stengel/*Arnold*, § 240 Rn 9; Widmann/Mayer/*Rieger*, § 240 Rn 19.
43 § 240 Abs. 3 S. 1.
44 Lutter/*Göthel*, § 240 Rn 14; Widmann/Mayer/*Rieger*, § 240 Rn 56.
45 § 193 Abs. 3 S. 1.
46 Widmann/Mayer/*Rieger*, § 240 Rn 16 unter Verweis auf § 47 Abs. 1 oder § 53 Abs. 2 S. 1 Hs 2 GmbHG.
47 Widmann/Mayer/*Rieger*, § 240 Rn 18; Lutter/*Göthel*, § 240 Rn 2.
48 Kallmeyer/*Dirksen*, 4. Auflage, § 240 Rn 2.
49 § 240 Abs. 1 S. 2 Hs 1.
50 Lutter/Hommelhoff/*Bayer*, § 14 Rn 8; MünchHbGesR/*Schiessl*/*Böhm*, Bd. 3, § 31 Rn 13.
51 Widmann/Mayer/*Rieger*, § 240 Rn 34 ff; Lutter/*Göthel*, § 240 Rn 8; Semler/Stengel/*Arnold*, § 240 Rn 15; aA Goutier/Knopf/Tulloch/*Laumann*, § 240 Rn 17.

Abs. 2 steht jedoch einer „entsprechenden" Anwendung auf den Formwechsel einer GmbH nicht entgegen. Ferner differenziert das UmwG 1994 sehr genau, welche Regelung für welche Rechtsform Anwendung finden soll. § 240 selbst ist dafür das beste Beispiel. Hätte der Gesetzgeber gewollt, dass § 65 Abs. 2 keine „entsprechende" Anwendung auf den Formwechsel einer GmbH findet, so hätte er seine entsprechende Anwendung explizit auf den Formwechsel einer AG beschränkt. Aufgrund dessen ist davon auszugehen, dass § 65 Abs. 2 auch auf den Formwechsel einer GmbH anzuwenden ist. Entsprechend haben die Inhaber von Geschäftsanteilen einer jeweiligen Gattung von Geschäftsanteilen jeweils einen **Sonderbeschluss** zu fassen – und dies nach den Vorgaben des § 65 Abs. 2 S. 2. § 65 Abs. 2 S. 3 verweist auf Abs. 1, der an einen Sonderbeschluss die gleichen Anforderungen wie an einen Gesellschafterbeschluss stellt (vgl auch § 65 Rn 13 ff). Insoweit kann daher auf die obigen Ausführungen zu den Anforderungen an den Gesellschafterbeschluss verwiesen werden, vgl Rn 23 f.

Die herrschende Ansicht in der Literatur wird letztlich wohl häufig zum selben Ergebnis gelangen. Nach ihrer Ansicht soll sich die Frage eines solchen **Sonderbeschlusses** nach dem Inhalt des Gesellschaftsvertrages richten.[52] Enthalte der Gesellschaftsvertrag keine entsprechende Regelung, sei analog § 179 Abs. 3 S. 1 AktG ein Sonderbeschluss der entsprechenden Anteilsinhaber erforderlich, wenn der Formwechsel das bisherige Verhältnis der Anteilsgattungen zum Nachteil einer Gattung verändere.[53] Auch wenn infolge des Formwechsels mit einer bestimmten Anteilsgattung verbundene Rechte entfielen, da diese mit dem Aktienrecht nicht vereinbar sind, ist ein entsprechender Sonderbeschluss zwingend.[54] 26

Sind **stimmrechtslose Geschäftsanteile** in der GmbH vorhanden, sind die entsprechenden Anteilsinhaber regelmäßig nicht stimmberechtigt, soweit die Satzung nicht etwas anderes vorsieht.[55] Ein Sonderbeschluss ist dann nicht notwendig.[56] 27

Neben der Gewährung von Vorzugsgeschäftsanteilen können einem GmbH-Gesellschafter auch **Sonderrechte** persönlich, dh unabhängig von einem Geschäftsanteil, gewährt worden sein.[57] Handelt es sich bei diesen Rechten gleichzeitig um **Minderheitsrechte** iSd § 50 Abs. 2, so ist zusätzlich zu einem etwaigen Sonderbeschluss die gesonderte Zustimmung eines jeden Mitgliedes gem. § 241 Abs. 2 erforderlich, soweit der Umwandlungsbeschluss zu einer Beeinträchtigung dieser Rechte führt.[58] Vgl die Erläuterungen zu § 241 Rn 14 f. Handelt es sich um keine Rechte iSd § 50 Abs. 2, so ist dennoch die gesonderte Zustimmung erforderlich – aufgrund des in § 35 BGB niedergelegten allgemeinen Rechtsgrundsatzes, dass die Sonderrechte eines Verbandsmitglieds durch Beschluss der Mitgliederversammlung nur mit Zustimmung des betroffenen Verbandsmitgliedes beeinträchtigt werden dürfen.[59] Dies können etwa gegenüber anderen Gesellschaftern erhöhte Gewinn- oder Stimmrechte sein.[60] 28

b) Formwechsel in eine KGaA. Zu den Voraussetzungen eines Formwechsels in eine KGaA vgl bereits Rn 14 ff. 29

52 Widmann/Mayer/*Rieger*, § 240 Rn 34 ff; Lutter/*Göthel*, § 240 Rn 8; Semler/Stengel/*Arnold*, § 240 Rn 2, 15.

53 Lutter/*Göthel*, § 240 Rn 8; Semler/Stengel/*Arnold*, § 240 Rn 15.

54 Semler/Stengel/*Arnold*, § 240 Rn 15; Lutter/*Göthel*, § 240 Rn 8.

55 Semler/Stengel/*Arnold*, § 240 Rn 16; Lutter/*Göthel*, § 240 Rn 9.

56 Semler/Stengel/*Arnold*, § 240 Rn 16.

57 Lutter/Hommelhoff/*Bayer*, § 14 Rn 8; MünchHbGesR/*Schiessl*/*Böhm*, Bd. 3, § 31 Rn 13.

58 Lutter/*Göthel*, § 240 Rn 8; Semler/Stengel/*Arnold*, § 240 Rn 15.

59 RGZ 165, 129, 133; BGH NJW 1969, 131; vgl auch Kallmeyer/*Dirksen*/*Blasche*, § 240 Rn 3; Lutter/*Göthel*, § 240 Rn 8; Semler/Stengel/*Arnold*, § 240 Rn 15.

60 Semler/Stengel/*Arnold*, § 240 Rn 15; Lutter/*Göthel*, § 240 Rn 8.

§ 241 Zustimmungserfordernisse beim Formwechsel einer Gesellschaft mit beschränkter Haftung

(1) Werden durch den Umwandlungsbeschluß einer formwechselnden Gesellschaft mit beschränkter Haftung die Aktien in der Satzung der Aktiengesellschaft oder der Kommanditgesellschaft auf Aktien auf einen höheren als den Mindestbetrag nach § 8 Abs. 2 oder 3 des Aktiengesetzes und abweichend vom Nennbetrag der Geschäftsanteile der formwechselnden Gesellschaft gestellt, so muß dem jeder Gesellschafter zustimmen, der sich nicht dem Gesamtnennbetrag seiner Geschäftsanteile entsprechend beteiligen kann.

(2) Auf das Erfordernis der Zustimmung einzelner Gesellschafter ist ferner § 50 Abs. 2 entsprechend anzuwenden.

(3) Sind einzelnen Gesellschaftern außer der Leistung von Kapitaleinlagen noch andere Verpflichtungen gegenüber der Gesellschaft auferlegt und können diese wegen der einschränkenden Bestimmung des § 55 des Aktiengesetzes bei dem Formwechsel nicht aufrechterhalten werden, so bedarf der Formwechsel auch der Zustimmung dieser Gesellschafter.

I. Normzweck

1 Die Norm betrifft ausschließlich den Formwechsel einer GmbH in eine AG oder KGaA. Sie dient der **Vermeidung von Nachteilen** für Gesellschafter einer GmbH, die bei einem Formwechselbeschluss aufgrund einer Dreiviertelmehrheit überstimmt werden.[1] Dies ist etwa dann der Fall, wenn der vormalige GmbH-Gesellschafter nach dem Formwechsel nicht mehr gleichartig an dem Rechtsträger neuer Rechtsform beteiligt ist oder er durch die Umwandlung seine in dem Gesellschaftsvertrag der GmbH eingeräumten Sonderrechte verliert.[2] Eine solche Verschlechterung der Gesellschafterstellung soll das Mitglied nur mit seinem Willen hinnehmen müssen.[3] § 241 ordnet deshalb diverse Zustimmungserfordernisse bei einem Formwechsel der GmbH in die Rechtsform der AG oder KGaA an.[4]

1 *Vetter*, AG 2000, 193, 195; Semler/Stengel/*Arnold*, § 241 Rn 1; Kallmeyer/*Dirksen*/*Blasche*, § 241 Rn 1.
2 Semler/Stengel/*Arnold*, § 241 Rn 1; Lutter/*Göthel*, § 241 Rn 1.
3 Lutter/*Göthel*, § 241 Rn 1; Semler/Stengel/*Arnold*, § 241 Rn 1.
4 Semler/Stengel/*Arnold*, § 241 Rn 1; Lutter/*Göthel*, § 241 Rn 1.

Mit § 241 Abs. 1 u. 3 hat der Gesetzgeber das bis zur **Novellierung des UmwG** im Jahre 1994 geltende Recht übernommen.[5] Das in Abs. 2 geregelte Zustimmungserfordernis ist hingegen neu gewesen.[6] 2

II. Zustimmungserfordernis aufgrund der nicht dem Gesamtnennbetrag des Geschäftsanteils entsprechenden Festsetzung des Grundkapitals (Abs. 1)

1. Allgemeines. Die Eintragung der neuen Rechtsform in das Handelsregister bewirkt, dass die Geschäftsanteile der bisherigen GmbH zu Aktien der neuen AG bzw KGaA werden.[7] Die Anteile an dem Rechtträger neuer Rechtsform sind grundsätzlich so festzusetzen, dass sich jeder Gesellschafter entsprechend dem **Endbetrag seiner Geschäftsanteile** an der Ausgangs-GmbH an der neuen AG bzw KGaA beteiligen kann.[8] Ein Herausdrängen (Squeeze-out) von Gesellschaftern bei einem Formwechsel ist unzulässig.[9] 3

Die Gesellschafter können aber auch den auf ihre Anteile entfallenden Betrag des Grundkapitals der AG abweichend vom Betrag der Anteile der GmbH festsetzen.[10] Einer **abweichenden Festsetzung** müssen allerdings diejenigen Gesellschafter zustimmen, die sich nicht dem Gesamtnennbetrag der Geschäftsanteile entsprechend beteiligen können.[11] 4

2. Tatbestandsvoraussetzungen des Abs. 1. Um ein **Zustimmungserfordernis** der Gesellschafter der formwechselnden Gesellschaft auszulösen, müssen Aktien in der Satzung der AG oder KGaA auf einen höheren als den Mindestbetrag nach § 8 Abs. 2 oder 3 AktG und abweichend vom Nennbetrag der Geschäftsanteile der GmbH festgesetzt werden. Diese beiden Voraussetzungen müssen kumulativ vorliegen.[12] 5

a) **Festsetzung der Aktien auf einen höheren als den Mindestbetrag nach § 8 Abs. 2 oder 3 AktG.** Für eine Zustimmungspflicht nach § 241 Abs. 1 müssen die Aktien der Ziel-AG oder Ziel-KGaA auf einen **höheren als den Mindestbetrag** nach § 8 Abs. 2 oder 3 AktG festgesetzt werden. Es sind damit diejenigen Fälle vom Anwendungsbereich der Norm ausgeschlossen, in denen die Festsetzung der Aktien genau auf den Mindestbetrag nach § 8 Abs. 2 oder 3 AktG erfolgt: 6

- Bei der Ausgabe von Nennbetragsaktien liegt dieser Mindestbetrag gem. § 8 Abs. 2 AktG bei 1,00 EUR pro Nennbetragsaktie.[13] Höhere Aktiennennbeträge bei Nennbetragsaktien müssen auf volle Euro lauten.[14]
- Bei einer Ausgabe von Stückaktien liegt der Mindestbetrag bei einem auf die einzelne Aktie entfallenden anteiligen Betrag des Grundkapitals von mindestens 1,00 EUR.[15] Dieser rechnerische anteilige Betrag kann bei Stückaktien eine beliebige Höhe haben, soweit er 1,00 EUR nicht unterschreitet.[16]

Voraussetzung für die Zustimmungspflicht gem. § 241 Abs. 1 ist damit, dass im Falle von **Nennbetragsaktien** der Nennbetrag der einzelnen Aktien mindestens 2,00 EUR beträgt. 7

Beispiel:

Für die G-GmbH ist ein Formwechsel in die G-AG vorgesehen. Das Grundkapital der G-AG iHv 75.000 EUR soll in 25.000 Nennbetragsaktien mit einem jeweiligen Nennbetrag von 3,00 EUR gestückelt werden. Die Aktien sind damit auf einen höheren als den Mindestnennbetrag gem. § 241 Abs. 1 iVm § 8 Abs. 2 AktG festgesetzt, da dieser 1,00 EUR beträgt.

5 Begr. RegE zu §§ 241 u. 242, 156; vgl § 376 Abs. 2 S. 3 und Abs. 4 AktG 1965 aF.
6 Begr. RegE zu §§ 241 u. 242, 156.
7 Vgl § 202 Abs. 1 Nr. 2.
8 Vgl Lutter/*Göthel*, § 241 Rn 5; Semler/Stengel/*Arnold*, § 241 Rn 4.
9 Kallmeyer/*Dirksen*, 4. Auflage, § 241 Rn 1.
10 § 243 Abs. 3 S. 1.
11 § 241 Abs. 1 S. 1.
12 Semler/Stengel/*Arnold*, § 241 Rn 8.
13 § 8 Abs. 2 S. 1 AktG.
14 § 8 Abs. 2 S. 4 AktG.
15 § 8 Abs. 3 S. 3 AktG.
16 *Hüffer*, § 8 AktG Rn 22.

8 Bei **Stückaktien** muss folglich der auf die einzelne Aktie entfallende anteilige Betrag des Grundkapitals mindestens 1,01 EUR betragen, um eine Zustimmungspflicht auszulösen.

Beispiel:

Für die G-GmbH ist ein Formwechsel in die G-AG vorgesehen. Das Stammkapital der G-GmbH beträgt 101.000 EUR und soll nach dem Formwechsel als Grundkapital der AG in 100.000 Stückaktien eingeteilt sein. Die Aktien sind damit auf einen höheren als den anteiligen Mindestbetrag des Grundkapitals nach § 8 Abs. 3 AktG festgesetzt, da dieser mindestens 1,00 EUR beträgt und hier der Betrag einer Stückaktie bei 1,01 EUR liegt.

Betrüge das zukünftige Grundkapital der G-AG 100.000 EUR, läge der anteilige Betrag pro Stückaktie bei 1,00 EUR. Die Aktien wären damit nicht auf einen höheren als den Mindestnennbetrag gem. § 241 Abs. 1 iVm § 8 Abs. 2 AktG festgesetzt, da dieser 1,00 EUR beträgt und der genaue Mindestbetrag iSd § 241 Abs. 1 keinen „höheren Betrag" iSd Norm darstellt.

9 Stückaktien können als Nennbetragsaktien oder als Stückaktien ohne Nennwert begründet werden. Zweckmäßig ist die Bildung von **Stückaktien**, die dem Nominalbetrag der Geschäftsanteile der GmbH entsprechen. Dies scheidet aus, wenn die Geschäftsanteile der GmbH nicht gleich groß sind, da Stückaktien nach § 8 Abs. 3 AktG am Grundkapital im gleichen Umfang beteiligt sind, weshalb die Stücke untereinander in ihrer Größe nicht mehr unterscheidbar sind.[17] Ihr Anteil am Grundkapital bestimmt sich gem. § 8 Abs. 4 AktG wiederum nach ihrer Zahl. Um eine verhältniswahrende Beteiligung zu gewährleisten, ist ein gemeinsamer Teiler – regelmäßig wohl der größte gemeinsame Teiler – zu ermitteln, der als Grundlage für die Anzahl der zu begebenen Stückaktien dient.

Beispiel:

Für die G-GmbH ist ein Formwechsel in die G-AG angedacht. Das Stammkapital der G-GmbH beträgt 75.000 EUR. Gesellschafter A hält 100 Geschäftsanteile der GmbH zu je 500 EUR, Gesellschafter B hält 50 Geschäftsanteile der GmbH zu je 200 EUR und Gesellschafter C hält 150 Geschäftsanteile der GmbH zu je 100 EUR. Der zu ermittelnde größte gemeinsame Teiler von 500, 200 und 100 ist 100. Es kommen damit nur Stückaktien in Betracht, deren auf die einzelne Aktie entfallender anteiliger Betrag des Grundkapitals 100 EUR ist. Folglich sind 750 Stückaktien zu begeben, von denen A 500 Stück, B 100 Stück und C 150 Stück erhalten wird.

10 **b) Festsetzung der Aktien abweichend vom Nennbetrag der Geschäftsanteile der GmbH.** Für eine Zustimmungsbedürftigkeit ist weiterhin erforderlich, dass die Aktien der Ziel-AG oder Ziel-KGaA **abweichend vom Nennbetrag** der Geschäftsanteile der formwechselnden GmbH gestellt werden. Das Tatbestandsmerkmal ist erfüllt, wenn der Gesamtnennbetrag des Stammkapitals der GmbH nicht dem Gesamtbetrag des zukünftigen Grundkapitals der zukünftigen Ziel-AG oder Ziel-KGaA entspricht und somit die Beteiligung an der Ziel-AG oder Ziel-KGaA nicht verhältniswahrend erfolgt.

Hinweis: Eine solche abweichende Festsetzung kommt etwa vor, wenn die Geschäftsanteile der GmbH-Gesellschafter nicht gänzlich in Aktien umgewandelt werden können, also sog. freie Spitzen entstehen.[18]

Beispiel:

Für die G-GmbH ist ein Formwechsel in die G-AG angedacht. Das Stammkapital der G-GmbH beträgt 75.000 EUR. Gesellschafter B hält 2 Geschäftsanteile an der GmbH im Wert von je 15.000 EUR sowie 10 Geschäftsanteile im Wert von je 750 EUR. Nach dem Formwechsel sollen ausschließlich Aktien von 1.000 EUR Nennbetrag ausgegeben werden. Hier verbleibt eine freie Spitze iHv 500 EUR, so dass der Gesamtbetrag der zukünftigen Aktien dem Gesamt-

17 Begr. RegE zum StückAG, BT-Drucks. 13/9573, 11 f.
18 Semler/Stengel/*Arnold*, § 241 Rn 10.

nennbetrag der Geschäftsanteile nicht entspricht und aufgrund dessen eine verhältniswahrende Beteiligung an der Ziel-AG nicht möglich ist.

Weiterhin ist eine Festsetzung abweichend, wenn die Anteile an der Ziel-AG oder KGaA die Höhe des Geschäftsanteils der Ausgangs-GmbH überschreiten.

Beispiel:

Gesellschafter B der formwechselnden G-GmbH hält einen Geschäftsanteil iHv 500 EUR. Die Satzung der Ziel-AG sieht nur Nennbetragsaktien mit einem Nennbetrag iHv 1.000 EUR vor.

§ 241 Abs. 1 zieht den „**Nennbetrag**" der Geschäftsanteile der formwechselnden GmbH als Referenzgröße heran. Aufgrund dessen muss wohl angenommen werden, dass eine Ausgabe von Stückaktien stets eine Abweichung vom Nennbetrag der Geschäftsanteile mit sich bringt, da eine Stückaktie eine nennwertlose Aktie ist, selbst wenn der auf die einzelne Stückaktie entfallende anteilige Betrag am Grundkapital genauso hoch ist wie der Nennbetrag der Geschäftsanteile der formwechselnden GmbH. 11

c) **Fehlende Möglichkeit einer dem Gesamtnennbetrag der Geschäftsanteile entsprechenden Beteiligung.** Ferner muss gegeben sein, dass der Gesellschafter bei der Ziel-AG bzw Ziel-KGaA „[...] sich **nicht dem Gesamtnennbetrag** der Geschäftsanteile entsprechend beteiligen kann [...]". Aus der abweichenden Festsetzung des Nennbetrages der Aktien wird sich regelmäßig bereits eine nicht verhältniswahrende Beteiligung ergeben. Allerdings sind Konstellationen denkbar, in denen sich zwar der Nennbetrag der einzelnen Anteile ändert, der Gesamtnennbetrag der Anteile aber gleich bleibt. In diesem Fall liegt keine Zustimmungspflicht vor. 12

Beispiel:

Für die G-GmbH ist ein Formwechsel in die G-AG angedacht. Ihr Stammkapital beträgt 75.000 EUR und ist in 75.000 Geschäftsanteile mit einem jeweiligen Nennbetrag von 1,00 EUR eingeteilt. Das Grundkapital der G-AG iHv 75.000 EUR soll hingegen in 1.000 Nennbetragsaktien mit einem jeweiligen Nennbetrag von 75 EUR eingeteilt werden.

3. **Umstellung des Gesellschaftskapitals von DM auf EUR.** Vgl hierzu § 247 Rn 4. 13

III. Zustimmungserfordernis bei Minderheits- und Sonderrechten

1. **Minderheitsrechte (Abs. 2).** § 241 Abs. 2 iVm § 50 Abs. 2 sieht vor, dass auch Inhaber von **Minderheitsrechten** dem Umwandlungsbeschluss zustimmen müssen, wenn eine Beeinträchtigung bzw ein Verlust dieser Rechte eintreten würde. Hierbei kann es sich etwa um Vorkaufs- und Vorerwerbsrechte handeln.[19] Die Regelung entspricht der Verweisnorm in § 233 Abs. 2 S. 1 Hs 2. Zu den einzelnen Voraussetzungen vgl bereits § 50 Rn 16 ff. 14

2. **Sonderrechte.** Ebenso wie Inhaber von Minderheitsrechten müssen auch **Sonderrechtsinhaber** dem Formwechselbeschluss zustimmen, wenn der Formwechsel zu einer Beeinträchtigung oder einem Verlust ihrer Rechte führt.[20] Bei Sonderrechten idS handelt es sich um Mitgliedschaftsrechte, die einzelnen oder mehreren Gesellschaftern eine Vorzugsstellung vor anderen Mitgliedern gewähren.[21] Hierbei kann es sich etwa um gegenüber anderen Gesellschaftern erhöhte Gewinn- oder Stimmrechte handeln.[22] Das Erfordernis einer Zustimmung ist hierbei dem allgemeinen verbandsrechtlichen Gedanken des § 35 BGB zu entnehmen.[23] Im Hinblick auf Sonderrechte, die keine Minderheitsrechte iSv § 50 Abs. 2 darstellen, bei denen der Formwechsel aber zu einer Beeinträchtigung oder einem Verlust von Rechten bei dem betreffenden 15

19 *Reichert*, GmbHR 1995, 176, 193.
20 Lutter/*Göthel*, § 240 Rn 8; Semler/Stengel/*Arnold*, § 240 Rn 15.
21 Scholz/*Seibt*, § 14 GmbHG Rn 19; vgl auch RGZ 165, 129, 133; BGHZ 63, 14, 19.
22 Semler/Stengel/*Arnold*, § 240 Rn 15; Lutter/*Göthel*, § 240 Rn 8.
23 Kallmeyer/*Dirksen/Blasche*, § 241 Rn 6; Semler/Stengel/*Mutter*, § 241 Rn 20.

Gesellschafter führt, muss daher ebenso eine gesonderte Zustimmung des betroffenen Gesellschafters erfolgen. S. bereits § 240 Rn 25 ff.

IV. Zustimmungserfordernis aufgrund von anderen Verpflichtungen (Abs. 3)

16 Der Gesellschaftsvertrag einer GmbH kann – neben der Leistung von Kapitaleinlagen – noch **andere Verpflichtungen** der Gesellschafter gegenüber der Gesellschaft vorsehen.[24] Während die GmbH den Gesellschaftern hierbei weitestgehend Gestaltungsfreiheit einräumt, ist dies bei einer AG oder KGaA nur eingeschränkt möglich.[25] Das Aktiengesetz erlaubt nur, dass dem Aktionär in der Satzung eine Verpflichtung zur Erbringung wiederkehrender, nicht in Geld bestehender Leistungen auferlegt wird, wenn die Übertragung der Aktien an die Zustimmung der Gesellschaft gebunden ist, § 55 Abs. 1 AktG.[26] Andere Nebenleistungsverpflichtungen in der Satzung sind unzulässig. Würde eine nach GmbH-Recht zulässige Nebenleistungsverpflichtung nach dem Formwechsel bei uneingeschränkter Übertragung in die Satzung der AG bzw KGaA gegen § 55 AktG verstoßen, so kann sie nicht übertragen werden. Für diese Fälle sieht § 240 Abs. 3 die Zustimmung der hiervon betroffenen GmbH-Gesellschafter zum Formwechsel vor.[27]

17 Daneben ist die Übertragung der Nebenleistungsverpflichtung bereits dann unzulässig, wenn nach dem Formwechsel keine Namensaktien an die betreffenden ehemaligen GmbH-Gesellschafter ausgegeben werden, wie esdem Wortlaut von § 55 Abs. 1 iVm § 68 Abs. 2, Abs. 1 AktG auch entspricht.[28]

18 Die Norm will mit dem Zustimmungserfordernis den betreffenden Gesellschafter vor einer Benachteiligung schützen. Im Umkehrschluss kann auf seine Zustimmung verzichtet werden, wenn die Nebenleistungsverpflichtung eine reine einseitige Belastung für den Gesellschafter darstellt, der keine Gegenpflicht der Gesellschaft gegenübersteht.[29] In der Literatur wird als Beispiel für eine Nebenleistungsverpflichtung, deren Aufhebung für den betroffenen Aktionär nicht nur Vorteile hätte, die Zustimmung, eine entgeltliche Lieferverpflichtung des Gesellschafters genannt, der im Gegenzug für die Lieferung an die Gesellschaft ein Entgelt von der Gesellschaft verlangen kann.[30]

V. Sonstige Zustimmungserfordernisse

19 **1. Vinkulierung.** Ist die Abtretung der Geschäftsanteile der GmbH nach dem Gesellschaftsvertrag von der **Genehmigung einzelner Gesellschafter abhängig** (Vinkulierung), bedarf der Formwechselbeschluss zu seiner Wirksamkeit der Zustimmung dieser Gesellschafter. Vgl hierzu bereits § 193 Rn 14 ff.

20 **2. Gesellschaftsvertragliche Regelung.** Auch **besondere gesellschaftsvertragliche Regelungen** können zur Folge haben, dass eine Zustimmung der betroffenen Gesellschafter notwendig ist.[31] Der besonderen Erwähnung eines Zustimmungsvorbehalts gerade für Umwandlungen bedarf es im Gesellschaftsvertrag nicht.[32] Vielmehr genügt ein einfacher Zustimmungsvorbehalt für Satzungsänderungen.[33]

24 Widmann/Mayer/*Rieger*, § 241 Rn 42; Semler/Stengel/Mutter, § 241 Rn 22; Baumbach/Hueck/*Hueck/Fastrich*, § 3 GmbHG Rn 31 ff.
25 Vgl Baumbach/Hueck/*Hueck/Fastrich*, § 3 GmbHG Rn 31 ff; *Hüffer*, § 54 AktG Rn 6 u. § 55 AktG Rn 1.
26 *Hüffer*, § 55 AktG Rn 2.
27 § 241 Abs. 3.
28 § 55 iVm § 68 Abs. 2 AktG; vgl Semler/Stengel/*Mutter*, § 241 Rn 23.
29 Lutter/*Göthel*, § 241 Rn 12; Semler/Stengel/*Mutter*, § 241 Rn 24; Kallmeyer/*Dirksen/Blasche*, § 241 Rn 8.
30 Lutter/*Göthel*, § 241 Rn 12 ff; Semler/Stengel/*Mutter*, § 241 Rn 24.
31 Lutter/*Göthel*, § 241 Rn 17; Kallmeyer/*Dirksen/Blasche*, § 241 Rn 10; Semler/Stengel/*Mutter*, § 241 Rn 30.
32 Lutter/*Göthel*, § 241 Rn 17; Kallmeyer/*Dirksen/Blasche*, § 241 Rn 10.
33 Semler/Stengel/*Mutter*, § 241 Rn 30; Lutter/*Göthel*, § 241 Rn 17; Kallmeyer/*Dirksen/Blasche*, § 241 Rn 10.

VI. Zustimmungserklärung

1. Erklärender. Die Zustimmung ist durch den **betroffenen Gesellschafter** zu erklären. Im Falle des § 241 Abs. 1 ist dies derjenige Gesellschafter, der sich nicht dem Gesamtnennbetrag seiner Geschäftsanteile entsprechend an der Ziel-AG oder Ziel-KGaA beteiligen kann. Im Falle des § 241 Abs. 2 und 3 ist dies der Gesellschafter, dessen Rechte bzw Pflichten durch den Formwechsel beeinträchtigt werden würden. Bei einer Anteilsvinkulierung ist Erklärender der Gesellschafter, von dessen Genehmigung die Anteilsübertragung abhängt. Sieht eine gesellschaftsvertragliche Regelung einen Zustimmungsvorbehalt vor, ist Erklärender derjenige Gesellschafter, dem die Zustimmung vorbehalten ist. 21

2. Erklärungsempfänger. Die Zustimmungserklärung ist eine **empfangsbedürftige Willenserklärung.**[34] Es sind damit die für Willenserklärungen einschlägigen Regelungen maßgeblich. Insb. bedarf die Erklärung eines Zugangs beim Erklärungsempfänger. Dieser ist entweder die den Formwechsel beschließende Gesellschafterversammlung (Abgabe gegenüber dem Vorsitzenden) oder der Rechtsträger selbst (Abgabe gegenüber dem Geschäftsführer).[35] 22

3. Form. Die Zustimmungserklärung ist **notariell zu beurkunden.**[36] 23

VII. Rechtsfolgen

1. Rechtsfolgen bei erteilter Zustimmungserklärung. Wird die Zustimmungserklärung von dem Zustimmungsberechtigten erteilt, ist die Festsetzung wirksam bzw kommt der Formwechselbeschluss **zustande**, soweit keine anderen Beschlusshindernisse entgegenstehen. 24

2. Rechtsfolgen bei Fehlen der Zustimmungserklärung. a) Unwirksamkeit des Formwechselbeschlusses (Abs. 2 und 3). Fehlt die Zustimmung gem. § 241 Abs. 2 oder 3 eines Gesellschafters, hat dies die schwebende Unwirksamkeit des Formwechselbeschlusses zur Folge.[37] Bei einer endgültigen Verweigerung der Zustimmung wird der gesamte Beschluss **unwirksam.**[38] 25

b) Unwirksamkeit der Festsetzung nach § 241 Abs. 1. Die Zustimmung iSd § 241 Abs. 1 betrifft ausschließlich die Festsetzung der Anteile am Grundkapital. Zweifelhaft ist, ob eine verweigerte Zustimmung zu dieser Festsetzung zur **Unwirksamkeit des Umwandlungsbeschlusses** führt. Richtigerweise ist diese Frage mit der herrschenden Meinung in der Literatur zu verneinen. Sofern die Gesellschafter nichts Abweichendes vereinbart haben, sind die Wirksamkeit von Umwandlungsbeschluss und Festsetzung voneinander unabhängig.[39] Dies hat zur Folge, dass der Formwechselbeschluss bei Erreichen der erforderlichen Mehrheit im Falle der fehlenden Zustimmung zur Festsetzung wirksam ist.[40] Betroffene Gesellschafter sind in diesem Fall dadurch hinreichend geschützt, dass das Gericht nach Anfechtung des Beschlusses die Grundkapitalanteile so festsetzen kann, dass eine maximale Beteiligung gesichert ist.[41] 26

c) Registergerichtliche Eintragung. Eine fehlende Zustimmung zum Umwandlungsbeschluss gem. § 241 Abs. 2 und 3 bzw eine fehlende Zustimmung zur Festsetzung gem. § 241 Abs. 1 ist ein **Eintragungshindernis;** der Formwechsel darf seitens des Registergerichts nicht in das Handelsregister eingetragen werden. [42] Erfolgt trotz nicht erfolgter Zustimmung der zustimmungsberechtigten Gesellschafter eine Eintragung im Handelsregister, hat dies gem. § 202 Abs. 3 dennoch die Wirksamkeit des Formwechsels zur Folge. S. hierzu bereits § 202 Rn 20 f. 27

34 Semler/Stengel/*Bärwaldt*, § 193 Rn 27; Widmann/Mayer/*Rieger*, § 241 Rn 29; Kallmeyer/*Zimmermann*, § 193 Rn 20.
35 Kallmeyer/*Zimmermann*, § 193 Rn 20.
36 § 193 Abs. 3 S. 1.
37 Widmann/Mayer/*Rieger*, § 241 Rn 68; Kallmeyer/*Dirksen/Blasche*, § 241 Rn 12.
38 Schmitt/Hörtnagl/Stratz/*Stratz*, § 241 Rn 12; Semler/Stengel/*Mutter*, § 241 Rn 21.
39 Lutter/*Göthel*, § 241 Rn 21; Semler/Stengel/*Mutter*, § 241 Rn 34. .
40 Kallmeyer/*Dirksen/Blasche*, § 241 Rn 12; Semler/Stengel/*Mutter*, § 241 Rn 34; vgl auch Widmann/Mayer/*Rieger*, § 241 Rn 68; Rowedder/Schmidt-Leithoff/*Schnorbus*, Anh. § 77 GmbHG Rn 511.
41 Lutter/*Göthel*, § 241 Rn 21; Semler/Stengel/*Mutter*, § 241 Rn 34.
42 Widmann/Mayer/*Rieger*, § 241 Rn 36; Kallmeyer/*Dirksen/Blasche*, § 241 Rn 12.

28 **d) Schadensersatzansprüche.** Eine wirksame Eintragung trotz fehlender Zustimmung kann zugunsten der zustimmungsberechtigten Gesellschafter einen **Schadensersatzanspruch** gem. §§ 205, 206 auslösen.[43] Vgl hierzu bereits § 205 Rn 5 bzw § 206 Rn 2 ff.

§ 242 Zustimmungserfordernis beim Formwechsel einer Aktiengesellschaft oder einer Kommanditgesellschaft auf Aktien

Wird durch den Umwandlungsbeschluß einer formwechselnden Aktiengesellschaft oder Kommanditgesellschaft auf Aktien der Nennbetrag der Geschäftsanteile in dem Gesellschaftsvertrag der Gesellschaft mit beschränkter Haftung abweichend vom Betrag der Aktien festgesetzt, so muß der Festsetzung jeder Aktionär zustimmen, der sich nicht mit seinem gesamten Anteil beteiligen kann.

I. Normzweck

1 Die Norm betrifft **ausschließlich** den Formwechsel einer AG oder KGaA in eine GmbH. § 242 stellt damit ein Korrelat zu § 241 dar, der – umgekehrt – den Formwechsel einer GmbH in eine AG oder KGaA betrifft. Die Regelung dient der Vermeidung von Nachteilen, die die Gesellschafter einer AG oder KGaA erleiden, wenn ihnen durch eine von ihrer bisherigen Beteiligung abweichende Festsetzung der Geschäftsanteile der GmbH eine nur verminderte Beteiligungsmöglichkeit eingeräumt wird.[1] Bei einer solchen Verschlechterung der Gesellschafterstellung wird die Wirksamkeit des Formwechsels von einer Willensentscheidung des betroffenen Mitglieds abhängig gemacht und es wird ihm die Möglichkeit eingeräumt, die Zustimmungserklärung zu einem Formwechsel zu verweigern.[2]

2 Mit § 242 hat der Gesetzgeber das bis zur Novellierung des UmwG geltende Recht im Jahr 1994 übernommen.[3] Die Praxisrelevanz dieser Regelung hat jedoch durch das UmwG 1994 dadurch zugenommen, dass das bisherige Erfordernis einer einstimmigen Beschlussfassung für den Formwechselbeschluss einer AG in eine GmbH durch den Grundsatz der Dreiviertelmehrheit abgelöst wurde.[4]

II. Zustimmungserfordernis aufgrund der nicht dem Betrag der Aktien entsprechenden Festsetzung des Geschäftsanteils

3 **1. Allgemeines.** Durch den Formwechsel einer AG wird das bisherige **Grundkapital** einer formwechselnden AG oder KGaA **zum Stammkapital** der Ziel-GmbH.[5] Die Aktien der form-

43 Widmann/Mayer/*Rieger*, § 241 Rn 36; Kallmeyer/*Dirksen/Blasche*, § 241 Rn 12.
1 Kallmeyer/*Dirksen/Blasche*, § 242 Rn 1.
2 Vgl auch Semler/Stengel/*Arnold*, § 241 Rn 1.
3 Begr. RegE zu §§ 241 u. 242, BR-Drucks. 75/94, 156.
4 Widmann/Mayer/*Rieger*, § 242 Rn 1; Semler/Stengel/*Mutter*, § 242 Rn 4.
5 § 247 Abs. 1 Var. 2.

wechselnden AG oder KGaA werden dabei zu Geschäftsanteilen der Ziel-GmbH.[6] Grundsätzlich geht das UmwG davon aus, dass die Beteiligungsverhältnisse an der AG oder KGaA in Bezug auf diejenigen an der GmbH verhältniswahrend aufrechterhalten bleiben.[7] Das Gesetz statuiert allerdings gegenüber den Gesellschaftern keine Pflicht zur Wahrung der Beteiligungsverhältnisse.[8] Diesen steht es gem. § 242 vielmehr frei, die Beteiligungsverhältnisse mit dem Formwechsel einer Änderung zu unterziehen, wenn die betroffenen Gesellschafter zustimmen.

2. Tatbestandsvoraussetzung. a) Festsetzung des Nennbetrags der Geschäftsanteile abweichend vom Betrag der Aktien der formwechselnden AG / KGaA. Voraussetzung für einen Zustimmungsvorbehalt ist, dass der **Nennbetrag** der Geschäftsanteile eines Gesellschafters an der Ziel-GmbH vom Betrag seiner bisherigen Aktien an der formwechselnden AG oder KGaA abweicht. Unter „Betrag der Aktien“ versteht der Gesetzgeber dabei sowohl den Nennbetrag von Nennbetragsaktien als auch den rechnerischen Anteil einzelner Stückaktien am Grundkapital.[9] Eine Abweichung vom Nennbetrag der Geschäftsanteile liegt vor, wenn der Gesamtbetrag der Aktien (gerechnet auf den Gesamtnennbetrag bei Nennbetragsaktien bzw den Gesamtbetrag der anteiligen Beteiligung am Grundkapital bei Stückaktien) eines Gesellschafters vom Gesamtnennbetrag der zukünftig gehaltenen Geschäftsanteile der Ziel-GmbH abweicht. 4

b) Fehlende Möglichkeit einer verhältniswahrenden Beteiligung. Ferner muss gegeben sein, dass der Gesellschafter bei der Ziel-GmbH „sich nicht mit seinem gesamten Anteil beteiligen kann“. Aus der **abweichenden Festsetzung** des Nennbetrages wird sich regelmäßig bereits eine nicht verhältniswahrende Beteiligung ergeben. Allerdings sind Konstellationen denkbar, in denen sich zwar der Nennbetrag der einzelnen Anteile ändert, der Gesamtnennbetrag der Anteile aber gleich bleibt. In diesem Fall liegt keine Zustimmungspflicht vor. 5

3. Zustimmung. Weicht der Nennbetrags der zukünftigen Geschäftsanteile eines Gesellschafters an der Ziel-GmbH vom Betrag seiner bisherigen Beteiligung an der formwechselnden AG oder KGaA in Aktien ab, liegt also eine **verhältniswahrende Beteiligung** am Rechtsträger neuer Rechtsform **nicht** vor, ist der Formwechsel von der Zustimmung des hierdurch betroffenen Aktionärs abhängig. 6

a) Erklärender. Erklärender der Zustimmung ist der von der Verhältnisänderung betroffene Gesellschafter. 7

b) Erklärungsempfänger. Die Zustimmungserklärung ist **empfangsbedürftige Willenserklärung.**[10] Es sind damit die für Willenserklärungen einschlägigen Regelungen maßgeblich. Insb. bedarf die Erklärung eines Zugangs beim Erklärungsempfänger. Dieser ist entweder die den Formwechsel beschließende Hauptversammlung (Abgabe gegenüber dem Vorsitzenden) oder der Rechtsträger selbst (im Falle der AG: Abgabe gegenüber dem Vorstand als geschäftsführendes Organ bzw im Falle der KGaA gegenüber dem persönlich haftenden Gesellschafter als geschäftsführendes Organ).[11] 8

c) Form. Die Zustimmungserklärung ist **notariell zu beurkunden.**[12] 9

d) Zeitpunkt. Der betroffene Gesellschafter kann seine Zustimmungserklärung **vor, während oder nach dem Umwandlungsbeschluss** erteilen.[13] Spätestens aber bei Anmeldung des Formwechsels zur Eintragung in das Handelsregister muss die Zustimmungserklärung vorliegen.[14] 10

e) Anderweitige Zustimmungserfordernisse. Das Zustimmungserfordernis des § 193 Abs. 2 findet im Falle des Formwechsels einer AG oder KGaA **keine Anwendung**, da die Übertragung 11

6 § 202 Abs. 1 Nr. 2 S. 1.
7 Arg. e contrario § 242; s. auch Lutter/*Göthel*, § 242 Rn 4.
8 Lutter/*Göthel*, § 242 Rn 4.
9 Semler/Stengel/*Mutter*, § 242 Rn 6.
10 Semler/Stengel/*Bärwaldt*, § 193 Rn 27; Kallmeyer/*Zimmermann*, § 193 Rn 20.
11 Vgl Kallmeyer/*Zimmermann*, § 193 Rn 20.
12 § 193 Abs. 3 S. 1.
13 Vgl Widmann/Mayer/*Rieger*, § 242 Rn 21; Lutter/*Göthel*, § 242 Rn 12.
14 Lutter/*Göthel*, § 242 Rn 12.

von Aktien nur an die Zustimmung der Gesellschaft und nicht die Zustimmung der einzelnen Gesellschafter gebunden werden kann.[15]

III. Rechtsfolgen

12 **1. Rechtsfolgen bei erteilter Zustimmungserklärung.** Erteilt der Zustimmungsberechtigte die Zustimmungserklärung, so ist die **Festsetzung wirksam.**

13 **2. Rechtsfolgen bei Fehlen der Zustimmungserklärung. a) Unwirksamkeit der Festsetzung nach § 242.** Die Zustimmung iSd § 242 betrifft ausschließlich die Festsetzung der Anteile am Stammkapital. Zweifelhaft ist, ob eine verweigerte Zustimmung zu dieser Festsetzung **zur Unwirksamkeit des Umwandlungsbeschlusses** führt. Nach hier vertretener Auffassung wird die Wirksamkeit des Formwechselbeschlusses von der Verweigerung der Zustimmung gem. § 242 nicht berührt. S. hierzu bereits § 241 Rn 26.

14 **b) Registergerichtliche Eintragung.** Eine fehlende Zustimmung zur Festsetzung ist ein **Eintragungshindernis**; der Formwechsel darf seitens des Registergerichts nicht in das Handelsregister eingetragen werden.[16] Erfolgt trotz nicht erfolgter Zustimmung der zustimmungsberechtigten Gesellschafter eine Eintragung im Handelsregister, hat dies gem. § 202 Abs. 3 dennoch die Wirksamkeit des Formwechsels zur Folge. S. hierzu bereits § 202 Rn 20 f.

15 **c) Schadensersatzansprüche.** Eine wirksame Eintragung trotz fehlender Zustimmung kann zugunsten der zustimmungsberechtigten Gesellschafter einen **Schadensersatzanspruch** gem. § 205 auslösen.[17] Vgl hierzu bereits § 205 Rn 5.

§ 243 Inhalt des Umwandlungsbeschlusses

(1) [1]Auf den Umwandlungsbeschluß ist § 218 entsprechend anzuwenden. [2]Festsetzungen über Sondervorteile, Gründungsaufwand, Sacheinlagen und Sachübernahmen, die in dem Gesellschaftsvertrag oder in der Satzung der formwechselnden Gesellschaft enthalten sind, sind in den Gesellschaftsvertrag oder in die Satzung der Gesellschaft neuer Rechtsform zu übernehmen. [3]§ 26 Abs. 4 und 5 des Aktiengesetzes bleibt unberührt.

(2) Vorschriften anderer Gesetze über die Änderung des Stammkapitals oder des Grundkapitals bleiben unberührt.

(3) [1]In dem Gesellschaftsvertrag oder in der Satzung der Gesellschaft neuer Rechtsform kann der auf die Anteile entfallende Betrag des Stamm- oder Grundkapitals abweichend vom Betrag der Anteile der formwechselnden Gesellschaft festgesetzt werden. [2]Bei einer Gesellschaft mit beschränkter Haftung muss er auf volle Euro lauten.

15 § 68 Abs. 2 S. 1 AktG.

16 Widmann/Mayer/*Rieger*, § 242 Rn 26; Kallmeyer/*Dirksen/Blasche*, § 241 Rn 12; Semler/Stengel/*Mutter*, § 242 Rn 18.

17 Widmann/Mayer/*Rieger*, § 241 Rn 26.

I. Normzweck

§ 243 trifft eine Regelung über den Inhalt des Formwechselbeschlusses bei einem Formwechsel einer **Kapitalgesellschaft** in eine **Kapitalgesellschaft anderer Rechtsform.** Er stellt damit eine **Ergänzung zu § 194** dar, der die Mindestanforderungen an den Inhalt des Umwandlungsbeschlusses zum Gegenstand hat. [1] Die Norm verweist dabei auf § 218 und damit auf das Recht des Formwechsels von Personengesellschaften. 1

Die Regelung findet ausschließlich Anwendung auf den Formwechsel einer Kapitalgesellschaft in eine andere Kapitalgesellschaft, dh den Formwechsel einer **AG, KGaA** oder **GmbH** in eine dieser drei Rechtsformen. Soweit § 218 Regelungen zum Formwechsel einer Personengesellschaft in eine eG enthält, sind diese Regelungen vom Verweis in § 243 naturgemäß ausgenommen. Dementsprechend verweist § 243 nicht auf § 218 Abs. 1 S. 2 und § 218 Abs. 3.[2] Der Verweis auf § 218 Abs. 2 gilt nur hinsichtlich des Formwechsels einer KGaA.[3] 2

Eine dem § 218 Abs. 1 und 2 entsprechende Regelung fand sich im AktG 1965 nicht.[4] Lediglich die Regelung des § 218, auf die § 243 verweist, war bereits im Recht des Formwechsels einer Personenhandelsgesellschaft in eine Kapitalgesellschaft des **UmwG aF** vorgesehen.[5] Abs. 1 S. 2 beinhaltet eine Parallelregelung zum Recht der Verschmelzung, die ebenfalls im alten Recht eine Entsprechung fand.[6] Abs. 3 war sinngemäß bereits in § 369 Abs. 6 S. 1 und 2 AktG geregelt.[7] 3

II. Formwechselbeschluss

1. Mindestinhalt (§ 194). § 194 findet als Norm des allgemeinen Teils auch im besonderen Teil des Formwechsels einer **Kapitalgesellschaft** in eine **Kapitalgesellschaft anderer Rechtsform** Anwendung. Damit ist zugleich gesagt, dass bei einem solchen Umwandlungsbeschluss auch die von § 194 vorgeschriebenen Mindestbestimmungen enthalten sein müssen. S. zu den Einzelheiten, insb. zu Formulierungshinweisen, bereits § 194 Rn 2 ff. 4

2. Besonderer Inhalt (Abs. 1 S. 1). a) Gesellschaftsvertrag und Satzung des Rechtsträgers neuer Rechtsform als Inhalt des Umwandlungsbeschlusses (Abs. 1. S. 1 iVm § 218 Abs. 1 S. 1). Nach § 243 Abs. 1 S. 1 muss der Formwechselbeschluss neben den allgemeinen Anforderungen des § 194 inhaltlich den **Anforderungen des § 218** entsprechen, soweit § 218 nicht Regelungen für die eG enthält. Im Formwechselbeschluss müssen folglich deshalb auch der Gesellschaftsvertrag der GmbH enthalten bzw die Satzung der AG oder der KGaA im festgestellt werden.[8] Hierbei ist der vollständige Text des Gesellschaftsvertrags aufzunehmen bzw der Satzung der Gesellschaft neuer Rechtsform festzusetzen und nicht lediglich die für den Formwechsel unerlässlichen Änderungen gegenüber dem bisherigen Gesellschaftsvertrag bzw der bisherigen Sat- 5

1 Lutter/*Göthel*, § 243 Rn 1.
2 Semler/Stengel/*Mutter*, § 243 Rn 2; vgl auch Kallmeyer/*Dirksen*/*Blasche*, § 243 Rn 1; Widmann/Mayer/*Rieger*, § 243 Rn 16; Schmitt/Hörtnagl/Stratz/*Stratz*, § 243 Rn 1.
3 Semler/Stengel/*Mutter*, § 243 Rn 2.
4 Semler/Stengel/*Mutter*, § 243 Rn 3; s. auch Begr. RegE zu § 243, BR-Drucks. 75/94, 157.
5 §§ 42 Abs. 2 S. 1, 48 Abs. UmwG aF; vgl Semler/Stengel/*Mutter*, Rn 243 Rn 3.
6 Begr. RegE zu § 243, BR-Drucks. 75/94, 156 f; s. §§ 353 Abs. 4 S. 2 u. 3 AktG 1965.
7 Begr. RegE zu § 243, BR-Drucks. 75/94, 156 f.
8 § 218 Abs. 1 S. 1.

zung.[9] So soll klar dokumentiert werden, in welcher Fassung der Gesellschaftsvertrag oder die Satzung vom Zeitpunkt des Formwechsels an gilt.[10] Der Gesetzgeber hielt diese Abweichung vom AktG aF für geboten, um eine Vereinheitlichung des Umwandlungsverfahrens zu gewährleisten.[11] Im Übrigen wird so dem auch im GmbH- und Aktienrecht[12] zum Ausdruck kommenden Willen des Gesetzgebers entsprochen, dass dem Handelsregister stets der vollständige Wortlaut des Gesellschaftsvertrags oder der Satzung zur Verfügung steht.[13]

6 **b) Inhalt des Gesellschaftsvertrags bzw der Satzung des Rechtsträgers neuer Rechtsform.** Den Gesellschaftsvertrag bzw die Satzung des Rechtsträgers neuer Rechtsform müssen Gesellschaftern unter Beachtung der für die neue Rechtsform geltenden **Gründungsvorschriften** ausgestalten.[14] Dies ergibt sich aus §§ 197 S. 1, 245. Zudem ergeben sich weitere Anforderungen aus § 243 Abs. 1 S. 2 und 3 sowie aus § 243 Abs. 3 (vgl hierzu die Erläuterungen sogleich unter Rn 13 ff). Im Übrigen sind die Gesellschafter bei der Gestaltung des Gesellschaftsvertrags frei, soweit die Gründungsvorschriften den Gesellschaftern keine anderweitigen Vorgaben auferlegen.[15]

Hinweis: Nach der Rechtsprechung des BGH kann die Rechtsfehlerhaftigkeit eines Gesellschaftsvertrags, der in dem Umwandlungsbeschluss festgestellt wird, grundsätzlich zu einer Nichtigkeit auch des Umwandlungsbeschlusses selbst gem. § 139 BGB führen. [16] Soll aber nach dem Willen der Gesellschafter bei Vorliegen etwaiger nichtiger Bestimmungen der Gesellschaftsvertrag im Übrigen bestehen bleiben, führt eine solche Regelung nur zu einer Teilnichtigkeit.[17] Es empfiehlt sich deshalb regelmäßig die Aufnahme einer entsprechenden salvatorischen Klausel im Vertragswerk.[18]

7 **c) Änderungen des Gesellschaftsvertrags oder der Satzung. aa) Obligatorische Änderungen.** Der Formwechsel einer Kapitalgesellschaft hat zwingend die **Änderung des Gesellschaftsvertrags oder der Satzung** des Rechtsträgers zur Folge.[19] Die Änderungen betreffen etwa die Firma der Gesellschaft oder die Bezeichnungen der einzelnen Gesellschaftsorgane.[20] Auch muss bei einem Formwechsel einer GmbH in die AG oder KGaA die in § 23 Abs. 5 AktG verankerte Satzungsstrenge berücksichtigt werden. Regelungen des Gesellschaftsvertrags der GmbH, die im Widerspruch zu zwingenden Regelungen des Aktienrechts stehen, sind deshalb zu ändern.[21]

8 Wird eine obligatorische Änderung bei einem Formwechsel der Gesellschaft nicht durchgeführt, hat dies nicht die Unwirksamkeit des Umwandlungsbeschlusses zur Folge.[22] Die entsprechenden Regelungen sind vielmehr **unanwendbar** und die so vorliegenden Errichtungsmängel können gem. § 38 Abs. 4 AktG bzw § 9 c Abs. 2 GmbHG dazu führen, dass der Registerrichter die Eintragung verweigert. Voraussetzung dafür, eine Verfügung hinsichtlich der entsprechenden Handelsregisteranmeldung zu erlassen, ist insoweit eine mangelhafte, fehlende oder nichtige Satzungsbestimmung, die Tatsachen oder Rechtsverhältnisse betrifft, die entweder zwingend in der Satzung bestimmt sein müssen, in das Handelsregister einzutragen oder vom Gericht bekannt zu machen sind.[23] Die Ablehnung einer Eintragung kommt zudem auch dann in Betracht, wenn eine solche Bestimmung, ihr Fehlen oder ihre Nichtigkeit Vorschriften verletzt, die ausschließlich oder überwiegend zum Schutze der Gläubiger der Gesellschaft oder sonst im öffentlichen Interesse gegeben sind oder welche die Nichtigkeit der Satzung zur Folge hat.[24]

9 Begr. RegE zu § 243, BR-Drucks. 75/94, 156 f.
10 Begr. RegE zu § 243, BR-Drucks. 75/94, 156 f.
11 Begr. RegE zu § 243, BR-Drucks. 75/94, 156 f.
12 Vgl § 54 Abs. 1 S. 2 GmbHG; § 181 Abs. 1 S. 2 AktG.
13 Begr. RegE zu § 243, BR-Drucks. 75/94, 156 f.
14 Lutter/*Göthel*, § 243 Rn 21; Semler/Stengel/*Mutter*, § 243 Rn 8.
15 Lutter/*Göthel*, § 243 Rn 21; Semler/Stengel/*Mutter*, § 243 Rn 8.
16 BGH ZIP 2005, 1318, 1321.
17 BGH ZIP 2005, 1318, 1321.
18 Semler/Stengel/*Mutter*, § 243 Rn 8.
19 Lutter/*Göthel*, § 243 Rn 26; Semler/Stengel/*Mutter*, § 243 Rn 9.
20 Lutter/*Göthel*, § 243 Rn 26; Semler/Stengel/*Mutter*, § 243 Rn 9.
21 Lutter/*Göthel*, § 243 Rn 27; Semler/Stengel/*Mutter*, § 243 Rn 9.
22 Lutter/*Göthel*, § 243 Rn 28; Semler/Stengel/*Mutter*, § 243 Rn 10.
23 § 38 Abs. 4 Nr. 1 AktG; § 9 c Abs. 2 Nr. 1 GmbHG.
24 § 38 Abs. 4 Nr. 1 AktG; § 9 c Abs. 2 Nr. 1 GmbHG.

bb) Fakultative Änderungen. Den Gesellschaftern steht es frei, im Zuge des Formwechsels den Gesellschaftsvertrag oder die Satzung auch hinsichtlich solcher Regelungen zu ändern, die sich nicht unmittelbar aus dem Wechsel der Rechtsform ergeben.[25] Eine vollständige Neufassung des Gesellschaftsvertrags bzw der Satzung wird im Regelfall ohnehin angezeigt sein.[26] 9

Umstritten ist, welche Mehrheitserfordernisse bei einer **fakultativen Änderung** des Gesellschaftsvertrags oder der Satzung an den Umwandlungsbeschluss zu stellen sind, wenn diese Änderung nach dem Gesellschaftsstatut des formwechselnden Rechtsträgers an sich einer **höheren Beschlussmehrheit als der Umwandlungsbeschluss** bedarf. Nach einer hierzu vertretenen Ansicht soll eine Aufteilung nach obligatorischen und fakultativen Änderungen des Gesellschaftsvertrags bei einem Formwechsel nicht mehr der Gesetzesstruktur entsprechen.[27] Entgegen dem UmwG aF gehe das UmwG nF von einer einheitlich Beschlussfassung über die Umwandlung aus, deren Mehrheitsanforderungen und Verfahrensweisen abschließend im UmwG geregelt seien.[28] Demzufolge würde die für den Umwandlungsbeschluss einer Kapitalgesellschaft in eine Kapitalgesellschaft anderer Rechtsform notwendige Dreiviertelmehrheit genügen, um auch eine Änderung des Gesellschaftsvertrags oder der Satzung herbeizuführen, die nach einer Bestimmung dieses Statuts eigentlich einer höheren Mehrheitsanforderung bedarf. Hiergegen wendet sich die wohl hM.[29] Eine fakultative Satzungsänderung im Zuge des Umwandlungsbeschlusses könne demnach grundsätzlich nur unter den Voraussetzungen einer entsprechenden Änderung des Gesellschaftsvertrags oder der Satzung außerhalb des Umwandlungsbeschlusses, also unter Wahrung der entsprechenden Mehrheitsanforderungen vollzogen werden.[30] Wäre für fakultative Änderungen eine qualifizierte Gesellschaftermehrheit ausreichend, eröffnete dies den betreffenden Gesellschaftern die Möglichkeit, die entsprechenden statuarischen Regelungen des Ausgangsrechtsträgers zu umgehen. Dies widerspricht allgemeinen Grundsätzen des Gesellschaftsrechts.[31] Allerdings lässt sich der hM entgegenhalten, dass eine Differenzierung zwischen fakultativen und obligatorischen Änderungen nicht praxisgerecht ist. Eine solche Differenzierung würde in der Praxis regelmäßig dazu führen, dass stets die Mehrheiten für eine fakultative und die durch den Formwechsel bedingten obligatorischen Änderung des Gesellschaftsvertrages bzw der Satzung gesondert zu berücksichtigen wären – abgesehen von etwaigen Abgrenzungsschwierigkeiten. Die betreffenden Gesellschafter, auf deren Stimme es bei einer „isolierten" fakultativen Statutenänderung ankäme, wären bei einer einheitlichen Betrachtung, bei der nur die umwandlungsrechtlichen Mehrheitsanforderungen ausschlaggebend sind, nicht schutzlos gestellt. Zum einen sind ihre Minderheiten- und sonstigen Sonderrechten über eine gesonderte Zustimmungspflicht geschützt (vgl § 241 Rn 14 f). Zum anderen haben sie die Möglichkeit, ggf das Barabfindungsangebot gem. § 207 anzunehmen und aus der Gesellschaft auszuscheiden. 10

Das Gleiche gilt auch bei fakultativen Statutenänderungen, die nach dem Statut des Ausgangsrechtsträgers der **Zustimmung einzelner Anteilsinhaber** bedürfen.[32] 11

Eine andere Frage ist, wie mit **Statutenänderungen** umzugehen ist, die zu einer Anteilsvinkulierung erst bei der neuen Rechtsform führen.[33] Außerhalb des Umwandlungsrechts ist dies gem. § 180 Abs. 2 AktG, der analog auch im GmbH-Recht Anwendung findet,[34] nur mit Zustimmung der betroffenen Gesellschafter zulässig.[35] Auch hier sind die Gesellschafter durch die Möglichkeit, das Barabfindungsangebot gem. § 207 anzunehmen, ausreichend geschützt. 12

25 Semler/Stengel/*Mutter*, § 243 Rn 11; Widmann/Mayer/*Rieger*, § 243 Rn 12.
26 Kallmeyer/*Dirksen*, 4. Auflage, § 243 Rn 9.
27 *Meyer-Landrut/Kiem*, WM 1997, 1361, 1368.
28 *Meyer-Landrut/Kiem*, WM 1997, 1361, 1368.
29 Vgl Semler/Stengel/*Mutter*, § 243 Rn 12; Widmann/Mayer/*Rieger*, § 243 Rn 14; Lutter/*Göthel*, § 243 Rn 31 ff.
30 Semler/Stengel/*Mutter*, § 243 Rn 12; Widmann/Mayer/*Rieger*, § 243 Rn 14; Lutter/*Göthel*, § 243 Rn 33.
31 S. auch Lutter/*Göthel*, § 243 Rn 33.
32 Semler/Stengel/*Mutter*, § 243 Rn 13; Widmann/Mayer/*Rieger*, § 243 Rn 14; Lutter/*Göthel*, § 243 Rn 33.
33 Semler/Stengel/*Mutter*, § 243 Rn 13; Lutter/*Göthel*, § 243 Rn 32.
34 MüKo-AktG/*Stein*, § 180 Rn 16.
35 Lutter/*Göthel*, § 243 Rn 32; Semler/Stengel/*Mutter*, § 243 Rn 13.

13 **d) Besonderer Festsetzung in Gesellschaftsvertrag bzw Satzung (Abs. 1 S. 2 und 3). aa) Übernahme besonderer Festsetzung in Gesellschaftsvertrag bzw Satzung (Abs. 1 S. 2).** Festsetzungen über **Sondervorteile, Gründungsaufwand, Sacheinlagen und Sachübernahmen,** die in dem Gesellschaftsvertrag oder in der Satzung der formwechselnden Gesellschaft enthalten sind, sind gem. § 243 Abs. 1 S. 2 in den Gesellschaftsvertrag oder in die Satzung der Gesellschaft neuer Rechtsform zu übernehmen. Die Norm ist Parallelregelung zum Recht der Verschmelzung.[36] Sie dient der Klarstellung, da die formwechselnde Gesellschaft trotz Gründungsvorschriften der Zielrechtsform ohnehin Anwendung finden (§ 197 S. 1).[37] So haben zukünftige Gesellschafter und Gläubiger die Möglichkeit, sich hinreichend über die sich aus diesen Festsetzungen ergebenden etwaigen Risiken zu unterrichten.[38] § 243 Abs. 1 S. 2 bezieht sich nur auf entsprechende, bereits bestehende Festsetzungen im Gesellschaftsvertrag bzw der Satzung des formwechselnden Rechtsträgers.[39] Auf neue Festsetzungen, die anlässlich des Formwechsels erstmalig etabliert werden, findet die Norm keine Anwendung.[40]

14 **bb) Rechtsfolgen bei Verstoß gegen § 243 Abs. 1 S. 2.** Werden Festsetzungen über Sondervorteile, Gründungsaufwand, Sacheinlagen und Sachübernahmen nicht gem. § 243 Abs. 1 S. 2 in den Gesellschaftsvertrag des Rechtsträgers neuer Rechtsform übernommen, **erlöschen** die entsprechenden Rechte.[41]

15 **cc) Abänderung und Beseitigung besonderer Festsetzungen (§ 243 Abs. 1 S. 3 iVm § 26 Abs. 4 u. 5 AktG bzw § 26 Abs. 4 u. 5 AktG analog).** Grundsätzlich sind besondere Festsetzungen in dem Gesellschaftsvertrag oder der Satzung des Rechtsträgers alter Rechtsform in das Statut des Rechtsträgers neuer Rechtsform zu übernehmen. Der Gesetzgeber hat daneben § 26 Abs. 4 u. 5 AktG, der zeitliche Vorgaben zur Änderung oder Beseitigung besonderer Festsetzungen trifft, für unberührt erklärt.[42] Dies ist insb. bei der „Neufassung" des neuen Statuts zu beachten. Die Änderung bzw die Unterlassung der Übernahme einer in dem Gesellschaftsvertrag oder der Satzung getroffenen Festsetzung kann danach erst nach einer **Sperrfrist von fünf Jahren** seit Eintragung der AG oder GmbH in das Handelsregister erfolgen.[43] Soll die Festsetzung aufgrund ihrer Gegenstandslosigkeit ganz gestrichen,[44] ist dies erst dann möglich, wenn die Gesellschaft dreißig Jahre im Handelsregister bereits eingetragen ist und wenn die Rechtsverhältnisse, die den Festsetzungen zugrunde liegen, seit mindestens fünf Jahren abgewickelt sind.[45] Bei einem Formwechsel beginnen diese Fristen nicht neu zu laufen, sondern berechnen sich nach dem Tag der erstmaligen Festsetzung in dem Statut des formwechselnden Rechtsträgers.[46]

16 Für weitere Hinweise vgl bereits § 57 Rn 3 ff sowie § 74 Rn 2 ff.

17 **dd) Beteiligung bzw Beitritt eines persönlich haftenden Gesellschafters (Abs. 1 S. 1 iVm § 218 Abs. 2).** Im Falle eines Formwechsels einer Kapitalgesellschaft in eine KGaA muss gem. § 243 Abs. 1 S. 1 iVm § 218 Abs. 2 der Umwandlungsbeschluss vorsehen, dass sich an dieser Gesellschaft **mindestens** ein Gesellschafter der formwechselnden Gesellschaft als **persönlich haftender Gesellschafter beteiligt** oder dass der Gesellschaft **mindestens** ein persönlich haftender Gesellschafter **beitritt.** Vgl bereits § 218 Rn 22 ff.

36 Vgl §§ 57, 74.
37 Begr. RegE zu § 243, BR-Drucks. 75/94, 156 f.
38 Lutter/*Göthel*, § 243 Rn 22; Widmann/Mayer/*Rieger*, § 243 Rn 19; Semler/Stengel/*Mutter*, § 243 Rn 14.
39 Lutter/*Göthel*, § 243 Rn 22; Semler/Stengel/*Mutter*, § 243 Rn 14.
40 Lutter/*Göthel*, § 243 Rn 22; Semler/Stengel/*Mutter*, § 243 Rn 14.
41 Widmann/Mayer/*Rieger*, § 243 Rn 25; Schmitt/Hörtnagl/Stratz/*Stratz*, § 243 Rn 3; Lutter/*Göthel*, § 243 Rn 25; Semler/Stengel/*Mutter*, § 243 Rn 19.
42 § 243 Abs. 1 S. 3.
43 *Hüffer*, § 26 AktG Rn 9.
44 *Hüffer*, § 26 AktG Rn 10.
45 § 243 Abs. 1 S. 3 iVm § 26 Abs. 5 AktG.
46 Widmann/Mayer/*Rieger*, § 243 Rn 22.

III. Änderung des Stamm- oder Grundkapitals (Abs. 2)

1. Regel: Äquivalenz der absoluten Beträge von Grund- und Stammkapital. Der Formwechsel bewirkt, dass das bisherige Grundkapital einer formwechselnden AG oder KGaA zum Stammkapital der Ziel-GmbH bzw das bisherige Stammkapital einer formwechselnden GmbH zum Grundkapital der Ziel-AG oder -KGaA wird.[47] Im Fall des Formwechsels einer AG in eine KGaA und umgekehrt wird das Grundkapital der AG zum Grundkapital der KGaA und umgekehrt.[48] Die Grund- bzw Stammkapitalziffer ändert sich dabei in der absoluten Höhe grundsätzlich nicht.[49] Grund- und Stammkapital bleiben der absoluten Höhe nach **äquivalent**. 18

2. Ausnahme: Änderung des Grund- bzw Stammkapitals im Zuge des Formwechsels (Abs. 2). Wollen die Gesellschafter im Zuge des Formwechsels das Grund- bzw Stammkapital abweichend von der Kapitalhöhe des Ausgangsrechtsträgers festsetzen, sind sie hierin nicht frei, sondern können dies nur im Wege einer **förmlichen Kapitalerhöhung oder -herabsetzung** nach den allgemeinen Aktien- bzw GmbH-rechtlichen Vorschriften vornehmen,[50] die gem. § 243 Abs. 2 unberührt bleiben. Solche Änderungen können wegen des differierenden Mindestnennbetrags von Grund- und Stammkapital auch zwingend erforderlich sein.[51] 19

Problematisch ist, ob bei einer **Veränderung des Grund- bzw Stammkapitals im Zusammenhang mit dem Formwechsel** das Recht des formwechselnden Rechtsträgers oder das für den Rechtsträger neuer Rechtsform geltende Recht zur Anwendung kommt. Maßgeblich hierfür ist im Ausgangspunkt ausschließlich die Rechtsform, welche der Rechtsträger zum Zeitpunkt der Eintragung der Kapitalmaßnahme im Handelsregister hat.[52] Es ist dabei irrelevant, in welcher Reihenfolge die Anmeldungen zum Handelsregister erfolgten.[53] 20

Hinweis: Die Gesellschafter haben jedoch die Möglichkeit, mit der Anmeldung zur Eintragung in das Handelsregister eine bestimmte, abweichende Eintragungsreihenfolge zu beantragen.[54] Dies ist aus Gründen der Rechtssicherheit erfahrungsgemäß auch zu empfehlen, um die richtige Reihenfolge der Eintragungen sicherzustellen.

Nach hM soll das **Recht des Rechtsträgers neuer Rechtsform** auf die Kapitaländerung anzuwenden sein, wenn der Gesellschafterbeschluss vorsieht, dass die Kapitaländerung von der Wirksamkeit des Formwechsels abhängig sein soll,[55] da in diesem Fall die Kapitaländerungsmaßnahme nicht ohne den Formwechsel durchgeführt werden kann. Notwendig müsse hierzu aber in dem entsprechenden Kapitalerhöhungsbeschluss die Maßnahme der Kapitalerhöhung ausdrücklich von der Wirksamkeit des Formwechsels abhängig gemacht werden.[56] Dies müsse auch gegenüber dem Handelsregister in der Anmeldung der Kapitalveränderung zum Handelsregister zum Ausdruck gebracht werden.[57] Eine andere Ansicht lehnt die Anwendbarkeit des Rechts des Rechtsträgers neuer Rechtsform in solchen Fällen jedoch ab.[58] Es seien keine Anhaltspunkte ersichtlich, von der Wirksamkeit des Formwechsels als dem hinsichtlich der Anwendbarkeit des Rechts des Ausgangs- oder Zielrechtsträgers entscheidenden Zeitpunkt abzuweichen. Überhaupt ist aber darüber hinaus schon fraglich, ob eine Abhängigkeit des Kapitalerhöhungsbeschlusses von der Wirksamkeit des Formwechsels rechtlich zulässig ist. Denn eine 21

47 § 247 Abs. 1 S. 1.
48 Vgl die Erläuterungen zu § 247 Rn 6.
49 Semler/Stengel/*Mutter*, § 243 Rn 21; Lutter/*Göthel*, § 243 Rn 39.
50 Semler/Stengel/*Mutter*, § 243 Rn 21; Kallmeyer/*Dirksen/Blasche*, § 243 Rn 7; Lutter/*Göthel*, § 243 Rn 40.
51 Begr. RegE zu § 243, BR-Drucks. 75/94, 157.
52 Semler/Stengel/*Mutter*, § 243 Rn 23; Widmann/Mayer/*Rieger*, § 243 Rn 47.
53 Semler/Stengel/*Mutter*, § 243 Rn 23; Widmann/Mayer/*Rieger*, § 243 Rn 49.
54 Semler/Stengel/*Mutter*, § 243 Rn 23; Kallmeyer/*Dirksen/Blasche*, § 243 Rn 8.
55 Lutter/*Göthel*, § 243 Rn 44; *Mertens*, AG 1995, 561, 562; *K. Schmidt*, AG 1985, 150, 154 f; Semler/Stengel/*Mutter*, § 243 Rn 25; aA Kallmeyer/*Dirksen/Blasche*, § 243 Rn 8.
56 Widmann/Mayer/*Rieger*, § 243 Rn 51.
57 Semler/Stengel/Mutter, § 243 Rn 25; Widmann/Mayer/*Rieger*, § 243 Rn 51.
58 Kallmeyer/*Dirksen/Blasche*, § 243 Rn 8.

solche aufschiebende Bedingung ist nach hM in der aktien- und GmbH-rechtlichen Literatur unzulässig.[59]

Hinweis: Innerhalb der wohl hM (s. oben) wird in diesem Zusammenhang darauf hingewiesen, dass zB bei einer Kapitalerhöhung einer formwechselnden AG vor dem Wirksamwerden des Formwechsels noch Aktien gezeichnet werden könnten, die dann ggf als Geschäftsanteile des Rechtsträgers neuer Rechtsform zugeteilt werden würden; hierauf wäre im Kapitalerhöhungsbeschluss hinzuweisen.[60] Diese Auffassung ist als widersprüchlich und dogmatisch nicht erklärbar kritisiert worden.[61] Letztlich kristallisiert sich in ihr jedoch nur die Problematik, die sich aus der (angenommenen) vorgezogenen Anwendbarkeit des Rechts des Rechtsträgers neuer Rechtsform entspringt. Es sollte in solchen Fällen vorher Rücksprache mit dem Handelsregister genommen werden. Diese Widersprüchlichkeit lässt sich vermeiden, wenn sich mit der auch hier vertretenen Auffassung das bei Kapitaländerungen anwendbare Recht danach richtet, wann der Formwechsel bereits wirksam geworden ist. Aus Gründen der Rechtssicherheit sollten Kapitaländerungen daher ggf bis zum Wirksamwerden des Formwechsels nach dem Recht der alten Rechtsform abgeschlossen werden oder sie sollten erst nach dem Wirksamwerden des Formwechsels begonnen werden.

22 Problematisch ist die **Änderung des Grundkapitals** einer AG, die den Formwechsel in eine GmbH beschließen will, wenn es sich bei dem Grundkapital um **noch nicht ausgenutztes genehmigtes oder bedingtes Kapital** handelt.[62] Auch das GmbH-Recht sieht nach dem MoMiG 2008 die Möglichkeit der Kapitalerhöhung durch Ausgabe neuer Geschäftsanteile zu einem bestimmten Nennbetrag, dem sog. genehmigten Kapital, in § 55 a GmbHG vor. Die entsprechende Ermächtigung endet deshalb bei einem Formwechsel der AG in eine GmbH nur dann, wenn die Fortführung mit § 55 a GmbHG nicht zu vereinbaren ist.[63]

23 Verfügt die AG noch über **bedingtes Kapital** nach § 192 AktG, welches zB die Ausgabe von Aktien zur Bedienung von Wandelschuldverschreibungen nach § 221 AktG sichert, kann es hierdurch zwischen Formwechselbeschlussfassung und Eintragung des Formwechsels noch zu Kapitalerhöhungen kommen. Denn die Wandelschuldverschreibung gewährt dem Anleihegläubiger das Recht, seinen Rückzahlungsanspruch in Höhe des Nennbetrags gegen Aktien einzutauschen, wenn Voraussetzungen dafür nach den Bedingungen der Wandelschuldverschreibung vorliegen.[64] Wie regelmäßig in solchen Bedingungen bestimmt, kommt diesbezüglich durch Annahme der Anleihegläubiger ein Zeichnungsvertrag bzgl der entsprechenden Aktien zustande.[65] In einer solchen Situation ist es der formwechselnden AG in Hinblick auf § 247 unmöglich, das zukünftige Stammkapital mit einer absoluten Ziffer anzugeben, da die Annahme des Zeichnungsvertrags und damit eine mögliche Kapitalerhöhung noch von einem Willensakt des Anleihegläubigers abhängt. Bzgl. des Stammkapitals der Gesellschaft neuer Rechtsform ist deshalb anzugeben, dass sich dessen Höhe aus der im Zeitpunkt der Beschlussfassung feststellbaren Grundkapitalziffer zzgl der potenziell noch auszugebenden Bezugsaktien zusammensetzt.[66]

Hinweis: Es sollte daher im Einzelfall geprüft werden, ob der Formwechsel ggfs. in einem Zeitfenster erfolgt, in dem es dem Anleihegläubiger nicht möglich ist, einen Zeichnungsvertrag abzuschließen. Regelmäßig enthalten die Bedingungen von Wandelschuldverschreibungen jedoch auch spezifischen Regelungen für Umwandlungsmaßnahmen, die es zudem zu beachten gilt.

59 Scholz/*Priester*, § 55 GmbHG Rn 35; Rowedder/Schmidt-Leithoff/*Schnorbus*, § 53 GmbHG Rn 52; MünchAnwHbAktR/*Sickinger*, § 29 Rn 29.
60 Lutter/*Göthel*, § 243 Rn 44.
61 Semler/Stengel/*Mutter*, § 243 Rn 25.
62 Lutter/*Göthel*, § 243 Rn 45; Semler/Stengel/*Mutter*, § 243 Rn 26 f.
63 Vgl Semler/Stengel/*Mutter*, § 243 Rn 26; Kallmeyer/*Dirksen/Blasche*, § 243 Rn 9.
64 § 221 Abs. 1 1 Alt. 1 AktG.
65 *Hüffer*, § 221 AktG Rn 7.
66 Lutter/*Göthel*, § 243 Rn 45; Semler/Stengel/*Mutter*, § 243 Rn 27.

IV. Abweichende Festsetzung des Nennbetrags der Anteile am Stamm- oder Grundkapital (Abs. 3)

Die Eintragung der neuen Rechtsform in das Handelsregister bewirkt, dass die Geschäftsanteile der bisherigen GmbH zu Aktien der neuen AG bzw KGaA und umgekehrt werden.[67] Gesellschafter können aber auch den auf die Anteile entfallenden Betrag des Grund- bzw Stammkapitals einer Kapitalgesellschaft **abweichend vom Betrag der Anteile des Ausgangsrechtsträgers** festsetzen.[68] Der abweichenden Festsetzung müssen allerdings die Gesellschafter zustimmen, die sich nicht dem Gesamtnennbetrag der Geschäftsanteile entsprechend beteiligen können.[69] Vgl hierzu bereits § 241 Rn 3 ff sowie § 242 Rn 3 ff. 24

Bei einem Formwechsel einer GmbH muss der Nennbetrag eines **Geschäftsanteils auf volle Euro** lauten.[70] 25

§ 244 Niederschrift über den Umwandlungsbeschluß; Gesellschaftsvertrag

(1) In der Niederschrift über den Umwandlungsbeschluß sind die Personen, die nach § 245 Abs. 1 bis 3 den Gründern der Gesellschaft gleichstehen, namentlich aufzuführen.

(2) Beim Formwechsel einer Aktiengesellschaft oder einer Kommanditgesellschaft auf Aktien in eine Gesellschaft mit beschränkter Haftung braucht der Gesellschaftsvertrag von den Gesellschaftern nicht unterzeichnet zu werden.

I. Normzweck

§ 244 knüpft an das AktG aF an und übernimmt den Grundsatz, dass in der **Niederschrift des Umwandlungsbeschlusses** die dem Formwechsel zustimmenden Gesellschafter namentlich aufzuführen sind, wenn sie bei der Anwendung der aktienrechtlichen Gründungsvorschriften als Gründer gelten.[1] Bis zur Novellierung des UmwG im Jahr 1994 sah das damalige Recht lediglich eine namentliche Aufführung der Gesellschafter der Zielgesellschaft vor, wenn ein Formwechsel einer GmbH in eine AG bzw eine KGaA erfolgte.[2] Mit der Novellierung des UmwG erstreckte der Gesetzgeber diese Regelung auch auf den Formwechsel einer KGaA in eine AG.[3] 1

§ 244 Abs. 1 nimmt Bezug auf § 245 Abs. 1 bis Abs. 3. Der Anwendungsbereich der Norm wird damit auf den Formwechsel einer **Kapitalgesellschaft** in eine **AG** oder **KGaA** beschränkt. Für diese Fälle des Formwechsels dient § 244 Abs. 1 der Feststellung, wer als Gründer iSd §§ 197 S. 1, 245 gilt. Indem die als Gründer geltenden Gesellschafter namentlich klar bestimmt werden, soll die Durchsetzung etwaiger Ansprüche aus der aktienrechtlichen Gründerhaftung erleichtert werden.[4] 2

§ 244 Abs. 2 findet ausschließlich Anwendung auf den Formwechsel einer **AG** oder **KGaA** in eine **GmbH**. Die Norm enthält eine klarstellende Regelung, die dem Gesetzgeber geboten erschien, da das UmwG den Formwechsel nicht mehr als Satzungsänderung behandelt.[5] 3

67 Vgl § 202 Abs. 1 Nr. 2.
68 § 243 Abs. 3 S. 1.
69 § 241 Abs. 1 S. 1; § 242.
70 § 243 Abs. 3 S. 2.
1 Begr. RegE zu § 244, BR-Drucks. 75/94,157.
2 § 376 Abs. 3 S. 2 AktG aF; § 392 AktG aF.
3 Begr. RegE zu § 244, BR-Drucks. 75/94, 157.
4 Lutter/*Göthel*, § 244 Rn 3; Semler/Stengel/*Mutter*, § 244 Rn 1.
5 Begr. RegE zu § 244, BR-Drucks. 75/94, 157.

II. Namentliche Aufführung der den Gründern der Gesellschaft gleichstehenden Personen (Abs. 1)

4 **1. Zu nennende Personen.** Nach § 244 Abs. 1 sind in der notariell beurkundeten Niederschrift über den Umwandlungsbeschluss diejenigen Personen, die nach § 245 Abs. 1 bis Abs. 3 den Gründern der Gesellschaft gleichstehen, **namentlich aufzuführen**. Hierbei handelt es sich um die in § 245 bestimmten Gesellschafter der formwechselnden Kapitalgesellschaft.[6] Hinsichtlich der Frage, welche Gesellschafter als Gründer gelten, s. § 245 Rn 4 ff. Aufgrund dessen ist bei einem Formwechsel in eine **KGaA** auch derjenige Dritter zu nennen, der noch kein Gesellschafter ist, aber im Zuge des Formwechsels als persönlich haftender Gesellschafter neu hinzutritt (§ 245 Abs. 1 S. 1). Selbst wenn seine erforderliche Zustimmung gem. § 240 Abs. 2 bzw § 221 außerhalb der Gesellschafter- bzw Hauptversammlung erfolgt, ist er in der Niederschrift gleichwohl namentlich aufzuführen. Der Wortlaut des § 244 Abs. 1 iVm § 245 Abs. 1 S. 1, Abs. 2 S. 1 ist in dieser Hinsicht eindeutig. Die eigentliche Beitrittserklärung genügt zur Identifizierung nicht.[7]

5 **2. Reichweite der namentlichen Nennung.** § 244 Abs. 1 dient der **Feststellung der Gründer** iSd §§ 197 S. 1, 245, um die Durchsetzung der Gründerhaftung zu erleichtern. Diesem Zweck kann nur hinreichend Rechnung getragen werden, wenn die betreffenden „Gründungsgesellschafter" möglichst genau, dh unter Angabe möglichst detaillierter Daten genannt werden, auch wenn sich dies aus dem Wortlaut von § 244 Abs. 1 nicht unmittelbar ergibt.[8] *Mutter* weist in diesem Zusammenhang richtigerweise darauf hin, dass die Forderung einer detaillierten Angabe aus dem Bedürfnis folge, den Bestimmtheitsanforderungen der ZPO entsprechen zu können (§§ 253 Abs. 4, 130 Nr. 1 ZPO), um etwaige Haftungsansprüche dann unmittelbar gerichtlich durchsetzen zu können.[9][10]

Hinweis: Aufgrund dessen ist für jeden „Gründer" die Nennung seiner Firma, Anschrift und ggf Vertretungsorgane erforderlich, bei natürlichen Personen ggf ihr Beruf und andere Angaben, die eine genaue Identifizierung ermöglichen.[11] Die Nennung sollte möglichst detailliert erfolgen, da eine fehlende oder unzutreffende namentliche Nennung der Gründer ein Eintragungshindernis darstellen kann.[12] Im Fall einer GbR als „Gründer" genügt die Angabe der Gesellschaft; eine namentliche Nennung der Gesellschafter ist aufgrund der Rechts- und Parteifähigkeit der Außen-GbR nicht erforderlich.[13] Bei juristischen Personen als „Gründern", die gemäß § 15 a S. 1 HGB zur Anmeldung einer inländischen Geschäftsanschrift zum Handelsregister verpflichtet sind (GmbH, AG, KGaA, SE), sollte die Angabe der Fima und die Angabe der Handelsregistereintragungsdetails als ausreichend angesehen werden, weil sie eine genaue Identifizierung der betreffenden juristischen Person sowie deren Vertretungsorgane und deren inländische Geschäftsanschrift ermöglicht.[14] Ist eine Zustellung über die im Handelsregister eingetragene inländische Geschäftsanschrift der betreffenden juristischen Person nicht möglich, so kann eine öffentliche Zustellung erfolgen, § 15 a S. 1 HGB.

6 **3. Verstoß gegen § 244 Abs. 1.** Ein Verstoß gegen § 244 Abs. 1 hat nicht die Nichtigkeit des Formwechselbeschlusses zur Folge.[15] Auch wird der Beschluss nicht anfechtbar.[16] Jedoch kann eine unzureichende oder gar nicht erfolgte namentliche Nennung zu einem Eintragungshinder-

6 Lutter/*Göthel*, § 244 Rn 3.
7 S. auch Semler/Stengel/*Mutter*, § 244 Rn 10; vgl ferner Kallmeyer/*Dirksen*, 4. Aufl., § 244 Rn 2; aA jetzt Kallmeyer/*Dirksen/Blasche*, § 244 Rn 3.
8 Widmann/Mayer/*Rieger*, § 244 Rn 12.
9 Semler/Stengel/*Mutter*, § 244 Rn 8.
10 Semler/Stengel/*Mutter*, § 244 Rn 8.
11 MüKo-ZPO/*Becker-Eberhard*, § 253 Rn 50; *Baumbach/Lauterbach/Albers/Hartmann*, § 130 ZPO Rn 9.
12 Vgl § 130 Nr. 1 ZPO.
13 *Baumbach/Lauterbach/Albers/Hartmann*, § 253 ZPO Rn 24; MüKo-ZPO/*Becker-Eberhard*, § 253 Rn 60.
14 Vgl § 37 Abs. 3 Nr. 1 AktG, § 8 Abs. 4 Nr. 1 GmbHG, § 37 Abs. 3 Nr. 1 AktG iVm § 3 SEAG, iVm § 24 Abs. 2 HRV.
15 Lutter/Göthel, § 244 Rn 12; Widmann/Mayer/*Rieger*, § 244 Rn 13; Kallmeyer/*Dirksen/Blasche*, § 244 Rn 8.
16 Lutter/*Göthel*, § 244 Rn 12; Widmann/Mayer/*Rieger*, § 244 Rn 13; Kallmeyer/*Dirksen/Blasche*, § 244 Rn 8.

nis mit der Folge führen, dass das Registergericht die Eintragung des Formwechsels verweigert.[17]

III. Keine Unterzeichnung des Gesellschaftsvertrags (Abs. 2)

Der Umwandlungsbeschluss muss gem. § 243 Abs. 1 S. 1 iVm § 218 auch den Gesellschaftsvertrag des Rechtsträgers neuer Rechtsform enthalten. Dieser muss bei einem **Formwechsel einer AG oder KGaA in eine GmbH** von den Gesellschaftern nicht unterzeichnet werden.[18] Dies stellt – gerade bei gesellschafterreichen Publikumspersonengesellschaften – eine große Erleichterung dar.[19] 7

Hinweis: Fraglich ist, ob § 244 Abs. 2 den Umkehrschluss zulässt, dass bei einem Formwechsel einer GmbH in eine AG oder KGaA die Unterzeichnung durch die Gesellschafter der neuen AG oder KGaA gemäß § 2 Abs. 1 S. 2 GmbHG erforderlich ist. Die wohl hM verneint dies – mit dem überzeugenden Argument, dass § 193 Abs. 3 S. 1 als speziellere Vorschrift den § 2 Abs. 1 S. 2 GmbHG nach § 197 S. 1 verdränge.[20] Für die Praxis ist es aber empfehlenswert, den neuen GmbH-Gesellschaftsvertrag dennoch durch alle neuen GmbH-Gesellschafter unterzeichnen zu lassen.[21] Erfahrungsgemäß ist die Anzahl der Gesellschafter einer GmbH überschaubar, so dass sich der Aufwand in Grenzen halten sollte.

§ 245 Rechtsstellung als Gründer; Kapitalschutz

(1) [1]Bei einem Formwechsel einer Gesellschaft mit beschränkter Haftung in eine Aktiengesellschaft oder in eine Kommanditgesellschaft auf Aktien treten bei der Anwendung der Gründungsvorschriften des Aktiengesetzes an die Stelle der Gründer die Gesellschafter, die für den Formwechsel gestimmt haben, sowie beim Formwechsel einer Gesellschaft mit beschränkter Haftung in eine Kommanditgesellschaft auf Aktien auch beitretende persönlich haftende Gesellschafter. [2]§ 220 ist entsprechend anzuwenden. [3]§ 52 des Aktiengesetzes ist nicht anzuwenden, wenn die Gesellschaft mit beschränkter Haftung vor dem Wirksamwerden des Formwechsels bereits länger als zwei Jahre in das Register eingetragen war.

(2) [1]Beim Formwechsel einer Aktiengesellschaft in eine Kommanditgesellschaft auf Aktien treten bei der Anwendung der Gründungsvorschriften des Aktiengesetzes an die Stelle der Gründer die persönlich haftenden Gesellschafter der Gesellschaft neuer Rechtsform. [2]§ 220 ist entsprechend anzuwenden. [3]§ 52 des Aktiengesetzes ist nicht anzuwenden.

(3) [1]Beim Formwechsel einer Kommanditgesellschaft auf Aktien in eine Aktiengesellschaft treten bei der Anwendung der Gründungsvorschriften des Aktiengesetzes an die Stelle der Gründer die persönlich haftenden Gesellschafter der formwechselnden Gesellschaft. [2]§ 220 ist entsprechend anzuwenden. [3]§ 52 des Aktiengesetzes ist nicht anzuwenden.

(4) Beim Formwechsel einer Aktiengesellschaft oder einer Kommanditgesellschaft auf Aktien in eine Gesellschaft mit beschränkter Haftung ist ein Sachgründungsbericht nicht erforderlich.

17 Widmann/Mayer/*Rieger*, § 244 Rn 13; Kallmeyer/*Dirksen/Blasche*, § 244 Rn 8; Lutter/*Göthel*, § 244 Rn 13.
18 § 244 Abs. 2.
19 Semler/Stengel/*Mutter*, § 244 Rn 13.
20 Widmann/Mayer/*Rieger*, § 244 Rn 17; iE so auch Semler/Stengel/*Mutter*, § 244 Rn 15; Kallmeyer/*Dirksen/Blasche*, § 244 Rn 9; Schmitt/Hörtnagl/Stratz/*Stratz*, § 245 Rn 2; aA Lutter/*Göthel*, § 244 Rn 15, der § 244 Abs. 2 als Ausnahmevorschrift sieht.
21 So auch Kallmeyer/*Dirksen/Blasche*, § 244 Rn 9; Semler/Stengel/*Mutter*, § 244 Rn 15.

I. Normzweck

1 § 245 konkretisiert § 197 S. 1 für den Formwechsel einer Kapitalgesellschaft in eine Kapitalgesellschaft anderer Rechtsform.[1] Die Norm geht dabei über den Regelungsgehalt des § 197 S. 1 hinaus, indem sie nicht nur die Gründungsvorschriften für anwendbar erklärt, sondern zudem fingiert, wer als **Gründer iSd Gründungsvorschriften** gilt. Da der Formwechsel eines Rechtsträgers seit der Novellierung des UmwG 1994 keine (Neu-)Gründung mehr darstellt, sondern die Identität des Rechtsträgers erhalten bleibt, muss sich das Gesetz dieser Fiktion bedienen.

2 § 245 trifft weiterhin Regelungen zur entsprechenden Anwendbarkeit der **Kapitalschutzvorschrift** des § 220 für alle Formwechsel einer Kapitalgesellschaft in eine Kapitalgesellschaft anderer Rechtsform mit Ausnahme des Formwechsels einer AG in eine GmbH (Abs. 4) sowie des § 52 AktG, der eine Regelung zur Nachgründung enthält.

3 § 245 übernimmt zu Teilen vor der Novellierung im Jahre 1994 bereits geltendes Recht.[2] § 245 Abs. 1 S. 1 und § 245 Abs. 2 S. 1 fanden sich inhaltlich im AktG aF.[3] Abweichend von der bis dahin geltenden Regelungskonzeption enthält § 245 Abs. 3 S. 1 auch eine Vorschrift für den Fall des Formwechsels einer KGaA in eine AG. Der Gesetzgeber ist damit seiner Verpflichtung zur Umsetzung **gemeinschaftsrechtlicher Richtlinien** (hier: Art. 13 der Zweiten gesellschaftsrechtlichen EU-Richtlinie[4]) nachgekommen.[5] Auch Abs. 4 enthält eine neue Regelung, die bis dato aufgrund der Behandlung des Formwechsels einer AG bzw KGaA in eine GmbH als Satzungsänderung nicht erforderlich war.[6] In Übereinstimmung mit dem geltenden Recht sollte auch weiterhin ein Sachgründungsbericht entbehrlich sein, weshalb es nunmehr aufgrund der über § 197 S. 1 grundsätzlich anwendbaren Gründungsvorschriften einer expliziten Anordnung bedurfte.[7]

1 Vgl Begr. RegE zu § 245, BR-Drucks. 75/94, 157 f.
2 Begr. RegE zu § 245, BR-Drucks. 75/94, 157 f.
3 § 245 Abs. 1 S. 1; vgl § 378 Abs. 1 Hs 2 und § 389 Abs. 4 S. 2 AktG aF; § 245 Abs. 2 S. 1 UmwG; vgl § 362 Abs. 4 S. 2 AktG aF.
4 Zweite Richtlinie 77/91/EWG des Rates vom 13.12.1976 zur Koordinierung der Schutzbestimmungen, die in den Mitgliedstaaten den Gesellschaften im Sinne des Artikels 58 Absatz 2 des Vertrages im Interesse der Gesellschafter sowie Dritter für die Gründung der Aktiengesellschaft sowie für die Erhaltung und Änderung ihres Kapitals vorgeschrieben sind, um diese Bestimmungen gleichwertig zu gestalten (ABl. EG L 26 vom 31.1.1977).
5 Begr. RegE zu § 245, BR-Drucks. 75/94, 157 f.
6 Vgl §§ 369 ff, 386 ff AktG; Widmann/Mayer/*Rieger*, § 245 Rn 4.
7 Begr. RegE zu § 245, BR-Drucks. 75/94, 157 f.

II. Rechtsstellung als Gründer

1. Formwechsel einer GmbH in eine AG (Abs. 1 S. 1 Alt. 1). a) „Gesellschafter, die für den Formwechsel gestimmt haben" (Abs. 1 S. 1 Alt. 1). Der Formwechselbeschluss einer GmbH in eine AG ist von der Gesellschafterversammlung grundsätzlich **mit Dreiviertelmehrheit** zu fassen (§ 240 Abs. 1 S. 1 Alt. 1). § 245 Abs. 1 S. 1 Alt. 1 bestimmt, dass nur diejenigen Gesellschafter als Gründer iSd Norm gelten, die für den Formwechsel gestimmt haben. Noch nicht abschließend geklärt ist, ob die Stellung als „Gründer" nur durch eine positive Stimmabgabe beim Formwechselbeschluss begründet werden kann oder ob darüber hinaus oder auch nur alternativ eine anderweitige positive Mitwirkung beim Zustandekommen des Formwechselbeschlusses zu einer Stellung als Gründer führt. Virulent wird diese Frage, wenn ein Gesellschafter zwar gegen den Formwechselbeschluss stimmt (zB auch, um sich das Recht zur Annahme des Barabfindungsangebots gem. § 207 vorzubehalten), aber seine Zustimmungserklärung gem. § 241 Abs. 1, Abs. 2 oder Abs. 3 bzw § 193 Abs. 2 erteilt, um den Formwechsel dennoch zu ermöglichen. Nach dem Wortlaut von § 245 Abs. 1 S. 1 Alt. 1 trifft die Gründerstellung nur diejenigen, die „für den Formwechsel gestimmt" haben, dh die am Formwechselbeschluss unmittelbar teilnehmenden Gesellschafter.[8] Nach hM ist der Gesetzeswortlaut jedoch weit zu verstehen.[9] Sinn und Zweck der Vorschrift geböten es, auch diejenigen Personen als Gründer zu behandeln, die bei der Fassung des Formwechselbeschlusses in anderer Weise positiv mitwirkten, zB die gesonderten Zustimmungen nach § 241 Abs. 1–3 und § 193 Abs. 2. Zu Recht wird dieser Auslegung entgegengehalten, dass dies zum Teil zu unbilligen Ergebnissen führt.[10] Insb. bei einer notwendigen Mitwirkung von Gesellschaftern außerhalb des eigentlichen Formwechselbeschlusses, die aber für die endgültige Wirksamkeit des Formwechselbeschlusses erforderlich ist (§ 241 Abs. 1–3; § 193 Abs. 2) kann die (berechtigte) Sorge, bei Zustimmung wie ein Gründer zu haften, dazu führen, dass ein Formwechsel letztlich scheitert. 4

Hinweis: Da die unter Rn 4 dargestellten Rechtsfragen noch nicht abschließend geklärt sind, sollte bei der Abgabe von gesonderten Zustimmungen durch einzelne Gesellschafter davon ausgegangen werden, dass sie ggf wie ein Gründer zu behandeln sind. Dieses Risiko könnte dadurch beseitigt werden, dass die zustimmungsbegründenden Regelungen im Gesellschaftsvertrag der formwechselnden Gesellschaft vor dem Formwechselbeschluss aufgehoben werden.[11]

b) Zustimmung in Erfüllung der gesellschaftsrechtlichen Treuepflicht. Dem Risiko einer Haftung als Gründer ist der dem Formwechselbeschluss zustimmende bzw der eine sonstige positive Mitwirkung leistende Gesellschafter selbst dann ausgesetzt, wenn er die Zustimmung in Erfüllung seiner **gesellschaftsrechtlichen Treuepflicht** gab.[12] Auch in diesem Fall gilt der Gesellschafter als Gründer iSd Gründungsvorschriften des AktG. Aus welchem Anlass der Gesellschafter für den Formwechsel gestimmt hat, kann für die Zuweisung der Gründerstellung nicht von Belang sein, da es sich bei der Gründerhaftung um eine gläubigerschützende Haftung handelt.[13] Auf Basis der hM muss dies konsequenterweise auch dann gelten, wenn der betreffende Gesellschafter aufgrund seiner gesellschaftsrechtlichen Treuepflicht eine gesonderte Zustimmung zum Formwechsel abgibt, aber gleichzeitig gegen den Formwechselbeschluss gestimmt hat. 5

c) Ausscheiden vor Wirksamwerden des Formwechsels. Die Gesellschaft ist nicht verpflichtet, den Anteil des Gesellschafters gegen Zahlung einer angemessenen Barabfindung gem. § 207 Abs. 1 S. 1 zu erwerben, wenn dieser dem Formwechsel zugestimmt hat.[14] Allerdings kommt 6

8 Lutter/*Göthel*, § 245 Rn 19; Semler/Stengel/*Scheel*, § 245 Rn 6.

9 Lutter/*Göthel*, § 245 Rn 19; Schmitt/Hörtnagl/Stratz/*Stratz*, § 245 Rn 3; Widmann/Mayer/*Rieger*, § 245 Rn 28; aA wohl Semler/Stengel/*Scheel*, § 245 Rn 9.

10 Vgl Semler/Stengel/*Scheel*, § 245 Rn 9.

11 Bedenken hinsichtlich auch dieser „aktiven Mitwirkung" hegt angesichts der unter Rn 4 dargestellten hM Semler/Stengel/*Scheel*, § 245 Rn 9.

12 Widmann/Mayer/*Rieger*, § 245 Rn 30; Semler/Stengel/*Scheel*, § 245 Rn 13.

13 Semler/Stengel/*Scheel*, § 245 Rn 13; Widmann/Mayer/*Rieger*, § 245 Rn 30.

14 Semler/Stengel/*Scheel*, § 245 Rn 15; Widmann/Mayer/*Rieger*, § 245 Rn 31; vgl auch die Ausführungen zu § 207 Rn 5.

auch vor Wirksamkeit des Formwechsels jederzeit ein **anderweitiges Ausscheiden** des Gesellschafters in Betracht, zB durch Veräußerung seines Anteils oder durch den Tod des Gesellschafters.[15] In diesen Fällen verbleibt die Gründerstellung beim Anteil; ausschließlich der Rechtsnachfolger gilt als Gründer iSd Norm.[16]

7 **2. Formwechsel einer GmbH in eine KGaA (Abs. 1 S. 1 Alt. 2).** Im Falle des Formwechsels einer GmbH in eine KGaA gelten die Erläuterungen zum Formwechsel einer **GmbH in die AG** (Rn 4 ff) entsprechend.

8 Als **Gründer** iSd Norm gelten nicht allein die dem Formwechsel zustimmenden Gesellschafter, sondern darüber hinaus auch die persönlich haftenden Gesellschafter, die der KGaA als Externe beitreten. Da das Gesetz keine Regelung für den Fall vorsieht, dass ein bereits an dem formwechselnden Rechtsträger beteiligter Gesellschafter die Stellung eines persönlich haftenden Gesellschafters in der Ziel-KGaA übernimmt, wird in der Literatur vorgeschlagen, § 245 Abs. 1 S. 1 Alt. 2 in diesen Fällen analog anzuwenden.[17] Nach hM ist für eine solche Analogie allerdings kein Raum, da schon keine Regelungslücke besteht. Ein bisheriger Gesellschafter, der sich zur Übernahme einer Komplementärstellung bereit erklärt, hat gem. § 240 Abs. 2 S. 1 seine Zustimmung zu erteilen. Die hM versteht den künftigen Komplementär nach Erteilung seiner Zustimmungserklärung gem. § 245 Abs. 1 S. 1 Alt. 1 als „Gesellschafter, der für den Formwechsel gestimmt hat“ und bezieht ihn schon deshalb in den Kreis der Gründer mit ein.[18]

9 **3. Formwechsel einer AG in eine KGaA (Abs. 2 S. 1). a) Komplementär als Gründer.** Gem. § 245 Abs. 2 S. 1 treten bei einem Formwechsel einer AG in eine KGaA bei der Anwendung der Gründungsvorschriften des AktG ausschließlich die **Komplementäre der Ziel-KGaA** an die Stelle der Gründer. Da der Wortlaut von § 245 Abs. 2 S. 1 (im Gegensatz zu § 245 Abs. 1 S. 1 Alt. 2) nicht auf „beitretende persönlich haftende Gesellschafter“ beschränkt ist, erfasst diese Norm sowohl solche Komplementäre, die bereits Gesellschafter der AG sind,[19] als auch solche Komplementäre, die der KGaA als Externe im Zuge des Formwechsel erst neu beitreten.[20] Die zukünftigen Kommanditaktionäre sind aufgrund des eindeutigen Wortlauts der Vorschrift jedoch nicht als Gründer zu qualifizieren.[21]

10 **b) Informationsanspruch des Komplementärs.** Der zukünftige Komplementär der Ziel-KGaA ist aufgrund seiner unbeschränkten persönlichen Haftung sowie seiner Stellung als Gründer in besonderer Weise darauf angewiesen, sich über den wirtschaftlichen und rechtlichen Zustand der Gesellschaft zu informieren.[22] Ein solches Informationsinteresse haben der aus der Gesellschaft stammende künftige Komplementär wie der neu hinzutretende Komplementär gleichermaßen.[23] Den zukünftigen Komplementären steht deshalb aus dem zwischen Gesellschaft und Komplementär bestehenden Rechtsverhältnis ein **umfassendes Informationsrecht** zu.[24]

Hinweis: Auch wenn ein solches umfassendes Informationsrecht bereits aus dem zwischen Gesellschaft und Komplementär bestehenden Rechtsverhältnis besteht, ist es in der Praxis ratsam, eine gesonderte Vereinbarung, die die genauen Konturen des Informationsrechts klar bestimmt, zu treffen.[25] Dieser Vereinbarung sollten bei kleineren AGs nach Möglichkeit alle Aktionäre beitreten, um einem etwaigen, auf die erweiterte Auskunftspflicht des § 131 Abs. 4 AktG gestützten Verlangen vorzubeugen.[26]

15 Widmann/Mayer/*Rieger*, § 245 Rn 31; Semler/Stengel/*Scheel*, § 245 Rn 15.
16 Semler/Stengel/*Scheel*, § 245 Rn 15; *Rieger* in: Widmann/Mayer, UmwG, Loseblatt, Stand August 2008, § 245 Rn 31; aA Lutter/*Göthel*, § 245 Rn 61.
17 Semler/Stengel/*Scheel*, § 245 Rn 20 ff.
18 Schmitt/Hörtnagl/Stratz/*Stratz*, § 245 Rn 3; Widmann/Mayer/*Rieger*, § 245 Rn 32.
19 § 240 Abs. 2 S. 1.
20 § 240 Abs. 2 S. 2 iVm § 221.
21 Lutter/*Göthel*, § 245 Rn 22; Widmann/Mayer/*Rieger*, § 245 Rn 34; Semler/Stengel/*Scheel*, § 245 Rn 25.
22 Semler/Stengel/*Scheel*, § 245 Rn 24; Widmann/Mayer/*Rieger*, § 245 Rn 33.
23 Semler/Stengel/*Scheel*, § 245 Rn 24, der insb. auf § 131 AktG hinweist.
24 Semler/Stengel/*Scheel*, § 245 Rn 24; Widmann/Mayer/*Rieger*, § 245 Rn 33.
25 Semler/Stengel/*Scheel*, § 245 Rn 24.
26 Semler/Stengel/*Scheel*, § 245 Rn 24.

4. Formwechsel einer KGaA in eine AG (Abs. 3 S. 1). Während noch im Akt aF der Formwechsel einer KGaA in eine AG als Satzungsänderung ausgestaltet war, handelt es sich hierbei seit der Novelle des UmwG im Jahre 1994 nunmehr um einen echten Rechtsformwechsel, so dass gem. § 197 S. 1 auch in diesem Fall die **Gründungsvorschriften des AktG** Anwendung finden. Gem. § 245 Abs. 3 S. 1 treten bei einem Formwechsel einer KGaA in eine AG bei dieser Anwendung der Gründungsvorschriften die persönlich haftenden Gesellschafter der formwechselnden KGaA an die Stelle der Gründer. 11

Da das Gesetz mit § 245 Abs. 3 S. 1 jedem Gesellschafter, der vor Wirksamkeit des Formwechselbeschlusses eine Komplementärstellung in der formwechselnden KGaA innehat, die Stellung eines Gründers zuweist, kann es bei Mehrheitsentscheidungen zu einer Gründerstellung des Komplementärs kommen, obwohl der Formwechsel **gegen seinen Willen** durchgeführt wird.[27] In diesem Zusammenhang wird diskutiert, ob zur Vermeidung von Unbilligkeiten § 245 Abs. 3 S. 1 dahin gehend teleologisch zu reduzieren sei, dass nur diejenigen Komplementäre die Stellung eines Gründers einnähmen, die für den Formwechsel gestimmt haben.[28] Nach anderer Ansicht sei eine Differenzierung nach zustimmendem und ablehnendem Komplementär nicht geboten.[29] Stattdessen solle dem überstimmten Komplementär gem. § 139 Abs. 1 HGB analog ein Anspruch gegen seine Mitgesellschafter zugestanden werden, der es ihm ermöglicht, seine Beteiligung als persönlich haftender Gesellschafter noch vor Wirksamkeit des Formwechsels in die eines Kommanditaktionärs umzuwandeln.[30] Die genannten Ansichten können indes nicht überzeugen. Für eine teleologische Reduktion bleibt an dieser Stelle kein Raum, da die tatsächliche Zuweisung der Gründerstellung auch an den überstimmten Aktionär dem Sinn und Zweck der Norm entspricht. Die besondere Stellung des persönlich haftenden Gesellschafters in der formwechselnden Gesellschaft sowie seine weitgehende Einflussmöglichkeit rechtfertigen es, ihm eine bzgl der Gründung haftungsrechtlich exponierte Stellung zuzuweisen,[31] die neben seine ohnehin unbegrenzte persönliche Haftung tritt. Auch einer analogen Anwendung des § 139 Abs. 1 HGB wird man schon deshalb entgegentreten müssen, da das Gesetz – aus den unter Rn 8 benannten Gründen – insofern keine Regelungslücke aufweist. Jedenfalls ist die Sach- und Rechtslage in § 139 HGB mit der hier genannten nicht vergleichbar. Im Falle der Fortsetzung der Gesellschaft mit dem Erben wird dieser im Regelfall kraft Gesetzes im Wege der Universalsukzession (§ 1922 BGB) Gesamtrechtsnachfolger, während sich der Komplementär der formwechselnden KGaA schon bei Vertragsschluss von der Möglichkeit einer Mehrheitsentscheidung und dem dadurch gegebenen Risiko eines Überstimmtwerdens bewusst sein muss. Nach alledem ist auch der überstimmte persönlich haftende Gesellschafter als Gründer iSd Norm zu behandeln. 12

5. Formwechsel in eine GmbH (Abs. 4). Im Gegensatz zu den übrigen in § 245 geregelten Varianten des Formwechsels einer Kapitalgesellschaft in eine Kapitalgesellschaft anderer Rechtsform sieht das Gesetz für den Formwechsel in eine GmbH keine Regelung vor, die bestimmten Gesellschaftern eine **Gründerstellung** zuweist. Hieraus wird im Schrifttum durchgängig geschlossen, dass im Falle des Formwechsels einer Kapitalgesellschaft in eine GmbH niemand als Gründer iSd Gründervorschriften gelten soll und somit auch eine etwaige Gründerverantwortlichkeit nach GmbH-Recht ausscheidet.[32] 13

III. Entbehrlichkeit des Sachgründungsberichts (Abs. 4)

Gem. § 197 S. 1 iVm § 5 Abs. 4 GmbHG ist bei einem Formwechsel in eine GmbH grundsätzlich ein **Sachgründungsbericht** erforderlich. Von diesem Grundsatz macht § 245 Abs. 4 eine 14

27 Lutter/*Göthel*, § 245 Rn 25; Semler/Stengel/*Scheel*, § 245 Rn 31.
28 Widmann/Mayer *Rieger*, UmwG, Loseblatt, Stand August 2008, § 245 Rn 37.
29 Semler/Stengel/*Scheel*, § 245 Rn 32.
30 Semler/Stengel/*Scheel*, § 245 Rn 32.
31 S. auch Lutter/*Göthel*, § 245 Rn 25.
32 HM; Semler/*Stengel/Scheel*, § 245 Rn 33; Lutter/*Göthel*, § 245 Rn 26; Widmann/Mayer/*Rieger*, § 245 Rn 39 ff; aA Goutier/Knopf/Tulloch/*Laumann*, § 245 Rn 13.

Ausnahme, sofern es sich um den Formwechsel einer AG oder KGaA in eine GmbH handelt. Diese Ausnahme hat zum Hintergrund, dass die für die AG bzw KGaA geltenden Kapitalschutzvorschriften ohnehin höhere Anforderungen an die formwechselnde Gesellschaft stellen, als dies bei der GmbH der Fall ist.[33] Die Norm stellt damit eine dem Recht der Verschmelzung durch Neugründung identische Regelung dar.[34]

IV. Entsprechende Anwendung des § 220

15 **1. Deckung des Nennkapitals (§ 220 Abs. 1). a) Formwechsel einer GmbH in eine AG oder KGaA (Abs. 1 S. 2).** Nach § 245 Abs. 1 S. 2 ist § 220 entsprechend auf den Formwechsel einer GmbH in eine AG oder KGaA anzuwenden. § 220 Abs. 1 normiert das sog. **Gebot der Reinvermögensdeckung.**[35] Obwohl auf § 220 insgesamt verwiesen wird, ist es bis heute umstritten, ob bei einem Formwechsel einer GmbH in eine AG oder KGaA das Grundkapital der AG bzw KGaA durch Reinvermögen gedeckt sein muss. Die hM geht, unter Hinweis auf die Mehrdeutigkeit der Gesetzesbegründung mit unterschiedlicher Begründung davon aus, dass ein Formwechsel bei materieller Unterbilanz zum Zeitpunkt der Anmeldung des Formwechsels unzulässig ist.[36] Der Gesellschaft bleibt demnach der Formwechsel verwehrt, wenn der Nennbetrag des Grundkapitals einer AG oder KGaA das nach Abzug der Schulden verbleibende Vermögen der formwechselnden Gesellschaft übersteigt.[37] Verschiedentlich ist versucht worden, den eindeutigen Verweis in den § 245 Abs. 1 S. 2 mit der widersprüchlichen Gesetzesbegründung in Einklang zu bringen. Insb. wurde vorgeschlagen, § 245 teleologisch zu reduzieren.[38] Dieser Vorschlag ist jedoch vor dem Hintergrund, dass der ursprüngliche RefE zum UmwG noch keinen Verweis auf Abs. 1 enthielt und dies durch den RegE bewusst korrigiert wurde, zweifelhaft, da der Gesetzgeber seinen Willen klar zum Ausdruck gebracht hat.[39] Letztlich wird man aufgrund des klaren Wortlautes und der durch nachträgliche Einfügung des Abs. 1 S. 2 eindeutig hervorgegangenen gesetzgeberischen Intention von einer Gültigkeit des Gebots der Reinvermögensdeckung auszugehen haben. Zur Berechnung des Reinvermögens vgl bereits die Ausführungen zu § 220 Rn 9 f.

Hinweis: In der Praxis müsste daher vor dem Formwechselbeschluss die materielle Unterbilanz zunächst beseitigt werden, zB durch eine Kapitalherabsetzung.[40]

16 **b) Formwechsel einer AG in eine KGaA oder umgekehrt (Abs. 2 S. 2, Abs. 3 S. 2).** Auch bei einem Formwechsel einer AG in eine KGaA oder umgekehrt kommen kraft der Verweisung in § 245 Abs. 2 S. 2 bzw Abs. 3 S. 2 die Kapitalaufbringungsvorschriften und somit auch das **Gebot der Reinvermögensdeckung** zur Anwendung. Der Gesetzgeber hat zur Erfüllung gemeinschaftsrechtlicher Verpflichtungen, namentlich zur Umsetzung von Art. 13 der Zweiten gesellschaftsrechtlichen Richtlinie, das aktienrechtliche Gründungsrecht auch im Falle des Formwechsels einer AG in eine KGaA und umgekehrt für anwendbar erklärt.[41] Zur Berechnung des Reinvermögens s. § 220 Rn 9 f.

17 **c) Formwechsel einer AG oder KGaA in eine GmbH (Abs. 4).** § 245 Abs. 4, der den Formwechsel einer AG oder KGaA in eine GmbH betrifft, enthält keinen Verweis auf § 220. Das in § 220 Abs. 1 normierte Gebot der Reinvermögensdeckung ist damit für solche Fälle **nicht einzuhalten.** Der Gesetzgeber hielt dies nicht für notwendig, da die Kapitalschutzvorschriften der GmbH aufgrund der strengeren Regelungen im Recht der AG bzw KGaA zu vernachlässigen

33 Begr. RegE zu § 245, BR-Drucks. 75/94, 157 f.
34 § 58 Abs. 2; Widmann/Mayer/*Rieger*, § 245 Rn 44 aE.
35 Vgl Semler/Stengel/*Scheel*, § 245 Rn 36; Widmann/Mayer/*Rieger*, § 245 Rn 49; Kallmeyer/*Dirksen/Blasche*, § 245 Rn 7.
36 Vgl Begr. RegE zu § 246, BR-Drucks. 75/94, 158; Begr. RegE zu § 247, BR-Drucks. 75/94, 158. Vgl Semler/Stengel/*Scheel*, § 245 Rn 35 ff; Widmann/Mayer/*Rieger*, § 245 Rn 49; Kallmeyer/*Dirksen/Blasche*, § 245 Rn 7; Schmitt/Hörtnagl/Stratz/*Stratz*, § 245 Rn 6.
37 § 220 Abs. 1.
38 *Happ* in: Lutter, Umwandlungsrechtstage, S. 223, 242 f.
39 *Priester*, DB 1995, 911; Semler/Stengel/*Scheel*, § 245 Rn 38; Widmann/Mayer *Rieger*, § 245 Rn 50.
40 Lutter/*Göthel*, § 245 Rn 12.
41 Begr. RegE zu § 245, BR-Drucks. 75/94, 157 f.

seien.[42] Diesem Grundgedanken entspricht auch, dass nach § 245 Abs. 4 kein Sachgründungsbericht erforderlich ist.[43] Aufgrund dessen kann auch nicht mit Verweis auf § 5 Abs. 4 GmbHG iVm § 197 S. 1 die Einhaltung des Gebots der Reinvermögensdeckung gefordert werden.[44] Die Gesetzesbegründung ist zwar nicht überzeugend, da auch bei diesen Formwechseln eine materielle Unterbilanz der formwechselnden AG oder KGaA bestehen kann, die sich dann nach dem Formwechsel bei der GmbH fortsetzt.[45] Im Hinblick auf den klaren Gesetzeswortlaut muss somit ein Formwechsel einer AG oder KGaA in eine GmbH im Falle einer materiellen Unterbilanz als zulässig angesehen werden.[46]

2. Angaben im Gründungsbericht (§ 220 Abs. 2). a) Formwechsel einer GmbH in eine AG oder KGaA. Bei einem Formwechsel einer GmbH in eine AG oder KGaA ist es aufgrund des Verweises in § 197 S. 1 auf die Gründungsvorschriften der Zielgesellschaft verpflichtend, einen „**Gründungsbericht**" zu erstellen.[47] Mit dem Gründungsbericht ist nicht der Umwandlungsbericht gemäß § 192, sondern ein gesonderter Bericht gemeint.[48] Anders als beim Umwandlungsbericht kann auf die Erstellung des Gründungsberichts auch nicht verzichtet werden.[49] Inhaltlich richtet sich der „Gründungsbericht" nach § 32 AktG. Aufgrund der dortigen Legaldefinition in Abs. 1 ist darunter ein Bericht über den Hergang des Formwechsels zu verstehen.[50] Nach § 32 Abs. 2, Abs. 3 AktG iVm § 197 S. 1 sind darin Ausführungen zum Inhalt des Umwandlungsbeschlusses, zur Durchführung der Hauptversammlung, zur Bestellung der Mitglieder des Aufsichtsrates und der Abschlussprüfer sowie zur Einhaltung des Grundsatzes der Reinvermögensdeckung zu machen.[51] § 245 Abs. 1 S. 2 iVm 220 Abs. 2 Var. 2 statuiert darüber hinaus die Pflicht, den bisherigen Geschäftsverlauf und die Lage der formwechselnden Gesellschaft darzulegen.[52] Vgl hierzu bereits § 220 Rn 17. 18

Für die **Erteilung** des Gründungsberichts sind gem. § 197 S. 1 iVm § 32 AktG (ggf iVm § 278 Abs. 3 AktG) die als Gründer geltenden Gesellschafter zuständig.[53] Eine Unterzeichnung durch sämtliche als Gründer geltenden Gesellschafter ist nach der hM nicht erforderlich; vielmehr genügt es, wenn die für die Fassung eines Formwechselbeschlusses erforderliche Mehrheit dieser Gesellschafter den Gründungsbericht unterzeichnet.[54] Der Gründungsbericht hat schriftlich zu erfolgen und ist von den Gesellschaftern der formwechselnden Gesellschaft, die als Gründer gelten, eigenhändig zu unterzeichnen.[55] Eine Bevollmächtigung ist unzulässig.[56] 19

b) Formwechsel einer AG in eine KGaA oder umgekehrt. Auch der Formwechsel einer AG in eine KGaA oder umgekehrt erfordert die Erstellung eines **Gründungsberichts**, § 245 Abs. 2 S. 2 iVm § 220 Abs. 2 bzw § 245 Abs. 3 S. 2.[57] Insoweit gelten die Erläuterungen zu Rn 18 entsprechend. 20

c) Formwechsel einer AG oder KGaA in eine GmbH. Beim Formwechsel einer AG oder KGaA in eine GmbH ist die **Erstellung** eines Gründungsberichts gem. § 245 Abs. 4 jedoch **nicht erforderlich**. Der Gesetzgeber hat die Erstellung eines solchen Berichts für nicht erforderlich gehalten, da die Kapitalschutzvorschriften der AG bzw KGaA strengeren Maßstäben als die für die GmbH geltenden Vorschriften unterlägen (vgl Rn 17).[58] 21

42 Vgl Begr. RegE zu § 245, BR-Drucks. 75/94, 157.
43 Vgl Begr. RegE zu § 245, BR-Drucks. 75/94, 157.
44 Widmann/Mayer/*Rieger*, § 245 Rn 47; Semler/Stengel/*Scheel*, § 245 Rn 44.
45 So auch Semler/Stengel/*Scheel*, § 245 Rn 45 f.
46 S. auch Semler/Stengel/*Scheel*, § 245 Rn 44; Widmann/Mayer/*Rieger*, § 245 Rn 47.
47 § 197 S. 1 iVm § 32 AktG bzw 197 S. 1 iVm §§ 278 Abs. 3, 32 AktG.
48 Semler/Stengel/*Scheel*, § 245 Rn 47; Lutter/*Göthel*, § 245 Rn 39.
49 Semler/Stengel/*Scheel*, § 245 Rn 49; Lutter/*Göthel*, § 245 Rn 39.
50 § 197 S. 1 iVm § 32 Abs. 1 AktG bzw 197 S. 1 iVm §§ 278 Abs. 3, 32 Abs. 1 AktG.
51 Widmann/Mayer/*Rieger*, § 245 Rn 64 ff.
52 Widmann/Mayer/*Rieger*, § 245 Rn 72.
53 Vgl Widmann/Mayer/*Rieger*, § 245 Rn 77; Semler/Stengel/*Scheel*, § 245 Rn 50; Lutter/*Göthel*, § 245 Rn 46.
54 Widmann/Mayer/*Rieger*, § 245 Rn 77; Lutter/*Göthel*, § 245 Rn 46; aA Semler/Stengel/*Scheel*, § 245 Rn 52 mwN.
55 *Hüffer*, AktG, § 32 Rn 2.
56 *Hüffer*, AktG, § 32 Rn 2.
57 S. auch Semler/Stengel/*Scheel*, § 245 Rn 54.
58 Begr. RegE zu 245, BR-Drucks. 75/94, 157 f.

22 **3. Gründungsprüfung (§ 220 Abs. 3 S. 1).** Bei einem Formwechsel einer GmbH in eine AG oder KGaA sowie einem Formwechsel einer AG in eine KGaA hat eine **Gründungsprüfung** durch einen oder mehrere Prüfer gem. § 33 Abs. 2 AktG zu erfolgen.[59] S. hierzu bereits § 220 Rn 4.

23 Bei einem **Formwechsel einer AG oder KGaA in eine GmbH** findet eine Gründungsprüfung allerdings nicht statt, da auch bei der Gründung eine entsprechende Prüfung nicht vorgesehen ist.[60]

V. Haftung

24 **1. Formwechsel einer GmbH in eine AG oder KGaA.** Bei einem Formwechsel einer GmbH in eine AG oder KGaA kommt eine **Gründerhaftung** gem. § 197 S. 1 iVm Gründungsvorschriften des AktG in Betracht. S. hierzu § 197 Rn 5.

25 **2. Formwechsel einer AG in eine KGaA oder umgekehrt.** Auch ein Formwechsel einer AG in eine KGaA oder umgekehrt kann zur Folge haben, dass eine **Gründerhaftung** entsteht. Vgl hierzu § 197 Rn 6.

26 **3. Formwechsel einer AG oder KGaA in eine GmbH.** Für den Formwechsel einer AG oder KGaA in eine GmbH enthält das UmwG keine Regelung, aufgrund derer ein Gesellschafter der neuen GmbH einem Gründer gleichstellt wird – anders als beim Formwechsel einer GmbH in eine AG oder KGaA (§ 245 Abs. 1), beim Formwechsel einer AG in eine KGaA (§ 245 Abs. 2) oder beim Formwechsel einer KGaA in eine AG (§ 245 Abs. 3). Aufgrund dessen geht die hM davon aus, dass im Falle des Formwechsels einer AG oder KGaA in eine GmbH **kein Gesellschafter** als Gründer iSd § 197 S. 1 zu qualifizieren ist.[61] Eine etwaige Gründerhaftung scheidet folglich aus.[62]

VI. Nachgründung

27 **1. Formwechsel einer GmbH in eine AG oder KGaA.** Grundsätzlich findet auch bei einem Formwechsel einer GmbH in eine AG oder KGaA die **aktienrechtliche Regelung zur Nachgründung** (§ 52 AktG) auf die Ziel-AG oder Ziel-KGaA Anwendung.[63] Dies ergibt sich nicht nur im Umkehrschluss aus § 245 Abs. 1 S. 3, der die Anwendung des § 52 AktG für solche Formwechsel teilweise ausdrücklich ausschließt („ist nicht anzuwenden"),[64] sondern auch aus dem Verweis in § 245 Abs. 1 S. 3 auf § 220 und den dortigen Verweis in § 220 Abs. 3 S. 2 auf § 52 AktG. Die in § 52 AktG bestimmte Zwei-Jahres-Frist für Nachgründungen beginnt bereits mit der seinerzeitigen (erstmaligen) Eintragung der formwechselnden GmbH im Handelsregister und nicht erst mit dem Wirksamwerden des Formwechsels.[65] Die Regelung in § 220 Abs. 3 S. 2 (Beginn der Zwei-Jahres-Frist mit dem Wirksamwerden des Formwechsels), auf die § 245 pauschal mit verweist, ist unbeachtlich; sie wird durch § 245 Abs. 1 S. 3 verdrängt. Dies ist wichtig, weil anderenfalls auf langjährig bestehende GmbHs, die in eine AG oder KGaA umgewandelt werden, das aktienrechtliche Nachgründungsrecht Anwendung fände. Dies ist zu Recht als unbillig bezeichnet worden.[66]

59 Vgl § 220 Abs. 3 S. 1 iVm § 245 Abs. 1 S. 2, Abs. 2 S. 2 für den Formwechsel einer GmbH in eine AG oder KGaA sowie § 220 Abs. 3 S. 1 iVm § 245 Abs. 3 S. 2 für den Formwechsel einer AG in eine KGaA oder umgekehrt.

60 Semler/Stengel/*Scheel*, § 245 Rn 57; Lutter/*Göthel*, § 245 Rn 55.

61 HM; Semler/Stengel/*Scheel*, § 245 Rn 33; Lutter/*Göthel*, § 245 Rn 26; Widmann/Mayer/*Rieger*, § 245 Rn 40; aA Goutier/Knopf/Tulloch/*Laumann*, § 245 Rn 13.

62 So auch Semler/Stengel/*Scheel*, § 245 Rn 64; Lutter/*Göthel*, § 245 Rn 60.

63 Semler/Stengel/*Scheel*, § 245 Rn 65; Widmann/Mayer/*Rieger*, § 245 Rn 89; vgl auch Kallmeyer/*Dirksen*/*Blasche*, § 245 Rn 11.

64 Semler/Stengel/*Scheel*, § 245 Rn 65; Widmann/Mayer/*Rieger*, § 245 Rn 89.

65 Semler/Stengel/*Scheel*, § 245 Rn 66; Kallmeyer/*Dirksen*/*Blasche*, § 245 Rn 11; Widmann/Mayer/*Rieger*, § 245 Rn 89.

66 Vgl Lutter/*Göthel*, § 245 Rn 62 f mit kursorischen Ausführungen zur Historie.

2. Formwechsel einer AG in eine KGaA oder umgekehrt. Bei einem Formwechsel einer AG in 28
eine KGaA oder umgekehrt ist gem. § 245 Abs. 2 S. 3 bzw § 245 Abs. 3 S. 3 die aktienrechtliche **Regelung zur Nachgründung** hingegen **nicht anwendbar.**[67] Dies wäre auch überflüssig, da AG und KGaA identischen Kapitalaufbringungs- und Kapitalerhaltungsschutzvorschriften unterliegen.[68] Allerdings kann ein Formwechsel eine noch laufende Zwei-Jahres-Frist nach § 52 AktG nicht zum Erlöschen bringen; sie läuft über den Formwechsel hinaus weiter bis zu ihrem regulären Ende.[69] Der Ausschluss der Anwendung des § 52 AktG bezieht sich nur auf den Formwechselvorgang als „Gründungsvorgang".

3. Formwechsel einer AG oder KGaA in eine GmbH. Beim Formwechsel einer AG oder KGaA 29
in eine GmbH findet **keine Nachgründungsprüfung** statt. Eine Nachgründungsprüfung existiert im Recht der GmbH nicht.[70]

§ 246 Anmeldung des Formwechsels

(1) Die Anmeldung nach § 198 ist durch das Vertretungsorgan der formwechselnden Gesellschaft vorzunehmen.

(2) Zugleich mit der neuen Rechtsform oder mit dem Rechtsträger neuer Rechtsform sind die Geschäftsführer der Gesellschaft mit beschränkter Haftung, die Vorstandsmitglieder der Aktiengesellschaft oder die persönlich haftenden Gesellschafter der Kommanditgesellschaft auf Aktien zur Eintragung in das Register anzumelden.

(3) § 8 Abs. 2 des Gesetzes betreffend die Gesellschaften mit beschränkter Haftung und § 37 Abs. 1 des Aktiengesetzes sind auf die Anmeldung nach § 198 nicht anzuwenden.

I. Normzweck

Die neue Rechtsform eines Rechtsträgers ist gem. § 198 grundsätzlich zur Eintragung in das 1
Register, in dem der formwechselnde Rechtsträger einzutragen ist, anzumelden. § 246 ergänzt diese Vorschrift für den Fall des Formwechsels einer Kapitalgesellschaft in eine Kapitalgesellschaft anderer Rechtsform, indem er den **Anmeldepflichtigen** definiert und weitere Modalitäten der Anmeldung regelt.

II. Anmeldung

1. Anmeldepflichtiger. § 246 Abs. 1 trifft eine Regelung darüber, wer bei der Umwandlung 2
einer Kapitalgesellschaft in eine andere Kapitalgesellschaft anmeldepflichtig zur Eintragung in das zuständige Register ist. Die Anmeldung ist demnach von dem **Vertretungsorgan der formwechselnden Gesellschaft** vorzunehmen. Bei der AG ist dies gem. § 78 Abs. 1 AktG der Vor-

67 Kritisch Widmann/Mayer/*Rieger*, § 245 Rn 92 f.

68 Semler/Stengel/*Scheel*, § 245 Rn 69; vgl diesbezüglich auch die Vorschläge des HRA des DAV,NZG 2000, 802, 808.

69 Lutter/*Göthel*, § 245 Rn 64.

70 Kallmeyer/*Dirksen/Blasche*, § 245 Rn 12; Semler/Stengel/*Scheel*, § 245 Rn 70.

stand, bei der KGaA der persönlich haftende Gesellschafter (§§ 278 Abs. 3, Abs. 2 AktG, 161 Abs. 2, 125 HGB) und bei der GmbH die Geschäftsführer (§ 35 Abs. 1. Abs. 2 GmbHG).

3 Die Anmeldung muss nicht durch sämtliche Mitglieder des Vertretungsorgans unterzeichnet werden; vielmehr genügt die Anmeldung in **vertretungsberechtigter Zahl.**[1] Auch unechte Gesamtvertretung ist zulässig.[2] Eine Anmeldung aufgrund – notariell beglaubigter – Vollmacht ist zwar zulässig.[3] Sie wird aber aus praktischen Gründen häufig ausscheiden. Während die Anmeldung keine höchstpersönliche Handlung darstellt, gilt dies nicht für die Negativerklärung der Vertretungsorgane hinsichtlich einer Klage gegen den Formwechselbeschluss gem. §§ 198 Abs. 3, 16 Abs. 2, die einen höchstpersönlichen Charakter aufweist und die „bei" der Anmeldung abzugeben ist.[4] Da diese Negativerklärung außerhalb von Konzernsachverhalten regelmäßig erforderlich ist, weil die Vertretungsorgane die Negativerklärung ohnehin in notariell beglaubigter Form abgeben müssen, § 12 Abs. 2 HGB, wird eine Vertretung bei der Anmeldung in der Regel keine Erleichterung darstellen.

4 **2. Zuständiges Registergericht.** Für die Anmeldung zur Eintragung des Formwechsels der Gesellschaft ist das Registergericht zuständig, in das die **formwechselnde Kapitalgesellschaft** eingetragen ist.[5] Zur Frage des zuständigen Registergerichts im Falle der Sitzverlegung im Zuge des Formwechsels vgl bereits die Erläuterungen zu § 198 Rn 5.

5 **3. Form.** Die Anmeldung zur Eintragung in das Handelsregister ist **elektronisch in öffentlich beglaubigter Form** einzureichen, § 12 Abs. 2 HGB.[6]

III. Gegenstand der Anmeldung

6 **1. Allgemeiner Gegenstand der Anmeldung.** Gem. § 198 ist **Gegenstand der Anmeldung** zur Eintragung in das Handelsregister die neue Rechtsform des Rechtsträgers. Hierneben ist zudem der Neuabschluss des Gesellschaftsvertrages bzw die Feststellung der Satzung anzumelden.[7] Weiterhin sind die inländische Geschäftsanschrift des formwechselnden sowie diejenige des neuen Rechtsträgers mit anzumelden.[8] Bei der Anmeldung ist zudem die Lage der Geschäftsräume anzugeben, dies jedoch nicht, wenn die Lage der Geschäftsräume als inländische Geschäftsanschrift zur Eintragung in das Handelsregister angemeldet wird oder bereits in das Handelsregister eingetragen worden ist.[9] Falls der formwechselnde Rechtsträger Prokuren erteilt haben sollte, ist deren Fortbestand nicht anzumelden, da der Rechtsträger bei einem Formwechsel grundsätzlich bestehen bleibt.[10] Ein Hinweis auf das Fortbestehen der Prokura in der Anmeldung ist sicherheitshalber dennoch anzuraten.[11] Gleiches gilt für den Fortbestand etwaiger bestehender Zweigniederlassungen.[12]

7 **2. Vertretungsorgan (Abs. 2).** Die Anmeldung zur Eintragung in das Handelsregister hat auch das **Vertretungsorgan des Rechtsträgers neuer Rechtsform** zu umfassen.[13] Diese Verpflichtung soll sicherstellen, dass im Zeitpunkt der Wirksamkeit des Formwechsels Klarheit über die neuen Vertretungsverhältnisse in der Kapitalgesellschaft besteht.[14] Einzutragen sind deshalb im Falle der AG als Zielrechtsträger die Vorstandsmitglieder (§ 78 Abs. 1 AktG), im Falle der

1 Semler/Stengel/*Scheel*, § 246 Rn 2; Lutter/*Göthel*, § 246 Rn 5; Kallmeyer/*Dirksen/Blasche*, § 246 Rn 2.
2 Semler/Stengel/*Scheel*, § 246 Rn 3; Widmann/Mayer/*Rieger*, § 246 Rn 10.
3 Lutter/*Göthel*, § 246 Rn 5; Semler/Stengel/*Scheel*, § 246 Rn 4.
4 Lutter/*Göthel*, § 246 Rn 5; Kallmeyer/*Dirksen/Blasche*, § 246 Rn 2; *Melchior*, GmbHR 1999, 520.
5 § 198.
6 § 12 Abs. 1 S. 1 HGB.
7 Widmann/Mayer/*Rieger*, § 246 Rn 15; Semler/Stengel/*Scheel*, § 246 Rn 6.
8 Lutter/*Göthel*, § 246 Rn 17; Widmann/Mayer/*Rieger*, § 246 Rn 21.
9 § 24 Abs. 2 S. 1, 2 HRV.
10 OLG Köln GmbHR 1996, 773 f; Kallmeyer/*Dirksen/Blasche*, § 246 Rn 4; Lutter/*Göthel*, § 246 Rn 18; aA Widmann/Mayer/*Rieger*, § 246 Rn 17.
11 S. auch Lutter/*Göthel*, § 246 Rn 18; Kallmeyer/*Dirksen/Blasche*, § 246 Rn 4.
12 Lutter/*Göthel*, § 246 Rn 18; aA Widmann/Mayer/*Rieger*, § 246 Rn 18.
13 § 246 Abs. 2.
14 Begr. RegE zu § 246, BR-Drucks. 75/94, 158.

KGaA die persönlich haftenden Gesellschafter (§ 278 Abs. 3 AktG, §§ 161 Abs. 2, 125 HGB) sowie im Falle der GmbH die Geschäftsführer (§ 35 Abs. 1 GmbHG).

Da gem. § 197 S. 1 auch die Gründungsvorschriften der Zielgesellschaft Anwendung finden, ist neben den gesetzlichen Vertretern auch die abstrakte und konkrete **Vertretungsbefugnis** anzugeben.[15] Zudem ist durch die gesetzlichen Vertreter bei der Anmeldung zu versichern, dass keine Umstände ihrer Bestellung entgegenstehen und sie über ihre unbeschränkte Auskunftspflicht gegenüber dem Gericht belehrt worden sind.[16] 8

3. Negativerklärungen. a) Negativerklärungen zu Klagen gegen den Umwandlungsbeschluss. Bei der Anmeldung hat das Vertretungsorgan des Rechtsträgers zu erklären, dass eine Klage gegen die Wirksamkeit des Formwechselbeschlusses nicht oder nicht fristgemäß erhoben oder eine solche Klage rechtskräftig abgewiesen oder zurückgenommen worden ist.[17] Zu beachten ist, dass eine solche **Negativerklärung** grundsätzlich erst nach Ablauf der Frist für die Erhebung einer Klage gegen die Wirksamkeit des Formwechselbeschlusses abgegeben werden kann.[18] Zudem ist der Zeitraum einer demnächst erfolgenden Zustellung zu berücksichtigen.[19] Ohne diese negative Erklärung darf die Umwandlung nicht eingetragen werden.[20] 9

Wird diese **Negativerklärung** nicht erteilt, darf der Formwechsel nur dann eingetragen werden, wenn die klageberechtigten Anteilsinhaber durch notariell beurkundete Verzichtserklärung auf die Klage gegen die Wirksamkeit des Formwechselbeschlusses verzichtet haben oder das zuständige Prozessgericht festgestellt hat, dass die Erhebung der Klage gegen den Formwechsel der Eintragung des Formwechsels nicht entgegensteht.[21] 10

b) Negativerklärungen zu Betriebsräten. Gem. § 194 Abs. 2 ist der Entwurf des Umwandlungsbeschlusses spätestens einen Monat vor dem Tage der Versammlung der Anteilsinhaber, die den Formwechselbeschluss zu fassen hat, dem **zuständigen Betriebsrat** des formwechselnden Rechtsträgers zuzuleiten.[22] Diese Zuleitung muss bei der Anmeldung nachgewiesen werden. Anderenfalls besteht ein formelles Eintragungshindernis.[23] Besteht in der formwechselnden Gesellschaft ein Betriebsrat nicht, ist stattdessen eine entsprechende Versicherung über das Nichtbestehen des Betriebsrates abzugeben.[24] 11

4. Einlageversicherung (Abs. 3). Bei Gründung einer AG, KGaA oder GmbH ist zu versichern, dass die Leistungen auf die Gesellschaftsanteile bewirkt sind und dass der Gegenstand der Leistung sich endgültig in der freien Verfügung des jeweiligen Vertretungsorgans befindet.[25] Obwohl bei dem Formwechsel einer Gesellschaft gem. § 197 S. 1 grundsätzlich die Gründungsvorschriften der jeweiligen Gesellschaft neuer Rechtsform anwendbar sind, ist **eine Einlageversicherung nicht erforderlich**. Dies stellt § 246 Abs. 3 unmissverständlich klar. Das Gesetz verzichtet auf eine solche Versicherung, da bereits bei Gründung des formwechselnden Rechtsträgers eine entsprechende Erklärung abgegeben wurde.[26] 12

5. Rechtsformspezifische Besonderheiten. a) AG / KGaA. Falls im Zuge des Formwechsels in eine AG eine **Einpersonen-AG** entsteht, ist dies dem Handelsregister gem. § 42 AktG mitzuteilen. Bez. weiterer Einzelheiten s. sogleich Rn 16. 13

b) GmbH. Bei einem Formwechsel in eine GmbH ist gem. § 8 Abs. 1 Nr. 3 GmbHG eine **Liste der Gesellschafter** beizufügen. Vgl hierzu sogleich Rn 16. 14

15 § 197 S. 1 iVm §§ 37 Abs. 3, 283 Nr. 1 AktG; § 197 S. 1 iVm § 8 Abs. 4 GmbHG und § 43 HRV.
16 § 197 S. 1 iVm §§ 37 Abs. 2 S. 1, 283 Nr. 1 AktG; § 197 S. 1 iVm § 8 Abs. 3 S. 1 GmbHG.
17 § 198 Abs. 3 iVm § 16 Abs. 2 S. 1.
18 BGH NJW 2007, 224; OLG Karlsruhe NJW-RR 2001, 1326, 1327; Widmann/Mayer/*Fronhöfer*, § 16 Rn 73; Lutter/*Decher*, § 16 Rn 18.
19 BGH NJW 2007, 224.
20 BGH NJW 2007, 224; Lutter/*Decher*, § 16 Rn 18.
21 § 198 Abs. 3 iVm § 16 Abs. 2 S. 2 bzw § 198 Abs. 3 iVm § 16 Abs. 3 S. 1.
22 Zur Frage, welchem Betriebsrat der Entwurf des Umwandlungsbeschlusses zuzuleiten ist, vgl § 194 Rn 17.
23 Semler/Stengel/*Scheel*, § 246 Rn 9.
24 Widmann/Mayer/*Rieger*, § 246 Rn 22; Semler/Stengel/*Scheel*, § 246 Rn 9; Semler/Stengel/*Schröer*, § 5 Rn 148.
25 § 37 Abs. 1 S. 1, 2 AktG; § 8 Abs. 2 S. 1 GmbHG.
26 Semler/Stengel/*Scheel*, § 246 Rn 16.

15 **6. Beizufügende Unterlagen.** Der Anmeldung sind gem. § 199 zunächst die Anlagen nach den Vorschriften des **Allgemeinen Teils** des UmwG beizufügen. Vgl hierzu bereits § 199 Rn 2 ff.

16 Da das UmwG die Gründungsvorschriften der Gesellschaft neuer Rechtsform für anwendbar erklärt, sind zudem **weitere Unterlagen nach Gründungsrecht** beizufügen. Dies sind im Einzelnen:

▶ **Checkliste:**

- im Falle des Formwechsels in eine AG/GmbH: die Urkunden über die Bestellung des Vorstands bzw der Geschäftsführer (§ 37 Abs. 4 Nr. 3 AktG; § 8 Abs. 1 Nr. 2 GmbHG),[27]
- im Falle des Formwechsels in eine AG/GmbH: die Versicherung der neuen Vertretungsorgane, dass ihrer Bestellung keine Umstände entgegenstehen und sie über ihre unbeschränkte Auskunftspflicht gegenüber dem Gericht belehrt worden sind (§ 37 Abs. 2 AktG; § 8 Abs. 3 GmbHG),
- im Falle des Formwechsels in eine AG/KGaA: den „Gründungsbericht" nach § 197 S. 1 iVm § 32 AktG, also den Bericht über den Formwechsel (s. hierzu bereits § 245 Rn 18 f) und die Prüfungsberichte des Vorstands, des Aufsichtsrates und der Gründungsprüfer gem. § 197 S. 1 iVm § 37 Abs. 4 Nr. 4 AktG,[28]
- im Falle des Formwechsels in eine GmbH: die Liste der Gesellschafter gem. § 8 Abs. 1 Nr. 3 GmbHG. ◀

Hinweis: Die Einreichung der Liste der Gesellschafter kann beim Formwechsel einer AG in die Rechtsform einer GmbH problematisch sein, wenn – etwa bei einer großen Anzahl von Aktionären – nicht alle Gesellschafter bekannt sind. Entscheidend ist in diesem Fall, ob der Anteil eines unbekannten Gesellschafters in irgendeiner Weise, zB mittels einer laufenden Nummer auf der Aktienurkunde, identifizierbar ist.[29] Es ist dann diese Tatsache in der Gesellschafterliste anzugeben.[30]

IV. Wirkung der Anmeldung

17 Die Anmeldung führt noch **nicht zur Wirksamkeit des Formwechsels.** Erst mit Eintragung des Formwechsels wird dieser wirksam.[31]

§ 247 Wirkungen des Formwechsels

(1) Durch den Formwechsel wird das bisherige Stammkapital einer formwechselnden Gesellschaft mit beschränkter Haftung zum Grundkapital der Gesellschaft neuer Rechtsform oder das bisherige Grundkapital einer formwechselnden Aktiengesellschaft oder Kommanditgesellschaft auf Aktien zum Stammkapital der Gesellschaft neuer Rechtsform.

(2) Durch den Formwechsel einer Kommanditgesellschaft auf Aktien scheiden deren persönlich haftende Gesellschafter als solche aus der Gesellschaft aus.

27 Beim Formwechsel in eine GmbH wird der Formwechselbeschluss regelmäßig bereits die Bestellung der Geschäftsführer enthalten, so dass diesbezüglich in der Anmeldung auf den Formwechselbeschluss verwiesen werden kann.

28 Beim Formwechsel einer AG oder KGaA in eine GmbH ist ein Sachgründungsbericht nicht erforderlich, § 245 Abs. 4.

29 Semler/Stengel/*Scheel*, § 246 Rn 11.

30 Semler/Stengel/*Scheel*, § 246 Rn 11.

31 Vgl § 202 Abs. 1.

I. Normzweck

§ 247 ist eine den § 202 ergänzende Vorschrift.[1] Er normiert mit Abs. 1 die Wirkung des Formwechsels hinsichtlich des **Grund- bzw Stammkapitals** des formwechselnden Rechtsträgers. § 247 stellt dabei die identische Umwandlung des vorhandenen Haftkapitals heraus. Abs. 2 bestimmt zudem die Folgen der Umwandlung für den Komplementär einer formwechselnden KGaA. 1

Der Gesetzgeber hat die Norm an das bisherige Recht angelehnt.[2] Sie ist nach ihrem Wortlaut auf den Formwechsel einer AG oder KGaA in eine GmbH bzw einer GmbH in eine AG oder KGaA anwendbar. Für den Formwechsel einer AG in eine KGaA bzw einer KGaA in eine AG enthält das UmwG, wie bereits vor der Novellierung des Umwandlungsrechts, **keine vergleichbare Vorschrift.**[3] 2

II. Verhältnis von Grund- und Stammkapital (Abs. 1)

1. Formwechsel einer AG/KGaA in eine GmbH oder umgekehrt. a) Grundsatz. § 247 Abs. 1 bestimmt, dass das bisherige Stammkapital einer formwechselnden GmbH zum Grundkapital der Ziel-AG bzw Ziel-KGaA bzw das Grundkapital einer formwechselnden AG oder KGaA zum Stammkapital der Ziel-GmbH umqualifiziert wird. Das Nennkapital des Rechtsträgers bleibt also **zwingend gleich.**[4] Damit ist zugleich gesagt, dass eine nominale Änderung des Grundkapitals im Zuge des Formwechsels ausscheidet.[5] In der Literatur wird in diesem Zusammenhang auch von der „Identität" oder gar „erhöhten Identität" des Nennkapitals gesprochen.[6] 3

Nach der **Einführung des Euro** mussten die Kapital- und Personengesellschaften ihr im Handelsregister eingetragenes Stamm-, Grund oder Haftkapital nicht zwingend von DM auf Euro umstellen.[7] Lediglich das AktG und GmbHG sehen eine zwingende Umstellung bei Kapitaländerungen vor.[8] Auch wenn dies in der Praxis nur noch selten vorkommt, kann der Formwechsel einer Gesellschaft, deren im Handelsregister eingetragenes Kapital noch auf DM lautet, Schwierigkeiten bereiten. Der formwechselnde Rechtsträger hat bei der Umwandlung die Mindestnennbeträge der neuen Rechtsform zu beachten.[9] Eine Kapitaländerung im Zuge des Formwechsels ist jedoch im Hinblick auf § 247 Abs. 1 unzulässig. Das UmwG hält mit § 318 Abs. 2 eine Überleitungsvorschrift zur Einführung des Euro bereit, dessen Satz 2 sich auf Formwechsel bezieht.[10] Danach bleiben die Gründungsvorschriften und entsprechenden Überleitungsvorschriften zur Einführung des Euro unberührt.[11] Dieser Verweis auf die Überleitungsvorschriften führt zu noch ungelösten Schwierigkeiten bei der Auslegung von § 318 Abs. 2 S. 2. Er lässt offen, wie dies mit der Vorgabe des § 247 Abs. 1, die Kapitalziffer im Zuge des Formwechsels nicht zu ändern, in Einklang gebracht werden kann. Zur Lösung dieses Problems will eine in der Literatur vertretene Ansicht die durch die Umrechnung und Rundung auf volle Cent entstehende Differenz zwischen dem Nennkapital vor und nach dem Formwechsel in einem Abgrenzungsposten aus Kapitalumstellung ausweisen.[12] Eine andere Ansicht will die Aktien- und GmbH-rechtlichen Vorschriften zur Umstellung auf den Euro im Rahmen des Formwechsels anwenden und damit eine notwendige Kapitaländerung im Zuge des Formwechsels erlauben.[13] Eine dritte Ansicht will dem Grundsatz der Identität des Kapitals nach 4

1 Lutter/*Göthel*, § 247 Rn 1; Kallmeyer/*Dirksen/Blasche*, § 247 Rn 1.
2 Begr. RegE zu § 247, BR-Drucks. 75/94, 158.
3 Widmann/Mayer/*Rieger*, § 247 Rn 1.
4 Widmann/Mayer/*Rieger*, § 247 Rn 11; Semler/Stengel/*Scheel*, § 247 Rn 125.
5 Widmann/Mayer/*Rieger*, § 247 Rn 11; Lutter/*Göthel*, § 247 Rn 4; Semler/Stengel/*Scheel*, § 247 Rn 1.
6 Widmann/Mayer/*Rieger*, § 247 Rn 11; Semler/Stengel/*Scheel*, § 247 Rn 1.
7 Vgl § 1 Abs. 2 EGAktG; § 1 EGGmbHG.
8 Vgl § 3 Abs. 5 EGAktG; § 1 Abs. 1 S. 4 EGGmbHG.
9 § 8 Abs. 2 S. 1 AktG ; §§ 243 Abs. 3 S. 2 UmwG, 5 Abs. 2 S. 1 GmbHG.
10 Semler/Stengel/*Scheel*, § 318 Rn 12 und Rn 15.
11 Semler/Stengel/*Scheel*, § 318 Rn 12 und Rn 15.
12 Semler/Stengel/*Scheel*, § 247 Rn 6; Lutter/*Göthel*, § 247 Rn 5.
13 Semler/Stengel/*Perlitt*, § 318 Rn 20.

§ 247 Abs. 1 dadurch Genüge tun, dass der Formwechsel zu „krummen“ Kapitalbeträgen in der neuen Rechtsform führen darf, jedoch innerhalbeiner logischen Sekunde nach dem Wirksamwerden des Formwechsels die Euro-Umstellung des Kapitals nach den für die neue Rechtsform anwendbaren Übergangsvorschriften vorzunehmen ist.[14] Keine der Lösungen überzeugt vollends mangels fehlender Vereinbarkeit mit dem Wortlaut der Normen des UmwG. Es ist daher zu konstatieren, dass die derzeitige Gesetzeslage keine befriedigende, sprich rechtssichere Lösung vorhält. Rechtssicher ist daher nur die Umstellung auf den Euro vor dem Formwechsel.[15]

Hinweis: Es empfiehlt sich, das präferierte Vorgehen mit dem Registergericht vorab abzustimmen. Der rechtssichere Weg bleibt jedoch die Umstellung der Kapitalziffer auf Euro vor dem Formwechsel.

5 **b) Sondereinlage eines Komplementärs.** Dieser Grundsatz der „**gleichbleibenden Identität**“ des **Nennkapitals** gilt beim Formwechsel einer KGaA nur für deren Grundkapital.[16] Er erstreckt sich nicht auf eine etwaige Vermögenseinlage eines persönlich haftenden Gesellschafters gem. § 281 Abs. 2 AktG. Diese führt im Falle des Formwechsels lediglich zu einem Abfindungsanspruch des Gesellschafters gem. § 278 Abs. 2 AktG iVm §§ 161 Abs. 2, 105 Abs. 2 HGB, §§ 738 ff BGB, soweit die Satzung nicht eine abweichende Regelung enthält. Eine Beteiligung eines persönlich haftenden Gesellschafters der KGaA an der Ziel-GmbH oder Ziel-AG kann nur dadurch erreicht werden, dass er vor dem Formwechsel zugleich Kommanditaktionär wird oder nach dem Formwechsel Geschäftsanteile bzw Aktien erwirbt, ggf im Rahmen einer Sach- oder Barkapitalerhöhung.[17] Seinen Abfindungsanspruch für die von ihm erbrachte Vermögenseinlage gem. § 281 Abs. 2 AktG kann der persönlich haftende Gesellschafter ggf bei einer dem Formwechsel nachfolgenden Sachkapitalerhöhung mit einbringen.[18] Eine eigentliche Umwandlung der Vermögenseinlage in Aktien bzw Geschäftsanteile im Zuge des Formwechsels findet jedoch nicht statt.[19]

6 **2. Formwechsel einer AG in eine KGaA oder umgekehrt.** § 247 Abs. 1 ist ausweislich der Regierungsbegründung nur auf einen Formwechsel anwendbar, bei dem eine **GmbH** entweder Ausgangsrechtsträger oder Zielrechtsträger ist, sprich bei einem Formwechsel einer AG/KGaA in eine GmbH oder umgekehrt. [20] Dies ergibt sich zudem aus dem Wortlaut des § 247 Abs. 1, der ausschließlich eine Umqualifizierung von Stammkapital in Grundkapital und umgekehrt erwähnt; denn das Haftkapital einer AG und einer KGaA wird im Gesetz jeweils „Grundkapital“ genannt.[21] Dies ist auch der Grund, warum eine entsprechende Regelung für den Formwechsel einer AG in eine KGaA und umgekehrt dem Gesetzgeber entbehrlich erschien.[22]

7 **3. Keine Identität der Anteile.** § 247 Abs. 1 statuiert den Grundsatz der „Identität“ des haftenden Nennkapitals nur hinsichtlich des Gesamtbetrags des Nennkapitals.[23] Eine **Identität des Nennbetrags** der einzelnen Anteile beim Rechtsträger alter und neuer Rechtsform ist nicht zwingend; diesbezüglich können die Gesellschafter eine abweichende Festsetzung der Beteiligung treffen.[24]

14 *Heidinger*, NZG 2000, 532, 532 f.
15 Lutter/*Göthel*, § 247 Rn 5; Kallmeyer/*Dirksen/Blasche*, § 247 Rn 2.
16 Semler/Stengel/*Scheel*, § 247 Rn 3; Widmann/Mayer/*Rieger*, § 247 Rn 12.
17 Semler/Stengel/*Scheel*, § 247 Rn 3; Widmann/Mayer/*Rieger*, § 247 Rn 12.
18 Semler/Stengel/*Scheel*, § 247 Rn 3; Widmann/Mayer/*Rieger*, § 247 Rn 12.
19 Widmann/Mayer/*Rieger*, § 247 Rn 12; Semler/Stengel/*Scheel*, § 247 Rn 3.
20 Begr. RegE zu § 247, BR-Drucks. 75/94, 158.
21 Vgl § 1 Abs. 2 AktG, § 278 Abs. 1 AktG.
22 Vgl Widmann/Mayer/*Rieger*, § 247 Rn 13; Semler/Stengel/*Scheel*, § 247 Rn 2.
23 Ebenso Semler/Stengel/*Scheel*, § 247 Rn 5; Widmann/Mayer/*Rieger*, § 247 Rn 12.
24 Vgl § 243; s. auch Widmann/Mayer/*Rieger*, § 247 Rn 18.

III. Ausscheiden des Komplementärs (Abs. 2)

1. Ausscheiden des Komplementärs ipso iure. Mit Wirksamwerden des Formwechsels, also mit Eintragung der neuen Rechtsform in das Handelsregister (§ 202 Abs. 1), scheidet jeder **persönlich haftende Gesellschafter** einer formwechselnden KGaA aus der Gesellschaft aus, § 247 Abs. 2. Diese Rechtsfolge ist bei einem Formwechsel in eine andere Kapitalgesellschaft insofern zwingend, als andere Kapitalgesellschaften keinen persönlich haftenden Gesellschafter aufweisen.[25] Diese Rechtsfolge ist denklogisch zwar nicht zwingend. Das Verbleiben eines persönlich haftenden Gesellschafters hätte dann aber einen nichtverhältniswahrenden Formwechsel (zulasten eines anderen Anteilsinhabers) erfordert. 8

2. Komplementär als Kommanditaktionär. § 247 Abs. 2 bezieht sich nur auf die Stellung als persönlich haftender Gesellschafter. Eine gleichzeitige Beteiligung des persönlich haftenden Gesellschafters als **Kommanditaktionär** bleibt von § 247 Abs. 2 unberührt.[26] Für diese erhält der Gesellschafter, anders als für eine als Komplementär etwaig geleistete Vermögenseinlage gem. § 281 Abs. 2 AktG, Geschäftsanteile an der entstehenden GmbH bzw Aktien an der entstehenden AG.[27] 9

3. Vermögenseinlage des Komplementärs. Sofern ein persönlich haftender Gesellschafter eine Vermögenseinlage gem. § 281 Abs. 2 AktG erbracht hat, wird diese durch den Formwechsel nicht zu Geschäftsanteilen der Ziel-GmbH oder Aktien der Ziel-AG (s. Rn 5). Der **Abfindungsanspruch** des persönlich haftenden Gesellschafters ist auf Basis einer Auseinandersetzungsbilanz gemäß § 278 Abs. 2 AktG iVm § 161 Abs. 2, § 105 Abs. 2 HGB, § 738 ff BGB zu berechnen, soweit die Satzung nicht eine abweichende Regelung enthält.[28] 10

4. Rechtsfolgen. Scheidet der Komplementär gem. § 247 Abs. 2 mit Wirksamwerden des Formwechsels aus der Gesellschaft aus, **endet seine persönliche Haftung** für nach dem Formwechsel entstehende Verbindlichkeiten der Gesellschaft. Für die bis zu seinem Ausscheiden entstandenen Verbindlichkeiten haftet der Gesellschafter auch nach dem Formwechsel weiter.[29] Diese akzessorische Haftung ergibt sich aus § 278 Abs. 2 AktG iVm §§ 161 Abs. 2, 128 HGB und ist gem. § 278 Abs. 2 AktG iVm § 160 Abs. 1 HGB auf fünf Jahre nach dem Ausscheiden begrenzt.[30] Teilweise wird auch ein Fortbestehen der Rechtsscheinhaftung gem. § 15 HGB bejaht.[31] Richtigerweise wird eine solche Rechtsscheinhaftung aber kaum anzunehmen sein, da der Rechtsschein einer persönlichen Haftung des Gesellschafters durch Eintragung des Formwechsels in eine AG oder GmbH beseitigt wird.[32] 11

Ein Anspruch des ausscheidenden Komplementärs auf **Beteiligung** an dem Rechtsträger neuer Rechtsform ist weder der gesetzlichen Regelung noch der allgemeinen gesellschaftsrechtlichen Treuepflicht zu entnehmen.[33] Da aber der Formwechsel einer KGaA in eine Kapitalgesellschaft anderer Rechtsform ohnehin gem. § 240 Abs. 3 S. 1 der Zustimmung eines jeden persönlich haftenden Gesellschafters bedarf, wird dieser seine einflussreiche Stellung faktisch zur Erzwingung einer Gesellschafterstellung in dem Rechtsträger neuer Rechtsform nutzen können.[34] 12

25 Lutter/*Göthel*, § 247 Rn 18; Semler/Stengel/*Scheel*, § 247 Rn 9; Widmann/Mayer/*Rieger*, § 247 Rn 34.

26 Semler/Stengel/*Scheel*, § 247 Rn 10; Widmann/Mayer/*Rieger*, § 247 Rn 36.

27 Ebenso Semler/Stengel/*Scheel*, § 247 Rn 10; Widmann/Mayer/*Rieger*, § 247 Rn 36.

28 Semler/Stengel/*Scheel*, § 247 Rn 12; Widmann/Mayer/*Rieger*, § 247 Rn 42.

29 Lutter/*Göthel*, § 247 Rn 23; Widmann/Mayer/*Rieger*, § 247 Rn 46; Semler/Stengel/*Scheel*, § 247 Rn 16.

30 Semler/Stengel/*Scheel*, § 247 Rn 15.

31 Vgl Lutter/*Göthel*, § 247 Rn 22.

32 Vgl ebenso Semler/Stengel/*Scheel*, § 247 Rn 15; Widmann/Mayer/*Rieger*, § 247 Rn 46.

33 Semler/Stengel/*Scheel*, § 247 Rn 17; Widmann/Mayer/*Rieger*, § 247 Rn 51; aA Goutier/Knopf/Tulloch/*Laumann*, § 247 Rn 14.

34 Semler/Stengel/*Scheel*, § 247 Rn 17.

§ 248 Umtausch der Anteile

(1) Auf den Umtausch der Geschäftsanteile einer formwechselnden Gesellschaft mit beschränkter Haftung gegen Aktien ist § 73 des Aktiengesetzes, bei Zusammenlegung von Geschäftsanteilen § 226 des Aktiengesetzes über die Kraftloserklärung von Aktien entsprechend anzuwenden.

(2) Auf den Umtausch der Aktien einer formwechselnden Aktiengesellschaft oder Kommanditgesellschaft auf Aktien gegen Geschäftsanteile einer Gesellschaft mit beschränkter Haftung ist § 73 Abs. 1 und 2 des Aktiengesetzes, bei Zusammenlegung von Aktien § 226 Abs. 1 und 2 des Aktiengesetzes über die Kraftloserklärung von Aktien entsprechend anzuwenden.

(3) Einer Genehmigung des Gerichts bedarf es nicht.

I. Normzweck

1 § 248 regelt für den Formwechsel einer GmbH in eine AG/KGaA und umkehrt die praktische Verfahrensweise des **Austausches von GmbH-Geschäftsanteilen** in Aktien einer AG oder KGaA und umkehrt, wenn der Formwechsel mit seiner Eintragung wirksam wird und infolgedessen die Anteilsinhaber gem. § 202 Abs. 1 Nr. 2 am Ziel-Rechtsträger beteiligt werden. Die praktische Relevanz der Norm ist allerdings gering, nicht zuletzt deswegen, weil in der Praxis nur äußerst selten GmbH-Anteilsscheine ausgegeben werden.

II. Formwechsel einer GmbH in eine AG oder KGaA

2 **1. Umtausch. a) Begriff des Umtauschs.** § 248 Abs. 1 setzt einen **„Umtausch der Geschäftsanteile"** voraus. „Umtausch" iSd Norm meint hierbei nicht den Wechsel der materiellrechtlichen Mitgliedschaft; diese entsteht gem. § 202 Abs. 1 Nr. 2 ohnehin durch Eintragung der neuen Rechtsform in das entsprechende Register.[1] Gemeint ist vielmehr lediglich der „Umtausch" einer ggf vorhandenen Verbriefung dieser Mitgliedschaft.[2] In der Praxis werden allerdings regelmäßig keine Anteilsscheine für GmbH-Geschäftsanteile ausgegeben, so dass ein „Umtausch" im Sinne eines Austauschs verkörperter Anteilsscheine nicht vorgenommen werden muss und kann.[3] Sollte dennoch ausnahmsweise eine GmbH-Mitgliedschaft durch Anteils-

1 Semler/Stengel/*Scheel*, § 248 Rn 2; vgl auch Lutter/*Göthel*, § 248 Rn 3.
2 Goutier/Knopf/Tulloch/*Laumann*, § 248 Rn 2.
3 Widmann/Mayer/*Rieger*, § 248 Rn 8; Lutter/*Göthel*, § 248 Rn 3; Semler/Stengel/*Scheel*, § 248 Rn 1.

scheine verbrieft worden sein, handelt es sich hierbei nicht um ein Wertpapier, sondern vielmehr um eine Beweisurkunde.[4] Der Besitz des Anteilsscheins ist für die Ausübung von Gesellschafterrechten nicht erforderlich, soweit nicht der GmbH-Gesellschaftsvertrag den Besitz des Anteilsscheins als weitere Voraussetzung für die Ausübung bestimmter Gesellschafterrechte vorschreibt.[5] Aufgrund dessen wäre ein Umtausch strenggenommen auch nicht erforderlich, weil der Anteilsschein aufgrund der nicht mehr vorhandenen GmbH seine Funktion und Wirkung verloren hat. Eine Kraftloserklärung der GmbH Anteilsscheine wird in der Literatur daher zu Recht als überflüssig bezeichnet.[6]

Dementsprechend ist unter „Umtausch" iSd Norm zweierlei zu verstehen: Sofern die Geschäftsanteile der GmbH ausnahmsweise in **verkörperten Anteilsscheinen** vorliegen, ist hiermit der tatsächliche Austausch des GmbH-Anteilsscheins gegen die neuen Aktienurkunden gemeint. Dieser Austausch hat keinen Einfluss auf die eigentliche Mitgliedschaft und somit zunächst keine weitere materiellrechtliche Funktion.[7] Sind hingegen die Geschäftsanteile an der GmbH unverbrieft, fehlt es an einer auswechselungsfähigen Verbriefung der Mitgliedschaft. Es verbleibt dann nur die Zuteilung der neuen Aktien und ggf Ausgabe der Aktienurkunde nach erfolgtem Formwechsel, soweit die Satzung nicht eine Einzelverbriefung oder Mehrfachverbriefung gem. § 10 Abs. 5 AktG ausschließt.[8] 3

b) Kraftloserklärung der Anteilsscheine für Geschäftsanteile. Da es in der Praxis regelmäßig zu keiner Ausgabe von Anteilsscheinen für die GmbH-Mitgliedschaft kommt, kommt auch dem **gesetzlichen Verweis auf § 73 AktG** nur untergeordnete Bedeutung zu. Selbst für den Fall, dass die formwechselnde GmbH Anteilsscheine ausgegeben hat, bleiben Sinn und Zweck der Kraftloserklärung zweifelhaft (s. bereits Rn 1).[9] Es liegt daher im Ermessen der Gesellschaft, die ausgegeben GmbH-Anteilsscheine nach dem im § 73 AktG vergebenen Verfahren für kraftlos erklären zu lassen.[10] 4

c) Umtauschverfahren. aa) Einfaches Umtauschverfahren. Das **einfache Umtauschverfahren** stellt den regulären Fall eines Umtauschs von GmbH-Geschäftsanteile in Aktienurkunden dar.[11] Sind die GmbH-Geschäftsanteile, wie es in der Praxis regelmäßig liegen wird, nicht verbrieft, fehlt es an einer auswechselungsfähigen Verbriefung der Mitgliedschaft. Unter „Umtausch" iSd Norm ist dann die Zuteilung und ggf Ausgabe des Wertpapiers nach erfolgtem Formwechsel zu verstehen.[12] Der Aktionär der Ziel-AG oder -KGaA hat dabei nachzuweisen, dass er zum Zeitpunkt des Formwechsels GmbH-materiellrechtlich Gesellschafter war.[13] Als hinreichend wird in der Literatur insoweit eine Benennung des Gesellschafters im Umwandlungsbeschluss genannt.[14] Dann muss man konsequenterweise auch die Nennung als Gesellschafter in der im Handelsregister aufgenommenen Gesellschaferliste gem. § 16 Abs. 1 S. 1 GmbHG als ausreichend anerkennen, selbst wenn diese keine Auskunft über die materiellrechtliche Gesellschafterstellung zulässt. Erfolgt keine namentliche Nennung im Formwechselbeschluss, kann der Nachweis der Gesellschafterstellung durch notarielle Urkunden, die eine lückenlose Übertragungskette des Anteils nachweisen, erfolgen.[15] 5

bb) Aufforderung zur Abholung. Die neu entstandene AG oder KGaA kann die Aktionäre zur **Abholung der Aktien** auffordern, wenn diese sie nicht freiwillig abholen.[16] § 248 sieht mit sei- 6

4 RGZ 57, 415; OLG Köln GmbHR 1995, 293; Widmann/Mayer/*Rieger*, § 248 Rn 9; Semler/Stengel/*Scheel*, § 248 Rn 1; KölnKomm-AktG/*Zöllner*, § 373 Rn 5; Lutter/Hommelhoff/*Bayer*, § 14 GmbHG Rn 9.

5 Baumbach/Hueck/*Fastrich*, § 14 GmbHG Rn 9; Lutter/Hommelhoff/*Bayer*, § 14 GmbHG Rn 9.

6 Widmann/Mayer/*Rieger*, § 248 Rn 11; Semler/Stengel/*Scheel*, § 248 Rn 8.

7 Lutter/*Göthel*, § 248 Rn 9.

8 Lutter/*Göthel*, § 248 Rn 4; Widmann/Mayer/*Rieger*, § 248 Rn 10.

9 Widmann/Mayer/*Rieger*, § 248 Rn 11; stärker noch Kallmeyer/*Dirksen*, 4. Aufl., § 248 Rn 2, der sie als „überflüssig" bezeichnet.

10 Widmann/Mayer/*Rieger*, § 248 Rn 11.

11 Widmann/Mayer/*Rieger*, § 248 Rn 13.

12 Lutter/*Göthel*, § 248 Rn 4; Widmann/Mayer/*Rieger*, § 248 Rn 10.

13 Semler/Stengel/*Scheel*, § 248 Rn 4; Widmann/Mayer/*Rieger*, § 248 Rn 14.

14 Widmann/Mayer/*Rieger*, § 248 Rn 14; Semler/Stengel/*Scheel*, § 248 Rn 4.

15 Widmann/Mayer/*Rieger*, § 248 Rn 14.

16 §§ 73 Abs. 2, 64 Abs. 2 AktG.

nem Verweis auf §§ 73 Abs. 2 S. 2 iVm 64 Abs. 2 AktG das hierfür erforderliche Verfahren vor, allerdings mit der Maßgabe, dass es keiner gerichtlichen Genehmigung bedarf, § 248 Abs. 3. Vgl hierzu bereits § 72 Rn 2 ff.

7 cc) **Hinterlegung.** (1) **Recht zur Hinterlegung.** Gem. § 248 iVm § 73 Abs. 3 AktG können, wenn ein **Recht zur Hinterlegung** besteht, die Aktien an der Ziel-AG oder Ziel-KGaA hinterlegt werden. § 248 iVm § 73 Abs. 3 AktG regelt damit nicht die Voraussetzungen des Rechts zur Hinterlegung. Einschlägig ist insoweit § 372 BGB, der ein Recht zur Hinterlegung bei einer dazu bestimmten öffentlichen Stelle zuerkennt, wenn sich der Gläubiger im Verzug der Annahme von Wertpapieren befindet.[17] Gleiches gilt bei einem anderen Grund, der in der Person des Gesellschafters liegt. Als Beispiele hierfür werden zB genannt: die Unbekanntheit seines Aufenthaltsortes[18] oder die nicht fahrlässige Unkenntnis der Person des Gesellschafters.[19]

8 (2) **Kraftloserklärung.** Nach hM ist vor Vornahme einer Hinterlegung sowohl das Verfahren der Aufforderung zur Einreichung gem. § 73 Abs. 1 und 2 AktG als auch die **Kraftloserklärung** gem. § 73 Abs. 3 AktG durchzuführen.[20] Argumentativ wird hierfür der Wortlaut der Norm angeführt, der eine Hinterlegung der Aktien „anstelle der kraftlos erklärten" Geschäftsanteile zulässt.[21] Da eine Kraftloserklärung bei nicht erfolgter Ausgabe von Anteilsscheinen denklogisch nicht erfolgen kann, ist in diesem Fall auf das Erfordernis einer vorherigen Kraftloserklärung zu verzichten. Hier ist ein Aufforderungsverfahren gem. § 73 Abs. 1 und 2 AktG hinreichend.[22]

9 (3) **Hinterlegungspflicht.** Ob die Ziel-AG bzw Ziel-KGaA lediglich ein Recht oder auch die **Pflicht zur Hinterlegung** der Aktien trifft, ist umstritten. Nach einer hierzu vertretenen Ansicht steht ihr eine Hinterlegung der Aktien nicht frei.[23] Die Hinterlegung sei verpflichtend vorzunehmen.[24] Hierfür spricht der Wortlaut des § 73 Abs. 3 AktG, nach dem die Aktien „zu hinterlegen" sind. Überzeugender ist die wohl hM.[25] Soll der Gesellschaft die Kraftloserklärung der ggf erteilten Anteilsscheine freistehen, da der Kraftloserklärung keine materiellrechtliche Funktion zukommt, wäre eine Verpflichtung zur Hinterlegung, die auch die Verpflichtung zur Kraftloserklärung umfassen würde, wenig konsequent.[26] Es ist deshalb davon auszugehen, dass eine Hinterlegung im Ermessen der Gesellschaft steht.

Hinweis: Es ist der Gesellschaft jedoch anzuraten, von ihrem Hinterlegungsrecht Gebrauch zu machen, um in den Genuss der schuldbefreienden Wirkung der Hinterlegung gem. § 378 BGB zu kommen.

10 (4) **Entbehrlichkeit der Anzeige an das Gericht (Abs. 3).** Abs. 3 bestimmt, dass eine **Genehmigung der Hinterlegung** durch das Gericht, das in § 73 AktG vorgesehen ist, im Falle einer Aushändigung oder Hinterlegung von Aktien für ehemalige Geschäftsanteile des Gesellschafters nicht erforderlich ist. Ob dann zugleich gefolgert werden kann, dass die Anzeige der Aushändigung oder Hinterlegung beim Gericht gemäß § 73 Abs. 3 S. 2 AktG ebenfalls entfällt, ist in Literatur und Rechtsprechung bislang ungeklärt. Für eine Anzeigepflicht spricht, dass sie im Kontext des aktienrechtlichen Verfahrens von § 73 AktG die Erfüllung der ihr zugrundeliegenden Handlungspflicht sicherstellen soll.[27] Mit der herrschenden Ansicht in der Literatur ist jedoch zu konstatieren, dass eine solche Anzeige über die erfolgte Aushändigung oder Hinterle-

17 § 293 BGB.
18 Palandt/*Grüneberg*, § 372 BGB Rn 5.
19 § 372.
20 Widmann/Mayer/*Rieger*, § 248 Rn 19; Semler/Stengel/*Scheel*, § 248 Rn 11 f; Kallmeyer/*Dirksen/Blasche*, § 248 Rn 3; KölnKomm-AtkG/*Zöllner*, § 382 Rn 3; aA Geßler/Hefermehl/Eckhardt/Kropff/*Semler/Grunewald*, § 382 AktG Rn 2.
21 Semler/Stengel/*Scheel*, § 248 Rn 11.
22 Widmann/Mayer/*Rieger*, § 248 Rn 20; Lutter/*Göthel*, § 248 Rn 8.
23 Widmann/Mayer/*Rieger*, § 248 Rn 21; so jetzt wohl auch Kallmeyer/*Dirksen/Blasche*, § 248 Rn 3 („sind ... zu hinterlegen").
24 Widmann/Mayer/*Rieger*, § 248 Rn 21.
25 Semler/Stengel/*Scheel*, § 248 Rn 12; Schmitt/Hörtnagl/Stratz/*Stratz*, § 248 Rn 3 („können ... hinterlegt werden"); Lutter/*Göthel*, § 248 Rn 7 („können ... hinterlegt werden"); so wohl auch noch Kallmeyer/*Dirksen*, 4. Aufl., § 248 Rn 3 („kann ... erfolgen").
26 So auch zu Recht Semler/Stengel/*Scheel*, § 248 Rn 12.
27 MüKo-AktG/*Oechsler*, § 73 Rn 41.

gung hier entbehrlich ist, da das Gericht an der Entscheidung, ob das Verfahren nach § 73 AktG durchgeführt wird, nicht beteiligt ist.[28] Aufgrund dessen ist im UmwG auch keine Sanktionierung durch Zwangsgeld für eine unterbliebene Anzeige aufgenommen worden; es fehlt ein entsprechender Anwendungsbefehl des § 407 AktG.[29] Zuständig für die Anzeige wäre das Registergericht.[30]

Hinweis: Es stellt sich in der Praxis daher die Frage, ob es sicherheitshalber überhaupt noch einer solchen Anzeige gegenüber dem Gericht bedarf.

2. Zusammenlegung (§ 248 Abs. 1 Var. 2 iVm § 226 AktG). a) Begriff der Zusammenlegung. Ist ein GmbH-Gesellschafter mit mehreren Geschäftsanteilen an der formwechselnden GmbH beteiligt, werden die einzelnen Geschäftsanteile des Gesellschafters im Regelfall verhältniswahrend in eine oder mehrere Aktien der Ziel-AG oder Ziel-KGaA umgetauscht.[31] Hierbei kann es zu einer „**Zusammenlegung**" mehrerer Geschäftsanteile kommen, wenn die einzelnen Geschäftsanteile addiert werden und hierfür gemäß dem festgesetzten Umtauschverhältnis dem Gesellschafter Aktien zugeteilt werden. Dies ist aber kein Fall des § 248 Abs. 1 Var. 2 iVm § 226 AktG.[32] 11

b) Nicht beteiligungsfähige Spitzen. Bedeutung erhält jedoch § 248 Abs. 1 Var. 2 iVm § 226 AktG, wenn bei dem Formwechsel ein Gesellschafter **nicht dem Gesamtnennbetrag** seiner Anteile entsprechend an der Ziel-AG oder Ziel-KGaA beteiligt werden kann, weil beteiligungsfähige Spitzen entstehen. Bei Zusammenlegung dieser Spitzen zu Aktien stehen diese dann den betroffenen Gesellschaftern gemeinsam zu.[33] Die Anteile können gem. § 248 Abs. 1 iVm § 226 Abs. 3 AktG für ihre Rechnung durch öffentliche Versteigerung veräußert werden, nachdem das Verfahren nach § 226 Abs. 2 AktG durchgeführt wurde.[34] 12

c) **Kraftloserklärung.** Auch im Zusammenlegungsverfahren kommt eine **Kraftloserklärung** der ggf ausgegebenen GmbH-Anteilsscheine in Betracht. Diese richtet sich nach § 248 Abs. 1 Var. 2 iVm § 226 Abs. 2 AktG. Fraglich ist allerdings, ob die Kraftloserklärung iRd Zusammenlegung von Anteilen von besonderer Relevanz ist. Hierzu wird vertreten, der Kraftloserklärung komme bei der Zusammenlegung eine grundständig andere Bedeutung zu.[35] Sie beziehe sich nicht (anders als im Umtauschverfahren) auf das äußere Abbild der Mitgliedschaft (dh des Anteilsscheins), sondern auf die eigentliche Mitgliedschaft.[36] Es seien also der ursprüngliche Geschäftsanteil selbst und ggf auch ausgegebene Anteilsscheine für kraftlos zu erklären.[37] Eine solche Differenzierung findet keinen Rückhalt im Gesetz. Es sind keine stichhaltigen Gründe ersichtlich, weshalb der Begriff der Kraftloserklärung bei einer Zusammenlegung der Anteile anders als im Umtauschverfahren zu verstehen sein sollte. Das Argument, der Gegenstand der Kraftloserklärung im Zusammenlegungsverfahren sei deshalb ein anderer, weil sie den Zeitpunkt markiere, zu dem der Vorstand der AG oder persönlich haftende Gesellschafter der KGaA die Anteile in den „freien Spitzen" durch Zusammenlegung verändere, überzeugt nicht.[38] Es spricht dagegen, dass auch bei § 226 AktG die Kraftloserklärung nach hM ausschließlich auf die Verbriefung der Mitgliedschaft, nicht jedoch auf das Recht selbst wirkt.[39] Bei der Zusammenlegung von Geschäftsanteilen in den „freien Spitzen" erfolgt die Vereinigung der Mitgliedschaftsrechte mit der Zusammenlegungsentscheidung des Vorstandes oder persön- 13

28 Widmann/Mayer/*Rieger*, § 248 Rn 22; Lutter/*Göthel*, § 248 Rn 8; Kallmeyer/*Dirksen/Blasche*, § 248 Rn 3; Schmitt/Hörtnagl/Stratz/*Stratz*, § 248 Rn 3; aA Semler/Stengel/*Scheel*, § 248 Rn 14.
29 Semler/Stengel/*Scheel*, § 248 Rn 14.
30 *Hüffer*, § 73 AktG Rn 4; MüKo-AktG/*Oechsler*, § 73 Rn 40.
31 Vgl bereits § 202 Rn 14 sowie § 241 Rn 3.
32 Semler/Stengel/*Scheel*, § 248 Rn 15; Widmann/Mayer/*Rieger*, § 248 Rn 24.
33 Lutter/*Göthel*, § 248 Rn 12; Rowedder/Schmidt-Leithoff/*Schnorbus*, Anh. § 77 GmbHG Rn 505.
34 Semler/Stengel/*Scheel*, 248 Rn 21; Schmitt/Hörtnagl/Stratz/*Stratz*, § 248 Rn 5.
35 Semler/Stengel/*Scheel*, § 248 Rn 17.
36 Semler/Stengel/*Scheel*, § 248 Rn 18; Kallmeyer/*Dirksen/Blasche*, § 248 Rn 5.
37 Lutter/*Göthel*, § 248 Rn 14 f; vgl auch Kallmeyer/*Dirksen/Blasche*, § 248 Rn 5.
38 Semler/Stengel/*Scheel*, § 248 Rn 18.
39 Vgl *Hüffer*, § 226 AktG Rn 12; MüKo-AtkG/*Oechsler*, § 226 Rn 17; *Bork* in: FS für Claussen, 49, 52.

lich haftenden Gesellschafters als einseitiges Rechtsgeschäft.[40] Die Vereinigung der Anteile geschieht kraft Zusammenlegungsentscheidung, nicht jedoch aufgrund der Kraftloserklärung. Die Kraftloserklärung ist iRd § 248 iVm § 226 AktG allenfalls dann von Bedeutung, wenn ausnahmsweise für die Geschäftsanteile der GmbH Anteilsscheine ausgestellt wurden.[41] Da es sich bei diesen aber nicht um Wertpapiere handelt, bleibt der Sinn einer Kraftloserklärung auch hier fragwürdig.[42]

14 **d) Zusammenlegungsverfahren. aa) Aufforderung zur Einreichung.** Auch die Aufforderung zur Einreichung und Androhung der Kraftloserklärung bei der **Zusammenlegung** von Geschäftsanteilen ist in der Praxis nur von untergeordneter Bedeutung.[43] In der Regel werden für GmbH-Geschäftsanteile keine Anteilsscheine ausgegeben. Selbst wenn dies ausnahmsweise geschehen ist, stellen diese weder Wertpapiere dar, noch ist ihr Besitz zur Ausübung von Gesellschafterrechten erforderlich (letzteres soweit nicht der Gesellschaftsvertrag etwas anderes vorschreibt).[44] Die Aufforderung hat daher nur den Zweck, die Gesellschafter zu einer Meldung bei der Gesellschaft aufzufordern, um das Zusammenlegungsverfahren durchzuführen.[45] Die Gesellschafter sind zudem darauf hinzuweisen, dass diejenigen Geschäftsanteile, die nicht beteiligungsfähige Spitzen darstellen oder enthalten, nach Ablauf des Aufforderungsverfahrens zusammengelegt und für Rechnung der betroffenen Gesellschafter durch öffentliche Versteigerung veräußert werden.[46]

15 Der Gesellschaft steht es trotz der fehlenden materiellrechtlichen Bedeutung für die Anteilsinhaberschaft frei, im Falle der Erteilung von Anteilsscheinen **die Einreichung der Scheine** zu verlangen und die **Kraftloserklärung anzudrohen.**[47]

16 **bb) Zusammenlegung und Veräußerung.** Zuständig für die Zusammenlegung von Anteilen sind der Vorstand der AG bzw die persönlich haftenden Gesellschafter der KGaA.[48] Die Zusammenlegung erfolgt durch **Zusammenlegungsentscheidung**, bei der es sich um ein einseitiges Rechtsgeschäft in Form einer nicht empfangsbedürftigen Willenserklärung handelt.[49]

17 Nach der Zusammenlegung der Anteile zu Aktien der Ziel-AG oder Ziel-KGaA werden diese gem. § 226 Abs. 3 S. 1 **öffentlich versteigert.** Haben sich im Zusammenlegungsverfahren die betroffenen Gesellschafter bei der Gesellschaft gemeldet und einer Zusammenlegung zugestimmt, kann zudem auch ein freihändiger Verkauf der Aktien vorgenommen werden.[50]

18 **cc) Veräußerungserlös.** Zu einer Veräußerung der auf den zusammengelegten Geschäftsanteil entfallenden Aktien ist das **Vertretungsorgan** der Ziel-AG oder Ziel-KGaA verpflichtet.[51] Der Veräußerungserlös steht den die Aktien haltenden Bruchteilsinhabern zu.

19 **dd) Hinterlegung des Veräußerungserlöses.** Sofern ein Recht zur Hinterlegung besteht, kann gem. § 248 Abs. 1 iVm § 226 Abs. 3 S. 6 AktG der Veräußerungserlös auch **hinterlegt** werden. S. hierzu Rn 7 f.

III. Formwechsel einer AG oder KGaA in eine GmbH (Abs. 2)

20 **1. Begriff des Umtauschs.** Wie bereits bei einem Formwechsel einer GmbH in eine AG oder KGaA findet ein **Umtausch der Gesellschaftsanteile** nicht statt. „Umtausch" iSd Norm meint nicht den Wechsel der materiellrechtlichen Mitgliedschaft, sondern lediglich des ggf vorhandenen verbrieften und damit verkörperten Abbilds dieser Mitgliedschaft.[52]

40 *Hüffer*, § AktG 226 Rn 4.
41 S. auch Widmann/Mayer/*Rieger*, § 241 Rn 26.
42 Widmann/Mayer/*Rieger*, § 241 Rn 26.
43 Anders wohl Semler/Stengel/*Scheel*, § 248 Rn 20 sowie Lutter/*Göthel*, § 248 Rn 16.
44 Widmann/Mayer/*Rieger*, § 248 Rn 29.
45 Widmann/Mayer/*Rieger*, § 248 Rn 29.
46 § 226 Abs. 3 S. 1 AktG; vgl auch Widmann/Mayer/*Rieger*, § 248 Rn 30.
47 Vgl Widmann/Mayer/*Rieger*, § 248 Rn 11.
48 Vgl Semler/Stengel/*Scheel*, § 248 Rn 21; MüKo-AktG/*Oechsler*, § 226 Rn 5.
49 *Hüffer*, § 226 AktG Rn 12.
50 Widmann/Mayer/*Rieger*, § 248 Rn 31.
51 Semler/Stengel/*Scheel*, § 248 Rn 21; Widmann/Mayer/*Rieger*, § 248 Rn 31.
52 Goutier/Knopf/Tulloch/*Laumann*, § 248 Rn 2.

Dementsprechend ist unter „Umtausch“ iSd Norm auch hier zweierlei zu verstehen: Sofern vorgesehen ist, dass für die Geschäftsanteile der GmbH ausnahmsweise **Anteilsscheine** erteilt werden sollten, ist hiermit der tatsächliche Austausch der Aktienurkunde gegen einen GmbH-Anteilsschein gemeint. Dieser Austausch hat keinerlei Einfluss auf die eigentliche Mitgliedschaft und somit zunächst keine weitere materiellrechtliche Funktion. Sollen hingegen die Geschäftsanteile an der GmbH **nicht verbrieft** werden, fehlt es an einer auswechselungsfähigen Verbriefung. Unter „Umtausch“ iSd Norm wird man dann nur noch die Einreichung der Aktienurkunde gegen Zuteilung zu entsprechenden Geschäftsanteilen und Feststellung der Inhaberschaft verstehen können.[53] Vgl hierzu bereits Rn 2 f. 21

2. Umtauschverfahren. Das **Umtauschverfahren** bei einem Formwechsel einer AG bzw KGaA in eine GmbH weist keine grundlegenden Unterschiede zu dem Verfahren bei einem Formwechsel einer AG bzw KGaA in eine GmbH auf.[54] Allerdings kommt der Kraftloserklärung der für die neuen Geschäftsanteile der GmbH eingereichten Aktienurkunden eine erhöhte Bedeutung zu. Da es sich bei Aktienurkunden (anders als bei GmbH-Anteilsanscheinen) um Wertpapiere handelt, geht die hM nicht nur von einem Recht, sondern einer Pflicht zu Kraftloserklärung der betreffenden Aktienurkunden aus, um dem öffentlichen Interesse an der Kraftloserklärung, die dem Papier die ihm eigentümliche Verkehrsfähigkeit entzieht, gerecht zu werden.[55] 22

3. Hinterlegung. § 248 Abs. 2 **verweist**, anders als § 248 Abs. 1, **nicht auf § 73 Abs. 3.** Hieraus ist jedoch nicht zu folgern, dass der Gesellschaft die Möglichkeit einer Hinterlegung nach allgemeinen zivilrechtlichen Grundsätzen (§ 372 Abs. 1 BGB) versagt bleiben soll.[56] Lediglich eine Verpflichtung, dem zuständigen Gericht die Aushändigung oder Hinterlegung anzuzeigen, wird der Gesellschaft nicht auferlegt.[57] 23

4. Zusammenlegung. Zu der **Zusammenlegung von Aktien** gem. § 248 Abs. 2 Var. 2 iVm § 226 AktG kann weitestgehend auf die Erläuterungen zum Formwechsel einer GmbH in eine AG oder KGaA verwiesen werden (vgl hierzu die Erläuterungen zu Rn 11 ff.). Die Zusammenlegung von Aktien kommt danach bei einem Vorliegen nicht beteiligungsfähiger Spitzen in Betracht. Für das weitere Verfahren der Zusammenlegung ist entscheidend, ob die (Kommandit-)Aktionäre die Aktienurkunden, welche aufgrund freier Spitzen nicht in GmbH-Geschäftsanteile umgewandelt werden können, bei der Gesellschaft eingereicht haben oder diese trotz Aufforderung nicht eingereicht wurden. 24

a) **Eingereichte Aktien. Reicht der (Kommandit-)Aktionär** die zu nicht beteiligungsfähigen Spitzen führenden Aktienaktienurkunden bei der Gesellschaft ein, können der Gesellschaft die Aktien gem. § 226 Abs. 1 S. 2 zur Verwertung zur Verfügung gestellt werden. Auch ist ein Zusammenschluss mit anderen (Kommandit-)Aktionären möglich, denen in gleicher Weise nicht beteiligungsfähige Spitzen zustehen.[58] Die einzelnen Spitzen können so zu Aktien zusammengelegt und in Geschäftsanteile umgetauscht werden, die den Gesellschaftern in Bruchteilsgemeinschaft zustehen, wohl aber nicht als GbR, wenn der Zweck der Rechtsgemeinschaft über die bloße werterhaltende Verwaltung nicht hinausgeht.[59] 25

Soweit die (Kommandit-)Aktionäre die Aktienurkunden zwar einreichen, aber **nicht zur Verwertung zur Verfügung stellen**, kann die Gesellschaft aus den Aktien gemeinschaftliche Geschäftsanteile der Gesellschafter bilden, wobei sie zur Erhaltung der Fungibilität der Anteile so 26

53 Widmann/Mayer/*Rieger*, § 248 Rn 39.
54 Semler/Stengel/*Scheel*, § 248 Rn 24.
55 Widmann/Mayer/*Rieger*, § 248 Rn 47; Semler/Stengel/*Scheel*, § 248 Rn 24; Lutter/*Göthel*, § 248 Rn 22; Schmitt/Hörtnagl/Stratz/*Stratz*, § 248 Rn 7.
56 Semler/Stengel/*Scheel*, § 248 Rn 25.
57 Semler/Stengel/*Scheel*, § 248 Rn 25.
58 Widmann/Mayer/*Rieger*, § 248 Rn 58; Semler/Stengel/*Scheel*, § 248 Rn 28.
59 Lutter/*Göthel*, § 248 Rn. 30; Semler/Stengel/*Scheel*, § 248 Rn 27; Jauernig/*Stürner*, § 741 BGB Rn 1.

möglichst viele Geschäftsanteile zu bilden hat.[60] Für die Zusammenfassung ist die Geschäftsführung der Ziel-GmbH zuständig.[61]

27 b) **Nicht eingereichte Aktien.** Reichen die (Kommandit-)Aktionären die Aktienurkunden trotz Aufforderung nicht ein, muss die Gesellschaft die betreffenden Aktienurkunden gem. § 226 Abs. 1 S. 1 **für kraftlos erklären.** Auch wenn die Gesellschaft nach dem Wortlaut der Norm hierbei ein Ermessen eingeräumt ist, ist die Kraftloserklärung verpflichtend.[62] Der Wortlaut ist insoweit undeutlich.[63]Die bisherigen Aktienurkunden sollen so zum Schutz der Allgemeinheit ihre Verkehrsfähigkeit verlieren.[64]

IV. Übertragung der Anteile vor Kraftloserklärung

28 Bis zur Wirksamkeit des Formwechsels (§ 202 Abs. 1 Nr. 1) erfolgt die Übertragung eines Geschäftsanteils an einer formwechselnden GmbH nach den allgemeinen Grundsätzen des GmbH-Rechts.[65] Gleiches gilt entsprechend für die Übertragung der Aktien einer formwechselnden AG bzw KGaA, die sich nach den allgemeinen Grundsätzen für die Übertragung von verbrieften und unverbrieften Aktien richtet. Strittig ist jedoch die Behandlung von **Anteilsübertragungen** im Zeitraum zwischen Wirksamwerden des Formwechsels und der Kraftloserklärung, wenn einzelne Anteile noch nicht „umgetauscht" worden sind. Hierbei ist zwischen den einzelnen Formwechselvorgängen zu unterscheiden.

29 **1. Behandlung beim Formwechsel einer GmbH in eine AG oder KGaA.** Mit **Wirksamkeit des Formwechsels** sind die GmbH-Geschäftsanteile zu Aktien der AG oder KGaA geworden, auch wenn sie in Anteilscheinen verbrieft worden sind. Da GmbH-Anteilsanscheine keinen Wertpapiercharakter aufweisen (s. oben die Erläuterungen zu Rn 2), besteht – anders als beim umgekehrten Fall eines Formwechsels einer AG bzw KGaA in eine GmbH (s. Rn 30) – kein Bedürfnis aus Verkehrsschutzgesichtspunkten eine Übertragung nach GmbH-Grundsätzen weiterhin zuzulassen. Die Übertragung richtet sich mit Wirksamwerden des Formwechsels somit nach den aktienrechtlichen Bestimmungen.[66]

30 **2. Behandlung beim Formwechsel einer AG oder KGaA in eine GmbH.** Mit **Wirksamkeit des Formwechsels** werden zwar die Aktien der AG oder KGaA zu Geschäftsanteilen der GmbH. Verbriefte Aktien, die bei Wirksamwerden des Formwechsels noch im Umlauf sind, sollen nach der hM aus Verkehrsschutzgesichtspunkten weiterhin nach den aktienrechtlichen Grundsätzen übertragen werden können, solange die Aktienurkunden noch nicht umgetauscht oder für kraftlos erklärt worden sind. [67] Dh im Fall von Inhaberaktien nach §§ 929 ff BGB und im Fall von Namensaktien durch Indossament gem. § 68 Abs. 1 S. 1 AktG bzw durch Abtretung nach § 413 BGB iVm § 398 BGB (bzw nach §§ 929 ff BGB im Fall der Sammelverwahrung). Bei nicht verbrieften Aktien kommt dieser Grundsatz naturgemäß nicht zu Anwendung; eine Übertragung nach aktienrechtlichen Grundsätzen ist dann ausgeschlossen.[68]

§ 249 Gläubigerschutz

Auf den Formwechsel einer Kommanditgesellschaft auf Aktien in eine Gesellschaft mit beschränkter Haftung oder in eine Aktiengesellschaft ist auch § 224 entsprechend anzuwenden.

60 Widmann/Mayer/*Rieger*, § 248 Rn 59; Lutter/*Göthel*, § 248 Rn 30.
61 Lutter/*Göthel*, § 248 Rn 30; Widmann/Mayer/*Rieger*, § 248 Rn 59.
62 Semler/Stengel/*Scheel*, § 248 Rn 29; Widmann/Mayer/*Rieger*, § 248 Rn 56.
63 Widmann/Mayer/*Rieger*, § 248 Rn 56, 47.
64 Vgl Widmann/Mayer/*Rieger*, § 248 Rn 47 f.
65 Widmann/Mayer/*Rieger*, § 248 Rn 63.
66 Semler/Stengel/*Scheel*, § 248 Rn 32; Widmann/Mayer/*Rieger*, § 248 Rn 67.
67 BGHZ 21, 175, 178; Lutter/*Göthel*, § 248 Rn 36; Widmann/Mayer/*Rieger*, § 248 Rn 73; Semler/Stengel/*Scheel*, § 248 Rn 33.
68 Widmann/Mayer/*Rieger*, § 248 Rn 74; Lutter/*Göthel*, § 248 Rn 37.

1. Normzweck. § 249 verweist auf § 224 und garantiert damit den **Gläubigerschutz** auch für den Formwechsel einer KGaA. Dabei handelt es sich nicht um eine lediglich klarstellende Bestimmung. Vielmehr weist § 249 iVm 224 einen eigenständigen Regelungsgehalt auf, da der persönlich haftende Gesellschafter einer KGaA mit dem Wirksamwerden automatisch aus der Gesellschaft ausscheidet, § 247 Abs. 2. Die Frist der gewöhnlichen Nachhaftung im Fall des Ausscheidens beginnt gem. § 278 Abs. 2 AktG, §§ 161 Abs. 2, 160 Abs. 1 S. 2 HGB mit der Eintragung in das Handelsregister, während die Nachhaftungsfrist gem. § 249 iVm § 224 mit dem Tag beginnt, an dem die Eintragung des Formwechsels in das Register bekannt gemacht worden ist.[1] 1

Ob der persönlich haftende Gesellschafter **nach dem Formwechsel** Gesellschafter der AG oder GmbH wird, ist für die Frage der Nachhaftung unerheblich.[2] Die Rechtsstellung eines Gesellschafters in der Ziel-GmbH oder Ziel-AG kann der Komplementär erlangen, indem er entweder bereits Kommanditaktionär der Ausgangs-KGaA geworden war oder dem Rechtsträger neuer Rechtsform nach dem Formwechsel beitritt.[3] Ein „Verbleiben" in dem Rechtsträger als Komplementär ist aufgrund der zwingenden Regelung des § 247 Abs. 2 ausgeschlossen.[4] 2

2. Tatbestandsvoraussetzungen. § 249 setzt den Formwechsel einer **KGaA** in eine **GmbH** oder **AG** voraus. Der persönlich haftende Gesellschafter scheidet hierbei gem. § 247 Abs. 2 als solcher aus der KGaA aus. Vgl hierzu auch bereits § 247 Rn 8 ff. 3

3. Rechtsfolgen. Hinsichtlich der Rechtsfolgen verweist § 249 auf § 224, der im Recht des Formwechsels einer Personengesellschaft in eine Kapitalgesellschaft die Nachhaftung der Gesellschafter für Verbindlichkeiten des Ausgangsrechtsträgers regelt. Hierbei handelt es sich um eine **Rechtsgrundverweisung**,[5] so dass sich die Nachhaftung nach den einzelnen Voraussetzungen des § 224 richtet. Vgl hierzu bereits § 224 Rn 5. 4

§ 250 Nicht anzuwendende Vorschriften

Die §§ 207 bis 212 sind auf den Formwechsel einer Aktiengesellschaft in eine Kommanditgesellschaft auf Aktien oder einer Kommanditgesellschaft auf Aktien in eine Aktiengesellschaft nicht anzuwenden.

I. Normzweck

§ 250 statuiert ein **Anwendungsverbot** der allgemeinen Normen der §§ 207 bis 212 über das Angebot der Barabfindung für den Fall des Formwechsels einer AG in eine KGaA oder vice versa. Der Gesetzgeber hielt es für angemessen, diese dem Schutz der Anteilsinhaber dienende Regelung nicht auf diese Formwechsel anzuwenden, da die Aktionäre der AG bzw Kommanditaktionäre der KGaA eine im wesentlichen unveränderte Gesellschafterstellung in dem Rechtsträger neuer Rechtsform erhalten, so dass ihnen bei einer Umwandlung durch Mehrheitsbeschluss das Verbleiben in der Gesellschaft oder eine selbstständige Veräußerung des An- 1

1 § 249 iVm §§ 224 Abs. 3, 201 iVm 10 HGB; vgl Semler/Stengel/*Scheel*, § 249 Rn 3; Kallmeyer/*Dirksen/Blasche*, § 249 Rn 2; Lutter/*Göthel*, § 249 Rn 2; aA Widmann/Mayer/*Vossius*, § 249 Rn 1.
2 Semler/Stengel/*Scheel*, § 249 Rn 2.
3 Semler/Stengel/*Scheel*, § 249 Rn 2.
4 Semler/Stengel/*Scheel*, § 248 Rn 2; Lutter/*Göthel*, § 247 Rn 18; *Rieger* in: Widmann/Mayer, UmwG, Loseblatt, Stand August 2008, § 247 Rn 34; aA Goutier/Knopf/Tulloch/*Laumann*, § 249 Rn 3.
5 Widmann/Mayer/*Vossius*, § 249 Rn 4; Lutter/*Göthel*, § 249 Rn 1; Kallmeyer/*Dirksen/Blasche*, § 249 Rn 2.

teils zugemutet werden könne.[1] Bereits das AktG aF sah für widersprechende Aktionäre weder ein Abandon- oder Preisgaberecht, noch einen Übernahme- und Abfindungsanspruch vor.[2]

II. Nichtanwendbarkeit der Vorschriften über das Angebot einer angemessenen Barabfindung

2 **1. Anspruch auf Übernahme der Aktien und Abfindung.** Bei einem Formwechsel einer AG in eine KGaA oder einer KGaA in eine AG finden die allgemeinen Vorschriften des Ersten Teils über die **Barabfindung** des dem Formwechsel widersprechenden Aktionärs oder Kommanditaktionärs keine Anwendung.[3] Aufgrund dessen muss auch weder der Umwandlungsbericht, noch der Umwandlungsbeschluss der formwechselnden AG oder KGaA ein solches Angebot enthalten.[4] Zwar enthält § 250 keine dahin gehend explizite Regelung, § 192 Abs. 1 bzw § 194 Abs. 1 Nr. 6 wird aber dementsprechend teleologisch zu reduzieren sein. Dem mit dem Formwechsel nicht einverstandene Aktionär bzw Kommanditaktionär verbleibt lediglich, seine Aktien ggf zu veräußern.[5]

3 **2. Recht zu einer anderweitigen Veräußerung.** Der Verweis auf die Nichtanwendbarkeit der §§ 207 bis 212 führt dazu, dass auch die Anwendung von § 211 ausgeschlossen ist, der eine anderweitige Veräußerung durch den Anteilsinhaber bei einer **Anteilsvinkulierung** innerhalb der in § 209 bestimmten Frist ermöglicht. Auch diese Durchbrechung der Verfügungsbeschränkung durch Vinkulierung hat der Gesetzgeber für angemessen gehalten, da sich die Rechtsstellung des Aktionärs bzw Kommanditaktionärs durch den Formwechsel nicht verändere.[6]

4 **3. Stellung der persönlich haftenden Gesellschafter.** Für den persönlich haftenden Gesellschafter einer formwechselnden KGaA enthält § 227 eine inhaltlich gleiche Regelung, die – wie auch § 250 – die Anwendbarkeit der §§ 207 bis 212 ausschließt. § 227 ist für den Komplementär der KGaA eine **speziellere Regelung** und geht damit dem § 250 vor.

Vierter Unterabschnitt
Formwechsel in eine eingetragene Genossenschaft

§ 251 Vorbereitung und Durchführung der Versammlung der Anteilsinhaber

(1) [1]Auf die Vorbereitung der Gesellschafterversammlung oder der Hauptversammlung, die den Formwechsel beschließen soll, sind die §§ 229 bis 231 entsprechend anzuwenden. [2]§ 192 Abs. 2 bleibt unberührt.

(2) Auf die Gesellschafterversammlung oder die Hauptversammlung, die den Formwechsel beschließen soll, ist § 239 Abs. 1 Satz 1, auf die Hauptversammlung auch § 239 Abs. 1 Satz 2 und Abs. 2 entsprechend anzuwenden.

1 **1. Allgemeines.** Auf den Formwechsel einer Kapitalgesellschaft in eine eingetragenen Genossenschaft finden nach der Systematik des Gesetzes die Vorschriften des Ersten Teils (§§ 190 bis 213), die Allgemeinen Vorschriften des Zweiten Teils, zweiter Abschnitt, erster Unterabschnitt (§§ 226, 227) und die des vierten Unterabschnittes Anwendung (§§ 251 bis 257) Anwendung.

2 Der Formwechsel einer Kapitalgesellschaft in eine eG ist wenig verbreitet.[1] Dies mag daran liegen, dass die typische Struktur einer Kapitalgesellschaft mit den Besonderheiten der Genossen-

1 Begr. RegE zu § 250, BR-Drucks. 75/94, 159.
2 Vgl §§ 383, 385 i, 385 m Abs. 5, § 392 AktG aF bzw §§ 375, 388 AktG aF.
3 § 250.
4 Semler/Stengel/*Scheel*, § 250 Rn 3; Lutter/*Göthel*, § 250 Rn 5.
5 Widmann/Mayer/*Rieger*, § 250 Rn 4.
6 Begr. RegE zu § 250, BR-Drucks. 75/94, 159.
1 Lutter/*Happ*/*Göthel*, § 251 UmwG Rn 1.

schaft, nämlich dem Kündigungsrecht der Mitglieder und dem unabhängig von der wirtschaftlichen Beteiligung bestehenden Stimmrecht wenig kompatibel ist. Hinzu kommen mögliche Nachteile durch eine Aufdeckung von stillen Reserven bei der Umwandlung des Wertes der Anteile an der Kapitalgesellschaft in das Geschäftsguthaben der eG.[2]

2. Vorbereitung der Versammlung der Anteilsinhaber. Abs. 1 verweist in Bezug auf die Vorbereitung der Gesellschafterversammlung bzw Hauptversammlung auf §§ 230–231. Der Verweis auf § 229 ist ein Redaktionsversehen, da die dort ursprünglich vorgesehene Vermögensaufstellung seit dem 2. UmwÄndG vom 19.4.2007 entfallen ist. 3

Die Geschäftsführer der formwechselnden GmbH haben allen Gesellschaftern spätestens zusammen mit der Einberufung der Gesellschafterversammlung den Formwechsel in Textform **anzukündigen** und den **Umwandlungsbericht** zu übersenden (§ 230 Abs. 1). Sofern es sich bei dem formwechselnden Rechtsträger um eine AG oder eine KGaA handelt, ist der Umwandlungsbericht im Geschäftsraum der Gesellschaft zur Einsicht der Aktionäre auszulegen. Auf Verlangen ist jedem Aktionär und jedem von der Geschäftsführung ausgeschlossenen persönlich haftenden Gesellschafter unverzüglich und kostenlos eine Abschrift des Umwandlungsberichtes zu erteilen (§ 230 Abs. 2). Zu den Einzelheiten vgl die Kommentierung zu § 230. 4

Der **Umwandlungsbericht** ist nach § 192 Abs. 1 durch das Vertretungsorgan des formwechselnden Rechtsträgers zu erstatten. Der Umwandlungsbericht dient der Information der Gesellschafter und soll den rechtlichen und wirtschaftlichen Hintergrund des Formwechsels beleuchten.[3] Der Bericht ist **nicht erforderlich, wenn** 5

- sämtliche Anteilsinhaber in notarieller Form auf diesen **verzichten**, § 192 Abs. 2; dabei ist ausreichend, dass der Beurkundungsverzicht anlässlich der Protokollierung des Umwandlungsbeschlusses erfolgt,[4] wobei allerdings eine Beurkundung in Form einer Verhandlungsniederschrift nach § 8 BeurkG erforderlich ist – eine Aufnahme im Rahmen der Beschlussprotokollierung (§§ 36 ff BeurkG) ist nicht ausreichend, oder
- nur ein Anteilsinhaber an dem formwechselnden Rechtsträger beteiligt ist. (Zwar erlaubt § 197 S. 2 grds. einen Formwechsel einer Ein-Mann-Kapitalgesellschaft trotz der von § 4 GenG vorgeschriebenen Mindestzahl von 3 Mitgliedern. Allerdings droht in diesem Fall eine Auflösung nach § 255 Abs. 2. Hinzu kommt, dass auch Mitglieder zum Vorstand und ggf Aufsichtsrat bestellt werden müssen).[5]

Außerdem hat das Vertretungsorgan der formwechselnden Gesellschaft den Gesellschaftern bzw Aktionären spätestens zusammen mit der Einberufung der Gesellschafterversammlung bzw Hauptversammlung ein **Abfindungsangebot** nach § 207 zu übersenden (§ 231 Abs. 1). Ausreichend ist auch eine Bekanntmachung im elektronischen Bundesanzeiger und den sonstigen Gesellschaftsblättern (§ 231 Abs. 2). 6

Der Verweis auf § 192 Abs. 2 stellt zwar klar, dass auf den Umwandlungsbericht verzichtet werden kann; zu einem möglichen **Verzicht auf das Abfindungsangebot** findet sich in der Bestimmung nichts. Richtigerweise kann aber auch auf das Abfindungsangebot verzichtet werden. Dieses dient nämlich allein dem Schutz der Minderheitsgesellschafter und steht deswegen zu deren Disposition.[6] 7

3. Durchführung der Gesellschafter-/Hauptversammlung. Nach dem in Bezug genommenen § 239 ist der **Umwandlungsbericht** in der Versammlung **auszulegen**; der Entwurf des Umwandlungsbeschlusses einer AG oder KGaA ist zudem von dem Vertretungsorgan zu Beginn der Verhandlung mündlich zu erläutern. Die Auslagepflicht entfällt, wenn auf die Erstattung des Be- 8

2 Lutter/*Happ/Göthel*, § 251 UmwG Rn 1, näher in der Kommentierung zu § 256.

3 Schmitt/Hörtnagl/Stratz/*Stratz*, § 251 UmwG Rn 3.

4 Lutter/*Happ/Göthel*, § 251 UmwG Rn 3; *Streck/Mack/Schwedhelm*, GmbHR 1995, 162, 172.

5 S. die Kommentierung zu § 255 sowie §§ 9, 24 Abs. 2, 36 Abs. 1 GenG.

6 Widmann/Mayer/*Fronhöfer*, § 251 UmwG Rn 3; Lutter/*Happ/Göthel*, § 251 UmwG Rn 10, Schmitt/Hörtnagl/Stratz/*Stratz*, § 251 UmwG Rn 6.

richtes verzichtet wurde.[7] Dies gilt jedoch nicht für die mündliche Erörterung des Umwandlungsbeschlusses (obwohl dieser Teil des Umwandlungsberichtes ist).[8]

§ 252 Beschluß der Versammlung der Anteilsinhaber

(1) Der Umwandlungsbeschluß der Gesellschafterversammlung oder der Hauptversammlung bedarf, wenn die Satzung der Genossenschaft eine Verpflichtung der Mitglieder zur Leistung von Nachschüssen vorsieht, der Zustimmung aller anwesenden Gesellschafter oder Aktionäre; ihm müssen auch die nicht erschienenen Anteilsinhaber zustimmen.

(2) [1]Sollen die Mitglieder nicht zur Leistung von Nachschüssen verpflichtet werden, so bedarf der Umwandlungsbeschluß einer Mehrheit von mindestens drei Vierteln der bei der Gesellschafterversammlung einer Gesellschaft mit beschränkter Haftung abgegebenen Stimmen oder des bei der Beschlußfassung einer Aktiengesellschaft oder einer Kommanditgesellschaft auf Aktien vertretenen Grundkapitals; § 50 Abs. 2 und § 65 Abs. 2 sind entsprechend anzuwenden. [2]Der Gesellschaftsvertrag oder die Satzung der formwechselnden Gesellschaft kann eine größere Mehrheit und weitere Erfordernisse bestimmen.

(3) Auf den Formwechsel einer Kommanditgesellschaft auf Aktien ist § 240 Abs. 3 entsprechend anzuwenden.

1 Der Formwechsel einer Kapitalgesellschaft in eine eG kann zu **Nachschusspflichten** der Gesellschafter/Mitglieder führen, da die Satzung der eG nach § 6 Abs. 3 GenG Bestimmungen darüber enthalten muss, ob die Mitglieder Nachschüsse zur Insolvenzmasse leisten müssen, wenn Gläubiger im Insolvenzverfahren über das Vermögen der eG nicht befriedigt werden können. Dabei kann die Satzung eine unbeschränkte Haftung oder eine auf eine Haftsumme beschränkte Haftung normieren. Möglich – und in der Praxis weit verbreitet –[1] ist auch ein vollständiger Ausschluss der Nachschusspflicht.

2 Soweit die Satzung eine Nachschusspflicht vorsieht, bedarf der Umwandlungsbeschluss der Gesellschafterversammlung oder der Hauptversammlung der **Zustimmung** aller anwesenden Gesellschafter oder Aktionäre und auch der nicht erschienenen Anteilsinhaber (Abs. 1). Damit soll sichergestellt werden, dass dem bislang nicht persönlich haftenden Gesellschafter der Kapitalgesellschaft ohne seine Zustimmung keine persönliche Haftung auferlegt wird.[2] Auch die nicht erschienenen Anteilsinhaber müssen dem Umwandlungsbeschluss zustimmen und zwar nach § 193 Abs. 3 S. 1 durch notariell beurkundete Erklärungen. Auf dieses Erfordernis kann **nicht verzichtet** werden. Ein etwaiger Mangel wird jedoch durch die Eintragung des Formwechsels nach § 202 Abs. 3 **unbeachtlich.**[3] Zustimmen müssen auch solche Anteilsinhaber, denen kein Stimmrecht zusteht.[4]

3 Sieht die Satzung der eG **keine Nachschusspflicht** vor, genügt eine 3/4 Mehrheit der abgegebenen Stimmen. Abs. 2 S. 2 verweist zudem auf die im Verschmelzungsfall für die GmbH (§ 50 Abs, 2) bzw für die AG (§ 65 Abs. 2) geltenden Vorschriften, nach denen der Beschluss auch die Zustimmung derjenigen Gesellschafter benötigt, denen Minderheits- oder Sonderrechte eingeräumt sind bzw derjenigen Aktionäre, die Aktien besonderer Gattung halten. Auch insoweit ist die Zustimmung in notarieller Form zu erteilen, § 193 Abs. 3 S. 1.

4 Die Vorgaben von Abs. 2 stellen lediglich **Mindestanforderungen** dar; Gesellschaftsvertrag oder Satzung können größere Kapitalmehrheiten und weitere Erfordernisse bestimmen.[5]

7 Schmitt/Hörtnagl/Stratz/*Stratz*, § 251 UmwG Rn 7.
8 Schmitt/Hörtnagl/Stratz/*Stratz*, § 251 UmwG Rn 7.
1 So auch Lutter/*Happ*/*Göthel*, § 252 UmwG Rn 5.
2 Lutter/*Happ*/*Göthel*, § 252 UmwG Rn 3; Schmitt/Hörtnagl/Stratz/*Stratz*, § 252 UmwG Rn 4.
3 Schmitt/Hörtnagl/Stratz/*Stratz*, § 252 UmwG Rn 3.
4 Lutter/*Happ*/*Göthel*, § 252 UmwG Rn 3.
5 Schmitt/Hörtnagl/Stratz/*Stratz*, § 252 UmwG Rn 8.

Bei einem Formwechsel einer **KGaA** verweist Abs. 3 auf § 240 Abs. 3, wonach dem Formwechsel auch die persönlich haftenden Gesellschafter zustimmen müssen. Erforderlich ist zudem ein Beschluss der Kommanditaktionäre nach näherer Maßgabe von Abs. 1 und 2. Die nach Abs. 3 zusätzlich erforderliche Zustimmung der persönlich haftenden Gesellschafter kann (anders als die zwingend vorgeschriebenen Zustimmungserfordernisse von Abs. 1 und 2) erleichtert werden, vgl § 240 Abs. 3 S. 2. Hintergrund ist, dass die Rechtsstellung der persönlich haftenden Gesellschafter durch eine etwaige Nachschusspflicht bei der eG nicht verschlechtert wird.[6] 5

§ 253 Inhalt des Umwandlungsbeschlusses

(1) [1]In dem Umwandlungsbeschluß muß auch die Satzung der Genossenschaft enthalten sein. [2]Eine Unterzeichnung der Satzung durch die Mitglieder ist nicht erforderlich.

(2) [1]Der Umwandlungsbeschluß muß die Beteiligung jedes Mitglieds mit mindestens einem Geschäftsanteil vorsehen. [2]In dem Beschluß kann auch bestimmt werden, daß jedes Mitglied bei der Genossenschaft mit mindestens einem und im übrigen mit so vielen Geschäftsanteilen, wie sie durch Anrechnung seines Geschäftsguthabens bei dieser Genossenschaft als voll eingezahlt anzusehen sind, beteiligt wird.

Wie bei dem Formwechsel einer Personengesellschaft in eine eG (vgl § 218) sieht auch § 253 vor, dass der Umwandlungsbeschluss die **Satzung** der eG enthalten muss. In Abweichung von § 11 Abs. 2 Nr. 1 GenG muss die Satzung jedoch nach Abs. 1 S. 2 durch die Mitglieder nicht unterzeichnet werden. Die weiteren Anforderungen an den Inhalt des Beschlusses ergeben sich aus § 194, auf dessen Kommentierung verwiesen wird.[1] 1

Jedes Mitglied muss mit **mindestens einem Geschäftsanteil** an der eG beteiligt sein, Abs. 2. Möglich ist auch eine Bestimmung dahin gehend, dass jedes Mitglied der eG mit mindestens einem und im übrigen mit so vielen Geschäftsanteilen, wie durch Anrechnung seines Geschäftsguthabens bei dieser Genossenschaft als voll eingezahlt anzusehen sind, beteiligt wird. Damit soll ermöglicht werden, das Verhältnis der Beteiligung der Anteilsinhaber an der formwechselnden Kapitalgesellschaft in der Rechtsform der eG beizubehalten.[2] 2

§ 254 Anmeldung des Formwechsels

(1) Die Anmeldung nach § 198 einschließlich der Anmeldung der Satzung der Genossenschaft ist durch das Vertretungsorgan der formwechselnden Gesellschaft vorzunehmen.

(2) Zugleich mit der Genossenschaft sind die Mitglieder ihres Vorstandes zur Eintragung in das Register anzumelden.

1. Allgemeines. Die **Anmeldung** des Formwechsels muss durch das Vertretungsorgan der formwechselnden Gesellschaft vorgenommen werden, folglich durch den Geschäftsführer der GmbH, den Vorstand der AG oder den Komplementär der KGaA. Der Vergleich mit dem Wortlaut des § 222 Abs. 1 für den Fall des Formwechsels einer Personengesellschaft in eine eG ergibt, dass eine Anmeldung des Formwechsels der Kapitalgesellschaft in eine eG nicht der Mitwirkung aller Mitglieder des Vertretungsorganes bedarf; ausreichend ist die Mitwirkung der Mitglieder **in vertretungsberechtigter Zahl.**[1] 1

6 Lutter/*Happ/Göthel,* § 253 UmwG Rn 11; Schmitt/Hörtnagl/Stratz/*Stratz,* § 252 UmwG Rn 5.

1 Eine Übersicht findet sich auch bei Lutter/*Happ/Göthel,* § 253 UmwG Rn 3 ff.

2 Lutter/*Happ/Göthel,* § 253 UmwG Rn 37 und die Kommentierung zu § 255.

1 Schmitt/Hörtnagl/Stratz/*Stratz,* § 254 UmwG Rn 1; Lutter/*Happ/Göthel,* § 254 UmwG Rn 5; Semler/Stengel/*Bonow,* § 254 UmwG Rn 6.

2 Für die Kapitalgesellschaft und die eG sind unterschiedliche Register (Handelsregister und Genossenschaftsregister, § 10 GenG) zuständig. Der Formwechsel ist daher nach § 198 Abs. 2 bei beiden Rechtsträgern anzumelden.

3 **2. Inhalt.** Anzumelden ist nach Abs. 1 iVm § 198 der **Formwechsel mit der Satzung** der eG, wobei die Satzung nach § 253 Abs. 1 S. 2 entgegen § 11 Abs. 2 Nr. 1 GenG nicht von allen Mitgliedern unterzeichnet sein muss.

4 Nach Abs. 2 sind zudem die **Mitglieder des Vorstandes** zur Eintragung in das Register anzumelden, wobei nach § 11 Abs. 3 GenG auch die Vertretungsbefugnis des Vorstandes der eG mitzuteilen ist. Die Vertretungsbefugnis des Vorstandes muss sich dabei zwingend aus einer Regelung in der Satzung ergeben, § 25 Abs. 1 S. 2 GenG; eine Bestimmung der Vertretungsregelung durch die Mitgliederversammlung genügt nicht.

5 Ferner ist bei der Anmeldung die **Negativerklärung** nach §§ 198 Abs. 3, 16 Abs. 2 dahin gehend abzugeben, dass eine Klage gegen den Formwechsel nicht erhoben bzw abgewiesen oder zurückgenommen ist oder dass sämtliche klageberechtigten Anteilsinhaber durch notariell beurkundete Verzichtserklärung auf eine Klageerhebung verzichtet haben.

6 **3. Anlagen.** Der Anmeldung sind beizufügen

- eine notarielle **Niederschrift des Umwandlungsbeschlusses** (§ 199) mit der Satzung der eG (Abs. 1), enthaltend auch die Bestellung des ersten Vorstandes und ggf des ersten Aufsichtsrates
- der **Umwandlungsbericht**, sofern auf diesen nicht verzichtet wurde, § 192
- ggf der Nachweis über die **Zuleitung an den Betriebsrat**, §§ 199, 194 Abs. 2
- die **Bescheinigung des Prüfungsverbandes** gemäß § 11 Abs. 2 Nr. 3 GenG über die Zulassung der eG zum Beitritt zum Prüfungsverband.[2]

§ 255 Wirkungen des Formwechsels

(1) [1]Jeder Anteilsinhaber, der die Rechtsstellung eines Mitglieds erlangt, ist bei der Genossenschaft nach Maßgabe des Umwandlungsbeschlusses beteiligt. [2]Eine Verpflichtung zur Übernahme weiterer Geschäftsanteile bleibt unberührt. [3]§ 202 Abs. 1 Nr. 2 Satz 2 ist mit der Maßgabe anzuwenden, daß die an den bisherigen Anteilen bestehenden Rechte Dritter an den durch den Formwechsel erlangten Geschäftsguthaben weiterbestehen.

(2) Das Gericht darf eine Auflösung der Genossenschaft von Amts wegen nach § 80 des Genossenschaftsgesetzes nicht vor Ablauf eines Jahres seit dem Wirksamwerden des Formwechsels aussprechen.

(3) Durch den Formwechsel einer Kommanditgesellschaft auf Aktien scheiden deren persönlich haftende Gesellschafter als solche aus dem Rechtsträger aus.

1 **1. Beteiligung der Mitglieder, Abs. 1.** Abs. 1 konkretisiert die allgemeine Bestimmung des § 202 Abs. 1 Nr. 2 S 1 dahin gehend, dass jeder Anteilsinhaber der Kapitalgesellschaft die Stellung eines Mitglieds der eG erlangt. Dabei ist im Umwandlungsbeschluss zu bestimmen, mit **wie vielen Geschäftsanteilen** das Mitglied an der eG beteiligt ist. Die Geschäftsanteile müssen in der Satzung der eG betragsmäßig festgelegt und für alle Mitglieder gleich hoch sein.[1] Die Beteiligungshöhe des einzelnen Anteilsinhabers an der Kapitalgesellschaft kann daher in der Rechtsform der eG nur durch Zuweisung mehrerer Geschäftsanteile an das betreffende Mitglied erreicht werden, wenn die Satzung dies nach § 7 a Abs. 1 GenG zulässt und der Umwandlungsbeschluss nach § 253 Abs. 2 S. 2 eine entsprechende Bestimmung enthält.[2] Etwaige Diffe-

2 Lutter/*Happ/Göthel*, § 254 UmwG Rn 14.

1 Lutter/*Happ/Göthel*, § 255 UmwG Rn 2; RHZ 64, 189, 193.

2 Lutter/*Happ/Göthel*, § 255 UmwG Rn 2.

renzen zwischen dem Beteiligungswert an der Kapitalgesellschaft und dem Gesamtheitsbetrag der Geschäftsanteile an der eG sind nach § 256 Abs. 2 bzw Abs. 3 Nr. 3 **auszugleichen.**

Abs. 1 S. 3 bestimmt, dass **Rechte Dritter** an dem durch den Formwechsel erlangten Geschäftsguthaben weiter bestehen. Damit wird der Grundsatz des § 202 Abs. 1 Nr. 2 S. 2 dergestalt abgewandelt, dass diese Rechte nicht an dem Geschäftsanteil selbst, sondern wegen der Besonderheiten der eG an dem Geschäftsguthaben fortbestehen. Hintergrund ist, dass der Geschäftsanteil an der eG als solcher nicht verpfändbar ist; auch das Geschäftsguthaben kann nach richtiger Ansicht Dritten nicht verpfändet werden. Pfändbar ist allein der aufschiebend bedingte Anspruch des Mitglieds auf das Auseinandersetzungsguthaben aus § 73 Abs. 2 S. 2 GenG.[3] 2

2. Auflösung der Genossenschaft, Abs. 2. Nach § 80 GenG hat das Registergericht eine eG mit **weniger als drei Mitgliedern** (vgl § 4 GenG) auf Antrag des Vorstandes oder von Amts wegen durch rechtskräftigen Beschluss zu löschen. Zwar sind beim Formwechsel nach § 197 S. 2 solche Vorschriften, die eine Mindestzahl der Gründer vorschreiben, nicht anwendbar und stünden insofern einem Formwechsel in eine eG mit weniger als drei Mitgliedern nicht entgegen. Davon unberührt bleibt jedoch dann die Möglichkeit der Löschung nach § 80 Abs. 1 GenG, wobei die Frist für den Auflösungsbeschluss auf ein Jahr verlängert wird (§ 80 GenG erlaubt eine solche Löschung bereits nach sechs Monaten). In dieser Zeit muss also die gesetzliche Mindestzahl erreicht sein. Abs. 2 schränkt die Möglichkeit das Recht des Vorstandes, selbst nach § 80 Abs. 1 einen Antrag auf Auflösung zu stellen, nicht ein. Diese Auflösung kann auch vor Ablauf der Jahresfrist erfolgen.[4] 3

Da die eG grds. mindestens **zwei Vorstandsmitglieder** haben muss (§ 24 Abs. 2 GenG, Ausnahme in S. 3) und (sofern auf die Bildung eines Aufsichtsrates nicht durch die Satzung verzichtet wurde) **drei Aufsichtsratsmitglieder** aufweisen muss (§ 36 Abs. 1 GenG), die darüber hinaus noch personverschieden und zugleich Mitglieder sein müssen (§ 9 Abs. 2 S. 1), ist ein Ein-Person-Formwechsel ohne Beitritt weiterer Mitglieder regelmäßig ausgeschlossen.[5] 4

3. Ausscheiden der persönlich haftenden Gesellschafter, Abs. 3. In der eG haftet kein Anteilsinhaber persönlich; der Formwechsel führt daher bei einem Formwechsel der KGaA zum **Ausscheiden der persönlich haftenden Gesellschafter** und entspricht somit der in § 247 Abs. 2 angeordneten Rechtsfolge für den Fall des Formwechsels einer KGaA in eine Kapitalgesellschaft anderer Rechtsform. Die persönlich haftenden Gesellschafter haben einen Abfindungsanspruch gegen den in der Rechtsform der eG fortbestehenden Rechtsträger nach § 278 Abs. 2 AktG.[6] Ferner haftet der persönlich haftende Gesellschafter nach § 257 nach. Sofern die persönlich haftenden Gesellschafter zugleich Kommanditaktionäre sind, werden sie insoweit allerdings Mitglieder der eG.[7] 5

§ 256 Geschäftsguthaben; Benachrichtigung der Mitglieder

(1) Jedem Mitglied ist als Geschäftsguthaben der Wert der Geschäftsanteile oder der Aktien gutzuschreiben, mit denen es an der formwechselnden Gesellschaft beteiligt war.

(2) [1]Übersteigt das durch den Formwechsel erlangte Geschäftsguthaben eines Mitglieds den Gesamtbetrag der Geschäftsanteile, mit denen es bei der Genossenschaft beteiligt ist, so ist der übersteigende Betrag nach Ablauf von sechs Monaten seit dem Tage, an dem die Eintragung der Genossenschaft in das Register bekannt gemacht worden ist, an das Mitglied auszuzahlen.

3 *Beuthien*, § 7 GenG Rn 5.
4 So auch Lutter/Happ/*Göthel*, § 255 UmwG Rn 6; Schmitt/Hörtnagl/Stratz/*Stratz*, § 255 UmwG Rn 2.
5 Lutter/Happ/*Göthel*, § 255 UmwG Rn 7; Semler/Stengler/*Bonow*, § 255 UmwG Rn 14.
6 S. näher die Kommentierung zu § 247 Rn 5.
7 Lutter/Happ/*Göthel*, § 257 UmwG Rn 9; Schmitt/Hörtnagl/Stratz/*Stratz* § 255 UmwG Rn 7; Semler/Stengel/*Bonow* § 255 UmwG Rn 6.

[2]Die Auszahlung darf jedoch nicht erfolgen, bevor die Gläubiger, die sich nach § 204 in Verbindung mit § 22 gemeldet haben, befriedigt oder sichergestellt sind.

(3) Die Genossenschaft hat jedem Mitglied unverzüglich nach der Bekanntmachung der Eintragung der Genossenschaft in das Register in Textform mitzuteilen:
1. **den Betrag seines Geschäftsguthabens;**
2. **den Betrag und die Zahl der Geschäftsanteile, mit denen es bei der Genossenschaft beteiligt ist;**
3. **den Betrag der von dem Mitglied nach Anrechnung seines Geschäftsguthabens noch zu leistenden Einzahlung oder den Betrag, der nach Absatz 2 an das Mitglied auszuzahlen ist;**
4. **den Betrag der Haftsumme der Genossenschaft, sofern die Mitglieder Nachschüsse bis zu einer Haftsumme zu leisten haben.**

1 **1. Geschäftsguthaben, Geschäftsanteile und Ausgleich Abs. 1 und 2.** Der Wert der Geschäftsanteile oder der Aktien ist dem Mitglied als **Geschäftsguthaben der eG zuzuschreiben.** Soweit das Geschäftsguthaben den Gesamtbetrag der übernommenen Geschäftsanteile übersteigt, ist nach Abs. 2 **auszugleichen.** Für das Mitglied der eG ist das Geschäftsguthaben ausschlaggebend für das Maß der Beteiligung; es stellt den Vermögenswert der Mitgliedschaft dar und hat insb. Bedeutung für die Gewinn- und Verlustverteilung, § 19 GenG.[1] Der Wert der Geschäftsanteile bzw der Aktien ist zur Berechnung des Geschäftsguthabens dabei nach §§ 208, 30 nach dem wirklichen Wert zu ermitteln. Dabei ist diejenige Bewertungsmethode zu wählen, die im Einzelfall den Wert bestmöglich aufzeigt.[2] Bei Aktien kann ggf der Börsenkurs herangezogen werden. Die Ermittlung des wirklichen Wertes und die Buchung als Geschäftsguthaben führt zur Aufdeckung der stillen Reserven der Kapitalgesellschaft.[3]

2 Das Geschäftsguthaben ist auf den oder die im Rahmen des Formwechsels entstehenden Geschäftsanteile gutzuschreiben. Sofern das Geschäftsguthaben den Gesamtnennbetrag der zugeteilten Geschäftsanteile übersteigt, ist dem Mitglied der Differenzbetrag nach Ablauf von sechs Monaten seit der Bekanntmachung der Eintragung der Genossenschaft im Register **auszuzahlen.** Die Auszahlung darf jedoch nach Abs. 2 S. 2 nicht erfolgen, bevor nicht die Sicherstellung der Gläubiger nach §§ 204, 22 erfolgt ist. Im umgekehrten Fall (Gesamtnennbetrag der Geschäftsanteile höher als Geschäftsguthaben) kommt eine **Nachzahlung** nach § 7 Nr. 1 GenG in Betracht, Abs. 3 Nr. 3.

3 **2. Benachrichtigung der Mitglieder, Abs. 3.** Der Vorstand der eG hat jedem Mitglied unverzüglich, dh ohne schuldhaftes Zögern, § 121 Abs. 1 S. 1 BGB, nach der Bekanntmachung der Eintragung der eG jedem Mitglied in Textform (§ 126 b BGB) die in Abs. 3 genannten **Informationen mitzuteilen.** Die Bestimmung dient der Unterrichtung des Mitgliedes über die Rechtsstellung und Beteiligung, aber auch als Grundlage für die Geltendmachung der Rechte aus § 196 (Verbesserung des Beteiligungsverhältnisses) oder §§ 207 ff (Barabfindung). Abs. 3 ist daher Schutzgesetz iSv § 823 Abs. 2 BGB.[4]

§ 257 Gläubigerschutz

Auf den Formwechsel einer Kommanditgesellschaft auf Aktien ist auch § 224 entsprechend anzuwenden.

1 Beim Formwechsel einer KGaA in eine eG scheiden deren persönlich haftende Gesellschafter als solche nach § 255 Abs. 3 aus dem Rechtsträger aus. § 257 bestimmt daher durch den Ver-

1 Lutter/*Happ/Göthel*, § 256 UmwG Rn 4; *Beuthien*, § 7 GenG Rn 4.
2 Schmitt/Hörtnagl/Stratz/*Stratz*, § 30 Rn 10.
3 Lutter/*Happ/Göthel*, § 256 UmwG Rn 3; Semler/Stengel/*Bonow*, § 256 Rn 7.
4 Schmitt/Hörtnagl/Stratz/*Stratz*, § 256 UmwG Rn 7; Semler/Stengel/*Bonow*, § 256 UmwG Rn 20.

weis auf § 224, dass der persönlich haftende Gesellschafter für solche Verbindlichkeiten der formwechselnden Gesellschaft **forthaftet**, für die er zum Zeitpunkt des Formwechsels nach § 278 Abs. 2 AktG, §§ 161 Abs. 2, 128 HGB persönlich haftet. Die Nachhaftung ist zeitlich begrenzt auf einen Zeitraum von fünf Jahren gerechnet ab der Bekanntmachung der Eintragung des Rechtsträgers neuer Rechtsform in das Register, § 224 Abs. 3 Nr. 1. Dagegen haften die persönlich haftenden Gesellschafter für solche Verbindlichkeiten nicht, die erst nach ihrem Ausscheiden begründet wurden.[1]

Dritter Abschnitt Formwechsel eingetragener Genossenschaften

§ 258 Möglichkeit des Formwechsels

(1) Eine eingetragene Genossenschaft kann auf Grund eines Umwandlungsbeschlusses nach diesem Gesetz nur die Rechtsform einer Kapitalgesellschaft erlangen.

(2) Der Formwechsel ist nur möglich, wenn auf jedes Mitglied, das an der Gesellschaft neuer Rechtsform beteiligt wird, als beschränkt haftender Gesellschafter ein Geschäftsanteil, dessen Nennbetrag auf volle Euro lautet, oder als Aktionär mindestens eine volle Aktie entfällt.

1. Übersicht über Ablauf und Zuständigkeiten 1

Maßnahme	Erforderlichkeit	Zuständigkeit
Entwurf Umwandlungsbeschluss mit Gesellschaftsvertrag des neuen Rechtsträgers	Ja	Vorstand
Erstellung Umwandlungsbericht	Ja, wenn nicht Verzicht aller Mitglieder	Vorstand
Schreiben an Betriebsrat	Ja, wenn vorhanden	Vorstand
Einladung zur Generalversammlung	Ja	Vorstand
Barabfindungsangebot	Ja, wenn nicht Verzicht aller Mitglieder	Vorstand
Gutachterliche Äußerung des Prüfungsverbandes	Ja	Prüfungsverband
Umwandlungsbeschluss	Ja	Mitglieder
Feststellung des Gesellschaftsvertrages des Rechtsträgers neuer Rechtsform	Ja	Mitglieder
Erstellung Sachgründungsbericht	Nein, § 264 Abs. 2	
Handelsregisteranmeldung	Ja	Vertretungsorgan
Eintragung im Handelsregister	Ja	Amtsgericht (Registergericht)

2. Formwechsel in eine Kapitalgesellschaft. Eine eingetragene Genossenschaft kann nur in eine Kapitalgesellschaft, mithin in eine **AG**, eine **KGaA** oder eine **GmbH** formwechselnd umgewandelt werden. Ein Formwechsel in eine Unternehmergesellschaft (haftungsbeschränkt) als Unterform der GmbH ist dagegen wegen des Sacheinlageverbotes des § 5 a Abs. 2 S. 2 GmbHG nicht 2

1 Schmitt/Hörtnagl/Stratz/*Stratz*, § 257 UmwG Rn 1; Semler/Stengel/*Bonow*, § 257 UmwG Rn 6.

möglich;[1] ließe man einen solchen Formwechsel zu, bestünde die Gefahr des Unterlaufens der für die der Rechtsform der Unternehmergesellschaft geltenden Gründungsvorschriften, die von § 197 gerade verhindert werden soll. Auch ist ein Formwechsel in eine Personengesellschaft grundsätzlich nicht zulässig. Allerdings gelten für eingetragene Genossenschaften die aus einem Formwechsel einer früheren **LPG** hervorgegangen sind, die Sondervorschriften des Landwirtschaftsanpassungsgesetzes.[2] Gemäß § 38 a in Verbindung mit §§ 23–38 LwAnpG kann eine aus einer LPG entstandene eG in die Rechtsform einer GbR, einer OHG und einer KG umgewandelt werden.

3 Auch eine **aufgelöste Genossenschaft** kann formwechselnder Rechtsträger sein, da wie von § 191 Abs. 3 verlangt, eine Fortsetzung in der bisherigen Rechtsform beschlossen werden könnte.[3] Nach § 79 a GenG ist eine Fortsetzung jedoch nur möglich, solange noch nicht mit der Verteilung des Vermögens an die Mitglieder begonnen ist, es sei denn, das bereits verteilte Vermögen wird an die Genossenschaft zurückgewährt;[4] eine Fortsetzung scheidet ferner aus, wenn bereits Mitglieder nach § 87 a GenG zur Zahlung wegen Überschuldung herangezogen worden sind.

4 **3. Beteiligung am Rechtsträger neuer Rechtsformen (Abs. 2).** Jeder Gesellschafter der Gesellschaft neuer Rechtsform muss einen Anteil erhalten, der den **Mindestgrößenvorschriften** der entsprechenden Gesellschaftsform genügt. Der Gesellschafter einer GmbH muss dementsprechend einen Geschäftsanteil erwerben, der auf mindestens 1 EUR lautet und durch volle Euro teilbar ist, vgl Absatz 2 und § 5 Abs. 2 GmbHG. Bei einem Formwechsel in eine AG muss jeder Aktionär mindestens eine Aktie erhalten. Dabei müssen Nennbetragsaktien nach § 8 Abs. 2 S. 1 AktG mindestens auf 1 EUR lauten. Bei Stückaktien muss der auf eine einzelne Aktie entfallende anteilige Betrag des Grundkapitals ebenfalls mindestens 1 EUR betragen (§ 8 Abs. 3 S. 3 AktG). Entsprechendes gilt bei einem Formwechsel in die KGaA. Eine Beteiligung eines Gesellschafters nur mit einem **Teilrecht** ist nach dem klaren Wortlaut von Abs. 2 unzulässig (anders Abs. 2 aF). Davon unberührt bleibt die Zulässigkeit der Zuweisung von Vollrechten zusammen mit Teilrechten (s. § 263 Rn 6 und 266 Abs. 3).

5 Abs. 2 stellt klar, dass jeder Gesellschafter einen Anteil erhalten muss. Damit werden diejenigen Mitglieder geschützt, die mit nur einem geringen Geschäftsguthaben beteiligt sind.[5] Die Vorgabe, dass jedes Mitglied mit Anteilen an der Gesellschaft neuer Rechtsform beteiligt sein muss, ist eine Selbstverständlichkeit, da die Mitgliedschaft ansonsten durch den Formwechsel systemwidrig verloren ginge.

6 Die **Höhe der Nennbeträge** der dem Gesellschafter zugewiesenen Geschäftsanteile bzw die Anzahl derselben ergibt sich aus dem Wert der Beteiligung des Mitglieds an der Genossenschaft. Nach § 263 Abs. 2 S. 1 ist dabei nicht auf den Nominalbetrag des Geschäftsanteils sondern auf das Geschäftsguthaben abzustellen.

§ 259 Gutachten des Prüfungsverbandes

Vor der Einberufung der Generalversammlung, die den Formwechsel beschließen soll, ist eine gutachtliche Äußerung des Prüfungsverbandes einzuholen, ob der Formwechsel mit den Belangen der Mitglieder und der Gläubiger der Genossenschaft vereinbar ist, insbesondere ob bei der Festsetzung des Stammkapitals oder des Grundkapitals § 263 Abs. 2 Satz 2 und § 264 Abs. 1 beachtet sind (Prüfungsgutachten).

1 AA wohl Lutter/*Bayer*, § 258 UmwG Rn 4.
2 Widmann/Mayer/*Fronhöfer*, § 258 UmwG Rn 2.
3 Widmann/Mayer/*Fronhöfer*, § 258 UmwG Rn 4.
4 Strittig wie hier *Beuthien*, § 79 a GenG Rn 4; Lang/Weidmüller/*Cario*, § 79 a GenG Rn 3, aA Hillebrandt/Keßler/*Kern*, § 79 a GenG Rn 4.
5 Lutter/*Bayer*, § 258 UmwG Rn 14, Schmitt/Hörtnagl/Stratz/*Stratz*, § 258 UmwG Rn 6.

I. Allgemeines

1 Eine Umwandlungsprüfung ist im Bereich des Formwechsels grundsätzlich nicht vorgesehen. Eine Ausnahme gilt nur im Bezug auf den Anspruch auf Barabfindung nach § 208. Parallel zu § 81 normiert § 259 die Notwendigkeit einer Begutachtung des Formwechsels durch den Prüfungsverband. Dabei handelt es sich um den Prüfungsverband im Sinne der §§ 53 ff GenG, dem nach § 54 GenG jede Genossenschaft angehören muss.

II. Aufgabe und Rechte des Prüfungsverbandes

2 Der Prüfungsverband kann von dem Vorstand der eG gemäß § 11 Abs. 1 S. 1 iVm § 320 Abs. 1 S. 2 HGB die Prüfung der **Bücher und Schriften** der eG sowie der Vermögensgegenstände und Schulden (insb. die Kasse und die Bestände an Wertpapieren und Barem) verlangen. Nach § 320 Abs. 2 S. 1 HGB kann Aufklärungen und Nachweise verlangt werden, sofern für eine sorgfältige Prüfung notwendig. Über § 11 Abs. 1 S. 4 ist das Auskunftsrecht auch auf **Konzernunternehmen** erweitert.

3 Das Verhältnis zwischen Prüfungsverband und eG ergibt sich im Wesentlichen aus den Bestimmungen der Satzung des Prüfungsverbandes, der die Rechtsform eines eingetragenen Vereines hat (§ 63 b Abs. 1 GenG). Dessen Satzung soll nach § 63 c Abs. 2 GenG unter anderem Bestimmungen über den Art und Umfang der Prüfungen enthalten. Die Ansprüche der eG gegen den Verband auf Erstellung des Prüfungsgutachtens sind klagbar und nach § 888 ZPO vollstreckbar.[1]

4 § 259 ist **Schutzgesetz** im Sinne des § 823 Abs. 2 BGB. Bei schuldhafter Pflichtverletzung kommt deswegen eine deliktische Haftung des Prüfungsverbandes in Betracht.[2]

III. Prüfungsumfang

5 Die genossenschaftsrechtliche Stellung des Prüfungsverbandes und die Betonung seiner Funktion im Formwechselrecht (u.a. wörtliche Verlesung des Prüfungsgutachtens in der Generalversammlung, beratende Teilnahme an der Generalversammlung, § 261 Abs. 2) verdeutlichen, dass die Einschaltung des Prüfungsverbandes anders als diejenige des Prüfers im Sinne der §§ 9 ff nicht nur die Beachtung der Formwechselvorschriften bezweckt, sondern vielmehr eine **umfassende Hilfestellung und Beratung der Genossenschaft** gewährleisten soll. Der Verband prüft nicht nur die im Folgenden näher beschriebenen Voraussetzungen im Hinblick auf die Interessen der Mitglieder und Gläubiger, sondern hat darüber hinaus umfassend das Für und Wider des Formwechsels zu erörtern.[3] Er hat eine materielle Aussage zu Sinn und Zweck des Formwechsels aus Sicht der Mitglieder und der Gläubiger zu treffen.

6 Insb. erstreckt sich der Prüfungsumfang auf folgende Punkte:

- Anforderungen des § 258 (Zulässigkeit des Formwechsels; jeder Gesellschafter muss zumindest einen Anteil an der Gesellschaft neuer Rechtsform erhalten);
- § 263 Abs. 2 (Festlegung der Höhe der Beteiligung und Sicherung einer möglichst bestandswahrenden Beteiligung der Mitglieder am Rechtsträger der neuen Rechtsform sowie die Vermeidung des Entstehens von Teilrechten; soweit sich Stimm- oder Gewinnbezugsrechte

1 Lutter/*Bayer*, § 259 UmwG Rn 5, Schmitt/Hörtnagl/Stratz/*Stratz*, § 259 UmwG Rn 4.

2 Lutter/*Bayer*, § 259 UmwG Rn 6, Schmitt/Hörtnagl/Stratz/*Stratz*, § 259 UmwG Rn 9.

3 Lutter/*Bayer*, § 259 UmwG Rn 7, Schmitt/Hörtnagl/Stratz/*Stratz*, § 259 UmwG Rn 5.

durch den Formwechsel verschieben: Prüfung, welche ausgleichenden Maßnahmen in Betracht kommen);
- § 264 Abs. 1 (Verhinderung einer materiellen Unterpari-Emission);
- Sicherstellung, dass der bisherige Föderungszweck der Genossenschaft auch in der neuen Rechtsform erhalten bleibt,[4]
- Veränderung für die Anteilsinhaber in steuerlicher Hinsicht;[5]
- Prüfung des Umwandlungsberichtes des Vorstandes;[6]
- Über die Bestimmung des § 264 Abs. 1 zum Verbot der Unterpari-Emission hinaus: Prüfung, ob Belange der Gläubiger dem Formwechsel entgegenstehen. Dabei ist zu beachten, dass die Nachschusspflicht nach § 271 innerhalb von zwei Jahren nach Eintragung des Formwechsels erlischt. Gläubiger sind allerdings auch über § 204 iVm § 22 geschützt.

IV. Bedeutung des Gutachtens für das weitere Verfahren

7 Das Gutachten ist nach § 261 Abs. 2 S. 1 in der Generalversammlung der eG vollständig zu **verlesen**. Der Bericht ist in Sprache und Umfang so zu verfassen, dass er im Rahmen der Versammlung als sinnvolle Entscheidungsgrundlage dienen kann. Zahlenmaterial auf das unbedingt Notwendige zu reduzieren. Das Gutachten ist schriftlich zu erstellen, es ist in den Geschäftsräumen der Genossenschaft (§ 260 Abs. 3) und in der Generalversammlung, die über den Formwechsel beschließt (§ 261 Abs. 1 S. 1) **auszulegen** und der **Anmeldung** bei dem Registergericht beizufügen.

V. Verzicht auf Prüfung

8 Ein Verzicht auf die Prüfung ist **nicht möglich.**[7] Er ist zu erstellen, selbst wenn nach § 192 Abs. 2 auf einen Umwandlungsbericht verzichtet wurde. Hintergrund ist, dass die Begleitung der Genossenschaft durch den Prüfungsverband im Bereich des Genossenschaftsrechtes zwingend ist und dass der Prüfungsverband bei einem Formwechsel in die Form einer Kapitalgesellschaft auch die Prüfung der Kapitalaufbringung übernimmt (s. § 264 Abs. 1 BGB). Sie dient damit nicht nur den Interessen der Mitglieder.

§ 260 Vorbereitung der Generalversammlung

(1) [1]Der Vorstand der formwechselnden Genossenschaft hat allen Mitgliedern spätestens zusammen mit der Einberufung der Generalversammlung, die den Formwechsel beschließen soll, diesen Formwechsel als Gegenstand der Beschlußfassung in Textform anzukündigen. [2]In der Ankündigung ist auf die für die Beschlußfassung nach § 262 Abs. 1 erforderlichen Mehrheiten sowie auf die Möglichkeit der Erhebung eines Widerspruchs und die sich daraus ergebenden Rechte hinzuweisen.

(2) [1]Auf die Vorbereitung der Generalversammlung sind die §§ 229, 230 Abs. 2 Satz 1 und 2 und § 231 Satz 1 entsprechend anzuwenden. [2]§ 192 Abs. 2 bleibt unberührt.

(3) [1]In dem Geschäftsraum der formwechselnden Genossenschaft ist außer den sonst erforderlichen Unterlagen auch das nach § 259 erstattete Prüfungsgutachten zur Einsicht der Mitglieder auszulegen. [2]Auf Verlangen ist jedem Mitglied unverzüglich und kostenlos eine Abschrift dieses Prüfungsgutachtens zu erteilen.

4 Lutter/*Bayer*, § 259 UmwG Rn 9.
5 Lutter/*Bayer*, § 259 UmwG Rn 9; Schmitt/Hörtnagl/Stratz/*Stratz*, § 259 UmwG Rn 9.
6 Lutter/*Bayer* § 259 UmwG Rn 11; Widmann/Mayer/*Fronhöfer*, § 259 UmwG Rn 5.
7 Widmann/Mayer/*Fronhöfer*, § 259 UmwG Rn 4.

I. Allgemeines

§ 260 enthält zwei Hauptbestandteile. Er regelt zum einen die **Einberufung** der General- bzw Vertreterversammlung samt Ankündigung des Formwechsels und normiert darüber hinaus die **Informationspflichten** gegenüber den Mitgliedern. 1

II. Einberufung der Versammlung

Der Formwechselbeschluss ist nach § 193 Abs. 1 in einer Versammlung der Anteilsinhaber, hier der Mitlieder der eG bzw deren Vertreter, zu fassen. Für die Einberufung gelten die Bestimmungen des GenG, sofern das UmwG keine anderen Vorgaben aufstellt. 2

Zuständig für die Einberufung ist gemäß § 44 Abs. 1 GenG grundsätzlich der Vorstand, soweit nicht in der Satzung anders bestimmt. Das Einberufungsrecht steht den Vorstandsmitgliedern gemeinsam zu, ein einzelvertretungsberechtigter Vorstand kann deshalb die Einberufung nicht alleine vornehmen.[1] Die im Genossenschaftsregister eingetragenen Vorstandsmitglieder sind selbst dann zur Einberufung der Generalversammlung befugt, wenn ihre Bestellung unwirksam war.[2] 3

Der **Versammlungsort** wird vom Einberufenden bestimmt (analog § 121 AktG regelmäßig am Sitz der eG),[3] er muss eine sinnvolle Abhaltung in der Versammlung und Ausübung der Mitgliedschaftsrechte gewährleisten. Ebenso muss der **Zeitpunkt** der Versammlung angemessen und ortsüblich sein.[4] 4

Die Einberufung der Versammlung muss nach § 46 Abs. 1 Satz 1 GenG mit einer **Frist** von mindestens zwei Wochen vor der Beschlussfassung über den Formwechsel erfolgen. Dabei ist auf den Zugang der Einberufung bei den Mitgliedern abzustellen.[5] Die Fristberechnung erfolgt gemäß §§ 187 Abs. 1, 188 Abs. 1 BGB. Die **Form** der Einberufung richtet sich nach der Satzung (vgl § 6 Nr. 4 GenG: unmittelbare Benachrichtigung der Mitglieder und/oder öffentliche Bekanntmachung). Die Tagesordnung ist mitzuteilen, § 46 Abs. 1 S. 2. 5

III. Ankündigung des Formwechsels

Bei der Einberufung ist der Formwechsel als Gegenstand der Beschlussfassung anzukündigen, Abs. 1 S. 1. Mitzuteilen ist daher in der Tagesordnung auch der zur Abstimmung stehende Umwandlungsbeschluss im Wortlaut. Da zum Beschluss des Formwechsels zwingend notwendig auch die Aufstellung der **Satzung** des Rechtsträgers der neuen Form gehört, ist auch diese mitzuteilen.[6] Die Mitglieder können sich ein umfassendes Bild über den Formwechsel nur verschaffen, wenn sie auch ihre Mitgliedsrechte nach der neuen Satzung kennen. 6

Die Ankündigung ist sämtlichen Mitgliedern in **Textform** (§ 126 b BGB, E-Mail oder Telefax genügt folglich) mitzuteilen. Dagegen genügt für die Einberufung nach näherer Maßgabe der Satzung auch eine Bekanntmachung in einem öffentlichen Blatt iSd § 6 Nr. 4 GenG. Zweckmäßigerweise wird man Einberufung und Ankündigung aber nicht auf unterschiedliche Medien aufspalten. 7

1 *Beuthien*, § 44 GenG Rn 1.
2 BGHZ 18, 334, 340.
3 BayObLG 2 Z 173/1958; Lutter/*Bayer*, § 260 UmwG Rn 2; Widmann/Mayer/*Fronhöfer*, § 260 UmwG Rn 3.
4 *Beuthien*, § 44 GenG Rn 5.
5 Lutter/*Bayer*, § 260 UmwG Rn 4.
6 So auch Lutter/*Bayer*, § 260 UmwG Rn 6, aA allerdings Lutter/*Drygala*, § 13 UmwG Rn 5.

8 In der Ankündigung ist nach Abs. 1 S. 2 auf die **erforderliche Mehrheit** und auf die Möglichkeit der Erhebung eines **Widerspruchs** und die sich daraus ergebenden Rechte hinzuweisen. Es ist folglich darauf hinzuweisen, dass der Beschluss grundsätzlich einer Mehrheit von 3/4 der abgegebenen Stimmen bedarf, jedoch eine Mehrheit von 9/10 der abgegebenen Stimmen erforderlich ist, wenn spätestens bis zum Ablauf des dritten Tages vor der Generalversammlung mindestens 100 Mitglieder, bei einer Genossenschaft mit weniger als 1000 Mitgliedern 1/10 der Mitglieder, durch eingeschriebenen Brief Widerspruch gegen den Formwechsel erhoben haben. Abweichende Regelungen in der Satzung sind ebenfalls mitzuteilen. Die Widerspruchsrechte sind zu erläutern; dabei ist auf die Abfindung nach §§ 207, 270 BGB hinzuweisen.

9 **Einberufungsmängel** oder Mängel der Ankündigung haben nach § 51 GenG die Anfechtbarkeit der getroffenen Beschlüsse zur Folge. Schwerwiegende Verstöße können zur Nichtigkeit führen.[7]

IV. Information der Mitglieder vor und während der Generalversammlung

10 Die Mitgliederversammlung soll zur Beschlussfassung über den Formwechsel umfassend über die Bestimmungen desselben sowie über dessen rechtlichen Folgen und die Zweckmäßigkeit informiert werden. Dem trägt § 260 wie folgt Rechnung:

- Der Formwechsel ist gesondert **anzukündigen,**
- Der **Umwandlungsbericht des Vorstandes** hat zu erläutern, weshalb die Änderung der Rechtsform als zweckmäßig erscheint und dabei insb. darauf einzugehen, welche Vorteile die Rechtsform der Kapitalgesellschaft gegenüber der Rechtsform der eG hat. Auch Nachteile sind darzustellen. Dem Bericht ist der Entwurf des Umwandlungsbeschlusses einschließlich der Satzung des Rechtsträgers der neuen Rechtsform beizufügen. Ein **Verzicht** auf den Umwandlungsbericht ist nach § 260 Abs. 2 S. 2, 192 Abs. 2 möglich, wenn alle Anteilsinhaber auf seine Erstattung verzichten. Da die Genossenschaft nach § 4 GenG mindestens 3 Mitglieder haben muss, hat die Variante in § 192 Abs. 2 1. Alt. keine praktische Bedeutung.
- Neben dem Bericht des Vorstandes soll auch das **Prüfungsgutachten** des Prüfungsverbandes nach § 259 die rechtlichen und wirtschaftlichen Zustände des Formwechsels einschließlich des Für und Wider für die einzelnen Mitglieder erörtern.
- Bericht des Vorstandes und Prüfungsgutachten sind in den Geschäftsräumen der Genossenschaft von der Einberufung der Versammlung an in den Geschäftsräumen der Gesellschaft zur Einsicht der Mitglieder **auszulegen,** § 260 Abs. 2 S. 1, 230 Abs. 2 S. 1, 260 Abs. 3 S. 1. Auf Verlangen ist jedem Mitglied unverzüglich und kostenlos eine **Abschrift** des Prüfungsgutachtens (§ 260 Abs. 3 S. 2) und des Berichts des Vorstands (§ 260 Abs. 2 S. 1, § 230 Abs. 2 S. 2) zu erteilen.
- Das später in den Umwandlungsbeschluss nach § 194 Abs. 1 Ziffer 6 aufzunehmende **Abfindungsangebot** iSd § 207 ist gemäß §§ 260 Abs. 2 S. 1, 231 S. 1 zusammen mit der Einberufung der Versammlung zu übersenden. Ausweislich des eindeutigen Gesetzeswortlautes genügt dabei eine Veröffentlichung im elektronischen Bundesanzeiger und gesondert zu bestimmenden Gesellschafterblättern nicht.

V. Besonderheiten bei der Vertreterversammlung

11 Bei einer eG mit mehr als 1500 Mitgliedern kann die Satzung nach § 43 a Abs. 1 GenG bestimmen, dass eine Generalversammlung aus Vertretern der Mitglieder (Vertreterversammlung) gebildet wird. Dabei können bestimmte Beschlüsse durch Satzungsregelung der Generalversammlung vorbehalten werden. Die Vertreterversammlung hat grundsätzlich die gleiche gesetzliche Zuständigkeit wie die Generalversammlung und ist daher auch für die Beschlussfassung über

7 BGHZ 18, 334, 338; 32, 318, 323; 126, 335, 338; BGH wendet in st Rspr §§ 241 ff AktG analog an.

den Formwechsel in eine Kapitalgesellschaft **zuständig**, sofern nicht in der Satzung ausdrücklich diese Zuständigkeit der Generalversammlung zugewiesen ist.[8] Ist eine Vertreterversammlung bestellt, so ist in Bezug auf Einberufung und Ankündigung zu unterscheiden: Die **Einberufung** ist an alle im Amt befindlichen Vertreter zu richten; Ersatzvertreter müssen nicht eingeladen werden.[9] Die **Ankündigung** ist jedoch an jedes einzelne Mitglied zu richten, da das Widerspruchsrecht gemäß § 262 Abs. 1 S. 2 auch bei der Einrichtung einer Vertreterversammlung jedem Mitglied persönlich und nicht nur den Vertretern zusteht.[10]

§ 261 Durchführung der Generalversammlung

(1) [1]In der Generalversammlung, die den Formwechsel beschließen soll, ist der Umwandlungsbericht, sofern er nach diesem Buch erforderlich ist, und das nach § 259 erstattete Prüfungsgutachten auszulegen. [2]Der Vorstand hat den Umwandlungsbeschluß zu Beginn der Verhandlung mündlich zu erläutern.

(2) [1]Das Prüfungsgutachten ist in der Generalversammlung zu verlesen. [2]Der Prüfungsverband ist berechtigt, an der Generalversammlung beratend teilzunehmen.

I. Allgemeines

1 § 261 dient der Sicherstellung umfassender Informations- und Beratungsmöglichkeiten der Mitglieder. Während in Vorbereitung der Versammlung das Informationsbedürfnis insb. durch Auslage und Übersendung des Berichts des Vorstandes und des Prüfungsberichts Genüge getan werden soll, soll die Information des Mitglieds während der Versammlung nach § 261 durch die Auslage der vorgenannten Berichte, die mündliche Erläuterung des Beschlusses durch den Vorstand und durch die Verlesung des Prüfungsgutachtens sichergestellt werden. Die hohe Bedeutung des Prüfungsverbandes als eine die eG begleitende Institution findet in § 261 ihren Niederschlag dahin gehend, dass der Prüfungsverband an der Generalversammlung beratend teilnehmen soll.

II. Auslegung des Berichts und des Prüfungsgutachtens

2 Die Auslegung hat in der Generalversammlung, mithin im Versammlungsraum und während der **gesamten Dauer der Versammlung**, zu erfolgen. Insb. ist eine Auslage auch nach Abhandlung des Tagesordnungspunktes Formwechsel erforderlich, da die Einlegung eines Widerspruchs als Voraussetzung der Anfechtungsklage nach § 51 GenG oder als Voraussetzung für das Ausscheiden eines Mitglieds nach gegen Abfindung nach §§ 207, 270 noch bis zum Ende der Verhandlung möglich ist. Bis zu diesem Zeitpunkt besteht daher ein Informationsbedürfnis des Mitglieds.

3 Umstritten ist, ob die Unterlagen nur zur Einsicht bereit liegen müssen oder auf Verlangen auch **während der Verhandlung Abschriften** erteilt werden müssen. Der Wortlaut des Abs. 1 S. 1 spricht dafür, dass Abschriften nicht erteilt werden müssen.[1] Die Abschriftserteilung nach § 260 Abs. 3 S. 2 bezweckt eine umfassende Information des Mitglieds in Vorbereitung der

8 Widmann/Mayer/*Fronhöfer*, § 260 UmwG Rn 2; *Beuthien*, § 43 a GenG Rn 2.

9 Lutter/*Bayer*, § 260 UmwG Rn 3; Widmann/Mayer/*Fronhöfer*, § 260 UmwG Rn 3.

10 *Lutter/Bayer*, § 260 UmwG Rn 3; Widmann/Mayer/*Fronhöfer*, § 260 UmwG Rn 5.

1 So auch Lutter/*Bayer*, § 261 UmwG Rn 3; Widmann/Mayer/*Fronhöfer*, § 261 UmwG Rn 4; aA Schmitt/Hörtnagl/Stratz/*Stratz*, § 260 UmwG Rn 10, § 261 Rn 2.

Versammlung. Während der Versammlung ist dem Mitglied zuzumuten, den ausliegenden Bericht einzusehen, ihn also nicht in Abschrift zu seinem Platz nehmen zu können. Nach Abschluss der Versammlung erlischt das Widerspruchsrecht, so dass ein Mitglied keinen Vorteil davon hätte, Abschriften aus der Versammlung mitzunehmen.

III. Erläuterung durch den Vorstand

4 Der Vorstand hat den Umwandlungsbeschluss zu Beginn der Verhandlung mündlich zu erläutern. Dies bedeutet nicht, dass er verpflichtet wäre, den von ihm im Vorfeld der Versammlung bereits erstatteten Bericht erneut vorzutragen. Nach Sinn und Zweck der Vorschrift ist vielmehr eine aktualisierte[2] **Wiedergabe der Kernpunkte** der Argumente für und ggf auch gegen den Formwechselbeschluss vorzutragen. Dabei ist insb. auf die für die Mitglieder wichtige Thematik des Umtauschs der Anteile und der Gestaltung der Anteilsrechte in dem Rechtsträger neuer Rechtsform einzugehen.

5 Ein **Verzicht** auf den Umwandlungsbericht bedeutet nicht zugleich einen Verzicht auf die mündliche Erörterung durch den Vorstand. Es ist nicht anzunehmen, dass Mitglieder, die einen schriftlichen Bericht für nicht erforderlich erachten, auch eine mündliche Erörterung in der Versammlung für obsolet halten.[3] Ein mündlicher Bericht ist jedoch nicht erforderlich, wenn die anwesenden Mitglieder in dieser Versammlung auf den Bericht verzichten. Dieser Verzicht bedarf keiner besonderen Form.

IV. Auskunftsrecht der Mitglieder

6 Obwohl das Auskunftsrecht der Mitglieder im Rahmen der Versammlung und insb. im Rahmen der Erläuterungen des Vorstandes gesetzlich nicht normiert ist, sind die Mitglieder berechtigt, über alle **für den Formwechsel wesentlichen Angelegenheiten** Auskunft zu verlangen.[4] Aus dem Umstand, dass anders als in der Parallelvorschrift des § 83 Abs. 1 S. 3 iVm § 64 Abs. 2 das Auskunftsrecht nicht ausdrücklich normiert ist, lässt sich nicht schließen, dass der Gesetzgeber bewusst ein Auskunftsrecht der Mitglieder verneinen wollte. Das Auskunftsrecht ergibt sich vielmehr aus einer analogen Anwendung des § 83 Abs. 1 S. 3[5] bzw in analoger Anwendung des § 131 AktG[6] oder aus dem allgemeinen genossenschaftsrechtlichen Auskunftsrecht der Mitglieder.[7]

7 Bei **verbundenen Unternehmen** iSv § 15 AktG erstreckt sich das Auskunftsrecht auch auf die wesentlichen Angelegenheiten der verbundenen Unternehmen (§§ 192 Abs. 1 S. 2, 8 Abs. 1 S. 4 analog).[8] Verantwortlich für die Auskunftserteilung ist der Vorstand, der sich aber vom Vorstand des verbundenen Unternehmens unterstützen lassen kann.[9]

8 Der Vorstand kann Auskünfte **verweigern**, wenn es sich um solche Umstände handelt, deren Bekanntwerden geeignet ist, dem Rechtsträger oder einem verbundenen Unternehmen einen nicht unerheblichen Nachteil zu verschaffen. Das Auskunftsverweigerungsrecht ergibt sich aus einer analogen Anwendung des § 192 Abs. 1 S. 2, 8 Abs. 2 S. 1.[10]

V. Prüfungsgutachten und Prüfungsberatung durch den Verband

9 Das Prüfungsgutachten des Prüfungsverbandes soll nicht nur ab dem Zeitpunkt der Einberufung der Versammlung in den Geschäftsräumen der eG (§ 260 Abs. 3 S. 1) und in der Ver-

2 Lutter/*Bayer*, § 261 UmwG Rn 5; Widmann/Mayer/*Fronhöfer*, § 261 UmwG Rn 5.
3 So auch Lutter/*Bayer*, § 261 UmwG Rn 5; Widmann/Mayer/*Fronhöfer* § 261 UmwG Rn 5.
4 Lutter/*Bayer*, § 261 UmwG Rn 8; Schmitt/Hörtnagl/Stratz/*Stratz*, § 261 UmwG Rn 4; Widmann/Mayer/*Fronhöfer*, § 261 UmwG Rn 6.
5 So Semler/Stengel/*Bonow*, § 261 UmwG Rn 27.
6 So Lutter/*Bayer*, § 261 UmwG Rn 8.
7 So Widmann/Mayer/*Fronhöfer*, § 261 UmwG Rn 6.
8 Lutter/*Bayer*, § 261 UmwG Rn 9.
9 Lutter/*Bayer*, § 261 UmwG Rn 9.
10 Zu den Einzelheiten des Auskunftsverweigerungsrechts s. Kommentierung zu § 8.

sammlung selbst (§ 261 Abs. 1 S. 1) zur Einsicht ausliegen, sondern auch in der Generalversammlung **verlesen** werden. Damit soll eine Information auch derjenigen Mitglieder erreicht werden, die von der Möglichkeit der Einsichtnahme keinen Gebrauch gemacht haben. Die Pflicht zur Verlesung betont die Bedeutung des Prüfungsgutachtens und konkretisiert die Anforderungen an Form und Inhalt des Gutachtens: Es ist kurz und klar zu verfassen, so dass eine Verlesung sinnvoll möglich ist und dem Informationsinteresse der Mitglieder dienen kann.

Ausweislich des Gesetzeswortlauts ist das Prüfungsgutachten zu verlesen, eine Erläuterung der 10
wesentlichen Punkte genügt daher nicht.[11] Ein **Verzicht auf Verlesung** ist wegen der genossenschaftsrechtlichen Bedeutung des Prüfungsverbandes und angesichts des Fehlens einer dem § 192 Abs. 2 vergleichbaren Norm unzulässig.[12] Die Person des Vorlesenden ist gesetzlich nicht benannt. Einschränkungen diesbezüglich bestehen folglich nicht, der Bericht kann vom Vorstand, einem Vertreter des Prüfungsverbandes oder einer dritten Person (nach Beauftragung durch und unter Aufsicht des Vorstandes) vorgetragen werden.[13]

Der **Prüfungsverband** hat lediglich ein Anwesenheits- und Beratungs- aber kein Einspruchs- 11
recht.

§ 262 Beschluß der Generalversammlung

(1) [1]Der Umwandlungsbeschluß der Generalversammlung bedarf einer Mehrheit von mindestens drei Vierteln der abgegebenen Stimmen. [2]Er bedarf einer Mehrheit von neun Zehnteln der abgegebenen Stimmen, wenn spätestens bis zum Ablauf des dritten Tages vor der Generalversammlung mindestens 100 Mitglieder, bei Genossenschaften mit weniger als 1 000 Mitgliedern ein Zehntel der Mitglieder, durch eingeschriebenen Brief Widerspruch gegen den Formwechsel erhoben haben. [3]Die Satzung kann größere Mehrheiten und weitere Erfordernisse bestimmen.

(2) Auf den Formwechsel in eine Kommanditgesellschaft auf Aktien ist § 240 Abs. 2 entsprechend anzuwenden.

I. Allgemeines

§ 262 bestimmt mit § 193 die Form- und Mehrheitserfordernisse des Beschlusses der General- 1
versammlung. Das Erfordernis eines Formwechselbeschlusses ergibt sich aus § 193 Abs. 1 S. 2.

II. Zuständigkeit

Die Beschlussfassung ist der **Generalversammlung** der eG vorbehalten (§ 43 Abs. 1 GenG). So- 2
fern nach § 43 a GenG durch die Satzung einer eG mit mehr als 1500 Mitgliedern die Bildung einer **Vertreterversammlung** vorgesehen ist, ist diese auch für die Beschlussfassung über den Formwechsel zuständig. Anders ist es allerdings, wenn ausweislich der Satzung diese Beschlussfassung der Generalversammlung vorbehalten ist (§ 43 a Abs. 1 S. 2 GenG), was auch anzunehmen ist, wenn die Beschlussfassung über eine Satzungsänderung der Generalversammlung vorbehalten ist.

11 Lutter/*Bayer*, § 261 UmwG Rn 12.
12 Lutter/*Bayer*, § 261 UmwG Rn 12; Widmann/Bayer/*Fronhöfer*, § 261 UmwG Rn 7.
13 Widmann/Mayer/*Fronhöfer*, § 261 UmwG Rn 7; Lutter/*Bayer*, § 261 UmwG Rn 12; Schmitt/Hörtnagl/Stratz/*Stratz*, § 261 UmwG Rn 5.

3 Eine **Delegation** der Zuständigkeit zur Beschlussfassung über den Formwechsel auf ein anderes Organ oder auf Dritte ist unzulässig.[1]

III. Mehrheitserfordernisse

4 Der Beschluss bedarf grundsätzlich einer Mehrheit von mindestens ¾ **der abgegebenen Stimmen**. Die Satzung kann gemäß Abs. 1 S. 3 höhere Mehrheitserfordernisse und auch Einstimmigkeit sowie weitere Erfordernisse (zB Quorum) bestimmen. Stellt die Satzung für eine Satzungsänderung höhere Mehrheitserfordernisse auf, so wird dies regelmäßig dahin gehend auszulegen sein, dass diese Mehrheitserfordernisse auch für den Formwechsel gelten, da mit dem Formwechsel stets auch eine Änderung der Satzung einhergeht (vgl § 263 Abs. 1, § 218 Abs. 1 S. 1).[2]

5 Erforderlich ist nach Abs. 1 eine **relative** Dreiviertel**mehrheit**. Dabei kommt es bei der Berechnung ausschließlich auf die abgegebenen Stimmen an. Stimmenthaltungen und ungültige Stimmen zählen nicht.[3]

6 Abgestimmt wird grundsätzlich nach dem **Kopfprinzip**. Eine Ausnahme gilt nur im Falle von satzungsmäßigen Mehrstimmrechten in eG, vgl § 43 Abs. 3 Nr. 2 und 3 GenG.

7 Die Mehrheitserfordernisse erhöhen sich auf eine **Mehrheit von 9/10** der abgegebenen Stimmen, wenn spätestens bis zum Ablauf des dritten Tages vor der Generalversammlung mindestens 100 Mitglieder, bei Genossenschaften mit weniger als 1000 Mitgliedern 1/10 der Mitglieder durch eingeschriebenen Brief Widerspruch wegen Formmängeln erhoben haben. Auch diesbezüglich kann die Satzung größere Mehrheiten und weitere Erfordernisse bestimmen. Das Recht, Widerspruch zu erheben, steht dabei jedem Mitglied zu. Dies gilt auch dann, wenn die Zuständigkeit zur Beschlussfassung einer Vertreterversammlung zugewiesen ist.[4] Aus diesem Grund sind alle Mitglieder (und nicht lediglich die Vertreter) gemäß § 260 Abs. 1 S. 2 auf die Möglichkeit des Widerspruchs und die sich daraus ergebenden Rechtsfolgen hinzuweisen.

8 Der **Widerspruch** muss nicht als solcher bezeichnet und auch nicht begründet sein. Es genügt die Erklärung der Ablehnung des Formwechsels.[5] Der Widerspruch muss der Genossenschaft spätestens bis zum Ablauf des 3. Tages vor der Generalversammlung zugehen. Die Fristberechnung erfolgt nach §§ 187 Abs. 1, 188 Abs. 2 BGB (Beispiel: Versammlung am 13.2., dieser Tag wird nach § 187 Abs. 1 BGB nicht mitgerechnet, das Einschreiben muss am 10.2. zugehen).[6]

IV. Form

9 Der Umwandlungsbeschluss muss nach § 193 Abs. 2 S. 1 notariell beurkundet werden.

V. Besonderheiten bei Formwechsel in eine KGaA

10 Für diesen Fall ist § 240 Abs. 2 entsprechend anzuwenden. Alle Mitglieder, die in der KGaA die Stellung eines persönlich haftenden Gesellschafters haben sollen, müssen dem Formwechsel zustimmen. Diese besondere Zustimmung ist erforderlich, um zu verhindern, dass dem bislang nur beschränkt haftenden Mitglied eine Vollhaftung ohne sein Zutun auferlegt werden könnte.

1 Lutter/*Bayer*, § 262 UmwG Rn 4; Kallmeyer/*Zimmermann*, § 193 UmwG Rn 3; Schmitt/Hörtnagl/Stratz/*Stratz*, § 262 UmwG Rn 2.

2 So im Ergebnis auch Lutter/*Bayer*, § 262 UmwG Rn 10; sowie zu § 65: Kallmeyer/*Zimmermann*, § 65 UmwG Rn 7; Schmitt/Hörtnagl/Stratz/*Stratz*, § 65 UmwG Rn 12; aA (Auslegung) Schmitt/Hörtnagl/Stratz/*Stratz*, § 262 UmwG Rn 3; Lutter/*Grunewald* § 65 UmwG Rn 6.

3 Allgemeine Ansicht Lutter/*Bayer*, § 262 UmwG Rn 5; Schmitt/Hörtnagl/Stratz/*Stratz*, § 262 UmwG Rn 5.

4 Strittig: Lutter/*Bayer*, § 262 UmwG Rn 7; Widmann/Mayer/*Fronhöfer*, § 262 UmwG Rn 4; Schmitt/Hörtnagl/Stratz/Stratz, § 262 UmwG Rn 7; aA Semler/Stengel/*Bonow*,„§ 262 UmwG Rn 29.

5 Lutter/*Bayer*, § 262 UmwG Rn 7; Schmitt/Hörtnagl/Stratz/*Stratz*, § 262 UmwG Rn 7.

6 Gleiches Ergebnis: Schmitt/Hörtnagl/Stratz/*Stratz*, § 262 UmwG, Rn 8.

VI. Anfechtung des Beschlusses

Für die Anfechtung des Beschlusses einer General- oder Vertreterversammlung einer eG ist § 51 GenG anwendbar, der allerdings in Bezug auf den Formwechselbeschluss durch die Bestimmungen des UmwG überlagert wird: 11

- Eine Anfechtungsklage kann nach § 195 Abs. 2 nicht darauf gestützt werden, dass die im Beschluss bestimmten Anteile an dem Rechtsträger neuer Rechtsform **zu niedrig bemessen** sind oder dass die Mitgliedschaft **keinen ausreichenden Gegenwert** für die Anteile oder die Mitgliedschaft beim formwechselnden Rechtsträger sei. Diese Streitigkeiten sind in das Spruchverfahren gemäß § 196 S. 2 iVm §§ 1 ff SpruchG ausgelagert.[7]
- Nach § 210 kann eine Klage gegen die Wirksamkeit des Umwandlungsbeschlusses nicht darauf gestützt werden, dass das **Abfindungsangebot nach** § 207 zu niedrig bemessen oder die Barabfindung im Umwandlungsbeschluss nicht oder nicht ordnungsgemäß angeboten worden ist. Auch insoweit verweist § 212 auf das Spruchverfahren.
- Umstritten ist, ob eine Anfechtung aufgrund der **Verletzung von abfindungsbezogenen Informations-, Auskunfts- oder Berichtspflichten** geltend gemacht werden kann. Analog § 243 Abs. 4 S. 2 AktG kann eine Anfechtungsklage wohl nicht auf unrichtige, unvollständige oder unzureichende Information in der Hauptversammlung über die Ermittlung, Höhe oder Angemessenheit von Ausgleich, Abfindung, Zuzahlung oder über sonstige Kompensation gestützt werden, sofern das Gesetz für Bewertungsrügen ein Spruchverfahren vorsieht. Ob dieser Ausschluss auch für Informationsmängel im Vorfeld der Hauptversammlung gilt, ist streitig.[8]

Die **Anfechtungsbefugnis** steht nach § 51 Abs. 2 S. 1 GenG jedem in der Generalversammlung erschienenen Mitglied zu, sofern es gegen den Beschluss Widerspruch zum Protokoll erklärt hat, sowie jedem nicht erschienenen Mitglied, sofern es zu der Generalversammlung unberechtigterweise nicht zugelassen worden ist oder sofern es die Anfechtung darauf begründet, dass die Einberufung der Mitgliederversammlung oder die Ankündigung des Gegenstands der Beschlussfassung nicht ordnungsgemäß erfolgt sei. Bei einer Vertreterversammlung sind auch alle Mitglieder anfechtungsbefugt; bei ihnen kommt es lediglich darauf an, ob sie durch einen Vertreter an der Generalversammlung teilgenommen haben.[9] Auch Vorstand und Aufsichtsrat sind zu Anfechtungen befugt. 12

Adressat der Klage ist die eG, vertreten durch den Vorstand und den Aufsichtsrat. 13

Die Klage kann nur innerhalb einer **Ausschlussfrist** von einem Monat nach § 195 Abs. 1 (s. auch § 55 Abs. 1 S. 2 GenG), beginnend mit dem Tag der Beschlussfassung erhoben werden. Für die Fristberechnung gelten §§ 187 Abs. 1, 188 Abs. 2 BGB. 14

Eine erfolgreiche Anfechtungsklage führt zur **Nichtigkeitserklärung** des Beschlusses, § 51 Abs. 5 GenG. 15

§ 263 Inhalt des Umwandlungsbeschlusses

(1) Auf den Umwandlungsbeschluß sind auch die §§ 218, 243 Abs. 3 und § 244 Abs. 2 entsprechend anzuwenden.

(2) [1]In dem Beschluß ist bei der Festlegung von Zahl, Art und Umfang der Anteile (§ 194 Abs. 1 Nr. 4) zu bestimmen, daß an dem Stammkapital oder an dem Grundkapital der Gesellschaft neuer Rechtsform jedes Mitglied, das die Rechtsstellung eines beschränkt haftenden Gesellschafters oder eines Aktionärs erlangt, in dem Verhältnis beteiligt wird, in dem am Ende

7 S. Kommentierung zu § 196.

8 S. dazu Lutter/*Bayer*, § 262 UmwG Rn 22 mwN.

9 Lutter/*Bayer*, § 262 UmwG Rn 19, Schmitt/Hörtnagl/Stratz/*Stratz*, § 262 UmwG Rn 7, Widmann/Mayer/*Fronhöfer*, § 262 Rn 4; aA *Beuthien*, § 51 GenG Rn 29.

des letzten vor der Beschlußfassung über den Formwechsel abgelaufenen Geschäftsjahres sein Geschäftsguthaben zur Summe der Geschäftsguthaben aller Mitglieder gestanden hat, die durch den Formwechsel Gesellschafter oder Aktionäre geworden sind. [2]Der Nennbetrag des Grundkapitals ist so zu bemessen, daß auf jedes Mitglied möglichst volle Aktien entfallen.

(3) [1]Die Geschäftsanteile einer Gesellschaft mit beschränkter Haftung sollen auf einen höheren Nennbetrag als hundert Euro nur gestellt werden, soweit auf die Mitglieder der formwechselnden Genossenschaft volle Geschäftsanteile mit dem höheren Nennbetrag entfallen. [2]Aktien können auf einen höheren Betrag als den Mindestbetrag nach § 8 Abs. 2 und 3 des Aktiengesetzes nur gestellt werden, soweit volle Aktien mit dem höheren Betrag auf die Mitglieder entfallen. [3]Wird das Vertretungsorgan der Aktiengesellschaft oder der Kommanditgesellschaft auf Aktien in der Satzung ermächtigt, das Grundkapital bis zu einem bestimmten Nennbetrag durch Ausgabe neuer Aktien gegen Einlagen zu erhöhen, so darf die Ermächtigung nicht vorsehen, daß das Vertretungsorgan über den Ausschluß des Bezugsrechts entscheidet.

I. Allgemeines

1 § 263 bestimmt den Inhalt des Formwechselbeschlusses und ist im Zusammenspiel mit den allgemeinen Vorgaben des § 194 Abs. 1 zu verstehen. In Abs. 1 ist auf § 218 verwiesen, wonach der vollständige Text des Gesellschaftsvertrages bzw Satzung des Rechtsträgers neuer Rechtsform dem Beschluss beizufügen ist. Der Verweis auf § 218 Abs. 2 stellt klar, dass bei einem Formwechsel in eine KGaA mindestens ein Gesellschafter als persönlich haftender Gesellschafter zu benennen ist.

2 Die Vorgaben der Abs. 2 und 3 in Bezug auf die Beteiligung der Gesellschafter an dem Rechtsträger neuer Rechtsform bezwecken eine möglichst gerechte Verteilung der Anteile sowie den Schutz von Minderheitsgesellschaftern.

II. Inhalt des Umwandlungsbeschlusses

3 Der Inhalt des Umwandlungsbeschlusses wird von § 194 Abs. 1 wie folgt vorgegeben:

- Die durch den Formwechsel erlangte neue **Rechtsform** ist anzugeben (Nr. 1)
- Die **Firma** des Rechtsträgers neuer Rechtsform ist zu bestimmen, dabei ist der Rechtsformzusatz der neuen Rechtsform beizusetzen.
- Die Mitglieder müssen **Gesellschafter** an der neuen Kapitalgesellschaft werden.
- Anzahl, Art und Umfang der **Anteile** der Anteilsinhaber am Rechtsträger neuer Rechtsform müssen bestimmt werden; bei der Berechnung der Anteile sind insb. die nachfolgend unter Rn 6 sowie das Verbot der Unterpari-Emission des § 264 Abs. 1 zu beachten. Bei einem Formwechsel in eine KGaA muss mindestens ein Mitglied als Komplementär beteiligt werden oder es muss ein Dritter als Komplementär beitreten (Abs. 1, § 218 Abs. 2).
- Die Rechte, die einzelnen Anteilsinhabern und den Inhabern besonderer Rechte dem Rechtsträger neuer Rechtsform gewährt werden sollen, müssen bestimmt werden. Dabei sind insb. **Sonderrechte**, die die Mitglieder bereits in der Rechtsform der eG hatten, grundsätzlich beizubehalten.[1]
- Das **Abfindungsangebot** gemäß § 207 muss formuliert sein. Das Angebot ist nicht erforderlich, wenn der Beschluss zu seiner Wirksamkeit der Zustimmung aller Anteilsinhaber be-

1 Lutter/*Bayer*, § 263 UmwG Rn 10.

darf (s. § 194 Abs. 1 Ziffer 6) oder wenn sämtliche Mitglieder auf ein Abfindungsangebot in notarieller Form verzichtet haben (§ 192 Abs. 2 analog).[2]

- Darzustellen sind die Folgen des Formwechsels für die **Arbeitnehmer** und ihre Vertretungen und die insoweit vorgesehenen Maßnahmen, Nr. 7.

Nach Abs. 1, 218 Abs. 1 S. 1 ist ferner der **Text des Gesellschaftsvertrages bzw der Satzung** des Rechtsträgers neuer Rechtsform dem Beschluss beizufügen und als Bestandteil des Beschlusses ebenfalls zu beurkunden. Eine Unterzeichnung der Satzung/des Gesellschaftsvertrages durch alle Gesellschafter ist nicht erforderlich (Abs. 1, 218 Abs. 1 S. 2, 244 Abs. 2). 4

III. Besonderheiten bei Formwechsel in eine KGaA

Ein Mitglied der eG muss die Rechtsstellung eines persönlich haftenden Gesellschafters erhalten. Möglich ist auch der Betritt eines dem Gesellschafterkreis noch nicht angehörenden Dritter als Komplementär, Abs. 1 § 218 Abs. 2. 5

IV. Festlegung von Zahl, Art und Umfang der Anteile (Abs. 2 und 3)

Bei der Festlegung der Höhe der Beteiligung am Rechtsträger neuer Rechtsform ist zum einen die Grenze des § 264 (**Verbot der Unter-Pari-Emission**) zu beachten. Zum Verhältnis der Beteiligung untereinander enthalten darüber hinaus Abs. 2 und 3 Vorgaben: 6

- Der **Nennbetrag** der Aktien oder Geschäftsanteile kann abweichend vom Betrag des Geschäftsguthabens der formwechselnden eG festgesetzt werden (§§ 263 Abs. 1, 243 Abs. 3 S. 1).
- Nach Abs. 2 (der insoweit den Wortlaut des zu fassenden Beschlusses vorgibt) soll der Formwechsel jedoch grundsätzlich **verhältniswahrend** sein; das Verhältnis der Anteile untereinander soll sich also durch den Formwechsel nicht verändern.[3] Maßgeblich ist dabei grundsätzlich das Geschäftsguthaben, das am Ende des letzten abgelaufenen Geschäftsjahres vor der Fassung des Umwandlungsbeschlusses in der Bilanz abgebildet ist.[4] Gegen Barabfindung ausscheidende Anteilsinhaber werden bei der Berechnung berücksichtigt.[5] Solche Mitglieder, die bei einem Formwechsel in eine KGaA ausschließlich die Stellung eines persönlich haftenden Gesellschafters übernehmen, werden dagegen bei der verhältniswahrenden Zuweisung nicht berücksichtigt.[6] Sofern Mitglieder nach Ablauf des Geschäftsjahres der eG beitreten, ist das grundsätzlich für die verhältniswahrende Zuteilung der Anteile relevante Geschäftsguthaben zum Zeitpunkt des abgelaufenen Geschäftsjahres gleich null. An dem Formwechsel sind jedoch auch solche Mitglieder zu beteiligen. Es ist daher eine Neuberechnung der Anteilsverhältnisse erforderlich.[7]
- Jeder Gesellschafter muss zumindest einen auf **volle Euro** lautenden Geschäftsanteil, jeder Aktionär mindestens eine **volle Aktie** erhalten, § 258 Abs. 2.
- Abs. 2 S. 2 und Abs. 3 verdeutlichen, dass der Gesetzgeber die Entstehung von **Teilrechten vermeiden** will. Da nach § 8 Abs. 2 und 3 AktG Nennbetragsaktien mit dem Mindestbetrag von 1 EUR oder Stückaktien, die diesem Anteil am Grundkapital entsprechen, ausgegeben werden können und auch 1-EUR-Nennbetrags-Geschäftsanteile bei der GmbH seit Inkrafttreten des MoMiG[8] möglich sind, können regelmäßig volle Anteile ausgegeben werden. Dies umso mehr, als jeder Gesellschafter einer GmbH (wie bereits bei der AG) mehrere Geschäftsanteile erwerben kann (vgl § 5 Abs. 2 S. 2 GmbHG) und das Erfordernis des Min-

2 Lutter/*Bayer*, § 263 UmwG Rn 11; Beuthien/*Wolff*, §§ 190 ff UmwG Rn 22; *Lutter/Decher*, § 194 UmwG Rn 23.
3 Beuthien/*Wolff*, §§ 190 ffUmwG Rn 20; Lutter/*Bayer*, § 263 UmwG Rn 23.
4 Beuthien/*Wolff*, §§ 190 ff UmwG Rn 20.
5 Widmann/Mayer/*Fronhöfer*, § 263 UmwG Rn 8; Schmitt/Hörtnagl/Stratz/*Stratz*, § 263 UmwG Rn 7.
6 Lutter/*Bayer*, § 263 UmwG Rn 23; Schmitt/Hörtnagl/Stratz/*Stratz*, § 263 UmwG Rn 7.
7 Lutter/*Bayer*, § 263 UmwG Rn 23; aA Beuthien/*Wolff*, §§ 190 ff UmwG Rn 20 a.
8 Gesetz zur Modernisierung des GmbH-Rechts und zur Bekämpfung von Missbräuchen, BGBl. I 2008, 2026.

destnennbetrages von 50 EUR und der Teilbarkeit durch 10 EUR nach § 258 Abs. 2 aF entfallen ist. Höhere Nennbeträge sind nur zulässig, soweit volle Aktien bzw volle Geschäftsanteile mit dem höheren Betrag auf jedes Mitglied entfallen (Abs. 3 S. 1 und 2). Nur wenn es gar nicht anders geht, verbleibt die Möglichkeit, einem Mitglied (neben einem vollen Geschäftsanteil bzw Aktie, § 258 Abs. 2) einen Teil eines Geschäftsanteils oder ein Teilrecht zuzugestehen.[9]

V. Nicht verhältniswahrende Beteiligung und Identitätswechsel

7 Bei **Zustimmung** durch alle Mitglieder kann vom Prinzip der verhältniswahrenden Zuweisung der Anteile abgewichen werden.[10] Ob auch ein Wechsel der Identität der Gesellschafter, also ein **Ausscheiden** von Gesellschaftern oder ein **Beitritt** eines weiteren Gesellschafters im Rahmen des Formwechsels über die gesetzlich zulässigen Fälle (Aufnahme eines Komplementärs bei Formwechsel in eine KGaA gemäß Abs. 1, 218 Abs. 2) zulässig ist, ist umstritten. Teilweise wird ein solcher Mitgliederwechsel im Rahmen des Formwechsels mit der Begründung zugelassen, dass es im Ergebnis keinen Unterschied machen könne, ob der Anteil eines Gesellschafters mit seinem Einverständnis lediglich reduziert wird oder ob er ganz ausscheidet.[11] Richtigerweise wird man aber aus § 202 Abs. 1 Nr. 2 entnehmen können, dass die Anteilsinhaber des formwechselnden Rechtsträgers am Rechtsträger neuer Rechtsform grundsätzlich beteiligt sind. Dementsprechend bietet das UmwG keine Grundlage für einen Gesellschafterwechsel außerhalb der gesetzlich ausdrücklich bestimmten Fälle. Dadurch ist jedoch ein Gesellschafterwechsel nach den allgemeinen Regeln (Kündigung, Abtretung) nicht ausgeschlossen.[12]

§ 264 Kapitalschutz

(1) Der Nennbetrag des Stammkapitals einer Gesellschaft mit beschränkter Haftung oder des Grundkapitals einer Aktiengesellschaft oder einer Kommanditgesellschaft auf Aktien darf das nach Abzug der Schulden verbleibende Vermögen der formwechselnden Genossenschaft nicht übersteigen.

(2) Beim Formwechsel in eine Gesellschaft mit beschränkter Haftung sind die Mitglieder der formwechselnden Genossenschaft nicht verpflichtet, einen Sachgründungsbericht zu erstatten.

(3) [1]Beim Formwechsel in eine Aktiengesellschaft oder in eine Kommanditgesellschaft auf Aktien hat die Gründungsprüfung durch einen oder mehrere Prüfer (§ 33 Abs. 2 des Aktiengesetzes) in jedem Fall stattzufinden. [2]Jedoch sind die Mitglieder der formwechselnden Genossenschaft nicht verpflichtet, einen Gründungsbericht zu erstatten; die §§ 32, 35 Abs. 1 und 2 und § 46 des Aktiengesetzes sind nicht anzuwenden. [3]Die für Nachgründungen in § 52 Abs. 1 des Aktiengesetzes bestimmte Frist von zwei Jahren beginnt mit dem Wirksamwerden des Formwechsels.

9 Schmitt/Hörtnagl/Stratz/*Stratz*, § 263 UmwG Rn 10 mit Beispiel, das jedoch wegen Wegfalls des Erfordernisses der Teilbarkeit eines Geschäftsanteils durch 10 EUR (so § 258 Abs. 2 aF) an Bedeutung verloren hat.

10 Lutter/*Bayer*, § 263 UmwG Rn 25; Beuthien/*Wolff*, §§ 190 ff UmwG Rn 20 c.

11 Lutter/*Bayer*, § 263 UmwG, Rn 26.

12 *K. Schmidt*, GmbHR 1995, 693, 695; ZIP 1998, 181, 186; *Priester* DB 1997, 560, 562; *Heckschen*, DB 2008, 2122.

I. Allgemeines

Der Formwechsel wird nach § 197 im Grundsatz **wie eine Neugründung** behandelt. Die Gründungsvorschriften des Rechtsträgers neuer Rechtsform sind anzuwenden, sofern nicht etwas anderes bestimmt ist. Für einen Formwechsel einer eG in eine Kapitalgesellschaft konkretisiert § 264 die Anwendung der Gründungsvorschriften und befasst sich dabei schwerpunktmäßig mit der Kapitalaufbringung. 1

II. Verbot der Unter-Pari-Emission, Abs. 1

Der Nennbetrag des Stammkapitals bzw Grundkapitals darf das nach Abzug der Schulden verbleibende Vermögen des Rechtsträgers nicht übersteigen. Maßgebend ist dabei der Betrag des Stamm- bzw Grundkapitals, der im Gesellschaftsvertrag bzw der Satzung des Rechtsträgers neuer Rechtsform bestimmt ist. Der **Wert des Reinvermögens** der eG muss diesen Betrag erreichen. Das Vermögen der eG ist dabei wahlweise unter Zugrundelegung der finanziellen Buchwerte oder aber des wahren Wertes der Vermögensgegenstände zu ermitteln.[1] Etwaige von einer Rangrücktrittserklärung betroffenen Verbindlichkeiten bleiben bei der Berechnung außer Betracht.[2] Die Einhaltung des Verbotes der Unterdeckung wird durch das **Prüfungsrecht des Registergerichtes** (vgl § 197 iVm § 38 Abs. 2 S. 2 AktG bzw § 9 c Abs. 1 S. 2 GmbHG), die **Differenzhaftung** nach § 197 iVm § 9 Abs. 1 GmbHG, der auch analog auf die AG und die KGaA. Anwendung findet,[3] die sachverständige **Prüfung** bei der AG und der KGaA gemäß § 197 iVm § 33 Abs. 2 Nr. 4 AktG und die Pflicht zur Vorlage von **Wertnachweisen** in Bezug auf das Gesellschaftsvermögen bei einem Formwechsel in eine GmbH gemäß § 197 iVm § 8 Abs. 1 Nr. 5 GmbHG. Soweit das Vermögen des Rechtsträgers trotz Ansatz der wirklichen Werte (und damit Hebung der stillen Reserven) nicht auf den Betrag des Stamm- bzw Grundkapitals kommt, ist eine ergänzende Barzahlung denkbar.[4] 2

III. Sachgründungsbericht, Abs. 2 und 3

Bei einem Formwechsel in eine GmbH, AG oder KGaA ist ein Sachgründungsbericht nicht zu verfassen, Abs. 2, Abs. 3 S. 2. Dementsprechend bestimmt Abs. 3 S. 2 auch, dass eine Gründungshaftung nach § 46 AktG ausscheidet. 3

IV. Gründungsprüfung, Abs. 3

Bei einem Formwechsel in eine Aktiengesellschaft oder eine KGaA hat eine Gründungsprüfung nach § 33 Abs. 2 AktG in jedem Fall stattzufinden. Die Notwendigkeit einer Gründungsprüfung ergibt sich dabei allerdings auch bereits aus § 197 iVm § 33 Abs. 2, da der Formwechsel im Rahmen der Anwendung der Gründungsvorschriften als Sachgründung verstanden wird und hierfür nach den aktienrechtlichen Vorschriften eine Gründungsprüfung zwingend vorgeschrieben ist. Die Prüfung durch einen externen Gründungsprüfer (regelmäßig Wirtschaftsprüfer oder Prüfungsgesellschaft) umfasst die gesamte Gründung einschließlich des Satzungsinhaltes und der Bestellung der Organe. 4

V. Nachgründung

§ 197 verweist auch auf die Nachgründungsvorschriften der §§ 52 und 53 AktG. In Konkretisierung dieser Verweisung bestimmt Abs. 3 S. 3, dass der Fristbeginn für die zweijährige Nachgründungszeit an die Eintragung des Formwechsels in das Handelsregister anknüpft. 5

1 Lutter/*Bayer*, § 264 UmwG Rn 2; Schmitt/Hörtnagl/Stratz/*Stratz*, § 264 UmwG Rn 4; *Priester* DB 1995, 911 ff (Formwechsel einer Personengesellschaft in eine Kapitalgesellschaft).

2 OLG Naumburg GmbHR 2003, 1432.

3 S. *Hüffer*, § 9 AktG Rn 6.

4 Lutter/*Bayer*, § 264 UmwG Rn 3; Widmann/Mayer/*Fronhöfer*, § 264 UmwG Rn 2, s. auch oben Kommentierung zu § 220, dort Rn 13.

VI. Aufsichtsrat und Vorstand

6 Zwar bleiben die **Mitglieder des Aufsichtsrates** für den Rest ihrer Wahlzeit grundsätzlich trotz Formwechsel im Amt, §§ 203 S. 1, 197 S. 2. Dies gilt jedoch nur, wenn der Aufsichtsrat bei dem Rechtsträger neuer Rechtsform in gleicher Weise wie beim formwechselnden Rechtsträger gebildet wird, § 203 S. 1. Die eG hat grundsätzlich einen Aufsichtsrat, auf welchen bei kleinen eG (nicht mehr als 20 Mitglieder) verzichtet werden kann, § 9 Abs. 1 S. 2 GenG. Zudem können sich aus dem Drittelbeteiligungsgesetz und dem Mitbestimmungsgesetz Vorgaben zur Zusammensatzung des Aufsichtsrates ergeben. Durch den Wechsel der Rechtsform wird jedoch die Beschränkung des Aufsichtsrates auf die Anteilsinhaber der Gesellschaft aufgehoben (vgl § 9 Abs. 1 S. 2 GenG). Der Aufsichtsrat beim Rechtsträger neuer Rechtsform wird also anders gebildet und zusammengesetzt als bei der eG. Er hat ferner andere Aufgabenbereiche.[5] Er wird somit anders als vor dem Formwechsel gebildet. Im Umwandlungsbeschluss sollten daher die Beendigung des Aufsichtsratsmandats bestimmt werden und erforderlichenfalls neue Aufsichtsräte bestellt werden.

7 Das Amt des **Vorstands** der eG endet mit Wirksamwerden des Formwechsels; neue Vertretungsorgane sind daher im Rahmen des Formwechsels (spätestens vor der Anmeldung desselben zum Handelsregister) zu bestellen.

§ 265 Anmeldung des Formwechsels

[1]Auf die Anmeldung nach § 198 ist § 222 Abs. 1 Satz 1 und Abs. 3 entsprechend anzuwenden. [2]Der Anmeldung ist das nach § 259 erstattete Prüfungsgutachten in Urschrift oder in öffentlich beglaubigter Abschrift beizufügen.

1 In Bezug auf die Anmeldung verweist § 265 auf § 222 Abs. 1 S. 1 und Abs. 3. Danach ist eine Anmeldung durch **sämtliche Mitglieder des künftigen Vertretungsorgans** und sofern ein obligatorischer Aufsichtsrat beim Rechtsträger neuer Rechtsform zu bilden ist, auch durch **sämtliche Aufsichtsratsmitglieder** abzugeben. Sofern bei einer GmbH ein fakultativer Aufsichtsrat zu bilden ist, ist die Mitwirkung der Aufsichtsräte an der Anmeldung nicht erforderlich.[1] Anders ist dies, wenn bei der GmbH ein Aufsichtsrat nach Mitbestimmungsgesetz oder Drittelbeteiligungsgesetz (obligatorisch) eingesetzt ist.

2 Da eG und Kapitalgesellschaften in **unterschiedliche Register** eingetragen sind, ist nach § 198 Abs. 2 S. 2 der Rechtsträger neuer Rechtsform zur Eintragung in das für die neue Rechtsform maßgebende Register (dh Handelsregister) anzumelden. Als **Anlagen** sind der Anmeldung beizufügen:

- die Niederschrift des **Umwandlungsbeschlusses** (§ 199) einschließlich des Gesellschaftsvertrages bzw der **Satzung** des neuen Rechtsträgers (vgl §§ 263 Abs. 1, 218 Abs. 1 S. 1),
- das **Gutachten** des Prüfungsverbandes (§ 265 S. 2),
- der **Gründungsprüfungsbericht** nach § 264 Abs. 3 S 1 (bei Formwechsel in AG u KGaA nicht aber in GmbH)
- der **Umwandlungsbericht** des Vorstandes oder der Verzicht auf diesen Bericht (vgl §§ 260 Abs. 2, 230 Abs. 2)
- der Nachweis über die **Zuleitung an den Betriebsrat** nach § 194 Abs. 2.

3 **Rechtsformabhängig** sind darüber hinaus die Unterlagen über die Bestellung des Vertretungsorgans (Gesellschafterbeschluss bei der GmbH oder Beschluss des Aufsichtsrates bei der AG bzw Beitritt der persönlich haftenden Gesellschafter bei der KGaA), die Berechnung der Gründungskosten der AG und der KGaA, die Liste der Gesellschafter bei einem Rechtsformwechsel

5 Lutter/*Bayer*, § 264 UmwG Rn 8.
1 Lutter/*Bayer*, § 265 UmwG Rn 3.

in eine GmbH sowie die Unterlagen für eine Bestellung des fakultativen Aufsichtsrates bei der GmbH.

Die Vertretungsorgane des neuen Rechtsträgers haben die **Negativerklärung** gemäß §§ 198 Abs. 3, 16 Abs. 2 S. 1 abzugeben. 4

Neben der Anmeldung des neuen Rechtsträgers ist auch die Anmeldung der Umwandlung im **Genossenschaftsregister** erforderlich. Hier ist anzumelden, dass die eG in eine Kapitalgesellschaft umgewandelt ist. Da die Prüfungskompetenz des Genossenschaftsregisters dem des Handelsregisters entspricht, empfiehlt es sich, auch dieser Anmeldung die vorgenannten Anlagen beizufügen. Auch zur Zuständigkeit für diese Anmeldung gilt das Vorgesagte. Empfehlenswert ist, in der Anmeldung auf eine Eintragung dahin gehend hinzuwirken, dass die Eintragung der Umwandlung im Genossenschaftsregister mit dem Vermerk zu versehen ist, dass die Umwandlung erst mit der Eintragung des Rechtsträgers neuer Rechtsform in das für diese maßgebende Register (also das Handelsregister) wirksam wird, § 198 Abs. 2 S. 4. Die eG wird im Genossenschaftsregister gelöscht, sobald der Rechtsträger als Kapitalgesellschaft im Handelsregister eingetragen ist.[2] 5

§ 266 Wirkungen des Formwechsels

(1) [1]Durch den Formwechsel werden die bisherigen Geschäftsanteile zu Anteilen an der Gesellschaft neuer Rechtsform und zu Teilrechten. [2]§ 202 Abs. 1 Nr. 2 Satz 2 ist mit der Maßgabe anzuwenden, daß die an den bisherigen Geschäftsguthaben bestehenden Rechte Dritter an den durch den Formwechsel erlangten Anteilen und Teilrechten weiterbestehen.

(2) Teilrechte, die durch den Formwechsel entstehen, sind selbständig veräußerlich und vererblich.

(3) [1]Die Rechte aus einer Aktie einschließlich des Anspruchs auf Ausstellung einer Aktienurkunde können nur ausgeübt werden, wenn Teilrechte, die zusammen eine volle Aktie ergeben, in einer Hand vereinigt sind oder wenn mehrere Berechtigte, deren Teilrechte zusammen eine volle Aktie ergeben, sich zur Ausübung der Rechte zusammenschließen. [2]Der Rechtsträger soll die Zusammenführung von Teilrechten zu vollen Aktien vermitteln.

1. Wirkung des Formwechsels, Abs. 1. Dem Grundsatz des § 202 Abs. 1 folgend, besteht die eG mit der Eintragung des Formwechsels im Register als Rechtsträger fort, nunmehr in Form der Kapitalgesellschaft. Aus den Geschäftsanteilen an der eG werden Anteile an der Kapitalgesellschaft und Teilrechte. Etwaige Formmängel des Beschlusses oder von Zustimmungs- und Verzichtserklärungen einzelner Anteilsinhaber sowie Mängel des Formwechsels werden **geheilt** bzw lassen die Wirksamkeit des Formwechsels **unberührt,** § 202 Abs. 1 Nr. 3, Abs. 3. 1

Etwaige an dem bisherigen Geschäftsguthaben bestehende **Rechte Dritter** bestehen nach § 202 Abs. 1 Nr. 2 S. 2 an den Anteilen der Kapitalgesellschaft fort, wobei bei den Genossenschaftsgeschäftsanteilen nicht auf Rechte Dritter an dem Anteil, sondern an dem Geschäftsguthaben abgestellt wird. Hintergrund ist, dass der Geschäftsanteil an der eG als solcher nicht verpfändbar ist; auch das Geschäftsguthaben kann nach richtiger Ansicht von Dritten nicht verpfändet werden. Pfändbar ist jedoch der aufschiebend bedingte Anspruch des Mitglieds auf das Auseinandersetzungsguthaben aus § 73 Abs. 2 S. 2 GenG.[1] Abs. 1 S. 2 fingiert ein Fortbestehen der Belastung des bisherigen Geschäftsguthabens an dem neuen Geschäftsanteil. Ein Recht Dritter an dem Geschäftsguthaben geht jedoch mit dem Formwechsel unter.[2] 2

2 Lutter/*Bayer*, § 265 UmwG Rn 14.
1 *Beuthien*, § 7 GenG Rn 5.
2 Schmitt/Hörtnagl/Stratz/*Stratz*, UmwG § 266 Rn 3.

3 **2. Teilrechte, Abs. 2 und 3.** Die Bedeutung von Teilrechten hat sich zwischenzeitlich reduziert, da nunmehr auch Geschäftsanteile an einer GmbH auf 1 EUR lauten können (§§ 263 Abs. 1, 243 Abs. 3 S. 2 und § 5 Abs. 2 S. 1 GmbHG). Soweit jedoch Spitzenbeträge bei der Umrechnung des Geschäftsguthabens in die Höhe der Beteiligung bestehen, bestimmt Abs. 2 die **Verkehrsfähigkeit** von Teilrechten an Geschäftsanteilen einer GmbH oder an Aktien. Die Teilrechte sind nach Abs. 2 veräußerlich und vererblich. Im Verhältnis zur Gesellschaft bestehen jedoch Einschränkungen, die die Verwaltung der Aktiengesellschaft erleichtern sollen. Diese Beschränkungen sind dem Wortlaut nach auf Aktien beschränkt. Eine analoge Anwendung auf GmbH-Geschäftsanteile wird man annehmen müssen.[3]

4 Teilrechte müssen, um Mitgliedschaftsrechte ausüben zu können, in einer Hand **vereinigt** werden. Möglich ist die Übertragung auf einen Gesellschafter oder der Zusammenschluss mehrer teilrechtshaltender Gesellschafter in einer GbR.[4] Die Gesellschaft soll die Zusammenführung von Teilrechten vermitteln. Dies kann durch Einrichtung eines Marktes für Teilrechte oder durch Mitwirkung eines Kreditinstitutes erfolgen.

§ 267 Benachrichtigung der Anteilsinhaber

(1) [1]Das Vertretungsorgan der Gesellschaft neuer Rechtsform hat jedem Anteilsinhaber unverzüglich nach der Bekanntmachung der Eintragung der Gesellschaft in das Register deren Inhalt sowie die Zahl und, mit Ausnahme von Stückaktien, den Nennbetrag der Anteile und des Teilrechts, die auf ihn entfallen sind, in Textform mitzuteilen. [2]Dabei soll auf die Vorschriften über Teilrechte in § 266 hingewiesen werden.

(2) [1]Zugleich mit der Mitteilung ist deren wesentlicher Inhalt in den Gesellschaftsblättern bekanntzumachen. [2]Der Hinweis nach Absatz 1 Satz 2 braucht in die Bekanntmachung nicht aufgenommen zu werden.

1 **1. Mitteilung an die Genossen.** § 267 will die **Information** der Mitglieder über Formwechsel und die Art der Beteiligung an dem formgewechselten Rechtsträger sicherstellen. Die Mitteilung hat in Textform (§ 126 b BGB) zu erfolgen und sollte zum einen den Inhalt der neuen Registereintragung und nähere Angaben über die Zahl der dem ehemaligen Mitgliederzugewiesenen Anteile bzw Teilrechte enthalten. Außer bei Stückaktien ist der Nennbetrag der Aktien bzw Geschäftsanteile an der GmbH zu benennen.

2 Die Mitteilung ist an alle **ehemaligen Mitglieder** zu richten, sofern diese nicht bereits das Angebot auf Gewährung einer Barabfindung angenommen haben.[1] Die Mitteilung soll ferner einen Hinweis auf die Teilrechte nach § 266 enthalten. Aus der Formulierung als Sollvorschrift lässt sich schließen, dass ein Hinweis entfallen kann, wenn lediglich Vollrechte entstanden sind.

3 **2. Bekanntmachung in den Gesellschaftsblättern.** Zugleich, dh zeitgleich[2] mit der Mitteilung nach Absatz 1. ist deren wesentlicher Inhalt **in den Gesellschaftsblättern bekannt** zu machen. Entgegen dem Wortlaut von Abs. 2. geht die einhellige Meinung in der Literatur davon aus, dass die Angaben zu der Zahl und Nennbetrag der Anteile und Teilrechte des jeweiligen Mitglieds nicht mitgeteilt werden müssen; ferner genügt die Mitteilung der abstrakten Bestimmungen der Zuweisungen der Beteiligungen, so dass errechenbar ist, wie die Anteile verteilt werden.[3] Überwiegend wird vertreten, dass auch eine Bekanntmachung der Berechnung der Beteiligungsverhältnisse unterbleiben kann, da sich diese aus dem Inhalt der registergerichtlichen

3 So auch Lutter/*Bayer*, § 266 UmwG Rn 10; Widmann/Mayer/*Fronhöfer*, § 266 UmwG Rn 5.
4 Schmitt/Hörtnagl/Stratz/*Stratz*, § 266 UmwG Rn 6; Lutter/*Bayer*, § 266 UmwG Rn 10.
1 Schmitt/Hörtnagl/Stratz/*Stratz*, § 267 UmwG Rn 2.
2 Schmitt/Hörtnagl/Stratz/*Stratz*, § 267 UmwG Rn 4; Lutter/*Bayer*, § 267 UmwG Rn 5.
3 Schmitt/Hörtnagl/Stratz/*Stratz*, § 267 UmwG Rn 4; Lutter/*Bayer*, § 267 UmwG Rn 5.

Bekanntmachung ergebe.[4] Ein Hinweis auf die Vorschrift zu den Teilrechten braucht in die Bekanntmachung nicht aufgenommen zu werden, Abs. 2 S. 2.

§ 268 Aufforderung an die Aktionäre; Veräußerung von Aktien

(1) [1]In der Mitteilung nach § 267 sind Aktionäre aufzufordern, die ihnen zustehenden Aktien abzuholen. [2]Dabei ist darauf hinzuweisen, daß die Gesellschaft berechtigt ist, Aktien, die nicht binnen sechs Monaten seit der Bekanntmachung der Aufforderung in den Gesellschaftsblättern abgeholt werden, nach dreimaliger Androhung für Rechnung der Beteiligten zu veräußern. [3]Dieser Hinweis braucht nicht in die Bekanntmachung der Aufforderung in den Gesellschaftsblättern aufgenommen zu werden.

(2) [1]Nach Ablauf von sechs Monaten seit der Bekanntmachung der Aufforderung in den Gesellschaftsblättern hat die Gesellschaft neuer Rechtsform die Veräußerung der nicht abgeholten Aktien anzudrohen. [2]Die Androhung ist dreimal in Abständen von mindestens einem Monat in den Gesellschaftsblättern bekanntzumachen. [3]Die letzte Bekanntmachung muß vor dem Ablauf von einem Jahr seit der Bekanntmachung der Aufforderung ergehen.

(3) [1]Nach Ablauf von sechs Monaten seit der letzten Bekanntmachung der Androhung hat die Gesellschaft die nicht abgeholten Aktien für Rechnung der Beteiligten zum amtlichen Börsenpreis durch Vermittlung eines Kursmaklers und beim Fehlen eines Börsenpreises durch öffentliche Versteigerung zu veräußern. [2]§ 226 Abs. 3 Satz 2 bis 6 des Aktiengesetzes ist entsprechend anzuwenden.

1 Die Bestimmung soll sicherstellen, dass die bei einem Formwechsel in eine AG oder KGaA neu gebildeten Aktien abgeholt werden und die daraus resultierenden Mitgliedsrechte wahrgenommen werden können. Nicht abgeholte Aktien können nach dreimaliger Androhung veräußert oder versteigert werden.

2 **1. Aufforderung zur Abholung.** Die Mitteilung nach § 267 in den Gesellschaftsblättern und als persönliche Mitteilung an die Aktionäre ist um die Aufforderung an die Aktionäre zu ergänzen, die ihnen zustehenden Aktien **abzuholen.** Dabei genügt die Wiedergabe des Gesetzestextes von Abs. 2 und 3.[1] Der Hinweis auf die danach mögliche dreimalige Androhung und Veräußerung muss nach Abs. 1 S. 3 nicht in die Bekanntmachung der Aufforderung in den Gesellschaftsblättern aufgenommen werden; insoweit genügt die persönliche Mitteilung an die Aktionäre.

3 **2. Androhung der Veräußerung.** Die Androhung der Veräußerung kann erst sechs Monate nach Bekanntmachung der Aufforderung in den Gesellschaftsblättern erstmalig erfolgen. Die letzte der 3 erforderlichen Androhungen muss innerhalb eines Jahres seit der Bekanntmachung ergehen. Zwischen den Androhungen ist eine Frist von mindestens einem Monat vorgesehen. Die Androhung ist in den Gesellschaftsblättern bekannt zu geben.

4 **3. Veräußerung.** Abs. 3 ermöglicht die Veräußerung der trotz Androhung nicht abgeholten Aktien. Die Veräußerung darf dabei frühestens nach 6 Monaten nach der letzten Bekanntmachung der Androhung erfolgen. Die Veräußerung erfolgt durch Vermittlung eines **Börsenmaklers** zum amtlichen Börsenpreis oder durch **öffentliche Versteigerung.** Ein **freihändiger Verkauf** ist nur mit Zustimmung des Aktionärs möglich.[2]

5 Bei Fehlern in der Bekanntmachung oder in den Fristen haftet die Gesellschaft aus aktienrechtlicher Treupflicht oder aus § 823 Abs. 2 BGB iVm § 268 UmwG. Inwieweit Aktien durch un-

4 *Lutter/Bayer*, § 267 UmwG Rn 5; Beuthien/*Wolff*, § 190 ff UmwG Rn 37.

1 Schmitt/Hörtnagl/Stratz/*Stratz*, § 268 UmwG Rn 2.

2 Lutter/*Bayer*, § 268 UmwG Rn 8.

zulässige Veräußerung wirksam auf einen Dritten übertragen werden, bestimmt sich nach den Vorschriften über den gutgläubigen Erwerb.

6 **4. Teilrechte.** Auch die Anteilsinhaber, denen nur ein Teilrecht zusteht, sind zu **informieren.** Auch für sie ist § 268 UmwG anwendbar.[3] Daraus folgt, dass eine Veräußerung der Teilrechte vorzunehmen ist, wenn eine Zusammenführung nach § 266 UmwG nicht gelingt. Ein besonderer Hinweis auf das Erfordernis der Zusammenlegung ist nicht erforderlich.[4] Jedoch bleibt die Gesellschaft verpflichtet, sich um eine Zusammenlegung zu bemühen, § 266 Abs. 3 S 2 UmwG.

§ 269 Hauptversammlungsbeschlüsse; genehmigtes Kapital

[1]Solange beim Formwechsel in eine Aktiengesellschaft oder in eine Kommanditgesellschaft auf Aktien die abgeholten oder nach § 268 Abs. 3 veräußerten Aktien nicht insgesamt mindestens sechs Zehntel des Grundkapitals erreichen, kann die Hauptversammlung der Gesellschaft neuer Rechtsform keine Beschlüsse fassen, die nach Gesetz oder Satzung einer Kapitalmehrheit bedürfen. [2]Das Vertretungsorgan der Gesellschaft darf während dieses Zeitraums von einer Ermächtigung zu einer Erhöhung des Grundkapitals keinen Gebrauch machen.

1 Die Vorschrift verhindert, dass **Grundlagenbeschlüsse** gefasst werden, bevor nicht neue Aktien, die zusammen mindestens 6/10 des Grundkapitals repräsentieren, abgeholt oder nach § 268 Abs. 3 UmwG veräußert wurden.[1] In dieser Zeit, in der der Großteil der Aktionäre noch nicht das Stimmrecht und die sonstigen Mitgliedschaftsrechte ausüben kann, sollen keine grundlegenden Beschlüsse gefasst werden. Die Bestimmung übt ergänzend Druck auf die Gesellschaft aus, für eine Abholung der Aktien zu sorgen. Die von der Vorschrift erfassten Beschlüsse der Hauptversammlung sind solche, die nicht nur eine Stimmenmehrheit, sondern auch eine bestimmte Kapitalmehrheit erfordern, wie beispielsweise Satzungsänderungen (§ 179 Abs. 2 AktG) oder Kapitalerhöhungsbeschlüsse (§ 182 Abs. 1 AktG).[2]

2 Ergänzend verbietet die Bestimmung auch die Ausübung eines **genehmigten Kapitals** (§§ 202 ff AktG). Hier soll vermieden werden, dass bestimmte Anteilsinhaber an einer Kapitalerhöhung noch gar nicht teilnehmen können, weil die Aktien noch nicht abgeholt wurden.

§ 270 Abfindungsangebot

(1) Das Abfindungsangebot nach § 207 Abs. 1 Satz 1 gilt auch für jedes Mitglied, das dem Formwechsel bis zum Ablauf des dritten Tages vor dem Tage, an dem der Umwandlungsbeschluß gefaßt worden ist, durch eingeschriebenen Brief widersprochen hat.

(2) [1]Zu dem Abfindungsangebot ist eine gutachtliche Äußerung des Prüfungsverbandes einzuholen. [2]§ 30 Abs. 2 Satz 2 und 3 ist nicht anzuwenden.

1 Das Mitglied, dessen Beteiligung an der eG in eine solche an einer GmbH, AG, KGaA formgewechselt wurde, soll die Möglichkeit haben, aus der Gesellschaft gegen Abfindung auszuscheiden.

2 **1. Voraussetzungen für die Geltendmachung des Abfindungsangebotes.** Der ausscheidungswillige Gesellschafter hat die Möglichkeit, entweder in der Gesellschafterversammlung **Widerspruch zur Niederschrift** gegen den Umwandlungsbeschluss zu erklären (§ 207 Abs. 1) oder aber nach Abs. 1 bis zum Ablauf des dritten Tages vor dem Tage der Beschlussfassung durch **eingeschriebenen Brief** Widerspruch zu erklären. In letzterem Fall ist auf den Zugang der Er-

3 Lutter/*Bayer*, § 268 UmwG Rn 10.
4 Schmitt/Hörtnagl/Stratz/*Stratz*, § 268 UmwG Rn 2.
1 Lutter/*Bayer*, § 269 UmwG Rn 2.
2 Zur Auflistung der getroffenen Beschlüsse s. zB: MüKo-AktG/*Volhard* § 133 Rn 42.

klärung bei der Gesellschaft abzustellen. Der Begriff „Widerspruch" braucht nicht verwendet zu werden; es genügt eine eindeutige Erklärung dahin gehend, dass das Mitglied mit dem Formwechsel nicht einverstanden ist.[1]

Nach §§ 207 Abs. 2, 29 Abs. 2 steht es dem Widerspruch zur Niederschrift gleich, wenn ein nicht erschienener Anteilsinhaber zu der Versammlung **zu Unrecht nicht zugelassen** worden ist, die Versammlung nicht ordnungsgemäß einberufen wurde oder der Gegenstand der Beschlussfassung **nicht ordnungsgemäß bekannt** gemacht worden ist. Zum Teil wird in analoger Anwendung des § 90 Abs. 3 ein Recht auf Abfindung auch denjenigen Gesellschaftern zugebilligt, die nicht als Vertreter an der Beschlussfassung beteiligt wurden, da eine **Vertreterversammlung** über den Formwechsel entscheidet.[2] Richtigerweise ist angesichts des klaren Wortlautes für eine analoge Anwendung kein Raum. Hinzu kommt, dass dem betroffenen Mitglied die Möglichkeit bleibt, durch eingeschriebenen Brief den Widerspruch zu erklären.[3] 3

Umstritten ist, ob darüber hinaus erforderlich ist, dass das widersprechende Mitglied in der Versammlung **gegen den Formwechsel stimmt.**[4] Dies ist jedoch abzulehnen.[5] Das die Abfindung verlangende und trotzdem dem Formwechsel zustimmende Mitglied mag seine Gründe haben, dem Formwechsel aus Gesellschaftsinteresse zuzustimmen. Sein Verhalten muss daher nicht widersprüchlich sein. Hinzu kommt, dass nicht unbedingt nachvollzogen werden kann, welches Mitglied für und welches Mitglied gegen den Formwechsel stimmt; der Genossenschaft ist nicht zuzumuten, aus diesem Grunde zwingend eine namentliche Abstimmung durchzuführen.[6] 4

2. Durchführung der Abfindung. Die Abfindung ist **Gegenleistung** für die Übertragung der erworbenen Anteile an die Gesellschaft.[7] Das Angebot auf Barabfindung gegen Erwerb des Geschäftsanteils/der Aktie kann nach § 209 innerhalb von zwei Monaten nach Bekanntmachung der Eintragung des Formwechsels in das Handelsregister angenommen werden. Sofern nach § 212 ein Antrag auf Bestimmung der Barabfindung durch das Gericht gestellt worden ist, kann das Angebot innerhalb von zwei Monaten nach Bekanntmachung der entsprechenden gerichtlichen Entscheidung im Bundesanzeiger angenommen werden. Nach § 210 kann eine Klage gegen den Formwechselbeschluss nicht darauf gestützt werden, dass das Barabfindungsangebot zu **niedrig bemessen** sei. Insofern findet das Spruchverfahren nach dem Spruchverfahrensgesetz Anwendung. 5

3. Prüfung des Abfindungsangebotes, Abs. 2. Anders als in den Fällen der §§ 10 bis 12 ist das Abfindungsangebot nach § 270 zwingend vom Prüfungsverband zu prüfen. Diese Prüfung ist **nicht verzichtbar,** Abs. 2 iVm 30 Abs. 2 S. 3.[8] Das Gutachten muss sich nicht an den Förmlichkeiten der §§ 10 bis 12 ausrichten, da Abs. 2 die Bestimmung des § 30 Abs. 2 S. 2 ausdrücklich für nicht anwendbar erklärt. Der Prüfungsbericht ist Teil des Prüfungsgutachtens nach § 259 und muss deshalb nach den für das Prüfungsgutachten geltenden Bestimmungen **ausgelegt** werden. **Abschriften** müssen erteilt werden. In der Generalversammlung ist eine Auslegung und eine **Verlesung** erforderlich (vgl §§ 260 Abs. 3, 261). 6

§ 271 Fortdauer der Nachschußpflicht

[1]Wird über das Vermögen der Gesellschaft neuer Rechtsform binnen zwei Jahren nach dem Tage, an dem ihre Eintragung in das Register bekannt gemacht worden ist, das Insolvenzverfahren eröffnet, so ist jedes Mitglied, das durch den Formwechsel die Rechtsstellung eines be-

1 S. auch Lutter/*Bayer*, § 270 UmwG Rn 4.
2 Schmitt/Hörtnagl/Stratz/*Stratz*, § 271 UmwG Rn 2.
3 Lutter/*Bayer* § 270 UmwG Rn 5; Widmann/Mayer/*Fronhöfer* § 270 UmwG Rn 5; Beuthien/*Wolff* §§ 190 ff UmwG Rn 47.
4 Dafür: Lutter/*Bayer* § 270 UmwG Rn 8 und 9.
5 Beuthien/*Wolff*, §§ 190 ff UmwG Rn 47; Lutter/*Decher* § 207 UmwG Rn 8.
6 *Beuthien*, §§ 2 ff UmwG Rn 13.
7 Lutter/*Bayer* § 270 UmwG Rn 10.
8 Schmitt/Hörtnagl/Stratz/*Stratz*, § 271 UmwG Rn 2; Lutter/*Bayer*, § 270 UmwG Rn 13.

schränkt haftenden Gesellschafters oder eines Aktionärs erlangt hat, im Rahmen der Satzung der formwechselnden Genossenschaft (§ 6 Nr. 3 des Genossenschaftsgesetzes) zu Nachschüssen verpflichtet, auch wenn es seinen Geschäftsanteil oder seine Aktie veräußert hat. [2]Die §§ 105 bis 115 a des Genossenschaftsgesetzes sind mit der Maßgabe entsprechend anzuwenden, daß nur solche Verbindlichkeiten der Gesellschaft zu berücksichtigen sind, die bereits im Zeitpunkt des Formwechsels begründet waren.

1 Nach § 6 Nr. 3 GenG kann die Satzung der eG vorsehen, dass Mitglieder **Nachschüsse** zur Insolvenzmasse leisten müssen, wenn Gläubiger im Insolvenzverfahren über das Vermögen der eG nicht befriedigt werden. Da diese Nachschusspflicht bei einem Formwechsel in eine AG oder GmbH fortfällt (soweit nicht ausnahmsweise Nachschusspflichten begründet wurden) und bei einer KGaA nur den persönlich haftenden Gesellschafter treffen, sieht die Bestimmung eine zeitlich beschränkte Nachschusspflicht vor.

2 Die Nachschusspflicht trifft jedes **vormalige Mitglied der eG**, das GmbH-Gesellschafter oder (Kommandit-)Aktionär des Rechtsträgers neuer Rechtsform geworden ist, nicht aber einen persönlich haftenden Gesellschafter einer KGaA. Die Pflicht trifft auch einen Teilrechtsinhaber.[1] Auch dasjenige Mitglied, welches einem Formwechsel widersprochen hat (§ 207 Abs. 1) und seine Anteile an die Gesellschaft übertragen hat, ist von einer Haftungspflicht nicht befreit.[2] Etwas anderes gilt nur für solche Gesellschafter, die erst nach dem Formwechsel Gesellschafter geworden sind.

3 Die Nachschusspflicht betrifft nur solche Forderungen gegen die Gesellschaft, die bereits **im Zeitpunkt des Wirksamwerdens des Formwechsels begründet** sind. Erforderlich ist hier, dass die Rechtsgrundlage bereits gelegt war.[3] Die Nachschusspflicht besteht nur, wenn das Insolvenzverfahren mit dem Wirksamwerden des Insolvenzbeschlusses des Insolvenzgerichtes innerhalb von zwei Jahren nach Eintragung des Formwechsels in das Handelsregister erfolgt ist.[4] Die Nachschusspflicht ist auf einen etwaigen **Fehlbetrag** begrenzt.

Vierter Abschnitt Formwechsel rechtsfähiger Vereine

Erster Unterabschnitt
Allgemeine Vorschriften

§ 272 Möglichkeit des Formwechsels

(1) Ein rechtsfähiger Verein kann auf Grund eines Umwandlungsbeschlusses nur die Rechtsform einer Kapitalgesellschaft oder einer eingetragenen Genossenschaft erlangen.

(2) Ein Verein kann die Rechtsform nur wechseln, wenn seine Satzung oder Vorschriften des Landesrechts nicht entgegenstehen.

Literatur:

Grüter/Mitsch, Keine Steuerneutralität des Formwechsels eines eingetragenen Vereins in eine Kapitalgesellschaft? DStR 2001, 1827; *Grziwotz*, Vereinsversammlung – Einberufung durch E-Mail trotz satzungsmäßiger Anordnung der Schriftform, MDR 2012, 741, *Keilbach*, Fragen des Vereinsregisters, DNotZ 2001, 671; *Lettl*, Wirtschaftliche Betätigung und Umstrukturierung von Ideal-Vereinen, DB 2000, 1449; *Oetker*, Der Wandel vom Ideal- zum Wirtschaftsverein, NJW 1991, 385; *Petersen*, Schenkungsteuer bei der identitätswahrenden Umwandlung eines Vereins in eine AG? BB 1997,

1 Widmann/Mayer/*Fronhöfer*, § 271 UmwG Rn 5; Lutter/*Bayer* § 271 UmwG Rn 3.
2 Lutter/*Bayer*, § 271 UmwG Rn 4; Schmitt/Hörtnagl/Stratz/*Stratz*, UmwG § 271 Rn 2.
3 Lutter/*Bayer*, § 271 UmwG Rn 5; zum Begriff s. im Übrigen die Kommentierung zu § 45.
4 Lutter/*Bayer*, § 271 UmwG Rn 7.

1981; *Schmidt*, Fehlerhafte Beschlüsse in Gesellschaften und Vereinen (II), AG 1977, 243; *Wiedemann/Thüsing*, Gewerkschaftsfusionen nach dem Umwandlungsgesetz. Teil I, WM 1999, 2237.

I. Normzweck

1 Der Vierte Abschnitt des Zweiten Teils des Fünften Buches regelt mit den §§ 272–290 den Formwechsel rechtsfähiger Vereine und sieht als Zielrechtsform die Kapitalgesellschaft (§§ 273–282) und die eingetragene Genossenschaft (§§ 283–290) vor. Der Formwechsel in die Rechtsform einer **Personen(-handels)gesellschaft** ist nach den Vorschriften des UmwG hingegen **nicht möglich**. Ausweislich der Gesetzesbegründung teilte der Gesetzgeber insofern die Überlegungen zum Formwechsel von eingetragenen Genossenschaften und sah kein praktisches Bedürfnis für die Einbeziehung von Personen(-handels)gesellschaften in den Kreis der Rechtsträger neuer Rechtsform.[1] Das überzeugt, steht doch die GmbH und die AG in ihrer Grundstruktur dem Idealverein am nächsten.[2] Schließlich kann die GmbH zu jedem gesetzlich zulässigen Zweck errichtet werden (§ 1 GmbHG) und damit etwa karitative, sportliche oder wissenschaftliche Zwecke verfolgen.[3] Der Unternehmensgegenstand der AG beschränkt sich überdies auch nicht auf gewerbliche oder wirtschaftliche Geschäfte, so dass auch hier jedes Tätigkeitsfeld zulässig ist, solange es nicht gegen ein gesetzliches Verbot oder die guten Sitten verstößt.[4]

2 § 272 stellt den Allgemeinen Teil des Vierten Abschnitts dar und ist **zweigliedrig aufgebaut:** Neben der grundsätzlichen Möglichkeit des Formwechsels in Abs. 1 legt Abs. 2 die besondere Voraussetzungen der Umwandlung fest und macht deren Zulässigkeit von etwaigen entgegenstehenden satzungsrechtlichen oder landesrechtlichen Vorgaben abhängig. Insofern stimmt Abs. 2 inhaltlich mit der verschmelzungsrechtlichen Parallelregelung in § 99 Abs. 1 überein.

II. Anwendungsbereich

3 Nach § 272 können ausschließlich **rechtsfähige Vereine** umgewandelt werden. Darunter fallen sämtliche eingetragene Idealvereine iSv § 21 BGB und wirtschaftliche Vereine iSv § 22 BGB. Nichtrechtsfähige Vereine können sich an einem Formwechsel nach den Vorschriften des UmwG hingegen nicht beteiligen.

4 Denn grundsätzlich gilt: Auf Vereine, die **nicht rechtsfähig** sind, finden nach § 54 S. 1 BGB die Vorschriften über die Gesellschaft Anwendung. Zwar werden heute auf nichtrechtsfähige Vereine nicht mehr die §§ 708 ff BGB, sondern die Bestimmungen über den eingetragenen Idealverein analog angewandt.[5] Eine entsprechende Analogie ist für das Umwandlungsrecht jedoch ausgeschlossen. Damit müsste sich wegen § 54 S. 1 BGB der Formwechsel nichtrechtsfähiger Vereine grundsätzlich nach den Vorschriften des Ersten Abschnitts zum Formwechsel von Personengesellschaften richten. Die GbR ist von dem UmwG als möglicher Ausgangsrechtsträger jedoch nicht vorgesehen, so dass das Analogieverbot in § 1 Abs. 2 der Umwandlung eines nichtrechtsfähigen Vereins und damit auch einem Formwechsel nach den §§ 214 ff entgegensteht.

Hinweis: Freilich lässt sich dennoch in der Praxis ein Formwechsel nichtrechtsfähiger Vereine nach dem UmwG realisieren. Dabei erlangt der nichtrechtsfähige Verein in einem ersten Schritt

1 Begr. RegE zu § 272, BR-Drucks. 75/94, 163.
2 *Lettl*, DB 2000, 1449, 1453.
3 MüKo-GmbHG/*Fleischer*, § 1 Rn 25.
4 MüKo-AktG/*Pentz*, § 23 Rn 69.
5 BGHZ 50, 328 f.

durch Eintragung Rechtsfähigkeit und kann dann nach den §§ 273–290 in eine Kapitalgesellschaft oder eingetragene Genossenschaft umgewandelt werden.

5 Außerhalb des UmwG existiert darüber hinaus zwischen den Vereinsformen die Möglichkeit zum sog. „**vereinsrechtlichen Rechtsformwechsel**".[6] Ein solcher liegt grundsätzlich dann vor, wenn der rechtsfähige Verein unter Aufrechterhaltung seiner Existenz die Quelle seiner Rechtsfähigkeit wechselt.[7] Das ist etwa beim Wechsel vom wirtschaftlichen Verein zum e.V. durch Eintragung oder vom e.V. zum wirtschaftlichen Verein durch die Aufnahme eines wirtschaftlichen Geschäftsbetriebes und staatliche Verleihung denkbar.[8] Diese Form von Umwandlung verhält sich deshalb identitätswahrend, weil der eV sich bereits vor seiner Löschung um eine Konzession als wirtschaftlicher Verein bemühen kann.[9] Technisch gesehen begehrt der Verein dann nicht die erstmalige Verleihung der Rechtsfähigkeit, sondern bloß eine Weitergewährung derselben.[10] Eine Vermögensübertragung findet deshalb wegen der Aufrechterhaltung seiner Rechtsfähigkeit nicht statt. Daneben kann sich ein nichtrechtsfähiger Verein durch Eintragung identitätswahrend in einen Idealverein umwandeln.[11] Zuletzt ist allgemein anerkannt, dass der Verlusts der Rechtsfähigkeit eines Vereins nicht dessen Auflösung bedeutet, sondern zu dessen Umwandlung in einen nichtrechtsfähigen Verein führt.[12]

III. Mögliche Zielrechtsformen (Abs. 1)

6 **1. Formwechsel in eine Kapitalgesellschaft.** Bei einem Formwechsel eines rechtsfähigen Vereins in die Rechtsform einer **Kapitalgesellschaft** (AG, GmbH, KGaA) sind die §§ 190–213 des Ersten Teils des Fünften Buches, sowie die §§ 273-282 zu beachten. Für einen Formwechsel sind danach grundsätzlich folgende Schritte einzuhalten:

▶ **Checkliste:**

- Erstattung eines Umwandlungsberichts, § 192.
- Prüfung der Barabfindung, §§ 208, 30 Abs. 2.
- Vorbereitung und Durchführung der Mitgliederversammlung, §§ 274 Abs. 1, 260 Abs. 1, 230 Abs. 2, 231 S. 1, einschließlich der Auslegung des Umwandlungsberichts und Erläuterung des Umwandlungsvorhabens, §§ 274 Abs. 2, 239.
- Beschlussfassung der Mitgliederversammlung, §§ 193, 194, 275, 276.
- Gründungsprüfung bei der Umwandlung in eine AG bzw KGaA, §§ 197, 277, 264 iVm §§ 33 ff AktG.
- Anmeldung des Formwechsels, §§ 198, 199, 278 Abs. 1, 222 Abs. 1, Abs. 3.
- Bekanntmachung, § 201.
- Benachrichtigung der Anteilsinhaber §§ 281, 267, 268. ◀

7 **2. Formwechsel in eine eingetragene Genossenschaft.** Bei einem Formwechsel eines rechtsfähigen Vereins in die Rechtsform der **eG** sind die §§ 190–213 des Ersten Teils des Fünften Buches sowie die §§ 283–290 einschlägig. Der Ablauf des Formwechsels untergliedert sich dann in die folgenden Handlungsschritte:

▶ **Checkliste:**

- Erstattung eines Umwandlungsberichts, § 192.
- Prüfung der Barabfindung, §§ 208, 30 Abs. 2.
- Vorbereitung und Durchführung der Mitgliederversammlung, §§ 283 Abs. 1, 260 Abs. 1, 230 Abs. 2, 231 S. 1, einschließlich der Auslegung des Umwandlungsberichts und Erläuterung des Umwandlungsvorhabens, §§ 283 Abs. 2, 239.

6 *Oetker*, NJW 1991, 385, 391 f.
7 *Reichert*, Vereins- und Verbandsrecht, Rn 4200; *Oetker*, NJW 1991, 385, 391.
8 Semler/Stengel/*Katschinski*, § 272 Rn 5 mwN in Fn 6, 7.
9 *Oetker*, NJW 1991, 385, 391.
10 *Oetker*, NJW 1991, 385, 391.
11 BGH BeckRS 2010, 21418; Semler/Stengel/*Katschinski*, § 272 Rn 6; *Wiedemann/Thüsing*, WM 1999, 2237, 2238.
12 Jauernig/*Mansel*, §§ 41–44 BGB Rn 5 f; Hk-BGB/*Dörner*, § 44 Rn 1; *K. Schmidt*, GesR, § 24 VII 2 b); Semler/Stengel/*Katschinski*, § 272 Rn 6.

- Beschlussfassung der Mitgliederversammlung, §§ 193, 194, 275, 276.
- Anmeldung des Formwechsels, §§ 198, 199, 286, 254, 278 Abs. 2.
- Bekanntmachung, § 201.
- Benachrichtigung der Mitglieder, §§ 289 Abs. 2, 256 Abs. 3. ◀

IV. Ausschluss des Formwechsels (Abs. 2)

§ 272 Abs. 2 macht die Wirksamkeit des Formwechsels von entgegenstehenden Satzungsbestimmungen oder landesrechtlichen Vorschriften abhängig. **Entgegenstehende Satzungsbestimmungen** können insb. bei gemeinnützigen Vereinen vorliegen. Nach Ansicht des Gesetzgebers sollen solche Satzungsregelungen deshalb zunächst geändert werden, um die Interesse der Mitglieder zu berücksichtigen.[13] 8

Die Verleihung der Rechtsfähigkeit wirtschaftlicher Vereine erfolgt durch das Bundesland, in dessen Gebiet der Verein seinen Sitz hat, § 22 BGB. Wegen des Vorrangs des (bundesrechtlichen) UmwG aus Art. 31 GG berücksichtigt § 272 Abs. 2 deshalb etwaig entgegenstehendes **landesrechtliche Vereinsrecht.**[14] 9

V. Kein schenkungssteuerpflichtiger Vorgang

§ 7 Abs. 1 Nr. 9 S. 1 ErbStG ordnet an, dass dasjenige, was bei Auflösung eines Vereins, dessen Zweck auf die Bindung von Vermögen gerichtet ist, erworben wird, als **Schenkung unter Lebenden** zu qualifizieren ist. Einige Landesfinanzministerien nahmen diese Regelung zum Anlass, trotz des identitätswahrenden Charakters des Formwechsels, § 7 Abs. 1 Nr. 9 S. 1 ErbStG auf die Umwandlung von Vereinen anzuwenden. Begründet wurde dies mit der Feststellung, dass der bisherige Rechtsträger „Verein" und die damit verbundenen Mitgliedschaftsrechte durch die Umwandlung entschieden ihren Charakter veränderten.[15] Dieser Rechtsauffassung erteilte der Bundesfinanzhof jedoch eine Absage und stellt nunmehr unmissverständlich klar, dass § 7 Abs. 1 Nr. 9 S. 1 ErbStG zwingend die „Auflösung" des Vereins iSv § 41 BGB voraussetzt.[16] Durch einen Formwechsel würde der rechtsfähige Verein jedoch gerade nicht aufgelöst. Vielmehr stünde die Besteuerung des Formwechsels nach § 7 Abs. 1 Nr. 9 S. 1 ErbStG im Widerspruch zum Charakter des Formwechsels, bei dem die rechtliche und wirtschaftliche Identität des Rechtsträgers gewahrt würde.[17] Zuletzt sei auch eine analoge Anwendung der Vorschrift nicht angezeigt.[18] Der Formwechsel rechtsfähiger Vereine stellt deshalb keinen schenkungssteuerpflichtigen Vorgang dar. 10

Zweiter Unterabschnitt
Formwechsel in eine Kapitalgesellschaft

§ 273 Möglichkeit des Formwechsels

Der Formwechsel ist nur möglich, wenn auf jedes Mitglied, das an der Gesellschaft neuer Rechtsform beteiligt wird, als beschränkt haftender Gesellschafter ein Geschäftsanteil, dessen Nennbetrag auf volle Euro lautet, oder als Aktionär mindestens eine volle Aktie entfällt.

Nach § 273 ist ein Formwechsel eines rechtsfähigen Vereins nur möglich, wenn eine bestimmte **Mindestbeteiligung** der Vereinsmitglieder an dem Rechtsträger neuer Rechtsform gewährleistet wird. Beim Formwechsel in eine AG oder KGaA[1] muss ein später beteiligtes Vereinsmitglied

13 Begr. RegE zu § 272 Abs. 2, BR-Drucks. 75/94, 164.
14 Begr. RegE zu § 272 Abs. 2, BR-Drucks. 75/94, 164.
15 S. etwa FM Baden-Württemberg DStR 2000, 2189.
16 BFH NJW-RR 2008, 197 ff; so auch Troll/Gebel/Jülicher/*Gebel*, ErbstG, § 7 Rn 344; *Meincke*, ErbStG, § 7 Rn 114; *Petersen*, BB 1997, 1981, 1982; *Grüter/Mitsch*, DStR 2001, 1827, 1829.
17 BFH NJW-RR 2008, 197.
18 BFH NJW-RR 2008, 197, 198.
1 Über § 278 Abs. 3 AktG.

mindestens eine Aktie an der Kapitalgesellschaft halten. Nennbetragsaktien müssen auf mindestens einen Euro lauten, § 8 Abs. 2 S. 1 AktG. Höhere Aktiennennbeträge müssen auf volle Euro lauten, § 8 Abs. 2 S. 4 AktG. Stückaktien sind nach § 8 Abs. 3 S. 2 AktG am Grundkapital in gleichem Umfang zu beteiligen. Der auf die einzelne Aktie entfallende Betrag muss mindestens einen Euro betragen, § 8 Abs. 3 S. 3 AktG. Bei der Umwandlung in eine GmbH muss jedes Mitglied einen Geschäftsanteil an der Gesellschaft erhalten. Dessen Nennbetrag muss mindestens einen Euro betragen, § 5 Abs. 2 S. 1 GmbHG.

§ 274 Vorbereitung und Durchführung der Mitgliederversammlung

(1) [1]Auf die Vorbereitung der Mitgliederversammlung, die den Formwechsel beschließen soll, sind die §§ 229, 230 Abs. 2 Satz 1 und 2, § 231 Satz 1 und § 260 Abs. 1 entsprechend anzuwenden. [2]§ 192 Abs. 2 bleibt unberührt.

(2) Auf die Mitgliederversammlung, die den Formwechsel beschließen soll, ist § 239 Abs. 1 Satz 1 und Abs. 2 entsprechend anzuwenden.

I. Normzweck

1 § 274 regelt die **Vorbereitung und Durchführung** der Mitgliederversammlung beim Formwechsel rechtsfähiger Vereine und verweist hierzu auf die Allgemeinen Vorschriften des Zweiten Abschnitts zum Formwechsel von Kapitalgesellschaften, sowie für die Ankündigung des Formwechsels als Beschlussgegenstand der Mitgliederversammlung auf die strengere Regelung des § 260 Abs. 1 zum Formwechsel eingetragener Genossenschaften. Der Verweis auf den vom Schrifttum[1] einhellig kritisierten § 229 aF ist wegen dessen Streichung durch das Zweite Änderungsgesetz zum UmwG[2] obsolet geworden. Im Ergebnis gelten somit für die Umwandlung eines rechtsfähigen Vereins nach Abs. 1 S. 1 dieselben Grundsätze wie für den Formwechsel einer eingetragenen Genossenschaft. Hiervon abweichend verweist Abs. 2 für die Durchführung der Mitgliederversammlung auf § 239 zum Formwechsel von Kapitalgesellschaften.

II. Vorbereitung und Durchführung

2 **1. Vorbereitung (Abs. 1).** Die **Vorbereitung der Mitgliederversammlung** erfolgt gemäß § 274 Abs. 1 S. 1 nach Maßgabe der §§ 230 Abs. 2, 231 S. 1, 260 Abs. 1.

3 **a) Umwandlungsbericht.** Vor der Einberufung der Mitgliederversammlung ist der Umwandlungsbericht in den Geschäftsräumen des Vereins zur **Einsicht der Mitglieder** auszulegen, §§ 274 Abs. 1 S. 1, 230 Abs. 2 S. 1. Nach §§ 274 Abs. 1 S. 1, 230 Abs. 2 S. 2 ist den Mitgliedern auf Verlangen unverzüglich und kostenlos eine Abschrift des Umwandlungsberichts zu erteilen. Allerdings stellt § 274 Abs. 1 S. 2 klar, dass § 192 Abs. 2 unberührt bleibt, so dass uU schon die Erstattung eines Umwandlungsberichts entbehrlich ist. Im vereinsrechtlichen Kontext ist lediglich der Mitgliederverzicht nach§ 192 Abs. 2 S. 1 Alt. 2 relevant. Zwar ist der Umwandlungsbericht nach § 192 Abs. 2 S. 1 Alt. 1 auch dann nicht erforderlich, wenn an dem formwechselnden Rechtsträger nur ein Anteilsinhaber beteiligt ist. Ein solcher „Ein-Mann-Ver-

1 Hierzu etwa Schmitt/Hörtnagl/Stratz/*Stratz*, 4. Aufl. 2006, § 229 Rn 2; Semler/Stengel/*Katschinski*, 2. Aufl. 2007, § 274 Rn 3.

2 Zweites Gesetz zur Änderung des Umwandlungsgesetzes, BT-Drucks. 16/2919.

ein" ist freilich theoretisch denkbar, das Amtsgericht müsste dann jedoch dem Verein die Rechtsfähigkeit entziehen, § 73 BGB.[3]

In dem von dem Vertretungsorgan des formwechselnden Vereins zu erstattenden Umwandlungsbericht ist der Formwechsel und insb. die **künftige Beteiligung** der Vereinsmitglieder am Rechtsträger neuer Rechtsform rechtlich und wirtschaftlich zu erläutern, § 192 Abs. 1 S. 1. Zudem muss der Umwandlungsbericht einen Entwurf des Umwandlungsbeschlusses enthalten, § 192 Abs. 1 S. 3. 4

Daneben ist spätestens zusammen mit der Einberufung den Mitgliedern nach §§ 274 Abs. 1 S. 1, 231 S. 1 durch den Vorstand ein **Abfindungsangebot** nach § 207 zu übersenden. Die bloße Auslegung des Abfindungsangebots in den Vereinsräumen ist unzulänglich.[4] Auch die Bekanntgabe im elektronischen Bundesanzeiger oder in etwaigen Veröffentlichungsblättern iSv § 231 S. 2 ist ungenügend, da Vereinsmitglieder schutzwürdiger sind, als Anteilsinhaber von Kapitalgesellschaften.[5] 5

Schließlich ist nach §§ 274 Abs. 1 S. 1, 260 Abs. 1 S. 2 (iVm 262 Abs. 2) in der Ankündigung auf die erforderlichen **Mehrheitsverhältnisse** des § 262 Abs. 1 sowie auf die Möglichkeit der Erhebung eines **Widerspruchs** gegen den Umwandlungsbeschluss und die sich daraus ergebenden Rechte hinzuweisen. 6

Die Beifügung einer **Vermögensaufstellung** ist seit Abschaffung des § 229 aF nicht mehr notwendig, so dass der Verweis auf diese Vorschrift als Redaktionsfehler zu werten ist.[6] 7

b) Einberufung der Mitgliederversammlung. Über die Einzelheiten zur **Einberufung** der Mitgliederversammlung und deren Form befindet grundsätzlich die Vereinssatzung, § 58 Nr. 4 BGB. Trifft die Satzung keine Regelungen, liegt die Einberufungszuständigkeit beim Vorstand, § 26 BGB.[7] Die Vorgehensweise liegt dann zwar im freien Ermessen des Vorstands, allerdings ist mit Blick auf den Mitgliederschutz eine angemessene Frist zu wahren.[8] Ist nicht entsprechend der Satzungsregeln zu laden, könnte die Einberufung wie folgt lauten: 8

▶ Betreff: Einladung zur Mitgliederversammlung des ... Vereins zur Beschlussfassung über einen Formwechsel

Sehr geehrte/geehrter ...,

hiermit lädt der ... Verein zu einer außerordentlichen Mitgliederversammlung zur Beschlussfassung über einen Formwechsel des ... Vereins in die Rechtsform einer GmbH/AG/KGaA ein. Der künftige Name soll lauten „Y-GmbH/AG/KGaA".

Der im Rahmen dieser Mitgliederversammlung zu treffende Umwandlungsbeschluss bedarf einer Mehrheit von mindestens drei Vierteln der abgegebenen Stimmen. Eine Mehrheit von neun Zehnteln der abgegebenen Stimmen ist hingegen erforderlich, wenn spätestens bis zum Ablauf des dritten Tages vor dem Tag der Mitgliederversammlung ein Zehntel der Mitglieder durch eingeschriebenen Brief Widerspruch gegen den Formwechsel erhoben haben.

In der Mitgliederversammlung kann gegen den Umwandlungsbeschluss Widerspruch zur Niederschrift erklärt werden. Der Widerspruch ist an die Zustimmungsverweigerung zum Formwechsel gekoppelt.[9]

Im Falle eines Widerspruchs ist der Erwerb der Beteiligung des Mitglieds gegen eine angemessene Barabfindung anzubieten. Ein solches Abfindungsangebot ist diesem Schreiben in der Anlage beigefügt. Das Angebot kann grundsätzlich innerhalb einer Frist von zwei Monaten nach Bekanntgabe

3 Schmitt/Hörtnagl/Stratz/*Stratz*, § 274 Rn 3.

4 Begr. RegE zu § 260, BR-Drucks. 75/94, 161; Lutter/*Krieger/Bayer*, § 274 Rn 9.

5 Begr. RegE zu § 274, BR-Drucks. 75/94, 164; Lutter/*Krieger/Bayer*, § 274 Rn 9.

6 Lutter/*Krieger/Bayer*, § 274 Rn 3.

7 OLG Hamm NJW-RR 1989, 1532, 1533; Lutter/*Krieger/Bayer*, § 274 Rn 4; Semler/Stengel/*Katschinski*, § 274 Rn 5.

8 So auch *Katschinski*, der hier die Einhaltung einer Dreißigtagesfrist analog § 123 Abs. 1 AktG vorschlägt, Semler/Stengel/*Katschinski*, § 274 Rn 5; *Katschinski*, Die Verschmelzung von Vereinen, 1999, S. 137.

9 S. § 207 Rn 5 ff.

des Formwechsels gegenüber der Y-GmbH/AG/KGaA/eG angenommen werden. Durch Annahme des Angebotes scheidet das Mitglied aus der Y-GmbH/AG/KGaA aus.

Der Formwechsel und die künftige Beteiligung der Vereinsmitglieder an der Y-GmbH/AG/KGaA wird in einem Umwandlungsbericht ausführliche Erläuterung finden und liegt in den Geschäftsräumen des Vereins zu den gewohnten Öffnungszeiten des Sekretariats zur Einsicht der Mitglieder bereit. ◀

9 Die **Einberufung per E-Mail** ist nur dann zulässig, wenn die Vereinssatzungen zur Form schweigt oder Textform iSv § 126 b BGB vorsieht.[10] IdR legen die Vereinssatzungen jedoch Schriftform iSv § 126 BGB fest. Das Einladungsschreiben muss dann vom Aussteller eigenhändig durch Namensunterschrift oder mittels notariell beglaubigten Handzeichens unterschrieben werden, § 126 Abs. 1 BGB.

10 Die Mitglieder können nicht nur auf die Erstattung eines Umwandlungsberichts **verzichten**;[11] vielmehr steht es ihnen frei, auch die Einhaltung der Regeln über die Ankündigung formlos abzubedingen.[12]

Hinweis: Aus Beweisgründen ist die Einhaltung der Schriftform dennoch zu empfehlen.

11 **2. Durchführung (Abs. 2).** Die **Durchführung der Mitgliederversammlung** richtet sich über den Verweis in § 274 Abs. 2 nach Maßgabe von § 239 Abs. 1 S. 1, Abs. 2. Danach ist der Umwandlungsbericht in der Mitgliederversammlung auszulegen (§ 239 Abs. 1 S. 1) und der Entwurf des Umwandlungsbeschlusses den Vereinsmitgliedern durch den Vorstand zu Beginn der Versammlung mündlich zu erläutern (§ 239 Abs. 2). Die Erläuterung erfasst dabei sämtliche von § 194 Abs. 1 aufgeführte Mindestangaben.

III. Rechtsfolgen von Verstößen

12 **Verstöße** gegen die Verfahrensbestimmungen des § 274 sind prinzipiell differenzierend zu bewerten: Grundsätzlich führen Verfahrensverstöße im Vereinsrecht wegen der hohen Schutzbedürftigkeit der Vereinsmitglieder zur Nichtigkeit der betreffenden Beschlüsse.[13] Betrifft der Verfahrensverstoß hingegen nicht übergeordnete Interessen, sondern bezweckt die in Frage stehende Vorschrift lediglich den Schutz einzelner Mitglieder (etwa bei Nichteinhaltung der Ladungsfrist oder Nichtladung eines einzelnen Mitglieds), tritt nur dann Nichtigkeit ein, wenn das betroffene Mitglied den Mangel fristgerecht rügt.[14]

13 Eine Mindermeinung im Vereinsrecht vertritt die Ansicht, auf Mängel im Verfahren seien die Vorschriften der **§§ 241 ff AktG analog** anwendbar.[15] Diese Auffassung nehmen einige Stimmen im Umwandlungsrecht zum Anlass, die aktienrechtlichen Bestimmungen bei der Behandlung von Verfahrensverstößen in der Beschlussfassung über Formwechsel ebenfalls heranzuziehen.[16] Danach wären fehlerhafte Beschlüsse im Regelfall lediglich anfechtbar.

14 Diese Sichtweise ist jedoch nicht mit der **ständigen Rechtsprechung des BGH** vereinbar. Danach kommt im Vereinsrecht bei der Behandlung fehlerhafter Beschlüsse eine entsprechende Anwendung der §§ 241 ff AktG wegen der „Vielgestaltigkeit vereinsrechtlicher Zusammenschlüsse und der darum anders gelagerten tatsächlichen und rechtlichen Verhältnisse" nicht in Betracht.[17] Zu Recht weisen *Krieger/Bayer* deshalb darauf hin, dass es lediglich darauf ankomme, § 274 als wesentliche Verfahrensvorschrift einzuordnen.[18] Bei Ablehnung einer entsprechenden Anwendung der §§ 241 ff AktG führt die Verletzung von § 274 deshalb grundsätzlich

10 *Sauter/Schweyer/Waldner*, Der eingetragene Verein, Rn 171; *Reichert*, Handbuch Vereins- und Verbandsrecht, Rn 1361; aA *Grziwotz*, MDR 2012, 741, 742.
11 S. Rn 3.
12 Widmann/Mayer/*Vossius*, § 274 Rn 23; Lutter/*Krieger/Bayer*, § 274 Rn 8; Semler/Stengel/*Katschinski*, § 274 Rn 7.
13 BGH NJW 2008, 69, 72; MüKo-BGB/*Reuter*, § 32 Rn 55.
14 Palandt/*Heinrichs*, 32 BGB Rn 10; *Keilbach*, DNotZ 2001, 671,681 f; Soergel/*Hadding*, § 32 BGB Rn 37.
15 MüKo-BGB/*Reuter*, § 32 Rn 55; *K. Schmidt*, GesR, § 24 III 3 e); *K. Schmidt*, AG 1977, 243, 249 ff.
16 Semler/Stengel/*Katschinski*, § 274 Rn 10; Widmann/Mayer/*Vossius*, § 274 Rn 29.
17 BGH NJW 2008, 69, 72 Rn 36; BGH NJW 1973, 235 ff; BGH NJW 1971, 879 ff.
18 Lutter/*Krieger/Bayer*, § 274 Rn 13.

zur Nichtigkeit des Beschlusses. Ausnahmen hiervon können allerdings dann bestehen, wenn zwischen dem Verstoß und dem Beschluss keine Kausalität besteht, bzw wenn der Mangel für den Beschluss nicht relevant ist.[19]

§ 275 Beschluß der Mitgliederversammlung

(1) Der Umwandlungsbeschluß der Mitgliederversammlung bedarf, wenn der Zweck des Rechtsträgers geändert werden soll (§ 33 Abs. 1 Satz 2 des Bürgerlichen Gesetzbuchs), der Zustimmung aller anwesenden Mitglieder; ihm müssen auch die nicht erschienenen Mitglieder zustimmen.

(2) [1]In anderen Fällen bedarf der Umwandlungsbeschluß einer Mehrheit von mindestens drei Vierteln der abgegebenen Stimmen. [2]Er bedarf einer Mehrheit von mindestens neun Zehnteln der abgegebenen Stimmen, wenn spätestens bis zum Ablauf des dritten Tages vor der Mitgliederversammlung wenigstens hundert Mitglieder, bei Vereinen mit weniger als tausend Mitgliedern ein Zehntel der Mitglieder, durch eingeschriebenen Brief Widerspruch gegen den Formwechsel erhoben haben. [3]Die Satzung kann größere Mehrheiten und weitere Erfordernisse bestimmen.

(3) Auf den Formwechsel in eine Kommanditgesellschaft auf Aktien ist § 240 Abs. 2 entsprechend anzuwenden.

I. Normzweck

1 § 275 regelt die **Mehrheitsverhältnisse** in der beschlussfassenden Mitgliederversammlung und unterscheidet nach dem Vorbild des für die Änderung von Vereinssatzungen geltenden Rechts zwischen Umwandlungen mit und ohne Änderung des Vereinszwecks.[1] Soweit mit dem Formwechsel auch eine Zweckänderung beabsichtigt wird, bedarf der Beschluss nach § 275 Abs. 1 der Zustimmung aller Vereinsmitglieder. Der Gesetzgeber verfolgt damit das Ziel, eine mögliche Umgehung der zentralen Vorschrift des § 33 Abs. 1 S. 2 BGB im Wege einer formwechselnden Zweckänderung im Ursprung zu unterbinden.[2] Geht mit dem Formwechsel keine Zweckänderung einher, so sieht § 275 Abs. 2 – in Gleichlauf mit § 33 Abs. 1 S. 1 BGB – eine Mehrheit von mindestens drei Vierteln vor. Für den Sonderfall des Formwechsels in die Rechtsform einer KGaA ist nach § 275 Abs. 3, § 240 Abs. 2 anwendbar. Danach bedarf der Umwandlungsbeschluss der Zustimmung aller persönlich haftenden Gesellschafter der künftigen KGaA. Hintergrund der Verweisung ist, dass einem Komplementär die Haftung ohne dessen Zustimmung nicht zumutbar ist.[3]

II. Inhalt

2 **1. Änderung des Vereinszwecks (Abs. 1).** Soll der Formwechsel nicht darauf beschränkt werden, den bisherigen Vereinszweck durch einen Rechtsträger anderer Rechtsform zu verwirklichen, müssen nach § 275 Abs. 1 dem Umwandlungsbeschluss **alle Vereinsmitglieder** zustimmen. Das gilt auch für alle nicht erschienenen Mitglieder.[4]

19 Hinsichtlich der Rechtsfolge stehen sich hier die Relevanz- und Kausalitätstheorie gegenüber, eingehend hierzu Lutter/*Krieger/Bayer*, § 274 Rn 13.
1 § 33 Abs. 1 BGB; Begr. RegE zu § 275, BR-Drucks. 75/94, 164.
2 Begr. RegE zu § 275, BR-Drucks. 75/94, 164.
3 Begr. RegE zu § 240 Abs. 2, BR-Drucks. 75/94, 165.
4 Lutter/*Krieger/Bayer*, § 275 Rn 2.

3 Voraussetzung ist mithin, dass der Formwechsel zu einer Änderung des Vereinszwecks führt. Eine **Zweckänderung** liegt vor, wenn der den Charakter des Vereins festlegende oberste Leitsatz der Vereinstätigkeit eine Wandlung erfährt.[5] Eine Änderung des Vereinszwecks ist damit insb. dann zu bejahen, wenn der Unternehmensgegenstand eines Idealvereins, dessen Zweck noch nicht auf einen wirtschaftlichen Geschäftsbetrieb gerichtet war, mit dem Formwechsel den Betrieb eines Handelsgewerbes verfolgt.[6]

4 Nicht aus jeder Umwandlung in eine Kapitalgesellschaft resultiert unweigerlich eine Zweckänderung:[7] Zwar werden Kapitalgesellschaften als Formkaufleute iSd § 6 Abs. 2 HGB behandelt, die handelsrechtliche Dimension ist bei der Ermittlung des Gesellschaftszwecks jedoch nicht ausschlaggebend.[8] Vielmehr ist auf den **Gesellschaftszweck** iSv § 1 GmbHG, § 3 AktG abzustellen.[9] So kann etwa eine GmbH nach § 1 GmbHG durchaus zu ideellen Zwecken gegründet werden.[10]

Hinweis: Im Ergebnis entscheidet die Formkaufmanneigenschaft nicht über den Charakter des Vereins iSv § 275 Abs. 1.

5 Ändert sich der Vereinszweck, haben **alle** (anwesenden und abwesenden) Mitglieder dem Umwandlungsbeschluss zuzustimmen. Nach § 193 Abs. 3 sind der Umwandlungsbeschluss und die Zustimmungserklärungen der Vereinsmitglieder, einschließlich der Erklärungen nicht erschienener Mitglieder, notariell zu beurkunden. Die Zustimmungserklärungen nicht erschienener Mitglieder können vor und nach dem Umwandlungsbeschluss beurkundet werden.[11] Die Vorschrift ist (im Gegensatz zum reinen Vereinsrecht wegen § 40 BGB) aufgrund von § 1 Abs. 3 S. 1 nicht dispositiv und kann deshalb nicht durch abweichende Satzungsbestimmung abbedungen werden.[12]

6 Streitig ist, ob das Einstimmigkeitserfordernis dadurch umgangen werden kann, dass der Verein mit der Umwandlung den Vereinszweck zwar beibehält, nach Wirksamwerden des Formwechsels der Unternehmensgegenstand jedoch durch satzungsändernde Mehrheit abgeändert wird. *Vossius* bejaht die Zulässigkeit einer solchen **„Ausweichslösung"**.[13] Denn der Gegenstand des Unternehmens einer Handelsgesellschaft sei vom Zweck eines Vereins streng zu unterscheiden.[14] Das leuchtet ein, kann jedoch nicht vollends überzeugen, da hierdurch in der Konsequenz § 275 Abs. 1 unzulässigerweise umgangen würde.[15]

7 **2. Aufrechterhaltung des Vereinszwecks (Abs. 2).** § 275 Abs. 2 normiert den **Regelfall**, dass der Vereinszweck durch die Umwandlung aufrecht erhalten bleibt. Dann haben nach § 275 Abs. 2 S. 1 mindestens drei Viertel der anwesenden Mitglieder dem Umwandlungsbeschluss zuzustimmen. Enthaltungen werden dabei nicht berücksichtigt.[16] Nach § 275 Abs. 2 S. 2 erhöht sich das Quorum auf neun Zehntel der abgegebenen Stimmen, sofern spätestens bis zum Ablauf des dritten Tages vor der Mitgliederversammlung wenigstens hundert Mitglieder – bei Vereinen mit weniger als tausend Mitgliedern ein Zehntel der Mitglieder – durch eingeschriebenen Brief Widerspruch gegen den Formwechsel erhoben haben. Der Widerspruch muss nicht ausdrücklich erklärt werden; vielmehr genügt jede Formulierung, aus der hervorgeht, dass das Mitglied mit dem Formwechsel nicht einverstanden ist.[17] Bei der Bestimmung der Drei-Tages-Frist gelten die allgemeinen Regeln der §§ 187 ff BGB.

5 BGHZ 96, 245; 251; Palandt/*Heinrichs*, § 33 BGB Rn 3.
6 Begr. RegE zu § 275, BR-Drucks. 75/94, 164.
7 Lutter/*Krieger/Bayer*, § 275 Rn 3; Semler/Stengel/*Katschinski*, § 275 Rn 5.
8 MüKo-HGB/*K. Schmidt*, § 6 Rn 9.
9 Semler/Stengel/*Katschinski*, § 275 Rn 5.
10 MüKo-GmbHG/*Fleischer*, § 1 Rn 17.
11 Lutter/*Krieger/Bayer*, § 275 Rn 2.
12 Semler/Stengel/*Katschinski*, § 275 Rn 4; aA Widmann/Mayer/*Vossius*, § 275 Rn 5.
13 Widmann/Mayer/*Vossius*, § 275 Rn 11 ff.
14 Widmann/Mayer/*Vossius*, § 275 Rn 16.
15 So auch Lutter/*Krieger/Bayer*, § 275 Rn 5; Semler/Stengel/*Katschinski*, § 275 Rn 7.
16 Semler/Stengel/*Katschinski*, § 275 Rn 8; Lutter/*Krieger/Bayer*, § 275 Rn 6.
17 Widmann/Mayer/*Vossius*, § 275 Rn 28; Lutter/*Krieger/Bayer*, § 275 Rn 7.

3. Formwechsel in eine KGaA (Abs. 3). Erfolgt der Formwechsel in die Rechtsform einer **KGaA**, so erklärt § 275 Abs. 3 § 240 Abs. 2 für entsprechend anwendbar. Danach haben alle künftigen Komplementäre dem Umwandlungsbeschluss zuzustimmen. Zu den Einzelheiten kann an dieser Stelle auf die Ausführungen zu § 240 Abs. 2 verwiesen werden.[18] 8

§ 276 Inhalt des Umwandlungsbeschlusses

(1) Auf den Umwandlungsbeschluß sind auch die §§ 218, 243 Abs. 3, § 244 Abs. 2 und § 263 Abs. 2 Satz 2, Abs. 3 entsprechend anzuwenden.

(2) Die Beteiligung der Mitglieder am Stammkapital oder am Grundkapital der Gesellschaft neuer Rechtsform darf, wenn nicht alle Mitglieder einen gleich hohen Anteil erhalten sollen, nur nach einem oder mehreren der folgenden Maßstäbe festgesetzt werden:

1. **bei Vereinen, deren Vermögen in übertragbare Anteile zerlegt ist, der Nennbetrag oder der Wert dieser Anteile;**
2. **die Höhe der Beiträge;**
3. **bei Vereinen, die zu ihren Mitgliedern oder einem Teil der Mitglieder in vertraglichen Geschäftsbeziehungen stehen, der Umfang der Inanspruchnahme von Leistungen des Vereins durch die Mitglieder oder der Umfang der Inanspruchnahme von Leistungen der Mitglieder durch den Verein;**
4. **ein in der Satzung bestimmter Maßstab für die Verteilung des Überschusses;**
5. **ein in der Satzung bestimmter Maßstab für die Verteilung des Vermögens;**
6. **die Dauer der Mitgliedschaft.**

I. Normzweck

§ 276 Abs. 1 schreibt für den Formwechsel rechtsfähiger Vereine in die Rechtsform einer Kapitalgesellschaft den **Inhalt des Umwandlungsbeschlusses** vor und ergänzt damit die von § 194 festgelegten Mindestangaben. Mit dem Verweis auf die Vorschriften zu den weiteren Anforderungen an den Umwandlungsbeschluss für den Formwechsel unter Kapitalgesellschaften (§§ 218, 243 Abs. 3, 244 Abs. 2) sowie zur Umwandlung von eingetragenen Genossenschaften (§ 263 Abs. 2 S. 2, Abs. 3) wählt der Gesetzgeber eine schlankere Lösung. § 276 Abs. 2 zählt die zulässigen Verteilungsmaßstäbe auf, die der Umwandlung der Vereinsmitgliedschaft in eine Beteiligung am künftigen Stamm- oder Grundkapital des Rechtsträgers neuer Rechtsform zugrunde gelegt werden können. Die Regelung entspricht der für die formwechselnde Umwandlung eines VVaG in eine AG geltenden Vorschrift des 385 e Abs. 2 AktG aF und hat den Hintergrund, dass den Mitgliedern eines Vereins allein durch ihre Mitgliedschaft im Allgemeinen keine Beteiligung am Vereinsvermögen vermittelt wird.[1] 1

II. Inhalt des Umwandlungsbeschlusses (Abs. 1)

1. Feststellung der Satzung und Beifügung des Gesellschaftsvertrags. Bei der Umwandlung eines rechtsfähigen Vereins in eine Kapitalgesellschaft hat der Umwandlungsbeschluss **inhaltlich** in erster Linie den Anforderungen des § 194 zu genügen. 2

18 S. § 240 Rn 14 ff.
1 Begr. RegE zu § 276 Abs. 2, BR-Drucks. 75/94, 165.

3 Darüber hinaus muss beim Formwechsel in eine AG oder KGaA im Umwandlungsbeschluss **die Satzung** des Rechtsträgers neuer Rechtsform festgestellt werden, §§ 276 Abs. 1, 218 Abs. 1 S. 1 Var. 3. Bei der Umwandlung in eine GmbH muss der Gesellschaftsvertrag der Gesellschaft im Umwandlungsbeschluss enthalten sein, §§ 276 Abs. 1, 218 Abs. 1 S. 1 Var. 1. Der Gesellschaftsvertrag braucht dann nicht durch die Gesellschafter unterzeichnet werden, §§ 276 Abs. 1, 244 Abs. 2. Über den Wortlaut der Vorschrift hinaus gilt dies auch beim Formwechsel in eine AG oder KGaA. Denn die Gründung findet hier nicht durch Vertragsunterzeichnung, sondern durch Beschluss statt.[2]

Hinweis: Die Verweisung auf § 218 Abs. 1 S. 2 und Abs. 3 läuft leer, da diese lediglich den Formwechsel in eine eG regeln.[3]

4 Bei der Umwandlung in eine **KGaA** muss sich zudem mindestens ein Vereinsmitglied am Rechtsträger neuer Rechtsform als persönlich haftender Gesellschafter beteiligen, oder ein Dritter in die Rechtstellung beitreten, §§ 276 Abs. 1, 218 Abs. 2.

5 **2. Nennbetrag des Stamm- bzw Grundkapitals.** Hinsichtlich der Höhe der festzusetzenden **Nennbeträge** der Geschäftsanteile und Aktien sehen die §§ 276 Abs. 1, 243 Abs. 3 S. 1 vor, dass in dem Gesellschaftsvertrag oder der Satzung des Rechtsträgers neuer Rechtsform der auf die Anteile entfallende Betrag des Stamm- und Grundkapitals abweichend vom Betrag der Anteile der formwechselnden Gesellschaft festgesetzt wird. Indem jedoch die Vereinsmitglieder regelmäßig keine Anteile am formwechselnden Verein halten, ist die Vorschrift für den Formwechsel von rechtsfähigen Vereinen von verschwindend geringer Bedeutung.[4] Beim Formwechsel in die Rechtsform der GmbH muss der Nennbetrag nach §§ 276 Abs. 1, 243 Abs. 3 S 2 auf volle Euro lauten.

6 Um die Bildung von **Teilrechten** zu vermeiden, legen die §§ 276 Abs. 1, 263 Abs. 2 S. 2 beim Formwechsel in eine AG bzw KGaA fest, den Nennbetrag des Grundkapitals so zu bemessen, dass auf jedes Mitglied möglichst volle Aktien entfallen. Nach § 263 Abs. 3 S. 2 können Aktien mit einem höheren Betrag als dem Mindestbetrag von 1 Euro nach § 8 Abs. 2, Abs. 3 AktG nur ausgegeben werden, soweit volle Aktien mit dem Betrag auf jedes Mitglied entfallen.

7 Beim Formwechsel in eine **GmbH** findet § 263 Abs. 3 S. 2 keinerlei Anwendung.[5] Vielmehr ist § 263 Abs. 3 S. 1 einschlägig, wonach die Anteile mindestens auf einen Nennbetrag von 100 Euro gestellt werden müssen. Durch das am 1.11.2008 in Kraft getretene MoMiG[6] wurde allerdings der vorgeschriebene Mindestbetrag durch die Neufassung des § 5 Abs. 2 S. 1 GmbHG auf einen Euro je Geschäftsanteil reduziert.[7] § 263 Abs. 3 S. 1 stellt deshalb nunmehr ein Redaktionsversehen dar, so dass auch für die GmbH als Mindestbetrag 1 Euro anzusetzen ist.[8]

III. Beteiligung der Vereinsmitglieder an der Kapitalgesellschaft (Abs. 2)

8 Nach § 276 Abs. 2 darf die Beteiligung der Vereinsmitglieder an der Gesellschaft neuer Rechtsform nur unter bestimmten Maßstäben festgesetzt werden, wenn nicht alle Mitglieder einen gleich Hohen Anteil erhalten. Die **Beteiligung nach Köpfen** stellt insb. im Idealverein den Regelfall dar, dh alle Mitglieder erhalten einen gleich hohen Anteil am Grund- und Stammkapital.[9] Deshalb ist eine individuelle Verteilung der Anteile nur unter den von § 276 Abs. 2 Nr. 1–6 vorgesehenen, abschließenden Maßstäben zulässig.[10] Danach steht es im Ermessen der Vereinsmitglieder, im Umwandlungsbeschluss unter folgenden Verteilungsmaßstäben zu wählen:[11]

2 Schmitt/Hörtnagl/Stratz/*Stratz*, § 276 Rn 2; Semler/Stengel/*Katschinski*, § 276 Rn 4.
3 Schmitt/Hörtnagl/Stratz/*Stratz*, § 276 Rn 2; Semler/Stengel/*Katschinski*, § 276 Rn 4.
4 Näheres unter Rn 8.
5 Semler/Stengel/*Katschinski*, § 276 Rn 10.
6 Gesetz zur Modernisierung des GmbH-Rechts und zur Bekämpfung von Missbräuchen v. 1.11.2008, BGBl. I S. 2026.
7 MüKo-GmbHG/*Märtens*, § 5 Rn 17.
8 Semler/Stengel/*Katschinski*, § 276 Rn 10; Lutter/*Krieger/Bayer*, § 276 Rn 7.
9 Maulbetsch/Klumpp/Rose/*Ries*, § 276 Rn 4.
10 Lutter/*Krieger/Bayer*, § 276 Rn 15; Semler/Stengel/*Katschinski*, § 276 Rn 13.
11 Semler/Stengel/*Katschinski*, § 276 Rn 14.

- Nach § 276 Abs. 2 Nr. 1 können die Anteile individuell verteilt werden, wenn sie dem Nennbetrag oder dem Wert der Vereinsanteile entsprechen.
  Hinweis: Indem im Regelfall jedoch am Verein nicht bereits übertragbare Anteile bestehen werden, ist dieser Maßstab nur für die Fälle denkbar, in denen der Verein vor Inkrafttreten des BGB durch staatliche Verleihung Rechtsfähigkeit erlangte und wegen Art. 82 EGBGB fortbesteht.[12]
- Nach § 276 Abs. 2 Nr. 2 kann sich die individuelle Verteilung der Anteile an der Höhe der Beiträge der Vereinsmitglieder orientieren.
- Nach § 276 Abs. 2 Nr. 3 kann bei Vereinen, welche zu ihren Mitgliedern Geschäftsbeziehungen unterhalten, die individuelle Verteilung am Umfang ihrer Tätigkeit ausgerichtet werden.
- Nach § 276 Abs. 2 Nr. 4 und Nr. 5 kann ein etwaig in der Vereinssatzung für den Fall der Verteilung des Überschusses oder Vermögens vorgesehener Verteilungsmaßstab hinzugezogen werden.
- Nach § 276 Abs. 2 Nr. 6 ist eine individuelle Verteilung der Anteile zulässig, wenn sie die Dauer der Mitgliedschaft als Maßstab der Zuweisung bemüht.

Dennoch sind, entgegen dem Wortlaut von § 276 Abs. 2, dem Ermessen des Vereins bei der Auswahl der Bewertungsmaßstäbe Grenzen gesetzt: Diese ergeben sich aus dem **Willkürverbot** und dem **Prinzip der Gleichbehandlung** der Vereinsmitglieder als Ausfluss des Grundsatzes von Treu und Glauben nach § 242 BGB.[13] Die Anwendung eines Verteilungsmaßstabes muss deshalb stets durch einen sachlichen Grund legitimiert sein.[14] 9

§ 277 Kapitalschutz

Bei der Anwendung der für die neue Rechtsform maßgebenden Gründungsvorschriften ist auch § 264 entsprechend anzuwenden.

I. Kapitalschutz

1 Nach § 277 ist bei der Anwendung des für die neue Rechtsform einschlägigen Gründungsrechts auch die Kapitalschutzvorschrift des § 264 entsprechend anzuwenden. Da rechtsfähige Vereine über kein festes Nennkapital verfügen, sollte in Übereinstimmung mit den Überlegungen zum Formwechsel eingetragener Genossenschaften der **Kapitalschutz** dadurch sichergestellt werden, dass der Nennbetrag des Stammkapitals bzw Grundkapitals des Rechtsträgers neuer Rechtsform nach Abzug der Schulden nicht höher bemessen ist, als das Reinvermögen des formwechselnden Vereins, §§ 277, 264 Abs. 1.[1]

II. Formwechsel in eine GmbH (§ 264 Abs. 2)

2 Indem den Vereinsmitgliedern die Verantwortlichkeit als Gründer und insbesondere die Gründerhaftung nach § 9 a GmbHG nicht zugemutet werden soll, verweist § 277 auf § 264 Abs. 2, wonach die Vereinsmitglieder ebenso wie die Genossen von der Pflicht zur Erstattung eines **Sachgründungsberichts** (§ 5 Abs. 4 S. 2 GmbHG) entbunden werden.[2] Obwohl § 264 Abs. 2

12 Lutter/*Krieger/Bayer*, § 276 Rn 11.
13 Eingehend Widmann/Mayer/*Vossius*, § 276 Rn 31 ff.
14 Widmann/Mayer/*Vossius*, § 276 Rn 33.

1 Begr. RegE zu § 277, BR-Drucks. 75/94, 165.
2 Begr. RegE zu § 277, BR-Drucks. 75/94, 165.

(im Gegensatz zu § 264 Abs. 3 S. 2) die Vereinsmitglieder nicht explizit von ihrer Gründerhaftung befreit, entfällt § 264 Abs. 3 S. 2 analog auch beim Formwechsel in die Rechtsform einer GmbH die Haftung der Vereinsmitglieder im Gründungsstadium nach § 9 a GmbHG.[3]

III. Formwechsel in eine AG bzw KGaA (§ 264 Abs. 3)

3 **1. Gründungsprüfung (§ 264 Abs. 3 S. 1).** Dem Verweis auf § 264 Abs. 3 S. 1 folgend hat beim Formwechsel eines Vereins in die Rechtsform einer AG oder KGaA zwingend eine **Gründungsprüfung** durch einen oder mehrere Gründungsprüfer iSv § 33 Abs. 2 Nr. 4 AktG zu erfolgen.

4 **2. Kein Gründungsbericht (§ 264 Abs. 3 S. 2).** Mit Blick auf die Gründerhaftung nach § 46 AktG gilt allerdings auch hier, dass die Vereinsmitgliedern nicht zur Erstellung eines **Gründungsberichts** iSv § 32 AktG verpflichtet sind.[4] Zudem werden die Vereinsmitglieder von ihren Informationspflichten gegenüber den Gründungsprüfern iSv § 35 Abs. 1, Abs. 2 AktG entbunden. Daneben sind die Vereinsmitglieder von der Haftung nach § 46 AktG befreit.

5 **3. Nachgründung (§ 264 Abs. 3 S. 3).** Über den Verweis auf § 264 Abs. 3 S. 3 wird zuletzt klargestellt, dass die Regelungen des § 52 AktG über **Nachgründungsverträge** anwendbar sind, allerdings mit der Maßgabe, dass die Zweijahresfrist des § 52 Abs. 1 AktG mit dem Wirksamwerden des Formwechsels beginnt (§ 202).

§ 278 Anmeldung des Formwechsels

(1) Auf die Anmeldung nach § 198 ist § 222 Abs. 1 und 3 entsprechend anzuwenden.

(2) [1]Ist der formwechselnde Verein nicht in ein Handelsregister eingetragen, so hat sein Vorstand den bevorstehenden Formwechsel durch das in der Vereinssatzung für Veröffentlichungen bestimmte Blatt, in Ermangelung eines solchen durch dasjenige Blatt bekanntzumachen, das für Bekanntmachungen des Amtsgerichts bestimmt ist, in dessen Bezirk der formwechselnde Verein seinen Sitz hat. [2]Die Bekanntmachung tritt an die Stelle der Eintragung der Umwandlung in das Register nach § 198 Abs. 2 Satz 3. [3]§ 50 Abs. 1 Satz 4 des Bürgerlichen Gesetzbuchs ist entsprechend anzuwenden.

1 **1. Hintergrund.** Ein rechtsfähiger Verein kann aufgrund eines Umwandlungsbeschlusses nur die Rechtsform einer Kapitalgesellschaft oder eingetragenen Genossenschaft erlangen, § 272 Abs. 1. Beim Formwechsel eines **eingetragenen Vereins** in die Rechtsform einer Kapitalgesellschaft oder eingetragenen Genossenschaft ändert sich allerdings die Art des für den Rechtsträger maßgebenden Registers iSv § 198 Abs. 2 S. 2 Alt. 1. Die Anmeldung hat dann sowohl beim Registergericht zu erfolgen, bei dem der Verein eingetragen ist, als auch bei dem für die neue Rechtsform zuständigen Registergericht.[1]

2 Ein **wirtschaftlicher Verein** erwirbt nach § 22 S. 1 BGB durch staatliche Genehmigung Rechtsfähigkeit, so dass – in Abgrenzung zu § 21 BGB – eine Eintragung im Vereinsregister gerade nicht erfolgt. Im Hinblick auf die Anmeldepflicht des § 198 sind dabei mehrere Fallvarianten denkbar: Betätigt sich der Verein gewerblich und erfordert deshalb eine kaufmännische Einrichtung, erfolgt die Eintragung des Vereins im Handelsregister nach Maßgabe der §§ 1, 33 HGB. Bei der Umwandlung eines eingetragenen wirtschaftlichen Vereins in eine Kapitalgesellschaft folgt die Anmeldepflicht dann aus 198 Abs. 1, bei Sitzverlegung aus § 198 Abs. 2 S. 2 Alt. 2. Beim Formwechsel in eine eingetragenen Genossenschaft ändert sich hingegen die Art des maßgebenden Registers, so dass § 198 Abs. 2 S. 2 Alt. 1 einschlägig ist. Betreibt der wirt-

3 Die hM geht hier zu Recht von einem Redaktionsversehen aus, Lutter/*Krieger/Bayer*, § 277 Rn 3; Semler/Stengel/*Katschinski*, § 277 Rn 7.

4 Begr. RegE zu § 277, BR-Drucks. 75/94, 165.

1 S. § 198 Rn 4.

schaftliche Verein hingegen ein Kleingewerbe, ist die Eintragung dem Verein freigestellt §§ 2, 33 HGB.[2] Die Anmeldepflicht richtet sich dann nach § 198 Abs. 2 S. 1.

§ 278 Abs. 1 **ergänzt** und **modifiziert** durch den Verweis auf § 222 Abs. 1 und Abs. 3 die Anmeldepflicht des § 198 dadurch, dass der Kreis der anmeldepflichtigen Personen konkretisiert wird. Dadurch soll sofort Rechtsklarheit über die Vertretungsverhältnisse beim künftigen Rechtsträger geschaffen werden.[3] Für den Fall, dass der formwechselnde Verein nicht im Handelsregister eingetragen ist, hat nach § 278 Abs. 2 die Umwandlung in besonderer Form durch den Vorstand bekannt gemacht zu werden. 3

2. Inhalt. a) Anmeldepflichtige Personen (Abs. 1). Nach §§ 287 Abs. 1, 222 Abs. 1 S. 1 erfolgt die Anmeldung des Formwechsels nach § 198 Abs. 1, Abs. 2 S. 1 und S. 2 durch alle Mitglieder des **künftigen Vertretungsorgans**. Beim Formwechsel in eine AG bzw KGaA ist die Anmeldung zudem durch alle Mitglieder des Aufsichtsrates vorzunehmen. 4

Alternativ kann nach Maßgabe von §§ 278 Abs. 1, 222 Abs. 3 die Anmeldung der Umwandlung zur Eintragung in das Register nach § 198 Abs. 2 S. 3 auch durch den **scheidenden Vereinsvorstand** erfolgen. 5

b) Bekanntgabe bei fehlender Voreintragung (Abs. 2). Soweit der formwechselnde Verein **nicht im Handelsregister** eingetragen ist, hat der Vorstand den Formwechsel nach § 278 Abs. 2 durch das für Veröffentlichungen in der Satzung des Vereins bestimmte Blatt bekannt zu machen. In Ermangelung eines solchen Blattes ist die Bekanntmachung hilfsweise in elektronischer Form nach § 10 HGB vorzunehmen. Die Bekanntmachung könnte folgendermaßen lauten: 6

▶ Hiermit gibt der Vorstand des X-Vereins bekannt, dass auf der Mitgliederversammlung vom ... mehrheitlich der Formwechsel des Vereins in die Y-GmbH mit Sitz in ... beschlossen wurde. Der Formwechsel wird an dem Tage wirksam, an dem der Formwechsel im Handelsregister des Sitzes der Y-GmbH eingetragen wurde. ◀

Durch die Verpflichtung zur Bekanntgabe wird ausweislich der Gesetzesbegründung die vorherige Ankündigung des Formwechsels auch in solchen Fällen gewährleistet, in denen der wirtschaftliche Verein nicht nach § 33 HGB im Handelsregister eingetragen ist.[4] Die Vorschrift erfasst deshalb ausschließlich den **Formwechsel wirtschaftlicher Vereine** und damit die Anmeldung nach 198 Abs. 2 S. 1.[5] Nicht erfasst wird hingegen nach allgemeiner Ansicht die Anmeldung des Formwechsels nicht im Handelsregister eingetragener Idealvereine.[6] Einerseits kommen diese bereits begriffsnotwendig aufgrund ihrer Eintragung im Vereinsregister nicht als Adressaten der besonderen Bekanntmachungspflicht des § 278 Abs. 2 in Frage. Andererseits qualifiziert der Gesetzgeber die Bekanntmachungspflicht als „notwendigen Ergänzung für wirtschaftliche Vereine", so dass auch das Argument von Sinn und Zweck für eine derartige Auslegung streitet.[7] 7

Die **besondere Bekanntmachung** nach § 278 ersetzt nach § 278 Abs. 2 S. 2 die Eintragung nach § 198 Abs. 2 S. 3. Zudem ist nach § 278 Abs. 2 S. 3 die „erste Einrückung" des § 50 Abs. 1 S. 4 BGB entsprechend anzuwenden. Danach gilt die Bekanntmachung erst mit Ablauf des zweiten Tages nach der Veröffentlichung als bewirkt. 8

2 *Sauter/Schweyer/Waldner*, Der eingetragene Verein, Rn 456.
3 Begr. RegE zu § 222 Abs. 1 S. 1, BR-Drucks. 75/94, 150.
4 Begr. RegE zu § 286, BR-Drucks. 75/94, 167.
5 S. § 198 Rn 3.
6 Schmitt/Hörtnagl/Stratz/*Stratz*, § 278 Rn 2; Lutter/*Krieger/Bayer*, § 278 Rn 7; Widmann/Mayer/*Vossius*, § 278 Rn 9.
7 Begr. RegE zu § 278, BR-Drucks. 75/94, 165.

§ 279 (aufgehoben)

§ 280 Wirkungen des Formwechsels

[1]Durch den Formwechsel werden die bisherigen Mitgliedschaften zu Anteilen an der Gesellschaft neuer Rechtsform und zu Teilrechten. [2]§ 266 Abs. 1 Satz 2, Abs. 2 und 3 ist entsprechend anzuwenden.

1 **1. Normzweck.** Ergänzend zu § 202 Abs. 1 Nr. 2 S. 1 enthält § 280 besondere Bestimmungen für die Umwandlung der vereinsrechtlichen Mitgliedschaft in eine Kapitalbeteiligung.[1] In Übereinstimmung mit den damals geltenden Bestimmungen zur Umwandlung von eG und VVaG sollte eine Beteiligung der Anteilsinhaber durch **Teilrechte** zugelassen werden.[2] Deshalb fungiert § 280 S. 1 dahin gehend klarstellend, dass auf eine Mitgliedschaft im Verein nicht nur volle Anteile am Rechtsträger neuer Rechtsform entfallen können, sondern auch Teilrechte. Mit dem Verweis von § 280 S. 2 auf § 266 Abs. 1 S. 2, Abs. 2, und Abs. 3 wird deren Handhabe im Einzelnen geregelt.

2 **2. Inhalt. a) Zulässigkeit von Teilrechten (S. 1).** Nach § 273 ist der Formwechsel nur zulässig, wenn auf jedes an der Gesellschaft neuer Rechtsform beteiligte Mitglied mindestens ein voller GmbH-Geschäftsanteil bzw bei der Umwandlung in eine AG bzw KGaA eine volle Aktie entfällt. Dennoch können durch Umwandlungsbeschluss **Teilrechte** begründet werden, die als vollgültige und rechtlich selbstständige Mitgliedschaftsrechte mit Wirksamwerden des Formwechsels nach § 280 S. 1 als Surrogat der untergegangenen Mitgliedschaft fortbestehen.[3]

3 **b) Surrogation (S. 2).** Nach §§ 280 S. 2, 266 Abs. 1 S. 2 existieren an den bisherigen Mitgliedschaften bestehende **Rechte Dritter** an den durch den Formwechsel erlangten Anteilen und Teilrechten weiter.[4]

Hinsweis: Indem die Vereinsmitgliedschaft in der Regel keine Vermögensbeteiligung vermittelt, ist die Surrogation von Rechten Dritter in der Praxis von geringer Bedeutung.[5]

4 Die infolge des Formwechsels entstehenden **Teilrechte** sind nach §§ 280 S. 2, 266 Abs. 2 selbstständig veräußerlich und vererblich. Allerdings können die aus ihnen resultierenden Rechte nach §§ 280 S. 2, 266 Abs. 3 S. 1 nur ausgeübt werden, wenn die Teilrechte in einer Hand einen vollen Anteil ergeben oder sich mehrere Berechtigte zusammenschließen, deren Teilrechte zusammen einen Anteil ergeben. Nach §§ 280 S. 2, 266 Abs. 3 S. 2 ist der Verein verpflichtet, die Zusammenführung von Teilrechten zu vollen Anteilen zu vermitteln.

§ 281 Benachrichtigung der Anteilsinhaber; Veräußerung von Aktien; Hauptversammlungsbeschlüsse

(1) Auf die Benachrichtigung der Anteilsinhaber durch die Gesellschaft, auf die Aufforderung von Aktionären zur Abholung der ihnen zustehenden Aktien und auf die Veräußerung nicht abgeholter Aktien sind die §§ 267 und 268 entsprechend anzuwenden.

(2) Auf Beschlüsse der Hauptversammlung der Gesellschaft neuer Rechtsform sowie auf eine Ermächtigung des Vertretungsorgans zur Erhöhung des Grundkapitals ist § 269 entsprechend anzuwenden.

1 Begr. RegE zu § 280, BR-Drucks. 75/94, 166.
2 Begr. RegE zu § 280, BR-Drucks. 75/94, 166.
3 Widmann/Mayer/*Vossius*, § 280 Rn 5.
4 S. § 202 Rn 17.
5 Semler/Stengel/*Katschinski*, § 280 Rn 2; Schmitt/Hörtnagl/Stratz/*Stratz*, § 280 Rn 2.

I. Normzweck

§ 281 regelt über den Verweis auf die §§ 267, 268 und 269 die Benachrichtigung der Anteilsinhaber, das Verfahren zur Abholung der Aktien sowie Einzelheiten zur Hauptversammlungsbeschlussfassung in der Übergangszeit. Der Gesetzgeber wählte wegen der Ähnlichkeit der **Interessenlage** dabei den Verweis auf die Vorschriften zum Formwechsel einer eG.[1] 1

II. Inhalt

1. Benachrichtigung der Anteilsinhaber (Abs. 1 iVm § 267). Nach §§ 281 Abs. 1, 267 Abs. 1 hat das Vertretungsorgan der Gesellschaft neuer Rechtsform jedem Anteilsinhaber unverzüglich nach der Bekanntmachung der Eintragung der Gesellschaft in das Handelsregister den **Inhalt der Bekanntmachung** in Textform iSv § 126 b BGB mitzuteilen. Die Informationspflicht bezieht sich darüber hinaus auf die Zahl und – mit Ausnahme von Stückaktien – auf den Nennbetrag der auf die jeweiligen Anteilsinhaber entfallenen Anteile und Teilrechte. Zeitgleich mit der Mitteilung ist nach §§ 281 Abs. 1, 267 Abs. 2 S. 1 deren wesentlicher Inhalt in den Geschäftsblättern bekannt zu geben. Auf die Vorschriften über Teilrechte iSv § 266 ist jedoch nicht hinzuweisen, §§ 281 Abs. 1, 267 Abs. 2 S. 2. 2

2. Abholung der Aktien (Abs. 1 iVm § 268). Sowohl in der Mitteilung nach § 267 Abs. 1 als auch in der Bekanntmachung iSv § 267 Abs. 2, sind die Aktionäre der AG oder KGaA nach §§ 281 Abs. 1, 268 Abs. 1 S. 1 zur **Abholung ihrer Aktien** aufzufordern. Darüber hinaus sind die Anteilsinhaber darauf hinzuweisen, dass nicht abgeholte Aktien unter den Voraussetzungen des § 268 Abs. 1 S. 2 nach Maßgabe von § 268 Abs. 2 und Abs. 3 veräußert werden können. 3

3. Hauptversammlungsbeschlüsse und nicht abgeholte Aktien (Abs. 2 iVm § 269). In der Hauptversammlung können nach §§ 281 Abs. 2, 269 S. 1 **Grundlagenbeschlüsse** nur dann gefasst werden, wenn (positiv ausgedrückt) die Nennbeträge der abgeholten (oder nach § 268 Abs. 3 veräußerten) Aktien mindestens sechs Zehntel des Grundkapitals verkörpern.[2] Die hieraus resultierende Gewährleistung einer Mindestbesetzung in der Hauptversammlung dient primär dem Minderheitenschutz.[3] Daneben wird der Vorstand dadurch gezwungen, ggf das Verfahren nach § 268 durchzuführen.[4] 4

§ 282 Abfindungsangebot

(1) Auf das Abfindungsangebot nach § 207 Abs. 1 Satz 1 ist § 270 Abs. 1 entsprechend anzuwenden.

(2) Absatz 1 und die §§ 207 bis 212 sind auf den Formwechsel eines eingetragenen Vereins, der nach § 5 Abs. 1 Nr. 9 des Körperschaftsteuergesetzes von der Körperschaftsteuer befreit ist, nicht anzuwenden.

1. Normzweck. Nach § 207 Abs. 1 S. 1 hat der formwechselnde Rechtsträger den gegen den Umwandlungsbeschluss zur Niederschrift widersprechenden Mitgliedern den Erwerb ihrer Mitgliedschaften oder Anteile **gegen bare Abfindung** anzubieten. Dem Widerspruch steht nach 1

1 Begr. RegE zu § 281, BR-Drucks. 75/94, 166.
2 Schmitt/Hörtnagl/Stratz/*Stratz*, § 281 Rn 3.
3 Semler/Stengel/*Katschinski*, § 281 Rn 4; Schmitt/Hörtnagl/Stratz/*Stratz*, § 281 Rn 3.
4 Semler/Stengel/*Katschinski*, § 281 Rn 4.

§§ 207 Abs. 2, 29 Abs. 2 der Fall gleich, dass ein nicht zur Mitgliederversammlung erschienenes Vereinsmitglied fremdverschuldet der Versammlung fernbleibt. Die Abfindungsregelung erfährt über den Verweis in § 282 Abs. 1 auf § 270 Abs. 1 eine Erweiterung: Danach gilt das Abfindungsangebot auch für jedes Mitglied, das dem Formwechsel bis zum Ablauf des dritten Tages vor dem Tage, an dem der Umwandlungsbeschluss gefasst worden ist, durch Einschreiben widersprochen hat. Der Gesetzgeber begründet die entsprechende Anwendung von § 270 Abs. 1 mit der vergleichbaren Interessenlage bei der Umwandlung von eG und VVaG.[1]

2 **2. Inhalt. a) Widerspruch durch eingeschriebenen Brief (Abs. 1).** Die Vereinsmitglieder haben die Möglichkeit gegen bare Abfindung aus dem Rechtsträger neuer Rechtsform auszuscheiden, soweit sie nach § 207 Abs. 1 S. 1 dem Umwandlungsbeschluss zur Niederschrift widersprochen haben. § 282 Abs. 1 gewährt den Vereinsmitgliedern durch den Verweis auf § 270 Abs. 1 einen weiteren Behelf zur Geltendmachung des Anspruchs auf bare Abfindung. Die Vereinsmitglieder müssen dem Umwandlungsbeschluss dann per **Einschreibebrief** widersprechen.

3 Was unter „**eingeschriebenem Brief**" zu verstehen ist, ist den AGB der Deutschen Post Brief National zu entnehmen. Nach § 1 Abs. 1 Nr. 3 der AGB existieren grundsätzlich (neben dem Einschreiben mit Rückschein) die Zustellformen: Einwurfeinschreiben, Übergabeeinschreiben und eigenhändiges Einschreiben. Bei einem Einwurfeinschreiben wird der Brief in den Briefkasten des Adressaten hineingelegt und der Zusteller selbst quittiert den Einwurf durch Unterschrift.[2] Wird die Sendung hingegen vom Zusteller an den Empfänger, seinen Bevollmächtigten oder einem anderen Empfangsberechtigten übergeben („Ersatzempfänger iSv § 4 Abs. 3 S. 3 AGB Brief National), liegt ein Übergabeeinschreiben vor.[3] Bei dem eigenhändigen Einschreiben darf der Zusteller hingegen nach Maßgabe von § 4 Abs. 3 S. 2 der AGB die Sendung keinem Ersatzempfänger aushändigen; die Zustellung erfolgt hier ausschließlich an den Empfänger persönlich. Fraglich ist nun, wann ein Mitglied per „eingeschriebenem Brief" widersprochen hat. Zur Beantwortung dieser Frage ist auf Sinn und Zweck von § 270 Abs. 1 abzustellen. Die erweiterte Abfindungsregelung soll die Position der Mitglieder verbessern. Danach dürfte jede der vorgenannten Formen des eingeschriebenen Briefes iSd § 1 Abs. 1 Nr. 3 AGB Brief National den Anforderungen des § 270 Abs. 1 genügen, da ansonsten die bezweckte Besserstellung der Mitglieder vereitelt würde.

Hinweis: Wegen der bestehenden Rechtsunsicherheit empfiehlt sich dennoch die Wahl des eigenhändigen Einschreibens. Die verlässlichste (gleichwohl kostenintensivste) Zustellform stellt dennoch die Gerichtsvollzieherzustellung nach den §§ 192–194 ZPO dar.

4 **b) Keine Abfindung bei gemeinnützigen Vereinen (Abs. 2).** Dient der formwechselnde Verein nach seiner Satzung und der tatsächlichen Geschäftsführung **gemeinnützigen, mildtätigen** oder **kirchlichen** Zwecken iSv § 5 Abs. 1 Nr. 9 S. 1 KStG, besteht für die Mitglieder nach § 282 Abs. 2 keine Möglichkeit auf Ausscheiden gegen Barabfindung. Dabei ist es irrelevant, ob der Verein einen wirtschaftlichen Geschäftsbetrieb unterhält und deshalb die Körperschaftssteuerbefreiung wegen § 5 Abs. 1 Nr. 9 S. 2 KStG nicht greift.[4] Die Vorschrift stimmt mit der verschmelzungsrechtlichen Parallelregelung in § 104 a überein. Durch die Regelung soll einer ungerechtfertigten Bereicherung der Mitglieder auf Kosten der öffentlichen Hand entgegengewirkt werden.[5] Denn einerseits stammt das Vermögen gemeinnütziger Vereine oftmals aus öffentlichen Zuwendungen.[6] Andererseits würde die Gewährung von Abfindungen an die Mitglieder die Steuerbegünstigung der Vereine der §§ 51 ff AO gefährden.[7]

5 Die Voraussetzungen des § 5 Abs. 1 Nr. 9 KStG müssen dabei im **Zeitpunkt des Wirksamwerdens** des Formwechsels vorliegen (§ 202).[8] Der Anspruch auf Barabfindung entsteht nach

1 Begr. RegE zu § 282, BR-Drucks. 75/94, 166.
2 MüKo-GmbHG/*Liebscher*, § 51 Rn 19.
3 MüKo-GmbHG/*Liebscher*, § 51 Rn 19.
4 Semler/Stengel/*Katschinski*, § 282 Rn 4.
5 Semler/Stengel/*Katschinski*, § 282 Rn 3.
6 Semler/Stengel/*Katschinski*, § 282 Rn 3.
7 Semler/Stengel/*Katschinski*, § 282 Rn 3.
8 Semler/Stengel/*Katschinski*, § 282 Rn 5.

§ 209 S. 1 nach dem Tage, an dem die Eintragung der neuen Rechtsform oder des Rechtsträgers neuer Rechtsform in das Register bekannt gemacht worden ist.

Den Mitgliedern eines Vereins nach § 5 Abs. 1 Nr. 9 S. 1 KStG ist es ganz davon abgesehen freigestellt, von ihrer ohnehin durch § 39 Abs. 1 BGB gewährleisteten **Möglichkeit zum jederzeitigen Austritt** Gebrauch zu machen.[9] Allerdings sind dann die ggf statutarisch festgelegten Austrittsfristen zu beachten, § 39 Abs. 2 BGB. Von der Einhaltung der Fristen kann im Einzelfall jedoch abgesehen werden, wenn sich aufgrund des Formwechsels die Rechtsposition der Mitglieder erheblich verschlechtert und ihnen der Erwerb von Anteile bei der Zielgesellschaft nicht zugemutet werden kann.[10] 6

Dritter Unterabschnitt
Formwechsel in eine eingetragene Genossenschaft

§ 283 Vorbereitung und Durchführung der Mitgliederversammlung

(1) [1]Auf die Vorbereitung der Mitgliederversammlung, die den Formwechsel beschließen soll, sind die §§ 229 und 230 Abs. 2 Satz 1 und 2, § 231 Satz 1 und § 260 Abs. 1 entsprechend anzuwenden. [2]§ 192 Abs. 2 bleibt unberührt.

(2) Auf die Mitgliederversammlung, die den Formwechsel beschließen soll, ist § 239 Abs. 1 Satz 1 und Abs. 2 entsprechend anzuwenden.

Die Vorschrift ist **inhaltsgleich** mit § 274, so dass auf die dortigen Ausführungen verwiesen werden kann.

§ 284 Beschluß der Mitgliederversammlung

[1]Der Umwandlungsbeschluß der Mitgliederversammlung bedarf, wenn der Zweck des Rechtsträgers geändert werden soll (§ 33 Abs. 1 Satz 2 des Bürgerlichen Gesetzbuchs) oder wenn die Satzung der Genossenschaft eine Verpflichtung der Mitglieder der Genossenschaft zur Leistung von Nachschüssen vorsieht, der Zustimmung aller anwesenden Mitglieder; ihm müssen auch die nicht erschienenen Mitglieder zustimmen. [2]Im übrigen ist § 275 Abs. 2 entsprechend anzuwenden.

1. Normzweck. § 284 regelt die **Mehrheitsverhältnisse** für den Umwandlungsbeschluss beim Formwechsel eines rechtsfähigen Vereins in eine eingetragene Genossenschaft und lehnt sich inhaltlich an die Parallelregelung zum Formwechsel eines rechtsfähigen Vereins in eine Kapitalgesellschaft nach § 275 sowie an den Formwechsel einer Kapitalgesellschaft in eine eingetragene Genossenschaft nach § 252 Abs. 1 an. [1] Die zweigliedrig strukturierte Vorschrift unterscheidet dabei zwischen Beschlüssen, die der Zustimmung aller Vereinsmitglieder bedürfen und solchen, die von einer qualifizierten Mehrheit getroffen werden können. 1

2. Inhalt. a) **Zustimmung aller Mitglieder (Satz 1).** Führt der Formwechsel zu einer Zweckänderung bzw sieht die Satzung der Genossenschaft eine Verpflichtung der Mitglieder zur Leistung von Nachschüssen vor, bedarf der Umwandlungsbeschluss nach § 284 S. 1 der **Zustimmung aller** anwesenden und abwesenden Mitglieder.[2] 2

Nach § 193 Abs. 3 sind dann der Umwandlungsbeschluss und die Zustimmungserklärungen der Vereinsmitglieder, einschließlich der Erklärungen nicht erschienener Mitglieder, notariell zu 3

9 Semler/Stengel/*Katschinski*, § 282 Rn 8.
10 Semler/Stengel/*Katschinski*, § 282 Rn 8.

1 Begr. RegE zu § 284, BR-Drucks. 75/94, 166.
2 S. auch § 275 Rn 2 ff.

beurkunden. Die Zustimmungserklärungen nicht erschienener Mitglieder können vor oder nach dem Umwandlungsbeschluss beurkundet werden.[3] In Gleichlauf zu § 275 Abs. 1 ist die Vorschrift aufgrund von § 1 Abs. 3 S. 1 nicht dispositiv und kann deshalb nicht durch abweichende statutarische Bestimmungen abbedungen werden.[4]

4 § 6 Nr. 3 GenG sieht vor, dass die Satzung Bestimmungen darüber enthalten muss, ob die Mitglieder im Insolvenzverfahren ggf **Nachschüsse** zur Insolvenzmasse zu leisten haben. Das Mehrheitserfordernis des § 284 S. 1 ist dabei ausschließlich für den Fall statthaft, dass die Satzung eine unbeschränkte oder auf eine bestimmte Haftsumme beschränkte Nachschusspflicht anordnet.[5] Sieht die Satzung hingegen ausdrücklich vor, dass die Mitglieder im Falle der Insolvenz überhaupt nicht leisten müssen, gilt das geringere Mehrheitserfordernis nach §§ 284 S. 2, 275 Abs. 2.[6]

5 Streitig ist hingegen, ob die Quorumsanforderung des § 284 S. 1 **analog** auf die Fälle anzuwenden ist, bei denen die Mitglieder nach Anrechnung ihres Geschäftsguthabens noch Einzahlungen auf den Geschäftsanteil zu leisten haben, oder die Satzung die Mitglieder zur Übernahme weiterer Geschäftsanteile verpflichtet. Dies wird zu Recht von der wohl hM mit der Begründung verneint, dass es bereits an einer ausfüllungsbedürftigen Regelungsglücke für eine analoge Anwendung fehlt, weil der Gesetzgeber weiterführende Einzahlungspflichten erkannt und mit den §§ 289 Abs. 2, 256 Abs. 3 Nr. 3 geregelt hat.[7]

6 **b) Qualifizierte Mehrheit (Satz 2).** Wird im Regelfall mit der Umwandlung weder eine Zweckänderung verbunden noch eine Nachschusspflicht der Mitglieder der Genossenschaft begründet, sehen §§ 284 S. 2, 275 Abs. 2 S. 1 für den Umwandlungsbeschluss eine **qualifizierte Mehrheit** von mindestens drei Vierteln der erschienenen Mitglieder vor. Dabei erhöhen sich die Anforderungen an das Quorum nach §§ 284 S. 2, 275 Abs. 2 S. 2 auf mindestens neun Zehntel, wenn spätestens bis zum Ablauf des dritten Tages vor der Mitgliederversammlung mindestens hundert Mitglieder dem Formwechsel widersprochen haben. Von der Vorschrift kann zugunsten größerer Mehrheiten nach §§ 284 S. 2, 275 Abs. 2 S. 3 abgewichen werden.

§ 285 Inhalt des Umwandlungsbeschlusses

(1) Auf den Umwandlungsbeschluß ist auch § 253 Abs. 1 und Abs. 2 Satz 1 entsprechend anzuwenden.

(2) Sollen bei der Genossenschaft nicht alle Mitglieder mit der gleichen Zahl von Geschäftsanteilen beteiligt werden, so darf die unterschiedlich hohe Beteiligung nur nach einem oder mehreren der in § 276 Abs. 2 Satz 1 bezeichneten Maßstäbe festgesetzt werden.

I. Normzweck

1 Grundsätzlich gilt: Die **Besonderheiten der Rechtsform**, die mit dem Formwechsel angestrebt wird, sind vom Inhalt des Umwandlungsbeschlusses zu berücksichtigen.[1] Nach § 285 Abs. 1 werden deshalb die Anforderungen an den Inhalt iSv § 194 durch den Verweis auf das Recht

3 S. § 275 Rn 5.
4 S. § 275 Rn 6.
5 Lutter/*Krieger/Göthel*, § 284 Rn 2.
6 Lutter/*Krieger/Göthel*, § 284 Rn 2; Semler/Stengel/*Katschinski*, § 284 Rn 4.
7 Lutter/*Krieger/Göthel*, § 284 Rn 2; Semler/Stengel/*Katschinski*, § 284 Rn 5; KölnKomm/*Leuernig*, § 284 Rn 3.
1 Begr. RegE zu § 285, BR-Drucks. 75/94, 166.

zum Formwechsel einer Kapitalgesellschaft in eine eingetragene Genossenschaft nach § 253 ergänzt und modifiziert. Sollen an der Genossenschaft nicht alle Mitglieder mit der gleichen Zahl von Geschäftsanteilen beteiligt werden, trifft § 285 Abs. 2 hierfür eine Sonderregelung. Danach ist eine unterschiedlich hohe Beteiligung ausnahmsweise nach Maßgabe der in § 276 Abs. 2 S. 1 bezeichneten Maßstäbe zulässig. Durch die Verweisung auf die Vorschrift zum Formwechsel rechtsfähiger Vereine in die Rechtsfom einer Kapitalgesellschaft sollte wegen der vergleichbaren Interessenlagen den Schwierigkeiten bei der Umwandlung einer vereinsrechtlichen Mitgliedschaft in eine genossenschaftliche Beteiligung hinreichend Rechnung getragen werden.[2]

II. Inhalt

1. Satzung der Genossenschaft und Unterzeichnung durch die Mitglieder (Abs. 1 iVm § 253 Abs. 1). Der Umwandlungsbeschluss hat inhaltlich grundsätzlich den in § 194 aufgeführten **Mindestanforderungen** zu genügen. Bei dem Formwechsel eines rechtsfähigen Vereins in eine eG sehen die §§ 285 Abs. 1, 253 Abs. 1 S. 1 zudem vor, dass der Beschluss auch die Satzung der Genossenschaft enthalten soll. Den Inhalt der Satzung legen die §§ 5 ff GenG fest. Allerdings treffen die §§ 285 Abs. 1, 253 Abs. 1 S. 2 gegenüber dem rechtsformspezifischen Gründungsrecht insofern eine Spezialregelung, als dass eine Unterzeichnung der Satzung durch die Mitglieder nach § 11 Abs. 2 Nr. 1 GenG entbehrlich ist. 2

2. Beteiligung nach Köpfen (Abs. 1 iVm § 253 Abs. 2 S. 1). Das **Kopfprinzip** ist eines der Grundprinzipien genossenschaftlicher Selbstverwaltung.[3] Der Gesetzgeber ordnet deshalb an, dass im Umwandlungsbeschluss nach §§ 285 Abs. 1, 253 Abs. 2 S. 1 die Beteiligung jedes Mitglieds mit mindestens einem Geschäftsanteil vorgesehen werden muss. Der Geschäftsanteil ist in einer Genossenschaft nach § 7 Nr. 1 GenG der Betrag, bis zu welchem sich die einzelnen Mitglieder mit Einlagen beteiligen können. Dieser muss seiner Höhe nach für alle Mitglieder gleichermaßen bemessen sein.[4] § 285 Abs. 1 verweist bewusst nicht auf § 253 Abs. 2 S. 2; vielmehr tritt an seine Stelle § 285 Abs. 2. 3

3. Abweichende Beteiligung (Abs. 2). Ausnahmsweise kann der Grundsatz der Anteilsbemessung nach Köpfen unangemessen sein.[5] Deshalb sieht § 285 Abs. 2 die Möglichkeit einer **abweichenden Beteiligung** nach den in § 276 Abs. 2 S. 1 bezeichneten Maßstäben vor. 4

§ 286 Anmeldung des Formwechsels

Auf die Anmeldung nach § 198 sind die §§ 254 und 278 Abs. 2 entsprechend anzuwenden.

I. Normzweck

Nach § 286 findet auf die Anmeldung des Formwechsels gem. § 198 ergänzend § 254 Anwendung. Danach erfolgt zur **Erleichterung** des Verfahrens – abweichend vom rechtsformspezifischen Gründungsrecht des § 11 Abs. 1 GenG – die Anmeldung durch den Vorstand des formwechselnden Vereins.[1] Durch die Verweisung auf § 278 Abs. 2 wird bei nicht im Handelsregister eingetragenen Vereinen die Eintragung der Umwandlung in das bislang zuständige Register durch die Bekanntmachung ersetzt. Dadurch wird die vorherige Ankündigung des Formwech- 1

2 Begr. RegE zu § 285, BR-Drucks. 75/94, 167.
3 Pöhlmann/Fandrich/Bloehs/*Fandrich*, § 43 GenG Rn 30.
4 RGZ 64, 188, 193; Widmann/Mayer/*Fronhöfer*, § 285 Rn 4.
5 Semler/Stengel/*Katschinski*, § 285 Rn 4.
1 Begr. RegE zu § 254, BR-Drucks. 75/94, 159.

sels auch in solchen Fällen gewährleistet, in denen der wirtschaftliche Verein nicht nach §§ 1, 33 HGB im Handelsregister eingetragen ist.[2]

II. Inhalt

2 **1. Anmeldung (§ 286 iVm § 254).** Die Anmeldung des Formwechsels erfolgt nach §§ 286, 254 Abs. 1 durch den **Vorstand** des formwechselnden Vereins. Inhaltlich ergänzend sehen die §§ 286, 254 Abs. 2 zudem vor, dass zugleich mit der Anmeldung der Genossenschaft die Mitglieder ihres Vorstands zur Eintragung in das Genossenschaftsregister anzumelden sind.

3 **2. Bekanntgabe bei fehlender Voreintragung (§ 286 iVm § 278 Abs. 2).** Ist ein wirtschaftlicher (oder altrechtlicher) Verein nicht im Handelsregister eingetragen, ist der Vereinsvorstand nach §§ 286, 278 Abs. 2 verpflichtet, den Formwechsel durch das für Veröffentlichungen in der **Satzung des Vereins bestimmte Blatt** bekannt zu machen.[3] In Ermangelung eines solchen Blattes ist die Bekanntmachung hilfsweise in elektronischer Form nach § 10 HGB vorzunehmen.[4]

4 **3. Formelle Voraussetzungen.** Mit der Anmeldung ist dem Registergericht nach § 199 die **Niederschrift des Umwandlungsbeschlusses** sowie ggf die Zustimmungserklärung aller (anwesenden und abwesenden) Mitglieder iSv § 284 S. 1 in notariell beglaubigter Form iSd §§ 42, 49 BeurkG enzureichen.

5 In Urschrift oder einfacher Abschrift ist zudem gem. §§ 199 iVm 192 Abs. 1 der **Umwandlungsbericht** beizufügen. Wurde auf die Erstattung eines Umwandlungsberichts nach § 192 Abs. 2 S. 1 Alt. 2 verzichtet, sind die Verzichtserklärungen in notariell beglaubigter Form vorzulegen, vgl § 192 Abs. 2 S. 2. Nach §§ 285 Abs. 1 iVm 253 Abs. 1 S. 1 hat der Umwandlungsbeschluss die Satzung der Genossenschaft zu enthalten, so dass diese nicht wegen § 11 Abs. 2 Nr. 1 GenG gesondert zu übergeben ist. Als sonst erforderliche Anlagen sind die in § 11 Abs. 1 Nr. 2, Nr. 3 GenG erwähnten Unterlagen einzureichen.

§ 287 (aufgehoben)

§ 288 Wirkungen des Formwechsels

(1) [1]Jedes Mitglied, das die Rechtsstellung eines Mitglieds der Genossenschaft erlangt, ist bei der Genossenschaft nach Maßgabe des Umwandlungsbeschlusses beteiligt. [2]Eine Verpflichtung zur Übernahme weiterer Geschäftsanteile bleibt unberührt. [3]§ 255 Abs. 1 Satz 3 ist entsprechend anzuwenden.

(2) Das Gericht darf eine Auflösung der Genossenschaft von Amts wegen nach § 80 des Genossenschaftsgesetzes nicht vor Ablauf eines Jahres seit dem Wirksamwerden des Formwechsels aussprechen.

I. Normzweck

1 § 288 trägt den **Besonderheiten des Genossenschaftsrechts** Rechnung. Deshalb soll, in Konkretisierung von § 202 Abs. 1 Nr. 2 S. 1, nach Abs. 1 S. 1 der Umwandlungsbeschluss für die Höhe

2 Begr. RegE zu § 286, BR-Drucks. 75/94, 167.
3 Semler/Stengel/*Katschinski*, § 286 Rn 4.
4 S. § 278 Rn 6.

der Beteiligung der Mitglieder an der Genossenschaft ausschlaggebend sein.[1] Wie auch sonst beim Formwechsel in eine eingetragene Genossenschaft soll die Beteiligung eines Mitglieds auch mit mehreren Geschäftsanteilen vorgesehen werden können, § 288 Abs. 1 S. 2.[2] Zudem ist nach § 288 Abs. 1 S. 3 § 255 Abs. 1 S. 3 entsprechend anwendbar, welcher die allgemeine Regel des § 202 Abs. 1 Nr. 2 S. 2 über den Fortbestand von Rechten Dritter dahin gehend ergänzt, dass die Rechte nicht am Geschäftsanteil des Mitglieds, sondern an dessen übertragbarem Geschäftsguthaben fortbestehen.[3] Schließlich darf das Gericht eine Auflösung der Genossenschaft von Amts wegen nach § 80 GenG nicht vor Ablauf eines Jahres seit dem Wirksamwerden des Formwechsels aussprechen.

II. Inhalt

1. Höhe der Beteiligung (Abs. 1 S. 1). Nach § 288 Abs. 1 S. 1 wird jedes Mitglied, das die Rechtsstellung eines Mitglieds der Genossenschaft erlangt, bei der Genossenschaft nach **Maßgabe des Umwandlungsbeschlusses** beteiligt. 2

2. Übernahme weiterer Geschäftsanteile (Abs. 1 S. 2). § 288 Abs. 1 S. 2 stellt es der Genossenschaft frei, eine Verpflichtung zur Übernahme **weiterer Geschäftsanteile** durch die Satzung vorzusehen. Auf den Formwechsel sind nach § 197 S. 1 die für die neue Rechtsform geltenden Gründungsvorschriften anzuwenden. Danach ist beim Formwechsel in eine Genossenschaft § 7 a GenG anwendbar, wonach in der Satzung fakultativ über den Mindestinhalt hinaus Pflichtbeteiligungen mit mehreren Geschäftsanteilen festgelegt bzw Sacheinlagen als Einzahlungen auf den Geschäftsanteil zugelassen werden können. § 288 Abs. 1 S. 2 kommt insofern lediglich klarstellender Charakter zu. Inhaltlich müssen derartige Satzungsbestandteile dann den Anforderungen von den §§ 285 Abs. 2, 276 Abs. 2 S. 1 genügen. 3

Die statutarisch vorgesehenen **Pflichtbeteiligungen** unterliegen zudem weiteren Einschränkungen, welche sich aus dem Grundsatz der Gleichbehandlung und den Schranken der Zumutbarkeit ergeben.[4] Sind einzelne Mitglieder mit der Pflichtbeteiligung nicht einverstanden, können sie von ihrem Austrittsrecht gegen Barabfindung nach §§ 207, 290 Gebrauch machen. Eine analoge Anwendung des in § 67 a GenG enthaltenen außerordentlichen Kündigungsrechts ist deshalb mangels planwidriger Regelungslücke hingegen nicht angezeigt.[5] 4

3. Surrogation von Rechten Dritter (Abs. 1 S. 3). Schließlich findet über § 288 Abs. 1 S. 3 § 255 Abs. 1 S. 3 entsprechend Anwendung, wonach sich **Rechte Dritter** an der Vereinsmitgliedschaft an der Beteiligung an der neuen Genossenschaft fortsetzen. 5

Hinweis: Indem die Vereinsmitgliedschaft in der Regel keine Vermögensbeteiligung vermittelt, ist die Surrogation von Rechten Dritter in der Praxis von geringer Bedeutung.[6]

4. Auflösung der Genossenschaft (Abs. 2). Nach § 80 GenG hat das Registergericht auf Antrag des Vorstands bzw von Amts wegen die **Auflösung der Genossenschaft** auszusprechen, soweit die gesetzliche Mindestzahl von drei Mitgliedern nach § 4 GenG unterschritten wurde. Indem beim Formwechsel § 4 GenG wegen § 197 S. 2 keine Anwendung findet, tritt § 288 Abs. 2 ergänzend hinzu und ordnet an, dass die von § 80 GenG vorgesehene gerichtliche Auflösung der Genossenschaft erst innerhalb einer einjährigen Übergangsfrist seit dem Wirksamwerden des Formwechsels angeordnet werden darf. 6

1 Begr. RegE zu § 288, BR-Drucks. 75/94, 167.
2 Begr. RegE zu § 288, BR-Drucks. 75/94, 167.
3 Begr. RegE zu § 255, BR-Drucks. 75/94, 160.
4 BGH NJW 1978, 2595; Widmann/Mayer/*Fronhöfer*, § 288 Rn 14; Henssler/Strohn/*Geibel*, GesR, § 7 a GenG Rn 3; Lutter/*Krieger/Göthel*, § 288 Rn 2.
5 So auch Lutter/*Krieger/Göthel*, § 288 Rn 2; Semler/Stengel/*Katschinski*, § 288 Rn 7; aA Widmann/Mayer/*Fronhöfer*, § 288 Rn 9 ff.
6 Semler/Stengel/*Katschinski*, § 280 Rn 2; Schmitt/Hörtnagl/Stratz/*Stratz*, § 280 Rn 2.

§ 289 Geschäftsguthaben; Benachrichtigung der Mitglieder

(1) Jedem Mitglied der Genossenschaft kann als Geschäftsguthaben auf Grund des Formwechsels höchstens der Nennbetrag der Geschäftsanteile gutgeschrieben werden, mit denen es bei der Genossenschaft beteiligt ist.

(2) § 256 Abs. 3 ist entsprechend anzuwenden.

1 **1. Normzweck.** Die von § 289 Abs. 1 vorgesehene Höchstgrenze für den Betrag des **Geschäftsguthabens** ergänzt die Regelung des § 194 Abs. 1 Nr. 4, wonach der Umwandlungsbeschluss für die Festlegung des Betrages des auf die einzelnen Mitglieder der Genossenschaft entfallenden Geschäftsguthabens ausschlaggebend ist.[1] Die Begrenzung des Nennbetrages der Geschäftsanteile entspricht dabei den allgemeinen Grundsätzen des Genossenschaftsrechts.[2] In Gleichlauf zur Informationspflicht des Vorstandes bei der Umwandlung einer Kapitalgesellschaft in eine eG findet nach § 289 Abs. 2 die Mitteilungspflicht des § 256 Abs. 3 Anwendung, die § 93 i Abs. 2 GenG aF für die Verschmelzung von Genossenschaften nachgebildet ist.[3] Geschuldet ist diese zusätzliche Informationspflicht den Besonderheiten der genossenschaftlichen Beteiligung sowie dem Umstand, dass der Formwechsel zu Zahlungsansprüchen der Mitglieder gegen die Genossenschaft und umgekehrt führen kann.[4]

2 **2. Inhalt.** a) **Geschäftsguthaben (Abs. 1).** Nach § 289 Abs. 1 darf den Mitgliedern der im Zuge des Formwechsels entstehenden Genossenschaft als Geschäftsguthaben **höchstens der Nennbetrag der Geschäftsanteile** gutgeschrieben werden, mit denen sie bei der Genossenschaft beteiligt sind. Der Geschäftsanteil stellt nach § 7 Nr. 1 GenG den Betrag dar, bis zu welchem sich die einzelnen Mitglieder mit Einlagen beteiligen können. In Abgrenzung hierzu ist das Geschäftsguthaben hingegen der tatsächlich auf einen Geschäftsanteil gezahlte Betrag, der um Gewinnzuschreibungen vermehrt und um Verlustabschreibungen gemindert sein kann.[5] § 289 Abs. 1 legt lediglich eine Höchstgrenze fest, so dass die Höhe des Geschäftsguthabens durchaus hinter dem Nennbetrag des Geschäftsanteils zurückbleiben kann. Darüber hinaus darf die Summe der festgesetzten Geschäftsguthaben ihrem Werte nach hinter dem Wert des Vereinsvermögens zurückbleiben.[6] Nach Ansicht des Gesetzgebers sollte eine geringere Beteiligung am Gesellschaftsvermögen möglich sein, weil durch die Mitgliedschaft in einem rechtsfähigen Verein im Allgemeinen keine wertmäßige Beteiligung am Vereinsvermögen vermittelt wird.[7] In einem solchen Fall ist die Differenz den Rücklagen der Genossenschaft zuzuführen.[8] Zu einer Auszahlung des übersteigenden Betrages an die Mitglieder kommt es dann im Unterschied zur Ausgleichszahlung nach § 256 Abs. 2 gerade nicht.[9]

3 **b) Informationspflicht (Abs. 2).** § 289 Abs. 2 verpflichtet mit dem Verweis auf § 256 Abs. 3 die Genossenschaft, ihre Mitglieder über die von § 256 Abs. 3 Nr. 1–4 bestimmten Tatsachen nach Bekanntmachung des Formwechsels zu informieren. Da beim Formwechsel eines Vereins wegen § 289 Abs. 1 Auszahlungspflichten nach § 256 Abs. 2 nicht in Betracht kommen, umfasst die von §§ 289 Abs. 2, 256 Abs. 3 angeordnete **Informationspflicht** nicht den von § 256 Abs. 3 Nr. 3 Alt. 2 vorgesehenen Betrag.[10]

§ 290 Abfindungsangebot

Auf das Abfindungsangebot nach § 207 Abs. 1 Satz 2 sind § 270 Abs. 1 sowie § 282 Abs. 2 entsprechend anzuwenden.

1 Begr. RegE zu § 288, BR-Drucks. 75/94, 167.
2 Begr. RegE zu § 289, BR-Drucks. 75/94, 167.
3 Begr. RegE zu § 256, BR-Drucks. 75/94, 160.
4 Begr. RegE zu § 256, BR-Drucks. 75/94, 160.
5 Henssler/Strohn/*Geibel*, GesR, § 7 GenG Rn 1.
6 Lutter/*Krieger/Göthel*, § 289 Rn 3; Semler/Stengel/*Katschinski*, § 289 Rn 4.
7 Begr. RegE zu § 289, BR-Drucks. 75/94, 167.
8 Begr. RegE zu § 289, BR-Drucks. 75/94, 167.
9 Lutter/*Krieger/Göthel*, § 289 Rn 3; Semler/Stengel/*Katschinski*, § 289 Rn 4.
10 Lutter/*Krieger/Göthel*, § 289 Rn 5.

1. **Austrittsrecht.** Nach § 207 Abs. 1 S. 1 hat der formwechselnde Rechtsträger den gegen den Umwandlungsbeschluss zur Niederschrift widersprechenden Mitgliedern den Erwerb ihrer Mitgliedschaften oder Anteile gegen bare Abfindung anzubieten. Das **Angebot auf Barabfindung** erfolgt grundsätzlich gegen Erwerb der eigenen Anteile, § 207 Abs. 1 S. 1 Hs 1. Die Rechtsform der eG erlaubt jedoch keinen eigenen Anteilserwerb, so dass an dessen Stelle das Austrittsrecht des § 207 Abs. 1 S. 2 tritt.[1] § 290 verweist deshalb klarstellend auf § 207 Abs. 1 S. 2. 1

2. **Widerspruch durch eingeschriebenen Brief.** In Gleichlauf zu § 282 erfährt die Abfindungsregelung über den Verweis auf § 270 Abs. 1 eine **Auflockerung**: Danach gilt das Abfindungsangebot auch für jedes Mitglied, das dem Formwechsel bis zum Ablauf des dritten Tages vor dem Tage, an dem der Umwandlungsbeschluss gefasst worden ist, durch Einschreiben widersprochen hat. Der Gesetzgeber begründet die entsprechende Anwendung von § 270 mit der vergleichbaren Interessenlage bei der Umwandlung von eG und VVaG.[2] Zu den weiteren Einzelheiten ist auf die Ausführungen zu § 270 Abs. 1 zu verweisen.[3] 2

3. **Keine Abfindung bei gemeinnützigen Vereinen.** Im Übrigen erfährt die Möglichkeit auf Austritt gegen bare Abfindung nach §§ 290, 282 Abs. 2 beim Formwechsel eines **gemeinnützigen rechtsfähigen Vereins** in eine eG eine Einschränkung: Dient der formwechselnde Verein nach seiner Satzung und der tatsächlichen Geschäftsführung gemeinnützigen, mildtätigen oder kirchlichen Zwecken iSv § 5 Abs. 1 Nr. 9 S. 1 KStG, können die Mitglieder nach § 282 Abs. 2 nicht gegen bare Abfindung ausscheiden. Unberührt bleibt hiervon freilich ihr allgemeines Austrittsrecht nach § 39 BGB. Zu den Einzelheiten kann auf die Ausführungen zu § 282 Abs. 2 verwiesen werden.[4] 3

Fünfter Abschnitt Formwechsel von Versicherungsvereinen auf Gegenseitigkeit

§ 291 Möglichkeit des Formwechsels

(1) Ein Versicherungsverein auf Gegenseitigkeit, der kein kleinerer Verein im Sinne des § 53 des Versicherungsaufsichtsgesetzes ist, kann auf Grund eines Umwandlungsbeschlusses nur die Rechtsform einer Aktiengesellschaft erlangen.

(2) Der Formwechsel ist nur möglich, wenn auf jedes Mitglied des Vereins, das an der Aktiengesellschaft beteiligt wird, mindestens eine volle Aktie entfällt.

Die Bestimmung begrenzt die Möglichkeit des Formwechsels eines VVaG dahin gehend, dass a) **Ausgangsrechtsform** nur große VVaG in Abgrenzung zum kleinen VVaG nach § 53 VAG sein können und b) als **Zielrechtsform** nur die Aktiengesellschaft in Betracht kommt. In eine umgekehrte Richtung (von einer AG in eine VVaG) ist der Formwechsel dagegen ausgeschlossen.[1] 1

Jedes bisherige Mitglied des VVaG muss **zumindest eine volle Aktie** erhalten. Dementsprechend muss die Anzahl der Aktien mindestens der Kopfzahl der Mitglieder entsprechen, die an der AG zu beteiligen sind.[2] Abgesehen davon können auch Teilrechte gebildet werden, arg. ex. § 298. 2

1 S. § 207 Rn 16.
2 Begr. RegE zu § 290, BR-Drucks. 75/94, 167.
3 S. § 270 Rn 1 ff.
4 S. § 282 Rn 4 ff.
1 Lutter/*Hübner*, § 291 UmwG Rn 2.
2 Lutter/*Hübner*, § 291 UmwG Rn 3.

§ 292 Vorbereitung und Durchführung der Versammlung der obersten Vertretung

(1) Auf die Vorbereitung der Versammlung der obersten Vertretung, die den Formwechsel beschließen soll, sind die §§ 229 und 230 Abs. 2 Satz 1 und 2, § 231 Satz 1 und § 260 Abs. 1 entsprechend anzuwenden.

(2) Auf die Durchführung der Versammlung der obersten Vertretung, die den Formwechsel beschließen soll, ist § 239 Abs. 1 Satz 1 und Abs. 2 entsprechend anzuwenden.

1 Der Verweis auf § 229 ist ein Redaktionsversehen. In Vorbereitung der Versammlung der obersten Vertretung muss nach § 230 Abs. 2 der **Umwandlungsbericht** (der nach § 192 die künftige Beteiligung der Anteilsinhaber rechtlich und wirtschaftlich erläutern und begründen soll) von der Einberufung der Versammlung an im Geschäftsraum der Gesellschaft zur Einsicht der Mitglieder ausgelegt werden. Auf Verlangen ist ferner jedem Mitglied unverzüglich und kostenlos eine Abschrift des Berichts zu erteilen. Damit auch während der Versammlung eine Information der Mitglieder sichergestellt ist, ist der Bericht in der Versammlung selbst auszulegen; ferner ist der Bericht zu Beginn der Versammlung mündlich vom Vorstand zu erörtern (§ 239 Abs. 2).

2 Ein **Verzicht** auf den Umwandlungsbericht ist nach § 192 Abs. 2 zulässig, wenn sämtliche Mitglieder einen Verzicht in notariell beurkundeter Form erklären.

3 Zusammen mit der **Einberufung** der Versammlung ist der Gegenstand der Beschlussfassung in Textform allen Mitgliedern mitzuteilen. Dabei ist auch auf die erforderlichen Mehrheiten und auf die Möglichkeit auf die Erhebung eines Widerspruchs und die sich daraus ergebenden Rechte hinzuweisen (§ 260 Abs. 1).

4 Zudem ist den Mitgliedern ein **Abfindungsangebot** nach § 231 S. 1 zu übersenden. Die Möglichkeit, statt einer Übersendung eine Veröffentlichung im elektronischen Bundesanzeiger und den sonstigen Gesellschaftsblättern nach § 231 S. 2 vorzunehmen, ist durch § 292 Abs. 1 ausdrücklich nicht zugelassen.[1]

§ 293 Beschluß der obersten Vertretung

[1]Der Umwandlungsbeschluß der obersten Vertretung bedarf einer Mehrheit von mindestens drei Vierteln der abgegebenen Stimmen. [2]Er bedarf einer Mehrheit von neun Zehnteln der abgegebenen Stimmen, wenn spätestens bis zum Ablauf des dritten Tages vor der Versammlung der obersten Vertretung wenigstens hundert Mitglieder des Vereins durch eingeschriebenen Brief Widerspruch gegen den Formwechsel erhoben haben. [3]Die Satzung kann größere Mehrheiten und weitere Erfordernisse bestimmen.

1 Grundsätzlich genügt eine 3/4-Mehrheit der abgegebenen Stimmen. Das Mehrheitserfordernis beträgt jedoch 9/10 der abgegebenen Stimmen, wenn bis zum Ablauf des dritten Tages vor der Versammlung wenigstens 100 Mitglieder des Vereins durch eingeschriebenen Brief **Widerspruch** gegen den Formwechsel erhoben haben. Der Widerspruch ist an den Vorstand zu richten. Eine Begründung ist nicht erforderlich.[1] Die Bestimmung entspricht im Übrigen der Vorschrift des § 262 Abs. 1 UmwG, auf dessen Kommentierung hier verwiesen wird.

1 Lutter/*Hübner*, § 292 UmwG Rn 4.
1 Lutter/*Hübner*, § 293 UmwG Rn 2.

§ 294 Inhalt des Umwandlungsbeschlusses

(1) [1]Auf den Umwandlungsbeschluß sind auch § 218 Abs. 1 und § 263 Abs. 3 Satz 2 und 3 entsprechend anzuwenden. [2]In dem Umwandlungsbeschluß kann bestimmt werden, daß Mitglieder, die dem formwechselnden Verein weniger als drei Jahre vor der Beschlußfassung über den Formwechsel angehören, von der Beteiligung an der Aktiengesellschaft ausgeschlossen sind.

(2) [1]Das Grundkapital der Aktiengesellschaft ist in der Höhe des Grundkapitals vergleichbarer Versicherungsunternehmen in der Rechtsform der Aktiengesellschaft festzusetzen. [2]Würde die Aufsichtsbehörde einer neu zu gründenden Versicherungs-Aktiengesellschaft die Erlaubnis zum Geschäftsbetrieb nur bei Festsetzung eines höheren Grundkapitals erteilen, so ist das Grundkapital auf diesen Betrag festzusetzen, soweit dies nach den Vermögensverhältnissen des formwechselnden Vereins möglich ist. [3]Ist eine solche Festsetzung nach den Vermögensverhältnissen des Vereins nicht möglich, so ist der Nennbetrag des Grundkapitals so zu bemessen, daß auf jedes Mitglied, das die Rechtsstellung eines Aktionärs erlangt, möglichst volle Aktien entfallen.

(3) Die Beteiligung der Mitglieder am Grundkapital der Aktiengesellschaft darf, wenn nicht alle Mitglieder einen gleich hohen Anteil erhalten sollen, nur nach einem oder mehreren der folgenden Maßstäbe festgesetzt werden:

1. **die Höhe der Versicherungssumme;**
2. **die Höhe der Beiträge;**
3. **die Höhe der Deckungsrückstellung in der Lebensversicherung;**
4. **der in der Satzung bestimmte Maßstab für die Verteilung des Überschusses;**
5. **ein in der Satzung bestimmter Maßstab für die Verteilung des Vermögens;**
6. **die Dauer der Mitgliedschaft.**

1 Nach Abs. 1 und § 218 Abs. 1 ist in dem Umwandlungsbeschluss auch die Satzung der AG festzustellen. Zur **Vermeidung von Teilrechten** bestimmt darüber hinaus der Verweis auf § 263 Abs. 3 S. 2 und 3, dass Aktien nur dann auf einen höheren Betrag als den Mindestbetrag nach § 8 Abs. 2 und 3 AktG (1 EUR) bestellt werden können, wenn volle Aktien mit dem höheren Betrag auf die Mitglieder entfallen. Zudem darf bei einer Ermächtigung zur Ausgabe eines genehmigten Kapitals das Bezugsrecht der Aktionäre nicht ausgeschlossen werden.

2 Abs. 1 S. 2 sieht zudem vor, dass bestimmt werden kann, dass Mitglieder, die dem Verein **weniger als drei Jahre** vor Beschlussfassung angehören, von der Beteiligung an der AG ausgeschlossen sind. Die betroffenen Mitglieder scheiden aus dem Rechtsträger folglich mit Wirksamwerden des Formwechsels aus. Ein Anspruch auf Abfindung besteht nach hM nicht.[1]

3 Das **Grundkapital** der AG kann nicht frei festgesetzt werden. Maßgeblich hierfür ist nach Abs. 2 vielmehr die Grundkapitalziffer, die die Aufsichtsbehörde bei einer Neugründung einer Versicherungs-AG für die Erlaubnis zum Geschäftsbetrieb fordern würde. Es ist also das Grundkapital **vergleichbarer Versicherungsunternehmen** festzusetzen.[2] Abs. 2 S. 2 2. Halbsatz stellt jedoch klar, dass dies nur gilt, sofern die Grundkapitalhöhe nach den Vermögensverhältnissen des formwechselnden Vereins erreicht werden kann; das Unter-Pari-Emissionsverbot gilt also auch hier.[3]

4 Abs. 3 bestimmt den Maßstab, nach dem die Aktien an der Versicherungs-AG zu verteilen sind. Dabei geht das Gesetz grundsätzlich von der **gleichen Beteiligung** sämtlicher Mitglieder/Aktionäre aus. Wenn hiervon abgewichen werden soll, muss diese Abweichung sich an den in Abs. 3 näher bestimmten Kriterien orientieren, wobei hier auch eine Kombination aus den verschiedenen Kriterien möglich ist.[4]

1 Lutter/*Hübner*, § 294 UmwG Rn 3 mwN.
2 Lutter/*Hübner*, § 294 UmwG Rn 4.
3 Schmitt/Hörtnagl/Stratz/*Stratz*, § 294 UmwG Rn 3; Lutter/*Hübner*, § 294 UmwG Rn 9.
4 Schmitt/Hörtnagl/Stratz/*Stratz*, § 294 UmwG Rn 4.

§ 295 Kapitalschutz

Bei der Anwendung der Gründungsvorschriften des Aktiengesetzes ist auch § 264 Abs. 1 und 3 entsprechend anzuwenden.

1 Die Bestimmung ist Ausdruck des Verbotes der **Unter-Pari-Emission**. Das Vermögen des VVaG muss den Kapitalschutzbestimmungen der AG genügen.

2 Die aktienrechtlichen Gründungsvorschriften sind größtenteils entsprechend anzuwenden. § 197, der die Gründungsvorschriften für entsprechend anwendbar erklärt, wird durch § 264 Abs. 3 dahin gehend modifiziert, dass eine **Gründungsprüfung** durch einen oder mehrere Prüfer nach § 33 Abs. 2 AktG stets stattzufinden hat. Demgegenüber sind §§ 32, 35 Abs. 1 und 2 und 46 AktG nicht anzuwenden, dementsprechend entfällt der Gründungsbericht durch die Gründer (Mitglieder) sowie deren Haftung für die Richtigkeit der Gründungsprüfung.

3 Ergänzend zu der Gründungsprüfung findet eine **Prüfung durch die Aufsichtsbehörde** nach § 14 a VAG statt.[1]

§ 296 Anmeldung des Formwechsels

Auf die Anmeldung nach § 198 ist § 246 Abs. 1 und 2 entsprechend anzuwenden.

1 Die Anmeldung des Formwechsels muss durch den Vorstand des VVaG erfolgen. Auch die **Vorstandsmitglieder** der AG sind nach § 246 Abs. 2 zur Eintragung in das Handelsregister anzumelden. Da VVaG und AG beide im Handelsregister geführt werden, kommt dem in § 198 Abs. 2 dargestellten Anmeldungsprocedere nur Bedeutung zu, wenn der Formwechsel mit einer Sitzverlegung kombiniert wird. Im Übrigen wird auf die Kommentierung zu § 246 verwiesen. Ein Verweis auf § 246 Abs. 3 fehlt; dementsprechend ist bei der Anmeldung des Formwechsels des VVaG in eine AG eine Erklärung des Vorstandes zur **Einlagenleistung** abzugeben (§ 197, § 37 Abs. 1 AktG).

2 Aus einem Vergleich mit dem Wortlaut des § 222 ergibt sich, dass eine Anmeldung durch den Vorstand in vertretungsberechtigter Zahl ausreicht. Allerdings muss die Erklärung nach § 197, § 37 Abs. 1 AktG von allen Vorstandsmitgliedern abgegeben werden.[1] Gleiches gilt in Bezug auf die Versicherung der Vorstände zu § 37 Abs. 2 AktG. Regelmäßig werden daher **sämtliche Vorstandsmitglieder** die Anmeldung zusammen mit den Erklärungen und Versicherungen unterzeichnen.

§ 297 (aufgehoben)

§ 298 Wirkungen des Formwechsels

[1]Durch den Formwechsel werden die bisherigen Mitgliedschaften zu Aktien und Teilrechten. [2]§ 266 Abs. 1 Satz 2, Abs. 2 und 3 ist entsprechend anzuwenden.

1 Der Formwechsel führt dazu, dass aus den bisherigen Mitgliedschaften Aktien und Teilrechte entstehen. Die Bestimmung macht damit deutlich, dass zwar jedes Mitglied zumindest **eine Aktie** halten muss, darüber hinaus jedoch die Ausgabe von Teilrechten nicht ausgeschlossen ist. Der Verweis auf § 266 Abs. 2 und 3 stellt klar, dass diese Teilrechte selbstständig sind, die Rechte aus einer Aktie nur ausgeübt werden können, wenn die Teilrechte in einer Hand vereinigt oder sich die Inhaber zur Ausübung zusammengeschlossen haben und die Gesellschaft die

1 Lutter/*Hübner* § 295 UmwG Rn 1.
1 *Hüffer*, § 37 AktG Rn 1 iVm § 36 AktG Rn 3.

Zusammenführung der Teilrechte vermitteln soll. Der Verweis auf die Bestimmungen zu den Rechtsfolgen eines Formwechsels der eG in eine Kapitalgesellschaft stellt zudem klar, dass **dingliche Rechte**, die an dem Geschäftsguthaben der VVaG bestanden, an der Aktie fortbestehen.

§ 299 Benachrichtung der Aktionäre; Veräußerung von Aktien; Hauptversammlungsbeschlüsse

(1) Auf die Benachrichtigung der Aktionäre durch die Gesellschaft ist § 267, auf die Aufforderung zur Abholung der ihnen zustehenden Aktien und auf die Veräußerung nicht abgeholter Aktien ist § 268 entsprechend anzuwenden.

(2) [1]Auf Beschlüsse der Hauptversammlung der Aktiengesellschaft sowie auf eine Ermächtigung des Vorstandes zur Erhöhung des Grundkapitals ist § 269 entsprechend anzuwenden. [2]Die Aufsichtsbehörde kann Ausnahmen von der entsprechenden Anwendung des § 269 Satz 1 zulassen, wenn dies erforderlich ist, um zu verhindern, daß der Aktiengesellschaft erhebliche Nachteile entstehen.

Abs. 1 und Abs. 2 S. 1 verweisen auf die entsprechenden Bestimmungen des Formwechsels 1
einer eG in eine Kapitalgesellschaft. In Ergänzung bestimmt Abs. 2 S. 2, dass die Aufsichtsbehörde Ausnahmefälle von dem in § 269 S. 1 enthaltenen Verbot erteilen kann, **Grundlagenbeschlüsse** zu fassen, bevor nicht die in § 269 genannten Aktien abgeholt oder veräußert sind. Auf diese Weise kann die Aufsichtsbehörde beispielsweise Satzungsänderungen zulassen, die für die Gesellschaft notwendig erscheinen, selbst wenn bislang noch nicht Aktien abgeholt wurden, die insgesamt mindestens 6/10 des Grundkapitals erreichen.

§ 300 Abfindungsangebot

Auf das Abfindungsangebot nach § 207 Abs. 1 Satz 1 ist § 270 Abs. 1 entsprechend anzuwenden.

Die Mitglieder des VVaG können nach näherer Maßgabe von §§ 270 Abs. 1, 207 Abs. 1 gegen 1
Barabfindung aus der Gesellschaft ausscheiden, wenn sie dem Formwechsel bis zum Ablauf des dritten Tages vor dem Tag, an dem Umwandlungsbeschluss gefasst worden ist, durch eingeschriebenen Brief **widersprechen**. Genauso ist der Widerspruch in der Versammlung möglich und zwar zur Niederschrift des beurkundenden Notars (§ 207 Abs. 1 S. 1). Zu der Frage, ob auch diejenigen Mitglieder, die an einer Vertreterversammlung nicht teilnehmen können, barabfindungsberechtigt sind und eine zustimmende Stimmabgabe des Barabfindungsberechtigten in der Versammlung schädlich ist, vgl Kommentierung zu § 270 Rn 3 und 4.

Sechster Abschnitt Formwechsel von Körperschaften und Anstalten des öffentlichen Rechts

Literatur:

Herdegen, Die vom Bundesrat angestrebte Festschreibung der Privilegien öffentlich-rechtlicher Kreditinstitute: Gefahr für die EG-Wettbewerbsordnung, WM 1997, 1130; *Spannowsky*, Der Einfluss öffentlich-rechtlicher Zielsetzungen auf das Statut privatrechtlicher Eigengesellschaften in öffentlicher Hand: – Öffentlich-rechtliche Vorgaben, insbesondere zur Ingerenzpflicht –, ZGR 1996, 400; *Schwarz*, Das neue Umwandlungsrecht, DStR 1994, 1694; *Breymaier*, Die Fortgeltung von Betriebsvereinbarungen bei Unternehmensumwandlung, 2003; *Gottschalk*, Der „erste" Aufsichtsrat bei Umwandlung einer Anstalt des öffentlichen Rechts in eine mitbestimmte Aktiengesellschaft, NZG 2003, 713; *Gerick*, Nochmals: Anstaltslast und Gewährträgerhaftung bei kommunalen Sparkassen und Landesbanken, BB 1998, 494; *Thode/Peres*, Anstaltslast und Gewährträgerhaftung bei kommunalen Sparkassen und Landesbanken, BB 1997, 1749.

§ 301 Möglichkeit des Formwechsels

(1) Soweit gesetzlich nichts anderes bestimmt ist, kann eine Körperschaft oder Anstalt des öffentlichen Rechts durch Formwechsel nur die Rechtsform einer Kapitalgesellschaft erlangen.

(2) Der Formwechsel ist nur möglich, wenn die Körperschaft oder Anstalt rechtsfähig ist und das für sie maßgebende Bundes- oder Landesrecht einen Formwechsel vorsieht oder zuläßt.

I. Normzweck

1 Der Sechste und letzte Abschnitt des Zweiten Teils des Fünften Buches regelt den Formwechsel von Körperschaften und Anstalten des öffentlichen Rechts, welche nach § 191 Abs. 1 Nr. 6 als formwechselnder Rechtsträger an einer Umwandlung beteiligt sein können. Mit der exponierten Regelung in den §§ 301–304 trägt der Gesetzgeber dem **Sondercharakter** öffentlich-rechtlich verfasster Rechtsträger Rechnung.[1] Deshalb tritt der Sechste Abschnitt zu den allgemeinen Vorschriften der §§ 190–213 ergänzend hinzu. Die Regelungen sind weitestgehend übereinstimmend mit den §§ 385 a–c AktG aF und § 59 UmwG 1969, nach welchen bereits vor dem UmwG 1994 der Formwechsel rechtsfähiger Körperschaften und Anstalten des öffentlichen Rechts in die Rechtsformen einer AG oder GmbH zulässig war.

2 In **Abweichung** zur geltenden Rechtslage vor dem UmwG 1994 und dem Regierungsentwurf zu § 301 legt die Vorschrift in Abs. 1 Hs 1 fest, dass der Formwechsel nur zulässig ist „soweit gesetzlich nichts anderes bestimmt ist". Diese Formulierung geht auf die Initiative des Bundesrates zurück. In dessen Stellungnahme zum Regierungsentwurf von § 301 hat der Bundesrat darauf hingewiesen, dass in den Ländern zum Teil das Bedürfnis bestanden habe, genossenschaftlich strukturierte Kreditinstitute, die kraft früherer Verleihung den Status einer Körperschaft oder Anstalt des öffentlichen Rechts besaßen, in eine eG umzuwandeln.[2] Die Änderung

1 Begr. RegE zum Sechsten Abschnitt, BR-Drucks. 75/94, 169.

2 Stellungnahme des Bundesrates zu § 301, BR-Drucks. 75/94, 11.

des Wortlauts sollte die Möglichkeit zur Umwandlung nach landesrechtlichen Bestimmungen eröffnen.[3]

§ 301 Abs. 1 Hs 2 beschränkt den Anwendungsbereich der Vorschrift auf Formwechsel in eine **Kapitalgesellschaft.** Als mögliche Zielrechtsträger kommen nach dem UmwG damit lediglich die Rechtsformen der AG, GmbH und KGaA in Betracht. 3

§ 301 Abs. 2 übernimmt wortgleich die Regelungen in § 385 a Abs. 2 AktG aF und § 59 Abs. 2 UmwG 1969 und schreibt den Grundsatz des **Primats des öffentlichen Rechts** fest.[4] Danach ist der Formwechsel von Körperschaften oder Anstalten des öffentlichen Rechts nach dem UmwG nur aufgrund expliziter spezialgesetzlicher Ermächtigungsgrundlage möglich.[5] 4

II. Praktische Relevanz

Für öffentlich-rechtlich verfasste Körperschaften und Anstalten kann die mit dem Formwechsel einhergehende **Privatisierung der Rechtsform** in vielfacher Hinsicht vorteilhaft sein. In erster Linie schafft der Formwechsel die Grundvoraussetzungen für eine Unternehmensveräußerung. Zudem kann durch die Wahl der Rechtsform einer AG oder KGaA mit einem Börsengang („going public") Eigenkapital über die Börse zu günstigeren Konditionen bezogen werden, als vergleichsweise bei der Beschaffung von Fremdkapital. Der Formwechsel ermöglicht darüber hinaus Fusionen mit anderen privatrechtlichen Unternehmen.[6] Durch die „Flucht aus den Bindungen des öffentlichen Dienstrechts"[7] ergeben sich aus der privatrechtlich organisierten Rechtsform nicht zuletzt eine Vielzahl struktureller Vorteile, welche aus der Nichtöffentlichkeit, der Effizienzsteigerung oder dem größeren unternehmerischen Spielraum hervorgehen.[8] 5

Auf der anderen Seite steht der öffentlichen Hand als gewinnbringender Gegenentwurf zur Privatisierung durch Formwechsel die **stille Beteiligung** iSd §§ 230 ff HGB zur Verfügung.[9] Im Wege einer Satzungsänderung oder durch landesrechtliche Bestimmung kann die Entgegennahme stiller Einlagen von natürlichen und juristischen Personen des Privatrechts vorgesehen werden. Dieses Modell hat sich in der Praxis insb. bei der Privatisierung von Sparkassen bewehrt.[10] 6

So attraktiv der Formwechsel für einen öffentlich-rechtlich strukturierten Rechtsträger auch sein kann, so schwindend gering lässt sich das **praktische Bedürfnis** qualifizieren, den Formwechsel (komplett) nach den Vorschriften des UmwG abzuwickeln.[11] Denn indem der Formwechsels wegen § 301 Abs. 2 stets eine spezialgesetzliche Ermächtigungsgrundlage verlangt, liegt es nahe, bei der Schaffung eines entsprechenden Landes- oder Bundesgesetzes den bereits betriebenen Aufwand dazu zu nutzen, gleich die gesamte Umwandlung durch Gesetz vorzusehen, um einen Rückgriff auf die Vorschriften des UmwG zu vermeiden. Paradigmatisch hierfür stehen etwa der Formwechsel der Deutschen Genossenschaftsbank[12] oder der Deutschen Siedlungs- und Landesrentenbank,[13] welche unter vollständigem Ausschluss des UmwG nach Bundesgesetz erfolgten. 7

3 Stellungnahme des Bundesrates zu § 301, BR-Drucks. 75/94, 11.
4 Semler/Stengel/*Perlitt*, § 301 Rn 31.
5 Lutter/*H. Schmidt*, § 301 Rn 7; Semler/Stengel/*Perlitt*, § 301 Rn 31; Schmitt/Hörtnagl/Stratz/*Stratz*, § 301 Rn 3.
6 Lutter/*H. Schmidt*, Vor § 301 Rn 2.
7 Widmann/Mayer/*Vossius*, § 301 Rn 5.
8 Eingehend zu den Motiven für einen Formwechsel Widmann/Mayer/*Vossius*, § 301 Rn 5.
9 So auch Semler/Stengel/*Perlitt*, § 301 Rn 14; vgl etwa die stille Beteiligung des Bundes an der Commerzbank AG.
10 So etwa nach § 15 des Gesetzes über die Errichtung der Landesbank Berlin. Der deutsche Sparkassen und Giroverband hat die Möglichkeit einer stillen Beteiligung an den Landessparkassen durch Landesgesetz ausdrücklich gefordert, MünchHdbGesR/*Bezzenberger/Keul*, Bd. 2, § 75 Rn 20 Fn 47.
11 So auch Lutter/*H. Schmidt*, Vor § 301 Rn 3; Widmann/Mayer/*Vossius*, § 301 Rn 4; Semler/Stengel/*Perlitt*, § 301 Rn 11.
12 § 1 Abs. 1 S. 2 des Gesetzes zur Umwandlung der Deutschen Genossenschaftsbank v. 13.8.1998. BGBl. I S. 2102.
13 § 1 Abs. 1 S. 2 des Gesetzes über die Umwandlung der Deutschen Siedlungs- und Landesrentenbank in eine Aktiengesellschaft v. 16. 12.1999, BGBl. I S. 2441.

8 In diesem Zusammenhang ist allerdings streng zwischen **Landes- und Bundesrecht** zu unterscheiden: Wegen der fehlenden Gesetzgebungskompetenz der Bundesländer für das Umwandlungsrecht kann lediglich der Bund durch Gesetz die Anwendung des UmwG für die vom UmwG zugelassene Fälle vollständig ausschließen.[14] Aufgrund des Grundsatzes „*lex posterior derogat legi priori*" geht dann das neu geschaffene Bundesrecht dem UmwG vor. Die Länder können jedoch von dem Regelungsvorbehalt des § 302 S. 1 Gebrauch machen und die Anwendbarkeit der Vorschriften des Ersten Teils des Fünften Buches des UmwG ausschließen.[15]

9 Die Durchführung des Formwechsels außerhalb des UmwG widerspricht auch nicht Sinn und Zweck des Normgefüges, da der Gesetzgeber mit § 1 Abs. 2 gerade ausdrücklich klarstellt, dass **Umwandlungen anderer Art** außerhalb des UmwG durch Bundes- oder Landesgesetz möglich sind. *Schwarz* qualifiziert deshalb in diesem Zusammenhang das UmwG insgesamt zutreffend als bloßes „Angebot an den Gesetzgeber".[16]

III. Beteiligte Rechtsträger (Abs. 1)

10 Nach § 301 Abs. 1 Hs 1 kann eine Körperschaft oder Anstalt des öffentlichen Rechts durch Formwechsel nur die Rechtsform einer Kapitalgesellschaft erlangen, soweit nichts anderes gesetzlich bestimmt ist. § 301 Abs. 1 Hs 2 beschränkt den Kreis der beteiligungsfähigen Ausgangsrechtsträger auf Körperschaften und Anstalten des öffentlichen Rechts.

11 **1. Ausgangsrechtsträger. Öffentlich rechtliche Körperschaften** sind alle rechtsfähigen, mitgliedschaftlich verfassten Organisationen, die durch staatlichen Hoheitsakt geschaffen wurden und unter staatlicher Aufsicht öffentliche Aufgaben wahrnehmen.[17] Dazu zählen insb. Personalkörperschaften wie Ärztekammern, Rechtsanwaltskammern, Hochschulen, Rundfunkanstalten oder Universitäten. Einbegriffen sind auch kirchenrechtliche Körperschaften, die durch oder aufgrund von autonomen Kirchenrechts errichtet wurden.[18]

12 **Anstalten des öffentlichen Rechts** sind hingegen zu einer rechtsfähigen Verwaltungseinheit verselbstständigte Zusammenfassungen von Bediensteten und Sachmitteln, die auf die dauerhafte Erfüllung von Verwaltungsaufgaben ausgerichtet sind.[19] Hierzu zählen etwa öffentlich-rechtlich strukturierte Kreditinstitute, Schwimmbäder, Bibliotheken oder allgemein Betriebe der Daseinsvorsorge.

13 **Öffentlich-rechtlich verfasste Stiftungen** können sich hingegen nicht als Ausgangsrechtsträger an einer formwechselnden Umwandlung nach den §§ 301-304 beteiligen.[20] Nach § 24 Abs. 2 StiftG sind sie zwar auch durch staatlichen Hoheitsakt errichtet. Indem bei der Stiftung jedoch die verselbstständigte Vermögensmasse im Vordergrund steht, bei den Anstalten und Körperschaften hingegen ihre Rechtsbeziehung zu Dritten, unterscheidet sich ihr Wesen maßgeblich von dem der Körperschaften und Anstalten.[21] Das UmwG steht deshalb für Formwechsel öffentlich-rechtlicher Stiftungen nicht zur Verfügung.

14 **2. Zielrechtsträger.** Als **Zielrechsträger** kommen nach § 301 Abs. 1 Hs 2 ausschließlich Kapitalgesellschaften in Betracht. Darunter fallen nach § 191 Abs. 1 Nr. 3 die GmbH, AG und KGaA. Der Kreis der in Frage kommenden Zielrechtsträger wird durch den Regelungsvorbehalt in § 301 Abs. 1 Hs 1 erweitert. Originär wurde der Regelungsvorbehalt für den Fall der Umwandlung öffentlich-rechtlicher Kreditinstitute in eingetragene Genossenschaften vorgese-

14 Lutter/*H. Schmidt*, Vor § 301 Rn 3; Semler/Stengel/*Perlitt*, § 301 Rn 11.
15 S. auch im Formulierungsvorschlag unter Rn 20.
16 *Schwarz*, DStR 1994, 1694, 1697.
17 *Maurer*, Allgemeines Verwaltungsrecht, § 23 Rn 37; Maunz/Dürig/*Ibler*, Art. 86 Rn 71.
18 Semler/Stengel/*Perlitt*, § 301 Rn 17.
19 *Maurer*, Allgemeines Verwaltungsrecht, § 23 Rn 47; Maunz/Dürig/*Ibler*, Art. 86 Rn 71.
20 Semler/Stengel/*Perlitt*, § 301 Rn 22; Lutter/*H. Schmidt*, § 301 Rn 5.
21 Semler/Stengel/*Perlitt*, § 301 Rn 22; Widmann/Mayer/*Vossius*, Rn 21.

hen, bezieht sich darüber hinaus jedoch auf sämtliche weitere von § 191 Abs. 2 genannte Rechtsformen.[22]

Streitig ist hingegen, ob eine Umwandlung in eine **andere** als von § 191 Abs. 2 genannte Rechtsform aufgrund von Bundes- oder Landesgesetz zulässig ist.[23] Das praktische Bedürfnis hieran dürfte zwar verschwindend gering sein; dafür spricht in dogmatischer Hinsicht jedoch stark die Wertung von § 1 Abs. 2.[24] 15

3. Weitere Einschränkungen. In aller Regel führt die formwechselnde rechtsfähige Körperschaft oder Anstalt ihre hoheitlichen Aufgaben unverändert in privatrechtlicher Rechtsform fort. Denn in den wenigsten Fällen resultiert aus der Privatisierung eine echte Aufgabenprivatisierung mit einem vollständigen Rückzug des Staates aus der öffentlichen Aufgabenverantwortung.[25] Beschränkungen ergeben sich dann nicht nur wegen § 301 Abs. 1 Hs 2 im Hinblick auf die realisierbare Zielrechtsform. Vielmehr unterliegt die Zulässigkeit des Formwechsels dann auch immer sämtlichen der **Rechtsordnung immanenten Schranken.**[26] So kann die Aufgabenprivatisierung dann unzweckmäßig sein, wenn hierfür keine Rechtsgrundlage existiert.[27] 16

Probleme ergeben sich insb. bei Tätigkeiten im Bereich der **Eingriffsverwaltung,** so dass etwa eine Privatisierung auf dem Gebiet der Justiz, Polizei und dem Strafvollzug von vornherein ausscheidet.[28] Zulässig ist hingegen im Allgemeinen die Privatisierung von Aufgaben der **Leistungsverwaltung,** wobei sich dann allerdings die Zielgesellschaft erwerbswirtschaftlich vollständig auf die Ebene der Gleichordnung im Verhältnis zu den konkurrierenden Wirtschaftsunternehmen begeben muss.[29] 17

IV. Rechtsfähigkeit des Rechtsträgers und gesetzliche Erlaubnis (Abs. 2)

1. Rechtsfähigkeit. § 301 Abs. 2 Hs 1 ordnet weiterhin an, dass die formwechselnde Körperschaft oder Anstalt **rechtsfähig** sein muss. Die Bewertung der Rechtsfähigkeit erfolgt nach öffentlich-rechtlichem Verständnis und ist gegeben, wenn dem Rechtsträger durch staatlichen Hoheitsakt die Rechtsfähigkeit wirksam verliehen wurde.[30] Bloße Teilrechtsfähigkeit ist ungenügend.[31] 18

2. Gesetzliche Erlaubnis. Zuletzt muss der Formwechsel von dem für den formwechselnden Rechtsträger maßgeblichen Bundes- oder Landesrecht vorgesehen oder zugelassen sein, § 301 Abs. 2 Hs 2. Notwendig ist eine ausdrückliche Anordnung.[32] In Abweichung zu § 168 wird das bloße Schweigen des Gesetzgebers den Anforderungen des § 301 nicht gerecht.[33] An die inhaltliche Ausgestaltung der **Ermächtigungsgrundlage** sind jedoch nicht allzu hohe Anforderungen zu stellen: Ausreichend ist, wenn das Gesetz den Formwechsel schlichtweg erlaubt.[34] 19

V. Formulierungsvorschlag

In Übereinstimmung mit den bemühten Überlegungen ist es aus Gründen der Verfahrensökonomie ratsam, bei der Umwandlung öffentlich rechtlicher Körperschaften oder Anstalten die Anwendbarkeit des UmwG weitestgehend **auszuschließen** (s. Rn 7 ff). Dabei ist jedoch unbedingt zwischen Bundes- und Landesrecht dahin gehend zu unterscheiden, dass ein vollständig außerhalb des UmwG abgewickelter Formwechsel nur durch den Bund vorgesehen werden 20

22 Semler/Stengel/*Perlitt*, § 301 Rn 26; Schmitt/Hörtnagl/Stratz/*Stratz*, § 301 Rn 4.
23 Zum Streitstand eingehend Semler/Stengel/*Perlitt*, § 301 Rn 28 f.
24 So auch Semler/Stengel/*Perlitt*, § 301 Rn 29.
25 *Spannowsky*, ZGR 1996, 400, 401.
26 Semler/Stengel/*Perlitt*, § 301 Rn 34; Widmann/Mayer/*Vossius*, Rn 11.
27 Widmann/Mayer/*Vossius*, Rn 12.
28 Semler/Stengel/*Perlitt*, § 301 Rn 34.
29 Widmann/Mayer/*Vossius*, Rn 13: „Dies setzt […] voraus, dass die neuen Aufgaben völlig den Kräften des Marktes überlassen werden können."; zudem wohl auch *Spannowsky*, ZGR 1996, 400, 404.
30 Lutter/*H. Schmidt*, § 301 Rn 6; Schmitt/Hörtnagl/Stratz/*Stratz*, § 301 Rn 2.
31 Lutter/*H. Schmidt*, § 301 Rn 6; Semler/Stengel/*Perlitt*, § 301 Rn 21.
32 Lutter/*H. Schmidt*, § 301 Rn 7; Semler/Stengel/*Perlitt*, § 301 Rn 31.
33 Semler/Stengel/*Perlitt*, § 301 Rn 31.
34 Semler/Stengel/*Perlitt*, § 301 Rn 31.

kann. Dem Landesgesetzgeber steht jedoch wegen § 302 S. 1 die Möglichkeit offen, die Anwendbarkeit der Vorschriften des Ersten Teils des Fünften Buches des UmwG auszuschließen (s. Rn 8). Der folgende Formulierungsvorschlag soll beide Optionen vereinen. Notwendig ist zudem grundsätzlich eine den Formwechsel regelnde Rechtsverordnung. Wegen Art. 80 Abs. 1 S. 2 GG benötigt diese ein ermächtigendes Gesetz, welches auch den Anforderungen von § 301 Abs. 2 Hs 2 genügen muss.

▶ **Gesetz zur Umwandlung der „X-Anstalt/Körperschaft"**

Vom ...

§ 1 Gesetzeszweck

Dieses Gesetz regelt die Zulässigkeit der Umwandlung der „X-Anstalt/Körperschaft" in die Rechtsform" der ... (GmbH/AG/KGaA).

§ 2 Verordnungsermächtigung zur Umwandlung (und Veräußerung) der „X-Anstalt/Körperschaft"

(1) Die ... (Behörde/Regierung) wird ermächtigt, durch Verordnung den Formwechsel der „X-Anstalt/Körperschaft" in die Rechtsform einer ... (GmbH/AG/KGaA) zu regeln.

(2) Bei dem Formwechsel kann durch die Verordnung von den Vorschriften des Umwandlungsgesetzes abgewichen werden. ◀

▶ **Landes/-Bundesverordnung über die formwechselnde Umwandlung der „X-Anstalt/Körperschaft"**

Aufgrund des § 2 Abs. 1 des Gesetzes zur Umwandlung der X-Anstalt/Körperschaft verordnet ... (Verordnungsgeber):

§ 1 Formwechsel der „X-Anstalt/Körperschaft"

(1) Die „X-Anstalt/Körperschaft" in ... wird mit dem Tag des Inkrafttretens nach § 3 in eine ... (Zielrechtsform) formwechselnd umgewandelt. Der Formwechsel wird mit der Eintragung der Gesellschaft in das Handelsregister wirksam.

(2) Alt. 1: Das Land ist Verordnungsgeber:

Das Umwandlungsgesetz vom 28. Oktober 1994 (BGBl. I S. 3210, 1995 I S. 428) ist mit Ausnahme des Ersten Teils des Fünften Buches anzuwenden, soweit diese Verordnung nichts Abweichendes regelt.

(2) Alt: 2: Der Bund ist Verordnungsgeber:

Die Vorschriften des Umwandlungsgesetzes vom 28. Oktober 1994 (BGBl. I S. 3210, 1995 I S. 428) sind nicht anzuwenden.

(3) Für den Formwechsel gilt:

1. Die neue Rechtsform des umgewandelten Rechtsträgers ist eine ... (Zielrechtsform).
2. Die Firma des umgewandelten Rechtsträgers lautet ...
3. Der umgewandelte Rechtsträger hat seinen Sitz in ...
4. Das Land .../Der Bund gilt als Gründer der A und übernimmt das gesamte Stammkapital (Wirkung der Umwandlung für die Anteilsinhaber).
5. Ggf Entbehrlichkeit des Umwandlungsberichts (§ 192 Abs. 2).
6. Die Satzung der A wird im Anhang ... zu diesem Gesetz festgestellt.
7. Die Vertretung des Rechtsträgers erfolgt durch ...
8. Mitglieder des Aufsichtsrates sind die ... Ihre Amtszeit endet mit der Wahl des Aufsichtsrates durch die nach § 1 Abs. 3 Nr. 9 einzuberufende Hauptversammlung/Gesellschafterversammlung. Die Zusammensetzung des Aufsichtsrates sowie die Bestellung seiner Mitglieder richten sich nach den maßgeblichen Vorschriften des AktG/GmbHG.[35]
9. Die erste Hauptversammlung/Gesellschafterversammlung ist durch den Vorstand/Geschäftsführer innerhalb von drei Monaten nach Inkrafttreten dieses Gesetzes einzuberufen.

35 Sog. „öffentlich-rechtliche Lösung", s. hierzu § 303 Rn 3.

10. Sonstige Einzelheiten, insb. hinsichtlich der Bestimmung der zukünftigen Anteilsinhaber bzw der Ausgabe von Aktien oder Schuldverschreibungen etc.

§ 2 Anmeldung und Bekanntmachung des Formwechsels

Der Formwechsel ist zur Eintragung in das Handelsregister und zur Bekanntmachung der Eintragung bei dem zuständigen Gericht anzumelden. Mit dem Ablauf des Tages, an dem das letzte der die Bekanntmachung enthaltenden Blätter erschienen ist, gilt die Bekanntmachung als erfolgt.

§ 3 Inkrafttreten; Geltungsdauer/Außerkrafttreten

Diese Verordnung tritt am Tage nach ihrer Verkündung in Kraft. ◀

§ 302 Anzuwendende Vorschriften

[1]Die Vorschriften des Ersten Teils sind auf den Formwechsel nur anzuwenden, soweit sich aus dem für die formwechselnde Körperschaft oder Anstalt maßgebenden Bundes- oder Landesrecht nichts anderes ergibt. [2]Nach diesem Recht richtet es sich insbesondere, auf welche Weise der Gesellschaftsvertrag oder die Satzung der Gesellschaft neuer Rechtsform abgeschlossen oder festgestellt wird, wer an dieser Gesellschaft als Anteilsinhaber beteiligt wird und welche Person oder welche Personen den Gründern der Gesellschaft gleichstehen; die §§ 28 und 29 des Aktiengesetzes sind nicht anzuwenden.

I. Normzweck

§ 302 betont die besondere Bedeutung der öffentlich-rechtlichen Vorschriften für den Formwechsel und geht auf die im Wesentlichen vergleichbaren Regelungen von § 385 a Abs. 3, Abs. 4 AktG aF für den Formwechsel einer AG sowie § 59 Abs. 3, Abs. 4 UmwG 1969 für die Umwandlung einer GmbH zurück.[1] Der Gesetzgeber stellt mit § 302 S. 2, wonach die Vorschriften des Ersten Teils des Fünften Buches auf den Formwechsel nur dann anwendbar sind, wenn sich aus dem Bundes- oder Landesrecht nichts abweichendes ergibt, die eingeschränkte Brauchbarkeit der Regelungen des UmwG für den Formwechsel öffentlich-rechtlich verfasster Rechtsträger klar.[2] Hieraus ergibt sich ein umfassender **Vorrang des öffentlich-rechtlichen Umwandlungsrechts** vor den allgemeinen Vorschriften des Formwechsels. Die fehlende Vergleichbarkeit der Rechtsformen bedingt sich dadurch, dass im Gegensatz zu privatrechtlich organisierten Rechtsträgern bei Körperschaften und Anstalten keine Anteilsinhaber vorhanden sind, welche durch die allgemeinen Vorschriften geschützt werden müssen. § 302 enthält deshalb einen – nicht abschließenden – Katalog von Regelbeispielen, bei deren Vorliegen „insbesondere" die öffentlich-rechtlichen Umwandlungsvorschriften vorrangig anwendbar sind. 1

II. Vorrang des öffentlich-rechtlichen Umwandlungsrechts (S. 1)

Nach § 302 S. 1 haben die allgemeinen Vorschriften des Formwechsels den spezielleren bundes- und landesrechtlichen umwandlungsrechtlichen Regelungen zu weichen. Der Gesetzgeber schreibt hiermit den umfassenden **Geltungsvorrang** des öffentlichen Rechts vor, der in formeller Hinsicht nicht nur sämtliche förmliche Gesetze und Rechtsverordnungen erfasst, sondern auch Regelungen in der Satzung des Rechtsträgers selbst und sogar Verwaltungsakte einer Be- 2

1 Begr. RegE zu § 302, BR-Drucks. 75/94, 169.
2 Semler/Stengel/*Perlitt*, § 302 Rn 2.

hörde begreift.[3] In materieller Hinsicht gilt der Vorrang jedoch nicht grenzenlos: Die rechtsformspezifischen, zivilrechtlichen Gründungsvorschriften werden hiervon nicht berührt und bleiben uneingeschränkt anwendbar.[4]

III. Konkretisierung des Regelungsvorbehalts (S. 2 Hs 1)

3 **1. Allgemein.** Der Regelungsvorbehalt von § 302 S. 1 wird durch die exemplarische Aufzählung von **Regelbeispielen** in § 302 S. 2 Hs 1 präzisiert. Danach haben die §§ 190–213 insb. beim Abschluss des Gesellschaftervertrages und der Feststellung der Satzung, der Beteiligung der Anteilsinhaber und der Bestimmung der Gründereigenschaft, den spezielleren bundes- und landesrechtliche Bestimmungen zu weichen.

4 **2. Rechtsformspezifische Besonderheiten für das Verfahren.** Grundsätzlich bleibt es auch beim Formwechsel rechtsfähiger Körperschaften und Anstalten beim traditionellen, dreigliedrigen Ablauf des Formwechselverfahrens, so dass zwischen den **drei Phasen**: Vorbereitung, Beschlussfassung und Vollzug zu unterscheiden ist.[5] Dennoch können sich im Einzelfall aus der öffentlich-rechtlichen Struktur des formwechselnden Rechtsträgers Besonderheiten ergeben:

5 **a) Vorbereitung.** Das betrifft zum einen in der **Vorbereitungsphase** die Frage, ob und inwiefern auf die Erstattung eines Umwandlungsberichts nach § 192 Abs. 2 verzichtet werden kann. Schließlich setzt § 192 Abs. 2 die Existenz von Anteilsinhabern voraus, die gerade bei Körperschaften und Anstalten nicht vorhanden sind.[6] Stattdessen sind Körperschaften mitgliedschaftlich organisiert, Anstalten hingegen von Trägern errichtete juristische Personen des öffentlichen Rechts. Der Umwandlungsbericht ist deshalb verzichtbar, wenn die Anstalt nur über einen Träger verfügt oder an der Körperschaft nur ein Mitglied beteiligt ist (§ 192 Abs. 2 S. 1 Alt. 1).[7] Soweit mehrere Träger bzw Mitglieder existieren, müssen dann alle auf die Erstattung eines Umwandlungsberichts verzichten, § 192 Abs. 2 S. 1 Alt 2.[8] In Ermangelung einer Sonderregelung zu § 194 Abs. 2 ist der Entwurf des Umwandlungsbeschlusses zudem dem **Personalrat** zuzuleiten.[9]

Hinweis: Indem in der überwiegenden Zahl der Fälle bei Anstalten nur ein Träger vorhanden ist, entfällt hier regelmäßig die Erstattung eines Umwandlungsberichts nach § 192 Abs. 2 S. 1 Alt. 1.

6 **b) Beschluss.** Hinsichtlich der Zuständigkeiten und Mehrheitsverhältnisse für den **Umwandlungsbeschluss** enthält der Sechste Abschnitt keine Sonderregelungen, so dass die auf den Rechtsträger anwendbaren, spezialgesetzlichen Vorschriften einschlägig sind.[10] Das Bundes- oder Landesrecht kann zudem den Umwandlungsbeschluss durch entsprechende Regelung ersetzen.[11] Was den Inhalt des Umwandlungsbeschlusses anbelangt, entfallen die auf Personen- und Kapitalgesellschaften zugeschnittenen Mindestangaben des § 194, welche aufgrund der öffentlich-rechtlichen Organisationsstruktur hier leerlaufen würden.[12]

7 Hinsichtlich der **inhaltlichen Ausgestaltung des Gründungsstatuts** sind die Bestimmungen zum Mindestinhalt des GmbHG und AktG zwingend einzuhalten.[13] Umstritten ist dann, ob der Abschluss des Gesellschaftsvertrages bzw die Feststellung der Satzung auch notariell beurkundet werden muss.[14] Die wohl hM zum alten Recht verlangte allgemein die Einhaltung der notariellen Form.[15] Mit Blick auf den weiten Charakter des Regelungsvorbehalts dürfte es jedoch zulässig sein, aufgrund gesetzlicher Regelung den Beurkundungszwang auszuschließen.[16] Dies

3 Lutter/*H. Schmidt*, § 302 Rn 3.
4 S. § 303 Rn 2 ff.
5 Semler/Stengel/*Perlitt*, § 302 Rn 7; s. auch § 192 Rn 13.
6 S. Rn 1.
7 Semler/Stengel/*Perlitt*, § 302 Rn 9.
8 Semler/Stengel/*Perlitt*, § 302 Rn 9.
9 Semler/Stengel/*Perlitt*, § 302 Rn 11.
10 Semler/Stengel/*Perlitt*, § 302 Rn 12.
11 Semler/Stengel/*Perlitt*, § 302 Rn 12.
12 Semler/Stengel/*Perlitt*, § 302 Rn 13.
13 Semler/Stengel/*Perlitt*, § 302 Rn 26.
14 Vgl § 2 GmbHG, § 23 Abs. 1 AktG.
15 Lutter/*H. Schmidt*, § 302 Rn 7.
16 Lutter/*H. Schmidt*, § 302 Rn 7; Semler/Stengel/*Perlitt*, § 302 Rn 27.

gilt wohl auch dann, wenn der Abschluss des Gesellschaftsvertrages oder die Feststellung der Satzung durch ein Beschlussorgan der Ausgangsgesellschaft oder durch dafür bestimmte Personen erfolgen soll.[17]

Weiterhin steht es dem öffentlich-rechtlichen Umwandlungsrecht frei, die **zukünftigen Anteilsinhaber** (Aktionäre der AG, Gesellschafter und Kommanditaktionäre der KGaA und Gesellschafter der GmbH) zu bestimmen.[18] Auch diesbezüglich stellen die rechtsformspezifischen Vorschriften keine besonderen Anforderungen an das öffentliche Bundes- und Landesrecht. Enthält das öffentliche Recht keine Vorgaben, gilt das einschlägige Gründungsrecht vollumfänglich.[19] 8

Mangels existierender Anteilsinhaber bei der Ausgangsgesellschaft müssen zudem die **Gründer** des Zielrechtsträgers gesetzlich benannt werden.[20] Der Handlungsspielraum der öffentlichen Hand ist hierbei nicht limitiert, so dass die Gründer auch mit den zukünftigen Anteilsinhabern personenidentisch sein können.[21] 9

Hinweis: Soweit die Gründereigenschaft nicht gesetzlich zugewiesen ist, sind diejenigen Personen oder Institutionen als Gründer zu behandeln, die den Gesellschaftsvertrag abgeschlossen bzw die Satzung festgestellt haben.[22]

c) **Vollzug.** Was den **Vollzug** des Formwechsels anbelangt, ist aus arbeitnehmerischer Sicht zu erwähnen, dass der Formwechsel, ausweislich der Regelung in § 324, auch im Bereich öffentlich-rechtlich verfasster Körperschaften und Anstalten nicht zu einem Betriebsübergang nach § 613 a BGB führt.[23] Allerdings entfällt der Beamtenstatus der Mitarbeiter nach Art. 33 Abs. 4 GG iVm § 3 BeamStG, weil der neue Rechtsträger nicht nach § 2 BeamStG dienstherrenfähig ist. Mit Wirksamwerden des Formwechsels erlischt zudem das Amt des Personalrats.[24] 10

Hinweis: Vorsicht: Unter Umständen kann die Durchführung des Formwechsels von aufsichtsrechtlichen Genehmigungen abhängig gemacht werden.[25] So setzt etwa § 14 a VAG bei der Umwandlung von Versicherungsunternehmen eine Genehmigung der Aufsichtsbehörde voraus. Hier muss insofern stets die Existenz etwaiger Genehmigungsvorbehalte geprüft werden.

IV. Ausschluss der §§ 28, 29 AktG (S. 2 Hs 2)

Schließlich ordnet § 302 S. 2 Hs 2 die Unanwendbarkeit der §§ 28, 29 AktG an, wonach die satzungsfeststellenden Aktionäre und die Gründer der Gesellschaft personenidentisch sein müssen bzw die Gesellschaft mit der Übernahme aller Aktien durch die Gründer errichtet ist. Hintergrund der Regelung ist die **fehlende Vergleichbarkeit** des Formwechsels mit der Gründung einer AG. Denn im Gegensatz hierzu muss beim Formwechsel zwischen den die Satzung feststellenden Personen und den Gründern der Gesellschaft keine Identität bestehen.[26] § 302 S. 2 Hs 2 findet dabei auch bei der Umwandlung in eine KGaA Anwendung.[27] Zudem gilt der Ausschluss der §§ 28, 29 AktG entsprechend auch für den Formwechsel in eine GmbH.[28] 11

17 Lutter/*H. Schmidt*, § 302 Rn 7; Semler/Stengel/*Perlitt*, § 302 Rn 27.
18 Lutter/*H. Schmidt*, § 302 Rn 8.
19 Semler/Stengel/*Perlitt*, § 302 Rn 17.
20 Lutter/*H. Schmidt*, § 302 Rn 11; Semler/Stengel/*Perlitt*, § 302 Rn 28.
21 Lutter/*H. Schmidt*, § 302 Rn 9.
22 Lutter/*H. Schmidt*, § 302 Rn 11; Semler/Stengel/*Perlitt*, § 302 Rn 29; Widmann/Mayer/*Vossius*, § 302 Rn 71.
23 BAG RdA 2001, 236, 239; für eine analoge Anwendung von § 613 a BGB auf den Formwechsel öffentlich-rechtlicher Anstalten und Körperschaften etwa *Breymaier*, Die Fortgeltung von Betriebsvereinbarungen, S. 173.
24 Widmann/Mayer/*Vossius*, § 302 Rn 47; Semler/Stengel/*Perlitt*, § 302 Rn 39.
25 Semler/Stengel/*Perlitt*, § 302 Rn 31.
26 Lutter/*H. Schmidt*, § 302 Rn 12; Semler/Stengel/*Perlitt*, § 302 Rn 30; Widmann/Mayer/*Vossius*, Rn 69.
27 Lutter/*H. Schmidt*, § 302 Rn 12; Semler/Stengel/*Perlitt*, § 302 Rn 30.
28 Lutter/*H. Schmidt*, § 302 Rn 12; Semler/Stengel/*Perlitt*, § 302 Rn 30; Widmann/Mayer/*Vossius*, § 302 Rn 70.

§ 303 Kapitalschutz; Zustimmungserfordernisse

(1) Außer den für die neue Rechtsform maßgebenden Gründungsvorschriften ist auch § 220 entsprechend anzuwenden.

(2) [1]Ein Formwechsel in eine Kommanditgesellschaft auf Aktien bedarf der Zustimmung aller Anteilsinhaber, die in dieser Gesellschaft die Stellung eines persönlich haftenden Gesellschafters haben sollen. [2]Auf den Beitritt persönlich haftender Gesellschafter ist § 221 entsprechend anzuwenden.

I. Normzweck

1 § 303 Abs. 1 nimmt einschränkend auf den Regelungsvorbehalt des § 302 S. 1 Bezug und stellt den Vorrang der rechtsformspezifischen Gründungsvorschriften vor dem öffentlich-rechtlichen Umwandlungsrecht klar. Mit dem Verweis auf § 220 übernimmt die Vorschrift für den **Kapitalschutz** eine Regelung aus dem Abschnitt für die Umwandlung von Personengesellschaften, welche sonst nicht anwendbar wäre. § 303 Abs. 2 sieht hingegen das Zustimmungserfordernis und Einzelheiten zum Beitritt der persönlich haftenden Gesellschafter vor und ist Folge der Zulassung des Formwechsels in eine KGaA.[1]

II. Vorrang der Gründungsvorschriften (Abs. 1)

2 **1. Allgemeiner Vorrang.** § 303 Abs. 1 durchbricht das in § 302 S. 1 festgeschriebene Primat des öffentlichen Rechts dahin gehend, dass für die neue Rechtsform die **rechtsformspezifischen Gründungsvorschriften** maßgeblich sind. Indem bereits § 197 S. 1 die Anwendung der Gründungsvorschriften vorsieht, tritt § 302 S. 1 insofern lediglich klarstellend hinzu.

3 **2. Bildung des Aufsichtsrates.** In aller Regel verfügt die Mehrzahl öffentlich-rechtlich verfasster Einrichtungen bereits über einen Aufsichtsrat. Dennoch gilt der Grundsatz der **Amtskontinuität der Aufsichtsratsmitglieder** nach § 203 S. 1 für öffentlich-rechtlich verfasste Rechtsträger nicht.[2] Hier muss deshalb stets ein neuer Aufsichtsrat gebildet werden. Für die Bestellung des Aufsichtsrates beim Rechtsträger neuer Rechtsform bestehen grundsätzlich zwei Möglichkeiten: Einerseits kann durch Bundes- oder Landesrecht festgelegt werden, dass sich die Bestellung und Zusammensetzung des Aufsichtsrates nach den rechtsformspezifischen Gründungsvorschriften des Rechtsträgers neuer Rechtsform richtet, sog. „öffentlich-rechtliche Lösung".[3] Auf der anderen Seite bietet sich die sog. „privatrechtliche Lösung an, wonach auf eine spezielle gesetzliche Anordnung verzichtet wird.[4] Damit kommt es zur Anwendung von § 197 S. 1, wonach zwar auch die Gründungsvorschriften zu beachten sind, allerdings nicht auf die Bildung und Zusammensetzung des ersten Aufsichtsrates, § 197 S. 2 Hs 2. Stattdessen findet § 31 AktG zur Bestellung des Aufsichtsrates bei Sachgründung über § 197 S. 3 Anwendung.

4 **3. Kapitalschutz.** Durch die Einbeziehung der **Kapitalschutzbestimmung** des § 220 in den Sechsten Abschnitt wird die Zulässigkeit der Umwandlung in erster Linie davon abhängig gemacht, dass das Vermögen der Körperschaft oder Anstalt des öffentlichen Rechts nach Abzug der Schulden den Nennbetrag des Stammkapitals der entstehenden GmbH bzw des Grundkapitals der entstehenden AG/KGaA erreichen muss.[5] Die Sicherstellung der Reinvermögensdeckung bezweckt die Verhinderung eines Formwechsels bei Vorliegen einer Unterbilanz und

1 Begr. RegE zu § 303, BR-Drucks. 75/94, 169.
2 Lutter/*Decher/Hoger*, § 203 Rn 8; *Gottschalk*, NZG 2003, 713, 714.
3 *Gottschalk*, NZG 2003, 713, 714.
4 *Gottschalk*, NZG 2003, 713, 714.
5 S. § 220 Rn 2.

wird vom zuständigen Registergericht geprüft. Die ordnungsgemäße Kapitalaufbringung ist Voraussetzung für die Eintragung des Formwechsels im Handelsregister, § 197 iVm § 18 Abs. 1 AktG bzw § 9 c GmbHG. Durch Einreichung eines Sachgründungsberichts beim Wechsel in eine GmbH bzw eines Gründungsberichts bei der Umwandlung in eine AG/KGaA ist über ihr Vorliegen Nachweis zu führen.[6]

Darüber hinaus ist im Gründungsbericht bzw Sachgründungsbericht der bisherige Geschäftsverlauf und die Lage des formwechselnden Rechtsträgers darzulegen.[7] Für die **Darlegung der Lage** ist dabei auf die wirtschaftliche Situation im Einreichungszeitpunkt abzustellen.[8] 5

Schwieriger fällt jedoch die Bestimmung des Zeitraumes für die Erläuterung des bisherigen **Geschäftsverlaufes** aus: Dem Wortlaut folgend könnte hierunter der gesamte Zeitraum seit der Entstehung der Körperschaft oder Anstalt fallen. *Vossius* limitiert hingegen den einschlägigen Zeitraum auf die beiden Kalenderjahre, die dem Jahr des Formwechsels vorausgingen.[9] Das leuchtet ein, kann jedoch nicht vollends überzeugen. Zwar dürfte eine umfängliche Darstellung des gesamten Geschäftsverlaufes (mit teils irrelevanten Informationen) überflüssig sein. § 302 Abs. 1 dient jedoch dem Kapitalschutz. Deshalb sollte der zeitlich grundsätzlich auf die Darstellung der beiden dem Jahr des Formwechsels vorangegangenen Kalenderjahre beschränkte Gründungsbericht dann auch solche Informationen führen, die über die zeitliche Grenze hinausgehen, wenn die Auskünfte für die Bewertung der wirtschaftlichen Lage des formwechselnden Rechtsträgers relevant sind.[10] 6

Beim Formwechsel in eine AG bzw KGaA erfolgt zudem eine **Gründungsprüfung** durch externe Sachverständige.[11] Die Gründungsprüfung ist zwingend und kann nicht durch entgegenstehendes öffentlich-rechtliches Umwandlungsrecht abbedungen werden.[12] 7

III. Formwechsel in eine KGaA (Abs. 2)

Nach § 303 Abs. 2 S. 1 müssen dem Formwechsel in die Rechtsform einer KGaA alle persönlich haftenden Anteilsinhaber zustimmen.[13] Durch das **Zustimmungserfordernis** soll sichergestellt werden, dass kein Anteilsinhaber gegen seinen Willen den besonderen Rechten und Pflichten des persönlich haftenden Komplementärs der Zielgesellschaft unterworfen wird. Die Zustimmungserklärung ist als Anlage der Anmeldung beizufügen (§ 199). 8

§ 303 Abs. 2 S. 2 ermöglicht darüber hinaus durch den Verweis auf § 221 den Beitritt nicht am Ausgangsrechtsträger beteiligter **Dritter** in die Stellung des Komplementärs. Die Beitrittserklärung ist notariell zu beurkunden, § 221 S. 1. Zudem ist die Satzung von jedem beitretenden persönlich haftenden Gesellschafter zu genehmigen, §§ 303 Abs. 2 S. 2, 221 S. 2. 9

§ 304 Wirksamwerden des Formwechsels

[1]Der Formwechsel wird mit der Eintragung der Kapitalgesellschaft in das Handelsregister wirksam. [2]Mängel des Formwechsels lassen die Wirkungen der Eintragung unberührt.

6 § 220 Abs. 2.
7 § 220 Abs. 2.
8 Semler/Stengel/*Perlitt*, § 303 Rn 6.
9 Widmann/Mayer/*Vossius*, § 303 Rn 16.
10 So auch Semler/Stengel/*Perlitt*, § 303 Rn 9.
11 S. § 220 Rn 22.
12 Lutter/*H. Schmidt*, Vor § 301 Rn 8; Semler/Stengel/*Perlitt*, § 303 Rn 10.
13 Alle künftigen Komplementäre der Gesellschaft.

I. Normzweck

1 In Gleichlauf zu § 385 c AktG aF und § 59 Abs. 5 UmwG 1969 bestimmt § 304 S. 1, dass die **Wirkungen des Formwechsels** auch bei der Umwandlung einer Körperschaft oder Anstalt des öffentlichen Rechts mit der Eintragung der Kapitalgesellschaft in das Handelsregister eintreten.[1] Dementsprechend unterliegt der Rechtsträger bis zu diesem Zeitpunkt ausschließlich den Vorschriften des öffentlichen Rechts. Die Regelung bindet nur das Landesrecht.[2] Der Bund kann hiervon durch entsprechendes Gesetz Abweichendes bestimmen.[3] In Übereinstimmung mit § 202 Abs. 3 betont § 304 S. 2 zudem klarstellend die Unbeachtlichkeit von Mängeln des Formwechsels für die Wirkungen der Eintragung.

II. Wirkungen des Formwechsels (S. 1)

2 **1. Konstitutive Wirkung der Eintragung.** Die Eintragung der Kapitalgesellschaft im Handelsregister hat für die Bestimmung des Wirksamwerdens des Formwechsels **konstitutive Bedeutung.**[4] Denn: Bis zum Zeitpunkt der Eintragung findet auf den Rechtsträger ausschließlich öffentliches Recht Anwendung; danach unterliegt die Gesellschaft alleinig dem rechtsformspezifischen Privatrecht.[5]

3 **2. Zuständigkeit, Inhalt und Form der Anmeldung.** Zur Bestimmung des **zuständigen Registergerichts** sowie zu **Inhalt** und **Form** der Anmeldung schweigt § 304, so dass § 198 uneingeschränkt gilt. Darüber hinaus sind die rechtsformspezifischen Gründungsvorschriften nach §§ 302 S. 1, 197 S. 1 zu beachten. Der Kreis der anmeldebefugten Personen richtet sich für die GmbH dann nach §§ 78, 7 GmbHG; für die AG bzw KGaA ist hingegen § 36 AktG einschlägig.[6]

4 Die Abgabe einer **Negativerklärung** durch die Vertretungsorgane iSv §§ 198 Abs. 3, 16 Abs. 2 ist nicht erforderlich.[7] Denn bei öffentlich-rechtlich strukturierten Rechtsträgern sind keine Anteilsinhaber vorhanden, welche Klagen gegen die Wirksamkeit des Umwandlungsbeschlusses erheben könnten.

5 **3. Anspruch auf Sicherheitsleistung.** Trotz des identitätswahrenden Charakters des Formwechsels und der fehlenden Vermögensübertragung können die Gläubiger des formwechselnden Rechtsträgers ein berechtigtes Interesse an **Sicherheitsleistung** haben.[8] § 204 Hs 1 gewährt deshalb mit dem Verweis auf § 22 auch für den Formwechsel einen umfassenden Gläubigerschutz durch Gewährung eines Anspruchs auf Sicherheitsleistung. Nach allgemeiner Ansicht können auch die Gläubiger einer Körperschaft oder Anstalt des öffentlichen Rechts grundsätzlich einen solchen Anspruch nach Maßgabe von § 22 geltend machen.[9] Auch hier greift jedoch der Regelungsvorbehalt in § 302 S. 1.[10]

6 **4. Nachhaftung.** Für den Bereich öffentlich-rechtlicher Anstalten wird der Gläubigerschutz über das aufgrund von Gesetz oder Satzung garantierte Institut der **Anstaltslast** und die **Gewährträgerhaftung** realisiert. Die Anstaltslast verpflichtet den Rechtsträger zu einer angemessenen Finanzausstattung.[11] Bei der Gewährträgerhaftung haftet hingegen die öffentliche Hand nach Art einer Ausfallbürgschaft.[12] Beide Institute unterscheiden sich insofern, als dass die Anstaltslast lediglich im Innenverhältnis zwischen der Errichtungskörperschaft und der Anstalt Wirkung entfaltet.[13] Die Gewährträgerhaftung gilt hingegen im Verhältnis gegenüber Dritten

1 Begr. RegE zu § 304, BR-Drucks. 75/94, 169.
2 Lutter/*H. Schmidt*, § 304 Rn 1; aA Semler/Stengel/*Perlitt*, § 304 Rn 4.
3 S. § 301 Rn 5 ff.
4 S. § 202 Rn 1.
5 Begr. RegE zu § 304, BR-Drucks. 75/94, 169.
6 Lutter/*H. Schmidt*, § 304 Rn 3.
7 Lutter/*H. Schmidt*, § 304 Rn 4; Semler/Stengel/*Perlitt*, § 302 Rn 34.
8 S. § 204 Rn 2.
9 Lutter/*H. Schmidt*, § 304 Rn 5; Semler/Stengel/*Perlitt*, § 304 Rn 6; Widmann/Mayer/*Vossius*, § 304 Rn 5.
10 Semler/Stengel/*Perlitt*, § 304 Rn 6.
11 *Herdegen*, WM 1997, 1130.
12 *Herdegen*, WM 1997, 1130.
13 *Gerick*, BB 1998, 494, 495; NK/*Stralendorff*, § 1 LwRBankG Rn 7.

und verpflichtet den Träger einer Anstalt zu einer subsidiären Haftung für Verbindlichkeiten der Anstalt.[14] Im Hinblick auf eine etwaige **Nachhaftung** der formwechselnden Körperschaft oder Anstalt aus Anstaltslast und Gewährträgerhaftung sieht das UmwG jedoch keine Sonderregelungen vor.[15] Deshalb ist ggf ein entsprechender Passus zur Haftungskontinuität in das den Formwechsel regelnde Gesetz aufzunehmen.[16]

Über die Zulässigkeit von Anstaltslast und Gewährträgerhaftung bei **Sparkassen und Landesbanken** herrschte wegen teils erheblicher verfassungsrechtlicher und insb. EU-wettbewerbsrechtlicher Bedenken lange Jahre Streit.[17] Unlängst hat sich die Bundesrepublik Deutschland jedoch mit der Europäischen Kommission über die Abschaffung der Gewährträgerhaftung und die Modifizierung der Anstaltslast für das Kreditgeschäft der Sparkassen und Landesbanken geeinigt. 7

III. Unbeachtlichkeit von Mängeln (S. 2)

Nach § 304 S. 2 lassen Mängel bei einem Formwechsel die (konstitutive) Wirkung der Eintragung unberührt. Hiermit trennt der Gesetzgeber die Wirksamkeit der Entstehung der Gesellschaft von etwaigen Mängeln im Umwandlungsverfahren und stellt sicher, dass nach der Eintragung ausschließlich privatrechtliche Grundsätze Anwendung finden. Etwaige im Zeitpunkt der Eintragung rechtshängige **verwaltungsrechtliche Streitigkeiten** gegen die Wirksamkeit der Umwandlung erledigen sich mit der Eintragung in der Hauptsache.[18] 8

§ 305 bis 312 (aufgehoben)

Sechstes Buch Strafvorschriften und Zwangsgelder

§ 313 Unrichtige Darstellung

(1) Mit Freiheitsstrafe bis zu drei Jahren oder mit Geldstrafe wird bestraft, wer als Mitglied eines Vertretungsorgans, als vertretungsberechtigter Gesellschafter oder Partner, als Mitglied eines Aufsichtsrats oder als Abwickler eines an einer Umwandlung beteiligten Rechtsträgers bei dieser Umwandlung

1. **die Verhältnisse des Rechtsträgers einschließlich seiner Beziehungen zu verbundenen Unternehmen in einem in diesem Gesetz vorgesehenen Bericht (Verschmelzungsbericht, Spaltungsbericht, Übertragungsbericht, Umwandlungsbericht), in Darstellungen oder Übersichten über den Vermögensstand, in Vorträgen oder Auskünften in der Versammlung der Anteilsinhaber unrichtig wiedergibt oder verschleiert, wenn die Tat nicht in § 331 Nr. 1 oder Nr. 1 a des Handelsgesetzbuchs mit Strafe bedroht ist, oder**
2. **in Aufklärungen und Nachweisen, die nach den Vorschriften dieses Gesetzes einem Verschmelzungs-, Spaltungs- oder Übertragungsprüfer zu geben sind, unrichtige Angaben macht oder die Verhältnisse des Rechtsträgers einschließlich seiner Beziehungen zu verbundenen Unternehmen unrichtig wiedergibt oder verschleiert.**

(2) Ebenso wird bestraft, wer als Geschäftsführer einer Gesellschaft mit beschränkter Haftung, als Mitglied des Vorstands einer Aktiengesellschaft, als zur Vertretung ermächtigter persönlich haftender Gesellschafter einer Kommanditgesellschaft auf Aktien oder als Abwickler einer solchen Gesellschaft in einer Erklärung nach § 52 über die Zustimmung der Anteilsinhaber dieses Rechtsträgers oder in einer Erklärung nach § 140 oder § 146 Abs. 1 über die Deckung des

14 NK/*Stralendorff*, § 1 LwRBankG Rn 7.
15 Semler/Stengel/*Perlitt*, § 304 Rn 7.
16 Semler/Stengel/*Perlitt*, § 304 Rn 8 mit Bsp. in Fn 19.
17 S. etwa *Herdegen*, BB 1998, 1130 ff; *Thode/Peres*, BB 1997, 1749 ff; *Gerick*, BB 1998, 494.
18 Semler/Stengel/*Perlitt*, § 304 Rn 5.

Stammkapitals oder Grundkapitals der übertragenden Gesellschaft unrichtige Angaben macht oder seiner Erklärung zugrunde legt.

Literatur:

Bosch, Organisationsverschulden in Unternehmen, 2002; *Bungert*, Darstellungsweise und Überprüfbarkeit der Angaben über Arbeitnehmerfolgen im Umwandlungsvertrag, DB 1997, 2209; *Dierlamm*, Der faktische Geschäftsführer im Strafrecht – ein Phantom?, NStZ 1996, 153; *Dierlamm*, Verletzung der Berichtspflicht gem. § 332 AGB – eine Analyse des gesetzlichen Tatbestandes, NStZ 2000, 130; *Dreher*, Die persönliche Verantwortlichkeit von Geschäftsleitern nach außen und die innergesellschaftliche Arbeitsteilung, ZGR 1992, 22; *Gramich*, Die Strafvorschriften des Bilanzrichtliniengesetzes, wistra 1987, 157; *Hassemer*, Professionelle Adäquanz, wistra 1995, 41, 81; *Henssler*, Arbeitnehmerinformation bei Umwandlungen und ihre Folgen im Gesellschaftsrecht, in: FS Kraft, 1998, 219; *Hildesheim*, Die strafrechtliche Verantwortlichkeit des faktischen Mitgeschäftsführers in der Rechtsprechung des BGH, wistra 1993, 1666; *Jakobs*, Strafrechtliche Haftung durch Mitwirkung an Abstimmungen, in: FS Miyazawa, 1995, 419; *Klussmann*, Strafbarkeit sog. Geschäftslagetäuschungen nach § 400 AktG 65, AG 1973, 221; *Knauer*, Die Kollegialentscheidung im Strafrecht, 2001; *Kratzsch*, Das „faktische Organ" im Gesellschaftsstrafrecht, ZGR 1985, 506; *Kuhlen*, Die Unterscheidung von vorsatzausschließendem und nichtvorsatzausschließendem Irrtum, 1987; *Puppe*, Rechtsirrtum, Tatirrtum, Subsumtionsirrtum, GA 1990, 145; *Ransiek*, Falschangabe Delikte, in: FS Achenbach/Ransiek, Handbuch Wirtschaftsstrafrecht, 2008, 714; *Schaal*, Strafrechtliche Verantwortlichkeit bei Gremienentscheidungen im Unternehmen, 2001; *Schäfer*, Zur strafrechtlichen Verantwortlichkeit des GmbH-Geschäftsführers, GmbHR 1993, 717; *Volk*, Zum Strafbarkeitsrisiko des Rechtsanwalts bei Rechtsrat und Vertragsgestaltung, BB 1987, 139; *Weber*, Unrichtige Wiedergabe und Verschleierung, in: FS Leffson/Rückle/Großfeld, Handwörterbuch unbestimmter Rechtsbegriffe im Bilanzrecht des HGB, 1986, 319; *Weimar*, Grundprobleme und offene Fragen um den faktischen GmbH-Geschäftsführer, GmbHR 1997, 473, 538; *Winkler*, Strafbarkeit inhaltlich unrichtiger Bestätigungsvermerke, 2000; *Zielinski*, Die verletzten Eigenschaften des einzelnen Aktionärs im Klageerzwingungsverfahren bei Straftaten zum Nachteil der Aktiengesellschaft, wistra 1993, 6.

I. Normzweck

1 Im 6. Buch des UmwG werden die Sanktionsvorschriften für **Verstöße** gegen Pflichten aus dem UmwG zusammengefasst; dies orientiert sich am Vorbild der §§ 399 ff AktG. Die vier strafrechtlichen Vorschriften des UmwG (§§ 313–315) sichern die Einhaltung der Verfahrensbestimmungen des Umwandlungsrechtes. Nach § 313 UmwG kann bestraft werden, wer im Zusammenhang mit einer Umwandlung Verhältnisse eines Rechtsträgers falsch darstellt, unrichtig wiedergibt oder verschleiert. Die §§ 400 AktG, 82 Abs. 2 Nr. 2 GmbHG, 331 HGB, 147 GenG, 17 PublG, 15 SpTrUG und 143 VAG enthalten ähnliche Tatbestände mit vergleichbarem Schutzinteresse und jeweils gleichem Strafmaß. § 331 Nr. 1 und Nr. 1 a HGB gehen § 313 freilich vor.

2 § 313 stellt ein **abstraktes Gefährdungsdelikt** dar; ein Handlungserfolg ist mithin nicht erforderlich.[1] Geschütztes Rechtsgut ist sowohl das **Vertrauen der Allgemeinheit** in die Richtigkeit bestimmter Angaben im Rahmen einer Umwandlung als auch das Interesse bestimmter Perso-

1 Lutter/*Kuhlen*, § 313 Rn 8; KölnKomm-UmwG/*Rönnau*, § 313 Rn 17.

nen, die nach Vorschriften des UmwG hierüber zutreffend zu unterrichten sind (insb. Anteilsinhaber), und Gläubigern der beteiligten Rechtsträger.[2] Für diese betroffenen Personen stellt § 313 UmwG ein **Schutzgesetz** gem. § 823 Abs. 2 BGB dar.[3] Es wird die Kommunikation falscher Angaben im Rahmen von Umwandlungsvorgängen unter Strafe gestellt, da diese Angaben (un)mittelbaren Einfluss auf die Entscheidung der Anteilsinhaber im Rahmen der Beschlussfassung haben und diese folglich durch die falschen Angaben geschädigt werden können.[4] Dieser strafrechtliche Schutz tritt neben die häufig schwierig festzustellenden zivilrechtlichen Schadenersatzansprüche der Anteilsinhaber.

Ob die **Arbeitnehmer** der beteiligten Rechtsträger von § 313 geschützt werden, ist streitig; dies 3
ist jedoch abzulehnen, da die umfassten Berichte und Nachweise nicht zum Schutz der Arbeitnehmer dienen und die Anteilsinhaber ohne deren Zustimmung auf die Berichterstattungen insgesamt verzichten können.[5]

II. Unrichtige Widergabe oder Verschleierung (Abs. 1 Nr. 1)

1. Täterkreis. Als Täter kommen nur natürliche Personen infrage, die für einen an einer Um- 4
wandlung beteiligten Rechtsträger als **Mitglied der Geschäftsleitung oder des Aufsichtsrates**, als vertretungsberechtigter Gesellschafter, **Partner** oder **Liquidator** handeln. Auf die Rechtsform des Rechtsträgers oder die Wirksamkeit der Bestellung dieser Personen kommt es nicht an. Die faktische Funktionsausübung reicht allerdings nur bei gekorenen Geschäftsleitungsmitgliedern (Vorständen bzw Geschäftsführern juristischer Personen), nicht jedoch bei geborenen Geschäftsführern wie vertretungsberechtigten Gesellschaftern von Personengesellschaften oder Partnern von Partnerschaftsgesellschaften; bei geborenen Geschäftsführern ist stets ein rechtswirksames Innehaben des Amtes notwendig.[6] Für eine faktische Funktionsausübung ist notwendig, dass diese im Einverständnis mit den Anteilsinhabern bzw einem ordnungsgemäß bestellten Funktionsträger ausgeübt wird.[7] Mitglieder eines Beirates, Verwaltungsrates oder sonstiger Gremien sind freilich nicht erfasst.[8]

Ein Funktionsträger, der eine vorsätzliche unrichtige Darstellung alleine vornimmt, ist **unmit-** 5
telbarer Täter. Sofern mehrere Personen im Rahmen eines Gremiums handeln, kann eine **Mittäterschaft** vorliegen. Notwendig sind hierbei ein gemeinsamer Tatentschluss der Beteiligten und ein jeweils objektiver Tatbeitrag eines jeden Mittäters. Ausreichend ist hierbei bereits die Mitwirkung an einer Kollegialentscheidung, unabhängig davon, ob jeder Einzelne zugestimmt hat oder den Bericht unterzeichnet.[9] Die Abgabe einer Gegenstimme schließt eine Mittäterschaft jenes Organmitgliedes freilich aus, da es bei diesem an einem gemeinsamen Tatentschluss mangelt.[10] Zur Bewertung der unmittelbaren oder mittelbaren Täterschaft und zur Teilnahme gelten die allgemeinen strafrechtlichen Bestimmungen. Wer die vorausgesetzte Tätereigenschaft nicht aufweist, kann dennoch der Anstiftung oder Beihilfe zur Tat strafbar sein.

2 Lutter/*Kuhlen*, § 313 Rn 7; KölnKomm-UmwG/*Rönnau*, § 313 Rn 11; enger Semler/Stengel/*Taschke*, § 313 Rn 5, der die Gläubiger nicht schützen will.

3 Lutter/*Kuhlen*, § 313 Rn 7; KölnKomm-UmwG/*Rönnau*, § 313 Rn 11 ff; BGHZ 105, 121, 123 ff (zu § 399 Abs. 1 Nr. 4 AktG); einschr. Semler/Stengel/*Taschke*, § 313 Rn 7.

4 RegBegr. bei *Ganske*, Umwandlungsrecht, S. 306.

5 So auch Semler/Stengel/*Taschke*, § 313 Rn 5; KölnKomm-UmwG/*Rönnau*, § 313 Rn 13 (mit umfangreicher Begründung); *Henssler*, FS Kraft, 1998, S. 219, 246; in diesem Sinne ist auch die RegBegr. bei *Ganske*, Umwandlungsrecht, S. 306 f zu verstehen; aA Lutter/*Kuhlen*, § 313 Rn 6; Widmann/Mayer/*Vossius*, § 313 Rn 3.

6 KG NJW-RR 1997, 1126; Semler/Stengel/*Taschke*, § 313 Rn 18 ff.

7 Semler/Stengel/*Taschke*, § 313 Rn 20; Widmann/Mayer/*Vossius*, § 313 Rn 15 f.

8 Ebenso Semler/Stengel/*Taschke*, § 313 Rn 14; KölnKomm-UmwG/*Rönnau*, § 313 Rn 31; aA Lutter/*Kuhlen*, § 313 Rn 9, dort Fn 1, der Mitglieder eines fakultativen Beirates der GmbH in den Täterkreis einbeziehen will, sofern dieser Beirat die Aufgaben eines Aufsichtsrates erfüllt.

9 BGHSt 37, 106, 129 f = NJW 1990, 2560 (Lederspray-Entscheidung); so auch Semler/Stengel/*Taschke*, § 313 Rn 23; Widmann/Mayer/*Vossius*, § 313 Rn 21.

10 So auch Semler/Stengel/*Taschke*, § 313 Rn 25; s. auch BGHSt 37, 106, 126 = NJW 1990, 2560 (Lederspray-Entscheidung) zu den Pflichten der Kollegial-Organmitglieder, das ihnen Mögliche und Zumutbare zu veranlassen, um den gebotenen Beschluss herbeizuführen; so auch BGH NJW 2003, 526.

6 **2. Tathandlung.** Die Tathandlung kann in der **unrichtigen Wiedergabe** oder in der **Verschleierung der Verhältnisse** des Rechtsträgers einschließlich dessen Beziehungen zu verbundenen Unternehmen bestehen.

7 **Verhältnisse des Rechtsträgers** sind sämtliche Daten und Umstände, die für die Beurteilung des Rechtsträgers im Rahmen des Umwandlungsvorgangs erheblich sind oder sein können.[11] Hiervon umfasst sind auch die Beziehungen zu verbundenen Unternehmen gem. §§ 8 Abs. 1 S. 3 UmwG, 15 AktG. Ähnlich wie bei §§ 400 Abs. 1 Nr. 1 AktG, 331 Abs. 1 Nr. 1 HGB ist der Begriff „Verhältnisse" hinreichend bestimmt und in seiner Anwendung weit auszulegen.[12]

8 Die **unrichtige Darstellung** muss in einem Verschmelzungsbericht (§ 8 UmwG), Spaltungsbericht (§§ 127, 135 UmwG), Übertragungsbericht (§§ 8, 176 ff UmwG) oder Umwandlungsbericht (§ 192 UmwG) erfolgen. Ob es sich um einen pflichtgemäß oder freiwillig zu erstattenden Bericht handelt, ist irrelevant.[13] Die Norm umfasst freilich keine Berichte, die im Umwandlungsgesetz nicht vorgesehen sind.[14]

9 Die unrichtige Darstellung der Verhältnisse des Rechtsträgers in Darstellungen oder Übersichten über dessen Vermögensstand ist ebenfalls von der Strafbarkeit umfasst. **Übersichten** sind insbesondere Bilanzen jeglicher Art mit Ausnahme von Eröffnungs- und Jahresabschlussbilanzen sowie Lageberichte von Kapitalgesellschaften, die ausschließlich von § 331 Nr. 1 HGB erfasst und geschützt werden. **Darstellungen** sind auch formlose Mitteilungen und Auskünfte, die ein Funktionsträger erteilt, sofern diese den Eindruck der Vollständigkeit erwecken und sich nicht nur auf einzelne Aspekte der Vermögenslage beschränken.[15] Ferner umfasst sind fehlerhafte Angaben im Rahmen der Versammlung der Anteilsinhaber, welche über die Umwandlung beschließt.[16]

10 Tatbestandsmäßig ist ferner eine **Verschleierung** von Tatsachen. Diese liegt vor, wenn die Verhältnisse der Gesellschaft zwar objektiv korrekt dargestellt werden, dies jedoch in einer Art und Weise geschieht, die irreführend oder so unklar ist, dass der wahre Sachverhalt nur noch sehr schwierig zu erkennen ist.[17] Notwendig zur inhaltlichen Begrenzung des ansonsten sehr weiten Tatbestandes ist freilich, dass sich auch das Verschleiern der Verhältnisse des Rechtsträgers auf den Bereich der Rechenschaftslegung beschränkt.[18]

11 **3. Vollendung/Versuch.** Die Tat ist bereits mit der Abgabe der Erklärung durch den Funktionsträger und dem Zugang der Erklärung bei zumindest einem Erklärungsempfänger **vollendet**; dessen Kenntnisnahme ist nicht erforderlich.[19] Der Versuch ist nicht strafbar (§ 23 Abs. 1 StGB).

11 KölnKomm-UmwG/*Rönnau*, § 313 Rn 43; einschr. OLG Frankfurt NStZ-RR 2002, 275 f zu § 400 AktG.

12 So auch Lutter/*Kuhlen*, § 313 Rn 14; aufgrund verfassungsrechtlicher Bedenken einschr. Semler/Stengel/*Taschke*, § 313 Rn 33; OLG Frankfurt, NStZ-RR 2002, 275 ff; differenzierend KölnKomm-UmwG/*Rönnau*, § 313 Rn 43; den ebenso weiten Tatbestand des § 400 Abs. 1 Nr. 1 AktG („unrichtige Darstellung der Verhältnisse der Gesellschaft") allerdings aufgrund der Ausdeutung in Rechtsprechung und Schrifttum als hinreichend bestimmt verfassungsrechtlich absegnend jedoch BVerfG ZIP 2006, 1096 f (EM.TV), ebenso für den vergleichbaren § 331 Nr. 1 HGB („Verhältnisse des Konzerns unrichtig wiedergegeben") durch BVerfG NZG 2006, 825.

13 So auch KölnKomm-UmwG/*Rönnau*, § 313 Rn 46; Lutter/*Kuhlen*, § 313 Rn 17.

14 Semler/Stengel/*Taschke*, § 313 Rn 37; KölnKomm-UmwG/*Rönnau*, § 313 Rn 45.

15 So auch Semler/Stengel/*Taschke*, § 313 Rn 40 f; wohl auch Kallmeyer/*Marsch-Barner*, § 313 Rn 7; aA Lutter/*Kuhlen*, § 313 Rn 19; die Gegenansicht sieht freilich auch die Notwendigkeit der Einschränkung des weiten Tatbestandes und versucht, dies auf andere Weise vorzunehmen.

16 So auch Semler/Stengel/*Taschke*, § 313 Rn 42; KölnKomm-UmwG/*Rönnau*, § 313 Rn 50.

17 Lutter/*Kuhlen*, § 313 Rn 16; Semler/Stengel/*Taschke*, § 313 Rn 45.

18 So auch Semler/Stengel/*Taschke*, § 313 Rn 46; KölnKomm-AktG/*Geilen*, § 400, Rn 38.

19 *Klussmann*, AG 1973, 221, 226; KölnKomm-UmwG/*Rönnau*, § 313 Rn 96; aA und die Vollendung bereits auf den Zeitpunkt der Erklärung vorverlagernd Lutter/*Kuhlen*, § 313 Rn 31.

4. Unterlassen. Sofern eine Garantenstellung des Funktionsträgers nach allgemeinen strafrechtlichen Grundsätzen besteht, kann die Tat auch durch **Unterlassen** begangen werden.[20] Es gelten die allgemeinen strafrechtlichen Grundsätze. 12

5. Subsidiarität. Die Strafbarkeit nach § 313 Abs. 1 Nr. 1 ist **subsidiär** gegenüber den Tatbeständen des § 331 Nr. 1 und Nr. 1 a HGB. Dies entspricht dem gesetzgeberischen Willen eines einheitlichen Bilanzstrafrechtes. Liegt hingegen nur eine Ordnungswidrigkeit gemäß § 334 Abs. 1 HGB vor, so werden die Tatbestände des § 313 Abs. 1 Nr. 1 nach richtiger Auffassung nicht verdrängt.[21] 13

III. Unrichtige Wiedergabe oder Verschleierung gegenüber Prüfern (Abs. 1 Nr. 2)

1. Täterkreis. Mit Ausnahme von Aufsichtsratsmitgliedern, die nach dem Umwandlungsgesetz keine Angaben gegenüber Prüfern zu machen haben, ist der Täterkreis identisch mit demjenigen des § 313 Abs. 1 Nr. 1.[22] 14

2. Tathandlung. Bestraft werden die **unrichtige Wiedergabe** oder **Verschleierung** der Verhältnisse des Rechtsträgers oder seiner Beziehungen zu verbundenen Unternehmen[23] sowie sonstige unrichtige Angaben, welche ein Funktionsträger im Rahmen seiner Auskunftspflicht gegenüber einem Verschmelzungsprüfer (§ 11), einem Spaltungsprüfer (§ 125) oder einem Übertragungsprüfer (§§ 11, 176) abgibt. Bei einer Prüfung durch einen genossenschaftlichen Prüferverband gemäß § 81 Abs. 2 – nicht jedoch bei dessen nur gutachterlicher Stellungnahme nach §§ 81 Abs. 1, 259 – kommt dieser als Prüfer iSd Vorschrift infrage.[24] 15

Es sind nur Handlungen im Rahmen von **Pflichtprüfungen** tatbestandsmäßig erfasst.[25] Umfasst werden hierbei sämtliche Erklärungen und Nachweise, die gemäß § 320 Abs. 2 S. 1 HGB für eine sorgfältige Prüfung notwendig sind. Die Prüfungsberichte sind eine zweite wichtige Grundlage für die Entscheidung der Anteilsinhaber im Rahmen der Beschlussfassung und sollen entsprechend geschützt werden.[26] 16

Eine **Täuschung** des Prüfers ist nicht erforderlich,[27] jedoch muss die Angabe des Funktionsträgers gegenüber dem Prüfer unrichtig, dh objektiv nicht mit der Wirklichkeit übereinstimmend, sein. 17

3. Vollendung/Versuch. Die Tat ist mit Abgabe der Erklärung durch den Funktionsträger und dem Zugang der Erklärung beim Prüfer vollendet.[28] Der Versuch ist nicht strafbar (§ 23 Abs. 1 StGB). 18

IV. Falsche Erklärung (§ 313 Abs. 2)

1. Täterkreis. Als Täter kommen nur die **Vorstände** und **Liquidatoren** einer AG, die Geschäftsführer und Liquidatoren einer GmbH sowie die vertretungsberechtigten **Komplementäre** und **Liquidatoren** einer KGaA in Frage. Zur Täterschaft faktischer Organmitglieder siehe die Ausführungen oben Rn 4. 19

Zur Frage von Täterschaft und Teilnahme siehe die Ausführungen unter obiger Rn 5. 20

2. Tathandlung. Die Tathandlung besteht aus **unrichtigen Angaben** in Erklärungen gemäß §§ 52 Abs. 1, 140 und 146 Abs. 1; diese Aufzählung ist **abschließend.** Angaben sind unrichtig, wenn sie objektiv mit der tatsächlichen Sachlage nicht übereinstimmen. Sofern der Funktions- 21

20 Semler/Stengel/*Taschke*, § 313 Rn 50 f.
21 So auch Lutter/*Kuhlen*, § 313 Rn 33; Widmann/Mayer/*Vossius*, § 313 Rn 75; KölnKomm-UmwG/*Rönnau*, § 313 Rn 102; aA Semler/Stengel/*Taschke*, § 313 Rn 78; Kallmeyer/*Marsch-Barner*, § 313 Rn 8.
22 S.o. Rn 4 f.
23 S.o. Rn 4 ff.
24 So wohl auch Widmann/Mayer/*Vossius*, § 313 Rn 23.
25 KölnKomm-UmwG/*Rönnau*, § 313 Rn 61; Semler/Stengel/*Taschke*, § 313 Rn 53.
26 RegBegr. bei *Ganske*, Umwandlungsrecht, S. 307.
27 KölnKomm-UmwG/*Rönnau*, § 313 Rn 65; Semler/Stengel/*Taschke*, § 313 Rn 58.
28 S.o. Rn 11.

träger objektiv falsche Erklärungen abgibt, macht er unrichtige Angaben.[29] Unrichtige Angaben legt der Funktionsträger zugrunde, wenn er im Rahmen seiner Erklärungen auf objektive falsche Unterlagen verweist; diese Tatbestandsalternative ist freilich subsidiär, da die Funktionsträger nach den vorstehend aufgeführten Normen ausdrückliche Erklärungen abzugeben haben.[30]

22 Bei einer Verschmelzung auf eine GmbH als übernehmender Rechtsträger sind die Anteilsinhaber des übertragenden Rechtsträgers gefährdet, sofern nicht alle zu leistenden Einlagen auf die Geschäftsanteile des übernehmenden Rechtsträgers in voller Höhe bewirkt sind, da die Anteilsinhaber des übertragenden Rechtsträgers hierfür gem. § 24 GmbHG subsidiär haften. Die Gesellschafter werden durch die Zustimmungserfordernisse gem. § 51 und die Anmeldeverpflichtung gem. § 52 geschützt und falsche Erklärungen werden durch Abs. 2 unter Strafe gestellt. Ferner sichert Abs. 2 iVm §§ 140, 146, dass im Rahmen von Spaltungen der beim spaltenden Rechtsträger verbleibende Teil der Aktiva und Passiva das im Gesellschaftsvertrag vorgesehene Stammkapital der GmbH bzw Grundkapital der Aktiengesellschaft abdeckt.[31]

23 **3. Vollendung/Versuch.** Die **Vollendung** der Tat tritt mit Eingang der Erklärung beim Handelsregister ein.[32] Der Versuch ist nicht strafbar (§ 23 Abs. 1 StGB).

V. Vorsatz, Irrtum

24 Eine Strafbarkeit gemäß § 313 setzt in allen Varianten der Abs. 1 und 2 ein vorsätzliches Handeln des Funktionsträgers voraus (§ 15 StGB). **Bedingter Vorsatz** (dolus eventualis) ist hierfür ausreichend. Dieser liegt vor, wenn der Funktionsträger die Verwirklichung des Tatbestandes als möglich erkennt und dies zumindest billigend in Kauf nimmt, auch wenn ihm der Erfolgseintritt möglicherweise unerwünscht ist.[33]

25 Irrt der Funktionsträger über die Unrichtigkeit seiner Angabe oder die sonstige Tatbestandsmäßigkeit seines Verhaltens (Tatbestandsirrtum), so handelt er allenfalls fahrlässig und eine Strafbarkeit ist ausgeschlossen. Handelt der Funktionsträger bei der Begehung seiner Tat lediglich ohne Unrechtsbewusstsein (Verbotsirrtum) und war dieser Irrtum unvermeidlich, so handelt er zwar vorsätzlich, jedoch ohne Schuld. Auch hier gelten die allgemeinen strafrechtlichen Bestimmungen (§§ 16, 17 StGB).

VI. Rechtsfolgen und Verjährung

26 Der Strafrahmen beträgt Freiheitsstrafe von bis zu drei Jahren oder Geldstrafe. Ferner können Gewinne aus rechtswidrigen Taten gemäß §§ 73 ff StGB (Verfall und Einziehung) abgeschöpft werden. Unter den Voraussetzungen des § 70 StGB ist auch ein Berufsverbot möglich.

27 Die Verjährungsfrist beträgt fünf Jahre ab Beendigung der Tat (§§ 78 Abs. 3 Nr. 4, 78 a S. 1 StGB).

§ 314 Verletzung der Berichtspflicht

(1) Mit Freiheitsstrafe bis zu drei Jahren oder mit Geldstrafe wird bestraft, wer als Verschmelzungs-, Spaltungs- oder Übertragungsprüfer oder als Gehilfe eines solchen Prüfers über das Ergebnis einer aus Anlaß einer Umwandlung erforderlichen Prüfung falsch berichtet oder erhebliche Umstände in dem Prüfungsbericht verschweigt.

29 KölnKomm-UmwG/*Rönnau*, § 313 Rn 72; Semler/Stengel/*Taschke*, § 313 Rn 66.
30 So auch KölnKomm-UmwG/*Rönnau*, § 313 Rn 72; Semler/Stengel/*Taschke*, § 313 Rn 67.
31 RegBegr. bei *Ganske*, Umwandlungsrecht, S. 308.
32 Widmann/Mayer/*Vossius*, § 313 Rn 72; Semler/Stengel/*Taschke*, § 313 Rn 68.
33 BGHZ 36, 1, 9; Schönke/Schröder/*Sternberg-Lieben*, § 15 StGB Rn 80 ff.

(2) **Handelt der Täter gegen Entgelt oder in der Absicht, sich oder einen anderen zu bereichern oder einen anderen zu schädigen, so ist die Strafe Freiheitsstrafe bis zu fünf Jahren oder Geldstrafe.**

Literatur:

S. die Angaben zu § 313.

I. Normzweck

Die Norm stellt die Verletzung der Berichtspflicht durch Prüfer und ihre Gehilfen unter Strafe und soll vor Vermögensschäden aufgrund einer unrichtigen Berichterstattung schützen. Gleichgerichtete Vorschriften sind in den §§ 403 AktG, 332 HGB, 150 GenG, 137 VAG und 18 PublG. Geschütztes Rechtsgut ist das Vertrauen der Allgemeinheit in die **Richtigkeit** der durch das Umwandlungsgesetz vorgeschriebenen Prüfungsberichte.[1] 1

§ 314 ist – wie auch § 313 – ein **abstraktes Gefährdungsdelikt.**[2] § 314 ist ein Schutzgesetz im Sinne des § 823 Abs. 2 BGB zugunsten der individuellen Interessen von Anteilsinhabern und von Gläubigern der zu prüfenden Rechtsträger.[3] Die individuellen Interessen der Arbeitnehmer und zukünftiger Gläubiger sind hingegen nach richtiger Auffassung vom Schutzbereich des § 314 nicht umfasst; dies ergibt sich bereits aus der begrenzten Verantwortlichkeit der Prüfer und deren Gehilfen gem. § 11 Abs. 2.[4] 2

II. Täterkreis

Als Täter kommen ausschließlich **Verschmelzungsprüfer** (§§ 9 ff, 30 Abs. 2, 44, 48, 60 Abs. 1, 81, 100, 122 f), **Spaltungsprüfer** (§ 125) und **Übertragungsprüfer** (§§ 176 Abs. 1, 177 Abs. 1) sowie deren **Gehilfen** infrage. Diese müssen in ihrer Eigenschaft als Prüfer bzw Prüfungsgehilfen handeln.[5] Es muss sich zudem um eine gesetzlich vorgeschriebene Prüfung handeln und nicht nur um eine freiwillige Prüfung.[6] 3

Der **Prüfer** wird gerichtlich bestellt; bei einer mangelhaften Bestellung durch das Gericht genügt für das Eingreifen von § 314 nach richtiger Auffassung freilich die Aufnahme der Prüfertätigkeit durch den Prüfer bzw den Prüfungsgehilfen.[7] 4

Prüfungsgehilfen sind Personen, die den bestellten Prüfer bei dessen Prüfungstätigkeit sachlich unterstützen und zumindest für einen Teil des Prüfungsberichts verantwortlich sind.[8] Bloße Schreibarbeiten oder andere subsidiäre Handlungen für den Prüfer sind freilich nicht erfasst. 5

Sofern – wie praktisch in vielen Fällen – eine **juristische Person** (Wirtschaftsprüfungsgesellschaft) gerichtlich als Prüfer bestellt ist, trifft die Strafbarkeit deren gesetzliche Vertreter, soweit diese selbst an der Prüfung teilgenommen haben oder zumindest erkennen konnten, dass von den beteiligten Prüfern oder Prüfungsgehilfen ein unrichtiger Prüfungsbericht erstellt wur- 6

1 Lutter/*Kuhlen*, § 314 Rn 3; Semler/Stengel/*Taschke*, § 314 Rn 1.
2 Lutter/*Kuhlen*, § 314 Rn 3; Widmann/Mayer/*Vossius*, § 314 Rn 3.
3 KölnKomm-UmwG/*Rönnau*, § 314 Rn 3, 4; Semler/Stengel/*Taschke*, § 314 Rn 2.
4 So auch Semler/Stengel/*Taschke*, § 314 Rn 1; aA KölnKomm-UmwG/*Rönnau*, § 314 Rn 2; Lutter/*Kuhlen*, § 314 Rn 3.
5 So auch Semler/Stengel/*Taschke*, § 314 Rn 4.
6 KölnKomm-UmwG/*Rönnau*, § 314 Rn 12 f; Lutter/*Kuhlen*, § 314 Rn 4.
7 So auch KölnKomm-UmwG/*Rönnau*, § 314 Rn 8; Lutter/*Kuhlen*, § 314 Rn 4; Kallmeyer/*Marsch-Barner*, § 314 Rn 2; aA Semler/Stengel/*Taschke*, § 314 Rn 4.
8 Semler/Stengel/*Taschke*, § 314 Rn 5; Lutter/*Kuhlen*, § 314 Rn 5.

de.[9] Die Strafbarkeit kann gemäß § 14 Abs. 2 StGB auch angestellte Wirtschaftsprüfer oder Prüfungsgehilfen treffen.[10] Bei einer Prüfung durch einen **genossenschaftlichen Prüfungsverband** gemäß § 81 Abs. 2 – nicht jedoch bei dessen gutachterlicher Stellungnahme nach §§ 81 Abs. 1, 259 – kommt dieser als Täter infrage.[11]

7 Für die Frage von Täterschaft und Teilnahme gelten die allgemeinen strafrechtlichen Regelungen; daher kann auch eine Person als Teilnehmer bestraft werden, welche die Tätereigenschaft des Prüfers bzw Prüfungsgehilfen selber nicht aufweist.

III. Tathandlung

8 Die Tathandlung gemäß § 314 Abs. 1 Alt. 1 besteht in der **Erstellung** eines falschen Prüfungsberichtes über das Ergebnis der Prüfung.[12] Der Prüfungsbericht ist **falsch**, wenn dessen Inhalte von den Feststellungen der Prüfer bzw Prüfungsgehilfen inhaltlich abweichen; hierbei kommt es freilich nicht darauf an, dass das Prüfungsergebnis objektiv richtig oder falsch ist, sondern einzig darauf, ob der Inhalt des Prüfungsberichts das Ergebnis der Prüfung nach subjektiver Kenntnis des Prüfers bzw Prüfungsgehilfen korrekt wiedergibt.[13] Entscheidend ist daher lediglich ein Auseinanderfallen der Erkenntnis des Prüfers oder Prüfungsgehilfen einerseits und dessen Ausführungen im Prüfungsbericht andererseits. Eine strafbewährte Pflicht zur Erstellung eines objektiv richtigen Prüfungsberichts gibt es hingegen nicht; dies kann vom Prüfer auch gar nicht verlangt werden. Freilich folgt hieraus, dass auch dann ein (subjektiv) falscher Bericht erstellt werden kann, wenn der Prüfer zwar objektiv richtig berichtet, dieser Bericht allerdings in einem Widerspruch zu dessen Erkenntnis steht.[14] Auch die ungeprüfte Übernahme von Angaben Dritter als eigenes Prüfungsergebnis in den Prüfungsbericht erfüllt den Tatbestand.[15]

9 § 314 Abs. 1 Alt. 2 stellt das Verschweigen erheblicher Umstände durch den Prüfer oder Prüfungsgehilfen unter Strafe. Es muss folglich ein erheblicher Umstand nicht in den Prüfungsbericht mit aufgenommen werden. Alt. 2 ist lediglich ein Unterfall von Alt. 1 und umfasst auch konkludentes Verhalten.[16] Nach allgemeiner Auffassung ist bei beiden Alternativen die Verfälschung bzw Verschleierung **erheblicher Umstände** notwendig.[17]

10 Die Tathandlung des Prüfungsgehilfen kann nur darin liegen, dass er eine falsche bzw unvollständige Berichterstattung bewirkt, da er selber den Prüfungsbericht nicht erstattet.[18]

11 Es muss sich ferner um **schriftliche Aussagen** im Prüfungsbericht handeln. Mündliche Aussagen außerhalb des Prüfungsberichts sind nicht tatbestandsgemäß;[19] dies gilt auch für mündliche Erläuterungen im Zusammenhang mit dem Prüfungsbericht.

IV. Vollendung/Versuch

12 Die Tat ist mit dem Eingang des Prüfungsberichts beim gesetzlichen Empfänger (Vertretungsorgan des Rechtsträgers bzw Registergericht) **vollendet**. Eine Beendigung liegt vor, wenn der Prüfungsbericht vom zuständigen Empfänger zur Kenntnis genommen wurde. Der **Versuch** ist nicht strafbar (§ 23 Abs. 1 StGB).

9 KölnKomm-UmwG/*Rönnau*, § 314 Rn 9; Semler/Stengel/*Taschke*, § 314 Rn 6.
10 Widmann/Mayer/*Vossius*, § 314 Rn 8; Lutter/*Kuhlen*, § 314 Rn 4.
11 So wohl auch Widmann/Mayer/*Vossius*, § 314 Rn 23; unklar hierzu Semler/Stengel/*Taschke*, § 314 Rn 4.
12 Semler/Stengel/*Taschke*, § 314 Rn 9; Widmann/Mayer/*Vossius*, § 314 Rn 21.
13 OLG Düsseldorf NZG 1999, 901, 903 zu § 332 HGB; Lutter/*Kuhlen*, § 314 Rn 7; KölnKomm-UmwG/*Rönnau*, § 314 Rn 16.
14 So auch Lutter/*Kuhlen*, § 314 Rn 7.
15 Lutter/*Kuhlen*, § 314 Rn 7; Semler/Stengel/*Taschke*, § 314 Rn 16.
16 So auch Kallmeyer/*Marsch-Barner*, § 314 Rn 5.
17 S. nur Lutter/*Kuhlen*, § 314 Rn 7; Semler/Stengel/*Taschke*, § 314 Rn 12; KölnKomm-UmwG/*Rönnau*, § 314 Rn 16; Kallmeyer/*Marsch-Barner*, § 314 Rn 5.
18 KölnKomm-UmwG/*Rönnau*, § 314 Rn 10; Semler/Stengel/*Taschke*, § 314 Rn 17 mit Ausführungen zur strafrechtlichen Bewertung insbesondere hinsichtlich des Analogieverbots; *Dierlamm*, DStZ 2000, 130 f.
19 Semler/Stengel/*Taschke*, § 314 Rn 15; Lutter/*Kuhlen*, § 314 Rn 6.

V. Unterlassen

13 Sofern eine Garantenstellung des Funktionsträgers nach allgemeinen strafrechtlichen Grundsätzen besteht, kann die Tat auch durch **Unterlassen** begangen werden.[20]

VI. Vorsatz

14 Eine Strafbarkeit gem. § 314 setzt ein vorsätzliches Handeln des Prüfers bzw Prüfungsgehilfen voraus (§ 15 StGB). **Bedingter Vorsatz** (*dolus eventualis*) ist hierfür ausreichend.[21]

VII. Qualifikation (Abs. 2)

15 Sofern der Täter die Handlung gegen ein Entgelt vornimmt oder beabsichtigt, sich oder einen anderen zu bereichern oder einen anderen zu schädigen, qualifiziert Abs. 2 den Tatbestand und erhöht die Freiheitsstrafe auf bis zu fünf Jahre. **Entgelt** kann hierbei jede in einem materiellen Vermögensvorteil bestehende Gegenleistung sein (§ 11 Abs. 1 Nr. 9 StGB). Das Entgelt muss freilich vor der Tat vereinbart worden sein, auf dessen Gewährung kommt es für die Vollendung der Tat jedoch nicht an.[22]

16 Ein Handeln in **Bereicherungsabsicht** liegt vor, wenn der Täter durch die Tat für sich oder einen Dritten einen Vermögensvorteil zu erlangen gedenkt; hierfür ist Absicht (*dolus directus 1. Grades*) notwendig.[23] Ob es sich um einen rechtswidrigen Vermögensvorteil handeln muss, ist streitig.[24] Der Wortlaut setzt keinen rechtswidrigen Vermögensvorteil voraus, so dass dieser richtigerweise nicht zu fordern ist.

17 Ein Handeln in **Schädigungsabsicht** setzt voraus, dass der Täter gerade darauf abzielt, einen andern zu schädigen (*dolus directus 1. Grades*). Nach wohl herrschender Ansicht muss die beabsichtigte Schädigung nicht in einem Vermögensnachteil bestehen, sondern kann auch durch einen immateriellen Schaden eintreten.[25]

VIII. Rechtsfolgen und Verjährung

18 Der **Strafrahmen** beträgt Freiheitsstrafe bis zu drei Jahren oder Geldstrafe bei einer Verletzung von Abs. 1 bzw Freiheitsstrafe von bis zu fünf Jahren oder Geldstrafe bei Verletzung von Abs. 2. Ferner sind die Vorschriften über den Verfall und die Einziehung gem. § 73 ff StGB anwendbar. Ferner kann ein Berufsverbot gem. § 70 StGB verhängt werden. Die **Verjährungsfrist** beträgt fünf Jahre ab Beendigung der Tat (§§ 78 Abs. 3 Nr. 4, 78 a S. 1 StGB).

§ 314 a Falsche Angaben

Mit Freiheitsstrafe bis zu drei Jahren oder mit Geldstrafe wird bestraft, wer entgegen § 122 k Abs. 1 Satz 3 eine Versicherung nicht richtig abgibt.

Literatur:

Altenhain, Der strafbare falsche Bilanzeid, WM 2008, 1141; *Fleischer*, Der deutsche „Bilanzeid" nach § 264 Abs. 2 Satz 3 HGB, ZIP 2007, 97; *Hönsch*, Der Bilanzeid, ZCG 2006, 117.

20 Semler/Stengel/*Taschke*, § 314 Rn 20.
21 Vgl die Ausführungen unter § 313 Rn 24 f.
22 Lutter/*Kuhlen*, § 314 Rn 11; KölnKomm-UmwG/*Rönnau*, § 314 Rn 22.
23 Schönke/Schröder/*Sternberg-Lieben*, StGB, § 15 Rn 66.
24 Pro: Semler/Stengel/*Taschke*, § 314 Rn 23; Contra: Lutter/*Kuhlen*, § 314 Rn 11; KölnKomm-UmwG/*Rönnau*, § 314 Rn 23; Widmann/Mayer/*Vossius*, § 314 Rn 29; Kallmeyer/*Marsch-Barner*, § 314 Rn 10.
25 So auch Lutter/*Kuhlen*, § 314 Rn 11; KölnKomm-UmwG/*Rönnau*, § 314 Rn 24; Widmann/Mayer/*Vossius*, § 314 Rn 29; aA Semler/Stengel/*Taschke*, § 314 Rn 24; KölnKomm-AktG/*Geilen*, § 403 Rn 36.

I. Normzweck

1 Die Norm wurde im Rahmen der Einführung der grenzüberschreitenden Verschmelzung durch das 2. UmwGÄndG[1] in das Umwandlungsgesetz eingefügt. Die Vorschrift schützt die Gläubiger der übertragenden Gesellschaft im Rahmen einer **grenzüberschreitenden Verschmelzung.**

2 Die Mitglieder des Vertretungsorganes eines an einer grenzüberschreitenden Verschmelzung beteiligten übertragenden Rechtsträgers müssen gem. § 122 k Abs. 1 S. 3 eine **Versicherung** dahin gehend abgeben, dass allen Gläubigern, denen nach § 122 j ein Anspruch auf Sicherheitsleistung zusteht, eine angemessene **Sicherheit** auch geleistet wurde.[2] Ohne eine solche Versicherung wird die Verschmelzungsbescheinigung gem. § 122 k Abs. 2 S. 4 nicht ausgestellt.

3 § 314 a begünstigt die Gläubiger bei einer grenzüberschreitenden Verschmelzung, da bei einer inländischen Verschmelzung eine vergleichbare Norm zum strafrechtlichen Schutz der Gläubiger nicht existiert.

II. Täterkreis

4 Täter können gem. § 122 k Abs. 3 lediglich die Mitglieder des Vertretungsorganes des **übertragenden deutschen Rechtsträgers** sein. Eine wirksame Bestellung ist keine Voraussetzung; zur Strafbarkeit faktischer Organmitglieder siehe die Ausführungen zu § 313.[3] Sofern die Versicherung in unechter Gesamtvertretung abgegeben wird, kommt auch ein Prokurist als Täter in Frage.[4]

III. Tathandlung

5 Tathandlung ist die **falsche Versicherung**, dass allen Gläubigern eine angemessene Sicherheit geleistet wurde. Diese liegt beispielsweise dann vor, wenn einzelnen Gläubigern, die ihre Ansprüche substantiiert vorgetragen haben, gar keine oder keine angemessene Sicherheit geleistet wurde. Wird die Versicherung gem. § 122 k Abs. 1 S. 3 überhaupt nicht abgegeben, greift § 314 freilich nicht ein.

IV. Vollendung/Versuch

6 Die Tat ist mit Zugang der Versicherung beim zuständigen Registergericht des Sitzes der übertragenden Gesellschaft vollendet.[5] Der Versuch ist nicht strafbar (§ 23 Abs. 1 StGB).

V. Unterlassen

7 Sofern eine Garantenstellung des Funktionsträgers nach allgemeinen strafrechtlichen Grundsätzen besteht, kann die Tat auch durch **Unterlassen** begangen werden.[6]

1 Zweites Gesetz zur Änderung des UmwG vom 19.4.2007, BGBl. I S. 542.
2 S. hierzu Ausführungen bei §§ 122 j Rn 7, 122 k Rn 11 f.
3 § 313 Rn 4.
4 So auch Widmann/Mayer/*Vossius*, § 314 a Rn 4; aA KölnKomm-UmwG/*Rönnau*, § 314 a Rn 4, der die unechte Gesamtvertretung im Rahmen der Versicherung gem. § 122 k Abs. 1 S. 3 ausschließt und vielmehr von einer Verpflichtung sämtlicher Mitglieder des Vertretungsorgans zur Abgabe dieser Versicherung ausgeht und sich hierbei auf den unterschiedlichen Wortlaut von § 122 k Abs. 1 S. 1 „Das Vertretungsorgan" und § 122 k Abs. 1 S. 3 „Die Mitglieder des Vertretungsorgans" beruft.
5 KölnKomm-UmwG/*Rönnau*, § 314 a Rn 12; Widmann/Mayer/*Vossius*, § 314 a Rn 8.
6 Lutter/*Kuhlen*, § 314 a Rn 6.

VI. Vorsatz

Eine Strafbarkeit gem. § 314 a setzt vorsätzliches Handeln des Mitglied des Vertretungsorganes voraus (§ 15 StGB). **Bedingter Vorsatz** (*dolus eventualis*) ist ausreichend. Der Vorsatz muss sich auf die Unrichtigkeit der Versicherung beziehen. 8

VII. Rechtsfolgen und Verjährung

Der Strafrahmen beträgt Freiheitstrafe von bis zu drei Jahren oder Geldstrafe. Gewinne aus rechtswidrigen Taten können gem. §§ 73 ff StGB abgeschöpft werden; ferner kann gem. § 70 StGB ein Berufsverbot erteilt werden. Die Verjährungsfrist beträgt fünf Jahre ab Beendigung der Tat (§§ 78 Abs. 3 Nr. 4, 78 a StGB). 9

§ 315 Verletzung der Geheimhaltungspflicht

(1) Mit Freiheitsstrafe bis zu einem Jahr oder mit Geldstrafe wird bestraft, wer ein Geheimnis eines an einer Umwandlung beteiligten Rechtsträgers, namentlich ein Betriebs- oder Geschäftsgeheimnis, das ihm in seiner Eigenschaft als

1. **Mitglied des Vertretungsorgans, vertretungsberechtigter Gesellschafter oder Partner, Mitglied eines Aufsichtsrats oder Abwickler dieses oder eines anderen an der Umwandlung beteiligten Rechtsträgers,**
2. **Verschmelzungs-, Spaltungs- oder Übertragungsprüfer oder Gehilfe eines solchen Prüfers**

bekannt geworden ist, unbefugt offenbart, wenn die Tat im Falle der Nummer 1 nicht in § 85 des Gesetzes betreffend die Gesellschaften mit beschränkter Haftung, § 404 des Aktiengesetzes, § 151 des Genossenschaftsgesetzes oder § 138 des Versicherungsaufsichtsgesetzes, im Falle der Nummer 2 nicht in § 333 des Handelsgesetzbuchs mit Strafe bedroht ist.

(2) [1]Handelt der Täter gegen Entgelt oder in der Absicht, sich oder einen anderen zu bereichern oder einen anderen zu schädigen, so ist die Strafe Freiheitsstrafe bis zu zwei Jahren oder Geldstrafe. [2]Ebenso wird bestraft, wer ein Geheimnis der in Absatz 1 bezeichneten Art, namentlich ein Betriebs- oder Geschäftsgeheimnis, das ihm unter den Voraussetzungen des Absatzes 1 bekannt geworden ist, unbefugt verwertet.

(3) [1]Die Tat wird nur auf Antrag eines der an der Umwandlung beteiligten Rechtsträgers verfolgt. [2]Hat ein Mitglied eines Vertretungsorgans, ein vertretungsberechtigter Gesellschafter oder Partner oder ein Abwickler die Tat begangen, so sind auch ein Aufsichtsrat oder ein nicht vertretungsberechtigter Gesellschafter oder Partner antragsberechtigt. [3]Hat ein Mitglied eines Aufsichtsrats die Tat begangen, sind auch die Mitglieder des Vorstands, die vertretungsberechtigten Gesellschafter oder Partner oder die Abwickler antragsberechtigt.

Literatur:

Arians, Der strafrechtliche Schutz des Geschäfts- und Betriebsgeheimnisses in der Bundesrepublik Deutschland, in: FS Oehler, der strafrechtliche Schutz des Geschäfts- und Betriebsgeheimnisses in den Ländern der europäischen Gemeinschaft sowie in Österreich und der Schweiz, 1978, 307; *Euterbach*, Die Verschwiegenheitspflicht der Aufsichtsratsmitglieder einer Aktiengesellschaft, 1969; *Dannecker*, Der Schutz von Geschäfts- und Betriebsgeheimnissen, BB 1987, 1614; *Lutter*, Due diligence des Erwerbers beim Kauf einer Beteiligung, ZIP 1997, 613; *Lutter*, Information und Vertraulichkeit im Aufsichtsrat, 1984; *Rützel*, Illegale Unternehmensgeheimnisse?, GRUR 1995, 557; *Säcker*, Aktuelle Probleme der Verschwiegenheitspflicht der Aufsichtsratsmitglieder, NJW 1986, 803; *v. Stebut*, Geheimnisschutz und Verschwiegenheitspflicht im Aktienrecht, 1972; *v. Stebut*, Gesetzliche Vorschriften gegen den Missbrauch von Insider-Informationen, DB 1974, 613; *Stoffels*, Grenzen der Informationsweitergabe durch den Vorstand einer Aktiengesellschaft im Rahmen einer „Due Diligence", ZHR 165 (2001), 362; *Taeger*, Die Offenbarung von Betriebs- und Geschäftsgeheimnissen, 1999; *van Veenroy*, Das strafrechtliche Risiko des Geschäftsführers bei Verletzung von Geheimhaltungspflichten, GmbHR 1993, 609; *Volhard/Weber*, Gesellschaftsvertragliche Verschwiegenheits- und Offenbarungspflichten bei der Veräußerung von GmbH-Geschäftsanteilen, in: FS Semler, 1993, 387; *Ziemons*, Die Weitergabe von Unternehmensinterner an Dritte durch den Vorstand einer Aktiengesellschaft, AG 1999, 492.

I. Normzweck

1 § 315 stellt in Abs. 1 die unbefugte **Offenbarung** und in Abs. 2 die unbefugte **Verwertung** von Geheimnissen der an einer Umwandlung beteiligten Rechtsträger unter Strafe. Der Schutzzweck der Norm ist sowohl das **Geheimhaltungsinteresse** der an einer Umwandlung beteiligten Gesellschaften und deren Gesellschafter als auch das **Vertrauen der Allgemeinheit** in die Zuverlässigkeit der als Täter in Frage kommenden Personen.[1] Das Vermögen des jeweiligen Rechtsträgers ist nach herrschender Meinung das **geschützte Rechtsgut.**[2] Die Gesellschaftsgläubiger sind nach herrschender Meinung nicht in den Schutzbereich des § 315 einbezogen.[3] Ob die Interessen der Arbeitnehmer einbezogen sind, ist streitig;[4] dies ist abzulehnen, da die Arbeitnehmer – ebenso wie die Gesellschaftsgläubiger – von einem entsprechenden Verstoß nicht unmittelbar beeinträchtigt werden.

2 Während die hM im Schrifttum davon ausgeht, dass es sich bei § 315 um ein **abstraktes Gefährdungsdelikt** handelt, qualifiziert *Hohn* § 315 als Erfolgsverletzungsdelikt, soweit der persönliche Geheimbereich als Rechtsgut betrachtet wird; soweit die hM im Schrifttum jedoch das Vermögen als Rechtsgut betrachtet, sieht auch er in § 315 ein abstraktes Gefährdungsdelikt.[5] § 315 ist Schutzgesetz iSd § 823 Abs. 2 BGB hinsichtlich der vorgenannten vom Schutzbereich umfassten Personen.

3 § 315 baut auf den bereits bestehenden Geheimhaltungsnormen in §§ 404 AktG, 85 GmbHG, 151 GenG, 138 VAG sowie 333 HGB auf und ist diesen Rechtsvorschriften gegenüber **subsidiär.** Gegenüber dem gleichgerichteten § 204 StGB geht § 315 als ***lex specialis*** vor. Schutzzweck und Anwendungsbereich des § 315 sind daher insbesondere im Bereich der Personengesellschaften, Vereine und Stiftungen gegeben.

II. Täterkreis

4 **Taugliche Täter** sind die Mitglieder des Vertretungsorgans, die vertretungsberechtigten Gesellschafter oder Partner, die Mitglieder des Aufsichtsrats sowie die Liquidatoren eines an einer Umwandlung beteiligten Rechtsträgers (Abs. 1 Nr. 1) sowie die Verschmelzungsprüfer, Spaltungsprüfer oder Übertragungsprüfer und deren Gehilfen (Abs. 1 Nr. 2). Auch faktische Organmitglieder sind taugliche Täter; siehe hierzu die Ausführungen zu § 313.

5 Einem potenziellen Täter muss in der vom Gesetz genannten Eigenschaft ein **Geheimnis** eines an einer Umwandlung beteiligten Rechtsträgers bekannt geworden sein. Beispielshaft werden

1 Lutter/*Kuhlen*, § 315 Rn 3; Semler/Stengel/*Taschke*, § 315 Rn 2; einschränkend KölnKomm-UmwG/*Hohn*, § 315 Rn 5 f.

2 Lutter/*Kuhlen*, § 315 Rn 3; Widmann/Mayer/*Vossius*, § 315 Rn 1; einschränkend KölnKomm-UmwG/*Hohn*, § 315 Rn 5.

3 Lutter/*Kuhlen*, § 315 Rn 3; Widmann/Mayer/*Vossius*, § 315 Rn 1.

4 Dafür: Lutter/*Kuhlen*, § 315 Rn 3; KölnKomm-AktG/*Geilen*, § 404, Rn 11; dagegen: Semler/Stengel/*Taschke*, § 315 Rn 1; KölnKomm-UmwG/*Hohn*, § 315 Rn 7; Kallmeyer/*Marsch-Barner*, § 315 Rn 1.

5 Widmann/Mayer/*Vossius*, § 315 Rn 2; Lutter/*Kuhlen*, § 315 Rn 3; Semler/Stengel/*Taschke*, § 315 Rn 6; mit ausf. rechtlicher Würdigung und Abwägung der Argumente KölnKomm-UmwG/*Hohn*, § 315 Rn 10-13.

Betriebs- oder Geschäftsgeheimnisse aufgeführt, ohne dass eine genaue Differenzierung notwendig wäre. Wird einem potenziellen Täter ein Geheimnis außerhalb seiner vorgenannten Eigenschaft bekannt, so greift § 315 nicht ein. Hat der potenzielle Täter jedoch in seiner vorgenannten Eigenschaft Kenntnis vom Geheimnis erlangt und fehlt diesem lediglich zum Zeitpunkt der Offenbarung oder Verwertung dieses Geheimnisses diese Sondereigenschaft gem. § 315 Abs. 1 Nr. 1 oder Nr. 2, so bleibt es bei der Strafbarkeit.[6]

III. Tatobjekt

Geschützt sind sämtliche die beteiligten Rechtsträger betreffenden, nicht offenkundigen **Tatsachen**, an deren Geheimhaltung der Rechtsträger ein objektives Interesse hat und die der Rechtsträger nicht offenbaren will, folglich sämtliche **Unternehmensgeheimnisse.**[7] Es ist freilich streitig, ob ein solches Unternehmensgeheimnis einen sachlichen Bezug zum konkreten Umwandlungsvorgang aufweisen muss.[8] Die systematische Stellung von § 315 im Umwandlungsgesetz spricht allerdings für eine solche Beschränkung.[9] 6

IV. Tathandlung

Tathandlung ist entweder ein unbefugtes Offenbaren (§ 315 Abs. 1) oder ein unbefugtes Verwerten (§ 315 Abs. 2 S. 2) eines Geheimnisses. 7

Ein Geheimnis wird **offenbart**, wenn es einem Dritten, dem dieses Geheimnis noch nicht bekannt ist, mitgeteilt wird.[10] Bei schriftlichen Dokumenten genügt hierbei die Möglichkeit der Kenntnisnahme durch den Dritten.[11] Dem Dritten darf das Geheimnis noch nicht bekannt sein. Eine einfache Verschwiegenheitspflicht des Dritten reicht nicht aus, um den Tatbestand auszuschließen,[12] allerdings kann es in einem solchen Fall an einem objektiven Geheimhaltungsinteresse des Rechtsträgers fehlen.[13] 8

Unbefugt wird das Geheimnis offenbart, wenn diese Offenbarung dem Geheimhaltungsinteresse des Rechtsträgers widerspricht. Das Tatbestandsmerkmal **„unbefugt"** ist entgegen einer verbreiteten Auffassung nicht lediglich als Hinweis auf das allgemeine Erfordernis eines rechtswidrigen Handels zu betrachten,[14] sondern schließt bei einer vorhandenen Befugnis zur Offenbarung eines Geheimnisses bereits die Tatbestandsmäßigkeit des Handels aus.[15] Geheimnisse dürfen beispielsweise befugt zwischen einzelnen Organmitgliedern (Geschäftsführung und Aufsichtsrat) sowie Abschlussprüfern kommuniziert werden. Stimmt der Rechtsträger der Offenbarung des Geheimnisses zu, so schließt auch dies den Tatbestand aus.[16] Eine entsprechende Zulässigkeit der Weitergabe von Unternehmensgeheimnissen im Rahmen einer **Due Diligence** (zB bei einem sog. „Merger" oder einer anderweitigen „Business Combination") ist somit gegeben, sofern das zuständige Vertretungsorgan zustimmt; bei einer **GmbH** bedarf die Zustimmung durch den Geschäftsführer freilich eines zustimmenden Gesellschafterbeschlusses.[17] 9

6 So auch Lutter/*Kuhlen*, § 315 Rn 4; Semler/Stengel/*Taschke*, § 315 Rn 6.

7 Lutter/*Kuhlen*, § 315 Rn 6; Semler/Stengel/*Taschke*, § 315 Rn 8, 10; krit. zum erforderlichen Geheimhaltungswillen: KölnKomm-UmwG/*Hohn*, § 315 Rn 16 f.

8 Dafür: Widmann/Mayer/*Vossius*, § 315 Rn 15; Semler/Stengel/*Taschke*, § 315 Rn 8; dagegen: Lutter/*Kuhlen*, § 315 Rn 7, Fn 6, der auf den Wortlaut hinweist und Strafbarkeitslücken moniert.

9 So auch KölnKomm-UmwG/*Hohn*, § 315 Rn 21; Semler/Stengel/*Taschke*, § 315 Rn 8.

10 Lutter/*Kuhlen*, § 315 Rn 9; Semler/Stengel/*Taschke*, § 315 Rn 17.

11 Lutter/*Kuhlen*, § 315 Rn 9; Kallmeyer/*Marsch-Barner*, § 315 Rn 6.

12 BayObLG NJW 1995, 1623; Lutter/*Kuhlen*, § 315 Rn 10.

13 Semler/Stengel/*Taschke*, § 315 Rn 17; Kallmeyer/*Marsch-Barner*, § 315 Rn 6.

14 So aber KölnKomm-AktG/*Geilen*, § 404 Rn 74; GK-AktG/*Otto*, § 404 Rn 30.

15 So auch Lutter/*Kuhlen*, § 315 Rn 11; Semler/Stengel/*Taschke*, § 315 Rn 21.

16 Lutter/*Kuhlen*, § 315 Rn 12; GK-AktG/*Otto*, § 404 Rn 30.

17 So auch *Lutter*, ZIP 1997, 613, 620.

V. Vollendung/Versuch

10 Die Tat ist bereits **vollendet**, wenn zumindest einem Nichteingeweihten ein Unternehmensgeheimnis mitgeteilt worden ist, wobei im Rahmen von schriftlichen oder elektronisch gespeicherten Informationen die Möglichkeit der Kenntnisnahme des Dritten ausreicht. Nimmt der Dritte das Unternehmensgeheimnis zur Kenntnis, so liegt Beendigung der Tat vor. Der **Versuch** ist nicht strafbar (§ 23 Abs. 1 StGB).[18]

VI. Unterlassen

11 Sofern eine Garantenstellung des Täters nach allgemeinen strafrechtlichen Grundsätzen besteht, kann die Tat auch durch **Unterlassen** begangen werden.[19]

VII. Vorsatz

12 Eine Strafbarkeit gem. § 315 setzt in allen Varianten ein vorsätzliches Handeln des Täters voraus (§ 15 StGB). **Bedingter Vorsatz** (*dolus eventualis*) ist hierfür ausreichend. Der Vorsatz muss sich auf sämtliche Tatbestandsmerkmale beziehen.

VIII. Qualifikation gem. Abs. 2 S. 1

13 Sofern das Geheimnis gegen **Entgelt** offenbart wird oder der Täter die Absicht hegt, sich oder einen anderen zu **bereichern** oder einen anderen zu **schädigen**, liegt ein qualifizierter Fall vor, der einen erhöhten Strafrahmen von bis zu zwei Jahren Freiheitsstrafe vorsieht. Die Qualifikationsmerkmale entsprechen den Qualifikationsmerkmalen des § 314 Abs. 2, so dass auf die dortige Kommentierung verwiesen werden kann.

IX. Unbefugte Geheimnisverwertung (Abs. 2 S. 2)

14 Die Tathandlung besteht hier im unbefugten Verwerten eines Geheimnisses, wobei unter **Verwerten** jede eigene wirtschaftliche Nutzung zur Erzielung eines Vermögensvorteils des Täters oder eines anderen zu verstehen ist.[20] Der in dem Unternehmensgeheimnis verkörperte Wert muss durch einen Verwertungserfolg realisiert werden.[21] Freilich ist die Veräußerung des Geheimnisses ein Offenbaren gegen Entgelt gem. Abs. 2 S. 1 und kein Verwerten gem. Abs. 2 S. 2.[22] Die Verwertung muss zudem unbefugt erfolgen; siehe hierzu die Kommentierung in Rn 9.

15 Ob für den Rechtsträger die Gefahr eines Schadens vorliegen muss, ist umstritten.[23] Sofern man mit der herrschenden Meinung das Vermögen als geschütztes Rechtsgut betrachtet, ist eine solche **abstrakte Gefährdung** notwendig.[24]

X. Vollendung

16 Die Tat ist **vollendet**, wenn der Täter das Unternehmensgeheimnis so verwertet hat, dass nach seiner Vorstellung der aus der Tat angestrebte Erfolg unmittelbar eintreten soll.[25] Der **Versuch** ist nicht strafbar (§ 23 Abs. 1 StGB).

18 Nicht richtig ist der Hinweis von Kallmeyer/*Marsch-Barner*, § 315 Rn 10, der von einer Strafbarkeit des Versuchs ausgeht.
19 Semler/Stengel/*Taschke*, § 315 Rn 24.
20 Widmann/Mayer/*Vossius*, § 315 Rn 29; Semler/Stengel/*Taschke*, § 315 Rn 28; Schönke/Schröder/*Lenckner*, StGB, § 204 Rn 5 f.
21 *Wagner*, JZ 1987, 664, 668.
22 KölnKomm-UmwG/*Hohn*, § 315 Rn 46; Semler/Stengel/*Taschke*, § 315 Rn 29; anders wohl Lutter/*Kuhlen*, § 315 Rn 18; Widmann/Mayer/*Vossius*, § 315 Rn 30.
23 Dafür: Semler/Stengel/*Taschke*, § 315 Rn 31, der auf den Schutzzweck der Norm abstellt; Schönke/Schröder/*Lenckner*, § 204 StGB Rn 5 f; dagegen: KölnKomm-UmwG/*Hohn*, § 315 Rn 47; Lutter/*Kuhlen*, § 315 Rn 15.
24 Semler/Stengel/*Taschke*, § 315 Rn 31; aA KölnKomm-UmwG/*Hohn*, § 315 Rn 47.
25 Widmann/Mayer/*Vossius*, § 315 Rn 30; Lutter/*Kuhlen*, § 315 Rn 18.

XI. Vorsatz

Eine Strafbarkeit setzt ein vorsätzliches Handeln voraus (§ 15 StGB); **bedingter Vorsatz** (*dolus eventualis*) ist hierfür ausreichend. 17

XII. Strafantrag

Die Tat wird nur auf **Antrag** eines der an der Umwandlung beteiligten Rechtsträgers verfolgt; diese Rechtsträger sind antragsberechtigt. Abs. 3 ist freilich dahin gehend einengend auszulegen, dass antragsberechtigt jeweils nur der geschädigte Rechtsträger ist.[26] Für die Antragstellung ist das jeweilige Vertretungsorgan des betroffenen Rechtsträgers zuständig; eine Antragsberechtigung der Anteilsinhaber ist nicht gegeben. Gem. § 77 b Abs. 1 StGB beträgt die Antragsfrist drei Monate und beginnt mit Kenntnis der Antragsberechtigung von Tat und Täter. 18

XIII. Rechtsfolgen und Verjährung

Bei einer Tat gem. Abs. 1 beträgt der Strafrahmen Freiheitsstrafe bis zu einem Jahr oder Geldstrafe, bei Erfüllung des Qualifikationstatbestandes gem. Abs. 2 beträgt der Strafrahmen in beiden Sätzen bis zu zwei Jahre Freiheitsstrafe oder Geldstrafe. 19

Die Verjährungsfrist nach Absatz 1 beträgt drei Jahre und nach Abs. 2 fünf Jahre ab Beendigung der Tat (§§ 78 Abs. 3 Nr. 4 bzw 5, 78 a S. 1 StGB). 20

§ 316 Zwangsgelder

(1) [1]Mitglieder eines Vertretungsorgans, vertretungsberechtigte Gesellschafter, vertretungsberechtigte Partner oder Abwickler, die § 13 Abs. 3 Satz 3 sowie § 125 Satz 1, § 176 Abs. 1, § 177 Abs. 1, § 178 Abs. 1, § 179 Abs. 1, § 180 Abs. 1, § 184 Abs. 1, § 186 Satz 1, § 188 Abs. 1 und § 189 Abs. 1, jeweils in Verbindung mit § 13 Abs. 3 Satz 3, sowie § 193 Abs. 3 Satz 2 nicht befolgen, sind hierzu von dem zuständigen Registergericht durch Festsetzung von Zwangsgeld anzuhalten; § 14 des Handelsgesetzbuchs bleibt unberührt. [2]Das einzelne Zwangsgeld darf den Betrag von fünftausend Euro nicht übersteigen.

(2) Die Anmeldungen einer Umwandlung zu dem zuständigen Register nach § 16 Abs. 1, den §§ 38, 122 k Abs. 1, § 122 l Abs. 1, §§ 129 und 137 Abs. 1 und 2, § 176 Abs. 1, § 177 Abs. 1, § 178 Abs. 1, § 179 Abs. 1, § 180 Abs. 1, § 184 Abs. 1, §§ 186, 188 Abs. 1, § 189 Abs. 1, §§ 198, 222, 235, 246, 254, 265, 278 Abs. 1, §§ 286 und 296 werden durch Festsetzung von Zwangsgeld nicht erzwungen.

Literatur:

Bassenge, Tatsachenermittlung, Rechtsprüfung und Ermessensausübung in den registergerichtlichen Verfahren nach §§ 132 bis 144 FGG, *Rpfleger* 1974, 173; *Hofmann*, Zwangsgeldverfahren in der freiwilligen Gerichtsbarkeit, Rpfleger 1991, 283.

26 So auch KölnKomm-UmwG/*Hohn*, § 315 Rn 50; Lutter/*Kuhlen*, § 315 Rn 16.

I. Normzweck

1 § 316 ist vom Aufbau und Normzweck § 407 AktG und § 79 GmbHG nachgebildet. Während Abs. 1 den Kreis der zwangsgeldbewährten Pflichten gegenüber § 14 HGB dahin gehend erweitert, dass auch die Übergabe bestimmter Dokumente – insbesondere an Anteilsinhaber – zu einer zwangsgeldbewährten Pflicht erklärt wird, schränkt Abs. 2 die in § 14 HGB geregelte zwangsgeldbewährte Pflicht, bestimmte Dokumente beim Handelsregister einzureichen, für Umwandlungsmaßnahmen ein. Die Ergänzung zu § 14 HGB in Abs. 1 ist notwendig, weil dieser lediglich Pflichten umfasst, welche gegenüber dem Registergericht, nicht jedoch gegenüber den Anteilseignern zu erfüllen sind.

2 Seiner Rechtsnatur nach gehört § 316 – und das darin geregelte Zwangsgeld – nicht zum Ordnungsstrafrecht und stellt daher keine Sanktion für schuldhaftes Verhalten dar; das Zwangsgeld ist vielmehr eine **Beugemaßnahme**, die zur Brechung des Widerstandes der verpflichteten natürlichen Person(en) zur Vornahme einer unvertretbaren Handlung dient.[1] Aus diesem Grund sind auch nicht das OWiG sowie die StPO anwendbar, sondern die §§ 388 ff FamFG. Es gilt in diesem Zusammenhang der **Amtsermittlungsgrundsatz.** Die Aufnahme des Zwangsverfahrens und die Festsetzung eines Zwangsgelds stehen hierbei jedoch nicht im Ermessen des Registergerichts; der Gesetzeswortlaut („sind ... durch Festsetzung von Zwangsgeld anzuhalten“) verpflichtet das Registergericht vielmehr, bei Vorliegen der tatbestandlichen Voraussetzungen ein Zwangsgeld festzusetzen.[2]

II. Zwangsgeldbewährte Pflichten (Abs. 1)

3 **1. Tatbestände.** Abs. 1 führt in Ergänzung zu § 14 HGB bestimmte umwandlungsrechtliche Handlungspflichten der Mitglieder des relevanten Geschäftsleitungsorgans auf, welche zwangsgeldbewährt sind. Hierbei handelt es sich um die in § 13 Abs. 3 S. 3 normierte Pflicht, jedem Anteilsinhaber auf dessen Verlangen und auf dessen Kosten unverzüglich eine Abschrift des Verschmelzungsvertrages oder seines Entwurfs und der Niederschrift des Beschlusses der Anteilsinhaber hinsichtlich der Verschmelzungsmaßnahme zu erteilen sowie die korrespondierende Pflicht des § 193 Abs. 3 S. 2, jedem Anteilsinhaber im Rahmen des einaktigen Vorgangs des Formwechsels auf dessen Verlagen und dessen Kosten unverzüglich eine Abschrift des Umwandlungsbeschlusses zu erteilen. Die ferner in § 316 Abs. 1 aufgeführten Vorschriften des Umwandlungsgesetzes verweisen jeweils bezüglich von Spaltungen und vollständigen sowie teilweisen Vermögensübertragungen auf die in § 13 Abs. 3 S. 3 normierten Pflichten. Die Aufzählung in § 316 Abs. 1 ist **abschließend**, so dass hier nicht aufgeführte Pflichten weder gem. § 316 Abs. 1 noch gem. § 14 HGB mithilfe eines Zwangsgelds durchgesetzt werden können. Solche Pflichten müssen zivilrechtlich von den Antragsberechtigten eingeklagt werden.[3]

4 **2. Normadressaten.** Abs. 1 verpflichtet nicht die beteiligten Rechtsträger, sondern vielmehr deren **Vertretungsorgane**, folglich die Mitglieder des Vorstandes bei der Aktiengesellschaft, der Genossenschaft, dem Verein und dem VVaG, die Geschäftsführer einer GmbH sowie die vertretungsberechtigten persönlich haftenden Gesellschafter der oHG, KG und KGaA sowie gegebenenfalls deren Liquidatoren; diese haften für die Erfüllung der in §§ 13 Abs. 3 S. 3 und 193 Abs. 3 S. 2 normierten Handlungspflichten persönlich.[4]

5 Das Zwangsgeldverfahren richtet sich gegen jedes einzelne **Mitglied** des Vertretungsorgans, sofern dessen Mitwirkung notwendig ist und sich dieses Mitglied nicht bereiterklärt hat, an der erforderlichen Handlung teilzunehmen.[5] Zur in Rechtsprechung und Literatur kontrovers diskutierten Frage, ob sich aus dieser möglichen Zwangsgeldfestsetzung parallel zu § 14 HGB

1 Lutter/*Bork*, § 316 Rn 2.
2 OLG Hamm OLGZ 1989, 148, 150; Lutter/*Bork*, § 316 Rn 8.
3 Lutter/*Bork*, § 316 Rn 3; Semler/Stengel/*Schwanna*, § 316 Rn 2.
4 OLG Hamm DB 1989, 821; Semler/Stengel/*Schwanna*, § 316 Rn 3.
5 Lutter/*Bork*, § 316 Rn 5; Widmann/Mayer/*Vossius*, § 316 Rn 10.

bzw § 407 AktG eine eigene persönliche, **öffentlich-rechtliche Pflicht** des einzelnen Mitglieds des Vertretungsorganes ergibt, s. die Ausführungen von *Hohn*.[6] Dies ist mit der hM im Schrifttum zu bejahen.

Sofern das vertretungsberechtigte Organ des betroffenen Rechtsträgers keine natürliche Person sein sollte (zB die GmbH bei der GmbH & Co. KG), sind die vertretungsberechtigten Personen dieser vertretungsberechtigten Gesellschaft Normadressaten des § 316 Abs. 1;[7] somit ist gesichert, dass stets eine **natürliche Person** Normadressat ist, da nur bei natürlichen Personen eine Willensbeugung durch Zwangsgeld möglich ist. 6

3. **Rechtswidrigkeit.** Die Festsetzung eines Zwangsgeldes setzt ein rechtswidriges Verhalten voraus. Im Rahmen von § 316 Abs. 1 wird die **Rechtswidrigkeit** nach allgemeiner Auffassung bereits durch die objektive Pflichtverletzung des Normadressaten **indiziert**. Die Rechtswidrigkeit entfällt lediglich bei Vorliegen eines Rechtfertigungsgrundes; ein solcher Rechtfertigungsgrund ist allerdings praxisfern. 7

4. **Verschulden.** Da es sich beim Zwangsgeld nicht um eine Strafregelung, sondern um eine Beugemaßnahme handelt, kommt es auf ein Verschulden des Normadressaten nicht an. 8

III. Verfahren

Für die Durchführung des Zwangsgeldverfahrens gelten die Vorschriften der §§ 388 ff FamFG. Die ausschließliche sachliche und örtliche Zuständigkeit liegt bei dem Registergericht am Sitz des betroffenen Rechtsträgers, dessen Organmitglieder sich weigern, die zwangsgeldbewährte Pflicht zu erfüllen. Die funktionale Zuständigkeit liegt beim **Rechtspfleger** (§ 3 Nr. 2 d RPflG). Das Verfahren ist gem. § 388 Abs. 1 FamFG von Amts wegen einzuleiten, sobald das Registergericht von einem Sachverhalt, der sein Einschreiten nach § 316 rechtfertigt, glaubhaft Kenntnis erlangt; hierbei hat das Registergericht kein Ermessen.[8] Sofern Anhaltspunkte für eine Pflichtverletzung der Organmitglieder vorliegen, muss das Gericht den Sachverhalt **von Amts wegen** ermitteln (§ 26 FamFG). Die Einleitung des Verfahrens bedarf weder eines förmlichen Antrags eines Antragsberechtigten noch muss der Sachverhalt überhaupt von einem Antragsberechtigten vorgetragen werden, es genügt auch ein schlüssiger Vortrag eines Dritten.[9] 9

Das Verfahren wird durch das Gericht mit einer Einleitungsverfügung eröffnet. Hierin gibt das Gericht dem Verpflichteten innerhalb einer bestimmten Frist auf, seiner gesetzlichen Verpflichtung entweder nachzukommen oder deren Unterlassung mittels eines Einspruchs zu rechtfertigen (§ 388 Abs. 1 FamFG). Die Höhe des festzusetzenden Zwangsgeldes ist hierbei konkret zu beziffern. Läuft die Frist fruchtlos ab, so setzt das Gericht das angedrohte Zwangsgeld durch Beschluss fest (§ 389 Abs. 1 FamFG). Gleichzeitig wiederholt das Gericht die Aufforderung gem. § 388 FamFG unter Androhung eines erneuten Zwangsgeldes. Die Kosten des Verfahrens hat der Betroffene zu tragen (§ 389 Abs. 2 FamFG). Die Wiederholung der Androhung und Festsetzung des Zwangsgeldes kann gem. § 389 Abs. 3 FamFG solange fortgesetzt werden, bis der gesetzlichen Verpflichtung Genüge getan wird oder der Betroffene Einspruch erhebt. 10

Bei der Einlegung eines **Einspruchs** entscheidet wiederum der Rechtspfleger. Ist der Einspruch begründet, so wird die Verfügung aufgehoben (§ 390 Abs. 3 FamFG); ansonsten wird der Einspruch verworfen und das angedrohte Zwangsgeld festgesetzt (§ 390 Abs. 4 Satz 1 FamFG). Der Beschluss, durch den das Zwangsgeld festgesetzt oder der Einspruch verworfen wurde, kann mit der **Beschwerde** zum OLG angefochten werden. Hatte der Betroffene keinen Ein- 11

6 KölnKomm-UmwG/*Hohn*, § 316 Rn 3 mwN; offengelassen von BGHZ 105, 324, 328; dafür Widmann/Meyer/*Vossius*, § 316 Rn 10; Lutter/*Bork*, § 316 Rn 5; zu § 407 AktG: *Hüffer*, AktG, § 407 Rn 2; zu § 14 HGB: GK-HGB/*Hüffer*, § 14 Rn 15; Heidel/Schall/*Ammon*, HGB, § 14 Rn 9 ff.

7 So auch Lutter/*Bork*, § 316 Rn 5; KölnKomm-UmwG/*Hohn*, § 316 Rn 4.

8 OLG Hamm DB 1989, 821; LG Limburg BB 1963, 324; MüKo-ZPO/*Krafka*, § 388 FamFG Rn 17.

9 Widmann/Mayer/*Vossius*, § 316 Rn 18.

spruch eingelegt, so ist er im Beschwerdeverfahren mit der Argumentation, dass die Androhungsverfügung nicht gerechtfertigt gewesen sei, präkludiert (§ 391 Abs. 2 FamFG).

12 Die Höhe des Zwangsgeldes beträgt bis zu **5.000 EUR**. Das Zwangsgeld kann mehrfach festgesetzt werden. Bei der Bemessung der Höhe des Zwangsgeldes sind neben dem öffentlichen Interesse an der Vornahme der Handlung sowohl das Maß des Widerstandes des Verpflichteten als auch dessen wirtschaftliche Verhältnisse zu berücksichtigen; auf ein Verschulden kommt es hingegen nicht an.[10]

IV. Nicht zwangsgeldbewährte Pflichten (Abs. 2)

13 § 316 Abs. 2 nimmt die umwandlungsrechtlichen Pflichten von dem ansonsten bestehenden Handelsregisteranmeldezwang gem. § 14 HGB aus. Ein solcher Zwang ergibt sich auch nicht aus § 16 UmwG. Der Gesetzgeber hält eine zwangsgeldbewährte Pflicht für nicht erforderlich, weil die **Handelsregistereintragung** für die Wirksamkeit der Umwandlungsmaßnahme **konstitutiv** ist und die Vertretungsorgane der beteiligten Rechtsträger somit ein eigenes Interesse daran hätten, die Anmeldepflicht zu erfüllen.[11] Die Ausnahme von § 14 HGB gilt nur für die in § 316 Abs. 2 explizit aufgeführten Pflichten. Obwohl die Gesetzesbegründung nicht in jedem Fall zutreffend ist, da ein Vertretungsorgan eines beteiligten Rechtsträgers durchaus die Umwandlungsmaßnahme ablehnen und versuchen kann, diese zu verzögern, ist dies in der Sache doch richtig, da ein öffentlich-rechtliches Zwangsgeldverfahren für eine innergesellschaftliche Streitigkeit nicht erforderlich ist, sondern sich die Beteiligten hierüber zivilrechtlich auseinandersetzen bzw die Anteilsinhaber das Vertretungsorgan anweisen können.

14 Streitig ist freilich, ob die Ausnahme vom Registerzwang nur für die Handelsregisteranmeldung gem. § 14 HGB gilt oder auch die Pflicht zur Einreichung von **Anlagen** gem. § 17 UmwG umfasst.[12] Der Auffassung, welche die Einreichungspflicht gem. § 17 über § 316 als strafgeldbewährt betrachtet, ist der Vorzug zu geben, da sich diese einerseits auf den Wortlaut der Vorschrift berufen kann und andererseits dem Registergericht die Möglichkeit gegeben werden muss, unvollständigen Anmeldungen durch die Festsetzung eines Zwangsgeldes zur Vollständigkeit zur verhelfen. Die abweichende Ansicht, welche die Einreichung sämtlicher Dokumente als unselbstständige Nebenpflicht betrachtet und das Registergericht nach erfolgter Zwischenverfügung auf die Ablehnung des Eintragungsantrages verweist, verkennt, dass durch die bereits erfolgte Anmeldung nunmehr das Registergericht die Verfahrensherrschaft inne hat. Diese kann dem Registergericht lediglich durch die Rücknahme der Handelsregisteranmeldung wieder entzogen werden.

Siebentes Buch Übergangs- und Schlußvorschriften

§ 317 Umwandlung alter juristischer Personen

[1]Eine juristische Person im Sinne des Artikels 163 des Einführungsgesetzes zum Bürgerlichen Gesetzbuche kann nach den für wirtschaftliche Vereine geltenden Vorschriften dieses Gesetzes umgewandelt werden. [2]Hat eine solche juristische Person keine Mitglieder, so kann sie nach den für Stiftungen geltenden Vorschriften dieses Gesetzes umgewandelt werden.

10 Lutter/*Bork*, § 316 Rn 6; Semler/Stengel/*Schwanna*, § 316 Rn 11.

11 RegBegr. bei *Ganske*, Umwandlungsrecht, § 310 f; Semler/Stengel/*Schwanna*, § 316 Rn 12.

12 Für eine zwangsgeldbewährte Pflicht gem. § 17: Lutter/*Bork*, § 316 Rn 4; Widmann/Mayer/*Vossius*, § 316 Rn 4 (sofern die Anmeldung bereits erfolgt ist); Semler/Stengel/*Schwanna*, § 316 Rn 13 (sofern eine Anmeldung bereits erfolgt ist); gegen eine zwangsgeldbewährte Pflicht: KölnKomm-UmwG/*Hohn*, § 316 Rn 8; Kallmeyer/*Marsch-Barner*, § 316 Rn 3 (dieser sieht den Registerzwang nur dann als sinnvoll an, wenn es trotz unvollständiger Unterlagen zur Eintragung des Umwandlungsvorgangs gekommen ist); so auch *Hüffer*, § 407 AktG Rn 9, 11.

Literatur:

Arenz, Eine Bank ohne Eigentümer: Die Hamburger Sparkasse, in: Gündisch/Seeler/Kieme, Recht und Juristen in Hamburg, 1994, 185; *Großfeld/Irriger*, Intertemporales Unternehmensrecht, JZ 1988, 531.

1. Normzweck. § 317 eröffnet bestimmten, bereits vor Inkrafttreten des BGB entstandenen juristischen Personen begrenzte Umwandlungsmöglichkeiten. Erfasst sind juristische Personen, denen vor dem 1.1.1900 die Rechtsfähigkeit verliehen wurde und die nach den Vorschriften des EGBGB weiter fortbestehen. Diese juristischen Personen können zwar keine übernehmende, jedoch **übertragende Rechtsträger** sein. 1

Die Bedeutung der Vorschrift ist sehr gering, da nur noch wenige entsprechende juristische Personen existieren. Zu den wichtigsten Fällen zählte die Hamburger Sparkasse, die in der Rechtsform einer „alten juristischen Person Hamburger Rechts" geführt wurde,[1] auf deren Betreiben die Schaffung des § 317 maßgeblich zurückzuführen ist. Deren wirtschaftliches Unternehmen wurde jedoch inzwischen auf eine Aktiengesellschaft ausgegliedert. Trotzdem besteht die juristische Person alten Rechts weiter fort (HASPA Finanzholding). 2

2. Umwandlungsfähige Rechtsträger. Von § 317 umfasst sind gem. Art. 163 EGBGB die zur Zeit des Inkrafttretens des BGB bestehenden juristischen Personen; das sind solche, die nach ihrer Verfassung den Charakter von Vereinen oder Stiftungen haben.[2] Der Verweis auf Art. 163 EGBGB ist weit auszulegen, so dass auch juristische Personen gem. Art. 82 und 164–166 EGBGB hierunter fallen;[3] somit sind auch wirtschaftliche Altvereine und Realgemeinden, bayrische Vereine und sächsische Vereine umfasst. 3

3. Umwandlungsmöglichkeiten. Die Struktur des betreffenden Rechtsträgers bestimmt die Möglichkeit des Umwandlungsvorgangs. Bei einer körperschaftlichen Strukturierung mit Mitgliedern richtet sich der Umwandlungsvorgang nach den Vorschriften für wirtschaftliche Vereine. Sind die Rechtsträger allerdings mitgliederlos, so greifen die Vorschriften für Stiftungen ein. 4

Die körperschaftlich strukturierten Rechtsträger alten Rechts können als übertragende Rechtsträger an Verschmelzungen und Spaltungen teilnehmen sowie – soweit deren Satzung oder das anwendbare Landesrecht dem nicht entgegenstehen – einen Formwechsel in eine Kapitalgesellschaft oder eine eingetragene Genossenschaft vornehmen (§ 272). 5

Mitgliederlose Rechtsträger alten Rechts steht ausschließlich die Ausgliederung nach den für Stiftungen vorgesehenen Umwandlungsmöglichkeiten zur Verfügung (§§ 161 ff). Die Ausgliederung kann freilich nur zur Aufnahme des gesamten Unternehmens oder Teilen dieses Unternehmens durch eine Personengesellschaft oder eine Kapitalgesellschaft oder aber zur Neugründung einer Kapitalgesellschaft erfolgen. 6

Weitere Voraussetzung einer solchen Ausgliederung ist, dass der Rechtsträger ein Unternehmen betreibt und bereits im Handelsregister eingetragen ist. 7

§ 318 Eingeleitete Umwandlungen; Umstellung auf den Euro

(1) [1]Die Vorschriften dieses Gesetzes sind nicht auf solche Umwandlungen anzuwenden, zu deren Vorbereitung bereits vor dem 1. Januar 1995 ein Vertrag oder eine Erklärung beurkundet oder notariell beglaubigt oder eine Versammlung der Anteilsinhaber einberufen worden ist. [2]Für diese Umwandlungen bleibt es bei der Anwendung der bis zu diesem Tage geltenden Vorschriften.

1 RGZ 117, 257, 258 ff.
2 Staudinger/*Mayer*, Art. 163 EGBGB, Rn 4.
3 So auch Widmann/Mayer/*Schwarz*, § 317 Rn 4; Lutter/*Rawert/Hüttemann*, § 317 Rn 3.

(2) [1]Wird eine Umwandlung nach dem 31. Dezember 1998 in das Handelsregister eingetragen, so erfolgt eine Neufestsetzung der Nennbeträge von Anteilen einer Kapitalgesellschaft als übernehmendem Rechtsträger, deren Anteile noch der bis dahin gültigen Nennbetragseinteilungen entsprechen, nach den bis zu diesem Zeitpunkt geltenden Vorschriften. [2]Wo dieses Gesetz für einen neuen Rechtsträger oder einen Rechtsträger neuer Rechtsform auf die jeweils geltenden Gründungsvorschriften verweist oder bei dem Formwechsel in eine Kapitalgesellschaft anderer Rechtsform die Vorschriften anderer Gesetze über die Änderung des Stammkapitals oder des Grundkapitals unberührt läßt, gilt dies jeweils auch für die entsprechenden Überleitungsvorschriften zur Einführung des Euro im Einführungsgesetz zum Aktiengesetz und im Gesetz betreffend die Gesellschaften mit beschränkter Haftung; ist ein neuer Rechtsträger oder ein Rechtsträger neuer Rechtsform bis zum 31. Dezember 1998 zur Eintragung in das Handelsregister angemeldet worden, bleibt es bei der Anwendung der bis zu diesem Tage geltenden Gründungsvorschriften.

Literatur:

Deutsches Notarinstitut, Formwechsel einer 1100 DM-GmbH in einer Aktiengesellschaft, DNotI-Report 2000, 103; *Hakenberg*, Das Euro-Einführungsgesetz, BB 1998; 1491; *Harnacke*, Zur erstmaligen Anwendung des neuen Umwandlungssteuergesetzes, NWB 1995, 3037; *Heckschen*, Die Entwicklung des Umwandlungsrechts aus Sicht der Rechtsprechung und Praxis, DB 1998, 3185; *Heidinger*, Die Euroumstellung beim Formwechsel von Kapitalgesellschaften, NZG 2000, 532; *Neye*, Die Änderungen im Umwandlungsrecht nach den handels- und gesellschaftsrechtlichen Reformgesetzen in der 13. Legislaturperiode, DB 1998, 1649; *Orth*, Überlegungen zur erstmaligen Anwendung des UmwStG 1995, DB 1995, 169; *Schick/Trapp*, Die Konsequenzen der Einführung des Euro für die GmbH, GmbHR 1998, 209; *Seibert*, Die Umstellung des Gesellschaftsrechts auf den Euro, ZGR 1998, 1; *Sprockhoff*, Besonderheiten im Kapitalgesellschaftsrecht bei der Umstellung auf den Euro, NZG 1998, 989; *Steffan/V. Schmidt*, Die Auswirkungen der Euro-Einführung bei GmbH, Genossenschaft und Personengesellschaft sowie im Umwandlungsrecht, DB 1998, 709; *J. Vetter*, Verpflichtung zur Schaffung von 1 Euro-Aktien?, AG 2000, 193.

1 **1. Normzweck.** Während Abs. 1 den Übergang vom vor dem UmwG 1995 geltenden Umwandlungsrecht zum UmwG 1995 regelt, behandelt Abs. 2 die Währungsumstellung von der Deutsche Mark auf den Euro für Umwandlungen, die ab dem 1.1.1999 ins Handelsregister eingetragen wurden. Da seitdem mehr als 18 Jahre (Abs. 1) bzw 14 Jahre (Abs. 2) vergangen sind, haben beide Vorschriften praktisch keine Bedeutung mehr.

2 **2. UmwG 1995 (Abs. 1).** Sofern bereits vor dem 1.1.1995 bestimmte **Vorbereitungshandlungen** für eine Umwandlung vorgenommen wurden, sind die Vorschriften des UmwG 1995 hierauf nicht anwendbar. Taugliche Vorbereitungshandlungen waren ein notariell beurkundeter Umwandlungsvertrag oder eine hierzu erforderliche notariell beglaubigte Erklärung oder eine einberufene Versammlung der Anteilsinhaber. Diese müssen gesetzlich zwingend vorgeschrieben und in einem unmittelbaren sachlichen und zeitlichen Zusammenhang zu der Umwandlungsmaßnahme stehen.[1]

3 Wurde eine der vorstehend aufgeführten Vorbereitungshandlungen vor dem 1.1.1995 vorgenommen, so ist auf die Umwandlungsmaßnahme **zwingend** das alte Recht anzuwenden; es besteht keine Wahlmöglichkeit der beteiligten Rechtsträger.[2]

4 **3. Euroumstellung (Abs. 2).** Durch das Inkrafttreten des EuroEG am 1.1.1999 trat der Euro an die Stelle der nationalen Währungen der Mitgliedsstaaten der europäischen Währungsunion und somit waren auch im Rahmen von Umwandlungsvorgängen mit Kapitalgesellschaften Umstellungen des Stammkapitals bei der GmbH und des Grundkapitals bei der AG von DM auf den Euro vorzunehmen.

1 Lutter/*Lutter*, § 318 Rn 2; Semler/Stengel/*Perlitt*, § 318 Rn 4.

2 Lutter/*Lutter*, § 318 Rn 5; Semler/Stengel/*Perlitt*, § 318 Rn 8.

Umwandlungen ohne eine Strukturänderung (Abs. 2 S. 1) genießen **Bestandsschutz** nicht nur während des Übergangszeitraums zwischen dem 1.1.1999 und dem 31.12.2001, sondern auch über den darüber hinausgehenden Zeitraum, so dass diese Gesellschaften ihr Grundkapital, Stammkapital sowie ihre Geschäftsanteile und Aktien weiterhin in DM-Beträgen fortführen können.[3] Für den Übergangszeitraum zwischen dem 1.1.1999 und dem 31.12.2001 gilt dieser Bestandschutz ferner, wenn die übernehmende Gesellschaft zur Durchführung der Umwandlung ihr Kapital erhöht (§ 3 Abs. 2 S. 2 EGAktG bzw § 86 Abs. 1 S. 2 GmbHG).[4] 5

Wird die Umwandlung erst nach dem 31.12.2001 vorgenommen und hierzu das Kapital des übernehmenden Rechtsträgers erhöht, muss der übernehmende Rechtsträger das Grund- bzw Stammkapital sowie die Nennbeträge der Anteile freilich gem. neuem Recht umstellen (§ 3 Abs. 5 EGAktG bzw § 86 Abs. 1 S. 4 GmbHG). 6

Bei Umwandlungen mit Strukturänderung bestand gem. Abs. 2 S. 2 während des Übergangszeitraums zwischen dem 1.1.1999 und dem 31.12.2001 iVm den Übergangsvorschriften des AktG und des GmbHG **Wahlfreiheit** der beteiligten Rechtsträger hinsichtlich einer Nennbetragsfestsetzung in DM bzw Euro. Es galten freilich bereits die Vorschriften zu den Eurobeträgen, welche sodann zum festgelegten Kurs in „krumme" DM-Beträge umgerechnet werden mussten; dies sollte eine spätere Euroumstellung vereinfachen.[5] Ab dem 1.1.2002 mussten hingegen Kapital- und Gesellschaftsanteile **zwingend** in Euro festgesetzt werden (§ 3 Abs. 5 EGAktG bzw § 86 Abs. 1 S. 3 GmbHG). 7

Aufgrund der praktischen Bedeutungslosigkeit der Norm wird auf eine ins Detail gehende Kommentierung verzichtet. Siehe zu weitergehenden Hinweisen zur Übergangsvorschrift des § 318 die Kommentierungen bei *Fronhöfer*, *Lutter* bzw *Simon*.[6] 8

§ 319 Enthaftung bei Altverbindlichkeiten

[1]Die §§ 45, 133 Abs. 1, 3 bis 5, §§ 157, 167, 173, 224, 237, 249 und 257 sind auch auf vor dem 1. Januar 1995 entstandene Verbindlichkeiten anzuwenden, wenn

1. **die Umwandlung danach in das Register eingetragen wird und**
2. **die Verbindlichkeiten nicht später als vier Jahre nach dem Zeitpunkt, an dem die Eintragung der Umwandlung in das Register bekannt gemacht worden ist, fällig werden oder nach Inkrafttreten des Gesetzes zur zeitlichen Begrenzung der Nachhaftung von Gesellschaftern vom 18. März 1994 (BGBl. I S. 560) begründet worden sind.**

[2]Auf später fällig werdende und vor Inkrafttreten des Gesetzes zur zeitlichen Begrenzung der Nachhaftung von Gesellschaftern vom 18. März 1994 (BGBl. I S. 560) entstandene Verbindlichkeiten sind die §§ 45, 49 Abs. 4, §§ 56, 56 f Abs. 2, § 57 Abs. 2 und § 58 Abs. 2 des Umwandlungsgesetzes in der durch Artikel 10 Abs. 8 des Gesetzes vom 19. Dezember 1985 (BGBl. I S. 2355) geänderten Fassung der Bekanntmachung vom 6. November 1969 (BGBl. I S. 2081) mit der Maßgabe anwendbar, daß die Verjährungsfrist ein Jahr beträgt. [3]In den Fällen, in denen das bisher geltende Recht eine Umwandlungsmöglichkeit nicht vorsah, verjähren die in Satz 2 genannten Verbindlichkeiten entsprechend den dort genannten Vorschriften.

Literatur:

Lieb, „Haftungsklarheit für den Mittelstand"? Offene (Übergangs-)Fragen nach Erlass des Nachhaftungsbegrenzungsgesetzes, GmbHR 1994, 657; *Nitsche*, Das neue Nachhaftungsbegrenzungsgesetz – Vertragsübergang kraft Gesetzes?, ZIP 1994, 1919; *Reichold*, das neue Nachhaftungsbegrenzungsgesetz, NJW 1994, 1617.

3 Steffan/*Schmidt*, DB 1998, 709; Semler/Stengel/*Perlitt*, § 318 Rn 12.
4 Semler/Stengel/*Perlitt*, § 318 Rn 13.
5 *Steffan/Schmidt*, DB 1998, 709.
6 Widmann/Mayer/*Fronhöfer*, § 318; Lutter/*Lutter*, § 318; KölnKomm-UmwG/*Simon*, § 318.

I. Normzweck

1 § 319 beinhaltet als speziellere Norm zu § 318 Regelungen zur **Nachhaftung** persönlich haftender Gesellschafter und Einzelkaufleute für Altverbindlichkeiten, sofern diese im Rahmen des Umwandlungsvorganges als Anteilsinhaber bzw Einzelkaufmann ausscheiden und versucht, die Interessen der ausscheidenden Gesellschafter und der Altgläubiger in Einklang zu bringen.[1]

2 Während das UmwG 1969 idF des NachhBG die Bestimmungen der S. 1 und 2 bereits in ähnlicher Weise beinhaltete, regelt S. 3 die Fälle, in denen es zu Umwandlungsvorgängen kommt, die erst durch das UmwG 1995 neu geschaffen wurden.

II. Tatbestände

3 Im Rahmen der einzelnen Tatbestände des § 319 ist insbesondere zwischen den Entstehungszeitpunkten der jeweiligen Forderungen zu differenzieren.

4 **1. Ab dem 1.1.1995 begründete Verbindlichkeiten.** Auf Verbindlichkeiten, die ab dem 1.1.1995 begründet wurden, sind die Nachhaftungsvorschriften des UmwG (§§ 45, 133 Abs. 1, 3–5, 157, 167, 173, 224, 237, 249 und 257) gem. S. 1 **uneingeschränkt** anwendbar; dies ist für Umwandlungen nach neuem Recht unstreitig.[2]

5 **Streitig** ist hingegen, ob die vorgenannten Nachhaftungsvorschriften auch dann anwendbar sind, wenn die Umwandlung nach altem Recht erfolgt war, die Umwandlung jedoch erst ab dem 1.1.1995 in das Handelsregister eingetragen wurde. Während die wohl herrschende Auffassung im Schrifttum die Anwendbarkeit des § 319 in diesem Falle ablehnt und dies aus der Gesetzessystematik sowie Sinn und Zweck des § 319 ableitet,[3] will *Vossius* die Nachhaftungsvorschriften des UmwG 1995 auch auf Umwandlungen nach altem Recht, die ab dem 1.1.1995 in das Handelsregister eingetragen wurden, anwenden.[4] Der herrschenden Auffassung ist zu folgen, da sich die ausschließliche Anwendbarkeit des § 319 auf Umwandlungen nach neuem Recht nicht nur aus der Gesetzesbegründung, sondern auch aus der verständigen Auslegung dieser Norm ergibt. Folglich sind lediglich die Enthaftungsregelungen des UmwG 1969 anwendbar.

6 **2. Ab dem 26.3.1994 begründete Verbindlichkeiten.** Sofern die Verbindlichkeit nach dem Inkrafttreten des NachhBG entstanden ist und die Umwandlung ab dem 1.1.1995 in das Handelsregister eingetragen wurde, sind die Enthaftungsregeln des UmwG 1995 anwendbar.[5]

7 **3. Vor dem 26.3.1994 entstandene Verbindlichkeiten.** Bei dieser Fallgruppe ist zu unterscheiden, ob die Verbindlichkeiten innerhalb von vier Jahren nach Bekanntmachung der Umwandlung fällig werden oder ob die Fälligkeit erst zu einem späteren Zeitpunkt eintritt.

8 **a) Fälligkeit innerhalb von vier Jahren.** Sofern die Umwandlung nach dem 1.1.1995 in das Handelsregister eingetragen wurde, die Verbindlichkeit vor dem 26.3.1994 entstanden ist und diese innerhalb von vier Jahren nach Bekanntmachung der Umwandlung im Internet (§ 10 HGB) fällig wird, sind die Enthaftungsregeln des UmwG 1995 nach § 319 S. 1 anwendbar. Der

1 Widmann/Mayer/*Vossius*, § 319 Rn 1–4; Semler/Stengel/*Perlitt*, § 319 Rn 1 f.
2 Widmann/Mayer/*Vossius*, § 319 Rn 6 f; Lutter/*Karollus*, § 319 Rn 3; Semler/Stengel/*Perlitt*, § 319 Rn 4.
3 Lutter/*Karollus*, § 319 Rn 11; Semler/Stengel/*Perlitt*, § 319 Rn 7, auch unter Verweis auf die RegBegr. bei *Ganske*, Umwandlungsrecht, S. 313.
4 Widmann/Mayer/*Vossius*, § 319 Rn 8–12.
5 Lutter/*Karollus*, § 319 Rn 4; Semler/Stengel/*Perlitt*, § 319 Rn 8; RegBegr. bei *Ganske*, Umwandlungsrecht, S. 313.

Gesetzgeber wollte den Gläubigern hierbei eine angemessene Frist (von mindestens einem Jahr) zur Geltendmachung ihrer Forderungen einräumen.[6]

b) Spätere Fälligkeit. Auf Verbindlichkeiten, die vor dem 26.3.1994 entstanden sind und erst zu einem Zeitpunkt fällig werden, der mehr als vier Jahre nach der Bekanntmachung der Umwandlung im Internet (§ 10 HGB) liegt, finden für die Nachhaftung die §§ 45, 49 Abs. 4, 56, 56 f Abs. 2, 57 Abs. 2 und 58 Abs. 2 des UmwG 1969 in der Fassung des Nachhaftungsbegrenzungsgesetzes Anwendung. Hierbei gilt jedoch nicht die ansonsten übliche Fünfjahresfrist, sondern lediglich eine Frist von einem Jahr, die ab der Fälligkeit der entsprechenden Forderung beginnt, so dass die Gläubiger mindestens einen Zeitraum von einem Jahr zur Geltendmachung dieser Forderungen haben.[7] Bei der Frist von einem Jahr handelt es sich um eine Verjährungsfrist. 9

Für Verbindlichkeiten, die vor dem 26.3.1994 entstanden sind und mindestens vier Jahre nach der Bekanntmachung der Umwandlung im Internet (§ 10 HGB) fällig werden und Umwandlungen betreffen, die nach dem alten Umwandlungsrecht nicht möglich waren, ordnet § 319 S. 3 an, dass diese in entsprechender Anwendung der §§ 45, 49 Abs. 4, 56, 56 f Abs. 2, 57 Abs. 2 und 58 Abs. 2 des UmwG 1969 verjähren. Mit dieser Verweisung werden die Altgläubiger unabhängig von der jeweiligen Umwandlungsart so weit wie möglich gleich behandelt.[8] Zwar ist die Gesetzesformulierung hierbei nicht eindeutig, jedoch spricht die systematische Auslegung des Satzes 3 dafür, die einjährige Verjährungsfrist auch auf diese Fälle anzuwenden. 10

4. Dauerschuldverhältnisse. Aufgrund des Zeitablaufs ist § 319 insbesondere im Rahmen von Dauerschuldverhältnissen weiterhin praxisrelevant. Die Enthaftungsmöglichkeiten für Verbindlichkeiten aus Dauerschuldverhältnissen wurden durch die Rechtsprechung zu § 159 HGB aF entwickelt.[9] Soweit ersichtlich, wollte der Gesetzgeber diese Enthaftungsmöglichkeit durch die Übergangsregelung in § 319 nicht beseitigen.[10] 11

5. Fortgesetzte geschäftsleitende Tätigkeit. Sofern der ausscheidende persönlich haftende Gesellschafter bzw Einzelkaufmann nach Wirksamkeit des Umwandlungsvorganges weiterhin geschäftsleitend für den übernehmenden Rechtsträger tätig ist, ist **umstritten**, ob die Enthaftungsvorschriften auch zu dessen Gunsten Anwendung finden.[11] Zugunsten einheitlicher Enthaftungsregelungen und einem angemessenen Ausgleich zwischen Gläubigern und Haftenden ist der Auffassung zuzustimmen, die auch in diesem Fall eine Enthaftung nach Rechtsprechungsregelungen befürwortet, ohne die Einschränkung der Rechtsprechung in diesen Fällen anzuwenden. 12

§ 320 Aufhebung des Umwandlungsgesetzes 1969

Das Umwandlungsgesetz in der Fassung der Bekanntmachung vom 6. November 1969 (BGBl. I S. 2081), zuletzt geändert durch Artikel 2 des Gesetzes vom 18. März 1994 (BGBl. I S. 560), wird aufgehoben.

Das UmwG 1995 hatte das bis dato in verschiedenen Gesetzen geregelte Umwandlungsrecht vereinheitlicht. Daher wurde mit Inkrafttreten des UmwG 1995 sowohl das UmwG 1969 auf-

6 S. die Gesetzesbegründung des NachhBG, BT-Drucks. 12/1868, 13.

7 *Reichold*, NJW 1994, 1617, 1621; *Lieb*, GmbHR 1994, 659.

8 S. auch die RegBegr. bei *Ganske*, Umwandlungsrecht, S. 313; Lutter/*Karollus*, § 319 Rn 10.

9 BGH NJW 1978, 636; BGH NJW 1983, 2254.

10 So auch Lutter/*Karollus*, § 319 Rn 7; Semler/Stengel/*Perlitt*, § 319 Rn 14 f; Widmann/Mayer/*Vossius*, § 319 Rn 74 ff (mit ausf. Hinweisen zur Nachhaftung).

11 Widmann/Mayer/*Vossius*, § 319 Rn 87 ff will diesen die Haftungsbegrenzung verwehren, da diese Einfluss auf die Geschicke der Gesellschaft behalten und somit die finanziellen Risiken tragen können; dagegen will Lutter/*Karollus*, § 319 Rn 8 auch auf weiterhin geschäftsleitend tätige Haftende die Enthaftungsregelungen anwenden, da die Einschränkung der Rechtsprechung nicht überzeugend sei; diesem zustimmend Semler/Stengel/*Perlitt*, § 319 Rn 16.

gehoben als auch die im AktG, im KapErhG, im GenG und im VAG enthaltenen umwandlungsspezifischen Vorschriften gestrichen.

§ 321 Übergangsvorschrift zum Gesetz zur Umsetzung der Aktionärsrechterichtlinie und zum Dritten Gesetz zur Änderung des Umwandlungsgesetzes

(1) Im Fall des § 15 Abs. 2 Satz 1 bleibt es für die Zeit vor dem 1. September 2009 bei dem bis dahin geltenden Zinssatz.

(2) § 16 Abs. 3 Satz 3 Nr. 2 in der Fassung des Gesetzes zur Umsetzung der Aktionärsrechterichtlinie vom 30. Juli 2009 (BGBl. I S. 2479) ist nicht auf Freigabeverfahren und Beschwerdeverfahren anzuwenden, die vor dem 1. September 2009 anhängig waren.

(3) § 62 Absatz 4 und 5, § 63 Absatz 2 Satz 5 bis 7, § 64 Absatz 1 sowie § 143 in der Fassung des Dritten Gesetzes zur Änderung des Umwandlungsgesetzes vom 11. Juli 2011 (BGBl. I S. 1338) sind erstmals auf Umwandlungen anzuwenden, bei denen der Verschmelzungs- oder Spaltungsvertrag nach dem 14. Juli 2011 geschlossen worden ist.

1 **1. Normzweck.** § 321 erhält diverse **Übergangsregelungen**, die durch Änderungen des UmwG notwendig wurden. § 321 Abs. 1 und 2 wurden durch das ARUG[1] zum 1.9.2009 in das UmwG eingefügt und regeln die Anwendbarkeit der alten Regelungen bis zu diesem Zeitpunkt. § 321 Abs. 3 wurde durch das 3. UmwGÄndG[2] in das UmwG eingefügt und regelt die Anwendbarkeit einzelner Normen bis zum 14.7.2011.

2 **2. Übergangsregelung zum Zinssatz bei barer Zuzahlung (Abs. 1).** Der **Zinssatz** für durch das Gericht im Spruchverfahren festgelegte bare Zuzahlungen zu dem im Verschmelzungsvertrag bestimmten Umtauschverhältnis beträgt bei einer Bekanntmachung der Eintragung der Verschmelzung in das Handelsregister am Sitz des übernehmenden Rechtsträgers vor dem 1.9.2009 bis zu diesem Zeitpunkt 2 Prozentpunkte über dem jeweiligen Diskontsatz der Deutschen Bundesbank und nach diesem Zeitpunkt 5 Prozentpunkte über dem jeweiligen Basiszinssatz gemäß § 247 BGB (§ 15 Abs. 2 S. 2).

3 **3. Übergangsregelung zum Mindestanteilsbesitz im Freigabeverfahren (Abs. 2).** Die Übergangsvorschrift betrifft § 16 Abs. 3 S. 3 Nr. 2. Obwohl auch § 16 Abs. 3 S. 3 Nr. 1 und Nr. 3 geändert wurden, hat der Gesetzgeber hierfür keine Übergangsregelungen getroffen; dies war auch nicht notwendig, da inhaltlich keine Änderungen in diesen beiden Nummern vorgenommen wurden.[3] In § 16 Abs. 3 S. 3 Nr. 2 wurde die Verpflichtung des Klägers aufgenommen, binnen einer Woche nach Zustellung des Antrags urkundlich nachzuweisen, dass er seit Bekanntmachung der Einberufung einen anteiligen Betrag des gezeichneten Kapitals von mindestens 1000 Euro an der Gesellschaft hält.[4] Dieses durch den Gesetzgeber neu eingefügte **Quorum** ist ausschließlich auf Freigabeverfahren anzuwenden, die nach dem 31.8.2009 anhängig wurden. Maßgeblich ist nach dem Gesetzeswortlaut der Zeitpunkt der Anhängigkeit des Verfahrens, der in der ZPO nicht legaldefiniert ist. Notwendig ist der Eingang des Antrages bei Gericht bis zum 31.8.2009, wobei auch die Einreichung des Antrags an ein unzuständiges Gericht nach zivilprozessualen Grundsätzen ausreichend ist.[5]

4 Für weitere Änderungen im UmwG durch das ARUG wurden keine Übergangsbestimmungen ins UmwG eingefügt. Diese gelten mithin direkt ab dem 1.9.2009. Trotzdem sind bereits an-

1 Gesetz zur Umsetzung der Aktionärsrechterichtlinie vom 30.7.2009, BGBl. I S. 2479.

2 Drittes Gesetz zur Änderung des Umwandlungsgesetzes vom 11.7.2011, BGBl. I S. 1338.

3 So auch Widmann/Mayer/*Wälzholz,* § 321 Rn 7.

4 Siehe hierzu die Kommentierung bei § 16.

5 Musielak/*Foerste*, § 261 ZPO Rn 3,4; Musielak/*Wittschier*, § 17 b GVG Rn 2; so auch Widmann/Mayer/*Wälzholz*, § 321 Rn 8.

hängige Verfahren durch das Landgericht weiterzuführen, da es dem gesetzgeberischen Interesse der Verfahrungsbeschleunigung widerspräche, bereits anhängige (und ggf auch bereits verhandelte) Verfahren vom LG an das OLG zu verweisen. Für diese bereits zuvor anhängigen Verfahren ist das OLG lediglich als Beschwerdeinstanz – die es für ab dem 1.9.2009 anhängig werdende Verfahren freilich nicht mehr gibt – zuständig.[6]

4. Übergangsregelungen zum 3. UmwGÄndG. Nach § 321 Abs. 3 sind die §§ 62 Abs. 4 (Konzernverschmelzung), 62 Abs. 5 (Verschmelzungsrechtlicher Squeeze Out), 63 Abs. 2 S. 5–7 (Entbehrlichkeit einer Zwischenbilanz), 64 Abs. 1 (Unterrichtungspflicht des Vorstandes bei wesentlichen Vermögensveränderungen) und 143 (Verhältniswahrende Spaltung zur Neugründung) auf Umwandlungen erstmals anzuwenden, wenn der Verschmelzungs- oder Spaltungsvertrag nach dem 14.7.2011 geschlossen wurde. 5

Da bei der Spaltung zur Neugründung ein Spaltungsplan aufzustellen und kein Spaltungsvertrag abzuschließen ist, greift § 321 Abs. 3 vom Wortlaut eigentlich nicht ein, jedoch ist dieser nach verständiger Auffassung zumindest analog anwendbar, so dass hierbei für den Zeitpunkt der erstmaligen Anwendbarkeit des § 143 die Aufstellung des Spaltungsplanes ausschlaggebend ist.[7] 6

§ 322 Gemeinsamer Betrieb

Führen an einer Spaltung oder an einer Teilübertragung nach dem Dritten oder Vierten Buch beteiligte Rechtsträger nach dem Wirksamwerden der Spaltung oder der Teilübertragung einen Betrieb gemeinsam, gilt dieser als Betrieb im Sinne des Kündigungsschutzrechts.

Literatur:

Bauer/Lingemann, Das neue Umwandlungsrecht und seine arbeitsrechtlichen Auswirkungen, NZA 1994, 1057; *Bonanni*, Der gemeinsame Betrieb mehrerer Unternehmen, 2003; *Boßmann*, Arbeitsrechtliche Fragen bei der Umwandlung von Unternehmen, INF 1996, 431; *Düwell*, Umwandlung von Unternehmen und arbeitsrechtliche Folgen, NZA 1996, 393; *Heinze*, Arbeitsrechtliche Fragen bei der Übertragung und Umwandlung von Unternehmen, ZfA 1997, 1; *Kallmeyer*, Das neue Umwandlungsgesetz, ZIP 1994, 1746; *Kraft*, Unternehmensumwandlung und Arbeitsrecht, ZfA 2007, 303; *Kreßel*, Arbeitsrechtliche Aspekte des neuen Umwandlungsbereinigungsgesetzes, BB 1995, 925; *Pfaff*, Dispositivität der Betriebsratsunterrichtung im Umwandlungsverfahren, DB 2002, 686; *Preis*, Legitimation und Grenzen des Betriebsbegriffes im Arbeitsrecht, RdA 2000, 257; *Schmädicke/Glaser/Altmüller*, Die Rechtsprechung zum gemeinsamen Betrieb mehrerer Unternehmen in den Jahren 2001 bis 2004, NZA-RR 2005, 393; *Willemsen/Annuß*, Kündigungsschutz nach der Reform, NJW 2004, 177; *Zöllner*, Gemeinsame Betriebsnutzung- Kritische Bemerkungen zur Rechtsfigur des gemeinsamen Betriebs, in: FS Semler, 1993, S. 995.

6 Im Ergebnis ebenso Widmann/Mayer/*Wälzholz*, § 321 Rn 10; Kallmeyer/*Marsch-Barner*, § 321 Rn 2.

7 So auch *Wagner*, DStR 2010, 1629, 1635; Widmann/Mayer/*Wälzholz*, § 321 Rn 14.

I. Normzweck

1 § 322 kommt eine rein klarstellende Funktion zu.[1] Er gibt die vom BAG[2] entwickelte Rechtsprechung zur Anerkennung des **gemeinsamen Betriebs mehrerer Unternehmen**[3] wieder. Die Vorschrift klärt, dass auch im Rahmen des Umwandlungsrechts die Arbeitnehmer eines gemeinsamen Betriebs kündigungsrechtlich als einheitliche Belegschaft anzusehen sind. Dies gilt ungeachtet ihrer arbeitsvertraglichen Bindung an nur einen der beteiligten Arbeitgeber.

2 Die umwandlungsrechtliche Anerkennung des Gemeinschaftsbetriebs erfolgte bereits durch § 322 aF Die Norm wurde im Rahmen der BetrVG-Novelle[4] aus dem Jahr 2001 überarbeitet. Während § 322 Abs. 1 aF noch eine gesetzliche Vermutung für das Vorliegen eines Gemeinschaftsbetriebs im betriebsverfassungsrechtlichen Sinne vorsah, wurde diese in § 1 Abs. 2 Nr. 2 BetrVG überführt und aus § 322 gestrichen. Aus der alten Fassung übernommen wurde jedoch der Abs. 2, der die **kündigungsschutzrechtlichen Folgen** beschrieb.

II. Inhalt

3 **1. Vorliegen eines gemeinsamen Betriebs.** Für das Eingreifen der kündigungsschutzrechtlich relevanten Grundsätze zum Gemeinschaftsbetrieb ist das Vorliegen eines von den an einer Spaltung (§ 123) oder Teilübertragung (§ 174 Abs. 2) beteiligten Rechtsträgern **gemeinsam geführten Betriebs** infolge einer Umwandlung iSd § 322 erforderlich. Eine Definition hierfür findet sich in der Vorschrift indes nicht.

4 **a) Betriebsbegriff.** Von zentraler Bedeutung ist zunächst einmal der Begriff des „Betriebs". Der **Betriebsbegriff** wird allgemein definiert als organisatorische Einheit, mittels derer ein Arbeitgeber allein oder in Gemeinschaft mit Arbeitnehmern und unter Zuhilfenahme von sächlichen und/oder immateriellen Mitteln bestimmte arbeitstechnische Zwecke fortgesetzt verfolgt, die sich nicht in der Befriedigung des Eigenbedarfs erschöpfen.[5]

5 **b) Besonderheiten eines gemeinsamen Betriebs.** Damit ein gemeinsamer Betrieb iSd § 322 vorliegt, müssen weitere Kriterien erfüllt sein, die im Einzelnen umstritten sind.

6 **aa) Mindestens zwei selbstständige Arbeitgeber.** In aller Regel wird ein Betrieb von einem einzigen Arbeitgeber geführt. Ein gemeinsamer Betrieb erfordert hingegen, dass mindestens zwei **rechtlich selbstständige Arbeitgeber** ihre Arbeitnehmer in dem Betrieb beschäftigen.[6]

7 **bb) Gemeinsame Führung.** Voraussetzung für das Vorliegen eines gemeinsamen Betriebs ist im Weiteren dessen gemeinsame Führung durch die kooperierenden Arbeitgeber. Erforderlich ist insoweit ein **einheitlicher Leitungsapparat**, durch den die gemeinschaftlichen Strukturen geführt und die maßgeblichen personellen, materiellen und immateriellen Betriebsmittel, die in der Betriebsstätte vorhanden sind, eingesetzt werden.[7] Die hierdurch geschaffene einheitliche Organisation muss sich auf alle Angelegenheiten sozialer oder personeller Natur erstrecken, die die wesentlichen Arbeitgeberfunktionen betreffen.[8]

8 **cc) Erfordernis einer rechtlichen Führungsvereinbarung.** Die in der Literatur[9] teilweise kritisierte ständige Rechtsprechung des BAG verlangt weiter das Vorliegen einer rechtlichen **Führungsvereinbarung.**[10] Unproblematisch ist die Form, in der diese abgeschlossen wird. So ist eine ausdrückliche oder gar schriftliche Vereinbarung nicht zwingend erforderlich. Viel mehr

1 Semler/Stengel/*Simon*, § 322 Rn 1; KölnKomm-UmwG/*Hohenstatt/Schramm*, § 322 Rn 1.
2 BAG NZA 1990, 977; BAG NZA 1986, 600; BAG NZA 1984, 88; vgl auch MünchHbArbR/*Richardi*, § 22 Rn 48 ff.
3 Auch Gemeinschaftsbetrieb genannt.
4 S. Gesetz zur Reform des BetrVG vom 23.7.2001 (BGBl. I S. 1852).
5 BAG NZA 2002, 1300 ff; Schaub-ArbR/*Linck*, § 17 Rn 2.
6 BAG NZA 1990, 977; Kallmeyer/*Willemsen*, § 322 Rn 2.
7 BAG NZA-RR 2009, 255; vgl Semler/Stengel/*Simon*, § 322 Rn 4; Widmann/Mayer/*Wälzholz*, § 322 Rn 8.
8 BAG NZA-RR 2009, 255; BAG NZA 2004, 618; vgl Semler/Stengel/*Simon*, § 322 Rn 4; Kallmeyer/*Willemsen*, § 322 Rn 3.
9 Lutter/*Joost*, § 322 Rn 11.
10 BAG NZA 2002, 56; BAG NZA 2001, 321, 324; Kallmeyer/*Willemsen*, § 322 Rn 3.

ist höchstrichterlich anerkannt, dass sich eine Führungsvereinbarung auch aus den tatsächlichen Umständen als stillschweigende, konkludente Abmachung ergeben kann.[11] Zu beachten ist jedoch, dass bisher noch keine Rechtssicherheit darüber besteht, auf welche Tatsachen hierzu im Einzelnen abgestellt werden muss.[12] Für die Praxis ist es daher vorzugswürdig, eine ausdrückliche Regelung zu treffen.

c) **Darlegungs- und Beweislastverteilung.** Macht ein Arbeitnehmer in einem Kündigungsschutzverfahren das Vorliegen eines kündigungsschutzrechtlich bedeutsamen gemeinsamen Betriebs iSd § 322 geltend, zB für die Prüfung einer anderweitigen Beschäftigungsmöglichkeit gem. § 1 Abs. 2 S. 2 Nr. 1 b, Satz 3 KSchG oder bei der Frage der Sozialauswahl gem. § 1 Abs. 3 KSchG, so trägt er hierfür auch grundsätzlich die **Darlegungs- und Beweislast.**[13] 9

Nach inzwischen hM kann die **Vermutungsregel** aus § 1 Abs. 2 Nr. 1 BetrVG nicht analog für den kündigungsschutzrechtlichen gemeinsamen Betrieb angewandt werden.[14] Hierzu mangelt es bereits an einer dafür erforderlichen Regelungslücke.[15] Der Gesetzgeber hat mit Streichen der Vermutungsregel des § 322 Abs. 1 aF bei der Neufassung klar zum Ausdruck gebracht, dass eine solche nur für den betriebsverfassungsrechtlichen Gemeinschaftsbetrieb gelten soll. In der Praxis dürfte dies jedoch von untergeordneter Bedeutung sein, soweit ein gemeinsamer Betrieb über einen gem. § 1 Abs. 2 Nr. 2 BetrVG gebildeten Betriebsrat verfügt. Das Arbeitsgericht dürfte dann an der betrieblichen Realität anknüpfen und aufgrund der betriebsverfassungsrechtlichen Situation eine Umkehr der Beweislast ableiten.[16] Anders dürfte der Fall liegen, soweit sich Arbeitgeber und Betriebsrat zum Zeitpunkt des Kündigungsschutzprozesses noch über das Vorliegen eines Gemeinschaftsbetriebes iSd § 1 Abs. 2 Nr. 2 BetrVG gerichtlich streiten.[17] In diesem Fall fehlt es an einer eindeutig geklärten betriebsverfassungsrechtlichen Situation, an der sich das Gericht orientieren könnte. 10

2. Rechtsfolgen. Das Vorliegen eines gemeinsamen Betriebs iSd § 322 hat im Kündigungsschutzrecht zur Folge, dass dieser wie ein einziger Betrieb angesehen wird. Insofern führt die Vorschrift dazu, dass die **kündigungsschutzrechtlichen Folgen** der Umwandlung „neutralisiert“ werden.[18] Diese Wirkung, dass der Betrieb im Rahmen des KSchG so zu behandeln ist, als ob er weiterhin nur einem Rechtsträger zugeordnet wäre, ist weder abdingbar noch zeitlich begrenzt.[19] 11

Praktische Relevanz hat die Rechtsfolge für mehrere Vorschriften des KSchG: Zunächst einmal sind bei der Ermittlung des **sachlichen Geltungsbereichs des KSchG** gem. § 23 Abs. 1 S. 2, 3 KSchG alle in einem Arbeitsverhältnis stehenden Beschäftigten des gemeinsamen Betriebes zur berücksichtigen.[20] Unbeachtlich ist hierfür, welchem Unternehmen als Arbeitgeber das einzelne Arbeitsverhältnis zuzuordnen ist. 12

Weiter hat der gemeinsame Betrieb Auswirkungen, wenn eine **betriebsbedingte Kündigung** im Sinne des § 1 Abs. 2 S. 1 KSchG ausgesprochen werden soll. Bei der Beurteilung, ob anderweitige Weiterbeschäftigungsmöglichkeiten bestehen, ist dann der gesamte gemeinsame Betrieb zu berücksichtigen und nicht nur der Bereich, der dem kündigenden Arbeitgeber zuzurechnen ist.[21] 13

11 BAG NZS 2011, 712; BAG NZA 2001, 321, 324; KölnKomm-UmwG/*Hohenstatt/Schramm*, § 322 Rn 4.

12 Beispiele hierzu in Widmann/Mayer/*Wälzholz*, § 322 Rn 10.1.

13 Lutter/*Joost*, § 322 Rn 12; *Schmädicke/Glaser/Altmüller*, NZA-RR 2005, 393, 398.

14 KölnKomm-UmwG/*Hohenstatt/Schramm*, § 322 Rn 5; Semler/Stengel/*Simon*, § 322 Rn 7; unter ausdrücklicher Aufgabe seiner bisher vertretenen Auffassung Widmann/Mayer/*Wälzholz*, § 322 Rn 12; aA Lutter/*Joost*, § 322 Rn 13.

15 Semler/Stengel/*Simon*, § 322 Rn 7; KölnKomm-UmwG/*Hohenstatt/Schramm*, § 322 Rn 5.

16 Semler/Stengel/*Simon*, § 322 Rn 7; KölnKomm-UmwG/*Hohenstatt/Schramm*, § 322 Rn 5.

17 KölnKomm-UmwG/*Hohenstatt/Schramm*, § 322 Rn 5.

18 KölnKomm-UmwG/*Hohenstatt/Schramm*, § 322 Rn 7; Kallmeyer/*Willemsen*, § 322 Rn 10.

19 Semler/Stengel/*Simon*, § 322 Rn 12; KölnKomm-UmwG/*Hohenstatt/Schramm*, § 322 Rn 7.

20 Lutter/*Joost*, § 322 Rn 14; KölnKomm-UmwG/*Hohenstatt/Schramm*, § 322 Rn 8; vgl zum kündigungsrechtlichen Schutz auch § 323 Rn 2 ff.

21 Lutter/*Joost*, § 322 Rn 14; KölnKomm-UmwG/*Hohenstatt/Schramm*, § 322 Rn 9.

14 Die **Prüfung der Weiterbeschäftigungsmöglichkeit** in einem anderen Betrieb beschränkt sich nach den allgemeinen Regeln des § 1 Abs. 2 S. 2 Nr. 1 b KSchG auf Betriebe des kündigenden Arbeitgebers und bezieht nicht zusätzlich weitere Betriebe der anderen Rechtsträger ein.[22] Hieran vermag § 322 nichts zu ändern, da die Vorschrift sich in der Anordnung eines gemeinsamen Betriebs erschöpft und als Rechtsfolge kein gemeinsames Unternehmen geschaffen wird.[23]

15 Für die **Sozialauswahl** gem. § 1 Abs. 3 S. 1 KSchG im Rahmen einer betriebsbedingten Kündigung gilt im gemeinsamen Betrieb, dass diese auf alle Arbeitnehmer des gemeinsamen Betriebes zu erstrecken ist.[24] Eine Sozialauswahl, die sich prinzipiell auf die Mitarbeiter des kündigenden Unternehmens beschränken würde, ist unzulässig. Hierdurch kann die Situation entstehen, dass ein zu kündigender Arbeitnehmer eines der beiden beteiligten Unternehmen sozial schutzwürdiger als ein vergleichbarer Arbeitnehmer des anderen beteiligten Unternehmens ist. In diesem Fall kann eine Austauschkündigung erforderlich sein, um den Grundsätzen der Sozialauswahl Rechnung zu tragen.[25] Durch das Erfordernis der Führungsvereinbarung und des einheitlichen Leitungsapparats steht die rechtliche Selbstständigkeit der Rechtsträger der Umsetzung nicht entgegen. Die im gemeinsamen Betrieb nach § 322 unternehmensübergreifende soziale Auswahl ist das Spiegelbild zur einheitlichen Leitung der beteiligten Rechtsträger.

16 Soweit eine Betriebsabteilung stillgelegt wird, ist hinsichtlich **betriebsverfassungsrechtlicher Funktionsträger** darauf zu achten, dass diese gem. § 15 Abs. 5 KSchG in eine andere Betriebsabteilung übernommen werden müssen. In einem gemeinsamen Betrieb besteht diese Übernahmepflicht der beteiligten Rechtsträger übergreifend.[26] Auch hier kann es dazu kommen, dass eine Austauschkündigung erforderlich wird, um den Funktionsträger in eine Abteilung des anderen beteiligten Unternehmens zu übernehmen.[27]

17 Zuletzt gilt bei der Frage nach der **Anzeigepflicht von Massenentlassungen** (§ 17 KSchG) bei einem gemeinsamen Betrieb, dass hier auf die Anzahl aller dort beschäftigten Arbeitnehmer und nicht nur auf die Mitarbeiter des betroffenen Unternehmens abzustellen ist.[28]

Hinweis: Infolge der die Rechtsträger übergreifend treffenden Rechtsfolgen bei der Führung eines gemeinsamen Betriebs iSd § 322 UmwG stellt sich in der Praxis oft die Frage nach Regelungen zum internen Ausgleich entstehender Nachteile und Kosten. Ein Ausgleich richtet sich mangels besonderer Vereinbarungen grundsätzlich nach den allgemeinen Vorschriften der Gesellschaft bürgerlichen Rechts oder den gesetzlichen Ausgleichsschuldverhältnissen.[29] Aus Gründen der Rechtssicherheit und Rechtsklarheit empfiehlt es sich in der Praxis, interne Ausgleichsregelungen zu vereinbaren.[30] Insbesondere erfasst werden sollten Abfindungskosten, die im Rahmen der §§ 9, 10 KSchG oder aufgrund arbeitsgerichtlicher Vergleiche entstehen.[31]

§ 323 Kündigungsrechtliche Stellung

(1) Die kündigungsrechtliche Stellung eines Arbeitnehmers, der vor dem Wirksamwerden einer Spaltung oder Teilübertragung nach dem Dritten oder Vierten Buch zu dem übertragenden Rechtsträger in einem Arbeitsverhältnis steht, verschlechtert sich auf Grund der Spaltung oder Teilübertragung für die Dauer von zwei Jahren ab dem Zeitpunkt ihres Wirksamwerdens nicht.

22 Semler/Stengel/*Simon*, § 322 Rn 14; KölnKomm-UmwG/*Hohenstatt/Schramm*, § 322 Rn 10; aA Lutter/*Joost*, § 322 Rn 14.
23 Semler/Stengel/*Simon*, § 322 Rn 14.
24 Widmann/Mayer/*Wälzholz*, § 322 Rn 16; Kallmeyer/*Willemsen*, § 322 Rn 10.
25 Kallmeyer/*Willemsen*, § 322 Rn 12; Semler/Stengel/*Simon*, § 322 Rn 15.
26 Semler/Stengel/*Simon*, § 322 Rn 17; KölnKomm-UmwG/*Hohenstatt/Schramm*, § 322 Rn 15.
27 Semler/Stengel/*Simon*, § 322 Rn 17; KölnKomm-UmwG/*Hohenstatt/Schramm*, § 322 Rn 15.
28 Semler/Stengel/*Simon*, § 322 Rn 16; Widmann/Mayer/*Wälzholz*, § 322 Rn 18.
29 Lutter/*Joost*, § 322 Rn 17.
30 Semler/Stengel/*Simon*, § 322 Rn 18; KölnKomm-UmwG/*Hohenstatt/Schramm*, § 322 Rn 7.
31 KölnKomm-UmwG/*Hohenstatt/Schramm*, § 322 Rn 7; Kallmeyer/*Willemsen*, § 322 Rn 11.

(2) Kommt bei einer Verschmelzung, Spaltung oder Vermögensübertragung ein Interessenausgleich zustande, in dem diejenigen Arbeitnehmer namentlich bezeichnet werden, die nach der Umwandlung einem bestimmten Betrieb oder Betriebsteil zugeordnet werden, so kann die Zuordnung der Arbeitnehmer durch das Arbeitsgericht nur auf grobe Fehlerhaftigkeit überprüft werden.

Literatur:

Bauer/Lingemann, Das neue Umwandlungsrecht und seine arbeitsrechtlichen Auswirkungen, NZA 1994, 1057; *Bachner*, Individualarbeits- und kollektivrechtliche Auswirkungen des neuen Umwandlungsgesetz, NJW 1995, 2881; *Buschmann*, Gemeine Marktwirtschaft, AuR 1993, 285; *Däubler*, Das Arbeitsrecht im neuen Umwandlungsgesetz, RdA 1995, 136; *Düwell*, Auswirkungen von Umwandlung und Betriebsübergang auf den Arbeitsgerichtsprozess, NZA 2012, 761; *Düwell*, Umwandlung von Unternehmen und arbeitsrechtliche Folgen – Das Arbeitsrecht im Gesetz zur Bereinigung des Umwandlungsrechts, NZA 1996, 393; *Haas/Hilgenstock*, Befristung, Anschlußverbot und Verschmelzung, FA 2005, 200; *Herbst*, Arbeitsrecht im neuen Umwandlungsgesetz, AiB 1995, 5; *Hohenstatt*, Der Interessenausgleich in einem veränderten rechtlichen Umfeld, NZA 1998, 846; *Hohenstatt/Schramm*, Wirksame Kündigung eines abgespaltenen Unternehmens in der Insolvenz, Kommentar zu BAG 6 AZR 526/04, BB 2006, 1281; *Kreßel*, Arbeitsrechtliche Aspekte des neuen Umwandlungsbereinigungsgesetzes, BB 1995, 925; *Mengel*, Umwandlungen im Arbeitsrecht, 1997; *Studt*, Der Umwandlungsrechtliche Interessenausgleich nach § 323 Abs. 2 UmwG, 2002; *Willemsen*, Arbeitsrecht im Umwandlungsgesetz – Zehn Fragen aus der Sicht der Praxis, NZA 1996, 791; *Wlotzke*, Arbeitsrechtliche Aspekte des neuen Umwandlungsrechts, DB 1995, 40.

I. Normzweck

1 Anders als die gemeinsame Überschrift der Norm vermuten lässt, enthalten die beiden Abs. von § 323 zwei voneinander unabhängige gesetzliche Regelungen und wenden sich auch an unterschiedliche Adressaten.[1] Während Abs. 1 den befristeten (fiktiven) Erhalt der kündigungsrechtlichen Stellung eines Arbeitnehmers im Blick hat (**Verschlechterungsverbot**) und damit auf den Schutz eines von einer Spaltung (§ 123) oder Teilübertragung (§ 174 Abs. 2) betroffenen Arbeitnehmers abzielt, erleichtert Abs. 2 nach dem Vorbild von § 125 Abs. 1 S. 1 Nr. 2 InsO den beteiligten Rechtsträgern die Verteilung der von bestimmten Umwandlungen berührten Arbeitnehmer auf die nach der Umwandlung bestehenden Betriebe oder Betriebsteile und will damit für die beteiligten Unternehmen eine erhöhte Rechtssicherheit bei der Gestaltung von Umwandlungen gewähren.

II. Inhalt des § 323 Abs. 1

2 Der Wortlaut von Abs. 1 ist gleich in mehrfacher Hinsicht missglückt und die **Anwendungsreichweite der Bestimmung** ist umstritten.[2] Vornehmlich zielt die Vorschrift darauf ab, für eine

1 Anlass für die systemwidrige Zusammenfassung der beiden Regelungen war die erst späte Einfügung von Abs. 2 durch den Rechtsausschuss, vgl KölnKomm-UmwG/*Hohenstatt/Schramm*, § 323 Rn 2; *Wlotzke*, DB 1995, 40, 45.

2 Vgl Schmitt/Hörtnagl/Stratz/*Hörtnagl*, § 323 Rn 1; nach Kallmeyer /*Willemsen*, § 323 Rn 1 ist die Vorschrift die „rätselhafteste Bestimmung des ganzen Umwandlungsgesetzes“; Widmann/Mayer/*Wälzholz*, § 323 Rn 3.1 nennt den Absatz „ein Musterbeispiel missglückter Normsetzung“.

befristete Zeit den Kündigungsschutz eines von einer Spaltung oder Teilübertragung betroffenen Arbeitnehmers aufrechtzuerhalten, wenn die Voraussetzungen für den Kündigungsschutz durch die Umwandlung entfallen sind.[3] Allgemeine Einigkeit besteht demnach dahin gehend, dass eine aus der Spaltung oder Teilübertragung resultierende Verkleinerung der Beschäftigtenzahl im Betrieb einem betroffenen Arbeitnehmer nach Abs. 1 für einen befristeten Zeitraum von zwei Jahren den Kündigungsschutz nach dem Kündigungsschutzgesetz nicht entzieht.

3 Der maßgebliche Streitpunkt liegt bei der Feststellung, ob und inwieweit das Verschlechterungsverbot nach Abs. 1 nur zu einer befristeten Konservierung von *rechtlichen* Begebenheiten führt oder ob daneben auch die zum Zeitpunkt des Wirksamwerdens der Spaltung oder Teilübertragung bestehenden *tatsächlichen* Verhältnisse für die Dauer von zwei Jahren als eingefroren gelten. Nach hM, insbesondere nach Ansicht der Rechtsprechung, erfolgt nur ein gewisser **rechtlicher Bestandsschutz**, die Kündigung ist darüber hinaus aber nicht auch anhand der tatsächlichen Gegebenheiten zu messen, die zum Zeitpunkt des Wirksamwerdens der Spaltung oder Teilübertragung herrschten. Nicht zuletzt wegen der misslungen Formulierung der Vorschrift bleibt Vieles umstritten.

4 **1. Spaltung oder Teilübertragung.** Nach dem insoweit klaren Wortlaut der Vorschrift sind in sachlicher Hinsicht nur die **Umwandlungsvarianten** Spaltung und Teilübertragung erfasst. Eine analoge Anwendung auf die Verschmelzung (§ 2) oder den Formwechsel (§ 190) scheidet ebenso aus[4] wie eine analoge Anwendung auf Umstrukturierungsfälle außerhalb des UmwG.[5]

5 Eine Spaltung oder Teilübertragung nach dem UmwG hat unmittelbar nur gesellschaftsrechtliche Auswirkungen, dh verändert die rechtliche Struktur des Unternehmensträgers. Eine **Änderung der betrieblichen Organisation** ist mit der Umwandlung nicht zwangsläufig verbunden, etwa wenn die an einer Spaltung beteiligten Rechtsträger sich dazu entscheiden, den Betrieb nach der Umwandlung als gemeinsamen Betrieb zu führen (s. § 322).[6] Die Rechtsfolgen von Abs. 1 werden erst dann eine Rolle spielen, wenn zugleich mit („aufgrund“) der rein umwandlungsrechtlichen Spaltung oder Teilübertragung eine Veränderung in der betrieblichen Organisation verbunden ist.[7]

6 **2. Arbeitsverhältnisse.** Der kündigungsrechtliche Bestandsschutz des Abs. 1 erfasst nur **Arbeitsverhältnisse** und schließt damit arbeitnehmerähnliche Personen, Organmitglieder oder andere Personen, die nicht als Arbeitnehmer anzusehen sind, aus.

7 Damit der Arbeitnehmer dem Bestandsschutz des Abs. 1 unterfällt, muss er in **zeitlicher Hinsicht** beim Wirksamwerden[8] einer Spaltung oder Teilübertragung in einem Arbeitsverhältnis zum übertragenden Rechtsträger gestanden haben. In diesem Sinne steht ein Arbeitnehmer vor dem Wirksamwerden auch dann in einem Arbeitsverhältnis mit dem übertragenden Rechtsträger, wenn der Arbeitsvertrag bereits abgeschlossen wurde, die tatsächliche Arbeitsaufnahme aber erst nach dem Wirksamwerden erfolgen soll.[9] Für die Anwendung von Abs. 1 spielt es ferner keine Rolle, ob der Arbeitnehmer nach dem Wirksamwerden der Spaltung oder Teilübertragung bei dem übertragenden Rechtsträger verbleibt oder mit einem anderen der an der Umwandlung beteiligten Rechtsträger in einem Arbeitsverhältnis steht. Bereits bei einem übernehmenden Rechtsträger vorhandene Arbeitsverhältnisse werden vom kündigungsrechtlichen Be-

3 Lutter/*Joost*, § 323 Rn 1.
4 Lutter/*Joost*, § 323 Rn 3 verneint für diese Fälle die in Abs. 1 geforderte Kausalität („auf Grund“) zwischen Umwandlung und Verschlechterung der kündigungsrechtlichen Stellung; aA Ascheid/Preis/Schmidt/*Steffan*, § 323 Rn 17.
5 BAG NZA 2007, 739 ff; *Willemsen*, NZA 1996, 791, 800; aA *Däubler*, RdA 1995, 136, 146; *Buschmann*, AuR 1993, 285, 287.
6 In diesem Fall ist ein Schutz des weiterhin im unveränderten Betrieb beschäftigten Arbeitnehmers durch § 323 Abs. 1 grds. nicht erforderlich.
7 Vgl dazu unter dem Aspekt der Kausalität KölnKomm-UmwG/*Hohenstatt/Schramm*, § 323 Rn 24.
8 Ist ein Arbeitsverhältnis bereits vor dem Wirksamwerden der Umwandlung beendet, ist für eine Anwendung von § 323 Abs. 1 kein Raum.
9 Schmitt/Hörtnagl/Stratz/*Hörtnagl*, § 323 Rn 5 („logische Sekunde vor dem Wirksamwerden einer Spaltung oder Teilübertragung); KölnKomm-UmwG/*Hohenstatt/Schramm*, § 323 Rn 3.

standschutz nicht erfasst; Gleiches gilt erst recht für nach dem Wirksamwerden der Umwandlung begründete Arbeitsverhältnisse.[10]

3. Kündigung. Abs. 1 schützt den betroffenen Arbeitnehmer nur bei der einseitigen Beendigung des Arbeitsverhältnisses durch eine **Kündigung des Arbeitgebers**, nicht aber gegen andere Beendigungen des Arbeitsverhältnisses (etwa durch einen Aufhebungsvertrag, durch Befristungsablauf, Anfechtung etc.). Diese anderen Beendigungen bleiben auch während des zweijährigen Verschlechterungsverbots zulässig. 8

4. Kündigungsrechtliche Stellung. Streitig ist, in welchem Umfang die Vorschrift den von der Spaltung oder Teilübertragung betroffenen Arbeitnehmern einen kündigungsrechtlichen Bestandsschutz gewährt. Der in Abs. 1 verwendete Begriff der **„kündigungsrechtlichen Stellung"** ist im Arbeitsrecht nämlich einzigartig.[11] Die Undifferenziertheit des Wortlauts hat eine lebhafte Diskussion zum Inhalt und zur Reichweite des Verschlechterungsverbots ausgelöst und die Anwendung der Vorschrift in der Praxis gleich in mehrfacher Hinsicht problematisch gemacht. Im Spektrum der dazu vertretenen Meinungen finden sich enge, weite und vermittelnde Positionen. 9

Nach einer engen Auslegung des Begriffs der kündigungsrechtlichen Stellung erschöpft sich der Schutzumfang der Vorschrift ausschließlich in der befristeten **Anwendung von Normen des KSchG**. Die Vertreter dieser Meinung geben dem Terminus „kündigungsrechtlich" den beschränkten Inhalt „kündigungsschutzrechtlich".[12] 10

Nach der entgegengesetzten Auffassung ist der Begriff der kündigungsrechtlichen Stellung weit zu verstehen.[13] Jede nur denkbare Schlechterstellung des zu Kündigenden durch die Umwandlung soll demnach vom befristeten Bestandsschutz erfasst sein. Diese Auffassung würde im Ergebnis auf ein Zementieren des für eine Kündigung bedeutsamen **tatsächlichen status quo**, einschließlich der sämtlichen indirekten Vorteile oder faktischen Begleitumstände, hinauslaufen. Dies würde allerdings zu einer uferlosen, vom Gesetzeswortlaut nicht mehr gestützten Anwendung eines als bloßes Verschlechterungsverbot ausgestalteten Bestandsschutzes führen. Außerdem würde die Konservierung des gesamten Kündigungsumfelds dem Arbeitgeber einschneidende Kündigungsbeschränkungen auferlegen, ohne dass diese mit entsprechenden rechtlichen Handlungsmöglichkeiten korrespondieren.[14] Im Extremfall wäre nach dieser Auffassung beispielsweise selbst dann eine Betriebsratsanhörung nach § 102 BetrVG (beispielweise eines beim übertragenden Rechtsträger fortbestehenden Betriebsrats) erforderlich, wenn im konkreten Betrieb nach der Spaltung mangels Betriebsratsfähigkeit gar kein Betriebsrat mehr existiert.[15] 11

Mit der Rechtsprechung ist stattdessen zutreffend der Begriff der „kündigungsrechtlichen Stellung" nach Wortlaut, systematischer Stellung und Sinn und Zweck dahin gehend zu verstehen, dass das **„Ob" der Kündigung** noch vom Bestandsschutz erfasst ist, nicht mehr aber das „Wie".[16] Mit anderen Worten erfasst das Verschlechterungsverbot des Abs. 1 nur solche Kündigungsschutzeinbußen, die sich unmittelbar mit dem Wirksamwerden der Spaltung bzw Teilübertragung aktualisieren. Demnach sind kündigungsrechtliche Einbußen, die sich erst später bei Ausspruch der Kündigung aktualisieren (wie etwa ein veränderter Kreis der in eine Sozialauswahl nach § 1 Abs. 3 KSchG einzubeziehenden Arbeitnehmer), nicht vom zweijährigen Bestandsschutz erfasst. Diese vermittelnde Auffassung berücksichtigt zutreffend, dass der Terminus „kündigungsrechtliche Stellung" nicht alleine auf eine „kündigungs*schutz*rechtliche Stel- 12

10 Lutter/*Joost*, § 323 Rn 7; Semler/Stengel/*Simon*, § 323 Rn 4.

11 KölnKomm-UmwG/*Hohenstatt/Schramm*, § 323 Rn 1.

12 *Bauer/Lingemann*, NZA 1994, 1057, 1060.

13 *Bachner*, NJW 1995, 2881, 2884; *Däubler*, RdA 1995, 136, 143; *Düwell*, NZA 1996, 393 ff; diese Auffassung liefe im Ergebnis auf ein Meistbegünstigungsprinzip hinaus, vgl Widmann/Mayer *Wälzholz*, § 323 Rn 3.3.

14 So zutreffend Willemsen/Hohenstatt/Schweibert/Seibt/*Willemsen*, H 154.

15 Das fordern allerdings *Däubler*, RdA 1995, 136, 145 in Fn 114; Däubler/Kittner/Klebe/Wedde/*Buschmann*, § 21 a Rn 49; nach Willemsen/Hohenstatt/Schweibert/Seibt/*Willemsen*, H 153 würde das einen schweren Wertungswiderspruch zu § 21 a BetrVG bedeuten.

16 BAG NZA 2006, 658 ff; Kallmeyer//*Willemsen*, § 323 Rn 10.

lung" zu beschränken ist,[17] wie ein Vergleich mit dem Wortlaut des § 322 zeigt, und somit nicht nur Vorschriften des KSchG eingeschlossen sind. Zugleich ist über Abs. 1 aber auch nur eine kündigungs*rechtliche* und damit nicht eine bloß faktische Stellung des Arbeitnehmers geschützt. Bloß indirekte bzw reflexartige Vorteile, die sich allein aus der tatsächlichen Situation im Ursprungsbetrieb ergeben haben, fallen demnach nicht unter Abs. 1.[18]

13 **5. Kausalität.** Der kündigungsrechtliche Bestandsschutz greift nur, wenn und soweit aufgrund der Spaltung oder Teilübertragung die kündigungsrechtliche Stellung beeinträchtigt würde. Zwischen der Spaltung bzw Teilübertragung und der Verschlechterung der kündigungsrechtlichen Stellung muss eine **unmittelbare Kausalität** bestehen.[19] Nicht mehr aufgrund der Spaltung oder Teilübertragung wird die kündigungsrechtliche Stellung beeinträchtigt, wenn ein Umstand zeitlich erst nach dem Wirksamwerden der Umwandlungsmaßnahme entsteht.[20] So schützt Abs. 1 betroffene Arbeitnehmer beispielsweise auch dann nicht vor einer (unter Abkürzung einer vertraglichen, tarifvertraglichen oder gesetzlichen Kündigungsfrist ausgesprochenen) Kündigung durch den Insolvenzverwalter wegen Betriebsstilllegung, wenn die Stilllegung des Betriebs bei weggedachter Spaltung nicht erfolgt wäre. In dieser Konstellation erfolgt die Kündigung nicht aufgrund der Spaltung, sondern aufgrund der Betriebsstilllegung durch den Insolvenzverwalter.[21]

14 **6. Rechtsfolgen.** Als Rechtsfolge von Abs. 1 wird die zum Zeitpunkt des Wirksamwerdens der Spaltung oder Teilübertragung bestehende kündigungsrechtliche Stellung für einen Zeitraum von zwei Jahren zugunsten des Arbeitnehmers aufrechterhalten.

15 Der maßgebliche **Zweijahreszeitraum** des Verschlechterungsverbot beginnt mit dem Wirksamwerden der Spaltung oder Teilübertragung, dh mit der Eintragung der Verschmelzung bzw Teilübertragung im Handelsregister am Sitz des übertragenden Rechtsträgers (§§ 130, 131, 176 Abs. 3, 177 Abs. 2). Sie berechnet sich nach §§ 187 Abs. 1, 188 Abs. 2 BGB.[22] Maßgeblicher Zeitpunkt für die Bestimmung, ob die kündigungsrechtliche Stellung des Arbeitnehmers noch nach Abs. 1 geschützt ist, ist der Zugang der Kündigungserklärung beim Arbeitnehmer.[23]

16 Der Schutz des Abs. 1 ist zwingendes Recht, auf das ein Arbeitnehmer nicht im Voraus verzichten kann.[24] Nach dem Wirksamwerden der Spaltung oder Teilübertragung ist eine **einvernehmliche Verschlechterung** der kündigungsrechtlichen Position innerhalb der vom Tarif- und Betriebsverfassungsrecht gesetzten Grenzen, insbesondere aber eine Aufhebung eines ordentlich unkündbaren Arbeitsverhältnisses zulässig.[25]

17 **7. Praktische Einzelfälle.** Nach der hier vertretenen Auffassung gilt für die maßgeblichen praktischen Einzelfälle Folgendes: Das Kündigungsschutzgesetz bleibt im Fall einer Spaltung oder Teilübertragung befristet für zwei weitere Jahre anwendbar, selbst wenn der **Schwellenwert des § 23 Abs. 1 KSchG** nach der Umwandlung nicht mehr erreicht ist.[26] Ein Bestandsschutz nach Abs. 1 UmwG, § 23 Abs. 1 KSchG scheidet aber schon begriffsnotwendig aus, wenn das Arbeitsverhältnis zum Zeitpunkt des Wirksamwerdens der Spaltung oder Teilübertragung noch nicht länger als sechs Monate bestanden hat (§ 1 Abs. 1 KSchG), da der Arbeitnehmer in die-

17 So aber *Bauer/Lingemann*, NZA 1994, 1057, 1060.
18 BAG NZA 2006, 658 ff; Lutter//*Joost*, § 323 Rn 13.
19 KölnKomm-UmwG/*Hohenstatt/Schramm*, § 323 Rn 24.
20 Lutter/*Joost*, § 323 Rn 20; Semler/Stengel/*Simon*, § 323 Rn 8.
21 BAG NZA 2006, 658 ff; KölnKomm-UmwG/*Hohenstatt/Schramm*, § 323 Rn 9 und 25.
22 APS-Kündigungsrecht/*Steffan*, § 323 Rn 4; Semler/Stengel/*Simon*, § 323 Rn 17.
23 Schmitt/Hörtnagl/Stratz/*Hörtnagl*, § 323 Rn 11.
24 Ascheid/Preis/Schmidt/*Steffan*, § 323 Rn 16; Lutter/*Joost*, § 323 Rn 22; Kallmeyer/*Willemsen*, § 323 Rn 17; Semler/Stengel/*Simon*, § 323 Rn 18.
25 Lutter/*Joost*, § 323 Rn 22; Semler/Stengel/*Simon*, § 323 Rn 17.
26 So der in der Gesetzesbegründung genannte Beispielsfall, vgl Begr.-Reg.E BT-Drucks. 12/6699, 175; KölnKomm-UmwG/*Hohenstatt/Schramm*, § 323 Rn 2 und 5; Widmann/Mayer/*Wälzholz*, § 323 Rn 3.2; *Bauer/Lingemann*, NZA 1994, 1057, 1060; vgl auch BAG NZA 2007, 739 für den Fall einer Einzelrechtsnachfolge.

sem Fall keine Einbuße seiner kündigungsrechtlichen Stellung aufgrund der Umwandlung erleidet.[27]

Der besondere Kündigungsschutz nach § 15 KSchG für **Mitglieder des Betriebsrats** und die anderen dort genannten Amtsträger ist eine von Abs. 1 geschützte kündigungsrechtliche Stellung. Bleibt die Identität des Betriebs von der Spaltung oder Teilübertragung unberührt und deshalb die Amtsstellung erhalten, folgt der besondere Kündigungsschutz weiterhin unmittelbar aus § 15 KSchG. Wird ein Amtsträger allerdings durch die Spaltung oder Teilübertragung einem anderen Betrieb zugeordnet und verliert deshalb sein Amt nach § 15 KSchG, verlängert Abs. 1 den eigentlich nur für ein Jahr nachwirkenden Sonderkündigungsschutz auf zwei Jahre.[28] Einer Zustimmung des Betriebsrats nach § 103 BetrVG bedarf die Kündigung eines Amtsträgers allerdings trotz Abs. 1 nur dann, wenn die Kündigung innerhalb des Zeitraums eines Übergangsmandats nach § 21 a BetrVG erfolgt.[29] 18

Bei einer **sozialen Auswahl** nach § 1 Abs. 3 KSchG ist nicht auf die Verhältnisse abzustellen, die zum Zeitpunkt des Kündigungsausspruchs ohne Spaltung oder Teilübertragung gelten würden.[30] Bei den Rahmenbedingungen für eine soziale Auswahl handelt es sich insoweit um unbeachtliche indirekte, reflexartige Vorteile und nicht um eine kündigungsrechtliche Stellung in Sinne von Abs. 1.[31] Müsste der Arbeitgeber in diesem Fall eine fiktive Sozialauswahl unter Einbeziehung eines anderen Betriebs vornehmen, ohne dass er eine rechtliche Handhabe hat, den von der Kündigung betroffenen Arbeitnehmer an den Arbeitsplatz des sozial weniger schutzwürdigen Arbeitnehmers zu versetzen und dessen Arbeitsverhältnis zu kündigen, wäre er im Ergebnis daran gehindert, das Arbeitsverhältnis zu kündigen und ihm würde praktisch ein zweijähriges Kündigungsverbot aufgebürdet.[32] Zur Vermeidung dieser Folge wäre er gewissermaßen gezwungen, mit dem anderen beteiligten Unternehmen einen gemeinsamen Betrieb mehrerer Unternehmen zu gründen.[33] Das stände aber im unauflösbaren Widerspruch zur auch in § 322 zum Ausdruck kommenden Wahlfreiheit des Arbeitgebers, gespaltene Betriebe als getrennte Betriebe oder als einen gemeinsamen Betrieb fortzuführen.[34] 19

Ähnliche Überlegungen führen dazu, dass sich von einer Kündigung betroffene Arbeitnehmer nicht gemäß § 1 Abs. 2 KSchG auf **Weiterbeschäftigungsmöglichkeiten** bei anderen, an der Spaltung oder Teilübertragung beteiligten Unternehmen berufen können, selbst wenn diese Konzernunternehmen sein sollten.[35] Auch für diesen Fall hat der Vertragsarbeitgeber keine rechtliche Möglichkeit, dem Arbeitnehmer eine Weiterbeschäftigungsmöglichkeit bei einem anderen Arbeitgeber anzubieten.[36] 20

Ein arbeitsvertraglicher oder tarifvertraglicher **Kündigungsausschluss** ist von Abs. 1 geschützt. Allerdings wird sich die Rechtsfolge zumeist aus der spezielleren Norm des § 613 a BGB iVm 21

27 KölnKomm-UmwG/*Hohenstatt/Schramm*, § 323 Rn 13.

28 Lutter/*Joost*, § 323 Rn 12; Willemsen/Hohenstatt/Schweibert/Seibt/*Willemsen*, H 153; nimmt ein Betriebsratsmitglied ein Übergangsmandat nach § 21 a BetrVG wahr und verbleibt somit zunächst noch in seiner Amtsstellung, verlängert sich der nachwirkende Kündigungsschutz gemäß § 323 Abs. 1 UmwG auf die Dauer von zwei Jahren, wobei allerdings die Zeit der durch § 21 a BetrVG verlängerten Amtsführung anzurechnen ist, vgl Semler/Stengel/*Simon*, § 323 Rn 13.

29 Willemsen/Hohenstatt/Schweibert/Seibt/*Willemsen*, H 153; aA Kittner/Däubler/Zwanziger/*Zwanziger*, § 323 Rn 12.

30 So auch LAG München, 21.9.2004, 11 Sa 29/04 unter Rn 51.

31 BAG NZA 2006, 658 ff mit Anm. *Hohenstatt/Schramm*, BB 2006, 1281 ff; Schmitt/Hörtnagl/Stratz/*Hörtnagl*, § 323 Rn 10; Lutter/*Joost*, § 323 Rn 19; aA v.Hoyningen-Huene/Linck/*v.Hoyningen-Huene*, § 23 Rn 9 d.

32 Ascheid/Preis/Schmidt/*Steffan*, § 323 Rn 7; LAG München, 21.9.2004, 11 Sa 29/04 unter Rn 53.

33 Soweit die an der Spaltung oder Vermögensübertragung beteiligten Rechtsträger den Betrieb gemeinsam fortführen (s. § 322), ändert sich durch die Umwandlung für die soziale Auswahl nach § 1 Abs. 3 KSchG und die zu beachtenden Weiterbeschäftigungsmöglichkeiten nach § 1 Abs. 2 KSchG zunächst nichts.

34 Vgl Semler/Stengel/*Simon*, § 323 Rn 11; nach *Willemsen*, NZA 1996, 791, 800 folgt das Ergebnis aus dem systematischen Zusammenhang mit § 322 BGB.

35 Ascheid/Preis/Schmidt/*Steffan*, § 323 Rn 6; Willemsen/Hohenstatt/Schweibert/Seibt/*Willemsen*, H 154; aA KR/*Friedrich*, § 323 Rn 41; offengelassen zuletzt von BAG NZA 2013, 277, 281 unter Rn 43. Gegen eine grundsätzliche konzernweite Prüfungspflicht der Weiterbeschäftigungsmöglichkeit jüngst BAG DB 2013, 586.

36 Lutter/*Joost*, § 323 Rn 18; Kallmeyer/*Willemsen*, § 323 Rn 10.

§ 324 UmwG ergeben (s. § 324 Rn 3 ff). Soweit demnach der neue Betriebsinhaber nach § 324 UmwG, § 613 a Abs. 1 BGB bereits verpflichtet ist, vereinbarte Kündigungsausschlüsse zu beachten, hat Abs. 1 keine eigenständige Bedeutung.[37] Das gilt selbst dann, wenn ein kollektivrechtlich geltender tarifvertraglicher Kündigungsausschluss nach § 613 a Abs. 1 S. 2 BGB Bestandteil des Arbeitsverhältnis wird und damit eine nur einjährige Veränderungssperre ausgelöst wird.[38] Einzig für den Fall, dass ein nach § 613 a Abs. 1 S. 3 oder 4 BGB ablösender Tarifvertrag keinen Kündigungsausschluss mehr enthält, hat Abs. 1 einen eigenständigen Anwendungsbereich und verhindert für zwei Jahre den Ausspruch einer ordentlichen Kündigung.[39] Eine Kündigung durch den Insolvenzverwalter ist nach § 113 S. 1 InsO allerdings trotz Kündigungsausschluss und Abs. 1 zulässig.[40]

22 Auch bei der Berechnung von **Kündigungsfristen** nach § 622 BGB wird in der Regel der Eintritt des neuen Betriebsinhabers mit der Spaltung oder Teilübertragung in die Arbeitsverhältnisse gemäß § 613 a Abs. 1 BGB und die daraus resultierende Übernahme der Betriebszugehörigkeit dem Arbeitnehmer Bestandsschutz geben. Tarifvertragliche Kündigungsfristen, die an eine bestimmte Betriebszugehörigkeit anknüpfen, bleiben gemäß Abs. 1 auch dann geschützt, wenn ein nach § 613 a Abs. 1 S. 3 oder 4 BGB ablösender Tarifvertrag keine besonderen Kündigungsfristen mehr gewährt.[41]

23 Ebenfalls keine Frage des „Ob", sondern nur des „Wie" einer Kündigung ist die Anwendung von § 17 KSchG (**Anzeige von Massenentlassungen**). Für die Bestimmung der Anzeigepflicht kommt es auf die konkreten Verhältnisse im Betrieb des Arbeitnehmers, nicht aber auf die vor dem Wirksamwerden der Spaltung oder Teilübertragung herrschenden Umstände an.[42]

24 Allein in der Person des Arbeitnehmers liegende Voraussetzungen für einen kündigungsrechtlichen Sonderschutz (etwa die **Kündigungsverbote** bei Schwangeren und Müttern nach § 9 Abs. 1 MuSchG, bei Elternzeit nach § 18 BEEG oder bei einer Pflegezeit nach § 5 Abs. 1 PflegeZG) sind keine von § 323 Abs. 1 geschützten kündigungsrechtlichen Stellungen.[43]

25 Auch **betriebsverfassungsrechtliche Regelungen** (§§ 95, 99, 102, 111 ff. BetrVG) werden als nur indirekt mit der Kündigung zusammenhängende Bestimmungen nicht durch Abs. 1 als Bestandteil der „kündigungsrechtlichen Stellung" geschützt. Ob die Vorschriften zu beachten sind, bestimmt sich nach den aktuellen Verhältnissen im Betrieb bei einer Kündigung, personellen Einzelmaßnahme oder Betriebsänderung. Bei einer Fortgeltung der Beteiligungsrechte des Betriebsrats über Abs. 1 käme es schließlich zu einem unlösbaren Konflikt mit § 325 Abs. 2, wonach entfallende Beteiligungsrechte nur über eine Betriebsvereinbarung oder einen Tarifvertrag fortgeschrieben werden können.[44]

26 Das Anschlussverbot des § 14 Abs. 2 S. 2 TzBfG bei **Befristungen** ist keine von Abs. 1 geschützte kündigungsrechtliche Stellung.[45] Auch die Gesamtrechtsnachfolge nach dem UmwG führt nicht dazu, dass übertragender und übernehmender Rechtsträger rechtlich als derselbe Arbeitgeber im Sinne des § 14 Abs. 2 S. 2 TzBfG anzusehen sind.[46] Einer analogen Anwendung

37 Kallmeyer/*Willemsen*, § 323 Rn 16; KölnKomm-UmwG/*Hohenstatt/Schramm*, § 323 Rn 22; *Kreßel*, BB 1995, 925, 928.

38 Ascheid/Preis/Schmidt/*Steffan*, § 323 Rn 11; aA wohl Lutter/*Joost*, § 323 Rn 24.

39 Ascheid/Preis/Schmidt/*Steffan*, § 323 Rn 11; aA wohl Kallmeyer/*Willemsen*, § 323 Rn 16.

40 BAG NZA 2006, 658, 659 f.

41 Ascheid/Preis/Schmidt/*Steffan*, § 323 Rn 17; Schmitt/Hörtnagl/Stratz/*Hörtnagl*, § 323 Rn 8; aA *Kreßel*, BB 1995, 925, 928 (§ 324 UmwG, § 613 a BGB sind lex specialis zu § 323).

42 Widmann/Mayer/*Wälzholz*, § 323 Rn 10; Kallmeyer/*Willemsen*, § 323 Rn 12; *Bauer/Lingemann*, NZA 1994,1057, 1061; aA *Mengel*, Umwandlungen im Arbeitsrecht, S. 266; Däubler/Kittner/Klebe/Wedde/*Buschmann*, § 21 a Rn 49.

43 KölnKomm-UmwG/*Hohenstatt/Schramm*, § 323 Rn 23; *Mengel*, Umwandlungen im Arbeitsrecht, S. 269.

44 Semler/Stengel/*Simon*, § 323 Rn 15 mwN, Kallmeyer/*Willemsen*, § 323 Rn 14; aA *Herbst*, AiB 1995, 5, 9, 12; *Mengel*, Umwandlungen im Arbeitsrecht, S. 266 ff.

45 AA *Haas/Hilgenstock* FA 2005, 200, deren Auffassung allerdings verkennt, dass es nach dem TzBfG für die Unwirksamkeit einer Befristung nicht auf die mögliche Umgehung eines Kündigungsschutzes ankommt, vgl BAG NJOZ 2009, 671; ErfK/*Müller-Glöge*, § 14 TzBfG Rn 7 f.

46 BAG NZA 2005, 514.

des Abs. 1 bedarf es nicht.[47] Wenn das Arbeitsverhältnis bereits vor der Spaltung oder Teilübertragung beendet war, ist der übernehmende Rechtsträger für den Arbeitnehmer ein neuer Arbeitgeber. Der Schutz des beim Wirksamwerden der Spaltung oder Teilübertragung in einem unbefristeten oder befristeten Arbeitsverhältnis stehenden Arbeitnehmers wird über § 324 Abs. 1, § 613 a BGB abschließend erreicht, da der übernehmende Rechtsträger in diesem Fall in das Arbeitsverhältnis eintritt und im Fall einer anschließend vereinbarten Befristung schon „bereits zuvor" ein Arbeitsverhältnis mit „demselben Arbeitgeber" (§ 14 Abs. 2 S. 2 TzBfG) bestanden hat.

III. Inhalt des § 323 Abs. 2

Die Vorschrift des Abs. 2 zielt mit der Einräumung eines erweiterten Gestaltungsspielraums im Interessenausgleich darauf ab, bei im Zusammenhang mit einer Umwandlung stehenden Betriebsspaltungen den beteiligten Rechtsträgern die **Zuordnung von Arbeitnehmern** zu den entstehenden Betrieben zu erleichtern und damit für die Unternehmen eine erhöhte Rechtssicherheit bei der Planung einer Umwandlung zu gewährleisten. 27

Während im Gesetzgebungsverfahren bei der Schaffung des Umwandlungsgesetzes zunächst noch vorgesehen war, dass die beteiligten Rechtsträger die Arbeitsverhältnisse im Spaltungs- oder Verschmelzungsvertrag beliebig einem der an der Umwandlung beteiligten Unternehmen zuordnen können, nahm der Gesetzgeber davon im weiteren Verfahren dann wegen der **Unvereinbarkeit mit § 613 a BGB** und der maßgeblichen EG-Richtlinie Abstand. Das Recht der an einer Umwandlung beteiligten Rechtsträger, grundsätzlich jeden Gegenstand – und damit an sich auch jedes Arbeitsverhältnis – einem beliebigen übernehmenden Rechtsträger zuzuordnen, ist damit de lege lata durch die Vorschrift des § 613 a BGB erheblich eingeschränkt (s. unten Rn 30 ff). Als „Ersatzlösung" für eine privatautonome Zuordnung der Arbeitsverhältnisse sieht Abs. 2 die Möglichkeit der Betriebsparteien vor, nach dem Vorbild von § 125 InsO in einem Interessenausgleich eine namentliche Zuordnung der Arbeitnehmer zu den einzelnen Betrieben oder Betriebsteilen vorzunehmen. Diese Zuordnung ist für diesen Fall nur auf eine grobe Fehlerhaftigkeit überprüfbar und erhöht damit die „Gerichtsfestigkeit". 28

1. Verschmelzung, Spaltung oder Vermögensübertragung. Die Vorschrift findet nach ihrem eindeutigen Wortlaut nur in den **Umwandlungsvarianten** der Verschmelzung, Spaltung und Vermögensübertragung Anwendung. Eine analoge Anwendung auf einen Formwechsel scheidet nicht nur mangels Vorliegen einer planwidrigen Regelungslücke aus, sondern auch weil keine Vergleichbarkeit des Formwechsels mit den anderen Umwandlungsvarianten besteht.[48] Bei einem Formwechsel wechselt nur das „rechtliche Kleid" des Unternehmens; ein Übergang von Arbeitsverhältnissen oder Betrieben, denen Arbeitnehmer zuzuordnen wären, findet nicht statt. Der analogen Anwendung auf Umstrukturierungen außerhalb des Umwandlungsgesetzes steht der klare Wortlaut entgegen.[49] 29

2. Abschluss eines Interessenausgleich mit namentlicher Zuordnung. Die eingeschränkte gerichtliche Überprüfung greift nur, wenn ein **Interessenausgleich** bei einer der genannten Umwandlungsvarianten geschlossen wird. Dieser Feststellung sind zwei Voraussetzungen zu entnehmen: 30

Zum einen muss zwischen den Betriebsparteien ein Interessenausgleich im Sinne von § 112 Abs. 1 S. 1 BetrVG geschlossen werden.[50] Für dessen Abschluss ist wegen der Verwendung des betriebsverfassungsrechtlich definierten Begriffs „Interessenausgleich" nach hM erforderlich, 31

47 Vgl KölnKomm-UmwG/*Hohenstatt/Schramm*, § 324 Rn 25; aA *Haas/Hilgenstock* FA 2005, 200.

48 Vgl Semler/Stengel/*Simon*, § 323 Rn 19; Schmitt/Hörtnagl/Stratz/*Hörtnagl*, § 323 Rn 4.

49 KölnKomm-UmwG/*Hohenstatt/Schramm*, § 323 Rn 41; Semler/Stengel/*Simon*, § 323 Rn 19.

50 Der Interessenausgleich ist nicht über eine Einigungsstelle erzwingbar, bedarf also eines Einvernehmens zwischen den Betriebsparteien, vgl Lutter/*Joost*, Rn 39; *Hohenstatt*, NZA 1998, 846, 852.

dass ihm eine **Betriebsänderung** (dh im Regelfall ein Zusammenschluss mit anderen Betrieben oder eine Spaltung eines Betriebs, § 111 S. 3 Nr. 3 BetrVG) im Sinne von § 111 BetrVG zugrunde liegt.[51]

Hinweis: Neben der Zuordnung in einem Interessenausgleich können die Arbeitnehmer auch im Verschmelzungs-, Spaltungs- oder Übernahmevertrag den Rechtsträgern zugeordnet werden.[52] Diese Zuordnung muss sich allerdings nicht nur unter Umständen von der zwingenden Wirkung des § 613 a BGB korrigieren lassen, sondern wäre zudem ohne das Privileg des Abs. 2 vor Gericht voll überprüfbar.

32 Zum anderen muss die Umwandlungsmaßnahme der Grund für den Abschluss des Interessenausgleichs sein (vgl Abs. 2: „bei einer Verschmelzung, Spaltung oder Vermögensübertragung"). Zwischen der dem Interessenausgleich zugrunde liegenden Betriebsänderung und der Umwandlung muss demnach ein **enger sachlicher und zeitlicher Zusammenhang** bestehen.[53]

33 Schließlich verlangt Abs. 2, dass die Arbeitnehmer im Interessenausgleich[54] namentlich einem bestimmten Betrieb oder Betriebsteil zugeordnet werden. Eine bloße **Zuordnung** zu einem Rechtsträger, einer Abteilung oder gar einer Arbeitsgruppe genügt nicht.[55]

34 **3. Verhältnis der namentlichen Zuordnung zu § 324 UmwG, § 613 a BGB.** Entgegen seinem Wortlaut überlässt die Vorschrift des Abs. 2 den Betriebsparteien nicht die völlig freie Zuordnung der Arbeitsverhältnisse zu den Betrieben oder Betriebsteilen. Der damit verbundene massive Eingriff in die Rechtsposition der betroffenen Arbeitnehmer wäre bedenklich.[56] Der freien Zuordnung der Arbeitnehmer zu den Betrieben oder Betriebsteilen steht die zwingende Wirkung des über § 324 (s. § 324 Rn 3 ff.) anwendbaren § 613 a BGB entgegen.[57] Die beteiligten Rechtsträger haben insoweit allenfalls über die Zuordnung der Betriebe und Betriebsteile in den Umwandlungsverträgen und die damit gemäß § 613 a BGB verbundene Zuordnung der Arbeitsverhältnisse zu den Betrieben und Betriebsteilen mittelbar einen begrenzten Einfluss auf die Verteilung der Arbeitsverhältnisse.[58] Aber der Weg, über die namentliche Zuordnung in einem Interessenausgleich die Arbeitsverhältnisse abweichend zu § 613 a BGB einem anderen Rechtsträger zuzuweisen, ist den Betriebsparteien wegen des **Vorrangs von § 613 a BGB** verschlossen.[59]

35 Praktisch hat die Vorschrift des Abs. 2 damit nur noch für solche Fälle eine eigenständige Bedeutung, in denen **keine eindeutige Zuordnung** des Arbeitnehmers zu einem Betrieb oder Betriebsteil möglich ist.[60] Mit dem prozessualen Privileg des Abs. 2 können demnach solche Arbeitnehmer zugeordnet werden, die in verschiedenen Betrieben oder Betriebsteilen beschäftigt sind (sog. „Springer").[61] Für in Querschnittsbereichen beschäftigte Arbeitnehmer (zB mit typischen Overhead-Aufgaben im kaufmännischen oder personellen Bereich) besteht keine Zuord-

51 Lutter/*Joost*, § 323 Rn 33; *Studt*, Der Umwandlungsrechtliche Interessenausgleich nach § 323 Abs. 2 UmwG S. 21 ff; Widmann/Mayer/*Wälzholz*, § 323 Rn 21; Willemsen/Hohenstatt/Schweibert/Seibt/*Willemsen*, G 163; aA unter Hinweis auf ein „praktisches Bedürfnis" für eine breitere Anwendungsreichweite der Vorschrift Semler/Stengel/*Simon*, § 323 Rn 20.

52 Bei sich widersprechenden Zuordnungen im Vertrag und Interessenausgleich geht die Zuordnung im Interessenausgleich vor, Kallmeyer/*Willemsen*, § 324 Rn 61; Semler/Stengel/*Simon*, § 323 Rn 40; aA Schmitt/Hörtnagl/Stratz/*Hörtnagl*, § 323 Rn 17.

53 Vgl KölnKomm-UmwG/*Hohenstatt/Schramm*, § 323 Rn 40; Semler/Stengel/*Simon*, § 323 Rn 21.

54 Anlehnend an die Rechtsprechung des BAG zu Namenslisten nach § 1 Abs. 5 KSchG, § 125 InsO ist es möglich, die namentliche Zuordnung in einem separaten, aber mit dem Interessenausgleich (bestenfalls körperlich fest) verbundenen Dokument unterzubringen vgl BAG NZA 2012, 1029, 1032; vgl Semler/Stengel/*Simon*, § 323 Rn 22.

55 KölnKomm-UmwG/*Hohenstatt/Schramm*, § 323 Rn 42; Semler/Stengel/*Simon*, § 323 Rn 22; nach Semler/Stengel/*Simon*, § 323 Rn 23 kann eine Zuordnung zu einem Rechtsträger in zweifelsfreien Fällen durch ergänzende Auslegung des Interessenausgleichs in eine Zuordnung zu einem Betrieb oder Betriebsteil „repariert" werden.

56 Lutter/*Joost*, § 323 Rn 36.

57 BAG NZA 2013, 277, 281.

58 KölnKomm-UmwG/*Hohenstatt/Schramm*, § 323 Rn 34.

59 BAG NZA 2013, 617, 620; BAG NZA-RR 2013, 6, 14 f.

60 KölnKomm-UmwG/*Hohenstatt/Schramm*, § 323 Rn 36; Ascheid/Preis/Schmidt/*Steffan*, § 323 Rn 23.

61 KölnKomm-UmwG/*Hohenstatt/Schramm*, § 323 Rn 36.

nungskompetenz der Betriebsparteien. Sie sind nicht etwa den Betrieben oder Betriebsteilen zuordnen, *für* die sie tätig waren, sondern sind *in* den mit Querschnittsaufgaben betriebsübergreifend tätigen Betriebsteil eingegliedert und damit diesem im Sinne von § 613 a BGB zugeordnet.[62]

Hinweis: Ungeachtet der zwingenden Wirkung des § 613 a BGB können Arbeitnehmer privat- 36
autonom und freiwillig eine von § 613 a BGB abweichende Zuordnung akzeptieren. In der Praxis kann es sich daher in Problemfällen empfehlen, die Zuordnung zu einzelnen Betrieben oder Betriebsteilen im Vorfeld mit den Arbeitnehmern abzustimmen.[63]

4. Rechtsfolge: Eingeschränkter gerichtlicher Prüfungsumfang. Die Wirkung von Abs. 2 ist in 37
erster Linie prozessual.[64] Will ein Arbeitnehmer seine Zuordnung im Interessenausgleich gemäß Abs. 2 nicht gelten lassen und greift deshalb die Zuordnung gerichtlich an, ist der gerichtliche Prüfungsumfang eingeschränkt. Das Arbeitsgericht kann die Zuordnung im Interessenausgleich nur auf **grobe Fehlerhaftigkeit** überprüfen. Maßstab für die Prüfung ist § 613 a BGB. Fehlerhaft ist die Zuordnung, wenn sie objektiv unrichtig ist; grob fehlerhaft ist sie nur, wenn sie schwerwiegend und offensichtlich unrichtig ist, dh sich unter keinem Gesichtspunkt sachlich rechtfertigen lässt.[65] Ein erstes Indiz für eine grobe Fehlerhaftigkeit liegt etwa dann vor, wenn sich ein Arbeitnehmer durch die namentliche Zuordnung im Interessenausgleich nach der Umwandlung einem Betrieb oder Betriebsteil zugeordnet sieht, in dem er zuvor eindeutig nicht beschäftigt war.[66]

Die Darlegungs- und Beweislast der groben Fehlerhaftigkeit der Zuordnung trägt der Arbeit- 38
nehmer, wobei die aus der Arbeitsgerichtsbarkeit bekannten Grundsätze der abgestuften **Darlegungs- und Beweislast** anwendbar sind.

Das Gesetz bestimmt keine ausdrückliche **Frist**, innerhalb der ein Arbeitnehmer die grobe Feh- 39
lerhaftigkeit der Zuordnung geltend machen muss. In der Literatur wird häufig auf eine analoge Anwendung der Monatsfrist aus § 613 a Abs. 6 BGB verwiesen.[67] Um möglichst kurzfristig praktische Sicherheit über etwaige Einwendungen gegen die Zuordnung zu bekommen, kann sich empfehlen, eine Ausschlussfrist im Interessenausgleich zu vereinbaren und die Arbeitnehmer auf die Ausschlussfrist hinzuweisen.[68]

§ 324 Rechte und Pflichten bei Betriebsübergang

§ 613 a Abs. 1, 4 bis 6 des Bürgerlichen Gesetzbuchs bleibt durch die Wirkungen der Eintragung einer Verschmelzung, Spaltung oder Vermögensübertragung unberührt.

Literatur:

Bachner, Individualarbeits- und kollektivrechtliche Auswirkungen des neuen Umwandlungsgesetzes, NJW 1995, 2881; *Bauer/v. Steinau-Steinrück*, Das Schicksal freiwilliger Betriebsvereinbarungen beim Betriebsübergang, NZA 2000, 505; *Engesser Means/Klebeck*, Sperrzeit durch Widerspruch bei Betriebsübergang, NZA 2008, 143; *Gaul*, Aktuelles zum Betriebsübergang – Kennzeichnung und Vermeidung von § 613 a BGB, DStR 2013, 595; *Gaul*, Das Schicksal von Tarifverträgen und Betriebsvereinbarungen bei der Umwandlung von Unternehmen, NZA 1995, 717; *Gaul*, Das Arbeitsrecht der Betriebs- und Unternehmensspaltung, 2002; *Gaul/Otto*, Konsequenzen einer Spaltung nach § 123 UmwG für Firmentarifverträge, BB 2014, 500; *Hey/Simon*, Arbeitgeberstellung im Rah-

62 Vgl BAG NZA-RR 2013, 6, 15; BAG NZA 2007, 1320 ff; Kallmeyer/*Willemsen*, § 324 Rn 56; ErfK/*Preis*, § 613 a BGB Rn 72.
63 BAG NZA-RR 2013, 6, 14.
64 *Hohenstatt*, NZA 1998, 846, 853.
65 Schmitt/Hörtnagl/Stratz/*Hörtnagl*, § 323 Rn 20; *Wlotzke*, DB 1995, 40, 45; Semler/Stengel/*Simon*, § 323 Rn 27.
66 Willemsen/Hohenstatt/Schweibert/Seibt/*Willemsen*, G 162; *Bachner*, NJW 1995, 2881, 2884.
67 Semler/Stengel/*Simon*, § 323 Rn 30; Lutter/*Joost*, § 323 Rn 41; *Mengel*, Umwandlungen im Arbeitsrecht, S. 155.
68 Semler/Stengel/*Simon*, § 323 Rn 31.

men einer Kündigung bei Kettenverschmelzung, BB 2010, 2957; *Hohenstatt/Grau*, Arbeitnehmerunterrichtung beim Betriebsübergang, NZA 2007, 13; *Jacobs*, Bezugnahmeklauseln als Stolpersteine beim Betriebsübergang, BB 2011, 2037; *Joost*, Arbeitsrechtliche Angaben im Umwandlungsvertrag, ZIP 1995, 976; *Kania*, Tarifbindung bei Ausgliederung und Aufspaltung eines Betriebs, DB 1995, 625; *Kittner*, Die Verwirkung des Widerspruchsrechts beim Betriebsübergang, NJW 2012, 1180; *Klumpp*, Widerspruch bei Betriebsübergang und Sperrzeit nach § 144 I 2 Nr. 1 SGB III, NZA 2009, 354; *Kreßler*, Arbeitsrechtliche Aspekte des neuen Umwandlungsbereinigungsgesetzes, BB 1995, 925; *Mengel*, Umwandlungen im Arbeitsrecht, 1997; Meyer, Aktuelle Gestaltungsfragen beim Betriebsübergang, NZA-RR 2013, 225; *Neye*, Das neue Umwandlungsrecht vor der Verabschiedung im Bundestag, ZIP 1994, 917; *Rieble/Gutzeit*, Betriebsvereinbarungen nach Unternehmensumstrukturierung, NZA 2003, 233; *Röger*, Gesetzliche Schriftform und Textform bei arbeitsrechtlichen Erklärungen, NJW 2004, 1764; *Sagan*, Die kollektive Fortgeltung von Tarifverträgen und Betriebsvereinbarungen nach § 613 a Abs. 1 Sätze 2–4 BGB, RdA 2011, 163; *Salamon*, Die kollektivrechtliche Geltung von Betriebsvereinbarungen beim Betriebsübergang unter Berücksichtigung der neueren BAG-Rechtsprechung, RdA 2007, 153; *Salje*, Umwandlungsgesetz, RdA 2000, 126; Schaub, Aktuelle Fragen des Tarifvertragsrechts, BB 1995, 2003; *Schiefer*, Rechtsfolgen des Betriebsübergangs nach § BGB § 613 a BGB, NJW 1998, 1817; *Georg Schmidt*, Universalsukzession kraft Rechtsgeschäfts, AcP 191 (1991), 495; Schnitker/Grau, Unterrichtung der Arbeitnehmer gemäß§ 613 a Abs. 5 BGB im Spiegel der Betriebsübernahmepraxis, BB 2005, 2238; *Schumacher-Mohr*, Zulässigkeit einer betriebsbedingten Kündigung durch den Veräußerer bei Betriebsübergang, NZA 2004, 629; *Seitz/Werner*, Arbeitsvertragliche Bezugnahmeklauseln bei Unternehmensumstrukturierungen, NZA 2000, 1257; *Simon/Weninger*, Betriebsübergang und Gesamtrechtsnachfolge: Kein Widerspruch – keine Unterrichtung?, BB 2010, 117; *Steffan*, Neues vom EuGH zum Betriebsübergang: Was folgt aus „Scattolon"?, NZA 2012, 473; *Wellenhofer-Klein*, Tarifwechsel durch Unternehmensumstrukturierung, ZfA 1999, 239; *Willemsen/Lembke*, Die Neuregelung von Unterrichtung und Widerspruchsrecht der Arbeitnehmer beim Betriebsübergang, NJW 2002, 1159; *Worzalla*, Neue Spielregeln bei Betriebsübergang – Die Änderungen des § 613 a BGB, NZA 2002, 353.

I. Normzweck

1 Die Vorschrift dient der **Klärung einer Zweifelsfrage** zur Anwendung von § 613 a BGB bei Umwandlungen, die mit einem Rechtsträgerwechsel verbunden sind.

2 Die an Umwandlungen beteiligten Rechtsträger sind in vielen Fällen als Arbeitgeber Partei von Arbeitsverhältnissen. Genauso wie bei anderen Schuldverhältnissen stellt sich in den Umwandlungsvarianten Spaltung und Vermögensübertragung auch für die einzelnen Arbeitsverhältnisse die Frage, welchem beteiligten Rechtsträger nach der Umwandlung das Schuldverhältnis zugeordnet ist. Während die beteiligten Rechtsträger diese Zuordnung grundsätzlich privatautonom vornehmen und regeln können (vgl § 126 Abs. 1 Nr. 9), kollidiert diese Privatautonomie in Bezug auf Arbeitsverhältnisse mit den europarechtlichen und nationalen (zwingenden) Rege-

lungen zur Zuordnung von Arbeitsverhältnissen zu übertragenen Betrieben oder Betriebsteilen aus der europäischen Betriebsübergangs-Richtlinie[1] und § 613 a BGB. § 613 a BGB trifft für einen **Betriebsübergang** aber nicht nur eine verbindliche, nicht abdingbare Entscheidung darüber, dass Arbeitsverhältnisse „ihrem" übertragenen Betrieb oder Betriebsteil anhaften,[2] sondern auch dazu, dass die individualrechtlichen und kollektivrechtlichen Quellen des Arbeitsverhältnisses grundsätzlich nicht durch einen Betriebsübergang gespalten werden können.

Lange Zeit sorgte deshalb das Verhältnis von Umwandlungsrecht und § 613 a BGB bzw der europäischen Betriebsübergangsrichtlinie für einen lebhaften Streit. Vor dem Inkrafttreten des UmwG war die **Anwendbarkeit des § 613 a BGB bei der Gesamtrechtsnachfolge** umstritten. Die hM lehnte eine Anwendung von § 613 a BGB in solchen Fällen ab, da die Arbeitsverhältnisse kraft Gesetzes auf den neuen Inhaber übergehen und es deshalb keines Schutzes der Arbeitnehmer bedürfe.[3] Diese Auffassung war aber nicht nur wegen des auf diese Weise unberücksichtigten Einflusses der europäischen Betriebsübergangsrichtlinie bedenklich,[4] sondern missachtete auch, dass bei gesellschaftsrechtlichen Umwandlungen zwar die Gesamtrechtsnachfolge selbst ohne Zutun der beteiligten Rechtsträger durch Eintragung in das Handelsregister erfolgt, die Voraussetzungen für die gesetzlich ausgelöste Gesamtrechtsnachfolge aber durch vertragliche Vereinbarungen (heute Verschmelzungsvertrag nach § 4, Spaltungsvertrag nach § 126 oder Spaltungsplan nach § 136, Übertragungsvertrag nach § 176) geschaffen sind.[5] 3

Die Vorschrift des § 324 ist im Gesetzgebungsverfahren auf Wunsch der Gewerkschaftsseite in das UmwG aufgenommen worden, um den bestehenden Streit zu beenden und die Anwendung von § 613 a BGB auch bei Umwandlungen klarzustellen.[6] Selbst wenn der Wortlaut der Vorschrift („bleibt (...) unberührt") nicht ganz eindeutig und wenig präzise ist, besteht heute allgemeine Einigkeit, dass § 613 a Abs. 1 und Abs. 4 bis Abs. 6 BGB[7] über § 324 bei Verschmelzungen, Spaltungen und Vermögensübertragung uneingeschränkte Anwendung findet.[8] § 324 ist dabei eine **Rechtsgrundverweisung** auf § 613 a BGB, so dass die Vorschrift eine Prüfung der Tatbestandsvoraussetzungen von § 613 a Abs. 1 BGB für jeden Einzelfall erfordert.[9] 4

§ 324 und sein Verweis auf § 613 a BGB ist in der Praxis, insb. bei den Umwandlungsvarianten Spaltung und Vermögensübertragung,[10] von großer Bedeutung. Nach der noch privatautonom möglichen Festlegung durch die beteiligten Rechtsträger, welche Vermögensgegenstände wohin im Rahmen der Umwandlung übergehen sollen,[11] richten sich der Übergang der Arbeitsverhältnisse und die damit verbundenen weiteren **Rechtsfolgen** fast immer nach der zwingenden Bestimmung des § 613 a BGB: Es kommt demnach entweder zu einer Fortgeltung oder einer Ablösung von kollektivrechtlichen Inhalten der Arbeitsverhältnisse nach § 613 a Abs. 1 S. 2 bis S. 4 BGB, die betroffenen Arbeitnehmer müssen nach § 613 a Abs. 5 BGB unterrichtet werden, 5

1 Richtlinie 77/187/EWG, heute Richtlinie 2001/23/EG.

2 Zur zwingenden Zuordnung von Arbeitsverhältnissen und Wirksamkeit diesbezüglicher Vereinbarungen vgl BAG NZA-RR 2013, 6, 14 f; ferner BAG NZA 2013, 617.

3 BAG AP BGB § 613 a Nr. 24, 36; BAG AP BGB § 613 a Nr. 44; BAG AP BGB § 613 a Nr. 85; vgl ausführlich *Mengel*, Umwandlungen im Arbeitsrecht, S. 52 ff mwN.

4 Lutter/*Joost*, § 324 Rn 2.

5 Vgl zum Verhältnis von Gesamtrechtsnachfolge und Rechtsgeschäft ausführlich *G. Schmidt*, AcP 191 (1991), 495, 515 ff.

6 Kallmeyer/*Willemsen*, § 324 Rn 1, 12 („Machtwort des Gesetzgebers"); Lutter/*Joost*, § 324 Rn 3, der zudem zutreffend darauf hinweist, dass § 613 a BGB auch ohne die Klarstellung in § 324 bei den genannten Umwandlungen anwendbar wäre; vgl auch *Neye*, ZIP 1994, 919.

7 Die Vorschrift des § 324 wurde durch Art. 5 des Gesetzes vom 23.3.2002 (BGBl. I S. 1163) nach Ergänzung des § 613 a BGB um die heutigen Abs. 5 und 6 (Unterrichtung und Widerspruchsrecht) entsprechend erweitert.

8 KölnKomm-UmwG/*Hohenstatt/Schramm*, § 324 Rn 4; Lutter/*Joost*, § 324 Rn 3; Kallmeyer/*Willemsen*, § 324 Rn 2 mwN.

9 Kallmeyer/*Willemsen*, § 324 Rn 2; Semler/Stengel/*Simon*, § 324 Rn 3; Schmitt/Hörtnagel/Stratz-UmwG/*Hörtnagl*, § 324 Rn 1; aA *Kreßel*, BB 1995, 925, 928; *Salje*, RdA 2000, 126 (Rechtsfolgenverweisung).

10 Bei der Verschmelzung gehen die Arbeitsverhältnisse bereits kraft Gesamtrechtsnachfolge auf den übernehmenden Rechtsträger über, § 20 Abs. 1 Nr. 1; bei der Spaltung oder Vermögensübertragung ist die Zuordnung der Arbeitsverhältnisse zu den beteiligten Rechtsträgern von § 613 a BGB zu lösen.

11 Zu den Möglichkeiten der beteiligten Rechtsträger, trotz des grundsätzlichen Vorrangs von § 613 a BGB arbeitsrechtliche Folgen durch Gestaltungen der Umwandlungsverträge beeinflussen zu können, vgl Kallmeyer/*Willemsen* Rn 51 ff und Rn 57.

sie haben ein Widerspruchsrecht nach Maßgabe von § 613 a Abs. 6 BGB und ihre Arbeitsverhältnisse können nicht wegen des Betriebsübergangs gekündigt werden (§ 613 a Abs. 4 BGB). Die ausdrückliche Herausnahme der Haftungsregelung des § 613 a Abs. 2 BGB bei § 324 erklärt sich daraus, dass bei den genannten Umwandlungsfällen ausschließlich das besondere Haftungsregime der §§ 22, 133 gelten soll.[12]

II. Inhalt

6 Für den Eintritt eines übernehmenden oder neuen Rechtsträgers in die Arbeitsverhältnisse und die weiteren Rechtsfolgen von § 613 a Abs. 1, Abs. 4 bis Abs. 6 BGB ist erforderlich, dass infolge einer der in § 324 genannten Umwandlungen (Verschmelzung, Spaltung oder Vermögensübertragung) ein **Betrieb oder Betriebsteil auf einen anderen Rechtsträger übergeht.**[13]

7 **1. Tatbestandsvoraussetzungen des § 613 a BGB. a) Betrieb/Betriebsteil.** Bei einer mit einem Rechtsträgerwechsel verbundenen Umwandlung[14] ist für die von § 613 a Abs. 1 S. 1 BGB angeordnete Rechtsfolge maßgeblich, ob mit der Gesamtrechtsnachfolge ein Betrieb oder Betriebsteil seinen Inhaber wechselt. Was sich hinter den **Begriffen des Betriebs oder Betriebsteils** verbirgt, blieb für den Rechtsanwender wegen unterschiedlicher Ausgangspunkte von europäischer und nationaler Rechtsprechung lange Zeit im Unklaren.[15]

8 Über die letzten Jahre sind durch zahlreiche Entscheidungen des EuGH und des BAG die **Konturen des Betriebsbegriffs** des § 613 a BGB geschärft worden. Das BAG, das die nationale Vorschrift des § 613 a BGB richtlinienkonform auszulegen und die konkretisierende Rechtsprechung des EuGH zur Betriebsübergangs-Richtlinie zu beachten hat, geht bei der Definition des Betriebsbegriffs zu § 613 a Abs. 1 S. 1 BGB von Art. 1 Abs. 1 lit. b) der Betriebsübergangs-Richtlinie und damit einer „wirtschaftlichen Einheit im Sinne einer organisierten Zusammenfassung von Ressourcen zur Verfolgung einer wirtschaftlichen Haupt- oder Nebentätigkeit" aus. Der Begriff wirtschaftliche Einheit bezieht sich nach der ständigen Rechtsprechung des BAG unter Übernahme der Definition der Richtlinie auf eine „organisatorische Gesamtheit von Personen und/oder Sachen zur auf Dauer angelegten Ausübung einer wirtschaftlichen Tätigkeit mit eigener Zielsetzung".[16] Da diese europarechtlich geprägte Definition eine Unterscheidung der dem nationalen deutschen Arbeitsrecht durchaus bedeutsamen Begriffe „Betrieb" und „Betriebsteil" obsolet macht und bei der Anwendung von § 613 a BGB das Merkmal des „identitätswahrenden Übergangs" im Vordergrund steht, hat die Definition der beiden Begriffe in § 613 a Abs. 1 BGB immer mehr an Bedeutung verloren.[17] Für die Spaltung[18] fordert § 126 Abs. 1 Nr. 9 allerdings die Angabe der übergehenden „Betriebe und Betriebsteile unter Zuordnung zu den übernehmenden Rechtsträgern"; diese Begriffe sind im arbeitsrechtlichen Sinne gemeint.[19]

Hinweis: In der Praxis besteht auf der Tatbestandsseite des § 613 a BGB **Gestaltungsspielraum**, auf der Rechtsfolgenseite hingegen nicht. So können die beteiligten Rechtsträger im Umwandlungsvertrag die Zuordnung der Vermögensgegenstände (Betriebsmittel) privatautonom vornehmen und damit maßgeblich darüber entscheiden, ob der Übergang eines Betriebs oder Betriebsteils im Sinne von § 613 a BGB vorliegt. Die häufig zu findende ausdrückliche Feststellung im Umwandlungsvertrag, dass ein Betrieb oder Betriebsteil übergeht, hat aber keine konstitutive, sondern allenfalls eine indizielle Bedeutung.[20] Bei der Prüfung, ob bei einer Umwand-

12 So die hM, vgl Lutter/*Joost,* § 324 Rn 81; KölnKomm-UmwG/*Hohenstatt/Schramm*, § 324 Rn 103, auch zur Übergangsregelung des § 319 für Altersversorgungsverpflichtungen aus Altzusagen.
13 Vgl BAG NZA 2006, 990; BAG NZA 2000, 1115.
14 Der Formwechsel (Wechsel des „rechtlichen Kleides") hat im Übrigen arbeitsrechtlich praktisch kaum Bedeutung.
15 Dazu ErfK/*Preis*, § 613 a BGB Rn 5 ff.
16 BAG NJW 2011, 3596; ErfK/*Preis*, § 613 a BGB Rn 6; Ascheid/Preis/Schmidt/*Steffan*, § 613 a BGB Rn 13.
17 MünchAnwHbArbR/*Cohnen*, § 53 Rn 11.
18 Nach § 177 Abs. 1 auch für die Teilübertragung.
19 Semler/Stengel/*Schröer*, § 126 Rn 57 f; Schmitt/Hörtnagel/Stratz-UmwG/*Hörtnagl*, § 126 Rn 72; Lutter/*Priester*, § 126 Rn 48.
20 Vgl dazu Kallmeyer/*Willemsen*, § 324 Rn 4, Rn 11 und Rn 51 ff; Semler/Stengel/*Schröer*, § 126 Rn 75.

lung die Rechtsfolgen des § 613 a BGB greifen, ist nicht der Wortlaut des Umwandlungsvertrages maßgeblich, sondern ob mit der Verschmelzung, Spaltung oder Vermögensübertragung eine wirtschaftliche Einheit identitätswahrend ihren Inhaber wechselt.

b) Identitätswahrender Übergang. Ein Betriebsübergang setzt voraus, dass ein Betrieb oder Betriebsteil (eine wirtschaftliche Einheit, s. Rn 7 f) unter **Wahrung seiner Identität** seinen Betriebsinhaber wechselt. Die mit Hinblick auf den Grundsatz der Privatautonomie einschneidende Rechtsfolge des § 613 a BGB, dass ein Erwerber einer wirtschaftlichen Einheit kraft Gesetzes auch die dieser Einheit zugewiesenen Arbeitsverhältnisse übernehmen muss, lässt sich nur dann rechtfertigen, wenn der Erwerber nicht bloße einzelne Betriebsmittel erwirbt oder gar bloße Funktionen eines früheren Betriebsinhabers fortsetzt, sondern eine vorhandene, vom bisherigen Betriebsinhaber geschaffene bzw genutzte, auf Dauer angelegte und auf einen bestimmten Betriebszweck ausgerichtete Betriebsorganisation weiternutzt.[21] 9

Für die Feststellung eines identitätswahrenden Übergangs sind in einer Gesamtabwägung, für die EuGH und BAG einen **7-Punkte-Katalog** heranziehen, sämtliche Umstände des Einzelfalls zu berücksichtigen und in eine Gesamtbewertung einzustellen.[22] 10

- Die Art des betreffenden Betriebs.
- Der Übergang materieller Betriebsmittel wie beweglicher Güter und Gebäude.
- Der Wert immaterieller Aktiva im Zeitpunkt des Übergangs.
- Die Übernahme der Hauptbelegschaft durch den neuen Inhaber.
- Der Übergang von Kundschaft und Lieferantenbeziehungen.
- Der Grad der Ähnlichkeit zwischen den vor und nach dem Übergang verrichteten Tätigkeiten.
- Die Dauer einer Unterbrechung dieser Tätigkeit.

Alle diese Einzelpunkte sind jedoch nur Teilaspekte einer vorzunehmenden **Gesamtabwägung** und können deshalb nicht isoliert betrachtet werden.[23] Bei Verschmelzungen oder Vollübertragungen nach dem UmwG bereitet die Feststellung des identitätswahrenden Übergangs einer wirtschaftlichen Einheit in der Regel keine Probleme.[24] Bei einer Spaltung oder Teilübertragung muss die Prüfung und Gesamtbewertung anhand des 7-Punkte-Katalogs erfolgen.[25] Für die Praxis von besonderer Bedeutung ist für die Feststellung eines Betriebsübergangs die im Anschluss an eine Entscheidung des EuGH[26] ergangene jüngere Rechtsprechung des BAG,[27] wonach die **Eingliederung des übergehenden Betriebs in die Organisation des neuen Inhabers** einen Betriebsübergang nicht mehr zwingend ausschließt und demnach in der Vergangenheit genutzte Gestaltungen zur Vermeidung der Rechtsfolgen von § 613 a BGB ausscheiden.[28] Wird im Rahmen einer Umwandlung, wie es nicht selten geschieht, ein übergehender Betrieb oder Betriebsteil beim übernehmenden Rechtsträger in dessen betriebliche Organisation eingegliedert, bleibt somit nunmehr ein Betriebsübergang durchaus möglich. 11

Vom identitätswahrenden Übergang einer wirtschaftlichen Einheit ist die bloße Fortführung einer Tätigkeit durch einen anderen (sog. **Funktionsnachfolge**) zu unterscheiden. Setzt ein Dritter nur eine Tätigkeit des bisherigen Betriebsinhabers fort, ohne zugleich etwa Personal, Füh- 12

21 Vgl BAG NZA 2000, 369, 371; Kallmeyer/*Willemsen*, § 324 Rn 8; APS-Kündigungsrecht/*Steffan*, § 613 a Rn 33; ErfK/*Preis*, § 613 a BGB Rn 5: „ins gemachte Bett legen".

22 Ständige Rspr, vgl jüngst BAG 8 AZR 683/11; BAG NZA-RR 2013, 6; EuGH NZA 2011, 148; s. auch *Gaul*, DStR 2013, 595.

23 EuGH NZA 2006, 29; EuGH NZA 2001, 249; BAG NZA 2009, 905 („Gesamtwürdigung"); BAG NZA 2009, 1412 („Gesamtschau").

24 Daher sieht § 5 anders als § 126 auch keine Angaben zur Übertragung von Betrieben oder Betriebsteilen vor, vgl Lutter/*Joost*, § 324 Rn 15.

25 Zu den Details vgl MünchAnwHbArbR/*Cohnen*, § 53 Rn 16 ff.

26 EuGH NZA 2009, 251 (Klarenberg).

27 BAG NZA 2010, 499; BAG NZA 2009, 905.

28 Vgl dazu MünchAnwHbArbR/*Cohnen*, § 53 Rn 32 ff.

rungskräfte, Betriebsmittel, Arbeitsorganisation oder Arbeitsmethoden zu übernehmen, liegt kein Betriebsübergang vor.[29]

13 Die Abgrenzung kann auch in Umwandlungsfällen Bedeutung erlangen, wenn einzelne Tätigkeiten mit der Umwandlung separiert werden, ohne dass der gesamte Betrieb übertragen wird. Für die Abgrenzung der Funktionsnachfolge vom Betriebsübergang stellt das BAG maßgeblich darauf ab, ob der Dritte die Hauptbelegschaft, dh einen nach **Zahl und Sachkunde wesentlichen Teil des Personals** übernimmt.[30]

14 Werden daneben für die Erfüllung eines Auftrags in nicht ganz untergeordnetem Umfang sächliche Betriebsmittel eingesetzt, kann ein Betriebsübergang auch ohne Übernahme von Personal anzunehmen sein, wenn die für die Erbringung der Tätigkeit eingesetzten Betriebsmittel die Identität der wirtschaftlichen Einheit prägen, dh ihr Einsatz bei wertender Betrachtungsweise den eigentlichen **Kern des zur Wertschöpfung erforderlichen Funktionszusammenhangs** ausmacht, und diese vom neuen Auftragnehmer übernommen werden.[31]

15 c) **Durch Rechtsgeschäft.** Die Vorschrift des § 324 hat klargestellt, dass auch bei einer Umwandlung mit ihrer gesetzlich angeordneten Gesamtrechtsnachfolge ein Rechtsgeschäft die Grundlage des Inhaberwechsels bildet. Das nach § 613 a Abs. 1 S. 1 BGB erforderliche Tatbestandsmerkmal „**durch Rechtsgeschäft**" steht deshalb seiner Anwendung in Umwandlungsfällen wegen der den Umwandlungen zugrundeliegenden Rechtsgeschäfte (Spaltungsvertrag oder Spaltungsplan, Verschmelzungsvertrag oder Übertragungsvertrag) gemäß § 324 nicht entgegen. Nach der neuesten Rechtsprechung des BAG und der hM in der Literatur ist das Merkmal „durch Rechtsgeschäft" sehr weit auszulegen, erfordert keine unmittelbaren Vertragsbeziehungen zwischen bisherigem Inhaber und Erwerber[32] und dient letztlich nur der Abgrenzung zu den Fällen, in denen der Übergang von Arbeitsverhältnissen unmittelbar auf gesetzlicher Grundlage (etwa bei einer Gesamtrechtsnachfolge gemäß § 1922 BGB) oder auf Grundlage eines Hoheitsakts (etwa durch Zuschlag in der Zwangsversteigerung) und ohne Zwischenschaltung eines Rechtsgeschäfts erfolgt.[33]

16 d) **Wechsel der betrieblichen Führung als Zäsur. Maßgeblicher Zeitpunkt** für die Auslösung der Rechtsfolgen des § 613 a BGB ist der Wechsel in der Person des Betriebsinhabers. Entscheidend ist nach der Rechtsprechung des BAG die tatsächliche Weiterführung der Geschäftstätigkeit durch diejenige Person, die nunmehr für den Betrieb als Inhaber „verantwortlich" ist, dh den Betrieb im eigenen Namen führt und nach außen als Betriebsinhaber auftritt.[34] Eines besonderen Übertragungsaktes mit Bezug auf die betriebliche Leitungsmacht bedarf es auch in Umwandlungsfällen nicht.[35] Auf den wirtschaftlichen Stichtag eines Umwandlungsvertrages kommt es ebenso wenig an, wie auf den Wechsel des Eigentums an Betriebsmitteln.[36] Daraus lassen sich zwei für die Umwandlungspraxis entscheidende Feststellungen treffen:

17 Erstens wird der **Zeitpunkt des Betriebsübergangs** in aller Regel mit dem Wirksamwerden der Umwandlung gleichzusetzen sein. Mit dem Wirksamwerden der Verschmelzung, Spaltung oder Vermögensübertragung tritt der übernehmende oder neue Rechtsträger quasi prototypisch an die Stelle des übertragenden Rechtsträgers und wird neuer verantwortlicher Betriebsinhaber. Zwingend ist der zeitliche Gleichlauf zwischen Umwandlungs- und Arbeitsrecht allerdings

29 BAG NZA 2009, 1267; BAG NZA 2009, 905, 906; BAG NZA 2007, 1287, 1289; grundlegend EuGH NZA 1997, 433 (Ayse Süzen), der damit die Fehlentscheidung des EuGH NZA 1994, 545 (Christel Schmidt) korrigierte; Semler/Stengel/*Simon*, § 324 Rn 7.

30 BAG NZA 2008, 1021; BAG NZA 1998, 534.

31 BAG NZA-RR 2010, 660; BAG NZA 2007, 1431; auf die früher nach der Rechtsprechung des BAG mit entscheidende Frage, ob dem Auftragnehmer die Betriebsmittel zur eigenwirtschaftlichen Nutzung überlassen wurden oder nicht, kommt es nicht mehr an, vgl EuGH NZA 2006, 29 (Güney Görres); BAG NZA 2006, 1105.

32 BAG NZA-RR 2013, 6 Rn 64.

33 BAG NZA-RR 2008, 367; BAG NZA 2006, 723; MünchAnwHbArbR/*Cohnen*, § 53 Rn 77.

34 BAG NJW 2011, 3596; BAG NJW 2006, 2141; BAG NJW 2003, 3581.

35 BAG NJW 2011, 3596; BAG NJW 2006, 2138.

36 KölnKomm-UmwG/*Hohenstatt/Schramm*, § 324 Rn 17; Kallmeyer/*Willemsen*, § 324 Rn 23; BAG NZA 2006, 597.

nicht. Übernimmt der andere Rechtsträger schon vor dem Wirksamwerden der Umwandlung faktisch die Leitungsmacht und führt den Betrieb oder Betriebsteil verantwortlich, obwohl er noch nicht Eigentümer bzw Inhaber der den Betrieb bzw Betriebsteil charakterisierenden Betriebsmittel geworden ist, kommt es zu einem vorzeitigen Betriebsübergang und einem Übergang der Arbeitsverhältnisse.[37]

Hinweis: Ist ein vorzeitiger Eingriff des übernehmenden oder neuen Rechtsträgers trotz der damit verbundenen rechtlichen und steuerlichen Problematiken erforderlich, kann der Gleichlauf zwischen Gesamtrechtsnachfolge und Betriebsübergang durch einen **Betriebsführungsvertrag** zwischen übertragendem und übernehmendem/neuem Rechtsträger gewahrt bleiben, wonach der übernehmende/neue Rechtsträger bereits Leitungsfunktionen im Betrieb übernimmt, diese aber nur im Namen und auf Rechnung des übertragenden Rechtsträgers ausübt.[38] Die Trennung zwischen verantwortlicher Betriebsführung und faktischer Leitungsfunktion lässt sich auch bei einem nachträglichen Betriebsführungsvertrag nutzbar machen, indem die Führung des Betriebs nach der Umwandlung durch den alten Betriebsinhaber auf Rechnung des übernehmenden bzw neuen Rechtsträgers erfolgt und somit ein Betriebsübergang mit seinen Rechtsfolgen (noch) vermieden wird.

Zweitens muss der übernehmende bzw neue Rechtsträger den Betrieb oder Betriebsteil auch 18 tatsächlich weiterführen. Die bloße (theoretische) Möglichkeit, die der übernehmende oder neue Rechtsträger allerdings nicht wahrnimmt, löst keinen Betriebsübergang aus.[39] Entschließt sich der übernehmende bzw neue Rechtsträger dazu, eine bestimmte Tätigkeit mit der Umwandlung nicht mehr auszuüben, sondern unmittelbar auf einen Dritten auszulagern (**Outsourcing**), liegt kein Betriebsübergang vom übertragenden Rechtsträger auf den übernehmenden bzw neuen Rechtsträger vor. Ob im Verhältnis des übertragenden Rechtsträgers zum Dritten ein Betriebsübergang vorliegt, bestimmt sich nach den oben beschriebenen Voraussetzungen. Entscheidend ist demnach, ob der Dritte eine wirtschaftliche Einheit des vorherigen Betriebsinhabers und nicht bloß dessen Tätigkeit übernimmt.

Das Erfordernis der tatsächlichen Betriebsfortführung ist in Umwandlungsfällen darüber hi- 19 naus bei sogenannten **Kettenumwandlungen** von Bedeutung. Übernimmt demnach einer der zwischengeschalteten Rechtsträger der Kettenumwandlung nicht die tatsächliche Fortführung des Betriebs, sondern dient nur als rechtliche Übergangsstelle, erfolgt der Betriebsübergang unmittelbar vom ursprünglichen Betriebsinhaber auf den Rechtsträger, der den Betrieb letztlich fortführt.[40]

2. Rechtsfolgen. a) Übergang der Arbeitsverhältnisse, § 613 a Abs. 1 S. 1 BGB. Mit dem Be- 20 triebsübergang tritt der neue Inhaber nach § 613 a Abs. 1 S. 1 BGB in die Rechte und Pflichten aus den im Zeitpunkt des Übergangs bestehenden Arbeitsverhältnissen ein. Die Arbeitsverhältnisse gehen also auf den neuen Betriebsinhaber über (vgl § 613 a Abs. 6 S. 1 BGB); es findet ohne Zutun des Arbeitnehmers ein **Austausch des Arbeitgebers** statt.[41]

Die Rechtsfolge des § 613 a Abs. 1 S. 1 BGB gilt nur für **Arbeitsverhältnisse**, also nur für Ar- 21 beitnehmer.[42] Auch ruhende Arbeitsverhältnisse (etwa bei Elternzeit, Wehrdienst, Mutterschutz oder nach der Berufung in eine Organstellung bzw dem Abschluss eines Dienstvertrages) gehen

37 Semler/Stengel/*Simon*, § 324 Rn 13; zu den Folgen für die Unterrichtung der Arbeitnehmervertreter s. § 5 Rn 72 ff.

38 Vgl dazu Henssler/Willemsen/Kalb/*Willemsen*, § 324 UmwG Rn 11.

39 BAG NZA 1999, 869; BAG NZA 1999, 704; BAG NZA 1999, 310, 311; KölnKomm-UmwG/*Hohenstatt/Schramm*, § 324 Rn 13; zur früher vertretenen Theorie der Fortführungsmöglichkeit vgl BAG NJW 1993, 2259; BAG NZA 1985, 775.

40 Dazu Willemsen/Hohenstatt/Schweibert/Seibt/*Hohenstatt*, G 144; ausführlich *Hey/Simon* BB 2010, 2957; vgl auch Rn 41.

41 Wegen der daraus resultierenden Beeinträchtigung der grundrechtlich durch Art. 12 Abs. 1 GG geschützten freien Wahl seines Arbeitsplatzes steht dem Arbeitnehmer das Widerspruchsrecht nach § 613 a Abs. 5 BGB zu, vgl BVerfG NJW 2011, 1427.

42 Ausführlich Staudinger/*Annuß*, § 613 a BGB Rn 24 ff.

über.[43] Nicht erfasst von der zwingenden Wirkung des § 613 a BGB sind etwa Dienstverhältnisse der Organmitglieder (die allerdings ungeachtet eines Erlöschens ihrer Organstellung von der Gesamtrechtsnachfolge der Umwandlung erfasst sein können, vgl § 20 Rn 33),[44] freie Mitarbeiter oder ausgeschiedene Arbeitnehmer[45] (auch Betriebsrentner).

Hinweis: In der Praxis ist es empfehlenswert, bei Umwandlungen mit den **Organmitgliedern** (GmbH-Geschäftsführern, Vorständen einer Aktiengesellschaft, etc.) im Vorwege vertragliche Vereinbarungen über ihre Funktion zu schließen, zB Aufhebungsverträge, geänderte Dienstverträge oder neue Arbeitsverträge.

Die Freiheit vom Zwang des § 613 a BGB ermöglicht es den beteiligten Rechtsträgern zudem, über die Umwandlung die **Altersversorgungsverpflichtungen** neu zu ordnen.[46]

22 Der durch § 613 a Abs. 1 S. 1 BGB angeordnete Wechsel des Vertragsarbeitgebers lässt den **Inhalt des Arbeitsverhältnisses** im Übrigen unberührt. Vom Übergang erfasst ist sein gesamter Inhalt, einschließlich Versorgungszusage und Versorgungsanwartschaften.[47] Die insb. für die Berechnung von Kündigungsfristen, Wartezeiten (§ 1 Abs. 1 KSchG, § 3 Abs. 3 EFZG, § 4 BUrlG), betriebliche Altersversorgung[48] und Abfindungen[49] bedeutsame Betriebszugehörigkeitszeiten bleiben erhalten und werden durch die Umwandlung nicht auf „Null" gesetzt.[50] Der im Arbeitsverhältnis mit einem übertragenden Rechtsträger aufgrund der Zahl der beschäftigten Arbeitnehmer erwachsene Kündigungsschutz geht nicht nach § 613 a Abs. 1 Satz 1 BGB mit dem Arbeitsverhältnis auf den übernehmenden Rechtsträger über.[51]

23 Die Vorschrift des § 613 a Abs. 1 S. 1 BGB ist **zwingend und unabdingbar.** Ein im Voraus erklärter Verzicht eines Arbeitnehmers auf den Übergang seines Arbeitsverhältnisses ist nicht möglich.[52] Aufhebungsverträge bleiben möglich, was § 613 a Abs. 6 BGB (Widerspruchsrecht) bestätigt.[53]

24 **b) Fortgeltung von kollektivrechtlichen Regelungen, § 613 a Abs. 1 S. 2–4 BGB.** Arbeitsverhältnisse werden häufig nicht nur durch den Arbeitsvertrag, sondern auch durch Tarifverträge und/oder Betriebsvereinbarungen (**Kollektivregelungen**) bestimmt. Diese können entweder kollektivrechtlich (§ 4 Abs. 1 TVG oder kraft Allgemeinverbindlichkeit nach § 5 TVG bei Tarifverträgen, § 77 Abs. 4 BetrVG bei Betriebsvereinbarungen) oder durch vertragliche Inbezugnahme Geltung erlangen. Für die Bestimmung, welche Kollektivregelungen und in welchem Umfang diese nach einem mit einer Umwandlung verbundenen Betriebsübergang gelten, ist zwischen Tarifverträgen und Betriebsvereinbarungen auf der einen Seite und zwischen deren kollektivrechtlichen und vertraglichen Geltung auf der anderen Seite zu unterscheiden. Die von § 324 in

43 Vgl Semler/Stengel/*Simon,* § 324 Rn 16 zu dem Sonderfall des Auseinanderfallens von Dienst- und ruhendem Arbeitsverhältnis nach einer Spaltung. Dieser Fall dürfte nach der jüngeren Rechtsprechung des BAG zur (konkludenten) Aufhebung von Arbeitsverhältnissen bei „Beförderung" zum Geschäftsführer (BAG NZA 2009, 669; BAG NZA 2007,1095) nur noch selten vorkommen.

44 BAG NZA 2003, 552; näher KölnKomm-UmwG/*Hohenstatt/Schramm* § 324 Rn 100 ff.

45 § 613 a Abs. 1 S. 1 BGB steht daher auch nicht einer (erneuten) sachgrundlosen Befristung des Arbeitsverhältnisses mit einem vor der Umwandlung bereits ausgeschiedenen Arbeitnehmer entgegen, vgl BAG NZA 2005, 514; vgl auch § 323 Rn 26.

46 BAG NJW 2005, 3371; aA AG Hamburg NZG 2005, 899 (noch zur Rechtslage bei Geltung des inzwischen gestrichenen § 132 UmwG). Allerdings müssen die Vorschriften des BetrAVG beachtet werden, vgl ausführlich WHSS-Umstrukturierung/*Schnitker*, J 559 ff; vgl auch BAG NZA 2009, 790 zur Schaffung und finanziellen Ausstattung von „Rentnergesellschaften".

47 Henssler/Willemsen/Kalb/*Willemsen* § 325 UmwG Rn 13; zu den praktischen Folgen vgl beispielsweise BAG NZA 2007, 325 (Flugvergünstigungen), BAG NZA 2005, 941 (Personaleinkaufsberechtigung von Jahreswagen), BAG NJW 2003, 1755 (Aktienoptionspläne). Ausführlich mit praktischen Einzelfällen: MünchAnwHbArbR/*Cohnen*, § 54 Rn 1 ff.

48 BAG NZA 2002, 520; ErfK/*Preis*, § 613 a BGB Rn 76; ein übernehmender oder neuer Rechtsträger, der anders als der übertragende Rechtsträger eine betriebliche Altersversorgung gewährt, ist aber für die Bestimmung der Höhe seiner Altersversorgungsleistungen an den neu aufgenommenen Arbeitnehmer nicht zwingend zur Anerkennung dessen bisheriger Betriebszugehörigkeit verpflichtet, vgl BAG NZA 2005, 840; BAG NJW 1984, 1254; Willemsen/Hohenstatt/Schweibert/Seibt/*Willemsen* Rn G 171.

49 Dazu EuGH NZA 2000, 1279; BAG NZA 2008, 241.

50 Lutter/*Joost* § 324 Rn 16; KölnKomm-UmwG/*Hohenstatt/Schramm*, § 324 Rn 22.

51 BAG NZA 2007, 739, vgl aber zum befristeten Schutz des § 323 Rn 26.

52 Lutter/*Joost*, § 324 Rn 19.

53 Zu den Grenzen zuletzt BAG NZA 2013, 203.

Bezug genommenen Vorschriften des § 613 a Abs. 1 S. 2 bis 4 BGB sind nämlich Auffangregelungen, es gilt der Vorrang der kollektivrechtlichen Weitergeltung: Soweit der übernehmende bzw neue Rechtsträger kollektivrechtlich an die beim übertragenden Rechtsträger geltenden Tarifverträge und Betriebsvereinbarungen gebunden ist, gelten diese kollektivrechtlich fort und die Transformation nach Maßgabe von § 613 a Abs. 1 S. 2 bis 4 BGB findet nicht statt.

aa) Vorrang der kollektivrechtlichen Weitergeltung . Einer **Transformation der Rechtsnormen** aus einem Tarifvertrag gemäß § 613 a Abs. 1 S. 2 BGB bedarf es nicht, wenn der Tarifvertrag nach dem Betriebsübergang kollektivrechtlich weitergilt. Für Umwandlungen ist zwischen folgenden Varianten zu unterscheiden:[54] 25

Bei einem **Verbands- oder Flächentarifvertrag** hängt dessen kollektivrechtliche Fortgeltung nach einem Betriebsübergang von der eigenen Tarifbindung des übernehmenden bzw neuen Rechtsträgers ab; eine Gesamtrechtsnachfolge des übernehmenden bzw neuen Rechtsträgers in die Mitgliedschaft des übertragenden Rechtsträgers im Arbeitgeberverband findet nicht statt.[55] Der Tarifvertrag gilt demnach nur dann kollektivrechtlich fort, wenn entweder der übernehmende bzw neue Rechtsträger dem Arbeitgeberverband angehört, der den Tarifvertrag geschlossen hat, oder wenn der Tarifvertrag für allgemeinverbindlich (§ 5 TVG) erklärt wurde. 26

Ein **Firmen-/Haustarifvertrag** gilt bei einer Verschmelzung oder Vollübertragung grundsätzlich kollektivrechtlich fort, da der übernehmende bzw neue Rechtsträger gemäß § 20 Abs. 1 Nr. 1, § 36 per Gesamtrechtsnachfolge den Tarifvertrag „erbt".[56] Die Geltung des Firmen-/Haustarifvertrags ist auf die Betriebe und Arbeitnehmer des übertragenden Rechtsträgers beschränkt.[57] Kollidieren auf diese Weise beim übernehmenden bzw neuen Rechtsträger zwei Firmen-/Haustarifverträge, gelten beide Tarifverträge mit ihrem ursprünglichen Geltungsbereich nebeneinander (Tarifpluralität) fort.[58] Bei der Kollision eines im Rahmen einer Verschmelzung übergehenden Firmen-/Haustarifvertrages mit einem beim übernehmenden bzw neuen Rechtsträger geltenden Verbandstarifvertrag der gleichen Gewerkschaft setzt sich der speziellere Firmen-/Haustarifvertrag durch.[59] 27

Bei der Spaltung bestimmt der **Spaltungs- und Übernahmevertrag** (bzw der Spaltungsplan, § 136), ob und auf welchen der übernehmenden bzw neuen Rechtsträger nach § 131 Abs. 1 Nr. 1, § 135 der Firmen-/Haustarifvertrag übergeht.[60] In diesem Fall kann der Tarifvertrag aber nur auf einen der Zielrechtsträger übergehen, eine „Vervielfältigung" ist ausgeschlossen.[61] Fehlt es an einer entsprechenden Regelung, bleibt der übertragende Rechtsträger Partei des Firmen-/Haustarifvertrags.[62] Entsprechendes gilt für Fälle der Teilübertragung nach § 174 Abs. 2.[63] 28

Auch für **Betriebsvereinbarungen** ist § 613 a Abs. 1 S. 2 bis S. 4 BGB lediglich ein Auffangtatbestand für den Fall, dass der Betriebsübergang zu einem Verlust der betrieblichen Identität führt. 29

Behält der von einer Umwandlung betroffene Betrieb bei seinem Übergang seine betriebsverfassungsrechtliche Identität bei, gelten die **Einzelbetriebsvereinbarungen** dieses Betriebes für und 30

54 Im Einzelnen und mwN KölnKomm-UmwG/*Hohenstatt/Schramm*, § 324 Rn 38 ff, WHSS-Umstrukturierung/*Hohenstatt* E 100 ff.

55 BAG NJW 1999, 812; BAG NZA 1995, 479; *Joost*, ZIP 1995, 976, 979; *Schaub*, BB 1995, 2003, 2006; *Gaul*, NZA 1995, 717, 719.

56 BAG NZA 2008, 307; *Bachner*, NJW 1995, 2881, 2882; Kallmeyer/*Willemsen*, § 324 Rn 24; Semler/Stengel/Simon, § 20 Rn 40; *Mengel*, Umwandlungen im Arbeitsrecht, S. 182.

57 Semler/Stengel/*Simon*, § 20 Rn 44 ff; Lutter/*Joost*, § 324 Rn 34; Kallmeyer/*Willemsen*, § 324 Rn 24; zu Gestaltungsvorschlägen *Meyer*, NZA-RR 2013, 225, 229.

58 Lutter/*Joost* § 324 Rn 34; Widmann/Mayer/*Wälzholz*, vor §§ 321 ff Rn 29; aA Willemsen/Hohenstatt/Schweibert/Seibt/*Hohenstatt*, E 105 n.

59 Willemsen/Hohenstatt/Schweibert/Seibt/*Hohenstatt*, E 107; Semler/Stengel/*Simon*, § 20 Rn 45, 47.

60 Hennsler/Willemsen/Kalb/*Willemsen*, § 325 UmwG Rn 20; ausführlich *Gaul/Otto*, BB 2014, 500.

61 BAG NZA 2013, 512, 514; Willemsen/Hohenstatt/Schweibert/Seibt/*Hohenstatt*, E 102; Wiedemann/*Oetker*, § 3 TVG Rn 198; aA *Wellenhofer-Klein*, ZfA 1999, 239, 262 ff; *Gaul/Otto*, BB 2014, 500, 502.

62 BAG NZA 2013, 512, 514.

63 Vgl Willemsen/Hohenstatt/Schweibert/Seibt/*Hohenstatt*, E 113; *Gaul*, NZA 1995, 717, 719.

gegen den übernehmenden bzw neuen Rechtsträger als nunmehrigen Betriebsinhaber kollektivrechtlich fort.[64] Für eine Anwendung der Auffangregelung besteht dann kein Bedarf.[65] Trifft die kollektivrechtlich fortgeltende Einzelbetriebsvereinbarung auf eine im Unternehmen des übernehmenden bzw neuen Rechtsträgers geltende, in originärer Zuständigkeit des Gesamtbetriebsrats[66] abgeschlossene Gesamtbetriebsvereinbarung, verdrängt diese die Einzelbetriebsvereinbarung, wenn es sich um den gleichen Regelungsgegenstand handelt.[67] Wird bei einer Umwandlung von einem Betrieb ein Betriebsteilteil abgespalten, der vom übernehmenden bzw neuen Rechtsträger als eigenständiger Betrieb fortgeführt wird, gelten die Einzelbetriebsvereinbarungen des Ursprungsbetriebs auch in den abgespaltenen Betriebsteilen unmittelbar als solche weiter.[68] Eine kollektive Fortgeltung von Einzelbetriebsvereinbarungen scheidet aus, wenn der übertragene Betrieb oder Betriebsteil in einen bestehenden Betrieb des übernehmenden Rechtsträgers eingegliedert wird.[69]

31 **Gesamtbetriebsvereinbarungen** gelten kollektivrechtlich fort, wenn der übernehmende bzw neue Rechtsträger sämtliche Betriebe des übertragenden Rechtsträger ohne Änderung der betrieblichen Organisation übernimmt.[70] Zu einer kollektivrechtlichen Fortgeltung einer Gesamtbetriebsvereinbarung beim übernehmenden bzw neuen Rechtsträger kommt es auch dann, wenn zwar nicht alle, aber doch mehrere Betriebe des übertragenden Rechtsträger übernommen werden.[71] Sogar dann, wenn der übernehmende bzw neue Rechtsträger nur einen Betrieb oder Betriebsteil des übertragenden Rechtsträgers übernimmt und diesen als Betrieb fortführt, gilt die Gesamtbetriebsvereinbarung, dann aber als Einzelbetriebsvereinbarung kollektivrechtlich fort.[72] Diese Grundsätze gelten aber dann nicht, wenn der Inhalt der Gesamtbetriebsvereinbarung die Zugehörigkeit zum übertragenden Rechtsträger zwingend voraussetzt und nach dem Betriebsübergang gegenstandslos ist.[73]

32 **Konzernbetriebsvereinbarungen** gelten kollektivrechtlich fort, wenn der übernehmende bzw neue Rechtsträger zum gleichen Konzern wie der übertragende Rechtsträger gehört.[74] Darüber hinaus dürfte eine Konzernbetriebsvereinbarung auch dann kollektivrechtlich – als Einzelbetriebsvereinbarung – weitergelten, wenn ein einzelner Betrieb des übertragenden Rechtsträgers auf den konzernfremden übernehmenden bzw neuen Rechtsträger übertragen wird. Werden mehrere Betriebe des übertragenden Rechtsträgers auf einen konzernfremden übernehmenden bzw neuen Rechtsträger übertragen, wird die Konzernbetriebsvereinbarung als Gesamtbetriebsvereinbarung kollektivrechtlich fortgelten.[75] Diese Grundsätze werden aber wie oben dann nicht gelten, wenn der Inhalt der Konzernbetriebsvereinbarung die Zugehörigkeit zum Konzern des übertragenden Rechtsträgers zwingend voraussetzt und nach dem Betriebsübergang gegenstandslos ist.[76]

64 BAG NZA 2010, 404; BAG NZA 1995, 222; BAG NZA 1991, 639; Kallmeyer/*Willemsen*, § 324 Rn 25.

65 BAG NZA 2002. 1034; Willemsen/Hohenstatt/Schweibert/Seibt/*Hohenstatt*, E 8; MüKo-BGB/*Müller-Glöge*, § 613 a BGB Rn 149; ErfK/*Preis*, § 613 a BGB Rn 113.

66 Bei in abgeleiteter Zuständigkeit des Gesamtbetriebsrats nach § 50 Abs. 2 BetrVG geschlossenen Betriebsvereinbarungen handelt es sich um Einzelbetriebsvereinbarungen, vgl BAG NZA 2003, 670, 673.

67 Willemsen/Hohenstatt/Schweibert/Seibt/*Hohenstatt* E 13; *Gaul*, Das Arbeitsrecht der Betriebs- und Unternehmensspaltung, 2002, § 25 Rn 53.

68 BAG NZA 2003, 670; *Salamon* RdA 2007, 153; aA Kallmeyer/*Willemsen*, § 324 Rn 25.

69 Vgl ErfK/*Preis*, § 613 a BGB Rn 114; Willemsen/Hohenstatt/Schweibert/Seibt/*Hohenstatt*, E 25 ff; für eine kollektivrechtliche Fortgeltung, wenn der Betrieb oder Betriebsteil nach der Eingliederung als organisatorisch abgrenzbarer Betriebsteil weitergeführt wird Fitting/Engels/Schmidt/Trebinger/Linsenmaier/*Fitting*, § 77 Rn 163.

70 Willemsen/Hohenstatt/Schweibert/Seibt/*Seibt*, D 100 ff.

71 BAG NZA 2003, 336; KölnKomm-UmwG/*Hohenstatt/Schramm*, § 324 Rn 32.

72 Vgl BAG NZA 2003, 336; MünchAnwHbArbR/*Cohnen*, § 53 Rn 39; aA KölnKomm-UmwG/*Hohenstatt/Schramm*, § 324 Rn 34; *Rieble/Gutzeit* NZA 2003, 233; Lutter/*Joost*, § 324 Rn 45; ausführlich *Salamon*, RdA 2007, 153 ff; diese Betriebsvereinbarung müsste dann, wenn kein Betriebsrat gewählt ist, gegenüber allen Arbeitnehmer kollektiv gekündigt werden, vgl Lutter/*Joost*, § 324 Rn 44.

73 BAG NZA 2003, 336.

74 Lutter/*Joost*, § 324 Rn 46; Kallmeyer/*Willemsen*, vor §§ 322 Rn 76; KölnKomm-UmwG/*Hohenstatt/Schramm*, § 324 Rn 36.

75 So die konsequente Schlussfolgerung bei KölnKomm-UmwG/*Hohenstatt/Schramm*, § 324 Rn 36.

76 Vgl BAG NZA 2003, 336.

bb) Auffangregelung des § 613 a Abs. 1 S. 2 bis 4 BGB. Soweit Tarifverträge oder Betriebsvereinbarungen beim übernehmenden bzw neuen Rechtsträger nicht kollektivrechtlich fortgelten, greift die **Auffangregelung** des § 613 a Abs. 1 S. 2 BGB, wonach die Inhalte der Kollektivnormen in das Arbeitsverhältnis transformiert werden. 33

Für **Tarifverträge** greift die Auffangregelung, soweit für die im Zeitpunkt des Betriebsübergangs kollektivrechtlich geltenden Tarifvertragsnormen nach dem Betriebsübergang keine beiderseitige Tarifbindung mehr besteht.[77] Dann werden die Rechtsnormen der beim übertragenden Rechtsträger geltenden Tarifverträge gemäß § 613 a Abs. 1 S. 2 BGB Inhalt der Arbeitsverhältnisse der zum übernehmenden bzw neuen Rechtsträger gewechselten Arbeitnehmer. 34

Für **Betriebsvereinbarungen** greift die Auffangregelung, wenn der Betriebsübergang zum Verlust der betrieblichen Identität des Betriebes oder Betriebsteils führt. Dann werden die in Betriebsvereinbarungen, Gesamtbetriebsvereinbarungen und Konzernbetriebsvereinbarungen geregelten Rechte und Pflichten gemäß § 613 a Abs. 1 S. 2 BGB Inhalt des Arbeitsverhältnisses zwischen dem übernehmenden bzw neuen Rechtsträger als dem neuen Betriebsinhaber und dem Arbeitnehmer. 35

Früher wurde diese von § 613 a Abs. 1 S. 2 BGB angeordnete Transformation in Anknüpfung an den missverständlichen Wortlaut („werden (...) Inhalt des Arbeitsverhältnisses") so verstanden, dass die Kollektivnormen zum individualvertraglichen Bestandteil des Arbeitsverhältnisses werden.[78] Nach der heute hM bedeutet die Transformation des § 613 a Abs. 1 S. 2 BGB allerdings eine spezielle Anordnung einer beschränkten Fortgeltung kollektivrechtlicher Regelungen, so dass ein nach § 613 a Abs. 1 S. 2 BGB transformierter Tarifvertrag ebenso wie eine auf diese Weise transformierte Betriebsvereinbarung seinen **kollektiv-rechtlichen Charakter** behält.[79] Nur so ist die kollektivrechtliche Ablösungsmöglichkeit des § 613 a Abs. 1 S. 3 BGB dogmatisch erklärbar.[80] Die Fortgeltung gemäß § 613 a Abs. 1 S. 2 BGB wirkt statisch, dh die erfassten Normen werden in dem Zustand aufrecht aufrechterhalten, der im Zeitpunkt des Betriebsübergangs besteht.[81] 36

Für die transformierten, zwingenden Rechte und Pflichten ordnet § 613 a Abs. 1 S. 2 BGB eine **einjährige Veränderungssperre** an. Änderungen, seien sie einvernehmlich vereinbart oder einseitig durchgesetzt, zum Nachteil des Arbeitnehmers sind demnach gemäß § 134 BGB nichtig.[82] Während des Jahreszeitraums sind allerdings Änderungsverträge oder Änderungskündigungen zulässig, sofern sie erst nach dem Ablauf der Frist Wirksamkeit entfalten.[83] Die Veränderungssperre greift nicht, wenn der jeweilige Tarifvertrag oder die Betriebsvereinbarung nicht mehr gilt, dh durch Zeitablauf oder durch Kündigung nur noch nachwirkt (§ 4 Abs. 5 TVG, § 77 Abs. 6 BetrVG). Kein Fall der Verkürzung der Veränderungssperre, sondern eine sofortige Beendigung der Fortgeltung gemäß § 613 a Abs. 1 S. 2 BGB liegt vor, wenn der Tarifvertrag oder die Betriebsvereinbarung ohne Nachwirkung endet.[84] 37

Die Auffangregelung nach § 613 a Abs. 1 S. 3 BGB findet keine Anwendung, wenn und soweit die tarifvertraglichen oder betriebsverfassungsrechtlichen Normen durch einen anderen Tarifvertrag oder durch eine andere Betriebsvereinbarung des übernehmenden bzw neuen Rechts- 38

77 Das gilt auch, soweit ein Firmen-/Haustarifvertrag nicht dem übernehmenden bzw neuen Rechtsträger gemäß § 123 zugeordnet ist, vgl *Gaul/Otto*, BB 2014, 500, 502.

78 BAG NZA 2004, 803.

79 BAG NZA 2010, 513; BAG NZA 2010, 41; Hennsler/Willemsen/Kalb/*Willemsen/Müller-Bonnani*, § 613 a BGB Rn 250; vgl ErfK/*Preis*, § 613 a BGB Rn 112 und *Sagan*, RdA 2011, 163 für das sog. „Sukzessionsmodell".

80 Vgl ErfK/*Preis* § 613 a BGB Rn 123; Hennsler/Willemsen/Kalb/*Willemsen/Müller-Bonnani*, § 613 a BGB Rn 250; Staudinger/*Annuß*, § 613 a BGB Rn 197 ff.

81 BAG NZA 2002, 517; BAG NZA 2002, 513; KölnKomm-UmwG/*Hohenstatt/Schramm*, § 324 Rn 59; Hennsler/Willemsen/Kalb/*Willemsen/Müller-Bonnani*, § 613 a BGB Rn 262.

82 ErfK/*Preis*, § 613 a BGB Rn 119; Ascheid/Preis/Schmidt/*Steffan*, § 613 a BGB Rn 128.

83 *Bauer/v. Steinau-Steinrück*, NZA 2000, 505, 506; KölnKomm-UmwG/*Hohenstatt/Schramm* § 324 Rn 60.

84 Willemsen/Hohenstatt/Schweibert/Seibt/*Hohenstatt*, E 134; Staudinger/*Annuß*, § 613 a BGB Rn 234; MünchAnwHbArbR/*Cohnen*, § 54 Rn 53.

trägers abgelöst werden. Trotz des insoweit offenen Wortlauts kann eine Ablösung nur auf der jeweils gleichen rechtlichen Ebene erfolgen, dh von einem Tarifvertrag durch einen anderen Tarifvertrag oder von einer Betriebsvereinbarung durch eine andere Betriebsvereinbarung. Eine sog. **Überkreuzablösung** ist nach herrschender Meinung in beiden Richtungen unzulässig.[85]

39 Für eine **Ablösung durch einen anderen Tarifvertrag** ist die beiderseitige Tarifgebundenheit des übernehmenden bzw neuen Rechtsträgers und des Arbeitnehmers erforderlich.[86] Ebenso erfolgt eine Ablösung nur insoweit, wie sich die Regelungsgegenstände des ablösenden Tarifvertrages mit dem abgelösten Tarifvertrag decken.[87] Bei identischer Regelungsmaterie gilt der neue Tarifvertrag nach der bisherigen Rechtsprechung des BAG auch dann, wenn er schlechtere Arbeitsbedingungen vorsieht.[88] Ob daran nach einer jüngeren Entscheidung des EuGH[89] noch uneingeschränkt festgehalten werden kann, ist zweifelhaft. In diesem vielbeachteten Urteil hatte der EuGH beiläufig (unter Rn 76) eine Aussage fallen lassen, die – blendet man die durch die Übersetzung aus dem Französischen bedingten sprachlichen Unsicherheiten einmal aus – sich als schutzzweckgesteuertes generelles Verschlechterungsverbot bei einer Tarifablösung nach einem Betriebsübergang interpretieren ließe.[90] Ob diese Interpretation zutrifft und welche Auswirkungen die Entscheidung für die deutsche Rechtsprechung hat, ist derzeit noch offen.[91]

40 Bei Betriebsvereinbarungen muss der übertragene Betrieb von den Betriebsvereinbarungen (Einzel-, Gesamt- oder Konzernbetriebsvereinbarungen) des übernehmenden Rechtsträgers erfasst sein und diese müssen für eine **Ablösung durch Betriebsvereinbarungen** den gleichen Regelungsgegenstand betreffen.[92]

41 Schwierigkeiten bereitet die Lösung der Frage, wie mit der Regelung von § 613 a Abs. 1 S. 2 und S. 3 BGB in Fällen von **Kettenumwandlungen** umzugehen ist. Nach richtiger Ansicht ist – wie es im Ergebnis auch für die Frage des Tatbestands von § 613 a BGB (s. Rn 19) gilt – auf das direkte Verhältnis zwischen ursprünglichem Betriebsinhaber und neuen Betriebsinhaber abzustellen.[93] Für die Bestimmung von Fortgeltung und Ablösung von Kollektivnormen gemäß § 613 a Abs. 1 S. 2 und S. 3 BGB sind für eine bloße juristische Sekunde zwischengeschaltete Gesellschaften irrelevant.

42 Die Ablösung muss nicht schon zum Zeitpunkt des Betriebsübergangs erfolgen; sie kann auch erst im Nachhinein greifen, ohne dass ein enger zeitlicher Zusammenhang mit dem Betriebsübergang erforderlich wäre.[94] Eine **nachträgliche Ablösung** der transformierten Rechtsnormen kann demnach erfolgen, wenn der übernehmende oder neue Rechtsträger später dem einschlägigen Arbeitgeberverband beitritt oder es erst nach Betriebsübergang zur beiderseitigen Tarifbindung kommt[95] bzw die ablösende Betriebsvereinbarung erst nach dem Betriebsübergang abgeschlossen wird.[96]

85 Keine Ablösung einer Tarifnorm durch Betriebsvereinbarung: BAG BB 2010, 2965; BAG NZA 2008, 600; BAG NZA 2008, 542; keine Ablösung einer Betriebsvereinbarungsnorm durch Tarifvertrag: Willemsen/Hohenstatt/Schweibert/Seibt/*Hohenstatt*, E 55; *Kania*, DB 1995, 625, 626; aA Staudinger/*Annuß*, § 613 a BGB Rn 221, von BAG NZA 2008, 542 offen gelassen.

86 ErfK/*Preis*, § 613 a BGB Rn 123; KölnKomm-UmwG/*Hohenstatt/Schramm*, § 324 Rn 69.

87 Willemsen/Hohenstatt/Schweibert/Seibt/*Hohenstatt*, E 145; ErfK/*Preis*, § 613 a BGB Rn 124.

88 BAG NZA 2010, 41; BAG NZA 1994, 1140.

89 EuGH NZA 2011, 1077 („Scattolon").

90 ErfK/*Preis*, § 613 a BGB Rn 125; *Steffan*, NZA 2012, 473.

91 ErfK/*Preis*, § 613 a BGB Rn 125.

92 MünchAnwHbArbR/*Cohnen*, § 54 Rn 59.

93 Kallmeyer/*Willemsen* § 324 Rn 28; Willemsen/Hohenstatt/Schweibert/Seibt/*Hohenstatt*, E 139; Staudinger/*Annuß*, § 613 a BGB Rn 223; KölnKomm-UmwG/*Hohenstatt/Schramm*, § 324 Rn 64; aA Wiedemann/*Oetker*, § 3 TVG Rn 242.

94 BAG NZA 2005, 1362; MüKo-BGB/*Müller-Glöge*, § 613 a BGB Rn 141; WHSS-Umstrukturierung/*Hohenstatt*, E 143; *Schiefer*, NJW 1998, 1817, 1820.

95 BAG NZA 2002, 513; ErfK/*Preis*, § 613 a BGB Rn 125; Willemsen/Hohenstatt/Schweibert/Seibt/*Hohenstatt*, 48 und E 143.

96 BAG NZA 2002, 276; Willemsen/Hohenstatt/Schweibert/Seibt/*Hohenstatt*, E 48.

Das **Günstigkeitsprinzip** findet im Verhältnis zwischen dem abzulösenden alten und dem ablösenden neuen Kollektivrecht keine Anwendung,[97] auch wenn das uneingeschränkte Günstigkeitsprinzip von der jüngeren EuGH-Rechtsprechung in Frage gestellt wird.[98] 43

c) Verhältnis der kollektivrechtlichen Weitergeltung zu tariflichen Bezugnahmeklauseln. In der Praxis werden die Fragen der kollektivrechtlichen Weitergeltung von Kollektivnormen regelmäßig durch die individualvertragliche Situation überlagert, wie sie sich aus der verbreiteten Verwendung von vertraglichen **Bezugnahmeklauseln** auf Tarifverträge ergibt. Die Ausgangslage ist noch einfach: Die in den Arbeitsverträgen enthaltenen Bezugnahmeklauseln sind Bestandteil des Individualarbeitsverhältnisses und gehen deshalb nach § 613 a Abs. 1 S. 1 BGB auf den übernehmenden bzw neuen Rechtsträger über; eine Transformation nach § 613 a Abs. 1 S. 2 BGB findet insoweit nicht statt.[99] Die zahlreichen Varianten der Bezugnahmeklausel, ihre Abgrenzung zur kollektivrechtlichen Fortgeltung und die Rechtsprechung des Bundesarbeitsgerichts sind allerdings nur noch schwer zu überschauen.[100] 44

Die in der Praxis verwendeten Klauseln lassen sich als statische,[101] kleine dynamische[102] und große dynamische[103] Bezugnahmeklauseln unterscheiden. **Dynamische Bezugnahmeklauseln** erfüllen regelmäßig den Zweck, die Gleichbehandlung von Gewerkschaftsmitgliedern und nicht tarifgebundenen Arbeitnehmern herzustellen (sog. Gleichstellungsabreden). Nach der neueren Rechtsprechung des BAG muss der Zweck einer Gleichstellungsabrede für Vereinbarungen, die nach dem 1.1.2002 getroffen wurden, hinreichend deutlich aus dem Wortlaut hervorgehen;[104] nach der früheren Rechtsprechung war es nicht erforderlich, den Gleichstellungszweck in der Klausel ausdrücklich zu benennen.[105] Kommt bei Neuverträgen der Gleichstellungszweck nicht deutlich genug zum Ausdruck, verweist die Klausel nach einem Betriebsübergang entgegen der tarifrechtlichen Parallelwertung in § 613 a Abs. 1 S. 2 BGB dynamisch auf das Tarifvertragswerk des vorherigen Betriebsinhabers.[106] 45

Auch wenn Regelungen eines Tarifvertrages bereits kollektivrechtlich kraft beiderseitiger Tarifgebundenheit der Arbeitsvertragsparteien Anwendung finden (§ 4 Abs. 1 S. 1 TVG), wirkt eine parallel im Arbeitsvertrag enthaltene Bezugnahmeklausel konstitutiv und nicht rein deklaratorisch.[107] Bei einem Betriebsübergang richtet sich die Anwendung von Tarifnormen also nicht nur nach den für die kollektivrechtliche Fortgeltung geltenden Regeln, sondern zusätzlich auch nach der vertraglichen Bezugnahmeklausel; zwischen beiden Rechtsquellen gilt das **Günstigkeitsprinzip.**[108] 46

Die **Wirkung von Bezugnahmeklauseln** hängt demnach von verschiedenen Faktoren, wie der Art der verwendeten Klauseln, der Auslegung einer Klausel als sogenannte Gleichstellungsab- 47

97 BAG NZA 2010, 41; BAG NZA 1995, 1166; MüKo-BGB/*Müller-Glöge*, § 613 a BGB Rn 142; ErfK/*Preis*, § 613 a BGB Rn 125 a.
98 EuGH NZA 2011, 1077 (Scattolon), s. auch Rn 39.
99 BAG NZA 2011, 356; BAG NZA-RR 2010, 530; BAG NZA-RR 2010, 361; BAG NZA 2008, 364; BAG NZA 1997, 1066.
100 Ausführlich zu den Fallgruppen Willemsen/Hohenstatt/Schweibert/Seibt/*Hohenstatt*, E 189 ff; *Jacobs*, BB 2011, 2037; MünchAnwHbArbR/*Cohnen*, § 54 Rn 91 ff; Staudinger/*Annuß*, § 613 a BGB Rn 236 ff.
101 Beispiel: „Es gilt der Tarifvertrag X in seiner Fassung vom (...)".
102 Beispiel: „Es gelten die Tarifverträge der X-Branche in der jeweils gültigen Fassung."
103 Beispiel: „Es gelten die für den Arbeitgeber jeweils einschlägigen Tarifverträge in der jeweils gültigen Fassung."
104 BAG NZA-RR 2010, 361; BAG NZA 2008, 542; BAG NZA 2007, 965; vor dem 1.1.2002 vereinbarte Bezugnahmeklauseln werden nach den neuen Regeln behandelt, wenn der Arbeitsvertrag nachträglich geändert wurde und die Klausel Gegenstand der rechtsgeschäftlichen Willensbildung war, vgl BAG NZA-RR 2010, 530; BAG NZA 2010, 170. Für Formulierungsvorschläge bei Neuverträgen, vgl *Jacobs*, BB 2011, 2037.
105 Auch für Altverträge fordert das BAG allerdings, dass die Gleichstellung nur wegen der fehlenden Tarifbindung des Arbeitnehmers erreicht wird und nicht etwa auch die fehlende einschlägige Tarifbindung des Arbeitgebers ersetzt, vgl BAG NZA-RR 2010, 361; BAG NZA 2005, 478.
106 Vgl *Jacobs*, BB 2011, 2037, 2039.
107 BAG NZA 2010, 41; Henssler/Willemsen/Kalb/*Henssler*, § 3 TVG Rn 28.
108 BAG NZA-RR 2010, 530; BAG NZA 2008, 364; KölnKomm-UmwG/*Hohenstatt/Schramm*, § 324 Rn 73; *Jacobs*, BB 2011, 2037, 2039.

rede und der Tarifbindung des übertragenden Rechtsträgers bzw der des übernehmenden Rechtsträgers ab.

48 Für den Fall echter **Gleichstellungsabreden** spiegelt die Bezugnahmeklausel den tarifrechtlich geltenden Zustand wieder: Bei einer identischen Tarifbindung zwischen übertragenden und übernehmenden Rechtsträger gelten die in Bezug genommenen Tarifverträge auch für die tarifungebundenen Arbeitnehmer dynamisch weiter; bei kongruenter Tarifbindung des übernehmenden Rechtsträgers ersetzen dessen Tarifverträge die beim übertragenden Rechtsträger geltenden Tarifverträge in gleicher Weise wie für tarifgebundene Arbeitnehmer.[109] Gelten beim übernehmenden Rechtsträger andere Tarifverträge, die aber mit der gleichen Gewerkschaft abgeschlossen sind, ist eine Gleichstellungsabrede in Gestalt einer kleinen dynamischen Verweisung nicht ohne weiteres als Tarifwechselklausel und damit im Ergebnis als Gleichbehandlungsabrede mit den tarifgebundenen Arbeitnehmern auszulegen.[110] Ist der übernehmende bzw neue Rechtsträger nicht tarifgebunden, führt die Gleichstellungsabrede zu einer statischen Weitergeltung der Tarifverträge in ihrer Fassung zum Stand des Betriebsübergangs.[111]

49 War der übertragende Rechtsträger nicht tarifgebunden, behält eine als Gleichstellungsabrede gedachte, aber nach der genannten Rechtsprechung nicht also solche auszulegende **kleine dynamische Bezugnahmeklausel** auch nach dem Betriebsübergang ihre kleine dynamische Wirkung.[112] Eine große dynamische Inbezugnahmeklausel geht nach § 613 a Abs. 1 S. 1 BGB auf den übernehmenden bzw neuen Rechtsträger über. Ist er tarifgebunden, sind die bei ihm geltenden Tarifverträge aufgrund der Tarifwechselklausel auch auf die übergegangenen Arbeitsverhältnisse anwendbar, selbst wenn sie für die Arbeitnehmer ungünstiger als die zuvor anwendbaren Tarifverträge sind. Ist der übernehmende bzw neue Rechtsträger nicht tarifgebunden, kommt es auf die Reichweite des Wortlauts der großen dynamischen Inbezugnahmeklausel an, ob die bei ihm einschlägigen Tarifverträge anzuwenden sind oder die Klausel wegen eines Verweises auf (nur) normativ geltende Tarifverträge ins Leere geht.[113]

50 **d) Kündigungsverbot, § 613 a Abs. 4 BGB.** Eine Kündigung des Arbeitsverhältnisses, auch eine Änderungskündigung,[114] „wegen des Betriebsübergangs" ist nicht zulässig (**Kündigungsverbot**); aus „anderen Gründen" darf sie hingegen erfolgen. Ist eine Umwandlung etwa mit einem Rationalisierungskonzept verbunden, wonach Beschäftigungsmöglichkeiten entfallen, ist eine betriebsbedingte Kündigung zulässig.[115]

51 **e) Unterrichtungspflicht, § 613 a Abs. 5 BGB.** Auch in Umwandlungsfällen sind die von einem Übergang ihrer Arbeitsverhältnisse betroffenen Arbeitnehmer gemäß § 324 UmwG, § 613 a Abs. 5 BGB zu **unterrichten**, damit sie eine sachgerechte Entscheidung darüber treffen können, ob sie dem Übergang ihres Arbeitsverhältnisses widersprechen oder ihr Arbeitsverhältnis beim übernehmenden bzw neuen Rechtsträger fortsetzen.[116]

Hinweis: Auch wenn nach der Rechtsprechung in Umwandlungsfällen, bei denen der übertragende Rechtsträger erlischt, ein Widerspruch ausgeschlossen ist,[117] und deshalb das Ziel der Unterrichtung eigentlich ins Leere geht, empfiehlt sich in der Praxis mangels einschlägiger Rechtsprechung gleichwohl die **Unterrichtungspflicht** zu erfüllen.[118] Das BAG hat bei der Ver-

109 Willemsen/Hohenstatt/Schweibert/Seibt/*Hohenstatt*, E 198; MünchAnwHbArbR/*Cohnen*, § 54 Rn 98 und 105.
110 BAG NZA 2008, 364; KölnKomm-UmwG/*Hohenstatt/Schramm*, § 324 Rn 73.
111 BAG NZA-RR 2010, 530; BAG NZA 2002, 517; *Seitz/Werner*, NZA 2000, 1257, 1265.
112 Vgl BAG NZA 2007, 965; BAG NZA 2005, 478; BAG NZA 2003, 807.
113 *Jacobs*, BB 2011, 2037, 2042.
114 KölnKomm-UmwG/*Hohenstatt/Schramm*, § 324 Rn 75.
115 *Schumacher-Mohr*, NZA 2004, 629, 632; vgl BAG NZA 1997, 148.
116 KölnKomm-UmwG/*Hohenstatt/Schramm*, § 324 Rn 77.
117 BAG NZA 2008, 815; s. Rn 63 ff.
118 Gegen eine Unterrichtungspflicht in diesen Fällen etwa *Simon/Weniger*, BB 2010, 117.

letzung einer bestehenden Unterrichtungspflicht einen Schadensersatzanspruch des Arbeitnehmers dem Grunde nach anerkannt.[119]

In der Praxis ist eine ordnungsgemäße Unterrichtung nach § 613 a Abs. 5 BGB von großer Bedeutung, da nur eine vollständige, verständliche und inhaltlich richtige Unterrichtung die **Monatsfrist** des § 613 a Abs. 6 BGB für die Erklärung des Widerspruchs auslöst.[120] Das Zugangsrisiko tragen die Betriebsinhaber.[121] 52

Hinweis: Arbeitgebern ist zu empfehlen, den **Empfang des Unterrichtungsschreiben** vom Arbeitnehmer auf einer Kopie unter Angabe des Empfangsdatums quittieren zu lassen.

aa) **Verhältnis zu weiteren Informationspflichten.** Die Unterrichtung tritt neben die weiteren **arbeitsrechtlich relevanten Informationspflichten** bei Umwandlungen, wie § 106 Abs. 3 Nr. 10 BetrVG (Unterrichtung des Wirtschaftsausschusses), § 111 S. 1 BetrVG (Betriebsänderung) und § 5 Abs. 1 Nr. 9 sowie § 126 Abs. 1 Nr. 11 (Angaben im Umwandlungsvertrag, s. § 5 Rn 72 ff und § 126 Rn 60 f). Für die Pflicht zur Unterrichtung unerheblich ist die Anzahl der betroffenen Arbeitnehmer oder die Existenz bzw Nichtexistenz eines Betriebsrats.[122] 53

bb) **Schuldner der Unterrichtungspflicht.** Für die Unterrichtung sind bisheriger und neuer Betriebsinhaber als **Gesamtschuldner** (§ 421 BGB) verantwortlich. Ihnen steht wechselseitig ein Auskunftsanspruch hinsichtlich der für die Unterrichtung maßgeblichen Tatsachen zu.[123] 54

Hinweis: In der Praxis empfehlen sich vertragliche Regelungen zwischen den beteiligten Rechtsträgern zur **Haftung für unwirksame Unterrichtungen**. Häufig wird die Haftung für die Folgen einer unvollständigen oder unzutreffenden Unterrichtung danach verteilt, aus wessen Sphäre die mangelnde Information oder der Fehler stammt.

cc) **Form der Unterrichtung .** Die Unterrichtung hat als **formelle Mindestanforderung** in Textform (§ 126 b BGB) zu erfolgen; die Unterrichtungsschreiben müssen nicht die strengen Vorgaben der Schriftform nach § 126 Abs. 1 BGB erfüllen. Eine Übermittlung eines Schreibens als einfache Kopie ist ebenso zulässig wie der Versand per Telefax oder per E-Mail/E-Mailanhang.[124] Ein Aushang im Betrieb genügt hingegen wegen des fehlenden formgerechten Zugangs bei den Arbeitnehmern nicht.[125] 55

dd) **Zeitpunkt der Unterrichtung.** In zeitlicher Hinsicht soll die Unterrichtung nach § 613 a Abs. 5 BGB **vor dem Betriebsübergang** erfolgen. Idealerweise werden die Arbeitnehmer früher als einen Monat vor dem Wirksamwerden der Umwandlung und dem zu diesem Zeitpunkt geplanten Betriebsübergang unterrichtet, um dann festzustellen zu können, ob und wie viele Arbeitnehmer dem Übergang ihres Arbeitsverhältnisses widersprochen haben. Auch eine Unterrichtung nach dem Betriebsübergang ist möglich; die Monatsfrist des § 613 a Abs. 6 BGB beginnt dann erst nach dem Betriebsübergang mit Zugang der formgerechten Unterrichtung.[126] 56

ee) **Inhalt der Unterrichtung.** In **inhaltlicher Hinsicht** verpflichtet § 613 a Abs. 5 BGB zur Unterrichtung über 57

- den Zeitpunkt oder geplanten Zeitpunkt des Übergangs,
- den Grund für den Übergang,
- die rechtlichen, wirtschaftlichen und sozialen Folgen für die Arbeitnehmer und
- die hinsichtlich der Arbeitnehmer in Aussicht genommenen Maßnahmen.

119 BAG NZA 2006, 1406; Lutter/*Joost*, § 324 Rn 64; MüKo-BGB/*Müller-Glöge*, § 613 a BGB Rn 114; nach Semler/Stengel/*Simon*, § 324 Rn 48 sind Schadensersatzansprüche nur nach § 826 BGB denkbar.
120 BAG NJOZ 2012, 860; BAG NZA 2009, 547.
121 ErfK/*Preis*, § 613 a BGB Rn 91.
122 Kallmeyer/*Willemsen* § 324 Rn 30.
123 KölnKomm-UmwG/*Hohenstatt/Schramm*, § 324 Rn 77; Kallmeyer/*Willemsen* § 324 Rn 31.
124 ErfK/*Preis*, § 613 a BGB Rn 91; KölnKomm-UmwG/*Hohenstatt/Schramm*, § 324 Rn 77; vgl zu Formvorschriften im Arbeitsrecht auch *Röger*, NJW 2004, 1764.
125 Staudinger/*Annuß*, § 613 a BGB Rn 263; MünchAnwHbArbR/*Cohnen*, § 55 Rn 15.
126 *Willemsen/Lembke*, NJW 2002, 1159, 1163; Ascheid/Preis/Schmidt/*Steffan*, § 613 a BGB Rn 206; Staudinger/*Annuß*, § 613 a BGB Rn 300.

58 Die Unterrichtungspflicht läuft nicht auf eine Pflicht der Arbeitgeber hinaus, jedem Arbeitnehmer eine individuelle Rechtsberatung zukommen zu lassen.[127] Die Unterrichtung kann also auch in einem Standardschreiben erfolgen; sie muss jedoch etwaige Besonderheiten des Arbeitsverhältnisses erfassen.[128] Eine bloße Wiedergabe des Gesetzeswortlauts des § 613 a BGB ist nicht ausreichend.[129] Ungeachtet dieses von der Rechtsprechung vorgegebenen Rahmens für die Unterrichtung sind die **Anforderungen der Rechtsprechung** an eine vollständige, inhaltlich zutreffende und zugleich für einen juristischen Laien verständliche Unterrichtung extrem hoch.[130] Die Gerichte prüfen in vollem Umfang, ob eine Unterrichtung den Anforderungen des § 613 a Abs. 5 BGB entspricht.[131]

59 Für die einzelnen inhaltlichen Punkte der Unterrichtung gilt Folgendes:[132] Der **(geplante) Zeitpunkt** stellt auf die Übernahme der betrieblichen Leitungsmacht durch den übernehmenden bzw neuen Rechtsträger ab, nicht auf den wirtschaftlichen Stichtag für die Umwandlung oder das gesellschaftsrechtliche Wirksamwerden der Umwandlung (s. Rn 16 f). Die Übernahme der betrieblichen Leitungsmacht wird allerdings in der Praxis häufig mit dem Wirksamwerden der Umwandlung zusammenfallen, so dass dann der (voraussichtliche) Termin der Eintragung im Handelsregister anzugeben ist.[133]

60 Als **Grund für den Übergang** ist zunächst die rechtsgeschäftliche Grundlage für den Betriebsübergang, dh bei einer Umwandlung die Art der jeweiligen Umwandlung zu nennen. Neben dieser rechtsgeschäftlichen Grundlage fordert das BAG zwar keine umfassenden Ausführungen zu den wirtschaftlichen Gründen, aber eine schlagwortartige Angabe der unternehmerischen Gründe, die sich im Fall des Widerspruchs auf den Arbeitsplatz des Arbeitnehmers auswirken würden.[134]

61 Die Angaben zu den **rechtlichen, wirtschaftlichen und sozialen Folgen** für die Arbeitnehmer sind das Herzstück der Unterrichtung. Gemeint sind vor allem die Folgen, die sich aus § 613 a Abs. 1 bis Abs. 4 BGB ergeben.[135] Nach der strengen Rechtsprechung des BAG sind hierzu Angaben zum Erwerber (Firmierung, Sitz, Anschrift, gesetzliche Vertretung bzw bei einer erst in Gründung befindlichen Gesellschaft Nennung einer identifizierbaren natürlichen Person mit Personalkompetenz und ggf Konzernverflechtungen),[136] zur Weitergeltung bzw Änderung von Rechten und Pflichten aus dem Arbeitsverhältnis,[137] zur Fortgeltung bzw Ablösung von Tarifverträgen und Betriebsvereinbarungen,[138] zur Haftung (spezielle Regelungen des UmwG, s.a. Rn 5), zum Kündigungsverbot (§ 613 a Abs. 4 BGB),[139] zu mittelbaren Folgen (Sekundärfolgen, etwa Sozialplanansprüche nach Ausübung des Widerspruchsrechts),[140] zur wirtschaftlichen Lage des neuen Betriebsinhabers (bei offensichtlichen Notlagen oder beispielsweise beim Entzug wesentlicher Vermögenswerte anlässlich einer Betriebsaufspaltung nach § 134)[141] und zu einem etwaigen Widerspruchsrecht (Form, Frist und Adressaten)[142] zu machen.

62 Die Unterrichtung über **hinsichtlich der Arbeitnehmer in Aussicht genommene Maßnahmen** erfasst jede durch den neuen Betriebsinhaber zum Unterrichtungszeitpunkt bereits geplante er-

127 BAG NJOZ 2012, 860; *Schnitker/Grau*, BB 2005, 2238, 2239: „keine gutachterliche Ausführungen erforderlich".
128 BAG NJW 2007, 246.
129 BAG NZA 2006, 1268; Hennsler/Willemsen/Kalb/*Willemsen/Müller-Bonnani*, § 613 a BGB Rn 325.
130 Nach Kallmeyer/*Willemsen* § 324 Rn 33 wird eine ordnungsgemäße Unterrichtung nur in seltenen, sehr einfachen Fällen möglich sein. In der Entscheidung des BAG vom 10.11.2011 (NJOZ 2012, 860) wurde ein Unterrichtungsschreiben als ordnungsgemäß gebilligt und kann deshalb beispielhaft als Muster herangezogen werden.
131 BAG NZA 2006, 1268.
132 Ausführlich und mit zahlreichen Nachweisen MünchAnwHbArbR/*Cohnen*, § 55 Rn 19 ff.
133 Semler/Stengel/*Simon*, § 324 Rn 40; Lutter/*Joost*, § 324 Rn 57; Staudinger/*Annuß*, § 613 a BGB Rn 270.
134 BAG NZA 2010, 89; BAG NZA 2007, 682; BAG NZA 2006, 1268; Semler/Stengel/*Simon*, § 324 Rn 40.
135 So die Gesetzesbegründung BT-Drucks. 14/7760, 19.
136 BAG NZA 2010, 89; BAG NZA 2008, 1268.
137 *Hohenstatt/Grau*, NZA 2007, 13, 15.
138 BAG NZA 2010, 89; BAG NZA 2007, 682.
139 BAG NZA 2010, 89; BAG NZA 2007, 682.
140 BAG NZA 2008, 1354; BAG NZA 2007, 642; BAG NZA 2006, 1273; Kallmeyer/*Willemsen* § 324 Rn 34.
141 BAG NZA 2008, 642; vgl auch BAG NZA 2010, 89.
142 BAG NZA 2008, 1354; erlischt der übertragende Rechtsträger, besteht kein Widerspruchsrecht und die Arbeitnehmer sind darauf aufmerksam zu machen, vgl BAG NZA 2008, 815.

hebliche Änderung des arbeitsvertraglichen Status Quo der vom Übergang betroffenen Arbeitnehmer (etwa Personalreduzierungen oder geplante Versetzungen).[143] Bei Kettenumwandlungen ist auch auf nachfolgende Umwandlungen hinzuweisen.[144]

f) Widerspruchsrecht, § 613 a Abs. 6 BGB. Auch bei Umwandlungen steht den vom Übergang ihrer Arbeitsverhältnisse betroffenen Arbeitnehmern ein **Widerspruchsrecht** nach § 613 a Abs. 6 BGB zu, wie der Verweis in § 324 zeigt. Nach der Rechtsprechung des BAG besteht allerdings kein Widerspruchsrecht, wenn der bisherige Rechtsträger infolge einer gesellschaftsrechtlichen Gesamtrechtsnachfolge erlischt (dh bei einer Verschmelzung, Aufspaltung und Vollübertragung).[145] In diesem Fall steht dem Arbeitnehmer wegen seines grundrechtlich geschützten Rechts auf freie Wahl des Arbeitsvertragspartners ein außerordentliches Kündigungsrecht nach § 626 Abs. 1 BGB zu.[146] Die nach § 626 Abs. 2 BGB vom Arbeitnehmer in diesem Fall zu beachtende Zweiwochenfrist beginnt ab Kenntnis von der Eintragung der zum Erlöschen des bisherigen Arbeitgebers führenden Umwandlung.[147] 63

Ein **Widerspruch** bedarf der Schriftform des § 126 Abs. 1 BGB. Er kann gegenüber dem bisherigen Arbeitgeber oder dem übernehmenden bzw neuen Rechtsträger gegenüber erklärt werden, § 613 a Abs. 6 S. 2 BGB. Der Widerspruch wird mit Zugang (§ 130 BGB) wirksam und ist dann unwiderruflich, allerdings anfechtbar.[148] Das Widerspruchsrecht ist zudem bedingungsfeindlich.[149] Ein Arbeitnehmer kann bei einem konkret bevorstehenden Betriebsübergang, nicht aber „Blanko im Voraus" auf sein Widerspruchsrecht verzichten.[150] Schließt ein Arbeitnehmer mit dem übertragenden oder dem übernehmenden Rechtsträger bzw neuen Rechtsträger eine Überleitungsvereinbarung, verzichtet er konkludent auf sein Widerspruchsrecht.[151] 64

Das Widerspruchsrecht unterliegt der **Verwirkung.** Die Voraussetzungen für eine Verwirkung spielen in der Praxis angesichts der großen Schwierigkeiten, ordnungsgemäße Unterrichtungen im Sinne der Rechtsprechung zu erstellen, und dem daraus resultierenden hohen Risiko, dass die Monatsfrist des § 613 a Abs. 6 BGB nicht in Gang gesetzt wird, eine große Rolle.[152] Die Rechtsprechung gibt keine festen und verlässlichen Vorgaben, wann ein Widerspruchsrecht verwirkt ist.[153] Je nach den Umständen des Einzelfalls kann ein Widerspruch etwa schon nach knapp drei Monaten oder erst nach mehr als einem Jahr verwirkt sein.[154] 65

Die Ausübung des Widerspruchsrechts darf nicht rechtsmissbräuchlich erfolgen. Eine kollektive Ausübung des Widerspruchsrechts ist allerdings nicht von vornherein unzulässig. Ein **Rechtsmissbrauch** kann aber vorliegen, wenn die Arbeitnehmer durch ihren kollektiven Widerspruch zielgerichtet beabsichtigen, einen Betriebsübergang zum Schaden des bisherigen Betriebsinhabers zu verhindern oder dem Widerspruch ein anderer Zweck als die Sicherung der arbeitsvertraglichen Rechte und die Beibehaltung des bisherigen Arbeitgebers zugrunde liegt.[155] 66

Als **Rechtsfolge des Widerspruchs** verbleibt das Arbeitsverhältnis beim übertragenden Rechtsträger und geht nicht auf den neuen Betriebsinhaber über; wird der Widerspruch nach dem Betriebsübergang ausgeübt, wirkt der Verbleib des Arbeitsverhältnisses beim übertragenden 67

143 MünchAnwHbArbR/*Cohnen*, § 55 Rn 49; *Hohenstatt/Grau*, NZA 2007, 13, 17.

144 Vgl KölnKomm-UmwG/*Hohenstatt/Schramm*, § 324 Rn 88; Semler/Stengel/*Simon*, § 324 Rn 40.

145 BAG NZA 2008, 815; Kallmeyer/*Willemsen* § 324 Rn 44; KölnKomm-UmwG/*Hohenstatt/Schramm*, § 324 Rn 92 mwN zu den Gegenansichten.

146 BAG NZA 2008, 815; Semler/Stengel/*Simon*, § 324 Rn 51 mwN.

147 Vgl BAG NZA 2008, 815; Semler/Stengel/*Simon*, § 324 Rn 53; KölnKomm-UmwG/*Hohenstatt/Schramm*, § 324 Rn 92 stellen für den Fristbeginn auf die Kenntnis vom erfolgten bzw sicher bevorstehenden Betriebsübergang ab.

148 BAG AP BGB § 613 a Widerspruch Nr. 2; Lutter/*Joost*, § 324 Rn 69.

149 Widmann/Mayer/*Wälzholz*, § 324 Rn 63; Kallmeyer/*Willemsen* § 324 Rn 42.

150 ErfK/*Preis*, § 613 a BGB Rn 102; Staudinger/*Annuß*, § 613 a BGB Rn 290, 326 ff.

151 Vgl BAG NJW 1998, 3138; Kallmeyer/*Willemsen* § 324 Rn 50.

152 BAG NZA 2010, 1295; BAG NZA 2009, 552; BAG NZA 2007, 682; BAG NZA 2006,1406; vgl zusammenfassend Kittner, NJW 2012, 1180.

153 BAG NZA 2009, 552.

154 BAG NZA 2008, 1294; BAG AP BGB § 613 a Nr. 17.

155 BAG NZA 2005, 43, 47; ErfK/*Preis*, § 613 a BGB Rn 110.

Rechtsträger auf den Zeitpunkt des Betriebsübergangs zurück, dh dass Arbeitsverhältnis geht zu keinem Zeitpunkt auf den neuen Betriebsinhaber über.[156] Der widersprechende Arbeitnehmer muss befürchten, dass sein Arbeitsverhältnis mangels Beschäftigungsmöglichkeit vom übertragenden Rechtsträger betriebsbedingt gekündigt wird und dass er beim Bezug von Arbeitslosengeld eine Sperrzeit nach § 144 Abs. 1 S. 2 Nr. 1 SGB III erhält.[157] Für eine solche Kündigung gelten die allgemeinen Regeln des Kündigungsschutzrechts, insb. auch zur Pflicht des übertragenden Rechtsträger dem Arbeitnehmer andere Beschäftigungsmöglichkeiten im Unternehmen anzubieten. Muss der übertragende Rechtsträger eine soziale Auswahl nach § 1 Abs. 3 KSchG vornehmen, dürfen und müssen die Gründe des Arbeitnehmers, die ihn zu seinem Widerspruch bewegt haben, nicht als Auswahlkriterium berücksichtigt werden.[158]

§ 325 Mitbestimmungsbeibehaltung

(1) [1]Entfallen durch Abspaltung oder Ausgliederung im Sinne des § 123 Abs. 2 und 3 bei einem übertragenden Rechtsträger die gesetzlichen Voraussetzungen für die Beteiligung der Arbeitnehmer im Aufsichtsrat, so finden die vor der Spaltung geltenden Vorschriften noch für einen Zeitraum von fünf Jahren nach dem Wirksamwerden der Abspaltung oder Ausgliederung Anwendung. [2]Dies gilt nicht, wenn die betreffenden Vorschriften eine Mindestzahl von Arbeitnehmern voraussetzen und die danach berechnete Zahl der Arbeitnehmer des übertragenden Rechtsträgers auf weniger als in der Regel ein Viertel dieser Mindestzahl sinkt.

(2) [1]Hat die Spaltung oder Teilübertragung eines Rechtsträgers die Spaltung eines Betriebes zur Folge und entfallen für die aus der Spaltung hervorgegangenen Betriebe Rechte oder Beteiligungsrechte des Betriebsrats, so kann durch Betriebsvereinbarung oder Tarifvertrag die Fortgeltung dieser Rechte und Beteiligungsrechte vereinbart werden. [2]Die §§ 9 und 27 des Betriebsverfassungsgesetzes bleiben unberührt.

Literatur:

Däubler, Das Arbeitsrecht im neuen Umwandlungsgesetz, RdA 1995, 136; *Gaul*, Beteiligungsrechte von Wirtschaftsausschuß und Betriebsrat bei Umwandlung und Betriebsübergang, DB 1995, 2265; *Henssler*, Umstrukturierung von mitbestimmten Unternehmen, ZfA 2000, 241; *Ihrig/Schlitt*, Vereinbarungen über eine freiwillige Einführung oder Erweiterung der Mitbestimmung, NZG 1999, 333; *Joost*, Arbeitsrechtliche Angaben im Umwandlungsvertrag, ZIP 1995, 976; *Joost*, Umwandlungsrecht und Arbeitsrecht in: Lutter (Hrsg.), Kölner Umwandlungstage: Verschmelzung, Spaltung, Formwechsel nach neuem Umwandlungsrecht und Umwandlungssteuerrecht, 1995, S. 297; *Kallmeyer*, Das neue Umwandlungsgesetz, ZIP 1994, 1746; *Mengel*, Umwandlungen im Arbeitsrecht, 1997; *Schaub*, Tarifverträge und Betriebsvereinbarungen beim Betriebsübergang und Umwandlung von Unternehmen in: FS Wiese, S. 535; *Trittin/Gilles*, Mitbestimmungsbeibehaltung nach Umstrukturierung, RdA 2011, 45; *Willemsen*, Arbeitsrecht im Umwandlungsgesetz – Zehn Fragen aus der Sicht der Praxis, NZA 1996, 791; *Wlotzke*, Arbeitsrechtliche Aspekte des neuen Umwandlungsrechts, DB 1995, 40.

156 BAG NZA 2006, 1406; ErfK/*Preis*, § 613 a BGB Rn 105; *Worzalla*, NZA 2002, 353, 358.

157 ErfK/*Preis*, § 613 a BGB Rn 108; zu den Folgen des Widerspruchs für § 144 SGB III ausführlich *Klumpp*, NZA 2009, 354 und *Engesser Means/Klebeck*, NZA 2008, 143.

158 BAG NZA 2008, 33; ErfK/*Preis*, § 613 a BGB Rn 108.

A. § 325 Abs. 1

I. Normzweck und Gesetzesgeschichte

Im Gesetzgebungsprozess war eine Vorschrift zur **Sicherung der Mitbestimmung** zunächst nicht vorgesehen. Der mit einer Umwandlung verbundene Verlust der Mitbestimmung sollte nach dem Regierungsentwurf als bloße Folge der unternehmerischen Selbstbestimmung im Rahmen der Unternehmensorganisation in Kauf genommen werden.[1] Der Bundesrat hingegen sprach sich dafür aus, die Mitbestimmung in sämtlichen Konstellationen der Umwandlung abzusichern.[2] Die jetzige Vorschrift wurde daher erst im Vermittlungsausschuss aufgrund der befürchteten Zustimmungsverweigerung durch den Bundesrat als Kompromiss eingeführt und hat ihr Vorbild in § 1 Abs. 3 Montan-MitbestG und § 16 Abs. 2 MitbestErgG. Diese Vorschriften wurden vom BVerfG als verfassungsgemäß bestätigt,[3] so dass davon auszugehen ist, dass auch die vorliegende Vorschrift einer Überprüfung standhielte.[4] 1

Zweck der Vorschrift ist die **befristete Beibehaltung der Unternehmensmitbestimmung** im Rahmen von Umstrukturierungsmaßnahmen in Form von Abspaltungen oder Ausgliederungen im Sinne des § 123 Abs. 2 und 3. Sie sichert die Mitbestimmung jedoch nur im übertragenden Rechtsträger, während im übernehmenden Rechtsträger die allgemeinen gesetzlichen Vorschriften Anwendung finden[5] und bezieht sich zudem nicht auf alle Formen der Umwandlung, obwohl es auch hier zu einem Verlust der Mitbestimmungsrechte kommen kann.[6] 2

II. Inhalt

1. Tatbestandsvoraussetzungen. a) Geltungsbereich. Der Geltungsbereich der Norm ist gemäß dem eindeutigen Wortlaut gleich in zweifacher Weise eingeschränkt. 3

Zum einen bezieht sich die befristete Wahrung der Mitbestimmungsrechte nur auf den **übertragenden Rechtsträger**. Der übernehmende bzw neue Rechtsträger muss hingegen die gesetzlichen Bestimmungen zur Unternehmensmitbestimmung erfüllen.[7] Gegen eine erweiterte Auslegung spricht neben dem klaren Wortlaut auch der Vergleich mit der Regelung des § 1 MitbestBeiG, der sowohl „an dem Vorgang beteiligte oder ein an ihm nicht beteiligte Unternehmen" erfasst.[8] Abs. 1 ist im Gegensatz dazu enger gefasst.[9] Diese Auslegung ist auch für die Fälle von Bedeutung, in denen es zu einer Abspaltung oder Ausgliederung in einer Gesellschaft kommt, deren Arbeitnehmer vorher gemäß § 5 MitbestG 1976 der Konzernmuttergesellschaft oder gemäß §§ 1 Abs. 1, 4 Abs. 1 MitbestG 1976 der Komplementär-Gesellschaft zugerechnet wurden. Selbst wenn die Mutter- oder die Komplementär-Gesellschaft durch die Abspaltung im 4

1 Regierungsentwurf BT-Drucks. 12/6699, 76.
2 Standpunkt des Bundesrats BT-Drucks. 12/7265, 5.
3 BVerfG ZIP 1999, 410, 418.
4 Ebenfalls Lutter/*Joost*, § 325 Rn 3; KölnKomm-UmwG/*Hohenstatt/Schramm*, § 325 Rn 1; *Henssler*, ZfA 2000, 241, 252.
5 *Joost*, ZIP 1995, 976, 983; KölnKomm-UmwG/*Hohenstatt/Schramm*, § 325 Rn 3; Hennsler/Willemsen/Kalb/*Willemsen*, § 325 UmwG Rn 3.
6 Willemsen/Hohenstatt/Schweibert/Seibt/*Seibt*, F 110; KölnKomm-UmwG/*Hohenstatt/Schramm*, § 325 Rn 2.
7 Kallmeyer/*Willemsen*, § 325 Rn 3; Semler/Stengel/*Simon*, § 325 Rn 2; *Willemsen*, NZA 1996, 791, 803.
8 Semler/Stengel/*Simon*, § 325 Rn 2; KölnKomm-UmwG/Hohenstatt/Schramm, § 325 Rn 4.
9 Willemsen/Hohenstatt/Schweibert/Seibt/*Seibt*, F 110; KölnKomm-UmwG/Hohenstatt/Schramm, § 325 Rn 4.

anderen Unternehmen unter den Schwellenwert der Unternehmensmitbestimmung sinken sollte, findet § 325 Abs. 1 keine Anwendung, da sie nicht als übertragende Rechtsträger in der Konstellation anzusehen sind.[10]

5 Zum anderen ist die Form der Umwandlungen auf Abspaltung und Ausgliederung gemäß § 123 Abs. 2 und 3 beschränkt. Der ausdrückliche Verweis im Wortlaut des Abs. 1 spricht gegen die Möglichkeit einer analogen Anwendung der Vorschrift.[11] Daher ist der Verlust der Mitbestimmungsrechte bei **anderen Formen der Umwandlung**[12] oder einer rechtsgeschäftlichen Übertragung, die die Folgen des § 613 a BGB auslöst,[13] hinzunehmen. Zudem kommt eine Beibehaltung der Mitbestimmungsrechte ohnehin nur in den umwandlungsrechtlichen Konstellationen in Betracht, in denen der übertragende Rechtsträger erhalten bleibt, da ansonsten der Anknüpfungspunkt der Mitbestimmung erlischt.

6 **b) Entfallen der Voraussetzungen des Mitbestimmungsstatuts.** Die Anwendbarkeit des Abs. 1 setzt weiter voraus, dass beim übertragenden Rechtsträger die **Voraussetzungen des Mitbestimmungsstatuts** entfallen. Dies wird in der Regel auf das Absinken der Arbeitnehmerzahl unter die Schwellenwerte zurückzuführen sein, die sich nach den entsprechenden Vorschriften des DrittelbG, MitbestG 1976, Montan-MitbestG und des Montan-MitbestErgG bestimmen.

7 Fällt die Mitbestimmung beim übertragenden Rechtsträger aufgrund Eingreifens des **Tendenzschutzes** nach § 1 Abs. 2 Nr. DrittelbG oder § 1 Abs. 4 MitbestG 1976 weg, ist aus verfassungsrechtlichen Gründen kein Raum für eine Anwendung von Abs. 1.[14]

8 Der Wortlaut der Vorschrift lässt nicht eindeutig erkennen, ob Abs. 1 nur dann anwendbar sein soll, wenn die Voraussetzungen jeglicher Mitbestimmungsstatute entfallen oder schon dann, wenn diejenigen des vorher einschlägigen Statuts entfallen sind. So könnte beispielsweise eine befristete Fortgeltung der paritätischen Mitbestimmung nach dem MitbestG 1976 zu verneinen sein, wenn weiterhin die Voraussetzungen für eine drittelparitätische Mitbestimmung nach dem DrittelbG bestehen. Die Vorschrift bezweckt jedoch gerade den Schutz der Arbeitnehmer vor einem Verlust der bisherigen Mitbestimmungsrechte, da der Wortlaut auf die Anwendung der vor der Spaltung geltenden Vorschriften abhebt. Abs. 1 ist daher bereits beim Entfall der Voraussetzungen des vor der Umwandlung anzuwendenden Statuts einschlägig.[15] Bloße **Veränderungen in der Anwendung desselben Mitbestimmungsstatuts** lösen die Folgen des Abs. 1 nicht aus.[16] Vielmehr sind dann gegebenenfalls nur noch die Voraussetzungen für einen kleineren Aufsichtsrat mit verringerter Arbeitnehmerzahl gegeben.

9 Bei der Berechnung der Schwellenwerte ist zudem die **konzernrechtliche Zurechnung von Arbeitnehmern** zu beachten.[17] So entfallen die Voraussetzungen der Unternehmensmitbestimmung nicht, wenn eine Abspaltung oder Ausgliederung zwar dazu führt, dass der übertragende Rechtsträger zahlenmäßig unter die gesetzlichen Voraussetzungen fällt, eine Zurechnung gemäß § 5 MitbestG und § 2 Abs. 2 DrittelbG jedoch ergibt, dass der Schwellenwert weiter erreicht wird. Hierbei ist der Schutzbereich des Abs. 1 nicht tangiert, so dass eine befristete Beibehaltung nach dieser Vorschrift nicht notwendig ist.

10 Willemsen/Hohenstatt/Schweibert/Seibt/*Seibt*, F 110 f; *Mengel*, Umwandlungen im Arbeitsrecht, 1997, S. 419; KölnKomm-UmwG/*Hohenstatt/Schramm*, § 325 Rn 5.

11 KölnKomm-UmwG/*Hohenstatt/Schramm*, § 325 Rn 6; Lutter/*Joost*, § 325 Rn 13; *Kallmeyer*, ZIP 1994, 1746, 1757 f; aA *Trittin/Gilles*, RdA 2011, 46, 48.

12 So auch Lutter/*Joost*, § 325 Rn 17; KölnKomm-UmwG/*Hohenstatt/Schramm*, § 325 Rn 6.

13 Lutter/*Joost*, § 325 Rn 17.

14 Henssler/Willemsen/Kalb/*Willemsen*, § 325 UmwG Rn 7; KölnKomm-UmwG/*Hohenstatt/Schramm*, § 325 Rn 11; aA Widmann/Mayer/*Wißmann*, § 325 Rn 23, 27.

15 Lutter/*Joost*, § 325 Rn 20; *Joost*, Umwandlungsrecht und Arbeitsrecht, S. 297, 315; KölnKomm-UmwG/*Hohenstatt/Schramm*, § 325 Rn 9; Widmann/Mayer/*Wißmann*, § 325 Rn 11; Kallmeyer/*Willemsen*, § 325 Rn 5; ErfK/*Oetker*, Einl. MitbestG Rn 12; aA *Henssler*, ZfA 2000, 241, 253.

16 Lutter/*Joost*, § 325 Rn 20; *Mengel*, Umwandlungen im Arbeitsrecht, 1997, S. 421; KölnKomm-UmwG/*Hohenstatt/Schramm*, § 325 Rn 12; aA ErfK/*Oetker*, Einl. MitbestG Rn 12.

17 Henssler/Strohn /*Moll*, § 325 Rn 6.

Umstritten ist, ob Abs. 1 nur dann anzuwenden ist, wenn bereits vor der Abspaltung oder der Ausgliederung ein Aufsichtsrat unter arbeitnehmerseitiger Mitbestimmung auch tatsächlich eingerichtet war oder ob es auf die bloße (aber unter Umständen nicht genutzte) Möglichkeit dazu ankommt. Von der **Beibehaltung einer Mitbestimmung** kann nach dem Sinn und Zweck der Vorschrift aber nicht gesprochen werden, wenn gar keine Mitbestimmung beim übertragenden Rechtsträger stattgefunden hat. Eine Schutzbedürftigkeit der Arbeitnehmervertreter ist in diesem Fall nicht hinreichend erkennbar. War demnach kein Aufsichtsrat eingerichtet, obwohl die gesetzlichen Voraussetzungen dazu gegeben waren, ist eine spätere Errichtung unter Berufung auf Abs. 1 nicht möglich.[18] Die Beibehaltung der Mitbestimmung nach Abs. 1 kommt allerdings dann zum Tragen, wenn eine unternehmerische Mitbestimmung beim übertragenden Rechtsträger dadurch „greifbare Formen“[19] angenommen hatte, indem das Statusfeststellungsverfahren nach §§ 98, 99 AktG zum Zeitpunkt des Wirksamwerdens der Abspaltung oder Ausgliederung bereits eingeleitet war. In diesem Fall darf der übertragende Rechtsträger nach dem Normzweck nicht durch eine überholende Spaltungsmaßnahme aus der konkret im Entstehen befindlichen Mitbestimmung fliehen. Hat hingegen der übertragende Rechtsträger bereits einen Spaltungsvertrag abgeschlossen oder den Beschluss über seinen Entwurf gefasst (§ 125 S. 1, § 4), führt eine nachträgliche Einleitung des Statusfeststellungsverfahrens (§§ 98, 99 AktG) nicht mehr zu einer Beibehaltung der Mitbestimmung gemäß Abs. 1.[20] Ein übertragender Rechtsträger kann demnach eine Mitbestimmung unter Nutzung einer Abspaltung oder Ausgliederung unter den vorgenannten Umständen vermeiden, ohne dass ein solches Vorgehen rechtsmissbräuchlich wäre. 10

c) **Kausalität.** Der Schutzzweck von Abs. 1 ist nur dann betroffen, wenn gerade die Abspaltung oder Ausgliederung zum Entfall der mitbestimmungsrechtlichen Voraussetzungen führt.[21] An dieser vom Gesetz geforderten **Kausalität** fehlt es, wenn das Absinken der Arbeitnehmerzahl auf anderen umwandlungsunabhängigen Maßnahmen – beispielsweise Rationalisierungsmaßnahmen – beruht. Problematisch erscheinen in diesem Zusammenhang Konstellationen, in denen es im unmittelbaren Zusammenhang mit der Spaltung zu Rationalisierungsmaßnahmen beim übertragenden Rechtsträger kommt und es allein von der zeitlichen Gestaltung oder dem Zufall abhängig ist, ob die Abspaltung oder die Rationalisierungsmaßnahme zur Unterschreitung des Schwellenwerts der Mitbestimmung führt. 11

Hierbei ist umstritten, inwieweit **missbräuchlichen Gestaltungen** vorgebeugt werden muss. So wird teilweise vertreten, die Spaltung im Rahmen einer Gesamtbetrachtung auch dann als kausal anzunehmen, wenn erst die sich unmittelbar anschließende Rationalisierungsmaßnahme zum Abfall der Arbeitnehmeranzahl unter den Schwellenwert führt.[22] Zudem müsse Abs. 1 Anwendung finden, wenn Sinn der Umwandlung sei, einen Wegfall der Unternehmensmitbestimmung durch spätere Rationalisierungsmaßnahmen erst zu ermöglichen.[23] 12

Zutreffend ist hingegen den Wortlaut des Abs. 1 ernst zu nehmen und aus Gründen der Rechtssicherheit für die Feststellung der Mitbestimmung ausschließlich auf das Wirksamwerden der Spaltung (§ 131 Abs. 1) abzustellen (sog. **Stichtagsprinzip**).[24] 13

d) Keine Ausnahme nach Satz 2. Nach Abs. 1 S. 2 ist die Mitbestimmung nicht befristet beizubehalten, wenn die Anzahl der Arbeitnehmer auf weniger als in der Regel ein Viertel der gesetzlichen Mindestzahl absinkt, da sich die dann bestehende Arbeitnehmerstruktur zu weit 14

18 KölnKomm-UmwG/*Hohenstatt/Schramm*, § 325 Rn 8; vgl auch Bachner/Köstler/Matthießen/Trittin/*Köstler*, Kap. 3 Rn 62; aA Semler/Stengel/*Simon*, § 325 Rn 4 mit Verweis auf den unterschiedlichen Wortlaut des § 1 MitbestBeiG.

19 Ähnlich für § 111 BetrVG ArbG Reutlingen EzA § 112 BetrVG 1972 Nr. 100: Rechtsgedanke des § 1923 Abs. 2 BGB.

20 Vgl zur Parallelproblematik bei § 111 BetrVG Richardi/*Annuß*, § 111 Rn 27.

21 Lutter/*Joost*, § 325 Rn 21; Kallmeyer/*Willemsen*, § 325 Rn 8; Semler/Stengel/*Simon*, § 325 Rn 11.

22 Widmann/Mayer/*Wißmann*, § 325 Rn 17 f; *Boecken*, Unternehmensumwandlungen und Arbeitsrecht, Rn 432.

23 Lutter/*Joost*, § 325 Rn 24.

24 Willemsen/Hohenstatt/Schweibert/Seibt/*Seibt*, F 112; Kallmeyer/*Willemsen*, § 325 Rn 8; KölnKomm-UmwG/*Hohenstatt/Schramm*, § 325 Rn 19.

vom gesetzlichen Leitbild des vorher einschlägigen Mitbestimmungsstatuts entfernt hat.[25] Der **Schwellenwert** richtet sich dabei nach dem vorher einschlägigen Statut und orientiert sich nicht an der jeweils geringsten 1/4 Grenze, da Abs. 1 der Sicherung des bisherigen Statuts und nicht der Sicherung irgendeines Mitbestimmungsstatuts dient.[26]

15 Mit dem Absinken der regelmäßigen Arbeitnehmerzahl unter den Schwellenwert des Satz 2 entfällt die bisherige Mitbestimmung, so dass das **Statusverfahren nach §§ 97 ff AktG** eingeleitet werden kann.[27]

16 War der Schwellenwert des Satzes 2 beim Wirksamwerden der Spaltung zunächst noch nicht unterschritten, sinkt die Zahl später aber unter die 25%-Marke, endet unmittelbar die Pflicht zur Beibehaltung der Mitbestimmung.[28] Dies rechtfertigt sich aus dem Zweck der einschränkenden Regelung von Satz 2, der eine Mitbestimmung verhindern soll, wenn zu sehr von den gesetzlichen Voraussetzungen abgewichen wird und eine Mitbestimmung nach dem jeweiligen Statut nicht mehr als legitimiert angesehen werden kann.[29] Sollte nach dem Wegfall der Voraussetzungen die Arbeitnehmerzahl wieder über die 1/4 Grenze ansteigen, kommt es nicht zu einem **Wiederaufleben** des Mitbestimmungsschutzes. Zu einer Mitbestimmungsverpflichtung kommt es dann erst, wenn die jeweiligen gesetzlichen Mindestvoraussetzungen erfüllt sind.[30]

17 **2. Rechtsfolgen. a) Befristete Beibehaltung der Unternehmensmitbestimmung.** Die Regelung des Abs. 1 führt dazu, dass die bisherigen gesetzlichen Regelungen zur Mitbestimmung während einer **Frist von 5 Jahren** nach dem Wirksamwerden der Abspaltung oder Ausgliederung Anwendung finden. Das Wirksamwerden der Abspaltung oder Ausgliederung markiert den Fristbeginn und bestimmt sich nach § 131 Abs. 1, das heißt der Eintragung der Spaltung ins Handelsregister des Sitzes des übertragenden Rechtsträgers. Ein bereits bestehender Aufsichtsrat verbleibt im Amt. Für gegebenenfalls anstehende Neuwahlen gelten die bisher anzuwendenden Vorschriften. Nach Ablauf der fünf Jahre ist das **Statusverfahren** nach §§ 97 ff AktG in Gang zu setzen, um die dann maßgeblichen Vorschriften zur Anwendung zu bringen.[31] Für die GmbH gelten die entsprechenden Regelungen per Verweisung (§ 1 Abs. 1 Nr. 3 DrittelbG; § 6 MitbestG; § 3 Abs. 2 Montan-MitbestG; § 3 Abs. 1 S. 2 MitbestErgG).

18 **Umfang der Weitergeltung.** Unterschiedliche Auffassungen bestehen zum **Umfang der angeordneten Weitergeltung.** So wird teilweise aus der Gesetzesformulierung, die vom Entfall der gesetzlichen Voraussetzungen für die Beteiligung der Arbeitnehmer „im Aufsichtsrat" spricht, geschlossen, dass auch nur die Mitbestimmung im Aufsichtsrat beibehalten werden soll.[32] Die Gesetze über die Mitbestimmung der Arbeitnehmer sind allerdings als Einheit zu verstehen, so dass auch die Vorschriften über den Arbeitsdirektor gemäß § 33 MitbestG 1976, § 13 Montan-MitbestG und § 13 MitbestErgG anzuwenden wären.[33] Der Wortlaut des Abs. 1 ordnet allgemein die Fortgeltung der vor der Spaltung geltenden Vorschriften an, so dass nur die einheitliche Erhaltung des Mitbestimmungsstatus deren Schutzzweck gerecht wird.

19 **b) Spezialitätsverhältnis zu § 1 Abs. 3 Montan-MitBestG und § 16 Abs. 2 MitbestErgG.** Neben Abs. 1 enthalten auch die **Regelungen anderer Mitbestimmungsvorschriften**, nämlich § 1 Abs. 3 Montan-MitBestG und § 16 Abs. 2 MitbestErgG, die Mitbestimmung im Unternehmen betreffende Übergangsvorschriften, die die Mitbestimmung erst dann entfallen lassen, wenn die ent-

25 Lutter/*Joost*, § 325 Rn 25.

26 Semler/Stengel/*Simon*, § 325 Rn 8; Kallmeyer/*Willemsen*, § 325 Rn 5; KölnKomm-UmwG/*Hohenstatt/Schramm*, § 325 Rn 16.

27 Lutter/*Joost*, § 325 Rn 25; KölnKomm-UmwG/*Hohenstatt/Schramm*, § 325 Rn 16; *Henssler*, ZfA 2000, 241, 248.

28 KölnKomm-UmwG/*Hohenstatt/Schramm*, § 325 Rn 16; *Boecken*, Unternehmensumwandlungen und Arbeitsrecht, Rn 434; Lutter/*Joost*, § 325 Rn 31; Schmitt/Hörtnagel/Stratz/*Hörtnagel*, § 325 Rn 10; Semler/Stengel/*Simon*, § 325 Rn 24.

29 Lutter/*Joost*, § 325 Rn 31; KölnKomm-UmwG/*Hohenstatt/Schramm*, § 325 Rn 16.

30 KölnKomm-UmwG/*Hohenstatt/Schramm*, § 325 Rn 16; *Mengel*, Umwandlungen im Arbeitsrecht, S. 424; Widmann/Mayer/*Wißmann*, § 325 Rn 37.

31 Vgl Lutter/*Joost*, § 325 Rn 29; KölnKomm-UmwG/*Hohenstatt/Schramm*, § 325 Rn 23.

32 KölnKomm-UmwG/*Hohenstatt/Schramm*, § 325 Rn 22; HWK-UmwG/*Willemsen*, § 325 Rn 10; Willemsen/Hohenstatt/Schweibert/Seibt/*Seibt*, F 108.

33 Lutter/*Joost*, § 325 Rn 28; ErfK/*Oetker*, Einl. MitbestG Rn 18; Semler/Stengel/*Simon*, § 325 Rn 19.

sprechenden Voraussetzungen in sechs aufeinander folgenden Geschäftsjahren nicht vorgelegen haben. Da die angeordnete Fortwirkung unabhängig vom Ursprung des Wegfalls der Voraussetzungen ist und somit auch die Fälle des Abs. 1 erfasst werden, stellt sich die Frage nach dem Verhältnis der Vorschriften zueinander. Vereinzelt wird von einem Vorrang des Abs. 1 ausgegangen, der in seinem Anwendungsbereich die Materie abschließend regele.[34] Überwiegend werden jedoch § 1 Abs. 3 Montan-MitBestG und § 16 Abs. 2 MitbestErgG als speziellere Regelungen angesehen, so dass Abs. 1 nicht zur Anwendung gelangt. Hierfür spricht, dass der Gesetzgeber mit der Einführung von Abs. 1 die Position der Arbeitnehmer nicht verschlechtern wollte,[35] so dass die günstigere sechsjährige Regelung Anwendung finden sollte. Zudem entfällt nach den beiden Vorschriften das Mitbestimmungsstatut ohnehin erst nach sechs aufeinanderfolgenden Jahren, so dass es schon tatbestandlich nicht zu einem Entfall der Voraussetzungen der Mitbestimmung im Sinne des Abs. 1 kommt.[36]

c) Zwingender Charakter. Die Vorschrift stellt gemäß § 1 Abs. 3 S. 1 **zwingendes Recht** dar, so dass keine abweichenden Vereinbarungen, beispielsweise über Verkürzungen der fünfjährigen Auslauffrist, getroffen werden können.[37] Ob darüber hinaus ergänzende Vereinbarungen in tariflichen oder außertariflichen Vereinbarungen getroffen werden können, wird uneinheitlich beurteilt. So wird teilweise zumindest von der Zulässigkeit außertariflicher Vereinbarungen ausgegangen,[38] während andere wegen einer abschließenden Regelung des Abs. 1 keine ergänzenden Vereinbarungen zulassen wollen.[39] Richtigerweise enthält Abs. 1 keine abschließende Regelung im Sinne von § 1 Abs. 3 S. 2. Demnach sind ergänzende Vereinbarungen nach den allgemeinen Regeln der Gesetze zur unternehmerischen Mitbestimmung zulässig.[40] 20

B. § 325 Abs. 2

I. Normzweck

Abs. 2 ermöglicht die **Beibehaltung von bestehenden Rechten oder Beteiligungsrechten des Betriebsrats** durch kollektivrechtliche Vereinbarung, wenn diese als Folge einer Spaltung des Betriebs in Zusammenhang mit einer umwandlungsrechtlichen Spaltung oder Teilübertragung entfallen. Anders als Abs. 1 wird keine gesetzliche Fortgeltung angeordnet, sondern nur die Möglichkeit eröffnet, diese zu vereinbaren. Die Regelung trägt der Tatsache Rechnung, dass einige Mitbestimmungs- und Mitwirkungsrechte an die vorhandene Anzahl von regelmäßig beschäftigten Arbeitnehmern im Unternehmen oder Betrieb gekoppelt sind. Beispielhaft seien hier die Mitbestimmungsrechte des Betriebsrats bei personellen Einzelmaßnahmen (§§ 99 ff BetrVG) und bei Betriebsänderungen (§§ 111 ff BetrVG) genannt. Sinkt die Anzahl infolge der Betriebsspaltung unter die Mindestwerte, würden ohne Vereinbarung die entsprechenden Rechte erlöschen. Die Privatautonomie der beteiligten Rechtsträger bleibt bei Abs. 2 gewahrt. 21

II. Inhalt

1. Tatbestandsvoraussetzungen. a) Spaltung oder Teilübertragung und Betriebsspaltung. Um den Anwendungsbereich des Abs. 2 zu eröffnen, muss es zur **Spaltung eines Betriebs** aufgrund einer Spaltung – in Erweiterung zu Abs. 1 ist damit auch die Aufspaltung erfasst – oder Teilübertragung eines Rechtsträgers kommen. Ein Betrieb wird in anderen umwandlungsrechtli- 22

34 *Boecken*, Unternehmensumwandlungen und Arbeitsrecht, Rn 437.
35 KölnKomm-UmwG/*Hohenstatt/Schramm*, § 325 Rn 21; Semler/Stengel/*Simon*, § 325 Rn 14; Widmann/Mayer/*Wißmann*, § 325 Rn 45.
36 So Lutter/*Joost*, § 325 Rn 36.
37 Lutter/*Joost*, § 325 Rn 35; Semler/Stengel/*Simon*, § 325 Rn 25.
38 Lutter/*Joost*, § 325 Rn 35.
39 Semler/Stengel/*Simon*, § 325 Rn 25; *Mengel*, Umwandlungen im Arbeitsrecht, S. 415 f; *Boecken*, Unternehmensumwandlungen und Arbeitsrecht, Rn 438 ff.
40 Lutter/*Joost*, § 325 Rn 35; detailliert dazu *Ihrig/Schlitt*, NZG 1999, 333, 334 ff.

chen Fällen wie der Verschmelzung und dem Formwechsel in der Regel nicht gespalten, da diese ohne Einfluss auf die Betriebsstruktur bleiben.[41]

23 Aus der systematischen Stellung ergibt sich, dass nur **Spaltungen oder Teilübertragungen im Sinne des UmwG**[42] erfasst werden, so dass die Regelung auf Betriebsspaltungen innerhalb eines Rechtsträgers oder durch Einzelrechtsnachfolge keine Anwendung findet.[43] Eine analoge Anwendung auf andere umwandlungsrechtliche Tatbestände oder die Einzelrechtsnachfolge ist nicht angezeigt.[44] Die Betriebsspaltung muss gemäß dem Gesetzeswortlaut Folge der Spaltung oder Teilübertragung sein, so dass solche Betriebsspaltungen nicht erfasst werden, die innerhalb eines Rechtsträgers erst nach der Unternehmensspaltung vorgenommen werden.[45]

24 Zudem muss es zu einer Spaltung, also einer **wesentlichen Veränderung der Organisation** des betroffenen Betriebs, kommen, aufgrund derer die Voraussetzungen für Rechte oder Beteiligungsrechte des Betriebsrats entfallen.[46] Keine Anwendung findet Abs. 2 daher, wenn die beteiligten Rechtsträger den bisherigen Betrieb als gemeinsamen Betrieb iSd § 1 Abs. 2 Nr. 2 BetrVG fortführen[47] oder der aus der Spaltung hervorgegangene Betrieb in einen anderen Betrieb mit Betriebsrat eingegliedert wird.[48]

25 Die neu entstehenden Betriebsteile müssen selber gemäß § 1 Abs. 1 S. 1 BetrVG **betriebsratsfähig** sein. Dies ergibt sich aus der Ausnahmeregelung von Abs. 2 S. 2, der bestimmt, dass §§ 9 und 27 BetrVG unberührt bleiben. Diese Vorschriften können weder durch Tarifvertrag noch durch Betriebsvereinbarung abgeändert werden. Die Zahl der zu wählenden Betriebsräte (§ 9 BetrVG) und die Bildung des Betriebsausschusses (§ 27 BetrVG) sind demnach gesetzlich zwingend ausgestaltet, so dass es in Betrieben mit weniger als fünf wahlberechtigten Arbeitnehmern zu keiner vereinbarten Fortgeltung der Rechte nach Abs. 2 S. 1 kommen kann.[49] Zudem kann nur dann eine Weitergeltung von Rechten vereinbart werden, wenn ein entsprechender Betriebsrat zu deren Wahrnehmung besteht, so dass im entstandenen neuen Betrieb ein Betriebsrat zu wählen ist, wenn kein Übergangsmandat gemäß § 21 a BetrVG (mehr) besteht.[50]

26 **b) Entfall von Rechten oder Beteiligungsrechten.** Aufgrund der Spaltung oder Teilübertragung muss es zu einem **Entfall von Rechten oder Beteiligungsrechten** des Betriebsrates kommen, was zum einen der Fall ist, wenn die für bestimmte Rechte gesetzlich vorgesehenen Mindestgrößen der Arbeitnehmerbelegschaft nicht mehr erreicht werden.[51] Die Möglichkeit der vereinbarten Fortgeltung gilt immer nur für den hervorgegangenen Betrieb, in dem es zu einem Wegfall von Rechten kam.[52]

27 Zu dem vorgenannten Entfall von Rechten oder Beteiligungsrechten des Betriebsrates kommt es hingegen nicht, wenn die neuen Rechtsträger die entstandenen Betriebsteile als **gemeinsamen**

41 Lutter/*Joost*, § 325 Rn 38; KölnKomm-UmwG/*Hohenstatt/Schramm*, § 325 Rn 29; Semler/Stengel/*Joost*, § 325 Rn 27.

42 Selbst wenn Abs. 2 im Gegensatz zu Abs. 1 insoweit nicht ausdrücklich auf die entsprechenden Bestimmungen des UmwG verweist, vgl dazu Widmann/Mayer/*Wißmann*, § 325 Rn 55.

43 KölnKomm-UmwG/*Hohenstatt/Schramm*, § 325 Rn 29; *Boecken*, Unternehmensumwandlungen und Arbeitsrecht, Rn 406.

44 Semler/Stengel/*Simon*, § 325 Rn 27; KölnKomm-UmwG/*Hohenstatt/Schramm*, § 325 Rn 29; *Boecken*, Unternehmensumwandlungen und Arbeitsrecht, Rn 406; aA Bachner/Köstler/Matthießen/Trittin/*Bachner*, Kap. 4 Rn 100; Däubler/Kittner/Klebe/Wedde/*Trümner*, § 1 Rn 98.

45 KölnKomm-UmwG/*Hohenstatt/Schramm*, § 325 Rn 33; Semler/Stengel/*Simon*, § 325 Rn 29; Schmitt/Hörtnagel/Stratz/*Hörtnagel*, § 325 Rn 16.

46 Henssler/Willemsen/Kalb/*Reichhold*, § 21 a Rn 5; KölnKomm-UmwG/*Hohenstatt/Schramm*, § 325 Rn 30.

47 Lutter/*Joost*, § 325 Rn 39; *Bachner*, NJW 1995, 2881, 2886; Schmitt/Hörtnagel/Stratz/*Hörtnagel*, § 325 Rn 17 (aber missverständlich unter Verweis auf § 322, der den kündigungsschutzrechtlichen Betriebsbegriff betrifft).

48 Semler/Stengel/*Simon*, § 325 Rn 30; KölnKomm-UmwG/*Hohenstatt/Schramm*, § 325 Rn 32.

49 Lutter/*Joost*, § 325 Rn 49; *Wlotzke*, DB 1995, 40, 46; Semler/Stengel/*Simon*, § 325 Rn 30.

50 Vgl KölnKomm-UmwG/*Hohenstatt/Schramm*, § 325 Rn 48.

51 Beteiligungsrechte ergeben sich va aus: §§ 92 a, 95 Abs. 2, 99, 106, 110, 111 ff BetrVG; sonstige Rechte aus § 38 Abs. 1 oder § 28 a BetrVG.

52 Widmann/Mayer/*Wißmann*, § 325 Rn 60; KölnKomm-UmwG/*Hohenstatt/Schramm*, § 325 Rn 34.

Betrieb gemäß § 1 Abs. 2 BetrVG führen und es somit ohnehin zu einer Zurechnung der Arbeitnehmer kommt.[53]

Zum anderen kann der Betriebsrat aufgrund der Spaltung des Betriebs solcher Rechte verlustig gehen, die in über das Gesetz hinausgehenden **Betriebsvereinbarungen**[54] oder **Tarifverträgen** geregelt waren.[55] Auch für diese Rechte kann eine Fortgeltung vereinbart werden. 28

c) Vereinbarung der Fortgeltung der Rechte und Beteiligungsrechte durch Betriebsvereinbarung oder Tarifvertrag. Das Gesetz sieht in Abs. 2 zwei Möglichkeiten für die Fortgeltung der Rechte und Beteiligungsrechte durch **Kollektivvereinbarung** vor. Im Unterschied zur gesetzlich angeordneten Weitergeltung der unternehmensrechtlichen Mitbestimmung in Abs. 1 muss für die betriebsverfassungsrechtliche Ebene erst ein Tarifvertrag oder eine Betriebsvereinbarung abgeschlossen werden, um einen Wegfall der Rechte zu verhindern. 29

Anders als Abs. 1 verhält sich Abs. 2 auch nicht zu der Frage, welche zeitlichen Grenzen für eine Fortwirkung zu gelten haben oder in welchem Zeitraum eine solche zu vereinbaren ist. Um tatsächlich von einer Fortwirkung der Rechte und Mitbestimmungsrechte sprechen zu können, muss die Vereinbarung jedoch im **zeitlichen Zusammenhang** mit der umwandlungsrechtlichen Maßnahme getroffen werden.[56] Die Dauer der Fortwirkung wird nicht gesetzlich bestimmt, so dass die Regelungen von den Parteien befristet oder unbefristet geschlossen werden können.[57] 30

aa) Tarifvertrag. Für den Abschluss des **Tarifvertrags** gelten die allgemeinen gesetzlichen Vorschriften. In Betracht kommen sowohl der Abschluss eines Verbands- als auch eines Firmentarifvertrages, wobei sich in der Praxis Letzterer anbietet, um den jeweiligen Besonderheiten der Betriebe Rechnung zu tragen.[58] Die Fortschreibung der Mitbestimmungsrechte des Betriebsrats betrifft betriebsverfassungsrechtliche Fragen, so dass es für die allgemeine Weitergeltung gemäß § 3 Abs. 2 TVG nur auf die Tarifbindung des Arbeitgebers ankommt.[59] 31

Ob diese Tarifverträge durch Streik erkämpfbar sind, wird unterschiedlich beurteilt. So wird teilweise die **Erstreikbarkeit** aufgrund allgemeiner Vorschriften bejaht,[60] während andere diese ablehnen, da sich die zu regelnde Materie außerhalb der eigentlichen tarifautonomen Zuständigkeit der Gewerkschaften befinde.[61] Die praktische Relevanz erscheint jedoch im Rahmen des Abs. 2 gering, so dass die Frage teilweise offen gelassen wird.[62] Bis jetzt ist sie in der Rechtsprechung nicht aktuell geworden. 32

bb) Betriebsvereinbarung. Als weitere Möglichkeit nennt Abs. 2 den Abschluss einer **Betriebsvereinbarung**, was entweder anstelle oder neben einem bereits abgeschlossenen Tarifvertrag möglich ist, da im Rahmen von betriebsverfassungsrechtlichen Normen (vgl. § 3 Abs 2 TVG) kein Vorrang nach § 77 Abs. 3 BetrVG besteht[63] und das Günstigkeitsprinzip gemäß § 4 Abs. 3 TVG anzuwenden ist.[64] Die Betriebsvereinbarung ist schriftlich abzufassen und kann nur frei- 33

53 KölnKomm-UmwG/*Hohenstatt/Schramm*, § 325 Rn 30; Lutter/*Joost*, § 325 Rn 39.
54 Bspw §§ 38 Abs. 1 S. 5, 102 Abs. 6 BetrVG.
55 Lutter/*Joost*, § 325 Rn 48; *Wlotzke*, DB 1995, 40, 46; *Däubler*, RdA 1995, 136, 145; Henssler/Willemsen/Kalb/*Willemsen*, § 325 Rn 13.
56 So auch Lutter/*Joost*, § 325 Rn 47; Semler/Stengel/*Simon*, § 325 Rn 41.
57 Semler/Stengel/*Simon*, § 325 Rn 42; Widmann/Mayer/*Wißmann*, § 325 Rn 68; Lutter/*Joost*, § 325 Rn 48.
58 *Wlotzke*, DB 1995, 40, 46; Henssler/Willemsen/Kalb/*Willemsen*, § 325 Rn 15; KölnKomm-UmwG/*Hohenstatt/Schramm*, § 325 Rn 43.
59 Lutter/*Joost*, § 325 Rn 43; KölnKomm-UmwG/*Hohenstatt/Schramm*, § 325 Rn 44; Semler/Stengel/*Simon*, § 325 Rn 34.
60 Semler/Stengel/*Simon*, § 325 Rn 34; Widmann/Mayer/*Wißmann*, § 325 Rn 71; *Boecken*, Unternehmensumwandlungen und Arbeitsrecht, Rn 416; Lutter/*Joost*, § 325 Rn 44 mit Verweis auf grundsätzlich vom BAG angenommene Erstreikbarkeit von zulässigen Tarifnormen BAG AP Nr. 81 zu Art. 9 GG Arbeitskampf.
61 KölnKomm-UmwG/*Hohenstatt/Schramm*, § 325 Rn 43 mwN.
62 Lutter/*Joost*, § 325 Rn 44.
63 KölnKomm-UmwG/*Hohenstatt/Schramm*, § 325 Rn 42; *Boecken*, Unternehmensumwandlungen und Arbeitsrecht, Rn 415; Fitting-BetrVG/*Fitting*, § 77 Rn 73.
64 Widmann/Mayer/*Wißmann*, § 325 Rn 69; Semler/Stengel/*Simon*, § 325 Rn 33; *Boecken*, Unternehmensumwandlungen und Arbeitsrecht, Rn 415.

willig vereinbart werden. Sie kann nicht über eine Einigungsstelle erzwungen werden,[65] auch diesbezügliche Arbeitskampfmaßnahmen des Betriebsrats sind gemäß § 74 Abs. 2 BetrVG unzulässig.[66]

34 Das Gesetz trifft keine Regelungen über die **Zuständigkeit des Betriebsrats** zum Abschluss einer solchen Vereinbarung. In Betracht kommt die Zuständigkeit des Betriebsrats des zu spaltenden Betriebs oder des neu entstehenden Betriebs. Nur vereinzelt wird ersterem eine generelle Zuständigkeit[67] zugesprochen, während überwiegend davon ausgegangen wird, dass dieser nur im Rahmen eines Übergangsmandats gemäß § 21 a BetrVG[68] zuständig ist und ansonsten der im aus der Spaltung hervorgegangenen Betrieb neu zu wählende Betriebsrat zuständig ist.[69] Eine generelle Zuständigkeit des übertragenden Rechtsträgers ist zur Vermeidung von Zuständigkeitskonflikten abzulehnen. Aus der allgemeinen Zuständigkeitsverteilung gemäß §§ 50, 58 BetrVG kann sich auch eine Zuständigkeit des Gesamt- oder Konzernbetriebsrats ergeben.[70]

35 Um die Entstehung einer Übergangszeit ohne Regelung bezüglich der Fortgeltung der betriebsverfassungsrechtlichen Rechte zu vermeiden, ist von einer Zuständigkeit des vorigen Betriebsrats schon bei Absehbarkeit des Entstehens eines **Übergangsmandats** nach § 21 a BetrVG auszugehen.[71]

36 **2. Rechtsfolgen. a) Beibehaltung der bisher bestehenden Rechte des Betriebsrats im gespaltenen Betrieb.** Von Abs. 2 wird allein die Fortgeltung der bisher bestehenden Rechte der Disposition der Parteien unterstellt, so dass die Regelung keine Neuschaffung von bisher nicht existenten Rechten des Betriebsrats ermöglicht.[72] Um dem **Kausalitätserfordernis** zwischen der Betriebsspaltung und dem Wegfall von Rechten Rechnung zu tragen, ist es ebenfalls nicht zugelassen, solche Rechte wieder zu begründen, die als Folge späterer, von der ursprünglichen Spaltung unabhängigen Maßnahmen entfallen.

37 Beibehaltungsfähig ist neben anderen Beteiligungsrechten auch der Wirtschaftsausschuss, bei dem es sich um ein „Hilfsorgan" des Betriebsrats handelt.[73] Dagegen kann die weitere Entsendung von Mitgliedern in den vorherigen **Gesamtbetriebsrat** nicht vereinbart werden, wenn der neu hervorgegangene Betrieb nicht mehr zum ursprünglichen Unternehmen gehört.[74]

Umwandlungsrecht der Europäischen Aktiengesellschaft

Literatur:

Bachmann, Der Verwaltungsrat der monistischen SE, ZGR 2008, 779; *Baldamus*, Die SE als Rechtsformalternative für den Mittelstand. Steuerliche Anmerkungen, in: VGR (Hrsg.): Gesellschaftsrecht in der Diskussion 2012, 2013, S. 79; *Brandes*, Cross Border Merger mittels der SE, AG 2005, 177; *ders.*, Mitbestimmungsvermeidung mittels grenzüberschreitender Verschmelzungen, ZIP 2008, 2193; *Brandt/Scheifele*, Die Europäische Aktiengesellschaft und das anwendbare Recht, DStR 2002, 547; *Bungert/Gotsche*, Die deutsche Rechtsprechung zur SE, ZIP 2013, 649; *Ege/Grzimek/Schwarzfischer*, Der Zementierungseffekt bei der Mitbestimmung bei der Gründung einer SE und grenzüber-

65 Widmann/Mayer/*Wißmann*, § 325 Rn 70; Henssler/Willemsen/Kalb/*Willemsen*, § 325 Rn 16 mwN; Lutter/*Joost*, § 325 Rn 46; *Schaub* in: FS Wiese, S. 545.

66 Lutter/*Joost*, § 325 Rn 46.

67 So Lutter/*Joost*, § 325 Rn 45; *Schaub* in: FS Wiese, S. 545.

68 Kallmeyer/*Willemsen*, § 325 Rn 16; KölnKomm-UmwG/*Hohenstatt/Schramm*, § 325 Rn 48; *Boecken*, Unternehmensumwandlungen und Arbeitsrecht, Rn 418.

69 *Schaub* in: FS Wiese, S. 545; Lutter/*Joost*, § 325 Rn 45; KölnKomm-UmwG/*Hohenstatt/Schramm*, § 325 Rn 48; Semler/Stengel/*Simon*, § 325 Rn 36.

70 Vgl Lutter/*Joost*, § 325 Rn 45.

71 KölnKomm-UmwG/*Hohenstatt/Schramm*, § 325 Rn 48; HWK-UmwG/*Willemsen*, § 325 Rn 16; aA *Boecken*, Unternehmensumwandlungen und Arbeitsrecht, Rn 418 unter Hinweis auf das fehlende Übergangsmandat.

72 Lutter/*Joost*, § 325 Rn 48; Semler/Stengel/*Simon*, § 325 Rn 37.

73 Semler/Stengel/*Simon*, § 325 Rn 37; *Däubler*, RdA 1995, 136, 145; *Gaul*, DB 1995, 2265.

74 Kallmeyer/*Willemsen*, § 325 Rn 13; Semler/Stengel/*Simon*, § 325 Rn 38; Lutter/*Joost*, § 325 Rn 50; aA *Däubler*, RdA 1995, 136, 145.

schreitender Verschmelzung, DB 2011, 1205; *Eidenmüller/Engert/Hornuf*, Vom Wert der Wahlfreiheit: Eine empirische Analyse der Societas Europaea als Rechtsformalternative, AG 2009, 845; *Fleischer*, Der Einfluss der Societas Europaea auf die Dogmatik des deutschen Gesellschaftsrechts, AcP 204 (2004), 502; *Fromholzer*, Die SE als Rechtsformalternative für den Mittelstand, in: VGR (Hrsg.): Gesellschaftsrecht in der Diskussion 2012, 2013, S. 59; *Götze/Winzer/Arnold*, Unternehmerische Mitbestimmung – Gestaltungsoptionen und Vermeidungsstrategien, ZIP 2009, 245; *Habersack*, Grundsatzfragen der Mitbestimmung in SE und SCE sowie bei grenzüberschreitender Verschmelzung, ZHR 171 (2007), 613; *Hekschen*, Die Europäische AG aus notarieller Sicht, DNotZ 2003, 251; *Ihrig*, Die geschäftsführenden Direktoren in der monistischen SE: Stellung, Aufgaben und Haftung, ZGR 2008, 809; *Kiem*, Erfahrungen und Reformbedarf bei der SE – Entwicklungsstand, ZHR 173 (2009), 156; *Kisker*, Unternehmerische Mitbestimmung in der Europäischen Gesellschaft, der Europäischen Genossenschaft und bei grenzüberschreitender Verschmelzung im Vergleich, RdA 2006, 206; *Lutter/Bayer/Schmidt*, Europäisches Unternehmens- und Kapitalmarktrecht, 5. Aufl. 2012; *Müller-Bonanni/Müntefering*, Arbeitnehmerbeteiligung bei SE-Gründung und grenzüberschreitender Verschmelzung im Vergleich, BB 2009, 1699; *Nagel/Freis/Kleinsorge*, Beteiligung der Arbeitnehmer im Unternehmen auf Grundlage des Europäischen Rechts, 2. Aufl. 2009; *Nicoleyczik/Führ*, Mitbestimmungsgestaltung im grenzüberschreitenden Konzern – Unter besonderer Berücksichtigung der SE und grenzüberschreitender Verschmelzungen, DStR 2010, 1743; *Oechsler*, Der praktische Weg zur Societas Europaea (SE) – Gestaltungsspielraum und Typenzwang, NZG 2005, 697; *ders.*, Die Sitzverlegung der Europäischen Aktiengesellschaft nach Art. 8 SE-VO, AG 2005, 373; *Nagel*, Die Europäische Aktiengesellschaft (SE) in Deutschland – der Regierungsentwurf zum SE-Einführungsgesetz, NZG 2004, 833;*Nagel/Freis/Kleinsorge*, Beteiligung der Arbeitnehmer im Unternehmen auf der Grundlage des Europäischen Rechts, 2. Aufl. 2009; *Scheifele*, Die Gründung der Europäischen Aktiengesellschaft, 2004; *Seibt*, Größe und Zusammensetzung des Aufsichtsrats in der SE, ZIP 2010, 1057; *Spitzbart*, Die Europäische Aktiengesellschaft (Societas Europaea/ SE). Aufbau der SE und Gründung, RNotZ 2006, 369; *Teichmann*, Gestaltungsfreiheit in Mitbestimmungsvereinbarungen, AG 2008, 797; *Vossius*, Gründung und Umwandlung der deutschen Europäischen Gesellschaft (SE), ZIP 2005, 741; *Wicke*, Die Europäische Aktiengesellschaft – Grundstruktur, Gründungsformen und Funktionsweise, MittBayNot 2006, 196; *Wollburg/Banerjea*, Die Reichweite der Mitbestimmung in der Europäischen Gesellschaft, ZIP 2005, 277.

A. Grundlagen

I. Rechtsnatur: Supranationale Rechtsform

1 Die SE ist Aktiengesellschaft mit eigener Rechtspersönlichkeit und beschränkter Haftung (Art. 1 Abs. 1 und 2 SE-VO), deren Kapital in grundsätzlich fungible Aktien zerlegt ist und

mindestens 120.000 EUR betragen muss.[1] Ihrer Anlage nach ist die SE echt supranationale Rechtsform. Aufgrund des Kompromisscharakters der SE hat dieser supranationale Anspruch allerdings nur unzureichend Niederschlag in der praktischen Umsetzung gefunden.[2] Anders als ursprünglich intendiert, besitzt die SE kein eigenständiges Vollstatut, vielmehr regelt die SE-VO – bis zu einem gewissen Grad willkürlich – bestimmte Materien selbst, während andere Teilbereiche den nationalen Ausführungsgesetzen, der Disposition des Satzungsgebers und dem im Sitzstaat der SE geltenden Aktienrecht überlassen bleiben. Dies resultiert in dem Befund, dass es nicht die europäische Aktiengesellschaft gibt, sondern so viele europäische Aktiengesellschaften wie EU/EWR-Mitgliedstaaten.[3] Für die Praxis ergibt sich hieraus die Notwendigkeit, mit einem nicht immer übersichtlichen und stringenten Nebeneinander verschiedener Regelungsebenen zu leben. Zentrale Ordnungsnorm, die die unterschiedlichen Regelungsebenen zu einem Statut der SE ordnet, ist Art. 9 SE-VO. An der Spitze der auf die deutsche SE anzuwendenden Normenpyramide steht die SE-VO (Art. 9 Abs. 1 lit. a SE-VO). Auf einer zweiten Ebene folgen Bestimmungen der Satzung der SE, soweit diese durch die SE-VO ausdrücklich zugelassen sind (Art. 9 Abs. 1 lit. b SE-VO). Enthält die SE-VO weder eigene Vorgaben noch eine Ermächtigung an den Satzungsgeber der SE, kommen subsidiär zunächst die in den Mitgliedstaaten speziell für die SE erlassenen Rechtsvorschriften zur Anwendung (Art. 9 Abs. 1 lit. c i) SE-VO iVm §§ 1 ff SEAG), sodann die nationalen Regelungen für Aktiengesellschaften (Art. 9 Abs. 1 lit. c ii) SE-VO) und schließlich die Bestimmungen der Satzung, soweit nach nationalem Recht zulässig (Art. 9 Abs. 1 lit. c iii) SE-VO).[4] Abzustimmen sind diese gesellschaftsrechtlichen Vorgaben mit den Regelungen über die betriebliche und unternehmerische Mitbestimmung in der SE, die in SE-Beteiligungsrichtlinie (RL 2001/86/EG) und den zugehörigen nationalen Ausführungsgesetzen – in Deutschland dem SEBG – ergangen sind. Zusätzlich sind auch durch eine SE weiterhin die Vorgaben der nationalen Betriebsverfassungsgesetze zu beachten, für deutsche Betriebe einer SE also das BetrVG.

II. Praktische Bedeutung

Entgegen erster skeptischer Erwartungen[5] hat die SE zumindest in Deutschland erhebliche Bedeutung zu erlangen vermocht.[6] Per 1.1.2014 belief sich die Zahl deutscher SE auf 282, von denen zumindest 135 mehr als fünf Arbeitnehmer besaßen.[7] Als Rechtsformalternative wird die SE vor allem in folgenden Konstellationen diskutiert.[8] 2

1. Dach für supranationale Konzerne. Rechtspolitisch ist die SE angelegt als Rechtsform, die es europäischen Konzernen, die in mehr als einem EU/EWR-Mitgliedstaat wirtschaftlich tätig sind, ermöglichen soll, die Supranationalität der Geschäftstätigkeit in der Rechtsform zu spiegeln (vgl etwa Erwägungsgrund 10 SE-VO). Allerdings ist dieses Ziel im Laufe der Verhandlungen über die Europäische Aktiengesellschaft erheblich verwässert worden. Die SE besitzt kein Vollstatut, sondern verweist in weitem Umfang auf das Aktienrecht des Sitzlandes, so dass es eine einheitliche SE nicht gibt, und die SE deshalb auch kaum geeignet erscheint, die Verwaltungskosten einer europaweit agierenden Gruppe spürbar zu senken. 3

1 *Wicke*, MittBayNot 2006, 196; *Scheifele*, Die Gründung der Europäischen Aktiengesellschaft, 2004, S. 1 f.

2 Plastisch *Fleischer*, AcP 204 (2004), 502, 505 ff: „Vom Vollstatut zur Rumpfverordnung" mit im Folgenden differenzierter Bewertung dieser Entscheidung. Vgl auch Ulmer/Habersack/Henssler/*Henssler*, Einl. SEBG Rn 4.

3 Ulmer/Habersack/Henssler/*Henssler*, Einl. SEBG Rn 27 a; *Nagel*, NZG 2004, 833, 835.

4 Vgl etwa ausführlicher *Brandt/Scheifele*, DStR 2002, 547, 547 ff.

5 ZB *Schlüter*, EuZW 2002, 589, 590 f.

6 Jüngere prominente Beispiele, die jeweils einen Formwechsel in die SE vollzogen haben, sind aus dem DAX 30 die SAP AG sowie aus dem MDAX die Fuchs Petrolub AG. Jüngstes Beispiel sind die Pläne der EADS/Airbus N.V., sich bis zum Jahre 2015 in eine Europäische Gesellschaft umzuwandeln, vgl Handelsblatt v. 3./4./5.1.2014, S. 21.

7 Zahlen unter http://ecdb.worker-participation.eu.

8 Vgl hierzu etwa den empirischen Überblick bei *Eidenmüller/Engert/Hornuf*, AG 2009, 845.

4 **2. Corporate Governance.** Anders als die deutsche Aktiengesellschaft eröffnet die SE die Wahl zwischen dualistischer (Vorstand und Aufsichtsrat) und monistischer (Verwaltungsorgan/-rat) Leitungsstruktur (Art. 38 b SE-VO). Während die Corporate Governance des dualistischen Modells weitgehend der zweistufigen Verfassung einer deutschen AG entspricht, steht im Zentrum der monistischen Organisationsverfassung demgegenüber der Verwaltungsrat, der sowohl für die gestaltende Leitung der Gesellschaft als auch für die Überwachung der Tätigkeit der SE zuständig ist (Art. 43 Abs. 1 SE-VO iVm § 22 Abs. 1 SEAG).[9] Die daneben zwingend zu bestellenden geschäftsführenden Direktoren sind vorrangig für Geschäftsführung und Vertretung zuständig[10] und leben zudem grundsätzlich vergleichbar einem GmbH-Geschäftsführer unter dem Damoklesschwert jederzeitiger Abberufung (§ 40 Abs. 5 S. 1 SEAG);[11] anderes gilt nur dann, wenn die Ämter als Mitglied des Verwaltungsrats und geschäftsführender Direktor zulässigerweise in Personalunion wahrgenommen werden. In betriebswirtschaftlichen Kategorien sind also die strategischen Kompetenzen auf der Ebene des Verwaltungsrats gebündelt, während das operative bzw Tagesgeschäft in Händen der geschäftsführenden Direktoren liegt. Anders als der Vorstand einer AG unterliegen die geschäftsführenden Direktoren dabei einem Weisungsrecht des Verwaltungsrats,[12] weshalb das monistische System häufig der Corporate Governance einer GmbH verglichen wird.[13] Dies ist insofern etwas schief, als die Mitglieder des Verwaltungsrats, anders als die über ein rechtsökonomisch abgesichertes Recht auf unternehmerische Passivität verfügenden Gesellschafter einer GmbH,[14] mittels Organpflichten zur aktiven Leitung der Gesellschaft berufen sind.

5 Insbesondere wegen der damit verbundenen Zweifelsfragen bei der Mitbestimmung (Arbeitnehmer- und eventuell unternehmensfremde Gewerkschaftsvertreter im unternehmerisch maßgeblichen Organ) hat das monistische System bisher in Deutschland keine nennenswerte praktische Bedeutung zu erlangen vermocht.[15] Nachdem allerdings auch mittelständische Unternehmen, insb. solche, die weder der Mitbestimmung nach dem MitbestG noch dem DrittelbG unterliegen, die SE als Alternative entdeckt haben,[16] ist auch hier in Zukunft mit einem Bedeutungszuwachs zu rechnen, erlaubt doch die monistische SE die Etablierung eines Weisungsrechts gegenüber den operativ tätigen geschäftsführenden Direktoren und kann daher auch für inhabergeführte bzw -zentrierte Unternehmen Gestaltungsoption sein. Ein dahin gehender Bedeutungszuwachs wird durch einen rechtsvergleichenden Seitenblick unterstützt: für Frankreich, das bereits seit 1966 Aktiengesellschaften die Wahl zwischen monistischem (*structure classique*) und dualistischem System (*structure nouvelle/système dualiste*) eröffnet, ist zu konstatieren, dass sich große börsennotierte Gesellschaften vergleichsweise häufig für das système dualiste entscheiden, während die monistische Struktur von kleineren und nicht kapitalmarktorientierten Unternehmen klar bevorzugt wird.[17] Allerdings krankt die monistische SE an einer weiteren Schwäche, die sie auch für nicht mitbestimmte Mittelständler deutlich unattraktiver erscheinen lässt: Aufgrund der Inkompatibilitätsregelung des § 27 Abs. 1 S. 1 Nr. 2 SEAG ist ausgeschlossen, dass die Mitglieder des Verwaltungsrats zugleich Geschäftsleitungsämter in Tochtergesellschaften wahrnehmen; insb. kann damit bei Holdingstrukturen kein „CEO" auf

9 Zum monistischen System etwa *Hoffmann-Becking*, ZGR 2004, 355.

10 Zu den geschäftsführenden Direktoren etwa *Ihrig*, ZGR 2008, 809, 809 ff; zum Verwaltungsrat *Bachmann*, ZGR 2008, 779, 779 ff.

11 Die Satzung kann die Abberufung nach dem Vorbild des AktG an einen wichtigen Grund knüpfen, vgl § 40 Abs. 5 S. 1 Hs 2 SEAG.

12 Ausführlich zum Weisungsrecht *Verse* in: FS Hoffmann-Becking, 2013, S. 1277.

13 So etwa *Nagel*, NZG 2004, 833, 835.

14 Hierzu etwa *Easterbrook/Fischel*, The Economic Structure of Corporate Law, 1991, S. 40 ff.

15 *Kiem*, ZHR 173 (2009), 156, 159. Wenn die Datenbank http://ecdb.worker-participation.eu per 1.1.2014 110 Gesellschaften mit monistischer Struktur in Deutschland benennt, bei 138 dualistisch strukturierten SE, ist davon auszugehen, dass es sich in der Mehrzahl um Vorratsgesellschaften handelt. Bekanntes Beispiel für eine (drittel)mitbestimmte monistische SE und insoweit die Ausnahme von der Regel ist die PUMA SE.

16 Diskussion der SE als Rechtsformalternative für den Mittelstand jüngst bei *Fromholzer* und *Baldamus* in: VGR, Gesellschaftsrecht in der Diskussion, S. 59 ff.

17 Vgl etwa *Cozian/Viandier/Deboissy*, Droit des sociétés, 25. Aufl. 2012, Rn 669 ff.

Ebene einer Holding-SE etabliert werden, der zugleich als gesetzlicher Vertreter die Verantwortung für die operativ tätigen Tochtergesellschaften wahrnimmt.

3. Mitbestimmungsgestaltung. Entgegen anfänglich anderslautender Erwartungen[18] hat sich das mitbestimmungsrechtliche Regime der SE zu einem, wenn nicht dem wesentlichen Treiber deutscher SE-Gründungen entwickelt.[19] Die Vorzüge der SE auf diesem Terrain liegen zum einen in ihrer mitbestimmungsrechtlichen Flexibilität, die stichwortartig mit dem Begriff der „**Verhandlungslösung**" skizziert wird. Grundlage der Mitbestimmung der SE sind nicht MitbestG und DrittelbG bzw vergleichbare ausländische Mitbestimmungsregime,[20] sondern eine im Einzelfall ausgehandelte Vereinbarung über die Beteiligung der Arbeitnehmer, die sowohl die unternehmerische als auch die betriebsverfassungsrechtliche Mitbestimmung der SE zum Gegenstand hat (Art. 12 SE-VO). Nur falls es Leitung und Arbeitnehmervertretern nicht gelingt, eine solche Beteiligungsvereinbarung abzuschließen, kommt die sog. **gesetzliche Auffanglösung** zur Anwendung, die sich weitgehend am nationalen Mitbestimmungsrecht orientiert und im Regelfall das höchste, in den Gründungsgesellschaften bestehende Mitbestimmungsniveau perpetuiert. Konsequenz dieses Verhandlungsmodells ist, dass jeweils theoretisch die Möglichkeit besteht, das bestehende Mitbestimmungsregime einer Gesellschaft auszuweiten oder aber einzuschränken (zu den Besonderheiten bei der SE-Gründung durch Umwandlung vgl Rn 33).[21] In der Praxis scheitern solche materiellen Änderungen daran, dass die gesetzliche Auffanglösung, die regelmäßig dem höchsten Mitbestimmungsniveau der Gründungsgesellschaften entspricht, die Rückfallposition von Leitungen und Arbeitnehmern kennzeichnet, so dass weitergehende Konzessionen nicht nötig sind.[22] Für deutsche Unternehmen, die bereits der paritätischen Mitbestimmung unterliegen, ist deshalb weniger die theoretische Möglichkeit, die Intensität der Mitbestimmung zu reduzieren, von Bedeutung,[23] sondern die gleichfalls eröffnete Möglichkeit, die Mitbestimmung an die Unternehmensspezifika anzupassen (§ 21 SEBG), insb. den Aufsichtsrat zu verkleinern[24] und internationaler (§ 36 SEBG) zu besetzen.[25] 6

Ein wesentlicher Aspekt bei der Entscheidung von KMU zur Gründung einer Europäischen Gesellschaft liegt demgegenüber in der Möglichkeit, das Unternehmen der mitbestimmungsrechtlichen Dynamik von DrittelbG und MitbestG zu entziehen: da die SE nicht den nationalen Mitbestimmungsgesetzen unterliegt (§ 47 Abs. 1 Nr. 1 SEBG),[26] bleibt eine SE, die im Zeitpunkt ihrer Gründung entweder mitbestimmungsfrei oder drittelmitbestimmt ist, auch dann mitbestimmungsfrei bzw drittelmitbestimmt, wenn die Schwellenwerte des nationalen Rechts von in der Regel mehr als 500 (§ 1 Abs. 1 S. 1 Nr. 1 DrittelbG) bzw 2000 (§ 1 Abs. 1 Nr. 2 MitbestG) Arbeitnehmern überschritten werden.[27] Ausnahmen gelten nur dann, wenn es zu sog. strukturellen Änderungen kommt, die geeignet sind, die Beteiligungsrechte der Arbeitnehmer zu mindern (§ 18 Abs. 3 SEBG),[28] wobei – trotz nach wie vor zahlreicher Unsicherheiten im Detail – zu Recht weitgehende Einigkeit herrscht, dass das Überschreiten der Schwellenwerte von DrittelbG und MitbestG keinen Anwendungsfall des § 18 Abs. 3 SEBG darstellt.[29] Die 7

18 Vgl etwa die Vermutung von *Weiss/Wöhlert*, NZG 2006, 121, „Der Siegeszug des deutschen Mitbestimmungsrechts in Europa?".

19 Ulmer/Habersack/Henssler/*Henssler*, Einl. SEBG Rn 22; MünchHb-GesR/*Teichmann*, Bd. 6, § 49 Rn 2; *Bungert/Gotsche*, ZIP 2013, 649; *Kiem*, ZHR 173 (2009), 156, 159.

20 Vgl *Götze/Winzer/Arnold*, ZIP 2009, 245, 251 f.

21 Vgl etwa *Seibt*, ZIP 2010, 1057, 1062 f.

22 Dies unter Hinweis auf spieltheoretische Erwägungen als kardinalen Konstruktionsfehler qualifizierend *Fleischer*, AcP 204 (2004), 502, 535.

23 Vgl etwa *Teichmann*, AG 2008, 797, 800: „[...] kaum möglich".

24 § 7 MitbestG findet keine, auch keine entsprechende Anwendung, vgl etwa *Habersack*, DK 2008, 67, 68; Lutter/Hommelhoff/*Drygala*, Art. 40 SE-VO Rn 18. Zur Frage, ob die Bestimmung der Größe des Aufsichts- bzw Verwaltungsrats in die ausschließliche Zuständigkeit des Satzungsgebers fällt oder einer Regelung durch die Parteien der Beteiligungsvereinbarung offensteht vgl unter Rn 33.

25 *Seibt*, ZIP 2010, 1057; MünchHbGesR/*Teichmann*, Bd. 6, § 49 Rn 2.

26 Hierzu etwa Nagel/Freis/Kleinsorge/*Kleinsorge*, § 47 SEBG Rn 2 f; Lutter/Hommelhoff/*Oetker*, § 47 SEBG Rn 5 f.

27 *Ege/Grzimek/Schwarzfischer*, DB 2011, 1205, 1206 f; *Götze/Winzer/Arnold*, ZIP 2009, 245, 251 f; *Feldhaus/Vanscheidt*, BB 2008, 2246, 2247.

28 *Feldhaus/Vanscheidt*, BB 2008, 2246, 2247 ff; *Götze/Winzer/Arnold*, ZIP 2009, 245, 252.

29 *Wollburg/Banerjea*, ZIP 2005, 277, 282; Lutter/Hommelhoff/*Oetker*, § 18 SEBG Rn 17. AA Nagel/Freis/Kleinsorge/*Freis*, § 18 SEBG Rn 11.

SE erlaubt also die Festschreibung des mitbestimmungsrechtlichen Status Quo im Zeitpunkt der Eintragung der SE für die Zukunft (sog. **„Einfrieren"/"Zementieren"**).[30] Dabei bleibt die SE auch nach Inkrafttreten der grenzüberschreitenden Verschmelzung (§§ 122 a ff UmwG) der rechtssicherste Weg zum Einfrieren der Mitbestimmung, da einerseits unklar ist, ob das MgVG das Einfrieren der Mitbestimmungsfreiheit erlaubt[31] und andererseits die Reichweite des durch das MgVG gewährten Bestandsschutzes (§ 30 MgVG) noch weiterer Klärung bedarf.[32]

Hinweis: Dient die Gründung einer SE (zumindest auch) der Gestaltung der unternehmerischen Mitbestimmung, ist, um unliebsame Überraschungen zu vermeiden, im Rahmen der Strukturierung der Transaktion mit der Mandantschaft abzuklären, inwieweit kurz- oder mittelfristig Entscheidungen anstehen, die gegebenenfalls als strukturelle Änderungen, die geeignet sind, die Beteiligungsrechte der Arbeitnehmer zu mindern, qualifizieren. Diskutiert wird dies in folgenden Fallgruppen: Verschmelzung bzw Spaltung einer (mitbestimmten) Gesellschaft jeweils zur Aufnahme durch die SE,[33] Erwerb einer Mehrheitsbeteiligung/Share Deal an einer gegebenenfalls mitbestimmten Gesellschaft durch die SE,[34] Asset Deal, der mit einer Übernahme von mehr als 500 oder 2000 Arbeitnehmern einer gegebenenfalls mitbestimmten Gesellschaft verbunden ist (§ 613 a BGB),[35] grenzüberschreitende Sitzverlegung,[36] Wechsel von der monistischen in die dualistische Organisationsverfassung oder vice versa[37] und die im vorliegenden Kontext nicht relevante Aktivierung einer arbeitnehmerlosen Vorrats-SE.[38] Nur anhand einer solchen Anamnese ist es möglich, zu evaluieren, ob die intendierte Mitbestimmungsgestaltung nicht nur kurz-, sondern auch mittelfristig Bestand hat.

8 In Konsequenz des Umstands, dass die SE der Dymanik des deutschen Mitbestimmungsrechts entzogen ist, wird das im Gründungszeitpunkt bestehende Mitbestimmungsregime nicht nur „nach oben", sondern auch „ nach unten" eingefroren, dh eine (paritätisch) mitbestimmte SE bleibt auch dann (paritätisch) mitbestimmt, wenn die Schwellenwerte von in der Regel 2000 bzw 500 Arbeitnehmern unterschritten werden;[39] ebenso wenig wird man hierin eine strukturelle Änderung nach § 18 SEBG sehen können.[40] Nach Möglichkeit sollte deshalb die Beteiligungsvereinbarung Bestimmungen für eine Anpassung des Mitbestimmungsniveaus in diesen Fällen enthalten. Im Übrigen verbleibt in dieser Konstellation die Alternative, die SE zu renationalisieren und die Gesellschaft damit wieder dem deutschen Mitbestimmungsstatut zu unterstellen.

30 *Ege/Grzimek/Schwarzfischer*, DB 2011, 1205, 1206 f; *Müller-Bonanni/Müntefering*, BB 2009, 1699, 1702; *Rieble*, BB 2006, 2018 2020; *Seibt*, ZIP 2010, 1057; *Teichmann*, AG 2008, 797, 798.

31 Bejahend *Brandes*, ZIP 2008, 2193, 2193 ff; verneinend *Drinhausen/Keinath*, AG 2010, 398, 398 ff sowie *Ege/Grzimek/Schwarzfischer*, DB 2011, 1205, 1206 f; *Müller-Bonanni/Müntefering*, BB 2009, 1699, 1702.

32 Hierzu etwa *Müller-Bonanni/Müntefering*, BB 2009, 1699, 1703; *Habersack*, ZHR 171 (2007), 613, 636 ff. Insb. können nachfolgende Verschmelzungen, unabhängig von ihrer mitbestimmungsrechtlichen Dimension zu einem Verlust der im Verhandlungswege erarbeiteten Mitbestimmung führen.

33 Bejahend *Nagel*, ZIP 2011, 2047, 2048; *Müller-Bonanni/Müntefering*, BB 2009, 1699, 1702; *Wollburg/Banerjea*, ZIP 2005, 277, 282; zurückhaltender *Feldhaus/Vanscheidt*, BB 2008, 2246, 2250.

34 Zumindest bei Mehrheitserwerb bejahend *Nagel*, ZIP 2011, 2047, 2049; Lutter/Hommelhoff/*Oetker*, § 18 SEBG Rn 16 u. 22: bejahend bei Konzernbezug; ablehnend *Wollburg/Banerjea*, ZIP 2005, 277, 280; *Feldhaus/Vanscheidt*, BB 2008, 2246; *Ziegler/Gey*, BB 2009, 1750, 1757.

35 Bejahend *Nagel*, ZIP 2011, 2047, 2049 f; für den Fall, dass die Arbeitnehmer bei ihrem bisherigen Rechtsträger einer Mitbestimmung unterlagen, auch Lutter/Hommelhoff/*Oetker*, § 18 SEBG Rn 16 u. 22; ablehnend *Wollburg/Banerjea*, ZIP 2005, 277, 281 f; *Ziegler/Gey*, BB 2009, 1750, 1757; Ulmer/Habersack/Henssler/*Henssler*, § 18 SEBG Rn 16 f; in Ausnahmefällen denkbar *Feldhaus/Vanscheidt*, BB 2008, 2246, 2250.

36 Bejahend Lutter/Hommelhoff/*Oetker*, § 18 SEBG Rn 16; ablehnend die mittlerweile hM Ulmer/Habersack/*Henssler*, § 18 SEBG Rn 19; *Wollburg/Banerjea*, ZIP 2005, 277, 283; *Feldhaus/Vanscheidt*, BB 2008, 2246, 2250; *Ziegler/Gey*, BB 2009, 1750, 1757.

37 Bejahend Lutter/Hommelhoff/*Oetker*, § 18 SEBG Rn 16; ablehnend Ulmer/Habersack/*Henssler*, § 18 SEBG Rn 20; *Feldhaus/Vanscheidt*, BB 2008, 2246, 2251.

38 Bejahend OLG Düsseldorf ZIP 2009 918, 920 f; hierzu etwa *Bungert/Gotsche*, ZIP 2013, 649, 651 mwN.

39 *Habersack*, DK 2006, 105, 108; *Wollburg/Banerjea*, ZIP 2005, 277, 283.

40 Lutter/Hommelhoff/*Oetker*, § 18 SEBG Rn 17. *Feldhaus/Vanscheidt*, BB 2008, 2246, 2250 erwägen eine analoge Anwendung von § 18 Abs. 3 SEBG bzw § 325 UmwG. AA wohl *Habersack*, DK 2006, 105, 108.

Während die grundsätzliche Zulässigkeit des Einfrierens des mitbestimmungsrechtlichen Status Quo weitgehend unbestritten ist, harrt einer Klärung, ob auch Unternehmen, die bereits im Gündungszeitpunkt die Voraussetzungen der §§ 1 Abs. 1 Nr. 2 MitbestG, 1 Abs. 1 S. 1 Nr. 1 DrittelbG erfüllen, bei denen aber noch keine Mitbestimmung im Aufsichtsrat etabliert worden ist, durch einen Wechsel in die Rechtsform der SE noch dem Zugriff des nationalen Mitbestimmungsrechts entzogen werden können.[41] Dagegen spricht insb., dass das Mitbestimmungsrecht als Sozialordnungsrecht zwingender Natur ist[42] und insofern in der unterbliebenen Einleitung eines Statusverfahrens durch die Arbeitnehmer (§ 98 AktG) kein wirksamer Verzicht auf die Einführung der gesetzlich vorgeschriebenen Mitbestimmung gesehen werden kann,[43] während die Gegenansicht sich wohl vor allem auf den Formalaspekt des Kontinuitätsprinzips gem. § 96 Abs. 2 AktG stützen ließe.[44] Nur auf einen ersten Blick plausibel ist auch die Ansicht, die unter Hinweis auf die Reichweite der Mitbestimmungsautonomie der SE-RL danach unterscheiden will, ob es sich um eine Gründung durch Formwechsel (rechtlicher Soll-Zustand maßgeblich) oder eine SE-Gründung auf sonstigem Wege (Ist-Zustand maßgeblich) handelt;[45] übersehen wird dabei, dass die SE-RL vom Grundsatz des Schutzes der erworbenen Rechte ausgeht und die Absenkung des Mitbestimmungsniveaus nur bei ausdrücklichem und mit qualifizierter Mehrheit erfolgendem Beschluss der Arbeitnehmer in Betracht kommt. Die möglicherweise auf Unkenntnis der tatsächlichen Beschäftigtenzahlen zurückzuführende unterbliebene Einleitung eines Statusverfahrens kann einem solchen qualifizierten und ausdrücklichen Beschluss nicht gleichgestellt werden. 9

Die Verhandlungslösung beansprucht zunächst nur Geltung für die SE selbst. Vor diesem Hintergrund stellt sich die Frage, ob, insb. dann, wenn eine mitbestimmte SE als Holding und eine deutsche Tochterkapitalgesellschaft als operative Gesellschaft oder weitere Zwischenholding fungiert, die **Teilkonzernregelung** des § 5 Abs. 3 MitbestG auf die nachgeordnete deutsche Kapitalgesellschaft anzuwenden ist. Für die Anwendbarkeit spricht der Wortlaut, da die SE nicht zu den in § 1 MitbestG genannten und damit gleichzeitig zu den vermeintlich von der Teilkonzernregelung erfassten Rechtsformen gehört.[46] Die Gegenansicht verweist demgegenüber einerseits auf Art. 10 SE-VO, wonach die SE als deutsche AG zu behandeln ist, und andererseits auf den nicht einschlägigen Schutzzweck von § 5 Abs. 3 MitbestG, der darin besteht, falls eine Mitbestimmung auf Ebene der Konzernspitze aufgrund mangelnder Mitbestimmungsfähigkeit ausscheidet, die Mitbestimmung auf der nächsthöheren mitbestimmungsfähigen Stufe zu verwirklichen.[47] Man wird mit der zweiten Ansicht davon auszugehen haben, dass zumindest dann, wenn auf Ebene der SE – kraft Beteiligungsvereinbarung oder kraft Auffanglösung – bereits Parität etabliert ist, eine Anwendung der Teilkonzernregelung ausscheiden muss; anderenfalls wäre eine widersinnige und von § 5 Abs. 3 MitbestG nicht bezweckte Dopplung der Mitbestimmung auf Ebene der Konzernspitze und der nächsthöheren Konzernstufe die Folge.[48] 10

Erwägenswert ist damit vor allem die Konstellation, in der eine Gruppe mit einer zunächst nicht mitbestimmten oder drittelparitätisch mitbestimmten SE nachträglich die Voraussetzungen des § 5 Abs. 3 MitbestG erfüllt. Mehrere Gesichtspunkte sprechen auch in dieser Konstellation gegen die Anwendbarkeit der Teilkonzernregelung: (1) ist formal festzuhalten, dass 11

41 Ablehnend im Schrifttum etwa *Ege/Grzimek/Schwarzfischer*, DB 2011, 1205, 1206 f; *Grobys*, NZA 2005, 84, 90; *Ziegler/Gey*, BB 2009, 1750, 1756.

42 Hierzu Ulmer/Habersack/Henssler/*Ulmer/Habersack*, § 1 MitbestG Rn 1; Henssler/Willemsen/Kalb/*Seibt*, § 1 MitbestG Rn 18.

43 Zur fehlenden Möglichkeit der Arbeitnehmer, auf die Mitbestimmung zu verzichten, *Fleischer*, AcP 204 (2004), 502, 541.

44 So wohl *Seibt*, ZIP 2010, 1057, 1063 f. Zu Sinn und Zweck des § 96 Abs. 2 AktG etwa *Hüffer*, AktG, Rn 1 und 13.

45 *Grambow*, BB 2012, 902, 902 ff.

46 Die Einschlägigkeit von § 5 Abs. 3 MitbestG bejahend Wlotzke/Wißmann/Koberski/Kleinsorge/*Koberski*, § 5 MitbestG Rn 52; *Müller-Bonanni/Melot de Beauregard*, GmbHR 2005, 195, 198.

47 Ulmer/Habersack/Henssler/*Ulmer/Habersack*, § 5 MitbestG Rn 66; *Habersack*, DK 2006, 105, 110 f; *Nikoleyczik/Führ*, DStR 2010, 1743, 1746.

48 Dabei ist insbesondere zu beachten, dass die Mitbestimmung auf Grundlage des europäischen Rechts ein aliud, aber kein minderwertiges minus im Vergleich zur deutschen Mitbestimmung ist, wie nicht zuletzt § 47 Abs. 1 Nr. 1 SEBG offenbart. Offensichtlich aA Wlotzke/Wißmann/Koberski/Kleinsorge/*Koberski*, § 5 MitbestG Rn 52.

selbst bei fehlender Mitbestimmung kraft gesetzlicher Auffanglösung oder aber kraft Vereinbarung, die Konzernspitze einem eigenen Mitbestimmungsstatut unterliegt; (2) importiert die Anwendbarkeit der Teilkonzernregelung systemwidrig die Dynamik des deutschen Mitbestimmungsrechts in das Recht der SE; und (3) hält das SE-Recht für nachträgliche mitbestimmungswirksame Ereignisse mit § 18 Abs. 3 SEBG eine eigenständige Regelung bereit. Dennoch verbleibt hier erhebliche Rechtsunsicherheit.

Hinweis: Wenn die Möglichkeit zur Mitbestimmungsgestaltung zu den tragenden Erwägungsgründungen der Entscheidung zur Gründung einer SE zählt, sollten unbedingt auch die weniger „modischen" Mitbestimmungsinstrumente darauf hin überprüft werden, inwieweit sie den Zielen der Mandantschaft mindestens gleichgut oder besser genügen.[49]

Hinweis:Auch wenn die Möglichkeit zur Gestaltung der Mitbestimmung wesentlicher Treiber einer Rechtsformwahl zugunsten der SE ist, sollte der Verschmelzungs- bzw Umwandlungsplan in seiner Präambel auch die weiteren, aus Sicht der umwandlungswilligen Gründungsgesellschaften mit dem Wechsel zur SE verbundenen positiven Effekte ausdrücklich benennen, um den rechtspolitisch nicht überzeugenden, aber als lex lata hinzunehmenden und im Einzelfall sogar strafbewehrten Vorwurf zu vermeiden, die Gründung der SE diene der Entziehung oder Vorenthaltung von Beteiligungsrechten der Arbeitnehmer.[50]

12 **4. Intraeuropäische Mobilität der SE.** Die Gründung einer SE ermöglicht die **grenzüberschreitende Verschmelzung** von Gesellschaften aus verschiedenen EU/EWR-Mitgliedstaaten, die nach der früher hM unter Geltung des UmwG nicht möglich war. Durch die SEVIC-Entscheidung des EuGH, die es als mit der Niederlassungsfreiheit unvereinbar erklärt, dass Mitgliedstaaten ihren Gesellschaften die Beteiligung an einer grenzüberschreitenden Verschmelzung im EU/EWR-Raum untersagen,[51] sowie der Umsetzung der internationalen Verschmelzungsrichtlinie durch die §§ 122 a ff UmwG hat dieser Vorteil allerdings spürbar an Bedeutung verloren.[52] Aufgrund der nach wie vor bestehenden Unsicherheiten bezüglich Zulässigkeitsvoraussetzungen und Verfahren einer **grenzüberschreitenden Sitzverlegung** weiterhin relevant ist die mit der SE ermöglichte Mobilität innerhalb Europas mittels identitätswahrender Sitzverlegung gemäß Art. 8 SE-VO.[53] Insbesondere erlaubt die Vale-Entscheidung den einer Sitzverlegung vergleichbaren statutenändernden Formwechsel nur für den Fall, dass der Zuzugsstaat einen Formwechsel für nationale Gesellschaften vorsieht;[54] zudem verbleiben hier mangels ausdrücklicher gesetzlicher Regelung erhebliche Unsicherheiten bzgl der praktischen Implementierung, so dass ein Formwechsel in eine SE mit nachgeschalteter Sitzverlegung in den Zielrechtsstaat nach wie vor die rechtssicherste Möglichkeit zur Realisierung einer grenzüberschreitenden statutenwechselnden Sitzverlegung darstellt.

13 **5. Europäische Unternehmenskultur.** Weiterhin wird regelmäßig als ein weiterer Aspekt bei der Rechtsformwahl zugunsten einer SE die Möglichkeit zur Begründung eines **„Europäischen Images"** genannt.[55] Für die Praxis wird man allerdings davon auszugehen haben, dass es sich hierbei kaum jemals um eine entscheidende Gestaltungserwägung handeln wird;[56] nicht zuletzt aufgrund des Umstandes, dass die internationale Anmutung eines Unternehmens kaum durch das Rechtsformkürzel beeinflusst wird. Befragungen, die einen gegenteiligen Befund nahelegen, sollten in diesem Zusammenhang nicht überschätzt werden, da dem Verweis auf das europäi-

49 Guter Überblick bei *Götze/Winzer/Arnold*, ZIP 2009, 245; vgl auch *Nikoleyczik/Führ*, DStR 2010, 1743, 1747 ff.

50 Kritisch *Götze/Winzer/Arnold*, ZIP 2009, 245.

51 EuGH NJW 2006 425 (Sevic).

52 *Hopt*, ZGR 2013, 165, 195; *Kiem*, ZHR 173 (2009), 156, 160.

53 *Lutter/Bayer/Schmidt*, Europäisches Unternehmens- und Kapitalmarktrecht, S. 1534; Zur Sitzverlegung etwa *Oechsler*, AG 2005, 373. Immerhin 74 Sitzverlegungen sind bisher (Stand: 1.1.2014) auf Grundlage von Art. 8 SE-VO durchgeführt worden, vgl http://ecdb.worker-participation.eu.

54 EuGH, ZIP 2012, 1394, 1395 ff (Vale).

55 Jüngst etwa *Bungert/Gotsche*, ZIP 2013, 649.

56 Vgl auch *Nagel*, ZIP 2011, 2047: „[...] Entscheidung der SE-Gründer für diese Rechtsform weniger von europäischen Idealen als von handfesten Interessen geleitet [...]".

sche Brand häufig eine bloße Feigenblattfunktion zukommt, mit der die tragende Erwägung der Mitbestimmungsvermeidung bzw -gestaltung bemäntelt werden soll.[57]

6. Ausblick und Würdigung. Auch für die nähere Zukunft ist mit einem weiteren stetigen Bedeutungszuwachs der deutschen SE zu rechnen, wobei in der ganz überwiegenden Anzahl der Fälle die Möglichkeit zur Mitbestimmungsgestaltung bzw -vermeidung der maßgebliche Treiber dieser Entwicklung bleiben wird. Entgegen der anderslautenden offiziellen Sprachregelung der Politik[58] ist zu konstatieren, dass sich die Grundgedanken der unternehmerischen Mitbestimmung deutscher Provenienz im Gegensatz zur betrieblichen Mitbestimmung im Lager der Anteilseigner nie durchzusetzen vermocht haben; Mitbestimmungsvermeidungsmodelle sind Alltag und international hat sich bisher kein Staat gefunden, der Deutschland auf seinem mitbestimmungsrechtlichen Sonderweg zu folgen bereit gewesen wäre. Soweit der Gesetzgeber deshalb nicht in der Weise korrigierend eingreift, dass er deutschen Kapitalgesellschaften zumindest ein der SE vergleichbar flexibles Mitbestimmungsstatut zur Verfügung stellt, wird der Prozess der schleichenden Erosion der AG durch Wahl der Rechtsform der SE sich fortsetzen.[59] Anders als die in weiten Teilen ähnliche Organisationsverfassung der SE es auf einen ersten Blick nahezulegen scheint, ist der bisherige mitbestimmungsrechtliche Attentismus des Gesetzgebers rechtspraktisch und rechtspolitisch hochgradig unbefriedigend. Zunächst gilt, dass die SE letztlich nicht mehr ist als eine unhandliche Variante der deutschen AG. Weiterer Nachteil für die Unternehmen, die sich aus mitbestimmungspolitischen Erwägungen für die SE entscheiden, ist die in zahlreichen Details bestehende mangelnde Rechtssicherheit aufgrund Fehlens einschlägiger Rechtsprechung und eingeschliffener und erprobter Praxis. Nicht zuletzt ist – auch aus Sicht des deutschen Gesetzgebers – zu beachten, dass das Recht der SE wesentlich durch den Europäischen Gesetzgeber mitgeprägt wird. D.h. die Implementierung (scheinbar) notwendiger Reformen, zu denen der deutsche Aktienrechtsgesetzgeber bekanntlich durchaus neigt, kann nicht auf mitgliedstaatlicher Ebene erfolgen, sondern setzt das Durchlaufen des europäischen Gesetzgebungsprozesses voraus. Wie steinig dieser Weg sein kann, belegt nicht zuletzt die Odyssee, die die SE als „Flaggschiff des Europäischen Gesellschaftsrechts"[60] noch vor ihrer eigentlichen Jungfernfahrt hinter sich bringen musste, und wird auch für die Gegenwart bestätigt durch die bezeichnende Entscheidung der Kommission, trotz im Rahmen des Konsultationsprozesses einhellig konstatierten Reformbedarfs im Recht der SE auf eine Revision der SE-VO zu verzichten, „da die erwarteten Vorteile einer Überarbeitung im Sinne einer Vereinfachung und Verbesserung beider Statute die potenziellen Herausforderungen bei einer Neueröffnung der Diskussion nicht aufwiegen würden [...]."[61] Die Abwanderung deutscher Unternehmen in die SE führt letztlich dazu, dass der deutsche Gesetzgeber sich der Fähigkeit beraubt, für eine Vielzahl der in Deutschland ansässigen Kapitalgesellschaften auf eventuell sich ergebenden Handlungsbedarf zu reagieren. Insoweit mag man es begrüßen, dass zumindest die Oppositionsparteien der 17. Legislaturperiode sich im Bundestag im Zusammenspiel mit DBG und Hans-Böckler-Stiftung offen positioniert haben. Ob allerdings die von dieser Seite eingeforderten Nachjustierungen des deutschen Mitbestimmungsrechts, vor allem die Absenkung der maßgeblichen Schwellenwerte des DrittelbG und des MitbestG auf 250 bzw 1000, die Übertragung der Konzernklausel des § 5 MitbestG sowie der Zurechnung nach § 4 MitbestG in das DrittelbG, die Einführung „echter Parität" nach dem Vorbild des Montanmitbe- 14

57 Andere Einschätzung offensichtlich durch *Stöber*, AG 2013, 110, 112 und *Hopt*, ZGR 2013, 165, 195.

58 Vgl etwa Antwort der BReg, BT-Drucks. 17/1514, 2 „Die Bundesregierung ist der Auffassung, dass sich die betriebliche Mitbestimmung und die Mitbestimmung auf Unternehmensebene bewährt haben". Anders auch regelmäßig die empirischen Ergebnisse der Hans-Böckler-Stiftung, vgl zuletzt *Köstler/Pütz*, AG 2013, R180, R180 f.

59 Plastisch *Habersack*, ZHR 171 (2007), 631, 643, der insoweit von einer „Abstimmung mit den Füßen" spricht. Gleichsinnig auch *Arbeitskreis „Unternehmerische Mitbestimmung"*, ZIP 2009, 885 mit vorsichtigem Modernisierungsvorschlag; für eine Flexibilisierung bei gleichzeitiger Einbeziehung von Auslandsgesellschaften jüngst auch *Hommelhoff*, ZIP 2013, 2177, 2179 ff.

60 *Hopt*, ZGR 2013, 165, 194.

61 Europäische Kommission, Aktionsplan: Europäisches Gesellschaftsrecht und Corporate Governance, KOM(2012) 740, S. 16. Vgl auch *Hopt*, ZGR 2013, 165, 194 f; *Verse*, EuZW 2013, 336, 341.

stimmungs(ergänzungs)gesetzes sowie die praktisch weniger bedeutende Ausdehnung der Mitbestimmung auf Scheinauslandsgesellschaften,[62] tatsächlich einen konstruktiven Beitrag darstellen, wird man getrost bezweifeln können. Im unwahrscheinlichen Fall ihrer Realisierung wäre allenfalls zu erwarten, dass sich die schleichende Flucht aus dem Anwendungsbereich des deutschen Mitbestimmungsrechts sich zu einer panikartigen Fluchtwelle in die SE verstärkt, die dem Zugriff eines allzu mitbestimmungsaffinen nationalen Gesetzgebers entzogen ist.[63]

III. SE im Umwandlungsrecht und Umwandlungsrecht der SE

15 Mit Blick auf das Umwandlungsrecht der SE sind zwei Komplexe zu unterscheiden. a) **Werdende SE.** Die SE-VO verbietet die originäre Gründung einer SE durch Gründungakt einer oder mehrerer natürlicher und/oder juristischer Personen. Die SE kann vielmehr nur durch in der Verordnung enumerativ-abschließend aufgeführte Strukturentscheidungen bestehender Gesellschaften gegründet werden. Im Einzelnen erlaubt das Gesetz die primäre Gründung einer SE durch Verschmelzung, Umwandlung (Formwechsel), Gründung einer Holding- oder Tochtergesellschaft (sog. numerus clausus der Gründungsformen)[64] und als sog. sekundäre Gründungsform die Gründung einer Tochter-SE durch eine bereits bestehende SE.[65] Dem Umwandlungsrecht im engeren Sinne gehören dabei allein Verschmelzung und Umwandlung/Formwechsel an, die zugleich die praktisch bedeutsamsten Wege zur Errichtung einer SE darstellen; auf sie wird deshalb im Folgenden die Darstellung beschränkt.

16 b) **Umwandlungsrecht der bestehenden SE.** Mit Eintragung erlangt die SE als supranationale Kapitalgesellschaft Rechtsfähigkeit. Insoweit stellt sich die Frage, wie sich die SE in das nationale Umwandlungsrecht ihres Sitzstaates einfügt, dh ob und gegebenenfalls unter welchen besonderen Voraussetzungen sie beteiligter Rechtsträger an Umwandlungsvorgängen nach nationalem Umwandlungsrecht sein kann.

B. Umwandlungsvorgänge zur Gründung einer SE

Literatur:

Feldhaus/Vanscheidt, „Strukturelle Änderungen" der Europäischen Aktiengesellschaft im Lichte von Unternehmenstransaktionen, BB 2008, 2246; *Forst*, Zur Größe des mitbestimmten Organs einer kraft Beteiligungsvereinbarung mitbestimmten SE, AG 2010, 350; *Funke*, Die Arbeitnehmerbeteiligung im Rahmen der Gründung einer SE, NZA 2009, 412; *Grobys*, SE-Betriebsrat und Mitbestimmung in der Europäischen Gesellschaft, NZA 2005, 84; *Krause*, Die Mitbestimmung der Arbeitnehmer in der Europäischen Gesellschaft, BB 2005, 1221; *Ziegler/Gey*, Arbeitnehmermitbestimmung im Aufsichtsrat der Europäischen Gesellschaft (SE) im Vergleich zum Mitbestimmungsgesetz, BB 2009, 1750.

I. Zweispuriges Gründungsverfahren

17 Während das deutsche Recht die Klärung der Mitbestimmung grundsätzlich von der gesellschaftsrechtlichen Ebene entkoppelt, indem es sie in das Statusverfahren (§§ 97-99 AktG) verlagert, verklammern SE-VO und SE-Beteiligungsrichtlinie gesellschaftsrechtliches Gründungsverfahren und Implementierung der betrieblichen und unternehmerischen Mitbestimmung auf Ebene der SE aufs Engste, indem die ordnungsgemäße Durchführung des sog. Arbeitnehmerbeteiligungsverfahrens zur Eintragungs- und damit Wirksamkeitsvoraussetzung der SE erhoben

62 Vgl Antrag SPD-Fraktion u.a., Demokratische Teilhabe von Belegschaften und ihren Vertretern an unternehmerischen Entscheidungen stärken, BT-Drucks. 17/2122 und Stellungnahme DGB zum Antrag der SPD-Fraktion sowie zum Antrag der Fraktion DIE LINKE „Unternehmensmitbestimmung lückenlos garantieren" sowie *Sick*, GmbHR 2011, 1196.

63 Andere Einschätzung – nicht überraschend – bei *Köstler/Pütz*, AG 2013, R180, R180 f.

64 Zur praktischen Bedeutung dieses Grundsatzes *Oechsler*, NZG 2005, 697.

65 Vgl etwa Spindler/Stilz/*Casper*, Art. 2, 3 SE-VO Rn 1; Kallmeyer/*Marsch-Barner*, Anhang Europäische Gesellschaft Rn 3.

wird (Art. 12 Abs. 1 SE-VO).[66] D.h. die erfolgreiche Gründung einer SE setzt nicht allein die Erfüllung aller gesellschaftsrechtlichen Normativbestimmungen voraus, sondern ist zusätzlich an die ordnungsgemäße Durchführung des Arbeitnehmerbeteiligungsverfahrens geknüpft.[67] In Konsequenz kann sich die Vorbereitung und Durchführung der Gründung einer SE nicht darauf beschränken, die notwendigen gesellschaftsrechtlichen Schritte zu planen und aufeinander abzustimmen; vielmehr ist parallel die Mitbestimmung der SE durch Durchlaufen des Arbeitnehmerbeteiligungsverfahrens zu gewährleisten. In der Praxis resultieren aus dieser Zweistufigkeit erhebliche Probleme, weil sowohl europäischer wie auch nationaler Gesetzgeber weitgehend darauf verzichtet haben, die parallel zu einander laufenden Prozesse der Gründung und der Arbeitnehmerbeteiligung aufeinander abzustimmen, und das Arbeitnehmerbeteiligungsverfahren auch im Übrigen an einer Vielzahl von Zweifelsfragen krankt, die seine Handhabbarkeit für die Praxis erheblich beeinträchtigen.[68]

II. Grundzüge des Arbeitnehmerbeteiligungsverfahrens

Das Arbeitnehmerbeteiligungsverfahren als Voraussetzung der Eintragung der SE kann in weiten Teilen als ein allgemeiner Teil des SE-Gründungsrechts begriffen werden. Dh die folgenden Ausführungen gelten im Grundsatz sowohl für die SE-Gründung durch Verschmelzung als auch für die Gründung einer SE mittels Umwandlung. 18

1. Verhandlungslösung und BVG. Leitmotiv des Mitbestimmungsstatuts der Europäischen Aktiengesellschaft ist der Grundsatz der **Verhandlungsautonomie** (vgl bereits Rn 6), dh Anteilseignerseite und Belegschaft verhandeln über die betriebsverfassungsrechtliche und unternehmerische Mitbestimmung in der SE.[69] Nur dann, wenn es nicht gelingt, eine privatautonome Lösung zu finden, greift die sog. gesetzliche Auffanglösung als Rückfallposition, die inhaltlich dem Prinzip der Besitzstandwahrung der Arbeitnehmer verpflichtet ist, was SE-RL und SEBG politisch korrekter als „Vorher-Nachher-Prinzip" bezeichnen.[70] 19

Im Rahmen der damit erforderlichen Verhandlungen zwischen „Kapital" und „Arbeit" werden die Gründungsgesellschaften jeweils durch ihre Leitungsorgane (Art. 2 Abs. 5 SEBG), in Deutschland den Vorstand der AG, vertreten, während die Vertretung der Arbeitnehmerinteressen durch das sog. **Besondere Verhandlungsgremium (BVG)** erfolgt. Als Repräsentationsorgan sämtlicher durch die SE-Gründung wirtschaftlich betroffener Arbeitnehmer soll das BVG nach Intention von SE-RL und SEBG ein möglichst genauer Spiegel der betroffenen EU/EWR-Belegschaften sein. Entsprechend dieser Zielvorgabe kann das SE-Recht nicht auf die bestehenden nationalen Arbeitnehmervertretungen der Gründungsgesellschaften bzw im zukünftigen Sitzstaat der SE als Mandatar der Arbeitnehmer zurückgreifen; vielmehr werden Wahl bzw Bestellung und Konstiuierung des BVG durch SE-RL und nationale Ausführungsgesetze eigens geregelt, um die europäische Dimension der SE-Gründung abzubilden. Als Grundregel bestimmen Art. 3 Abs. 2 SE-RL und § 5 SEBG, dass für die in jedem Mitgliedstaat beschäftigten Arbeitnehmer der beteiligten Gesellschaften sowie der betroffenen Tochtergesellschaften und Betriebe Mitglieder für das BVG gewählt oder bestellt werden. Konkret ist für jeden Anteil der in einem Mitgliedstaat beschäftigten Arbeitnehmer, der 10 Prozent der Gesamtzahl der in allen Mitgliedstaaten beschäftigten Arbeitnehmer der beteiligten Gesellschaften und der betroffenen Tochtergesellschaften und betroffenen Betriebe oder einen Bruchteil davon beträgt, jeweils ein Mitglied aus diesem Mitgliedstaat in das besondere Verhandlungsgremium zu wählen oder zu 20

66 Van Hulle/Maul/Drinhausen/*Köklu*, Kap. 6 Rn 1; *Grobys*, NZA 2005, 84.

67 *Vossius*, ZIP 2005, 741, 742; *Habersack*, DK 2008, 67, 71.

68 Vgl etwa zu den Folgen *Oetker*, BB Special 1/2005, 2, 5 f. De lege ferenda für eine Abschaffung von Art. 12 Abs. 2 SE-VO *Arbeitskreis Aktien- und Kapitalmarktrecht*, ZIP 2009, 698. Zur Ausgestaltung des Arbeitnehmerbeteiligungsverfahrens hinreichend deutlich *Lutter/Bayer/Schmidt*, Europäisches Unternehmens- und Kapitalmarktrecht, S. 165: „Die ausführenden Vorschriften dazu sind – speziell auch für Deutschland – unerhört kompliziert [...]".

69 *Kisker*, RdA 2006, 206.

70 *Rieble*, BB 2006, 2018, 201,9 *Kisker*, RdA 2006, 206. Zudem ist zwingend ein Betriebsrat zu errichten.

bestellen. Dh im Grundsatz, dass a) zunächst jeder Mitgliedstaat, in dem Mitarbeiter der Gründungsgesellschaften oder ihrer Tochtergesellschaften bzw Betriebe beschäftigt sind, durch mindestens ein Mitglied im BVG repräsentiert wird und b) ein Mitgliedstaat sodann jeweils einen weiteren Sitz erhält, soweit der Anteil der betroffenen Arbeitnehmer in diesem Mitgliedstaat die Schwellenwerte von 10 %, 20 %, 30 % etc. der Gesamtbelegschaft erreicht oder überschreitet.[71] In Abhängigkeit von der Anzahl der betroffenen Mitgliedstaaten kann das BVG damit deutlich mehr als die sich aus § 5 SEBG ergebende Mindestzahl von 10 Mitgliedern haben.[72] Eine zusätzliche Sonderregelung hält das Gesetz für die **Gründung durch Verschmelzung** bereit: nach § 5 Abs. 2 SEBG steht Gesellschaften, die im Rahmen der Verschmelzung ihre Rechtspersönlichkeit verlieren, mindestens ein Sitz im BVG zu; gewisse Beschränkungen dieses Sonderrechts finden sich in § 5 Abs. 2 und 3 SEBG. Dass der mit diesen Regelungen verbundene Länderproporz nicht zu einer Dominierung der Mehrheit der Arbeitnehmer durch eine Minderheit führt, sichern Richtlinie und SEBG dadurch, dass Entscheidungen des BVG einer doppelten Mehrheit bedürfen, indem nicht nur eine Mehrheit nach Köpfen erforderlich ist, sondern diese zugleich die Mehrheit der Arbeitnehmer repräsentieren muss.[73]

21 **Gründungsgesellschaften** sind dabei die unmittelbar an der Gründung beteiligten Gesellschaften, bei der Gründung durch Verschmelzung also die sich verschmelzenden Rechtsträger und bei der Gründung durch Umwandlung die formwechselnde AG.[74] **Tochtergesellschaften** sind demgegenüber rechtlich selbstständige Unternehmen, auf die eine andere Gesellschaft einen beherrschenden Einfluss iSd Richtlinie 94/45/EG und ihrer Umsetzung im EBRG ausüben kann. Danach ist beherrschender Einfluss und damit ein Mutter-Tochter-Verhältnis im Sinne des SEBG dann (widerleglich) zu vermuten, wenn die Obergesellschaft mittelbar oder unmittelbar a) mehr als die Hälfte der Mitglieder des Verwaltungs-, Leitungs- oder Aufsichtsorgans des anderen Unternehmens bestellen kann, b) über die Mehrheit der mit den Anteilen am anderen Unternehmen verbundenen Stimmrechte verfügt oder c) die Mehrheit des gezeichneten Kapitals dieses Unternehmens besitzt (vgl § 6 Abs. 2 EBRG); die Eigenschaft als Tochtergesellschaft soll hingegen zu verneinen sein, wenn nur eine faktische Hauptversammlungsmehrheit besteht.[75] Für den Begriff des **Betriebs** hält demgegenüber weder die SE-RL noch das SEBG eine Legaldefinition bereit, so dass insoweit jeweils das einschlägige nationale Betriebsverfassungsrecht zur Anwendung berufen ist.[76] „Betroffen" sind Tochtergesellschaften und Betriebe dann, wenn sie zu Tochtergesellschaften und Betrieben der SE werden sollen (§ 2 Abs. 4 SEBG).

22 Was sich im Übrigen auf den ersten Blick als eindeutiger Handlungsbefehl liest, ist in der Praxis mit erheblichen Unsicherheiten behaftet. Unklar ist insb., wie zu verfahren ist, wenn eine beteiligte Gründungsgesellschaft, Tochtergesellschaft oder ein betroffener Betrieb in einem EU/EWR-Mitgliedstaat Arbeitnehmer beschäftigt, gleichzeitig aber die durch das nationale Recht aufgestellten Voraussetzungen für die Wahl/Benennung eines BVG-Mitgliedes nicht erfüllt sind. Zur Illustration: Beschäftigt beispielsweise eine deutsche AG in Österreich einzelne Arbeitnehmer, so verlangt das SEBG grundsätzlich, dass auch Österreich ein Mitglied in das BVG entsendet. Allerdings kennt das einschlägige österreichische Gesetz (§ 218 ArbVG) ausschließlich die Benennung durch Betriebsausschuss, Betriebsrat, Zentralbetriebsrat (= Gesamtbetriebsrat) und Konzernvertretung; eine Urwahl ist dem österreichischen Bundesrecht demgegenüber fremd.[77] Das heißt, liegen die Voraussetzungen für die Errichtung einer betriebsverfassungsrechtlichen Repräsentation nicht vor, kann nach dem Buchstaben des österreichischen ArbVG kein BVG-Mitglied gewählt werden. Hier ist fraglich, ob – sozusagen praeter legem oder in europarechtskonformer Auslegung – dennoch eine Urwahl der österreichischen Arbeitnehmer vorgenom-

71 MünchHbGesR/*Brandes*, Bd. 6, § 58 Rn 13 ff; *Müller-Bonanni/Müntefering*, BB 2009, 1699, 1700.
72 *Ziegler/Gey*, BB 2009, 1750, 1752.
73 *Rieble*, BB 2009, 1221, 1224.
74 Vgl auch *Grobys*, NZA 2005, 84, 85.
75 ArbG Stuttgart, Beschl. v. 29.4.2008 – 12 BV 109/07, BeckRS 2008, 55726 (Porsche); vgl auch *Bungert/Gotsche*, ZIP 2013, 649, 650.
76 Lutter/Hommelhoff/*Oetker*, § 2 SEBG Rn 12.
77 Die Möglichkeit einer Urwahl bei fehlender betrieblicher Vertretung nicht thematisierend etwa: Kalss/Hügel/*Gahleitner*, Europäische Aktiengesellschaft. SE-Kommentar, 2004, § 218 ArbVG Rn 1 ff.

men werden soll, auf die Benennung bzw Wahl eines österreichischen BVG-Mitglieds verzichtet werden soll oder aber aufgrund formaler Betrachtung die dauerhaft in Österreich Beschäftigten einem vorhandenen deutschen Betrieb zugeschlagen werden sollen. Während man zugunsten des erstgenannten Verfahrens auf den Willen des europäischen Gesetzgebers, im BVG die internationale Dimension der künftigen SE möglichst genau zu spiegeln, rekurrieren kann, lässt sich für das zweite Procedere anführen, dass es eine Art de minimis-Klausel für die die Repräsentanz einzelner Länder im BVG etabliert – wo nicht einmal minimale betriebsverfassungsrechtliche Strukturen vorhanden sind, ist eine Vertretung nicht angezeigt; allerdings steht diese Interpretation in mehr als nur latentem Widerspruch zu Wortlaut und Telos der SE-RL. Auch die deshalb vielleicht naheliegende Auflösung dieses Konflikts durch Zurechnung solcher Arbeitnehmer zu einer betrieblichen Einheit in einem anderen Mitgliedstaat erscheint nicht unproblematisch, würde damit doch gleichfalls die Grundannahme, dass die Interessen der Arbeitnehmer maßgeblich durch ihren jeweiligen Beschäftigungsort mitbestimmt werden, überspielt. Mit Blick auf die Zielsetzung von SE-RL und SEBG richtig erscheint deshalb, trotz fehlender mitgliedstaatlicher Vorschriften eine Urwahl der betroffenen Arbeitnehmer durchzuführen. Nur so lässt sich im Übrigen verhindern, dass Arbeitnehmer in Mitgliedstaaten, die keine Urwahl kennen, gegenüber Arbeitnehmern, denen bei fehlender betrieblicher Repräsentanz ein Urwahlrecht eingeräumt wird, diskriminiert werden. Eine Klarstellung durch den europäischen bzw die mitgliedstaatlichen Gesetzgeber wird man als Desiderat der Praxis bezeichnen können.

2. Das Arbeitnehmerbeteiligungsverfahren. Aufgrund der Strukturentscheidung, einem ad-hoc zu bildenden Repräsentationsorgan der betroffenen europäischen Arbeitnehmer das Verhandlungsmandat für die betriebliche und unternehmerische Mitbestimmung zu überantworten, zerfällt das im Rahmen einer SE-Gründung zu durchlaufende Arbeitnehmerbeteiligungsverfahren in zwei respektive drei nacheinander zu durchlaufende Verfahrensabschnitte.[78] Im Anschluss an die Einleitung des Verfahrens sind zunächst in den betroffenen EU/EWR-Mitgliedstaaten die Mitglieder des BVG entweder durch Wahl oder durch Bestellung zu ermitteln. Hieran anschließend konstituiert sich das BVG und das eigentliche Verhandlungsverfahren beginnt. 23

a) Einleitung des Beteiligungsverfahrens. Am Beginn des offiziellen Arbeitnehmerbeteiligungsverfahrens steht einerseits die Aufforderung der Leitungen an die Arbeitnehmer, das BVG zu bilden (§ 4 Abs. 1 SEBG), und andererseits die Information über das Gründungsvorhaben an sich und wesentliche, nach Ansicht des Gesetzgebers für die Arbeitnehmer bedeutende Eckpunkte (§ 4 Abs. 2 u. 3 SEBG); über die in § 4 SEBG verlangten Informationen noch hinausgehend sollten die Arbeitnehmer zusätzlich bereits über den wesentlichen Ablauf des Arbeitnehmerbeteiligungsverfahrens sowie über dessen mögliche Folgen, insb. auch die gesetzliche Auffanglösung informiert werden.[79] Zusätzlich hat sich in der Praxis bewährt, möglichst frühzeitig eine Informationsveranstaltung durchzuführen, um eventuellen Abstimmungsbedarf seitens der Arbeitnehmer zu ermitteln. Hierdurch lässt sich der im Einzelfall möglicherweise berechtigte Eindruck vermeiden, die Belegschaft solle mit der SE-Gründung überfahren werden, was – trotz der natürlich in materiellen Punkten durchaus antagonistischen Interessenlagen – Voraussetzung für konstruktive Verhandlungen ist. Eine offene Informationspolitik hinsichtlich der SE-Gründung, einschließlich ihrer erheblichen mitbestimmungsrechtlichen Spätfolgen ist nicht zuletzt deshalb conditio sine qua non, da beide Seiten auch nach der SE-Gründung noch vertrauensvoll miteinander umgehen können müssen. 24

Informationsadressat sind grundsätzlich sämtliche Arbeitnehmervertretungen und Sprecherausschüsse, bei Fehlen entsprechender Vertretungseinrichtungen Arbeitnehmer und leitende Ange- 25

78 *Grobys*, NZA 2005, 84, 86; *Krause*, BB 2005, 1221, 1223.
79 MünchHbGesR/*Brandes*, Bd. 6, § 58 Rn 5.

stellte direkt.[80] Aufforderung und Information können getrennt erfolgen, werden in der Praxis aber regelmäßig verknüpft. Die Information hat spätestens unverzüglich nach Offenlegung des Verschmelzungs- bzw Umwandlungsplans zu erfolgen (zur Frage, ob eine frühere Einleitung möglich ist, vgl Rn 62 (Verschmelzung] und Rn 117 (Umwandlung]).

Hinweis: Um den Nachweis der für das weitere Verfahren wesentlichen Information gegenüber dem Registergericht führen zu können, ist bei Adressateneigenschaft eines Betriebsrats etc. der Empfang durch einen Vertretungsberechtigten desselben quittieren zu lassen. Ist aufgrund Fehlens betriebsverfassungsrechtlicher Strukturen die Belegschaft unmittelbar zu informieren, empfiehlt sich die Auslegung des Informationsschreibens an einem allgemein zugänglichen Ort (Personalbüro o.Ä.) sowie ein hierauf hinweisender Aushang am schwarzen Brett oder ähnlich exponierter Stelle[81] und/oder – soweit für jedermann zugänglich – im Intranet. In diesem Fall sollte die jeweils zuständige Geschäftsführung Datum und genauen Zeitpunkt von Auslegung und Aushang gegenüber den Leitungen der Gründungsgesellschaften schriftlich bestätigen.

26 **b) Wahl/Bestellung der BVG-Mitglieder in den betroffenen Mitgliedstaaten.** An die Aufforderung zur Bildung des BVG sowie die Information der Belegschaften schließt sich als erste Phase des Arbeitnehmerbeteiligungsverfahrens die Bestimmung der nationalen Mitglieder des BVG an, wobei sich deren Wahl oder Bestellung jeweils nach dem einschlägigen mitgliedstaatlichen Recht, in Deutschland damit nach dem SEBG richtet (Art. 3 Abs. 2 b) SE-RL; § 7 Abs. 1 SEBG).[82] Die Wahl der Mitglieder des besonderen Verhandlungsgremiums hat in sämtlichen betroffenen Jurisdiktionen innerhalb von zehn Wochen nach der Information der betroffenen Arbeitnehmer gem. § 4 Abs. 2 u. 3 SEBG zu erfolgen. Werden ein oder mehrere Mitglieder des besonderen Verhandlungsgremiums nicht innerhalb dieser Frist gewählt und sind hierfür Gründe ursächlich, die durch die Arbeitnehmer zu vertreten sind, beginnt das Verhandlungsverfahren ohne Rücksicht auf die nicht vollständige Besetzung der „Arbeitnehmerbank“. Nicht fristgerecht gewählte oder bestellte Mitglieder können sich nachträglich beim BVG akkreditieren, ohne dass dies Auswirkungen auf die Zehn-Wochen-Frist oder die Mindestlänge des Verhandlungsverfahrens hätte.

27 Die Benennung der auf Deutschland entfallenden Mitglieder des BVG erfolgt grundsätzlich durch ein Wahlgremium (§ 8 SEBG), das sich aus den Mitgliedern der höchsten vorhandenen betriebsverfassungsrechtlichen Ebene (Konzern-, Gesamt- oder Betriebsrat) zusammensetzt. Bestehen in einer Gruppe oder einem Unternehmen mehrere gleichrangige Arbeitnehmervertretungen ((Gesamt)Betriebsräte), was insb. der Fall sein kann, wenn von der fakultativen Möglichkeit zur Einrichtung eines Konzernbetriebsrats (§ 54 BetrVG) kein Gebrauch gemacht worden ist,[83] setzt sich das Wahlgremium aus sämtlichen Angehörigen der höchsten Vertretungen zusammen. Um die Arbeitsfähigkeit des Wahlgremiums zu gewährleisten, beschränkt § 8 Abs. 6 SEBG allerdings die Höchstzahl seiner Mitglieder auf 40;[84] übersteigt die Zahl der eigentlich das Wahlgremium bildenden Arbeitnehmervertreter diese Grenze, werden die Plätze nach dem d'Hondtschen Höchstzahlverfahren vergeben (§ 8 Abs. 6 S. 2 SEBG). Bei vollständigem Fehlen einer betriebsverfassungsrechtlichen Vertretung der Arbeitnehmer werden die deutschen BVG-Mitglieder in Urwahl ermittelt (§ 8 Abs. 7 SEBG).[85]

80 Trotz fehlender ausdrücklicher gesetzlicher Regelung ist nach richtiger Ansicht von einer Informationspflicht unmittelbar gegenüber den leitenden Angestellten auszugehen, so auch Habersack/Drinhausen/*Hohenstatt/Müller-Bonanni*, § 4 SEBG Rn 6; Drinhausen/van Hulle/Maul/*Köklu*, Kap. 6 Rn 14.

81 MünchHbGesR/*Brandes,* Bd. 6, § 58 Rn 8. Strenger insoweit *Ziegler/Gey*, BB 2009, 1750, 1751, die in diesem Fall verlangen, dass jeder Arbeitnehmer/leitende Angestellte persönlich angeschrieben wird.

82 *Grobys*, NZA 2005, 84, 85.

83 Die Einrichtung eines Konzernbetriebsrates steht im Ermessen der Gesamtbetriebsräte, vgl Henssler/Willemsen/Kalb/*Hohenstatt/Dzida*, § 54 BetrVG Rn 11.

84 *Krause*, BB 2005, 1221, 1225.

85 Zu dem in diesem Fall zu beachtenden Wahlverfahren *Hinrichs/Plitt*, NZA 2010, 204.

Die Ermittlung der nach vorstehend Grundsätzen zu ermittelnden Mitglieder des deutschen Wahlgremiums obliegt dem Vorsitzenden der höchsten in Deutschland vorhandenen betriebsverfassungsrechtlichen Vertretung, der auf dieser Grundlage Ort, Tag und Zeit der Versammlung festzusetzen und zur Versammlung des Wahlgremiums einzuladen hat (§ 9 Abs. 1 SEBG). Der jeweils zuständige Wahlkörper wählt die auf Deutschland entfallenden BVG-Mitglieder in unmittelbarer und geheimer Wahl; wobei das Wahlvorschlagsrechts der Gewerkschaften und leitenden Angestellten zu beachten ist (§ 8 Abs. 1 SEBG). Das deutsche Wahlgremium ist beschlussfähig, wenn zwei Drittel seiner Mitglieder, die zugleich zwei Drittel der Arbeitnehmer vertreten, anwesend sind (§ 10 Abs. 1 S. 1 SEBG). Die Wahl erfolgt mit einfacher Mehrheit, wobei sich das Stimmgewicht der Mitglieder des Wahlgremiums nach der Anzahl der jeweils repräsentierten Arbeitnehmer bestimmt (§ 10 Abs. 1 S. 1 u. 2 SEBG). Wählbar sind im Inland Arbeitnehmer der Gesellschaften und Betriebe sowie Gewerkschaftsvertreter (§ 6 Abs. 2 SEBG); wobei für die in Deutschland zu wählenden Mitglieder des BVG gilt, dass jedes dritte von ihnen ein Gewerkschaftsmitglied und jedes siebte ein Leitender Angestellter sein muss.[86] 28

c) Konstituierung des BVG und Verhandlungsverfahren. Unmittelbar nach erfolgter Wahl oder Bestellung haben die nationalen Kreationsorgane den Leitungen die Mitglieder des BVG mitzuteilen. Nach Benennung sämtlicher Mitglieder des BVG, spätestens aber nach zehn Wochen laden die Leitungsorgane der Gründungsgesellschaften zur konstituierenden Sitzung des BVG (§ 20 Abs. 1 SEBG). In dieser wählt das BVG seinen Vorsitzenden und mindestens zwei Stellvertreter; darüber hinaus besteht die Möglichkeit, dass sich das BVG eine schriftliche Geschäftsordnung gibt. 29

An die erfolgreiche Konstituierung des BVG schließt sich das eigentliche Verhandlungsverfahren an, in dem die Beteiligungsvereinbarung zwischen Leitungen und betroffenen Arbeitnehmern zu erarbeiten ist (Art. 3 Abs. 3 SE-RL). Die Verhandlungsphase beträgt grundsätzlich bis zu sechs Monate, kann aber von den Beteiligten einvernehmlich auf ein Jahr verlängert werden (Art. 5 SE-RL, § 20 SEBG); die Frist berechnet sich dabei von dem Tag an, zu dem die Leitungen zur konstituierenden Sitzung eingeladen haben, ob sich das BVG tatsächlich konstituiert hat, ist unerheblich.[87] Die Durchführung des Verhandlungsverfahrens ist zwingend: Anders als im Recht der grenzüberschreitenden Verschmelzung (§ 23 Abs. 1 Nr. 3 MgVG)[88] kennen SEBG und SE-RL kein einseitiges Recht der Leitungen, unmittelbar für die gesetzliche Auffanglösung zu votieren und damit die Durchführung des Verhandlungsverfahrens obsolet werden zu lassen.[89] 30

Maßgeblich für das Verhandlungsverfahren ist das Recht des zukünftigen Sitzstaats der SE, dh für die SE mit Sitz in Deutschland das SEBG (§§ 11 ff SEBG). Zum Verhandlungsverfahren selbst enthält das SEBG nur wenige Vorgaben. Als generellen Programmsatz formuliert § 13 Abs. 1 SEBG die Aufforderung an beide Verhandlungsseiten, zum Abschluss einer Beteiligungsvereinbarung vertrauensvoll zusammenzuarbeiten. Zusätzlich sind die Leitungen verpflichtet, das BVG zeitnah mit allen wesentlichen Informationen zu versorgen, und dem BVG wird das Recht eingeräumt, externen Sachverstand zu konsultieren. Keine Vorgaben enthält das Gesetz zu Ort, Zeitpunkt und Anzahl der Verhandlungsrunden, diese sind folglich zwischen Leitung und BVG zu koordinieren, was bei multinational aktiven Gruppen eine erhebliche logistische Herausforderung darstellen kann. Zur Vorbereitung der Verhandlungsrunden räumt das SEBG dem Vorsitzenden des BVG das Recht ein, vorbereitende Sitzungen des BVG abzuhalten (§ 12 Abs. 1 SEBG), deren Kosten grundsätzlich durch die Gründungsgesellschaften zu tragen sind; allerdings hat sich der Vorsitzende hierbei nach pflichtgemäßem Ermessen vom Prinzip der Er- 31

86 MünchHbGesR/*Brandes*, Bd. 6, § 58 Rn 21; *Ziegler/Gey*, BB 2009, 1750, 1753.

87 Nagel/Freis/Kleinsorge/*Freis*, § 20 SEBG Rn 2; *Müller-Bonanni/Müntefering*, BB 2009, 1699, 1700.

88 Zu weiteren Besonderheiten des MgVG-Beteiligungsverfahrens etwa *Kisker*, RdA 2006, 206, 209 ff; *Müller-Bonanni/Müntefering*, BB 2009, 1699, 1699 ff.

89 Eine vergleichbare Regelung auch für die SE fordernd *Arbeitskreis Aktien- und Kapitalmarktrecht*, ZIP 2009, 698, 698 f.

forderlichkeit leiten zu lassen (vgl § 19 SEBG).[90] Um ein Aus-dem-Ruder-Laufen der Gründungskosten zu verhindern, sollten Leitungen und BVG in der Praxis Sorge dafür tragen, dass die Sitzungen des BVG entweder unmittelbar vor oder nach einer Verhandlungsrunde mit den Leitungen am gleichen Ort durchgeführt werden, da anderenfalls erhebliche und vermeidbare Reisekosten etc. anfallen.

32 Das Verhandlungsverfahren kennt drei mögliche Ausgänge: (1) **Abschluss einer Beteiligungsvereinbarung** innerhalb der Verhandlungsphase, (2) **erfolgloser Ablauf der Verhandlungsfrist und Eingreifen der gesetzlichen Auffanglösung** und (3) sog. **Abbruchsbeschluss** des BVG.

33 (1) Nach dem gesetzlichen Leitbild führen die Verhandlungen zwischen Leitungen und BVG zum **Abschluss einer schriftlichen Beteiligungsvereinbarung**. Auch wenn die Verhandlungspartner in den Grenzen der Mitbestimmungsautonomie frei sind, schreibt das Gesetz gewisse obligatorische Mindestinhalte fest. Soweit zunächst die betriebliche Mitbestimmung betroffen ist, ist zwingend die **Einrichtung eines SE-Betriebsrats** bzw eines an dessen Stelle tretenden Verfahrens zur Unterrichtung und Anhörung der Arbeitnehmer (§ 21 Abs. 1 u. 2 SEBG) vorzusehen. Mit Blick auf die (unternehmerische) Mitbestimmung steht es den Verhandlungsparteien frei, zu entscheiden, **ob die Beteiligungsvereinbarung überhaupt Regelungen zur Mitbestimmung** enthalten soll,[91] die SE also mitbestimmungsfrei bleiben soll, sowie **die Zahl der Mitglieder des Aufsichts- oder Verwaltungsorgans der SE,** welche die Arbeitnehmer wählen oder bestellen, das Verfahren, nach dem die Arbeitnehmer diese Mitglieder wählen oder bestellen oder ihre Bestellung empfehlen oder ablehnen können und die Rechte dieser Mitglieder festzulegen (§ 21 Abs. 2 SEBG). Damit ist insb. der **Anteil der Arbeitnehmer** im Aufsichts- oder Verwaltungsrat Verhandlungsmasse des Arbeitnehmerbeteiligungsverfahrens, während die damit zusammenhängende und im Spannungsverhältnis zwischen Mitbestimmungs- und Satzungsautonomie angesiedelte Frage, ob die Beteiligungsvereinbarung auch die **Größe des Aufsichtsrats** regeln darf oder ob dies dem Satzungsgeber vorbehalten bleibt, streitig diskutiert wird: zumindest die Mitbestimmungsrelevanz der Größe des Aufsichtsrats wird man kaum verneinen können, vergegenwärtigt man sich, dass nicht zuletzt die rechtspolitisch hochumstrittene Repräsentanz von Gewerkschaftsvertretern wie auch die von leitenden Angestellten durch die Größe des Gremiums miteinbeflusst wird.[92] Ebenfalls nicht einheitlich beantwortet wird, ob die Beteiligungsvereinbarung von dem aus dem Aktiengesetz bekannten und auch im SEAG niedergelegten Grundsatz der Dreiteilbarkeit abweichen darf.[93] Stark eingeschränkt ist die Verhandlungsautonomie wiederum für den Fall der **Gründung durch Umwandlung**: die Beteiligungsvereinbarung hat hier in Bezug auf „alle Komponenten der Arbeitnehmerbeteiligung zumindest das gleiche Ausmaß [zu gewährleisten], das in der Gesellschaft besteht, die in eine SE umgewandelt werden soll" (§ 21 Abs. 6 SEBG),[94] dh im Ergebnis dass weder die Mitbestimmung an sich noch eine Absenkung ihres Niveaus zur Disposition der Parteien des Arbeitnehmerbeteiligungsverfahrens steht. Wie dargestellt, ist aufgrund der Existenz einer Rückfallposition der Arbeitnehmer in Gestalt der gesetzlichen Auffanglösung allerdings auch bei den weiteren Gründungsvarianten eine Absenkung des bestehenden Mitbestimmungsniveaus praktisch nicht zu beobachten.

34 Das SEBG sieht zudem vor, dass in der Beteiligungsvereinbarung die gesetzliche Auffanglösung als Ergebnis der verhandelten Mitbestimmung gewählt werden kann (§ 21 Abs. 5 SEBG); diese

90 MünchHbGesR/*Brandes*, Bd. 6, § 58 Rn 28; Nagel/Freis/Kleinsorge/*Freis*, § 19 SEBG Rn 4.
91 *Grobys*, NZA 2005, 84, 88; *Ziegler/Gey*, BB 2009, 1750, 1754.
92 Für Verhandelbarkeit Lutter/Hommelhoff/*Drygala*, Art. 40 SE-VO Rn 19 ff; *Feldhaus/Vanscheidt*, BB 2008, 2246, 2247; *Seibt*, ZIP 2010, 1057, 1060 f; *Teichmann*, AG 2008, 797, 800 ff: keine Überlagerung der Mitbestimmungsautonomie durch die Satzungsautonomie; ablehnend *Forst*, AG 2010, 350, 350 ff; *Kiem*, ZHR 173 (2009), 156, 177 f; *Rieble*, BB 2006, 2018, 2021; MünchHbGesR/*Brandes*, Bd. 6, § 57 Rn 45.
93 Bejahend LG Nürnberg-Fürth, ZIP 2010, 372, 372 f; *Kiefner/Friebel*, NZG 2010, 537, 537 ff. Ablehnend MünchHbGesR/*Brandes*, Bd. 6, § 57 Rn 46; *Forst*, AG 2010, 350, 356 f.
94 *Grobys*, NZA 2005, 84, 88; *Ziegler/Gey*, BB 2009, 1750, 1754.

scheinbar redundante Bestimmung kann im Einzelfall durchaus ein geeignetes Instrument sein, um ein Verhandlungspatt zumindest auf der Zeitachse zu überwinden: zeichnet sich bereits zu Beginn des Verhandlungsverfahrens ab, dass eine einvernehmliche Lösung nicht möglich ist, weil beide Seiten auf ihren Rückfallpositionen beharren, kann die Bezugnahme auf die damit ohnehin als Lösung sich abzeichnende Auffanglösung ein effizienter Weg sein, um der gesetzlichen Auffanglösung bereits vor Ablauf der Sechsmonatsfrist zum Durchbruch zu verhelfen.[95]

Der Beschluss des BVG bedarf grundsätzlich der einfachen Mehrheit seiner Mitglieder, sofern diese Mehrheit zugleich eine Mehrheit der betroffenen Arbeitnehmer repräsentiert. Eine Ausnahme ist für den Fall vorgesehen, dass die Beteiligungsvereinbarung eine Minderung der Beteiligungsrechte vorsieht; in diesem Fall bedarf es aufgrund der weitreichenden Konsequenzen einer Mehrheit von 2/3 des BVG, die zugleich mindestens 2/3 der Arbeitnehmer aus mindestens zwei Mitgliedstaaten repräsentieren (Art. 3 Abs. 4 SE-RL). 35

(2) **Gesetzliche Auffanglösung.** Läuft die Verhandlungsfrist ab, ohne dass eine Einigung erzielt worden wäre, kommt die im Sitzstaat der SE geltende Auffangregelung zur Anwendung (Art. 7 Abs. 1 SE-RL). Die gesetzliche Auffanglösung setzt sich generell aus zwei Bestandteilen zusammen, einer gesetzlichen Auffanglösung betreffend die betriebsverfassungsrechtliche und einer gesetzlichen Auffanglösung betreffend die unternehmerische Mitbestimmung. Betriebsverfassungsrechtlich ist die Einrichtung eines **SE-Betriebsrats kraft Gesetzes** vorgesehen (§§ 22 ff SEBG), der an die Stelle eines eventuell vorhandenen Europäischen Betriebsrats tritt. Für die Ebene der unternehmerischen Mitbestimmung ordnet die Auffanglösung hingegen an, dass das Mitbestimmungsniveau der SE im Grundsatz dem höchsten **Mitbestimmungsniveau der Gründungsgesellschaften** entspricht (§ 35 Abs. 2 S. 2 SEBG),[96] dh der Anteil der Arbeitnehmer im Aufsichts- oder Verwaltungsrat der SE entspricht dem Anteil der Arbeitnehmervertreter im Aufsichtsrat in der Gründungsgesellschaft mit dem höchsten Anteil. Im Weiteren ist zwischen Gründung durch Verschmelzung und Gründung durch Umwandlung zu unterscheiden: bei Gründung durch Formwechsel bleibt in jedem Fall das Mitbestimmungsniveau erhalten, das bereits vor der Umwandlung bestand. Demgegenüber entspricht bei Gründung durch Verschmelzung der Anteil der Arbeitnehmervertreter im Aufsichts- oder Verwaltungsrat dem höchsten Anteil der vor der Verschmelzung bestanden hat, sofern sich die Mitbestimmung auf mindestens 25% der Gesamtzahl aller beteiligten Gesellschaften und betroffenen Tochtergesellschaften erstreckt hat.[97] 36

Die auf diesem Wege ermittelten Sitze im Aufsichts- oder Verwaltungsorgan werden durch den SE-Betriebsrat auf die Mitgliedstaaten, in denen Mitglieder zu wählen oder zu bestellen sind, verteilt (§ 36 Abs. 1 S. 1 SEBG). Die Verteilung auf die einzelnen Mitgliedstaaten bestimmt sich dabei nach dem jeweiligen Anteil der in den einzelnen Mitgliedstaaten beschäftigten Arbeitnehmer der SE, ihrer Tochtergesellschaften und Betriebe. Können im Rahmen dieser Besetzungsregel nicht alle Belegschaften der betroffenen EU/EWR-Mitgliedstaaten im Aufsichts- bzw Verwaltungsorgan repräsentiert werden, regelt § 36 Abs. 1 S. 2 SEBG, dass der SE-Betriebsrat zumindest den zuletzt zu verteilenden Sitz einem bisher unberücksichtigten Mitgliedstaat zuzuweisen hat. Im Ergebnis befinden sich damit zumindest Arbeitnehmer aus zwei unterschiedlichen Mitgliedstaaten im Kontroll- bzw Leitungsgremium der SE, worin eine durchaus beachtliche Abweichung zum deutschen Recht zu sehen ist.[98] Die gesetzliche Auffanglösung verhält sich allein zum Anteil der Arbeitnehmervertreter im Aufsichts- oder Verwaltungsorgan der SE, so dass die **Größe des Aufsichts- oder Verwaltungsrats** zur Disposition des Satzungsgebers steht,[99] was nicht zuletzt deshalb von Bedeutung ist, weil die gesetzliche Auffanglösung für die 37

95 MünchHbGesR/*Brandes*, Bd. 6, § 57 Rn 52.
96 *Müller-Bonanni/Müntefering*, BB 2009, 1699, 1700; *Feldhaus/Vanscheidt*, BB 2008, 2246, 2247.
97 Für eine Anpassung an die 33 1/3-Schwelle des MgVG *Arbeitskreis Aktien- und Kapitalmarktrecht*, ZIP 2009, 698, 699.
98 *Müller-Bonanni/Müntefering*, BB 2009, 1699, 1700.
99 *Seibt*, ZIP 2010, 1057, 1061 f; MünchHbGesR/*Teichmann*, Bd. 6, § 49 Rn 61; *Ziegler/Gey*, BB 2009, 1750, 1755.

SE mit Sitz in Deutschland über die Bestimmungen des DrittelbG hinausgehend vorsieht, dass jeder dritte auf Deutschland entfallende Arbeitnehmervertreter ein Gewerkschaftsmitglied und jedes siebte Mitglied ein leitender Angestellter sein muss.[100] Nicht einheitlich beantwortet wird, ob der Satzungsgeber vom Dreiteilungsgebot abweichen darf.[101]

38 (3) Schließlich kann das BVG (theoretisch) die **Nichtaufnahme oder den Abbruch bereits laufender Verhandlungen** mit den Leitungen beschließen (§ 16 Abs. 1 SEBG). Ein Nichtaufnahme- oder Abbruchsbeschluss hat zur Folge, dass auch die gesetzliche Auffanglösung nicht zur Anwendung kommt, die SE bleibt also mitbestimmungsfrei (vgl § 16 Abs. 2 SEBG).[102] Aufgrund dieser weitreichenden Konsequenzen verlangt § 16 SEBG eine qualifizierte Mehrheit von zwei Dritteln der Mitglieder des BVG, die zugleich mindestens zwei Drittel der Arbeitnehmer in mindestens zwei Mitgliedstaaten vertreten; Sonderregelungen gelten wiederum für die Gründung durch Umwandlung: hier ist ein Nichtaufnahme- oder Abbruchsbeschluss ausgeschlossen (§ 16 Abs. 3 SEBG). Da die Belegschaft nicht ohne Not zur Gänze auf ihre Beteiligungsrechte verzichten wird, handelt es sich aber auch im Übrigen um eine weitgehend hypothetische Norm.

39 **3. Konsequenzen für das gesellschaftsrechtliche Gründungsverfahren.** Berücksichtigt man einerseits die Entscheidung des europäischen Gesetzgebers, das ordnungsgemäßen Durchlaufen des Arbeitnehmerbeteiligungsverfahrens zur Eintragungsvoraussetzung einer SE zu erheben und vergegenwärtigt man sich gleichzeitig, dass – soweit nicht vor Ablauf der Verhandlungsfrist eine Beteiligungsvereinbarung abgeschlossen oder ein Nichtaufnahme- oder Abbruchsbeschluss gefasst wird – das Beteiligungsverfahren selbst unter idealen Voraussetzungen ein Zeitfenster von über neun Monaten einnimmt, ist evident, dass die möglichst zeitige und umfassende Vorbereitung, Einleitung und Durchführung des Arbeitnehmerbeteiligungsverfahrens Grundvoraussetzung einer akzeptablen Transaktionsstruktur ist. Unbedingt sollten deshalb zur Entzerrung des späteren Verfahrens möglichst viele Schritte des Arbeitnehmerbeteiligungsverfahrens vor die eigentliche Verfahrenseinleitung gezogen werden. Im Einzelnen ist ein Factbook vorzubereiten, mit dem die Arbeitnehmerdaten, die für die Information nach § 4 SEBG und den weiteren Verfahrensgang erforderlich sind, gesammelt werden; also insb. die Ermittlung der relevanten Tochtergesellschaften und Betriebe, die Beschäftigtenzahl pro Land und die zu informierenden Arbeitnehmervertretungen. Weiter sollten bereits im Vorfeld die sich nach dem jeweiligen Recht des betroffenen Mitgliedstaats richtenden Wahlverfahren ermittelt werden, um die notwendigen Vorbereitungen zu ihrer reibungslosen Durchführung einzuleiten.[103] Schließlich sollten bereits im Vorfeld Planungen erfolgen, wo und voraussichtlich wie viele Verhandlungstermine zwischen BVG und Leitungen stattfinden sollen, da diese zumindest bei umfänglicheren Beteiligungsverfahren mit erheblichem logistischen Aufwand verbunden sein können und zugleich mit eventuellen vorbereitenden Sitzungen des BVG koordiniert werden müssen.

III. Gründung einer SE durch Verschmelzung

Literatur:

Blanke, Europäische Aktiengesellschaft ohne Arbeitnehmerbeteiligung, ZIP 2006, 789; *Brandes*, Cross Border Merger mittels der SE, AG 2005; *Drinhausen/Nohlen*, Festlegung der Amtsdauer von SE-Organmitgliedern in der Satzung nach Art. 46 Abs. 1 SE-VO, ZIP 2009, 1890; *Fackelmann*, Notarkosten nach dem neuen GNotKG, 2013; *Heckschen*, Die Novelle des Umwandlungsgesetzes – Erleichterungen für Verschmelzungen und Squeeze Out, NJW 2011, 2390; *Hirte*, Die Europäische Ak-

100 *Rieble*, BB 2006, 2018, 2021. Zudem sind externe Gewerkschaftsmitglieder frei wählbar als Mitglieder des Aufsichts- oder Verwaltungsorgans.

101 Dies für möglich erachtend *Seibt*, ZIP 2010, 1057, 1062; aA MünchHbGesR/*Teichmann*, Bd. 6, § 49 Rn 61; wohl auch Habersack/Drinhausen/*Hohenstatt/Müller-Bonanni*, § 35 SEBG Rn 2.

102 *Ulmer/Habersack/Henssler*, Einl. SEBG Rn 157; *Müller-Bonanni/Müntefering*, BB 2009, 1699, 1701.

103 Vgl etwa *Ziegler/Gey*, BB 2009, 1750, 1751.

tiengesellschaft, NZG 2002, 1; *Seibt*, Beck'sches Formularbuch Mergers & Acquisitions, 2. Aufl. 2011, *Scheifele*, Die Gründung der Europäischen Aktiengesellschaft, 2004, *Schmidt*, „Deutsche" vs. „britische" Societas Europaea (SE), 2006;*Schwarz*, Verordnung (EG) Nr. 2157/2001 des Rates über das Statut der Europäischen Gesellschaft (SE): SE-VO, 2006; *Spitzbart*, Die Europäische Aktiengesellschaft (Societas Europaea/SE). Aufbau der SE und Gründung, RNotZ 2006, 369; *Walden/Meyer-Landrut*, Die grenzüberschreitende Verschmelzung zu einer europäischen Gesellschaft: Beschlussfassung und Eintragung, DB 2005, 2619.

Die SE-VO erlaubt die Gründung einer SE sowohl als Verschmelzung durch Aufnahme (Art. 17 Abs. 2 lit. a SE-VO) wie auch als Verschmelzung durch Gründung einer neuen Gesellschaft (Art. 17 Abs. 2 lit. b SE-VO). Im erstgenannten Fall nimmt die aufnehmende Gesellschaft bei der Verschmelzung die Form einer SE an, es handelt sich de facto also um eine Kombination aus Verschmelzung und Formwechsel der aufnehmenden Gesellschaft, während bei Verschmelzung durch Neugründung die neue Gesellschaft genuin SE ist (Art. 17 Abs. 2 S. 2 und 3 SE-VO).[104] Die Gründung einer SE im Wege der Verschmelzung bestimmt sich vorrangig nach den vergleichsweise ausführlichen Regelungen der Art. 2 Abs. 1, 17 ff SE-VO, ergänzend wird für das Verfahren in den beteiligten Rechtsträgern auf das jeweils einschlägige nationale Recht (Art. 18 SE-VO) und für die werdende SE auf das Recht des zukünftigen Sitzstaates rekurriert (Art. 15 SE-VO); Sondervorschriften für einen beteiligten dt. Rechtsträger bei Wegzugsverschmelzung finden sich zudem in den §§ 5 ff SEAG.[105] 40

Noch nicht abschließend diskutiert ist, inwieweit die Gründung einer SE im Wege der Verschmelzung mit einem **verschmelzungsrechtlichen Squeeze Out** (§ 62 Abs. 5 UmwG) verbunden werden kann. Erste Stimmen halten eine solche Kombination zumindest dann für möglich, wenn auch die betroffenen ausländischen Rechte den verschmelzungsrechtlichen Squeeze Out kennen.[106] 41

1. Voraussetzungen (Art. 2 Abs. 1 SE-VO). Die Verschmelzung zur Gründung einer SE steht nur **Aktiengesellschaften, die nach dem Recht eines Mitgliedstaates** iSd Anhangs I zur SE-VO gegründet worden sind, offen; in Deutschland damit nach herrschender, aber nicht zwingender Ansicht nur der AG, nicht auch der KGaA.[107] Nach der ausdrücklichen Anordnung des Art. 3 Abs. 1 SE-VO gilt auch eine SE als AG idS[108] Mangels verfestigter kapitalgesellschaftlicher Struktur ist die Vor-AG nicht beteiligungsfähig,[109] während eine Liquidation nach allgemeinen Grundsätzen die Beteiligung an einer SE-Gründung dann nicht hindert, wenn noch ein Fortsetzungsbeschluss gefasst werden könnte (§ 3 Abs. 3 UmwG).[110] Art. 2 Abs. 1 SE-VO setzt keine aktiv werbende Tätigkeit am Markt voraus, so dass auch Holding- und Vorratsaktiengesellschaften beteiligtenfähig sind.[111] Die an der Verschmelzung beteiligten Aktiengesellschaften müssen jeweils **Sitz und Hauptverwaltung in der EU bzw dem EWR** haben, von der Öffnungsklausel des Art. 2 Abs. 5 SE-VO hat der deutsche Gesetzgeber keinen Gebrauch gemacht. In der Diktion der SE-VO kennzeichnet „Sitz" dabei den Satzungssitz, „Hauptverwaltung" hingegen den effektiven Verwaltungssitz.[112] Ausreichend ist, dass Sitz und Hauptverwaltung jeweils in der EU bzw dem EWR liegen, nicht verlangt wird, dass Sitz und Hauptverwaltung der 42

104 Etwa Widmann/Mayer/*Heckschen*, Anhang 14: Europäische Gesellschaft, Rn 139; Kallmeyer/*Marsch-Barner*, Anhang Europäische Gesellschaft, Rn 14.

105 *Wicke*, MittBayNot 2006, 196; 198; Van Hulle/Maul/Drinhausen/*Teichmann*, § 4 Rn 11 ff.

106 So *Heckschen*, NJW 2011, 2390, 2394. Trotz europarechtlicher Grundlage des verschmelzungsrechtlichen Squeeze Out ist dies nicht zwingend, da die Richtlinie den Mitgliedstaaten ein Wahlrecht zwischen Squeeze out und Sell out einräumt.

107 Habersack/Drinhausen/*Marsch-Barner*, Art. 17 SE-VO Rn 1; Habersack/Drinhausen/*Habersack*, SE-Recht, Art. 2 SE-VO Rn 5; Schmitt/Hörtnagl/Stratz/*Hörtnagl*, Art. 2 SE-VO Rn 5. A.A. zu Recht Spindler/Stilz/*Casper*, Art. 2, 3 SE-VO Rn 7; MünchHbGesR/*Austmann*, Bd. 4, § 83 Rn 1.

108 Schmitt/Hörtnagl/Stratz/*Hörtnagl*, Art. 2 SE-VO Rn 5; Spindler/Stilz/*Casper*, Art. 2, 3 SE-VO Rn 5.

109 Spindler/Stilz/*Casper*, Art. 2, 3 SE-VO Rn 7; Habersack/Drinhausen/*Habersack*, Art. 2 SE-VO Rn 5.

110 Spindler/Stilz/*Casper*, Art. 2, 3 SE-VO Rn 7; Habersack/Drinhausen/*Habersack*, Art. 2 SE-VO Rn 5.

111 AG Düsseldorf ZIP 2006, 287; Spindler/Stilz/*Casper*, Art. 2, 3 SE-VO Rn 8; Habersack/Drinhausen/*Habersack*, Art. 2 SE-VO Rn 5. AA *Blanke*, ZIP 2006, 789, 789 ff.

112 Habersack/Drinhausen/*Habersack*, Art. 2 SE-VO Rn 8.

Gründungsgesellschaften jeweils in demselben Mitgliedstaat belegen sind.[113] **Obligatorische Mehrstaatlichkeit:** mindestens zwei der an der Verschmelzung beteiligten Aktiengesellschaften müssen dem Recht verschiedener Mitgliedstaaten unterliegen. Die Mehrstaatlichkeit bezieht sich auf die an der Verschmelzung beteiligten Rechtsträger selbst, so dass es nicht genügt, wenn einer der sich verschmelzenden Rechtsträger Tochtergesellschaften/Zweigniederlassungen in einem oder mehreren Mitgliedstaaten besitzt; unschädlich ist demgegenüber nach richtiger Ansicht die Verschmelzung einer 100%-Tochtergesellschaft upstream oder downstream,[114] da die SE-VO kein industriepolitisches Instrument zur Stimulierung eines grenzüberschreitenden europäischen Konzentrationsprozesses ist, sondern Unternehmen, die in mehreren Staaten Betriebseinheiten unterhalten, eine geeignete Organisationsform zur Verfügung stellen will. Da die SE-VO nach richtiger Ansicht gleichzeitig kein Verbot der Beteiligung von Vorratsgesellschaften an Gründungsvorgängen kennt, kann die verlangte Mehrstaatlichkeit auch dadurch herbeigeführt werden, dass eine in- respektive ausländische Vorratsgesellschaft auf eine aus- bzw inländische AG verschmolzen wird.[115] **Verschmelzungsverbot (§ 76 UmwG):** Für den Fall einer Verschmelzung zur Neugründung einer SE unter Beteiligung einer übertragenden deutschen AG sind nach hM zusätzlich die Beschränkungen der Gründungsfähigkeit nach § 76 UmwG zu beachten. Hiernach kann eine übertragende Aktiengesellschaft die Verschmelzung zur Neugründung erst beschließen, wenn sie und jede andere übertragende Aktiengesellschaft bereits zwei Jahre im Register eingetragen sind. Eine Verschmelzung zur Neugründung einer SE scheidet damit zunächst dann aus, wenn eine beteiligte deutsche Gründungsgesellschaft im Zeitpunkt des Verschmelzungsbeschlusses noch nicht zwei Jahre in das Handelsregister eingetragen ist.[116] Darüber hinaus steht § 76 UmwG einer Verschmelzung zur Neugründung einer SE nach verbreiteter Ansicht aber auch dann entgegen, wenn (nur) ein beteiligter ausländischer Rechtsträger die Voraussetzungen des § 76 UmwG nicht erfüllt.[117] Eine Verschmelzung zur Neugründung setzt damit nach hM im Ergebnis voraus, dass sämtliche übertragenden Gründungsgesellschaften im Zeitpunkt der Beschlussfassung jeweils seit mehr als zwei Jahren in das Handelsregister eingetragen sind.

Hinweis: Als Gestaltungsalternative kommt eine Verschmelzung durch Aufnahme in Betracht, wobei allerdings gegebenenfalls die Nachgründungsvorschriften zu beachten sind.[118]

43 **2. Verfahren. a) Überblick.** Die Verschmelzung zur Gründung einer SE durchläuft die folgenden Verfahrensabschnitte, die sich in einem ersten groben Zugriff in Vorbereitungs-, Beschluss- und Vollzugsphase unterteilen lassen:[119]

aa) Vorbereitungsphase

- Beschlüsse der Leitungsorgane der Gründungsgesellschaften über die Verschmelzung;
- Bei Upstream-Verschmelzung einer ausländischen Vorratsgesellschaft: Erwerb bzw Gründung dieses übertragenden Rechtsträgers;
- Vorbereitung des Arbeitnehmerbeteiligungsverfahrens, insb. Ermittlung der beteiligten Rechtsordnungen, Ermittlung der Wahlverfahren und Zahl der BVG-Mitglieder, regelmäßig über Versendung eines Fact Books an die lokalen Geschäftsleitungen;

113 Habersack/Drinhausen/*Habersack*, Art. 2 SE-VO Rn 8.

114 Spindler/Stilz/*Casper*, Art. 2, 3 SE-VO Rn 9 u. 24; Jannott/Froderman/*Jannott*, Kap. 3 Rn 20; Van Hulle/Maul/Drinhausen/ *Teichmann*, Kap. 4, § 2 Rn 23; *Oechsler*, NZG 2005, 697, 700; *Vossius*, ZIP 2005, 741, 743. A.A nur *Hirte*, NZG 2002, 1,3; differenzierend MünchHbGesR/*Austmann*, Bd. 4, § 83 Rn 1: Upstream-Verschmelzung nur, wenn das Abhängigkeitsverhältnis seit mindestens 2 Jahren besteht.

115 *Oechsler*, NZG 2005, 679, 700 f.

116 Lutter/Hommelhoff/*Bayer*, Art. 23 SE-VO Rn 12; Drinhausen/Habersack/*Marsch-Barner*, Art. 23 SE-VO Rn 15; Schmitt/Hörtnagl/Stratz/*Hörtnagl*, Art. 23 SE-VO Rn 8.

117 So Spindler/Stilz/*Casper*, Art. 23 SE-VO Rn 4; Drinhausen/Habersack/*Marsch-Barner*, Art. 23 SE-VO Rn 15.

118 Spindler/Stilz/*Casper*, Art. 23 SE-VO Rn 4; Drinhausen/Habersack/*Marsch-Barner*, Art. 23 SE-VO Rn 15.

119 In Anlehnung an Widmann/Mayer/*Heckschen*, Anhang 14: Europäische Gesellschaft, Rn 140 ff; Drinhausen/Habersack/*Marsch-Barner*, Art. 17 SE-VO Rn 9; vgl auch *Vossius*, ZIP 2005, 741, 743 f sowie den ausführlichen Ablaufplan bei Seibt/*Seibt*, Handbuch M&A, L.II.26.

- Aufstellung des Verschmelzungsplans incl. Satzung der zukünftigen SE sowie – soweit nicht entbehrlich – des Verschmelzungsberichts;
- Unternehmensbewertung der beteiligten Rechtsträger;
- Schlussbilanz nach § 17 Abs. 2 UmwG, soweit eine deutsche Gründungsgesellschaft als übertragender Rechtsträger beteiligt ist;
- Bei Verschmelzung durch Neugründung in Deutschland: Vorbereitung des internen Gründungsprüfungsberichts (vgl hierzu Rn 83).
- Bei Verschmelzung zur Aufnahme durch deutsche AG: Nachgründungsprüfung durch Aufsichts- bzw Verwaltungsrat und Nachgründungsprüfer;
- Verschmelzungsprüfung;
- Bekanntmachung/Offenlegung der Verschmelzungsabsicht;
- Zuleitung des Verschmelzungsplans an den Betriebsrat;
- (spätestens) offizielle Einleitung des Verfahrens zur Beteiligung der Arbeitnehmer;
- Einreichung des Verschmelzungsplans beim Handelsregister.

bb) Beschlussphase

- Hauptversammlungsbeschlüsse der verschmelzenden Rechtsträger;
- gegebenenfalls Kapitalerhöhung des aufnehmenden Rechtsträgers;
- Bestellung der Mitglieder des ersten Aufsichts- oder Verwaltungsorgans, soweit diese nicht zulässigerweise durch die Satzung bestellt werden;
- Bestellung des Abschlussprüfers für das erste (Rumpf-)Geschäftsjahr der SE.

cc) Vollzugsphase

- Konstituierung des ersten Aufsichts- bzw Verwaltungsrats der SE;
- Bestellung des Vorstands bzw der geschäftsführenden Direktoren durch AR bzw VR;
- Bei Verschmelzung zur Neugründung: Finalisierung des internen Gründungsberichts durch Vorstand und Aufsichtsorgan bzw Verwaltungsrat und geschäftsführende Direktoren;
- bei SE mit Sitz im Ausland: gegebenenfalls Sicherheitsleistung zugunsten der Gläubiger;
- Rechtmäßigkeitsprüfungen durch die involvierten Register;
- Anmeldung der Verschmelzung zum Handelsregister am zukünftigen Sitz der SE;
- Eintragung der SE;
- Offenlegung der erfolgreichen Verschmelzung.

b) Verschmelzungsplan. aa) Zuständigkeit. Den offiziellen Beginn der Gründung einer SE 44
durch Verschmelzung markiert die Aufstellung eines Verschmelzungsplans durch die Leitungs- oder Verwaltungsorgane der verschmelzenden Gesellschaften, in Deutschland also des Vorstands einer beteiligten AG. Der Verschmelzungsplan ist funktionales Äquivalent und gleichzeitig Substitut des Verschmelzungsvertrags des UmwG.[120] Der Abschluss eines ergänzenden Verschmelzungsvertrags, durch den wechselseitige Verpflichtungen der Gründungsgesellschaften – etwa in Form eines Business Combination Agreement – statuiert werden, ist, wenn auch nicht zwingend, auf freiwilliger Basis möglich.[121] Zu beachten sind zudem eventuell abweichende Vorgaben anderer beteiligter Rechtsordnungen: so schreibt etwa § 17 des österreichischen SEG den Abschluss eines Verschmelzungsvertrages vor.[122] Die von den Leitungsorganen aufgestellten Verschmelzungspläne müssen gleich lautend sein (Art. 26 Abs. 3 SE-VO). Zulässig und nach teilweise vertretener Ansicht zwingend erforderlich,[123] für die Praxis grundsätzlich jeden-

120 Van Hulle/Maul/Drinhausen/*Teichmann*, Kap. 4 § 2 Rn 6.

121 Lutter/Hommelhoff/*Bayer*, Art. 20 SE-VO Rn 3; Habersack/Drinhausen/*Marsch-Barner*, Art. 20 SE-VO Rn 3. Zu eventuellen Grenzen zulässiger Inhalte eines BCA OLG München NZG 2012, 261 (W.E.T.); *Paschos*, NZG 2012, 1042.

122 Widmann/Mayer/*Heckschen*, Anhang 14: Europäische Gesellschaft, Rn 148 Fn 6.

123 Van Hulle/Maul/Drinhausen/*Teichmann*, Kap. 4 § 2 Rn 6; MünchHbGesR/*Austmann*, Bd. 4, § 83 Rn 6. 6. A. A. (kein dahingehender Zwang) Lutter/Hommelhoff/*Bayer*, Art. 20 SE-VO Rn 1; Habersack/Drinhausen/*Marsch-Barner*, Art. 20 SE-VO Rn 4.

falls zu empfehlen, ist die Aufstellung eines gemeinsamen Verschmelzungsplans. Entsprechend § 4 UmwG kann die Zustimmung auch zu einem Entwurf des Verschmelzungsvertrags erteilt werden.[124]

45 **bb) Form und Sprache.** Form und Sprache des Verschmelzungsplans richten sich jeweils nach den Vorgaben der auf die Gründungsgesellschaften anwendbaren nationalen Rechte: nach zutreffender hM bedarf der Verschmelzungsplan einer deutschen Gründungsgesellschaft damit der notariellen Form (Art. 18 SE-VO iVm § 6 UmwG)[125] und muss aufgrund registerrechtlicher Vorgaben (§ 488 Abs. 3 S. 1 FamFG iVm § 184 GVG) in deutscher Fassung (Urschrift oder beglaubigte Abschrift) für die Einreichung vorbereitet werden.[126] Da die SE-VO gleich lautende Verschmelzungsverträge verlangt, ist es für die Praxis empfehlenswert und auch üblich, eine zwei- bzw (bei mehr als zwei an der Verschmelzung beteiligten Rechtsträgern aus mehr als zwei EU/EWR-Mitgliedstaaten) mehrsprachige Fassung des Verschmelzungsplans zu erstellen, wobei die jeweiligen Formerfordernisse der beteiligten Mitgliedstaaten kumulativ zu wahren sind.[127]

46 **cc) Obligatorischer Mindestinhalt (Art. 20 Abs. 1 SE-VO iVm Art. 24 Abs. 2 SE-VO, § 7 Abs. 1 SEAG). (1) Firma und Sitz der SE.** Der Verschmelzungsplan hat zunächst **Firma und Sitz** der sich verschmelzenden Gesellschaften sowie die für die SE vorgesehene Firma und ihren geplanten Sitz zu benennen, wobei Sitz jeweils den satzungsmäßigen Sitz der sich verschmelzenden Gesellschaften sowie der zukünftigen SE meint.[128] Nach Art. 7 SE-VO dürfen Satzungs- und effektiver Verwaltungssitz („Hauptverwaltung") der SE nicht in unterschiedlichen Mitgliedstaaten belegen sein. Entfallen ist demgegenüber die früher in § 2 SEAG enthaltene weitere Vorgabe, dass der Sitz der „deutschen" SE zwingend am Ort der Hauptverwaltung belegen sein muss; er kann nunmehr frei im Gebiet der Bundesrepublik gewählt werden.[129] Richtiger Ansicht nach ist es zulässig, den Sitz der aufnehmenden Gesellschaft anlässlich der Verschmelzung grenzüberschreitend zu verlegen; im Falle, dass hierbei aufnehmender Rechtsträger eine (bisher) deutsche AG ist, ist zugunsten ihrer Aktionäre, die gleichfalls in eine „ausländische" SE gezwungen werden, § 7 Abs. 1 SEAG analog anzuwenden.[130] Bzgl. der Firmierung ist zu beachten, dass nach Art. 11 Abs. 1 SE-VO der Zusatz SE geführt werden muss; im Übrigen sind die Vorgaben des Firmenrechts im zukünftigen Sitzstaat der SE maßgeblich, für die deutsche SE also die §§ 4 AktG, 17 ff HGB.[131]

47 **(2) Umtauschverhältnis und Ausgleichsleistung.** Weiter ist das **Umtauschverhältnis der Aktien und** gegebenenfalls – im Falle von dem Umwandlungsverhältnis geschuldeten Spitzen – **die Höhe der Ausgleichsleistung** festzulegen (Art. 20 Abs. 1 S. 2 lit. b SE-VO). Die Bestimmung des Umtauschverhältnisses macht grundsätzlich eine fundamentalanalytische Unternehmensbewertung sämtlicher Gründungsgesellschaften erforderlich, insb. hat das BVerfG jüngst entschieden, dass auch bei Verschmelzung voneinander unabhängiger Rechtsträger das vertraglich zwischen deren Organen ausgehandelte Verschmelzungsverhältnis als Ergebnis des Marktprozesses eine Unternehmensbewertung nicht ersetzt.[132] Die Ermittlung der Verschmelzungswertrelation wird

124 *Spitzbart*, RNotZ 2006, 369, 388; MünchHbGesR/*Austmann*, Bd. 4, § 83 Rn 8.

125 Lutter/Hommelhoff/*Bayer*, Art. 20 SE-VO Rn 6; Spindler/Stilz/*Casper*, Art. 20 SE-VO Rn 6; Habersack/Drinhausen/*Marsch-Barner*, Art. 20 SE-VO Rn 5; MünchHbGesR/*Austmann*, Bd. 4, § 83 Rn 8; *Heckschen*, DNotZ 2003, 251, 257 f; *Wicke*, MittBayNot 2006, 196, 198. AA wohl nur *Schulz/Geismar*, DStR 2001, 1078, 1080; *Brandes*, AG 2005, 177, 181.

126 Hauschild/Kallrath/Wachter/*Kleiser*, § 16 Rn 46; Habersack/Drinhausen/*Marsch-Barner*, Art. 20 SE-VO Rn 8.

127 Kallmeyer/*Marsch-Barner*, Anhang Europäische Gesellschaft, Rn 19.

128 Lutter/Hommelhoff/*Bayer*, Art. 20 SE-VO Rn 15; Habersack/Drinhausen/*Marsch-Barner*, Art. 20 SE-VO Rn 11.

129 Widmann/Mayer/*Heckschen*, Anhang 14: Europäische Gesellschaft, Rn 154.

130 Habersack/Drinhausen/*Marsch-Barner*, Art. 17 SE-VO Rn 5; Van Hulle/Maul/Drinhausen/*Teichmann*, Kap. 4 § 2 Rn 34.

131 Lutter/Hommelhoff/*Bayer*, Art. 20 SE-VO Rn 16; Widmann/Mayer/*Heckschen*, Anhang 14: Europäische Gesellschaft, Rn 156.

132 BVerfG NJW 2012 3020, 3021 (Daimler/Chrysler); anders noch OLG Stuttgart 2010, 2404; auch *Kiem*, ZGR 2007, 542, 545 f. Kritisch zur Entscheidung des BVerfG *Klöhn/Verse*, AG 2013, 2, 2 ff.

zudem nach herrschender, aber nicht absolut zweifelsfreier Ansicht vom Prinzip der Methodengleichheit regiert, dh sämtliche verschmelzenden Rechtsträger sind mittels der gleichen Methodik zu bewerten; die Leitungen der Gründungsgesellschaften haben sich entsprechend auf eine einheitliche Bewertungssystematik zu verständigen,[133] die zugleich den Vorgaben der – nicht aufeinander abgestimmten – nationalen Rechte sämtlicher betroffener Mitgliedstaaten genügen muss.[134] Vor dem Hintergrund der Rechtsprechung des BVerfG darf bei Beteiligung einer deutschen Gründungsgesellschaft der Börsenkurs nicht ausgeblendet werden,[135] wobei allerdings in den Details noch erhebliche Unsicherheit herrscht. Immerhin ist mittlerweile durch den Telekom/T-Online-Beschluss des BVerfG anerkannt, dass die Verschmelzungswertrelation bei Verschmelzung jeweils börsennotierter Rechtsträger auch durch das Verhältnis der Börsenkurse zulässigerweise bestimmt werden kann,[136] wodurch im Einzelfall die dargestellten Schwierigkeiten bei der Verwendung fundamentalanalytischer Verfahren in grenzüberschreitenden Zusammenhängen überwunden werden können.

Ausführungen zur Ermittlung der Verschmelzungswertrelation müssen nicht bereits im Verschmelzungsplan enthalten sein, sondern sind dem Verschmelzungsbericht vorbehalten; als Grundlage der Bestimmung des Umtauschverhältnisses und einer eventuellen Ausgleichsleistung ist ihre Ermittlung aber auch Voraussetzung der Aufstellung des Verschmelzungsplans.[137] Sieht der Verschmelzungsplan einer SE mit deutschem Sitz bare Zuzahlungen vor, gilt die 10%-Grenze der §§ 68 Abs. 3, 73 UmwG gem. Art. 15 SE-VO entsprechend.[138] Bei Upstream-Verschmelzung auf die Alleinaktionärin entfallen die Angaben nach Art. 20 Abs. 1 S. 2 lit. b SE-VO (Art. 31 Abs. 1 SE-VO);[139] eigene Aktien stehen der Inanspruchnahme dieser Erleichterung nicht entgegen, da Art. 31 Abs. 1 SE-VO auf die Stimmberechtigung abstellt, die nach § 71 b AktG ausgeschlossen ist.[140] 48

(3) **Einzelheiten der Aktienübertragung.** Bestandteil sind weiter die **Einzelheiten hinsichtlich der Übertragung der Aktien** der SE (Art. 20 Abs. 1 S. 2 lit. c SE-VO). Für eine deutsche Aktiengesellschaft als übertragender Rechtsträger ist für den Empfang der zu gewährenden Aktien der künftigen SE sowie eventueller barer Zuzahlungen ein Treuhänder nach Maßgabe der §§ 71, 73 UmwG zu bestellen.[141] Der Bestellung eines Treuhänders bedarf es richtiger Ansicht nach dann nicht, wenn die Aktien der SE nicht verbrieft sind und der Verschmelzungsplan keine baren Zuzahlungen vorsieht.[142] Erfordert die Verschmelzung – wie außerhalb von Konzernverschmelzungen regelmäßig – eine Kapitalerhöhung, um die Aktionäre der übertragenden Gesellschaft zu kompensieren, ist ein Hinweis auf die Kapitalerhöhung aufzunehmen.[143] Die Angaben bezüglich der Aktienübertragung entfallen, wenn es sich um die Verschmelzung einer Tochter auf ihre Alleingesellschafterin handelt (Art. 31 Abs. 1 SE-VO).[144] 49

(4) **Zeitpunkt der Gewinnberechtigung.** Den **Zeitpunkt, von dem an diese Aktien das Recht auf Beteiligung am Gewinn gewähren,** sowie alle Besonderheiten in Bezug auf dieses Recht. Der Zeitpunkt der Gewinnberechtigung kann von den Parteien variabel festgesetzt werden;[145] üblich und unter dem Gesichtspunkt der Dividendenkontinuität sinnvoll ist, den Zeitpunkt des Gewinnbezugsrechts mit dem Verschmelzungsstichtag zu synchronisieren (vgl sogleich 50

133 Kallmeyer/*Marsch-Barner*, Anhang Europäische Gesellschaft, Rn 23.
134 Vgl zu den damit verbundenen Problemen etwa MünchHbGesR/*Austmann*, Bd. 4, § 83 Rn 9, dem zu Folge im Einzelfall sogar ein Verschmelzungsverbot die Folge sein kann.
135 Kallmeyer/*Marsch-Barner*, Anhang Europäische Gesellschaft, Rn 23.
136 BVerfG NJW 2011, 2497, 2498 (Telekom/T-Online).
137 *Kiem*, ZGR 2007, 542, 543 f.
138 *Spitzbart*, RNotZ 2006, 366, 388; Lutter/Hommelhoff/*Bayer*, Art. 20 SE-VO Rn 19.
139 Habersack/Drinhausen/*Marsch-Barner*, Art. 20 SE-VO Rn 13; Hauschild/Kallrath/Wachter/*Kleiser*, § 16 Rn 46.
140 Habersack/Drinhausen/*Marsch-Barner*, Art. 31 SE-VO Rn 3.
141 Habersack/Drinhausen/*Marsch-Barner*, Art. 20 SE-VO Rn 18; *Spitzbart*, RNotZ 2006, 366, 388.
142 Zu § 71 UmwG *Bandehzadeh*, DB 2007, 1514, 1514 ff; Kallmeyer/*Marsch-Barner*,§ 71 Rn 8.
143 /Van Hulle/Maul/Drinhausen/*Teichmann*, Kap. 4 § 2 Rn 36.
144 Hauschild/Kallrath/Wachter/*Kleiser*, § 16 Rn 46.
145 Lutter/Hommelhoff/*Bayer*, Art. 20 SE-VO Rn 21; Jannott/Frodermann/*Jannott*, Kap. 3 Rn 43. Für die nationale Verschmelzung nach UmwG jüngst BGH ZIP 2013, 358, 359 f (T-Online/Deutsche Telekom).

Rn 51).[146] Die Angabe entfällt bei Upstream-Verschmelzung einer 100%igen Tochtergesellschaft (Art. 31 Abs. 1 SE-VO).

51 (5) **Verschmelzungsstichtag.** Den Zeitpunkt, von dem an die Handlungen der sich verschmelzenden Gesellschaften unter dem Gesichtspunkt der Rechnungslegung als für Rechnung der SE vorgenommen gelten (**Verschmelzungsstichtag**). Der Verschmelzungsstichtag kann grundsätzlich frei bestimmt werden.[147] Zu berücksichtigen ist, dass nach hM deutsche Gründungsgesellschaften die Schlussbilanz auf den Verschmelzungsstichtag zu erstellen haben, die ihrerseits im Zeitpunkt des Antrags auf Erteilung einer Rechtsmäßigkeitsbescheinigung bei dem Register einer dt. übertragenden Gründungsgesellschaft (Art. 25 SE-VO) nicht älter als acht Monate sein darf (§ 17 Abs. 2 S. 4 UmwG).[148] Mit Blick auf die Länge der Gründung einer SE im Wege der Verschmelzung, die maßgeblich dem Arbeitnehmerbeteiligungsverfahren geschuldet ist, kann sich deshalb die Festschreibung eines variablen Verschmelzungsstichtags anbieten.[149] Zulässig ist es, unterschiedliche Verschmelzungsstichtage für die an der Verschmelzung beteiligten Gesellschaften festzusetzen.[150]

52 (6) **Sonderrechte.** Erforderlich sind Angaben zu den **Rechten, welche die SE den mit Sonderrechten ausgestatteten Aktionären der Gründungsgesellschaften und den Inhabern anderer Wertpapiere als Aktien gewährt**, oder die für diese Personen vorgeschlagenen Maßnahmen; Ausführungen sind damit erforderlich insb. zu stimmrechtlosen Vorzugsaktien, Höchststimmrechten, Schuldverschreibungen und Genussrechten.[151] Erfasst werden sowohl Sonderrechte, die einzelnen als auch solche, die sämtlichen Aktionären gewährt werden.[152]

53 (7) **Sondervorteile.** Anzugeben ist weiter jeder **besondere Vorteil**, der den Sachverständigen, die den Verschmelzungsplan prüfen, oder den Mitgliedern der Verwaltungs-, Leitungs-, Aufsichts- oder Kontrollorgane der sich verschmelzenden Gesellschaft gewährt wird; Sondervorteile sind dabei nur solche Zuwendungen und Vergünstigungen seitens der Gesellschaft, denen keine Gegenleistung gegenübersteht.[153]

54 (8) **Satzung der SE.** Der Verschmelzungsplan hat die **Satzung der SE** zu enthalten. Fungiert eine deutsche Gesellschaft als aufnehmende Gesellschaft bzw wird eine SE mit Sitz in Deutschland gegründet, bedarf die Satzung der notariellen Beurkundung, dieser Form wird durch die notarielle Beurkundung[154] des Verschmelzungsplans bzw des Verschmelzungsbeschlusses genügt.[155]

Hinweis: Grundsätzlich kann bei der Satzungsgestaltung einer dualistischen SE mit Sitz in Deutschland in weiten Teilen auf die bisherige Satzung zurückgegriffen werden.[156] Folgende Besonderheiten sind zu beachten:[157] (1) Nach Art. 38 SE-VO ist die Entscheidung zwischen dualistischem und monistischem System in der Satzung zu treffen, dementsprechend hat sich in der Praxis eingebürgert, die Wahl ausdrücklich durch Benennung der Organe der Gesellschaft in der Satzung vorzunehmen. (2) Zwingend erforderlich sind Angaben über die Amtszeit der Mitglieder des Leitungsorgans/Vorstands (Art. 46 Abs. 1 SE-VO) und des Aufsichtsorgans, die abweichend vom nationalen Aktienrecht (§§ 84 Abs. 1 S. 1, 102 Abs. 1 AktG) jeweils bis zu

146 MünchHdb-AG/*Austmann*, § 83 Rn 13.
147 Habersack/Drinhausen/*Marsch-Barner*, Art. 20 SE-VO Rn 21; Van Hulle/Maul/Drinhausen/*Teichmann*, Kap. 4 § 2 Rn 38.
148 Habersack/Drinhausen/*Marsch-Barner*, Art. 20 SE-VO Rn 21; Jannott/Frodermann/*Jannott*, Kap. 3 Rn 34 Auf eine deutsche aufnehmende Gesellschaft ist § 17 Abs. 2 UmwG richtiger Ansicht nicht anzuwenden, vgl *Empt*, NZG 2010, 1013, 1014 f.
149 Habersack/Drinhausen/*Marsch-Barner*, Art. 20 SE-VO Rn 21; Hauschild/Kallrath/Wachter/*Kleiser*, § 16 Rn 46; *Brandes*, AG 2005, 177, 181.
150 Habersack/Drinhausen/*Marsch-Barner*, Art. 20 SE-VO Rn 21; Lutter/Hommelhoff/*Bayer*, Art. 20 SE-VO Rn 22.
151 Habersack/Drinhausen/*Marsch-Barner*, Art. 20 SE-VO Rn 22.
152 Lutter/Hommelhoff/*Bayer*, Art. 20 SE-VO Rn 23.
153 Habersack/Drinhausen/*Marsch-Barner*, Art. 20 SE-VO Rn 24; Jannott/Frodermann/*Jannott*, Kap. 3 Rn 46.
154 Habersack/Drinhausen/*Marsch-Barner*, Art. 20 SE-VO Rn 27.
155 Van Hulle/Maul/Drinhausen/*Teichmann*, Kap. 4 § 2 Rn 41.
156 Erläuterte Mustersatzung bei monistischer Struktur bei *Lutter/Kollmorgen/Feldhaus*, BB 2005, 2473.
157 Vgl etwa *Kowalski*, DB 2007, 2243, 2244.

sechs Jahre betragen darf. Nach herrschender, aber nicht unumstrittener Ansicht genügt dabei die Festlegung einer Höchstdauer.[158] Folgt man dieser zutreffenden herrschenden Meinung, stellt sich das Folgeproblem, dass es nach wenig überzeugender Ansicht des AG Hamburg mit Art. 46 SE-VO unvereinbar sein soll, dass die Satzung der SE die reguläre Amtszeit der Mitglieder des Aufsichts- oder Verwaltungsrats in Anlehnung an § 102 AktG in der Weise regelt, dass die Mitglieder des Aufsichts- oder Verwaltungsrats für einen Zeitraum bis zur Beendigung der Hauptversammlung berufen werden, die über ihre Entlastung für das vierte Geschäftsjahr nach dem Beginn der Amtszeit beschließt.[159] Die Praxis, die in zahlreichen Fällen an der aus dem AktG bekannten Verfahrensweise festhalten möchte, trägt dieser Entscheidung Rechnung, indem einerseits die Amtsdauer an den Ablauf der Hauptversammlung, die über die Entlastung für ein bestimmtes Geschäftsjahr entscheidet, geknüpft, gleichzeitig aber eine echte, in Jahren zu bemessende Höchstfrist festgelegt wird.[160] (3) Zudem legt Art. 48 Abs. 1 SE-VO nahe, dass Zustimmungsvorbehalte für das Aufsichtsorgan zwingend in der Satzung enthalten sein müssen.[161] Zur Wahrung eventuell erforderlicher Flexibilität findet sich in der Praxis verbreitet die Übung, in der Satzung einen Kernkatalog von Zustimmungsvorbehalten für besonders wesentliche Maßnahmen festzuschreiben und diesen in der Geschäftsordnung für den Vorstand situationsabhängig zu ergänzen.[162] (4) Enthält die Satzung eines aufnehmenden deutschen Rechtsträgers die nicht zwingende, rein deklaratorische Bestimmung, dass die ordentliche Hauptversammlung innerhalb der ersten acht Monate des Geschäftsjahres durchzuführen ist (vgl § 175 Abs. 1 S. 2 AktG), ist zu beachten, dass Art. 54 SE-VO verlangt, dass die ordentliche Hauptversammlung innerhalb der ersten sechs Monate des Geschäftsjahres durchzuführen ist.

Hinweis: Nicht zwingend, aber zulässig ist die Bestellung des ersten Aufsichtsrats/Verwaltungsrats bereits in der Satzung (Art. 40 Abs. 2 S. 2, Art. 43 Abs. 2 S. 2 SE-VO).[163] Zur umstrittenen Frage der Notwendigkeit einer Bestellung der Mitglieder des ersten Aufsichtsrats vgl Rn 75.

(9) **Arbeitnehmerbeteiligungsverfahren.** Pflichtbestandteil sind weiter **Angaben zu dem Verfahren, nach dem die Vereinbarung über die Beteiligung der Arbeitnehmer gemäß der Richtlinie 2001/86/EG** geschlossen wird. Darzustellen ist der gesetzliche vorgezeichnete Verfahrensablauf, ergänzt um die Spezifika des konkreten Beteiligungsverfahrens, insb. über die nach den einschlägigen nationalen Rechten zuständigen Wahlgremien für die Wahl der Mitglieder des BVG, die Zusammensetzung des BVG und die Folgen der gesetzlichen Auffanglösung im Einzelfall.[164] Soweit das Arbeitnehmerbeteiligungsverfahren – zulässigerweise (vgl Rn 62) – bereits vor Offenlegung des Verschmelzungsplans eingeleitet wurde, sind Angaben zum Stand des Verfahrens aufzunehmen. 55

(10) **Barabfindungsangebot.** Dient die Verschmelzung unter Beteiligung eines deutschen übertragenden Rechtsträgers der Gründung einer SE im europäischen Ausland, ist zwingend ein Barabfindungsgebot nach § 7 Abs. 1 SEAG im Verschmelzungsplan auszulegen.[165] Gleiches gilt, wenn man mit der hier vertretenen Ansicht eine grenzüberschreitende Sitzverlegung einer aufnehmenden deutschen AG anlässlich der Verschmelzung für zulässig hält. Liegt der künftige 56

158 Habersack/Drinhausen/*Marsch-Barner*, Art. 20 SE-VO Rn 29; *Kowalski*, DB 2007, 2243, 2245; *Drinhausen/Nohlen*, ZIP 2009, 1890, 1892 ff; *Hoffmann-Becking*, ZGR 2004, 355, 364. AA Lutter/Hommelhoff/*Teichmann*, Art. 46 SE-VO Rn 3 f.

159 AG Hamburg ZIP 2005, 2017, 2018 (Zoll Pool Hafen Hamburg SE).

160 Vgl etwa Formulierungsvorschlag bei *Drinhausen/Nohlen*, ZIP 2009, 1890, 1894.

161 Lutter/Hommelhoff/*Teichmann*, Art. 48 SE-VO Rn 5; so wohl auch Habersack/Drinhausen/*Marsch-Barner*, Art. 20 SE-VO Rn 29; *Kowalski*, DB 2007, 2243, 2245; Art. 48 Abs. 1 S. 2 SE-VO als Ermächtigung an den nationalen Gesetzgeber, von der Regel des Art. 48 Abs. 1 S. 1 SE-VO abzuweichen, verstehend *Hoffmann-Becking*, ZGR 2004, 355, 364; MüKo-AktG/*Reichert/Brandes*, Art. 48 SE-VO Rn 1.

162 *Kowalski*, DB 2007, 2243, 2245.

163 Lutter/Hommelhoff/*Drygala*, Art. 40 SE-VO Rn 13. AA insoweit *Schmidt*, „Deutsche“ vs. „britische“ SE, 2006, S. 562 f, derzufolge die Bestellung in der Satzung zwingend ist.

164 Habersack/Drinhausen/*Marsch-Barner*, Art. 20 SE-VO Rn 35; Van Hulle/Maul/Drinhausen/*Teichmann*, Kap. 4 § 2 Rn 42.

165 Van Hulle/Maul/Drinhausen/*Teichmann*, Kap. 4 § 2 Rn 44.

Sitz der SE im Ausland, hat der Verschmelzungsplan zudem einen Hinweis auf das Recht der Gläubiger, Sicherheitsleistung durch die Gesellschaft zu fordern, zu enthalten (§ 8 S. 1 SEAG iVm § 13 SEAG) (vgl hierzu noch unter Rn 84).

57 **(11) Weitere Pflichtangaben?** Nach hM ist die Aufzählung des Art. 20 Abs. 1 SE-VO zzgl eventuell erforderlicher Angaben zu einem Barabfindungsangebot nach § 7 SEAG abschließend,[166] ein Rückgriff auf § 5 UmwG scheidet danach aus, so dass der Verschmelzungsplan insb. keine Darstellung der Folgen der Verschmelzung für die Arbeitnehmer und ihre Vertretungen sowie die insoweit vorgesehenen Maßnahmen (§ 5 Nr. 9 UmwG) enthalten muss.[167]

58 **(12) Fakultative Inhalte.** Dem Verschmelzungsplan können weitere Punkte hinzugefügt werden (Art. 20 Abs. 2 SE-VO), als denkbare Gegenstände kommen insb. in Betracht: (1) Bestellung der Mitglieder des ersten Aufsichts- bzw Verwaltungsrats (str.),[168] (2) Bestimmung des Abschlussprüfers für das erste (Rumpf)Geschäftsjahr der SE,[169] (3) Angaben nach § 5 UmwG, wenn man Gleichlauf mit dem bekannten Inhalt eines deutschen Verschmelzungsvertrags wünscht, sowie (4) die Festschreibung einer Verpflichtung der aufnehmenden Gesellschaft, die Kosten der Verschmelzung zu tragen.

59 **c) Verschmelzungsbericht.** Die Vertretungsorgane der an der SE-Gründung beteiligten Rechtsträger haben einen Verschmelzungsbericht zu erstatten (Art. 18 SE-VO iVm § 8 UmwG bzw entsprechende Vorgaben anderer Rechtsordnungen).[170] Nach verbreiteter Ansicht ist der Verschmelzungsbericht der deutschen Gründungsgesellschaft durch sämtliche Mitglieder des Vorstands zu unterzeichnen;[171] richtigerweise genügt die Unterzeichnung durch Vorstandsmitglieder in vertretungsberechtigter Zahl.[172] Der Bericht kann zumindest dann zulässigerweise gemeinsam erstattet werden, wenn die Rechtsordnungen sämtlicher beteiligter Rechtsträger eine gemeinsame Berichterstattung erlauben;[173] ob von dieser Möglichkeit Gebrauch gemacht werden sollte, ist eine Praktikabilitätsfrage, die im Einzelfall zu entscheiden ist. In Inhalt und Umfang hat sich der Bericht des Vorstands der deutschen AG an den Vorgaben des § 8 Abs. 1 und 2 UmwG messen zu lassen, wobei an die Stelle des Verschmelzungsvertrages der Verschmelzungsplan tritt,[174] während ein gemeinsamer Verschmelzungsbericht den Anforderungen sämtlicher betroffener Rechtsordnungen kumulativ genügen muss.[175] Nach Art. 31 SE-VO ist ein Verschmelzungsbericht entbehrlich, soweit es sich um die Verschmelzung einer 100%igen Tochtergesellschaft auf ihre Muttergesellschaft handelt. Darüber hinaus kann – nach Maßgabe der nationalen Bestimmungen – auf den Verschmelzungsbericht verzichtet werden; für die Entbehrlichkeit des Berichts ist damit ein notarieller Verzicht sämtlicher Aktionäre erforderlich, wobei der Dispens von der Berichtspflicht nur die deutsche Gründungsgesellschaft erfasst und für die weiteren Gründungsgesellschaften nach dem jeweils einschlägigen nationalen Recht zu bestimmen ist.[176]

166 Lutter/Hommelhoff/*Bayer*, Art. 20 SE-VO Rn 12; Van Hulle/Maul/Drinhausen/*Teichmann*, Kap. 4 § 2 Rn 43.

167 Lutter/Hommelhoff/*Bayer*, Art. 20 SE-VO Rn 12; MünchHbGesR/*Austmann*, Bd. 4, § 83 Rn 7.

168 Nach MünchHbGesR/*Austmann*, Bd. 4, § 83 Rn 7 kann die Bestellung nur in der Satzung, nicht aber an anderer Stelle des Verschmelzungsplans erfolgen, und bedarf dann eines gesonderten TO-Punktes. AA Kallmeyer/*Marsch-Barner*, Anhang Europäische Gesellschaft, Rn 60. Wieder aA MüKo-AktG/*Reichert/Brandes*, Art. 40 SE-VO Rn 50, die allein eine Bestellung in der Satzung bzw dem Verschmelzungsplan für zulässig halten.

169 Jannott/Frodermann/*Jannott*, Kap. 3 Rn 39; *Spitzbart*, RNotZ 2006, 369, 389.

170 Habersack/Drinhausen/*Marsch-Barner*, SE-Recht, 2013, Art. 20 SE-VO Rn 39; Jannott/Frodermann/*Jannott*, Hb. Europäische Aktiengesellschaft, 2005, Kap. 3 Rn 56.

171 So MüKo-AktG/*Schäfer*, Art. 23 SE-VO Rn 13; Jannott/Frodermann/*Jannott*, Kap. 3 Rn 56.

172 Habersack/Drinhausen/*Marsch-Barner*, Art. 20 SE-VO Rn 42.

173 Lutter/Hommelhoff/*Bayer*, Art. 20 SE-VO Rn 30; MüKo-AktG/*Schäfer*, Art. 22 SE-VO Rn 14; MünchHbGesR/*Austmann*, § 83 Rn 14.

174 Lutter/Hommelhoff/*Bayer*, Art. 20 SE-VO Rn 31; Habersack/Drinhausen/ *Marsch-Barner*, Art. 20 SE-VO Rn 41.

175 MünchHbGesR/*Austmann*, Bd. 4, § 83 Rn 15.

176 Habersack/Drinhausen/*Marsch-Barner*, Art. 20 SE-VO Rn 48. Diesbezüglich für Art. 31 Abs. 1 S. 2 und Abs. 2 SE-VO Hauschild/Kallrath/Wachter/*Kleiser*, § 16 Rn 58.

d) Einreichung des Verschmelzungsplans und Bekanntmachung nach Art. 21 SE-VO. Der Verschmelzungsplan einer deutschen Gründungsgesellschaft ist durch Einreichung zum Handelsregister offen zu legen (Art. 18 SE-VO iVm § 61 UmwG).[177] Gleichzeitig mit Einreichung sind dem Registergericht bestimmte Eckdaten der beabsichtigen Verschmelzung mitzuteilen, die das Registergericht zusammen mit dem Hinweis, dass der Verschmelzungsplan eingereicht worden ist, gem. § 10 HGB bekanntzumachen hat (Art. 21 SE-VO iVm §§ 5 SEAG, 61 S. 2 UmwG);[178] der Verschmelzungsplan selbst wird hingegen nicht bekannt gemacht.[179] 60

Im Einzelnen umfasst die besondere Mitteilungspflicht des Leitungsorgans bzw die Bekanntmachungspflicht des Registergerichts die folgenden Angaben: a) Rechtsform, Firma und Sitz der sich verschmelzenden Gesellschaften; b) Angabe der Register sämtlicher beteiligter Rechtsträger und der jeweiligen Registernummer; c) einen Hinweis auf die Modalitäten für die Ausübung der Rechte der Gläubiger der betreffenden Gesellschaften gemäß Art. 24 SE-VO sowie der Anschrift, unter der erschöpfende Auskünfte über diese Modalitäten kostenlos eingeholt werden können; die Bekanntmachungspflicht im deutschen Handelsregister betrifft dabei ausschließlich die Rechte der Gläubiger der deutschen Gründungsgesellschaft, also die §§ 22, 23 UmwG und § 8 SEAG,[180] wobei die bloße Wiedergabe des Gesetzestext nicht genügt, vielmehr bedarf es einer zumindest knappen Erläuterung von Inhalt und Ausübung der Gläubigerrechte,[181] andererseits sind diesbezüglich keine überspannten Anforderungen zu stellen, da die SE-VO selbst davon ausgeht, dass weitergehende Informationen nur auf entsprechendes Begehren eines Gläubigers zur Verfügung zu stellen sind; d) einen Hinweis für die Ausübung der Rechte der Minderheitsaktionäre, i.e. §§ 6, 7 SEAG einer übertragenden Gesellschaft gemäß Art. 24 SE-VO sowie die Anschrift, unter der erschöpfende Auskünfte über diese Modalitäten kostenlos eingeholt werden können, bzgl Darstellungstiefe gilt Gleiches wie für die Wiedergabe der Gläubigerrechte; sowie e) die für die SE vorgesehene Firma und ihren künftigen Sitz. Richtigerweise wird man davon auszugehen haben, dass die Mitteilung in einem separaten Dokument zu erfolgen hat, da anderenfalls das Handelsregister genötigt wäre, die notwendigen Informationen selbst aus dem Verschmelzungsplan herauszuarbeiten.[182] Die Einreichung hat spätestens einen Tag vor Erscheinen der Einladung zur Hauptversammlung, die über die Verschmelzung beschließt, zu erfolgen.[183] 61

e) **Arbeitnehmerbeteiligung.** Das für die SE-Gründung strukturprägende Arbeitnehmerbeteiligungsverfahren wird einerseits durch die Aufforderung zur Bildung des besonderen Verhandlungsgremiums, das als Repräsentant der Arbeitnehmer über die betriebliche und unternehmerische Mitbestimmung in der zukünftigen SE mit den Leitungen verhandelt, und die Information der betroffenen Belegschaften über bestimmte Eckpunkte gem. § 4 Abs. 3 SEBG initiiert. Die zeitnahe Einleitung des Arbeitnehmerbeteiligungsverfahrens ist Voraussetzung für eine straffe Durchführung der ohnehin zeitintensiven SE-Gründung; dies gilt insb. mit Blick auf die Informationsverpflichtung nach § 4 Abs. 3 SEBG, deren Erfüllung die 10-Wochenfrist des § 11 Abs. 1 SEBG auslöst, innerhalb derer das BVG zusammenzusetzen ist, deren Ablauf wiederum die sechsmonatige Verhandlungsfrist auslöst. Besondere Bedeutung für die praktische Gestaltung hat deshalb die Frage, zu welchem Zeitpunkt Aufforderung zur Bildung des BVG und Information gem. § 4 Abs. 3 SEBG frühestens erfolgen dürfen. § 4 Abs. 3 SEBG bestimmt in diesem Zusammenhang allein, dass die Information spätestens nach Offenlegung des Verschmelzungsplans zu erfolgen hat. Nach zutreffender Auffassung kann das Arbeitnehmerverfahren 62

177 MüKo-AktG/*Schäfer*, Art. 21 SE-VO Rn 1; Jannott/Frodermann/*Jannott*, Kap. 3 Rn 56.

178 Spindler/Stilz/*Casper*, Art. 21 SE-VO Rn 4; Jannott/Frodermann/*Jannott*, Kap. 3 Rn 68 ff.

179 Habersack/Drinhausen/ *Marsch-Barner*, Art. 21 SE-VO Rn 8.

180 Lutter/Hommelhoff/*Bayer*, Art. 21 SE-VO Rn 6; MüKo-AktG/*Schäfer*, Art. 21 SE-VO Rn 6.

181 MüKo-AktG/ *Schäfer*, Art. 21 SE-VO Rn 6; Habersack/Drinhausen/*Marsch-Barner*, Art. 21 SE-VO Rn 4.

182 MüKo-AktG/*Schäfer*, Art. 21 SE-VO Rn 9. Dies empfehlend auch Lutter/Hommelhoff/*Bayer*, Art. 21 SE-VO Rn 10. AA Habersack/Drinhausen/*Marsch-Barner*, Art. 21 SE-VO Rn 13.

183 Spindler/Stilz/*Casper*, Art. 21 SE-VO Rn 4; MüKo-AktG/*Schäfer*, Art. 21 SE-VO Rn 10.

deshalb bereits vor Offenlegung des Verschmelzungsplans eingeleitet werden.[184] Da das Informationsinteresse der Arbeitnehmer durch § 4 SEBG hinreichend geschützt ist und die betroffenen Belegschaften nicht zwingend Rückgriff auf die im Verschmelzungsplan enthaltenen Informationen nehmen müssen, setzt richtigerweise auch die Erfüllung der Informationsverpflichtung vor Offenlegung des Verschmelzungsplans die Frist des § 11 Abs. 1 SEBG in Gang.[185]

63 f) **Zuleitung an den Betriebsrat.** Deutsche Gründungsgesellschaften haben nach herrschender Auffassung trotz der weitreichenden Informationsverpflichtung gegenüber den Arbeitnehmern gemäß § 4 SEBG den Verschmelzungsplan mindestens einen Monat vor dem Tag der Zustimmung der Hauptversammlung einer beteiligten deutschen Aktiengesellschaft deren Betriebsrat zuzuleiten.[186] Die Zuleitung an den Betriebsrat ist durch Empfangsbestätigung zu dokumentieren, um den Nachweis der Zuleitung gegenüber dem Register (§ 17 Abs. 1 UmwG) führen zu können.[187]

64 g) **Prüfung des Verschmelzungsplans.** Der Verschmelzungsplan oder sein Entwurf ist durch einen oder mehrere Sachverständige (**Verschmelzungsprüfer**) zu prüfen (Art. 18 SE-VO iVm § 9 Abs. 1 UmwG). Gegenstand der Verschmelzungsprüfung ist allein der Verschmelzungsplan, nicht auch der Verschmelzungsbericht.[188] Da die SE-VO zu Inhalt und Umfang der Verschmelzungsprüfung schweigt, sind insofern die Vorschriften des nationalen Rechts zur Anwendung berufen [vgl § 9 UmwG Rn 12 ff]; erfolgt die Prüfung – gem. Art. 22 SE-VO zulässigerweise – für sämtliche Gründungsgesellschaften durch einen gemeinschaftlichen Prüfer, sind die Vorgaben der nationalen Rechte kumulativ zu beachten.[189] Im Zentrum der Prüfung steht die Angemessenheit des Umtauschverhältnisses und eventueller barer Zuzahlungen,[190] liegt der zukünftige Sitz der SE im Ausland und ist deshalb ein Barabfindungsangebot gem. § 7 SEAG auszulegen, hat sich die Verschmelzungsprüfung zudem auf die Angemessenheit der Barabfindung zu erstrecken, es sei denn die berechtigten Aktionäre verzichten hierauf in notarieller Form (§ 7 Abs. 3 SEAG).

65 Bzgl. Person und Bestellung des Verschmelzungsprüfers ist zwischen separater und gemeinsamer Prüfung zu differenzieren. Generell muss es sich bei dem oder den Prüfern um unabhängige Sachverständige handeln. Der Verschmelzungsprüfer einer deutschen Gründungsgesellschaft muss über eine Zulassung im Inland verfügen,[191] weshalb allein Wirtschaftsprüfer und Wirtschaftsprüfungsgesellschaften in Betracht kommen.[192] Bestellen die Gründungsgesellschaften einen gemeinsamen Prüfer wird man es richtigerweise genügen lassen müssen, dass dieser über eine Zulassung in zumindest einem der Herkunftsstaaten der Gründungsgesellschaften verfügt.[193] Unabhängigkeit des Prüfers ist anzunehmen, wenn die §§ 319 ff HGB erfüllt werden.[194] Bei getrennter Prüfung wird der Verschmelzungsprüfer der an der Gründung beteiligten deutschen Gesellschaft auf Antrag des Vorstands durch das Landgericht, in dessen Bezirk die deutsche Gründungsgesellschaft ihren Sitz hat, ausgewählt und bestimmt (§ 10 UmwG). Bei Bestellung eines gemeinsamen Prüfers haben hingegen die gesetzlichen Vertretungsorgane sämtlicher Gründungsgesellschaften einen gemeinsamen Antrag zu stellen, da der Verschmelzungsprüfer in diesem Fall für jede Gründungsgesellschaft tätig wird.[195] Die Verschmelzungs-

184 Ulmer/Habersack/Henssler/*Henssler*, § 4 SEBG Rn 6; MüKo-AktG/*Jacobs*, Art. 4 SEBG Rn 9 a; Habersack/Drinhausen/*Hohenstatt/Müller-Bonanni*, § 4 SEBG Rn 9; *Müller-Bonanni/Müntefering*, BB 2009, 1699, 1700; Lutter/Hommelhoff/*Oetker*, § 4 SEBG Rn 11.

185 Ulmer/Habersack/Henssler/*Henssler*, § 4 SEBG Rn 6. AA MünchHbGesR/*Brandes*, Bd. 6, § 58 Rn 3; Lutter/Hommelhoff/*Oetker*, § 4 SEBG Rn 11.

186 Lutter/Hommelhoff/*Bayer*, Art. 21 SE-VO Rn 11; Habersack/Drinhausen/*Marsch-Barner*, Art. 21 SE-VO Rn 9; MünchHdbGesR/*Austmann*, Bd. 4, § 83 Rn 21; Jannott/Frodermann/*Jannott*, Kap. 3 Rn 52; *Walden/Meyer-Landrut*, DB 2005, 2619. AA *Brandes*, AG 2005, 177, 181 f.

187 Jannott/Frodermann/*Jannott*, Kap. 3 Rn 54.

188 Kallmeyer/*Marsch-Barner*, Anhang Europäische Gesellschaft, Rn 46.

189 MüKo-AktG/*Schäfer*, Art. 22 SE-VO Rn 9.

190 Lutter/Hommelhoff/*Bayer*, Art. 22 Rn 1.

191 MüKo-AktG/*Schäfer*, Art. 22 SE-VO Rn 5.

192 MünchHbGesR/*Austmann*, Bd. 4, § 83 Rn 17; Habersack/Drinhausen/*Marsch-Barner*, Art. 22 SE-VO Rn 12.

193 MüKommAktG/*Schäfer*, Art. 22 SE-VO Rn 5.

194 Spindler/Stilz/*Casper*, Art. 22 SE-VO Rn 3; Habersack/Drinhausen/*Marsch-Barner*, Art. 22 SE-VO Rn 5.

195 Lutter/Hommelhoff/*Bayer*, Art. 22 Rn 7 f; Spindler/Stilz/*Casper*, Art. 22 Rn 3.

prüfung ist obsolet, soweit sich alle Anteile des übertragenden Rechtsträgers in der Hand des übernehmenden Rechtsträgers befinden oder aber sämtliche Aktionäre aller beteiligten Rechtsträger hierauf in notarieller Form verzichtet haben (Art. 18 SE-VO iVm § 9 Abs. 2 u. 3 iVm § 8 Abs. 3 UmwG).[196]

h) **Verschmelzungsprüfungsbericht.** Über die Verschmelzungsprüfung ist grundsätzlich ein schriftlicher Bericht durch den Verschmelzungsprüfer zu erstatten, für dessen Inhalt mangels eigenständiger Regelung in der SE-VO gem. Art. 18 SE-VO auf nationale Vorgaben, für die Bundesrepublik also auf die §§ 60, 73 UmwG zurückzugreifen ist.[197] Haben die Gründungsgesellschaften vor der Option einer gemeinschaftlichen Prüfung iSd Art. 22 SE-VO Gebrauch gemacht, ist für die Aktionäre sämtlicher Gründungsgesellschaften ein einheitlicher Bericht zu erstellen.[198] Wie die Verschmelzungsprüfung selbst, ist auch der Bericht entbehrlich, wenn sich sämtliche Anteile in der Hand des übernehmenden Rechtsträgers befinden oder alle Aktionäre der beteiligten Gesellschaften auf die Erstattung des Prüfungsberichts in notarieller Form verzichtet haben;[199] bei gemeinschaftlicher Prüfung muss ein Verzicht durch alle Rechtsordnungen erlaubt und durch alle Aktionäre der Gründungsgesellschaften ordnungsgemäß erklärt worden sein.[200] 66

i) **Erstellung eines Nachgründungsberichts.** Ist aufnehmende Gesellschaft eine deutsche AG und besteht diese weniger als zwei Jahre, sind zudem über Art. 18 SE-VO iVm § 67 UmwG einzelne Nachgründungsvorschriften (§ 52 Abs. 3, 4, 7 bis 9 AktG) zu beachten,[201] sofern (a) die aufnehmende deutsche AG an die Aktionäre übertragender Rechtsträger Aktien in einem Umfang von mehr als 10% ihres Grundkapitals zu gewähren hat, und (b) sie nicht vor einem Formwechsel in die Rechtsform der AG zwei Jahre als GmbH bestanden hat (§ 67 S. 2 UmwG); insb. bei konzerninternen Upstream-Verschmelzungen ausländischer (Vorrats)Gesellschaften auf eine deutsche AG sind deshalb die Nachgründungsvorschriften im Regelfall nicht zu beachten. Umstritten ist, ob für die Berechnung des Zweijahreszeitraums auf den Zeitpunkt der Aufstellung des Verschmelzungsplans,[202] den der notariellen Beurkundung des Verschmelzungsplans[203] oder aber auf den Zeitpunkt des Verschmelzungsbeschlusses[204] abzustellen ist. 67

Sind die Nachgründungsvorschriften nach vorgenannten Grundsätzen einschlägig, ist der Aufsichtsrat der aufnehmenden AG verpflichtet, vor Durchführung der Hauptversammlung den Verschmelzungsplan zu prüfen und hierüber schriftlich Bericht zu erstatten (§ 52 Abs. 3 AktG). Zudem hat eine Nachgründungsprüfung durch externe Gründungsprüfer zu erfolgen (§ 52 Abs. 4 S. 1AktG), sofern nicht ausnahmsweise die Voraussetzungen der allerdings aufgrund erheblicher konstruktiver Defizite praktisch bisher weitgehend bedeutungslos gebliebenen vereinfachten Sachkapitalerhöhung (§ 33 a AktG) vorliegen (§ 52 Abs. 4 S. 3 AktG). 68

j) **Hauptversammlungsbeschluss.** Die Hauptversammlung jeder der sich verschmelzenden Gesellschaften muss dem Verschmelzungsplan zustimmen (Art. 23 Abs. 1 SE-VO). Einberufung und Durchführung der Hauptversammlungen der beteiligten Gesellschaften richten sich nach den maßgeblichen Vorschriften des nationalen Aktien- bzw Umwandlungsrechts (Art. 18 SE-VO), für deutsche AG also nach den §§ 121 ff AktG und den ergänzenden Vorgaben der §§ 63 ff UmwG;[205] die Art. 50 ff SE-VO sind nicht anzuwenden, da sie nur für die existierende SE Geltung beanspruchen und keine Vorwirkung entfalten. Als unechte Ausnahme von dieser Maßgeblichkeit des nationalen Rechts wird diskutiert, ob in gemeinschaftskonformer Ausle- 69

196 MünchHbGesR/*Austmann*, § 83 Rn 19.
197 Spindler/Stilz/*Casper*, Art. 23 SE-VO Rn 6; MüKo-AktG/*Schäfer*, Art. 22 SE-VO Rn 10.
198 Lutter/Hommelhoff/*Bayer*, Art. 22 SE-VO Rn 16.
199 MünchHbGesR/*Austmann*, Bd. 4, § 83 Rn 19.
200 Lutter/Hommelhoff/*Bayer*, Art. 22 Rn 20.
201 Lutter/Hommelhoff/*Bayer*, Art. 23 SE-VO Rn 8; Spindler/Stilz/*Casper*, Art. 23 SE-VO Rn 4; Hauschild/Kallrath/Wachter/*Kleiser*, § 16 Rn 61, der allerdings auf Art. 15 SE-VO abstellt; *Scheifele*, Die Gründung der Europäischen Aktiengesellschaft, S. 177 f.
202 Habersack/Drinhausen/*Marsch-Barner*, Art. 26 SE-VO Rn 21.
203 *Scheifele*, Die Gründung der Europäischen Aktiengesellschaft, S. 178.
204 So Lutter/Hommelhoff/*Bayer*, Art. 23 SE-VO Rn 8.
205 Lutter/Hommelhoff/*Bayer*, Art. 23 Rn 1; Spindler/Stilz/*Casper*, Art. 23 SE-VO Rn 3.

gung die Einberufungsfrist abweichend von § 123 Abs. 1 S. 1 AktG einen Monat betragen muss;[206] für die Praxis empfiehlt sich, die Einberufung – unter Berücksichtigung der Vorlaufzeiten des Bundesanzeigers[207] – so rechtzeitig vorzunehmen, dass in jedem Fall der 30-Tages- als auch der Monatsfrist genügt ist.

70 **aa) Vorbereitung der Hauptversammlung.** Für die Einberufung der Hauptversammlung selbst gelten weitgehend die allgemeinen Regeln. Die Tagesordnung hat den Zustimmungsbeschluss zur Verschmelzung sowie die Wahl des Abschlussprüfers und des ersten Aufsichtsorgans und eine gegebenenfalls notwendige Kapitalerhöhung als Gegenstand der Tagesordnung zu bezeichnen.[208] Hat die zukünftige SE ihren Sitz im Ausland und ist deshalb ein Barabfindungsangebot gemäß § 7 SEAG auszulegen, ist dieses in der Einberufung nicht nur seinem wesentlichen Inhalt, sondern im Wortlaut bekanntzumachen (§ 7 Abs. 1 S. 3 SEAG).[209]

71 Zusätzlich sind von der Einberufung der Hauptversammlung an der Verschmelzungsplan oder sein Entwurf, die Jahresabschlüsse und Lageberichte der letzten drei Geschäftsjahre sowie eventuell erforderliche Zwischenbilanzen,[210] die Verschmelzungsberichte und die Verschmelzungsprüfungsberichte im Geschäftsraum der Gesellschaft zur Einsichtnahme durch die Aktionäre auszulegen; auf Anfrage ist den Aktionären eine kostenlose Abschrift zu übermitteln (§ 63 Abs. 1 und 3 UmwG).[211] Haben die Aktionäre eingewilligt, kann die Übermittlung nunmehr auch auf elektronischem Kommunikationsweg erfolgen (§ 63 Abs. 3 S. 2 UmwG). Alternativ können die Unterlagen für den gleichen Zeitraum auf der Internetseite der Gesellschaft zugänglich gemacht werden (§ 64 Abs. 4 UmwG). Die Auslegung einer eventuell bereits abgeschlossenen Mitbestimmungsvereinbarung wird durch das Gesetz nicht verlangt, erscheint allerdings im Hinblick auf eine offene Corporate Governance unbedingt empfehlenswert; die Praxis macht hiervon allerdings bisher nur sehr zurückhaltend Gebrauch.[212]

72 **bb) Durchführung der Hauptversammlung.** Auch für die Durchführung der Hauptversammlung sind vorrangig die nationalen Vorschriften maßgeblich (Art. 18 SE-VO), für deutsche Gründungsgesellschaften die §§ 129 ff AktG, 64 UmwG.[213] In der Hauptversammlung einer deutschen AG sind damit die Unterlagen der Vorab-Information nach § 63 UmwG (vgl Rn 71) zugänglich zu machen. Zudem hat der Vorstand den Verschmelzungsplan bzw seinen Entwurf zu Beginn der Hauptversammlung zu erläutern (§ 64 Abs. 1 S. 2 UmwG) und über eventuell eingetretene wesentliche Vermögensänderungen zu informieren (§ 64 Abs. 1 S. 3 UmwG).[214] Ist bereits eine Beteiligungsvereinbarung abgeschlossen, hat der Vorstand insb. das sich hieraus ergebende zukünftige Mitbestimmungsstatut der Gesellschaft zu erläutern. Demgegenüber muss ein eventuell erforderlicher Nachgründungsbericht (vgl Rn 67 f) weder ausgelegt noch erläutert werden.[215] Den Aktionären steht in der Hauptversammlung das besondere Auskunftsrecht des § 64 Abs. 2 UmwG zur Verfügung,[216] so dass im Rahmen der Vorbereitung der Hauptversammlung unbedingt sichergestellt werden muss, dass die entsprechenden Informationen über die weiteren Gründungsgesellschaften bei der deutschen Gründungsgesellschaft im Zeitpunkt der Hauptversammlung vorliegen.

73 **cc) Verschmelzungsbeschluss.** Die Hauptversammlung jeder der sich verschmelzenden Gesellschaften muss dem Verschmelzungsplan zustimmen (Art. 23 Abs. 1 SE-VO). Das Beschlusserfordernis ist zwingend, die nach UmwG bestehenden Erleichterungen (§ 62 Abs. 1–4 UmwG)

206 Dafür *J. Schmidt*, DB 2006, 375, 375 f; Lutter/Hommelhoff/*Bayer*, Art. 23 SE-VO Rn 5; Habersack/Drinhausen/ *Marsch-Barner*, Art. 23 SE-VO Rn 5; Hauschild/Kallrath/Wachter/*Kleiser*, § 16 Rn 66.

207 Vgl § 5 AGB für die entgeltliche Einreichung zur Publikation im Bundesanzeiger (Stand: 20. Juli 2013).

208 *Walden/Meyer-Landrut*, DB 2005, 2619, 2620.

209 MünchHbAG/*Austmann*, § 83 Rn 21.

210 Zu beachten sind die durch das 3. Umwandlungsrechtsänderungsgesetz eingeführten Vorschriften über die Entbehrlichkeit der Zwischenbilanz (§ 64 Abs. 2 S. 3 u. 4 UmwG), die richtiger Ansicht nach auf die SE anzuwenden sind. Vgl *Heckschen*, NJW 2011, 2390, 2394.

211 Lutter/Hommelhoff/*Bayer*, Art. 23 Rn 7; Habersack/Drinhausen/*Marsch-Barner*, Art. 23 SE-VO Rn 6.

212 Vorbildlich insoweit BASF SE und jüngst SAP AG.

213 Lutter/Hommelhoff/*Bayer*, Art. 23 SE-VO Rn 10.

214 Habersack/Drinhausen/*Marsch-Barner*, Art. 23 SE-VO Rn 11; *Heckschen*, NJW 2011, 2390, 2394.

215 Lutter/*Grunewald*, § 67 Rn 12.

216 Jannott/Frodermann/*Jannott*, Kap. 3 Rn 77.

können nicht in Anspruch genommen werden.[217] Der Zustimmungsbeschluss einer deutscher Gründungsgesellschaft bedarf der einfachen Mehrheit der abgegebenen Stimmen sowie einer **Kapitalmehrheit in Höhe von 3/4 des vertretenen Grundkapitals**, soweit nicht die Satzung einer größere Mehrheit vorsieht (Art. 18 SE-VO iVm § 133 Abs. 1 AktG, § 65 Abs. 1 S. 1 UmwG); die gleichen Mehrheitserfordernisse gelten für die bei Bestehen mehrerer Aktiengattungen erforderlichen Sonderbeschlüsse (§ 65 Abs. 2 UmwG).[218] **Vorbehalt nach Art. 23 Abs. 2 S. 2 SE-VO:** Sind die Verhandlungen über die Beteiligung der Arbeitnehmer in der SE im Zeitpunkt der Beschlussfassung der Hauptversammlung noch nicht abgeschlossen, kann die Hauptversammlung ihren Zustimmungsbeschluss davon abhängig machen, dass sie die Beteiligungsvereinbarung bzw das Eingreifen der gesetzlichen Auffangregelung als Folge eines gescheiterten Verhandlungsverfahrens ausdrücklich genehmigt (Art. 23 Abs. 2 S. 2 SE-VO); der entsprechende Beschluss bedarf nach zutreffender Ansicht der einfachen Mehrheit nach § 133 AktG.[219] In der Praxis wird zumindest bei Publikumsgesellschaften auf einen entsprechenden Vorbehalt weitgehend verzichtet, da das ohnehin überaus zeitintensive Gründungsverfahren hierdurch noch einmal spürbar verzögert würde.

Hinweis: Um den Aktionären dennoch eine Entscheidung in Kenntnis des Inhalts der Beteiligungsvereinbarung und damit der zukünftigen Mitbestimmung des Unternehmens zu ermöglichen, kann entweder das Beteiligungsverfahren bereits vor Veröffentlichung des Verschmelzungsplans eingeleitet werden, oder aber der Verschmelzungsplan bereits im unmittelbaren Anschluss an eine ordentliche Hauptversammlung erarbeitet werden, so dass sichergestellt ist, dass das Beteiligungsverfahren zum Zeitpunkt der nächsten ordentlichen Hauptversammlung abgeschlossen ist.

Uneinheitlich beantwortet wird, ob die Hauptversammlung ihre Zustimmungskompetenz auf den Aufsichtsrat übertragen kann; richtigerweise wird man eine solche strukturfremde Delegation von Hauptversammlungskompetenzen an den Aufsichtsrat in Ermangelung einer ausdrücklichen Ermächtigungsgrundlage abzulehnen haben; gegen die Zulässigkeit einer solchen Kompetenzverlagerung spricht zudem der ungleich schwächer ausgestaltete Rechtsschutz der Aktionäre gegen Maßnahmen des Aufsichtsrats.[220] Der Zustimmungsbeschluss ist gem. § 13 UmwG bzw § 130 Abs. 2 AktG **beurkundungsbedürftig.**[221]

dd) Begleitende Kapitalerhöhung. Bedarf es im Rahmen der Verschmelzung einer Gewährung 74
von Anteilen an die Aktionäre übertragender Rechtsträger, ist regelmäßig eine Kapitalerhöhung erforderlich. Ist aufnehmende Rechtsträgerin eine deutsche Aktiengesellschaft, sind die Kapitalerhöhungsge- und -verbote gemäß §§ 68, 69 UmwG zu beachten.[222] Sicherzustellen ist, dass Beschluss und Durchführung der Kapitalerhöhung vor der Verschmelzung zur Gründung einer SE eingetragen werden.[223]

ee) Bestellung der Mitglieder des ersten Aufsichts- bzw Verwaltungsrats. Wird von Möglich- 75
keit, die Mitglieder des ersten Aufsichts- bzw Verwaltungsrats bereits in der Satzung zu bestimmen, kein Gebrauch gemacht, schließt sich die Folgefrage an, ob diese zwingend im Verschmelzungsbeschluss bzw durch separaten Beschluss der Hauptversammlung zu bestimmen sind oder aber Amtskontinuität bisher amtierender Aufsichtsratsmitglieder angenommen werden

217 Lutter/Hommelhoff/*Bayer*, Art. 23 Rn 1; MüKo-AktG/*Schäfer*, Art. 23 SE-VO Rn 4; *Heckschen*, NJW 2011, 2390, 2394.

218 Lutter/Hommelhoff/*Bayer*, Art. 23 SE-VO Rn 10 f; Habersack/Drinhausen/*Marsch-Barner*, Art. 23 SE-VO Rn 14.

219 Spindler/Stilz/*Casper*, Art. 23 SE-VO Rn 7; Kallmeyer/*Marsch-Barner*, Anhang Europäische Gesellschaft, Rn 56.

220 Wie hier im Ergebnis auch Lutter/Hommelhoff/*Bayer*, Art. 23 SE-VO Rn 21; Spindler/Stilz/*Casper*, Art. 23 SE-VO Rn 8; MünchHbGesR/*Austmann*, Bd. 4, § 83 Rn 23; Jannott/Frodermann/*Jannott*, Kap. 3 Rn 85 aA etwa Habersack/Drinhausen/*Marsch-Barner*, Art. 23 SE-VO Rn 24; MüKo-AktG/*Schäfer*, Art. 23 SE-VO Rn 2.

221 Lutter/Hommelhoff/*Bayer*, Art. 23 Rn 13; Habersack/Drinhausen/*Marsch-Barner*, Art. 23 SE-VO Rn 13; Hauschild/Kallrath/Wachter/*Kleiser*, § 16 Rn 66; *Heckschen*, DNotZ 2003, 251, 259.

222 *Brandes*, AG 2005 177, 185; *Spitzbart*, RNotZ 2006, 369, 394; Hauschild/Kallrath/Wachter/*Kleiser*, § 16 Rn 69.

223 Vgl Habersack/Drinhausen/*Marsch-Barner*, Art. 23 SE-VO Rn 16.

kann. In den Details herrscht hier erhebliche Rechtsunsicherheit, wobei zwischen folgenden Konstellationen unterschieden werden muss. Erhält die zukünftige SE eine **monistische Verfassung** ist eine Neubestellung zwingend erforderlich, um die Handlungsfähigkeit der SE sicherzustellen.[224] Zu gleichem Ergebnis gelangt die wohl unbestrittene Ansicht auch für das **dualistische System**, soweit es sich um eine **Verschmelzung zur Neugründung** handelt: hier ist ebenso wie bei monistischer Struktur die Bestellung der Mitglieder des ersten Aufsichtsrats zwingend, da die SE erst mit Eintragung entsteht.[225] Kontrovers diskutiert wird demgegenüber die **Verschmelzung zur Aufnahme** unter Geltung des dualistischen Systems: während nach teilweise vertretener Ansicht auch hier die Annahme einer Amtskontinuität ausscheidet,[226] geht die Gegenansicht davon aus, dass ein bei der aufnehmenden Gesellschaft bestehender Aufsichtsrat im Amt bleibt.[227] Zwischen diesen beiden Extrempositionen steht eine differenzierende Ansicht, die unter Berufung auf die Nähe der Verschmelzung zur Aufnahme zum Formwechsel eine Amtskontinuität dann annehmen will, wenn sich Größe und Zusammensetzung des Aufsichtsorgans nicht ändern.[228] Nach hier vertretener Ansicht erscheint die Anwendbarkeit des Grundsatzes der Amtskontinuität allenfalls dann diskutabel, wenn keine Beteiligungsvereinbarung existiert und die SE auch im Übrigen mitbestimmungsfrei ist. Nur unter Wahrung dieser beiden Voraussetzungen beruht das Mitbestimmungsstatut vor und nach Verschmelzung auf weitgehend identischen Grundlagen. Insbesondere muss eine Amtskontinuität auch dann ausscheiden, wenn sich die Mitbestimmung in der SE nach der gesetzlichen Auffanglösung bestimmt: dagegen spricht auf einen ersten Blick, dass die gesetzliche Auffanglösung im Regelfall das bereits bestehende Mitbestimmungsniveau der Gründungsgesellschaften auf die SE transponiert; allerdings darf nicht übersehen werden, dass diese Kontinuität nur scheinbar ist, da das Aufsichtsratsorgan nach § 36 SEBG zwingend international zu besetzen ist.

Hinweis: Die Praxis vermeidet diese Kontroverse, indem ganz überwiegend die Mitglieder des ersten Aufsichts- oder Verwaltungsorgans bereits in der Satzung bestimmt werden.[229]

76 Ist somit für den Regelfall von einer Notwendigkeit zur Bestellung der Mitglieder des Aufsichts- oder Verwaltungsrats in der Satzung/per Beschluss auszugehen, stellt sich die Folgefrage nach der **Amtsdauer der Mitglieder des ersten Aufsichts- bzw Verwaltungsrats.** Nach teilweise vertretener Ansicht stellt Art. 46 Abs. 1 SE-VO eine abschließende Sonderregelung dar mit der Folge, dass auch Erstbestellungen für die satzungsmäßig vorgesehene Höchstdauer möglich sind.[230] Die Gegenansicht verneint demgegenüber eine dahin gehende Sperrwirkung des Art. 46 SE-VO, so dass sich die Amtszeit der Mitglieder ersten Aufsichts- oder Verwaltungsrats nach § 30, 31 AktG bestimmen soll,[231] dh durch Satzung bzw separaten Hauptversammlungsbeschluss werden alleine die Anteilseignervertreter bestellt und dies auch nur für einen Zeitraum bis zum Ende der Hauptversammlung, die über Entlastung für das erste (Rumpf)Geschäftsjahr entscheidet.[232]

Hinweis: Die Praxis vermeidet auch diese Auseinandersetzung, indem die Mitglieder des ersten Aufsichts- und Verwaltungsrats jeweils nur bis zum Ablauf der Hauptversammlung, die über die Entlastung für das erste Geschäftsjahr beschließt, bestellt werden.[233] Aufgrund der darge-

224 Lutter/Hommelhoff/*Teichmann*, Art. 43 Rn 48; Spindler/Stilz/*Eberspächer*, Art. 40 SE-VO Rn 8; Jannott/Frodermann/*Jannott*, Kap. 3 Rn 76.

225 Habersack/Drinhausen/*Seibt*, Art. 40 Rn 48; Jannott/Frodermann/*Jannott*, Kap. 3 Rn 86.

226 Spindler/Stilz/*Eberspächer*, Art. 40 SE-VO Rn 8; Widmann/Mayer/*Heckschen*, Anhang 14: Europäische Gesellschaft, Rn 245; *Scheifele*, Die Gründung der Europäischen Aktiengesellschaft, S. 253 f.

227 Lutter/Hommelhoff/*Drygala*, Art. 40 SE-VO Rn 14, der eine gegebenenfalls fehlerhafte Satzung offensichtlich im Wege des Statusverfahrens korrigieren will. Widmann/Mayer/*Heckschen*, Anhang 14: Europäische Gesellschaft, Rn 245.

228 Habersack/Drinhausen/*Seibt*, Art. 40 SE-VO Rn 50.

229 So etwa die Allianz SE, Q-Cells SE, anders aber Solon SE.

230 Jannott/Frodermann/*Jannott*, Kap. 3 Rn 86; Jannott/Frodermann/*Frodermann*, Kap. 5 Rn 98; MüKo-AktG/*Reichert/Brandes*, Art. 40 SE-VO Rn 51; im Ergebnis auch Kallmeyer/*Marsch-Barner*, Anhang Europäische Gesellschaft, Rn 62.

231 Lutter/Hommelhoff/*Drygala*, Art. 40 SE-VO Rn 15; Spindler/Stilz/*Eberspächer*, Art. 40 SE-VO Rn 8; Habersack/Drinhausen/*Seibt*, Art. 40 SE-VO Rn 51.

232 So Habersack/Drinhausen/*Seibt*, Art. 40 SE-VO Rn 51.

233 Etwa Allianz SE und Q-Cells SE.

stellten Entscheidung des AG Hamburg sollte gleichzeitig auch für den ersten Aufsichts- oder Verwaltungsrat eine absolute und von der Durchführung einer Hauptversammlung unabhängige Bestellungshöchstdauer, etwa drei Jahre, festgesetzt werden.

Ist die SE entweder auf Grundlage einer Vereinbarung über die Beteiligung der Arbeitnehmer 77
in der SE oder kraft gesetzlicher Auffanglösung mitbestimmt, sind nicht nur Vertreter der Anteilseigner, sondern auch **Vertreter der Arbeitnehmer** zu Mitgliedern des Aufsichts- bzw Verwaltungsrats zu küren. Hinsichtlich des diesbezüglichen Verfahrens ist danach zu unterscheiden, ob die Mitbestimmung in der SE ihren Rechtsgrund in einer Beteiligungsvereinbarung oder der gesetzlichen Auffanglösung findet. Die Mitbestimmungsautonomie der Parteien umfasst das Recht, das Bestellungsverfahren festzulegen. Mit Blick auf die Bestellung der Arbeitnehmervertreter des ersten Aufsichts- oder Verwaltungsorgans kann etwa vorgesehen werden, dass diese unmittelbar durch die Beteiligungsvereinbarung[234] oder aber – wenn auch deutlich unhandlicher – durch Gericht[235] bestellt werden. Für der Gründung nachfolgende Bestellungsrunden ist es möglich, festzulegen, dass die Vertreter der Arbeitnehmer auf deren bindenden Vorschlag durch die Hauptversammlung gewählt werden; die Praxis geht diesbezüglich allerdings verbreitet dazu über, in der Beteiligungsvereinbarung die Bestellungskompetenz dem SE-Betriebsrat zuzuweisen.[236] Kommt demgegenüber die **gesetzliche Auffanglösung** zur Anwendung, sind die auf die Arbeitnehmer entfallenden Aufsichtsratsmitglieder jeweils nach den Vorschriften des betroffenen Mitgliedstaats zu bestellen.[237] Für die auf Deutschland entfallenden Mitglieder des Aufsichts- oder Verwaltungsrats sieht § 36 Abs. 4 SEBG ein zweistufiges Verfahren vor. In einem ersten Schritt hat der SE-Betriebsrat die auf die Arbeitnehmer entfallenden Sitze im Aufsichts- oder Verwaltungsrat auf die Mitgliedstaaten zu verteilen. In einem zweiten Schritt werden sodann die auf Deutschland entfallenden Arbeitnehmervertreter durch die Hauptversammlung gewählt, die dabei an den Vorschlag des Wahlgremiums gebunden ist.[238] Keine Besonderheiten gelten insoweit für eine monistische SE: auch hier sind die auf die Arbeitnehmer entfallenden Mitglieder des Verwaltungsrats entweder nach dem in der Beteiligungsvereinbarung festgeschriebenen Modus zu bestellen, oder aber – bei Eingreifen der gesetzlichen Auffanglösung – durch die Hauptversammlung zu wählen, die dabei an die Vorschläge der Arbeitnehmer gebunden ist (§ 36 SEBG).[239]

Hinweis: Ist zum Zeitpunkt der Hauptversammlung, die den Verschmelzungsbeschluss fasst, noch unklar, ob es zum Abschluss einer Beteiligungsvereinbarung kommt, trägt die Praxis dem Rechnung, indem in der Satzung klargestellt wird, dass die Arbeitnehmervertreter im Aufsichts- bzw Verwaltungsrat entweder nach den Bestimmungen der Beteiligungsvereinbarung oder aber durch die Hauptversammlung unter Berücksichtigung von § 36 Abs. 4 SEBG bestellt werden.

ff) Bestellung des ersten Abschlussprüfers. Die Hauptversammlung hat schließlich den Ab- 78
schlussprüfer für das erste Geschäftsjahr zu bestellen,[240] soweit dessen Bestellung nicht bereits im Rahmen des Verschmelzungsplans erfolgt ist.

gg) Beschlussmängel und Spruchverfahren. Mängel des Verschmelzungsbeschlusses sind mit 79
den Instrumenten des nationalen Rechts der betroffenen Gründungsgesellschaft, für die deutsche AG als Gründungsgesellschaft also mit Anfechtungs- und Nichtigkeitsklage gemäß §§ 241 ff AktG geltend zu machen (Art. 24 Abs. 2 SE-VO).[241] Bzgl. Beanstandungen des Umtauschverhältnisses und einer möglichen baren Zuzahlung ist wie im deutschen Recht danach zu differenzieren, ob diese durch Aktionäre einer deutschen übertragenden oder aufnehmenden

234 So etwa im Falle der BASF SE. Vgl Beteiligungsvereinbarung der BASF SE, II, Ziff. 2 u. 4 = S. 22 f.
235 Allianz Beteiligungsvereinbarung, B., 3.2 = S. 21.
236 So etwa im Falle der BASF SE. Vgl Beteiligungsvereinbarung der BASF SE, II,Ziff. 2 u. 4 = S. 22 f.
237 MünchHbGesR/*Brandes*, Bd. 6§ 58 Rn 51.
238 MünchHbGesR/*Teichmann*, Bd. 6, § 49 Rn 59; *Oetker*, BB-Special 1/2005, 2, 12.
239 MünchHbGesR/*Teichmann*, Bd. 6, § 49 Rn 68.
240 Kallmeyer/*Marsch-Barner*, Anhang Europäische Gesellschaft, Rn 60; *Brandes*, AG 2005, 177, 185.
241 MünchHbGesR/*Teichmann*, Bd. 6, § 49 Rn 33.

Gründungsgesellschaft vorgebracht werden.[242] Aktionäre eines übertragenden Rechtsträgers haben Umtauschverhältnis und Höhe barer Zuzahlungen grundsätzlich- nicht anders als nach nationalem Recht – nicht mit den Mitteln des Beschlussmängelrechts, sondern im Spruchverfahren zu rügen (§ 6 SEBG). Eine Ausnahme von dieser Maßgeblichkeit des Spruchverfahrens sieht Art. 25 Abs. 3 SE-VO für den Fall vor, dass a) die Rechtsordnungen der weiteren sich verschmelzenden Rechtsträger kein dem Spruchverfahren vergleichbares Verfahren zum Schutz der Minderheitsaktionäre kennen und b) die Aktionäre solcher Gesellschaften, in denen ein solches Verfahren nicht existiert, in den erforderlichen Verschmelzungsbeschlüssen nicht ausdrücklich akzeptieren, dass das deutsche Spruchverfahren Anwendung finden soll. Da ersichtlich nur Österreich (vgl §§ 225 b, 225 c öAktG) und Tschechien ein dem Spruchverfahren vergleichbares Instrument kennen, kommt bei Verschmelzung zur Gründung einer SE das Spruchverfahren zugunsten der Aktionäre deutscher übertragender Gesellschaften damit nur dann zur Anwendung, wenn die Aktionäre der weiteren Gesellschaften dies akzeptieren. Da die Aktionäre ausländischer Gründungsgesellschaften nicht ohne Not einer Nachbesserung des Umtauschverhältnisses zu ihren Lasten zustimmen werden, verkehrt sich das gesetzliche Regel-Ausnahme-Verhältnis in der Praxis um.[243] Beansprucht der Vorrang des Spruchverfahrens mangels Zustimmung der Aktionäre der weiteren Gründungsgesellschaften keine Geltung, kann der Verschmelzungsbeschluss auch unter Hinweis auf die Unangemessenheit des Umtauschverhältnisses oder der baren Zuzahlung angefochten werden.[244] Aktionäre einer deutschen aufnehmenden AG haben demgegenüber – systemwidrig, aber hinzunehmende lex lata – auch Bewertungsrügen immer mit den Mitteln des Beschlussmängelrechts vorzubringen.

80 Vergleichbar ausgestaltet ist der Rechtsschutz im Falle, dass der Sitz einer SE im Ausland genommen wird und zugunsten der Aktionäre deutscher übertragender Rechtsträger ein **Barabfindungsangebot** auszulegen ist. Aktionäre, die Widerspruch zur Niederschrift gegen die Verschmelzung erklärt *und* gegen die Verschmelzung gestimmt haben, können die Angemessenheit des Barabfindungsangebots im Spruchverfahren überprüfen lassen. Voraussetzung ist allerdings auch hier, dass die Rechtsordnungen der weiteren beteiligten Gründungsgesellschaften ein vergleichbares Verfahren kennen, oder aber ihre Aktionäre die Barabfindung zugunsten der deutschen Aktionäre akzeptieren. Liegen diese Voraussetzungen nicht vor, ist die Unangemessenheit des Barabfindungsgebots mittels Beschlussmängelrecht geltend zu machen.[245]

81 Soweit Aktionäre nicht auf das Spruchverfahren verwiesen sind, steht der Gesellschaft gegen erhobene Anfechtungs- und Nichtigkeitsklagen das **Freigabeverfahren** offen. Nach dessen Reform durch das ARUG (§ 16 Abs. 3 UmwG), die von dem unausgesprochenen Gedanken geleitet ist, den mitgliedschaftlichen Rechtsschutz durch einen reinen Vermögensschutz der Minderheitsaktionäre zu substituieren (vgl § 16 Abs. 3 S. 9 UmwG), wird die Abwägung im Regelfall zugunsten der Gesellschaft ausfallen. Dies sollte nach Neufassung insb. der Abwägungsklausel (§ 16 Abs. 3 S. 2 Nr. 3 UmwG) nunmehr auch für Bewertungsrügen gelten, da diese zwar praktisch nie „offensichtlich unbegründet" sind,[246] gleichwohl aber die Abwägung der Interessen der antragstellenden Gesellschaft und des Antragsgegners regelmäßig zugunsten der Gesellschaft ausfallen wird. Dies gilt nicht zuletzt vor dem Hintergrund, dass im Falle einer letztlich erfolgreichen Bewertungsrüge sich die negativen Folgen eines erfolgreichen Freigabeverfahrens für den betroffenen Aktionär in vermögensrechtlichen Konsequenzen erschöpfen und damit einer Wiedergutmachung nach § 16 Abs. 3 S. 9 UmwG offenstehen.

82 **k) Konstituierung des Aufsichts- bzw Verwaltungsrats und Bestellung des ersten Vorstands bzw der ersten geschäftsführenden Direktoren.** Die Mitglieder des ersten Vorstands bzw die ersten geschäftsführenden Direktoren sind zwingend neu zu bestellen; Amtskontinuität wird diesbe-

242 MünchHbGesR/*Austmann*, Bd. 4, § 83 Rn 36.
243 MünchHbGesR/*Austmann*, Bd. 4, § 83 Rn 37.
244 MünchHbGesR/*Teichmann*, Bd. 6, § 49 Rn 33.
245 MünchHbGesR/*Austmann*, Bd. 4, § 83 Rn 42.
246 Hierzu noch MünchHbGesR/*Austmann*, Bd. 4, § 83 Rn 38 für die Zeit vor Neufassung der Abwägungsklausel durch das ARUG.

züglich auch für die Verschmelzung zur Aufnahme nicht diskutiert.[247] Für die Bestellung des ersten Vorstands bzw der ersten geschäftsführenden Direktoren gilt nicht § 39 Abs. 2 SE-VO, sondern Art. 15 SE-VO iVm § 30 Abs. 4 AktG; zuständig ist damit der erste Aufsichts- bzw Verwaltungsrat.[248] Regelmäßig konstituiert sich der erste Aufsichts- oder Verwaltungsrat der SE im Anschluss an die Hauptversammlung, wählt seinen Vorsitzenden und bestellt den Vorstand bzw die geschäftsführenden Direktoren der künftigen SE.

l) Gründungsprüfung und Berichterstattung. Auf eine SE mit Sitz in der Bundesrepublik ist gemäß Art. 15 SE-VO grundsätzlich das Gründungsrecht der AG (§§ 30 ff AktG) anzuwenden[249] und damit gleichzeitig Gegenstand der Rechtmäßigkeitskontrolle am zukünftigen Sitzstaat.[250] Unsicherheit herrscht allerdings, inwieweit die SE-VO den Rückgriff auf das nationale Umwandlungsrecht zulässt. Nach zumindest im Ausgangspunkt wohl unstreitiger Ansicht ist auch hier zu differenzieren. Bei **Verschmelzung zur Neugründung** sind nach herrschender und zutreffender Ansicht weder Gründungsbericht (§ 32 AktG) noch Gründungsprüfung durch einen gerichtlich bestellten Sachverständigen (§ 33 Abs. 2 AktG) erforderlich, da übertragender Rechtsträger zwingend eine Kapitalgesellschaft ist (§ 75 Abs. 2 UmwG).[251] Notwendig ist demgegenüber eine interne Gründungsprüfung durch Vorstand und Aufsichtsrat bzw Verwaltungsrat (§ 33 Abs. 1 AktG),[252] über die gemäß § 34 Abs. 2 AktG schriftlich Bericht zu erstatten ist.[253] Bei **Verschmelzung zur Aufnahme** ist demgegenüber entgegen vereinzelten Stimmen im Schrifttum weder eine Reinvermögensprüfung analog Art. 37 Abs. 6 SE-VO noch eine Sachgründungsprüfung nach Maßgabe der §§ 220, 197 UmwG erforderlich;[254] Gründungsrecht ist damit nicht einschlägig. 83

m) Gläubigerschutz. Liegt der **Sitz der zukünftigen SE im Ausland**, haben die Gläubiger einer deutschen AG **Anspruch auf Sicherheitsleistung**, wenn sie binnen zwei Monaten nach dem Tag, an dem der Verschmelzungsplan offen gelegt worden ist, ihren Anspruch nach Grund und Höhe schriftlich anmelden, soweit sie (a) nicht unverzüglich Befriedigung verlangen können und (b) glaubhaft machen, dass die Verschmelzung und die damit verbundene Sitzverlegung die Erfüllung ihrer Forderungen gefährdet. Ein Verfahrenshindernis kann mit der Regelung insoweit verbunden sein, als das deutsche Register die im Eintragungsverfahren erforderliche Rechtmäßigkeitsbescheinigung nach Art. 25 Abs. 2 SE-VO nur dann erteilt, wenn die Vorstandsmitglieder der übertragenden deutschen Gesellschaft versichern, dass allen Gläubigern, die rechtmäßigerweise die Stellung von Sicherheiten verlangt haben, angemessen Sicherheit geleistet wurde (§ 8 S. 2 SEAG). Liegt der **Sitz der zukünftigen SE in Deutschland**, richtet sich der Gläubigerschutz hingegen nach der allgemeinen Bestimmung des § 22 UmwG;[255] eine zusätzliche Verfahrensverzögerung ergibt sich in diesem Fall nach deutschem Recht also nicht, da der Gläubigerschutz der Eintragung der SE nachläuft. Zu beachten bleiben in diesem Fall die entsprechenden Vorschriften, die auf die weiteren Gründungsgesellschaften anzuwenden sind. So enthält etwa das insb. im Zusammenhang mit der Verschmelzung von Vorratsgesellschaften auf eine deutsche aufnehmende AG wichtige österreichische SE-Gesetz in § 14 iVm 23 öSEG eine § 8 SEAG vergleichbare Regelung mit den beiden Besonderheiten, dass die Meldefrist für 84

247 Widmann/Mayer/*Heckschen*, Anhang 14: Europäische Gesellschaft, Rn 246.1.

248 Spindler/Stilz/*Eberspächer*, Art. 39 SE-VO Rn 7; Habersack/Drinhausen/*Seibt*, Art. 39 SE-VO Rn 21.

249 Kallmeyer/*Marsch-Barner*, Anhang Europäische Gesellschaft, Rn 58.

250 Lutter/Hommelhoff/*Bayer*, Art. 26 SE-VO Rn 18.

251 Lutter/Hommelhoff/*Bayer*, Art. 26 SE-VO Rn 21; Habersack/Drinhausen/ *Marsch-Barner*, Art. 26 SE-VO Rn 23; Jannott/Frodermann/*Jannott*, Kap. 3 Rn 73; *Schmidt*, „Deutsche" vs. „britische" SE, S. 244; *Spitzbart*, RNotZ 2006, 369, 392; *Scheifele*, Die Gründung der Europäischen Aktiengesellschaft, S. 254 f.

252 Habersack/Drinhausen/*Marsch-Barner*, Art. 26 SE-VO Rn 23; Kallmeyer/*Marsch-Barner*, Anhang Europäische Gesellschaft, Rn 58; Jannott/Frodermann/*Jannott*, Kap. 3 Rn 90; *Spitzbart*, RNotZ 2006, 369, 392; *Vossius*, ZIP 2005, 741, 744; *Wicke*, MittBayNot 2006, 196, 198 (für Verschmelzung zur Neugründung).

253 Jannott/Frodermann/*Jannott*, Kap. 3 Rn 91.

254 Lutter/Hommelhoff/*Bayer*, Art. 26 SE-VO Rn 22 ff. Kallmeyer/*Marsch-Barner*, Anhang Europäische Gesellschaft, Rn 58; *Schmidt*, „Deutsche" vs. „britische" SE, S. 245 f; *Kiem*, ZHR 173 (2009), 156, 161 f. AA MünchKommAktG/*Schäfer*, Art. 26 SE-VO Rn 9; *Scheifele*, Die Gründung der Europäischen Aktiengesellschaft, S. 254 f.

255 MünchHbGesR/*Teichmann*, Bd. 6, § 49 Rn 31.

Gläubiger nur einen Monat beträgt, gleichzeitig aber ausdrücklich auch Inhabern von Schuldverschreibungen und Genussrechten ein Anspruch auf Sicherheitsleistung eingeräumt wird.

85 **n) Anmeldung und Eintragung der SE. aa) Zweistufiges Registerverfahren.** Verschmelzung und gleichzeitige Gründung der SE werden mit Eintragung der SE wirksam (Art. 27 Abs. 1 SE-VO). Das Registerverfahren wird durch die SE-VO zweistufig ausgestaltet, wobei das erfolgreiche Durchlaufen beider Stufen Voraussetzung der Eintragung der SE ist (Art. 27 Abs. 2 SE-VO). Auf einer ersten Stufe (Art. 25 SE-VO) wird die Rechtmäßigkeit der Verschmelzung auf Ebene der Gründungsgesellschaften geprüft, während auf einer zweiten Stufe die Gründung auf Ebene der werdenden SE den Gegenstand der Prüfung bildet (Art. 26 SE-VO).[256] Im Einzelnen kontrolliert (1) die in den Herkunftsstaaten der Gründungsgesellschaften jeweils zuständige Stelle – in Deutschland das Registergericht (Art. 68 Abs. 2 SE-VO iVm § 4 S. 1 SEAG) – die Rechtmäßigkeit der Verschmelzung, soweit die die einzelnen sich verschmelzenden Gesellschaften betreffenden Verfahrensschritte betroffen sind, nach den jeweils einschlägigen nationalen Verschmelzungsvorschriften, (2) nach erfolgreicher Prüfung stellt die prüfende Stelle eine Bescheinigung über die Vereinbarkeit der Verschmelzung mit den nationalen Verschmelzungsvorschriften aus (Art. 25 Abs. 2 SE-VO), (3) die verschmelzenden Rechtsträger legen die Rechtmäßigkeitsbescheinigung der zuständigen Stelle am zukünftigen Sitz der SE vor (Art. 26 SE-VO), woraufhin (4) diese zuständige Stelle im zukünftigen Sitzstaat der SE die Rechtmäßigkeit der Verschmelzung prüft, soweit die Durchführung der Verschmelzung und Gründung der SE betroffen ist (Art. 26 Abs. 1 SE-VO). Fällt das Ergebnis der Prüfung im zukünftigen Sitzstaat positiv aus, wird die SE eingetragen.

86 **bb) Antrag auf Ausstellung der Rechtmäßigkeitsbescheinigung (Art. 25 SE-VO). (1) Zuständigkeit.** Auf der ersten Stufe sind die Rechtmäßigkeitsbescheinigungen nach Art. 25 Abs. 2 SE-VO durch die Leitungs- bzw Verwaltungsorgane jedes sich verschmelzenden Rechtsträgers zu erwirken. Für deutsche Gründungsgesellschaften wird die Rechtmäßigkeitsbescheinigung durch den Vorstand in vertretungsberechtigter Zahl beantragt.[257] Zuständig für die Ausstellung der Rechtmäßigkeitsbescheinigung einer deutschen Gründungsgesellschaft ist das Amtsgericht am Sitz eines Landgerichts am Sitz der Gesellschaft (Art. 68 Abs. 2 SE-VO iVm § 4 SEAG iVm §§ 376, 377 FamG).[258] Der Antrag hat elektronisch in öffentlich beglaubigter Form zu erfolgen (§ 12 Abs. 1 S. 1 HGB iVm § 129 BGB).[259] Richtigerweise lautet der Antrag nicht auf Eintragung, sondern auf Ausstellung der Rechtmäßigkeitsbescheinigung.[260] Mit dem Antrag hat der Vorstand zu erklären (§ 16 Abs. 2 UmwG), dass nicht oder nicht fristgerecht gegen den Verschmelzungsbeschluss Klage erhoben bzw diese rechtskräftig abgewiesen oder zurückgenommen worden ist bzw die klageberechtigten Aktionäre auf die Geltendmachung der Anfechtbarkeit oder Nichtigkeit in notarieller Form verzichtet haben oder ein Freigabeverfahren nach § 16 Abs. 3 UmwG erfolgreich durchgeführt wurde.[261]

87 **(2) Beizufügende Unterlagen.** Der Anmeldung bzw dem Antrag auf Erteilung der Rechtsmäßigkeitsbescheinigung sind die folgenden Anlagen beizufügen: Verschmelzungsplan, Verschmelzungsbericht und Verschmelzungsprüfungsbericht bzw entsprechende Verzichtserklärungen, Verschmelzungsbeschluss, Nachweis über die Zuleitung an den Betriebsrat bzw eine Erklärung des Vorstands, dass kein Betriebsrat besteht, (nur) bei einer übertragenden deutschen Gründungsgesellschaft zudem die Schlussbilanz (§ 17 Abs. 2 S. 1 UmwG)[262] und gegebenenfalls die nach § 8 S. 2 SEAG erforderliche Versicherung der Vorstandsmitglieder, dass allen

256 Lutter/Hommelhoff/*Bayer*, Art. 25 SE-VO Rn 1; MüKo-AktG/*Schäfer*; Art. 25 SE-VO Rn 1.
257 MünchHbGesR/*Austmann*, Bd. 4, § 83 Rn 29.
258 Habersack/Drinhausen/*Marsch-Barner*, Art. 25 SE-VO Rn 4.
259 Habersack/Drinhausen/*Marsch-Barner*, Art. 25 SE-VO Rn 8.
260 Habersack/Drinhausen/*Marsch-Barner*, Art. 25 SE-VO Rn 8. AA offensichtlich Jannott/Frodermann/*Jannott*, Kap. 3 Rn 92; nach MünchHbGesR/*Austmann*, § 83 Rn 29 muss sich der Antrag auf die Eintragung der Verschmelzung erstrecken.
261 Lutter/Hommelhoff/*Bayer*, Art. 25 SE-VO Rn 11; MünchHbGesR/*Austmann*, Bd. 4, § 83 Rn 29.
262 *Widmann/Mayer/Heckschen*, Anhang 14: Europäische Gesellschaft, Rn 251.

Gläubigern, die Anspruch auf Sicherheitsleistung (§ 8 S. 1 SEAG) haben, angemessen Sicherheit geleistet wurde. Verschmelzungsplan und -beschluss als notariell zu beurkundende Dokumente sind in Ausfertigung oder öffentlich beglaubigter Form, sonstige Dokumente in Urschrift oder Abschrift einzureichen (§ 17 Abs. 1 UmwG).[263]

Auf Grundlage der eingereichten Dokumentation prüft das Registergericht für deutsche Gründungsgesellschaften sodann insb.:[264] (1) Gründungsberechtigung der Gründungsgesellschaft, also Rechtsform als AG, (2) Vorliegen eines Verschmelzungsplanes; (3) Vorliegen des Verschmelzungsberichts; (4) Durchführung der Verschmelzungsprüfung, (5) Vorliegen eines Verschmelzungsprüfungsberichts; (5) ordnungsgemäße Einreichung und Bekanntmachung nach Art. 21 SE-VO iVm § 5 SEAG, (6) ordnungsgemäßer Verschmelzungsbeschluss der dt. Gründungsgesellschaft, (7) Versicherung bzgl Gläubigerschutz (§ 8 SEAG), (8) Eintragung einer eventuell erforderlichen Kapitalerhöhung, (9) und Anzeige des Treuhänders (§ 71 Abs. 1 S. 2 UmwG). 88

Nicht einheitlich beantwortet wird, wie das Registergericht einer deutschen übertragenden AG nach erfolgreicher Prüfung der in Art. 25 SE-VO niedergelegten Voraussetzungen verfährt. Nach teilweise vertretener Ansicht stellt das Registergericht die Rechtmäßigkeitsbescheinigung aus und trägt entsprechend § 19 Abs. 1 UmwG die Verschmelzung zur Gründung einer SE ein mit dem Hinweis, dass die Verschmelzung erst mit Eintragung im Register des übernehmenden Rechtsträgers wirksam wird (Vorläufigkeitsvermerk),[265] während es nach der Gegenansicht mit der Ausstellung der Rechtmäßigkeitsbescheinigung sein Bewenden hat.[266] 89

cc) **Rechtmäßigkeitskontrolle am Sitz der zukünftigen SE (Art. 26 SE-VO).** Gegenstand der zweiten Prüfungsstufe, die verfahrensrechtlich mit der Anmeldung der SE zum Register ihres zukünftigen Sitzstaates verbunden ist, ist die Prüfung der Rechtmäßigkeit der Verschmelzung zur Gründung einer SE hinsichtlich des Verfahrensabschnitts der Durchführung der Verschmelzung und der Gründung der SE durch die zuständige Stelle im zukünftigen Sitzstaat der SE. Die Anmeldung hat spätestens sechs Monate nach Ausstellung der Rechtmäßigkeitsbescheinigung nach Art. 25 SE-VO zu erfolgen. Formalitäten bzw Details des Anmeldeverfahrens werden maßgeblich durch das Recht des künftigen Sitzstaats der SE bestimmt,[267] wobei im Folgenden das Verfahren dargestellt wird für den Fall, dass zukünftiger Sitzstaat der SE die Bundesrepublik ist. 90

Zuständigkeit. Nimmt die SE ihren Sitz in Deutschland, ist das Registergericht am zukünftigen Sitz der SE zur Prüfung berufen.[268] Die Anmeldung hat in öffentlich beglaubigte Form (§ 12 Abs. 1 S. 1 HGB iVm § 129 BGB) zu erfolgen.[269] 91

Anmeldeverpflichtete Personen. Bezüglich der Frage, durch wen die SE zu ihrem künftigen Register anzumelden ist, besteht erhebliche Unsicherheit. **Dualistisches System:** Nach teilweise vertretener Ansicht ist die Gründung einer SE mit Sitz in Deutschland gemäß Art. 15 SE-VO iVm § 16 Abs. 1 UmwG durch den Vorstand in vertretungsberechtigter Zahl anzumelden,[270] während nach anderer Ansicht sowohl bei Verschmelzung zur Aufnahme als auch bei Verschmelzung zur Neugründung die Anmeldung durch alle Gründungsgesellschaften vorzunehmen sein soll.[271] Wieder anderer Ansicht nach ist die Verschmelzung unter Berufung auf § 36 AktG sowohl durch die Gründungsgesellschaften und zusätzlich durch die Mitglieder des ers- 92

263 Lutter/Hommelhoff/*Bayer*, Art. 25 SE-VO Rn 12; Habersack/Drinhausen/*Marsch-Barner*, Art. 25 Rn 9.
264 Vgl zum Folgenden etwa Lutter/Hommelhoff/*Bayer*, Art. 25 SE-VO Rn 6; Habersack/Drinhausen/ *Marsch-Barner*, Art. 25 SE-VO Rn 5 ff; MünchHbGesR/*Austmann*, Bd. 4, § 83 Rn 29.
265 MünchHbGesR/*Austmann*, Bd. 4, § 83 Rn 31; *Walden/Meyer-Landrut*, DB 2005, 2619, 2622.
266 So Lutter/Hommelhoff/ *Bayer*, Art. 25 SE-VO Rn 18; Habersack/Drinhausen/*Marsch-Barner*, Art. 26 Rn 7.
267 Lutter/Hommelhoff/ *Bayer*, Art. 26 SE-VO Rn 4.
268 MünchKommAktG/*Schäfer*, Art. 26 SE-VO, Rn 1; Jannott/Frodermann/*Jannott*, 2005, Kap. 3 Rn 100.
269 Lutter/Hommelhoff/*Bayer*, Art. 26 SE-VO Rn 8.
270 Seibt/*Seibt*, in: Handbuch M&A L.II.32 Rn 4.
271 Lutter/Hommelhoff/*Bayer*, Art. 26 SE-VO Rn 7; Habersack/Drinhausen/*Marsch-Barner*, Art. 26 SE-VO Rn 6; MüKo-AktG/*Schäfer*, Art. 26 SE-VO Rn 6.

ten Leitungs- und Aufsichtsorgans anzumelden.[272] Eine vierte Ansicht schließlich differenziert zwischen Verschmelzung zur Aufnahme und Verschmelzung zur Neugründung: hiernach ist bei Verschmelzung zur Aufnahme der Vorstand gemäß §§ 16, 17 UmwG zuständig,[273] bei Verschmelzung zur Neugründung demgegenüber nach § 36 Abs. 1 AktG alle Gründer sowie die Mitglieder des ersten Vorstands und Aufsichtsrats.[274]

93 **Monistisches System:** Verbreitet wird für Anwendung von § 21 SEAG plädiert, wonach die Anmeldung durch alle Gründer, Mitglieder des Verwaltungsrats sowie sämtliche geschäftsführenden Direktoren zu erfolgen hat, wobei an die Stelle der Gründer die Vertretungsorgane der Gründungsgesellschaften treten.[275] Die Gegenansicht will auch hier von einer Zuständigkeit sämtlicher Gründungsgesellschaften nach Art. 26 SE-VO ausgehen; § 21 SEAG werde durch den spezielleren Art. 26 Abs. 2 SE-VO verdrängt.[276]

Hinweis: Aufgrund des unübersichtlichen Meinungsbildes, des weitgehenden argumentativen Patts und der bisher fehlenden Herausbildung einer herrschenden Meinung empfiehlt sich die Abstimmung mit dem zuständigen Registergericht oder aber es wird die Anmeldung durch sämtliche Gründungsgesellschaften, vertreten durch ihre Organe, sowie die Verwaltungsorgane der zukünftigen SE vorgenommen.

94 **Inhalt der Anmeldung.** Die Anmeldung hat die Tatsache der Gründung einer SE durch Verschmelzung zur Aufnahme oder Neugründung zu bezeichnen, die Wahl des Leitungssystems zu enthalten, sowie entsprechend § 37 Abs. 3 AktG inländische Geschäftsanschrift, abstrakte und konkrete Vertretungsbefugnis und gegebenenfalls die Bestellung der Mitglieder des ersten Aufsichts- und Leitungsorgans bzw Verwaltungsorgans und geschäftsführender Direktoren.[277]

95 Die Anmeldung zur zuständigen Stelle kann nach richtiger Ansicht mit dem Antrag auf Ausstellung der Rechtmäßigkeitsbescheinigung (Art. 25 SE-VO) durch das zuständige Register verbunden werden;[278] prüft die zuständige Stelle eines aufnehmenden Rechtsträger sowohl das Vorliegen der Voraussetzungen nach Art. 25 SE-VO und Art. 26 SE-VO wäre ein separater Antrag auf Ausstellung der Rechtmäßigkeitsbescheinigung Förmelei.[279] Eine Ausnahme gilt lediglich in dem nach hier vertretener Ansicht zulässigen Fall einer grenzüberschreitenden Sitzverlegung der aufnehmenden Gesellschaft anlässlich einer SE-Gründung, da hier die zuständige Stelle nach Art. 25 SE-VO notwendig verschieden von der für die Eintragung zuständigen Stelle im zukünftigen Sitzstaat der SE ist.[280] Im Übrigen ist im Regelfall, in dem der zukünftige Sitzstaat mit dem Sitzstaat mindestens einer Gründungsgesellschaft identisch ist, dennoch die Abstimmung mit dem zuständigen Registergericht zu suchen und gegebenenfalls als sicherer Weg, Antrag auf Rechtmäßigkeitsbescheinigung und Eintragung separat zu stellen.[281]

96 **Beizufügende Unterlagen:** Der Anmeldung sind beizufügen: (1) Rechtmäßigkeitsbescheinigungen nach Art. 25 Abs. 2 SE-VO, (2) Ausfertigung oder öffentlich beglaubigte Abschrift des Verschmelzungsplans bzw der Verschmelzungspläne, (3) Ausfertigung oder öffentlich beglaubigte Abschrift sämtlicher Verschmelzungsbeschlüsse, (3) Beteiligungsvereinbarung für die SE oder aber Nachweis über den Abbruchbeschluss (§ 16 SEBG) bzw über den erfolglosen Ablauf der Verhandlungsfrist (§ 20 SEBG),[282] (4) eventuell erforderliche Nachgründungsberichte des Auf-

272 *Schwarz*, SE-VO, Art. 26 Rn 5; Schmitt/Hörtnagl/Stratz/*Hörtnagl*, Art. 26 SE-VO Rn 3; MünchHbAG/*Austmann*, § 83 Rn 31.
273 Widmann/Mayer/*Heckschen*, Anhang 14: Europäische Gesellschaft, Rn 256.
274 Widmann/Mayer/*Heckschen*, Anhang 14: Europäische Gesellschaft, Rn 259.
275 Widmann/Mayer/*Heckschen*, Anhang 14: Europäische Gesellschaft, Rn 260; Lutter/Hommelhoff/*Kleindiek*, SE-Kommentar, 2008, Art. 12 SE-VO Rn 8; Seibt/*Seibt*, Handbuch M&A, L.II.32 Rn 5.
276 Lutter/Hommelhoff/*Bayer*, SE-Kommentar, 2008, Art. 26 SE-VO Rn 8; Habersack/Drinhausen/*Marsch-Barner*, Art. 26 SE-VO Rn 6.
277 Vgl etwa Seib/*Seibt*, in: Beck'sches Handbuch M&A, L. II.32.
278 Schmitt/Hörtnagl/Stratz/*Hörtnagl*, Art. 25 SE-VO Rn 7.
279 Schmitt/Hörtnagl/Stratz/*Hörtnagl*, Art. 25 SE-VO Rn 8.
280 *Walden/Meyer-Landrut*, DB 2005, 2619, 2622.
281 Seibt/*Seibt*, Handbuch M&A, L. II. 31 Rn 1.
282 Habersack/Drinhausen/*Marsch-Barner*, Art. 26 SE-VO Rn 11 f.

sichtsrats und des externen Nachgründungsprüfers,[283] sowie bei Verschmelzung zur Neugründung (5) der interne Gründungsprüfungsbericht. Richtigerweise nicht beizufügen sind demgegenüber die Unterlagen, die bereits Prüfungsgegenstand im Rahmen der ersten Stufe waren,[284] es sei denn Rechtmäßigkeitsprüfung nach Art. 25 SE-VO und Anmeldung nach Art. 26 SE-VO werden bei Verschmelzung zur Aufnahme verbunden. Für die Praxis empfiehlt sich allerdings zur Vermeidung von Verzögerungen eine Abstimmung mit der zuständigen Stelle am zukünftigen Sitz der SE, für die dt. SE also mit dem deutschen Registergericht. Hinzu treten die allgemein beizufügenden Unterlagen, also die Satzung der SE, die allerdings bereits Bestandteil des einzureichenden Verschmelzungsplans ist, die Urkunden über die Bestellung der Mitglieder des Vorstands bzw der geschäftsführenden Direktoren sowie die Versicherung der Mitglieder des Vorstands bzw der geschäftsführenden Direktoren, dass in ihrer Person jeweils keine Bestellungshindernisse erfüllt sind und sie über ihre unbeschränkte Auskunftspflicht belehrt worden sind.[285]

Prüfprogramm des Registergerichts. Auf Grundlage der eingereichten Dokumente prüft die zuständige Stelle, ob (1) die nach Art. 2 Abs. 1 SE-VO erforderliche Mehrstaatlichkeit vorliegt, (2) die Anteilseigner der Gründungsgesellschaften einem gleichlautenden Verschmelzungsplan zugestimmt haben, (3) das Arbeitnehmerbeteiligungsverfahren ordnungsgemäß durchgeführt worden ist,[286] und (4) die für die Gründung durch Verschmelzung einschlägigen Bestimmungen des nationalen Aktien- und Verschmelzungsrechts eingehalten worden sind, soweit diese nicht bereits auf der ersten Stufe (Art. 25 SE-VO) Prüfungsgegenstand gewesen sind,[287] bei Verschmelzung zur Neugründung einschließlich des nach hM erforderlichen internen Gründungsberichts.[288] Demgegenüber ist entgegen verbreiteter Ansicht das Bestehen eines Selbsteintrittsrechts, wonach die zuständige Stelle am Sitzstaat bei Auffälligkeiten in die Prüfung der ersten Stufe (Art. 25 SE-VO) eintreten dürfte, abzulehnen, da sie mit dem Grundgedanken des zweistufigen Prüfungsverfahrens, einer Entlastung der zuständigen Stellen durch arbeitsteiliges Zusammenwirken und der Bündelung der Prüfung am Ort der höchsten Sachkompetenz, nicht zu vereinbaren ist.[289] 97

o) Eintragung der Verschmelzung. Nach erfolgreicher Prüfung trägt die gem. Art. 26 SE-VO zuständige Stelle – für die deutsche SE also das Register am zukünftigen Sitz der SE[290] – die Verschmelzung ein. Mit Eintragung entsteht die SE. Die Rechtsfolgen der Eintragung entsprechen in weiten Teilen denen einer Verschmelzung nach nationalem Recht: Aktiv- und Passivvermögen der übertragenden Rechtsträger gehen im Wege der Gesamtrechtsnachfolge auf den übernehmenden bzw neuen Rechtsträger über, während die übertragenden Rechtsträger ohne Abwicklung untergehen. Der eingetragenen SE gewährt die SE-VO § 20 Abs. 2 UmwG vergleichbaren Bestandsschutz: nach Art. 30 SE-VO kann eine Verschmelzung nach Eintragung der SE nicht mehr für nichtig erklärt werden. Von der Möglichkeit, das vollständige Fehlen einer Rechtmäßigkeitskontrolle gem. den Art. 25 f SE-VO als möglichen Auflösungsgrund festzuschreiben, hat der deutsche Gesetzgeber keinen Gebrauch gemacht.[291] 98

p) Offenlegung der Verschmelzung (Art. 28 SE-VO). Für jede sich verschmelzende Gesellschaft ist die Durchführung der Verschmelzung nach den in den Rechtsvorschriften des jeweiligen Mitgliedstaats vorgesehenen Verfahrens in Übereinstimmung mit Artikel 3 der Richtlinie 99

283 Die Einhaltung der Nachgründungsvorschriften ist nach richtiger Ansicht Gegenstand der 2. Prüfungsstufe Habersack/Drinhausen/*Marsch-Barner*, Art. 26 SE-VO Rn 21.

284 Habersack/Drinhausen/*Marsch-Barner*, Art. 26 SE-VO Rn 14; Schmitt/Hörtnagl/Stratz/*Hörtnagl*, Art. 26 SE-VO Rn 5.

285 Habersack/Drinhausen/*Marsch-Barner*, Art. 26 SE-VO Rn 13; Seibt/*Seibt*, Handbuch M&A, L. II. 32.

286 Zum diesbezüglichen Prüfungsumfang etwa Lutter/Hommelhoff/*Bayer*, Art. 26 SE-VO Rn 12 f.

287 Habersack/Drinhausen/*Marsch-Barner*, Art. 26 SE-VO Rn 1.

288 Lutter/Hommelhoff/*Bayer*, Art. 26 SE-VO Rn 21.

289 So auch Lutter/Hommelhoff/*Bayer*, Art. 26 SE-VO Rn 16: „umfassende Bindungswirkung"; *Walden/Meyer-Landrut*, DB 2005, 2619, 2621. AA MünchHbGesR/*Teichmann*, Bd. 6, § 49 Rn 30.

290 Habersack/Drinhausen/*Marsch-Barner*, Art. 26 SE-VO Rn 5.

291 MünchHbGesR/*Austmann*, Bd. 4, § 83 Rn 35.

68/151/EWG offenzulegen, in Deutschland hat die Offenlegung damit gem. §§ 8 ff HGB zu erfolgen.[292] Die Offenlegung ist rein deklaratorischer Natur.[293]

100 q) **Kosten.** Soweit die Maßnahmen auf Ebene der dt. Gründungsgesellschaften bzw zur Gründung einer deutschen SE in Rede stehen, entsprechen deren Kosten grundsätzlich den Kosten der Gründung einer deutschen AG. Da es sich bei dem **Verschmelzungsplan** um eine einseitige Erklärung handelt, fällt für dessen Beurkundung eine einfache volle (10/10) Gebühr an,[294] etwas anderes – doppelte Gebühr gemäß KV 21100 – gilt nur dann, wenn man mit der teilweise vertretenen Ansicht davon ausgeht, dass zwingend ein gemeinsamer Verschmelzungsplan aufzustellen ist (vgl oben Rn 44) bzw wenn die Gründungsgesellschaften freiwillig von der Möglichkeit eines gemeinsamen Verschmelzungsplans Gebrauch gemacht haben. Der Geschäftswert beträgt mindestens 30.000 EUR und nunmehr höchstens 10.000.000 EUR beträgt (§ 107 Abs. 1 S. 1 GNotKG). Für den **Verschmelzungsbeschluss** der deutschen Gründungsgesellschaft ist wie nach bisherigem Recht eine doppelte (20/10)-Gebühr zu entrichten (KV 21100);[295] der Geschäftswert bestimmt sich dabei gemäß § 108 Abs. 3 S. 1 GNotKG weiterhin als Wert des Vermögens der übertragenden AG ohne Abzug von Passiva[296] und beträgt mindestens 30.000 EUR (§ 108 Abs. 1 S. 2 GNotKG) und höchstens 5.000.000 EUR und zwar auch dann, wenn mehrere Beschlüsse in einer Urkunde zusammengefasst werden (§ 108 Abs. 5 GNotKG). Eine wesentliche Neuerung stellt dar, dass die aus dem bisherigen Recht bekannte absolute Kostendeckelung auf einen Höchstbetrag von EUR 5.000 entfällt. Für die **Eintragung** in ein betroffenes deutsches Handelsregister fallen sowohl im Falle, dass die deutsche Gesellschaft übertragender (Gebührenverzeichnis 1400) als auch dann, wenn sie übernehmender Rechtsträger ist (Gebührenverzeichnis 1401), weiterhin Kosten in Höhe von jeweils 180 EUR an (§ 58 Abs. 1 Nr. 1 GNotKG iVm HRGebV). Hinzukommen die Kosten für die Ausstellung der Rechtmäßigkeitsbescheinigung.

IV. Umwandlung/Formwechsel (Art. 2 Abs. 4; 37 SE-VO)

Literatur:

Fackelmann, Notarkosten nach dem neuen GNotKG, 2013; *Habersack*, Konstituierung des ersten Aufsichts- oder Verwaltungsorgans, DK 2008, 67; *Kleinhenz/Leyendecker-Langner*, Ämterkontinuität bei der Umwandlung in eine dualistisch verfasste SE, AG 2013, 507; *Kowalski*, Praxisfragen bei der Umwandlung einer Aktiengesellschaft in eine Europäische Gesellschaft, DB 2007, 2243; *Seibt/Reinhard*, Umwandlung der Aktiengesellschaft in die Europäische Gesellschaft (Societas Europaea), DK 2005, 407; *Vossius*, Gründung und Umwandlung der deutschen Europäischen Gesellschaft (SE), ZIP 2005, 741.

101 **1. Überblick.** Besondere praktische Bedeutung hat die Gründung der SE durch Umwandlung erlangt, die strukturell dem **Formwechsel** des nationalen Umwandlungsrechts entspricht. Im Vergleich zu den anderen Gründungsvarianten ist die SE-Gründung durch Umwandlung mit einer erheblichen Komplexitätsreduktion verbunden, da sich die gesellschaftsrechtliche Seite der Gründung lediglich nach SE-VO und deutschem Umwandlungsrecht bestimmt; allein im Rahmen des Arbeitnehmerbeteiligungsverfahrens verbleibt die Notwendigkeit, verschiedene Rechtsordnungen, SE-VO, SE-Beteiligungs-Richtlinie und SEBG aufeinander abzustimmen.[297] Kehrseite der eingeschränkten Mehrstaatlichkeit der SE-Gründung mittels Umwandlung ist, dass einerseits die (hypothetische) Absenkung des bestehenden Mitbestimmungsniveaus im Verhandlungswege ausscheidet – sog. **Verschlechterungsverbot** (vgl § 21 Abs. 6 S. 1 SEBG) –

292 Spindler/Stilz/*Casper*, Art. 28 SE-VO Rn 3.
293 Schmitt/Hörtnagl/Stratz/*Hörtnagl*, Art. 28 SE-VO Rn 1.
294 Seibt/*Seibt*, Formularbuch M&A, Muster L.II.28 Rn 23. Nicht eindeutig *Vossius*, ZIP 2005, 741, 744: doppelte Gebühr, da „zumeist als Vertrag zwischen den beteiligten Rechtsträgern" beurkundet. Jeweils noch zur Rechtslage unter Geltung der KostO.
295 Vgl *Pfeiffer*, NZG 2013, 244, 245.
296 *Pfeiffer*, NZG 2013, 244, 247; *Fackelmann*, Notarkosten, Rn 865.
297 Vgl etwa Widmann/Mayer/*Heckschen*, Anhang 14: Europäische Gesellschaft, Rn 381: „einfachste Gründungsvariante".

und andererseits der Sitz der SE nicht anlässlich der Verschmelzung grenzüberschreitend verlegt werden kann (Art. 37 Abs. 3 SE-VO); Hintergrund sind Bedenken des Gesetzgebers, die Umwandlung könne als Vehikel zur Flucht aus der Mitbestimmung missbraucht werden,[298] die allerdings vor dem Hintergrund der Rechtsprechung des EuGH zur Niederlassungsfreiheit zunehmend an rechtspolitischem Gewicht verlieren.

Die Umwandlung nach Art. 2 Abs. 4 SE-VO entspricht in Form und Verfahren weitgehend dem Formwechsel des nationalen Rechts. Wie dieser beeinträchtigt die Umwandlung der SE-VO die Identität des Rechtsträgers nicht; es wird alleine das rechtliche Kleid der AG gegen das der SE getauscht.[299] Auf die Gründung mittels Umwandlung sind vorrangig die Art. 2 Abs. 4, 37 SE-VO anzuwenden, die durch die §§ 190 ff UmwG – und damit in Teilen auch durch das Gründungsrecht der AG (§ 197 UmwG) – ergänzt werden.[300] 102

2. Voraussetzungen. Die Gründung einer SE durch Umwandlung steht ausschließlich nach dem Recht eines Mitgliedstaates gegründeten **Aktiengesellschaften** offen: erfasst ist nach herrschender, aber nicht zwingender Ansicht wiederum nur die AG, nicht die KGaA.[301] **Sitz und Hauptverwaltung** des umwandlungswilligen Rechtsträgers müssen **innerhalb der EU bzw des EWR** liegen; für die deutsche umwandlungswillige AG eröffnen die Streichung von § 2 SEAG einerseits sowie die Neufassung von § 5 AktG andererseits nunmehr die Möglichkeit, den effektiven Verwaltungssitz einer AG ins Ausland zu verlagern, so dass ein Auseinanderfallen von Satzungs- und Verwaltungssitz einer Umwandlung nicht entgegensteht.[302] Aufgrund von Art. 7 SE-VO muss allerdings sichergestellt werden, dass die zukünftige SE Satzungs- und Verwaltungssitz im gleichen Mitgliedstaat besitzt;[303] spätestens zum Wirksamwerden der Umwandlung müssen Satzungs- und Verwaltungssitz damit wieder im gleichen Mitgliedstaat zusammengeführt werden. Als Element der obligatorischen **Mehrstaatlichkeit** verlangt Art. 2 Abs. 4 SE-VO, dass die formwechselnde Aktiengesellschaft seit mehr als zwei Jahren **eine dem Recht eines anderen Mitgliedstaats unterliegende Tochtergesellschaft** hat. Unter Rückgriff auf Art. 2 lit. c SE-RL ist Tochtergesellschaft idS jedes Unternehmen, auf das die umwandlungswillige SE einen beherrschenden Einfluss ausüben kann;[304] richtigerweise genügt auch eine mittelbare Auslandstochter (Enkelin etc.), soweit eine ununterbrochene Beherrschungskette besteht.[305] Unerheblich ist die Rechtsform der Tochtergesellschaft, nicht genügend ist aber eine bloße ausländische Zweigniederlassung ohne eigene Rechtspersönlichkeit.[306] Die Zweijahresfrist berechnet sich vom Tag der Eintragung der SE,[307] und bezieht sich allein auf das Bestehen eines Mutter-Tochter-Verhältnisses, nicht hingegen darauf, dass die umwandlungswillige AG während dieses Zeitraums in der Rechtsform der AG firmiert hat. Dementsprechend kann eine GmbH etc., die seit über zwei Jahren über eine Tochtergesellschaft verfügt, innerhalb der Zweijahresfrist in eine AG umgewandelt werden, ohne dass mit ihrer Eintragung als AG die Zweijahresfrist erneut zu laufen beginnen würde;[308] fraglich ist in diesem Zusammenhang allein, ob bereits vor der Durchführung eines eventuell erforderlichen Formwechsels in die Rechtsform der AG die SE-Gründung eingeleitet werden darf, um sodann in einer einheitlichen Hauptver- 103

298 Vgl etwa *Schwarz*, Art. 37 Rn 3; Habersack/Drinhausen/*Bücker*, Art. 37 SE-VO Rn 2.
299 Spindler/Stilz/*Casper*, Art. 37 SE-VO Rn 3; *Schwarz*, Art. 37 Rn 5.
300 Spindler/Stilz/*Casper*, Art. 37 SE-VO Rn 4; *Vossius*, ZIP 2005, 741,747.
301 Habersack/Drinhausen/*Bücker*, Art. 37 SE-VO Rn 9; Schmitt/Hörtnagl/Stratz/*Hörtnagl*, Art. 2 SE-VO Rn 37; Kallmeyer/*Marsch-Barner*, Anhang Europäische Gesellschaft, Rn 93; *Seibt/Reinhard*, DK 2005, 407, 409; *Kowalski*, DB 2007, 2243, 2244.
302 Kallmeyer/*Marsch-Barner*, Anhang Europäische Gesellschaft, Rn 94.
303 *Seibt/Reinhard*, DK 2005, 407, 410.
304 *Seibt/Reinhard*, DK 2005, 407, 410; Habersack/Drinhausen/*Bücker*, Art. 37 SE-VO Rn 14.
305 Habersack/Drinhausen/*Bücker*, Art. 37 SE-VO Rn 14; Kallmeyer/*Marsch-Barner*, Anhang Europäische Gesellschaft, Rn 94; *Kowalski*, DB 2007, 2243, 2244.
306 Schmitt/Hörtnagl/Stratz/*Hörtnagl*, Art. 2 SE-VO Rn 40; Spindler/Stilz/ *Casper*, Art. 2, 3 SE-VO Rn 17; Habersack/Drinhausen/*Habersack*, Art. 2 SE-VO Rn 22.
307 Habersack/Drinhausen/*Bücker*, Art. 37 SE-VO Rn 16; Kallmeyer/*Marsch-Barner*, Anhang Europäische Gesellschaft, Rn 94; *Seibt/Reinhard*, DK 2005, 407, 411. AA – ein Abstellen auf den Zeitpunkt der Hauptversammlung erwägend – *Kowalski*, DB 2007, 2243, 2244.
308 Habersack/Drinhausen/*Bücker*, Art. 37 SE-VO Rn 13; Kallmeyer/*Marsch-Barner*, Anhang Europäische Gesellschaft, Rn 94; *Kowalski*, DB 2007, 2243, 2244.

sammlung die Zustimmungsbeschlüsse zum AG-Formwechsel und zur Umwandlung in eine SE zu fassen. Wird in der Handelsregisteranmeldung die Anmeldung der SE-Gründung unter die Bedingung der Eintragung der AG gestellt, ist dieses Vorgehen technisch realisierbar. Dementsprechend wird im Schrifttum von der Zulässigkeit dieser Verfahrensvariante ausgegangen, dieselbe allerdings aufgrund der damit verbundenen Schwierigkeiten (Formulierungen des Umwandlungsplans, Umwandlungsberichts etc.) nur für Ausnahmefälle empfohlen.[309] Ein Liquidationsbeschluss der Mutter-AG steht einer Umwandlung nach Art. 2 Abs. 4, 37 SE-VO nicht entgegen, soweit die Aktionäre die Fortsetzung der AG beschließen könnten,[310] hingegen darf die Tochter die Liquidation noch nicht beschlossen haben.[311]

Hinweis: Existiert eine EU/EWR-Tochtergesellschaft weniger als zwei Jahre, kann nach heute ganz herrschender Meinung eine SE-Gründung durch Verschmelzung einer ausländischen Vorrats-Tochtergesellschaft realisiert werden.[312] Als weitere Gestaltungsalternativen stehen die Verschmelzung einer deutschen Kapitalgesellschaft auf eine Vorrats-SE bzw der Erwerb sämtlicher Assets eines Unternehmens durch eine (Vorrats)-SE zur Verfügung;[313] soweit dabei eine Vorrats-SE aktiviert wird, ist nach zutreffender Ansicht analog § 18 Abs. 3 SEBG ein Arbeitnehmerbeteiligungsverfahren durchzuführen.

104 **3. Verfahren.** Auch das bei der Umwandlung zur Gründung einer SE zu beobachtende Verfahren lässt sich in einem Grobschnitt in Vorbereitungs-, Beschluss- und Vollzugsphase unterteilen.[314] Zu durchlaufen sind im Einzelnen die folgenden Verfahrensstadien:[315]

a) Überblick

aa) Vorbereitungsphase

105
- Beschluss der Geschäftsleitung zur Durchführung der Umwandlung gem. Art. 37 SE-VO und zu einem gegebenenfalls vorausgehenden Formwechsel nach nationalem Recht
- Eventuell Formwechsel in die Rechtsform der AG zur Herbeiführung der Gründungsfähigkeit
- Vorbereitung des Arbeitnehmerbeteiligungsverfahrens, insb. Ermittlung der beteiligten Rechtsordnungen, Ermittlung der Wahlverfahren und Zahl der BVG-Mitglieder, regelmäßig über Versendung eines Fact Books an die lokalen Geschäftsleitungen
- Aufstellen des Umwandlungsplans und -berichts (Art. 37 Abs. 4 SE-VO)
- Einreichung des Umwandlungsplans zum Handelsregister/Offenlegung des Umwandlungsplans (Art. 37 Abs. 5 SE-VO)
- Zuleitung des Umwandlungsplans an den Betriebsrat (str.)
- (Spätestens) Einleitung des Arbeitnehmerbeteiligungsverfahrens (§ 4 SEBG)
- Reinvermögensprüfung (Art. 37 Abs. 6 SE-VO)
- Vorbereitung zumindest des internen Gründungsprüfungsberichts (str.)
- Einberufung der Hauptversammlung

bb) Beschlussphase

106
- Zustimmungsbeschluss zur Umwandlung (Art. 37 Abs. 7 SE-VO)
- Eventuell erforderlicher Kapitalerhöhungsbeschluss

309 Habersack/Drinhausen/*Bücker*, Art. 37 SE-VO Rn 13.
310 *Seibt/Reinhard*, DK 2005, 407, 410; Habersack/Drinhausen/*Bücker*, Art. 37 SE-VO Rn 11.
311 *Seibt/Reinhard*, DK 2005, 407, 411.
312 Habersack/Drinhausen/*Habersack*, Art. 2 SE-VO Rn 23; MünchHb.GesR/*Teichmann*, 2012, § 49 Rn 10.
313 Habersack/Drinhausen/*Bücker*, Art. 37 SE-VO Rn 8.
314 Spindler/Stilz/*Casper*, Art. 37 SE-VO Rn 7; Widmann/Mayer/*Heckschen*, Anhang 14: Europäische Gesellschaft, Rn 374.
315 Vgl etwa *Vossius*, ZIP 2005, 741, 747; Widmann/Mayer/*Heckschen*, Anhang 14: Europäische Gesellschaft, Rn 375; Habersack/Drinhausen/*Bücker*, Art. 37 SE-VO Rn 19.

- Wahl der Mitglieder des ersten Aufsichts- oder Verwaltungsorgans (soweit nicht durch Satzung bzw Umwandlungsplan bestimmt)
- Wahl der Abschlussprüfer (soweit nicht durch Umwandlungsplan bestimmt)

cc) Vollzugsphase

- Konstituierung des ersten Aufsichts- bzw Verwaltungsorgans 107
- Bestellung des Vorstands/der geschäftsführenden Direktoren
- Aufstellung des internen Gründungsberichts (str.)
- Anmeldung der Umwandlung zum Handelsregister
- Eintragung der Umwandlung/Eintragung der SE (nach gegebenenfalls erforderlicher Eintragung der Durchführung einer KapErh)
- Bekanntmachung der Umwandlung und Gläubigerschutz (str.)

b) Umwandlungsplan. aa) Zuständigkeit. Das Leitungs- oder Verwaltungsorgan der betreffenden Gesellschaft, für die deutsche AG also der Vorstand, hat einen Umwandlungsplan zu erstellen (Art. 37 Abs. 4 SE-VO); ausreichend ist nach hM die Mitwirkung von Vorstandsmitgliedern in vertretungsberechtigter Zahl.[316] 108

bb) Obligatorischer Inhalt. Weder SE-VO noch SEAG enthalten Vorgaben über den notwendigen Inhalt des Umwandlungsplans, weshalb streitig diskutiert wird, ob diese Lücke durch Rückgriff auf die Vorgaben für den nationalen Formwechsel (Formwechselbeschluss nach § 194 Abs. 1 UmwG)[317] oder durch sinngemäße Anwendung der Pflichtinhalte eines Verschmelzungsplans (Art. 20 SE-VO)[318] zu schließen ist. Da beide Ansichten plausible Argumente ins Felde führen können und sich bis dato noch keine eindeutige hM herausgebildet hat, empfiehlt sich für die Praxis, die Vorgaben beider Vorschriften kumulativ zu erfüllen,[319] was nicht zuletzt deshalb vertretbar erscheint, weil zahlreiche Redundanzen bestehen. 109

Der Umwandlungsplan hat damit im Ergebnis Ausführungen zu den folgenden Punkten zu enthalten: (1) **Rechtsform, Firma und Sitz der künftigen SE** (§ 194 Abs. 1 Nr. 1 und 2 UmwG, Art. 20 Abs. 1 lit. a SE-VO), wobei das Sitzverlegungsverbot des Art. 37 Abs. 3 SE-VO zu beachten ist;[320] (2) **Angaben über Zahl, Art und Umfang der Beteiligung** der bisherigen Aktionäre der AG an der SE (§ 194 Abs. 1 Nr. 3 UmwG, Art. 20 Abs. 1 lit. b SE-VO), (3) eventuelle **Sonderrechte, die Aktionären oder Inhabern sonstiger Rechte gewährt** werden (§ 194 Abs. 1 Nr. 5 UmwG, Art. 20 Abs. 1 lit. g SE-VO), (4) eventuelle **Sondervorteile**, die dem Reinvermögensprüfer (Art. 37 Abs. 6 SE-VO) oder Mitgliedern des Vorstands und/oder Aufsichtsrats der formwechselnden AG gewährt werden (Art. 20 Abs. 1 lit. f SE-VO); in diesem Zusammenhang findet sich in der Praxis häufig ein vorsorglicher Hinweis, dass unbeschadet der Organisationsverfassung der SE, geplant ist, dem amtierenden Vorstand ganz oder teilweise die Leitung der SE zu überantworten; (5) die **Folgen des Formwechsels für die Arbeitnehmer und ihre Vertretungen** sowie die insoweit vorgesehenen Maßnahmen (§ 194 Abs. 1 Nr. 7 UmwG) sowie **Angaben zu dem Verfahren über die Arbeitnehmerbeteiligung** (Art. 20 Abs. 1 lit. i SE-VO). Da legaltypisch das Beteiligungsverfahren erst nach Offenlegung des Umwandlungsplans eingeleitet 110

316 *Seibt/Reinhard*, DK 2005, 407, 414; Habersack/Drinhausen/*Bücker*, Art. 37 SE-VO Rn 31.

317 So *Vossius*, ZIP 2005, 741, 747; Spindler/Stilz/*Casper*, Art. 37 Rn 9; Widmann/Mayer/*Heckschen*, Anhang 14: Europäische Gesellschaft, Rn 378; Van Hulle/Maul/Drinhausen/*Drinhausen*, Kap. 4 § 5 Rn 12; MünchHbGesR/*Austmann*, Bd. 4, § 83 Rn 63; Jannott/Frodermann/*Jannott*, Kap. 3 Rn 233; *Wicke*, MittBayNot 2006, 196, 201.

318 So Schmitt/Hörtnagl/Stratz/*Hörtnagl*, Art. 37 SE-VO Rn 4; *Schwarz*, Art. 37 Rn 16 ff; Manz/Mayer/Schröder/*Schröder*, Art. 37 SE-VO Rn 20; Habersack/Drinhausen/*Bücker*, Art. 37 SE-VO Rn 23; tendenziell auch *Kowalski*, DB 2007, 2243, 2245. Der Vorschlag einer Analogie zum Sitzverlegungsplan ist – trotz der durch die Vale-Entscheidung noch einmal ins Bewusstsein gehobenen Ähnlichkeit eines statutenwechselnden Formwechsels mit einer statutenwechselnden Sitzverlegung – demgegenüber vereinzelt geblieben, so etwa *Kalss*, ZGR 2003, 593, 613.

319 Kallmeyer/*Marsch-Barner*, Anhang Europäische Gesellschaft, Rn 99; Van Hulle/Maul/Drinhausen/*Drinhausen*, Hdb Europäische Gesellschaft (SE), 2007, Kap. 4 § 5 Rn 13; Hauschild/Kallrath/Wachter/*Kleiser*, Notarhandbuch Gesellschafts- und Unternehmensrecht, 2011, § 16 Rn 127.

320 *Schwarz*, Art. 37 Rn 19.

wird, kann sich die Darstellung auf eine abstrakte Wiedergabe des Verfahrensablaufs und dessen möglicher Ergebnisse, allerdings unter Berücksichtigung der Verhältnisse der umwandlungswilligen Gesellschaft, beschränken; sollte die Gesellschaft von der nach hier vertretener Ansicht bestehenden Möglichkeit, das Arbeitnehmerbeteiligungsverfahren bereits vor Offenlegung des Umwandlungsplans einzuleiten, Gebrauch gemacht haben, sind Hinweise auf den aktuellen Verfahrensstand zu ergänzen.[321] Nicht erforderlich ist die Festlegung eines Umwandlungsstichtags, da die Umwandlung die Identität des Rechtsträgers nicht beeinflusst.[322] Gleichfalls bedarf es abweichend von § 194 Abs. 1 Nr. 7 UmwG nach ersichtlich unbestrittener Ansicht keines Abfindungsangebotes gemäß § 207 UmwG an die Aktionäre, da deutsche AG und deutsche SE hinreichend strukturverwandt sind.[323] Kein Bestandteil des Umwandlungsplans ist zudem nach richtiger Ansicht der Umwandlungsbericht.[324] Uneinigkeit besteht demgegenüber, ob auch die **Satzung** Bestandteil des Umwandlungsplans ist; dagegen spricht insb. der Wortlaut des Art. 37 Abs. 7 S. 1 SE-VO, der ersichtlich davon ausgeht dass Umwandlungsplan und Satzung der künftigen SE separate Dokumente darstellen.[325]

Hinweis: Die Praxis vermeidet eventuelle Konsequenzen dieses Meinungsstreits, in dem die Satzung als Anlage zum Umwandlungsplan genommen wird.[326] Auch für die Umwandlung in eine dualistisch strukturierte SE gilt, dass mit den oben genannten Besonderheiten (Rn 54) weitgehend auf die bisherige Satzung der AG zurückgegriffen werden kann. Nicht einheitlich beantwortet, für die Praxis vorläufig aber unbedingt zu empfehlen, ist ein an § 27 AktG orientierter, klarstellender Hinweis, dass das Grundkapital durch Formwechsel aufgebracht worden ist.[327] Wohl unstreitig sind demgegenüber in der AG-Satzung enthaltene Festsetzungen über Sondervorteile, Gründungsaufwand, Sacheinlagen und Sachübernahmen in die Satzung der SE zu übernehmen.[328] Aufgrund des Identitätsprinzips können bestehende genehmigte oder bedingte Kapitalia in der im Zeitpunkt des Formwechsels bestehenden Höhe fortgeschrieben werden und unterliegen keiner (erneuten) Beschlussanfechtung.[329]

111 cc) **Weitere Inhalte.** Vergleichbar dem Verschmelzungsplan kann auch der Umwandlungsplan fakultativ weitere Angaben enthalten: (1) Bestellung der Mitglieder des ersten Aufsichts- oder Verwaltungsorgans, soweit nicht bereits in der Satzung erfolgt,[330] (2) Bestellung des Abschlussprüfers, in der Praxis finden sich zudem häufig (3) eine Präambel, die noch einmal die wirtschaftliche Motivation der Umwandlung darlegt, (4) ein kurzer Nachweis, dass die obligatorische Mehrstaatlichkeit gegeben ist, sowie Hinweise darauf, dass die Umwandlung (5) die rechtliche Identität der Gesellschaft unberührt lässt und (6) mit der Eintragung in das Handelsregister wirksam wird.

112 **dd) Form.** Geht man davon aus, dass der Umwandlungsplan nicht die Satzung enthält, so unterliegt er nicht der notariellen Beurkundung, Schriftform genügt.[331] Aufgrund des uneinheitlichen Meinungsbildes wird der Umwandlungsplan in der Praxis regelmäßig beurkundet.

321 Ähnlich Habersack/Drinhausen/*Bücker*, Art. 37 SE-VO Rn 28.

322 *Schwarz*, SE-VO, Art. 37 Rn 22.

323 Manz/Mayer/Schröder/*Schröder*, Art. 37 SE-VO Rn 76; Hauschild/Kallrath/Wachter/*Kleiser*, § 16 Rn 128; Van Hulle/Maul/Drinhausen/*Drinhausen*, Kap. 4 § 5 Rn 16; *Kowalski*, DB 2007, 2243, 2245.

324 Vgl Habersack/Drinhausen/*Bücker*, Art. 37 SE-VO Rn 37; Widmann/Mayer/*Heckschen*, Anhang 14: Europäische Gesellschaft Rn 383; *Schwarz*, SE-VO, Art. 37 Rn 31; Manz/Mayer/Schröder/*Schröder*, Art. 37 SE-VO Rn 26. AA MüKo-AktG/*Schäfer*, Art. 37 SE-VO Rn 15.

325 So MünchHbGesR/*Austmann*, Bd. 4, § 83 Rn 63; Jannott/Frodermann/*Jannott*, Kap. 3 Rn 233. AA Habersack/Drinhausen/*Bücker*, Art. 37 Rn 25; Manz/Mayer/Schröder/*Schröder*, Art. 37 SE-VO Rn 14.

326 *Kowalski*, DB 2007, 2243, 2245.

327 So auch Habersack/Drinhausen/*Bücker*, Art. 37 SE-VO Rn 27. Ablehnend etwa Lutter/Hommelhoff/*Seibt*, Art. 37 SE-VO Rn 33.

328 Habersack/Drinhausen/*Bücker*, Art. 37 SE-VO Rn 27.

329 Van Hulle/Maul/Drinhausen/*Drinhausen*, Kap. 4 § 5 Rn 43.

330 *Schwarz*, Art. 37 Rn 28; Manz/Mayer/Schröder/*Schröder*, Art. 37 Rn 23.

331 Spindler/Stilz/*Casper*, Art. 37 Rn 10; MünchHbGesR/*Austmann*, Bd. 4, § 83 Rn 64; Manz/Mayer/Schröder/*Schröder*, Art. 37 Rn 17 und 74; Van Hulle/Maul/Drinhausen/*Drinhausen*, Kap. 4 § 5 Rn 17; im Ergebnis auch Habersack/Drinhausen/*Bücker*, Art. 37 Rn 30. AA *Schwarz*, SE-VO, Art. 37 Rn 9; *Heckschen*, DNotZ 2003, 251, 264.

c) **Umwandlungsbericht.** Zusätzlich zum Umwandlungsplan hat der Vorstand als Leitungsorgan der deutschen AG einen Bericht zu erstatten, in dem die rechtlichen und wirtschaftlichen Aspekte der Umwandlung erläutert und begründet sowie die Auswirkungen, die der Übergang zur Rechtsform einer SE für die Aktionäre und für die Arbeitnehmer hat, dargelegt werden (Art. 37 Abs. 4 SE-VO); die Unterzeichnung durch Mitglieder des Vorstands in vertretungsberechtigter Zahl genügt.[332] Aufgrund der strukturellen Ähnlichkeit von AG und SE deutschen Rechts sind an Inhalt und Umfang keine überzogenen Anforderungen zu stellen.[333] Ausführlichere Angaben sollten vor allem zur anders gearteten mitbestimmungsrechtlichen Struktur einer SE sowie – soweit einschlägig – zu einem monistischen System aufgenommen werden.[334] In der Praxis folgt der Verschmelzungsbericht weitgehend dem folgenden groben Muster: (1) Einführende Darstellung des umwandlungswilligen Rechtsträgers; (2) wesentliche Aspekte für die Umwandlung in die SE; (3) Vergleich der Rechtsstellung der Aktionäre vor und nach Umwandlung; (4) Darstellung des Verfahrensablaufs der Umwandlung; (5) Erläuterung von Umwandlungsplan und Satzung; (5) bilanzielle und steuerliche Auswirkungen der Umwandlung und, soweit es sich um eine an einem regulierten Markt gelistete Gesellschaft handelt, (6) Auswirkungen auf Wertpapiere und Börsenhandel.[335] 113

Uneinheitlich beurteilt wird, ob ein Verzicht nach § 192 Abs. 2 UmwG möglich ist;[336] entbehrlich ist der Umwandlungsbericht jedenfalls dann, wenn die umwandlungswillige AG nur einen Aktionär hat.[337] 114

d) **Offenlegung des Umwandlungsplans.** Der Umwandlungsplan ist mindestens einen Monat vor dem Tag der Hauptversammlung, die über die Umwandlung zu beschließen hat, offen zu legen (Art. 37 Abs. 5 SE-VO). Demgegenüber ist der Umwandlungsbericht als Instrument der gesellschaftsinternen Informationsordnung nicht zu veröffentlichen.[338] Die Offenlegung vollzieht sich nach Maßgabe des § 61 UmwG,[339] dh der Umwandlungsplan ist beim Handelsregister in elektronischer Form einzureichen (§ 12 Abs. 2 HGB), das die Einreichung durch Hinweis im Bundesanzeiger bekannt macht.[340] 115

e) **Zuleitung an den Betriebsrat.** Unter Hinweis auf die im Rahmen des Arbeitnehmerbeteiligungsverfahrens bestehenden umfangreichen Informationspflichten gegenüber den betroffenen Belegschaften ist nach verbreiteter Ansicht eine Zuleitung des Umwandlungsplans an den Betriebsrat analog § 194 Abs. 2 UmwG entbehrlich.[341] Zwingend ist dieses Ergebnis allerdings nicht, da der Umwandlungsplan – unabhängig davon, ob man seine Inhalte aus § 194 UmwG oder Art. 20 SE-VO ableitet – auch für die Arbeitnehmer relevante Auskünfte enthält[342] und die hM die letztlich identische Frage für die Verschmelzung abweichend beantwortet (vgl 116

332 Habersack/Drinhausen/*Bücker*, Art. 37 SE-VO Rn 41; Manz/Mayer/Schröder/*Schröder*, Art. 37 Rn 83; aA Jannott/Frodermann/*Jannott*, Kap. 3, Rn 237.

333 Ähnlich Schmitt/Hörtnagl/Stratz/*Hörtnagl*, Art. 37 SE-VO, Rn 7.

334 Schmitt/Hörtnagl/Stratz/*Hörtnagl*, Art. 37 SE-VO, Rn 7.

335 Vgl etwa die Verschmelzungsberichte der E.ON AG und der hannover rück AG sowie den Überblick bei Habersack/Drinhausen/*Bücker*, Art. 37 SE-VO Rn 38 f.

336 Gegen Verzichtsmöglichkeit Spindler/Stilz/*Casper*, Art. 37 SE-VO Rn 11; MünchHbGesR/*Teichmann*, Bd. 6, § 49 Rn 44; Jannott/Frodermann/*Jannott*, Kap. 3 Rn 238; *Seibt/Reinhard*, DK 2005, 407, 416. AA Habersack/Drinhausen/*Bücker*, Art. 37 SE-VO Rn 36; Widmann/Mayer/*Heckschen*, Anhang 14: Europäische Gesellschaft Rn 382; *Schwarz*, SE-VO, Art. 37 Rn 35; Manz/Mayer/Schröder/*Schröder*, Art. 37 Rn 85; Kallmeyer/*Marsch-Barner*, Anhang Europäische Gesellschaft, Rn 108; Hauschild/Kallrath/Wachter/*Kleiser*, § 16 Rn 131; Van Hulle/Maul/Drinhausen/*Drinhausen*, Kap. 4 § 5 Rn 27; MünchHbGesR/*Austmann*, Bd. 4, § 83 Rn 64.

337 Spindler/Stilz/*Casper*, Art. 37 SE-VO Rn 11.

338 Kallmeyer/*Marsch-Barner*, Anhang Europäische Gesellschaft, Rn 108; *Seibt/Reinhard*, DK 2005, 407, 416; *Kowalski*, DB 2007, 2243, 2246. AA Spindler/Stilz/*Casper*, Art. 37 SE-VO Rn 12.

339 Spindler/Stilz/*Casper*, Art. 37 SE-VO Rn 12. AA *Schwarz*, SE-VO, Art. 37 Rn 36 (Gründungsplan insgesamt offenzulegen).

340 Van Hulle/Maul/Drinhausen/*Drinhausen*, Kap. 4 § 5 Rn 23; MünchHbGesR/*Austmann*, Bd. 4, § 83 Rn 65.

341 Habersack/Drinhausen/*Bücker*, Art. 37 Rn 34; Schmitt/Hörtnagl/Stratz/*Hörtnagl*, Art. 37 SE-VO Rn 8; *Schwarz*, SE-VO, Art. 37 Rn 37; *Seibt/Reinhard*, DK 2005, 407, 415; *Kowalski*, DB 2007, 2243, 2249. AA Manz/Mayer/Schröder/ *Schröder*, Art. 37 SE-VO Rn 81; wohl auch Jannott/Frodermann/*Jannott*, Kap. 3 Rn 235.

342 Spindler/Stilz/*Casper*, Art. 37 SE-VO Rn 12; Van Hulle/Maul/Drinhausen/*Drinhausen*, Kap. 4 § 5 Rn 21 (für den Umwandlungsplan).

Rn 63). Für die Praxis ist aus Rechtssicherheitserwägungen die Zuleitung zu empfehlen und der Empfang durch Vertretungsberechtigte des Betriebsrats quittieren zu lassen.[343]

117 f) **Einleitung des Arbeitnehmerbeteiligungsverfahrens.** Spätestens nach der Veröffentlichung des Umwandlungsplans (§ 4 Abs. 2 SEBG) hat der Vorstand das Verfahren zur Beteiligung der Arbeitnehmer einzuleiten, dh die Belegschaft zu informieren und zur Bildung des BVG aufzufordern. Richtiger Ansicht zu Folge kennzeichnet § 4 SEBG lediglich den Zeitpunkt, zu dem das Arbeitnehmerbeteiligungsverfahren spätestens einzuleiten ist, steht also einer vorherigen Ingangsetzung nicht im Wege (vgl oben unter Rn 62).[344] Fraglich ist in diesem Zusammenhang allein, ob im Falle, in dem eine GmbH zur Herbeiführung der Gründungsvoraussetzungen gem. Art. 2 Abs. 4 SE-VO noch in eine AG formgewechselt werden muss, die Einleitung des Arbeitnehmerbeteiligungsverfahrens bereits vor Eintragung der Gründungsgesellschaft als AG, also vor Eintragung des Formwechsels möglich ist. Richtigerweise sind keine materiellen Gesichtspunkte ersichtlich, die gegen ein solches Vorgehen sprechen.[345] Insbesondere der denkbare Einwand, dass die SE-VO die Entscheidung des Leitungsorgans der AG verlangt, dieses aber durch die vorausgegangene Entscheidung der GmbH-Geschäftsführung und gegebenenfalls der Gesellschafterversammlung präjudiziert werde, trägt nicht. Zunächst ist festzuhalten, dass das Leitungsorgan der AG, das in dieser Konstellation im Regelfall personenidentisch mit dem Vertretungsorgan des formgewechselten Rechtsträgers sein wird, durch die vorausgegangene Entscheidung der Geschäftsführung nicht gebunden wird, vielmehr steht es ihm – zumindest bis zum Umwandlungsbeschluss der Hauptversammlung (§ 83 Abs. 2 AktG) – frei, das Verfahren zur Gründung einer SE abzubrechen. Weiter ist zu berücksichtigen, dass die Entscheidung über die Gründung einer SE als Strukturmaßnahme grundsätzlich den Anteilseignern vorbehalten ist, deren Rechte nicht tangiert werden, da sie ihre Zustimmung zur Umwandlung in ihrer Eigenschaft als (zukünftige) Aktionäre der SE beschließen müssen und dementsprechend auch bei vor die Eintragung als AG gezogener Beschlussfassung sämtliche Schutzvorschriften des AktG zu beachten sind. Aufgrund des Fehlens einschlägiger Rechtsprechung und in Ermangelung einer eindeutigen Literaturmeinung sollte jedenfalls aber ein solches Vorgehen mit dem Handelsregister abgestimmt werden.

118 g) **Reinvermögensprüfung/Umwandlungsprüfung (Art. 37 Abs. 6 SE-VO).** Vor Durchführung der Hauptversammlung, die über die Zustimmung zur Umwandlung entscheidet, ist durch einen oder mehrere unabhängige Sachverständige zwingend zu bescheinigen, dass die Gesellschaft über Nettovermögenswerte in Höhe ihres Kapitals zuzüglich der kraft Gesetzes oder Statuts (Satzung) nicht ausschüttungsfähigen Rücklagen verfügt. Umstritten ist, ob dabei auf die Kapitalziffer der formwechselnden AG – unter Berücksichtigung einer eventuell erforderlichen Kapitalerhöhung –[346] oder aber auf die Kapitalziffer der SE abzustellen ist.[347] In der Sache sollte die Bedeutung dieser Streitfrage nicht überschätzt werden, da zumindest unter Berücksichtigung einer der Umwandlung vorgeschalteten Kapitalerhöhung Grundkapital der AG und Grundkapital der SE übereinstimmen.[348] Das **Nettoreinvermögen** der Gesellschaft berechnet sich als Differenz aus Vermögenswerten und Verbindlichkeiten der Gesellschaft, wobei jeweils Zeit- und nicht Buchwerte anzusetzen sind.[349] Über die Vorgaben des nationalen Rechts (§§ 220, 245 UmwG) noch hinausgehend muss das Nettoreinvermögen nicht nur das Grundkapital, sondern auch die nach Gesetz oder Satzung nicht ausschüttungsfähigen Rücklagen, dh die Rücklagen nach § 150 Abs. 1 u. 2 AktG und die Kapitalrücklage nach § 272 Abs. 2 Nr. 1-3 HGB, nicht hingegen die sonstigen Zuzahlungen in das Eigenkapital nach § 272 Abs. 2 Nr. 4

343 Kallmeyer/*Marsch-Barner*, Anhang Europäische Gesellschaft, Rn 104.
344 AA insoweit *Kowalski*, DB 2007, 2243, 2246.
345 So wohl auch Habersack/Drinhausen/*Bücker*, Art. 37 SE-VO Rn 13.
346 Lutter/Hommelhoff/*Seibt*, Art. 37 Rn 24 Fn 40.
347 Spindler/Stilz/*Casper*, Art. 37 SE-VO Rn 13; *Vossius*, ZIP 2005, 741, 748.
348 Hierauf hinweisend Lutter/Hommelhoff/*Seibt*, Art. 37 Rn 24 Fn 40.
349 *Seibt/Reinhard*, DK 2005, 407, 412 f; Spindler/Stilz/*Casper*, Art. 37 SE-VO Rn 13; *Schwarz*, SE-VO, Art. 37 Rn 44.

HGB[350] abdecken. Als Instrument des Kapital- bzw Gläubigerschutzes ist die Reinvermögensprüfung nicht verzichtbar.[351] Eine neben die Kapitalaufbringungskontrolle tretende Umwandlungsprüfung zzgl Umwandlungsprüfungsbericht ist nach der SE-VO nicht vorgesehen.[352]

Die Prüfung hat durch einen oder mehrere unabhängige Sachverständige zu erfolgen, deren Bestellung sich nach den nationalen Bestimmungen, für die umwandlungswillige deutsche AG mithin nach den §§ 60, 10, 11 UmwG richtet.[353] Als Sachverständige kommen allein Wirtschaftsprüfer bzw Wirtschaftsprüfungsgesellschaften in Betracht; die Öffnungsklausel des § 319 Abs. 1 S. 2 HGB zugunsten vereidigter Buchprüfer findet keine Anwendung, da der formwechselnde Rechtsträger im Zeitpunkt der Reinvermögensprüfung zwingend AG ist. Durch das Kriterium der Unabhängigkeit wird ausgeschlossen, dass Aktionäre, Organmitglieder, Arbeitnehmer etc. des umwandlungswilligen Rechtsträgers als Reinvermögensprüfer fungieren.[354] Zulässig ist hingegen, dass der Abschlussprüfer der Gesellschaft zugleich als Reinvermögensprüfer agiert.[355] 119

Art. 37 Abs. 6 SE-VO verlangt seinem Wortlaut nach als Nachweis allein eine Bescheinigung über die erfolgreiche Reinvermögensprüfung;[356] das Schrifttum fordert darüber hinausgehend verbreitet die Beschreibung der Vermögensgegenstände sowie die Angabe der verwendeten Bewertungsmethode(n).[357] In der Praxis hat sich als Standard etabliert, im Anschluss an eine kurze Darstellung der umwandlungswilligen AG, zunächst die im Rahmen des Art. 37 Abs. 6 SE-VO maßgebliche Zielgröße aus der Bilanz zu entwickeln. Es schließen sich eine kurze Beschreibung der verwendeten Methoden zur Ermittlung des Unternehmenswerts und Kapitalisierungszinssatzes sowie eine Abschätzung der Größenordnung der Reinvermögenswerte an. Abschließend wird noch einmal ausdrücklich bestätigt, dass das Nettoreinvermögen die EK-Zielgröße deckt.[358] 120

h) Umwandlungsbeschluss der Hauptversammlung. Die Hauptversammlung muss dem Umwandlungsplan zustimmen und die Satzung der SE genehmigen (Art. 37 Abs. 7 SE-VO). Mangels eigenständiger Regelung gelten für Vorbereitung und Durchführung der Hauptversammlung die §§ 121 ff AktG, ergänzt um die Sondervorschriften der §§ 230 Abs. 2, 238 f. UmwG (Art. 15 SE-VO).[359] Die Art. 50 ff SE-VO sind nicht anzuwenden, da sie nur für existierende SE Geltung beanspruchen und keine Vorwirkung entfalten. 121

aa) Vorbereitung der Hauptversammlung. Von der Einberufung der Hauptversammlung, die den Zustimmungsbeschluss fassen soll, an, ist der Umwandlungsbericht und nach verbreiteter Ansicht, der man zumindest für die Praxis zu folgen haben wird, auch der Umwandlungsplan und – soweit nicht ohnehin Bestandteil des Umwandlungsplans (vgl oben Rn 110) – die Satzung der SE und der Prüfungsbericht in den Geschäftsräumen der Gesellschaft zur Einsicht der Aktionäre auszulegen.[360] Auf Verlangen ist jedem Aktionär eine Abschrift der entsprechenden Dokumente zu erteilen; haben die Aktionäre eingewilligt, kann die Übermittlung nunmehr auch auf elektronischem Kommunikationsweg erfolgen (§ 230 Abs. 2 S. 3 UmwG). Die Pflicht zur Auslegung und (elektronischen) Übermittlung von Abschriften entfällt, wenn Umwandlungsplan, Umwandlungsbericht, Satzung und Prüfungsbericht von der Einberufung an über 122

350 *Seibt/Reinhard*, DK 2005, 407, 412.
351 Manz/Mayer/Schröder/*Schröder*, Art. 37 SE-VO Rn 37; Kallmeyer/*Marsch-Barner*, Anhang Europäische Gesellschaft, Rn 96; *Seibt/Reinhard*, DK 2005, 407, 419. AA *Vossius*, ZIP 2005, 741, 748 Fn 80, der allerdings gleichzeitig von einer obligatorischen Prüfung gemäß §§ 197 UmwG, 33 Abs. 2 AktG ausgeht.
352 *Schwarz*, SE-VO, Art. 37 Rn 48; Kallmeyer/*Marsch-Barner*, Anhang Europäische Gesellschaft, Rn 109.
353 *Spitzbart*, RNotZ 2006, 369, 417.
354 Manz/Mayer/Drinhausen/*Schröder*, Art. 37 SE-VO Rn 48; Van Hulle/Maul/Drinhausen/*Drinhausen*, Kap. 4 § 5 Rn 29.
355 Habersack/Drinhausen/*Bücker*, Art. 37 SE-VO Rn 51; Kallmeyer/*Marsch-Barner*, Anhang Europäische Gesellschaft, Rn 97; *Seibt/Reinhard*, DK 2005, 407, 419.
356 *Spitzbart*, RNotZ 2006, 369, 417.
357 Kallmeyer/*Marsch-Barner*, Anhang Europäische Gesellschaft, Rn 98.
358 Vgl zuletzt Umwandlung der E.ON AG 2012.
359 Spindler/Stilz/*Casper*, Art. 37 SE-VO Rn 14; Habersack/Drinhausen/*Bücker*, Art. 37 SE-VO Rn 54; *Schwarz*, SE-VO, Art. 37 Rn 50.
360 Lutter/Hommelhoff/*Seibt*, Art. 37 SE-VO Rn 61; Habersack/Drinhausen/*Bücker*, SE-Recht, 2013, Art. 37 SE-VO Rn 57; *Schwarz*, SE-VO, Art. 37 SE-VO Rn 53.

die Internetseite der Gesellschaft zugänglich sind (§§ 238 S. 1 UmwG iVm § 230 Abs. 2 UmwG). Nicht von vorgenannten Offenlegungspflichten erfasst wird eine eventuell bereits abgeschlossene Mitbestimmungsvereinbarung;[361] entgegen der bisherigen Praxis, die nur in Einzelfällen den Aktionären unproblematischen Zugriff auf dieses zentrale Dokument ermöglicht, wird man im Sinne einer offenen Corporate Governance und nicht zuletzt aufgrund der Bedeutung, die die Mitbestimmung in Deutschland besitzt, einerseits und des Umstandes, dass die Beeinflussung des Mitbestimmungsstatuts ein, wenn nicht der wesentliche Grund für den Formwechsel in die SE andererseits ist, ihre freiwillige Veröffentlichung unbedingt zu empfehlen haben.

123 Für die Einladung selbst gelten grundsätzlich keine Besonderheiten: die Beschlussfassung über die Zustimmung zum Umwandlungsplan ist als Tagesordnungspunkt aufzunehmen, ebenso die Bestellung des ersten Abschlussprüfers und der Mitglieder des ersten Aufsichts- oder Verwaltungsrats; gleiches gilt für eine eventuell erforderliche Kapitalerhöhung. Die Einladung muss die Satzung im Wortlaut[362] und den Umwandlungsplan seinem wesentlichen Inhalt nach enthalten (§ 124 Abs. 2 S. 2 AktG); wie auch sonst bei Strukturmaßnahmen empfiehlt sich auch hier die Bekanntmachung im Wortlaut.[363]

124 **bb) Umwandlungsbeschluss. Sonderpublizität in der Hauptversammlung:** In der Hauptversammlung sind sämtliche Unterlagen auszulegen oder den Aktionären in anderer Weise zugänglich zu machen (§ 239 Abs. 1 UmwG), die bereits im Vorfeld zu ihrer Information zur Verfügung gehalten wurden.[364] Zusätzlich ist zu Beginn der Hauptversammlung der Umwandlungsplan durch den Vorstand mündlich zu erläutern (Art. 15 SE-VO iVm § 239 Abs. 2 UmwG);[365] die Erläuterungspflicht erfasst richtigerweise insb. die wesentlichen Inhalte einer eventuell bereits abgeschlossenen Beteiligungsvereinbarung.[366]

125 Der **Zustimmungsbeschluss** bedarf der einfachen Stimmmehrheit sowie einer **Kapitalmehrheit von mindestens drei Viertel** des bei der Beschlussfassung vertretenen Grundkapitals (§§ 133 AktG, 240 Abs. 1 S. 1 UmwG);[367] besitzt die Gesellschaft mehrere Gattungen von Aktien, müssen die qualifizierten Mehrheitserfordernisse durch sämtliche Gattungen erfüllt werden (§ 240 Abs. 1 S. 1 2. Hs iVm § 65 Abs. 2 UmwG).[368] **Kein Anspruch auf Barabfindung:** Aufgrund der insb. mit Blick auf die Hauptversammlungskompetenzen und Aktionärsrechte weitgehenden Identität von „deutscher SE" und deutscher AG steht Aktionären, die gegen die Umwandlung Widerspruch zur Niederschrift einlegen, kein Anspruch auf Barabfindung entsprechend § 207 UmwG zu.[369] Von der durch Art. 37 Abs. 8 SE-VO zugunsten der Mitgliedstaaten eingeräumten Möglichkeit, die Umwandlung von einer Zustimmung des Organs, in dem sich die Mitbestimmung in der SE vollziehen soll, in Deutschland also des Aufsichtsrats, abhängig zu machen, hat der deutsche Gesetzgeber zu Recht keinen Gebrauch gemacht. Es wäre mit der tradierten Organverfassung des deutschen Kapitalgesellschaftsrechts nicht zu vereinbaren, wenn eine durch die Hauptversammlung getroffene Entscheidung durch ein Votum des Aufsichtsrats revidiert werden könnte. Demgegenüber soll es trotz Fehlens einer Art. 23 Abs. 2 SE-VO entsprechenden Regelung der Hauptversammlung – vergleichbar der Verschmelzung zur Gründung einer SE – möglich sein, die Zustimmung unter den **Vorbehalt der Billigung der Mitbe-**

361 Habersack/Drinhausen/*Bücker*, Art. 37 SE-VO Rn 58.
362 Insoweit missverständlich Kallmeyer/*Marsch-Barner*, Anhang Europäische Gesellschaft, Rn 113, dem zu Folge die Satzung nur ihrem wesentlichen Inhalt nach bekanntzumachen ist.
363 So auch Habersack/Drinhausen/*Bücker*, Art. 37 SE-VO Rn 56.
364 Lutter/Hommelhoff/*Seibt*, Art. 37 SE-VO Rn 63; *Wicke*, MittBayNot 2006, 196, 201.
365 Spindler/Stilz/*Casper*, Art. 37 SE-VO Rn 14; Lutter/Hommelhoff/*Seibt*, Art. 37 SE-VO Rn 63.
366 Habersack/Drinhausen/*Bücker*, Art. 37 SE-VO Rn 58.
367 Spindler/Stilz/*Casper*, Art. 37 SE-VO Rn 15; Kallmeyer/*Marsch-Barner*, Anhang Europäische Gesellschaft, Rn 114.
368 Habersack/Drinhausen/*Bücker*, Art. 37 SE-VO Rn 60.
369 Lutter/Hommelhoff/*Seibt*, Art. 37 SE-VO Rn 66; MünchHbGesR/*Teichmann*, Bd. 6, § 49 Rn 47; Spindler/Stilz/*Casper*, Art. 37 SE-VO Rn 15; MünchHbGesR/*Austmann*, Bd. 4, § 83 Rn 69; Habersack/Drinhausen/*Bücker*, Art. 37 SE-VO Rn 67.

stimmungsvereinbarung zu stellen;[370] aufgrund der ohnehin schwachen Stellung der Anteilseigner im Rahmen einer SE-Gründung wird man dem uneingeschränkt zu folgen haben, wobei auch für den Formwechsel gilt, dass ein entsprechender Vorbehalt aufgrund der damit verbundenen Verzögerungen rechtspraktisch nur bei personalistischen Gesellschaften Bedeutung erlangt. Der Beschluss über die Zustimmung ist **notariell zu beurkunden** (§§ 13 Abs. 3, 130 AktG).[371]

cc) **Kapitalerhöhungsbeschluss.** Die Umwandlung einer deutschen AG in eine deutsche SE macht eine **Kapitalerhöhung** erforderlich, wenn das satzungsmäßige Grundkapital der umwandlungswilligen AG unter dem Mindestkapital der SE iHv 120.000 EUR (Art. 4 Abs. 2 SE-VO) liegt. Die Beschlussfassung über die Kapitalerhöhung kann mit der Beschlussfassung über die Zustimmung zur Umwandlung verbunden werden, sicherzustellen ist aber, dass die Durchführung der Kapitalerhöhung vor Eintragung der SE eingetragen wird.[372] 126

dd) **Bestellung der Mitglieder des Aufsichts-/Verwaltungsorgans.** Entsprechend der Rechtslage bei der Verschmelzung zur Aufnahme wird auch für die Umwandlung kontrovers diskutiert, inwieweit der Hauptversammlungsbeschluss zugleich die ersten **Mitglieder des Verwaltungs- oder Aufsichtsorgans** zu bestimmen hat, soweit dies nicht bereits durch die Satzung erfolgt ist. Nach wohl unbestrittener Ansicht kann § 203 UmwG zumindest dann keine Anwendung finden, wenn die Satzung der SE für das **monistische System** optiert, da die Rollen von Aufsichtsrat und dem zur Leitung berufenen Verwaltungsrat nicht hinreichend vergleichbar sind.[373] Auch beim Wechsel einer AG in das **dualistische System** wird verbreitet zwingend eine Neubestellung der Mitglieder des ersten Aufsichtsrats verlangt.[374] Nach der Gegenansicht ist (der Rechtsgedanke des) § 203 UmwG zumindest dann anzuwenden, wenn die Satzung der SE für das dualistische System optiert und sich der Aufsichtsrat in der bisherigen Weise zusammensetzt, sich also keinerlei Veränderungen ergeben.[375]

Hinweis: Die Praxis vermeidet die mit dieser Kontroverse verbundenen Unwägbarkeiten ganz überwiegend dadurch, dass die auf die Aktionärsseite entfallenden Mitglieder des ersten Aufsichts- oder Verwaltungsorgans bereits in der Satzung bestellt werden.[376]

Soweit dem Aufsichts- oder Verwaltungsrat kraft Vereinbarung oder kraft gesetzlicher Auffanglösung auch **Vertreter der Arbeitnehmer** angehören, finden die unter Rn 77 dargestellten Grundsätze Anwendung. 127

ee) **Amtszeit des ersten Aufsichts-/Verwaltungsorgans.** Auch im Falle der SE-Gründung durch Umwandlung stellt sich das Folgeproblem, ob die nach vorgenannten Grundsätzen zu bestellenden **Mitglieder des ersten Aufsichts- oder Verwaltungsorgans** für eine **volle Amtsperiode** von bis zu sechs Jahren zu bestellen sind, oder aber gemäß § 30 Abs. 3 S. 1 AktG nur für einen Zeitraum bis zur Beendigung der ersten Hauptversammlung der SE, die über die Entlastung für das erste (Rumpf-)Geschäftsjahr beschließt. Nach wohl herrschender Ansicht findet § 30 Abs. 3 S. 1 AktG keine Anwendung, wobei teilweise auf den abschließenden Charakter des Art. 46 SE-VO rekurriert wird,[377] während andere Stimmen die fehlende Einschlägigkeit über 128

370 Lutter/Hommelhoff/*Seibt*, Art. 37 SE-VO Rn 65; *Seibt/Reinhard*, DK 2005, 407, 420, Habersack/Drinhausen/*Bücker*, Art. 37 SE-VO Rn 61; *Schwarz*, SE-VO, Art. 37 Rn 49; aA wohl MünchHbGesR/*Austmann*, § 83 Rn 66.

371 *Schwarz*, SE-VO, Art. 37 SE-VO Rn 56; Lutter/Hommelhoff/*Seibt*, Art. 37 SE-VO Rn 64.

372 *Seibt/Reinhard*, DK 2005, 407, 412; Habersack/Drinhausen/ *Bücker*, Art. 37 SE-VO Rn 17; Kallmeyer/*Marsch-Barner*, Anhang Europäische Gesellschaft, Rn 95.

373 Habersack/Drinhausen/*Bücker*, Art. 37 SE-VO Rn 63; Lutter/Hommelhoff/*Seibt*, Art. 37 SE-VO Rn 71; *Kleinhenz/Leyendecker-Langner*, AG 2013, 507.

374 Spindler/Stilz/*Eberspächer*, Art. 40 SE-VO Rn 8; Kallmeyer/*Marsch-Barner*, Anhang Europäische Gesellschaft Rn 119; Lutter/Hommelhoff/*Seibt*, Art. 37 Rn 71; *Habersack*, DK 2008, 67, 70 f.

375 Lutter/Hommelhoff/*Drygala*, Art. 40 SE-VO Rn 14; Widmann/Mayer/*Heckschen*, Anhang 14: Europäische Gesellschaft, Rn 393; Habersack/Drinhausen/*Seibt*, Art. 40 SE-VO Rn 49; MünchHbGesR/*Austmann*, Bd. 4, § 83 Rn 68; im Ergebnis auch *Kleinhenz/Leyendecker-Langner*, AG 2013, 507, 511, 512.

376 So in jüngerer Zeit etwa Hannover Rück, Fuchs Petrolub.

377 *Habersack*, DK 2008, 67, 74; Jannott/Frodermann/*Frodermann*, Kap. 5 Rn 98; jetzt auch MünchKomm-AktG/*Reichert/Brandes*, Art. 40 SE-VO Rn 52.

Art. 15 SE-VO iVm § 197 S. 2 UmwG herleiten.[378] Ein Statusverfahren ist nach hM nicht erforderlich.[379]

Hinweis: In der Praxis werden die der Anteilseignerseite zugehörigen Mitglieder des Aufsichtsrats aus Rechtssicherheitserwägungen in der Regel bis zum Ablauf der Hauptversammlung, die über die Entlastung für das erste Geschäftsjahr nach Wirksamwerden der Eintragung der Umwandlung entscheidet, bestellt. Aus oben dargestellten Gründen (Vgl Rn 76) wird dabei im Regelfall zusätzlich eine absolute Höchstfrist von drei Jahren festgesetzt.

129 ff) **Abschlussprüfer.** Mittels Hauptversammlungsbeschluss ist schließlich der **Abschlussprüfer für das erste (Rumpf-)Geschäftsjahr** zu bestellen (§§ 197 S. 1 UmwG, 30 Abs. 1 S. 1 AktG),[380] soweit seine Bestellung nicht bereits im Umwandlungsplan erfolgt ist.

130 gg) **Beschlussmängel.** Für die **Beschlussanfechtung** gelten die allgemeinen Regeln, mangels Barabfindungsgebot kommt ein Spruchverfahren nicht in Betracht.

131 i) **Bestellung der Mitglieder des Vorstands der SE bzw ihrer geschäftsführenden Direktoren.** Während die Mitglieder des ersten Aufsichts- oder Verwaltungsorgans bereits entweder durch die Satzung oder zusammen mit dem Umwandlungsbeschluss benannt werden, obliegt die Bestellung der ersten Vorstandsmitglieder/geschäftsführenden Direktoren nach allgemeinen Grundsätzen dem Aufsichts- oder Verwaltungsorgan.[381] Im Regelfall konstituiert sich der durch Satzung, Umwandlungsplan oder separaten Hauptversammlungsbeschluss bestellte erste Aufsichts- bzw Verwaltungsrat unmittelbar im Anschluss an die Hauptversammlung, die dem Umwandlungsplan zustimmt, wählt aus seiner Mitte seinen Vorsitzenden und benennt die Mitglieder des Vorstands bzw die geschäftsführenden Direktoren.

Hinweis: Die zeitnahe Bestellung der Verwaltungsmitglieder der zukünftigen SE ist insb. dann von Bedeutung, wenn man mit einer verbreitet vertretenen Ansicht davon ausgeht, dass die Anmeldung der SE (zumindest auch) durch deren künftige Verwaltungsorgane vorzunehmen ist (vgl Rn 133).

132 j) **Erstellung der Gründungsprüfungsberichte.** Nach wie vor verbreitete Unsicherheit besteht, ob im Rahmen der Umwandlung zur Gründung einer SE ein Gründungsbericht zu erstellen ist bzw interne und externe Gründungsprüfungen durchzuführen sind. Ausgangspunkt ist § 197 S. 1 UmwG, der für nationale „Umwandlungen" grundsätzlich die Geltung der Gründungsvorschriften anordnet, soweit sich aus dem UmwG nichts anderes ergibt, und der über den Transmissionsriemen des Art. 15 SE-VO gegebenenfalls auch im Gründungsrecht der SE zu beachten ist. Nach verbreiteter Ansicht soll ein Rückgriff auf das Gründungsrecht generell ausscheiden, da Art. 37 Abs. 6 SE-VO mit der Werthaltigkeitsprüfung durch einen unabhängigen Sachverständigen eine abschließende Regelung enthalte, die einen Rückgriff auf das nationale Gründungsrecht sperre bzw obsolet mache.[382] Andere Stimmen wollen demgegenüber zwischen den einzelnen Elementen der Gründungsprüfung differenzieren: So ist zunächst nach weitgehend unbestrittener Ansicht ein **Gründungsbericht der Gründer** (§ 32 AktG) nicht erforderlich, wobei entweder darauf hingewiesen wird, dass bei Umwandlung einer AG in eine SE keine den Gründern vergleichbare Person existierten oder aber ein Gründungsbericht in Analogie zu

378 Spindler/Stilz/*Eberspächer*, Art. 40 SE-VO Rn 8; *Scheifele*, Die Gründung der Europäischen Aktiengesellschaft, S. 426; wohl auch Kallmeyer/*Marsch-Barner*, Anhang Europäische Gesellschaft Rn 119.

379 *Habersack*, DK 2008, 67, 70; Spindler/Stilz/*Eberspächer*, Art. 40 SE-VO Rn 8. A. A. etwa *Kleinhenz/Leyendecker-Langner*, AG 2013, 507, 513 f.

380 *Seibt/Reinhard*, DK 2005, 407, 422; Kallmeyer/*Marsch-Barner*, Anhang Europäische Gesellschaft Rn 119.

381 Lutter/Hommelhoff/ *Seibt*, Art. 37 SE-VO Rn 85. A. A. *Kleinhenz/Leyendecker-Langner*, AG 2013, 507, 509 f, die aufgrund der strukturellen Ähnlichkeiten von AG und SE von einer Amtskontinuität des Vorstands ausgehen mit der Folge, dass kein Bedarf für eine Neubestellung besteht.

382 Widmann/Mayer/*Heckschen*, Anhang 14: Europäische Gesellschaft Rn 385; Van Hulle/Maul/Drinhausen/*Drinhausen*, Kap. 4 § 5 Rn 46; wohl auch *Kallmeyer*/Marsch-Barner, Anhang Europäische Gesellschaft, Rn 118 und Spindler/Stilz/*Casper*, Art. 37 SE-VO Rn 13.

§ 245 Abs. 4 UmwG für obsolet erachtet wird.[383] Ebenfalls nicht erforderlich ist nach hM die Durchführung einer **externen Gründungsprüfung**, da auch sie auf die Sicherung der Kapitalaufbringung ziele, die durch Art. 37 Abs. 6 SE-VO spezialgesetzlich geregelt sei.[384] Weniger eindeutig fällt das Meinungsbild hinsichtlich der Notwendigkeit einer **internen Gründungsprüfung** durch Vorstand und Aufsichtsrat bzw Verwaltungsrat und geschäftsführende Direktoren aus. Zahlreiche Stimmen im Schrifttum verneinen auch insoweit die Notwendigkeit einer internen Gründungsprüfung,[385] da deren Hauptzwecke, die Angaben der Gründer zu verifizieren, und die Kapitalaufbringung zu sichern, entweder mangels Existenz von Gründern leerliefen bzw durch die obligatorische Reinvermögensprüfung bereits hinreichend gewährleistet seien.[386] Die Gegenansicht verweist demgegenüber darauf, dass die Gründungsprüfung sich auch bei Gründungen nach dem AktG nicht auf die Überprüfung der Gründerangaben und eine externe Werthaltigkeitskontrolle beschränke, sondern den gesamten Hergang der Gründung zum Gegenstand habe,[387] weshalb eine interne Gründungsprüfung auch bei Gründung einer SE durch Formwechsel nicht vollständig redundant sei.

Hinweis: Wenn sich auch als herrschende Meinung herauskristallisiert, dass die Gründungsprüfung vollständig obsolet ist, wird in der Praxis aus Sicherheitsgründen nach wie vor zumindest ein interner Gründungsbericht erstellt.[388] Aufgrund der bestehenden Unsicherheiten sollte zudem unbedingt eine Vorabstimmung mit dem zuständigen Registergericht gesucht werden.[389]

k) Registerverfahren. aa) Anmeldung der Umwandlung. Die Anmeldung der Umwandlung hat durch den **Vorstand der AG** in vertretungsberechtigter Zahl zu erfolgen (Art. 15 SE-VO iVm § 246 Abs. 1 UmwG);[390] wechselt die AG anlässlich der SE-Gründung in das monistische System, wird kontrovers beurteilt, ob neben dem Vorstand in entsprechender Anwendung des § 36 Abs. 1 AktG bzw gemäß § 21 SEAG auch die Verwaltungsratsmitglieder der künftigen SE mit anzumelden haben.[391] Zuständiges Gericht ist das Registergericht am Sitz des sich umwandelnden Rechtsträgers (§§ 4 S. 1 SEAG iVm §§ 377 Abs. 1 FamFG).[392] Die Anmeldung hat elektronisch in öffentlich beglaubigter Form (§ 12 Abs. 1 S. 1 HGB iVm § 129 BGB) zu erfolgen.[393] 133

383 KölnKomm-AktG/*Paefgen*, Art. 37 SE-VO Rn 98; Lutter/Hommelhoff/*Seibt*, Art. 37 SE-VO Rn 77; *Seibt/Reinhard*, DK 2010, 407, 422; Habersack/Drinhausen/*Bücker*, Art. 37 SE-VO Rn 71; Van Hulle/Maul/Drinhausen /*Drinhausen*, Kap. 4 § 5 Rn 44; Hauschild/Kallrath/Wachter/*Kleiser*, § 16 Rn 133; MünchHbGesR/*Austmann*, Bd. 4, § 83 Rn 67; *Kiem*, ZHR 173 (2009), 156, 162; *Kowalski*, DB 2007, 2243, 2249. AA *Schwarz*, SE-VO, Art. 37 Rn 28; der allerdings dennoch einen Gründungsbericht für obsolet hält; Manz/Mayer/Schröder/*Schröder*, Art. 37 Rn 23, wieder anderer Ansicht *Vossius*, ZIP 2005, 741, 748, der in Gesamtanalogie zu §§ 245 Abs. 2–4 und 75 Abs. 2 UmwG sämtliche Mitglieder von Vertretungs- und Aufsichtsorgan als Gründer behandeln will.

384 KölnKomm-AktG/*Paefgen*, Art. 37 SE-VO Rn 100; Lutter/Hommelhoff/*Seibt*, Art. 37 SE-VO Rn 78; Habersack/Drinhausen/*Bücker*, Art. 37 SE-VO Rn 72; Van Hulle/Maul/Drinhausen/*Drinhausen*, Kap. 4 § 5 Rn 44; *Kiem*, ZHR 173 (2009), 158, 162; *Kowalski*, DB 2007, 2243, 2244. AA *Vossius*, ZIP 2005, 741, 748; MünchHbGesR/*Austmann*, Bd. 4, § 83 Rn 67.

385 Lutter/Hommelhoff/*Seibt*, Art. 37 SE-VO Rn 78; *Seibt/Reinhard*, DK 2010, 407, 422; Habersack/Drinhausen/*Bücker*, Art. 37 SE-VO Rn 73; Van Hulle/Maul/Drinhausen/*Drinhausen*, Kap. 4 § 5 Rn 44; Hauschild/Kallrath/Wachter/*Kleiser*, Notarhandbuch Gesellschafts- und Unternehmensrecht, 2011, § 16 Rn 133 *Kiem*, ZHR 173 (2009), 158, 162; *Kowalski*, DB 2007, 2243, 2249.

386 *Seibt/Reinhard*, DK 2010, 407, 422; Spindler/Stilz/*Casper*, Art. 37 SE-VO Rn 13.

387 KölnKomm-AktG/*Paefgen*, Art. 37 SE-VO Rn 100; MünchHbGesR/*Austmann*, Bd. 4, § 83 Rn 67; *Schwarz*, Art. 37 Rn 75; im Ergebnis auch *Vossius*, ZIP 2005, 741, 748.

388 *Kiem*, ZHR 173 (2009), 158, 163.

389 Kallmeyer/*Marsch-Barner*, Anhang Europäische Gesellschaft, Rn 118.

390 *Seibt/Reinhard*, DK 2010, 407, 422; Habersack/Drinhausen/*Bücker*, Art. 37 SE-VO Rn 77; Manz/Mayer/Schröder/*Schröder*, Art. 37 SE-VO Rn 102; MünchHdb-AG/*Austmann*, § 83 Rn 68.

391 So etwa Manz/Mayer/Schröder/*Schröder*, Art. 37 SE-VO Rn 102. AA KölnKomm-AktG/*Paefgen*, Art. 37 SE-VO Rn 104, Habersack/Drinhausen/*Bücker*, Art. 37 SE-VO Rn 37 Rn 77.

392 Habersack/Drinhausen/*Bücker*, SE-Recht, 2013, Art. 37 SE-VO Rn 77; KK-AktG/ *Paefgen*, Art. 37 SE-VO Rn 105.

393 Habersack/Drinhausen/*Bücker*, SE-Recht, 2013, Art. 37 SE-VO Rn 78; Manz/Mayer/Schröder/*Schröder*, Art. 37 SE-VO Rn 102.

134 **bb) Inhalt der Anmeldung. Inhalt der Anmeldung** ist der Wechsel in die Rechtsform der SE.[394] Anzumelden sind zudem die Mitglieder des ersten Aufsichts- bzw Verwaltungsrats sowie die Mitglieder des Vorstands bzw die geschäftsführenden Direktoren einschließlich ihrer abstrakten und gegebenenfalls konkreten Vertretungsbefugnis. Die Vorstandsmitglieder bzw geschäftsführenden Direktoren haben zugleich die Versicherung über das Fehlen von Bestellungshindernissen und die Belehrung über ihre unbeschränkte Auskunftspflicht abzugeben.[395] Zudem muss die Anmeldung die Negativerklärung gem. § 198 Abs. 3 iVm § 16 Abs. 2 UmwG enthalten, dass auf eine Anfechtungsklage verzichtet wurde, keine bzw nicht fristgerecht Klage gegen den Umwandlungsbeschluss erhoben bzw eine solche zurückgenommen worden ist oder aber ein Freigabeverfahren auf Antrag der Gesellschaft erfolgreich durchgeführt worden ist (§ 198 Abs. 3 iVm § 16 Abs. 3 UmwG).[396]

135 **cc) Beizufügende Unterlagen.** Der Anmeldung sind in der Form des § 12 Abs. 2 HGB die folgenden Dokumente beizufügen:[397] (1) ein Nachweis der Gründungsvoraussetzungen, also insb. die Existenz einer Tochtergesellschaft seit mehr als 2 Jahren,[398] der etwa durch einen Registerauszug geführt werden kann,[399] (2) eine Ausfertigung oder öffentlich beglaubigte Abschrift der notariellen Niederschrift des Umwandlungsbeschlusses einschließlich der Satzung der SE sowie der Abschlussprüferwahl und gegebenenfalls der Wahlen zum ersten Aufsichts- oder Verwaltungsrat, (3) Ausfertigung oder öffentlich beglaubigte Abschrift des Umwandlungsberichts oder aber dahin gehende Verzichtserklärungen, (4) Ausfertigung oder beglaubigte Abschrift der Bescheinigung des Reinvermögensprüfers gem. Art. 37 Abs. 6 SE-VO,[400] (5) Negativerklärung gemäß §§ 16, 198 UmwG gegebenenfalls zzgl notarieller Verzichtserklärungen, (6) die Vereinbarung über die Beteiligung der Arbeitnehmer in der SE bzw bei Nichtaufnahme- oder Abbruchsbeschluss des BVG diesen Abbruchs- bzw Nichtaufnahmebeschluss bzw bei erfolglosem Verhandlungsverlauf ohne Abbruchsbeschluss eine Negativbescheinigung zzgl Einladungsschreiben des Vorstands zur konstituierenden Sitzung des BVG als Nachweis der ordnungsgemäßen, aber erfolglosen Durchführung des Arbeitnehmerbeteiligungsverfahrens,[401] (7) soweit für erforderlich gehalten einen Nachweis der Zuleitung des (Entwurfs) des Umwandlungsplans an den Betriebsrat bzw eine Negativerklärung bei Nichtbestehen eines Betriebsrats, (8) die Urkunden über Bestellung des Vorstands (dualistisches System) oder der geschäftsführenden Direktoren (monistisches System) und einen Nachweis über den abstrakten und konkreten Umfang der Vertretungsbefugnis, (9) eine Kostenaufstellung über die Kosten der Umwandlung (Art. 15 SE-VO iVm § 197 UmwG iVm § 37 Abs. 4 Nr. 2 Alt. 2 AktG), (10) die Gründungs(prüfungs-)Berichte nur dann, wenn man diese für erforderlich hält. (11) Uneinheitlich beurteilt wird, ob auch der Umwandlungsplan als Anlage beizufügen ist, da er dem Registergericht bereits vorliegt.[402]

136 **dd) Prüfprogramm des Handelsregisters.** Auf Grundlage der eingereichten Unterlagen prüft das Handelsregister den Eintragungsantrag sowohl in formeller als auch materieller Hinsicht,[403] insb. Umwandlungsplan, Umwandlungsbericht, ordnungsgemäße Offenlegung, positive Reinvermögensprüfung, Zustimmungsbeschluss sowie die Erfüllung der Mehrstaatlichkeitsvorgabe nach § 37 Abs. 1 SE-VO iVm Art. 2 Abs. 4 SE-VO.[404]

137 **ee) Wirkung der Eintragung.** Mit Eintragung erwirbt die SE Rechtspersönlichkeit (Art. 16 Abs. 1 SE-VO); im Falle der SE-Gründung durch Umwandlung ist zu ergänzen, dass die SE

394 KölnKomm-AktG/*Paefgen*, Art. 37 SE-VO Rn 106.
395 KölnKomm-AktG/*Paefgen*, Art. 37 SE-VO Rn 107; Habersack/Drinhausen/*Bücker*, Art. 37 SE-VO Rn 99.
396 Vgl etwa *Schwarz*, SE-VO, Art. 37 Rn 81.
397 Hierzu *Seibt/Reinhard*, DK 2005, 407, 423; Habersack/Drinhausen/*Bücker*, Art. 37 SE-VO Rn 82; *Schwarz*, SE-VO, Art. 37 Rn 81.
398 Spindler/Stilz/*Casper*, Art. 37 SE-VO Rn 16.
399 Lutter/Hommelhoff/*Seibt*, Art. 37 SE-VO Rn 81.
400 Spindler/Stilz/*Casper*, Art. 37 SE-VO Rn 16; Hauschild/Kallrath/Wachter/*Kleiser*, § 16 Rn 132.
401 KölnKomm-AktG/*Paefgen*, Art. 37 SE-VO Rn 110.
402 Gegen dahin gehendes Erfordernis *Seibt/Reinhard*, DK 2005, 407, 423. Für Beifügungspflicht: Spindler/Stilz/*Casper*, Art. 37 SE-VO Rn 16; Kallmeyer/*Marsch-Barner*, Anhang Europäische Gesellschaft Rn 121.
403 Manz/Mayer/Schröder/*Schröder*, Art. 37 SE-VO Rn 107.
404 Weitergehend *Schwarz*, SE-VO, Art. 37 SE-VO Rn 83.

Rechtspersönlichkeit als solche erlangt.[405] Die Umwandlung gemäß SE-VO ist wie der Formwechsel nach nationalem Recht durch das Identitätsprinzip gekennzeichnet (Art. 37 Abs. 2 SE-VO), so dass die Eintragung allein den Punkt bezeichnet, ab dem der umwandelnde Rechtsträger nicht mehr dem nationalen Aktienrecht, sondern dem Regime aus SE-VO, SEAG und SEBG unterliegt. Nichts anderes ergibt sich aus dem nach allgemeiner Ansicht unglücklich formulierten und rein deklaratorischen Art. 37 Abs. 9 SE-VO.[406] Die Umwandlung in die Europäische Gesellschaft genießt Bestandsschutz nach Maßgabe des § 202 Abs. 1 Nr. 3 UmwG.[407]

l) **Offenlegung und Bekanntmachung der Umwandlung.** Die Eintragung der SE wird durch das Handelsregister offen gelegt (Art. 13, 15 Abs. 2 SE-VO),[408] hinzutritt eine informatorische Bekanntmachung im Amtsblatt der EU, die gleichfalls durch das deutsche Handelsregister veranlasst wird.[409] Streitig diskutiert wird, ob in der Bekanntmachung die Gläubiger auf ihr Recht, Sicherheitsleistung zu verlangen, hinzuweisen sind (Art. 15 SE-VO iVm §§ 204, 22 Abs. 1 S. 3 UmwG).[410] Richtigerweise ist ein dahin gehender ergänzender Gläubigerschutz abzulehnen, da aufgrund der Geltung des Identitätsprinzips und des Verbots einer grenzüberschreitenden Sitzverlegung anlässlich der Umwandlung einerseits, und der Kontinuität der Finanzverfassung andererseits, eine Verschlechterung der Position der Gläubiger ausgeschlossen ist, im Gegenteil erfahren diese gegebenenfalls durch das erhöhte Mindestgrundkapital der SE in Höhe von 120.000 EUR zusätzliche Sicherung für ihre Forderungen.[411] 138

m) **Kosten.** Die Kostenordnung der SE-Gründung mittels Umwandlung entspricht weitgehend der ihres nationalen Zwillings, des Formwechsels.[412] Wird der **Umwandlungsplan** beurkundet,[413] fällt eine einfache Gebühr an (KV 21200), wobei das Intervall zulässiger Geschäftswerte im Vergleich zur KostO erheblich verschoben worden ist: als Geschäftswert sind nunmehr mindestens 30.000 EUR und höchsten 10.000.000 EUR anzusetzen (§ 107 Abs. 1 S. 1 GNotKG). Für den **Umwandlungsbeschluss** ist eine doppelte Gebühr zu entrichten (KV 21100). Für den Geschäftswert ist weiterhin die Bilanzsumme bzw das Bruttoaktivvermögen (Aktivvermögen ohne Abzug von Verbindlichkeiten) der sich umwandelnden AG maßgeblich (§ 108 Abs. 3 S. 1 GNotKG); der Geschäftswert beträgt mindestens 30.000 EUR (§ 108 Abs. 1 S. 2 iVm § 105 Abs. 1 GNotKG) und höchstens 5.000.000 EUR und zwar auch dann, wenn mehrere Beschlüsse mit verschiedenem Gegenstand in einem Beurkundungsverfahren zusammengefasst werden (§ 108 Abs. 5 GNotKG). Von erheblicher praktischer Bedeutung ist, dass die bisherige absolute Deckelung der Notargebühren auf 5.000 EUR (§ 47 S. 2 KostO) im neuen Recht keine Entsprechung findet. Für die **Eintragung der SE** in das Handelsregister fällt gemäß § 58 Abs. 1 Nr. 1 GNotKG iVm HRGebV wie nach bisherigem Recht (§§ 79, 79 a KostO) eine Gebühr in Höhe von 180 EUR an (Gebührenverzeichnis 1400).[414] 139

V. Das Umwandlungsrecht der bestehenden SE

Literatur:

Arbeitskreis Aktien- und Kapitalmarktrecht, Die 8 wichtigsten Änderungsvorschläge zur SE-VO, ZIP 2009, 698; *Casper*, Erfahrungen und Reformbedarf bei der SE – Gesellschaftsrechtliche Reformvorschläge, ZHR 173 (2009), 181; *Casper/Weller*, Mobilität und grenzüberschreitende Umstrukturierung der SE, NZG 2009, 681; *Grambow/Stadler*, Grenzüberschreitende Verschmelzung unter Beteiligung einer Europäischen Gesellschaft (Societas Europaea – SE), BB 2010, 977; *Knapp*, Die Hauptversammlung der Europäischen Aktiengesellschaft (SE). Besonderheiten bei Vorbereitung

405 *Vossius*, ZIP 2005, 741, 742.
406 Manz/Mayer/Schröder/*Schröder*, Art. 37 SE-VO Rn 7.
407 *Schwarz*, SE-VO, Art. 37 Rn 89.
408 Hauschild/Kallrath/Wachter/*Kleiser*, § 16 Rn 143.
409 Habersack/Drinhausen/*Bücker*, Art. 37 SE-VO Rn 95 u. 97; Hauschild/Kallrath/Wachter/*Kleiser*, § 16 Rn 144.
410 Dafür Lutter/Hommelhoff/*Seibt*, Art. 37 SE-VO Rn 96.
411 So auch *Schwarz*, Art. 37 Rn 66, aA wenn auch rechtspolitisch zweifelnd Manz/Mayer/Schröder/*Schröder*, Art. 37 SE-VO Rn 94.
412 *Vossius*, ZIP 2005, 741, 748 zur identischen Rechtslage unter Geltung der KostO.
413 Zur Frage eines dahingehenden Zwangs vgl Rn 112.
414 *Vossius*, ZIP 2005, 741, 748.

und Durchführung, DStR 2012, 2392; *Kossmann/Heinrich*, Möglichkeiten der Umwandlung einer bestehenden SE, ZIP 2007, 164; *Oplustil/Schneider*, Zur Stellung der Europäischen Aktiengesellschaft im Umwandlungsrecht, NZG 2003, 13; *Marsch-Barner*, Die Rechtsstellung der Europäischen Gesellschaft (SE) im Umwandlungsrecht, Liber Amicorum Happ 2006, S. 165; *Vossius*, Gründung und Umwandlung der deutschen Europäischen Gesellschaft (SE), ZIP 2005, 741.

140 **1. Grundlagen. a) Grundsätzliche Umwandlungsfähigkeit der „deutschen" SE.** Von Umwandlungsvorgängen, die der Etablierung einer SE dienen, zu trennen ist das Verhältnis der bestehenden „deutschen" SE zum nationalen Umwandlungsrecht. Im Grundsatz kann eine SE beteiligter Rechtsträger einer Umwandlung nach dem UmwG sein. Zwar ist die SE in der eigentlich enumerativ-abschließenden Vorschrift des § 3 UmwG nicht aufgeführt; jedoch ist sie nach Art. 10 SE-VO wie eine Aktiengesellschaft deutschen Rechts zu behandeln und damit umwandlungsfähig.[415] Die Vorschriften des UmwG werden über Art. 9 Abs. 1 lit. c (ii) SE-VO zur Anwendung berufen.[416]

141 **b) Besonderheiten.** Besonderheiten ergeben sich aus der SE-VO. Die SE-VO (Art. 66) kennt ausschließlich die Reorganisation einer SE im Wege der/des Umwandlung/Formwechsels (sog. „Renationalisierung")[417] und eröffnet nicht ausdrücklich die Möglichkeit der Beteiligung einer SE an Verschmelzungen, Spaltungen und Vermögensübertragungen. Gleichzeitig erlaubt Art. 66 SE-VO eine Umwandlung in eine dem Recht des Mitgliedsstaats ihres Sitzes unterliegende Aktiengesellschaft erst zwei Jahre nach Eintragung der SE bzw nach Genehmigung der ersten beiden Jahresabschlüsse. Dies wirft zunächst die Frage auf, ob Art. 66 SE-VO eine Sperrwirkung dergestalt zu entnehmen ist, dass sich eine SE nicht an Umwandlungsvorgängen nach nationalem Recht beteiligen kann bzw erst dann, wenn der durch die SE-VO (scheinbar) vorgezeichnete Weg einer renationalisierenden Umwandlung nach Art. 66 SE-VO beschritten worden ist. Mit der zutreffenden und mittlerweile ganz überwiegend vertretenen Ansicht ist Art. 66 SE-VO bzw dem Schweigen der SE-VO zu weiteren Umwandlungsvorgängen keine Sperrwirkung des Inhalts zu entnehmen, dass Umwandlungsmaßnahmen nach nationalem Recht der (früheren) SE erst nach einem Formwechsel in eine nationale Gesellschaft gem. Art. 66 SE-VO (wieder) offen stünden.[418]

142 Von dieser grundsätzlichen Beteiligungsfähigkeit der SE an nationalen Umwandlungsvorgängen zu trennen sind a) die Frage, ob die besonderen Voraussetzungen des Art. 66 SE-VO gegebenenfalls ganz oder teilweise auf Umwandlungsmaßnahmen nach nationalem Recht analog anzuwenden sind (vgl dazu Rn 143) und b) Art. 66 SE-VO zumindest eine beschränkte Sperrwirkung zu entnehmen ist, dahin gehend, dass der SE nur ein Formwechsel in eine nationale Aktiengesellschaft offen steht (vgl dazu unter Rn 150).

143 **2. Einzelne Umwandlungsvorgänge. a) Verschmelzung.** Bezüglich der Verschmelzung enthält die SE-VO keine ausdrücklichen Vorgaben. Ohne weiteres zulässig ist die Verschmelzung mit einer **SE als aufnehmender Rechtsträgerin;**[419] da die SE als solche bestehen bleibt, ist die Sperr-

415 Spindler/Stilz/*Casper*, Art. 2, 3 SE-VO Rn 33; *Arbeitskreis Aktien- und Kapitalmarktrecht*, ZIP 2009, 698, *Vossius*, ZIP 2005, 741, 748.

416 Widmann/Mayer/*Heckschen*, Anhang 14: Europäische Gesellschaft, Rn 524; *Marsch-Barner*, Liber Amicorum Happ, 165, 173; *Lutter/Bayer/Schmidt*, Europäisches Unternehmens- und Kapitalmarktrecht, S. 177.

417 Vgl etwa *Lutter/Bayer/Schmidt*, Europäisches Unternehmens- und Kapitalmarktrecht, S. 1538.

418 OLG Frankfurt NZG 2012 351, 352; Spindler/Stilz/*Casper*, Art. 2, 3 SE-VO Rn 35; Kallmeyer/*Marsch-Barner*, Anhang Europäische Gesellschaft, Rn 127; Manz/Mayer/Schröder/*Schröder*, Art. 66 SE-VO Rn 9; *Schwarz*, SE-VO, Art. 66 Rn 29; Lutter/Hommelhoff/*Seibt*, Art. 66 SE-VO Rn 3; Widmann/Mayer/*Heckschen*, Anhang 14: Europäische Gesellschaft, Rn 520; *Arbeitskreis Aktien- und Kapitalmarktrecht*, ZIP 2009, 698; *Casper*, ZHR 173 (2009), 181, 194 f; *Kossmann/Heinrich*, ZIP 2007, 164, 165 ff. AA noch MüKo-AktG/*Schäfer*, Art. 66 SE-VO Rn 1; wohl auch *Grambow/Stadler*, BB 2010, 977, 978 f, zumindest für den Fall, dass eine SE im Rahmen der Umwandlungsmaßnahme untergeht.

419 Widmann/Mayer/*Heckschen*, Anhang 14: Europäische Gesellschaft, 526; Spindler/Stilz/*Casper*, Art. 2, 3 SE-VO Rn 36 f; Kallmeyer/*Marsch-Barner*, Anhang Europäische Gesellschaft, Rn 128; Hauschild/Kallrath/Wachter/*Kleiser*, § 16 Rn 183; *Marsch-Barner*, Liber Amicorum Happ, S. 165, 173; *Oplustil/Schneider*, NZG 2003, 13, 16; *Vossius*, ZIP 2005, 741, 748 f.

frist des Art. 66 SE-VO nach wohl unbestrittener Ansicht nicht analog anzuwenden.[420] Bei der Verschmelzung mit einer **SE als übertragender Rechtsträgerin** ist demgegenüber zu differenzieren. Die Verschmelzung zur (Neu-)Gründung einer SE kommt auf Grundlage des nationalen Rechts nicht in Betracht, da insofern der numerus clausus der Gründungsformen (Art. 2 SE-VO) entgegensteht.[421] Wiederum zulässig ist demgegenüber die **Verschmelzung zur Aufnahme oder Neugründung mit einer SE als übertragender Rechtsträgerin und einer nationalen verschmelzungsfähigen Rechtsform als aufnehmendem Rechtsträger.** Hier ist allein fraglich, ob die zweijährige Sperrfrist des Art. 66 SE-VO zu beachten ist, da das temporäre Formwechselverbot des Art. 66 Abs. 1 SE-VO anderenfalls durch Verschmelzung der SE zur Aufnahme auf eine deutsche AG unproblematisch umgegangen werden könnte. Die wohl noch herrschende Ansicht will dieser latenten Umgehungsgefahr durch analoge Anwendung des Art. 66 SE-VO[422] bzw für eine aufnehmende deutsche Gesellschaft gemäß § 76 Abs. 1 UmwG[423] beikommen. Allerdings verliert die Umgehungsargumentation insb. mit Blick auf die jüngere Rechtsprechung des EuGH zur Niederlassungsfreiheit erheblich an Gewicht.[424] Vergegenwärtigt man sich, dass der europäische Gesetzgeber die SE als supranationale Rechtsform im Bereich der intraeuropäischen Mobilität gegenüber nationalen Gesellschaftsformen ursprünglich zu privilegieren beabsichtigte (Art. 2 Abs. 1, 8 Abs. 1 SE-VO),[425] erscheint es wenig angemessen, sie – nachdem die SE-VO durch die Rechtswirklichkeit in Teilen überholt ist – durch analoge Anwendung der Zweijahresfrist im Vergleich zu nationalen Gesellschaftsformen zu diskriminieren.[426] Das nicht zu leugnende verbleibende Spannungsverhältnis zwischen als Bestandteil der lex lata hinzunehmender Zweijahresfrist einerseits und den faktischen und rechtlichen Konsequenzen der Niederlassungsfreiheit andererseits, ist vorläufig hinzunehmen, sollte allerdings de lege ferenda dahin gehend aufgelöst werden, dass die Zweijahresfrist auch für die Rückumwandlung in nationale AG nach Art. 66 SE-VO abgeschafft wird. Im Rahmen der Verschmelzung mit einer SE als übertragendem Rechtsträger – nicht aber in anderen Umwandlungskonstellationen – bleibt allerdings § 76 Abs. 1 UmwG zu beachten.[427]

b) Spaltung und Ausgliederung. Unproblematisch zulässig ist die Beteiligung einer SE als aufnehmende Gesellschaft einer **Spaltung zur Aufnahme;**[428] die Zweijahresfrist findet keine Anwendung. Als **übertragende Gesellschaft einer Auf- oder Abspaltung** kann die deutsche SE hingegen nur dann agieren,[429] wenn in Folge der Spaltung keine neue SE entsteht, da anderenfalls der numerus clausus der Gründungsformen (Art. 2 SE-VO) unterlaufen würde[430] und mangels Mutter-Tochter-Verhältnisses auch Art. 3 Abs. 2 SE-VO nicht einschlägig ist.[431] Geht im Rahmen einer Aufspaltung die SE als Rechtsträger unter, so ist nach verbreiteter Ansicht wiederum 144

420 So auch Habersack/Drinhausen/ *Drinhausen*, Art. 66 SE-VO Rn 42; *Vossius*, ZIP 2005, 741, 748 f.

421 Widmann/Mayer/*Heckschen*, Anhang 14: Europäische Gesellschaft, Rn 525; Spindler Kallmeyer/*Marsch-Barner*, Anhang Europäische Gesellschaft, Rn 130; *Lutter/Bayer/Schmidt*, Europäisches Unternehmens- und Kapitalmarktrecht, S. 1537; Hauschild/Kallrath/ Wachter/*Kleiser*, § 16 Rn 183.

422 Spindler/Stilz/*Casper*, Art. 2, 3 SE-VO Rn 38; Kallmeyer/*Marsch-Barner*, Anhang Europäische Gesellschaft, Rn 128; *Marsch-Barner*, Liber Amicorum Happ, S. 165,174; *Oplustil/Schneider*, NZG 2003, 13, 16.

423 Spindler/Stilz/*Casper*, Art. 2, 3 SE-VO Rn 38; *Oplustil/Schneider*, NZG 2003, 13, 16.

424 Zweifelnd an der rechtspolitischen Berechtigung auch *Arbeitskreis Aktien- und Kapitalmarktrecht,* ZIP 2009, 698.

425 Vgl zu dieser Zielsetzung der SE-VO deutlich *Fleischer*, AcP 204 (2004), 502, 518: der SE sollten sämtliche binnenmarktspezifischen Freiheitsgrade verliehen werden.

426 So im Ergebnis auch Widmann/Mayer/*Heckschen*, Anhang 14: Europäische Gesellschaft, Rn 526; *Lutter/Bayer/Schmidt*, Europäisches Unternehmens- und Kapitalmarktrecht, S. 1536; schon früher auch *Vossius*, ZIP 2005, 741, 748 f.

427 *Marsch-Barner*, Liber Amicorum Happ, 165, 175.

428 *Scheifele*, Die Gründung der Europäischen Aktiengesellschaft, S. 443; *Marsch-Barner*, Liber Amicorum Happ, 165, S. 176.

429 AA noch Jannott/Frodermann/*Veil*, Kap. 10 Rn 18 f und 61, dem zu Folge die SE nicht übertragender Rechtsträger einer Ausgliederung oder Spaltung sein können soll.

430 Spindler/Stilz/*Casper*, Art. 2, 3 SE-VO Rn 40; *Lutter/Bayer/Schmidt*, Europäisches Unternehmens- und Kapitalmarktrecht, S. 1537; Habersack/Drinhausen/ *Drinhausen*, Art. 66 SE-VO Rn 35; Hauschild/Kallrath/Wachter/*Kleiser*, § 16 Rn 185: *Kossmann/Heinrich*, ZIP 2007, 164, 168. A. A. wohl *Oplustil/Schneider*, NZG 2003, 13, 17.

431 *Marsch-Barner*, Liber Amicorum Happ, 165, S. 171.

die Zweijahresfrist nach Art. 66 SE-VO zu beachten,[432] was auch im Rahmen der Spaltung aus oben genannten Gründen (Rn 143) abzulehnen ist.[433]

145 Wieder eigene Grundsätze gelten für die **Ausgliederung zur Neugründung** (§ 123 Abs. 3 Nr. 2 UmwG) aus einer SE. Da die Ausgliederung durch eine SE wirtschaftlich und rechtlich auf die Gründung einer Tochter-SE hinausläuft, wird man auch die Ausgliederung zur Begründung einer Tochter als von Art. 3 Abs. 2 S. 1 SE-VO iVm Art. 36 SE-VO gedeckt anzusehen haben.[434] Nach richtiger Ansicht ist die Zweijahresfrist des Art. 66 SE-VO wiederum nicht analog anzuwenden.[435] Wiederum unproblematisch kann eine deutsche SE als aufnehmende Gesellschaft einer Ausgliederung zur Aufnahme fungieren.

146 **c) Formwechsel. aa) Umwandlung in nationale Aktiengesellschaft (Art. 66 SE-VO).** Der Formwechsel in eine Aktiengesellschaft nationalen Rechts wird durch Art. 66 SE-VO einerseits ausdrücklich erlaubt, andererseits aber auch an bestimmte Voraussetzungen sowie die Einhaltung verfahrensrechtlicher Kautelen geknüpft.

147 **Voraussetzungen.** Ein renationalisierender Formwechsel gem. Art. 66 SE-VO ist zunächst nur dann zulässig, wenn die Umwandlung in eine nationale Aktiengesellschaft nach dem Recht des Sitzstaats der SE erfolgen soll;[436] für eine statutenwechselnde Sitzverlegung ist der Weg des Art. 8 SE-VO zu gehen.[437] Weiter setzt Art. 66 Abs. 1 S. 2 SE-VO voraus, dass die SE im Zeitpunkt des Umwandlungsbeschlusses entweder bereits mindestens zwei Jahre als SE bestanden oder aber die ersten beiden Jahresabschlüsse genehmigt hat. Die Zweijahresfrist berechnet sich für die erste Alternative nach dem Tag der Eintragung der SE in das Handelsregister (Art. 12 Abs. 1 SE-VO);[438] während für die Genehmigung der Jahresabschlüsse bei der deutschen SE auf die Feststellung des Jahresabschlusses durch den Aufsichts- bzw Verwaltungsrat (§ 47 SEAG) oder aber ausnahmsweise durch die Hauptversammlung abzustellen ist (§§ 172 f. AktG, § 47 SEAG).[439] Soweit auf die Genehmigung der ersten beiden Jahresabschlüsse abzustellen ist, ist nicht erforderlich, dass die SE zwei volle Kalenderjahre bestanden hat, ausreichend ist der Ablauf zweier Geschäftsjahre.[440]

148 Im **Weiteren** folgt das Verfahren der renationalisierenden Umwandlung weitestgehend den Vorgaben des Art. 37 SE-VO, so dass auf die Ausführungen unter Rn 101 ff verwiesen werden kann.[441] Folgende Besonderheiten sind zu beachten: im Rahmen der Werthaltigkeitskontrolle ist in Abgrenzung zum Prüfungsgegenstand des Art. 37 SE-VO ausreichend, dass die Nettovermögenswerte allein die Grundkapitalziffer decken müssen, nicht auch sonstige – nach Gesetz oder Satzung zu bildende – Rücklagen;[442] da es sich der Sache nach um eine Kapitalaufbringungskontrolle handelt, ist auf das Grundkapital nach Formwechsel abzustellen.[443] Maßgeblich sind wiederum Zeit- und nicht Buchwerte.[444] Zusätzlich ist zu beachten, dass für die Hauptversammlung, die über die Zustimmung zur Umwandlung beschließt, die Vorschriften über die Hauptversammlung der SE (Art. 52 ff SE-VO, §§ 50 f SEAG) zur Anwendung gelangen.[445]

432 Kallmeyer/*Marsch-Barner*, Anhang Europäische Gesellschaft, Rn 135.

433 Wie hier etwa *Lutter/Bayer/Schmidt*, Europäisches Unternehmens- und Kapitalmarktrecht, S. 1537.

434 Spindler/Stilz/*Casper*, Art. 2, 3 SE-VO Rn 40; Habersack/Drinhausen/ *Drinhausen*, Art. 66 SE-VO Rn 35; *Scheifele*, Die Gründung der Europäischen Aktiengesellschaft, S. 442 f; *Kossmann/Heinrich*, ZIP 2007, 164, 167; *Marsch-Barner*, Liber Amicorum Happ, 165, S. 167.

435 Insoweit aA *Marsch-Barner*, Liber Amicorum Happ, 165, 171.

436 KölnKomm-AktG/*Kiem*, Art. 66 SE-VO Rn 14.

437 Habersack/Drinhausen/*Drinhausen*, Art. 66 SE-VO Rn 4 f.

438 *Vossius*, ZIP 2005, 741, 749; Habersack/Drinhausen/ *Drinhausen*, Art. 66 SE-VO Rn 16. AA KölnKomm-AktG/*Kiem*, Art. 66 SE-VO Rn 15: Tag der Beschlussfassung entscheidend.

439 Habersack/Drinhausen/*Drinhausen*, Art. 66 SE-VO Rn 17; KK-AktG/*Kiem*; Art. 66 SE-VO Rn 16.

440 Habersack/Drinhausen/*Drinhausen*, Art. 66 SE-VO Rn 17.

441 Vgl etwa *Vossius*, ZIP 2005, 741, 749.

442 Manz/Mayer/Schröder/*Schröder*, Art. 66 SE-VO Rn 17.

443 So auch Habersack/Drinhausen/*Drinhausen*, Art. 66 SE-VO Rn 25.

444 KölnKomm-AktG/*Kiem*, Art. 66 SE-VO Rn 20; Lutter/Hommelhoff/*Seibt*, Art. 66 Rn 26.

445 Vgl zur Hauptversammlung der SE etwa *Knapp*, DStR 2012, 2392.

Wirkungen. Auch im Rahmen des Art. 66 SE-VO führt die Eintragung der Umwandlung nicht zu einer Gesamtrechtsnachfolge. Vielmehr kommt es aufgrund des Identitätsprinzips lediglich zu einem Wechsel des rechtlichen Kleids.[446] 149

bb) Umwandlung der SE in nationale Nicht-Aktiengesellschaften. Die ausdrücklich geregelte und an besondere Kautelen geknüpfte Möglichkeit der Umwandlung einer SE in eine Aktiengesellschaft legt scheinbar den Umkehrschluss nahe, dass ein Formwechsel in andere nationale Rechtsformen nicht oder doch nicht unmittelbar in Betracht kommt, sondern allenfalls nach Zwischenumwandlung in eine Aktiengesellschaft nationalen Rechts.[447] Dennoch erscheint es im Ergebnis überzeugender, Art. 66 Abs. 1 SE-VO keine dahin gehende Sperrwirkung zu entnehmen.[448] Allerdings entnimmt die noch überwiegend vertretene Ansicht Art. 66 SE-VO die Wertung, dass eine Rückumwandlung der SE im Wege des Formwechsels erst nach Ablauf von zwei Jahren möglich ist, weshalb die zweijährige Sperrfrist nach Art. 66 SE-VO analog anzuwenden sein soll.[449] Aus oben genannten Gründen (Rn 143) ist dem nicht zu folgen, so dass in Ermangelung einer § 76 UmwG vergleichbaren Regelung ein Formwechsel einer SE in eine nationale Nicht-Aktiengesellschaft grundsätzlich ab dem Zeitpunkt der Entstehung der SE in Betracht kommt. Für das Verfahren einer solchen renationalisierenden Umwandlung in eine Nichtaktiengesellschaft wird man aufgrund der wirtschaftlichen Vergleichbarkeit auf Art. 66 Abs. 2-6 SE-VO zurückgreifen können.[450] 150

d) Vermögensübertragung. Eine SE kann sich unter Beachtung der nationalen Besonderheiten an Vermögensübertragungen beteiligen;[451] wobei wiederum nach verbreiteter, aber nicht überzeugender Ansicht die Zweijahresfrist nach Art. 66 Abs. 1 SE-VO analog gelten soll.[452] Die praktische Relevanz ist gering.[453] 151

e) Grenzüberschreitende Verschmelzung. Mit den Entscheidungen SEVIC Systems AG gg. AG Neuwied und Cartesio hat der EuGH die grenzüberschreitende Verschmelzung im EU/EWR-Raum dem Schutzbereich der Niederlassungsfreiheit unterstellt. Richtiger Weise wird hieraus abgeleitet, dass auch die SE nach Maßgabe der §§ 122 a ff UmwG Beteiligte einer grenzüberschreitenden Verschmelzung mit einer weiteren Kapitalgesellschaft sein kann,[454] sofern nicht in Folge der Verschmelzung eine neue SE entsteht.[455] Richtiger Ansicht nach findet auch hier die Sperrfrist des Art. 66 SE-VO keine Anwendung.[456] Eine grenzüberschreitende Verschmelzung mit einer Personen(handels)gesellschaft steht der SE nach den allgemeinen SEVIC-Kriterien offen.[457] 152

446 Jannott/Frodermann/*Veil*, Kap. 10 Rn 37.
447 So Jannott/Frodermann/*Veil*, Kap. 10 Rn 20.
448 Spindler/Stilz/*Casper*, Art. 2, 3 SE-VO Rn 39; *Lutter/Bayer/Schmidt*, Europäisches Unternehmens- und Kapitalmarktrecht, S. 1539; Habersack/Drinhausen/*Drinhausen*, Art. 66 SE-VO Rn 7; MüKo-AktG/*Schäfer*, Art. 66 SE-VO Rn 1; Kallmeyer/*Marsch-Barner*, Anhang Europäische Gesellschaft, Rn 131; *Marsch-Barner*, Liber Amicorum Happ, S. 165, 177; *Wicke*, MittBayNot 2006, 196, 201.
449 Lutter/Hommelhoff/*Seibt*, Art. 66 SE-VO Rn 4; Habersack/Drinhausen/*Drinhausen*, Art. 66 SE-VO Rn 7 und 12; *Schwarz*, SE-VO, 2006, Art. 66 Rn 31; *Oplustil/Schneider*, NZG 2003, 13, 15 f. *Kossmann/Heinrich*, ZIP 2007, 164, 168; sympathisierend auch *Lutter/Bayer/Schmidt*, Europäisches Unternehmens- und Kapitalmarktrecht, S. 1539. AA – als Spezialvorschrift eng auszulegen – *Wicke*, MittBayNot 2006, 196, 202 und KK-AktG/*Kiem*, Art. 66 SE-VO Rn 12: durch Rechtsentwicklung überholt.
450 *Schwarz*, SE-VO, Art. 66 Rn 31; Habersack/Drinhausen/*Drinhausen*, Art. 66 SE-VO Rn 12; *Marsch-Barner*, Liber Amicorum Happ, S. 165, 177; *Oplustil/Schneider*, NZG 2003, 13, 15.
451 Kallmeyer/*Marsch-Barner*, Anhang Europäische Gesellschaft, Rn 136; *Vossius*, ZIP 205, 741, 749; *Kossmann/Heinrich*, ZIP 2007, 164, 165 ff.
452 Kallmeyer/*Marsch-Barner*, Anhang Europäische Gesellschaft, Rn 136. Wie hier *Vossius*, ZIP 2005, 741, 749.
453 *Kossmann/Heinrich*, ZIP 2007, 164, 168.
454 KölnKomm-AktG/*Kiem*, Art. 66 SE-VO Rn 11; MüKo-AktG/*Schäfer*, Art. 66 SE-VO Rn 1; Manz/Mayer/Schröder/*Schröder*, Art. 66 Rn 22; Lutter/Hommelhoff/*Seibt*, Art. 66 SE-VO Rn 4; Kallmeyer/*Marsch-Barner*, Anhang Europäische Gesellschaft Rn 126; *Casper/Weller*, NZG 2009, 681, 685 f. Ausdrückliche Regelung der Beteiligtenfähigkeit der SE etwa in Frankreich: Art. L. 236-25 C. Com.
455 *Grambow/Stadler*, BB 2010, 977, 978 f, die allerdings – nicht überzeugend – nur eine Verschmelzung zur Aufnahme durch eine SE für zulässig erachten, hingegen Art. 66 SE-VO eine Sperrwirkung gegenüber einer Verschmelzung mit einer SE als übertragender Gesellschaft entnehmen wollen.
456 *Casper/Weller*, NZG 2009, 681, 686.
457 Manz/Mayer/Schröder/*Schröder*, Art. 66 Rn 22.

153 **f) Grenzüberschreitende Sitzverlegung.** Soweit die durch die Vale-Entscheidung des EuGH[458] eröffnete und mittlerweile durch die Instanzenrechtsprechung[459] nachgezeichnete Möglichkeit einer identitätswahrenden und statutenändernden grenzüberschreitenden Sitzverlegung bzw eines sog. grenzüberschreitenden Formwechsels im Raum steht, wird man davon auszugehen haben, dass Art. 8 SE-VO insofern eine verdrängende Spezialregelung enthält. Zwar erscheint es denkbar, den „internationalen" Formwechsel dogmatisch nicht als Sitzverlegung zu qualifizieren, wirtschaftlich entsprechen sich beide Maßnahmen jedoch weitgehend. Nicht zu verkennen ist allerdings in diesem Zusammenhang erneut, dass die eigentlich mobilitätsfreundliche SE-VO durch die Rechtsprechung des EuGH überholt und die SE damit im Rahmen grenzüberschreitender Mobilität die SE zunehmend diskriminiert wird. Dies gilt insb. dann, wenn man die noch ungeklärte Frage verneinen sollte, ob die Pflicht zur Auslegung einer Barabfindung für dissentierende Gesellschafter nach Art. 8 Abs. 5 SE-VO iVm § 12 SEAG auf die grenzüberschreitende Sitzverlegung analog anzuwenden ist. In diesem Fall kann die Renationalisierung einer SE mit anschließender Sitzverlegung auf Grundlage der „Vale"-Entscheidung eventuell die wirtschaftlichere Alternative darstellen.

154 **g) Beteiligung einer „deutschen" SE an der Gründung einer SE.** Nach Art. 3 Abs. 1 SE-VO gilt die SE als Aktiengesellschaft. Dh eine SE kann sich an der Gründung einer weiteren SE im Wege der Verschmelzung, der Gründung einer Tochter- oder Holding SE beteiligen,[460] wobei sie als deutsche AG zu behandeln ist.[461] Auch bei Beteiligung einer SE an der Gründung einer SE ist im Weiteren einerseits der Numerus Clausus der Gründungsformen[462] und andererseits die jeweils einschlägigen Voraussetzungen des Gründungsrechts der SE-VO zu beachten, dh etwa das eine Verschmelzung einer GmbH mit einer SE zur Gründung einer SE ausscheidet.[463] Eine Ausnahme gilt insoweit lediglich für die sekundäre Gründung einer SE durch Spaltung (vgl bereits oben).[464]

458 EuGH NJW 2012 2715 (Vale).
459 OLG Nürnberg, Beschl. v. 19.6.2013 – 12 W 520/13, juris, Zusammenfassung in DNotI-Report 2013, 189, 189 f.
460 *Lutter/Bayer/Schmidt*, Europäisches Unternehmens- und Kapitalmarktrecht, S. 1539; Widmann/Mayer/*Heckschen*, Anhang 14: Europäische Gesellschaft, Rn 522.
461 MünchHbAG/*Austmann*, § 83 Rn 1.
462 *Marsch-Barner*, Liber Amicorum Happ, S. 165, 167.
463 Spindler/Stilz/*Casper*, Art. 2, 3 Rn 37.
464 *Marsch-Barner*, Liber Amicorum Happ, S. 165, 169 f.

Umwandlungssteuergesetz (UmwStG)

Vom 7. Dezember 2006 (BGBl. I S. 2782, 2791)
(FNA 610-6-16)
zuletzt geändert durch Art. 9 Gesetz zur Umsetzung der Amtshilferichtlinie sowie zur Änderung steuerlicher Vorschriften (Amtshilferichtlinie-Umsetzungsgesetz – AmtshilfeRLUmsG) vom 26. Juni 2013 (BGBl. I S. 1809)

Erster Teil
Allgemeine Vorschriften

§ 1 Anwendungsbereich und Begriffsbestimmungen

(1) [1]Der Zweite bis Fünfte Teil gilt nur für

1. die Verschmelzung, Aufspaltung und Abspaltung im Sinne der §§ 2, 123 Abs. 1 und 2 des Umwandlungsgesetzes von Körperschaften oder vergleichbare ausländische Vorgänge sowie des Artikels 17 der Verordnung (EG) Nr. 2157/2001 und des Artikels 19 der Verordnung (EG) Nr. 1435/2003;

2. den Formwechsel einer Kapitalgesellschaft in eine Personengesellschaft im Sinne des § 190 Abs. 1 des Umwandlungsgesetzes oder vergleichbare ausländische Vorgänge;

3. die Umwandlung im Sinne des § 1 Abs. 2 des Umwandlungsgesetzes, soweit sie einer Umwandlung im Sinne des § 1 Abs. 1 des Umwandlungsgesetzes entspricht sowie

4. die Vermögensübertragung im Sinne des § 174 des Umwandlungsgesetzes vom 28. Oktober 1994 (BGBl. I S. 3210, 1995 I S. 428), das zuletzt durch Artikel 10 des Gesetzes vom 9. Dezember 2004 (BGBl. I S. 3214) geändert worden ist, in der jeweils geltenden Fassung.

[2]Diese Teile gelten nicht für die Ausgliederung im Sinne des § 123 Abs. 3 des Umwandlungsgesetzes.

(2) [1]Absatz 1 findet nur Anwendung, wenn

1. beim Formwechsel der umwandelnde Rechtsträger oder bei den anderen Umwandlungen die übertragenden und die übernehmenden Rechtsträger nach den Rechtsvorschriften eines Mitgliedstaats der Europäischen Union oder eines Staates, auf den das Abkommen über den Europäischen Wirtschaftsraum Anwendung findet, gegründete Gesellschaften im Sinne des Artikels 54 des Vertrags über die Arbeitsweise der Europäischen Union oder des Artikels 34 des Abkommens über den Europäischen Wirtschaftsraum sind, deren Sitz und Ort der Geschäftsleitung sich innerhalb des Hoheitsgebiets eines dieser Staaten befinden oder

2. übertragender Rechtsträger eine Gesellschaft im Sinne der Nummer 1 und übernehmender Rechtsträger eine natürliche Person ist, deren Wohnsitz oder gewöhnlicher Aufenthalt sich innerhalb des Hoheitsgebiets eines der Staaten im Sinne der Nummer 1 befindet und die nicht auf Grund eines Abkommens zur Vermeidung der Doppelbesteuerung mit einem dritten Staat als außerhalb des Hoheitsgebiets dieser Staaten ansässig angesehen wird.

[2]Eine Europäische Gesellschaft im Sinne der Verordnung (EG) Nr. 2157/2001 und eine Europäische Genossenschaft im Sinne der Verordnung (EG) Nr. 1435/2003 gelten für die Anwendung des Satzes 1 als eine nach den Rechtsvorschriften des Staates gegründete Gesellschaft, in dessen Hoheitsgebiet sich der Sitz der Gesellschaft befindet.

(3) Der Sechste bis Achte Teil gilt nur für

1. die Verschmelzung, Aufspaltung und Abspaltung im Sinne der §§ 2 und 123 Abs. 1 und 2 des Umwandlungsgesetzes von Personenhandelsgesellschaften und Partnerschaftsgesellschaften oder vergleichbare ausländische Vorgänge;

2. die Ausgliederung von Vermögensteilen im Sinne des § 123 Abs. 3 des Umwandlungsgesetzes oder vergleichbare ausländische Vorgänge;

3. den Formwechsel einer Personengesellschaft in eine Kapitalgesellschaft oder Genossenschaft im Sinne des § 190 Abs. 1 des Umwandlungsgesetzes oder vergleichbare ausländische Vorgänge;
4. die Einbringung von Betriebsvermögen durch Einzelrechtsnachfolge in eine Kapitalgesellschaft, eine Genossenschaft oder Personengesellschaft sowie
5. den Austausch von Anteilen.

(4) [1]Absatz 3 gilt nur, wenn

1. der übernehmende Rechtsträger eine Gesellschaft im Sinne von Absatz 2 Satz 1 Nr. 1 ist und
2. in den Fällen des Absatzes 3 Nr. 1 bis 4
   a) beim Formwechsel der umwandelnde Rechtsträger, bei der Einbringung durch Einzelrechtsnachfolge der einbringende Rechtsträger oder bei den anderen Umwandlungen der übertragende Rechtsträger
      aa) eine Gesellschaft im Sinne von Absatz 2 Satz 1 Nr. 1 ist und, wenn es sich um eine Personengesellschaft handelt, soweit an dieser Körperschaften, Personenvereinigungen, Vermögensmassen oder natürliche Personen unmittelbar oder mittelbar über eine oder mehrere Personengesellschaften beteiligt sind, die die Voraussetzungen im Sinne von Absatz 2 Satz 1 Nr. 1 und 2 erfüllen, oder
      bb) eine natürliche Person im Sinne von Absatz 2 Satz 1 Nr. 2 ist

   oder
   b) das Recht der Bundesrepublik Deutschland hinsichtlich der Besteuerung des Gewinns aus der Veräußerung der erhaltenen Anteile nicht ausgeschlossen oder beschränkt ist.

[2]Satz 1 ist in den Fällen der Einbringung eines Betriebs, Teilbetriebs oder Mitunternehmeranteils in eine Personengesellschaft nach § 24 nicht anzuwenden.

(5) Soweit dieses Gesetz nichts anderes bestimmt, ist

1. Richtlinie 90/434/EWG
   die Richtlinie 90/434/EWG des Rates vom 23. Juli 1990 über das gemeinsame Steuersystem für Fusionen, Spaltungen, die Einbringung von Unternehmensanteilen und den Austausch von Anteilen, die Gesellschaften verschiedener Mitgliedstaaten betreffen (ABl. EG Nr. L 225 S. 1), zuletzt geändert durch die Richtlinie 2005/19/EG des Rates vom 17. Februar 2005 (ABl. EU Nr. L 58 S. 19), in der zum Zeitpunkt des steuerlichen Übertragungsstichtags jeweils geltenden Fassung;
2. Verordnung (EG) Nr. 2157/2001
   die Verordnung (EG) Nr. 2157/2001 des Rates vom 8. Oktober 2001 über das Statut der Europäischen Gesellschaft (SE) (ABl. EG Nr. L 294 S. 1), zuletzt geändert durch die Verordnung (EG) Nr. 885/2004 des Rates vom 26. April 2004 (ABl. EU Nr. L 168 S. 1), in der zum Zeitpunkt des steuerlichen Übertragungsstichtags jeweils geltenden Fassung;
3. Verordnung (EG) Nr. 1435/2003
   die Verordnung (EG) Nr. 1435/2003 des Rates vom 22. Juli 2003 über das Statut der Europäischen Genossenschaften (SCE) (ABl. EU Nr. L 207 S. 1) in der zum Zeitpunkt des steuerlichen Übertragungsstichtags jeweils geltenden Fassung;
4. Buchwert
   der Wert, der sich nach den steuerrechtlichen Vorschriften über die Gewinnermittlung in einer für den steuerlichen Übertragungsstichtag aufzustellenden Steuerbilanz ergibt oder ergäbe.

Literatur:

Benecke, Anwendungsbereich des UmwStG und Rückwirkung nach dem UmwSt-Erlass 2011, GmbHR 2012, 114; *Kaeser*, Allgemeiner Teil (§§ 1-2 UmwStG) DStR Beihefter 2/2012, 3.

A. Normzweck

§ 1 UmwStG bildet zusammen mit § 2 UmwStG den „allgemeinen Teil" des UmwStG und bestimmt nach seinem Regelungsgehalt vollumfänglich und abschließend dessen Anwendungsbereich. Der Anwendungsbereich des UmwStG ist danach insb. nicht mehr auf inländische Umwandlungen beschränkt, sondern umfasst vielmehr auch **ausländische** oder **grenzüberschreitende Umwandlungsvorgänge** mit Bezug zur EU bzw zum EWR. Umwandlungen unter Beteiligung von Rechtsträgern aus Drittstaaten erfasst das UmwStG – mit Ausnahme von § 24 UmwStG – hingegen grundsätzlich nicht.[1] Dies dürfte sich auch nicht durch die EuGH-Entscheidung „Vale"[2] geändert haben. Dort entschied der EuGH lediglich, dass der Formwechsel unter Beteiligung einer EU-/EWR-Gesellschaft möglich sein muss. Gestützt wurde die Entscheidung auf die Niederlassungsfreiheit, nicht auf die Kapitalverkehrsfreiheit, die auch auf Drittstaaten Anwendung findet. 1

Da die Norm des § 1 UmwStG den Anwendungsbereich für das gesamte UmwStG bestimmt, sind Umwandlungsvorgänge, die die Voraussetzungen des § 1 nicht erfüllen, vom Anwendungsbereich des Gesetzes ausgenommen. Während die Regelungen des UmwStG für die vom Anwendungsbereich erfassten Umstrukturierungsmaßnahmen eine Ausnahme von den allgemeinen Gewinnrealisierungstatbeständen begründen, richtet sich die steuerliche Behandlung dieser nicht erfassten Umwandlungsvorgänge unverändert nach den allgemeinen Grundsätzen. 2

Die Abs. 1 bis 4 unterscheiden zwischen dem **sachlichen** und dem **persönlichen Anwendungsbereich** des UmwStG. Dabei regeln die Abs. 1 und 2 die sachlichen und persönlichen Voraussetzungen für den Zweiten bis Fünften Teil des Gesetzes und die Abs. 3 und 4 die Voraussetzungen für den Sechsten bis Achten Teil. 3

Die vom UmwStG erfassen **Umwandlungsarten** ergeben sich überwiegend akzessorisch aus dem Umwandlungsgesetz. § 1 UmwStG sieht insoweit einen dynamischen Verweis auf die Vorschriften des UmwG in seiner jeweils geltenden Fassung vor. 4

Im Hinblick auf die vom UmwStG erfassten **Steuerarten** ist zu beachten, dass die Vorschriften des UmwStG ausschließlich die ertragsteuerlichen Auswirkungen der Umwandlungsvorgänge regeln. Somit sind die Körperschaft-, Einkommen- und Gewerbesteuer von den Regelungen des 5

1 Dötsch/Pung/Möhlenbrock/*Möhlenbrock*, § 1 UmwStG Rn 3; Schmitt/Hörtnagl/Stratz/*Hörtnagl*, § 1 UmwStG Rn 1 f.

2 EuGH, Urteil v. 12. 7. 2012 – C 378/10, NZG 2012, S. 871 – Vale.

UmwStG betroffen, wohingegen insb. die Umsatz- und Grunderwerbsteuer nicht von den Regelungen des Gesetzes tangiert werden.[3] In Bezug auf die Erbschaftsteuer besteht Streit im Hinblick auf die Anwendbarkeit der Rückwirkungsfiktion des § 2.[4]

6 Neben den Regelungen hinsichtlich des Anwendungsbereiches des UmwStG (Abs. 1 bis 4) enthält die Vorschrift des § 1 auch einige für das Gesetz maßgebliche **Definitionen** (Abs. 5).

B. Inhalt

I. Sachlicher Anwendungsbereich

7 Die Finanzverwaltung hat in den Umwandlungssteuer-Erlass Übersichten eingefügt, die einen guten und praxistauglichen ersten Überblick über die Umwandlungsmöglichkeiten verschaffen.[5]

8 **1. Anwendungsbereich Zweiter bis Fünfter Teil. a) Verschmelzung (Abs. 1 Nr. 1 Alt. 1).** Verschmelzung im gesellschaftsrechtlichen Sinne meint die Vereinigung des Vermögens mehrerer Rechtsträger durch Übertragung des Vermögens der übertragenden Rechtsträger im Wege der Gesamtrechtsnachfolge auf den übernehmenden Rechtsträger, wobei es hinsichtlich des übertragenden Rechtsträgers zu einer liquidationslosen Vollbeendigung kommt.[6] Gemäß § 2 UmwG kann eine Verschmelzung unter liquidationsloser Auflösung in zwei Varianten vorgenommen werden. Zunächst ist es möglich, die Rechtsträger im Wege der **Aufnahme**, dh durch Vermögensübertragung von einem oder mehreren Rechtsträgern als Ganzes auf einen anderen bestehenden Rechtsträger, zu verschmelzen. Daneben ist denkbar, die Verschmelzung im Wege der **Neugründung**, dh durch Vermögensübertragung von zwei oder mehreren Rechtsträgern als Ganzes auf einen neu gegründeten Rechtsträger vorzunehmen. Die Anteilsinhaber der übertragenden Rechtsträger erhalten dabei im Wege des Anteilstausches grundsätzlich eine Beteiligung an dem übernehmenden bzw dem neuen Rechtsträger.[7]

9 § 1 Abs. 1 Nr. 1 erfasst insoweit die **Verschmelzung von Körperschaften** auf eine andere Körperschaft, eine Personengesellschaft oder eine natürliche Person. Dabei kommen als übertragende Körperschaften neben Kapitalgesellschaften insb. Genossenschaften und eingetragene Vereine in Betracht.[8] Im Hinblick auf § 3 Abs. 1 Nr. 1 UmwG können nur OHG, KG und Partnerschaftsgesellschaft übernehmende Personengesellschaften sein.[9] Eine Verschmelzung einer Körperschaft auf eine GbR ist hingegen gesellschaftsrechtlich unzulässig, §§ 3 Abs. 1, 126 UmwG.

10 Auch die **Europäische Gesellschaft** (SE) und die **europäische Genossenschaft** (SCE) können übernehmende Rechtsträger sein, soweit sich aus den jeweiligen europäischen Verordnungen deren Umwandlungsfähigkeit ergibt.[10] Auch die Unternehmergesellschaft (UG) (haftungsbeschränkt) als Vorstufe einer vollwertigen GmbH kann übertragender Rechtsträger sein.[11] Die Europäische Interessenvereinigung (EWIV) wird in Deutschland als Personengesellschaft angesehen und könnte als übernehmender Rechtsträger dienen; in der Praxis hat diese Unternehmensform allerdings kaum Bedeutung.

3 Dötsch/Pung/Möhlenbrock/*Möhlenbrock*, § 1 UmwStG Rn 5; Schmitt/Hörtnagl/Stratz/*Hörtnagl*, § 1 UmwStG Rn 10; in: Rödder/Herlinghaus/van Lishaut/*Rödder*, § 1 Rn 14.

4 Schmitt/Hörtnagl/Stratz/*Hörtnagl*, § 1 UmwStG Rn 11, § 2 UmwStG Rn 36.

5 BMF Schreiben vom 11.11.2011, BStBl. I S. 1314, im Folgenden „UmwSt-Erl. 2011", Rn 01.10 ff

6 Dötsch/Pung/Möhlenbrock/*Möhlenbrock*, § 1 UmwStG Rn 17; Schmitt/Hörtnagl/Stratz/*Hörtnagl*, § 1 UmwStG Rn 26; Rödder/Herlinghaus/van Lishaut/*Graw*, § 1 Rn 42.

7 Dötsch/Pung/Möhlenbrock/*Möhlenbrock*, § 1 UmwStG Rn 17; Schmitt/Hörtnagl/Stratz/*Hörtnagl*, § 1 UmwStG Rn 26; Rödder/Herlinghaus/van Lishaut/*Graw*, § 1 Rn 44.

8 Dötsch/Pung/Möhlenbrock/*Möhlenbrock*, § 1 UmwStG Rn 21; Schmitt/Hörtnagl/Stratz/*Hörtnagl*, § 1 UmwStG Rn 15; Rödder/Herlinghaus/van Lishaut/*Graw*, § 1 Rn 32.

9 Dötsch/Pung/Möhlenbrock/*Möhlenbrock*, § 1 UmwStG Rn 21; Schmitt/Hörtnagl/Stratz/*Hörtnagl*, § 1 UmwStG Rn 21.

10 UmwSt-Erl. 2011, Rn 01.05.

11 Dötsch/Pung/Möhlenbrock/*Möhlenbrock*, § 1 UmwStG Rn 15 a.

Wenngleich das UmwG grundsätzlich nur Rechtsträgern mit Sitz im Inland die Umwandlung gewährt, sind mit der Einführung der §§ 122 a ff UmwG – zumindest innerhalb der EU bzw des **EWR** – auch grenzüberschreitende Verschmelzungen von Kapitalgesellschaften möglich.[12] Erfasst sind Verschmelzungen, bei denen mindestens eine der beteiligten Gesellschaften dem Recht eines anderen EU- oder EWR-Staates unterliegt (Hinein- und Hinausverschmelzungen).[13] Insoweit ist streitig, ob diese grenzüberschreitenden Verschmelzungen als nationale Verschmelzungen oder als vergleichbare ausländische Vorgänge zu qualifizieren sind.[14] 11

b) Spaltung (Abs. 1 Nr. 1 Alt. 2 und 3). Das UmwG sieht in § 123 verschiedene Varianten der Spaltung vor.[15] Zunächst besteht die Möglichkeit der **Aufspaltung** (§ 123 Abs. 1 UmwG). Dabei kann der übertragende Rechtsträger[16] unter Auflösung ohne Abwicklung sein Vermögen entweder[17] zur Aufnahme durch gleichzeitige Übertragung der Vermögensteile jeweils als Gesamtheit auf – mindestens zwei – andere bestehende Rechtsträger aufspalten, oder zur Neugründung durch gleichzeitige Übertragung der Vermögensteile jeweils als Gesamtheit auf zwei andere, neu gegründete Rechtsträger.[18] 12

Daneben kennt das UmwG die **Abspaltung** (§ 123 Abs. 2 UmwG). Abspaltung meint die Fälle, in denen der übertragende Rechtsträger einen oder mehrere Teile seines Vermögens abspaltet. Dies kann wiederum zur Aufnahme durch Übertragung auf einen oder mehrere bereits bestehende Rechtsträger oder zur Neugründung durch Übertragung auf neu gegründete Rechtsträger geschehen.[19] Im Unterschied zur Aufspaltung bleibt der übertragende Rechtsträger bei der Abspaltung bestehen.[20] 13

Bei beiden Spaltungsvarianten geschieht die Übertragung grundsätzlich jeweils gegen **Gewährung von Anteilen** an dem übernehmenden Rechtsträger an die Anteilseigner des übertragenden Rechtsträgers.[21] Dabei erfolgt die Spaltung regelmäßig unter Wahrung der Beteiligungsverhältnisse am übertragenden Rechtsträger und hat keine Verschiebung der Beteiligungsverhältnisse zwischen den Anteilseignern zur Folge.[22] 14

Im Gegensatz zu Verschmelzungen regelt das UmwG nicht ausdrücklich die Möglichkeit grenzüberschreitender Auf- und Abspaltungen.[23] Nach § 1 Abs. 1 UmwG werden nur Umwandlungsvorgänge erfasst, bei denen die beteiligten Rechtsträger ihren **Sitz im Inland** haben. Eine Spaltung kann aber dennoch unter den sachlichen Anwendungsbereich des § 1 Abs. 1 Nr. 1 fallen, wenn es sich bei dem grenzüberschreitenden Spaltungsvorgang um einen vergleichbaren ausländischen Vorgang handelt.[24] 15

12 Schmitt/Hörtnagl/Stratz/*Hörtnagl*, § 1 UmwStG Rn 27; Rödder/Herlinghaus/van Lishaut/*Graw*, § 1 Rn 46.

13 Dötsch/Pung/Möhlenbrock/*Möhlenbrock*, § 1 UmwStG Rn 20.

14 Dötsch/Pung/Möhlenbrock/*Möhlenbrock*, § 1 UmwStG Rn 22; aA wohl Schmitt/Hörtnagl/Stratz/*Hörtnagl*, § 1 UmwStG Rn 27; dahin gehend scheint es naheliegend, zumindest in den Fällen, in denen jedenfalls ein inländischer Rechtsträger beteiligt ist, eine Verschmelzung iSd UmwG anzunehmen; vgl Schmitt/Hörtnagl/Stratz/*Hörtnagl*, § 1 UmwStG Rn 30 zur Spaltung.

15 § 1 Abs. 1 Nr. 1 umfasst allerdings ausdrücklich nur die Auf- sowie die Abspaltung, nicht jedoch die in § 123 Abs. 3 UmwG vorgesehene Variante der Ausgliederung. Für die Ausgliederung, die systematisch ein Einbringungsvorgang ist, gilt § 1 Abs. 3 Nr. 2.

16 Im Hinblick auf die Frage, welche Rechtsträger als übertragenden Rechtsträger der Spaltung in Betracht kommen, gilt das zur Verschmelzung Gesagte entsprechend.

17 § 123 Abs. 4 UmwG bietet zudem die Möglichkeit, neben der Abspaltung zur Aufnahme oder Neugründung auch Mischformen, wie die Spaltung, auf bestehende sowie neue Rechtsträger vorzunehmen.

18 Dötsch/Pung/Möhlenbrock/*Möhlenbrock*, § 1 UmwStG Rn 23; Schmitt/Hörtnagl/Stratz/*Hörtnagl*, § 1 UmwStG Rn 29.

19 Dötsch/Pung/Möhlenbrock/*Möhlenbrock*, § 1 UmwStG Rn 23.

20 Schmitt/Hörtnagl/Stratz/*Hörtnagl*, § 1 UmwStG Rn 29.

21 Dötsch/Pung/Möhlenbrock/*Möhlenbrock*, § 1 UmwStG Rn 23; Schmitt/Hörtnagl/Stratz/*Hörtnagl*, § 1 UmwStG Rn 29.

22 Zu beachten ist insoweit, dass eine Spaltung unter Neuordnung der Beteiligungsverhältnisse gemäß § 128 UmwG mit Zustimmung aller Anteilsinhaber des übertragenden Rechtsträgers auch nicht Verhältnis wahrend vorgenommen werden kann, siehe auch Dötsch/Pung/Möhlenbrock/*Möhlenbrock*, § 1 UmwStG Rn 25.

23 Schmitt/Hörtnagl/Stratz/*Hörtnagl*, § 1 UmwStG Rn 30.

24 UmwSt-Erl. 2011, Rn 01.20; s. auch Rn 41 ff.

16 c) **Formwechsel (Abs. 1 Nr. 2).** § 1 Abs. 1 Nr. 2 regelt den Formwechsel einer **Kapitalgesellschaft in eine Personengesellschaft.**[25] Im Rahmen eines Formwechsels ändert sich unter Wahrung der Identität des Rechtssubjekts dessen rechtliche Organisationsform. Eine Vermögensübertragung findet nicht statt. Nur wenn diese Änderung auch einen Wechsel des Besteuerungsregimes begründet, ist der Formwechsel überhaupt steuerlich relevant. Aus diesem Grund erfasst § 1 Abs. 1 Nr. 2 auch nicht den Formwechsel innerhalb der verschiedenen Arten von Kapitalgesellschaften oder Personengesellschaften, sondern nur sog. **„kreuzende" Formwechsel** von Kapitalgesellschaft in Personengesellschaft.[26]

17 Die **steuerlichen Folgen** eines Formwechsels einer Kapitalgesellschaft in eine Personengesellschaft[27] sind in §§ 9 und 18 geregelt. § 9 fingiert für diese Fälle die Übertragung des Vermögens für ertragsteuerliche Zwecke.[28] Der spiegelbildliche Fall ist von § 25 erfasst.

18 **Kapitalgesellschaften** iSd § 1 Abs. 1 Nr. 2 sind AG, KGaA, GmbH inkl. UG, und SE. Als mögliche Zielrechtsformen kommen OHG, KG, Partnerschaftsgesellschaft, GbR und EWIV in Betracht.[29] Schließlich sind vergleichbare **ausländische Vorgänge** von der Regelung erfasst. Dabei ist die rechtliche Kontinuität bzw Identität des Rechtsträgers vor und nach dem Formwechsel das maßgebliche Kriterium für die Vergleichbarkeit.[30]

19 d) **Vergleichbare inländische Umwandlungen (Abs. 1 Nr. 3).** § 1 Abs. 1 Nr. 3 des Gesetzes erfasst Umwandlungen iSd § 2 UmwG, soweit sie einer Umwandlung iSd § 1 Abs. 1 des UmwStG entsprechen. Erforderlich ist insoweit, dass die betreffende Umwandlung ausdrücklich in einer **bundes- oder landesgesetzlichen Regelung** vorgesehen ist. Von praktischer Bedeutung sind diesbezüglich vor allem landesrechtliche Vorschriften zur Umstrukturierung von Sparkassen als Anstalten des öffentlichen Rechts.[31] Im Weiteren muss die auf Grundlage einer bundes- oder landesgesetzlichen Regelung durchgeführte Umwandlung einer Verschmelzung, Spaltung oder einem Formwechsel vergleichbar sein. Für die Vergleichbarkeit ist auf die wesentlichen Strukturelemente abzustellen.[32]

20 e) **Vermögensübertragung (§ 1 Abs. 1 Nr. 4).** Inländische Vermögensübertragungen sind von § 1 Abs. 1 Nr. 4 erfasst. Die Vermögensübertragung ist sowohl als **Vollübertragung** (§ 174 Abs. 1 UmwG) als auch als **Teilübertragung** (§ 174 Abs. 2 UmwG) möglich. Die Vermögensübertragung nach § 174 UmwG unterscheidet sich von der Verschmelzung und der Spaltung dadurch, dass den Anteilseignern des übertragenden Rechtsträgers eine Gegenleistung gewährt wird, die nicht in Anteilen oder Mitgliedschaften besteht, sondern in einer Gegenleistung anderer Art,[33] insb. in einer Barleistung.

21 Die Vermögensübertragung ist nur von einer Kapitalgesellschaft auf die öffentliche Hand sowie zwischen Versicherungsunternehmen in der Rechtsform der AG, des VVaG oder des öffentlich-rechtlichen Versicherungsunternehmens möglich. Ausländische oder grenzüberschreitende Vorgänge werden im Zusammenhang mit der Vermögensübertragung nicht erfasst.[34]

25 In Abweichung zur Verschmelzung kann übernehmender Rechtsträger auch eine GbR oder EWIV sein, s. in: Dötsch/Pung/Möhlenbrock/*Möhlenbrock*, § 1 UmwStG Rn 38; UmwSt-Erl. 2011, Rn 01.12.

26 Dötsch/Pung/Möhlenbrock/*Möhlenbrock*, § 1 UmwStG Rn 38; Schmitt/Hörtnagl/Stratz/*Hörtnagl*, § 1 UmwStG Rn 46.

27 Erfasst sind insoweit sowohl gewerblich tätige als auch vermögensverwaltende Personengesellschaften, siehe Dötsch/Pung/Möhlenbrock/*Möhlenbrock*, § 1 UmwStG Rn 38.

28 Schmitt/Hörtnagl/Stratz/*Hörtnagl*, § 1 UmwStG Rn 46.

29 Dötsch/Pung/Möhlenbrock/*Möhlenbrock*, § 1 UmwStG Rn 38; Rödder/Herlinghaus/van Lishaut/*Graw*, § 1 Rn 112.

30 *Sieker/Schänzle/Kaeser* in: FGS/BDI, UmwSt-Erlass 2011, S. 68; Schmitt/Hörtnagl/Stratz/*Hörtnagl*, § 1 UmwStG Rn 50.

31 Dötsch/Pung/Möhlenbrock/*Möhlenbrock*, § 1 UmwStG Rn 39; Schmitt/Hörtnagl/Stratz/*Hörtnagl*, § 1 UmwStG Rn 51; Rödder/Herlinghaus/van Lishaut/*Graw*, § 1 Rn 131.

32 Schmitt/Hörtnagl/Stratz/*Hörtnagl*, § 1 UmwStG Rn 51; s. hierzu auch die Kommentierung zu Vergleichbare ausländische Vorgänge Rn 41 ff, die entsprechend herangezogen werden kann.

33 Dötsch/Pung/Möhlenbrock/*Möhlenbrock*, § 1 UmwStG Rn 43; Schmitt/Hörtnagl/Stratz/*Hörtnagl*, § 1 UmwStG Rn 52.

34 Dötsch/Pung/Möhlenbrock/*Möhlenbrock*, § 1 UmwStG Rn 44; Schmitt/Hörtnagl/Stratz/*Hörtnagl*, § 1 UmwStG Rn 53.

2. Geltungsbereich Sechster bis Achter Teil. Der sachliche Anwendungsbereich des Sechsten bis Achten Teils ist in § 1 Abs. 3 des Gesetzes geregelt. Im Unterschied zum Zweiten bis Fünften Teil knüpfen die insoweit einschlägigen §§ 20 bis 25 nicht nur an Umwandlungen iSd UmwG und vergleichbare ausländische Sachverhalte an, sondern erfassen auch Einbringungen durch Einzelrechtsnachfolge.[35] Im Wesentlichen sind die im Folgenden dargestellten Umwandlungskonstellationen erfasst. 22

a) Verschmelzung, Auf- und Abspaltung (Abs. 3 Nr. 1). § 1 Abs. 3 Nr. 1 regelt die Verschmelzung, Aufspaltung und Abspaltung iSd §§ 2 und 123 Abs. 1 und 2 UmwG von Personenhandelsgesellschaften (also ohne GbR) und Partnerschaftsgesellschaften[36] auf eine Kapitalgesellschaft, Genossenschaft oder Personengesellschaft sowie vergleichbare ausländische Vorgänge. In Übereinstimmung zu Abs. 1 Nr. 1 können die Vorgänge jeweils sowohl zur Aufnahme auf einen bestehenden Rechtsträger, als auch zur Aufnahme auf einen neugegründeten Rechtsträger erfolgen. 23

Obwohl die §§ 122 a ff UmwG grundsätzlich nur für Kapitalgesellschaften gelten, sind im Rahmen des § 1 Abs. 3 Nr. 1 auch **grenzüberschreitende Verschmelzungen** inbegriffen. Voraussetzung ist insoweit, dass es sich um Rechtsträger aus dem EU-/EWR-Raum handelt, die beim Rechtstypenvergleich umwandlungsfähigen Rechtsträgern inländischen Rechts entsprechen.[37] Im Hinblick auf grenzüberschreitende Auf- und Abspaltungen fallen auch solche unter § 123 Abs. 1, 2 UmwG, an denen jedenfalls ein inländischer Rechtsträger beteiligt ist.[38] 24

Als übertragende Rechtsträger iSd § 1 Abs. 3 Nr. 1 kommen OHG, KG und Partnerschaftsgesellschaft in Betracht.[39] Übernehmende Rechtsträger können AG, SE, KGaA, GmbH, Personenhandelsgesellschaft, Partnerschaftsgesellschaft und eingetragene Genossenschaft sein.[40] 25

b) Ausgliederung (Abs. 3 Nr. 2). § 1 Abs. 3 Nr. 2 erfasst die Fälle der Ausgliederung nach § 123 Abs. 3 UmwG und vergleichbare ausländische Vorgänge. Die Ausgliederung nach § 123 Abs. 3 UmwG ist dadurch gekennzeichnet, dass ein Teil oder mehrere Teile des Vermögens eines Rechtsträgers jeweils als Gesamtheit auf einen oder mehrere bestehende oder neue Rechtsträger übertragen werden.[41] Die Ausgliederung unterscheidet sich von der Auf- und Abspaltung dadurch, dass die Anteile am übernehmenden Rechtsträger als Gegenleistung nicht den Anteilseignern des übertragenden Rechtsträgers, sondern diesem selbst gewährt werden.[42] 26

Grenzüberschreitende Ausgliederungen und vergleichbare ausländische Vorgänge sind von § 1 Abs. 3 Nr. 2 ebenso erfasst. Ebenfalls darunter zu fassen ist die Gründung einer Tochter-SE durch eine SE mittels Ausgliederung nach § 123 Abs. 3 UmwG.[43] 27

Als übertragende Rechtsträger kommen bei einer Ausgliederung alle nach dem UmwG beteiligtenfähigen Rechtsträger in Betracht. Neben Personenhandelsgesellschaften, Kapitalgesellschaften, Partnerschaftsgesellschaften und eingetragenen Vereinen sowie Genossenschaften sind dies insb. wirtschaftliche Vereine, Stiftungen, Gebietskörperschaften und Einzelkaufleute. Übernehmende Rechtsträger können Personenhandelsgesellschaften, Kapitalgesellschaften, Partnerschaftsgesellschaften und eingetragene Genossenschaften sein. [44] Für vergleichbare ausländi- 28

35 S. auch Schmitt/Hörtnagl/Stratz/*Hörtnagl*, § 1 UmwStG Rn 78.
36 Rödder/Herlinghaus/van Lishaut/*Graw*, § 1 Rn 200: Für Partnerschaftsgesellschaften ist allerdings erforderlich, dass sämtliche Anteilseigner des übertragenden Rechtsträgers natürliche Personen und gleichzeitig Angehörige der freien Berufe sind.
37 UmwSt-Erl. 2011, Rn 01.27.
38 Schmitt/Hörtnagl/Stratz/*Hörtnagl*, § 1 UmwStG Rn 82, 86.
39 Dötsch/Pung/Möhlenbrock/*Möhlenbrock*, § 1 UmwStG Rn 56; Schmitt/Hörtnagl/Stratz/*Hörtnagl*, § 1 UmwStG Rn 83, 87.
40 Dötsch/Pung/Möhlenbrock/*Möhlenbrock*, § 1 UmwStG Rn 52; Schmitt/Hörtnagl/Stratz/*Hörtnagl*, § 1 UmwStG Rn 84, 88.
41 Schmitt/Hörtnagl/Stratz/*Hörtnagl*, § 1 UmwStG Rn 90; Rödder/Herlinghaus/van Lishaut/*Graw*, § 1 Rn 210.
42 Dötsch/Pung/Möhlenbrock/*Möhlenbrock*, § 1 UmwStG Rn 58; Schmitt/Hörtnagl/Stratz/*Hörtnagl*, § 1 UmwStG Rn 90.
43 Schmitt/Hörtnagl/Stratz/*Hörtnagl*, § 1 UmwStG Rn 91 f; Rödder/Herlinghaus/van Lishaut/*Graw*, § 1 Rn 213.
44 Dötsch/Pung/Möhlenbrock/*Möhlenbrock*, § 1 UmwStG Rn 61; Schmitt/Hörtnagl/Stratz/*Hörtnagl*,§ 1 UmwStG Rn 93 f.

sche Vorgänge ist hinsichtlich der Beteiligtenfähigkeit jeweils auf die ausländische Rechtsordnung abzustellen, wobei bezüglich der ausländischen Rechtsform ein Typenvergleich zu inländischen Gesellschaftsformen anzustellen ist.[45]

29 c) **Formwechsel einer Personengesellschaft in eine Kapitalgesellschaft oder Genossenschaft (Abs. 3 Nr. 3).** Der Formwechsel einer Personengesellschaft in eine Kapitalgesellschaft oder Genossenschaft ist von § 1 Abs. 3 Nr. 3 erfasst. Formwechselnde Rechtsträger können insoweit nur Personenhandelsgesellschaften und Partnerschaftsgesellschaften sein.[46] Als Zielrechtsform sind Kapitalgesellschaft und eingetragene Genossenschaft möglich. Bei vergleichbaren ausländischen Vorgängen ist für die Beteiligtenfähigkeit die von der ausländischen Rechtsordnung vorgenommene Einordnung maßgeblich, wobei die Ausgangsrechtsform und die Zielrechtsform im Rahmen eines Typenvergleichs mit inländischen Gesellschaftsformen vergleichbar sein müssen.[47]

30 d) **Einbringung durch Einzelrechtsnachfolge (Abs. 3 Nr. 4).** § 1 Abs. 3 Nr. 4 regelt die **Einbringung von Betriebsvermögen** durch Einzelrechtsnachfolge in eine Kapitalgesellschaft, eine Genossenschaft oder eine Personengesellschaft. Die Regelung bestimmt damit ausdrücklich, dass der Sechste bis Achte Teil auch für alle Einbringungen gilt, die nicht im Wege der Gesamtrechtsnachfolge erfolgen.[48]

31 Der **Einbringungsbegriff** ist gesetzlich nicht definiert. Insb. aus dem Zweck des UmwStG ergibt sich jedoch, dass für eine Einbringung eine Vermögensüberführung aus einem Betriebsvermögen in ein anderes Betriebsvermögen erforderlich ist.[49] Die Einbringung setzt ferner voraus, dass als Gegenleistung (neue) Anteile am übernehmenden Rechtsträger gewährt werden.[50]

32 Dabei ist es nach Auffassung der Finanzverwaltung ausreichend, dass dem übernehmenden Rechtsträger das **wirtschaftliche Eigentum** (§ 39 Abs. 2 Nr. 1 AO) an den übertragenen Wirtschaftsgütern verschafft wird.[51] Es ist auch nicht zwingend erforderlich, dass sich die Zuordnung des zivilrechtlichen oder wirtschaftlichen Eigentums an den Wirtschaftsgütern ändert. Es ist vielmehr ausreichend, wenn beispielsweise die Wirtschaftsgüter in das Sonderbetriebsvermögen der übernehmenden Personengesellschaft übertragen werden.[52]

33 Die Behandlung der sog. **erweiterten Anwachsung**, also die Einbringung von Personengesellschaftsanteilen in eine Kapital- oder Personengesellschaft und die nachfolgende Anwachsung des Gesellschaftsvermögens auf die übernehmende Gesellschaft, war vor Erlass des SEStEG allgemein als begünstigter Einbringungstatbestand anerkannt. Mit der nunmehr abschließenden Regelung des § 1 Abs. 3 Nr. 1– 5 ist die Anwendbarkeit von §§ 20 ff problematisch geworden.

34 Subsumiert werden könnte die erweiterte Anwachsung lediglich unter § 1 Abs. 3 Nr. 4, wenn es sich um einen Unterfall der Einzelrechtsnachfolge handeln würde. Unter den in § 1 Abs. 3 aufgezählten Fällen der Gesamtrechtsnachfolge ist die Anwachsung jedenfalls nicht explizit aufgeführt.

45 Schmitt/Hörtnagl/Stratz/*Hörtnagl*, § 1 UmwStG Rn 93; Rödder/Herlinghaus/van Lishaut/*Graw*, § 1 Rn 215.

46 Da § 1 Abs. 3 Nr. 3 nicht von Personenhandelsgesellschaften spricht, sondern nur von Personengesellschaften, ist die Partnerschaftsgesellschaft auch ohne ausdrückliche Bezugnahme mit vom Anwendungsbereich erfasst, s.a. Schmitt/Hörtnagl/Stratz/*Hörtnagl*, § 1 UmwStG Rn 98.

47 Schmitt/Hörtnagl/Stratz/*Hörtnagl*, § 1 UmwStG Rn 98.

48 Schmitt/Hörtnagl/Stratz/*Hörtnagl*, § 1 UmwStG Rn 104; Rödder/Herlinghaus/van Lishaut/*Graw*, § 1 Rn 231.

49 Dötsch/Pung/Möhlenbrock/*Möhlenbrock*, § 1 UmwStG Rn 65; für Vorgänge, die nicht zu einer Übertragung von Wirtschaftsgütern in ein anderes Betriebsvermögen – und damit nicht zu einer Realisation – führen, besteht von vornherein kein Bedarf an der durch das UmwStG geschaffenen Ausnahme von der Besteuerung stiller Reserven; ebenso Schmitt/Hörtnagl/Stratz/*Hörtnagl*, § 1 UmwStG Rn 101.

50 Dötsch/Pung/Möhlenbrock/*Möhlenbrock*, § 1 UmwStG Rn 65; Rödder/Herlinghaus/van Lishaut/*Graw*, § 1 Rn 230. „Neue“ Anteile müssen gewährt werden, um eine Einbringung zu Buchwerten zu ermöglichen.

51 UmwSt-Erl. 2011, Rn 01.43; Rödder/Herlinghaus/van Lishaut/*Graw*, § 1 Rn 231.

52 Schmitt/Hörtnagl/Stratz/*Hörtnagl*, § 1 UmwStG Rn 101.

Von dem überwiegenden Teil der Literatur wird die Anwachsung als Fall der **Gesamtrechtsnachfolge** eingeordnet.[53] Hingegen ordnet die Finanzverwaltung[54] die erweiterte Anwachsung als Fall der **Einzelrechtsnachfolge** ein und wendet die §§ 20 ff an. Im Ergebnis ist dieser Ansicht zu folgen, da es nicht dem Willen des Gesetzgebers entsprach, etwas zu ändern,[55] es handelt sich also wohl um ein redaktionelles Versehen. Schließlich lässt sich ein erweitertes Anwachsungsmodell in zwei Elemente spalten, den Einbringungsteil der MU-Anteile (Einzelrechtsnachfolge) und die darauffolgende Anwachsung (Gesamtrechtsnachfolge), die nur als Rechtsreflex mit ausgelöst wird. 35

Während § 1 Abs. 3 Nr. 4 lediglich allgemein von der Einbringung von Betriebsvermögen spricht, ergibt sich aus §§ 20, 21 und 24 des Gesetzes, dass vom Sechsten bis Achten Teil lediglich die Einbringung eines Betriebs, Teilbetriebs, Mitunternehmeranteils oder einer mehrheitsvermittelnden Beteiligung erfasst ist.[56] 36

Beteiligte Rechtsträger auf Übernehmerseite können Kapitalgesellschaften, Genossenschaften sowie Personengesellschaften sein. In Fällen der Einbringung in eine Kapitalgesellschaft oder Genossenschaft ergeben sich weitere **persönliche Anforderungen** an den übernehmenden Rechtsträger aus § 1 Abs. 4 S. 1. An die Person des Einbringenden sind indes keine besonderen Anforderungen zu stellen. Übertragender Rechtsträger kann jedermann sein. [57] Schließlich umfasst die Regelung auch **ausländische** und **grenzüberschreitende Vorgänge**.[58] 37

e) **Anteilstausch (Abs. 3 Nr. 5)**. Der Austausch von Anteilen ist in § 1 Abs. 3 Nr. 5 geregelt. Der **Begriff** des Anteilstausches im Sinne dieser Regelung erschließt sich erst aus dem Zusammenspiel mit § 21 Abs. 1 S. 1, nach dem ein Anteilstausch vorliegt, wenn Anteile an einer Kapitalgesellschaft oder einer Genossenschaft in eine Kapitalgesellschaft oder Genossenschaft gegen Gewährung neuer Anteile an dieser übernehmenden Gesellschaft eingebracht werden, wobei die Steuerneutralität jedoch davon abhängig ist, dass eine sog. mehrheitsvermittelnde Beteiligung entsteht (**qualifizierter Anteilstausch**). [59] 38

Abgrenzungsschwierigkeiten können sich ergeben, wenn im Rahmen eines Umwandlungsvorganges nach § 1 Abs. 3 Nr. 1–3 oder einer Einbringung nach Nr. 4 auch **Anteile an einer Kapitalgesellschaft mit übertragen** werden. In diesen Fällen ist das Verhältnis zwischen den §§ 20 und 21 zu thematisieren, wobei nach Auffassung der Finanzverwaltung die Bestimmungen des § 20 denen des § 21 vorgehen sollen, was insb. deshalb zu begrüßen ist, weil damit eine steuerliche Rückwirkung ermöglicht wird. Allerdings wird von der Finanzverwaltung offen gelassen, ob eine 100%-Beteiligung im Rahmen einer Sacheinlage als eigenständiger Teilbetrieb zu behandeln ist oder nicht.[60] 39

Nach § 1 Abs. 3 Nr. 5 iVm § 21 kommt als **übernehmender Rechtsträger** nur eine Kapitalgesellschaft oder Genossenschaft in Betracht. **Einbringender Rechtsträger** kann beim Anteilstausch grundsätzlich jede natürliche oder juristische Person sowie jede Personengesellschaft sein. Insoweit unterfallen auch Personen, die in einem Drittstaat ansässig sind, dem Regelungsbereich des § 1 Abs. 3 Nr. 5.[61] 40

3. Vergleichbare ausländische Vorgänge. Neben den Umwandlungsvorgängen nach dem UmwG findet das UmwStG auch auf **europäische Umwandlungsvorgänge** und vergleichbare 41

53 Haritz/Menner/*Schlößer*, § 24 Rn 90; *Lauermann/Protzen*, DStR 2001, 647, 648; Rödder/Herlinghaus/van Lishaut/*Herlinghaus*, § 20 Rn 39 c.
54 UmwSt-Erl. 2011, Rn 01.44, 01.47.
55 Schneider/Ruoff/Sistermann/*Brinkmann*, UmwStE 2011, H 1.64; BT-Drucks. 16/2710, 35.
56 Schmitt/Hörtnagl/Stratz/*Hörtnagl*, § 1 UmwStG Rn 105.
57 Dötsch/Pung/Möhlenbrock/*Möhlenbrock*, § 1 UmwStG Rn 64; Schmitt/Hörtnagl/Stratz/*Hörtnagl*, § 1 UmwStG Rn 106.
58 Dötsch/Pung/Möhlenbrock/*Möhlenbrock*, § 1 UmwStG Rn 87.
59 Schmitt/Hörtnagl/Stratz/*Hörtnagl*, § 1 UmwStG Rn 108; Rödder/Herlinghaus/van Lishaut/*Graw*, § 1 Rn 236.
60 UmwSt-Erl. 2011, Rn 21.01; Schmitt/Hörtnagl/Stratz/*Hörtnagl*, § 1 UmwStG Rn 109, § 20 UmwStG Rn 23.
61 Schmitt/Hörtnagl/Stratz/*Hörtnagl*, § 1 UmwStG Rn 111, 112; Rödder/Herlinghaus/van Lishaut/*Graw*, § 1 Rn 237.

ausländische Vorgänge Anwendung. Um die Unsicherheiten zu beseitigen, die sich bei den vergleichbaren ausländischen Vorgängen ergeben, hat die Finanzverwaltung[62] Kriterien herausgearbeitet, die ausländische Vorgänge vergleichbar machen. Klargestellt wird, dass sogar, wenn sämtliche beteiligte Rechtsträger inländisch sind, ein ausländischer Vorgang vorliegen kann. Es ist also streng zwischen den beteiligten Rechtsträgern und dem gewählten Vorgang zu unterscheiden.

42 Auch ausländische Vorgänge müssen zunächst **zivilrechtlich/gesellschaftsrechtlich wirksam** sein, um steuerlich beachtlich zu sein.[63] Die beteiligten Rechtsträger müssen einem umwandlungsfähigen Rechtsträger inländischen Rechts vergleichbar sein. Dieser „Rechtstypenvergleich" hat zunächst anhand des gesetzlichen Leitbilds der ausländischen Gesellschaft zu erfolgen.[64] Nur wenn im Einzelfall aufgrund im ausländischen Recht gewährte Dispositionsbefugnisse ein Vergleich anhand des gesetzlichen Leitbildes nicht möglich ist, muss beim Rechtstypenvergleich auf die rechtlichen Gegebenheiten des Einzelfalls abgestellt werden.[65]

43 a) **Strukturmerkmale der einzelnen Umwandlungsvorgänge.** Die ausländischen Vorgänge müssen mit den Strukturmerkmalen einer Verschmelzung, einer Auf- oder Abspaltung oder eines Formwechsels vergleichbar sein. Die Strukturmerkmale im Einzelnen sind:

aa) Verschmelzung[66]

44
- die Übertragung des gesamten Aktiv- und Passivvermögens eines übertragenden Rechtsträgers oder mehrerer übertragender Rechtsträger auf einen übernehmenden Rechtsträger,
- aufgrund eines Rechtsgeschäfts,
- kraft Gesetzes,
- gegen Gewährung von Anteilen am übernehmenden Rechtsträger an die Anteilsinhaber des übertragenden Rechtsträgers,
- unter Auflösung ohne Abwicklung des übertragenden Rechtsträgers oder der übertragenden Rechtsträger.

bb) Aufspaltung[67]

45
- die Übertragung des gesamten Aktiv- und Passivvermögens eines Rechtsträgers auf mindestens zwei übernehmende Rechtsträger,
- aufgrund eines Rechtsgeschäfts,
- kraft Gesetzes,
- gegen Gewährung von Anteilen an den übernehmenden Rechtsträgern an die Anteilsinhaber des übertragenden Rechtsträgers,
- unter Auflösung ohne Abwicklung des übertragenden Rechtsträgers.

cc) Abspaltung[68]

46
- die Übertragung eines Teils oder mehrerer Teile eines Rechtsträgers auf einen oder mehrere übernehmende Rechtsträger,
- aufgrund eines Rechtsgeschäfts,
- kraft Gesetzes,
- gegen Gewährung von Anteilen am übernehmenden Rechtsträger oder an den übernehmenden Rechtsträgern an die Anteilsinhaber des übertragenden Rechtsträgers,
- ohne Auflösung des übertragenden Rechtsträgers.

62 UmwSt-Erl. 2011, Rn 01.20.
63 UmwSt-Erl. 2011, Rn 01.23.
64 UmwSt-Erl. 2011, Rn 01.27 iVm den Tabellen 1 und 2 des BMF, Schreiben v. 24.12.1999, BStBl. I S. 1076.
65 UmwSt-Erl. 2011, Rn 01.27 iVm BMF, Schreiben v. 19.3.2004, BStBl. I S. 411.
66 UmwSt-Erl. 2011, 01.30.
67 UmwSt-Erl. 2011, 01.33.
68 UmwSt-Erl. 2011, 01.36.

dd) Formwechsel[69]

- die Änderung der rechtlichen Organisation des Rechtsträgers, 47
- mit rechtlicher Kontinuität des Rechtsträgers,
- Hat das ausländische Recht keine rechtliche Kontinuität als Voraussetzung, sondern Auflösung ohne Abwicklung, kommt ein Formwechsel nicht in Betracht. Allerdings möglicherweise eine Verschmelzung.

b) **Weitere Kriterien.** Auch nach Ansicht der Finanzverwaltung stellt die Dauer einer gesellschaftsrechtlichen **Rückbeziehungsmöglichkeit** kein Kriterium für die Vergleichbarkeit dar. 48 Hingegen ist die Höhe der Zuzahlungen iSd § 54 Abs. 4 UmwG ein Kriterium, das zusätzlich heranzuziehen ist.

Umwandlungen nach der SE-VO und SCE-VO fallen nicht unter die vergleichbaren Vorgänge. 49 Wegen der **Bindungswirkung des Europarechts** handelt es sich hierbei um neben dem Umwandlungsgesetz stehende Vorgänge, auf die sich der sachliche Anwendungsbereich des UmwStG immer stützen lässt.

II. Persönlicher Anwendungsbereich

1. Zweiter bis Fünfter Teil. Im Hinblick auf die an dem Umwandlungsvorgang beteiligten 50 Rechtsträger wird § 1 Abs. 1 durch Abs. 2 ergänzt, der die persönlichen Anwendungsvoraussetzungen regelt. Insoweit müssen die beteiligten Rechtsträger kumulativ einen **zweifachen Bezug zur EU/zum EWR** aufweisen, der dadurch zum Ausdruck kommt, dass eine beteiligte Gesellschaft sowohl nach dem Recht eines Mitgliedsstaates der EU oder eines EWR-Staates gegründet sein muss, als auch ihren Sitz und Ort der Geschäftsleitung in dem Gebiet eines Mitgliedsstaates haben muss. Bei natürlichen Personen ist entscheidend, dass diese ihren Wohnsitz oder gewöhnlichen Aufenthalt innerhalb der Gebiete dieser Staaten haben und – in Fällen von Doppelansässigkeit – nicht aufgrund eines DBA als außerhalb des vorbenannten Gebiets ansässig angesehen werden.

Nach § 1 Abs. 2 Nr. 1 muss bei einem Formwechsel der umwandelnde Rechtsträger und bei 51 allen anderen Umwandlungen sowohl der übertragende als auch der übernehmende Rechtsträger eine **Gesellschaft iSd Art. 54 AEUV** sein. Als Gesellschaften idS gelten die Gesellschaften des bürgerlichen Rechts sowie des Handelsrechts, einschließlich der Genossenschaften und sonstigen juristischen Personen des öffentlichen und privaten Rechts.[70] Erforderlich ist jedoch, dass die Gesellschaften einen **Erwerbszweck** verfolgen und nicht ausschließlich kulturell oder karikativ tätig sind.[71] Nach der Auffassung des BFH ist der Begriff des Erwerbszwecks weit zu verstehen, so dass alle Tätigkeiten einzubeziehen sind, soweit sie erwerbsorientiert sind und gegen Entgelt erbracht werden. Das Vorliegen einer Gewinnerzielungsabsicht ist nicht erforderlich.[72] Insoweit scheiden (steuerbefreite) **gemeinnützige Einrichtungen** nicht zwingend aus dem Anwendungsbereich des Gesetzes aus, da sie häufig mit ihren Zweckbetrieben oder wirtschaftlichen Geschäftsbetrieben am Wirtschaftsverkehr teilnehmen. Ebenfalls erfasst sind regelmäßig **juristische Personen des öffentlichen Rechts** mit ihrem Betrieb gewerblicher Art, wohingegen Verbände, die keinen Erwerbszweck verfolgen, nicht unter den Gesellschaftsbegriff des Art. 54 AEUV fallen.[73] Bei ausländischen Gesellschaften iSd Art. 54 AEUV ist ein Typenvergleich mit einer inländischen Kapitalgesellschaft bzw – im Hinblick auf den übernehmenden Rechtsträger – Personengesellschaft vorzunehmen.[74]

69 UmwSt-Erl. 2011, 01.39.
70 Dötsch/Pung/Möhlenbrock/*Möhlenbrock*, § 1 UmwStG Rn 146; Schmitt/Hörtnagl/Stratz/*Hörtnagl*, § 1 UmwStG Rn 58.
71 Dötsch/Pung/Möhlenbrock/*Möhlenbrock*, § 1 UmwStG Rn 146; Schmitt/Hörtnagl/Stratz/*Hörtnagl*, § 1 UmwStG Rn 59.
72 BFH v. 14.7.2004 BStBl. II 2005 S. 721.
73 Dötsch/Pung/Möhlenbrock/*Möhlenbrock*, § 1 UmwStG Rn 146; Schmitt/Hörtnagl/Stratz/*Hörtnagl*, § 1 UmwStG Rn 59.
74 Schmitt/Hörtnagl/Stratz/*Hörtnagl*, § 1 UmwStG Rn 58.

52 Des Weiteren ist zu beachten, dass die beteiligten Rechtsträger nach den Rechtsvorschriften eines Mitgliedsstaats der EU/des EWR gegründet sein müssen. Es kommt also auf das bei der Gründung auf den Rechtsträger anwendbare Gesellschaftsstatut an. Nicht schädlich ist insoweit, wenn der Rechtsträger nach dem Recht eines Staates gegründet wurde, der erst zeitlich nachfolgend der EU/dem EWR beigetreten ist.[75]

53 Von Bedeutung ist zudem, dass die Rechtsträger sowohl ihren **Sitz** als auch den **Ort der Geschäftsleitung** in der EU/im EWR[76] haben müssen. Bei Personengesellschaften ist dabei auf die Gesellschaft selbst abzustellen. Die Gesellschafter können daher in Drittstaaten ansässig sein.[77] In Fällen, in denen ein nach der deutschen Rechtsordnung gegründeter Rechtsträger seinen Verwaltungssitz identitätswahrend in einen Drittstaat verlegt, findet das Gesetz daher keine Anwendung, obwohl der Umwandlungsvorgang zivilrechtlich nach dem UmwG zu beurteilen ist.[78] Bei ausländischen Rechtsträgern richtet sich die Einordnung der Begriffe Sitz und Ort der Geschäftsleitung ebenfalls nach den deutschen Regeln, §§ 10 ff AO.[79]

54 Für **natürliche Personen** als übernehmende Rechtsträger ist nach § 1 Abs. 2 Nr. 2 auf den **Wohnsitz** bzw den **gewöhnlichen Aufenthalt** (§§ 8, 9 AO) abzustellen, der innerhalb des Hoheitsgebiets der EU/des EWR liegen muss. Eine Doppelansässigkeit in verschiedenen EU-/EWR-Staaten birgt daher keine Schwierigkeiten. Soweit auch eine Ansässigkeit in einem Drittstaat besteht, findet das Gesetz nur Anwendung, soweit die natürliche Person nicht nach einem DBA als in dem Drittstaat ansässig anzusehen ist.[80]

55 **2. Sechster bis Achter Teil.** Der persönliche Anwendungsbereich des Sechsten bis Achten Teils richtet sich nach § 1 Abs. 4, der § 1 Abs. 3 um weitere Anforderungen an die beteiligten Rechtsträger ergänzt. Davon ausgenommen ist jedoch die Einbringung eines Betriebes, Teilbetriebes oder Mitunternehmeranteils in eine Personengesellschaft (§ 1 Abs. 4 S. 2), die insoweit global Anwendung findet und keinen weiteren Beschränkungen unterliegt.[81] Inhaltlich unterscheidet § 1 Abs. 4 ferner zwischen den Anforderungen an den übernehmenden Rechtsträger (Abs. 4 S. 1 Nr. 1) und den Anforderungen an den umzuwandelnden/übertragenden Rechtsträger (§ 1 Abs. 4 S. 1 Nr. 2 a).[82]

56 **a) Übernehmender Rechtsträger (§ 1 Abs. 4 S. 1 Nr. 1).** Zunächst bestimmt § 1 Abs. 4 S. 1 Nr. 1, dass der Sechste bis Achte Teil nur gilt, wenn der übernehmende Rechtsträger eine Gesellschaft iSd § 1 Abs. 2 Nr. 1 ist. Die übernehmende Kapitalgesellschaft/Genossenschaft muss mithin nach dem Recht eines EU-/EWR-Staates gegründet sein und ihren Sitz sowie ihre Geschäftsleitung innerhalb des Gebietes der EU/des EWR haben.[83] In Fällen eines EU-/EWR-ausländischen übernehmenden Rechtsträgers muss im Rahmen eines Typenvergleichs geprüft werden, ob dieser einer inländischen Kapitalgesellschaft entspricht.

57 **b) Übertragender Rechtsträger (§ 1 Abs. 4 S. 1 Nr. 2).** Mit Blick auf den übertragenden Rechtsträger stellt § 1 Abs. 4 S. 1 Nr. 2 nur für die Fälle der Einbringung nach § 1 Abs. 3 Nr. 1–4 weitere Voraussetzungen für die Anwendung des Gesetzes auf. Insoweit muss der umwandelnde, einbringende oder übertragende Rechtsträger alternativ die Voraussetzungen nach § 1 Abs. 2 S. 1 erfüllen (§ 1 Abs. 4 S. 1 Nr. 2 a) oder das Recht der Bundesrepublik hinsichtlich der Besteuerung des Gewinns aus der Veräußerung der erhaltenen Anteile darf nicht ausgeschlossen oder beschränkt sein (§ 1 Abs. 4 S. 1 Nr. 2 b).

75 Schmitt/Hörtnagl/Stratz/Hörtnagl, § 1 UmwStG Rn 61.
76 Erforderlich ist indes nicht, dass es sich dabei um ein und denselben Staat handelt.
77 Schmitt/Hörtnagl/Stratz/*Hörtnagl*, § 1 UmwStG Rn 62.
78 S. dazu Schmitt/Hörtnagl/Stratz/*Hörtnagl*, § 1 UmwStG Rn 62.
79 Vgl Rödder/Herlinghaus/van Lishaut/*Graw*, § 1 Rn 168 f; Haritz/Menner/*Haritz*, § 1 UmwStG Rn 44.
80 Schmitt/Hörtnagl/Stratz/*Hörtnagl*, § 1 UmwStG Rn 75.
81 S. dazu auch Dötsch/Pung/Möhlenbrock/*Möhlenbrock*, § 1 UmwStG Rn 159.
82 In diesem Zusammenhang ist auch die Ausnahme nach Abs. 4 S. 1 Nr. 2 b zu beachten.
83 Vgl dazu im Einzelnen soeben Rn 42.

Beim **Formwechsel** muss die umwandelnde Personengesellschaft[84] in ihrer **Ausgangsrechtsform eine Gesellschaft** iSd § 1 Abs. 2 S. 1 Nr. 1 sein (s. Rn 51). Aufgrund der transparenten Struktur der Personengesellschaft müssen gleichwohl auch die Gesellschafter bestimmte Anforderungen erfüllen. Soweit es sich bei den Gesellschaftern um natürliche Personen handelt, müssen diese nach § 1 Abs. 4 S. 1 Nr. 2 a aa ihren Wohnsitz oder gewöhnlichen Aufenthalt innerhalb der EU/des EWR haben und dürfen nicht nach dem DBA mit einem anderen Staat als in einem Drittstaat ansässig anzusehen sein. Sind hingegen Körperschaften, Personenvereinigungen und Vermögensmassen Gesellschafter der umwandelnden Personengesellschaft, müssen diese ihrerseits die Voraussetzungen des § 1 Abs. 2 S. 1 Nr. 1 erfüllen.[85] In Fällen von mehrstöckigen Personengesellschaften müssen die vorstehenden Voraussetzungen nur auf der obersten Ebene gegeben sein mit der Folge, dass nur der umwandelnde Rechtsträger und dessen Gesellschafter auf oberster Ebene zu beurteilen sind.[86] Erfüllen einzelne Gesellschafter die Gründungs- und Ansässigkeitsvoraussetzungen nicht, findet der Sechste bis Achte Teil „soweit" quotal Anwendung, wie Gesellschafter beteiligt sind, die die Voraussetzungen erfüllen.[87] 58

Für die Anwendung des Gesetzes auf **Einbringungen** nach § 1 Abs. 3 Nr. 1 sowie § 1 Abs. 3 Nr. 2 setzt § 1 Abs. 4 grundsätzlich ebenfalls das Vorliegen der Gründungs- und Ansässigkeitsvoraussetzungen des § 1 Abs. 2 S. 1 Nr. 1 voraus.[88] Soweit die persönlichen Voraussetzungen an den übertragenden Rechtsträger und dessen Gesellschafter nicht erfüllt sind, stellt sich die Frage, ob nicht § 1 Abs. 4 S. 1 Nr. 2 b greift (s. Rn 61). 59

Gleiches gilt für **Einbringungen von Betriebsvermögen** durch Einzelrechtsnachfolge in eine Kapitalgesellschaft oder eine Genossenschaft. Auch in diesen Fällen müssen grundsätzlich die Anforderungen nach § 1 Abs. 2 S. 1 Nr. 1 erfüllt sein. Ist eine Personengesellschaft einbringender Rechtsträger, sind nicht nur von dieser die Gründungs- und Ansässigkeitsvoraussetzungen zu erfüllen, sondern auch von den Gesellschaftern auf oberster Ebene nach § 1 Abs. 2 S. 1 Nr. 1 oder 2.[89] 60

c) Alternative: fehlende Beschränkung des inländischen Besteuerungsrechts. Soweit in den vom Sechsten bis Achten Teil erfassten Fällen die von § 1 Abs. 4 S. 1 Nr. 2 vorausgesetzten persönlichen Anforderungen nicht gegeben sind, ist der Sechste bis Achte Teil gleichwohl anwendbar, soweit das Recht der Bundesrepublik Deutschland hinsichtlich der Besteuerung des Gewinns aus der Veräußerung der erhaltenen Anteile nicht ausgeschlossen oder beschränkt ist (§ 1 Abs. 4 S. 1 Nr. 2 b). Entsprechend des Wortlauts der Regelung ist das Besteuerungsrecht hinsichtlich des Veräußerungsgewinns maßgeblich. Insoweit liegt ein Ausschluss des Besteuerungsrechts vor, wenn Deutschland – zB aufgrund eines mit dem anderen Staat geschlossenen DBA – überhaupt kein Recht zur Besteuerung hat. Eine Beschränkung des Besteuerungsrechts ist hingegen anzunehmen, wenn Deutschland aufgrund uni- oder bilateraler Vorschriften Steuern anzurechnen hat.[90] 61

III. Definitionen (§ 1 Abs. 5)

Die Regelung in § 1 Abs. 5 enthält verschiedene dynamische Verweise auf europäische Richtlinien sowie Verordnungen und eine Legaldefinition des Buchwertbegriffs. § 1 Abs. 5 bestimmt, dass – soweit das Gesetzt nicht etwas anderes bestimmt – die Richtlinie 90/434/EWG [nun- 62

84 Innerhalb des Sechsten bis Achten Teils ist nur der Formwechsel einer Personengesellschaft in eine Kapitalgesellschaft geregelt.

85 Schmitt/Hörtnagl/Stratz/*Hörtnagl*, § 1 UmwStG Rn 120; Rödder/Herlinghaus/van Lishaut/*Graw*, § 1 Rn 266.

86 Schmitt/Hörtnagl/Stratz/*Hörtnagl*, § 1 UmwStG Rn 120; Rödder/Herlinghaus/van Lishaut/*Graw*, § 1 Rn 267.

87 Schmitt/Hörtnagl/Stratz/*Hörtnagl*, § 1 UmwStG Rn 122; Rödder/Herlinghaus/van Lishaut/*Graw*, § 1 Rn 267.

88 Für Personengesellschaften gelten auch insoweit die obigen Ausführungen zum Formwechsel.

89 Zur quotalen Anwendung, wenn nur einige Gesellschafter diese Voraussetzungen erfüllen, s. Rn 58; zur Anwendung von Abs. 4 S. 1 Nr. 2 b s. soeben Rn 61.

90 Schmitt/Hörtnagl/Stratz/*Hörtnagl*, § 1 UmwStG Rn 131; Rödder/Herlinghaus/van Lishaut/*Graw*, § 1 Rn 282.

mehr Richtlinie 2009/113/EG] sowie die Verordnungen (EG) Nr. 2157/2001 und (EG) Nr. 1435/2003 in der zum Zeitpunkt des steuerlichen Übertragungsstichtags jeweils geltenden Fassung anzuwenden sind.

63 **Buchwert** ist nach § 1 Abs. 5 der Wert, der sich nach den steuerrechtlichen Vorschriften über die Gewinnermittlung in einer für den steuerlichen Übertragungsstichtag aufzustellenden Steuerbilanz ergibt oder ergäbe. Hiervon werden auch die Fälle erfasst, in denen keine Steuerbilanz zum steuerlichen Übertragungsstichtag aufgestellt werden muss. Der inländische Buchwertbegriff findet auch Anwendung, wenn ein ausländischer Rechtsträger über eine Betriebsstätte im Inland verfügt oder dessen Steuerbilanz sonst i.R.d. UmwStG von Bedeutung ist.[91]

64 Davon dürfte die Frage zu unterscheiden sein, wie **Wirtschaftsgüter** zu behandeln sind, die sowohl vor als auch nach der Umwandlung einem ausländischen Besteuerungsrecht unterliegen, zB weil sie einer ausländischen Betriebsstätte zuzuordnen sein. Die Ermittlung eines steuerlichen Buchwerts für solche Wirtschaftsgüter ist für inländische steuerliche Zwecke entbehrlich. Hierbei gibt es einen engen Zusammenhang zu der Frage, ob solche Wirtschaftsgüter überhaupt in die Schlussbilanz des übertragenden Rechtsträgers gehören. Da die Bilanzierungspflicht immer nur im Zusammenhang zur Steuerpflicht zu sehen ist, gibt es bei der Pflicht zur Aufstellung der Schlussbilanz kein „Alles-oder-nichts" Prinzip. Einzelne Wirtschaftsgüter können mangels Steuerpflicht, aus dem Anwendungsbereich der Schlussbilanz fallen, während ansonsten die Pflicht zur Aufstellung besteht. Danach besteht auch insoweit keine Pflicht, die Buchwerte entsprechend dem deutschen Buchwertbegriff zu ermitteln.[92]

§ 2 Steuerliche Rückwirkung

(1) [1]Das Einkommen und das Vermögen der übertragenden Körperschaft sowie des übernehmenden Rechtsträgers sind so zu ermitteln, als ob das Vermögen der Körperschaft mit Ablauf des Stichtags der Bilanz, die dem Vermögensübergang zu Grunde liegt (steuerlicher Übertragungsstichtag), ganz oder teilweise auf den übernehmenden Rechtsträger übergegangen wäre. [2]Das Gleiche gilt für die Ermittlung der Bemessungsgrundlagen bei der Gewerbesteuer.

(2) Ist die Übernehmerin eine Personengesellschaft, gilt Absatz 1 Satz 1 für das Einkommen und das Vermögen der Gesellschafter.

(3) Die Absätze 1 und 2 sind nicht anzuwenden, soweit Einkünfte auf Grund abweichender Regelungen zur Rückbeziehung eines in § 1 Abs. 1 bezeichneten Vorgangs in einem anderen Staat der Besteuerung entzogen werden.

(4) [1]Der Ausgleich oder die Verrechnung eines Übertragungsgewinns mit verrechenbaren Verlusten, verbleibenden Verlustvorträgen, nicht ausgeglichenen negativen Einkünften, einem Zinsvortrag nach § 4 h Absatz 1 Satz 5 des Einkommensteuergesetzes und einem EBITDA-Vortrag nach § 4 h Absatz 1 Satz 3 des Einkommensteuergesetzes (Verlustnutzung) des übertragenden Rechtsträgers ist nur zulässig, wenn dem übertragenden Rechtsträger die Verlustnutzung auch ohne Anwendung der Absätze 1 und 2 möglich gewesen wäre. [2]Satz 1 gilt für negative Einkünfte des übertragenden Rechtsträgers im Rückwirkungszeitraum entsprechend. [*ab 7. 6. 2013:* [3]Der Ausgleich oder die Verrechnung von positiven Einkünften des übertragenden Rechtsträgers im Rückwirkungszeitraum mit verrechenbaren Verlusten, verbleibenden Verlustvorträgen, nicht ausgeglichenen negativen Einkünften und einem Zinsvortrag nach § 4 h Absatz 1 Satz 5 des Einkommensteuergesetzes des übernehmenden Rechtsträgers ist nicht zulässig. [4]Ist übernehmender Rechtsträger eine Organgesellschaft, gilt Satz 3 auch für einen Ausgleich oder eine Verrechnung beim Organträger entsprechend. [5]Ist übernehmender Rechtsträger eine Perso-

91 Rödder/Herlinghaus/van Lishaut/*Graw,* § 1 Rn 300.
92 Schneider/Ruoff/Sistermann/*Brinkmann*, UmwStE 2011, H 1.79.

nengesellschaft, gilt Satz 3 auch für einen Ausgleich oder eine Verrechnung bei den Gesellschaftern entsprechend. [6]Die Sätze 3 bis 5 gelten nicht, wenn übertragender Rechtsträger und übernehmender Rechtsträger vor Ablauf des steuerlichen Übertragungsstichtags verbundene Unternehmen im Sinne des § 271 Absatz 2 des Handelsgesetzbuches sind.]

Literatur:

Benecke, Anwendungsbereich des UmwStG und Rückwirkung nach dem UmwSt-Erlass 2011, GmbHR 2012, 114; *Kaeser*, Allgemeiner Teil (§§ 1-2 UmwStG) DStR Beihefter 2/2012, 3; *Behrendt/Klages*, Weitere Einschränkung der Verlustnutzung bei rückwirkenden Umwandlungen durch § 2 Abs. 4 S. 3 bis 6 UmwStG, BB 2013, 1815.

I. Normzweck

Ein besonderes Bedürfnis für § 2 besteht wegen des **Zeitpunkts** des dinglichen Vollzugs der Umwandlung, der sich aus dem Handelsrecht ergibt und den steuerlichen Folgen, die sich aus diesem ergäben, wenn der Gesetzgeber in § 2 Abs. 1 keine Regelung getroffen hätte. Ohne die die praktischen Bedürfnisse der Wirtschaft aufgreifende Vorschrift des § 2 Abs. 1 wäre es ansonsten erforderlich, auf den (nicht beeinflussbaren) Tag der Registereintragung eine Steuerabgrenzung zwischen übertragendem und übernehmendem Rechtsträger vorzunehmen. 1

Handelsrechtlich sind verschiedene **Stichtage** für die Umwandlung relevant. Der späteste Zeitpunkt ist der Tag der Eintragung der Umwandlung in das Handels- oder Genossenschaftsregister. Erst hiermit wird die Umwandlung dinglich wirksam. Dem vorgelagert ist der handelsrechtliche Umwandlungsstichtag, also der Tag, auf den die Parteien einen Übergang von Risiken und Chancen vorgesehen haben. Ein solcher Termin für den Übergang von Risiken und Chancen ist zwingend zwischen übernehmendem und übertragendem Rechtsträger zu bestimmen (vgl § 5 Abs. 1 Nr. 6 UmwG; § 126 Abs. 1 Nr. 6 UmwG; § 176 iVm § 5 Abs. 1 Nr. 6 UmwG; § 177 Abs. 2 S. 1 iVm § 176 Abs. 3 S. 1 UmwG).[1] Der Gesetzgeber will die Beteiligten mit der Bestimmung des steuerlichen Umwandlungsstichtags aus der misslichen Lage befreien, eine Bilanz auf einen ihnen unbekannten Termin, nämlich den der Registereintragung, aufstellen zu müssen. 2

Insofern ist der **Tag der Schlussbilanz** nur vom (frei wählbaren) handelsrechtlichen Umwandlungsstichtag abhängig. Der steuerliche Umwandlungsstichtag und der Stichtag für die Schlussbilanz gehen dem handelsrechtlichen Umwandlungsstichtag nämlich unmittelbar voraus.[2] In der Praxis wird als handelsrechtlicher Umwandlungsstichtag aus praktischen Erwägungen in der Regel der Beginn des neuen Geschäftsjahres (zB 1.1.) gewählt, denn dann kann die auf den Jahresabschlussstichtag (31.12.) erstellte Handelsbilanz als handelsrechtliche und steuerliche Schlussbilanz verwandt werden. Dies gilt jedoch nur, wenn zwischen dem Bilanzstichtag und der Anmeldung zum Handelsregister nicht mehr als 8 Monate liegen, § 17 Abs. 2 UmwG. 3

1 Haritz/Menner/*Slabon*, § 2 UmwStG Rn 2.

2 UmwSt-Erl. 2011, 02.02; aA: Haritz/Menner/*Slabon*, § 2 UmwStG Rn 3, der von einer freien Wählbarkeit des steuerlichen Umwandlungsstichtags ausgeht.

II. Bedeutung

4 **1. Steuern.** Anwendung findet § 2 auf Steuern von Einkommen und Vermögen der übertragenden Körperschaft, des übernehmenden Rechtsträgers und in eingeschränktem Umfang[3] der Gesellschafter. Die Rückwirkung hat also Folgen für Körperschaft-, Einkommen-, Gewerbeertrag-, Grund- und die Vermögensteuer, wenn sie wieder erhoben wird, sowie die Annexsteuern zu diesen, also insb. Kirchensteuer und Solidaritätszuschlag. Unanwendbar ist § 2 auf Verkehrssteuern, insb. die Umsatzsteuer und die Grunderwerbsteuer.[4]

5 Ob die Rückwirkung des § 2 auch für die **Erbschaftsteuer** gilt, ist noch ungeklärt. Nach umstrittener Ansicht in der Literatur,[5] der Rechtsprechung[6] und nach Ansicht der Finanzverwaltung[7] ist dies zu verneinen. Dem ist zuzustimmen, da das UmwStG durchgängig auf die Ermittlung des Einkommens und des Vermögens Bezug nimmt. Insb. soll durch die Rückwirkung nicht eine zum Erbe gehörende Kapitalgesellschaft als vor dem Termin des Erbanfalles in eine Personengesellschaft umgewandelt gelten, um zu einem positiveren erbschaftsteuerlichen Ergebnis zu gelangen. Was zur Erbschaft gehört, regelt das Zivilrecht. Dieses kann nicht rückwirkend durch den Erben gestaltet werden. Außerdem knüpft das ErbStG an die tatsächlichen Verhältnisse zum Zeitpunkt der Steuerentstehung an (§§ 9, 11 ErbStG).[8]

6 **2. Persönlicher Anwendungsbereich.** Eine Bedeutung erlangt der steuerliche Zeitpunkt der Umwandlung für den übertragenden und übernehmenden Rechtsträger sowie – im Fall der Verschmelzung auf eine Personengesellschaft/Umwandlung in eine Personengesellschaft gemäß § 2 Abs. 2 auch für die Mitunternehmer.[9]

7 **3. Einzubeziehende Umwandlungen.** Mit § 2 geht eine grundlegende **Rückwirkung** einher, wobei alle Umwandlungsfolgen auf den steuerlichen Übertragungsstichtag zurückbezogen werden. Eine Ausnahme von der Rückwirkung macht § 2 Abs. 3, soweit die Einkünfte schon in einem anderen Staat aufgrund einer abweichenden Regelung zur Rückwirkung der Besteuerung unterzogen worden sind. Hintergrund dieser Ausnahme ist der erweiterte Anwendungsbereich auch auf grenzüberschreitende Sachverhalte, um die inländische Rückwirkungsfiktion mit den Bestimmungen des ausländischen Steuerrechts in Übereinstimmung bringen zu können.

8 Die Rückwirkungsfiktion bezieht sich auf die Umwandlungsvorgänge nach den §§ 3–19 (Verschmelzung, Spaltung und Vermögensübertragung). Hingegen ist § 2 nicht auf die Einbringung iSd §§ 20, 24 anwendbar. Die §§ 20 Abs. 5 und 6, 24 Abs. 4 enthalten aber an § 2 angelehnte eigene Rückwirkungsfiktionen.[10]

9 Bei den Anwendungsfällen handelt es sich um die Fälle, auf die § 17 Abs. 2 UmwG direkt oder durch Verweisung Anwendung findet. Im Gegensatz zu Verschmelzung, Aufspaltung, Abspaltung und Vermögensübertragung ist § 2 nicht auf den Formwechsel anzuwenden. In § 9 S. 3 ist jedoch eine Sonderregelung enthalten, die zu einer ähnlichen Rückbeziehung führt.

III. Steuerlicher Übertragungsstichtag, § 2 Abs. 1 S. 1

10 § 2 Abs. 1 S. 1 ordnet an, dass der steuerliche Übertragungsstichtag der **Stichtag der Bilanz** ist, der dem Vermögensübergang zu Grunde liegt. Damit ist der Stichtag der nach § 17 Abs. 2 UmwG aufzustellenden Bilanz gemeint. Dieser geht dem handelsrechtlichen Umwandlungs-

3 UmwSt-Erl. 2011, 02.03.

4 UmwSt-Erl. 2011, Rn 01.01; Haritz/Menner/*Slabon*, § 2 UmwStG Rn 26.

5 Haritz/Menner/*Slabon*, § 2 Rn 27; Rödder/Herlinghaus/van Lishaut/*van Lishaut*, § 2 Rn 10; Dötsch/Pung/Möhlenbrock/*Dötsch*, § 2 UmwStG Rn 17; aA: zB Schmitt/Hörtnagl/Stratz/*Hörtnagl*, § 2 UmwStG Rn 36.

6 BFH, Urteil v. 4.7.1984, II R 73/81, BStBl. II 1984 S. 773.

7 UmwSt-Erl. 2011, Rn 01.01.

8 Haritz/Menner/*Slabon*, § 2 Rn 27; Rödder/Herlinghaus/van Lishaut/*van Lishaut*, § 2 UmwStG Rn 10.

9 Haritz/Menner/*Slabon*, § 2 Rn 34.

10 Rödder/Herlinghaus/van Lishaut/*van Lishaut*, § 2 Rn 11.

stichtag iSd § 5 Abs. 1 Nr. 6 UmwG unmittelbar voraus.[11] Für die Verschmelzung gilt § 17 Abs. 2 UmwG direkt, für Spaltung, Vermögensübergang und Teilübertragung durch Verweis. Mit „zu Grunde liegen" meint der Gesetzgeber lediglich, dass es sich um die **Handelsbilanz** handeln muss, die bei der Anmeldung der Umwandlung zur Eintragung in das Handelsregister einzureichen ist. Bei der relevanten Bilanz handelt es sich um die letzte handelsrechtliche **Gewinnermittlungsbilanz** des übertragenden Rechtsträgers.

Nach dem Bilanzstichtag der handelsrechtlichen Schlussbilanz führt der übertragende Rechtsträger die Geschäfte nur noch für Rechnung des übernehmenden Rechtsträgers. In der Praxis ist die handelsrechtliche Schlussbilanz oftmals die **Jahresbilanz**. 11

Bei § 2 handelt es sich um eine Ausnahme des steuerlichen Grundsatzes, dass eine Gestaltung mit Wirkung für die Vergangenheit nicht möglich ist. Mit § 2 fingiert der Gesetzgeber eine steuerliche **Rückwirkung**. Das Gesetz geht über die zivilrechtliche Rechtslage insofern hinaus, indem er nicht nur die nach dem Umwandlungsstichtag vorgenommenen Handlungen als für Rechnung des übernehmenden Rechtsträgers bewirkt gelten lässt, sondern auch die Vermögensübertragung als erfolgt fingiert. 12

IV. Umwandlungszeitpunkte

§ 2 definiert den steuerlichen Zeitpunkt der Umwandlung nicht eigenständig, sondern nur in Abhängigkeit vom handelsrechtlichen Umwandlungszeitpunkt. 13

1. Handelsrechtliche Stichtage. Das Handelsrecht unterscheidet zwischen verschiedenen für die Umwandlung maßgebliche Zeitpunkte. Im Außenverhältnis tritt die dingliche Wirkung erst ein, wenn die Umwandlung in das Handelsregister eingetragen ist. Schon vorher gelten die Handlungen der übertragenden Rechtsträger ab dem Umwandlungsstichtag als für die Rechnung der übernehmenden Rechtsträger bewirkt. In dieser Zwischenzeit kommt es also zu einer fiktiven Zuordnung von Geschäftsvorfällen. Die handelsrechtliche Schlussbilanz ist auf den Tag vor dem Umwandlungsstichtag zu erstellen.[12] 14

2. Steuerrechtliche Stichtage. Steuerrechtlich wird an die Bilanz, die dem Vermögensübergang zu Grunde liegt, angeknüpft. Insofern ist der steuerliche Umwandlungsstichtag immer der Tag der handelsrechtlichen Schlussbilanz. [13] Auf diesen Tag fällt steuerlich der Vermögensübergang und ggf die Auflösung des übertragenden Rechtsträgers und die Neugründung des übernehmenden Rechtsträgers. Dies bedeutet, dass eine handelsrechtlich noch nicht erloschene Gesellschaft für steuerliche Zwecke schon erlischt, dass eine handelsrechtlich noch nicht entstandene übernehmende Gesellschaft schon gegründet ist, dass noch nicht übergegangenes Vermögen schon beim übernehmenden Rechtsträger anfällt. 15

V. Ermittlung und Besteuerung des Einkommens

§ 2 Abs. 1 S. 1 ordnet das **Vermögen** des übertragenden Rechtsträgers mit Ablauf des steuerlichen Übertragungsstichtages dem **übernehmenden Rechtsträger** zu. Dies bedeutet, dass alle nach dem Übertragungsstichtag anfallenden Vorgänge einem handelsrechtlich noch existierenden Rechtsträger nicht mehr und einem handelsrechtlich ggf noch nicht existierenden Rechtsträger schon zugeordnet werden.[14] Für die **Abspaltung** gilt dies nur im Hinblick auf das abgespaltete Vermögen, für die Aufspaltung gilt dies bei den jeweils übernehmenden Rechtsträgern nur im Hinblick auf das jeweilige Teilvermögen. 16

Die persönliche **Steuerpflicht** des übertragenen Rechtsträgers **endet** mit Ablauf des steuerlichen Übertragungsstichtags, das bis dahin erzielte laufende Ergebnis ist in der steuerlichen Schluss- 17

11 Rödder/Herlinghaus/van Lishaut/*van Lishaut*, § 2 Rn 19.

12 Schmitt/Hörtnagl/Stratz/*Hörtnagl*, § 2 Rn 16.

13 UmwSt-Erl. 2011, 02.02; Schmitt/Hörtnagl/Stratz/*Hörtnagl*, § 2 Rn 18.

14 Schmitt/Hörtnagl/Stratz/*Hörtnagl*, § 2 Rn 42.

bilanz zu erfassen.[15] In dieser sind auch die Umwandlungsfolgen zu bilanzieren. Am steuerlichen Übertragungsstichtag entsteht der Übertragungsgewinn (vgl §§ 3, 11, 15, 16).

18 Es ist nicht erforderlich, dass das Geschäftsjahresende mit dem Übertragungsstichtag übereinstimmt. Bei Auseinanderfallen entsteht ein **Rumpfwirtschaftsjahr**, und zwar ohne Einvernehmen des Finanzamtes iSd § 7 Abs. 4 Satz 3 KStG.[16] Ein handelsrechtlich zu berücksichtigendes Rumpfgeschäftsjahr entsteht nicht, was insb. für die tatsächliche Durchführung von Ergebnisabführungsverträgen Bedeutung hat.[17]

19 Mit Ablauf des steuerlichen Übertragungsstichtages beginnt auch – unabhängig von deren zivilrechtlicher Entstehung – die Steuerpflicht eines neu gegründeten übernehmenden Rechtsträgers und damit sein (Ein-Sekunden-)**Rumpfwirtschaftsjahr.**[18] Am steuerlichen Übertragungsstichtag fallen auch die Umwandlungsgewinne, insb. der Übernahmegewinn nach § 4 Abs. 4, der Konfusionsgewinn nach § 6 und die Beteiligungskorrekturgewinne nach § 4 Abs. 1 Satz 2, § 11 Abs. 2 Satz 2 oder § 12 Abs. 1 Satz 2 an. Entsprechend sind die Einkünfte im Sinne des § 7 zuzurechnen.[19] § 2 Abs. 1 ordnet dem übernehmenden Rechtsträger alle nach dem Übertragungsstichtag anfallenden Vorgänge als **eigene Geschäftsvorfälle** zu, so dass die Übernehmerin unmittelbar eigene Gewinne bzw Verluste generiert.

20 Eine Sonderproblematik stellt das Eintreten und Ausscheiden von Gesellschaftern im **Rückwirkungszeitraum** (ggf gegen Barabfindung) dar. Da die Rückwirkungsfiktion nach § 2 Abs. 1 grundsätzlich nur für den übertragenden und übernehmenden Rechtsträger sowie nach § 2 Abs. 2 für die Gesellschafter einer übernehmenden Personengesellschaft gilt, sind Anteilseigner der übertragenden Gesellschaft nicht von ihr erfasst. Daraus folgt, dass diese nicht etwa Mitunternehmeranteile, sondern die Beteiligung an einer Kapitalgesellschaft veräußern, wenn sie im Rückwirkungszeitraum ausscheiden.[20] Andersherum sind neu eintretende Gesellschafter schon von der Rückwirkungsfiktion erfasst, da sie Mitunternehmer des übernehmenden Rechtsträgers sind.[21]

21 **1. Körperschaft als Übernehmerin.** Im Anwendungsbereich der §§ 11–13, 15 handelt es sich bei dem übernehmenden Rechtsträger um eine Körperschaft.[22] In diesem Fall sind die nach dem steuerlichen Übertragungsstichtag liegenden Vorgänge in der Körperschaftsteuer-/Gewerbesteuererklärung des übernehmenden Rechtsträgers aufzunehmen, obwohl nach außen diese Geschäfte im Namen und für Rechnung des übertragenen Rechtsträgers vorgenommen wurden. Es liegt hier zwar kein Übergang vom Körperschaftsteuerrecht zum Einkommensteuerrecht vor, allerdings geht auch dieser Übergang nicht ohne Abgrenzungsschwierigkeiten vonstatten. Lieferungen und Leistungen zwischen den beiden Rechtsträgern müssen als in-sich-Geschäfte neutralisiert werden. Zudem treten auch in diesem Bereich Schwierigkeiten bei Gewinnausschüttungen und dem Ausscheiden von Gesellschaftern im Rückwirkungszeitraum auf.

22 **2. Personengesellschaft als Übernehmerin.** Durch die Änderung der Rechtsform erweitern sich die schon bei Körperschaften als Übernehmerin zu beobachtenden Anpassungsschwierigkeiten.[23] Zusätzlich zur gebotenen Neutralisierung von Rechtsgeschäften zwischen den beteiligten Rechtsträgern und Problemen bei der Zuordnung von Gewinnausschüttungen und der Behandlung ausscheidender Gesellschafter, macht der Wechsel der Rechtsform schon im Rückwirkungszeitraum eine einkommensteuerrechtliche und gewerbesteuerrechtliche (= wegen der Höhe des Gewerbeertrages) Umqualifizierung von Sondervergütungen iSd § 15 Abs. 1 S. 1 Nr. 2 EStG erforderlich.

15 Dötsch/Pung/Möhlenbrock/*Dötsch*, § 2 UmwStG Rn 43; Schmitt/Hörtnagl/Stratz/*Hörtnagl*, § 2 Rn 43.
16 Schmitt/Hörtnagl/Stratz/*Hörtnagl*, § 2 Rn 43; Dötsch/Pung/Möhlenbrock/*Dötsch*, § 2 UmwStG Rn 34.
17 Rödder/Herlinghaus/van Lishaut/*van Lishaut*, § 2 Rn 37.
18 Dötsch/Pung/Möhlenbrock/*Dötsch*, § 2 UmwStG Rn 43; UmwSt-Erl. 2011, 02.11.
19 UmwSt-Erl. 2011, 02.04.
20 UmwSt-Erl. 2011, 02.17, 02.20-02.22; zu Einzelheiten Schneider/Ruoff/Sistermann/*Schwahn*, UmwStE 2011, H 2.56.
21 UmwSt-Erl. 2011, 02.21.
22 Schmitt/Hörtnagl/Stratz/*Hörtnagl*, § 2 Rn 45.
23 Schmitt/Hörtnagl/Stratz/*Hörtnagl*, § 2 Rn 46.

a) **Laufende Geschäfte zwischen Körperschaft und Personengesellschaft.** Ertragsteuerlich sind sämtliche Geschäfte im Rückwirkungszeitraum zwischen übernehmendem und übertragendem Rechtsträger ohne Auswirkung auf den Gewinn und damit zu neutralisieren.[24] Einer Klarstellung in § 2 Abs. 2, dass die Rückwirkung auch für die Gesellschafter des übernehmenden Rechtsträgers gilt, hätte es nicht bedurft. Dies ergibt sich nämlich schon aus dem einkommensteuerrechtlich geltenden Transparenzprinzip, da die Personengesellschaft im Einkommensteuerrecht keine Subjektqualität besitzt, gilt die Rückwirkung des § 2 Abs. 1 auch für deren Gesellschafter.[25] 23

b) **Laufende Geschäfte zwischen Körperschaft und Mitunternehmern der übernehmenden Personengesellschaft.** Geschäftsvorfälle zwischen der übertragenden Körperschaft und den künftigen Mitunternehmern der übernehmenden Personengesellschaft sind hingegen keine reinen Innengeschäfte, jedoch müssen diese ggf umqualifiziert werden. Insb. ist eine **Umqualifikation** in gewerbliche bzw freiberufliche Einkünfte vorzunehmen, wenn Zahlungsflüsse festzustellen sind, die als Sondervergütungen im Sinne von §§ 15 Abs. 1 S. 1 Nr. 2, 18 Abs. 4 S. 2 EStG zu beurteilen sind. Sie werden ertragsteuerlich zu einem Gewinn-Vorab und mindern das Einkommen bzw den Ertrag der Personengesellschaft nicht.[26] Außerdem sind Wirtschaftsgüter des Privatvermögens gegebenenfalls in Sonderbetriebsvermögen umzuqualifizieren. Beides geschieht rückwirkend schon ab dem steuerlichen Übertragungsstichtag. [27] 24

VI. Keine Rückwirkung bei Entzug des Besteuerungsrechts, § 2 Abs. 3

Eingeschränkt wird die Rückwirkungsfiktion in Fällen, in denen „weiße", dh **unversteuerte Einkünfte** durch eine abweichende Rückwirkungsregelung in anderen Staaten entstehen würden.[28] Die Regelung ist erstmalig in das UmwStG mit dem SEStEG in 2006 eingeführt worden und ist darin begründet, dass das UmwStG nun auf grenzüberschreitende und vergleichbare ausländische Vorgänge (vgl § 1) Anwendung findet. Wegen ihres weiten Wortlautes wirft die Vorschrift in der Praxis Probleme bei der konkreten Rechtsanwendung auf. 25

Kernpunkt dürfte jedoch sein, wie man „abweichende(r) Regelung zur Rückbeziehung" versteht. Dabei ist im Auge zu behalten, dass der Gesetzgeber das **inländische Steueraufkommen** und nicht etwa ein ausländisches **schützen** wollte. Sinn der Vorschrift ist zu verhindern, dass ein ohne Rückwirkungsfiktion bestehendes deutsches Besteuerungsrechts mit Rückwirkungsfiktion aufgrund der Vorverlagerung des Vermögens- und Einkommensanfalls nicht ausgeübt werden kann und der ausländische Staat gleichzeitig von seinem Besteuerungsrecht keinen Gebrauch macht. Beträgt bspw bei einer Hinausverschmelzung die steuerliche Rückwirkung des anderen EU-Staates nur drei Monate, verbliebe aber die inländische Rückwirkung bei acht Monaten, so blieben die Einkünfte für den zeitlichen Zwischenraum unversteuert, da der ausländische Staat darauf nicht zugreift und Deutschland diese Erträge bereits dem ausländischen Rechtsträger zuordnen würde.[29] In diesen Fällen gleicht § 2 Abs. 3 den deutschen Rückwirkungszeitraum dem des ausländischen Staates an. In reinen Inlandsfällen muss die Besteuerung beim übernehmenden Rechtsträger gesichert sein, bei grenzüberschreitenden Umwandlungen muss der ausländische Staat die Besteuerung geschäftsvorfallspezifisch und phasenkongruent vornehmen. 26

VII. Einschränkung der Verlustverrechnung im Rückwirkungsfall, § 2 Abs. 4

Mit dem JStG 2009 hat der Gesetzgeber in § 2 Abs. 4 die Möglichkeit, einen Übertragungsgewinn mit verrechenbaren Verlusten, verbleibenden Verlustvorträgen, nicht ausgeglichenen negativen Einkünften, einem Zinsvortrag und einen EBITDA-Vortrag im Rahmen der Zins- 27

24 Haritz/Menner/*Slabon*, § 2 Rn 70.
25 Schmitt/Hörtnagl/Stratz/*Hörtnagl*, § 2 Rn 47.
26 Schmitt/Hörtnagl/Stratz/*Hörtnagl*, § 2 Rn 48.
27 Einzelheiten: Schmitt/Hörtnagl/Stratz/*Hörtnagl*, § 2 Rn 53-92.
28 Haritz/Menner/*Slabon*, § 2 Rn 101.
29 Haritz/Menner/*Slabon*, § 2 Rn 104.

schranke noch beim übertragenden Rechtsträger zu verrechnen oder auszugleichen, eingeschränkt.

28 Gesetzestechnisch geschieht das dadurch, dass ein Vergleich mit der **hypothetischen Situation ohne die Rückwirkungsfiktion** des § 2 Abs. 1–3 angestellt wird.[30] Nur wenn Ausgleich oder Verrechnung auch ohne die Rückwirkungsfiktion möglich wären, darf nach § 2 Abs. 4 S. 1 beim übertragenden Rechtsträger von den Verrechnungsmöglichkeiten Gebrauch gemacht werden. Auf die restlichen Rechtsfolgen der Rückwirkung, also zB das Entstehen eines Übernahmegewinns, hat § 2 Abs. 4 keine Auswirkung.[31]

29 Ausweislich der Gesetzesbegründung hatte der Gesetzgeber insb. Fälle des § 8 c KStG im Blick.[32] War bei einem **schädlichen Beteiligungserwerb** die Möglichkeit der Verlustverrechnung ausgeschlossen, so sollte der Steuerpflichtige nicht durch eine rückwirkende Umwandlung eine Situation herbeiführen, in der durch Aufdeckung stiller Reserven die Verluste des übertragenden Rechtsträgers noch genutzt werden, bevor eine schädliche Übertragung der Beteiligung iSd § 8 c KStG vorliegt.

30 Darüber hinaus geht die Finanzverwaltung davon aus, dass es auch noch andere Anwendungsbereiche von § 2 Abs. 4 gibt.[33] Dabei dürfte es sich insb. um Fälle der **Mindestbesteuerung** handeln. In der Literatur wird dagegen stärker auf die Gesetzesbegründung zum Zeitpunkt des Erlasses der Vorschrift abgestellt und im Wege einer teleologischen Reduktion den schädlichen Beteiligungserwerb im Sinne des § 8 c KStG als Tatbestandsmerkmal hineingelesen.[34]

31 Mit dem JStG 2009 hat sich der Anwendungsbereich von § 8 c KStG aber auf diejenigen Gesellschaften verengt, die nicht über eigene stille Reserven iSd § 8 c Abs. 1 S. 6-9 KStG verfügen. Insofern ist von Teilen der Literatur sogar vorgebracht worden, § 2 Abs. 4 habe mittlerweile weitestgehend seinen Anwendungsbereich verloren und sei überflüssig. Allerdings hat der Gesetzgeber die Lage im Rahmen des Amtshilferichtlinie-Umsetzungsgesetzes vom 26.6.2013 noch verschärft, nachdem der Bundesrat unter dem Stichwort „**Monetarisierung von Verlusten**" bereits eine weitere Ausweitung auf solche Fälle in Erwägung gezogen hat, bei denen laufende Gewinne des übertragenden Rechtsträgers im Rückwirkungszeitraum gegen vorhandene Verluste des übernehmenden Rechtsträgers verrechnet werden sollen. Dies ist augenscheinlich im Leasingbereich eine gängige Praxis.

32 Mit der Erweiterung durch die nun gesetzlich geregelten Sätze 3 bis 6 wird die Möglichkeit der **Verlustverrechnung** somit noch weiter **beschränkt.** Dies hat zur Folge, dass der Ausgleich oder die Verrechnung von positiven Einkünften des übertragenden Rechtsträgers im Rückwirkungszeitraum mit Verlusten des übernehmenden Rechtsträgers nunmehr ausgeschlossen ist.[35] Der Rückwirkungszeitraum umfasst die Zeitspanne vom steuerlichen Übertragungsstichtag bis zur Eintragung der Umwandlung im Handelsregister. Entsprechend gilt diese Regelung für Umwandlungen auf Organ- oder Personengesellschaften. Persönlicher Anwendungsbereich der Regelung ist der übernehmende Rechtsträger, sachlich werden alle in den §§ 3–19 UmwStG geregelten Umwandlungen erfasst.[36]

33 Zu berücksichtigen ist, dass sich die Regelung wohl nur auf die Einkommen- und Körperschaftsteuer bezieht, nicht hingegen auf die Gewerbesteuer. Dies hätte einer ausdrücklichen Regelung bedurft, zumal gewerbesteuerliche Verluste im Gesetz als „Fehlbeträge" bzw „vortragsfähige Fehlbeträge" bezeichnet werden, vgl § 10 a GewStG.[37]

34 Aufgrund der Neuregelung gelten somit die Gewinne des übertragenden Rechtsträgers im Rückwirkungszeitraum noch nicht als „eigene" positive Einkünfte des übernehmenden Rechts-

30 *Schnitger*, DB 2011, 1718,1718.
31 *Sistermann/Brinkmann*, DStR 2008, 2455, 2456.
32 BT-Drucks. 16/11108, 33.
33 UmwSt-Erl. 2011, Rn 02.39 nennt § 8 c KStG einen Beispielfall.
34 *Rödder/Schönfeld*, DStR 2009, 560, 561.
35 *Viebrock/Loose*, DStR 2013, 1364.
36 *Behrendt/Klages*, BB 2013, 1819.
37 *Viebrook/Loose*, DStR 2013, 1366.

trägers, so dass eine **Verrechnung ausgeschlossen** ist. Das zu versteuernde Einkommen fällt daher uU höher aus.[38]

Bedenken ergeben sich hinsichtlich der Einkünfteermittlung im Rückwirkungszeitraum der Höhe nach, da vom übertragenden Rechtsträger zum Ende des Rückwirkungszeitraums keine Schlussbilanz erstellt wird. Dies kann dazu führen, dass die Erstellung einer Bilanz nicht umgangen werden kann, denn eine Schätzung kommt wohl eher nicht Betracht (Legalitätsprinzip).[39] 35

Eine Ausnahme ergibt sich jedoch für verbundene Unternehmen iSd § 271 Abs. 2 HGB „Konzernprivileg". In diesem Fall findet die Neuregelung in Bezug auf den persönlichen Anwendungsbereich keine Anwendung.[40] 36

Zweiter Teil
Vermögensübergang bei Verschmelzung auf eine Personengesellschaft oder auf eine natürliche Person und Formwechsel einer Kapitalgesellschaft in eine Personengesellschaft

§ 3 Wertansätze in der steuerlichen Schlussbilanz der übertragenden Körperschaft

(1) [1]Bei einer Verschmelzung auf eine Personengesellschaft oder natürliche Person sind die übergehenden Wirtschaftsgüter, einschließlich nicht entgeltlich erworbener und selbst geschaffener immaterieller Wirtschaftsgüter, in der steuerlichen Schlussbilanz der übertragenden Körperschaft mit dem gemeinen Wert anzusetzen. [2]Für die Bewertung von Pensionsrückstellungen gilt § 6 a des Einkommensteuergesetzes.

(2) [1]Auf Antrag können die übergehenden Wirtschaftsgüter abweichend von Absatz 1 einheitlich mit dem Buchwert oder einem höheren Wert, höchstens jedoch mit dem Wert nach Absatz 1, angesetzt werden, soweit

1. **sie Betriebsvermögen der übernehmenden Personengesellschaft oder natürlichen Person werden und sichergestellt ist, dass sie später der Besteuerung mit Einkommensteuer oder Körperschaftsteuer unterliegen, und**
2. **das Recht der Bundesrepublik Deutschland hinsichtlich der Besteuerung des Gewinns aus der Veräußerung der übertragenen Wirtschaftsgüter bei den Gesellschaftern der übernehmenden Personengesellschaft oder bei der natürlichen Person nicht ausgeschlossen oder beschränkt wird und**
3. **eine Gegenleistung nicht gewährt wird oder in Gesellschaftsrechten besteht.**

[2]Der Antrag ist spätestens bis zur erstmaligen Abgabe der steuerlichen Schlussbilanz bei dem für die Besteuerung der übertragenden Körperschaft zuständigen Finanzamt zu stellen.

(3) [1]Haben die Mitgliedstaaten der Europäischen Union bei Verschmelzung einer unbeschränkt steuerpflichtigen Körperschaft Artikel 10 der Richtlinie 90/434/EWG anzuwenden, ist die Körperschaftsteuer auf den Übertragungsgewinn gemäß § 26 des Körperschaftsteuergesetzes um den Betrag ausländischer Steuer zu ermäßigen, der nach den Rechtsvorschriften eines anderen Mitgliedstaats der Europäischen Union erhoben worden wäre, wenn die übertragenen Wirtschaftsgüter zum gemeinen Wert veräußert worden wären. [2]Satz 1 gilt nur, soweit die übertragenen Wirtschaftsgüter einer Betriebsstätte der übertragenden Körperschaft in einem anderen Mitgliedstaat der Europäischen Union zuzurechnen sind und die Bundesrepublik Deutschland die Doppelbesteuerung bei der übertragenden Körperschaft nicht durch Freistellung vermeidet.

38 *Viebrock/Loose*, DStR 2013, 1367.
39 *Behrendt/Klages*, BB 2013, 1821, 1822.
40 *Behrendt/Klages*, BB 2013, 1818.

Literatur:

Hruschka, Umwandlung Kapital- auf Personengesellschaften (§§ 3 ff. UmwStG) DStR Beihefter 2/2012, 4; *Schell/Krohn*, Ausgewählte praxisrelevante „Fallstricke" des UmwStE 2011 (Teil 1) – Zur steuerlichen Schlussbilanz als eigenständiger Bilanz und zum Ansatz der übergehenden Wirtschaftsgüter und den Ansatzwahlrechten, DB 2012, 1057; *Prinz/Hütig*, Aktuelles Know-how zum umwandlungssteuerlichen Bilanzrecht, StuB 2012, 318; *Stimpel*, Umwandlung von Kapital- in Personengesellschaften nach dem UmwSt-Erlass 2011, GmbHR 2012, 123.

I. Normzweck

1 Mit § 3 beginnt der zweite Teil des UmwStG, in dem die steuerlichen Rechtsfolgen der Verschmelzung einer **Kapitalgesellschaft auf eine Personengesellschaft oder natürliche Person** geregelt werden. Der zweite Teil endet mit § 9, der den Formwechsel betrifft. Anknüpfungspunkt sind – wie allgemein im UmwStG – die gesellschaftsrechtlichen Regelungen des UmwG. Durch § 3 bietet der Gesetzgeber die Möglichkeit, dass die Umwandlungsmaßnahme **keine Gewinnrealisation** hervorruft und die **Besteuerung** der stillen Reserven auf einen späteren Zeitpunkt **verschoben** werden kann.[1]

II. Persönlicher und sachlicher Anwendungsbereich

2 Der persönliche und sachliche Anwendungsbereich ergibt sich aus § 1 Abs. 1 S. 1 Nr. 1 und 2,[2] die die Verschmelzung iSd § 2 ff. UmwG einer Körperschaft und den identitätswahrenden Formwechsel einer Kapitalgesellschaft in eine Personengesellschaft explizit als Umwandlungsvorgänge bezeichnen, auf die das UmwStG Anwendung findet.[3]

3 **1. Persönlicher Anwendungsbereich. a) Übertragender Rechtsträger.** Sowohl bei der Verschmelzung als auch beim identitätswahrenden Formwechsel muss es sich bei dem übertragenden Rechtsträger um eine Körperschaft handeln.[4]

4 **b) Übernehmender Rechtsträger.** In beiden Anwendungsfällen des § 3 kann der übernehmende Rechtsträger eine Personengesellschaft sein. Im Fall der Verschmelzung ist auch die Verschmelzung auf eine natürliche Person, also ein Einzelunternehmen, möglich.

5 **2. Sachlicher Anwendungsbereich.** Als taugliche Vorgänge kommen Verschmelzungen iSd § 2 UmwG und auch der Rechtsformwechsel sowie ausländische, vergleichbare Vorgänge in Be-

1 Schmitt/Hörtnagl/Stratz/*Schmitt*, § 3 Rn 6.
2 S. § 1 Rn 8 ff.
3 S. § 1 Rn 16 ff.
4 Rödder/Herlinghaus/van Lishaut/*Birkemeier*, § 3 Rn 6.

tracht.[5] Über § 16 finden die Vorschriften des zweiten Teils entsprechend auch auf den Fall der Ab- und Aufspaltung auf eine Personengesellschaft Anwendung.

III. Steuerliche Schlussbilanz

§ 3 Abs. 1 S. 1 enthält die Verpflichtung, eine steuerliche Schlussbilanz aufzustellen. Die steuerliche Schlussbilanz ist eine **eigenständige Bilanz** und von der normalen steuerlichen Jahresbilanz, die zur steuerlichen Gewinnermittlung erforderlich ist, zu unterscheiden.[6] 6

Diese **Pflicht** gilt für den übertragenden Rechtsträger unabhängig von einer beschränkten oder unbeschränkten Steuerpflicht oder von inländischen Bilanzierungsverpflichtungen. Die Voraussetzungen originärer oder derivativer steuerlicher Buchführungspflichten iSd §§ 140, 141 AO spielen also für die Schlussbilanz keine Rolle. Auch ein übertragender, im **EU-Raum** oder im **EWR** ansässiger, Rechtsträger kann von dieser Verpflichtung erfasst werden, wenn der Verschmelzungsvorgang von § 3 erfasst ist.[7] 7

1. Ausnahme. Die Pflicht zur Aufstellung einer gesonderten Schlussbilanz entfällt nur dann, wenn diese für inländische Besteuerungszwecke nicht benötigt wird. Soweit allerdings das deutsche UmwStG auf den Umwandlungsvorgang Anwendung findet, kommt dies nur in Ausnahmefällen in Betracht. So ist etwa für eine Verschmelzung nach den §§ 3 ff ohne inländisches Betriebsvermögen eine Schlussbilanz erforderlich, wenn ein einziger **Gesellschafter im Inland steuerpflichtig** ist. Die Bezüge des Gesellschafters iSd § 7 sind nämlich aus der Schlussbilanz zu entwickeln. 8

Die Finanzverwaltung lässt allerdings die Erfüllung der Verpflichtung zur Aufstellung einer Schlussbilanz durch die Abgabe der **Steuerbilanz** und der Erklärung, dass sich **beide Bilanzen entsprechen**, zu.[8] Neben der Befreiung von der Verpflichtung zur Aufstellung der Schlussbilanz hat die Erklärung vor allem Auswirkungen auf das Wahlrecht zur Buchwertfortführung nach § 3 Abs. 2. 9

Für die Praxis ist hierin eine beträchtliche Erleichterung zu sehen, da häufig Übertragungsstichtag und Stichtag der letzten regulären Bilanz übereinstimmen werden. Voraussetzung ist allerdings, dass der Weg der Buchwertfortführung beschritten wird. 10

Vereinzelt wird in der Literatur vorgebracht, dass die grundsätzlich seit Inkrafttreten des SEStEG im Jahr 2006 geltende **Verpflichtung zur Aufstellung einer Schlussbilanz** bei vielen Umwandlungen nicht erfüllt worden sei, da weder eine als solche bezeichnete Schlussbilanz angefertigt wurde noch eine ausdrückliche Erklärung abgegeben wurde, dass sich Schlussbilanz und Steuerbilanz entsprechen.[9] 11

Allerdings hat die Finanzverwaltung schon im UmwStE[10] mit einer Übergangsregelung das Problem auf pragmatische Weise entschärft. Auf die Abgabe einer (gesonderten) **Schlussbilanz kann verzichtet werden,** wenn sich aus den Gesamtumständen ein Antrag auf den Buchwertansatz ergibt und bis zum 31.12.2011 eine Steuerbilanz auf den Übertragungsstichtag eingereicht wurde.[11] 12

Ob sich aus einer analogen Anwendung des § 5 b EStG die Verpflichtung zur **elektronischen Abgabe** ergibt, lässt sich mit guten Gründen bestreiten.[12] Die Eigenständigkeit der Schlussbilanz verhindert eine pauschale Anwendung der Vorschriften über die Gewinnermittlung und somit fehlt für eine entsprechende Verpflichtung eine ausreichende gesetzliche Grundlage. Allerdings sieht die Verwaltungsauffassung eine solche Verpflichtung ausdrücklich vor.[13] 13

5 § 1 Rn 41 ff.
6 UmwSt-Erl. 2011, Rn 03.01.
7 *Schmitt/Schloßmacher*, UmwStE 2011, S. 78.
8 UmwSt-Erl. 2011, Rn 03.01.
9 *Schell/Krohn*, DB 2012, 1057, 1058.
10 UmwSt-Erl. 2011, Rn S. 02.
11 *Schell/Krohn*, DB 2012, 1057, 1058.
12 Schneider/Ruoff/Sistermann/*Maier*, UmwStE 2011, H 3.12; *Schell/Krohn*, DB 2012, 1057, 1058.
13 UmwSt-Erl. 2011, Rn 03.04 S. 3.

14 **2. Keine Maßgeblichkeit der Handels- für die Steuerbilanz.** Während nach § 17 Abs. 2 S. 2 UmwG für die handelsrechtliche Schlussbilanz die allgemeinen Ansatz- und Bewertungsvorschriften Anwendung finden, dh im Regelfall die Buchwerte fortzuführen sind, sieht § 3 Abs. 1 für die Aufstellung einer steuerlichen Schlussbilanz abweichende Bestimmungen vor.

15 Die Maßgeblichkeit der Handels- für die Steuerbilanz wird beim übertragenden Rechtsträger für Zwecke des Umwandlungssteuerrechts durchbrochen.[14] Dies ergibt sich schon aus dem Gesetzeswortlaut, der vom Ansatz des gemeinen Wertes als Grundfall der Schlussbilanz ausgeht und damit das handelsrechtliche Anschaffungskostenprinzip durchbricht.[15] Hieraus dürfte sich auch ergeben, dass eine bloße Ableitung der steuerlichen Schlussbilanz aus der Handelsbilanz nicht zulässig ist. § 60 Abs. 2 EStDV lässt dies nur für die Gewinnermittlung zu.[16]

16 **3. Ansatz der Höhe nach.** Grundsätzlich sind alle übergehenden **Wirtschaftsgüter** einschließlich nicht entgeltlich erworbener und selbst geschaffener immaterieller Wirtschaftsgüter mit dem **gemeinen Wert** anzusetzen, § 3 Abs. 1 S. 1. Daneben werden **Pensionsrückstellungen** mit dem **Teilwert** der Pensionsverpflichtung iSd § 6 a Abs. 3 EStG bewertet. Außerdem hat der Steuerpflichtige unter den Voraussetzungen des § 3 Abs. 2 ein **Wahlrecht,** die Wirtschaftsgüter mit dem **Buchwert** oder dem **Zwischenwert** anzusetzen.

17 Im Rahmen des § 3 kommen also nicht weniger als vier verschiedene Bilanzwertansätze in Betracht:

- Gemeiner Wert
- Buchwert
- Zwischenwert
- Teilwert bei Pensionsrückstellungen

18 **a) Bewertung mit dem gemeinen Wert.** Da es im EStG und KStG an einer **Definition** des gemeinen Wertes fehlt, ist auf die bewertungsrechtliche Vorschrift des § 9 Abs. 2 BewG zurückzugreifen. Danach ist gemeiner Wert der Preis, der im gewöhnlichen Geschäftsverkehr nach der Beschaffenheit des Wirtschaftsguts bei einer Veräußerung zu erzielen wäre. Dabei müssen alle Umstände, welche geeignet sind den Preis zu beeinflussen, in die Bewertung einbezogen werden, § 9 Abs. 2 S. 2 BewG. Außer Acht gelassen werden ungewöhnliche und persönliche Verhältnisse, § 9 Abs. 2 S. 3 BewG. Es ist also ein Marktwert des Wirtschaftsgutes ohne Zusammenhang mit dem Betrieb.[17] Das wäre gleichbedeutend mit dem Liquidationswert bei einer Einzelveräußerung. Hieraus würde sich aber das Problem ergeben, dass es einen Geschäfts- oder Firmenwert nur im Zusammenhang mit dem Betrieb gibt. Nach der üblichen Definition des gemeinen Wertes wäre also eine Aufdeckung der im Firmenwert ruhenden stillen Reserven weder zulässig noch möglich.

19 Insofern wird man für Zwecke des UmwStR den gemeinen Wert auf die **Sachgesamtheit** beziehen müssen und erst in einem nächsten Schritt diesen Wert auf die **Einzelwirtschaftsgüter** aufzuteilen haben.[18] Vereinzelt sind Zweifel an der Vereinbarkeit dieser Interpretation mit der gesetzlichen Regelung geäußert worden,[19] allerdings muss man konstatieren, dass der Wortlaut von § 3 Abs. 1 den Ansatz von selbstgeschaffenen immateriellen Wirtschaftsgütern (also auch des Firmenwerts) fordert.

20 Die fiskalpolitisch und insoweit nachvollziehbare Auffassung der Finanzverwaltung geht entgegen dem Gesetzeswortlaut, der von übergehenden Wirtschaftsgütern spricht, davon aus, dass in der Schlussbilanz die insgesamt übergehende Sachgesamtheit in Form des übergehenden Betriebsvermögens anzusetzen und zu bewerten ist und verlangt auch den Ansatz eines originären

14 UmwSt-Erl. 2011, Rn 3.10; vgl zur Parallelproblematik der Maßgeblichkeit beim übernehmenden Rechtsträger s. § 4 Rn 4 ff, dort auch zum Konzept der phasenverschobenen Wertaufholung.
15 Frotscher/Maas/*Schnitter*, § 3 Rn 79 ff.
16 *Schell/Krohn*, DB 2012, 1057, 1058.
17 *Schell/Krohn*, DB 2012, 1057, 1060.
18 UmwSt-Erl. 2011, Rn 3.09.
19 *Schell/Krohn*, DB 2012, 1057, 1061.

Firmenwertes, der sich aus dem Mehrwert des Unternehmens im Vergleich zum reinen Substanzwert der einzelnen materiellen und immateriellen Wirtschaftsgüter (**Residualgröße**) ergibt.[20]

Praktisch ergibt sich der gemeine Wert aus der **Vergleichswertmethode** und ist aus Verkäufen abzuleiten.[21] Sofern keine Verkäufe vorliegen, aus denen der gemeine Wert abgeleitet werden kann, kommt darüber hinaus ein anerkanntes ertragswert- oder zahlungsstromorientiertes Verfahren und auch das vereinfachte Ertragswertverfahren nach §§ 199–203 BewG in Betracht.[22] Maßgeblich sind grundsätzlich die **Werte am Übertragungsstichtag.** 21

Für die Verteilung des gemeinen Wertes der Sachgesamtheit auf die Einzelwirtschaftsgüter stellt die Finanzverwaltung auf das **Verhältnis der Teilwerte** zueinander ab, was neben der Feststellung des gemeinen Werts auch die Ermittlung der Teilwerte erfordert. Hieraus ergeben sich ggf ungewollte Gestaltungsspielräume für die Praxis. Dass die Verteilung anhand der Teilwerte vorgenommen wird[23] und nicht auf die Höhe der Teilwerte beschränkt ist, schafft für die folgenden Bilanzperioden Möglichkeiten, eine Teilwertabschreibung vorzunehmen.[24] Insb. bei Wirtschaftsgütern, die zB im Absatzmarkt einen höheren Wert aufweisen als für einen betriebsfremden Erwerber (zB Vorräte), können diese in einer Höhe angesetzt werden, die für spätere Veranlagungszeiträume ein Abschreibungspotenzial schafft. 22

b) Sonderfall Pensionsrückstellungen. Für Pensionsrückstellungen wird in § 3 Abs. 1 S. 2 auf § 6 a EStG verwiesen. Nach § 6 a Abs. 3 EStG ist für Pensionsrückstellungen der **Teilwert der Pensionsverpflichtung** maßgeblich. Damit begründet § 3 Abs. 1 S. 2 einen Ausnahmetatbestand zu der grundsätzlichen Regelung, die besagt, dass ein Ansatz zum Teilwert im neuen UmwStR nicht mehr möglich ist. 23

Da im Rahmen der Jahresbilanz eine Pensionsrückstellung (§ 6 a EStG) mit dem Teilwert angesetzt wird und dieser üblicherweise den gemeinen Wert unterschreiten wird, würde dem übertragenden Rechtsträger beim Ansatz des gemeinen Wertes in der Schlussbilanz regelmäßig bilanzieller Aufwand entstehen. Um dies zu verhindern, ist eine Pensionsrückstellung auch im Fall der Verschmelzung oder des Formwechsels mit dem Teilwert anzusetzen. In den Pensionsrückstellungen ruhende stille Lasten werden nicht berücksichtigt. 24

Damit wird der **Firmenwert als Differenzgröße** zwischen den bilanziellen Aktiva und Passiva überhöht ausgewiesen. Daraus erwächst die Gefahr, dass der Steuerpflichtige übermäßig besteuert wird.[25] In der Literatur wird daraufhin gefordert, dies bei der Bemessung des Firmenwertes zu berücksichtigen. Schließlich schmälerten auch nicht bilanziell ausweisbare Lasten die Ertragsaussichten und damit den am Markt erzielbaren Wert des Unternehmens. Die Finanzverwaltung lehnt eine derartige Berücksichtigung jedoch bis auf weiteres ab und lässt offen, ob eine Teilwertabschreibung des Firmenwertes zulässig ist.[26] 25

c) Bewertung mit dem Buch- oder Zwischenwert. Im Gegensatz zum alten Recht schreibt § 3 Abs. 1 mit dem Ansatz zum gemeinen Wert eine **Aufdeckung von stillen Reserven** nun als Regelfall vor. Dies hat u.a. damit zu tun, dass aufgrund der Fusionsrichtlinie auch grenzüberschreitende Vorgänge unter Beteiligung von Rechtsträgern aus der EU und dem EWR in den Anwendungsbereich des UmwStG gelangt sind und damit deutsches Steuersubstrat geschützt werden soll.[27] 26

Die Möglichkeit des **Buchwertansatzes** wird nun nur noch gewährt, wenn ein ausreichender **Inlandsbezug** sichergestellt ist. 27

20 *Schmitt/Schlossmacher*, UmwStE 2011, S. 83 f; Haritz/Menner/*Brinkhaus*, § 3 Rn 87.
21 *Schell/Krohn*, DB 2012, 1057, 1061.
22 ; UmwSt-Erl. 2011, Rn 3.07; *Schmitt/Schlossmacher*, UmwStE 2011, S. 84.
23 UmwSt-Erl. 2011, Rn 03.09.
24 *Schell/Krohn*, DB 2012, 1057, 1061 f.
25 Frotscher/Maas/*Schnitter*, § 3 Rn 103.
26 UmwSt-Erl. 2011, Rn 03.08; *Schmitt/Schlossmacher*, UmwStE 2011, S. 84 f; Frotscher/Maas/*Schnitter*, § 3 Rn 102; Schell/Krohn, DB 2012, 1057, 1061.
27 Haritz/Menner/*Brinkhaus*, § 3 Rn 7.

28 aa) **Wahlrecht.** Wegen der Durchbrechung der Maßgeblichkeit der Handelsbilanz kann das Wahlrecht in der steuerlichen Schlussbilanz unabhängig von der handelsrechtlichen Zulässigkeit ausgeübt werden. Das **Wahlrecht** steht dem **übertragenden Rechtsträger** zu, der Übernehmende ist an dessen Wahl gebunden.[28] Der Antrag ist spätestens bis zur erstmaligen Abgabe der steuerlichen Schlussbilanz bei dem für den übertragenden Rechtsträger zuständigen Finanzamt zu stellen. Aus Beweissicherungsgründen empfiehlt sich eine schriftliche Antragstellung, denn eine fehlende, unwirksame oder verspätete Antragstellung löst die Aufdeckung sämtlicher stiller Reserven aus.[29] Das Wahlrecht darf auch noch nicht ausgeübt worden sein. Dies kann dann der Fall sein, wenn schon eine Steuerbilanz abgegeben wurde und erklärt wurde, dass diese der Schlussbilanz entsprechen soll. Damit hat der Steuerpflichtige den Buchwertansatz gewählt. Es gibt grundsätzlich keine Möglichkeit, rückwirkend das Wahlrecht neu auszuüben. Insofern bleibt nach Abgabe der Erklärung und der Steuerklärung kein Raum mehr für einen Ansatz der gemeinen Werte oder von Zwischenwerten.

29 Ungeklärt bis jetzt ist die Bedeutung der steuerlichen Schlussbilanz für die Ausübung des Wahlrechtes zum Buch- bzw Zwischenwertansatz. Das Gesetz (§ 3 Abs. 2) macht den Ansatz vom Antrag des Steuerpflichtigen abhängig.

30 Fraglich ist, welche Rechtsfolgen sich aus einem **ordnungsgemäßen Antrag** ergeben, dem aber **keine oder nur eine falsche Schlussbilanz** folgt. Da das Gesetz für einen unter dem gemeinen Wert liegenden Wertansatz lediglich die Antragstellung voraussetzt, wird man davon ausgehen dürfen, dass mit dem Antrag das übergehende Vermögen auch nur noch zu diesen Werten angesetzt werden darf. Dass keine oder nur eine falsche Schlussbilanz darauf folgt, darf grundsätzlich nicht zu einem anderen Wertansatz führen. Es besteht lediglich im Fall der nicht abgegebenen Schlussbilanz die Verpflichtung zur Abgabe fort, während bei der falschen Schlussbilanz der Steuerpflichtige verpflichtet ist, diese zu berichtigen.[30]

31 **bb) Buchwert und Zwischenwert.** Eine **Definition** des **Buchwertes** findet sich in § 1 Abs. 5 Nr. 4. Danach ist Buchwert der Wert, der sich nach den steuerrechtlichen Vorschriften über die Gewinnermittlung in einer für den steuerlichen Übertragungsstichtag aufzustellenden Steuerbilanz ergibt oder ergäbe. Nach Lesart der Finanzverwaltung ist der Buchwertansatz aber auf den gesetzlichen Höchstwert, also den gemeinen Wert, zu beschränken.[31] Im Ergebnis müssen also die gegenüber dem Buchwert niedrigeren gemeinen Werte in der Schlussbilanz angesetzt werden. Dies führt zwangsläufig zu Verlusten aus der Differenz zwischen den vorher angesetzten Buchwerten und den niedrigeren gemeinen Werten.

Hinweis: Problematisch ist dies insb., wenn das Ergebnis des Veranlagungszeitraums ohnehin negativ oder niedriger als die Verluste aus der Neubewertung der Wirtschaftsgüter ist. In diesem Fall würden, wegen der Abschaffung des Übergangs von Verlusten auf den aufnehmenden Rechtsträger, die Verluste endgültig verloren gehen. Dies muss bei der Planung einer Transaktion berücksichtigt werden.[32]

Nach § 3 Abs. 2 S. 1 ist es auch zulässig, einen Wertansatz zwischen Buchwert und gemeinem Wert vorzunehmen (**Zwischenwert**). Dieses Wahlrecht muss einheitlich ausgeübt werden.

32 Beim Ansatz der Wirtschaftsgüter zu Zwischenwerten müssen die in den einzelnen Wirtschaftsgütern ruhenden stillen Reserven gleichmäßig und verhältnismäßig um den Prozentsatz aufgestockt werden, der dem Gesamtbetrag der stillen Reserven des übergehenden Vermögens entspricht. Damit entspricht das Vorgehen im Rahmen des § 3 Abs. 2 der sog. **zweistufigen Stufentheorie.**[33] Hingegen ist die zu § 3 UmwStG aF von der Finanzverwaltung vertretene modifizierte Stufentheorie, die zunächst eine gleichmäßige Aufdeckung der stillen Reserven in den bi-

28 *Prinz/Hütig*, StuB 2012, 318.
29 Dötsch/Pung/Möhlenbrock/*Möhlenbrock/Pung*, § 3 Rn 29.
30 *Schell/Krohn*, DB 2012, 1057, 1058; Dötsch/Pung/Möhlenbrock/*Möhlenbrock/Pung*, § 3 Rn 29.
31 UmwSt-Erl. 2011, Rn 03.12.
32 Zu den Folgen der Verschmelzung auf die Verlustvorträge s. § 4 Rn 13.
33 Haritz/Menner/*Brinkhaus*, § 3 Rn 139.

lanzierten und nicht bilanzierten Wirtschaftsgütern bis zum gemeinen Wert (im UmwStG 1995 noch bis zum Teilwert) und danach erst die Aufdeckung der stillen Reserven im Rahmen eines Geschäfts- oder Firmenwertes, mit dem Wortlaut von § 3 Abs. 2 unvereinbar.[34]

Im Rahmen des § 3 Abs. 2 ist es weder zulässig, lediglich einzelne Wirtschaftsgüter zu Zwischenwerten anzusetzen, während andere Wirtschaftsgüter mit dem Buchwert bewertet werden, noch gezielt abschreibbare Wirtschaftsgüter in höherem Maße aufzustocken als nicht abschreibbare Wirtschaftsgüter bzw Wirtschaftsgüter, die nur langfristig abgeschrieben werden können. Bei Pensionsrückstellungen bleibt es auf jeden Fall bei der Bewertung zum Teilwert nach § 6 a EStG.[35] 33

IV. Voraussetzungen für den Ansatz von Buchwerten oder Zwischenwerten

Vom Wahlrecht kann nur Gebrauch gemacht werden, wenn 34

- die Wirtschaftsgüter ins Betriebsvermögen des übernehmenden Rechtsträgers übergehen und später der Besteuerung mit ESt oder KSt unterliegen, § 3 Abs. 2 S. 1 Nr. 1 **und**
- das deutsche Besteuerungsrecht an den übertragenen Wirtschaftsgütern bei dem übernehmende Rechtsträger nicht beschränkt oder ausgeschlossen ist, § 3 Abs. 2 S. 1 Nr. 2 **und**
- eine Gegenleistung nicht gewährt wird oder nur in Gesellschaftsrechten besteht, § 3 Abs. 2 S. 1 Nr. 3.

Die Voraussetzungen der Nr. 1–3 müssen kumulativ zum steuerlichen Übertragungsstichtag[36] vorliegen.

1. Übergang auf einen Rechtsträger mit Betriebsvermögen, § 3 Abs. 2 S. 1 Nr. 1 Hs 1. Die **Vermögensgegenstände** müssen in das Betriebsvermögen des übernehmenden Rechtsträgers übergehen. Dies ist insb. problematisch, wenn der übernehmende Rechtsträger ausschließlich vermögensverwaltend tätig ist. 35

Gehen die **Wirtschaftsgüter** auf einen übernehmenden Rechtsträger ohne BV über, so wären die in den Wirtschaftsgütern ruhenden stillen Reserven möglicherweise bei einer Veräußerung nicht aufzulösen. Ohne die Verpflichtung, den gemeinen Wert anzusetzen, würden die stillen Reserven dem steuerlich verstrickten Bereich endgültig entzogen. 36

2. Sicherstellung der Besteuerung der stillen Reserven, § 3 Abs. 2 S. 1 Nr. 1 Hs 2. Nach § 3 Abs. 2 S. 1 Nr. 1 Hs 2 muss die Besteuerung der stillen Reserven mit **Einkommen- oder Körperschaftsteuer** sichergestellt sein. Eine Besteuerung mit Gewerbesteuer ist nicht erforderlich.[37] Dies ist bei der Verschmelzung von einer unbeschränkt steuerpflichtigen Körperschaft auf einen Rechtsträger, an dem nur unbeschränkt steuerpflichtige Gesellschafter beteiligt sind, der Fall. In der Regel wird auch die Beteiligung beschränkt steuerpflichtiger Gesellschafter ausreichend sein, da die übertragende Gesellschaft zumindest Betriebsstätte der aufnehmenden Gesellschaft wird und damit nach DBA der Betriebsstättenstaat das Besteuerungsrecht behält. Auch nach der Auffassung der Finanzverwaltung[38] soll es ausreichend sein, wenn keine inländische Betriebsstätte besteht und die Gesellschafter nur mit einer vergleichbaren **ausländischen Steuer** belastet sind. Allerdings kann aber eine Beschränkung des deutschen Besteuerungsrechts iSd § 3 Abs. 2 S. 1 Nr. 2 gegeben sein, wenn bezüglich einer ausländischen Betriebsstätte entweder kein DBA-Schutz besteht oder anstelle der Freistellungsmethode nur die Anrechnungsmethode greift, da Deutschland nach der Umwandlung in eine Personengesellschaft bezüglich der ausländischen Betriebsstätte sein Besteuerungsrecht nur noch bei unbeschränkt steuerpflichtigen Mitunternehmern, nicht aber bei nur beschränkt steuerpflichtigen Gesellschaftern ausüben 37

34 Haritz/Menner/*Brinkhaus*, § 3 Rn 140.
35 Frotscher/Maas/*Schnitter*, § 3 Rn 125 a.
36 UmwSt-Erl. 2011, Rn 03.11; Dötsch/Pung/Möhlenbrock/*Möhlenbrock/Pung*, § 3 Rn 32.
37 UmwSt-Erl. 2011, Rn 03.17.
38 UmwSt-Erl. 2011, Rn 03.17 S. 4.

kann. Insofern würde sich dann eine Aufdeckung der stillen Reserven aus anderen Gründen ergeben (s. dazu Rn 47).[39]

38 **3. Kein Ausschluss und keine Beschränkung des deutschen Besteuerungsrechts, § 3 Abs. 2 S. 1 Nr. 2.** Durch die Einfügung des § 3 Abs. 2 S. 1 Nr. 2 wollte der Gesetzgeber verhindern, dass im Fall der Entstrickung das deutsche Besteuerungsrecht verschlechtert wird. Es ist gesellschafterbezogen und wirtschaftsgutbezogen zu prüfen, ob das Besteuerungsrecht **ausgeschlossen** oder **beschränkt** wird. § 3 Abs. 2 S. 1 Nr. 2 folgt dem allgemeinen Entstrickungsgrundsatz, der sich auch in § 4 Abs. 1 S. 3 EStG und § 12 Abs. 1 KStG wiederfindet und der besagt, dass stille Reserven besteuert werden müssen, sobald sie dem deutschen Besteuerungsrecht entzogen werden.

39 Wegen der gesellschafterbezogenen Prüfung kann es passieren, dass im Hinblick auf einen Gesellschafter die übergehenden Wirtschaftsgüter anteilig mit dem gemeinen Wert angesetzt werden müssen und insoweit stille Reserven aufzudecken sind, während dem anderen Gesellschafter das Wahlrecht zur Buchwertfortführung nach § 3 Abs. 2 zusteht.[40]

40 Fraglich geworden ist, ob nach der Entscheidung des EuGH in National Grid Indus BV (Rs C-371/10)[41] auch die Entstrickungstatbestände des Umwandlungssteuerrechts **europarechtswidrig** sind.

41 Hierbei muss jedoch beachtet werden, dass es im Rahmen einer Umwandlung idR zu einem **Rechtsträgerwechsel** kommt und dass beim aufnehmenden Rechtsträger eine Aufstockung des Wertansatzes der Wirtschaftsgüter erfolgt.[42] Obwohl ein Vergleich eines schlichten Wegzugs mit der umwandlungssteuerrechtlichen Entstrickung problematisch ist, sind die Beschränkungen der Niederlassungsfreiheit auch in diesem Fall nicht von der Hand zu weisen. In der Praxis sollte daher mit Hinweis auf das EuGH-Urteil versucht werden, das **Wahlrecht** zu nutzen und anstelle der Sofortbesteuerung eine **Steuerstundung** durchzusetzen. Allerdings wird dies, wenn überhaupt, wohl ohnehin nur unter Inkaufnahme der Verzinsung und ggf einer Sicherheitsleistung möglich sein.[43]

42 Ein Wegfall oder eine Beschränkung des deutschen Besteuerungsrechts kommt insb. in folgenden Konstellationen in Betracht.

43 **a) Das deutsche Besteuerungsrecht entfällt durch die Umwandlung vollständig.** Ein Verlust des deutschen Besteuerungsrechts setzt grundsätzlich voraus, dass vorher die stillen Reserven der deutschen Besteuerung unterfielen.[44] Bestand bereits vor der Übertragung **kein Besteuerungsrecht**, so kann dieses auch nicht wegfallen und eine Aufdeckung der stillen Reserven ist nicht geboten.

44 Der umwandlungssteuerliche Entstrickungstatbestand ist verwirklicht, wenn nach Abschluss der Verschmelzung der **deutsche Staat kein Besteuerungsrecht** im Hinblick auf die ESt oder KSt mehr hat. Die Gewerbesteuer spielt für die Prüfung grundsätzlich keine Rolle.[45] Anders als bei den ertragsteuerlichen Entstrickungsvorschriften (§ 4 Abs. 1 S. 3 EStG und § 12 Abs. 1 KStG) entfällt die Möglichkeit der Stundung (§ 4 g EStG).

45 Wird in der ersten Konstellation das Besteuerungsrecht **Deutschland** vollkommen **entzogen,** müssen die stillen Reserven durch den Ansatz zu gemeinen Werten vollständig aufgelöst werden.

39 Dötsch/Pung/Möhlenbrock/*Möhlenbrock/Pung*, § 3 Rn 35, 39 a.
40 Frotscher/Maas/*Schnitter*, § 3 Rn 151; *Schmitt/Schloßmacher*, UmwStE 2011, S. 91.
41 DStR 2011, S. 2334.
42 *Hruschka/Hellmann*, DStR 2010, 1961, 1963.
43 *Schell/Krohn*, DB 2012, 1057, 1065; Schneider/Ruoff/Sistermann/*Maier*, UmwStE 2011, H 3.44; *Hruschka*, DStR Beihefter 2/2012, 4, 6.
44 UmwSt-Erl. 2011, Rn 03.19 f; Haritz/Menner/*Brinkhaus*, § 3 Rn 118.
45 UmwSt-Erl. 2011, Rn 03.17.

b) **Inlandsumwandlungen mit und ohne Auslandsbezug.** Bei reinen Inlandssachverhalten ist ein Entfall des deutschen Besteuerungsrechts bei einer Beteiligung eines ausländischen Gesellschafters denkbar. Nach Ansicht der Finanzverwaltung besteht an einer inländischen, gewerblich tätigen oder auch nur gewerblich geprägten Personengesellschaft mit inländischer Betriebsstätte ein umfassendes **Besteuerungsrecht des deutschen Fiskus.**[46] Eine Beteiligung eines ausländischen Gesellschafters ist danach unproblematisch. 46

Schwieriger liegt der Fall, in dem bei einer inländischen Umwandlung auch **ausländisches Betriebsstättenvermögen** betroffen ist. Der Ansatz von Buchwerten ist zulässig, wenn die ausländische Betriebsstätte in einem DBA-Staat mit Freistellungsmethode liegt. Dies gilt unabhängig davon, ob neben unbeschränkt steuerpflichtigen auch beschränkt steuerpflichtige Gesellschafter beteiligt sind.[47] 47

Wird jedoch eine inländische Kapitalgesellschaft mit ausländischer Betriebstätte in einem DBA-Staat mit **Anrechnungsmethode** bzw in einem Nicht-DBA-Staat auf eine inländische Personengesellschaft verschmolzen, so wird das deutsche Besteuerungsrecht eingeschränkt. Vor der Umwandlung bestand bezüglich der ausländischen Einkünfte ein volles Besteuerungsrecht, das lediglich durch die Anrechnungsmethode eingeschränkt war. Nach der Umwandlung fällt das Besteuerungsrecht des deutschen Fiskus im Hinblick auf die Gewinne der ausländischen Betriebsstätte weg, soweit sie den ausländischen Gesellschaftern zuzuordnen sind, da die beschränkte Steuerpflicht iSd § 49 EStG insoweit nicht mehr greift.[48] 48

Bei einer Personengesellschaft gilt nämlich das **Transparenzprinzip**, so dass hinsichtlich der ausländischen Gesellschafter nur noch eine Besteuerung beschränkt auf die inländischen Einkünfte in Betracht kommt. Damit sind die ausländischen Anteilseigner in Bezug auf die ausländische Betriebsstätte nicht mehr im Inland steuerpflichtig. Somit liegt ein Wegfall des deutschen Besteuerungsrechtes vor und der Ansatz mit dem gemeinen Wert und eine damit verbundene Auflösung der stillen Reserven ist zwingend geboten.[49] 49

c) **Grenzüberschreitende Hinausverschmelzung.** Von der Begünstigung des § 3 Abs. 2 S. 1 Nr. 2 können auch grenzüberschreitende Hinausverschmelzungen profitieren, soweit die Verschmelzung auf eine in einem EU- bzw EWR-Staat ansässige Übernehmerin erfolgt. Verschmelzungen in einen Drittstaat werden nicht erfasst. 50

Der Ansatz von Buch- bzw Zwischenwerten erfordert zunächst, dass mindestens **eine Betriebsstätte in Deutschland** verbleibt. In einem nächsten Schritt ist dann zu differenzieren, welche Wirtschaftsgüter der deutschen Betriebsstätte zugeordnet bleiben, bzw für welche Wirtschaftsgüter das deutsche Besteuerungsrecht wegfällt oder beschränkt wird. Dabei ist auf die tatsächlichen Verhältnisse abzustellen, dh, die Wirtschaftsgüter sind den Betriebsstätten nach funktionalen Gesichtspunkten zuzuordnen.[50] 51

Wegen der von der Finanzverwaltung propagierten **Zentralfunktion des Stammhauses** ist die Zuordnung von sog. ungebundenem Vermögen (Firmenwert, Beteiligungen und Patente) besonders problematisch. Die Finanzverwaltung[51] neigt unter Verweis auf die Betriebsstätten-Verwaltungsgrundsätze[52] dazu, diese großzügig dem Stammhaus zuzurechnen und damit die Zulässigkeit von Buch- und Zwischenwerten zu verneinen. Diese Zuordnung wird in der Literatur teilweise kritisch gesehen, und es wird darauf verwiesen, dass das Entstehen einer neuen obersten Geschäftsleitung nicht automatisch die Zuordnung der Wirtschaftsgüter verändere.[53] 52

46 BMF Schreiben v. 16.4.2010, BStBl. I 2010, 354 Rn 2.2 und 3.

47 Haritz/Menner/*Brinkhaus*, § 3 Rn 118; Dötsch/Pung/Möhlenbrock/*Möhlenbrock/Pung*, § 3 Rn 39 a.

48 UmwSt-Erl. 2011, Rn 03.19.

49 Dötsch/Pung/Möhlenbrock/*Möhlenbrock/Pung*, § 3 Rn 39 a.

50 Schneider/Ruoff/Sistermann/*Maier*, UmwStE 2011, H 3.49.

51 UmwSt-Erl. 2011, Rn 3.20.

52 BMF Schreiben vom 24.12.1999, BStBl I S. 1076, zuletzt geändert durch BMF-Schreiben v. 25.8.2009, BStBl I S. 888 Rn 2.4.

53 *Kutt/Carstens* in: FGS/BDI, UmwSt-Erlass 2011, S. 147.

Zu beachten ist, dass unter dem Stammhaus in der Regel der Verwaltungssitz und nicht der Satzungssitz zu verstehen ist. Damit ist das Problem bei einem Formwechsel von untergeordneter Bedeutung. Erst mit der Bildung eines neuen Verwaltungssitzes im Ausland entstehen Zurechnungsschwierigkeiten.

53 **4. Keine oder nur in Gesellschaftsanteilen bestehende Gegenleistung, § 3 Abs. 2 S. 1 Nr. 3.** Das Wahlrecht des § 3 Abs. 2 besteht nur, wenn eine Gegenleistung nicht gewährt wird oder diese nur in Gesellschaftsrechten besteht. Der Gesetzeswortlaut gibt keinen Aufschluss darüber, an wen diese Gegenleistung fließen muss, jedoch ist mit der Finanzverwaltung davon auszugehen, dass die Gegenleistung an die **verbleibenden Anteilseigner** fließen muss, und bei nicht in Gesellschaftsrechten bestehenden Gegenleistungen es ausreichend ist, wenn sie an nahestehende Personen erfolgt.[54] Eindeutig dürfte hingegen sein, dass diese aus dem Vermögen des aufnehmenden Rechtsträgers abfließen muss.

54 Bei Gewährung von Gesellschaftsrechten müssen die Anteile solche des **übernehmenden Rechtsträgers** sein. Unerheblich ist, ob die gewährten Anteile aus einer Kapitalerhöhung anlässlich der Umwandlung entstehen, oder ob bereits bestehende Anteile gewährt werden.[55]

55 Nicht in Gesellschaftsrechten bestehende Gegenleistungen sind insb. **bare Zuzahlungen** (Spitzenausgleich § 54 Abs. 4 oder § 68 Abs. 3 UmwG) oder die Zuwendung anderer **Vermögenswerte** (Darlehensforderungen) durch den übernehmenden Rechtsträger oder ihm nahestehende Personen.[56]

56 Eine **Barabfindung** an ausscheidende Anteilseigner iSd §§ 29 ff UmwG fällt nicht hierunter, weil der abgefundene Gesellschafter steuerlich nicht Gesellschafter der übernehmenden Personengesellschaft wird und noch seine Beteiligung an der Kapitalgesellschaft veräußert. Wird eine Gegenleistung gewährt, die nicht in Gesellschafterrechten besteht, so muss das Vermögen des übertragenden Rechtsträgers insoweit quotal im Verhältnis der Gegenleistung zum gemeinen Wert aufgestockt werden. Hierbei ist die Gegenleistung gleichmäßig auf alle übergehenden Wirtschaftsgüter zu verteilen.[57] Dies führt zum Ansatz eines Zwischenwertes.

V. Übertragungsgewinn

57 Werden in der Schlussbilanz die Wirtschaftsgüter zu gemeinen Werten oder Zwischenwerten angesetzt, so entsteht dadurch ein körperschaft- und gewerbesteuerpflichtiger Übertragungsgewinn. Dieser ist nicht gesondert gegenüber dem laufenden Ergebnis der Körperschaft zu ermitteln. Steuerbefreiungen wie zB § 8 b Abs. 2 KStG sind zu berücksichtigen. [58] Er kann einen laufenden Verlust mindern oder mit einem Verlustvortrag verrechnet werden. Gleiches gilt für einen Fehlbetrag iSd § 10 a GewStG.[59] Da der Übertragungsgewinn in der **Schlussbilanz** der Überträgerin zu berücksichtigen ist, erhöht sich das steuerliche Eigenkapital entsprechend.

58 Strittig ist, ob ein durch den Ansatz der **höheren gemeinen Werte** (Zwischenwerte) entstehender Übertragungsgewinn in der Schlussbilanz beim Organträger oder der Organgesellschaft zu versteuern ist. Nach umstrittener Ansicht der Finanzverwaltung[60] ist ein bei der Verschmelzung oder Aufspaltung entstehender **Übertragungsgewinn** nicht an den Organträger abzuführen und damit bei der Organgesellschaft selbst zu versteuern. Dies entspricht der Behandlung eines **Liquidationsgewinns** bei Abwicklung der Organgesellschaft.[61]

59 Mittlerweile stellt die Finanzverwaltung nicht mehr darauf ab, ob eine zivilrechtliche **Gewinnabführungsverpflichtung** besteht. Dies ist allein schon deswegen zu begrüßen, weil regelmäßig

54 UmwSt-Erl. 2011, Rn 03.21.
55 Haritz/Menner/*Brinkhaus*, § 3 Rn 124 f.
56 Dötsch/Pung/Möhlenbrock/*Möhlenbrock/Pung*, § 3 Rn 47.
57 UmwSt-Erl. 2011, Rn 03.23.
58 Schmitt/Hörtnagl/Stratz/*Schmitt*, § 3 Rn 152.
59 Rödder/Herlinghaus/van Lishaut/*Birkemeier*, § 3 Rn 156.
60 UmwSt-Erl. 2011, Rn Org 27.
61 Schneider/Ruoff/Sistermann/*Sistermann*, UmwStE 2011, H Org 66.

handelsrechtlich wegen des fortgesetzten Buchwertansatzes kein Übertragungsgewinn entsteht.[62] Soweit die Finanzverwaltung aber einen rein steuerlich entstehenden **Übertragungsgewinn** bei der Organgesellschaft besteuern will, ist ihre Ansicht immer noch verfehlt. Im Vergleich zu der herangezogenen Rechtsprechung des BFH[63] liegt nämlich gerade keine Auflösung der Organgesellschaft und Änderung ihres Zweckes in eine reine Abwicklungsgesellschaft vor.[64]

VI. Anrechnung ausländischer Steuern

Bei § 3 Abs. 3 handelt es sich um die nationale Umsetzung von Art. 10 Abs. 2 FusionsRL. Gemäß § 3 Abs. 3 können im Fall der grenzüberschreitenden **Hinausverschmelzung ins EU-Ausland** auch fiktive ausländische Steuern unter bestimmten, eng begrenzten Voraussetzungen angerechnet werden. Dafür müssen die Wirtschaftsgüter einer im EU-Ausland gelegenen Betriebsstätte zugerechnet werden und es darf nicht die Freistellungsmethode gemäß DBA oder § 20 Abs. 2 AStG Anwendung finden. 60

Der Hintergrund ist, dass mit der Hinausverschmelzung Deutschland sein Besteuerungsrecht iSd § 3 Abs. 2 S. 1 Nr. 2 verliert und damit die Vermögenswerte in der Schlussbilanz mit dem gemeinen Wert bilanziert werden müssen (Entstrickung wegen Wegfall des inländischen Besteuerungsrechts) und ein steuerpflichtiger Übertragungsgewinn entsteht. 61

Erfolgt tatsächlich eine **Besteuerung im Ausland**, was wegen der einheitlichen Anwendung von Art. 10 FusionsRL innerhalb der EU unwahrscheinlich ist, so sind die Steuern nach den Grundsätzen des § 26 KStG anzurechnen. Soweit im Ausland keine tatsächliche Besteuerung eintritt, erfolgt eine Anrechnung nach § 26 KStG (analog) so, als wäre im Zeitpunkt der Umwandlung im Ausland eine Veräußerung erfolgt. Die Anrechnung ist auf die auf den Übertragungsgewinn entfallende deutsche Körperschaftsteuer beschränkt.[65] 62

§ 4 Auswirkungen auf den Gewinn des übernehmenden Rechtsträgers

(1) [1]Der übernehmende Rechtsträger hat die auf ihn übergegangenen Wirtschaftsgüter mit dem in der steuerlichen Schlussbilanz der übertragenden Körperschaft enthaltenen Wert im Sinne des § 3 zu übernehmen. [2]Die Anteile an der übertragenden Körperschaft sind bei dem übernehmenden Rechtsträger zum steuerlichen Übertragungsstichtag mit dem Buchwert, erhöht um Abschreibungen, die in früheren Jahren steuerwirksam vorgenommen worden sind, sowie um Abzüge nach § 6 b des Einkommensteuergesetzes und ähnliche Abzüge, höchstens mit dem gemeinen Wert, anzusetzen. [3]Auf einen sich daraus ergebenden Gewinn finden § 8 b Abs. 2 Satz 4 und 5 des Körperschaftsteuergesetzes sowie § 3 Nr. 40 Satz 1 Buchstabe a Satz 2 und 3 des Einkommensteuergesetzes Anwendung.

(2) [1]Der übernehmende Rechtsträger tritt in die steuerliche Rechtsstellung der übertragenden Körperschaft ein, insbesondere bezüglich der Bewertung der übernommenen Wirtschaftsgüter, der Absetzungen für Abnutzung und der den steuerlichen Gewinn mindernden Rücklagen. [2]Verrechenbare Verluste, verbleibende Verlustvorträge, vom übertragenden Rechtsträger nicht ausgeglichene negative Einkünfte, ein Zinsvortrag nach § 4 h Absatz 1 Satz 5 des Einkommensteuergesetzes und ein EBITDA-Vortrag nach § 4 h Absatz 1 Satz 3 des Einkommensteuergesetzes gehen nicht über. [3]Ist die Dauer der Zugehörigkeit eines Wirtschaftsguts zum Betriebsvermögen für die Besteuerung bedeutsam, so ist der Zeitraum seiner Zugehörigkeit zum Betriebsvermögen der übertragenden Körperschaft dem übernehmenden Rechtsträger anzurechnen. [4]Ist

62 Schneider/Ruoff/Sistermann/*Sistermann*, UmwStE 2011, H Org 67.

63 BFH v. 18.10.1967 – I 262/63, BStBl. II 1968, 105; BFH v. 17.2.1971 – I R 148/68, BStBl. II 1971, 411.

64 Schneider/Ruoff/Sistermann/*Sistermann*, UmwStE 2011, H Org 70.

65 Haritz/Menner/*Brinkhaus*, § 3 Rn 150 ff; Dötsch/Pung/Möhlenbrock/*Möhlenbrock/Pung*, § 3 Rn 69 ff.

die übertragende Körperschaft eine Unterstützungskasse, erhöht sich der laufende Gewinn des übernehmenden Rechtsträgers in dem Wirtschaftsjahr, in das der Umwandlungsstichtag fällt, um die von ihm, seinen Gesellschaftern oder seinen Rechtsvorgängern an die Unterstützungskasse geleisteten Zuwendungen nach § 4 d des Einkommensteuergesetzes; § 15 Abs. 1 Satz 1 Nr. 2 Satz 2 des Einkommensteuergesetzes gilt sinngemäß. [5]In Höhe der nach Satz 4 hinzugerechneten Zuwendungen erhöht sich der Buchwert der Anteile an der Unterstützungskasse.

(3) Sind die übergegangenen Wirtschaftsgüter in der steuerlichen Schlussbilanz der übertragenden Körperschaft mit einem über dem Buchwert liegenden Wert angesetzt, sind die Absetzungen für Abnutzung bei dem übernehmenden Rechtsträger in den Fällen des § 7 Abs. 4 Satz 1 und Abs. 5 des Einkommensteuergesetzes nach der bisherigen Bemessungsgrundlage, in allen anderen Fällen nach dem Buchwert, jeweils vermehrt um den Unterschiedsbetrag zwischen dem Buchwert der einzelnen Wirtschaftsgüter und dem Wert, mit dem die Körperschaft die Wirtschaftsgüter in der steuerlichen Schlussbilanz angesetzt hat, zu bemessen.

(4) [1]Infolge des Vermögensübergangs ergibt sich ein Übernahmegewinn oder Übernahmeverlust in Höhe des Unterschiedsbetrags zwischen dem Wert, mit dem die übergegangenen Wirtschaftsgüter zu übernehmen sind, abzüglich der Kosten für den Vermögensübergang und dem Wert der Anteile an der übertragenden Körperschaft (Absätze 1 und 2, § 5 Abs. 2 und 3). [2]Für die Ermittlung des Übernahmegewinns oder Übernahmeverlusts sind abweichend von Satz 1 die übergegangenen Wirtschaftsgüter der übertragenden Körperschaft mit dem Wert nach § 3 Abs. 1 anzusetzen, soweit an ihnen kein Recht der Bundesrepublik Deutschland zur Besteuerung des Gewinns aus einer Veräußerung bestand. [3]Bei der Ermittlung des Übernahmegewinns oder des Übernahmeverlusts bleibt der Wert der übergegangenen Wirtschaftsgüter außer Ansatz, soweit er auf Anteile an der übertragenden Körperschaft entfällt, die am steuerlichen Übertragungsstichtag nicht zum Betriebsvermögen des übernehmenden Rechtsträgers gehören.

(5) [1]Ein Übernahmegewinn erhöht sich und ein Übernahmeverlust verringert sich um einen Sperrbetrag im Sinne des § 50 c des Einkommensteuergesetzes, soweit die Anteile an der übertragenden Körperschaft am steuerlichen Übertragungsstichtag zum Betriebsvermögen des übernehmenden Rechtsträgers gehören. [2]Ein Übernahmegewinn vermindert sich oder ein Übernahmeverlust erhöht sich um die Bezüge, die nach § 7 zu den Einkünften aus Kapitalvermögen im Sinne des § 20 Abs. 1 Nr. 1 des Einkommensteuergesetzes gehören.

(6) [1]Ein Übernahmeverlust bleibt außer Ansatz, soweit er auf eine Körperschaft, Personenvereinigung oder Vermögensmasse als Mitunternehmerin der Personengesellschaft entfällt. [2]Satz 1 gilt nicht für Anteile an der übertragenden Gesellschaft, die die Voraussetzungen des § 8 b Abs. 7 oder des Abs. 8 Satz 1 des Körperschaftsteuergesetzes erfüllen. [3]In den Fällen des Satzes 2 ist der Übernahmeverlust bis zur Höhe der Bezüge im Sinne des § 7 zu berücksichtigen. [4]In den übrigen Fällen ist er in Höhe von 60 Prozent, höchstens jedoch in Höhe von 60 Prozent der Bezüge im Sinne des § 7 zu berücksichtigen; ein danach verbleibender Übernahmeverlust bleibt außer Ansatz. [5]Satz 4 gilt nicht für Anteile an der übertragenden Gesellschaft, die die Voraussetzungen des § 3 Nr. 40 Satz 3 und 4 des Einkommensteuergesetzes erfüllen; in diesen Fällen gilt Satz 3 entsprechend. [6]Ein Übernahmeverlust bleibt abweichend von den Sätzen 2 bis 5 außer Ansatz, soweit bei Veräußerung der Anteile an der übertragenden Körperschaft ein Veräußerungsverlust nach § 17 Abs. 2 Satz 6 des Einkommensteuergesetzes nicht zu berücksichtigen wäre oder soweit die Anteile an der übertragenden Körperschaft innerhalb der letzten fünf Jahre vor dem steuerlichen Übertragungsstichtag entgeltlich erworben wurden.

(7) [1]Soweit der Übernahmegewinn auf eine Körperschaft, Personenvereinigung oder Vermögensmasse als Mitunternehmerin der Personengesellschaft entfällt, ist § 8 b des Körperschaftsteuergesetzes anzuwenden. [2]In den übrigen Fällen ist § 3 Nr. 40 sowie § 3 c des Einkommensteuergesetzes anzuwenden.

Literatur:

Bogenschütz, Umwandlung von Kapital- in Personengesellschaften, Ubg 2011, 393; *Bünning*, Steuerbilanzrechtliche Regelungen im Umwandlungssteuererlass 2011, BB 2012, 243; *Hruschka*, Umwandlung Kapital- auf Personengesellschaften (§§ 3 ff. UmwStG) DStR Beihefter 2/2012, 4; *Stimpel*, Umwandlung von Kapital- in Personengesellschaften nach dem UmwSt-Erlass 2011, GmbHR 2012, S. 123.

I. Normzweck

§ 4 regelt die steuerlichen Rechtsfolgen beim übernehmenden Rechtsträger; insb. folgende Regelungen finden sich in § 4: 1

- Wertverknüpfung bzgl der übergegangenen Wirtschaftsgüter
- Beteiligungskorrekturgewinn
- Eintritt in die steuerliche Rechtsstellung des übertragenden Rechtsträgers
- Ausschluss des Übergangs von Verlusten, Zins- und EBITDA-Vorträgen
- Ermittlung des Übernahmeergebnisses
- Berücksichtigung eines Übernahmeverlustes
- Besteuerung eines Übernahmegewinnes bzw -verlustes

Entsprechend der Verpflichtung des übertragenden Rechtsträgers, eine Schlussbilanz zu erstellen, hat der übernehmende Rechtsträger die Pflicht eine steuerliche **Übernahmebilanz** aufzustellen. Dabei wird die Übernahmebilanz aus der steuerlichen **Schlussbilanz** der übertragenden Gesellschaft entwickelt (**Wertverknüpfung**). Insofern knüpft § 4 Abs. 1 S. 1 an die Regelung des § 3 an. Dies ist formelles Anzeichen der Fußstapfen-Theorie. 2

Außerdem regelt § 4 Abs. 4 die Ermittlung des **Übernahmeergebnisses**. Damit wird auf die nachfolgenden Vorschriften hinsichtlich der Zurechnung der Anteile zum Anteilseigner, dem Zusammenfall von Forderungen und Verbindlichkeiten und der Besteuerung offener Rücklagen verwiesen. Insofern schlägt § 4 also den Bogen von der Schlussbilanz der übertragenden Gesellschaft über die Ermittlung des Übernahmeergebnisses bis zur Besteuerung der einzelnen Anteilseigner und ist eine Kernvorschrift des 2. Abschnittes. 3

II. Wertansätze beim übernehmenden Rechtsträger, § 4 Abs. 1 S. 1

1. Wertverknüpfung. Die übernehmende Personengesellschaft oder natürliche Person hat in ihrer Übernahmebilanz die Bilanzansätze aus der Schlussbilanz der übertragenden Körper- 4 schaft zu übernehmen (Wertverknüpfung). Eine Wertverknüpfung scheidet naturgemäß aus, wenn eine steuerliche Schlussbilanz nicht erstellt werden musste, da sie für inländische Besteuerungszwecke nicht erforderlich war. Strittig ist, wie ausländisches Vermögen auszuweisen ist, das zum Verschmelzungsstichtag erstmals in Deutschland steuerverstrickt wird und welches in der Schlussbilanz zum Buchwert bewertet wurde. Hierbei ist insb. unklar, ob der Ansatz des gemeinen Werts gemäß §§ 4 Abs. 1 S. 8 EStG iVm § 6 Abs. 1 Nr. 5 a EStG durch § 4 Abs. 1 ausgeschlossen ist und sodann Wertverknüpfung mit der Schlussbilanz der übertragenden Körperschaft einzuhalten ist.[1] Einigkeit besteht aber insoweit, als dass der gemeine Wert iSd §§ 4 Abs. 1 S. 8 EStG iVm § 6 Abs. 1 Nr. 5 a EStG dann zu berücksichtigen ist, wenn die Verstrickung zB durch tatsächliche Vorgänge nach dem Übertragungsstichtag erfolgt.[2]

5 Durch die Anknüpfung an die Schlussbilanz kommen dem übernehmenden Rechtsträger die **steuerlichen Wahlrechte** des übertragenden Rechtsträgers zugute. Auf der Ebene der übernehmenden Personengesellschaft können also auch gemeine Werte, Buchwerte oder Zwischenwerte zum Ansatz gebracht werden, wenn dies in der Schlussbilanz der übertragenden Körperschaft so angelegt wurde. Eine Bindung an die Handelsbilanz besteht für die Übernahmebilanz hingegen nicht. [3]

6 **2. Ende der phasenverschobenen Wertaufholung.** Zum UmwStG 1995 vertrat die Finanzverwaltung für die der Umwandlung folgenden Jahre den Grundsatz der „phasenverschobenen, eingeschränkten Wertaufholung". Hieraus sollte sich in der Steuerbilanz zum auf den Übertragungsstichtag folgenden Bilanzstichtag eine erfolgswirksame Aufstockung der übernommenen Bilanzansätze bis zur Höhe der Ansätze in der fortgeführten handelsrechtlichen Übernahmebilanz, höchstens jedoch bis zur Höhe der steuerlichen Anschaffungs- oder Herstellungskosten des Rechtsvorgängers (ggf vermindert um planmäßige Abschreibungen) ergeben.[4] Der BFH widersprach dieser Ansicht jedoch.[5]

7 Auswirkungen hätte eine phasenverschobene Wertaufholung zum einen auf der Aktivseite für den Fall von handelsrechtlich vorgenommen Wertaufholungen – etwa weil in der Vergangenheit Teilwertabschreibungen vorgenommen wurden – und auf der Passivseite für den Fall von Drohverlustrückstellungen.

8 Da weder das neue UmwStG noch der UmwSt-Erl. 2011 eine ausdrückliche Regelung enthalten, wurde anfänglich in der Literatur darüber spekuliert, ob die Finanzverwaltung von ihrer alten Rechtsauffassung abgerückt ist,[6] diese zumindest teilweise aufrechterhält[7] und ob die phasenverschobene Wertaufholung überhaupt mit dem neuen § 5 EStG (Aufgabe der umgekehrten Maßgeblichkeit) vereinbar ist.[8] Unproblematisch sind aufgrund des Wortlautes von Rn 04.04 UmwSt-Erl. 2011 die Fälle, in denen auch an den **folgenden Bilanzstichtagen ein Wahlrecht** besteht. Hier hat die Verwaltung zur Klarstellung die Rücklage nach § 6 b EStG als Beispiel genommen. Hat der Steuerpflichtige in der Schlussbilanz ein Wahlrecht ausgeübt und steht dies auch der übernehmenden Gesellschaft zu, so darf die Gesellschaft die Werte fortführen. Es kommt zu einer dauerhaften **Abkoppelung** der Steuerbilanz von der Handelsbilanz.

9 Wird hingegen eine zulässige **Wertaufholung** in der Handelsbilanz vorgenommen, die in der steuerlichen Schlussbilanz nicht nachvollzogen wird, oder handelsrechtlich eine **Drohverlustrückstellung** gebildet, für die nach § 5 Abs. 5 a EStG ein steuerliches Ansatzverbot besteht, so

1 Dafür Dötsch/Pung/Möhlenbrock *Pung*, § 4 Rn 12; Rödder/Herlinghaus/van Lishaut *van Lishaut*, § 4 Rn 30; *Lemaitre/Schönherr*, GmbHR 2007, S. 173, 175; aA *Schaflitzl/Widmayer*, BB Spezial 8/2006, 36, 40; Widmann/Mayer/*Widmann*, § 3 UmwStG Rn R 65.1.
2 Rödder/Herlinghaus/van Lishaut/*van Lishaut*, § 4 Rn 30.
3 Dötsch/Pung/Möhlenbrock/*Pung*, § 4 Rn 10.
4 UmwSt-Erl. v. 25.3.1998, BStBl I S. 268 Rn 01.02.
5 BFH v. 19.10.2005, I R 38/04, BStBl II 2006, S. 568; BFH v. 5.6.2007, BStBl II 2008, S. 650.
6 *Bogenschütz*, Ubg 2011, 393, 397.
7 *Frotscher*, Umwandlungssteuererlass 2011, S. 188 Fn 61.
8 Frotscher/Maas/*Schnitter*, § 3 Rn 83 f; *Teiche*, DStR 2008, 1757, 1762; Dötsch/Pung/Möhlenbrock/*Möhlenbrock/Pung*, § 3 Rn 27, § 4 Rn 10 f; Haritz/Menner/*Brinkhaus*, § 3 Rn 75.

ist zu fragen, ob in der folgenden Steuerbilanz aufgrund der Maßgeblichkeit die Wertaufholung nachzuholen ist bzw die Drohverlustrückstellung aufgrund der in der Steuerbilanz anwendbaren Verbote gewinnerhöhend aufzulösen ist. In beiden Fällen würde das bei Erstellung der Schlussbilanz gewährte Wahlrecht leerlaufen. Zudem spricht die zum alten UmwStG erlassene Rechtsprechung[9] gegen eine derartige Ansicht. Letztlich würde eine derartige Lesart auch nicht berücksichtigen, dass mit dem BilMOG die in § 5 EStG niedergelegte umgekehrte Maßgeblichkeit deutlich aufgegeben wurde.

Dennoch zieht die Finanzverwaltung,[10] obwohl diese Argumente allgemeingültig sind, für die **Aktiv- und Passivseite unterschiedliche Konsequenzen**. Den originären Geschäfts- oder Firmenwert erklärt sie zum Schutz des Steueraufkommens als mit der Umwandlung als angeschafft, um dem Ansatzverbot des § 5 Abs. 2 EStG zu entgehen und eine Sofortabschreibung zu unterbinden.[11] 10

Währenddessen soll in allen anderen Fällen, in denen ein nicht mit dem Buchwert in der Schlussbilanz angesetztes Wirtschaftsgut nicht mit § 5 EStG in Einklang steht, zwar in der Übernahmebilanz des übernehmenden Rechtsträgers aufzunehmen, aber in der Folgezeit aufzulösen sein.[12] Hiervon sind insb. die Drohverlustrückstellungen betroffen. Es käme also auf der Aktiv- und Passivseite zu unterschiedlichen Ergebnissen und zu widersprüchlichen Konzeptionen in der Schluss- und den der Übernahmebilanz folgenden Steuerbilanzen. Dies kann mit guten Gründen als unzulässig bezeichnet werden,[13] da die gesetzgeberische Entscheidung mit dieser Auslegung konterkariert wird. 11

III. Eintritt in die steuerliche Rechtsstellung des übertragenden Rechtsträgers, § 4 Abs. 2

Für den übernehmenden Rechtsträger handelt es sich bei der Verschmelzung um einen **Anschaffungsvorgang**. Die sich aus dem Anschaffungsvorgang ergebenden Rechtsfolgen richten sich in erster Linie nach dem § 4 Abs. 2, 3. Der übernehmende Rechtsträger tritt in die steuerliche Rechtsstellung des übertragenden Rechtsträgers ein. Nach § 4 Abs. 3 gilt dies auch, wenn in der steuerlichen Schlussbilanz des übertragenden Rechtsträgers über den Buchwerten liegende Werte angesetzt worden sind. Auch auf der Passivseite, so zB bei Rückstellungen, tritt der übernehmende Rechtsträger ebenfalls grundsätzlich in die Rechtsstellung des übertragenden Rechtsträgers ein. 12

Nach § 4 Abs. 2 S. 2 sind vom Eintritt in die Rechtsstellung des übertragenden Rechtsträgers durch den übernehmenden Rechtsträger verrechenbare Verluste, verbleibende Verlustvorträge, nicht ausgeglichene negative Einkünfte sowie ein Zinsvortrag nach § 4 h Abs. 1 S. 5 EStG und ein EBITDA-Vortrag nach § 4 h Abs. 3 S. 3 EStG nicht umfasst. Diese **Vorteile gehen ersatzlos verloren**, soweit sie nicht mit einem Übertragungsgewinn verrechnet werden können. Durch die Wirkung der Mindestbesteuerung kann das Leistungsfähigkeitsprinzip eingeschränkt sein. 13

Der Eintritt in die steuerliche Rechtsstellung hat auch da eine Grenze, wo die steuerliche Rechtsstellung der untergehenden Kapitalgesellschaft den Gesellschaftern (Transparenzprinzip) der übernehmenden Personengesellschaft nicht zustehen kann. Dies wird u.a. für § 8 b KStG angenommen.[14] 14

9 BFH v. 19.10.2005, I R 38/04, BStBl II 2006, S. 568; BFH v. 5.6.2007, BStBl II 2008, S. 650.
10 UmwSt-Erl. 2011, Rn 04.16 S. 2.
11 Schneider/Ruoff/Sistermann/*Blaas/Sommer*, UmwStE 2011, H 4.45.
12 UmwSt-Erl. 2011, Rn 04.16 S. 1.
13 *Kutt/Carstens* in: FGS/BDI, UmwSt-Erlass 2011, S. 167 f.
14 Schmitt/Hörtnagl/Stratz/*Schmitt* (Hrsg.), Umwandlungsgesetz/Umwandlungssteuergesetz, § 4 Rn 57.

IV. AfA Bemessungsgrundlage, § 4 Abs. 3

15 Auch hinsichtlich der **Abschreibungen** tritt der übernehmende Rechtsträger grundsätzlich in die Rechtsstellung des übertragenden Rechtsträgers ein. Das bedeutet im Einzelnen, dass die (ggf aufgestockten) Werte in der Schlussbilanz[15] des übertragenden Rechtsträgers zu übernehmen sind, auch die Hersteller- oder Gründereigenschaft des übertragenden Rechtsträgers geht auf ihn über und es erfolgt eine Besitzzeitanrechnung.[16] An einer gewählten Abschreibungsmethode muss festgehalten werden, soweit das Steuerrecht keinen Wechsel der Abschreibungsmethode zulässt.[17] Beim Ansatz der Wirtschaftsgüter mit dem gemeinen Wert oder einem Zwischenwert ist die Nutzungsdauer neu zu ermitteln.[18]

16 Ist in der Schlussbilanz des übertragenden Rechtsträgers eine Zuschreibung nach § 3 vorgenommen worden, so ist im Fall der Gebäude-AfA der Wert der Zuschreibung den ursprünglichen Anschaffungs- oder Herstellungskosten hinzuzufügen. Bei der AfA hinsichtlich anderer beweglicher Wirtschaftsgüter ist der Buchwert entsprechend zu erhöhen.

V. Ermittlung des Übernahmeergebnisses, § 4 Abs. 4

17 **1. Allgemeines.** Bei der Ermittlung des Übernahmeergebnisses werden den Anteilseignern in einem ersten Schritt entsprechend ihres Gewinnanteils die Gewinnrücklagen zugeordnet, die **fiktiv als ausgeschüttet** (§ 7) gelten. Es erfolgt auf dieser Ebene eine Besteuerung als Einkünfte aus Kapitalvermögen (§ 20 Abs. 1 EStG) oder alternativ als gewerbliche Einkünfte (§ 15 EStG iVm § 20 Abs. 8 EStG) auf Ebene des Gesellschafters.[19] Gemäß § 18 Abs. 2 ist der Übernahmegewinn bei der Gewerbesteuer nicht zu erfassen.[20] Das Besteuerungserfordernis ergibt sich, weil mit der Umwandlung eine Besteuerungsebene wegfällt und die Dividendenbesteuerung sichergestellt werden muss.

18 In einem zweiten Schritt wird nach den §§ 4 und 5 ein **Übernahmegewinn bzw -verlust** dahin gehend ermittelt, dass jedem Gesellschafter seine in den Anteilen enthaltenen stillen Reserven bzw Lasten zugerechnet werden. Dabei erfolgt, vereinfacht gesprochen, eine Besteuerung des Übernahmegewinns in Höhe der Differenz aus dem Wert der übernommenen Wirtschaftsgüter und dem Buchwert bzw den Anschaffungkosen der Anteile an der übertragenen Körperschaft.[21] Die Umwandlung einer Kapitalgesellschaft in eine Personengesellschaft ist daher für die Anteilseigner üblicherweise nicht steuerneutral, obwohl im Verhältnis zwischen der Überträgerin und Übernehmerin die Buchwerte fortgeführt werden können.[22]

19 **2. Ermittlung des Übernahmegewinns/-verlustes. a) Zeitpunkt.** Maßgeblicher Zeitpunkt für die Zuordnung der Anteile am übertragenden Rechtsträger zum Betriebsvermögen des übernehmenden Rechtsträgers ist grundsätzlich der steuerliche Übertragungsstichtag. Nur für Anteile, die zum steuerlichen Umwandlungsstichtag zum Betriebsvermögen der übernehmenden Personengesellschaft gehören, wird ein Übernahmeergebnis ermittelt. Erweitert wird der Umfang der zu berücksichtigenden Anteile nach § 5 auf Anteile, die am steuerlichen Übertragungsstichtag dem Betriebsvermögen fiktiv zugerechnet werden.[23] Das Übernahmeergebnis entsteht mit Ablauf des steuerlichen Übertragungsstichtags.[24]

20 **b) Personenbezogenheit.** Das Übernahmeergebnis ist personenbezogen zu ermitteln. Die Finanzverwaltung[25] weist darauf hin, dass für die Ermittlung des Umwandlungsergebnisses grundsätzlich die **individuellen** Anschaffungskosten bzw Buchwerte der Beteiligungen und

15 Bzw im Fall des § 7 Abs. 4 und Abs. 5 EStG ist die Gebäude-AfA nach den bisherigen Abschreibungssätzen zu bemessen.
16 UmwSt-Erl. 2011, Rn 04.15.
17 Schneider/Ruoff/Sistermann/*Blaas/Sommer*, UmwStE 2011, H 4.23.
18 UmwSt-Erl. 2011, Rn 04.10; Frotscher/Maas/*Schnitter*, § 4 Rn 86.
19 S. hierzu unter § 7 Rn 14 ff.
20 Haritz/Menner/*Bohnhardt*, § 18 Rn 65.
21 Schmitt/Hörtnagl/Stratz/*Schmitt*, § 4 Rn 94.
22 *van Lishaut* in: Rödder/Herlinghaus/van Lishaut, UmwStG, § 4 Rn 74.
23 UmwSt-Erl. 2011, Rn 04.18.
24 UmwSt-Erl. 2011, Rn 04.26.
25 UmwSt-Erl. 2011, Rn 04.19 f.

Sperrbeträge iSd § 50 c EStG maßgeblich sind. Es kann also bei einem Anteilseigner zu einem Gewinn kommen, während bei einem anderen ein Verlust anfällt.

Grundsätzlich sind mehrere Beteiligungen, die zu unterschiedlichen Zeitpunkten und Preisen angeschafft wurden, zusammenzufassen. Schon vor dem steuerlichen Übertragungsstichtag zum Gesamthandsvermögen gehörende Anteile an der übertragenden Gesellschaft und solche Anteile, die gemäß § 5 fiktiv dem Betriebsvermögen zugeordnet werden, müssen getrennt von den unmittelbar gehaltenen Anteilen berücksichtigt werden.[26] Dies ist darauf zurückzuführen, dass **unterschiedliche Übernahmeergebnisse** bei den einzelnen Gesellschaftern entstehen können. Wenn schon vor dem steuerlichen Übertragungsstichtag eine Beteiligung des übernehmenden Rechtsträgers am übertragenden bestand, so ist das auf diese Anteile entfallende (anteilige) Übernahmeergebnis nach Ansicht der Finanzverwaltung im Rahmen der einheitlichen und gesonderten Gewinnfeststellung nach der Quote zu verteilen. Befinden sich die Anteile im Sonderbetriebsvermögen, ist nur den Gesellschaftern, die am Sonderbetriebsvermögen beteiligt sind, das Übernahmeergebnis zuzurechnen. 21

Im Hinblick auf vor dem steuerlichen Übertragungsstichtag bereits zum Gesamthandsvermögen gehörende Anteile ist Kritik an der quotalen Verteilung im Fall von bestehenden Ergänzungsbilanzen entstanden. 22

Liegen im Fall von **Ergänzungsbilanzen** unterschiedliche Beteiligungen an den stillen Reserven vor, so entspricht die quotale Beteiligung an der Personengesellschaft nicht der Beteiligung an den Wirtschaftsgütern. Diese muss aber für die Ermittlung des Übernahmeergebnisses maßgeblich sein.[27] Allerdings könnte es sich hierbei auch um eine bloße Ungenauigkeit der Finanzverwaltung handeln, stellt sie doch in Rn 04.19 auf die **„individuellen Anschaffungskosten"** ab. Da Ergänzungsbilanzen den unterschiedlichen Gesellschaftern unterschiedliche Anschaffungskosten zuordnen, könnte schon unter diesem Aspekt heraus auf den in der Ergänzungsbilanz enthaltenen Wert abzustellen sein. Jedenfalls ist festzustellen, dass sich aus dem Gesichtspunkt der individuellen, persönlichen Ermittlung der Anschaffungskosten der einzelnen Wirtschaftsgüter auch eine Berücksichtigung der personenbezogenen Ergänzungsbilanzen ergibt. 23

Im Hinblick auf **ausländische Anteilseigner** muss geklärt werden, ob sie im Rahmen des § 49 EStG oder aufgrund eines **Doppelbesteuerungsabkommens** überhaupt in Deutschland zu besteuern sind.[28] Probleme wirft in diesem Bereich auch die Frage auf, inwieweit die einfachgesetzlichen Fiktionen im Rahmen eines Doppelbesteuerungsabkommens angewendet werden können. So wird man die nach § 7 als ausgeschüttet fingierten Gewinnrücklagen wohl als den Einkünften aus Aktien gleichgestellte Bezüge iSd Art. 10 Abs. 3 OECD-MA verstehen können, so dass insoweit Deutschland ein Besteuerungsrecht zusteht.[29] Die Bezüge gemäß § 7 unterliegen dem Kapitalertragsteuerabzug. 24

Bei der **fiktiven Zugehörigkeit** der von beschränkt steuerpflichtigen Gesellschaftern gehaltenen Anteile zum Betriebsvermögen iSd § 5 hat Deutschland üblicherweise kein Besteuerungsrecht, denn Art. 13 Abs. 5 OECD-MA weist das Besteuerungsrecht dem Ansässigkeitsstaat des Gesellschafters zu. Ein Übernahmegewinn unterliegt insoweit nicht der deutschen Besteuerung. 25

3. Ermittlung des Übernahmeergebnisses im Einzelnen. Für die Ermittlung des Übernahmegewinnes wird im Allgemeinen auf folgendes Schema zurückgegriffen, wie es auch im UmwSt-Erl. 2011 dargestellt wird.[30] 26

26 Schmitt/Hörtnagl/Stratz/*Schmitt*, § 4 Rn 105; UmwSt-Erl. 2011, Rn 04.20.

27 *Kurt/Carstens* in: FGS/BDI, UmwSt-Erlass 2011, S. 172 f.

28 Umfassend zu den unterschiedlichen Problemkonstellationen: Schneider/Ruoff/Sistermann/*Blaas/Sommer*, UmwStE 2011,H 4.56.

29 UmwSt-Erl. 2011, Rn 04.23; Schneider/Ruoff/Sistermann/*Blaas/Sommer*, UmwStE 2011, H 4.58; *Klingberg/Nitzschke*, Ubg 2011, S. 451, 459.

30 UmwSt-Erl. 2011, Rn 04.27.

27 a) **Berechnungsschema.** Wert der übergehenden Wirtschaftsgüter (§ 4 Abs. 1 S. 1)

+	Zuschläge für neutrales Vermögen (§ 4 Abs. 1 S. 2)
–	(ggf nach § 4 Abs. 1 S. 2 f korrigierte) Buchwerte der Anteile an der übertragenden Körperschaft
–	Kosten für die Vermögensübertragung
=	Übernahmeergebnis erster Stufe (§ 4 Abs. 4)
+	Sperrbetrag iSd § 50 c EStG
–	anteilige offene Rücklagen, die als Einnahmen aus Kapitalvermögen gem. § 7 iVm § 20 Abs. 1 S. 1 Nr. 1 EStG zu versteuern sind
=	Übernahmegewinn/-verlust

28 b) **Wertansatz der übergangenen Wirtschaftsgüter.** Aus der Verschmelzung folgt der vollständige Übergang des Vermögens des übertragenden Rechtsträgers auf den übernehmenden. Die Wirtschaftsgüter sind in der Höhe anzusetzen, in der sie vom übertragenden Rechtsträger in dessen steuerlicher Schlussbilanz angesetzt wurden.[31]

29 c) **Neutrales Vermögen.** Zu erhöhen ist das Ergebnis nach § 4 Abs. 4 S. 2 in Höhe der Differenz zwischen gemeinem Wert und dem in der steuerlichen Schlussbilanz angesetzten Wert bezogen auf das sog. neutrale Vermögen, also denjenigen Wirtschaftsgütern, an denen Deutschland vor der Verschmelzung nicht das Recht auf die Besteuerung eines Veräußerungsgewinnes hatte.[32]

30 Bei neutralem Vermögen handelt es sich in der Regel entweder um nach Art. 13 Abs. 2 iVm Art. 23A OECD-MA **freigestelltes ausländisches Betriebsstättenvermögen** oder nach Art. 13 Abs. 1 iVm Art. 23A OECD-MA **freigestellten Grundbesitz.** Ein weiterer wichtiger Anwendungsfall ist das nicht zur deutschen Betriebsstätte gehörige Vermögen einer im Inland nur beschränkt steuerpflichtigen EU-/EWR-Gesellschaft.[33]

31 In der steuerlichen **Schlussbilanz** und der **Übernahmebilanz** kann das neutrale Vermögen zu Buchwerten bzw Zwischenwerten angesetzt werden, da ein vorher nicht bestehendes Besteuerungsrecht durch die Umwandlung auch nicht beschränkt werden kann. Hingegen sind für die Ermittlung des **Übernahmeergebnisses** die gemeinen Werte anzusetzen.[34] Hintergrund der Bestimmung ist, dass durch den Ansatz des gemeinen Wertes die Situation einer Veräußerung der Anteile an der übertragenden Kapitalgesellschaft nachempfunden werden soll, weil in diesem Fall auch die stillen Reserven in den ausländischen Betriebsstätten in den Veräußerungsgewinn eingeflossen wäre.[35]

32 d) **Anteile am übertragenden Rechtsträger (Beteiligungskorrekturgewinn), § 4 Abs. 1 S. 2, 3.** Ist der übernehmende Rechtsträger schon vor der Umwandlung an der übertragenden Körperschaft beteiligt, so kann es zu einer **Höherbewertung** dieser Anteile kommen. Der Gesetzgeber hat hier die Konstellation des Up-stream-Mergers geregelt.[36]

33 Die Höhe der Beteiligung der übernehmenden Personengesellschaft an der übertragenden Gesellschaft ist gemäß § 4 Abs. 1 S. 2 und S. 3 mit dem Buchwert anzusetzen jedoch um in der Vergangenheit steuerwirksam vorgenommene Abschreibungen sowie um Abzüge nach § 6 b EStG und ähnliche Abzüge[37] zu erhöhen. Höchstens ist die Beteiligung mit dem gemeinen Wert anzusetzen. Dies ist damit der **Maximalbetrag der Korrektur.**

31 Schmitt/Hörtnagl/Stratz/*Schmitt*, § 4 Rn 100.
32 UmwSt-Erl. 2011, Rn 04.29.
33 Schmitt/Hörtnagl/Stratz/*Schmitt*, § 4 Rn 111.
34 Schmitt/Hörtnagl/Stratz/*Schmitt*, § 4 Rn 111.
35 Bogenschütz, Ubg 2011, 393, 404; Rödder/Herlinghaus/van Lishaut/*van Lishaut*, § 4 Rn 93.
36 *Kutt/Carstens* in: FGS/BDI, UmwSt-Erlass 2011, S. 162.
37 Rücklagen gem. § 30 BergBauRatG, R 6.5 und R 6.6 EStR.

Die **Wertkorrektur** gilt nur für Anteile, die am steuerlichen Übertragungsstichtag bereits im Betriebsvermögen der übernehmenden Personengesellschaft gehalten wurden. Für nach § 5 Abs. 3 als ins Betriebsvermögen eingelegt geltende Anteile gilt die entsprechende Regelung des § 5 Abs. 3 S. 1. Auch einbringungsgeborene Anteile iSd § 27 Abs. 3 Nr. 1 iVm § 21 aF, soweit diese zu einem Betriebsvermögen gehören, sind zu berücksichtigen. **Unanwendbar** ist § 4 Abs. 1 S. 2 auf im Privatvermögen gehaltene Beteiligungen und auf nicht steuerverstrickte Anteile, für die nur § 7 anwendbar ist.[38] 34

Nach der Legaldefinition in § 1 Abs. 5 Nr. 4 ist **Buchwert** der Wert, der sich nach den steuerlichen Vorschriften über die Gewinnermittlung in einer für den steuerlichen Übertragungsstichtag aufzustellenden Steuerbilanz ergibt oder ergäbe. Hieraus ergibt sich, dass das **Wertaufholungsgebot** des § 6 Abs. 1 S. 1 Nr. 1 S. 4, Nr. 2 S. 3 EStG vor der umwandlungssteuerlichen Beteiligungskorrektur vorgenommen werden muss. Wird bereits durch die einkommensteuerliche Wertaufholung der gemeine Wert und damit der Höchstwert erreicht, ist eine umwandlungssteuerliche Korrektur also nicht mehr geboten. [39] 35

Die Reihenfolge der Zuschreibungen ist insb. dann von Bedeutung, wenn die Differenz zwischen gemeinem Wert und Buchwert geringer ist als die in der Vergangenheit vorgenommenen Abschreibungen und in der Vergangenheit sowohl steuerwirksame als auch nicht steuerwirksame (§ 8 b Abs. 3 KStG seit dem 1.1.2004) **Teilwertabschreibungen** vorgenommen wurden.[40] Wenn man zunächst über die einkommensteuerliche Wertaufholung den Buchwert steuerneutral erhöht, bleibt für die umwandlungssteuerrechtliche Beteiligungskorrektur weniger Raum. Mittlerweile hat der BFH zu § 8 b Abs. 2 S. 4 KStG entschieden, dass zunächst die nicht steuerwirksamen, jüngeren Teilwertabschreibungen einer Wertaufholung zu unterwerfen sind, bevor die älteren steuerwirksamen Teilwertabschreibungen wertaufgeholt werden müssen.[41] Damit hat der BFH der Ansicht der Finanzverwaltung widersprochen, nach der zunächst anerkannte Teilwertabschreibungen vollständig rückgängig gemacht werden müssen.[42] Da die Verwaltung aber der allgemeinen Wertaufholungsverpflichtung den Vorrang gegenüber der umwandlungssteuerrechtlichen Beteiligungskorrektur einräumt, ist diese Frage wohl nur noch bedingt von Bedeutung.[43] 36

Der gemeine Wert als **Obergrenze** der Korrektur ergibt sich gem. § 11 Abs. 1 BewG aus dem Kurswert. Paketzuschläge werden nach § 11 Abs. 3 BewG berücksichtigt. Nach § 11 Abs. 2 S. 3 BewG gilt, dass der gemeine Wert einer Beteiligung an einer Kapitalgesellschaft aus zeitnahen Verkäufen abzuleiten ist (**Vergleichswertmethode**), fehlen solche Vergleiche, findet das Ertragswertverfahren Anwendung. 37

Der durch die erforderliche Zuschreibung entstehende **Gewinn** ist ein laufender voll steuerpflichtiger Gewinn, der nicht von der Steuerbefreiung des § 8 b Abs. 2 KStG oder dem Teileinkünfteverfahren begünstigt werden kann. Allerdings ergibt sich auch nur ein anteiliger Beteiligungskorrekturgewinn, sofern die Teilwertabschreibung wegen § 3 c Abs. 2 EStG nur zum Teil steuerwirksam wurde.[44] Auf der anderen Seite reduziert sich durch die Aufstockung der Buchwerte ein Übernahmegewinn, bzw erhöht sich ein Übernahmeverlust. Im Unterschied zum Beteiligungskorrekturgewinn wäre der Übernahmegewinn allerdings steuerbegünstigt (§ 4 Abs. 7). 38

e) **Abzug der Kosten der Verschmelzung, § 4 Abs. 4 S. 1.** Aus § 4 Abs. 4 S. 1 ergibt sich die grundsätzliche Abziehbarkeit der Kosten des Vermögensübergangs. Die Finanzverwaltung will nach objektbezogenen und nicht objektbezogenen Kosten differenzieren.[45] So sollen die **ob-** 39

38 Rödder/Herlinghaus/van Lishaut/*van Lishaut*, § 4 Rn 40.
39 UmwSt-Erl. 2011, Rn 04.07.
40 Schneider/Ruoff/Sistermann/*Blaas/Sommer*, UmwStE 2011, H 4.17.
41 BFH, Urteil vom 19.8.2009, I R 2/09, BStBl II 2010, S. 760.
42 UmwSt-Erl. 2011, Rn 04.07 S. 3; OFD Hannover, DStZ 2006, 494; OFD Münster, DB 2005, 470.
43 *Kutt/Carstens* in: FGS/BDI, UmwSt-Erlass 2011, S. 163.
44 UmwSt-Erl. 2011, Rn 04.08.
45 UmwSt-Erl. 2011, Rn 04.34.

jektbezogenen Kosten, insb. die Grunderwerbsteuer, in Einklang mit dem BMF-Schreiben vom 18.1.2010[46] aktivierungspflichtig sein. Danach sind objektbezogene Kosten also nicht nach § 4 Abs. 4 S. 1 abzugsfähig, sondern als Anschaffungsnebenkosten den entsprechenden übergehenden Wirtschaftsgütern zuzuordnen. Dies ist im Grundsatz zu begrüßen, denn wegen § 8 b Abs. 2 KStG bzw § 3 Nr. 40 EStG wären die Kosten ansonsten überhaupt nicht oder nur zu 60 % abzugsfähig.[47]

40 Die **nicht objektbezogenen** Kosten des übernehmenden Rechtsträgers mindern unabhängig vom Entstehungszeitpunkt das Übernahmeergebnis. Die nicht objektbezogenen Kosten des übertragenden Rechtsträgers mindern das Übernahmeergebnis, soweit sie nach dem steuerlichen Übertragungsstichtag entstanden sind. Hintergrund dürfte sein, dass die Finanzverwaltung eine doppelte Erfassung der Kosten dadurch verhindern will, dass alle Kosten, die schon beim übertragenden Rechtsträger passivierungsfähig waren, beim übernehmenden Rechtsträger nicht zum Ansatz kommen sollen.

41 Dies steht weder im Einklang mit der Rechtsprechung des BFH zur persönlichen Zuordnung der Kosten[48] noch mit dem UmwStG. Es kann dabei nicht von Bedeutung sein, ob die Kosten vor oder nach der Umwandlungsmaßnahme entstanden sind, sondern allein entscheidend muss bleiben, dass es sich um in der Sphäre des übertragenden Rechtsträgers verursachte Kosten handelt, die als Betriebsausgabe zu berücksichtigen sind und nicht in das Übernahmeergebnis gehören.[49] Die das Übernahmeergebnis mindernden Kosten des Vermögensübergangs sind wegen § 4 Abs. 6, 7 iVm §§ 3 c Abs. 2, 3 Nr. 40 EStG (teilweise) bzw § 8 b KStG (vollständig) steuerlich nicht zu berücksichtigen.[50]

42 Die **Summe** der vorstehend unter b), c) und e) fallenden Positionen ergibt das Übernahmeergebnis 1. Stufe. Der sog. Beteiligungskorrekturgewinn erfährt eine davon getrennte Behandlung.

43 **4. Erhöhung des Übernahmeergebnisses § 4 Abs. 5.** Das Übernahmeergebnis ist um einen Sperrbetrag nach § 50 c EStG zu erhöhen sowie um die nach § 7 fingiert ausgeschütteten offenen Rücklagen zu kürzen.

44 **a) § 50 c EStG.** Diese Bestimmung hat kaum noch Relevanz, da Sperrbeträge iSd § 50 c EStG nur bis zum Wirtschaftsjahr 2001/2002 entstehen konnten und nur 10 Jahre zu beachten sind. Insoweit noch zu berücksichtigende Sperrbeträge sind außerhalb der Steuerbilanz gewinnerhöhend dem Übernahmeergebnis zuzuschlagen.[51] Die Sperrbeträge sollten vermeiden, dass im Zusammenhang mit der Anrechnungsmethode ungerechtfertigte Steuervorteile durch ausschüttungsbedingte Teilwertabschreibungen gezogen werden konnten. Danach entstand ein Sperrbetrag u.a. für einen nicht anrechnungsberechtigten Anteilseigner, der anrechnungsberechtigt wurde, oder wenn ein Anrechnungsberechtigter von einem nicht Anrechnungsberechtigten dessen Anteil erwarb. In Höhe dieses Sperrbetrags (Unterschied zwischen Anschaffungskosten und Nennbetrag des Anteils) wurden ausschüttungsbedingte Teilwertabschreibungen nicht anerkannt.

45 **b) Abzug der nach § 7 fiktiv ausgeschütteten Rücklagen.** Nach § 7 werden die offenen Rücklagen des übertragenden Rechtsträgers allen Anteilseignern prozentual entsprechend ihrer Beteiligung am Nennkapital fiktiv als Einnahmen aus Kapitalvermögen iSd § 20 Abs. 1 EStG bzw als **Einnahmen aus Gewerbebetrieb** zugerechnet. Gleichzeitig gehört der Betrag der offenen Rücklagen auch zum **Übernahmeergebnis** iSd § 4 Abs. 4. Um eine Doppelbesteuerung zu vermeiden, muss daher das Übernahmeergebnis um die Bezüge iSd § 7 gekürzt werden. Insofern teilt sich das steuerliche Ergebnis beim Anteilseigner auf in Bezüge iSd § 7, die als **Einkünfte**

46 BMF Schr. v. 18.1.2010, BStBl I 2010 S. 70.
47 *Bogenschütz*, Ubg 2011, 393, 406.
48 BFH v. 22.4.1998, I R 83/96, BStBl 1998 S. 698.
49 *Bogenschütz*, Ubg 2011, 393, 406; Schneider/Ruoff/Sistermann/*Blaas/Sommer*, UmwStE 2011, H 4.99.
50 Schneider/Ruoff/Sistermann/*Blaas/Sommer*, UmwStE 2011, H 4.104.
51 UmwSt-Erl. 2011, Rn 04.37.

aus Kapitalvermögen besteuert werden, und einen **Übernahmegewinn/-verlust** nach § 4 Abs. 4, 5 S. 1 iVm § 5.

VI. Übernahmeverlust, § 4 Abs. 6

1. Allgemeines. In § 4 Abs. 6 ist das Schicksal des Übernahmeverlustes geregelt. Hierbei wird zwischen Körperschaften, Personenvereinigungen und Vermögensmassen auf der einen Seite und natürlichen Personen auf der anderen Seite differenziert. Die Ermittlung ist, wie bei der Ermittlung des (positiven) Übernahmeergebnisses, **personenbezogen** durchzuführen. 46

Für alle Übernahmeverluste gilt gleichermaßen, dass ein Übernahmeverlust nur gegen die Bezüge iSd § 7 verrechnet werden darf. Es findet also keine Verrechnung des Übernahmeverlustes mit den sonstigen positiven Einkünften (außer aus § 7 UmwStG) des Mitunternehmers statt. Weiterhin gilt für alle Fälle des § 4 Abs. 6, dass ein Übernahmeverlust nicht berücksichtigt werden kann, soweit er auf Körperschaften, Personenvereinigungen und Vermögensmassen entfällt, es sei denn, es handelt sich um Finanzinstitute, bei denen § 8 b Abs. 7 oder 8 KStG greift. Bei natürlichen Personen als Mitunternehmer ist der Abzug entsprechend dem Teileinkünfteverfahren auf 60 % beschränkt. 47

Bedenklich an dieser Regelung ist, dass durch die Beschränkungen der Abzugsfähigkeit des Übernahmeverlustes **Anschaffungskostenpotential verloren gehen** kann, was insb. bei von Kapitalgesellschaften gehaltenen Anteilen oder bei nicht steuerverstrickten Anteilen im Privatvermögen von natürlichen Personen geschieht. Beim Erwerb der Anteile an der übertragenden Kapitalgesellschaft mitbezahlte stille Reserven führen in diesen Fällen entweder zu nicht zu berücksichtigenden Übernahmeverlusten oder ein Übernahmeverlust ist wegen § 5 Abs. 2 überhaupt nicht zu ermitteln. Nur das aus dem Eigenkapital der Kapitalgesellschaft gespeiste Kapitalkonto des Mitunternehmers bei der übernehmenden Personengesellschaft bildet bei der späteren Veräußerung der Beteiligung deren Buchwert. Die ursprünglichen Anschaffungskosten der Beteiligung an der Kapitalgesellschaft werden bei der Berücksichtigung des Kapitalanteils des Mitunternehmers teilweise nicht berücksichtigt, so dass die ursprünglichen Anschaffungskosten insoweit letztlich steuerlich unberücksichtigt bleiben.[52] 48

2. Verluste von Körperschaften, Personenvereinigungen und Vermögensmassen. Der Ansatz eines **Übernahmeverlustes** ist für Körperschaften, Personenvereinigungen und Vermögensmassen grundsätzlich **ausgeschlossen.** Können diese jedoch wegen § 8 b Abs. 7 oder Abs. 8 keine Steuerbegünstigung iSd § 8 b KStG in Anspruch nehmen, insb., da es sich um Anteile handelt, die bei Kreditinstituten und Finanzdienstleistungsunternehmen nach § 1 a des Kreditwesensgesetzes dem Handelsbuch bzw bei Lebens- und Krankenversicherungsunternehmen den Kapitalanlagen zugeordnet sind, so ist ein **Abzug** bis zur Höhe der Bezüge iSd § 7 **zulässig.** 49

3. Verluste bei natürlichen Personen und Personengesellschaften. Übernahmeverluste, die bei natürlichen Personen oder Personengesellschaften entstehen, können nur bis zu 60 %, höchstens zu 60 % der Bezüge iSd § 7 abgezogen werden. Die übrigen 40 % der Verluste gehen den Steuerpflichtigen verloren.[53] 50

Sind die Anteile am übertragenden Rechtsträger bei Kreditinstituten und Finanzdienstleistungsinstituten nach § 1 a des Kreditwesengesetzes dem Handelsbuch zuzurechnen oder sind diese von Finanzunternehmen iSd Kreditwesengesetzes mit dem Ziel der kurzfristigen Erzielung eines Eigenhandelserfolges erworben worden, so können beim Gesellschafter entstehende Verluste bis zur Höhe der Bezüge iSd § 7 angesetzt werden, da dem Steuerpflichtigen wegen § 3 Nr. 40 S. 3 und 4 EStG auch das Teileinkünfteverfahren nicht zugutekam.[54] 51

52 BFH v. 12.7.2012, IV R 39/09, NZG 2012,1395, BStBl II 2012, 728; Koch, BB 2012, 2679, 2680; Haritz/Menner/*Börst*, § 7 UmwStG Rn 53; Frotscher/Maas/*Schnitter*, § 7 Rn 33.
53 UmwSt-Erl. 2011, Rn 04.42.
54 UmwSt-Erl. 2011, Rn 04.41.

52 Ein **Übernahmeverlust** bleibt jedoch dann **außer Betracht**, wenn ein Verlust nach § 17 Abs. 2 S. 6 EStG nicht zu berücksichtigen wäre. Dies ist der Fall

- beim unentgeltlichen Erwerb der Anteile, soweit auch der Rechtsvorgänger des Anteilsinhabers den Verlust nicht geltend machen konnte
- beim entgeltlichen Erwerb der Anteile, wenn die Anteile nicht innerhalb der gesamten letzten 5 Jahre zu einer wesentlichen Beteiligung iSd § 17 Abs. 1 S. 1 EStG gehört haben.

Im letzten Fall bleibt aber ein Abzug des Übernahmeverlustes zu 60 % der Bezüge iSd § 7 zulässig, soweit innerhalb der letzten 5 Jahre eine wesentliche Beteiligung begründet wurde oder soweit Anteile nach der Begründung einer wesentlichen Beteiligung erworben worden sind.[55]

53 Des Weiteren ist ein **Verlustabzug** für Anteile an der übertragenden Gesellschaft, die innerhalb der letzten fünf Jahre vor dem steuerlichen Übertragungsstichtag entgeltlich erworben wurden, **ausgeschlossen.** Dies gilt auch, wenn die Anteile erst nach dem steuerlichen Übertragungsstichtag angeschafft wurden.[56] Wegen der überschießenden Wirkung dieser Regelung, für die es unbeachtlich ist, ob steuerliche Einkünfte erzielt wurden, wirkt diese Regelung als Umwandlungssperre. [57]

VII. Besteuerung des Übernahmegewinns

54 Ein grundsätzlich als laufender Gewinn zu besteuerndes **positives Übernahmeergebnis** dürfte sich nach Anwendung der § 4 Abs. 4 und 5 nur ausnahmsweise ergeben. Die Minderung um die fiktiv ausgeschütteten Rücklagen gem. § 7 wird regelmäßig das Übernahmeergebnis neutralisieren. Ein Übernahmegewinn ergibt sich jedoch, wenn der Kaufpreis unter der Summe aus dem Nennkapital und dem Einlagekonto liegt oder wenn der gemeine Wert in der steuerlichen Schlussbilanz angesetzt werden musste.

55 Nach den Vorgaben von § 4 Abs. 7 handelt es sich beim Übernahmegewinn, der auf eine Körperschaft entfällt, um nach § 8 b Abs. 2 und 3 KStG nur zu **5 % zu besteuernde Einkünfte.** [58] Etwas anderes gilt nur, wenn eine Ausnahme etwa nach § 8 b Abs. 7 und 8 KStG für Kreditinstitute, Finanzdienstleistungsinstitute, Lebens- und Krankenversicherungsunternehmen sowie nach § 8 b Abs. 4 KStG aF iVm § 21 UmwStG aF für einbringungsgeborene Anteile vorliegt.

56 Für **natürliche Personen** ist bis zum Veranlagungszeitraums 2008 das Halbeinkünfteverfahren und danach das Teileinkünfteverfahren anzuwenden. Konsequenterweise muss auch § 3 c EStG in diesen Fällen berücksichtigt werden.

57 Der Übernahmegewinn unterliegt gemäß § 18 Abs. 2 S. 1 nicht der Gewerbesteuer, weshalb auch keine Anrechnung der Gewerbesteuer gemäß § 35 EStG erfolgen kann.[59]

58 Die Abgeltungssteuer nach § 32 d EStG wird nicht zur Anwendung gebracht, weil ein Übernahmeergebnis nicht für Privatpersonen ermittelt wird, deren Anteile nicht zumindest (fiktiv) zum Betriebsvermögen des übernehmenden Rechtsträgers gehören, etwa weil sie nicht unter § 17 EStG fallen.[60] Alle anderen Anteile, die im Betriebsvermögen der Personengesellschaft gehalten werden (auch per Einlagefiktion gem. § 5 Abs. 2 und 3), vermitteln dem Gesellschafter gewerbliche Einkünfte, für die die Abgeltungssteuer ohnehin nicht angewendet werden kann.

55 Schneider/Ruoff/Sistermann/*Blaas/Sommer*, UmwStE 2011, H 4.118.
56 UmwSt-Erl. 2011, Rn 4.43.
57 Schneider/Ruoff/Sistermann/*Blaas/Sommer*, UmwStE 2011,H 4.118; Widmann/Mayer/*Widmann*, § 4 UmwStG Rn 629.15 f spricht gar von einem „Umwandlungsverbot".
58 UmwSt-Erl. 2011, Rn 04.44.
59 Schneider/Ruoff/Sistermann/*Blaas/Sommer*, UmwStE 2011,H 4.122.
60 Schneider/Ruoff/Sistermann/*Blaas/Sommer*, UmwStE 2011, H 4.120; kritisch *Desens*, FR 2008, 943, 952; *Haisch*, Ubg 2009, 96, 98, 104; *Bogenschütz*, Ubg 2011, 393, 403.

§ 5 Besteuerung der Anteilseigner der übertragenden Körperschaft

(1) Hat der übernehmende Rechtsträger Anteile an der übertragenden Körperschaft nach dem steuerlichen Übertragungsstichtag angeschafft oder findet er einen Anteilseigner ab, so ist sein Gewinn so zu ermitteln, als hätte er die Anteile an diesem Stichtag angeschafft.

(2) Anteile an der übertragenden Körperschaft im Sinne des § 17 des Einkommensteuergesetzes, die an dem steuerlichen Übertragungsstichtag nicht zu einem Betriebsvermögen eines Gesellschafters der übernehmenden Personengesellschaft oder einer natürlichen Person gehören, gelten für die Ermittlung des Gewinns als an diesem Stichtag in das Betriebsvermögen des übernehmenden Rechtsträgers mit den Anschaffungskosten eingelegt.

(3) [1]Gehören an dem steuerlichen Übertragungsstichtag Anteile an der übertragenden Körperschaft zum Betriebsvermögen eines Anteilseigners, ist der Gewinn so zu ermitteln, als seien die Anteile an diesem Stichtag zum Buchwert, erhöht um Abschreibungen sowie um Abzüge nach § 6 b des Einkommensteuergesetzes und ähnliche Abzüge, die in früheren Jahren steuerwirksam vorgenommen worden sind, höchstens mit dem gemeinen Wert, in das Betriebsvermögen des übernehmenden Rechtsträgers überführt worden. [2]§ 4 Abs. 1 Satz 3 gilt entsprechend.

Literatur:

Bogenschütz, Umwandlung von Kapital- in Personengesellschaften, Ubg 2011, 393; *Neu/Schiffers/Watermeyer*, Praxisrelevante Schwerpunkte aus dem UmwStE-Entwurf, GmbHR 2011, 729; *Pyszka/Jüngling*, Umwandlung von Kapitalgesellschaften in Personenunternehmen, BB-Special 1 zu BB 2011, Heft 35, 4; *Stimpel*, Umwandlung von Kapital- in Personengesellschaften nach dem UmwSt-Erlass 2011, GmbHR 2012, 123; *Köhler/Käshammer*, Umwandlung von Kapitalgesellschaften mit ausländischen Anteilseignern in Personengesellschaften nach dem UmwSt-Erlass 2011, GmbHR 2012, 301.

I. Normzweck

Bei § 5 handelt es sich um eine Ergänzung der Regelung des § 4 Abs. 4 zur Ermittlung des Übernahmeergebnisses. Während nach § 4 Abs. 4 nur solche Anteile in das Übernahmeergebnis miteinbezogen werden, die am Übertragungsstichtag im Betriebsvermögen des übernehmenden Rechtsträgers waren, wird dies durch § 5 fiktiv um bestimmte Anteile erweitert, die zum Übertragungsstichtag als eingelegt gelten. 1

II. Anwendungsbereich

1. Überblick. Die in § 5 genannten Personen müssen mit der Umwandlung **Mitunternehmer** der Personengesellschaft werden bzw ihr Anteil an der Mitunternehmerschaft muss sich erhöhen, da die Regelung der Ermittlung des Übernahmeergebnisses dient. Zivilrechtlich müssen die Anteilseigner im Zeitpunkt des zivilrechtlichen Vermögensübergangs Gesellschafter sein oder werden. Liegen die Voraussetzungen des § 5 nicht vor und wird für einen Gesellschafter 2 kein Übernahmeergebnis ermittelt, da seine Anteile nicht als eingelegt gelten, hat dies aber andersherum keine Auswirkung auf seine zivilrechtliche Gesellschafterstellung.

3 In folgenden Sachverhalten wird die Einlage in das Betriebsvermögen nach § 5 fingiert: [1]

- Anteile an der übertragenden Körperschaft, die die übernehmende Personengesellschaft nach dem steuerlichen Übertragungsstichtag, jedoch vor Eintragung der Verschmelzung in das Handelsregister angeschafft hat (§ 5 Abs. 1 Alt. 1).
- Anteile eines ausscheidenden Gesellschafters gelten als zum steuerlichen Übertragungsstichtag als angeschafft, wenn die Personengesellschaft diesen nach dem steuerlichen Übertragungsstichtag abfindet (§ 5 Abs. 1 Alt. 2).
- Eine Beteiligung iSd § 17 gilt als am Umwandlungstag zum Buchwert in das Betriebsvermögen der Personengesellschaft bzw der natürlichen Person eingelegt, wenn es sich nicht um einbringungsgeborene Anteile iSd § 21 aF handelt und die Anteile zum Übertragungsstichtag im Privatvermögen gehalten werden (§ 5 Abs. 2).
- Gehören Anteile nicht zum Betriebsvermögen oder Sonderbetriebsvermögen der übernehmenden Personengesellschaft, aber zum Betriebsvermögen eines Gesellschafters der übernehmenden Personengesellschaft, gelten diese Anteile als in das Betriebsvermögen der übernehmenden Personengesellschaft überführt, und zwar mit dem Buchwert, erhöht um Abschreibungen sowie Abzüge nach § 6 b EStG und ähnliche Abzüge, die in früheren Jahren steuerwirksam vorgenommen worden sind, höchstens jedoch mit dem gemeinen Wert (§ 5 Abs. 3).
- Für einbringungsgeborene Anteile, die aus Einbringungen bis 2006 resultieren, gilt grundsätzlich der alte § 5 Abs. 4 fort, der eine Einlagefiktion anordnet. Jedoch werden einbringungsgeborene Anteile, die zum Betriebsvermögen gehören zu den sich nach dem § 5 Abs. 2, 3 ergebenden Werten angesetzt. Also ist der Buchwert, aufgestockt um frühere steuerwirksame Teilwertabschreibungen bzw Rücklagenübertragung, maximal bis zum gemeinen Wert bei der übernehmenden Personengesellschaft anzusetzen (§ 5 Abs. 4 aF).

Damit handelt es sich bei im **Privatvermögen gehaltenen Anteilen**, die keine wesentliche Beteiligung iSd § 17 EStG darstellen und keine einbringungsgeborenen Anteile iSd § 21 aF sind, nicht um unter § 5 fallende Anteile. Dies ist regelmäßig der Fall bei Anteilen, die von § 23 EStG nicht mehr erfasst werden oder jetzt unter § 20 Abs. 2 S. 1 Nr. 1 EStG fallen.[2]

4 **2. Anschaffung nach dem Übertragungsstichtag, § 5 Abs. 1 Alt. 1.** Die Rückwirkung des Erwerbs auf den steuerlichen Übertragungsstichtag steht im Einklang mit der Rückwirkungsfiktion des § 2 Abs. 2. Dies lässt auch die Finanzverwaltung im Umwandlungssteuererlass zumindest für den Anteilseignerwechsel ausdrücklich erkennen.[3]

5 **a) Anschaffung, Einlage.** Nach § 4 Abs. 4 werden nur solche Anteile in das Übernahmeergebnis einbezogen, die am Umwandlungsstichtag zum Betriebsvermögen des übernehmenden Rechtsträgers gehörten.

6 Nach § 5 Abs. 1 wird fingiert, dass Anteile, die nach dem Übertragungsstichtag angeschafft worden sind, als unmittelbar vor dem Umwandlungszeitpunkt als übertragen gelten. Anschaffung setzt dabei einen **entgeltlichen Erwerbsvorgang** voraus. Dieses hatte auch die Finanzverwaltung im Umwandlungssteuererlass 1998 noch so gesehen. Nunmehr stellt die Finanzverwaltung den unentgeltlichen Erwerb der Anschaffung gleich.[4] Dies ist teilweise im Hinblick auf die Rechtsprechung des Bundesfinanzhofs, der jede Übertragung gegen Gewährung von Gesellschafterrechten als entgeltlichen Vorgang qualifiziert,[5] verständlich. Damit wäre auch die verdeckte Einlage vom Begriff der Anschaffung umfasst. Dies erscheint im Hinblick auf den

1 Schmitt/Hörtnagl/Stratz/*Schmitt*, § 5 Rn 4, 5.
2 Schneider/Ruoff/Sistermann/*Fischer*, UmwStE 2011, H 5.16.
3 UmwSt-Erl. 2011, Rn 5.03.
4 UmwSt-Erl. 2011, Rn 5.01 S. 2.
5 BFH v. 19.10. 1998, VIII R 69/95, BStBl II 2000, 230; BFH v. 17.7. 2008, I R 77/06, BStBl II 2009, 464.

Wortlaut bedenklich. Allerdings käme man, sofern Betriebsvermögen vorliegt, wohl unter Anwendung der Überführungsfiktion des § 5 Abs. 3 zum selben Ergebnis.[6]

Des Weiteren hat die Finanzverwaltung ihre Auffassung auch dahin gehend verändert, dass die Fiktion des § 5 Abs. 1 auch für Anteile gilt, die **Sonderbetriebsvermögen** des übernehmenden Rechtsträgers werden. Dies ist zwar bei Bekanntwerden des Erlassentwurfs auf Kritik gestoßen, jedoch wird man bei ertragsteuerlicher Betrachtung der Finanzverwaltung zugutehalten können, dass Sondervermögen bei der Gewinnermittlung der Mitunternehmerschaft berücksichtigt wird.[7] Insofern ist es keine zwingende Voraussetzung mehr, dass die Anteile durch die Personengesellschaft erworben wurden. Ob Sonderbetriebsvermögen vorliegt oder nicht, ergibt sich aus den allgemeinen Grundsätzen. 7

Von einigen Teilen der Literatur wird das mit einer direkten[8] oder zumindest entsprechenden[9] Anwendung der Überführungsfiktion des § 5 Abs. 3 begründet.[10] Diese **unterschiedlichen Wege**, um zur Anerkennung des Sonderbetriebsvermögens zu kommen, haben Auswirkungen auf den Wertansatz. Bei einer ausschließlichen Anwendung von § 5 Abs. 1 sind die Anteile mit den Anschaffungskosten anzusetzen, während bei einer direkten oder entsprechenden Anwendung von § 5 Abs. 3 korrigierte Buchwerte anzusetzen sind. Außerdem muss das Übernahmeergebnis nach § 5 Abs. 3 personenbezogen ermittelt werden.[11] 8

b) **Wertsteigerungen zwischen Umwandlungsstichtag und Anschaffung.** Das Vermögen und das Einkommen der übertragenden Körperschaft wird der übernehmenden Personengesellschaft auch insofern zugerechnet, als es auf Anteile an der übertragenden Körperschaft entfällt, die erst nach dem Übertragungsstichtag angeschafft werden. Dies ist direkte Folge der Rückwirkungsfiktion des § 2 Abs. 1. Die in der Zwischenzeit entstandenen offenen Reserven, die beim Erwerb der Anteile mitbezahlt werden, mindern das Übernahmeergebnis iSd § 4 Abs. 4.[12] 9

c) **Ausscheiden eines Gesellschafters im Rückwirkungszeitraum, § 5 Abs. 1 Alt. 1.** Anteilseigner des übertragenden Rechtsträgers, die zwischen dem steuerlichen Umwandlungsstichtag und der Eintragung in das Handelsregister ausscheiden, nehmen nicht an der Rückwirkung des § 2 Abs. 1 teil.[13] Die **Besteuerung des Veräußerers** ergibt sich aus den allgemeinen Vorschriften, also insb. §§ 17, 20 EStG, dh er veräußert Anteile an einer Körperschaft. Sonstige Leistungen wie Geschäftsführergehälter, Mieten und Zinsen sind nach den allgemeinen Vorschriften den jeweiligen Einkunftsarten zuzuordnen. Die Umwandlung hat insofern keine Auswirkungen.[14] 10

3. Anteile, für die ein Gesellschafter nach dem Übertragungsstichtag abgefunden worden ist, § 5 Abs. 1 Alt. 2. Konsequenterweise nimmt ein Gesellschafter, der im Rückwirkungszeitraum, also dem Zeitraum zwischen dem steuerlichen Übertragungsstichtag und dem Tag der Eintragung in das Handelsregister, ausscheidet, an der Ermittlung des Umwandlungsergebnisses nicht teil. Außerdem ist sein **Ausscheiden** für die Bestimmung des Veräußerungsobjektes und des Veräußerungszeitpunktes von Bedeutung. 11

Der ausscheidende Gesellschafter veräußert noch **Kapitalanteile** und nicht etwa Mitunternehmeranteile, selbst wenn er zwischen Umwandlungsbeschluss und Eintragung in das Handelsregister ausscheidet.[15] **Überträgt** ein Gesellschafter in der Zwischenzeit seine Anteile auf einen Dritten, so gilt nach richtiger Auffassung der Finanzverwaltung zugunsten des Dritten als Anschaffungszeitpunkt der steuerliche Übertragungsstichtag. Hierbei kommt dem Dritten eine 12

6 Schneider/Ruoff/Sistermann/*Fischer*, UmwStE 2011, H 5.8; Frotscher/Maas/*Schnitter*, § 5 Rn 23.
7 Schneider/Ruoff/Sistermann/*Fischer*, UmwStE 2011, H 5.9.
8 Rödder/Herlinghaus/van Lishaut/*van Lishaut*, § 5 UmwStG, Rn 10; Widmann/Mayer/*Widmann*, § 5 UmwStG Rn 18.
9 Stellungnahme der BStBK v. 15.6.2011, S. 20.
10 Schneider/Ruoff/Sistermann/*Fischer*, UmwStE 2011, H 5.9.
11 Schneider/Ruoff/Sistermann/*Fischer*, UmwStE 2011, H 5.9.
12 Schmitt/Hörtnagl/Stratz/*Schmitt*, § 5 Rn 15.
13 UmwSt-Erl. 2011, Rn 2.18; Dötsch/Pung/Möhlenbrock/*Pung*, § 5 Rn 22.
14 Schmitt/Hörtnagl/Stratz/*Schmitt*, § 5 Rn 16.
15 UmwSt-Erl. 2011, Rn 5.03; *Cordes/Dremel/Carstens* in: FGS/BDI, UmwSt-Erlass 2011, S. 198.

doppelte Fiktion zugute. Zum einen wird zu seinen Gunsten fingiert, dass die Anteile schon an diesem Stichtag auf ihn übergegangen sind und es wird nach § 5 Abs. 2 und 3 fingiert, dass sie auch in das Betriebsvermögen der Personengesellschaft eingelegt wurden.[16] Danach nimmt der Dritte voll am Übertragungsvorgang teil.

13 **4. Einlagefiktion des § 5 Abs. 2 für im Privatvermögen gehaltene Beteiligung iSd § 17 EStG.** Nach § 5 Abs. 2 wird eine Beteiligung iSd § 17 EStG, die ein Gesellschafter des übertragenden Rechtsträgers im steuerlichen Privatvermögen hält, für die Ermittlung des Übernahmeergebnisses als zum Übertragungsstichtag in das Betriebsvermögen des übernehmenden Rechtsträgers eingelegt. Beteiligungen iSd § 20 Abs. 2 S. 1 Nr. 1 EStG (< 1%) werden von dieser Regelung nicht erfasst. Bei diesen Anteilen kommt es nicht zu einem Übernahmeergebnis, sondern nur zu einer Besteuerung der offenen Rücklagen iSd § 7. Eine Beteiligung iSv § 17 EStG ist eine solche, die mindestens **ein Prozent** erreicht. Bei der Ermittlung der Beteiligungsquote sind eigene Anteile vom Nennkapital der Kapitalgesellschaft abzusetzen[17] Die Finanzverwaltung stellt klar,[18] dass auch Anteile erfasst werden, für die nach § 17 Abs. 2 S. 6 EStG ein Veräußerungsverlust nicht zu berücksichtigen ist. Nach dem eindeutigen Wortlaut des § 4 Abs. 6 S. 6 wird ein sich ergebender Übernahmeverlust unberücksichtigt gelassen.

14 Angesetzt wird die **fiktive Einlage** unabhängig davon, ob der gemeine Wert niedriger ist, mit den Anschaffungskosten. Lediglich Anteile, bei denen Wertsteigerungen erfasst werden, die bis zur Verkündung des StEntlG 1999/2000/2002 entstanden sind und die bei einer Veräußerung nach Verkündung des Gesetzes sowohl zum Zeitpunkt der Verkündung als auch zum Zeitpunkt der Veräußerung nach der zuvor geltenden Rechtslage steuerfrei hätten realisiert werden können, müssen wegen der Entscheidung des Bundesverfassungsgerichts vom 7.7.2010[19] mit dem auf den 31.3.1999 ermittelten gemeinen Wert angesetzt werden.[20]

15 **5. Überführungsfiktion nach § 5 Abs. 3.** § 5 Abs. 3 fingiert, dass Anteile am übertragenden Rechtsträger, die in einem anderen Betriebsvermögen des Anteilseigners gehalten wurden, als zum steuerlichen Übertragungsstichtag eingelegt gelten. Für die Bestimmung des Betriebsvermögens gelten die allgemeinen Grundsätze. Danach kann auch allein die Beteiligung an einer Kapitalgesellschaft schon ein Betriebsvermögen begründen, wenn damit entscheidender Einfluss auf die laufende Geschäftsführung des Unternehmens ausgeübt wird. Nicht zum Betriebsvermögen des Gesellschafters gehören Anteile, die sich im Sonderbetriebsvermögen befinden, da diese schon nach § 4 Abs. 4 dem Betriebsvermögen der übernehmenden Personengesellschaft zuzurechnen sind.[21]

16 Die Beteiligungen von **juristischen Personen des öffentlichen Rechts** fallen unter § 5 Abs. 3, soweit sie in einem steuerpflichtigen Betrieb gewerblicher Art gehalten werden. Auch **steuerfreie Körperschaften** können unter die Einlagefiktion des § 5 Abs. 3 fallen, wenn die Anteile in einem steuerpflichtigen wirtschaftlichen Geschäftsbetrieb gehalten werden.[22] Dies wird bereits angenommen, wenn entscheidender Einfluss auf die laufende Geschäftsführung des Unternehmens ausgeübt wird.[23]

17 § 5 Abs. 3 bestimmt, dass die fiktive Einlage als zum steuerlichen Übertragungsstichtag zum **Buchwert** vorgenommen gilt. Erhöht werden muss der Buchwert um steuerwirksam vorgenommene Teilwertabschreibungen sowie Abzüge nach § 6 b EStG und ähnliche Abzüge. Diese ebenfalls als Beteiligungskorrekturgewinn bezeichnete Zuschreibung ergänzt § 4 Abs. 1 S. 2

16 UmwSt-Erl. 2011, Rn 5.04; Schmitt/Hörtnagl/Stratz/*Schmitt*, § 5 Rn 22; *Cordes/Dremel/Carstens* in: FGS/BDI, UmwSt-Erlass 2011, S. 198.
17 Schmitt/Hörtnagl/Stratz/*Schmitt*, § 5 Rn 27.
18 UmwSt-Erl. 2011, 05.05.
19 BVerfG v. 7.7.2010, 2 BvR 748, 753, 1738/05, BStBl II 2011, 86.
20 *Cordes/Dremel/Carstens* in: FGS/BDI, UmwSt-Erlass 2011, S. 199; aA *Stimpel*, GmbHR 2012, 123, 128.
21 Schmitt/Hörtnagl/Stratz/*Schmitt*, § 5 Rn 34; aA Rödder/Herlinghaus/van Lishaut/*van Lishaut*, § 5 Rn 31.
22 Rödder/Herlinghaus/van Lishaut/*van Lishaut*, § 5 Rn 33.
23 Schmitt/Hörtnagl/Stratz/*Schmitt*, § 5 Rn 34; H16 KStR 2004.

und 3.[24] **Begrenzt** ist der Einlagewert auf den gemeinen Wert. Bei der Überführung von Anteilen, die in einem ausländischen Betriebsvermögen gehalten werden, werden die deutschen Grundsätze angewendet.

§ 5 Abs. 3 S. 2, der bezüglich der **Zuschreibung** auf § 4 Abs. 1 S. 3 verweist und somit auf die übernehmende Personengesellschaft Bezug nimmt, wird man für die Überführung zwischen zwei Betriebsvermögen modifizieren müssen. Da § 5 Abs. 3 in erster Linie eine Regelung für den Anteilseigner trifft, wird man auf seiner Ebene die notwendigen Zuschreibungen vornehmen müssen, und zwar rückbezogen auf den steuerlichen Übertragungsstichtag.[25] Selbstverständlich ist auch in diesem Fall der Beteiligungskorrekturgewinn von der Steuerbefreiung des § 8 b Abs. 2 KStG und von § 3 Nr. 40 EStG ausgeschlossen. 18

6. Einbringungsgeborene Anteile, Weitergeltung von § 5 Abs. 4 aF. Das alte Konzept der einbringungsgeborenen Anteile wurde vom Gesetzgeber mit der Neukonzeption des Umwandlungssteuerrechts am 12.12. 2006 aufgegeben. Für alte einbringungsgeborene Anteile ordnet § 27 Abs. 3 Nr. 1 die Fortgeltung von § 5 Abs. 4 aF an. Außerdem können nach § 20 Abs. 3 S. 4 und § 21 Abs. 2 S. 6 bei der Einbringung alter einbringungsgeborener Anteile auch nach der Neufassung des UmwStG noch „alte" einbringungsgeborene Anteile entstehen. Auch einbringungsgeborene Anteile, die von steuerbefreiten Anteilseignern oder juristischen Personen des öffentlichen Rechts gehalten werden, fallen unter § 27 Abs. 3 Nr. 1.[26] 19

Mit dem Inkrafttreten des neuen UmwStG gelten „alte" einbringungsgeborene Anteile bei Umwandlungen allerdings mit den Werten nach § 5 Abs. 2 und § 5 Abs. 3 als in das **Betriebsvermögen überführt.** Insofern gelten die Anteile nicht mehr grundsätzlich als mit den Anschaffungskosten eingelegt. Handelt es sich um im Privatvermögen gehaltene Anteile, so gelten sie zwar immer noch als mit den Anschaffungskosten eingelegt, werden sie hingegen in einem Betriebsvermögen gehalten, so gelten sie als mit dem Buchwert, aufgestockt um frühere steuerwirksame Teilwertabschreibungen, § 6 b EStG-Abzüge usw als eingelegt.[27] Es kann sich daher auch insoweit ein Beteiligungskorrekturgewinn ergeben. 20

Ob einbringungsgeborene Anteile vorliegen, muss zum Zeitpunkt der zivilrechtlichen Wirksamkeit der Umwandlung ermittelt werden. So gilt für einen Erwerber, der nach dem steuerlichen Übertragungsstichtag die Anteile erwirbt, oder wenn die freiwillige Versteuerung gemäß § 21 Abs. 2 S. 1 Nr. 1 aF gewählt wird, nur § 5 Abs. 1–3. In der Person des Anteilseigners liegen keine einbringungsgeborenen Anteile vor. Hingegen greift beim unentgeltlichen Rechtsnachfolger, der im Rückwirkungszeitraum die Anteile erwirbt, § 5 Abs. 4 aF ein. Wird der Antrag auf freiwillige Versteuerung nach § 21 Abs. 2 S. 1 Nr. 1 aF erst nach Eintragung der Umwandlung im Handelsregister gestellt, so hat dies für die Behandlung im Zuge der Umwandlung keine Relevanz mehr.[28] 21

Wegen der **Angleichung der Rechtsfolgen** hat die Unterscheidung in einbringungsgeborene Anteile und andere Anteile praktisch keine Bedeutung mehr.[29] 22

7. Besonderheiten bei grenzüberschreitenden Sachverhalten. In Fällen, in denen der übertragende Rechtsträger einen **ausländischen Anteilseigner** hat, wird hinsichtlich dessen Besteuerung wie folgt vorzugehen sein: In grenzüberschreitenden Sachverhalten ist die Anwendbarkeit im Schrifttum umstritten. Die Finanzverwaltung[30] und die hM[31] in der Literatur gehen – uE zu 23

24 Vgl Rn 32 ff zu § 4.
25 Schmitt/Hörtnagl/Stratz/*Schmitt*, § 5 Rn 38; Dötsch/Pung/Möhlenbrock/*Pung*, § 5 Rn 44; UmwSt-Erl. 2011, 05.11.
26 Rödder/Herlinghaus/van Lishaut/*van Lishaut*, § 5 Rn 38.
27 Rödder/Herlinghaus/van Lishaut/*van Lishaut*, § 5 Rn 38 f.
28 Rödder/Herlinghaus/van Lishaut/*van Lishaut*, § 5 Rn 39.
29 *Cordes/Dremel/Carstens* in: FGS/BDI, UmwSt-Erlass 2011, S. 205.
30 UmwSt-Erl. 2011, 05.07.
31 Schmitt/Hörtnagl/Stratz/*Schmitt*, § 5 Rn 29; *Cordes/Dremel/Carstens* in: FGS/BDI, UmwSt-Erlass 2011, S. 201; aA Rödder/Herlinghaus/van Lishaut/*van Lishaut*, § 5 Rn 23.

Recht – davon aus, dass für die Einlagefiktion nach § 5 Abs. 2 und die Ermittlung des Übernahmegewinns auf nationales Recht abzustellen ist.

24 Erst in einem zweiten Schritt ist dann die Frage zu stellen, ob Deutschland den nach innerstaatlichem Recht entstandenen Übernahmegewinn besteuern darf. Hierbei kommt es, soweit zwischen dem Ansässigkeitsstaat des Mitunternehmers und Deutschland ein **Doppelbesteuerungsabkommen** nach Vorbild des OECD-MA geschlossen wurde, darauf an, ob die Fiktion des § 5 Abs. 2 für sich genommen ausreicht, um eine Betriebsstätte zu begründen. Dies ist zu verneinen, da für das Bestehen einer Betriebsstätte in den Doppelbesteuerungsabkommen eine tatsächliche Betriebsstätte verlangt wird und nicht bloß eine durch eine „gesetzliche Hilfskonstruktion"[32] geschaffene.[33]

25 Für den umgekehrten Fall bedeutet dies, dass, wenn ein unbeschränkt steuerpflichtiger Anteilseigner an einem ausländischen übertragenden Rechtsträger beteiligt ist, Deutschland den Übernahmegewinn versteuern darf, da eine dem § 5 Abs. 2 vergleichbare Fiktion zugunsten des anderen Staates keine Betriebsstätte begründen kann.

§ 6 Gewinnerhöhung durch Vereinigung von Forderungen und Verbindlichkeiten

(1) [1]Erhöht sich der Gewinn des übernehmenden Rechtsträgers dadurch, dass der Vermögensübergang zum Erlöschen von Forderungen und Verbindlichkeiten zwischen der übertragenden Körperschaft und dem übernehmenden Rechtsträger oder zur Auflösung von Rückstellungen führt, so darf der übernehmende Rechtsträger insoweit eine den steuerlichen Gewinn mindernde Rücklage bilden. [2]Die Rücklage ist in den auf ihre Bildung folgenden drei Wirtschaftsjahren mit mindestens je einem Drittel gewinnerhöhend aufzulösen.

(2) [1]Absatz 1 gilt entsprechend, wenn sich der Gewinn eines Gesellschafters des übernehmenden Rechtsträgers dadurch erhöht, dass eine Forderung oder Verbindlichkeit der übertragenden Körperschaft auf den übernehmenden Rechtsträger übergeht oder dass infolge des Vermögensübergangs eine Rückstellung aufzulösen ist. [2]Satz 1 gilt nur für Gesellschafter, die im Zeitpunkt der Eintragung des Umwandlungsbeschlusses in das öffentliche Register an dem übernehmenden Rechtsträger beteiligt sind.

(3) [1]Die Anwendung der Absätze 1 und 2 entfällt rückwirkend, wenn der übernehmende Rechtsträger den auf ihn übergegangenen Betrieb innerhalb von fünf Jahren nach dem steuerlichen Übertragungsstichtag in eine Kapitalgesellschaft einbringt oder ohne triftigen Grund veräußert oder aufgibt. [2]Bereits erteilte Steuerbescheide, Steuermessbescheide, Freistellungsbescheide oder Feststellungsbescheide sind zu ändern, soweit sie auf der Anwendung der Absätze 1 und 2 beruhen.

Literatur:

Schell/Krohn, Ausgewählte praxisrelevante „Fallstricke" des UmwStE 2011 (Teil 3) – Probleme der rückwirkenden Einbringungsgewinnbesteuerung und Übernahmefolgegewinn gem. § 6, DB 2012, 1172; *Neu/Schiffers/Watermeyer*, Praxisrelevante Schwerpunkte aus dem UmwStE-Entwurf, GmbHR 2011, 729; *Pyszka/Jüngling*, Umwandlung von Kapitalgesellschaften in Personenunternehmen, BB-Special 1 zu BB 2011, Heft 35, 4; *Stimpel*, Umwandlung von Kapital- in Personengesellschaften nach dem UmwSt-Erlass 2011, GmbHR 2012, 123.

32 Widmann/Mayer/*Widmann*, § 4 Rn 565.

33 *Cordes/Dremel/Carstens* in: FGS/BDI, UmwSt-Erlass 2011, S. 202; Schmitt/Hörtnagl/Stratz/*Schmitt*, § 4 Rn 127, 145.

I. Normzweck

1 Bei § 6 handelt es sich um eine Regelung, die dem Steuerpflichtigen erlaubt, einen durch Konfusion entstehenden sog. Übernahmefolgegewinn auf bis zu 3 Jahre zu verteilen, um Progressionsspitzen und Liquiditätsengpässe zu vermeiden.

II. Konfusion

2 Es ist möglich, dass vor der Verschmelzung zwischen dem übernehmenden und dem übertragenden Rechtsträger Forderungen oder Verbindlichkeiten bestehen. Zwischen Rechtsträgern, die schon vorher gesellschaftsrechtlich verbunden waren, ist dies sogar wahrscheinlich. Mit der Verschmelzung vereinigen sich die gegenüberstehenden Forderungen und Verbindlichkeiten in einer Person (Konfusion) und erlöschen dadurch zivilrechtlich mit Eintragung der Umwandlung.[1]

3 Steuerlich jedoch erfolgt die Berücksichtigung eine **juristische Sekunde nach dem steuerlichen Übertragungsstichtag.** Hieraus soll aber nach der einheitlichen Meinung im Schrifttum nicht folgen, dass der Übernahmefolgegewinn erst im nächsten Jahr entsteht, wenn der steuerliche Übertragungsstichtag zB der 31.12. ist.[2] Dh, Forderungen und Verbindlichkeiten sind in der Schlussbilanz des übertragenden Rechtsträgers noch anzusetzen und der Übernahmefolgegewinn entsteht erst beim übernehmenden Rechtsträger.[3] Entsteht ein Übernahmefolgegewinn, kann er also nicht dafür verwandt werden, Alt-Verluste des übertragenden Rechtsträgers steuerlich nutzbar zu machen.

III. Übernahmefolgegewinn

4 In der Praxis wird sich die Höhe von Forderungen und Verbindlichkeiten häufig entsprechen, so dass kein sog. Übernahmefolgegewinn entsteht. Weichen die Werte allerdings ab, so entstehen Übernahmefolgegewinne bzw Übernahmefolgeverluste beim übernehmenden Rechtsträger.

5 Zu einem Übernahmefolgegewinn kann es kommen, falls die Verbindlichkeit mit einem **höheren Wert** als die Forderung bilanziert wurde. Häufiger wird ein Übernahmefolgegewinn bei ungewissen Verbindlichkeiten zwischen den beteiligten Rechtsträgern entstehen. Für die entsprechende ungewisse Forderung besteht nämlich handelsrechtlich ein Ansatzverbot, § 252 Abs. 1 Nr. 4 HGB.

1 § 6 nennt als weiteren Fall noch die Auflösung einer Rückstellung. Bei Rückstellungen handelt es sich allerdings lediglich um Verbindlichkeiten, die dem Grunde nach entstanden, der Höhe nach aber unbekannt sind. Hierin ist ein Unterfall der Verbindlichkeiten zu sehen, der bilanztechnisch nur unterschiedlich behandelt wird. Soweit keine Besonderheiten gelten, wird im Folgenden nur der Oberbegriff der Verbindlichkeiten verwandt.

2 UmwSt-Erl. 2011, Rn 06.01 S. 1; *Cordes/Dremel/Carstens* in: FGS/BDI, UmwSt-Erlass 2011, S. 207; Schmitt/Hörtnagl/Stratz/*Schmitt*, § 6 Rn 27; in: Widmann/Mayer/*Widmann*, § 6 Rn 132; Frotscher/Maas/*Schnitter*, § 6 Rn 4.

3 Widmann/Mayer/*Widmann*, § 6 Rn 4; Dötsch/Pung/Möhlenbrock/*Pung*, § 6 Rn 22; UmwSt-Erl. 2011, Rn 06.01 S. 1.

6 Aus dem Zeitpunkt der Konfusion ergibt sich, dass **Inkongruenzen**, die nach dem steuerlichen Übertragungszeitpunkt liegen, nicht zur Entstehung eines Übernahmefolgegewinns beitragen, [4] weil entsprechende Forderungen durch die Rückwirkung steuerlich nicht mehr existent sind. Dies gilt sowohl für nach dem steuerlichen Übertragungsstichtag begründete Forderungen, Verbindlichkeiten und Rückstellungen als auch für bloße Buchwertveränderungen.

7 Die Entstehung von Übernahmefolgegewinnen kann in der Praxis häufig auch dadurch **vermieden** werden, eine handelsrechtlich gebotene außerplanmäßige Abschreibung einer Forderung bei der Übernehmerin für die Steuerbilanz gerade nicht zu übernehmen, sondern von dem Wahlrecht des § 6 Abs. 1 Nr. 2 EStG Gebrauch zu machen.[5]

8 Bei der Ermittlung des Übernahmefolgegewinns ist es unerheblich, wie sich die Beteiligungsverhältnisse darstellen und ob Anteile am übertragenden Rechtsträger zum Betriebsvermögen des übernehmenden Rechtsträgers gehören. [6]

IV. Anwendungsbereich

9 § 6 regelt die **Folgen der Konfusion** bei der Verschmelzung einer Kapitalgesellschaft auf eine Personengesellschaft oder natürliche Person. Anwendung findet die Regelung auch auf grenzüberschreitende Verschmelzungen, soweit der übernehmende Rechtsträger im Inland zumindest beschränkt steuerpflichtig ist. Auch bei der Verschmelzung einer Kapitalgesellschaft auf ihren Alleingesellschafter findet § 6 Anwendung.

10 Außerdem wird auf § 6 umfassend im UmwStG verwiesen, zB

- bei der Verschmelzung oder Vermögensübertragung auf eine andere Körperschaft, § 12 Abs. 4,
- im Fall des Formwechsels in eine Personengesellschaft, § 9,
- bei Auf- oder Abspaltung auf eine Körperschaft, § 15 Abs. 1 S. 1 iVm § 12 Abs. 4,
- bei Auf- oder Abspaltung auf eine Personengesellschaft, § 16,
- bei der gewerbesteuerlichen Behandlung, § 18 Abs. 1.

Darüber hinaus wird in § 23 Abs. 6, § 24 Abs. 4 iVm § 23 Abs. 6 auf § 6 Abs. 1 und Abs. 2 Bezug genommen. Auch der rückwirkende Entfall der Steuervergünstigung iSd § 6 Abs. 3 kommt für diese Anwendungsbereiche in Betracht.

V. Forderungen, Verbindlichkeiten, Rückstellungen zwischen übertragender Körperschaft und der übernehmenden Personengesellschaft

11 Bestanden vor der Verschmelzung zwischen der übernehmenden Personengesellschaft und der übertragenden Körperschaft Forderungen und Verbindlichkeiten, so treffen beide in der Person des übernehmenden Rechtsträgers zusammen (**Konfusion**), beide Bilanzpositionen erlöschen.

12 Ein **Übernahmefolgegewinn** entsteht, wenn der **übernehmende Rechtsträger** eine **Forderung** gegen den übertragenden Rechtsträger hat und die Forderung einen geringeren Wert hat als die Verbindlichkeit des übertragenden Rechtsträgers. Zum selben Ergebnis gelangt man, wenn der **übertragende Rechtsträger** eine **Forderung** gegen den übernehmenden Rechtsträger hat und die Forderung einen geringeren Wert hat als die Verbindlichkeit des übernehmenden Rechtsträgers.

13 Weiterhin entsteht ein Übernahmefolgegewinn, wenn einer der beiden Rechtsträger eine **Rückstellung** bilanziert hatte und der andere Rechtsträger die korrespondierende Forderung wegen § 252 Abs. 1 Nr. 4 HGB nicht bilanzieren durfte. Genau geprüft werden muss, ob in der Vergangenheit eine **Teilwertabschreibung** vorgenommen wurde. Dann müsste ggf mittels **Zu-**

4 Widmann/Mayer/*Widmann*, § 6 Rn 9.
5 Dötsch/Pung/Möhlenbrock/*Pung*, § 6 Rn 14.
6 *Cordes/Dremel/Carstens* in: FGS/BDI, UmwSt-Erlass 2011, S. 209.

schreibung iSd § 6 Abs. 1 Nr. 2 S. 3 iVm Nr. 1 S. 4 EStG der Wert der Forderung angeglichen werden. Wäre aufgrund einer nicht mehr bestehenden dauernden Wertminderung eine Zuschreibung auf das Niveau der Verbindlichkeit vorzunehmen, dann würden sich Forderung und Verbindlichkeit wieder entsprechen; es käme nicht mehr zu einem Übernahmefolgegewinn. Die Zuschreibung ist zum steuerlichen Übertragungsstichtag, also vorrangig, vorzunehmen und im Rahmen der Ermittlung des (steuerpflichtigen) Übertragungsgewinns zu berücksichtigen.

Die Tatsache, dass es durch die Verschmelzung zu einer Konfusion kommt, die übernehmende Gesellschaft sich also selbst zum Schuldner bekommt, führt nicht dazu, dass eine wertlose Forderung wieder werthaltig wird.[7] 14

Fraglich ist, wie ein Übernahmefolgegewinn zu behandeln ist, der sich auf wertgeminderte und damit kapitalersetzende **Darlehen** einer Körperschaft als Mitunternehmer des übernehmenden Rechtsträgers bezieht, deren Abwertungsbeträge unter die Abzugsbeschränkung des § 8 b Abs. 3 S. 4 KStG fallen. Nach der Ansicht von Teilen der Literatur[8] und der Finanzverwaltung[9] findet § 8 b Abs. 3 S. 8 KStG, der Gewinne aus Wertaufholungen von der Besteuerung ausnimmt, keine Anwendung. 15

Eine andere Ansicht stellt darauf ab, dass die Intention des Gesetzgebers war, die Steuerfreiheit von Gewinnen, für die bei der Teilwertabschreibung keine steuerwirksamen Abschreibungen geltend gemacht werden konnten, sicherzustellen.[10] Somit muss nach dieser Auffassung der Übernahmegewinn insoweit vollständig steuerfrei bleiben. Der letzten Ansicht ist zu folgen, da das objektive Nettoprinzip und die Gleichmäßigkeit der Besteuerung eine Korrespondenz zwischen den Auswirkungen als Betriebsausgabe und Betriebseinnahme gebietet. 16

Buchhalterisch ist die **Ausbuchung** der Forderungen und Verbindlichkeiten bzw die Auflösung einer Rückstellung über Erfolgs-/Aufwandskonten beim übernehmenden Rechtsträger sicherzustellen.[11] 17

Musste der übernehmende Rechtsträger bis zum Übertragungsstichtag den Gewinn nicht nach Bilanzierungsgrundsätzen ermitteln, muss eine steuerliche **Übernahmebilanz** aufgestellt werden. Wurde in der Schlussbilanz eine Forderung unter dem Nominalwert angesetzt, führt die Differenz zwischen der beim übertragenden Rechtsträger eingebuchten Forderung und der beim übernehmenden Rechtsträger angesetzten Verbindlichkeit zu einem Übernahmefolgegewinn. Der übernehmende Rechtsträger, der bisher nicht bilanzierte sondern den Gewinn nach § 4 Abs. 3 EStG ermittelte, hat in der steuerlichen Übernahmebilanz eine Forderung gegenüber dem übertragenden Rechtsträger mit dem Teilwert anzusetzen. Da hier kein Übernahmefolgegewinn entsteht, weil der Ertrag durch den Übergang zum Betriebsvermögensvergleich ausgelöst wird, kann dieser auch nicht durch eine Rücklagenbildung über mehrere Jahre verteilt werden.[12] 18

VI. Forderungen, Verbindlichkeiten, Rückstellungen zwischen übertragender Körperschaft und einem Gesellschafter der übernehmenden Personengesellschaft

Korrespondiert eine Forderung/Verbindlichkeit eines Mitunternehmers der übernehmenden Personengesellschaft mit einer Verbindlichkeit/Forderung des übertragenden Rechtsträgers, werden Forderung und Verbindlichkeit zivilrechtlich nicht in einer Person vereinigt und erlöschen deshalb auch nicht. Da zivilrechtlich die Rechtsfähigkeit der Personengesellschaft mitt- 19

7 Schmitt/Hörtnagl/Stratz/*Schmitt*, § 6 Rn 10.
8 *Krohn/Greulich*, DStR 2008, 646, 649.
9 UmwSt-Erl. 2011, Rn 06.02 S. 5.
10 Schmitt/Hörtnagl/Stratz/*Schmitt*, § 6 Rn 10; *Cordes/Dremel/Carstens* in: FGS/BDI, UmwSt-Erlass 2011, S. 209 f.
11 Schmitt/Hörtnagl/Stratz/*Schmitt*, § 6 Rn 12.
12 Schmitt/Hörtnagl/Stratz/*Schmitt*, § 6 Rn 13; Widmann/Mayer/*Widmann*, § 6 Rn 113.

lerweile vollständig anerkannt ist, werden auch Forderungen und Verbindlichkeiten zwischen Gesellschaft und Gesellschafter anerkannt. Ein handelsrechtliches Übernahmefolgeergebnis entsteht insofern nicht.

20 **1. Steuerliche Folgen.** Die steuerlichen Folgen sind hingegen nicht eindeutig geklärt. In der Literatur wird auf die Frage rekurriert, ob Forderungen/Verbindlichkeiten zwischen Gesellschaft und Gesellschafter überhaupt steuerlich anzuerkennen sind.[13] Erkennt man Forderungen und Verbindlichkeiten nicht an, so wird immer von einer fiktiven steuerliches Konfusion auszugehen sein.[14] Allerdings dürften diese dogmatischen Überlegungen zu vernachlässigen sein. Schon zu § 8 Abs. 6 UmwStG 1977, der dem heutigen § 6 Abs. 2 entspricht, hat der BFH entschieden, dass der Gesetzgeber von einem steuerlichen **Erlöschen** von Forderungen und Verbindlichkeiten ausgeht.[15] Diese Ansicht wird in Teilen der Literatur mit den Grundsätzen der additiven Gewinnermittlung mit korrespondierender Bilanzierung gestützt.[16]

21 Folge ist, dass bei dem Mitunternehmer, dem die Forderung gegen den übertragenden Rechtsträger zusteht, **Eigenkapital** entsteht. Insofern entfällt, solange dieser Gesellschafter des übernehmenden Rechtsträgers ist, die Möglichkeit einer Teilwertabschreibung. In Höhe der Differenz aus Forderung und Verbindlichkeit, die in der Sonderbilanz des Gesellschafters bzw in der Gesamthandsbilanz stehen bleibt, entsteht ein Übernahmefolgegewinn, für den eine Rücklage iSd § 6 Abs. 2 S. 1 iVm Abs. 1 für den Gesellschafter in seiner Sonderbilanz bzw für die Gesellschaft in der Gesamthandsbilanz gebildet werden kann.

22 Gehörte die Forderung schon vor der Umwandlung zum **Sonderbetriebsvermögen** des Gesellschafters, etwa weil sie für die Geschäftsbeziehungen von aufnehmendem und übertragendem Rechtsträger eine wichtige Bedeutung hatte, so ergibt sich eine Wertdifferenz aus einer vorgenommenen Abschreibung der Forderung. Gehörte die Forderung vorher nicht zum Sonderbetriebsvermögen, war eine Abschreibung (im Privatvermögen) nicht möglich. Eine Differenz ergibt sich allerdings daraus, dass die Einlage ins Sonderbetriebsvermögen mit dem Teilwert vorgenommen wird (vgl § 6 Abs. 1 Nr. 5 EStG). Für die jeweilige Differenz entsteht ein Übernahmefolgegewinn.[17]

23 **2. Pensionsrückstellungen.** Im Falle von Pensionsrückstellungen soll eine Konfusion auch dann nicht in Betracht kommen, wenn der frühere Gesellschafter-Geschäftsführer, für den nach § 6 a Abs. 3 S. 2 Nr. 1 EStG eine Pensionsrückstellung zulässigerweise gebildet wurde, Mitunternehmer des übernehmenden Rechtsträgers ist.[18] Die gebildete Pensionsrückstellung wird mit dem **Teilwert** fortgeführt und um jährliche **Zinsen** erhöht, bei den Zuführungen nach dem steuerlichen Übertragungsstichtag handelt es sich um Vergütungen iSd § 15 Abs. 1 S. 1 Nr. 2 EStG.

24 Ein Übernahmefolgegewinn soll dennoch entstehen, wenn der Mitunternehmer noch nicht das Pensionsalter erreicht hat, da in der Sonderbilanz des Gesellschafters nur der **Anwartschaftsbarwert** berücksichtigt wird (§ 6 a Abs. 3 Nr. 2 EStG), der dann regelmäßig unter dem Teilwert iSd § 6 a Abs. 3 Nr. 1 EStG liegt.[19]

25 Wem der Übernahmefolgegewinn zugerechnet wird und wer somit eine Rücklage nach § 6 Abs. 2 bilden kann, ist steuerlich offen. Mit den besseren Argumenten wird man aber davon ausgehen müssen, dass dies bei allen Gesellschaftern zu erfolgen hat, weil die Rückstellungsbildung bei der Überträgerin auch alle Gesellschafter betraf.[20]

13 Dafür Widmann/Mayer/*Widmann*, § 6 Rn 35 ff; dagegen Dötsch/Pung/Möhlenbrock/*Pung*, § 6 Rn 30.
14 Haritz/Menner/*Haritz*, § 6 UmwStG Rn 25.
15 BFH Urteil v. 8.12.1982, BStBl II 1983, 570.
16 Schmitt/Hörtnagl/Stratz/*Schmitt*, § 6 Rn 17.
17 Dötsch/Pung/Möhlenbrock/*Pung*, § 6 Rn 30.
18 UmwSt-Erl. 2011, Rn 06.05.
19 Haritz/Menner/*Haritz*, § 6 UmwStG Rn 32; *Cordes/Dremel/Carstens* in: FGS/BDI, UmwSt-Erlass 2011, S. 211.
20 Dötsch/Pung/Möhlenbrock/*Pung*, § 6 Rn 34; Haritz/Menner/*Haritz*, § 6 UmwStG Rn 32.

VII. Forderungen, Verbindlichkeiten, Rückstellungen zwischen übertragender Körperschaft und dem Alleingesellschafter der übernehmenden Personengesellschaft

Bei der Verschmelzung einer Kapitalgesellschaft auf ihren Alleingesellschafter ergeben sich einige Besonderheiten. Zunächst liegt zivilrechtlich eindeutig ein Fall der **Konfusion** vor, da – unabhängig von der vom Zivilrecht vernachlässigten Zuordnung zum Betriebs- oder Privatvermögen – ein Fall der Vereinigung von Forderung und Verbindlichkeit in einer Person vorliegt. 26

Gesellschaftsrechtlich geschieht die Verschmelzung im Wege der **Aufnahme** (§§ 120–122 UmwG), der Alleingesellschafter muss dafür bis zum Zeitpunkt des Abschlusses des Verschmelzungsvertrages die 100%ige Beteiligung an der übertragenden Kapitalgesellschaft besitzen. 27

Hat der Alleingesellschafter eine Forderung gegen den übertragenden Rechtsträger im **Privatvermögen**, so kommt es eine juristische Sekunde nach dem steuerlichen Übertragungszeitpunkt zu einer Einlage in das Betriebsvermögen mit dem Teilwert und anschließend durch die Verschmelzung zu einer Konfusion. In Höhe der Wertminderung entsteht ein Übernahmefolgegewinn.[21] Im Privatvermögen gehaltene Forderungen auf Einkünfte aus §§ 19, 20, 21, 22 EStG gelten eine juristische Sekunde nach dem steuerlichen Übertragungsstichtag als zugeflossen und sind zu versteuern.[22] 28

Gehörte die Forderung zu einem **anderen Betriebsvermögen** des Steuerpflichtigen, gilt die Forderung als nach § 6 Abs. 5 EStG in das übernehmende Betriebsvermögen des Einzelunternehmens zum Buchwert überführt, in dem sich nach der Verschmelzung auch die entsprechende Verpflichtung befindet.[23] In Höhe der Wertdifferenz entsteht wiederum ein Übernahmefolgegewinn. 29

VIII. Entstehungszeitpunkt und Besteuerung

Der Übernahmefolgegewinn entsteht beim übernehmenden Rechtsträger eine logische Sekunde nach dem steuerlichen Übertragungsstichtag, wird jedoch noch dem **„alten" Wirtschaftsjahr** zugerechnet.[24] Sofern der steuerliche Übertragungsstichtag mit dem Bilanzstichtag der Übernehmerin zusammenfällt, ist der Übernahmefolgegewinn noch dem abgelaufenen Geschäftsjahr der Übernehmerin zuzuordnen. Der Übernahmefolgegewinn ist nicht Teil des Übernahmeergebnisses, und unterliegt als laufender Gewinn grundsätzlich der **vollen Besteuerung.**[25] 30

Bei **natürlichen Personen** fällt Einkommensteuer unter Anwendung des § 35 EStG, aber ohne Rückgriff auf § 3 Nr. 40 EStG an. Ist Anteilseigner eine Kapitalgesellschaft, erfolgt eine Besteuerung nach dem KStG, jedoch ohne § 8 b KStG anwenden zu können.[26] Gehört der Übernahmefolgegewinn zu den Einkünften aus **Gewerbebetrieb**, fällt auch Gewerbesteuer an. 31

IX. Rücklagenbildung

Voraussetzung der Rücklagenbildung ist, dass der Steuerpflichtige seinen Gewinn durch **Bestandsvergleich** ermittelt. Nach Inkrafttreten des BilMoG ist die Rücklage nur noch in der **Steuerbilanz** zu bilden.[27] Dem Steuerpflichtigen steht ein **Wahlrecht** hinsichtlich der **Rücklagenbildung** zu, dh er kann auch nur für einen Teil des Übernahmefolgegewinns eine Rücklage 32

21 Haritz/Menner/*Haritz*, § 6 UmwStG Rn 34.
22 Schmitt/Hörtnagl/Stratz/*Schmitt*, § 6 Rn 22.
23 Schmitt/Hörtnagl/Stratz/*Schmitt*, § 6 Rn 26; Dötsch/Pung/Möhlenbrock/*Pung*, § 6 Rn 10; Widmann/Mayer/*Widmann*, § 6 Rn 32 will den Umweg nacheinander geschalteter Entnahmen aus dem einen und Einlagen in das andere Betriebsvermögen gehen.
24 Schmitt/Hörtnagl/Stratz/*Schmitt*, § 6 Rn 27; Dötsch/Pung/Möhlenbrock/*Pung*, § 6 Rn 22; Widmann/Mayer/*Widmann*, § 6 Rn 132; UmwSt-Erl. 2011, Rn 04.26, 06.01.
25 Bezüglich der Rücklagenbildung s. Rn 32 ff.
26 Schmitt/Hörtnagl/Stratz/*Schmitt*, § 6 Rn 28; Dötsch/Pung/Möhlenbrock/*Pung*, § 6 Rn 16.
27 Dötsch/Pung/Möhlenbrock/*Pung*, § 6 Rn 16.

bilden.[28] Diese ist jährlich zu mindestens einem Drittel aufzulösen, freiwillige höhere Auflösungen sind zulässig, jedoch muss im Folgejahr wiederum mindestens ein Drittel aufgelöst werden.

33 Mit der Auflösung muss in dem auf die Rücklagenbildung folgenden Wirtschaftsjahr begonnen werden. Der Auflösungsbetrag der Rücklage wiederum führt zu einem voll steuerpflichtigen laufenden Gewinn.

X. Missbrauchsregelung § 6 Abs. 3

34 Die **Steuervergünstigung** des § 6 Abs. 1, 2 **entfällt rückwirkend**, wenn der übernehmende Rechtsträger den übergegangenen Betrieb innerhalb von fünf Jahren in eine Kapitalgesellschaft einbringt oder ohne triftigen Grund veräußert oder aufgibt. Als Sanktionsmaßnahme wäre auch die Rücklagenauflösung denkbar gewesen, doch dann wäre dem Steuerpflichtigen ein Zinsvorteil verblieben.

35 Ein **triftiger Grund** soll nach der Auffassung der Finanzverwaltung vorliegen, wenn vernünftige wirtschaftliche Gründe für die Veräußerung oder Aufgabe sprechen. Beispiele sollen Umstrukturierung oder Rationalisierung der beteiligten Gesellschaften sein. Nach überwiegender Meinung der Literatur ist ein wirtschaftlicher Grund alleine aber noch kein triftiger Grund iSd § 6 Abs. 3, ansonsten wäre auch ein günstiger Veräußerungspreis ein triftiger Grund. Hinzukommen müsse vielmehr eine wesentliche Veränderung der persönlichen oder sachlichen Verhältnisse.[29]

36 Nach teilweise vertretener Rechtsansicht verdrängt § 6 Abs. 3 als spezielle Missbrauchsregelung § 42 AO.[30] Dies dürfte allerdings nicht gelten, sollte sich § 6 Abs. 3 als nicht mit der FusionsRL vereinbar erweisen.[31] In diesem Fall wäre ein Rückgriff auf § 42 AO bei grenzüberschreitenden Sachverhalten zulässig. Teilweise wird jedoch angenommen, dass wegen § 42 Abs. 2 AO beide Vorschriften eingreifen können.[32]

37 **1. Übergegangener Betrieb iSd § 6 Abs. 3.** Die übernommenen Wirtschaftsgüter werden durch die Umwandlung Bestandteil des Vermögens des übernehmenden Rechtsträgers. Insofern ist nicht unproblematisch, wie der noch bis zu fünf Jahre weiterzuführende Betrieb identifiziert werden kann. Nach einer funktionalen und quantitativen Betrachtungsweise umfasst der Betrieb die wesentlichen Grundlagen des übergehenden Vermögens.[33]

38 § 6 Abs. 3 ist damit unanwendbar, wenn lediglich ein **Teil** (auch Teilbetrieb) des übergegangenen Vermögens eingebracht, veräußert oder aufgegeben wird, ein übergegangener Mitunternehmeranteil eingebracht, veräußert oder aufgegeben wird, sowie einzelne Anteile veräußert werden, im Übrigen aber wesentliche Betriebsgrundlagen verbleiben.[34] Da § 6 Abs. 3 nur die Einbringung, Aufgabe oder den Übergang des Betriebes sanktioniert, ist vom Wortlaut die Veräußerung sämtlicher Mitunternehmeranteile der übernehmenden Personengesellschaft nicht umfasst. In der Literatur ist umstritten, ob die Veräußerung sämtlicher Anteile nicht dennoch unter § 6 Abs. 3 zu fassen ist.[35]

39 **2. Einbringung in eine Kapitalgesellschaft.** Unter der Einbringung in eine Kapitalgesellschaft versteht man die Übertragung des Betriebes gegen Gewährung von Gesellschafterrechten. Ebenfalls unter § 6 Abs. 3 fallen die unter §§ 25, 20 fallende formwechselnde Umwandlung

28 Dötsch/Pung/Möhlenbrock/*Pung*, § 6 Rn 24; in: Schmitt/Hörtnagl/Stratz/*Schmitt*, § 6 Rn 31.
29 Schmitt/Hörtnagl/Stratz/*Schmitt*, § 6 Rn 46; Dötsch/Pung/Möhlenbrock/*Pung*, § 6 Rn 48.
30 Schmitt/Hörtnagl/Stratz/*Schmitt*, § 6 Rn 34.
31 Schmitt/Hörtnagl/Stratz/*Schmitt*, § 6 Rn 34; Widmann/Mayer/*Widmann*, § 6 Rn 319.
32 Dötsch/Pung/Möhlenbrock/*Pung*, § 6 Rn 39.
33 Dötsch/Pung/Möhlenbrock/*Pung*, § 6 Rn 40; Schmitt/Hörtnagl/Stratz/*Schmitt*, § 6 Rn 36.
34 UmwSt-Erl. 2011, Rn 06.09.
35 Dafür Widmann/Mayer/*Widmann*, § 6 Rn 235; Dötsch/Pung/Möhlenbrock/*Pung*, § 6 Rn 40; dagegen Schmitt/Hörtnagl/Stratz/*Schmitt*, § 6 Rn 38; Haritz/Menner/*Haritz*, § 6 Rn 41.

einer Personengesellschaft in eine Kapitalgesellschaft, die Verschmelzung einer Personengesellschaft auf eine Kapitalgesellschaft sowie die Ausgliederung in eine Kapitalgesellschaft.

Als Kapitalgesellschaften gelten alle **inländischen und EU-/EWR-Kapitalgesellschaften.** Von § 6 Abs. 3 wird weder verlangt, dass die ursprüngliche Umwandlung zu Buchwerten vorgenommen wurde noch dass die Kapitalgesellschaft gesellschafteridentisch ist. 40

3. Veräußerung. Veräußerung meint nur entgeltliche Übertragung, also nicht im Wege der Schenkung oder vorweggenommen Erbfolge. Eine Übertragung gegen Gewährung von Gesellschafterrechten ist keine Veräußerung, sondern eine Einbringung.[36] 41

4. Aufgabe. Eine Aufgabe ist die Überführung der wesentlichen Betriebsgrundlagen in einem einheitlichen Vorgang in das Privatvermögen oder die Verwendung der wesentlichen Betriebsgrundlagen für andere außerbetriebliche Gründe. Der Betrieb als selbstständiger Organismus des Wirtschaftslebens muss aufhören zu existieren.[37] Überführen die Gesellschafter den Betrieb innerhalb der fünf Jahre **schrittweise** in das Privatvermögen, so liegt eine Aufgabe erst vor, wenn die letzte wesentliche Betriebsgrundlage ins Privatvermögen überführt ist. Eine verdeckte Einlage in eine Kapitalgesellschaft ist auch als Betriebsaufgabe anzusehen. 42

XI. Nachträglicher Wegfall der Vergünstigung

Liegt einer der vom Gesetz als Missbrauch angesehenen Fälle des § 6 Abs. 3 vor, so entfällt die Steuervergünstigung rückwirkend. Der Steuerpflichtige hat die Steuerbilanzen entsprechend zu ändern. Die Finanzbehörde kann die Veranlagungen gemäß § 6 Abs. 3 S. 2 ändern, soweit noch keine Festsetzungsverjährung eingetreten ist. Im Übrigen liegt auch ein rückwirkendes Ereignis iSd § 175 Abs. 2 S. 1 iVm Abs. 1 S. 1 Nr. 2 AO vor, so dass die Finanzverwaltung auch auf die Verjährungshemmung des § 175 Abs. 1 S. 2 AO zurückgreifen kann.[38] Im Einzelnen bedeutet das, dass der Gewinn im Jahr des steuerlichen Übertragungsstichtages um die gebildete Rücklage erhöht werden muss. In den Folgejahren ist der jeweilige Auflösungsbetrag aus den Steuerbilanzen zu entfernen, so dass in den auf den steuerlichen Übertragungsstichtag folgenden bis zu drei Jahren eine Gewinnminderung eintritt. 43

§ 7 Besteuerung offener Rücklagen

[1]Dem Anteilseigner ist der Teil des in der Steuerbilanz ausgewiesenen Eigenkapitals abzüglich des Bestands des steuerlichen Einlagekontos im Sinne des § 27 des Körperschaftsteuergesetzes, der sich nach Anwendung des § 29 Abs. 1 des Körperschaftsteuergesetzes ergibt, in dem Verhältnis der Anteile zum Nennkapital der übertragenden Körperschaft als Einnahmen aus Kapitalvermögen im Sinne des § 20 Abs. 1 Nr. 1 des Einkommensteuergesetzes zuzurechnen. [2]Dies gilt unabhängig davon, ob für den Anteilseigner ein Übernahmegewinn oder Übernahmeverlust nach § 4 oder § 5 ermittelt wird.

Literatur:

Behrendt/Arjes, Das Verhältnis der Ausschüttungsfiktion (§ 7 UmwStG) zur Einlagefiktion (§ 5 UmwStG), DB 2007, 824; *Bogenschütz*, Umwandlung von Kapital- in Personengesellschaften, Ubg 2011, 393; *Neu/Schiffers/Watermeyer*, Praxisrelevante Schwerpunkte aus dem UmwStE-Entwurf, GmbHR 2011, 729; *Pyszka/Jüngling*, Umwandlung von Kapitalgesellschaften in Personenunternehmen, BB-Special 1 zu BB 2011, Heft 35, 4; *Stimpel*, Umwandlung von Kapital- in Personengesellschaften nach dem UmwSt-Erlass 2011, GmbHR 2012, 123.

36 Haritz/Menner/*Haritz*, § 6 Rn 46.
37 Widmann/Mayer/*Widmann*, § 6 Rn 285; Schmitt/Hörtnagl/Stratz/*Schmitt*, § 6 Rn 44.
38 Rödder/Herlinghaus/van Lishaut/*Birkemeier*, § 6 Rn 66.

I. Normzweck

1 Die Besteuerung der offenen Rücklagen stellte vor Erlass des SEStEG den einzigen Besteuerungstatbestand für diejenigen Anteilseigner dar, für die die Einlage- und Übertragungsfiktion des § 5 Abs. 2–4 UmwStG aF keine Anwendung fand. § 7 nF gilt nun neben der Besteuerung des Übertragungsgewinns und ist grundsätzlich von dessen Ermittlung unabhängig. Bei der Ermittlung des Übertragungsgewinns ist nach § 4 Abs. 5 S. 2 jedoch der Betrag abzuziehen, der schon nach § 7 zu besteuern ist.

2 Bei der Umwandlung werden die beteiligten Anteilseigner so gestellt, als ob im Umwandlungszeitpunkt eine **Vollausschüttung** oder **Liquidation** eingetreten sei. Nach § 7 wird jedem Anteilseigner des übertragenden Rechtsträgers fiktiv sein Anteil an den offenen Rücklagen als Einnahme aus Kapitalvermögen iSd § 20 Abs. 1 Nr. 1 EStG zugerechnet. Sein Anteil am maßgeblichen Eigenkapital bemisst sich anhand seiner Beteiligung am Nennkapital. Hierfür ist der **Wertansatz** in der zum Übertragungsstichtag aufzustellenden Schlussbilanz maßgeblich, der sich nach den Grundsätzen des § 3 ergibt.[1] Bei der Ermittlung wird vom Eigenkapital in der Steuerbilanz ausgegangen, der Wert des steuerlichen Einlagekontos des Anteilseigners abgezogen und gemäß § 29 KStG angepasst.

3 Zugutekommt den Anteilseignern das **Teileinkünfteverfahren** und die **Abgeltungssteuer** (für natürliche Personen) sowie die **Steuerbefreiungen** nach § 8 b KStG und § 9 Nr. 2 a GewStG.

4 Von der Regelungssystematik ergänzt § 7 das Übernahmeergebnis nach §§ 4, 5. Es kommt zu einer **Aufspaltung** des Übernahmeergebnisses in den **Übernahmegewinn** und die **fiktive Ausschüttung der Rücklagen.** Ob es tatsächlich zu einer Besteuerung des Übernahmegewinns nach §§ 4, 5 kommt, ist dabei für die Besteuerung nach § 7 irrelevant. Die fiktive Ausschüttung steht neben der Übernahmegewinnbesteuerung und setzt damit die schon in den §§ 17 und 20 EStG angelegte Trennung des Vermögensstammes von den laufenden Erträgen fort.

5 Auch eine Anwendung der Regeln über die **Kapitalertragsteuerpflicht** nach den §§ 20 Abs. 1 Nr. 1, 43 Abs. 1 Nr. 1, 43 a Abs. 1 Nr. 1 EStG kommt in Betracht. Hierbei ist die Ausnahme von der Begünstigung für in einem anderen EU-Mitgliedstaat ansässige Muttergesellschaften iSd § 43 b Abs. 1 S. 4 EStG zu beachten.[2]

II. Sachlicher Anwendungsbereich

6 Direkt anwendbar ist § 7 auf die Verschmelzung einer Körperschaft auf eine Personengesellschaft oder natürliche Person sowie eine Umwandlung einer Körperschaft in eine Personengesellschaft. In einer Reihe von weiteren Fällen ist § 7 zumindest entsprechend anwendbar.[3]

III. Persönlicher Anwendungsbereich

7 **1. Übertragender Rechtsträger.** Als übertragender Rechtsträger kommen alle Körperschaften, die grundsätzlich unter §§ 3–9 fallen, in Betracht. Damit einher geht eine Anwendung auf alle Körperschaften, die nach dem Recht eines EU- bzw EWR-Staates gegründet sind und deren Sitz sich im EU-Raum bzw EWR befindet. Für unbeschränkt steuerpflichtige Anteilseigner, die

1 Haritz/Menner/*Börst*, § 7 Rn 35.
2 Haritz/Menner/*Börst*, § 7 Rn 6, 77.
3 Auf- bzw Abspaltung einer Körperschaft auf eine Personengesellschaft sowie einer Verschmelzung oder einem Formwechsel vergleichbare ausländische Vorgänge.

an einem solchem übertragenden Rechtsträger beteiligt sind, erfolgt eine **Besteuerung** nach einer nach § 3 aufzustellenden Schlussbilanz. Die §§ 27 und 29 KStG sind entsprechend anzuwenden, das steuerliche Einlagekonto ist ggf zu schätzen.[4]

2. Anteilseigner des übertragenden Rechtsträgers. § 7 findet auf alle Anteilseigner Anwendung, die Mitunternehmer des übernehmenden Rechtsträgers werden. Für den Fall der Verschmelzung auf eine natürliche Person wird § 7 auf den Anteilseigner angewendet, auf den verschmolzen wird. Beschränkt Steuerpflichtige sind der Besteuerung zu unterwerfen, wenn die zusätzlichen Voraussetzungen des § 49 EStG vorliegen. Dies ist zumindest dann der Fall, wenn der ausländische Anteilseigner seine Beteiligung in einer deutschen, gewerblichen Betriebsstätte hält (§ 49 Abs. 1 Nr. 2 a EStG). Daneben wird eine Besteuerung regelmäßig nur nach § 49 Abs. 1 Nr. 5 a EStG erfolgen dürfen, wenn der Schuldner seinen Sitz oder seine Geschäftsleitung im Inland hat[5] 8

Maßgeblich dafür, ob ein Anteilseigner an der Umwandlung teilnimmt, ist der **Zeitpunkt der Eintragung** in das öffentliche Register. Wer zu diesem Zeitpunkt Anteilseigner des übertragenden Rechtsträgers ist und Mitunternehmer am übernehmenden Rechtsträger wird, für den wird auch die Ausschüttung der offenen Rücklagen fingiert. 9

Scheidet ein Anteilseigner zwischen dem steuerlichen Umwandlungszeitpunkt und der Eintragung in das öffentliche Register aus, wird er nicht nach § 7 besteuert. Ebenso bleibt ein Anteilseigner außen vor, der der Verschmelzung widerspricht und nach Eintragung der Verschmelzung nach § 29 UmwG abgefunden wird.[6] Steuerlich scheiden diese Anteilseigner aus dem übertragenden Rechtsträger aus auch wenn sie zum Zeitpunkt der Eintragung gesellschaftsrechtlich noch Anteilseigner sind. 10

IV. Einkünfteermittlung iSd § 7 S. 1 iVm § 20 Abs. 1 Nr. 1 EStG

Ausgangspunkt für die den Anteilseignern als Einkünfte aus Kapitalvermögen zuzurechnenden fiktiv ausgeschütteten Einkünfte ist die **Schlussbilanz** iSd § 3. Sofern die umzuwandelnde Kapitalgesellschaft von ihrem Wahlrecht dergestalt Gebrauch macht, dass der gemeine oder ein Zwischenwert angesetzt wird, so erhöht sich entsprechend ihr **Eigenkapital**, was folglich auch zu höheren fiktiven Ausschüttungen an die Gesellschafter führt. Das Gleiche gilt in Bezug auf den zwangsweisen Ansatz des gemeinen Werts für einer ausländischen Betriebsstätte zuzurechnendes Betriebsvermögen (§ 4 Abs. 4 S. 2).[7] Vom Eigenkapital sind vorrangig Ausschüttungen an im Interimszeitraum ausscheidende Gesellschafter abzuziehen. Dies gilt auch für die nach § 29 UmwG später ausscheidenden Anteilseigner. 11

Jedem Anteilseigner wird der seinem **Nennkapital** entsprechende Anteil am **Eigenkapital** zugerechnet. Hierzu gehören auch noch ausstehende aber nicht geleistete Einlagen. Berücksichtigung findet nur ein positiver Saldo, insb. führt ein negativer Saldo nicht zu negativen Einkünften aus Kapitalvermögen.[8] Sodann ist das **steuerliche Einlagekonto** iSd § 27 KStG, das sich seinerseits aus der fiktiven Herabsetzung des Nennkapitals gemäß § 29 Abs. 1 iVm § 28 Abs. 2 KStG erhöht hat, vom jeweiligen Eigenkapital **abzuziehen.**[9] Der so ermittelte Betrag entspricht den **fiktiven Einnahmen** des Anteilseigners. Diese sind grundsätzlich nach § 20 Abs. 1 Nr. 1 EStG der Besteuerung zu unterwerfen, wenn nicht andere Einkunftsarten vorliegen (§ 20 Abs. 8 EStG). Wurde die Beteiligung also im Betriebsvermögen gehalten, so kommt eine Besteuerung als Einkünfte aus Gewerbebetrieb, selbstständiger Arbeit oder Land- und Forstwirtschaft in Betracht. 12

4 Rödder/Herlinghaus/van Lishaut/*Birkemeier*, § 7 Rn 11; Frotscher/Maas/*Schnitter*, § 7 Rn 13; Dötsch/Pung/Möhlenbrock/*Pung*, § 7 Rn 8.
5 Haritz/Menner/*Börst*, § 7 Rn 31.
6 Frotscher/Maas/*Schnitter*, § 7 Rn 9; Rödder/Herlinghaus/van Lishaut/*Birkemeier*, § 7 Rn 7.
7 Haritz/Menner/*Börst*, § 7 Rn 35.
8 Dötsch/Pung/Möhlenbrock/*Pung*, § 7 Rn 12; kritisch Haritz/Menner/*Börst*, § 7 Rn 42.
9 Frotscher/Maas/*Schnitter*, § 7 Rn 15.

13 **Ändern** sich die für die Bemessung der Einnahmen aus § 7 maßgeblichen Bemessungsgrundlagen nachträglich, etwa aufgrund einer Betriebsprüfung, so kommt es auch zu einer Korrektur der Einnahmen aus § 7. Allerdings müssen dafür die Änderungsvorschriften der AO für Steuerbescheide eine Änderung zulassen.[10]

V. Besteuerung der Bezüge iSv § 7 S. 1

14 **1. Allgemeines.** Die Einnahmen iSd § 20 Abs. 1 Nr. 1 EStG gelten bereits mit Ablauf des steuerlichen Übertragungsstichtages als zugeflossen.[11]

15 **2. Besteuerung der Anteilseigner.** Die Regelungen des § 20 Abs. 1 Nr. 1 EStG finden uneingeschränkt mit allen Folgen auf die Bezüge iSd § 7 Anwendung. Es finden das **Halbeinkünfteverfahren** sowie ab dem Veranlagungszeitraum 2009 das **Teileinkünfteverfahren** und die Abgeltungssteuer für Anteile, die von natürlichen Personen gehalten werden, Anwendung.

16 Bis zum VZ 2009 gilt die Anwendung des Halbeinkünfteverfahrens unabhängig davon, ob die Anteile im Privat- oder Betriebsvermögen gehalten werden. Ab dem Veranlagungszeitraum 2009 kommt für im Privatvermögen gehaltene Anteile die Abgeltungssteuer in Betracht, für im Betriebsvermögen gehaltene Anteile kommt es zu einer Besteuerung nach dem Teileinkünfteverfahren. Als im Betriebsvermögen gehaltene Anteile gelten auch solche Anteile, die nach § 5 Abs. 2 als in das Betriebsvermögen eingelegt gelten. Insofern verbleiben für die Anwendung der Abgeltungssteuer nur noch Fälle, in denen keine (wesentliche) Beteiligung iSd § 17 EStG vorliegt. Für von Körperschaften gehaltene Anteile gilt grundsätzlich die Steuerbefreiung von 95% gemäß § 8 b Abs. 1 iVm Abs. 5 KStG, wobei allerdings insb. die Ausnahme der Steuerbefreiung gemäß § 8 b Abs. 4 KStG für sog. Streubesitzdividenden bei Umwandlungen zu beachten ist, die nach dem 28. März 2013 angemeldet werden.

17 Im Rahmen der **gewerblichen Einkünfte** wird die fiktive Ausschüttung auch von der Gewerbesteuer erfasst, wobei allerdings bisher im Privatvermögen gehaltene, aber gemäß § 5 Abs. 2 als eingelegt geltende Anteile explizit von der Gewerbesteuerpflicht ausgenommen werden (§ 18 Abs. 2 S. 2). In den übrigen Fällen, in denen die Anteile zum Betriebsvermögen gehören, kann nach der Auffassung der Finanzverwaltung[12] oftmals die Schachtelbefreiung gemäß § 9 Nr. 2 a, Nr. 7 GewStG nicht greifen, da nach Ansicht der Finanzverwaltung keine Besitzzeitanrechnung des Gesellschafters erfolgt, sondern es allein auf die Besitzverhältnisse zur übernehmenden Personengesellschaft ankommen soll. Dies wird in der Literatur zu Recht kritisiert.[13] Eine gewisse Erleichterung erfährt ein solcher Gesellschafter allerdings durch die dann mögliche Anrechnung der Gewerbesteuer auf die persönliche Einkommensteuer iRd § 35 EStG.

18 **3. Kapitalertragsteuer.** Die fiktiven Ausschüttungen iSd § 20 Abs. 1 Nr. 1 EStG unterliegen dem **Kapitalertragsteuerabzug** gemäß § 43 Abs. 1 S. 1 Nr. 1 iHv 25 % zzgl Solidaritätszuschlag. Dies setzt zwar voraus, dass der Schuldner der Kapitalerträge seinen Sitz oder seine Geschäftsleitung im Inland hat (§ 43 Abs. 3 S. 1 EStG). Jedoch ist, obwohl es bei einer fiktiven Ausschüttung an einem zivilrechtlichen Schuldner fehlt, steuerlich der übertragende Rechtsträger als Schuldner anzusehen.[14] Damit liegen bei Inlandssachverhalten die Voraussetzungen eines Kapitalertragsteuerabzuges mit abgeltender Wirkung vor.

19 Inwiefern eine abgeltende Wirkung bei **ausländischen Anteilseignern** eintritt hängt davon ab, ob man aus der Einlage und Überführungsfiktion des § 5 Abs. 2 und 3 eine inländische Betriebsstätte ableiten will. Die von der Finanzverwaltung[15] angedeutete und von der hM[16] in der Literatur ausdrücklich angenommene weite Auslegung der Einlagen- und Überführungsfik-

10 Frotscher/Maas *Schnitter*, § 7 Rn 20.
11 UmwSt-Erl. 2011, Rn 07.07.
12 UmwSt-Erl. 2011, Rn 18.04.
13 Schneider/Ruoff/Sistermann/*Fischer*, UmwStE 2011, H 18.14 f.
14 Haritz/Menner/*Börst*, § 7 Rn 66.
15 UmwStErl. Rn 02.04, 07.07 S. 2, 07.07 Abs. 2, 04.27 Beispielsfälle und Rn 18.04 S. 2 und S. 3.
16 Schneider/Ruoff/Sistermann/*Fischer*, UmwStE 2011, H 7.6; Dötsch/Pung/Möhlenbrock/*Pung* (Hrsg.), § 7 Rn 22, 24.

tion führt dazu, dass für Zwecke des nationalen Steuerrechts eine Betriebsstätte iSd § 49 Abs. 1 Nr. 2 Buchstabe a) EStG mitfingiert wird. Damit hat die Kapitalertragsteuer für diese ausländischen Anteilseigner keine abgeltende Wirkung, sondern sie kann auf die Steuerschuld angerechnet werden. Anders ist wohl zu entscheiden, wenn die Einlagefiktion des § 5 Abs. 2 nicht greift, denn dann kann keine Zuordnung zu einer inländischen Betriebsstätte erfolgen.[17] Der abgeltenden Wirkung auf der Grundlage von § 50 Abs. 2 S. 1 EStG kann auch nicht mehr mit der Rechtsprechung des EuGH[18] entgegnet werden, denn durch die jüngst eingeführte Steuerpflicht für Streubesitzdividenden (§ 8 b Abs. 4 KStG) ist der Rechtsprechung des EuGH in Deutschland der Boden entzogen worden.[19]

Etwas anderes kann sich ergeben, wenn zwischen dem Wohnsitzstaat des Anteilseigners und Deutschland ein **Doppelbesteuerungsabkommen** abgeschlossen wurde, das eine Art. 10 OECD-MA entsprechende Regelung enthält. Hieraus würde sich, jedenfalls für den Fall, dass keine inländische Betriebsstätte anzunehmen ist, eine Beschränkung bzw ein Ausschluss des deutschen Besteuerungsrechtes ergeben. Nach Auffassung der Finanzverwaltung und ganz herrschender Literaturauffassung kann für die Auslegung des Abkommens die Einlage- und Überführungsfiktion des § 5 Abs. 2 und Abs. 3 keine Betriebsstätte begründen.[20] Bei ausländischen Anteilseignern kann daneben die Höhe des Kapitalertragsteuerabzugs nach den anwendbaren Doppelbesteuerungsabkommen beschränkt sein, allerdings können die Vorteile aus der Mutter-Tochter-Richtlinie laut § 43 b Abs. 1 S. 4 EStG nicht genutzt werden. 20

Die **Kapitalertragssteuer** wird erst mit Eintragung der Umwandlung in das öffentliche Register **fällig,**[21] obwohl die Einnahmen nach § 7 schon am steuerlichen Übertragungsstichtag zufließen. Insofern wird von der allgemeinen Regel, die besagt, dass die Kapitalertragssteuer mit dem Zufluss der Einnahmen entsteht, abgewichen. Dies hat seine Gründe aber in der besonderen Struktur der Umwandlungsvorgänge. Erst zum Zeitpunkt der Eintragung in das öffentliche Register steht nämlich fest, welche Anteilseigner an der Umwandlung beteiligt sind.[22] 21

Die **Begünstigung** des § 43 b EStG soll **keine Anwendung** auf die Einnahmen nach § 7 finden. Dies ergibt sich direkt aus § 43 b Abs. 1 S. 4 EStG. Ob diese Norm allerdings mit der **Mutter-Tochter-Richtlinie** vereinbar ist, kann mit guten Gründen in Zweifel gezogen werden. In der Mutter-Tochter-Richtlinie ist nämlich im Gegensatz zu den Liquidationsfällen **keine Ausnahme** von der grundsätzlichen Abstandnahme vom Kapitalertragsteuerabzug vorgesehen.[23] 22

In der Beratung kann dieser Problematik jedoch dadurch begegnet werden, dass schon **vor der Umwandlung** die offenen Rücklagen an die (beschränkt steuerpflichtigen) Anteilseigner **ausgeschüttet** werden. In diesem Fall greift § 43 b EStG nämlich und es muss keine Kapitalertragsteuer einbehalten werden. Bei der darauffolgenden Umwandlung bestehen dann keine offenen Rücklagen iSd § 7 mehr, so dass auch hier keine Kapitalertragsteuer einzubehalten ist.[24] 23

Eigentlich wäre die Kapitalertragsteuer vom Übertragenden einzubehalten und an das Finanzamt abzuführen. Da die Finanzverwaltung als maßgeblichen Zeitpunkt nicht den steuerlichen Übertragungsstichtag, sondern die Eintragung der Umwandlung in das öffentliche Register annimmt und der übertragende Rechtsträger zu diesem Zeitpunkt schon erlischt, muss die **Kapitalertragsteuer** daher von der **übernehmenden Personengesellschaft** als Gesamtrechtsnachfolgerin beglichen werden. 24

17 Schneider/Ruoff/Sistermann/*Fischer*, UmwStE 2011, H 7.26.
18 EuGH Urteil v. 20.10.2011 – C-284/09, FR 2011, 1112.
19 Gesetz zur Umsetzung des EuGH-Urteils v. 20.10.2011 in der Rs C-284/09, BGBl. 2013 I S. 561.
20 Schneider/Ruoff/Sistermann/*Fischer*, UmwStE 2011, H 7.25.
21 UmwSt-Erl. 2011, Rn 07.08; Schneider/Ruoff/Sistermann/*Fischer*, UmwStE 2011, H 7.23.
22 Frotscher/Maas/*Schnitter*, § 7 Rn 24.
23 *Krohn/Greulich*, DStR 2008, 646, 650; Frotscher/Maas/*Schnitter*, § 7 Rn 26 a.
24 Schneider/Ruoff/Sistermann/*Fischer*, UmwStE 2011, H 7.24.

§ 8 Vermögensübergang auf einen Rechtsträger ohne Betriebsvermögen

(1) [1]Wird das übertragene Vermögen nicht Betriebsvermögen des übernehmenden Rechtsträgers, sind die infolge des Vermögensübergangs entstehenden Einkünfte bei diesem oder den Gesellschaftern des übernehmenden Rechtsträgers zu ermitteln. [2]Die §§ 4, 5 und 7 gelten entsprechend.

(2) In den Fällen des Absatzes 1 sind § 17 Abs. 3 und § 22 Nr. 2 des Einkommensteuergesetzes nicht anzuwenden.

Literatur:

Bogenschütz, Umwandlung von Kapital- in Personengesellschaften, Ubg 2011, 393; *Huber/ Marat*, Steuerneutraler Formwechsel einer Kapitalgesellschaft in eine vermögensverwaltende Personengesellschaft, DB 2011, 1823.

I. Normzweck

1 In § 8 ist die Verschmelzung auf einen Rechtsträger ohne Betriebsvermögen geregelt. Von der Systematik her gehört die Vorschrift zum Vermögensübergang von einer Körperschaft (übertragender Rechtsträger) auf eine Personengesellschaft bzw auf eine natürliche Person (übernehmender Rechtsträger). Die Umwandlung auf eine Personengesellschaft oder natürliche Person ohne Betriebsvermögen führt zur Aufdeckung und Besteuerung der stillen Reserven beim übertragenden Rechtsträger.

2 Die Vorschrift hat in der Praxis zwei Hauptanwendungsfälle. Der erste Fall ist die **Verschmelzung auf eine vermögensverwaltende Personengesellschaft**. Der zweite Fall betrifft die **Verschmelzung einer Kapitalgesellschaft auf ihren Alleingesellschafter**. In der Praxis dürfte der Schwerpunkt auf dem ersten Fall liegen.

3 Die Verschmelzung des übertragenden Rechtsträgers auf den **Alleingesellschafter** nach § 8 ist von der schon von den §§ 3–7 erfassten Verschmelzung auf eine natürliche Person abzugrenzen. § 8 setzt voraus, dass das Vermögen der Gesellschaft in das **Privatvermögen** übergeht, während in Fällen der §§ 3–7 die natürliche Person selbstständig tätig ist, etwa als Einzelgewerbetreibender. Um unter den Anwendungsbereich von § 8 zu fallen, muss eine **hundertprozentige Beteiligung** zum Zeitpunkt des Abschlusses des Verschmelzungsvertrages vorliegen.[1] Handelt es sich nicht um einen Alleingesellschafter bzw liegen die Voraussetzungen noch nicht bei Abschluss des Verschmelzungsvertrages vor, so kommt eine Anwendung des UmwStG nicht in Betracht. Die Überführung des Vermögens der Gesellschaft in das Privatvermögen ist komplett nach dem KStG bzw EStG zu versteuern.

4 Daneben werden auch vergleichbare **ausländische Vorgänge** erfasst. Hierunter ist auch der Fall zu subsumieren, dass eine vermögensverwaltende Kapitalgesellschaft auf eine ausländische vermögensverwaltende Kapitalgesellschaft verschmolzen wird, die nach deutschem Steuerrecht jedoch als transparent anzusehen ist.

1 Rödder/Herlinghaus/van Lishaut/*Trossen*, § 8 Rn 5.

II. Vermögensübergang auf einen Rechtsträger ohne Betriebsvermögen

1. Allgemeines. Als Rechtsträger ohne Betriebsvermögen kommen insb. **vermögensverwaltende Personengesellschaften** in Betracht. In der Praxis wird es sich hierbei um Fälle handeln, in denen entweder Immobilienvermögen oder Kapitalanlagen gehalten werden. Hierbei scheidet die **GbR** grundsätzlich aus, da handelsrechtlich die Verschmelzung einer Körperschaft auf eine GbR **unzulässig** ist, vgl § 3 Abs. 1, § 124 UmwG. Allerdings kommt über § 9 ein Formwechsel von einer Kapitalgesellschaft in eine GbR in Betracht, denn dieser ist nach §§ 190 ff, 191 Abs. 2 Nr. 1 UmwG zulässig.[2] Der Anwendungsbereich der Vorschrift hat sich durch § 105 Abs. 2 HGB, der es zulässt, konstitutiv aus einer GbR eine **OHG** bzw eine **KG** zu machen, erweitert. [3] 5

Für **Partnerschaftsgesellschaften** gilt § 8 grundsätzlich nicht, da mit der Verfolgung des Berufes immer ein Betriebsvermögen einhergeht. Wird der Beruf nicht mehr ausgeübt, etwa weil ein Berufsträger vermögensverwaltend tätig ist, so liegen auch die Voraussetzungen der Partnerschaftsgesellschaft nicht mehr vor.[4] 6

2. Übertragender Rechtsträger. Als übertragender Rechtsträger kommen sämtliche Körperschaften, für die der zweite Abschnitt des UmwStG gilt, in Betracht. Hierunter fallen auch vergleichbare ausländische Gesellschaften. 7

3. Übernehmender Rechtsträger. Als übernehmender Rechtsträger kommen Personengesellschaften, ausländische Kapitalgesellschaften, die vom deutschen Steuerrecht als transparent angesehen werden, sowie natürliche Personen in Betracht. 8

Problematisch ist der Zeitpunkt, an welchem zu prüfen ist, ob der übernehmende Rechtsträger über ein **Betriebsvermögen** verfügt. Die Anwendbarkeit von § 8 kann etwa wegfallen, wenn der übernehmende Rechtsträger zwischen Übertragungsstichtag und Eintragung in das Handelsregister eine gewerbliche Tätigkeit aufnimmt. 9

Die Finanzverwaltung[5] sieht den **steuerlichen Übertragungsstichtag** als entscheidend an. Die hM in der Literatur folgt dieser Ansicht und begründet dies mit der Rückwirkungsfiktion des § 2. Im Fall der gewerblich geprägten Personengesellschaft iSd § 15 Abs. 3 Nr. 2 EStG trete die Prägung zwar erst mit Eintragung ein; jedoch gehe mit der Rückwirkungsfiktion eine Fiktion der „Rechtsformcharakteristika" zum steuerlichen Übertragungszeitpunkt einher.[6] 10

4. Kein Übergang in ein Betriebsvermögen. Für die Anwendung von § 8 ist Voraussetzung, dass „das **Vermögen**" des übertragenden Rechtsträgers **nicht in das Betriebsvermögen** des übernehmenden Rechtsträgers übergeht. „Das Vermögen" meint in diesem Bereich das gesamte oder zumindest doch einen wesentlichen Teil des Vermögens. Werden einzelne Wirtschaftsgüter bei der Umwandlung in das Privatvermögen überführt, so handelt es sich um eine Privatentnahme, die nach § 4 Abs. 1 S. 2 EStG iVm § 6 Abs. 1 Nr. 4 EStG mit dem Teilwert anzusetzen ist. Daraus folgt, dass immer, wenn das wesentliche Vermögen des übertragenden Rechtsträgers in ein Betriebsvermögen übergeht, für § 8 kein Raum besteht. Ob es sich um Betriebsvermögen eines gewerblichen, freiberuflichen oder land- und forstwirtschaftlichen Betriebes handelt, ist dabei irrelevant. 11

Eine Zuordnung zu einem Betriebsvermögen kann sich auch aus dem Charakter des übernehmenden Rechtsträgers ergeben. Ist der übertragende Rechtsträger gewerblich tätig, dann ist § 8 wegen der Übertragung eines lebenden gewerblichen Betriebes, unanwendbar. So handelt es sich bei einer **gewerblich geprägten Personengesellschaft** um einen übernehmenden Rechtsträger mit Betriebsvermögen, ebenso wie die Besitzgesellschaft bei der Betriebsaufspaltung. Dies 12

2 Rödder/Herlinghaus/van Lishaut/*Trossen*, § 8 Rn 4.
3 Dötsch/Pung/Möhlenbrock/*Möhlenbrock*, § 8 Rn 2.
4 Haritz/Menner/*Greve*, § 8 Rn 3.
5 UmwSt-Erl. 2011, Rn 08.02.
6 Schneider/Ruoff/Sistermann/*Fischer*, UmwStE 2011, H 8.5.

gilt auch noch, wenn die Betriebsgesellschaft auf die Besitzgesellschaft verschmolzen wird und die Betriebsaufspaltung damit endet.[7]

13 Für eine Anwendung von § 8 ist auch kein Raum, wenn aufgrund der Abfärberegel des § 15 Abs. 3 Nr. 1 EStG beim übernehmenden Rechtsträger ein **Betriebsvermögen fingiert** wird. Diese führt zur Qualifikation der Einkünfte einer Holdinggesellschaft als gewerbliche Einkünfte, wenn gewerbliche Dienstleistungen gegenüber den nachgeordneten Gesellschaften erbracht werden.[8] Erwirbt eine Personengesellschaft ohne Betriebsvermögen vom übertragenden Rechtsträger einen **lebenden Betrieb**, so kann sich auch hieraus ein Betriebsvermögen ableiten.[9]

14 Bei der **Betriebsverpachtung** kommt es darauf an, ob auf den übernehmenden Rechtsträger ein **Verpächterwahlrecht** übergegangen ist, das (erst) von diesem dahin gehend ausgeübt werden kann, dass die Betriebsaufgabe erklärt wird. In diesem Fall soll der übernehmende Rechtsträger als Rechtsträger mit Betriebsvermögen eingestuft werden. Damit wäre auch der Buchwertansatz iSd § 3 Abs. 2 zulässig, soweit die anderen Voraussetzungen vorliegen.[10]

15 Auch auf die Übertragung von **Einzelwirtschaftsgütern** ist § 8 unanwendbar, da eine Entnahme ins Privatvermögen vorliegt.[11] Insofern bleibt als Anwendungsbereich nur die Übertragung des Vermögens auf einen Rechtsträger ohne Betriebsvermögen oder die Übertragung des Vermögens auf den Alleingesellschafter. § 8 Abs. 1 stellt nur darauf ab, ob das Vermögen zum Betriebsvermögen des übernehmenden Rechtsträgers gehört. Ob dies beim übertragenden Rechtsträger der Fall war, ist irrelevant.

III. Folgen für die Besteuerung

16 **1. Übertragender Rechtsträger.** Beim Vermögensübergang auf eine Personengesellschaft oder natürliche Person ohne Betriebsvermögen kommt es zu einer **Aufdeckung der stillen Reserven** des übertragenden Rechtsträgers im Rahmen der Aufstellung seiner Schlussbilanz iSd § 3. Das übergehende Vermögen ist mit dem **gemeinen Wert** anzusetzen. Ausgenommen sind hiervon lediglich die Pensionsrückstellungen, die nach § 3 Abs. 1 S. 2 immer mit dem Teilwert nach § 6 a EStG anzusetzen sind.

17 Dies ist nach der mittlerweile wohl einhelligen Meinung in der Literatur damit zu begründen, dass die künftige Besteuerung nicht sichergestellt ist und damit die Voraussetzungen von § 3 Abs. 2 Nr. 1 nicht vorliegen.[12] Nach Auffassung der Finanzverwaltung[13] ist auch ein **Geschäfts- oder Firmenwert** in der Schlussbilanz anzusetzen. Es entsteht in Höhe der vorhandenen stillen Reserven ein grundsätzlich voll steuerpflichtiger Übertragungsgewinn.

18 **2. Übernehmender Rechtsträger bzw Gesellschafter des übernehmenden Rechtsträgers.** Für den übernehmenden Rechtsträger bzw dessen Gesellschafter ergeben sich die weiteren Folgen aus § 8 Abs. 1 S. 2, der auf §§ 4, 5 und 7 verweist. § 6 (Übernahmefolgegewinn) ist nicht anzuwenden. Der Übernahmegewinn ermittelt sich aus der Gegenüberstellung der zu gemeinen Werten anzusetzenden übertragenen Wirtschaftsgüter und dem Buchwert bzw den Anschaffungskosten für die wegfallende Beteiligung. Daneben ergeben sich für den Gesellschafter noch Einkünfte aus der gemäß § 7 anzusetzenden fiktiven Ausschüttung der offenen Rücklagen.

19 Die Ermittlung der Einkünfte und die Einkunftsart hängen davon ab, welche **Verhältnisse am Übertragungsstichtag** bestehen, insb. wie die Anteile bei den einzelnen Gesellschaftern steuerlich verhaftet sind und wie diese einzuordnen sind. Die übernehmende Personengesellschaft tritt dabei soweit in die Rechtsstellung der Kapitalgesellschaft ein, wie dies aufgrund der steu-

7 Rödder/Herlinghaus/van Lishaut/*Trossen*, § 8 Rn 19.
8 Rödder/Herlinghaus/van Lishaut/*Trossen*, § 8 Rn 19.
9 Frotscher/Maas/*Schnitter*, § 8 Rn 11.
10 Rödder/Herlinghaus/van Lishaut/*Trossen*, § 8 Rn 20.
11 Widmann/Mayer/*Widmann*, § 8 UmwStG Rn 1.
12 Schneider/Ruoff/Sistermann/*Fischer*, UmwStE 2011, H 8.1.
13 UmwSt-Erl. 2011, Rn 3.14.

erlichen Einzelregelungen möglich ist. Insb. eine AfA nach § 7 Abs. 4 S. 1 Nr. 1 EStG oder nach § 7 Abs. 5 S. 1 Nr. 1 EStG kommt nicht in Betracht, da es hierfür der Personengesellschaft am erforderlichen Betriebsvermögen fehlt.[14]

20 Für den nach § 17 EStG beteiligten Gesellschafter wird die Umwandlung einer **steuerpflichtigen Veräußerung gleichgestellt,**[15] für die nach § 8 Abs. 3 allerdings der Freibetrag des § 17 Abs. 3 EStG nicht anzuwenden ist. Allerdings ist anzumerken, dass häufig kein Übernahmegewinn anfällt, denn auch in diesem Fall ist der Übernahmegewinn gemäß § 4 Abs. 5 S. 2 um den Betrag der fiktiven Ausschüttung iSd § 7 zu mindern.

21 Für einen Anteilsbesitz von unter 1 % ist § 22 Nr. 2 EStG iVm § 23 Abs. 1 S. 1 Nr. 2 EStG (alte Spekulationsbesteuerung) unanwendbar. Allerdings enthält § 20 Abs. 2 Nr. 1 EStG eine **Veräußerungsgewinnbesteuerung** für ab 2009 angeschaffte Anteile, so dass das Teileinkünfteverfahren Anwendung finden könnte. Jedoch spricht sich die Literatur gegen die Besteuerung aus, weil in § 8 ein Hinweis auf § 22 Abs. 2 EStG fehlt und sich deshalb die Besteuerungsfolgen für diesen Gesellschafter allein aus § 7 ergeben, da für ihn kein Übernahmeergebnis zu ermitteln ist.[16]

22 Liegt die Beteiligung an der Kapitalgesellschaft schon bisher im Betriebsvermögen des Gesellschafters, so entstehen aus dem Verschmelzungsvorgang (Übernahmegewinn) **gewerbliche Einkünfte**, die sich aus der Differenz zwischen dem auf den Gesellschafter entfallenden Anteil am übergehenden Betriebsvermögen der Körperschaft und dem Buchwert den untergehenden Anteile ergibt.[17]

23 In Bezug auf eine **Zebragesellschaft** hat die Finanzverwaltung verfügt, das ein Wertansatzwahlrecht nicht besteht, auch nicht insoweit, wie die Beteiligung an der Zebragesellschaft im Betriebsvermögen des Gesellschafters zuzuordnen ist.[18] Der zwingende Ansatz zum gemeinen Wert wird damit begründet, dass die Zebragesellschaft über kein Betriebsvermögen verfügt. Obwohl insoweit die Besteuerung der stillen Reserven beim betrieblich beteiligten Gesellschafter gesichert ist, ist die Auffassung der Finanzverwaltung vom Wortlaut des § 3 Abs. 2 Nr. 1, der die Überführung in ein Betriebsvermögen fordert, gedeckt.[19] Allerdings ließe sich ebenso vertreten, dass über die Bruchteilsbetrachtung die jeweiligen Wirtschaftsgüter anteilig dem Betriebsvermögen des Gesellschafters zuzurechnen sind und daher ein Wertansatzwahlrecht in diesen Fällen durchaus vertretbar erscheint.[20]

§ 9 Formwechsel in eine Personengesellschaft

[1]Im Falle des Formwechsels einer Kapitalgesellschaft in eine Personengesellschaft sind die §§ 3 bis 8 und 10 entsprechend anzuwenden. [2]Die Kapitalgesellschaft hat für steuerliche Zwecke auf den Zeitpunkt, in dem der Formwechsel wirksam wird, eine Übertragungsbilanz, die Personengesellschaft eine Eröffnungsbilanz aufzustellen. [3]Die Bilanzen nach Satz 2 können auch für einen Stichtag aufgestellt werden, der höchstens acht Monate vor der Anmeldung des Formwechsels zur Eintragung in ein öffentliches Register liegt (Übertragungsstichtag); § 2 Absatz 3 und 4 gilt entsprechend.

Literatur:

Jamrozy/Weggenmann, Rechtsformwechsel einer Kapital- in eine Personengesellschaft in Polen – ein steuerliches Optimierungsvehikel für deutsche Investoren?, IStR 2008, 869; *Lemaitre/Schönherr*, Die

14 Rödder/Herlinghaus/van Lishaut/*Trossen*, § 8 Rn 45.
15 Rödder/Herlinghaus/van Lishaut/*Trossen*, § 8 Rn 33.
16 Haase/Hruschka/*Cöster*, § 8 Rn 51; Dötsch/Pung/Möhlenbrock/*Möhlenbrock*, § 8 Rn 29; dagegen wohl Schneider/Ruoff/Sistermann/*Fischer*, UmwStE 2011, H 8.8.
17 Dötsch/Pung/Möhlenbrock/*Möhlenbrock*, § 8 Rn 22.
18 UmwSt-Erl. 2011, Rn 08.03.
19 Dötsch/Pung/Möhlenbrock/*Möhlenbrock*, § 8 Rn 11.
20 Schneider/Ruoff/Sistermann/*Fischer*, UmwStE 2011, H 8.7.

Umwandlng von Kapitalgesellschafen in Personengesellschaften durch Verschmelzung und Formwechsel nach der Neufassung des UmwStG durch das SEStEG, GmbHR 2007, 173; *Schwedhelm*, Formwechsel einer GmbH in eine GmbH & Co KG nach der Steuerreform, GmbH-StB 1999, 106.

I. Normzweck

1 In § 9 wird der Formwechsel einer Kapitalgesellschaft in eine Personengesellschaft geregelt. Im Vergleich zur Vorgängerregelung gehören auch **EU- und EWR-Gesellschaften** sowie mit dem deutschen Formwechsel vergleichbare EU- und EWR-Vorgänge in den Anwendungsbereich der Regelung. Vergleichbarkeit setzt vor allem voraus, dass die Umgestaltung in einem Rechtsakt mit Gesamtrechtsnachfolge geschieht.[1] Für die Anfangszeit nach dem SEStEG ging die Beratungspraxis von erheblichen Rechtsunsicherheiten im Hinblick auf die Frage der **Vergleichbarkeit ausländischer Gesellschaften** und Vorgänge aus.[2] Als Lösungsvorschlag für die Überwindung der Rechtsunsicherheit wurde insb. die Einholung einer verbindlichen Auskunft empfohlen.[3]

2 Beim Formwechsel bleibt die **Identität** der Gesellschaft **erhalten**, lediglich die Rechtsform wandelt sich. Zivilrechtlich müssen beim Formwechsel verschiedene Schritte unter Beteiligung des Handelsregisters durchlaufen werden.[4]

3 Handelsbilanziell ergibt sich eine Pflicht, die **Buchwerte fortzuführen**, da handelsrechtlich auch keine Vermögensübertragung vorliegt, und die Personengesellschaft führt die Handelsbücher der Kapitalgesellschaft fort.[5]

4 Seit der Entscheidung in der Rechtssache **Vale** vom 12.7.2012[6] ist die vorher umstrittene[7] Frage geklärt, ob es überhaupt einen **grenzüberschreitenden Formwechsel** geben kann. Dass es in Vale um den Formwechsel von zwei Kapitalgesellschaften und nicht um den Formwechsel von einer Kapital- in eine Personengesellschaft ging, ändert an diesem Ergebnis nichts. Kerngedanke des EuGH ist nämlich, dass einem Mitgliedstaat verboten ist, grenzüberschreitend etwas zu verweigern, was in einem rein nationalen Fall zulässig wäre.[8]

5 Zum grenzüberschreitenden Formwechsel war vor der Entscheidung vertreten worden, § 9 regele nur den Formwechsel von einer inländischen Kapitalgesellschaft in eine inländische Personengesellschaft bzw einer ausländischen Kapitalgesellschaft in eine ausländische Personengesellschaft desselben Staates, da es einen grenzüberschreitenden Formwechsel nicht gäbe. Die Entscheidung des EuGH gebietet nun eine andere Auslegung.

6 Entscheidend ist zunächst, eine **Verlegung des Verwaltungssitzes**, also eine tatsächliche Verlagerung des Ortes der Geschäftsleitung, von der **Verlegung des Satzungssitzes zu** unterscheiden.

1 Haritz/Menner/*Greve*, § 9 UmwStG Rn 1.
2 *Blöchle/Weggenmann*, IStR 2008, 87, 88 f veranschaulichen die Unsicherheiten am Beispiel Österreichs.
3 Rödder/Herlinghaus/van Lishaut/*Birkemeier*, § 9 Rn 15.
4 Haritz/Menner/*Greve*, § 9 UmwStG Rn 21-30.
5 Haritz/Menner/*Greve* (Hrsg.), § 9 UmwStG Rn 36.
6 EuGH, Urteil v. 12. 7. 2012 – C-378/10, NZG 2012, S. 871 – Vale.
7 Bis dahin kritisch Haritz/Menner/*Greve*, § 9 UmwStG Rn 5; *Hahn* in: PricewaterhouseCoopers AG (Hrsg.), Reform des Umwandlungssteuerrechts, Rn 825; schon damals befürwortend *Geyrhalter/Weber*, DStR 2006, 146, 150.
8 *Kindler*, EuZW 2012, 888, 889.

Verlegt eine Gesellschaft ihren Satzungssitz, so spiegelt sich das in der Satzung wieder, während sich die Verlegung des Verwaltungssitzes im Faktischen abspielt, ohne notwendigerweise von der Satzung abgebildet werden zu müssen. Der Fall des grenzüberschreitenden Formwechsels stellt dabei die Verlegung des Satzungssitzes dar.[9] Praktisch bedeutet dies, dass die Kapitalgesellschaft beim Handelsregister ihre Sitzungsverlegung anmeldet, also im Staat des ursprünglichen Satzungssitzes im Handelsregister gelöscht wird und im Zielstaat als Personengesellschaft ins Handelsregister eingetragen wird.[10]

In steuerlicher Hinsicht hängt die analoge Anwendung von § 9 auf den grenzüberschreitenden Formwechsel davon ab, ob man eine planwidrige Regelungslücke anerkennen will. In der Gesetzesbegründung hatte der Gesetzgeber zur Sitzverlegung ausgeführt, soweit es zum Verlust des deutschen Besteuerungsrechts an Wirtschaftsgütern komme, seien die allgemeinen Entstrickungstatbestände der § 4 Abs. 1 S. 3 EStG und § 12 KStG anzuwenden.[11] Da § 4 a GmbHG, § 5 AktG keine Sitzverlegung ins Ausland vorsehe, hatte der Gesetzgeber wohl vornehmlich an die Verlegung des Sitzes der SE gedacht. Dass bei der Sitzverlegung ins Ausland es zu einem Wechsel der Rechtsform in eine Personengesellschaft kommen kann, scheint der Gesetzgeber nicht bedacht zu haben, ansonsten hätte er Aussagen zum Schicksal der offenen Rücklagen treffen müssen. Der Gesetzgeber wollte erkennbar alle Fälle der Umwandlung einer Körperschaft in eine Personengesellschaft den §§ 3–10 unterwerfen. Insofern sollte auch der grenzüberschreitende Formwechsel hierunter fallen. 7

II. Steuerrechtliche Auswirkungen

Auf der Rechtsfolgenseite verweist § 9 für den Formwechsel auf die Vorschriften der §§ 3–8 und § 10. Da auch auf § 8 verwiesen wird, ist auch für den Formwechsel zwischen Gesellschaften mit und ohne Betriebsvermögen zu differenzieren. 8

In steuerrechtlicher Hinsicht werden Personengesellschaften und Körperschaften grundverschiedenen Besteuerungssystemen unterworfen. Um den **Wechsel der Besteuerungssysteme** sicherzustellen, wird ertragsteuerlich ein Vermögensübergang fingiert. Der Formwechsel einer Körperschaft in eine Personengesellschaft wird wie eine Verschmelzung behandelt und steht folgerichtig im 2. Abschnitt des UmwStG. 9

1. Taugliche Rechtsträger. a) Kapitalgesellschaft. Beim Formwechsel nach § 9 kann die **Ausgangsgesellschaft** nur eine Kapitalgesellschaft sein. Dem entsprechen auch Gesellschaften aus dem EU-Raum bzw EWR, die als Kapitalgesellschaft anzusehen sind. Davon streng zu unterscheiden sind Körperschaften, die keine Kapitalgesellschaften sind, wie zum Beispiel Genossenschaften.[12] 10

Die Umwandlungsfähigkeit beginnt erst mit der **Registereintragung** einer Kapitalgesellschaft, so dass die Vorgründungsgesellschaft und die Vorgesellschaft ausscheiden. Dagegen kann eine bereits aufgelöste Kapitalgesellschaft noch umgewandelt werden, wenn ihre Fortsetzung beschlossen werden könnte (vgl § 191 Abs. 3 UmwG).[13] 11

b) Personengesellschaft. Taugliche **Zielgesellschaft** kann nur eine Personengesellschaft (oHG, KG, GbR PartG und vergleichbare ausländische Gesellschaften) sein. Dass diese nach EU- bzw EWR-Recht bestehen bzw entstehen muss, ergibt sich nicht nach § 1 Abs. 2 S. 1 Nr. 1, da die Regelung für den Formwechsel nur den **Ausgangsrechtsträger** definiert. Ob darüber hinaus auch ein **Formwechsel ins Drittland** zulässig ist, wird abzuwarten sein. Aus der Vale-Entschei- 12

9 *Rubner/Leuering*, NJW-Spezial 2012, 527.

10 Zu den gesellschaftsrechtlichen Voraussetzungen: *Rubner/Leuering*, NJW-Spezial 2012, 527, 528.

11 Entwurf eines Gesetzes über steuerliche Begleitmaßnahmen zur Einführung der Europäischen Gesellschaft und zur Änderung weiterer steuerrechtlicher Vorschriften (SEStEG), BT-Drucks. 16/2710, 35.

12 Die Ausnahme nach § 38 a LwAnpG in § 14 S. 4 UmwStG aF ist wegen der mangelnden Praxisbedeutung weggefallen.

13 Rödder/Herlinghaus/van Lishaut/*Birkemeier*, § 9 Rn 8.

dung,[14] die auf der für Drittlandsfälle nicht anwendbaren Niederlassungsfreiheit beruht, lässt sich hierfür jedenfalls kein Hinweis ableiten.

13 **2. Steuerliche Rechtsfolgen. a) Aufzustellende Bilanzen.** Nach § 9 S. 2 sind für den übertragenden Rechtsträger eine **Übertragungsbilanz** und für den übernehmenden Rechtsträger eine **Eröffnungsbilanz** aufzustellen. Diese unterscheiden sich nicht von den bei der Verschmelzung aufzustellenden Schluss- und Übernahmebilanzen.

14 **b) Bilanzstichtage.** Aufzustellen sind eine **Übertragungsbilanz** für die **Kapitalgesellschaft** und eine **Übernahmebilanz** für die **Personengesellschaft.** Maßgeblicher Zeitpunkt ist grundsätzlich der Zeitpunkt, an dem der Formwechsel wirksam wird (§ 9 S. 2), dies ist der **Eintrag** in das öffentlich-rechtliche Register. Allerdings lässt das Gesetz in § 9 S. 3 die Möglichkeit zu, auf einen bis zu acht Monate vorher liegende **Abschlussstichtag** abzustellen. Dies ermöglicht bei Eintragungen, die bis zum 31. August erfolgen, den letzten Abschluss zum Kalenderjahrende der Körperschaft als Übertragungsbilanz zu verwenden. Diese von ihren Rechtsfolgen dem § 2 entsprechende Regelung bewirkt, dass ab dem Stichtag von Übertragungs- und Übernahmebilanz das Vermögen der Kapitalgesellschaft auf die Personengesellschaft als übergegangen gilt. Der zu diesem Zeitpunkt zivilrechtlich noch nicht existenten Personengesellschaft sind alle Rechtshandlungen der Kapitalgesellschaft zuzurechnen, die diese bis zur Eintragung vornimmt.[15]

15 **c) Formwechsel auf Rechtsträger mit Betriebsvermögen.** Bei einem Formwechsel einer Kapitalgesellschaft mit Betriebsvermögen sind die §§ 3–7 entsprechend anzuwenden. Dies führt bei der Kapitalgesellschaft zu einer Besteuerung nach § 3 und bei der Personengesellschaft sowie ihren Gesellschaftern nach den §§ 4-7.

16 **aa) Ebene der Kapitalgesellschaft.** Wird eine Kapitalgesellschaft in eine Personengesellschaft umgewandelt, so hat sie in der Übertragungsbilanz die stillen Reserven aufzudecken, indem das Vermögen mit dem **gemeinen Wert** angesetzt wird. Wenn die Voraussetzungen von § 3 Abs. 2 vorliegen, ist ein Ansatz zum **Buchwert**- bzw **Zwischenwert** zulässig und die stillen Reserven können unversteuert bleiben.

17 Nach Handelsbilanzrecht kommt es immer zum **Buchwertansatz,** da zivilrechtlich der Fall eines identitätswahrenden Formwechsels vorliegt, die Gesellschaft wechselt nur ihre Form, das Vermögen geht nicht auf einen anderen Rechtsträger über. Nur wenn der Steuerpflichtige den Buchwertansatz in der Steuerbilanz wählt, kommt es zu einem Gleichlauf in Handels- und Steuerbilanz. Ein solcher ist aufgrund der Abschaffung des Maßgeblichkeitsgrundsatzes auch nicht mehr erforderlich.

18 Die **steuerlichen Folgen** des Formwechsels stimmen vollständig mit denen der Verschmelzung überein. Eine Besteuerung des Übertragungsgewinns erfolgt als laufender Gewinn im letzten Veranlagungszeitraum der Kapitalgesellschaft. Eine Bildung einer **Rückstellung** für Steuerverbindlichkeiten aus Anlass des Formwechsels ist unzulässig.[16] Der Teil des Gewinns, der auf eine Erhöhung des Wertansatzes von Beteiligungen an Kapitalgesellschaften entfällt, ist durch § 8 b KStG steuerbegünstigt.[17]

19 **bb) Ebene der Personengesellschaft und der Gesellschafter.** Bei der Personengesellschaft und deren Gesellschaftern[18] kommt es beim Formwechsel zu einer Anwendung von §§ 4–7 mit Ausnahme von § 6 Abs. 1, der mangels zweier unterschiedlicher Rechtsträger nicht in Betracht kommt. Die Personengesellschaft hat die in der Übertragungsbilanz der Kapitalgesellschaft angesetzten Werte zu übernehmen und tritt in die **steuerliche Rechtsstellung** der Kapitalgesell-

14 EuGH, Urteil v. 12. 7. 2012 – C-378/10, NZG 2012, 871.

15 Rödder/Herlinghaus/van Lishaut/*Birkemeier*, § 9 Rn 36 f.

16 Schmitt/Hörtnagl/Stratz/*Schmitt*, § 9 Rn 14.

17 Schmitt/Hörtnagl/Stratz/*Schmitt*, § 9 Rn 14 und § 3 Rn 152.

18 Bei der Sondersituation des Formwechsels einer KGaA in eine Personengesellschaft ist noch zusätzlich zwischen Kommanditaktionären und Kommanditisten zu unterscheiden: Haritz/Menner/*Greve*, § 9 Rn 69.

schaft ein, soweit sich nicht aus ihrem Wesen als steuerlich transparente Personengesellschaft etwas anderes ergibt. Bestehende verrechenbare **Verluste**, nicht ausgeglichene **negative Einkünfte** und ggf **Zinsvorträge** gehen unter.[19]

Für die Gesellschafter hat der Formwechsel folgende Auswirkungen: Aus dem Verweis auf § 7 ergibt sich eine **fiktive Vollausschüttung der offenen Rücklagen** an die Gesellschafter, für die auch Kapitalertragsteuer einzubehalten ist.[20] 20

Neben der Besteuerung des **Dividendenanteils** ist nach § 4 Abs. 4 das Übernahmeergebnis durch Vergleich des Anteilsbuchwertes mit dem anteiligen Buchwert des übernommen Betriebsvermögens zu ermitteln. Die Bezüge nach § 7 sind in Abzug zu bringen. Die Anteile der Gesellschafter an der Kapitalgesellschaft gelten als in die Personengesellschaft eingelegt.[21] 21

d) Formwechsel auf Rechtsträger ohne Betriebsvermögen. Auch § 8, der die Verschmelzung auf einen Rechtsträgers ohne Betriebsvermögen regelt, wird durch § 9 zur Anwendung gebracht. Dies führt dazu, dass über § 9 S. 1 iVm § 8 auch die §§ 3–7 entsprechend gelten. 22

aa) Ebene der Kapitalgesellschaft. Für die Ebene der **Kapitalgesellschaft** kommt es zu einer Anwendung von § 3 für die Aufstellung der **Übertragungsbilanz** (vgl § 9 S. 1 iVm § 8). Da das Vermögen auf einen Rechtsträger ohne Betriebsvermögen übergeht, müssen die stillen Reserven und stillen Lasten durch den **Ansatz des gemeinen Wertes** aufgedeckt werden (vgl § 3 Abs. 2 S. 1 Nr. 1 iVm § 3 Abs. 1). Ausgenommen sind hiervon lediglich die Pensionsrückstellungen, die nach § 3 Abs. 1 S. 2 immer mit dem Teilwert nach § 6 a EStG anzusetzen sind. 23

bb) Ebene der Personengesellschaft und Gesellschafter. Auf Ebene der **Personengesellschaft** werden die §§ 4, 5 und 7 angewendet. Die steuerlichen Folgen treffen insb. die Ebene der **Gesellschafter.** Die von der Kapitalgesellschaft in der Übertragungsbilanz angesetzten **gemeinen Werte** sind in der Übernahmebilanz der Personengesellschaft **fortzuführen,** § 4 Abs. 1. 24

Gemäß § 4 Abs. 2 S. 1 Hs 1 tritt die Personengesellschaft in die steuerliche Rechtsstellung der Kapitalgesellschaft ein. Da die Personengesellschaft aber gerade über kein Betriebsvermögen verfügt, besteht die steuerliche Rechtsstellung hauptsächlich in der **Übernahme des Abschreibungspotenzials.** Bestimmte Abschreibungsmethoden, etwa § 7 Abs. 4 S. 1 Nr. 1 EStG oder nach § 7 Abs. 5 S. 1 Nr. 1 EStG, sind allerdings bei der Personengesellschaft nicht fortzusetzen, da sie ein Betriebsvermögen erfordern.[22] 25

Auch beim Formwechsel in eine **Personengesellschaft ohne Betriebsvermögen** ist die Fortführung verrechenbarer Verluste, verbleibender Verlustvorträge, nicht ausgeglichener negativer Einkünfte und ggf eines Zinsvortrages ausgeschlossen.[23] 26

III. Auswirkungen auf andere Steuerarten

Gewerbesteuerlich ist der Übertragungsgewinn bei der Kapitalgesellschaft zu versteuern. Ein Übernahmegewinn unterliegt nicht der Gewerbesteuer (§ 18 Abs. 2). Auch wenn zum Vermögen der Kapitalgesellschaft ein Grundstück gehört und es sich grundsätzlich beim Formwechsel ertragsteuerrechtlich um einen Fall der Vermögensübertragung handelt, entsteht keine **Grunderwerbsteuer.**[24] 27

19 Haritz/Menner/*Greve*, § 9 Rn 56.
20 Haritz/Menner/*Greve*, § 9 Rn 68.
21 Rödder/Herlinghaus/van Lishaut/*Birkemeier*, § 9 Rn 23.
22 Rödder/Herlinghaus/van Lishaut/*Trossen*, § 8 Rn 45.
23 Rödder/Herlinghaus/van Lishaut/*Birkemeier*, § 9 Rn 28.
24 BFH BStBl II 1997, 661; FinMin BaWü v. 18.9.1997 DStR 1997, 1576; Boruttau/Fischer GrEStG Rn 545 ff; Hofmann/Hofmann, § 1 GrEStG Rn 9 ff.

§ 10 Körperschaftsteuererhöhung (aufgehoben)

Die Körperschaftsteuerschuld der übertragenden Körperschaft erhöht sich für den Veranlagungszeitraum der Umwandlung um den Betrag, der sich nach § 38 des Körperschaftsteuergesetzes ergeben würde, wenn das in der Steuerbilanz ausgewiesene Eigenkapital abzüglich des Betrags, der nach § 28 Abs. 2 Satz 1 des Körperschaftsteuergesetzes in Verbindung mit § 29 Abs. 1 des Körperschaftsteuergesetzes dem steuerlichen Einlagekonto gutzuschreiben ist, als am Übertragungsstichtag für eine Ausschüttung verwendet gelten würde.

1 **1. Zeitlicher Anwendungsbereich.** § 10 ist letztmalig auf Umwandlungen anzuwenden, deren steuerlicher Übertragungsstichtag vor dem 1.1.2007 liegt.[1]

2 **2. Fortgeltung.** Angewendet wird § 10 auf Antrag nach § 34 Abs. 16 KStG weiterhin für Wohnungsunternehmen von Körperschaften des öffentlichen Rechts oder von steuerbefreiten Körperschaften.[2] Dies regelt § 27 Abs. 6 S. 2 UmwStG.

Dritter Teil
Verschmelzung oder Vermögensübertragung (Vollübertragung) auf eine andere Körperschaft

§ 11 Wertansätze in der steuerlichen Schlussbilanz der übertragenden Körperschaft

(1) [1]Bei einer Verschmelzung oder Vermögensübertragung (Vollübertragung) auf eine andere Körperschaft sind die übergehenden Wirtschaftsgüter, einschließlich nicht entgeltlich erworbener oder selbst geschaffener immaterieller Wirtschaftsgüter, in der steuerlichen Schlussbilanz der übertragenden Körperschaft mit dem gemeinen Wert anzusetzen. [2]Für die Bewertung von Pensionsrückstellungen gilt § 6 a des Einkommensteuergesetzes.

(2) [1]Auf Antrag können die übergehenden Wirtschaftsgüter abweichend von Absatz 1 einheitlich mit dem Buchwert oder einem höheren Wert, höchstens jedoch mit dem Wert nach Absatz 1, angesetzt werden, soweit

1. **sichergestellt ist, dass sie später bei der übernehmenden Körperschaft der Besteuerung mit Körperschaftsteuer unterliegen und**
2. **das Recht der Bundesrepublik Deutschland hinsichtlich der Besteuerung des Gewinns aus der Veräußerung der übertragenen Wirtschaftsgüter bei der übernehmenden Körperschaft nicht ausgeschlossen oder beschränkt wird und**
3. **eine Gegenleistung nicht gewährt wird oder in Gesellschaftsrechten besteht.**

[2]Anteile an der übernehmenden Körperschaft sind mindestens mit dem Buchwert, erhöht um Abschreibungen sowie um Abzüge nach § 6 b des Einkommensteuergesetzes und ähnliche Abzüge, die in früheren Jahren steuerwirksam vorgenommen worden sind, höchstens mit dem gemeinen Wert, anzusetzen. [3]Auf einen sich daraus ergebenden Gewinn findet § 8 b Abs. 2 Satz 4 und 5 des Körperschaftsteuergesetzes Anwendung.

(3) § 3 Abs. 2 Satz 2 und Abs. 3 gilt entsprechend.

Literatur:

Benecke/Beinert, Internationale Aspekte der Umstrukturierung von Unternehmen, FR 2010, 1120; *Benz* et al., DB Beilage Nr. 1 zu Heft Nr. 2 v. 13.1.2012, Der Umwandlungssteuererlass 2011; *Benz/Rosenberg*, Fallstricke des UmwStG, DB 2012, Sonderausgabe v. 11.11.2012; *Flick/Gocke/Schaumburg/BDI*, Der Umwandlungssteuer-Erlass 2011, 2012; *Hageböke*, Sind alle Umwandlungen „Ver-

1 Zur alten Rechtslage Haritz/Menner/*Greve*, Anhang zu § 10 UmwStG.
2 Haritz/Menner/*Greve*, § 10 UmwStG Rn 4.

äußerungen"? – Kritische Anmerkungen zur neuen Ausgangsthese der Finanzverwaltung im UmwStE, Ubg 2011, 689; *Kahle/Hiller/Vogel*, Bewertungswahlrechte und Bewertungsmaßstäbe im Umwandlungsfall in Handels- und Steuerbilanz, FR 2012, 789; *Klingberg/Nitschke*, Grenzüberschreitende Umwandlungen am Beispiel grenzüberschreitender Verschmelzungen, Ubg 2011, 451; *Kußmaul/Richter/Heyd*, Ausgewählte Problemfelder der Hinausverschmelzung von Kapitalgesellschaften aus Deutschland, IStR 2010, 73; *Lohmar*, Aktuelle Fragen umwandlungssteuerlicher Entstrickung, FR 2013, 591; *Oppen/Polatzky*, Ausgewählte Zweifels- und Praxisfragen zur Verschmelzung, GmbHR 2012, 263; *Prinz*, Umwandlungen im Internationalen Steuerrecht, 2013; *Pyszka/Hruschka*, Umwandlungssteuerrecht: Unwirksame, weil verfrühte Ausübung des Wahlrechts auf Buchwertfortführung?, DStR 2013, 693; *Pyszka*, Steuerliche Aspekte bei Kettenumwandlungen, DStR 2013, 1462; *Rödder/Wochinger*, Down-Stream-Merger mit Schuldenüberhang und Rückkauf eigener Anteile, DStR 2006, 684; *Schein*, Passive latente Steuern auf den GoF bei der Verschmelzung von Körperschaften, DB 2013, 485; *Schell*, Internationale Bezüge bei Verschmelzungen zwischen Körperschaften, FR 2012, 101; *Schell/Krohn*, Ausgewählte praxisrelevante „Fallstricke" des UmwStE 2011 (Teil 1), DB 2012, 1057; *Schmitt/Schloßmacher*, Downstream-Merger mit ausländischen Anteilseignern, DStR 2010, 673; *Schneider/Ruoff/Sistermann*, Umwandlungssteuer-Erlass 2011, Kurzkommentierung mit Beraterhinweisen, 2012; *Schumacher/Neitz-Hackstein*, Verschmelzung und Spaltung zwischen inländischen Kapitalgesellschaften, Ubg 2011, 451; *Viebrock/Hagemann*, Verschmelzungen mit grenzüberschreitendem Bezug – „Fallstricke" beim Übertragungs- und Übernahmeergebnis, FR 2009, 737.

A. Allgemeines

I. Systematische Einordnung und Normzweck

1 Während die §§ 2 ff UmwG die Übertragung von Sachen, Rechten, Verpflichtungen und Rechtsverhältnissen im Wege der Verschmelzung oder Vermögensübertragung erleichtern sollen, ist Normzweck der §§ 11 bis 13, die ertragsteuerlichen Hemmnisse für Verschmelzung zwischen Körperschaften zu beseitigen. Die §§ 11 bis 13 befinden sich im Dritten Teil des UmwStG und regeln die ertragsteuerlichen Folgen der Verschmelzung einer Körperschaft auf eine andere Körperschaft iSd § 2 UmwG sowie vergleichbarer inländischer und ausländischer Umwandlungen, der Verschmelzung auf eine Europäische Gesellschaft (SE) oder Europäische Genossenschaft (SCE) und der Vermögensübertragung iSd § 174 UmwG. Sie enthalten Detailregeln für die steuerliche Behandlung der drei Besteuerungsebenen übertragende Körperschaft (§ 11), übernehmende Körperschaft (§ 12) und Anteilseigner der übertragenden Körperschaft (§ 13). Dabei enthalten die §§ 11 bis 13 nicht alle Detailregeln selbst. Die allgemeinen Vorschriften des Ersten Teils des UmwStG sind für Verschmelzungen entsprechend anzuwenden. Der sachliche und persönliche Anwendungsbereich der §§ 11 bis 13 wird durch § 1 Abs. 1, 2 umfassend und abschließend geregelt.[1] § 1 Abs. 5 enthält für die Anwendung der §§ 11 bis 13 verbindliche Begriffsbestimmungen. Nach § 2 richtet sich die mögliche steuerliche Rückbeziehung von Verschmelzungen (Rückwirkung des Vermögensübergangs und der Einkommenszurechnung). Durch § 19 werden die körperschaftsteuerlichen bzw einkommensteuerlichen Folgen einer Verschmelzung auf die Gewerbesteuer erstreckt. Darüber hinaus macht der Gesetzgeber in §§ 11 bis 13 sowohl von Verweisen innerhalb des UmwStG als auch von Verweisen auf körperschaft- und einkommensteuerliche Regelungen Gebrauch. Im Übrigen finden die allgemeinen ertragsteuerlichen Regelungen insoweit Anwendung, als das UmwStG die zugrunde liegenden Sachverhalte nicht abschließend erfasst.

2 § 11 regelt die ertragsteuerlichen Auswirkungen bei der übertragenden Körperschaft. Als spezialgesetzliche Ausnahme von dem Prinzip der Individualbesteuerung ermöglicht § 11 Abs. 2 zusammen mit § 12 Abs. 1 unter bestimmten Voraussetzungen den steuerneutralen Übergang von stillen Reserven von einem Steuersubjekt auf ein anderes Steuersubjekt.[2] Rechtstechnisch erfolgt dies durch eine Fortführung der Steuerbilanzwerte der übergehenden Wirtschaftsgüter durch die übernehmende Körperschaft. Soweit die übertragende Körperschaft die übergehenden Wirtschaftsgüter in ihrer steuerlichen Schlussbilanz mit den Buchwerten ansetzt, gehen die darin enthaltenen stillen Reserven folglich steuerneutral auf die übernehmende Körperschaft über.[3] Obwohl die Verschmelzung grds. „wesentliche Elemente eines entgeltlichen Tauschgeschäfts"[4] trägt, kann der bei der übertragenden Körperschaft eigentlich entstehende Veräuße-

1 Vgl *Ehret/Lausterer*, DB 2012 Beilage 1, 5 ff.

2 Dötsch/Pung/Möhlenbrock/*Möhlenbrock*, Einführung UmwStG (SEStEG) Rn 82; Rödder/Herlinghaus/van Lishaut/*Rödder*, § 11 UmwStG Rn 6; Haase/Hruschka/*Ropohl/Sonntag*, § 11 UmwStG Rn 3.

3 Auf Ebene der übernehmenden Körperschaft kann sich jedoch ungeachtet der Steuerneutralität bei der übertragenden Körperschaft nach Maßgabe von § 12 Abs. 2, 4, 5 ein Übernahmegewinn ergeben, vgl hierzu die Kommentierung zu § 12 Rn 48 ff.

4 BFH Beschluss v. 17.12.2007 – GrS 2/04, BStBl. II 2008, 608; vgl auch BFH Urteil v. 15.10.1997 – I R 22/96, BStBl. II 1998, 168 (tauschähnlicher Vorgang und rechtsgeschäftliche Veräußerung); BFH Urteil v. 23.1.2002 – XI R 48/99, BStBl. II 2002, 875 (Anschaffungs- bzw Veräußerungsvorgang); BFH Urteil v. 16.5.2002 – III R 45/98, BStBl. II 2003, 10 (tauschähnlicher Vorgang); Frotscher/Maas/*Frotscher*, § 1 UmwStG Rn 33 und § 11 UmwStG Rn 4; Schmitt/Hörtnagl/Stratz/*Schmitt*, Vor §§ 11–13 UmwStG Rn 2.

rungsgewinn[5] durch die Buchwertfortführung vermieden werden. § 11 setzt somit nicht bereits auf der Tatbestandsebene an, sondern mildert die Steuerfolgen auf Rechtsfolgenseite durch die vorrangige Anwendung spezialgesetzlicher und steuerlich eigenständiger Ansatz- und Bewertungsvorschriften.

3 Die Buchwertfortführung ist als antragsgebundenes Wahlrecht ausgestaltet und kann ausschließlich von der übertragenden Körperschaft (bzw der übernehmenden Körperschaft als deren Gesamtrechtsnachfolger) ausgeübt werden. Die übernehmende Körperschaft ist an die Wertansätze in der steuerlichen Schlussbilanz der übertragenden Körperschaft gebunden und kann hiervor nicht abweichen (strenge Wertverknüpfung). Die Besteuerung der übergehenden stillen Reserven wird dadurch bei der übernehmenden Körperschaft erst zu einem späteren Zeitpunkt bei tatsächlicher Realisierung der stillen Reserven nachgeholt. Zentrale Voraussetzung für die Buchwertfortführung ist, dass die deutsche Besteuerung der übergehenden stillen Reserven zu einem späteren Zeitpunkt sichergestellt ist und nicht ausgeschlossen oder beschränkt wird.

4 Aus Sicht der Anteilsinhaber handelt es sich bei der Verschmelzung um einen Anteilstausch. Auch auf Anteilseignerebene ermöglicht § 13 (bei Anteilen im Betriebsvermögen)[6] bzw § 20 Abs. 4 a EStG (bei Anteilen im steuerlichen Privatvermögen)[7] eine Buchwertfortführung. Rechtstechnisch wird dies dadurch umgesetzt, dass die Anteile an der übernehmenden Körperschaft steuerlich an die Stelle der untergehenden Anteile an der übertragenden Körperschaft treten. Auf diese Weise springen die in den untergehenden Anteilen an der übertragenden Körperschaft enthaltenen stillen Reserven auf die neu gewährten Anteile über. Voraussetzung ist auch in diesem Fall, dass das Besteuerungsrecht Deutschlands hinsichtlich der übergehenden stillen Reserven nicht ausgeschlossen oder beschränkt wird. § 13 gewährt den Anteilseignern ein – von § 11 Abs. 2 unabhängig ausübbares – Wahlrecht, entweder den gemeinen Wert (Grundfall) oder den Buchwert (antragsgebunden) anzusetzen, wohingegen § 20 Abs. 4 a EStG zwingend den Buchwertansatz vorsieht.

II. Verhältnis der §§ 11 ff zu anderen steuerlichen Vorschriften

5 **1. §§ 11 ff als lex specialis im Ertragsteuerrecht. a) Vorrang vor den allgemeinen Ansatz- und Bewertungsvorschriften.** Gegenüber den Normen des EStG bzw KStG stellen die Vorschriften der §§ 11 ff spezialgesetzliche Regelungen für die steuerliche Behandlung von Verschmelzungen von Körperschaften auf andere Körperschaften dar. Soweit die §§ 11 ff abweichende Rechtsfolgen normieren, sind diese vorrangig anzuwenden und verdrängen die allgemeinen Regelungen im EStG und KStG. Nach § 19 gelten die §§ 11 ff auch für Zwecke der Gewerbesteuer. Ferner finden sich weitere Spezialregelungen zur Verschmelzung von Investmentfonds oder Teilen von Investmentfonds in § 14 und § 17 a InvStG, die wiederum den §§ 11 ff vorgehen.

6 Der Vorrang der §§ 11 ff gegenüber den allgemeinen Regelungen im EStG und KStG hat insb. Bedeutung für den Wertansatz der übergehenden Wirtschaftsgüter in der steuerlichen Schlussbilanz des übertragenden Rechtsträgers, der maßgeblich für die Ermittlung des Übertragungsgewinns ist. Sowohl der in § 5 Abs. 1 EStG geregelte Maßgeblichkeitsgrundsatz als auch die allgemeinen Ansatzverbote aus § 5 Abs. 2 ff EStG sowie die Bewertungsvorbehalte in § 6 EStG bleiben in der steuerliche Schlussbilanz mit Ausnahme der Bewertung von Pensionsrückstellun-

5 Zum Streitstand ob Veräußerungsgewinn oder Ausschüttungsgewinn vgl Rödder/Herlinghaus/van Lishaut/*Rödder*, § 11 Rn 6 a ff. Die Finanzverwaltung vertritt die These, dass jeder Umwandlungsvorgang, also auch die Verschmelzung, ein Veräußerungsvorgang sei, vgl BMF Schreiben v. 11.11.2011, BStBl. I 2011, 1314 ff, („**UmwSt-Erlass**") Rn 00.02 mit Bezugnahme auf die BFH-Rechtsprechung; krit. dazu ausführlich *Hageböke*, Ubg 2011, 689; *Rödder/Rogall*, Ubg 2011, 753, 754.

6 Zur mittelbaren Anwendbarkeit von § 13 über § 12 Abs. 2 S. 2 KStG bei Beteiligung von Körperschaften in Drittstaaten s. Rn 10; zur Anwendbarkeit bei Abwärtsverschmelzung s. UmwSt-Erlass Rn 11.19.

7 Vgl BMF Schreiben v. 9.10.2012, BStBl. I 2012, 953, Rn 100 ff.

gen nach § 6 a EStG grds. unberücksichtigt (s. Rn 55 ff). Etwas anderes gilt, wenn der übertragende Rechtsträger einen Antrag auf Buchwertansatz stellt (s. Rn 99 ff).

b) **Abgrenzung zu den §§ 11 und 12 KStG.** § 11 KStG regelt die steuerlichen Folgen bei Auflösung und Abwicklung (Liquidation) einer Körperschaft. Bei einer Verschmelzung kommt es jedoch gerade nicht zu einer Abwicklung der übertragenden Körperschaft, sondern lediglich zu deren Auflösung ohne Abwicklung. Folglich ist § 11 KStG für Verschmelzungen nicht anwendbar. Bei geplanter **Liquidation** einer inländischen Körperschaft **mit Schuldüberhang** wäre es in der Praxis zur Vermeidung eines steuerlichen Risikos hinsichtlich der Besteuerung eines Liquidationsgewinns uU empfehlenswert, die inländische Körperschaft vor der Liquidation grenzüberschreitend auf eine Gesellschaft in einem EU-Mitgliedstaat, der einen Liquidationsgewinn aus dem Wegfall eines Schuldüberhangs nicht besteuert, hinauszuverschmelzen (zB UK Ltd) und die übernehmende Körperschaft dann anschließend zu beerdigen.[8] 7

§ 12 Abs. 1 KStG ist als allgemeine Entstrickungsnorm des Körperschaftsteuerrechts konzipiert und soll vergleichbar § 4 Abs. 1 S. 3 EStG die deutsche Besteuerung bei der Entstrickung von deutschem Steuersubstrat durch Überführung von Wirtschaftsgütern ins Ausland bzw aufgrund abweichender Zuordnung von Wirtschaftsgütern zu einer ausländischen Betriebsstätte sicherstellen. In Abgrenzung hierzu normiert § 11 Abs. 2 S. 1 Nr. 2 wann es zu einer **Entstrickungsbesteuerung** bei einer verschmelzungsbedingten Übertragung von Wirtschaftsgütern auf einen anderen Rechtsträger kommt. Im Gegensatz zum allgemeinen Entstrickungstatbestand in § 12 KStG, der sowohl Fälle der rechtlichen als auch tatsächlichen Entstrickung erfasst, beschränkt sich § 11 Abs. 2 S. 1 Nr. 2 auf die Fälle der rechtlichen Entstrickung beim übertragenden Rechtsträger (s. Rn 187 ff). 8

§ 12 Abs. 2 S. 1 KStG regelt den Sonderfall der nicht von § 11 ff erfassten Verschmelzungen von beschränkt steuerpflichtigen Körperschaften desselben ausländischen Staates (nationale **Drittstaatenverschmelzung**) und ordnet die Buchwertfortführung hinsichtlich der in Deutschland steuerverstrickten Wirtschaftsgüter an (kein Wahlrecht). Wie auch in § 11 Abs. 2 S. 1 Nr. 1 bis 3 setzt die Buchwertfortführung voraus, dass das deutsche Besteuerungsrecht an den übergehenden Wirtschaftsgütern durch die Verschmelzung nicht beschränkt wird und eine Gegenleistung nicht gewährt wird oder nur in Gesellschaftsrechten besteht.[9] 9

§ 12 Abs. 2 S. 2 KStG erklärt für die Besteuerung der Anteilsinhaber des übertragenden Rechtsträgers § 13 auch bei Drittstaatenverschmelzungen für entsprechend anwendbar. Laut den Gesetzesmaterialien kommt es nicht darauf an, dass die Voraussetzungen für eine steuerneutrale Übertragung auf Gesellschaftsebene gem. § 12 Abs. 2 S. 1 KStG gegeben sind.[10] Demzufolge sollen über den Wortlaut der Vorschrift hinaus auch grenzüberschreitende Drittstaatenverschmelzungen begünstigt sein. Entsprechendes gilt für Drittstaatenverschmelzungen, bei denen der übertragende Rechtsträger nicht beschränkt steuerpflichtig ist. Über den Verweis auf § 13 ist für die Steuerneutralität von Drittstaatenverschmelzungen auf Anteilseignerebene Voraus- 10

8 Der Der BFH erachtet im Urteil v. 5.2.2014 – I R 34/12, DStR 2014, 1601 den Ansatz einer Verbindlichkeit in der Liquidationsschlussbilanz zumindest als diskussionswürdig und eine Ausbuchung unter Bezugnahme auf den Ausnahmefall zu § 12 Abs. 1 S. 1 Hs 2 BewG als nicht evident rechtsfehlerhaft. Noch in der Voristanz hat das FG Köln mit Urteil v. 16.3.2012 – 13 K 3006/11, GmbHR 2012, 977 entschieden, dass bestehende Verbindlichkeiten in der Liquidationsschlussbilanz auszuweisen sind und ein rechtstheoretisch entstehender Gewinn bei Vollbeendigung der Gesellschaft (nach der Lehre vom Doppeltatbestand durch Vermögenslosigkeit und Löschung im Handelsregister) mangels Körperschaftsteuersubjekt nicht mehr steuerpflichtig ist. Dies lehnen wichtige Vertreter der Finanzverwaltung strikt ab.

9 Vgl hierzu Prinz/*Beinert/Scheifele*, Rn 8.227 ff und 8.208 ff sowie *Curdt/Hölscher*, DB 2014, 1579 zum Erfordernis der beschränkten Steuerpflicht.

10 S. Bericht FA zum SEStEG, BT-Drucks. 16/3369, 8. Auch in der Gesetzesbegründung zum SEStEG war noch vorgesehen, dass § 13 auf Anteilseignerebene unabhängig davon Anwendung findet, ob beim übertragenden und übernehmenden Rechtsträger die in § 1 Abs. 2 normierten Ansässigkeitserfordernisse vorliegen, BT-Drucks. 16/2710, 36; dies wurde jedoch mit Aufnahme der Neuregelung zu § 12 Abs. 2 KStG aufgehoben. Vgl auchRödder/Herlinghaus/van Lishaut/*Neumanm*, § 13 UmwStG Rn 6 a mwN.

setzung, dass das Besteuerungsrecht Deutschlands hinsichtlich des Gewinns aus der Veräußerung der erhaltenen Anteile weder ausgeschlossen noch beschränkt ist.

11 § 12 Abs. 3 KStG regelt, dass die Verlegung des statutarischen Sitzes bzw des Orts der Geschäftsleitung außerhalb des EU-/EWR-Raums bei Verlust der unbeschränkten Steuerpflicht im EU-/EWR-Raum aus deutscher steuerlichen Sicht zur deren Auflösung führt und die Vorschriften über die Besteuerung bei Liquidation nach § 11 KStG entsprechend Anwendung finden.

12 c) **Verdeckte Gewinnausschüttung und verdeckte Einlage. aa) Gesellschaftsebene.** Aufgrund der besonderen Ansatz- und Bewertungsvorschriften in § 11, verbunden mit der Buchwertverknüpfung in § 12 Abs. 1 verbleibt für die Anwendung der allgemeinen Korrekturvorschrift des § 8 Abs. 3 S. 2 und 3 KStG bei Annahme einer **verdeckten Gewinnausschüttung** (vGA) oder einer verdeckten Einlage (vE) infolge der Vermögensübertragung im Wege einer Verschmelzung grds. kein Raum.[11]

13 Bei der übernehmenden Körperschaft kommt es infolge der Buchwertfortführung iSv § 12 Abs. 1 regelmäßig zu keiner Auswirkung auf deren Einkommen. Die Übernahme von (positivem oder negativem) Betriebsvermögen wird unmittelbar im (steuerlichen) Eigenkapital verbucht und wirkt sich insoweit nicht auf den Unterschiedsbetrag des übernehmenden Rechtsträgers aus. Dies sollte auch für den Fall einer Auf- oder Abwärtsverschmelzung mit Schuldüberhang gelten (s. Rn 179 ff). Eine Ausnahme besteht lediglich soweit es zu einem Übernahmeverlust durch Ausbuchung der Beteiligung am übertragenden Rechtsträger kommt. Allerdings regelt § 12 Abs. 2 S. 1 die Rechtsfolgen für diesen Sonderfall abschließend, so dass § 8 Abs. 3 S. 2 KStG insoweit verdrängt wird.

14 Besitzt ein Anteilseigner entweder gegen den übertragenden Rechtsträger oder gegen den übernehmenden Rechtsträger eine **nicht werthaltige Forderung**, kommt es durch ein verschmelzungsbedingtes Aufleben der Werthaltigkeit auf Ebene der beteiligten Rechtsträger zu keiner Korrektur gem. § 8 Abs. 3 S. 2, 3 KStG, da die Verbindlichkeit in den Steuerbilanzen der beteiligten Rechtsträger mit dem vollen Nennwert anzusetzen ist[12] und regelmäßig keine Einkommensminderung zur Folge hat.[13]

15 Im Ergebnis sollte auch der ähnlich gelagerte Fall nicht anders zu beurteilen sein, dass der Anteilseigner vor dem Zeitpunkt des Verschmelzungsbeschlusses auf seine Gesellschafterforderung gegen **Besserungsschein** bzw Besserungsabrede verzichtet hat.

- Ist der Verzicht ggü dem übertragenden Rechtsträger erfolgt, hat dieser in der steuerlichen Schlussbilanz keine Verbindlichkeit mehr auszuweisen. Da der Besserungsfall erst nach der Übertragung auf den übernehmenden Rechtsträger aufgrund dessen wirtschaftlicher Situation eintritt, ist die Verbindlichkeit somit auch erst in der Folgebilanz des übernehmenden Rechtsträgers aufwandswirksam einzubuchen und führt zu einer entsprechenden Vermögensminderung.
- Ist der Verzicht ggü dem übernehmenden Rechtsträger erfolgt und ist der Besserungsfall auf die verschmelzungsbedingte Übertragung von positivem Reinvermögen zurückzuführen, ist die Verbindlichkeit ebenfalls erst in der Folgebilanz des übernehmenden Rechtsträgers aufwandswirksam einzubuchen und führt zu einer entsprechenden Vermögensminderung.

11 Dötsch/Pung/Möhlenbrock/*Dötsch*, Vor §§ 11-13 UmwStG (SEStEG) Rn 29; Schmitt/Hörtnagl/Stratz/*Schmitt*, § 11 UmwStG Rn 159 f; Rödder/Herlinghaus/van Lishaut/*Rödder*, § 11 UmwStG Rn 10 und Rn 162 „Verdeckte Gewinnausschüttungen und verdeckte Einlagen"; Lademann/*Hahn*, § 11 UmwStG Rn 5; Haase/Hruschka/*Ropohl/Sonntag*, § 11 UmwStG Rn 398 ff.

12 BFH Urteil v. 30.11.2011 – I R 100/10, BStBl. II 2012, 332 mwN; OFD Münster Verfügung v. 21.10.2005, DStR 2005, 2079.

13 Ebenso BFH Gerichtsbescheid v. 31.3.2004 – I R 38, 39/03, GmbHR 2005, 49; Dötsch/Pung/Möhlenbrock/*Dötsch*, Vor §§ 11–13 UmwStG (SEStEG) Rn 33 f; aA Widmann/Mayer/*Schießl*, § 11 UmwStG Rn 418 der eine vGA bei einer nicht werthaltigen Forderung gegen den übertragenden Rechtsträger befürwortet; FG Niedersachsen Urteil v. 18.6.2003 – 6 K 439/96, EFG 2003, 1650.

In beiden Fällen ist für steuerliche Zwecke zu unterscheiden, ob der vorherige Forderungsverzicht auf Gesellschaftsebene zu einer vE oder zu einem ao Ertrag geführt hat. Diese Beurteilung bestimmt sich nach der Werthaltigkeit der Forderung im Zeitpunkt des Verzichts.[14] War die Forderung nicht mehr werthaltig, hat der Forderungsverzicht zuvor bei der Schuldnergesellschaft aufgrund Ausbuchung einer Verbindlichkeit zu einem ao Ertrag geführt. Entsprechend führt das Aufleben der Forderung und Einbuchung einer korrespondierenden Verbindlichkeit zu sofort abzugsfähigen Betriebsausgaben.[15] Dies stellt auch keinen Fall des Missbrauchs von rechtlichen Gestaltungsmöglichkeiten iSv § 42 AO dar.[16] Soweit die Forderung im Zeitpunkt des Forderungsverzichts werthaltig war, liegt eine vE vor. Da die da vE unter der auflösenden Bedingung des Besserungsfalls gewährt wurde, ist das Aufleben der Forderung aufgrund Eintritts des Besserungsfalls nach Auffassung des BFH nicht als vGA zu werten, sondern als „steuerlich anzuerkennende Form der Kapitalrückzahlung".[17] Allerdings ist die latente Verpflichtung aus der Besserungsanwartschaft mE bereits bei der Bestimmung der Wertverhältnisse im Hinblick auf die Ermittlung des Umtauschverhältnisses entsprechend zu berücksichtigen. Andernfalls droht eine vGA auf Gesellschafterebene. Zu berücksichtigen ist in diesem Zusammenhang, dass die steuerlichen Folgen auf Ebene der Anteilseigner von den Folgen auf Gesellschaftsebene abweichen können. Dies liegt u.a. in der unterschiedlichen Definition der vGA auf Anteilseigner- und Gesellschafterebene und den unterschiedlichen Möglichkeiten der Einflussnahme auf die Gestaltung der steuerlichen Verhältnisse begründet.[18]

Im Private-Equity Umfeld wird von Teilen der Finanzverwaltung vertreten, dass ein hoch fremdfinanzierter Unternehmenskauf in Verbindung mit einer nachfolgenden Verschmelzung der (fremdfinanzierten) Akquisitionsgesellschaft mit der erworbenen Zielgesellschaft (**Leveraged Buy-Out** mit Debt-Push Down) stets einen Fall des § 42 AO bzw Gesamtplan darstellt und im Ergebnis zu einer vGA (und ggf auch zu einer Einkommenskorrektur nach § 1 AStG) hinsichtlich der übernommenen Finanzierungs- und Transaktionskosten führt, da diese nicht im eigenbetrieblichen Interesse, sondern vielmehr im Interesse des Investors getragen werden.[19] Dieser Auffassung wird im steuerlichen Schrifttum mE zu Recht mit guten Argumenten widersprochen.[20] 16

bb) Anteilseignerebene. Unabhängig von der Behandlung bei der übernehmenden Körperschaft kann unter bestimmten Voraussetzungen hingegen eine umwandlungsbedingte vGA bzw vE auf Anteilseignerebene anzunehmen sein, insb. wenn es zu Wertverschiebungen zwischen den Anteilen der beteiligten Anteilseigner kommt.[21] Eine Wertverschiebung von einem Anteil 17

14 Vgl BFH Beschluss v. 9.6.1997 – GrS 1/94, BStBl. II 1998, 307; BMF Schreiben v. 2.12.2003, IV A 2 – S 2743 – 5/03, BStBl. I 2003, 648. Dies sollt mE jedoch nur insoweit gelten, als der Forderungsverzicht durch das Gesellschaftsverhältnis veranlasst war und nicht ausschließlich betrieblich begründet ist (zB bei Verzicht zu Sanierungszwecken unter Anwendung des Sanierungsprivilegs).

15 BFH Urteil v. 12.7.2012 – I R 23/11, DB 2012, 2662; Schmitt/Hörtnagl/Stratz/*Schmitt*, § 11 UmwStG Rn 81; Rödder/Herlinghaus/van Lishaut/*Rödder*, § 11 UmwStG Rn 162.

16 Ein Missbrauch rechtlicher Gestaltungsmöglichkeiten sollte auch dann nicht gegeben sein, wenn die Besserungsanwartschaft an einen Anteilseigner des anderen an der Verschmelzung beteiligten Rechtsträgers veräußert wird. Der betriebliche Veranlassungszusammenhang wird durch die Veräußerung nicht unterbrochen.

17 BFH Urteil v. 30.5.1990 – I R 41/87, BStBl. II 1991, 588; H 40 KStR „Forderungsverzicht gegen Besserungsschein"; Haase/Hruschka/*Ropohl/Sonntag*, § 11 UmwStG Rn 254; Gosch/*Gosch*, § 8 KStG Rn 627.

18 Der BFH sieht sich im Urteil v. 12.7.2012 – I R 23/11, DB 2012, 2662 nicht im Widerspruch zum BFH Urteil v. 1.2.2001 – IV R 3/00, BStBl. II. 2001, 520 und differenziert eindeutig zwischen der Besteuerung der Gesellschafter und der Besteuerung der Gesellschaft.

19 *Ruthe*, StBp 2010, 329, 336 ff, StBp 2011, 1 ff, StBp 2012, 121, 123 ff und StBp 2013, 153, 155 f; Dötsch/Pung/Möhlenbrock/*Klingebiel*, § 8 KStG Rn 1578 f sieht eine vGA im Hinblick auf die Zinszahlungen für die Akquisitionsfinanzierung als gerechtfertigt. Folgt man dieser Auffassung ist zu prüfen, ob beim Investor § 8 b Abs. 1, 5 KStG Anwendung findet oder wg § 8 b Abs. 4, 7 KStG suspendiert wird.

20 *Schwetlik*, StBp 2012, 80; *Berger*, StuB 2012, 903; *Blumenberg*, JbFfSt 2012/2013, 587.

21 UmwSt-Erlass Rn 13.03 und 13.09 mit Hinweis auf BFH-Rechtsprechung; Dötsch/Pung/Möhlenbrock/*Dötsch*, Vor §§ 11-13 UmwStG (SEStEG) Rn 29, 31 f, 35; Dötsch/Pung/Möhlenbrock/*Klingebiel*, § 8 KStG Rn 1562 ff; Schmitt/Hörtnagl/Stratz/*Schmitt*, § 12 UmwStG Rn 103 und § 13 UmwStG Rn 14; Rödder/Herlinghaus/van Lishaut/*Rödder*, § 12 UmwStG Rn 47 „Verdeckte Gewinnausschüttungen und verdeckte Einlagen"; Rödder/Herlinghaus/van Lishaut/*Neumanm*, § 13 UmwStG Rn 9 e f.

auf einen anderen Anteil der an der Verschmelzung beteiligten Körperschaften kommt immer dann in Betracht, wenn die Anteilsgewährung nicht wertkongruent erfolgt oder auf sie nach Maßgabe des § 54 Abs. 1 UmwG ganz verzichtet wird (sog. nichtverhältniswahrende Verschmelzung). Nur bei einer 100%-Aufwärtsverschmelzung oder bei Seitwärtsverschmelzung mit einer gemeinsamen 100%-Muttergesellschaft führt eine nicht erfolgte Kapitalerhöhung mangels Vorteilszuwendung an die Anteilseigner zu keiner vGA. Im Konzernfall ist bei einem Verzicht auf die Anteilsgewährung gem. § 54 Abs. 1 S. 3, § 68 Abs. 1 S. 3 UmwG auch eine vGA bzw vE auf einer übergeordneten Stufe denkbar, etwa eine vGA des Anteilseigners der übertragenden Körperschaft an ihre eigenen Anteilseigner.

18 Sofern das UmwStG bei **Drittstaatenverschmelzungen** aufgrund des begrenzten persönlichen Anwendungsbereichs weder unmittelbar noch mittelbar über den Verweis in § 12 Abs. 2 S. 2 anwendbar ist, wird von Vertretern der Finanzverwaltung im Falle der Seitwärtsverschmelzung von einer vGA der übertragenden Körperschaft an ihre Anteilseigner und von einer vE in die übernehmende Körperschaft ausgegangen, wobei auf die vGA bei Verschmelzung zum Buchwert die Anwendbarkeit des deutschen Beteiligungsprivilegs aufgrund des Korrespondenzprinzips nach § 8 b Abs. 1 S. 2 KStG unter bestimmten Voraussetzungen versagt bleiben solle.[22] Dieser Auffassung wird im steuerlichen Schrifttum zumindest für einen mit der Verschmelzung nach § 2 UmwG vergleichbaren Rechtsvorgang (s. Rn 34 ff) mE zu Recht entschieden widersprochen.[23]

19 **2. Sonstige steuerliche Auswirkungen einer Verschmelzung. Gesamtrechtsnachfolge:** Der übernehmende Rechtsträger tritt als Gesamtrechtsnachfolger gem. § 45 Abs. 1 S. 1 AO grds. (dh vorbehaltlich einzelgesetzlicher Sonderregelungen) in vollem Umfang sowohl materiellrechtlich als auch verfahrensrechtlich in die Rechtsstellung des Rechtsvorgängers ein.

20 **Fiktive Herabsetzung des Nennkapitals und Übergang des steuerlichen Einlagekontos:** Bei Verschmelzung einer unbeschränkt steuerpflichtigen Körperschaft gilt das Nennkapital der übertragenden Körperschaft gem. § 29 Abs. 1 KStG als in vollem Umfang nach § 28 Abs. 2 S. 1 KStG herabgesetzt (sog. Nullstellung des Nennkapitals). In den Fällen der Abwärtsverschmelzung gilt dies auch für den übernehmenden Rechtsträger. Ein den Sonderausweis (§ 28 Abs. 1 S. 3 KStG) übersteigender Betrag ist dem steuerlichen Einlagekonto gutzuschreiben. Der Bestand des steuerlichen Einlagekontos der übertragenden Körperschaft ist letztmalig auf den steuerlichen Übertragungsstichtag gesondert festzustellen.[24] Nach Maßgabe von § 29 Abs. 2 S. 1 KStG geht der Bestand des steuerlichen Einlagekontos auf den übernehmenden Rechtsträger über, bei Beteiligung am übertragenden Rechtsträger jedoch gem. § 29 Abs. 2 S. 2 KStG erst nach vorheriger Kürzung. Bei einer Abwärtsverschmelzung mindert sich nach § 29 Abs. 2 S. 3 KStG zudem der Bestand des Einlagekontos beim übernehmenden Rechtsträgers. Beim übernehmenden Rechtsträger wird das Nennkapital nach Maßgabe von § 29 Abs. 4 KStG angepasst.[25] Bei Hereinverschmelzungen ist § 29 Abs. 6 KStG anzuwenden.[26]

21 **Verschmelzung als Realisationstatbestand iSv § 22:** Werden sperrfristbehaftete Anteile iSv § 22 Abs. 1, 2 im Rahmen einer Verschmelzung übertragen, kommt es nach Auffassung der Finanzverwaltung insoweit grds. zu einer rückwirkenden Besteuerung des Einbringungsgewinns, da die Verschmelzung als Veräußerung iSv § 22 Abs. 1 S. 1 bzw Abs. 2 S. 1 zu sehen sei.[27] Unter bestimmten Voraussetzungen sieht die Finanzverwaltung aus Billigkeitsgründen von der Ein-

22 *Hruschka*, IStR 2012, 844, 845.
23 Ausführlich *Becker/Kamphaus/Loose*, IStR 2013, 328, 331 ff.
24 UmwSt-Erlass Rn K.04.
25 Zu Besonderheiten bei Abwärtsverschmelzung hinsichtlich einer möglichen „Vernichtung" von Einlagen s. FG Baden-Württemberg Urteil v. 5.6.2014 – 3 K 3223/12, DB 2014, 1902.
26 Anschaulich Rödder/Herlinghaus/van Lishaut/*van Lishaut*, Anh. 3 Rn 15 ff.
27 UmwSt-Erlass Rn 22.07, Rn 22.22 und Rn 22.23; krit. *Hageböke*, Ubg 2011, 689.

bringungsgewinnbesteuerung ab.[28] Ähnliches gilt gem. § 27 Abs. 3 iVm § 21 Abs. 1 S. 1 UmwStG 1995 auch für einbringungsgeborene Anteile, jedoch mit abweichender Rechtsfolge (insb. keine Siebtel-Regelung).

Verlustuntergang beim übernehmenden Rechtsträger: Im Rahmen der Verschmelzung einer Körperschaft können neben dem Untergang der eigenen steuerlichen Verluste nach § 12 Abs. 3 Hs 2 iVm § 4 Abs. 2 S. 2 ggf auch die steuerlichen laufenden Verluste und Verlustvorträge des übernehmenden Rechtsträgers gem. § 8 c Abs. 1 S. 4 KStG untergehen. Dies ist dann der Fall, wenn eine verschmelzungsbedingte Kapitalerhöhung zu einer entsprechenden Änderung der Beteiligungsquoten führt, da eine Kapitalerhöhung der Übertragung des gezeichneten Kapitals gleichsteht. Allerdings verschafft im Falle des § 8 c KStG im Gegensatz zum Verlustuntergang nach § 4 Abs. 2 S. 2 uU die Konzernklausel nach § 8 c Abs. 1 S. 5 KStG oder die Stillen Reserven-Klausel nach § 8 c Abs. 1 S. 6 ff KStG Abhilfe. 22

Verlustuntergang auf Ebene nachgelagerter Gesellschaften: Die Verschmelzung einer Körperschaft mit Beteiligungen an anderen Gesellschaften kann gem. § 8 c KStG bzw § 10 a S. 10 GewStG auch Auswirkungen auf steuerliche laufende Verluste und steuerliche Verlustvorträge auf Ebene der nachgelagerten Gesellschaften haben und zu einem ganzen oder teilweisen Verlustuntergang führen.[29] 23

Hinzurechnungsbesteuerung: Gem. § 8 Abs. 1 Nr. 10 Hs 1 AStG gehören die Einkünfte aus der Verschmelzung eines ausländischen Rechtsträgers grundsätzlich zu den aktiven Einkünften, sofern sie ungeachtet des persönlichen Anwendungsbereichs des deutschen UmwStG zu Buchwerten erfolgen könnten. Nicht abschließend geklärt ist in diesem Zusammenhang, ob und auf welche Weise die Voraussetzungen für den Buchwertansatz nach § 11 Abs. 2 S. 1 Nr. 1 und 2 zu prüfen sind.[30] Ein Buchwertantrag iSv § 11 Abs. 2 S. 1 ist nicht erforderlich, da es nach dem Gesetzeswortlaut lediglich auf die fiktive Möglichkeit des Buchwertansatzes ankommt.[31] Passive Einkünfte liegen jedoch gem. § 8 Abs. 1 Nr. 10 Hs 2 AStG insoweit vor, als die zuvor beschriebenen Voraussetzungen nicht erfüllt sind oder ein umwandlungsbedingter Veräußerungsgewinn aus der Übertragung von Anteilen an Kapitalgesellschaften gedanklich auf Wirtschaftsgüter entfällt, die Zwischeneinkünfte mit Kapitalanlagecharakter iSv § 7 Abs. 6 a AStG vermitteln.[32] In einem solchen Fall stellt § 10 Abs. 3 S. 4 AStG klar, dass die Begünstigungen des UmwStG bei der Ermittlung des Hinzurechnungsbetrags außer Acht bleiben. 24

Nachversteuerung nach § 2 a EStG: Sofern bei einer unbeschränkt steuerpflichtigen Körperschaft in der Vergangenheit ein sich nach deutschen Gewinnermittlungsvorschriften ergebender Verlust einer ausländischen Betriebsstätte gem. § 2 a Abs. 3 S. 1 EStG aF bzw § 2 Abs. 1 AuslInvG von der inländischen Bemessungsgrundlage abgezogen wurde, kann die Verschmelzung der unbeschränkt steuerpflichtigen Körperschaft gem. § 2 a Abs. 4 Nr. 2 iVm § 52 Abs. 3 EStG 25

28 UmwSt-Erlass Rn 22.23 (einschließlich der Beispiele). Erforderlich ist insb., dass diejenigen Einbringenden, bei denen der Einbringungsgewinn zu versteuern wäre, einen Antrag stellen und sich damit einverstanden erklären, dass auf alle unmittelbaren oder mittelbaren Anteile an einer an der Verschmelzung beteiligten Gesellschaft § 22 Abs. 1 und 2 entsprechend anzuwenden ist. Ferner setzt dies voraus, dass keine steuerliche Statusverbesserung eintritt, sich keine stillen Reserven von den sperrfristbehafteten Anteilen auf Dritte verlagern und deutsche Besteuerungsrechte nicht ausgeschlossen oder beschränkt werden. Zu näheren Einzelheiten s. die Kommentierung zu § 22. Zur gleichgelagerten Problematik der Bindungswirkung für die Gewerbesteuer vgl die Ausführungen zu Rn 131 zur Verschmelzung auf eine Organgesellschaft.

29 Vgl zur teleologischen Reduktion bei Verkürzung der Beteiligungskette im Fall einer Abwärtsverschmelzung FG Berlin-Brandenburg Urteil v. 18.10.2011 – 8 K 8311/10, BB 2012, 1327 (Rev. anhängig beim BFH – I R 79/11).

30 Für ein Leerlaufen der Prüfung mangels deutschem Besteuerungsrecht: Kraft/*Rödel*, § 8 AStG Rn 699 ff; für eine fiktive Prüfung: Flick/Wassermeyer/Baumhoff/*Wassermeyer/Schönfeld*, § 8 AStG Rn 318.

31 *Schmidtmann*, IStR 2009, 295, 301; Haase/Hruschka/*Ropohl/Sonntag*, § 11 UmwStG Rn 325 mwN.

32 Unter Umständen schafft jedoch die Cadbury-Schweppes-Ausnahme des § 8 Abs. 2 AStG Abhilfe. Der Motivtest wird – um Konflikte mit der EuGH-Rechtsprechung zu vermeiden (vgl BT-Drucks. 17/10000, 66) – nunmehr im Rahmen der Voraussetzungen des § 8 Abs. 2 AStG auch für Gesellschaften zugelassen, die nicht inländisch beherrscht sind, aber Zwischeneinkünfte mit Kapitalanlagecharakter erzielen (§ 7 Abs. 6 AStG).

zu einer Nachversteuerung der abgezogenen und nach § 2 a Abs. 3 S. 3 EStG noch nicht wieder hinzugerechneten Verluste im Veranlagungszeitraum der Verschmelzung führen.[33]

26 **Andere Steuerarten:** Da sich die Spezialregelungen im UmwStG auf Ertragsteuern beschränken, ist insoweit nicht automatisch auch Steuerneutralität für andere Steuerarten gegeben.[34] Insb. im Hinblick auf **Grunderwerbsteuer** kann eine Verschmelzung eine Besteuerung auslösen, wenn entweder der übertragenden Rechtsträger selbst (§ 1 Abs. 1 Nr. 3 GrEStG) oder aber eine dem übertragenden Rechtsträger oder (in Abhängigkeit von den Beteiligungsverhältnissen) uU sogar dem übernehmenden Rechtsträger unmittelbar oder auch nur mittelbar nachgelagerte Gesellschaft inländisches Grundvermögen besitzt (§ 1 Abs. 2 a und Abs. 3, 3 a GrEStG),[35] wobei der Gesetzgeber auch in diesem Fall unter bestimmten Voraussetzungen eine Privilegierung konzerninterner Umstrukturierungen vorgesehen hat (§ 6 a GrEStG).[36] Ferner kann eine Verschmelzung in bestimmten Konstellationen auch **Schenkungsteuer** auslösen, insb. wenn es bei nichtverhältniswahrender Verschmelzung zu einer Werterhöhung hinsichtlich der bereits bestehenden oder der erhaltenen Anteile kommt (§ 7 Abs. 8 ErbStG).[37] Für Zwecke der **Umsatzsteuer** stellt die Verschmelzung regelmäßig eine Geschäftsveräußerung im Ganzen dar[38] und ist daher bereits nicht steuerbar (§ 1 Abs. 1 a S. 1 und 2 UStG). Der übernehmende Rechtsträger tritt auch umsatzsteuerlich an die Stelle des übertragenden Rechtsträgers (§ 1 Abs. 1 a S. 3 und § 15 a Abs. 10 UStG).

27 **Keine Rücklage für Ersatzbeschaffung beim umwandlungsrechtlichen Squeeze-out:** Bei einer Aufwärtsverschmelzung zwischen AGn können die Minderheitsgesellschafter der übertragenden Aktiengesellschaft im Wege eines sog. Squeeze-out gem. § 62 Abs. 5 UmwG iVm § 327 a Abs. 1 S. 1 AktG ausgeschlossen werden, wenn die Übernehmerin zu mindestens 90 % an der Überträgerin beteiligt ist (sog. umwandlungsrechtlicher Squeeze-out).[39] Beim herausgedrängten Minderheitsgesellschafter kommt die Bildung eine Rücklage für Ersatzbeschaffung (RfE) nach der BFH-Rechtsprechung nicht in Betracht.[40]

B. Anwendungsbereich der §§ 11 ff

I. Sachlicher Anwendungsbereich der §§ 11 ff

28 Gemäß § 1 Abs. 1 S. 1 Nr. 1 sind die §§ 11 ff auf (i) Verschmelzungen iSd § 2 UmwG und (ii) vergleichbare ausländische Vorgänge sowie (iii) die Gründung einer Europäischen Gesellschaft (SE) durch Verschmelzung nach Art. 17 SE-VO bzw einer Europäischen Genossenschaft (SCE) nach Art. 19 SCE-VO anzuwenden.

29 **1. Verschmelzung iSd § 2 UmwG.** § 1 Abs. 1 S. 1 Nr. 1 UmwStG verweist zwar isoliert auf § 2 UmwG und nicht auch auf die Vorschrift zum Anwendungsbereich in § 1 Abs. 1 UmwG. Dennoch ergibt sich aus der Grundsystematik des UmwG, dass eine Verschmelzung nach den §§ 2 ff UmwG nur unter Beteiligungen von Rechtsträgern mit Sitz im Inland möglich ist,[41] wo-

33 Zum Sonderfall von Verlustfinalität bei EU-Betriebsräten s. FG Köln Vorlagebeschluss an den EuGH v. 19.2.2014 – 13 K 3906/09.

34 UmwSt-Erlass Rn 01.01.

35 Vgl hierzu Boruttau/*Fischer*, § 1 GrEStG Rn 527, 833, 1100, 1105.

36 Vgl hierzu *Schaflitzl/Stadler*, DB 2010, 185.

37 UmwSt-Erlass Rn 13.03; vgl hierzu Widmann/Mayer/*Schießl*, § 11 UmwStG Rn 13.2; Daragan/Halaczinsky/Riedel/*Griesel*, § 7 ErbStG Rn 207. Zu sonstigen erbschaftsteuerlichen Auswirkungen vgl Rödder/Herlinghaus/van Lishaut/*Trossen*, Anh. 12.

38 Eine sofortige Abwicklung der übergehenden Geschäftstätigkeit durch den übernehmenden Rechtsträger schließt hingegen eine Geschäftsveräußerung im Ganzen aus (Abschn. 1.5 UStAE).

39 Für den Regelfall des Squeeze-out nach § 327 a Abs. 1 S. 1 AktG und § 39 a Abs. 1 S. 2 WpÜG (sog. aktienrechtlicher bzw wertpapierübernahmerechtlicher Squeeze-out) ist hingegen eine Mindestbeteiligung von mindestens 95 % vorgesehen. Vgl *Klie/Wind/Rödter*, DStR 2011, 1668; *Simon/Merkelbach*, DB 2011, 1317, *Freytag/Müller-Etienne*, BB 2011, 1731.

40 BFH, Urteil v. 13.10.2010 – I R 79/09, BFH/NV 2011, 521.

41 Zum Streitstand betreffend die Frage, ob sich die umwandlungsrechtliche Verschmelzung mit Ausnahme von grenzüberschreitenden Verschmelzungen nach § 122 a UmwG auf rein inländische Vorgänge beschränkt, vgl Semler/Stengel/*Drinhausen*, Einleitung C Rn 21 ff mwN.

bei als Sitz in diesem Zusammenhang nach der hM der Satzungssitz (statutarischer Sitz)[42] zu verstehen ist. Gesellschaften ausländischer Rechtsform mit Verwaltungssitz in Deutschland sind hiervon nicht erfasst. Insoweit handelt es sich stets um einen ausländischen Vorgang mit der Folge, dass das Vergleichbarkeitskriterium iSv § 1 Abs. 1 S. 1 Nr. 1 gesondert zu prüfen ist.

Für die Beurteilung der Frage, ob eine zivilrechtlich wirksame inländische Umwandlung vorliegt, ist regelmäßig die registerrechtliche Entscheidung maßgebend.[43] Die Eintragung der Verschmelzung im Handelsregister des Sitzes des übernehmenden Rechtsträgers wirkt konstitutiv. Mängel der Verschmelzung lassen die Wirksamkeit zwar gem. § 20 Abs. 2 UmwG unberührt. Nach Auffassung der Finanzverwaltung greift die Bindungswirkung der registerrechtlichen Entscheidung für steuerliche Zwecke jedoch dann nicht, wenn die registerrechtliche Entscheidung trotz rechtlich gravierender Mängel erfolgt.[44] Dies sollte jedoch nur dann der Fall sein, wenn die Verschmelzung als nichtig anzusehen ist.[45] Bei Verschmelzungen wäre dies nur insoweit vorstellbar, als die Vorschriften in § 3 UmwG über die verschmelzungsfähigen Rechtsträger nicht hinreichend berücksichtigt werden. In diesem Zusammenhang ist zu berücksichtigen, dass eine bereits aufgelöste Körperschaft gem. § 3 Abs. 3 UmwG noch als übertragender Rechtsträger verschmolzen werden kann, wenn ihre Fortsetzung beschlossen werden könnte. Ob diese Möglichkeit auch für bereits aufgelöste übernehmende Körperschaften besteht, ist im Schrifttum umstritten.[46] 30

2. Vergleichbare ausländische Umwandlungsvorgänge. Gem. § 1 Abs. 1 S. 1 Nr. 1 findet das UmwStG auf solche ausländischen Umwandlungsvorgänge Anwendung, die mit einem Umwandlungsvorgang deutschen Rechts vergleichbar sind. Was unter „vergleichbaren ausländischen Umwandlungen" zu verstehen ist, definiert das UmwStG nicht. Es handelt sich somit um einen unbestimmten Rechtsbegriff, der auslegungsbedürftig ist. Auch für ausländische Verschmelzungen ist der Grundsatz der Maßgeblichkeit des Gesellschaftsrechts anzuwenden, dh eine Verschmelzung unter Beteiligung eines ausländischen Rechtsträgers ist nur dann vom sachlichen Anwendungsbereich des UmwStG erfasst, wenn sie gesellschaftsrechtlich zulässig und wirksam ist. Wie bei inländischen Verschmelzungen ist auch bei ausländischen Verschmelzungen für die gesellschaftsrechtliche Zulässigkeit und Wirksamkeit regelmäßig (dh vorbehaltlich gravierender Mängel) von der Entscheidung der ausländischen Registerbehörden auszugehen.[47] 31

Entscheidend ist die Vergleichbarkeit des jeweiligen ausländischen Umwandlungsvorgangs in seiner konkreten Ausgestaltung und unter Berücksichtigung der Strukturmerkmale einer Verschmelzung sowie sonstiger Vergleichbarkeitskriterien. Das ausländische Umwandlungsrecht als solches ist nicht Gegenstand der Vergleichbarkeitsprüfung.[48] Eröffnet das ausländische Umwandlungsrecht Möglichkeiten, die das UmwG entweder nicht kennt oder die gegen inländische Beschränkungen verstoßen, ist dies insofern unschädlich, als diese Möglichkeiten im Rahmen der konkreten Umwandlung nicht genutzt werden.[49] 32

a) Ausländische Vorgänge. Der UmwSt-Erlass qualifiziert als ausländischen Umwandlungsvorgang „Umwandlungen, bei denen auf den übertragenden Rechtsträger oder auf einen übernehmenden Rechtsträger [....] das UmwG nach den allgemeinen Grundsätzen kollisionsrechtlich keine Anwendung findet".[50] Hierbei bestimmt sich das für die Umwandlung maßgebende 33

42 Vgl zur Aktiengesellschaft §§ 5, 14 und § 36 Abs. 1 AktG und zur Gesellschaft mit beschränkter Haftung §§ 4 a, 7 Abs. 1 GmbHG; Semler/Stengel/*Drinhausen*, Einleitung C Rn 19 f mwN.

43 UmwSt-Erlass Rn 01.06.

44 UmwSt-Erlass Rn 01.06.

45 Vgl hierzu BGH Urteil v. 29.6.2001 – V ZR 186/00, ZIP 2001, 2006 mwN; so auch *Benecke*, GmbHR 2012, 113, 116.

46 Schmitt/Hörtnagl/Stratz/*Stratz*, § 3 UmwG Rn 47 ff; Semler/Stengel/*Stengel*, § 3 UmwG Rn 45 ff. Entsprechendes gilt gem. § 176 Abs. 1 UmwG für die Vermögensübertragung.

47 UmwSt-Erlass Rn 01.23; zum Anscheinsbeweis der Registereintragung s. Rn 30.

48 UmwSt-Erlass Rn 01.25.

49 Vgl hierzu das Beispiel im UmwSt-Erlass zu Rn 01.25 hinsichtlich der Beschränkung barer Zuzahlungen nach § 54 Abs. 4 UmwG; *Kaeser*, DStR 2012 Beiheft zu 2, 3.

50 UmwSt-Erlass Rn 01.20.

Recht regelmäßig nach dem Gesellschaftsstatut des Staates, in dem der jeweilige Rechtsträger in ein öffentliches Register eingetragen ist bzw subsidiär nach dem Gesellschaftsstatut, nach dem er organisiert ist.[51] Als ausländischer Vorgang wird somit sowohl die grenzüberschreitende Verschmelzung unter Beteiligung eines inländischen Rechtsträgers unter Anwendung des UmwG verstanden (Hinaus- und Hereinverschmelzung) als auch die reine Auslandsverschmelzung unter ausschließlicher Beteiligung von ausländischen Körperschaften als übertragender und übernehmender Rechtsträger.

34 b) **Vergleichbarkeit ausländischer Vorgänge.** Eine grenzüberschreitende Verschmelzung muss ihrem Wesen nach einer Verschmelzung nach § 2 UmwG entsprechen. Die Vergleichbarkeitsprüfung umfasst sowohl die beteiligten Rechtsträger (Typenvergleich) als auch die Rechtsnatur und die Rechtsfolgen der Verschmelzung (sog. Strukturmerkmale, zB Auflösung ohne Abwicklung, Gesamtrechtsnachfolge) sowie sonstige für eine Verschmelzung charakteristische Kriterien (sog. sonstige Vergleichbarkeitskriterien).[52] Die grenzüberschreitende Verschmelzung nach §§ 122 a ff UmwG[53] wird im UmwSt-Erlass ausdrücklich als vergleichbarer ausländischer Vorgang angesehen.[54] Ob eine grenzüberschreitende Verschmelzung neben §§ 122 a ff UmwG möglich ist, ist umstritten.[55]

35 aa) **Umwandlungsfähigkeit der beteiligten Rechtsträger.** Nach dem UmwSt-Erlass muss die Prüfung der Umwandlungsfähigkeit der beteiligten Rechtsträger für die jeweilige Umwandlungsart und für sämtliche einschlägige Gesellschaftsstatute der beteiligten Rechtsträger erfolgen.[56] Demzufolge ist für Zwecke der §§ 11–13 die rein steuerliche Einordnung der beteiligten Rechtsträger als Körperschaft durch den ausländischen Fiskus nicht ausreichend.[57] Vielmehr haben die beteiligten Rechtsträger nach Maßgabe des Rechtstypenvergleichs einem umwandlungsfähigen Rechtsträger inländischen Rechts zu entsprechen.[58] Aus praktischen Erwägungen können für diese Zwecke der Betriebsstättenerlass,[59] die Mutter-Tochter-Richtlinie[60] oder die Fusionsrichtlinie[61] herangezogen bzw die Grundsätze des LLC-Schreibens[62] angewandt werden.[63]

36 bb) **Strukturmerkmale einer Verschmelzung.** Neben der Verschmelzungsfähigkeit der beteiligten Rechtsträger müssen auch die Strukturmerkmale der ausländischen Umwandlung mit denjenigen einer Verschmelzung deutschen Rechts vergleichbar sein. Ein mit einer Verschmelzung iSv §§ 2 ff UmwG vergleichbarer Umwandlungsvorgang ist demzufolge dann gegeben, wenn die charakteristischen Merkmale einer Verschmelzung vorliegen. Der UmwSt-Erlass nennt hier (i) die Übertragung des gesamten Aktiv- und Passivvermögens eines oder mehrerer Rechtsträger auf einen übernehmenden Rechtsträger (ii) aufgrund eines Rechtsgeschäfts (iii) kraft Gesetzes (iv) gegen Gewährung von Anteilen am übernehmenden Rechtsträgers an die Anteilsinhaber des übertragenden Rechtsträgers (v) unter Auflösung und ohne Abwicklung des oder der übertragenden Rechtsträger.[64]

51 UmwSt-Erlass Rn 01.20.
52 BT-DrS. 16/2710, 36. Länderanalyse zu ausgewählten Auslandsverschmelzungen in Frankreich, Niederlande und Österreich bei Prinz/*Lausterer*/*Drinhausen*, Rn 4.47 ff.
53 Vgl hierzu die Kommentierung zu § 122 a UmwG und *Brocker*, BB 2010, 971.
54 UmwSt-Erlass Rn 01.21; vgl auch Dötsch/Pung/Möhlenbrock/*Möhlenbrock*, § 1 UmwStG (SEStEG) Rn 22; *Prinz*, DB 2012, 820 825.
55 Vgl hierzu Semler/Stengel/*Drinhausen*, Einleitung C Rn 21 ff mwN.
56 UmwSt-Erlass Rn 01.26.
57 UmwSt-Erlass Rn 01.27.
58 UmwSt-Erlass Rn 01.27.
59 Tabelle 1 und 2 des BMF Schreibens v. 24.12.1999, IV B 4-S 1300-111/99, BStBl. I 1999, 1076.
60 Anhang zur Richtlinie des Rates v. 23.7.1990 über das gemeinsame Steuersystem der Mutter- und Tochtergesellschaften verschiedener Mitgliedstaaten (90/435/EWG), neu kodifiziert in Richtlinie 2011/96/EU.
61 Anhang zur Richtlinie des Rates v. 23.7.1990 über das gemeinsame Steuersystem für Fusionen, Spaltungen, Abspaltungen, die Einbringung von Unternehmensteilen und den Austausch von Anteilen, die Gesellschaften verschiedener Mitgliedstaaten betreffen, sowie für die Verlegung des Sitzes einer Europäischen Gesellschaft oder einer Europäischen Genossenschaft von einem Mitgliedstaat in einen anderen Mitgliedstaat (90/434/EWG), neu kodifiziert in Richtlinie 2009/13/EG.
62 BMF Schreiben v. 19.3.2004, IV B 4-S 1301 USA-22/04, BStBl. I 2004, 411.
63 *Ehret*/*Lausterer*, DB 2012 Beilage 1, 9.
64 UmwSt-Erlass Rn 01.30.

cc) Sonstige Vergleichbarkeitskriterien. Was konkret unter sonstigen Vergleichbarkeitskriterien zu verstehen ist, definiert der UmwSt-Erlass nicht ausdrücklich, sondern führt lediglich ein Positiv- und ein Negativbeispiel an. Als wesentliches sonstiges Vergleichbarkeitskriterium nennt die Finanzverwaltung die bereits in der Gesetzesbegründung[65] erwähnte Beschränkung der vertraglich vereinbarten Zuzahlung auf höchstens 10% des auf die gewährten Anteile entfallenden Nennbetrags bzw anteiligen Betrags am Grundkapital (§ 54 Abs. 4 UmwG für die GmbH, § 68 Abs. 3 UmwG für die AG).[66] Allerdings ist aus den Ausführungen im UmwSt-Erlass nicht klar erkennbar, ob ein Überschreiten der 10%-Grenze automatisch dazu führt, dass ein mit einer inländischen Umwandlung vergleichbarer Vorgang nicht anzunehmen ist, oder ob eine Toleranzgrenze von der Finanzverwaltung akzeptiert wird.[67] Vom Sinn und Zweck des UmwStG und unter Berücksichtigung des Verhältnismäßigkeitsprinzips sowie europarechtlichen Vorgaben, sollte ein geringfügiges Abweichen von den sonstigen Vergleichbarkeitskriterien nicht zur fehlenden Vergleichbarkeit führen. Demgegenüber soll die Dauer einer gesellschaftsrechtlichen Rückbeziehungsmöglichkeit (vergleichbar § 17 Abs. 2 S. 4 UmwG) nach Auffassung der Finanzverwaltung kein entscheidendes Vergleichbarkeitskriterium darstellen.[68] Im Ergebnis sollte eine fehlende Vergleichbarkeit mE nur dann anzunehmen sein, wenn ein wesentliches Merkmal einer inländischen Verschmelzung nicht gegeben ist oder eine erhebliche Abweichung vorliegt.[69] 37

3. Verschmelzungen unter Beteiligung supranationaler Rechtsträger. Das UmwStG gilt auch für vergleichbare Vorschriften in den Verordnungen der EU. Derzeit enthalten nur die SE-VO[70] und die SCE-VO[71] vergleichbare Vorschriften zur Gründung einer Europäischen Gesellschaft bzw Europäischen Genossenschaft. Das UmwStG ist gem. § 1 Abs. 1 S. 1 Nr. 1 entsprechend auf die Gründung einer SE durch Verschmelzung nach Art. 17 SE-VO sowie die Gründung einer Europäischen Genossenschaft (SCE) durch Verschmelzung nach Art. 19 SCE-VO anzuwenden.[72] 38

4. Vergleichbare inländische Vorgänge und Vermögensübertragung. Gem. § 1 Abs. 1 Nr. 3 findet das UmwStG auch auf Umwandlungen iSv § 1 Abs. 2 UmwG Anwendung, wobei deren Reichweite in der Praxis gering ist. Für die §§ 11 ff hat dies insb. Bedeutung für die Verschmelzung (Vereinigung) von Sparkassen nach Maßgabe der Sparkassengesetze der Länder[73] sowie die Zusammenführung von BgA im Fall der Zusammenlegung von Körperschaften des öffentlichen Rechts (insb. Gebietskörperschaften auf kommunaler Ebene) nach Maßgabe der Landesgesetze.[74] Wie auch bei ausländischen Vorgängen setzt dies gem. § 1 Abs. 1 Nr. 3 Hs 2 eine Vergleichbarkeitsprüfung voraus.[75] 39

Ferner findet das UmwStG gem. § 1 Abs. 1 S. 1 Nr. 4 auch auf Vermögensübertragungen iSv § 174 UmwG Anwendung. Der Kreis der beteiligten Rechtsträger beschränkt sich gem. § 175 UmwG auf die Übertragung des Vermögens einer Kapitalgesellschaft auf die öffentliche Hand sowie auf Versicherungsunternehmen (Versicherungs-AG, VVaG, öffentlich-rechtliches Versi- 40

65 BT-Drucks. 16/2710, S. 35.
66 UmwSt-Erlass Rn 01.40.
67 Nach dem Beispiel in UmwSt-Erlass Rn 01.25 versagt die Finanzverwaltung aufgrund Überschreitens der 10%-Grenze die Vergleichbarkeit, in Rn 01.40 spricht sie dem „deutlichen Überschreiten“ hingegen lediglich eine Indizwirkung für eine fehlende Vergleichbarkeit zu.
68 UmwSt-Erlass Rn 01.41.
69 So auch *Kaeser*, DStR 2012 Beihefter zu 2, 3.
70 Verordnung (EG) Nr. 2157/2001 des Rates vom 8.10.2001, ABl. EU L 294 S. 1, zuletzt geändert durch Verordnung (EG) Nr. 885/2004 des Rates vom 26.4.2004, ABl. EU L 168, 1.
71 Verordnung (EG) Nr. 1435/2003 des Rates vom 22.7.2003, ABl. EU L 207, 1.
72 Eine Verschmelzung auf eine SE bzw SCE kann aus praktischer Sicht insb. unter Corporate Governance-Gesichtspunkten und der künftigen Neuausrichtung der Mitbestimmung und Arbeitnehmervertretung sowie der strategischen Ausrichtung auf die Internationalität des Unternehmens von Interesse sein.
73 UmwSt-Erlass Rn 01.07 und Rn 11.16; bspw § 27 SparkG des Landes NRW.
74 Rödder/Herlinghaus/van Lishaut/*Trossen*, § 1 UmwStG Rn 131. Abzugrenzen hiervon ist die Zusammenfassung von mehreren BgA nach § 4 Abs. 6 KStG.
75 S. auch BT-DrS. 16/2710, 36 und nähere Einzelheiten bei Dötsch/Pung/Möhlenbrock/*Dötsch*, Vor §§ 11–13 UmwStG (SEStEG) Rn 27.

cherungsunternehmen).[76] Der Unterschied zwischen Verschmelzung iSv § 2 UmwG und Vermögensübertragung iSv § 174 UmwG liegt insb. darin, dass die Gegenleistung gem. § 174 Abs. 1 iVm 176 Abs. 2 S. 3, 4 UmwG (ggf iVm § 178 Abs. 2, § 180 Abs. 2, § 188 Abs. 2 UmwG) für die Übertragung des Vermögens nicht in Form von Anteilen an dem übernehmenden Rechtsträger, sondern in einer Gegenleistung anderer Art (insb. Barleistung) besteht.

41 **5. Verschmelzungsrichtung.** Nach zutreffender Auffassung der Finanzverwaltung sind die §§ 11 ff neben Auf- und Abwärtsverschmelzung auch auf Seitwärtsverschmelzungen anzuwenden.[77] Eine Buchwertfortführung war nach Auffassung der Finanzverwaltung zum alten Recht bei Abwärtsverschmelzungen gesetzlich nicht vorgesehen und wurde von der Finanzverwaltung nur im Billigkeitswege auf übereinstimmenden Antrag aller an der Umwandlung Beteiligten akzeptiert.[78] Im Zuge der Neuerung des UmwStG durch das SEStEG wurde dies nun in § 11 Abs. 2 S. 2 auch ohne gesonderten Antrag ermöglicht.

II. Persönlicher Anwendungsbereich der §§ 11 ff

42 Die Anforderungen an die an der Verschmelzung beteiligten Rechtsträger (übertragender und übernehmender Rechtsträger) bestimmen sich abschließend nach § 1 Abs. 2.

43 **1. Sitz und Ort der Geschäftsleitung im EU-/EWR-Raum.** § 1 Abs. 2 S. 1 Nr. 1 formuliert zwei Anforderungskriterien für die Anwendbarkeit des UmwStG auf Verschmelzungsvorgänge hinsichtlich der Gründung sowie der Ansässigkeit der übertragenden und übernehmenden Rechtsträger. Bei den beteiligten Rechtsträgern muss es sich um nach den Rechtsvorschriften eines Mitgliedstaats der EU oder eines EWR-Staates gegründete Gesellschaften iSd Art. 54 AEUV bzw Art. 34 EWG handeln. Ausgenommen sind diejenigen Gesellschaften, die keinen Erwerbszweck verfolgen.[79] Des Weiteren müssen die beteiligten Rechtsträger ihren statutarischen Sitz (§ 11 AO) und den Ort der Geschäftsleitung (§ 10 AO) im Zeitpunkt der Umwandlung im EU-/EWR-Raum haben (doppelter EU-/EWR-Bezug). Der Gründungsstaat und der Sitzstaat müssen nicht identisch sein.[80] Es ist auch nicht erforderlich, dass sich der Sitz und der Ort der Geschäftsleitung in ein und demselben EU-Mitgliedstaat bzw EWR-Staat befinden. Ein Auseinanderfallen von Satzungs- und Verwaltungssitz ist insofern unbeachtlich. Demzufolge können auch doppelt ansässige Gesellschaften vom persönlichen Anwendungsbereich erfasst sein. Die steuerliche Ansässigkeit ist für die Eröffnung des Anwendungsbereichs unbeachtlich, spielt jedoch für die Beurteilung, ob das Besteuerungsrecht Deutschlands iSv § 11 Abs. 2 S. 1 Nr. 2 beschränkt ist, eine entscheidende Rolle.[81]

44 Eine Verschmelzung unter Beteiligung von Drittstaatengesellschaften ist nicht möglich. Selbst wenn dies gesellschaftsrechtlich zulässig wäre, beschränkt sich der Anwendungsbereich des UmwStG auf EU-/EWR-Gesellschaften. Eine teilweise indirekte Anwendung der §§ 11 ff für Fälle der Drittstaatenverschmelzung unter Berufung auf die Kapitalverkehrsfreiheit oder das abkommensrechtliche Diskriminierungsverbot ist mE nicht möglich.[82]

45 Eine Europäische Gesellschaft (SE) oder Europäische Genossenschaft (SCE) gelten gem. § 1 Abs. 2 S. 2 grundsätzlich als eine nach den o.g. Grundsätzen gegründete Gesellschaft mit Sitz und Ort der Geschäftsleitung innerhalb der EU.

46 **2. Verschmelzung unter Beteiligung von hybriden Gesellschaftsformen.** Hybride Gesellschaften weißen sowohl Merkmale einer Kapitalgesellschaft als auch einer Personengesellschaft auf. Die Beurteilung der Steuersubjektqualität einer hybriden Gesellschaft durch den ausländischen

76 Rödder/Herlinghaus/van Lishaut/*Rödder*, § 11 UmwStG Rn 41.
77 UmwSt-Erlass Rn 11.01.
78 BMF Schreiben v. 25.3.1998, BStBl. I 1998, 268, Rn 11.24 ff.
79 UmwSt-Erlass Rn 01.50. Vgl hierzu *Ehret/Lausterer*, DB 2012 Beilage 1, 11; zur Auslegung von Art. 34 EWR-Abkommen s. EuGH Urteil v. 23.9.2003, C-452/01 *Ospelt und Schlössle Weissenberg*.
80 UmwSt-Erlass Rn 01.49; BT-Drucks. 16/2710, 36.
81 Prinz/*Stadler/Bindl*, Rn 16.69.
82 Vgl hierzu ausführlich *Günes*, IStR 2013, 213; *Kußmaul/Richter/Heyd*, IStR 2010, 73, 77 f; Rödder/Herlinghaus/van Lishaut/*Rödder*, Einführung Rn 124.

Sitzstaat einerseits und durch Deutschland als Anwenderstaat des UmwStG andererseits kann unterschiedlich ausfallen (sog. subjektiver Qualifikationskonflikt).

Für die Einordnung einer ausländischen Gesellschaft für Zwecke der Anwendbarkeit des UmwStG ist nicht die rechtliche oder steuerliche Behandlung nach dem Recht des Sitzstaates maßgeblich. Die Beurteilung hat vielmehr nach den deutschen steuerlichen Grundsätzen zu erfolgen. Die steuerliche Beurteilung der ausländischen hybriden Gesellschaft bestimmt sich demzufolge nach Maßgabe des Rechtstypenvergleichs.[83] 47

Die Verschmelzung einer hybriden Gesellschaft kann nur in Teilen den §§ 11 ff unterliegen. Dies ist dann der Fall, wenn die hybride Gesellschaft nach deutschen Maßstäben als Körperschaft mit eigener Rechtspersönlichkeit und eigenem Vermögen einzuordnen ist, jedoch das strikte Organisationsgefüge einer Kapitalgesellschaft in Teilen aufgehoben ist. So kann sich der Gesellschafterkreis einer hybriden Gesellschaft aus unterschiedlichen Gruppierungen zusammensetzen, deren Rechtsverhältnis zueinander (zB Geschäftsführung, Kontrollrechte, Gewinnverteilung) an den Merkmalen einer Personengesellschaft ausgerichtet ist. Ferner kann sich das Rechtsverhältnis einzelner Gesellschaftergruppen gegenüber Dritten (zB Haftung und Vertretung) nach den Vorschriften über die Personengesellschaften bestimmen. Paradebeispiel hierfür ist die KGaA.[84] Sie vereint Strukturmerkmale sowohl einer Kapitalgesellschaft als auch einer Personengesellschaft unter einem Rechtsdach. Aufgrund der hybriden Ausgestaltung der KGaA ist hinsichtlich der Steuerfolgen nach den Kommanditaktionären (§§ 11 ff anwendbar) und nach dem oder den Komplementären (§§ 20 ff anwendbar) zu differenzieren (s. Rn 127). Entsprechendes ist grds. auch bei hybriden Gesellschaften ausländischen Rechts denkbar. 48

3. Anteilseignerebene für persönlichen Anwendungsbereich regelmäßig irrelevant. Die steuerliche Ansässigkeit der Anteilseigner ist für die Prüfung, ob der Anwendungsbereich des UmwStG eröffnet ist, grds. unbeachtlich. Eine Ausnahme ergibt sich nur, wenn Anteilseigner zugleich beteiligter Rechtsträger ist (etwa bei Abwärtsverschmelzung der Mutter- auf ihre Tochtergesellschaft oder bei Aufwärtsverschmelzung der Tochter- auf ihre Muttergesellschaft). Allerdings kann die Ansässigkeit der Anteilseigner in bestimmten Fällen für die Prüfung der Tatbestandsvoraussetzungen für das Antragswahlrecht iSv § 11 Abs. 2 (Buch- oder Zwischenwertansatz) relevant sein (s. Rn 142). 49

4. Maßgeblicher Zeitpunkt. Die persönlichen Anwendungsvoraussetzungen müssen grds. spätestens zum steuerlichen Übertragungsstichtag iSv § 2 Abs. 1 S. 1 vorliegen, wobei im Falle der Neugründung im Rückwirkungszeitraum auf den Zeitpunkt der zivilrechtlichen Wirksamkeit der Gründung abzustellen ist.[85] Auf die Wirksamkeitserfordernisse der Verschmelzung selbst – in Ausprägung der Verschmelzungsfähigkeit der beteiligten Rechtsträger iSv § 3 UmwG (s. Rn 30, 35) – hat dies aufgrund der Maßgeblichkeit des Gesellschaftsrechts keine Auswirkung. 50

III. Zeitlicher Anwendungsbereich der §§ 11 ff

Für die zeitliche Anwendung des neuen Rechts (UmwStG 2006) oder des alten Rechts (UmwStG 1995) ist bei **inländischen Verschmelzungen** gem. § 27 Abs. 1 S. 1 darauf abzustellen, ob die Verschmelzung bis zum 12.12.2006 zur Eintragung in das Handelsregister der übernehmenden Körperschaft angemeldet wurde. 51

Bei Hinausverschmelzungen mit einer ausländischen Körperschaft als übernehmendem Rechtsträger sowie bei rein **ausländischen Verschmelzungen** richtet sich die zeitliche Anwendung danach, ob die Wirksamkeit der Verschmelzung eine Eintragung in ein öffentliches Register vor- 52

83 Prinz/*Sterner*, Rn 17.38 und die Beispiele in Rn 17.46 ff. S. hierzu auch die Ausführungen zur Umwandlungsfähigkeit der beteiligten Rechtsträger zu Rn 35.

84 Vgl § 278 ff AktG. Zum Wesen der KGaA s. bspw MüKo-AktG/*Perlitt*, § 278 AktG Rn 2 ff.

85 UmwSt-Erlass Rn 01.52.

aussetzt. Sofern dies der Fall ist, ist die Anmeldung in das für die Wirksamkeit der Verschmelzung maßgebende öffentliche Register gem. § 27 Abs. 1 S. 1 entscheidend. Für Verschmelzungen, deren Wirksamkeit keine Eintragung in ein öffentliches Register voraussetzt, ist auf den Übergang des wirtschaftlichen Eigentums an den übergehenden Wirtschaftsgütern abzustellen (analog § 27 Abs. 1 S. 2 zu Einbringungen).

53 Ferner ist bei der zeitlichen Anwendung der umwandlungssteuerlichen Vorschriften zu berücksichtigen, dass eine grenzüberschreitende Hinausverschmelzung in Ausnahmefällen (in Abhängigkeit vom einschlägigen Doppelbesteuerungsabkommen) zu einem Ausschluss des deutschen Besteuerungsrechts führen kann und insoweit gem. § 27 Abs. 3 Nr. 3 UmwStG 2006 iVm § 21 Abs. 2 S. 1 Nr. 2 UmwStG 1995 zur Realisierung eines Veräußerungsgewinns hinsichtlich bestehender einbringungsgeborener Anteile iSd § 21 Abs. 1 UmwStG 1995 (beachte: keine Anwendbarkeit der Siebtel-Regelung in § 22 vergleichbar zu sperrfristverhafteten Anteilen).

54 Hinsichtlich der Anwendbarkeit der geänderten Verwaltungsauffassung gegenüber dem UmwSt-Erlass von 1998 sieht der UmwSt-Erlass in den Rn S. 01 ff partielle Übergangsregelungen vor, etwa zu formellen Anforderungen an den Buchwertantrag nach § 11 Abs. 2,[86] der Aufstockung von Wirtschaftsgütern bei Gewährung einer nicht in Gesellschaftsrechten bestehenden Gegenleistung unter Anwendung der bisher geltenden (modifizierten) Stufentheorie[87] sowie zur Verschmelzung auf eine Organgesellschaft.[88] Allerdings sind diese Übergangsregelungen auf Verschmelzungen mit Beschluss bis zum 31.12.2011 beschränkt.

C. Besteuerung der übertragenden Körperschaft, § 11 Abs. 1 und 2

I. Pflicht zur Abgabe einer steuerlichen Schlussbilanz

55 **1. Rechtsnatur und Eigenschaften der steuerlichen Schlussbilanz.** Nach § 11 Abs. 1 S. 1 ist der übertragende Rechtsträger zur Erstellung und Abgabe einer steuerlichen Schlussbilanz verpflichtet.[89] Bei der **steuerlichen Schlussbilanz** handelt es sich um eine eigenständige Bilanz, die von der Steuerbilanz für Zwecke der Gewinnermittlung nach § 4 Abs. 1, § 5 EStG zu unterscheiden ist.[90] Eine bloße Überleitungsrechnung entsprechend § 60 Abs. 2 S. 1 EStDV wird die Finanzverwaltung regelmäßig nicht akzeptieren, da diese Möglichkeit nur für die Gewinnermittlung nach § 4 Abs. 1, § 5 EStG vorgesehen ist.[91]

56 Die Eigenständigkeit der steuerlichen Schlussbilanz ergibt sich aus dem Vorrang der Ansatz- und Bewertungsvorschriften der §§ 3 und 11 vor der allgemeinen Gewinnermittlung.[92] So ordnet § 11 Abs. 1 S. 1 ausdrücklich an, dass sämtliche übergehende Wirtschaftsgüter, dh einschließlich der nicht entgeltlich erworbenen oder selbst geschaffenen immateriellen Wirtschaftsgüter, in der steuerlichen Schlussbilanz anzusetzen sind. Unter den Begriff Wirtschaftsgüter fallen sowohl aktive als auch passive Wirtschaftsgüter,[93] einschließlich eines originären oder derivativen (positiven oder negativen) Geschäfts- oder Firmenwerts.[94] Forderungen gegen den aufnehmenden Rechtsträger gehören zu den übergehenden Wirtschaftsgütern und gehen erst beim übernehmenden Rechtsträger aufgrund Konfusion unter (vgl § 12 Abs. 4). Lediglich ausgewählte Positionen bleiben in der steuerlichen Schlussbilanz mangels Übergang unberück-

86 UmwSt-Erlass Rn S. 02.
87 UmwSt-Erlass Rn S. 03.
88 UmwSt-Erlass Rn S. 06.
89 UmwSt-Erlass Rn 11.02.
90 UmwSt-Erlass Rn 11.02 iVm Rn 03.01. Mangels uneinheitlichen Begriffs „Schlussbilanz" im UmwStG gilt Abweichendes für die „Schlussbilanz" iSv. § 20 Abs. 2 S. 3 UmwStG, siehe FG München Urteil v. 22.10.2013 – 6 K 3548/12, EFG 2014, 235 (Rev. I R 77/13).
91 *Schell/Krohn*, DB 2012, 1057, 1058; aA Dötsch/Pung/Möhlenbrock/*Dötsch*, § 11 UmwStG (SEStEG) Rn 36; zweifelnd *Schaden/Ropohl*, BB 2011, 11.
92 UmwSt-Erlass Rn iVm Rn 03.04; vgl auch Schmitt/Hörtnagl/Stratz/*Schmitt*, § 3 UmwStG Rn 31, 33.
93 UmwSt-Erlass Rn 11.03 iVm Rn 03.04; Schmitt/Hörtnagl/Stratz/*Schmitt*, § 3 UmwStG Rn 27 und § 11 UmwStG Rn 20.
94 § 246 Abs. 1 S. 2 HGB bringt zum Ausdruck, dass ein Geschäfts- oder Firmenwert zumindest Elemente eines Vermögensgegenstands aufweist und entsprechend zu behandeln ist. Ein Geschäfts- oder Firmenwert sollte selbst bei Nichtfortführung des Betriebs durch den übernehmenden Rechtsträger anzusetzen sein; hierzu kritisch: *Schaflitzl/Götz*, DB 2012 Beilage 1, 25, 26.

sichtigt.[95] Für den Fall der Abwärtsverschmelzung ist nicht abschließend geklärt, ob die Anteile am übertragenden Rechtsträger in der steuerlichen Schlussbilanz anzusetzen oder aber vorher auszubuchen sind, sofern sie im Wege des Direkterwerbs[96] unmittelbar auf die Anteilsinhaber der untergehenden Muttergesellschaft übergehen. Nach dem Wortlaut von § 11 Abs. 2 S. 2 sind die Anteile an dem übernehmenden Rechtsträger „anzusetzen". Die systematische Stellung des S. 2 und die gleichlautende Formulierung „anzusetzen" in § 11 Abs. 2 S. 1 und Abs. 1 S. 1 sprechen daher für einen Ansatz in der steuerlichen Schlussbilanz.[97] Da die Anteile beim Direkterwerb jedoch nicht zu den übergehenden Wirtschaftsgüter zählen,[98] lässt sich mE in Analogie zu den Ausführungen in Rn 03.05 UmwSt-Erlass hinsichtlich der Bilanzierung von eigenen Anteilen des übertragenden Rechtsträgers (dh ungeachtet § 272 Abs. 1 a HGB) auch gut vertreten, dass diese (ggf nach Vornahme einer Beteiligungskorrektur iSv § 11 Abs. 2 S. 2)[99] auszubuchen sind und dementsprechend in der steuerlichen Schlussbilanz nicht mehr angesetzt werden können.[100]

Nach Auffassung der Finanzverwaltung gelten die Ansatzver- und -gebote des § 5 EStG und die Bewertungsvorbehalte des § 6 EStG grds. nicht für die steuerliche Schlussbilanz, es sei denn, die Buchwerte werden fortgeführt.[101] Dieses Verständnis geht einher mit der rechtlichen Bewertung einer Verschmelzung als Veräußerungs- und Anschaffungsgeschäft und setzt die hieraus resultierenden Steuerfolgen bei der Bilanzierung des übergehenden Vermögens in der steuerlichen Schlussbilanz des übertragenden Rechtsträgers konsequent um. 57

Auch der BFH vertritt in seiner Rechtsprechung zur Passivierung „angeschaffter" Rückstellungen im Wege der Einzelrechtsnachfolge durch *asset deal* die Auffassung, dass die passivischen Ansatzverbote und Bewertungsvorbehalte nach § 5 EStG aufgrund des Anschaffungsprinzips beim Erwerber nicht greifen.[102] Da der übernehmende Rechtsträger die Wertansätze aus der steuerlichen Schlussbilanz gem. § 12 Abs. 1 UmwStG zwingend zu übernehmen hat, erscheint es mE sachgerecht, die ertragsteuerlichen Ansatzverbote und Bewertungsvorbehalte im Sonderfall der Verschmelzung bereits in der steuerlichen Schlussbilanz des übertragenden Rechtsträgers zu suspendieren. Die Reichweite der BFH-Rechtsprechung beschränkt sich auf Rückstellungen für ungewisse Verbindlichkeiten und Drohverlustrückstellungen (iSv § 249 Abs. 1 S. 1 HGB, R 5.7 Abs. 2 ff EStR). Da Aufwandsrückstellungen (etwa für unterlassene Instandhaltungsaufwendungen iSv § 249 Abs. 1 S. 2 Nr. 1 HGB) oder Kulanzrückstellungen (iSv § 249 Abs. 1 S. 2 Nr. 2 HGB) mangels (zivil- oder öffentlich-rechtlicher) Außenverpflichtung nicht „angeschafft" werden können, sind diese bei Ansatz der übergehenden Wirtschaftsgüter in der 58

95 Nach UmwSt-Erlass Rn 11.03 iVm Rn 03.05 gilt dies insb. für ausstehende Einlagen (str.) und eigene Anteile des übertragenden Rechtsträgers. Für verschmelzungsbedingte Grunderwerbsteuer ist keine Rückstellung beim übertragenden Rechtsträger zu bilden; vgl *Birkemeier* und Rödder/Herlinghaus/van Lishaut/*Rödder*, § 3 UmwStG Rn 78 und § 11 UmwStG Rn 162; Dötsch/Pung/Möhlenbrock/*Dötsch*, § 11 UmwStG (SEStEG) Rn 39. Zur Abbildung bestimmter Position in der Handelsbilanz s. Budde/Förschle/Winkeljohann/*Budde/Zerwas*, Kap. H Rn 94 ff.

96 Zur Möglichkeit des Direkterwerbs bei Abwärtsverschmelzung und der Besteuerungsfolgen s. Rn 136 ff.

97 So UmwSt-Erlass Rn 11.19, Schmitt/Hörtnagl/Stratz/*Schmitt*, § 11 UmwStG Rn 147, Dötsch/Pung/Möhlenbrock/*Dötsch*, § 11 UmwStG (SEStEG) Rn 39 „Anteile an KapGes" und Rn 85; Widmann/Mayer/*Schießl*, § 11 UmwStG Rn 160.

98 S. zu den Rechtsfolgen dieses Verständnisses Rn 140.

99 Zur Beteiligungskorrektur s. Rn 151.

100 So auch FGS/BDI/*Rödder/Schmidt-Fehrenbacher*, § 11 UmwStG Rn 11.19 UmwStE; Rödder/Herlinghaus/van Lishaut/*Rödder*, § 11 UmwStG Rn 69 mit wohl gegenteiliger Auffassung in § 11 UmwStG Rn 167. Für diese Auffassung spricht auch, dass der Beteiligungskorrekturgewinn iSv § 11 Abs. 2 S. 2 UmwStG nach Auffassung des Gesetzgebers als laufender Gewinn (und somit nicht als Übertragungsgewinn) zu versteuern ist, s. die Gesetzesbegründung Entw. SEStEG, BT-Drucks. 16/2710, 40. Rechtsfolge dieser Auffassung wäre, dass § 11 Abs. 2. S. 2 UmwStG kein Wertansatzwahlrecht gewährt und die Anteile stets zu korrigierten Buchwerten auf die Anteilseigner des übertragenden Rechtsträgers übergehen.

101 UmwSt-Erlass Rn 11.03 iVm Rn 03.06; zustimmend Widmann/Mayer/*Schießl*, § 11 UmwStG Rn 14.23 mit Verweis auf Widmann/Mayer/*Widmann*, § 20 UmwStG Rn R 667; Blümich/*Klingberg*, § 11 UmwStG 2006 Rn 27; Schmitt/Hörtnagl/Stratz/*Schmitt*, § 11 UmwStG Rn 24, 26, 58 und § 3 UmwStG Rn 31, 33; *Schönherr/Krüger*, DStR 2012, 829, 832; Frotscher/Maas/*Frotscher*, § 11 UmwStG Rn 54 ff.

102 BFH Urteil v. 14.12.2011 – I R 72/10, BFH/NV 2012, 101 (Jubiläumsrückstellung, § 5 Abs. 4 EStG), BFH Urteil v. 16.12.2009 – I R 102/08, BStBl. II 2011, 566 (Drohverlustrückstellung, § 5 Abs. 4 a EStG), BFH Urteil v. 12.12.2012 – I R 69/11, BFH/NV 2013, 840 (Pensionsrückstellungen, § 6 a EStG).

steuerlichen Schlussbilanz zum gemeinen Wert konsequenterweise erfolgswirksam aufzulösen.[103]

59 Gewichtige Stimmen im steuerlichen Schrifttum stehen der Auffassung der Finanzverwaltung teils ablehnend gegenüber und sprechen sich für eine Verrechnung von (nicht passivierbaren) stillen Lasten mit einem sonst positiven Geschäfts- oder Firmenwert aus bzw bei einem Überhang an stillen Lasten für den Ausweis eines negativen Geschäfts- oder Firmenwerts oder eines passiven Ausgleichspostens.[104] Ob an dieser Auffassung auch nach der Einführung der § 4 f und § 5 Abs. 7 EStG durch das AIFM-StAnpG[105] festgehalten werden kann, ist zu bezweifeln.

60 Eine Suspendierung der **Ansatzverbote** und **Bewertungsvorbehalte** zieht weitreichende Bilanzierungsfolgen nach sich. Auf der **Aktivseite** trifft dies insb. auf das Aktivierungsverbot von selbst erstellten immateriellen Wirtschaftsgüter des Aktivvermögens nach § 5 Abs. 2 EStG zu. Andererseits sind steuerfreie Rücklagen nach § 6 b Abs. 3 EStG, R 6.6 EStR und § 7 g Abs. 3 EStG aF in der steuerlichen Schlussbilanz aufzulösen, sofern nicht die Buchwerte fortgeführt bzw Zwischenwerte angesetzt werden (vgl auch § 12 Abs. 3 iVm § 4 Abs. 2 S. 1).[106] Aktive Rechnungsabgrenzungsposten nach § 5 Abs. 5 S. 1 Nr. 1 EStG sind unabhängig vom Wertansatz beizubehalten.[107] Auch hinsichtlich steuerlicher Ausgleichsposten nach § 4 g EStG sieht die Finanzverwaltung einen Auflösungszwang gegeben, sofern eine Übertragung zum gemeinen Wert erfolgt.[108] Dies sollte entsprechend auch im Hinblick auf organschaftliche Ausgleichsposten iSv § 14 Abs. 4 KStG sowie investmentsteuerliche Ausgleichsposten gelten. Allerdings sollte bei einem Zwischenwertansatz der Rechtsnatur von organschaftlichen (bzw investmentsteuerlichen) Ausgleichsposten und deren Verknüpfung mit der Beteiligung an der Organgesellschaft (bzw dem Investmentfonds) insoweit Rechnung getragen werden, als bei einer Aufdeckung von stillen Reserven in der jeweiligen Beteiligung uU eine teilweise Auflösung der zugehörigen Ausgleichsposten erforderlich scheint.[109]

Auf der **Passivseite** betrifft die Suspendierung der Ansatzverbote und Bewertungsvorbehalte insb. die Ansatzverbote für Rückstellungen nach § 5 Abs. 2 a bis 4 b EStG, einschließlich Drohverlustrückstellungen (§ 5 Abs. 4 a EStG), Rückstellungen für Verpflichtungen, die lediglich zu erfüllen sind, soweit künftige Einnahmen oder Gewinne anfallen (§ 5 Abs. 2 a EStG), Rückstellungen für Patentverletzungen (§ 5 Abs. 3 EStG), Jubiläumsrückstellungen (§ 5 Abs. 4 EStG) und bestimmte branchenspezifische Rückstellungen (vgl zB § 5 Abs. 4 b EStG, §§ 20, 21 KStG) sowie die Bewertungsvorbehalte nach § 6 Abs. 1 Nr. 3 und 3 a EStG hinsichtlich der Abzinsung von Verbindlichkeiten und Rückstellungen.[110] Passive Rechnungsabgrenzungsposten iSv § 5

103 Im Ergebnis sollte dies keine Auswirkung auf den Gewinn des übertagenden Rechtsträgers haben, da die Auflösung einer Rückstellung bei gleichbleibendem Unternehmenswert eine korrespondierende Reduktion des Geschäfts- oder Firmenwerts zu Folge hat. Auf Seite des übernehmenden Rechtsträgers ist eine eigenständige Entscheidung zu treffen, ob entsprechende Aufwands- oder Kulanzrückstellungen zu passivieren sind (sofern nach GoB bzw § 249 Abs. 1 S. 2 HGB zulässig). *Schönherr/Krüger*, DStR 2012, 829, 833 sprechen sich für den Ansatz eines passiven Ausgleichspostens iHv nicht bilanzierungsfähigen Aufwandsrückstellungen, soweit diese den Unternehmenswert mindernd beeinflussen.

104 Rödder/Herlinghaus/van Lishaut/*Rödder*, § 11 UmwStG Rn 66 a; Dötsch/Pung/Möhlenbrock/*Dötsch*, § 11 UmwStG (SEStEG) Rn 23 und 31; Haase/Hruschka/*Ropohl/Sonntag*, § 11 UmwStG Rn 210 ff. Diese Auffassung würde die Diskussion zum Übernahmefolgegewinn entbehrlich machen, deckt sich allerdings nach Auffassung des BFH zumindest bei der Übertragung im Wege der ERNF nicht mit den GoB, vgl BFH Urteil v. 14.12.2011 – I R 72/10, BFH/NV 2012.

105 Gesetz zur Anpassung des Investmentsteuergesetzes und anderer Gesetze an das AIFM-Umsetzungsgesetz (AIFM-Steuer-Anpassungsgesetz) v. 18.12.2013, BGBl. I 2013, 4318; vgl zur Anwendung auf Verschmelzungen den Gesetzentwurf der Länder vom 24.10.2013, BR-Drucks. 740/13, 75 f.

106 UmwSt-Erlass Rn 11.03 iVm Rn 03.04.

107 Widmann/Mayer/*Widmann*, § 3 UmwStG Rn R 284 (Buchwertansatz) bzw Rn R 423 (Ansatz zum gemeinen Wert); Rödder/Herlinghaus/van Lishaut/*Rödder*, § 11 UmwStG Rn 66 a.

108 UmwSt-Erlass Rn 11.03 iVm Rn 03.04.

109 Zur Auflösung von organschaftlichen Ausgleichsposten bei Verschmelzung der Organgesellschaft s. Rn 225.

110 Zur Passivseite ausführlich Widmann/Mayer/*Schießl*, § 11 UmwStG Rn 14.23.

Abs. 5 S. 1 Nr. 2 EStG sind unabhängig vom Wertansatz der übergehenden Wirtschaftsgüter unverändert auszuweisen.[111]

Nach Auffassung der Finanzverwaltung sind die Ansatzverbote und Bewertungsvorbehalte nach den §§ 5, 6 EStG in den Folgebilanzen des übernehmenden Rechtsträgers im Hinblick auf das übergehende Betriebsvermögen wiederum anzuwenden.[112] Dies würde beim übernehmenden Rechtsträger an künftigen Bilanzstichtagen ohne Weiteres Zutun automatisch zu einem Übernahmefolgegewinn bzw -verlust führen. Dass diese Rechtsfolge gegen das Anschaffungskostenprinzip sowie gegen die BFH-Rechtsprechung[113] verstößt, ist offensichtlich und wird daher im steuerlichen Schrifttum zu Recht stark kritisiert.[114]Als Reaktion hat der Gesetzgeber mit § 5 Abs. 7 EStG eine gesetzliche Regelung getroffen (beachte die zeitliche Anwendungsregelung in § 52 Abs. 14 a EStG).[115] Es ist damit zu rechnen, dass die Ausführungen im UmwSt-Erlass an die aktuelle Rechtslage angepasst werden. 61

Ausweislich der Gesetzesbegründung verlangt die Finanzverwaltung auch bei einem ausländischen übertragenden Rechtsträger die Abgabe einer steuerlichen Schlussbilanz, unabhängig davon, ob er im Inland unbeschränkt oder beschränkt körperschaftsteuerpflichtig ist, ob er nach § 5 Abs. 1 EStG, §§ 141 ff AO zur Führung von Büchern verpflichtet ist oder überhaupt inländisches Betriebsvermögen besitzt.[116] Eine solche Verpflichtung besteht jedoch dann nicht, wenn die steuerliche Schlussbilanz für inländische Besteuerungszwecke (einschließlich der erstmaligen Verstrickung von Betriebsvermögen in Fällen der Hereinverschmelzung) nicht benötigt wird.[117] 62

Die steuerliche Schlussbilanz ist elektronisch nach § 5 b EStG zu übermitteln.[118] Dementsprechend sollten die BMF-Schreiben über Form und Inhalt der Datenübermittlung entsprechend anzuwenden sein.[119] Ob die Finanzverwaltung die Übergangsregelung für Betriebsstätten[120] auch auf die steuerliche Schlussbilanz anwendet, bleibt abzuwarten. In Fällen der reinen Auslandsverschmelzung kann die Finanzverwaltung gem. § 5 b Abs. 2 EStG ggf aus Billigkeitsgesichtspunkten auf die elektronische Übermittlung der steuerlichen Schlussbilanz verzichten. 63

2. Verknüpfung und Abgrenzung zur handelsrechtlichen Schlussbilanz nach § 17 Abs. 2 UmwG. a) Aufstellung und Wertansatz in der handelsrechtlichen Schlussbilanz. Der übertragende Rechtsträger hat auf den dem Verschmelzungsstichtag vorangehenden Zeitpunkt gem. § 17 Abs. 2 S. 1 UmwG eine handelsrechtliche Schlussbilanz[121] aufzustellen.[122] Diese ist der Anmeldung der Verschmelzung bei dem für den übertragenden Rechtsträger zuständigen Handelsregister beizufügen. 64

In der handelsrechtlichen Schlussbilanz sind grundsätzlich die handelsbilanziellen Buchwerte fortzuführen. Dies begründet sich in der Anwendbarkeit der Gewinnermittlungsvorschriften 65

111 Widmann/Mayer/*Widmann*, § 3 UmwStG Rn R 247 (Buchwertansatz) bzw Rn R 404 (Ansatz zum gemeinen Wert).

112 UmwSt-Erlass Rn 12.04 iVm Rn 04.16 und Rn 11.03 iVm Rn 03.06.

113 BFH Urteil v. 14.12.2011 – I R 72/10, BFH/NV 2012, 101; BFH Urteil v. 16.12.2009 – I R 102/08, BStBl. II 2011, 566; BFH Urteil v. 12.12.2012 – I R 69/11, BFH/NV 2013, 840.

114 Stellvertretend *Geberth/Höhn*, DB 2013, 611 und DB 2011, 1485.

115 Kritisch *Benz/Placke*, DStR 2013, 2653, 2658 f und *Riedel*, FR 2014, 6, 11 f. Zur Verteilung des Aufwands aus der Aufdeckung der stillen Lasten beim übertragenden Rechtsträger und Übergang auf den übernehmenden Rechtsträger s. Rn 157.

116 UmwSt-Erlass Rn 11.02 iVm Rn 03.01; BT-Drucks. 16/2710, 40.

117 UmwSt-Erlass Rn 11.02 iVm Rn 03.02.

118 UmwSt-Erlass Rn 11.02 iVm Rn 03.04. Ablehnend FGS/BDI/*Kutt/Carstens* (UmwSt-Erlass 2011, Rn 03.04.

119 BMF Schreiben v. 19.1.2010, IV C 6 – S 2133-b/0, BStBl. I 2010, 47.

120 BMF Schreiben v. 28.9.2011, IV C 6 – S 2133-b/11/10009, BStBl. I 2011, 855, Rn 7, ergänzt durch BMF Schreiben v. 30.4.2013, IV C 6 – S 2133-b/11/10016, BStBl. I 2013, 844.

121 Zum Umfang der Schlussbilanz s. Budde/Förschle/Winkeljohann/*Budde/Zerwas*, Kap. H Rn 77. Die Einreichung einer GuV oder eines Anhangs ist nicht erforderlich, IDW RS HFA 42 Rn 7, WPg Supplement 4/2012, 91.

122 Bei grenzüberschreitenden Verschmelzungen nach § 122 a UmwG aufgrund des Verweises in § 122 k Abs. 1 S. 2 UmwG, bei einer Vermögensübertragung nach § 176 Abs. 1 UmwG und der SE-Verschmelzung nach Art. 18 SE-VO.

über die Jahresbilanz gem. § 17 Abs. 2 S. 2 UmwG.[123] Stille Reserven dürfen darin nur in dem von den §§ 238 ff HGB vorgegebenen Rahmen, höchstens bis zu den Anschaffungs- bzw Herstellungskosten, aufgedeckt werden. Ein Wahlrecht bzgl Ansatz und Bewertung der übergehenden Wirtschaftsgüter besteht nicht. Die Ansatz- und Bewertungsgrundsätze ergeben sich insb. aus den §§ 246 ff und §§ 252 ff HGB einschließlich der handelsrechtlichen Aktivierungs- und Passivierungsverbote sowie der Anschaffungs- bzw Herstellungskosten als Wertobergrenze.[124] In der Praxis wird aus Vereinfachungs- und Kostengründen regelmäßig die Jahresbilanz als handelsrechtliche Schlussbilanz verwendet. Da der Stichtag der handelsrechtlichen Schlussbilanz gem. § 17 Abs. 2 S. 4 UmwG nicht mehr als acht Monate vor der Handelsregisteranmeldung liegen darf, ist uU die Aufstellung einer Zwischenbilanz auf einen vom regulären Geschäftsjahr abweichenden Stichtag erforderlich. Bei Verschmelzung unter Beteiligung einer Aktiengesellschaft ist ggf eine Zwischenbilanz nach Maßgabe von § 63 Abs. 1 Nr. 3, Abs. 2 UmwG erforderlich.[125] Eine Zwischenbilanz muss grds. weder durch einen Abschlussprüfer oder den Aufsichtsrat (sofern vorhanden) geprüft werden, noch muss die Hauptversammlung zustimmen.[126]

66 Beim übernehmenden Rechtsträger besteht ein Wahlrecht nach § 24 UmwG, entweder die Buchwerte fortzuführen oder die Zeitwerte anzusetzen.[127] Ein Zwischenwertansatz kommt nach dem Gesetzeswortlaut nicht in Betracht, kann jedoch in Konzernfällen faktisch gesteuert werden.[128] Aus steuerlicher Sicht ist ein Ansatz zu Zeitwerten insb. im Hinblick auf die Escape-Klausel bei der Zinsschranke iSv § 4 h Abs. 2 S. 1 Buchst. c iVm S. 9 EStG in Betracht zu ziehen, sofern für die Ermittlung der maßgeblichen Eigenkapitalquote subsidiär auf Handelsrecht zurückgegriffen wird.[129]

67 **b) Keine Maßgeblichkeit der Wertansätze in der handelsrechtlichen Schlussbilanz.** Für die steuerliche Schlussbilanz ordnet § 11 Abs. 1 prinzipiell eine Durchbrechung des Grundsatzes der Maßgeblichkeit der Handelsbilanz für die Steuerbilanz iSv § 5 Abs. 1 S. 1 EStG an.[130] Entsprechend kann auch das Antragswahlrecht nach § 11 Abs. 2 unabhängig von den Wertansätzen in der handelsrechtlichen Schlussbilanz ausgeübt werden.[131] Die Wertansätze in der steuerlichen Schlussbilanz sind daher eigenständig und unabhängig von den Wertansätzen in der handelsrechtlichen Schlussbilanz zu ermitteln. Dies gilt entsprechend für die Folgebilanzierung beim übernehmenden Rechtsträger hinsichtlich der übergegangenen Wirtschaftsgüter (keine sog. phasenverschobene Maßgeblichkeit).[132] Einer Aufnahme in das gesondert geführte Verzeichnis nach § 5 Abs. 1 S. 2 EStG bedarf es nicht.[133]

68 Der Wertansatz in der steuerlichen Schlussbilanz des übertragenden Rechtsträgers hat wiederum regelmäßig Auswirkungen auf den Ausweis von Steuerlatenzen nach § 274 HGB in der

123 Eine Durchbrechung der Bewertungsstetigkeit kann lediglich unter Anwendung von § 252 Abs. 2 HGB eine Anpassung an die Bewertungsmethoden des übernehmenden Rechtsträgers erfolgen; s. IDW RS HFA 42 Rn 17, WPg Supplement 4/2012, 91.

124 Zu Ansatz- und Bewertungsgrundsätzen in der handelsrechtlichen Schlussbilanz s. Budde/Förschle/Winkeljohann/*Budde/Zerwas*, Kap. H Rn 93 ff und 103 ff sowie *Kahle/Hiller/Vogel*, FR 2012, 789, 790 f.

125 Vgl hierzu Semler/Stengel/*Diekmann*, § 63 UmwG Rn 13 ff.

126 S. IDW RS HFA 42, Rn 13, WPg Supplement 4/2012, 91.

127 S. IDW RS HFA 42, Rn 4, 34 ff, WPg Supplement 4/2012, 91.

128 Schmitt/Hörtnagl/Stratz/*Hörtnagl*, § 24 UmwG Rn 30.

129 *Kahle/Hiller/Vogel*, FR 2012, 789, 791.

130 Gesetzesbegründung Entwurf SEStEG der BReg v. 25.9.2006, BT-Drucks. 16/2710, 37.

131 UmwSt-Erlass Rn 11.05 (Buchwertansatz) und Rn 11.11 iVm Rn 03.25 (Zwischenwertansatz); Dötsch/Pung/Möhlenbrock/*Dötsch*, § 11 UmwStG Rn 12.

132 *Viskorf/Haag*, DStR 2010 Beihefter zu 46, 75 f.

133 BMF Schreiben v. 12.3.2010, IV C 6-S 2133/09/10001, BStBl. I 2010, 239, Rn 19; FGS/BDI/*Rödder/Schmidt-Fehrenbacher*, UmwSt-Erlass 2011, Rn 11.02 UmwStE.

Handelsbilanz beim übernehmenden Rechtsträger, da nach BilMoG auch quasi-permanente Differenzen zwischen Handels- und Steuerbilanz zu erfassen sind.[134]

69 **3. Aufstellungszeitpunkt: Steuerlicher Übertragungsstichtag nach § 2 Abs. 1.** Die steuerliche Schlussbilanz ist auf den steuerlichen Übertragungsstichtag nach § 2 Abs. 1 S. 1 UmwStG aufzustellen. Der steuerliche Übertragungsstichtag ist definiert als der Zeitpunkt des Ablaufs des Stichtags derjenigen Bilanz, die dem Vermögensübergang zugrunde liegt.[135] Als steuerlicher Übertragungsstichtag ist somit der Zeitpunkt zu verstehen, auf den der übertragende Rechtsträger eine handelsrechtliche Schlussbilanz nach § 17 Abs. 2 S. 1 UmwG aufzustellen hat.[136] Fällt der steuerliche Übertragungsstichtag nicht auf das Ende des Wirtschaftsjahres des übertragenden Rechtsträgers, entsteht insoweit für steuerliche Zwecke (nicht aber für handelsrechtliche Zwecke) ein Rumpfwirtschaftsjahr iSv. § 8 b Abs. 1 S. 2 Nr. 1 EStDV.

70 Eine freie Wahl des steuerlichen Übertragungsstichtags, losgelöst vom handelsrechtlichen Übertragungsstichtag, ist bei Verschmelzungen – im Gegensatz zu Einbringungsfällen durch Einzelrechtsnachfolge gem. § 20 Abs. 6 S. 3– nicht möglich. Der steuerliche Übertragungsstichtag kann folglich nur durch Festlegung des Stichtags der handelsrechtlichen Schlussbilanz beeinflusst werden. Im Ergebnis ist die handelsrechtliche Schlussbilanz somit maßgeblich für den Zeitpunkt der Aufstellung der steuerlichen Schlussbilanz, allerdings nicht hinsichtlich der Wertansätze des übergehenden Vermögens (s. Rn 67).

71 Die handelsrechtliche Schlussbilanz kann gem. § 17 Abs. 2 S. 4 UmwG auf einen maximal acht Monate vor der Anmeldung zur Eintragung im Handelsregister beim übertragenden Rechtsträger liegenden Stichtag aufgestellt werden.[137] Dementsprechend ist die Achtmonatsfrist auch automatisch für die steuerliche Schlussbilanz maßgeblich.

72 Ob eine zeitliche Abhängigkeit des Bilanzstichtags der Schlussbilanz zum (frei wählbaren) Verschmelzungsstichtag iSv § 5 Abs. 1 Nr. 6 UmwG besteht, ist im handelsrechtlichen Schrifttum umstritten und bislang noch nicht höchstrichterlich entschieden.[138] Klar ist hingegen, dass der Bilanzstichtag der handelsrechtlichen Schlussbilanz unabhängig vom Zeitpunkt des zivilrechtlichen Vermögensübergangs auf den übernehmenden Rechtsträger mit Eintragung im Handelsregister gem. § 20 Abs. 1 Nr. 1 UmwG ist.

73 Nicht abschließend geklärt und auch vom BFH ausdrücklich offen gelassen[139] ist die Frage, ob der Stichtag für die handelsrechtliche Schlussbilanz zwingend mit dem Ablauf eines Kalendertages (der dem Umwandlungsstichtag vorausgeht) zusammenfallen muss oder ob er wahlweise auch auf einen beliebigen Zeitpunkt während eines Kalendertages (zB 23:59 Uhr) entfallen

134 Ausführlich am Beispiel der Aufwärtsverschmelzung *Schein*, DB 2013, 485, der keine Auswirkung auf das handelsbilanzielle Eigenkapital sieht, soweit der Geschäfts- oder Firmenwert korrespondierend um einen Betrag entsprechend der passiven Steuerlatenzen erhöht wird (Bilanzverlängerung). Dies ist mE im Vergleich zur Aufdeckung stiller Reserven in der Steuerbilanz insoweit richtig, als die Aufdeckung der stillen Reserven nach § 11 Abs. 1 UmwStG zu einer Steuerverbindlichkeit führt, die im Wege der Verschmelzung auf den übernehmenden Rechtsträger als Gesamtrechtsnachfolger übergeht und dementsprechend den Unternehmenswert mindert. Allerdings ist mE fraglich, ob die Tatsache, dass Steuerlatenzen gem. § 274 Abs. 2 S. 1 HGB nicht abzuzinsen sind, auch auf die Unternehmensbewertung durchschlagen; insoweit wäre eine Anpassung des handelsbilanziellen Eigenkapitals denkbar.

135 BFH Urteil v. 24.4.2008 – IV R 69/05, BFH/NV 2008, 1550; BFH Urteil v. 22.9.1999 – II R 33/97, BStBl. II 2000, 2.

136 UmwSt-Erlass Rn 02.02.

137 Zusätzlich sind die allgemeine Frist für die Zuleitung des Verschmelzungsvertrags zum Betriebsrat nach § 5 Abs. 3 UmwG (1 Monat) sowie bei Aktiengesellschaften die Fristen für das Auslegen zur Einsicht der Aktionäre nach § 62 Abs. 3 UmwG (1 Monat) und die de facto Frist-Verkürzung nach § 63 Abs. 1 Nr. 3 UmwG auf 6 Monate zu beachten.

138 Vgl die ausführliche Darstellung der unterschiedlichen Auffassungen unter Nennung wichtiger Vertreter des Schrifttums sowie Widergabe der Auffassung des IDW und der Finanzverwaltung in BFH Urteil v. 24.4.2008 – IV R 69/05, BFH/NV 2008, 1550; Dötsch/Pung/Möhlenbrock/*Dötsch*, § 2 UmwStG (SEStEG) Rn 33; Lademann/*Hahn*, § 2 UmwStG Rn 23.

139 BFH Urteil v. 7.4.2010 – I R 96/08, BStBl. II 2011, 467.

kann.[140] Praktische Relevanz hat diese Frage insb. für die sorgfältige Strukturierung von Kettenumwandlungen (s. Rn 168 ff) und sofern mit wesentlichen Geschäftsvorfällen um den Übertragungsstichtag gerechnet wird.

74 Die Aufstellung der handels- und steuerlichen Schlussbilanz auf einen Zeitpunkt während eines Kalendertages sollte mE möglich sein. § 17 Abs. 2 UmwG und § 2 Abs. 1 UmwStG schließen dies tatbestandlich nicht aus. Der Wortlaut von § 17 Abs. 2 S. 1 UmwG erfordert lediglich die Einreichung einer handelsrechtlichen Schlussbilanz und § 2 Abs. 1 UmwStG stellt lediglich auf den Ablauf des handelsrechtlichen Übertragungsstichtags ab. Somit kann mE weder aus § 17 Abs. 2 UmwG noch aus § 2 Abs. 1 UmwStG geschlossen werden, dass für die Bestimmung des maßgeblichen Zeitpunkts für die steuerliche Vermögensübergangsfiktion zwingend auf den Ablauf eines Kalendertages abzustellen ist. Hingegen ist die handelsrechtliche Schlussbilanz nach Auffassung der Finanzverwaltung auf den Schluss des Tages, der dem Umwandlungsstichtag vorangeht, aufzustellen.[141] Aufgrund des Mangels an Rechtssicherheit empfiehlt es sich daher in der Praxis entweder die o.a. Auffassung durch eine verbindliche Auskunft abzusichern oder aber die Schlussbilanzen auf das Ende eines Kalendertages aufzustellen und für Strukturierungszwecke in Tagesschritten zu rechnen.[142]

75 Bei der Strukturierung in Tagesschritten ist zu beachten, dass die bloße Vereinbarung eines abweichenden Verschmelzungsstichtags iSv § 5 Abs. 1 Nr. 6 UmwG nicht automatisch zu einer abweichenden Einkommenszurechnung führt, wenn die zugrunde liegenden (handelsrechtlichen und steuerlichen) Schlussbilanzen auf einen dem Verschmelzungsstichtag(-Zeitpunkt) vorangegangenen Stichtag aufgestellt werden. Denn der steuerlichen Übertragungsstichtag (und damit auch die Einkommenszurechnung) bestimmt sich gem. § 2 Abs. 1 nach dem Bilanzstichtag, der dem Vermögensübergang zugrunde liegt. Maßgeblich ist somit der Stichtag für die handelsrechtliche Schlussbilanz iSv § 17 Abs. 2 UmwG. In diesem Sinne hat auch der BFH entschieden, dass der steuerliche Übertragungsstichtag bei einer Verschmelzung mit Wirkung im Innenverhältnis zum 1.1.1996, 00:05 Uhr (Verschmelzungsstichtag) aber mit Verwendung der Jahresbilanzen zum 31.12.1995 (handelsrechtlicher Übertragungsstichtag) noch in den Veranlagungszeitraum 1995 fällt, falls später keine Schlussbilanz des übertragenden Rechtsträgers auf einen anderen Zeitpunkt vorgelegt wird und handelsrechtlich auch nicht vorgelegt werden muss.[143]

76 Fehlt im Verschmelzungsvertrag oder -plan eine explizite Bezugnahme auf den handelsrechtlichen und steuerlichen Übertragungsstichtag oder ist der handelsrechtliche und steuerliche Übertragungsstichtag (-Zeitpunkt) ungenau formuliert,[144] ist dieser durch Auslegung der Parteiwillen der beteiligten Rechtsträger zu ermitteln. Für diese Zwecke ist sowohl auf die sonstige Verschmelzungsdokumentation als auch auf den Stichtag der beigefügten Schlussbilanzen abzustellen.

77 Ist der steuerliche Übertragungsstichtag nicht mit dem Ende des Wirtschaftsjahres der übertragenden Körperschaft identisch, entsteht bei dieser ein mit dem Verschmelzungsstichtag endendes steuerliches Rumpfwirtschaftsjahr (nicht aber zwingend ein handelsrechtliches abgekürztes Geschäftsjahr) und für gewerbesteuerliche Zwecke ein abgekürzter Erhebungszeitraum iSv § 14 S. 3 GewStG. Eine Zustimmung der Finanzverwaltung nach § 7 Abs. 4 S. 3 KStG ist hierfür nicht erforderlich.[145]

140 So auch Schmitt/Hörtnagl/Stratz/*Hörtnagl*, § 2 UmwStG Rn 19, 24; FGS/BDI/*Dietrich/Kaeser*, UmwSt-Erlass 2011, § 2 Rn 02.02 UmwStE; Blümich/*Klingberg*, § 2 UmwStG Rn 19; Dötsch/Pung/Möhlenbrock/*Dötsch*, § 2 UmwStG (SEStEG) Rn 33 hält dies zumindest für nicht ausgeschlossen; aA Rödder/Herlinghaus/van Lishaut/*van Lishaut*, § 2 UmwStG Rn 20.

141 UmwSt-Erlass Rn 02.02.

142 So auch Dötsch/Pung/Möhlenbrock/*Dötsch*, § 2 UmwStG (SEStEG) Rn 33 und Schmitt/Hörtnagl/Stratz/*Hörtnagl*, § 2 UmwStG Rn 24.

143 BFH Urteil v. 24.4.2008 – IV R 69/05, BFH/NV 2008.

144 Vgl bspw BFH Urteil v. 5.12.1973 – I R 72/72, BStBl. II 1974, 342.

145 BFH Urteil v. 21.12.2005 – I R 66/05, BStBl. II 2006, 469 wmN.

4. Abgabefrist. Im UmwStG ist keine Abgabefrist für die Einreichung der steuerlichen Schlussbilanz vorgesehen. Die steuerliche Schlussbilanz kann demzufolge bis zum Eintritt der Festsetzungsverjährung in Bezug auf den für den steuerlichen Übertragungsstichtag maßgeblichen VZ eingereicht werden.[146] Die Einreichung der Steuerbilanz iSv § 4 Abs. 1, § 5 EStG des übernehmenden Rechtsträgers (Folgebilanz) hat keine Bindungswirkung für den übertragenden Rechtsträger. Vielmehr kann es zu einer Korrektur der Folgebilanz beim übernehmenden Rechtsträger kommen, sofern die steuerliche Schlussbilanz erst nach Abgabe der Folgebilanz eingereicht wird. In der Praxis wird die Finanzverwaltung den übertragenden Rechtsträger regelmäßig zur Abgabe der steuerlichen Schlussbilanz auffordern. 78

Eine Nichteinreichung kann nicht dazu führen, dass das übertragene Vermögen in der steuerlichen Schlussbilanz mit dem gemeinen Wert als angesetzt gilt. Eine solche Fiktion sieht § 11 Abs. 2 nicht vor. Der Gesetzeswortlaut setzt ausschließlich einen Antrag auf Ansatz zum Buch- oder Zwischenwert voraus, nicht hingegen die Abgabe einer steuerlichen Schlussbilanz. 79

Rechtsfolge der Nichtvorlage der steuerlichen Schlussbilanz bei Einreichung eines Antrags auf Buchwert- oder Zwischenwertansatz ist die Schätzung der Wertansätze in der steuerlichen Schlussbilanz nach § 162 AO.[147] 80

Eine nachträgliche Korrektur im Rahmen der Vorschriften des § 4 Abs. 2 S. 1 EStG zur Bilanzberichtigung ist grds. möglich. Allerdings gilt dies nicht für die Ausübung des antragsgebundenen Ansatzwahlrechts (s. Rn 110). 81

5. Konkludente Abgabe der steuerlichen Schlussbilanz. Nach Auffassung der Finanzverwaltung gilt als Abgabe der steuerlichen Schlussbilanz auch die ausdrückliche Erklärung, dass die Steuerbilanz nach § 4 Abs. 1, § 5 EStG gleichzeitig die steuerliche Schlussbilanz sein soll, wenn diese Bilanz der steuerlichen Schlussbilanz entspricht.[148] Das bloße Einreichen der „regulären" Steuerbilanz ohne entsprechende Erklärung ist daher grds. nicht als konkludente Abgabe der steuerlichen Schlussbilanz zu werten. Allerdings kann nicht mit Sicherheit ausgeschlossen werden, dass die Finanzverwaltung die „reguläre" Steuerbilanz auch ohne ausdrückliche Erklärung (und ggf gegen den subjektiven Willen des übertragenden Rechtsträgers) als steuerliche Schlussbilanz anerkennt, wenn die „reguläre" Steuerbilanz zusammen mit der Körperschaftsteuererklärung für den VZ, in den der steuerliche Übertragungsstichtag fällt, nach dem Zeitpunkt des Verschmelzungsbeschlusses bzw nach der Handelsregistereintragung eingereicht wird.[149] Zur Vermeidung von Überraschungen empfiehlt es sich regelmäßig, eine ausdrückliche Erklärung abzugeben, ob die „reguläre" Steuerbilanz gleichzeitig auch die steuerliche Schlussbilanz sein soll. 82

II. Grundsatz: Übertragung zum gemeinen Wert

Bei Verschmelzungen von Körperschaften auf andere Körperschaften sind die übergehenden Wirtschaftsgüter in der steuerlichen Schlussbilanz des übertragenden Rechtsträgers gem. § 11 Abs. 1 grds. mit dem gemeinen Wert anzusetzen.[150] Diesem Verständnis liegt auch die aktuelle Auffassung der Finanzverwaltung zugrunde, wonach eine Verschmelzung beim übertragenden Rechtsträger einen Veräußerungsvorgang und beim übernehmenden Rechtsträger einen An- 83

146 *Schell/Krohn*, DB 2012, 1057, 1058. Vgl jedoch Rn 82 hinsichtlich des Risikos, dass die Finanzverwaltung in der Einreichung der „regulären" Steuerbilanz auch die konkludente Abgabe der steuerlichen Schlussbilanz sieht.

147 Schmitt/Hörtnagl/Stratz/*Schmitt*, § 11 UmwStG Rn 18; Haase/Hruschka/*Ropohl/Sonntag*, § 11 UmwStG Rn 64. Vgl zu den Grundsätzen der Schätzung von Besteuerungsgrundlagen wegen Nichtabgabe der Steuererklärung FinMin NRW Erlass v. 25.7.2013, DB 2013, 2420.

148 UmwSt-Erlass Rn 11.02 iVm Rn 03.01.

149 Zu den Auswirkungen auf das Antragswahlrecht s. Rn 108 f.

150 § 11 Abs. 1 S. 3 UmwStG 1995 stellte noch auf den Ansatz der einzelnen Wirtschaftsgüter mit deren Teilwerten ab. Eine Änderung wurde aufgrund der Anpassung des UmwStG an die allgemeinen Entstrickungs- und Verstrickungsnormen (vgl § 6 Abs. 1 Nr. 4 S. 1 Hs 2 und Nr. 5 a EStG) erforderlich.

schaffungsvorgang darstellt.[151] Lediglich für den Ansatz von Rückstellungen für Pensionsverpflichtungen gilt eine Sonderregelung. Diese sind mit dem Teilwert nach § 6 a EStG zu erfassen.

84 Ausweislich der Gesetzesbegründung ist der gemeine Wert auch anzusetzen, soweit ein ausländischer Staat das übertragene Vermögen für steuerliche Zwecke mit dem Buchwert oder einem anderen Wert berücksichtigt. Eine Bindung an den steuerlichen Wertansatz nach ausländischem Recht besteht nicht.[152]

85 **1. Begriffsverständnis und Bewertungsverfahren.** Im UmwStG findet sich keine Legaldefinition des gemeinen Werts. Als Folge ist gem. § 1, § 109 Abs. 2 BewG auf die allgemeinen Begriffsbestimmungen in § 9 Abs. 2 und § 11 Abs. 2 BewG zurückzugreifen. Für die Ermittlung des gemeinen Werts ist regelmäßig eine wirtschaftsgutbezogene Betrachtungsweise vorzunehmen. Bei Verschmelzungen ergeben sich jedoch insofern Besonderheiten, als nicht Einzelwirtschaftsgüter übertragen werden, sondern das gesamte Vermögen des übertragenden Rechtsträgers einschließlich eines originären Geschäfts- oder Firmenwerts auf den übernehmenden Rechtsträger *uno actu* übergeht. Daher ist für die Ermittlung des gemeinen Werts der übergehenden Wirtschaftsgüter für Zwecke des § 11 Abs. 1 S. 1 als Ausgangsgröße der gemeine Wert der Gesamtheit der übergehenden aktiven und passiven Wirtschaftsgüter (gemeiner Wert der Sachgesamtheit) heranzuziehen.[153] Dadurch lässt sich der „gemeine Wert" eines originären Geschäfts- oder Firmenwerts als Residualgröße zwischen dem gemeinem Wert der Sachgesamtheit und dem Nettowert aller aktiven und passiven Wirtschaftsgüter (ohne Berücksichtigung von Ansatzverboten und Bewertungsvorbehalten und unter Aufdeckung sämtlicher stiller Reserven und stiller Lasten) ermitteln.

86 Nach Auffassung der Finanzverwaltung soll die Ermittlung der maßgeblichen Wertansätze für die übergehenden Wirtschaftsgüter nach einem **dreistufigen Verfahren** erfolgen. In einem ersten Schritt soll der gemeine Wert der Sachgesamtheit ermittelt werden, in einem zweiten Schritt ist dieser Wert um mögliche stille Lasten in Pensionsrückstellungen iSv § 6 a EStG zu erhöhen und in einem dritten Schritt wird dieser modifizierte gemeine Wert auf die einzelnen übergehenden Wirtschaftsgüter nach dem Verhältnis ihrer Teilwerte aufgeteilt. Die tatsächlichen gemeinen Werte der einzelnen Wirtschaftsgüter bzw die Summe dieser gemeinen Werte bleiben demzufolge unberücksichtigt. Diese Aufteilungsmethodik kann zu teils kuriosen Ergebnissen führen. Mangels Rechtsgrundlage wird sie daher im steuerlichen Schrifttum mE zu Recht kritisiert.[154] Gleichwohl sind die Finanzbehörden angehalten, diese Methodik in der Praxis entsprechend anzuwenden.

87 **Erster Schritt/Ermittlung des gemeinen Werts der Sachgesamtheit**: Der gemeine Wert der Sachgesamtheit entspricht dem gemeinen Wert des übertragenden Rechtsträgers, dh dessen Eigenkapitals (sog. *Equity Value*).[155] Der gemeine Wert ist gem. § 9 Abs. 1 BewG vorrangig aus Verkaufspreisen abzuleiten. Bei börsennotierten Gesellschaften bestimmt sich der gemeine Wert gem. § 11 Abs. 1 BewG regelmäßig nach dem Kurswert bzw der Marktkapitalisierung. Bei nicht börsennotierten Unternehmen ist ein Verkaufspreis gem. § 11 Abs. 2 S. 1 BewG dann als gemeiner Wert heranzuziehen, wenn der Verkauf unter fremden Dritten erfolgt ist und weniger

151 UmwSt-Erlass Rn 00.02 mit Bezugnahme auf die BFH-Rechtsprechung.
152 BT-Drucks. 16/2710, 40.
153 UmwSt-Erlass Rn 11.04 iVm Rn 03.07.
154 Rödder/Herlinghaus/van Lishaut/*Rödder*, § 11 UmwStG Rn 75 a.
155 Der UmwSt-Erlass spricht in Rn 03.08 und 03.24 von „gemeinen Wert des Unternehmens" bzw im Beispiel zu Rn 03.24 von „Unternehmenswert". Hier gilt zu berücksichtigen, dass in der Bewertungspraxis der Begriff Unternehmenswert regelmäßig den Gesamtunternehmenswert (sog. *Entity Value* oder *Enterprise Value*), dh den Wert des Eigen- und Fremdkapitals, meint. Abzugrenzen hiervon ist der Wert des Eigenkapitals (*Equity Value*), der dem gemeinen Wert der Sachgesamtheit entspricht.

als ein Jahr zurückliegt.[156] Abhängig vom Zeitabstand zwischen Erwerb und Verschmelzung sowie der zwischenzeitlich eingetretenen Geschäftsvorfälle ist uU eine Aktualisierung der *Net Debt/Excess Cash* und ggf auch der *Working Capital* Positionen erforderlich. Ist dies eine Ableitung des gemeinen Wertes aus Verkäufen nicht möglich, ist der gemeine Wert gem. § 11 Abs. 2 S. 2 BewG unter Berücksichtigung der Ertragsaussichten oder einer anderen anerkannten (im gewöhnlichen Geschäftsverkehr auch für nichtsteuerliche Zwecke üblichen) Methode zu ermitteln. Bei Paketkäufen ist gem. § 11 Abs. 3 BewG ggf ein Kontrollaufschlag zu berücksichtigen.[157]

Zweiter Schritt/Hinzurechnung von stillen Lasten in Pensionsrückstellungen nach § 6 a EStG: Gem. § 11 Abs. 1 S. 2 sind die Teilwerte der Pensionsrückstellungen nach § 6 a EStG zu ermitteln. Da der gemeine Wert von Pensionsverpflichtungen meist über dem Teilwert nach § 6 a EStG liegt, sind in den Pensionsrückstellungen regelmäßig stille Lasten enthalten. Nach Auffassung der Finanzverwaltung mindert ein tatsächlich höherer gemeiner Wert von Pensionsverpflichtungen jedoch den gemeinen Wert des Unternehmens nicht.[158] Dies ergebe sich aus dem Bewertungsvorbehalt in § 11 Abs. 1 S. 2, wonach für die Bewertung von Pensionsrückstellungen (vergleichbar mit § 3 Abs. 1 S. 1) der Teilwert iSv § 6 a EStG anzusetzen ist. Im Ergebnis wird der auf Grundlage eines ertrags- oder zahlungsstromorientierten Bewertungsverfahrens ermittelte gemeine Wert der Sachgesamtheit stets um die Differenz aus gemeinem Wert der Pensionsverpflichtungen und deren Teilwert iSv § 6 a EStG (regelmäßig nach oben) korrigiert. Es handelt sich folglich stets um einen (für Zwecke von § 11 Abs. 1) modifizierten und nicht um den tatsächlichen gemeinen Wert der Sachgesamtheit. Nach dieser Auffassung ist weder eine Verrechnung mit dem Firmen- und Geschäftswert noch der Ansatz eines steuerlichen Ausgleichspostens zulässig. Dieser Vorgehensweise wird zwar von gewichtigen Stimmen im steuerlichen Schrifttum zu Recht widersprochen,[159] gleichwohl ist die zuständige Finanzbehörde an die Ausführungen im UmwSt-Erlass gebunden. 88

Dritter Schritt/Aufteilung des modifizierten gemeinen Werts der Sachgesamtheit nach dem Verhältnis der Teilwerte: Der um die stillen Lasten in Pensionsrückstellungen modifizierte gemeine Wert der Sachgesamtheit soll auf die einzelnen übergehenden Wirtschaftsgüter im Verhältnis der Teilwerte der einzelnen Wirtschaftsgüter analog zu § 6 Abs. 1 Nr. 7 EStG verteilt werden.[160] Dies erfordert eine zusätzliche Bewertung der Einzelwirtschaftsgüter. Für diese Zwecke ist zu berücksichtigen, dass die Definition des Teilwerts nach § 10 S. 2 BewG von der Definition des gemeinen Werts in § 9 BewG abweicht. Insb. sind beim Teilwert Synergie- und Verbundeffekte zu berücksichtigen, die bei der Ermittlung des gemeinen Werts nach § 9 Abs. 2 BewG außen vor bleiben.[161] Andererseits wird beim gemeinen Wert als Einzelveräußerungspreis ein Gewinnaufschlag (einschl. USt) vorgenommen. Bei der Aufteilung ist zu berücksichtigen, dass bestimmte Wirtschaftsgüter wie Bar- und Buchgeld sowie werthaltige Forderungen (dh. liquide Mittel 1. und 2. Ordnung) mit dem Nominalwert zu bilanzieren sind. Entspre- 89

156 Vgl hierzu die gleichlautenden Ländererlasse v. 17.5.2011, BStBl. I 2011, 606 („**Bew-Erlass**"), Abschn. 3 Abs. 1. Beim Erwerb einer Unternehmensgruppe können für die Ermittlung der gemeinen Werte der Konzerngesellschaften mE auch die Werte aus der Kaufpreisallokation (*Purchase Price Allocation*) zB nach IFRS 3 herangezogen werden, sofern die Aufteilung methodisch sachgerecht erfolgt und angemessen dokumentiert ist.

157 Vgl Bew-Erlass (vorstehende Fn), Abschn. 7 Abs. 1 bis 3, 8, 9.

158 UmwSt-Erlass Rn 11.04 iVm Rn 03.08.

159 S. hierzu Dötsch/Pung/Möhlenbrock/*Dötsch*, § 11 UmwStG (SEStEG) Rn 32 mwN; kritisch: Schmitt/Hörtnagl/Stratz/*Schmitt*, § 11 UmwStG Rn 44; Rödder/Herlinghaus/van Lishaut/*Rödder*, § 11 UmwStG Rn 85 f; Haritz/Menner/*Brinkhaus*, § 3 UmwStG Rn 95 und § 11 UmwStG Rn 21; *Schell/Krohn*, DB 2012, 1057, 1061 f.

160 UmwSt-Erlass Rn 11.04 iVm Rn 03.09; *Schumacher/Neitz-Hackstein*, Ubg 2011, 451 und Schmitt/Hörtnagl/Stratz/*Schmitt*, § 11 UmwStG Rn 44 sprechen sich dagegen für eine Aufteilung im Verhältnis der gemeinen Werte aus; Rödder/Herlinghaus/van Lishaut/*Birkemeier*, § 3 UmwStG Rn 75 für eine Aufteilung nach dem Verhältnis der stillen Reserven.

161 Rödder/Herlinghaus/van Lishaut/*Rödder*, § 11 UmwStG Rn 71; zur Abgrenzung allgemein *Kahle/Hiller*, WPg 2013, 403, 409 f.

chendes gilt auf der Passivseite für Verbindlichkeiten, die stets mit dem vollen Erfüllungsbetrag anzusetzen sind.[162]

90 Bei Anwendung dieser Aufteilungsmethodik kann es zur Verlagerung von stillen Reserven kommen und bei einzelnen Wirtschaftsgütern sogar zu einem Wertansatz über dem eigenen Teilwert, was beim übernehmenden Rechtsträger zum Folgestichtag die Möglichkeit einer Teilwertabschreibung nach § 6 Abs. 1 Nr. 1 S. 2 und Nr. 2 S. 2 EStG eröffnet.[163]

91 **2. Geeignete Methoden zur Ermittlung des gemeinen Werts der Sachgesamtheit.** Die Ermittlung des gemeinen Werts der Sachgesamtheit bzw des Unternehmenswerts hat in erster Linie anhand eines anerkannten **ertrags- oder zahlungsstromorientierten Verfahrens** zu erfolgen, welches ein gedachter Erwerber des Betriebs der übertragenden Körperschaft bei der Bemessung des Kaufpreises zugrunde legen würde.[164] Branchenspezifische Besonderheiten sind bei der Bestimmung der geeigneten Bewertungsmethode stets zu berücksichtigen.[165] Die Multiplikatormethode ist regelmäßig kein geeignetes Bewertungsverfahren.[166] Der Steuerpflichtige sollte stets im Stande sein, den gemeinen Wert durch Vorlage eines methodisch nicht zu beanstandenden Wertgutachtens unter Offenlegung der zugrunde liegenden Dokumentation und Datenlage gegenüber den Finanzbehörden zu erklären.

92 Nach Auffassung des BVerfG ist für die Ermittlung des gemeinen Werts grds. die Ertragswertmethode vorherrschend, wobei daneben auch die *Discounted Cash Flow* Methode dem Grundsatz der Gesamtbewertung entspricht.[167] IDW S 1 unterscheidet grds. zwischen objektiviertem Unternehmenswert aus Anteilseignersicht (dh aus Sicht des übertragenden Rechtsträgers) und subjektiviertem Entscheidungswert aus Erwerbersicht (dh aus Sicht des übernehmenden Rechtsträgers). Der subjektivierte Entscheidungswert aus Erwerbersicht schließt im Vergleich zum objektivierten Unternehmenswert aus Anteilseignersicht insb. auch Synergien ein, die sich aus der Integration des erworbenen Unternehmens in die erwerbende Unternehmensgruppe ergeben. Da eine Verschmelzung als Veräußerungs- und Anschaffungsgeschäft anzusehen ist, stellt sich die Frage, ob auch die erwarteten Synergieeffekte für Zwecke der Unternehmensbewertung zu berücksichtigen sind, da der übernehmende Rechtsträger im Erwerbsfall ggf einen Teil des Kaufpreises hierfür aufgewandt hätte. Allerdings würde dies einen Geschäfts- und Firmenwert (in Form künftiger Synergieeffekte) einpreisen, der beim übertragenden Rechtsträger nicht existiert. Dementsprechend kann mE für Zwecke der Bewertung der Sachgesamtheit nach § 11 Abs. 1 auch nur auf den objektivierten Unternehmenswert aus Anteilseignersicht (dh ohne Berücksichtigung künftiger Synergieeffekte eines potenziellen Erwerbers) abgestellt werden.[168] Somit sind zumindest echte Synergien nicht zu berücksichtigen und unechte Synergien nur soweit die synergiestiftenden Maßnahmen bereites eingeleitet oder im Unternehmenskonzept konkret und plausibel dokumentiert sind.[169]

93 Eine Unternehmensbewertung wird regelmäßig von bestimmten Bewertungsparametern beeinflusst, die von der subjektiven Einschätzung der Geschäftsführung des übertragenden Rechtsträgers sowohl hinsichtlich der Unternehmens- als auch hinsichtlich der Marktentwicklung abhängen. Das Ergebnis der Unternehmensbewertung kann daher uU stark variieren. Demzufolge sind Bewertungsparameter nicht 100%ig objektivierbar, sofern diese von subjektiven Einschätzungen künftiger Entwicklungen abhängen. Dies betrifft insb. (i) die erwartete Geschäfts-

162 *Neu/Schiffers/Watermeyer*, GmbHR 2011, 729, 731.
163 Vgl das Beispiel bei *Schell/Krohn*, DB 2012, 1057, 1062 und *Meyering*, DStR 2008, 1008 zum vergleichbaren Aufteilungsmaßstab nach § 6 Abs. 1 Nr. 7 EStG.
164 UmwSt-Erlass Rn 11.04 iVm Rn 03.07 mit Verweis auf BMF Schreiben v. 22.9.2011, BStBl. I 2011, 859 iVm Bew-Erlass (aaO); dort Abschn. 19. Vgl hierzu *Piltz*, DStR 2009, 1829.
165 Zu näheren Einzelheiten vgl die Ausführungen in Anlage 1 zur Verlautbarung des Bayerischen Staatsministeriums der Finanzen v. 4.1.2013, 34/31/33-S 3102-0006-333/13, FMNR011100013.
166 Anlage 1 zur Verlautbarung des Bayerischen Staatsministeriums der Finanzen v. 4.1.2013, 34/31/33-S 3102-0006-333/13, FMNR011100013, Tz 1.4.
167 BVerfG Urteil v. 7.11.2006 – 1 BvL 10/02, BStBl. II 2007, 192 zur ErbSt.
168 So allgemein auch FG Niedersachsen Urteil v. 11.4.2000 – 6 K 611/93, DStRE 2001, 24.
169 IDW WP-Handbuch, Band II, 8. Aufl. 2008, Abschn. A Rn 85; *Zwirner*, DB 2013, 2874, 2877.

entwicklung auf Basis von Geschäftsplänen (regelmäßig für die nächsten 3–5 Jahre) und die Fortschreibung der Geschäftspläne unter Abschmelzen der Wachstumsrate auf einen festgelegten Endwert (sog. *Terminal Value Growth Rate*) sowie (ii) den Abzinsungsfaktor, der gewöhnlich dem Kehrwert der gewichteten Kapitalkosten (sog. *Weighted Average Cost of Capital* – WACC bzw der *Cost of Equity*) entspricht. Beim WACC sind Stellschrauben insb. die Festlegung einer (länderspezifischen) Inflationsrate sowie einer Marktrisikoprämie.

Entscheidend ist, dass die erforderlichen Annahmen auch für Dritte plausibel und nachvollziehbar sind und die gewählte Bewertungsmethode sachgerecht angewandt wird.[170] Bei Beauftragung eines anerkannten externen Gutachters kann regelmäßig davon ausgegangen werden, dass das Wertgutachten und damit auch der so ermittelte Unternehmenswert von den Finanzbehörden und den Finanzgerichten akzeptiert werden. 94

Sofern ertragswertorientierte Verfahren branchentypisch nicht ausgeschlossen sind, ist gem. § 11 Abs. 2 S. 4 iVm §§ 199 ff BewG auch ein Rückgriff auf das vereinfachte Ertragswertverfahren zulässig, wenn dies nicht zu offensichtlich unzutreffenden Ergebnissen führt.[171] Im Vergleich zur Unternehmensbewertung nach IDW S1[172] soll dies die Möglichkeit bieten, einen objektiven Unternehmenswert ohne Aufwand und Kosten für einen externen Gutachter zu ermitteln.[173] Wann die Verwendung des vereinfachten Ertragswertverfahrens zu einem offensichtlich unzutreffenden Ergebnis führt, ist gesetzlich nicht näher definiert. Im steuerlichen Schrifttum wird eine vergleichsweise hohe Abweichung im Vergleich zu Bewertungsverfahren nach IDW S1 verlangt. So wird bspw vertreten, dass eine Abweichung von mehr als 40 % bzw 60 % erforderlich ist.[174] Da der Unternehmenswert bei Verwendung der Ertragswert- oder DCF-Methode je nach Festlegung der Bewertungsparameter entsprechend variieren kann, ist die Bestimmung einer Abweichung in der Praxis nur sehr schwer zu ermitteln. Diesbezüglich sollte die Beweislast jedoch nicht beim Steuerpflichtigen liegen. Andernfalls stellt die Möglichkeit zur Verwendung des vereinfachten Ertragswertverfahrens keine tatsächliche Vereinfachung für den Steuerpflichtigen dar. Sofern die Finanzverwaltung ein offensichtlich unzutreffendes Ergebnis feststellt, sollte zumindest die Möglichkeit bestehen, einen Gegenbeweis durch ein Wertgutachten von einem externen Gutachter zu erbringen. Nach Auffassung der Finanzverwaltung können offensichtlich unzutreffende Ergebnisse aus zeitnahen Verkäufen nach dem Bewertungsstichtag abgeleitet werden[175] und treten regelmäßig auch bei komplexen Strukturen von verbundenen Unternehmen auf.[176] Im Falle einer Verschmelzung zur Aufnahme lässt ein späterer Verkauf des übernehmenden Rechtsträgers jedoch regelmäßig keine Rückschlüsse auf den Wert des übertragenen Geschäfts zu, da sich der Kaufpreis nicht gesondert auf einzelne Geschäftsbereiche des übernehmenden Rechtsträgers aufteilt. Etwas anderes könnte sich nur im Falle einer Verschmelzung zur Neugründung oder einer vorherigen Ausgliederung bzw Abspaltung des zuvor übertragenen Geschäftsbereichs mit anschließendem Verkauf ergeben. Dann dürften jedoch zwischen Bewertungsstichtag und späterem Verkauf keine wertbeeinflussenden Tatsachen vorliegen. Für die Regelvermutung, dass ein offensichtlich unzutreffendes Ergebnis bei komplexen Strukturen von verbundenen Unternehmen vorliegt,[177] findet sich weder eine Stütze im Gesetz, noch kann dies durch sachliche Argumente gerechtfertigt werden. Denn auch inner- 95

170 Vgl FG Niedersachsen Urteil v. 11.4.2000 – 6 K 611/93, DStRE 2001, 24 zur Unternehmenswertermittlung zwecks Prüfung des Vorliegens einer verdeckten Gewinnausschüttung. Bei KMU ist ferner der IDW Praxishinweis 1/2014, IDW-FN 2014, 282 zu berücksichtigen, welcher eine Konkretisierung von IDW S 1 darstellt, vgl *König/Möller*, BB 2014, 983 ff.

171 UmwSt-Erlass Rn 11.04 iVm Rn 03.07 iVm BMF Schreiben v. 22.9.2011, BStBl. I 2011, 859 iVm Gleich lautenden Ländererlasse v. 17.5.2011, BStBl. I 2011, 606; dort Abschn. 3 Abs. 2 S. 4 und Abschn. 19.

172 Vgl bspw *Blum/Weber*, GmbHR 2012, 322, 324, 326.

173 Bericht FA zum Gesetzesentwurf ErbStRG, BT-Drucks. 16/11107, 22.

174 S. *Mannek*, DB 2008, 423, 428; *Viskorf*, ZEV 2009, 591, 596; Fischer/Jüptner/Pahlke/Wachter/*Horn*, § 12 BewG Rn 324.

175 B 199.1 Abs. 5 Nr. 1 ErbStR 2011.

176 B 199.1 Abs. 6 S. 1 Nr. 1 ErbStR 2011.

177 Zur Frage, wann solche komplexen Strukturen verbundener Unternehmen vorliegen vgl *Kahle/Hiller/Vogel*, FR 2012, 789, 796 mwN.

halb komplexer Konzernstrukturen hat die Verrechnung von konzerninternen Leistungen auf Basis von Fremdvergleichsgrundsätzen zu erfolgen.

96 Bei der Wertermittlung unter Berücksichtigung der Ertragsaussichten ist neben dem Ertragswert grds. auch der **Substanzwert** zu bestimmen. Dieser bildet gem. § 11 Abs. 2 S. 3 BewG die Wertuntergrenze.[178] Bei der Ermittlung des gemeinen Werts der Sachgesamtheit für Zwecke von § 11 Abs. 1 S. 1 sollte jedoch der Liquidationswert[179] (Sonderfall des Substanzwerts) als Wertuntergrenze maßgeblich sein bzw ein liquidationswertähnlicher Substanzwert bestehend aus der Summe der Einzelveräußerungswerte nach Rückführung sämtlicher Schulden und sonstiger rechtlicher und wirtschaftlicher Belastungen,[180] jedoch ohne Berücksichtigung von Liquidationskosten.[181] Der Substanzwert im betriebswirtschaftlichen Sinne als (Teil-)Rekonstruktionswert (Summe der Wiederbeschaffungskosten abzüglich der Schulden) sollte für diese Zwecke unberücksichtigt bleiben.[182] Andernfalls kommt es zu einem Widerspruch mit der Bewertungsmethodik des § 11 Abs. 1 S. 1.[183] Kann der gemeine Wert hingegen aus einem Börsenkurs oder aus Verkäufen abgeleitet werden, ist dieser auch dann maßgebend, wenn der Substanzwert über dem so ermittelten Wert liegt.[184] In der Praxis ist die Bestimmung des Substanzwerts ioaS regelmäßig nur dann von Bedeutung, wenn der übertragende Rechtsträger dauerhaft Verluste erwirtschaftet.

97 Im Falle von **Auslandsverschmelzungen** kann mE aus praktischen Gründen und Verhältnismäßigkeitsgesichtspunkten auf eine Unternehmensbewertung verzichtet werden, vorausgesetzt, dass das im Inland steuerverstrickte Betriebsvermögen aus Einzelwirtschaftsgütern besteht (zB Inlandsimmobilien).[185]

98 **3. Bewertungsstichtag.** Für die Ermittlung des Werts des Eigenkapitals des übertragenden Rechtsträgers, der Teilwerte von Pensionsrückstellungen iSv § 6 a EStG sowie der Teilwerte der einzelnen übertragenen Wirtschaftsgüter ist zwingend auf den steuerlichen Übertragungsstichtag abzustellen.[186] Wertveränderungen im Rückwirkungszeitraum bleiben unberücksichtigt.

III. Buchwert- oder Zwischenwertansatz, § 11 Abs. 2

99 Abweichend von dem Grundsatz nach § 11 Abs. 1 können die übergehenden Wirtschaftsgüter gem. § 11 Abs. 2 auf Antrag (einheitlich) mit dem Buchwert oder einem Zwischenwert angesetzt werden unter der Voraussetzung, dass die in § 11 Abs. 2 Nr. 1 bis 3 genannten Voraussetzungen erfüllt sind.

100 **1. Ansatz zum Buchwert oder zum Zwischenwert.** Nach der **Legaldefinition** in § 1 Abs. 5 Nr. 4 ist der **Buchwert** der Wert, der sich nach den steuerlichen Vorschriften über die Gewinnermittlung in einer für den steuerlichen Übertagungsstichtag aufzustellenden Steuerbilanz ergibt oder

178 In § 11 Abs. 2 S. 3 BewG ist dieser legaldefiniert als „die Summe der gemeinen Werte der zum Betriebsvermögen gehörenden Wirtschafsgüter und sonstigen aktiven Ansätze abzüglich der zum Betriebsvermögen gehörenden Schulden und sonstigen Abzüge".

179 So FG Niedersachsen Urteil v. 11.4.2000 – 6 K 611/93, DStRE 2001, 24 zur Unternehmenswertermittlung zwecks Prüfung des Vorliegens einer verdeckten Gewinnausschüttung.

180 Im Rahmen der Substanzwertermittlung sind grds. neben den bilanzierten Aktiva und Passiva auch die nicht-bilanzierten sowie nicht-bilanzierungsfähigen Wirtschaftsgüter und Schulden einzubeziehen. Steuerliche Bewertungsvorbehalte wie etwa § 6 Abs. 1 Nr. 3 oder Nr. 3 a EStG (Abzinsung von Verbindlichkeiten und Rückstellungen) sind nicht zu berücksichtigen.

181 *Kohl/König/Möller*, BB 2013, 555, 558 ist zuzustimmen, dass in die Substanzbewertung sowohl positive als auch negative Verbundeffekte im Unternehmenskontext im Rahmen der Going Concern-Annahme (zB fehlende Rentabilität) einzubeziehen sind und eine solche Einbeziehung aufgrund der Bezugnahme in § 11 Abs. 2 S. 3 BewG auf „sonstige Abzüge" auch zulässig sein sollte. Der Bew-Erlass sieht dies in Abschn. 4 hingegen nicht ausdrücklich vor.

182 Ausführlich zum Liquidationswert als Untergrenze der Unternehmensbewertung bei gesellschaftsrechtlichen Abfindungsansprüchen *Fleischer/Schneider*, DStR 2013, 1736 sowie zum steuerlichen Substanzwertverständnis *Kohl/König/Möller*, BB 2013, 555, 557.

183 Ausführlich *Kahle/Hiller/Vogel*, FR 2012, 789, 796 f mwN; Rödder/Herlinghaus/van Lishaut/*Rödder*, § 11 UmwStG Rn 76 a. Der allgemeine Verweis in UmwSt-Erlass Rn 11.04 iVm Rn 03.07 auf die allgemeinen Grundsätze aus dem Bew-Erlass (Fn 154) lässt jedoch vermuten, dass die Finanzverwaltung den Liquidationswert nicht zwingend als maßgeblich erachtet.

184 B 11.3 Abs. 1 S. 2 ErbStR 2011.

185 So auch Prinz/*Beinert/Scheifele*, Rn 8.186.

186 UmwSt-Erlass Rn 11.04 iVm Rn 03.09.

ergäbe. Da die Buchwertdefinition somit auf die „reguläre“ Bilanz für Zwecke der Gewinnermittlung nach § 4 Abs. 1, § 5 EStG abstellt, sind die steuerlichen Ansatz- und Bewertungsvorbehalte insoweit entsprechend zu berücksichtigen. Abschreibungen für AfA/AfS sind auf den Tag der steuerlichen Schlussbilanz (ggf *pro rata temporis*) fortzuschreiben. Ferner kann der Steuerpflichtige bei voraussichtlich dauernden Wertminderungen von seinem Bewertungswahlrecht nach § 6 Abs. 1 Nr. 1 S. 2, Nr. 2 S. 2 EStG Gebrauch machen und auf den niedrigeren Teilwert abschreiben. Ein Abstockungszwang bei Ansatz des niedrigeren beizulegenden Werts nach § 253 Abs. 3 S. 3 bzw Abs. 4 HGB in der Handelsbilanz (Niederstwertprinzip) besteht seit Aufgabe der handelsrechtlichen Maßgeblichkeit mit dem BilMoG nicht mehr. Handelt es sich um ausländische Wirtschaftsgüter sollte es aus praktischen Gründen und unter Verhältnismäßigkeitsgesichtspunkten zulässig sein, deren Buchwerte aus dem ausländischen Rechnungslegungswerk abzuleiten, wenn ersichtlich keine wesentlichen Abweichungen vorliegen.[187]

Zwischenwert ist jeder Wertansatz zwischen dem Buchwert und dem gemeinen Wert der Sachgesamtheit. Der Ansatz zum Zwischenwert ist in der Praxis regelmäßig dann sinnvoll, wenn der übertragende Rechtsträger entweder über laufende steuerliche Verluste oder steuerliche Verlustvorträge verfügt, die sonst aufgrund Verschmelzung gem. § 12 Abs. 3 Hs 2 iVm § 4 Abs. 2 S. 2 untergehen würden.[188] 101

2. Antragserfordernisse. Im UmwStG sind die formalen Regelungen für die Ausübung des Bewertungswahlrechts nur unzureichend normiert. So macht das UmwStG weder genauere Angaben zur Antragsform und Antragsfrist, noch benennt es die Person des Antragsberechtigten ausdrücklich.[189] 102

Antragsteller und zuständiges Finanzamt: Im Unterschied zu Einbringungsfällen (§§ 20-25 UmwStG) ist für die Antragstellung bei Verschmelzung der übertragende Rechtsträger (bzw der übernehmende Rechtsträger als dessen Gesamtrechtsnachfolger iSv § 45 Abs. 1 AO) zuständig.[190] Gem. § 11 Abs. 3 iVm § 3 Abs. 2 S. 2 ist der Antrag bei dem für die Besteuerung des übertragenden Rechtsträgers nach §§ 20, 26 AO zuständigen Finanzamt zu stellen.[191] Regelmäßig ist dies das Finanzamt, in dessen Bezirk sich der Ort der Geschäftsleitung im Inland befindet. Sofern sich nur der Satzungssitz im Inland, der Ort der Geschäftsleitung hingegen im EU-/EWR-Ausland befindet, bestimmt sich die Zuständigkeit gem. § 20 Abs. 2 AO nach dem Satzungssitz. Befinden sich sowohl Ort der Geschäftsleitung und Satzungssitz im EU-/EWR-Ausland, bestimmt sich die Zuständigkeit gem. § 20 Abs. 3 AO nach der Belegenheit und Aufteilung des inländischen Vermögens. Diese Zuständigkeiten sind gem. § 89 Abs. 2 S. 2 AO auch für die Absicherung nicht abschließend geklärter Rechtsfragen durch eine verbindliche Auskunft hinsichtlich der Besteuerungsfolgen beim übertragenden Rechtsträger zu berücksichtigen.[192] Für gewerbesteuerliche Zwecke ist kein gesonderter Antrag bei dem nach § 22 iVm § 18 Abs. 1 Nr. 2 AO zuständigen (Betriebs-)Finanzamt zu stellen, da § 11 gem. § 19 Abs. 1 für die Ermittlung des Gewerbeertrags entsprechend Anwendung findet. 103

Zeitpunkt: Der Antrag muss gem. § 11 Abs. 3 iVm § 3 Abs. 2 S. 2 spätestens bis zur erstmaligen Abgabe der steuerlichen Schlussbilanz gestellt werden.[193] Das Antragswahlrecht auf Buchbzw Zwischenwertansatz iSv. § 11 Abs. 2 kann folglich vollumfänglich bis zur erstmaligen formellen Antragstellung bzw bis zum erstmaligen Einreichen der steuerlichen Schlussbilanz aus- 104

187 So auch Widmann/Mayer/*Schießl*, § 11 UmwStG Rn 27.2; Schneider/Ruoff/Sistermann/*Ruoff*, § 11 UmwStG Rn 11.3.

188 Zur Verlustnutzung beim übertragenden Rechtsträger s. Rn 161 ff.

189 Vgl die Prüfbitte des Bundesrates v. 6.7.2012 zum Entw. JStG 2013, BR-Drucks. 302/12 (Beschluss), 98.

190 Der Antrag ist von den vertretungsberechtigten Organen (Vorstand bei AG, Geschäftsführer bei GmbH, persönlich haftender Gesellschafter bei KGaA) des übertragenden Rechtsträgers bzw nach Handelsregistereintragung des übernehmenden Rechtsträgers zu stellen. Nach Schmitt/Hörtnagl/Stratz/*Schmitt*, § 11 UmwStG Rn 67 soll Stellvertretung möglich sein, zumindest jedoch die zeitnahe Genehmigung der Stellvertretung.

191 UmwSt-Erlass Rn 11.12.

192 Rödder/Herlinghaus/van Lishaut/*Stangl*, Anh. 13 Rn 26.

193 UmwSt-Erlass Rn 11.12.

geübt werden.[194] In praktischer Hinsicht kann der Antrag auch zeitgleich mit der Abgabe der steuerlichen Schlussbilanz bzw im Rahmen der Einreichung der Steuererklärung erfolgen.[195] Hat der übertragende Rechtsträger im Zeitpunkt des Verschmelzungsbeschlusses noch keine Steuererklärung für den VZ eingereicht, in den der steuerliche Übertragungsstichtag fällt, ist in der Praxis nicht auszuschließen, dass die Finanzverwaltung die Abgabe der Körperschaftsteuererklärung als maßgeblichen Zeitpunkt für die Ausübung des Wahlrechts ansieht und die beigefügte „reguläre" Steuerbilanz als konkludent eingereichte steuerliche Schlussbilanz (s. Rn 82) anerkennt.[196] In einem solchen Fall wird die Finanzverwaltung eine spätere Ausübung oder Änderung regelmäßig nicht akzeptieren. Als Folge wären dann die Wertansätze der „regulären Steuerbilanz" (auch ggf gegen den Willen des übertragenden Rechtsträgers) als maßgebliche Werte iSv. § 11 Abs. 1 bzw 2 anzusehen. Ist die Steuererklärung hingegen im Zeitpunkt des Verschmelzungsbeschlusses bereits eingereicht, kann ein wirksamer Antrag noch bis zum Eintritt der Festsetzungsverjährung gestellt werden.[197]

105 Mangels Festlegung eines frühestmöglichen Zeitpunkts und mangels Anknüpfung an die Verwirklichung einzelner Tatbestandsmerkmale oder die Abfolge im Verschmelzungsverfahren (Verschmelzungsvertrag/-plan, Verschmelzungsbericht, Prüfungsbericht, Verschmelzungsbeschluss, Anmeldung und Eintragung im Handelsregister) kann der Antrag auch bereits vor der Durchführung der Verschmelzung gestellt werden.[198]

106 **Formerfordernisse**: Der Antrag bedarf keiner besonderen Form. Da das Finanzamt dem Antrag für seine Wirksamkeit nicht zustimmen muss, ist aus Gründen der Darlegungslast in der Praxis zu empfehlen, den Antrag sowohl in Schriftform (zumindest jedoch in elektronischer Form) einzureichen, als auch den Zugang beim Finanzamt mit Datum eindeutig zu dokumentieren und beweisen zu können. Eine privatschriftliche Vereinbarung im Verschmelzungsvertrag oder sonstige Nebenabreden entfalten keine Bindungswirkung gegenüber dem Finanzamt.[199]

107 **Inhalt**: Bei Ausübung des Wahlrechts empfiehlt es sich, den Wertansatz ausdrücklich als Buchwert oder Zwischenwert zu kennzeichnen und auf § 11 Abs. 2 Bezug zu nehmen. Bei Zwischenwertansatz ergibt es sich bereits aus der Natur der Sache, den entsprechenden Wertansatz näher zu spezifizieren; die Finanzverwaltung verlangt hierfür die ausdrückliche Angabe, in welcher Höhe oder zu welchem Prozentsatz die stillen Reserven aufzudecken sind.[200] Allgemeine Formulierungen wie „Aufdeckung der stillen Reserven in Höhe der zur Verfügung stehenden steuerlichen laufenden Verluste und Verlustvorträge" sind zu unbestimmt.[201] Bei Auslegungsbedürftigkeit gelten die allgemeinen zivilrechtlichen Auslegungsgrundsätze nach §§ 133, 157 BGB entsprechend.[202] Ferner ist der Antrag als rechtsgestaltende Erklärung bedingungsfeindlich.[203] Weder die Rechtswirkung noch der konkrete Wertansatz kann daher vom Eintritt bestimmter Ereignisse (zB Vorhandensein verrechnungsfähiger Verluste auch nach Betriebsprüfung) abhängig gemacht werden. Dies gilt sowohl für aufschiebende als auch für auflösende Bedingungen.

194 *Schell/Krohn*, DB 2012, 1057, 1058.
195 Schmitt/Hörtnagl/Stratz/*Schmitt*, § 11 UmwStG Rn 62; Haase/Hruschka/*Ropohl/Sonntag*, § 11 UmwStG Rn 281.
196 Dötsch/Pung/Möhlenbrock/*Möhlenbrock*, § 3 UmwStG Rn 29 mwN; Haase/Hruschka/*Ropohl/Sonntag*, § 11 UmwStG Rn 278; *Koch*, BB 2011, 1067, 1068. Dies dem Grunde nach zu Recht ablehnend *Rödder/Rogall*, Ubg 2011, 753, 754; *Pyszka*, GmbHR 2013, 738, 740.
197 Dötsch/Pung/Möhlenbrock/*Möhlenbrock*, § 3 UmwStG Rn 29; Dötsch/Pung/Möhlenbrock/*Dötsch*, § 11 UmwStG Rn 37. In diesem Zusammenhang sind die Vorschriften über die Ablaufhemmung nach § 171 AO zu berücksichtigen.
198 *Pyszka/Hruschka*, DStR 2013, 693, 694 f.
199 Haase/Hruschka/*Ropohl/Sonntag*, § 11 UmwStG Rn 277.
200 UmwSt-Erlass Rn 11.12 iVm Rn 03.29.
201 Haase/Hruschka/*Ropohl/Sonntag*, § 11 UmwStG Rn 285; Schmitt/Hörtnagl/Stratz/*Schmitt*, § 11 UmwStG Rn 64.
202 UmwSt-Erlass Rn 11.12 iVm Rn 03.29.
203 UmwSt-Erlass Rn 11.12 iVm Rn 03.29; *Hruschka*, DStR 2013, 693, 695 sieht jedoch die Möglichkeit gegeben, den Bedingungseintritt allein vom Willen des Finanzamts abhängig zu machen (sog. Potestativbedingung), insb. in Verbindung mit einem parallel laufenden Antrag auf Erteilung einer verbindlichen Auskunft.

Konkludenter Antrag: Nach Auffassung der Finanzverwaltung ist in der ausdrücklichen Erklärung, dass die Steuerbilanz iSv § 4 Abs. 1, § 5 EStG gleichzeitig die steuerliche Schlussbilanz sein soll, ein konkludenter Antrag auf Ansatz des Buchwerts zu sehen, sofern kein ausdrücklicher gesonderter anderweitiger Antrag gestellt wurde.[204] Sofern die Finanzverwaltung in der Abgabe der „regulären" Steuerbilanz durch den übertragenden Rechtsträgers im Rahmen dessen Körperschaftsteuererklärung auch gleichzeitig die konkludente Abgabe der steuerlichen Schlussbilanz sieht,[205] wird sie damit einhergehend idR auch die konkludente Ausübung des Ansatzwahlrechts feststellen. In der Praxis empfiehlt es sich daher, bereits bei Einreichen der Körperschaftsteuererklärung für den VZ, in den der steuerliche Übertragungsstichtag fällt, neben der „regulären" Steuerbilanz auch die steuerliche Schlussbilanz beizufügen und ggf einen förmlichen Antrag auf Buch- oder Zwischenwertansatz zu stellen. Ist dies nicht möglich oder nicht gewollt, sollte der deutliche Hinweis aufgenommen werden, dass es sich bei der beigefügten Steuerbilanz nicht um die steuerliche Schlussbilanz handelt und diese nachgereicht wird.[206] 108

Auch die Einreichung einer steuerlichen Schlussbilanz mit einem Wertansatz der Wirtschaftsgüter zum Buch- oder Zwischenwert sollte als konkludenter Antrag zu werten sein. Um bösen Überraschungen vorzubeugen, empfiehlt es sich in der Praxis, neben der Abgabe der steuerlichen Schlussbilanz einen formellen Antrag auf Buchwert- bzw Zwischenwertansatz zu stellen. Setzt der übertragende Rechtsträger fälschlicherweise die übergehenden Wirtschaftsgüter nicht einheitlich zu Buchwerten bzw einem bestimmten Zwischenwert an, besteht die Gefahr, dass die Finanzverwaltung einen Ansatz zum Buch- oder Zwischenwert insgesamt versagt. Hat der übertragende Rechtsträger allerdings einen formellen Antrag auf Buch- oder Zwischenwertansatz gestellt, kommt mE eine nachträgliche Korrektur der steuerlichen Schlussbilanz in Betracht. 109

Änderungsmöglichkeiten: Wird der Antrag nach Eintragung der Verschmelzung im Handelsregister des übernehmenden Rechtsträgers gestellt, ist dieser unwiderruflich.[207] Das Antragswahlrecht kann auch nicht im Wege der Bilanzänderung nach § 4 Abs. 2 S. 2 EStG anderweitig ausgeübt werden.[208] Dies sollte mE jedoch dann nicht gelten, wenn der Realisationstatbestand noch nicht verwirklicht ist.[209] Dies erfolgt im Inlandsfall erst mit Eintragung der Verschmelzung im Handelsregister des übernehmenden Rechtsträgers. Ein Widerruf oder eine Änderung (bspw der Zwischenwerte) sollte daher mE noch bis zur Handelsregistereintragung möglich sein.[210] Dies wird jedoch von Vertretern der Finanzverwaltung nicht geteilt.[211] Eine Bindungswirkung kann sich mE nur hinsichtlich einer konkreten Verschmelzung mit einem bestimmten steuerlichen Übertragungsstichtag ergeben. Bei Einreichung eines Antrags auf Buch- oder Zwischenwertansatz bereits vor der Verschmelzung empfiehlt es sich daher, zumindest hinreichend genaue Angaben zur geplanten Verschmelzung zu machen, die eine konkrete Zuordnung ermöglichen. Andererseits ist zu berücksichtigen, dass bei Änderungen wesentlicher Eckpunkte (insb. des steuerlichen Übertragungsstichtags) ggf ein neuer Antrag erforderlich ist. 110

Verschmelzung von ausländischen Körperschaften: Auch bei einer Verschmelzung von in Deutschland lediglich beschränkt steuerpflichtigen Körperschaften ist unter den allgemeinen Voraussetzungen des § 1 (Anwendungsbereich) sowie § 11 Abs. 2 ein Ansatz zum Buch- oder 111

204 UmwSt-Erlass Rn 11.02 iVm Rn 03.01 und Rn 11.12 iVm Rn 03.29.

205 Etwa bei Abgabe der Körperschaftsteuererklärung nach dem Zeitpunkt des Verschmelzungsbeschlusses bzw der Handelsregistereintragung; s. hierzu Rn 82.

206 Vgl *Schmitt/Schlossmacher*, DB 2010, 522, 524 zu § 20 UmwStG.

207 UmwSt-Erlass Rn 11.12 iVm Rn 3.29; vgl auch die Prüfbitte des Bundesrates v. 6.7.2012 zum Entw. JStG 2013, BR-Drucks. 302/12 (Beschluss), 98.

208 BFH Urteil v. 19.10.2005 – I R 34/04, BFH/NV 2006, 1099 und BFH Urteil v. 28.5.2008 – I R 98/06, BStBl. II 2008, 916 zur rückwirkenden Änderung. Eine Bilanzberichtigung (etwa aufgrund Betriebsprüfung) steht der Unwiderruflichkeit nicht entgegen, s. UmwSt-Erlass Rn 11.12 iVm Rn 03.30 und Dötsch/Pung/Möhlenbrock/*Dötsch*, § 11 UmwStG Rn 37.

209 So auch *Pyszka*, DStR 2013, 693, 694 f.

210 Von Teilen des steuerlichen Schrifttum wird auch vertreten, eine Änderung des Antrags bis zur Einreichung der steuerlichen Schlussbilanz zuzulassen, s. *Koch*, BB 2011, 1067, 1070; *Neitz-Hackstein*, Ubg 2011, 451; Dötsch/Pung/Möhlenbrock/*Dötsch*, § 11 UmwStG (SEStEG) Rn 36 f.

211 *Hruschka*, DStR 2013, 693, 695.

Zwischenwert grundsätzlich möglich. Andernfalls kommt es aufgrund des Steuersubjektwechsels vorbehaltlich der Anwendbarkeit von § 12 Abs. 2 KStG beim übertragenden Rechtsträger zu einer Aufdeckung der in Deutschland verstrickten stillen Reserven iSv § 2 Nr. 1 KStG iVm § 49 EStG. Dies betrifft insb. inländische Betriebsstätten (§ 49 Abs. 1 Nr. 2 Buchst. a) EStG) und im Inland belegene Immobilien sowie inländische Rechte (§ 49 Abs. 1 Nr. 2 Buchst. f) EStG). In diesem Zusammenhang ist zu berücksichtigen, dass für den Wertansatz der übergehenden Wirtschaftsgüter eine nach ausländischen handels- oder steuerrechtlichen Grundsätzen aufgestellte Bilanz nicht ausreichend ist.[212] Die ausländische EU-/EWR-Körperschaft muss vielmehr auf den steuerlichen Übertragungsstichtag eine nach deutschen Grundsätzen aufgestellte steuerliche Schlussbilanz iSd § 11 Abs. 1 aufstellen. Bei Hereinverschmelzungen hat die steuerliche Schlussbilanz das gesamte (in- und ausländische) Vermögen der übertragenden Gesellschaft zu erfassen. Denn diese ist sowohl für die Wertverknüpfung nach § 12 Abs. 1 als auch für die Ermittlung des Übernahmeergebnisses nach § 12 Abs. 2 maßgeblich. Für diesen Fall sind auch für das nicht in Deutschland steuerverhaftete Vermögen die deutschen steuerlichen Buchwerte zu ermitteln.[213]

112 **3. Einheitliche Ausübung des Antragswahlrechts.** Nach § 11 Abs. 2 S. 1 kann das Antragungswahlrecht für alle übergehenden Wirtschaftsgüter nur einheitlich ausgeübt werden (sachgesamtheitbezogenes Wahlrecht). Demzufolge können die übergehenden Wirtschaftsgüter in der steuerlichen Schlussbilanz nur einheitlich mit dem Buchwert, dem gemeinen Wert oder einem Zwischenwert angesetzt werden. Ein selektiver Buch- oder Zwischenwertansatz hinsichtlich ausgewählter Einzelwirtschafsgüter ist nicht zulässig (kein wirtschaftsgutbezogenes Wahlrecht).[214] Eine Vermischung der Bewertungsansätze ist grds. nicht möglich. Ausnahmen ergeben sich hinsichtlich des gesonderten Ansatzes von Pensionsrückstellungen nach § 11 Abs. 1 S. 2 mit dem Teilwert iSv § 6 a EStG, bei der erstmaligen Verstrickung von Wirtschaftsgütern sowie der teilweisen Realisierung von stillen Reserven soweit die Voraussetzungen nach § 11 Abs. 2 S. 1 Nr. 1–3 nicht gegeben sind.[215]

113 Da sich das Wahlrecht jedoch immer nur auf die steuerliche Schlussbilanz des übertragenden Rechtsträgers bezieht (personenbezogenes Wahlrecht), können bei der gleichzeitigen Verschmelzung mehrerer Rechtsträger die Wahlrechte unterschiedlich wahrgenommen werden[216] und der übernehmende Rechtsträger hat gem. § 12 Abs. 1 unterschiedliche Wertansätze zu übernehmen.

114 Beim **Ansatz zum Zwischenwert** sind die stillen Reserven aller übergehenden Wirtschaftsgüter nach einem einheitlichen Prozentsatz aufzudecken.[217] Der Prozentsatz entspricht hierbei dem Verhältnis des Aufstockungsbetrags zum Gesamtbetrag der vorhandenen stillen Reserven des übergebenden Betriebsvermögens.[218]

115 In Abkehr vom UmwSt-Erlass 1998, der noch die Aufdeckung der stillen Reserven unter Anwendung der modifizierten Stufentheorie propagierte,[219] vertritt die Finanzverwaltung im UmwSt-Erlass 2011 die Auffassung, dass die stillen Reserven aller Wirtschaftsgüter, einschließlich der bisher nicht-bilanzierten Wirtschaftsgüter und eines vorhandenen Geschäfts- oder Firmen-

212 Vgl zur Hereinverschmelzung UmwSt-Erlass Rn 11.02.

213 *Benecke/Beinert*, FR 2010, 1120, 1126.

214 Haase/Hruschka/*Ropohl/Sonntag*, § 11 UmwStG Rn 286.

215 UmwSt-Erlass Rn 11.06 iVm Rn 03.13.

216 Widmann/Mayer/*Schießl*, UmwR, § 11 UmwStG Rn 14.36.

217 UmwSt-Erlass Rn 11.11 iVm Rn 03.25. Zu Wirtschaftsgütern, die nach dem Nominalwertprinzip zu bewerten sind, s. Rn 89.

218 Schmitt/Hörtnagl/Stratz/*Schmitt*, § 11 UmwStG Rn 58; Dötsch/Pung/Möhlenbrock/*Dötsch*, § 11 UmwStG (SEStEG) Rn 41; aA Rödder/Herlinghaus/van Lishaut/*Rödder*, § 11 UmwStG Rn 147 f, 155 f mit Beispielen, der sich für eine Aufteilung im Verhältnis der gemeinen Werte der übergehenden Wirtschafsgüter ausspricht; *Oppen/Polatzky*, GmbHR 2012, 263, 267, die eine Aufteilung im Verhältnis der Teilwerte befürworten mit Bezugnahme auf die BFH-Rechtsprechung.

219 BMF Schreiben v. 25.3.1998, BStBl. I 1998, 268 (UmwSt-Erlass 1998) Rn 11.20; zu den unterschiedlichen Theorien Haase/Hruschka/*Ropohl/Sonntag*, § 11 UmwStG Rn 195 ff; Rödder/Herlinghaus/van Lishaut/*Rödder*, § 11 UmwStG Rn 158.

werts, gleichmäßig aufzudecken sind.[220] Eine Rangfolge besteht somit nicht. Dementsprechend ist auch im Falle des Zwischenwertansatzes eine Unternehmensbewertung erforderlich.[221]

Gehören zum Betriebsvermögen des übertragenden Rechtsträgers Mitunternehmeranteile, sind bei einem Zwischenwertansatz auch die Wirtschaftsgüter der Mitunternehmerschaft (einschließlich des Sonderbetriebsvermögens) entsprechend aufzustocken, wobei die Aufstockung in einer Ergänzungsbilanz erfolgt. Der Aufstockungsbetrag bildet sich in dem Mitunternehmeranteil nach Maßgabe der Spiegelbildmethode ab. Entsprechendes gilt bei einer doppel- oder mehrstöckigen Mitunternehmerschaft. 116

Hinsichtlich derjenigen Wirtschaftsgüter, die durch die Hereinverschmelzung in Deutschland steuerlich dadurch verstrickt werden, dass das Besteuerungsrecht Deutschlands erstmalig begründet wird, sollte entgegen des Wortlauts in § 11 Abs. 2 S. 1 („einheitliche Ausübung des Antragswahlrecht") insoweit ein Ansatz mit dem gemeinen Wert zulässig sein. Zwar käme es insoweit zu einer punktuellen Abweichung von dem Einheitlichkeitserfordernis in § 11 Abs. 2 S. 1, allerdings ist dies unter Berücksichtigung der allgemeinen Verstrickungsregelung in § 4 Abs. 1 S. 8 Hs 2 EStG iVm der Bewertungsregelung in § 6 Abs. 1 Nr. 5 a EStG sachlich gerechtfertigt. Dies sollte zumindest insoweit zur Vermeidung einer Doppelbesteuerung derselben stillen Reserven beim übertragenden und beim übernehmenden Rechtsträger zwingend sein, als die stillen Reserven im Rahmen der Verschmelzung im Ausland besteuert werden.[222] 117

4. Gemeiner Wert als Höchstwert. § 11 Abs. 2 S. 1 normiert eine Obergrenze für den Wertansatz. Aus dem Wortlaut selbst geht nicht eindeutig hervor, ob sich die Einschränkung „höchstens mit dem Wert nach Abs. 1" auf (i) den Wertansatz insgesamt bezieht oder aber (ii) lediglich auf den Zwischenwertansatz („oder einem höheren Wert") Bezug nimmt. Nach letzerer Lesart ist die Buchwertfortführung dann nicht eingeschränkt, wenn der gemeine Wert unter dem Buchwert liegt.[223] Darüber hinaus ist dem Gesetzeswortlaut nicht zu entnehmen, ob sich die Obergrenze auf jedes einzelne Wirtschaftsgut oder auf die Gesamtheit der übergehenden Wirtschaftsgüter bezieht. 118

Nach der Auffassung der der Finanzverwaltung können die übergehenden Wirtschaftsgüter höchstens mit dem Wert nach Abs. 1 angesetzt werden. Für die Zwecke der Wertermittlung stellt die Finanzverwaltung auf die Gesamtheit der übergehenden Wirtschaftsgüter (Sachgesamtheit) ab. Danach ist ein Buch- oder Zwischenwertansatz dann ausgeschlossen, wenn der gemeine Wert der Sachgesamtheit unter dem Buch- oder Zwischenwert der Sachgesamtheit liegt.[224] Die Aufteilung des gemeinen Werts der Sachgesamtheit hat nach denselben Maßstäben zu erfolgen wie für Zwecke des § 11 Abs. 1 (dh nach Teilwerten), wobei wiederum Ansatzverbote und Bewertungsvorbehalte nicht greifen sollten.[225] Dies hat zur Folge, dass ein Ausgleich zwischen den Wirtschaftsgütern denkbar ist. Ein Wirtschaftsgut kann demzufolge in der steuerlichen Schlussbilanz uU auch mit seinem Buchwert angesetzt werden, wenn dessen gemeiner Wert unter dem Buchwert liegt, aber weitere Wirtschaftsgüter der Sachgesamtheit die darin enthaltenen stillen Lasten kompensieren.[226] 119

220 UmwSt-Erlass Rn 11.11 iVm Rn 03.25 und Rn S. 03; zustimmend Rödder/Herlinghaus/van Lishaut/*Rödder*, § 11 UmwStG Rn 155 f; Schmitt/Hörtnagl/Stratz/*Schmitt*, § 11 UmwStG Rn 59; Widmann/Mayer/*Schießl*, § 11 UmwStG Rn 31.11. Zur zeitlichen Übergangsregelung s. Rn 54.

221 UmwSt-Erlass Rn 03.26 iVm Rn 03.07 (ungeachtet der fehlenden Bezugnahme in Rn 11.11).

222 So auch *Benecke/Beinert*, FR 2010, 1120, 1125; Prinz/*Beinert/Scheifele*, Rn 8.101 und 8.315; aA *Hruschka/Hellmann*, DStR 2010, 1961, 1964 f, die zwischen rechtlicher Verstrickung und tatsächlicher Verstrickung differenzieren (spiegelbildlich zur rechtlichen und tatsächlichen Entstrickung, s. hierzu Rn 188 ff) und vertreten, dass das Einheitlichkeitserfordernis hinsichtlich der Wertansätze zwingend auch die verschmelzungsbedingten rechtlich verstrickten Wirtschaftsgüter umfasst.

223 *Schumacher/Neitz-Hackstein*, Ubg 2011, 409, 411.

224 UmwSt-Erlass Rn 11.06 iVm Rn 03.12; zustimmend Rödder/Herlinghaus/van Lishaut/*Rödder*, § 11 UmwStG Rn 77 b, 89, 152 a, 154 a entgegen der Vorauflage.

225 Dötsch/Pung/Möhlenbrock/*Dötsch*, § 11 UmwStG (SEStEG) Rn 31 spricht sich für eine gezielte Zuweisung des negativen Unterschiedsbetrags auf Einzelpositionen aus; aA Schmitt/Hörtnagl/Stratz/*Schmitt*, § 11 UmwStG Rn 31.

226 *Benz/Rosenberg*, DB Sonderausgabe 2012, 3.

120 Folgt man der Auffassung, dass es sich bei einer Verschmelzung stets um ein Veräußerungs- und Anschaffungsgeschäft handelt, scheint dies auch insofern systemkonform und folgerichtig, als ein Erwerber nicht bereit wäre, einen höheren Preis als den gemeinen Wert für das insgesamt übergehende Betriebsvermögen zu bezahlen. Die steuerlichen Verluste träfen in einem solchen Fall gleichfalls den übertragenden Rechtsträger. Dies steht jedoch im Widerspruch zum Ziel des UmwStG, die ertragsteuerlichen Hemmnisse einer Verschmelzung zu beseitigen.

121 Ist der Wert der Sachgesamtheit geringer als die Summe der Buchwerte der übergehenden Wirtschaftsgüter, ist ein Ansatz zum Buchwert ausgeschlossen. Insoweit sind grds. entweder (i) Aktiva abzustocken oder (ii) stille Lasten aufzudecken, einschließlich eines Ansatzes von nach § 5 EStG nicht bilanzierungsfähigen Passivposten sowie einer Neubewertung von Verbindlichkeiten und Rückstellungen unter Verwendung eines geringeren (marktorientierten) Abzinsungsfaktor als dem Abzinsungsfaktor nach § 6 Abs. 1 Nr. 3 und 3 a EStG, jedoch unter Berücksichtigung des Bewertungsvorbehalts hinsichtlich Pensionsrückstellungen iSv § 6 a EStG nach Maßgabe von § 11 Abs. 1 S. 3.[227]

122 **5. Tatbestandsvoraussetzungen für einen Buch- oder Zwischenwertansatz.** § 11 Abs. 2 S. 1 knüpft das Antragswahlrecht an das Vorliegen von insg. drei kumulativ zu erfüllende Tatbestandsvoraussetzungen: (i) die übergehenden Wirtschaftsgüter müssen später bei der übernehmenden Körperschaft der Körperschaftsteuer unterliegen, (ii) das Recht Deutschlands hinsichtlich der Gewinnbesteuerung aus der Veräußerung der übertragenden Wirtschafsgüter bei der übernehmenden Körperschaft ist nicht ausgeschlossen oder beschränkt, (iii) eine Gegenleistung wird nicht gewährt oder besteht in Gesellschaftsrechten. Liegt eine der drei Tatbestandsvoraussetzungen nicht vor, ist ein Buch- oder Zwischenwertansatz „insoweit" ausgeschlossen. Da die ersten beiden Tatbestände wirtschaftsgutbezogen ausgestaltet sind, führt ein Ausschluss oder eine Beschränkung des deutschen Besteuerungsrechts hinsichtlich einzelner Wirtschaftsgüter nicht auch dazu, dass ein Buch- oder Zwischenwertansatz für die übrigen übergehenden Wirtschaftsgüter ausgeschlossen ist.

123 **a) Sicherstellung der Besteuerung mit Körperschaftsteuer, § 11 Abs. 2 S. 1 Nr. 1. aa) Körperschafsteuerpflichtiger übernehmender Rechtsträger.** Die Besteuerung mit Körperschaftsteuer ist dann nicht sichergestellt, wenn der übernehmende Rechtsträger von der Körperschaftsteuer befreit ist (bspw nach § 5 KStG oder § 16 Abs. 1 REITG) oder wenn das Vermögen in den nicht steuerpflichtigen Bereich einer Körperschaft des öffentlichen Rechts übergeht.[228] Schädlich ist somit eine persönliche Steuerbefreiung des übernehmenden Rechtsträgers. Eine Steuerbefreiung allein für Gewerbesteuerzwecke (bspw Gewerbesteuerbefreiung für Unternehmensbeteiligungsgesellschaften nach § 3 Nr. 23 GewStG) ist unbeachtlich. Eine sachliche Steuerbefreiung bestimmter Einkünfte wie bspw § 8 b KStG ist dagegen unschädlich. Entsprechendes gilt, wenn es beim Übernehmenden Rechtsträger aufgrund des Bestehens von steuerlichen Verlustvorträgen in absehbarer Zeit (vorbehaltlich der Mindestbesteuerung) tatsächlich nicht zu einer Besteuerung kommt.

124 In diesem Zusammenhang ist ferner zu berücksichtigen, dass gemeinnützige Körperschaften des privaten Rechts (Vereine, Stiftungen, etc.) gem. § 1 Abs. 1 Nr. 4 und 5 KStG grundsätzlich unbeschränkt in Deutschland körperschaftsteuerpflichtig sind. Eine Steuerbefreiung ergibt sich aus § 5 Nr. 9 S. 1 KStG nur für den ideellen Bereich und den Bereich der Vermögensverwaltung sowie bei Vorliegen eines Zweckbetriebs, wobei die Steuerbefreiung gem. § 5 Nr. 9 S. 2 KStG insoweit ausgeschlossen ist, als ein wirtschaftlicher Geschäftsbetrieb iSv § 14 AO unterhalten wird (soweit dieser kein Zweckbetrieb iSv §§ 65 ff AO darstellt).

125 Anders verhält sich die Regelungssystematik bei Körperschaften des öffentlichen Rechts. Diese sind gem. § 1 Abs. 1 Nr. 6, § 4 KStG nur mit ihren Betrieben gewerblicher Art (BgA) körper-

227 Zur Besteuerung eines Übertragungsverlustes s. Rn 157 f.

228 UmwSt-Erlass Rn 11.07.

schaftsteuerpflichtig.[229] Für einen Buchwertansatz iSv § 11 Abs. 2 ist allerdings Voraussetzung, dass diese wiederum nicht gem. § 5 KStG von der Körperschaftsteuer befreit sind.[230]

Bei Auslandssachverhalten gilt, dass eine Besteuerung iSv § 11 Abs. 2 S. 1 Nr. 1 auch eine mit der deutschen Einkommen- oder Körperschaftsteuer vergleichbare Steuer ist.[231] 126

bb) Sonderfall: Verschmelzung auf hybride Gesellschaftsformen – Mischumwandlung. Werden hybride Gesellschaften verschmolzen, die sowohl Merkmale einer Körperschaft iSv § 1 KStG (Trennungsprinzip) als auch Merkmale einer Mitunternehmerschaft iSv § 15 EStG (Transparenzprinzip) aufweisen, sind diese spezifischen steuerlichen Merkmale bei der Prüfung der Voraussetzungen nach § 11 Abs. 1 S. 1 Nr. 1 bis 3 entsprechend zu berücksichtigen. In diesem Zusammenhang wird regelmäßig von einer Mischumwandlung gesprochen.[232] Anschauliches Beispiel ist die Verschmelzung unter Beteiligung einer KGaA. Dies hängt damit zusammen, dass die KGaA zwar persönlich körperschaftsteuerpflichtig ist, dies jedoch nicht hinsichtlich des auf den Komplementär entfallenden Gewinnanteils gilt, der bei dem Komplementär wie bei einem Mitunternehmer besteuert wird. Bei der Verschmelzung einer KGaA auf eine AG oder GmbH ist der Kommanditaktien-Teil nach § 11 ff einzuordnen und der Komplementär-Teil als Einbringung nach § 20 ff.[233] Spiegelbildlich bestimmen sich die steuerlichen Folgen hinsichtlich einer Verschmelzung auf eine KGaA: § 12 ist bei der KGaA insoweit nicht anwendbar, als das Vermögen der übertragenden Körperschaft zur Vermögenseinlage des Komplementärs wird. Insoweit findet §§ 3 ff Anwendung.[234] 127

cc) Sonderfall: Verschmelzung auf Körperschaft und atypisch Still. Bei der Verschmelzung einer Körperschaft auf eine Körperschaft und atypisch Still sind die Voraussetzungen aus § 11 Abs. 2 S. 1 Nr. 1 erfüllt. Denn der Umwandlungsvorgang zerlegt sich gedanklich in eine zweistufige Vorgehensweise: Auf eine unter § 11 fallende Verschmelzung folgt eine Einbringung nach § 24. Die Buchwertübertragung auf die atypisch Stille (dh die Mitunternehmerschaft) findet erst nach der Verschmelzung statt, weshalb am steuerlichen Übertragungsstichtag der Verschmelzung die Besteuerung mit Körperschaftsteuer sichergestellt ist.[235] 128

dd) Sonderfall: Verschmelzung auf Organgesellschaft. Bei der Verschmelzung auf eine Organgesellschaft ist zu berücksichtigen, dass diese zwar ein eigenständiges Körperschaftsteuersubjekt darstellt und jährlich selbst eine eigene Steuererklärung abzugeben hat (meist als Nullerklärung). Ihr Einkommen ist jedoch gem. § 14 Abs. 1 KStG grds. – dh vorbehaltlich der Eigenversteuerung nach § 16 KStG iHv 20/17 der geleisteten Ausgleichzahlungen an Minderheitsgesellschafter – dem Organträger zuzurechnen. 129

Nach Auffassung der Finanzverwaltung ist eine Besteuerung mit Körperschaftsteuer beim übernehmenden Rechtsträger nur dann sichergestellt, wenn das Einkommen im Organkreis der Körperschaftsteuer unterliegt.[236] Soweit das Organeinkommen hingegen der Einkommensteuer unterliegt, weil der Organträger entweder eine unbeschränkt steuerpflichtige natürliche Person (§ 14 Abs. 1 S. 1 Nr. 2 S. 1 KStG) oder eine gewerblich tätige Personengesellschaft mit Ort der Geschäftsleitung im Inland (§ 14 Abs. 1 S. 1 Nr. 2 S. 2 KStG) ist, an der natürliche Personen (unmittelbar oder mittelbar) als Mitunternehmer beteiligt sind, ist die Besteuerung mit Körperschaftsteuer nicht sichergestellt. Rechtsfolge wäre insoweit die Aufdeckung von stillen Reserven. Die Finanzverwaltung lässt die Besteuerung mit Einkommensteuer jedoch aus Billigkeits- 130

229 Zur Abgrenzung des nicht steuerpflichtigen Bereichs einer juristischen Person des öffentlichen Rechts zum wirtschaftlichen Geschäftsbetrieb vgl Schauhoff/*Schauhoff*, § 7 und Pahlke/Koenig/*Koenig*, § 14 AO und § 64 AO.

230 So zB die persönliche Steuerbefreiung von berufsständischen Versorgungswerken gem. § 5 Abs. 1 Nr. 8 KStG.

231 UmwSt-Erlass Rn 11.07 iVm Rn 03.17.

232 Dötsch/Pung/Möhlenbrock/*Dötsch*, Vor § 11–13 UmwStG (SEStEG) Rn 25; Frotscher/Maas/*Frotscher*, § 11 UmwStG Rn 11.

233 Rödder/Herlinghaus/van Lishaut/*Rödder*, § 11 UmwStG Rn 49.

234 Rödder/Herlinghaus/van Lishaut/*Rödder*, § 11 UmwStG Rn 49, 111.

235 Rödder/Herlinghaus/van Lishaut/*Rödder*, § 11 UmwStG Rn 111; Schmitt/Hörtnagl/Stratz/*Schmitt*, § 11 UmwStG Rn 103 mwN; Lademann/*Hahn*, § 11 UmwStG Rn 106.

236 UmwSt-Erlass Rn 11.08.

gründen genügen, wenn sich alle an der Verschmelzung Beteiligten (dh übertragender Rechtsträger, übernehmender Rechtsträger und die Anteilseigner beider Rechtsträger) übereinstimmend schriftlich damit einverstanden erklären, dass auf die aus der Verschmelzung resultierende Mehrabführungen die Regelungen über vororganschaftlich verursachte (handelsrechtliche) Mehrabführungen nach § 14 Abs. 3 S. 1 KStG anzuwenden sind.[237] Solche Mehrabführungen können insb. dann entstehen, wenn die handelsbilanziellen Wertansätze des übergehenden Betriebsvermögens über den steuerbilanziellen Werten liegen. Dies hat gem. § 14 Abs. 3 S. 1 KStG zur Folge, dass in Höhe dieser Mehrabführungen eine (fiktive) Gewinnausschüttung an die Anteilseigner der übernehmenden Organgesellschaft erfolgt. Der Billigkeitsantrag ist bei dem für den übertragenden Rechtsträger zuständigen Finanzamt zu stellen.[238]

131 Die Verwaltungsauffassung wird im steuerlichen Schrifttum zu Recht stark kritisiert.[239] Verfahrensrechtlich ist ferner zu berücksichtigen, dass für Zwecke der Festsetzung der Gewerbesteuer die hebeberechtigten Gemeinden (§ 4 GewStG) zuständig sind und eine Bindungswirkung an eine Billigkeitsmaßnahme der Finanzbehörden nicht besteht. In Parallele zur abweichenden Festsetzung des Gewerbesteuermessbetrags bei Sanierungsgewinnen[240] handelt es sich bei dem Umwandlungssteuererlass um keine allgemeine Verwaltungsvorschrift der Bundesregierung oder einer obersten Landesfinanzbehörde iSv § 184 Abs. 2 S. 1 AO mit der Folge, dass die Zuständigkeit bei den hebeberechtigten Gemeinden verbleibt.[241] Eine Bindungswirkung kann sich mE auch nicht aufgrund § 19 Abs. 1 ergeben. Das Betriebsfinanzamt (§ 22 Abs. 1 iVm § 18 Abs. 1 Nr. 2 AO) des übertragenden Rechtsträgers sollte den Gemeinden im Rahmen der Erteilung des Gewerbesteuermessbescheids im Verfahren nach § 184 Abs. 3 AO daher die Grundlagen der getroffenen Billigkeitsmaßnahme mitteilen. Dementsprechend empfiehlt es sich in der Praxis, einen entsprechenden Billigkeitsantrag auch bei den hebeberechtigten Gemeinden zu stellen.[242] Es kann daher erforderlich sein, mehrere Anträge bei unterschiedlichen Gemeinden zu stellen. Darüber hinaus sollte die Möglichkeit bestehen, analog § 38 VwVfG eine vorherige Zusicherung (vergleichbar einer verbindlichen Auskunft) durch die gemäß der Gemeindeordnung zuständigen Personen (regelmäßig Gemeinderat bzw Finanzausschuss) zu erhalten.

132 **b) Kein Ausschluss und keine Beschränkung des deutschen Besteuerungsrechts, § 11 Abs. 2 S. 1 Nr. 2. aa) Allgemeines.** Voraussetzung für den Ausschluss oder die Beschränkung des deutschen Besteuerungsrechts hinsichtlich der stillen Reserven in den übergehenden Wirtschaftsgütern ist denklogisch, dass ein solches Besteuerungsrecht zunächst einmal vor der Verschmelzung bestanden haben muss. Andernfalls kann es nicht ausgeschlossen oder beschränkt werden. Der Buchwertansatz kann insoweit folglich nur im Falle einer verschmelzungsbedingten Statusverschlechterung versagt werden.[243] Diese Beurteilung hat sowohl unter Berücksichtigung der nationalen Steuergesetze als auch unter Berücksichtigung abkommensrechtlicher Vereinbarungen und gemeinschaftsrechtlicher Maßgaben zu erfolgen.[244]

133 Ein **Ausschluss des deutschen Besteuerungsrechts** liegt vor, wenn ein vor der Verschmelzung bestehendes Besteuerungsrecht nach nationalem Recht oder Abkommensrecht vollumfänglich wegfällt. Eine **Beschränkung des deutschen Besteuerungsrechts** ist dann gegeben, wenn das deutsche Besteuerungsrecht zwar dem Grunde nach fortbestehen bleibt, der Höhe nach jedoch

237 UmwSt-Erlass Rn 11.08 mit Verweis auf Rn Org. 33 und Org.34.
238 *Oppen/Polatzky*, GmbHR 2012, 263, 272.
239 *Schaflitzl/Götz*, DB 2012 Beilage 1, 28; *Benz/Rosenberg*, DB Sonderausgabe 2012, 8; *Hageböke/Stangl*, GmbHR 2011, 744 ff; *Schneider/Ruoff/Sistermann*, FR 2012, 1, 10 f; *Drüen*, DStR 2012 Beihefter zu 2, 22 ff; Rödder/Herlinghaus/van Lishaut/*Rödder*, § 11 UmwStG Rn 106 ff.
240 Vgl hierzu BFH Urteil v. 25.4.2012 – I R 24/11, BFH/NV 2012, 1516; BMF Schreiben v. 27.3.2003, IV A 6 – S 2140 – 8/03, BStBl. I 2003, 240, Rn 15; OFD Magdeburg Verfügung v. 21.3.2013, G 1498-3-St 213, FMNR795810005.
241 Zur Entscheidung der hebeberechtigten Gemeinde über Billigkeitsmaßnahmen s. auch R 1.5 GewStR 2009.
242 So auch *Benz/Rosenberg*, DB Sonderausgabe 2012, 9.
243 Vgl BT-Drucks. 16/2710, 38; UmwSt-Erlass Rn 11.09 iVm Rn 03.19.
244 Zur Entstrickung im internationalen Kontext s. Rn 187 ff.

dadurch beschränkt wird, dass künftig eine ausländische Steuer auf die deutsche Steuerschuld angerechnet wird. Für diese Zwecke muss nach dem Wortlaut von § 11 Abs. 2 S. 1 Nr. 2 („beschränkt wird") eine konkrete, tatsächliche Beschränkung vorliegen. Die bloße Möglichkeit der Anrechnung ausländischer Steuer reicht hierzu nicht aus.[245]

Inländische Einkünfte: Ein Rechtsträgerwechsel führt nicht automatisch zu einem Ausschluss oder einer Beschränkung der deutschen Besteuerungsbefugnis. Bei Inlandsverschmelzung ist dies regelmäßig nicht gegeben. Bei Verschmelzung unter Beteiligung einer EU-/EWR-Gesellschaft als übernehmender Rechtsträger (grenzüberschreitend oder reine Auslandsverschmelzung) ist die Steuerverstrickung im Inland weiterhin gegeben, soweit es sich um Einkünfte iSv § 49 EStG handelt und Deutschland auch nach dem Doppelbesteuerungsabkommen mit dem Ansässigkeitsstaat des übernehmenden Rechtsträgers ein gleichwertiges Besteuerungsrecht verbleibt. 134

Ausländische Einkünfte: Bei ausländischen Einkünften gestaltet sich die Prüfung diffiziler. Zwar unterliegen auch ausländische Einkünfte bei einer unbeschränkt steuerpflichtigen Körperschaft grds. der deutschen Besteuerung (Welteinkommensprinzip, § 1 Abs. 2 KStG). Allerdings gilt dies nur insoweit, als das deutsche Besteuerungsrecht nicht aufgrund zwischenstaatlicher oder supranationaler Vereinbarungen[246] eingeschränkt ist. Eine deutsches Besteuerungsrecht kommt daher insb. in folgenden Fällen in Betracht: (i) DBA mit Anrechnungsmethode (vgl Art. 23B OECD-MA),[247] (ii) Anrechnung von ausländischer Steuer gem. § 26 KStG iVm § 34 c EStG bei Nicht-DBA Staaten (zB HongKong, Brasilien). Bei Anwendung der DBA Freistellungsmethode (vgl Art. 23A OECD-MA) wird Deutschland ein Besteuerungsrecht nur in Ausnahmefällen besitzen, etwa durch (i) Aussetzen der Abkommensregelung im Wege des *treaty override* (beispielsweise durch Übergang von der Freistellung auf die Anrechnungsmethode gem. § 20 Abs. 2 AStG oder § 50 d Abs. 9 EStG) oder (ii) durch Sonderregelungen im entsprechenden DBA, etwa bei Anwendung einer *subject-to-tax*-Klausel (Besteuerungsvorbehalt), *remittance-base*-Klausel (Überweisungsklausel) oder einer *switch-over*-Klausel (Umschaltklausel)[248] bzw eines Aktivitätsvorbehalts.[249] Das Vorliegen der Voraussetzungen für die Hinzurechnungsbesteuerung nach §§ 7 ff AStG führt nicht dazu, dass die Wirtschaftsgüter der übertragenden Zwischengesellschaft in Deutschland steuerverstrickt sind; insoweit kann es folglich auch nicht zu einem Ausschluss oder einer Beschränkung des deutschen Besteuerungsrechts nach § 11 Abs. 2 S. 1 Nr. 2 kommen.[250] 135

bb) Abwärtsverschmelzung mit ausländischen Anteileignern und Verstrickung der Anteile am übernehmenden Rechtsträger. Im UmwG ist die **Abwärtsverschmelzung** einer Mutter- auf ihre Tochtergesellschaft zwar nicht ausdrücklich geregelt, jedoch grundsätzlich zulässig. Dabei gehen die Anteile des übertragenden Rechtsträgers am übernehmenden Rechtsträger grds. durch die Verschmelzung gem. § 20 Abs. 1 Nr. 1 UmwG auf den übernehmenden Rechtsträger über.[251] Allerdings kann die übernehmende Tochtergesellschaft gem. § 54 Abs. 1 S. 2 Nr. 2 UmwG bzw § 68 Abs. 1 Satz 2 Nr. 2 UmwG frei wählen, ob sie entweder auf eine Kapitalerhöhung verzichtet und die Anteile iRd Anteilstauschs den Anteilsinhabern der übertragenden 136

245 Schmitt/Hörtnagl/Stratz/*Schmitt*, § 3 UmwStG Rn 86, § 11 UmwStG Rn 108 a; *Lohmar*, FR 2013, 591, 599; aA Widmann/Mayer/*Schießl*, § 11 UmwStG Rn 50.10.

246 Vorwiegend Doppelbesteuerungsabkommen und im Ausnahmefall auch EU-Richtlinien bei fehlerhafter oder nicht rechtzeitiger Umsetzung in nationales Recht (effet utile).

247 Bei den DBA mit EU-/EWR-Mitgliedstaaten findet standardmäßig die Freistellungsmethode Anwendung. Derzeit sieht lediglich das DBA Zypern die Anrechnungsmethode vor.

248 Zu *subject-to-tax*, *remittance-base* und *switch-over* vgl BMF Schreiben v. 20.6.2013, IV B 2 – S 1300/09/10006; *Lüdicke*, IStR 2013, 721 ff; *Schönfeld*, IStR 2013, 757 ff.

249 Aktivitätsklauseln unterschiedlicher Ausprägungen finden sich zB in Art. 22 Abs. 1 Buchst. c) DBA Großbritannien, Art. 22 Abs. 2 Buchst. c) DBA Spanien, Art. 22 Abs. 1 Buchst. c) DBA Niederlande, Art. 22 Abs. 1 Buchst. c) DBA Ungarn, Art. 23 Abs. 1 Buchst. c) DBA Tschechien oder Art. 23 Abs. 1 Buchst. c) DBA Kroatien; s. auch Art. 22 Abs. 1 Buchst. d) der deutschen Verhandlungsgrundlage (BMF-Schreiben v. 17.4.2013, IV B 2 – S 1301/10/10022-32).

250 Zur Anwendung von § 8 Abs. 2 Nr. 10 AStG s. Rn 24.

251 Semler/Stengel/*Reichert*, § 54 UmwG Rn 15.

Muttergesellschaft gewährt oder die Anteile einbehält und zum Zwecke der Anteilsgewährung eine Kapitalerhöhung durchführt.[252] Erwerben die bisherigen Anteilseigner der Muttergesellschaft die Anteile an der Tochtergesellschaft unmittelbar kraft Gesetz (sog. **Direkterwerb**),[253] kommt es zu keinem Erwerb eigener Anteile seitens der Tochtergesellschaft, auch nicht nur für eine denklogische Sekunde (kein sog. Durchgangserwerb).[254] Der Direkterwerb stellt in der Praxis den Regelfall dar.

137 (1) **Verschmelzung mit Kapitalerhöhung.** Die Besteuerung mit Körperschaftsteuer ist bei Übergang der Anteile an der übernehmenden Tochtergesellschaft durch Verschmelzung dann sichergestellt, wenn es sich bei der übernehmenden Tochtergesellschaft um eine im Inland unbeschränkt steuerpflichtige Körperschaft iSv § 1 Abs. 1 KStG handelt, die auch nicht gem. § 5 KStG von der Körperschaftsteuer befreit ist. Die sachliche Steuerbefreiung auf einen Veräußerungsgewinn nach § 8 b Abs. 2 KStG steht dem nicht entgegen.

138 Eine Buchwertfortführung auf Antrag sollte selbst dann möglich sein, wenn die übernehmende Tochtergesellschaft die eigenen Anteile zu einem späteren Zeitpunkt einzieht.[255] Denn die bloße Einziehung eigener Anteile stellt nach § 272 Abs. 1 a HGB einen neutralen gesellschaftsrechtlichen Vorgang dar, der auch steuerlich ohne Auswirkungen bleibt.[256] Dies kann jedoch nicht bedeuten, dass der Buchwertansatz in der steuerlichen Schlussbilanz der übertragenden Muttergesellschaft deswegen ausgeschlossen ist, weil die Einziehung eigener Anteile nicht mehr der Besteuerung mit deutscher Körperschaftsteuer unterliegt. Vielmehr ist zum steuerlichen Übertragungsstichtag eine Weiterveräußerung der von der Mutter- auf die Tochtergesellschaft übergegangenen Anteile gerade noch denkbar. Darüber hinaus kommt es durch die Einziehung der eigenen Anteile auch zu keiner Entstrickung von Steuersubstrat im engeren Sinne.

139 (2) **Direkterwerb durch die Anteilseigner.** Für den Sonderfall des Direkterwerbs entfallen die Voraussetzung nach § 11 Abs. 2 S. 1 Nr. 1. Die weiteren Voraussetzungen des § 11 Abs. 2 S. 1 Nr. 2 und Nr. 3 müssen hingegen nach Auffassung der Finanzverwaltung weiterhin vorliegen, wobei die Finanzverwaltung für diese Zwecke auf die an die Anteilseigner der untergehenden Muttergesellschaft gewährten Anteile an der Tochtergesellschaft abstellt.[257] Diese Auffassung folgt grds. dem Rechtsgedanken des § 11 Abs. 2 S. 1 Nr. 1 und 2, wonach es bei einer Entstrickung von deutschem Steuersubstrat infolge der Verschmelzung grds. zu einer Aufdeckung von stillen Reserven kommen soll.

140 Diese Rechtsfolge ergibt sich allerdings weder aus dem Gesetzeswortlaut zum Grundfall in § 11 Abs. 1 S. 1, noch auch dem Gesetzeswortlaut zum Wahlrecht auf Buch- bzw Zwischenwertansatz in § 11 Abs. 2 S. 1 Hs 1. Vielmehr beziehen sich beide Vorschriften ausschließlich auf die übergehenden Wirtschaftsgüter. Bei einer Abwärtsverschmelzung ohne Kapitalerhöhung gehören die Anteile der Mutter- an der Tochtergesellschaff aufgrund des Direkterwerbs gerade nicht zu den auf den übernehmenden Rechtsträger übergehenden Wirtschaftsgütern.[258] Demzufolge erstreckt sich der Anwendungsbereich des § 11 Abs. 1 generell und speziell das Wahlrecht auf Buch- bzw Zwischenwertansatz in § 11 Abs. 2 S. 1 Hs 1 nicht auch auf die An-

252 S. § 54 UmwG Rn 22 f; Schmitt/Hörtnagl/Stratz/*Stratz* § 54 UmwG Rn 11; Semler/Stengel/*Reichert*, § 54 UmwG Rn 14.

253 Semler/Stengel/*Kübler*, § 20 UmwG Rn 74 und Semler/Stengel/*Reichert* , § 54 UmwG Rn 15 f; IDW RS HFA 42 Rn 47, WPg Supplement 4/2012, 91.

254 BFH Urteil v. 28.10.2009 – I R 4/09, BStBl. II 2011, 315; UmwSt-Erlass Rn 11.18; Semler/Stengel/*Reichert*, § 54 UmwG Rn 16.

255 Vgl § 237 AktG, § 34 GmbHG.

256 BMF Schreiben v. 27.11.2013, BStBl. I 2013, 1615, Rn 6 und 16; Schmitt/Hörtnagl/Stratz/*Schmitt*, § 11 UmwStG Rn 74, 100 mit Hinweisen auf die abweichende Mindermeinung im steuerlichen Schrifttum; Widmann/Mayer/*Schießl*, § 11 UmwStG Rn 159 mwN zur Rechtsprechung; Rödder/Herlinghaus/van Lishaut/*Rödder*, § 11 UmwStG Rn 69, 112; Haase/Hruschka/*Ropohl/Sonntag*, § 11 UmwStG Rn 111.

257 UmwSt-Erlass Rn 11.19; ebenso Frotscher/Maas/*Frotscher*, § 11 UmwStG Rn 180 f.

258 Rödder/Herlinghaus/van Lishaut/*Rödder*, § 11 UmwStG Rn 69, 112, 162 „Anteile an der übernehmenden Gesellschaft"; *Schaflitzl/Götz*, DB 2012 Beilage 1, 29 mwN, *Schell*, FR 2012, 101, 102.

teile der Mutter- an der Tochtergesellschaft.[259] Die Auffassung der Finanzverwaltung wird daher von wichtigen Stimmen im steuerlichen Schrifttum mit guten Gründen abgelehnt.[260]

Nach den allgemeinen Grundsätzen käme es denklogisch zu einer Aufdeckung der in den Anteilen enthaltenen stillen Reserven, da die Anteilsübertragung an die Anteilseigner aufgrund des Rechtsträgerwechsels bzw des allgemeinen Entstrickungstatbestandes nach § 12 Abs. 1 KStG einen Realisationstatbestand darstellt.[261] Allerdings trifft § 11 Abs. 2 S. 2 eine abschließende Sonderregelung für den Wertansatz der Anteile an der übernehmenden Körperschaft in der steuerlichen Schlussbilanz mit der Folge, dass die allgemeinen Regelungen verdrängt werden. Die Aufdeckung von stillen Reserven kann demzufolge unabhängig von der Frage vermieden werden, ob die Voraussetzungen nach § 11 Abs. 2 S. 1 vorliegen, denn § 11 Abs. 2 S. 2 knüpft gerade nicht an weitere Voraussetzungen an.[262] Unklar ist, ob ein solches Wahlrecht einheitlich mit dem Wertansätzen der übergehenden Wirtschaftsgüter iSv § 11 Abs. 2 S. 1 auszuüben ist. Nach systematischen Grundsätzen wäre dies zu bejahen. Allerdings setzt der Gesetzeswortlaut dies nicht voraus, so dass es sich bei § 11 Abs. 2 S. 2 mE um ein eigenständiges und von § 11 Abs. 1 und Abs. 2 S. 1 unabhängiges Bewertungswahlrecht handelt.[263] 141

Von praktischer Bedeutung ist, dass sich eine Versagung des Buchwertansatzes bei Zugrundelegung der Verwaltungsauffassung nur auf die Anteile an der Tochtergesellschaft beziehen kann und den Buchwertansatz hinsichtlich der übrigen übergehenden Wirtschaftsgüter unberührt lässt, da § 11 Abs. 2 S. 1 eine „insoweit"-Betrachtung anstellt. Folgt man der Auffassung der Finanzverwaltung, ist bei einer Abwärtsverschmelzung stets zu prüfen, ob die Anteile an der übernehmenden Tochtergesellschaft nach Verschmelzung dem deutschen Besteuerungsrecht unterliegen. Andernfalls ist eine Buchwertfortführung oder ein Zwischenwertansatz ausgeschlossen und es kommt insoweit zur Realisierung eines Gewinns in der steuerlichen Schlussbilanz des übertragenden Rechtsträgers.[264] Für diese Zwecke ist neben den rein nationalen steuerlichen Vorschriften insb. auch die Aufteilung der Besteuerungsbefugnisse nach dem einschlägigen Doppelbesteuerungsabkommen (sofern vorhanden) zu prüfen (vgl Art. 13 OECD-MA). In diesem Zusammenhang ist zu berücksichtigen, dass Anteilsveräußerungsgewinne zwar gem. § 49 Abs. 1 Nr. 2 Buchst. e EStG auch bei fehlender Zuordnung zu einer inländischen Betriebsstätte als inländische Einkünfte qualifizieren, das Besteuerungsrecht auf einen Anteilsveräußerungsgewinn nach den Doppelbesteuerungsabkommen mit Deutschland jedoch regelmäßig dem Ansässigkeitsstaat des Anteilseigners zusteht. Einzelne Doppelbesteuerungsabkommen 142

259 So bspw Schmitt/Hörtnagl/Stratz/*Schmitt*, § 11 UmwStG Rn 124 f; Prinz/*Beinert*/*Scheifele*, Rn 8.57 mwN, die ferner in Rn 8.58 auch anzweifeln, ob bereits wg. § 8 b Abs. 2 KStG ein Besteuerungsrecht Deutschlands bestanden hat; aA *Rasche*, GmbHR 2010, 1188, 1191, der in § 11 Abs. 2 S. 2 UmwStG lediglich eine Ausnahmevorschrift zu § 11 Abs. 2 S. 1 sieht.

260 *Schmitt*/*Schlossmacher*, DStR 2010, 673, 675; Schmitt/Hörtnagl/Stratz/*Schmitt*, § 11 UmwStG, Rn 101, 125; Rödder/Herlinghaus/van Lishaut/*Rödder*, § 11 UmwStG Rn 69 b, 112 a und 133 b; *Benecke*/*Beinert*, FR 2010, 1120, 1127; *Schaflitzl*/*Götz*, DB 2012 Beilage 1, 29; *Schell*, FR 2012, 101, 102; Widmann/Mayer/*Schießl*, § 11 UmwStG Rn 167; Haase/Hruschka/*Ropohl*/*Sonntag*, § 11 UmwStG Rn 114; Sagasser/Bula/Brünger/*Schlösser*, § 11 Rn 234.

261 Nach der Gesetzesbegründung zum Entw. SEStEG soll eine Entstrickung unter Aufdeckung von stillen Reserven grds. auch bei einem Rechtsträgerwechsel im Wege der Gesamtrechtsnachfolge stattfinden (BT-Drucks. 16/2710, 26), s. Rödder/Herlinghaus/van Lishaut/*Ritzer*, Anh. 6 Rn 76; vgl auch *Benecke*/*Beinert*, FR 2010, 1120, 1126, die subsidiär in dem Direkterwerb eine verdeckte Sachauskehrung und somit eine vGA nach § 8 Abs. 3 S. 3 KStG in Betracht ziehen; aA *Schmitt*/*Schlossmacher*, DStR 2010, 673, 675 und 677, Widmann/Mayer/*Schießl* § 11 UmwStG Rn 167 und Prinz/*Beinert*/*Scheifele*, Rn 8.61, die von einer Verdrängung von § 12 Abs. 1 KStG ausgehen. Soweit § 11 Abs. 1 UmwStG jedoch keine Anwendung findet, kann mE mangels spezialgesetzlicher Regelung keine Verdrängung erfolgen, sondern eine Korrektur lediglich über die Bewertungsvorschrift des § 11 Abs. 2 S. 2. Frotscher/Maas/*Frotscher*, § 11 UmwStG Rn 183 würde die Besteuerung der stillen Reserven hingegen über ein vGA lösen.

262 Unter Umständen kann es jedoch zu einem laufenden Gewinn infolge Beteiligungswertkorrektur kommen, vgl Rn 151 ff.

263 Unter Berücksichtigung der Ausführungen im UmwSt-Erlass zu Rn 11.17 ist zu vermuten, dass die Finanzverwaltung in § 11 Abs. 2 S. 2 UmwStG lediglich eine Regelung zur Beteiligungskorrektur sehen wird und ein eigenständiges Wahlrecht über den Wertansatz in der steuerlichen Schlussbilanz ablehnt.

264 Vgl auch die Beispiele bei Schmitt/Hörtnagl/Stratz/*Schmitt*, § 11 UmwStG Rn 126; *Benz*/*Rosenberg*, DB Sonderausgabe 2012, 10; *Schell*, FR 2012, 101.

hingegen beinhalten eine Ausnahme für Grundstückgesellschaften (vgl Art. 13 Abs. 4 OECD-MA).[265] Eine solche Prüfung erfordert eine detaillierte Analyse der Anteilseignerstruktur der Muttergesellschaft („insoweit"-Betrachtung). Für diese Zwecke ist als Beurteilungszeitpunkt auf den steuerlichen Übertragungsstichtag abzustellen (s. Rn 149). Ein Wechsel der Anteilseigner bei der zu verschmelzenden Muttergesellschaft im Rückwirkungszeitraum bleibt daher unbeachtlich. Zwar nehmen die Anteilseigner der übertragenden Körperschaften bei Verschmelzung auf eine andere Körperschaft an der steuerlichen Rückwirkung iSv § 2 Abs. 1 UmwStG grds. nicht teil,[266] allerdings bezieht sich die Rückwirkungsfiktion bei der Abwärtsverschmelzung nicht auf den Status der Gesellschafter der Muttergesellschaft als übertragender Rechtsträger, sondern vielmehr auf die Zuordnung der Anteile an der Tochtergesellschaft nach § 2 Abs. 1 und somit auf die Wirtschaftsgüter des übertragenden Rechtsträgers. Dies entspricht wohl auch der Auffassung der Finanzverwaltung, wonach für die Prüfung des Vorliegens des Ausschlusses oder der Beschränkung des deutschen Besteuerungsrechts auf die tatsächlichen Verhältnisse zum Zeitpunkt des steuerlichen Übertragungsstichtages abzustellen ist.[267] Praktische Probleme ergeben sich insoweit jedoch insb. bei der Verschmelzung von Publikums-Kapitalgesellschaften ohne Gesellschafterliste iSv § 40 GmbHG oder Aktienregister iSv § 67 AktG; für diese ist es regelmäßig praktisch unmöglich, die Anteilseigner zu identifizieren, erst recht nicht bei steuerlicher Rückwirkung mit einem in der Vergangenheit liegenden steuerlichen Übertragungsstichtag.

143 Kommt es zur Realisierung von stillen Reserven in den Anteilen, unterliegt ein Übertragungsgewinn bei Anwendbarkeit von § 8 b Abs. 2, 3 KStG (dh vorbehaltlich § 8 b Abs. 7 und 8 KStG) effektiv zu 5% der Besteuerung. Eine Übertragungsgewinnbesteuerung lässt sich durch die vorherige Einlage der Anteile am übertragenden Rechtsträger in eine inländische Körperschaft vermeiden, vorausgesetzt dies löst im Ausland keine Einbringungsbesteuerung aus; § 22 Abs. 2 greift bei Steuerfreiheit gem. § 8 b Abs. 2 KStG nicht.[268]

144 Alternativ zur Abwärtsverschmelzung wäre eine Aufwärtsverschmelzung der Tochtergesellschaft auf die Muttergesellschaft in Betracht zu ziehen. Hierbei ist jedoch zu berücksichtigen, dass ein Übertragungsgewinn bei der übernehmenden Muttergesellschaft gem. § 12 Abs. 2 S. 2 ebenfalls nach Maßgabe von § 8 b Abs. 2, 3 KStG zu versteuern ist. Darüber hinaus ist zu analysieren, ob es dadurch ggf zu einem Wegfall von steuerlichen Verlusten bzw Verlust-, Zins- oder EBITDA-Vorträgen kommt und ob durch die Aufwärtsverschmelzung uU Grunderwerbsteuer ausgelöst wird.

145 c) **Keine oder in Gesellschaftsrechten bestehende Gegenleistung, § 11 Abs. 2 S. 1 Nr. 3.** Soweit den verbleibenden Anteilseignern der übertragenden Körperschaft oder diesen nahe stehende Personen eine **Gegenleistung** gewährt wird, die nicht in Form von Gesellschaftsrechten an der übernehmenden Körperschaft besteht,[269] ist ein Buchwertansatz gem. § 11 Abs. 2 S. 1 Nr. 3 ausgeschlossen.[270] Einige gewichtige Stimmen im steuerlichen Schrifttum wollen (über den Gesetzeswortlaut „Gesellschaftsrechte" hinaus) auch beteiligungsähnliche EK-Genussrechte akzeptieren.[271]

146 Eine Gegenleistung wird nicht gewährt soweit die übernehmende Körperschaft an der übertragenden Körperschaft beteiligt ist. Für diese Fälle besteht gem. § 54 Abs. 1 S. 1 Nr. 1 UmwG

265 *Schmitt/Schlossmacher*, DStR 2010, 673, 676.
266 Mit Ausnahme von § 12 Abs. 2 S. 3 iVm § 5 Abs. 1 UmwStG insb. bei Aufwärtsverschmelzung.
267 UmwSt-Erlass Rn 02.15.
268 So zB Prinz/*Beinert/Scheifele*, Rn 8.64.
269 Neben der Ausgabe neuer Anteile im Rahmen einer Kapitalerhöhung erfüllt auch die Auskehrung eigener Anteile die Anforderungen an § 11 Abs. 2 S. 1 Nr. 3 UmwStG. Die Auskehrung der eigenen Anteile stellt bei der Gesellschaft steuerlich keinen Veräußerungsvorgang dar, sondern ist wie eine Erhöhung des Nennkapitals zu behandeln, vgl BMF Schreiben v. 27.11.2013, BStBl. I 2013, 1615, Rn 13.
270 UmwSt-Erlass Rn 11.06 iVm Rn 03.13 und insb. Rn 11.10 iVm Rn 03.21.
271 Dötsch/Pung/Möhlenbrock/*Dötsch*, § 11 UmwStG (SEStEG) Rn 69; Lademann/*Hahn*, § 11 UmwStG Rn 144; Schmitt/Hörtnagl/Stratz/*Schmitt*, § 11 UmwStG Rn 132; Frotscher/Maas/*Frotscher*, § 11 UmwStG Rn 161.

(GmbH) bzw § 68 Abs. 1 S. 1 Nr. 1 UmwG (AG) ein Kapitalerhöhungsverbot. Ferner darf von der Anteilsgewährung gem. § 54 Abs. 1 S. 3, § 68 Abs. 1 S. 3 UmwG abgesehen werden, wenn alle Anteilsinhaber des übertragenden Rechtsträgers auf die Anteilsgewährung in notarieller beurkundender Form verzichten, was insb. bei Konzernverschmelzungen in Betracht kommt.[272]

Eine nicht in Gesellschafsrechten bestehende (schädliche) Gegenleistung ist insb. bei Leistung barer Zuzahlungen[273] oder Gewährung sonstiger Vermögenswerte[274] durch die übernehmende Körperschaft gegeben. Bei einer Vermögensübertragung iSv § 174 UmwG kommt ein Buchwertansatz in der steuerlichen Schlussbilanz des übertragenden Rechtsträgers regelmäßig nicht in Betracht, da die Gegenleistung grundsätzlich nicht in Form von Gesellschaftsrechten geleistet wird.[275] Nach (umstrittener) Auffassung der Finanzverwaltung sind Leistungen von der übernehmenden Körperschaft nahe stehenden Personen – wie bspw die Anteilseigner der übernehmenden Körperschaft – als (schädliche) Gegenleistung zu sehen.[276] Eine Zahlung durch die übertragende Körperschaft an ihre Anteilseigner stellt keine Gegenleistung dar, sondern führt idR zu Annahme einer vGA.[277] Zahlungen an ausscheidende Anteilseigner aufgrund Barabfindung iSv § 29 UmwG stellen keine Gegenleistung iSv § 11 Abs. 2 S. 1 Nr. 3 dar.[278] 147

Bei Gewährung einer schädlichen Gegenleistung sind die übergehenden Wirtschaftsgüter insoweit mindestens mit dem Wert der Gegenleistung anzusetzen.[279] Regelmäßig kommt dies einem zwingenden Zwischenwertansatz gleich. Die Gegenleistung ist demzufolge nicht in voller Höhe steuerpflichtig, sondern nur nach Abzug der auf sie entfallenden Buchwerte.[280] Eine steuerneutrale Gewährung einer schädlichen Gegenleistung bis zur Höhe der Buchwerte der übergehenden Wirtschaftsgüter – wie etwa nach § 20 Abs. 2 S. 4 und § 21 Abs. 1 S. 3 – ist bei der Verschmelzung nach § 11 nicht vorgesehen. 148

d) **Maßgeblicher Zeitpunkt.** Sowohl für die Prüfung der späteren Körperschaftbesteuerung iSv § 11 Abs. 2 S. 1 Nr. 1 als auch für die Prüfung des Ausschlusses oder der Beschränkung des deutschen Besteuerungsrechts iSv § 11 Abs. 2 S. 1 Nr. 2 ist auf die tatsächlichen Verhältnisse zum Zeitpunkt des steuerlichen Übertragungsstichtags abzustellen.[281] Sind die übergehenden Wirtschaftsgüter zum steuerlichen Übertragungsstichtag nach den tatsächlichen Verhältnissen noch dem übertragenden Rechtsträger zuzuordnen, kommt eine Ausschluss oder eine Beschränkung des deutschen Besteuerungsrechts mE regelmäßig nur im Falle der rechtlichen Entstrickung in Betracht. Für die Praxis ist aufgrund der nicht eindeutigen Formulierungen im UmwSt-Erlass[282] und mangels anderweitiger Verlautbarungen der Finanzverwaltung zu empfehlen, vorab eine verbindliche Auskunft einzuholen. Ein besonderes Interesse iSv § 89 Abs. 1 AO sollte aufgrund der Rechtsunsicherheit insoweit gegeben sein. 149

Wird das deutsche Besteuerungsrecht erst nach dem steuerlichen Übertragungsstichtag ausgeschlossen oder beschränkt, bleibt dies ohne Auswirkung auf den Wertansatz in der steuerlichen 150

272 Zur Verschmelzung von Schwesterkapitalgesellschaften ohne Anteilsgewährung vgl *Krum*, GmbHR 2010, 24.
273 Bspw Spitzenausgleich nach § 54 Abs. 4 UmwG (GmbH) oder § 68 Abs. 3 UmwG (AG), s. UmwSt-Erlass Rn 03.21.
274 Bspw Darlehensforderungen, s. UmwSt-Erlass Rn 03.21.
275 Zu den Merkmalen einer Vermögensübertragung s. Rn 40; Rödder/Herlinghaus/van Lishaut/*Rödder*, § 11 UmwStG Rn 148 mwN.
276 UmwSt-Erlass Rn 11.10 iVm Rn 03.21; aA Rödder/Herlinghaus/van Lishaut/*Rödder*, § 11 UmwStG Rn 146.
277 Dötsch/Pung/Möhlenbrock/*Klingebiel*, § 8 KStG Rn 1561.
278 UmwSt-Erlass Rn 11.10 iVm Rn 03.22.
279 UmwSt-Erlass Rn 11.10 iVm Rn 03.23.
280 Vgl hierzu die Beispiele im UmwSt-Erlass zu Rn 03.23 und Rn 03.24 sowie Rödder/Herlinghaus/van Lishaut/*Rödder*, § 11 UmwStG Rn 147 ff.
281 UmwSt-Erlass Rn 11.05 und bezogen auf die Prüfung des Ausschlusses oder der Beschränkung des deutschen Besteuerungsrechts Rn 02.15 mit dem zutreffenden Hinweis, dass das Besteuerungsrecht nicht rückwirkend fingiert werden kann; Rödder/Herlinghaus/van Lishaut/*Rödder*, § 11 UmwStG Rn 110, 116 a, 121; Dötsch/Pung/Möhlenbrock/*Möhlenbrock/Pung*, § 3 UmwStG (SEStEG) Rn 37 a.
282 Ausführlich zur Auffassung der Finanzverwaltung und den steuerlichen Folgen s. Rn 190 ff.

Schlussbilanz. Die stillen Reserven sind idR nach Maßgabe der allgemeinen Entstrickungsnormen iSv § 12 Abs. 1 KStG durch den übernehmenden Rechtsträger zu versteuern.

IV. Beteiligungskorrekturgewinn bei Beteiligung am übernehmenden Rechtsträger (insb. bei Abwärtsverschmelzung), § 11 Abs. 2 S. 2

151 Nach § 11 Abs. 2 S. 2 sind die Anteile des übertragenden Rechtsträgers am übernehmenden Rechtsträger mindestens mit dem Buchwert, erhöht um in früheren Jahren steuerwirksam vorgenommene Teilwertabschreibungen auf die Beteiligung sowie erhöht um steuerwirksame Abzüge nach § 6 b EStG und ähnliche Abzüge, höchstens jedoch mit dem gemeinen Wert anzusetzen.[283] Da sich die Wertaufholung bei vorheriger Teilwertabschreibung bereits aus § 1 Abs. 5 Nr. 4 UmwStG iVm § 6 Abs. 1 Nr. 2 S. 3, Nr. 1 S. 4 EStG ergibt, läuft die in § 11 Abs. 2 S. 2 gesetzlich angeordnete Hinzuschreibung mE insoweit ins Leere. Anders wohl die Finanzverwaltung im UmwSt-Erlass.

152 Auf einen Gewinn aus der Zuschreibung des Beteiligungsbuchwerts (sog. **Beteiligungskorrekturgewinn**) sind gem. § 11 Abs. 2 S. 3 die Sätze 4 und 5 des § 8 b Abs. 2 S. 4 und 5 KStG entsprechend anzuwenden mit der Folge, dass der Beteiligungskorrekturgewinn voll steuerpflichtig ist, ohne dass das Beteiligungsprivileg nach § 8 b Abs. 2 S. 1 KStG greift. Auf steuerunwirksame Abschreibungen findet § 11 Abs. 2 S. 2 folgerichtig keine Anwendung.

153 Bei Vorliegen sowohl steuerwirksamer als auch steuerunwirksamer Teilwertabschreibungen sind nach Auffassung der Finanzverwaltung die steuerwirksamen Teilwertabschreibungen vor den nicht voll steuerwirksamen Teilwertabschreibungen hinzuzurechnen.[284] Dieser Auffassung steht die BFH-Rechtsprechung zu einem ähnlich gelagerten Fall entgegen. So hat der BFH in seiner Entscheidung aus 2009[285] dargelegt, dass die zeitnähere Teilwertabschreibung (im Urteilsfall die steuerunwirksame Abschreibung) zuerst rückgängig gemacht werden muss. Überträgt man die Grundsätze dieser BFH-Rechtsprechung auf die Regelung in § 11 Abs. 2 S. 2, würde insoweit nach § 8 b Abs. 2 S. 1, Abs. 3 S. 1 KStG kein steuerpflichtiger Beteiligungskorrekturgewinn entstehen.

V. Besteuerung eines Übertragungsgewinns/-verlusts

154 **1. Ermittlung des steuerlichen Übertragungsergebnisses.** Das laufende Ergebnis des übertragenden Rechtsträgers bis zum steuerlichen Übertragungsstichtag ist nach den allgemeinen ertragsteuerlichen Vorschriften zu ermitteln und von dem übertragenden Rechtsträger selbst zu versteuern. Hiervon ist die Besteuerung des Verschmelzungsvorgangs selbst abzugrenzen. Soweit stille Reserven und stille Lasten realisiert werden, führt dies regelmäßig zur Besteuerung eines Übertragungsgewinns, kann jedoch auch zur steuerlichen Berücksichtigung eines Übertragungsverlustes führen. Die Aufdeckung von stillen Reserven in den aktiven Wirtschaftsgütern erhöht das Übertragungsergebnis. Korrespondierend reduziert die Aufdeckung der stillen Lasten in den passiven Wirtschaftsgütern das Übertragungsergebnis.

155 **a) Steuerlicher Übertragungsgewinn.** Der steuerliche Übertragungsgewinn ermittelt sich aus der Differenz zwischen (i) den übergehenden Wirtschaftsgütern zu gemeinen Werten oder Zwischenwerten (beachte: Teilwert nach § 6 a EStG für Pensionsrückstellungen) und (ii) den steu-

283 UmwSt-Erlass Rn 11.17. Die Regelungen für den umgekehrten Fall (dh Beteiligung des übernehmenden Rechtsträgers am übertragenden Rechtsträgers) sind in § 12 Abs. 1 S. 2 iVm § 4 Abs. 1 S. 2 geregelt. *Krohn/Greulich*, DStR 2008, 646, 648 f wollen aus § 11 Abs. 2 S. 2 UmwStG auch die Möglichkeit eines Beteiligungskorrekturverlustes herauslesen, der zu einem steuerlich abzugsfähigen Aufwand führt; aA *Benz/Rosenberg*, DB Sonderausgabe 2012, Fn 34. Allerdings lässt sich nicht ausschließen, dass die Finanzverwaltung ihre Lesart des § 11 Abs. 2 S. 1 UmwStG auch für Zwecke des § 11 Abs. 2 S. 2 UmwStG entsprechend anwendet und den gemeinen Wert nicht als Obergrenze für den Zwischenwertansatz versteht, sondern ebenfalls als Höchstwert für den Wertansatz insgesamt (s. Rn 119).

284 UmwSt-Erlass Rn 11.17.

285 BFH Urteil v. 19.8.2009 – I R 2/09, BStBl. II 2010, 760.

erbilanziellen Buchwerten der übergehenden Wirtschaftsgüter wie sie in einer fiktiven steuerlichen Zwischenbilanz (unter Anwendung der allgemeinen steuerlichen Bilanzierungs- und Bewertungsgrundsätze) anzusetzen wären abzüglich der Verschmelzungskosten des übertragenden Rechtsträgers. Ein Übertragungsgewinn unterliegt beim übertragenden Rechtsträger grds. der KSt und über § 19 Abs. 1 der GewSt.[286] Unter Umständen kommen wirtschaftsgutbezogene Begünstigungen wie bspw § 8 b Abs. 2, 3 KStG für Beteiligungen an Kapitalgesellschaften (dh vorbehaltlich § 8 b Abs. 4, 7, 8 KStG) und eine Verrechnung mit verrechenbaren Verlusten in Betracht.[287] Ferner sind die Ertragsauswirkungen aus der Auflösung von steuerlichen Ausgleichsposten zu berücksichtigen.[288]

Eine Körperschaftsteuer- und Gewerbesteuerrückstellung auf den Übertragungsgewinn ist sowohl in der handelsrechtlichen als auch der steuerlichen Schlussbilanz auszuweisen. Für steuerliche Zwecke sind die Steuerrückstellungen allerdings gem. § 10 Nr. 2 KStG (KSt) bzw § 8 Abs. 1 S. 1 KStG iVm § 4 Abs. 5 b EStG (GewSt) außerbilanziell wieder hinzuzurechnen. 156

b) Steuerlicher Übertragungsverlust. Die Ermittlung eines Übertragungsverlusts erfolgt nach demselben Grundsatz wie die Ermittlung eines potenziellen Übertragungsgewinns. Liegt der gemeine Wert der übergehenden Wirtschaftsgüter unter der Summe der Buchwerte, kommt es gem. § 11 Abs. 2 S. 1 zwangsläufig zur Abstockung der Buchwerte bzw Aufdeckung von stillen Lasten und dementsprechend zur Realisierung eines Übertragungsverlusts. Ein Übertragungsverlust ist im Rahmen der allgemeinen Regelungen grds. steuerlich abzugsfähig. Spezialgesetzliche Verlustabzugsbeschränkungen sind wirtschaftsgutbezogen zu prüfen. Infrage kommen bspw die Abzugsbeschränkung in § 8 b Abs. 3 S. 3 ff KStG bei Beteiligungen an anderen Körperschaften sowie Wertminderungen im Zusammenhang mit Gesellschafterdarlehen oder die Verlustabzugsbeschränkungen der § 15 Abs. 4, § 15 a und § 15 b EStG.[289] Im Zusammenhang mit der Aufdeckung von stillen Lasten in den übergehenden Verpflichtungen, die in der „regulären" Steuerbilanz des übertragenden Rechtsträgers noch Ansatzverboten oder Bewertungsvorbehalten unterlegen haben, besteht aktuell Rechtsunsicherheit hinsichtlich der Frage, ob der aus der Aufdeckung resultierende steuerliche Aufwand sofort abzugsfähig ist oder aber gem. § 4 f Abs. 1 S. 1 EStG zeitlich über 15 Jahre gleichmäßig verteilt als Betriebsausgabe abziehbar ist und gem. § 4 f Abs. 1 S. 7 EStG auf den übernehmenden Rechtsträger übergeht.[290] Wegen des eindeutigen Gesetzeswortlauts sollte § 4 f EStG nicht auch auf die aufwandswirksame Aufdeckung eines negativen Geschäfts- oder Firmenwerts (sog. *Badwill*) anwendbar sein. Die Ausnahmeregelung von der Aufwandsverteilung nach § 4 f Abs. 1 S. 3 EStG gilt nach der Intention 157

286 Schmitt/Hörtnagl/Stratz/*Schmitt*, § 11 UmwStG Rn 154.

287 In Betracht kommen etwa die Verrechnung mit gesperrten Verlusten aus Termingeschäften (§ 15 Abs. 4 S. 3 ff EStG), aus atypisch stillen Beteiligungen oder Unterbeteiligungen an Kapitalgesellschaften (§ 15 Abs. 4 S. 6 f EStG), aus Beteiligungen an Mitunternehmerschaften mit beschränkter Haftung einschl. partiarischem Darlehen (§ 15 a Abs. 1, 5 EStG) und Verlusten aus Steuerstundungsmodellen (§ 15 b EStG).

288 Bspw Auflösung organschaftlicher Ausgleichsposten bei Übertragung von Beteiligung an Organgesellschaft oder Auflösung investmentsteuerlicher Ausgleichsposten bei Übertragung von Fondsanteilen; vgl hierzu Rn 60.

289 Ob dies ggf gegen Verfassungsrecht verstößt, da die Verluste wg § 12 Abs. 3 Hs 2 iVm § 4 Abs. 2 S. 2 UmwStG definitiv werden vgl Rn 163.

290 In Abhängigkeit von der aktuellen Ertragsituation bei den beteiligten Rechtsträgern sowie dem Bestand an verrechenbaren Verlusten sowie vorhandene Verlustvorträge beim übertragenden Rechtsträger, kann die Aufwandsverteilung nach § 4 f Abs. 1 S. 1 EStG iVm einem Übergang der Aufwandpotentials nach § 4 f Abs. 1 S. 7 EStG in der Gesamtschau sowohl positiv als auch negativ für die beteiligten Rechtsträger ausfallen (insb. in Konzernfällen). Beachte die zeitliche Anwendungsregelung in § 52 Abs. 12 c EStG. Für die praktische Anwendung der Vorschrift des § 4 f EStG im Rahmen von Verschmelzungen ist ferner hinreichend zu differenzieren zwischen (i) Begründung der Aufwandsverteilung durch den Umwandlungsvorgang selbst und (ii) der Frage nach dem Schicksal einer bereits vorhandenen Aufwandsverteilung im Zusammenhang mit einer bevorstehenden Umwandlung, insb. deren Übergang auf den übernehmenden Rechtsträger.

des Gesetzgebers nicht für Umwandlungen nach dem UmwStG.[291] Dies wurde im Gesetzeswortlaut – zumindest für Verschmelzungsfälle – nicht hinreichend umgesetzt, da bei einer Verschmelzung sowohl der ganze Betrieb des übertragenden Rechtsträgers auf den übernehmenden Rechtsträger übergeht[292] und die §§ 14, 16 Abs. 1, 3 sowie § 18 Abs. 3 EStG über § 8 Abs. 1 KStG auch **bei Körperschaften entsprechend** anzuwenden sind.[293] Sofern die Anwendbarkeit von § 4 f Abs. 1 S. 3 EStG mit dem Argument abgelehnt wird, dass eine Verschmelzung die Tatbestände nach § 16 Abs. 1 S. 1 Nr. 1 Alt. 1 EStG insoweit nicht verwirklicht, als der übernehmende Rechtsträger **in seiner Eigenschaft als (Gesamt-)Rechtsnachfolger** die unternehmerische Tätigkeit **des übertragenden Rechtsträgers** fortsetzt und mit dem übernommenen Betrieb Einkünfte erzielt, die zur Verlustverrechnung zur Verfügung stehen, sollte aus systematischen Gesichtspunkten zumindest die Verrechnungsmöglichkeit nach § 4 f Abs. 1 S. 4 EStG entsprechend gegeben sein. Demzufolge würde die Aufwandsverteilung nach § 4 f Abs. 1 S. 1 EStG nur insoweit greifen, als der Aufwand einen Übertragungsverlust begründet oder erhöht (dh nach Verrechnung mit einem positiven Ertrag aus der Aufdeckung von stillen Reserven). Von einem zu verteilenden Aufwand iSv § 4 f Abs. 1 S. 1 EStG entfallen dann faktisch 1/15 auf den übertragenden Rechtsträger und gem. § 4 Abs. 1 S. 7 EStG 14/15 auf den übernehmenden Rechtsträger. Die Verlustverrechnungsbeschränkung nach § 12 Abs. 3 Hs 2 iVm § 4 Abs. 2 S. 2 findet mE keine Anwendung auf einen noch nicht berücksichtigten Aufwand iSv § 4 f EStG.[294] Es handelt sich hierbei weder um verrechenbare Verluste,[295] noch um verbleibende Verlustvorträge oder vom übertragenden Rechtsträger nicht ausgeglichene negative Einkünfte iSd § 4 Abs. 2 S. 2.[296] Aufgrund der bestehenden Rechtsunsicherheit empfiehlt es sich in der Praxis, die steuerlichen Rechtsfolgen vorab durch eine verbindliche Auskunft zu klären.

158 **2. Sofortbesteuerung ohne Besteuerungsaufschub.** Ein Übertragungsgewinn unterliegt der sofortigen Besteuerung beim übertragenden Rechtsträger (bzw dessen Rechtsnachfolger). Ein Besteuerungsaufschub durch Stundung oder Steuererhebung in Raten sieht das UmwStG nicht vor.[297]

291 Ausweislich der Gesetzesbegründung greift § 4 f Abs. 1 S. 3 EStG nicht, wenn die unternehmerische Tätigkeit aufgrund von Umwandlungsvorgängen nach dem UmwStG in anderer Rechtsform oder durch einen anderen Rechtsträger fortgesetzt wird, BR-Drucks. 740/13, 76. Ablehnend: *Benz/Placke*, DStR 2013, 2653, 2656 und *Riedel*, FR 2014, 6, 11. *Schindler*, GmbHR 2014, 561, 565 hält dies hingegen für systematisch begründet. Es ist zu erwarten, dass die Rn 03.04 und 03.06 im UmwSt-Erlass entsprechend ergänzt werden.

292 Nach Auffassung der Finanzverwaltung in UmwSt-Erlass Rn 00.02 handelt es sich bei der Verschmelzung um einen Veräußerungsvorgang hinsichtlich des übertragenen Vermögens.

293 S. R 32 Abs. 1 KStR.

294 Dies entspricht der Intention des Gesetzgebers, die vollständige Berücksichtigung des durch die Übertragung realisierten Aufwands zu gewährleisten, BR-Drucks. 740/13, 76; so auch *Fuhrmann*, DB 2014, 9, 13. Andernfalls käme es bei einem endgültigen Ausschluss der Verlustnutzungsmöglichkeit zu einer verfassungsrechtlich bedenklichen Definitivsituation; vgl hierzu BFH Vorlagebeschluss an das BVerfG v. 26.2.2014 – I R 59/12 mwN; vgl auch *Riedel*, Ubg 2014, 421, 423 f.

295 Eine Vergleichbarkeit mit verrechenbaren Verlusten – etwa iSd §§ 15 Abs. 4, 15 a Abs. 4, 15 b Abs. 4 EStG – ist insoweit nicht gegeben, als § 4 f EStG lediglich eine zeitliche Streckung vorsieht, nicht jedoch eine materielle Verlustverrechnungsbeschränkung im Zusammenhang mit bestimmten Einkünfte (sog. *Ring-Fencing*); *Riedel*, Ubg 2014, 421, 424 sieht hingegen eine wirtschaftliche Vergleichbarkeit gegeben.

296 Eine Vergleichbarkeit mit nicht ausgeglichenen negativen Einkünften und Verlustvorträgen ist insoweit nicht gegeben, als der noch nicht berücksichtigte Aufwand nach § 4 f Abs. 1 S. 7 EStG auf den Rechtsnachfolger übergeht, steuerliche Verluste und Verlustvorträge hingegen grds. nicht vererblich sind (vgl BFH Beschluss v. 17.12.2007 – GrS 2/04, BStBl. II 2008, 680) und nur aufgrund spezialgesetzlicher Sonderregelungen – etwa nach § 12 Abs. 3 Hs 1 UmwStG – auf den Rechtsnachfolger übergehen vorausgesetzt, dass dies wiederum nicht spezialgesetzlich ausgeschlossen ist – etwa in § 4 Abs. 2 S. 2 UmwStG. *Schultz/Debnar*, BB 2014, 107, 108 f sprechen sich für die Bilanzierung eines Ausgleichspostens aus, halten dessen Rechtsnatur allerdings für ungeklärt; allerdings ist die Bildung eines Ausgleichspostens nach dem Gesetzeswortlaut nicht vorgesehen und auch von der FinVerw bislang nicht gefordert (vgl OFD Magdeburg Verfügung v. 2.6.2014, DStR 2014, 1546).

297 Zur Frage, ob § 4 g, 36 Abs. 5 EStG oder § 6 Abs. 5 AStG bei grenzüberschreitenden Verschmelzungen oder reinen Auslandsverschmelzung im EU-Raum entsprechend Anwendung finden könnten, sofern eine Buchwertfortführung mangels Erfüllung der Tatbestandsvoraussetzungen in § 11 Abs. 2 S. 1 Nr. 2 UmwStG ausgeschlossen ist, s. Rn 195.

3. Verschmelzungskosten der übertragenden Körperschaft. Die beim übertragenden Rechtsträger durch die Verschmelzung verursachten nicht objektbezogenen Kosten[298] sind regelmäßig in vollem Umfang als Betriebsausgaben abzugsfähig.[299] Beim übernehmenden Rechtsträger sind **Verschmelzungskosten** – soweit sie nicht objektbezogene Anschaffungsnebenkosten für einzelne der übergehenden Wirtschaftsgüter darstellen (insb. Grunderwerbsteuer nach § 1 Abs. 1 Nr. 3 GrEStG)[300] – gem. § 12 Abs. 2 S. 1 bei der Berechnung des Übernahmeergebnisses zu berücksichtigen, in dem sie den Übernahmegewinn mindern bzw den Übernahmeverlust erhöhen.[301] Da ein Übernahmeverlust steuerlich gem. § 12 Abs. 2 S. 1 außer Ansatz bleibt (dh außerbilanziell hinzugerechnet wird), sind die Verschmelzungskosten in den meisten Fällen steuerlich lediglich beschränkt abzugsfähig.[302] Daher empfiehlt es sich in der Praxis, die steuerliche Abzugsfähigkeit von Verschmelzungskosten dadurch sicherzustellen, dass diese soweit möglich vom übertragenden Rechtsträger getragen werden.[303] In diesem Zusammenhang ist jedoch zu berücksichtigen, dass die Zuordnung von verschmelzungsbedingten Kosten zum übertragenden oder zum übernehmenden Rechtsträger nach dem objektiven Veranlassungsprinzip zu erfolgen hat und nach Auffassung des BFH grds. kein Zuordnungswahlrecht der beteiligten Rechtsträger besteht.[304] Dies sollte mE jedoch nur für direkt zuordenbare Kosten gelten. Ungebundene Kosten wie bspw allgemeine Beratungsgebühren im Zusammenhang mit der Verschmelzungsplanung sollten mE grds. dem übertragenden Rechtsträger zuordenbar sein (vorausgesetzt die Auftragsverhältnisse sind entsprechend ausgestaltet). Sofern die Kosten allerdings für Leistungen anfallen, die dem übernehmenden Rechtsträger unmittelbar zugute kommen, ist zu beachten, dass die Kosten bei Zuordnung zum übertragenden Rechtsträger ggf gem. § 8 Abs. 3 S. 2 KStG aufgrund verdeckter Gewinnausschüttung hinzuzurechnen sind.[305] 159

Bei einer Verschmelzung mit steuerlicher Rückwirkung ist darüber hinaus zu berücksichtigen, dass Verschmelzungskosten des übertragenden Rechtsträgers ab dem steuerlichen Übertragungsstichtag (dh im Rückwirkungszeitraum anfallende Kosten) dem übernehmenden Rechtsträger gem. § 2 Abs. 1 S. 1 zuzurechnen sind,[306] was in der Praxis der Regelfall ist. Vor diesem Hintergrund sollten die Verschmelzung in der Praxis so rechtzeitig wie möglich geplant werden und die Verschmelzungskosten soweit möglich vom übertragenden Rechtsträger vor dem steuerlichen Übertragungsstichtag getragen werden. 160

VI. Verlustnutzung beim übertragenden Rechtsträger

1. Verrechnung eines Übertragungsgewinns mit laufenden steuerlichen Verlusten oder Verlustvorträgen. Soweit der übertragende Rechtsträger entweder über verrechnungsfähige laufende steuerliche Verluste oder steuerliche **Verlustvorträge** verfügt, ist es in der Praxis regelmäßig sinnvoll, die Wirtschaftsgüter in der steuerlichen Schlussbilanz mit dem gemeinen Wert bzw 161

298 ZB Kosten für die Erstellung und Beurkundung des Verschmelzungsvertrags bzw -plans und der Verschmelzungsbeschlüsse, die Erstellung des Verschmelzungsberichts, Prüfung des Verschmelzungsvertrags bzw -plans, Erstellung und Prüfung der handelsrechtlichen und steuerlichen Schlussbilanz, Kosten der Hauptversammlung, Rechts- und Steuerberatung, Registergebühren nach HRegGebV; s. auch die ausführliche Auflistung bei Widmann/Mayer/*Widmann*, § 3 UmwStG Rn 175.

299 BFH Urteil v. 22.4.1998 – I R 83/96, BStBl. II 1998, 698 mwN; Rödder/Herlinghaus/van Lishaut/*Rödder*, § 11 UmwStG Rn 162 „Verschmelzungskosten".

300 Allgemein: BFH Urteil v. 22.4.1998 – I R 83/96, BStBl. II 1998, 698. Spezifisch zur GrESt: BFH Urteil v. 15.10.1997 – I R 22/96, BStBl. II 1998, 168 und BFH Urteil v. 17.9.2003 – I R 97/02, BStBl. II 2004, 686; BMF Schreiben v. 18.1.2010, IV C – S 1978-b/0, BStBl. I 2010, 70; s. auch Haritz/Menner/*Wisniewski*, § 12 UmwStG Rn 33 und *Schmitz*, NWB 2014, 2466 f.

301 UmwSt-Erlass Rn 12.05, bestätigt durch BFH Urteil v. 9.1.2013 – I R 24/12, BFH/NV 2013, 881, dass § 12 Abs. 2 S. 1 in allen Fällen der Auf-, Ab-, und Seitwärtsverschmelzung ungeachtet einer Beteiligung an der übertragenden Körperschaft anzuwenden ist; *Benz/Rosenberg*, DB Sonderausgabe 2012, 7.

302 Vgl Kommentierung zu § 12 UmwStG Rn 52 ff; kritisch auch *Bogenschütz*, Ubg 2011, 393, 406.

303 *Benz/Rosenberg*, DB Sonderausgabe 2012, 8.

304 BFH Urteil v. 22.4.1998 – I R 83/96, BStBl. II 1998, 698 mwN; vgl im Einzelnen Haritz/Menner/*Brinkhaus*, § 3 UmwStG Rn 209; Dötsch/Pung/Möhlenbrock/*Dötsch*, § 11 UmwStG (SEStEG) Rn 19; ausführlich mwN Widmann/Mayer/*Widmann*, § 3 UmwStG Rn R168 iVm 168 ff.

305 Frotscher/Maas/*Frotscher*, § 11 UmwStG Rn 198; Frotscher/Maas/*Schnitter*, § 3 UmwStG Rn 211.

306 UmwSt-Erlass Rn 12.05 iVm Rn 04.34.

einem Zwischenwert anzusetzen und insoweit stille Reserven zu realisieren, die mit steuerlichen Verlusten verrechnet werden können. Andernfalls bleiben die steuerlichen Verluste ungenutzt und gehen aufgrund Verschmelzung gem. § 12 Abs. 3 Hs 2 iVm § 4 Abs. 2 S. 2 unter. Hierbei ist zu berücksichtigen, dass körperschaft- und gewerbesteuerliche Verluste bzw Verlustvorträge in der Praxis meist nicht identisch sind.

162 Sofern die vorhandenen steuerlichen Verluste näherungsweise dem Übertragungsgewinn unter Ansatz des gemeinen Werts entsprechen, empfiehlt es sich in der Praxis einen Zwischenwertansatz zu beantragen. Durch den Zwischenwertansatz lässt sich der maximale Aufstockungsbetrag fixieren. Eine nachträgliche Berichtigung der Schlussbilanzbilanzwerte durch die Betriebsprüfung (s. Rn 81) kann gem. § 11 Abs. 2 S. 1 nur eine Korrektur nach unten zur Folge haben, insofern der gemeine Wert nach Berichtigung durch die Betriebsprüfung geringer ausfällt als der beantragte Zwischenwert. Eine Korrektur des beantragten Zwischenwerts nach oben kommt hingegen nicht in Betracht.[307]

163 Nach geltender Rechtslage sind bei der Berechnung des konkreten Verlustverrechnungsbetrags die Regelungen über die **Mindestbesteuerung** nach § 10 d Abs. 2 EStG (§ 10 a S. 1, 2 GewStG) zu berücksichtigen. Auf dieser Grundlage ist es ggf wirtschaftlich vorteilhaft, den Untergang eines Teils der steuerlichen Verluste nach § 12 Abs. 3 Hs 2 iVm § 4 Abs. 2 S. 2 hinzunehmen, wenn der Barwert des durch künftige Abschreibungen entstehenden Steuervorteils geringer als die Steuerbelastung auf den nicht verrechenbaren Teil des Übertragungsgewinns entfällt. Im Hinblick auf die Zweifel des BFH an der Verfassungsmäßigkeit der Mindestbesteuerung bei Untergang eines aus der Mindestbesteuerung resultierenden Verlustvortrags aufgrund Verschmelzung[308] und der Reaktion der Finanzverwaltung zur Aussetzung der Vollziehung[309] wäre ggf im Rahmen einer Risikoabwägung denkbar, bei der Berechnung des Aufstockungsbetrags die Regelungen über die Mindestbesteuerung außer Acht zu lassen und das Risiko einer Besteuerung eines Teils des Übertragungsgewinns einzugehen. Im Rahmen dieser Risikoabwägung wäre der (Barwert-)Effekt aus künftigen Abschreibungen des Aufstockungsbetrags gegenzurechnen.[310] Eine Ausübung des Antragswahlrechts unter Ansatz eines flexiblen Zwischenwerts in Abhängigkeit von der Anwendbarkeit der Mindestbesteuerung dem Grunde nach ist allerdings nicht zulässig.

164 **2. Verrechnung eines Übertragungsverlusts mit laufenden Gewinnen.** Ein Übertragungsverlust aus dem Abstocken von Aktiva bzw Aufdecken stiller Lasten in den Passiva ist grds. mit laufenden Gewinnen verrechnungsfähig. Dies gilt jedoch nur, falls keine spezialgesetzlichen Verlustverrechnungsbeschränkungen greifen (s. Rn 157).

165 **3. Besonderheiten bei steuerlicher Rückwirkung.** Wird der übertragende Rechtsträger mit steuerlicher Rückwirkung iSv § 2 Abs. 1 verschmolzen, ist die Verlustverrechnungsbeschränkung nach § 2 Abs. 4 zu beachten.[311] Bei grenzüberschreitenden Verschmelzungen ist für die Bestimmung des steuerlichen Übertragungsstichtags § 2 Abs. 3 zu beachten.[312]

166 **4. Schicksal der nicht genutzten Verluste.** Der zum steuerlichen Übertragungsstichtag bestehende steuerliche Verlustvortrag des übertragenden Rechtsträgers geht gem. § 12 Abs. 3 iVm

307 *Benz/Rosenberg*, DB Sonderausgabe 2012, 4 f.
308 BFH Beschluss v. 26.8.2010 – I B 49/10, BStBl. II. 2011, 826 und BFH Vorlagebeschluss an das BVerfG v. 26.2.2014 – I R 59/12; aA zur Verfassungsmäßigkeit der Definitivbelastung mit Gewerbesteuer BFH Urteil v. 20.9.2012 – IV R 36/10, BStBl. II 2013, 498 und BFH Urteil v. 20.9.2012 – IV R 43/10, BFH/NV 2013, 408.
309 BMF Schreiben v. 19.10.2011, IV C 2 – S 2741/10/10002, BStBl. I 2011, 974; OFD FrankfurtVerfügung v. 20.6.2013, S 2745 a A – 5 – St 51, FR 2013, 821.
310 So auch *Kahle/Hiller/Vogel*, FR 2012, 789, 798.
311 Vgl *Viebrock/Loose*, DStR 2013, 1364; *Behrendt/Klages*, BB 2013, 1815.
312 Vgl *Ettinger/Königer*, GmbHR 2009, 590 ff.

§ 4 Abs. 2 S. 2 nicht auf den übernehmenden Rechtsträger über. Entsprechendes gilt für verrechenbare Verluste (etwa nach § 15 Abs. 4, § 15 a oder § 15 b EStG).[313]

Unter Umständen macht es daher Sinn die bestehenden Verlustvorträge in künftiges Aufwandspotential umzuwandeln.[314] Nach Auffassung des BFH ist eine Verlustkonservierung grds. nicht als missbräuchlich iSv § 42 AO anzusehen.[315] Auf Basis dieser Rechtsprechung[316] (jedoch entgegen der Auffassung der Finanzverwaltung zu § 8 Abs. 4 KStG aF)[317] sollten künftige Aufwandspotentiale nicht von § 4 Abs. 2 S. 2 UmwStG bzw § 8 c KStG erfasst sein. 167

VII. Kettenverschmelzungen – Wertansätze in der steuerlichen Schlussbilanz

In der Praxis kommt es häufig vor, dass eine Verschmelzung im zeitlichen Zusammenhang mit 168
anderen Umwandlungsvorgängen erfolgt (sog. **Kettenumwandlung**). Oftmals wird ein Verschmelzungsvertrag unter der aufschiebenden Bedingung abgeschlossen, dass eine vorherige Umwandlung, an dem der übertragende Rechtsträger als übernehmender Rechtsträger beteiligt ist, mit Eintragung in das Handelsregister zivilrechtlich wirksam wird.[318]

Für Zwecke der Aufstellung der steuerlichen Schlussbilanz ist bei Kettenverschmelzungen 169
grundsätzlich auf die Reihenfolge der steuerlichen Übertragungsstichtage abzustellen.[319] Auf die zeitliche Reihenfolge der Handelsregistereintragungen der Verschmelzungen und deren zivilrechtliche Wirksamkeit nach § 20 Abs. 1 UmwG kommt es nicht an.[320] Der steuerliche Übertragungsstichtag kann mE auf einen Zeitpunkt während des Tages entfallen (zB 23:59 Uhr) und muss nicht mit dem Ablauf eines Kalendertags zusammenfallen.[321]

Fehlt im Verschmelzungsvertag oder -plan eine explizite Bezugnahme auf den steuerlichen 170
Übertragungsstichtag oder ist der handelsrechtliche und steuerliche Übertragungsstichtag(-Zeitpunkt) ungenau formuliert,[322] ist dieser durch Auslegung der Parteiwillen der beteiligten Rechtsträger zu ermitteln. Für diese Zwecke ist sowohl auf die sonstige Verschmelzungsdokumentation als auch auf den Stichtag der beigefügten Schlussbilanzen abzustellen.

Bei Kettenverschmelzungen mit **unterschiedlichen steuerlichen Übertragungsstichtagen** muss 171
diejenige steuerliche Schlussbilanz mit dem späteren Bilanzstichtag auch diejenigen Wirtschaftsgüter erfassen, die im Rahmen der vorangegangenen Verschmelzung steuerlich als übertragen gelten.[323] In Abweichung hierzu geht das IDW davon aus, dass die im Rahmen einer Kettenverschmelzung übergehenden Wirtschaftsgüter in der handelsrechtlichen Schlussbilanz nicht zu erfassen sind.[324] Dies liegt jedoch in der unterschiedlichen Funktion der handelsrecht-

313 Zur Frage, ob ein solcher Verlustuntergang im Hinblick auf Verluste, die aufgrund von § 10 d EStG nicht verrechenbar waren aber durch die Verschmelzung definitiv werden, verfassungsgemäß ist, s. die Zweifel des BFH Beschluss v. 26.8.2010 – I B 49/10, BStBl. II 2011, 826 und BFH Vorlagebeschluss an das BVerfG v. 26.2.2014 – I R 59/12 sowie die Reaktion im BMF-Schreiben v. 19.10.2011, BStBl. I 2011, 2774 zur AdV unter Hinweis auf den Definitiveffekt aufgrund Umwandlung. Entsprechendes sollte für sonstige nicht verrechenbare Verluste gelten.

314 Haritz/Menner/*Bärwaldt*, § 11 UmwStG Rn 29. Denkbar wären zB eine Aufdeckung stiller Reserven etwa durch Ausgliederung auf eine Tochtergesellschaft (künftiges Abschreibungspotential), die Vergabe unverzinslicher Darlehen unter Berücksichtigung der Bewertungsvorschrift nach § 6 Abs. 1 Nr. 3 EStG (künftiges Aufzinsungsvolumen, vgl *Stadler/Bindl*, DB 2010, 862) oder die kurzfristige Ertragsrealisierung durch Anlage in Investmentfonds (künftige APO-Auflösung); vgl auch Dötsch/Pung/Möhlenbrock/*Dötsch*, § 8 c KStG Rn 105; Blümich/*Brandis*, § 8 c KStG Rn 23 f.

315 BFH Urteil v. 12.7.2012 – I R 23/11, DB 2012, 2662.

316 Die Entscheidung ist zur Vorgängervorschrift von § 8 c KStG (§ 8 Abs. 4 KStG 1999 zum Mantelkauf) ergangen, sollte mE jedoch entsprechend auf von § 4 Abs. 2 S. 2 UmwStG und § 8 c KStG anwendbar sein; so zB *Frey*, SteuK 2012, 468 für § 8 c KStG.

317 Vgl BMF Schreiben v. 2.12.2003, IV A 2 – S 2743 – 5/03, BStBl. I 2003, 648 Nr. 2 Buchst. d) zum Forderungsverzicht gegen Besserungsschein und Mantelkaufregelung nach § 8 Abs. 4 KStG aF; vgl hierzu Rn 15.

318 Zur Zulässigkeit vgl OLG Hamm Beschluss v. 19.12.2005 – 15 W 377/05, GmbHR 2006, 255.

319 Schmitt/Hörtnagl/Stratz/*Hörtnagl*, § 2 UmwStG Rn 27 ff; Dötsch/Pung/Möhlenbrock/*Dötsch*, § 2 UmwStG (SEStEG) Rn 39.

320 BFH Urteil v. 26.4.2012 – IV R 24/09, BStBl. II 2012, 703.

321 S. Rn 73 f.

322 Vgl bspw BFH Urteil v. 5.12.1973 – I R 72/72, BStBl. II 1974, 342.

323 FGS/BDI/*Dietrich/Kaeser*, UmwSt-Erlass 2011, § 2 Rn 02.02 UmwStE; aA Lademann/*Hahn*, § 2 UmwStG Rn 73.

324 IDW RS HFA 42 Rn 21, WPg Supplement 4/2012, 91.

lichen und steuerlichen Schlussbilanz begründet.[325] Unterlässt der übertragende Rechtsträger den Ausweis der auf ihn im Rahmen der vorangegangenen Verschmelzung übergegangenen Wirtschaftsgüter, sollte dieser Verstoß nicht die Versagung des Buch- oder Zwischenwertansatzes zur Folge haben. Die steuerliche Schlussbilanz ist dann schlichtweg fehlerhaft und nach Maßgabe des § 4 Abs. 2 S. 1 EStG zu berichtigen.[326] Auch das Einheitlichkeitserfordernis nach § 11 Abs. 2 S. 1 sollte dem nicht im Wege stehen, da die Wirtschaftsgüter ja gerade nicht angesetzt wurden. Der Ansatz der fehlerhaft nicht bilanzierten Wirtschaftsgüter mit einem Buch- oder Zwischenwert sollte im Rahmen der Bilanzberichtigung auch ohne ausdrücklichen Antrag auf Buch- oder Zwischenwertansatz nachgeholt werden können, vorausgesetzt die bilanzierten Wirtschaftsgüter wurden zum Buch- oder Zwischenwert angesetzt. Der gewählte Wertansatz sollte einheitlich auch auf die nicht bilanzierten Wirtschaftsgüter angewandt werden. In der Praxis empfiehlt es sich daher, neben dem bloßen Einreichen der steuerlichen Schlussbilanz stets einen formellen Antrag auf Buch- oder Zwischenwertansatz nach § 11 Abs. 2 zu stellen, um möglichen Diskussionen mit den Finanzbeamten vorbeugen.

172 Nicht so eindeutig ist die Feststellung der zeitlichen Abfolge bei Kettenumwandlungen auf einen **identischen steuerlichen Übertragungsstichtag**(-Zeitpunkt). Mangels gesetzlicher Vorgaben[327] werden im steuerlichen Schrifttum verschiedene Ansätze diskutiert.[328] Wird in einem Verschmelzungsvertrag (§ 4 f UmwG) bzw einem Verschmelzungsplan (§ 122 c UmwG) bereits auf eine weitere Umwandlung eines der an der Verschmelzung beteiligten Rechtsträger verwiesen und insoweit auch die zeitliche Abfolge festgelegt, sollte dies mE auch für steuerliche Zwecke maßgeblich sein.[329] Denn dadurch wird der steuerliche Übertragungsstichtag der einen Verschmelzung dem steuerlichen Übertragungsstichtag der anderen Verschmelzung eine juristische Sekunde vorgelagert mit der Folge, dass damit bereits gedanklich unterschiedliche Übertragungsstichtage bestehen und die o.a. Rechtsfolgen zu Kettenverschmelzungen mit unterschiedlichen Stichtagen anzuwenden sind. Wird keine explizite Regelung getroffen, besteht kein Wahlrecht, die gewünschte zeitliche Abfolge nachträglich festzulegen.[330] In einem solchen Fall bestimmt sich die zeitliche Abfolge mE denklogisch nach den jeweiligen Verschmelzungsrichtungen gem. Verschmelzungsvertrag, dh nach der Vereinbarung, welche Körperschaften als übertragender und als übernehmender Rechtsträger an der jeweiligen Verschmelzung beteiligt sind.[331] Entsprechend erfolgt auch die Vermögensübertragung auf den steuerlichen Übertragungsstichtag. Dies entspricht wohl auch der Auffassung des BFH.[332] Ein Rückgriff auf andere zeitliche Abfolgen ist mE daher nicht erforderlich. In Abweichung zur hier vertretenen Auffassung stellen Teile im steuerlichen Schrifttum hingegen auf die zivilrechtliche Wirksamkeit der Verschmelzung nach § 20 Abs. 1 Nr. 1 UmwG durch Eintragungen im Handelsregister des übernehmenden Rechtsträgers ab.[333] Weitere Teile im steuerlichen Schrifttum vertreten auch die These, dass sich Umwandlungsvorgänge mit identischem steuerlichem Übertragungsstichtag zeitgleich bzw simultan vollziehen.[334]

325 Vgl hierzu *Pyszka*, DStR 2013, 1462, 1464 f.
326 *Pyszka*, DStR 2013, 1462, 1463 f.
327 Im Gegensatz zum nationalen Recht ist dies bspw in § 39 des österreichischen Umgründungssteuergesetz gesetzlich vorgesehen.
328 Vgl hierzu ausführlich *Pyszka*, DStR 2013, 1462, allerdings mit abweichendem Ergebnis.
329 Frotscher/Maas/*Frotscher*, § 2 UmwStG Rn 47; Haase/Hruschka/*Steimel/Heerdt*, § 2 UmwStG Rn 56; wohl auch Rödder/Herlinghaus/van Lishaut/*van Lishaut*, § 2 UmwStG Rn 27 und Sagasser/Bula/Brünger/*Schlösser*, § 11 Rn 37; aA Dötsch/Pung/Möhlenbrock/*Dötsch*, § 2 UmwStG (SEStEG) Rn 39.
330 BFH Urteil v. 22.9.1999 – II R 33/97, BStBl. II 2000, 2; BFH Urteil v. 26.4.2012 – IV R 24/09, BStBl. II 2012, 703. Für ein Wahlrecht hingegen Widmann/Mayer/*Widmann*, § 2 UmwStG Rn R 240 iVm Rn 240 aE.
331 Sagasser/Bula/Brünger/*Bula/Schlösser*, § 11 Rn 37.
332 BFH Urteil v. 22.9.1999 – II R 33/97, BStBl. II 2000, 2: Laut Sachverhalt wurde die GmbH 2 auf die GmbH 1 und die GmbH 1 auf die Klägerin verschmolzen (jeweils im Wege der Verschmelzung durch Aufnahme). Die Verschmelzungsverträge sind auf denselben Tag datiert. Nach Auffassung des BFH schließt das übertragene Vermögen der GmbH 1 auf die Klägerin auch das Vermögen der GmbH 2 mit ein, was denklogisch eine zeitliche Abfolge voraussetzt. Auf den Zeitpunkt der Eintragung im Handelsregister wird nicht abgestellt.
333 Dötsch/Pung/Möhlenbrock/*Dötsch*, § 2 UmwStG (SEStEG) Rn 39; Rödder/Herlinghaus/van Lishaut/*van Lishaut*, § 2 UmwStG Rn 27 (lediglich subsidiär); *Pyszka*, DStR 2013, 1462, 1464.
334 So zB Schmitt/Hörtnagl/Stratz/*Hörtnagl*, § 2 UmwStG Rn 33; Haritz/Menner/*Slabon*, § 2 UmwStG Rn 57.

Im Interesse einer erhöhten Rechtssicherheit ist für die Praxis zu empfehlen, die Verschmelzungsvorgänge sequenziell zu gestalten und sowohl unterschiedliche Verschmelzungsstichtage iSv § 5 Abs. 1 Nr. 6 UmwG im Verschmelzungsvertrag zu vereinbaren, als auch die handelsrechtlichen und steuerlichen Schlussbilanzen auf unterschiedliche Bilanzstichtage aufzustellen. 173

Sofern eine Vereinbarung von unterjährigen Bilanzstichtagen aus wirtschaftlichen oder anderweitigen Gründen nicht möglich ist (zB aufgrund Beendigung von Organschaften zum WJ-Ende) ist ferner zu empfehlen, sowohl eine zeitliche Abfolge in die Vertragsdokumentation mit aufzunehmen als auch die zivilrechtliche Wirksamkeit durch Aufnahme einer aufschiebenden Bedingung[335] zu steuern. Dies setzt jedoch voraus, dass alle Verschmelzungen in der Kette bereits absehbar sind und eine nachträgliche Änderung der zeitlichen Abfolge nicht zur Diskussion steht. 174

Dass es sich bei o.a. Frage nach der zeitlichen Abfolge der Verschmelzungen und damit verbunden der Verschmelzungsrichtung um keine rein wissenschaftliche Auseinandersetzung handelt, sondern weitreichende materiellen Auswirkungen auf den übertragenden Rechtsträger hat, zeigt sich an folgenden praktischen Überlegungen: 175

Die Festlegung der Verschmelzungsrichtung hat ggf Auswirkungen auf die **Prüfung der Voraussetzungen des § 11 Abs. 2 S. 1 Nr. 1 und Nr. 2 UmwStG** für den Buch- bzw Zwischenwertansatz. Dies gilt insb. dann, wenn an der Kettenverschmelzung mind. ein im Ausland ansässiger Rechtsträger oder eine steuerbefreite Körperschaft beteiligt ist. Je nach Prüfungsrichtung kann es beim übertragenden Rechtsträger zu einer steuerpflichtigen Realisierung von stillen Reserven kommen. 176

Fraglich ist ferner, ob der Wertansatz der (wenn auch nur für eine logische Sekunde) übergegangenen Wirtschaftsgüter gem. § 12 Abs. 1 (Wertverknüpfung) für den Ansatz in der steuerlichen Schlussbilanz maßgeblich ist und einem **einheitlichen Ansatz zum Buch- oder Zwischenwert** entgegen stehen kann. Dies sollte mE jedoch nicht der Fall sein, da es sich bei der aufnehmenden Steuerbilanz um eine reguläre Bilanz zur Gewinnermittlung iSv § 4 Abs. 1, § 5 EStG handelt und insoweit keine Bindungswirkung für die (eigenständige) steuerliche Schlussbilanz besteht.[336] Der bindende Wertansatz der übergehenden Wirtschaftsgüter beim übernehmenden und dann auch übertragenden Rechtsträger wird vielmehr zu den „neuen" Buchwerten. Insoweit sollte auch die Einheitlichkeit des Wertansatzes in der steuerlichen Schlussbilanz hinsichtlich der Buch- oder Zwischenwerte iSv § 11 Abs. 1 S. 1 gegeben sein.[337] Allerdings ist zu berücksichtigen, dass dadurch der Antrag auf Buch- oder Zwischenwertansatz bei einem beteiligten Rechtsträger im Hinblick auf einen bestimmten Umfang der im Rahmen der Kettenverschmelzung insgesamt übergehenden Wirtschaftsgüter nur isoliert wirkt und eine weitere Antragsstellung für Folgeverschmelzungen nicht entbehrlich macht. 177

Je nach der steuerlichen Situation der an der Kettenverschmelzung beteiligten Rechtsträger ergeben sich ggf insoweit Gestaltungsmöglichkeiten, als durch die Festlegung der Verschmelzungsrichtung und der zeitlichen Abfolge Gewinnpotentiale im Rahmen der Buchwertfortführung steuerneutral von einem beteiligten Rechtsträger auf einen anderen zu verschmelzenden Rechtsträger übertragen werden können, die dieser durch die Weiterveräußerung uU noch zur Verrechnung mit steuerlichen Verlusten nutzen kann, die ggf andernfalls aufgrund § 12 Abs. 3 iVm § 4 Abs. 2 S. 2 untergehen. In diesem Zusammenhang ist jedoch bei einer Verschmelzung mit steuerlicher Rückwirkung die Verlustverrechnungsbeschränkung des § 2 Abs. 4 zu beachten. Bei einer sehr strikten Wortlautauslegung des Satzes 1 und 2 könnte eine Anwendbarkeit der Vorschrift in bestimmten Fällen uU gegeben sein. Dies ist jedoch weder vom Sinn und 178

335 Blümich/*Klingberg*, § 2 UmwStG Rn 34.
336 AA *Pyszka*, DStR 2013, 1462, 1465.
337 Im Ergebnis auch *Pyszka*, DStR 2013, 1462, 1465, der dies jedoch dogmatisch abweichend damit begründet, dass hinsichtlich dieser Wirtschaftsgüter überhaupt kein Wahlrecht besteht und bei den Rechtsfolgen auf Rn 03.13 des UmwSt-Erlasses verweist.

Zwecke der Vorschrift noch von der Intention des Gesetzgebers gedeckt.[338] Für Verschmelzungen, deren Anmeldung zur Eintragung der Verschmelzung im Handelsregister des übernehmenden Rechtsträgers nach dem 6.6.2013 erfolgt sind ferner die neuen Sätze 3 und 6 von § 2 Abs. 4 zu beachten. Zu prüfen ist im Zusammenhang mit einer Kettenverschmelzung stets auch die Anwendbarkeit des § 42 AO.

VIII. Übergang von negativem Vermögen

179 Bei der Verschmelzung von Körperschaften kann es zu einem Übergang von negativem Vermögen kommen. Zu unterscheiden ist stets zwischen bilanziellem Übergang von negativem Vermögen (bilanzieller Schuldüberhang) und vermögensmäßigem Übergang von negativem Vermögen (Schuldüberhang zu Zeitwerten). Bei der Abwärtsverschmelzung ist zu beachten, dass dies grds. ohne weitere Gegenleistung erfolgt. Bei Konzernverschmelzungen (insb. Seitwärtsverschmelzungen) kann dies im Falle des bilanziellen Schuldüberhangs gleichfalls in Betracht kommen, sofern die Anteilseigner des übertragenden Rechtsträgers auf eine Kapitalerhöhung verzichten.

180 **Gesellschaftsrechtlich** sind beide Formen grds. zulässig sofern nicht gegen die Kapitalerhaltungsvorschriften bzw gegen die Vorschriften über unzulässige Rückgewähr von Einlagen verstoßen wird. Bei der GmbH ist die Übertragung von negativem Vermögen auf den Fall beschränkt, dass die Verschmelzung nicht zu einer Verletzung gegen § 30 GmbHG führt. Bei der AG liegt stets ein Fall unerlaubter Einlagenrückgewähr iSv § 57 Abs. 1, § 62 AktG vor. Bei einer Abwärtsverschmelzung hat diese Prüfung unabhängig davon zu erfolgen, ob die Anteile der Mutter- an der Tochtergesellschaft im Wege des Direkterwerbs auf die Gesellschafter der Muttergesellschaft übergehen oder zunächst als eigene Anteile vereinnahmt werden und eine Kapitalerhöhung durchgeführt wird.[339] Denn für die Unterlegung der Kapitalerhöhung sind die eigenen Anteile auszuklammern.

181 **Handelsrechtlich** besteht grds. ein Wahlrecht nach § 24 UmwG, die Vermögensgegenstände entweder mit den Wertansätzen des übertagenden Rechtsträgers zu übernehmen oder aber die übernommenen Vermögensgegenstände gemäß der Anschaffungskostenmethode aufzustocken.[340] UU lässt sich durch den Wertansatz des übernommenen Vermögens zu Zeitwerten eine handelsbilanzielle Überschuldung vermeiden. Kommt es handelsbilanziell nun aufgrund Abwärtsverschmelzung zu einem Übergang von negativem Vermögen, ist der negative Unterschiedsbetrag direkt in den Kapitalrücklagen nach § 272 Abs. 2 Nr. 4 HGB zu verbuchen.[341] Dies kommt im Ergebnis einer Korrektur als „negative Einlage" gleich.

182 Umstritten ist die Abwärtsverschmelzung mit Schuldüberhang im **Steuerrecht**. Zunächst ist die Wertobergrenze nach § 11 Abs. 2 S. 1 zu beachten und stille Lasten sowie ggf auch stille Reserven sind entsprechend aufzudecken. Ferner ist die Übernahme eines Schuldüberhangs der Muttergesellschaft durch die Tochtergesellschaft nach Auffassung der Finanzverwaltung durch das Gesellschaftsverhältnis veranlasst und stellt in dem Umfang eine vGA dar, wie es dadurch bei der Tochtergesellschaft zu einer unzulässigen Unterdeckung des Stammkapitals, insb. nach den §§ 30, 31 GmbHG, kommt.[342] Die Übertragung eines negativen Vermögenssaldos soll dann insoweit eine Auszahlung iSd § 30 Abs. 1 GmbHG an die Anteilseigner der untergehenden Muttergesellschaft darstellen. Dies ist bereits dem Grunde nach abzulehnen, da beim übernehmen-

338 Vgl § 2 UmwStG Rn 27 ff.
339 Rödder/Herlinghaus/van Lishaut/*Winter*, Anh. 1 Rn 82.
340 Lutter/*Priester*, § 24 UmwG Rn 89.
341 IDW RS HFA 42 Rn 49 (Ansatz zu Zeitwerten) bzw Rn 74 (Buchwertansatz), WPg Supplement 4/2012, 91; aA noch Budde/Förschle/Winkeljohann/*Förschle/Hoffmann*, Kap. K Rn 67.
342 OFD Hannover Verfügung v. 5.1.2007, DB 2007, 428 und OFD Koblenz Verfügung v. 9.1.2006, FR 2006, 439.

den Rechtsträger weder eine Einkommensminderung vorliegt, noch mangels vermögensmäßiger Begünstigung eine Vorteilsgeeignetheit auf Anteilseignerebene gegeben ist.[343]

D. Anrechnung von ausländischen Steuern gem. § 11 Abs. 3 iVm § 3 Abs. 3

Die Regelung in § 11 Abs. 3 iVm § 3 Abs. 3 S. 1 zur Anrechnung einer fiktiven ausländischen Steuer betrifft den Sonderfall, dass sich unter den übergehenden Wirtschaftsgütern auch solche befinden, die einer in einem anderen EU-Mitgliedstaat belegenen Betriebstätte zuzuordnen sind. Hat Deutschland in diesen Fällen nicht auf das Recht zur Besteuerung der im EU-Ausland belegenen Betriebstätte verzichtet und findet die Freistellungsmethode keine Anwendung,[344] ist das übertragene Vermögen in der steuerlichen Schlussbilanz der übertragenden Körperschaft mit dem gemeinen Wert anzusetzen. Gemäß § 11 Abs. 3 iVm § 3 Abs. 3 S. 1 ist auf die insoweit erhobene inländische Steuer eine fiktive ausländische Steuer nach Maßgabe von § 26 KStG anzurechnen. 183

§ 3 Abs. 3 bezieht sich nur auf Verschmelzungen einer unbeschränkt steuerpflichtigen Körperschaft, die vom Anwendungsbereich der Fusionsrichtlinie erfasst sind. Bei wortlautgetreuer Auslegung hat dies zur Folge dass die Anrechnung einer fiktiven ausländischen Steuer (in Übereinstimmung mit Art. 10 iVm Art. 1 und Art. 2 Buchst. a FusionsRL)[345] nur bei Hinausverschmelzung einer deutschen Körperschaft mit EU-Anrechnungsbetriebsstätte auf eine EU-Gesellschaft zu erfolgen hat.[346] Die FusionsRL gilt jedoch nicht im Verhältnis zu EWR- und Drittstaaten. Soweit eine Doppelbesteuerung hinsichtlich der stillen Reserven durch den Betriebsstättenstaat zu einem späteren Zeitpunkt droht, erscheint es aus systematischer Sicht sinnvoll, § 3 Abs. 3 auch auf sonstige Fälle der verschmelzungsbedingten Realisierung von stillen Reserven infolge Übertragung von Wirtschaftsgütern einer Anrechnungsbetriebstätte analog anzuwenden.[347] Eine entsprechende Anrechnungsmöglichkeit sollte im konkreten Fall durch eine verbindliche Auskunft abgesichert werden. 184

Die Anrechnung erfolgt mit dem Betrag an ausländischer Steuer, der nach den Rechtsvorschriften eines anderen Mitgliedstaats erhoben worden wäre, wenn das übergehende Betriebsstättenvermögen zum Übertragungszeitpunkt veräußert worden wäre. Zur Ermittlung des anrechenbaren Betrags einer fiktiven ausländischen Steuer ist regelmäßig ein Auskunftsersuchen nach § 117 AO an den ausländischen Betriebsstättenstaat erforderlich.[348] 185

343 Widmann/Mayer/*Schießl*, § 11 UmwStG Rn 416.3 und 419 sowie § 12 UmwStG Rn 78 und 82; Schmitt/Hörtnagl/Stratz/*Schmitt*, § 11 UmwStG Rn 76 und § 12 UmwStG Rn 104 mwN; *Rödder/Wochinger*, DStR 2006, 684, 685; *Dötsch/Pung/Möhlenbrock/Dötsch*, Vor § 11-13 UmwStG (SEStEG) Rn 30; kritisch auch *Heinemann*, GmbHR 2012, 133, 140; zur Vorteilsgeeignetheit als Bestandteil des vGA-Begriffs für Zwecke § 8 Abs. 3 S. 2 KStG vgl BFH Urteil v. 25.5.2004 – VIII R 4/01, BFH/NV 2005, 105.

344 Neben der Anwendung der Anrechnungsmethode (was derzeit im EU-Raum nur im DBA Zypern vorgesehen ist) kommt auch eine „Durchbrechung" der Freistellungsmethode in Betracht, etwa aufgrund Aktivitätsklausel (bspw in Art. 22 Abs. 1 Buchst. c) DBA Großbritannien, Art. 22 Abs. 2 Buchst. c) DBA Spanien, Art. 22 Abs. 1 Buchst. c) DBA Niederlande, Art. 22 Abs. 1 Buchst. c) DBA Ungarn, Art. 23 Abs. 1 Buchst. c) DBA Tschechien oder Art. 23 Abs. 1 Buchst. c) DBA Kroatien), *subject-to-tax*, *switch-over* oder *treaty-override*.

345 Richtlinie 2005/19/EG vom 17.2.2005 zur Änderung der Richtlinie 90/434/EWG, ABl. EU L 58 S. 19, vgl § 1 Abs. 5 Nr. 1 UmwStG.

346 Rödder/Herlinghaus/van Lishaut/*Rödder*, § 11 UmwStG Rn 181; Prinz/*Beinert/Scheifele*, Rn 8.98 f und 8.279; Frotscher/Maas/*Frotscher*, § 11 UmwStG Rn 206 und Frotscher/Maas/*Schnitter*, § 3 UmwStG Rn 226, 229.

347 So auch Prinz/*Beinert/Scheifele*, Rn 8.99. Denkbar sind speziell Hinausverschmelzungen nach § 112 a ff UmwG auf Gesellschaften aus EWR-Ländern, die keine EU-Gesellschaften sind (dh Gesellschaften aus Island, Liechtenstein oder Norwegen). Aber auch bei einer bloßen Inlandsverschmelzung mit EU-Anrechnungsbetriebsstätte kann eine Doppelbesteuerung insoweit drohen, als das deutsche Anrechnungsvolumen bei einem späteren Realisationsvorgang (etwa infolge höherer Buchwerte) nicht ausreicht und eine Anrechnung (insb. unter Berücksichtigung der *per-country-limitation* in § 34 c Abs. 1 EStG) ins Leere läuft. Entsprechendes gilt für Anrechnungsbetriebsstätten außerhalb der EU. Es ist jedoch zu bezweifeln, dass die Finanzverwaltung auch in diesem Fall eine Anrechnung fiktiver ausländischer Steuern zulässt.

348 UmwSt-Erlass Rn 11.13 iVm Rn 03.32; kritisch *Klingberg/Nitschke*, Ubg 2011, 451, 455.

186 Wenn ein anderer Mitgliedstaat bei einer in seinem Hoheitsgebiet belegenen Betriebstätte einem Steuerpflichtigen anlässlich des Verschmelzungs- oder Spaltungsvorgangs ein Wahlrecht zur Aufdeckung der stillen Reserven einräumt, richtet sich die Anrechnung der tatsächlich erhobenen Steuer nach den allgemeinen Vorschriften des § 26 KStG.[349]

E. Internationale Sachverhalte – Entstrickung bei Verschmelzungen mit Auslandsberührung und Nutzung ausländischer Verluste

I. Entstrickungsvorgänge

187 **1. Verschmelzungsbedingter Zuordnungswechsel und rechtliche vs. tatsächliche Entstrickung.** Insb. bei grenzüberschreitenden Verschmelzungen kann es aufgrund einer abweichenden Zuordnung von Wirtschaftsgütern zu einer steuerpflichtigen Entstrickung in Deutschland kommen. Dies kann sowohl in der abweichenden Zuordnung von Wirtschaftsgütern zu einem anderen Steuersubjekt als auch in der Änderung der Organisationsstruktur begründet sein, wobei ersteres regelmäßig im Umwandlungsvorgang selbst angelegt ist (sog. verschmelzungsbedingter Zuordnungswechsel) und letzteres lediglich die Konsequenz einer der Verschmelzung selbst nachgelagerten organisatorischen Neuaufstellung ist (sog. integrationsbedingter Zuordnungswechsel). Für Zwecke der Prüfung der Tatbestandsvoraussetzungen für einen Buch- oder Zwischenwertansatz nach § 11 Abs. 2 S. 1 Nr. 2, ob das Besteuerungsrecht Deutschlands ausgeschlossen oder beschränkt ist, kommt es allein auf den verschmelzungsbedingten Zuordnungswechsel an. Ein solcher verschmelzungsbedingter Zuordnungswechsel kann in zweierlei Hinsicht erfolgen, entweder durch den Rechtsträgerwechsel selbst (sog. rechtliche Entstrickung) oder durch eine geänderte Zuordnung von Wirtschaftsgütern als Reflex des Rechtsträgerwechsels (sog. tatsächliche oder zuordnungsbedingte Entstrickung).[350]

188 Eine **rechtliche Entstrickung** liegt dann vor, wenn der Umwandlungsvorgang als solcher zu einem Ausschluss oder einer Beschränkung des deutschen Besteuerungsrechts führt, ohne dass es hierzu einer weiteren Maßnahme (seitens des Steuerpflichtigen) bedarf. Die rechtliche Entstrickung ist allein auf die Änderung des Steuerstatus zurückzuführen. Dies ist regelmäßig dann der Fall, wenn das Besteuerungsrecht entweder nach nationalem Recht oder nach Abkommensrecht wegfällt oder beschränkt wird.[351] Dies kann insb. dann der Fall sein, wenn in Deutschland keine Betriebsstätte zurückbleibt oder das Besteuerungsrecht Deutschlands im Hinblick auf ausländische Anrechnungsbetriebsstätten wegfällt.[352]

189 Eine **tatsächliche bzw zuordnungsbedingte Entstrickung** liegt hingegen regelmäßig dann vor, wenn Wirtschaftsgüter als Reflex bzw infolge der Verschmelzung nicht mehr der inländischen Betriebsstätte, sondern entweder dem ausländischen Stammhaus oder einer ausländischen Betriebsstätte zuzuordnen sind. Eine tatsächliche Entstrickung ist regelmäßig den bestehenden organisatorischen Gegebenheiten des übernehmenden Rechtsträgers geschuldet und geht über die bloße Änderung des Steuerstatus hinaus. Als Fälle einer tatsächlichen Entstrickung kommen insb. die Hinausverschmelzung in Betracht, soweit (i) die übergehenden Wirtschaftsgüter vor der Verschmelzung mangels wirtschaftlicher Zugehörigkeit zu einer ausländischen Betriebsstätte oder mangels funktionaler Bedeutung dem inländischen Stammhaus zuzuordnen waren (bspw Beteiligungen, Lizenzen, etc.) und (ii) nach der Verschmelzung nicht etwa einer zurückbleibenden inländischen Betriebsstätte, sondern dem ausländischen Stammhaus zuzuordnen

349 BT-Drucks. 16/2710, 38, 40 f.

350 Alternativ, aber gleichbedeutend wird für die rechtliche Entstrickung auch teilweise die Begrifflichkeit „passive Entstrickung" und für die tatsächliche Entstrickung die Begrifflichkeit „aktive Entstrickung" verwendet, wobei jedoch keine einheitliche Begriffsdefinition besteht und die Unterscheidung zwischen passiver und aktiver Entstrickung manchmal auch für die Abgrenzung von verschmelzungsbedingtem und integrationsbedingtem Zuordnungswechsel gebraucht wird. Vgl bspw Prinz/*Beinert*/*Scheifele*, Rn 8.23, 8.252 ff.

351 Vgl hierzu das Beispiel in UmwSt-Erlass Rn 03.19.

352 So auch das Verständnis in UmwSt-Erlass Rn 03.20; vgl ferner Prinz/*Stadler*/*Bindl*/*Korff*, Rn 13.44; *Lohmar*, FR 2013, 591, 593; Dötsch/Pung/Möhlenbrock/*Dötsch*, § 11 UmwStG (SEStEG) Rn 61.

sind, da im ausländischen Stammhaus die maßgeblichen Funktionen ausgeübt werden (bspw Beteiligungsverwaltung, Lizenzmanagement, etc.). Doch auch bei Inlandsverschmelzungen ist eine tatsächliche Entstrickung denkbar, soweit (i) die übergehenden Wirtschaftsgüter vor der Verschmelzung zwar für Auslandsaktivitäten eingesetzt wurden (zB im Zusammenhang mit einer Vertriebsfunktion), mangels Vorliegen einer ausländischen Betriebsstätte (Definitionsfrage) jedoch dem inländischen Stammhaus zuzuordnen waren und (ii) nach der Verschmelzung einer bestehenden ausländischen Betriebsstätte des übernehmenden Rechtsträgers aufgrund deren Attraktionskraft zuzuordnen sind. Ein weiterer Fall ist die Zusammenlegung einer „passiven“ Betriebsstätte des übertragenden Rechtsträgers mit einer „aktiven“ Betriebsstätte des übernehmenden Rechtsträgers, wenn hinsichtlich der „passiven“ Betriebsstätte des übertragenden Rechtsträgers vor Verschmelzung die Freistellungsmethode vorübergehend suspendiert war (etwa aufgrund Anwendung von § 20 Abs. 2 AStG oder § 50 d Abs. 9 EStG oder einer Aktivitätsklausel im DBA vor der Verschmelzung), jedoch nach Zusammenlegung der Betriebsstätte wieder Anwendung findet. Zwar kommt es hier nicht zu einer Entstrickung aufgrund abweichender Zuordnung der übergegangenen Wirtschaftsgüter (die Wirtschaftsgüter sind weiterhin der ausländischen Betriebsstätte zuzuordnen), allerdings liegt die tatsächliche Entstrickung ebenfalls in den organisatorischen und wirtschaftlichen Gegebenheiten des übernehmenden Rechtsträgers begründet und nicht etwa in dessen Rechts- bzw Steuerstatus.[353]

Nach Auffassung der Finanzverwaltung entsprechen die Voraussetzungen des § 11 Abs. 2 S. 1 Nr. 2 den allgemeinen Entstrickungstatbeständen in § 4 Abs. 1 S. 3 EStG und § 12 Abs. 1 KStG.[354] Basierend auf dieser Aussage ist zu vermuten, dass die Finanzverwaltung das antragsgebundene Ansatzwahlrecht nicht nur bei rechtlicher Entstrickung, sondern auch für Fälle der tatsächlichen Entstrickung versagt.[355] Eine sachliche Grundlage für einen Rückgriff auf § 12 Abs. 1 S. 2 KStG für Zwecke der Entstrickungsprüfung nach § 11 Abs. 2 ist jedoch mehr als zweifelhaft.[356] Im Gegenteil sollte mE für Zwecke der Prüfung der Voraussetzung für den Buchwertansatz nach § 11 Abs. 2 S. 1 Nr. 2 allein ein Ausschluss oder eine Beschränkung des deutschen Besteuerungsrechts aufgrund einer **rechtlichen Entstrickung ausschlaggebend** sein.[357] Denn durch die Verschmelzung selbst ändert sich grds. nicht die abkommensrechtliche Zuordnung von Wirtschaftsgütern.[358] Dies erfolgt erst als Reflex der Verschmelzung und unter Berücksichtigung der konkreten organisatorischen Gegebenheiten beim übernehmenden Rechtsträger. Dieser Auslegung steht auch der Gesetzeswortlaut des § 11 Abs. 2 S. 1 Nr. 2 nicht entgegen, da ein Zuordnungswechsel gerade die Besteuerung der stillen Reserven beim übernehmenden Rechtsträger gem. den allgemeinen Entstrickungsregeln in § 12 Abs. 1 KStG zur Folge hat und insoweit das Besteuerungsrecht Deutschlands durch die Verschmelzung weder ausgeschlossen noch beschränkt wird. Mit dem Eintritt in die steuerliche Rechtstellung des übertragenden Rechtsträgers nach § 12 Abs. 3 Hs 1 gehen auch die steuerlichen Attribute der übergehenden Wirtschaftsgüter einschließlich deren Verstrickung als deutsches Steuersubstrat zunächst auf den übernehmenden Rechtsträger über. Die Rechtsfolgen einer tatsächlichen Entstrickung treffen daher stets den übernehmenden Rechtsträger[359] und führen bei diesem zu 190

353 Ebenso Prinz/*Beinert/Scheifele*, Rn 8.105.

354 UmwSt-Erlass Rn 11.09 iVm 03.18.

355 Aus den Ausführungen im UmwSt-Erlass lässt sich in der Gesamtschau mE keine eindeutige Aussage ableiten. UmwSt-Erlass Rn 03.18 spricht zwar von einer entsprechenden Anwendbarkeit der allgemeinen Entstrickungsnormen auch für Zwecke von § 11 Abs. 1 S. 1 Nr. 2 UmwStG, allerdings äußert sich Rn 03.20 dahingehend, dass eine grenzüberschreitende Umwandlung für sich grds. nicht die abkommensrechtliche Zuordnung von Wirtschaftsgütern ändert, sondern dies nach den allgemeinen Grundsätzen zu prüfen ist. Zudem erfolgt die Prüfung der Voraussetzungen für das Ansatzwahlrecht nach Rn 11.08, 02.15 und 03.11 bezogen auf die Verhältnisse zum steuerlichen Übertragungsstichtag.

356 *Klingberg/Nitzschke*, Ubg 2011, 451; *Schönfeld*, IStR 2011, 497, 501.

357 So auch *Hruschka/Hellmann*, DStR 2010, 1961, 1963 f; Rödder/Herlinghaus/van Lishaut/*Rödder*, § 11 UmwStG Rn 116 a, 126, 127; Dötsch/Pung/Möhlenbrock/*Dötsch*, § 11 UmwStG (SEStEG) Rn 60.

358 So auch die Finanzverwaltung in UmwSt-Erlass Rn 03.20.

359 Die Beweislast für das Vorliegen einer tatsächlichen Entstrickung beim übernehmenden Rechtsträger liegt grds. bei der zuständigen Finanzbehörde, ist jedoch vom übernehmenden Rechtsträger in seiner Steuererklärung entsprechend zu deklarieren; vgl *Schell*, FR 2012, 101, 106.

einer Besteuerung der stillen Reserven (vorbehaltlich der Verrechnung mit steuerlichen Verlusten oder Steuerbefreiungen wie bspw § 8 b Abs. 2 KStG).[360] Ein Nebeneinander der spezialgesetzlicher Regelung in § 11 Abs. 1 S. 1 Nr. 2 und der allgemeinen Entstrickungsnorm in § 12 Abs. 1 KStG beim übertragenden Rechtsträger ist mE nicht möglich, da § 11 die Rechtsfolgen auf Ebene des übertragenden Rechtsträgers abschließend regelt. Für eine entsprechende Auslegung spricht auch die einheitliche Behandlung von Verschmelzungen mit und ohne steuerliche Rückwirkung iSv § 2 Abs. 1 UmwStG, denn maßgeblich sind die Verhältnisse am steuerlichen Übertragungsstichtag[361] und tatsächliche Verhältnisse wie die Zuordnung von Wirtschafsgütern sind ebenfalls nach Auffassung der Finanzverwaltung einer Rückbeziehung grds. nicht zugänglich.[362]

191 Da die Finanzverwaltung eine eindeutige Aussage im UmwSt-Erlass vermissen lässt, Rechtsprechung bislang nicht vorliegt und im steuerlichen Schrifttum unterschiedliche Auffassungen bestehen,[363] empfiehlt es sich daher in der Praxis, vorab beim zuständigen Finanzamt eine verbindliche Auskunft einzuholen.

192 **2. Zuordnung von Wirtschaftsgütern – These über die Zentralfunktion des Stammhauses.** Nach § 12 Abs. 1 S. 1 KStG kommt es bei einem Ausschluss oder einer Beschränkung des deutschen Besteuerungsrechts hinsichtlich des Gewinns aus der Veräußerung eines Wirtschaftsguts zu einer Realisierung der stillen Reserven. Nach § 12 Abs. 1 S. 2 KStG liegt ein solcher Ausschluss bzw eine solche Beschränkung des deutschen Besteuerungsrechts insb. vor, wenn ein Wechsel in der Zuordnung von einer inländischen Betriebsstätte zu einer ausländischen Betriebsstätte einer Körperschaft erfolgt.

193 Maßgeblich für die Zuordnung von Wirtschaftsgütern zu Stammhaus und Betriebsstätte ist zunächst einmal die betriebliche Veranlassung. Die Zuordnung von Wirtschaftsgütern bestimmt sich somit nach deren wirtschaftlicher Zugehörigkeit, dh einer Betriebsstätte werden die persönlichen und sachlichen Mittel zugerechnet, die mit der Betriebsstätte in einem wirtschaftlichen Veranlassungszusammenhang stehen. Dabei wird die Betriebsstätte als wirtschaftliche Einheit angesehen.[364] Auch nach Auffassung der Finanzverwaltung ist grds. eine funktionale Betrachtungsweise maßgebend.[365] Allerdings hält die Finanzverwaltung bislang weiterhin an der These von der Zentralfunktion des Stammhauses fest, wonach „flüchtige" Wirtschaftsgüter in der Regel dem Stammhaus zuzurechnen sind.[366] In erster Linie betrifft dies nach dem Wortlaut des entsprechenden Abschnitts der Betriebsstätten-Verwaltungsgrundsätze[367] nur Finanzmittel und Beteiligungen, wird jedoch nach allgemeiner Lesart auch auf immaterielle Wirtschaftsgüter (zB Patente, Lizenzen, Kundenstamm, Vertriebsrechte, Geschäftswert) angewandt.[368] Es ist zu erwarten, dass die Finanzverwaltung nach Übernahme des Authorised

360 Beim übernehmenden Rechtsträger sind dann die Möglichkeiten zur Steuerstundung hinsichtlich eins Überführungsgewinns nach § 4 g und § 36 Abs. 5 EStG zu prüfen.

361 UmwSt-Erlass Rn 11.05 und Rn 02.15; s. auch *Viebrock/Hagemann*, FR 2009, 737, 745.

362 Vgl BMF Schreiben v. 24.5.2004, IV A 2 – S 2770 – 15/04, DStR 2004, 1000 (aufgehoben mit Wirkung ab 1.1.2011); OFD Frankfurt a.M. Verfügung v. 1.10.2003, S 1978 A-19-St II 1.02, FMNR452310003.

363 S. für eine Darstellung der unterschiedlichen Auffassungen Prinz/*Beinert/Scheifele*, Rn 8.252 ff mwN.

364 BFH Urteil v. 17.11.1999 – I R 7/99, BStBl. II 2000, 605 (Outbond-Fall) und v. 20.7.1988 – I R 49/84, BStBl. II 1989, 140 (Inbound-Fall); vgl hierzu auch Prinz/*Stadler/Bindl/Korff*, Rn 13.7 ff.

365 BMF Schreiben v. 24.12.1999, IV B 4 – S 1300 – 111/99, BStBl. I 1999, 1076 („**Betriebsstätten-Verwaltungsgrundsätze**"), zuletzt geändert durch BMF Schreiben v. 20.6.2013, BStBl. I 2013, 980.

366 In der dem BR am 27,8,2014 zur Zustimmung vorgelegten Betriebsstättengewinnaufteilungsverordnung („BsGaV") des BMF (BR-Drucks. 401/14) wird auf die Zentralfunktion des Stammhauses in dieser Form hingegen kein Bezug mehr genommen und in § 6 Abs. 4 und § 7 Abs. 4 BsGaV eine Zuordnung zur Betriebsstätte selbst bei mangelnder Eindeutigkeit für nicht ausgeschlossen gehalten.

367 Vgl Betriebsstätten-Verwaltungsgrundsätze (vorstehende Fn), Tz 2.4.

368 Kritisch: Prinz/*Stadler/Bindl/Korff*, Rn 13.13 mwN; *Kahle/Mödinger*, DB 2011, 2338, 2339.

OECD-Approach (AOA)[369] in nationales Recht durch Einfügung eines neuen Abs. 5 in § 1 AStG an der These zur Zentralfunktion des Stammhauses nicht weiter festhalten wird.[370] Denn § 1 Abs. 5 S. 3 Nr. 2 AStG sieht nunmehr vor, die Zuordnung von Vermögenswerten zwischen Stammhaus und Betriebsstätte auf Grundlage einer Funktions- und Risikoanalyse der Geschäftstätigkeit der Betriebsstätte ausgehend von den maßgeblichen Personalfunktionen vorzunehmen.[371] Personalfunktionen können in einer Betriebsstätte auch im Hinblick auf (flüchtige bzw ungebundene) immaterielle Wirtschaftsgüter ausgeübt werden.[372] Die Personalfunktion einer Betriebsstätte ist jedoch nur maßgeblich für die Zuordnung von Vermögenswerten, wenn ihrer Ausübung im üblichen Geschäftsbetrieb im Verhältnis zu den Personalfunktionen, die im Stammhaus oder anderen Betriebsstätten ausgeübt werden, die größte Bedeutung für den jeweiligen Zuordnungsgegenstand zukommt; nicht maßgeblich sind Personalfunktionen, die lediglich unterstützenden Charakter haben oder ausschließlich die allgemeine Geschäftspolitik des Unternehmens betreffen.[373]

3. Geändertes Begriffsverständnis des BFH zur Entstrickungsbesteuerung. Ob auf Tatbestandsseite ein Ausschluss bzw die Beschränkung des deutschen Besteuerungsrechts nach der Aufgabe der finalen Entnahmetheorie[374] sowie der Theorie der finalen Betriebsaufgabe[375] durch den BFH und dem daraus zum Ausdruck kommenden geänderten Verständnis der Regelungsreichweite von Doppelbesteuerungsabkommen noch aufrecht erhalten werden kann, ist mE mehr als fraglich und im steuerrechtlichen Schrifttum höchst umstritten.[376] Nach Ansicht des BFH soll Deutschland auch nach Überführung der entsprechenden Wirtschaftsgüter in eine Auslandsbetriebsstätte, nicht an der Besteuerung der in den übertragenen Wirtschaftsgütern enthaltenen stillen Reserven durch die Anwendbarkeit eines Doppelbesteuerungsabkommens gehindert sein. 194

Im Gegensatz zur BFH-Rechtsprechung hinsichtlich der Tatbestandsseite hat sich der EuGH im Fall *National Grid Indus*[377] zu den steuerlichen Konsequenzen auf Rechtsfolgenseite im Zusammenhang mit der Wegzugsbesteuerung geäußert. Auch wenn im Urteilsfall kein Rechtsträgerwechsel erfolgte und somit kein Veräußerungs- und Anschaffungsgeschäft anzunehmen war, lassen sich Parallelen zwischen Wegzug und Hinausverschmelzung feststellen. Da für den Fall der Hinausverschmelzung weder im UmwStG (für den Fall der rechtlichen Entstrickung) noch im EStG/KStG/AStG (für den Fall der tatsächlichen Entstrickung) die Möglichkeit vorgesehen 195

369 Vgl OECD, 2010 Report on the Attribution of Profits to Permanent Establishments: *significant people functions* (Part I Tz 15 ff und Tz 18 ff); bei Finanzunternehmen spezifisch *key entrepreneurial risk-taking function* (Part I Tz 16 und Part II Tz 8 ff, 48 ff und 64 ff, Part III Rn 203 ff und 255 ff, Part IV Tz 68 ff und 93 ff). Zur Auswirkung des AoA auf die Entstrickungsbesteuerung s. *Herbort*, FR 2013, 781.

370 Kritisch ebenso Prinz/*Beinert/Scheifele*, Rn 8.265 ff.

371 Vgl auch § 1 Abs. 2 Nr. 2 BsGaV. Eine Personalfunktion ist eine Geschäftstätigkeit, die von eigenem Personal des Unternehmens für das Unternehmen ausgeübt wird (vgl § 2 Abs. 3 BsGaV). Die Zuordnung von Personalfunktionen bestimmt sich grds. nach der tatsächlichen Ausübung; dies gilt jedoch nicht, wenn sie nur kurzfristig (weniger als 30 Tage) ausgeübt werden oder keinen sachlichen Bezug zur Geschäftstätigkeit der Betriebsstätte aufweisen (vgl § 4 Abs. 1 BsGaV).

372 Vgl hierzu § 6 BsGAV.

373 Vgl § 2 Abs. 4 BsGaV.

374 BFH Urteil v. 17.7.2008 – I R 77/06, BStBl. II 2009, 464, s. hierzu auch den Nichtanwendungserlass des BMF mit Schreiben v. 20.5.2009, IV C 6 – S 2134/07/10005, 2009/0300414, BStBl. I 2009, 671 (aufgehoben durch UmwSt-Erlass Rn S. 08) und BMF Schreiben v. 18.11.2011, IV C 6-S 2134/10/10004, BStBl. I 2011, 1278.

375 BFH Urteil v. 28.10.2009 – I R 99/08, BStBl. II 2011, 1019 und I R 28/08, BFH/NV 2010, 432.

376 *Ungemach*, Ubg 2011, 251 mwN; Prinz/*Beinert/Scheifele*, Rn 8.249 ff mwN; *Stadler/Elser/Bindl*, DB 2012, Beilage 1, 14, 18; Lademann/*Hahn*, § 11 UmwStG Rn 6 hingegen sieht in der Aufgabe der finalen Entnahmetheorie keine Relevanz für § 11 UmwStG gegeben.

377 EuGH Urteil v. 29.11.2011 – C-371/10 – *National Grid Indus*. Zwar ist National Grid Indus zum Fall der Gründungstheorie ergangen. Da Deutschland die modifizierte Sitztheorie anwendet, sollten die Grundsätze jedoch entsprechend anzuwenden sein. Vgl auch die Fortentwicklung der Rechtsprechung in EuGH Urteil v. 18.7.2013 – C-261/11 – *Kommission/Dänemark* insb. zu immateriellen WG und Investitionsgütern sowie EuGH Urteil v. 23.1.2014 – C-164/12 – *DMC Beteiligungs GmbH* zur Einbringungsgewinnbesteuerung im Zusammenhang mit der Einbringung einer MU-Beteiligung an einer deutschen KG in eine österreichische GmbH nach § 21 UmwStG 1995.

ist,[378] die Steuer auf den Übertragungs- bzw Überführungsgewinn zu stunden oder zeitlich zu strecken, stellt sich die Frage nach einer analogen Anwendung der Vorschriften über den Besteuerungsaufschub bzw deren gemeinschaftskonformen Auslegung. In Betracht kommen etwa (i) eine zinslosen Stundung (ohne Sicherheitsleistung) entsprechend § 6 Abs. 5 AStG zur Sitzverlegung oder (ii) eine Steuererhebung in Raten über bspw 5 Jahre entweder durch Ansatz eines Ausgleichspostens entsprechend § 4 g EStG auch für den Fall der beschränkten Steuerpflicht des übernehmenden Rechtsträgers mit der Aussetzung von § 4 g Abs. 1 S. 5 EStG für EU-Fälle oder aber auf Antrag entsprechend § 36 Abs. 5 EStG.[379]

196 **4. Verschmelzungen im internationalen Kontext. a) Inlandsverschmelzung mit Auslandsbezug.** Bei einer reinen Inlandsverschmelzung ist das Risiko, dass es nach § 11 Abs. 2 S. 1 Nr. 2 zu einem Ausschluss des deutschen Besteuerungsrechts kommt, vergleichsweise gering. Ein Ausschluss des deutschen Besteuerungsrechts hinsichtlich des Auslandsvermögens infolge rechtlicher Entstrickung ist nur insoweit denkbar, als ein Wechsel von der Anrechnungsmethode zur Freistellungsmethode eintritt. Im Hinblick auf Inlandsvermögen kommt eine rechtliche Entstrickung nicht in Betracht. Eine eventuell eintretende tatsächliche Entstrickung unterliegt wiederum dem allgemeinen Entstrickungstatbestand nach § 12 Abs. 1 KStG.

197 **b) Hinausverschmelzung.** Bei einer grenzüberschreitenden Hinausverschmelzung ist eine rechtliche Entstrickung sowohl im Hinblick auf (i) die im Inland steuerverhafteten Wirtschaftsgüter der übertragenden Körperschaft (Inlandsvermögen) als auch hinsichtlich (ii) der Wirtschaftsgüter, die einer ausländischen Anrechnungsbetriebsstätte zuordenbar sind (Auslandsvermögen), denkbar.[380]

198 Sofern im Inland keine Betriebsstätte zurückbleibt und soweit das **Inlandsvermögen** auch nicht anderweitig im Inland steuerverstrickt ist (bspw inländisches Grundvermögen oder inländische Rechte iSv. § 49 Abs. 1 Buchst. f S. 1 EStG), verliert Deutschland das Besteuerungsrecht. Es handelt sich um einen Fall der rechtlichen Entstrickung[381] mit der Folge, dass das Ansatzwahlrecht nach § 11 Abs. 2 S. 1 nicht besteht. Der übertragende Rechtsträger hat die stillen Reserven in den übergehenden Wirtschaftsgütern insoweit steuerwirksam aufzudecken. Sofern im Inland eine Betriebsstätte zurückbleibt, die übergehenden Wirtschaftsgüter nach der Verschmelzung jedoch nicht mehr der inländischen Betriebsstätte zuzuordnen sind, sondern dem ausländischen Stammhaus, liegt eine tatsächliche Entstrickung (s. Rn 189) vor. Dies hat zur Folge, dass die allgemeinen Entstrickungsregeln nach § 12 Abs. 1 KStG anzuwenden sind.[382] Der übernehmende Rechtträger hat die stillen Reserven in den übernommenen Wirtschaftsgütern insoweit steuerwirksam aufzudecken.

199 Hinsichtlich des **Auslandsvermögens** einer vormaligen Anrechnungsbetriebsstätte kommt es stets zu einem Verlust des deutschen Besteuerungsrechts. In diesem Zusammenhang ist insb. zu berücksichtigen, dass es keine Zuordnung einer ausländischen Unter- zu einer inländischen Oberbetriebsstätte gibt.[383] Es handelt sich um einen Fall der rechtlichen Entstrickung mit der Folge, dass das Ansatzwahlrecht nach § 11 Abs. 2 S. 1 insoweit ausgeschlossen ist.

200 **c) Hereinverschmelzung.** Bei grenzüberschreitenden Hereinverschmelzungen iSv § 11 ff kann es nur dann zu einem Ausschluss oder einer Beschränkung des deutschen Besteuerungsrechts kommen, wenn der übernehmende deutsche Rechtsträger zuvor Wirtschaftsgüter an den über-

378 Der Gesetzgeber hat sich aus administrativen Gründen bewusst dagegen entschieden; s. die Ausführungen in der Gesetzesbegründung zum Entw. SEStEG, BT-Drucks. 16/2710, 26 f.

379 Vgl stellvertretend Rödder/Herlinghaus/van Lishaut/*Rödder*, § 11 UmwStG Rn 130 ff mit konkreten Vorschlägen; ein Sofortbesteuerung rechtfertigend: *Bösing/Sejdija*, Ubg 2013, 636 ff.

380 Vgl hierzu auch das Beispiel bei *Schell*, FR 2012, 101, 103 und die Ausführung von *Schell*, IStR 2008, 397 zur Anwendbarkeit der Vorschrift nach § 12 Abs. 5, die eine Totalausschüttung der offenen Reserven des übertragenden Rechtsträgers fingiert.

381 S. Rn 188; Dötsch/Pung/Möhlenbrock/*Dötsch*, § 11 UmwStG (SEStEG) Rn 61; Prinz/*Beinert/Scheifele*, Rn 8.261.

382 Vgl hierzu auch *Hruschka/Hellmann*, DStR 2010, 1961, 1964.

383 Prinz/*Stadler/Bindl/Korff*, Rn 13.55 mwN.

tragenden ausländischen Rechtsträger zur Nutzung überlassen hat[384] und der übertragende ausländische Rechtsträger diese Wirtschaftsgüter in seiner ausländischen Betriebsstätte betrieblich nutzt.[385] Nach der Verschmelzung sind die Wirtschaftsgüter aufgrund der betrieblichen Veranlassung der ausländischen Betriebsstätte des übernehmenden inländischen Rechtsträgers zuzuordnen. Allerdings handelt es sich bei den dem übertragenden Rechtsträger zuvor zur Nutzung überlassenen Wirtschaftsgütern nicht um übergehende Wirtschaftsgüter iSv § 11 Abs. 2 S. 1. Die stillen Reserven in diesen Wirtschaftsgütern sind aufgrund einer tatsächlichen Entstrickung (s. Rn 189) nach Maßgabe der allgemeinen Entstrickungsregelung in § 12 Abs. 1 KStG zu versteuern. Für diese Fälle kommt dagegen die Anwendbarkeit von § 4 g EStG in Betracht, da der übernehmende Rechtsträger in Deutschland unbeschränkt steuerpflichtig ist.

d) **Auslandsverschmelzung mit Inlandsbezug.** Bei einer rein ausländischen Verschmelzung einer 201
in Deutschland beschränkt steuerpflichtigen Körperschaft drohen regelmäßig kein Verlust und keine Beschränkung des deutschen Besteuerungsrechts.[386] Nach nationalem Recht ist die beschränkte Steuerpflicht nach § 2 Nr. 2 KStG mit inländischen Einkünften iSv § 49 EStG unverändert gegeben und auch abkommensrechtlich sollte sich nichts an der Zuweisung des Besteuerungsrechts zu Deutschland ändern. Ein möglicher Wechsel von einer Anrechnungs- zur Freistellungsmethode beschränkt nur das Besteuerungsrecht des Sitzstaates, nicht aber das Besteuerungsrecht Deutschlands als Quellenstaat. Eine Beschränkung des Besteuerungsrechts im Ausland ist unbeachtlich. Allerdings ist für die Steuerneutralität des Rechtsträgerwechsels auch in diesem Fall die wirksame Ausübung des antragsgebundenen Ansatzwahlrechts erforderlich.

e) **Keine Entstrickung übergehender Wirtschaftsgüter für Zwecke der Hinzurechnungsbesteue- 202
rung.** Die Hinausverschmelzung eines unbeschränkt steuerpflichtigen inländischen Rechtsträger auf einen beschränkt steuerpflichtigen ausländischen Rechtsträger kann insoweit zu einem Ausschluss des deutschen Besteuerungsrechts führen, als beim übertragenden Rechtsträger vor der Verschmelzung die Voraussetzungen für die Anwendbarkeit der Hinzurechnungsbesteuerung nach §§ 7 ff AStG erfüllt waren. Allerdings gehen bei einer solchen Hinausverschmelzung gerade keine Wirtschaftsgüter über, die unmittelbar der Erzielung von passiven Einkünften gedient haben bzw deren Veräußerungsgewinn als passive Einkünfte qualifiziert. Folglich kann es insoweit weder zu einem Ausschluss noch zu einer Beschränkung des deutschen Besteuerungsrechts kommen. Dem Buch- oder Zwischenwertansatz steht insoweit nichts entgegen.[387] Andererseits kann jedoch bei der Hinausverschmelzung eines inländischen Rechtsträgers mit inländischen Anteilseignern auch nicht die Beibehaltung des deutschen Besteuerungsrechts damit begründet werden, dass das Auslandsvermögen auf eine Zwischengesellschaft iSv § 8 bzw § 14 Abs. 1 AStG übergeht und unter Berücksichtigung der Hinzurechnungsbesteuerung weiterhin der deutschen Besteuerung unterliegt. Denn das aus § 7 Abs. 1, 6 AStG resultierende Besteuerungsrecht besteht gerade nicht hinsichtlich eines späteren Veräußerungsgewinns beim übernehmenden Rechtsträger, sondern allenfalls hinsichtlich der Hinzurechnung passiver Einkünfte bei den inländischen Anteilseignern.

II. Steuerliche Behandlung von „finalen" Verluste infolge Verschmelzung

1. **Verschmelzung einer Tochtergesellschaft.** Seit der EuGH und der BFH in mehreren Urteilen 203
die Möglichkeit grds. als gegeben sahen, dass ein Steuerpflichtiger eines EU-Mitgliedstaates die steuerlichen Verluste aus einem anderen EU-Mitgliedstaat unter bestimmten Voraussetzungen

384 Dies kann bspw im Rahmen der Vermietung oder des Leasings von materiellen Wirtschaftsgütern oder der Lizenzierung von immateriellen Wirtschaftsgütern erfolgen.

385 Vgl hierzu auch die Beispiele bei *Schell*, FR 2012, 101, 107 und Widmann/Mayer/*Schießl*, § 11 UmwStG Rn 50.40.

386 Etwas anderes könnte jedoch insoweit gelten, als der übernehmende ausländische Rechtsträger zwar in Deutschland grds. beschränkt steuerpflichtig ist, als gemeinnützige, mildtätige oder kirchliche Körperschaft jedoch gem. § 5 Abs. 1 Nr. 9, Abs. 2 Nr. 2 KStG von der deutschen Körperschaftsteuer befreit ist.

387 Prinz/*Beinert*/*Scheifele*, Rn 8.282.

in seinem Sitzstaat geltend machen kann, sofern diese im Quellenstaat final sind[388] und der BFH in einem *obiter dictum*[389] den Fall der Umwandlung einer Auslandsbetriebsstätte in eine Kapitalgesellschaft als Form der tatsächlichen Finalität eingeordnet hat, wird die Frage vermehrt öffentlich diskutiert, ob ausländische Verluste infolge von Verschmelzungen nach §§ 11 ff im Inland zu berücksichtigen sind.

204 Eine Nutzung **finaler Verluste** einer **ausländischen Tochtergesellschaft** ist nicht unter Berufung auf das EuGH-Urteil *A Oy*[390] möglich. Der EuGH sieht in der Versagung der Verlustnutzung in im Ansässigkeitsstaat der übernehmenden Körperschaft eine grundsätzliche Beschränkung der Niederlassungsfreiheit gegeben, da nach dem einschlägigen nationalen Steuerrecht eine Übertragung der steuerlichen Verluste im reinen Inlandsfall möglich ist. Da in Deutschland Steuerinländer und Steuerausländer gleichermaßen vom verschmelzungsbedingten Verlustuntergang nach § 12 Abs. 3 Hs 2 iVm § 4 Abs. 2 S. 2 betroffen sind,[391] kann dies auch keine gemeinschaftswidrige Diskriminierung darstellen.[392]

205 Wird eine inländische Körperschaft mit einer ausländischen Betriebsstätte auf eine andere Körperschaft verschmolzen und bleiben im Ausland lediglich Betriebsmittel zurück, die nach den Maßstäben des deutschen Steuerrechts iSv § 12 AO nicht als Betriebsstätte qualifizieren (etwa bei reinen Holdingtätigkeiten), ist fraglich, ob die steuerlichen **Verluste** aus der **ausländischen Betriebsstätte** der **inländischen Tochtergesellschaft** bei wirtschaftlicher Finalität zur Verlustverrechnung zur Verfügung stehen.[393] Aus deutscher Sicht beschränkt sich das Interesse auf die (laufende) Verlustverrechnung bei der inländischen Gesellschaft für das Wirtschaftsjahr, das am steuerlichen Übertragungsstichtag endet. Ein Verlustübergang ist gem. § 12 Abs. 3 Hs 2 iVm § 4 Abs. 2 S. 2 ausgeschlossen. Eine Berücksichtigung von finalen Verlusten scheint zwar grds. denkbar (sofern die Verluste im Ausland nicht auf den übertragenden Rechtsträger übergehen). Es ist jedoch davon auszugehen, dass die Finanzverwaltung eine entsprechende Verlustberücksichtigung im Inland nicht ohne Weiteres akzeptieren wird. Auf Grundlage der Urteilsbegründung des BFH im Urteil vom 5.2.2014[394] zur Abgrenzung der unternehmerischen Gestaltungsfreiheit von der willkürlichen Herbeiführung der Finalität von steuerlichen Verlusten, sind die Aussichten auf Verlustnutzung im Inland wieder gestiegen. Ein allgemeiner Missbrauchsvorbehalt außerhalb von § 42 AO besteht nach Auffassung des BFH nicht.

206 **2. Zurechnung von verschmelzungsbedingten finalen Verlusten bei Organschaft über die Grenze.** Finale ausländische Verluste können auch nicht über die Einbeziehung einer Organgesellschaft mit Sitz in einem EU-/EWR-Staat in den deutschen Organkreis berücksichtigt werden. Zum einen ist der Abschluss eines Ergebnisabführungsvertrags nach dem Wortlaut der § 14 Abs. 1 S. 1 Nr. 3, § 17 KStG auch bei grenzüberschreitenden Organschaften mit EU-Gesell-

388 Insb. EuGH-Urteile Marks & Spencer C-446/03, Deutsche Shell C-293/06, Lidl Belgium C-416/06, KR Wannsee C-157/07, K C-322/11; BFH Urteile v. 17.7.2008 – I R 84/04, v. 9.6.2010 – I R 107/09, v. 5.2.2014 – I R 48/11, sowie Beschluss v. 9.11.2010 – I R 16/10; vgl auch die weitere Entwicklung im Vertragsverletzungsverfahren Kommission gegen UK, C-172/13 („Follow-up" zu Marks & Spencer) sowie FG Köln Vorlagebeschluss an den EuGH v. 19.2.2014 – 13 K 3906/09.

389 BFH Urteil v. 9.6.2010 – I R 107/09, BFH/NV 2010, 1744, jedoch ausgeschlossen durch die Finanzverwaltung in Bayer. Landesamt für Steuern Verfügung v. 19.2.2010 (Argumentationspapier), DStR 2010, 444.

390 EuGH Urteil v. 21.2.2013 – C-123/11. Das Urteil hat den Übergang von steuerlichen Verlusten bei eine grenzüberschreitenden Aufwärtsverschmelzung einer schwedischen Tochtergesellschaft auf ihre finnische Mutter zum Streitgegenstand.

391 Die Versagung des Verlusttransfers durch das SEStEG sollte insb. einem Import ausländischer steuerlicher Verluste aufgrund Gemeinschaftsrecht entgegenwirken, s. Haase/Hruschka/*Hertfort/Viebrock*, § 12 UmwStG Rn 198 mwN; Rödder/Herlinghaus/van Lishaut/*Rödder*, § 12 UmwStG Rn 107.

392 Vgl hierzu ausführlich *Schiefer/Quinten*, IStR 2013, 261; *Mitschke*, IStR 2013, 209, 211.

393 Vorrangig ist jedoch zu prüfen, ob eine (laufende) Berücksichtigung ausländischer Verluste bereits aufgrund Anwendbarkeit der Anrechnungsmethode in Betracht kommt – welche mit Ausnahme von Zypern eines DBA-Aktivitätvorbehalts bedarf (vgl bspw Art. 23 Abs. 1 Buchst. c) DBA Großbritannien, Art. 22 Abs. 1 Buchst. c DBA-Niederlande, etc.) –, insb. da die Verlustverrechnungsbeschränkung des § 2 a Abs. 1 S. 1, Abs. 2 EStG nach § 2 a Abs. 2 a EStG für EU-Betriebstätten nicht gilt. Für diese Zwecke ist keine Verlustfinalität erforderlich. Dies gilt jedoch nicht für Zwecke der GewSt.

394 BFH Urteil v. 5.2.2014 – I R 48/11, DB 2014, 931.

schaften erforderlich, was eine Organschaft über die Grenze mit deutschem Organträger derzeit faktisch unmöglich macht.[395] Doch auch unter der Annahme, dass ein Ergebnisabführungsvertrag wirksam abgeschlossen wird,[396] wäre die Situation lediglich mit derjenigen eines inländischen Stammhauses mit ausländischer Betriebsstätte vergleichbar[397] bzw mit der Verschmelzung einer inländischen Organgesellschaft mit ausländischer Betriebsstätte. Denn nach § 14 Abs. 1 S. 1 bzw § 17 S. 1 KStG muss die Organgesellschaft ihren Ort der Geschäftsleitung stets im Inland haben, was auch bei doppelansässigen Organgesellschaften mit Verwaltungssitz im Inland und statutarischem Sitz im EU-/EWR-Raum grds. zur unbeschränkten Steuerpflicht nach § 1 Abs. 1 KStG führt. Darüber hinaus wäre die Verlustverrechnungsbeschränkung nach § 14 Abs. 1 S. 1 Nr. 5 KStG zu beachten.

3. Verlusttransfer von ausländischer Tochtergesellschaft auf ausländische Betriebsstätte durch Verschmelzung und anschließende inländische Berücksichtigung bei tatsächlicher Finalität. Nicht abschließend geklärt ist, ob es unter Berufung auf Art. 6 FusionsRL möglich ist, steuerliche Verluste einer ausländischen Tochtergesellschaft zunächst in steuerliche Verluste einer ausländischen Betriebsstätte umzuwandeln und in einem zweiten Schritt zu einem späteren Zeitpunkt unter Berufung auf die Rechtsprechung zu finalen Verlusten im Inland geltend zu machen. Nach Art. 6 FusionsRL kann der übernehmende Rechtsträger steuerliche Verluste eines in einem anderen Mitgliedstaat ansässigen übertragenden Rechtsträgers auf eine Betriebsstätte in diesem Mitgliedstaat übertragen, sofern eine solche Übertragung auch zwischen Gesellschaften dieses Mitgliedstaats möglich ist.[398] Ob der Verlustübertrag auf die ausländische Betriebsstätte auch für deutsche steuerliche Zwecke anerkannt wird oder aber aufgrund der Ermittlung finaler Verluste nach deutschen steuerlichen Grundsätzen unter Berücksichtigung von § 12 Abs. 3 Hs 2 iVm § 4 Abs. 2 S. 2 UmwStG als untergegangen gilt, ist noch nicht abschließend geklärt, wird aus fiskalischen Gesichtspunkten vermutlich von der Finanzverwaltung abgelehnt werden. 207

In diesem Zusammenhang ist zu berücksichtigen, dass ein Überhang von stillen Lasten aufgrund des § 11 Abs. 2 S. 2 zum gemeinen Wert als Höchstwert aufzudecken ist und somit auch dem Verlustuntergang nach § 12 Abs. 3 Hs 2 iVm § 4 Abs. 2 S. 2 unterliegt. Alternativ könnte hierzu die Sitzverlegung auf eine SE gem. Art. 8 SE-VO in Betracht kommen mit der Maßgabe, dass die übergehenden Wirtschaftsgüter einer Freistellungsbetriebsstätte zuzuordnen sind (unter Berücksichtigung des Aktivitätvorbehalts) und eine Aufdeckung der stillen Lasten gem. § 4 Abs. 1 S. 8 Hs 2 iVm § 6 Abs. 1 Nr. 5 a EStG vermieden wird.[399] Unter Umständen wären die stillen Lasten in den Wirtschaftsgütern der SE bei späterer Realisierung dann ggf bei wirtschaftlicher Finalität im Inland verrechnungsfähig. 208

F. Organschaftsfragen bei der übertragenden Körperschaft

I. Beendigung von Ergebnisabführungsverträgen – Beendigung der ertragsteuerlichen Organschaft

1. Verschmelzung des Organträgers. a) Auswirkungen auf den Ergebnisabführungsvertrag und Fortsetzung der bestehenden ertragsteuerlichen Organschaft. Wird der Organträger auf eine 209

395 Mit Ausnahme von Österreich, Portugal und Slowenien ist den EU-/EWR Ländern das Konzept des Ergebnisabführungsvertrags unbekannt; andererseits folgen Österreich, Portugal und Slowenien (zumindest bei Verwaltungssitz im Ausland) der Sitztheorie; vgl *Winter/Marx*, DStR 2011, 1101, 1104.

396 Gleiches gilt, wenn sich die Auffassung durchsetzt, dass das EAV-Erfordernis iSe norm- bzw geltungserhaltenden Reduktion in EU-Sachverhalten auszusetzen oder auf schuldrechtliche Vereinbarungen zu beschränken ist.

397 *Schönfeld*, IStR 2012, 368, 369 f. Eine Zurechnung zum inländischen Organträger von ausländischen finalen Verlusten, die bislang nicht der Gewinnabführung bzw Einkommenszurechnung unterlegen haben und aufgrund der Verschmelzung der Organgesellschaft im Ausland nicht mehr berücksichtigt werden können, erfolgt somit nach vergleichbaren Maßstäben wie bei der Aufgabe einer Auslandsbetriebsstätte.

398 Vgl hierzu auch die Schlussanträge der GA Kokott v. 19.7.2012, Rs C-123/11 (A Oy).

399 Zur Verstrickung vgl Rödder/Herlinghaus/van Lishaut/*Ritzer*, Anh. 6 Rn 181 f, Anh. 7 Rn 186 ff.

andere Körperschaft verschmolzen, geht die Beteiligung an der Organgesellschaft im Wege der Gesamtrechtsnachfolge auf die übernehmende Körperschaft über. Entsprechendes gilt im Normalfall für den bestehenden Ergebnisabführungsvertrag iSv § 291 AktG (EAV). Zwar hängt der Fortbestand eines solchen EAV grds. von dem rechtlichen Status der beteiligten Vertragspartner ab, allerdings geht ein EAV bei Verschmelzung regelmäßig im Wege der Gesamtrechtsnachfolge auf den übernehmenden Rechtsträger über.[400]

210 Da die übergehenden Wirtschaftsgüter für steuerliche Zwecke gem. § 2 Abs. 1 S. 1 mit Ablauf des steuerlichen Übertragungsstichtags auf den übernehmenden Rechtsträger als übertragen gelten, ist der übernehmende Rechtsträger ab diesem Zeitpunkt auch finanziell an der Organgesellschaft beteiligt. Ferner tritt der übernehmende Rechtsträger gem. § 12 Abs. 3 Hs 1 in die steuerliche Rechtsstellung der übertragenden Körperschaft ein. Dementsprechend ist dem übernehmenden Rechtsträger im Hinblick auf die übernommene Organbeteiligung auch die bisherige finanzielle Eingliederung im Verhältnis zum übertragenden Rechtsträger zuzurechnen[401] und die bisherige Durchführung des EAV anzurechnen.[402] Dies gilt mE sowohl im Hinblick auf die Feststellung, ob die finanzielle Eingliederung zu Beginn des Wirtschaftsjahres der Organgesellschaft vorgelegen hat iSv § 14 Abs. 1 S. 1 Nr. 1 KStG als auch hinsichtlich der ordnungsgemäßen Durchführung des EAV während der 5-jährigen Mindestdauer iSv § 14 Abs. 1 S. 1 Nr. 3 S. 1 KStG. Die Finanzverwaltung vertritt im UmwSt-Erlass zum Teil eine gegenläufige Auffassung, wonach dem übernehmenden Rechtsträger die finanzielle Eingliederung lediglich ab dem steuerlichen Übertragungsstichtag zugerechnet wird.[403] Weicht der steuerliche Übertragungsstichtag daher von dem Wirtschaftsjahresende der Organgesellschaft ab, wird auf Grundlage der Verwaltungsauffassung sowohl die bestehende Organschaft zum übertragenden Rechtsträger zerstört als auch die Fortsetzung der Organschaft mit dem übernehmenden Rechtsträger unmöglich gemacht.[404] Wird beabsichtigt, die bestehende Organschaft auch nach der Verschmelzung mit dem übernehmenden (nicht von der Körperschaftsteuer befreiten) Rechtsträger fortzuführen, sollte in der Praxis stets sichergestellt werden, dass der steuerliche Übertragungsstichtag mit dem Wirtschaftsjahresende der Organgesellschaft zusammenfällt.

211 **b) Beendigung des Ergebnisabführungsvertrags im Rahmen der Verschmelzung – Vorliegen eines wichtigen Grundes.** Bei Beendigung des EAV infolge Kündigung durch die Organgesellschaft oder Beendigung kraft Gesetzes aufgrund Verschmelzung des Organträgers ist nach Auffassung der Finanzverwaltung stets ein wichtiger Grund iSv § 14 Abs. 1 S. 1 Nr. 3 S. 2 KStG anzunehmen.[405] Dies gilt jedoch nicht, wenn im Zeitpunkt des Vertragsabschlusses bereits feststand, dass der EAV vor Ablauf der fünfjährigen Mindestdauer iSv § 14 Abs. 1 S. 1 Nr. 3 S. 1 KStG beendet wird mit der Folge, dass der EAV von Anfang an steuerlich unwirksam ist.[406] Eine Ausnahme sieht die Finanzverwaltung ausdrücklich nur für die Verschmelzung von Organgesellschaften vor, nicht aber für die Verschmelzung von Organträgern.[407] In diesem Zusammenhang ist zu berücksichtigen, dass die Beendigung des EAV durch Aufhebung gem. § 296 Abs. 1 S. 1 AktG nur auf das Ende eines Geschäftsjahres möglich ist.[408] Eine rückwirkende Beendigung ist in § 296 Abs. 1 S. 2 AktG explizit ausgeschlossen. Andererseits ist eine

400 Vorbehaltlich der Geltendmachung eines Kündigungsrechts durch die Organgesellschaft (bspw nach § 297 Abs. 1 S. 2 AktG) oder sonstiger zwingender Vertragsbeendigungen (bspw nach § 307 AktG; Emmerich/Habersack/*Emmerich*, § 291 AktG Rn 43; Rödder/Herlinghaus/van Lishaut/*Herlinghaus*, Anh. 4 UmwStG Rn 7 ff und 16.

401 BFH Urteil v. 28.7.2010 – I R 89/09, BStBl. II 2011, 528 und I R 111/09, BFH/NV 2011, 67 mwN; so auch *Blumenberg/Lechner*, DB 2012 Beilage 1, 58 f mwN; *Kröner*, BB-Spezial 2011, 24, 25; *Heurung/Engel*, BB 2011, 151, 153.

402 UmwSt-Erlass Rn Org.11.

403 UmwSt-Erlass sowohl Rn Org.02 zur Fortsetzung einer Organschaft als auch Rn Org.03 zur erstmaligen Begründung einer Organschaft zum übernehmenden Rechtsträger.

404 So auch FGS/BDI/*Rödder/Jonas/Montag*, UmwSt-Erlass 2011, Rn Org.02; *Kröner*, BB-Spezial 2011, 24, 25; vgl auch die Beispiele bei Dötsch/Pung/Möhlenbrock/*Dötsch*, UmwStG Anh. 1 (SEStEG) Rn 22.

405 R 60 Abs. 6 S. 2 KStR und UmwSt-Erlass Rn Org.12.

406 R 60 Abs. 6 S. 3, 5 KStR.

407 R 60 Abs. 6 S. 4 KStR.

408 MüKo-AktG/*Altmeppen*, § 296 AktG Rn 21; Emmerich/Habersack/*Emmerich*, § 296 AktG Rn 13.

Kündigung *ex nunc* möglich, sofern dies im Hinblick auf eine anstehende Verschmelzung bereits im EAV selbst vertraglich angelegt ist.[409]

Nicht abschließend geklärt ist ferner, welche Auswirkungen die Rechtsprechung zur (schädlichen) Veräußerung einer Organbeteiligung im Konzern innerhalb der fünfjährigen Mindestdauer[410] auf die Beendung eines EAV aufgrund Verschmelzung des Organträgers hat, da die Übertragung von Vermögen im Wege der Verschmelzung nach Auffassung der Finanzverwaltung ein Veräußerungs- und Anschaffungsgeschäft darstellt und dementsprechend Parallelen zur Veräußerung der Organbeteiligung aufweist.[411] Die Beantwortung dieser Frage bedarf stets einer Würdigung des Einzelfalls unter Berücksichtigung des steuernormspezifischen Rechtsbegriffs des wichtigen Grundes iSv § 14 Abs. 1 S. 1 Nr. 3 S. 2 KStG und dessen steuerbegrifflichen Eigenständigkeit. Ein wichtiger Grund soll nach Auffassung des BFH zumindest dann nicht gegeben sein, wenn der EAV (i) faktisch unter der (zeitlich ungewissen) auflösenden Bedingung des Verbrauchs der im Zeitpunkt des Vertragsschlusses vorhandenen steuerlichen Verlustvorträge des Organträgers stand und (ii) bei einer konzerntypischen Beteiligungsstruktur (zB strukturelle Zuordnung von Gesellschaften nach Betätigungsfeldern) nicht hätte abgeschlossen werden können.[412] 212

c) Hinausverschmelzung des Organträgers unter Fortführung der Organschaft. Ist der übernehmende Rechtsträger eine ausländische Körperschaft, ist die Fortführung des EAV und die Fortsetzung der ertragsteuerlichen Organschaft bei Vorliegen der Voraussetzungen nach § 14 Abs. 1 S. 1 Nr. 1 bis 4 KStG dem Grunde nach möglich.[413] Entscheidend ist, dass die Beteiligung an der Organgesellschaft bzw bei mittelbarer Beteiligung die vermittelnde Beteiligung gem. § 14 Abs. 1 S. 1 Nr. 2 S. 4 KStG einer inländischen Betriebsstätte (§ 12 AO) der ausländischen Körperschaft zuzuordnen ist[414] und Deutschland gem. § 14 Abs. 1 S. 1 Nr. 2 S. 7 KStG insoweit das Besteuerungsrecht hinsichtlich der Betriebsstätteneinkünfte besitzt. Da der Gesetzgeber in § 14 Abs. 1 S. 1 Nr. 3 KStG an dem EAV-Erfordernis festhält, ist weitere Voraussetzung, dass die Übernahme und Fortführung eines solchen EAV gesellschaftsrechtlich zulässig ist. Da ein grenzüberschreitender EAV mit einer ausländischen Obergesellschaft nach deutschen gesellschaftsrechtlichen Grundsätzen grds. zulässig ist[415] und nach kollisionsrechtlichen Vorschriften auch deutschem Recht unterliegt,[416] ist für die Zulässigkeit der Fortsetzung des EAV mit einem ausländischen Organträger lediglich zu prüfen, ob sich nach dem Gesellschaftsstatut des übernehmenden Rechtsträgers Einschränkungen ergeben.[417] Ob das Festhalten an dem Abschluss und der Durchführung eines EAV gemeinschaftsrechtlichen Vorgaben ent- 213

409 BGH Urteil vom 5.4.1993, II ZR 238/91, NJW 1993, 1976;MüKo-AktG/*Altmeppen*, § 297 AktG Rn 77 ff mwN; *Hüffer*, § 297 AktG Rn 16 mwN.

410 BFH Urteil v. 13.11.2013 – I R 45/12, BB 2014, 997; deutlich restriktiver noch Vorinstanz FG Niedersachsen Urteil v. 10.5.2012 – 6 K 140/10, GmbHR 2012, 917.

411 *Stangl/Brühl*, Ubg 2012, 657, 664 f lehnen dies mit dem Argument ab, dass die Umwandlung gerade den Anschein des Missbrauchs entkräftet und dem Sinn und Zweck der steuerlichen Privilegierung von Umwandlungsvorgängen entgegenstehe.

412 *Gosch*, PR 2014, 200, 201 verlangt, dass Gründe vorliegen, die die Fortsetzung des EAV für beide Vertragsparteien objektiv unzumutbar erscheinen lassen.

413 Die Anknüpfung an die Ansässigkeit des Organträgers in § 14 Abs. 1 S. 1 Nr. 1 KStG aF wurde als Reaktion auf das BFH Urteil v. 9.2.2011 – I R 54, 55/10, I R 54/10, I R 55/10, BStBl. II 2012, 106 zur gewerbesteuerlichen Organschaft nach altem Recht im Rahmen der kleinen Organschaftsreform aufgehoben. Bisher war eine Organschaft mit einem ausländischen Organträger nach § 18 KStG aF. nur möglich, wenn der EAV unter der Firma einer im Handelsregister eingetragenen inländischen Zweigniederlassung abgeschlossen war und die Organbeteiligung zum Betriebsvermögen der Zweigniederlassung gehörte. Eine nahtlose Fortsetzung der Organschaft war nach altem Recht nicht möglich, vgl *Kraft/Michel*, IStR 2012, 882.

414 Zur Zuordnung von Beteiligungen zu einer inländischen Betriebsstätte einer ausländischen Körperschaft vgl Prinz/*Stadler/Bindl/Korff*, Rn 13.23 ff und § 7 des Entwurfs der Betriebsstättengewinnaufteilungsverordnung des BMF v. 5.8.2013.

415 Wie in § 305 Abs. 2 Nr. 1, 2 AktG hinreichend zum Ausdruck kommt.

416 MüKo-AktG/*Altmeppen*, Einleitung Rn 46; § 291 Rn 136; Emmerich/Habersack/*Emmerich*, § 291 AktG Rn 37 f; *Hoene*, IStR 2012, 462.

417 Einschränkungen könnten sich zB hinsichtlich spezieller Zustimmungserfordernisse oder der Akzeptanz einer potentiellen Verlustausgleichsverpflichtung ergeben. Mit Ausnahme von Österreich, Portugal und Slowenien ist den meisten Ländern das Konzept des EAV unbekannt.

spricht[418] oder dieses Erfordernis iSe norm- bzw geltungserhaltenden Reduktion zu modifizieren ist,[419] ist noch nicht abschließend geklärt.

214 **2. Verschmelzung der Organgesellschaft. a) Beendigung des Ergebnisabführungsvertrags und letztmalige Durchführung.** Durch die Verschmelzung der Organgesellschaft wird der bestehende EAV zwingend beendet.[420] Dies gilt auch bei Verschmelzung auf eine Schwestergesellschaft.[421] Gesellschaftsrechtlich bleibt die Verpflichtung des Organträgers aus dem EAV auf Verlustübernahme bis zur Wirksamkeit der Verschmelzung, dh bis zur Eintragung der Verschmelzung im Handelsregister des übernehmenden Rechtsträgers (§ 20 Abs. 1 UmwG), bestehen.[422]

215 Für die Zeit nach dem Umwandlungsstichtag iSv § 5 Abs. 1 Nr. 6 UmwG bis zur Handelsregistereintragung wird die Ergebnisabführung von der umwandlungsrechtlichen Ergebniszuordnung zum übernehmenden Rechtsträger überlagert, da die Gewinne und Verluste bereits dem übernehmenden Rechtsträger zuzuordnen sind.[423] Die letztmalige Abrechnung hat daher grds. auf den handelsrechtlichen Übertragungsstichtag zu erfolgen. Maßgeblich für die Ergebnisabführung ist daher das Handelsbilanzergebnis aus der handelsrechtlichen Schlussbilanz iSv § 17 Abs. 2 UmwG.[424] Dies gilt sowohl für Umwandlungsstichtage zum Ende eines Geschäftsjahres der Organgesellschaft wie auch für Umwandlungsstichtage während eines laufenden Geschäftsjahres der Organgesellschaft.[425] Wird der Umwandlungsstichtag allerdings erst nachträglich in ein bereits abgelaufenes Geschäftsjahr gelegt, kann eine rechtlich entstandene Verpflichtung der Organgesellschaft auf Gewinnabführung bzw ein rechtlich entstandener Anspruch der Organgesellschaft auf Verlustübernahme nicht mehr rückwirkend beseitigt bzw entzogen werden und ist entsprechend in der handelsrechtlichen Schlussbilanz auszuweisen.[426]

216 **b) Wichtiger Grund iSv § 14 Abs. 1 S. 1 Nr. 3 S. 2 KStG stets gegeben.** Für die steuerunschädliche Beendigung eines EAV vor Ablauf der Fünfjahresfrist iSv § 14 Abs. 1 S. 1 Nr. 3 S. 1 KStG bedarf es eines wichtigen Grundes iSv § 14 Abs. 1 S. 1 Nr. 3 S. 2 KStG. Dieser ist nach Auffassung der Finanzverwaltung in der Verschmelzung der Organgesellschaft stets gegeben.[427] Darüber hinaus ist es nach Auffassung der Finanzverwaltung bei einer Verschmelzung der Organgesellschaft auch unschädlich, wenn bereits im Zeitpunkt des Vertragsschlusses feststand, dass der EAV vor Ablauf der ersten fünf Zeitjahre beendet werden wird.[428] Auf dieser Grundlage

418 Vgl hierzu bspw *Mitschke*, DStR 2010, 1368, 1370 mwN; *Glahe*, IStR 2012, 128.

419 In Frage kommen schuldrechtliche Verlustübernahme, tatsächliche/faktische Verlustübernahme oder gar gänzlicher Verzicht auf eine Verlustübernahme.

420 Emmerich/Habersack/*Emmerich*, § 291 AktG Rn 41; MüKo-AktG/*Altmeppen*, § 297 AktG Rn 131; UmwSt-Erlass Rn Org.21; Rödder/Herlinghaus/van Lishaut/*Herlinghaus*, Anh. 4 Rn 26 mwN; *Dötsch/Pung/Möhlenbrock/Dötsch*, UmwStG Anh. 1 (SEStEG) Rn 12 mwN; aA Gosch/*Neumann*, § 14 KStG Rn 288.

421 *Gelhausen/Heinz*, NZG 2005, 775, 776.

422 MüKo-AktG/*Altmeppen*, § 302 AktG Rn 23 ff; Michalski/*Servatius*, Syst. Darst. 4 Rn 164.

423 Vgl Rödder/Herlinghaus/van Lishaut/*Herlinghaus*, Anh. 4 Rn 12; Dötsch/Pung/Möhlenbrock/*Dötsch*, UmwStG Anh. 1 (SEStEG) Rn 12; ausführlich *Gelhausen/Heinz*, NZG 2005, 775, 776 ff.

424 Da handelsbilanziell kein Zwang zur Realisierung von stillen Reserven oder stillen Lasten beim übertragenden Rechtsträger besteht, kommt es regelmäßig nicht zu einem Übertragungsgewinn oder -verlust. Die Ergebnisabführung beschränkt sich idR auf das seit dem letzten Abschlussstichtag bis zum Datum der handelsrechtlichen Schlussbilanz angefallene Ergebnis.

425 *Gelhausen/Heinz*, NZG 2005, 775, 776 ff; allgemein zur Ergebnisabführung bei unterjähriger EAV-Beendigung MüKo-AktG/*Altmeppen*, § 302 AktG Rn 24 mwN; *Hüffer*, § 302 AktG Rn 13 und § 297 AktG Rn 21. Beschränkend auf den Verlustausgleich bei unterjährigem Umwandlungsstichtag Emmerich/Habersack/*Emmerich*, § 291 AktG Rn 54, § 302 AktG Rn 38. Gegen eine Ergebnisabführung (zumindest im Gewinnfall) Rödder/Herlinghaus/van Lishaut/*Rödder*, § 11 UmwStG Rn 56 und Anh. 2 Rn 43 sowie Rödder/Herlinghaus/van Lishaut/*Herlinghaus*, Anhang 4 Rn 62. Vor dem Hintergrund der unklaren Rechtslage ist es in der Praxis ratsam auch bei unterjähriger Verschmelzung eine Gewinnabführung noch durchzuführen, um die ordnungsgemäße Durchführung des EAV iSv § 14 Abs. 1 S. 1 Nr. 3 KStG nicht zu gefährden; bestünde ein Gewinnabführungsverpflichtung (entgegen der hier vertretenen Auffassung) tatsächlich nicht, unterläge die Gewinnabführung als vGA gem. § 8 b Abs. 1, 5 KStG lediglich zu effektiv 5 % der Besteuerung.

426 Ausführlich *Gelhausen/Heinz*, NZG 2005, 775, 779.

427 UmwSt-Erlass Rn Org.26; R 60 Abs. 6 S. 2 KStR.

428 R 60 Abs. 6 S. 4 KStR.

sollte auch die Verschmelzung im Konzern selbst bei entsprechender Anwendung der Rechtsprechung zur (schädlichen) Veräußerung im Konzern[429] einen wichtigen Grund darstellen.

c) **Verschmelzung des Organträgers mit der Organgesellschaft.** Bei Verschmelzung des Organträgers mit der Organgesellschaft (Aufwärts- oder Abwärtsverschmelzung) geht der EAV aufgrund von Konfusion unter.[430] Entsprechendes gilt für bestehende Forderungen und Verbindlichkeiten im Zusammenhang mit der Gewinnabführung bzw Verlustübernahme. Im Falle der Abwärtsverschmelzung des Organträgers auf die Organgesellschaft endet die Organschaft mit Wirkung zum steuerlichen Übertragungsstichtag iSv § 2 Abs. 1. Sofern die fünfjährige Mindestlaufzeit iSv § 14 Abs. 1 S. 1 Nr. 3 S. 1 KStG noch nicht abgelaufen ist, ist in der Beendigung durch Abwärtsverschmelzung aus steuerlicher Sicht ein wichtiger Grund gegeben.[431] Entsprechendes gilt für die Aufwärtsverschmelzung der Organgesellschaft auf den Organträger.[432] 217

II. Einkommenszurechnung

1. Verschmelzung des Organträgers. Wird der Organträger verschmolzen und die bestehende Organschaft durch den übernehmenden Rechtsträger fortgeführt, ist das Organeinkommen demjenigen Rechtsträger zuzuordnen, der zum Schluss des Wirtschaftsjahres der Organgesellschaft als Organträger anzusehen ist.[433] Diese Beurteilung bestimmt sich stets nach dem steuerlichen Übertragungsstichtag. 218

Wird der EAV zu einem Zeitpunkt während des laufenden Geschäftsjahres der Organgesellschaft beendet, wirkt dies steuerlich gem. § 14 Abs. 1 S. 1 Nr. 3 S. 3 KStG auf den Beginn des Wirtschaftsjahres der Organgesellschaft zurück. Der EAV ist gleichwohl auf den Kündigungszeitpunkt letztmalig abzurechnen. Eine Verlustübernahme durch den Organträger ist steuerlich als verdeckte Einlage zu werten und die Anschaffungskosten auf die Beteiligung an der Organgesellschaft sind in der Steuerbilanz des Organträgers entsprechend zu erhöhen. Eine Gewinnabführung an den Organträger ist als verdecke Gewinnausschüttung zu werten (ggf unter Verwendung des steuerlichen Einlagekontos, da für die Ermittlung des ausschüttbaren Gewinns iSv § 27 Abs. 1 S. 4 KStG auf den Schluss des vorangegangenen Wirtschaftsjahres abzustellen ist[434] und dieser noch der Ergebnisabführung unterliegt). 219

2. Verschmelzung der Organgesellschaft. Das bestehende Organschaftsverhältnis endet stets mit Ablauf des steuerlichen Übertragungsstichtags. Bei unterjährigem steuerlichen Übertragungsstichtag entsteht beim übertragenden Rechtsträger zwangsweise ein steuerliches Rumpf-Wirtschaftsjahr (nicht aber automatisch ein handelsrechtliches Rumpf-Geschäftsjahr). Die Organschaft endet in diesem Fall bereits mit Ablauf des Rumpf-Wirtschaftsjahres der Organgesellschaft. In diesem Zusammenhang ist zu beachten, dass der EAV mE letztmalig auf den Umwandlungsstichtag abzurechnen und ordnungsgemäß durchzuführen ist.[435] Eine unterjährige verschmelzungsbedingte Beendigung des EAV wirkt mE nicht gem. § 14 Abs. 1 S. 1 Nr. 3 S. 3 KStG auf den Beginn des (Rumpf-)Wirtschaftsjahres der Organgesellschaft zurück.[436] 220

Nach Auffassung der Finanzverwaltung ist ein steuerlicher Übertragungsgewinn bzw -verlust der Organgesellschaft dem Organträger nicht im Rahmen der ertragsteuerlichen Organschaft nach § 14 Abs. 1 KStG zuzurechnen; ein Übertragungsgewinn soll durch die Organgesellschaft selbst zu versteuern sein[437] (ggf nach Verrechnung mit steuerlichen Verlustvorträgen unter Aussetzung von § 15 S. 1 Nr. 1 KStG). Dies wird im steuerlichen Schrifttum mE zu Recht kriti- 221

429 BFH Urteil v. 13.11.2013 – I R 45/12, BB 2014, 997; insb. Vorinstanz FG Niedersachsen Urteil v. 10.5.2012 – 6 K 140/10, GmbHR 2012, 917, vgl Rn 212.

430 Emmerich/Habersack/*Emmerich*, § 291 AktG Rn 38 mwN.

431 UmwSt-Erlass, Rn Org.04 und Rn Org.12.

432 UmwSt-Erlass, Rn Org.26.

433 UmwSt-Erlass Rn Org.19.

434 Zuletzt BFH Urteil v. 30.1.2013 – I R 35/11, BStBl. II 2013, 560.

435 S. 2. und 3. Fn zu Rn 215; aA stellvertretend Rödder/Herlinghaus/van Lishaut/*Herlinghaus*, Anh. 4 Rn 62.

436 Dies hängt insb. von der Frage ab, ob der EAV auf den handelsrechtlichen Übertragungsstichtag letztmalig durchzuführen ist. ME ist dies erforderlich (s. Rn 215).

437 UmwSt-Erlass Rn Org.27; so auch *Neumann*, Ubg 2013, 549, 557.

siert.[438] Noch im alten UmwSt-Erlass[439] hat die Finanzverwaltung dies mit einem Verweis in R 56 Abs. 1 S. 2 KStR 1995 (H 61 KStR 2004) auf die BFH-Rechtsprechung zur Versteuerung eines Liquidations- bzw Abwicklungsergebnisses[440] bei der Organgesellschaft mangels Ausübung einer Erwerbstätigkeit begründet. Dieser Verweis ist im Verschmelzungsfall in Abwesenheit einer Zweckänderung wenig überzeugend und im aktuellen UmwSt-Erlass auch nicht mehr enthalten.

III. Auswirkung von Umwandlungsvorgängen auf organschaftliche Ausgleichsposten

222 **1. Verschmelzung des Organträgers.** Da die Verschmelzung nach dem Grundkonzept des UmwStG einen Veräußerungsvorgang darstellt,[441] ist auch die Verschmelzung des Organträgers als Veräußerungsvorgang iSv § 14 Abs. 4 KStG hinsichtlich der Beteiligung an der Organgesellschaft einzuordnen.[442] Nach dieser Auffassung sind organschaftliche Ausgleichsposten entsprechend § 14 Abs. 4 S. 2 KStG grds. steuerwirksam aufzulösen.[443] Werden die übergehenden Wirtschaftsgüter in der steuerlichen Schlussbilanz des übertragenden Rechtsträgers hingegen zu Buchwerten angesetzt, sind organschaftliche Ausgleichsposten vom übernehmenden Rechtsträger zu übernehmen. Bei Zwischenwerten sind die organschaftlichen Ausgleichsposten anteilig aufzulösen.[444] Die Finanzverwaltung sieht eine Übernahme organschaftlicher Ausgleichsposten nur für den Fall gegeben, dass die Organschaft durch den übernehmenden Rechtsträger fortgeführt wird. Allerdings sollte eine Übernahme mE auch bei Buchwertfortführung ohne Fortführung der Organschaft möglich sein, denn die Auflösung des Ausgleichspostens knüpft nicht an die Beendigung des EAV an, sondern vielmehr an den Realisationsvorgang hinsichtlich der Organbeteiligung.[445]

223 Entsprechendes sollte auch bei andersartigen steuerlichen Ausgleichsposten als Korrekturposten zu einer Beteiligung gelten, zB bei Erwerb mit negativem Geschäftswert[446] oder bei investmentsteuerlichen Ausgleichsposten.

224 Sofern der organschaftliche Ausgleichsposten aufzulösen ist, ist in diesem Zusammenhang weiterhin fraglich, welche Rechtsnatur einem Ausgleichsposten zukommt und wie dieser steuerlich zu behandeln ist. In Betracht kommen die Behandlung als (i) Zusatz- bzw Korrekturposten zur Beteiligung, der das steuerliche Schicksal der Beteiligung teilt oder (ii) eine steuerliche Bilanzierungshilfe (iSe steuerlichen Merkpostens).[447] Der BFH teilt letztere Auffassung.[448] Dies hat insoweit Auswirkung auf die Frage, ob der Aufwand aus der Auflösung des organschaftlichen Ausgleichspostens eigenständig (Bruttobetrachtung) oder als Bestandteil des Übertragungsgewinns/-verlustes (Nettobetrachtung) zu behandeln ist, dh ob der Aufwand aus der Auflösung eines organschaftlichen Ausgleichsposten das Übertragungsergebnis korrigiert oder isoliert betrachtet nach § 8 b Abs. 3 S. 3 KStG nicht abzugsfähig ist.[449]

438 Ausführlich *Bahns/Graw*, DB 2008, 1645, 1649 ff; s. auch *Rödder*, DStR 2011, 1053, 1058; Rödder/Herlinghaus/van Lishaut/*Herlinghaus*, Anh. 4 Rn 63; Frotscher/Maas/*Frotscher*, § 11 UmwStG Rn 202; Schmitt/Hörtnagl/Stratz/*Schmitt*, § 11 UmwStG Rn 154; kritisch auch Dötsch/Pung/Möhlenbrock/*Dötsch*, UmwStG Anh. 1 (SEStEG) Rn 13, aber die Verw-Auff stützend in § 11 UmwStG (SEStEG) Rn 20.

439 BMF Schreiben v. 25.3.1998, BStBl. I 1998, 268 (UmwSt-Erlass 1998), Rn Org.19.

440 BFH Urteil v. 18.10.1967 – I 262/63, BStBl. II. 1968, 105.

441 UmwSt-Erlass Rn 00.02.

442 UmwSt-Erlass Rn Org.05.

443 AA Widmann/Mayer/*Schießl*, § 11 UmwStG Rn 137.1 und wohl auch *Suchanek*, Ubg 2013, 549, 557 f der einen Übergang unabhängig vom Wertansatz befürwortet.

444 UmwSt-Erlass Rn Org.05.

445 Ebenso Rödder/Herlinghaus/van Lishaut/*Herlinghaus*, Anh. 4 Rn 69; Rödder/Herlinghaus/van Lishaut/*Rödder*, § 12 UmwStG Rn 101; *Neumann*, Ubg 2013, 549, 557; im Ergebnis auch *Kröner*, BB-Spezial 2011, 24, 25 die dies jedoch mit der Fußstapfentheorie nach § 12 Abs. 1 und 3 UmwStG begründet.

446 Vgl hierzu *Meier/Geberth*, DStR 2011, 733, 736.

447 S. hierzu ausführlich Dötsch/Pung/Möhlenbrock/*Dötsch/Witt*, § 14 KStG Rn 485 mwN.

448 BFH Urteil v. 29.8.2012 – I R 65/11, BStBl. II 2013, 555.

449 S. hierzu ausführlich Dötsch/Pung/Möhlenbrock/*Dötsch/Witt*, § 14 KStG Rn 490 mwN und § 8 b KStG Rn 69 mwN.

2. Verschmelzung der Organgesellschaft. Nach Auffassung der Finanzverwaltung ist ein auf Ebene des Organträgers gebildeter organschaftlicher Ausgleichsposten bei Verschmelzung der Organgesellschaft ausnahmslos in voller Höhe aufzulösen.[450] Sie begründet die Auflösung damit, dass es sich aus Sicht des Anteilsinhabers bei der Verschmelzung einer Tochtergesellschaft um einen Anteilstausch handelt und damit grds. um einen Realisationsvorgang. Allerdings kann der Anteilseigner gem. § 13 Abs. 2 S. 1 die Anteile an der übernehmenden Gesellschaft wahlweise mit dem Buchwert der Anteile an der übertragenden Gesellschaft ansetzen.[451] Da die Anteile an der übernehmenden Körperschaft bei Buchwertfortführung gem. § 13 Abs. 2 S. 2 steuerlich an die Stelle der Anteile an der übertragenden Körperschaft treten, widerspricht die Verwaltungsauffassung mE der gesetzlichen Anordnung der Fußstapfentheorie. Auch die wohl hM im steuerrechtlichen Schrifttum spricht sich bei Buchwertfortführung für eine Beibehaltung des organschaftlichen Ausgleichspostens aus.[452] 225

3. Verschmelzung des Organträgers mit der Organgesellschaft. Werden der Organträger und die Organgesellschaft miteinander verschmolzen (Aufwärts- oder Abwärtsverschmelzung) sind die organschaftlichen Ausgleichsposten stets in voller Höhe aufzulösen.[453] 226

4. Handelsrechtliche Mehr- oder Minderabführung bei Verschmelzung auf eine Organgesellschaft. Im Falle der Aufwärtsverschmelzung auf eine Organgesellschaft kann es im Verhältnis zwischen dem übernehmenden Rechtsträger zu dessen Organträger uU zu handelsrechtlichen Mehr- und Minderabführungen kommen, soweit es zu einem Auseinanderfallen der Wertansätze der übernommenen Wirtschaftsgüter in Handelsbilanz und Steuerbilanz beim übernehmenden Rechtsträger kommt. Dies kann sowohl in einem unterschiedlichen Wertansatz beim übertragenden Rechtsträger (§ 11 Abs. 2 UmwStG vs. § 17 Abs. 2 S. 2 UmwG) oder beim übernehmenden Rechtsträger (§ 12 Abs. 1 UmwStG vs. § 24 UmwG) begründet sein, als auch im zeitlichen Auseinanderfallen der bilanziellen Erfassung des Übernahmeergebnisses in Steuer- und Handelsbilanz.[454] 227

Sofern die Mehr- oder Minderabführungen aus Bewertungsunterschieden in der steuerlichen Schlussbilanz des übertragenden Rechtsträgers resultieren, sieht die Finanzverwaltung sowohl den Unterschiedsbetrag als auch die spätere Auflösung der Bewertungsunterschiede als vororganschaftlich verursacht iSv § 14 Abs. 3 KStG an.[455] Aufgrund der zwingenden Wertverknüpfung in § 12 Abs. 1 S. 1 sind mögliche Steuerfolgen daher bereits bei der Erstellung der steuerlichen Schlussbilanz des übertragenden Rechtsträgers zu berücksichtigen. 228

Steuerlich wird ein Übernahmeergebnis in dem Wirtschaftsjahr erfasst, in das der steuerliche Übertragungsstichtag fällt, handelsrechtlich hingegen erst im Zeitpunkt der Handelsregistereintragung. Im Regelfall kommt es daher zu einem zeitlichen Auseinanderfallen und dementsprechend zu Mehr- und Minderabführungen, die sich im Jahr der Handelsregistereintragung wieder ausgleichen. Aus dem UmwSt-Erlass geht für Verschmelzungen nicht explizit hervor, ob die Finanzverwaltung die Mehr- oder Minderabführung aufgrund des zeitlichen Auseinanderfallens mit der hM im steuerlichen Schrifttum als organschaftlich iSv § 14 Abs. 4 KStG oder 229

450 UmwSt-Erlass Rn Org.21 mit Verweis auf § 14 Abs. 4 S. 2 KStG; so auch Widmann/Mayer/*Schießl*, § 11 UmwStG Rn 137.2.

451 Ein Ansatz zum Zwischenwert ist nicht zulässig. Das Wahlrecht kann unabhängig von der Behandlung auf Ebene des übertragenden Rechtsträgers ausgeübt werden.

452 Dötsch/Pung/Möhlenbrock/*Dötsch*, § 14 KStG Rn 531 und Anhang 1 UmwStG (SEStEG) Rn 84; Rödder/Herlinghaus/van Lishaut/*Rödder*, § 11 UmwStG Rn 177 und § 12 UmwStG Rn 101; Rödder/Herlinghaus/van Lishaut/*Herlinghaus*, Anh. 3 UmwStG Rn 70; Schmitt/Hörtnagl/Stratz/*Schmitt*, § 13 UmwStG Rn 55; *Kröner*, BB-Spezial 2011, 24, 26.

453 UmwSt-Erlass Rn Org.05.

454 Dötsch/Pung/Möhlenbrock/*Dötsch*, UmwStG Anh. 1 (SEStEG) Rn 58, 60 ff.

455 UmwSt-Erlass Rn Org.34; gleiches gilt gem. Rn Org. 33 für den Fall dass der übernehmende Rechtsträger die übernommenen Wirtschaftsgüter in der Handelsbilanz mit einem anderen Wert als in der steuerlichen Übernahmebilanz ansetzt. S. hierzu *Neumann/Suchanek*, Ubg 2013, 549, 556 mit unterschiedlicher Auffassung von *Suchanek* (§ 14 Abs. 4 KStG-Fall) und *Neumann* (§ 14 Abs. 3 KStG-Fall).

aber als vororganschaftlich iSv § 14 Abs. 3 KStG einstuft.[456] Aufgrund der abweichenden Rechtsfolgen empfiehlt es sich, eine verbindliche Auskunft einzuholen.

§ 12 Auswirkungen auf den Gewinn der übernehmenden Körperschaft

(1) [1]Die übernehmende Körperschaft hat die auf sie übergegangenen Wirtschaftsgüter mit dem in der steuerlichen Schlussbilanz der übertragenden Körperschaft enthaltenen Wert im Sinne des § 11 zu übernehmen. [2]§ 4 Abs. 1 Satz 2 und 3 gilt entsprechend.

(2) [1]Bei der übernehmenden Körperschaft bleibt ein Gewinn oder ein Verlust in Höhe des Unterschieds zwischen dem Buchwert der Anteile an der übertragenden Körperschaft und dem Wert, mit dem die übergegangenen Wirtschaftsgüter zu übernehmen sind, abzüglich der Kosten für den Vermögensübergang, außer Ansatz. [2]§ 8 b des Körperschaftsteuergesetzes ist anzuwenden, soweit der Gewinn im Sinne des Satzes 1 abzüglich der anteilig darauf entfallenden Kosten für den Vermögensübergang, dem Anteil der übernehmenden Körperschaft an der übertragenden Körperschaft entspricht. [3]§ 5 Abs. 1 gilt entsprechend.

(3) Die übernehmende Körperschaft tritt in die steuerliche Rechtsstellung der übertragenden Körperschaft ein; § 4 Abs. 2 und 3 gilt entsprechend.

(4) § 6 gilt sinngemäß für den Teil des Gewinns aus der Vereinigung von Forderungen und Verbindlichkeiten, der der Beteiligung der übernehmenden Körperschaft am Grund- oder Stammkapital der übertragenden Körperschaft entspricht.

(5) Im Falle des Vermögensübergangs in den nicht steuerpflichtigen oder steuerbefreiten Bereich der übernehmenden Körperschaft gilt das in der Steuerbilanz ausgewiesene Eigenkapital abzüglich des Bestands des steuerlichen Einlagekontos im Sinne des § 27 des Körperschaftsteuergesetzes, der sich nach Anwendung des § 29 Abs. 1 des Körperschaftsteuergesetzes ergibt, als Einnahme im Sinne des § 20 Abs. 1 Nr. 1 des Einkommensteuergesetzes.

Literatur:

Benecke/Schnittger, Letzte Änderungen der Neuregelungen des UmwStG und der Entstrickungsnormen durch das SEStEG. Beschlussempfehlung und Bericht des Finanzausschusses, IStR 2007, 22; *Christiansen*, Verschmelzungskosten aus Sicht der Rechtsprechung, FS Widmann, 2000, 231; *Dötsch*, Umwandlungen und Organschaft, Ubg 2011, 20; *Henerichs/Stadie*, Die ertragsteuerliche Behandlung von Grunderwerbsteuern bei „fiktiven Grundstückserwerben nach § 1 Abs. 2 a GrEStG, FR 2011, 890; *Ley/Bodden*, Verschmelzung und Spaltung von inländischen Kapitalgesellschaften nach dem SEStEG (§§ 11-15 UmwStG n.F.), FR 2007, 265; *Ott*, Verschmelzung von Gewinn- auf Verlust-Kapitalgesellschaften, StuB 2014, 488; *Rödder*, Umwandlungen und Organschaft, Kritische Anmerkungen zu den Org.-Textziffern des UmwSt-Erlass-Entwurfs v. 2.5.2011, DStR 2011, 1053; Stimpel, Behandlung von Umwandlungskosten bei Verschmelzungen und Spaltungen von Kapitalgesellschaften, GmbHR 2012, 199.

456 Vgl hierzu *Benz/Rosenberg*, DB Sonderausgabe 2012, 22 und Rödder/Herlinghaus/van Lishaut/*Herlinghaus*, Anh. 4 Rn 72; Dötsch/Pung/Möhlenbrock/*Dötsch*, UmwStG Anh. 1 (SEStEG) Rn 62 mwN.

I. Übersicht[1]

1. Systematische Einordnung. § 12 befindet sich im dritten Teil des UmwStG (§§ 11 bis 14), welcher nach der amtlichen Überschrift Regelungen zur „Verschmelzung oder Vermögensübertragung (Vollübertragung) auf eine andere Körperschaft“ umfasst. Diese sollen in ihrem Anwendungsbereich dem **allgemeinen Ziel** des UmwStG (idF des SEStEG)[2] dienen, die Besteuerung stiller Reserven bei Umwandlungen auf einen in der Zukunft liegenden Zeitpunkt zu verschieben, um hierdurch betriebswirtschaftlich erwünschte und handelsrechtlich mögliche Umstrukturierungen unbeeinflusst von steuerlichen Hindernissen zu ermöglichen,[3] und zwar grundsätzlich sowohl für die an der Umwandlung beteiligten Körperschaften, als auch für deren Gesellschafter. Regelmäßige Voraussetzung ist hierfür, dass das Besteuerungsrecht Deutschlands hinsichtlich in Deutschland steuerverstrickter Wirtschaftsgüter durch die Umwandlung nicht beschränkt oder ausgeschlossen wird, so dass die zunächst aufgeschobene Versteuerung stiller Reserven später auch realisiert werden kann. Diese Voraussetzung soll im Verhältnis zwischen übertragender und aufnehmender Körperschaft durch eine steuerliche Rechtsnachfolge erreicht werden. 1

§ 12 steht im Regelungszusammenhang mit den Vorschriften der § 11 und § 13. § 11 regelt die „Wertansätze in der steuerlichen Schlussbilanz der übertragenden Körperschaft“, § 12 die „Auswirkungen auf den Gewinn der übernehmenden Körperschaft“ und § 13 die „Besteuerung der Anteilseigner der übertragenden Körperschaft“. Damit werden die **ertragsteuerlichen Folgen** einer Verschmelzung oder Vermögensübertragung für die beteiligten Personen (übertragende Körperschaft, deren Anteilseigner sowie die übernehmende Körperschaft) redaktionell **jeweils in einer besonderen Vorschrift** erfasst. Bedeutung haben diese Vorschriften für die Einkommensteuer, die Körperschaftsteuer und gem. § 19 auch für die Gewerbesteuer. Anderweitige Steuerfolgen, etwa im Hinblick auf die Umsatz- oder Grunderwerbsteuer, werden in diesen Vorschriften nicht behandelt. 2

Seit der Neufassung der §§ 11 bis 13 durch das SEStEG werden durch diese Vorschriften auch bestimmte **grenzüberschreitende und ausländische Umwandlungen** unter Beteiligung von Körperschaften aus Mitgliedsstaaten der EU und des EWR erfasst. 3

§ 12 enthält in seinem Anwendungsbereich **umwandlungsspezifische Sonderregelungen zur Ermittlung des steuerlichen Gewinns** der übernehmenden Körperschaft, welche den allgemeinen Vorschriften §§ 8 Abs. 1 KStG iVm §§ 4–7 k EStG vorgehen.[4] Die Vorschrift korrespondiert inhaltlich und durch die **gesetzliche Verweisungstechnik** in besonderer Weise mit den Vorschriften der §§ 11 und 4. § 11 enthält Sonderregelungen zur Ermittlung eines steuerlichen Übertragungsgewinns bei der übertragenden Körperschaft, welche gem. § 12 Abs. 1 S. 1 Bedeutung für die übernehmende Körperschaft haben; zudem tritt jene gem. § 12 Abs. 3 in die steuerliche 4

1 Zur historischen Entwicklung der Vorschrift vgl Blümich/*Klingberg*, § 12 UmwStG Rn 8.
2 V. 7.12.2006, BGBl. I S. 2782; ber. BGBl. I 2007 S. 68.
3 Vgl BT-Drucks. 12/6885, 14 (zum UmwStG 1995).
4 Vgl BFH DStR 2013, 582, wonach das UmwStG einen eigenständigen, sondergesetzlichen Rechtskreis bestimmt, der den allgemeinen Gewinnermittlungsvorschriften abschließend vorgeht.

Rechtsstellung der übertragenden Körperschaft ein. § 4 enthält u.a. für den Fall einer Verschmelzung einer Körperschaft auf eine Personengesellschaft Bestimmungen zur Gewinnermittlung beim übernehmenden Rechtsträger. Auf jene verweisen § 12 Abs. 1 S. 2 und Abs. 3, Hs 2 punktuell zur Vermeidung von Wiederholungen.

5 Nach Auffassung der Finanzverwaltung, die sich hierzu auch auf die Rechtsprechung des BFH bezieht, handelt es sich bei der Verschmelzung grundsätzlich um einen **Anschaffungs- und Veräußerungsvorgang** hinsichtlich des übertragenen Vermögens.[5] Dieses Verständnis hat Bedeutung, soweit die Wertverknüpfung gem. Abs. 1 (einschließlich der Folgebilanzierung) und das Schicksal organschaftlicher Ausgleichsposten zu beurteilen ist. Im Einzelfall kann dieser Grundsatz mit dem Grundsatz der steuerlichen Gesamtrechtsnachfolge gem. Abs. 3 kollidieren.

6 **2. Übersicht über die einzelnen Regelungen. Abs. 1 S. 1** bestimmt zum Wertansatz der übergegangenen Wirtschaftsgüter in der Steuerbilanz der übernehmenden Körperschaft zwingend die Übernahme der Werte aus der Schlussbilanz der übertragenden Körperschaft enthaltenen Wert nach § 11.

7 **Abs. 1 S. 2 iVm § 4 Abs. 1 S. 2** regelt die Besteuerung eines Beteiligungskorrekturgewinns, der sich im Falle der Aufwärtsverschmelzung ergibt, wenn die übernehmende Körperschaft auf Anteile an der übertragenden Körperschaft steuerwirksame Abschreibungen oder Abzüge nach § 6 b EStG sowie ähnliche Abzüge vorgenommen hatte, die sie anlässlich der Verschmelzung rückgängig zu machen hat.

8 **Abs. 2** regelt die Besteuerung eines Übernahmeergebnisses in Höhe der Differenz zwischen dem Buchwert der auszubuchenden Anteile der übertragenden Körperschaft und dem Wert, mit dem die WG nach Abs. 1 zu übernehmen sind, abzüglich der Umwandlungskosten. Nach Abs. 2 S. 1 ist das Übernahmeergebnis steuerlich nicht zu berücksichtigen. Soweit es sich um eine Aufwärtsverschmelzung handelt, ist § 8 b KStG auf den Übernahmegewinn anzuwenden (Abs. 2 S. 2).

9 **Abs. 3** regelt den Eintritt der übernehmenden Körperschaft in die steuerliche Rechtsstellung der übertragenden Körperschaft (sog. Fußstapfentheorie).

10 **Abs. 4** erklärt die Vorschriften des § 6 Abs. 1 bis 3 bezüglich des sog. Übernahmefolgegewinns aus der Vereinigung von Forderungen und Verbindlichkeiten oder der Auflösung von Rückstellungen für entsprechend anwendbar.

11 **Abs. 5** regelt den Sonderfall des Vermögensübergangs in den nicht steuerpflichtigen oder steuerbefreiten Bereich der übernehmenden Körperschaft.

II. Anwendungsbereich

12 **Sachlich** gilt § 12 für die in § 1 Abs. 1 Nrn. 1, 3, 4 angesprochenen Vorgänge einer Verschmelzung oder Vermögensübertragung. Dabei handelt es sich um die nachfolgenden Umwandlungen, die nach dem Grundsatz der Maßgeblichkeit des Gesellschaftsrechts zivilrechtlich zulässig und wirksam sein müssen:[6]

- **Verschmelzung inländischer Körperschaften iSd § 2 UmwG.** – Hiervon werden Verschmelzungen zur Aufnahme und Verschmelzungen zur Neugründung unter Beteiligung von Rechtsträgern mit statutarischem Sitz im Inland erfasst. Bei der Verschmelzung zur Aufnahme übertragen ein oder mehrere übertragende Rechtsträger ihr Vermögen als Ganzes im Wege der Gesamtrechtsnachfolge unter Auflösung ohne Abwicklung auf einen anderen bestehenden übernehmenden Rechtsträger (§ 2 Nr. 1 UmwG); bei der Verschmelzung zur Neugründung wird der erwerbende Rechtsträger durch den oder die übertragenden Rechts-

5 Rn 00.02 und 00.03 UmwStE (v. 11.11.2011, BStBl. I, 1314) mwN.

6 Vgl Rn 01.02 UmwStE; zu Einzelfragen s. die Kommentierung zu § 1.

träger erst durch die Verschmelzung neu gegründet (§ 2 Nr. 2 UmwG). In beiden Fällen setzt § 2 UmwG eine Gegenleistung an die Anteilsinhaber des oder der übertragenden Rechtsträger in Form von Anteilen oder Mitgliedschaften am übernehmenden oder neu gegründeten Rechtsträger voraus. Zu dieser Regel enthält aber § 54 Abs. 1 UmwG wichtige Ausnahmen. So müssen zB in Fällen einer Aufwärtsverschmelzung oder bei notariellem Verzicht durch die Anteilsinhaber des übertragenden Rechtsträgers keine Anteile ausgegeben werden. – Die verschmelzungsfähigen inländischen Rechtsträger werden für umwandlungsrechtliche Zwecke in § 3 UmwG definiert. Für § 12 sind aber aus dem Katalog des § 3 UmwG nur die inländischen Körperschaften (AG, GmbH, KGaA, Idealverein, eingetragene Genossenschaft, genossenschaftliche Prüfungsverbände, VVaG sowie SE und SCE mit Sitz im Inland) relevant, also nicht die Rechtsträger iSv § 3 Abs. 1 Nr. 1 und § 3 Abs. 2 Nr. 2 UmwG.

- **Vergleichbare ausländische Vorgänge.** – Ausländische, mit einer Verschmelzung nach § 2 UmwG vergleichbare Vorgänge sind solche, bei denen auf die übertragende oder übernehmende Körperschaft das UmwG kollisionsrechtlich keine Anwendung findet, da sich deren statutarischer Sitz außerhalb des Geltungsbereichs des UmwG befindet.[7] Die beteiligten Körperschaften müssen aber EU/EWR Gesellschaften iSd. § 1 Abs. 2 S. 1 Nr. 1 sein. Zu den vergleichbaren Vorgängen zählen daher auch grenzüberschreitende Verschmelzungen iSv § 122 a UmwG, an denen neben einer inländischen mindestens auch eine ausländische Körperschaft beteiligt ist, welche durch ihre Gründung, ihren satzungsmäßigen Sitz ihre Hauptverwaltung oder Ihre Hauptniederlassung dem Gesellschaftsrecht eines anderen Mitgliedstaats der EU oder des EWR unterliegen muss (§ 122 b UmwG). In diesen Fällen liegt steuerlich eine **Hinaus- oder Hereinverschmelzung** vor. Es kann sich auch dann um eine ausländische Verschmelzung in diesem Sinne handeln, wenn beide beteiligte Körperschaften nur deshalb im Inland unbeschränkt steuerpflichtig sind (§ 1 Abs. 1 KStG), da ihre Geschäftsleitung im Inland liegt (§ 10 AO). Andererseits genügt es auch, wenn im Rahmen einer Verschmelzung nur beschränkt steuerpflichtiger ausländischer EU/EWR-Körperschaften im Inland steuerverhaftetes Vermögen übergeht. Zur Vergleichbarkeit des ausländischen Vorgangs mit einer Verschmelzung nach § 2 UmwG hat das BMF in Rn 01.20 bis 01.32, 01.40 und 01.41 UmwStE detaillierte Kriterien erarbeitet. Im Einzelfall kann eine verbleibende Rechtsunsicherheit hinsichtlich der Vergleichbarkeit im Wege einer gebührenpflichtigen verbindlichen Auskunft (§ 89 Abs. 2 AO) beseitigt werden.
- Vorgänge des Art. 17 der Verordnung (EG) Nr. 2157/2001 (Verordnung über das Statut der Europäischen Gesellschaft [SE]).[8] – Diese Vorschrift behandelt die **Gründung einer SE** durch Verschmelzung.
- Vorgänge des Art. 19 der Verordnung (EG) Nr. 1435/2003 (Verordnung über das Statut der Europäischen Genossenschaft [SCE]).[9] – Diese Vorschrift regelt die **Gründung einer SCE** durch Verschmelzung.
- **Sonstige** Verschmelzungen und Vermögensübertragungen, die nach Bundesrecht (außerhalb des UmwG) oder Landesrecht ausdrücklich vorgesehen sind (§ 1 Abs. 1 S. 1 Nr. 3 iVm § 1 Abs. 2 UmwG). – Im Rahmen des § 12 sind können zB landesrechtliche Vorschriften über die Vereinigung öffentlich-rechtlicher Kreditinstitute[10] und Versicherungsunternehmen relevant werden.
- Vermögensübertragung iSv § 174 Abs. 1 UmwG (**Vollübertragung**)[11] in der jeweils geltenden Fassung (§ 1 Abs. 1 S. 1 Nr. 4). – Hierfür kommen als beteiligte Rechtsträger in Betracht (§ 175 UmwG): Betriebe gewerblicher Art der öffentlichen Hand, VVaG, öffentlich-rechtliche Versicherungsunternehmen, Versicherungs-Aktiengesellschaften.

7 Vgl Rn 01.20 UmwStE.
8 ABl. L 294 v. 10.11.2001, S. 1.
9 ABl. L 207 v. 18.8.2003, S. 1.
10 ZB Art. 16 BaySpkG, BayRS II, 476; Art. 27 NRW-SpkG, GV NRW 2009, 950.
11 Rn 01.18 UmwStE.

13 Über die Verweisungsnorm des § 15 Abs. 1 gilt § 12 für die Fälle der **Auf- oder Abspaltung und der Teilübertragung** zwischen Körperschaften entsprechend.[12]

14 **Zeitlich** findet § 12 auf Verschmelzungen und Vermögensübertragungen (Vollübertragungen) Anwendung, bei denen die Anmeldung zur Eintragung der Umwandlung in das jeweils zuständige öffentliche Register nach dem 12.12.2006 erfolgt ist (§ 27 Abs. 1 S. 1). Auf entsprechende Vorgänge vor dem 13.12.2006 findet gem. § 27 Abs. 2 das UmwStG 1995[13] weiterhin Anwendung.[14]

III. Inhalt

15 **1. Abs. 1 – Übernahme der steuerlichen Schlussbilanz der übertragenden Körperschaft und Ansatz der Anteile an der übertragenden Körperschaft.** Abs. 1 formuliert einige grundsätzliche Vorgaben für die Gewinnermittlung bei der übernehmenden Körperschaft. Satz 1 gilt dabei für alle Verschmelzungsrichtungen, mithin die Auf-, Ab- und Seitwärtsverschmelzung, während die Verweisung des Satzes 2 nur für die Aufwärtsverschmelzung Bedeutung erlangt. Die auf die übernehmende Körperschaft übergegangenen Wirtschaftsgüter sind mit dem in der steuerlichen Schlussbilanz der übertragenden Körperschaft enthaltenen Wert iSd § 11 zu übernehmen (Satz 1). Der Steuerbilanzansatz für Anteile an der übertragenden Körperschaft ist bei der übernehmenden Körperschaft unter Vornahme bestimmter Korrekturen und Wertgrenzen festzulegen (Satz 2 iVm § 4 Abs. 1 S. 2 und 3).

16 „Auswirkungen auf den Gewinn der übernehmenden Körperschaft" (amtliche Überschrift) können sich ergeben

- durch Abs. 1 S. 2 iVm § 4 Abs. 1 S. 2 und 3 aus einer Korrektur des Beteiligungsansatzes (sog. **„erweiterte Wertaufholung"** im Falle der Aufwärtsverschmelzung), und
- in Verbindung mit Abs. 2 aus der Verschmelzung selbst (**Übernahmegewinn**).

17 **a) Abs. 1 S. 1 umfasst im Einzelnen folgende Regelungen: aa) Körperschaft als übernehmender Rechtsträger.** Übernehmender Rechtsträger muss eine Körperschaft sein. Zum Anwendungsbereich s. Rn 12 ff.

18 **bb) Umfang der übergehenden Wirtschaftsgüter.** Bei den im dritten Teil des UmwStG behandelten Fällen handelt es sich zivilrechtlich durchwegs um Fälle der Gesamtrechtsnachfolge. Dem folgt das Steuerrecht, indem der gesamte steuerliche Status der übertragenden Körperschaft auf die übernehmende Körperschaft übergeht (vgl Abs. 3). Dasselbe gilt für die Gesamtheit des Vermögens, welches vor der Umwandlung zum steuerlichen Übertragungsstichtag (§ 2 Abs. 1) der übertragenden Körperschaft zuzurechnen war. Zu diesem gehören die bilanzierten und nicht bilanzierten Wirtschaftsgüter, Verbindlichkeiten und Rückstellungen sowie sonstige Bilanzansätze (zB Rechnungsabgrenzungsposten gem. § 5 Abs. 5 EStG und Ausgleichsposten gem. § 4 g EStG). Abs. 1 S. 1 spricht nur den Wertansatz der übergegangenen **Wirtschaftsgüter** an. Es stellt sich insoweit die Frage, ob eine Bindung auch an den Wertansatz **anderer Positionen** aus der steuerlichen Schlussbilanz der übertragenden Körperschaft bestehen soll. Erheblich ist dies etwa für den Ansatz des **Geschäfts- oder Firmenwertes**, der nicht ausdrücklich als Wirtschaftsgut anerkannt, sondern nur als solches behandelt wird (§ 7 Abs. 1 S. 3 EStG). Die Frage stellt sich aber auch hinsichtlich sämtlicher **Passivposten** der Schlussbilanz. Steuerbilanziell sind Wirtschaftsgüter aktivische Bilanzposten (vgl § 6 Abs. 1 Nr. 2 EStG). Positionen der Passivseite werden vom Gesetzgeber mit Verbindlichkeiten und Rückstellungen angesprochen (vgl §§ 5 Abs. 2 a, 6 Abs. 1 Nr. 3 und Nr. 3 a EStG). Wie der Einleitungssatz des § 6 Abs. 1 EStG, der auf Wirtschaftsgüter Bezug nimmt, aber auch auf die Passivpositionen § 6 Abs. 1

12 S. hierzu die Kommentierung zu § 15.
13 IdF v. 15.10.2002, BGBl. I S. 4133, ber. BGBl. I 2003 S. 738.
14 Vgl Rn 00.01 UmwStE, auch zur Fortgeltung des BMF-Schreibens v. 25.3.1998, BStBl. I, 268, geänd. durch BMF v. 21.8.2001, BStBl. I, 543 und v. 16.12.2003, BStBl. I, 786.

Nrn. 3 und 3 a EStG verweist, zeigt, verwendet der Gesetzgeber den Begriff Wirtschaftsgut aber nicht stringent, und lässt damit das Verständnis zu, dass auch Positionen der Passivseite erfasst sein können. § 11 Abs. 1 zeigt dies ebenfalls, wenn nach Satz 1 dieser Vorschrift Wirtschaftsgüter angesprochen werden, und Satz 2 eine Sonderregelung für (Pensions-)Rückstellungen als Teilmenge hieraus enthält. – Während in diesen Fällen durch grammatische Auslegung eine Subsumtion unter den Tatbestand des Wirtschaftsgutes gelingen mag, fällt dies für **Rechnungsabgrenzungsposten, Ausgleichposten** gem. **§ 4 g Abs. 1 EStG** oder einen **negativen Geschäftswert**[15] nicht leicht. Insoweit ist aber systematisch, aus dem Regelungszusammenhang mit § 11 und der in Abs. 3 angeordneten steuerlichen Gesamtrechtsnachfolge zu schließen, dass die übernehmende Körperschaft die steuerliche Schlussbilanz der übertragenden Körperschaft in ihrer konkreten Gestalt, einschließlich aller dort erfassten Bilanzpositionen zu übernehmen hat; denn nur so wird die durch §§ 11 und 12 angestrebte Bilanzkongruenz bei übertragender und übernehmender Körperschaft erreicht. Im Ergebnis folgt dieser Auslegung auch die Finanzverwaltung.[16]

Zu Auswirkungen der Verschmelzung auf Wirtschaftsgüter, die zum steuerlichen Übertragungsstichtag (§ 2 Abs. 1) **der übernehmenden Körperschaft zuzurechnen** sind, enthält § 12 nur vereinzelte Regelungen. Bezüglich etwaiger **Anteile an der übertragenden Körperschaft** gilt die erweiterte Wertaufholung gem. Abs. 1 S. 2 iVm § 4 Abs. 1 S. 2. Korrespondierende Forderungen oder Verbindlichkeiten können zu einem Übernahmefolgegewinn nach Abs. 4 führen. Die Übertragung von Rücklagen nach § 6 b Abs. 3 oder § 7 g EStG soll nach Auffassung des BMF mangels begünstigter Anschaffung unzulässig sein.[17] 19

cc) **Wertansatz bei der übernehmenden Körperschaft.** Die übernehmende Körperschaft hat die übergegangenen Wirtschaftsgüter mit dem Wert anzusetzen, der sich aus der steuerlichen Schlussbilanz der übertragenden Körperschaft (vgl § 11 Abs. 1 S. 1) ergibt. Diese ist auf den steuerlichen Übertragungsstichtag (§ 2 Abs. 1) zu erstellen; ihre Werte sind von der übernehmenden Körperschaft zu diesem Übertragungsstichtag zu übernehmen. Die **übertragende Körperschaft trifft damit wesentliche Entscheidungen** über die Ergebnisauswirkungen der Verschmelzung auch für die übernehmende Körperschaft. 20

Eine zwingende **handelsrechtliche Wertverknüpfung** besteht **nicht** zwischen den Bilanzansätzen der übernehmenden und der übertragenden Körperschaft (vgl §§ 17 Abs. 2, 24 UmwG).[18] Gem. § 17 Abs. 2 UmwG hat die übertragende Körperschaft auf den Umwandlungsstichtag eine handelsrechtliche Schlussbilanz aufzustellen; stille Reserven dürfen hierin nicht aufgedeckt werden (§ 17 Abs. 2 S. 2 UmwG). Die übernehmende Körperschaft erstellt bei der Verschmelzung zur Neugründung eine handelsrechtliche Eröffnungsbilanz gem. § 242 Abs. 1 HGB. Bei der Verschmelzung zur Aufnahme wird das übergehende Vermögen im Rahmen eines laufenden Geschäftsvorfalls eingebucht. Gem. § 24 UmwG kann die übernehmende Körperschaft die übernommenen Vermögensgegenstände und Schulden mit den Anschaffungskosten der übertragenden Körperschaft oder wahlweise mit den tatsächlichen Anschaffungskosten, also mit dem Wert der hingegebenen Geschäftsanteile oder der sonstigen Gegenleistung, ansetzen. 21

Eine **Maßgeblichkeit** der handelsrechtlichen für die steuerliche Schlussbilanz besteht jedenfalls seit Geltung des UmwStG idF des SEStEG **nicht** mehr, und zwar auch nicht mehr in der Form 22

15 Vgl BFH DStR 1994, 1305; BFH DStR 2006, 1313.

16 Rn 12.02, 04.01 UmwStE, auch bzgl. Sammelposten gem. § 6 Abs. 2 a EStG; im Ergebnis auch Blümich/*Klingberg*, § 12 UmwStG Rn 18; Haase/Hruschka/*Herfort/Viebrock*, § 12 Rn 40.

17 Rn 12.04, 04.14 UmwStE; dies dürfte angesichts des generellen Verständnisses der Verschmelzung als eines Veräußerungs- und Anschaffungsvorgangs (Rn 00.02 UmwStE) weniger systematischen Erwägungen als der Tatsache geschuldet sein, dass die Verschmelzung bei der übertragenden Körperschaft gem. § 11 Abs. 2 nicht zur Aufdeckung stiller Reserven führen muss.

18 Vgl IDW RS HFA 42, Wpg Supplement 4/2012, S. 91 ff, Tz 34 f.

der sog. „phasenverschobenen Wertaufholung".[19] Unterschiedliche Wertansätze in der Handels- und Steuerbilanz führen regelmäßig zu handelsbilanziellen Folgewirkungen durch den Ausweis latenter Steuern gem. § 274 HGB. Die durch Abs. 1 S. 1 angeordnete steuerliche Wertverknüpfung konstituiert ein – von der Handelsbilanz unabhängiges – **originär steuerliches Konzept**, dessen Inhalt im Einzelnen klärungsbedürftig ist. Ein „Prinzip des Bilanzenzusammenhangs"[20] gibt hierfür eher eine plakative Formel als eine konkrete Vorgabe zur Lösung konkreter Auslegungsfragen.

23 Fraglich ist, was unter dem „**Wert** im Sinne des § 11" zu verstehen ist. Die Formulierung des Abs. 1 S. 1 ist durch den Verweis auf einen Wert (Singular) der übergegangenen Wirtschaftsgüter (Plural) ungenau. Bei wörtlicher Auslegung könnte darunter eine **Saldogröße** (Wert) aller Wertansätze der übergegangenen Wirtschaftsgüter verstanden werden. Für ein solches Verständnis spricht die insoweit identische Formulierung in Abs. 2 S. 1; im dortigen Zusammenhang ist – zur Ermittlung des freizustellenden Unterschiedsbetrags – die Saldogröße der übergegangenen Wirtschaftsgüter heranzuziehen. Ungeregelt bliebe bei dieser Auslegung aber, wie eine solche Saldogröße bei der übernehmenden Körperschaft auf die in der dortigen Steuerbilanz abzubildenden Wirtschaftsgüter aufzuteilen wäre. Insb. käme dann – jedenfalls bei einem Wertansatz unterhalb des gemeinen Wertes – eine Aufteilung zugunsten steuerlich abschreibbarer Wirtschaftsgüter in Betracht, welche vom konkreten Ansatz des jeweiligen Wirtschaftsguts bei der übertragenden Körperschaft abweichen könnte. Nach Sinn und Zweck der §§ 11 und 12 ist aber von einer Bilanzkongruenz zwischen übertragendem und übernehmendem Rechtsträger auszugehen; eine Abweichung der Wertansätze auf beiden Ebenen wäre damit nicht vereinbar. Satz 1 ist damit so auszulegen, dass die übergegangenen Wirtschaftsgüter *jeweils* mit dem Wert anzusetzen sind, der sich *für sie* aus der steuerlichen Schlussbilanz der übertragenden Körperschaft ergibt (**Prinzip der Wertverknüpfung**).[21]

24 Der Wortlaut des Satzes 1 lässt auch nicht zweifelsfrei erkennen, ob die Vorschrift eine **formelle Korrespondenz** der Wertansätze mit denen der steuerlichen Schlussbilanz der übertragenden Einheit anordnet, **oder** ob bei der übernehmenden Körperschaft eine **eigene Prüfung der Wertansätze** der steuerlichen Schlussbilanz am Maßstab des § 11 erfolgen muss. Angeordnet wird nämlich nicht die Übernahme des Wertes aus der steuerlichen Schlussbilanz, sondern des Wertes „**im Sinne des § 11**". Würden die zu übernehmenden Werte in der steuerlichen Schlussbilanz final und bindend festgelegt, dann wäre bei der übernehmenden Körperschaft nicht mehr zu prüfen, ob es sich hierbei um Werte „im Sinne des § 11" handelt. Der Wortlaut des Abs. 1 S. 1 scheint dem zu widersprechen, und für Zwecke der übernehmenden Körperschaft eine eigenständige Prüfung des Wertansatzes im Sinne des § 11 zu gebieten. Dieses Verständnis wird unterstützt durch die Formulierung in § 20 Abs. 3 S. 1: dort wird ohne Einschränkung, insb. ohne Verweis auf den Wert nach § 20 Abs. 2, eine Bindung des Einbringenden an den Wertansatz bei der übernehmenden Gesellschaft angeordnet. Dies impliziert e contrario, dass die insoweit abweichende Formulierung in § 12 Abs. 1 S. 1 auch eine abweichende Regelung im Sinne einer eigenständigen Überprüfung des Wertansatzes festlegt. Andererseits knüpft aber Abs. 1 S. 1 auch an die steuerliche Schlussbilanz der übertragenden Körperschaft an. Wäre im Rahmen des § 12 eine eigenständige Prüfung der übernommenen Wertansätze gewollt, dann wäre jene Anknüpfung an die steuerliche Schlussbilanz obsolet. Ausreichend wäre dann nämlich eine Übernahme von Werten im Sinne des § 11, ohne dass es auf einen konkreten Ansatz in der steuerlichen Schlussbilanz bei der übertragenden Körperschaft ankäme. Ebenso wie bei § 4

19 So noch Tz 11.02 UmwStE 1998; vgl nunmehr Rn 12.02 iVm 04.04 UmwStE; die handelsbilanzielle Abbildung der Umwandlung ist damit für die steuerliche Gewinnermittlung ohne Auswirkung, vgl Lademann/*Hahn*, § 12 Rn 12; Haritz/Menner/*Wisniewski*, § 12 Rn 15;Widmann/Mayer/*Schießl*, § 11 UmwStG Rn 22; zweifelnd: *Frotscher*, UmwStE, zu Rn 12.02, 04.04.: diese Rn könnten so verstanden werden, dass die Finanzverwaltung ihre Ansicht von der „diagonalen oder phasenverschobenen Maßgeblichkeit" aufrechterhalte.

20 Vgl Lademann/*Hahn*, § 12 Rn 11 und 52; *Klingebiel/Patt/Rasche/Krause*, S. 229.

21 Vgl Schneider/Ruoff/Sistermann/*Ruoff*, UmwStE 2011, H 12.1.

Abs. 1 ist daher bei § 12 Abs. 1 zu unterstellen, dass zwischen dem Wertansatz bei der übertragenden und der übernehmenden Körperschaft eine vollständige Kongruenz bestehen soll (Prinzip der Wertverknüpfung). Ein (teilweiser) Aufschub der Erfassung steuerlich verhafteter stiller Reserven soll bei der übertragenden Körperschaft nur in dem Umfang gewährt werden, in dem jene bei der übernehmenden Körperschaft steuerlich erfasst bleiben, vgl § 11 Abs. 2 Nrn. 1 und 2. Dies kann nur erreicht werden, wenn die konkreten Wertansätze aus der steuerlichen **Schlussbilanz für die Bilanzierung bei der übernehmenden Körperschaft bindend** sind. Folgerichtig formuliert auch das BMF, dass die Wirtschaftsgüter mit den Wertansätzen zu übernehmen sind, die die „übertragende Körperschaft in deren steuerlicher Schlussbilanz ... angesetzt hat".[22] Anzusetzen sind damit zum steuerlichen Übertragungsstichtag insb. **auch solche** Werte aus der steuerlichen Schlussbilanz, welche **nach allgemeinen steuerbilanziellen Grundsätzen** (insb. §§ 5, 6 EStG) bei der übertragenden Körperschaft **unzulässig** wären. Dies ist relevant, wenn die Übertragung mit einem vom Buchwert (§ 1 Abs. 5 Nr. 4) abweichenden Ansatz (Zwischenwert, gemeiner Wert) erfolgt, und etwa selbstgeschaffene immaterielle Wirtschaftsgüter[23] oder Drohverlustrückstellungen[24] angesetzt werden. Für die Bewertung von Pensionsrückstellungen gilt, unabhängig vom gewählten Wertansatz im Übrigen, § 6 a EStG.[25] Eine Aufdeckung stiller Lasten durch Ansatz des gemeinen Wertes der Pensionsrückstellung ist damit weder auf Ebene der übertragenden (§ 11 Abs. 1 S. 2) noch bei der übernehmenden Körperschaft zulässig.

Soweit die übertragende Körperschaft in ihrer Schlussbilanz gemeine Werte oder Buchwerte ansetzt, können sich hierbei **nachträgliche Änderungen** ergeben, die zu Berichtigungen der Schlussbilanz führen. Dies kann zB resultieren aus abweichenden Feststellungen des Betriebsprüfers (§§ 193 ff AO) zu den angesetzten Werten.[26] Soweit in diesen Fällen gegenüber der übernehmenden Körperschaft bereits ein Steuerbescheid ergangen ist, soll die Wertverknüpfung verfahrensrechtlich über § 164 AO oder § 175 Abs. 1 S. 1 Nr. 2 und S. 2 AO gewährleistet werden.[27] Dasselbe gilt, wenn nachträglich die Unwirksamkeit des Antrags der übertragenden Körperschaft gem. § 11 Abs. 2 S. 1 erkannt wird, und daher der gemeine Wert angesetzt werden muss. 25

Abs. 1 S. 1 differenziert nicht nach dem steuerlichen Status der übertragenden Körperschaft. Die Bindung der übernehmenden Körperschaft an die steuerliche Schlussbilanz gilt daher auch dann, wenn die **übertragende Körperschaft steuerbefreit** ist (§ 5 KStG, § 3 GewStG), und sich ein konkreter Wertansatz bei ihr tatsächlich nicht auf deren Bemessungsgrundlage ausgewirkt hat.[28] 26

Praxishinweis: In diesen Fällen ist daran zu denken, die Entstehung erstmaliger stiller Reserven bei der übernehmenden Körperschaft durch den Ansatz des gemeinen Wertes in der steuerlichen Schlussbilanz weitgehend zu vermeiden.

Dasselbe gilt, wenn die Schlussbilanz von einer **EU/EWR-Kapitalgesellschaft** iSv § 1 Abs. 2 S. 1 Nr. 1 und S. 2 als übertragender Körperschaft erstellt wird (Hereinverschmelzung).[29] Die Schlussbilanz folgt auch in den hier relevanten Fällen eines vergleichbaren ausländischen Vor- 27

22 Rn 12.02, 04.01 UmwStE; zust. Schneider/Ruoff/Sistermann/*Ruoff*, UmwStE 2011, H 12.1.
23 Vgl § 11 Abs. 1 S. 1 und Gesetzesbegründung zu § 11 Abs. 1, BT-Drucks. 16/3369, 23.
24 Vgl Rn 11.03, 03.06 UmwStE; zur Folgebilanzierung s. unten Rn 78.
25 Krit. *Ley/Bodden*, FR 2007, 265, 268.
26 Vgl Rn 11.12, 03.30 UmwStE
27 Schneider/Ruoff/Sistermann/*Blaas/Sommer*, UmwStE 2011, H. 4.4; in: Dötsch/Pung/Möhlenbrock/*Pung*, § 4 UmwStG Rn 8; Haase/Hruschka/*Herfort/Viebrock*, § 12 / 58, 109; Lademann/*Hahn*, § 12 Rn 11; Blümich/*Klingberg*, § 12 UmwStG Rn 18.
28 Vgl Rn 12.02, 04.01 UmwStE. Darin liegt eine Abweichung von § 12 Abs. 1 S. 2 UmwStG 1995, welcher in diesen Fällen stets den Ansatz des Teilwerts verlangte.
29 Die Finanzverwaltung (Rn 12.01, 04.01 UmwStE) spricht in diesem Zusammenhang von „ausländische Körperschaft"; damit können aber nur die Fälle gemeint sein, die in den persönlichen Anwendungsbereich des § 12 UmwStG fallen. – Zum Fall einer Verschmelzung einer ausländischen auf eine inländische Körperschaft ohne Erstellung einer steuerlichen Schlussbilanz vgl Blümich/*Klingberg*, § 4 UmwStG Rn 16.

gangs (§ 1 Abs. 1 S. 1 Nr. 1)[30] den (deutschen) Grundsätzen des § 11. Eine rechtliche Bindung an eine etwaige Übertragungsbilanz nach ausländischen Grundsätzen, die durch die übertragende Körperschaft etwa für Zwecke der ausländischen Schlussbesteuerung nach dortigem Recht zu erstellen ist, besteht nicht. Auf die daraus ggf entstehenden Risiken einer Doppelbesteuerung kann an dieser Stelle nur hingewiesen werden.

Praxishinweis: Zur Vermeidung von Doppelbesteuerungen sollten in diesen Fällen die Wertansätze für Zwecke einer ausländischen Schlussbesteuerung und diejenigen für Zwecke der Schlussbilanz nach § 11 möglichst vorab im Rahmen der vorgesehenen Verfahren mit den zuständigen Finanzbehörden abgestimmt werden.

Soweit der Wertansatz in der Schlussbilanz nach § 11 den gemeinen Wert des übertragenden Vermögens unterschreitet (Buch- oder Zwischenwert), führt die übernehmende Körperschaft diesen Wert nach Abs. 1 S. 1 fort. Ein solcher Fall kann sich sowohl dann ergeben, wenn ausländisches neben bereits im Inland steuerverstricktem Vermögen übertragen wird,[31] als auch dann, wenn ausschließlich ausländisches Vermögen übertragen wird. Der Antrag nach § 11 Abs. 2 S. 2 setzt keine (teilweise) Steuerverhaftung im Inland voraus.

28 Eine erstmalige steuerliche **Verstrickung** der jeweiligen Wirtschaftsgüter im Inland ist als ein (gedanklich oder tatsächlich) nachfolgender Vorgang nach den Verstrickungsregelungen der § 8 Abs. 1 KStG iVm §§ 4 Abs. 1 S. 8 Hs 2 iVm 6 Abs. 1 Nr. 5 a EStG mit dem gemeinen Wert zu erfassen.[32] In diesen Fällen tritt also in der Praxis neben die in Abs. 1 S. 1 geregelte Wertknüpfung die zusätzliche wesentliche Frage, ob und ab wann die jeweiligen Wirtschaftsgüter bei der übernehmenden Körperschaft steuerlich verstrickt werden. Dies ist immer dann der Fall, wenn die Wirtschaftsgüter einer inländischen Betriebsstätte der übernehmenden Körperschaft zuzurechnen sind. Die Finanzverwaltung ist hierzu der Auffassung, dass eine grenzüberschreitende Umwandlung per se nicht die abkommensrechtliche Zuordnung von Wirtschaftsgütern zu einer in- oder ausländischen Betriebsstätte ändert, und verweist im Übrigen auf die Grundsätze des sog. Betriebsstättenerlasses.[33] Zuzustimmen ist ihr darin, dass die grenzüberschreitende Verschmelzung per se die Zuordnung von Wirtschaftsgütern zu einer in- oder ausländischen Betriebsstätte nicht beeinflusst, und zwar weder nach Abkommens-, noch nach nationalem Recht. Unproblematisch sind weiterhin die Fälle, bei denen im Zuge der Verschmelzung für Zwecke der Reorganisation des Betriebs bewegliche Wirtschaftsgüter physisch erstmals dauerhaft einer deutschen Betriebsstätte zugeordnet werden. Im Übrigen – zB bei einer nur vorübergehenden Zuordnung zu einer Betriebsstätte, bei der Nutzung durch mehrere Betriebsstätten im In- und Ausland und bei immateriellen Wirtschaftsgütern – bestehen in der Praxis aber erhebliche Unsicherheiten. Tz. 2.4 des Betriebsstättenerlasses gibt zur Orientierung einige Kriterien vor.[34]

Praxishinweis: Im Einzelfall kann die rechtliche Beurteilung einer möglichen steuerlichen Verstrickung der Zuordnung der Wirtschaftsgüter durch eine gebührenpflichtige verbindliche Auskunft (§ 89 Abs. 2 bis 7 AO, § 34 GKG, StAuskV,[35] AEAO Nr. 3 zu 89.2 AO) abgesichert werden, und zwar idealerweise mit sämtlichen beteiligten Fisci; hier sollte ggf eine Festlegung auch hinsichtlich der Wertansätze erfolgen, soweit sie nach dem jeweils anwendbaren Recht relevant werden können.

29 **dd) Kein eigenes Bewertungswahlrecht.** Die übernehmende Körperschaft „hat" jene Werte zu übernehmen; ein Wahlrecht steht ihr insoweit nicht zu. Nur so ist das vom Gesetzgeber angestrebte Prinzip der Wertverknüpfung erreichbar.

30 Vgl Rn 01.20 – 01.32 UmwStE

31 Vgl Haase/Hruschka/*Herfort/Viebrock*, § 12 Rn 63 f; nach Rn 11.06, 03.13 UmwStE ist der Antrag in diesem Fall für das aus- und inländische Vermögen einheitlich zu stellen.

32 Schneider/Ruoff/Sistermann/*Blaas/Sommer*, UmwStE 2011, H 4.5.

33 Rn 11.09, 03.20 UmwStE; BS-Erlass: BStBl. I 1999, 1076, geänd. durch BStBl. I 2009, 888.

34 Krit. hierzu, insb. zur sog. Zentralfunktionsthese: *Blumers*, DB 2006, 856.

35 V. 30.11.2007, BGBl. I S. 2783.

Ohne Bedeutung ist es hierfür, ob die betreffenden Wirtschaftsgüter im Wege einer Verschmelzung zur Aufnahme oder zur Neugründung auf den übernehmenden Rechtsträger übergehen. Formal erfolgt der Ausweis im ersteren Fall buchhalterisch als laufender Geschäftsvorfall, im letzteren in einer steuerlichen Eröffnungsbilanz.[36] 30

b) **Abs. 1 S. 2: erweiterte Wertaufholung, Beteiligungskorrekturgewinn.** § 12 Abs. 1 S. 2 ordnet die entsprechende Geltung der Sätze 2 und 3 des § 4 Abs. 1 auf Ebene der übernehmenden Körperschaft an. Es handelt sich um einen Rechtsfolgenverweis für Fälle, in denen der übernehmende am übertragenden Rechtsträger beteiligt ist, mithin um Fälle der (vollständigen oder gemischten) **Aufwärtsverschmelzung**. Zur Abwärtsverschmelzung vgl § 11 Abs. 2 S. 2. 31

Nach **§ 4 Abs. 1 S. 2** sind die Anteile an der übertragenden Körperschaft bei der übernehmenden Körperschaft zum steuerlichen Übertragungsstichtag (vgl § 2 Abs. 1 S. 1) mit dem Buchwert (vgl § 1 Abs. 5 Nr. 4) zu erfassen, welcher ggf zu korrigieren ist um frühere steuerwirksame Abschreibungen, sowie um Abzüge nach § 6 b EStG und ähnliche Abzüge. Die **Ansatzhöchstgrenze** bildet dabei der gemeine Wert. 32

§ 4 Abs. 1 S. 3 erklärt für einen sich daraus ergebenden Gewinn die Vorschriften der § 8 b Abs. 2 S. 4 und 5 KStG sowie § 3 Nr. 40 S. 1 Buchst. a S. 2 und 3 EStG für anwendbar. Aus der Verweisung der §§ 12 Abs. 1 S. 2 iVm 4 Abs. 1 S. 3, welche – anders als § 4 bei unmittelbarer Anwendung – im Zusammenhang mit der Verschmelzung auf eine Körperschaft stehen, resultiert nur die Anwendung der **§ 8 b Abs. 2 S. 4 und 5 KStG**, da § 3 Nr. 40 EStG auf Körperschaften nicht anwendbar ist. Die Verweisungskette §§ 12 Abs. 1 S. 2 iVm 4 Abs. 1 S. 3 ist insoweit teleologisch auf § 4 Abs. 1 S. 3 Alt. 1 zu begrenzen. Durch diese Bestimmungen werden frühere **steuerwirksame Buchwertminderungen** neutralisiert, bevor die betreffenden Anteile im Rahmen der Verschmelzung endgültig untergehen. Andernfalls könnten die Rechtsfolgen der § 8 b Abs. 2 S. 4 und 5 KStG, die etwa im Rahmen einer alternativen Liquidation der übertragenden Körperschaft nach § 8 b Abs. 2 S. 3 und 4 KStG ausgelöst würden, durch eine Verschmelzung endgültig vermieden werden.[37] Diesem Regelungszusammenhang entsprechend sind auch die Begriffe Abschreibungen und ähnliche Abzüge in dem Sinne auszulegen, der ihnen im Rahmen des § 8 b Abs. 2 S. 5 KStG zukäme. 33

Steuerwirksam sind insoweit Buchwertminderungen dann, wenn sie das **zu versteuernde Einkommen reduzieren oder einen Verlust erhöhen.**[38] Darunter fallen nicht solche Maßnahmen, welche zu einer ergebnisneutralen Minderung des Beteiligungsbuchwertes führen, wie etwa eine Kapitalherabsetzung oder eine Einlagenrückgewähr. Ausreichend ist die Minderung der körperschaftsteuerlichen Bemessungsgrundlage; ohne Bedeutung ist insoweit eine etwaige Hinzurechnung nach § 8 Nr. 10 lit. a GewStG für gewerbesteuerliche Zwecke. **Abschreibungen** auf Kapitalgesellschaftsbeteiligungen sind heute nach § 8 b Abs. 3 S. 3 KStG körperschaftsteuerlich unwirksam. Anders war dies noch unter Geltung des körperschaftsteuerlichen Anrechnungsverfahrens vor Einführung des Halbeinkünfteverfahrens;[39] hieran knüpft § 4 Abs. 1 S. 2 an. Auch **Abzüge nach § 6 b Abs. 10 EStG** stehen Körperschaften nicht mehr zu; anders war dies noch vor Geltung des StEntlG 1999/2000/2002.[40] Der Begriff „**ähnliche Abzüge**" war bereits im Gesetzgebungsverfahren zum SEStEG wegen seiner Weite und Unbestimmtheit umstritten.[41] 34

36 S. Rn 24; vgl Rn 12.02, 04.03 UmwStE; Blümich/*Klingberg*, § 12 UmwStG Rn 17 aE., 19; Haritz/Menner/*Wisniewski*, § 12 Rn 40: steuerliche Übernahmebilanz; Widmann/Mayer/*Schießl*, § 12 UmwStG Rn 8.

37 Urspr wurde hierdurch auch eine doppelte Verlustnutzung nach früherer Rechtslage durch eine steuerwirksame Teilwertabschreibung auf die Beteiligung an der übertragenden Körperschaft und den Übertrag des steuerlichen Verlustvortrags der übertragenden Körperschaft nach § 12 Abs. 3 S. 3 UmwStG 1995 vermieden.

38 Vgl Widmann/Mayer/*Schießl*, § 12 UmwStG Rn 109; Haase/Hruschka/*Herfort*/*Viebrock*, § 12 Rn 79; Lademann/*Hahn*, § 12 Rn 21.

39 Steuersenkungsgesetz v. 23.10.2000, BGBl. I S. 1433; vgl § 34 Abs. 4 S. 1 KStG zum erstmaligen Anwendungszeitpunkt.

40 V. 24.3.1999, BGBl. I S. 402; vgl § 52 Abs. 18 EStG zum Anwendungszeitpunkt.

41 ZB *Herrmann*/*Heuer*/*Raupach*/*Watermeyer*, EStG/KStG, Jahresband 2007, § 8 b KStG, Rn J 06-13; IDW – Stellungnahme, Wpg. 2006, 749 f (zu § 3 Nr. 40 EStG).

In der Gesetzesbegründung[42] wurde § 30 BergbauRatG[43] als damit prominentes, aber praktisch wenig bedeutsames Anwendungsbeispiel benannt. Daneben wird in der Literatur einhellig der Abzug bei Ersatzbeschaffungen nach den gewohnheitsrechtlichen Grundsätzen der **R 6.6 EStR** zitiert.[44]

35 Entsprechend dem vorgenannten telos sind solche steuerwirksamen Buchwertminderungen und Abzüge insoweit **nicht** zu korrigieren, als sie bereits zum Ablauf des steuerlichen Übertragungsstichtags im Rahmen einer **Teilwertaufholung** (§§ 6 Abs. 1 Nr. 1 S. 4 iVm Abs. 2 S. 3 EStG), zB im Rahmen früherer regulärer Steuerbilanzen, gewinnerhöhend hinzugerechnet worden sind.[45] § 4 Abs. 1 S. 2 ergänzt insoweit die Bewertungsvorschrift des § 6 EStG.[46] Nach Rn 12.03 S. 3 UmwStE scheidet das BMF auch Beträge aus der Beteiligungskorrektur aus, soweit „die Rücklage nach **§ 6 b Abs. 3 EStG** gewinnerhöhend aufgelöst worden ist". Dies kann nur insoweit gelten, als mit dieser Auflösung eine Buchwertminderung einherging (§ 6 b Abs. 3 S. 4 EStG oder R 6.6 Abs. 4 S. 6), denn nur insoweit erfolgte ein „Abzug" iSv § 4 Abs. 1 S. 2.

36 Erfasst werden steuerwirksame Buchwertminderungen auf die Anteile an der übertragenden Tochtergesellschaft selbst, und auf solche Beteiligungen, die ggf auf jene (gem. § 13 Abs. 2 S. 2) übergegangen sind.

37 Die Wertkorrektur ist **begrenzt** auf eine Zuschreibung bis zum gemeinen Wert der Beteiligung. Diese Begrenzung bestand im alten Recht (§ 12 Abs. 2 S. 2 UmwStG 1995) nicht.

Praxishinweis: Für Fälle der (gemischten) Aufwärtsverschmelzung ist damit stets der **gemeine Wert** zu ermitteln. Soweit sich dieser nicht iSv **§§ 9 Abs. 2, 11 Abs. 2 BewG** aus Vorgängen im gewöhnlichen Geschäftsverkehr, insb. aus Transaktionen mit unverbundenen Dritten in engem zeitlichen Zusammenhang mit der Verschmelzung, ableiten lässt, ist eine Bewertung nach anerkannten Bewertungsstandards vorzunehmen. Die gleichlautenden Erlasse der obersten Finanzbehörden der Länder vom 17.5.2011[47] sind hierbei zu beachten.[48]

In der Regel wird der gemeine Wert der Anteile iRd. §§ 12 Abs. 1 S. 2 iVm 4 Abs. 1 S. 2 dem gemeinen Wert des übertragenen Vermögens entsprechen, welcher gem. § 11 Abs. 1 bzw Abs. 2 S. 1 (als Bewertungsobergrenze) zu ermitteln ist.

38 Fraglich ist das Vorgehen bei der Wertkorrektur, wenn der **gemeine Wert die Summe aus Buchwert und früheren steuerwirksamen Abzügen** unterschreitet. Nach dem Wortlaut der Vorschrift kommt in diesen Fällen ein zweistufiges Vorgehen in Betracht, deren erste Stufe in einer vollständigen Aufholung der früheren steuerwirksamen Abschreibungen und Abzüge bestünde, gefolgt von einer Wertkorrektur auf den gemeinen Wert. Beide Stufen wären bei diesem Vorgehen hinsichtlich ihrer steuerlichen Folgen isoliert zu beurteilen. Dabei könnte fraglich sein, ob die Wertkorrektur in der zweiten Stufe einer Abzugsbeschränkung (§ 8 b Abs. 3 KStG) unterfällt. Alternativ könnte die Wertkorrektur als **einstufiger Vorgang** zu verstehen sein, bei welchem der gemeine Wert den Betrag der Aufholung der früheren Abschreibungen und Abzüge begrenzen würde. Dem Wortlaut der Vorschrift dürfte das letztere, einstufige Vorgehen eher entsprechen. Ausdrücklich geregelt wird nämlich nur der gemeine Wert als Obergrenze des Beteiligungsansatzes. Nicht erwähnt wird – **anders** als noch durch die Vorgängervorschrift **§ 12 Abs. 2 S. 2 UmwStG 1995** – eine vollständige Aufholung früherer steuerwirksamer Wertkorrekturen.

39 Auch Sinn und Zweck der Vorschrift sprechen für das einstufige Vorgehen. Bei der Verschmelzung soll nur der Betrag der früheren steuerwirksamen Wertkorrekturen zurückgenommen

42 BR-Drucks. 16/2710, 30 r.Sp.
43 Gesetz zur Förderung der Rationalisierung im Steinkohlenbergbau, BGBl. I 1963 S. 549; aufgeh. in 2001 (BGBl. I S. 3992).
44 EStÄR 2012 v. 25.3.2013, BStBl. I, 276; s. nur Frotscher/Maas/*Frotscher*, EStG § 3 Nr. 40, Anm. 3.40.3.1.8; Schneider/Ruoff/Sistermann/*Ruoff*, UmwStE 2011, H 12.4.
45 Vgl Rn 12.03, 04.07 UmwStE
46 Haase/Hruschka/*Herfort*/*Viebrock*, § 12 Rn 70.
47 BStBl. I 2011, 606.
48 BMF v. 22.9.2011, BStBl. I, 859.

werden, der auch bei einer Veräußerung oder Liquidation steuerwirksam würde. Das zweistufige Vorgehen würde demgegenüber zu einer überschießenden Erfassung nicht vorliegender Wertsteigerungen führen; hierfür besteht keine Notwendigkeit oder Rechtfertigung.

Systematisch wird dieses Ergebnis e contrario auch unterstützt durch § 4 Abs. 1 S. 3, der für 40
die Rechtsfolgen der Wertkorrektur auf § 8 b Abs. 2 S. 4 und 5 KStG (sowie – für natürliche Personen – § 3 Nr. 40 S. 1 Buchst. a S. 2 und 3 EStG) verweist, nicht aber auf die Abzugsbeschränkungen der § 8 b Abs. 3 S. 3 KStG (und § 3 c Abs. 2 EStG).

Daneben ist fraglich, in welcher **Reihenfolge** frühere **steuerwirksame und nicht steuerwirksame** 41
Buchwertkürzungen aufzuholen sind, wenn der gemeine Wert der Beteiligung unter der Summe aus dem Buchwert und diesen früheren Abzügen liegt. Das Gesetz trifft hierzu keine klare Regelung, scheint hierzu in § 4 Abs. 1 S. 2 aber einen Vorrang für die Aufholung der steuerwirksamen Buchwertkürzung anzudeuten, da es nur jene, nicht aber die früher nicht steuerwirksame Kürzung anspricht. Dementsprechend geht auch die **Finanzverwaltung**, wenngleich ohne Begründung, von einem entsprechenden Vorrang aus.[49] Zwingend ist dieses Verständnis aber nicht. Vielmehr lässt sich auf die vom **BFH**[50] im Rahmen der Teilwertzuschreibung nach § 6 Abs. 1 Nr. 1 und 2 EStG vertretene Auffassung verweisen, nach welcher Wertaufholungen solange steuerfrei zu belassen sind, bis die nicht steuerwirksamen Buchwertkürzungen vollständig kompensiert worden sind. Der BFH leitet dieses Ergebnis aus der Gesetzeshistorie zum Systemwechsel vom Anrechnungs- auf das Halbeinkünfteverfahren ab, wonach es geboten sei, früher steuerwirksam abgeschriebene Beteiligungen nicht nachfolgend mit steuerfreiem Gewinn veräußern zu können. Bei diesem Verständnis müssen steuerlich unwirksam gebliebene Wertkorrekturen aus der Zeit nach dem Systemwechsel bei einer nachfolgenden Buchwertanpassung vorrangig aufgeholt werden, da das vom BFH herausgestellte Risiko insoweit gerade nicht besteht. Beachtlich ist, dass diese BFH – Rechtsprechung unmittelbar im Rahmen der Anwendung des § 6 EStG auf den Beteiligungsbuchwert an der übertragenden Körperschaft im Rahmen der Steuerbilanz der übernehmenden Körperschaft zu berücksichtigen ist. Die Auffassung der Finanzverwaltung ist noch von Bedeutung, soweit der gemeine Wert über dem Teilwert liegt bzw in denen der steuerliche Übertragungsstichtag nicht auf einen Bilanzstichtag der übernehmenden Körperschaft entfällt.

Praxishinweis: Im Einzelfall sollte geprüft werden, ob durch zielgerichtete Festlegung des steuerlichen Übertragungsstichtags auf einen Termin nach einem regulären Steuerbilanzstichtag der Teilwert unter Beachtung der BFH-Grundsätze aufgeholt werden kann.[51]

Praxishinweis: Da die Beteiligungskorrektur auf den Betrag des gemeinen Wertes der Beteiligung begrenzt ist, ist in der Gestaltungspraxis zudem an eine **Dividende vor dem steuerlichen Übertragungsstichtag** zu denken.[52]

Auf den **Beteiligungskorrekturgewinn** sind gem. § 4 Abs. 1 S. 3 die § 8 b Abs. 2 S. 4 und 5 42
KStG anzuwenden. Fraglich könnte nämlich sein, ob § 8 b Abs. 2 S. 3 KStG diesen Gewinn tatbestandlich erfassen und (teilweise) freistellen würde, insb. ob eine Betriebsvermögensmehrung „aus der Veräußerung“ oder dem Ansatz des Teilwerts iSv § 6 Abs. 1 Nr. 2 S. 3 EStG vorläge. Insoweit, und um Unsicherheiten bezüglich der steuerlichen Behandlung der weiteren Wertkorrekturvorschriften (§ 6 b EStG, ähnliche Abzüge) zu vermeiden, ordnet § 4 Abs. 1 S. 3 die entsprechende Anwendung der 8 b Abs. 2 S. 4 und 5 KStG ausdrücklich an. Der Beteiligungskor-

49 Rn 12.03, 04.07 UmwStE; zustimmend Lademann/*Hahn*, § 12 Rn 22, unter Hinweis auf die Verwaltungsauffassung zur parallelen Problematik bei § 8 b Abs. 2 S. 4 KStG, OFD Münster DB 2005, 470, aber ohne Auseinandersetzung mit dem nachfolgend angesprochenen BFH BStBl. II 2010, 760 und die Aufhebung der OFD Verfügung am 13.8.2010.

50 BStBl. II 2010, 760.

51 Instruktiv mit Beispielen: Widmann/Mayer/*Schießl*, § 12 UmwStG Rn 112 ff.

52 Vgl Widmann/Mayer/*Schießl*, § 12 UmwStG Rn 120.5.

rekturgewinn ist damit steuerpflichtig, soweit er aus der Korrektur einer bislang steuerlich wirksamen Abschreibung resultiert.[53]

43 Der Beteiligungskorrekturgewinn nach Abs. 1 **erhöht den laufenden Gewinn** der übernehmenden Mutter-Kapitalgesellschaft und ist systematisch getrennt vom Übernahmeergebnis iSv Abs. 2 zu beurteilen. Er wird in dem Veranlagungszeitraum erfasst, in welchen der **steuerliche Übertragungsstichtag** fällt. Eine Verrechnung mit einem nach Abs. 2 unbeachtlichen Übernahmeverlust ist danach nicht möglich.[54] Aus der Wertkorrektur resultiert ein erhöhter Beteiligungsbuchwert, welcher den Ausgangspunkt für die Berechnung des Übernahmeergebnisses nach Abs. 2 bildet. Dieses fällt entsprechend niedriger aus.[55]

44 **2. Abs. 2 – steuerliche Behandlung des Übernahmeergebnisses. a) Überblick.** Abs. 2 enthält wesentliche Aussagen zur steuerlichen Behandlung eines Übernahmeergebnisses bei dem übernehmenden Rechtsträger. Dabei handelt es sich um den

- Unterschiedsbetrag (positiv: Gewinn bzw negativ: Verlust) zwischen
  - dem steuerbilanziellen Buchwert (§ 1 Abs. 5 Nr. 4) der Anteile an der übertragenden Körperschaft und
  - dem Wert, mit dem die übergegangenen Wirtschaftsgüter steuerbilanziell zu übernehmen sind,
- abzüglich der Kosten für den Vermögensübergang.[56]

Dieses Übernahmeergebnis bleibt nach Abs. 2 S. 1 außer Ansatz. Es ist damit nicht Teil der steuerlichen Bemessungsgrundlage; die Korrektur erfolgt außerhalb der Steuerbilanz.[57]

45 Nach Abs. 2 S. 2 ist auf einen positiven Unterschiedsbetrag im vorstehenden Sinne abzüglich anteiliger Kosten für den Vermögensübergang § 8 b KStG anzuwenden, soweit dieses Übernahmeergebnis dem Anteil der übernehmenden an der übertragenden Körperschaft entspricht.

46 Satz 3 ordnet – über den Verweis auf § 5 Abs. 1 – für Zwecke der vorstehenden Sätze des Abs. 2 die Rückvermittlung zwischenzeitlicher Beteiligungserwerbe an der übernehmenden Körperschaft auf den steuerlichen Übertragungsstichtag (§ 2 Abs. 1) an.

47 Im Grundsatz sollen aus der Verschmelzung bei der übernehmenden Körperschaft damit keine – über § 8 b KStG hinausgehenden – steuerlichen Ergebniswirkungen resultieren. Dies gilt im Rahmen des § 19 Abs. 1 auch für Zwecke der Gewerbesteuer. Insb. in systematischer Hinsicht ergeben sich aber einige Abgrenzungsfragen, auf die nachfolgend näher einzugehen ist.

48 **b) Abs. 2 S. 1 – Grundnorm: Übernahmeergebnis bleibt außer Ansatz.** Abs. 2 S. 1 stellt zunächst als **Grundnorm** den aus der Verschmelzung resultierenden Unterschiedsbetrag steuerfrei. Hierdurch wird vermieden, dass neben die Besteuerung eines Übertragungsgewinns bei der übertragenden Körperschaft (nach § 11) zusätzlich eine Besteuerung der in den untergehenden Anteilen an dieser Körperschaft ruhenden stillen Reserven tritt.[58]

49 Anknüpfungspunkt zur Ermittlung des Unterschiedsbetrags ist der Buchwert (vgl § 1 Abs. 5 Nr. 4) der Anteile an der übertragenden Körperschaft. Systematisch muss es sich dabei um den zum steuerlichen Übertragungsstichtag (§ 2 Abs. 1) bestehenden **steuerbilanziellen Beteiligungsbuchwert** handeln,[59] ggf ergänzt um die in Satz 3 iVm § 5 Abs. 1 genannten nachträgli-

53 Unklar *Frotscher*, UmwStE, Rn 12.03: Aufstockungsgewinn unterliege 5 % Besteuerung nach § 8 b Abs. 3 S. 1 KStG; andererseits (zutreffend) zu Rn 12.03 iVm 04.08: volle Steuerpflicht; Widmann/Mayer/*Schießl*, § 12 UmwStG Rn 110.

54 So auch Schneider/Ruoff/Sistermann/*Ruoff*, UmwStE 2011, H. 12.3, allerdings unter Hinweis auf § 12 Abs. 3 S. 1 UmwStG.

55 Vgl auch Rn 12.03, 04.08 UmwStE.

56 Aus § 12 Abs. 2 S. 2 ergibt sich, dass die Kosten für den Vermögensübergang nicht im Gewinnbegriff enthalten sind; wie hier Lademann/*Hahn*, § 12 Rn 31, 33; Haase/Hruschka/*Herfort/Viebrock*, § 12 Rn 92; Haritz/Menner/*Wisniewski*, § 12 Rn 38; die abweichende Systematik bei Blümich/*Klingberg*, § 12 UmwStG Rn 41 führt aber zu keinen abweichenden Ergebnissen.

57 Rn 12.05 S. 2 UmwStE; Haase/Hruschka/*Herfort/Viebrock*, § 12 Rn 94 mwN; Lademann/*Hahn*, § 12 Rn 31.

58 BT-Drucks. 12/6885, S. 21 (zum UmwStG 1995).

59 Vgl Blümich/*Klingberg*, § 12 UmwStG Rn 33.

chen Anschaffungsvorgänge und angepasst um Wertkorrekturen nach Abs. 1 S. 2 iVm § 4 Abs. 1 S. 2 und (für den Sonderfall einer Unterstützungskasse) Abs. 3 Hs 2 iVm § 4 Abs. 2 S. 5. Bezüglich der Wertkorrekturen ergibt sich die steuerliche Behandlung aus Abs. 1 S. 2 iVm § 4 Abs. 1 S. 3 und (für den Sonderfall der Unterstützungskasse) Abs. 3 Hs 2 iVm § 4 Abs. 2 S. 4; diese werden daher nicht von der Steuerfreiheit nach Abs. 2 S. 1 erfasst.

Der Wert, mit dem die **übergegangenen Wirtschaftsgüter** zu übernehmen sind, ergibt sich durch die **Wertverknüpfung nach Abs. 1 S. 1** aus der steuerlichen Schlussbilanz der übertragenden Körperschaft nach § 11 Abs. 1. Hierfür ist es unerheblich, ob dort der Buch-, Zwischenwert- oder der Ansatz mit dem gemeinen Wert gewählt wurde.[60]Nachträgliche Änderungen[61] wirken sich auf die Höhe des Übernahmeergebnisses aus. 50

Abs. 2 S. 1 setzt einen zu ermittelnden **Übernahmegewinn** oder -verlust voraus, enthält aber **keine Aussagen zu dessen steuerbilanzieller Ermittlung**. Diese folgt vielmehr allgemeinen Grundsätzen. Fraglich ist, in welchen Fällen ein Übernahmegewinn oder -verlust idS entstehen kann. Wenn man Umwandlungen grds. als Veräußerungsgeschäfte des übertragenden Rechtsträgers versteht (so Rn 00.02 UmwStE), dann können ***Aufwärts*verschmelzungen,** bei denen der übernehmende am übertragenden Rechtsträger beteiligt war, als Tauschvorgänge begriffen werden, wobei die untergehenden Anteile an der übertragenden Körperschaft gedanklich hingegeben werden für das übergehende Nettovermögen. Dies entspricht auch der handelsbilanziellen Betrachtung.[62] Der Übernahmegewinn oder -verlust ergibt sich danach aus der Differenz zwischen dem Buchwert der Anteile an der übertragenden Körperschaft und dem quotenentsprechenden Anteil an den übertragenen Wirtschaftsgütern. Im Falle von ***Seitwärts*verschmelzungen** liegt demgegenüber beim übernehmenden Rechtsträger kein Tauschgeschäft vor. **Handelsbilanziell** gilt das übertragene Vermögen insoweit als durch die Anteilsinhaber des übertragenden Rechtsträgers eingelegt.[63] **Steuerlich** wird für diesen Fall in der **Literatur** insoweit ein sog. Agioergebnis angenommen,[64] welches sich als Differenz zwischen dem Wert der übertragenen Wirtschaftsgüter abzüglich des Buchwerts der Anteile an der übertragenden Körperschaft und dem Nennbetrag der ggf an die Anteilseignern der übertragenden Körperschaft ausgegebenen Gesellschaftsrechte ergibt. Ein solches Agioergebnis ist nach dieser Auffassung steuerlich als eine Einlage iSv § 4 Abs. 1 EStG (iVm § 8 Abs. 1 S. 1 KStG) zu behandeln. Hiergegen spricht nicht § 29 Abs. 2 KStG, der für Fälle der Seitwärtsverschmelzung (nur) die Übernahme des steuerlichen Einlagekontos durch die übernehmende Körperschaft anordnet. Daraus lässt sich nicht ableiten, dass eine solche Verschmelzung grundsätzlich (im Übrigen) das steuerliche Ergebnis betreffen soll. § 29 KStG enthält hierzu keine Aussage.[65] Es handelt sich bei ihr auch nicht um eine Gewinnermittlungsvorschrift, sondern um eine Bestimmung zur Ermittlung des steuerlichen Einlagekontos in Umwandlungsfällen. Darin erschöpft sich ihr Regelungsgehalt. Eine Aussage zur steuerbilanziellen Wirkung der Verschmelzung enthält die Vorschrift nicht. Unabhängig davon ist nach dieser Auffassung in Höhe des Agiogewinns ein Zugang zum steuerlichen Einlagekonto bei der übernehmenden Körperschaft anzunehmen.[66] In einem Obiter Dictum ist der **BFH**[67] dieser Auffassung nun aber entgegengetreten: danach bestimme das Umwandlungssteuergesetz einen eigenständigen und **sondergesetzlichen Rechtskreis**, der den allgemeinen Gewinnermittlungsvorschriften abschließend vorgehe. Einlageregeln blieben wegen der vorrangig zu beachtenden umwandlungssteuerrechtlichen Regelungen unanwendbar. Die Behandlung des Agio-Gewinns als Einlage sei durch die Rechtsentwicklung überholt. 51

60 Blümich/*Klingberg*, § 12 UmwStG Rn 43.
61 S. hierzu Rn 25.
62 Vgl IDW RS HFA 42, Tz 45 f. in WPg Supplement 4/2012, S. 91 ff.
63 Vgl IDW RS HFA 42, aaO.,Tz 41 (für Kapitalerhöhung bzw Neugründung) und Tz 50, 48 (ohne Kapitalerhöhung)
64 Widmann/Mayer/*Schießl*, § 12 Rn 61 mwN; Haase/Hruschka/*Herfort*/*Viebrock*, § 12 Rn 104; Haritz/Menner/*Wisniewski*, § 12 Rn 42; Frotscher, UmwStE, zu Rn 12.06; i.Erg. auch *Klingebiel*/*Patt*/*Rasche*/*Krause*, S. 234.
65 Wie hier Blümich/*Klingberg*, § 12 UmwStG Rn 38; aA: Dötsch/Pung/Möhlenbrock/*Dötsch*, § 12 Rn 39.
66 Schneider/Ruoff/Sistermann/*Ruoff*, UmwStE 2011, H 12.8.
67 DStR 2013, 582, unter Rn 15.

52 Abs. 2 S. 1 knüpft zwar zur Ermittlung des freizustellenden Unterschiedbetrags zunächst an einen steuerbilanziellen Übernahmegewinn oder -verlust an. Die Vorschrift setzt aber nicht voraus, dass sich im Einzelfall ein solcher tatsächlich ergibt. Soweit sich ein **steuerbilanzieller Gewinn oder Verlust nicht ergibt** (zB im Falle der Aufwärtsverschmelzung bei Gleichheit von Beteiligungsbuchwert und Wert des übergehenden Nettovermögens oder bei *Seitwärts*verschmelzung), kann bei der Ermittlung des Übernahmeergebnisses dieser Unterschiedsbetrag auf Null gesetzt werden. Der nach Abs. 2 S. 1 außer Ansatz zu belassende Betrag beschränkt sich dann auf die Kosten des Vermögensübergangs. Zum selben Ergebnis führt es, wenn man in diesen Fällen unabhängig von einer steuerbilanziellen Betrachtung die Ermittlung des Freistellungsbetrags allein nach der in Abs. 2 S. 1 festgelegten Formel, und einen ggf mit Null anzusetzenden Gewinn oder Verlust ermittelt, um hiervon die Kosten des Vermögensübergangs abzuziehen, und den Saldo freizustellen. Dies entspricht der Auffassung der **Finanzverwaltung**, die ein Übernahmeergebnis iSv Abs. 2 S. 1 in allen Fällen der Auf-, Ab- und Seitwärtsverschmelzung – ungeachtet einer Beteiligung an der übertragenden Körperschaft – ermitteln will.[68] Hieraus folgt die für die übernehmende Körperschaft nachteilige Folge eines vollständigen **Ausschlusses der Umwandlungskosten** unabhängig davon, ob diese mit einem bilanziellen Umwandlungsgewinn im Zusammenhang stehen. Dem hat sich der **BFH**, entgegen der einhelligen Meinung der Literatur und der Vorinstanz, **angeschlossen**,[69] so dass diese Frage derzeit für die Praxis als geklärt gelten kann.

53 c) **Kosten für den Vermögensübergang.** Für die „**Kosten für den Vermögensübergang**" hält das Gesetz keine Legaldefinition bereit. Der Begriff wird auch in Abs. 2 S. 2 sowie in den Vorschriften der §§ 4 Abs. 4 S. 1, 22 Abs. 1 S. 3, Abs. 2 S. 3 verwendet, und ist einheitlich auszulegen. Nichts anderes folgt aus der Tatsache, dass diese Normen teils die Besteuerung des übernehmenden Rechtsträgers regeln (§§ 4 und 12), und teils diejenigen des übertragenden Rechtsträgers (§ 22). Allerdings sind iRd. Abs. 2 S. 1 nur solche Kosten zu berücksichtigen, die bei der übernehmenden Körperschaft angefallen sind. Kosten, die nach den **Grundsätzen der objektiven wirtschaftlichen Veranlassung**[70] der übertragenden Körperschaft zuzurechnen sind, werden iRd. § 11 erfasst. Dabei handelt es sich um Kosten, die mit deren Gesellschaftsform zusammenhängen, die sich also aus deren „Rechtskleid" ergeben.[71] Sie sind als Betriebsausgaben abziehbar und können gegen den Übertragungsgewinn verrechnet werden. Kosten, die veranlassungsgerecht der übertragenden Körperschaft zuzuordnen, aber im Rückbeziehungszeitraum erst nach dem steuerlichen Übertragungsstichtag entstanden sind, sind nach Auffassung der Finanzverwaltung im Rahmen des §§ 12 Abs. 2 bei der übernehmenden Körperschaft zu berücksichtigen[72] mit der in der Praxis erheblichen Folge, dass steuerlich abziehbarer Aufwand in gem. Abs. 2 S. 1 nichtabziehbaren umgewandelt wird.[73]

Praxishinweis: Bei der Bestimmung des steuerlichen Übertragungsstichtags ist auch die zeitliche und personale Zuordnung der anfallenden Kosten zu beachten. Kosten, die wirtschaftlich der übertragenden Körperschaft zuzurechnen sind, können ggf. gegen einen Übertragungsgewinn verrechnet werden.

Eine gewillkürte Kostenzuordnung durch die an der Umwandlung beteiligten Körperschaften, etwa im Verschmelzungsvertrag, hat steuerlich keine Bindungswirkung.[74] Bei den Rechtsberatungs- und Verfahrenskosten kann aber veranlassungsbezogen idR von einer hälftigen Aufteilung auf übertragende und übernehmende Körperschaft ausgegangen werden.[75] Notariatsge-

68 Rn 12.05 S. 3 und das Beispiel in Rn 12.06 UmwStE.

69 BFH DStR 2013, 582, für die Fälle der Auf-, Ab- und Seitwärtsabspaltung, die über die Brückennorm des § 15 Abs. 1 ebenfalls nach dem hier relevanten § 12 Abs. 2 zu beurteilen sind; krit. weiterhin zB Schmitt/Hörtnagl/Stratz/*Schmitt*, § 12 UmwStG Rn. 43 f.

70 Vgl BFH BStBl. II 1998, 698 und BStBl. II 2004, 686.

71 BFH BStBl. II 1998, 698 unter II.1.a.

72 Rn 12.05, 04.34 UmwStE.

73 Blümich/*Klingberg*, § 12 UmwStG Rn 47.

74 BFH BStBl. II 1998, 698; s.a. *Mühle*, DStZ 2006, 64, 67; vgl Lademann/*Hahn*, § 12 Rn 33; aA: *Christiansen* in: FS Widmann, S. 231, 238.

75 Vgl Haase/Hruschka/*Herfort/Viebrock*, § 12 Rn 114 ff; differenzierend *Stimpel*, GmbHR 2012, 199, 201: nur bzgl Abfassung und Beurkundung des Verschmelzungsvertrags.

bühren für etwaige Verzichtserklärungen der einzelnen Gesellschafter (vgl §§ 8 Abs. 3 S. 2, 9 Abs. 3 UmwG) und gesonderte Zustimmungen (zB gem. §§ 13 Abs. 3 S. 1, 50 Abs. 2, 51 UmwG) sind dem jeweiligen Gesellschafter zuzurechnen.[76]

Der Wortlaut („für den“) erfasst zunächst solche Kosten, die **final** dem Vermögensübergang 54
dienen. Hierbei ist zu beachten, dass der Vermögensübergang bei der Verschmelzung im Rahmen einer Gesamtrechtsnachfolge erfolgt, so dass neben den unmittelbar für den Vermögenserwerb aufgewendeten, objektbezogenen Kosten (zB Wertgutachten für Grundstück, Grunderwerbsteuer nach § 1 Abs. 1 Nr. 3 GrEStG,[77] Grundbuchkosten) vom Wortlaut auch solche erfasst würden, die durch die Verschmelzung ausgelöst werden (zB Rechtsberatung, Notar- und Registergebühren für Verschmelzungsbeschluss, -vertrag, Anmeldungen, Eintragungen, Löschungen). Beachtlich ist aber, dass gewisse Kosten nach allgemeinen Bilanzierungsgrundsätzen als **Anschaffungsnebenkosten** bei der übernehmenden Körperschaft aktiviert werden müssen. Dies trifft für die objektbezogenen Kosten zu,[78] die demzufolge aus den – vom Abzug ausgeschlossenen – Umwandlungskosten **auszuscheiden** sind.[79]

Im Übrigen ist der Begriff der Kosten für den Vermögensübergang als Ausnahme zur generellen 55
Abzugsfähigkeit betrieblich veranlassten Aufwands (§ 4 Abs. 4 EStG) eng auszulegen. Insb. ist ein nur **zeitlicher oder kausaler Zusammenhang** der Kosten mit der Verschmelzung **nicht ausreichend.**[80] Zu fordern ist schon begrifflich ein Bezug der Kosten zum übergehenden Vermögen. Die Ertragsteuer auf einen Übernahmegewinn ist daher ebenso wenig erfasst (wird aber nach § 10 Nr. 2 KStG vom Abzug ausgeschlossen), wie nachfolgende Kosten einer etwaigen Steuerprüfung.[81] Dasselbe gilt für Verschmelzungsfolgekosten, etwa solche für Zwecke der Integration des übernommenen Geschäfts (zB Errichtung einheitlicher IT-Systeme, Anpassung der Gehaltssysteme) oder für einen neuen Firmenauftritt. Kosten der Planung und Vorbereitung der Verschmelzung, zB für die interne Projektleitung, werden entsprechend den Grundsätzen der Bilanzierung von Anschaffungsnebenkosten erst ab dem Zeitpunkt zu Kosten des Vermögensübergangs, zu dem der Entschluss (zum Vermögenserwerb und damit) zur Verschmelzung gefasst wurde. Due Diligence Kosten bleiben daher regelmäßig steuerlich abziehbar, da sie der Vorbereitung einer Entscheidung für oder wider die Verschmelzung dienen, und daher nicht „für den Vermögensübergang“ anfallen. Die Grunderwerbsteuer, die durch eine verschmelzungsbedingte Anteilsvereinigung ausgelöst wird (§ 1 Abs. 3 GrESt),[82] soll nach Auffassung der Verwaltung[83] zu den allgemeinen, nicht objektbezogenen Kosten zählen; hieraus ergibt sich die für den Steuerpflichtigen nachteilige Folge, dass diese Kosten vom Abzug ausgeschlossen werden.[84] Dies dürfte auch für die Gebühren einer verbindlichen Auskunft zu Rechtsfragen im Zusammenhang mit der Verschmelzung gelten.[85] Interne Kosten sind werden nur als projektspezifische Einzelkosten erfasst. Auch Kosten für Gesellschafterbeschlüsse sind nur betroffen, wenn sie einzeln zuordenbar sind; dies kann dann der Fall sein, wenn sie im Rahmen außerordentlicher Gesellschafterversammlungen gefasst werden, deren Tagesordnung sich auf die Umwandlungsbeschlüsse beschränkt.

76 Lademann/*Hahn*, § 12 Rn 34.
77 Vgl BMF v. 18.1.2010, BStBl. I 2010, 70 (Billigkeitsregelung für Altfälle); BFH BStBl. II 1988, 892; BFH BStBl. II 2004, 686.
78 BMF v. 18.1.2010, BStBl. I, 70; Blümich/*Klingberg*, § 12 UmwStG Rn 47.
79 Rn 12.05, 04.34 UmwStE.
80 Lademann/*Hahn*, § 12 Rn 33; zu weitgehend: *Stimpel*, GmbHR 2012, 199, 200.
81 AA *Stimpel*, GmbHR 2012, 199, 201.
82 Die hiernach entstehende Steuer wird unter den Voraussetzungen der Konzernklausel des § 6 a GrEStG nicht erhoben; vgl hierzu *Viskorf/Haag*, DStR Beiheft zu Heft 12/2011 und den gleichlautenden Ländererlass v. 19.6.2012, BStBl. I, 662.
83 Rn 12.05, 04.34 UmwStE unter Hinweis auf BFH BStBl. II 2011, 761.
84 Dötsch/Pung/Möhlenbrock/*Dötsch*, § 12 UmwStG Rn 41, beurteilt diese als Umwandlungskosten; *Henerichs/Stadje*, FR 2011, 890 nehmen in den Fällen der § 1 Abs. 2 a und 3 GrEStG (abziehbare) Betriebsausgaben an; vgl zu § 1 Abs. 2 a GrEStG auch *Rödder/Schmidt-Fehrenbacher* in: FGS/BDI, S. 258.
85 So *Stimpel*, GmbHR 2012, 199, 200.

56 Abs. 2 S. 1 setzt einen Vermögensübergang voraus. **Vergebliche Kosten** für eine gescheiterte Verschmelzung werden danach nicht vom Abzug ausgeschlossen.[86] Die erfolgreiche Umsetzung einer Verschmelzung dürfte für die Beurteilung der Kosten nach Abs. 2 S. 1 als rückwirkendes Ereignis anzusehen sein, mit dessen Eintritt bislang abzugsfähige Umwandlungskosten vom Abzug ausgeschlossen werden. Auf § 175 Abs. 1 S. 1 Nr. 2 AO wird es in der Praxis aufgrund der regelmäßigen Verfahrensdauern allerdings kaum einmal ankommen. Im Übrigen erscheint es möglich, dass die Finanzverwaltung zur Vereinfachung einen Abzug in dem Wirtschaftsjahr korrigiert, in dem die Verschmelzung wirksam geworden ist.[87]

57 Soweit Kosten nicht als objektbezogen aktiviert werden sondern als solche für den Vermögensübergang aufwandswirksam behandelt wurden, erfolgt eine **außerbilanzielle Korrektur.** Die Folgen sind damit steuerlich nachteiliger als bei einer Aktivierung dieser Kosten als Anschaffungsnebenkosten.

58 **d) Abs. 2 S. 2 – Anwendung des § 8 b KStG, im Umfang der Beteiligungsquote.** Abs. 2 S. 2 erklärt § 8 b KStG für anwendbar, soweit der **Gewinn** iSd Satzes 1 abzüglich anteiliger Kosten für den Vermögensübergang dem Anteil der übernehmenden Körperschaft entspricht. Damit sind die **Fälle einer (ggf gemischten) *Aufwärts*verschmelzung** angesprochen. Der Verweis betrifft das nach dieser Formel errechnete Übernahmeergebnis, und bezieht sich dynamisch auf § 8 b KStG in seiner jeweiligen Fassung.[88] Über § 19 Abs. 1 wirkt sich dies auch auf die **Gewerbesteuer** aus. Abs. 2 S. 2 ordnet Ausnahmen zur generell vollständigen Freistellung des Übernahmeergebnisses nach Abs. 2 S. 1 an. Soweit bei der übernehmenden Körperschaft eine Veräußerung durch einen Vorgang außerhalb des UmwStG nach § 8 b KStG zu beurteilen wäre, soll sich dies durch das UmwStG, insb. durch Satz 1, nicht ändern. Vielmehr soll § 8 b KStG auf den Gewinn aus dem untergehenden Anteil am Kapital der übertragenden Körperschaft und auf den Anteil an den Kosten für den Vermögensübergang anwendbar bleiben, welcher quotal dem Anteilsbesitz zum steuerlichen Übertragungsstichtag entspricht. Der Gesetzgeber stellt den Übernahmegewinn dem Gewinn aus einer Anteilsveräußerung gleich.[89] Zugleich verhindert er eine Auskehrung (stiller) Gewinnrücklagen, ohne dass jene nach § 8 b KStG erfasst würden. Für grenzüberschreitende Verschmelzungen im Anwendungsbereich der EG-Fusionsrichtlinie (FusionsRL)[90] stellt sich die Frage nach der **Vereinbarkeit mit Art. 7 FusionsRL,**[91] der jedenfalls für Schachtelbeteiligungen über 25 % eine steuerliche Freistellung etwaiger Wertsteigerungen aus der Verschmelzung vorsieht.

59 Ein solches Übernahmeergebnis kann in der aktuellen Fassung **§ 8 b KStG nach dessen Abs. 2, 3, 4, 7 und 8 KStG** zu beurteilen sein. Da schon Abs. 2 S. 1 die Freistellung eines Übernahmeergebnisses anordnet, und bereits Abs. 1 S. 2 iVm § 4 Abs. 1 S. 3 die Anwendung der § 8 b Abs. 2 S. 4 und 5 KStG für Wertaufholungen vorsieht, hat ein Verweis auf § 8 b Abs. 2 KStG nur für die Anwendung **der 5%-Besteuerung nach § 8 b Abs. 3 S. 1 KStG** Bedeutung.

60 Für **einbringungsgeborene Anteile** nach altem Recht gilt § 8 b Abs. 4 KStG aF gem. § 34 Abs. 7 a KStG fort. Der generelle Verweis des Abs. 2 S. 2 auf § 8 b KStG dürfte auch dessen

86 Vgl BFH DStR 2013, 581, wonach vergebliche Erwerbskosten für eine Kapitalbeteiligung mangels Anteils nicht dem Abzugsverbot des § 8 b Abs. 3 KStG 2002 unterliegen; in dieser Linie muss auch bei dem inhaltlich verwandten Abs. 2 S. 1 ein tatsächlicher Vermögensübergang gefordert werden.

87 Vgl *Stimpel*, GmbHR 2012, 199, 203 der in diesem Bereich in praxi Möglichkeiten der Vereinfachung sieht.

88 Dötsch/Pung/Möhlenbrock/*Dötsch*, § 12 UmwStG Rn 33 b; aA: Rödder/Herlinghaus/van Lishaut/*Rödder*, UmwStG, § 12 Rn 90 mwN, Haritz/Menner/*Wisniewski*, § 12 Rn 59: nur Verweis auf § 8 b KStG idFd. SEStEG.

89 RegE zum SEStEG, BT-Drucks. 16/2710, 41; BT-Drucks. 16/3369, 10.

90 RL 90/434/EWG v. 23.7.1990, ABl. L 225 v. 20.8.1990, ersetzt durch RL 2009/133/EG v. 19.10.2009, ABl. L 310 v. 25.11.2009, S. 34.

91 Krit. *Haritz*, GmbHR 09, 1194, 1197; *Körner*, IStR 2006, 469, 470; *Ley/Bodden*, FR 2007, 265, 274; *Rödder* in: FGS/BDI, S. 259; Lademann/*Hahn*, § 12 Rn 36; Blümich/*Klingberg*, § 12 UmwStG Rn 50; Haritz/Menner/*Wisniewski*, § 12 Rn 58.

Abs. 4 umfassen.[92] Nach anderer Auffassung sollen die Vorschriften der § 8 b Abs. 4 und 7 KStG im Rahmen der Verweisung dagegen nicht anwendbar sein, da jene nur eine Freistellung nach § 8 b Abs. 2 KStG einschränkten, nicht aber eine solche nach § 12 Abs. 2 S. 1 .[93] Dem ist zuzugeben, dass die vom Gesetzgeber gewählte Verweisungstechnik gewisse Rechtsunsicherheiten erzeugt. Allerdings müsste nach dieser Auffassung auch die Anwendung der **5%-Besteuerung nach § 8 b Abs. 3 KStG** scheitern, dessen Wortlaut ebenfalls an einen Gewinn im Sinne des § 8 b Abs. 2 KStG anknüpft. Nach dieser Auffassung bliebe der Verweis auf § 8 b KStG mithin weitgehend folgenlos. Ein solches Verständnis dürfte weder der Intention des Gesetzgebers noch dem Sinn des Gesetzes entsprechen. Umgekehrt erscheint aber die Besteuerung der mit 5 % pauschalierten Betriebsausgaben nicht gerechtfertigt, da bereits nach Abs. 2 S. 1 für einen Großteil dieser Ausgaben ein vollständiges Abzugsverbot gilt; insoweit käme es zu einer steuerlichen Mehrfachbelastung einschließlich von Liquiditätsnachteilen, da dem übernehmenden Rechtsträger mangels eines entgeltlichen Realisationsaktes keine Liquidität zufließt. Wenn man die Anwendung des § 8 b Abs. 4 aF KStG dem Grunde nach bejaht, sollten durch eine teleologische Reduktion jedenfalls solche Fälle ausgeschlossen werden, in denen die einbringungsgeborenen Anteile durch eine Einbringung durch die nunmehr übernehmende Körperschaft erst entstanden sind; insoweit kann der hinter § 8 b Abs. 4 KStG stehende Missbrauchsgedanke nicht greifen.[94]

In den Fällen, in denen eine Veräußerung der Beteiligung an der übertragenden Körperschaft 61
nach **§ 8 b Abs. 7 oder 8 KStG** zu beurteilen wäre, müssten diese Bestimmungen nach der Gesetzesbegründung auch für den Übernahmegewinn gelten.[95] Das lässt sich mit systematischen Erwägungen bestreiten, wenn man Abs. 2 S. 1 als vorrangige Regelung ansieht, nach deren Anwendung ein Gewinn außer Ansatz bleibt; mangels Gewinns stellte sich danach die Frage einer Steuerpflicht nicht mehr.[96]Fraglich ist weiterhin die steuerliche Behandlung eines **Übernahmeverlustes in den Fällen der § 8 b Abs. 7 und 8 KStG**. Nach Abs. 2 S. 1 bleibt ein solcher Verlust grds. auch in jenen Fällen außer Ansatz. Abs. 2 S. 2 sieht die Anwendung des § 8 b KStG expressis verbis nur für Fälle eines Übernahmegewinns vor, erwähnt den Verlustfall aber nicht. Für jenen bliebe es damit beim Abzugsverbot nach Abs. 2 S. 1. Dies lässt sich systematisch auch im Gegenschluss aus § 4 Abs. 6 S. 2 ableiten; wenn dort ein Übernahmeverlust grds. wirkt, kann im Rahmen des § 12 mangels einer Parallelvorschrift vom Gegenteil ausgegangen werden. Insoweit würde allerdings der Grundsatz durchbrochen, dass die Verschmelzung nach UmwStG grundsätzlich so behandelt werden soll, wie eine Veräußerung durch die übernehmende Körperschaft,[97] welche nach § 8 b KStG zu beurteilen wäre. Eine Auslegung der Vorschrift nach diesem Sinn und Zweck müsste annehmen, dass als „Gewinn im Sinne des Satzes 1“ auch Verluste verstanden werden können. Hierzu ist zunächst darauf hinzuweisen, dass dem Steuerrecht die Auslegung des Tatbestandsmerkmals „Gewinn“ auch in seiner negativen Ausprägung als Verlust nicht fremd ist.[98] Ein solches Verständnis entspräche vorliegend auch einer **Regelungssymmetrie** für Fälle der § 8 b Abs. 7 und 8 KStG im Sinne einer Steuerpflicht für Gewinne und Verluste. Selbst wenn man hierdurch Grenze des Gesetzeswortlauts über-

92 Ablehnend Rödder/Herlinghaus/van Lishaut/*Rödder*, UmwStG, § 12 Rn 90 unter Annahme einer statischen Verweisung auf § 8 b KStG idFd. SEStEG und teleologischen Erwägungen zur Rückverschmelzung als Umkehrvorgang der Einbringung, welchen das BMF aber in Rn 22.23 Beispiel 3 UmwStE nicht folgt; wie hier zB *Frotscher*, UmwStE, zu Rn 12.07: Steuerbefreiung nach § 12 Abs. 2 S. 1 UmwStG durch § 8 b Abs. 3 S. 1, Abs. 4, Abs. 7 und Abs. 8 KStG eingeschränkt.

93 *Rödder/Schmidt-Fehrenbacher*, in: FGS/BDI, S. 259 f; Blümich/*Klingberg*, § 12 UmwStG Rn 53; im Rahmen der Urteilsgründe spricht BFH DStR 2013, 582, Rn 14, allerdings von einem Geltungsbefehl für die Ausnahmeregelungen in § 8 b Abs. 7 bis 10 KStG.

94 Vgl Haase/Hruschka/*Herfort/Viebrock*, § 12 Rn 139; die Auffassung des BMF in Rn 22.23 (Beispiel 3) UmwStE zu sperrfristbehafteten Anteilen iSd. § 22 UmwStG weist allerdings in die entgegengesetzte Richtung; zu § 8 b Abs. 4 KStG aF macht das BMF keine Ausführungen.

95 BT-Drucks. 16/2710, 41 l.Sp.

96 Vgl Blümich/*Klingberg*, § 12 UmwStG Rn 51.

97 Vgl Rn 00.03 UmwStE.

98 ZB bei § 16 Abs. 1 EStG, vgl BFH BStBl. II 1975, 853.

schritten sähe,[99] ist doch festzustellen, dass der Gesetzgeber in Abs. 2 S. 2 eher unspezifisch auf § 8 b KStG verweist, immerhin eine Vorschrift mit zehn Absätzen, von denen nicht alle für § 12 einschlägig sind. Dabei lässt der Gesetzeswortlaut nicht erkennen, dass die Rechtsfolgen spezifisch auch für die Fälle der § 8 b Abs. 7 und 8 KStG bedacht wurden. Im Ergebnis erscheint daher aus systematischen Gründen eine Auslegung, nach der in den Fällen der § 8 b Abs. 7 und 8 KStG auch Übernahmeverluste steuerlich wirken, geboten und vertretbar.[100]

62 Zur **Ermittlung des Übernahmegewinns** gilt das zu Abs. 1 S. 1 Gesagte entsprechend. Ein Gewinn kann sich im Falle der Aufwärtsverschmelzung ergeben, wenn der Wertansatz für die übergegangenen Wirtschaftsgüter den Buchwert an der übertragenden Körperschaft übersteigt. Nach Abs. 2 S. 2 ist § 8 b KStG anzuwenden auf diesen Gewinn, „soweit" er dem Anteil der übernehmenden Körperschaft an der übertragenden Körperschaft entspricht, und zwar abzüglich der „anteilig darauf entfallenen Kosten für den Vermögensübergang". Im Falle einer nur **gemischten Aufwärtsverschmelzung**, wenn also die Beteiligungsquote der übernehmenden Körperschaft weniger als 100 % beträgt, ist fraglich, wie im Sinne dieser Vorschrift die jeweiligen Anteile für den Gewinn und die Kosten zu ermitteln und in der Berechnung zu berücksichtigen sind. Hierzu vertreten BMF[101] und die hM in der Literatur[102] **divergierende Auffassungen.**

63 Das **BMF** ermittelt – für den Fall einer nicht § 8 b Abs. 7 oder Abs. 8 KStG unterfallenden übernehmenden Körperschaft – in einem ersten Schritt den Gewinn als Differenz zwischen dem Buchwert der Anteile und dem Buchwert des gesamten übernommenen Vermögens und zieht in einem zweiten Schritt hiervon den Gesamtbetrag der Kosten des Vermögensübergangs ab. Der hieraus resultierende Differenzbetrag wird in einem dritten Schritt multipliziert mit der Beteiligungsquote der übernehmenden Körperschaft; das hieraus resultierende Produkt wird nach § 8 b Abs. 2 S. 1 KStG steuerfrei gestellt, und stellt zugleich die Bemessungsgrundlage für die 5% pauschal nichtabziehbarer Betriebsausgaben nach § 8 b Abs. 3 S. 1 KStG dar.

64 Die hM **in der Literatur** vertritt dagegen die Auffassung, dass im ersten Schritt dem Buchwert nicht das gesamte übernommene Vermögen gegenübergestellt werden darf, sondern nur ein Anteil, welcher der Beteiligungsquote der übernehmenden Körperschaft entspricht. Im zweiten Schritt ist danach nur der Teil der Kosten des Vermögensübergangs abzuziehen, welcher dieser Beteiligungsquote entspricht. Der restliche Teil ist danach als Agiogewinn zu interpretieren, welcher als steuerneutrale Einlage zu behandeln ist.[103] Hieraus folgen sowohl eine geringere Bemessungsgrundlage für die pauschale 5% Besteuerung nach § 8 b Abs. 3 S. 1 KStG, als auch die Abzugsfähigkeit des Teils der Kosten, welcher die Beteiligungsquote übersteigt.

65 Der Literaturauffassung ist zu folgen. Das BMF verkennt, dass Abs. 2 S. 2 bei der Berechnung an zwei Stellen eine quotale Allokation erfordert. Dabei ignoriert die Verwaltung im zweiten Berechnungsschritt, dass der Gesetzeswortlaut hinsichtlich der Kosten eine eigenständige Aufteilung, und den Abzug nur des entsprechenden Kostenanteils erfordert. Die Lösung des BMF kann daher nicht richtig sein. Fraglich ist nach dem Gesetzeswortlaut allerdings, ob im ersten Berechnungsschritt nur die beteiligungsäquivalente Quote des übernommenen Vermögens zu berücksichtigen ist. Dagegen könnte der Wortlaut sprechen, der den „Gewinn im Sinne des Satzes 1..." in Bezug nimmt. Satz 1 definiert den Gewinn als Unterschied zwischen dem Anteilsbuchwert und dem Wertansatz für die übergegangenen Wirtschaftsgüter. Dies würde für das Vorgehen des BMF im ersten Berechnungsschritt sprechen. Allerdings lässt Abs. 2 S. 2 auch

99 Ablehnend zB BMF Rn 12.06 S. 2 UmwStE; *Rödder/Schmidt-Fehrenbacher* in: FGS/BDI, S. 260; *Frotscher*, UmwStE, zu Rn 12.06; kritisch Schneider/Ruoff/Sistermann/*Ruoff*, UmwStE 2011, H 12.11; *Klingebiel/Patt/Rasche/Krause*, S. 236.

100 Vgl zu diesem Fragenkomplex auch *Benecke/Schnittger*, IStR 2007, 22; zweifelnd Blümich/*Klingberg*, § 12 UmwStG Rn 33, 52.

101 Rn 12.06 UmwStE (mit Beispiel); zustimmend Dötsch/Pung/Möhlenbrock/*Dötsch*, 12 UmwStG Rn 32.

102 *Rödder/Schmidt-Fehrenbacher*, in FGS/BDI, S. 259; Haase/Hruschka/*Herfort/Viebrock*, § 12 Rn 131 ff; unklar Hahn/*Lademann*, § 12 Rn 32, welcher letztlich die Verwaltungsauffassung in Rn 12.05/06. UmwStE unterstützt.

103 Vgl Haritz/Menner/*Wisniewski*, § 12 Rn 37, 40; Schmitt/Hörtnagl/Stratz/*Schmitt*, § 12 UmwStG Rn 44.

die Auslegung im Sinne der Literaturauffassung zu, nämlich dann, wenn man dessen letzten Halbsatz in dem Sinne versteht, dass bei Ermittlung des Gewinns im Sinne des Satzes 1 jeweils zu prüfen ist, inwieweit die dort einschlägigen Operanden der Beteiligungsquote entsprechen. Zweifelhaft ist schließlich der Hinweis des BMF auf § 8 b Abs. 2 S. 1 KStG. Richtigerweise ergibt sich die Steuerfreiheit bereits aus § 12 Abs. 2 S. 1. Dies hat zwar nach geltendem Recht im Ergebnis keine Bedeutung, könnte aber relevant werden, wenn sich die vollständige Veräußerungsgewinnbefreiung nach § 8 b Abs. 2 KStG einmal ändern sollte, und man die Verweisung als dynamisch versteht (s. Rn 58).

Soweit sich kein positives Übernahmeergebnis ergibt, beschränkt sich die Regelung des Abs. 2 S. 2 auf die anteiligen Kosten des Vermögensübergangs. 66

Ist die übernehmende Körperschaft keine solche iSv § 8 b Abs. 7 oder 8 KStG, dann geht die Abzugsbeschränkung hinsichtlich der Kosten insoweit in derjenigen des Abs. 2 S. 1 auf. Systematisch kann nämlich nicht unterstellt werden, dass Abs. 2 S. 2 insoweit Abs. 2 S. 1 vollständig verdrängt, so dass bei Fehlen eines Übernahmegewinns – entgegen Abs. 2 S. 1 – ein nur anteiliges Abzugsverbot für die Kosten bestünde. Vielmehr ergibt sich in diesen Fällen dieselbe Rechtsfolge hinsichtlich der besitzanteiligen Kosten aus Abs. 2 S. 2 iVm § 8 b Abs. 2 S. 1 und 2, und hinsichtlich der über die Anteilsquote hinausgehenden Kosten aus Abs. 2 S. 1. 67

Bei übernehmenden Körperschaften, auf deren Anteil an der übertragenden Körperschaft § 8 b Abs. 2 KStG nach den Abs. 7 und 8 jener Vorschrift nicht anwendbar ist, führt Abs. 2 S. 2 zu einer Ausnahme von Abs. 2 S. 1, indem die quotenentsprechenden Kosten des Vermögensübergangs steuerlich abziehbar bleiben. Der die Anteilsquote übersteigende Anteil der Kosten bleibt dagegen nach Abs. 2 S. 1 vom Abzug ausgeschlossen. 68

e) Abs. 2 S. 3 – Anteilserwerbe und Abfindungszahlungen im Rückwirkungszeitraum. Nach § 5 Abs. 1 sind **Anteilserwerbe oder Abfindungszahlungen** des übernehmenden Rechtsträgers, welche **nach dem steuerlichen Übertragungsstichtag** erfolgen, für Zwecke der Ermittlung des Übernahmegewinns so zu behandeln, als seien sie an diesem Stichtag erfolgt. Nach dieser Vorschrift sind damit insb. die Anschaffungskosten des übernehmenden Rechtsträgers für seine Anteile am übertragenden Rechtsträger auf den steuerlichen Übertragungsstichtag zurückzuprojizieren. 69

Die durch Abs. 2 S. 3 angeordnete „entsprechende" Geltung des § 5 Abs. 1 bezieht sich systematisch auf die vorstehenden Regelungen des Abs. 2. Sie bedeutet, dass bei der Ermittlung des Übernahmeergebnisses nach Abs. 2 S. 1 und 2 ebenfalls eine Rückvermittlung nachfolgender Anschaffungskosten auf den steuerlichen Übertragungsstichtag erfolgen soll. **Fraglich** ist nach dem Wortlaut der Vorschrift, ob diese Rückvermittlung auch dazu führt, dass Anteilserwerbe nach dem Übertragungsstichtag für die Ermittlung der für Abs. 2 S. 2 **relevanten Anteilsquote** heranzuziehen sind. § 5 Abs. 1 enthält hierfür keinen unmittelbaren Anknüpfungspunkt. Allerdings ist Abs. 2 S. 3 wohl als allgemeiner Verweis auf den Rechtsgedanken des § 5 Abs. 1 zu verstehen, nach dem für die Ermittlung des Übernahmeergebnisses nachfolgende tatsächliche Veränderungen als bereits am steuerlichen Übertragungsstichtag gegeben fingiert werden sollen. Abs. 2 S. 3 schränkt den Verweis auf § 5 Abs. 1 nicht ein. Nach Sinn und Zweck kann unterstellt werden, dass durch diese Verweisung im Rahmen der Abs. 2 S. 1 und 2 nicht nur die Anschaffungskosten angepasst werden sollen, während eine damit zusammenhängende Veränderung der Beteiligungsquote unberücksichtigt bliebe, sondern dass auch jene Veränderung in der Anteilsquote beachtlich sein soll. 70

3. Abs. 3 – Eintritt in die Rechtsstellung der übertragenden Körperschaft. § 12 setzt gesellschaftsrechtliche Vorgänge voraus, bei denen die übernehmende Körperschaft das Vermögen der übertragenden Körperschaft im Wege der zivilrechtlichen Gesamtrechtsnachfolge er- 71 wirbt.[104] § 45 Abs. 1 S. 1 AO ordnet für Fälle der Gesamtrechtsnachfolge steuerlich den Übergang von Forderungen und Schulden aus dem Steuerschuldverhältnis (§ 37 Abs. 1 AO) auf die übernehmende Körperschaft an. Weitergehend bestimmt Abs. 3 Hs 1 den Eintritt der übernehmenden in die steuerliche Rechtsstellung der übertragenden Körperschaft auch im Übrigen. Damit wird das Konzept der **Gesamtrechtsnachfolge** durch die übernehmende Körperschaft sowohl materiellrechtlich umfassend **auch für das Steuerrecht** übernommen.[105] Die übertragende Körperschaft geht damit hinsichtlich ihrer vermögensmäßigen und steuerlichen Rechtsstellung umfassend in der übernehmenden Körperschaft auf. Bildlich tritt jene in die **Fußstapfen** der übertragenden Körperschaft. Dies gilt unabhängig vom Ansatz der übernommenen Wirtschaftsgüter mit dem Buch-, Zwischen- oder dem gemeinen Wert.[106] Versteht man die Verschmelzung steuerlich als einen Veräußerungs- und Anschaffungsvorgang,[107] dann können sich hieraus von der Gesamtrechtsnachfolge abweichende, insb. steuerbilanzielle Folgen ergeben, auf die nachstehend einzugehen ist.

72 Einzelne wesentliche Auswirkungen dieses wichtigen Grundsatzes ergeben sich aus dem Verweis des Abs. 3 Hs 2 auf die entsprechende Anwendung der § 4 Abs. 2 und 3. Danach gilt die Gesamtrechtsnachfolge „insbesondere" bezüglich

- **Bewertung** der übernommenen Wirtschaftsgüter (§ 4 Abs. 2 S. 1). – Diese Bestimmung geht über diejenige des Abs. 1 S. 1 hinaus. Abs. 1 S. 1 ordnet zwar bereits die Fortführung der Wertansätze aus der steuerlichen Schlussbilanz der übertragenden Körperschaft an. § 4 Abs. 2 S. 1 vermittelt der übernehmenden Körperschaft aber darüber hinaus die Rechtspositionen, die sich aus anderweitigen Bewertungsvorschriften ergeben. Hierzu gehört etwa die Verpflichtung zur Teilwertaufholung iSv § 6 Abs. 1 S. 1 Nr. 1 S. 4 und Nr. 2 S. 3 EStG, soweit das betreffende Wirtschaftsgut in der Schlussbilanz mit einem Wert unterhalb der (ggf um AfA, Abzüge nach § 6 b EStG und ähnliche Abzüge geminderten) ursprünglichen einschließlich etwaiger nachträglicher Anschaffungs- oder Herstellungskosten angesetzt wurde. Die übernehmende Körperschaft tritt insoweit auch in die Rechtsstellung der übertragenden Körperschaft hinsichtlich deren historischen Anschaffungs- oder Herstellungskosten ein (vgl Rn 12.04, 04.09, 04.11 UmwStE). – Dasselbe gilt auch hinsichtlich der Ermittlung und des dreijährigen Betrachtungszeitraums bei anschaffungsnahen Herstellungskosten iSv § 6 Abs. 1 Nr. 1 a EStG.[108] – Auch die Rechtsposition bezüglich eines noch nicht ausgeübten Wahlrechts zur Teilwertabschreibung soll auf die Übernehmerin übergehen.[109]
- **Absetzungen für Abnutzung** (§ 4 Abs. 2 S. 1 und Abs. 3)[110] – Erfasst werden hierbei die Art der AfA, deren Dauer und Bemessungsgrundlage. Die übernehmende Körperschaft hat die übernommenen abschreibbaren Wirtschaftsgüter grds. über die **Restnutzungsdauer** abzusetzen, welche auf den steuerlichen Übertragungsstichtag zu schätzen ist.[111] In den Fällen der **Gebäude-AfA** nach § 7 Abs. 4 S. 1 (lineare AfA) und Abs. 5 (degressive AfA) EStG ist der bisherige Prozentsatz weiter anzuwenden. Soweit im Falle der linearen AfA die volle Absetzung innerhalb der tatsächlichen Nutzungsdauer nicht erreicht würde, kann die AfA nach der Restnutzungsdauer des Gebäudes bemessen werden (vgl § 7 Abs. 4 S. 2 EStG). Für eine kürzere tatsächliche Nutzungsdauer (vgl § 11 c Abs. 1 S. 1 EStDV) muss die überneh-

104 Vgl § 20 Abs. 1 S. 1 UmwG für inländische und Rn 01.30 UmwStE für vergleichbare ausländische Verschmelzungen.

105 Vgl BFH BStBl. II 2011, 528; BFH/NV 2011, 67; zum Normenverhältnis zwischen § 12 Abs. 3 UmwStG und § 45 AO vgl Lademann/*Hahn*, § 12 Rn 51 f und zur Gesetzeshistorie Rn 53.

106 Rn 12.04., 04.10 UmwStE.

107 Rn 00.02 UmwStE; BFH BStBl. II 2004, 686 (zur Verschmelzung einer Personen- auf eine Kapitalgesellschaft nach §§ 20, 22 Abs. 3 und 12 Abs. 3 UmwStG 1995); vgl FG München EFG 2011, 1117 zu § 12 Abs. 3 UmwStG 1995 idF vor StBerG 1999 (BGBl. I 1999 S. 2601).

108 Rödder/Herlinghaus/van Lishaut/*Rödder*, § 12 UmwStG Rn 100; Haase/Hruschka/*Herfort*/*Viebrock*, § 12 Rn 160.

109 Lademann/*Hahn*, § 12 Rn 78.

110 Zu Sonderabschreibungen und Bewertungsfreiheiten (§ 7 f EStG; §§ 81, 82 f EStDV 2000) vgl Haritz/Menner/*Wisniewski*, § 12 Rn 74 f.

111 Vgl Rn 12.04, 04.10 S. 2 2. Spstr UmwStE unter Hinweis auf BFH BStBl. II 2008, 407; s.a. die Parallelentscheidung des BFH BFH/NV 2008, 935; aA *Klingebiel*/*Patt*/*Rasche*/*Krause*, S. 238: keine neue Restnutzungsdauer bei Buchwertfortführung.

mende Körperschaft einen entsprechenden Nachweis führen. Für den **Geschäfts- oder Firmenwert** soll nach Auffassung der Verwaltung einheitlich der AfA-Satz von 1/15 p.a. gem. § 7 Abs. 1 S. 3 EStG gelten, wobei keine Aufteilung in einen bei der übertragenden Körperschaft bereits derivativ vorhandenen und einen im Rahmen der Schlussbilanz (zusätzlich) ausgewiesenen Bilanzansatz vorzunehmen sei.[112] Danach würde der in der Schlussbilanz ausgewiesene Geschäfts- oder Firmenwert bei der übernehmenden Körperschaft auch für Zwecke der AfA als einheitliches Wirtschaftsgut behandelt. Nicht gesetzlich geregelt ist der Fall, dass die übertragende Körperschaft selbst keine AfA vornehmen konnte (zB bei **selbst erstellten immateriellen Wirtschaftsgütern des Anlagevermögens**, vgl § 5 Abs. 2 EStG) und in ihrer Schlussbilanz hierfür ein positiver Wertansatz erfolgte (§ 11 Abs. 1 S. 1). Da Abs. 1 S. 1 (ebenso wie Abs. 3 Hs 2 iVm § 4 Abs. 2 S. 1) die Wertverknüpfung beim übernehmenden Rechtsträger anordnet, ist fraglich, ob insoweit die Fußstapfentheorie durchbrochen wird, die in diesen Fällen beim übernehmenden Rechtsträger zum Ansatzverbot des § 5 Abs. 2 EStG führen müsste. Davon ist nicht auszugehen. Vielmehr ist der Konflikt zwischen den Geboten der Wertfortführung und der Fortführung des AfA-Satzes einerseits und der §§ 5 Abs. 2, 6 Abs. 1 S. 1 Nr. 1 S. 1 EStG andererseits unter Berücksichtigung des Anschaffungsgedankens und zulasten der Fußstapfentheorie aufzulösen: die übernehmende Körperschaft hat daher die erworbenen Wirtschaftsgüter mit dem Wert aus der Schlussbilanz der übertragenden Körperschaft zu übernehmen und über die Nutzungsdauer ergebniswirksam abzuschreiben. Dem folgt auch die Finanzverwaltung im Ergebnis.[113]
Die übernehmende Körperschaft tritt grundsätzlich auch hinsichtlich der **AfA-Bemessungsgrundlage** in die Rechtsstellung der übertragenden Körperschaft ein. Nach § 4 Abs. 3 gelten aber Sonderregeln für den Fall, dass die übertragenen Wirtschaftsgüter in der Schlussbilanz mit einem Wert oberhalb des vormaligen steuerlichen Buchwerts (also mit einem Zwischen- oder dem gemeinen Wert) angesetzt worden sind. Im Fall der **Gebäude-AfA** nach den §§ 7 Abs. 4 S. 1 oder Abs. 5 EStG wird die bisherige Bemessungsgrundlage erhöht um den Betrag, um den der bisherige Buchwert der Gebäude in der Schlussbilanz aufgestockt wurde. In allen **anderen Fällen** ist der Wertansatz in der steuerlichen Schlussbilanz als AfA-Bemessungsgrundlage heranzuziehen.

- **Gewinnmindernde Rücklagen** (§ 4 Abs. 2 S. 1). – Hierunter fallen zB die Rücklage für Reinvestitionen nach § 6 b Abs. 3 S. 1 EStG und die Rücklage für Ersatzbeschaffung (R 6.6 EStR), sowie aus altem Recht § 7 g Abs. 3 EStG aF (§ 52 Abs. 23 S. 3 EStG). Die übernehmende Körperschaft führt insoweit die konkreten Bilanzpositionen aus der steuerlichen Schlussbilanz fort. Hat die übertragende Körperschaft trotz gegebener Voraussetzungen keine gewinnmindernde Rücklage gebucht, dann kann die Übernehmerin diese aber nicht als Rechtsnachfolgerin selbst neu buchen, da es andernfalls – entgegen Abs. 1 S. 1 – zu einer Durchbrechung der Wertverknüpfung mit der steuerlichen Schlussbilanz käme.[114] Die übernehmende Körperschaft kann aber zu den nachfolgenden Bilanzstichtagen ein auf sie übergegangenes Wahlrecht abweichend von der bisherigen Sachbehandlung bei der übertragenden Körperschaft ausüben.[115] Sie tritt auch im Übrigen in die verfahrens- oder materiellrechtliche Rechtsposition der übertragenden Körperschaft ein, insb. in die Reinvestitionsfristen, die Zinspflicht bei Auflösung ungenutzter Rücklagen etc. – **Zu unterscheiden** von der Rechtsnachfolge in die gewinnmindernden Rücklagen ist die Frage, ob die übernommenen Wirtschaftsgüter als iSv §§ 6 b oder 7 g EStG bzw R 6.6 EStR durch den übernehmenden Rechtsträger **angeschafft** gelten, so dass bestehende Rücklagen für Zwecke dieser Vorschriften auf die **übernommenen Wirtschaftsgüter übertragen** werden können. Dagegen spricht der Grundsatz der Gesamtrechtsnachfolge, der eine vollständige Übernahme

112 Rn 12.04, 04.10 UmwStE; krit. zur dort vertretenen Addition eines Aufstockungsbetrags auf die bisherige AfA-Bemessungsgrundlage unter Hinweis auf § 4 Abs. 3 UmwStG: *Klingebiel/Patt/Rasche/Krause*, S. 239.

113 Rn 12.04, 04.16 S. 2 UmwStE.

114 Vgl auch Haase/Hruschka/*Herfort/Viebrock*, § 12 Rn 175.

115 Vgl Rn 12.02, 04.04 UmwStE.

der steuerlichen Rechtsposition anordnet. Dafür spricht aber das Verständnis der Umwandlung als eines Veräußerungs- und Anschaffungsgeschäfts. Die Finanzverwaltung nimmt einerseits ein Anschaffungsgeschäft an,[116] lehnt aber für §§ 6 b und 7 g EStG ohne Begründung eine begünstigte Anschaffung ab.[117] M.E. ist **zu differenzieren**: soweit bei der übernehmenden Körperschaft zum steuerlichen Übertragungsstichtag eine eigene Rücklage besteht, kann diese auf ein durch Verschmelzung angeschafftes Wirtschaftsgut übertragen werden. Eine durch Verschmelzung auf die übernehmende Körperschaft übergehende Rücklage kann aber dort nicht auf ein ebenfalls übergehendes Wirtschaftsgut übertragen werden.

- **Besitzzeiten und Behaltefristen** (§ 4 Abs. 2 S. 3). – Vorschriften, bei denen die Zugehörigkeit zum Betriebsvermögen über eine bestimmte Dauer steuerlich von Bedeutung ist, sind zB §§ 6 b Abs. 4 S. 1 Nr. 2, 7 g Abs. 4 S. 1 EStG § 9 Nrn. 2 a und 7 GewStG, § 8 b Abs. 4 aF KStG, § 2 Abs. 1 S. 1 Nr. 2 InvZulG 2010[118] und DBA-rechtliche Schachtelbefreiungen. Die Veräußerung eines Wirtschaftsgutes unterbricht grundsätzlich die Zugehörigkeit zum Betriebsvermögen im Sinne der jeweiligen steuerlichen Vorschriften. Versteht man eine Verschmelzung grundsätzlich als Anschaffungs- und Veräußerungsgeschäft, dann werden die jeweiligen tatbestandlichen Besitzzeiten unterbrochen, und der mit ihnen regelmäßig verbundene Steuervorteil wird ggf verfehlt. § 4 Abs. 2 S. 3 sichert im Sinne der Gesamtrechtsnachfolge die Kontinuität der Besitzzeiten und Behaltefristen ab, und verhindert so – unabhängig vom Wertansatz in der Schlussbilanz – den Fortfall etwaiger Steuervorteile allein aufgrund der Verschmelzung (oder Vermögensübertagung). Darüber hinaus soll sich rückwirkend auf den steuerlichen Übertragungsstichtag (§ 2 Abs. 1) eine Statusveränderung durch Zusammenrechnung mit bestehenden Wirtschaftsgütern der übernehmenden Körperschaft ergeben können.[119] – Nicht erfasst wird von dieser Vorschrift die Sperrfrist nach § 22 Abs. 1, die nur sachlich, aber nicht tatbestandlich die Zugehörigkeit der Anteile zu einem Betriebsvermögen voraussetzt. Da § 4 Abs. 2 S. 3 in Abs. 3 Hs 2 aber nur als Beispiel für die Wirkungen der Fußstapfentheorie angeführt wird, kommt für Zwecke des § 22 Abs. 1 eine Rechtsnachfolge in die Position des früheren Einbringenden, dem Inhaber sperrfristbehafteter Anteile, unmittelbar nach Abs. 3 Hs 1 in Betracht. M.E. entspricht eine solche Sichtweise dem klaren Wortlaut der Vorschrift und dem Konzept der Gesamtrechtsnachfolge. Die entgegenstehende Auffassung der Verwaltung, welche nur einzelfallbezogene Billigkeitsregelungen zulassen will,[120] entbehrt demgegenüber einer erkennbaren Rechtsgrundlage.[121]
- **Unterstützungskasse** als übertragender Rechtsträger (§ 4 Abs. 2 S. 4 und 5). – Ist die übertragende Körperschaft eine Unterstützungskasse (vgl § 1 b Abs. 4 S. 1 BetrAVG;[122] für Zwecke des § 12 wird es sich idR um einen eingetragenen Verein oder eine GmbH handeln;[123] in Betracht kommt auch eine vergleichbare ausländische Rechtsform), dann wird bei der übernehmenden Körperschaft gem. § 4 Abs. 2 S. 4 der bisherige Betriebsausgabenabzug für frühere Zuwendungen iSv § 4 d EStG durch sie selbst, ihre Gesellschafter oder ihre Rechtsvorgänger im Wirtschaftsjahr des Umwandlungsstichtags rückgängig gemacht. Der laufende Gewinn des übernehmenden Rechtsträgers, also nicht das Übernahmeergebnis nach § 12 Abs. 2, wird dazu um die bisher abgezogenen Beträge erhöht. Durch diese Korrektur wird ein doppelter Betriebsausgabenabzug für Altersvorsorgeaufwendungen gem. § 4 d EStG (bzgl Zuwendungen an Unterstützungskassen) und § 6 a EStG (Rückstellungen für Direktzusagen) vermieden. Fraglich ist die Behandlung der Fälle, in denen keine Pensionsrückstel-

116 Rn 00.02 und 00.03 S. 2 UmwStE.
117 Rn 12.04, 04.14 UmwStE; so auch Rödder/Herlinghaus/van Lishaut/*Rödder*, UmwStG, § 12 Rn 100.
118 Vgl hierzu BMF v. 27.12.1989, BStBl. I 1989, 518: im Falle der Verschmelzung wird die bei der Übertragerin zurückgelegte Zeit bei der Übernehmerin angerechnet.
119 Vgl Haase/Hruschka/*Herfort/Viebrock*, § 12 Rn 171 mwN.
120 Rn. 22.23 UmwStE.
121 Krit. *Druen*, Beihefter zu DStR 2012/2, 22.
122 V. 19.12.1974, BGBl. I S. 3610.
123 Vgl Schmidt/*Weber-Grellet*, 32. Aufl. 2013, § 4 d EStG Rn 3 und Rn 01.10 UmwStE.

lung mehr gebildet wird. Da insoweit keine doppelte Entlastung droht, sollte die Vorschrift jedenfalls de lege ferenda entsprechend reduziert werden.[124] – In Höhe der nach Satz 4 hinzugerechneten Zuwendungen erhöht sich der Buchwert der Anteile an der Unterstützungskasse (Satz 5). Hierdurch vermindert sich das Übernahmeergebnis nach § 12 Abs. 2 S. 1 und 2.

Keine besondere gesetzliche Erwähnung finden die **Bewertungswahlrechte der § 6 Abs. 2 und Abs. 2 a EStG.** Sieht man im Übergang der Wirtschaftsgüter einen Veräußerungs- und Anschaffungsvorgang,[125] dann müsste die übernehmende Körperschaft zu einer Sofortabschreibung geringwertiger Wirtschaftsgüter nach § 6 Abs. 2 EStG oder alternativ zum Einstellen in einen Sammelposten nach § 6 Abs. 2 a EStG berechtigt sein. Dem Gedanken der Gesamtrechtsnachfolge würde dies indes widersprechen. Hiernach würde die übernehmende Körperschaft bestehende Sammelposten zu übernehmen haben und in die Auflösungsfrist iSd. § 6 Abs. 2 a S. 2 EStG eintreten. Die Frage ist umstritten.[126] 73

Die steuerliche **Gesamtrechtsnachfolge** gilt ausdrücklich **nicht** (nach Abs. 3 Hs 2 iVm § 4 Abs. 2 S. 2) für 74

- körperschaftsteuerliche und – im Rahmen des § 19 Abs. 2 – gewerbesteuerliche **verrechenbare Verluste** und **verbleibende Verlustvorträge** (§ 10 d EStG, § 10 a GewStG) – Darunter werden bestehende steuerliche Verlustvorträge aus abgeschlossenen früheren Wirtschaftsjahren der übertragenden Körperschaft verstanden, aber auch laufende steuerliche Verluste aus dem Wirtschaftsjahr der Verschmelzung.[127] – Dies stellt eine Verschlechterung gegenüber der früheren Rechtslage dar, wonach – gem. § 12 Abs. 3 UmwStG 1995 – Verluste und Verlustvorträge unter bestimmten Voraussetzungen auf die übernehmende Körperschaft übertragen werden konnten. Es bestehen auch verfassungs-[128] und unionsrechtliche[129] Bedenken gegen diese Regelung.
  Hinweis: Als **Gestaltungsmittel** zur Nutzung der anderweit verfallenden Verluste bietet sich die **Aufstockung** der zu übertragenden Wirtschaftsgüter an. Dies kann durch vollständigen Ansatz des gemeinen Wertes nach § 11 Abs. 1 erfolgen, unter den Voraussetzungen des § 11 Abs. 2 S. 1 durch Ansatz eines Zwischenwertes, oder durch teilweisen Ansatz des gemeinen Wertes bei Gewährung einer sonstigen Gegenleistung an die Gesellschafter unter Verstoß gegen § 11 Abs. 2 S. 1 Nr. 3.[130] Bei vorhandenen stillen Reserven können die Verluste dadurch immerhin im Rahmen der Mindestbesteuerung (§ 10 d Abs. 2 EStG) genutzt werden. Im Einzelfall sind vorab bilanzielle und Zahlungseffekte einer solchen Strategie zu prüfen. Alternativ können ggf. bereits vor dem steuerlichen Umwandlungsstichtag durch **Veräußerung einzelner Wirtschaftsgüter** zu den jeweiligen gemeinen Werten an die übernehmende Körperschaft stille Reserven genutzt werden, um hierdurch bei letzterer selektiv Abschreibungspotenzial aufzubauen.[131]
- Soweit eine Zuschreibung bei abschreibbaren Wirtschaftsgütern erfolgt, kann die übernehmende Körperschaft ihre Bemessungsgrundlage ab dem steuerlichen Übertragungsstichtag (§ 2 Abs. 1) im Rahmen von Absetzungen mindern.

124 Vgl Schneider/Ruoff/Sistermann/*Blaas/Sommer*, UmwStE 2011, H 4.32 mwN.

125 Rn 00.02 UmwStE.

126 Vgl Schneider/Ruoff/Sistermann/*Blaas/Sommer*, UmwStE 2011, H 4.23; in Haritz/Menner/*Wisniewski*, § 12 Rn 77; Lademann/*Hahn*, § 12 Rn 76 differenziert bzgl der Sammelposten: bei Buchwertfortführung sollen bestehende Sammelposten auf die Übernehmerin übergehen, bei Ansatz eines höheren Wertes soll eine Anschaffung vorliegen, die unter den Voraussetzungen des § 6 Abs. 2 a EStG zum Ansatz eines Sammelpostens bei der Übernehmerin berechtige; der UmwStE enthält hierzu keine Aussage.

127 Lademann/*Hahn*, § 12 Rn 55.

128 Aufgrund der Definitivwirkung des Verlustuntergangs, vgl zum Diskussionsstand BFH BStBl. II 2011, 826 und DStR 2012, 2435 ff; BMF BStBl. I 2011, 974; *Ley/Bodden*, FR 2007, 265, 276.

129 Auf Basis der EuGH-Rechtsprechung zur Verlustnutzung, insb. EuGH Marks & Spencer, IStR 2006, 19, vgl *Ley/Bodden*, FR 2007, 265, 276; Lademann/*Hahn*, § 12 Rn 56.

130 Vgl hierzu *Hohenlohe/Rautenstrauch/Adrian*, GmbHR 2006, 623, 628; *Ley/Bodden*, FR 2007, 265, 276.

131 Vgl *Klingberg* in: PricewaterhouseCoopers AG, Reform des Umwandlungssteuerrechts, 2007, Rn 1343.

Hinweis: Bei nutzbaren steuerlichen Verlusten ist immer auch die **Verschmelzungsrichtung** zu bedenken; eine Gestaltungsalternative zur Aufstockungslösung besteht innerhalb verbundener Unternehmen in der Verschmelzung auf die Körperschaft mit den (höheren) Verlustpositionen. Im Übrigen sind hier aber die Restriktionen des § 2 Abs. 4 idFd AmtshilfeRLUmsGzu beachten.

- **nicht ausgeglichene negative Einkünfte.** – Für negative Einkünfte aus ausländischen Betriebsstätten, die bei der übertragenden Körperschaft nach § 2 a Abs. 3 S. 1 EStG aF bzw § 2 Abs. 1 AuslInvG berücksichtigt worden waren, war unter dem UmwStG 1995 bis einschließlich 1998 zweifelhaft, ob § 12 Abs. 3 aF eine Rechtsnachfolge der übernehmenden Körperschaft in die Nachversteuerungspflicht nach § 2 a Abs. 3 S. 3 bis 5 EStG bzw § 2 Abs. 2 S. 1 AuslInvG vorsah.[132] Ab 1999 war dies aufgrund der Ausgestaltung des § 12 Abs. 3 aF als Generalnorm anzunehmen.[133] Die ebenfalls seit 1999 geltenden § 2 a Abs. 4 (S. 1) Nrn. 1 und 2 EStG führen in Fällen der Umwandlung oder Übertragung einer ausländischen Betriebsstätte zu einer Nachversteuerung eines früher geltend gemachten Verlustabzugs beim übertragenden Rechtsträger. § 2 a Abs. 4 Nr. 1 EStG wird im Falle einer Umwandlung einer übertragenden auf eine übernehmende Körperschaft nicht erfüllt.[134] In diesen Fällen liegt aber eine Übertragung iSv § 2 a Abs. 4 Nr. 2 EStG vor. Eine Rechtsnachfolge der übernehmenden Körperschaft in die Pflicht zu dieser Nachversteuerung kommt damit nicht mehr in Betracht.[135] Vielmehr erhöht sich im Umfang des nachzuversteuernden früheren Verlustabzugs das Übertragungsergebnis bei der übertragenden Körperschaft. Dasselbe soll für die Hinzurechnung nach § 2 Abs. 2 S. 1 AuslInvG gelten.[136] Da jene Vorschrift aber keine § 2 a Abs. 4 S. 1 Nr. 2 EStG entsprechende Regelung zur Nachversteuerung enthält, ist mE insoweit von einer Rechtsnachfolge der übernehmenden Körperschaft auszugehen.
- **Zinsvortrag** nach § 4 h Abs. 1 S. 5 EStG und einen **EBITDA-Vortrag** nach § 4 h Abs. 1 S. 3 EStG.

75 **Laufende Verluste** aus dem Zeitraum ab dem steuerlichen Übertragungsstichtag (§ 2 Abs. 1 S. 1) werden originär der übernehmenden Körperschaft zugerechnet, so dass es keiner Gesamtrechtsnachfolge bedarf. Derartige Verluste unterfallen auch nicht der Ausschlussnorm § 4 Abs. 2 S. 2. Allerdings ist insoweit die Regelung des § 2 Abs. 4 S. 2 zu beachten.

76 Die künftige Nutzung von laufenden Verlusten, Verlustvorträgen, negativen Einkünften und Zins-/EBITDA-Vorträgen der **übernehmenden Körperschaft** oder der von ihr un-/mittelbar gehaltenen Körperschaften aus Zeiträumen vor dem steuerlichen Übertragungsstichtag ist nicht nach § 4 Abs. 2 S. 2 zu beurteilen, sondern nach §§ 8 a Abs. 1 S. 3, 8 c KStG und § 10 a GewStG. Hinsichtlich eines durch Verschmelzung übertragenen Mitunternehmeranteils ist für Zwecke des § 10 a GewStG zu beurteilen, ob trotz des Anteilseignerwechsels die Mitunternehmeridentität gewahrt bleibt. Davon ist nach der Fußstapfentheorie auszugehen; § 19 Abs. 2 enthält keine explizit entgegenstehende Regelung.

77 Neben den in § 4 Abs. 2 S. 1 ausdrücklich und beispielhaft aufgeführten Wirkungen der Rechtsnachfolge stellen sich in einer Reihe von weiteren Bereichen Fragen nach deren Bedeutung, auf die nachfolgend eingegangen werden soll.

132 Vgl FG München DStRE 2012, 804 zu § 12 Abs. 3 UmwStG 1995 idF vor StBerG 1999 v. 22.12.1999, BGBl. I S. 2601.

133 So auch BMF in Rn 04.08 UmwStE 1998 (bzgl § 2 a Abs. 3 EStG), die allerdings weitgehend als Billigkeitsregelung interpretiert wurde, vgl Schneider/Ruoff/Sistermann/*Blaas/Sommer*, UmwStE 2011, H 4.27.

134 Vgl zu § 2 a Abs. 4 Nr. 1 EStG BFH BStBl. II 1991, 873: erforderlich ist die Wandlung des Rechtsträgers des Objekts Betriebsstätte von einem Rechtssubjekt natürliche Person oder Personengesellschaft zu einem Rechtsträger Kapitalgesellschaft; *Krüger* in FS Debatin, S. 267, 275: eine Umwandlung des inl. Rechtsträgers einschließlich der ausländischen Betriebsstätte unterfällt § 2 a Abs. 3 S. 3 EStG, nicht Abs. 4 Nr. 1.

135 Rn 12.04, 04.12 UmwStE; Blümich/*Klingberg*, § 4 UmwStG Rn 24.

136 Rn 12.04, 04.12 UmwStE; Blümich/*Klingberg*, § 4 UmwStG Rn 24.

- Bedeutung von **steuerbilanziellen Ansatzverboten:** Nach § 11 Abs. 1 S. 1 sind in der steuerlichen Schlussbilanz der übertragenden Körperschaft – entgegen § 5 Abs. 2 EStG – beim Ansatz mit dem gemeinen Wert explizit auch originär selbst geschaffene immaterielle Wirtschaftsgüter anzusetzen. Neben dieser spezialgesetzlichen Ausnahme von einer wesentlichen Bilanzierungsvorschrift lässt sich – auch im Gegenschluss aus § 11 Abs. 1 S. 2, der nur zur Höhe der Pensionsrückstellung auf § 6 a EStG als einer allgemeinen Steuerbilanznorm verweist – ableiten, dass für die Schlussbilanz die steuerlichen Ansatzverbote des § 5 EStG nicht gelten.[137] Die übernehmende Körperschaft hat die Schlussbilanz gem. § 12 Abs. 1 S. 1 zu übernehmen, aber zum folgenden Bilanzstichtag stellt sich bei ihr die Frage nach der Bedeutung der Gesamtrechtsnachfolge gem. Abs. 3 Hs 1. Die **Finanzverwaltung** vertritt hierzu die Auffassung, dass **„in der Folgezeit"** **§ 5 EStG** gelte, und dem widersprechende Ansätze aus der Schlussbilanz erfolgswirksam aufzulösen seien.[138] Bedeutung hat diese Auffassung insb. für **Passivposten**, die originär bei der übertragenden Körperschaft nach § 5 EStG nicht gebildet werden dürften. Für Aktivposten soll das nicht gelten;[139] dies ist als systematisch inkonsequent abzulehnen. Überzeugender ist es, in den §§ 11 Abs. 1 S. 1 und 12 Abs. 1 S. 1 spezielle umwandlungssteuerliche Ansatzregelungen zu sehen, die nicht durch Rückgriff auf allgemeine Bilanzgrundsätze zum folgenden Bilanzstichtag konterkariert werden dürfen. Zwar benennen §§ 12 Abs. 3 iVm 4 Abs. 2 die Wirkungen der steuerlichen Rechtsnachfolge nicht abschließend. Hieraus muss aber nicht abgeleitet werden, dass für die übernehmende Körperschaft dieselben Ansatzverbote gelten sollen, welche bis zur Erstellung der Schlussbilanz auch von der übertragenden Körperschaft einzuhalten waren. Denn immerhin statuiert § 12 Abs. 1 S. 1 gerade eine Sondervorschrift zu den allgemeinen Bilanzregeln für den Fall der Verschmelzung und Vollübertragung und gibt dadurch zu erkennen, dass die allgemeinen Bilanzvorschriften nicht uneingeschränkt gelten sollen. Auch aus dem Verweis des Abs. 3 auf § 4 Abs. 2 S. 1 (Bewertung) und § 4 Abs. 3 ergibt sich, dass die übernehmende Körperschaft zu nachfolgenden Bilanzstichtagen von den Wertansätzen in der Schlussbilanz ausgehen und diese fortführen soll. Das **Gesetz unterscheidet hier nicht zwischen aktiven und passiven Wirtschaftsgütern.** Die gesetzliche Anordnung zum Wertansatz der übernommenen Wirtschaftsgüter in § 4 Abs. 2 setzt schließlich auch voraus, dass diese auch dem Grunde nach so fortgeführt werden können, wie sie in der Schlussbilanz ausgewiesen waren. An dieser Auffassung dürfte die Einführung des § 5 Abs. 7 EStG[140] nichts ändern. Hierdurch hat der Gesetzgeber zwardie Bedeutung der Ansatzverbote des § 5 EStG für die Folgebilanzierung beim Übernehmer einer Verpflichtung angeordnet, und hierdurch für Fälle einer Einzelrechtsnachfolge eine jüngere Diskussion um den Vorrang des Grundsatzes der Erfolgsneutralität des Anschaffungsvorgangs[141] oder der steuergesetzlichen Bilanzierungsvorschriften der §§ 5 ff EStG in den Folgeperioden[142] beendet. Für Fälle der nach den speziellen Vorschriften des UmwStG zu beurteilenden Gesamtrechtsnachfolge hat der Gesetzgeber die bisherigen Vorschriften indes unverändert gelassen. Bis zu einer – wünschenswerten – gesetzlichen Klarstellung wird sich der Steuerpflichtige mit der selektiv nachteiligen Auffassung der Verwaltung auseinandersetzen müssen.– Bei einem in der Schlussbilanz angesetzten **negativen Geschäftswertes (badwill)** gilt § 5 Abs. 7 EStG bereits nach dem Wortlaut nicht. . Zählt man diesen zu den nach Abs. 1 S. 1 übergehenden Wirtschaftsgütern, ist bei der übernehmenden Körperschaft dessen weitere bilanzielle Behandlung zum folgenden Bilanzstichtag zu klären. Der Vorrang der umwandlungssteuerlichen 78

137 Vgl Rn 11.03, 03.06 UmwStE; aA *Rödder/Schmidt-Fehrenbacher*, in: FGS/BDI, UmwSt-Erlass 2011, 253: e contrario § 11 Abs. 1 S. 1 Hs 2 folge, dass die übrigen Ansatzverbote auch in der steuerlichen Schlussbilanz und gem. § 12 Abs. 1 S. 1 bei der Übernehmerin gelten.

138 Rn 12.04, 04.16 S. 1 UmwStE.

139 Rn 12.04, 04.16 S. 2 UmwStE.

140 Für Wirtschaftsjahre, die nach dem 28.11.2013 enden, vgl. § 52 Abs. 14 a EStG.

141 ZB BFH BFH/PR 2010, 123 m.Anm. Gosch; BFH DStR 2012, 452; *Rödder/Schmidt-Fehrenbacher*, in FGS/BDI, UmwSt-Erlass 2011, S. 257.

142 Vgl BMF BStBl. I 2011, 627.

Vorschrift des § 12 und das **Anschaffungskostenprinzip** sprechen insoweit gegen einen Erwerbsgewinn durch Auflösung des badwill zum folgenden Bilanzstichtag.[143]

79 ■ Wenn die übertragende Körperschaft an einer **Mitunternehmerschaft** beteiligt ist, stellt sich die Frage nach der Ermittlung und der Behandlung eines Aufstockungsbetrags aus der Schlussbilanz beim übernehmenden Rechtsträger. Unter der steuerlichen Schlussbilanz der übertragenden Körperschaft iSv § 11 Abs. 1 S. 1 ist – nach der sog. Spiegelbildmethode – insoweit auch die hierfür zu erstellende Schlussbilanz der Mitunternehmerschaft zu verstehen. Als Anschaffungsgeschäft ist der dort ausgewiesene Aufstockungsbetrag in einer (positiven) Ergänzungsbilanz bei der Mitunternehmerschaft für den übernehmenden Rechtsträger auszuweisen.[144] Bei einer doppelstöckigen Mitunternehmerschaft ist der Aufstockungsbetrag wertentsprechend auf die betroffenen Mitunternehmerschaften zu verteilen („Durchstockung").[145]

80 ■ Bei grenzüberschreitenden Verschmelzungen gilt die Fußstapfentheorie nur hinsichtlich des bereits bei der übertragenden Körperschaft im Inland steuerverhafteten Vermögens. Bei einer Hereinverschmelzung kommt es damit nicht zu einem Import des ausländischen Steuerrechts durch Anknüpfung an dessen Gewinnermittlungsvorschriften.[146]

81 ■ **Organschaft:** An einer Verschmelzung können als übertragende oder übernehmende Körperschaft ein Organträger oder eine Organgesellschaft iSv § 14 KStG beteiligt sein. Im Regelungsbereich des § 12 sind hierbei Organgesellschaften iSv §§ 14 Abs. 1 S. 1, 17 KStG und Organträger iSv § 14 Abs. 1 S. 1 Nr. 2 KStG (nicht steuerbefreite Körperschaften, Personenvereinigungen und Vermögensmassen) relevant, bei denen die finanzielle Eingliederung iSd. § 14 Abs. 1 S. 1 Nr. 1 KStG und ein Gewinnabführungsvertrag (GAV) gem. § 291 Abs. 1 AktG mit den Maßgaben des § 14 Abs. 1 S. 1 Nr. 3 KStG vorliegen. Im zeitlichen Zusammenhang mit einer Verschmelzung kann zudem die Errichtung oder Beendigung einer Organschaft geplant sein. Die Finanzverwaltung hat in den Rn Org. 01 bis 34 des UmwStE punktuelle Maßgaben für Organschaftssachverhalte im Kontext mit Umwandlungen formuliert. Auch gesetzlich bestehen nur vereinzelte Regelungen zu diesem Bereich (vgl §§ 14 Abs. 4 S. 5, 15 Nr. 2 KStG). Auf steuerliche Besonderheiten in diesen Konstellationen soll nachfolgend eingegangen werden.[147]

82 ■ **Verschmelzung des Organträgers** – Bei Verschmelzung des Organträgers als übertragender Körperschaft gehört zum gem. § 20 Abs. 1 S. 1 UmwG übergehenden Vermögen neben der die finanzielle Eingliederung der Organgesellschaft vermittelnden unmittelbaren oder mittelbaren Beteiligung auch der **GAV**.[148] Die bestehende Organschaft mit der Organgesellschaft zählt zur steuerlichen Rechtsstellung iSv Abs. 3, in welche die übernehmende Körperschaft zum steuerlichen Übertragungsstichtag (§ 2 Abs. 1) grundsätzlich eintritt.[149] Bei bestehenden Eingliederungsvoraussetzungen ist ein Neuabschluss eines GAV nicht erforderlich. Wenn die Organschaft fortgeführt wird, resultiert aus der steuerlichen Rechtsnachfolge für Zwecke der Mindestlaufzeit des GAV gem. § 14 (1) 1 Nr. 3 KStG eine **Zusammenrechnung** der Zeiträume, während derer der GAV mit der übertragenden und der übernehmenden Körperschaft bestanden hat.[150] Da § 14 Abs. 1 S. 1 Nr. 1 KStG eine **finanzielle Eingliederung** zum Beginn des Wirtschaftsjahres der Organgesellschaft fordert, ist das Schicksal einer bestehenden Organschaft in den Fällen zweifelhaft, in denen der steuerliche Übertragungsstichtag, ab dem die Organgesellschaft als finanziell in den Organträger eingeglie-

143 Vgl BFH DStR 2006, 1313; *Meier/Geberth*, DStR 2011, 733.
144 So auch Rn 12.04, 04.17 UmwStE.
145 Schneider/Ruoff/Sistermann/*Blaas/Sommer*, UmwStE 2011, H 4.48.
146 S. Rn 27 zur Verstrickung/Hereinverschmelzung.
147 Grundlegend: *Dötsch*, Ubg 2011 20; *Rödder*, DStR 2011, 1053.
148 Haase/Hruschka/*Herfort/Viebrock*, § 12 Rn 264;Kallmeyer/*Marsch-Barner*, § 20 UmwG Rn 20; vgl zum Beherrschungsvertrag OLG Karlsruhe DStR 1991, 360.
149 Lademann/*Hahn*, § 12 Rn 94.
150 Rn Org. 09 UmwStE.

dert gilt, vom Beginn ihres Wirtschaftsjahrs abweicht. Nach Auffassung der Finanzverwaltung[151] liegt in diesen Fällen die finanzielle Eingliederung zu Beginn des Wirtschaftsjahres nicht vor, mit der Folge, dass insoweit jedenfalls für das Wirtschaftsjahr der Organgesellschaft, in welches der steuerliche Übertragungsstichtag fällt,[152] die steuerlichen Organschaftswirkungen entfallen. Dies ist zweifelhaft, denn die steuerliche Rechtsnachfolge gem. Abs. 3 (Fußstapfentheorie) ließe auch ein Verständnis dahin zu, dass die zuvor zum bisherigen Organträger bestehende finanzielle Eingliederung durch die übernehmende Körperschaft generell zuzurechnen ist.[153]

Praxishinweis: Bei der **Wahl des steuerlichen Übertragungsstichtags** ist bestehenden Organschaftsverhältnissen besondere Aufmerksamkeit zu widmen. Gegebenenfalls ist an eine Umstellung des Geschäftsjahres der Organgesellschaft zu denken.

- Im Falle der **Abwärtsverschmelzung** des Organträgers auf die Organgesellschaft erlischt der GAV aufgrund der hierdurch eintretenden Vereinigung von Gläubiger und Schuldner durch Konfusion.[154] Die Organschaft würde hierdurch jedenfalls am steuerlichen Übertragungsstichtag enden. Der GAV kann anschließend nicht mehr iSv § 14 Abs. 1 S. 1 Nr. 3 KStG durchgeführt werden. Nach Auffassung der Finanzverwaltung ist in diesen Fällen ein **wichtiger Grund** iSv § 14 Abs. 1 S. 1 Nr. 3 S. 2 KStG[155] gegeben. Das ist aber wohl nicht so zu verstehen, dass eine Kündigung auf Basis dieses wichtigen Grundes erforderlich sein soll; vielmehr wird die Beendigung vor Ablauf der Fünfjahresfrist als für die bisherige Laufzeit unschädlich gewertet.[156] Die Beendigung der Organschaft durch Konfusion während des laufenden Wirtschaftsjahres der Organgesellschaft dürfte entsprechend § 14 Abs. 1 S. 1 Nr. 3 S. 3 KStG auf den Beginn dieses Wirtschaftsjahres zurückwirken. Zwar gilt diese Norm mangels Kündigung oder Aufhebung nicht unmittelbar, und es besteht auch keine anderweitige Spezialnorm für Umwandlungsfälle. Allerdings besteht auch keine Norm zur unterjährigen Einkommensermittlung bei der Organgesellschaft; vielmehr ist im Rahmen der Organschaft das Einkommen der Organgesellschaft hinzuzurechnen, welches nach § 7 Abs. 3 S. 2, Abs. 4 S. 1 KStG für deren gesamtes Wirtschaftsjahr zu ermitteln ist. Schließlich hat die übernehmende Körperschaft auch keine Übernahmebilanz zum Übertragungsstichtag zu erstellen, in der etwa ein unterjähriges Ergebnis zu ermitteln wäre. Daher ist die Organschaft in Fällen der Abwärtsverschmelzung letztmals für das Wirtschaftsjahr zu berücksichtigen, welches dem Wirtschaftsjahr vorausgeht, in welches der steuerliche Übertragungsstichtag fällt.[157] – Fraglich ist, ob sich bei Verschmelzungen Auswirkungen auf steuerbilanzielle **organschaftliche Ausgleichsposten** beim Organträger gem. § 14 Abs. 4 KStG ergeben können. Diese aktiven oder passiven Ausgleichsposten resultieren aus handelsrechtlichen Minder- oder Mehrabführungen aus der Organschaftszeit (vgl § 14 Abs. 4 S. 6 KStG) und sollen sicherstellen, dass das steuerliche Einkommen der Organgesellschaft aus der Zeit der Organschaft (nur) einmal erfasst wird.[158] Während des Bestehens der Organschaft können sich diese Mehr- und Minderabführungen im Zeitverlauf wieder ausgleichen, und die Ausgleichsposten werden ergebnisneutral aufgelöst. Für Veräußerungen der Organgesellschaft ordnet § 14 Abs. 4 S. 2 und 3 KStG die ergebniswirksame Auflösung der Ausgleichsposten an. Die Finanzverwaltung[159] interpretiert die Verschmelzung des Organträgers generell als Veräußerungsvorgang, und wendet daher § 14 Abs. 4 S. 2 KStG an.

151 Rn Org. 02 S. 2 UmwStE.
152 Vgl *Blumenberg/Lechner*, DB 2012, Beilage 1, 57, 58.
153 Haase/Hruschka/*Herfort/Viebrock*, § 12 Rn 223; Lademann/*Hahn*, § 12 Rn 94; *Blumenberg/Lechner*, DB 2012, Beilage 1, 57, 58; *Kröner*, BB 2011, Heft 35 S. 24 f; vgl auch BFH BFH/NV 2011, 67 und BStBl. II 2011, 528.
154 Vgl KölnKomm-UmwG/*Simon*, § 20 Rn 24; OLG Hamm WM 1988, 1164.
155 Rn Org. 04 UmwStE.
156 Nach Lademann/*Hahn*, § 12 Rn 93 soll es sich um eine Billigkeitsmaßnahme handeln, deren rechtliche Grundlage bleibt aber unerwähnt.
157 AA Haase/Hruschka/*Herfort/Viebrock*, § 12 Rn 228 unter Hinweis auf Rn Org. 04: Ende zum stl. Übertragungsstichtag.
158 Haase/Hruschka/*Herfort/Viebrock*, § 12 Rn 232.
159 Rn Org. 05 UmwStE.

Nach diesem Verständnis wären die Ausgleichsposten erfolgswirksam aufzulösen,[160] und nach § 8 b KStG zu erfassen. Neben der Veräußerungshypothese spricht hierfür auch § 14 Abs. 4 S. 5 KStG, welcher beispielhaft („insbesondere") auch die Umwandlung der Organgesellschaft gesetzlich einem Veräußerungsvorgang gleichstellt, und so erkennen lässt, dass für das Schicksal der organschaftlichen Ausgleichsposten eine Umwandlung einer Veräußerung gleichgestellt sein kann. Systematisch lässt sich allerdings auch im Gegenschluss aus § 14 Abs. 4 S. 5 KStG, welcher die Umwandlung des Organträgers nicht erwähnt, ableiten, dass in jenem Fall gerade keine Veräußerungsfolgen eintreten sollen. Angesichts der durch Abs. 3 generell angeordneten Rechtsnachfolge wäre – als Ausnahme hierzu – eine ausdrückliche Regelung zur Auflösung der Korrekturposten bei der Verschmelzung des Organträgers zu erwarten.[161] Versteht man die Ausgleichsposten als steuerbilanzielle Korrekturposten zum Buchwert der Beteiligung an der Organgesellschaft,[162] dann lässt sich allerdings das Ergebnis der Finanzverwaltung auch aus § 11 Abs. 1 S. 1 ableiten; und ebenso wie § 11 Abs. 2 S. 1 einen antragsgebundenen Buch- oder Zwischenwertansatz zulässt, um die Entstehung eines Übertragungsgewinns (ganz oder teilweise) zu vermeiden, hält die Finanzverwaltung[163] eine Auflösung der Ausgleichsposten dann nicht (bzw nicht in vollem Umfang) für erforderlich, wenn die Organschaft vom übernehmenden Rechtsträger fortgeführt wird,[164] und die Verschmelzung zum Buch- oder Zwischenwert erfolgt. Etwas anderes soll für den Fall der Abwärtsverschmelzung folgen: da die Organschaft hier nicht fortgeführt werden könne, seien die Ausgleichsposten stets in voller Höhe aufzulösen.[165] Dies scheint zwar § 11 Abs. 2 S. 2 zu widersprechen, der auch im Falle der **Abwärtsverschmelzung** den (korrigierten) Buch- oder Zwischenwertansatz erlaubt, ist aber sachgerecht, da sich nach Verschmelzung auf die Organgesellschaft die im Ausgleichsposten verkörperten temporären Einkommensunterschiede zwischen Handels- und Steuerrecht nicht mehr im Rahmen einer Organschaft ausgleichen können. – Im Hinblick auf den GAV kommt es bei der **Seitwärts- oder Aufwärtsverschmelzung** zur Rechtsnachfolge durch die übernehmende Körperschaft, und gem. Abs. 3 zu deren Eintritt in die steuerliche Rechtsstellung des übertragenden Organträgers. Bei der Aufwärtsverschmelzung stellt sich das Problem der finanziellen Eingliederung zu Beginn des Wirtschaftsjahres der Organgesellschaft nicht, wenn letztere ohnehin zum Umwandlungsstichtag in die nun übernehmende Körperschaft finanziell eingegliedert war. Hinsichtlich der fünfjährigen Mindestlaufzeit iSv § 14 Abs. 1 S. 1 Nr. 3 KStG erfolgt daher eine Zusammenrechnung der auf die übertragende und übernehmende Körperschaft entfallenden Zeiträume.[166] Die Verschmelzung des bisherigen Organträgers wird von der Finanzverwaltung als wichtiger Kündigungs- oder Aufhebungsgrund iSv § 14 Abs. 1 S. 1 Nr. 3 KStG anerkannt.[167] Eine hierauf gestützte Kündigung kann sowohl durch die Organgesellschaft, als auch durch den bisherigen Organträger bzw die übernehmende Körperschaft als Rechtsnachfolger erklärt werden. – Bei fortgeführter Organschaft wird das Einkommen der Organgesellschaft, welches sie in dem Wirtschaftsjahr erzielt hat, in welches der steuerliche Übertragungsstichtag fällt, der übernehmenden Körperschaft zugerechnet, die zum Schluss dieses Wirtschaftsjahres als Organträger anzusehen ist.[168]

160 Zum Zeitpunkt vgl Rn Org 21 UmwStE: steuerlicher Übertragungsstichtag bei Aufwärtsverschmelzung, sonst Zeitpunkt der Wirksamkeit/Eintragung; *Blumenberg/Lechner*, DB 2012, Beilage 1, 57, 66.

161 Krit. daher Haase/Hruschka/*Herfort/Viebrock*, § 12 Rn 238.

162 Rödder/Herlinghaus/van Lishaut/*Rödder*, § 12 UmwStG Rn 101.

163 Rn Org. 05 UmwStE.

164 In diesem Zusammenhang wird die vom BMF in Rn Org. 02 UmwStE vertretene Auffassung relevant, nach der ein unterjähriger steuerlicher Übertragungsstichtag die finanzielle Eingliederung verhindert, krit. zum Erfordernis einer Fortführung der Organschaft: *Blumenberg/Lechner*, DB 2012, Beilage 1, 64 f.

165 Rn Org. 05 UmwStE.

166 Vgl Rn Org. 12 UmwStE.

167 Rn Org. 12 UmwStE; vgl R 60 Abs. 6 S. 4 KStR 2004: danach ist es im Falle einer Verschmelzung auch unschädlich, wenn die Beendigung des GAV vor Ablauf der Fünfjahresfrist bei Vertragsabschluss feststand.

168 Rn Org. 20 UmwStE; Dötsch, Ubg 2011, 20, 26; aA Haase/Hruschka/*Herfort/Viebrock*, § 12 Rn 245: Organträger zum Schluss des Kalenderjahrs, in dem die Organgesellschaft das relevante Einkommen bezogen hat.

- **Verschmelzung auf einen Organträger** (OT): 83
  - Die Verschmelzung einer außenstehenden Körperschaft auf einen Organträger hat auf die Organschaftsvoraussetzungen nach § 14 KStG keine Auswirkungen, und berührt daher das Organschaftsverhältnis nicht.[169]
  - Aufwärtsverschmelzung der Organgesellschaft – Durch die Verschmelzung der OG auf den OT kommt es hinsichtlich des GAV zivilrechtlich zum Zusammenfallen beider Vertragspositionen auf Ebene des Organträgers. Hierdurch erlischt der GAV durch Konfusion.[170]

- **Verschmelzung der Organgesellschaft** – Die Verschmelzung der Organgesellschaft auf eine übernehmende Körperschaft führt zivilrechtlich und – in Abweichung zu Abs. 3 – auch steuerrechtlich nicht zum Eintritt der übernehmenden Körperschaft in die Organschaft. Vielmehr wird ein bestehender GAV beendet.[171] Stimmen der steuerliche Übertragungsstichtag und das Ende des Wirtschaftsjahres der Organgesellschaft überein, so ist das Einkommen der Organgesellschaft dem Organträger noch nach Organschaftsregeln zuzurechnen. Dasselbe gilt auch bei einem unterjährigen Verschmelzungsstichtag, welcher auch ohne formale Umstellung des Wirtschaftsjahres ein steuerliches Rumpfwirtschaftsjahr beendet.[172] Nach Auffassung der Finanzverwaltung stellt die Verschmelzung der Organgesellschaft auf Ebene des Organträgers eine Veräußerung der Beteiligung an der Organgesellschaft dar. Etwaige organschaftliche Ausgleichsposten sind danach gem. § 14 Abs. 4 S. 2 KStG steuerwirksam (iRd. § 8 b KStG) aufzulösen.[173] Ebenso wie bei der Verschmelzung des Organträgers dargestellt (Rn 82), scheint diese Auslegung nach Wortlaut und Systematik der Regelungen der § 11 Abs. 4 KStG und §§ 11 und 12 zwar möglich, aber nicht zwingend.[174] Auf Ebene des Organträgers könnte insb. auch aus § 13 Abs. 2 S. 2 eine Übertragung der Ausgleichsposten auf die Anteile an der übernehmenden Körperschaft abgeleitet werden, welche erst im Falle bei Veräußerung dieser Anteile aufzulösen wären.[175] - Die Finanzverwaltung erkennt in der Verschmelzung der Organgesellschaft einen wichtigen Grund für eine Kündigung des GAV vor Ablauf des Fünfjahreszeitraums iSv § 14 Abs. 1 S. 1 Nr. 3 KStG.[176] Diese Kündigung kann durch die übertragende Organgesellschaft oder die übernehmende Körperschaft als deren Rechtsnachfolgerin erklärt werden. – Ein steuerlicher Übertragungsgewinn unterliegt nach Auffassung der Finanzverwaltung nicht der Einkommenszurechnung nach § 14 Abs. 1 KStG, sondern ist von der Organgesellschaft selbst zu versteuern.[177] Damit wäre auch eine Verrechnung mit vororganschaftlichen Verlusten möglich, die nach § 15 S. 1 Nr. 1 KStG innerhalb der Organschaft nicht genutzt werden können, und bei Verschmelzung gem. Abs. 3 iVm § 4 Abs. 2 untergehen würden. Die Auffassung der Verwaltung entspricht im Ergebnis der Auffassung des BFH, nach welcher das Ergebnis der Liquidation der Organgesellschaft nicht der Abführungsverpflichtung unterliegt.[178] Tragende Erwägung des BFH ist es dabei allerdings, dass eine Gesellschaft in Liquidation nicht mehr auf einen Erwerb gerichtet sei. Bei einer Verschmelzung der Organgesellschaft unter Fortführung ihrer Aktivitäten trifft dies allerdings nicht zu. Insoweit sind Zweifel an der Lösung der Finanzverwaltung berechtigt. Das Übertragungsergebnis sollte mE der Ergebnisabführung unterliegen. 84

169 Vgl Rn Org. 20 UmwStE; KölnKomm-UmwG/*Simon*, § 20 Rn 25.

170 Vgl KölnKomm-UmwG/*Simon*, § 20 Rn 24; OLG Hamm WM 1988, 1164.

171 Rn Org. 21 UmwStE; *Dötsch*, Ubg 2011, 20, 21; vgl *Vossius* in: FS Widmann, S. 133; aA Gosch/*Neumann*, § 14 KStG Rn 288.

172 *Blumenberg/Lechner*, DB 2012, Beilage 1, 65, weisen mwN darauf hin, dass sich in der Praxis aus gesellschaftsrechtlichen Gründen (§ 296 AktG) die Umstellung des Wirtschaftsjahres auf den Übertragungsstichtag anbietet.

173 Vgl Rn Org. 21 UmwStE, auch zu den jeweiligen Zeitpunkten (grds. zivilrechtliche Wirksamkeit der Verschmelzung, also Eintragung ins Handelsregister; bei Aufwärtsverschmelzung Ablauf des steuerlichen Übertragungsstichtags).

174 Krit. daher Haase/Hruschka/*Herfort/Viebrock*, § 12 Rn 250 f.

175 *Blumenberg/Lechner*, DB 2012, Beilage 1, 67.

176 Vgl Rn Org. 26 UmwStE.

177 Rn Org. 27 UmwStE.

178 BFH BStBl. II 1968, 105.

85 ■ **Verschmelzung auf eine Organgesellschaft** – Wird eine Körperschaft auf eine Organgesellschaft verschmolzen, berührt dies nicht den Bestand des GAV.[179] Er wird unverändert fortgesetzt. Gibt die Organgesellschaft aber im Zuge dieser Verschmelzung eigene Anteile aus (insb. bei einer Seitwärtsverschmelzung), dann kann es zu einer Verwässerung der Anteilsquote des Organträgers, und hierdurch zu einem Verlust der finanziellen Eingliederung iSv § 14 Abs. 1 S. 1 Nr. 1 KStG kommen. – Aus der Verschmelzung auf eine Organgesellschaft können sich nachfolgende **Mehr – und Minderabführungen** ergeben. So kann sich etwa bei der Aufwärtsverschmelzung und divergierenden Wertansätzen handelsrechtlich unter Zugrundelegung des Zeitwertes des übernommenen Vermögens ein höheres Übernahmeergebnis ergeben als bei Buchwertfortführung in der Steuerbilanz. Auf in diesem Falle resultierende Mehrabführung ist nach Auffassung der Finanzverwaltung § 14 Abs. 3 S. 1 KStG anzuwenden;[180] aus der danach anzunehmenden Gewinnausschüttung folgt neben der Besteuerung mit 5 % gem. § 8 b Abs. 1 und Abs. 5 KStG insb. auch die Pflicht zur Abführung der Kapitalertragsteuer.[181] Diese Auffassung überrascht, da § 14 Abs. 3 KStG Mehrabführungen erfasst, die ihre Ursache in vororganschaftlicher Zeit haben; Mehrabführungen infolge verschmelzungsbedingter Wertunterschiede werden jedoch durch die Verschmelzung in organschaftlicher Zeit verursacht. Überzeugender ist daher die Auffassung, dass es sich um Mehrabführungen aus organschaftlicher Zeit handelt, die nach § 14 Abs. 4 KStG zu behandeln, und über organschaftliche Ausgleichsposten steuerbilanziell abzubilden sind.[182] Nach anderer Auffassung soll es sich um außerorganschaftliche Mehrabführungen handeln, deren steuerliche Behandlung als vor- oder innerorganschaftliche wiederum strittig ist.[183] Insgesamt muss diese Rechtsfrage als ungeklärt gelten.[184] – Zudem können bei der übertragenden Körperschaft bereits Bewertungsunterschiede zwischen Handels- und Steuerbilanz bestehen, welche gem. Abs. 3 auf die übernehmende Körperschaft übergehen. Eine nachfolgende Auflösung dieser Bewertungsunterschiede führt bei der Organgesellschaft zu Mehr- bzw Minderabführungen. Nach Auffassung der Finanzverwaltung[185] sind diese wohl vororganschaftlich verursacht und nach § 14 Abs. 3 KSt zu behandeln. Nach einer Gegenauffassung[186] liegt die Verursachung dagegen in der Verschmelzung und daher in organschaftlicher Zeit, so dass § 14 Abs. 4 KStG einschlägig sei. – Ergibt sich bei der Aufwärtsverschmelzung auf eine Organgesellschaft bei ihr ein Übernahmeergebnis, so unterliegt dies der Abführungsverpflichtung.[187] Es ist bei der Organgesellschaft gem. Abs. 2 S. 1 steuerbefreit, da § 15 S. 1 Nr. 2 S. 1 KStG die Anwendbarkeit dieser Vorschrift nicht ausschließt; die Finanzverwaltung[188] geht allerdings davon aus, dass auf Ebene des Organträgers § 8 b KStG anzuwenden, und damit im Ergebnis eine Pauschalierung iHv 5 % der nicht abziehbaren Betriebsausgaben vorzunehmen ist. Bei einer Seitwärtsverschmelzung auf die Organgesellschaft ergibt sich kein abzuführendes Übernahmeergebnis.[189] – Soweit der Übertragungsstichtag handels- und steuerrechtlich in unterschiedliche Wirtschaftsjahre fällt, können sich (insb. bei der Aufwärtsverschmelzung) ebenfalls Mehr- oder Minderab-

179 KölnKomm-UmwG/*Simon*, § 20 Rn 25.

180 Rn Org. 33 UmwStE für den Fall einer steuerlichen Buchwertfortführung. Dasselbe muss aber auch für den Fall eines steuerbilanziellen Zwischenwertansatzes gelten, aus dem sich Bewertungsunterschiede zur Handelsbilanz ergeben.

181 S.a. § 44 Abs. 1 S. 7 EStG.

182 Haase/Hruschka/*Herfort/Viebrock*, § 12 Rn 364.

183 Vororganschaftlich: Lademann/*Hahn*, § 12 Rn 39 mwN, allerdings unter Hinweis auf Rn Org. 31 UmwStE; Dötsch/Pung/Möhlenbrock/*Dötsch*, Rn 49 ff- Frotscher/Maas/*Frotscher*, § 4 Rn 425, 436, 437; Gosch/*Neumann*, § 8 b Rn 418; dagegen: *Rödder*, DStR 2011, 1053; *Heerdt*, DStR 2009, 938; *Blumenberg/Lechner*, DB 2012, Beilage 1, 69; *Kröner*, BB 2011, Heft 35, S. 27.

184 Vgl Lademann/*Hahn*, § 12 Rn 40: Frage nicht generell beantwortbar, sondern anhand des konkreten Falles zu beurteilen.

185 Rn Org. 33 UmwStE.

186 Haase/Hruschka/*Herfort/Viebrock*, § 12 Rn 268.

187 Rn Org. 30 UmwStE; Blümich/*Klingberg*, § 12 Rn 54.

188 Rn 12.07 UmwStE; zust. Dötsch/Pung/Möhlenbrock/*Dötsch*, § 12 Rn 33 a; krit. Blümich/*Klingberg*, § 12 Rn 54; Haritz/Menner/*Wisniewski*, § 12 Rn 60; differenzierend: *Frotscher*, UmwStE, zu Rn 12.07: Nettomethode, bei der die Organgesellschaft Abs. 2 S. 2 iVm § 8 b Abs. 3 S. 1 KStG anzuwenden habe, soweit sie an der übertragenden Körperschaft beteiligt war.

189 Vgl Rn Org. 30 UmwStE und § 12 Abs. 2 UmwStG.

führungen ergeben; hierbei ist wiederum strittig, ob hierauf § 14 Abs. 3 oder Abs. 4 KStG anzuwenden sind.
Praxishinweis: Angesichts der vielfältigen unklaren und daher strittigen Rechtsfragen in diesem Gebiet ist im Einzelfall stets die Einholung einer (gebührenpflichtigen) verbindlichen Auskunft zu prüfen (§ 89 Abs. 2 bis 7 AO).

- Kommt es infolge einer Verschmelzung zum **Übertrag einer Beteiligung an einer Kapitalgesellschaft,** kann hierdurch die Organschaftsvoraussetzung der finanziellen Eingliederung in einen Organträger gem. § 14 Abs. 1 KStG hergestellt werden. Bestand bislang trotz gegebener finanzieller Eingliederung in die übertragende Körperschaft mangels GAV mit jener keine Organschaft, kann die Organgesellschaft nach erfolgter Verschmelzung des Organträgers mit der übernehmenden Körperschaft eine Organschaft begründen. Wie bei der Fortsetzung einer Organschaft bei Verschmelzung des Organträgers fordert die Finanzverwaltung aber auch für den Fall einer neu zu begründenden Organschaft mit Rückwirkung zum Beginn des laufenden Wirtschaftsjahres der Organgesellschaft, dass dem Übernehmer der künftigen Organgesellschaft die Anteile an jener jedenfalls nach den steuerlichen Rückwirkungsregeln zu Beginn des Wirtschaftsjahres der Organgesellschaft zuzurechnen sind.[190] Dies widerspricht dem Prinzip der steuerlichen Rechtsnachfolge gem. Abs. 3 und der einschlägigen BFH – Rechtsprechung;[191] danach müsste eine bestehende finanzielle Eingliederung auch bei unterjährigem Umwandlungsstichtag auf die übernehmende Körperschaft übergehen, und eine Organschaft rückwirkend ab dem Beginn dieses Wirtschaftsjahres ermöglichen. 86

- **Körperschaftssteuerguthaben und -erhöhungsbetrag gem. §§ 37 Abs. 5, 38 Abs. 5 und 6 KStG** – Soweit die übertragende Körperschaft noch einen Anspruch auf Auszahlung des Körperschaftsteuerguthabens nach § 37 Abs. 5 KStG (aus dem Systemwechsel vom körperschaftsteuerlichen Anrechnungs- auf das Halbeinkünfteverfahren) hat, geht dieser gem. § 20 Abs. 1 Nr. 1 UmwG iVm § 45 Abs. 1 AO auf die übernehmende Körperschaft über.[192] Dasselbe gilt für einen bei der übertragenden Körperschaft eventuell noch bestehenden Körperschaftsteuererhöhungsbetrag gem. § 38 Abs. 5 und 6 KStG.[193] 87

- Ein **Spendenvortrag** der übertragenden Körperschaft gem. § 9 Abs. 1 Nr. 2 S. 9 KStG geht nach Abs. 3 Hs 1 auf die übernehmende Körperschaft über. Eine entgegenstehende Einschränkung enthält Abs. 3 Hs 2 iVm § 4 Abs. 2 nicht. 88

4. Abs. 4 – Übernahmefolgegewinn. Wenn zwischen übertragender und übernehmender Körperschaft zum steuerlichen Übertragungsstichtag (§ 2 Abs. 1 S. 1) **wechselseitige Forderungen und Verbindlichkeiten** bestanden, führt der Vermögensübertrag auf die übernehmende Körperschaft (§ 20 Abs. 1 Nr. 1 UmwG) auf ihrer Ebene zivilrechtlich zur Identität von Gläubiger und Schuldner und damit zum Untergang des Schuldverhältnisses durch Konfusion. Die entsprechende Bilanzposition der übertragenden Körperschaft aus der Schlussbilanz wird gem. Abs. 1 S. 1 gedanklich zunächst auf die übernehmende Körperschaft übertragen, wo es allerdings unmittelbar darauf, mit Ablauf des steuerlichen Übertragungsstichtags,[194] zum Erlöschen, und damit zur Ausbuchung kommt. Hierbei ergibt sich ein Gewinn bei der übernehmenden Körperschaft, wenn ihre Bilanzposition der Höhe nach von der korrespondierenden übernommenen **Bilanzposition abweicht.** 89

190 Rn Org. 03 UmwStE.
191 Vgl BFH BStBl. II 2011, 528; BFH/NV 2011, 67; *Blumenberg/Lechner*, DB 2012, Beilage 1, 59.
192 Lademann/*Hahn*, § 12 Rn 74; Haritz/Menner/*Wisniewski*, § 12 Rn 79; zu Einzelheiten vgl BMF DStR 2008, 301.
193 Vgl § 38 Abs. 9 KStG zur vorgezogenen Fälligkeit des KSt-Erhöhungsbetrags im Falle der Hinausverschmelzung.
194 Rn 06.01 UmwStE; Blümich/*Klingberg*, § 12 UmwStG Rn 20: erst nach dem steuerlichen Übertragungsstichtag.

90 Wurde etwa in der Vergangenheit eine Forderung auf Ebene der übernehmenden Körperschaft gem. § 6 Abs. 1 S. 1 Nr. 2 EStG wertberichtigt, während die übertragende Körperschaft die korrespondierende Verbindlichkeit weiterhin mit dem höheren Rückzahlungsbetrag gem. § 253 Abs. 1 S. 2 HGB bilanzierte, dann führt die Konfusion zu einem sog. **Übernahmefolgegewinn** in Höhe des Unterschieds der abgehenden Bilanzwerte. Dieselbe Folge ergibt sich bei Übertragung einer wertberichtigen Forderung auf die übernehmende Körperschaft, welche ihrerseits eine Verbindlichkeit mit einem höheren Bilanzansatz gebucht hatte. Abs. 4 ordnet hierfür die sinngemäße Anwendung des § 6 an. Der Übernahmefolgegewinn bleibt damit nicht nach Abs. 2 S. 1 (als Übernahmegewinn) außer Ansatz, sondern ist grundsätzlich (körperschaft- und gewerbe-)steuerpflichtig. Aus Sicht der Gestaltungsberatung wird zur Vermeidung dieser Wirkung an eine Übertragung der Bilanzposition (Forderung oder Verbindlichkeit/Rückstellung) der übernehmenden Körperschaft vor dem steuerlichen Übertragungsstichtag oder an eine Verbriefung der Forderung zu denken sein. § 6 Abs. 1 S. 1 räumt der übernehmenden Körperschaft ein Wahlrecht zur Bildung einer **gewinnmindernden Rücklage** in dem Wirtschaftsjahr, in welches der steuerliche Übertragungsstichtag fällt, ein. Nach § 6 Abs. 1 S. 2 ist eine solche Rücklage „in den auf ihre Bildung folgenden drei Wirtschaftsjahren" aufzulösen, und zwar mit mindestens je einem Drittel. Wird dieses Wahlrecht ausgeübt, dann kommt es damit zu einer zeitlich gestreckten steuerlichen Erfassung des Konfusionsgewinns. Eine umgekehrte Maßgeblichkeit für die Handelsbilanz besteht insoweit nicht; handelsbilanziell sind aber passive latente Steuern gem. § 274 Abs. 1 S. 1 HGB zu erfassen.

91 Dem Wortlaut nach ist die Rücklage über einen feststehenden Zeitraum von drei Wirtschaftsjahren aufzulösen. Eine längere Streckung ist nicht zulässig. Eine Verkürzung ist gesetzlich ebenfalls nicht vorgesehen, kann aber wirtschaftlich durch Ansatz eines 33% des ursprünglichen Rücklagebetrages übersteigenden Auflösungssatzes erreicht werden. Eine solche Gestaltungsmöglichkeit kann etwa im Rahmen einer Verlustnutzung vor schädlichem Beteiligungserwerb im Lichte der §§ 8 c KStG, 10 a GewStG bedeutsam werden.

92 Die Steuerpflicht des Konfusionsgewinns besteht dem Wortlaut nach unabhängig davon, ob die ihn verursachende Wertberichtigung der Forderung bei der übernehmenden Körperschaft einem **Abzugsverbot** unterfiel. Für den praktisch wichtigsten Fall der Gesellschafterfremdfinanzierung müsste allerdings § 8 b Abs. 3 S. 8 KStG auch hinsichtlich des Konfusionsgewinns gelten. Selbst wenn dieser streng genommen nicht durch eine Teilwertaufholung nach § 6 Abs. 1 (S. 1) Nr. 2 EStG entsteht, sondern durch die bilanztechnische Abbildung der Konfusion (vgl § 6 Abs. 1 S. 1), rechtfertigt die abweichende Ermittlungstechnik keine divergierende steuerliche Behandlung der beiden Fälle. Denn das Erlöschen durch Konfusion kann wirtschaftlich als Erfüllung angesehen werden, vor deren Vornahme gedanklich eine Teilwertaufholung iSv § 6 Abs. 1 (S. 1) Nr. 2 EStG geboten wäre. § 8 b Abs. 3 S. 8 KStG ist – über den Wortlaut hinaus nicht nur bei Bilanzierung einer Wertaufholung, sondern – auch unmittelbar bei Erfüllung anzuwenden. Die Finanzverwaltung folgt dem allerdings nicht, sondern geht von einer vollen Steuerpflicht auch dann aus, wenn sich die Forderungsabschreibung steuerlich nicht ausgewirkt hat.[195]

93 Der in § 6 Abs. 1 S. 1 (Alt. 2) zusätzlich geregelte Fall der Auflösung einer **Rückstellung** wird von Abs. 4 nicht ausdrücklich erfasst. Allerdings nimmt Abs. 4 für den in ihm enthaltenen Verweis die amtliche Überschrift des § 6 auf, und erklärt jene Vorschrift damit implizit für vollständig anwendbar. Soweit infolge der Verschmelzung daher eine steuerbilanzielle Rückstellung aufzulösen ist, etwa weil das vorgesorgte Risiko gegenüber der anderen Körperschaft bestand, ist der resultierende Übernahmefolgegewinn (ggf über eine Rücklage zeitlich gestreckt)[196] steuerpflichtig.

195 Rn 06.02 UmwStE.
196 Im Ergebnis wie hier Frotscher/Maas/*Frotscher*, § 12 UmwStG Rn 71; aA in Haase/Hruschka/*Herfort/Viebrock*, § 12 Rn 274; Schmitt/Hörtnagl/Stratz/*Schmitt*, § 12 Rn 65; *Klingebiel/Patt/Rasche/Krause*, S. 242.

Abs. 4 begrenzt das aus § 6 Abs. 1 übernommene Wahlrecht zum Ansatz einer gewinnmindernden Rücklage auf den Anteil, welcher der Beteiligungsquote der übernehmenden an der übertragenden Körperschaft zum steuerlichen Übertragungsstichtag (§ 2 Abs. 1) entspricht. Sie steht damit nur in Fällen einer (gemischten) **Aufwärtsverschmelzung** offen. Bei einer Beteiligungsquote von zB 20 % dürfte die übernehmende Körperschaft von einem Konfusionsgewinn iHv 100 für einen Teilbetrag iHv 20 eine Rücklage bilden; 80 würden sofort versteuert. 94

§ 6 Abs. 2 regelt den Fall eines Gesellschafters einer Personengesellschaft, und hat im Rahmen der Verweisung des Abs. 4 für die Verschmelzung auf eine Kapitalgesellschaft keine Bedeutung. 95

§ 6 Abs. 3, eine Missbrauchsregelung, ist über den Verweis des Abs. 4 auch im Bereich des § 12 anwendbar. Danach entfällt die Berechtigung zur Bildung einer gewinnmindernden Rücklage unter den dort genannten Voraussetzungen rückwirkend. Dies kann etwa auch dann noch geschehen, wenn die schädliche Betriebsveräußerung zB vier Jahre nach dem steuerlichen Übertragungsstichtag, und nach vollständiger Auflösung der Rücklage über den in § 6 Abs. 1 S. 2 vorgesehenen Dreijahreszeitraum erfolgt. § 6 Abs. 3 S. 2 enthält eine eigenständige, § 175 Abs. 1 S. 1 Nr. 2 AO vorgehende, verfahrensrechtliche Änderungsvorschrift, die auch im Rahmen des § 12 anzuwenden ist. 96

5. Abs. 5 – Vermögensübergang zw. steuerpflichtigem und steuerbefreitem Bereich. Geht Vermögen einer übertragenden Körperschaft durch Verschmelzung aus dem steuerverhafteten in den nicht steuerpflichtigen oder steuerbefreiten Bereich bei der übernehmenden Körperschaft über, dann ist in der steuerlichen Schlussbilanz der gemeine Wert anzusetzen, da die Voraussetzung des § 11 Abs. 2 S. 1 Nr. 1 verfehlt wird.[197] Bei Vorhandensein stiller Reserven werden diese aufgedeckt und führen zu einem Übertragungsgewinn. Abs. 5 fingiert eine **Vollausschüttung der offenen Rücklagen** (einschließlich derjenigen, die aus dem Übertragungsgewinn resultieren) zum steuerlichen Übertragungsstichtag (§ 2 Abs. 1). 97

Unter nicht steuerpflichtigen übernehmenden Körperschaften sind juristische Personen des öffentlichen Rechts zu verstehen, die einer hoheitlichen Aufgabe nachgehen, und somit nicht der Körperschaftsteuer unterfallen. Soweit sie einen Betrieb gewerblicher Art (§ 4 KStG) unterhalten, sind sie allerdings nach § 1 Abs. 1 Nr. 6 KStG körperschaftsteuerpflichtig. Hoheitsbetriebe iSv § 4 Abs. 5 KStG die überwiegend der Ausübung der öffentlichen Gewalt dienen, sind keine Betriebe gewerblicher Art. – Der nach Abs. 5 zu beurteilende Vermögensübergang kann insoweit durch Vermögensübertragung iSv § 174 UmwG erfolgen; juristische Gebietskörperschaften sind hierfür (anders als zB für Verschmelzungen iSv § 2 UmwG) taugliche Rechtsträger gem. § 175 Nr. 1 UmwG. – Nicht unter diese Vorschrift fallen ausländische Körperschaften, auf die im Rahmen einer Hinausverschmelzung eine inländische Körperschaft ihr Vermögen überträgt. Diese mögen zwar aufgrund ihrer Ansässigkeit im Ausland ebenfalls nicht im Inland steuerpflichtig sein. Nach dem Wortlaut kann aber nicht unterstellt werden, dass ein solcher Vermögensübergang in den „nicht steuerpflichtigen Bereich ... der übernehmenden Körperschaft" erfolgt. Eine anderweitige Auslegung wäre auch im Lichte des Art. 7 Abs. 1 Fusions-RL abzulehnen.[198] 98

Die Steuerbefreiung der übernehmenden Körperschaft ist nach § 5 KStG zu bestimmen. Dabei handelt es sich um persönliche und sachliche Steuerbefreiungen für Körperschaften, Personenvereinigungen und Vermögensmassen, die nach § 1 Abs. 1 KStG unbeschränkt steuerpflichtig wären. Trotz Steuerbefreiung bleibt die Steuerpflicht bestehen für inländische Einkünfte, die dem Steuerabzug unterliegen, § 5 Abs. 2 Nr. 1 KStG. 99

Gem. Abs. 5 gilt das gesamte steuerliche Eigenkapital der übertragenden Körperschaft, abzüglich des Bestandes des steuerlichen Einlagekontos iSv § 27 KStG nach Berücksichtigung der fik- 100

197 Rn 11.07 UmwStE.

198 Haase/Hruschka/*Herfort/Viebrock*, § 12 Rn 290 f mwN; Haritz/Menner/*Wisniewski*, § 12 Rn 113; *Schell*, IStR 2008, 397.

tiven Kapitalherabsetzung nach §§ 29 Abs. 1, 28 Abs. 2 KStG, der übernehmenden Körperschaft als zugeflossen. Dies gilt als Einnahme iSv § 20 Abs. 1 Nr. 1 EStG. Da die übernehmende Körperschaft nicht steuerpflichtig oder steuerbefreit ist, kommt einer Anwendung des § 8 b Abs. 5 KStG auf diese fiktive Vollausschüttung keine Bedeutung zu.[199]

101 Es ist aber Kapitalertragsteuer nach § 43 Abs. 1 S. 1 EStG auf diese angenommene Ausschüttung einzubehalten.[200] Diese gilt zwar als zum steuerlichen Übertragungsstichtag (§ 2 Abs. 1) erfolgt, allerdings kann sie aufgrund der regelmäßigen Rückbeziehung tatsächlich zu diesem Termin nicht angemeldet und abgeführt sein. Die KESt sollte daher erst zu dem Zeitpunkt der Eintragung im Handelsregister der übernehmenden Körperschaft entstehen,[201] und durch die übernehmende als Rechtsnachfolgerin der übertragenden Körperschaft entrichtet werden.[202] Bei der übernehmenden Körperschaft ist diese Ausschüttung gem. § 5 Abs. 2 Nr. 1 KStG partiell steuerpflichtig; die Körperschaftsteuer hierauf ist gem. § 32 Abs. 1 Nr. 1 KStG durch den Steuerabzug abgegolten.

§ 13 Besteuerung der Anteilseigner der übertragenden Körperschaft

(1) Die Anteile an der übertragenden Körperschaft gelten als zum gemeinen Wert veräußert und die an ihre Stelle tretenden Anteile an der übernehmenden Körperschaft gelten als mit diesem Wert angeschafft.

(2) [1]Abweichend von Absatz 1 sind auf Antrag die Anteile an der übernehmenden Körperschaft mit dem Buchwert der Anteile an der übertragenden Körperschaft anzusetzen, wenn

1. **das Recht der Bundesrepublik Deutschland hinsichtlich der Besteuerung des Gewinns aus der Veräußerung der Anteile an der übernehmenden Körperschaft nicht ausgeschlossen oder beschränkt wird oder**
2. **die Mitgliedstaaten der Europäischen Union bei einer Verschmelzung Artikel 8 der Richtlinie 90/434/EWG[1] anzuwenden haben; in diesem Fall ist der Gewinn aus einer späteren Veräußerung der erworbenen Anteile ungeachtet der Bestimmungen eines Abkommens zur Vermeidung der Doppelbesteuerung in der gleichen Art und Weise zu besteuern, wie die Veräußerung der Anteile an der übertragenden Körperschaft zu besteuern wäre. [2]§ 15 Abs. 1 a Satz 2 des Einkommensteuergesetzes ist entsprechend anzuwenden.**

[2]Die Anteile an der übernehmenden Körperschaft treten steuerlich an die Stelle der Anteile an der übertragenden Körperschaft. [3]Gehören die Anteile an der übertragenden Körperschaft nicht zu einem Betriebsvermögen, treten an die Stelle des Buchwerts die Anschaffungskosten.

Literatur:

Aufsätze: *Niehaves, Dieter/Beil, Andreas*, Das neue DBA Deutschland – Liechtenstein, DStR 2012, 209; *Schmitt, Joachim/Schlossmacher, Stefan*, Antrag auf Buchwertansatz nach § 13 Abs. 2 UmwStG, DB 2009, 1425; *Hageböke, Jens*, Sind alle Umwandlungen „Veräußerungen"? – Kritische Anmerkungen zur neuen Ausgangsthese der Finanzverwaltung im UmwStEE, Ubg 2011, 689; *Rödder, Thomas/Schaden, Michael*, Zur Besteuerung des down-stream-merger (mit Rödder), Ubg 2011, 40; *Krohn, Dirk/Greulich, Matthias*, Ausgewählte Einzelprobleme des neuen Umwandlungssteuerrechts aus der Praxis, DStR 2008, 646.

199 Haase/Hruschka/*Herfort/Viebrock*, § 12 Rn 285; Rödder/Herlinghaus/van Lishaut/*Rödder*, § 12 Rn 123; aA wohl Frotscher/Maas/*Frotscher*, § 12 UmwStG Rn 76.
200 Blümich/*Klingberg*, § 12 UmwStG Rn 64, mwN; Haritz/Menner/*Wisniewski*, § 12 Rn 113.
201 Entspr. Rn 07.08 UmwStE; vgl *Klingebiel/Patt/Rasche/Krause*, S. 242; Haase/Hruschka/*Herfort/Viebrock*, § 12 Rn 285 unter Hinweis auf Rödder/Herlinghaus/van Lishaut/*Rödder*, § 12 Rn 124; Schmitt/Hörtnagl/Stratz/*Schmitt*, § 12 UmwStG Rn 102.
202 Dötsch/Pung/Möhlenbrock/*Dötsch*, § 12 UmwStG Rn 69.
1 Anm. d. Red.: Abgelöst durch Richtlinie 2009/133/EG vom 19.10.2009 (ABl. L 310 S. 34).

A. Allgemeines, Normzweck und Anwendungsbereich

1 Die Regelung des § 13 ist Bestandteil des Dritten Teils des UmwStG, im welchem die Verschmelzung oder Vermögensübertragung einer Körperschaft auf eine andere Körperschaft geregelt sind. Während sich § 11 mit den Auswirkungen der Verschmelzung auf den Gewinn der übertragenden Körperschaft befasst und in § 12 die Folgen für die übernehmende Körperschaft geregelt sind, bestimmt § 13, welche **steuerlichen Konsequenzen** sich für die Anteilseigner der übertragenden Gesellschaft ergeben, wenn und soweit diese auch Anteilseigner der Übernehmerin werden. Für die Anwendung der Regelung des § 13 ist es unerheblich, zu welchem Wert der Vermögensübergang auf Ebene der übertragenden Körperschaft vorgenommen wird, ob also die Buchwerte angesetzt werden oder ob die Verschmelzung zu gemeinen Werten oder zu Zwischenwerten erfolgt.[2]

2 Die Grundregelung des § 13 Abs. 1 besagt nichts anderes als dass es sich aus Sicht der Anteilseigner um einen **Tausch**[3] handelt: die Anteilseigner der Überträgerin verlieren durch die Verschmelzung ihre Anteile an der übertragenden Körperschaft und erhalten im Gegenzug Anteile an der übernehmenden Gesellschaft. Dass es sich bei diesem Vorgang um einen Realisationsakt handelt, der grundsätzlich zu einer Gewinnverwirklichung führt, ergibt sich bereits aus § 6 Abs. 6 S. 1 EStG, nach welchem sich die Anschaffungskosten nach dem gemeinen Wert des hingegebenen Wirtschaftsguts bemessen.[4]

3 Die grundlegende Bedeutung der Vorschrift des § 13 ergibt sich aus dem zweiten Abs., welcher eine Ausnahme von dem durch den Tauschvorgang ausgelösten **Gewinnrealisationsakt** zulässt. Auf Antrag wird gestattet den Tausch unter Fortführung der Besteuerungsmerkmale erfolgsneutral zu Buchwerten bzw zu Anschaffungskosten vorzunehmen. Für einen solchen erfolgs-

2 Vgl UmwSt-Erlass vom 11.11.2011, BStBl I 2011, 1314, Rn 13.08.

3 AA Schmitt/Hörtnagel/Stratz/*Schmitt*, § 13 UmwStG Rn 5; *Hageböke*, Ubg 2011, 689, 698, die nicht von einem Tauschgeschäft ausgehen.

4 Vgl Rödder/Herlinghaus/van Lishaut/*Neumann*, § 13 UmwStG Rn 2.

neutralen Tausch müssen alternativ die folgenden in der Nr. 1 bzw der Nr. 2 von § 13 Abs. 2 aufgeführten Voraussetzungen erfüllt sein:

- Nr. 1: das deutsche Besteuerungsrecht an den Anteilen an der übernehmenden Gesellschaft darf nicht ausgeschlossen oder beschränkt sein, oder
- Nr. 2: Deutschland als EU-Mitgliedstaat ist durch Art. 8 der FusionsRL gehindert, den Gewinn aus dem Anteilstausch zu versteuern. In diesem Fall ist der Gewinn aus einer späteren Veräußerung der erworbenen Anteile ungeachtet der Bestimmungen eines Abkommens zur Vermeidung der Doppelbesteuerung in der gleichen Art und Weise zu besteuern, wie die Veräußerung der Anteile an der übertragenden Körperschaft zu besteuern wäre. Durch den in Satz 2 erfolgenden Verweis auf § 15 Abs. 1 a S. 2 EStG wird sichergestellt, dass sich der Besteuerungsvorbehalt auch auf Gewinne aus Veräußerungsersatztatbestände wie Liquidation, Kapitalherabsetzungen etc. bezieht.[5]

4 Nach § 13 Abs. 2 S. 2 treten die Anteile an der übernehmenden Körperschaft im Anwendungsbereich des Abs. 2 an die Stelle der Anteile an der übertragenden Körperschaft. Dies hat weitreichende im Folgenden noch näher zu erläuternde Konsequenzen auf den steuerlichen Status der durch den Tausch erworbenen Anteile wie zB im Bezug auf Besitzzeiten, Wertaufholungsverpflichtungen. In § 13 Abs. 2 S. 3 wird schließlich klargestellt, dass für Anteile im Privatvermögen anstelle des nicht vorhandenen Buchwerts auf die Anschaffungskosten der Anteile an der übertragenden Körperschaft abzustellen ist. Die Regelung des § 13 gilt über § 15 entsprechend bei der **Aufspaltung** (§ 123 Abs. 1 UmwG) und der **Abspaltung** (§ 123 Abs. 2 UmwG) von Körperschaften auf andere Körperschaften, sofern die entsprechenden Teilbetriebsvoraussetzungen erfüllt sind. Wird eine in einem **Drittstaat** ansässige steuerpflichtige Körperschaft nach ausländischem Recht auf eine andere Körperschaft in demselben ausländischen Staat verschmolzen und liegen die Voraussetzungen des § 12 Abs. 2 S. 1 KStG vor, gelten nach § 12 Abs. 2 S. 2 KStG für die Besteuerung der Anteilseigner der übertragenden Körperschaft die Regelungen des § 13 entsprechend.[6]

5 Die Vorschrift des § 13 ist nur dann einschlägig, wenn die Anteilseigner der übertragenden Körperschaft als Gegenleistung für den Untergang der Anteile an der übertragenden Körperschaft **Anteile** an der übernehmenden Körperschaft **erhalten** oder eine **Werterhöhung** der bereits an der Übernehmerin gehaltenen Anteile stattfindet. Der zweite Fall betrifft insb. den Anwendungsbereich des § 54 Abs. 1 S. 3 UmwG, wonach auf die Gewährung neuer Anteile verzichtet werden kann, wenn der Anteilseigner bereits an der übernehmenden Körperschaft beteiligt ist.[7] Wertmäßig erfahren diese Anteile durch den Vermögensübergang eine entsprechende Erhöhung. Werden nicht in Gesellschaftsrechten bestehende **Gegenleistungen** für den Untergang der Anteile an der übertragenden Körperschaft gewährt, handelt es sich bei einer solchen Gegenleistung um einen nicht der Regelung des § 13 unterfallenden Veräußerungserlös für die Anteile. Soweit nur eine anteilige Veräußerung (zB Spitzenausgleich) vorgenommen wird, sind dem Veräußerungserlös nur die anteiligen Anschaffungskosten der Anteile an der übertragenden Körperschaft gegenüberzustellen. In einem solchen Fall beschränkt sich der Anwendungsbereich des § 13 nur auf den übrigen Teil der Anteile.[8]

6 Anzuwenden ist § 13 auf den **Sidestream-Merger** (Seitwärtsverschmelzung) unabhängig davon, ob die übernehmende Schwestergesellschaft Anteile an ihrer Muttergesellschaft ausgibt oder auf die Ausgabe neuer Anteile verzichtet wird.[9] Ebenfalls unter den Anwendungsbereich des

5 Vgl Dötsch/Pung/Möhlenbrock/*Dötsch*, § 13 UmwStG Rn 54.

6 Vgl auch den UmwSt-Erlass vom 11.11.2011, BStBl I 2011, 1314 Rn 13.04. Nach Rödder/Herlinghaus/van Lishaut/*Neumann*, § 13 UmwStG Rn 6 a soll die Regelung des § 13 UmwStG auch dann zur Anwendung kommen, wenn eine grenzüberschreitende Verschmelzung von Körperschaften zwischen zwei verschiedenen Drittstaaten erfolgt.

7 Statt vieler: Rödder/Herlinghaus/van Lishaut/*Neumann*, § 13 UmwStG Rn 8.

8 Vgl UmwSt-Erlass vom 11.11.2011, BStBl I 2011, 1314, Rn 13.02.

9 Vgl Rödder/Herlinghaus/van Lishaut/*Neumann*, § 13 UmwStG Rn 9.

§ 13 fällt der **Downstream-Merger** (Abwärtsverschmelzung). Dies gilt auch für die Fälle, in welchen die übertragende Körperschaft ihre an der Übernehmerin gehaltenen Anteile ohne Durchgangserwerb an die Anteilseigner der übertragenden Körperschaft auskehrt.[10] Ein **Upstream-Merger (Aufwärtsverschmelzung)** unterfällt hingegen nicht der Vorschrift des § 13.[11] Denn bei einer solchen Verschmelzungsrichtung können die Anteilseigner der übernehmenden Körperschaft mangels Gesellschafterstellung keine Anteile an der übertragenden Körperschaft abgeben; auch eine Wertsteigerung der Anteile an der übernehmenden Körperschaft findet nicht statt.

B. Grundsatz: Tausch zum gemeinen Wert (§ 13 Abs. 1)

§ 13 Abs. 1 enthält eine **Veräußerungs- und Anschaffungsfiktion**: Die Anteile an der übertragenden Körperschaft gelten als zum gemeinen Wert veräußert. Die an ihre Stelle tretenden Anteile an der übernehmenden Körperschaft gelten als mit diesem Wert angeschafft.[12] Insoweit entspricht diese Regelung der in § 6 Abs. 1 S. 1 EStG normierten Bewertungsvorschrift für ein Tauschgeschäft, denn auch hier bemessen sich die Anschaffungskosten des erhaltenen Wirtschaftsguts nach dem gemeinen Wert des hingegebenen Wirtschaftsguts.[13] 7

Durch den UmwSt-Erlass vom 11.12.2011[14] ist nunmehr klargestellt worden, dass ein Veräußerungsgewinn oder -verlust erst im Zeitpunkt der zivilrechtlichen Wirksamkeit der Umwandlung, mithin mit der Eintragung in das Handelsregister entsteht. Die Regelung in § 2 Abs. 1, wonach eine Rückbeziehung der Umwandlung auf den steuerlichen Übertragungsstichtag angeordnet wird, gilt nicht für die Anteilseigner der übertragenden Körperschaft.[15] 8

Ein sich durch die Veräußerungsfiktion ergebender **Veräußerungsgewinn** unterliegt den allgemeinen Besteuerungsgrundsätzen (§§ 17, 22 Nr. 2 EStG, § 21 UmwStG aF, §§ 4 Abs. 1, 5 EStG); für grenzüberschreitende Umwandlungen sind die Regelungen in DBA zu beachten.[16] Da § 13 nur auf Anteile im Betriebsvermögen, auf Anteile iSd § 17 EStG und auf einbringungsgeborene Anteile iSd § 21 Abs. 1 UmwStG aF anzuwenden ist, ergeben sich die folgenden Besteuerungsfolgen: 9

Handelt es sich beim Anteilseigner um eine **Körperschaft** unterfällt der Veräußerungsgewinn idR der Regelung der § 8 b Abs. 2, 3 KStG und ist somit im Ergebnis zu 95 % steuerfrei. Der Gewinn ist hingegen voll steuerpflichtig, wenn die Anteile an der übertragenden Körperschaft iSd § 21 UmwStG aF schädlich einbringungsgeboren sind und die Siebenjahresfrist des § 8 b Abs. 4 KStG aF iVm § 34 Abs. 7 a KStG bei Wirksamwerden der Verschmelzung noch nicht abgelaufen ist. Voll steuerpflichtig ist auch ein Veräußerungsgewinn, wenn und soweit eine steuerwirksam vorgenommene Teilwertabschreibung des § 8 b Abs. 4, 2. Alt KStG aF noch nicht wertaufgeholt worden ist. Handelt es sich um Anteile, welche unter den Anwendungsbereich des § 8 b Abs. 7, 8 KStG fallen, führt ein Veräußerungsgewinn ebenfalls zur vollen Steuerpflicht.[17] Auch die Behandlung eines ggf entstehenden **Veräußerungsverlusts**, welcher sich dann ergibt, wenn der gemeine Wert der Anteile an der übertragenden Körperschaft unter den Anschaffungskosten liegt, folgt ebenfalls den allgemeinen Besteuerungsgrundsätzen. Infolgedessen 10

10 Vgl Rödder/Herlinghaus/van Lishaut/*Neumann*, § 13 Rn 9 a; *Rödder/Schaden*, Ubg, 2011, 40.

11 HM vgl zB Dötsch/Pung/Möhlenbrock/*Dötsch*, § 13 UmwStG Rn 6.

12 Der UmwSt-Erlass vom 11.11.2011, BStBl I 2011, 1314 stellt in Rn 13.05 klar, dass dies auch dann gilt, wenn bei der Verschmelzung keine neuen Anteile ausgegeben werden, weil der Anteilseigner der übertragenden Körperschaft bereits an der übernehmenden Körperschaft beteiligt ist.

13 Die vom Anteilseigner getragenen Veräußerungskosten sind nach den allgemeinen Regelung zu berücksichtigen, dh sie sind bei der Ermittlung des Veräußerungsgewinns einzubeziehen (§ 17 Abs. 2 S. 1 EStG, § 8 b Abs. 2 S. 2 KStG etc.), vgl auch Rödder/Herlinghaus/van Lishaut/*Neumann*, § 13 UmwStG Rn 22; Schmitt/Hörtnagel/Stratz/*Schmitt*, § 13 UmwStG Rn 21.

14 BStBl I 2011, 1314, Rn 13.06.

15 Vgl Rödder/Herlinghaus/van Lishaut/*Neumann*, § 13 UmwStG Rn 20.

16 Vgl Schmitt/Hörtnagel/Stratz/*Schmitt*, § 13 UmwStG Rn 21.

17 Vgl Rödder/Herlinghaus/van Lishaut/*Neumann*, § 13 UmwStG Rn 23.

ist ein solcher Verlust steuerlich nicht berücksichtigungsfähig, wenn die Regelung des § 8 b Abs. S. 3 KStG einschlägig ist oder es sich um einen Verlust aus einbringungsgeborenen Anteilen handelt. Demgegenüber kann ein Veräußerungsverlust im Falle von Anteilen iSd § 8 b Abs. 7 KStG steuerwirksam geltend gemacht werden.

11 Ist der Anteilseigner hingegen eine **natürliche Person** und handelt es sich um Anteile iSd § 17 EStG ist ein **Veräußerungsgewinn** unter Berücksichtigung der in § 17 Abs. 3 EStG aufgeführten Freibeträge in voller Höhe steuerpflichtig. Da auch für im Privatvermögen gehaltene Anteile die Regelungen der einbringungsgeborenen Anteile gelten, führt die Veräußerung solcher Anteile vor Ablauf der Siebenjahresfrist zu einem steuerpflichtigen Gewinn gemäß § 3 Nr. 40 EStG aF iVm § 52 Abs. 4 b S. 2 EStG in Höhe von 60 %.[18] Für die sonstigen im Privatvermögen gehaltenen Anteile kommt die Regelung des § 20 Abs. 4 a S. 1, 2 EStG zur Anwendung.[19] Diese Regelung ist der Vorschrift des § 13 Abs. 2 nachgebildet und führt somit idR zu einem nicht der sofortigen Besteuerung unterliegenden Vorgang bei den Anteilseignern.[20] Im Falle eines **Veräußerungsverlustes** gelten die entsprechenden Regelungen des § 17 Abs. 2 S. 6 EStG. Ein Verlust aus einbringungsgeborenen Anteile kann steuerlich nicht geltend gemacht werden.

12 Abweichend von der Regelung des § 13 Abs. 2 gehen wegen des unterstellten Veräußerungs- und Anschaffungsvorgangs die steuerlichen Merkmale, wie zB Besitzzeiten, latente Wertaufholungsverpflichtungen iSd § 6 Abs. 1 Nr. 2 S. 3 EStG, Sperrbeträge nach § 50 c EStG der Anteile an der übertragenden Körperschaft nicht auf die Anteile an der übernehmenden Körperschaft über.[21] Aus steuerplanerischer Sicht kann es zweckmäßig sein, auf den Antrag zum steuerneutralen Anteilstausch gemäß § 13 Abs. 2 zu verzichten.[22] Wurde in der Vergangenheit eine steuerwirksame Teilwertabschreibung vorgenommen und liegt der gemeine Wert der Anteile im Zeitpunkt der Wirksamkeit der Umwandlung unter dem Wertansatz, von welchem diese Teilwertabschreibung vorgenommen worden ist, so kann insoweit eine steuerpflichtige Wertaufholung definitiv vermieden werden.[23]

C. Auf Antrag Ansatz des Buchwerts (§ 13 Abs. 2)

I. Allgemeines

13 § 13 Abs. 2 gestattet auf Antrag die Anteile an der übernehmenden Körperschaft mit dem Buchwert der untergehenden Anteile an der übertragenden Körperschaft anzusetzen.[24] Infolgedessen bleibt die Verschmelzung auf Anteilseignerebene insoweit steuerneutral. Voraussetzung für die Anwendung des § 13 Abs. 2 S. 1 ist,

- dass das Recht der Bundesrepublik Deutschland hinsichtlich der Besteuerung der Anteile an der übernehmenden Körperschaft nicht ausgeschlossen oder beschränkt wird, oder
- die Bundesrepublik Deutschland als EU-Mitgliedstaat bei der Verschmelzung Art. 8 der FusionsRL anzuwenden hat.

Die in der Nr. 1 und der Nr. 2 des § 13 Abs. 2 S. 1 genannten Voraussetzungen müssen nicht kumulativ vorliegen. Vielmehr reicht es aus, wenn entweder die in Nr. 1 oder in Nr. 2 aufgeführten Tatbestandsmerkmale erfüllt sind.[25] Der Ansatz eines **Zwischenwerts**, also eines Wert der zwischen dem Buchwert und dem gemeinen Wert der Anteile an der übertragenden Körper-

18 Vgl Dötsch/Pung/Möhlenbrock/*Dötsch*, § 13 UmwStG Rn 24.
19 Zum erstmaligen Anwendungszeitpunkt der Regelung des § 20 Abs. 4 a EStG vgl § 52 a Abs. 10 S. 10 EStG.
20 Vgl ausführlich zur sachlichen und zeitlichen Geltung der Regelung des § 20 Abs. 4 a S. 1, 2 EStG: Rödder/Herlinghaus/van Lishaut/*Neumann*, § 13 UmwStG Rn 24.
21 Statt vieler: Schmitt/Hörtnagel/Stratz/*Schmitt*, § 13 UmwStG Rn 23.
22 Vgl Rödder/Herlinghaus/van Lishaut/*Neumann* , UmwStG § 13 Rn 23.
23 Vgl auch *Krohn/Greulich*, DStR 2008, 646, 654.
24 Bei Anteilen des Privatvermögens treten an die Stelle des Buchwerts die Anschaffungskosten, vgl § 13 Abs. 2 S. 3.
25 Vgl Dötsch/Pung/Möhlenbrock/*Dötsch*, § 13 UmwStG Rn 27.

schaft liegt, ist nicht möglich.[26] § 13 Abs. 2 ist unabhängig von der Ausübung des Wahlrechts bei der übertragenden Körperschaft in § 11 anwendbar. Unerheblich ist des Weiteren, ob die übertragende Körperschaft im Inland der Besteuerung unterlegen hat.[27]

Der **Buchwert** der Anteile an der übertragenden Körperschaft ist nach § 1 Abs. 5 Nr. 4 der Wert, der sich nach den steuerlichen Vorschriften über die Gewinnermittlung im Zeitpunkt der Wirksamkeit des Anteilstausches (s. Rn 8) aufzustellende Steuerbilanz ergibt bzw sich ergäbe würde. Fraglich ist, ob die steuerlichen Ausgleichsposten von Anteilen an Organgesellschaften die entsprechenden Buchwerte erhöhen oder ob diese zur Buchwertermittlung unberücksichtigt bleiben müssen.[28] Es spricht mE viel dafür, diese Ausgleichsposten mit in den Buchwert einzubeziehen, da auch bei einer Veräußerung von Anteilen an Organgesellschaften die aktiven bzw passiven Ausgleichsposten Berücksichtigung in der Buchwertermittlung finden. Hat die übertragende Körperschaft **mehrere Anteilseigner**, kann jeder der Anteilseigner sein Wahlrecht auf einen Buchwertansatz unabhängig von der Ausübung der jeweils anderen Anteilseigner eigenständig ausüben.[29] Hält der Anteilseigner mehrere Anteile an der übertragenden Körperschaft kann das Wahlrecht jedoch nur einheitlich ausgeübt werden.[30] Nach zutreffender Auffassung ist jedoch möglich, dass für Anteile an der übertragenden Körperschaft, die sowohl im Gesamthandsvermögen als auch im Sonderbetriebsvermögen gehalten werden, eine jeweils unterschiedliche Wahlrechtsausübung möglich ist.[31] 14

Die Regelung des § 13 Abs. 2 ist nicht nur für unbeschränkt steuerpflichtige Anteilseigner, sondern auch für beschränkt steuerpflichtige Anteilseigner anwendbar. Unerheblich ist auch, ob auf Ebene der übertragenden Körperschaft § 11 und auf Ebene der übernehmenden Körperschaft § 12 angewendet worden sind.[32] 15

II. Antrag

Die Möglichkeit die Anteile an der übernehmenden Körperschaft mit dem Buchwert der untergehenden Anteile an der übertragenden Körperschaft anzusetzen, bedarf nach dem klaren Wortlaut der Vorschrift des § 13 Abs. 2 S. 1 eines Antrags bei dem für die Anteilseigner zuständigen Finanzämter. Allerdings lässt das Gesetz den Rechtsanwender über die Form und die Frist des Antrags im Unklaren. Nach Auffassung der Finanzverwaltung bedarf der Antrag auf Fortführung der Buchwerte keiner besonderen Form, dh ein Antrag, aus welchem sich der klare Wille auf Buchwertfortführung entnehmen lässt, ist ohne die Einhaltung besonderer Formvorschriften ausreichend.[33] Der Antrag muss nach Verwaltungsmeinung bedingungsfeindlich und unwiderruflich gestellt werden,[34] dh ein wirksamer Antrag kann nicht im Nachhinein mit steuerlicher Wirkung geändert oder widerrufen werden.[35] Zur Ausübung des **Wahlrechts** genügt die dem Finanzamt zugegangene Antragstellung. Einer Zustimmung des Finanzamts zur Buchwertfortführung bedarf es hingegen nicht, denn bei Vorliegen der in § 13 Abs. 2 aufgeführten tatbestandlichen Voraussetzungen hat der Anteilseigner ohne weiteres Zutun der Finanzbehörde einen Rechtsanspruch, die Buchwerte fortzuführen. Für den Antrag gemäß § 13 16

26 Vgl Dötsch/Pung/Möhlenbrock/*Dötsch*, § 13 UmwStG Rn 26.

27 Vgl UmwSt-Erlass vom 11.11.2011, BStBl I 2011, 1314, Rn 13.08.

28 Vgl auch hierzu Rödder/Herlinghaus/van Lishaut/*Neumann*, § 13 UmwStG Rn 27.

29 Vgl Dötsch/Pung/Möhlenbrock/*Dötsch*, § 13 UmwStG Rn 28.

30 Vgl Schmitt/Hörtnagel/Stratz/*Schmitt*, § 13 UmwStG Rn 32.

31 Vgl Rödder/Herlinghaus/van Lishaut/*Neumann*, UmwStG, § 13 Rn 29; Dötsch/Pung/Möhlenbrock/*Dötsch*, KStG/UmwStG, § 13 UmwStG Rn 28.

32 Vgl Rödder/Herlinghaus/van Lishaut/*Neumann*, § 13 UmwStG Rn 30 mit Hinweis auf dem Regierungsentwurf zum SEStEG vom 12.7.2006, BT-Drucks. 16/2710 zu § 13 UmwStG.

33 Vgl UmwSt-Erlass vom 11.11.2011, BStBl I 2011, 1314, Rn 13.10.

34 Vgl UmwSt-Erlass vom 11.11.2011, BStBl I 2011, 1314, Rn 13.10.

35 Dies entspricht der hM vgl zB Dötsch/Pung/Möhlenbrock/*Dötsch*, § 13 UmwStG Rn 29; Schmitt/Hörtnagel/Stratz/*Schmitt*, § 13 UmwStG, Rn 34 mit Hinweis auf BFH, BFH/NV 2006, 1099; Rödder/Herlinghaus/van Lishaut/*Neumann*, § 13 UmwStG Rn 26 d; *Schmitt/Schlossmacher*, DB 2009, 1425, 1426. AA ist Frotscher/Maas *Frotscher*, § 13 UmwStG Rn 36, welcher eine Änderung des Antrags bis zur Bestandskraft der jeweiligen Veranlagung für zulässig erachtet.

Abs. 2 S. 1 gelten keine besonderen **Fristerfordernisse**. Deshalb wird es als zulässig erachtet, den Antrag bis zur Bestandskraft der Veranlagung des jeweiligen Anteilseigners bei dem für ihn zuständigen Finanzamt für den Veranlagungszeitraum zu stellen, in den der steuerliche Übertragungsstichtag fällt.[36] Werden die Anteile im Betriebsvermögen gehalten, wird der Antrag durch einen entsprechenden **Bilanzausweis** mit Einreichung der Bilanz gestellt.[37] Für die im Privatvermögen gehaltenen Anteile wird es als ausreichend für einen wirksamen Antrag erachtet, wenn aus den Ausgaben in der Einkommensteuererklärung eindeutig zu entnehmen ist, ob die Anschaffungskosten oder der gemeine Wert zugrunde gelegt worden ist.[38] Wird kein Antrag gestellt oder werden die soeben aufgeführten Voraussetzungen für einen wirksamen Antrag nicht erfüllt, treten die Rechtsfolgen des § 13 Abs. 1 ein, dh eine Veräußerung der Anteile an der übertragenden Körperschaft zum gemeinen Wert und eine entsprechende Anschaffung von Anteilen an der übernehmenden Körperschaft zum gleichen Wert.

III. Voraussetzungen für die Fortführung des Buchwertes bzw der Anschaffungskosten

17 Nach § 13 Abs. 2 kommt die Fortführung des Buchwerts bzw der Anschaffungskosten beim Vorliegen von zwei alternativ zu erfüllenden Voraussetzungen in Betracht. Dies sind zum einen, wenn das Recht der Bundesrepublik Deutschland hinsichtlich der Besteuerung der Anteile an der übernehmenden Körperschaft nicht ausgeschlossen oder beschränkt wird (Nr. 1) oder zum anderen, wenn die Bundesrepublik Deutschland als EU-Mitgliedstaat bei der Verschmelzung Art. 8 der FusionsRL anzuwenden hat (Nr. 2).

18 **1. Keine Beschränkung des deutschen Besteuerungsrechts (§ 13 Abs. 2 S. 1 Nr. 1).** Nach entsprechender Antragstellung sind die Anteile an der übernehmenden Körperschaft mit dem Buchwert bzw im Falle von Anteilen im Privatvermögen mit den Anschaffungskosten der Anteile an der übertragenden Körperschaft anzusetzen, wenn das deutsche Besteuerungsrecht bezüglich der Besteuerung des Gewinns aus der Veräußerung der Anteile an der übernehmenden Körperschaft nicht ausgeschlossen oder beschränkt ist. Waren die Anteile an der übertragenden Körperschaft bereits vor Verschmelzung von der deutschen Besteuerung ausgenommen, kann keine Beschränkung oder kein Ausschluss der Besteuerung iSd § 13 Abs. 2 S. 1 Nr. 1 vorliegen, da die Vorschrift allein auf die Sicherung eines vor der Vermögensübertragung bestehenden inländischen Steueranspruchs abstellt.[39] Das deutsche Besteuerungsrecht wird **ausgeschlossen**, wenn es in Bezug auf die Anteile an der übertragenden Körperschaft bestand, jedoch bezüglich der Anteile an der übernehmenden Körperschaft durch ein DBA einem anderen Staat zugewiesen ist.[40] Hierbei soll es unbeachtlich sein, ob der ausländische Staat sein ihm zugewiesenes Besteuerungsrecht auch tatsächlich ausübt, denn es kommt nicht auf den konkreten, sondern lediglich auf den abstrakten Ausschluss des deutschen Besteuerungsrechts an.[41] Das deutsche Besteuerungsrecht wird **beschränkt,** wenn vor der Verschmelzung ein deutsches Besteuerungsrecht hinsichtlich eines Gewinns aus der Veräußerung der Anteile an der übertragenden Körperschaft ohne Pflicht zur Anrechnung einer ausländischen Steuer bestanden hat und nach der Verschmelzung ein deutsches Besteuerungsrecht mit der Verpflichtung zur Anrechnung ausländischer Steuer besteht.[42] Werden im **Inland** ansässige Körperschaften verschmolzen, an welchen ausschließlich inländische Anteilseigner beteiligt sind, liegen die Voraussetzungen des

36 Vgl Rödder/Herlinghaus/van Lishaut/*Neumann*, § 13 UmwStG Rn 26.

37 Vgl zB. Rödder/Herlinghaus/van Lishaut/*Neumann*, § 13 UmwStG Rn 26; Dötsch/Pung/Möhlenbrock/*Dötsch*, § 13 UmwStG Rn 31.

38 Vgl Dötsch/Pung/Möhlenbrock/*Dötsch*, § 13 UmwStG, Tz. 31.

39 Vgl Rödder/Herlinghaus/van Lishaut/*Neumann*, § 13 UmwStG Rn 32; Dötsch/Pung/Möhlenbrock/*Dötsch*, § 13 UmwStG Rn 37.

40 Vgl Dötsch/Pung/Möhlenbrock/*Dötsch*, § 13 UmwStG Rn 37.

41 HM Rödder/Herlinghaus/van Lishaut/*Neumann*, § 13 UmwStG Rn 32; Dötsch/Pung/Möhlenbrock/*Dötsch*, § 13 UmwStG Rn 37; *Schmitt/Schlossmacher*, DB 2009, 1425, 1427.

42 Vgl Rödder/Herlinghaus/van Lishaut/*Neumann*, § 13 UmwStG Rn 35.

§ 13 Abs. 2 S. 1 Nr. 1 grundsätzlich vor, da es zu keiner Änderung des Besteuerungsstatuts kommt.[43]

Gegenüber Verschmelzungen von im Inland ansässigen Körperschaften mit inländischen Anteilseignern muss bei Verschmelzung mit **Auslandsbezug** in Abhängigkeit des jeweils zugrunde liegenden Sachverhalts unterschieden werden, ob es zu einem Ausschluss bzw zu einer Beschränkung des deutschen Besteuerungsrechts kommt. Hierbei sind grundsätzlich die folgenden aus der Kommentierung von Dötsch[44] entnommenen Konstellationen in Betracht zu ziehen: 19

a) Es handelt sich um eine reine Inlandsverschmelzung mit im Ausland ansässigen Anteilseigern. Hier sind die Voraussetzungen für die Fortführung des Buchwerts bzw der Anschaffungskosten iSd § 13 Abs. 2 S. 1 Nr. 1 erfüllt, denn dem inländischen Fiskus geht durch die Verschmelzung der inländischen Körperschaften kein Steuersubstrat verloren. Entweder die Bundesrepublik Deutschland behält ihr Besteuerungsrecht weiterhin oder aber ein inländisches Besteuerungsrecht hat vor der Verschmelzung bereits nicht bestanden.[45] 20

b) Es handelt sich um eine Auslandsverschmelzung in Drittsaaten mit im Inland ansässigen Anteilseigern. Nach § 12 Abs. 2 S. 2 KStG ist bei einer Verschmelzung im Ausland nach dem Recht des Drittstaats für die inländischen Anteilseigner die Regelung des § 13 entsprechend anwendbar, wenn die übertragende und die übernehmende Körperschaft im selben Drittstaat ansässig sind. Hingegen ist die Anwendung von § 13 ausgeschlossen, wenn eine im Drittstaat ansässige Körperschaft auf eine in einem EU-/EWR ansässige Körperschaft verschmolzen wird oder die Verschmelzung dieser beiden Körperschaften in die umgekehrte Richtung erfolgt.[46] 21

c) Grenzüberschreitende Hinausverschmelzung einer inländischen Körperschaft mit inländischen Anteilseignern auf eine in einem EU-/EWR-Staat ansässigen Körperschaft.[47] Bei einer solchen Fallkonstellation kommt es darauf an, wie der DBA ausgestaltet ist. Besitzt der Ansässigkeitsstaat des Anteilseigners das alleinige Besteuerungsrecht der Anteile, was dem Regelfall der DBA entspricht (vgl auch Art. 13 Abs. 4 OECD-MA), so behält die Bundesrepublik Deutschland auch nach der Verschmelzung das Besteuerungsrecht. Folglich ist § 13 Abs. 2 anwendbar. Wenn nach dem einschlägigen DBA das Besteuerungsrecht aus einem Veräußerungsgewinn der Anteile dem Ansässigkeitsstaat zusteht, bedarf es einer Fallunterscheidung. Ist die Körperschaft in Tschechien, der Slowakei oder Zypern ansässig – sog. EU-Zuzugsstaaten – ist die Fortführung des Buchwerts bzw der Anschaffungskosten nach § 13 Abs. 2 S. 1 Nr. 2 möglich (s. Rn 27 ff). Handelt es sich hingegen um eine im einem EWR-Staat ansässige Körperschaft, kann § 13 Abs. 2 S. 1 Nr. 2 nicht angewendet werden. 22

d) Grenzüberscheitende Hinausverschmelzung einer inländischen Körperschaft mit im Ausland ansässigen Anteilseigern auf eine in einem EU-/EWR-Staat ansässige Körperschaft.[48] Sofern das anwendbare DBA das alleinige Besteuerungsrecht dem Ansässigkeitsstaat des Anteilseigners zuordnet, hatte bereits vor der Verschmelzung die Bundesrepublik Deutschland kein Besteuerungsrecht, weshalb auch kein Ausschluss bzw keine Beschränkung hinsichtlich der Besteuerung des Gewinns aus der Veräußerung der Anteile an der übernehmenden Körperschaft iSd § 13 Abs. 2 S. 1 Nr. 1 einhergeht. Ist im DBA geregelt, dass das Besteuerungsrecht dem Ansässigkeitsstaat zusteht, kann die Bundesrepublik Deutschland ihr Besteuerungsrecht verlieren, so dass § 13 Abs. 2 S. 1 nicht zur Anwendung kommt. Besteht kein DBA (wie zB im Falle von Liechtenstein)[49] geht das vormalige Besteuerungsrecht (vgl § 49 Abs. 1 Nr. 2 Buchst. e EStG) 23

43 Vgl Rödder/Herlinghaus/van Lishaut/*Neumann*, § 13 UmwStG Rn 35.
44 Vgl Dötsch/Pung/Möhlenbrock/*Dötsch*, § 13 UmwStG Rn 40-47.
45 Vgl Dötsch/Pung/Möhlenbrock/*Dötsch*, § 13 UmwStG Rn 40.
46 Vgl Dötsch/Pung/Möhlenbrock/*Dötsch*, § 13 UmwStG Rn 41.
47 Vgl Dötsch/Pung/Möhlenbrock/*Dötsch*, § 13 UmwStG Rn 42-43.
48 Vgl Dötsch/Pung/Möhlenbrock/*Dötsch*, § 13 UmwStG Rn 44.
49 Mittlerweile ist das DBA-Liechtenstein am 17.11.2011 unterzeichnet worden und ist erstmalig ab dem 1.1.2013 anwendbar.

verloren, so dass eine Buchwertfortführung bzw die Fortführung der Anschaffungskosten nicht möglich ist.

24 e) **Grenzüberschreitende Hereinverschmelzung einer in einem EU-/EWR-Staat ansässigen Körperschaft mit im Inland ansässigen Anteilseigner auf eine inländische Körperschaft.**[50] Seht nach dem jeweiligen DBA das alleinige Besteuerungsrecht für die Anteile dem Ansässigkeitsstaat des Anteilseigners zu oder besteht kein DBA, liegt das Besteuerungsrecht weiterhin bei der Bundesrepublik Deutschland. Die Voraussetzungen des § 13 Abs. 2 S 1 Nr. 1 sind erfüllt. Hatte der Ansässigkeitsstaat der Körperschaft vor der Verschmelzung das Besteuerungsrecht, geht es regelmäßig mit der Verschmelzung auf die Bundesrepublik Deutschland über. § 13 Abs. 2 S. 1 Nr. 1 ist somit anwendbar.

25 f) **Grenzüberschreitende Hereinverschmelzung einer in einem EU-/EWR-Staat ansässigen Körperschaft mit ausländischen Anteilseignern auf eine inländische Körperschaft.**[51] Ordnet das DBA das alleinige Besteuerungsrecht für die Anteile dem Ansässigkeitsstaat des Anteilseigners zu, hatte die Bundesrepublik Deutschland bereits vor der Verschmelzung kein Besteuerungsrecht; es tritt demnach keine Beschränkung der Besteuerung iSd § 13 Abs. 2 S. 1 ein. Hat nach dem einschlägigen DBA das Besteuerungsrecht der Ansässigkeitsstaat der Körperschaft oder besteht zwischen den beiden Staaten kein DBA, gewinnt die Bundesrepublik Deutschland durch das Hereinverschmelzen ein zuvor nicht vorhandenes Besteuerungsrecht an den Anteilen. § 13 Abs. 2 S. 1 ist anwendbar.

26 g) **Die übertragende und die übernehmende Körperschaft, am welchen ein inländischer Anteilseigner beteiligt ist, sind beide im EWR-Ausland bzw eine in der EU, die andere ist im EWR ansässig.**[52] Steht nach dem anzuwendenden DBA das alleinige Besteuerungsrecht für die Anteile dem Ansässigkeitsstaat des Anteilseigners zu, behält die Bundesrepublik Deutschland ihr Besteuerungsrecht. Die Regelung des § 13 Abs. 2 ist daher anwendbar. Ist im DBA hingegen geregelt, dass das Besteuerungsrecht bei dem Ansässigkeitsstaat der Körperschaft liegt, tritt keine Veränderung des Besteuerungsrechts für die Bundesrepublik Deutschland ein, denn vor und nach der Verschmelzung steht ihr keine Besteuerung eines Veräußerungsgewinns der Anteile zu. Weist das DBA mit dem Ansässigkeitsstaat der übertragenden Körperschaft das Besteuerungsrecht dem Ansässigkeitsstaat des Anteilseigners, das andere DBA jedoch dem Ansässigkeitsstaat der Körperschaft zu, dann verliert die Bundesrepublik Deutschland durch die grenzüberschreitende Auslandsverschmelzung ihr vorheriges Besteuerungsrecht für die Anteile. Folglich ist eine Buchwertfortführung bzw eine Fortführung der Anschaffungskosten nicht möglich. Es kann auch der Fall vorliegen, dass das DBA mit dem Ansässigkeitsstaat der übertragenden Körperschaft das Besteuerungsrecht dem Ansässigkeitsstaat der Körperschaft zuordnet, das andere DBA jedoch dem Ansässigkeitsstaat des Anteilseigners das Besteuerungsrecht zuweist. Durch die Verschmelzung wird ein vorher nicht vorhandenes Besteuerungsrecht an den Anteilen der Bundesrepublik Deutschland zugewiesen. Bei Ansässigkeit der übertragenden Körperschaft in **Liechtenstein** (kein DBA)[53] hatte die Bundesrepublik Deutschland vor der Verschmelzung ein Besteuerungsrecht an den Anteilen. Wird nunmehr die Körperschaft auf eine übernehmende Körperschaft in Tschechien, der Slowakei oder in Zypern verschmolzen verliert die Bundesrepublik Deutschland ihr Besteuerungsrecht. § 13 Abs. 2 ist somit nicht anwendbar.

50 Vgl Dötsch/Pung/Möhlenbrock/*Dötsch*, § 13 UmwStG Rn 45.

51 Vgl Dötsch/Pung/Möhlenbrock/*Dötsch*, § 13 UmwStG Rn 46.

52 Vgl Dötsch/Pung/Möhlenbrock/*Dötsch*, § 13 UmwStG Rn 47.

53 Mittlerweile ist das DBA-Liechtenstein am 17.11.2011 unterzeichnet worden und ist erstmalig ab dem 1.1.2013 anwendbar. Nach diesem DBA wird das Besteuerungsrecht für die Anteile nach Art. 13 Abs. 5 dem Wohnsitzstaat des Gesellschafters zugewiesen. Vgl ausführlich *Niehaves/Beil*, DStR 2012, 209, 213.

Zu diesem Sachverhalt ein Bespielfall entnommen aus Schmitt/Schloßmacher, DB 2009, 1425 (1427):

Die in Deutschland unbeschränkt steuerpflichtige natürliche Person D ist an der in Deutschland unbeschränkt steuerpflichtigen DGmbH iSv § 17 EStG beteiligt. Die D-GmbH wird auf die in Österreich unbeschränkt steuerpflichtige Ö-GmbH verschmolzen, bei der es sich um eine Grundstücksgesellschaft iSv Art. 13 Abs. 2 DBA handelt. Dies hat zur Folge, dass für Gewinne aus der Veräußerung von Anteilen an österreichischen Immobiliengesellschaften iSd Art. 13 Abs. 2 DBA nach Art. 23 Abs. 1 Buchst. b) dd) Deutschland/Österreich die Doppelbesteuerung nach der Anrechnungsmethode zu vermeiden ist. Durch die Verschmelzung der D-GmbH auf die österreichische Grundstücks-GmbH wird das deutsche Besteuerungsrecht beschränkt, was zur Folge hat, dass der Vorgang nicht nach § 13 Abs. 2 S. 1 Nr. 1 UmwStG begünstigt wird.

Bei Verschmelzungen mit Auslandsbezug ergeben sich für die im Ausland ansässigen Anteilseigner und die im Inland ansässigen Anteilseigner keine Beschränkungen iSd § 13 Abs. 2 S. 1 Nr. 1, wenn sowohl die Anteile an der übertragenden als auch die Anteile an der übernehmenden Körperschaft einer inländischen Betriebsstätte zugeordnet sind und das Besteuerungsrecht nach dem einschlägigen DBA entsprechend Art. 13 Abs. 2 OECD-MA dem Betriebsstättenstaat zugewiesen ist.[54]

2. Anwendung des Art. 8 FusionsRL (§ 13 Abs. 2 S. 1 Nr. 2). Die Anteile an der übernehmenden Körperschaft sind nach § 13 Abs. 2 S. 1 Nr. 2 auf Antrag auch dann mit dem Buchwert bzw mit den Anschaffungskosten der Anteile an der übertragenden Körperschaft anzusetzen, wenn sich aus der Verschmelzung eine Beschränkung oder ein Ausschluss des deutschen Besteuerungsrechts ergibt, jedoch die Mitgliedstaaten der EU bei der Verschmelzung Art. 8 der FusionsRL anzuwenden haben, was bei sämtlichen EU-Staaten der Fall ist.[55] Nicht von dieser Vorschrift erfasst sind somit Verschmelzungen, bei welchen eine oder beide Körperschaften im EWR-Raum ansässig sind, weil hier die Fusionsrichtlinie nicht zur Anwendung kommt. 27

§ 13 Abs. 2 S. 1 Nr. 2 betrifft solche grenzüberschreitende Hinausverschmelzungen innerhalb der EU, bei welchen die Bundesrepublik Deutschland ihr Besteuerungsrecht verliert. Dies ist dann der Fall, wenn zwischen der Bundesrepublik Deutschland und dem anderen EU-Staat ein – vom OECD-MA abweichender – DBA abgeschlossen wurde, bei welchem die Besteuerung der Gewinne aus der Veräußerung der Anteile der übernehmenden Körperschaft nicht dem Wohnsitzstaat zustehen, sondern dem Staat, in welchem die übernehmende Körperschaft ansässig ist.[56] Solche gegenüber dem OECD-MA abweichende DBAs existieren zB mit Tschechien, der Slowakei und Zypern.[57] Auch DBA mit vergleichbaren Sonderregelungen zu Grundstückgesellschaften fallen unter § 13 Abs. 2 S. 1 Nr. 2.[58] 28

Ist bei einer Verschmelzung Art. 8 der FusionsRL anzuwenden, wird nach § 13 Abs. 2 S. 2 der Gewinn aus der späteren Veräußerung der erworbenen Anteile ungeachtet der Bestimmungen des DBA in der gleichen Art und Weise besteuert, wie die Veräußerung der Anteile an der übertragenden Körperschaft zu besteuern gewesen wäre.[59] Mithin kommt es dann zu einer deutschen Besteuerung in der Weise, als hätte die Verschmelzung nicht stattgefunden. Diese Fiktion führt dazu, dass der Gewinn aus der späteren Veräußerung der Anteile an der übernehmenden Körperschaft ohne die Anrechnung der ausländischen Steuer zu versteuern ist. Es handelt sich 29

54 Vgl Rödder/Herlinghaus/van Lishaut/*Neumann*, § 13 UmwStG Rn 36.

55 Vgl Dötsch/Pung/Möhlenbrock/*Dötsch*, § 13 UmwStG Rn 49.

56 Vgl Dötsch/Pung/Möhlenbrock/*Dötsch*, § 13 UmwStG Rn 51.

57 Vgl Schmitt/Hörtnagel/Stratz/*Schmitt*, § 13 UmwStG Rn 44.

58 Vgl Dötsch/Pung/Möhlenbrock/*Dötsch*, § 13 UmwStG Rn 51; Rödder/Herlinghaus/van Lishaut/*Neumann*, § 13 UmwStG Rn 41 der in diesem Zusammenhang die DBA mit Dänemark, Estland, Finnland, Lettland, Litauen, Malta, Österreich, Polen, Rumänien, Zypern, Liechtenstein und Schweden aufführt.

59 § 13 Abs. 2 S. 1 Nr. 2 entspricht Art. 8 Abs. 6 der FusionsRL, vgl Rödder/Herlinghaus/van Lishaut/*Neumann*, § 13 UmwStG Rn 41.

somit um einen treaty overide.[60] Allerdings unterliegt, worauf *Dötsch*[61] zutreffend aufmerksam macht, nicht der gesamte Veräußerungsgewinn der inländischen Besteuerung, sondern lediglich der Teilbetrag, der bis zur Verschmelzung entstanden ist.[62] Diese partielle Zuweisung des Besteuerungsrechts erfordert es, eine Ermittlung der stillen Reserven im Zeitpunkt des Wirksamwerdens der Verschmelzung vorzunehmen.

30 Nach § 13 Abs. 2 S. 1 Nr. 2 S. 2 ist die Regelung des § 15 Abs. 1 a S. 2 entsprechend anzuwenden. Damit wird dem Umstand Rechnung getragen, dass neben der Veräußerung der Anteile an der übernehmenden Körperschaft auch auf Ersatzrealisationstatbestände die deutsche Steuer erhoben wird.[63] Betroffen sind hier insbesondere die verdeckte Einlage oder die Auflösung der ausländischen Körperschaft, die Herabsetzung und Auskehrung ihres Kapitals, die Auskehrung von Beträgen aus dem steuerlichen Einlagekonto. Da ausländische Körperschaften idR kein Einlagekonto gemäß § 27 KStG führen, dürfte nach zutreffender Auffassung von *Schmitt*[64] in einem solchen Fall auf die Auflösung und Rückzahlung von Kapitalrücklagen nach Maßgabe des ausländischen Rechts abzustellen sein.

31 **3. Anteile an der übernehmenden Körperschaft treten an die Stelle der Anteile an der übertragenden Körperschaft.** Nach der Regelung des § 13 Abs. 2 S. 2 treten in den Fällen § 13 Abs. 2 S. 1 die Anteile an der übernehmenden Körperschaft steuerlich an die Stelle der Anteile an der übertragenden Körperschaft. Diese Rechtsfolge wird im Allgemeinen mit **Infizierungs-, Fußstapfen- oder Flohtheorie** bezeichnet.[65] Danach springen alle steuerlichen Merkmale der Anteile an der übertragenden Körperschaft auf die an ihre Stelle tretenden Anteile an der übernehmenden Körperschaft über.[66] Es handelt sich hier nicht um eine bloße steuerliche Rechtsnachfolge, sondern um eine umfassende Übernahme sämtlicher steuerlichen Merkmale auf die Anteile an der übernehmenden Körperschaft, ohne dass es zu einem Veräußerungs- bzw Anschaffungsgeschäft kommt.[67]

32 Aus der Verlagerung der steuerlichen Merkmale von den Anteilen an der übertragenden Körperschaft auf die Anteile an der übernehmenden Körperschaft ergeben sich im Wesentlichen die nachfolgend aufgeführten Konsequenzen:[68]

1. Die **Wertaufholungsverpflichtung** nach § 6 Abs. 1 Nr. 2 S. 3 iVm Nr. 1 S. 4 EStG geht bei den im Betriebsvermögen gehaltenen Anteilen über. In diesem Zusammenhang ist zu beachten, dass nach der Rechtsprechung des BFH im Falle einer vormals vorgenommenen Teilwertabschreibung, welche sowohl steuerwirksam als auch steuerunwirksam war, zunächst die steuerunwirksame und erst im Anschluss eine steuerwirksame Wertaufholung vorzunehmen ist.[69]
2. Die Siebenjahresfristen iSd § 22 sowie des § 8 b Abs. 4 KStG aF laufen weiter. (s. zu den Sperrfristbehafteten Anteilen auch § 22 Rn 30 ff).

60 Vgl Rödder/Herlinghaus/van Lishaut/*Neumann*, § 13 UmwStG Rn 42.
61 In: Dötsch/Pung/Möhlenbrock, § 13 UmwStG Rn 52.
62 AA Rödder/Herlinghaus/van Lishaut/*Neumann*, § 13 UmwStG Rn 42, nach welchem es zu einer Besteuerung des gesamten Gewinns, dh einschließlich der nach der Verschmelzung entstandenen stillen Reserven kommt.
63 Vgl Rödder/Herlinghaus/van Lishaut/*Neumann*, § 13 UmwStG Rn 43; Dötsch/Pung/Möhlenbrock/*Dötsch*, § 13 UmwStG Rn 54.
64 In: Schmitt/Hörtnagel/Stratz, § 13 UmwStG Rn 47.
65 Vgl Dötsch/Pung/Möhlenbrock/*Dötsch*, § 13 UmwStG Rn 55; Rödder/Herlinghaus/van Lishaut/*Neumann*, § 13 UmwStG Rn 45.
66 Ist der Anteilseigner der übertragenden Körperschaft auch an der übernehmenden Körperschaft beteiligt, so treten nach dem Wortlaut des § 13 Abs. 2 S. 2 alle, demnach auch die bereits vor der Verschmelzung vorhandenen Anteile dieses Anteilseigners und nicht lediglich die neu ausgegebenen an die Stelle der Anteile der Überträgerin. Vgl Dötsch/Pung/Möhlenbrock/*Dötsch*, § 13 UmwStG, Tz. 59; Rödder/Herlinghaus/van Lishaut/*Neumann*, § 13 UmwStG Rn 45 und *Schmitt/Schlossmacher*, DB 2009, 1425, 1429, welche in mehreren Beispielsfällen verdeutlichen, wann es lediglich zu einer quotalen Übernahme der steuerlichen Merkmale kommen kann.
67 Vgl Rödder/Herlinghaus/van Lishaut/*Neumann*, § 13 UmwStG Rn 45.
68 Vgl auch im Einzelnen: UmwSt-Erlass vom 11.11.2011, BStBl I S. 1314, Rn 13.11 und Dötsch/Pung/Möhlenbrock/*Dötsch*, § 13 UmwStG Rn 56; Rödder/Herlinghaus/van Lishaut/*Neumann*, § 13 UmwStG Rn 46.
69 Vgl BFH-Urteil v. 19.8.2009 – I R 2/09, BStBl II 2012, 760, 762.

3. Ein Sperrbetrag nach § 50 c EStG geht auf die Anteile an der übernehmenden Körperschaft über.
4. Die Eigenschaft als sog. einbringungsgeborene Anteile (§ 21 UmwStG aF) gehen auf die Anteile an der übernehmenden Körperschaft über.
5. Werden die Anteile gewinnbringend veräußert, kommt es zu einem steuerpflichtigen Veräußerungsgewinn, soweit die Anteile der übertragenden Körperschaft steuerwirksam auf den niedrigeren Teilwert abgeschrieben worden sind (vgl § 8 b Abs. 2 S. 4 KStG). Für nicht der Körperschaftsteuer unterliegende Anteile gilt die entsprechende Regelung der § 3 Nr. 40 S. 1 Buchst a S. 2 und 3 sowie Buchst b S. 3 EStG.
6. Die Eigenschaft „verschmelzungsgeborener Anteile" iSd § 13 Abs. 2 S. 2 UmwStG 1995 verlagert sich auf die Anteile an der übernehmenden Körperschaft.
7. Es erfolgt eine Anrechnung der Besitzzeiten an den Anteilen an der übertragenden Körperschaft auf die Anteile an der übernehmenden Körperschaft. Dies betrifft insbesondere die Prüfung der gewerbesteuerlichen Kürzung gemäß § 9 Nr. 2 a und 7 GewStG und die Berechnung der Rücklage nach § 6 b EStG.
8. Wenn die Anteile an der übertragenden Körperschaft iSd § 17 EStG steuerverhaftet waren, wird dieser Status auf die Anteile an der übernehmenden Körperschaft selbst dann übertragen, wenn diese Beteiligung nicht mehr als 1 % beträgt (sog verschmelzungsgeborene Anteile). Sind die Anteile an der übertragenden Körperschaft, nicht aber die an der übernehmenden Körperschaft steuerverstrickt, werden die Anteile an der übernehmenden Körperschaft auch bezüglich der erst später entstehenden stillen Reserven steuerverstrickt. In solchen Fällen kann es ggf zweckmäßig sein, durch einen Verzicht einer Antragsstellung nach § 13 Abs. 2 die Anteile zum Zeitpunkt der Verschmelzung steuerlich zu entstricken. Die später entstehenden stillen Reserven können dann steuerfrei vereinnahmt werden.[70]

4. Fortführung der Anschaffungskosten bei Anteilen im Privatvermögen. Gehören die Anteile an der übertragenden Körperschaft nicht zu einem Betriebsvermögen, treten nach § 13 Abs. 2 S. 3 an die Stelle des Buchwerts die Anschaffungskosten. Von dieser Regelung sind Anteile iSd § 17 EStG, des 23 EStG aF und im Privatvermögen gehaltene alt-einbringungsgeborene Anteile iSd § 21 UmwStG aF erfasst. 33

IV. Entsprechende Anwendung des § 13 bei Spaltungen

Geht Vermögen einer Körperschaft im Zuge einer Aufspaltung oder Abspaltung unter Einhaltung der in § 15 Abs. 1 S. 2 genannten Teilbetriebsvoraussetzungen auf eine andere Körperschaft über, gelten gemäß § 15 Abs. 1 S. 1 die Regelungen der §§ 11 bis 13 entsprechend.[71] Demzufolge kann auf Ebene der Anteilseigner grundsätzlich die Auf- bzw Abspaltung nach § 13 Abs. 2 erfolgsneutral erfolgen. Werden hingegen die Teilbetriebsvoraussetzungen bei Spaltungen in Deutschland oder in der EU/im EWR nicht erfüllt, kommt es zu einem Veräußerungsgewinn iSd § 13 Abs. 1.[72] 34

Bei einer Spaltung sind auf Anteilseignerebene die Buchwerte bzw die Anschaffungskosten an der übertragenden Körperschaft nach dem Verhältnis der gemeinen Werte aufzuteilen.[73] Handelt es sich um einen Fall der **Aufspaltung** und werden die Anteilseigner der übertragenden Körperschaft an der übernehmenden Körperschaft im gleichen Verhältnis wie an der übertragenden Körperschaft beteiligt, verlagern sich die Buchwerte bzw die Anschaffungskosten der bisherigen auf die neuen Anteile. Das Gleiche gilt, wenn bei einer Aufspaltung mit mehreren

70 Vgl Dötsch/Pung/Möhlenbrock/*Dötsch*, § 13 UmwStG Rn 56.

71 Vgl Dötsch/Pung/Möhlenbrock/*Dötsch*, § 13 UmwStG Rn 61; Rödder/Herlinghaus/van Lishaut/*Neumann*, § 13 UmwStG Rn 51.

72 Vgl Rödder/Herlinghaus/van Lishaut/*Neumann*, § 13 UmwStG Rn 51.

73 Vgl Rödder/Herlinghaus/van Lishaut/*Neumann*, § 13 UmwStG Rn 52.

Anteilseignern der überragenden Körperschaft jeweils ein Anteilseigner 100 % der Anteile an einer der beiden Übernehmerinnen erhält.[74]

Wenn im **Abspaltungsfall** die Anteilseigner der übertragenden Körperschaft sowohl an der übertragenden und der übernehmenden Körperschaft im gleichen Verhältnis wie bislang an der übertragenden Körperschaft beteiligt sind, verteilen sich die Buchwerte bzw die Anschaffungskosten der bisherigen Beteiligung an der übertragenden Körperschaft nach dem Verhältnis der gemeinen Werte der übertragenden und der zurückgebliebenen Teilbetriebe auf die Anteile an der übertragenden und übernehmenden Körperschaft.[75] Dieses Aufteilungsverhältnis gilt im Falle der Antragstellung iSd § 13 Abs. 2 für den Umfang der unter Rn 32. dargestellten Konsequenzen bezüglich der Anteile.

Beispiel:[76]

Aus der A-GmbH wird ein Teilbetrieb auf die neu gegründete B-GmbH abgespalten. Das auf die B-GmbH abgespaltene Vermögen hat einen gemeinen Wert iHv 40 vH des vor der Spaltung bestehenden gesamten gemeinen Werts. Werden die Anteilseigner der A-GmbH an der B-GmbH zum gleichen Verhältnis beteiligt, sind die Anschaffungskosten bzw die Buchwerte im Verhältnis 60 zu 40 auf die Anteile an der A-GmbH und der B-GmbH aufzuteilen.

§ 14 (weggefallen)

Vierter Teil
Aufspaltung, Abspaltung und Vermögensübertragung (Teilübertragung)

§ 15 Aufspaltung, Abspaltung und Teilübertragung auf andere Körperschaften

(1) [1]Geht Vermögen einer Körperschaft durch Aufspaltung oder Abspaltung oder durch Teilübertragung auf andere Körperschaften über, gelten die §§ 11 bis 13 vorbehaltlich des Satzes 2 und des § 16 entsprechend. [2]§ 11 Abs. 2 und § 13 Abs. 2 sind nur anzuwenden, wenn auf die Übernehmerinnen ein Teilbetrieb übertragen wird und im Falle der Abspaltung oder Teilübertragung bei der übertragenden Körperschaft ein Teilbetrieb verbleibt. [3]Als Teilbetrieb gilt auch ein Mitunternehmeranteil oder die Beteiligung an einer Kapitalgesellschaft, die das gesamte Nennkapital der Gesellschaft umfasst.

(2) [1]§ 11 Abs. 2 ist auf Mitunternehmeranteile und Beteiligungen im Sinne des Absatzes 1 nicht anzuwenden, wenn sie innerhalb eines Zeitraums von drei Jahren vor dem steuerlichen Übertragungsstichtag durch Übertragung von Wirtschaftsgütern, die kein Teilbetrieb sind, erworben oder aufgestockt worden sind. [2]§ 11 Abs. 2 ist ebenfalls nicht anzuwenden, wenn durch die Spaltung die Veräußerung an außenstehende Personen vollzogen wird. [3]Das Gleiche gilt, wenn durch die Spaltung die Voraussetzungen für eine Veräußerung geschaffen werden. [4]Davon ist auszugehen, wenn innerhalb von fünf Jahren nach dem steuerlichen Übertragungsstichtag Anteile an einer an der Spaltung beteiligten Körperschaft, die mehr als 20 Prozent der vor Wirksamwerden der Spaltung an der Körperschaft bestehenden Anteile ausmachen, veräußert werden. [5]Bei der Trennung von Gesellschafterstämmen setzt die Anwendung des § 11 Abs. 2 außerdem voraus, dass die Beteiligungen an der übertragenden Körperschaft mindestens fünf Jahre vor dem steuerlichen Übertragungsstichtag bestanden haben.

74 Vgl Dötsch/Pung/Möhlenbrock/*Dötsch*, § 13 UmwStG Rn 63.

75 Vgl Dötsch/Pung/Möhlenbrock/*Dötsch*, § 13 UmwStG Rn 63.

76 Beispiel in Anlehnung an Rödder/Herlinghaus/van Lishaut/*Neumann*, § UmwStG 13 Rn 52.

(3) Bei einer Abspaltung mindern sich verrechenbare Verluste, verbleibende Verlustvorträge, nicht ausgeglichene negative Einkünfte, ein Zinsvortrag nach § 4 h Absatz 1 Satz 5 des Einkommensteuergesetzes und ein EBITDA-Vortrag nach § 4 h Absatz 1 Satz 3 des Einkommensteuergesetzes der übertragenden Körperschaft in dem Verhältnis, in dem bei Zugrundelegung des gemeinen Werts das Vermögen auf eine andere Körperschaft übergeht.

Literatur:

Flick/Gocke/Schaumburg/Bundesverband der Deutschen Industrie (Hrsg.): Der Umwandlungssteuer-Erlass 2011. Erläuterungen aus Unternehmens- und Beratungspraxis, 2012 (zit.: *Autor* in: Der Umwandlungssteuererlass 2011, S.); *Fuhrmann,* Reichweite der Steuerneutralität bei Abwärts- und Seitwärtsabspaltungen und -verschmelzungen auf eine andere Kapitalgesellachaft, NZG 2013, 857; *Gebert,* Das doppelte Teilbetriebserfordernis des § 15 UmwStG – Gemeinsam genutzte Betriebsimmobilien als Hindernis für die Steuerneutralität der Abspaltung?, DStR 2010, 1774; *Hageböke,* Sind alle Umwandlungen „Veräußerungen"? – Kritische Anmerkungen zur neuen Ausgangsthese der Finanzverwaltung im UmwStEE, Ubg 2011, 689; *Heurung/Engel/Schröder,* Auf- und Abspaltung von Körperschaften – Analyse des Entwurfs eines BMF-Schreibens zur Anwendung des UmwStG 2006, GmbHR 2011, 617; *dies.* Ausgewählte Zweifel- und Praxisfragen zur Spaltung nach dem UmwSt-Erlass 2011, GmbHR 2012, 273-280; *Kessler/Philipp,* Steuerlicher Übertragungsstichtag als maßgeblicher Zeitpunkt für das Vorliegen der Teilbetriebsvoraussetzung? Anmerkungen zur geplanten Änderung der Verwaltungsauffassung, DStR 2011, 1065; *Löffler/Hansen,* Veräußerung von Anteilen an der Muttergesellschaft nach upstream-Abspaltung als Anwendungsfall von § 15 Abs. 2 Satz 4 UmwStG?, DB 2010, 1369; *Neumann,* Spaltung von Kapitalgesellschaften nach dem UmwSt-Erlass 2011, GmbHR 2012, 141; *Riepold,* Besteuerung der Auf- und Abspaltung von Kapitalgesellschaften, StuB 2014, 96; *Schmitt,* Auf- und Abspaltung von Kapitalgesellschaften. Anmerkungen zum Entwurf des Umwandlungssteuererlasses, DStR 2011, 1108; *Scholten/Griemla,* Zuordnung von Einzelwirtschaftsgütern zu fiktiven Teilbetrieben nach TZ. 15.09 des UmwSt-Erlasses, DStR 2008, 1172; *Schumacher/Neitz-Hackstein,* Verschmelzung und Spaltung zwischen inländischen Kapitalgesellschaften, Ubg 2011, 409; *Schwedhelm,* Neue Restriktionen bei der Auf- und Abspaltung von Kapitalgesellschaften. Fallstricke des neuen UmwSt-Erlasses, GmbH-StB 2012, 249; *Sistermann/Beutel,* Spaltung und Begründung von wirtschaftlichem Eigentum. Gestaltungsmöglichkeiten nach dem Entwurf des Umwandlungssteuer-Erlasses vom 2.5.2011, DStR 2011, 1162; *Wilke,* Abspaltung: Anforderungen des § 15 Abs. 1 S. 2 UmwStG n.F. (SEStEG) an das bei der übertragenden Körperschaft verbleibende Vermögen, FR 2009, 216.

A. Normzweck

1 In den §§ 15, 16, dem vierten Teil des UmwStG, sind die steuerlichen Regelungen für die Aufspaltung, Abspaltung und die Vermögensübertragung (Teilübertragung) geregelt. In § 15 sind hierbei die Regelungen zur Aufspaltung, Abspaltung und Teilübertragung auf eine andere Körperschaft geregelt, während in § 16 die steuerlichen Regelungen zur Aufspaltung oder Abspaltung auf eine Personengesellschaft enthalten sind. Im Verhältnis zum Zivilrecht, wo in § 123 UmwG sämtliche Formen der Spaltung geregelt sind, enthält § 15 nur die steuerlichen Vorschriften für die Aufspaltung und die Abspaltung. Die dritte Form der Spaltung, die Ausgliederung, wird steuerrechtlich als Form der Einbringung angesehen, die in den §§ 20 bzw 24 geregelt ist.

2 Hinsichtlich der Rechtsfolgen der Aufspaltung und Abspaltung verweist § 15 auf die Regelung zur Verschmelzung zweier Kapitalgesellschaften in den §§ 11–13. Die Aufspaltung und Abspaltung wird somit nach der Systematik des UmwStG in der Fassung des SEStEG als Teilverschmelzung angesehen.

3 Im Unterschied zur Fassung des § 15 in der Fassung des UmwStG 1995 sind die Regelungen der Verschmelzung grundsätzlich auch dann auf eine Aufspaltung bzw Abspaltung anzuwenden, wenn die besonderen Voraussetzungen des § 15 Abs. 1 S. 2, Abs. 2 nicht vorliegen. Die besonderen Voraussetzungen des § 15 Abs. 1 S. 2, Abs. 2 regeln nach der Systematik des § 15 nF lediglich die Voraussetzungen, unter denen nach § 11 Abs. 2 bzw § 13 Abs. 2 der Buchwertansatz auf Ebene der übertragenen Körperschaft bzw der Anteilseigner möglich ist. Die in § 15 ebenfalls geregelte Teilübertragung iSd § 174 UmwG spielt in der Praxis nur eine untergeordnete Rolle. Dies liegt zum einen an dem eingeschränkten Anwendungsbereich der Vermögensübertragung, der gemäß § 175 UmwG auf die Übertragung von Vermögen von einer Kapitalgesellschaft auf den Bund, ein Land oder eine andere Gebietskörperschaft bzw von einer Versicherungsaktiengesellschaft auf Versicherungsvereine auf Gegenseitigkeit oder öffentlich rechtliche Versicherungsunternehmen begrenzt ist. Daneben ist zu beachten, dass die Vermögensübertragung regelmäßig gegen Gewährung einer Gegenleistung erfolgt, die nicht in Anteilen oder Mitgliedschaftsrechten besteht, so dass der Buchwertansatz regelmäßig nach § 11 Abs. 2 S. 1 Nr. 3 ausgeschlossen sein wird.[1]

I. Regelungsinhalt

4 Nach Ansicht der Finanzverwaltung stellen Umwandlungen auf Ebene des übertragenden Rechtsträgers sowie des übernehmenden Rechtsträgers grundsätzlich Veräußerungen und Anschaffungsvorgänge hinsichtlich des übertragenen Vermögens dar.[2] Ohne die Regelung des § 15 wäre demnach die Abspaltung als Veräußerung der übertragenen Vermögensgegenstände

1 Vgl Rödder/Herlinghaus/van Lishaut/*Schumacher*, § 15 UmwStG Rn 6.

2 Vgl BMF v. 11.11.2011, BStBl. I 2011, 1314, Tz 00.02; kritisch hierzu *Hageböke* Ubg 2011, 689.

zu qualifizieren. Die Aufspaltung wäre demgegenüber als Übertragung im Rahmen der Liquidation der Gesellschaft zu qualifizieren. Beide Vorgänge würden zu einer uneingeschränkten Aufdeckung der in dem Vermögen der Kapitalgesellschaft befindlichen stillen Reserven führen. Die Übertragung des Vermögens im Rahmen der Liquidation der Gesellschaft würde auch zu einer Besteuerung auf Anteilseignerebene führen. Unter den in § 15 geregelten Voraussetzungen ermöglicht das UmwStG eine steuerneutrale Übertragung von bestimmten Vermögensteilen auf eine andere Körperschaft sowohl auf Ebene der übertragenden Körperschaft als auch auf Ebene der Anteilseigner durch eine entsprechende Anwendung der für die Verschmelzung zweiter Kapitalgesellschaften geltenden Regelungen der §§ 11, 13. Grundvoraussetzung für die Steuerneutralität der Vermögensübertragung ist nach § 15, dass eine Gesamtheit von Wirtschaftsgütern, der sogenannte Teilbetrieb, im Wege der Gesamtrechtsnachfolge auf eine andere Körperschaft übergeht. Übertragungen im Wege der Einzelrechtsnachfolge sind grundsätzlich nicht nach § 15 begünstigt. In der Unternehmenspraxis spielt § 15 eine erhebliche Rolle, da die Vorschrift die Aufteilung und Neuordnung bestehender betrieblicher Aktivitäten auf unterschiedliche Gesellschaften ermöglicht. Zu den erheblichen Einschränkungen, die die Anwendbarkeit des § 15 durch die Neudefinition des Teilbetriebsbegriffs durch die Finanzverwaltung erfahren hat, s. Rn 37 ff.

Neben der sogenannten verhältniswahrenden Spaltung, bei der alle Anteilseigner der zu spaltenden Gesellschaft auch an den aufnehmenden Gesellschaften beteiligt sind, ermöglicht § 15 auch die Aufteilung einer bestehenden Gesellschaft auf die verschiedenen Gesellschafterstämme, indem nach der Aufspaltung jeder Gesellschafterstamm nur noch an einer der aufnehmenden Gesellschaften beteiligt ist.[3] Da § 15 die steuerneutrale Übertragung von Vermögensteilen von einer Kapitalgesellschaft auf die andere Kapitalgesellschaft ermöglicht, sieht der Gesetzgeber bei der Anwendung von § 15 ein erhebliches Missbrauchsrisiko dahin gehend, dass Steuerpflichtige versuchen, einzelne Wirtschaftsgüter durch eine vorherige Spaltung im Rahmen eines von § 8 b KStG begünstigten sharedeals veräußern zu können anstelle eines regulär steuerpflichtigen asset deals. Um dies zu verhindern, hat der Gesetzgeber in § 15 Abs. 2 umfangreiche Restriktionen für den Buchwertansatz sowie Vorbehaltens- und Nachbehaltensfristen vorgesehen (vgl Rn 64 ff). 5

II. Aufbau der Vorschrift

Während § 15 Abs. 1 den grundsätzlichen Anwendungsbereich der Regelung definiert und die Grundvoraussetzung der Anwendbarkeit der §§ 11 Abs. 2, 13 Abs. 2 festlegt, sind in § 15 Abs. 2 die bereits erwähnten Missbrauchsverhinderungsvorschriften enthalten. 6

§ 15 Abs. 3 regelt vergleichbar zu § 4 Abs. 2 S. 2,[4] dass verrechenbare Verluste, verbleibende Verlustvorträge, nicht ausgeglichene negative Einkünfte, sowie ein Zinsvortrag nach § 4 h Abs. 1 S. 5 EStG und ein EBITDA-Vortrag nach § 4 h Abs. 1 S. 3 EStG nicht auf die übernehmende Körperschaft übergehen, sondern verhältnismäßig untergehen. 7

B. Inhalt

I. Anwendungsbereich (§ 15 Abs. 1 S. 1)

Nach § 1 Abs. 1 Nr. 1 ist der zweite bis fünfte Teil des UmwStG, dh die §§ 3–19 UmwStG für Verschmelzung, Aufspaltung und Abspaltung iSd §§ 2 und 123 Abs. 1, 2 UmwG von Körperschaften oder vergleichbare ausländische Vorgänge anwendbar. § 15 gilt somit für Aufspaltung und Abspaltung iSd §§ 2 und 123 Abs. 1, 2 des UmwG sowie vergleichbare ausländische Vor- 8

3 Zu den besonderen Voraussetzungen der Trennung der Gesellschafterstämme s. § 15 Abs. 2 S. 5 UmwStG, Rn 105.

4 Vgl § 4 Rn 13.

gänge.[5] Nach § 1 Abs. 1 Nr. 4 gilt der zweite bis fünfte Teil ferner für die Vermögensübertragung iSd § 174 UmwG.[6]

9 **1. Aufspaltung.** Nach § 123 Abs. 1 UmwG kann ein Rechtsträger unter Auflösung ohne Abwicklung sein Vermögen aufspalten zur Aufnahme oder Neugründung durch gleichzeitige Übertragung der Vermögensteile jeweils als Gesamtheit auf andere von ihm gegründete neue Rechtsträger gegen Gewährung von Anteilen oder Mitgliedschaften dieser Rechtsträger an die Anteilseigner der übertragenden Rechtsträger. Entscheidendes Kennzeichen der Aufspaltung ist somit die Vermögensübertragung auf mehrere übernehmende Rechtsträger im Wege der (partiellen) Gesamtrechtsnachfolge gegen Gewährung von Anteilen an den übernehmenden Rechtsträgern an die Anteilseigner der übertragenden Körperschaft. Nach § 125 UmwG sind auf die Spaltung die Regelung zur Verschmelzung, mit Ausnahme der Regelung zur grenzüberschreitenden Verschmelzung von Kapitalgesellschaften (§§ 122 a–122 l UmwG) entsprechend anzuwenden. Hieraus folgt, dass auch bei einer Spaltung ein Verzicht der Anteilseigner auf die Gewährung neuer Anteile gemäß § 54 Abs. 1 S. 3 UmwG möglich ist. Nach § 1 Abs. 1 Nr. 1 UmwStG iVm §§ 124 und 3 Abs. 1 Nr. 2 bis 6 UmwG können an der Spaltung neben Kapitalgesellschaften auch eingetragene Genossenschaften, eingetragene Vereine, genossenschaftliche Prüfungsverbände und Versicherungsvereine auf Gegenseitigkeit beteiligt sein. Für eingetragene Vereine, genossenschaftliche Prüfungsverbände und Versicherungsvereine auf Gegenseitigkeit sind jedoch die Sonderregelungen der §§ 149 Abs. 2, 150 und 151 UmwG zu beachten. Gemäß § 149 Abs. 2 UmwG kann ein eingetragener Verein als übernehmender Rechtsträger im Wege der Spaltung nur andere eingetragene Vereine aufnehmen. Die Spaltung von genossenschaftlichen Prüfungsverbänden und Versicherungsvereinen auf Gegenseitigkeit ist grundsätzlich nur zur Aufnahme durch einen anderen genossenschaftlichen Prüfungsverband oder Versicherungsverein auf Gegenseitigkeit zulässig.[7]

10 **2. Abspaltung.** Nach § 123 Abs. 2 UmwG kann ein Rechtsträger von seinem Vermögen einen Teil oder mehrere Teile abspalten zur Aufnahme oder Neugründung durch Übertragung dieses Teils oder dieser Teile jeweils als Gesamtheit auf ein oder mehrere bestehende oder von ihm neu gegründete Rechtsträger gegen Gewährung von Anteilen dieses Rechtsträgers an die Anteilsinhaber des übertragenden Rechtsträgers. Von der Aufspaltung unterscheidet sich die Abspaltung somit in erster Linie dadurch, dass der übertragende Rechtsträger bei der Abspaltung erhalten bleibt und lediglich ein Teil seines Vermögens auf einen anderen Rechtsträger überträgt.

11 Der aus zivilrechtlicher Sicht erforderliche Inhalt des Spaltungs- und Übernahmevertrages ist in § 126 UmwG geregelt. Hierzu zählen insb. auch die aus steuerlicher Sicht maßgeblichen Vereinbarungen über den Spaltungsstichtag, das Umtauschverhältnis der Anteile und ggf Regelungen zu baren Zuzahlungen sowie die Zuordnung der einzelnen Vermögensgegenstände zu den übertragenden Rechtsträgern. Mit der genauen Beschreibung der, den einzelnen übernehmenden Rechtsträgern zuzuordnenden Wirtschaftsgütern iSd § 126 Abs. 1 Nr. 9 UmwG in dem Spaltungsvertrag steht und fällt in der Praxis die Möglichkeit der steuerneutralen Auf- bzw Abspaltung, da diese Beschreibung maßgeblich dafür ist, ob das Teilbetriebserfordernis des § 15 eingehalten wurde (vgl hierzu Rn 35 ff). Zu den übrigen zivilrechtlichen Voraussetzungen der Spaltung vgl die Kommentierung zu §§ 123 ff UmwG.

12 Auf- und Abspaltung sind grundsätzlich sowohl auf bestehende bzw neugegründete Schwestergesellschaften (sidestream) als auch auf bestehende bzw neugegründete Tochtergesellschaften (downstream) möglich. Da das Gesetz keine besonderen Regelungen zu den Beteiligungsver-

5 Zu den Anforderungen an den vergleichbaren ausländischen Vorgang s. § 1 Rn 41 ff; Widmann/Mayer/*Schießl*, § 15 UmwStG Rn 12.

6 Vgl Schmitt/Hörtnagl/Stratz/*Hörtnagl*, § 15 UmwStG Rn 18.

7 Zu den Möglichkeiten der Spaltungen vgl auch BMF v. 11.11.2011, BStBl. I 2011, 1314, Rn 01.17; Rödder/Herlinghaus/van Lishaut/*Schumacher*, § 15 UmwStG Rn 19.

hältnissen der beteiligten Gesellschaften vorsieht, ist auch eine Abspaltung auf die Muttergesellschaft (upstream-Spaltung) möglich.[8] Wie in Rn 9 dargestellt, kann bei der Auf- bzw Abspaltung in entsprechender Anwendung des § 54 UmwG auf die Gewährung neuer Anteile verzichtet werden. Für die Ausgliederung, die steuerlich als Einbringung iSd § 20 qualifiziert wird, ist die Gewährung neuer Anteile zwingendes Tatbestandsmerkmal des § 20, so dass für eine steuerneutrale Ausgliederung zum Buchwert die Gewährung neuer Anteile zwingend vorgeschrieben ist. Durch eine downstream-Abspaltung unter Verzicht auf die Gewährung neuer Anteile kann wirtschaftlich das gleiche Ergebnis wie bei einer steuerrechtlich nicht zulässigen Ausgliederung unter Verzicht auf die Gewährung neuer Anteile erreicht werden. Nach der wohl herrschenden Ansicht in der Literatur ist diese Gestaltung dennoch zulässig und stellt keinen Missbrauch von Gestaltungsmöglichkeiten dar.[9]

3. Teilübertragung. Inhaltlich entspricht die in § 174 Abs. 2 UmwG geregelte Teilübertragung 13
vollumfänglich der Auf- bzw Abspaltung nach § 123 UmwG. Der einzige Unterschied besteht in den beteiligten Rechtsträgern. Die Teilübertragung ist jeweils nur möglich:

Erstens von einer Kapitalgesellschaft auf den Bund, ein Land, eine Gebietskörperschaft oder einen Zusammenschluss von Gebietskörperschaften;

Zweitens von einer Versicherungsaktiengesellschaft auf Versicherungsvereine auf Gegenseitigkeit oder auf öffentlich-rechtliche Versicherungsunternehmen bzw von einem Versicherungsverein auf Gegenseitigkeit auf Versicherungsaktiengesellschaften oder auf öffentlich-rechtliche Versicherungsunternehmen und

Drittens von einem öffentlich-rechtlichen Versicherungsunternehmen auf Versicherungsaktiengesellschaften oder auf Versicherungsvereine auf Gegenseitigkeit (§ 175 UmwG).

Insofern wird nachfolgend auf die Teilübertragung nicht mehr im Einzelnen eingegangen.[10]

4. Auf- und Abspaltung als abschließende Aufzählung. Die Auflistung des Anwendungsbe- 14
reichs des § 15 in § 1 Abs. 1 Nr. 1 ist abschließend. Dies folgt schon aus dem eindeutigen Wortlaut des § 1 Abs. 1, wonach der zweite bis fünfte Teil **nur** für die Auf- und Abspaltung iSd §§ 2, 123 Abs. 1, 2 UmwG gilt. Sofern das wirtschaftliche Ergebnis einer Auf- oder Abspaltung durch anderweitige zivilrechtliche Gestaltungen erreicht wird, führen diese regelmäßig zur vollständigen Aufdeckung der stillen Reserven.[11]

5. Vergleichbare ausländische Vorgänge. Seit Eröffnung des UmwStG für grenzüberschreitende 15
Umwandlungsvorgänge durch das SEStEG ist das UmwStG auch auf vergleichbare ausländische Vorgänge anzuwenden. Ein ausländischer Vorgang liegt dann vor, wenn auf den übertragenden Rechtsträger oder den übernehmenden Rechtsträger das UmwG nach den allgemeinen kollisionsrechtlichen Grundsätzen keine Anwendung findet.[12] Auch für ausländische Vorgänge gilt grundsätzlich die Maßgeblichkeit des Gesellschaftsrechts, so dass Grundvoraussetzung für eine Anwendbarkeit des Steuerrechts die zivilrechtliche Wirksamkeit des Umwandlungsvorgangs nach dem jeweils anzuwendenden Gesellschaftsrecht ist.[13] Ein Vorgang ist mit einer deutschen Abspaltung oder Aufspaltung vergleichbar, wenn er seinem Wesen nach einer Auf- oder Abspaltung iSd UmwG entspricht. Hierfür sind zum einen die Vergleichbarkeit der beteiligten Rechtsträger und zum anderen die Rechtsnatur bzw Rechtsfolgen des Umwandlungsvor-

8 Vgl zu den möglichen Fallgruppen der Spaltung Sagasser/Bula/Brünger/*Sagasser/Bultmann*, § 18 Rn 4 ff.

9 Rödder/Herlinghaus/van Lishaut/*Schumacher*, § 15 UmwStG Rn 31; aus zivilrechtlicher Sicht zweifelnd KölnKomm-UmwG/*Simon*, § 126 Rn 30, der betont, dass anderenfalls kein Unterschied mehr zwischen Ausgliederung und Abspaltung bestünde; bzgl der praktischen Bedeutung vgl *Neumann*, GmbHR 2012, 141.

10 Vgl bezüglich der Besonderheit der Teilübertragung aufgrund der Gewährung anderer Gegenleistung Rn 3.

11 Vgl *Dötsch/Pung* in: Dötsch/Patt/Pung/Möhlenbrock, UmwStR § 15 UmwStG, Rn 32; Rödder/Herlinghaus/van Lishaut/*Schumacher*, UmwStG § 15 Rn 44.

12 BMF v. 11.11.2011, BStBl. I 2011, 1314, Rn 01.20.

13 BMF v. 11.11.2011, BStBl. I 2011, 1314, Rn 01.23.

gangs (sog. Strukturmerkmale) maßgeblich.[14] Die maßgeblichen Strukturmerkmale einer Aufspaltung sind nach Ansicht der Finanzverwaltung folgende:

- die Übertragung des gesamten Aktiv- und Passivvermögens eines Rechtsträgers auf mindestens zwei übernehmende Rechtsträger,
- aufgrund eines Rechtsgeschäfts,
- kraft Gesetzes,
- gegen Gewährung von Anteilen an dem übernehmenden Rechtsträger an die Anteilsinhaber des übertragenden Rechtsträgers und
- unter Auflösung ohne Abwicklung des übertragenden Rechtsträgers.[15]

16 Für die Abspaltung gelten insofern die gleichen Strukturmerkmale mit der Ausnahme, dass auch die Übertragung auf einen einzigen Rechtsträger zulässig sein soll. Während die Definition dieser Strukturmerkmale im Sinne einer rechtssicheren Prüfung der Vergleichbarkeit ausländischer Vorgänge eindeutig zu begrüßen ist, ist gleichzeitig zu kritisieren, dass sich die Finanzverwaltung durch die Forderung sonstiger Vergleichskriterien wie zB Höhe der zulässigen Zuzahlung[16] oder Kapitalerhöhungsverbote bzw -Wahlrechte[17] Beurteilungsspielräume offen hält. Hierdurch wird eine Rechtsunsicherheit erzeugt, die im Ergebnis dazu führt, dass eine Umwandlung auf Basis eines ausländischen Rechtsvorgangs nur auf Basis einer verbindlichen Auskunft erfolgen kann.[18]

II. Anwendung der §§ 11–13

17 Für die Rechtsfolgen der Spaltung und damit auch für die grundsätzlichen Voraussetzungen eines Buchwertansatzes sowohl auf Ebene der Gesellschaft als auch auf Ebene der Anteilseigner verweist § 15 Abs. 1 auf die §§ 11–13, dh auf die Regelungen zur Verschmelzung zweier Kapitalgesellschaften. Daneben stellt § 15 Abs. 1 S. 2, Abs. 2 weitere Voraussetzungen auf, die erfüllt sein müssen, damit die Regelungen des § 11 Abs. 2 und § 13 Abs. 2, dh die Regelung über das Bewertungswahlrecht anwendbar sind. Hieraus folgt, dass die Voraussetzungen für eine Steuerneutralität der Spaltung durch Ansatz der Buchwerte im Ergebnis wesentlich strenger sind, als die Voraussetzungen für eine steuerneutrale Verschmelzung zweier Kapitalgesellschaften nach §§ 11 ff.

18 **1. Anwendung des § 11 auf Ebene der übertragenden Körperschaft.** Aus dem Verweis auf § 11 ergeben sich folgende Voraussetzungen für die Spaltung: Die übertragende Kapitalgesellschaft muss auf den steuerlichen Spaltungsstichtag eine steuerliche Schlussbilanz erstellen. Diese steuerliche Schlussbilanz umfasst jedoch nur den Teil des Vermögens der übertragenden Gesellschaft, der im Wege der Spaltung übertragen werden soll. Bei der Abspaltung eines Teilbetriebs muss insofern nur für diesen abzuspaltenden Teilbetrieb eine steuerliche Schlussbilanz erstellt werden.[19]

19 Wenn die besonderen Voraussetzungen des § 15 Abs. 1 S. 2, Abs. 2 sowie die Voraussetzungen des § 11 Abs. 2 erfüllt sind, hat die übertragende Gesellschaft grundsätzlich das Wahlrecht, das übergehende Vermögen in der steuerlichen Schlussbilanz auf den Spaltungsstichtag entweder mit dem Buchwert, dem gemeinen Wert oder einem Zwischenwert anzusetzen.

20 Für den Buchwert gilt insofern die Definition des § 1 Abs. 5 Nr. 4, dh es handelt sich um den Wert, der sich nach den steuerrechtlichen Vorschriften über die Gewinnermittlung in einer für den steuerlichen Übertragungsstichtag aufzustellenden Steuerbilanz ergibt. Eine Definition des

14 BMF v. 11.11.2011, BStBl. I 2011, 1314, Rn 01.24.
15 BMF v. 11.11.2011, BStBl. I 2011, 1314, Rn 01.33.
16 BMF v. 11.11.2011, BStBl. I 2011, 1314, Rn 01.40.
17 BMF v. 11.11.2011, BStBl. I 2011, 1314, Rn 01.35.
18 Vgl zur Kritik an den sonstigen Vergleichskriterien auch *Sieker/Schänzle/Kaeser* in: Der Umwandlungssteuererlass 2011, Kommentierung zu Rn 01.30; s. im Übrigen zu den vergleichbaren ausländischen Vorgängen auch § 1 Rn 41 ff.
19 BMF v. 11.11.2011, BStBl. I 2011, 1314, Rn 15.14; Dötsch/Patt/Pung/Möhlenbrock/*Dötsch/Pung*, § 15 UmwStG Rn 40.

gemeinen Werts enthält das UmwStG nicht. Insofern muss auf die Definition des gemeinen Werts in § 9 Abs. 2 BewG zurückgegriffen werden, wonach der gemeine Wert des Preises des gewöhnlichen Geschäftsverkehrs bei einer Veräußerung des Wirtschaftsguts zu erzielen wäre. Nach Ansicht der Finanzverwaltung ist im Rahmen des UmwStG bei der Bestimmung des gemeinen Wertes jeweils nicht auf das einzelne Wirtschaftsgut, sondern auf die zu übertragende Sachgesamtheit abzustellen.[20]

Nach Ansicht der Finanzverwaltung bildet der gemeine Wert grundsätzlich die absolute Wertobergrenze, dh in Fällen, in denen der gemeine Wert der zu übertragenden Sachgesamtheit niedriger ist als der Buchwert der zu übertragenden Vermögensgegenstände, scheidet ein Buchwertansatz aus.[21] 21

Das Bewertungswahlrecht bezieht sich grundsätzlich nur auf die zu übertragenden Wirtschaftsgüter, die in der steuerlichen Schlussbilanz der übertragenen Körperschaft zu erfassen sind. Das bei der übertragenden Körperschaft verbleibende Vermögen ist zwingend weiterhin mit dem Buchwert anzusetzen.[22] 22

Nach § 15 iVm § 11 Abs. 2 ist die Möglichkeit des Buchwertansatzes von folgenden Grundvoraussetzungen abhängig: 23

1. Es muss sichergestellt sein, dass die Wirtschaftsgüter später bei der übernehmenden Körperschaft der Besteuerung mit Körperschaftsteuer unterliegen.
2. Das Recht der Bundesrepublik Deutschland hinsichtlich der Besteuerung des Gewinns aus der Veräußerung der übertragenen Wirtschaftsgüter bei der übernehmenden Körperschaft darf nicht ausgeschlossen oder beschränkt werden.
3. Drittens darf keine Gegenleistung gewährt werden oder diese muss in Gesellschaftsrechten der übernehmenden Körperschaft bestehen.[23]

Durch die Verwendung des Wortes „soweit" in § 11 Abs. 2 S. 1 macht der Gesetzgeber deutlich, dass nicht jede sonstige Gegenleistung an die Anteilseigner der übertragenden Körperschaft den Buchwertansatz generell ausschließt. Soweit eine sonstige Gegenleistung gewährt wird, bildet die Gegenleistung die Bewertungsuntergrenze für die übertragenen Wirtschaftsgüter.[24] 24

Mit der Frage der unzulässigen Gegenleistung iSd § 11 Abs. 2 S. 1 Nr. 3 eng verbunden ist die Frage, ob eine schädliche Gegenleistung auch dann vorliegt, wenn den Anteilseignern der übertragenden Gesellschaft zusätzliche Anteile an der übernehmenden oder übertragenden Körperschaft im Rahmen einer nicht-Verhältnis-wahrenden Spaltung übertragen werden. Nach der zutreffenden Ansicht der hM ist durch die Regelung des § 126 Abs. 1 Nr. 10 iVm § 131 Abs. 1 Nr. 3 UmwG klargestellt, dass die Aufteilung der Anteile an den beteiligten Körperschaften, dh sowohl der übertragenden als auch der übernehmenden Körperschaft, unmittelbare Folge des Umwandlungsvorgangs, wie er in dem Spaltungs- und Übernahmevertrag geregelt ist, ist. Hieraus folgt insofern, dass auch das UmwStG auf diese Neuordnung der Beteiligungsverhältnisse Anwendung findet und diese insofern keine schädliche zusätzliche Gegenleistung iSd § 11 25

20 BMF v. 11.11.2011, BStBl. I 2011, 1314, Rn 15.14 iVm 11.04 iVm 03.07.

21 BMF v. 11.11.2011, BStBl. I 2011, 1314, Rn 03.12; zustimmend Rödder/Herlinghaus/van Lishaut/*Rödder*, § 11 UmwStG Rn 77 b; andere Ansicht *Schumacher/Neitz-Hackstein*, UbG 2011, 409 die davon ausgehen, dass der gemeine Wert lediglich die Wertobergrenze für den Zwischenwertansatz darstellt.

22 Dötsch/Patt/Pung/Möhlenbrock/*Dötsch/Pung*, § 15 UmwStG Rn 43.

23 Vgl zu den Voraussetzungen des Buchwertansatzes die Kommentierung zu § 11 Rn 99 ff.

24 Vgl Dötsch/Patt/Pung/Möhlenbrock/*ötsch/Pung*, § 15 UmwStG Rn 47.

Abs. 2 Nr. 3 darstellen.[25] Auch die Finanzverwaltung erkennt in dem Umwandlungssteuererlass die Möglichkeit der nicht verhältniswahrenden Spaltung grundsätzlich an.[26]

26 Der Verweis auf § 11 Abs. 2 in § 15 umfasst grundsätzlich auch die Regelungen des § 11 Abs. 2 S. 2 nach der die Anteile an der übernehmenden Körperschaft mindestens mit dem Buchwert erhöht um in Vorjahren vorgenommene steuerwirksame Teilwertabschreibung anzusetzen sind. Ein aus der Wertaufholung entstehender Gewinn ist aufgrund des Verweises auf § 8 b Abs. 2 S. 4, 5 KStG in § 11 Abs. 2 S. 3 voll steuerpflichtig.[27] *Schumacher* geht zu Recht davon aus, dass die Regelungen des § 11 Abs. 2 S. 2 nur dann Anwendung finden sollte, wenn die Anteile an der Tochtergesellschaft im Rahmen einer downstream-Spaltung tatsächlich übertragen werden. Mindert sich durch die Spaltung lediglich die Beteiligungsquote der Muttergesellschaft an der übernehmenden Körperschaft bleiben die Anteile, soweit sie nicht übertagen werden, bei der übertragenden Körperschaft steuerverstrickt, so dass eine Anwendung des § 11 Abs. 2 S. 3 nicht gerechtfertigt ist. Meines Erachtens ergibt sich diese Rechtsfolge jedoch bereits aus der Tatsache, dass in der steuerlichen Schlussbilanz der übertragenden Körperschaft nur das Vermögen zu erfassen ist, das im Rahmen der Spaltung übertragen werden soll. Für das bei der übertragenden Körperschaft verbleibende Vermögen gilt zwingend der Buchwertansatz (vgl Rn 18). Des von *Schumacher* bemühten Rückgriffs auf den wirtschaftlichen Gehalt der Abwärtsspaltung bedarf es daher nicht.

27 **2. Anwendung des § 12 auf Ebene der übernehmenden Körperschaft.** Ebenso wie bei der Verschmelzung ist die übernehmende Körperschaft bei der Auf- bzw Abspaltung an die Wertansätze gebunden, die die übertragende Körperschaft in ihrer steuerlichen Schlussbilanz auf den Spaltungsstichtag gewählt hat.[28] Dies gilt unabhängig davon, ob die übertragende Körperschaft den Buchwertansatz, den gemeinen Wert oder einen Zwischenwertansatz gewählt hat.

28 Nach §§ 12 Abs. 1 S. 2 iVm 4 Abs. 1 S. 2 hat die übernehmende Körperschaft die Anteile an der übertragenden Körperschaft zum steuerlichen Übertragungsstichtag mit dem Buchwert, erhöht um Abschreibungen die in früheren Jahren steuerwirksam vorgenommen worden sind, sowie um Abzüge nach § 6 b EStG und ähnliche Abzüge, höchstens mit dem gemeinen Wert, anzusetzen. Aufgrund der Verweisung auf § 8 b Abs. 2 S. 4, 5 KStG ist ein sich dabei ergebender Gewinn voll steuerpflichtig und nicht nach § 8 b KStG begünstigt. Da auch im Falle der Aufwärtsspaltung einer Tochtergesellschaft auf ihre Muttergesellschaft im Gegensatz zur upstream Verschmelzung, die Anteile an der übertragenden Körperschaft nicht zwangsläufig vollständig untergehen, sondern regelmäßig nur anteilig oder bei Vorhandensein ausreichender Rücklagen sogar gar nicht, stellt sich die Frage, ob die uneingeschränkte Anwendbarkeit der Regelung zur erweiterten Wertaufholung bei der Aufwärtsspaltung sinnvoll ist. Die ganz herrschende Meinung in der Literatur geht davon aus, dass im Rahmen der Spaltung insofern nur eine anteilige Wertaufholung vorzunehmen ist, bei der als Aufteilungsmaßstab der gemeine Wert des gesamten Vermögens der übertragenden Körperschaft vor der Spaltung und der gemeine Wert des auf die übernehmende Körperschaft übergehenden Vermögens zu berechnen ist und die steuerwirksam vorgenommenen Teilwertabschreibungen entsprechend diesen Verhältnissen rückgängig zu machen sind.[29]

29 Nach § 12 Abs. 2 S. 1 bleibt bei der übernehmenden Körperschaft ein Gewinn oder ein Verlust in Höhe des Unterschieds zwischen dem Buchwert der Anteile an der übertragenden Körper-

25 Sagasser/Bula/Brönner/*Sagasser/Schöneberger*, Umwandlungen, § 20 Rn 100; Rödder/Herlinghaus/van Lishaut/*Schumacher*, § 15 UmwStG Rn 184, mN auch zur früheren Gegenansicht; *Heurung/Engel/Schröder*, GmbHR 2011, 617, 627.

26 BMF v. 11.11.2011, BStBl. I 2011, 1314, Rn 15.44; kritisch hierzu sofern die Finanzverwaltung, die nicht verhältniswahrende Spaltung mit einer Wertverschiebung zwischen den Anteilseigner gleichstellt *Schumacher/Bier* in: Der Umwandlungssteuererlass 2011, S. 295.

27 Rödder/Herlinghaus/van Lishaut/*Schumacher*, § 15 UmwStG Rn 182.

28 Vgl Schmitt/Hörtnagl/Stratz/*Hörtnagl*, § 15 UmwStG Rn 264.

29 Vgl hierzu Dötsch/Patt/Pung/Möhlenbrock/*Dötsch/Pung*, § 15 UmwStG Rn 240; Rödder/Herlinghaus/van Lishaut/*Schumacher*, § 15 UmwStG Rn 84; Frotscher/Maas *Frotscher*, § 15 UmwStG Rn 155.

schaft und dem Wert mit dem die übergegangenen Wirtschaftsgüter zu übernehmen sind, abzüglich der Kosten für den Vermögensübergang, außer Ansatz. Während die Finanzverwaltung davon ausgeht, dass in jedem Falle der Spaltung bzw Verschmelzung ein Übernahmeergebnis iSd § 12 Abs. 2 S. 1 zu ermitteln ist,[30] unabhängig davon, ob eine Beteiligung der übernehmenden Körperschaft an der übertragenden Körperschaft besteht, geht die ganz herrschende Meinung in der Literatur davon aus, dass ein Übernahmeergebnis nur im Falle der Aufwärtsverschmelzung, dh wenn die übernehmende Körperschaft an der übertragenden Körperschaft beteiligt ist, zu ermitteln ist.[31] In einer Entscheidung vom 9.1.2013[32] hat sich der BFH der Ansicht der Finanzverwaltung angeschlossen und entschieden, dass ein Übernahmeergebnis auch dann zu vermitteln ist, wenn keine Beteiligung der übernehmenden an der übertragenden Körperschaft besteht. Diese auf den ersten Blick für den Steuerpflichtigen negative Entscheidung des BFH – weil die Kosten des Vermögensübergangs demnach nicht als sofort abzugsfähige Betriebsausgaben abzugsfähig sind – erweist sich nach der Dogmatik des Bundesfinanzhofs als vorteilhaft für den Steuerpflichtigen. Denn der BFH geht davon aus, dass anderenfalls eine nicht beteiligungsangebundene Abspaltung zur Aufnahme nicht unter § 12 Abs. 2 S. 1 iVm § 15 Abs. 1 S. 1 falle und infolgedessen zwangsläufig die allgemeinen Ansatzregelungen zur Anwendung kommen, mit der entsprechenden Konsequenz der Steuerpflicht des zu berechnenden Abspaltungsgewinns.[33]

Soweit die übernehmende Körperschaft an der übertragenden Körperschaft beteiligt ist, ist auf 30
einen entsprechenden Übernahmegewinn § 8 b KStG mit der Rechtsfolge des Ansatzes von 5 % nicht abzugsfähigen Betriebsausgaben anzuwenden.

Die Rechtsfolge des § 12 Abs. 3 S. 1, nach der die übernehmende Körperschaft in die steuerli- 31
che Rechtstellung der übertragenden Körperschaft eintritt, kann unter Berücksichtigung der Besonderheiten der Auf- und Abspaltung nur bezüglich des übertragenen Vermögens zur Anwendung kommen.[34]

Verrechenbare Verluste, verbleibende Verlustvorträge und von der Übertragung der Körper- 32
schaft nicht ausgerechnete negative Einkünfte sowie ein Zinsvortrag und ein EBITDA-Vortrag iSd § 4 a EStG gehen weder bei der Auf- noch bei der Abspaltung auf die übernehmende Körperschaft über (§§ 15 Abs. 1, 12 Abs. 3, 4 Abs. 2 S. 2).[35] Während die verrechenbaren Verluste, Verlustvorträge, nicht ausgeglichenen negativen Einkünfte, Zinsvorträge und EBITDA-Vorträge bei einer Ausgliederung endgültig untergehen, werden sie bei der Abspaltung auf Ebene der übertragenden Körperschaft anteilig gekürzt.[36]

3. Anwendungen des § 13 auf Ebene der Anteilseigner der übertragenden Körperschaft. Für 33
die Rechtsfolgen auf Ebene der Anteilseigner der übertragenden Körperschaft verweist § 15 auf § 13. Regelmäßig erhalten die Anteilseigner der übertragenden Körperschaft im Rahmen der Auf- oder Abspaltung Anteile an der bzw den übernehmenden Körperschaften. Nach der Grundregel des § 13 Abs. 1 gelten die Anteile an der übertragenden Körperschaft als zum gemeinen Wert veräußert, und die an ihre Stelle tretenden Anteile der übernehmenden Körperschaft gelten als mit diesem Wert angeschafft. Das UmwStG in der Fassung des SEStEG geht somit grundsätzlich davon aus, dass es auch auf Ebene der Anteilseigner zu einer Aufdeckung und Besteuerung der in den Anteilen an der übertragenden Körperschaft bestehenden stillen Reserven kommt. Nur wenn die Voraussetzungen des § 15 Abs. 1 S. 2, dh insb. die Erfüllung der Teilbetriebsvoraussetzungen gegeben sind, hat unter den weiteren Voraussetzungen des

30 BMF v. 11.11.2011, BStBl. I 2011, 1314, Rn 12.05.
31 Schmitt/Hörtnagl/Stratz/*Schmitt*, § 12 UmwStG Rn 42; *Schumacher/Neitz-Hackstein*, Ubg 2011, 409, 414; Rödder/Herlinghaus/van Lishaut/*Rödder*, § 12 UmwStG Rn 64 a.
32 BFH DStR 2013, 582.
33 Vgl BFH DStR 2013, 582 unter Rn 15; ausführlich zu dieser Entscheidung *Fuhrmann*, NZG 2013, 857; *Riepold*, StUB 2014, 96; *Schweltig*, GmbH Steuerberater 2013, 140.
34 Ebenso Rödder/Herlinghaus/van Lishaut/*Schumacher*, § 15 UmwStG Rn 87.
35 Vgl Schmitt/Hörtnagl/Stratz/*Hörtnagl*, § 15 UmwStG Rn 276.
36 S. § 15 Abs. 3 Rn 113 ff.

§ 13 Abs. 2 der Anteilseigner ein Wahlrecht. Abweichend vom gemeinen Wert können die Anteile an der übernehmenden Körperschaft mit dem Buchwert der bisherigen Anteile an der übertragenden Körperschaft angesetzt werden. Dieses Wahlrecht des Anteilseigners besteht grundsätzlich unabhängig davon, ob die Voraussetzungen des Ansatzwahlrechts auf Ebene der übertragenden Körperschaften gemäß § 11 Abs. 2 vorliegen und ob die übertragende Körperschaft von ihrem Wahlrecht auf Buch- oder Zwischenwertansatz Gebrauch gemacht hat.[37] Auch die Voraussetzungen des § 15 Abs. 2 sind keine Voraussetzung für die Anwendung des § 13 Abs. 2 auf Ebene der Anteilseigner. Nach § 13 Abs. 2 S. 2 treten die Anteile an der übernehmenden Körperschaft körperlich an die Stelle der Anteile an der übertragenden Körperschaft. Bei den Anteilseignern können die Anteile an der übertragenden Körperschaft vor der Spaltung entweder zu einem Betriebsvermögen zählen, Anteile iSd § 17 EStG im Privatvermögen darstellen oder Anteile im Privatvermögen darstellen, die nicht die Voraussetzungen des § 17 EStG erfüllen. Gehören die Anteile nicht zu einem Betriebsvermögen, so stellt § 13 Abs. 2 S. 3 klar, dass an die Stelle des Buchwerts die Anschaffungskosten der Anteile treten. Werden aus Anteilen iSd § 17 EStG durch die Spaltung Anteile, die nicht mehr von § 17 EStG erfasst sind, sind diese Anteile aufgrund der Regelung des § 13 Abs. 2 S. 2 dennoch nach § 17 EStG steuerverstrickt.[38]

III. Teilbetriebsübertragung als Buchwertvoraussetzung (§ 15 Abs. 1 S. 2)

34 Formale Voraussetzung für den Buchwerteinsatz im Rahmen einer Spaltung ist nach § 15 die Übertragung eines Teilbetriebs auf die übernehmende Körperschaft. Im Falle der Abspaltung muss darüber hinaus auch bei der übertragenden Körperschaft ein Teilbetrieb verbleiben.

35 **1. Begriff des Teilbetriebs.** Der Begriff des Teilbetriebs ist jedoch weder in § 15 noch an anderer Stelle legal definiert.[39]

36 **a) Teilbetriebsbegriff der Rechtsprechung.** Nach dem von der Rechtsprechung entwickelten, bisherigen nationalen Teilbetriebsbegriffs ist ein Teilbetrieb ein organisch geschlossener, mit einer gewissen Selbstständigkeit ausgestatteter Teil eines Gesamtbetriebs, der – für sich betrachtet – alle Merkmale eines Betriebs iSd Einkommensteuergesetzes aufweist und als solcher lebensfähig ist.[40] Der Begriff des Teilbetriebs ist dabei nach bisheriger Auffassung normspezifisch auszulegen.[41] Im Rahmen der normspezifischen Auslegung ist anerkannt, dass im umwandlungssteuerrechtlichen Kontext der Begriff des Teilbetriebs allein nach funktionalen Kriterien zu bestimmen ist.[42] Demgegenüber sollte im Rahmen der einkommensteuerrechtlichen Würdigung auch eine quantitative Betrachtung erfolgen, so dass auch auf das Vorhandensein und die Höhe von stillen Reserven abgestellt wurde.[43]

37 **b) Europäischer Teilbetriebsbegriff.** Für den Begriff des Teilbetriebs im Rahmen des Umwandlungssteuergesetzes in der Fassung des SEStEG will die Finanzverwaltung ausschließlich auf den Teilbetriebsbegriff der Fusionsrichtlinie (Art. 2 j Richtlinie 2009/133/EG) abstellen. Demnach ist ein Teilbetrieb die Gesamtheit der in einem Unternehmensteil einer Gesellschaft vorhandenen aktiven und passiven Wirtschaftsgüter, die in organisatorischer Hinsicht einen selbstständigen Betrieb, dh eine aus eigenen Mitteln funktionsfähige Einheit darstellen. Nach diesem Verständnis zählen zu einem Teilbetrieb alle funktionalen wesentlichen Betriebsgrundlagen sowie diesem Teilbetrieb nach wirtschaftlichen Zusammenhängen zuordenbare Wirtschaftsgü-

37 BMF v. 11.11.2011, BStBl. I 2011, 1314, Rn 13.08; Dötsch/Patt/Pung/Möhlenbrock/*Dötsch/Pung*, § 15 UmwStG Rn 242; *Rödder/Schmidt-Fehrenbacher* in: Der Umwandlungssteuererlass 2011, S. 266.

38 Für die unterschiedlichen Fallgruppen des § 13 UmwStG vgl auch die tabellarische Darstellung bei Dötsch/Patt/Pung/Möhlenbrock/*Dötsch/Pung*, § 15 UmwStG Rn 243.

39 Vgl Widmann/Mayer/*Schießl*, § 15 UmwStG Rn 25.

40 Ständige Rechtsprechung zB BFH BStBl. II 2003, 838; BStBl. II 2011, 467; Schmitt/Hörtnagl/Stratz/*Hörtnagl*, § 15 UmwStG Rn 52.

41 *Herlinghaus* in: FS Meilicke, S. 159; BFH BStBl. II 1991, 370; vgl auch *Graw*, DB 2013, 1011; Widmann/Mayer/*Schießl*, § 15 UmwStG Rn 20.

42 *Graw*, DB 2013, 1011; vgl auch zu § 20 Rn 91.

43 BFH v. 2.10.1997, BStBl. II 1998, 104; zur Nichtanwendbarkeit im Umwandlungssteuerrecht vgl BMF v. 16.8.2000, BStBl. I 2000, 1253.

ter.[44] Auch bei der Auslegung des Teilbetriebsbegriffs im Sinne der Fusionsrichtlinie will die Finanzverwaltung weiterhin eine funktionale Betrachtungsweise aus der Perspektive des übertragenden Rechtsträgers anwenden.

Die Anwendung des europäischen Teilbetriebsbegriffs ist nur im unmittelbaren Anwendungsbereich der Fusionsrichtlinie zwingend aus den europarechtlichen Vorgaben abzuleiten. Die Finanzverwaltung will den europäischen Teilbetriebsbegriff ungeachtet dessen grundsätzlich auf alle Umwandlungen im Bereich des deutschen Umwandlungssteuergesetzes anwenden. In der Literatur werden diesbezüglich alle denkbaren Ansätze vertreten.[45] Die Anwendung des europäischen Teilbetriebsbegriffs in allen grenzüberschreitenden Umwandlungsvorgängen und unter Beteiligung von zB ausländischen Anteilseignern, ist weitgehend unbestritten. Im Kern geht es bei Diskussionen nur um die Frage, ob sich der Steuerpflichtige bei rein innerdeutschen Umwandlungen auf den nationalen Teilbetriebsbegriff berufen kann, wenn dieser für ihn günstiger ist.[46] Für diese Auslegung spricht insb. die Gesetzesbegründung zum SEStEG, da sich den Gesetzesmaterialen an keiner Stelle ein Hinweis darauf entnehmen lässt, dass die Voraussetzungen für das Vorliegen eines Teilbetriebs, und damit für eine steuerneutrale Spaltung, durch die Änderungen verschärft werden sollten. Die von *Dötsch/Pung*[47] hiergegen vorgebrachte Argumentation, dass es sich bei der amtlichen Begründung lediglich um eine programmatische Aussage und nicht eine neben dem Gesetz bestehende Rechtsquelle handelte, erstaunt sehr. Die amtlichen Gesetzesbegründungen sind selbstverständlich die entscheidende Quelle für die Ermittlungen des Willens des Gesetzgebers. Die Auslegung des Gesetzes anhand des Willens des Gesetzgebers ist wiederum eine zweifelslos anerkannte Methode der Gesetzesauslegung. Die Tatsache, dass in § 15 gesetzlich festgelegte Abweichung von dem Teilbetriebsbegriff der Fusionsrichtlinie vorhanden sind, insb. die fiktiven Teilbetriebe des § 15 Abs. 1 S. 3, zeigt, dass die uneingeschränkte Übernahme des Teilbetriebsbegriffs der Fusionsrichtlinie nicht dem Willen des Gesetzgebers entspricht. 38

Auch wenn die Unterschiede zwischen dem nationalen und dem europäischen Teilbetriebsbegriff im Einzelnen umstritten sind,[48] so lassen sich folgende Kernunterschiede feststellen:[49] Die in der Praxis am gravierendste und problematischste Einschränkung des europäischen Teilbetriebsbegriffs gegenüber dem bisherigen nationalen Teilbetriebsverständnisses besteht darin, dass nach dem neuen Verständnis der Finanzverwaltung nicht nur die **funktional wesentlichen Betriebsgrundlagen** dem Teilbetrieb zugeordnet und mit diesem auf den übertragenden Rechtsträger übertragen werden müssen, sondern alle nach wirtschaftlichen Grundsätzen zuordenbaren Wirtschaftsgüter. Im Grundsatz geht der EuGH davon aus, dass sämtliche aktiven und passiven Wirtschaftsgüter dem Teilbetrieb zuzuordnen und mit diesem zu übertragen sind.[50] 39

Eine weitere Abweichung zwischen dem nationalen und dem europäischen Teilbetriebsbegriff wird in dem Verständnis der Selbstständigkeit des Teilbetriebs gesehen. Während nach dem bisherigen nationalen Teilbetriebsverständnis die Selbstständigkeit des Teilbetriebs vorausgesetzt hat, dass sich der Teilbetrieb von der übrigen Tätigkeit des Unternehmens unterscheidet, verlangt die Fusionsrichtlinie lediglich, dass der Teilbetrieb aus eigenen Mitteln funktionsfähig ist.[51] Insofern ist der bisherige nationale Teilbetriebsbegriff enger, da er neben der eigenständigen Funktionsfähigkeit des Teilbetriebs auch eine Unterscheidbarkeit von dem sonstigen Betrieb fordert.[52] 40

44 BMF v. 11.11.2011, BStBl. I 2013, 1314, Rn 15.02.

45 Vgl die Übersicht bei Dötsch/Patt/Pung/Möhlenbrock/*Dötsch/Pung*, § 15 UmwStG Rn 67.

46 So insb. Rödder/Herlinghaus/van Lishaut/*Schumacher*, § 15 UmwStG Rn 125; *Schmitt*, DStR 2011, 1108.

47 Dötsch/Patt/Pung/Möhlenbrock/*Dötsch/Pung*, § 15 UmwStG Rn 67.

48 Vgl zB *Blumers*, BB 2011, 2204; *Schumacher/Bier* in: Der Umwandlungssteuererlass 2011, S. 270 ff; *Graw*, DB 2013, 1011.

49 Vgl auch § 20 Rn 93.

50 EuGH Urt. v. 15.1.2002, Rs C-43/00, Andersen o.g. Jensen, FR 2002, 298; vgl auch Widmann/Mayer/*Widmann*, § 20 UmwStG Rn R5.

51 Vgl Schmitt/Hörtnagl/Stratz/*Hörtnagl*, § 15 UmwStG Rn 58.

52 Vgl hierzu Dötsch/Patt/Pung/Möhlenbrock/*Dötsch/Pung*, § 15 UmwStG Rn 65; Rödder/Herlinghaus/van Lishaut/*Schumacher*, § 15 UmwStG Rn 124.

41 Eine Erweiterung gegenüber dem bisherigen nationalen Teilbetriebsverständnisses bringt der europäische Teilbetriebsbegriff insofern, dass nach diesem nicht die Übertragung aller Betriebsgrundlagen erforderlich ist, sondern auch die gesicherte Nutzungsüberlassung ausreichend sein soll. Die ganz herrschende Meinung in der Literatur und auch die Finanzverwaltung gehen davon aus, dass im Rahmen des § 15 zwar nicht die Übertragung des zivilrechtlichen Eigentums aller dem Teilbetrieb zuzuordnenden Wirtschaftsgüter erforderlich ist, jedoch wenigstens die Übertragung des wirtschaftlichen Eigentums iSd § 39 AO erforderlich ist. Die reine Nutzungsüberlassung (zB Vermietung) soll auch weiterhin nicht ausreichend sein.[53]

42 **2. Zuordnung wesentlicher Betriebsgrundlagen.** Nach Auffassung der Finanzverwaltung sind dem Teilbetrieb sämtliche wesentlichen Betriebsgrundlagen sowie die nach wirtschaftlichen Zusammenhängen zuordenbaren Wirtschaftsgüter zuzuordnen. An diesen Wirtschaftsgütern muss auch wenigstens das wirtschaftliche Eigentum auf die übertragende Gesellschaft übertragen werden.[54] Hieraus folgt, dass Wirtschaftsgüter, die sowohl dem zu übertragenden Teilbetrieb als auch dem bei der übertragenden Gesellschaft zurückbleibenden Betriebsteil nach den Kriterien der Finanzverwaltung zuzuordnen sind, einer steuerneutralen Spaltung entgegenstehen (sog. Spaltungshindernisse). Als besonders problematisch erweisen sich in diesem Zusammenhang in der Praxis immer wieder:

- von allen Betriebsteilen genutzte Immobilien;
- ein von allen Betriebsteilen genutzter gemeinsamer Server/EDV-Anlagen;
- von allen Abteilungen genutzte Kundendateien;
- zentrale Verwaltungseinheiten, die von sämtlichen Teilen des Unternehmens genutzt werden;
- gemeinsam genutzte Produktionsanlagen.

43 Diese Auflistung verdeutlicht, wie entscheidend es ist, was die Finanzverwaltung unter dem Kriterium der wirtschaftlichen Zuordenbarkeit der Wirtschaftsgüter versteht. Nach *Schumacher*[55] führt die geänderte Verwaltungsauffassung nicht dazu, dass jedes Wirtschaftsgut unabhängig von seiner wirtschaftlichen Bedeutung dem Teilbetrieb zugeordnet werden muss. Insb. sollen solche Wirtschaftsgüter, die dem Gesamtbetrieb und nicht einem einzelnen Teilbetrieb dienen, nicht von der Zuordnungspflicht umfasst sein. Unseres Erachtens ist jedoch sehr fraglich, ob aus dem Wortlaut der Teilziffer 15.08 des Umwandlungssteuererlasses tatsächlich geschlossen werden kann, dass die Finanzverwaltung für nach wirtschaftlichen Kriterien zuordenbaren Wirtschaftsgütern, die von mehreren Teilbetrieben genutzt werden, keiner Aufteilungspflicht annimmt. Aus Gründen der Praktikabilität wäre es sehr zu begrüßen, wenn sich die Finanzverwaltung dieser Ansicht anschließt und für derartige Wirtschaftsgüter eine freie Zuordnung zu jedem Teilbetrieb zulässt.

44 Umstritten ist auch, wie die Zuordnung von Verbindlichkeiten und Schulden zu erfolgen hat. Ein Teil der Literatur geht insofern davon aus, dass Verbindlichkeiten in einzelnen Teilbetrieben frei zugeordnet werden können.[56] Auch insofern ist aber zu befürchten, dass die Finanzverwaltung davon ausgehen wird, dass auch Verbindlichkeiten nach funktionalen Kriterien zuzuordnen sind, dh dem Teilbetrieb zugeordnet werden müssen, durch den sie wirtschaftlich veranlasst sind.

45 Lediglich für den Bereich der Betriebsgrundstücke sieht die Finanzverwaltung in Teilziffer 15.08 des Umwandlungssteuererlasses eine Billigkeitsregelung vor, nach der eine ideale Teilung im Verhältnis der tatsächlichen Nutzung zulässig sein soll, sofern eine reale Teilung des Grund-

53 Vgl die ausführlichen Nachweise bei Dötsch/Patt/Pung/Möhlenbrock/*Dötsch/Pung*, § 15 UmwStG Rn 63; BMF v. 11.11.2011, BStBl. I 2011, 1314, Rn 15.07; Widmann/Mayer/*Schießl*, § 15 UmwStG Rn 26.1 ff.

54 Vgl *Sistermann/Beutel*, DStR 2011, 1162.

55 Rödder/Herlinghaus/van Lishaut/*Schumacher*, § 15 UmwStG Rn 152.

56 Widmann/Mayer/*Schießl*, § 15 UmwStG Rn 47; Rödder/Herlinghaus/van Lishaut/*Schumacher*, § 15 UmwStG Rn 153.

stücks nicht möglich ist.[57] Für alle anderen Wirtschaftsgüter sieht die Finanzverwaltung demgegenüber keine entsprechende Billigkeitsregelung vor. Eine steuerneutrale Spaltung ist insofern zukünftig nur noch dann sicher möglich, wenn das Unternehmen so aufgestellt ist, dass alle wesentlichen Betriebsgrundlagen eindeutig einem bestimmten Teilbetrieb zugeordnet werden können, was im Ergebnis heißt, dass viele Wirtschaftsgüter (zB EDV, Produktionsanlagen, etc.) doppelt vorhanden sein müssen.[58]

Die Frage der Zuordnung von Wirtschaftsgütern zu den Teilbetrieben stellt sich nur für solche Wirtschaftsgüter, die im Eigentum des Unternehmens stehen. Sofern wesentliche Betriebsgrundlagen wie zB die Betriebsgrundstücke und Immobilien, Produktionsanlagen und EDV-Anlagen nicht im Eigentum des Unternehmens stehen, sondern im Rahmen von Miet- oder Lizenzverträgen genutzt werden, ist auch im Rahmen einer Spaltung die gemeinsame Nutzung durch die übernehmende und übertragende Körperschaft möglich. Dies kann gegebenenfalls auch im Vorfeld einer beabsichtigten Spaltung gestaltet werden. 46

3. Entscheidender Zeitpunkt für Vorliegen der Teilbetriebsvoraussetzungen. Im Gegensatz zur bisherigen Ansicht der Finanzverwaltung[59] müssen nach aktueller Ansicht der Finanzverwaltung auf Basis des europäischen Teilbetriebsbegriffs die Voraussetzungen des Teilbetriebs am steuerlichen Übertragungsstichtag vorliegen.[60] Ein sogenannter Teilbetrieb im Aufbau soll nach neuer Auffassung der Finanzverwaltung keinen Teilbetrieb iSd § 15 darstellen.[61] Lediglich für den Bereich der Grundstücke macht die Finanzverwaltung in der oben zitierten Billigkeitsregelung insofern eine Ausnahme als, dass die Realteilung des Grundstückes bis zum Zeitpunkt des Spaltungsbeschlusses ausreichend sein soll.[62] 47

Diese ganz erhebliche Verschärfung gegenüber der bisherigen Ansicht der Finanzverwaltung wird von großen Teilen der Literatur abgelehnt.[63] In der praktischen Umsetzung bedeutet die Ansicht der Finanzverwaltung, dass eine rückwirkende Spaltung, die vom Gesetz vorgesehen ist, in der Praxis kaum noch darstellbar sein wird. Die Ansicht der Finanzverwaltung findet weder in dem Wortlaut des Gesetzes, noch in der Gesetzeshistorie eine hinreichende Grundlage. Die Fusionsrichtlinie selbst, auf die sich die Finanzverwaltung für ihre neuere Ansicht stützt, enthält keinerlei Aussage zu dem entscheidenden Zeitpunkt, zu dem die Teilbetriebseigenschaften vorliegen müssen.[64] In der Literatur wird sogar davon ausgegangen, dass ein Abstellen auf den Übertragungsstichtag nicht mit der Rechtsprechung des EuGH vereinbar ist, wonach die Mitgliedstaaten keine zusätzliche Voraussetzung für die Steuerneutralität von Umwandlungsvorgängen aufstellen dürfen.[65] Auch der BFH ist in ständiger Rechtsprechung davon ausgegangen, dass die Voraussetzungen des Teilbetriebs im Zeitpunkt der zivilrechtlichen Vermögensübertragung vorliegen müssen.[66] Die steuerliche Rückwirkung im Umwandlungssteuerrecht ist eine steuerrechtliche Fiktion, die ausschließlich die Rechtsfolgen der jeweiligen Umwandlung betrifft, nicht aber den Zeitpunkt definiert, zu dem die Tatbestandsvoraussetzungen der einzelnen Umwandlungen vorliegen müssen. Andernfalls wäre die ständige, auch von der Finanzverwaltung akzeptierte Rechtsprechung nicht nachvollziehbar, nach der auch eine 48

57 Vgl hierzu auch *Gebert*, DStR 2010, 1774.

58 Sehr kritisch zur Auffassung der Finanzverwaltung auch Haritz/Menner/*Asmus*, § 15 UmwStG Rn 72; Schmitt/Hörtnagl/Stratz/*Hörtnagl*, § 15 UmwStG Rn 74.

59 Umwandlungssteuererlass 1998, BMF v. 25.3.1998, BStBl. I 1998, 268, Rn 15.10.

60 Vgl Schmitt/Hörtnagl/Stratz/*Hörtnagl*, § 15 UmwStG Rn 85.

61 BMF v. 11.11.2011, BStBl. I 2011, 1314 Rn 15.03.

62 Vgl *Heurung/Engel/Schröder*, GmbHR 2011, 617, 619; *Schmitt*, DStR 2011, 1108, 1111.

63 Rödder/Herlinghaus/van Lishaut/*Schumacher*, § 15 UmwStG Rn 155; *Beinert/Bennecke*, FR 2010, 1009, 1022; Widmann/Mayer/*Schießl*, UmwR § 15 UmwStG Rn 32; *Schaden/Ropohl*, BB Beilage 1/2011, 11, 14; *Schmitt*, DStR 2011, 1108, 1111; *Kessler/Philipp*, DStR 2011, 1065, 1068; *Schwedhelm*, GmbH-StB 2012, 249, 251.

64 Vgl *Schumacher/Bier* in: Umwandlungssteuererlass 2011, S 237; ebenso *Dötsch/Pung* in: Dötsch/Patt/Pung/Möhlenbrock, UmwStR § 15 UmwStG Rn 70 a.

65 *Kessler/Phillip*, DStR 2011, 165 unter Bezug auf EuGH v. 8.12.2008, Rs C-285/07, A.T.

66 BFH DStR 2010, 15, 17; v. 16.12.2009, BStBl. II 2010, 808.

Umwandlung auf einen zum Umwandlungszeitpunkt noch nicht existenten Rechtsträger möglich ist.[67]

49 Unterstellt man die von der Finanzverwaltung vertretene Ansicht, nach der die Voraussetzungen des Teilbetriebs zum jeweiligen Spaltungsstichtag vorliegen müssen, so wirken sich Veränderungen im Zeitraum zwischen dem Spaltungsstichtag und dem Spaltungsbeschluss bzw dem zivilrechtlichen Wirksamwerden der Vermögensübertragung nicht auf die Wirksamkeit der Spaltung aus. Selbst die Veräußerung wesentlicher Betriebsgrundlagen eines Teilbetriebs im Zeitraum zwischen dem Spaltungsstichtag und dem Spaltungsbeschluss hätte keine Auswirkungen auf das Vorliegen eines Teilbetriebs in dem Zeitpunkt, der laut Finanzverwaltung für die Beurteilung eines Teilbetriebs entscheidend ist.[68]

IV. Doppeltes Teilbetriebserfordernis bei Abspaltung und Teilübertragung

50 Nach § 15 Abs. 1 S. 2 sind die §§ 11 Abs. 2 und 13 Abs. 2 im Falle der Abspaltung nur anzuwenden, wenn bei der übertragenden Körperschaft ein Teilbetrieb verbleibt. Hieraus zieht die Finanzverwaltung den Schluss, dass nur ein Teilbetrieb zurückbleiben darf, dh sämtliche zurückbleibenden Wirtschaftsgüter dem zurückbleibenden Teilbetrieb zugeordnet werden können müssen. Dieser Ansicht ist vor dem Hintergrund des geänderten Wortlauts des § 15 Abs. 1 S. 2 sehr zweifelhaft. Während nach § 15 Abs. 1 S. 2 aF „das verbleibende Vermögen ebenfalls zu einem Teilbetrieb gehöre", musste vor § 15 Abs. 1 S. 2 nF eben nur, dass ein Teilbetrieb zurückbleibt. Aus dem geänderten Wortlaut wird gerade deutlich, dass der Gesetzgeber von dem Ausschließlichkeitserfordernis des Teilbetriebs Abstand genommen hat.[69] Aufgrund des eindeutigen Wortlauts ist insofern davon auszugehen, dass zwar das übertragende Vermögen im Falle der Abspaltung ausschließlich aus einem Teilbetrieb bestehen darf, bei der übertragenden Gesellschaft aber neben dem Teilbetrieb auch sonstige Wirtschaftsgüter zurückbleiben können.[70] Dies erscheint insb. auch vor dem Hintergrund angemessen, dass sich nur bezüglich des übertragenden Vermögens die Frage der Buchwertfortführung gemäß § 11 Abs. 2 stellt. Es ist nicht zu erklären, warum das Zurückbleiben von sonstigem Vermögen, das keinem Teilbetrieb zugeordnet werden kann, ausgerechnet bezüglich des übertragenen Teilbetriebes zu einer Aufdeckung der stillen Reserven führen soll.

V. Mitunternehmeranteile und Kapitalgesellschaftsbeteiligungen als Teilbetrieb (fiktiver Teilbetrieb, § 15 Abs. 1 S. 3)

51 Nach § 15 Abs. 1 S. 3 gilt als Teilbetrieb auch ein Mitunternehmeranteil oder die Beteiligung an einer Kapitalgesellschaft, die das gesamte Nennkapital der Gesellschaft umfasst. Unabhängig davon, ob die allgemeine Definition des Teilbetriebs erfüllt ist, fingiert § 15 Abs. 1 S. 3,

67 BFH v. 28.7.2010, BStBl. II 2011, 528; BMF v. 11.11.2011, BStBl. I 2011, 1314, Rn 02.11; vgl auch *Schumacher/Bier* in: Der Umwandlungssteuererlass 2011, S. 273.

68 Dötsch/Patt/Pung/Möhlenbrock *Dötsch/Pung*, § 15 UmwStG Rn 70 b; aA *Kessler/Phillip*, DStR 2011, 1065, die davon ausgehen, dass der Teilbetrieb, so wie er zum Übertragungsstichtag identifiziert wird, auch tatsächlich übertragen werden muss und daher jede Zurückbehaltung bzw Aussonderung von wesentlichen Betriebsgrundlagen im Rückwirkungszeitraum schädlich wäre.

69 Ebenso *Schumacher/Bier* in: Der Umwandlungssteuererlass 2011, 270 oben; aA Rödder/Herlinghaus/van Lishaut/*Schumacher*, § 15 UmwStG Rn 113, der eine Differenzierung nicht als sachgerecht ansieht, sondern davon ausgeht, dass auch das übertragende Vermögen nicht ausschließlich aus einem Teilbetrieb bestehen muss. Wie Schumacher jedoch einräumt, findet sich in der Gesetzesbegründung (BT-Drucks. 16/6739 S. 2234) kein Hinweis darauf, dass auch bezüglich des übertragenden Vermögens eine Gesetzesänderung eintreten solle. Aufgrund des eindeutigen Wortlauts ist insofern davon auszugehen, dass zwar das übertragende Vermögen im Falle der Abspaltung ausschließlich aus einem Teilbetrieb bestehen darf, bei der übertragenden Gesellschaft aber neben dem Teilbetrieb auch sonstige Wirtschaftsgüter zurückbleiben können. Dies erscheint insb. auch vor dem Hintergrund angemessen, dass sich nur bezüglich des übertragenden Vermögens die Frage der Buchwertfortführung gemäß § 11 Abs. 2 stellt. Es ist nicht zu erklären, warum das Zurückbleiben von sonstigem Vermögen, das keinem Teilbetrieb zugeordnet werden kann, ausgerechnet bezüglich des übertragenen Teilbetriebes zu einer Aufdeckung der stillen Reserven führen soll.

70 Vgl *Wilke*, FR 2009, 216, 221.

dass die genannten Beteiligungen als Teilbetrieb anzusehen sind. Daher wird in der Literatur regelmäßig vom sog. „fiktiven Teilbetrieb" gesprochen.

1. Mitunternehmeranteil. Ein Mitunternehmeranteil ist die Beteiligung an einer Personengesellschaft (OHG, KG, GbR), wobei auch Beteiligungen an reinen Innengesellschaften ohne gesamthänderisch gebundenes Vermögen oder Anteile an Gemeinschaftsverhältnissen (zB Erbengemeinschaften), die mit einem Gesellschaftsverhältnis wirtschaftlich vergleichbar sind, ausreichend sind.[71] Die Gesellschaft muss einen Gewerbebetrieb betreiben oder als gewerblich geprägte Personengesellschaft iSd § 15 Abs. 3 Nr. 2 EStG zu qualifizieren sein. Die Erzielung freiberuflicher Einkünfte iSd § 18 EStG erfüllt zwar grundsätzlich auch die Voraussetzungen an einen Mitunternehmeranteil iSd § 15 Abs. 1 S. 3,[72] eine freiberufliche Personengesellschaft, die Einkünfte iSd § 18 EStG erzielt, ist jedoch als Tochtergesellschaft einer Kapitalgesellschaft auf die § 15 Anwendung findet, nicht denkbar, da die Einkünfte der freiberuflichen Personengesellschaft in diesem Fall in gewerbliche Einkünfte umzuqualifizieren wären.[73] 52

Nach ganz herrschender Meinung in der Literatur und ständiger Rechtsprechung des BFH ist auch ein Bruchteil eines Mitunternehmeranteils als Mitunternehmeranteil anzusehen.[74] Hieran hat sich auch durch die Änderungen des § 16 Abs. 1 S. 2 EStG, nach der der Gesetzgeber für die Veräußerung eines Teiles eines Mitunternehmeranteiles ausdrücklich feststellt, dass dieser nicht begünstigt ist, nichts geändert. Vielmehr zeigt diese ausdrückliche Änderung des § 16 EStG, dass auch der Gesetzgeber davon ausgeht, dass ohne eine ausdrückliche Regelung auch ein Bruchteil eines Mitunternehmeranteils begünstigt wäre. Dementsprechend hat auch die Finanzverwaltung im Umwandlungssteuererlass[75] entgegen anders lautender vorheriger Entwürfe, anerkannt, dass auch die Übertragung eines Teils eines Mitunternehmeranteils als Übertragung eines fiktiven Teilbetriebs iSd § 15 Abs. 1 S. 3 begünstigt ist. Wird nur ein Teil eines Mitunternehmeranteils übertragen, so stellt der bei der übertragenden Körperschaft verbleibende Teil des Mitunternehmeranteils (bzw der bei der Aufspaltung auf die andere übernehmende Gesellschaft übergehende Teil des Mitunternehmeranteils) ebenfalls einen Mitunternehmeranteil dar. Dem Erfordernis des sog. doppelten Teilbetriebserfordernisses ist somit grundsätzlich Genüge getan.[76] In diesen Fällen hängt die Wirksamkeit der Teilbetriebsübertragung entscheidend davon ab, welche Anforderungen an die Übertragung des zu dem Mitunternehmeranteil gehörenden Sonderbetriebsvermögens zu stellen sind. Die Finanzverwaltung geht im Umwandlungssteuererlass davon aus, dass bei der Übertragung eines Teils eines Mitunternehmeranteils auch das zu diesem Teilbetrieb gehörende Sonderbetriebsvermögen anteilig mitübertragen werden muss.[77] Aus der allgemeinen Zuordnungsregel der Teilziffer 15.07 des Umwandlungssteuererlasses zieht die herrschende Meinung den Schluss, dass nur das Sonderbetriebsvermögen dem Mitunternehmeranteil zugerechnet werden muss, das eine wesentliche Betriebsgrundlage des Mitunternehmeranteils darstellt.[78] Das aus der Fusionsrichtlinie abgeleitete Erfordernis der Zuordnung von Wirtschaftsgütern nach wirtschaftlichen Zusammenhängen kann auf fiktive Teilbetriebe iSd § 15 Abs. 1 S. 3 keine Anwendung finden, da die Fusionsrichtlinie grundsätzlich keine fiktiven Teilbetriebe vorsieht. 53

a) Zugehörigkeit des Sonderbetriebsvermögens und Zuordnung sonstiger Wirtschaftsgüter zu dem Mitunternehmeranteil. Das Sonderbetriebsvermögen ist grundsätzlich in Sonderbetriebsvermögen I (Wirtschaftsgüter im Eigentum eines Mitunternehmers, die dem Betrieb der Personengesellschaft zu dienen bestimmt sind) und Sonderbetriebsvermögen II (Wirtschaftsgüter die der Beteiligung an der Personengesellschaft zu dienen bestellt sind) zu unterscheiden. Zwar 54

71 Vgl Haritz/Menner/*Asmus*, UmwStG § 15 Rn 83.
72 Vgl Rödder/Herlinghaus/van Lishaut/*Schumacher*, § 15 UmwStG Rn 158.
73 Vgl ebenso Haritz/Menner/*Asmus*, UmwStG § 15 Rn 83.
74 Nachweise bei Dötsch/Patt/Pung/Möhlenbrock/*Dötsch/Pung*, § 15 UmwStG Rn 72; vgl auch Schmidt/*Wacker*, § 16 EStG Rn 408.
75 BMF v. 11.11.2011, BStBl. I 2011, 1314, Rn 15.04.
76 Vgl Haritz/Menner/*Asmus*, § 15 UmwStG Rn 87.
77 BMF v. 11.11.2011, BStBl. I 2011, 1314, Rn 15.04.
78 Vgl *Schumacher/Bier* in: Der Umwandlungssteuererlass 2011, S. 274.

wird regelmäßig insb. das notwendige Sonderbetriebsvermögen I als wesentliche Betriebsgrundlage des Mitunternehmeranteils anzusehen sein, jedoch kann insb. auch die Beteiligung an der Komplementärgesellschaft[79] eine funktional wesentliche Betriebsgrundlage darstellen. Bei der Aufteilung eines Teilbetriebes im Rahmen der Ab- oder Aufspaltung muss daher auch das Sonderbetriebsvermögen, soweit es eine wesentliche Betriebsgrundlage darstellt, verhältnismäßig aufgeteilt werden.[80]

55 Entgegen vorherigen Entwürfen des Umwandlungssteuererlasses vertritt die Finanzverwaltung in der endgültigen Fassung vom 11.11.2011 nicht mehr die Auffassung, dass auch die Mitunternehmeranteile einem Teilbetrieb als wesentliche Betriebsgrundlage zugeordnet werden können.[81]

56 **b) Entscheidender Zeitpunkt für Vorliegen eines fiktiven Teilbetriebs.** Nach Ansicht der Finanzverwaltung müssen auch fiktive Teilbetriebe am Spaltungsstichtag vorliegen.[82] Die Abspaltung eines im Rückwirkungszeitraums erworbenen Mitunternehmeranteils ist somit nicht zu Buchwerten nach § 15 Abs. 1 iVm § 11 Abs. 2 möglich. Insofern wird auf die Ausführungen in Rn 47 verwiesen. Insb. bzgl der Zuordnung des Sonderbetriebsvermögens ist jedoch darauf hinzuweisen, dass zwar die Voraussetzungen des Teilbetriebs am Übertragungsstichtag vorgelegen haben müssen, die tatsächliche Zuordnung der einzelnen Wirtschaftsgüter und auch des Sonderbetriebsvermögens aber regelmäßig erst im Spaltungsvertrag vorgenommen wird.

57 **2. Beteiligung an einer Kapitalgesellschaft. a) Begriff der Kapitalgesellschaft.** Beteiligungen an Kapitalgesellschaften sind als fiktiver Teilbetrieb iSd § 15 Abs. 1 S. 3 anzusehen, wenn sie das gesamte Nennkapital der Gesellschaft umfassen. Neben den inländischen Kapitalgesellschaften (AG, GmbH, KGaA, eG, SE, VVAG) sind auch ausländische Kapitalgesellschaften, sofern sie im Rahmen des Typenvergleichs als Kapitalgesellschaft zu qualifizieren sind, als fiktiver Teilbetrieb anzusehen.[83]

58 Im Gegensatz zu Mitunternehmeranteilen können Anteile an Kapitalgesellschaften als wesentliche Betriebsgrundlage eines anderen Teilbetriebs einzustufen sein. In diesem Fall ist die Beteiligung dem Teilbetrieb, dessen wesentliche Betriebsgrundlage sie darstellt, zuzurechnen, so dass im Falle der Übertragung der Beteiligung das doppelte Teilbetriebserfordernis nicht erfüllt ist und eine Spaltung zu Buchwerten ausscheidet,[84] sofern kein weiterer (fiktiver) Teilbetrieb bei der übertragenden Körperschaft verbleibt.

59 **b) Das gesamte Nennkapital der Gesellschaft umfassend.** Eine Beteiligung an einer Kapitalgesellschaft stellt nur dann einen fiktiven Teilbetrieb dar, wenn sich das gesamte Nennkapital der Gesellschaft in der Hand des übertragenden Rechtsträgers befindet. Im Rahmen des § 15 Abs. 1 S. 3 ist hierbei eine ausschließlich auf das Nennkapital der Gesellschaft bezogene Betrachtungsweise vorzunehmen. Auf Stimmrechte oder Gewinnanteile kommt es nicht an. Hält die Gesellschaft einen Anteil, so ist es ausreichend, wenn die übertragende Körperschaft alle übrigen Anteile hält.[85]

60 Da es sich um einen rein steuerrechtlichen Beteiligungsbegriff handelt, kommt es ausschließlich darauf an, wem die Anteile steuerrechtlich iSd § 39 Abs. 2 AO zuzurechnen sind. Insofern ist es ausreichend, aber auch erforderlich, dass die Anteile der übertragenden Körperschaft steuerrechtlich zugerechnet werden. Dies kann auch im Rahmen eines Treuhandverhältnisses erfol-

79 Vgl OFD Rheinland v. 23.3.2011, S. 2242-25-ST 111.
80 Vgl die zu §§ 16, 34 EStG ergangenen BFH-Urteile v. 24.8.2000 BFH/NV 2000, 1554; v. 12.4.2000 BStBl. II 2001, 26; hierzu auch Haritz/Menner *Asmus*, § 15 UmwStR Rn 87.
81 *Neumann*, GmbHR 2012, 141, 145; vgl auch BFH v. 25.2.2010, BStBl. II 2010, 726 zu §§ 16, 34 EStG; aA insofern Schmidt/*Wacker*, § 15 EStG Rn 507.
82 BMF v. 11.11.2011, BStBl. I 2011, 1314, Rn 15.04, 15.05.
83 Haritz/Menner/*Asmus*, § 15 UmwStG Rn 89; Rödder/Herlinghaus/van Lishaut/*Schumacher*, § 15 UmwStG Rn 168.
84 Vgl Dötsch/Patt/Pung/Möhlenbrock/*Dötsch/Pung*, § 15 UmwStG Rn 76.
85 Vgl Schmitt/Hörtnagl/Stratz/*Hörtnagl*, § 16 UmwStG Rn 100; Haritz/Menner/*Asmus*, UmwStG § 15 Rn 89.

gen.[86] Der übertragenden Körperschaft sind grundsätzlich auch die Anteile zuzurechnen, die von einer vermögensverwaltenden Tochterpersonengesellschaft gehalten werden.[87]

3. Zuordnung von Wirtschaftsgütern zu fiktivem Teilbetrieb. Im Gegensatz zu sonstigen Teilbetrieben, denen grundsätzlich sämtliche Wirtschaftsgüter frei zugeordnet werden können, die weder als eine funktional wesentliche Betriebsgrundlage noch nach wirtschaftlichen Zusammenhängen einem bestimmten Teilbetrieb zugeordnet werden müssen, können nach Ansicht der Finanzverwaltung einem fiktiven Teilbetrieb iSd § 15 Abs. 1 S. 3 nur die Wirtschaftsgüter zugeordnet werden, die in unmittelbarem wirtschaftlichen Zusammenhang mit dem fiktiven Teilbetrieb stehen.[88] 61

Nach Ansicht von *Schumacher/Bier* folgt aus dem Wortlaut der Teilziffer 15.11, dass bei einem fiktiven Teilbetrieb keine Pflicht zur Zuordnung von Wirtschaftsgütern besteht, selbst dann, wenn sie im unmittelbaren wirtschaftlichen Zusammenhang mit der Beteiligung stehen. Dies ist insb. bei der Aufspaltung von Holdinggesellschaften entscheidend, da ansonsten sämtliche Wirtschaftsgüter, die für die Verwaltung der Beteiligungen erforderlich sind, ein Spaltungshindernis darstellen würden, wenn sie für die Verwaltung mehrerer Beteiligungen erforderlich sind. Zu ganz erheblichen Problemen führt die Ansicht der Finanzverwaltung jedoch bei Holdinggesellschaften die neben 100%-igen Beteiligungen an Kapitalgesellschaften und den zu deren Verwaltung erforderlichen Wirtschaftsgütern auch über sonstige Wirtschaftsgüter (freies Vermögen) verfügen. Aufgrund des Ausschließlichkeitserfordernisses der Finanzverwaltung, nachdem das im Rahmen einer Abspaltung zurückbleibende Vermögen ausschließlich zu einem Teilbetrieb zählen muss, stünde das freie Vermögen einer Buchwertabspaltung entgegen. Da jedoch weder der Wortlaut des § 15 Abs. 1 S. 2 noch die Gesetzesbegründung[89] einen Anhaltspunkt für das **„Nur Teilbetriebserfordernis"** bieten, steht freies Vermögen einer steuerneutralen Spaltung auch dann nicht entgegen, wenn die Gesellschaft ausschließlich über fiktive Teilbetriebe iSd § 15 Abs. 1 S. 3 verfügt.[90] 62

Beteiligungen von weniger als 100 % an Kapitalgesellschaften stellen nach Ansicht der Finanzverwaltung ebenfalls regelmäßig ein Spaltungshindernis dar, wenn sie nicht einem „echten" Teilbetrieb als wesentliche Betriebsgrundlage oder wirtschaftlich zuordenbares Wirtschaftsgut zugerechnet werden können. In der Praxis tritt dieses Problem ebenfalls insb. bei Holdinggesellschaften auf, die im Übrigen ausschließlich über fiktive Teilbetriebe in Form von 100%-igen Tochtergesellschaften verfügen.[91] 63

VI. Weitere Voraussetzungen des Bewertungswahlrechts des § 11 Abs. 2

§ 15 Abs. 2 enthält weitere Voraussetzungen, von denen die Möglichkeit des Buchwertansatzes bei der übertragenden Körperschaft abhängig ist. Auch wenn die Rechtsfolge der Regelung des § 15 Abs. 2 grundsätzlich ist, dass das Bewertungswahlrecht des § 11 Abs. 2 nicht anwendbar ist, so haben die Regelungen des § 15 Abs. 2 doch sehr unterschiedliche Anknüpfungspunkte. Während § 15 Abs. 2 S. 1 weitere Voraussetzungen ausschließlich für die Ab- bzw Aufspaltung von fiktiven Teilbetrieben iSd § 15 Abs. 1 S. 3 aufstellt, knüpfen die Regelungen des § 15 Abs. 2 S. 2 bis 4 an Verhalten auf Ebene der Anteilseigner der übertragenden Körperschaft an. Die Regelungen des § 15 Abs. 2 S. 5 setzt für den Fall der Trennung von Gesellschafterstämmen im Wege der nicht verhältniswahrenden Spaltung eine bestimmte Vorbehaltensfrist auf Ebene der Anteilseigner voraus. 64

86 Vgl Dötsch/Patt/Pung/Möhlenbrock/*Dötsch/Pung*, § 15 UmwStG Rn 74.

87 Vgl zur sog. Zebra-Gesellschaft BFH DStR 2012, 1497; vgl auch Rödder/Herlinghaus/van Lishaut/*Schumacher*, § 15 UmwStG Rn 173.

88 BMF v. 11.11.2011, BStBl. I 2011, 1314, Rn 15.11 in Abweichung zu der allgemeinen Zuordnungsregel der Rn 15.09; für die Bestimmung des Begriffs „unmittelbarer wirtschaftlicher Zusammenhang" s. *Scholten/Griemla*, DStR 2008, 1172, 1173 ff.

89 Vgl BT-Drucks. 16/2710, 41.

90 Ausführlich zur Ablehnung des „Nur-Teilbetriebserfordernisses", *Wilke*, FR 2009, 216; ebenso *Scholten/Griemler*, DStR 2008, 1172 ff.

91 Vgl Dötsch/Patt/Pung/Möhlenbrock/*Dötsch/Pung*, § 15 UmwStG Rn 87.

65 Die Rechtsfolge des § 15 Abs. 2 besteht in der Nichtanwendbarkeit des § 11 Abs. 2. Hieraus folgt, dass das Bewertungswahlrecht zum Ansatz des Buchwerts oder eines Zwischenwerts auf Ebene der übertragenden Körperschaft ausgeschlossen ist. Die übertragende Körperschaft muss demnach das zu übertragende Vermögen in ihrer steuerlichen Schlussbilanz auf den Übertragungsstichtag zwingend mit dem gemeinen Wert gemäß § 11 Abs. 1 ansetzen. Hierdurch kommt es auf Ebene der übertragenden Körperschaft zu einer steuerpflichtigen Realisation der in dem zu übertragenden Vermögen enthaltenen stillen Reserven.

66 In der steuerlichen Schlussbilanz der übertragenden Körperschaft sind bei einer Spaltung im Sinne des § 15 nur die Wirtschaftsgüter aufzunehmen, die im Rahmen der Spaltung von der übertragenden Körperschaft auf die übernehmende bzw übernehmenden Körperschaften übertragen werden sollen. Im Falle der Abspaltung betrifft der Ansatz des gemeinen Wertes somit nur die Wirtschaftsgüter, die auf die aufnehmende Gesellschaft übertragen werden sollen. Im Falle der Aufspaltung ist das gesamte Vermögen der übertragenden Körperschaft von dem Ausschluss des Wahlrechts zum Buchwertansatz betroffen.[92] Ein Verstoß gegen die Regelungen des § 15 Abs. 2 führt somit nicht zu einer Realisation der stillen Reserven in dem bei der abspaltenden Gesellschaft zurückbleibenden Vermögen.

67 Auch die Regelungen der §§ 12, 13 bleiben auf Ebene der übernehmenden Körperschaft und der Anteilseigner der übertragenden Körperschaft uneingeschränkt anwendbar. Die Freistellung des Übernahmeergebnisses im Sinne des § 12 Abs. 2 ist unabhängig von den Voraussetzungen des § 15 Abs. 2. Gleiches gilt für das Bewertungswahlrecht auf Ebene der Anteilseigner der übertragenden Körperschaft. Der Ansatz der neuen Anteile an der übernehmenden Körperschaft mit den Buchwerten der Anteile an der übertragenden Körperschaft ist somit auf Ebene der Anteilseigner auch dann möglich, wenn es aufgrund eines Verstoßes gegen die Regelungen des § 15 Abs. 2 auf Ebene der übertragenden Körperschaft zu einer Realisation der stillen Reserven kommt.[93]

68 **1. Aufstockung der Beteiligung innerhalb von drei Jahren.** § 15 Abs. 2 S. 1 stellt eine weitere Voraussetzung für die steuerneutrale Ab- bzw Aufspaltung fiktiver Teilbetriebe auf. Der Verweis auf die Beteiligung iSd Abs. 1 bezieht sich somit auf Beteiligungen iSd Abs. 1 S. 3. Auf die Spaltung „echter Teilbetriebe" hat die Regelung des § 15 Abs. 2 S. 1 keine Auswirkung.[94]

69 Für die Spaltung fiktiver Teilbetriebe regelt § 15 Abs. 2 S. 2, dass das Bewertungswahlrecht des § 11 Abs. 2 nicht anwendbar ist, wenn der Mitunternehmeranteil oder die Beteiligung an der Kapitalgesellschaft innerhalb eines Zeitraums von drei Jahren vor dem steuerlichen Übertragungsstichtag durch Übertragung von Wirtschaftsgütern, die kein Teilbetrieb sind, erworben oder aufgestockt worden sind. Der Gesetzgeber wollte mit der Regelung vermeiden, dass einzelne Wirtschaftsgüter, die die Voraussetzung für eine steuerneutrale Spaltung nicht erfüllen, durch Einbindung in eine Personengesellschaft zu einem begünstigten Mitunternehmeranteil werden, der steuerneutral abgespalten werden kann. Der zweite wichtige Anwendungsfall der Regelung ist die Vermeidung der Einbringung einer nicht 100%igen Kapitalgesellschaftsbeteiligung in eine weitere 100%ige Tochterkapitalgesellschaft, die dann steuerneutral abgespalten werden könnte.[95]

70 a) **Erwerb oder Aufstockung.** Nach dem Gesetzeswortlaut ist eine Übertragung von Wirtschaftsgütern, die keinen Teilbetrieb darstellen, innerhalb des Zeitraums von drei Jahren schädlich, wenn hierdurch der Mitunternehmeranteil über die Beteiligung **erworben oder aufgestockt** worden ist. Insofern stellt der Wortlaut eindeutig darauf ab, dass als Gegenleistung

92 Vgl BMF v. 11.11.2011, BStBl. I 2011, 1314, Rn 15.21.

93 BMF v. 11.11.2011, BStBl. I 2011, 1314, Tz 15.21; Rödder/Herlinghaus/van Lishaut/*Schumacher*, § 15 UmwStG Rn 246; Dötsch/Patt/Pung/Möhlenbrock/*Dötsch/Pung*, § 15 UmwStG Rn 112.

94 Widmann/Mayer/*Schießl*, § 15 UmwStG Rn 174.

95 Vgl Dötsch/Patt/Pung/Möhlenbrock/*Dötsch/Pung*, § 15 UmwStG Rn 100; Widmann/Mayer/*Schießl*, § 15 UmwStG Rn 175.

für die Übertragung von Wirtschaftsgütern Anteile an der Gesellschaft gewährt worden sind. Bezogen auf den fiktiven Teilbetrieb 100%ige Beteiligung an einer Kapitalgesellschaft ist es insofern auch einhellige Ansicht, dass nur die offene Einbringung gegen Gewährung von Gesellschaftsanteilen einen schädlichen Vorgang darstellt. Die verdeckte Einlage von Wirtschaftsgütern in eine Kapitalgesellschaft ist kein schädlicher Vorgang im Sinne des § 15 Abs. 2 S. 1.[96]

Ein Erwerb oder eine Aufstockung des Mitunternehmeranteils liegt auch bei einer Personengesellschaft nur vor, wenn sich als Gegenleistung für die Einlage von Wirtschaftsgütern die Beteiligung an der Personengesellschaft erhöht.[97] Demgegenüber geht die Finanzverwaltung davon aus, dass bei Mitunternehmeranteilen im Ergebnis jede Einlage zur Überführung von Wirtschaftsgütern schädlich sei, da sie zu einer Aufstockung der Beteiligung führe.[98] Aufgrund des insofern eindeutigen Wortlauts der Regelung können unseres Erachtens nur solche Einbringungen in Mitunternehmerschaft von § 15 Abs. 2 S. 1 erfasst werden, bei denen als Gegenleistung Gesellschaftsrechte gewährt werden, dh insb. solche nach § 6 Abs. 5 S. 3 EStG. Unentgeltliche Übertragungen von Wirtschaftsgütern führen hingegen nicht zu einem Erwerb oder einer Aufstockung des Mitunternehmeranteils.[99] 71

Nach dem Wortlaut der Regelung ist es unerheblich, ob die Übertragung der Wirtschaftsgüter unter Aufdeckung der in den übertragenden Wirtschaftsgütern vorhandenen stillen Reserven erfolgt ist. Die Finanzverwaltung und die ihr folgende herrschende Meinung in der Literatur gehen hingegen davon aus, dass nach dem Sinn und Zweck der Regelung nur eine Übertragung ohne Aufdeckung der stillen Reserven den Tatbestand des § 15 Abs. 2 auslösen kann.[100] Im Hinblick auf den Sinn und Zweck der Regelung, eine Gestaltung zu vermeiden, bei der Wirtschaftsgüter, die keinen Teilbetrieb darstellen, durch Übertragung auf einen fiktiven Teilbetrieb im Wege der Spaltung nach § 15 steuerneutral auf einen anderen Rechtsträger zu übertragen, ist die teleologische Reduktion zu begrüßen. 72

b) Übertragung von Wirtschaftsgütern, die keinen Teilbetrieb darstellen. Die Aufstockung der Beteiligung ist nur schädlich, wenn sie durch die Übertragung von Wirtschaftsgütern erfolgt, die kein Teilbetrieb sind.[101] Hiermit stellt der Gesetzgeber klar, dass Umwandlungsvorgänge, die ihrerseits nach den Regelungen der §§ 15, 20 oder 24 steuerneutral erfolgen können, auch im Vorfeld einer Spaltung kein steuerschädliches Ereignis darstellen sollen. Nach dem Aufbau der Norm gilt für den Teilbetriebsbegriff des § 15 Abs. 2 S. 1 grundsätzlich auch die Fiktion des § 15 Abs. 1 S. 3. Dies führt dazu, dass die Übertragung eines fiktiven Teilbetriebs im Vorfeld einer Spaltung unschädlich sein muss.[102] Hierbei ist aber zu beachten, dass nach der Rechtsprechung des BFH die Fiktion des Teilbetriebs des § 15 Abs. 1 S. 3 im Rahmen des § 24 keine Anwendung finden soll,[103] so dass es bei der Einbringung in eine Personengesellschaft regelmäßig zur Aufdeckung der stillen Reserven käme. In diesen Fällen käme die Missbrauchsregelung des § 15 Abs. 2 S. 1 somit ohnehin nicht zur Anwendung, da sie bei Übertragungen zum gemeinen Wert nicht anwendbar ist. 73

Die Übertragung soll nach einhelliger Auffassung auch nur dann schädlich sein, wenn sie durch die übertragende Gesellschaft erfolgt. Auch die Aufstockung der Beteiligung an einer 74

96 Rödder/Herlinghaus/van Lishaut/*Schumacher*, § 15 UmwStG Rn 199, 203; Widmann/Mayer/*Schießl*, § 15 UmwStG Rn 180 ff, jeweils mit ausführlichen Nachw.

97 Rödder/Herlinghaus/van Lishaut/*Schumacher*, § 15 UmwStG Rn 199, 203; Widmann/Mayer/*Schießl*, § 15 UmwStG Rn 180 ff, jeweils mit ausführlichen Nachw.

98 BMF v. 11.11.2011, BStBl. I 2011, 1314, Rn 15.18.

99 Wie hier auch Rödder/Herlinghaus/van Lishaut/*Schumacher*, § 15 UmwStG Rn 204; unklar insofern Haritz/Menner/*Asmus*, § 15 UmwStG Rn 127.

100 BMF v. 11.11.2011, BStBl. I 2011, 1314, Rn 15.20, 15.16 (wobei unklar ist, worauf sich das „regelmäßig" bezieht); zustimmend Rödder/Herlinghaus/van Lishaut/*Schumacher*, § 15 UmwStG Rn 205.

101 Vgl Widmann/Mayer/*Schießl*, § 15 UmwStG Rn 199.

102 Zur Frage, ob im Falle von Ketteneinbringung hierin ein Gestaltungsmissbrauch gemäß § 42 AO gesehen werden kann, vgl Rödder/Herlinghaus/van Lishaut *Schumacher*, § 15 UmwStG Rn 201.

103 Vgl BFH v. 17.7.2008, BStBl. II 2009, 464 zum UmwStG 1995; vgl auch Nichtanwendungserlass BMF v. 20.5.2009, BStBl. I 2009, 671; das BMF hat diese Ansicht auch im Umwandlungssteuererlass Rn 24.02 erneut bestätigt.

Tochterkapitalgesellschaft durch Einbringungen der Anteilseigner der übertragenden Körperschaft ist nach Ansicht der Finanzverwaltung schädlich.[104]

75 c) **Dreijahres-Zeitraum.** Die Übertragung von Wirtschaftsgütern, die keinen Teilbetrieb darstellen, schließt den Buchwertansatz der zu übertragenden Wirtschaftsgüter auf Ebene der übertragenden Gesellschaft nur dann aus, wenn sie innerhalb eines Zeitraums von drei Jahren vor dem steuerlichen Übertragungsstichtag erfolgt.[105] Für die Beurteilung ist somit der Tag maßgeblich, der drei Jahre vor dem steuerlichen Übertragungsstichtag liegt. Ist der steuerliche Übertragungsstichtag der 31.12.2014, sind alle Erwerbe oder Aufstockungen unschädlich, die vor dem 31.12.2011 erfolgt sind. Maßgeblich ist nicht der Tag der Übertragung der Wirtschaftsgüter, sondern der Tag des Erwerbs bzw der Aufstockung der Anteile.[106] Umstritten ist, ob sich die Frist verlängert, wenn das Fristende auf einen Sonntag fällt.[107] Unseres Erachtens sollten § 108 Abs. 3 AO und § 193 BGB keine Anwendung finden, da hier die Besonderheit zu berücksichtigen ist, dass das „Fristende" durch die Rückrechnung ab dem Übertragungsstichtag in der Vergangenheit lag, und insofern die Verlängerung keinen Sinn macht. Die Rechtsfolge, dass sich beim Fristende in der Vergangenheit der Fristbeginn in der Gegenwart auf einen anderen Tag verschiebt, ist im Gesetz nicht geregelt.

76 **2. Vollzug oder Vorbereitung der Veräußerung an außenstehende Personen.** § 15 Abs. 2 S. 2–4 schließen die Anwendbarkeit des Bewertungswahlrechts gemäß § 11 Abs. 2 aus, wenn durch die Spaltung die Veräußerung an außenstehende Personen vollzogen wird oder vorbereitet wird, was dann der Fall ist, wenn innerhalb einer Sperrfrist von fünf Jahren mehr als 20 % der Anteile der an der Spaltung beteiligten Rechtsträger veräußert werden.

77 Nach Ansicht der Finanzverwaltung soll die Spaltung die Fortsetzung der bisherigen betrieblichen Tätigkeit in einer anderen Rechtsform ermöglichen. Die Steuerneutralität der Spaltung ist nach Ansicht der Finanzverwaltung zu versagen, wenn die Spaltung in erster Linie dazu dient, eine steuerbegünstigte Veräußerung von Unternehmensteilen zu erreichen, die ohne die Spaltung nicht möglich wäre. Hiervon geht die Finanzverwaltung aus, wenn innerhalb der gesetzlichen Frist von fünf Jahren Anteile an der übertragenden oder einer übernehmenden Gesellschaft veräußert werden.

78 § 15 Abs. 2 S. 2–4 enthalten spezielle Missbrauchstatbestände, die nach dem Wortlaut des Gesetzes eine unwiderlegbare Vermutung für das Vorliegen eines Missbrauchs und daher die Nichtanwendbarkeit des § 11 Abs. 2 enthalten. Die Fusionsrichtlinie gestattet eine Versagung der Steuerneutralität der geregelten Umwandlungsvorgänge nur dann, wenn der Vorgang als hauptsächlichen Beweggrund oder als einen der hauptsächlichen Beweggründe die Steuerhinterziehung oder die Steuerumgehung hat. Hiervon kann ausgegangen werden, wenn der Vorgang nicht auf vernünftigen wirtschaftlichen Gründen – insb. der Umstrukturierung oder der Rationalisierung der beteiligten Gesellschaften – beruht.[108] Dies setzt nach der Rechtsprechung des EuGH[109] voraus, dass für jeden konkreten Umwandlungsvorgang das Vorliegen eines Missbrauchs überprüft werden und diese Überprüfung auch einer gerichtlichen Kontrolle zugänglich sein muss.

79 Eine typisierende Missbrauchsregelung ist unter diesen Voraussetzungen nur dann zulässig, wenn sie den betroffenen Unternehmen die Möglichkeit gibt, die Vermutung zu widerlegen und die tatsächlichen wirtschaftlichen Gründe für die Umwandlung darzulegen.[110] Geht man

104 Vgl das Beispiel in BMF v. 11.11.2011, BStBl. I 2011, 1314, Rn 15.19; zustimmend *Schumacher/Bier* in: Der Umwandlungssteuererlass 2011, S. 283; Widmann/Mayer/*Schießl*, § 15 UmwStG Rn 191.

105 Vgl Widmann/Mayer/*Schießl*, § 15 UmwStG Rn 203.

106 Vgl Widmann/Mayer/*Schießl*, § 15 UmwStG Rn 3 ff.

107 Bejahend unter Hinweis auf die Rechtsprechung des BFH v. 14.10.2003, BStBl. II 2003, 898 nach der § 108 Abs. 3 AO auf uneigentliche Fristen anzuwenden ist: Rödder/Herlinghaus/van Lishaut/*Schumacher*, § 15 UmwStG Rn 206 Fn 4; aA Widmann/Mayer/*Schießl*, § 15 UmwStG Rn 206.

108 Vgl Art. 15 Abs. 1 a) der Richtlinie 2009/133/EG v. 19.10.2009 (ABl. L 310 S. 34).

109 EuGH Urt. v. 17.7.1997, Rs C-28/95, Leur/Bloem Rn. 41; v. 31.3.1993, Rs C-19/92, Kraus Rn. 40.

110 Vgl EuGH Urt. v. 17.7.1997, Rs C-28/95, Leur/Bloem Rn. 41.

mit der herrschenden Meinung, die auch die Finanzverwaltung bei der Anwendbarkeit des europäischen Teilbetriebsbegriffs zugrunde legt, davon aus, dass die Fusionsrichtlinie nicht nur auf grenzüberschreitende Sachverhalte, sondern auch auf rein nationale Umwandlungen anzuwenden ist, ist in der Regelung des § 15 Abs. 2 S. 4 eine unzulässige Einschränkung der Fusionsrichtlinie zu sehen.[111] § 15 Abs. 2 S. 4 ist daher europarechtskonform dahin gehend auszulegen, dass es sich um eine widerlegbare Vermutung handelt. Die zu § 15 aF ergangene Entscheidung des BFH vom 3.8.2005[112] ist daher auf § 15 Abs. 2 S. 4 insofern nicht anwendbar.

a) **Begriff der Veräußerung.** Unter einer **Veräußerung** im Sinne des § 15 Abs. 2 S. 3, 4 versteht 80
die Finanzverwaltung jede Übertragung gegen Entgelt.[113] Im Hinblick auf das grundsätzliche Verständnis der Finanzverwaltung zu Umwandlungsvorgängen[114] geht die Finanzverwaltung davon aus, dass auch sämtliche Umwandlungsvorgänge und Einbringungen als entgeltliche Übertragungen und somit als Veräußerungen im Sinne des § 15 Abs. 2 S. 3, 4 zu qualifizieren sind.

Demgegenüber sollen unentgeltliche Anteilsübertragungen, insb. im Wege der Erbfolge oder 81
Erbauseinandersetzung (sofern sie ohne Ausgleichszahlung erfolgen) keine schädlichen Veräußerungen im Sinne des § 15 Abs. 2 S. 2–4 darstellen.[115] Die Aufnahme neuer Gesellschafter im Wege der Kapitalerhöhung ist dann als Veräußerung anzusehen, wenn ein durch neu hinzutretenden Gesellschafter gezahltes Aufgeld im zeitlichen Zusammenhang mit der Kapitalerhöhung quotal an die bisherigen Gesellschafter ausgeschüttet wird.[116] Hieraus leitet die Finanzverwaltung ab, dass eine schädliche Veräußerung immer dann vorliegen soll, wenn die der Kapitalgesellschaft zugeführten Mittel innerhalb der Fünfjahresfrist des § 15 Abs. 2 S. 4 an die bisherigen Anteilseigner ausgekehrt werden.[117] Hierin ist eine unzulässige Erweiterung der Grundsätze des BFH-Urteils vom 13.10.1992 zu sehen. Der vom BFH geforderte enge zeitliche Zusammenhang, der die missbräuchliche Gestaltung iSv § 42 AO begründet, kann nicht auf die Fünfjahresfrist des § 15 Abs. 2 S. 4 ausgedehnt werden. Zwar sind nach dem Gesetz Veräußerungen innerhalb der Fünfjahresfrist schädlich, dies kann jedoch nicht dazu führen, den engen zeitlichen Zusammenhang zwischen Kapitalerhöhung und Auskehrung an die bisherigen Gesellschafter ebenfalls auf diesen gesetzlichen Zeitpunkt auszudehnen. Eine schädliche Veräußerung im Zusammenhang mit einer Kapitalerhöhung ist daher auch im Rahmen des § 15 nur dann anzunehmen, wenn die disquotale Auskehrung an die bisherigen Gesellschafter in einem engen zeitlichen Zusammenhang mit der Kapitalerhöhung stattfindet.[118]

Die in Teilziffer 15.24 des Umwandlungssteuererlasses geäußerte Ansicht der Finanzverwal- 82
tung, dass sämtliche Umwandlungen, insb. auch Auf- oder Abspaltungen schädliche Veräußerungen darstellen, erscheint im Hinblick auf die Regelungen des § 13 als nicht überzeugend. Nach § 15 Abs. 2 S. 2–4 ist die Veräußerung der Anteile an der übertragenden Körperschaft als schädlicher Vorgang anzusehen. Für die Anteilseigner der übertragenden Körperschaft ist § 13 anzuwenden, dh eine Veräußerung der Anteile an der übertragenden Körperschaft ist nur im Anwendungsbereich des § 13 Abs. 1 gegeben. Nach ganz herrschender Meinung[119] liegt bei Ansatz des Buchwerts nach § 13 Abs. 2 kein Veräußerungs- bzw Anschaffungsgeschäft vor. In-

111 Vgl Frotscher/Maas/*Frotscher*, § 15 UmwStG Rn 93; Rödder/Herlinghaus/van Lishaut/*Schumacher*, § 15 UmwStG Rn 209; *Hahn*, GmbHR 2006, 462.

112 BStBl. II 2006, 391; aA Finanzverwaltung in BMF v. 11.11.2011, BStBl. I 2011, 1314, Rn 15.27; sofern im Hinblick auf die Gesetzesbegründung vertreten wird, dass eine europarechtskonforme Auslegung des § 15 Abs. 2 S. 4 UmwStG nicht in Betracht kommt, kann sich der Steuerpflichtige unmittelbar auf die Fusionsrichtlinie berufen und hierdurch die Steuerneutralität der Spaltung erreichen, wenn er die tatsächlichen wirtschaftlichen Gründe für die Spaltung nachweisen kann.

113 BMF v. 11.11.2011, BStBl. I 2011, 1314, Rn 15.24; Schmitt/Hörtnagl/Stratz/*Hörtnagl*, § 15 UmwStG Rn 153.

114 BMF v. 11.11.2011, BStBl. I 2011, 1314, Rn 00.02.

115 BMF v. 11.11.2011, BStBl. I 2011, 1314, Rn 15.23.

116 Vgl BFH v. 13.10.1992, VIII R 3/89; BStBl. II 1993, 477.

117 BMF v. 11.11.2011, BStBl. I 2011, 1314, Rn 15.25; zustimmend *Schumacher/Bier* in: Der Umwandlungssteuererlass 2011, S. 28.

118 Vgl hierzu auch *Esters/Mahrenbach*, GmbHR 2003, 973.

119 Rödder/Herlinghaus/van Lishaut/*Neumann*, UmwStG § 13 Rn 3; Schmitt/Hörtnagl/Stratz/*Schmitt*, § 13 UmwStG Rn 6.

sofern kann auch eine im Nachgang zu einer Spaltung erfolgende erneute Spaltung der Gesellschaft nicht zu einer Veräußerung der Anteile führen, wenn auf Ebene der Anteilseigner die Voraussetzungen des § 13 Abs. 2 vorliegen und das Wahlrecht zur Fortführung der Beteiligungsbuchwerte von den Anteilseignern ausgeübt wird.[120]

83 Maßgeblich für das Vorliegen einer Veräußerung ist die Übertragung des wirtschaftlichen Eigentums an den Anteilen. Der bloße Abschluss eines Verpflichtungsgeschäftes ist noch nicht als Veräußerung anzusehen.[121] Die Einräumung von put- oder call-Optionen führt nach allgemeinen Grundsätzen regelmäßig noch nicht zum Übergang des wirtschaftlichen Eigentums, so dass auch keine schädliche Veräußerung im Sinne des § 15 Abs. 2 S. 2–4 anzunehmen ist.[122] Ein Übergang des wirtschaftlichen Eigentums ist regelmäßig nur dann anzunehmen, wenn bei Zusammentreffen von put- und call-Optionen die Ausübungszeiträume überlappen, so dass mit an Sicherheit grenzender Wahrscheinlichkeit davon auszugehen ist, dass die Ausübung der Option für mindestens einen Beteiligten vorteilhaft ist und deshalb von der Ausübung der Option auszugehen ist.[123]

84 Nach der Rechtsprechung des BFH zu § 8 Abs. 4 KStG aF können mittelbare Veräußerungen nur dann einen Besteuerungstatbestand auslösen, wenn dies vom Gesetzgeber ausdrücklich geregelt worden ist.[124] Da auch vorliegend das Auslösen der Missbrauchsregel des § 15 Abs. 2 S. 2–4 die Anwendung einer Begünstigungsregelung ausschließt und somit eine für den Steuerpflichtigen nachteilige Regelung darstellt, hätte der Gesetzgeber die Einbeziehung der mittelbaren Veräußerung in den Missbrauchstatbestand ausdrücklich regeln müssen. Daher stellen mittelbare Veräußerungen der Anteile an der übernehmenden oder übertragenden Körperschaft keine Veräußerung dar, die die Anwendung des § 11 Abs. 2 ausschließen.[125]

85 Nach seinem Sinn und Zweck bezieht sich § 15 Abs. 2 S. 2 auf die Veräußerung **der Anteile** an der übertragenden oder übernehmenden Gesellschaft. Die Veräußerung des Vermögens der Gesellschaften ist demgegenüber unschädlich.[126]

86 **b) Veräußerung an außenstehende Personen.** Nach dem Wortlaut des § 15 Abs. 2 S. 2 sind nur Veräußerungen an **außenstehende Personen** für die Anwendung des § 11 Abs. 2 schädlich. Da Tatbestandsmerkmal der außenstehenden Personen gilt nach herrschender Meinung nicht nur für Veräußerungen im Sinne des § 15 Abs. 2 S. 2, sondern auch im Rahmen des § 15 Abs. 2 S. 3, 4.[127] Außenstehende Personen sind Personen, die vor der Spaltung nicht an den beteiligten Gesellschaften beteiligt gewesen sind. Aufgrund des Regelungszweckes des § 15 Abs. 2 geht die herrschende Meinung zu Recht davon aus, dass dabei ausschließlich auf den Gesellschafterbestand der übertragenden Körperschaft vor der Spaltung abzustellen ist. Bei einer Spaltung zur Aufnahme sind daher auch die Gesellschafter, die vor der Spaltung ausschließlich an der übernehmenden Gesellschaft beteiligt sind, als außenstehende Personen im Sinne des § 15 Abs. 2 S. 2 anzusehen.[128] Wenn die Finanzverwaltung für den Zeitpunkt zur Beurteilung, ob eine au-

120 Kritisch zur Ansicht der Finanzverwaltung auch *Schumacher/Bier* in: Der Umwandlungssteuererlass 2011, S. 285; Dötsch/Patt/Pung/Möhlenbrock/*Dötsch*, § 15 UmwStG Rn 133.

121 Vgl Haritz/Menner/*Asmus*, UmwStG § 15 Rn 148.

122 Vgl Haritz/Menner/*Asmus*, UmwStG § 15 Rn 151; Dötsch/Patt/Pung/Möhlenbrock/*Dötsch/Pung*, § 15 UmwStG Rn 128.

123 Grundlegend hierzu BFH v. 11.6.2007, VIII R 32/04, BStBl. II 2007, 296.

124 BFH v. 20.8.2003, BStBl. II 2004, 616.

125 Wie hier auch Dötsch/Patt/Pung/Möhlenbrock/*Dötsch/Pung*, § 15 UmwStG Rn 127.

126 So schon *Thiel*, DStR 1995, 237, 242; vgl auch die Gesetzesbegründung BT-Drucks. 12/6885, 23; Rödder/Herlinghaus/van Lishaut/*Schumacher*, § 15 UmwStG Rn 207; *Heurung/Engel/Schröder*, GmbHR 2011, 617, 622; aA Widmann/Mayer/*Schießl*, § 15 UmwStG Rn 223.

127 Im Ergebnis auch BMF v. 11.11.2011, BStBl. I 2011, 1314, Rn 15.26; wie hier auch Rödder/Herlinghaus/van Lishaut/*Schumacher*, § 15 UmwStG Rn 211; Haritz/Menner/*Asmus*, § 15 UmwStG Rn 152, jeweils mit ausführlichen Nachw.; aA Widmann/Mayer/*Schießl*, § 15 UmwStG Rn 295, dessen am Wortlaut orientierte Auslegung jedoch nicht überzeugen kann. Ein Verweis auf „die Veräußerung" in Abs. 2 S. 3 wäre sprachlich widersinnig, da damit nicht nur auf die außenstehenden Personen, sondern auch auf das Vollziehen der Veräußerung verwiesen würde.

128 Dötsch/Patt/Pung/Möhlenbrock/*Dötsch/Pung*, § 15 UmwStG Rn 145; *Schumacher/Bier* in: Der Umwandlungssteuererlass 2011, S. 286.

ßenstehende Person vorliegt, auf den steuerlichen Übertragungsstichtag abstellt,[129] ist dem nicht zuzustimmen.[130] Dies folgt aus dem Wortlaut des § 15 Abs. 2 S. 4. Zwar wird dort für die Berechnung der Fünfjahresfrist auf den Übertragungsstichtag abgestellt, für die Beurteilung der Beteiligungshöhe wird jedoch auf die Anteile vor Wirksamwerden der Spaltung abgestellt. Dies zeigt, dass die Regelungen des § 15 Abs. 2 S. 2–4 Veräußerungen sanktionieren sollen, die nach dem zivilrechtlichen Wirksamwerden der Spaltung vollzogen werden. Unter diesen Voraussetzungen ist ein Abstellen auf den steuerlichen Übertragungsstichtag für die Frage, ob eine außenstehende Person vorliegt, nicht gerechtfertigt. Dies ergibt sich auch aus § 15 Abs. 2 S. 5, der eine spezielle Missbrauchsregelung für die Trennung von Gesellschafterstämmen vorsieht und u.a. eine Vorbesitzzeit vorsieht. Nur in diesem speziellen Fall sollen daher auch Anteilsveräußerungen vor dem Tag der zivilrechtlichen Wirksamkeit der Spaltung schädlich sein.

c) **Vollzug der Veräußerung durch die Spaltung.** Nach § 15 Abs. 2 S. 2 ist der Buchwertansatz ausgeschlossen, wenn durch die Spaltung die Veräußerung vollzogen wird. In der Literatur ist umstritten, ob dieser Fall überhaupt denkbar ist, oder ob § 15 Abs. 2 S. 2 ausschließlich als sprachliche Einleitung für die Sätze 3 und 4 zu verstehen ist. Während *Dötsch/Pung* davon ausgehen, dass § 15 Abs. 2 S. 2 keinen eigenständigen Anwendungsbereich hat,[131] sieht *Schumacher* nur in dem besonderen Fall § 15 Abs. 2 S. 2 als erfüllt an, in dem Anteilseigner an der übernehmenden Gesellschaft, die bislang nicht an der übertragenden Gesellschaft beteiligt sind, einen unverhältnismäßig hohen Anteil an der übernehmenden Gesellschaft erhalten und hierfür eine direkte Zahlung an die Gesellschafter der übertragenden Gesellschaft vornehmen.[132] Nur in dieser besonderen Kombination von nicht verhältniswahrender Spaltung iVm einer unmittelbaren Zahlung der Gesellschafter der übernehmenden Gesellschaft an die bisherigen Gesellschafter der übertragenden Gesellschaft ist der vom Gesetz geforderte Vollzug der Veräußerung durch die Spaltung unseres Erachtens denkbar. Die bewusste nicht verhältniswahrende Spaltung ist kein Anwendungsfall des § 15 Abs. 2 S. 2, da sie unentgeltlich erfolgt und es somit an der entgeltlichen Veräußerung fehlt. Das bloße Verschieben der Beteiligungsverhältnisse im Rahmen der Spaltung ist ebenfalls kein Anwendungsbereich des § 15 Abs. 2 S. 2.[133] 87

Das in der Gesetzesbegründung zum UmwStG 1995 genannte Beispiel zum Vollzug der Veräußerung durch die Spaltung,[134] ist bei zutreffender Auslegung ebenfalls kein Anwendungsfall des § 15 Abs. 2 S. 2, da in dem dort genannten Beispiel die Veräußerung der Anteile an der übertragenden Gesellschaft zeitlich vor der Spaltung erfolgen soll.[135] Die Steuerneutralität der Spaltung scheitert in dem in der Gesetzesbegründung genannten Beispiel letztlich an § 15 Abs. 2 S. 5, da die Vorbehaltensfrist für die Trennung der Gesellschafterstämme durch die unmittelbar vor der Spaltung stattfindende Veräußerung der Anteile an der übertragenden Gesellschaft nicht eingehalten wurde. 88

d) **Schaffung der Veräußerungsvoraussetzungen durch die Spaltung.** Nach dem Wortlaut von § 15 Abs. 2 S. 3 soll das Gleiche gelten, dh die Nichtanwendung des § 11 Abs. 2, wenn durch die Spaltung die Voraussetzung für eine Veräußerung geschaffen werden. Für sich genommen ist diese Regelung nicht anwendbar, da letztlich durch jede Spaltung die Voraussetzungen für die Veräußerung von Anteilen an der übertragenden bzw der übernehmenden Gesellschaft geschaffen werden. Einen praktikablen Anwendungsbereich erhält die Regelung daher nur im Zusammenhang mit der gesetzlichen Vermutung des § 15 Abs. 2 S. 4. Dementsprechend versteht die Rechtsprechung und die Literatur § 15 Abs. 2 S. 3, 4 als einheitlichen Missbrauchstat- 89

129 BMF v. 11.11.2011, BStBl. I 2013, 1314, Rn 15.26.
130 Wie hier Rödder/Herlinghaus/van Lishaut/*Schumacher*, § 15 UmwStG Rn 212; aA Dötsch/Patt/Pung/Möhlenbrock/*Dötsch/Pung*, § 15 UmwStG Rn 148.
131 Dötsch/Patt/Pung/Möhlenbrock/*Dötsch/Pung*, § 15 UmwStG Rn 153.
132 Rödder/Herlinghaus/van Lishaut/*Schumacher*, § 15 UmwStG Rn 219.
133 Dötsch/Patt/Pung/Möhlenbrock/*Dötsch/Pung*, § 15 UmwStG Rn 154; aA Haritz/Menner/*Asmus*, § 15 UmwStG Rn 138.
134 BT-Drucks. 12/6885, 23.
135 Wie hier auch Rödder/Herlinghaus/van Lishaut/*Schumacher*, § 15 UmwStG Rn 218.

bestand.[136] Nach dem Wortlaut der Regelungen handelt es sich bei § 15 Abs. 2 S. 3 um einen **Rechtsfolgenverweis** auf § 15 Abs. 2 S. 2. Hieraus folgt ein Teil der Literatur,[137] dass im Rahmen der Auslegung der Sätze 3 und 4 nicht auf die Tatbestandsmerkmale des § 15 Abs. 2 S. 3 zurückgegriffen werden kann. Dies hätte bei einer konsequent am Wortlaut orientierten Auslegung insb. die Folge, dass das Tatbestandsmerkmal der Veräußerung an **außenstehende Personen** im Anwendungsbereich des Abs. 2 S. 3, 4 keine Anwendung finden würde. Diese Konsequenz will *Frotscher*[138] wiederum durch eine teleologische Auswertung des § 15 Abs. 2 S. 4 vermeiden. Auch die Finanzverwaltung geht davon aus, dass auch im Rahmen des § 15 Abs. 2 S. 4 nur die Veräußerung an außenstehende Personen schädlich ist.

90 Sofern *Schießl*[139] auf die Veräußerungsabsicht abstellt und somit § 15 Abs. 3 offenbar einen eigenständigen Anwendungsbereich einräumt, führt dies zu einer in der Praxis kaum praktikablen Ausdehnung des Tatbestandes, wenn nicht zugleich die Tatbestandsmerkmale des Satzes 4 (Fünfjahresfrist) als Begrenzung des Tatbestandes herangezogen werden. Aus diesem Grund ist mit der herrschenden Meinung davon auszugehen, dass Satz 3 und Satz 4 einen einheitlichen Missbrauchstatbestand darstellen.

91 Die Finanzverwaltung und die Rechtsprechung gehen davon aus, dass es sich bei § 15 Abs. 2 S. 4 um eine unwiderlegliche Vermutung des Gesetzgebers für das Vorliegen eines Missbrauchstatbestandes handelt. Wie oben bereits dargelegt, widerspricht diese Auslegung der Fusionsrichtlinie und ist daher mit dem EU-Recht nicht vereinbar (vgl Rn 78).

92 Wird § 15 Abs. 2 S. 4 europarechtskonform als widerlegliche Vermutung des Gesetzgebers interpretiert, so führt dies dazu, dass der Steuerpflichtige den Gegenbeweis führen kann, dass die Steuervermeidung nicht der Hauptzweck der Umwandlung gewesen ist. Dies kann insb. auch dadurch erfolgen, dass nachgewiesen wird, dass im Zeitpunkt der Spaltung noch keine Veräußerungsabsicht bestanden hat.[140]

93 **e) Veräußerung innerhalb von fünf Jahren nach dem steuerlichen Übertragungsstichtag.** Veräußerungen innerhalb von fünf Jahren nach dem steuerlichen Übertragungsstichtag schließen nach § 15 Abs. 2 S. 3, 4 den Buchwertansatz nach § 11 Abs. 2 aus. Der Veräußerungsbegriff ist im Rahmen der Sätze 3 und 4 identisch mit dem Veräußerungsbegriff des § 15 Abs. 2 S. 2 (vgl R. 80). Schädlich für die Steuerneutralität der Spaltung sind ausschließlich Veräußerungen, die innerhalb von fünf Jahren nach dem steuerlichen Übertragungsstichtag erfolgen. Ebenso wie bei der Dreijahresfrist des § 15 Abs. 2 S. 1 ist für die Fünfjahresfrist des § 15 Abs. 2 S. 4 umstritten, ob sich die Frist durch Anwendung des § 108 Abs. 3 AO verlängert, wenn das Fristende auf einen Sonntag oder Feiertag fällt.[141]

94 **f) Anteile an einer an der Spaltung beteiligten Körperschaft.** Nach dem Wortlaut der Regelungen soll die Veräußerung von Anteilen einer an der Spaltung beteiligten Körperschaft schädlich sein. Hierbei handelt es sich um die Anteile an der übernehmenden Gesellschaft und im Falle der Abspaltung um die Anteile an der übertragenden Körperschaft. Im Falle der Aufspaltung ist eine Veräußerung von Anteilen an der übertragenden Gesellschaft nach Wirksamwerden der Spaltung nicht mehr möglich, da diese dann nicht mehr existiert. Entsprechend dem Sinn und Zweck des § 15 Abs. 2 S. 4, missbräuchliche Gestaltung zu vermeiden, bei denen Teile des Betriebsvermögens der übertragenden Gesellschaft steuerbegünstigt veräußert werden, indem sie

136 Vgl BFH v. 3.8.2005, BStBl. II 2006, 391; Frotscher/Maas/*Frotscher*, UmwStG § 15 Rn 111; Dötsch/Patt/Pung/Möhlenbrock/*Dötsch/Pung*, § 15 UmwStG Rn 159.

137 Widmann/Mayer/*Schießl*, § 15 UmwStG Rn 318; Frotscher/Maas/*Frotscher*, UmwStG § 15 Rn 109.

138 Frotscher/Maas/*Frotscher*, UmwStG § 15 Rn 109.

139 In: Widmann/Mayer, UmwR § 15 UmwStG Rn 283 ff, 292.

140 So auch Widmann/Mayer/*Schießl*, § 15 UmwStG Rn 292, der das Tatbestandsmerkmal der Veräußerungsabsicht jedoch als Erweiterung des Tatbestandes des § 15 Abs. 2 S. 3 ansieht, da er bei Vorliegen der Veräußerungsabsicht einen schädlichen Vorgang auch bei einer Veräußerung außerhalb der Fünfjahresfrist annehmen will; kritisch hierzu auch Rödder/Herlinghaus/van Lishaut/*Schumacher*, § 15 UmwStG Rn 221.

141 Vgl Rödder/Herlinghaus/van Lishaut/*Schumacher*, § 15 UmwStG Rn 244; vgl auch die Diskussion zu § 15 Abs. 2 S. 1 UmwStG Rn 62.

zuvor durch die Spaltung in einer Kapitalgesellschaft separiert werden, ist die Veräußerung von Anteilen, die bereits vor der Spaltung bestanden haben, nicht vom Tatbestand des § 15 Abs. 2 S. 2–4 erfasst.[142] Dies bezieht sich zum einen auf die Anteile an der übertragenden Gesellschaft vor dem zivilrechtlichen Wirksamwerden der Spaltung, dh vor dem Tag der Eintragung der Spaltung in das Handelsregister. Dementsprechend sind auch Veräußerungen von Anteilen an der übertragenden Gesellschaft im Zeitraum zwischen dem steuerlichen Übertragungsstichtag und dem Tag der zivilrechtlichen Wirksamkeit der Spaltung nicht von § 15 Abs. 2 S. 4 erfasst. Die gegenteilige Auffassung der Finanzverwaltung[143] stellt ausschließlich auf den Gesellschafterbestand am steuerlichen Übertragungsstichtag ab und berücksichtigt nicht ausreichend, dass nur Veräußerungen nach dem Wirksamwerden der Spaltung schädlich sein sollen.

Zum anderen ist fraglich, ob von der Regelung des § 15 Abs. 2 S. 4 auch die Anteile an der 95
übernehmenden Körperschaft betroffen sind, die bereits vor der Spaltung bestanden haben oder ausschließlich die Anteile, die im Rahmen der Spaltung neu entstanden sind. Der Wortlaut der Regelung enthält grundsätzlich keinen Ansatzpunkt für eine einschränkende Auslegung dergestalt, dass nur im Rahmen der Gestaltung neu entstehende Anteile in die Veräußerungssperre einbezogen sind.[144] Auch wenn dies im Ergebnis zu einem extensiven Anwendungsbereich der Missbrauchsregelung führt, ist aufgrund des Wortlauts der Regelung davon auszugehen, dass auch die Anteile an der übernehmenden Körperschaft vor der Spaltung von der Regelung erfasst sind. Hierfür spricht auch, dass andernfalls Gestaltungen möglich wären, bei denen durch die Veräußerung von Altanteilen die Veräußerungssperre umgangen wird, obwohl im wirtschaftlichen Ergebnis Anteile an der neuen Gesellschaft veräußert werden, die genau dem Umfang der neu entstehenden Anteile entsprechen.[145]

Die Lösung von *Schumacher*,[146] nach der die Veräußerung der bereits vor Spaltung bestehen- 96
den Anteile nur dann schädlich sein soll, wenn anlässlich der Spaltung wegen einer unangemessenen niedrigen Kapitalerhöhung über dem gänzlichen Verzicht auf eine Kapitalerhöhung gemäß §§ 54 Abs. 1 S. 3, 68 Abs. 1 S. 3 UmwG eine Wertverschiebung auf diese Anteile erfolgt, findet im Gesetz keine Grundlage und erfasst auch nicht die oben dargestellte Missbrauchsgestaltung. Fraglich ist in diesem Zusammenhang auch, welche Auswirkungen § 15 Abs. 2 S. 4 auf Anteile hat, die an der übernehmenden Gesellschaft durch Kapitalerhöhung oder Umwandlung entstehen, die im Anschluss an die Spaltung innerhalb des Fünfjahreszeitraums erfolgen. Der Wortlaut der Regelung spricht auch in diesem Fall dafür, diese Anteile in die Missbrauchsregelung einzubeziehen. Weil im Rahmen der Kapitalerhöhung oder der Umwandlung das der Kapitalgesellschaft zugefügte Vermögen dem Wert der ausgegebenen neuen Anteile entspricht, ist es nach dem Sinn und Zweck der Regelung jedoch nicht gerechtfertigt, diese Anteile ebenfalls in den Anwendungsbereich der Missbrauchsregelung einzubeziehen. Hinsichtlich der im Anschluss an die Spaltung entstehenden Anteile an der übernehmenden Körperschaft ist insofern *Schumacher* zuzustimmen, dass dies nur dann der Fall ist, wenn im Rahmen der Kapitalerhöhung oder Umwandlung eine Wertverschiebung auf die neuen Anteile erfolgt.[147]

Im Falle der Abspaltung eines Teilbetriebs von einer Tochtergesellschaft auf eine Muttergesell- 97
schaft wäre nach dem Wortlaut der Regelung des § 15 Abs. 2 S. 4 auch eine Veräußerung von Anteilen an der Muttergesellschaft innerhalb des 5-Jahres-Zeitraums nach der Abspaltung schädlich. Eine teleologische Auslegung der Regelung führt jedoch eindeutig zu dem Ergebnis, dass dieser Fall nicht von dem Anwendungsbereich des § 15 Abs. 2 S. 4 erfasst ist. Der abge-

142 Im Ergebnis ebenso Haritz/Menner/*Asmus*, § 15 UmwStG Rn 161 f; vgl Rödder/Herlinghaus/van Lishaut/*Schumacher*, § 15 UmwStG Rn 236.
143 BMF v. 11.11.2011, BStBl. I 2011, 1314, Rn 15.26.
144 In diesem Sinne auch Dötsch/Patt/Pung/Möhlenbrock/*Dötsch/Pung*, § 15 UmwStG Rn 164; vgl auch Frotscher/Maas/*Frotscher*, UmwStG § 15 Rn 116; aA *Löffler/Hansen,* DB 2010, 1369, die § 15 Abs. 2 S. 4 UmwStG bei der up-stream Spaltung für nicht anwendbar halten.
145 Vgl schon *Thiel*, DStR 1995, 237, 242; Schmitt/Hörtnagl/Stratz/*Hörtnagl*, § 15 UmwStG Rn 169.
146 Rödder/Herlinghaus/van Lishaut/*Schumacher*, § 15 UmwStG Rn 237.
147 Vgl Rödder/Herlinghaus/van Lishaut/*Schumacher*, § 15 UmwStG Rn 238.

spaltene Teilbetrieb zählte auch vor der Spaltung mittelbar zum Vermögen der Muttergesellschaft. Eine Statusverbesserung, die § 15 Abs. 2 S. 4 vermeiden will, ist durch die Aufwärtsverschmelzung auf die Muttergesellschaft nicht erreichbar. Die Veräußerung der Anteile an der Muttergesellschaft und damit die mittelbare Veräußerung des Teilbetriebes wären auch vor der Spaltung möglich gewesen. Diesbezüglich hat sich durch die Spaltung keine Veränderung der Struktur ergeben.[148]

98 g) **Mehr als 20 % der Anteile.** Eine Veräußerung von Anteilen an einer an der Spaltung beteiligten Gesellschaft innerhalb von fünf Jahren ist nur dann schädlich, wenn sie mehr als 20 % der vor Wirksamwerden der Spaltung an der Körperschaft bestehenden Anteile ausmacht. Wird die Quote überschritten, ist für die gesamte Spaltung der Buchwertansatz ausgeschlossen. Das Überschreiten der Veräußerungsgrenze ist als rückwirkendes Ereignis einzustufen, so dass die Körperschaftsteuerbescheide des Veranlagungszeitraums, in den der steuerliche Übertragungsstichtag fällt, gemäß § 175 Abs. 1 S. 1 Nr. 2 AO zu ändern sind.[149] Verfahrensrechtlich ist hierbei zu beachten, dass die Festsetzungsverjährung erst mit dem Ablauf des Kalenderjahres beginnt in dem die schädliche Veräußerung erfolgt. Insofern geht die Finanzverwaltung wohl zutreffend davon aus, dass bei mehreren aufeinanderfolgenden Veräußerungen diejenige für den Beginn der Festsetzungsverjährung maßgeblich ist, durch die die 20%-Grenze überschritten wird.[150]

99 Schädlich ist nach dem Sinn und Zweck der Regelung eine Veräußerung, die mehr als 20 % des Vermögens umfasst, dass vor der Spaltung bei der übertragenden Körperschaft vorhanden war. Wie sich aus Teilziffer 15.30 des Umwandlungssteuererlasses ergibt, ist die Berechnung der 20%-Quote im Falle einer Spaltung zur Neugründung eindeutig aus dem Verhältnis des übergegangenen Vermögens zu dem ursprünglich vorhandenen Vermögen zu ermitteln. Wesentlich problematischer ist die Berechnung der 20%-Grenze im Falle der Spaltung zur Aufnahme. Würde bei der Berechnung der 20%-Grenze ausschließlich auf den Wert der veräußerten Anteile nach der Spaltung abgestellt, so würde hierbei auch der in den Anteilen verkörperte Wert des bei der übernehmenden Körperschaft bereits vorhandenen Vermögens berücksichtigt. Dies widerspricht dem Sinn und Zweck der Regelung. Zutreffend ist somit nur auf dem in den Anteilen verkörperten Wert des übertragenden Vermögens abzustellen.[151]

100 Für die Berechnung der 20-%-Grenze ist nach hM auf die Wertverhältnisse am steuerlichen Übertragungsstichtag abzustellen.[152] Unabhängig davon ob auf den steuerlichen Übertragungsstichtag oder den Tag der Eintragung abgestellt wird, besteht Einigkeit, dass nachträgliche Wertveränderungen unberücksichtigt bleiben.[153] Ebenso wie die Fünfjahresfrist ist auch die 20%-Grenze uneingeschränkt anzuwenden, dh Veräußerungen, die die 20%-Grenze nicht überschreiten sind generell unschädlich. Dies gilt auch dann, wenn aufgrund der Wertverhältnisse des übertragenden Vermögens eine Veräußerung sämtlicher Anteile an der aufnehmenden Gesellschaft innerhalb der 20%-Grenze möglich ist.[154] Aus dem Abstellen auf die Wertverhältnisse des übergehenden Vermögens folgt auch, dass die mehrfache Übertragung derselben Anteile im Rahmen der Berechnung der 20%-Grenze nur einmal berücksichtigt wird.[155]

101 Der Gesetzeswortlaut stellt auf die Veräußerung von **einer** an der Spaltung beteiligten Körperschaft ab. Hieraus folgt, dass entgegen der von der Finanzverwaltung vertretenen Ansicht für

148 In diesem Sinne auch *Neier*, DStR 2002, 2200; *Löffler/Hansen*, DB 2010, 369; die ausschließlich am Wortlaut der Regelung orientierte Auslegung von Dötsch/Patt/Pung/Möhlenbrock/*Dötsch/Pung*, § 15 UmwStG Rn 166 überzeugt nicht.
149 BMF v. 11.11.2011, BStBl. I 2011, 1314, Rn 15.34.
150 BMF v. 11.11.2011, BStBl. I 2011, 1314, Rn 15.35; zustimmend *Schumacher/Bier* in: Der Umwandlungssteuererlass 2011, S. 291.
151 Kritisch hierzu auch Dötsch/Patt/Pung/Möhlenbrock/*Dötsch/Pung*, § 15 UmwStG Rn 178 f.
152 Rödder/Herlinghaus/van Lishaut/*Schumacher*, § 15 UmwStG Rn 240; Schmitt/Hörtnagl/Stratz/*Hörtnagl*, § 15 UmwStG Rn 181; demgegenüber will Widmann/Mayer/*Schießl*, § 15 UmwStG Rn 328 auf den Tag der Eintragung der Spaltung abstellen.
153 BMF v. 11.11.2011, BStBl. I 2011, 1314, Rn 15.29; Haritz/Menner/*Asmus*, § 15 UmwStG Rn 169.
154 Wie hier Rödder/Herlinghaus/van Lishaut/*Schumacher*, § 15 UmwStG Rn 241.
155 Dötsch/Patt/Pung/Möhlenbrock/*Dötsch/Pung*, § 15 UmwStG Rn 178.

die Beurteilung, ob die 20%-Grenze des § 15 Abs. 2 S. 4 die einzelnen übernehmenden Gesellschaften und die übertragende Gesellschaft getrennt voneinander zu beurteilen sind.[156] Eine Zusammenrechnung der Veräußerung verschiedener an der Spaltung beteiligter Gesellschaften erfolgt insofern nicht. Dies entspricht auch dem Regelungszweck des § 15 Abs. 2 S. 2–4. Wie bereits dargestellt, soll hierdurch vermieden werden, dass durch eine vorherige Spaltung Vermögensteile begünstigt als Anteile an Kapitalgesellschaften veräußert werden können. Ein Missbrauch durch die Übertragung von Teilbetrieben und die anschließende Veräußerung von Anteilen an den beteiligten Gesellschaften, die jeweils für sich genommen weniger als 20 % des vor der Spaltung bestehenden Vermögens ausmachen, ist kaum vorstellbar.

Andererseits bezieht sich die Grenze nicht auf den einzelnen an der Gesellschaft beteiligten Gesellschafter. Dh Veräußerungen durch mehrere Gesellschafter sind grundsätzlich zusammenzuzählen.[157] In diesem Zusammenhang ist in der Literatur umstritten, ob die Vorschrift uneingeschränkt auch auf an der Börse gehandelte Aktiengesellschaften Anwendung findet, da in diesem Fall das Einhalten der 20%-Grenze praktisch nicht zu überprüfen ist, was im Ergebnis dazu führt, dass Spaltungen auf börsennotierte Aktiengesellschaften de facto ausgeschlossen sind. 102

Asmus geht insofern davon aus, dass in der uneingeschränkten Anwendung der Regelung auf börsennotierte Gesellschaften eine sowohl mit Art. 3 GG als auch mit der Fusionsrichtlinie nicht zu vereinbarende Diskriminierung von börsennotierten Aktiengesellschaften zu sehen ist. Dies begründet er unter Anderem damit, dass eine Hauptversammlung einer Aktiengesellschaft mit signifikantem Streubesitz wohl kaum eine Absicht der Steuerumgehung unterstellt werden könne.[158] *Schumacher*[159] geht demgegenüber davon aus, dass die Regelungen des § 15 Abs. 2 S. 4 zwar auf börsennotierte Aktiengesellschaften uneingeschränkt anzuwenden ist, die Beweislast dafür, dass die 20%-Grenze überschritten worden ist, liege aber bei der Finanzverwaltung. Da die Finanzverwaltung auch nachweisen müsse, dass die 20%-Grenze auch dann überschritten wurde, wenn die mehrfache Veräußerung der gleichen Teile unberücksichtigt bleibt, geht *Schumacher* davon aus, dass der Nachweis regelmäßig nur dann gelingen könnte, wenn es sich um die Veräußerung großer Aktienpakete handelt, die zB durch Meldepflichten nach § 21 WpHG öffentlich gemacht werden. 103

Unseres Erachtens verdient die Ansicht von *Schumacher* den Vorzug, da allein die Tatsache, dass die Gesellschaft an der Börse gelistet ist, keinen Einfluss auf die Anwendungen der Missbrauchsregelung haben sollte. Die vom Gesetzeszweck nicht erfasste Veräußerung von einzelnen Aktien durch Kleinanleger wird durch die von *Schumacher* vertretene praktische Umsetzung ausgeschlossen. Der von *Asmus* geforderte generelle Ausschluss börsengehandelter Gesellschaften ist hingegen nicht gerechtfertigt, da ohne Weiteres auch bei börsengehandelten Gesellschaften denkbar ist, dass ein Großaktionär durch entsprechende Umstrukturierungen missbräuchliche Steuergestaltungen vollziehen kann. 104

3. Trennung von Gesellschafterstämmen. § 15 Abs. 2 S. 5 enthält eine besondere Missbrauchsregelung für den Fall der sogenannten Trennung von Gesellschafterstämmen, in dem es für diesen besonderen Fall der Spaltung vorsieht, dass die Beteiligung an der übertragenden Körperschaft mindestens fünf Jahre vor dem steuerlichen Übertragungsstichtag bestanden haben müssen. Der Gesetzgeber will hiermit Gestaltungen vermeiden, bei denen sich zur Umgehung einer Steuerpflichtigen Veräußerung eines Teilbetriebs der Erwerber im Vorfeld der geplanten Veräußerung an der Gesellschaft beteiligt und dann den Teilbetrieb im Wege der nicht verhältniswahrenden Spaltung zu Null übertragen bekommen.[160] Ebenso wie § 15 Abs. 2 S. 2–4 enthält 105

156 Zutreffend Dötsch/Pung/Patt/Möhlenbrock/*Dötsch/Pung*, § 15 UmwStG Rn 177; aA BMF v. 11.11.2011, BStBl. I, 1314, Rn 15.30.

157 Rödder/Herlinghaus/van Lishaut/*Schumacher*, § 15 UmwStG Rn 242; BFH v. 3.8.2005, BStBl. II 2006, 391; Schmitt/Hörtnagl/Stratz/*Hörtnagl*, § 15 UmwStG Rn 191.

158 Haritz/Menner/*Asmus*, UmwStG § 15 Rn 170.

159 Rödder/Herlinghaus/van Lishaut/*Schumacher*, § 15 UmwStG Rn 243.

160 Vgl Schmitt/Hörtnagl/Stratz/*Hörtnagl*, § 15 UmwStG Rn 216 f.

Abs. 5 eine typisierende Missbrauchsregelung. Da die Regelung keine Möglichkeit eines Gegenbeweises bietet, verstößt sie nach überwiegender Ansicht in der Literatur gegen die Fusionsrichtlinie.[161] Da die Regelung des § 15 Abs. 2 S. 5 auch in ihrer eindeutigen konformen Auslegung nicht zugänglich ist, ist sie nach Ansicht von *Schumacher* auch in reinen Inlandsfällen grundsätzlich nicht anwendbar.[162]

106 a) **Gesellschafterstamm.** Die Regelungen des § 15 Abs. 2 S. 5 setzt die Trennung von Gesellschafterstämmen voraus. Der Begriff des Gesellschafterstammes wird im Gesetz jedoch an keiner Stelle definiert. Nach der ganz herrschenden Meinung in der Literatur kann der Begriff des Gesellschafterstamms nicht mit dem Begriff des Gesellschafters identisch sein.[163] Demgegenüber will die Finanzverwaltung den Begriff des Gesellschafterstammes mit dem einzelnen Anteilsinhaber gleichstellen.[164] Unseres Erachtens zeigt der Wortlaut der Regelung, dass der Begriff des Gesellschafterstammes nicht mit dem einzelnen Gesellschafter gleichgesetzt werden kann.[165]

107 Geht man hiervon aus, stellt sich jedoch die Frage, wodurch der Gesellschafterstamm gekennzeichnet ist. Diesbezüglich wird teilweise vertreten, dass ein Gesellschafterstamm eine Gruppe von Gesellschaftern umfasst, die sich durch gleichgerichtete Interessen kennzeichnen.[166] Gegenüber diesem eher subjektiv ausgerichteten Abgrenzungskriterium wird teilweise auch eine rein objektive Abgrenzung vertreten, nach der es insb. darauf ankommt, ob die Gesellschafter aufgrund einer Familien- oder Konzernzugehörigkeit, bestehen von Poolverträgen, Anbietungspflichten oder Vorkaufsrechten objektiv einer bestimmten Gruppe zuzurechnen sind.[167] Unseres Erachtens kann ein Gesellschafterstamm sowohl subjektiv durch gleichgerichtete Interessen als auch objektiv durch Familien- bzw Konzernzugehörigkeit oder entsprechende Verträge geschaffen werden.

108 b) **Trennung von Gesellschafterstämmen.** Nach § 15 Abs. 2 S. 5 soll die Vorbesitzzeit gelten im Falle der Trennung von **Gesellschafterstämmen.** Die Verwendung des Plurals zeigt, dass der Gesetzgeber die besondere Voraussetzung der Vorbesitzzeit nur dann zur Anwendung bringen wollte, wenn mindestens zwei Gesellschafterstämme bei der Übertragung der Gesellschaft vorhanden sind und diese im Wege der Spaltung getrennt werden.[168] Nach Ansicht der Finanzverwaltung liegt eine Trennung von Gesellschafterstämmen vor, wenn im Fall der Aufspaltung an den übernehmenden Körperschaften und im Fall der Abspaltung an der übernehmenden und an der übertragenden Körperschaft nicht mehr alle Anteilsinhaber der übertragenden Körperschaft beteiligt sind.[169] Eine Trennung von Gesellschafterstämmen liegt somit insb. dann vor, wenn bei der übertragenden Körperschaft die Gesellschafterstämme a) und b) bestehen, um nach der Abspaltung an der übernehmenden Körperschaft der Gesellschafterstamm a) zu 100 % beteiligt wird und an der übertragenden Körperschaft der Gesellschafterstamm b) zu 100 % beteiligt wird.

109 Ob eine Trennung von Gesellschafterstämmen auch dann vorliegt, wenn die Gesellschafterstämme an der jeweils anderen Gesellschaft noch mit einem Zwerganteil beteiligt bleiben, oder nach der Spaltung nur an einer der beteiligten Gesellschaften ausschließlich ein Gesellschafterstamm beteiligt ist, ist umstritten.[170] Im Hinblick darauf, dass es sich bei § 15 Abs. 2 S. 5 um

161 Vgl Dötsch/Patt/Pung/Möhlenbrock/*Dötsch/Pung*, § 15 UmwStG Rn 186.
162 Rödder/Herlinghaus/van Lishaut/*Schumacher*, § 15 UmwStG Rn 249.
163 Rödder/Herlinghaus/van Lishaut/*Schumacher*, § 15 UmwStG Rn 251; Schmitt/Hörtnagl/Stratz/*Hörtnagl*, § 15 UmwStG Rn 219; etwas unklar Dötsch/Patt/Pung/Möhlenbrock/*Dötsch/Pung*, § 15 UmwStG Rn 189, die zwar jeden einzelnen Gesellschafter als Gesellschafterstamm qualifizieren wollen, dies jedoch nur dann, wenn sie als „fremde" Gesellschafter anzusehen sind und nicht einer Gruppe von Gesellschaftern angehören.
164 BMF v. 11.11.2011, BStBl. I 2011, 1314, Rn 15.37.
165 Vgl Widmann/Mayer/*Schießl*, § 15 UmwStG Rn 454.
166 Schmitt/Hörtnagl/Stratz/*Hörtnagl*, § 15 UmwStG Rn 222.
167 *Rogal*, DB 2006, 66, 68; vgl auch Dötsch/Patt/Pung/Möhlenbrock/*Dötsch/Pung*, § 15 UmwStG Rn 188.
168 S. Rödder/Herlinghaus/van Lishaut/*Schumacher*, § 15 UmwStG Rn 252; *Schumacher/Neitz-Hackstein*, Ubg 2011, 409, 418.
169 BMF v. 11.11.2011, BStBl. I 2011, 1314, Rn 15.37.
170 Vgl die Beispiele bei Dötsch/Patt/Pung/Möhlenbrock/*Dötsch/Pung*, § 15 UmwStG Rn 193.

eine typisierende Missbrauchsregelung handelt, die die Anwendung des Bewertungswahlrechts des § 11 Abs. 2 ausschließt, ist die Regelung, soweit man sie trotz der europarechtlichen Bedenken für anwendbar hält, eng auszulegen. Eine Trennung von Gesellschafterstämmen die zur Anwendbarkeit der Vorbesitzfrist führt liegt daher nur dann vor, wenn es zu einer vollständigen Trennung der Gesellschafterstämme kommt, dh nach Abschluss der Spaltung an keiner der beteiligten Gesellschaften mehrere Gesellschafterstämme beteiligt sind.[171]

c) **Fünfjährige Vorbesitzzeit.** Im Fall der Trennung von Gesellschafterstämmen setzt die Anwendung des § 11 Abs. 2, dh die Möglichkeiten des Buchwertansatzes bei der übertragenden Körperschaft, voraus, dass die Beteiligung an der übertragenden Körperschaft mindestens fünf Jahre vor dem steuerlichen Übertragungsstichtag bestanden hat. Nach dem Gesetzeswortlaut ist nicht eindeutig, ob es hierbei ausschließlich um die Beteiligung dem Grunde nach geht, oder auch Veränderungen in der Beteiligungshöhe schädlich sind. Die Finanzverwaltung stellt insofern ausschließlich auf die Beteiligung dem Grunde nach ab; Änderungen in der Beteiligungshöhe innerhalb der 5-Jahres-Frist sollen hiernach unschädlich sein.[172] Entscheidend ist somit, dass die im Zeitpunkt der Spaltung an der übertragenden Gesellschaft beteiligten Gesellschafterstämme bereits seit 5 Jahren an dieser Gesellschaft beteiligt sind. Das Austreten von einzelnen Gesellschaftern oder auch ganzen Gesellschafterstämmen im Vorfeld der Spaltung ist demgegenüber unerheblich.[173] 110

Nach *Dötsch/Pung*[174] soll es hingegen schädlich sein, wenn sich einzelne Gesellschafter im Vorfeld der Spaltung in einem Gesellschafterstamm einkaufen um sich die Besitzzeit zurechnen zu lassen. Hierin kann mE kein Missbrauch gesehen werden, so lange der Gesellschafterstamm als solcher nach der Spaltung beteiligt bleibt. Nur in dem besonderen Einzelfall, in dem der vor der Spaltung in den Gesellschafterstamm eingetretene Gesellschafter im Anschluss an die Spaltung sämtliche Anteile des Gesellschafterstammes übernimmt und die weiteren Mitglieder des Gesellschafterstammes aus der Gesellschaft austreten, kann im Einzelfall ein Missbrauch angenommen werden. 111

Auch die grundsätzliche Versagung des Buchwertansatzes im Falle der Trennung von Gesellschafterstämmen, wenn die übertragende Gesellschaft von dem Spaltungsstichtag noch keine fünf Jahre bestanden hat, ist mit dem Sinn und Zweck der Regelung kaum zu vereinbaren.[175] Eine Zurechnung von Vorbesitzzeiten erfolgt grundsätzlich im Falle unentgeltlicher Erwerbe und im Falle von Umwandlungen bei denen die übernehmende Gesellschaft steuerrechtlich vollumfänglich in die Stellung der übertragenden Gesellschaft eintritt (zB gemäß § 4 Abs. 2 und 3, 12). Keine Zurechnung erfolgt im Falle der entgeltlichen Veräußerung. 112

VII. Folgen der Abspaltung für Verluste, negative Einkünfte, Verlust-, Zins- und EBITDA Vorträge

Gemäß Abs. 3 mindern sich bei einer Abspaltung verrechenbare Verluste, verbleibende Verlustvorträge, nicht ausgeglichene negative Einkünfte, ein Zinsvortrag nach § 4 h Abs. 1 S. 2 EStG und ein EBITDA-Vortrag nach § 4 h Abs. 1 S. 3 EStG der übertragenden Körperschaft in dem Verhältnis, in dem bei Zugrundelegung des gemeinen Werts das Vermögen auf eine andere Körperschaft übergeht. Die Regelung des Abs. 3 gilt ausschließlich bei der Abspaltung. Da bei der Aufspaltung die übertragende Körperschaft insgesamt aufgelöst wird, gehen deren Verluste, Verlustvorträge, Zinsvorträge und EBITDA-Vorträge insgesamt nach § 12 Abs. 3 unter. Bei 113

171 Wie hier Schmitt/Hörtnagl/Stratz/*Hörtnagl*, § 15 UmwStG Rn 233; Rödder/Herlinghaus/van Lieshaut/*Schumacher*, § 15 UmwStG Rn 253; Sargasser/Buhler/Brünger/*Sargasser/Schöneberger*, Umwandlungen, § 20 Rn 69.

172 BMF v. 11.11.2011, BStBl. I 2011, 1314, Rn 15.36; zustimmend Rödder/Herlinghaus/van Lishaut/*Schumacher*, § 15 UmwStG Rn 258.

173 Dötsch/Patt/Pung/Möhlenbrock/*Dötsch/Pung*, § 15 UmwStG Rn 202.

174 Dötsch/Patt/Pung/Möhlenbrock/*Dötsch/Pung*, § 15 UmwStG Rn 202.

175 So aber BMF v. 11.11.2011, BStBl. I 2011, 1314, Rn 15.38; wie hier Dötsch/Patt/Pung/Möhlenbrock/*Dötsch/Pung*, § 15 UmwStG Rn 203; *Schumacher/Bier* in: Der Umwandlungssteuererlass 2011, S. 292.

der Abspaltung bleibt die übertragende Körperschaft dem Grundsatz erhalten, so dass auch ein teilweiser Untergang der Verlustvorträge nicht zwingend ist. Der Gesetzgeber hat sich jedoch mit der Regelung des § 15 Abs. 3 dazu entschlossen, einen teilweisen Untergang der Verlustvorträge anzuordnen. Hierbei stellt er ausschließlich auf den gemeinen Wert des übertragenden Vermögens ab. Insofern kann es im Einzelfall sinnvoll sein, bei der Planung der Abspaltung darauf zu achten, dass die Teilbetriebe mit großen stillen Reserven bei der übertragenden Körperschaft zurückbleiben, bzw den Teilbetrieben die auf die übernehmende Gesellschaft übergehen auch entsprechend hohe Schulden zugeordnet werden.

114 Bei der Berechnung der Quote wird ausschließlich auf den gemeinen Wert des übertragenden Vermögens abgestellt. Darauf, ob der den Verlust verursachende Teilbetrieb mitübertragen wird oder vollständig bei der übernehmenden Gesellschaft zurückbleibt, kommt es nach dem eindeutigen Wortlaut der Regelung nicht an. Im Extremfall gehen der Verlustvortrag, Zinsvortrag und EBITDA-Vortrag somit auch dann unter, wenn ausschließlich ein gewinnbringender Teilbetrieb übertragen wird und der in der Vergangenheit die Verluste produzierende Teilbetrieb vollständig bei der übertragenden Gesellschaft verbleibt.[176]

115 Fraglich ist das Verhältnis von § 15 Abs. 3 zur allgemeinen Regelung des § 8 c KStG, wonach ein Verlustvortrag untergeht, wenn es zu einem Anteilseignerwechsel bei der Gesellschaft kommt. Bei einer nichtverhältniswahrenden Spaltung kann es zu erheblichen Verschiebungen der Beteiligungsquote zwischen den bisherigen Gesellschaftern kommen, bis hin zum vollständigen Ausscheiden einzelner Gesellschafter. Da im Rahmen des § 8 c KStG grundsätzlich auch Veräußerungen zwischen den bisherigen Gesellschaftern schädlich sind,[177] kann es im Falle der Abspaltung neben § 15 Abs. 3 auch zu einem Untergang von Verlustvorträgen, Zinsvorträgen, EBITDA-Vorträgen nach § 8 c KStG kommen. Da es nach § 8 c KStG beim Anteilseignerwechsel von mehr als 50 % zu einem vollständigen Untergang aller bestehenden Verlustvorträge kommt, kann die Rechtsfolge des § 8 c KStG im Einzelfall wesentlich weitgehender sein als die des § 15 Abs. 3.

116 Aufgrund der unterschiedlichen Anknüpfungspunkte für den Verlustuntergang (einerseits den Anteilseignerwechsel und andererseits die Übertragung von Vermögen auf eine andere Körperschaft) muss man davon ausgehen, dass die beiden Vorschriften nebeneinander anwendbar sind und § 15 Abs. 3 UmwStG den § 8 c KStG nicht als speziellere Vorschrift verdrängt.[178]

117 Besonders problematisch ist die Frage des Untergangs des verbleibenden Verlustvortrages und der nicht ausgeglichenen negativen Einkünfte bei einem unterjährigen Abspaltungsstichtag. Nach der bisherigen Verwaltungsauffassung soll von § 8 c KStG auch der bis zur relevanten Anteilsübertragung entstandene laufende Verlust betroffen sein. Dieser sollte entweder durch eine zeitanteilige Aufteilung ermittelt werden oder durch eine bilanzielle Ergebnisabschichtung.[179] Nach dem neuen Entwurf des BMF-Schreibens will die Finanzverwaltung offensichtlich nur noch eine nach wirtschaftlichen Kriterien bemessene Aufteilung zulassen.[180] Umstritten ist auch, ob Gewinne, die bis zum Abspaltungsstichtag anfallen, noch mit den zum vorherigen Bilanzstichtag bestehenden Verlustvorträgen verrechnet werden können. Dies hat die Finanzverwaltung bislang abgelehnt.[181]

118 Diesbezüglich hat der Bundesfinanzhof jedoch mit Urteil vom 30.11.2011[182] entschieden, dass der bis zum Übertragungsstichtag entstandene Verlust noch mit bestehenden Verlustvorträgen verrechnet werden kann. Die diesbezügliche Einschränkung der Finanzverwaltung, dass dies

176 Vgl hierzu Dötsch/Patt/Pung/Möhlenbrock/*Dötsch/Pung*, § 15 UmwStG Rn 231; Rödder/Herlinghaus/van Lishaut/*Schumacher*, § 15 UmwStG Rn 267.

177 Vgl BMF v. 4.7.2008, BStBl. I 2008, 736; ebenso der Entwurf eines BMF-Schreibens zur Anwendung des § 8 c KStG unter Berücksichtigung der Konzernklausel in der Fassung des Wachstumsbeschleunigungsgesetzes und der stille-Reserven-Klausel in der Fassung des Jahressteuergesetzes 2010 v. 15.4.2014.

178 Vgl BMF v. 4.7.2008, BStBl. I 2008, 736 Rn 7.

179 Vgl BMF v. 4.7.2008, BStBl. I 2008, 736 Rn 32.

180 Entwurf des BMF-Schreibens vom 15.4.2014 Rn 32; vgl *Adrian/Weiler*, BB 2014, 1303, 1305.

181 Vgl BMF v. 4.7.2008, BStBl. I 2008, 736 Rn 31.

182 Vgl BFH v. 30.11.2011, BStBl. II 2012, 360.

nur möglich sei, wenn die übertragende Gesellschaft im gesamten Wirtschaftsjahr der Übertragung ein positives Ergebnis erzielt,[183] steht offensichtlich im Widerspruch zur neueren Auffassung der Finanzverwaltung zur Aufteilung des unterjährigen Verlustes nach wirtschaftlichen Kriterien. Entsprechend der Verlustaufteilung sollte auch ein Gewinn nach wirtschaftlichen Kriterien aufgeteilt werden, so dass ein Gewinn, der nachweislich bis zum Übertragungsstichtag angefallen ist, mit dem zum vorherigen Bilanzstichtag festgestellten Verlustvortrag verrechnet werden kann.

§ 16 Aufspaltung oder Abspaltung auf eine Personengesellschaft

[1]Soweit Vermögen einer Körperschaft durch Aufspaltung oder Abspaltung auf eine Personengesellschaft übergeht, gelten die §§ 3 bis 8, 10 und 15 entsprechend. [2]§ 10 ist für den in § 40 Abs. 2 Satz 3 des Körperschaftsteuergesetzes bezeichneten Teil des Betrags im Sinne des § 38 des Körperschaftsteuergesetzes anzuwenden.

I. Überblick

§ 16 komplettiert den 4. Teil des UmwStG, dh die Regelung zur Auf- und Abspaltung, indem es die Voraussetzungen und Rechtsfolgen der Auf- bzw Abspaltung von einer Kapitalgesellschaft auf eine Personengesellschaft regelt. Ebenso wie bei § 15 ist auch im Rahmen des § 16 die dritte Form der zivilrechtlichen Spaltung, die Ausgliederung, nicht von § 16 erfasst. Die Ausgliederung von Vermögensteilen auf eine Personengesellschaft ist vielmehr als Einbringung in § 24 geregelt. 1

Im UmwStR wird die Auf- bzw Abspaltung als besondere Form der Teilverschmelzung angesehen. Dementsprechend verweist § 16 hinsichtlich der Rechtsfolgen auf die Regelung des 2. Teils des UmwStG, dh die §§ 3–8, in denen die Verschmelzung einer Kapitalgesellschaft auf eine Personengesellschaft geregelt sind. 2

Hinsichtlich der Voraussetzungen, die bei der übertragenden Körperschaft und bei den Anteilseignern der übertragenden Körperschaft vorliegen müssen, verweist § 16 hingegen auf die Regelung des § 15. Dadurch, dass der Gesetzgeber in § 15 Abs. 1 S. 1 den Verweis auf die §§ 11–13 unter den Vorbehalt des § 16 gestellt hat, macht der Gesetzgeber deutlich, dass der Verweis in § 16 auf § 15 ausschließlich die Voraussetzungen auf Ebene der übertragenden Körperschaft und der Anteilseigner betrifft, jedoch nicht zu einer Weiterverweisung auf die Rechtsfolgen der §§ 11–13 führen soll. Wie dargestellt ergeben sich die Rechtsfolgen für die Auf- bzw Abspaltung einer Personengesellschaft aus den §§ 3–8. Durch die generelle Verweisung auf § 15 hinsichtlich der Voraussetzungen einer Buchwertfortführung im Rahmen der Auf- bzw Abspaltung auf eine Personengesellschaft macht der Gesetzgeber deutlich, dass er eine parallele Wertung für die Auf- bzw Abspaltung auf eine Personengesellschaft im Vergleich zur Auf- bzw Abspaltung auf eine Kapitalgesellschaft für gerechtfertigt ansieht. 3

II. Anwendungsbereich der Vorschrift

Der zweite bis fünfte Teil des UmwStG, und damit auch § 16, gilt nur für die Aufspaltung und Abspaltung iSd §§ 123 Abs. 1, 2 UmwG von Körperschaften oder vergleichbare ausländische Vorgänge, § 1 Abs. 1 S. 1 Nr. 1.[1] 4

183 Hierzu auch *Adrian/Weiler*, BB 2014, 1303.

1 Zu den Voraussetzungen die an einen vergleichbaren ausländischen Vorgang zu stellen sind, vgl § 1 Rn 41 ff.

5 Als übertragender Rechtsträger einer Auf- oder Abspaltung kommen, ebenso wie bei § 15 somit folgende Gesellschaften in Betracht: AG, SE, GmbH, KGaA, eG, eV und der wirtschaftliche Verein. Als übernehmende Personengesellschaft kommen die OHG und die KG in Betracht. Grundsätzlich kann auch eine Partnerschaftsgesellschaft aufnehmende Gesellschaft im Rahmen einer Auf- bzw Abspaltung sein, jedoch sind hierbei die Besonderheiten der Partnerschaftsgesellschaft zu berücksichtigen, die natürlichen Personen ausschließlich zur Ausübung eines freien Berufes offensteht (vgl auch §§ 125, 45 a UmwG).[2]

6 Eine Spaltung auf eine natürliche Person ist nach den Regelungen des UmwG nicht möglich.[3] Insofern kann nur über die Spaltung auf eine Personengesellschaft mit anschließender Anwachsung des Vermögens auf einen Gesellschafter als Gestaltungsmöglichkeit nachgedacht werden.[4]

7 Asmus weist darauf hin, dass auch eine Abspaltung auf eine Personengesellschaft ohne Betriebsvermögen möglich sei, in diesem Fall nur das Wahlrecht des § 3 Abs. 2 nicht greife.[5] Aufgrund des Anwendungsbereichs des vierten Teils des UmwStG, der als übernehmende Rechtsträger nur die OHG oder die KG vorsieht, ist eine Auf- bzw Abspaltung die nicht in das Betriebsvermögen der übernehmenden Personengesellschaft erfolgt, nur in den Fällen der reinen vermögensverwaltenden OHG oder KG denkbar.[6]

III. Entsprechende Anwendung von § 15

8 Die entsprechende Anwendung von § 15 im Bereich von § 16 bedeutet, dass auch im Bereich der Abspaltung oder Aufspaltung auf eine Personengesellschaft eine Buchwertfortführung nur unter den Voraussetzungen des § 15 Abs. 1, dh insb.dem doppelten Teilbetriebserfordernis, möglich ist.[7] Die einhellige Ansicht in der Literatur geht davon aus, dass die entsprechende Anwendung des § 15 dazu führt, dass auf Rechtsfolgenseite bei Vorliegen der Voraussetzung des § 15 Abs. 1, 2 nicht die §§ 11 Abs. 2, 13 Abs. 2 anzuwenden sind, sondern die insofern entsprechenden Regelungen des § 3 Abs. 2 bzw § 4.

9 § 13 findet auf Ebene der Anteilseigner regelmäßig ebenfalls keine Anwendung, da die Anteilseigner der übertragenden Körperschaft Mitunternehmer der aufnehmenden Personengesellschaft werden und daher eine Fortführung der Anschaffungskosten nicht in Betracht kommt.[8] Nur für den Fall der nicht verhältniswahrenden Spaltung, bei der ein Anteilseigner der übertragenden Körperschaft kein Mitunternehmer der aufnehmenden Personengesellschaft wird, sondern ausschließlich weitere Anteile an der übertragenden Körperschaft erhält, bleibt insofern § 13 anwendbar, mit der Folge, dass unter den Voraussetzungen des § 13 Abs. 2 auf Antrag die Buchwertfortführung möglich ist und es nicht zu einer Veräußerung der Anteile an der übertragenden Körperschaft kommt.[9]

10 Einen Buchwertansatz in der steuerlichen Schlussbilanz des übertragenden Rechtsträgers ist auch im Falle der Auf- bzw Abspaltung auf eine Personengesellschaft nur unter den Voraussetzungen des § 15 Abs. 2 möglich. Im Falle der Auf- oder Abspaltung eines fiktiven Teilbetriebs ist insofern auch im Bereich des § 16 die Vorbehaltensfrist von drei Jahren zu beachten. Auch die Haltefrist des § 15 Abs. 2 S. 4 ist bei einer Auf- bzw Abspaltung auf eine Personengesellschaft nach Ansicht der wohl hM anwendbar.[10]

2 Eine Übersicht über die möglichen beteiligten Rechtsträger findet sich bei Lutter/*Teichmann*, § 124 UmwG Rn 8; Rödder/Herlinghaus/van Lishaut/*Schumacher*, § 16 UmwStG Rn 6.

3 Vgl Widmann/Mayer/*Schießl*, § 16 UmwStG Rn 5.

4 Haritz/Menner/*Asmus*, § 16 UmwStG Rn 28, der sogar eine Veräußerung des Anteils vorschlägt, bei der aber nach hM die Regelung des § 15 Abs. 2 S. 4 zu beachten ist.

5 Haritz/Menner/*Asmus*, § 16 UmwStG Rn 28.

6 Vgl Haritz/Menner/*Brinkhaus*, § 3 UmwStG Rn 110.

7 Vgl Widmann/Mayer/*Schießl*, § 16 UmwStG Rn 15 f.

8 Vgl Schmitt/Hörtnagl/Stratz/*Hörtnagl*, § 16 UmwStG Rn 10; Dötsch/Patt/Pung/Möhlenbrock/*Dötsch*, § 16 UmwStG Rn 5.

9 Dösch/Patt/Pung/Möhlenbrock/*Dötsch*, § 16 UmwStG Rn 5; Rödder/Herlinghaus/van Lishaut/*Schumacher*, § 16 UmwStG Rn 10.

10 Dösch/Patt/Pung/Möhlenbrock/*Dötsch*, § 16 UmwStG Rn 9.

§ 15 Abs. 2 S. 4 knüpft die Sanktion der Nichtanwendung der Buchwertfortführung ausdrücklich an die Veräußerung von Anteilen an einer an der Spaltung beteiligten Körperschaft. Dieser insofern eindeutige Wortlaut spricht dafür, im Falle der Aufspaltung auf Personengesellschaften § 15 Abs. 2 S. 2 ff gar nicht anzuwenden und bei einer Abspaltung auf eine Personengesellschaft nur bezüglich der verbleibenden Anteile an der übertragenden Körperschaft.[11] Dieses Ergebnis entspricht auch dem Sinn und Zweck der Missbrauchsregelung des § 15 Abs. 2 S. 2 ff durch die verhindert werden soll, dass einzelne Wirtschaftsgüter oder Mitunternehmeranteile im Wege der Anteilsveräußerung begünstigt nach § 8 b KStG veräußert werden können. 11

Hierfür besteht bei einer Auf- bzw Abspaltung einer Personengesellschaft kein Anlass, da in diesem Fall nur Mitunternehmeranteile veräußert werden können, die nicht unter die Begünstigungen des § 8 b KStG fallen. Sofern von Teilen der Literatur vertreten wird, dass der Gesetzgeber mit der Regelung des § 15 Abs. 2 S. 2 ff generell die Veräußerung im Nachgang zu einer Auf- bzw Abspaltung sanktionieren wollte und daher im Bereich des § 16 auch die anschließende Veräußerung der Mitunternehmeranteile sanktioniert, bleiben die Autoren eine Begründung hierfür schuldig.[12] Unseres Erachtens ist die Regelung des § 15 Abs. 2 S. 2 ff nur dadurch gerechtfertigt, dass eine Ausnutzung der Begünstigung des § 8 b KStG verhindert werden soll. Ein Grund für eine generelle Sanktionierung von nachfolgenden Veräußerungen ist nicht erkennbar und ergibt sich auch nicht aus den zugrunde liegenden Gesetzesbegründungen. 12

IV. Entsprechende Anwendung der §§ 3 bis 8

Die entsprechende Anwendung des § 3 auf Ebene der übertragenden Körperschaft setzt die Auf- bzw Abspaltung auf eine Personengesellschaft mit der Verschmelzung einer Körperschaft auf eine Personengesellschaft gleich. Im Ergebnis bedeutet dies, dass unter den in § 3 Abs. 2 genannten Voraussetzungen die übertragende Körperschaft das auf die Personengesellschaft übergehende Vermögen (und nur dieses) in der steuerlichen Schlussbilanz mit dem Buchwert ansetzen kann, so dass kein Übertragungsgewinn entsteht. Wie auch im Bereich des § 15 sind in der steuerlichen Schlussbilanz der übertragenden Körperschaft ausschließlich die Wirtschaftsgüter zu erfassen, die auf die aufnehmende Gesellschaft übertragen werden sollen. Das bei der übertragenden Körperschaft verbleibende Vermögen ist nicht betroffen. Die Voraussetzungen, unter denen nach § 3 Abs. 2 der Buchwertansatz möglich ist, sind: 13

1. Wirtschaftsgüter bei der übernehmenden Personengesellschaft, Betriebsvermögen, wenn sichergestellt ist, dass sie später der Besteuerung mit Einkommensteuer oder Körperschaftsteuer unterliegen;
2. Das Recht der Bundesrepublik Deutschland hinsichtlich der Besteuerung des Gewinns aus der Veräußerung der übertragenden Wirtschaftsgüter bei den Gesellschaftern der übernehmenden Personengesellschaft nicht ausgeschlossen oder beschränkt wird und
3. Eine Gegenleistung nicht gewährt wird oder in Gesellschaftsrechten besteht.[13]

Gemäß § 4 iVm § 16 hat die übernehmende Personengesellschaft die auf sie übergehenden Wirtschaftsgüter mit dem Wert anzusetzen, der in der steuerlichen Schlussbilanz der übertragenden Körperschaft gewählt wurde. Der Teil der Anteile an der übertragenden Körperschaft, der, bezogen auf den gemeinen Wert des übergehenden Vermögens, als übertragen gilt, gilt gemäß § 5 als in übernehmende Personengesellschaft eingelegt. Für diese Anteile gilt gemäß § 4 Abs. 1 S. 2 die sogenannte erweiterte Wertaufholung.[14] Die Regelungen des § 6 zum Übernah- 14

11 Wie hier auch Rödder/Herlinghaus/van Lishaut/*Schumacher*, § 16 UmwStG; weiter Haritz/Menner/*Asmus*, § 16 UmwStG Rn 22-24, der offensichtlich § 15 Abs. 2 S. 2 ff gar nicht zur Anwendung kommen lassen will.

12 Dötsch/Patt/Pung/Möhlenbrock/*Dötsch*, § 16 UmwStG Rn 9; Widmann/Mayer/*Schießl*, § 16 UmwStG Rn 85; Schmitt/Hörtnagl/Stratz/*Hörtnagl*, § 16 UmwStG Rn 17.

13 Vgl hierzu § 3 Rn 34 ff.

14 Vgl Rödder/Herlinghaus/van Lishaut/*Schumacher*, § 16 UmwStG Rn 23.

megewinn aufgrund Konfusion von Forderungen und Verbindlichkeiten ist ebenso entsprechend anzuwenden, wie die Reglungen zur Ausschüttung der offenen Rücklagen gem. § 7.

15 Dass bei der übernehmenden Personengesellschaft zu ermittelnde Übernahmeergebnis ist daher gemäß § 4 Abs. 5 S. 2 grundsätzlich aufzuteilen in:

1. Einkünfte aus Kapitalvermögen, die sich aus der aus § 7 ergebenden fiktiven Ausschüttung der offenen Rücklagen der übertragenden Körperschaft ergeben und
2. den verbleibenden Übernahmegewinnen bzw Übernahmeverlusten für den in § 4 Abs. 6 gilt. Ein Übernahmeverlust bleibt demnach außer Ansatz, soweit er auf eine Körperschaftpersonenvereinigung oder eine Vermögensmasse als Mitunternehmerin entfällt. Der Übernahmegewinn unterfällt grundsätzlich § 8 b KStG bzw § 3 Nr. 40 EStG, § 4 Abs. 7 UmwStG.[15]

16 § 4 Abs. 2 S. 2 stellt ausdrücklich klar, dass es nicht zu einem Übergang von verrechenbaren Verlusten, verbleibenden Verlustvorträgen, nicht ausgeglichenen negativen Einkünften oder einem Zinsvortrag bzw einem EBITDA-Vortrag auf die übernehmende Gesellschaft kommt. Hieraus folgt für den Fall der Aufspaltung, dass es zwangsläufig zum vollständigen Untergang der bislang bei der übertragenden Körperschaft bestehenden verrechenbaren Verlusten, verbleibenden Verlustvorträgen, nicht ausgeglichenen negativen Einkünften, einem Zinsvortrag bzw einem EBITDA-Vortrag kommt.[16]

17 Für den Verlust, das nicht ausgeglichene negative Einkommen, den Zinsvortrag und den EBITDA-Vortrag der übertragenden Körperschaft gilt § 15 Abs. 3 entsprechend, dh es kommt im Falle der Abspaltung auf eine Personengesellschaft zum anteiligen Untergang entsprechend der Quote des übertragenen Vermögens gemessen am gemeinen Wert des übertragenen Vermögens.[17]

V. Entsprechende Anwendung von § 10

18 Gemäß § 16 S. 2 ist § 10 für den in § 40 Abs. 2 S. 3 KStG bezeichneten Teil des Betrags iSd § 38 KStG anzuwenden.[18] Die Vorschrift des § 10 ist durch Gesetz vom 20.12.2007 aufgehoben worden. Gemäß der Anwendungsregelung des § 27 Abs. 6 S. 1 ist § 10 nur noch auf Umwandlungen anzuwenden gewesen, bei denen der steuerliche Übertragungsstichtag vor dem 1.1.2007 gelegen hat. Nach § 27 Abs. 6 S. 2 ist § 10 weiter anzuwenden, wenn ein Antrag nach § 34 Abs. 16 KStG gestellt wurde. Diese Sonderregelung greift nur für Wohnungsunternehmen und steuerbefreite Körperschaften, für die die Zwangsversteigerung des EK02 nachrangig sein könnte, wenn sie aufgrund ihrer Gesellschafterstruktur oder Satzung nicht ausschütten konnten oder durften.[19]

15 Vgl hierzu § 4 Rn 55.
16 Dösch/Patt/Pung/Möhlenbrock/*Dötsch*, § 16 UmwStG Rn 17.
17 Vgl hierzu auch § 15 Abs. 3 Rn 113 ff.
18 Vgl Widmann/Mayer/*Schießl*, § 16 UmwStG Rn 76.1.
19 Vgl zu den Besonderheiten der Kapitalveränderung, Körperschaftsteuerauszahlungsansprüche und Körperschaftsteuererhöhungen bei Umwandlungen (§§ 29, 37, 38, 40 KStG) Rödder/Herlinghaus/van Lishaut/*van Lishaut*, Anhang 3, zu den Änderungen des § 38 KStG durch das Jahressteuergesetz 2008 insb. Rn 72 ff.

Fünfter Teil
Gebwerbesteuer

§ 17 (weggefallen)

§ 18 Gewerbesteuer bei Vermögensübergang auf eine Personengesellschaft oder auf eine natürliche Person sowie bei Formwechsel in eine Personengesellschaft

(1) [1]Die §§ 3 bis 9 und 16 gelten bei Vermögensübergang auf eine Personengesellschaft oder auf eine natürliche Person sowie bei Formwechsel in eine Personengesellschaft auch für die Ermittlung des Gewerbeertrags. [2]Der maßgebende Gewerbeertrag der übernehmenden Personengesellschaft oder natürlichen Person kann nicht um Fehlbeträge des laufenden Erhebungszeitraums und die vortragsfähigen Fehlbeträge der übertragenden Körperschaft im Sinne des § 10 a des Gewerbesteuergesetzes gekürzt werden.

(2) [1]Ein Übernahmegewinn oder Übernahmeverlust ist nicht zu erfassen. [2]In Fällen des § 5 Abs. 2 ist ein Gewinn nach § 7 nicht zu erfassen.

(3) [1]Wird der Betrieb der Personengesellschaft oder der natürlichen Person innerhalb von fünf Jahren nach der Umwandlung aufgegeben oder veräußert, unterliegt ein Aufgabe- oder Veräußerungsgewinn der Gewerbesteuer, auch soweit er auf das Betriebsvermögen entfällt, das bereits vor der Umwandlung im Betrieb der übernehmenden Personengesellschaft oder der natürlichen Person vorhanden war. [2]Satz 1 gilt entsprechend, soweit ein Teilbetrieb oder ein Anteil an der Personengesellschaft aufgegeben oder veräußert wird. [3]Der auf den Aufgabe- oder Veräußerungsgewinnen im Sinne der Sätze 1 und 2 beruhende Teil des Gewerbesteuer-Messbetrags ist bei der Ermäßigung der Einkommensteuer nach § 35 des Einkommensteuergesetzes nicht zu berücksichtigen.

Literatur:

Bartelt, Umfang der gewerbesteuerlich verhafteten stillen Reserven in Fällen des § 18 Abs. 4 UmwStG, DStR 2006, 1109; *Behrendt/Arjes*, Das Verhältnis der Ausschüttungsfiktion (§ 7 UmwStG) zur Einlagefiktion (§ 5 Abs. 2, UmwStG), DB 2007, 824; *Benecke/Schnitger*, Letzte Änderungen der Neuregelungen des UmwStG und der Entstrickungsnormen durch das SEStEG, IStR 2007, 24; *Bock*, Infektionsschutz für Betriebsaufspaltungen, StB 2006, 222; *Bogenschütz*, Aktuelle Entwicklungen bei der Umwandlung von Kapitalgesellschaften in Personengesellschaften, Ubg 2009, 604; *Bogenschütz*, Umwandlung von Kapitalgesellschaften in Personengesellschaften, Ubg 2011, 393; *Dötsch/Pung*, JStG 2008: Die Änderungen des KStG, des UmwStG und des GewStG, DB 2007, 2669; *Förster/Felchner*, Umwandlung von Kapitalgesellschaften in Personenunternehmen nach dem Referentenentwurf zum SEStEG, DB 2006, 1072; *Förster/Felchner*, Weite versus enge Einlagefiktion bei der Umwandlung von Kapitalgesellschaften in Personengesellschaften, DB 2008, 2445; *Füger/Rieger*, Gewerbesteueranrechnung in § 18 Abs. 4 Satz 3, DStR 2002, 1021; *Hagemann/Jakob/Ropohl/Viebrock*, SEStEG, NWB Sonderheft 1/2007; *Hierstetter*, (Mit-)Unternehmeridentität bei Verschmelzung bzw Spaltung einer Kapitalgesellschaft, DB 2010, 1089; *Hörger/Endres*, Gewerbesteuerfalle bei Umwandlung einer Kapitalgesellschaft auf eine bestehende Personengesellschaft, DB 1998, 2235; *IDW*, IDW Stellungnahme zum Entwurf des UmwSt-Erl (UmwSt-E), Ubg 2011, 549; *Krohn/Greulich*, Ausgewählte Einzelprobleme des neuen UmwSt-Rechts aus der Praxis, DStR 2008, 646; *Kreft*, Aktuelle Probleme bei der Nutzung gewerbesteuerlicher Verlustvorträge, GStB 2000, 89; *Lemaitre/Schönherr*, Die Umwandlung von Kapitalgesellschaften in Personengesellschaften durch Verschmelzung und Formwechsel nach der Neufassung des UmwStG durch das SEStEG, GmbHR 2007, 173; *Neu/Hamacher*, Anwendung des § 18 Abs. 3 UmwStG bei Veräußerung eines Unternehmens oder Mitunternehmeranteils gegen wiederkehrende Bezüge, DStR 2010,1453; *Neu/Hamacher*, Die Gewerbesteuerfalle des § 18 Abs. 3 UmwStG nach dem UmwSt-Erlass 2011, GmbHR 2012, 280; *Neu/Schiffers/Watermeyer*, Praxisrelevante Schwerpunkte aus dem UmwStE-Entwurf, GmbHR 2011, 729; *Orth*, Zum Umfang der Gewerbesteuerpflicht von Veräußerungsgewinnen nach § 18

Abs. 4 UmwStG, DB 2001, 1108; *Patt*, Gewerbesteuerliche Veräußerung oder Aufgabe „umwandlungsgeborener“ (Teil-)Betriebe oder Mitunternehmeranteile, FR 2000, 1115; *Plewka/Herr*, Gewerbesteuerfalle: Verlängerung der fünfjährigen GewSt-Sperrfrist bei Betriebseinbringungen zu Buchwerten nach Formwechsel?, BB 2009, 2736; *Pyszka/Jüngling*, Umwandlung von Kapitalgesellschaften in Personenunternehmen, BB-Special 1.2011, 4; *Rauenbusch*, URef 2008: Steuerliche Vorteilhaftigkeit des Formwechsels einer Kapitalgesellschaft in eine Personengesellschaft, DB 2008, 656; *Rödder*, Pauschalierte Gewerbesteueranrechnung – eine komprimierte Bestandsaufnahme, DStR 2002, 939; *Rose*, Sonder-Gewerbesteuer aus § 18 Abs. 4 UmwStG nach Formwechsel vor 1999?, FR 2005, 1; *Seer/Krumm*, Die Stichtagsregelung des gewerbesteuerlichen Schachtelprivilegs bei unterjähriger Einlage und Einbringung aus dem PV, FR 2010, 677; *Siebert*, Gewerbesteuerprobleme bei Unternehmensumstrukturierungen, DStR 2000, 758; *Siegmund/Ungemach*, Einbringung von WG in eine Personengesellschaft, NWB 2011, 2859; *Strahl*, Umwandlung der Kapitalgesellschaften in die Personenunternehmung nach dem neuen UmwSt-Recht, KÖSDI 2007, 15513; *Trossen*, Umfang der Gewerbesteuerpflicht nach § 18 Abs. 3 UmwStG bei Veräußerung und Aufgabe von Mitunternehmeranteilen, DB 2007, 1373; *Wacker*, Anmerkung zu BFH v. 11.12.2011 – VIII R 23/01, DStZ 2002, 457; *Wernsmann/Desens*, Gleichheitswidrige Gewerbesteuernachbelastung durch ein Nichtanwendungsgesetz, DStR 2008, 221.

A. Allgemein – Anwendungsbereich des § 18

1 Die Regelungen des § 18 beziehen sich lediglich auf die **gewerbesteuerlichen Folgen**:

- der Verschmelzung einer Körperschaft auf eine Personengesellschaft oder auf eine natürliche Person (§§ 3 bis 8),
- des Formwechsels einer Körperschaft in eine Personengesellschaft (§ 9) sowie
- der Auf- oder Abspaltung von einer Körperschaft auf eine Personengesellschaft (§ 16).

Dieser Teilabschnitt des UmwStG zielt grds. darauf ab, bei Umwandlungen einer Körperschaft in bzw. auf eine Personengesellschaft oder eine natürliche Person sowohl bei Übertragung zu Buchwerten als auch bei einer Übertragung des Vermögens oberhalb des Buchwertes die Erfassung der ggf. bestehenden stillen Reserven für Zwecke der Gewerbesteuer sicherzustellen.[1]

2 Die Regelungen des § 18 Abs. 1 und Abs. 2 begründen keinen eigenen neuen gewerbesteuerlichen Tatbestand, sondern greifen nur ein, soweit der übertragende bzw der übernehmende Rechtsträger der Gewerbesteuer unterliegen. Im Unterschied dazu begründet § 18 Abs. 3 für die Übernehmerin einen eigenen neuen gewerbesteuerlichen Tatbestand.[2]

B. § 18 Abs. 1 UmwStG – Anwendbarkeit von Vorschriften

3 Nach § 18 Abs. 1 S. 1 sind die §§ 3 bis 9 und 16 auch bei der Ermittlung des Gewerbeertrages der übertragenden Gesellschaft zu beachten.

4 Nach **§ 3 Abs. 1** ist das übergehende Vermögen grds mit dem gemeinen Wert anzusetzen. Hiervon abweichend kann gem. § 3 Abs. 2 das übergehende Vermögen auf Antrag mit dem niedrigeren Buchwert oder einem Zwischenwert angesetzt werden. In der Folge entsteht ein **Übertra-**

1 Vgl Rödder/Herlinghaus/van Lishaut/*Trossen*, § 18 Rn 3.

2 Vgl Rödder/Herlinghaus/van Lishaut/*Trossen*, § 18 Rn 4.

gungsgewinn nach § 3 nur bei einem über dem Buchwert liegenden Ansatz des Vermögens in der Schlussbilanz der übertragenden Körperschaft. Der Übertragungsgewinn unterliegt auf deren Ebene idR der Gewerbesteuer.[3]

Mit Verweis auf **§ 4 Abs. 1 bis 3** wird sichergestellt, dass eine steuerliche Rechtsnachfolge der Übernehmerin auch für gewerbesteuerliche Zwecke eintritt. Dies gilt für die Wertansätze in der Übertragungsbilanz und die Anrechnung von Besitzzeiten, soweit das für die Gewerbesteuer relevant ist. Steuerliche Rechtsnachfolge bedeutet aber nicht, dass die Übernehmerin selbst der Gewerbesteuer unterliegt. Dies richtet sich nach den jeweils geltenden Vorschriften und kann zB dazu führen, dass stille Reserven bei Übergang auf ein Betriebsvermögen der Land- und Forstwirtschaft oder der selbständigen Arbeit nicht mehr gewerbesteuerlich verstrickt sind (vgl dazu aber die Missbrauchsvorschrift § 18 Abs. 3). 5

§ 5 enthält Sonderregelungen zur Ermittlung des Übernahmegewinns oder Übernahmeverlustes in den Fällen, in denen sich die Anteile an der übertragenden Körperschaft am steuerlichen Übertragungsstichtag nicht oder nicht zu 100 % im Betriebsvermögen der Übernehmerin befinden. Die Anwendung des § 5 für Zwecke der Gewerbesteuer hat zur Folge, das für die entsprechenden Anteile ein **Übernahmegewinn** oder **Übernahmeverlust** zu ermitteln ist, der für Zwecke der Gewerbesteuer grds. zu berücksichtigen ist.[4] 6

Die Regelungen des **§ 6** klären die ertragsteuerliche Behandlung einer sog. Konfusion, dh die Vereinigung von Forderungen und Verbindlichkeiten in der Hand der übernehmenden Personengesellschaft oder natürlichen Person als Folge der wirksamen Umwandlung. Ein durch die Konfusion entstehender **Übernahmefolgegewinn** ist als laufender Gewinn zu qualifizieren und entsprechend ertragsteuerlich zu erfassen. Die Regelungen des § 6 gewähren in diesem Zusammenhang die Möglichkeit zur Bildung einer Rücklage und damit letztlich eine zeitlich gestreckte Ertragsbesteuerung des Übernahmefolgegewinns. Durch die entsprechende Anwendung des § 6 für Zwecke der Gewerbesteuer gemäß § 18 Abs. 1 S. 1 GewStG wird klargestellt, dass sowohl der Übernahmefolgegewinn selbst als auch die Möglichkeiten zu dessen Neutralisierung durch eine den Gewinn mindernde Rücklage bei der Gewerbesteuer zu berücksichtigen sind. Die Auflösung der Rücklage in den Folgejahren führt korrespondierend zu einer entsprechenden Erhöhung des Gewerbeertrags iSd § 7 GewStG. 7

Die Regelung des § 7 sieht bei Umwandlung von Körperschaften in bzw auf eine Personengesellschaft oder eine natürliche Person das sog. „Modell der fiktiven Totalausschüttung" vor. Im Zuge einer Umwandlung sind den Anteilseignern der übertragenden Körperschaft demnach die offenen steuerbilanziellen Gewinnrücklagen entsprechend ihren Beteiligungsverhältnissen anteilig zuzurechnen.[5] Die Einnahmen sind bei den Anteilseignern nach § 7 S. 1 als Einkünfte aus Kapitalvermögen iSd § 20 Abs. 1 Nr. 1 EStG zu qualifizieren, auf die die allgemeinen Besteuerungsgrundsätze Anwendung finden.[6] 8

Bei natürlichen Personen als Mitunternehmer der übernehmenden Personengesellschaft oder als Übernehmer sind idR noch 60 % der Bezüge iSd § 7 im Gewerbeertrag enthalten. Diese noch im Gewerbeertrag enthaltenen Bezüge sind unter den Voraussetzungen des § 9 Nr. 2 a, 7 oder 8 GewStG von dem Gewerbeertrag zu kürzen. 9

Bei Körperschaften als Mitunternehmer der übernehmenden Personengesellschaft sind in den Fällen des § 8 b Abs. 1 iVm Abs. 5 KStG die Bezüge iSd § 7 nach § 7 S. 4 2. Hs GewStG nicht mehr im Gewerbeertrag enthalten. Erfüllt die Beteiligung an der übertragenden Körperschaft nicht die Voraussetzungen des § 9 Nr. 2 oder 7 GewStG, sind die im Gewerbeertrag nicht ent- 10

3 Vgl Dötsch/Patt/Pung/Möhlenbrock/*Pung*, § 18 Rn 6.
4 Vgl Dötsch/Patt/Pung/Möhlenbrock/*Pung*, § 18 Rn 11.
5 Vgl Rödder/Herlinghaus/van Lishaut/*Birkemeier*, § 7 Rn 1.
6 Vgl Rödder/Herlinghaus/van Lishaut/*Birkemeier*, § 7 Rn 19.

haltenen Bezüge nach § 8 Nr. 5 GewStG wieder hinzuzurechnen. Erfüllt die Beteiligung die Voraussetzungen des § 9 Nr. 2 a oder 7 GewStG wird der Gewerbeertrag nicht mehr korrigiert.

11 Ein bei der übertragenden Körperschaft bestehender **Verlustvortrag** iSd § 10 a GewStG kann nur auf Ebene der Überträgerin genutzt werden, sofern diese das übertragene Betriebsvermögen in ihrer Schlussbilanz nach § 3 mit einem über dem Buchwert liegenden Wert ansetzt und dadurch einen **Übertragungsgewinn** realisiert. Die Nutzung eines bestehenden Verlustvortrages wird jedoch durch die Regelungen des § 10 a S. 1 und S. 2 GewStG zur Mindestbesteuerung eingeschränkt.[7]

12 Der maßgebende Gewerbeertrag der übernehmenden Personengesellschaft oder natürlichen Person kann nach § 18 Abs. 1 S. 2 weder um die Fehlbeträge des laufenden Erhebungszeitraums noch um die vortragsfähigen Fehlbeträge der übertragenden Körperschaft iSd § 10 a GewStG gekürzt werden.[8] Darüber hinaus ist zu beachten, dass auch ein bei der Übernehmerin bereits bestehender vortragsfähiger Gewerbeverlust gem. § 10 a GewStG infolge der Umwandlung ganz oder teilweise untergehen kann, wenn der Verlust der Unternehmens- oder Unternehmeridentität zu bejahen ist.[9]

C. Übernahmeergebnis sowie Gewinn nach § 7 UmwStG

13 Nach dem Wortlaut des § 18 Abs. 2 S. 1 ist ein **Übernahmegewinn** bzw ein **Übernahmeverlust** auf Ebene der übernehmenden Personengesellschaft bzw der übernehmenden natürlichen Person nicht zu erfassen.[10] Die Vorschrift ist nur relevant, wenn die Übernehmerin überhaupt gewerbesteuerpflichtig ist; auf deren Ebene ist das Übernahmeergebnis gesellschafterbezogen zu ermitteln.[11]

14 Für Anteilseigner der übertragenden Körperschaft, deren Anteile unter § 17 EStG fallen, regelt § 18 Abs. 2 S. 2, dass die auf sie nach § 7 fiktiv entfallende Dividende nicht der Gewerbesteuer unterliegt. Dies ist auch sachgerecht, da bei dieser Gruppe von Anteilseignern weder Dividenden noch Veräußerungsgewinne der Gewerbesteuer unterlegen hätten. Da kein Verweis auf § 5 Abs. 3 stattfindet, werden Anteilseigner schlechter gestellt, deren Anteile an der übertragenden Körperschaft zu einem Betriebsvermögen der Land- und Forstwirtschaft oder selbständigen Arbeit gehört haben. Dividendenzahlungen oder Veräußerungsgewinne unterlagen in diesen Fällen nicht der Gewerbesteuer.[12]

D. Gewerbesteuerliche Sperrfrist – § 18 Abs. 3 UmwStG

15 Nach § 18 Abs. 3 S. 1 unterliegt ein Gewinn aus der **Aufgabe oder Veräußerung des Betriebs** der Personengesellschaft oder der natürlichen Person innerhalb von fünf Jahren nach der Umwandlung der Gewerbesteuer. Gleiches gilt gemäß § 18 Abs. 3 S. 2 für Gewinne aus der Veräußerung oder Aufgabe eines Teilbetriebs oder eines Anteils an der übernehmenden Personengesellschaft. Die Regelungen des § 18 Abs. 3 sollen damit als typisierende **Missbrauchsvorschrift** verhindern, dass eine Kapitalgesellschaft zum Zwecke der Gewerbesteuer-Ersparnis kurz vor der Betriebsveräußerung oder Liquidation in eine Personengesellschaft oder auf eine natürliche Person umgewandelt wird, da der Veräußerungs- bzw der Aufgabegewinn hier grds nicht der Gewerbesteuer unterliegt.[13]

7 Vgl Dötsch/Patt/Pung/Möhlenbrock/*Pung*, § 18 Rn 24.

8 Vgl Rödder/Herlinghaus/van Lishaut/*Trossen*, § 18 Rn 34; Vgl Dötsch/Patt/Pung/Möhlenbrock/*Pung*, § 18 Rn 23.

9 Vgl Rödder/Herlinghaus/van Lishaut/*Trossen*, § 18 Rn 35; Vgl Dötsch/Patt/Pung/Möhlenbrock/*Pung*, § 18 Rn 25.

10 Vgl Dötsch/Patt/Pung/Möhlenbrock/*Pung*, § 18 Rn 26.

11 Vgl Dötsch/Patt/Pung/Möhlenbrock/*Pung*, § 18 Rn 28.

12 Vgl Rödder/Herlinghaus/van Lishaut/*Trossen*, § 18 Rn 22.

13 Vgl Rödder/Herlinghaus/van Lishaut/*Trossen*, § 18 Rn 39 f; Vgl Dötsch/Patt/Pung/Möhlenbrock/*Pung*, § 18 Rn 33.

I. Veräußerung des Betriebs

Eine **Veräußerung** des Betriebs der Personengesellschaft oder der natürlichen Person iSd § 18 Abs. 3 liegt demnach vor, wenn der Betrieb mit seinen wesentlichen Grundlagen gegen Entgelt in der Weise auf einen Erwerber übertragen wird, dass der Betrieb als geschäftlicher Organismus weitergeführt werden kann.[14] 16

Für Zwecke des § 18 Abs. 3 ist es unerheblich, ob der Entschluss zur Veräußerung freiwillig oder aufgrund einer Zwangs- oder Notlage erfolgt ist. Die Anwendung des § 18 Abs. 3 setzt eine Missbrauchsabsicht nicht voraus.[15] 17

In der Folge wird auch die **Einbringung** des Betriebs in eine Personengesellschaft nach § 24 oder in eine Kapitalgesellschaft bzw Genossenschaft nach § 20 zu Buchwerten, Zwischenwerten oder gemeinen Werten einheitlich als Veräußerung qualifiziert.[16] 18

Eine Veräußerung iSd § 18 Abs. 3 ist nach hM jedoch nicht gegeben, wenn der Betrieb gemäß § 6 Abs. 3 EStG unentgeltlich übertragen wird.[17] 19

Im Rahmen einer teilentgeltlichen Veräußerung ist nach hM entsprechend der Einheitstheorie von einer unentgeltlichen Übertragung auszugehen, wenn das Veräußerungsentgelt das Kapitalkonto des Betriebs nicht übersteigt. In den Fällen, in denen der Erwerber ein Veräußerungsentgelt entrichtet, das über dem Kapitalkonto des Betriebs liegt, ist insgesamt ein entgeltlicher Vorgang gegeben.[18] 20

II. Aufgabe des Betriebs

Eine **Aufgabe** des Betriebs der Personengesellschaft oder der natürlichen Person iSd § 18 Abs. 3 ist hingegen dann gegeben, wenn eine Willensentscheidung oder Handlung des Steuerpflichtigen erfolgt, die darauf gerichtet ist, den Betrieb als selbständigen Organismus nicht mehr in seiner bisherigen Form bestehen zu lassen. Eine Betriebsaufgabe im Ganzen liegt demnach vor, wenn alle wesentlichen Betriebsgrundlagen innerhalb kurzer Zeit und damit in einem einheitlichen Vorgang entweder in das Privatvermögen überführt oder an verschiedene Erwerber veräußert werden und damit der Betrieb als selbständiger Organismus des Wirtschaftslebens zu bestehen aufhört.[19] 21

Die Entnahme von einzelnen Wirtschaftsgütern ist in diesem Zusammenhang nicht als Betriebsaufgabe zu beurteilen, sondern als laufender Gewinn nach § 7 GewStG steuerpflichtig.[20] Eine Erfassung der Entnahme im Rahmen des § 18 Abs. 3 kommt nur dann in Betracht, wenn damit die Aufgabe des Betriebs verbunden ist.[21] 22

Die verdeckte Einlage eines Betriebes in eine Kapitalgesellschaft ist als Betriebsaufgabe nach § 16 Abs. 3 S. 1 und S. 3 zu qualifizieren und damit nach § 18 Abs. 3 zu erfassen. [22] 23

14 Der Begriff der Veräußerung ist nach Auffassung der Finanzverwaltung nach den allgemeinen Grundsätzen [zu § 16 EStG] zu bestimmen. Vgl BMF vom 11.11.2011, in: BStBl. I S. 1314, hier Rn 18.06. Diese allgemeinen Grundsätze hat die Finanzverwaltung in R 16 Abs. 1 EStR 2008 festgelegt.
Im Rahmen der Bestimmung der wesentlichen Betriebsgrundlagen ist nach hM auf die funktionale und quantitative Betrachtungsweise abzustellen. Vgl Rödder/Herlinghaus/van Lishaut/*Trossen*, § 18 Rn 45.

15 Vgl Dötsch/Patt/Pung/Möhlenbrock/*Pung*, § 18 Rn 46.

16 Vgl BMF vom 11.11.2011, in: BStBl. I S. 1314, hier Rn 18.07.

17 Vgl Rödder/Herlinghaus/van Lishaut/*Trossen*, § 18 Rn 46; Vgl Dötsch/Patt/Pung/Möhlenbrock/*Pung*, § 18 Rn 36.

18 Vgl Rödder/Herlinghaus/van Lishaut/*Trossen*, § 18 Rn 46 a; Vgl Dötsch/Patt/Pung/Möhlenbrock/*Pung*, § 18 Rn 37.

19 Der Begriff der Aufgabe ist nach Auffassung der Finanzverwaltung nach den allgemeinen Grundsätzen [zu § 16 EStG] zu bestimmen. Vgl BMF vom 11.11.2011, in: BStBl. I S. 1314, hier Rn 18.06. Diese allgemeinen Grundsätze hat die Finanzverwaltung in H 16 Abs. 2 „Allgemeines" EStR 2008 festgelegt.

20 Vgl Rödder/Herlinghaus/van Lishaut/*Trossen*, § 18 Rn 51.

21 Vgl Dötsch/Patt/Pung/Möhlenbrock/*Pung*, § 18 Rn 43.

22 Vgl Dötsch/Patt/Pung/Möhlenbrock/*Pung*, § 18 Rn 41.

III. Veräußerung oder Aufgabe eines Teilbetriebs

24 Im Rahmen des UmwStG wird der **Teilbetrieb** ausgehend vom Einkommensteuergesetz als ein mit einer gewisser Selbständigkeit ausgestatteter organisch geschlossener Teil des Gesamtbetriebs, der für sich betrachtet alle Merkmale eines Betriebs iSd Einkommensteuergesetzes aufweist und für sich allein lebensfähig ist, definiert. In den Fällen, in denen der übernommene Teilbetrieb innerhalb von fünf Jahren nach der Umwandlung veräußert oder aufgeben wird, unterliegt der erzielte Gewinn der Gewerbesteuer. Dies gilt aber nur für Teilbetriebe der Übernehmerin, die Gegenstand der Übertragung waren; Teilbetriebe, die bereits unabhängig davon bestanden haben, werden somit nicht infiziert.[23] Die Übertragung von Teilbetrieben ist in diesem Zusammenhang nur relevant bei Spaltungen nach § 16.

IV. Veräußerung oder Aufgabe eines Anteils an einer Personengesellschaft

25 Die Regelung des § 18 Abs. 3 S. 2 erfasst ferner die Veräußerung oder Aufgabe eines **Anteils** an der übernehmenden Personengesellschaft innerhalb von fünf Jahren nach der Übertragung. Die Regelung bezieht sich jedoch nur auf Mitunternehmeranteile an der aus der Umwandlung entstandenen Personengesellschaft.[24] Unerheblich ist hierbei, ob der veräußernde Mitunternehmer bereits im Zeitpunkt der Umwandlung an der Personengesellschaft beteiligt war.[25] In der Literatur ist strittig, inwieweit bestehendes oder neu geschaffenes Sonderbetriebsvermögen in die Betrachtung einzubeziehen ist. Zum einen wird argumentiert, dass das Sonderbetriebsvermögen nicht zu berücksichtigen ist, weil es vor der Umwandlung nicht dem Betriebsvermögen der Kapitalgesellschaft zuzurechnen war und insoweit durch die Umwandlung keine Änderung der gewerbesteuerlichen Situation im Hinblick auf die stillen Reserven eintritt.[26] Dies lässt uE jedoch unberücksichtigt, dass bei der Überlassung von Wirtschaftsgütern im Rahmen einer Betriebsaufspaltung durchaus schon eine gewerbesteuerliche Verstrickung von stillen Reserven existiert haben kann. Zudem ist zu beachten, dass der Mitunternehmeranteil grds. die anteilige Mitberechtigung am Gesamthandsvermögen **und** das Sonderbetriebsvermögen umfasst. Eine isolierte Betrachtung der Veräußerung des Mitunternehmeranteils ohne Einbeziehung des zugehörigen Sonderbetriebsvermögens erscheint daher nicht möglich, es sei denn, das Sonderbetriebsvermögen wird in ein anderes Betriebsvermögen des Veräußerers überführt.[27]

V. Zeitliche Erfassung des Veräußerungs- oder Aufgabegewinns

26 Ein Veräußerungs- oder Aufgabegewinn iSd § 18 Abs. 3 unterliegt nur innerhalb von fünf Jahren nach der Umwandlung der Gewerbesteuer. Für den Beginn der Frist ist nach hM auf den steuerlichen Übertragungsstichtag abzustellen. Die Eintragung der Umwandlung in das Handelsregister ist hingegen nicht von Bedeutung.[28]

27 Die **Veräußerung** oder **Aufgabe** des Betriebs oder Teilbetriebs erfolgt in dem Zeitpunkt, in dem das wirtschaftliche Eigentum an den wesentlichen Betriebsgrundlagen auf den Erwerber übergeht. In den Fällen, in denen die Veräußerung oder Aufgabe in mehreren Schritten erfolgt, ist die erste Handlung maßgebend, die nach dem Aufgabeentschluss objektiv auf die Aufgabe des Betriebs gerichtet ist.[29]

23 Vgl Rödder/Herlinghaus/van Lishaut/*Trossen*, § 18 Rn 62.
24 Vgl Rödder/Herlinghaus/van Lishaut/*Trossen*, § 18 Rn 64.
25 Vgl Dötsch/Patt/Pung/Möhlenbrock/*Pung*, § 18 Rn 66.
26 Vgl Rödder/Herlinghaus/van Lishaut/*Trossen*, § 18 Rn 64.
27 Vgl Dötsch/Patt/Pung/Möhlenbrock/*Pung*, § 18 Rn 69 f.
28 Vgl Dötsch/Patt/Pung/Möhlenbrock/*Pung*, § 18 Rn 44.
29 Vgl Rödder/Herlinghaus/van Lishaut/*Trossen*, § 18 Rn 68.

VI. Umfang des gewerbesteuerpflichtigen Aufgabe- oder Veräußerungsgewinns

Im Falle einer **Veräußerung** des Betriebs der Personengesellschaft oder natürlichen Person innerhalb der Fünfjahresfrist unterliegt der dann entstehende Veräußerungs- oder Aufgabegewinn immer der Gewerbesteuer. Erfasst werden nach § 18 Abs. 3 S. 1 die stillen Reserven im Zeitpunkt der Veräußerung und nicht rückwirkend diejenigen im Zeitpunkt der Umwandlung.[30] 28

Der Veräußerungsgewinn nach § 18 Abs. 3 S. 1 umfasst nach dem Wortlaut der Regelung den gesamten Betrieb des übernehmenden Rechtsträgers und nicht nur den übernommenen Betrieb oder Teilbetrieb. Dies hat zur Folge, das bei Unternehmen, die bereits im Zeitpunkt der Umwandlung einen eigenen Betrieb unterhalten haben, auch die Wirtschaftsgüter des ursprünglich schon vorhandenen Betriebs gewerbesteuerlich verstrickt werden und ein auf diese Wirtschaftsgüter entfallender Veräußerungs- oder Aufgabegewinn mit Gewerbesteuer belastet wird. Dies gilt selbst dann, wenn der Veräußerungs- oder Aufgabevorgang bei isolierter Betrachtung nicht zur Entstehung von Gewerbesteuer führen würde.[31] Darüber hinaus werden auch stille Reserven bei Wirtschaftsgütern der Übernehmerin gewerbesteuerlich verstrickt, die erst nach der Umwandlung erworben wurden und nunmehr innerhalb der Fünf-Jahres-Frist mit veräußert werden. Dies gilt grds. auch für erst nach der Umwandlung geschaffenes Sonderbetriebsvermögen.[32] Die Erfassung („Infizierung") aller im aufgegebenen bzw veräußerten Betrieb enthaltenen stillen Reserven wird in der Literatur kritisch beurteilt, da § 18 Abs. 3 einen viel umfangreicheren Zugriff ermöglicht als dies für Zwecke der nachgelagerten gewerbesteuerlichen Verstrickung von Wirtschaftsgütern der übertragenden Körperschaft erforderlich erscheint. [33] 29

Die Regelung des § 18 Abs. 3 S. 1 nennt explizit nur den Veräußerungs- oder Aufgabegewinn, nicht hingegen einen **Aufgabe- oder Veräußerungsverlust**. Somit können innerhalb der Fünf-Jahres-Frist entstandene Veräußerungs- oder Aufgabeverluste gewerbesteuerlich nicht berücksichtigt werden.[34] 30

VII. Zahlung der Gewerbesteuer

Steuerschuldner nach § 18 Abs. 3 ist die übernehmende Personengesellschaft bzw das übernehmende Einzelunternehmen. Dies gilt auch dann, wenn der übernehmende Rechtsträger nicht gewerbesteuerpflichtig ist.[35] 31

Auch wenn ein Anteil an der übernehmenden Personengesellschaft veräußert wird, entsteht die Gewerbesteuer auf Ebene der Personengesellschaft. Diese ist Schuldnerin der Gewerbesteuer nach § 18 Abs. 3, bei deren Ermittlung allerdings der Freibetrag nach § 11 Abs. 1 GewStG zu berücksichtigen ist.[36] 32

§ 19 Gewerbesteuer bei Vermögensübergang auf eine andere Körperschaft

(1) Geht das Vermögen der übertragenden Körperschaft auf eine andere Körperschaft über, gelten die §§ 11 bis 15 auch für die Ermittlung des Gewerbeertrags.

(2) Für die vortragsfähigen Fehlbeträge der übertragenden Körperschaft im Sinne des § 10 a des Gewerbesteuergesetzes gelten § 12 Abs. 3 und § 15 Abs. 3 entsprechend.

30 Vgl Rödder/Herlinghaus/van Lishaut/*Trossen*, § 18 Rn 55; Vgl Dötsch/Patt/Pung/Möhlenbrock/*Pung*, § 18 Rn 45.
31 Vgl Rödder/Herlinghaus/van Lishaut/*Trossen*, § 18 Rn 56.
32 Vgl Rödder/Herlinghaus/van Lishaut/*Trossen*, § 18 Rn 56 a.
33 Vgl Rödder/Herlinghaus/van Lishaut/*Trossen*, § 18 Rn 57 f.
34 Vgl Rödder/Herlinghaus/van Lishaut/*Trossen*, § 18 Rn 55; Vgl Dötsch/Patt/Pung/Möhlenbrock/*Pung*, § 18 Rn 48.
35 Vgl Rödder/Herlinghaus/van Lishaut/*Trossen*, § 18 Rn 69.
36 Vgl Rödder/Herlinghaus/van Lishaut/*Trossen*, § 18 Rn 70.

Literatur:

Behrendt/Arjes, Gewerbesteuerliche Unternehmeridentität bei Verschmelzung von Kapitalgesellschaften, DStR 2008, 811; *Dötsch*, Gesetz zur Fortsetzung der Unternehmens-Steuerreform: Änderung des UmwStG, DB 1997, 2144; *Dötsch/Pung*, RiLiUmsG: Die Änderungen des EStG, des KStG und des GewStG, DB 2005, 10; *Eckert/Kneip/Riecke*, Aktuelle Fragen zur Gewerbesteuer nach Verabschiedung des Steuerentlastungsgesetzes 1999/2000/2002 und der GewStR 1998, Inf 1999, 225; *Haritz*, Überraschende Änderung des UmwStG, GmbHR 1997, 783; *Hierstätter/Schwarz*, Übertragung einer verlustbehafteten KG-Beteiligung zwischen Kapitalgesellschaften durch Verschmelzung oder Spaltung, DB 2002, 1963; *Neumann/Stimpel*, Ausgewählte Zweifelsfragen zur neuen Verlustabzugsbeschränkung nach § 8 c KStG, GmbHR 2007, 1194; *Oenings*, Gewerbesteuerliche Verlustverrechnung – Unternehmeridentität isd § 10 a GewStG bei atypisch stiller Gesellschaft, DStR 2008, 279; *Schaflitzl/Widmayer*, Die Besteuerung von Umwandlungen nach dem Regierungsentwurf des SEStEG, BB-Special 8/2006, S. 38, 50; *Thiel/Eversberg/van Lishaut/Neumann*, Der UmwSt-Erlass 1998, GmbHR 1998, 397; *Wienands*, Gewerbesteuerliche Behandlung von Umwandlungen – Änderungen der §§ 18, 19 UmwStG durch das StEntlG 1999/2000/2002, GmbHR 1999, 462.

A. Allgemeiner Anwendungsbereich des § 19

1 Die Regelungen des § 19 beziehen sich auf die gewerbesteuerlichen Folgen des Vermögensübergangs bei:

- der Verschmelzung,
- der Auf- oder Abspaltung,
- der Vermögensübertragung (Voll- oder Teilübertragung iS § 174 UmwG)

von einer **Körperschaft auf eine andere Körperschaft.**

2 Diese Vorschriften des UmwStG zielen grds. darauf ab, bei Umwandlungen einer Körperschaft in bzw auf eine andere Körperschaft sowohl bei Übertragung zu Buchwerten als auch bei einer Übertragung des Vermögens oberhalb der Buchwerte die Erfassung der ggf bestehenden stillen Reserven für Zwecke der Gewerbesteuer sicher zu stellen. Dies wird dadurch erreicht, dass die Grundsätze zur Bewertung und damit der Ermittlung eines möglichen Gewinns oder Verlustes nach § 11 und 12 von Überträgerin und Übernehmerin einschließlich der Wertverknüpfung nach § 12 Abs. 1 S. 1 auch für die Gewerbesteuer gelten.[1]

3 Die Regelungen des § 19 Abs. 1 und Abs. 2 begründen **keinen eigenen, neuen gewerbesteuerlichen Tatbestand** und greifen nur ein soweit die beteiligten Rechtsträger (Überträgerin, Übernehmerin und Anteilseigner der Überträgerin) selbst der Gewerbesteuer unterliegen.[2]

B. Anwendbarkeit von Vorschriften – § 19 Abs. 1

4 Nach § 19 Abs. 1 S. 1 sind die §§ 11 bis 15 auch bei der Ermittlung des Gewerbeertrages zu beachten, wenn Vermögen von einer übertragenden auf eine andere Körperschaft transferiert wird.

I. Übertragende Körperschaft

5 Nach **§ 11 Abs. 1** ist das übergehende Vermögen grds. mit dem gemeinen Wert anzusetzen. Hiervon abweichend kann gem. § 11 Abs. 2 das übergehende Vermögen auf Antrag mit dem

1 Vgl Rödder/Herlinghaus/van Lishaut/*Trossen*, § 19 Rn 2.
2 Vgl Dötsch/Patt/Pung/Möhlenbrock/*Pung*, § 19 Rn 2.

niedrigeren Buchwert oder Zwischenwert angesetzt werden. In der Folge entsteht ein **Übertragungsgewinn** gem. § 11 nur bei einem über dem Buchwert liegenden Ansatz des Vermögens in der Schlussbilanz der Überträgerin. Dieser Übertragungsgewinn unterliegt auf Ebene der übertragenden Körperschaft idR der Gewerbesteuer. Die Realisierung des Übertragungsgewinns erfolgt zwingend, sofern die spätere Besteuerung der übergehenden stillen Reserven mit Körperschaftsteuer nicht sicher gestellt ist.[3] Die Voraussetzungen zur **Buchwertverknüpfung** müssen allein körperschaftsteuerlich erfüllt sein, vgl § 11 Abs. 2 S. 1. Es ist insoweit unbeachtlich, wenn die übernehmende Körperschaft nicht mehr der Gewerbesteuer unterliegt.[4]

Ergibt sich auf Ebene der übertragenden Körperschaft durch eine vom Buchwert abweichende Bewertung ein Übertragungsverlust ist dieser grds. auch gewerbesteuerlich relevant.[5] 6

Ein bei der übertragenden Körperschaft bestehender **Verlustvortrag** iSd § 10 a GewStG kann nur auf Ebene der Überträgerin genutzt werden, sofern diese einen laufenden Gewinn erzielt oder das übertragene Betriebsvermögen in ihrer Schlussbilanz nach § 11 mit einem über dem Buchwert liegenden Wert ansetzt und dadurch einen **Übertragungsgewinn** realisiert. Die Nutzung eines bestehenden Verlustvortrages wird jedoch durch die Regelungen des § 10 a S. 1 und S. 2 GewStG zur Mindestbesteuerung eingeschränkt.[6] 7

II. Übernehmende Körperschaft

Die übernehmende Körperschaft setzt die auf sie übergehenden Wirtschaftsgüter gem. § 19 Abs. 1 iVm § 12 Abs. 1 S. 1 auch für gewerbesteuerliche Zwecke mit den Schlussbilanzwerten der Überträgerin an. Dieser Wertansatz gilt unabhängig davon, ob die Überträgerin oder die Übernehmerin von der Gewerbesteuer befreit oder nach anderen Normen, bspw § 9 Nr. 1 S. 2 ff GewStG, begünstigt sind.[7] 8

Im Falle einer **Aufwärtsverschmelzung** sind die Anteile an der übertragenden Körperschaft bei der aufnehmenden Körperschaft mit dem Buchwert, erhöht um in früheren Jahren steuerwirksam vorgenommene Abschreibungen und Abzüge nach § 6 b EStG und ähnliche Abzüge, höchstens aber mit dem gemeinen Wert anzusetzen. 9

Bei der übernehmenden Körperschaft bleibt der Übernahmegewinn oder Übernahmeverlust nach § 12 Abs. 2 auch gewerbesteuerlich außer Ansatz.[8] 10

Die Regelungen des § 12 Abs. 3 legen abschließend fest, dass die **übernehmende Körperschaft** nach § 4 Abs. 2 und 3 auch für die Ermittlung des Gewerbeertrags in die steuerliche Rechtstellung der übertragenden Körperschaft eintritt. In der Folge werden insbesondere die Besitzzeiten angerechnet und sind die Abschreibungen der Überträgerin weiter maßgeblich.[9] 11

Der **Beteiligungskorrekturgewinn**, der durch den umwandlungsbedingten Zusammenfall von Forderungen und Verbindlichkeiten entstehen kann, unterfällt gem. § 12 Abs. 4 als laufender Gewinn der Gewerbesteuer. Der Verweis in § 19 Abs. 1 stellt klar, dass die Bildung einer Rücklage gem. § 6 durch den übernehmenden Rechtsträger auch für die Gewerbesteuer Wirkung entfaltet.[10] 12

Im Falle eines Vermögensübergangs in den nicht steuerpflichtigen oder steuerbefreiten Bereich der übernehmenden Körperschaft legt § 12 Abs. 5 die Totalausschüttung der beim übertragen- 13

3 Vgl Rödder/Herlinghaus/van Lishaut/*Trossen*, § 19 Rn 15; Dötsch/Patt/Pung/Möhlenbrock/*Pung*, § 19 Rn 3.
4 Vgl Rödder/Herlinghaus/van Lishaut/*Trossen*, § 19 Rn 16 a.
5 Vgl Rödder/Herlinghaus/van Lishaut/*Trossen*, § 19 Rn 18.
6 Vgl Rödder/Herlinghaus/van Lishaut/*Trossen*, § 19 Rn 17.
7 Vgl Rödder/Herlinghaus/van Lishaut/*Trossen*, § 19 Rn 20.
8 Vgl Rödder/Herlinghaus/van Lishaut/*Trossen*, § 19 Rn 21; Dötsch/Patt/Pung/Möhlenbrock/*Pung*, § 19 Rn 7.
9 Vgl Rödder/Herlinghaus/van Lishaut/*Trossen*, § 19 Rn 23.
10 Vgl Rödder/Herlinghaus/van Lishaut/*Trossen*, § 19 Rn 24; Dötsch/Patt/Pung/Möhlenbrock/*Pung*, § 19 Rn 8.

den Rechtsträger vorhandenen stillen Reserven fest. Die Vorschrift dient damit in erster Linie der Sicherstellung der Einbehaltung der KapESt und ist für die Gewerbesteuer von untergeordneter Bedeutung.[11]

III. Anteilseigner der übertragenden Körperschaft

14 Die Besteuerung der Anteilseigner der übertragenden Körperschaft wird durch den Verweis von § 19 Abs. 1 auf § 13 geregelt. Die Vorschriften entfalten jedoch nur dann Wirkung für die Gewerbesteuer, wenn die Anteilseigner einen inländischen Gewerbebetrieb gem. § 2 GewStG unterhalten, dem die Anteile an der übertragenden Körperschaft zuzurechnen sind.[12]

15 Soweit ein Anteilseigner der übertragenden Körperschaft Anteile an der Übernehmerin erlangt, gilt die sog. Anschaffungs- und Veräußerungsfiktion, dh die Anteile an der Überträgerin gelten grds. als zum gemeinen Wert veräußert und die an ihre Stelle tretenden Anteile als mit diesem Wert angeschafft. Hieraus resultierende Gewinne unterliegen der Gewerbesteuer, sofern nicht § 8 b KStG oder § 3 Nr. 40 EStG eingreifen.[13]

16 Das Wahlrecht nach § 13 Abs. 2 gilt auch für gewerbesteuerliche Zwecke, sofern sich die Anteile in einem gewerblichen Betriebsvermögen befinden. Demnach kann der Anteilseigner die Anteile auf Antrag mit dem Buchwert ansetzen, wenn die weiteren Voraussetzungen des § 13 Abs. 2 erfüllt sind. In diesem Falle ergeben sich für den Anteilseigner keine Auswirkungen auf den Gewerbeertrag. Auch gewerbesteuerlich treten die Anteile an der übernehmenden Körperschaft nach § 13 Abs. 2 S. 2 an die Stelle der Anteile an der übertragenden Körperschaft.[14]

C. Nutzung von Fehlbeträgen – § 19 Abs. 2

17 Eine **Übertragung** des vortragsfähigen Verlustes nach § 10 a GewStG auf die übernehmende Körperschaft wird durch § 19 Abs. 2 mit Verweis auf § 12 Abs. 3, und damit § 4 Abs. 2 S. 2, untersagt. Im Falle der Abspaltung mindern sich die vorgenannten Fehlbeträge bei der übertragenden Körperschaft über § 15 Abs. 3 in dem Verhältnis, in dem auf Basis der gemeinen Werte Vermögen übertragen wird.[15]

18 Allerdings hat § 19 Abs. 2 nur klarstellende Wirkung, da dieselbe Rechtsfolge bereits durch den allgemeinen Verweis in § 19 Abs. 1 auf § 12 Abs. 3 und damit § 4 Abs. 2 S. 2 eintritt.[16]

19 Schließlich ist sicherzustellen, dass bei der übertragenden Körperschaft die **Unternehmeridentität** gewahrt bleibt (vgl § 10 a S. 5 GewStG iVm § 2 Abs. 5 GewStG). Ebenfalls ist zu beachten, dass durch die Umwandlung kein **schädlicher Anteilseignerwechsel** nach § 8 c KStG stattfindet, der zu einem (anteiligen) Untergang von gewerbesteuerlichen Fehlbeträgen führt.[17]

11 Vgl Rödder/Herlinghaus/van Lishaut/*Trossen*, § 19 Rn 25.
12 Vgl Rödder/Herlinghaus/van Lishaut/*Trossen*, § 19 Rn 26.
13 Vgl Rödder/Herlinghaus/van Lishaut/*Trossen*, § 19 Rn 27.
14 Vgl Rödder/Herlinghaus/van Lishaut/*Trossen*, § 19 Rn 28; Dötsch/Patt/Pung/Möhlenbrock/*Pung*, § 19 Rn 10.
15 Vgl Dötsch/Patt/Pung/Möhlenbrock/*Pung*, § 19 Rn 11.
16 Vgl Rödder/Herlinghaus/van Lishaut/*Trossen*, § 19 Rn 30.
17 Vgl Dötsch/Patt/Pung/Möhlenbrock/*Pung*, § 19 Rn 1.

Sechster Teil
Einbringung von Unternehmensteilen in eine Kapitalgesellschaft oder Genossenschaft und Anteilstausch

§ 20 Wirkungen der Eintragung

(1) Die Eintragung der Verschmelzung in das Register des Sitzes des übernehmenden Rechtsträgers hat folgende Wirkungen:

1. Das Vermögen der übertragenden Rechtsträger geht einschließlich der Verbindlichkeiten auf den übernehmenden Rechtsträger über.

2. [1]Die übertragenden Rechtsträger erlöschen. [2]Einer besonderen Löschung bedarf es nicht.

3. [1]Die Anteilsinhaber der übertragenden Rechtsträger werden Anteilsinhaber des übernehmenden Rechtsträgers; dies gilt nicht, soweit der übernehmende Rechtsträger oder ein Dritter, der im eigenen Namen, jedoch für Rechnung dieses Rechtsträgers handelt, Anteilsinhaber des übertragenden Rechtsträgers ist oder der übertragende Rechtsträger eigene Anteile innehat oder ein Dritter, der im eigenen Namen, jedoch für Rechnung dieses Rechtsträgers handelt, dessen Anteilsinhaber ist. [2]Rechte Dritter an den Anteilen oder Mitgliedschaften der übertragenden Rechtsträger bestehen an den an ihre Stelle tretenden Anteilen oder Mitgliedschaften des übernehmenden Rechtsträgers weiter.

4. Der Mangel der notariellen Beurkundung des Verschmelzungsvertrags und gegebenenfalls erforderlicher Zustimmungs- oder Verzichtserklärungen einzelner Anteilsinhaber wird geheilt.

(2) Mängel der Verschmelzung lassen die Wirkungen der Eintragung nach Absatz 1 unberührt.

A. Normzweck

1 § 20 regelt sog. Einbringungen von Unternehmensteilen in Kapitalgesellschaften und Genossenschaften. Unternehmerische Sachgesamtheiten in Form von Betrieben, Teilbetrieben oder Mitunternehmeranteilen können unter bestimmten Voraussetzungen zum steuerlichen Buchwert, dh ohne Realisierung stiller Reserven auf eine Kapitalgesellschaft oder eine Genossenschaft übertragen werden. Damit besitzt die Vorschrift bei der Umstrukturierung von Unternehmen in der Praxis große Bedeutung.

2 **§ 20 Abs. 1** regelt den Anwendungsbereich der Vorschrift. Demnach stellt die Übertragung von Betrieben, Teilbetrieben oder Mitunternehmeranteilen auf eine Kapitalgesellschaft oder Genossenschaft dann eine von § 20 Abs. 1 erfasste sog. Sacheinlage dar, wenn der Einbringende als Gegenleistung hierfür neue Anteile gewährt. Die Einbringung kann dabei entweder im Wege der Einzelrechtsnachfolge oder bei der Übertragung aus einer Personenhandelsgesellschaft auch im Wege umwandlungsrechtlicher Maßnahmen erfolgen. Erforderlich ist grundsätzlich, dass die aufnehmende Gesellschaft und der einbringende Rechtsträger in der EU bzw innerhalb des EWR ansässig sind. Ist zwar der Aufnehmende, nicht aber der Einbringende innerhalb der EU bzw des EWR ansässig, ist der Anwendungsbereich des § 20 dennoch eröffnet, wenn ein unbeschränktes deutsches Besteuerungsrecht an den als Gegenleistung für den Einbringenden gewährten neuen Anteilen besteht.

3 **§ 20 Abs. 2** beinhaltet Vorschriften betreffend den Wertansatz auf Ebene der übernehmenden Gesellschaft. Demnach hat diese das übernommene Vermögen grundsätzlich mit dem gemeinen Wert anzusetzen. Soweit das einzubringende Vermögen bei der Übernehmerin der Körper-

schaftsteuer unterliegt, per Saldo kein negatives Betriebsvermögen eingebracht wird und ein deutsches Besteuerungsrecht an der Veräußerung der übernommenen Wirtschaftsgüter nicht ausgeschlossen oder beschränkt ist, kommt auf Antrag ein Wertansatz zum steuerlichen Buch- oder Zwischenwert in Betracht. Gewährt die Übernehmerin sonstige Gegenleistungen hat der Wertansatz bei der Übernehmerin mindestens in Höhe derselben zu erfolgen.

§ 20 **Abs. 3** ordnet die Wertverknüpfung zwischen dem Wertansatz des Erwerbers, dem Veräußerungspreis des Einbringenden und dessen Anschaffungskosten für die neuen Anteile an. Sonstige Gegenleistungen mindern korrespondierend die Anschaffungskosten der neuen Anteile. 4

Einbringungen stellen aus steuerlicher Sicht einen Tausch und damit ein Veräußerungsgeschäft dar. In § 20 **Abs. 4** werden die Voraussetzungen für die Gewährung des Freibetrags gem. § 16 Abs. 4 EStG sowie des ermäßigten Steuersatzes gem. § 34 EStG festgelegt. 5

§ 20 **Abs. 5, 6** gewähren dem Einbringenden die Möglichkeit den Vermögensübergang für ertragsteuerliche Zwecke auf Antrag rückzubeziehen. Abhängig davon, wie der Einbringungsvorgang erfolgt, kann der Vermögensübergang auf einen Stichtag zurückbezogen werden, der maximal acht Monate vor der Anmeldung der Eintragung des Einbringungsvorgangs beim Handelsregister oder maximal acht Monate vor dem Tag des Abschlusses des Einbringungsvertrags bzw des Übergangs des wirtschaftlichen Eigentums liegt. 6

§ 20 **Abs. 7, 8** dienen der Umsetzung der Art. 10, 10 a der Fusionsrichtlinie. Demnach erfolgt bei einem Ausschluss des deutschen Besteuerungsrechts in Folge der Einbringung einer EU-Betriebsstätte die Anrechnung einer (fiktiven) ausländischen Steuer auf die deutsche Einbringungsgewinnbesteuerung. Zu einer Anrechnung einer ausländischen Steuer kommt es auch im Fall der Einbringung von Vermögen ausländischer hybrider Gesellschaften, die aus deutscher steuerlicher Sicht transparent sind und an denen Inländer beteiligt sind. 7

Der Übergang eines mit dem eingebrachten Unternehmensteil verknüpften Zins- bzw EBITDA-Vortrags iSv § 4 h EStG auf die Übernehmerin wird gem. § 20 **Abs. 9** versagt. 8

B. Inhalt

I. Sacheinlage (§ 20 Abs. 1)

1. Persönlicher Anwendungsbereich. a) Einbringender. § 20 selbst enthält **keine Beschränkungen** betreffend die Person des Einbringenden. Einbringende können damit zB Kapitalgesellschaften, Personenhandelsgesellschaften oder natürliche Personen sein. Ferner sind auch juristische Personen des privaten Rechts, wie zB Stiftungen oder rechtsfähige Vereine als Einbringende iSd § 20 denkbar, vorausgesetzt, ein Erwerbszweck liegt vor. Anforderungen an die Person des Einbringenden ergeben sich jedoch aus § 1. Der **persönliche Anwendungsbereich** des sechsten Teils des Umwandlungssteuergesetzes, dh der Vorschriften zur Einbringung, wird in § 1 Abs. 4 eingegrenzt. 9

Hierbei ist entscheidend, wer **einbringender Rechtsträger** iSv § 20 ist, dh auf welchen Rechtsträger für Zwecke der persönlichen Anwendungsberechtigung gem. § 1 Abs. 4 abzustellen ist. Nach Ansicht der Finanzverwaltung ist dies der Rechtsträger, „dem die Gegenleistung zusteht".[1] Abweichungen zum zivilrechtlichen Eigentümer des einzubringenden Vermögens ergeben sich bei dieser Auslegung beispielsweise in Fällen der Einbringung durch einen Treuhänder.[2] 10

Bei der Einbringung durch eine **Personengesellschaft** wird grundsätzlich darauf abgestellt, ob die Personengesellschaft als Folge der Einbringung fortbesteht oder – wie im Falle einer Aufspaltung – aufgelöst wird. Bleibt die Personengesellschaft bestehen und stehen ihr die Anteile 11

1 Vgl BMF v. 11.11.2011, BStBl I, 1314, Rn 20.03.
2 Vgl *Benz/Rosenberg*, DB 2012, Beilage 1/2012, S. 39.

an der aufnehmenden Gesellschaft zu, gilt die Personengesellschaft als Einbringende iSv § 20. Etwas anderes soll für den Fall der Abspaltung von Vermögen einer Personengesellschaft gelten. In diesem Fall stehen die Anteile an der Übernehmerin den Gesellschaftern der abzuspaltenden Personengesellschaft zu, so dass diese als Einbringende anzusehen sind.[3]

12 Seit der im Rahmen des SEStEG vorgenommenen Neuregelung und Europäisierung des Umwandlungssteuergesetzes wird grundsätzlich gefordert, dass der Einbringende innerhalb eines Mitgliedstaates der EU beziehungsweise des **EWR** ansässig ist. Im Einzelnen kommen gem. § 1 Abs. 4 als Einbringende grundsätzlich folgende Rechtsträger in Betracht:[4]

- Eine **Gesellschaft** iSv Art. 54 AEUV (vormals Art. 48 EGV) oder Art. 34 des Abkommens über den EWR, die nach den Rechtsvorschriften eines EU- bzw EWR-Mitgliedstaats gegründet ist und sowohl ihren statutarischen Sitz als auch den Ort der Geschäftsleitung innerhalb der EU bzw des EWR hat. Gemäß § 1 Abs. 2 S. 2 gelten eine europäische Gesellschaft iSd Verordnung (EG) Nr. 2157/2001 sowie eine europäische Genossenschaft iSd Verordnung (EG) Nr. 1435/2003 als Gesellschaft im Sinne der o.g. Verträge mit Sitz innerhalb der EU bzw des EWR.
- Einbringender kann daneben auch eine **natürliche Person** sein, die ihren Wohnsitz oder gewöhnlichen Aufenthalt innerhalb des EU/EWR-Hoheitsgebiets hat. Weitere Voraussetzung ist, dass diese Person nicht aufgrund eines Doppelbesteuerungsabkommens zwischen dem jeweiligen EU/EWR-Wohnsitzstaat und einem Nicht-EU/EWR-Drittstaat als außerhalb der EU bzw des EWR ansässig angesehen wird.
- Für den Fall, dass es sich bei dem Einbringenden um eine **Personengesellschaft** handelt, ist für Zwecke der Prüfung der persönlichen Einbringungsberechtigung auf die hinter der Personengesellschaft stehenden Gesellschafter in Form von Körperschaften, Personenvereinigungen, Vermögensmassen oder natürlichen Personen abzustellen. Soweit es sich bei den Gesellschaftern wiederum um eine Personengesellschaft handelt, ist auf die hinter dieser stehenden mittelbaren Gesellschafter in Form von Körperschaften, Personenvereinigungen, Vermögensmassen oder natürlichen Personen abzustellen. Insoweit ist zu prüfen, ob es sich bei diesen um innerhalb der EU bzw des EWR ansässige Rechtsträger im o.g. Sinn handelt.

13 Können die Ansässigkeitsvoraussetzungen nicht erfüllt werden, kommt alternativ eine Einbringung durch außerhalb der EU bzw des EWR ansässige Rechtsträger gem. § 1 Abs. 4 Nr. 2 Buchst. b dann in Betracht, wenn das deutsche Besteuerungsrecht hinsichtlich eines Gewinns aus der Veräußerung der erhaltenen Anteile an der Übernehmerin auf Ebene des Einbringenden weder ausgeschlossen noch beschränkt ist.

14 Diese Prüfung der persönlichen Anwendungsvoraussetzungen hat zum **steuerlichen Übertragungsstichtag** zu erfolgen.[5] Wurde ein an der Umwandlung beteiligter Rechtsträger im steuerlichen Rückwirkungszeitraum neu gegründet, ist für diesen Rechtsträger auf den Zeitpunkt der zivilrechtlichen Wirksamkeit der Gründung abzustellen. Bei einer Umwandlung zur Neugründung ist der Zeitpunkt der zivilrechtlichen Wirksamkeit der Umwandlung maßgebend. Im Falle einer Einbringung durch **außerhalb der EU bzw des EWR** ansässigen Rechtsträger sind auf Basis einer hypothetischen Veräußerung der erhaltenen Anteile die Auswirkungen auf die deutsche Besteuerung zum steuerlichen Übertragungsstichtag zu analysieren. Eine dem steuerlichen Übertragungsstichtag nachfolgende Beschränkung oder ein Ausschluss des deutschen Besteuerungsrechts hinsichtlich eines Veräußerungsgewinns an den erhaltenen Anteilen – zB aufgrund zwischenzeitlichen Abschlusses eines Doppelbesteuerungsabkommens zwischen Deutschland und dem Wohnsitzstaat des einbringenden Anteilseigners, das dem Wohnsitzstaat das alleinige

3 Vgl BMF v. 11.11.2011, BStBl I, 1314, Rn 20.03.
4 S. § 1 Abs. 4 Rn 57 ff.
5 BMF v. 11.11.2011, BStBl I, 1314, Rn 01.55.

Besteuerungsrecht für den Veräußerungsgewinn iSv Art. 13 Abs. 4 OECD-MA zuweist – ist uE für Zwecke des § 20 Abs. 1 unschädlich.[6]

Eine **Beschränkung des deutschen Besteuerungsrechts** kommt zB in Betracht, wenn aufgrund eines DBAs zwischen dem Wohnsitzstaat des Anteilseigners und Deutschland am steuerlichen Übertragungsstichtag eine Anrechnungsverpflichtung betreffend die ausländische Steuer auf die deutsche Steuer auf den Veräußerungsgewinn besteht. 15

Fraglich ist in diesem Zusammenhang, ob eine Beschränkung des deutschen Besteuerungsrechts iSv § 1 Abs. 4 Buchst. b bereits dann vorliegt, wenn eine abstrakte Anrechnungsverpflichtung besteht, obwohl aufgrund persönlicher Merkmale (zB Vorliegen eines ausländischen Verlustvortrags) im hypothetischen Veräußerungsfall am steuerlichen Übertragungsstichtag eine ausländische, in Deutschland anzurechnende Steuer im Veräußerungsfall nicht entstehen würde.[7] Unseres Erachtens kommt es für Zwecke des § 1 Abs. 4 Buchst. b auf den tatsächlichen Ausschluss bzw die tatsächliche Beschränkung des deutschen Besteuerungsrechts an. Eine lediglich abstrakte Beschränkung, zB aufgrund einer Anrechnungsverpflichtung, die sich bei einer gedanklichen Veräußerung der erhaltenen Anteile zum steuerlichen Übertragungsstichtag tatsächlich nicht materialisieren würde, stellt keine Beschränkung iSd persönlichen Anwendungsregelung des § 1 Abs. 4 dar. 16

b) Übernehmender Rechtsträger. Bei dem übernehmenden Rechtsträger muss es sich um eine **Kapitalgesellschaft** oder eine **Genossenschaft** handeln. Andere Gesellschaften kommen aufgrund des abschließenden Wortlauts und mangels analoger Anwendung der Vorschrift nicht in Betracht.[8] Nicht erforderlich ist, dass es sich bei der übernehmenden Gesellschaft um eine originär gewerblich tätige Gesellschaft handelt. Auch eine Holdinggesellschaft kommt als Übernehmerin in Betracht.[9] 17

Unbeachtlich ist weiterhin, ob die übernehmende Gesellschaft **unbeschränkt oder beschränkt steuerpflichtig** ist. Damit wird der Anwendungsbereich im Vergleich zur vormaligen Regelung des § 20 UmwStG 1995 deutlich erweitert. Auswirkungen können sich insoweit jedoch auf den Wertansatz des übergehenden Vermögens ergeben, soweit Gewinne aus der Veräußerung des eingebrachten Vermögens als Folge der beschränkten Steuerpflicht auf Ebene der Übernehmerin nicht mehr uneingeschränkt der deutschen Besteuerung unterliegen.[10] 18

Als übernehmende Kapitalgesellschaften legitimiert § 20 zunächst unmittelbar die **AG, GmbH** sowie die **KGaA**. Eine Vorgesellschaft, die im Zeitraum zwischen notarieller Beurkundung und Eintragung im Handelsregister besteht, fällt ebenfalls hierunter. Anders ist dies für eine Vorgründungsgesellschaft, die sowohl gesellschaftsrechtlich als auch steuerlich nicht als Kapitalgesellschaft in diesem Sinne qualifiziert.[11] 19

Daneben kommen seit der Neufassung des § 20 im Rahmen des SEStEG auch **ausländische Kapitalgesellschaften** bzw **Genossenschaften** als übernehmende Rechtsträger in Betracht, soweit diese vom Typus her einer Kapitalgesellschaft iSv § 1 Abs. 1 Nr. 1 entsprechen.[12] Dieser Typusvergleich ist auf Basis des ausländischen Gesellschaftsrechts zu führen. Es kommt hierbei darauf an, ob der ausländische Rechtsträger nach dem hierauf anzuwendenden ausländischen Gesellschaftsrecht einer deutschen Kapitalgesellschaft vergleichbar strukturiert ist und dem Ge- 20

6 Vgl Schmitt/Hörtnagl/Stratz/*Schmitt*, § 20 UmwStG Rn 176; Dötsch/Pung/Möhlenbrock/*Patt*, § 20 UmwStG Rn 14; Auswirkungen ergeben sich in diesen Fällen uU im Hinblick auf die sperrfristbehafteten Anteile, s. § 22 Rn 17

7 Für eine abstrakte Anrechnungsverpflichtung Dötsch/Pung/Möhlenbrock/*Patt*, § 20 UmwStG Rn 15; Haritz/Menner/*Menner*, § 20 Rn 267; aA Schmitt/Hörtnagl/Stratz/*Schmitt*, § 20 UmwStG Rn 336.

8 Vgl Rödder/Herlinghaus/van Lishaut/*Herlinghaus*, § 20 UmwStG Rn 115.

9 Vgl Haritz/Menner/*Menner*, § 20 UmwStG Rn 67.

10 Vgl Dötsch/Pung/Möhlenbrock/*Patt*, § 20 UmwStG Rn 10; Dies kann beispielsweise der Fall sein, wenn die eingebrachten Wirtschaftsgüter keiner deutschen Betriebstätte der übernehmenden Gesellschaft mehr zugerechnet werden können.

11 Vgl Schmitt/Hörtnagl/Stratz/*Schmitt*, § 20 UmwStG Rn 175.

12 Vgl Rödder/Herlinghaus/van Lishaut/*Herlinghaus*, § 20 UmwStG Rn 116.

sellschafter über seine Beteiligung einer deutschen Kapitalgesellschaft entsprechende Gesellschafterrechte vermittelt.[13]

21 Darüber hinaus setzt § 1 Abs. 4 voraus, dass der übernehmende Rechtsträger eine Gesellschaft iSv § 1 Abs. 2 S. 1 Nr. 1 ist. Dies bedeutet, dass es sich um eine nach dem **Recht eines EU/EWR-Mitgliedstaats** gegründete Gesellschaft iSv Art. 54 AEUV bzw Art. 34 EWR-Abkommen handeln muss. Statutarischer Sitz und Ort der Geschäftsleitung dieser Gesellschaft müssen sich innerhalb der EU bzw des EWR befinden, nicht notwendigerweise im selben Mitgliedstaat.[14] Für eine europäische Gesellschaft iSd Verordnung (EG) Nr. 2157/2001 sowie eine Europäische Genossenschaft iSd Verordnung (EG) Nr. 1435/2003 wird davon ausgegangen, dass es sich um eine nach dem Recht eines EU-/EWR-Mitgliedstaats gegründete Gesellschaft handelt, deren statutarischer Sitz sich innerhalb der EU bzw des EWR befindet. Bei diesen Gesellschaften ist lediglich auf den Sitz der Geschäftsleitung abzustellen.

22 Das Vorliegen der Voraussetzungen ist grundsätzlich zum steuerlichen Übertragungsstichtag zu prüfen. Nicht notwendigerweise braucht die übernehmende Gesellschaft zum steuerlichen Übertragungsstichtag bereits zivilrechtlich wirksam zu bestehen.[15]

23 Für den Fall, dass ein an der Umwandlung beteiligter Rechtsträger im steuerlichen Rückwirkungszeitraum **neu gegründet** wurde, ist für Zwecke der Prüfung der o.g. Voraussetzungen (Rechtsform- bzw Ansässigkeitserfordernis) abweichend zum steuerlichen Übertragungsstichtag auf den Zeitpunkt der zivilrechtlichen Wirksamkeit der Gründung abzustellen. Erfolgt die Einbringung im Rahmen der Neugründung der übernehmenden Gesellschaft ist der Zeitpunkt der zivilrechtlichen Wirksamkeit der Umwandlung maßgebend.[16]

24 **2. Sachlicher Anwendungsbereich. a) Einbringungsvorgang.** Die Sacheinlage gem. § 20 Abs. 1 erfordert unter anderem die **Übertragung betrieblicher Gesamtheiten** auf eine Kapitalgesellschaft bzw Genossenschaft sowie die **Gewährung neuer Anteile** an der Übernehmerin. Damit kommt eine Sacheinlage iSd § 20 Abs. 1 in eine nach deutschen Rechtsvorschriften gegründete Kapitalgesellschaft bzw Genossenschaft aus deutscher zivilrechtlicher Sicht entweder im Fall einer Sachgründung bzw einer Kapitalerhöhung durch Sacheinlage (gem. § 5 Abs. 4 GmbHG bzw § 27 AktG) in Betracht.[17]

25 Darüber hinaus kann eine dem Anwendungsbereich des § 20 unterfallende Sacheinlage auch im Rahmen einer **Bargründung** bzw **Barkapitalerhöhung** zustande kommen, wenn der Einbringende zusätzlich die Verpflichtung übernimmt, als Agio einen (Teil-)Betrieb bzw Mitunternehmeranteil einzubringen.[18] Diese Vorgehensweise kann sich im GmbH-Fall anbieten, weil hierbei die gesellschaftsrechtlichen Sonderregelungen für Sacheinlagen gem. § 5 Abs. 4 GmbHG nicht zu beachten sind. Damit kann im Vergleich zu einer Sachgründung bzw Kapitalerhöhung durch Sacheinlage zB von einer aufwändigen gutachterlichen Bewertung des Sacheinlagegegenstands abgesehen werden.[19] Es steht im Ermessen des Steuerpflichtigen, die Gründung bzw Kapitalerhöhung auch im Rahmen einer Bargründung bzw -kapitalerhöhung mit zusätzlicher Einlageverpflichtung in das Agio durchzuführen. Ein Missbrauch steuerlicher Gestaltungsmöglichkeiten kann sich hieraus grundsätzlich nicht ergeben.[20]

13 Vgl Dötsch/Pung/Möhlenbrock/*Patt*, § 20 UmwStG Rn 10.
14 Vgl Rödder/Herlinghaus/van Lishaut/*Herlinghaus*, § 20 UmwStG Rn 118.
15 Vgl Dötsch/Pung/Möhlenbrock/*Patt*, § 20 UmwStG Rn 156.
16 Vgl BMF Rn 01.55 iVm 01.52.
17 Vgl *Haritz/Menner/Menner*, § 20 UmwStG Rn 188.
18 Vgl BFH BStBl II 2010, 1094; BMF v. 11.11.2011, BStBl I, 1314, Rn 01.44.
19 Dötsch/Pung/Möhlenbrock/*Patt*, § 20 UmwStG Rn 158 a.
20 Vgl Dötsch/Pung/Möhlenbrock/*Patt*, § 20 UmwStG Rn 159; vgl hierzu auch Widmann/Mayer/*Widmann*, § 20 UmwStG Rn 170, der darauf hinweist, dass ein Fall des § 42 AO vorliegen kann, wenn im Rahmen einer Einbringung nicht der Einbringende, sondern ein Dritter neue Gesellschaftsanteile übernimmt und im engen zeitlichen Zusammenhang damit die Rücklagen aufgelöst und an den Einbringenden ausgeschüttet werden.

Damit in diesen Fällen eine Sacheinlage iSv § 20 Abs. 1 vorliegt, muss die Verpflichtung zur Übertragung Teil des Entgelts für die Übernahme der Anteile an der Gesellschaft sein. Nicht ausreichend ist eine Übertragung der betrieblichen Sachgesamtheit, die zwar in zeitlichem Zusammenhang mit einer Bargründung bzw Barkapitalerhöhung erfolgt, für die jedoch keine notariell klar vereinbarte Verpflichtung bestand.[21] Ebenfalls nicht ausreichend ist, wenn zunächst eine ausschließliche Bargründung bzw Barkapitalerhöhung vereinbart wird und die Einzahlungsverpflichtung später mittels einer Einlage von Wirtschaftsgütern erbracht wird.[22] 26

aa) **Anforderungen an den Einbringungsvorgang.** Der Begriff des „Einbringens", der von § 20 Abs. 1 verwendet wird, ist gesetzlich nicht definiert. Anders als noch im UmwStG 1995 enthält das UmwStG idF des SEStEG in § 1 Abs. 3 neuerdings eine sachliche Anwendungsregelung. Danach kommt eine Einbringung iSv § 20 nur unter den Voraussetzungen des § 1 Abs. 3 in Betracht.[23] 27

§ 1 Abs. 3 enthält eine enumerative Aufzählung dahin gehend, welche Rechtsvorgänge vom sechsten bis achten Teil des UmwStG und damit auch von der Einbringungsregelung gem. § 20 erfasst werden. Hierbei handelt es sich im Hinblick auf § 20 insb. um folgende Fälle: 28

- Verschmelzung, Aufspaltung und Abspaltung iSd §§ 2 und 123 Abs. 1 und 2 UmwG von Personenhandelsgesellschaften und Partnerschaftsgesellschaften oder vergleichbare ausländische Vorgänge;
- Ausgliederung von Vermögensteilen iSd § 123 Abs. 3 UmwG oder vergleichbare ausländische Vorgänge;
- Formwechsel einer Personengesellschaft in eine Kapitalgesellschaft oder Genossenschaft iSd § 190 Abs. 1 UmwG oder vergleichbare ausländische Vorgänge[24] und die;
- „Einbringung von Betriebsvermögen durch Einzelrechtsnachfolge" in eine Kapitalgesellschaft bzw Genossenschaft

Aufgrund dieser neu eingeführten sachlichen Anwendungsregelung ist in der Literatur strittig, ob die Einbringung iSv § 20 nunmehr zwingend die Übertragung des Volleigentums voraussetzt.[25] Nach dem UmwStG 1995, das keine dem § 1 Abs. 3 entsprechende sachliche Anwendungsregelung enthielt, war auch die Übertragung des wirtschaftlichen Eigentums nach ganz überwiegender Meinung als ausreichend angesehen.[26] 29

Dies hat sich uE mit der Europäisierung des UmwStG im Rahmen des SEStEG nicht geändert. Die **Übertragung des wirtschaftlichen Eigentums anstelle des Volleigentums** ist nach der herrschenden Meinung in der Literatur nach wie vor ausreichend, um den Anwendungsbereich der umwandlungssteuerrechtlichen Einbringungsregelungen zu eröffnen.[27] Dies ergibt sich neben der Intention des Gesetzgebers, den Anwendungsbereich der Regelungen des UmwStG im Rahmen der Europäisierung zu erweitern, anstatt einzuengen[28] auch aus Sinn und Zweck des UmwStG im Allgemeinen und des § 20 im Besonderen. Danach sollen betriebswirtschaftlich notwendige Umstrukturierungen nicht durch die Besteuerung unrealisierter Gewinne belastet werden.[29] 30

21 Vgl Dötsch/Pung/Möhlenbrock/*Patt*, § 20 UmwStG Rn 159; Widmann/Mayer/*Widmann*, § 20 UmwStG Rn 167; FG Baden-Württemberg vom 19.4.2011, 11 K 4368/08, EFG 2011, 1933.

22 Vgl Schmitt/Hörtnagl/Stratz/*Schmitt*, § 20 UmwStG Rn 186.

23 s. § 1 Rn 22 ff

24 Die Anwendung des § 20 UmwStG erfolgt gesetzestechnisch über § 25 UmwStG, wonach in Fällen eines derartigen Formwechsels die Vorschriften des Sechsten Teil des UmwStG, dh die §§ 20 bis 23 UmwStG analog anzuwenden sind.

25 Vgl zum Meinungsstand Haritz/Menner/*Menner*, § 20 UmwStG Rn 72 ff.

26 Vgl Widmann/Mayer/*Widmann*, § 20 UmwStG aF Rn 9; Haritz/Menner/*Menner*, § 20 UmwStG Rn 72; Bayerisches Landesamt für Steuern, Vfg. vom 6.3.2006, Konzern 2006, 477.

27 Vgl Rödder/Herlinghaus/van Lishaut/*Herlinghaus*, § 20 UmwStG Rn 39; Schmitt/Hörtnagl/Stratz/*Schmitt*, § 20 UmwStG Rn 19.

28 Vgl BT-Drucks. 16/2710, S. 35.

29 Vgl Dötsch/Pung/Möhlenbrock/*Patt*, UmwStG, Vor §§ 20-23 Rn 16.

31 Die von *Patt* vertretene Mindermeinung sieht in der Verwendung des Begriffs der „Einzelrechtsnachfolge" in § 1 Abs. 3 Nr. 4 das Erfordernis eines zivilrechtlichen Übertragungsvorgangs und erkennt damit eine Übertragung des wirtschaftlichen Eigentums nicht mehr an.[30]

32 Die Finanzverwaltung hat sich der herrschenden Meinung angeschlossen und stellt die Übertragung des wirtschaftlichen Eigentums im Umwandlungssteuererlass 2011 der Einzelrechtsnachfolge in § 1 Abs. 3 Nr. 4 gleich.[31] Mangels höchstrichterlicher Rechtsprechung zu dieser Thematik ergibt sich für den Steuerpflichtigen ein Restrisiko, dass die Übertragung des wirtschaftlichen Eigentums in einem finanzgerichtlichen Verfahren nach dem derzeitigen Gesetzeswortlaut als nicht ausreichend angesehen werden könnte. Um dieses Risiko zu vermeiden, wird in der Literatur die Einholung einer verbindlichen Auskunft empfohlen.[32]

33 **Wirtschaftliches Eigentum** iSv § 39 AO wird begründet, indem ein anderer als der zivilrechtliche Eigentümer die „tatsächliche Herrschaft" über ein Wirtschaftsgut ausübt und auf diese Weise den wirtschaftlichen Wert eines Wirtschaftsguts vollständig oder nahezu vollständig für sich beanspruchen kann.[33] Wirtschaftliches Eigentum setzt in der Regel den Besitz voraus. Entscheidend ist nach der Rechtsprechung, dass dem Herausgabeanspruch des zivilrechtlichen Eigentümers „bei dem für die gewählte Gestaltung typischen Verlauf" keine wirtschaftliche Bedeutung zukommt.[34] Diese Situation ist idR dadurch gekennzeichnet, dass dem Berechtigten eine Rechtsposition zukommt, die an das Volleigentum angenähert ist.[35] Nicht der zivilrechtliche Eigentümer, sondern der Berechtigte trägt das Risiko des zufälligen Untergangs und hat die Chance auf Wertsteigerungen. Des Weiteren trägt er die Lasten der Sache und erhält die Erträge hieraus.[36] Die einzelnen Merkmale müssen kumulativ zusammentreffen, aber nicht notwendigerweise gleichmäßig stark ausgeprägt sein. Maßgebend ist nach der Rechtsprechung das sog. Gesamtbild der Verhältnisse.[37]

34 Im Gegensatz zur Übertragung des wirtschaftlichen Eigentums kann eine reine **Nutzungsüberlassung** eine Einbringung iSv § 20 nach wohl herrschender Meinung nicht begründen.[38] Etwas anderes gilt dann, wenn das Nutzungsrecht, wie oben dargestellt, so ausgestaltet wird, dass es zum Übergang des wirtschaftlichen Eigentums an dem Nutzungsgegenstand führt.[39]

35 Die von § 20 begünstigte Einbringung erfordert einen einheitlichen Vorgang. Dies setzt nicht voraus, dass sämtliche einzubringenden Wirtschaftsgüter bzw das wirtschaftliche Eigentum hieran zum selben Zeitpunkt auf die Übernehmerin übertragen wird. Ausreichend ist uE, dass die Übertragungen auf derselben Rechtsgrundlage (zB Einbringungsvertrag) basieren und in einem zeitlichen und sachlichen Zusammenhang vorgenommen werden. Insoweit können zur Konkretisierung die von der Rechtsprechung zu §§ 6 Abs. 3 und 16 EStG entwickelten Grundsätze herangezogen werden.[40]

36 **bb) Einbringung durch Umwandlung/Formwechsel.** Die Einbringung iSv § 20 kann zum einen auf Basis ausgewählter deutscher **umwandlungsrechtlicher Maßnahmen** erfolgen, die in § 1 Abs. 3 Nr. 1 bis 3 abschließend aufgezählt sind. Hierbei handelt es sich einerseits um die vom UmwG geregelten Fälle der Verschmelzung sowie Ab- und Aufspaltung von Personenhandelsgesellschaften sowie Partnerschaftsgesellschaften, der Ausgliederung von Vermögensteilen so-

30 Vgl Dötsch/Pung/Möhlenbrock/*Patt*, § 20 UmwStG Rn 7.
31 Vgl BMF v. 11.11.2011, BStBl I, 1314 Rn 01.43.
32 Vgl *Benz/Rosenberg*, DB 2011, S. 1354.
33 Vgl Pahlke/Koenig/*Koenig*, § 39 AO Rn 14.
34 Vgl BFH BStBl II 1970, 264.
35 Vgl BFH BStBl II 1988, 832.
36 Vgl BFH BStBl II 1997, 382.
37 Vgl BFH BStBl II 1992, 182.
38 Vgl Rödder/Herlinghaus/van Lishaut/*Herlinghaus*, § 20 UmwStG Rn 38; Umwandlungssteuererlass Rn 20.06.
39 Vgl Haritz/Menner/*Menner*, § 20 UmwStG Rn 74.
40 Vgl Dötsch/Pung/Möhlenbrock/*Patt*, § 20 UmwStG Rn 163; Haritz/Menner/*Menner*, § 20 UmwStG Rn 13 mit Verweis auf BFH BStBl II 2001, 229. Danach ist für Zwecke einer tariflich begünstigten vollständigen Veräußerung eines Mitunternehmeranteils iSv § 16 EStG bei einem zeitlichen Abstand von weniger als 8 Wochen zwischen der Entnahme einzelner Wirtschaftsgüter aus dem Betriebsvermögen und der Übertragung des Mitunternehmeranteils der enge zeitliche Zusammenhang unzweifelhaft.

wie des **Formwechsels** einer Personengesellschaft in eine Kapitalgesellschaft bzw Genossenschaft.

Darüber hinaus werden auch vergleichbare **ausländische Umwandlungsvorgänge** vom sachlichen Anwendungsbereich des § 20 erfasst.[41] Aus deutscher umwandlungsrechtlicher Sicht ist bislang lediglich die Verschmelzung von Kapitalgesellschaften grenzüberschreitend geregelt. Die in § 1 Abs. 3 erfassten Umwandlungen von Personen(handels)gesellschaften sind nach den Regelungen des UmwG derzeit grenzüberschreitend nicht möglich. 37

Hinsichtlich der Auf- bzw Abspaltung von Personenhandelsgesellschaften kommt § 20 auch zur Anwendung, wenn es sich um eine **nicht-verhältniswahrende Umwandlung ohne Wertverschiebung** handelt, dh am aufnehmenden Rechtsträger nicht mehr sämtliche Gesellschafter der übertragenden Personenhandelsgesellschaft im bisherigen Verhältnis untereinander beteiligt sind.[42] Erfolgt im Rahmen der nicht-verhältniswahrenden Spaltung eine Wertverschiebung zwischen den Gesellschaftern der abgebenden Personenhandelsgesellschaft, kommt uE § 20 für die einbringenden Mitunternehmer zwar zunächst ebenfalls zur Anwendung. Auf Ebene der wertabgebenden Mitunternehmer kommt es im Nachgang der Spaltung zu einer fiktiven Veräußerung sperrfristbehafteter Anteile an die wertaufnehmenden Gesellschafter. Die Veräußerung dieser Anteile unterliegt den Rechtsfolgen des § 22, so dass es insoweit bei vorheriger Einbringung zum Buchwert zur rückwirkenden Besteuerung des Einbringungsgewinns I bei den wertabgebenden Gesellschaftern kommt.[43] 38

Hierbei ist zu beachten, dass die Privilegien des § 20, dh insb. die Möglichkeit der Buchwertfortführung, nicht bereits deshalb in Anspruch genommen werden können, weil der Einbringungsvorgang in Form einer umwandlungsrechtlichen Maßnahme vom sachlichen Anwendungsbereich des § 1 Abs. 3 erfasst wird. Die weiteren Voraussetzungen, zB hinsichtlich des Einbringungsgegenstands und der Gegenleistung in Form neuer Anteile an der Übernehmerin, sind darüber hinaus zu beachten. Damit fällt beispielsweise die Verschmelzung einer Personenhandelsgesellschaft, die unter Anwendung von § 54 UmwG ohne Gewährung neuer Anteile erfolgt, nicht in den Anwendungsbereich des § 20. Gleiches gilt für die Ausgliederung von Vermögen aus einer nicht gewerblichen Personengesellschaft auf eine Kapitalgesellschaft.[44] 39

cc) **Einbringung im Wege der Einzelrechtsnachfolge.** Gemäß § 1 Abs. 3 Nr. 4 wird neben der Übertragung betrieblicher Sachgesamtheiten im Wege umwandlungsrechtlicher Vorgänge die „Einbringung durch Einzelrechtsnachfolge" vom Anwendungsbereich des § 20 erfasst. 40

Der Begriff der **Einzelrechtsnachfolge** ist im Steuerrecht nicht definiert. Er ist von der Einbringung im Wege der Umwandlung/Gesamtrechtsnachfolge einerseits und der Einbringung im Wege der Anwachsung andererseits abzugrenzen. Es handelt sich hierbei um eine Einbringung, bei der das Volleigentum bzw das wirtschaftliche Eigentum an den einzubringenden Wirtschaftsgütern einzeln auf die Kapitalgesellschaft übertragen wird. Abhängig von der rechtlichen Qualität der einzubringenden Wirtschaftsgüter sind hierbei bestimmte vertraglich vereinbarte oder gesetzliche Formvorschriften zu beachten (zB die notarielle Beurkundungspflicht betreffend die Übertragung des Eigentums an Grundstücken oder Kapitalgesellschaftsanteilen).[45] 41

Die Übertragung der relevanten Wirtschaftsgüter muss nicht notwendigerweise in einem Akt vollzogen werden, um als Sacheinlage iSv § 20 Abs. 1 zu qualifizieren. Maßgebend ist, dass die Übertragungen in einem **zeitlichen und sachlichen Zusammenhang** erfolgen und auf demselben **Willensentschluss** (zB in Form des Kapitalerhöhungsbeschlusses bzw eines damit verbundenen Einbringungsvertrags) basieren.[46] 42

41 S. § 1 Rn. 41 ff; *Ehret/Lausterer*, DB, Beilage 1/2012, 7.
42 Vgl Schmitt/Hörtnagl/Stratz/*Schmitt*, § 20 UmwStG Rn 192.
43 Vgl *Benz/Rosenberg*, DB 2012, Beilage Nr. 1, S. 39.
44 Vgl Dötsch/Pung/Möhlenbrock/*Patt*, § 20 UmwStG Rn 162.
45 Vgl Schmitt/Hörtnagl/Stratz/*Schmitt*, § 20 UmwStG Rn 198.
46 S. Rn 191; Rödder/Herlinghaus/van Lishaut/*Herlinghaus*, § 20 UmwStG Rn 127; Haritz/Menner/*Menner*, § 20 UmwStG Rn 13.

43 Als Übertragung im Wege der Einzelrechtsnachfolge kommt auch der Übergang **einzelner Wirtschaftsgüter** von der Vorgründungsgesellschaft auf die Vorgesellschaft in Frage.[47] Dies erfolgt aus zivilrechtlicher Sicht bei Anmeldung der Gesellschaft zum Handelsregister.

44 Daneben stellt auch die Auflösung einer atypisch stillen Gesellschaft am Handelsgewerbe einer Kapitalgesellschaft bzw das Ausscheiden des an einer Kapitalgesellschaft atypisch still Beteiligten aus steuerlicher Sicht die Übertragung eines Mitunternehmeranteils, dh einen Fall der Einzelrechtsnachfolge iSv § 1 Abs. 3 Nr. 4 dar. Zivilrechtlich handelt es sich hierbei abweichend vom Steuerrecht um den **Tausch einer Forderung.**[48]

45 **dd) Einbringung durch Anwachsung.** Eine sog. **erweiterte Anwachsung** liegt vor, wenn als Folge der Übertragung des vorletzten Mitunternehmeranteils auf den verbleibenden Gesellschafter das Vermögen der Mitunternehmerschaft dem verbleibenden übernehmenden Rechtsträger anwächst. Diese Anwachsung gem. § 738 BGB ist nach herrschender Meinung ein Fall der Gesamtrechtsnachfolge.[49]

46 Aus umwandlungssteuerrechtlicher Sicht fällt die der erweiterten Anwachsung vorangehende Einbringung des vorletzten Mitunternehmeranteils nach herrschender Meinung in den Anwendungsbereich des § 20.[50] Entscheidend ist, dass der Anwachsung die **Einbringung eines Mitunternehmeranteils** in die Kapitalgesellschaft vorausgeht, die als Vorgang der Einzelrechtsnachfolge von § 1 Abs. 3 Nr. 4 erfasst wird und unter den Voraussetzungen des § 20 Abs. 1 (zB Ansässigkeitserfordernis des übertragenden und übernehmenden Rechtsträgers, Gewährung neuer Anteile am übernehmenden Rechtsträger) als Sacheinlage qualifiziert. Die sich hieran in einem zweiten Schritt anschließende Anwachsung des Vermögens erfolgt steuerneutral. Ein steuerpflichtiger Anschaffungsvorgang liegt insoweit nicht vor. Zu einer Betriebsaufgabe, die zur steuerpflichtigen Realisierung stiller Reserven führt, kommt es hierbei ebenfalls nicht.[51]

47 Die andere Ansicht, die von *Patt* vertreten wird, lehnt diese Sichtweise ab. Demnach ist die erweiterte Anwachsung weder „zivilrechtlich noch rechtstheoretisch" in zwei Vorgänge aufzuspalten. Vielmehr soll es sich bei diesem Vorgang einzig um eine Anwachsung handeln. Diese wird als Vorgang der Gesamtrechtsnachfolge in § 1 Abs. 3 Nr. 1 bis 3 gerade nicht erwähnt und unterfällt deshalb nicht dem sachlichen Anwendungsbereich des § 20.[52]

48 Einen abgewandelten Fall der erweiterten Anwachsung stellt der Übergang des Mitunternehmeranteils im Wege einer **Verschmelzung** des vorletzten Gesellschafters in Form einer Personenhandelsgesellschaft (Oberpersonengesellschaft) auf den verbleibenden Mitunternehmer dar. Hierbei handelt es sich aus umwandlungssteuerlicher Sicht um die Einbringung des Betriebs der Oberpersonengesellschaft in die übernehmende Kapitalgesellschaft. Diese Einbringung im Wege der Verschmelzung einer Personenhandelsgesellschaft wird von § 1 Abs. 3 Nr. 1 geregelt.

49 Handelt es sich bei dem übertragenden Gesellschafter ebenfalls um eine Kapitalgesellschaft, liegt keine Einbringung iSv § 20 vor. Die Rechtsfolgen im Hinblick auf den übergehenden Mitunternehmeranteil bestimmen sich in diesem Fall nach § 11.

50 Im Gegensatz zur erweiterten Anwachsung scheidet im Rahmen der **einfachen Anwachsung** der vorletzte Gesellschafter einer Personengesellschaft aus dieser aus. Der Anteil am Gesellschaftsvermögen des ausscheidenden Gesellschafters wächst dem verbleibenden Gesellschafter gem. § 738 BGB zu. Im Gegensatz zur erweiterten Anwachsung stellt die einfache Anwachsung des Vermögens einer Personengesellschaft auf eine Kapitalgesellschaft keinen Fall des § 20 dar. Es

47 Vgl Widmann/Mayer/*Widmann*, § 20 UmwStG Rn 83.
48 Vgl Widmann/Mayer/*Widmann*, § 20 UmwStG Rn 84.
49 Vgl Widmann/Mayer/*Widmann*, § 20 UmwStG Rn 103; Schmitt/Hörtnagl/Stratz/*Schmitt*.
50 Vgl Rödder/Herlinghaus/van Lishaut/*Herlinghaus*, § 20 UmwStG Rn 39; Widmann/Mayer/*Widmann*, § 20 UmwStG, R 107; BMF v. 11.11.2011, BStBl I, 1314 Rn 01.44.
51 Vgl OFD Berlin v. 19.7.2002, DB 2002, 1966.
52 Vgl Dötsch/Pung/Möhlenbrock/*Patt*, § 20 UmwStG Rn 6.

fehlt hierbei bereits an der Gewährung neuer Anteile an der übernehmenden Gesellschaft und damit an den Tatbestandsvoraussetzungen einer Sacheinlage gem. § 20 Abs. 1.[53]

ee) **Verschleierte Sachgründung/Sachkapitalerhöhung.** Das Gesellschaftsrecht sieht für Sachgründungen bzw Kapitalerhöhungen durch Sacheinlagen im Gegensatz zur Bargründung bzw -kapitalerhöhung erweiterte Pflichten für den einbringenden Gesellschafter vor. Deren Umgehung wird gesellschaftsrechtlich als **verdeckte bzw verschleierte Sachgründung/Sachkapitalerhöhung** bezeichnet. 51

Hierbei handelt es sich um einen Vorgang, bei dem die gesetzlichen Regelungen für Sacheinlagen objektiv unterlaufen werden, als zwar formal eine Bargründung bzw Barkapitalerhöhung vereinbart wird, die Einlageverpflichtung aus wirtschaftlicher Sicht aber durch Übertragung von Sachwerten bzw nicht-monetären Mitteln erbracht wird. Dies kann beispielsweise geschehen, indem die auf Geldmittel lautende Einlageforderung durch ein zwischen Gesellschaft und Gesellschafter abgeschlossenes Gegengeschäft über Sachwerte mit dem Wert der zu übertragenden Sachwerte verrechnet wird.[54] 52

Diese Umgehung ist **unzulässig** und führt aus gesellschaftsrechtlicher Sicht grds. dazu, dass für den Gesellschafter eine Befreiung von der Einlageverpflichtung nicht erreicht werden kann. Die Verträge über die Sacheinlage sowie die Rechtshandlungen zu ihrer Ausführung werden seit dem Inkrafttreten des MoMiG gem. § 19 Abs. 4 S. 2 GmbHG bzw des ARUG (§ 27 Abs. 3 S. 2 AktG) nicht mehr unwirksam. Auf die Bareinlageverpflichtung des Gesellschafters wird der Wert der verdeckten Sacheinlage zum Zeitpunkt der Handelsregisteranmeldung bzw der Überlassung an die Gesellschaft, falls diese später erfolgt, gem. § 19 Abs. 4 S. 2 GmbHG (§ 27 Abs. 3 S. 4 AktG) angerechnet. 53

Nach Ansicht der Finanzverwaltung führt die verdeckte Sacheinlage nicht zur Gewährung neuer Anteile, so dass aus diesem Grund die Anwendung des § 20 ausscheiden soll.[55] In der Literatur ist umstritten, ob die verdeckte Sacheinlage für den Fall, dass es sich bei der Sachgesamtheit um einen Betrieb, Teilbetrieb oder Mitunternehmeranteil handelt, als umwandlungssteuerliche Sacheinlage gem. § 20 Abs. 1 qualifiziert.[56] Von entscheidender Bedeutung diesbezüglich ist die Frage, ob die verdeckte Sacheinlage in dem von der Rechtsprechung des BFH geforderten Zusammenhang mit der Gewährung neuer Anteile steht, dh einen Teil des Entgelts für die neuen Anteile darstellt. 54

UE ist aufgrund der durch das MoMiG bzw ARUG geregelten Neufassung der Rechtsfolgen einer verdeckten Sacheinlage, wonach es zu einer Anrechnung des Wertes der Sachwerte auf die Einzahlungsverpflichtung kommt, dieser Zusammenhang zwischenzeitlich gegeben. Deshalb schließt eine verdeckte Sacheinlage die Anwendung des § 20 Abs. 1 per se nicht mehr aus, sofern tatsächlich die **Eintragung im Handelsregister** erfolgt. Die zur Rechtslage vor dem MoMiG ergangene Rechtsprechung des BFH,[57] nach der die Anwendung des § 20 aF auf eine verdeckte Sacheinlage nicht in Frage kam, ist zwischenzeitlich überholt.[58] Im Streitjahr 1979, das dieser Rechtsprechung zugrunde lag, war die verdeckte Sacheinlage nach damalig herrschender gesellschaftsrechtlicher Meinung unwirksam. Diese Unwirksamkeit hinderte den BFH daran, im Sinne einer wirtschaftlichen Betrachtungsweise die verdeckte Sacheinlage mit dem wirksamen Bargründungsvertrag zu einem einheitlichen Vertrag zu verknüpfen und hierauf § 20 anzuwenden. Diese Argumentation ist auf die mittlerweile durch das MoMiG bzw ARUG geänderte Rechtslage nicht mehr anwendbar. 55

53 Vgl Schmitt/Hörtnagl/Stratz/*Schmitt*, § 20 UmwStG Rn 194; Haritz/Menner/*Menner*, § 20 UmwStG Rn 79.

54 Vgl Baumbach/Hueck/*Hueck/Fastrich*, § 19 GmbHG Rn 45; BGH BGHZ 2007, 145, 173.

55 Vgl. BMF v. 11.11.2011, BStBl I, 1314 Rn E 20.10

56 Vgl Dötsch/Pung/Möhlenbrock/*Patt*, UmwStG Rn 182, der dies verneint; aA Haritz/Menner/*Menner*, § 20 UmwStG Rn 195 f; *Fischer*, Ubg 2008, 684.

57 Vgl BFH BStBl II 1993, 131.

58 Vgl Haritz/Menner/*Menner*, § 20 UmwStG Rn 195 f.

56 **b) Einbringungsgegenstand. aa) Betrieb. (1) Definition und Abgrenzung.** Der Begriff des Betriebs wird weder im Umwandlungssteuergesetz noch im Einkommensteuergesetz definiert. Für Zwecke der Anwendung der §§ 16, 34 EStG, dh im Rahmen einer Betriebsaufgabe bzw -veräußerung, wurde der **Betriebsbegriff** in der Vergangenheit durch die Rechtsprechung konkretisiert. Demnach wird der Betrieb zum einen über die für ihn funktional wesentlichen Betriebsgrundlagen abgegrenzt. Darüber hinaus sind für Zwecke des Betriebsbegriffs iSv §§ 16, 34 EStG noch die aus quantitativer Sicht bedeutsamen Wirtschaftsgüter, dh Wirtschaftsgüter mit hohen stillen Reserven, dem Betrieb zuzuordnen.

57 Hinsichtlich § 20 besteht in der Literatur weitestgehend Einigkeit darüber, dass zwar die von der Rechtsprechung für Zwecke der Betriebsaufgabe bzw -veräußerung bereitgestellte Abgrenzung grundsätzlich anzuwenden ist.[59] Allerdings ist der Begriff der den Betrieb konkretisierenden wesentlichen Betriebsgrundlage nicht uneingeschränkt zu übernehmen, sondern vielmehr vor dem Zweck der Norm des § 20 teleologisch zu bestimmen. Demnach gehören hierzu nur die **funktional wesentlichen Betriebsgrundlagen.** Eine Zuordnung nach quantitativen Aspekten, dh in Form von Wirtschaftsgütern mit hohen stillen Reserven, findet hierbei nicht statt.[60]

58 Der Betriebsbegriff iSv § 20 Abs. 1 ist nicht auf den Gewerbebetrieb iSv § 15 EStG beschränkt. Es werden auch land- und forstwirtschaftliche Betriebe sowie Betriebe im Rahmen der Erzielung von Einkünften aus selbstständiger Tätigkeit vom Anwendungsbereich des § 20 erfasst.[61] Eine Einschränkung lässt sich weder aus dem Wortlaut der Vorschrift noch aus Sinn und Zweck des Umwandlungssteuergesetzes im Allgemeinen bzw der Regelungen des sechsten bis achten Teils im Besonderen entnehmen. Vielmehr spricht gerade der Sinn und Zweck der umwandlungssteuerlichen Regelungen, betriebswirtschaftlich erforderliche Umstrukturierungen steuerlich nicht zu blockieren, für einen Einbezug der Betriebe von land- und forstwirtschaftlich bzw selbstständig Tätigen, da auch bei diesen Gruppen ein Bedürfnis bestehen kann, ihre unternehmerische Tätigkeit in einer anderen Form zu betreiben. Unbeachtlich ist in diesem Zusammenhang, ob der Steuerpflichtige seinen Gewinn durch Betriebsvermögensvergleich gem. § 4 Abs. 1, 5 Abs. 1 EStG oder im Wege der Einnahmen-Überschussrechnung nach § 4 Abs. 3 EStG ermittelt.[62]

59 In Abgrenzung hiervon liegt kein Betrieb iSd § 20 vor bei Tätigkeiten, die ertragsteuerlich zu Überschusseinkünften (zB die Vermietung und Verpachtung von Grundbesitz oder die Verwaltung von Kapitalvermögen) führen.

60 Die Tätigkeit einer **gewerblich geprägten Personengesellschaft** führt bei dieser gem. § 15 Abs. 3 Nr. 2 EStG zu Einkünften aus Gewerbebetrieb und damit auf Ebene der gewerblich geprägten Personengesellschaft ungeachtet der tatsächlichen Ausgestaltung der unternehmerischen Tätigkeit zu einem Betrieb iSv § 20.[63]

61 Gleiches gilt für das **Besitzunternehmen** im Rahmen einer Betriebsaufspaltung. Dessen Vermietungstätigkeit gilt nach der Rechtsprechung des BFH als originär gewerblich.[64] Auch der gewerbliche Grundstückshandel begründet einen Betrieb im o.g. Sinn.

62 Ein **verpachteter Betrieb** kann im Rahmen einer umwandlungssteuerrechtlichen Sacheinlage gem. § 20 Abs. 1 auf eine Kapitalgesellschaft bzw Genossenschaft übertragen werden, solange der Verpächter gegenüber der Finanzbehörde nicht die Aufgabe des Betriebs erklärt hat.[65] Des Weiteren sind auch **wirtschaftliche Geschäftsbetriebe** von Körperschaften oder **Betriebe ge-**

59 Vgl Dötsch/Pung/Möhlenbrock/*Patt*, § 20 UmwStG Rn 22.
60 Vgl Rödder/Herlinghaus/van Lishaut/*Herlinghaus*, § 20 UmwStG Rn 26.
61 Vgl Dötsch/Pung/Möhlenbrock/*Patt*, § 20 UmwStG Rn 23.
62 Der Einbringende hat jedoch in diesem Fall die Gewinnermittlung zum steuerlichen Übertragungsstichtag auf den Betriebsvermögensvergleich umzustellen; vgl Dötsch/Pung/Möhlenbrock/*Patt*, § 20 UmwStG Rn 241.
63 Vgl Haritz/Menner/*Menner*, § 20 UmwStG Rn 36.
64 BFHE 206, 141.
65 Vgl Dötsch/Pung/Möhlenbrock/*Patt*, § 20 UmwStG Rn 26; BFH BFH/NV 2010, 450 zum Betriebsbegriff iSv § 24 UmwStG, der insoweit mit dem des § 20 UmwStG inhaltsgleich ist.

werblicher Art juristischer Personen des öffentlichen Rechts als Einbringungsgegenstand denkbar.

(2) **Zeitlicher Aspekt/Betrieb im Aufbau.** Es ist nicht erforderlich, dass der Betrieb im Zeitpunkt der Einbringung bereits seine werbende Tätigkeit aufgenommen hat. Der BFH erkennt einen **Betrieb im Aufbau** ausdrücklich an.[66] Um als Sacheinlage qualifizieren zu können, ist es ausreichend, dass die wesentlichen Betriebsgrundlagen zum Zeitpunkt der Beschlussfassung über die Einbringung vorhanden sind und bei „zielgerichteter Weiterverfolgung des Aufbauplans ein selbstständig lebensfähiger Organismus zu erwarten ist."[67] 63

Die Finanzverwaltung hingegen will § 20 nur auf solche Betriebe anwenden, die bereits zum **steuerlichen Übertragungsstichtag** vorliegen. Die vormalige Auffassung, wonach es ausreicht, dass der Betrieb bis zum Zeitpunkt der Beschlussfassung errichtet wird, wurde ohne ersichtlichen sachlichen Grund aufgegeben.[68] Dem ist nach der herrschenden Meinung in der Literatur nicht zu folgen.[69] 64

(3) **Einheitlicher Betrieb bestimmter Körperschaften.** Unbeschränkt steuerpflichtige Körperschaften,[70] bei denen gem. § 8 Abs. 2 KStG sämtliche Einkünfte als Einkünfte aus Gewerbebetrieb fingiert werden, besitzen nach der Rechtsprechung des BFH keine außerbetriebliche Sphäre. Demzufolge stellt ihre betriebliche Betätigung grundsätzlich **ab Eintragung in das Handelsregister** einen Betrieb dar, dessen Einbringung unter den Voraussetzungen des § 20 zu Buchwerten erfolgen kann. Ob es sich bei den von diesen Steuerpflichtigen erbrachten Tätigkeiten ohne die Gewerblichkeitsfiktion um gewerbliche Einkünfte oder zB solche aus Kapitalvermögen bzw Vermietung und Verpachtung handeln würde, ist unbeachtlich. Demnach verfügt eine solche Kapitalgesellschaft auch dann über einen Betrieb iSv § 20 Abs. 1, wenn sie als Holdinggesellschaft fungiert. Eine „Anreicherung" der Tätigkeit hin zu einer geschäftsleitenden Holding ist in diesem Fall nicht erforderlich.[71] 65

Die **Gewerblichkeitsfiktion** des § 8 Abs. 2 KStG gilt nur für unbeschränkt steuerpflichtige Gesellschaften, nicht jedoch für mangels inländischem Satzungs- und Verwaltungssitz beschränkt steuerpflichtige Körperschaften. Diese Körperschaften können daher aus deutscher steuerlicher Sicht auch Überschusseinkünfte erzielen. Soweit dies der Fall ist, findet § 20 keine Anwendung. Davon abgesehen kann uE ein Betrieb vorliegen, soweit die Einkünfte einer beschränkt steuerpflichtigen Kapitalgesellschaft aus der Vermietung und Verpachtung von in Deutschland belegenem Immobilienvermögen gem. § 49 Abs. 1 Nr. 2 Buchst. f S. 2 EStG als Einkünfte aus Gewerbebetrieb fingiert werden. Eine Einbringung dieses Betriebs unter Anwendung der Regelungen des § 20 ist uE möglich. Dies gilt uE selbst dann, wenn die beschränkt steuerpflichtige Kapitalgesellschaft im Inland nicht über eine Betriebstätte verfügt. 66

(4) **Mehrere Betriebe natürlicher Personen.** Für **natürliche Personen** gilt die Gewerblichkeitsfiktion nicht. Sie verfügen über eine private Sphäre und daneben unter Umständen über einen betrieblichen Bereich. Der betriebliche Bereich wiederum kann aus mehreren Betrieben bzw Beteiligungen an Mitunternehmerschaften bestehen. 67

Die Abgrenzung, ob verschiedene unternehmerische Betätigungen, die jede für sich genommen Gewinneinkünfte vermittelt, als ein Betrieb oder als mehrere Betriebe anzusehen sind, ist anhand der von der Rechtsprechung zu § 2 GewStG entwickelten Kriterien vorzunehmen.[72] Demnach liegen **verschiedene Betriebe** vor, wenn die einzelnen Tätigkeiten eine „vollkommene, 68

66 Vgl BFH BFH/NV 2010, 10.
67 Vgl Dötsch/Pung/Möhlenbrock/*Patt*, § 20 UmwStG Rn 25.
68 Vgl BMF v. 11.11.2011, BStBl I, 1314 Rn 20.06 iVm 15.03; *Kessler*, DStR 2011, 1065.
69 Vgl Dötsch/Pung/Möhlenbrock/*Patt*, § 20 UmwStG Rn 25; s. § 15 Rn. 47 ff.
70 Hierbei handelt es sich um unbeschränkt steuerpflichtige Kapitalgesellschaften, Genossenschaften sowie Versicherungs- und Pensionsfondsvereine auf Gegenseitigkeit.
71 Vgl Rödder/Herlinghaus/van Lishaut/*Herlinghaus*, § 20 UmwStG Rn 30.
72 Vgl Rödder/Herlinghaus/van Lishaut/*Herlinghaus*, § 20 UmwStG Rn 35.

sachliche Selbstständigkeit entfalten".[73] Dies ist anhand finanzieller, organisatorischer und wirtschaftlicher Aspekte zu würdigen.[74]

69 Liegt demnach aus steuerrechtlicher Sicht eine einheitliche betriebliche Betätigung und damit ein **einheitlicher Betrieb** vor, erfordert die Sacheinlage eines Betriebs iSd § 20 Abs. 1, das sämtliche funktional wesentlichen Betriebsgrundlagen eingebracht werden (s. Rn 79 ff).

70 (5) **Zuordnung von Anteilen an Kapitalgesellschaften zum Betrieb.** Gehören Anteile an Kapitalgesellschaften zum Betriebsvermögen, stellt sich die Frage, wie diesbezüglich bei der Einbringung des Betriebs steuerlich zu verfahren ist. Dies betrifft insb. die Fragen, ob diese Anteile im Rahmen einer **Betriebseinbringung** zwingend mit einzubringen sind und ob diesbezüglich die Regelung des § 21 dem § 20 vorgeht. Daran knüpfen unterschiedliche Rechtsfolgen an, zB die Möglichkeit, den steuerlichen Einbringungsvorgang rückzubeziehen.

71 Unseres Erachtens ergeben sich die Rechtsfolgen für mit eingebrachte Anteile grundsätzlich aus § 20. Die Anteile stellen in diesen Fällen einen unselbstständigen Bestandteil der eingebrachten Sachgesamtheit „Betrieb" dar.

72 Der Anwendungsvorrang des § 20 gilt uE selbst dann, wenn es sich bei den Anteilen um eine Beteiligung iHv 100 % am Stamm- oder Grundkapital der Tochtergesellschaft handelt. Zwar qualifiziert eine derartige Beteiligung für Zwecke des § 16 EStG sowie des § 15 als Teilbetrieb. Für Zwecke der Einbringungsregelungen im UmwStG ist davon auszugehen, dass diese gesetzliche Fiktion hingegen nicht gilt.[75]

73 Auch die Finanzverwaltung ordnet mit eingebrachte Anteile an einer Kapitalgesellschaft bzw Genossenschaft dem Betrieb, Teilbetrieb bzw Mitunternehmeranteil zu und will hierauf § 20 anwenden. Danach soll für zusammen mit einem Betrieb bzw Teilbetrieb oder Mitunternehmeranteil eingebrachte Anteile an einer Kapitalgesellschaft bzw Genossenschaft die Regelung des § 20 der des § 21 vorgehen, wenn diese Anteile zum Betriebsvermögen des Betriebs bzw Teilbetriebs oder Mitunternehmeranteils „gehören".[76]

74 Die Anwendung des § 21 kommt uE in Frage, wenn die Anteile isoliert eingebracht werden. Dies gilt unabhängig davon, ob es sich hierbei um eine wesentliche Betriebsgrundlage des zurückbehaltenen Betriebs des Einbringenden handelt. Eine steuerneutrale Übertragung zum Buchwert ist in diesen Fällen unter den Voraussetzungen des § 21 möglich.[77] Ein steuerlicher Rückbezug des Vermögensübergangs scheidet hierbei aus.

75 § 21 dürfte uE dann nicht zur Anwendung kommen, wenn die Anteile eine funktional wesentliche Betriebsgrundlage eines Betriebs darstellen, diese zwar zunächst isoliert im Rahmen eines Anteilstausches eingebracht werden, diesem Anteilstausch jedoch in zeitlichem und sachlichem Zusammenhang eine Übertragung der sonstigen wesentlichen Betriebsgrundlagen nachfolgt. Für diesen Fall ist von einer einheitlichen Einbringung eines Betriebs iSv § 20 auszugehen, der sich auch auf die zuvor übertragenen Anteile erstreckt.[78]

76 (6) **Keine Zuordnung von Mitunternehmeranteilen.** Bei einem Mitunternehmeranteil handelt es sich aus steuerlicher Sicht nach ständiger Rechtsprechung nicht um ein eigenständiges Wirtschaftsgut, sondern um eine **ideelle Beteiligung des Mitunternehmers** an den Wirtschaftsgütern im Eigentum der Mitunternehmerschaft.[79] Die dem Mitunternehmeranteil zugrunde liegenden Wirtschaftsgüter des Gesamthandsvermögens der Gesellschaft sowie des Sonderbetriebsvermögens des Mitunternehmers sind für steuerliche Zwecke der Mitunternehmerschaft zuzuordnen.

73 Vgl Dötsch/Pung/Möhlenbrock/*Patt*, § 20 UmwStG Rn 35.
74 Vgl BFH BStBl III 1961, 65; FG Münster EFG 2012, 1580; vgl hierzu im Einzelnen Dötsch/Pung/Möhlenbrock/*Patt*, § 20 UmwStG Rn 36 ff.
75 Vgl Haritz/Menner/*Menner*, § 20 UmwStG Rn 107.
76 Vgl BMF v. 11.11.2011, BStBl I, 1314 Rn 21.01.
77 Vgl Schmitt/Hörtnagl/Stratz/*Schmitt*, § 20 UmwStG Rn 22.
78 Vgl Dötsch/Pung/Möhlenbrock/*Patt*, § 20 UmwStG Rn 33.
79 Vgl BFH BStBl II 1991, 691.

Aus diesem Grund kann die Beteiligung an einer Mitunternehmerschaft bzw die damit verkörperten ideellen Anteile an den Wirtschaftsgütern der Mitunternehmerschaft für den Betrieb, zu dessen Vermögen der Anteil gehört, keine funktional wesentliche Betriebsgrundlage des Betriebs darstellen. Dies gilt uE gleichermaßen für die den Mitunternehmeranteil umfassenden Wirtschaftsgüter des Gesamthandsvermögens der Mitunternehmerschaft sowie der dem Sonderbetriebsvermögen zuzuordnenden Wirtschaftsgüter des Mitunternehmers.[80] 77

Vielmehr handelt es sich bei einem Mitunternehmeranteil um einen eigenständigen Sacheinlagegegenstand, dessen Einbringung ergänzend zu einem Betrieb bzw Teilbetrieb von § 20 erfasst wird.[81] 78

(7) **Einbringungsumfang: Übertragung der wesentlichen Betriebsgrundlagen.** Die Einbringung eines Betriebs gem. § 20 Abs. 1 erfordert die Übertragung des (wirtschaftlichen) Eigentums an den **wesentlichen Betriebsgrundlagen.** Die Übertragung anderer Wirtschaftsgüter ist – anders als bei der Übertragung eines Teilbetriebs – hingegen nicht erforderlich.[82] Wird der Betrieb einer Personengesellschaft bzw Mitunternehmerschaft eingebracht, sind neben den wesentlichen Betriebsgrundlagen im Gesamthandsvermögen der Personengesellschaft bzw Mitunternehmerschaft zusätzlich die wesentlichen Betriebsgrundlagen im Sonderbetriebsvermögen der Mitunternehmer auf die übernehmende Kapitalgesellschaft bzw Genossenschaft mitzuübertragen.[83] 79

Der Begriff der wesentlichen Betriebsgrundlage ist hierbei normspezifisch, dh funktional auszulegen.[84] Eine kombinierte, funktional-quantitative Sichtweise kommt für Zwecke des § 20 nicht in Frage. Demnach stellen Wirtschaftsgüter, die zwar über erhebliche stille Reserven verfügen, aus funktionaler Sicht aber für den Betrieb nicht bedeutsam sind, anders als für Zwecke des § 16, 34 EStG, der die geballte Realisierung stiller Reserven steuerlich begünstigen will, im Rahmen des § 20 keine zwingend mitzuübertragenden wesentlichen Betriebsgrundlagen dar.[85] 80

Bei den funktional wesentlichen Betriebsgrundlagen handelt es sich nach ständiger Rechtsprechung um Wirtschaftsgüter, „die für den Betriebsablauf ein besonderes wirtschaftliches Gewicht haben, mithin zur Erreichung des Betriebszwecks erforderlich sind oder dem Betrieb das Gepräge geben".[86] 81

Da sich die Bedeutung eines Wirtschaftsgutes für den Betrieb im Zeitablauf ändern kann, stellt sich die Frage, auf welchen Zeitpunkt für die Bestimmung der Qualifikation eines Wirtschaftsguts als funktional wesentliche Betriebsgrundlage abzustellen ist. Die Finanzverwaltung fordert, dass der einzubringende Betrieb bereits zum steuerlichen Übertragungsstichtag vorliegen muss.[87] Denklogisch wäre nach dieser Auffassung, auch die Identifizierung der wesentlichen Betriebsgrundlagen auf diesen Zeitpunkt vorzunehmen. Konsequenterweise bestünde dann für Wirtschaftsgüter, deren Qualifikation als funktional wesentlich sich für den Betrieb erst nach dem steuerlichen Übertragungsstichtag manifestiert, keine Verpflichtung zur Mitübertragung. 82

Eine weitere Frage in diesem Zusammenhang betrifft die Rechtsfolgen, wenn zum steuerlichen Übertragungsstichtag als funktional wesentliche Betriebsgrundlagen zu qualifizierende Wirtschaftsgüter im **Rückwirkungszeitraum untergehen** bzw **veräußert werden** und daher tatsäch- 83

80 Vgl *Dötsch/Pung/Möhlenbrock/Patt*, § 20 UmwStG Rn 34; *Rödder/Herlinghaus/van Lishaut/Herlinghaus*, § 20 UmwStG Rn 930.

81 Vgl Schmitt/Hörtnagl/Stratz/*Schmitt*, § 20 UmwStG Rn 26. Die Finanzverwaltung vertrat in ihrem Entwurf zum Umwandlungssteuererlass vom 2.5.2011 noch die Auffassung, dass Mitunternehmeranteile eine funktional wesentliche Betriebsgrundlage eines Betriebs bzw Teilbetriebs darstellen und im Rahmen einer steuerlich privilegierten Einbringung des Betriebs bzw Teilbetriebs gem. § 20 UmwStG zwingend zusammen mit diesem einzubringen wären.

82 Vgl Dötsch/Pung/Möhlenbrock/*Patt*, § 20 UmwStG Rn 40; Rödder/Herlinghaus/van Lishaut/*Herlinghaus*, § 20 UmwStG Rn 37.

83 Vgl Widmann/Mayer/*Widmann*, § 20 UmwStG Rn 98; Schmitt/Hörtnagl/Stratz/*Schmitt*, § 20 UmwStG Rn 121; Dötsch/Pung/Möhlenbrock/*Patt*, § 20 UmwStG Rn 124.

84 Vgl Dötsch/Pung/Möhlenbrock/*Patt*, § 20 UmwStG Rn 43.

85 Vgl Haritz/Menner/*Menner*, § 20 UmwStG Rn 135.

86 Vgl BFH DStR 2010, 1517.

87 Vgl BMF v. 11.11.2011, BStBl I, 1314 Rn 20.06 iVm Rn 15.03.

lich nicht mehr auf die übernehmende Gesellschaft übertragen werden (können). Ungeachtet dessen, dass die Sichtweise der Finanzverwaltung hinsichtlich des Zeitpunkts des Vorliegens der Voraussetzungen uE nicht überzeugt und abzulehnen ist,[88] muss selbst dann, wenn man dieser Auffassung folgt, in diesen Fällen eine steuerneutrale Einbringung gem. § 20 möglich sein. Eine andere Sichtweise konterkariert das umwandlungssteuerrechtliche Ziel, betriebswirtschaftlich notwendige Umstrukturierungen steuerlich nicht zu sanktionieren.

84 Davon abgesehen ist die Auffassung der Finanzverwaltung hinsichtlich des zeitlichen Erfordernisses des Vorliegens der Voraussetzungen zum steuerlichen Übertragungsstichtag abzulehnen. Eine Rechtfertigung für diese Sichtweise kann weder aus § 20 noch aus der Fiktion der steuerlichen Rückwirkung gem. § 2 abgeleitet werden. Demnach gilt uE, dass zur Bestimmung des Betriebs, konkretisiert durch die wesentlichen Betriebsgrundlagen, auf den Zeitpunkt der Einbringung bzw des Übergangs des wirtschaftlichen Eigentums abzustellen ist. Nur im Hinblick auf die zu diesem Zeitpunkt vorliegenden funktional wesentlichen Betriebsgrundlagen fordert § 20 eine einheitliche Übertragung auf die Übernehmerin.[89]

85 (8) **Vorabübertragung wesentlicher Betriebsgrundlagen in ein anderes Betriebsvermögen.** Soweit im zeitlichen und wirtschaftlichen Zusammenhang mit der Einbringung funktional wesentliche Betriebsgrundlagen in ein anderes Betriebsvermögen überführt oder übertragen werden, ist nach Ansicht der Finanzverwaltung die sog. **Gesamtplanrechtsprechung** des BFH zu prüfen.[90]

86 Dem ist uE nicht zu folgen. Die Gesamtplanrechtsprechung wurde vom BFH im Hinblick auf die Inanspruchnahme des begünstigten Steuersatzes gem. §§ 16, 34 EStG im Rahmen der sukzessiven Aufgabe eines Mitunternehmeranteils entwickelt. Hierbei stellt der BFH auf den Normzweck der §§ 16, 34 EStG ab, „die zusammengeballte Realisierung der während vieler Jahre entstandenen stillen Reserven nicht nach dem progressiven Einkommensteuertarif zu erfassen".[91] Dem wird nach Ansicht des BFH aber dann nicht entsprochen, wenn im zeitlichen und wirtschaftlichen Zusammenhang mit der Veräußerung Teile dieser Sachgesamtheit (vorliegend im Sonderbetriebsvermögen des Mitunternehmers befindliche Grundstücke) zu Buchwerten in ein anderes Betriebsvermögen übertragen werden. Vorliegend kann diese Rechtsprechung uE bereits aufgrund des unterschiedlichen Normzwecks von § 20 einerseits und §§ 16, 34 EStG andererseits keine Anwendung finden.[92]

87 Der BFH hat es in seiner jüngeren Rechtsprechung offengelassen, ob die Gesamtplanrechtsprechung auf § 20 überhaupt Anwendung finden kann.[93] Zuvor hatten der VIII. und IV. BFH-Senat dies bejaht, der I. BFH-Senat dies abgelehnt.[94]

88 Davon zu unterscheiden ist die Anwendung von § 42 AO. Diese kann in Frage kommen, wenn die Überführung der Wirtschaftsgüter kurze Zeit danach wieder rückgängig gemacht wird. Ist die Überführung jedoch auf Dauer angelegt und löst sie deshalb andere wirtschaftliche Folgen aus als bei einer Einbeziehung des Wirtschaftsgutes in den Einbringungsvorgang, kommt § 42 AO nach der Rechtsprechung des BFH nicht zur Anwendung.[95] Diese Rechtsprechung hat insb. Bedeutung für Einbringungsfälle in denen wesentliche Betriebsgrundlagen in Form von Grundbesitz bestehen.[96] Gleiches gilt, wenn die in Frage stehenden wesentlichen Betriebsgrundlagen im Vorfeld der Einbringung unter Aufdeckung stiller Reserven zum Verkehrswert übertragen bzw veräußert werden.[97]

88 Vgl Dötsch/Pung/Möhlenbrock/*Patt*, § 20 UmwStG Rn 113.
89 So auch für Zwecke des § 24 UmwStG: BFH DStR 2012, 648.
90 Vgl BMF v. 11.11.2011, BStBl I, 1314 Rn 20.07.
91 Vgl BFH BStBl II 1991, 635.
92 Vgl *Schulze zur Wiesche*, DStR 2012, 1420.
93 Vgl BFH BStBl II 2009, 632.
94 Vgl BFH BStBl II 2010, 726; BFH BStBl II 2010, 471.
95 Vgl BFH BStBl II 2010, 471.
96 Vgl *Benz/Rosenberg*, DB-Beilage 1/2012, 38.
97 Vgl BFH BStBl II 2009, 632; *Schneider/Rouff/Sistermann*, FR 2012, 9.

bb) Teilbetrieb. (1) Nationales vs. europäisches Teilbetriebsverständnis. Der Begriff des Teilbetriebs wird im deutschen Steuerrecht in verschiedenen Vorschriften verwendet, ohne ihn zu definieren. Nach der zu § 16 EStG ergangenen Rechtsprechung handelt es sich bei einem Teilbetrieb um einen organisch geschlossenen, mit einer gewissen Selbstständigkeit ausgestatteten Teil eines Gesamtbetriebs, der – für sich genommen – alle Merkmale eines Betriebs iSd EStG aufweist und als solcher lebensfähig ist. Hierbei ist nicht das einzelne Merkmal isoliert zu betrachten. Vielmehr ist auf das sog. „Gesamtbild der Verhältnisse" abzustellen.[98] 90

Für Zwecke des § 20 ist diese Rechtsprechung nicht uneingeschränkt anzuwenden. Vielmehr ist auch der **Teilbetriebsbegriff** normspezifisch auszulegen, so dass hinsichtlich § 20, anders als im Hinblick auf § 16 EStG, eine uneingeschränkt funktionale Betrachtungsweise zu erfolgen hat.[99] Hierbei ist weiterhin zu beachten, dass der umwandlungssteuerrechtliche Teilbetriebsbegriff in § 20 seit seiner Änderung durch das SEStEG nunmehr auch zusätzlich vor dem Hintergrund der EU-Fusionsrichtlinie[100] auszulegen ist.[101] 91

Die EU-**Fusionsrichtlinie** (FRL) definiert den Teilbetrieb als „Gesamtheit der in einem Unternehmensteil einer Gesellschaft vorhandenen aktiven und passiven Wirtschaftsgüter, die in organisatorischer Hinsicht einen selbstständigen Betrieb, dh eine aus eigenen Mitteln funktionsfähige Einheit darstellen".[102] Daraus ergeben sich im Vergleich zum von der Rechtsprechung entwickelten „nationalen" Teilbetriebsbegriff nach Ansicht der Literatur sowohl Einschränkungen als auch Erweiterungen.[103] Diese betreffen v.a. folgende Aspekte: 92

- Im Gegensatz zum nationalen Teilbetriebsverständnis soll die FRL geringere Anforderungen an die Selbstständigkeit stellen, da sich die im Teilbetrieb ausgeübte Tätigkeit nicht von der des Gesamtunternehmens abgrenzen muss. Die von der Richtlinie geforderte Selbstständigkeit bezieht sich nur auf die Organisation des Teilbetriebs.
- Eine Einbringung des Teilbetriebs soll nach der FRL nicht voraussetzen, dass die wesentlichen Betriebsgrundlagen sämtlich mit übertragen werden. Auch die dauerhaft gesicherte Nutzungsüberlassung ist ausreichend. Dies wird aus der tätigkeitsbezogenen Abgrenzung des Teilbetriebs abgeleitet.
- Die Einbringung eines Teilbetriebs soll die Übertragung (bzw dauerhaft gesicherte Nutzungsüberlassung) sämtlicher aktiver und passiver Wirtschaftsgüter und nicht lediglich der wesentlichen Betriebsgrundlagen voraussetzen.
- Die Frage, ob das übertragene Vermögen einen Teilbetrieb darstellt, soll aus Sicht des übernehmenden Rechtsträgers zu beurteilen sein.
- Ein Teilbetrieb soll nicht vorliegen, sofern sich dieser noch im Aufbau befindet.
- Die Zuordnung und Übertragung neutraler Schulden, dh solcher, die nicht in einem unmittelbaren wirtschaftlichen Zusammenhang mit dem Teilbetrieb stehen, soll nach dem Teilbetriebsverständnis der FRL nicht möglich sein. Dies ergibt sich daraus, dass eine steuerneutrale Übertragung eines Teilbetriebs nach der FRL nicht möglich ist, wenn neben den Anteilen am übernehmenden Rechtsträger zusätzliche Gegenleistungen gewährt werden.[104]

In der Literatur ist strittig, welches Teilbetriebsverständnis für Zwecke des § 20 Abs. 1 anzuwenden ist. Nach unserer Auffassung ist grundsätzlich auf den Teilbetriebsbegriff der Fusionsrichtlinie abzustellen. Soweit die Auslegung anhand der zu § 16 EStG ergangenen Rechtsprechung zu einem weiteren Begriffsverständnis führt, ist diese anzuwenden.[105] Dies ergibt sich 93

98 Vgl BFH BStBl II 2005, 395.
99 Vgl Rödder/Herlinghaus/van Lishaut/*Herlinghaus*, § 20 UmwStG Rn 58.
100 Haritz/Menner/*Menner*, § 20 UmwStG Rn 94 ff.
101 Dies wurde von der hM bereits im Hinblick auf § 23 UmwStG aF so vertreten.
102 Vgl Richtlinie 2009/133/EG des Rates vom 23.7.1990 über das gemeinsame Steuersystem von Fusionen, Spaltungen, die Einbringung von Unternehmensteilen und den Austausch von Anteilen, die Gesellschaften verschiedener Mitgliedsstaaten betreffen.
103 Vgl Rödder/Herlinghaus/van Lishaut/*Herlinghaus*, § 20 UmwStG Rn 59.
104 Vgl Dötsch/Pung/Möhlenbrock/*Patt*, § 20 UmwStG Rn 94.
105 Dies betrifft zum Beispiel die Frage der zwingenden Zuordnung von nicht wesentlichen Betriebsgrundlagen zum Teilbetrieb.

daraus, dass der Gesetzgeber die bisherige Rechtslage durch die Neufassung des Umwandlungssteuergesetzes im Rahmen des SEStEG nicht ändern wollte, sondern vielmehr eine Europäisierung des vormals größtenteils auf nationale Sachverhalte beschränkten Umwandlungssteuerrechts beabsichtigt hatte. Auch der Wortlaut des Umwandlungssteuergesetzes im Allgemeinen bzw des § 20 im Besonderen erfordert es uE nicht, die Bestimmung des Teilbetriebs uneingeschränkt vor dem Hintergrund der Fusionsrichtlinie vorzunehmen.[106]

94 (2) **Abgrenzung des Teilbetriebs.** Nach der Rechtsprechung des BFH zu § 16 EStG ist ein Teilbetrieb ein organisch geschlossener, mit einer gewissen Selbstständigkeit ausgestatteter Teil eines Gesamtbetriebs, der – für sich genommen – alle Merkmale eines Betriebs iSd EStG aufweist und als solcher lebensfähig ist. Hierbei ist eine Gesamtwürdigung aller Umstände des Einzelfalls vorzunehmen. Diese Betrachtung ist für Zwecke des § 20 aus der Sicht des übertragenden Unternehmens vorzunehmen.[107] Bei der Gewichtung der einzelnen Merkmale dieser Definition ist auch zu berücksichtigen, ob der Teilbetrieb zu land- und forstwirtschaftlichen Einkünften, Einkünften aus Gewerbebetrieb oder Einkünften aus selbstständiger Tätigkeit führt.[108]

95 Eine gewisse **Selbstständigkeit** erfordert nach der Rechtsprechung des BFH, dass die dem Teilbetrieb dienenden Wirtschaftsgüter in ihrer Zusammenfassung einer Tätigkeit dienen, die sich von der übrigen Tätigkeit deutlich unterscheidet.[109] Nicht notwendigerweise ist damit eine rein funktionale Betrachtung vorzunehmen. Die Selbstständigkeit kann sich auch aus einer örtlichen Verselbstständigung ergeben.[110] Weitere von der Rechtsprechung entwickelte Abgrenzungsmerkmale sind: Auftreten des Betriebsteils in der Art eines Zweigbetriebs, personelles Eigenleben innerhalb des Gesamtbetriebs, eigenes Inventar, eigene Buchführung, die Möglichkeit eigener Preisgestaltung, ungleichartige betriebliche Tätigkeiten, eigener Kundenkreis. Nicht erforderlich ist, dass diese vollumfassend erfüllt sind.[111] Eine völlig selbstständige Organisation mit einer eigenständigen Buchführung ist ebenfalls nicht zwingend.[112]

96 Im Gegensatz zu einem Betrieb, reicht eine gewisse Selbstständigkeit aus. Dass einzelne Betriebseinheiten untereinander wirtschaftlich dadurch verbunden sind, dass bestimmte betriebliche Funktionen wie Buchführung, Personalmanagement, IT von einer Zentralabteilung wahrgenommen werden, steht dem Vorliegen eines Teilbetriebs nicht entgegen.[113]

97 Weiterhin muss der Teilbetrieb **sämtliche Merkmale eines Betriebs** iSd EStG aufweisen. Dies bedeutet, dass die hierin ausgeübte Tätigkeit isoliert betrachtet Einkünfte aus Land- und Forstwirtschaft, selbstständiger Arbeit oder Gewerbebetrieb vermitteln muss.[114] Strittig ist, ob in Fällen, in denen die Tätigkeit des Teilbereichs selbst nicht gewerblich (oder land- und forstwirtschaftlich bzw selbstständig/freiberuflich) ist, die Merkmale eines Betriebs iSd EStG dennoch vorhanden sind, weil hierauf die spezialgesetzliche Gewerblichkeitsfiktion (zB in Form einer gewerblichen Prägung iSv § 15 Abs. 3 Nr. 2 EStG bzw aufgrund § 8 Abs. 2 KStG) Anwendung findet. Dies ist uE der Fall.[115] Demnach kann auch die Holdingtätigkeit einer Kapitalge-

106 Vgl Rödder/Herlinghaus/van Lishaut/*Herlinghaus*, § 20 UmwStG Rn 59; Haritz/Menner/*Menner*, § 20 UmwStG Rn 100; Schmitt/Hörtnagl/Stratz/*Schmitt*, § 20 UmwStG Rn 85, der davon ausgeht, dass ein gespaltenes Teilbetriebsverständnis zugrunde zu legen ist. Demzufolge richten sich die Anforderungen an den Teilbetrieb danach, ob es sich um einen rein nationalen Rechtsvorgang handelt oder um eine grenzüberschreitende Einbringung, die vom Anwendungsbereich der FRL erfasst wird.

107 Vgl Dötsch/Pung/Möhlenbrock/*Patt*, § 20 UmwStG Rn 92; Rödder/Herlinghaus/van Lishaut/*Herlinghaus*, § 20 UmwStG Rn 68.

108 Vgl Dötsch/Pung/Möhlenbrock/*Patt*, § 20 UmwStG Rn 79.

109 Vgl BFH BStBl II 1973, 838.

110 Danach kann auch eine Filialagentur, die innerhalb eines Gesamtunternehmens für einen örtlich abgegrenzten Markt zuständig ist, das Merkmal der gewissen Selbstständigkeit; vgl BFH BStBl II 1968, 123.

111 Vgl BFH BStBl II 1984, 486; FG Mecklenburg-Vorpommern Urt. v. 25.5.2011 – 3 K 254/10.

112 Vgl BFH BStBl II 2007, 772.

113 Vgl Rödder/Herlinghaus/van Lishaut/*Herlinghaus*, § 20 UmwStG Rn 62.

114 Vgl Dötsch/Pung/Möhlenbrock/*Patt*, § 20 UmwStG Rn 88.

115 Vgl Schmitt/Hörtnagl/Stratz/*Schmitt*, § 20 UmwStG Rn 112; Rödder/Herlinghaus/van Lishaut/*Herlinghaus*, § 20 UmwStG Rn 63; aA Dötsch/Pung/Möhlenbrock/*Patt*, § 20 UmwStG Rn 88.

sellschaft, ohne dass es sich hierbei um eine geschäftsleitende Holding handeln muss, uE einen Teilbetrieb darstellen.

Die darüber hinaus geforderte **Lebensfähigkeit** bedeutet nicht, dass der Teilbetrieb Gewinne erzielen muss. Vielmehr versteht die Rechtsprechung das Merkmal der Lebensfähigkeit dahingehend, dass aufgrund der Struktur der in Frage stehenden betrieblichen Einheit eine eigenständige betriebliche Tätigkeit ausgeübt werden kann.[116] Demnach kann ein Teilbetrieb für sich genommen auch dann im Sinne dieses Verständnisses lebensfähig sein, wenn er nur auf einer einzigen Kunden- oder Lieferantenbeziehung basiert. Dies gilt selbst dann, wenn die hieraus erwirtschafteten Betriebsergebnisse negativ sind.[117] 98

(3) **Anforderungen an die Einbringung eines Teilbetriebs.** (a) **Einbringungsumfang.** Die Einbringung eines Teilbetriebs gem. § 20 erfordert zunächst, dass die den Teilbetrieb bestimmenden **funktional wesentlichen Betriebsgrundlagen** auf die Übernehmerin übertragen werden. Erfolgt dies nicht, stellt die Einbringung eine Veräußerung der anteiligen Wirtschaftsgüter dar mit der Folge, dass diese zum gemeinen Wert zu übertragen sind. 99

Wird der Teilbetrieb einer Mitunternehmerschaft eingebracht, gilt dies auch für die sich im Sonderbetriebsvermögen der Mitunternehmer befindlichen funktional wesentlichen Betriebsgrundlagen, die dem in Frage stehenden Teilbetrieb zuzuordnen sind. 100

Das zurückbehaltene Vermögen muss, anders als im Rahmen einer Spaltung gem. § 15, selbst nicht zwingend als Teilbetrieb qualifizieren. Demnach hindern wesentliche Betriebsgrundlagen, die von mehreren Teilbetrieben genutzt werden, anders als für Zwecke des § 15, eine Einbringung nach den Vorschriften des UmwStG nicht.[118] Sofern eine zivilrechtlich wirksame Teilung dieser Wirtschaftsgüter bis zur Einbringung nicht möglich ist, ist es unschädlich, diese zunächst vollumfänglich zusammen mit dem Teilbetrieb einzubringen und im Anschluss daran zugunsten des zurückbleibenden Teilbetriebs hieran ein **Nutzungsrecht** zu begründen. Alternativ kann eine Einbringung dergestalt erfolgen, dass anstelle des zivilrechtlichen das wirtschaftliche Eigentum an dem Teil der wesentlichen Betriebsgrundlage übertragen wird, der vom einbringenden Teilbetrieb genutzt wird.[119] 101

Neben der Einbringung der wesentlichen Betriebsgrundlagen verlangt die Finanzverwaltung nach neuerer Auffassung, dass zusätzlich auch die sog. **„nach wirtschaftlichen Grundsätzen zuordenbaren" Wirtschaftsgüter** mit übertragen werden. Diese im Vergleich zum UmwStG 1995 geänderte Auffassung ist dem Vernehmen nach auf das geänderte Teilbetriebsverständnis der Finanzverwaltung betreffend § 20 idF des SEStEG zurückzuführen. Was unter den „nach wirtschaftlichen Grundsätzen zuordenbaren Wirtschaftsgütern" zu verstehen ist, bleibt unklar (s. Rn 118). 102

Neutrale Wirtschaftsgüter, dh solche, die weder funktional wesentliche Betriebsgrundlagen noch nach wirtschaftlichen Grundsätzen zuordenbare Wirtschaftsgüter darstellen, können wahlweise dem einzubringenden Teilbetrieb zugeordnet oder beim Einbringenden zurückbehalten werden. In beiden Fällen können die Voraussetzungen einer Einbringung iSv § 20 erfüllt werden. Dies gilt auch für **neutrale Verbindlichkeiten**. Die in Teilen der Literatur vertretene Sichtweise, dass aufgrund des Abstellens auf den Teilbetriebsbegriff der FRL eine Zuordnung neutraler Verbindlichkeiten zum einzubringenden Teilbetrieb schädlich ist, da dies als Gewährung einer von der FRL nicht vorgesehenen sonstigen Gegenleistung zu werten ist, ist abzulehnen.[120] 103

116 Vgl BFH BStBl II 1989, 376.

117 Vgl Dötsch/Pung/Möhlenbrock/*Patt*, § 20 UmwStG Rn 87.

118 Vgl Schmitt/Hörtnagl/Stratz/*Hörtnagl*, § 15 UmwStG Rn 75; *Heurung/Engel/Schröder*, GmbHR 5/2012, S. 273 Rn 15.02-15.11.

119 Vgl *Sistermann/Beutel*, DStR 2011, 1162; Dötsch/Pung/Möhlenbrock/*Patt*, § 20 UmwStG Rn 110.

120 Vgl Rödder/Herlinghaus/van Lishaut/*Herlinghaus*, § 20 UmwStG Rn 67; Blümich/*Klingberg*, § 15 UmwStG Rn 67.

104 **(b) Zeitliche Voraussetzungen.** Die Teilbetriebsvoraussetzungen müssen spätestens zum Zeitpunkt der Fassung des Umwandlungsbeschlusses bzw des Einbringungsvertrags vorliegen.[121] Soweit die Einbringung gem. § 20 Abs. 5, 6 mit steuerlicher Rückwirkung erfolgt, soll es nach geänderter Meinung der Finanzverwaltung nunmehr erforderlich sein, dass die **Teilbetriebsvoraussetzungen** bereits an diesem Tag **erfüllt** sind. Dies ist uE abzulehnen. Die **steuerliche Rückwirkungsfiktion** dient der praktischen Erleichterung von Umwandlungsvorgängen. Sie ermöglicht es insb., zusätzliche Kosten, zB betreffend die Erstellung von Schlussbilanzen etc., zu vermeiden, indem auf bereits vorhandene Abschlüsse abgestellt werden kann. Die umwandlungssteuerrechtliche Rückwirkungsfiktion regelt die Rechtsfolgen. Sie stellt keine zusätzlichen Tatbestandsvoraussetzungen an den Einbringungsvorgang selbst, sondern fingiert den Vermögensübergang im Verhältnis zwischen übertragendem und übernehmendem Rechtsträger mit steuerlicher Rückwirkung.[122]

105 Die Frage, ob ein Einbringungsvorgang vom Anwendungsbereich des § 20 erfasst wird, ist von dieser Rückwirkungsfiktion unabhängig. Weder aus dem Wortlaut des Gesetzes noch aus der einschlägigen Rechtsprechung hierzu lässt sich ableiten, dass auch die von der spezialgesetzlichen Umwandlungsnorm (zB § 20) an den Umwandlungsvorgang gestellten Anwendungsvoraussetzungen zum Zeitpunkt der steuerlichen Rückwirkung vorliegen müssen.[123] Die Auffassung der Finanzverwaltung konterkariert damit das gesetzgeberische Ziel, Umwandlungen zu vereinfachen und führt vielmehr dazu, dass betriebswirtschaftlich sinnvolle Umstrukturierungen vielfach, bzw wenn überhaupt, erst zu einem späteren Zeitpunkt erfolgen können.

106 **cc) Mitunternehmeranteil. (1) Definition.** Unter einem Mitunternehmeranteil versteht man die **Beteiligung an einer Mitunternehmerschaft.** Die Mitunternehmerschaft ist ein steuerrechtliches Konstrukt. Es handelt sich hierbei um einen Zusammenschluss mehrerer Steuerpflichtiger zur gemeinschaftlichen Erzielung von Einkünften aus Land- und Forstwirtschaft, Gewerbebetrieb oder selbstständiger Arbeit.[124] Erforderlich ist ein Zusammenschluss von mindestens zwei sog. Mitunternehmern, die gemeinsam einen bestimmten Gesellschaftszweck verfolgen.

107 Die Betätigung im Rahmen einer Mitunternehmerschaft ist nicht an eine bestimmte Rechtsform gebunden. Die **Formen** des Zusammenschlusses, die als Mitunternehmerschaft in Frage kommen, sind vielfältig. So kann eine Mitunternehmerschaft beispielsweise auf Ebene einer Personenhandelsgesellschaft (zB in Form einer OHG bzw KG) vorliegen oder aber im Rahmen einer Innengesellschaft begründet werden. Darüber hinaus kommt auch eine Bruchteilsgemeinschaft (zB in Form einer Erbengemeinschaft) als Mitunternehmerschaft in Frage.[125] Auch die schuldrechtliche Beteiligung an einem Handelsgewerbe mittels einer stillen Beteiligung kann eine Mitunternehmerschaft darstellen, falls das Schuldverhältnis als sog. atypisch stille Beteiligung ausgestaltet wird.[126] Die Beteiligung als Kommanditist oder Komplementär einer vermögensverwaltend tätigen, jedoch gewerblich geprägten Personengesellschaft stellt einen Einbringungsgegenstand iSd § 20 Abs. 1 in Form eines Mitunternehmeranteils dar. Dies ergibt sich zwangsläufig aus der gesetzlichen Gewerblichkeitsfinktion. Auch die Beteiligung an einer Europäischen wirtschaftlichen Interessenvereinigung (EWIV) ist als einlagefähiger Gegenstand i.S.d. § 20 Abs. 1 zu betrachten, da die EWIV per gesetzlicher Fiktion als Handelsgesellschaft iSd HGB gilt.[127]

108 Mitunternehmer kann grundsätzlich nur derjenige sein, der auch **zivilrechtlich Gesellschafter** ist. In Ausnahmefällen gilt als Mitunternehmer auch, wer über eine dem zivilrechtlichen Gesellschafter wirtschaftlich vergleichbare Position verfügt, zB als Treugeber im Rahmen eines

121 Dötsch/Pung/Möhlenbrock/*Patt*, § 20 UmwStG Rn 113.
122 Vgl *Stangl/Grundke*, DB 2010, 1851.
123 Vgl Dötsch/Pung/Möhlenbrock/*Patt*, § 20 UmwStG Rn 113; *Benz/Rosenberg*, DB 2011, 2011, 1354.
124 Vgl Schmitt/Hörtnagl/Stratz/*Schmitt*, § 20 UmwStG Rn 134.
125 Vgl Haritz/Menner/*Menner*, § 20 UmwStG Rn 161.
126 Vgl Schmitt/*Wacker*, § 15 EStG Rn 343.
127 Vgl Rödder/Herlinghaus/van Lishaut/*Herlinghaus* § 20 UmwStG Rn 95.

Treuhandverhältnisses.[128] Davon abgesehen kommt eine Mitunternehmerstellung nicht in Frage.

Der Beteiligte eines solchen Zusammenschlusses qualifiziert als Mitunternehmer, wenn er über Mitunternehmerinitiative verfügt und Mitunternehmerrisiko trägt. 109

Mitunternehmerinitiative erfordert die Teilhabe an unternehmerischen Entscheidungen. Sie liegt grundsätzlich vor, wenn der Beteiligte Rechte ausüben kann, die den gesetzlichen Kontroll-, Stimm- und Widerspruchsrechten eines Kommanditisten (§ 164 HGB) wenigstens angenähert sind.[129] Hierbei handelt es sich zum einen um das Kontroll- bzw Einsichtsrecht betreffend die Bücher/Rechnungslegung der Gesellschaft und zum anderen um die Mitsprache- bzw Widerspruchsrechte bei Beschlussfassungen. **Mitunternehmerrisiko** erfordert, dass der Beteiligte am Erfolg oder Misserfolg der Unternehmung partizipiert. Dies verlangt grundsätzlich eine Beteiligung am laufenden Ergebnis als auch an den stillen Reserven im Liquidationsfall. Dem persönlich haftenden Gesellschafter wird Mitunternehmerrisiko bereits aufgrund seiner Stellung als Vollhafter zugesprochen. Eine Beteiligung an den stillen Reserven ist nicht erforderlich. Dies gilt selbst dann, wenn der Vollhafter seine Gesellschafterstellung als Treuhänder für einen anderen Gesellschafter ausübt.[130] 110

Die beiden Merkmale müssen nicht notwendigerweise in gleicher Intensität vorliegen. Es kommt auf das „Gesamtbild der Umstände im Einzelfall" an. Ein schwach ausgeprägtes Mitunternehmerrisiko kann demnach durch eine stark ausgeprägte Mitunternehmerinitiative kompensiert werden und umgekehrt.[131] Sofern sich **Mitunternehmeranteile in einem Betriebsvermögen** befinden, gelten auch diese jeweils für sich als Einbringungsgegenstand iSd § 20.[132] Im Falle **doppelstöckiger Personengesellschaften** stellt die Übertragung der Beteiligung der Obergesellschaft an der Untergesellschaft auf eine Kapitalgesellschaft iSd § 20 Abs. 1 eine parallele Einbringung der mittelbaren oder unmittelbaren bestehenden Beteiligung durch die Gesellschafter der Obergesellschafter und durch die Obergesellschaft selbst dar.[133] 111

(2) **Abgrenzung.** Der Mitunternehmeranteil als Anteil an einer Mitunternehmerschaft ist nicht identisch mit dem Gesellschaftsanteil. Vielmehr besteht der Anteil an einer Mitunternehmerschaft neben dem Anteil des Mitunternehmers am **Gesamthandsvermögen** aus dem Sonderbetriebsvermögen I und II des Mitunternehmers. 112

Zum **Sonderbetriebsvermögen I** gehören die Wirtschaftsgüter, die im Eigentum des Mitunternehmers stehen und unmittelbar dem Betrieb der Mitunternehmerschaft, zB in Form einer Nutzungsüberlassung, dienen (positives SBV I), sowie das zur Anschaffung dieser Wirtschaftsgüter vom Mitunternehmer aufgenommene Fremdkapital (negatives SBV I).[134] Dies gilt auch, sofern das jeweilige Wirtschaftsgut zivilrechtlich zu einem eigenen Betriebsvermögen des Mitunternehmers gehört. Auch in diesen Fällen handelt es sich bei dem in Frage stehenden Wirtschaftsgut um Sonderbetriebsvermögen, das für steuerliche Zwecke dem Betriebsvermögen der Mitunternehmerschaft und nicht dem Betriebsvermögen des Mitunternehmers zuzuordnen ist.[135] 113

Neben Sonderbetriebsvermögen I sind auch die Wirtschaftsgüter des **Sonderbetriebsvermögens II** aus steuerlicher Sicht Teil des Betriebsvermögens der Mitunternehmerschaft. Hierbei handelt es sich um Wirtschaftsgüter, welche die Stellung des Mitunternehmers begründen oder stärken.[136] Von erheblicher praktischer Bedeutung ist in diesem Zusammenhang regelmäßig die Fremdfinanzierung für den Erwerb des Mitunternehmeranteils sowie die Anteile des Kommanditisten einer GmbH & Co KG an der Komplementär-GmbH. 114

128 Vgl Dötsch/Pung/Möhlenbrock/*Patt*, § 20 UmwStG Rn 120.
129 Vgl Schmidt/*Wacker*, § 15 EStG Rn 263.
130 Vgl BFH DStR 2010, 743.
131 Vgl BFH BStBl II 2000, 183.
132 Vgl BMF v. 11.11.2011, BStBl I, 1314 Rn 20.12.
133 Vgl in Rödder/Herlinghaus/van Lishaut/*Herlinghaus*, § 20 UmwStG Rn. 90 b
134 Vgl Schmidt/*Wacker*, § 15 EStG Rn 521 f.
135 Vgl BFH BStBl II 2005, 830.
136 Vgl BFH DStR 2012, 850.

115 (3) **Einbringung eines ganzen Mitunternehmeranteils.** Die Einbringung eines Mitunternehmeranteils gem. § 20 Abs. 1 erfordert die **Übertragung** der die gesellschafts- bzw schuldrechtliche Beteiligung vermittelnden Rechtsposition (zB Kommanditanteil, stille Beteiligung). Daneben sind auch die funktional wesentlichen Betriebsgrundlagen des Sonderbetriebsvermögens I und II in die übernehmende Kapitalgesellschaft bzw Genossenschaft einzubringen. Die Übertragung des wirtschaftlichen Eigentums reicht hierfür aus.[137] Ein Wechsel des zivilrechtlichen Eigentümers ist nicht zwingend erforderlich. Eine Nutzungsüberlassung ohne dass es zum Übergang des wirtschaftlichen Eigentums kommt, wird von der Finanzverwaltung nicht anerkannt.

116 Von besonderer Bedeutung hinsichtlich der Frage des Vorliegens einer wesentlichen Betriebsgrundlage sind regelmäßig **Anteile eines Kommanditisten an der Komplementär-GmbH.** Die höchstrichterliche Rechtsprechung hat es bislang explizit offengelassen, ob diese Anteile eine wesentliche Betriebsgrundlage darstellen. Nach Ansicht der Finanzverwaltung liegt in diesen Fällen eine wesentliche Betriebsgrundlage vor, wenn (i) die Komplementär-GmbH am Gewinn und Verlust der KG beteiligt ist[138] oder (ii) die Komplementärin neben dem Kommanditisten der einzige weitere Gesellschafter ist oder (iii) der Kommanditist zwar nicht mehrheitlich an der KG beteiligt ist, jedoch in der Komplementär-GmbH seinen Willen durchsetzen kann.[139]

117 In der Praxis besteht oftmals ein Risiko, dass Wirtschaftsgüter, die dem Sonderbetriebsvermögen zuzuordnen wären, nicht als solche erkannt werden. Handelt es sich hierbei zudem um wesentliche Betriebsgrundlagen, führt deren Zurückbehaltung dazu, dass § 20 auf die Einbringung nicht anwendbar ist. Diesem Risiko wird versucht dadurch zu begegnen, dass die Einbringungsverträge eine sog. **catch-all-Klausel** vorsehen, wonach schuldrechtlich sämtliche wesentliche Betriebsgrundlagen auf die Übernehmerin übergehen sollen,[140] so dass es insoweit ex tunc zum Übergang des wirtschaftlichen Eigentums kommt. Inwieweit damit eine Einbringung gem. § 20 tatsächlich dargestellt werden kann, wird in der Literatur mitunter angezweifelt.[141] UE ist die catch-all-Klausel geeignet, den Übergang des wirtschaftlichen Eigentums der in Frage stehenden Wirtschaftsgüter zu begründen, so dass die Voraussetzungen des § 20 Abs. 1 hinsichtlich der Übertragung der wesentlichen Betriebsgrundlagen in einem einheitlichen Vorgang uE erfüllt werden können.

118 Wirtschaftsgüter, die nicht zu den funktional wesentlichen Betriebsgrundlagen gehören, müssen nicht miteingebracht werden. Es besteht, anders als bei der Einbringung eines Teilbetriebs, kein Erfordernis, etwaige „nach wirtschaftlichen Grundsätzen zuordenbare" Wirtschaftsgüter (des Sonderbetriebsvermögens) zu übertragen.[142] Eine vorherige Entnahme solcher Wirtschaftsgüter aus dem Vermögen der Gesellschaft ist folglich ebenfalls unschädlich, selbst wenn diese in zeitlichem und sachlichem Zusammenhang mit der Einbringung des Mitunternehmeranteils erfolgt.[143]

119 Die Übertragung der Beteiligung und der wesentlichen Betriebsgrundlagen des Sonderbetriebsvermögens hat nicht notwendigerweise zeitgleich zu erfolgen. Ausreichend ist, dass zwischen den Übertragungen ein **sachlicher und zeitlicher Zusammenhang** besteht.

120 (4) **Einbringung eines Teils des Mitunternehmeranteils.** Neben der Einbringung des ganzen Mitunternehmeranteils wird auch die Einbringung eines **Bruchteils** davon vom Anwendungsbereich des § 20 Abs. 1 erfasst.[144] Dies ergibt sich zwar nicht unmittelbar aus dem Wortlaut des § 20 Abs. 1, es wird jedoch aus § 20 Abs. 4 S. 1 geschlossen,[145] wonach der Freibetrag des

137 Vgl Rödder/Herlinghaus/van Lishaut/*Herlinghaus*, § 20 UmwStG Rn 109 f.
138 Vgl in diesem Zusammenhang auch FG Münster v. 14.8.2013, EFG 2014, 81 wonach diese wirtschaftliche Sichtweise nicht gilt
139 Vgl OFD Rheinland v. 23.3.2011, FR 2011, 489.
140 Vgl *Strahl*, KÖSDI 2011, 17506.
141 Vgl Dötsch/Pung/Möhlenbrock/*Patt*, § 20 UmwStG Rn 124.
142 *Stangl*, GmbHR 2012, 259.
143 Vgl Dötsch/Pung/Möhlenbrock/*Patt*, § 20 UmwStG Rn 124.
144 Vgl Rödder/Herlinghaus/van Lishaut/*Herlinghaus*, § 20 UmwStG Rn 111; Dötsch/Pung/Möhlenbrock/*Patt*, § 20 UmwStG Rn 142.
145 Vgl Haritz/Menner/*Menner*, § 20 UmwStG Rn 180.

§ 16 Abs. 4 EStG sowie die Tarifbegünstigung gem. § 34 EStG u.a. dann nicht gewährt werden sollen, wenn es sich bei der Sacheinlage gem. § 20 Abs. 1 um den Bruchteil eines Mitunternehmeranteils handelt.

Bei der Einbringung eines Bruchteils eines Mitunternehmeranteils sind daneben grundsätzlich auch die wesentlichen Betriebsgrundlagen des Sonderbetriebsvermögens **quotal mit einzubringen**. Soweit Wirtschaftsgüter zivilrechtlich nicht teilbar sind und auch die Teilübertragung des wirtschaftlichen Eigentums ausscheidet, kann eine Miteinbringung des Sonderbetriebsvermögens auch dadurch erreicht werden, dass dieses auf eine Personengesellschaft überführt wird, an der sich die übernehmende Kapitalgesellschaft bzw Genossenschaft im Zusammenhang mit der Einbringung des Mitunternehmeranteils beteiligt.[146] 121

Streit besteht darüber, welche Auswirkungen sich aus einer unter- bzw überquotalen Einbringung von wesentlichen Betriebsgrundlagen des Sonderbetriebsvermögens ergeben. Unseres Erachtens führt die überquotale Einbringung von Sonderbetriebsvermögen nicht zu einer anteiligen Realisierung von im überquotalen Teil enthaltenen stillen Reserven. Die Einbringung wird insgesamt als Sacheinlage vom Anwendungsbereich des § 20 Abs. 1 erfasst,[147] da es sich auch insoweit bei dem eingebrachten Vermögen um den Bruchteil eines Mitunternehmeranteils handelt. Für den Fall, dass eine unterquotale Miteinbringung des Sonderbetriebsvermögens vorliegt, ist der Anwendungsbereich des § 20 auf den Bruchteil des Mitunternehmeranteils begrenzt, der dem eingebrachten Sonderbetriebsvermögensanteil entspricht.[148] 122

c) **Gewährung neuer Anteile.** Die Sacheinlage iSv § 20 Abs. 1 erfordert, dass dem Einbringenden **neue Anteile** an der übernehmenden Gesellschaft gewährt werden. Dies bedeutet, dass die Anteile anlässlich des Einbringungsvorgangs neu entstehen müssen, was zivilrechtlich insb. in folgenden Fällen möglich ist: 123

- Sachgründung einer Kapitalgesellschaft (§ 27 AktG, § 5 Abs. 4 GmbHG) bzw Kapitalerhöhung gegen Sacheinlage einer Kapitalgesellschaft (§ 183 AktG, § 56 GmbHG) und Sacheinlage auf das Kommanditkapital einer KGaA
- Einbringung im Wege der Umwandlung einer Personenhandelsgesellschaft nach den Vorschriften des Umwandlungsgesetzes (vgl § 1 Abs. 3)

Keine neuen Anteile iSv § 20 Abs. 1 liegen hingegen beispielsweise in folgenden Fällen vor: 124

- Einräumung einer (atypisch) stillen Beteiligung oder einer kapitalersetzenden Darlehensforderung
- Gewährung bereits bestehender eigener Anteile
- Einräumung von Genussrechten, auch im Falle der Gewährung eines Eigenkapital-Genussrechts
- Verdeckte Einlage
- Einräumung der Stellung als persönlich haftender Gesellschafter einer KGaA[149]

Nach Ansicht der Finanzverwaltung führt auch die sog. verschleierte Sachgründung bzw Sachkapitalerhöhung nicht zur Gewährung neuer Anteile.[150] 125

146 Vgl Dötsch/Pung/Möhlenbrock/*Patt*, § 20 UmwStG Rn 143 aE.

147 Rödder/Herlinghaus/van Lishaut/*Herlinghaus*, § 20 UmwStG Rn 112; aA Schmitt/Hörtnagl/Stratz/*Schmitt*, § 20 UmwStG Rn 156 und Dötsch/Pung/Möhlenbrock/*Patt*, § 20 UmwStG Rn 144, wonach die Einbringung des überquotalen Teils außerhalb der Vorschriften des § 20 UmwStG erfolgt.

148 Vgl Schmitt/Hörtnagl/Stratz/*Schmitt*, § 20 UmwStG Rn 156; Dötsch/Pung/Möhlenbrock/*Patt*, § 20 UmwStG Rn 143; aA Rödder/Herlinghaus/van Lishaut/*Herlinghaus*, § 20 UmwStG Rn 112, wonach in diesem Fall keine Sacheinlage vorliegen soll.

149 Vgl Schmitt/Hörtnagl/Stratz/*Schmitt*, § 20 UmwStG Rn 209; aA Widmann/Mayer/*Widmann*, § 20 UmwStG Rn 476.

150 Vgl BMF v. 11.11.2011, BStBl I, 1314 Rn E 20.10; s. Rn 51.

126 Unerheblich ist, wie der jeweilige Anteil gesellschaftsrechtlich ausgestaltet ist. Demnach können auch Vorzugsaktien bzw stimmrechtlose GmbH-Anteile als neue Anteile im obigen Sinne qualifizieren.[151]

127 Auf die Höhe der neu erworbenen Beteiligung kommt es für Zwecke des § 20 ebenfalls nicht an.[152] Unschädlich ist es, wenn neben der Gewährung neuer Anteile zusätzliche sonstige Gegenleistungen (zB bereits bestehende Anteile) gewährt werden. Es ist nicht erforderlich, dass die Sacheinlage auf das Stammkapital der neuen Anteile geleistet wird. Ausreichend ist, dass die Sacheinlage als Aufgeld erbracht wird.[153]

128 Aus der Gewährung neuer Anteile können sich weitere Rechtsfolgen ergeben. Hinzuweisen ist in diesem Zusammenhang insb. auf die Vorschriften des § 8 c KStG sowie der §§ 1 Abs. 2 a, 3, 3 a GrEStG.

II. Wertansatz bei der übernehmenden Gesellschaft

129 Grundsätzlich hat die übernehmende Gesellschaft das eingebrachte Betriebsvermögen gemäß § 20 Abs. 2 S. 1 mit dem gemeinen Wert anzusetzen. Für die Bewertung von Pensionsrückstellungen sieht das Gesetz die Bewertung nach § 6 a EStG vor.

130 Auf Antrag kann das übernommene Betriebsvermögen unter bestimmten Voraussetzungen einheitlich mit dem Buchwert oder einem Zwischenwert angesetzt werden (§ 20 Abs. 2 S. 2, s. dazu im Einzelnen Rn 135–164).

131 **1. Grundsatz: Bewertung mit dem gemeinen Wert.** Das im Rahmen der Sacheinlage eingebrachte Betriebsvermögen ist mit dem **gemeinen Wert** als Regelbewertungsmaßstab und Wertobergrenze anzusetzen. Für die **Definition** des gemeinen Werts ist auf die allgemeinen Bewertungsvorschriften im ersten Teil des Bewertungsgesetzes zurückzugreifen.[154] Hierbei gilt Folgendes:

- Der gemeine Wert wird durch den Preis bestimmt, der im gewöhnlichen Geschäftsverkehr nach der Beschaffenheit des Wirtschaftsgutes bei einer Veräußerung zu erzielen wäre (§ 9 Abs. 2 S. 1 BewG). Das Abstellen auf den erzielbaren Veräußerungspreis dient der Objektivierung der Bemessungsgrundlage, Ausgangspunkt ist ein möglicher Käufer, der an dem Erwerb des Wirtschaftsguts in seiner konkreten Beschaffenheit mit der vorgesehenen Verwertungsmöglichkeit interessiert ist und die Bereitschaft hat, einen angemessenen, dem inneren Wert entsprechenden Kaufpreis zu zahlen.[155] Damit steht eine Wert- und nicht eine Preisfindung im Vordergrund, mit dem wesentlichen Unterschied, dass subjektive Verhältnisse zwar den Preis, nicht jedoch den Wert beeinflussen.[156] Ungewöhnliche oder persönliche Verhältnisse sind daher bei der Bewertung mit dem gemeinen Wert nicht zu berücksichtigen (§ 9 Abs. 2 S. 3 BewG). Während beispielsweise ein nur begrenzter potenzieller Käuferkreis kein ungewöhnlicher Umstand ist, wären preisbeeinflussende Verhältnisse, die in der Person von Käufer und Verkäufer liegen, zB dringender Geldbedarf des Verkäufers und Verfügungsbeschränkungen, außer Acht zu lassen.[157] Veräußerungskosten sind bei der Wertermittlung unbeachtlich, da sich der Wortlaut nicht auf den Veräußerungsgewinn, sondern

151 Vgl Dötsch/Pung/Möhlenbrock/*Patt*, § 20 UmwStG Rn 170.
152 Vgl Schmitt/Hörtnagl/Stratz/*Schmitt*, § 20 UmwStG Rn 205.
153 Vgl BFH BStBl II, 2010, 1094.
154 HM, vgl BT-Drucks. 16/2710, 43; Schmitt/Hörtnagl/Stratz/*Schmitt*, § 20 UmwStG Rn 284 mwN; BMF v. 11.11.2011, BStBl I, 1314 Rn 20.17 iVm 03.07. Die allgemeinen Bewertungsvorschriften (§§ 2–16 BewG) gelten gem. § 1 Abs. 1 BewG für alle öffentlich-rechtlichen Abgaben, die durch Bundesrecht geregelt sind, soweit sie durch Bundesfinanzbehörden oder durch Landesfinanzbehörden verwaltet werden, somit auch für das UmwStG.
155 BFH BStBl II 1987, 769; Gürsching/Stenger/*Knittel*, § 9 BewG Rn 29; Widmann/Mayer/*Widmann*, § 20 UmwStG Rn R 645.
156 Vgl Gürsching/Stenger/*Knittel*, § 9 BewG Rn 29.
157 S. § 9 Abs. 2, 3 BewG; vgl auch Dötsch/Pung/Möhlenbrock/*Patt*, § 20 UmwStG Rn 199.

auf den Veräußerungspreis bezieht.[158] Ebenso ist eine funktionale Bedeutung in der konkreten Betriebsorganisation des Übertragenden und – im Gegensatz zur Verwendung des Begriffs "Teilwert" vor SEStEG – eine Fortführung des Betriebs durch den Erwerber unerheblich.[159]

- Maßgebender Zeitpunkt für die Ermittlung des gemeinen Werts ist der (ggf rückbezogene)[160] steuerliche Zeitpunkt der Sacheinlage.[161] Rückschlüsse aus früher oder später getätigten Verkäufen können jedoch in der Wertfindung zu berücksichtigen sein, insb. wenn damit gerechnet werden muss, dass der Preis für das Wirtschaftsgut in Kürze steigen oder fallen wird.[162]
- Lässt sich der gemeine Wert des eingebrachten Betriebsvermögens nicht aus Verkäufen unter fremden Dritten ableiten, die weniger als ein Jahr zurückliegen, so ist er unter Berücksichtigung der Ertragsaussichten oder einer anderen anerkannten, auch im gewöhnlichen Geschäftsverkehr für nicht steuerliche Zwecke üblichen Methode (also insb. Ertragswertverfahren oder zahlungsstromorientiertes Verfahren) zu ermitteln.[163] Das sogenannte vereinfachte Ertragswertverfahren ist nach Ansicht der Finanzverwaltung anwendbar.[164]
- Die Anknüpfung an die Steuerbilanz des Übertragenden hat zur Folge, dass beim Ansatz zum gemeinen Wert sämtliche – auch auf selbst erstellte und unter das Bilanzierungsverbot des § 5 Abs. 2 EStG fallende – stille Reserven der übergehenden Wirtschaftsgüter aufzulösen sind. Bei der Bewertung des übergehenden Vermögens werden nicht einzelne Wirtschaftsgüter, sondern die übergehende Sachgesamtheit in Form eines Betriebs, Teilbetriebs oder Mitunternehmeranteils bewertet.[165] Im Ergebnis bedeutet dies, dass in der Bilanz des übernehmenden Rechtsträgers bei einer Bewertung zum gemeinen Wert ein beim Einbringenden selbst geschaffener Geschäfts- oder Firmenwert anzusetzen ist.[166] Nach Ansicht der Finanzverwaltung sollen in der ersten Bilanz nach dem Einbringungsvorgang des übernehmenden Rechtsträgers Rückstellungen und Verbindlichkeiten, die entgegen dem steuerlichen Ansatzverbot des § 5 EStG passiviert wurden, ertragswirksam aufzulösen sein.[167]

Gem. § 20 Abs. 2 S. 1 gilt für die Bewertung von **Pensionsrückstellungen** § 6 a EStG. Grundsätzlich kommt damit der Teilwert gemäß § 6 a Abs. 3 EStG zum Ansatz.[168] Aufgrund der Besonderheiten des § 6 a EStG ist dieser Wert regelmäßig niedriger als der tatsächliche (gemeine) Wert der Pensionsrückstellung. Nach Ansicht der Finanzverwaltung ist die Berücksichtigung der Differenz zwischen dem gemeinen Wert der Pensionsrückstellung und dem Wert nach § 6 a EStG nicht zulässig (**„stille Last“**).[169] Insb. soll nach Ansicht der Finanzverwaltung auch keine Verrechnung mit dem Geschäfts- oder Firmenwert stattfinden.[170] Im Ergebnis führt dies dazu, dass steuerwirksamer Aufwand vermieden wird und das steuerbilanzielle Eigenkapital in der Bilanz der Übernehmerin höher ist als der gemeine Wert der übergehenden Sachgesamtheit. 132

Dieser für Pensionsrückstellungen, der dem Regelungen des Bewertungsgesetzes vorrangig ist,[171] Wertmaßstab führt zu einer Durchbrechung der ansonsten an der Zahlungsbereitschaft des Marktes orientierten Wertermittlung. Diese einseitige Nichtberücksichtigung stiller Lasten 133

158 Vgl Gürsching/Stenger/*Knittel*, § 9 BewG Rn 29; Schmitt/Hörtnagl/Stratz/*Schmitt*, § 20 UmwStG Rn 284; Widmann/Mayer/*Widmann*, § 20 UmwStG Rn R 645.
159 Vgl Dötsch/Pung/Möhlenbrock/*Patt*, § 20 UmwStG Rn 199.
160 S. Rn 188–209.
161 Vgl Widmann/Mayer/*Widmann* § 20 UmwStG Rn R 665; Dötsch/Pung/Möhlenbrock/*Patt* § 20 UmwStG Rn 191.
162 Vgl RFH RStBl 1932, 459; BFH BStBl II 1984, 233; Widmann/Mayer/*Widmann*, § 20 UmwStG Rn R 665.
163 Vgl § 109 Abs. 1 S. 2 iVm § 11 Abs. 2 BewG; BMF v. 11.11.2011, BStBl I, 1314 Rn 20.17 iVm 03.07.
164 Vgl BMF v. 11.11.2011, BStBl I, 1314 Rn 20.17 iVm 03.07, BMF v. 22.9.2011, BStBl I, 859.
165 Vgl Schmitt/Hörtnagl/Stratz/*Schmitt*, § 20 UmwStG Rn 285; Rödder/Herlinghaus/von Lishaut/*Herlinghaus*, § 20 UmwStG Rn 142 a.
166 Vgl Schmitt/Hörtnagl/Stratz/*Schmitt*, § 20 UmwStG Rn 285; Widmann/Mayer/*Widmann*, § 20 UmwStG Rn R 672.
167 Vgl BMF v. 11.11.2011, BStBl I, 1344 Rn 20.20 iVm 04.16. Ausführlich dazu z.B. Schmitt/Hörtnagl/Stratz/Schmitt, § 20 UmwStG Rn 278-279.
168 Vgl Frotscher/Maas/*Mutscher*, § 20 UmwStG Rn 301.
169 Vgl BMF v. 11.11.2011, BStBl I, 1314 Rn 20.17 iVm Rn 03.08.
170 Vgl auch *Stimpel*, GmbHR 2012, 124; *Frotscher*, Anwendungserlass zum UmwStG 2011, 156.
171 § 1 Abs. 2 BewG; vgl Dötsch/Pung/Möhlenbrock/*Patt*, § 20 umwStG Rn 199

ist systematisch nicht zu rechtfertigen.[172] Zumindest reduzieren die stillen Lasten – auch wenn sie nicht bei der Bewertung der in der Steuerbilanz anzusetzenden Passiva berücksichtigt werden – mittelbar den gemeinen Wert des Geschäfts- oder Firmenwerts, da sie den Gesamtwert der eingebrachten Sachgesamtheit negativ beeinflussen.[173] Werden die stillen Lasten nicht im Geschäfts- oder Firmenwert berücksichtigt, führt dies bis zur Höhe der nicht verrechenbaren stillen Pensionslasten in anderen Wirtschaftsgütern zur Besteuerung eines Übertragungsgewinns, obwohl im Gesamtunternehmen tatsächlich kein entsprechender Mehrwert vorhanden ist.[174] *Widmann* sieht eine Berücksichtigung des gemeinen Werts der Pensionsrückstellungen bei der Ermittlung des Firmenwerts zumindest dann als gerechtfertigt an, wenn der Firmenwert ausgehend vom Unternehmenswert ermittelt wird, da die Beträge, die zur Bedienung der Passivposten erforderlich sind, den Zukunftsertrag mindern.[175]

134 Die Entscheidungen des BFH vom 12.12.2012,[176] wonach übernommene Pensionsverpflichtungen sowohl in der Eröffnungsbilanz als auch in den Folgebilanzen der übernehmenden Gesellschaft mit den Anschaffungskosten und nicht mit dem Teilwert nach Maßgabe des § 6 a Abs. 3 EStG anzusetzen sind, dürften hierbei keine Auswirkungen auf Umwandlungsvorgänge haben, die im Umwandlungssteuerrecht einer „verdrängenden steuerrechtlichen Sonderregelung" unterliegen.[177]

135 **2. Auf Antrag: Bewertung mit dem Buchwert oder einem Zwischenwert. a) Buch- bzw Zwischenwert. aa) Wertuntergrenze: Buchwert. Buchwert** ist der Wert, der sich nach den steuerrechtlichen Vorschriften über die Gewinnermittlung in einer für den Bewertungsstichtag aufzustellenden Steuerbilanz ergibt oder ergäbe (§ 1 Abs. 5 Nr. 4). Die anzuwendenden Gewinnermittlungsvorschriften umfassen insb. die §§ 5 Abs. 1 a–5, 6 und 7 EStG. Der Einbringende hat die Gewinnermittlungsvorschriften zu beachten und den Buchwert auf den Bewertungszeitpunkt zu ermitteln. Er hat also Teilwertabschreibungen, Wertaufholungen vorzunehmen, gewinnmindernde Rücklagen oder Rückstellungen aufzulösen oder zu bilden. Dies gilt auch bei einem unterjährigen Einbringungsstichtag.[178] Eine rechtliche Verpflichtung zur Erstellung einer formellen Steuerbilanz auf den Einbringungsstichtag besteht nicht, es genügt vielmehr, dass der Einbringende den Buchwert in einer fiktiven Bilanz unter Beachtung der Gewinnermittlungsvorschriften auf den Einbringungsstichtag entwickelt und in die zeitlich nachfolgende Bilanz der Übernehmerin überführt.[179]

136 Der Buchwert stellt die **Wertuntergrenze** für die Sacheinlage dar. Dies soll allerdings nur dann gelten, wenn der gemeine Wert nicht gleich oder niedriger als der Buchwert ist. In diesem Fall kommt es zwingend zum Ansatz des gemeinen Werts.[180]

137 Wird im Zuge des Einbringungsvorgangs das deutsche Besteuerungsrecht an einem Wirtschaftsgut erstmals begründet, kommt es insoweit zum Ansatz des gemeinen Werts, auch wenn im Übrigen die Voraussetzungen für den Buchwertansatz vorliegen.[181] Geht das Besteuerungs-

172 Vgl *Rödder/Schumacher*, DStR 2006, 1527.

173 Vgl Rödder/Herlinghaus/van Lishaut/*Herlinghaus*, § 20 UmwStG Rn 143; Dötsch/Patt/Pung/Möhlenbrock/*Patt*, § 20 UmwStG Rn 199; *Dötsch/Pung*, DB 2006, 2705. Ebenso zur vergleichbaren Vorschrift in §§ 3, 11 UmwStG: *Schumacher/Neitz-Hackstein*, Ubg 2011, 410; Rödder/Herlinghaus/van Lishaut/*Birkenmeier*, § 3 UmwStG Rn 77; Schmitt/Hörtnagl/Stratz/*Schmitt*, § 3 UmwStG Rn 132, § 11 UmwStG Rn 79; *Möhlenbrock/Pung* in: Dötsch/ /Pung/Möhlenbrock, § 3 UmwStG Rn 16; *Schaflitzl/Widmayer*, BB 2006, Special 8 zu Heft 44, 39; *Ley/Bodden*, FR 2007, 268. AA *Stimpel*, GmbHR 2012, 124.

174 Vgl *Ley/Bodden*, FR 2007, 268 f.

175 Vgl Widmann/Mayer/*Widmann*, § 20 UmwStG Rn R 669, R 667.

176 Vgl BFH BFH/NV 2013, 884 zur Ausgliederung; BFH BFH/NV 2013, 840 zum Betriebserwerb.

177 Vgl BFH BFH/NV 2013, 840, unter B.III.4; vgl auch *Oser*, BB 2013, 946; *Trossen*, GmbH-StB 2013, 137.

178 Vgl Dötsch/Pung/Möhlenbrock/*Patt*, § 20 UmwStG Rn 194.

179 Diese Pflicht ergibt sich weder aus § 20 Abs. 2 S. 1, 2 UmwStG noch aus § 1 Abs. 5 Nr. 4 UmwStG, vgl Dötsch/Pung/Möhlenbrock/*Patt*, § 20 UmwStG Rn 196; Rödder/Herlinghaus/van Lishaut/*Herlinghaus*, § 20 UmwStG Rn 174; Widmann/Mayer/*Widmann*, § 20 UmwStG Rn 723; vgl BFH BStBl II 2012, 725 zu § 16 EStG.

180 Vgl Dötsch/Pung/Möhlenbrock/*Patt*, § 20 UmwStG Rn 197.

181 Vgl Dötsch/Pung/Möhlenbrock/*Patt*, § 20 UmwStG Rn 197; Schmitt/Hörtnagl/Stratz/*Schmitt*, § 20 UmwStG Rn 297; anderer Ansicht Rödder/Herlinghaus/van Lishaut/*Herlinghaus*, § 20 UmwStG Rn 167.

recht im Zuge der Einbringung an einzelnen Wirtschaftsgütern verloren und ist insoweit nach § 20 Abs. 2 S. 2 Nr. 3 der gemeine Wert anzusetzen, kann überwiegend der Buchwert fortgeführt werden. Ein Zwischenwertansatz liegt nicht vor.[182]

Der Buchwert beim Mitunternehmeranteil umfasst die Wertansätze in der Gesamtbilanz der Mitunternehmerschaft, dh einschließlich Ergänzungsbilanz und Sonderbilanz.[183] 138

bb) Obergrenze: Gemeiner Wert. Gemäß § 20 Abs. 2 S. 2 darf auf Antrag höchstens jedoch der Wert im Sinne des Satzes 1 angesetzt werden. Dies bedeutet, dass der gemeine Wert der eingebrachten Wirtschaftsgüter (§ 20 Abs. 2 S. 1 1. Hs) bzw der Wert nach § 6 a EStG für Pensionsrückstellungen (§ 20 Abs. 1 S. 1 2. Hs) nicht überschritten werden darf.[184] 139

cc) Zwischenwert. Nach § 20 Abs. 2 S. 2 darf abweichend vom Ansatz des gemeinen Werts der Buchwert oder ein höherer Wert angesetzt werden. Hieraus folgt, dass auf Antrag auch der Ansatz eines Zwischenwertes zulässig ist. **Zwischenwert** ist somit der Wert, der über dem Buchwert, aber unter dem gemeinen Wert liegt.[185] Ist der gemeine Wert allerdings niedriger als der Buchwert, scheidet ein Zwischenwertansatz aus.[186] Durch den Ansatz eines Zwischenwerts werden die stillen Reserven im eingebrachten Betriebsvermögen teilweise aufgestockt. Bei der Bestimmung des Zwischenwertes und damit der Frage, in welchem Umfang die stillen Reserven aufgedeckt werden, ist die übernehmende Gesellschaft grundsätzlich frei. Die stillen Reserven sind allerdings gleichmäßig aufzudecken; eine selektive Aufstockung nur für bestimmte Wirtschaftsgüter ist unzulässig.[187] Nach Ansicht der Finanzverwaltung gilt dies auch für einen originär geschaffenen Firmenwert.[188] 140

b) Verhältnis zur handelsbilanziellen Bewertung. Das steuerliche Bewertungswahlrecht des § 20 Abs. 2 S. 2 kann unabhängig vom Wertansatz in der Handelsbilanz ausgeübt werden.[189] 141

c) Antrag. Der Buchwert oder ein Zwischenwert ist nur anzusetzen, wenn ein entsprechender Antrag gestellt wird. Für die Vermeidung einer nicht gewünschten Aufdeckung von stillen Reserven ist dieser Antrag deshalb von zentraler Bedeutung. 142

aa) Antragsteller. In § 20 Abs. 2 ist nicht ausdrücklich geregelt, wer den Antrag auf die Bewertung des übernommenen Betriebsvermögens zum Buchwert oder Zwischenwert zu stellen hat. Nach herrschender Meinung ist der Antrag von der **Übernehmerin des Betriebsvermögens**, dh von der aufnehmenden Kapitalgesellschaft oder Genossenschaft zu stellen.[190] 143

Nach Ansicht der Finanzverwaltung und einem Teil der Literatur soll dies auch gelten, wenn Gegenstand der Einbringung ein Mitunternehmeranteil ist.[191] Nach anderer Ansicht soll der Antrag gemäß § 20 Abs. 2 S. 2 von der Mitunternehmerschaft (ggf im Namen der übernehmenden Gesellschafter als neue Mitunternehmerin) zu stellen sein.[192] 144

182 Vgl Dötsch/Pung/Möhlenbrock/*Patt*, § 20 UmwStG Rn 197; Schmitt/Hörtnagl/Stratz/*Schmitt*, § 20 UmwStG Rn 297.

183 Vgl Dötsch/Pung/Möhlenbrock/*Patt*, § 20 UmwStG Rn 195.

184 Vgl Rödder/Herlinghaus/van Lishaut/*Herlinghaus*, § 20 UmwStG Rn 179.

185 Vgl Haritz/Menner/*Menner*, § 20 UmwStG Rn 341.

186 Vgl Dötsch/Pung/Möhlenbrock/*Patt*, § 20 UmwStG Rn 205.

187 Vgl § 20 Abs. 2 S. 2: „einheitlich"; herrschende Ansicht Dötsch/Pung/Möhlenbrock/*Patt*, § 20 UmwStG Rn 205; Schmitt/Hörtnagl/Stratz/*Schmitt*, § 20 UmwStG Rn 300; Haritz/Menner/*Menner* § 20 UmwStG Rn 342; BFH BStBl II 2002, 784: aA; Widmann/Mayer/*Widmann*, § 20 UmwStG Rn R634, 639.

188 Vgl BMF v. 11.11.2011, BStBl I, 1314 Rn 03.25. Zustimmend *Frotscher*, UmwSt-Erlass 2011, S. 178. Kritisch IDW-Stellungnahme, Ubg 2011, 549, 557; *Kutt/Carstens* in: FGS, UmwSt-Erlass 2011, S. 154 (für modifizierte Stufentheorie).

189 Ganz hA, vgl BMF v. 11.11.2011, BStBl I, 1314 Rn 20.20; BT-Drucks. 16/2710, 69 (Einzelbegründung zu § 20 Abs. 2 UmwStG); Dötsch/Pung/Möhlenbrock/*Patt*, § 20 UmwStG Rn 210 mwN.

190 Vgl BMF v. 11.11.2011, BStBl I, 1314 Rn 20.20; Schmitt/Hörtnagl/Stratz/*Schmitt*, § 20 UmwStG Rn 262,264; Widmann/Mayer/*Widmann*, § 20 UmwStG Rn 417; Haritz/Menner/*Menner*, § 20 UmwStG Rn 292; Dötsch/Pung/Möhlenbrock/*Patt*, § 20 UmwStG Rn 209.

191 Vgl BMF v. 11.11.2011, BStBl I, 1314 Rn 20.22; Schmitt/Hörtnagl/Stratz/*Schmitt*, § 20 UmwStG Rn 296; Widmann/Mayer/*Widmann*, § 20 UmwStG Rn 452.

192 Vgl zB Dötsch/Pung/Möhlenbrock/*Patt*, § 20 UmwStG Rn 209 a mwN.

145 Der Einbringende hat danach, obwohl ihn die steuerlichen Konsequenzen einer Aufdeckung von stillen Reserven treffen würden, kein Antragsrecht. Hier empfehlen sich **Regelungen im Einbringungsvertrag** einschließlich von Schadensersatzpflichten für den Fall, dass sich die übernehmende Gesellschaft nicht entsprechend verhält. Der Ansatz des übernommenen Betriebsvermögens richtet sich gleichwohl nach dem von der übernommenen Gesellschaft tatsächlich gestellten oder nicht gestellten Antrag, auch wenn sie insoweit von der Zusicherung gegenüber dem Einbringenden abgewichen ist.[193]

146 **bb) Antragsinhalt und -form.** § 20 Abs. 2 verlangt für den Antrag keine bestimmte Form. Nachdem der Antrag allerdings Voraussetzung für eine Bewertung zum Buchwert oder Zwischenwert ist, sollte der Steuerpflichtige im eigenen Interesse darauf achten, dass der Antrag klar bestimmt ist. Dies betrifft insb. bei einem Zwischenwertansatz den Anteil der aufzudeckenden stillen Reserven. Aus diesem Grund ist auch Schriftform anzuraten.

147 Nach Ansicht der Finanzverwaltung ist der Antrag bedingungsfeindlich.[194] Der Antrag auf Minderbewertung kann auch konkludent durch Abgabe der Steuererklärung (einschließlich der Steuerbilanz) gestellt werden.[195] Vorsorglich sollte der Antragsteller seinen Wertansatz allerdings aus Gründen der Klarheit erläutern; dies gilt insb. bei einem Zwischenwertansatz.

148 **cc) Antragszeitpunkt und -adressat.** Gemäß § 20 Abs. 2 S. 3 ist der Antrag spätestens bis zur erstmaligen Abgabe der steuerlichen Schlussbilanz bei dem für die Besteuerung der übernehmenden Gesellschaft zuständigen Finanzamt zu stellen. Mit der steuerlichen Schlussbilanz ist die Steuerbilanz der übernehmenden Gesellschaft zum Ende des Wirtschaftsjahres gemeint, in das der steuerliche Übertragungsstichtag fällt.[196]

149 Der Antrag kann damit grundsätzlich vor Abgabe der steuerlichen Schlussbilanz gestellt werden. Eine zeitgleiche Stellung des Antrags mit Einreichung der maßgeblichen Bilanz reicht jedoch aus.[197] Nach diesem Zeitpunkt gestellte Anträge sind unbeachtlich.[198]

150 **dd) Änderung des Antrags.** Nach Ansicht der Finanzverwaltung ist eine Änderung oder der Widerruf eines einmal gestellten Antrags nicht möglich.[199] Von einer Änderung oder Rücknahme des Antrags ist allerdings der Fall zu unterscheiden, dass sich nachträglich andere Wertansätze für das eingebrachte Betriebsvermögen ergeben (zB aufgrund einer Betriebsprüfung). Hat die übernehmende Gesellschaft zum Ausdruck gebracht, dass sie die Buchwerte ansetzen will, ist die Bilanz der Übernehmerin entsprechend zu berichtigen (Bilanzberichtigung, § 4 Abs. 2 S. 1 EStG).[200] Dies gilt auch im Fall des Ansatzes mit dem gemeinen Wert.[201] Nach Ansicht der Finanzverwaltung soll bei einem Zwischenwertansatz der gewählte Wert beibehalten werden, wenn dieser nach wie vor oberhalb des Buchwerts und unterhalb des gemeinen Werts liegt.[202]

151 **d) Weitere Voraussetzungen. aa) Besteuerung bei der Übernehmerin mit Körperschaftsteuer (§ 20 Abs. 2 S. 2 Nr. 1).** Voraussetzung für den Ansatz des Buchwerts oder eines Zwischenwerts ist nach § 20 Abs. 2 S. 2 Nr. 1, dass das übernommene Betriebsvermögen später bei der übernehmenden Körperschaft der Besteuerung mit **Körperschaftsteuer** unterliegt. Der Gesetzeswortlaut verlangt nur eine Besteuerung mit Körperschaftsteuer, nicht aber mit Gewerbesteuer.

193 Vgl Dötsch/Pung/Möhlenbrock/*Patt*, § 20 UmwStG Rn 209.
194 BMF v. 11.11.2011, BStBl I, 1314 Rn 20.21 iVm 03.29.
195 Vgl Dötsch/Pung/Möhlenbrock/*Patt*, § 20 UmwStG Rn 211; Widmann/Mayer/*Widmann*, § 20, UmwStG Rn R 439; Haritz/Menner/*Menner*, § 20 UmwStG Rn 295 bei Buchwertansatz BMF v. 11.11.2011, BStBl I, 1314 Rn 21.21 iVm03.29; aA Schmitt/Hörtnagl/Stratz/*Schmitt*, § 20 UmwStG Rn 316.
196 Vgl Widmann/Mayer/*Widmann*, § 20 UmwStG Rn R 423.
197 Vgl Widmann/Mayer/*Widmann*, § 20 UmwStG Rn R 434; Haritz/Menner/*Menner*, § 20 UmwStG Rn 308.
198 BMF v. 11.11.2011, BStBl I, 1314 Rn 20.21
199 BMF v. 11.11.2011, BStBl I, 1314 Rn 20.24; Vgl Dötsch/Pung/Möhlenbrock/*Patt*, § 20 UmwStG Rn 213; Schmitt/Hörtnagl/Stratz/*Schmitt*, § 20 UmwStG Rn 318.
200 Vgl Dötsch/Pung/Möhlenbrock/*Patt*, § 20 UmwStG Rn 214.
201 Vgl BMF v. 11.11.2011, BStBl I, 1314 Rn 20.24.
202 Vgl BMF v. 11.11.2011, BStBl I, 1314 Rn 20.24. Differenzierend Dötsch/Pung/Möhlenbrock/*Patt*, § 20 UmwStG Rn 214: Bilanzberichtigung, wenn im Antrag die aufzudeckenden stillen Reserven prozentual bestimmt wurden und sich die stillen Reserven nunmehr anders ermitteln.

Eine Beschränkung des Besteuerungsrechts bei der Gewerbesteuer ist deshalb unbeachtlich.[203] Ausweislich der Gesetzesbegründung soll dadurch klarstellend geregelt werden, dass in den Fällen der Einbringung in eine steuerbefreite Gesellschaft ein Buchwert- oder Zwischenwertansatz nicht zulässig ist.[204] Die Regelung zielt insb. auf die Einbringung in Körperschaften, die nach § 5 KStG steuerbefreit sind. Werden die übernommenen Wirtschaftsgüter allerdings einem wirtschaftlichen Geschäftsbetrieb zugeordnet bzw wird durch die Einbringung ein solcher begründet,[205] wird das Wahlrecht für die Bewertung zum Buchwert oder Zwischenwert nicht eingeschränkt.[206] Das Vorliegen der Voraussetzung von § 20 Abs. 2 S. 2 Nr. 1 ist auf den Ablauf des steuerlichen Übertragungsstichtags zu prüfen.[207] Führt die Einbringung bei der Übernehmerin zu einem **Strukturwandel** (zB Wegfall des wirtschaftlichen Geschäftsbetriebs; im Zeitpunkt der Einbringung steuerpflichtige Körperschaft wird steuerbefreit), sind die Regelungen für den Strukturwandel auch für die eingebrachten Wirtschaftsgüter anzuwenden, die Einbringung an sich bleibt unberührt.[208]

Die Sicherstellung der Besteuerung iSd § 20 Abs. 2 S. 2 Nr. 1 erfüllt auch die Besteuerung mit **ausländischer Körperschaftsteuer**.[209] 152

Für die Anwendung des § 20 Abs. 2 S. 2 Nr. 1 kommt es lediglich darauf an, dass die übernehmende Gesellschaft grundsätzlich **körperschaftsteuerpflichtig** ist. Der Buch- oder Zwischenwertansatz scheitert daher nicht daran, dass im Falle der Veräußerungen Steuerbefreiungen wie § 8 b Abs. 2 KStG einschlägig sind, ein Freibetrag nach § 25 KStG zur Anwendung kommt oder ob in Folge einer Verlustnutzung kein steuerbarer Gewinn entsteht.[210] Handelt es sich bei der übernehmenden Gesellschaft um eine Organgesellschaft iSd §§ 14, 17 KStG, ist nach Auffassung der Finanzverwaltung die Besteuerung mit Körperschaftsteuer nur sichergestellt, soweit das dem Organträger zugerechnete Einkommen der Besteuerung mit Körperschaftsteuer unterliegt. Soweit das zugerechnete Einkommen der Besteuerung mit Einkommensteuer unterliegt, lässt die Finanzverwaltung es gleichwohl zu, dass die übergehenden Wirtschaftsgüter einheitlich mit dem Buch- oder Zwischenwert angesetzt werden, wenn sich alle an der Einbringung Beteiligten übereinstimmend schriftlich damit einverstanden erklären, dass auf die aus der Einbringung resultierenden Mehrabführungen § 14 Abs. 3 S. 1 KStG anzuwenden ist.[211] 153

bb) Kein negatives steuerliches Eigenkapital (§ 20 Abs. 2 S. 2 Nr. 2). Nach § 20 Abs. 2 S. 2 Nr. 2 ist der Ansatz des Buchwerts oder Zwischenwerts nur möglich, soweit die Passivposten des eingebrachten Betriebsvermögens die Aktivposten nicht übersteigen; dabei ist das Eigenkapital nicht zu berücksichtigen. Aufgrund dieser Regelung muss im Ergebnis die übernehmende Gesellschaft im übernommenen Betriebsvermögen vorhandene stille Reserven zumindest soweit aufdecken, dass sich **Aktiv- und Passivposten ausgleichen**, mithin das übernommene Be- 154

203 Vgl BMF v. 11.11.2011, BStBl I, 1314 Rn 20.19 iVm 03.17.

204 BT-Drucks. 16/3369, 25.

205 Das dürfte durch die Definition der Sacheinlagegegenstände in § 20 Abs. 1 UmwStG wohl regelmäßig der Fall sein, vgl Dötsch/Pung/Möhlenbrock/*Patt*, § 20 UmwStG Rn 225.

206 Zur Einbringung in ein steuerbefreites REIT vgl Schmitt/Hörtnagl/Stratz/*Schmitt*, § 20 UmwStG Rn 328.

207 Vgl Schmitt/Hörtnagl/Stratz/*Schmitt*, § 20 UmwStG Rn 319. aA Dötsch/Pung/Möhlenbrock/*Patt*, § 20 UmwStG Rn 327; Rödder/Herlinghaus/van Lishaut/*Herlinghaus*, § 20 UmwStG Rn 60; Haritz/Menner/*Menner*, § 20 UmwStG Rn 241.

208 Zum Strukturwandel auch Haritz/Menner/*Menner*, § 20 UmwStG Rn 241.

209 BMF v. 11.11.2011, BStBl I, 1314 Rn 20.19 iVm 03.17; vgl Dötsch/Pung/Möhlenbrock/*Patt*, § 20 UmwStG Rn 225. aA Widmann/Mayer/*Widmann*, § 20 UmwStG Rn 540; Frotscher/Maas/*Mutscher*, § 20 UmwStG Rn 203.

210 Vgl Haritz/Menner/*Menner*, § 20 UmwStG Rn 240 mwN.

211 Vgl BMF v. 11.11.2011, BStBl I, 1314 Rn 20.19 mit Verweis auf Rn Org.33 und Org.34. Gem. BMF v. 11.11.2011, BStBl I, 1314 Rn S. 06 gilt eine Übergangsregelung: Wurde die Umwandlung bis zum 31.12.2011 beschlossen, gilt abweichend davon die Besteuerung mit Körperschaftsteuer bei der Umwandlung auf eine unbeschränkt steuerpflichtige, nicht nach § 5 KStG steuerbefreite Organgesellschaft als sichergestellt, unabhängig davon, ob das dem Organträger zugerechnete Organeinkommen der Einkommensteuer oder Körperschaftsteuer unterliegt.

triebsvermögen mit Null anzusetzen ist.[212] Das Bewertungswahlrecht wird insoweit auf einen Zwischenwertansatz reduziert.

155 Abzustellen ist auf die **Werte in der Steuerbilanz.**[213] Der Zwischenwertansatz kann vermieden werden, wenn vor der Einbringung das negative Kapital entweder durch Einlage ausgeglichen wird oder betriebliche Schulden (die keine wesentlichen Betriebsgrundlagen bzw einem Teilbetrieb nach wirtschaftlichen Grundsätzen zuordenbar sind) zurückbehalten werden.[214] Wirtschaftsgüter, die im Zuge der Einbringung steuerverstrickt werden, sind bei der Berechnung des negativen Kapitals mit ihrem gemeinen Wert gem. § 8 Abs. 1 KStG, § 4 Abs. 1 S. 7 und § 6 Abs. 1 Nr. 5 a EStG zu berücksichtigen.[215]

156 Erfolgen mehrere Sacheinlagen in einem einheitlichen Zusammenhang, muss für jede Sacheinlage gesondert geprüft werden, ob die Passivposten die Aktivposten übersteigen.

157 cc) **Keine Beschränkung oder Ausschluss des deutschen Besteuerungsrechts an dem eingebrachten Betriebsvermögen (§ 20 Abs. 2 S. 2 Nr. 3).** Ein Wertansatz des eingebrachten Vermögens unterhalb des gemeinen Werts ist ferner nicht zulässig, soweit das **Recht der Bundesrepublik Deutschland** hinsichtlich der Besteuerung des Gewinns aus der Veräußerung des eingebrachten Betriebsvermögens bei der übernehmenden Gesellschaft **ausgeschlossen oder beschränkt** wird (§ 20 Abs. 2 S. 2 Nr. 3). Voraussetzung hierbei ist, dass vor der Einbringung ein deutsches Besteuerungsrecht bestanden hat.[216] Entscheidend in diesem Zusammenhang ist das Besteuerungsrecht hinsichtlich des Veräußerungsgewinns der übergehenden Wirtschaftsgüter nach den Verhältnissen beim übernehmenden Rechtsträger zum Einbringungsstichtag; unerheblich ist in diesem Kontext insb., wem das Besteuerungsrecht von Erträgen aus der Nutzung der Wirtschaftsgüter oder hinsichtlich der erhaltenen Anteile zusteht.[217] Alleine der Ausschluss oder die Beschränkung des Besteuerungsrechts für Zwecke der Gewerbesteuer stellt keine Beschränkung iSd § 20 Abs. 2 S. Nr. 3 dar.[218]

158 Zu einer Beschränkung oder einem Verlust des deutschen Besteuerungsrechts kann es bei **grenzüberschreitenden Einbringungsvorgängen von In- und Auslandsvermögen** kommen. Das deutsche Besteuerungsrecht ist ausgeschlossen, wenn nach der Einbringung überhaupt kein deutsches Besteuerungsrecht bezogen auf das eingebrachte Betriebsvermögen mehr besteht. Das kann der Fall sein, wenn vor der Einbringung ein volles Besteuerungsrecht oder ein Besteuerungsrecht mit Anrechnungsverpflichtung bestand, welches durch die Einbringung nach nationalem deutschem Steuerrecht oder aufgrund von Doppelbesteuerungsabkommen mit deutscher Freistellungsverpflichtung insgesamt entfällt.[219] Dies betrifft insb. Einbringungsvorgänge von inländischem Betriebsvermögen in ausländische Kapitalgesellschaften, bei denen nach Einbringung entweder keine Betriebsstätte im Inland verbleibt oder die eingebrachten Wirtschaftsgüter nicht einer inländischen Betriebsstätte zuzuordnen sind.[220]

159 Eine Beschränkung des deutschen Besteuerungsrechts hinsichtlich des eingebrachten Vermögens bei der übernehmenden Gesellschaft liegt hingegen vor, wenn es nach der Einbringung zu einer **teilweisen materiellen Einschränkung** des Besteuerungsrechts der Bundesrepublik Deutschland kommt.[221] Dies betrifft Einbringungsvorgänge, bei denen das Besteuerungsrecht

212 Vgl Dötsch/Pung/Möhlenbrock/*Patt* § 20 UmwStG Anm. 216; Rödder/Herlinghaus/van Lishaut/*Herlinghaus*, § 20 UmwStG Rn 162.
213 Vgl Dötsch/Pung/Möhlenbrock/*Patt*, § 20 UmwStG Rn 216.
214 Vgl Dötsch/Pung/Möhlenbrock/*Patt*, § 20 UmwStG Rn 216.
215 Vgl Haritz/Menner/*Menner*, § 20 UmwStG Rn 250 mwN; aA Dötsch/Pung/Möhlenbrock/*Patt*, § 20 UmwStG Rn 216, 228.
216 Vgl Schmitt/Hörtnagl/Stratz/*Schmitt*, § 20 UmwStG Rn 342; Frotscher/Maas/*Mutscher*, § 20 UmwStG Rn 235.
217 Vgl Schmitt/Hörtnagl/Stratz/*Schmitt*, § 20 UmwStG Rn 341.
218 BMF v. 11.11.2011, BStBl I, 1314 Rn 20.19 iVm 03.18.
219 Vgl Rödder/Herlinghaus/van Lishaut/*Herlinghaus*, § 20 UmwStG Rn 166; Dötsch/Pung/Möhlenbrock/*Patt*, § 20 UmwStG Rn 227; Schmitt/Hörtnagl/Stratz/*Schmitt*, § 20 UmwStG Rn 344.
220 Vgl Dötsch/Pung/Möhlenbrock/*Patt*, § 20 UmwStG Rn 226.
221 Vgl Rödder/Herlinghaus/van Lishaut/*Herlinghaus*, § 20 UmwStG Rn 166.

der Bundesrepublik Deutschland nach der Einbringung weiterbesteht, jedoch beispielsweise eine ausländische Steuer auf die deutsche Steuer anzurechnen ist.[222] Ferner kann eine Beschränkung des deutschen Besteuerungsrechts vorliegen, wenn die inländische Besteuerung nach Einbringung nur noch über die Hinzurechungsbesteuerung nach Außensteuergesetz möglich ist.[223] Keine Beschränkung des deutschen Besteuerungsrechts liegt jedoch vor, wenn im Falle der Anrechnungsmethode die Möglichkeit der Anwendung des Progressionsvorbehalts entfällt oder bei Einbringung von Betriebsvermögen durch eine natürliche Person Anteile an Kapitalgesellschaften mit eingebracht werden, deren Verkauf später nicht nach § 3 Nr. 40 EStG begünstigt, sondern nach § 8 b Abs. 2 KStG steuerfrei ist.[224]

Nach dem Gesetzeswortlaut („soweit") gilt die Einschränkung des nur für den Teil des eingebrachten Betriebsvermögens, für den ein Ausschluss oder eine Beschränkung des Besteuerungsrechts vorliegt.[225] 160

e) **Einschränkung des Bewertungswahlrechts bei der Gewährung von sonstigen Gegenleistungen.** Erhält der Einbringende neben den Gesellschaftsanteilen auch andere Wirtschaftsgüter, deren gemeiner Wert den Buchwert des eingebrachten Betriebsvermögens übersteigt, hat die übernehmende Gesellschaft das eingebrachte Betriebsvermögen mindestens mit dem gemeinen Wert der anderen Wirtschaftsgüter anzusetzen (§ 20 Abs. 2 S. 4). 161

Solche **Zusatzleistungen** sind beispielsweise Barabfindungen, Sachwerte, (ggf erst im Zuge der Einbringung gebildete) Darlehensforderungen oder eigene Anteile der Übernehmerin, nicht jedoch die Übernahme von betrieblichen Verbindlichkeiten, die zur eingebrachten Sachgesamtheit gehören, oder die Bildung einer Kapitalrücklage (§ 272 Abs. 2 Nr. 4 HGB).[226] § 20 Abs. 2 S. 4 differenziert nicht danach, wer die anderen Wirtschaftsgüter gewährt hat. Voraussetzung ist aber, dass es sich um eine neben die neuen Anteile tretende zusätzliche Gegenleistung handelt und damit ein innerer Sachzusammenhang zur Sacheinlage besteht.[227] 162

Die Gewährung von Zusatzleistungen steht aufgrund dieser Regelung einer Anwendung des § 20 unter dessen weiteren Voraussetzungen (insb. Gewährung eines neuen Anteils)[228] nicht entgegen; auch ein Antrag auf Buchwertfortführung ist grundsätzlich möglich. Nur wenn der gemeine Wert der gewährten sonstigen Zusatzleistungen den Buchwert des Sacheinlagegegenstandes übersteigt, ist nach § 20 Abs. 2 S. 4 das Wertansatzwahlrecht eingeschränkt. Es gelten dann die Grundsätze zum Zwischenwertansatz.[229] Übersteigt der gemeine Wert der Zusatzleistung den gemeinen Wert der Sacheinlage, liegt insoweit eine verdeckte Gewinnausschüttung vor.[230] 163

Im Ergebnis können durch diese Regelung dem Einbringenden Zusatzleistungen bzw Liquidität bis zur Höhe des Buchwerts gewährt werden, ohne dass es zu einer steuerlichen Belastung kommt. Die Regelung kann auch dazu genutzt werden, einen wertmäßigen Ausgleich unter mehreren Einbringenden zu ermöglichen, wenn zB nur ein Gesellschafter Sonderbetriebsver- 164

222 Vgl Schmitt/Hörtnagl/Stratz/*Schmitt*, § 20 UmwStG Rn 344; BT-Drucks. 16/2710, 43.
223 Vgl Schmitt/Hörtnagl/Stratz/*Schmitt*, § 20 UmwStG Rn 352.
224 Vgl Schmitt/Hörtnagl/Stratz/*Schmitt*, § 20 UmwStG Rn 342.
225 Vgl Frotscher/Maas/*Mutscher*, § 20 UmwStG Rn 234.
226 Vgl Dötsch/Pung/Möhlenbrock/*Patt*, § 20 UmwStG Rn 187; Widmann/Mayer/*Widmann*, § 20 UmwStG Rn R 580–R 585; Rn 845 ff.
227 Bei Leistungen von Dritten wird teilweise eine Leistung „für Rechnung" der übernehmenden Gesellschaft verlangt (so Schmitt/Hörtnagl/Stratz/*Schmitt*, § 20 UmwStG Rn 360; Rödder/Herlinghaus/van Lishaut/*Herlinghaus*, § 20 UmwStG Rn 182). Dötsch/Pung/Möhlenbrock/*Patt*, § 20 UmwStG Rn 221: lediglich „ursächlicher Zusammenhang" erforderlich.
228 Es ist allerdings nicht erforderlich, dass ein bestimmter Teil der Sacheinlage durch neue Anteile belegt wird, vgl Widmann/Mayer/*Widmann*, § 20 UmwStG Rn R 587.
229 HM vgl zB Widmann/Mayer/*Widmann*, § 20 UmwStG Rn R 591; Schmitt/Hörtnagl/Stratz/*Schmitt*, § 20 UmwStG Rn 344; Dötsch/Pung/Möhlenbrock/*Patt*, § 20 UmwStG Rn 219 mwN.
230 Vgl Schmitt/Hörtnagl/Stratz/*Schmitt*, § 20 UmwStG Rn 353.

mögen einbringt.[231] Aufgrund der ausdrücklichen Regelung durch den Gesetzgeber ist eine Sacheinlage unter Gewährung von Zusatzleistungen nicht rechtsmissbräuchlich.[232]

III. Veräußerungspreis für das eingebrachte Betriebsvermögen und Anschaffungskosten für die erhaltenen Anteile (§ 20 Abs. 3)

165 **1. Grundsatz: Verknüpfung mit dem Wertansatz der aufnehmenden Gesellschaft.** Nach § 20 Abs. 3 S. 1 gilt für den Einbringenden als Veräußerungspreis für das eingebrachte Betriebsvermögen und als Anschaffungskosten der erhaltenen Anteile der Wert, mit dem die übernehmende Gesellschaft das eingebrachte Betriebsvermögen ansetzt. Setzt die übernehmende Gesellschaft daher Buchwerte oder Zwischenwerte an, kommt es zu einer Verdoppelung der stillen Reserven, da diese dann sowohl im übergegangenen Betriebsvermögen als auch in den erhaltenen Anteilen enthalten sind.[233]

166 Diese **Wertverknüpfung** an den tatsächlich bei der übernehmenden Gesellschaft angesetzten Wert ist für den Einbringenden **bindend**; abweichende Vereinbarungen, zB über die Ausübung des Wahlrechts im Einbringungsvertrag, sind unbeachtlich. Sie eröffnen ggf (lediglich) einen zivilrechtlichen Schadensersatzanspruch.[234]

167 Die Wertansätze der übernehmenden Gesellschaft können im Besteuerungsverfahren des Einbringenden grundsätzlich nicht auf ihre Richtigkeit überprüft werden.[235] Dies gilt sowohl hinsichtlich des gewählten Wertansatzes dem Grunde nach, als auch hinsichtlich der konkret ermittelten Werte.[236] Bereits durchgeführte Veranlagungen des Einbringenden können ggf nach § 175 Abs. 1 S. 1 Nr. 2 AO geändert werden.[237] Aufgrund dieser Bindungswirkung steht dem Einbringenden ein **Anfechtungsrecht** gegen den gegenüber der übernehmenden Gesellschaft ergangenen Körperschaftsteuerbescheid zu.[238]

168 Die Wertverknüpfung setzt allerdings voraus, dass der Grundtatbestand des § 20, nämlich die **Sacheinlage** im Sinne des § 20 Abs. 1, gegeben ist. Denn § 20 Abs. 3 ist die Rechtsfolge der Tatbestandsmäßigkeit des § 20 Abs. 1.[239] Nach in der Literatur vertretener Ansicht ist der von der übernehmenden Gesellschaft angesetzte Wert nur insoweit maßgeblich, als er sich überhaupt innerhalb der gesetzlichen Bewertungsgrenzen bewegt.[240] *Patt* will – wohl weitergehend – die Werteverknüpfung nicht anwenden, wenn beispielsweise bei der Gesellschaft Buchwerte angesetzt sind und ein wirksamer Antrag auf Minderbewertung nicht vorliegt bzw aufgrund von § 20 Abs. 2 Nr. 1–3 eingeschränkt ist.[241] Diese Ansicht läuft uE auf eine weitgehende Überprüfbarkeit der Wertansätze der übernehmenden Gesellschaft im Besteuerungsverfahren des Einbringenden hinaus, die der Ansicht des BFH entgegensteht, der eine Überprüfung auf Ebene des Einbringenden überhaupt nur für den Ausnahmefall einer offenkundigen und willkürlichen Bewertung über dem Teilwert diskutiert.

169 Bei der Einbringung durch eine **Mitunternehmerschaft** oder bei Einbringung von Mitunternehmeranteilen sind die Ansätze in Ergänzungs- oder Sonderbilanzen erhöhend oder vermindernd zu berücksichtigen.[242]

231 Vgl Dötsch/Pung/Möhlenbrock/*Patt*, § 20 UmwStG Rn 219.
232 Vgl Dötsch/Pung/Möhlenbrock/*Patt*, § 20 UmwStG Rn 219 a.
233 Vgl Rödder/Herlinghaus/van Lishaut/*Herlinghaus*, § 20 UmwStG Rn 186.
234 Vgl zB Widmann/Mayer/*Widmann* Rn R 404 mwN.
235 Vgl BFH BStBl II 2008, 536.
236 Vgl FinMin Mecklenburg-Vorpommern, Erlass vom 1.11.2012, DStR 2013, 973 unter I.
237 Vgl BMF v. 11.11.2011, BStBl I, 1314 Rn 20.23.
238 Vgl BFH BStBl II 2012, 421. Zur Anwendung dieses Urteils in Abhängigkeit vom Verfahrensstand beim Einbringenden und der übernehmenden Gesellschaft, vgl FinMin Mecklenburg-Vorpommern, Erlass vom 1.11.2012, DStR 2013, 973.
239 Vgl Dötsch/Pung/Möhlenbrock/*Patt*, § 20 UmwStG Rn 250.
240 Vgl Dötsch/Pung/Möhlenbrock/*Patt*, § 20 UmwStG Rn 250; Schmitt/Hörtnagl/Stratz/*Schmitt*, § 20 UmwStG Rn 372; Rödder/Herlinghaus/van Lishaut/*Herlinghaus*, § 20 UmwStG Rn 188. Offengelassen in BFH BStBl II 2008, 536 unter II.3.b.cc. und in BFH BStBl II 2011, 815 unter II. 2.d.cc.
241 Vgl Dötsch/Pung/Möhlenbrock/*Patt*, § 20 UmwStG Rn 250.
242 Vgl Schmitt/Hörtnagl/Stratz/*Schmitt*, § 20 UmwStG Rn 373.

Im Einzelfall sind die **Anschaffungskosten** für die erhaltenen Anteile zu modifizieren. Werden beispielsweise andere Gegenleistungen neben den Anteilen gewährt, ist der gemeine Wert der anderen Wirtschaftsgüter bei der Ermittlung der Anschaffungskosten abzusetzen.[243] Anschaffungskostenerhöhend wirken sich geleistete Aufgelder oder Ausgleichszahlungen aus sowie Kosten, die eigentlich die übernehmende Gesellschaft zu tragen hätte, soweit sie vom Einbringenden übernommen wurden.[244] Die Anschaffungskosten sind auch zu modifizieren, soweit nach Maßgabe des § 20 Abs. 5 S. 3 der Einbringende im Rückbeziehungszeitraum Einlagen oder Entnahmen tätigt.[245] 170

2. Anschaffungskosten bei Betriebsvermögen ohne deutsches Besteuerungsrecht. § 20 Abs. 3 S. 2 regelt die Ermittlung der Anschaffungskosten für solche Wirtschaftsgüter, für die vor der Einbringung **kein deutsches Besteuerungsrecht** bestand, und für die ein solches auch durch die Einbringung nicht begründet wird. Für solches Vermögen gilt insoweit der gemeine Wert des Betriebsvermögens im Zeitpunkt der Einbringung als Anschaffungskosten der Anteile. Der Ansatz auf Ebene der Übernehmerin ist nicht betroffen. Durch diese Regelung soll verhindert werden, dass die in den eingebrachten Wirtschaftsgütern ruhenden stillen Reserven, die ausschließlich im Ausland zu besteuern sind, auf die im Inland ggf steuerpflichtige Beteiligung überspringen.[246] 171

Ein Anwendungsfall ist insb. das Vermögen einer ausländischen Betriebsstätte, auf das nach dem einschlägigen DBA die **Freistellungsmethode** Anwendung findet. Diese Regelung macht Sinn, wenn man davon ausgeht, dass wegen der Einheitlichkeit der Wahlrechtsausübung bei einem Einbringungsgegenstand, der sowohl steuerfreies als auch steuerpflichtig verhaftetes Vermögen umfasst, für das steuerfreie Vermögen der gemeine Wert nicht angesetzt werden kann.[247] 172

3. Anschaffungskosten bei Gewährung einer sonstigen Gegenleistung. Werden neben den Gesellschaftsanteilen auch andere Wirtschaftsgüter gewährt, ist deren gemeiner Wert bei den Anschaffungskosten der Gesellschaftsanteile abzusetzen (§ 20 Abs. 3 S. 3). 173

Diese Bestimmung steht in Zusammenhang mit § 20 Abs. 2 S. 4. Danach ist die Sacheinlage bei Gewährung zusätzlicher Leistungen mindestens mit dem gemeinen Wert dieser zusätzlichen Leistung anzusetzen. Durch diese Regelung wird sichergestellt, dass sich die stillen Reserven im eingebrachten Betriebsvermögen wirtschaftlich ausschließlich in den erhaltenen Anteilen fortsetzen.[248] 174

4. Einbringungsgeborene Anteile. Umfasst das eingebrachte Betriebsvermögen auch einbringungsgeborene Anteile im Sinne von § 21 Abs. 1 aF, gelten die erhaltenen Anteile insoweit auch als einbringungsgeboren in diesem Sinne (§ 20 Abs. 3 S. 4). Durch § 20 Abs. 3 S. 4 soll sichergestellt werden, dass bei einer späteren Veräußerung der als Gegenleistung für die Übertragung von Anteilen im Sinne von § 21 aF erhaltenen Anteile insoweit auch § 8 b Abs. 4 KStG aF bzw § 3 Nr. 40 S. 3 und S. 4 EStG aF zur Anwendung kommen und die dort geregelten Sperrfristen nicht unterlaufen werden können.[249] Werden die einbringungsgeborenen Anteile zum gemeinen Wert eingebracht, werden deshalb auch die erhaltenen Anteile nicht nach § 20 Abs. 3 S. 4 verstrickt.[250] Sind einbringungsgeborene Anteile Teil einer einheitlichen Sacheinlage, gelten die erhaltenen Anteile nur insoweit als einbringungsgeborene Anteile alten Rechts im Sinne des § 21 aF. Die Aufteilung der erhaltenen Anteile in einbringungsgeborene Anteile alten Rechts 175

243 Vgl § 20 Abs. 3 S. 3 UmwStG, s. Rn. 173–174.
244 Vgl Dötsch/Pung/Möhlenbrock/*Patt*, § 20 UmwStG Rn 298.
245 Vgl Dötsch/Pung/Möhlenbrock/*Patt*, § 20 UmwStG Rn 299.
246 Vgl Rödder/Herlinghaus/van Lishaut/*Herlinghaus*, § 20 UmwStG Rn 195.
247 Vgl Rödder/Herlinghaus/van Lishaut/*Herlinghaus*, § 20 UmwStG Rn 195.
248 Vgl Haritz/Menner/*Menner*, § 20 UmwStG Rn 518 mit Beispiel.
249 Vgl Schmitt/Hörtnagl/Stratz/*Schmitt*, § 20 UmwStG Rn 397; Dötsch/Pung/Möhlenbrock/*Patt*, § 20 UmwStG Rn 146.
250 Vgl Schmitt/Hörtnagl/Stratz/*Schmitt*, § 20 UmwStG Rn 397.

und übrige erhaltene Anteile erfolgt im Verhältnis der stillen Reserven in den einbringungsgeborenen Anteilen sowie den stillen Reserven im übrigen eingebrachten Vermögen.[251]

IV. Einbringungsergebnis und Anwendung von §§ 16 Abs. 4, 34 Abs. 1, 3 EStG (§ 20 Abs. 4)

176 **1. Ermittlung des Einbringungsergebnisses.** Eine Sacheinlage nach § 20 ist aus steuerlicher Sicht ein **tauschähnlicher** und damit ein **Veräußerungsvorgang.**[252] Für die Ermittlung des Einbringungsgewinns und dessen Besteuerung gelten somit die allgemeinen Grundsätze, soweit § 20 nichts Abweichendes bestimmt.[253] Diese Besonderheiten finden sich in

- § 20 Abs. 3 S. 1: Verknüpfung des Veräußerungspreises mit dem Wert, den die übernehmende Gesellschaft für das eingebrachte Betriebsvermögen ansetzt (s. Rn 165).
- § 20 Abs. 4: Anwendung der Regelungen zum Freibetrag (§ 16 Abs. 4 EStG) und zur Tarifermäßigung (§ 34 Abs. 1 und 3 EStG).
- § 20 Abs. 5 und 6: Zeitpunkt für das Entstehen des Einbringungsergebnisses (steuerlicher Übertragungsstichtag), s. Rn 188.

177 Das Einbringungsergebnis ermittelt sich damit wie folgt:

Veräußerungspreis gemäß § 20 Abs. 3 S. 1	
./.	(vom Einbringenden getragene) Einbringungskosten
./.	Buchwert der eingebrachten Wirtschaftsgüter
./.	Freibetrag nach § 16 Abs. 4 EStG
=	Einbringungsergebnis

178 Als **Veräußerungspreis** gilt – abweichend von der allgemeinen Regelung des § 16 EStG – gem. § 20 Abs. 3 S. 1 zwingend der Wert, den die übernehmende Gesellschaft für das eingebrachte Betriebsvermögen ansetzt. Auf die Ausführungen zu § 20 Abs. 3 S. 1 wird verwiesen (s. Rn 165).

179 **Einbringungskosten** des Einbringenden sind solche Aufwendungen, die durch die Einbringung ursächlich entstehen und nach dem objektiven Veranlassungsprinzip dem Einbringenden zugeordnet werden können.[254] Diese Einbringungskosten mindern gemäß § 16 Abs. 2 EStG den Einbringungsgewinn. Beispiele hierfür sind Kosten der Rechts- und Steuerberatung für den Einbringenden, die Kosten der Bilanz- und Vertragserstellung, Kosten, die mit den zu fassenden Beschlüssen und ihren Eintragungen zusammenhängen und die durch den Einbringungsvorgang ausgelöste Gewerbesteuer (für Zeiträume, auf die das Betriebsausgabenabzugsverbot des § 4 Abs. 5 b EStG keine Anwendung findet).[255]

180 Weiterhin ist das **Einbringungsergebnis** um den steuerlichen Buchwert des eingebrachten Betriebsvermögens am steuerlichen Übertragungsstichtag zu mindern. Dabei ist das Einbringungsergebnis vom laufenden Ergebnis des Einbringenden abzugrenzen.[256] Sind zum steuerlichen Übertragungsstichtag die Bewertungsansätze der Wirtschaftsgüter zu verändern, weil beispielsweise Teilwertabschreibungen oder Wertaufholungen vorzunehmen sind, erhöht oder vermindert sich der laufende Gewinn des Einbringenden; Auswirkungen auf einen Einbringungsgewinn oder -verlust ergeben sich dadurch nicht.[257] Wertansätze in einer Ergänzungs- oder

251 Dötsch/Pung/Möhlenbrock/*Patt*, § 20 UmwStG Rn 147.
252 Vgl BFH BStBl II 2004, 686; BMF v. 11.11.2011, BStBl I, 1314 Rn 20.01.
253 Vgl Dötsch/Pung/Möhlenbrock/*Patt*, § 20 UmwStG Rn 245; Rödder/Herlinghaus/van Lishaut/*Herlinghaus*, § 20 UmwStG Rn 202.
254 Vgl Dötsch/Pung/Möhlenbrock/*Patt*, § 20 UmwStG Rn 252.
255 Vgl Dötsch/Pung/Möhlenbrock/*Patt*, § 20 UmwStG Rn 253; Rödder/Herlinghaus/van Lishaut/*Herlinghaus*, § 20 UmwStG Rn 204.
256 Vgl Schmitt/Hörtnagl/Stratz/*Schmitt*, § 20 UmwStG Rn 403.
257 Vgl Schmitt/Hörtnagl/Stratz/*Schmitt*, § 20 UmwStG Rn 413.

Sonderbilanz für das eingebrachte Betriebsvermögen einer Mitunternehmerschaft bzw eines Mitunternehmeranteils sind zu berücksichtigen.[258] Hat der Einbringende seinen Gewinn nach § 4 Abs. 3 EStG ermittelt, muss die Gewinnermittlung zum steuerlichen Übertragungsstichtag auf den Betriebsvermögensvergleich umgestellt werden.[259] Der Übergangsgewinn ist laufender Gewinn des Einbringenden. Eine Verteilung des Übergangsgewinns aus Billigkeitsgründen auf das Jahr des Übergangs und die beiden folgenden Jahre ist nicht möglich, weil die Sacheinlage dem Grunde nach eine Betriebsveräußerung nach § 16 EStG darstellt.[260]

Nicht zum Einbringungsergebnis gehört ein sogenannter Konfusionsgewinn aus der Vereinigung von gegenseitigen Forderungen und Verbindlichkeiten des Einbringenden und der übernehmenden Kapitalgesellschaft; dieser entsteht erst bei der übernehmenden Kapitalgesellschaft.[261] 181

2. Besteuerung des Einbringungsergebnisses. Für die Frage, in welchem Umfang das Einbringungsergebnis steuerpflichtig ist, gelten insoweit die allgemeinen Vorschriften. Sind beispielsweise im eingebrachten Betrieb, Teilbetrieb oder Mitunternehmeranteil Anteile an einer **Kapitalgesellschaft** enthalten, kommen die Regelungen des § 3 Nr. 40 EStG (bei einer natürlichen Person als Einbringenden) bzw des § 8 b KStG (bei einer Körperschaft als Einbringenden) zur Anwendung. 182

Ist Gegenstand der Einbringung Betriebsvermögen eines im Inland betriebenen **Gewerbebetriebs**, ist eine Gewerbesteuerpflicht des Einbringungsgewinns nach den allgemeinen gewerbesteuerlichen Grundsätzen zu Veräußerungs- und Aufgabegewinnen zu beurteilen.[262] Hierbei ist nach dem einbringenden Rechtsträger und dem Einbringungsgegenstand zu differenzieren: 183

- Ist Einbringender eine natürliche Person unterliegt die Einbringung eines Betriebs, Teilbetriebs oder ganzen Mitunternehmeranteils aufgrund des Objektcharakters der Gewerbesteuer, nachdem lediglich laufende Gewinne besteuert werden, grundsätzlich nicht der Gewerbesteuer.[263] Bei Einbringung eines Teils eines Mitunternehmeranteils (s. R 7.1 Abs. 3 S. 6 GewStR) sowie in weiteren Einzelfällen (zB Einbringung eines verschmelzungsgeborenen (Teil-)Betriebs oder Mitunternehmeranteils gem. § 18 Abs. 3 zu einem über dem Buchwert liegenden Wert; Einbringung von doppelstöckigen Personengesellschaften bzgl der stillen Reserven der Unter-Personengesellschaft) unterliegt der Einbringungsgewinn als laufender Gewinn jedoch der Gewerbesteuer.[264]
- Ist Einbringender eine Körperschaft iSd § 2 Abs. 2 S. 1 GewStG unterliegt der Gewinn aus der Einbringung eines Betriebs, Teilbetriebs oder Mitunternehmeranteils der Gewerbesteuer.[265]
- Ist Einbringender eine Mitunternehmerschaft resultiert eine Gewerbesteuerpflicht des Gewinns aus der Einbringung eines (Teil-)Betriebs, soweit er nicht auf eine natürliche Person als unmittelbar beteiligter Mitunternehmer entfällt (§ 7 S. 2 GewStG). Der Einbringungsgewinn aus der Einbringung eines Mitunternehmer(teil-)anteils unterliegt unabhängig von den Mitunternehmern der Ober-Personengesellschaft der Gewerbesteuer.[266] Ist der Einbrin-

258 Vgl Schmitt/Hörtnagl/Stratz/*Schmitt*, § 20 UmwStG Rn 406.
259 Vgl BFH BStBl II 2002, 287 (zur Einbringung in eine Personengesellschaft), Dötsch/Pung/Möhlenbrock/*Patt*, § 20 UmwStG Rn 241.
260 Vgl Dötsch/Pung/Möhlenbrock/*Patt*, § 20 UmwStG Rn 241; R 4.6 Abs. 1 S. 4 f EStR.
261 Vgl Schmitt/Hörtnagl/Stratz/*Schmitt*, § 20 UmwStG Rn 402.
262 Vgl H 7.1 Abs. 1 „Einbringungsgewinn" GewStR.
263 Vgl Dötsch/Pung/Möhlenbrock/*Patt*, § 20 UmwStG Rn 284; Widmann/Mayer/*Widmann*, § 20 UmwStG Rn R1078; Schmitt/Hörtnagl/Stratz/*Schmitt*, § 20 UmwStG Rn 433; Haritz/Menner/*Menner*, § 20 UmwStG Rn 489.
264 Vgl Widmann/Mayer/*Widmann*, § 20 UmwStG Rn R1085; Haritz/Menner/*Menner*, § 20 UmwStG Rn 490; Blümich/*Nitzschke*, § 20 UmwStG Rn 105; Dötsch/Pung/Möhlenbrock/*Patt*, § 20 UmwStG Rn 285.
265 Vgl Dötsch/Pung/Möhlenbrock/*Patt*, § 20 UmwStG Rn 286; Widmann/Mayer/*Widmann*, § 20 UmwStG Rn R1085; Schmitt/Hörtnagl/Stratz/*Schmitt*, § 20 UmwStG Rn 435; Haritz/Menner/*Menner*, § 20 UmwStG Rn 492.
266 Vgl Dötsch/Pung/Möhlenbrock/*Patt*, § 20 UmwStG Rn 291; Schmitt/Hörtnagl/Stratz/*Schmitt*, § 20 UmwStG Rn 437.

gungsgewinn gem. § 3 Nr. 40 EStG oder § 8 b KStG (teilweise) steuerfrei, ist diese Steuerbefreiung über § 7 S. 4 GewStG auch für Zwecke der Gewerbesteuer anwendbar.[267]

184 **3. Anwendung von § 16 Abs. 4 EStG.** Auf einen bei einer Sacheinlage entstehenden **Veräußerungsgewinn** ist § 16 Abs. 4 EStG nur anzuwenden, wenn der Einbringende eine natürliche Person ist, es sich nicht um die Einbringung von Teilen eines Mitunternehmeranteils handelt und die übernehmende Gesellschaft das eingebrachte Betriebsvermögen mit dem gemeinen Wert ansetzt (§ 16 Abs. 4 S. 1 EStG). Der **Freibetrag** ist auch auf den steuerpflichtigen Teil der Gewinne anzuwenden, soweit diese dem Teileinkünfteverfahren unterliegen.[268] Gehören zur eingebrachten Sacheinlage auch Anteile an einer Körperschaft, kann der Freibetrag gemäß § 16 Abs. 4 EStG vorrangig dem steuerpflichtigen Gewinn aus der Einbringung der Anteile zugeordnet werden, eine Aufteilung muss nicht erfolgen.[269] Dies ist für den Einbringenden vorteilhaft, weil für den Gewinn aus der Einbringung der Anteile an der Körperschaft die Tarifermäßigung nicht in Anspruch genommen werden kann.

185 Voraussetzung für die Gewährung des Freibetrags gemäß § 16 Abs. 4 EStG ist u.a., dass der Steuerpflichtige das **55. Lebensjahr** vollendet hat. Für eine rückbezogene Einbringung ist zu beachten, dass die Altersvoraussetzung wohl bereits zum Zeitpunkt des steuerlichen Übertragungsstichtags erfüllt sein müsste.[270]

186 **4. Anwendung von § 34 Abs. 1, 3 EStG.** Gemäß § 20 Abs. 4 S. 2 iVm Abs. 4 S. 1 ist die Tarifermäßigung nach § 34 Abs. 1 und 3 EStG nur dann anzuwenden, wenn der Einbringende eine natürliche Person ist, es sich nicht um die Einbringung von Teilen eines Mitunternehmeranteils handelt, die übernehmende Gesellschaft das eingebrachte Betriebsvermögen mit dem gemeinen Wert ansetzt und der Veräußerungsgewinn nicht nach § 3 Nr. 40 S. 1 EStG iVm § 3 c Abs. 2 EStG teilweise steuerbefreit ist.

187 Die Anwendung der Tarifermäßigung kommt auch nicht in Betracht, wenn für einen Teil des Einbringungsgewinns eine steuerfreie § 6 b EStG Rücklage gebildet worden ist.[271]

V. Zeitpunkt der Sacheinlage und steuerliche Rückwirkung (§ 20 Abs. 5, 6)

188 Für Sacheinlagen iSd § 20 beinhalten § 20 Abs. 5 und 6 die gesetzlichen Regelungen zum steuerlichen Übertragungsstichtag (Einbringungszeitpunkt) und zur steuerlichen Rückwirkung. Diese Regelungen gehen § 2 als die spezielleren Normen vor.[272]

189 Mit Ablauf des steuerlichen Übertragungsstichtages endet die steuerliche Zurechnung des eingebrachten Vermögens zum Einbringenden und beginnt die Zurechnung zur übernehmenden Gesellschaft.[273]

190 **1. Grundsatz: Übergang des eingebrachten Vermögens im Zeitpunkt des Übergangs des wirtschaftlichen Eigentums.** Der **Einbringungszeitpunkt** ist grundsätzlich der Zeitpunkt, an dem das wirtschaftliche Eigentum an dem eingebrachten Vermögen auf die übernehmende Gesellschaft übergeht.[274]

191 Im Falle der **Einzelrechtsnachfolge** ist dies regelmäßig der im Einbringungsvertrag bestimmte Zeitpunkt des Übergangs von Besitz, Nutzen und Lasten an den Wirtschaftsgütern der betrieblichen Sachgesamtheit. Ein Einbringungsvorgang nach § 20 hat nur einen einzigen Einbrin-

267 Vgl Schmitt/Hörtnagl/Stratz/*Schmitt*, § 20 UmwStG Rn 434 f, 438; Widmann/Mayer/*Widmann*, § 20 UmwStG Rn R1095 f.
268 Vgl R 16 Abs. 13 S. 10 EStR.
269 Vgl BFH BStBl II 2010, 1011. Anders noch BMF vom 20.12.2005, BStBl I 2006, 7.
270 So zumindest Dötsch/Pung/Möhlenbrock/*Patt*, § 20 UmwStG Rn 282. Zum Veräußerungszeitpunkt und Maßgeblichkeit des Entstehens des Veräußerungsgewinns für die Altersvoraussetzung vgl BFH BStBl II 2008, 193.
271 Vgl Dötsch/Pung/Möhlenbrock/*Patt*, § 20 UmwStG Rn 262.
272 Vgl Widmann/Mayer/*Widmann*, § 20 UmwStG Rn R 238.
273 Vgl Dötsch/Pung/Möhlenbrock/*Pattt*, § 20 UmwStG Rn 301.
274 Vgl BMF v. 11.11.2011, BStBl I, 1314 Rn 20.13.

gungszeitpunkt.[275] Daran ändert nichts, dass die (dingliche) Übertragung der Wirtschaftsgüter möglicherweise zu unterschiedlichen Zeitpunkten stattfindet[276] (zB Abtretung des Personengesellschaftsanteils und Übertragung von Sonderbetriebsvermögen bei der Einbringung eines Mitunternehmeranteils, Übertragung der einzelnen Wirtschaftsgüter bei der Einbringung eines Teilbetriebs). Um in den Anwendungsbereich des § 20 zu gelangen, ist ein sachlicher und zeitlicher Zusammenhang zwischen den Übertragungsvorgängen erforderlich, so dass in einem solchen Fall nur ein Einbringungszeitpunkt gegeben ist.

In Fällen der **Gesamtrechtsnachfolge** geht das wirtschaftliche Eigentum spätestens im Zeitpunkt der Eintragung in das Register über.[277] **192**

2. Rückbeziehung des Einbringungsvorgangs. a) Antrag. Gemäß § 20 Abs. 5 S. 1 darf auf Antrag der steuerliche Übertragungsstichtag um bis zu acht Monate zurückbezogen werden. **193**

Der Antrag ist von der **übernehmenden Gesellschaft** zu stellen.[278] Zuständig ist das für die Veranlagung des übernehmenden Rechtsträgers zuständige Finanzamt.[279] **194**

Der Antrag ist an keine Form gebunden. Es genügt auch **konkludentes Handeln**, zB durch Abbildung in der Bilanz und den Steuererklärungen.[280] Die Finanzverwaltung verlangt, dass sich bereits aus der Bilanz oder der Steuererklärung für das Jahr, in dem die Einbringung durchgeführt wurde, eindeutig ergibt, welchen Einbringungszeitpunkt die übernehmende Gesellschaft gewählt hat.[281] Das Gesetz enthält allerdings keine (Ausschluss-)Frist für den Antrag auf Rückbeziehung des steuerlichen Übertragungsstichtages. Daher erscheint es geboten, die Antragstellung bis zur Beendigung der letzten Tatsacheninstanz zuzulassen.[282] **195**

b) Steuerlicher Übertragungsstichtag und Rückbezugszeitraum. Nach § 20 Abs. 6 S. 1 darf bei einer Verschmelzung im Sinne des § 2 UmwG als steuerlicher Übertragungsstichtag der Stichtag angesehen werden, für den die Schlussbilanz der übertragenen Unternehmen aufgestellt ist; dieser Stichtag darf höchstens acht Monate vor der Anmeldung der Verschmelzung zur Eintragung in das Handelsregister liegen. Entsprechendes gilt, wenn Vermögen im Wege der Sacheinlage durch Aufspaltung, Abspaltung oder Ausgliederung nach § 123 UmwG auf die übernehmende Gesellschaft übergeht (§ 20 Abs. 6 S. 2). In sonstigen Fällen, dh insb. in Fällen der Einzelrechtsnachfolge, darf die Einbringung auf einen Tag zurückbezogen werden, der höchstens acht Monate vor dem Tag des Abschlusses des Einbringungsvertrags liegt und höchstens acht Monate vor dem Zeitpunkt liegt, an dem das eingebrachte Vermögen auf die übernehmende Gesellschaft übergeht (§ 20 Abs. 6 S. 3). § 20 Abs. 6 S. 3 ist auch auf Einbringungsvorgänge, die sich nach ausländischen Vorschriften vollziehen, anzuwenden.[283] Dies gilt auch für Verschmelzungen und Spaltungen nach ausländischem Recht, da § 20 Abs. 6 S. 1 und 2 nur Verschmelzungen und Spaltungen im Sinne des UmwG erfassen.[284] **196**

c) Einkünfteermittlung im Rückbezugszeitraum. Liegen die Voraussetzungen für die **Rückbeziehung** des Einbringungsvorgangs vor, sind das Einkommen und das Vermögen des Einbringenden und der übernehmenden Gesellschaft so zu ermitteln, als ob das eingebrachte Betriebsvermögen mit Ablauf des steuerlichen Übertragungsstichtages auf die Übernehmerin überge- **197**

275 Vgl Dötsch/Pung/Möhlenbrock/*Patt*, § 20 UmwStG Rn 301.
276 Vgl dazu auch Schmitt/Hörtnagl/Stratz/*Schmitt*, § 20 UmwStG Rn 235.
277 Vgl BMF v. 11.11.2011, BStBl I, 1314 Rn 20.13. Zur Frage, ob möglicherweise ein früherer Übergang des wirtschaftlichen Eigentums in solchen Fällen möglich ist, Haritz/Menner/*Menner*, § 20 UmwStG Rn 545; zur Bilanzierung nach HGB in solchen Fällen vgl *Kozikowksi/F. Huber* in: Beckscher Bilanzkommentar, § 268 Rn 39.
278 Vgl BMF v. 11.11.2011, BStBl I, 1314 Rn 20.14; Dötsch/Pung/Möhlenbrock/*Patt*, § 20 UmwStG Rn 304; Rödder/Herlinghaus/van Lishaut/*Herlinghaus*, § 20 UmwStG Rn 225.
279 Vgl Widmann/Mayer/*Widmann*, § 20 UmwStG Rn R277; Haritz/Menner/*Menner*, § 20 UmwStG Rn 578.
280 Vgl Schmitt/Hörtnagl/Stratz/*Schmitt* § 20 UmwStG Rn 260 mwN.
281 Vgl BMF v. 11.11.2011, BStBl I, 1314 Rn 20.14.
282 Vgl Haritz/Menner/*Menner*, § 20 UmwStG Rn 579 mwN.
283 Vgl Widmann/Mayer/*Widmann*, § 20 UmwStG Rn R253.
284 Vgl Haritz/Menner/*Menner*, § 20 UmwStG Rn 569; ausführlich dazu Widmann/Mayer/*Widmann*, § 20 UmwStG Rn R253.

gangen wäre (§ 20 Abs. 6 S. 1). Mit dieser Regelung fingiert das Gesetz einen Vermögensübergang zum Ablauf des steuerlichen Übertragungsstichtages.[285]

198 Die steuerliche Rückbeziehung gemäß § 20 Abs. 5 und 6 gilt für die ESt, KSt und GewSt, nicht jedoch für die GrESt, ErbSt und USt sowie die Investitionszulage.[286]

199 Als Folge der Rückbeziehung wird der durch den Einbringenden tatsächlich verwirklichte Sachverhalt im Rückbezugszeitraum der übernehmenden Gesellschaft zugerechnet. Weitergehende Folgen, insb. eine Rückbeziehung von Geschäftsvorfällen auf den steuerlichen Übertragungsstichtag, hat § 20 Abs. 5 S. 1 dagegen nicht.[287]

200 Bei der Einbringung eines Betriebs und eines Anteils an einer **Personengesellschaft** werden deshalb bestehende Vertragsbeziehungen zwischen dem Einbringenden und der Gesellschaft nach **körperschaftsteuerlichen Grundsätzen** beurteilt, dh Aufwendungen sind bei der Kapitalgesellschaft bei Erfüllung der entsprechenden Anforderungen Betriebsausgabe. Beim Gesellschafter liegen nunmehr keine Sonderbetriebseinnahmen vor, sondern die Einnahmen werden unter die jeweilige Einkunftsart subsumiert. Wird ein Vertrag zwischen Gesellschafter und Gesellschaft erst im steuerlichen Rückbezugszeitraum geschlossen, gelten diese Grundsätze ab dem steuerlich wirksamen tatsächlichen Vertragsabschluss.

201 Wird ein **Einzelbetrieb** rückwirkend in eine Kapitalgesellschaft eingebracht, können zivilrechtlich wirksame Verträge im Rückbezugszeitraum nur mit der Vorgesellschaft der Übernehmerin abgeschlossen werden (dh frühestens ab der notariellen Beurkundung der Kapitalerhöhung oder der Sachgründung).[288]

202 Die Rückbeziehung umfasst nicht **Entnahmen** und **Einlagen**, die nach dem steuerlichen Übertragungsstichtag erfolgen (§ 20 Abs. 5 S. 2). Insb. sollen Entnahmen nicht als verdeckte Gewinnausschüttungen aus der steuerlich bereits existenten Kapitalgesellschaft an den Einbringenden beurteilt werden.[289] Entnahmen mindern die Anschaffungskosten der Anteile; im Falle einer Einlage erhöhen sich die Anschaffungskosten um den Wert nach § 6 Abs. 1 Nr. 5 EStG der Einlage (§ 20 Abs. 5 S. 3). Leistungen der Gesellschaft, die über ein angemessenes Entgelt hinausgehen, sind Entnahmen, für die § 20 Abs. 5 S. 3 gilt.

203 Die steuerliche Rückwirkungsfiktion gilt nicht für einen Mitunternehmer, der im Rückwirkungszeitraum aus einer Personengesellschaft ausscheidet. Er erhält keine Anteile an der übernehmenden Gesellschaft und ist somit nicht als Einbringender im Sinne des § 20 anzusehen.[290] Der **ausscheidende Mitunternehmer** hat bei einer entgeltlichen Übertragung neben seinem Gewinnanteil bis zum Zeitpunkt der tatsächlichen Übertragung seines Mitunternehmeranteils einen Gewinn aus der Veräußerung seines Mitunternehmeranteils im Sinne von § 16 EStG zu versteuern. Eine Einbringung im Sinne des § 20 ist für den Erwerber des Mitunternehmeranteils vollumfänglich möglich und kann auch auf einen Zeitpunkt vor dem Anteilserwerb zurückbezogen werden.[291] Bei der Einkünfteermittlung der übernehmenden Gesellschaft ist zu

285 Vgl zB Haritz/Menner/*Menner*, § 20 UmwStG Rn 611. Wird beispielsweise als Einbringungszeitpunkt der 31.12.2001, 24:00 Uhr, gewählt, geht das Vermögen mit Ablauf des 31.12.2001 auf die übernehmende Gesellschaft über. Die Folgen der Einbringung sind damit im VZ 2001 zu ziehen: Eine „Aufnahmebilanz" der übernehmenden Gesellschaft für die eingebrachten Wirtschaftsgüter ist auf den 31.12.2001 zu erstellen. Ein etwaiger Einbringungsgewinn entstünde beim Einbringenden damit noch im VZ 2001 genauso wie ein etwaiger Einbringungsfolgegewinn bei der Übernehmerin. Die Ergebnisse der „laufenden" Geschäftstätigkeit mit dem eingebrachten Vermögen sind der übernehmenden Kapitalgesellschaft für die Zeit nach Ablauf des steuerlichen Übertragungsstichtags zuzurechnen, also ab dem 1.1.2002.

286 Vgl ausführlich Dötsch/Pung/Möhlenbrock/*Patt*, § 20 UmwStG Rn 312 mwN. Auch die bewertungsrechtliche Zurechnung (relevant für die GrSt) der in der Sachanlage enthaltenen Grundstücke ist nach dem rückbezogenen steuerlichen Übertragungsstichtag zu bestimmen, vgl FG Nürnberg vom 12.2.1998, EFG 1998, EFG 1998, 922, rkr.; Verfügung OFD Magdeburg vom 25.11.1998, StEK § 22 BewG Nr. 41.

287 Vgl Dötsch/Pung/Möhlenbrock/*Patt*, § 20 UmwStG Rn 313.

288 Vgl Dötsch/Pung/Möhlenbrock/*Patt*, § 20 UmwStG Rn 316.

289 Vgl Schmitt/Hörtnagl/Stratz/*Schmitt* § 20 UmwStG Rn 246.

290 Vgl BMF v. 11.11.2011, BStBl I, 1314 Rn 20.16.

291 HM, vgl Dötsch/Pung/Möhlenbrock/*Patt*, § 20 UmwStG Rn 328.

beachten, dass Gewinne und Verluste bis zum Erwerbszeitpunkt, soweit sie vom ausscheidenden Mitunternehmer bereits versteuert wurden, zu kürzen sind.[292] Scheidet ein Mitunternehmer unentgeltlich gemäß § 6 Abs. 3 EStG aus der Mitunternehmerschaft aus, sind die Buchwerte fortzuführen. Für die Einbringung gemäß § 20 durch den Erwerber des Anteils gilt das Vorstehende.

Wird Betriebsvermögen mit steuerlicher Rückwirkung in eine Kapitalgesellschaft eingebracht, 204
kann zwischen dem Einbringenden und dem übernehmenden Rechtsträger mit Wirkung ab dem steuerlichen Übertragungsstichtag ein **Organschaftsverhältnis** begründet werden.[293] Voraussetzung ist neben allgemeinen Eingliederungsvoraussetzungen des § 14 KStG, dass das eingebrachte Vermögen dem übertragenden Rechtsträger zum Einbringungszeitpunkt auch steuerlich zuzurechnen war und der Gewinnabführungsvertrag bis zum Ende des betreffenden Wirtschaftsjahres der Organgesellschaft wirksam wird.[294] Ferner müssen die Betriebs- oder Teilbetriebsvoraussetzungen nach Ansicht der Finanzverwaltung bereits am steuerlichen Übertragungsstichtag vorgelegen haben.[295] Die im Zuge einer Einbringung erhaltenen Anteile am übernehmenden Rechtsträger sind dem Einbringenden steuerlich mit Ablauf des steuerlichen Übertragungsstichtags zuzurechnen.[296]

d) **Einschränkung der Rückbeziehung.** Gem. § 20 Abs. 6 S. 4 gelten § 2 Abs. 3 und 4 entspre- 205
chend.

Nach § 20 Abs. 6 S. 4 iVm § 2 Abs. 3 ist die steuerliche Rückbeziehung bei **grenzüberschreiten-** 206
den Sacheinlagen ausnahmsweise ausgeschlossen, soweit durch die Rückbeziehung sogenannte „weiße Einkünfte" entstehen würden. Hierdurch soll verhindert werden, dass bei Einbringung mit Auslandsbezug durch ggf abweichende Rückbezugsregelungen anderer Staaten sich nicht besteuerte Einkünfte ergeben könnten.[297] Anders als im originären Anwendungsbereich des § 2 greift die Rückbeziehung des § 20 Abs. 5 und 6 nur auf Antrag. Wird der Antrag nicht gestellt, greift die Einschränkung des § 2 Abs. 3 nicht, auch wenn nicht besteuerte Einkünfte entstehen sollten.[298]

Nach § 20 Abs. 6 S. 4 iVm § 2 Abs. 4 S. 1 und 2 soll die steuerliche Verwertung von Verlustvor- 207
trägen oder Zins- und EBITDA-Vorträgen durch eine rückwirkende Einbringung gesperrt werden, wenn ohne den zeitlichen Rückbezug die Verlustnutzung nicht zulässig gewesen wäre.[299] Die Rückbeziehung nach § 20 Abs. 5 und 6 setzt einen Antrag voraus. Ohne Stellung dieses Antrages gelten ausschließlich die allgemeinen Grundsätze.

Über § 20 Abs. 6 S. 4 gelten auch die neu eingeführten Regelungen des § 2 Abs. 4 S. 3 bis 6 für 208
Einbringungen entsprechend. Danach dürfen künftig im Rückbezugszeitraum **positive Einkünfte** des übertragenden Rechtsträgers nicht mehr mit **Verlusten** des übernehmenden Rechtsträgers **verrechnet** werden. Dies gilt grundsätzlich auch, wenn übernehmender Rechtsträger eine Organgesellschaft ist. Die Beschränkung gilt nicht, wenn der übertragende und der übernehmende Rechtsträger vor Ablauf des steuerlichen Übertragungsstichtags verbundene Unternehmen im Sinne von § 271 Abs. 2 HGB sind. § 2 Abs. 4 S. 3 bis 6 wurde durch das sogenannte Amtshilferichtlinien-Umsetzungsgesetz eingeführt und gilt für Einbringungen erstmals, bei denen die Registeranmeldung nach dem 6.6.2013 erfolgt oder – wenn keine Eintragung in ein öf-

292 Vgl Haritz/Menner/*Menner*, § 20 UmwStG Rn 708.
293 Vgl BFH BStBl II 2011, 528; BFH BFH/NV 2011, 67; BMF v. 11.11.2011, BStBl I, 1314, Rn Org.13 S. 2; Dötsch/Pung/Möhlenbrock/*Patt*, § 20 UmwStG Rn 336; Dötsch/Pung/Möhlenbrock/*Dötsch*, UmwStG, Anh. Org. Rn 33.
294 Vgl BMF v. 11.11.2011, BStBl I, 1314 Rn Org.13 S. 3 f; Blümich/*Nitzschke*, § 20 UmwStG Rn 115.
295 Vgl BMF v. 11.11.2011, BStBl I, 1314 Rn 20.14.
296 Vgl BMF v. 11.11.2011, BStBl I, 1314 Rn 20.14, Rn Org. 13 S. 1; Dötsch/Pung/Möhlenbrock/*Dötsch*, UmwStG, Anh. Org. Rn 33.
297 Vgl Dötsch/Pung/Möhlenbrock/*Patt*, § 20 UmwStG Rn 337; *Schaflitzl/Widmayer*, BB 2006, Special 8/06, 36, 38.
298 Vgl *Ettinger/Königer*, GmbHR 2009, 590, 595.
299 Vgl Dötsch/Pung/Möhlenbrock/*Patt*, § 20 UmwStG Rn 338.

fentliches Register erfolgt – das wirtschaftliche Eigentum an den eingebrachten Wirtschaftsgütern nach dem 66.2013 übergegangen ist.[300]

209 § 52 Abs. 47 S. 4 EStG regelt eine **Einschränkung der Rückbeziehung** für die Anwendung des **§ 34 EStG.** Ist Einbringender eine natürliche Person und wird für den in seiner Person entstehenden Einbringungsgewinn die Tarifermäßigung nach § 34 EStG beantragt, so gelten die außerordentlichen Einkünfte im Sinne des § 34 EStG gemäß § 52 Abs. 7 S. 4 EStG als nach dem 31.12. des Vorjahres erzielt, wenn die Einbringung im Folgejahr zivilrechtlich vollzogen, aber auf das Vorjahr steuerlich zurückbezogen wurde. Auf die sachliche Steuerbefreiung der §§ 16 Abs. 4, 17 Abs. 3 EStG hat dies aber keine Auswirkung.[301]

VI. Einbringung einer in einem anderen EU/EWR-Staat gelegenen Betriebsstätte (§ 20 Abs. 7 iVm § 3 Abs. 3)

210 Gemäß § 20 Abs. 7 ist § 3 Abs. 3 entsprechend anzuwenden. § 3 Abs. 3 regelt die Anrechnung einer **fiktiven ausländischen Steuer** bei Verschmelzung einer inländischen Körperschaft mit EU-Anrechnungsbetriebsstätte auf eine Personengesellschaft.

211 Hintergrund von § 20 Abs. 7 ist die Regelung in § 20 Abs. 2 S. 2 Nr. 3. Danach ist zwingend der **gemeine Wert** anzusetzen, soweit durch die Einbringung einer ausländischen Betriebstätte das Recht der Bundesrepublik Deutschland hinsichtlich der Besteuerung des Gewinns aus der Veräußerung der Wirtschaftsgüter dieser Betriebstätte ausgeschlossen oder beschränkt wird. Durch die Anrechnung der fiktiven ausländischen Steuer sollen die Erfordernisse des Art. 10 FusionsRL im deutschen Recht erfüllt werden. Im Ergebnis ist eine Doppelbesteuerung der stillen Reserven in der Betriebstätte im Ansässigkeitsstaat des Stammhauses in Folge der Beschränkung des Besteuerungsrechtes einerseits und im Betriebsstättenstaat andererseits zu vermeiden, wenn im Zeitpunkt der Beschränkung des Besteuerungsrechts eine Realisation der stillen Reserven im Betriebstättenstaat (und damit eine tatsächliche Anrechenbarkeit der ausländischen Steuer) unterbleibt. Die **Nichtbesteuerung** kann darauf beruhen, dass der Staat den Einbringungsvorgang generell als erfolgsneutral betrachtet, oder darauf, dass eine erfolgsneutrale Einbringung ermöglicht und von dieser Möglichkeit Gebrauch gemacht wird.[302]

212 Die Anrechnung der fiktiven Steuer kommt nur in Betracht, soweit die übertragenen Wirtschaftsgüter einer Betriebstätte in einem EU-Mitgliedstaat zuzurechnen sind und Deutschland die Doppelbesteuerung nicht durch Freistellungsmethode vermeidet.[303] Die Vorschrift findet also insb. Anwendung, wenn nach dem einschlägigen Doppelbesteuerungsabkommen die **Anrechnungsmethode** zur Anwendung kommt oder für die **Freistellungsmethode** das DBA eine Aktivitätsklausel enthält und aus der eingebrachten Betriebsstätte passive Einkünfte erzielt werden.[304]

213 Fraglich im Anwendungsbereich des § 20 Abs. 7 ist, ob durch den Verweis auf § 3 Abs. 3 und Art. 10 FusionsRL lediglich auf die in Art. 10 FusionsRL geschilderte besondere Sachverhaltskonstellation abgestellt wird oder ob auch die übrigen persönlichen und sachlichen Anwendungsvoraussetzungen der FusionsRL erfüllt sein müssen. Hieraus ergeben sich folgende Anwendungsfragen:

- Einheitlich wird in der Literatur beurteilt, dass die fiktive Steueranrechnung nicht im Verhältnis zu **EWR-Staaten** anzuwenden ist, die nicht zugleich Mitglieder der EU sind (also Is-

300 § 27 Abs. 12 UmwStG.
301 Vgl Schmitt/Hörtnagl/Stratz/*Schmitt*, § 20 UmwStG Rn 252.
302 Vgl Widmann/Mayer/*Widmann*, § 20 UmwStG Rn R758.
303 Vgl § 20 Abs. 7 UmwStG iVm § 3 Abs. 3 S. 2 UmwStG.
304 Vgl Widmann/Mayer/*Widmann*, § 20 UmwStG Rn R758, BMF v. 11.11.2011, BStBl I, 1314 Rn 20.36 mit Beispiel; zu einer Übersicht der Staaten, in denen diese steuerliche Situation aufgrund der abgeschlossenen DBA möglich ist; vgl Haritz/Menner/*Menner*, § 20 UmwStG Rn 736.

land, Liechtenstein und Norwegen).[305] Nach Ansicht von *Mutscher* verstößt diese Einschränkung gegen die Grundfreiheiten des EWR-Abkommens.[306]

- Für Einbringungen durch **natürliche Personen** oder Personengesellschaften sieht *Mutscher* unter Beachtung der FusionsRL und dem Verweis in § 3 Abs. 3 nur auf § 26 KStG keinen Anwendungsbereich für eine fiktive Steueranrechnung nach § 20 Abs. 7.[307] Die herrschende Meinung geht hingegen davon aus, dass § 3 Abs. 3 entsprechende Anwendung findet und somit im Falle der Einbringung durch natürliche Personen eine Anrechnung nach den §§ 34 c, 34 d EStG erfolgen kann.[308]
- Auch die Einbringung eines **Mitunternehmeranteils** sieht *Mutscher* als nicht von § 20 Abs. 7 begünstigt.[309]

Rechtsfolge des § 20 Abs. 7 ist die Anrechnung der nach ausländischem Recht ermittelten **fiktiven Steuer**. Zur Ermittlung der anzurechnenden ausländischen Steuer ist der gemeine Wert der Betriebstätte dem (Buch-)Wert der Betriebstätte gegenüberzustellen, wie er sich nach den steuerlichen Vorschriften des Belegenheitsstaates zum Einbringungszeitpunkt ergibt. Dieser Einbringungsgewinn ist einer nach dem ausländischen Steuerrecht durchzuführenden Schattenveranlagung zu unterwerfen, um die fiktive ausländische Steuer zu ermitteln.[310] Die Anrechnung ist begrenzt auf die auf den Einbringungsgewinn anfallende deutsche Steuer.[311] Steuerliche Mehrbelastungen einer etwaigen Progressionswirkung werden nicht abgemildert.[312] 214

VII. Einbringung einer in einem anderen EU/EWR-Staat ansässigen transparenten ausländischen Gesellschaft (§ 20 Abs. 8)

§ 20 Abs. 8 setzt die Vorgaben von Art. 10 a FusionsRL (nunmehr Art. 11) um und erfasst den Sonderfall der **Einbringung einer Betriebstätte** durch eine in einem anderen EU-Mitgliedstaat ansässige Gesellschaft, die in Deutschland für steuerliche Zwecke als **transparent** behandelt wird. Wird die Doppelbesteuerung auf Ebene des deutschen Mitunternehmers nach DBA durch Anrechnung der ausländischen Steuer vermieden, würde das Besteuerungsrecht der Bundesrepublik Deutschland an dem ausländischen Betriebsstättenvermögen verloren gehen, wenn die ausländische hybride Gesellschaft die Betriebsstätte in eine Kapitalgesellschaft einbringt. Daher ist für diesen Fall gem. § 20 Abs. 2 S. 2 Nr. 3 insoweit zwingend der gemeine Wert anzusetzen mit der Folge der steuerlichen Erfassung eines Einbringungsgewinns. Der Einbringungsgewinn wird nach den Grundsätzen des deutschen Steuerrechts durch Gegenüberstellung des gemeinen Werts der Betriebstätte und dem Buchwert der Betriebstätte ermittelt.[313] 215

Um auch für den Fall, dass der ausländische Staat den Einbringungsvorgang als **steuerneutral** behandelt, eine Doppelbesteuerung der stillen Reserven im Betriebsvermögen der ausländischen Betriebsstätte zu vermeiden, sieht § 20 Abs. 8 eine Anrechnung der im EU-Betriebsstättenstaat fiktiv zu erhebenden Steuer vor. Die fiktive ausländische Steuer ist im Wege einer Schattenveranlagung nach dem maßgebenden ausländischen Steuerrecht zu ermitteln.[314] 216

Darüber hinaus erfasst § 20 Abs. 8 die Einbringung der Beteiligung an der transparenten Gesellschaft durch den inländischen Anteilseigner in eine ausländische Kapitalgesellschaft. Aus deutscher Sicht liegt insofern eine **Einbringung eines Mitunternehmeranteils** vor, der bei einer 217

305 Vgl Widmann/Mayer/*Widmann*, § 20 UmwStG Rn R757; Haritz/Menner/*Menner*, § 20 UmwStG Rn 731; Frotscher/Maas/*Mutscher*, § 20 UmwStG Rn 372.

306 Vgl Frotscher/Maas/*Mutscher*, § 20 UmwStG Rn 372.

307 Vgl Frotscher/Maas/*Mutscher*, § 20 UmwStG Rn 364.

308 Vgl Schmitt/Hörtnagl/Stratz/*Schmitt*, § 20 UmwStG Rn 440; Blümich/*Nitzschke*, § 20 UmwStG Rn 117; Haritz/Menner/*Menner*, § 20 UmwStG Rn 737; Rödder/Herlinghaus/van Lishaut/*Herlinghaus*, § 20 UmwStG Rn 242.

309 Vgl Frotscher/Maas/*Mutscher*, § 20 UmwStG Rn 364.

310 Vgl Haritz/Menner/*Menner*, § 20 UmwStG Rn 735; Widmann/Mayer/*Widmann*, § 20 UmwStG Rn R758.

311 Vgl Schmitt/Hörtnagl/Stratz/*Schmitt*, § 20 UmwStG Rn 439.

312 Vgl Frotscher/Maas/*Mutscher*, § 20 UmwStG Rn 373.

313 Vgl Haritz/Menner/*Menner*, § 20 UmwStG Rn 746.

314 Vgl Widmann/Mayer/*Widmann*, § 20 UmwStG Rn R769.

Beschränkung des Besteuerungsrechts zur Besteuerung der stillen Reserven führt. Auch in diesem Fall kommt es zur Anrechnung einer fiktiven Steuer.[315]

218 In Bezug auf den Anwendungsbereich der Vorschrift, werden Einbringungsvorgänge unter Beteiligung von nicht zur EU gehörenden Gesellschaften des EWR-Bereichs nicht von § 20 Abs. 8 erfasst.[316] Die praktische Bedeutung der Regelung dürfte jedoch auch im Bereich der EU begrenzt sein, da nach dem gegenwärtigen Stand der DBA mit EU-Staaten lediglich portugiesische und slowakische Gesellschaften als Einbringende unter die Vorschrift fallen dürften.[317]

219 Auch wenn der Zweck der Vorschrift dem des § 20 Abs. 7 ähnlich ist, so ergibt sich zumindest aus der Verweistechnik und dem Wortlaut des Art. 10 a FusionsRL (nunmehr Art. 11) keine Einschränkung des persönlichen Anwendungsbereichs für natürliche Personen.[318] Gemäß § 20 Abs. 8 ist die ausländische Steuer vielmehr auf die auf den Einbringungsgewinn entfallende Körperschaftsteuer oder Einkommensteuer anzurechnen.[319]

VIII. Kein Übergang eines Zins- oder EBITDA-Vortrags (§ 20 Abs. 9)

220 § 20 Abs. 9 regelt, dass ein Zinsvortrag nach § 4 h Abs. 1 S. 5 EStG und ein EBITDA-Vortrag nach § 4 h Abs. 1 S. 3 EStG des eingebrachten Betriebs nicht auf die übernehmende Gesellschaft übergehen.

221 Nach § 4 h EStG sind Zinsaufwendungen eines Betriebs ab dem VZ 2008 nur noch in dem dort bestimmten Umfang als Betriebsausgaben abzugsfähig.[320] Nach dieser Regelung werden **nicht abzugsfähige Zinsaufwendungen** auf folgende Jahre vorgetragen (Zinsvortrag; § 4 h Abs. 1 S. 5 EStG). Unterschreitet der tatsächlich angefallene Zinsaufwand den Betrag, der unter Berücksichtigung der Zinsschranke maximal abzugsfähig wäre, ist der nicht ausgeschöpfte Abzugsbetrag als **EBITDA-Vortrag** vortragsfähig (§ 4 h Abs. 1 S. 3 EStG). Eine betriebs- und personengebundene Betrachtungsweise dieser Vorträge zeigt sich in der Regelung des § 4 h Abs. 5 EStG: Bei Aufgabe oder Übertragung eines Betriebs geht ein nicht verbrauchter Zins- und EBITDA-Vortrag vollständig und bei Ausscheiden eines Mitunternehmers aus einer Gesellschaft quotal unter.

222 Die Regelung des § 20 Abs. 9 betrifft die **steuerliche Sphäre der übernehmenden Gesellschaft** und hätte daher systemgerecht bei § 23 erfolgen müssen.[321] Die Rechtsfolge, dass ein Zins- und EBITDA-Vortrag nicht auf den Übernehmer übergeht, tritt insb. unabhängig davon ein, ob bei der Einbringung der Buchwert, gemeine Wert oder ein Zwischenwert angesetzt wird. Offen lässt die Regelung, wie mit dem Zins- und EBITDA-Vortrag auf Ebene des Einbringenden zu verfahren ist. Für den Fall der Einbringung eines Betriebs im Ganzen soll der Zinsvortrag auch nicht beim Einbringenden verbleiben, sondern unter Rückgriff auf die Regelung des § 4 h Abs. 5 EStG untergehen.[322]

223 Nach dem Wortlaut des § 20 Abs. 9 gehen ein Zinsvortrag und ein EBITDA-Vortrag des „eingebrachten Betriebs“ nicht auf die übernehmende Gesellschaft über. Nicht geklärt ist, ob § 20 Abs. 9 auch bei der Einbringung eines Teilbetriebs oder Mitunternehmeranteils anzuwenden ist. Dazu gilt Folgendes:

315 Vgl Schmitt/Hörtnagl/Stratz/*Schmitt*, § 20 UmwStG Rn 443; Blümich/*Nitzschke*, § 20 UmwStG Rn 118; Frotscher/Maas/*Mutscher*, § 20 UmwStG Rn 390 ff; Dötsch/Pung/Möhlenbrock/*Patt*, § 20 UmwStG Rn 340.

316 Vgl Dötsch/Pung/Möhlenbrock/*Patt*, § 20 UmwStG Rn 340; Frotscher/Maas/*Mutscher*, § 20 UmwStG Rn 379; Haritz/Menner/*Menner*, § 20 UmwStG Rn 742.

317 Vgl Haritz/Menner/*Menner*, § 20 UmwStG Rn 743.

318 Vgl Frotscher/Maas/*Mutscher*, § 20 UmwStG Rn 377.

319 So auch BMF v. 11.11.2011, BStBl I, 1314 Rn 20.37.

320 Zur Frage der Verfassungsmäßigkeit vgl derzeit anhängiges Verfahren BFH I R 2/13 v. 21.5.2013.

321 Vgl Dötsch/Pung/Möhlenbrock/*Patt*, § 20 UmwStG Rn 341; Widmann/Mayer/*Widmann*, § 23 UmwStG Rn 588.1.

322 Vgl Schmitt/Hörtnagl/Stratz/*Schmitt*, § 20 UmwStG Rn 444; Dötsch/Pung/Möhlenbrock/*Patt*, § 20 UmwStG Rn 341; Widmann/Mayer/*Widmann*, § 20 UmwStG Rn 1259.1 iVm § 23 UmwStG Rn 588.1.

- Bei Einbringung eines **Mitunternehmeranteils** geht nach Ansicht von *Patt* ein Zins- und EBITDA-Vortrag der Mitunternehmerschaft insoweit unter. Dies ergebe sich aus dem betriebsbezogenen Regelungsbereich der Zinsschrankenregelung. Bei der Einbringung eines Mitunternehmeranteils sei der Vorgang des Ausscheidens des Einbringenden aus der Mitunternehmerschaft erfüllt, so dass der Zins- und EBITDA-Vortrag gem. § 4 h Abs. 5 S. 2 EStG anteilig untergeht.[323] In Folge kann der Zins- und EBITDA-Vortrag nicht auf die übernehmende Gesellschaft übergehen, eine Regelung im UmwStG wäre obsolet. Hiervon abweichend vertritt *Menner* die Auffassung, dass § 4 h Abs. 5 S. 2 EStG im Rahmen des UmwStG keine Anwendung als lex specials finde und daher nach den allgemeinen Rechtsnachfolgeregelungen in §§ 23, 12 Abs. 3 1. Hs der Zinsvortrag anteilig auf die übernehmende Gesellschaft übergeht.[324]
- Nach *Patt* seien bei Einbringung eines **Teils eines Mitunternehmeranteils** die Grundsätze des anteiligen Untergangs des Zins- und EBITDA-Vortrags gem. § 4 h Abs. 5 S. 2 EStG ebenso anzuwenden.[325] *Weber-Grellet* sieht für diese damit einhergehende Änderung der Beteiligungsquote hingegen grundsätzlich keinen Anwendungsbereich des § 4 h Abs. 5 S. 2 EStG; allerdings stelle sich die Frage, ob man bei einem späteren Ausscheiden nicht auf die ursprüngliche Beteiligungsquote zurückgreifen müsse.[326] Zumindest für den Fall, dass der Mitunternehmer nach Einbringung eines Teils seines Mitunternehmeranteils nicht als Mitunternehmer aus der Gesellschaft ausscheidet, dürften die Voraussetzungen des § 4 h Abs. 5 S. 2 EStG und damit ein quotaler Untergang des Zins- und EBITDA-Vortrags mE nicht erfüllt sein. Sofern man wie die Finanzverwaltung auch die Aufgabe oder Übertragung eines Teilbetriebs als steuerschädlich ansieht (siehe unten), müsste jedoch wohl auch die nur teilweise Aufgabe oder Übertragung eines Mitunternehmeranteils einbezogen werden (so dass ein allmähliches Abschmelzen einer Beteiligung keinen Vorteil brächte).[327]
- Bei der Einbringung eines **Teilbetriebs** geht der Zins- und EBITDA-Vortrag nicht unter, dies gilt auch dann, wenn der Zinsvortrag mit dem eingebrachten Teilbetrieb zusammenhängt.[328] Nach überwiegender Auffassung soll der Zinsvortrag unverändert dem einbringenden Rechtsträger zustehen.[329] Es wird aber auch vertreten, dass der Zinsvortrag anteilig auf die übernehmende Gesellschaft übergeht.[330]Anderer Auffassung ist offensichtlich die Finanzverwaltung, die die Aufgabe oder Übertragung eines Teilbetriebes als anteiligen Untergang des Zinsvortrages qualifiziert.[331]

§ 21 Bewertung der Anteile beim Anteilstausch

(1) ¹Werden Anteile an einer Kapitalgesellschaft oder einer Genossenschaft (erworbene Gesellschaft) in eine Kapitalgesellschaft oder Genossenschaft (übernehmende Gesellschaft) gegen Gewährung neuer Anteile an der übernehmenden Gesellschaft eingebracht (Anteilstausch), hat die übernehmende Gesellschaft die eingebrachten Anteile mit dem gemeinen Wert anzusetzen. ²Abweichend von Satz 1 können die eingebrachten Anteile auf Antrag mit dem Buchwert oder einem höheren Wert, höchstens jedoch mit dem gemeinen Wert, angesetzt werden, wenn die übernehmende Gesellschaft nach der Einbringung auf Grund ihrer Beteiligung einschließlich

323 Vgl Dötsch/Pung/Möhlenbrock/*Patt*, § 20 UmwStG Rn 341; ebenso Schaumburg/Rödder/*Stangl/Hageböke*, Unternehmensteuerreform 2008, 2007, S. 513; Herrmann/Heuer/Raupach/*Hick*, § 4 h EStG Rn 120.
324 Vgl Haritz/Menner/*Menner*, § 20 UmwStG Rn 753.
325 Vgl Dötsch/Pung/Möhlenbrock/*Patt*, § 20 UmwStG Rn 341; ebenso Herrmann/Heuer/Raupach/*Hick*, § 4 h EStG Rn 115 zu einer teilweisen Übertragung eines Mitunternehmeranteils.
326 Vgl Schmidt/*Weber-Grellet*, § 4 h EStG Rn 32.
327 Vgl Kirchhof/*Seiler*, § 4 h EStG Rn 24.
328 Vgl Widmann/Mayer/*Widmann*, § 20 UmwStG Rn 1259.1 iVm § 23 UmwStG Rn 588.1; Schmitt/Hörtnagl/Stratz/*Schmitt*, § 20 UmwStG Rn 444; Haritz/Menner/*Menner*, § 20 UmwStG Rn 754; Dötsch/Pung/Möhlenbrock/*Patt*, § 20 UmwStG Rn 342; Schmidt/*Weber-Grellet*, § 4 h EStG Rn 32; Herrmann/Heuer/Raupach/*Hick*, § 4 h EStG Rn 120.
329 Vgl Widmann/Mayer/*Widmann*, § 23 UmwStG Rn 588.1; Dötsch/Pung/Möhlenbrock/*Patt*, § 20 UmwStG Rn 342.
330 Vgl Schaumburg/Rödder *Stangl/Hageböke*, Unternehmensteuerreform 2008, 2007, S. 513.
331 Vgl BMF v. 4.7.2008, BStBl I 2008, 718 Rn 47.

der eingebrachten Anteile nachweisbar unmittelbar die Mehrheit der Stimmrechte an der erworbenen Gesellschaft hat (qualifizierter Anteilstausch); § 20 Abs. 2 Satz 3 gilt entsprechend. [3]Erhält der Einbringende neben den Gesellschaftsanteilen auch andere Wirtschaftsgüter, deren gemeiner Wert den Buchwert der eingebrachten Anteile übersteigt, hat die übernehmende Gesellschaft die eingebrachten Anteile mindestens mit dem gemeinen Wert der anderen Wirtschaftsgüter anzusetzen.

(2) [1]Der Wert, mit dem die übernehmende Gesellschaft die eingebrachten Anteile ansetzt, gilt für den Einbringenden als Veräußerungspreis der eingebrachten Anteile und als Anschaffungskosten der erhaltenen Anteile. [2]Abweichend von Satz 1 gilt für den Einbringenden der gemeine Wert der eingebrachten Anteile als Veräußerungspreis und als Anschaffungskosten der erhaltenen Anteile, wenn für die eingebrachten Anteile nach der Einbringung das Recht der Bundesrepublik Deutschland hinsichtlich der Besteuerung des Gewinns aus der Veräußerung dieser Anteile ausgeschlossen oder beschränkt ist; dies gilt auch, wenn das Recht der Bundesrepublik Deutschland hinsichtlich der Besteuerung des Gewinns aus der Veräußerung der erhaltenen Anteile ausgeschlossen oder beschränkt ist. [3]Auf Antrag gilt in den Fällen des Satzes 2 unter den Voraussetzungen des Absatzes 1 Satz 2 der Buchwert oder ein höherer Wert, höchstens der gemeine Wert, als Veräußerungspreis der eingebrachten Anteile und als Anschaffungskosten der erhaltenen Anteile, wenn

1. das Recht der Bundesrepublik Deutschland hinsichtlich der Besteuerung des Gewinns aus der Veräußerung der erhaltenen Anteile nicht ausgeschlossen oder beschränkt ist oder
2. der Gewinn aus dem Anteilstausch auf Grund Artikel 8 der Richtlinie 90/434/EWG nicht besteuert werden darf; in diesem Fall ist der Gewinn aus einer späteren Veräußerung der erhaltenen Anteile ungeachtet der Bestimmungen eines Abkommens zur Vermeidung der Doppelbesteuerung in der gleichen Art und Weise zu besteuern, wie die Veräußerung der Anteile an der erworbenen Gesellschaft zu besteuern gewesen wäre; § 15 Abs. 1 a Satz 2 des Einkommensteuergesetzes ist entsprechend anzuwenden.

[4]Der Antrag ist spätestens bis zur erstmaligen Abgabe der Steuererklärung bei dem für die Besteuerung des Einbringenden zuständigen Finanzamt zu stellen. [5]Haben die eingebrachten Anteile beim Einbringenden nicht zu einem Betriebsvermögen gehört, treten an die Stelle des Buchwerts die Anschaffungskosten. [6]§ 20 Abs. 3 Satz 3 und 4 gilt entsprechend.

(3) [1]Auf den beim Anteilstausch entstehenden Veräußerungsgewinn ist § 17 Abs. 3 des Einkommensteuergesetzes nur anzuwenden, wenn der Einbringende eine natürliche Person ist und die übernehmende Gesellschaft die eingebrachten Anteile nach Absatz 1 Satz 1 oder in den Fällen des Absatzes 2 Satz 2 der Einbringende mit dem gemeinen Wert ansetzt; dies gilt für die Anwendung von § 16 Abs. 4 des Einkommensteuergesetzes unter der Voraussetzung, dass eine im Betriebsvermögen gehaltene Beteiligung an einer Kapitalgesellschaft eingebracht wird, die das gesamte Nennkapital der Kapitalgesellschaft umfasst. [2]§ 34 Abs. 1 des Einkommensteuergesetzes findet keine Anwendung.

Literatur:

Becker-Pennrich, Die Sofortversteuerung nach § 21 Abs. 2 Satz 2 UmwStG beim grenzüberschreitenden Anteilstausch, IStR 2007, 684, 686; *Benz/Rosenberg*, Einbringungsvorgänge nach dem Regierungsentwurf des SEStEG, BB-Special 2006/8; *Hageböke*, Zum Zeitpunkt des Anteilstausches nach § 21 UmwStG aus Sicht des Einbringenden, Ubg 2010, 41; Jacobsen, Soll-Zustände und Gestaltungen bei steuerlichen Rückbezugswahlrechten, DB 2009, 1674; *Kaeser*, Einbringungstatbestände (§§ 20 ff. UmwStG), DStR 2012, Beihefter 2, 14, 15; *Koch*, Steuerbilanzielle Antragswahlrechte nach UmwStG – Fallstricke und Praxistipps, BB 2011, 1067; *Roderburg/Schmitz/Pesch*, Aktuelle Probleme im Bereich der Einbringung und des Anteilstauschs nach dem Umwandlungssteuererlass 2011, SteuK 2012, 131; *Neumann*, Praxisrelevante Fragen zum Anteilstausch nach dem SEStEG, GmbH-StB 2007, 377; *Ott*, Der Anteilstausch gem. § 21 UmwStG nach den Änderungen durch das

SEStEG, INF 2007, 387; *Stelzer*, Änderungen des Umwandlungssteuergesetzes durch das SEStEG in der notariellen Praxis, MittBayNot 2009, 16, 18.

A. Normzweck

I. Regelungsinhalt

§ 21 normiert die steuerliche Behandlung des Anteilstauschs, wobei Abs. 1 den Anteilstausch definiert und den Wertansatz bei der übernehmenden Gesellschaft festlegt, Abs. 2 den Wert des Veräußerungsgewinns für den Einbringenden bestimmt und Abs. 3 Einzelheiten der Besteuerung dieses Veräußerungsgewinns regelt. 1

II. Persönlicher Anwendungsbereich

In persönlicher Hinsicht unterscheidet § 21 zwischen dem „Einbringenden", der „erworbenen Gesellschaft" sowie der „übernehmenden Gesellschaft". 2

3 **Einbringender** ist derjenige, der (ihm steuerlich zugeordnete)[1] Anteile gegen Gewährung neuer Anteile eintauscht. Dies kann jede Person sein (Umkehrschluss aus § 1 Abs. 4 S. 1 Nr. 2, der nicht für den Anteilstausch gilt),[2] ohne dass es auf eine beschränkte oder unbeschränkte Steuerpflicht ankommt.[3] Erfasst sind damit ua. Kapitalgesellschaften, originär gewerblich tätige Personengesellschaften, gewerblich geprägte oder infizierte Personengesellschaften und natürliche Personen.[4] Ob der Einbringende im Inland, EU/EWR-Ausland oder Drittland ansässig ist, ist für die Eigenschaft als Einbringender ohne Bedeutung.[5]

4 Werden Anteile durch eine **Personengesellschaft** eingebracht, ist zu differenzieren:[6] Eine mitunternehmerische Personengesellschaft, gleich ob originär gewerblich tätig, gewerblich geprägt oder gewerblich infiziert, ist selbst Einbringender.[7] Bei Einbringungen durch eine vermögensverwaltende Personengesellschaft sind die einzelnen Gesellschafter Einbringende.[8] Teilweise wird darüber hinaus noch der Fortbestand der mitunternehmerischen Personengesellschaft nach Einbringung als Voraussetzung für die Eigenschaft als Einbringender gefordert.[9] Dem ist nicht zu folgen. Die Frage wer Einbringender ist, bezieht sich auf den Zeitpunkt der Einbringung und nicht etwa auf einen späteren Zeitpunkt.[10]

5 **Übernehmende Gesellschaft** ist die Gesellschaft, die die Anteile an der erworbenen Gesellschaft erhält und dem Einbringenden im Gegenzug neue Anteile gewährt. Übernehmende Gesellschaft kann nur eine Kapitalgesellschaft oder Genossenschaft sein, die gleichzeitig Gesellschaft im Sinne des § 1 Abs. 2 S. 1 Nr. 1 ist (hierzu § 1 Rn 51 ff).[11] Andere Personen oder Vermögensmassen können hingegen nicht „übernehmende Gesellschaft" sein.[12] Ob es sich um eine Kapitalgesellschaft oder Genossenschaft handelt, richtet sich nach einem Rechtstypenvergleich[13] und nicht nach der rechtlichen Qualifikation nach den Bestimmungen des anderen Staates.[14] Ort *und* Geschäftsleitung der Gesellschaft müssen innerhalb eines Mitgliedstaats der EU/EWR liegen, nicht jedoch notwendigerweise in ein und demselben. Ebenso ist eine Identität von Gründungs- und Sitzstaat nicht erforderlich.[15] Möglich ist auch, dass die Anteile in die Betriebsstätte einer EU/EWR-Gesellschaft überführt werden, die sich in einem Drittstaat befindet.[16] Voraussetzung hierfür ist aber, dass die Anteile der Betriebsstätte nach den allgemeinen Grundsätzen zugeordnet werden können.

6 Die persönlichen Voraussetzungen müssen spätestens am steuerlichen Übertragungsstichtag erfüllt sein.[17] Unschädlich ist es daher, wenn die Voraussetzungen erst kurz zuvor geschaffen wurden. Unschädlich ist es für die Anwendung des § 21 auch, wenn die persönlichen Voraussetzungen nach dem Anteilstausch wieder verloren gehen.

1 BMF v. 11.11.2011, BStBl I, 1314, Rn 21.06; Dötsch/Pung/Möhlenbrock/*Patt*, § 21 Rn 30.
2 Dötsch/Pung/Möhlenbrock/*Patt*, § 21 Rn 8; *Roderburg/Schmitz/Pesch*, SteuK 2012, 131, 134; *Kaeser*, DStR Beihefter 2/2012, 14, 16.
3 BMF v. 11.11.2011, BStBl I, 1314, Rn 21.03; *Roderburg/Schmitz/Pesch*, SteuK 2012, 131, 134; *Kaeser*, DStR 2012, Beihefter 2, 14, 16.
4 AllgM vgl nur Dötsch/Pung/Möhlenbrock/*Patt*, § 21 Rn 8 mwN.
5 BMF v. 11.11.2011, BStBl I, 1314, Rn 21.03; Haritz/Menner/*Behrens*, § 21 Rn 122; Schmitt/Hörtnagl/Stratz/*Schmitt*, § 21 Rn 2; Rödder/Herlinghaus/van Lishaut/*Rabback*, § 21 Rn 38; *Ott*, INF 2007, 387, 388; *Neumann*, GmbH-StB 2007, 377, 378.
6 Umstr. zum Streitstand mwN Haritz/Menner/*Behrens*, § 21 Rn 88.
7 Schmitt/Hörtnagl/Stratz/*Schmitt*, § 21 Rn 44; Haritz/Menner/*Behrens*, § 21 Rn 88; Rödder/Herlinghaus/van Lishaut/*Rabback*, § 21 Rn 39 mwN.
8 Schmitt/Hörtnagl/Stratz/*Schmitt*, § 21 Rn 44; Rödder/Herlinghaus/van Lishaut/*Rabback*, § 21 Rn 39 mwN.
9 Rödder/Herlinghaus/van Lishaut/*Rabback*, § 21 Rn 39 mwN.
10 Vgl Ferner Haritz/Menner/*Behrens*, § 21 Rn 88.
11 BMF v. 11.11.2011, BStBl I, 1314, Rn 01.54.
12 Schmitt/Hörtnagl/Stratz/*Schmitt*, § 21 Rn 15.
13 BMF v. 11.11.2011, BStBl I, 1314, Rn 01.27; zum Rechtstypenvergleich vgl BMF v. 19.3.2004, BStBl I, 411 und BMF v. 24.12.1999, BStBl I, 1076; Tabelle 1, Tabelle 2; Schmitt/Hörtnagl/Stratz/*Schmitt*, § 21 Rn 19; Haritz/Menner/*Behrens*, § 21 Rn 85; Rödder/Herlinghaus/van Lishaut/*Rabback*, § 21 Rn 15; Dötsch/Pung/Möhlenbrock/*Patt*, § 21 Rn 6.
14 Rödder/Herlinghaus/van Lishaut/*Rabback*, § 21 Rn 34; aA *Benz/Rosenberg*, BB-Special 2006/8, 51/59.
15 Haritz/Menner/*Behrens*, § 21 Rn 83; Schmitt/Hörtnagl/Stratz/*Schmitt*, § 21 Rn 16; Dötsch/Pung/Möhlenbrock/*Patt*, § 21 Rn 6.
16 Haritz/Menner/*Behrens*, § 21 Rn 84; aA wohl *Ott*, StuB 2007, 10, 11.
17 BMF v. 11.11.2011, BStBl I, 1314, Rn 01.55.

Erworbene Gesellschaft ist die Gesellschaft, deren Anteile von dem Einbringenden gegen die Gewährung neuer Anteile an der übernehmenden Gesellschaft eingetauscht werden.[18] Die erworbene Gesellschaft kann eine inländische, europäische oder eine Gesellschaft eines Drittstaates sein, wenn sie nach einem Rechtstypenvergleich als Kapitalgesellschaft oder Genossenschaft anzusehen ist.[19] 7

Beispiele: 8

Neben rein nationalen Sachverhalten ist § 21 auch dann anzuwenden, wenn Anteile an einer spanischen Kapitalgesellschaft von einer deutschen Kapitalgesellschaft in eine französische Kapitalgesellschaft gegen Gewährung neuer Anteile eingebracht werden.

Werden Anteile an einer deutschen Kapitalgesellschaft von einer französischen Kapitalgesellschaft in eine italienische Kapitalgesellschaft gegen Gewährung neuer Anteile eingebracht, ist § 21 ebenfalls anwendbar. Ob die Einbringung in Deutschland effektiv steuerliche Folgen auslöst, richtet sich im vorliegenden Fall danach, ob die einbringende Kapitalgesellschaft in Deutschland beschränkt körperschaftsteuerpflichtig iSd. § 49 Abs. 1 EStG iVm § 2 KStG ist.

III. Sachlicher Anwendungsbereich

Sachlich findet § 21 auf den Tausch von Anteilen an einer Kapitalgesellschaft oder einer Genossenschaft Anwendung. Erfasst ist sowohl der Anteilstausch im Wege der Einzel- und Sonder- als auch im Wege der Gesamtrechtsnachfolge.[20] § 1 Abs. 3 Nr. 5 bestimmt allgemein, dass der sechste bis achte Teil des UmwStG für den „Austausch von Anteilen" gilt. Einschränkungen auf bestimmte Arten von Rechtsvorgängen finden sich weder in § 1 Abs. 3 Nr. 5 noch in § 21. Hieraus folgt eine umfassende Anwendung des § 21 auf alle Rechtsvorgänge, bei denen das wirtschaftliche Eigentum an Anteilen gegen Gewährung neuer Anteile auf den übernehmenden Rechtsträger übergeht.[21] Auf die zivilrechtliche Übertragung des Eigentums kommt es nicht zwingend an.[22] 9

IV. Zeitlicher Anwendungsbereich

1. Erstmalige Anwendung des § 21. § 21 ist erstmals für den Anteilstausch anwendbar, bei dem das wirtschaftliche Eigentum an den eingebrachten Anteilen nach dem 12.12.2006 übergegangen ist (§ 27 Abs. 1 S. 2). Ist für die Wirksamkeit eine Eintragung in ein öffentliches Register erforderlich, ist § 21 anwendbar, wenn die Anmeldung zur Eintragung nach dem 12.12.2006 erfolgt ist (§ 27 Abs. 1 S. 1). 10

2. Steuerliche Rückbeziehung. Für den Anteilstausch nach § 21 gilt keine steuerliche Rückbeziehung,[23] wie diese nach wie vor in § 20 Abs. 5 S. 1, Abs. 6 vorgesehen ist und auch für den Anteilstausch bis 2006 nach altem Recht grundsätzlich möglich war. Eine Rückwirkung kann auch nicht aus § 2 abgeleitet werden.[24] Teilweise wird unter Rückgriff auf ältere Rechtsprechung[25] eine Rückbeziehung von sechs Wochen aus (technischen) Vereinfachungsgründen für 11

18 BMF v. 11.11.2011, BStBl I, 1314, Rn 21.05.
19 BMF v. 11.11.2011, BStBl I, 1314, Rn 21.05; Widmann/Mayer/*Widmann*, § 21 Rn 16; Haritz/Menner/*Behrens*, § 21 Rn 49; *Ott*, INF 2007, 387, 388; Rödder/Herlinghaus/van Lishaut/*Rabback*, § 21 Rn 2; tw. aA mit dem Hinweis, dass Anteile an ausländischen Genossenschaften nicht von § 21 Abs. 1 S. 1 erfasst seien Widmann/Mayer/*Widmann*, § 21 Rn 18 f; Haritz/Menner/*Behrens*, § 21 Rn 5.
20 Schmitt/Hörtnagl/Stratz/*Schmitt*, § 21 Rn 26; *Kaeser*, DStR 2012, Beihefter 2, 14, 15.
21 Dötsch/Pung/Möhlenbrock/*Patt*, § 21 Rn 4; Haritz/Menner/*Behrens*, § 21 Rn 133.
22 Dötsch/Pung/Möhlenbrock/*Patt*, § 21 Rn 4; Haritz/Menner/*Behrens*, § 21 Rn 133.
23 BMF v. 11.11.2011, BStBl I, 1314 Rn 21.17; Rödder/Herlinghaus/van Lishaut/*Rabback*, § 21 Rn 52; Haritz/Menner/*Behrens*, § 21 Rn 61; *Hageböke*, Ubg 2010, 41, 43; *Jacobsen*, DB 2009, 1674, 1676; *Ott*, INF 2007, 387, 388; *Neumann*, GmbH-StB 2007, 377, 378; *Roderburg/Schmitz/Pesch*, SteuK 2012, 131, 133; aA *Stengel*, DB 2008, 2329, 2332.
24 Dötsch/Pung/Möhlenbrock/*Patt*, § 21 Rn 43.
25 Vgl BFH v. 18.9.1984, BStBl. II 1985, 55.

zulässig erachtet.[26] Ob diese Rechtsprechung ohne weiteres auf § 21 übertragbar ist, ist unseres Erachtens eher zweifelhaft.[27] Eine Rückbeziehung ist jedoch denkbar, wenn der Anteilstausch in Gestalt eines Formwechsels einer Personengesellschaft in eine Kapitalgesellschaft oder Genossenschaft erfolgt.[28] Vgl hierzu § 25 Rn 49 ff.

12 Steuerlich relevanter Zeitpunkt ist grundsätzlich der Übergang des wirtschaftlichen Eigentums an den eingebrachten Anteilen.[29]

V. Verhältnis zu anderen Vorschriften

13 **Verhältnis zu § 20:** § 20 geht dem § 21 als lex specialis vor.[30] Wird ein Betrieb, Teilbetrieb oder Mitunternehmeranteil gegen Gewährung von neuen Anteilen an der übernehmenden Gesellschaft eingebracht und gehören zu dem Betrieb, Teilbetrieb oder Mitunternehmeranteil (auch) Anteile an einer Kapitalgesellschaft oder Genossenschaft, findet insgesamt § 20 Anwendung.[31] Eine separierte Betrachtung der Anteile an Kapitalgesellschaften und Genossenschaften findet nicht statt.[32] § 21 ist allenfalls dann einschlägig wenn zwischen dem Betrieb, Teilbetrieb oder Mitunternehmeranteil und den eingebrachten Anteilen keine sachliche bzw wirtschaftliche Verbindung besteht.[33] Die alleinige Übertragung einer 100%-Beteiligung gilt allerdings anders als nach § 20 aF nicht als Übertragung eines Teilbetriebs.[34]

14 **Verhältnis zu § 24:** § 21 und § 24 schließen sich gegenseitig aus.[35] § 24 erfasst *nur* Einbringungen in eine Personengesellschaft; § 21 hingegen *nur* Einbringungen in eine Kapitalgesellschaft oder eine Genossenschaft. Zu einem Konkurrenzverhältnis kann es daher nicht kommen.

15 **Verhältnis zu § 20 Abs. 4 a EStG:** § 20 Abs. 4 a EStG schließt die Rechtsfolgen des § 21 aus und geht diesem insoweit als speziellere Vorschrift vor.[36] § 20 Abs. 4 a EStG gilt grundsätzlich nur für Anteile, die im Privatvermögen gehalten werden und nicht unter § 17 EStG fallen. Obgleich § 21 unmittelbar keine Einschränkungen auf bestimmte Anteile enthält, ergibt sich der Anwendungsbereich in Abgrenzung zu § 20 Abs. 4 a EStG. § 21 bleibt somit für Anteile im Betriebsvermögen, Anteile im Privatvermögen, die § 17 EStG unterfallen, und einbringungsgeborene Anteile iSd § 21 aF anwendbar.[37]

16 **Verhältnis zu § 12 Abs. 2 KStG:** § 12 Abs. 2 KStG und § 21 schließen sich gegenseitig aus. Die Anwendung des § 12 Abs. 2 KStG fordert, dass übernehmender und übertragender Rechtsträger nicht die Voraussetzungen des § 1 Abs. 2 S. 1–2 erfüllen, die für die Anwendung des § 21 aber gerade vorliegen müssen. Zu einem Konkurrenzverhältnis kann es daher nicht kommen.

17 **Verhältnis zu § 6 Abs. 6 S. 1 EStG:** § 21 geht dem § 6 Abs. 6 S. 1 EStG als lex specialis vor.[38]

B. Inhalt

I. Anteilstausch und Wertansatz bei dem übernehmenden Rechtsträger (Abs. 1)

18 **1. (Einfacher) Anteilstausch. a) Definition des einfachen Anteilstauschs.** Der einfache Anteilstausch liegt nach der Legaldefinition des § 21 Abs. 1 S. 1 vor, wenn Anteile an einer Kapitalge-

26 *Ott*, INF 2007, 387, 388; *Ott*, DStZ 2009, 90, 92; in diese Richtung auch Dötsch/Pung/Möhlenbrock/*Patt*, § 21 Rn 43.

27 Wohl ebenfalls zweifelnd Rödder/Herlinghaus/van Lishaut/*Rabback*, § 21 Rn 53 a.

28 Dötsch/Pung/Möhlenbrock/*Patt*, § 21 Rn 42.

29 BMF v. 11.11.2011, BStBl I, 1314 Rn 21.17; *Hageböke*, Ubg 2010, 41, 43; *Ott*, INF 2007, 387, 388.

30 BMF v. 11.11.2011, BStBl I, 1314, Rn 21.01; Rödder/Herlinghaus/van Lishaut/*Rabback*, § 21 Rn 9; *Roderburg/Schmitz/Pesch*, SteuK 2012, 131, 133.

31 Rödder/Herlinghaus/van Lishaut/*Rabback*, § 21 Rn 9 mwN.

32 Einschränkend Haritz/Menner/*Behrens*, § 21 Rn 9 f.

33 Dötsch/Pung/Möhlenbrock/*Patt*, § 21 Rn 11.

34 Haritz/Menner/*Behrens*, § 21 Rn 6.

35 Rödder/Herlinghaus/van Lishaut/*Rabback*, § 21 Rn 9.

36 BMF v. 11.11.2011, BStBl I, 1314, Rn 21.02; Dötsch/Pung/Möhlenbrock/*Patt*, § 21 Rn 15.

37 BMF v. 11.11.2011, BStBl I, 1314, Rn 21.02; Schmitt/Hörtnagl/Stratz/*Schmitt*, § 21 Rn 10; Rödder/Herlinghaus/van Lishaut/*Rabback*, § 21 Rn 10 a.

38 Blümich/*Nitzschke*, § 21 Rn 17.

sellschaft oder einer Genossenschaft in eine Kapitalgesellschaft oder Genossenschaft gegen Gewährung neuer Anteile an der übernehmenden Gesellschaft eingebracht werden.

b) Anteil im Sinne des § 21. Anteile an einer Kapitalgesellschaft iSd § 21 meint jede Rechtsposition, die eine Beteiligung am gezeichneten Kapital repräsentiert.[39] Keine Anteile idS sind Genussscheine, typische oder atypische stille Beteiligungen, kapitalersetzende Gesellschafterdarlehen oder Forderungen.[40] Dass Stimmrechte vermittelt werden, ist für die Qualifikation als Anteil nicht erforderlich, so dass auch stimmrechtslose Vorzugsaktien tatbestandliche Anteile sein können.[41] 19

Anwartschaftsrechte unterfallen nach überwiegender Auffassung dem Anteilsbegriff[42] obgleich sie tatsächlich gerade (noch) keinen Anteil am Gesellschaftskapital repräsentieren, den Art. 2 Buchst. e FusionsRL grundsätzlich fordert (vgl hierzu Rn 88). Da die FusionsRL nur einen Mindeststandard vorgibt,[43] ist diese Auslegung aber europarechtlich unbedenklich. Argumentativ stützt sich die Auslegung vornehmlich auf § 17 Abs. 1 EStG, wonach Anwartschaften auch zu den „Anteilen an Kapitalgesellschaften" gehören. 20

Anteile im Betriebs- oder Privatvermögen sind gleichermaßen von § 21 erfasst.[44] Im Privatvermögen gehaltene Anteile unterhalb der Beteiligungsschwelle des § 17 EStG unterfallen aber vorrangig dem § 20 Abs. 4 a EStG. 21

c) Gewährung neuer Anteile. Der Anteilstausch erfordert die Gewährung **neuer Anteile** an der übernehmenden Gesellschaft, was insb. solche Anteile umfasst, die durch eine Sachkapitalerhöhung neu geschaffen werden.[45] Nicht erfasst ist die Hingabe bereits bestehender (eigener) Anteile,[46] deren Gewährung aber eine sonstige Gegenleistung iSd § 21 Abs. 1 S. 3 darstellen kann.[47] Aus § 21 Abs. 1 S. 3 folgt, dass neben den neuen Anteilen auch andere Gegenleistungen gewährt werden können, was sowohl Bar- als auch Sachleistungen umfasst.[48] 22

Die Anteile an der erworbenen Gesellschaft und die Anteile an der übernehmenden Gesellschaft müssen sich weder in Anzahl, Nenn- oder Verkehrswert entsprechen.[49] Es besteht keine Quantitäts- und keine Qualitätskorrespondenz, so dass grundsätzlich die Gewährung von einem neuen Geschäftsanteil oder einer neuen Aktie aus Sicht des § 21 ausreichend ist. Die Gewährung und der Erhalt der Anteile müssen aber synallagmatisch verknüpft sein.[50] 23

Anders als die FusionsRL enthält § 21 keine Bestimmung und auch keine Begrenzung der zusätzlich zu den Anteilen gewährten Wirtschaftsgüter. Art. 2 Buchst. e RL 2009/133/EG beschränkt die weiteren Leistungen der Art nach auf bare Zuzahlungen und der Höhe nach auf 10 % des Nennwerts oder – bei Fehlen eines Nennwerts – des rechnerischen Werts der im Zuge des Austauschs ausgegebenen Anteile. Die FusionsRL verlangt im Übrigen für einen Anteilstausch nicht die Gewährung neuer Anteile. Teilweise wird diese Anforderung des § 21 daher bei Beteiligung von EU-Gesellschaften an dem Anteilstausch als gemeinschaftsrechtswidrig angesehen.[51] 24

2. Qualifizierter Anteilstausch. a) Überblick. Ein qualifizierter Anteilstausch liegt grundsätzlich vor, wenn die übernehmende Gesellschaft nach der Einbringung aufgrund ihrer Beteiligung 25

39 Haritz/Menner/*Behrens*, § 21 Rn 116; Schmitt/Hörtnagl/Stratz/*Schmitt*, § 21 Rn 22; Rödder/Herlinghaus/van Lishaut/*Rabback*, § 21 Rn 31 a.
40 Widmann/Mayer/*Widmann*, § 21 Rn 50; Haritz/Menner/*Behrens*, § 21 Rn 116; Schmitt/Hörtnagl/Stratz/*Schmitt*, § 21 Rn 23.
41 Haritz/Menner/*Behrens*, § 21 Rn 159.
42 Widmann/Mayer/*Widmann*, § 21 Rn 17; Haritz/Menner/*Behrens*, § 21 Rn 116; Rödder/Herlinghaus/van Lishaut/*Rabback*, § 21 Rn 32 mwN; Dötsch/Pung/Möhlenbrock/*Patt*, § 21 Rn 26.
43 Dötsch/Pung/Möhlenbrock/*Patt*, § 21 Rn 51.
44 Haritz/Menner/*Behrens*, § 21 Rn 120.
45 Haritz/Menner/*Behrens*, § 21 Rn 127.
46 Haritz/Menner/*Behrens*, § 21 Rn 129; Schmitt/Hörtnagl/Stratz/*Schmitt*, § 21 Rn 32.
47 Haritz/Menner/*Behrens*, § 21 Rn 129.
48 Schmitt/Hörtnagl/Stratz/*Schmitt*, § 21 Rn 34.
49 Haritz/Menner/*Behrens*, § 21 Rn 128; Rödder/Herlinghaus/van Lishaut/*Rabback*, § 21 Rn 47.
50 Rödder/Herlinghaus/van Lishaut/*Rabback*, § 21 Rn 47.
51 Schmitt/Hörtnagl/Stratz/*Schmitt*, § 21 Rn 30.

einschließlich der eingebrachten Anteile nachweisbar unmittelbar die Mehrheit der Stimmrechte an der erworbenen Gesellschaft hält.[52]

26 Im Gegensatz zum einfachen Anteilstausch ist bei einem qualifizierten Anteilstausch der Wertansatz grundsätzlich nicht auf den gemeinen Wert festgelegt. Vielmehr kann die übernehmende Gesellschaft die Buchwerte, die der Einbringende für die erworbene Gesellschaft bilanziert, auf Antrag fortführen oder einen Wert zwischen Buchwert und gemeinem Wert wählen.[53]

27 **b) Mehrheit der Stimmrechte an der erworbenen Gesellschaft. aa) Stimmrechtsmehrheit.** Die übernehmende Gesellschaft muss für einen qualifizierten Anteilstausch nach der Einbringung die Mehrheit der Stimmrechte an der erworbenen Gesellschaft halten. Abzustellen ist auf die rechnerische Stimmrechtsmehrheit (> 50 %),[54] auf die tatsächliche Durchsetzung der Stimmrechte kommt es nicht an, auch wenn diese vom Gesetzeszweck eigentlich entscheidend sein müsste.[55]

28 **Gesellschaftsvertraglich erforderliche Mehrheiten** sind für § 21 nicht von Bedeutung. Wenn nach den Gesellschaftsstatuten für jede einzelne Abstimmung eine qualifizierte Mehrheit erforderlich sein sollte, genügt dennoch die rechnerische Mehrheit für Zwecke des § 21.[56] In demselben Sinne sind auch Erleichterungen über **Stimmrechtsvereinbarungen** für die Ermittlung der Stimmrechtsmehrheit ohne Bedeutung.[57]

29 Nicht erforderlich ist, dass der Stimmrechtsanteil der Beteiligungsquote am Kapital der Gesellschaft entspricht.[58] Wenn eine beispielsweise eine Beteiligung iHv 30 % am Kapital gleichzeitig >50% der Stimmrechte repräsentiert, ist dies für Zwecke des § 21 ausreichend.

30 **bb) Nachweisbarkeit und Unmittelbarkeit der Stimmrechtsmehrheit.** Die Stimmrechtsmehrheit muss nachweisbar und unmittelbar von der übernehmenden Gesellschaft gehalten werden.

31 **Unmittelbarkeit** meint, dass die übernehmende Gesellschaft selbst die Stimmenmehrheit hält. Durch andere Gesellschaften vermittelte Stimmrechte bleiben unberücksichtigt.[59] Vermittelte Stimmrechte bleiben auch dann unberücksichtigt, wenn die zwischengeschaltete Gesellschaft vollständig beherrscht wird oder die zwischengeschaltete Gesellschaft die Stimmrechte ausschließlich nach dem Willen der Obergesellschaft nutzbar machen kann. Eine Gruppenbetrachtung oder eine Betrachtung des Konzerns als Einheit findet nicht statt.[60]

32 Im Fall einer **Treuhandschaft** folgt aus dem dem Treugeber gegenüber dem Treuhänder zustehenden Weisungsrecht, dass bei Übertragung des wirtschaftlichen Eigentums auf die übernehmende Gesellschaft die entsprechenden Stimmrechte mit übergehen, auch wenn das zivilrechtliche Eigentum und mit ihm formal das Stimmrecht bei dem Treuhänder verbleibt.[61]

33 **Nachweisbar** müssen sowohl die Unmittelbarkeit als auch die Stimmrechtsmehrheit sein. Gemeint ist nicht die theoretische Nachweisbarkeit, sondern der tatsächlich erbrachte Nachweis. § 21 Abs. 1 S. 2 enthält insoweit eine Beweislastregel.[62]

34 **cc) Stimmrechtsmehrheit aufgrund der Beteiligung.** Die Mehrheit der Stimmrechte an der erworbenen Gesellschaft muss sich aufgrund der Beteiligung selbst ergeben (§ 21 Abs. 1 S. 2).

52 BMF v. 11.11.2011, BStBl I, 1314, Rn 21.09.
53 BMF v. 11.11.2011, BStBl I, 1314, Rn 21.09.
54 Dötsch/Pung/Möhlenbrock/*Patt*, § 21 Rn 34.
55 Rödder/Herlinghaus/van Lishaut/*Rabback*, § 21 Rn 62.
56 Rödder/Herlinghaus/van Lishaut/*Rabback*, § 21 Rn 65; Dötsch/Pung/Möhlenbrock/*Patt*, § 21 Rn 34.
57 Dötsch/Pung/Möhlenbrock/*Patt*, § 21 Rn 34.
58 Schmitt/Hörtnagl/Stratz/*Schmitt*, § 21 Rn 43; Rödder/Herlinghaus/van Lishaut/*Rabback*, § 21 Rn 64.
59 Schmitt/Hörtnagl/Stratz/*Schmitt*, § 21 Rn 52; Dötsch/Pung/Möhlenbrock/*Patt*, § 21 Rn 37.
60 Vgl zur berechtigten Kritik an dem Unmittelbarkeitskriterium Haritz/Menner/*Behrens*, § 21 Rn 158 mwN.
61 Dötsch/Pung/Möhlenbrock/*Patt*, § 21 Rn 37.
62 Dötsch/Pung/Möhlenbrock/*Patt*, § 21 Rn 38.

Stimmrechtsvereinbarungen fließen nicht in die rechnerische Ermittlung der Stimmrechtsmehrheit ein.[63] Diese Stimmrechte bestehen nicht aufgrund der Beteiligung, sondern aufgrund der hiervon zu unterscheidenden schuldrechtlichen Vereinbarung. 35

Ruhende Stimmrechte führen nicht dazu, dass die Stimmrechtsmehrheit erworben wird. Hält die erworbene Gesellschaft eigene Anteile, ruht das diesbezügliche Stimmrecht und diese Anteile bleiben bei der Berechnung der Stimmenmehrheit außer Betracht.[64] Grund der rechnerischen Stimmrechtsmehrheit ist in diesen Fällen nicht die erworbene Beteiligung, sondern das Ruhen der Stimmrechte. 36

c) **Zeitliche Anforderungen eines qualifizierten Anteilstauschs.** Ein **qualifizierter Anteilstausch** liegt nur vor, wenn die übernehmende Gesellschaft nach der Einbringung die Stimmrechtsmehrheit hält. Das ist einerseits der Fall, wenn die übernehmende Gesellschaft durch die Einbringung eine mehrheitsvermittelnden Beteiligung originär erhält, andererseits aber auch, wenn schon vor dem Anteilstausch eine unmittelbare Mehrheitsbeteiligung der übernehmenden Gesellschaft an der erworbenen Gesellschaft bestand und diese Beteiligung durch die Einbringung lediglich aufgestockt wird.[65] Bestand die Stimmrechtsmehrheit schon vor der Einbringung, kommt es nicht darauf an, dass die nunmehr eingebrachten Anteile selbst die Stimmrechtsmehrheit verstärken.[66] 37

Für den qualifizierten Anteilstausch ist es ausreichend, dass die **Mehrheitsbeteiligung von mehreren Einbringenden** übertragen wird, wenn die Einbringungen auf einem einheitlichen Vorgang beruhen.[67] Unseres Erachtens ist für einen solchen einheitlichen Vorgang nicht zu fordern, dass sämtliche Anteilsübertragungen in einem einheitlichen Vertrag vorgenommen werden. Ausreichend sollte vielmehr grundsätzlich die Übertragung in mehreren Rechtsakten im zeitlichen Zusammenhang sein.[68] Unter denselben Voraussetzungen sind unserer Auffassung nach auch mehrere Übertragungsakte von demselben (einzelnen) Einbringenden zusammenzufassen. Fehlt aber dieser zeitliche Zusammenhang, liegen mehrere Einzelakte vor. Diese Einzelakte können jeweils für sich betrachtet einen qualifizierten Anteilstausch begründen, wenn sie die erforderliche Stimmrechtsmehrheit vermitteln (bzw diese bereits im Vorfeld der Übertragung bestand). 38

Hinweis: Hält die übernehmende Gesellschaft bereits vor dem Anteilstausch die Mehrheit der Stimmrechte, können nachfolgende Tauschvorgänge auch zeitlich getrennt in mehreren Einzelakten vorgenommen werden, ohne dass dies negative Auswirkungen auf die Möglichkeit der Buchwertfortführung hat. Für jeden weiteren Einzelakt kann die übernehmende Gesellschaft den Buch- oder einen Zwischenwert ansetzen.

Beispiel: 39

Die übernehmende Gesellschaft erhält erstmalig Anteile mit Stimmrechtsanteilen

in VZ 01	iHv 40 %
in VZ 02	iHv 10 %
in VZ 03	iHv 10 %
in VZ 04	iHv 10 %

63 Schmitt/Hörtnagl/Stratz/*Schmitt*, § 21 Rn 53; Rödder/Herlinghaus/van Lishaut/*Rabback*, § 21 Rn 65; Dötsch/Pung/Möhlenbrock/*Patt*, § 21 Rn 34; Haritz/Menner/*Behrens*, § 21 Rn 153.

64 *Fleischer*/Henssler/Strohn, § 33 GmbHG Rn 22 mwN.

65 BMF v. 11.11.2011, BStBl I, 1314, Rn 21.09; Haritz/Menner/*Behrens*, § 21 Rn 155; Rödder/Herlinghaus/van Lishaut/*Rabback*, § 21 Rn 66.

66 Haritz/Menner/*Behrens*, § 21 Rn 159; Schmitt/Hörtnagl/Stratz/*Schmitt*, § 21 Rn 43; Rödder/Herlinghaus/van Lishaut/*Rabback*, § 21 Rn 66; *Neumann*, GmbH-StB 2007, 377, 377.

67 BMF v. 11.11.2011, BStBl I, 1314, Rn 21.09; Haritz/Menner/*Behrens*, § 21 Rn 153; Schmitt/Hörtnagl/Stratz/*Schmitt*, § 21 Rn 43.

68 Ebenso Widmann/Mayer/*Widman*, § 21 Rn 121; *Schmitt*/Hörtnagl/Stratz, § 21 Rn 43.

Für den Anteilstausch im VZ 01 muss die übernehmende Gesellschaft für die erhaltenen Anteile zwingend den gemeinen Wert ansetzen. Es liegt kein qualifizierter Anteilstausch vor, da nach der Einbringung nicht die Mehrheit der Stimmrechte gehalten wird.

Für den Anteilstausch im VZ 02 muss die übernehmende Gesellschaft ebenfalls zwingend den gemeinen Wert ansetzen, denn nach der Einbringung verfügt sie nur über 50% der Stimmrechte, nicht aber die Mehrheit der Stimmrechte, wofür 50% + x erforderlich wären.

Für den Anteilstausch im VZ 03 kann die übernehmende Gesellschaft auf Antrag den Buchwert oder einen Zwischenwert ansetzen, da ein qualifizierter Anteilstausch vorliegt. Die übernehmende Gesellschaft hält nach der Einbringung mehr als 50% der Stimmrechte, nämlich 60% (40+10+10). Die übernehmende Gesellschaft kann auch den gemeinen Wert ansetzen, wofür jedoch kein Antrag erforderlich ist.

Für den Anteilstausch im VZ 04 kann die übernehmende Gesellschaft auf Antrag ebenfalls den Buch- oder einen Zwischenwert ansetzen. (Auch) nach der Einbringung hält die übernehmende Gesellschaft die Mehrheit der Stimmrechte. Dass ihr die Stimmrechtsmehrheit bereits vor der Einbringung zustand ist ohne Belang und steht dem qualifizierten Anteilstausch nicht entgegen. Die übernehmende Gesellschaft ist nicht die angesetzten Werte des VZ 03 gebunden, sondern in dem Ansatz frei. Hat die übernehmende Gesellschaft in VZ 03 den Buchwert gewählt, kann sie dies in VZ 04 auch einen Zwischenwert wählen.

40 **Kein Gestaltungsmissbrauch iSd § 42 AO** liegt vor, wenn die Stimmrechtsmehrheit kurz nach der Einbringung wieder aufgegeben wird.[69] Teilweise wird ein solcher Missbrauch bejaht, wenn die Anteile nur für Zwecke der Erlangung der Stimmrechtsmehrheit und in Ansehung der Steuervorteile erworben werden.[70] Dem ist nicht zuzustimmen. Eine Mindesthaltefrist ist in § 21 nicht vorgesehen.[71] Genauso wenig wie die zeitgenaue Ausnutzung gesetzlicher Haltefristen einen Gestaltungsmissbrauch begründen kann, kann auch eine nicht existente Haltefrist für einen Gestaltungsmissbrauch ins Feld geführt werden. Derjenige, der sich die entsprechenden Stimmrechte für Zwecke des § 21 Abs. 1 S. 2 beschafft, nutzt keine unangemessene Gestaltung für einen nicht vorgesehenen Vorteil. Überdies greift § 22 Abs. 2 diese Fälle auf und ordnet unter den tatbestandlichen Voraussetzungen die Besteuerung an (vgl § 22 Rn 56 ff).[72]

41 **3. Wertansatz bei der übernehmenden Gesellschaft. a) Grundsatz – Ansatz des gemeinen Wertes.** Im Rahmen des einfachen Anteilstausch als Grundfall des § 21 hat die übernehmende Gesellschaft die eingebrachten Anteile zwingend mit dem gemeinen Wert (§§ 9, 11 BewG) anzusetzen.[73] Maßgeblich ist der gemeine Wert im Zeitpunkt der Einbringung (Übergang des wirtschaftlichen Eigentums).[74] Nach § 11 Abs. 1 BewG ist als gemeiner Wert vorrangig der Börsenwert im Zeitpunkt der Einbringung entscheidend.[75]

42 **b) Ansatz beim qualifizierten Anteilstausch. aa) Ansatz des Buch- oder Zwischenwertes.** Im Rahmen des qualifizierten Anteilstauschs kann die übernehmende Gesellschaft die eingebrachten Anteile auf Antrag mit dem Buchwert oder einem Wert zwischen Buchwert und gemeinem Wert (Zwischenwert) ansetzen. Ist der gemeine Wert niedriger als der Buchwert, darf nur der gemeine Wert angesetzt werden.[76] Sind die Anteile dem Privatvermögen des Einbringenden zuzuordnen, treten die Anschaffungskosten an die Stelle des Buchwertes.[77]

69 Haritz/Menner/*Behrens*, § 21 Rn 162; Schmitt/Hörtnagl/Stratz/*Schmitt*, § 21 Rn 45; Rödder/Herlinghaus/van Lishaut/*Rabback*, § 21 Rn 70; Dötsch/Pung/Möhlenbrock/*Patt*, § 21 Rn 22.

70 Haritz/Menner/*Behrens*, § 21 Rn 162.

71 Rödder/Herlinghaus/van Lishaut/*Rabback*, § 21 Rn 70.

72 Rödder/Herlinghaus/van Lishaut/*Rabback*, § 21 Rn 71.

73 BMF v. 11.11.2011, BStBl I, 1314, Rn 21.08; Haritz/Menner/*Behrens*, § 21 Rn 181; Schmitt/Hörtnagl/Stratz/*Schmitt*, § 21 Rn 39; Rödder/Herlinghaus/van Lishaut/*Rabback*, § 21 Rn 59.

74 BMF v. 11.11.2011, BStBl I, 1314, Rn 21.08.

75 *Kaeser*, DStR 2012, Beihefter 2, 14, 15.

76 BMF v. 11.11.2011, BStBl I, 1314, Rn 21.09; Schmitt/Hörtnagl/Stratz/*Schmitt*, § 21 Rn 41.

77 § 21 Abs. 2. S. 5.

Der Wertansatz in der Steuerbilanz ist unabhängig von dem in der Handelsbilanz, es existiert kein Maßgeblichkeitsgrundsatz.[78] 43

Hinweis: Wird von der übernehmenden Gesellschaft ein Zwischenwert gewählt, kommt es regelmäßig zu einer Gewinnrealisierung auf Ebene des Einbringenden, die uU. genutzt werden kann, um bestehende Verlustvorträge (unter Beachtung der Mindestbesteuerung des § 10 d EStG) aufzubrauchen.[79] 44

bb) Ausnahme – Gewährung anderer Wirtschaftsgüter. Die übernehmende Gesellschaft muss den Wert der erworbenen Gesellschaft mindestens mit dem gemeinen Wert der zusätzlich erhaltenen anderen Wirtschaftsgüter ansetzen, wenn dieser den Buchwert der Anteile an der erworbenen Gesellschaft übersteigt.[80] Das Wahlrecht beschränkt sich in diesen Fällen auf einen Wert zwischen dem über dem Buchwert liegenden gemeinen Wert der anderen Wirtschaftsgüter und dem gemeinen Wert der erworbenen Anteile. 45

Andere Wirtschaftsgüter können u.a. zusätzlich gewährte Barabfindungen, typisch oder atypisch stille Beteiligungen[81] oder Anteile, die keinen „neuen Anteile" sind, sein. 46

Obergrenze ist auch in den Fällen des § 21 Abs. 1 S. 3 der gemeine Wert der eingebrachten Anteile. Ist der gemeine Wert der zusätzlich gewährten Wirtschaftsgüter höher als der gemeine Wert der eingebrachten Anteile, ist dennoch der gemeine Wert der eingebrachten Anteile in Ansatz zu bringen.[82] Ist der gemeine Wert der zusätzlich gewährten Wirtschaftsgüter aber höher als der gemeine Wert der eingebrachten Anteile, wird hinsichtlich der Wertdifferenz regelmäßig der Tatbestand der vGA an den Einbringenden erfüllt sein.[83] 47

Beispiel: 48

Die A-GmbH bringt Anteile an der B-GmbH in die C-GmbH gegen Gewährung neuer Anteile an der C-GmbH ein. Der Buchwert der Anteile an der B-GmbH beträgt 10 der gemeine Wert 100. Die C-GmbH gewährt neben Anteilen auch andere Wirtschaftsgüter mit einem gemeinen Wert iHv

a) 20
b) 110
c) 5

Im **Fall a)** liegt der gemeine Wert der zusätzlich gewährten anderen Wirtschaftsgüter über dem Buchwert der eingebrachten Anteile. Die übernehmende Gesellschaft hat die eingebrachten Anteile mindestens mit dem Wert 20 anzusetzen. Die übernehmende Gesellschaft, kann aber auch einen Zwischenwert wählen. Auch in diesem Fall bildet der gemeine Wert der anderen Wirtschaftsgüter die Untergrenze und der gemeine Wert der eigebrachten Anteile die Obergrenze.

Im **Fall b)** hat die übernehmende Gesellschaft die eingebrachten Anteile zwingend mit 100 anzusetzen. Der gemeine Wert der eingebrachten Anteile bildet die Obergrenze des Wertansatzes. IHv 10 (110-100) kann eine verdeckte Gewinnausschüttung vorliegen.

Im **Fall c)** liegt der gemeine Wert der zusätzlich erhaltenen Anteile unter dem Buchwert der eingebrachten Anteile. Es bestehen keine besonderen Beschränkungen bei der Wahl des Wertansatzes, so dass ein Wert zwischen 10 und 100 gewählt werden kann. Der gemeine Wert der zusätzlich gewährten anderen Wirtschaftsgüter wird von den Anschaffungskosten der erhaltenen neuen Anteile abgezogen (§ 20 Abs. 3 S. 3 iVm § 21 Abs. 2 S. 6).

78 Mittlerweile unstreitig, vgl BMF v. 11.11.2011, BStBl I, 1314, Rn 21.12; Dötsch/Pung/Möhlenbrock/*Patt*, § 21 Rn 46.
79 So auch für Fälle des § 20 *Roderburg/Schmitz/Pesch*, SteuK 2012, 131, 131.
80 BMF v. 11.11.2011, BStBl I, 1314, Rn 21.10.
81 Schmitt/Hörtnagl/Stratz/*Schmitt*, § 21 Rn 72.
82 Schmitt/Hörtnagl/Stratz/*Schmitt*, § 21 Rn 70.
83 Schmitt/Hörtnagl/Stratz/*Schmitt*, § 21 Rn 70; Rödder/Herlinghaus/van Lishaut/*Rabback*, § 21 Rn 92; Dötsch/Pung/Möhlenbrock/*Patt*, § 21 Rn 51.

49 c) **Antragserfordernis. aa) Formale Voraussetzungen.** Der Ansatz des Buchwertes oder eines Zwischenwertes erfolgt ausschließlich auf fristgerechten Antrag. Liegen die tatbestandlichen Voraussetzungen der Antragstellung vor, wurde aber kein (gültiger) oder fristgerechter Antrag gestellt, bleibt es bei dem Ansatz des gemeinen Wertes.

50 **Antragsteller** ist ausschließlich die übernehmende Gesellschaft.[84] Ein Antrag des Einbringenden entfaltet keine Wirkung.

51 **Schuldrechtliche Verpflichtungen** mit dem Einbringenden, einen bestimmten Wert in Ansatz zu bringen, sind für das Steuerrecht ohne Bedeutung.[85] Ein Verstoß gegen die schuldrechtliche Abrede kann aber uU einen zivilrechtlichen Schadenersatzanspruch des Einbringenden gegenüber der übernehmenden Gesellschaft begründen.[86]

52 **Zeitpunkt:** Die Antragstellung muss spätestens bis zur erstmaligen Abgabe der steuerlichen Schlussbilanz erfolgen. Dies umfasst über den Wortlaut hinaus auch eine Antragsstellung *mit* Abgabe der steuerlichen Schlussbilanz.[87] Entscheidend für den Fristablauf ist die tatsächliche Abgabe und nicht der Ablauf gesetzlicher oder behördlicher Abgabefristen.

53 **Antragsempfänger** ist das für die Besteuerung der übernehmenden Gesellschaft zuständige Finanzamt (§§ 20 Abs. 2 S. 3, 21 Abs. 1 S. 2 Hs 2). Liegen Sitz und Ort der Geschäftsleitung der übernehmenden Gesellschaft nicht im Inland, ist das Finanzamt zuständig, das für das eingebrachte Vermögen zuständig ist.[88]

54 Der **Inhalt des Antrags** ist nicht explizit bestimmt. Erforderlich ist aber, dass erkennbar ist, dass überhaupt ein Antrag gestellt wird und welcher Wertansatz gewählt wurde. Nach Auffassung der Finanzverwaltung ist, in Fällen in denen ein Zwischenwert in Ansatz gebracht werden soll, die Angabe der Höhe oder die Angabe, zu welchem Prozentsatz die stillen Reserven aufzudecken sind, erforderlich.[89] Diese inhaltlichen Verschärfungen sind unserer Auffassung nach zwar nicht zwingender Inhalt des Antrags, so dass der Antrag auch ohne Angabe einer bestimmten Höhe oder dem Prozentsatz der aufzudeckenden stillen Reserven wirksam sein kann, aus Praktikabilitätsgründen sollten die Angaben aber dennoch gemacht werden.

55 Eine bestimmte **Form** für den Antrag ist nicht vorgesehen.[90] Der Antrag kann auch konkludent gestellt werden.[91] Erforderlich bleibt aber, dass sich aus dem Antrag ergibt, welcher Wertansatz gewählt wurde. Nach Auffassung der Finanzverwaltung ist in dem Fall, dass ein Zwischenwertansatz gewählt wird, ein ausdrücklicher Antrag erforderlich.[92]

56 Als rechtsgestaltende Willenserklärung ist der Antrag **bedingungsfeindlich** und muss unbedingt gestellt werden.[93] Ein Antrag der unter eine Bedingung gestellt wird, ist als nicht gestellt anzusehen[94] und kann (nur) innerhalb der Antragsfrist nachgeholt werden.

84 HM Haritz/Menner/*Behrens*, § 21 Rn 192; Schmitt/Hörtnagl/Stratz/*Schmitt*, § 21 Rn 57; Rödder/Herlinghaus/van Lishaut/*Rabback*, § 21 Rn 77.
85 Schmitt/Hörtnagl/Stratz/*Schmitt*, § 21 Rn 57; *Stelzer*, MittBayNot 2009, 16, 18.
86 Rödder/Herlinghaus/van Lishaut/*Rabback*, § 21 Rn 77; *Stelzer*, MittBayNot 2009, 16, 18.
87 Rödder/Herlinghaus/van Lishaut/*Rabback*, § 21 Rn 79; Schmitt/Hörtnagl/Stratz/*Schmitt*, § 21 Rn 58; explizit auch für den Fall, dass kein ausdrücklicher Antrag gestellt wurde BMF v. 11.11.2011, BStBl I, 1314, Rn 21.12 iVm 20.21, 03.29.
88 Schmitt/Hörtnagl/Stratz/*Schmitt*, § 21 Rn 60.
89 BMF v. 11.11.2011, BStBl I, 1314, Rn 21.12 iVm 20.21, 03.29.
90 BMF v. 11.11.2011, BStBl I, 1314, Rn 21.12 iVm 20.21, 03.29; Rödder/Herlinghaus/van Lishaut/*Rabback*, § 21 Rn 78.
91 BMF v. 11.11.2011, BStBl I, 1314, Rn 21.12 iVm 20.21, 03.29; Rödder/Herlinghaus/van Lishaut/*Rabback*, § 21 Rn 78; Koch BB 2011, 1067, 1068; Schmitt/Hörtnagl/Stratz/*Schmitt*, § 21 Rn 59.
92 BMF v. 11.11.2011, BStBl I, 1314, Rn 21.12 iVm 20.21, 03.29.
93 BMF v. 11.11.2011, BStBl I, 1314, Rn 21.12 iVm 20.21, 03.29; Schmitt/Hörtnagl/Stratz/*Schmitt*, § 21 Rn 59.
94 *Schmitt*/Hörtnagl/Stratz, § 21 Rn 59.

Berichtigung und Widerruf eines wirksamen Antrags sind nicht möglich.[95] Der Antrag bleibt aber nach zivilrechtlichen Grundsätzen auslegungsfähig.[96] Soweit vertreten wird, dass eine Änderung bis zur erstmaligen Abgabe der steuerlichen Schlussbilanz möglich sein sollte,[97] erscheint dies problematisch. Die Antragstellung ist Tatbestandsmerkmal. Wird der Antrag vor Fristablauf gestellt, ist der Tatbestand erfüllt. Es liegt eine Ausschlussfrist und keine Überlegungs- und Berichtigungsfrist vor. 57

Faktische Berichtigungsmöglichkeit in besonderen Fällen: Rechtlich inkonsequent steht die Finanzverwaltung auf dem Standpunkt, dass trotz der fehlenden Berichtigungsmöglichkeit[98] ein konkludenter Antrag, jedenfalls in bestimmten Fällen,[99] durch einen ausdrücklichen Antrag ersetzt werden kann,[100] was nichts anderes als die partielle Zulassung der Berichtigungsmöglichkeit darstellt. So sei, „wenn die ausdrückliche Erklärung abgegeben wird, dass die Steuerbilanz iSd § 4 Abs. 1, § 5 Abs. 1 EStG gleichzeitig die steuerliche Schlussbilanz sein soll, [...] in dieser Erklärung gleichzeitig ein konkludenter Antrag auf Ansatz der Buchwerte zu sehen, *sofern kein ausdrücklicher gesonderter anderweitiger Antrag gestellt wurde*". Der Sichtweise steht bereits der Umstand entgegen, dass auch ein konkludenter Antrag ein „echter" Antrag ist. Weshalb dieser berichtigungsfähig sein sollte, der ausdrücklich gestellte aber nicht, ist nicht nachvollziehbar. 58

Die **Irrtumsanfechtung** des Antrags ist entgegen der hM[101] möglich. Die Ausübung des Wahlrechts ist eine (steuerliche) Willenserklärung des Steuerpflichtigen[102] und kann als solche angefochten werden. Zivilrechtlich kommt als Anfechtungsgrund grundsätzlich nur der Erklärungsirrtum der insb. Schreib- und Rechenfehler umfasst in Betracht. Motivirrtümer berechtigen hingegen nicht zur Anfechtung. Die Anfechtung beeinflusst nicht die Antragsfrist.[103] Wird nach Fristablauf der Antrag erfolgreich angefochten, gilt der Antrag (rückwirkend) als nicht gestellt und kann daher auch nicht nachgeholt werden, da die Antragsfrist bereits abgelaufen ist. Diese Auffassung steht auch nicht im Widerspruch zu der Ablehnung der Berichtigungsmöglichkeit. Derjenige, der einem Irrtum iSd § 119 BGB unterlegen ist, erklärt etwas, was er nicht erklären will. Derjenige der berichtigen will, unterlag zuvor keinem beachtlichen Irrtum über das Erklärte, sondern allenfalls über die Rechtsfolgen des irrtumsfrei erklärten Inhalts. Da die Beweislast für das Vorliegen eines Irrtums beim Steuerpflichtigen liegt, ist die Gefahr einer Umgehung des Berichtigungsverbots auch hinnehmbar gering. 59

bb) Einheitlichkeit des Antrags. Die übernehmende Gesellschaft kann grundsätzlich nur einheitlich zur Buchwertfortführung optieren.[104] Für den Fall, dass die Anteile von mehreren Einbringenden erworben werden oder aber in mehreren einzelnen Akten erworben werden, kann insoweit jeweils selbstständig das Optionsrecht ausgeübt werden.[105] Dasselbe gilt für die Einbringung durch eine vermögensverwaltende Personengesellschaft, denn hier sind die jeweiligen Anteilseigner als Einbringende anzusehen.[106] Hält die übernehmende Gesellschaft bereits vor dem Anteilstausch die Mehrheit der Stimmrechte, kann die differenzierte Ausübung der Option auch durch Aufteilung der Übertragung in mehrere Einzelakte herbeigeführt werden.[107] 60

95 BMF v. 11.11.2011, BStBl I, 1314, Rn 20.24; Schmitt/Hörtnagl/Stratz/*Schmitt*, § 21 Rn 61; Rödder/Herlinghaus/van Lishaut/*Rabback*, § 21 Rn 80.

96 BMF v. 11.11.2011, BStBl I, 1314, Rn 21.12 iVm 20.21, 03.29; Koch BB 2011, 1067, 1068; Schmitt/Hörtnagl/Stratz/*Schmitt*, § 21 Rn 59; Haritz/Menner/*Behrens*, § 21 Rn 194.

97 *Koch*, BB 2011, 1067, 1068; *Stelzer*, MittBayNot 2009, 16, 18 (Fn 13).

98 Ausdrücklich BMF v. 11.11.2011, BStBl I, 1314, Rn 20.24.

99 Vgl BMF v. 11.11.2011, BStBl I, 1314, Rn 21.12 iVm 20.21, 03.29 aE.

100 BMF v. 11.11.2011, BStBl I, 1314, Rn 21.12 iVm 20.21, 03.29.

101 Schmitt/Hörtnagl/Stratz/*Schmitt*, § 21 Rn 61; Dötsch/Pung/Möhlenbrock/*Patt*, § 21 Rn 49.

102 FG Berlin-Brandenburg, EFG 2009, 1695; *Weber-Grellet*, DStR 1992, 1417, 1418.

103 Schmitt/Hörtnagl/Stratz/*Schmitt*, § 21 Rn 61.

104 So bereits BT-Drucks. 16/2710, 43; Schmitt/Hörtnagl/Stratz/*Schmitt*, § 21 Rn 43.

105 Schmitt/Hörtnagl/Stratz/*Schmitt*, § 21 Rn 43; *Ruf*, GmbHR 2008, 243; 245; umstr. vgl zum Streitstand mwN *Ruf*, GmbHR 2008, 243.

106 Schmitt/Hörtnagl/Stratz/*Schmitt*, § 21 Rn 44.

107 GlA: Rödder/Herlinghaus/van Lishaut/*Rabback*, § 21 Rn 68.

61 cc) **Folgen fehlerhafter oder verspäteter Anträge.** Erfolgt die erstmalige Stellung eines wirksamen Antrags verspätet, findet die Privilegierung des § 21 Abs. 1 S. 2 grundsätzlich keine Anwendung.[108] Es bleibt bei dem Ansatz des gemeinen Wertes.[109]

62 Wird ein insgesamt **unwirksamer Antrag** gestellt, kann dieser innerhalb der Antragsfrist wirksam nachgeholt werden. Der unwirksame Antrag entfaltet keine materiellen Wirkungen. Kann aber bis zur gesetzlichen Ausschlussfrist des § 20 Abs. 2 S. 3 noch rechtzeitig ein wirksamer Antrag gestellt werden, ist es unerheblich, dass zuvor materiell unwirksame Versuche der Antragstellung unternommen wurden. Formaljuristisch liegt dann ein erstmaliger Antrag vor.

63 Schlicht **fehlerhafte Anträge** können nur im Rahmen einer Irrtumsanfechtung (umstr.) beseitigt und innerhalb der Antragsfrist wirksam (neu) gestellt werden.

II. Wertansatz der erhaltenen Anteile bei dem übertragenden Rechtsträger (Abs. 2)

64 **1. Anwendungsbereich.** § 21 Abs. 2 S. 1 gilt für den einfachen und den qualifizierten Anteilstausch iSd § 21 Abs. 1.[110]

65 a) **Wertverknüpfung/Veräußerungspreis.** Grundsätzlich entspricht der Veräußerungspreis des Einbringenden dem von der übernehmenden Gesellschaft angesetzten Wert der Anteile (§ 21 Abs. 2 S. 1). Dieser Wert stellt grundsätzlich (vgl zu den Ausnahmen Rn 70 ff) auch die Anschaffungskosten der im Gegenzug erhaltenen Anteile dar.[111] Die Wertverknüpfung zwischen dem Ansatz der Anteile an der übertragenden Gesellschaft, dem Veräußerungspreis für den Einbringenden und den Anschaffungskosten der erhaltenen Anteile ist zwingend (vgl zu den Ausnahmen Rn 78 ff). Jeder zulässigerweise auf Ebene der übernehmende Gesellschaft in Ansatz gebrachte Wert ist auch für die übertragende Gesellschaft verbindlich.[112] Vereinbarungen zwischen den Parteien sind steuerlich unbeachtlich.[113] Wird der Wertansatz korrigiert, ist die Korrektur grundsätzlich auch auf Ebene des Einbringenden nachzuvollziehen.[114]

66 Unklar ist, wie zu verfahren ist, wenn die übernehmende Gesellschaft einen rechtlich **unzulässigen Wert** für die Anteile an der erworbenen Gesellschaft in Ansatz gebracht hat. Dies kann im Rahmen des einfachen Anteilstauschs ein Wert unterhalb oder oberhalb des gemeinen Wertes oder im Rahmen des qualifizierten Anteilstauschs ein Wert oberhalb des gemeinen Wertes, ein Wert unterhalb des Buchwertes (wenn dieser nicht dem gemeinen Wert entspricht) oder ein Wert unterhalb des Wertes des gemeinen Wertes anderer gewährter Wirtschaftsgüter sein. Vertreten wird, dass in diesen Fällen der rechtlich erlaubte Wertansatz relevant ist.[115] Die Ermittlung des rechtlich erlaubten Wertes ist allerdings nur im Rahmen des einfachen Anteilstauschs eindeutig möglich und auf den (tatsächlichen) gemeinen Wert beschränkt. Liegt für die übertragende Gesellschaft hingegen ein qualifizierter Anteilstausch vor und hat sie einen formal wirksamen Antrag gestellt, steht ihr eine Bandbreite rechtlich zulässiger Wertansätze zur Verfügung. Einen einzigen rechtlich zulässigen Wertansatz gibt es in diesen Fällen nicht. Unserer Auffassung nach ist in diesen Fällen durch Auslegung zu ermitteln, welcher zulässige Wert tatsächlich gewählt worden ist, wenn jedenfalls aus dem Antrag eindeutig hervorgeht, dass und welcher von dem gemeinen Wert abweichende Wert angesetzt werden soll. Führt die Auslegung zu keinem eindeutigen Ergebnis, liegt kein materiell wirksamer Antrag vor und es verbleibt bei dem Ansatz des gemeinen Wertes.

108 Dötsch/Pung/Möhlenbrock/*Patt*, § 21 Rn 49.
109 *Koch*, BB 2011, 1067, 1067.
110 Rödder/Herlinghaus/van Lishaut/*Rabback*, § 21 Rn 96.
111 BMF v. 11.11.2011, BStBl I, 1314, Rn 21.13.
112 Rödder/Herlinghaus/van Lishaut/*Rabback*, § 21 Rn 97; *Ott*, DStZ 2009, 90, 92.
113 Rödder/Herlinghaus/van Lishaut/*Rabback*, § 21 Rn 97; *Ott*, DStZ 2009, 90, 93.
114 Rödder/Herlinghaus/van Lishaut/*Rabback*, § 21 Rn 98; *Ott*, DStZ 2009, 90, 93.
115 Rödder/Herlinghaus/van Lishaut/*Rabback*, § 21 Rn 97.

Beispiel: 67

Die A-GmbH bringt 100 % der Anteile an der B-GmbH gegen Gewährung neuer Anteile in die C-GmbH ein. Die C stellt hinsichtlich der eingebrachten Anteile an der B (Buchwert 10) einen fristgerechten Antrag auf den „Zwischenwert" 50, da sie davon ausgeht, dass der gemeine Wert 100 beträgt. Dem Antrag fügt sie eine dezidierte und materiell richtige Berechnung der aufzudeckenden stillen Reserven iHv 50 vH bei. Es stellt sich heraus, dass im Zeitpunkt der Einbringung der gemeine Wert nicht 100 sondern lediglich 40 betrug.

Obwohl die Berechnung des Anteils der aufzudeckenden stillen Reserven grundsätzlich nicht zu dem Antrag gehört, dürfte sie zur Ermittlung des eigentlich gewollten Wertansatzes heranzuziehen sein. Ergibt sich hieraus aber, dass 50 vH der stillen Reserven aufzudecken sind, lässt sich ein eindeutiger zulässiger Zwischenwert ermitteln, nämlich 25 (stille Reserven x 50 % zuzüglich Buchwert; [40-10] x 0,5 + 10). Dieser ist grundsätzlich sowohl für die übernehmende Gesellschaft, als auch für den Einbringenden maßgeblich.

Eine Anfechtung des Antrags scheidet bereits nach den zivilrechtlichen Maßstäben aus. C irrt nicht etwa über den Erklärungsinhalt oder die gewählten Erklärungszeichen, sondern irrt über außerhalb seiner Erklärung liegende Umstände, nämlich den gemeinen Wert der eingebrachten Anteile.

Hinweis: Soll ein Zwischenwert angesetzt werden, ist es ratsam, die Ermittlung des Wertes dem Antrag unmittelbar beizufügen. Die Wertermittlung sollte auch einen Prozentsatz der aufzudeckenden stillen Reserven enthalten, um ggf eine Auslegung des tatsächlich gewollten Wertansatzes zu ermöglichen. Die alleinige Angabe des Betrages der stillen Reserven die aufzudecken sind hilft nicht in Fällen, in denen der gemeine Wert weniger stille Reserven beinhaltet, als aufgedeckt werden sollen.

b) Anschaffungskosten der erhaltenen Anteile. Die Anschaffungskosten für die erhaltenen (neuen) Anteile an der übernehmenden Gesellschaft bemessen sich im Grundsatz an dem Veräußerungspreis für die hingegebenen Anteile. Werden dem Einbringenden neben den Anteilen auch weitere Wirtschaftsgüter gewährt, ist deren gemeiner Wert bei der Ermittlung der Anschaffungskosten gem. § 21 Abs. 2 S. 6 iVm § 20 Abs. 3 S. 3 abzuziehen.[116] 68

Hinweis: Da § 21 Abs. 1 S. 3 die Gewährung von baren Zuzahlungen bis zur Höhe des Buchwertes der eingebrachten Anteile zulässt, ohne dass dies die Buchwertfortführung einschränkt, kann der Einbringende im Rahmen eines Anteilstauschs grundsätzlich bis zu dieser Höhe einen zunächst nicht der Besteuerung unterliegenden Erlös erzielen. Die Besteuerung ist insoweit aber nur aufgeschoben, weil sich die Anschaffungskosten des Einbringenden für die erhaltenen Anteile entsprechend reduzieren und daher im Fall einer späteren Veräußerung, einen unveränderten gemeinen Wert vorausgesetzt, versteuert werden müssen.

Beispiel: 69

Die A-GmbH bringt 100 % der Anteile an der B-GmbH (Buchwert 10; gemeiner Wert 20) gegen Gewährung neuer Anteile in die C-GmbH ein. Die C-GmbH gewährt neben den neuen Anteilen eine bare Zuzahlung iHv 9 und stellt einen wirksamen und fristgerechten Antrag auf Buchwertfortführung.

Da der gemeine Wert der anderen Wirtschaftsgüter den Buchwert der eingebrachten Anteile nicht übersteigt, bleibt es bei dem Buchwert der eingebrachten Anteile als Untergrenze des Wertansatzes. Die C-GmbH hat die erhaltenen Anteile mit 10 anzusetzen. Dieser Wert gilt für die A-GmbH als Veräußerungspreis der eingebrachten Anteile so dass kein Einbringungsgewinn entsteht. Als Anschaffungskosten der neuen Anteile gilt der Veräußerungspreis abzüglich

116 Rödder/Herlinghaus/van Lishaut/*Rabback*, § 21 Rn 99.

der zusätzlich gewährten anderen Wirtschaftsgüter (§ 20 Abs. 3 S. 3 iVm § 21 Abs. 2 S. 6). Anschaffungskosten für die neuen Anteile ergeben sich daher iHv 1 (10-9).

70 **2. Ausnahme: Beschränkung des deutschen Besteuerungsrechts. a) Überblick.** Der gemeine Wert ist für den Einbringenden grundsätzlich als Veräußerungspreis anzusetzen, wenn das Recht Deutschlands zur Besteuerung von Veräußerungsgewinnen der eingebrachten Anteile ausgeschlossen oder beschränkt ist (§ 21 Abs. 2 S. 2 Hs 1) oder wenn das Besteuerungsrecht hinsichtlich der von dem Einbringenden erhaltenen Anteile (§ 21 Abs. 2 S. 2 Hs 2) ausgeschlossen oder beschränkt ist.[117] Der Ansatz des gemeinen Wertes als Veräußerungspreis erfolgt in diesen Fällen unabhängig von dem Wertansatz der übernehmenden Gesellschaft. Die Wertverknüpfung wird durchbrochen.[118]

71 **b) Geltungsbereich.** Die Beschränkung des Abs. 2 S. 2 gilt wie § 21 Abs. 2 insgesamt sowohl für den einfachen als auch für den qualifizierten Anteilstausch. Relevant wird die Einschränkung des Abs. 2 S. 2 aber nur für den qualifizierten Anteilstausch, denn im Rahmen des einfachen Anteilstauschs iSd § 21 Abs. 1 S. 1 wird ohnehin auf Ebene der übernehmenden Gesellschaft der gemeine Wert in Ansatz gebracht. Die Regelung läuft für den einfachen Anteilstausch insoweit ins Leere.[119]

72 **c) Beschränkung des Besteuerungsrechts. Gegenstand der Beschränkung/des Ausschlusses des Besteuerungsrechts**[120] ist das konkrete Recht Deutschlands, den Gewinn aus der Veräußerung der vom Einbringenden eingebrachten Anteile zu besteuern. Dies richtet sich nach den geltenden steuerlichen Vorschriften. Nicht entscheidend ist, dass (auch) das theoretische Besteuerungsrecht ausgeschlossen oder beschränkt ist.[121] Terminologisch mag zwar keine echte Beschränkung oder kein Ausschluss des Rechts der Besteuerung vorliegen, wenn Deutschland über ein DBA freiwillig auf die Besteuerung verzichtet,[122] auf diese Willensrichtung des Gesetzgebers kommt es aber nicht an. Entscheidend ist nicht, dass die Beschränkung deutscher Besteuerungsrechte unter keinen Umständen hätte verhindern werden können. Andernfalls wäre stets zu prüfen, ob es dem Gesetzgeber unter Beachtung unionsrechtlicher und verfassungsrechtlicher Vorgaben bei weitestgehender Entscheidungsfreiheit (theoretisch) möglich gewesen wäre, den zu beurteilenden Sachverhalt zulässiger Weise auch steuerlich zu erfassen. Eine derartige Prüfung ordnet § 21 Abs. 2 S. 2 aber nicht an.

73 Ist der Veräußerungsgewinn der Anteile nach rein deutschem Recht auf Ebene der übernehmenden Gesellschaft steuerbefreit (zB. nach § 8 b Abs. 2 KStG), ist dies keine tatbestandliche Beschränkung oder kein Ausschluss des Besteuerungsrechts Deutschlands.[123] Das Recht Deutschlands zur Besteuerung ist in diesen Fällen nicht eingeschränkt, sondern wurde vielmehr mit der positiven Entscheidung der Steuerfreiheit ausgeübt. Anders als Doppelbesteuerungsabkommen die das Besteuerungsrecht dem anderen Vertragsstaat zuordnen können, bleibt in diesen Fällen das Besteuerungsrecht gerade bestehen.

74 Eine tatbestandliche **Unterscheidung zwischen der Beschränkung und dem Ausschluss** des Besteuerungsrechts ist nicht erforderlich[124] und überdies kaum möglich.[125] Der Ausschluss lässt sich als vollständige Beschränkung und die Beschränkung als partieller Ausschluss des Besteuerungsrechts darstellen.

75 **Beispiele** für die Beschränkung oder den Ausschluss des Besteuerungsrechts liegen u.a. vor, wenn Anteile in eine Gesellschaft im Ausland eingebracht werden und nach dem einschlägigen DBA das Besteuerungsrecht an diesen eingebrachten Anteilen nicht (mehr) Deutschland zusteht. Dass die erhaltenen Anteile in Deutschland steuerverstrickt sind, ist unbeachtlich, eröff-

117 BMF v. 11.11.2011, BStBl I, 1314, Rn 21.14.
118 Rödder/Herlinghaus/van Lishaut/*Rabback*, § 21 Rn 101; *Ott*, INF 2007, 387, 389.
119 Rödder/Herlinghaus/van Lishaut/*Rabback*, § 21 Rn 96.
120 Ausführlich hierzu *Becker-Pennrich*, IStR 2007, 684.
121 So aber wohl *Becker-Pennrich*, IStR 2007, 684.
122 So *Becker-Pennrich*, IStR 2007, 684, 687.
123 Dötsch/Pung/Möhlenbrock/*Patt*, § 21 Rn 60 mwN.
124 Dötsch/Pung/Möhlenbrock/*Patt*, § 21 Rn 60.
125 *Becker-Pennrich*, IStR 2007, 684, 689.

net aber gegebenenfalls die Möglichkeit einer abweichenden Wertfestsetzung auf Antrag. Tatbestandlich kann es aber auch sein, wenn Deutschland die Veräußerung der einzubringenden Anteile vor der Einbringung vollständig besteuern konnte, nach der Einbringung bei der Besteuerung der Gewinne aus der Veräußerung aber ausländische Steuern anrechnen muss.[126] Ob eine tatsächliche Anrechnung erfolgt, ist dabei unerheblich und kann die Anwendung des § 21 Abs. 2 S. 2 nicht verhindern.[127]

In **zeitlicher Hinsicht** sieht § 21 Abs. 2 S. 2 vor, dass die Beschränkung oder der Ausschluss des Besteuerungsrechts hinsichtlich der Veräußerung der Anteile *nach* der Einbringung vorliegen muss. Obwohl § 21 Abs. 2 S. 2 bei strenger Wortlautbetrachtung ausschließlich auf den Ist-Zustand nach der Einbringung abstellt, wird zu Recht gefordert, dass bereits vor der Einbringung ein Besteuerungsrecht bestanden haben muss.[128] Wird durch die Einbringung erstmals das Besteuerungsrecht Deutschlands begründet, sind die eingebrachten Anteile mit dem gemeinen Wert zu bewerten.[129] Auf die zeitliche Dauer des (ursprünglichen) Bestehens des Besteuerungsrechts kommt es dabei nicht an. Auch wenn im Zuge der Strukturierung der Einbringung für eine juristische Sekunde vor der Einbringung das Besteuerungsrechts Deutschlands begründet wurde, kann ein tatbestandlicher Ausschluss oder eine Beschränkung dieses Rechts vorliegen. 76

Kausalität zwischen Beschränkung bzw Ausschluss des Besteuerungsrechts und der Einbringung ist erforderlich. Die Einbringung muss die Ursache für die nach Einbringung bestehende Beschränkung oder den Ausschluss des Besteuerungsrechts sein. Nicht tatbestandlich ist es daher, wenn das Besteuerungsrecht beschränkt wird, weil der Einbringende bei Gelegenheit der Einbringung seinen Wohnsitz verlegt hat. In diesen Fällen können dann aber andere Steuertatbestände (zB § 6 AStG) erfüllt sein. 77

3. Rückausnahme Antrag des Einbringenden (Abs. 2 S. 3). a) Grundvoraussetzungen. Eine Rückausnahme zu § 21 Abs. 2 S. 2 ist in § 21 Abs. 2 S. 3 vorgesehen. In diesen Fällen wird dem Einbringenden ein Wahlrecht eingeräumt, statt des gemeinen Werts auf Antrag den Buch- oder einen Zwischenwert anzusetzen.[130] In diesen Fällen wird die Buchwertverknüpfung regelmäßig durchbrochen.[131] Das heißt, der Wert der als Veräußerungspreis für die eingebrachten Anteile und als Anschaffungskosten für die erhaltenen neuen Anteile anzusetzen ist, muss nicht mehr zwingend mit dem Wertansatz der übernehmenden Gesellschaft für die eingebrachten Anteile übereinstimmen. 78

Grundvoraussetzungen der Anwendung der Rückausnahme ist, dass ein Fall des Abs. 2 S. 2 vorliegt und damit grundsätzlich der gemeine Wert in Ansatz zu bringen wäre und ein qualifizierter Anteilstausch iSd § 21 Abs. 1 S. 2 gegeben ist. Die Rückausnahme findet auf den einfachen Anteilstausch keine Anwendung. 79

b) Ausnahmetatbestände bei grenzüberschreitenden Einbringungen. aa) Keine Beschränkung des Besteuerungsrechts hinsichtlich der erhaltenen Anteile. Tatbestandlicher Anknüpfungspunkt für die Rückausnahme ist nach Abs. 2 S. 3 Nr. 1, dass an den erhaltenen Anteilen ein Besteuerungsrecht Deutschlands besteht und nicht eingeschränkt ist. Abs. 2 S. 3 Nr. 1 bildet damit lediglich eine Rückausnahme für die Fälle des Abs. 2 S. 2 Hs 1. Erfasst sind hiervon insb. die Fälle, in denen ein unbeschränkt Steuerpflichtiger Anteile an einer inländischen Kapitalgesellschaft in eine ausländische Kapitalgesellschaft einlegt und das einschlägige Doppelbesteuerungsabkommen (wie im Fall der meisten Abkommen Deutschlands) hinsichtlich der im Gegenzug für die Einbringung gewährten Anteile das Besteuerungsrecht Deutschland zuweist. 80

126 *Becker-Pennrich*, IStR 2007, 684, 686.
127 Ausdrücklich aA *Becker-Pennrich*, IStR 2007, 684, 691.
128 Rödder/Herlinghaus/van Lishaut/*Rabback*, § 21 Rn 102; *Becker-Pennrich*, IStR 2007, 684, 688 f.
129 Schmitt/Hörtnagl/Stratz/*Schmitt*, § 21 Rn 69 mwN.
130 BMF v. 11.11.2011, BStBl I, 1314, Rn 21.15.
131 *Kaeser*, DStR 2012, Beihefter 2, 14, 16.

Beispiel:

Die A-GmbH bringt ihre Anteile an der B-GmbH in die französische C-SARL ein. Durch die Einbringung wird das Besteuerungsrecht Frankreichs in Bezug auf die Anteile an der B-GmbH begründet. Folge hieraus wäre grundsätzlich der Ansatz des gemeinen Wertes bei der A-GmbH. Aufgrund der Rückausnahme des Abs. 2 S. 3 Nr. 1 kann die A-GmbH jedoch den Anteilstausch unter Fortführung der steuerlichen Buchwerte vollziehen, weil Deutschland nach dem maßgeblichen DBA mit Frankreich das Besteuerungsrecht für Gewinne aus der Veräußerung der Anteile an der C-SARL zusteht.

Besonderheiten sind in immer mehr DBAs zu beachten, wenn das Vermögen der ausländischen Gesellschaft überwiegend (bzw zu mehr als der Hälfte) aus unbeweglichem Vermögen besteht, das im anderen Vertragsstaat belegen ist. In diesen Fällen sehen diese DBAs vielfach eine Ausnahme vom Besteuerungsrecht des Ansässigkeitsstaates (Deutschland) zugunsten des Belegenheitsstaates des unbeweglichen Vermögens vor.

81 **bb) Fälle des Art. 8 der Richtlinie 2009/133/EG. (1) Tatbestand. (a) Richtlinienverweis und Inhalt der FusionsRL. Richtlinienverweis:** Durch die Aufhebung der Richtlinie 90/434/EWG verweist Abs. 2 S. 3 Nr. 2 nunmehr auf Art. 8 der Richtlinie 2009/133/EG.[132] Nach Art. 17 der Richtlinie 2009/133/EG gelten Bezugnahmen auf die Richtlinie 90/434/EWG nach Maßgabe der sog. Entsprechungstabelle als solche Verweise auf Art. 8 der der Richtlinie 2009/133/EG. Inhaltlich haben sich keine Änderungen ergeben.

82 Nach Art. 8 Abs. 1 RL 2009/133/EG darf für sich allein der „Austausch von Anteilen" **keine Besteuerung des Veräußerungsgewinns** auslösen. „Austausch von Anteilen" definiert Art. 2 Buchst. e RL 2009/133/EG als „Vorgang, durch den eine Gesellschaft am Gesellschaftskapital einer anderen Gesellschaft eine Beteiligung, die ihr die Mehrheit der Stimmrechte verleiht, oder – sofern sie die Mehrheit der Stimmrechte bereits hält – eine weitere Beteiligung dadurch erwirbt, dass die Gesellschafter der anderen Gesellschaft im Austausch für ihre Anteile Anteile am Gesellschaftskapital der erwerbenden Gesellschaft und gegebenenfalls eine bare Zuzahlung erhalten; letztere darf 10 % des Nennwerts oder – bei Fehlen eines Nennwerts – des rechnerischen Werts der im Zuge des Austauschs ausgegebenen Anteile nicht überschreiten".

83 Durch den umfassenden Verweis auf Art. 8 RL 2009/133/EG gelten auch die **Ausnahmetatbestände der FusionsRL**. So gilt das Verbot der Besteuerung des Veräußerungsgewinns nur dann, wenn „der Gesellschafter den erworbenen Anteilen keinen höheren steuerlichen Wert beimisst, als den in Tausch gegebenen Anteilen unmittelbar vor der Fusion, der Spaltung oder dem Austausch der Anteile beigemessen war".[133] Mit anderen Worten gilt das Besteuerungsverbot nicht, wenn die übernehmende Gesellschaft den Anteilen einen höheren Wert als den Buchwert beimisst. Insoweit kann es zu Konflikten mit § 21 Abs. 1 S. 3 kommen, wenn die (auch nach der FusionsRL zulässige) Gewährung anderer Wirtschaftsgüter zu einem Ansatz oberhalb des Buchwertes zwingt, da deren gemeiner Wert oberhalb des Buchwertes der erhaltenen Anteile liegt. Unserer Auffassung nach scheidet in diesen Fällen das Antragsrecht nach § 21 Abs. 2 S. 3 Nr. 2 aus.

84 **(b) Abweichungen der FusionsRL zum nationalen Recht. Abweichungen zu der nationalen Definition** des Anteilstauschs bestehen bezüglich der Art und bezüglich des Wertes der zusätzlich zu den Anteilen gewährten anderen Wirtschaftsgütern, hinsichtlich der Stimmrechte in der übertragenden Gesellschaft und im Hinblick auf den Umfang des Anteils.

85 Die Definition des Anteilstauschs der FusionsRL erfordert jedenfalls einen nach nationalem Verständnis **qualifizierten Anteilstausch**, da die vermittelte oder bestehende Stimmrechtsmehrheit wesentliches Tatbestandsmerkmal des Art. 2 Buchst. e RL 2009/133/EG ist. Der einfache Anteilstausch iSd § 21 Abs. 1 S. 1 ist von der FusionsRL nicht erfasst. Diese Unterschiede sind

132 BMF v. 11.11.2011, BStBl I, 1314, Rn 21.15; *Frotscher*, Umwandlungssteuererlass 2011, 443.
133 Art. 8 Abs. 4 RL 2009/133/EG.

für die Anwendung des § 21 Abs. 2 S. 3 Nr. 2 nicht von Bedeutung, da § 21 Abs. 2 S. 3 bereits einen qualifizierten Anteilstausch nach deutschem Verständnis erfordert, der jedenfalls das Stimmrechtserfordernis nach Verständnis der FusionsRL erfüllt.

Abweichungen bezogen auf **Art und Wert der zusätzlich gewährten Wirtschaftsgüter** ergeben 86
sich insoweit, als dass die Richtlinie für die „anderen Wirtschaftsgüter“, besondere Voraussetzungen aufstellt. Nach der deutschen Definition des Anteilstauschs sind zusätzlich zu den Anteilen gewährte „andere Wirtschaftsgüter“ allgemein zulässig. Auf eine bestimmte Art der Wirtschaftsgüter kommt es nach den nationalen Vorschriften nicht an. Auch ein bestimmter Wert der zusätzlich gewährten anderen Wirtschaftsgüter ist für den Anteilstausch als solchen unschädlich, aber ggf für den Wertansatz relevant (vgl. Rn 45 ff). Demgegenüber sind nach der **FusionsRL ausschließlich bare Zuzahlungen** zulässig. Andere Wirtschaftsgüter scheiden als zusätzlich gewährtes Wirtschaftsgut nach der FusionsRL aus. Bare Zuzahlungen umfassen neben Bargeld auch Buchgeld. Unschädlich ist nach der FusionsRL aber nur eine solche Zuzahlung, die 10 % des Nennwerts oder – bei Fehlen eines Nennwerts – des rechnerischen Werts der im Zuge des Austauschs ausgegebenen Anteile nicht überschreitet. Wird eine andere sonstige Gegenleistung oder eine höhere bare Zuzahlung geleistet, fällt der Anteilstausch bereits aus dem Anwendungsbereich der Richtlinie[134] und damit auch aus dem Anwendungsbereich des § 21 Abs. 2 Nr. 2.

Beispiel: 87

Ausgangsfall: Die in Spanien ansässige A-SRL (GmbH nach deutschem Verständnis) bringt 100% der Anteile an der deutschen B-GmbH, deren Aktivvermögen fast vollständig aus unbeweglichem Vermögen besteht, gegen Gewährung neuer Anteile in die aktiv tätige französische C-SARL (GmbH nach deutschem Verständnis) ein.

Abwandlung: Die C-SARL gewährt der A-SRL neben den neuen Anteilen auch Anteile an einer ihrer Tochtergesellschaften/Drittgesellschaft.

Im **Ausgangsfall** unterliegt der Anteilstausch der FusionsRL. Es liegt ein qualifizierter Anteilstausch vor. An dem Anteilstausch sind mindestens zwei Gesellschaften aus Mitgliedstaaten beteiligt. Die übrigen Voraussetzungen der FusionsRL sind erfüllt. Auf Antrag nach § 21 Abs. 2 S. 3 Nr. 2 kann die A-SRL die historischen Buchwerte oder einen Zwischenwert fortführen. Die erhaltenen neuen Anteile an der C-SARL sind dann aber in Deutschland steuerverstrickt (obwohl § 49 EStG ansonsten nicht einschlägig ist).

In der **Abwandlung** war die A-SRL bis zur Einbringung in Deutschland beschränkt steuerpflichtig, § 49 Abs. 1 Nr. 2 Buchst. e EStG iVm § 2 KStG. Das Besteuerungsrecht stand nach dem DBA Deutschland zu, da Anteile an einer Gesellschaft betroffen sind, deren Vermögen ganz oder überwiegend aus in Deutschland gelegenen unbeweglichen Vermögens besteht, Art. 13 Abs. 2 DBA Spanien. Der durch die A-SRL ggf. zukünftig erzielte Veräußerungsgewinn aus der Veräußerung der erhaltenen Anteile an der französischen C-SARL, ist in Deutschland nicht steuerbar. Es liegt ein Fall des § 21 Abs. 2 S. 2 Hs 2 vor. Grundsätzlich ist der gemeine Wert der eingebrachten Anteile als Veräußerungspreis und als Anschaffungskosten der erhaltenen Anteile anzusetzen. Ein Antrag nach § 21 Abs. 2 S. 3 scheidet aus, da die Voraussetzungen der Nr. 1 oder der Nr. 2 nicht erfüllt sind. Die erhaltenen neuen Anteile unterliegen in Deutschland keiner Besteuerung. Ein Fall der FusionsRL liegt nicht vor, da keine bare Zuzahlung geleistet wurde. Die zusätzlich gewährten Anteile an der Tochtergesellschaften / Drittgesellschaft bilden eine nach der FusionsRL unzulässige zusätzliche Leistung.

Nach der Definition des Anteilstauschs der FusionsRL unterfallen **Anwartschaften** nicht dem 88
Anteilstausch. Die FusionsRL erfordert im Gegensatz zu der nationalen Definition keinen Anteil an der Kapitalgesellschaft, sondern einen „Anteil am Gesellschaftskapital“. Anwartschaf-

134 Blümich/*Nitzschke*, § 21 Rn 52.

ten mögen zwar einen Anteil an einer Kapitalgesellschaft abbilden, sie stellen aber keinen Anteil am Kapital[135] der Gesellschaft dar.

89 Abweichungen im **persönlichen Anwendungsbereich** ergeben sich insoweit, als dass die FusionsRL gem. Art. 1 Buchst. e iVm Art. 3 RL 2009/133/EG den Austausch von Anteilen nur dann erfasst, wenn daran Gesellschaften aus zwei oder mehr Mitgliedstaaten beteiligt sind, nicht aber EWR-Gesellschaften.[136] Diese Gesellschaften müssen insb. eine in Anhang I Teil A zur FusionsRL aufgeführten Rechtsform aufweisen und im Übrigen die weiteren Voraussetzungen des Art. 3 RL 2009/133/EG erfüllen.

90 (2) **Ansatz des Buch- oder Zwischenwertes.** In der Rechtsfolge kann der Einbringende als Veräußerungspreis für die eingebrachten Anteile und als Anschaffungskosten für die erhaltenen neuen Anteile den **Buchwert oder einen Zwischenwert**, höchstens jedoch den gemeinen Wert der eingebrachten Anteile ansetzen. Dieser Wertansatz ist – anders als im Rahmen des § 21 Abs. 1 – losgelöst von dem Wertansatz der übernehmenden Gesellschaft. Haben die eingebrachten Anteile nicht zu einem Betriebsvermögen gehört, treten an die Stelle des Buchwertes die historischen Anschaffungskosten, § 21 Abs. 2 S. 5.

91 Werden zusätzlich **andere Wirtschaftsgüter** gewährt, reduzieren diese die Anschaffungskosten der erhaltenen neuen Anteile, § 21 Abs. 2 S. 6 iVm § 20 Abs. 3 S. 3.

92 (3) **Fortsetzung der Steuerpflicht am Surrogat.** Wird der Ausnahmetatbestand des § 21 Abs. 3 S. 2 Nr. 2 in Anspruch genommen, ist der Gewinn aus der (späteren) Veräußerung der erhaltenen Anteile in der gleichen Weise zu besteuern, wie die Anteile an der erworbenen Gesellschaft zu besteuern gewesen wären (§ 21 Abs. 3 S. 2 Nr. 2 Hs 2). Entgegenstehende Bestimmungen von Doppelbesteuerungsabkommen werden ausdrücklich ausgeklammert und finden keine Anwendung (*treaty-override*).

93 § 21 Abs. 2 S. 3 Nr. 2 ordnet damit eine Erweiterung der (unbeschränkten bzw beschränkten) Steuerpflicht an den erhaltenen neuen Anteilen an. Die inländische Steuerpflicht setzt sich insoweit unverändert an den erhaltenen Anteilen fort. Man kann auch von der Steuerpflicht am Surrogat sprechen. Erfasst ist nach dem Wortlaut nur der Gewinn aus der Veräußerung. Dividenden und sonstige Ausschüttungen werden von der Regelung nicht erfasst, so dass sich die Frage nach der Besteuerung dieser Zahlungen nach den allgemeinen Regeln richtet. Unserer Auffassung nach ist nicht der Gewinn im technischen Sinne gemeint, sondern auch ein etwaiger Verlust aus der späteren Veräußerung (soweit nach deutschem Recht im Einzelfall steuerwirksam). Es wäre inkonsequent, wenn sich Deutschland nur das Recht vorbehalten würde, Gewinne zu besteuern, Verluste aber unberücksichtigt ließe.

94 Die Fortsetzung der Steuerpflicht ist unabhängig davon, dass die erhaltenen Anteile keine direkte Steuerverstrickung im Inland aufweisen. Der Grund hierfür ist unerheblich. Erfasst sind Fälle, in denen das einschlägige Doppelbesteuerungsabkommen das Besteuerungsrecht nicht Deutschland zuordnet. Erfasst sind aber auch Fälle, in denen das Besteuerungsrechts Deutschlands ausscheidet, weil ein ausländischer Einbringender Anteile an einer inländischen Gesellschaft gegen Gewährung neuer Anteile in eine EU-Gesellschaft eingebracht hat und diese erhaltenen Anteile später veräußert.

95 Die angeordnete Besteuerung erfasst unserer Auffassung nach nur eine Besteuerung dem Grunde nach, nicht aber eine vollständig hypothetische Besteuerung für den (vergangenen) Zeitpunkt der Einbringung. Die Besteuerung in „der gleichen Weise" führt also nicht dazu, dass bei einer Veränderung der im Zeitpunkt der späteren Veräußerung geltenden Steuersätze, die historischen Steuersätze im Zeitpunkt der Einbringung Anwendung fänden. Dies ergibt sich insb. aus einem Vergleich zu § 21 Abs. 2 S. 3 Nr. 1, der über die weitere Steuerverstrickung im

135 BFH v. 19.2.2013, IX R 35/12, NJW-RR, 1051, 1051.
136 *Frotscher*, UmwStE 2011, 443; aA wohl BMF v. 11.11.2011, BStBl I, 1314, Rn 21.15.

Inland ebenfalls Veränderungen der (alternativen) Sofortbesteuerung hinnimmt. Erfasst von der hypothetischen Betrachtung ist die abstrakte Gewinnbesteuerung, die ggf durch ein anwendbares Doppelbesteuerungsabkommen ausgeschlossen oder beschränkt ist.

c) **Antragserfordernis. Antragsteller** für den Antrag nach § 21 Abs. 2 S. 3 ist der Einbringende.[137] 96

Antragsempfänger ist das für die Besteuerung des Einbringenden zuständige Finanzamt (§ 21 Abs. 2 S. 4). 97

Als **Antragsfrist** gilt, dass der Antrag spätestens bis zur erstmaligen Abgabe der Steuererklärung zu stellen ist (§ 21 Abs. 2 S. 4). Über den Wortlaut hinaus ist auch die Antragstellung mit erstmaliger Abgabe der Steuererklärung ausreichend. Entscheidend ist die tatsächliche, erstmalige Abgabe. Gesetzliche oder behördliche Erklärungsfristen sind nicht entscheidend. 98

Konkrete **inhaltliche Anforderungen** für den Antrag enthält § 21 nicht. Aus der Rechtsfolge des Antrags folgt aber, dass sich jedenfalls aus den Umständen ergeben muss, dass es sich überhaupt um einen Antrag nach § 21 Abs. 2 S. 3 handelt, welche Anteile betroffen sind und ob der Buchwert oder ein höherer Wert anzusetzen ist.[138] 99

Eine bestimmte **Form** des Antrags ist gesetzlich nicht geregelt. Der Antrag kann ausdrücklich oder konkludent gestellt werden. Wenn vertreten wird, dass auch die Nichterklärung von eigentlich steuerpflichtigen Gewinnen aus der Anteilsveräußerung als Antrag zur Fortführung der Buchwerte/Anschaffungskosten zu werten sei,[139] kann dem nicht einschränkungslos zugestimmt werden. Für den Empfänger des Antrags muss auch erkennbar sein, dass überhaupt ein Antrag gestellt wird. Die schlichte Nichtdeklaration ist als solche mehrdeutig. 100

Der **Antrag ist widerruflich** bis zur Bestandskraft der Steuerfestsetzung und in den gesetzlichen Grenzen des Wertansatzes änderbar.[140] Das Wahlrecht berührt nur den Einbringenden und zeigt keine Auswirkungen auf die übernehmende Gesellschaft.[141] 101

d) **Ansatz mit dem Buch oder Zwischenwert.** Liegen die materiellen und formellen Voraussetzungen der Rückausnahme vor, kann der Einbringende sowohl Veräußerungspreis als auch Anschaffungskosten mit dem Buchwert oder einem höheren Wert, höchstens jedoch mit dem gemeinen Wert ansetzen. Haben die eingebrachten Anteile nicht zu einem Betriebsvermögen gehört, treten an die Stelle des Buchwertes die Anschaffungskosten (Abs. 3 S. 5). 102

III. Veräußerungsgewinn

1. Ermittlung des Veräußerungsgewinns/Einbringungsgewinns. Der beim Anteilstausch entstehende **Veräußerungsgewinn** ermittelt sich aus der Differenz zwischen dem um die Kosten der Einbringung geminderten Veräußerungspreis und dem Buchwert bzw den Anschaffungskosten der eingebrachten Anteile abzüglich eines etwaigen Freibetrages nach § 17 Abs. 3 EStG oder § 16 Abs. 4 EStG.[142] 103

Der für den Einbringenden maßgebliche **Veräußerungspreis** ergibt sich aus § 21 Abs. 2 und entspricht entweder dem gemeinen Wert, dem Wertansatz der übernehmenden Gesellschaft oder auf Antrag einem Zwischenwert. 104

Die im Zusammenhang mit der Einbringung entstandenen Kosten sind bei Ermittlung des Veräußerungsgewinns in Abzug zu bringen. Die Zurechnung der Kosten bestimmt sich nach dem **objektiven Veranlassungszusammenhang.**[143] 105

137 BMF v. 11.11.2011, BStBl I, 1314, Rn 21.15; Rödder/Herlinghaus/van Lishaut/*Rabback*, § 21 Rn 118.
138 Ähnlich Rödder/Herlinghaus/van Lishaut/*Rabback*, § 21 Rn 119.
139 So Rödder/Herlinghaus/van Lishaut/*Rabback*, § 21 Rn 119.
140 Rödder/Herlinghaus/van Lishaut/*Rabback*, § 21 Rn 121; *Neumann*, GmbH-StB 2007, 377, 378.
141 Rödder/Herlinghaus/van Lishaut/*Rabback*, § 21 Rn 121.
142 Blümich/*Nitzschke*, § 21 Rn 59.
143 Haritz/Menner/*Behrens*, § 21 Rn 344; Dötsch/Pung/Möhlenbrock/*Patt*, § 21 Rn 72.

106 **Vereinbarungen über die Zuordnung** der Kosten sind grundsätzlich steuerlich irrelevant. Im Vorfeld getroffene zivilrechtlich wirksame Kostenzuordnungsabreden sind nur für den Fall beachtlich, dass die Kosten nicht objektiv der Sphäre des Einbringenden oder des Übernehmenden zugeordnet werden können.[144]

107 Einbringungskosten der übernehmenden Gesellschaft sind grundsätzlich sofort abzugsfähige **Betriebsausgaben**, es sei denn, es handelt sich um Kosten, die einzelnen Wirtschaftsgütern unmittelbar zugeordnet werden können.[145]

108 **Einbringungskosten sind** beispielsweise Rechts- und Beratungskosten, Kosten für die Ausgabe neuer Anteile und Kosten im Zusammenhang mit der Wahlrechtsausübung.[146] Für die Qualifikation als Einbringungskosten ist es unerheblich, ob die Kosten im Jahr der Einbringung selbst angefallen sind.[147]

109 Übersteigen die Kosten den Veräußerungspreis der eingebrachten Anteile, kommt es zu einem **Veräußerungsverlust.** Ein Veräußerungsverlust tritt außerdem regelmäßig ein, wenn der gemeine Wert der Anteile niedriger als deren Buchwert ist, da bei der Bewertung der gemeine Wert stets die Obergrenze darstellt.[148] Ein Antrag auf Fortführung der Buchwerte verhindert somit nicht den Ansatz eines niedrigeren gemeinen Wertes.

110 **2. Besteuerung des Veräußerungsgewinnes. a) Allgemeines.** Die Besteuerung eines Veräußerungsgewinnes richtet sich sowohl für Körperschaften als auch für natürliche Personen grundsätzlich nach den allgemeinen Regeln.[149] Der Einbringende hat die Möglichkeit zur Bildung einer Rücklage nach § 6 b Abs. 10 EStG.[150]

111 Für beschränkt Steuerpflichtige ist ein Veräußerungsgewinn nur unter den Voraussetzungen des § 49 EStG im Inland steuerpflichtig. Ebenso ist zu beachten, dass Veräußerungsgewinne unter Umständen nach einem DBA von der Besteuerung in Deutschland ausgenommen sind, wenn – wie in den meisten DBAs Deutschlands der Fall – das Besteuerungsrecht dem Wohnsitzstaat zugewiesen ist und der Einbringende Sitz bzw Wohnsitz nicht in Deutschland hat.

112 **b) Körperschaften.** Veräußerungsgewinne von Körperschaften (einschließlich Gewinne, die eine Körperschaft als Mitunternehmerin einer Personengesellschaft erzielt) bleiben regelmäßig nach § 8 b Abs. 2 KStG steuerfrei, da der Anteilstausch eine Veräußerung im Sinne dieser Vorschrift darstellt.[151]

113 Eine Steuerfreiheit ist vor dem Hintergrund der Geltung der allgemeinen Vorschriften nicht zu gewähren, wenn die Voraussetzungen der § 8 b Abs. 4, 7 oder 8 KStG vorliegen. Ebenso ist die Steuerfreiheit eines Veräußerungsgewinnes ausgeschlossen, soweit es sich bei den eingebrachten Anteilen um einbringungsgeborene Anteile im Sinne von § 21 aF handelt.

114 Nach § 8 b Abs. 3 KStG gelten 5 % des Veräußerungsgewinns als pauschal nicht abzugsfähige Betriebsausgaben und unterliegen somit der Besteuerung. Veräußerungsverluste sind nach § 8 b Abs. 3 S. 3 KStG bei der Ermittlung des Einkommens grundsätzlich nicht zu berücksichtigen, sie sind also steuerlich nicht, auch nicht im Umfang von 5 %, steuerlich abzugsfähig (ausnahmsweise steuerliche Abzugsfähigkeit unter den Voraussetzungen des § 8 b Abs. 7 und 8 KStG).[152]

115 **c) Natürliche Personen.** Für natürliche Personen, die unter den Beteiligungsvoraussetzungen des § 17 EStG die eingebrachten Anteile im Privatvermögen halten, unterliegt ein Veräußerungsgewinn nach Maßgabe des § 17 EStG der Besteuerung mit dem Teileinkünfteverfahren (§§ 3 Nr. 40 S. 1 Buchst. c, 3 c Abs. 2 EStG).

144 Dötsch/Pung/Möhlenbrock/*Patt*, § 21 Rn 72.
145 Dötsch/Pung/Möhlenbrock/*Patt*, § 21 Rn 73.
146 Dötsch/Pung/Möhlenbrock/*Patt*, § 21 Rn 72.
147 Haritz/Menner/*Behrens*, § 21 Rn 344.
148 Schmitt/Hörtnagl/Stratz/*Schmitt*, § 21 Rn 41; vgl oben [Rn 47].
149 Haritz/Menner/*Behrens*, § 21 Rn 346.
150 Schmitt/Hörtnagl/Stratz/*Schmitt*, § 21 Rn 131; *Orth*, DStR 2011,1541.
151 Haritz/Menner/*Behrens*, § 21 Rn 347.
152 Haritz/Menner/*Behrens*, § 21 Rn 347.

Unserer Auffassung nach ist die Rechtsprechung des BVerfG[153] bezüglich der verfassungswidrigen Herabsetzung der maßgeblichen Beteiligungsquoten mit rückwirkender Kraft auch im Rahmen des § 21 zu beachten.[154] 116

Der Freibetrag nach § 17 Abs. 3 EStG wird hinsichtlich des Veräußerungsgewinns nur angewendet, wenn der Einbringende eine natürliche Person ist und die übernehmende Gesellschaft die Anteile mit dem gemeinen Wert angesetzt hat. Liegt ein Fall des Abs. 2 S. 2 vor, ist die Anwendung der Regelung an den Ansatz des gemeinen Wertes durch den Steuerpflichtigen gekoppelt. Die Vergünstigung wird somit nicht gewährt, wenn Zwischenwerte angesetzt werden.[155] 117

Für Anteile im Betriebsvermögen findet ebenfalls das Teileinkünfteverfahren Anwendung. Der Freibetrag nach § 16 Abs. 4 EStG wird hier ebenfalls nur unter der Voraussetzung gewährt, dass die eingebrachte Beteiligung mit ihrem gemeinen Wert angesetzt wird.[156] Außerdem ist erforderlich, dass sie 100% des Nennkapitals der Kapitalgesellschaft, deren Anteile eingebracht werden, ausmacht (§ 21 Abs. 3 S. 1 Hs 2). Werden Anteile, die zwar 100% des Nennkapitals repräsentieren, eingebracht, wurde aber nur ein Teil der Anteile im Betriebsvermögen und ein anderer Teil im Privatvermögen gehalten, findet § 16 Abs. 4 EStG insgesamt keine Anwendung. Auf die Höhe der Anteile, die im Privatvermögen gehalten werden kommt es dabei nicht an. Auf die im Privatvermögen gehaltenen Anteile kann aber in diesen Fällen weiterhin § 17 Abs. 3 EStG Anwendung finden. 118

Die Tarifermäßigung nach § 34 Abs. 1 EStG („Fünftelregelung") findet keine Anwendung (§ 21 Abs. 3 S. 2). Unter Umständen kann jedoch die Vergünstigung nach § 34 Abs. 3 EStG zu gewähren sein, wenn das Teileinkünfteverfahren im konkreten Fall, etwa wegen der Qualifikation als einbringungsgeborene Anteile nicht anwendbar ist.[157] 119

d) **Gewerbesteuer.** Der Veräußerungsgewinn bzw der Veräußerungsverlust unterliegt nach den allgemeinen Regeln der Gewerbesteuer und erfordert, dass die eingebrachten Anteile zum Betriebsvermögen eines Gewerbebetriebs iSd. § 2 Abs. 1 GewStG gehören.[158] Eine im Privatvermögen gehaltene Beteiligung unterliegt nicht der Gewerbesteuer.[159] 120

Bei natürlichen Personen ist der Einbringungsgewinn gewerbesteuerlich ein laufender Gewinn.[160] Auch die Einbringung einer 100% Beteiligung gehört grundsätzlich zum Gewerbeertrag.[161] 121

Bei einbringenden Kapitalgesellschaften ist der erzielte Einbringungsgewinn unter den Voraussetzungen des § 8 b Abs. 2 KStG auch gewerbesteuerfrei.[162] Die Fiktion des § 8 b Abs. 3 KStG gilt auch für die Gewerbesteuer, womit 5% des Einbringungsgewinns als nicht abzugsfähige Betriebsausgaben gelten und der Gewerbesteuer unterliegen.[163] 122

e) **Kapitalertragsteuer.** Unter bestimmten Voraussetzungen besteht in Bezug auf einen Einbringungsgewinn die Verpflichtung zum Einbehalt von Kapitalertragsteuer. Dies betrifft seit Streichung des § 43 Abs. 1 a EStG insb. Beteiligungen nach § 17 EStG, die im Privatvermögen gehalten werden. Weiterhin keinem Kapitalertragsteuerabzug unterliegen hingegen Gewinne einer unbeschränkt steuerpflichtigen Kapitalgesellschaft (§ 43 Abs. 2 S. 3 Nr. 1 EStG) sowie Anteile, die Betriebsvermögen eines inländischen gewerblichen, freiberuflichen oder land- oder forstwirtschaftlichen Betriebs waren (§ 43 Abs. 2 S. 3 Nr. 2 EStG). 123

153 BVerfG v. 7.7.2010, DStR 2010, 1733.
154 GlA. Dötsch/Pung/Möhlenbrock/*Patt*, § 21 Rn 83; vgl allgemein hierzu jeweils mwN *Weber-Grellet*/Schmidt, § 17 EStG, Rn 36; Blümich/*Ebling*, § 17 EStG Rn 25 ff.
155 Blümich/*Nitzschke*, § 21 Rn 63.
156 Haritz/Menner/*Behrens*, § 21 Rn 364.
157 BMF v. 16.12.2003, BStBl I, 786, Rn 21.
158 Dötsch/Pung/Möhlenbrock/*Patt*, § 21 Rn 87; Schmitt/Hörtnagl/Stratz/*Schmitt*, § 21 Rn 133, 134; Blümich/*Nitzschke*, EStG/KStG/GewStG, Loseblatt, Stand April 2014, § 21 Rn 65.
159 Blümich/*Nitzschke*, § 21 Rn 65.
160 Dötsch/Pung/Möhlenbrock/*Patt*, § 21 Rn 87; Schmitt/Hörtnagl/Stratz/*Schmitt*, § 21 Rn 133.
161 Dötsch/Pung/Möhlenbrock/*Patt*, § 21 Rn 87.
162 Schmitt/Hörtnagl/Stratz/*Schmitt*, § 21 Rn 134.
163 Dötsch/Pung/Möhlenbrock/*Patt*, § 21 Rn 87.

§ 22 Besteuerung des Anteilseigners

(1) [1]Soweit in den Fällen einer Sacheinlage unter dem gemeinen Wert (§ 20 Abs. 2 Satz 2) der Einbringende die erhaltenen Anteile innerhalb eines Zeitraums von sieben Jahren nach dem Einbringungszeitpunkt veräußert, ist der Gewinn aus der Einbringung rückwirkend im Wirtschaftsjahr der Einbringung als Gewinn des Einbringenden im Sinne von § 16 des Einkommensteuergesetzes zu versteuern (Einbringungsgewinn I); § 16 Abs. 4 und § 34 des Einkommensteuergesetzes sind nicht anzuwenden. [2]Die Veräußerung der erhaltenen Anteile gilt insoweit als rückwirkendes Ereignis im Sinne von § 175 Abs. 1 Satz 1 Nr. 2 der Abgabenordnung. [3]Einbringungsgewinn I ist der Betrag, um den der gemeine Wert des eingebrachten Betriebsvermögens im Einbringungszeitpunkt nach Abzug der Kosten für den Vermögensübergang den Wert, mit dem die übernehmende Gesellschaft dieses eingebrachte Betriebsvermögen angesetzt hat, übersteigt, vermindert um jeweils ein Siebtel für jedes seit dem Einbringungszeitpunkt abgelaufene Zeitjahr. [4]Der Einbringungsgewinn I gilt als nachträgliche Anschaffungskosten der erhaltenen Anteile. [5]Umfasst das eingebrachte Betriebsvermögen auch Anteile an Kapitalgesellschaften oder Genossenschaften, ist insoweit § 22 Abs. 2 anzuwenden; ist in diesen Fällen das Recht der Bundesrepublik Deutschland hinsichtlich der Besteuerung des Gewinns aus der Veräußerung der erhaltenen Anteile ausgeschlossen oder beschränkt, sind daneben auch die Sätze 1 bis 4 anzuwenden. [6]Die Sätze 1 bis 5 gelten entsprechend, wenn

1. der Einbringende die erhaltenen Anteile unmittelbar oder mittelbar unentgeltlich auf eine Kapitalgesellschaft oder eine Genossenschaft überträgt,
2. der Einbringende die erhaltenen Anteile entgeltlich überträgt, es sei denn er weist nach, dass die Übertragung durch einen Vorgang im Sinne des § 20 Abs. 1 oder § 21 Abs. 1 oder auf Grund vergleichbarer ausländischer Vorgänge zu Buchwerten erfolgte,
3. die Kapitalgesellschaft, an der die Anteile bestehen, aufgelöst und abgewickelt wird oder das Kapital dieser Gesellschaft herabgesetzt und an die Anteilseigner zurückgezahlt wird oder Beträge aus dem steuerlichen Einlagekonto im Sinne des § 27 des Körperschaftsteuergesetzes ausgeschüttet oder zurückgezahlt werden,
4. der Einbringende die erhaltenen Anteile durch einen Vorgang im Sinne des § 21 Abs. 1 oder einen Vorgang im Sinne des § 20 Abs. 1 oder auf Grund vergleichbarer ausländischer Vorgänge zum Buchwert in eine Kapitalgesellschaft oder eine Genossenschaft eingebracht hat und diese Anteile anschließend unmittelbar oder mittelbar veräußert oder durch einen Vorgang im Sinne der Nummer 1 oder 2 unmittelbar oder mittelbar übertragen werden, es sei denn, er weist nach, dass diese Anteile zu Buchwerten übertragen wurden (Ketteneinbringung),
5. der Einbringende die erhaltenen Anteile in eine Kapitalgesellschaft oder eine Genossenschaft durch einen Vorgang im Sinne des § 20 Abs. 1 oder einen Vorgang im Sinne des § 21 Abs. 1 oder auf Grund vergleichbarer ausländischer Vorgänge zu Buchwerten einbringt und die aus dieser Einbringung erhaltenen Anteile anschließend unmittelbar oder mittelbar veräußert oder durch einen Vorgang im Sinne der Nummer 1 oder 2 unmittelbar oder mittelbar übertragen werden, es sei denn er weist nach, dass die Einbringung zu Buchwerten erfolgte, oder
6. für den Einbringenden oder die übernehmende Gesellschaft im Sinne der Nummer 4 die Voraussetzungen im Sinne von § 1 Abs. 4 nicht mehr erfüllt sind.

[7]Satz 4 gilt in den Fällen des Satzes 6 Nr. 4 und 5 auch hinsichtlich der Anschaffungskosten der auf einer Weitereinbringung dieser Anteile (§ 20 Abs. 1 und § 21 Abs. 1 Satz 2) zum Buchwert beruhenden Anteile.

(2) [1]Soweit im Rahmen einer Sacheinlage (§ 20 Abs. 1) oder eines Anteilstausches (§ 21 Abs. 1) unter dem gemeinen Wert eingebrachte Anteile innerhalb eines Zeitraums von sieben Jahren nach dem Einbringungszeitpunkt durch die übernehmende Gesellschaft unmittelbar oder mittelbar veräußert werden und soweit beim Einbringenden der Gewinn aus der Veräußerung die-

ser Anteile im Einbringungszeitpunkt nicht nach § 8 b Abs. 2 des Körperschaftsteuergesetzes steuerfrei gewesen wäre, ist der Gewinn aus der Einbringung im Wirtschaftsjahr der Einbringung rückwirkend als Gewinn des Einbringenden aus der Veräußerung von Anteilen zu versteuern (Einbringungsgewinn II); § 16 Abs. 4 und § 34 des Einkommensteuergesetzes sind nicht anzuwenden. [2]Absatz 1 Satz 2 gilt entsprechend. [3]Einbringungsgewinn II ist der Betrag, um den der gemeine Wert der eingebrachten Anteile im Einbringungszeitpunkt nach Abzug der Kosten für den Vermögensübergang den Wert, mit dem der Einbringende die erhaltenen Anteile angesetzt hat, übersteigt, vermindert um jeweils ein Siebtel für jedes seit dem Einbringungszeitpunkt abgelaufene Zeitjahr. [4]Der Einbringungsgewinn II gilt als nachträgliche Anschaffungskosten der erhaltenen Anteile. [5]Sätze 1 bis 4 sind nicht anzuwenden, soweit der Einbringende die erhaltenen Anteile veräußert hat; dies gilt auch in den Fällen von § 6 des Außensteuergesetzes vom 8. September 1972 (BGBl. I S. 1713), das zuletzt durch Artikel 7 des Gesetzes vom 7. Dezember 2006 (BGBl. I S. 2782) geändert worden ist, in der jeweils geltenden Fassung, wenn und soweit die Steuer nicht gestundet wird. [6]Sätze 1 bis 5 gelten entsprechend, wenn die übernehmende Gesellschaft die eingebrachten Anteile ihrerseits durch einen Vorgang nach Absatz 1 Satz 6 Nr. 1 bis 5 weiter überträgt oder für diese die Voraussetzungen nach § 1 Abs. 4 nicht mehr erfüllt sind. [7]Absatz 1 Satz 7 ist entsprechend anzuwenden.

(3) [1]Der Einbringende hat in den dem Einbringungszeitpunkt folgenden sieben Jahren jährlich spätestens bis zum 31. Mai den Nachweis darüber zu erbringen, wem mit Ablauf des Tages, der dem maßgebenden Einbringungszeitpunkt entspricht,

1. in den Fällen des Absatzes 1 die erhaltenen Anteile und die auf diesen Anteilen beruhenden Anteile und
2. in den Fällen des Absatzes 2 die eingebrachten Anteile und die auf diesen Anteilen beruhenden Anteile

zuzurechnen sind. [2]Erbringt er den Nachweis nicht, gelten die Anteile im Sinne des Absatzes 1 oder des Absatzes 2 an dem Tag, der dem Einbringungszeitpunkt folgt oder der in den Folgejahren diesem Kalendertag entspricht, als veräußert.

(4) Ist der Veräußerer von Anteilen nach Absatz 1

1. eine juristische Person des öffentlichen Rechts, gilt in den Fällen des Absatzes 1 der Gewinn aus der Veräußerung der erhaltenen Anteile als in einem Betrieb gewerblicher Art dieser Körperschaft entstanden,
2. von der Körperschaftsteuer befreit, gilt in den Fällen des Absatzes 1 der Gewinn aus der Veräußerung der erhaltenen Anteile als in einem wirtschaftlichen Geschäftsbetrieb dieser Körperschaft entstanden.

(5) Das für den Einbringenden zuständige Finanzamt bescheinigt der übernehmenden Gesellschaft auf deren Antrag die Höhe des zu versteuernden Einbringungsgewinns, die darauf entfallende festgesetzte Steuer und den darauf entrichteten Betrag; nachträgliche Minderungen des versteuerten Einbringungsgewinns sowie die darauf entfallende festgesetzte Steuer und der darauf entrichtete Betrag sind dem für die übernehmende Gesellschaft zuständigen Finanzamt von Amts wegen mitzuteilen.

(6) In den Fällen der unentgeltlichen Rechtsnachfolge gilt der Rechtsnachfolger des Einbringenden als Einbringender im Sinne der Absätze 1 bis 5 und der Rechtsnachfolger der übernehmenden Gesellschaft als übernehmende Gesellschaft im Sinne des Absatzes 2.

(7) Werden in den Fällen einer Sacheinlage (§ 20 Abs. 1) oder eines Anteilstauschs (§ 21 Abs. 1) unter dem gemeinen Wert stille Reserven auf Grund einer Gesellschaftsgründung oder Kapitalerhöhung von den erhaltenen oder eingebrachten Anteilen oder von auf diesen Anteilen beruhenden Anteilen auf andere Anteile verlagert, gelten diese Anteile insoweit auch als erhaltene oder eingebrachte Anteile oder als auf diesen Anteilen beruhende Anteile im Sinne des Absatzes 1 oder 2 (Mitverstrickung von Anteilen).

Literatur:

Benecke/Schnittker, Umwandlung von Personengesellschaften als Veräußerungstatbestand? – Ein Diskussionsbeitrag, FR 2010, 555; *Benz/Rosenberg*, Ausgewählte Problemfragen im Zusammenhang mit Einbringungen nach § 20 ff. UmwStG, DB 2011, 1354; *Benz/Rosenberg*, Einbringungen von Unternehmensteilen in eine Kapitalgesellschaft und Anteilstausch (§§ 20–23 UmwStG), DB 2012, Heft 02, Beilage 1, 38; *Benz/Rosenberg*, Einbringungsvorgänge nach dem Regierungsentwurf des SEStEG, BB Special 2006, Nr. 8, 45 *Dörfler/Rautenstrauch/Adrian*, Einbringung in eine Kapitalgesellschaft nach dem SEStEG – Entwurf, BB 2006, 1711; *Dorn*, Besonderheiten der vorweggenommenen Erbfolge steuerverhafteter Anteile i.S. des § 22 UmwStG, DStR 2014, 248; *Förster/Wendland*, Einbringung von Unternehmensteilen in KapG, BB 2007, 631; *Jung/Dern/Wartenberg*, Die schädliche Einlagenrückgewähr nach § 22 Abs. 1 S. 6 Nr. 3 bei formwechselnder Umwandlung einer PersG in eine KapG – ein Damoklesschwert des Umwandlungssteuerrechts, BB-Special 2010, Nr. 1, 26; *Kessler*, Analyse der Ersatzrealisationstatbestände i.S.d. § 22 Abs. 1 S. 6 UmwStG, Ubg 2011, 34; *Knief/Birnbaum*, Keine steuerfreie Veräußerung von nach § 22 Abs. 7 UmwStG „mitverstrickten" Anteilen?, DB 2010, 2527; *Kotyrba/Scheunemann*, Ausgewählte Praxisschwerpunkte im Umwandlungssteuererlass 2011, BB, 2012, 223; *Orth*, Anwendbarkeit des § 6 b EStG auf einen Einbringungsgewinn I, DStR 2011, 1541; *ders.*, Einbringung eines wirtschaftlichen Geschäftsbetriebs oder eines Betriebs gewerblicher Art Kapitalgesellschaft nach dem UmwStG i.d.F. des SEStEG, DB 2007, 419; *Ritzer/Rogall/Stangl*, Die Einbringung in eine Kapitalgesellschaft nach dem SEStEG, WPg 2006, 1210; *Rödder/Schuhmacher*, Das kommende SEStEG – Teil III, DStR 2006, 1525; *Rödder/Stangl*, Einbringungsgewinn I: „Automatische" schädliche Einlagenrückgewähr bei Organschaft? Ubg 2008, 39; *Schaflitzl/Götz* in DB 2012, Heft 02, Beilage 1, 25; *Schumacher/Neumann*, Ausgewählte Zweifelsfragen zur Auf- und Abspaltung von Kapitalgesellschaften und Einbringung von Unternehmensteilen in Kapitalgesellschaften, DStR 2008, 325; *Schwedhelm/Wollweber*, Typische Beratungsfehler in Umwandlungsfällen und ihre Vermeidung, BB 2008, 2208; *Stadler/Elser/Bindl*, Vermögensübergang bei Verschmelzungen auf eine Personengesellschaft oder auf eine natürliche Person und Formwechsel einer Kapitalgesellschaft in eine Personengesellschaft, DB 2012, Heft 02, Beilage 1, 14; *Weber/Hahne*, Einbringungen in Kapitalgesellschaften, Ubg 2011, 420.

I. Normzweck

§ 22 regelt die **Besteuerung beim Anteilseigner**, soweit erhaltene Anteile, welche als Gegenleistung für eine Einbringung zu Buchwert iSd § 20 Abs. 2 S. 2 gewährt werden, innerhalb eines Zeitraums von sieben Jahren nach Einbringung veräußert werden. In diesem Falle ist der Gewinn aus der Einbringung rückwirkend im Wirtschaftsjahr der Einbringung als Gewinn des Einbringenden zu versteuern (Einbringungsgewinn I). Der zu versteuernde Gewinn wird hierbei über sieben Jahre linear auf null abgeschmolzen. Diese Regelung ist erforderlich, da ansonsten faktisch Betriebe, Teilbetriebe und Mitunternehmeranteile steuerfrei veräußert werden könnten, indem eine Einbringung zu Buchwert nach § 20 UmwStG vorgenommen würde und anschließend die hieraus erhaltenen Anteile unter Nutzung von § 3 Nr. 40 EStG oder § 8 b KStG steuerfrei veräußert werden könnten. Die Vorschrift ist als **Mißbrauchsvermeidungsvorschrift** konzipiert. Die Norm zielt darauf ab, eine missbräuchliche Inanspruchnahme von § 3 Nr. 40 EStG, § 8 b KStG oder eines DBA-Schachtelprivilegs zu vermeiden.[1] Das Missbrauchsverständnis der Vorschrift ist typisierend und unwiderlegbar.[2] Nach Ablauf von sieben Jahren können die durch die Einbringung zu Buchwert von Betrieben, Teilbetrieben und Mitunternehmeranteilen als Gegenleistung erworbenen Anteile steuerfrei unter Anwendung von zB § 8 b KStG veräußert werden. 1

II. Inhalt

1. Allgemeines. a) Überblick über die Vorschrift. § 22 ergänzt die Regelungen zur Besteuerung auf Ebene des Anteilseigners bei **Einbringungen** und beim **Anteilstausch**. Das Einbringen von Vermögen zum Buchwert ist unter den Voraussetzungen von § 20 steuerlich begünstigt. Es sollen Umstrukturierungen von Unternehmen steuerlich begünstigt werden, soweit sichergestellt ist, dass ein vor der Einbringung bestehendes Besteuerungsrecht der Bundesrepublik Deutschland an den bis dahin im einzubringenden Betriebsvermögen entstandenen stillen Reserven gewahrt bleibt.[3] Zivilrechtlich erbringt der übertragende Rechtsträger hierbei eine Sacheinlage auf das Stammkapital der übernehmenden Gesellschaft nach §§ 3 und 5 GmbHG. Als Gegenleistung erhält er eine Beteiligung am Stammkapital der übernehmenden Gesellschaft. Der übertragende Rechtsträger gibt Sachwerte hin und erhält im Gegenzug hierfür Anteile an der übernehmenden Gesellschaft. Der dem Einbringungsvorgang zugrunde liegende Vertrag ist zivilrechtlich ein gesellschaftsrechtlicher Vertrag eigener Art.[4] 2

Steuerrechtlich wird der Vorgang als **tauschähnliches Geschäft** und damit als Veräußerungsvorgang behandelt.[5] Soweit §§ 20 ff nicht zur Anwendung kommen, unterliegt ein im Rahmen des Tausches nach allgemeinen Bilanzierungsregelungen entstehender Gewinn der allgemeinen Besteuerung nach § 16 EStG.[6] § 22 kommt in diesem Falle nicht zur Anwendung. Unter den Vor- 3

1 Vgl BT-Drucks. 16/2710, 46; *Schaumburg* in FS Herzig, S. 711, 716.
2 Vgl Dötsch/Pung/Möhlenbrock/*Patt*, § 22 UmwStG Rn 1.
3 Vgl BT-Drucks. 16/2710, 42.
4 Vgl Baumbach/Hueck/*Hueck/Fastrich*, § 2 GmbHG Rn 5.
5 Vgl BFH v. 17.9.2003, BStBl. II 2004, 686; Schmidt/*Weber-Grellet*, § 5 EStG Rn 636; Blümich/*Ehmke*, § 6 EStG Rn 109.
6 Vgl Haritz/Menner/*Biliteswki*, § 22 Rn 1.

aussetzungen der §§ 20 ff besteht die steuerliche Begünstigung darin, dass die in dem eingebrachten Vermögen ruhenden **stillen Reserven** nicht aufgedeckt und versteuert werden müssen. Die das Vermögen übernehmende Gesellschaft führt die Buchwerte fort, so dass die in dem übertragenen Vermögen enthaltenen stillen Reserven weiterhin dort potenziell versteuert werden können. § 22 schafft in diesem Zusammenhang keinen eigenen Besteuerungstatbestand. Es werden lediglich die Rechtsfolgen der seinerzeitigen Einbringung (keine Versteuerung stiller Reserven) nachträglich geändert (Versteuerung stiller Reserven).

4 Die Vorschrift gliedert sich in sieben Absätze.

- Abs. 1 regelt die Besteuerung des sog. Einbringungsgewinns I. Dieser entsteht, wenn Anteile, welche aus einer Sacheinlage (§ 20) unter dem gemeinen Wert stammen, innerhalb von 7 Jahren nach der Einbringung durch den Einbringenden veräußert werden. Hierbei wird auf die stillen Reserven im Einbringungszeitpunkt abgestellt. In einem Satz 6 der Vorschrift sind verschiedene gesellschaftsrechtliche Umstrukturierungen beschrieben, welche als Ersatztatbestände dieselbe Rechtsfolge wie eine Veräußerung auslösen.
- Abs. 2 regelt für die Fälle des Anteilstauschs die Besteuerung des sog. Einbringungsgewinns II. Dieser wird ausgelöst, wenn unter dem gemeinen Wert eingebrachte Anteile (§ 21 Abs. 1) innerhalb von sieben Jahren durch den Übernehmer veräußert werden. Diese Vorschrift kommt auch zur Anwendung, wenn Anteile im Rahmen einer Sacheinlage nach § 20 (also Anteile die zu einem Betrieb oder Teilbetrieb gehören) eingebracht werden. In beiden Fällen muss aber hinzukommen, dass eine Veräußerung der eingebrachten Anteile nicht nach § 8 b KStG steuerfrei gewesen wäre.
- Abs. 3–7 enthalten Regelungen, welche dazu dienen, die Erfüllung der in den Abs. 1 und 2 beschriebenen Tatbestände kontrollieren und deren Rechtsfolgen umsetzen zu können. Hinzuweisen ist hier insb. auf die Nachweispflichten nach Abs. 3 in Bezug auf das Halten von eingebrachten und erhaltenen Anteilen, welche bei Nichterfüllung der Nachweispflicht die Versteuerung eingebrachter stiller Reserven nach sich ziehen kann. In der Praxis ist auf diese Pflichten ein besonderes Augenmerk zu legen.

5 **b) Bedeutung der Vorschrift.** Die Vorschrift hat für die Praxis ganz erhebliche Bedeutung. Bei Erfüllung der Tatbestände entweder der des Abs. 1 nach einer Sacheinlage oder der des Abs. 2 nach einer Anteilsübertragung tritt als Rechtsfolge die **nachträgliche Versteuerung** der bei der Einbringung übertragenen stillen Reserven ein. Dies kann vor allem dann erhebliche Folgen haben, wenn diese Rechtsfolge etwa im Rahmen nachfolgender komplexer gesellschaftsrechtlicher Umstrukturierungen eintritt oder auch durch Handlungen fremder Dritter, welche sperrfristbehaftete Anteile erworben haben und nachfolgende Umstrukturierungen vornehmen, ausgelöst wird. Das dem § 22 immanente System der rückwirkenden Besteuerung erfordert deshalb, dass die Folgen des § 22 bereits zum Zeitpunkt der Einbringung bedacht sein müssen, zumal bei der rückwirkenden Besteuerung auch auf die zu diesem Zeitpunkt **vorhandenen stillen Reserven** abgestellt wird. Auf diesen Zeitpunkt müssen vorsorglich die Verkehrswerte und damit die stillen Reserven des übertragenen Vermögens inklusive potenzieller Geschäftswerte oder sonstiger nicht bilanzierter **immaterieller** Vermögensgegenstände ermittelt werden.

Hinweis: Die Wirkung von § 22 muss auch in Vertrags- bzw Kaufverhandlungen berücksichtigt werden, da nach Verkäufen oder gesellschaftsrechtlichen Umstrukturierungen der die Steuer tragende Einbringende und der die Steuer auslösende Übernehmer vielfach nicht mehr identisch sind.[7]

6 **2. Veräußerung von Anteilen aus einer Sacheinlage (§ 22 Abs. 1). a) Veräußerung des Einbringenden.** Die Rechtsfolgen des Abs. 1 treffen grundsätzlich den Einbringenden, der die erhaltenen Anteile veräußert. In den Fällen der unentgeltlichen Rechtsnachfolge gilt der Rechtsnach-

7 Vgl Rödder/Herlinghaus/van Lishaut/*Stangl*, § 22 UmwStG Rn 11; *Dörfler/Rautenstrauch/Adrian*, BB 2006, 1711, 1715; *Ritzer/Rogall/Stangl*, WPg 2006, 1210, 1217.

folger als Einbringender (vgl § 22 Abs. 6). Einbringender kann eine natürliche Person, eine Personengesellschaft oder jeder andere Rechtsträger sein, auf den § 20 Abs. 1 Anwendung findet. Einbringender Rechtsträger ist derjenige, dem die Gegenleistung aus der Einbringung, dies sind idR Gesellschaftsrechte, zusteht.[8] Hierzu gehören auch Steuerausländer im EU/EWR-Bereich sowie auch aus einem Drittland, soweit Deutschland das Besteuerungsrecht hinsichtlich des Gewinns aus der Veräußerung der Anteile zusteht.[9]

Ist Einbringender eine **Personengesellschaft**, so unterfällt nach dezidierter Auffassung der Finanzverwaltung sowohl eine Veräußerung der erhaltenen Anteile durch die Personengesellschaft selbst wie auch eine Veräußerung des Mitunternehmeranteils durch den Gesellschafter der Personengesellschaft, zu dessen Betriebsvermögen die sperrfristbehafteten Anteile gehören, dem § 22 Abs. 1. Dies gilt infolge des Transparenzprinzips auch bei **mehrstöckigen** Personengesellschaften. Diese Ansicht der Finanzverwaltung ist in der Literatur höchst umstritten. Bei Abstellen auf den „Einbringenden" macht es einen Unterschied, ob die Personengesellschaft selbst etwa einen Teilbetrieb oder aber die Gesellschafter ihre Mitunternehmeranteile einbringen. Während im ersteren Fall Einbringender die Personengesellschaft ist, sind im zweiten Fall die Gesellschafter bzw Mitunternehmer die Einbringenden.[10] 7

Die Problematik der **Sichtweise der Finanzverwaltung** in diesem Fall wird deutlich, wenn man das Ergebnis des Zusammenspiels der Rn 01.47 und 22.02 des Umwandlungssteuererlasses 2011 betrachtet. Nach der Rn 01.47 bringen bei Eintritt eines weiteren Gesellschafters in eine bestehende Personengesellschaft die bisherigen Mitunternehmer ihren bisherigen Anteil per steuerliche Fiktion in eine neue – veränderte – Personengesellschaft nach § 24 ein. Diese auch im UmwStG 1995 geltende Auffassung der Finanzverwaltung ist für sich gesehen sehr positiv zu werten, da sie es ermöglicht, dass bei Einlagen eines anderen hinzutretenden Gesellschafters der bereits vorhandene Gesellschafter es durch Aufstellung einer Ergänzungsbilanz vermeiden kann, dass er einen Veräußerungsgewinn, der ihm aus dem „anteiligen Verkauf" der stillen Reserven erwächst, versteuern muss. Im Zusammenspiel mit der Rn 22.02 jedoch zieht die Finanzverwaltung hieraus die fatale Rechtsfolge, dass durch diese fiktive Veräußerung des Mitunternehmeranteils zugleich eine fiktive Veräußerung der sperrfristbehafteten Anteile durch die Personengesellschaft erfolgt, sofern die Personengesellschaft innerhalb der letzten sieben Jahre etwa einen Teilbetrieb als Sacheinlage zu Buchwert in eine Kapitalgesellschaft eingebracht hat. Das bedeutet, dass in diesen Fällen ein Einbringungsgewinn I ausgelöst werden kann, obwohl der Einbringende die sperrfristbehafteten Anteile weder mittelbar noch unmittelbar „bewegt". Diese gelten vielmehr nur als „bewegt", wenn ein weiterer Gesellschafter zB durch Einlage von Geld in eine Personengesellschaft eintritt. 8

Es wird in der Literatur zu recht stark bezweifelt, ob das von der Finanzverwaltung zur Rechtfertigung dieser Sichtweise angeführte **Transparenzprinzip** genügend Tragfähigkeit für diese Auslegung der Vorschrift hat. Angesichts dessen, dass das Transparenzprinzip vom BFH auch schon bei Anwendung des § 8 Abs. 4 KStG aF abgelehnt und stattdessen auf die tatsächlichen zivilrechtlichen Eigentümer abgestellt wurde, kann diese Auslegung der Finanzverwaltung im Falle des § 22 ebenso wenig überzeugen.[11] Da der Gesetzgeber in § 22 sehr wohl zwischen mittelbaren und unmittelbaren Veräußerungen differenziert, wäre es Sache des Gesetzgebers gewesen, eine entsprechende Durchgriffsregelung durch Änderung des § 22 herbeizuführen. Alleine auf dem Erlasswege scheint eine derartige Regelung unzulässig zu sein. Beispielsweise wird bei einer Veräußerung von erhaltenen Anteilen, welche aus einer Weitereinbringung von erhalte- 9

8 Vgl BMF v. 11.11.2011; BStBl. I 2011, 1314, UmwStE 2011, Rn 20.02.

9 Vgl Schmitt/Hörtnagl/Stratz/*Schmidt*, § 22 UmwStG Rn 20; Dötsch/Pung/Möhlenbrock/*Patt*, § 22 UmwStG Rn 20; Haritz/Menner/*Bilitewski*, § 22 Rn 45; *Kniefl Birnbaum*, DB 2010, 2527; *Benz/Rosenberg*, DB 2011, 1354, 1358.

10 Vgl BMF v. 11.11.2011; BStBl. I 2011, 1314, UmwStE 2011 Rn 22.02; Schmitt/Hörtnagl/Stratz/*Schmidt*, § 22 UmwStG Rn 21; Haritz/Menner/*Bilitewski*, § 22 Rn 47; *Benz/Rosenberg*, DB 2012, Heft 02, Beilage 38, 48.

11 Vgl BFH v. 20.8.2003, I R 81/02, BStBl.II 2004, 614; BFH v. 27.8.2008, I R 78/01, BFH/NV 2009, 497.

nen Anteilen resultiert, auch die mittelbare Veräußerung erfasst (vgl S. 6 Nr. 4). In Abs. 2 wurden durch das JStG 2009 die Worte „unmittelbar und mittelbar“ sogar nachträglich eingefügt, ohne dass dies etwa auch bei Abs. 1 erfolgt ist. [12]

Hinweis: In der Praxis wird man diese Fallkonstellation streng „im Auge behalten“ müssen, damit es nicht – sozusagen aus Versehen – auf Basis der Rechtsansicht, wie sie im UmwSt-Erlass 2011 zum Ausdruck kommt, zu unbeabsichtigt hohen Steuerbelastungen kommt.

10 **b) Anteilsveräußerung. aa) Vorliegen des Veräußerungstatbestands.** § 22 Abs. 1 knüpft an den objektiven Tatbestand einer Veräußerung an. Es ist unerheblich, ob etwa besondere Umstände für eine Veräußerung gegeben sind oder ob etwa ein Gewinn oder Verlust aus der Veräußerung entsteht. Es ist allein auf die Tatsache einer Veräußerung abzustellen. An diese Veräußerung werden Rechtsfolgen für einen zurückliegenden Sachverhalt, nämlich die Einbringung, geknüpft.[13] Eine Veräußerung liegt vor, wenn das **wirtschaftliche Eigentum** an Anteilen von einer Rechtsperson auf eine andere Rechtsperson entgeltlich oder teilentgeltlich **übertragen** wird.[14] In der Regel werden das wirtschaftliche Eigentum und das zivilrechtliche Eigentum zum gleichen Zeitpunkt übergehen. Für den Zeitpunkt des steuerlich maßgebenden Übergangs des wirtschaftlichen Eigentums ist auf das Erfüllungsgeschäft und nicht bereits auf das Verpflichtungsgeschäft abzustellen.[15]

11 In manchen Fällen kann das steuerlich maßgebende wirtschaftliche Eigentum bereits früher als das zivilrechtliche Eigentum übergehen, wenn etwa aufgrund eines zivilrechtlichen Rechtsgeschäfts der potenzielle Käufer schon eine rechtlich geschützte Position erworben hat, die ihm gegen seinen Willen nicht mehr entzogen werden kann und auch die mit den Anteilen verbundenen wesentlichen Rechte sowie das Risiko einer Wertminderung und die Chance einer Wertsteigerung auf ihn bereits übergegangen sind.[16]

12 Bei einer teilentgeltlichen Veräußerung ist der Vorgang in einen voll entgeltlichen und voll unentgeltlichen Vorgang aufzuteilen (**Trennungstheorie**).[17] Soweit der Vorgang als unentgeltlich zu bewerten ist, kann ein relevanter Ersatztatbestand iSd § 22 Abs. 1 S. 6 vorliegen, dessen steuerliche Wirkung unterschiedlich zu dem Teil der entgeltlichen Veräußerung sein kann. Ein teilentgeltliches Veräußerungsgeschäft kann zB bei einer Schenkung unter Auflage vorliegen. Bei Veräußerung unter fremden Dritten wird man idR von einem voll entgeltlichem Geschäft ausgehen können, wenn Leistung und Gegenleistung nicht in einem offensichtlichen Missverhältnis zueinander stehen. Dies kann auch bei einer nachträglichen Kaufpreiskorrektur der Fall sein.[18]

13 **bb) Ausgewählte Veräußerungstatbestände. (1) Veräußerung eines Bezugsrechts.** Auch bei entgeltlicher Veräußerung eines **Bezugsrechts** der erhaltenen Anteile liegt nach Auffassung der Finanzverwaltung eine Veräußerung idS vor.[19] Bezugsrechte ermöglichen es einem Gesellschafter, bei einer Kapitalerhöhung seine bisherige Beteiligungs- und Stimmrechtsquote aufrechtzuerhalten. U.a. wird dadurch bei einer Kapitalerhöhung die Verwässerung der Altanteile verhindert, indem der Altaktionär bei einer Kapitalerhöhung das Recht erhält, eine bestimmte Anzahl von jungen Aktien in Abhängigkeit von seiner bisherigen Beteiligungsquote zu zeichnen. Aus steuerlicher Sicht liegt hier eine Teilveräußerung der dem Bezugsrecht zugrunde liegenden Anteile

12 Vgl Widmann/Mayer/*Widmann*, § 22 UmwStG Rn 29; *Stangl/Kaeser* in: FGS/BDI, UmwSt-Erlass 2011, 389; Schneider/Ruoff/Sistermann/*Schneider/Roderburg*, H 22.11.

13 Vgl *Möhlenbrock* in FS Herzig, S. 775, 784.

14 Vgl Dötsch/Patt/Pung/Möhlenbrock/*Patt*, § 22 UmwStG (SEStEG) Rn 28; Rödder/Herlinghaus/van Lishaut/*Stangl*, § 22 UmwStG Rn 26.

15 Vgl BFH v. 22.9.1992 – VIII R 7/90, BStBl.II 1993, 228.

16 Vgl BFH v. 10.3.1988 – IV R 226/85, BStBl.II 1988, 832; BFH v. 11.7.2006 -VIII R 32/04, BStBl.II 2007, 296; Rödder/Herlinghaus/van Lishaut/*Stangl*, § 22 UmwStG Rn 29; Haase/Hruschka/*Wulf-Dohmen*, § 22 UmwStG Rn 51.

17 Zu den Auswirkungen des BFH Urteils v. 18.9.2013, X R 42/10, DStR 2013, 2380 zu § 24 UmwStG in Bezug auf die Anwendung der „Einheitstheorie“ bei Mischentgelt, vgl *Dorn*, DStR 2014, 248.

18 Vgl Dötsch/Pung/Möhlenbrock/*Patt*, § 22 UmwStG Rn 30.

19 Vgl BMF v. 11.11.2011, BStBl. I 2011, 1314, UmwStE 2011, Rn 22.45.

vor.[20] Fraglich könnte allerdings sein, ob diese Auffassung der Finanzverwaltung nach dem BFH-Urteil vom 23.1.2008 noch vertreten werden kann.[21] In diesem Urteil hat der BFH entschieden, dass die Veräußerung von Bezugsrechten nicht der Steuerbefreiung des § 8 b Abs. 2 KStG unterliegt, da keine Anteile idS vorlägen. Bei Auslegung der Vorschrift des § 8 b KStG hinsichtlich der Frage, ob ein Veräußerungsgewinn der Steuerbefreiung des § 8 b KStG unterliegt, wendet die Finanzverwaltung dieses Urteil an und **verneint die Steuerbefreiung** des Gewinns, da keine Anteilsveräußerung iSd § 8 b KStG vorliegt.[22] Die mehrheitliche Literaturmeinung ist offensichtlich der Auffassung, dass dieses Urteil der Einbeziehung von Bezugsrechtsveräußerungen bei § 22 Abs. 1 als Veräußerung eines Anteils, der die Rechtsfolgen des § 22 auslöst, nicht entgegensteht, da es auf die Besonderheiten von § 8 b Abs. 2 KStG abhebt.[23]

Aus Sicht des Autors spricht der Wortlaut des Gesetzes für eine einheitliche Auslegung der Be- 14
griffe „Anteile". Danach ist bei Veräußerung eines Bezugsrechts nach Interpretation durch den BFH mangels Anteilseigenschaft keine Steuerbefreiung nach § 8 b KStG gegeben. Bei wörtlicher Auslegung liegt demzufolge auch keine Veräußerung sperrfristbehafteter Anteile iSd § 22 UmwStG vor, da diese Vorschrift gerade auf die Steuerbefreiung von § 8 b KStG abhebt. Da der Verkauf des Bezugsrechts nicht der Steuerfreiheit nach § 8 b KStG unterliegt, kann die Vorschrift des § 22 weder nach deren Wortlaut noch unter normspezifischer Auslegung zur Anwendung kommen. Es sei allerdings nochmals ausdrücklich auf die andere Sichtweise der Finanzverwaltung in ihrem Erlass hingewiesen. Danach unterfallen die Veräußerung von Bezugsrechten dem § 22 Abs. 1 S. 1 und Abs. 2 S. 1.[24]

Hinweis: Aus Sicht des Praktikers ist darauf hinzuweisen, dass es hier empfehlenswert sein kann, statt der Veräußerung des Bezugsrechts das Bezugsrecht auszuüben und dann die Anteile – anstatt des Bezugsrechts – zu veräußern. In diesem Falle ist zumindest fraglich, ob die Ausübung des Bezugsrechts eine schädliche Veräußerung iSd § 22 darstellt.[25] Dadurch wird zumindest sichergestellt, dass die Veräußerung der Anteile aus der Ausübung des Bezugsrechts – anders als der Gewinn aus der Veräußerung des Bezugsrechts – der Steuerbefreiung nach § 8 b KStG unterliegt.

(2) **Anwachsung.** Eine Anwachsung stellt aus steuerlicher Sicht eine **Veräußerung** dar, wenn 15
der übernehmende Gesellschafter nicht an der aufgelösten Personengesellschaft beteiligt ist und er an die ausscheidenden Gesellschafter eine Abfindung zahlt. Bei Anwachsung auf den 100 % Gesellschafter zB nach Ausscheiden der Kompl. GmbH hingegen findet keine Veräußerung statt, da steuerlich das Vermögen bisher bereits dem Gesellschafter in voller Höhe zuzurechnen war (Transparenzprinzip).[26]

Zu unterscheiden hiervon ist die sog. **erweiterte Anwachsung.** Diese liegt vor, wenn etwa der 16
Kommanditist, der zu 100 % an einer Kommanditgesellschaft beteiligt ist, seine Anteile an dieser im Rahmen einer gesellschaftsrechtlichen Sacheinlage auf die Komplementär GmbH überträgt und hierfür neue Gesellschaftsrechte an dieser erhält. Der hierbei im Prinzip vorliegende Tausch- bzw Veräußerungsvorgang kann nach § 20 wahlweise ohne Auflösung stiller Reserven zu Buchwert vorgenommen werden. In diesem Falle wäre der Tatbestand des S. 6 Nr. 2 Hs 2 erfüllt, so dass die Rechtsfolge des Satzes 1, die Auslösung eines Einbringungsgewinns I nicht eintritt.

20 Vgl BFH v. 21.1.1999 – IV R 27/97, BStBl. II 1999, 638; BFH v. 8.4.1992 – I R 128/88, BStBl. II 761; BFH v. 13.10.1992 – VIII R 3/89, BStBl. II 1993, 477; Rödder/Herlinghaus/van Lishaut/*Stangl*, § 22 UmwStG Rn 36; Haritz/Menner/*Bilitewski*, § 22 UmwStG Rn 21.

21 Vgl Schmitt/Hörtnagl/Stratz/*Schmidt*, § 22 UmwStG Rn 29.

22 Vgl BFH v. 23.1.2008 – I R 101/06, BStBl. 2008 II 719.

23 Vgl Dötsch/Pung/Möhlenbrock/*Patt*, § 22 UmwStG Rn 29; Schmitt/Hörtnagl/Stratz/*Schmitt*, § 22 UmwStG Rn 29.

24 Vgl BMF v. 11.11.2011, BStBl. I 2011, 1314, UmwStE 2011, Rn 22.45.

25 Vgl Rödder/Herlinghaus/van Lishaut/*Stangl*, § 22 UmwStG Rn 36.

26 Vgl OFD Berlin DStR 2002, 1811; *Schumacher/Neumann*, DStR 2008, 325; einschr. Schmidt/*Kulosa*, EStG § 6 Rn 654.

17 (3) **„Entstrickung" erhaltener Anteile.** Ebenso ist eine **„Entstrickung"** erhaltener Anteile nach den Regelungen des § 4 Abs. 1 S. 3 EStG, § 6 AStG keine entgeltliche Übertragung der erhaltenen Anteile auf einen anderen Rechtsträger und damit keine Veräußerung. Wird das Besteuerungsrecht Deutschlands an erhaltenen Anteilen im Rahmen einer Sitzverlegung einer Körperschaft beschränkt, fingiert § 12 Abs. 1 KStG eine Veräußerung dieser Anteile. Tatsächlich aber werden keine Anteile veräußert oder übertragen. Unterstützt wird diese Ansicht im Umkehrschluss aus Abs. 1 S. 6 Nr. 6. Danach wird für § 22 die Anwendung von Abs. 1 angeordnet, wenn – als Hauptanwendungsfall – der Einbringende oder die aufnehmende Gesellschaft in ein Drittland verzieht. Die Anwendung von Abs. 1 ist auf die durch Abs. 1 S. 6 Nr. 6 vorgegebenen Fälle begrenzt. Eine weitergehende Anwendung von Abs. 1 etwa durch einen Verweis auf § 12 KStG ist vom Gesetz nicht vorgesehen.[27] Der UmwStE 2011 enthält hierzu keine Aussage.

18 Dezidiert anderer Auffassung ist hier *Patt*, der meint, dass die Fiktion der Veräußerung des § 12 Abs. 1 KStG wegen des dem § 22 Abs. 1 zugrunde liegenden Gedankens der Verhinderung von Missbrauch als Veräußerung idS zu betrachten wäre. Diese Sichtweise basiert auf dem nicht von der Hand zuweisenden Gedanken, dass die **Veräußerungsfiktion** des § 12 Abs. 1 KStG dazu führt, dass, soweit von der Fiktion Anteile an Kapitalgesellschaften betroffen sind, der fingierte Veräußerungsgewinn nach § 8 b Abs. 2 KStG auch entsprechend wie bei einer „echten" Veräußerung freigestellt wird und damit eine Statusverbesserung eintritt. Dies sei aber gerade der Fall, den der Gesetzgeber mit § 22 treffen wollte, nämlich die dadurch eintretende Statusverbesserung zu verhindern.[28]

19 (4) **Einlagen oder verdeckte Gewinnausschüttung von sperrfristbehafteten Anteilen.** Eine Veräußerung iSd § 22 liegt nicht vor in den Fällen von (schlichten) **Einlagen** und **Entnahmen**, da jeweils keine Gegenleistung gewährt wird bzw diese unentgeltlich sind. Dies gilt auch für eine Einlage in eine Kapitalgesellschaft. Allerdings stellt eine Einlage in eine Kapitalgesellschaft ein die rückwirkende Einbringungsgewinnbesteuerung auslösendes Ereignis iSd § 22 Abs. 1 S. 6 Nr. 1 dar. Nach Ansicht der Finanzverwaltung führt grundsätzlich jede unentgeltliche, mittelbare und unmittelbare Übertragung sperrfristbehafteter Anteile auf eine Kapitalgesellschaft zB im Wege einer verdeckten Einlage, einer verdeckten Gewinnausschüttung oder auch einer unentgeltlichen Übertragung im Rahmen der § 6 Abs. 3 und 5 EStG zur Auslösung eines rückwirkenden Einbringungsgewinns I nach § 22 Abs. 1 S. 6 Nr. 1. Diese weitgehende Interpretation der Finanzverwaltung lässt aber einige Fragen unbeantwortet. Beispielsweise dürfte eine unentgeltliche mittelbare Übertragung der Anteile nicht anzunehmen sein, wenn die Anteile an einer Kapitalgesellschaft übertragen werden, die selbst Einbringende war und sperrfristbehaftete Anteile hält. Ebenso ist die Reichweite des § 6 Abs. 5 EStG fraglich. Einerseits dürften damit wohl nur die unentgeltlichen Übertragungen darunter zu verstehen sein. Zum anderen wäre eine Übertragung iRd § 6 Abs. 5 EStG gegen Gewährung oder Minderung von Gesellschaftsrechten bereits unter Abs. 1 S. 1 der Vorschrift zu subsumieren und wäre damit nicht unter Abs. 1 S. 6 Nr. 1 zu erfassen.[29]

20 (5) **Verlagerung stiller Reserven durch Kapitalerhöhung.** Auch eine Verlagerung stiller Reserven durch Kapitalerhöhung führt nicht zu einer Veräußerung. Dieser Vorgang unterfällt allerdings möglicherweise § 22 Abs. 7 und führt entsprechend zur Mitverstrickung dieser Anteile (vgl Rn 77 ff).

21 (6) **Umwandlungen und Billigkeitsregelung.** Die Übertragung von **sperrfristbehafteten Anteilen** im Rahmen von Umwandlungen stellen nach Auffassung der Finanzverwaltung prinzipiell

27 Vgl Schmitt/Hörtnagl/Stratz *Schmitt*, § 22 UmwStG Rn 48; in Widmann/Mayer/*Widmann*, § 22 UmwStG Rn 35; Rödder/Herlinghaus/van Lishaut/*Stangl*, § 22 UmwStG Rn 41 und Rn 128; *Stangl/Kaeser* in: FGS/BDI, UmwSt-Erlass 2011, 396; Widmann/Mayer/*Widmann*, § 22 UmwStG Rn 35; *Benecke/Schnittker*, FR 2010, 555, 561; Haase/Hruschka/*Wulff-Dohmen*, § 22 UmwStG Rn 68.

28 Vgl Dötsch/Pung/Möhlenbrock/*Patt*, § 22 UmwStG Rn 28.

29 Vgl Haase/Hruschka/*Wulff-Dohmen*, § 22 UmwStG Rn 55; BMF v. 11.11.2011; BStBl. I 2011, 1314, UmwStE 2011, Rn 22.20; *Stangl/Kaeser* in FGS/BDI, UmwSt-Erlass 2011, 410.

– auch wenn die Übertragung zu Buchwert erfolgt – schädliche Veräußerungen iSd § 22 dar, obwohl kein steuerfreier Veräußerungsgewinn entsteht.[30] Diese Auslegung der Vorschrift hat einen erheblich überschießenden Charakter und hat dementsprechend in der Literatur heftige Diskussionen hervorgerufen.[31] Die Finanzverwaltung und Teile der Literatur begründen diese Auslegung des Gesetzes im Wesentlichen damit, dass der Wortlaut des Gesetzes in § 22 Abs. 1 S. 1 und Abs. 1 S. 6 Nr. 2, wonach „Veräußerungen" bzw „entgeltliche Übertragungen" eine Einbringungsgewinnbesteuerung auslösen, eindeutig sei, so dass eine Auslegung, nach welcher Übertragungen zu Buchwert von § 22 generell nicht zu erfassen seien, nicht zulässig sei, auch wenn dies dem Gesetzeszweck eher entsprechen würde. Aus der Gesetzesbegründung kann lediglich entnommen werden, dass auch Umwandlungen wie zB **Abspaltungen** als Veräußerungen betrachtet werden. Dieser Hinweis in der Gesetzesbegründung differenziert nicht danach, ob eine Abspaltung zu Buchwert, Zwischenwert oder gemeinem Wert gemeint ist. Hieraus kann man folgern und offensichtlich tut dies die Finanzverwaltung, dass der Gesetzgeber möglicherweise auch eine Abspaltung zu Buchwert oder Zwischenwert als schädliche Übertragung bzw Veräußerung zum gemeinen Wert betrachtet wissen will.[32]

§ 22 Abs. 1 S. 6 Nr. 2, 4 und 5 sieht gesetzliche **Ausnahmen** vor, bei welchen die Rechtsfolgen 22
des Abs. 1 S. 1 nicht ausgelöst werden. Nach Ansicht der Finanzverwaltung sieht das Gesetz nur bei diesen Tatbeständen von einer Besteuerung des Einbringungsgewinns ab. Da diese Sichtweise auch nach Verwaltungsauffassung zu weitgehend ist, da auch nach deren Ansicht Umwandlungen iSd UmwStG zum Buchwert einer Missbrauchsvorschrift mangels Missbrauch idR nicht bedürfen, bietet die Verwaltung im Erlasswege eine Billigkeitsregelung an, die auf Antrag unter bestimmten Voraussetzungen zur Anwendung kommen kann.[33] Teile der Literatur kommen zu dem Ergebnis, dass es keiner **Billigkeitsregelung** bedarf, wenn die Vorschrift des § 22 normspezifisch dahin gehend ausgelegt wird, wonach Umwandlungen und Einbringungen grundsätzlich nur dann Abs. 1 S. 1 unterfallen sollen, wenn durch den Umwandlungsvorgang etc. eine Statusverbesserung eintritt. In allen anderen Fällen setzt sich die Sperrfristverhaftung fort. Der steuerliche Zugriff bliebe für die Finanzverwaltung gewahrt. [34] Die Finanzverwaltung ist dem nicht gefolgt, sondern wendet als Reaktion auf die zu Recht erhobene Kritik an der wortgetreuen – überschießenden – Auslegungen der Vorschrift die genannte Billigkeitsregelung an. Die Billigkeitsregelung kann nur auf **Antrag** gewährt werden und setzt zumindest voraus, dass (a) keine steuerliche Statusverbesserung eintritt, also keine Besteuerung eines Einbringungsgewinns verhindert wird, (b) keine stillen Reserven von den sperrfristbehafteten Anteilen auf Anteile eines Dritten verlagert werden, (c) keine deutschen Besteuerungsrechte ausgeschlossen oder eingeschränkt werden und (d) die Antragsteller sich damit einverstanden erklären, dass auf alle unmittelbaren oder mittelbaren Anteile an einer an der Umwandlung beteiligten Gesellschaft § 22 Abs. 1 und 2 entsprechend anzuwenden ist.[35]

Die Auslegung der Vorschrift durch die Finanzverwaltung führt zu weiteren insb. verfahrens- 23
rechtlich ungeklärten Fragen. Auf welcher Rechtsgrundlage basiert etwa die Billigkeitsregelung? Verlieren die Anteile nach Anwendung der Billigkeitsregelung die Sperrfristverhaftung? Besteht ein Anspruch auf Anwendung der Billigkeitsregelung? Auf derartige Fragen geht der UmwSt-Erlass 2011 nicht ein. Insoweit verbleiben bei Anwendung der Billigkeitsregelung eine Fülle von **Rechtsunsicherheiten zulasten des Steuerpflichtigen** bestehen, was bei einem Rechts-

30 Vgl BMF v. 11.11.2011; BStBl. I 2011, 1314, UmwStE 2011, Rn 22.07 und Rn 22.23.

31 Vgl Widmann/Mayer/*Widmann*, § 22 UmwStG Rn 142; Rödder/Herlinghaus/van Lishaut/*Stangl*, § 22 UmwStG Rn 61; Haase/Hruschka/*Wulff-Dohmen*, § 22 UmwStG Rn 328; *Benz/Rosenberg*, BB Special 2006 Nr. 8, Heft 45, 51, 63 rechte Sp.

32 Vgl Haase/Hruschka/*Wulff-Dohmen*, § 22 UmwStG Rn 329; BT-Drucks. 16/2710,47.

33 Vgl Schmitt/Hörtnagl/Stratz/*Schmitt*, § 22 UmwStG Rn 45; *Rödder/Schuhmacher*, DStR 2006, 1525, 1539; aA Dötsch/Pung/Möhlenbrock/*Patt*, § 22 UmwStG Rn 33.

34 Vgl BMF v. 11.11.2011; BStBl. I 2011, 1314, UmwStE 2011, Rn 22.23; Haase/Hruschka/*Wulff-Dohmen*, § 22 UmwStG Rn 331; *Stangl/Kaeser* in: FGS/BDI, UmwSt-Erlass 2011, 412; Rödder/Herlinghaus/van Lishaut/*Stangl*, § 22 UmwStG Rn 53-57.

35 Vgl BMF v. 11.11.2011; BStBl. I 2011, 1314, UmwStE 2011, Rn 22.23; BMF v. 16.12.2003, BStBl. I 2003, 786, Rn 22.

gebiet wie dem Steuerrecht als Eingriffsrecht ein untragbarer Zustand ist. Nach § 85 Abs. 1 AO hat die Finanzverwaltung die Steuern nach Maßgabe der Gesetze festzusetzen. Ein Verzicht ist nur auf der Grundlage eines Gesetzes möglich.[36] Nach § 163 S. 1 AO können steuererhöhende Sachverhalte wie etwa hier die iSd § 22 steuerschädliche Umwandlung zu Buchwert aus sachlichen Gründen zwar unberücksichtigt bleiben. Dies würde allerdings nach § 47 AO zum Erlöschen des Steueranspruchs führen. Dh nach Anwendung der Billigkeitsregelung wäre § 22 nicht mehr anwendbar.[37] Dieses Problem versucht der Erlass zu lösen, indem für die Anwendung der Billigkeitsregelung eine **Einverständniserklärung des Antragstellers** gefordert wird, dass auf alle unmittelbaren und mittelbaren Anteile an einer an der Umwandlung beteiligten Gesellschaft § 22 Abs. 1 und Abs. 2 entsprechend anzuwenden ist. Die Steuerverhaftung der stillen Reserven bleibt damit auf Basis einer „vertraglichen Regelung“ mit dem Fiskus erhalten. Die Rechtsgrundlage hierfür ist unklar. Ebenso ist unklar, wie weit das Ermessen der jeweils zuständigen Finanzämter geht oder ob das Ermessen auf null reduziert ist, wenn die Voraussetzungen, wie sie der Erlass beschreibt, vorliegen. Da diese Beschreibung aber wiederum vielerlei unbestimmte Rechtsbegriffe enthält, wird sich in der Praxis ein Gespräch mit der Finanzverwaltung, wenn nicht sogar eine verbindliche Auskunft vielfach nicht vermeiden lassen.[38]

24 Ein weiteres Problem besteht bei Anwendung der Billigkeitsregelung darin, dass die Finanzverwaltung die Billigkeitsregelung nur bei **Ansatz des Buchwerts** zulässt. Hieraus ergeben sich verschiedene materiell rechtlich ungeklärte Fragen insb. bei Umwandlungen zum Zwischenwert, zu denen sich weder der Erlass und noch weite Teile der Literatur äußern. Mangels Buchwertübertragung kann hier wohl kein Antrag auf Billigkeit gestellt werden. Somit stellt sich hier die – von der Finanzverwaltung unbeantwortete – Frage, in welcher Höhe ein Einbringungsgewinn I zu versteuern ist. Es erscheint überschießend, wenn in diesem Falle der volle Einbringungsgewinn I zu versteuern wäre, obwohl beispielsweise nur ein geringer Zwischenwert angesetzt wird und damit auch nur insoweit eine Statusverbesserung eingetreten sein kann. Das Wort „soweit“ in § 22 Abs. 1 S. 1, wonach der Einbringungsgewinn I nur insoweit zu versteuern ist, als sperrfristbehaftete Anteile veräußert werden, hilft nicht weiter, da sich dieses Wort nur auf die Veräußerung von Teilen von Anteilen bezieht, nicht jedoch auf die Höhe des Wertansatzes. Es muss davon ausgegangen werden, dass die Finanzverwaltung wie bei einer Buchwertübertragung zu dem Ergebnis kommt, dass eine schädliche Veräußerung vorliegt und demzufolge den vollen Einbringungsgewinn I versteuert, wenngleich eine normspezifische Auslegung dazu führen müsste, dass nur in Höhe des Gewinns, der bei Ansatz des Zwischenwerts realisiert worden ist, ein Einbringungsgewinn I zu versteuern wäre. Der Erlass erläutert verschiedene Beispiele, bei welchen die Billigkeitsregelung – auf Antrag – Anwendung finden kann.

25 (a) **Seitwärtsverschmelzung des Einbringenden.** Ein Beispiel erwähnt die **Seitwärtsverschmelzung** des Einbringenden zu Buchwert. In diesem Falle werden die erhaltenen Anteile im Rahmen der Verschmelzung auf eine andere Gesellschaft zu Buchwert übertragen. Hier würde die Finanzverwaltung auf die Anwendung von § 22 im Wege der Billigkeitsregelung verzichten, wenn die einzelnen Voraussetzungen dieser Regelung eingehalten werden.[39] Bei einer Umwandlung der einbringenden Kapitalgesellschaft zum Zwischenwert oder dem gemeinen Wert werden die stillen Reserven in den übertragenen Anteilen aufgelöst und idR durch die Vorschrift des § 8 b KStG steuerfrei gestellt. Hier ist zurecht davon auszugehen, dass ein schädliches Ereignis iSd Vorschrift des Abs. 1 vorliegt, obwohl der Übernehmer in die Rechtsstellung des Übertragers eintritt (vgl § 23 Abs. 3 bei Zwischenwertansatz und Abs. 4 für den Ansatz des gemeinen Werts bei Gesamtrechtsnachfolge), da der Einbringende letztlich die eintretende Sta-

36 Vgl Klein/*Rüsken*, § 163 AO Rn 6 c.

37 Vgl Haase/Hruschka/*Wulff-Dohmen*, § 22 UmwStG Rn 334; Widmann/Mayer/*Widmann*, § 22 UmwStG Rn 191.

38 Vgl *Stangl/Kaeser* in FGS/BDI, UmwSt-Erlass 2011, 426; Vgl Schneider/Ruoff/Sistermann/*Schneider/Roderburg*, H 22.49.

39 Vgl BMF v. 11.11.2011; BStBl. I 2011, 1314, UmwStE 2011, Rn 22.23.

tusverbesserung ganz oder teilweise nutzt. Hier ist in der Tat auch eine normspezifische Auslegung sachgerecht, welche zu einer Veräußerung nach Abs. 1 führt.[40]

(b) **Seitwärtsverschmelzung der übernehmenden Gesellschaft.** Als anderes Beispiel wird die **Verschmelzung der übernehmenden Gesellschaft** erwähnt. In diesem Falle gehen die erhaltenen Anteile unter und finden ihre Fortsetzung in den Anteilen der übernehmenden Gesellschaft dieser Verschmelzung. Auch hier sieht die Finanzverwaltung prinzipiell von der Anwendung von § 22 im Rahmen eines Billigkeitsantrags ab. Eine Umwandlung der Gesellschaft, an der die Anteile bestehen, also die Seitwärtsverschmelzung der übernehmenden Gesellschaft wäre zumindest bei normspezifischer Auslegung differenziert zu betrachten. Während die Finanzverwaltung in ihrem Erlass wie erwähnt generell jede **Übertragung** im Rahmen einer Umwandlung **als Veräußerung** betrachtet, ist bei differenzierter Betrachtung darauf hinzuweisen, dass die Umwandlung dieser Gesellschaft – zumindest bei Ansatz des gemeinen Werts – dazu führt, dass die stillen Reserven der seinerseits übertragenen Vermögensgegenstände, wenn auch zu einem späteren Zeitpunkt, so doch aufgelöst und versteuert werden. Im Ergebnis kann damit die mit der Einbringung eingetretene mögliche Statusverbesserung nicht mehr genutzt werden. Eine Anwendung von § 22 auf die nachfolgende Umwandlung ist deshalb überschießend und normspezifisch nur schwer zu rechtfertigen. Insb. wenn mangels Buchwertübertragung kein Antrag auf Anwendung der Billigkeitsregelung gestellt werden kann, zeigt sich der beschriebene überschießende Charakter dieser Auslegung der Finanzverwaltung.[41] 26

Im Zusammenhang mit der Verschmelzung einer übernehmenden Gesellschaft stellt sich auch die Frage, inwieweit die **Veräußerungsfiktion** des § 13 Abs. 1 die Rechtsfolgen des § 22 auslöst. Nach § 13 Abs. 1 gelten die Anteile an der übertragenden Körperschaft, also hier die aus der seinerzeitigen Sacheinlage entstandenen Anteile (sperrfristverhaftete Anteile) als zum gemeinen Wert veräußert. Ob diese Veräußerungsfiktion auf § 22 durchschlägt, ist fraglich, da tatsächlich keine Veräußerung der Anteile stattfindet, da sie nicht auf Dritte übertragen werden. Wenn begrifflich keine Veräußerung iSd § 22 vorliegt, dann könnte § 22 nur dann zur Anwendung kommen, wenn in § 22 auf § 13 Abs. 1 verwiesen würde, was jedoch nicht der Fall ist. Ansonsten geht die spezielle Regelung in § 22 zur Veräußerung von Anteilen der Regelung in § 13 vor, so dass eine Veräußerung iSd § 13 einer Veräußerung iSd § 22 nicht gleichsteht.[42] Die Ausübung des **Wahlrechts** nach § 13 Abs. 2, also die Fortführung der Anteilsbuchwerte, ist schon deshalb keine Veräußerung, weil die erhaltenen Anteile steuerlich an die Stelle der untergehenden Anteile treten und eben nicht als veräußert gelten.[43] 27

(c) **Verschmelzung der Übernehmerin auf eine Personengesellschaft.** Die Finanzverwaltung wendet die Billigkeitsregelung nicht an, wenn die **übernehmende Gesellschaft auf eine Personengesellschaft verschmolzen** wird. Dies erfordert nach Ansicht der Verwaltung die Tatsache, dass dieser Fall mit keinem der Fälle, wie sie in den Ersatztatbeständen in Abs. 1 S. 6 genannt sind, vergleichbar ist. Es spielt auch keine Rolle, ob die Übertragung zu Buchwert, Zwischenwert oder gemeinem Wert erfolgt. Insb. seien die Fälle von Umwandlungen unter Anwendung der Vorschrift des § 24 nicht in § 22 erwähnt und könnten von der Billigkeitsregelung entsprechend nicht erfasst werden.[44] Tatsächlich gibt es gerade bei einer Verschmelzung der übernehmenden Kapitalgesellschaft auf eine Personengesellschaft keinen Anlass zur Vermutung eines Missbrauchs, da gerade beim Übertrag auf eine Personengesellschaft die stillen Reserven der übertragenen Gegenstände „wieder" steuerverhaftet werden und nicht etwa im Rahmen einer Anteilsveräußerung steuerfrei veräußert werden könnten. Insofern ist mit Blick auf den Zweck der Vorschrift die Nichtanwendung der Billigkeitsregelung überschießend und führt zu nicht 28

40 Vgl Rödder/Herlinghaus/van Lishaut/*Stangl*, § 22 UmwStG Rn 54.

41 Vgl Rödder/Herlinghaus/van Lishaut/*Stangl*, § 22 UmwStG Rn 54, 57.

42 Vgl Schmitt/Hörtnagl/Stratz/*Schmitt*, § 22 UmwStG Rn 42; Widmann/Mayer/*Widmann*, § 22 UmwStG Rn 142; *Benz/Rosenberg*, BB Special 8/2006, 45, 51, 63.

43 VglRödder/Herlinghaus/van Lishaut/*Stangl*, § 22 UmwStG Rn 61 b.

44 Vgl BMF v. 11.11.2011; BStBl. I 2011, 1314, UmwStE 2011, Rn 22.23, Bsp 2, Alt. 2.

gerechtfertigten Ergebnissen. Eine unentgeltliche Übertragung von sperrfristbehafteten Anteilen auf eine Personengesellschaft hingegen unterliegt nicht § 22, da wegen der Unentgeltlichkeit keine Veräußerung iSd Vorschrift vorliegt.[45]

29 (d) **„Rückumwandlung".** Als **Rückumwandlung** bezeichnet die Finanzverwaltung in ihrem Erlass den Vorgang, dass die GmbH 1 ihren Betrieb zu Buchwert in eine GmbH 2 einbringt und innerhalb von sieben Jahren eine Verschmelzung der GmbH 2 auf die GmbH 1 erfolgt. Auf diesen Vorgang wendet die Finanzverwaltung den Billigkeitserlass nicht an, da die sperrfristbehafteten Anteile an der GmbH 2 untergehen und damit kein mit einer Weiterübertragung vergleichbarer Vorgang vorliegt. Im Übrigen widerspräche es der Wertungsentscheidung des Gesetzgebers, diesen Vorgang nicht als Veräußerung zu erfassen, wenn er in § 22 Abs. 1 S. 6 Nr. 3 die **Auflösung und Abwicklung** einer Gesellschaft prinzipiell der **Einbringungsgewinnbesteuerung** unterwirft.[46] Diese Sichtweise der Finanzverwaltung, die sich letztlich aus dem „krampfhaften" Festhalten der Auslegung am reinen Wortlaut der Norm ergibt, führt in weiten Teilen der Literatur zu begründeten Widersprüchen. Danach könne eine Rückumwandlung nicht als schädliche Veräußerung betrachtet werden, da das Ziel der Vorschrift, nämlich zu vermeiden, dass stille Reserven in eine Kapitalgesellschaft „gepackt" werden und anschließend die Anteile an der Gesellschaft in Anwendung von § 8 b KStG steuerfrei verkauft werden, nach der „Rückumwandlung" erst gar nicht mehr erreicht werden kann, da letztlich wieder der Zustand vor der Sacheinlage hergestellt wird. Der Verweis der Finanzverwaltung auf einen vermeintlichen **Wertungswiderspruch** zur Vorschrift des § 22 Abs. 1 S. 6 Nr. 3 geht auch fehl. Einerseits ist eine Rückumwandlung zu Buchwert mit einer Liquidation, bei welcher stille Reserven aufgelöst und ausgekehrt werden, nicht vergleichbar. Außerdem ist es widersprüchlich, wenn die Finanzverwaltung einerseits den Wortlaut des § 22 Abs. 1 S. 6 Nr. 3 über eine tatsächliche Liquidation hinaus und damit sehr weit auslegt, andererseits aber in allen anderen Auslegungsfragen sich sehr eng an dem Wortlaut der Vorschrift orientiert.[47]

30 c) **Siebenjahresfrist.** Ein Einbringungsgewinn I ist nur zu versteuern, wenn eine relevante Veräußerung innerhalb eines Zeitraums von sieben Jahren nach dem Einbringungszeitpunkt vorliegt. Die zeitlichen Eckpunkte sind einerseits die Veräußerung der Anteile sowie andererseits der Einbringungszeitpunkt. Veräußerungen außerhalb dieses Zeitraums führen, auch wenn sie nur kurz außerhalb liegen, nicht zur Versteuerung (**Ausschlussfrist**). Hinsichtlich des Zeitpunkts der Veräußerung ist auf den Übergang des wirtschaftlichen Eigentums der Anteile abzustellen. Die Frist beginnt mit dem Einbringungszeitpunkt zu laufen. Dieser ist in § 20 Abs. 6 S. 1 definiert. Dh bei Rückbeziehung des Einbringungszeitpunkts dürfte für die Fristberechnung der zurückbezogene Zeitpunkt maßgebend sein. [48] Für die Fristberechnung ist strittig, ob § 108 Abs. 3 AO zu beachten ist. Insb. ist strittig, ob sich entsprechend der Regelung in § 108 Abs. 3 AO der Fristablauf auf den nächsten Werktag verschiebt, wenn das Ende der Frist beispielsweise auf einen Sonntag fällt.[49] Da diese „kleine" Unsicherheit sehr große steuerliche Auswirkungen haben kann, sollte hierüber ggf vor Veräußerung eine verbindliche Auskunft eingeholt werden oder die Veräußerung entsprechend hinausgezögert werden.

31 **d) Ersatzrealisationstatbestände, Abs. 1 S. 6, 7.** Die Rechtsfolgen, wie sie unten beschrieben werden, treten nicht nur bei Veräußerungen iSd Abs. 1 S. 1 ein. Die Sätze 1 bis 5 gelten auch bei den in Abs. 1 S. 6 Nr. 1–6 aufgezählten Tatbeständen. Sie stellen abschließend geregelte

45 Vgl BMF v. 11.11.2011; BStBl. I 2011, 1314, UmwSt-E 2011, Rn 22.23, Bsp 1 und 2; Schneider/Ruoff/Sistermann/*Schneider/Roderburg*, H 22.63 und H 22.41; Schmitt/Hörtnagl/Stratz/*Schmitt*, § 22 UmwStG Rn 36; Rödder/Herlinghaus/van Lishaut/*Stangl*, § 22 UmwStG Rn 61.

46 Vgl BMF v. 11.11.2011; BStBl. I 2011, 1314, UmwSt-E 2011, Rn 22.23, Bsp. 3.

47 Vgl *Stangl/Kaeser* in: FGS/BDI, UmwSt-Erlass 2011, 441; *Benz/Rosenberg*, DB 2011, 1354, 1360; *Weber/Hahne*, Ubg 2011, 420, 429; Schneider/Ruoff/Sistermann/*Schneider/Roderburg*, H 22.71; Schmitt/Hörtnagl/Stratz/*Schmidt*, § 22 UmwStG Rn 86; *Kessler*, Ubg 2011, 34, 36.

48 Vglin Rödder/Herlinghaus/van Lishaut/*Stangl*, § 22 UmwStG, Rn 77, 78; Schmitt/Hörtnagl/Stratz/*Schmitt*, § 22 UmwStG Rn 49; Dötsch/Patt/Pung/Möhlenbrock/*Patt*, § 22 UmwStG (SEStEG) Rn 19.

49 Vgl Widmann/Mayer/*Widmann*, § 22 UmwStG Rn 19.

Sachverhalte einer Veräußerung nach Abs. 1 S. 1 gleich (**Ersatzrealisationstatbestände**).[50] Es ist daneben keine freiwillige Auflösung des Einbringungsgewinns I vorgesehen. Die in Abs. 1 S. 6 aufgezählten Tatbestände führen damit rückwirkend zur Besteuerung eines Einbringungsgewinns I, soweit die Tatbestände innerhalb der siebenjährigen Sperrfrist erfüllt werden. Wird nur hinsichtlich eines Teils der aus der Sacheinlage stammenden Anteile ein Ersatzrealisierungstatbestand erfüllt, entsteht nur ein anteiliger Einbringungsgewinn I.[51] Werden die Ersatzrealisationstatbestände nach Ablauf der Sperrfrist erfüllt, kommt es nicht zur Besteuerung eines Einbringungsgewinns I.

aa) Unmittelbare oder mittelbare unentgeltliche Übertragung, Abs. 1 S 6 Nr. 1. Die **rückwirkende Besteuerung** des Einbringungsgewinns I wird ausgelöst, wenn der Einbringende oder dessen „unentgeltlicher" Rechtsnachfolger[52] die erhaltenen Anteile unmittelbar oder mittelbar unentgeltlich auf eine Kapitalgesellschaft oder eine Genossenschaft überträgt. Insb. werden hier Übertragungen im Wege der verdeckten Einlage, der verdeckten Gewinnausschüttung, der Realteilung oder die unentgeltliche Übertragung nach § 6 Abs. 3 und 5 EStG auf eine Kapitalgesellschaft oder Genossenschaft – auch im Rahmen von Spenden – verstanden.[53] Mittelbare Übertragungen sind vorstellbar, wenn etwa der Einbringende die sperrfristbehafteten Anteile gegen Gewährung von Gesellschaftsrechten auf eine weitere Kapitalgesellschaft überträgt und dann die Anteile an dieser weiteren Kapitalgesellschaft ebenfalls unentgeltlich überträgt. Nicht darunter dürfte die Übertragung der Anteile am Einbringenden selbst und die damit verbundene mittelbare Übertragung der sperrfristbehafteten Anteile fallen, da diese Übertragung nicht durch den Einbringenden, wie es das Gesetz fordert, sondern durch den Gesellschafter des Einbringenden erfolgen würde.[54] Die Finanzverwaltung erwähnt diesen Fall in ihrem Erlass nicht.[55] 32

Hinweis: Im Zweifelsfalle wäre hier wohl eine verbindliche Auskunft erforderlich, um Rechtssicherheit zu erlangen.

bb) Entgeltliche Übertragung, Abs. 1 S. 6 Nr. 2. Die **rückwirkende Besteuerung** des Einbringungsgewinns I wird ausgelöst, wenn der Einbringende die erhaltenen Anteile **entgeltlich überträgt.** Dies ist nach der Vorschrift nicht der Fall, wenn er nachweist, dass die Übertragung zu Buchwert erfolgte. Die Übertragung muss hierbei ein Vorgang iSd § 20 Abs. 1 oder § 21 Abs. 1 oder ein vergleichbarer ausländischer Vorgang sein. Der 1. Hs dieser Vorschrift setzt als Tatbestand eine entgeltliche Übertragung, also eine **Veräußerung** iSd Abs. 1 S. 1 voraus. Da eine entgeltliche Übertragung bereits nach dieser Vorschrift die rückwirkende Besteuerung des Einbringungsgewinns I auslöst, ist die Auslegung dieser Vorschrift problematisch. Der Sinn und Zweck der Vorschrift ergibt sich unter Einbeziehung des Hs 2.[56] Der Hs 1 ist insofern ohne eigenständige Bedeutung. Nach der Vorschrift wird von einer Besteuerung trotz entgeltlicher Übertragung abgesehen, wenn eine weitere Übertragung zu Buchwert erfolgt.[57] Hierzu ist erforderlich, dass die Vorschriften der §§ 20, 21 oder entsprechende ausländische Vorschriften zur Anwendung kommen. In der Auslegung dieser Vorschrift zeigt sich – im Vergleich zur herrschenden Ansicht in der Literatur – wiederum die grundsätzlich andere und „an dem Wortlaut klebende" Auslegung der Finanzverwaltung. Die **Finanzverwaltung** vertritt die Auffassung, dass Umwandlungen und Einbringungen generell als tauschähnliche Vorgänge eine **Veräuße-** 33

50 Vgl Rödder/Herlinghaus/van Lishaut/*Stangl*, § 22 UmwStG Rn 101; Dötsch/Patt/Pung/Möhlenbrock/*Patt*, § 22 UmwStG (SEStEG) Rn 39; *Kotyrba/Scheunemann*, BB, 2012 223, 227.

51 Vgl Widmann/Mayer/*Widmann*, § 22 UmwStG Rn 137.

52 Vgl BMF v. 11.11.2011; BStBl. I 2011, 1314, UmwStE 2011, Rn 22.18; *Stangl/Kaeser* in: FGS/BDI, UmwSt-Erlass 2011, 409.

53 Vgl BMF v. 11.11.2011; BStBl. I 2011, 1314, UmwStE 2011, Rn 22.20; Lademann/*Jäschke*, § 22 UmwStG Rn 15.

54 Vgl Rödder/Herlinghaus/van Lishaut/*Stangl*, UmwStG § 22 Rn 104.

55 Vgl BMF v. 11.11.2011; BStBl. I 2011, 1314, UmwStE 2011, Rn 22.20.

56 Vgl Rödder/Herlinghaus/van Lishaut/*Stangl*, § 22 UmwStG Rn 107; Widmann/Mayer/*Widmann*, § 22 UmwStG Rn 49; aA Dötsch/Patt/Pung/Möhlenbrock/*Patt*, § 22 UmwStG (SEStEG) Rn 41.

57 Vgl Schmitt/Hörtnagl/Stratz/*Schmitt*, § 22 UmwStG Rn 80.

rung iSd § 22 Abs. 1 S. 1 darstellen und damit generell einen **Einbringungsgewinn I** auslösen. Nur für die Fälle des § 22 Abs. 1 S. 6 Nr. 2, 4 und 5, also für Einbringungen zu Buchwerten iSd §§ 20, 21 gelte dies nicht.[58] Nach Auffassung von *Patt* können selbst diese in diesen Vorschriften explizit genannten Buchwertübertragungen nur im Billigkeitswege Anwendung finden, da sie aufgrund ihrer Formulierungen immer Abs. 1 S. 1 zur Anwendung bringen müssten, der die Ausnahme der Buchwertübertragung gerade nicht vorsieht.[59] Nach hA hingegen ist der Veräußerungsbegriff des § 22 Abs. 1 S. 1 sowie der Begriff der entgeltlichen Übertragung iSd § 22 Abs. 1 S. 6 Nr. 2 normspezifisch auszulegen. Danach sind Umwandlungen **grundsätzlich nicht als Veräußerungen** iSd Abs. 1 S. 1 einzustufen.[60]

34 cc) **Auflösung, Kapitalherabsetzung, Verwendung des Einlagenkontos Abs. 1 S 6 Nr. 3.** Die Vorschrift stellt auf die Kapitalgesellschaft an der die erhaltenen Anteile bestehen, ab. Dass im Gesetz nur von „Anteilen" und nicht von „**erhaltenen Anteilen**" die Rede ist, dürfte ein Redaktionsversehen sein.[61] Nach dieser Vorschrift erfolgt die Besteuerung des Einbringungsgewinns I entsprechend Abs. 1 S. 1–5 auch dann, wenn die Kapitalgesellschaft, an der die erhaltenen Anteile bestehen, aufgelöst und abgewickelt wird oder das Kapital dieser Gesellschaft herabgesetzt und an die Anteilseigner zurückbezahlt wird oder Beträge aus dem steuerlichen Einlagekonto iSv § 27 KStG ausgeschüttet oder zurückgezahlt werden.[62] Nach Abs. 1 S. 6 Nr. 3 Alt. 1 kommt es zu einem **nachträglichen Einbringungsgewinn I**, wenn die Gesellschaft **aufgelöst und abwickelt** wird. An die Auflösung schließt sich idR die Abwicklung (Liquidation) an. Die Abwicklung endet mit der Verteilung des Vermögens an die Gesellschafter (§ 271 AktG; § 72 GmbHG). Zu einem Einbringungsgewinn I kommt es in diesen Fällen nur, wenn die Abwicklung bzw Liquidation innerhalb der siebenjährigen Sperrfrist erfolgt. Dies ist dann der Fall, wenn innerhalb dieses Zeitraums gesellschaftsrechtlich der Anspruch auf Auszahlung eines Abwicklungsguthabens entsteht.[63] Eine Auflösung einer Kapitalgesellschaft liegt auch bei einer **Verschmelzung** einer Kapitalgesellschaft auf eine andere Gesellschaft bzw eine natürliche Person sowie bei **Aufspaltung** einer Kapitalgesellschaft vor. Da aber bei einer Verschmelzung bzw einer Aufspaltung einer Gesellschaft keine Abwicklung erfolgt, greift Abs. 1 S. 6 Nr. 3 insoweit nicht.[64]

35 Ein Einbringungsgewinn I entsteht auch, wenn das Kapital der Gesellschaft herabgesetzt und zurückgezahlt wird. Hierzu ist eine wirksame **Kapitalherabsetzung** nach §§ 222–239 AktG oder nach §§ 58 ff GmbHG und eine sich daran anschließende Kapitalrückzahlung erforderlich. Die bloße Absicht der Rückzahlung genügt nicht. Entscheidend ist vielmehr die tatsächliche Rückzahlung (Auskehrung) an die Anteilseigner.[65] Die bloße Herabsetzung des Kapitals zum Ausgleich von Verlusten führt die Besteuerungsfolgen nicht herbei.[66]

36 Ein Einbringungsgewinn I entsteht auch, wenn **Beträge aus dem steuerlichen Einlagekonto** iSd § 27 KStG ausgeschüttet oder zurückgezahlt werden. Dies bestimmt sich nach der Verwendungsreihenfolge des § 27 KStG. Die Vorschrift differenziert weder bei einer **Kapitalrückzahlung** noch bei einer **Einlagenrückgewähr** nach der Höhe des zurückgezahlten Einlagenkontos und danach, ob das zurückgezahlte Kapital aus einer „schädlichen" Einlage stammt. Eine sachgerechte Auslegung der Vorschrift müsste einerseits unterscheiden, wie hoch die Rückzahlung ist und andererseits, ob diese Rückzahlung aus einer Sacheinlage iSd § 20 stammt. Dies

58 Vgl *Stangl/Kaeser* in: FGS/BDI, UmwSt-Erlass 2011, 413, 419; in Rödder/Herlinghaus/van Lishaut/*Stangl*, UmwStG § 22 Rn 53.

59 Vgl Dötsch/Jost/Patt/Witt/*Patt*, § 22 UmwStG Rn 41; Schneider/Ruoff/Sistermann/*Schneider/Roderburg*, H 22.44 und H 22.48.

60 Zur Problematik der Qualifikation von Umwandlungen als Veräußerungen vgl ausführlich Rödder/Herlinghaus/van Lishaut/*Stangl*, § 22 UmwStG Rn 49 ff.

61 Vgl Rödder/Herlinghaus/van Lishaut/*Stangl*, § 22 UmwStG Rn 109.

62 Vgl Schmitt/Hörtnagl/Stratz/*Schmitt*, § 22 UmwStG Rn 83.

63 Vgl Schmidt/*Weber-Grellet*, § 17 EStG Rn 223.

64 Vgl Widmann/Mayer/*Widmann*, § 22 UmwStG Rn 59; Rödder/Herlinghaus/van Lishaut/*Stangl*, § 22 UmwStG Rn 110.

65 Vgl BFH v. 27.11.2001 – VIII R 36/00; BStBl. 2002 II, 731.

66 Vgl Dötsch/Pung/Möhlenbrock/*Patt*, § 22 UmwStG Rn 46.

ergibt sich aus Abs. 1 S. 1 der Vorschrift, als dort nur „soweit" die nachträgliche Besteuerung eines Einbringungsgewinns herbeigeführt wird, als eine Veräußerung vorliegt. Nach herrschender Ansicht in der Literatur hingegen muss anhand des Verhältnisses der Kapitalrückzahlung zum gemeinen Wert der erhaltenen Anteile errechnet werden, welcher Anteil der **Einlagenrückgewähr** idS **schädlich** ist. Soweit die Einlage nicht aus einem Einbringungsvorgang iSd § 20 UmwStG stammt, dürfte keine Erfassung eines Einbringungsgewinns iSd § 22 Abs. 1 erfolgen.[67] Selbst wenn das Einlagekonto aus einer Einbringung nach § 20 stammt, können die Einlagen einerseits aus „steuerunschädlichen" Einlagen, also aus Einlagen, welche nicht die Rechtsfolgen des § 22 auslösen können, herrühren aber auch aus Einlagen, welche aus Sacheinlagen iSd § 20 oder 21 stammen. Bei Rückzahlung solcher „nicht angemalter" Einlagen muss eine **Verwendungsreihenfolge** gefunden werden, auf deren Basis die Rückzahlung betrachtet wird. Mangels einer gesetzlichen expliziten Regelung wäre es grundsätzlich sinnvoll gewesen, hierbei auf das Verhältnis der jeweiligen Beträge bei Auskehrung abzustellen und entsprechend aufzuteilen.[68]

Außerdem stellt sich die Frage, ob bei einer „schädlichen" Rückzahlung diese in voller Höhe zu einem Einbringungsgewinn führt oder nur, soweit diese den **Buchwert** bzw die **Anschaffungskosten** der Anteile **übersteigt**. Hierbei steht der Rechtsgedanke des § 20 Abs. 2 S. 4 Pate. Danach kann sich der Einbringende bei Einbringung neben Gesellschaftsrechten steuerunschädlich auch eine andere Gegenleistung gewähren lassen, solange diese den Buchwert des eingebrachten Vermögens nicht übersteigt.[69] Bei Auslegung von § 22 Abs. 1 S. 6 Nr. 3 sollte diese Vorschrift Berücksichtigung finden, weshalb ein Einbringungsgewinn I nur erfasst werden sollte, soweit eine Kapitalrückzahlung oder eine Einlagenrückgewähr, soweit sie im Rahmen des § 22 Abs. 1 S. 1 als veräußerungsgleich zu verstehen ist, den Buchwert bzw die Anschaffungskosten der Anteile übersteigt.[70] In Rn 22.24 des UmwSt-Erlasses 2011 hat sich die Finanzverwaltung den in der Literatur aufgeworfenen Fragen und angebotenen Lösungen weitgehend angeschlossen. Es kommt nur insoweit zu einer rückwirkenden Einbringungsgewinnbesteuerung, als der aus dem Einlagenkonto ausgekehrte Betrag den Buchwert im Zeitpunkt der Einlagenrückgewähr übersteigt.[71] 37

Organschaftliche Mehrabführungen, die ihre Ursache in organschaftlicher Zeit haben, also Gewinnabführungen, welche höher sind, als das iSd § 14 KStG zuzurechnende steuerliche Einkommen, mindern nach § 27 Abs. 6 KStG das steuerliche Einlagenkonto. Es stellt sich deshalb hier wiederum die Frage, ob dadurch die Rechtsfolgen des § 22 Abs. 1 S. 6 Nr. 3 ausgelöst werden können. Nach mehrheitlicher Literaturauffassung fallen organschaftlich verursachte Mehrabführungen nicht unter den Wortlaut des § 22 Abs. 1 S 6 Nr. 3, da sie keine Einlagenrückzahlung im eigentlichen Sinne sind, sondern eine Gewinnverwendung eigener Art darstellen.[72] Hier vertritt die Finanzverwaltung in ihrem UmwSt-Erlass 2011 allerdings eine andere Auffassung. Hiernach unterfallen Mehrabführungen iSd § 14 Abs. 3 oder 4, soweit dafür das steuerliche Einlagekonto iSv § 27 KStG als verwendet gilt, generell dieser Vorschrift, wobei zu beachten ist, dass bei der Frage, ob der Buchwert der Anteile überschritten wird, dieser um aktive und passive Ausgleichsposten zu korrigieren ist.[73] 38

67 Vgl Rödder/Herlinghaus/van Lishaut/*Stangl*, § 22 UmwStG Rn 114, 115; Dötsch/Patt/Pung/Möhlenbrock/*Patt*, § 22 UmwStG (SEStEG) Rn 48; *Förster/Wendland*, BB 2007, 637; *Schumacher/Neumann*, DStR 2008, 325.

68 Vgl *Förster/Wendland*, BB 2007, 631; Dötsch/Patt/Pung/Möhlenbrock/*Patt*, § 22 UmwStG (SEStEG) Rn 48.

69 Vgl *Schumacher/Neumann*, DStR 2008, 325.

70 Vgl Rödder/Herlinghaus/van Lishaut/*Stangl*, § 22 UmwStG Rn 112; aA Widmann/Mayer/*Widmann*, § 22 UmwStG Rn 64; *Schumacher/Neumann*, DStR 2008, 325.

71 Vgl BMF v. 11.11.2011; BStBl. I 2011, 1314, UmwStE 2011, Rn 22.24.

72 Vgl *Rödder/Stangl*, Ubg 2008, 39; Rödder/Herlinghaus/van Lishaut/*Stangl*, § 22 UmwStG Rn 112; *Schumacher/Neumann*, DStR 2008, 325; aA Widmann/Mayer/*Widmann*, § 22 UmwStG Rn 64; Schmitt/Hörtnagl/Stratz/*Schmitt*, § 22 UmwStG Rn 96; *Kessler*, Ubg 2011, 34, 37; Lademann/*Jäschke*, § 22 UmwStG Rn 17; *Jung/Dern/Wartenberg*, BB-Special 2010, Nr. 1 S. 26.

73 Vgl BMF v. 11.11.2011; BStBl. I 2011, 1314, UmwStE 2011, Rn 22.24.

39 **dd) Veräußerungssperre nach Abs. 1 S 6 Nr. 4 bis 6.** Nr. 4 der Vorschrift erfasst als veräußerungsgleichen Vorgang auch die **Übertragung** der ursprünglich vom Einbringenden erhaltenen Anteile, die dieser im Rahmen einer weiteren Einbringung zu Buchwert auf eine Kapitalgesellschaft übertragen hat und durch diese weiter übertragen werden, sofern der Einbringende nicht nachweist, dass diese durch den anderen Rechtsträger vorgenommene Übertragung zum Buchwert erfolgt ist. Der Fokus dieser Vorschrift liegt auf der „Bewegung" der ursprünglich erhaltenen Anteile und deren Übertragung durch weitere Übernehmer. Diese spätere Übertragung der ursprünglich erhaltenen Anteile durch andere Rechtsträger wird bei dem ursprünglich Einbringenden sanktioniert, indem dort der Einbringungsgewinn I zu erfassen ist. [74]

40 Nr. 5 der Vorschrift erfasst ebenso als veräußerungsgleichen Vorgang die Übertragung der Anteile, die durch die **Weitereinbringung** der ursprünglich erhaltenen Anteile erlangt wurden. Der Fokus dieser Vorschrift liegt also auf der „Bewegung" der durch die Weitereinbringung erlangten Anteile. In Abgrenzung zu den sperrfristverhafteten Anteilen hat sich hierfür der Begriff der **sperrfristinfizierten Anteile** eingebürgert.[75]

41 Beide Vorschriften erfassen sowohl **unmittelbare** wie auch **mittelbare Übertragungen** der ursprünglich erhaltenen Anteile. Hierbei kann eine mittelbare Übertragung sowohl durch den Einbringenden selbst wie auch durch Gesellschafter des Einbringenden oder wiederum durch deren Gesellschafter erfolgen. Der Gesetzeswortlaut differenziert nicht danach, durch wen eine mittelbare Veräußerung vorgenommen wird. Nach allgemeiner Literaturauffassung haben die Nr. 4 und 5 der Vorschrift einen überschießenden Wortlaut.

Beispiel:

M-GmbH hat einen Teilbetrieb in die E-GmbH eingebracht. Anschließend bringt M GmbH die Anteile an der E-GmbH in die T-GmbH ein. Die Einbringungen erfolgen jeweils zu Buchwert nach den Vorschriften der §§ 20 und 21 UmwStG. Anschließend werden die Anteile an der M-GmbH veräußert.

Dem Wortlaut der Vorschrift nach liegen sowohl die Voraussetzungen der Nr. 4 sowie der Nr. 5 vor. Durch die Veräußerung von M-GmbH werden mittelbar die ursprünglich erhaltenen Anteile an der E-GmbH (Nr. 4) sowie auch die aus der Einbringung der E-GmbH erhaltenen Anteile an der T-GmbH veräußert.

Nach einhelliger Literaturauffassung war die Erfassung solcher Vorgänge vom Gesetzgeber nicht beabsichtigt. Der UmwSt-Erlass 2011 spricht diesen Fall nicht konkret an. [76] Allerdings hatte eine ähnliche Regelung in § 26 Abs. 2 S. 1 UmwStG 1995 einen vergleichbaren überschießenden Wortlaut. Für diesen Fall hatte die Finanzverwaltung im Wege einer teleologischen Reduktion die Regelung nicht angewandt.[77] Da im UmwSt-Erlass 2011 unter Rn 22.23 im Zusammenhang mit der Anwendung der Billigkeitsregelung auf Rn 22 des BMF-Schreibens vom 16.12.2003 verwiesen wird, wird man davon ausgehen müssen, dass die Finanzverwaltung dieses Schreiben auch im Falle des § 22 Abs. 1 S. 6 Nr. 4 und 5 anwendet. Dh, dass Übertragungen bzw Veräußerungen wohl nur schädlich sind, wenn der Einbringende selbst oder nachgeordnete Gesellschaften diese vornehmen, nicht jedoch wenn ein Übertrag durch den unmittelbaren oder mittelbaren Gesellschafter des Einbringenden erfolgt.[78]

42 Die **Besteuerung** des Einbringungsgewinns I **scheidet aus**, wenn der Einbringende oder dessen Rechtsnachfolger nachweist, dass die jeweilige Weiterübertragung durch den dann jeweils Einbringenden zum Buchwert entsprechend den Vorschriften der §§ 20, 21 oder vergleichbarer

74 Vgl Lademann/*Jäschke*, § 22 UmwStG Rn 19; Haase/Hruschka/*Wulff-Dohmen*, § 22 UmwStG Rn 167, Beispiel.
75 Vgl Lademann/*Jäschke*, § 22 UmwStG Rn 19; Haase/Hruschka/*Wulff-Dohmen*, § 22 UmwStG Rn 188.
76 Vgl Lademann/*Jäschke*, § 22 UmwStG Rn 19 b.
77 Vgl BMF v. 16.12.2003, BStBl. I 2003, 786, Rn 22.
78 Vgl Rödder/Herlinghaus/van Lishaut/*Stangl*, § 22 UmwStG Rn 119; Haase/Hruschka/*Wulff-Dohmen*, § 22 UmwStG Rn 176; Lademann/*Jäschke*, § 22 UmwStG Rn 19 ff; Schmitt/Hörtnagl/Stratz/*Schmitt*, § 22 UmwStG Rn 97 ff.

ausländischer Vorgänge erfolgt ist. Rn 22.25 des UmwSt-Erlasses 2011 verweist hinsichtlich der Frage, wann eine Übertragung zum Buchwert vorliegt, auf Rn 22.22 S. 3 des UmwSt-Erlasses 2011. Eine Übertragung zum Buchwert liegt danach vor, wenn beim Einbringenden stille Reserven nicht aufzudecken sind. Bei einer **Sacheinlage durch eine Mitunternehmerschaft** ist unter Beachtung von Rn 20.03 UmwSt-Erlass 2011 zu entscheiden, wer Einbringender ist. Besteht die einbringende Personengesellschaft fort, ist diese Einbringende; geht sie unter, sind die unmittelbaren Mitunternehmer Einbringende.[79]

Hinweis Was den Nachweis der nachfolgenden Buchwerteinbringungen anbelangt, so ist aus praktischer Sicht wichtig, dass der Einbringende einerseits nicht unmittelbar Zugriff auf Unterlagen hat, die es ihm ermöglichen würden, bei seinem Finanzamt den erforderlichen Nachweis zu führen und vor allem hat er, sofern keine entsprechenden vertraglichen Regelungen bestehen, auch keinen Einfluss darauf, ob außerhalb seiner Einflusssphäre eine idS schädliche Übertragung erfolgt, deren Steuerfolgen er zu tragen hat. In diesen Fällen ist besonders darauf zu achten, dass entsprechende vertragliche Regelungen bestehen, die einerseits erforderliche Nachweise ermöglichen und vor allem ggf Einfluss auf für den Einbringenden steuerschädliche Handlungsalternativen erlauben und ggf Schadensersatz vorsehen.[80]

Der Einbringungsgewinn I ist nach Nr. 6 der Vorschrift auch dann **nachträglich zu versteuern,** 43
wenn für den Einbringenden oder eine übernehmende Gesellschaft im Sinne der Nr. 4 die **Voraussetzungen** im Sinne von § 1 Abs. 4 **nicht mehr erfüllt** sind. Die Voraussetzungen sind nach Rn 22.27 UmwSt-Erlass 2011 insb. aufgrund Wegzug, Sitzverlegung oder Änderung eines DBA innerhalb des Siebenjahreszeitraums nicht mehr erfüllt. Nach § 1 Abs. 4 S. 1 Nr. 2 Buchst b können bei einem Einbringenden unabhängig von der steuerlichen Ansässigkeit die entsprechenden Voraussetzungen dadurch erfüllt sein, dass das Recht der BRD hinsichtlich der Besteuerung des Gewinns aus der Veräußerung der erhaltenen Anteile nicht ausgeschlossen oder beschränkt ist.[81] Ist Einbringender eine **Mitunternehmerschaft,** ist ungeachtet dessen auf die persönlichen Voraussetzungen der hinter der Mitunternehmerschaft stehenden EU-Kapitalgesellschaften oder natürlichen Personen abzustellen. Verzieht ein Mitunternehmer beispielsweise ins Ausland, so liegen die Voraussetzungen des § 1 Abs. 4 nicht mehr vor. Es kommt zu einer **anteiligen Ersatzrealisation.** [82]

Hinweis: Wer gesellschaftsrechtlich diese durch einen Mitunternehmer ausgelöste Steuerbelastung zu tragen hat, ist anhand der gesellschaftsvertraglichen Gewinnverteilungsabrede zu prüfen. Für entsprechende gesellschaftsvertragliche Regelungen sollte Vorsorge getroffen werden.

Bei unentgeltlicher Rechtsnachfolge tritt der Rechtsnachfolger in die siebenjährige Sperrfrist ein und muss in seiner Person die Voraussetzungen des § 1 Abs. 4 erfüllen.[83]

ee) Nachträgliche Anschaffungskosten; Abs. 1 S 7. Kommt es zu einer Besteuerung von einem 44
Einbringungsgewinn I, so gilt dieser nach Abs. 1 S. 4 als **nachträgliche Anschaffungskosten** der erhaltenen Anteile. Dies gilt nach S. 6 Nr. 7 auch hinsichtlich der Anschaffungskosten der auf einer Weitereinbringung dieser Anteile zum Buchwert beruhenden Anteile. Damit kommt es zu einer sachgerechten „Durchstockung“, die auch gegeben wäre, wenn die Einbringungen von vorneherein zum gemeinen Wert vorgenommen worden wären. Auffallend ist, dass das Gesetz insoweit keinen Bezug zu vergleichbaren ausländischen Vorgängen nimmt. Dies dürfte darin begründet sein, dass eine eventuelle Aufstockung im Ausland für die deutsche Besteuerung ohne Bedeutung ist.[84]

79 Vgl Lademann/*Jäschke*, § 20 UmwStG Rn 21.
80 Vgl Haase/Hruschka/*Wulff-Dohmen*, § 22 UmwStG Rn 186; Dötsch/Patt/Pung/Möhlenbrock/*Patt*, § 22 UmwStG (SEStEG) Rn 49.
81 Vgl Rödder/Herlinghaus/van Lishaut/*Stangl*, § 22 UmwStG Rn 128; Widmann/Mayer/*Widmann*, § 22 UmwStG Rn 139.
82 Vgl Rödder/Herlinghaus/van Lishaut/*Stangl*, § 22 UmwStG Rn 129.
83 Vgl Schmitt/Hörtnagl/Stratz/*Schmitt*, § 22 UmwStG Rn 105.
84 Vgl Rödder/Herlinghaus/van Lishaut/*Stangl*, § 22 UmwStG Rn 133, 134; Schmitt/Hörtnagl/Stratz/*Schmitt*, § 22 UmwStG Rn 107.

45 e) **Rechtsfolgen.** aa) **Allgemeines.** Liegt eine Veräußerung iSd Abs. 1 S. 1 oder ein dieser Veräußerung gleichgestellter Vorgang iSd Abs. 1 S. 6 vor und erfolgt eine Veräußerung idS innerhalb der siebenjährigen Sperrfrist, so ist der Gewinn aus der Einbringung **rückwirkend** im Wirtschaftsjahr der Einbringung als Gewinn des Einbringenden iSv § 16 EStG zu versteuern (Einbringungsgewinn I). Die Vergünstigungen der §§ 16, 34 EStG sind nach Abs. 1 S. 1 Hs 2 ausgeschlossen. Dies gilt nach dem eindeutigen Gesetzeswortlaut auch, wenn die Veräußerung bereits im Wirtschaftsjahr der Einbringung erfolgt, obwohl in diesem Fall der volle Einbringungsgewinn und nicht nur ein zeitlich anteiliger Einbringungsgewinn zu versteuern ist.[85] Die Veräußerung der Anteile im genannten Sinne gilt insoweit als **rückwirkendes Ereignis** iSd § 175 Abs. 1 S. 1 Nr. 2 AO. Nach dieser Vorschrift ist ein Steuerbescheid zu erlassen, aufzuheben oder zu ändern, soweit ein Ereignis eintritt, das steuerliche Wirkung für die Vergangenheit hat (rückwirkendes Ereignis). In diesen Fällen beginnt nach § 175 Abs. 1 S. 2 die Festsetzungsfrist mit Ablauf des Kalenderjahrs, in dem das Ereignis eintritt. Eine zusätzliche Zinsbelastung ist mit dieser Rückwirkung nicht verbunden, da der Zinslauf bei einem rückwirkenden Ereignis nach § 233 a Abs. 2 a AO erst 15 Monate nach Ablauf des Kalenderjahres beginnt, in dem das rückwirkende Ereignis eingetreten ist. [86] Der Gewinn aus der Einbringung wird als **Einbringungsgewinn I** bezeichnet und in Abs. 1 S. 3 näher definiert. Aus S. 4 der Vorschrift ergibt sich, dass der Einbringungsgewinn I als nachträgliche Anschaffungskosten der Anteile gilt.

46 Es stellt sich die Frage, ob ein Einbringungsgewinn auch ein **Einbringungsverlust** sein kann. Soweit ersichtlich, wird zu dieser Frage weder im UmwSt-Erlass 2011 noch in der Literatur Stellung genommen. Nach hier vorliegender Auffassung kann aus dem Wort „Einbringungsgewinn" nicht unmittelbar geschlossen werden, dass damit nicht auch ein Einbringungsverlust gemeint sein kann, da in vielerlei Vorschriften das Wort Gewinn als Synonym für Ergebnis gebraucht wird und damit auch Verluste einschließt. Im hier vorliegenden Fall ergibt sich jedoch aus der Wortwahl in § 22 Abs. 1 S. 1 des Gesetzes „... in den Fällen einer Sacheinlage unter dem gemeinen Wert ..." sowie aus der Auslegung dieses Begriffs in Rn 03.12 des UmwSt-Erlass 2011, dass ein Ansatz zum Buchwert wohl ausgeschlossen ist, wenn der gemeine Wert unter dem Buchwert liegt. Aus diesem Grunde ist ein nachträglicher Einbringungsverlust iSd § 22 Abs. 1 S. 1 theoretisch nicht denkbar, da bereits zum Zeitpunkt der Einbringung der unter dem Buchwert liegende gemeine Wert zwingend anzusetzen gewesen und damit ein Einbringungsverlust realisiert worden wäre. Da jedoch die Frage der Ausübung des Wahlrechts zum Ansatz des Buchwerts auch in den Fällen, in denen der gemeine Wert **unter dem Buchwert** liegt, nicht zwangsläufig so ausgelegt werden muss, wie dies die Finanzverwaltung in ihrem Erlass vorsieht,[87] wird die Frage nach einem Ansatz eines Einbringungsverlustes spätestens dann virulent, wenn ein Gericht in dieser Frage entgegen der Ansicht der Finanzverwaltung entscheiden sollte und eine Einbringung zu Buchwert zulässt, wenn der gemeine Wert unter dem Buchwert liegen sollte. Aber selbst in diesem Falle, in dem dann bei einer Einbringung zum Buchwert zwar eine **Sacheinlage** vorläge, stellt sich weiterhin die Frage, ob § 22 zur Anwendung kommen kann, da der Wortlaut „... in den Fällen einer Sacheinlage unter dem gemeinen Wert ..." trotzdem nicht erfüllt wäre, da in diesem Falle eine Sacheinlage über dem gemeinen Wert vorliegen würde, außer man verstünde die Worte „... Sacheinlage unter dem gemeinen Wert ..." in einem reziproken Sinne, wonach der Fall, dass der Buchwert über dem gemeinen Wert liegt, auch unter die Vorschrift zu subsumieren wäre.

47 Nach Auffassung der Finanzverwaltung findet auf den Einbringungsgewinn I die Vorschrift des § 6 b EStG keine Anwendung.[88] Diese Sichtweise ist nicht verständlich. Nach § 22 Abs. 1 Hs 1

85 Vgl Lademann/*Jäschke*, § 22 UmwStG Rn 8; kritisch hierzu Rödder/Herlinghaus/van Lishaut/*Stangl*, § 22 UmwStG Rn 83.

86 Vgl Rödder/Herlinghaus/van Lishaut/*Stangl*, § 22 UmwStG Rn 79; Schmitt/Hörtnagl/Stratz/*Schmitt*; § 22 UmwStG Rn 50, 51, Lademann/*Jäschke*, § 22 UmwStG Rn 8.

87 Vgl *Kutt/Carstens* in: FGS/BDI, UmwSt-Erlass 2011, 141; *Stadler/Elser/Bindl*, DB 2012, Heft 02, Beilage 1, S. 14, 18.

88 Vgl BMF v. 11.11.2011; BStBl. I 2011, 1314, UmwStE 2011, Rn 22.07.

ist der Gewinn aus der Einbringung rückwirkend als Gewinn des Einbringenden iSd § 16 EStG zu versteuern. Dh die Voraussetzungen des § 6 b EStG sind gegeben. Es liegt eine Veräußerung iSd § 16 EStG vor, da die relevanten Wirtschaftsgüter gegen Gesellschaftsrechte, also **entgeltlich übertragen** worden sind. Hätte originär eine Einbringung nach § 20 zum gemeinen Wert oder auch zum Zwischenwert stattgefunden, dann wäre § 6 b anzuwenden gewesen. Es ist nicht ersichtlich, warum dies bei einem nach § 22 UmwStG ausgelösten rückwirkenden Ansatz des gemeinen Werts bei einer ebenso tatsächlich durchgeführten Einbringung nicht anzuwenden sein soll.[89]

Soweit das eingebrachte Vermögen auch Anteile an Kapitalgesellschaften umfasst, ist insoweit Abs. 2 der Vorschrift anzuwenden (vgl hierzu Rn 56 ff). Der Einbringungsgewinn I unterliegt nur insoweit der Besteuerung, als etwa nach DBA dem deutschen Staat die Besteuerung zum Einbringungszeitpunkt zugestanden hätte.[90] 48

bb) Einbringungsgewinn I. Der Einbringungsgewinn I wird wie folgt ermittelt:

	Gemeiner Wert des eingebrachten BV im Einbringungszeitpunkt
–	gemeiner Wert der durch Abs. 1 S. 5 erfassten Anteile an der Kapitalgesellschaft
–	Kosten der Vermögensübertragung
–	Wertansatz der übernehmenden Ges ohne die durch Abs. 1 S 5 erfassten Anteile an Kapitalgesellschaften
=	Zwischensumme
–	1/7 der Zwischensumme für jedes abgelaufene Zeitjahr seit dem Einbringungszeitpunkt
=	Einbringungsgewinn I

Wird nur ein Teil der Anteile veräußert, so wird nur ein anteiliger Einbringungsgewinn I ermittelt.

Der gemeine Wert bestimmt sich nach § 9 Abs. 2 BewG. Hierbei sind **Pensionsrückstellungen** mit dem Wert nach § 6 a EStG zu berücksichtigen. Dies ergibt sich aus dem Verweis in Abs. 1 S. 1 auf § 20 Abs. 2 S. 2, der seinerseits auf § 20 Abs. 2 S. 1 und damit auf die relevante Vorschrift für die Bewertung der Pensionsrückstellung bei Ansatz des gemeinen Werts verweist.[91] **Kosten der Vermögensübertragung** sind die Kosten der Einbringung, die vom Einbringenden zu tragen waren. Soweit diese Kosten bei Einbringung bereits als laufender Aufwand behandelt wurden, ist dies zu korrigieren. Hieraus ergibt sich, dass anders, als wenn die Einbringung von vorneherein zum gemeinen Wert erfolgt wäre, diese Kosten sowohl den Aufstockungsbetrag des eingebrachten Vermögens als auch die Anschaffungskosten der Anteile mindern. Damit wirken sich die Einbringungskosten nur mehr insoweit steuermindernd aus, als der Einbringungsgewinn I selbst steuerpflichtig ist und nicht etwa auf Anteile entfällt, auf deren Veräußerungsergebnis § 8 b KStG anzuwenden ist. [92] 49

Die **Siebenjahresfrist** beginnt nach Abs. 1 S. 1 iVm Abs. 3 S. 1 mit dem steuerlichen **Übertragungsstichtag** zu laufen und wird in **Zeitjahren** bemessen. Die Frist ist als Ausschlussfrist ausgestaltet. Erfolgt die Veräußerung der Anteile eine logische Sekunde nach Ablauf der Frist, findet Abs. 1 S. 1 keine Anwendung mehr. Maßgebend hierfür ist der Zeitpunkt des Übergangs des wirtschaftlichen Eigentums.[93] 50

89 Vgl Lademann/*Jäschke*, § 22 UmwStG Rn 12 a; Haase/Hruschka/*Wulff-Dohmen*, § 22 UmwStG Rn 87; *Orth*, DStR 2011, 1541.

90 Vgl Widmann/Mayer/*Widmann*, § 22 UmwStG Rn 169.

91 Vgl Widmann/Mayer/*Widmann*, § 22 UmwStG Rn 154; Dötsch/Patt/Pung/Möhlenbrock/*Patt*, § 22 UmwStG (SEStEG) Rn 55; Lademann/*Jäschke*, § 22 UmwStG Rn 10.

92 Vgl Widmann/Mayer/*Widmann*, § 22 UmwStG Rn 155; Schmitt/Hörtnagl/Stratz/*Schmitt*, § 22 UmwStG Rn 55.

93 Vgl Lademann/*Jäschke*, § 22 UmwStG Rn 7.

51 cc) **Gewerbesteuerliche Behandlung des Einbringungsgewinn I.** Hinsichtlich der Zugehörigkeit des Einbringungsgewinns I zur **Gewerbesteuer** gelten die allgemeinen Grundsätze des § 7 S. 2 GewStG. Nach herrschender Meinung im Schrifttum bedeutet dies, dass der Einbringungsgewinn I nur dann der Gewerbesteuer unterliegt, wenn auch der originäre Einbringungsgewinn iSd § 20 der Gewerbesteuer unterlegen hätte.[94] Beispielsweise unterläge bei dieser Interpretation der Einbringungsgewinn I aus dem Verkauf von Anteilen, welche aus der Einbringung eines Mitunternehmeranteils durch eine natürliche Person stammen, nicht der Gewerbesteuer, da eben der Verkauf oder die Einbringung eines Mitunternehmeranteils zum gemeinen Wert durch eine natürliche Person nicht der Gewerbesteuer unterlegen hätte. Der UmwSt-Erlass nennt hier keine Beispiele. Werden nicht alle erhaltenen Anteile in einem Vorgang veräußert, so ist nach Auffassung der Finanzverwaltung für Zwecke des § 7 S. 2 GewStG nicht mehr von einer Veräußerung eines Betriebs, Teilbetriebs etc. auszugehen. Der insoweit ausgelöste Einbringungsgewinn I unterliegt nach dieser Auffassung der GewSt.[95] Dies impliziert, dass die Veräußerung von Teilen der erhaltenen Anteile wie die Veräußerung von lediglich einem Teil der eingebrachten Wirtschaftsgüter zu interpretieren ist. Diese Sichtweise geht nach zutreffender Auffassung in der Literatur fehl. Eher wäre damit eine Übertragung aller Vermögensgegenstände zum Zwischenwert vergleichbar, so dass eine Veräußerung eines Betriebs etc. vorläge. Nach dieser Sichtweise dürfte somit ein anteiliger Einbringungsgewinn I nicht der GewSt unterliegen.[96]

52 dd) **Nachträgliche Anschaffungskosten.** Der Einbringungsgewinn I gilt als **nachträgliche Anschaffungskosten** der erhaltenen Anteile. Diese Regelung ist sachgerecht. Dadurch wird eine **unsystematische Doppel-** bzw – bei „Durchstockung" in den Fällen von S. 6 Nr. 4 und 5 – eine **Mehrfachbesteuerung** vermieden, auch wenn die Veräußerung der Anteile nur im Rahmen der Vorschriften von § 3 Nr. 40 KStG bzw § 8 b KStG teilweise steuerfrei ist.[97] Da der Einbringungsgewinn I als im Einbringungszeitpunkt als angefallen gilt, sind die entsprechenden Anschaffungskosten auch zu diesem Zeitpunkt anzusetzen. Auswirkung hat dies zB dann, wenn in der Zeit zwischen dem Einbringungszeitpunkt und der Veräußerung der erhaltenen Anteile ein Tatbestand verwirklicht wird, bei dem es auf die Anschaffungskosten der Anteile ankommt, was zB bei der Wegzugsbesteuerung der Fall wäre.[98] Die **Anschaffungskosten** der erhaltenen Anteile **erhöhen sich** unabhängig von einem Antrag und unabhängig davon, dass die Steuer auf den Einbringungsgewinn I entrichtet worden ist. Dies ergibt sich im Umkehrschluss zu § 23 Abs. 2, der in Bezug auf die Aufstockung der übertragenen Vermögensgegenstände – anders als hier – bei der übernehmenden Gesellschaft fordert, dass die entsprechenden Steuern entrichtet worden sind.[99]

Hinweis: Aus praktischer Sicht ist es deshalb aus Sicht der Übernehmerin besser, wenn eine tatsächliche Einbringung zum gemeinen Wert erfolgt und als unmittelbare Folge hieraus die Anschaffungskosten aufgestockt werden, als wenn die Regelung des § 23 Abs. 2 in Anspruch genommen werden muss. Dies gilt vor allem dann, wenn von vorneherein ein Verkauf der erhaltenen Anteile noch im Jahr der Einbringung geplant ist, da in diesem Falle die Aufstockung der Übernehmerin und damit das steuerwirksame Abschreibungsvolumen bei der Übernehmerin nicht von der Steuerzahlposition des Einbringenden (ggf Verlustverrechnung und damit keine Entrichtung der Steuer) und einer etwaigen Bescheinigung nach § 22 Abs. 5 abhängt.[100]

Wird nur ein **Teil der erhaltenen Anteile veräußert**, so kommt es auch nur insoweit zu einer Aufstockung. Dh nur die Anschaffungskosten der veräußerten Anteile werden aufgestockt. Die

94 Vgl Haase/Hruscka/*Wulff-Dohmen*, § 22 UmwStG Rn 87.

95 Vgl BMF v. 11.11.2011; BStBl. I 2011, 1314, UmwStE 2011, Rn 22.07.

96 Vgl *Stangl/Kaeser* in: FGS/BDI, UmwSt-Erlass 2011, 395.

97 Vgl Rödder/Herlinghaus/van Lishaut/*Stangl*, § 22 UmwStG Rn 92; Schmitt/Hörtnagl/Stratz/*Schmitt*, § 22 UmwStG Rn 58; Lademann/*Jäschke*, § 22 UmwStG Rn 12.

98 Vgl Widmann/Mayer/*Widmann*, § 22 UmwStG Rn 186; Schmitt/Hörtnagl/Stratz/*Schmitt*, § 22 UmwStG Rn 58.

99 Vgl Lademann/*Jäschke*, § 22 UmwStG Rn 12; Rödder/Herlinghaus/van Lishaut/*Stangl*, § 22 UmwStG Rn 93.

100 Vgl hierzu Rn 71 ff sowie § 23 Rn 34 ff.

behaltenen Anteile werden nicht aufgestockt. Dies ergibt sich aus der Bezugnahme in Abs. 1 S. 1 auf die veräußerten Anteile durch das Wort „soweit". Die Anteile, die nicht veräußert werden, sind von § 22 nicht betroffen. So auch die Finanzverwaltung im Beispiel zu Rn 22.04 in ihrem Umwandlungssteuer-Erlass 2011.[101] Im Ergebnis führt dies zu einer Verminderung des nach § 8 b KStG steuerfreien Veräußerungsgewinns bezüglich der veräußerten Anteile und damit zu einer Verminderung der ursprünglich anzusetzenden nichtabziehbaren Betriebsausgaben nach § 8 b Abs. 3 KStG.

ee) „Gemischte" Einbringung iSd Abs. 1 S. 5. Umfasst das eingebrachte Betriebsvermögen auch **Anteile an Kapitalgesellschaften** oder **Genossenschaften**, ist nach S. 5 der Vorschrift insoweit § 22 Abs. 2 anzuwenden. Die Regelung betrifft die Fälle, bei welchen die eingebrachten Anteile an Kapitalgesellschaften wesentliche Betriebsgrundlagen eines Teilbetriebs oder Betriebs iSd § 20 sind und deshalb eine Einbringung nach § 20 und nicht nach § 21 vorliegt. Da § 22 Abs. 2 sowohl die Fälle der Sacheinlage nach § 20 Abs. 1 sowie auch die Fälle des Anteilstausches nach § 21 Abs. 1 regelt, wird in § 22 Abs. 1 S. 5 das dadurch bestehende Konkurrenzverhältnis dahin gehend geregelt, dass in Bezug auf die eingebrachten Anteile nicht § 22 Abs. 1 sondern Abs. 2 dieser Vorschrift zur Anwendung kommt. Dadurch wird verhindert, dass eine vom Gesetz nicht gewollte Statusverschlechterung eintritt. Bezogen auf diese Anteile entsteht kein Einbringungsgewinn I, da der Einbringende bei getrennter Veräußerung der Anteile diese seinerzeit schon steuerfrei veräußern hätte können. Zu prüfen ist, ob Abs. 2 zum Ansatz eines Einbringungsgewinns II führt. Soweit ein Verkauf der Anteile durch den Einbringenden der Steuerbefreiung des § 8 b KStG unterlegen hätte, entsteht hierbei kein Einbringungsgewinn II.[102] 53

Diese Regelung führt zu der Notwendigkeit, die erhaltenen Anteile als **Gegenleistung** für das gesamte eingebrachte Vermögen in einen Teil, der als Gegenleistung für die übertragenen Anteile und in einen Teil, der als Gegenleistung für die restlichen eingebrachten Vermögensgegenstände gewährt worden ist, aufzuteilen. Dies setzt allerdings auch voraus, dass die unterschiedlichen Anteile sowohl hinsichtlich ihrer Identifizierbarkeit sowie auch hinsichtlich ihrer Bewertung getrennt behandelt werden können. Einzelheiten hierzu regelt der Gesetzgeber nicht. In Anlehnung an den zur Regelung des § 8 b Abs. 4 KStG aF ergangenen BMF-Erlass,[103] der in Bezug auf die einbringungsgeborenen Anteile eine ähnliche Problematik enthielt, ist eine Aufteilung anhand der Verkehrswerte sachgerecht. Können die Anteile – zB aufgrund der jeweils gesonderten Vereinbarung im Einbringungsvertrag – identifiziert werden, könnte in Anlehnung an dieses BMF-Schreiben eine gezielte Veräußerung der Anteile möglich sein, welche für die Übertragung der Anteile an einer Kapitalgesellschaft gewährt worden sind. Andernfalls käme wohl nur eine quotale Behandlung der veräußerten Anteile nach § 22 Abs. 1 und Abs. 2 in Betracht.[104] Teilweise wird im Schrifttum auch die Meinung vertreten, dass zunächst die Anteile als veräußert gelten, welche auf die eingebrachten Anteilen an Kapitalgesellschaften zurückzuführen sind, da mangels einer gesetzlich vorgegebenen Reihenfolge die für den Stpfl. günstigste Reihenfolge zu wählen ist.[105] Ggf wäre hierzu eine verbindliche Auskunft einzuholen. Soweit das **Besteuerungsrecht** hinsichtlich des Gewinns aus der Veräußerung der erhaltenen Anteile **ausgeschlossen** oder **beschränkt** wird, umfasst der Einbringungsgewinn I – in Abkehr von der Regelung in Hs 1 – auch die stillen Reserven der im Rahmen der Sacheinlage mit eingebrachten Anteile (§ 22 Abs. 1 S. 5 zweiter Hs). 54

101 Vgl Widmann/Mayer/*Widmann*, § 22 UmwStG Rn 186; Dösch/Jost/Pung/Witt/*Patt*, § 22 UmwStG Rn 61; Rödder/Herlinghaus/van Lishaut/*Stangl*, § 22 UmwStG Rn 95; BMF v. 11.11.2011, BStBl. I 2011, 1314, UmwStE 2011, Bsp in Rn 22.04.

102 Vgl Haase/Hruscka/*Wulff-Dohmen*, § 22 UmwStG Rn 106.

103 Vgl BMF v. 5.1.2004, BStBl. I 2004, 44.

104 Vgl Rödder/Herlinghaus/van Lishaut/*Stangl*, § 22 UmwStG Rn 99; Schmitt/Hörtnagl/Stratz/*Schmitt*, § 22 UmwStG Rn 67.

105 Vgl Widmann/Mayer/*Widmann*, § 22 UmwStG Rn 177.

Beispiel:

Der Franzose X bringt in 01 eine inländische Betriebsstätte, zu der auch Anteile an der Y-GmbH gehören, in die Z-GmbH ein. Im Jahr 02 veräußert er die Anteile an der Z-GmbH.

Lösung:

Die Veräußerung der sperrfristbehafteten Anteile an der Z-GmbH unterfällt § 22 Abs. 1 S. 1. Der Einbringungsgewinn I enthält allerdings wg. S. 5 Hs 1 grundsätzlich nicht die stillen Reserven der Y-GmbH. Da jedoch wg. DBA Frankreich die stillen Reserven der Y-GmbH nunmehr von der deutschen Besteuerung ausgenommen sind, greift S. 5 Hs 2, so dass im Einbringungsgewinn I auch die stillen Reserven der Y-GmbH zu erfassen sind.[106] In so einem Fall kommt es neben § 22 Abs. 2, wenn der Übernehmer die eingebrachten Anteile veräußert, auch zur Anwendung von § 22 Abs. 1, wenn der Übertrager die erhaltenen Anteile veräußert.[107]

55 Werden im Rahmen der Sacheinlage auch einbringungsgeborene Anteile iSd § 21 UmwStG 1995 mit eingebracht, so gelten nach Auffassung der Finanzverwaltung die erhaltenen Anteile insoweit ebenfalls als **einbringungsgeborene Anteile** iSd § 21 UmwStG 1995. Bei einer Veräußerung der so infizierten Anteile innerhalb der Siebenjahresfrist ist die Steuerfreistellung nach § 8 b Abs. 4 KStG aF oder § 3 Nr. 40 S. 3 und 4 EStG aF insoweit ausgeschlossen. Eine neue Siebenjahresfrist iSv § 8 b Abs. 4 KStG aF der einbringungsgeborenen Anteile wird allerdings durch ein „Bewegen" nicht ausgelöst.[108]

56 **3. Veräußerung von Anteilen aus einer Anteilseinbringung** (**§ 22 Abs. 2**). **a) Inhalt der Vorschrift.** Abs. 2 erfasst nicht wie Abs. 1 die Veräußerung der erhaltenen Anteile sondern die **Veräußerung der eingebrachten Anteile**. Zur Anwendung kommt die Vorschrift dann, wenn die Anteile im Rahmen einer Sacheinlage nach §§ 20 oder 21 übertragen werden, die Übertragung unter dem gemeinen Wert und durch eine nicht durch § 8 b Abs. 2 KStG begünstigte Person erfolgt.[109] Ziel der Vorschrift ist es zu verhindern, dass Personen, die bei einer Veräußerung von Anteilen nicht die Vergünstigung des § 8 b KStG genießen würden, diese Vergünstigung dadurch erlangen, dass sie Anteile unter dem gemeinen Wert in eine Kapitalgesellschaft einbringen und anschließend eine – steuerfreie – Veräußerung der eingebrachten Anteile durch die Kapitalgesellschaft erfolgt. Die Vorschrift sieht vor, dass ein sog. **Einbringungsgewinn II** zu ermitteln ist, wenn die Kapitalgesellschaft die in sie eingebrachten Anteile innerhalb von sieben Jahren veräußert. Es wird also nicht die Anwendung von § 8 b KStG bei Veräußerung der Anteile suspendiert. Vielmehr wird ein Einbringungsgewinn II ermittelt, der rückwirkend durch den Einbringenden im Wirtschaftsjahr der Einbringung unter den für die einbringende Person geltenden Vorschriften – also ohne Anwendung von § 8 b KStG – zu versteuern ist. Die Vergünstigungen der §§ 16, 34 EStG finden keine Anwendung. Die Veräußerung der Anteile ist ein rückwirkendes Ereignis nach § 175 AO. Voraussetzung für die Anwendung der Vorschrift ist, dass die Übertragung der Anteile im Rahmen einer **Einbringung nach den §§ 20 oder 21 UmwStG** idF des SEStEG erfolgt ist. Eine Einbringung nach den Vorschriften des UmwStG 1995 unterfällt nach 27 Abs. 4 nicht dieser Regelung. In diesem Falle ist ggf das Sperrfristregime des § 8 b Abs. 4 KStG aF noch anzuwenden.[110] Die Regelung des § 22 Abs. 2, 3 und 5 bis 7 findet nach § 24 Abs. 5 auch Anwendung, wenn Anteile an einer Kapitalgesellschaft unter dem gemeinen Wert in eine Personengesellschaft eingebracht werden, der Einbringende keine durch § 8 b KStG begünstigte Person war und die Personengesellschaft die Anteile innerhalb von sieben Jahren nach der Einbringung veräußert, soweit der Gewinn aus der Veräußerung auf einen nach § 8 b KStG begünstigten Mitunternehmer entfällt. Dies gilt auch in den Fällen

106 Vgl BMF v. 11.11.2011; BStBl. I 2011, 1314, UmwStE 2011, Bsp in Rn 22.11.
107 Vgl Schmitt/Hörtnagl/Stratz/*Schmitt*, § 22 UmwStG Rn 71.
108 Vgl BMF v. 11.11.2011; BStBl. I 2011, 1314, UmwStE 2011, Rn 20.39; Widmann/Mayer/*Widmann*, § 22 UmwStG Rn 183; aA Schmitt/Hörtnagl/Stratz/*Schmitt*, § 22 UmwStG Rn 72; *Benz/Rosenberg*, DB 2012, Heft 02, Beilage 1, S. 70.
109 Vgl *Wochinger* in FS Herzig, S. 749, 754.
110 Vgl Rödder/Herlinghaus/van Lishaut/*Stangl*, § 22 UmwStG Rn 138.

der Realisierung der Ersatztatbestände des § 22 Abs. 1 S. 6. Aufgrund des Verweises der Finanzverwaltung im UmwSt-Erlass 2011 auf ihre Ausführungen zu § 22 sollte die dort angesprochene Billigkeitsregelung auch in diesem Falle Anwendung finden.[111]

Die Rechtsfolgen des Abs. 2 treffen den Einbringenden unabhängig davon, ob er Einfluss auf die Veräußerung der Anteile durch die übernehmende Kapitalgesellschaft hat oder nicht. Ebenso spielt es keine Rolle, ob die Anteile vor der Einbringung zum PV oder BV gehörten, oder ob die Einbringung der Anteile etwa grenzüberschreitend erfolgte.[112] Unerheblich ist auch, ob die Veräußerung der eingebrachten Anteile etwa aufgrund § 8 b Abs. 7 oder 8 KStG nicht die Begünstigung des § 8 b KStG genießt. Zwar ergibt sich hier bezogen auf die eingebrachten Anteile keine Statusverbesserung, so dass es für diesen Fall der Regelung gar nicht bedurft hätte. Allerdings sieht das Gesetz diesen Ausnahmefall nicht vor. Der Tatbestand des gedachten steuerfreien Veräußerungsgewinns gilt **nur für den Einbringenden** und **nicht für die übernehmende Gesellschaft.**[113] Die Regelung dürfte insoweit überschießend sein, da in so einem Falle durch die Einbringung **keine Statusverbesserung** eintritt. Veräußert die übernehmende Gesellschaft die Anteile so entsteht **rückwirkend ein Einbringungsgewinn II** bei dem Einbringenden.[114] Damit wird die zeitlich später erfolgte Veräußerung fiktiv vorgezogen, obwohl eine Besteuerung zum Zeitpunkt der tatsächlichen Veräußerung vollzogen wurde. Aufgrund der Regelung in § 22 Abs. 2 S. 4 kommt es jedoch zu **keiner Doppelbesteuerung**, da der Einbringungsgewinn II als nachträgliche Anschaffungskosten der erhaltenen Anteile gilt. 57

Nach Rn 22.12 des UmwSt-Erlass 2011 stellt die Finanzverwaltung bei der Frage, ob die Veräußerung der eingebrachten Anteile nach § 8 b KStG steuerfrei gewesen wäre, darauf ab, ob dies konkret bei der einbringenden Person der Fall gewesen wäre. Hierfür spricht die lt. Gesetzesbegründung des JStG 2009 lediglich klarstellende Änderung des Satzes 1 der Vorschrift.[115] Entsprechend dieser aktuellen Gesetzesfassung ist Voraussetzung für die Anwendung von § 22 Abs. 2, dass der **Veräußerungsgewinn** bei dem Einbringenden **„nicht nach § 8 b KStG steuerfrei"** gewesen wäre. Dh, hierunter fallen zB nicht nur natürliche Personen, auf welche § 8 b KStG generell keine Anwendung findet, sondern auch Kapitalgesellschaften, auf welche im Zeitpunkt der Einbringung auf die fiktive Veräußerung der eingebrachten Anteile § 8 b Abs. 7 oder 8 KStG oder § 8 b KStG aF anzuwenden gewesen und dementsprechend keine Steuerbefreiung gewährt worden wäre. 58

Zu **Organgesellschaften**, bei denen § 8 b KStG nach § 15 Nr. 2 KStG ebenfalls nicht unmittelbar zur Anwendung kommt, äußert sich die Finanzverwaltung nicht. Dem Sinngehalt der Vorschrift entsprechend ist hierbei darauf abzustellen, ob im Organkreis eine Freistellung erfolgt. Ist dies der Fall, weil zB der Organträger eine Kapitalgesellschaft ist, so ist die Anwendung von § 22 Abs. 2 ausgeschlossen.[116] 59

Hinsichtlich der Veräußerung von Anteilen wird auf die Ausführungen zu Abs. 1 verwiesen.

Hinweis: Wenn der Einbringende nach Einbringung keinen Einfluss mehr auf die Handlungen der übernehmenden Gesellschaft hat, so ist zu berücksichtigen, dass der Übernehmer durch eine Veräußerung der eingebrachten Anteile eine Steuer bei dem Einbringenden auslösen kann. Hier sollten vertragliche Regelungen geschaffen werden, die sicherstellen, dass eine steuer-

111 Vgl *Schaflitzl/Götz*, DB 2012, Heft 02, Beilage 1, S. 56, 57; BMF v. 11.11.2011, 1314, UmwStE 2011, Rn 24.26.

112 Vgl Schmitt/Hörtnagl/Stratz/*Schmitt*, § 22 UmwStG Rn 109, 110; Rödder/Herlinghaus/van Lishaut/*Stangl*, § 22 UmwStG Rn 138.

113 Vgl Dötsch/Pung/Möhlenbrock/*Patt*, § 22 UmwStG Rn 74; aA Rödder/Herlinghaus/van Lishaut/*Stangl*, § 22 UmwStG Rn 141.

114 Vgl Rödder/Herlinghaus/van Lishaut/*Stangl*, § 22 UmwStG Rn 140.

115 Vgl Stellungnahme des Bundesrates, BT-Drucks. 16/10494 und Bericht des Finanzauschusses des Deutschen Bundestags zum Entwurf des Jahressteuergesetzes 2009, BT-Drucks. 16/11108, 33.

116 Vgl Rödder/Herlinghaus/van Lishaut/*Stangl*, UmwStG, § 22 Rn 140; Lademann/*Jäschke*, § 22 UmwStG Rn 22 u. 23 a; Haase/Hruschka/*Wulff-Dohmen*, § 22 UmwStG Rn 229, 230; Dötsch/Pung/Möhlenbrock/*Patt*, § 22 UmwStG Rn 73 c.

schädliche Veräußerung entweder unterbleibt oder zumindest adäquate Schadensersatzansprüche hervorruft.[117]

Durch das JStG 2009 wurde die Vorschrift auch insoweit verändert, als nunmehr auch **mittelbare Veräußerungen eingebrachter Anteile** durch die übernehmende Gesellschaft die Rechtsfolgen des Abs. 2 auslösen.[118] Hierdurch sollen die Fälle erfasst werden, in denen im Rahmen von Sacheinlagen unter dem gemeinen Wert nach § 20 Abs. 2 S. 2 Mitunternehmeranteile eingebracht werden, zu deren Gesamthandsvermögen Anteile an einer Kapitalgesellschaft gehören. Nach der Gesetzesbegründung ist diese Änderung klarstellend.[119] Die Meinungen in der Literatur gehen hinsichtlich der Frage, ob diese Änderungen klarstellenden Charakter haben, auseinander. Nach der einen Auffassung ist dem Gesetzgeber zuzustimmen, dass es sich in der Tat um eine klarstellende Regelung handelt. Begründet wird dies damit, dass auch ohne diese Änderung bei einer Veräußerung von Anteilen durch eine Mitunternehmerschaft die Frage der Anwendung von § 8 b KStG davon abhängig ist, wer Gesellschafter dieser Mitunternehmerschaft zum Zeitpunkt der Einbringung war.[120] Nach anderer Auffassung ist in der Tat eine Änderung der Rechtslage eingetreten, da nach bisheriger Vorschrift eine mittelbare Veräußerung vom Wortlaut der Vorschrift nicht erfasst gewesen wäre.[121]

60 b) **Ermittlung und Besteuerung des Einbringungsgewinn II.** Der Einbringungsgewinn II ist nach § 22 Abs. 2 S. 3 nach folgendem Schema zu ermitteln:[122]

Gemeiner Wert der eingebrachten Anteile zum Einbringungszeitpunkt	
./.	Kosten des Vermögensübergangs
./.	Wert, mit dem der Einbringende die erhaltenen (nicht: eingebrachten) Anteile angesetzt hat (ggf Erhöhung um den gemeinen Wert der sonstigen Gegenleistung iSv § 20 Abs. 3 S. 3 iVm § 21 Abs. 2 S. 6)
=	vorläufiger Einbringungsgewinn II
./.	1/7 des vorläufigen Einbringungsgewinns II für jedes seit dem Einbringungszeitpunkt abgelaufene Zeitjahr
=	Einbringungsgewinn II

Zwischen dem Einbringungszeitpunkt und dem Veräußerungszeitpunkt können bis zu sieben Jahre liegen. Zwar trifft die Finanzverwaltung die Beweislast, wenn sie abweichend von der steuerlichen Bewertung des Stpfl. einen höheren gemeinen Wert ansetzen möchte.

Hinweis: Aus praktischer Sicht ist für Zwecke der Beweisvorsorge dringend zu empfehlen, bereits zum Zeitpunkt der Einbringung die Grundlagen zur Berechnung des gemeinen Werts zu dokumentieren.[123]

Dem gemeinen Wert der eingebrachten Anteile zum Einbringungszeitpunkt wird – anders als bei Abs. 1 – der **Wert gegenübergestellt**, den der Einbringende für die hierfür **erhaltenen Anteile** angesetzt hat. Dies ist dem Umstand geschuldet, dass hier der Einbringende beim Ansatz der erhaltenen Anteile nicht an den Wertansatz des Einbringenden gebunden ist (vgl zB Buchwertfortführung bei dem Einbringenden trotz anderem Ansatz bei der übernehmenden Gesellschaft auf Antrag nach § 21 Abs. 2 S. 3).[124] Die **Besteuerung des Einbringungsgewinn II** ergibt sich

117 Vgl Haase/Hruscka/*Wulff-Dohmen*, § 22 UmwStG Rn 235; *Stangl* in Rödder/Herlinghaus/van Lishaut, UmwStG, § 22 Rn 148.

118 Vgl Jahressteuergesetz 2009, BGBl. I 2008, 2794.

119 Vgl Haase/Hruscka/*Wulff-Dohmen*, § 22 UmwStG Rn 236; Stellungnahme des Bundesrates, BT-Drucks. 10924, 23.

120 Vgl Dötsch/Pung/Möhlenbrock/*Patt*, § 22 UmwStG Rn 70 a; Lademann/*Jäschke*, § 22 UmwStG Rn 22.

121 Vgl Haase/Hruschka/*Wulff-Dohmen*, § 22 UmwStG Rn 236; *Stangl/Kaeser* in: FGS/BDI, UmwSt-Erlass 2011, 404.

122 Vgl BMF v. 11.11.2011, BStBl. I 2011, 1314, UmwStE 2011, Rn 22.14 und 22.15.

123 Vgl Rödder/Herlinghaus/van Lishaut/*Stangl*, § 22 UmwStG Rn 153; Haase/Hruschka/*Wulff-Dohmen*, § 22 UmwStG Rn 244.

124 Vgl Dötsch/Pung/Möhlenbrock/*Patt*, § 22 UmwStG Rn 78 a.

aus den §§ 13, 14, 15, 16 und 18 bzw aus den §§ 17, 20 oder 23 aF EStG, je nachdem, ob die Anteile zum Zeitpunkt der Einbringung zu einem Betriebsvermögen oder zu einem Privatvermögen gehörten. § 3 Nr. 40 EStG kommt ggf zur Anwendung.

Gehörten die eingebrachten Anteile zu einem **Betriebsvermögen**, so gehört der Einbringungsgewinn II nach Auffassung der Finanzverwaltung zum **Gewerbeertrag.**[125] Der Erlass unterscheidet nicht danach, ob die Einbringung der Anteile tatsächlich der Gewerbesteuer unterlegen hätte. In der Regel dürfte bei einer Anteilseinbringung durch eine natürliche Person § 3 Nr. 40 zur Anwendung kommen. Dh ein Veräußerungsgewinn unterliegt mit einem Anteil von 60% sowohl der Einkommen- wie auch der Gewerbesteuer. Fraglich ist, wie ein Fall zu behandeln ist, bei welchem bei einer Einbringung keine Gewerbesteuer entstanden wäre. Dies ist beispielsweise der Fall, wenn eine natürliche Person ihren gesamten Anteil an einer Mitunternehmerschaft einbringt bzw veräußert, die ihrerseits Anteile an einer Kapitalgesellschaft hält (vgl GewStR R 7.1 (3) S 6). So wie auch bei der Erfassung des Einbringungsgewinns I bei dem Gewerbeertrag darauf abgestellt wird, ob der Gewinn auch bei einer „echten" Veräußerung erfasst worden wäre (vgl GewSt Hinweise 7.1. (1) Stichwort „Einbringungsgewinn"), so ist auch im Falle des Abs. 2 zu verfahren. Eine weitergehende Gesetzesauslegung wäre entsprechend dem Sinn und Zweck der Vorschrift überschießend. Entsprechende Hinweise der Finanzverwaltung hierzu fehlen allerdings. Ggf wäre im Zweifelsfalle eine verbindliche Auskunft einzuholen.[126] Nach Abs. 2 S. 4 der Vorschrift gilt der Einbringungsgewinn II als **nachträgliche Anschaffungskosten der erhaltenen Anteile.** Diese Regelung ist sachgerecht. Dadurch wird der Zustand hergestellt, der auch bei einer „echten" Veräußerung bzw Einbringung der Anteile entstanden wäre. Bei einer anteiligen Veräußerung wird lediglich der dadurch ausgelöste Einbringungsgewinn II als Anschaffungskosten auf die erhaltenen Anteile aktiviert.[127] Nach Abs. 2 S. 5 findet Abs. 2 S. 1–4 keine Anwendung, soweit die erhaltenen Anteile durch den Einbringenden veräußert worden sind. Auch diese Regel ist systematisch richtig und sachgerecht. Dieser Regelung liegt der Gedanke zugrunde, dass bei einer Veräußerung durch den Einbringenden, auch wenn die erhaltenen und nicht die eingebrachten Anteile veräußert werden, eine **Statusverbesserung ausgeschlossen** ist, da durch die Werteverknüpfung bei dem Einbringenden ein Gewinn in derselben Höhe steuerpflichtig wird, wie wenn die eingebrachten Anteile veräußert worden wären. 61

Da diese Regelung nur bei einer Veräußerung anzuwenden ist, findet sie keine Anwendung etwa in den Fällen einer **verdeckten Einlage**. Mangels einer Gegenleistung liegt bei einer verdeckten Einlage keine Veräußerung iSd § 22 Abs. 1 S. 1 und Abs. 2 S. 1 vor, auch wenn ggf eine Besteuerung über die Ersatztatbestände erfolgt. Dies bedeutet, dass bei einer verdeckten Einlage von erhaltenen Anteilen, auch wenn hierbei stille Reserven aufzulösen und zu versteuern sind, die spätere Besteuerung eines Einbringungsgewinns II bei Veräußerung der eingebrachten Anteile nicht gehindert ist. Eine unmittelbare Korrektur dieser stillen Reserven ergibt sich aber gleichzeitig aufgrund einer Erhöhung der Anschaffungskosten der erhaltenen Anteile, so dass es letztlich nicht zu einer zusätzlichen Versteuerung der stillen Reserven im Rahmen der verdeckten Einlage sondern nur einmalig zu einer Versteuerung anlässlich des Einbringungsgewinns II kommt.[128] 62

c) **Ersatzrealisationstatbestände nach Abs. 2 S. 6.** Die Sätze 1 bis 5 gelten nach Satz 6 der Vorschrift entsprechend, wenn die übernehmende Gesellschaft die eingebrachten Anteile ihrerseits durch einen Vorgang nach Abs. 1 S. 6 Nr. 1 bis 5 weiterüberträgt oder für diese die Voraussetzungen nach § 1 Abs. 4 nicht mehr erfüllt sind. Mit diesem Verweis in Abs. 2 S. 6 werden die 63

125 Vgl BMF v. 11.11.2011, 1314, UmwStE 2011, Rn 22.13.

126 Vgl Haase/Hruschka/*Wulff-Dohmen*, § 22 UmwStG Rn 240; Rödder/Herlinghaus/van Lishaut/*Stangl*, § 22 UmwStG Rn 151; *Stangl*/*Kaeser* in: FGS/BDI, § 22 UmwSt-Erlass 2011, 405.

127 Vgl Haase/Hruschka/*Wulff-Dohmen*, UmwStG, 2012, § 22 Rn 249, 250; Rödder/Herlinghaus/van Lishaut/*Stangl*, § 22 UmwStG Rn 157,158.

128 Vgl Rödder/Herlinghaus/van Lishaut/*Stangl*, § 22 UmwStG Rn 160; Dötsch/Patt/Pung/Möhlenbrock/*Patt*, § 22 UmwStG (SEStEG) Rn 76.

Ersatzrealisationstatbestände des Abs. 1 S. 6 umfassend eingebunden. Der wesentliche Unterschied zu Abs. 1 besteht in Bezug auf die Ersatzrealisationstatbestände darin, dass bei Abs. 2 die Übertragung der eingebrachten Anteile durch den Übernehmer angesprochen ist, während in Abs. 1 S. 6 die Veräußerung der erhaltenen Anteile und deren Übertragung durch den Einbringenden angesprochen ist.[129] Hauptanwendungsfall der **Übertragung** dürfte die verdeckte Einlage der **eingebrachten Anteile** durch den Übernehmer in eine weitere Kapitalgesellschaft sein. Weitere Fälle dürften die Übertragung der eingebrachten Anteile im Rahmen einer Sachdividende oder einer verdeckten Gewinnausschüttung sein. **Mittelbare Übertragungen** der eingebrachten Anteile durch den Übernehmer sind nur denkbar, wenn der Übernehmer erhaltene Anteile an einer Gesellschaft zunächst unentgeltlich weiter überträgt und anschließend der ursprüngliche Übernehmer die hierbei erhaltenen Anteile auf einen weiteren Übernehmer überträgt. Unentgeltliche Übertragungen der Anteile an der Übernehmerin durch deren unmittelbaren oder mittelbaren Anteilseigner fallen nicht unter die Regelung, da das Gesetz ausdrücklich nur die unmittelbare oder mittelbare Veräußerung durch die übernehmende Gesellschaft anspricht.[130] Nach Abs. 2 S. 6 iVm Abs. 1 S. 6 Nr. 2 führt eine **entgeltliche Übertragung** der eingebrachten Anteile durch den übernehmenden Rechtsträger zu der Entstehung eines Einbringungsgewinns II, es sei denn, der ursprünglich Einbringende weist nach, dass die Übertragung durch einen Vorgang iSd §§ 20 I, 21 I oder aufgrund vergleichbarer ausländischer Vorgänge zu Buchwert erfolgte. Die Beweislast dafür, dass die **Folgeeinbringung** zu Buchwert erfolgte, trägt der ursprünglich Einbringende, der den Einbringungsgewinn II zu versteuern hat.[131] Auch bei **Veräußerungen** iSd § 22 Abs. 2 geht die Finanzverwaltung davon aus, dass grundsätzlich jede der Einbringung in eine Kapitalgesellschaft nachfolgende Umwandlung eine Einbringungsgewinnbesteuerung auslöst. Ausnahmen sind auch hier nur im Billigkeitswege möglich (vgl Rn 13 ff).[132]

64 **d) Verhältnis von § 22 Abs. 1 und Abs. 2 UmwStG.** Durch **Folgeeinbringungen** können sowohl die Tatbestände von Abs. 1 wie auch von Abs. 2 ausgelöst werden. Die Rechtsfolgen sind dann nach der zeitlichen Reihenfolge der ihnen zugrundeliegenden Einbringungen zu ziehen.

Beispiel:

E bringt sein Einzelunternehmen in die E-GmbH zu Buchwert ein. Anschließend bringt E die Anteile an der E-GmbH in die M-GmbH zu Buchwert ein. Wiederum anschließend veräußert die M-GmbH die Anteile an der E-GmbH. Die Vorgänge sollen immer zeitversetzt um ein Jahr erfolgen. Der Buchwert beträgt 1 Mio. Die stillen Reserven betragen zum Zeitpunkt der ersten Einbringung 4 Mio., zum Zeitpunkt der zweiten Einbringung 5 Mio. und bei Veräußerung der Anteile dann 6 Mio.

Bei Veräußerung der Anteile an der E-GmbH wird hinsichtlich der ersten Einbringung, also hinsichtlich der Übertragung des Einzelunternehmens der Tatbestand des § 22 Abs. 1 S. 6 Nr. 4 ausgelöst. Dies führt zur Versteuerung des Einbringungsgewinns I bei dem Einbringenden unter Berücksichtigung der entsprechenden Siebtel-Regelung, sowie zur jeweiligen Erhöhung der Buchwerte der Folgeeinbringungen.

Hinsichtlich der zweiten Einbringung löst derselbe Veräußerungsvorgang die Rechtsfolgen des § 22 Abs. 2 S. 1 bei dem Einbringenden aus, da die M-GmbH als Übernehmerin der Anteile an der E-GmbH diese veräußert hat. Hieraus ergibt sich bei dem Einbringenden die Versteuerung des Einbringungsgewinns II. Da diese Einbringung zeitlich der ersten Einbringung nachgelagert war, erfolgt die Ermittlung des Einbringungsgewinns II unter Berücksichtigung der Rechtsfol-

129 Vgl Rödder/Herlinghaus/van Lishaut/*Stangl*, § 22 UmwStG Rn 162; Haase/Hruschka/*Wulff-Dohmen*, § 22 UmwStG Rn 257, 258.

130 Vgl Rödder/Herlinghaus/van Lishaut/*Stangl*, § 22 UmwStG Rn 163; Haase/Hruschka/*Wulff-Dohmen*, § 22 UmwStG Rn 262 ff; Widmann/Mayer/*Widmann*, § 22 UmwStG Rn 223.

131 Vgl Rödder/Herlinghaus/van Lishaut/*Stangl*, § 22 UmwStG Rn 167; Schmitt/Hörtnagl/Stratz/*Schmitt*, § 22 UmwStG Rn 137.

132 Vgl BMF v. 11.11.2011, BStBl. I 2011, 1314, UmwStE 2011, Rn 22.23.

gen aus dem vorangegangen Ansatz des Einbringungsgewinns I. Dh der Einbringende versteuert zunächst den Einbringungsgewinn I in voller Höhe. Nach entsprechender Erhöhung des Buchwerts der M-GmbH sowie dort der E-GmbH erfolgt die Besteuerung des Einbringungsgewinns II innerhalb des Teileinkünfteverfahrens sowie die Besteuerung des Veräußerungsgewinns aus dem Verkauf der Anteile an der E-GmbH unter Berücksichtigung von § 8 b KStG.[133]

4. Nachweis über Zurechnung der Anteile (§ 22 Abs. 3). Der Einbringende muss in den Fällen des Abs. 1 nachweisen, wem die erhaltenen und die auf diesen Anteilen beruhenden Anteile zuzurechnen sind. Für die Fälle des Abs. 2 bezieht sich der durch den Einbringenden zu führende **Nachweis** auf die eingebrachten und den auf diesen beruhenden Anteilen. Mit den auf den erhaltenen oder eingebrachten Anteilen beruhenden Anteilen sind Anteile gemeint, welche aufgrund Folgeeinbringungen entstehen. Der Nachweis muss unabhängig davon erbracht werden, ob es sich um reine **Inlandsfälle** oder um **grenzüberschreitende Einbringungsfälle** handelt. Die **Nachweispflicht besteht nicht**, wenn die Sacheinlage zum gemeinen Wert iSd § 20 Abs. 2 S. 1 erfolgte, da Abs. 3 Nr. 1 auf Abs. 1 verweist.[134] Durch die Nachweispflicht soll die **Besteuerung des Einbringungsgewinns I und II** sichergestellt werden. Wird der entsprechende Nachweis nicht erbracht, kommt es zur Besteuerung des entsprechenden Gewinns. Vor diesem Hintergrund endet die Nachweispflicht, soweit ein steuerpflichtiger Einbringungsgewinn nicht mehr entstehen kann, zB weil in den Fällen des § 20 der Einbringende die erhaltenen Anteile vollständig veräußert hat und entsprechend die Rechtsfolgen des § 22 Abs. 1 eingetreten sind.[135] Erfolgt eine Einbringung iSd § 20 zusammen mit Anteilen an einer Kapitalgesellschaft zum BW oder zum ZW, hat der Einbringende sowohl die Nachweispflicht nach Abs. 3 S. 1 Nr. 1 als auch die nach Nr. 2 zu erfüllen. 65

Nachweispflichtig ist der **Einbringende.** 66

Hinweis: Es kann eine schuldhafte Pflichtverletzung des Beraters vorliegen, wenn er den Mandanten nicht darauf hinweist, dass ein Verstoß gegen die Nachweispflicht zur Steuerpflicht des Einbringungsgewinns führt. [136]

Einbringender ist im Falle des Abs. 2 S. 1 Nr. 1 die Person, die den **Einbringungsgegenstand übertragen** und damit die Anteile iSd Abs. 1 S. 1 erhalten hat. Erfolgt eine Einbringung durch eine Personengesellschaft so werden nach Auffassung der Finanzverwaltung auch die Mitunternehmeranteile vom Nachweis erfasst.[137] Die Nachweispflicht des Einbringenden bezieht sich nicht nur auf die erhaltenen bzw eingebrachten Anteile, sondern auch auf die auf diesen **Anteilen beruhenden Anteile.**

Der Nachweis ist jährlich spätestens bis zum 31. Mai zu erbringen. Es handelt sich hierbei nicht um eine Ausschlussfrist. Zwar kann die **Frist** nicht verlängert werden. Die Finanzverwaltung geht jedoch davon aus, dass der Nachweis noch berücksichtigt werden kann, solange die betroffenen Bescheide verfahrensrechtlich offen sind. Das bedeutet, dass der Nachweis längstens bis zum Abschluss eines Klageverfahrens geführt werden kann. [138] 67

Hinweis: Aus praktischer Sicht ist hierbei zu bedenken, dass diese vermeintlich kulante Regelung der Finanzverwaltung tatsächlich auch nur für die Fälle gilt, in denen die Bescheide offen gehalten sind. Wird hingegen ein Bescheid – wie dies in den meisten Fällen der Fall sein dürfte – üblicherweise innerhalb von 4 Wochen rechtskräftig, kann dies bei einem fehlenden Nachweis fatale Folgen haben. Im Falle einer Fristversäumnis ist der Einbringende nach Rn 22.32 des UmwSt-Erlasses 2011 aufzufordern, Angaben zum gemeinen Wert des eingebrachten Be-

133 Vgl Lademann/*Jäschke*, § 22 UmwStG Rn 24.
134 Vgl Rödder/Herlinghaus/van Lishaut/*Stangl*, § 22 UmwStG Rn 182; Haase/Hruschka/*Wulf-Dohmen*, § 22 UmwStG Rn 410.
135 Vgl BMF v. 4.9.2007, BStBl. I 698.
136 Vgl *Schwedhelm*/*Wollweber*, BB 2008, 2208, 2210, Verweis auf OLG Köln, 10.4.2003 – 8 U 75/02, GI 2004, 20.
137 Vgl BMF v. 11.11.2011, BStBl. I 2011, 1314, UmwSt-E 2011, Rn 22.28.
138 Vgl BT-Drucks. 16/2710, 49; Rödder/Herlinghaus/van Lishaut/*Stangl*, § 22 UmwStG Rn 185; BMF v. 4.9.2007 BStBl. I 698.

triebsvermögens oder der eingebrachten Anteile zum Einbringungszeitpunkt und den Einbringungskosten zu machen. Von einer erneuten Antragsfrist oder einer Nachholungsaufforderung ist im Erlass entgegen des in der Literatur vielfach geäußerten Wunsches,[139] keine Rede.

Bestritten wird nach fast einhelliger Auffassung im Schrifttum außerdem, dass bei fehlendem Nachweis nicht nur ein Einbringungsgewinn I sondern, wie es die Finanzverwaltung in Rn 22.28 ihres Erlasses zum Ausdruck bringt, auch eine Veräußerung der Anteile fingiert werden kann. Die **Veräußerungsfiktion** des § 22 Abs. 3 gilt nur für Zwecke des § 22 und erfüllt nicht zugleich einen der regulären Veräußerungstatbestande iSd §§ 4, 5, 17 EStG etc., da das Gesetz lediglich die Rechtsfolgen ziehen wollte, die bei einer tatsächlichen Veräußerung in Bezug auf den Einbringungsgewinn zu ziehen gewesen wären. Die Fiktion einer tatsächlichen Veräußerung der Anteile ist nicht vorgesehen. Eine Ermittlung eines fiktiven Veräußerungspreises zum Veräußerungszeitpunkt ist im Gesetz ebenfalls nicht vorgesehen. Zusätzlich ergeben sich ungeklärte Folgefragen im Hinblick auf Sperrfristen etwa bei § 8 b Abs. 4 KStG aF oder bei § 8 c KStG, § 6 b EStG. [140] **Zuständiges Finanzamt** für die Erbringung des Nachweises ist das für die Besteuerung des Einbringenden zuständige Finanzamt.[141]

68 Die **Art des Nachweises** ist gesetzlich nicht vorgeschrieben. In den Fällen der Sacheinlage hat der Einbringende eine schriftliche Erklärung darüber abzugeben, wem seit der Einbringung die erhaltenen Anteile als wirtschaftlichem Eigentümer zuzurechnen sind. Sind die Anteile zum maßgebenden Zeitpunkt dem Einbringenden zuzurechnen, hat er darüber hinaus eine Bestätigung der übernehmenden Gesellschaft über seine Gesellschafterstellung vorzulegen. In allen anderen Fällen hat er nachzuweisen, an wen und auf welche Weise die Anteile übertragen worden sind. In den Fällen des **Anteilstausches** ist eine entsprechende Bestätigung der übernehmenden Gesellschaft über das wirtschaftliche Eigentum an den eingebrachten Anteilen sowie zur Gesellschafterstellung ausreichend. Die Gesellschafterstellung kann auch durch Vorlage der Steuerbilanz der übernehmenden Gesellschaft nachgewiesen werden. Der **Nachweis der Gesellschafterstellung** kann auch anderweitig, zB durch Vorlage eines Auszugs aus dem Aktienregister (§ 67 AktG), einer Gesellschafterliste (§ 40 GmbHG) oder einer Mitgliederliste (§ 15 Abs. 2 GenG), zum jeweiligen Stichtag erbracht werden. Der Einbringende hat den Nachweis in den dem Einbringungszeitpunkt folgenden sieben Jahren **jährlich** zu erbringen. Dabei ist nachzuweisen, wem mit Ablauf des Tages, der dem maßgebenden Einbringungszeitpunkt entspricht, die betroffenen Anteile zuzurechnen sind.[142] Der erstmalige Nachweis ist bis zum 31.5. zu erbringen, welcher ein Jahr nach dem Einbringungsstichtag liegt.[143] Endet das „erste Überwachungsjahr" nach dem 31.5. des Folgejahres, so ist der Nachweis erstmals am darauf folgenden 31.5. zu führen.

Beispiel:

Erfolgt die Einbringung zum 1.8.2008, dann beginnt der Überwachungszeitraum am 2.8.2008 und endet am 1.8.2009. Der erste Nachweis darüber ist am 31.5.2010 zu führen.[144]

Wird der Nachweis nicht erbracht, gelten die Anteile an dem Tag als veräußert, der dem Einbringungszeitpunkt folgt oder der in den Folgejahren diesem Kalendertag entspricht. Dh für die Vorjahre, für die ein Nachweis erbracht wurde, erfolgt eine jeweilige Siebtel Verminderung

139 Vgl Rödder/Herlinghaus/van Lishaut/*Stangl*, § 22 UmwStG Rn 185 mwN.

140 Vgl Rödder/Herlinghaus/van Lishaut/*Stangl*, § 22 UmwStG Rn 193; Dötsch/Patt/Pung/Möhlenbrock/*Patt*, § 22 UmwStG (SEStEG) Rn 93; Widmann/Mayer/*Widmann*, § 22 UmwStG Rn 373; *Stangl/Kaeser* in: FGS/BDI, UmwSt-Erlass 2011, 466; Lademann/*Jäschke*, § 22 UmwStG Rn 27.

141 Vgl BMF v. 4.9.2007, BStBl. I 698; Rödder/Herlinghaus/van Lishaut/*Stangl*, § 22 UmwStG Rn 190; Widmann/Mayer/*Widmann*, § 22 UmwStG Rn 378.

142 Vgl BMF v. 4.9.2007, BStBl. I 698; Rödder/Herlinghaus/van Lishaut/*Stangl*, § 22 UmwStG Rn 187.

143 Vgl BMF v. 4.9.2007, BStBl. I 698; Dötsch/Patt/Pung/Möhlenbrock/*Patt*, § 22 UmwStG (SEStEG) Rn 91; Rödder/Herlinghaus/van Lishaut/*Stangl*, § 22 UmwStG Rn 188; aA *Förster/Wendland*, DB 2007, 631.

144 Vgl OFD Ffm DStR 2008, 408; Rödder/Herlinghaus/van Lishaut/*Stangl*, § 22 UmwStG Rn 188.

des Einbringungsgewinns.[145] Soweit ersichtlich, verlangt bei **geänderter Zurechnung der erhaltenen Anteile** weder das Gesetz noch der Erlass der Finanzverwaltung eine Angabe darüber, zu welchem Wert Anteile übertragen worden sind. Dies könnte damit zusammenhängen, dass die Finanzverwaltung prinzipiell – also auch bei Buchwertübertragung – von einer schädlichen Veräußerung ausgeht.[146] Dies bedeutet, dass trotz rechtzeitigem Nachweis aber bei gleichzeitig fehlendem Antrag auf Anwendung der Billigkeitsregelung bei Buchwertübertragung – und nur bei dieser ist ein Antrag überhaupt möglich – davon ausgegangen werden muss, dass die Finanzverwaltung eine Besteuerung des Einbringungsgewinns I vornimmt.

Beispiel:

A ist an einer GmbH u. Co. KG in 01 beteiligt. In 02 wird die KG zu Buchwert in eine GmbH formgewechselt. Aus steuerlicher Sicht handelt es sich hierbei um die Einbringung eines Mitunternehmeranteils in eine GmbH iSd § 20. Da die Einbringung zu Buchwert erfolgte, sind die Anteile an der GmbH sperrfristbehaftet. Der Nachweis über den Verbleib der Anteile wurde jährlich rechtzeitig erbracht. In 06 erfolgt die Verschmelzung der GmbH zum Buchwert auf ihre Muttergesellschaft. Der darauf folgende Nachweis der geänderten Zurechnung der Anteile durch eine Verschmelzung wurde ebenfalls rechtzeitig und korrekt erbracht. Trotzdem kann es in diesem Falle zur Besteuerung eines Einbringungsgewinns I kommen, wenn es verfahrensrechtlich nicht gelingt, noch einen Antrag auf Anwendung der Billigkeitsregelung zu stellen. Gerade aber verfahrensrechtlich ist die Anwendung der Billigkeitsregelung umstritten. Für die Praxis empfiehlt sich in diesem Falle, schon vor der Entstehung eines Steueranspruches die Finanzverwaltung zu kontaktieren. Nach herrschender Ansicht kann die Finanzverwaltung auch bereits vor Entstehung eines Steueranspruchs über eine Billigkeitsmaßnahme entscheiden, wenn daran ein Interesse besteht.[147]

5. Juristische Personen des öffentlichen Rechts oder steuerbefreite Körperschaft als Veräußerer (§ 22 Abs. 4). Die Vorschrift des § 22 Abs. 4 regelt die **Besteuerung eines Veräußerungsgewinns** von Anteilen, welche aus einer **Sacheinlage** iSd § 20 Abs. 1 hervorgegangen sind. Sie fingiert, dass diese Veräußerungsgewinne in einem **Betrieb gewerblicher Art** oder in einem **wirtschaftlichen Geschäftsbetrieb** und damit in einem „steuerverhafteten Bereich" entstanden sind. Die Vorschrift regelt nicht die Besteuerung eines Einbringungsgewinns I. Die Besteuerung des Einbringungsgewinns I ergibt sich nach den allgemeinen Vorschriften des § 22 Abs. 1, wird jedoch durch diese Veräußerung, wie sie in Abs. 4 angesprochen ist, ausgelöst. Als Rechtsfolgen ergeben sich zunächst der Ansatz des Einbringungsgewinns I als Gewinn iSd § 16 EStG beim einbringenden Betrieb gewerblicher Art. Umstritten ist, ob dieser Einbringungsgewinn der **Kapitalertragsteuer** unterliegt, da § 20 Abs. 1 Nr. 10 b S. 1 diesen Fall nicht ausdrücklich umfasst. Der UmwSt-Erlass 2011 geht hierbei wohl von einer Kapitalertragsteuerpflicht aus.[148] Der Veräußerungsgewinn aus der Veräußerung der Anteile gilt als in der steuerpflichtigen Sphäre entstanden. Er ist zwar nach § 8 b KStG von der Steuer befreit. Er unterliegt jedoch unter den Voraussetzungen des § 20 Abs. 1 Nr. 10 b EStG dem **Kapitalertragsteuerabzug.**[149] 69

Umstritten ist, ob der Anteilsveräußerungsgewinn der **Gewerbesteuer** unterliegt. In der Literatur wird die Auffassung vertreten, dass der Gewinn aus der Veräußerung der Anteile nicht der Gewerbesteuer unterliegt. Entscheidend für die Beurteilung dieser Frage ist die Reichweite der Regelung in § 22 Abs. 4. Da das Gesetz einen Betrieb gewerblicher Art nur fingiert, mithin also kein laufender Gewerbebetrieb vorliegt, der an sich der Gewerbesteuer unterliegen könnte, 70

145 Vgl Schmitt/Hörtnagl/Stratz/*Schmitt*, § 22 UmwStG Rn 161; in Rödder/Herlinghaus/van Lishaut/*Stangl*, § 22 UmwStG Rn 191.

146 Vgl BMF v. 11.11.2011, BStBl. I 2011, 1314, UmwStE 2011, Rn 22.23.

147 Vgl *Stangl/Kaeser* in: FGS/BDI, UmwSt-Erlass 2011, 421.

148 Vgl BMF v. 11.11.2011, BStBl. I 2011, 1314, UmwStE 2011, Rn 22.35; Lademann/*Jäschke*, § 22 UmwStG Rn 29.

149 Vgl BMF v. 11.11.2011, BStBl.I 2011, 1314, UmwStE 2011, Rn 22.37; Lademann/*Jäschke*, § 22 UmwStG Rn 29; Schmitt/Hörtnagl/Stratz/*Schmitt*, § 22 UmwStG Rn 167; Rödder/Herlinghaus/van Lishaut/*Stangl*, § 22 UmwStG Rn 199; Dötsch/Pung/Möhlenbrock/*Patt*, § 22 UmwStG Rn 97.

muss davon ausgegangen werden, dass mit der Fiktion in § 22 Abs. 4 keine Gewerbesteuerpflicht des Veräußerungsgewinns begründet wird. Die Finanzverwaltung äußert sich in ihrem Erlass hierzu nicht explizit.[150]

71 **6. Bescheinigung des zu versteuernden Einbringungsgewinns (§ 22 Abs. 5).** Die Regelung in § 22 Abs. 5 über die Erteilung einer **Bescheinigung** auf Antrag des Übernehmers bei dem für den Einbringenden zuständigen Finanzamt über die Höhe des zu versteuernden Einbringungsgewinns, der darauf festgesetzten Steuer sowie des darauf entrichteten Betrages ist der Regelung in § 23 Abs. 2 geschuldet. Dort ist geregelt, dass der Übernehmer den versteuerten Einbringungsgewinn des Einbringenden als **Erhöhungsbetrag (step up)** des übernommenen Vermögens ansetzen kann, ohne dass sich eine entsprechende Gewinnwirkung ergibt. Den **Antrag zur Ausstellung der Bescheinigung** muss der **Übernehmer** stellen. Problematisch daran ist, dass auf diese Weise der Übernehmer Kenntnisse über persönliche Verhältnisse des Einbringenden erlangt und der Einbringende die Übersendung der Bescheinigung nicht verhindern kann.[151] Die Finanzverwaltung hat begrüßenswerter Weise in ihrem UmwStE 2011 verfügt, dass aus Gründen der Vereinfachung auch der **Einbringende** einen entsprechenden Antrag stellen kann.[152] Verfahrensrechtlich stellt sich die Frage, in welchem **Veranlagungszeitraum** der step up zu berücksichtigen ist und welche **Berichtigungsvorschiften** der AO ggf Anwendung finden. Insb. stellt sich hierbei die Frage, ob diese Bescheinigung ein **Grundlagenbescheid** ist, der eine Berichtigung auch nach § 175 AO zulässt oder ob der Steuerpflichtige auf die normalen Berichtigungsvorschriften, insb. § 173 AO, angewiesen ist. Nach § 171 Abs. 10 AO sind Verwaltungsakte, die für eine Steuerfestsetzung bindend sind, Grundlagenbescheide idS. Das Finanzamt der Übernehmerin ist an die in der Bescheinigung enthaltenen Feststellungen gebunden. Die Voraussetzungen für einen Grundlagenbescheid dürften deshalb vorliegen.[153] Der step up ist nach § 23 Abs. 2 S. 1 im **Wirtschaftsjahr der Veräußerung** anzusetzen. Gemeint ist hier das Wirtschaftsjahr der übernehmenden Gesellschaft.[154] Anders als der Einbringungsgewinn wird der Erhöhungsbetrag nicht rückwirkend angesetzt. Die zu bescheinigenden entrichteten **Steuern** gelten auch als **entrichtet**, wenn zB eine Verrechnung mit Verlusten erfolgt ist. Die Finanzverwaltung hat dies in ihrem UmwSt-Erlass 2011 explizit aufgenommen.[155]

72 Nach § 22 Abs. 5 Hs 2 sind nachträglich eintretende **Minderungen des Einbringungsgewinns** (zB aufgrund einer Bp) sowie darauf entfallende **Steuern** und entrichtete **Beträge** dem **Finanzamt des Übernehmers** von Amts wegen mitzuteilen. Diese rein **amtsinterne Mitteilung** ist kein Verwaltungsakt iSd AO, da sie nicht nach außen gerichtet ist (§ 118 AO). Die Berücksichtigung der für den Übernehmer nachteiligen Minderung des Einbringungsgewinns ist deshalb nur im Rahmen der für die Finanzverwaltung anwendbaren „normalen" Berichtigungsvorschriften zB über neue Tatsachen möglich. Ein Grundlagenbescheid liegt mangels Außenwirkung nicht vor. Bei einer **nachträglichen Erhöhung** des Einbringungsgewinns I ist eine Mitteilung an das für den Übernehmer zuständige Finanzamt schon gesetzlich nicht vorgesehen. Dies bedeutet, dass die Wirkungen des Einbringungsgewinns I für das Auf- bzw Abstockungsvolumen des Erwerbers im Rahmen dieser Vorschrift für den Erwerber nicht sichergestellt ist. Insb. ist der Erwerber gehalten, bei dem für den Einbringenden zuständigem Finanzamt entsprechende Anträge zu stellen, was wiederum voraussetzt, dass er von einer Veränderung, insb. von einer Erhöhung

150 Vgl Haritz/Menner/*Bilitewski*, § 22 UmwStG Rn 239; Dötsch/Pung/Möhlenbrock/*Patt*, § 22 UmwStG Rn 95; Rödder/Herlinghaus/van Lishaut/*Stangl*, § 22 UmwStG Rn 195-198; *Orth*, DB 2007, 419, 426; Dötsch/Patt/Pung/Möhlenbrock/*Patt*, § 22 UmwStG (SEStEG) Rn 95.

151 Vgl Rödder/Herlinghaus/van Lishaut/*Stangl*, § 22 UmwStG Rn 200.

152 Vgl *Stangl/Kaeser* in: FGS/BDI, UmwSt-Erlass 2011, 471.

153 Vgl Haritz/Menner/*Bilitewski*, § 22 UmwStG Rn 249; aA Dötsch/Patt/Pung/Möhlenbrock/*Patt*, § 23 UmwStG (SEStEG) Rn 135.

154 Vgl Rödder/Herlinghaus/van Lishaut/*Stangl*, UmwStG, § 23 Rn 76.

155 Vgl UmwStE 2011, Rn 23.12.

des Einbringungsgewinns überhaupt etwas erfährt. In diesen Fällen sind vertragliche Regelungen, die etwaige Informationsdefizite verhindern, hilfreich.[156]

Hinweis: Aus praktischer Sicht empfiehlt es sich in jedem Fall, dass in Fällen, in denen in zeitlicher Nähe zur Einbringung eine Veräußerung der Anteile geplant ist, die Einbringung sogleich zum gemeinen Wert vorgenommen wird. In diesem Falle hat der Übernehmer den step up, ohne dass über Anträge und Bescheinigungen materiell rechtlich die Voraussetzungen für einen step up erst hergestellt werden müssen.

7. Unentgeltliche Rechtsnachfolge (§ 22 Abs. 6). Bei **unentgeltlicher Rechtsnachfolge** gilt jeweils der Rechtsnachfolger des Einbringenden oder des Übernehmers als Einbringender oder Übernehmer. Der UmwSt-Erlass 2011 erwähnt beispielhaft die Schenkung, den Erbfall, die unentgeltliche Erbfolge, die verdeckte Gewinnausschüttung, die unentgeltliche Übertragung nach § 6 Abs. 3 EStG oder nach § 6 Abs. 5 EStG sowie die Realteilung.[157] Von dieser Regelung werden die Fälle des § 22 Abs. 1 S. 6 Nr. 1, also die unentgeltliche Übertragung von sperrfristbehafteten Anteilen auf eine Kapitalgesellschaft nicht erfasst, da es ohnehin bereits zur Versteuerung des Einbringungsgewinns I kommt und deshalb ein etwaiger Eintritt in eine Rechtsstellung nicht mehr erforderlich ist.[158] Vom Erlass nicht erwähnt werden **Umwandlungen** sowie **Spenden an Stiftungen**. Umwandlungen sind nach Auffassung des Erlasses nicht unentgeltlich, weshalb sie nicht unter diese Regelung fallen können. Spenden an Stiftungen dagegen dürften nach mehrheitlicher Literaturmeinung zu Recht darunter fallen. 73

Bei einer **verdeckten Gewinnausschüttung** ist zu unterscheiden zwischen einer verdeckten Gewinnausschüttung an eine Kapitalgesellschaft oder eine verdeckte Gewinnausschüttung an eine natürliche Person. Das Beispiel im UmwSt-Erlass 2011 der Finanzverwaltung unter Rn 22.41 geht von einer verdeckten Gewinnausschüttung von sperrfristbehafteten Anteilen an eine natürliche Person aus. In diesem Falle werden bei unentgeltlicher Übertragung der Anteile im Rahmen der verdeckten Gewinnausschüttung zwar die stillen Reserven in den Anteilen im Rahmen des § 8 b KStG bei der ausschüttenden Gesellschaft erfasst; jedoch führt dies nach § 22 Abs. 1 S. 6 Nr. 1 – anders als eine verdeckte Gewinnausschüttung und damit unentgeltliche Übertragung auf eine Kapitalgesellschaft – nicht zur Auslösung des Einbringungsgewinns I. Insoweit ist die Ansicht der Finanzverwaltung verständlich, dass diese verdeckte Gewinnausschüttung, soweit sie nicht an eine Kapitalgesellschaft oder Genossenschaft erfolgt, die Rechtsfolgen des § 22 Abs. 6 auslöst. Der **Rechtsnachfolger** tritt in die Rechtsstellung ein. Es wird keine neue Sperrfrist ausgelöst.[159] 74

Die Rechtsfolgen in Bezug auf den Einbringungsgewinn I bestehen darin, dass der **Rechtsnachfolger als Einbringender** iSd Abs. 1 bis 5 des § 22 gilt. Ebenso hat er als Rechtsnachfolger die Nachweisverpflichtungen des § 22 Abs. 3 zu erfüllen. Außerdem erfolgt ein Eintritt in die siebenjährige Sperrfrist. Die Versteuerung des Einbringungsgewinns I tritt allerdings bei dem ursprünglich Einbringenden ein. Diese Auffassung der Finanzverwaltung ist nicht unumstritten. Die Mehrheit der Literatur teilt diese Auffassung nach hier vertretener Ansicht zu Recht, da in Abs. 1 nicht nur auf die Person des Einbringenden abgestellt wird, sondern auch auf den Vorgang der Einbringung selbst, welcher nur bei dem ursprünglich Einbringenden stattgefunden haben kann und nicht bei einem der Rechtsnachfolger. 75

Hinweis: Dies bedeutet, dass etwa eine Schenkung dazu führen kann, dass eine spätere steuerschädliche Verfügung über die Anteile innerhalb der laufenden Sperrfrist durch den Beschenkten noch dem Schenker zugerechnet wird und somit die „gute Tat" auch noch durch eine Be-

156 Vgl Haritz/Menner/*Bilitewski*, § 22 UmwStG Rn 251; in Dötsch/Pung/Möhlenbrock/*Patt*, § 22 UmwStG Rn 105; in Rödder/Herlinghaus/van Lishaut/*Stangl*, § 22 UmwStG Rn 201; Lademann/*Jäschke*, § 22 UmwStG Rn 30.

157 Vgl *Stangl/Kaeser* in: FGS/BDI, UmwSt-Erlass 2011, 473.

158 Vgl Haase/Hruschka/*Wulf-Dohmen*, § 22 UmwStG Rn 470.

159 Vgl Haritz/Menner/*Bilitewski*, § 22 UmwStG Rn 260; Lademann/*Jäschke*, § 22 UmwStG Rn 31; Rödder/Herlinghaus/van Lishaut/*Stangl*, § 22 UmwStG Rn 205.

steuerung des Einbringungsgewinns I „bestraft“ wird. Hier sollten ggf entsprechende vertragliche Vorkehrungen getroffen werden.[160]

76 Die Rechtsfolge in Bezug auf den Einbringungsgewinn II besteht darin, dass der **Rechtsnachfolger der übernehmenden Gesellschaft** als übernehmende Gesellschaft iSd § 22 Abs. 2 gilt. Eine Rechtsnachfolge in die Absätze 3 bis 5 ist hierbei nicht vorgesehen. Dies ist bezogen auf Abs. 3 und 4 verständlich, da die Nachweispflicht nach Abs. 3 vom Einbringenden zu erfüllen ist und Abs. 4 nur in den Fällen des Abs. 1 Anwendung findet. Der fehlende Verweis auf Abs. 5 allerdings wird in der Literatur zu Recht kritisiert. da eine entsprechende Steuerbescheinigung materiell rechtliche Voraussetzung dafür ist, dass ein step up iSd § 23 Abs. 2 S. 3 erfolgen kann. Es dürfte sich um eine Regelungslücke aufgrund eines Redaktionsversehens handeln.[161]

77 **8. Verlagerung stiller Reserven auf andere Anteile (§ 22 Abs. 7, Mitverstrickung).** Bei Kapitalerhöhungen und Gesellschaftsgründungen kommt es bei nicht wertkongruenten Zuteilungen von Gesellschaftsrechten zur **Verlagerung von stillen Reserven auf andere Anteile.**

Beispiel:

Vater V bringt einen Betrieb, Teilbetrieb, Mitunternehmeranteil oder Beteiligung im Wert von 1 Mio. zum Buchwert 100 Tsd. in eine GmbH ein. Gleichzeitig legt sein Sohn S 100 Tsd. in bar in die Gesellschaft ein und erhält 50% der Anteile. Nach Kapitalerhöhung hält der Sohn 50% der Anteile, welche aufgrund der enthaltenen stillen Reserven allerdings 500 Tsd. Wert sind. Er hat also 400 Tsd. stille Reserven „zugewendet“ erhalten. Ein Fremder hätte Vermögenswerte von ebenfalls 1 Mio. einlegen müssen, damit er mit 50% daran beteiligt worden wäre. Der 50%-Anteil des Fremden wäre dann 1 Mio. wert, was dem Wert seiner Einlage entsprochen hätte. Alternativ hätte der Fremde für 500 Tsd. dem V die Anteile abkaufen können. In diesem Falle hätte er ihm stille Reserven von 400 Tsd. abgekauft.

Dieses Beispiel vorangestellt zeigt, dass es idR nur bei nahestehenden Personen zu einer Verlagerung von stillen Reserven kommen wird, da sich fremde Dritte idR nichts „schenken“.

Die Rechtsfolge aus der Verlagerung der stillen Reserven, welche in Abs. 7 vorgesehen ist, besteht nicht etwa darin, dass diese stillen Reserven bei V oder S zu versteuern wären, sondern sie besteht darin, dass die Anteile des S insoweit als erhaltene oder eingebrachte Anteile oder als auf diesen Anteilen beruhende Anteile im Sinne des Abs. 1 oder Abs. 2 (**Mitverstrickung**) gelten. Dies hat zur Folge, dass eine Einbringungsgewinnbesteuerung bei dem Einbringenden auch dann eintritt, wenn die Tatbestände des § 22 durch diese neu qualifizierten Anteile des S zB bei einer Veräußerung dieser Anteile ausgelöst werden.

Hinweis: Auf eine mögliche Schenkungssteuerpflicht nach § 7 Abs. 8 ErbStG wird hingewiesen.

In diesem Zusammenhang wird von der Finanzverwaltung noch mal ausdrücklich darauf hingewiesen, dass die **entgeltliche Veräußerung von Bezugsrechten** zu einer Anwendung von § 22 Abs. 1 S. 1 und Abs. 2 S. 1 führt und demzufolge Abs. 7 keine Anwendung findet. Fraglich ist die Anwendung von Abs. 7 in den Fällen einer **verdeckten Einlage** oder **verdeckten Gewinnausschüttung.** Soweit in diesen Fällen die Besteuerung des Einbringungsgewinns bereits hervorgerufen wurde, kommt eine Anwendung des Abs. 7 entsprechend dem Sinn und Zweck dieser Vorschrift nicht mehr in Betracht.[162]

160 Vgl *Stangl/Kaeser* in: FGS/BDI, UmwSt-Erlass 2011, 474; Schneider/Ruoff/Sistermann/*Schneider/Roderburg*, H 22.110 und H 22.111; Rödder/Herlinghaus/van Lishaut/*Stangl*, § 22 UmwStG Rn 205.

161 Vgl Rödder/Herlinghaus/van Lishaut/*Stangl*, § 22 UmwStG Rn 206; Lademann/*Jäschke*, § 22 UmwStG Rn 31; Dötsch/Pung/Möhlenbrock/*Patt*, § 22 UmwStG Rn 107.

162 Vgl BMF 11.11.2011, BStBl. I 2011, 1314, UmwStE 2011, Rn 22.45; Dötsch/Pung/Möhlenbrock/*Patt*, § 22 UmwStG Rn 110; Widmann/Mayer/*Widmann*, § 22 UmwStG Rn 486; Lademann/*Jäschke*, § 22 UmwStG Rn 33; *Stangl/Kaeser* in: FGS/BDI, UmwSt-Erlass 2011, 479.

Nachträgliche Anschaffungskosten iSd § 22 Abs. 1 S. 4 und 7 sind auch bei Anwendung des Abs. 7 zu berücksichtigen. Soweit stille Reserven auf andere Anteile überspringen, folgt dem auch ein Überspringen der anteiligen Anschaffungskosten nach Versteuerung des Einbringungsgewinns. Dies ergibt sich aus dem Beispiel zu Rn 22.43 des UmwSt-Erlass 2011. Dies entspricht auch der bisherigen BFH-Rechtsprechung zum Anschaffungskostenübergang anlässlich einer Kapitalerhöhung zum alten Umwandlungssteuerrecht.[163] Die von Abs. 7 angeordnete Rechtsfolge besteht darin, dass die **„angereicherten" Anteile** als Anteile iSd Abs. 1 oder Abs. 2 gelten. Die Rechtsfolge aus der **Mitverstrickung von Anteilen** ist daher – insb. bei dem Übergang stiller Reserven auf dritte Personen – auch personenbezogen zu verstehen. Dh die dritten Personen werden zu „fiktiven Einbringenden" ohne dass sie in irgendeine Art von Rechtsnachfolge etwa nach Abs. 6 eingetreten wären. 78

Die Veräußerung der Anteile durch die Inhaber der „angereicherten" Anteile führt zur Besteuerung des Einbringungsgewinns I nach Abs. 1 der Vorschrift und damit bei dem Einbringenden und nicht etwa bei dem Veräußerer. 79

Hinweis: Ähnlich wie bei Abs. 6 wird eine Steuerfolge bei dem Einbringenden durch ein Verhalten des Inhabers der „angereicherten" Anteile ausgelöst. Vertragliche Regelungen etwa in Bezug auf Veräußerungsverbote oder Schadensersatzansprüche sollten in solchen Fällen einen möglichen Steuerschaden des Einbringenden verhindern.[164]

§ 23 Auswirkungen bei der übernehmenden Gesellschaft

(1) Setzt die übernehmende Gesellschaft das eingebrachte Betriebsvermögen mit einem unter dem gemeinen Wert liegenden Wert (§ 20 Abs. 2 Satz 2, § 21 Abs. 1 Satz 2) an, gelten § 4 Abs. 2 Satz 3 und § 12 Abs. 3 erster Halbsatz entsprechend.

(2) [1]In den Fällen des § 22 Abs. 1 kann die übernehmende Gesellschaft auf Antrag den versteuerten Einbringungsgewinn im Wirtschaftsjahr der Veräußerung der Anteile oder eines gleichgestellten Ereignisses (§ 22 Abs. 1 Satz 1 und Satz 6 Nr. 1 bis 6) als Erhöhungsbetrag ansetzen, soweit der Einbringende die auf den Einbringungsgewinn entfallende Steuer entrichtet hat und dies durch Vorlage einer Bescheinigung des zuständigen Finanzamts im Sinne von § 22 Abs. 5 nachgewiesen wurde; der Ansatz des Erhöhungsbetrags bleibt ohne Auswirkung auf den Gewinn. [2]Satz 1 ist nur anzuwenden, soweit das eingebrachte Betriebsvermögen in den Fällen des § 22 Abs. 1 noch zum Betriebsvermögen der übernehmenden Gesellschaft gehört, es sei denn, dieses wurde zum gemeinen Wert übertragen. [3]Wurden die veräußerten Anteile auf Grund einer Einbringung von Anteilen nach § 20 Abs. 1 oder § 21 Abs. 1 (§ 22 Abs. 2) erworben, erhöhen sich die Anschaffungskosten der eingebrachten Anteile in Höhe des versteuerten Einbringungsgewinns, soweit der Einbringende die auf den Einbringungsgewinn entfallende Steuer entrichtet hat; Satz 1 und § 22 Abs. 1 Satz 7 gelten entsprechend.

(3) [1]Setzt die übernehmende Gesellschaft das eingebrachte Betriebsvermögen mit einem über dem Buchwert, aber unter dem gemeinen Wert liegenden Wert an, gilt § 12 Abs. 3 erster Halbsatz entsprechend mit der folgenden Maßgabe:

1. **Die Absetzungen für Abnutzung oder Substanzverringerung nach § 7 Abs. 1, 4, 5 und 6 des Einkommensteuergesetzes sind vom Zeitpunkt der Einbringung an nach den Anschaffungs- oder Herstellungskosten des Einbringenden, vermehrt um den Unterschiedsbetrag zwischen dem Buchwert der einzelnen Wirtschaftsgüter und dem Wert, mit dem die Kapitalgesellschaft die Wirtschaftsgüter ansetzt, zu bemessen.**

163 Vgl Lademann/*Jäschke*, § 22 UmwStG Rn 33; *Stangl/Kaeser* in: FGS/BDI, UmwSt-Erlass 2011, 478.

164 Vgl Dötsch/Pung/Möhlenbrock/*Patt*, § 22 UmwStG Rn 111; Haritz/Menner/*Bilitewski*, § 22 UmwStG Rn 290; Haase/Hruschka/*Wulff-Dohmen*, § 22 UmwStG Rn 498; Rödder/Herlinghaus/van Lishaut/*Stangl*, § 22 UmwStG Rn 217.

2. Bei den Absetzungen für Abnutzung nach § 7 Abs. 2 des Einkommensteuergesetzes tritt im Zeitpunkt der Einbringung an die Stelle des Buchwerts der einzelnen Wirtschaftsgüter der Wert, mit dem die Kapitalgesellschaft die Wirtschaftsgüter ansetzt.

2Bei einer Erhöhung der Anschaffungskosten oder Herstellungskosten auf Grund rückwirkender Besteuerung des Einbringungsgewinns (Absatz 2) gilt dies mit der Maßgabe, dass an die Stelle des Zeitpunkts der Einbringung der Beginn des Wirtschaftsjahrs tritt, in welches das die Besteuerung des Einbringungsgewinns auslösende Ereignis fällt.

(4) Setzt die übernehmende Gesellschaft das eingebrachte Betriebsvermögen mit dem gemeinen Wert an, gelten die eingebrachten Wirtschaftsgüter als im Zeitpunkt der Einbringung von der Kapitalgesellschaft angeschafft, wenn die Einbringung des Betriebsvermögens im Wege der Einzelrechtsnachfolge erfolgt; erfolgt die Einbringung des Betriebsvermögens im Wege der Gesamtrechtsnachfolge nach den Vorschriften des Umwandlungsgesetzes, gilt Absatz 3 entsprechend.

(5) Der maßgebende Gewerbeertrag der übernehmenden Gesellschaft kann nicht um die vortragsfähigen Fehlbeträge des Einbringenden im Sinne des § 10 a des Gewerbesteuergesetzes gekürzt werden.

(6) § 6 Abs. 1 und 3 gilt entsprechend.

Literatur:

G. Förster/Wendland, Einbringung von Unternehmensteilen in Kapitalgesellschaften, BB 2007, 631; *U. Förster*, Die steuerneutrale Übertragung von Gewinnen aus der Veräußerung von Anteilen an Kapitalgesellschaften durch Personenunternehmen, DStR 2001, 1913; *Hierstetter/Schwarz*, Übertragung einer verlustbehafteten KG-Beteiligung zwischen Kapitalgesellschaften durch Verschmelzung oder Spaltung, DB 2002, 1963; *Krohn/Greulich*, Ausgewählte Einzelprobleme des Umwandlungssteuerrechts aus der Praxis, DStR 2008, 646; *Ley*, Einbringungen nach §§ 20, 24 UmwStG idF des SEStG, FR 2007, 109.

A. Allgemeines, Normzweck und Anwendungsbereich

1 Die Vorschrift des § 23 gehört zum sechsten Teil des UmwStG und regelt die steuerlichen Auswirkungen wie zB Besitzzeitanrechnung, Eintritt in die Rechtsstellung des Einbringenden, Abschreibungsmodalitäten einer Einbringung von Unternehmensteilen in eine Kapitalgesellschaft oder Genossenschaft und einen Anteilstausch auf Ebene der übernehmenden Gesellschaft. Dabei erstreckt sich der sachliche Anwendungsbereich von § 23 auf das im Rahmen einer Sacheinlage iSv § 20 einschließlich des Anteilstauschs iSv § 21 zum Sacheinlagegegenstand gehörendes Vermögen.[1] Sind hingegen nicht sämtliche der für eine Sacheinlage erforderlichen Tatbestandsvoraussetzungen erfüllt, kommt eine unmittelbare oder auch eine analoge Anwendung des § 23 nicht in Betracht.[2]

2 Die Regelungen des § 23 gelten grundsätzlich sowohl für **inländische** als auch für **ausländische übernehmende Gesellschaften**, welche die Voraussetzungen des § 1 Abs. 4 Nr. 1 erfüllen. Erfasst werden jedoch nur solche im Zuge der Sacheinlage erworbenen Wirtschaftgüter, welche bei der übernehmenden Gesellschaft der deutschen Besteuerung unterliegen, dh einer inländischen Betriebsstätte zuzurechnen sind.[3]

3 In persönlicher Hinsicht erstreckt sich der Anwendungsbereich des § 23 auf sämtliche denkbaren Gesellschaften, welche durch die Regelungen der §§ 20, 21 vorgegeben werden.[4] Darüber hinaus ist die Regelung des § 23 – wegen des in § 24 Abs. 2 Hs 1 enthaltenen Verweises – aber auch anwendbar, wenn ein Betrieb, Teilbetrieb oder ein Mitunternehmerteil unter den Voraussetzungen des § 24 Abs. 1 in eine Personengesellschaft (**Mitunternehmerschaft**) eingebracht wird.[5] Vom Aufbau des § 23 wird danach unterscheiden, mit welchen Werten das Vermögen eingebracht worden ist, zu Buchwerten, zu Zwischenwerten oder zum gemeinen Wert.

4 Nach § 23 Abs. 1 wird durch die Verweise auf § 4 Abs. 2 S. 3 und § 12 Abs. 3 Hs 1 die **Besitzzeitanrechnung** und der **Eintritt** der übernehmenden Gesellschaft in die Rechtsstellung des Einbringenden geregelt. Anwendung findet diese Vorschrift sowohl für den Fall der Buchwerteinbringung als auch für eine Einbringung zum Zwischenwert.

5 Aus der in § 23 Abs. 2 normierten Regelung wird der konzeptionelle Wechsel gegenüber dem UmwStG 1995 offensichtlich. Während früher das Konzept der Steuerverstrickung sog. einbringungsgeborener Anteile iSd § 21 UmwStG aF galt und zu einer Verdoppelung der stillen Reserven führte, wurde mit dem UmwStG 2006 für den Einbringenden eine **nachträgliche Besteuerung** des Einbringungsgewinns innerhalb einer siebenjährigen Sperrfrist eingeführt (§ 22 Abs. 1 und 2).[6] Diese nachträgliche Besteuerung bei Einbringenden wird auf Ebene der übernehmenden Gesellschaft dahin gehend übernommen, als nach dem Grundsatz die in § 20

1 Vgl Rödder/Herlinghaus/van Lishaut/*Ritzer*, § 23 UmwStG Rn 10, in: Dötsch/Pung/Möhlenbrock/*Patt*, § 23 UmwStG Rn 6.
2 Vgl Dötsch/Pung/Möhlenbrock/*Patt*, § 23 UmwStG Rn 6.
3 Vgl Rödder/Herlinghaus/van Lishaut/*Ritzer*, § 23 UmwStG Rn 10, Dötsch/Pung/Möhlenbrock/*Patt*, § 23 UmwStG Rn 7 mit dem Hinweis, dass Wirtschaftsgüter, die durch die Einbringung erstmals in das inländische Besteuerungsrecht überführt werden, nicht unter die Regelung des § 23, sondern grundsätzlich unter die allgemeinen Vorschriften der Verstrickung fallen (§ 6 Abs. 1 Nr. 5 a EStG).
4 Vgl Rödder/Herlinghaus/van Lishaut/*Ritzer*, § 23 UmwStG Rn 11.
5 Vgl Dötsch/Pung/Möhlenbrock/*Patt*, § 23 UmwStG Rn 8.
6 Vgl Dötsch/Pung/Möhlenbrock/*Patt*, § 23 UmwStG Rn 2.

Abs. 3 S. 1 geregelte Wertverknüpfung konsequenterweise die bislang bei der übernehmenden Gesellschaft angesetzten Werte entsprechend des nachträglichen Einbringungsgewinns zu erhöhen sind. Durch diese Aufstockung der Werte wird verhindert, dass es zu einer Verdopplung stiller Reserven kommt.

6 § 23 Abs. 3 betrifft die **Einbringung zum Zwischenwert**. Nach S. 1 der Vorschrift wird der in § 23 Abs. 1 normierte Eintritt in die Rechtsstellung des Einbringenden relativiert, in dem die Regelungen der Abschreibungsbemessungsgrundlagen angepasst werden. Die Regelung des S. 2 betrifft die Konsequenzen der nachträglichen Besteuerung eines Einbringungsgewinns iSd § 22, indem modifizierte Abschreibungsbemessungsgrundlagen nach der Aufstockung zum Tragen kommen. Die Vorschrift des § 23 Abs. 4 betrifft den Fall der **Einbringung zum gemeinen Wert**. Im Falle der Einbringung im Wege der Einzelrechtsnachfolge gelten die Wirtschaftsgüter als angeschafft. Erfolgt die Einbringung durch Gesamtrechtsnachfolge, wird auf die Regelung des Absatzes 3 verwiesen. § 23 Abs. 5 regelt die **gewerbesteuerlichen Folgen** der Einbringung. Der maßgebende Gewerbeertrag der übernehmenden Gesellschaft darf nicht um vortragsfähige Fehlbeträge des Einbringenden iSd § 10 a GewStG gekürzt werden. Dies bedeutet, dass der Übergang eines gewerbesteuerlichen Verlustvortrags versagt wird. Schließlich verweist § 23 Abs. 6 auf die Anwendung der Regelung des § 6 Abs. 1 und Abs. 3. Damit sind die Regelungen der Behandlung eines sog. **Konfusionsgewinns** sowie die **rückwirkende Auflösung** der im Zusammenhang mit dem Konfusionsgewinns zulässigen Rücklage anzuwenden.

7 Nach § 27 Abs. 1 ist § 23 erstmalig auf Einbringungen anzuwenden, bei denen die Anmeldung zur Eintragung in das maßgebliche öffentliche Register nach dem 12.12.2006 erfolgt. Da bei einer Reihe von Einbringungen eine solche Eintragung in ein Register nicht erforderlich bzw nicht möglich ist, ist § 23 in der jetzigen Fassung erstmals anzuwenden, wenn der Übergang des wirtschaftlichen Eigentums der eingebrachten Wirtschaftsgüter nach dem 12.12.2006 vollzogen wurde.[7] Im Zusammenhang mit dem Systemwechsel ordnet § 27 Abs. 4 eine Ausnahme zur zeitlichen Anwendung des § 23 betreffend die sog. einbringungsgeborenen Anteile iSd § 21 UmwStG aF an. Danach ist die Regelung des § 23 nicht anzuwenden, soweit hinsichtlich des Gewinns aus der Veräußerung der Anteile oder einem der Veräußerung gleichgestelltes Ereignis iSd § 22 Abs. 1 die Steuerbefreiung nach § 8 b Abs. 4 KStG ausgeschlossen ist.[8]

B. Vermögensübernahme unter dem gemeinen Wert (§ 23 Abs. 1, Abs. 3)

I. Sachlicher Anwendungsbereich

8 Die Regelung des § 23 Abs. 1 bezieht sich auf die Einbringungsvorgänge, bei welchen die übernehmende Gesellschaft in ihrer Steuerbilanz das eingebrachte Betriebsvermögen mit einem unter dem gemeinen Wert liegenden Wert ansetzt. Betroffen sind somit die Buchwerteinbringung und die Einbringung zum Zwischenwertansatz. Durch Verweis in § 23 Abs. 1 gelten die Regelungen des § 4 Abs. 2 S. 3 und § 12 Abs. 3 Hs 1 entsprechend. Der Ansatz zum **Buchwert** liegt vor, wenn die aufnehmende Kapitalgesellschaft oder Genossenschaft die übernommenen Wirtschaftsgüter mit dem Wert ansetzt, welcher sich beim Einbringenden nach den steuerlichen Vorschriften über die Gewinnermittlung in der für den steuerlichen Übertragungsstichtag ergibt oder sich ergäbe (§ 1 Abs. 5 Nr. 4). Auch in den nachfolgend aufgeführten Fällen liegt ein Buchwertansatz vor: Die Kapitalgesellschaft hat zunächst die steuerlichen Buchwerte aus der Schluss- bzw- Einbringungsbilanz des Einbringenden übernommen. Nachfolgend ändern sich diese Werte zB durch Feststellungen der Betriebsprüfung oder durch die Anwendung des § 6 Abs. 5 S. 6 EStG. Erfolgt eine Buchwerteinbringung und kommt es später zu einer Buchwertaufstockung gemäß § 23 Abs. 2 (s. Rn 34 ff) hat dieser Vorgang keine Konsequenzen auf die Buchwerteinbringung, denn § 23 Abs. 1 bezieht sich ausschließlich auf den Zeitpunkt der Ein-

7 Vgl Rödder/Herlinghaus/van Lishaut/*Ritzer*, § 23 UmwStG Rn 16.

8 Vgl Schmitt/Hörtnagel/Stratz/*Schmitt*, § 23 UmwStG Rn 1.

bringung iSd § 20 Abs. 2 S. 2, so dass spätere Werterhöhungen innerhalb der Sieben-Jahres-Frist nach der Einbringung ohne Folgen für die Buchwerteinbringung bleiben.[9] Eine Buchwerteinbringung des Einbringenden ist auch dann anzunehmen, wenn die übernehmende Gesellschaft mit einer Sacheinlage iSd § 20 Abs. 1 das Besteuerungsrecht für Wirtschaftsgüter erhält, welche bislang im Inland nicht steuerverstickt waren. Hinsichtlich dieser Wirtschaftsgüter ist zwingend der gemeine Wert nach den allgemeinen Grundsätzen anzusetzen (s. § 20 Rn 171). Dieser Ansatz zum gemeinen Wert führt jedoch nicht dazu, dass eine Buchwerteinbringung iSd § 23 Abs. 1 ausscheidet, da diese Vorschrift hinsichtlich des Wertansatzes auf § 20 Abs. 2 S. 2 verweist. Der Verweis bezieht sich folglich nur auf solche eingebrachten Wirtschaftsgüter, die vor der Einbringung bereits der inländischen Besteuerung unterlegen haben.[10]

Ein **Zwischenwertansatz** ist gegeben, wenn der Wert der übernommenen Wirtschaftsgüter über dem Buchwert liegt, jedoch die Wertobergrenze des gemeinen Werts nicht erreicht. Aus dem Wortlaut des § 23 Abs. 1 ergibt sich, dass nicht auf den Wertansatz der jeweils einzelnen eingebrachten Wirtschaftsgüter abzustellen ist, sondern auf das eingebrachte Betriebsvermögen im Ganzen, da vom eingebrachten Betriebsvermögen die Rede ist.[11] Werden Anteile an Kapitalgesellschaften aus dem Privatvermögen eingebracht, treten anstelle der Buchwerte die Anschaffungskosten der Anteile.[12] Für die Anwendung des § 23 Abs. 1 ist es unerheblich, ob eine Sacheinlage zivilrechtlich durch Einzelübertragung auf die übernehmende Gesellschaft, durch Verschmelzung, Spaltung oder Formwechsel vollzogen worden ist.[13] Aus dem in § 23 Abs. 1 verankerten Verweis auf die Regelung des § 20 Abs. 2 S. 2 geht hervor, dass es allein auf die steuerbilanziellen Wertansätze bei der übernehmenden Gesellschaft ankommt. Ein von den steuerlichen Wertansätzen abweichender handelsbilanzieller Ansatz ist unschädlich, da eine Maßgeblichkeit zwischen der Handelsbilanz für die Steuerbilanz nicht besteht. 9

Die Folgen des § 23 Abs. 1 treten auch für einen (qualifizierten) **Anteilstausch** ein, sofern die Beteiligung zu einem unter dem gemeinen Wert liegenden Wert eingebracht worden ist. Dies ergibt sich aus dem in § 23 Abs. 1 vorhandenen Klammerverweis auf § 21 Abs. 1 S. 2. Vor der Änderung des § 23 Abs. 1 durch das JStG 2009 war hingegen strittig, ob die Vorschrift den (qualifizierten) Anteilstausch erfasste oder ob dies nicht der Fall war. So sieht *Ritzer*[14] – trotz des klaren Wortlauts – jedenfalls bereits aus dem Regelungszweck, der gebotenen Gleichstellung zum Fall der Einbringung sowie der Vermutung, dass es sich beim „Vergessen" um eine redaktionelle Fehlleistung des Gesetzgebers handele keinen Grund, weshalb § 23 Abs. 1 nicht auf den Anteilstausch anwendbar sein sollte. Nach *Patt*[15] hingegen war § 23 Abs. 1 vor der Geltung des JStG 2009 nur insoweit anwendbar, als sich die Rechtsfolgen des § 23 Abs. 1 UmwStG in der Fassung des JStG 2009 rückwirkend zugunsten des Steuerpflichtigen auswirkten. Die Änderung des § 23 Abs. 1 war nach seiner Auffassung nicht lediglich deklaratorisch, sondern konstitutiv. Die Regelung des § 23 Abs. 1 steht in Konkurrenz zu § 23 Abs. 3. Beide Vorschriften stimmen insoweit überein, als sie Einbringungsvorgänge von Betriebsvermögen erfassen, bei welchen die übernehmende Gesellschaft die Wirtschaftsgüter zu Zwischenwerten ansetzt. § 23 Abs. 1 spricht von eingebrachtem Betriebsvermögen mit einem unter dem gemeinen Wert liegenden Wert, während § 23 Abs. 3 S. 1 die Fälle aufführt, wonach eine Einbringung „über dem Buchwert, aber unter dem gemeinen Wert liegenden Wert" erfolgt. Diese für den Fall der Einbringung zum Zwischenwert bestehende Regelungskonkurrenz wird – nach den Regelungen der juristischen Methodenlehre – dahin gehend aufgelöst, dass § 23 Abs. 3 als speziellere Norm der Vorschrift des § 23 Abs. 1 im Hinblick auf die Anwendung des § 12 10

9 Vgl Dötsch/Pung/Möhlenbrock/*Patt*, § 23 UmwStG Rn 21; Rödder/Herlinghaus/van Lishaut/*Ritzer*, § 23 UmwStG Rn 22.

10 Vgl Dötsch/Pung/Möhlenbrock/*Patt*, § 23 UmwStG Rn 21; Rödder/Herlinghaus/van Lishaut/*Ritzer*, § 23 UmwStG Rn 23.

11 Vgl Rödder/Herlinghaus/van Lishaut/*Ritzer*, § 23 UmwStG Rn 19.

12 Vgl UmwSt-Erlass v. 11.11.2011, BStBl I 2011, 1314, Rn 23.05.

13 Dötsch/Pung/Möhlenbrock/*Patt*, § 23 UmwStG Rn 28.

14 In: Rödder/Herlinghaus/van Lishaut, § 23 UmwStG Rn 24.

15 In: Dötsch/Pung/Möhlenbrock, § 23 UmwStG Rn 25.

Abs. 3 Hs 1 vorgeht.[16] Was die entsprechende Anwendung der Besitzzeitanrechnung (§ 4 Abs. 2 S. 3) angeht, gilt nach zutreffender Auffassung § 23 Abs. 1 sowohl für den Buchwertansatz als auch für den Ansatz zum Zwischenwert.[17] Die insoweit speziellere Regelung des § 23 Abs. 3 trifft zur Frage der Besitzzeitanrechnung keine Aussage, so dass die Rechtsfolge des § 23 Abs. 1 nicht verdrängt wird.

11 Grundsätzlich führen die von der übernehmenden Gesellschaft zu tragenden **Einbringungskosten** zu sofort abzugsfähigen Betriebsausgaben. Soweit es sich hingegen um nicht abzugsfähige Betriebsausgaben handelt, wie zB der GrESt im Fall der Einbringung von Grundbesitz ,stellen diese Einbringungskosten aktivierungspflichtige Anschaffungskosten der übernehmenden Gesellschaft dar. Die Nachaktivierung der GrESt führt zu einer Erhöhung der Buchwertansätze, nicht jedoch zu einem Zwischenwertansatz. Denn mit dem Anfall der GrEStG bei der einbringenden Gesellschaft werden anlässlich der Einbringung keine stillen Reserven aufgedeckt.[18]

II. Auswirkungen bei der übernehmenden Gesellschaft

12 **1. Rechtsnachfolge bei Buchwerteinbringungen.** Als Rechtsfolge bestimmt § 23 Abs. 1, dass die Regelung der § 4 Abs. 2 S. 3 und § 12 Abs. 3 Hs 1 entsprechend gelten. Damit tritt die übernehmende Gesellschaft als steuerliche Rechtsnachfolgerin im Falle der **Buchwerteinbringung** umfassend in die Rechtsposition des Einbringenden ein (sog. Fußstapfentheorie).[19] Für den Fall des Zwischenwertansatzes enthält § 23 Abs. 3 allerdings modifizierte Regelungen, so dass die uneingeschränkte Übernahme der Rechtsposition lediglich für die Buchwertübernahme gilt.[20]

13 Nach Auffassung der Finanzverwaltung ist die Einbringung – selbst bei Buchwertfortführung – ein entgeltlicher Vorgang[21] mit der Folge, dass es hiernach zu Veräußerungen und Anschaffungen kommen würde. Durch die in § 23 Abs. 1 angeordnete steuerliche Rechtsnachfolge wird jedoch der Grundsatz, wonach es sich bei der Einbringung um einen entgeltlichen Vorgang handelt, zumindest für Zwecke des Steuerbilanzrechts verdrängt.[22]

14 Die **steuerliche Rechtsnachfolge** iSv § 23 Abs. 1 kommt unabhängig davon zur Geltung, welche zivilrechtliche Form der Einbringung zugrunde liegt.[23] Von § 23 Abs. 1 erfasst werden demnach die Einbringung im Wege der **Einzelrechtsnachfolge**, der **Gesamtrechtsnachfolge** nach dem UmwStG, durch Formwechsel gem.§ 190 UmwG oder durch vergleichbare ausländische Vorgänge.[24] Die steuerliche Rechtsnachfolge bewirkt zum einen, dass die übernehmende Gesellschaft in die **Eigentümerposition** der jeweils eingebrachten Wirtschaftsgüter zum Zeitpunkt des steuerlichen Einbringungsstichtags eintritt. Zum anderen übernimmt die übernehmende Gesellschaft aber auch sämtliche für die Besteuerung wesentlichen **steuerrechtlichen Merkmale**, die auf der Seite des Einbringenden für diese übernommenen Wirtschaftsgüter gegolten haben.[25] So hat der Einbringende die Abschreibung, Bewertungsfreiheiten, Rückstellungen weiterzuführen. Zugleich erfolgt eine Zurechnung der steuerlichen Position des Einbringenden an die übernehmende Gesellschaft in Bezug auf die Herstellereigenschaft, den Anschaffungs- bzw Herstellungszeitpunkt, die Einbringungsgeborenheit von übernommenen Anteilen, die Steuerverhaftung gemäß § 8 b Abs. 4 KStG und gemäß § 22.[26] Auf die übernehmende Gesellschaft

16 Vgl Dötsch/Pung/Möhlenbrock/*Patt*, § 23 UmwStG Rn 22.
17 Vgl statt vieler Dötsch/Pung/Möhlenbrock/*Patt*, § 23 UmwStG Rn 22; Rödder/Herlinghaus/van Lishaut/*Ritzer*, § 23 UmwStG Rn 19.
18 Vgl Dötsch/Pung/Möhlenbrock/*Patt*, § 23 UmwStG Rn 29.
19 Vgl Dötsch/Pung/Möhlenbrock/*Patt*, § 23 UmwStG Rn 11.
20 Vgl Rödder/Herlinghaus/van Lishaut/*Ritzer*, § 23 UmwStG Rn 32.
21 Vgl UmwSt-Erlass v. 11.11.2011, BStBl I 2011, 1314, Rn 00.02.
22 Vgl Dötsch/Pung/Möhlenbrock/*Patt*, § 23 UmwStG Rn 33.
23 Vgl statt vieler Rödder/Herlinghaus/van Lishaut/*Ritzer*, § 23 UmwStG Rn 25.
24 Vgl Dötsch/Pung/Möhlenbrock/*Patt*, § 23 UmwStG Rn 30.
25 Vgl Rödder/Herlinghaus/van Lishaut/*Ritzer*, § 23 UmwStG Rn 33.
26 Vgl Rödder/Herlinghaus/van Lishaut/*Ritzer*, § 23 UmwStG Rn 33.

gehen nach den Regeln der steuerlichen Rechtsnachfolge auch die gesetzlichen Verpflichtungen und Wahlrechte aus der steuerlichen Gewinnermittlung des Einbringenden über.[27]

a) **Abschreibungen.** Die übernehmende Gesellschaft hat die Abschreibungsmethode, den Abschreibungssatz sowie die ursprünglich ermittelte Nutzungsdauer vom Einbringenden der eingebrachten abschreibungsfähigen Wirtschaftsgüter zu übernehmen.[28] Sonderabschreibungen und erhöhte Absetzungen der einbringenden Gesellschaft sind ebenfalls weiterzuführen. Auch bezüglich der Vornahme von Teilwertabschreibungen ist die steuerliche Rechtsnachfolge durch die übernehmende Gesellschaft von Bedeutung. So ist sie als steuerliche Rechtsnachfolgerin verpflichtet, nach den Vorschriften des § 6 Abs. 1 Nr. 1 S. 4 und Nr. 2 S. 3 EStG eine Wertaufholung vorzunehmen, wenn und soweit der Einbringende eine entsprechende Teilwertabschreibung vorgenommen hatte. Die Wertobergrenze bilden dabei die Anschaffungs- oder Herstellungskosten oder der Einlagewert des Einbringenden. Nach der BFH-Entscheidung vom 19.8.2009[29] sind bei Wertaufholungen von Anteilen an Kapitalgesellschaften bei denen in früheren Jahren sowohl steuerwirksame als auch steuerunwirksame Abschreibungen auf den niedrigeren Teilwert vorgenommen worden sind, nach Maßgabe von § 8 b Abs. 2 KStG zunächst mit den nicht steuerwirksamen und erst danach mit den steuerwirksamen **Teilwertabschreibung** zu verrechnen. Dieser Auffassung hat sich auch die Finanzverwaltung angeschlossen.[30] Nach den Grundsätzen der steuerlichen Rechtsnachfolge werden die vom Einbringenden vorgenommenen steuerwirksamen bzw steuerunwirksamen Teilwertabschreibungen der übernehmenden Gesellschaft zugerechnet. Das gleiche Prinzip wie bei den Teilwertabschreibungen/ Wertaufholungen gilt auch für die **Ab- und Zuschreibung** des § 7 Abs. 1 S. 7 EStG. Wenn der Einbringende eine Abschreibung für außergewöhnliche technische oder wirtschaftliche Abschreibung vorgenommen hat, muss die übernehmende Gesellschaft eine Zuschreibung vornehmen, wenn der Grund für die außergewöhnliche technische oder wirtschaftliche Abschreibung entfallen ist.[31] 15

b) **Pensionsrückstellungen.** Geht im Zuge der Einbringung eine Pensionsrückstellung auf die übernehmende Gesellschaft über, so tritt diese auch insoweit in steuerliche Rechtsstellung der einbringenden Gesellschaft ein. Dies führt u.a. dazu, dass bei der Berechnung und Fortführung der Pensionsrückstellung die Dienstzeiten der Pensionsberechtigten beim Einbringenden zu berücksichtigen sind.[32] Eine Nachholung von beim Einbringenden unterlassener Zuführung zur Pensionsrückstellung ist nicht zulässig.[33] Das Nachholverbot gilt auch für die übernehmende Gesellschaft in ihrer Eigenschaft als Rechtsnachfolgerin.[34] Nach hM gilt diese Beschränkung auch für den Fall, dass eine von einer Personengesellschaft gebildete Rückstellung aus einer Zusage an einen Mitunternehmer eingebracht wird.[35] 16

c) **Rücklagen, und sonstige Ausgleichs- und Abgrenzungsposten.** Steuerfreie Rücklagen, Ausgleichsposten zB nach § 4 g EStG, aktive und passive Ausgleichsposten, welche der Einbringende zulässigerweise gebildet hat, sind bei der übernehmenden Gesellschaft aufgrund der steuerlichen Rechtsnachfolge weiterzuführen.[36] 17

d) **Verluste.** Ein verbleibender Verlustabzug gemäß § 10 d EStG geht mit der Einbringung nicht auf die übernehmende Gesellschaft über,[37] unabhängig davon, ob die Einbringung mittels Einzel- oder Gesamtrechtsnachfolge erfolgt. Das gleiche gilt auch für einen laufenden Verlust des 18

27 Vgl Dötsch/Pung/Möhlenbrock/*Patt*, § 23 UmwStG Rn 30.
28 Vgl Dötsch/Pung/Möhlenbrock/*Patt*, § 23 UmwStG Rn 32.
29 Vgl BFH-Urteil v. 19.8.2009, BStBl II 2010, S. 760.
30 Vgl zB OFD Frankfurt a.M. v. 25.8.2010, DStR 2011, S. 7.
31 Vgl Rödder/Herlinghaus/van Lishaut/*Ritzer*, § 23 UmwStG Rn 35 a.
32 Vgl Schmitt/Hörtnagel/Stratz/*Schmitt*, § 23 Rn 27 UmwStG.
33 Vgl Rödder/Herlinghaus/van Lishaut/*Ritzer*, § 23 UmwStG Rn 36.
34 Vgl UmwSt-Erlass v. 11.11.2011, BStBl I 2011, 1314, Rn 23.06.
35 Vgl Dötsch/Pung/Möhlenbrock/*Patt*, § 23 UmwStG Rn 35; Rödder/Herlinghaus/van Lishaut/*Ritzer*, § 23 UmwStG Rn 36.
36 Vgl Dötsch/Pung/Möhlenbrock/*Patt*, § 23 UmwStG Rn 36.
37 Vgl UmwSt-Erlass v. 11.11.2011, 1314, Rn 23.02.

Jahres der Einbringung, welcher beim Einbringenden entsteht.[38] Der einkommensteuerliche oder körperschaftsteuerliche Verlustvortrag verbleibt beim Einbringenden. Ob und inwieweit durch die Einbringung der bislang vorhandene Verlustvortrag verloren geht, bestimmt sich hierbei nach den allgemeinen steuerlichen Vorschriften wie zB §§ 10 d EStG, § 8 Abs. 1 KStG iVm § 10 d EStG, §§ 8 Abs. 4, 8 c KStG.[39] Handelt es sich beim Einbringungsgegenstand um einen Kommanditanteil und besteht die Kommanditgesellschaft nach der Einbringung fort, geht ein nach § 15 a EStG nur beschränkt verrechenbarer Verlsutanteil des Einbringenden nicht auf die übernehmende Gesellschaft über.[40]

19 e) **Zinsvortrag.** Die Einbringung hat zur Folge, dass auch ein Zinsvortrag iSd § 4 h Abs. 1 S. 2 EStG nicht auf die übernehmende Gesellschaft übergeht. Das Gleiche gilt nach Änderung des § 20 Abs. 9 entsprechend für den EBITDA-Vortrag (s. § 20 Rn 8).[41]

20 f) **Steuerfreie Rücklagen – Allgemeines.** Der Eintritt der übernehmenden Gesellschaft in die Rechtsstellung des Einbringenden bewirkt, dass steuerfreie Rücklagen in der Steuerbilanz der übernehmenden Gesellschaft übernommen werden. Unter die **steuerfreien Rücklagen** fallen u.a. die Rücklage wegen Abzinsung von Verbindlichkeiten (§ 52 Abs. 16 S. 11 EStG), die Reinvestitionsrücklage (§ 6 b Abs. 3 EStG), Ansparrücklage (§ 7 g Abs. 3 EStG aF), die Existenzgründerrücklage (§ 7 g Abs. 7 EStG aF), die Zuschuss-Rücklage (R 6.5 Abs. 4 EStR 2008) und die Rücklage für Ersatzbeschaffung (R 6.6 EStR 2008).[42] Die Rechtsnachfolge erstreckt sich nicht nur darauf, dass die übernehmende Gesellschaft die übernommene Rücklage fortzuführen hat. Vielmehr hat die übernehmende Gesellschaft eine **Aufstockung der Rücklage** vorzunehmen, wie dies auch beim Einbringenden der Fall gewesen wäre.[43] Das Gleiche gilt für eine **Auflösung der Rücklage**, sei es bei Eintritt der mit der jeweiligen Vorschrift vorgesehenen Auflösungsgründe, es sei bei einer Auflösung durch Zeitablauf. Hierbei ist eine Anrechnung der Zeitdauer der Rücklagenbildung beim Einbringenden zu berücksichtigen. Erfolgt eine **Verzinsung der Rücklage**, dann erfolgt ebenfalls eine Anrechnung des beim Rechtsvorgänger aufgelaufenen Zeitraums.[44]

21 g) **Reinvestitionsrücklage nach § 6 b Abs. 3 EStG.** Die übernehmende Gesellschaft kann bei einer Veräußerung eines eingebrachten Wirtschaftsguts eine **Rücklage** nach § 6 b EStG unter Anrechnung der Dauer der Zugehörigkeit des Wirtschaftsguts des Betriebsvermögens beim Einbringenden bilden.[45] Hat bereits der Einbringende eine Rücklage nach § 6 b EStG passiviert, so kann die übernehmende Gesellschaft infolge des Eintritts in die Rechtstellung des Einbringenden die § 6b-Rücklage fortführen.[46] Im Anschluss kann auch eine Übertragung der Rücklage auf Reinvestitionsgüter erfolgen. Bei einer solchen Übertragung ist zu beachten, dass die übernehmende Gesellschaft die Art des Wirtschaftsguts zu berücksichtigen hat, bei welchem die Veräußerung und die Bildung der § 6b-Rücklage beim Einbringenden stattgefunden hatte.[47] Zur Verdeutlichung ist an dieser Stelle noch einmal darauf hinzuweisen, dass der Einbringungsvorgang als solcher keinen Tatbestand darstellt, welcher der Anwendung der § 6b-Rücklage unterliegt. Zwar handelt es sich mit der Einbringung insoweit um einen Veräußerungs- bzw- Anschaffungsvorgang, auch wenn die Einbringung zu Buchwerten erfolgt.[48] Für die eingebrachten Wirtschaftsgüter gilt – den allgemeinen Grundsätzen vorgehend – aufgrund

38 Vgl Rödder/Herlinghaus/van Lishaut/*Ritzer*, § 23 UmwStG Rn 37.

39 Vgl Dötsch/Pung/Möhlenbrock/*Patt*, § 23 UmwStG Rn 37.

40 Vgl Rödder/Herlinghaus/van Lishaut/*Ritzer*, § 23 UmwStG Rn 38; Dötsch/Pung/Möhlenbrock/*Patt*, § 23 UmwStG Rn 38. AA *Hierstetter/Schwarz*, DB 2002, 1963.

41 Vgl Rödder/Herlinghaus/van Lishaut/*Ritzer*, § 23 UmwStG Rn 39.

42 Vgl Dötsch/Pung/Möhlenbrock/*Patt*, § 23 UmwStG Rn 41.

43 Vgl Rödder/Herlinghaus/van Lishaut/*Ritzer*, § 23 UmwStG Rn 41.

44 Vgl Dötsch/Pung/Möhlenbrock/*Patt*, § 23 UmwStG Rn 41.

45 Vgl Dötsch/Pung/Möhlenbrock/*Patt*, § 23 UmwStG Rn 42.

46 Vgl Rödder/Herlinghaus/van Lishaut/*Ritzer*, § 23 UmwStG Rn 42.

47 Vgl Dötsch/Pung/Möhlenbrock/*Patt*, § 23 UmwStG Rn 42.

48 Vgl UmwSt-Erlass v. 11.11.2011, BStBl I 2011, 1314, Rn 00.02.

der in § 23 Abs. 1 erfolgten Verweisung auf die Regelung des § 12 Abs. 3 Hs 1, dass der Erwerb dem steuerrechtlichen Rechtsnachfolgeprinzip unterliegt und deshalb gerade nicht zu einer für die Anwendung der Übertragung einer § 6 b Rücklage notwendigen Anschaffung führt.

Nach § 6 b Abs. 10 EStG können natürliche Personen eine **Rücklage für Gewinne aus der Veräußerung von Anteilen an Kapitalgesellschaften** bis zu einem Betrag von 500.000 EUR bilden. 22
Die Bildung einer solchen Rücklage ist hingegen nicht möglich, wenn es sich um Anteilseigner in der Rechtsform einer Kapitalgesellschaft handelt. Gleichwohl hat die übernehmende Gesellschaft eine von der einbringenden natürlichen Person gebildete gemäß § 6 b Abs. 10 S. 5 EStG fortführen, sofern sie zum eingebrachten Betriebsvermögen gehört.[49] Die Tatsache, dass die übernehmende Gesellschaft eine derartige § 6b-Rücklage nicht hätte bilden dürften, ist unbeachtlich. Denn auch für diesen Sachverhalt bewirkt die Regelung der steuerrechtlichen Rechtnachfolge gemäß § 23 Abs. 1 iVm § 12 Abs. 3 Hs 1, dass der vom Rechtvorgänger verwirklichte steuerliche Tatbestand dem Rechtnachfolger zugerechnet wird. Zudem lässt sich aus der Vorschrift des § 6 b Abs. 10 EStG nicht entnehmen, dass die persönlichen Voraussetzungen in sämtlichen Wirtschaftsjahren, in welchen die Rücklage besteht, erfüllt sein müssen.

Fraglich ist, ob die übernommene § 6b-Rücklage auf eigene **Reinvestitionen** der übernehmenden Gesellschaft übertragen werden kann. 23
Es dürfte davon auszugehen sein, dass einer solchen Übertragung eine Berechtigung fehlt, denn Kapitalgesellschaften sind von der Anwendung des § 6 b Abs. 10 EStG ausgeschlossen. Die Eigenschaft als Rechtsnachfolgerin geht diesbezüglich ins Leere, denn aufgrund der Tatsache, dass die übernehmende Gesellschaft selbst den Tatbestand der Reinvestition verwirklicht, kann ihr auch nichts vom Rechtvorgänger zugerechnet werden.[50]

Hat die übernehmende Gesellschaft eine § 6b-Rücklage vom Einbringenden übernommen und 24
findet innerhalb der vorgegebenen Frist keine Übertragung auf ein Reinvestitionsgut statt, ist die Rücklage unter Berücksichtigung eines **Gewinnzuschlag** ergebniswirksam aufzulösen. Für die Ermittlung der Höhe des Gewinnzuschlags ist dem steuerrechtlichen Rechtsnachfolgeprinzip folgend die Zeitdauer der Rücklagenbildung beim Einbringenden zuzurechnen, was dann zu einer Erhöhung des Gewinnzuschlags führt.[51] Auf der anderen Seite partizipiert die übernehmende Gesellschaft aber auch von dem Steuerstundungseffekt insoweit, als sie die § 6b-Rücklage vom Einbringenden übernehmen, fortführen und auf eigene Reinvestitionsgüter übertragen kann.

Fraglich ist, welche Konsequenzen aus der **Auflösung der Rücklage** nach § 6 b Abs. 10 S. 1 25
EStG im Hinblick auf die Besteuerung bei der übernehmenden Gesellschaft zu ziehen sind.[52] Es geht hier um die Frage, ob das Steuerregime des Einbringenden – Gewinn unterliegt dem Teileinkünfteverfahren – zur Anwendung kommt oder ob es sich um einen § 8 b KStG Fall handelt, bei welchem der Auflösungsgewinn zu 95% steuerfrei bleiben würde. Nach Auffassung von *Patt*[53] ist der Auflösungsgewinn bei der übernehmenden Gesellschaft im Ergebnis wie beim Einbringenden nach § 3 Nr. 40 EStG zu besteuern. M.E. fehlt es hierfür an einer einschlägigen Rechtsgrundlage, so dass nach der hier vertretenen Auffassung ein Auflösungsgewinn nach den Grundsätzen des § 8 b KStG zu besteuern ist und somit zu 95 % steuerfrei bleibt.

h) Besitzzeiten und Verbleibenszeiten. Ist es für die Anwendung steuerlicher Vorschriften bedeutsam, 26
für welchen Zeitraum ein Wirtschaftsgut einem Betriebsvermögen angehört hat, so ist der Zeitraum der Zugehörigkeit zum Betriebsvermögen der übertragenden Gesellschaft der

49 HM vgl zB Dötsch/Pung/Möhlenbrock/*Patt*, § 23 UmwStG Rn 43; Rödder/Herlinghaus/van Lishaut/*Ritzer*, § 23 UmwStG Rn 42; *Förster*, DStR 2001, 1913, 1916. AA Schmidt/*Loscheler*, § 6 b EStG Rn 110.

50 So auch Dötsch/Pung/Möhlenbrock/*Patt*, § 23 UmwStG Rn 43.

51 Vgl Rödder/Herlinghaus/van Lishaut/*Ritzer*, § 23 UmwStG Rn 41.

52 Vgl zum Diskussionsstand: Rödder/Herlinghaus/van Lishaut/*Ritzer*, § 23 UmwStG Rn 42.

53 In: Dötsch/Pung/Möhlenbrock, § 23 UmwStG Rn 43.

übernehmenden Gesellschaft anzurechnen, sog. **Besitzzeitanrechnung.**[54] Diese Besitzzeitanrechnung ergibt sich, in dem § 23 Abs. 1 auf die entsprechende Geltung des § 4 Abs. 2 S. 3 verweist. Unerheblich ist es, ob die Einbringung durch Einzel- oder Gesamtrechtsnachfolge erfolgt.[55] In Übrigen spielt es für die Geltung der Besitzzeitanrechnung auch keine Rolle, ob die Einbringung zu Buchwerten erfolgt oder die Übernahme zu Zwischenwerten vorgenommen wird.[56] Die Besitzzeitanrechnung gilt im Grundsatz auch für den Anteilstausch, da § 23 Abs. 1 auf Sacheinlagen iSd § 21 verweist. Die Besitzzeitanrechnung ist insb. für folgende Sachverhalte von Bedeutung:

- Gewerbssteuerliche Schachtelprivilegien, § 9 Nr. 2 a und 7 GewStG
- DBA-Schachtelprivilegien
- Mindestlaufzeit für einen Gewinnabführungsvertrag, § 14 Abs. 1 S. 1 Nr. 3 KStG[57]
- Sperrfristen, § 6 Abs. 5 S. 4 EStG, § 8 Abs. 4 KStG aF

27 **2. Besonderheiten des Vermögens mit einem Zwischenwert.** Wenn die übernehmende Gesellschaft das eingebrachte Vermögen mit dem **Zwischenwert** ansetzt, gelten hinsichtlich der steuerlichen Rechtsnachfolge die speziellen Regelungen des § 23 Abs. 3 S. 1.[58] Bei einem solchen Zwischenwertansatz werden die aufgedeckten stillen Reserven einheitlich und gleichmäßig auf sämtliche bilanzierten Wirtschaftsgüter verteilt.[59] Objektbezogene Einbringungskosten, die bei den jeweiligen Wirtschaftsgütern (insb. Grund und Boden, Gebäude) angefallen sind, sind zusätzlich zum Zwischenwert zu aktivieren.[60] Der Unterschied zur Buchwerteinbringung besteht bei der Einbringung zum Zwischenwert darin, dass infolge der Aufdeckung der stillen Reserven in § 23 Abs. 3 S. 1 eine steuerliche Regelung für die Behandlung des Aufstockungsbetrags zur Anwendung kommt. Dies führt in Verbindung mit den Regelungen in § 23 Abs. 3 S. 1 Nr. 1 und Nr. 2 zu einer Modifizierung der steuerlichen Rechtsnachfolge bei der übernehmenden Gesellschaft.[61]

28 **a) Steuerfreie Rücklagen.** Steuerfreie Rücklagen (zB § 6 b Abs. 3 EStG) sind anteilsmäßig aufzulösen. Für den nicht aufgelösten Teil tritt die übernehmende Gesellschaft in die steuerliche Rechtsnachfolge des Einbringenden ein. Dies hat u.a. zur Folge,

- dass auch dann eine (partielle) Fortführung der steuerfreien Rücklage erfolgt, wenn die Rücklage die übernehmende Gesellschaft nicht hätte selbst bilden können,
- dass durch die Einbringung kein Grund für die Auflösung der steuerfreien Rücklage besteht,
- dass eine Auflösung der steuerfreien Rücklage bei der übernehmenden Gesellschaft unter Anrechnung der Vorbesitzzeit vorzunehmen ist.[62]

29 **b) Wertaufholung.** Die übernehmende Gesellschaft hat die Wertaufholungsgebote der § 6 Abs. 1 Nr. 1 S. 4 und Nr. 2 S. 3 EStG zu beachten. Eine Wertaufholung kommt nur dann in Betracht, wenn die Erhöhung des Teilwerts bei der übernehmenden Gesellschaft eintritt.[63]

30 **c) Voll abgeschriebene Wirtschaftsgüter.** Beträgt der Aufstockungsbetrag je abnutzbarem beweglichen Wirtschaftsgut nicht mehr als 410 EUR, kommt die Regelung der Sofortabschrei-

54 Vgl Rödder/Herlinghaus/van Lishaut/*Ritzer*, § 23 UmwStG Rn 46.

55 Vgl Rödder/Herlinghaus/van Lishaut/*Ritzer*, § 23 UmwStG Rn 46.

56 Vgl Dötsch/Pung/Möhlenbrock/*Patt*, § 23 UmwStG Rn 39.

57 Nach Auffassung der Finanzverwaltung soll eine Besitzzeitanrechnung allerdings nur dann in Frage kommen, wenn der übernehmende Rechtsträger aufgrund der Umwandlung in einen bestehenden Gewinnabführungsvertrag eintritt (UmwSt-Erlass v. 11.11.2011, BStBl I 2011, 1314, Rn Org.10).

58 Vgl Dötsch/Pung/Möhlenbrock/*Patt*, § 23 UmwStG Rn 50.

59 Vgl UmwSt-Erlass v. 11.11.2011, BStBl I 2011, 1314, Rn 23.01; Schmitt/Hörtnagel/Stratz/*Schmitt*, § 23 Rn 27 UmwStG; Dötsch/Pung/Möhlenbrock/*Patt*, § 23 UmwStG Rn 50; Rödder/Herlinghaus/van Lishaut/*Ritzer*, § 23 UmwStG Rn 183.

60 Vgl UmwSt-Erlass v. 11.11.2011, BStBl I 2011, 1314, Rn 23.01.

61 Vgl Dötsch/Pung/Möhlenbrock/*Patt*, § 23 UmwStG Rn 51.

62 Vgl Dötsch/Pung/Möhlenbrock/*Patt*, § 23 UmwStG Rn 51.

63 Vgl Dötsch/Pung/Möhlenbrock/*Patt*, § 23 UmwStG Rn 52.

bung für geringwertige Wirtschaftsgüter (§ 6 Abs. 2 EStG) nicht in Betracht. Dies deshalb, weil die übernehmende Gesellschaft in die steuerliche Rechtsstellung des Einbringenden tritt, dh die vormalige Anschaffung bzw Herstellung beim Einbringenden der übernehmenden Gesellschaft zuzurechnen ist.[64]

d) **Abschreibung.** Da die übernehmende Gesellschaft in die steuerliche Rechtsnachfolge des Einbringenden eintritt (§ 23 Abs. 3 S. 1 iVm § 12 Abs. 3 Hs 1 UmwStG) ist die Abschreibung ebenso fortzuführen wie im Falle der Buchwerteinbringung.[65] Dies hat zur Folge, dass die vom Einbringenden angewendete **Abschreibungsmethode** und die zugrunde gelegte **Nutzungsdauer** grundsätzlich zu übernehmen ist. Eine Änderung der Abschreibungsmethode ist nur dann zulässig, wenn dies dem Einbringenden auch möglich gewesen wäre.[66] Sonderabschreibungen sind fortzuführen.[67] Erhöhte Abschreibungen und Sonderabschreibungen können in dem gleichen Umfang nachgeholt werden, wie dies auch beim Einbringenden möglich gewesen wäre. Zuschreibungen sind vorzunehmen, wie dies beim Einbringungen aufgrund der gesetzlichen Regelung (§ 7 Abs. 1 S. 7 EStG) hätte erfolgen müssen.[68] Während dem Grunde nach die Fortführung der Abschreibungen durch die übernehmende Gesellschaft zu erfolgen hat, ergeben sich aufgrund der Übernahme des Vermögens zum Zwischenwert einige Anpassungen der Höhe nach (eingeschränkte bzw modifizierte Rechtsnachfolge). So ordnet § 23 Abs. 3 S. 1 Nr. 1 UmwStG für die Absetzungen für **Abnutzung** oder **Substanzverringerung** nach § 7 Abs. 1, 4, 5 und 6 EStG vom Zeitpunkt der Einbringung eine Modifikation der Bemessungsgrundlage an. Dies deshalb, weil sich Anschaffungs- bzw Herstellungskosten als Bemessungsgrundlage für die Abschreibung um den Aufstockungsbetrag erhöht haben.[69] Betroffen von dieser Regelung sind: lineare Abschreibung beweglicher Wirtschaftsgüter, unbewegliche Wirtschaftsgüter, die keine Gebäude sind (§ 7 Abs. 1 S. 1 und 2 EStG), Absetzungen nach der Leistung (§ 7 Abs. 1 S. 6 EStG) oder für außergewöhnliche technische oder wirtschaftliche Abnutzung (§ 7 Abs. 1 S. 7 EStG), lineare Gebäude-AfA gemäß § 7 Abs. 4, 5 a EStG, lineare Gebäude-AfA gemäß §§ 7 a Abs. 9 iVm § 7 Abs. 4, 5 a EStG bei Inanspruchnahme von Sonderabschreibungen nach Ablauf des Begünstigungszeitraums, degressive Gebäude-AfA gemäß § 7 Abs. 5, 5 a EStG und Absetzung für Substanzverringerung § 7 Abs. 6 EStG.[70] Folgendes Beispiel aus dem UmwSt-Erlass vom 11.11.2011 RdNr. 23.15 unter a) verdeutlicht die Vornahme der Abschreibung: 31

Beispiel:

Für eine Maschine mit Anschaffungskosten von 100.000 EUR und einer Nutzungsdauer von 10 Jahren wird AfA nach § 7 Abs. 1 EStG von jährlich 10.000 EUR vorgenommen. Bei Einbringung nach drei Jahren beträgt der Restbuchwert 70.000 EUR, die Restnutzungsdauer sieben Jahre. Die übernehmende Gesellschaft setzt die Maschine mit 90.000 EUR an.

Lösung:

Ab dem Zeitpunkt der Einbringung ist für die Maschine jährlich eine AfA von 10 % von (100.000 EUR + 20.000 EUR =) 120.000 EUR = 12.000 EUR vorzunehmen (7 x 12.000 EUR = 84.000 EUR). Im letzten Jahr der Nutzungsdauer ist zusätzlich zu der linearen AfA iHv 12.000 EUR auch der Restwert iHv 6.000 EUR (=90.000 EUR ./. 84.000 EUR) abzuziehen. In den Fällen, in denen das AfA-Volumen vor dem Ablauf der Nutzungsdauer verbraucht ist, kann in dem verbleibenden Nutzungszeitraum keine AfA mehr abgezogen werden.

64 Vgl Dötsch/Pung/Möhlenbrock/*Patt*, § 23 UmwStG Rn 53.
65 Vgl Dötsch/Pung/Möhlenbrock/*Patt*, § 23 UmwStG Rn 54.
66 Vgl Rödder/Herlinghaus/van Lishaut/*Ritzer*, § 23 UmwStG Rn 197.
67 Vgl Dötsch/Pung/Möhlenbrock/*Patt*, § 23 UmwStG Rn 54.
68 Vgl Rödder/Herlinghaus/van Lishaut/*Ritzer*, § 23 UmwStG Rn 197.
69 Vgl UmwSt-Erlass v. 11.11.2011, BStBl I 2011, 1314, Rn 23.15; Rödder/Herlinghaus/van Lishaut/*Ritzer*, § 23 UmwStG Rn 201.
70 Vgl Dötsch/Pung/Möhlenbrock/*Patt*, § 23 UmwStG Rn 56; Rödder/Herlinghaus/van Lishaut/*Ritzer*, § 23 UmwStG Rn 203.

Aus dem Beispiel ist zu entnehmen, dass nach Auffassung der Finanzverwaltung im letzten Wirtschaftsjahr der ursprünglichen Nutzungsdauer auch der noch verbliebene Restwert abgeschrieben werden kann, so dass sich die Abschreibungsdauer durch den Zwischenwertansatz nicht verlängert.[71] Für die **degressive Abschreibung** nach § 7 Abs. 2 EStG, welche durch das UntStRefG 2008 abgeschafft worden ist,[72] sieht die Regelung des § 23 Abs. 3 S. 1 Nr. 2 UmwStG eine entsprechende Modifikation der AfA-Bemessungsgrundlage vor.[73] An die Stelle des Buchwerts des Wirtschaftsguts tritt der Wert, zu welchem die übernehmende Gesellschaft das Wirtschaftsgut ansetzt, also unter Berücksichtigung des Aufstockungsbetrags. Nach Auffassung der Finanzverwaltung ist im Fall der degressiven Abschreibung – entgegen der Fälle des § 23 Abs. 3 S. 1 Nr. 1 UmwStG – die Restnutzungsdauer im Zeitpunkt der Einbringung neu zu schätzen.[74] Das Beispiel aus dem UmwSt-Erlass vom 11.11.2011 RdNr. 23.15 unter b):

Beispiel:

Für eine Maschine mit einer Nutzungsdauer von 12 Jahren wird AfA nach § 7 Abs. 2 EStG von jährlich 20,83 % vorgenommen. Der Restbuchwert bei Einbringung beträgt 70.000 EUR. Die übernehmende Gesellschaft setzt die Maschine mit 90.000 EUR an und schätzt die Restnutzungsdauer auf acht Jahre

Lösung:

Ab dem Zeitpunkt der Einbringung ist für die Maschine jährlich AfA von 25 % vom jeweiligen Buchwert vorzunehmen.

32 e) **Firmenwert/Geschäftswert.** Im Falle der Einbringung eines Betriebs oder Teilbetriebs (§ 20 Abs. 1 UmwStG) geht ein vom Einbringenden selbstgeschaffener **Firmen- oder Geschäftswert** auf die übernehmende Gesellschaft über.[75] Da es sich bei der Sacheinlage um ein tauschähnliches Geschäft handelt, führt dieser Vorgang aus Sicht der übernehmenden Gesellschaft zu einem entgeltlichen Anschaffungsvorgang, infolge dessen das Aktivierungsverbot des § 5 Abs. 2 EStG nicht einschlägig ist. Mangels Aktivierung des Firmen- oder Geschäftswerts beim Einbringenden kann die übernehmende Gesellschaft seine Rechtsposition nicht fortführen. Daraus folgt, dass bei der übernehmenden Gesellschaft der Firmen- oder Geschäftswerts einer Abschreibungsdauer nach 15 Jahren unterliegt (§ 7 Abs. 1 S. 3 EStG).[76] Wird ein Firmen- oder Geschäftswert eingebracht, der bereits vom Einbringenden erworben wurde und zum Zeitpunkt der Einbringung noch nicht vollständig abgeschrieben worden ist, wird die **Abschreibung** des Einbringenden nach dem Grundsatz der steuerlichen Rechtsnachfolge von der übernehmenden Gesellschaft **fortgesetzt.**[77]

33 f) **Besitzzeitanrechnung.** Eine Anrechnung von Besitzzeiten in Verbleibenszeiten ergibt sich aus der Regelung des § 23 Abs. 1 iVm § 4 Abs. 2 S. 3 UmwStG. Die Zugehörigkeit zum Betriebsvermögen (zB § 6 b Abs. 4 Nr. 2 EStG) wird demnach aus der Besitzdauer beim Einbringenden zuzüglich der Besitzdauer im Betriebsvermögen des Sacheinlagegegenstands beim Einbringenden ermittelt.[78]

71 Kritisch Dötsch/Pung/Möhlenbrock/*Patt*, § 23 UmwStG Rn 57, der sich dafür ausspricht, die Restnutzungsdauer neu zu schätzen und daran den Abschreibungssatz entsprechend zu bestimmen. Nach Rödder/Herlinghaus/van Lishaut/*Ritzer*, § 23 UmwStG Rn 206 wäre es sachgerecht, den aufgestockten Wert über die im Einbringungszeitpunkt verbleibende Restnutzungsdauer zu verteilen, so dass sich in dem Beispielsfall für die Jahre 4 bis 10 ein Abschreibungsbetrag von 12.857 EUR ergeben würde.

72 Die Möglichkeit zur Vornahme der degressiven Abschreibung besteht letztmalig für Wirtschaftsgüter, die vor dem 1.1.2011 angeschafft oder hergestellt worden sind.

73 Vgl Rödder/Herlinghaus/van Lishaut/*Ritzer*, § 23 UmwStG Rn 209.

74 Vgl hierzu die Stellungnahme Rödder/Herlinghaus/van Lishaut/*Ritzer*, § 23 UmwStG Rn 209, nach welchem der Wortlaut des Gesetzes nicht zwingend die Auffassung der Finanzverwaltung bestätigt.

75 Vgl Dötsch/Pung/Möhlenbrock/*Patt*, § 23 UmwStG Rn 63.

76 Vgl Dötsch/Pung/Möhlenbrock/*Patt*, § 23 UmwStG Rn 63.

77 Vgl Dötsch/Pung/Möhlenbrock/*Patt*, § 23 UmwStG Rn 64.

78 Vgl Dötsch/Pung/Möhlenbrock/*Patt*, § 23 UmwStG Rn 65.

C. Aufstockung der Wertansätze bei einer nachträglichen Einbringungsgewinnbesteuerung (§ 23 Abs. 2)

I. Überblick, Sinn und Zweck der Regelung

In der Regelung des § 23 Abs. 2 spiegelt sich der mit dem SEStEG vollzogene Systemwechsel wieder. Während vor Einführung des SEStEG das Konzept der einbringungsgeborenen Anteile nach § 21 UmwStG aF zu einer Verdoppelung der stillen Reserven führte, ist mit dem SESTEG das Konzept der einlagequalifizierten Anteile nach § 22 und der nachträglichen Besteuerung des Einbringungsgewinns eingeführt worden. Kommt es zu einer Besteuerung eines Einbringungsgewinns I (s.§ 22 Rn 1) oder eines Einbringungsgewinns II (s.§ 22 Rn 56 ff), kann die übernehmende Gesellschaft auf Antrag eine entsprechende erfolgsneutrale **Aufstockung** der angesetzten Werte für das eingebrachte Betriebsvermögen in der Steuerbilanz vornehmen.[79] Auf diese Weise wird unter bestimmten Voraussetzungen eine Verdoppelung der stillen Reserven vermieden. 34

Die **Wertaufstockung**, welche nicht in dem Wirtschaftsjahr der Entstehung des Einbringungsgewinns vorzunehmen ist, sondern in dem Wirtschaftsjahr, in der das schädliche Ereignis fällt,[80] erfolgt bei der übernehmenden Gesellschaft durch einen steuerlich erfolgsneutralen Vorgang;[81] sie wird bei jedem einzelnen Wirtschaftsgut separat vorgenommen.[82] Gehört ein Wirtschaftgut im maßgebenden Zeitpunkt der Wertaufstockung nicht mehr dem Betriebsvermögen der übernehmenden Gesellschaft an, weil es bsp. zwischenzeitlich veräußert wurde, so findet im Grundsatz keine Aufstockung für dieses Wirtschaftsgut statt (§ 23 Abs. 2 S. 2 Hs 1). Es gibt jedoch eine Rücknahme, welche in § 23 Abs. 2 S. 2 Hs 2 geregelt ist und den Fall betrifft, dass die in Rede betroffenen Wirtschaftsgüter zum gemeinen Wert übertragen worden sind. Bei **abnutzbaren Wirtschaftsgütern** werden durch die Aufstockung die Abschreibungsbeträge erhöht. Handelt es sich um **nichtabnutzbare Wirtschaftsgüter** hat die Erhöhung der Buchwertansätze zur Folge, dass sich ein späterer Veräußerungsgewinn verringert oder die Bemessungsgrundlage für nichtabzugsfähige Betriebsausgaben reduziert wird.[83] Die Aufstockung der Wertansätze, welche für die übernehmende Gesellschaft in aller Regel zu einer Verminderung der Steuerbelastung führt, ist – wie oben bereits erwähnt – untrennbar verbunden mit einer Besteuerung des Einbringungsgewinns I und/oder II, welche von Einbringenden zu tragen ist. Aufgrund dieser Wechselwirkung, Steuerbelastung des Einbringenden, Steuerentlastung der übernehmenden Gesellschaft sollte im Einbringungsvertrag eine entsprechende **Klausel** aufgenommen werden, in welcher die Einzelheiten einer **Ausgleichsverpflichtung** der übernehmenden Gesellschaft gegenüber dem Einbringenden geregelt werden.[84] 35

Sind an der übernehmenden Gesellschaft nicht nur der Einbringende, sondern noch andere Anteilseigner beteiligt, so partizipieren letztere ebenfalls von dem steuerlichen Vorteil der Wertaufstockungen. Auch hier wird angeraten, durch vertragliche Regelungen sicherzustellen, dass der steuerliche Vorteil demjenigen zustehen soll, der auch die Last der Besteuerung des Einbringungsgewinns zu tragen hat.[85] 36

II. Durchführung der Wertaufstockung in Fällen des Einbringungsgewinns

In den Fällen des § 22 Abs. 1 kann die übernehmende Gesellschaft – auf Antrag – den versteuerten **Einbringungsgewinn** im Wirtschaftsjahr der Veräußerung oder eines gleichgestellten Er- 37

79 Vgl Rödder/Herlinghaus/van Lishaut/*Ritzer*, § 23 UmwStG Rn 3.
80 Vgl Rödder/Herlinghaus/van Lishaut/*Ritzer*, § 23 UmwStG Rn 76;Dötsch/Pung/Möhlenbrock/*Patt*, § 23 UmwStG Rn 110.
81 Vgl Dötsch/Pung/Möhlenbrock/*Patt*, § 23 UmwStG Rn 111.
82 Vgl Schmitt/Hörtnagel/Stratz/*Schmitt*, § 23 UmwStG Rn 47; UmwSt-Erlass v. 11.11.2011, BStBl I 20111, 1314 Rn 23.08.
83 Vgl Dötsch/Pung/Möhlenbrock/*Patt*, § 23 UmwStG Rn 111.
84 Vgl Dötsch/Pung/Möhlenbrock/*Patt*, § 23 UmwStG Rn 111.
85 Vgl Dötsch/Pung/Möhlenbrock/*Patt*, § 23 UmwStG Rn 111.

gebnisses iSd § 22 Abs. 1 S. 6 Nr. 1 bis 6 als **Erhöhungsbetrag** ansetzen. Voraussetzung für die Berücksichtigung des Erhöhungsbetrags ist, dass der Einbringende die auf den Einbringungsgewinn entfallende Steuer entrichtet hat. Dies ist durch die Vorlage einer Bescheinigung des zuständigen Finanzamts (§ 22 Abs. 5) zu beweisen (§ 23 Abs. 2 S. 1 Hs 1).[86] Durch die in § 23 Abs. 2 S. 1 normierte Verweisung „in den Fällen des § 22 Abs. 1“ ist klar geregelt, dass die Anwendung des § 23 Abs. 2 S. 1 unter der Bedingung steht, dass ein Einbringungsgewinn I entstanden sein muss. Handelt es sich hingegen um einen Anteilstausch einschließlich der Fälle iSd § 22 Abs. 1 S. 5 entsteht ein Einbringungsgewinn II. Hier kommt § 23 Abs. 2 S. 3 zur Anwendung, welche als Spezialvorschrift die Grundregel des § 23 Abs. 2 S. 1 spezifiziert.[87]

38 **1. Antragstellung.** Die Werterhöhung kann nur dann erfolgen, wenn die übernehmende Gesellschaft einen entsprechenden **Antrag** gestellt hat. Der Antrag ist von der **übernehmenden Gesellschaft**, nicht hingegen vom Einbringenden zu stellen.[88] Aus dem Inhalt des Antrags muss sich unzweifelhaft ergeben, die Werterhöhung nach § 23 Abs. 2 in Anspruch nehmen zu wollen. Wird kein Antrag gestellt, erfolgt automatisch eine Nichtinanspruchnahme der Werterhöhung (es gibt keinen „negativen“ Antrag).[89] Der Antrag ist bedingungsfeindlich und kann nur in Gänze gestellt werden. Das Antragsrecht ermöglicht nur die Entscheidung, die Werterhöhung vorzunehmen oder darauf zu verzichten. Daraus folgt, dass es weder möglich ist, die Aufstockung auf ausgewählte Wirtschaftsgüter zu beschränken noch, dass eine lediglich partielle Aufstockung um einen Teil des Werterhöhungsbetrags vorgenommen wird.[90] Dass sich nach Auffassung des Finanzamts aus dem Antrag die Höhe und die Zuordnung des Aufstockungsbetrags eindeutig entnehmen lassen müssen,[91] wird zu Recht als eine Anforderung qualifizierte, welche nicht aus dem Gesetz zu entnehmen ist.[92] Der Antrag ist weder fristgebunden noch sieht das Gesetz eine bestimmte Antragform vor.[93] Der Adressat ist das für die übernehmende Gesellschaft zuständige Finanzamt. Der Antrag ist **kein Grundlagenbescheid** iSd § 175 Abs. 1 S. 1 Nr. 1 AO; er stellt auch **kein rückwirkendes Ereignis** iSd § 175 Abs. 1 S. 1 Nr. 2 AO dar.[94] Fällt das Ereignis für einen nachträglichen Einbringungsgewinn in ein Wirtschaftjahr, im welchem bereits eine bestandskräftige Festsetzung der KSt erfolgt ist, kann ein Antrag insoweit nicht mehr berücksichtigt werden. In einem solchen Fall ist ein Aufstockungsbetrag in der ersten verfahrensrechtlich noch änderbaren Steuerbilanz anzusetzen.[95] Nachteilig wird sich dann allerdings der Verlust an Abschreibungsvolumen aus. Dieser Nachteil ist umso größer, je länger der Zeitraum zwischen dem Eintritt des nachträglichen Einbringungsgewinns und der erstmaligen Berücksichtigungsmöglichkeit des Aufstockungsbetrags ist.[96]

39 **2. Veräußerung der Anteile oder eines gleichgestellten Ereignisses.** Aus dem Klammerzusatz in § 23 Abs. 2 S. 1 Hs 1 lässt sich entnehmen, dass der Aufstockungsbetrag in dem **Wirtschaftsjahr** anzusetzen ist, in welchem die Veräußerung der Anteile oder eines nach § 22 Abs. 1 S. 6 Nr. 1 bis 6 gleichgestellten Ereignisses stattgefunden hat. Daraus ergibt sich, dass der Wertansatz nicht rückwirkend auf den Einbringungsstichtag zu korrigieren ist.[97] Der fehlende Rückbezug ist auch aus systematischer Sicht vertretbar, weil der Einbringungsgewinn der Siebtelregelung unterfällt und somit entsprechend abschmilzt.[98]

86 Vgl Rödder/Herlinghaus/van Lishaut/*Ritzer*, § 23 UmwStG Rn 63.
87 Vgl Rödder/Herlinghaus/van Lishaut/*Ritzer*, § 23 UmwStG Rn 65.
88 Vgl Dötsch/Pung/Möhlenbrock/*Patt*, § 23 UmwStG Rn 112.
89 Vgl Dötsch/Pung/Möhlenbrock/*Patt*, § 23 UmwStG Rn 112.
90 Vgl Rödder/Herlinghaus/van Lishaut/*Ritzer*, § 23 UmwStG Rn 68.
91 Vgl UmwSt-Erlass v. 11.11.2011, BStBl I 20111, 1314 RdNr. 23.07.
92 Vgl *Engers/Kröner/Kaeser* in: FGS/BDI, UmwSt-Erlass 2011, 484.
93 Nach Auffassung von Rödder/Herlinghaus/van Lishaut/*Ritzer*, § 23 UmwStG Rn 72 ist auch eine konkludente Antragstellung in der Weise möglich, dass entsprechend geänderte Bilanzen an das Finanzamt eingereicht werden.
94 Vgl Dötsch/Pung/Möhlenbrock/*Patt*, § 23 UmwStG Rn 112.
95 Vgl Rödder/Herlinghaus/van Lishaut/*Ritzer*, § 23 UmwStG Rn 72.
96 Vgl Dötsch/Pung/Möhlenbrock/*Patt*, § 23 UmwStG Rn 112.
97 Vgl Rödder/Herlinghaus/van Lishaut/*Ritzer*, § 23 UmwStG Rn 76.
98 Vgl Rödder/Herlinghaus/van Lishaut/*Ritzer*, § 23 UmwStG Rn 76.

3. Beschränkung auf entrichtete Steuern. Die übernehmende Gesellschaft kann den Aufstockungsbetrag nur dann ansetzen, wenn und soweit der Einbringende die auf den Einbringungsgewinn entfallende Steuer[99] entrichtet hat (§ 23 Abs. 2 S. 1 Hs 1). Aus der „Soweit"-Formulierung geht hervor, dass im Falle einer teilweisen **Entrichtung der maßgeblichen Steuer** auch lediglich eine teilweise Berücksichtigung des Aufstockungsbetrags erfolgen kann.[100] Der Sinn und Zweck dieser Formulierung liegt in einer ungerechtfertigten Vorteilnahme begründet. Wäre eine vollständige Aufstockung und dadurch eine erhöhte Abschreibung möglich, würde die übernehmende Gesellschaft in den Genuss eines Steuervorteils kommen, während der Einbringende die Steuer auf die damit korrespondierende Einbringung noch nicht beglichen hat.[101] Entrichtet ist eine Steuer dann, wenn die Steuerschuld erloschen ist. Im Regelfall geschieht dies zu Zahlung nach §§ 224, 224 a AO. Entrichtet iSd § 23 Abs. 2 S. 1 ist aber auch dann die Steuer, wenn eine **wirksame und vollständige Aufrechnung** erfolgt oder die **Steuer erlassen** wird (§§ 163, 227 AO).[102] Strittig ist, ob auch dann von einem „Entrichten" gesprochen werden kann, wenn die Zahlungsverjährung einer Steuer eingetreten ist.[103] Nicht entrichtet ist die Steuer, wenn sie gestundet wird. Das Gleiche gilt für den Fall der Aussetzung der Vollziehung. Als schwierig erweist sich eine Antwort auf die Frage, ob und inwieweit von der Entrichtung der Steuern auszugehen ist, wenn neben dem Einbringungsgewinn noch andere positive Einkünfte im relevanten Veranlagungszeitraum erzielt werden und die daraus resultierende Steuerschuld nicht in vollem Umfang beglichen wird. Hierzu stehen sich in der Literatur im Wesentlichen zwei Meinungen gegenüber. Die Vertreter der sog. proportionalen Sichtweise[104] und die Vertreter der sog. Grenzbetrachtung.[105] Nach der sog. proportionalen Sichtweise soll die maßgebliche Steuer auf den Einbringungsgewinn dem Anteil an der gesamten Steuer entsprechen, der dem Anteil des Einbringungsgewinns am zu versteuernden Einkommen entspricht. Wird nicht die gesamte Steuer, sondern nur ein Teil entrichtet, so stellt sich die Frage der Reihenfolge. Hier dürfte ebenfalls sachgerecht sein, eine anteilige Sichtweise einzunehmen. Nach der sog. Grenzwertbetrachtung kann der Einbringende bestimmen, dass der entrichtete Betrag nur zur Tilgung der auf den Einbringungsgewinn entfallenden Steuern dient. Eine solche Zahlungsweise soll nicht rechtsmissbräuchlich sein.[106] Ergibt sich im Wirtschaftsjahr der Einbringung für den Einbringenden nach Einbeziehung des Einbringungsgewinns ein Verlust, so gilt die Steuer mit Bekanntgabe des **Verlustfeststellungsbescheids** als entrichtet.[107] Die Steuer gilt ebenfalls mit Bekanntgabe eines (geänderten) Verlustfeststellungsbescheids als entrichtet, wenn sich aufgrund eines Verlustvortrags oder Verlustrücktrags trotz positiven Einkommens in den für die Einbringung maßgebenden Veranlagungszeitraums keine Steuer ergibt. Ist der Einbringende eine Organgesellschaft kommt es für die Frage der Entrichtung der Steuer des Organträgers an.[108] 40

4. Vorlage einer Bescheinigung gemäß § 22 Abs. 5. Die Entrichtung der Steuer muss gemäß § 23 Abs. 2 S. 1 durch Vorlage einer **Bescheinigung** des zuständigen Finanzamts iSv § 22 Abs. 5 nachgewiesen werden. Sie ist somit tatbestandliche Voraussetzung für den Ansatz der Aufstockungsbeträge und kann nicht durch anderweitige Nachweise, dass die Steuer entrichtet wur- 41

99 Nach zutreffender hM vgl hierzu Rödder/Herlinghaus/van Lishaut/*Ritzer*, § 23 UmwStG Rn 97,Dötsch/Pung/Möhlenbrock/*Patt*, § 23 UmwStG Rn 116, Schmitt/Hörtnagel/Stratz/*Schmitt*, § 23 UmwStG Rn 39 bezieht sich der in § 23 Abs. 2 S. 1 Hs 1 verwendete Begriff der „Steuer" lediglich auf die Einkommensteuer oder Körperschaftsteuer des Einbringenden. Gewerbesteuer, Zuschlagsteuern, Ergänzungsabgaben sowie Zinsen bleiben hingegen unberücksichtigt.

100 Vgl Rödder/Herlinghaus/van Lishaut/*Ritzer*, § 23 UmwStG Rn 97.

101 Vgl Rödder/Herlinghaus/van Lishaut/*Ritzer*, § 23 UmwStG Rn 97.

102 Vgl Rödder/Herlinghaus/van Lishaut/*Ritzer*, § 23 UmwStG Rn 98.

103 Vgl hierzu die Diskussion bei Rödder/Herlinghaus/van Lishaut/*Ritzer*, § 23 UmwStG Rn 98.

104 Vgl Rödder/Herlinghaus/van Lishaut/*Ritzer*, § 23 UmwStG Rn 100. So wohl die Finanzverwaltung, UmwSt-Erlass v. 11.11.2011, BStBl I 2011, 1314, Rn 23.12.

105 Vgl Dötsch/Pung/Möhlenbrock/*Patt*, § 23 UmwStG Rn 120.

106 Vgl Dötsch/Pung/Möhlenbrock/*Patt*, § 23 UmwStG Rn 120 mit Hinweis auf § 225 Abs. 1 AO.

107 Vgl UmwSt-Erlass v. 11.11.2011, BStBl I 2011, 1314, Rn 23.12.

108 Vgl UmwSt-Erlass v. 11.11.2011, BStBl I 2011, 1314, Rn 23.13.

de, ersetzt werden.[109] Der Antrag auf Ausstellung einer entsprechenden Bescheinigung ist von der übernehmenden Gesellschaft zu stellen.[110] Kommt es zu einer **nachträglichen Erhöhung** des Einbringungsgewinns und entrichtet der Einbringende die darauf entfallende Steuer, muss der Antrag erneut gestellt werden. Das Gleiche gilt, wenn der Einbringende die Steuer auf den Einbringungsgewinn bislang nur teilweise entrichtet hat und nunmehr der Restbetrag tilgt.[111]

III. Art und Auswirkungen der Wertaufstockung

42 Bei Betriebseinbringungen wird der Erhöhungsbetrag in der regulären Steuerbilanz des Wirtschaftsjahres erfasst, in welches das auslösende Ereignis für den Einbringungsgewinn fällt. Dabei werden diejenigen **Buchwerte der Wirtschafsgüter** – anteilsmäßig – **aufgestockt**, welche Gegenstand der Betriebseinbringung waren und im Wirtschaftsjahr der Aufstockung noch vorhanden waren. Der maximale Betrag der Werterhöhung entspricht dem Einbringungsgewinn I.[112] Die Aktivierung erfolgt nicht gewinnwirksam, sondern **erfolgsneutral**. Der Zugang an Aktivvermögen ist grundsätzlich dem steuerlichen Kapitalkonto gutzuschreiben.[113] Handelt es sich um eine **Anteilseinbringung** bzw um einen **Anteilstausch** führt der Erhöhungsbetrag aus dem nachträglichen Einbringungsgewinn II zu einer Erhöhung der Anschaffungskosten der eingebrachten Anteile (§ 23 Abs. 2 S. 3), soweit der Einbringende die auf den Einbringungsgewinn entfallende Steuer entrichtet hat.[114] Wie bei der Betriebseinbringung ist die Aktivierung der nachträglichen Anschaffungskosten erfolgsneutral; der Zugang ist auf dem Beteiligungskonto und dem steuerlichen Einlagekonto zuzuschreiben. Sofern die Versteuerung des Einbringungsgewinns II iSd § 22 Abs. 2 nur anteilsmäßig erfolgt – weil zB ein Teil der eingebrachten Anteile veräußert worden ist, sind die sich nachträglich ergebenden Anschaffungskosten (§ 23 Abs. 2 S. 3) nicht der eingebrachte Gesamtbeteiligung, sondern nur den tatsächlichen veräußerten Anteilen zuzuordnen.[115]

43 **1. Bilanzsteuerliche Behandlung des Erhöhungsbetrags.** Nach § 23 Abs. 2 S. 1 Hs 2 bleibt der Ansatz des **Erhöhungsbetrags** ohne Auswirkung auf den Gewinn. Nach Auffassung der Finanzverwaltung erfolgt zwar eine Erhöhung des Steuerbilanzgewinns, jedoch wird dieser Gewinn durch die Kürzung außerhalb der Bilanz neutralisiert.[116] Der Wert der Buchwertaufstockung gemäß § 23 Abs. 2 S. 1 führt nur insoweit zu einem Zugang zum steuerlichen Einlagekonto, als er den Korrekturbetrag zum Nennkapital der übernehmenden Kapitalgesellschaft übersteigt. Vgl hierzu auch das Zahlenbeispiel im UmwSt-Erlass 2011, Rn 23.07. Sollten dem Ansatz der steuerlichen Erhöhungsbeträge iSd § 23 Abs. 2 S. 1 keine entsprechenden handelsrechtlichen Wertaufstockungen gegenüberstehen, müssen zur Angleichung von Steuer- und Handelsbilanz entsprechende Minderungen bestehender (aktiver) bzw Erhöhungen (passiver) Ausgleichsposten vorgenommen werden.[117]

44 Die Werterhöhung hat **wirtschaftsgutbezogen** zu erfolgen (§ 23 Abs. 2 S. 1) und ist einheitlich nach dem Verhältnis der stillen Reserven und stillen Lasten im Einbringungszeitpunkt bei den einzelnen Wirtschaftsgütern vorzunehmen.[118] Dabei bezieht sich die Werterhöhung nur auf die durch die Sacheinlage erworbenen Wirtschaftsgüter, welche gemäß § 20 Abs. 2 S. 2 unterhalb des gemeinen Werts bewertet worden sind. Begünstigt von der Aufstockung sind nach § 23 Abs. 2 S. 2 diejenigen Wirtschaftsgüter, die im Wirtschaftsjahr der Veräußerung bzw eines gleichgestellten Ereignisses noch im Betriebsvermögen des übernehmenden Rechtsträgers vor-

109 Vgl Dötsch/Pung/Möhlenbrock/*Patt*, § 23 UmwStG Rn 122.
110 Vgl Rödder/Herlinghaus/van Lishaut/*Ritzer*, § 23 UmwStG Rn 106.
111 Vgl Dötsch/Pung/Möhlenbrock/*Patt*, § 23 UmwStG Rn 123.
112 Vgl Dötsch/Pung/Möhlenbrock/*Patt*, § 23 UmwStG Rn 125.
113 Vgl Dötsch/Pung/Möhlenbrock/*Patt*, § 23 UmwStG Rn 125.
114 Vgl Rödder/Herlinghaus/van Lishaut/*Ritzer*, § 23 UmwStG Rn 146.
115 Vgl Dötsch/Pung/Möhlenbrock/*Patt*, § 23 UmwStG Rn 127.
116 Vgl UmwSt-Erlass v. 11.11.2011, BStBl I 2011, 1314, Rn 23.07.
117 Vgl auch ausführlich *Ley*, FR 2007, 107, 116.
118 Vgl UmwSt-Erlass v. 11.11.2011, BStBl I 2011, 1314, Rn 23.08.

handen (§ 23 Abs. 2 S. 2 Hs 1) sind oder die zwar nicht mehr vorhanden sind, aber zum gemeinen Wert übertragen wurden oder untergegangen sind (§ 23 Abs. 2 S. 2 Hs 2 UmwStG).[119] In letzterem Fall ist der anteilige Aufstockungsbetrag als Betriebsausgabe sofort abzugsfähig.[120] Sind Wirtschaftsgüter in anderer Weise aus dem Betriebsvermögen ausgeschieden, so geht der anteilige Aufstockungsbetrag unter.[121] Nach der erfolgten Aufstockung gemäß § 23 Abs. 2 kommen wieder die allgemeinen steuerlichen Bewertungsgrundsätze (§ 6 EStG) zur Anwendung. Dies kann zur Folge haben, dass nach der Aufstockung am Bilanzstichtag eine **Teilwertabschreibung** vorgenommen werden kann, wenn bei einem Wirtschaftsgut sein Wert seit der Einbringung gesunken ist.[122] Aus § 23 Abs. 2 S. 1 geht hervor, dass die Wertaufstockung in den Fällen des § 22 Abs. 1 ausschließlich der **übernehmenden Gesellschaft** zusteht. Ist Gegenstand der Einbringung iSd § 20 Abs. 1 ein Mitunternehmeranteil einer weiterhin bestehenden Personengesellschaft sind die eingebrachten Wirtschaftsgüter steuerlich in der Steuerbilanz der Personengesellschaft, deren Anteil eingebracht werden, anzusetzen. Die Ausstockung erfolgt dann in einer positiven Ergänzungsbilanz der Personengesellschaft.[123]

Strittig ist, ob nach den Grundsätzen der steuerlichen Rechtsnachfolge (s. Rn 12, 27, 52, 58) in Fällen der **Weitereinbringung** (§§ 20, 24) die Berechtigung für die Wertaufstockung auf den neuen Erwerber übergeht oder ob der auf die eingebrachten Wirtschaftsgüter anteilig entfallende Erhöhungsbetrag untergeht. Nach Auffassung der Finanzverwaltung[124] scheidet im Falle der Weitereinbringung der Wirtschaftsgüter zum Buch- oder Zwischenwert eine Buchwertaufstockung aus, während die andere Auffassungsrichtung[125] sich unter Berufung auf die Wirkungen der steuerlichen Rechtnachfolgerstellung für einen Übergang der Werterhöhung ausspricht. Nach der hier vertretenen Auffassung würde man die Reichweite der steuerlichen Rechtsnachfolge überschätzen, wenn man in ihr die Rechtfertigung für eine Wertaufstockung erkennen würde. Mit *Patt*[126] ist vielmehr davon auszugehen, dass die Berechtigung zur Wertaufstockung matriell-rechtlich nicht den übergehenden Wirtschaftsgütern anhaftet, sondern als höchst persönliche Rechtsposition des Übernehmers zu qualifizieren ist, so dass eine Wertaufstockung beim Rechtsnachfolger nicht zulässig ist. 45

Es stellt sich die Frage, zu welchem **Zeitpunkt** die Werterhöhung durchzuführen ist. § 23 Abs. 2 S. 1 spricht davon, dass dies „im Wirtschaftsjahr der Veräußerung oder eines gleichgestellten Ereignisses (§ 22 Abs. 1 Satz 1 und Satz 6 Nr. 1 bis 6)" der Fall ist. Nach der wohl hM ist die Werterhöhung zu Beginn des Wirtschaftsjahrs des Übernehmers vorzunehmen, in welches das rückwirkende Ereignis fällt, zu welchem die Besteuerung des Einbringungsgewinns vorzunehmen ist.[127] Ist die Festsetzung mit **Körperschaftsteuer des Übernehmers** bereits ergangen, kann der Erhöhungsbetrag nur dann berücksichtigt werden, wenn eine Änderungsmög- 46

119 Vgl UmwSt-Erlass v. 11.11.2011, BStBl I 2011, 1314, Rn 23.09; Dötsch/Pung/Möhlenbrock/*Patt*, § 23 UmwStG Rn 131.

120 Vgl UmwSt-Erlass v. 11.11.2011, BStBl I 2011, 1314, Rn 23.07; vgl auch ausführlich Dötsch/Pung/Möhlenbrock/*Patt*, § 23 UmwStG Rn 133, 134 zu den Fällen, welche einer Übertragung zum gemeinen Wert gleichgesetzt sind wie zB Veräußerung des Wirtschaftsguts zum Verkehrswert, verdeckte Einlage in eine Körperschaft oder Personengesellschaft, wenn der anzusetzende steuerliche Teilwert mindestens dem gemeinen Wert entspricht.

121 Vgl UmwSt-Erlass v. 11.11.2011, BStBl I 2011, 1314, Rn 23.09, Dötsch/Pung/Möhlenbrock/*Patt*, § 23 UmwStG Rn 135 mit zahlreichen Beispielsfällen wie zB Übertragung von Wirtschaftsgütern zum Buchwert in ein Betriebsvermögen einer Personengesellschaft gemäß § 6 Abs. 5 S. 3 EStG, Sacheinlage um Buch- oder Zwischenwert in eine Kapitalgesellschaft oder Personengesellschaft gemäß § 20 Abs. 1 UmwStG bzw § 24 Abs. 1 UmwStG.

122 Dötsch/Pung/Möhlenbrock/*Patt*, § 23 UmwStG Rn 136.

123 Vgl zB Rödder/Herlinghaus/van Lishaut/*Ritzer*, § 23 UmwStG Rn 143.

124 Vgl UmwSt-Erlass v. 11.11.2011, BStBl I 2011, 1314, Rn 23.09. So auch Dötsch/Pung/Möhlenbrock/*Patt*, § 23 UmwStG Rn 139.

125 Vgl zB Rödder/Herlinghaus/van Lishaut/*Ritzer*, § 23 UmwStG Rn 122 a; *Förster/Wendland*, BB 2007, 631, 636.

126 In: Dötsch/Pung/Möhlenbrock, § 23 UmwStG Rn 139.

127 Vgl UmwSt-Erlass v. 11.11.2011, Rn 23.16;Dötsch/Pung/Möhlenbrock/*Patt*, § 23 UmwStG Rn 140, Rödder/Herlinghaus/van Lishaut/*Ritzer*, § 23 UmwStG Rn 124, welche alternative Zeitpunkte der Werterhöhung diskutieren, wie zB den Zeitpunkt des die Besteuerung des Einbringungsgewinn auslösendes Ereignis oder den Zeitpunkt der Ausübung des Wahlrechts nach § 23 Abs. 2 S. 1 UmwStG durch die aufnehmende Gesellschaft.

lichkeit auf Grundlage einer Reglung in der AO besteht. Da nach Auffassung der Finanzverwaltung die Bescheinigung nach § 22 Abs. 5 UmwStG einen Grundlagenbescheid iSd § 175 Abs. 1 S. 1 Nr. 1 AO darstellt,[128] ist die Veranlagung des Übernehmers entsprechend zu ändern.[129]

47 **2. Besonderheiten nach Anteilstausch.** Die Vorschrift des § 23 Abs. 2 S. 3 enthält eine spezielle Regelung für den **Anteilstausch** und für die Fälle, in welchen eine Einbringung von Anteilen an Kapitalgesellschaften im Rahmen einer **Sacheinlage** erfolgt. Mit ihr soll die in § 23 Abs. 2 S. 1 und 2 für die Einbringung von Betrieben und Teilbetrieben geltenden Regelung auch für den Anteilstausch umgesetzt werden.[130] Kommt es in den Fällen einer Einbringung nach § 20 Abs. 1 oder § 21 Abs. 1 zu einer rückwirkenden Besteuerung des Einbringungsgewinns II (§ 22 Abs. 2), erhöhen sich auf Antrag der übernehmenden Gesellschaft die Anschaffungskosten der eingebrachten Anteile in Höhe des versteuerten Einbringungsgewinns, sofern der Einbringende die auf den Einbringungsgewinn entfallende Steuer entrichtet hat.[131] Aus der Erhöhung der Anschaffungskosten verringert sich bei der übernehmenden Gesellschaft der Gewinn aus der Veräußerung der eingebrachten Anteile entsprechend. Dabei handelt es sich um die bereits veräußerten Anteile, deren Veräußerung das schädliche Ereignis ausgelöst hatte. Dieser Gewinn wird in aller Regel der Steuerfreiheit des § 8 b Abs. 2 KStG unterliegen, so dass sich die Aufstockung nur in Höhe von 5 vH in der steuerlichen Bemessungsgrundlage auswirkt.[132]

48 Werden die eingebrachten Anteile nicht sämtlich, sondern nur **teilweise** veräußert, wird der Einbringungsgewinn II ebenfalls nur partiell ausgelöst, Mithin stellt sich die Frage, welchen Anteilen der **Erhöhungsbetrag zuzuschreiben** ist. Mit *Ritzer*[133] wird es als sachgerecht erachtet, diesen nicht allen Anteilen zuzuordnen, sondern ausschließlich jenen, welche veräußert wurden. Gemäß § 23 Abs. 2 S. 3 Hs 2 gilt § 23 Abs. 2 S. 1 entsprechend. Dies hat zur Folge, dass die Berücksichtigung des Erhöhungsbetrags nur dann erfolgen kann, wenn ein entsprechender Antrag gestellt worden ist. Da die Aufstockung auch im Fall des Anteilstausches auf den Beginn des Wirtschaftsjahrs vorzunehmen ist, in welches das die Besteuerung des Einbringungsgewinns II auslösende Ereignis fällt, ist offensichtlich, dass die Erhöhung der Anschaffungskosten zeitlich vor der Veräußerung erfolgt. Dadurch ist es ausgeschlossen, dass sich die nachträglich erhöhten Anschaffungskosten voll aufwandswirksam auswirken können.[134]

49 Über den Verweis in § 23 Abs. 2 S. 3 Hs 1 gilt auch für die Fälle des Anteilstausches, dass der Ansatz des Erhöhungsbetrags ohne Auswirkung auf den Gewinn bleibt. Die **erfolgsneutrale Aufstockung** hat gleichzeitig zur Folge, dass das steuerliche Einlagekonto gemäß § 27 KStG entsprechend zu erhöhen ist.[135] Die Regelung des § 23 Abs. 2 S. 3 Hs 2 ordnet auch die entsprechende Geltung von § 22 Abs. 1 S. 7 an. Die Erhöhung der Anschaffungskosten der eingebrachten Anteile gilt demnach auch in den Fällen der **Weitereinbringung** der eingebrachten Anteile zum Buchwert (**Ketteneinbringung**) auch im Hinblick auf die auf der Weitereinbringung beruhenden Anteile.[136] Vgl auch hierzu das Beispiel einer Ketteneinbringung im UmwSt-Erlass vom 11.11.2011 RdNr. 23.11.

128 Vgl UmwSt-Erlass v. 11.11.2011, BStBl I 2011, 1314, Rn 23.10.

129 AA insoweit Dötsch/Pung/Möhlenbrock/*Patt*, § 23 UmwStG Rn 141, 142, wonach die Bescheinigung gemäß § 22 Abs. 5 UmwStG kein Grundlagenbescheid ist. Nach deren Auffassung kann die Erteilung der Bescheinigung iSd § 22 Abs. 5 UmwStG nur dann zu einer Änderung der KSt-Festsetzung des Übernehmers führen, wenn es sich um eine neue Tatsache gemäß § 173 Abs. 1 Nr. 2 AO handelt und den Steuerpflichtigen keine grobes Verschulden trifft, dass die neue Tatsache erst nachträglich bekannt geworden ist.

130 Vgl Rödder/Herlinghaus/van Lishaut/*Ritzer*, § 23 UmwStG Rn 147.

131 Vgl UmwSt-Erlass v. 11.11.2011, BStBl I 2011, 1314, Rn 23.11.

132 Vgl auch Rödder/Herlinghaus/van Lishaut/*Ritzer*, § 23 UmwStG Rn 153.

133 In: Rödder/Herlinghaus/van Lishaut, UmwStG, § 23 Rn 156. Dötsch/Pung/Möhlenbrock/*Patt*, § 23 UmwStG Rn 127.

134 Vgl Rödder/Herlinghaus/van Lishaut/*Ritzer*, § 23 UmwStG Rn 163.

135 Vgl Dötsch/Pung/Möhlenbrock/*Patt*, § 23 UmwStG Rn 126.

136 UmwSt-Erlass v. 11.11.2011, BStBl I 2011, 1314, Rn 23.11; Dötsch/Pung/Möhlenbrock/*Patt*, § 23 UmwStG Rn 126.

D. Vermögensübernahme zum gemeinen Wert (§ 23 Abs. 4)

I. Grundlagen

Die Regelung des § 23 Abs. 4 kommt zur Anwendung, wenn die übernehmende Gesellschaft das eingebrachte Betriebsvermögen mit dem gemeinen Wert ansetzt. Der **gemeine Wert** des Betriebsvermögens bestimmt sich dabei aus dem Saldo der gemeinen Werte der aktiven und passiven Wirtschaftsgüter.[137] Beim Ansatz des gemeinen Werts sind sämtliche **stille Reserven aufzulösen**; eine nur selektive Auflösung bei einzelnen Wirtschaftsgütern ist nicht zulässig.[138] Insb. sind auch steuerfreie Rücklagen aufzulösen und selbst geschaffene immaterielle Wirtschaftsgüter, einschließlich eines Firmen- oder Geschäftswerts anzusetzen. Der Wertansatz zum gemeinen Wert hat auch zur Folge, dass auch **stille Lasten aufzulösen** sind.[139] Für die Bewertung von Pensionsrückstellung gelten jedoch die Bewertungsregelungen des § 6 a EStG (§ 20 Abs. 2 S. 1 Hs 2).[140] Ein Ansatz zum gemeinen Wert liegt im Falle des § 20 Abs. 2 S. 1 vor. Die Regelung des § 23 Abs. 4 ist hingegen nicht anzuwenden, wenn bei der Sacheinlage zunächst auf Antrag der Buchwert oder der Zwischenwert angesetzt wird und später wegen der Aufstockung der Werte bei der übernehmenden Gesellschaft auf Antrag gemäß § 23 Abs. 2 die Buchwertansätze bis zum gemeinen Wert erhöht werden.[141] Nach Auffassung der Finanzverwaltung ist § 23 Abs. 4 auch einschlägig, wenn der gemeine Wert niedriger als der Buchwert ist;[142] in einem solchen Fall soll die sog. **Obergrenzenregelung** des § 20 Abs. 2 S. 1 und 2 zur Anwendung kommen.[143] Fraglich ist, ob § 23 Abs. 4 einschlägig ist, wenn der gemeine Wert und der Buchwert der Sacheinlage identisch sind. Mit *Patt*[144] ist davon auszugehen, dass in einem solchen Fall nicht § 23 Abs. 1 sondern Abs. 4 der Vorschrift greift. Eigene **Anschaffungsnebenkosten**, wie zB Grunderwerbsteuer, welche bei der Einbringung von Grundbesitz anfallen kann, sind grundsätzlich zum Ansatz des gemeinen Werts des Betriebsvermögens zusätzlich zu aktivieren.[145] Wird bei einer **Einbringung** (§§ 20, 21, 25) der gemeine Wert angesetzt, wird in § 23 Abs. 4 – im Unterschied zur Einbringung zum Buch – oder Zwischenwert – im Hinblick auf die Rechtsfolgen danach differenziert, ob die Sacheinlage im Wege der Einzelrechtsnachfolge (§ 23 Abs. 4 Hs 1) oder im Wege der Gesamtrechtsnachfolge (§ 23 Abs. 4 Hs 2) erfolgt.[146] 50

Wird eine Einbringung sowohl im Wege der **Gesamtrechtsnachfolge** als auch im Wege der **Einzelrechtsnachfolge** durchgeführt (zB bei Verschmelzung einer KG auf eine GmbH mit gleichzeitigem Übergang des Sonderbetriebsvermögens im Wege der Einzelrechtsnachfolge), so soll 51

137 Vgl UmwSt-Erlass v. 11.11.2011, BStBl I 2011, 1314, Rn 23.17. Streng genommen fehlen bei dieser Begriffsumschreibung des gemeinen Werts des Betriebsvermögens die aktiven und passiven Rechnungsabgrenzungsposten.

138 Statt vieler Rödder/Herlinghaus/van Lishaut/*Ritzer*, § 23 UmwStG Rn 232.

139 Vgl hierzu auch das BMF-Schreiben v. 24.6.2011, BStBl I 2011, 627, 627 ff. zu Ansatz- und Bewertungsvorbehalten bei der Übernahme schuldrechtlicher Verpflichtungen. Vgl nunmehr die gesetzliche Regelung des § 5 Abs. 7 EStG.

140 Auch wenn die Bewertung von Pensionsrückstellungen mit dem Teilwert (§ 6 a EStG) erfolgt, mindert ein tatsächlich höherer gemeine Wert der Versorgungsverpflichtung steuerlich nicht den gemeinen Wert des eingebrachten Betriebsvermögens; (vgl auch UmwSt-Erlass v. 11.11.2011, BStBl I 2011, 1314, Rn 03.08).

141 Vgl Dötsch/Pung/Möhlenbrock/*Patt*, § 23 UmwStG Rn 68.

142 Vgl UmwSt-Erlass v. 11.11.2011, BStBl I 2011, 1314, Rn 23.17 mit Verweis auf Rn 03.07 f.

143 Vgl Dötsch/Pung/Möhlenbrock/*Patt*, § 23 UmwStG Rn 68.

144 In: Dötsch/Pung/Möhlenbrock, § 23 UmwStG Rn 68, der zutreffend darauf hinweist, dass die Anwendung des § 23 Abs. 1 UmwStG voraussetzt, dass ein „unter dem gemeinen Wert liegender Wert" vorliegen muss, was bei Identität zwischen Buchwert und gemeinem Wert gerade nicht der Fall ist.

145 Vgl Rödder/Herlinghaus/van Lishaut/*Ritzer*, § 23 UmwStG Rn 238; Dötsch/Pung/Möhlenbrock/Patt, § 23 UmwStG Rn 68; Schmitt/Hörtnagel/Stratz/*Schmitt*, § 23 Rn 95.

146 Vgl UmwSt-Erlass v. 11.11.2011, BStBl I 2011, 1314, Rn 23.19. Dötsch/Pung/Möhlenbrock/*Patt*, § 23 UmwStG Rn 70 weist zutreffend darauf hin, dass zum einen die Begriffe „Einzelrechtsnachfolge" und „Gesamtrechtsnachfolge" nicht völlig geklärt sind und zum anderen, dass dann eine Lücke entsteht, wenn die Einbringung durch einen Vorgang erfolgt, der weder unter die Gesamtrechtsnachfolge noch unter die Einzelrechtsnachfolge gefasst werden kann.

nach Auffassung der Finanzverwaltung[147] und der hM im Schrifttum[148] der Vorgang für Zwecke des § 23 Abs. 4 einheitlich als Gesamtrechtsnachfolge zu beurteilen sein.

II. Einbringung durch Einzelrechtsnachfolge (§ 23 Abs. 4 Hs 1 UmwStG)

52 **1. Fallgruppen.** Eine Einbringung durch **Einzelrechtsnachfolge** liegt vor, wenn im Rahmen einer Sachgründung oder einer Sachkapitalerhöhung die Wirtschaftsgüter einzeln nach den jeweils abhängig von der Beschaffenheit der Sachen, Rechte und Verbindlichkeiten geltenden gesetzlichen Vorschriften auf die übernehmende Gesellschaft übertragen werden (s. § 20 Rn 40 ff).[149] Einzelrechtsnachfolge ist auch gegeben, wenn die Wirtschaftsgüter als Agio bei einer Begründung oder Kapitalerhöhung übertragen werden;[150] das Gleiche gilt, wenn durch eine Abtretung eines Anteils an einer weiterhin bestehenden Personengesellschaft die Sacheinlage erbracht wird.[151] Nicht zweifelsfrei ist, ob auch die **Anwachsung** einen Fall der Einzelrechtsnachfolge iSd § 23 Abs. 4 Hs 1 darstellt.[152] Mit der – wohl – hM ist die Anwachsung ein Vorgang, der unter die Vorschrift des § 1 Abs. 3 Nr. 4 fällt. Da sich die Formulierungen in § 1 Abs. 3 Nr. 4 „durch Einzelrechtsnachfolge" und in § 23 Abs. 4 Hs 1 „im Wege der Einzelrechtsnachfolge" in ihrem Aussagegehalt nicht unterschiedlich ausgelegt werden können, ist es nach der hier vertretenen Auffassung gerechtfertigt, die Anwachsung als Vorgang der Einzelrechtsnachfolge zu qualifizieren.

53 **2. Rechtsfolgen.** Liegt eine Einbringung durch Einzelrechtsnachfolge vor, ordnet § 23 Abs. 4 Hs 1 an, dass es sich um eine Anschaffung der entsprechenden Wirtschaftsgüter zum gemeinen Wert handelt.[153] Die steuerliche Behandlung des Sacheinlagegegenstands ist die gleiche, als wenn die Wirtschaftsgüter in einem voll entgeltlichen Vorgang erworben worden wären (**Anschaffungsfiktion**). Daraus folgt, dass die vom Einbringenden vorgenommen Bewertungen oder Abschreibungen keine Folgewirkung auf die Einkommensermittlung bei der übernehmenden Gesellschaft haben. Bei der Bewertung des eingebrachten Vermögens, der Abschreibung, der Wertaufholung, der Bildung von Rücklagen und Rückstellungen, der Übertragung von § 6b-Rcklagen und allen sonstigen Grundsätzen der Gewinnermittlung ist ab dem steuerlichen Übertragungsstichtag das Anschaffungsprinzip zu beachten.[154] Die Anschaffungskosten entsprechen dem Wert, mit dem die übernehmende Gesellschaft die entsprechenden aktiven und passiven Wirtschaftsgüter bei der erstmaligen Bilanzierung ansetzt. Als Stichtag der Anschaffung ist der steuerliche Übertragungsstichtag maßgebend.[155]

54 **3. Abschreibungen.** Bei abnutzbaren Wirtschaftsgütern kann die übernehmende Gesellschaft die **Abschreibungsmethode** im Rahmen der gesetzlichen Vorschriften frei wählen; eine Bindung an den Einbringenden besteht nicht. Die Nutzungsdauer ist neu zu bestimmen. Da es sich bei der Einbringung durch Einzelrechtsnachfolge um eine (fiktive) Anschaffung handelt, kann die übernehmende Gesellschaft keine Regelung in Anspruch nehmen, bei welcher die Herstellereigenschaft vorausgesetzt wird. So kann zB bei einem eingebrachten **Gebäude** die Abschreibung nicht nach der **degressiven** Methode gemäß § 7 Abs. 5 EStG vorgenommen werden, wenn der steuerliche Übertragungsstichtag nach dem Jahr der Gebäudeherstellung liegt.[156] Aufgrund der Anschaffungsfiktion kann die übernehmende Gesellschaft die Bewertungsfreiheit des § 6 Abs. 2

147 Vgl UmwSt-Erlass v. 11.11.2011, BStBl I 2011, 1314, Rn 23.20.

148 Vgl Dötsch/Pung/Möhlenbrock/*Patt*, § 23 UmwStG Rn 71; Rödder/Herlinghaus/van Lishaut/*Ritzer*, § 23 UmwStG Rn 266.

149 Vgl Dötsch/Pung/Möhlenbrock/*Patt*, § 23 UmwStG Rn 71; Rödder/Herlinghaus/van Lishaut/*Ritzer*, § 23 UmwStG Rn 246.

150 Vgl Dötsch/Pung/Möhlenbrock/*Patt*, § 23 UmwStG Rn 71.

151 Vgl Dötsch/Pung/Möhlenbrock/*Patt*, § 23 UmwStG Rn 71.

152 Vgl die hierüber bestehende Diskussion zB bei Dötsch/Pung/Möhlenbrock/*Patt*, § 23 UmwStG Rn 71 und Rödder/Herlinghaus/van Lishaut/*Ritzer*, § 23 UmwStG Rn 247.

153 Vgl UmwSt-Erlass v. 11.11.2011, BStBl I 2011, 1314, Rn 23.21.

154 Statt vieler Dötsch/Pung/Möhlenbrock/*Patt*, § 23 UmwStG Rn 77.

155 Vgl Rödder/Herlinghaus/van Lishaut/*Ritzer*, § 23 UmwStG Rn 252.

156 Vgl Dötsch/Pung/Möhlenbrock/*Patt*, § 23 UmwStG Rn 79.

EStG für bewegliche Wirtschaftsgüter des abnutzbaren Anlagevermögens (sog. **geringwertige Wirtschaftsgüter**) in Anspruch nehmen, wenn die entsprechenden Voraussetzungen der Vorschrift erfüllt sind.[157] § 6 Abs. 2 EStG verlangt nicht, dass es sich bei den angeschafften Wirtschaftsgütern um neue handeln muss.[158] Auch auf das Wahlrecht der Bildung eines **Sammelpostens** iSd § 6 Abs. 2 a EStG kann die übernehmende Gesellschaft bei Vorliegen der entsprechenden Voraussetzungen zurückgreifen, wenn das gesamte Betriebsvermögen des Einbringenden iRd Sacheinlage übertragen wird und der steuerliche Einbringungsstichtag nach dem 31.12.2009 liegt.[159] Handelt es sich hingegen um eine Teilbetriebseinbringung, kann kein Sammelposten bei der übernehmenden Gesellschaft gebildet werden, weil dieser beim Einbringenden verbleibt.[160]

4. Wertaufholungen. Der Anschaffungsfiktion ist es auch geschuldet, dass eine vormals beim Einbringenden gegebene **Wertaufholung** bei zuvor erfolgten Teilwertabschreibungen nicht auf die übernehmende Gesellschaft übergeht, sofern der Wert des entsprechenden Wirtschaftsguts am steuerlichen Bilanzstichtag noch nicht wieder angestiegen ist. Als Anschaffungskosten gilt der von der übernehmenden Gesellschaft zum steuerlichen Übertragungsstichtag angesetzte Wert des jeweiligen Wirtschaftsguts (§ 23 Abs. 4 Hs 1). Infolge dessen bildet dieser Wert die Obergrenze für eine Wertaufholung.[161] 55

5. Besitzzeiten. Fordert eine steuerliche Regelung eine **Mindestbesitzdauer** (zB § 6 b Abs. 4 Nr. 1, Abs. 10 S. 4 EStG: sechsjährige ununterbrochene Zugehörigkeit zu einem inländischen Betriebsvermögen), beginnt die Laufzeit zur Ermittlung der Besitzdauer ab dem Anschaffungszeitpunkt, demnach mit dem ggf rückbezogenen steuerlichen Übertragungsstichtag. Ist im Rückwirkungszeitraum ein Wirtschaftsgut eingelegt worden, bestimmt sich wegen der Ausnahme von der Rückbeziehung von Einlagen (§ 20 Abs. 5 S. 2) der Beginn der Besitzzeit mit Vornahme der tatsächlichen Einlagehandlung.[162] 56

6. Pensionsrückstellungen. Als Wert einer **Pensionsverpflichtung** gilt gemäß § 20 Abs. 2 S. 1 der Wert nach § 6 a EStG, auch wenn die übrigen aktiven und passiven Wirtschaftsgüter mit dem gemeinen Wert angesetzt wurden. Im UmwSt-Erlass vom 11.11.2011 ist unter der Rn 23.18 geregelt, dass die folgenden Werte anzusetzen sind: 57

(a) Bei Pensionsanwartschaften vor Beendigung des Dienstverhältnisses der Pensionsberechtigten der nach § 6 a Abs. 3 S. 2 UmwStG zu berechnende Wert, wobei als Beginn des Dienstverhältnisses des Pensionsberechtigten der Eintritt in den Betrieb des Einbringenden maßgeblich ist.

(b) Bei aufrechterhaltenen Pensionsanwartschaften nach Beendigung des Dienstverhältnisses des Pensionsberechtigten oder bei bereits laufenden Pensionszahlungen der Barwert der künftigen Pensionsleistungen nach § 6 a Abs. 3 S. 2 Nr. 2 EStG.

III. Einbringung durch Gesamtrechtsnachfolge (§ 23 Abs. 4 Hs 2 UmwStG)

Erfolgt die Einbringung des Betriebsvermögens im Wege der **Gesamtrechtsnachfolge** nach den Vorschriften des Umwandlungsgesetzes gilt nach § 23 Abs. 4 Hs 2 Absatz 3 der Vorschrift entsprechend. Folgende Fälle des Umwandlungsgesetzes sind von der Regelung des § 23 Abs. 4 Hs 2 erfasst: 58

1. Verschmelzung. Bei einer **Verschmelzung** geht das gesamte Vermögen des übertragenden Rechtsträgers gemäß § 20 Abs. 1 Nr. 1 uno actu auf den übernehmenden Rechtsträger über.[163] 59

157 Vgl Dötsch/Pung/Möhlenbrock/*Patt*, § 23 UmwStG Rn 80.
158 Vgl Schmidt/*Kulosa*, EStG, § 6 Rn 596.
159 Vgl ausführlich Dötsch/Pung/Möhlenbrock/*Patt*, § 23 UmwStG Rn 80.
160 Vgl hierzu auch das BMF-Schreiben v. 30.9.2010, BStBl I 2012, 75, Rn 22 und 23.
161 Vgl Rödder/Herlinghaus/van Lishaut/*Ritzer*, § 23 UmwStG Rn 256.
162 Vgl Dötsch/Pung/Möhlenbrock/*Patt*, § 23 UmwStG Rn 82.
163 Vgl Dötsch/Pung/Möhlenbrock/*Patt*, § 23 UmwStG Rn 72.

60 **2. Spaltung (Aufspaltung, Abspaltung, Ausgliederung).** Bei einer Einbringung, die sich im Wege einer **Spaltung** vollzieht, erfolgt zwar eine Vermögensübertragung kraft Eintragung der Spaltung in einem Akt; einer Einzelübertragung der Vermögensgegenstände bedarf es hierbei nicht. Gleichwohl entspricht der Vorgang insoweit nicht einer Gesamtrechtsnachfolge im zivilrechtlichen Sinne, da – im Gegensatz zur Verschmelzung – im Fall der **Abspaltung** oder **Ausgliederung** der übertragende Rechtsträger nicht untergeht.[164] Darüber hinaus besteht auch der Unterschied, dass nicht das gesamte Vermögen übergeht, sondern nur der auf den im Spaltungs- und Übernahmevertrag aufgeführten Teil vom Vermögensübergang betroffen ist.[165] Aus diesem Umstand folgert ein Teil des zivilrechtlichen Schrifttums, dass es sich hierbei um eine teilweise oder beschränkte Gesamtrechtsnachfolge handelt.[166] Diese Besonderheit der Gesamtsrechtsnachfolge ändert jedoch nichts daran, dass sich die hM dafür ausspricht auch die Fälle der Einbringung im Wege der Spaltung als Gesamtrechtsnachfolge iSd UmwG zu qualifizierten mit der Folge, dass die Vorschrift des § 23 Abs. 4 Hs 2 zur Anwendung kommt.[167]

61 **3. Formwechsel.** Die Fälle des **Formwechsels** sind zwar nicht direkt erfasst, weil es sich nicht um eine Gesamtrechtsnachfolge iSd UmwG handelt. Ein Vermögensübergang im zivilrechtlichen Sinne liegt nicht vor. Gleichwohl ist die Vorschrift des § 23 Abs. 4 Hs 2 über den entsprechenden Verweis in § 25 anzuwenden.[168]

62 **4. Vorgänge nach ausländischer Rechtsordnung.** Es stellt sich die Frage, wie Vorgänge nach **ausländischer Rechtsordnung** zu qualifizieren sind, welche einer Verschmelzung oder Spaltung nach dem Umwandlungsgesetz vergleichbar sind. Zu Recht spricht sich *Patt*[169] unter Rückgriff auf die in §§ 20 ff enthaltenen sachlichen Regelungen auf ausländische Umwandlungen dafür aus, dass auch solche ausländischen Vorgänge unter die Gesamtrechtsnachfolgeregelung des § 23 Abs. 4 Hs 2 zu erfassen sind.

E. Gewerbesteuer

I. Allgemeines

63 Da die Ermittlung des **Gewerbeertrags** gemäß § 7 S. 1 GewStG an den einkommen- und körperschaftsteuerlichen Gewinnermittlungsvorschriften anknüpfen, gelten die besonderen Vorschriften des § 23 zur allgemeinen steuerlichen Rechtsnachfolge, der Besitzzeitenanrechnung, der Ermittlung der Abschreibung auch für gewerbesteuerliche Zwecke. Nur die Vorschrift des § 23 Abs. 5 enthält eigene gewerbesteuerliche Regelungen für die Auswirkungen bei der übernehmenden Gesellschaft. Aufgrund der steuerlichen Rechtsnachfolge werden die gewerbesteuerlich relevanten Tatbestände des Einbringenden der übernehmenden Gesellschaft zugerechnet. Betroffen sind hiervon auch **Hinzurechnungen** und **Kürzungen** gemäß §§ 8, 9 GewStG. So kommt es beispielsweise für den Fall der Einbringung zum Buch- oder Zwischenwert innerhalb eines Erhebungszeitraum dazu, dass eine Anrechnung von Besitzzeiten bei der Anwendung der §§ 9 Nr. 2 a, Nr. 7 GewStG erfolgt.[170] Entsteht infolge des Vermögensübergangs durch das Erlöschen von Forderung und Verbindlichkeit ein **Konfusionsgewinn (Einbringungsfolgegewinn)**, gehört er zum Gewerbeertrag der übernehmenden Gesellschaft. Die Vergünstigung des § 6

164 Vgl zB Rödder/Herlinghaus/van Lishaut/*Ritzer*, § 23 UmwStG Rn 265.
165 Vgl Dötsch/Pung/Möhlenbrock/*Patt*, § 23 UmwStG Rn 73.
166 Vgl im einzelnen Rödder/Herlinghaus/van Lishaut/*Ritzer*, § 23 UmwStG Rn 265 und Dötsch/Pung/Möhlenbrock/*Patt*, § 23 UmwStG Rn 73.
167 Vgl UmwSt-Erlass v. 11.11.2011, BStBl I 2011, 1314, Rn 01.44 Buchst. aa; Rödder/Herlinghaus/van Lishaut/*Ritzer*, § 23 UmwStG Rn 265; Dötsch/Pung/Möhlenbrock/*Patt*, § 23 UmwStG Rn 73 mit weiteren Nachweisen.
168 Vgl Rödder/Herlinghaus/van Lishaut/*Ritzer*, § 23 UmwStG Rn 265; Schmitt/Hörtnagel/Stratz/*Schmitt*, § 23 Rn 100.
169 In: Dötsch/Pung/Möhlenbrock, § 23 UmwStG Rn 75.
170 Zutreffend weist Dötsch/Pung/Möhlenbrock/*Patt*, § 23 UmwStG Rn 86 mit Hinweis auf das Urteil des FG München v. 17.9.1991 – 7 K 7191/85, rkr., EFG 1992, 201 darauf hin, dass keine Besitzzeitanrechnung möglich ist, wenn die Einbringung von Anteilen an Kapitalgesellschaften aus einem nicht gewerblichen Betrieb oder aus dem Privatvermögen erfolgt. AA Rödder/Herlinghaus/van Lishaut/*Ritzer*, § 23 UmwStG Rn 51, der sich auch für diese Fälle für die Besitzzeitanrechnung ausspricht.

Abs. 1, wonach die Bildung einer gewinnmindernden Rücklage gestattet ist, gilt auch für die Gewinnermittlung bei der Gewerbesteuer.[171]

II. Auswirkungen eines gewerbesteuerlichen Verlustvortrags (§ 23 Abs. 5 UmwStG)

1. Übernehmende Gesellschaft. Nach § 23 Abs. 5 kann der maßgebende Gewerbeertrag der übernehmenden Gesellschaft nicht um die vortragsfähigen Fehlbeträge des Einbringenden iSd § 10 a GewStG gekürzt werden. Es handelt sich hierbei lediglich um eine klarstellende Regelung, denn diese Rechtsfolge ergibt sich bereits aus den allgemeinen Grundsätzen des Gewerbesteuerrechts.[172] So hat der BFH in ständiger Rechtsprechung aus dem Objektcharakter der Gewerbesteuer und aus der Regelung des § 10 a S. 7 GewStG abgeleitet, dass es für einen Verlustabzug gemäß § 10 a GewStG dem Erfordernis der Unternehmens- und Unternehmeridentität bedarf.[173] Bei der Einbringung eines Betriebs oder eines Teilbetriebs ist dies gerade nicht der Fall.[174] Die fehlende Nutzungsmöglichkeit des **Verlustvortrags** tritt unabhängig davon ein, ob die Übertragung des Betriebs bzw Teilbetriebs entgeltlich oder unentgeltlich vorgenommen wird, im Zuge einer Einzel- oder Gesamtrechtsnachfolge erfolgt oder auf welchen Wertansätzen (Buchwert, Zwischenwert, Teilwert) die Einbringung beruht.[175] 64

Der Klarstellung halber sei erwähnt, dass die Regelung des § 23 Abs. 5 nicht den eigenen Verlustvortrag der übernehmenden Gesellschaft betrifft. Dieser Verlustvortrag kann grundsätzlich unverändert fortgeführt werden, wobei sowohl eine Verrechnung mit Gewinnen aus dem übernommenen Betrieb bzw Teilbetrieb als auch mit den im eigenen Betrieb erzielten Gewinnen vorgenommen werden kann.[176] 65

2. Einbringender. Aus der Regelung des § 23 Abs. 5 kann nicht geschlossen werden, dass der gewerbesteuerliche Verlustvortrag im Zuge der Einbringung nach § 20 beim Einbringenden untergeht.[177] Für die weitere **Verlustverwertung** auf der Seite des Einbringenden gelten die allgemeinen Regelungen des § 10 a GewStG, so dass für Personengesellschaften zur Nutzung der Verluste die Unternehmens- und Unternehmeridentität erforderlich ist. Handelt es sich beim Einbringenden um eine Kapitalgesellschaft sind die Vorschriften des § 8 c KStG bzw des § 8 Abs. 4 KStG aF zu beachten. Unproblematisch sind die Fälle, in welchen das **Einzelunternehmen** einer natürlichen Person oder der Betrieb einer **Personengesellschaft** oder alle Anteile an einer Personengesellschaft eingebracht werden. Hier geht der vortragsfähige Fehlbetrag verloren.[178] Problematischer zu beurteilen sind hingegen die Fälle, in welchen ein Teilbetrieb eines Einzelunternehmens oder ein Teilbetrieb einer weiterhin bestehenden Personengesellschaft eingebracht werden. Hier steht die schwierig zu beantwortende Frage im Raum, ob und inwieweit diesem Teilbetrieb der Verlust zuzurechnen ist. Dies ist deshalb der Fall, weil die für die Fortführung des Verlustabzugs gemäß § 10 a GewStG notwendige Unternehmensidentität auf den Teilbetrieb abzustellen ist,[179] infolge dessen auf den eingebrachten Teilbetrieb entfallende Fehlbeträge untergehen. 66

In der Praxis ergeben sich häufig Probleme, auf welche Art und Weise eine Aufteilung des gesamten Fehlbetrags auf die jeweiligen **Teilbetriebe** vorzunehmen ist. Vielfach dürfte eine Zuordnung des Verlustvortrags nur mittels einer sachgerechten Schätzung möglich sein.[180] Zu 67

171 Vgl Dötsch/Pung/Möhlenbrock/*Patt*, § 23 UmwStG Rn 88.

172 Vgl Rödder/Herlinghaus/van Lishaut/*Ritzer*, § 23 UmwStG Rn 286; Dötsch/Pung/Möhlenbrock/*Patt*, § 23 UmwStG Rn 145.

173 Vgl zB BFH-Urteil v. 6.9.2000, BStBl II 2001, 731, 732.

174 Vgl auch R 10 a. 3 Abs. 3 S. 9 Nr. 5 S. 4 GewStR.

175 Vgl Rödder/Herlinghaus/van Lishaut/*Ritzer*, § 23 UmwStG Rn 287; Dötsch/Pung/Möhlenbrock/*Patt*, § 23 UmwStG Rn 145.

176 Vgl Rödder/Herlinghaus/van Lishaut/*Ritzer*, § 23 UmwStG Rn 293.

177 Vgl statt vieler Rödder/Herlinghaus/van Lishaut/*Ritzer*, § 23 UmwStG Rn 278, vgl auch R 10 a 3 Abs. 4 S. 6 GewStR.

178 Vgl zB Dötsch/Pung/Möhlenbrock/*Patt*, § 23 UmwStG Rn 149.

179 Vgl auch BFH-Urteil v. 7.8.2008, BFH/NV 2008, 1960, 1961.

180 Vgl Dötsch/Pung/Möhlenbrock/*Patt*, § 23 UmwStG Rn 149.

keiner Einschränkung des Verlustvortrags kommt es dann, wenn der eingebrachte Teilbetrieb im Zeitpunkt der Verlustentstehung noch nicht existierte[181] oder erst kurz vor der Einbringung angeschafft wurde.[182] Wird ein **Mitunternehmeranteil** an einer Personengesellschaft mit Verlustvorträgen eingebracht, geht aufgrund des gewerbesteuerlichen Unternehmerwechsels der Verlustvortrag insoweit verloren, als dieser nach dem allgemeinen Gewinnverteilungsschlüssel auf den ausgeschiedenen Gesellschafter entfällt.[183]

68 Handelt es sich beim Einbringenden um eine **Körperschaft**, verbleibt ein im eingebrachten Betrieb oder Teilbetrieb entstandener vortragsfähiger Verlustvortrag iSd § 10 a GewStG beim Einbringenden. Im Gegensatz zum gewerblichen Einzelunternehmen und gewerblichen Personengesellschaften setzt der Abzug des Gewerbeverlustes nach § 10 a GewStG nicht voraus, dass die Unternehmensgleichheit gewahrt ist.[184] Zu beachten sind jedoch die Regelungen der §§ 10 a S. 10 und 36 Abs. 9 S. 2 GewStG sowie die Grundsätze des §§ 8 c und 8 Abs. 4 KStG aF. Danach hängt der Verlustabzug davon ab, dass eine wirtschaftliche Identität der Körperschaft während des Zeitraums der Verlustentstehung und -nutzung gegeben ist und es zu keinem schädlichen Anteilseignerwechsel gekommen ist.[185]

69 Bringt eine Körperschaft ihren gesamten **Mitunternehmeranteil** an einer Personengesellschaft mit Verlustvorträgen ein, geht ein Verlustvortag verloren, wenn und soweit er der einbringenden Kapitalgesellschaft zuzurechnen ist.[186] Wird hingegen nur ein Teil der Mitunternehmerbeteiligung eingebracht, kommt es nicht zu einem anteiligen auf den eingebrachten Teil des Mitunteranteils entfallenden Untergang des Verlustvortrags, weil bei einem solchen Einbringungsgegenstand die Unternehmeridentität bestehen bleibt.[187]

F. Einbringungsfolgegewinn (§ 23 Abs. 6 UmwStG)

I. Rücklage für einen Einbringungsfolgegewinn

70 Nach § 23 Abs. 6 gilt die Regelung des § 6 Abs. 1 entsprechend. § 6 Abs. 1 gewährt der übernehmenden Gesellschaft ein Wahlrecht im Falle des Entstehens eines **Konfusionsgewinns** (**Einbringungsfolgegewinns**) eine den steuerlichen Gewinn mindernde Rücklage bilden zu können, welche über drei Wirtschaftsjahre gewinnerhöhend aufzulösen ist. (s. § 6 Rn 43 f). Ein Konfusionsgewinn entsteht, wenn es durch die Einbringung zu einer **Vereinigung einer Forderung und einer Verbindlichkeit** zwischen dem Einbringenden und der übernehmenden Gesellschaft kommt und die beiden Bilanzpositionen unterschiedlich bewertet sind.[188] Gleichfalls ergibt sich ein Konfusionsgewinn, wenn infolge der Einbringung die **Notwendigkeit einer Rückstellung** entfällt.[189] Der Konfusionsgewinn entsteht als laufender Gewinn bei der übernehmenden Gesellschaft unabhängig davon, zu welchem Wert (Buchwert, Zwischenwert, gemeiner Wert) die Einbringung erfolgt und unabhängig davon, welcher zivilrechtliche Durchführungsweg der Einbringung zu Grunde lag.[190] Durch den in § 23 Abs. 6 normierten Verweis auf eine entsprechende Anwendung von § 6 Abs. 1 wird der übernehmenden Gesellschaft ein **Wahlrecht** eingeräumt, den Konfusionsgewinn durch die Bildung einer den Gewinn mindernden Rücklage zu kompensieren. Da in § 6 Abs. 1 S. 1 der Begriff „insoweit" verwendet wird, geht hieraus hervor, dass die Rücklage den Konfusionsgewinn nicht übersteigen darf. Nach der hier vertretenen Auffassung gilt das Wahlrecht zur Bildung der Rücklage sowohl dem Grunde nach als

181 Vgl Rödder/Herlinghaus/van Lishaut/*Ritzer*, § 23 UmwStG Rn 279.
182 Vgl Dötsch/Pung/Möhlenbrock/*Patt*, § 23 UmwStG Rn 149.
183 Vgl Rödder/Herlinghaus/van Lishaut/*Ritzer*, § 23 UmwStG Rn 281.
184 Vgl Dötsch/Pung/Möhlenbrock/*Patt*, § 23 UmwStG Rn 147 mit Hinw auf BFH-Urteil v. 29.10.1986, BStBl II 1987, 310, 312.
185 Vgl Dötsch/Pung/Möhlenbrock/*Patt*, § 23 UmwStG Rn 147.
186 Vgl Dötsch/Pung/Möhlenbrock/*Patt*, § 23 UmwStG Rn 148.
187 Vgl Dötsch/Pung/Möhlenbrock/*Patt*, § 23 UmwStG Rn 148.
188 Vgl Dötsch/Pung/Möhlenbrock/*Patt*, § 23 UmwStG Rn 150.
189 Vgl Rödder/Herlinghaus/van Lishaut/*Ritzer*, § 23 UmwStG Rn 305.
190 Vgl Dötsch/Pung/Möhlenbrock/*Patt*, § 23 UmwStG Rn 150.

auch der Höhe nach. Infolgedessen muss es der übernehmenden Gesellschaft erlaubt sein, nur einen Teil des Konfusionsgewinns in die Rücklage einzustellen.[191] Nach § 6 Abs. 1 S. 2 ist die **Rücklage** in der auf ihre Bildung folgenden drei Wirtschaftsjahren mit mindestens einem Drittel **aufzulösen**. Demnach ist es der übernehmenden Gesellschaft unbenommen, in den ersten beiden Wirtschaftsjahren nach der Bildung der Rücklage mehr als ein Drittel der Rücklage aufzulösen.[192] Die Auflösung der Rücklage unterliegt als laufender Gewinn der vollen **Steuerpflicht**. Dies soll nach Auffassung der Finanzverwaltung auch dann gelten, wenn sich eine Teilwertabschreibung auf eine Forderung wegen der Regelung des § 8 b Abs. 3 S. 3 KStG steuerlich nicht ausgewirkt hat.[193] Eine solche Besteuerung wird von Teilen der Literatur als nicht sachgerecht beurteilt.[194] Vereinzelt wird hierzu die Auffassung vertreten, dass die Regelung des § 8 b Abs. 3 S. 8 KStG, wonach Gewinne aus Wertaufholungen auf teilwertberichtigte Darlehensforderungen bei der Ermittlung des Einkommens außer Ansatz bleiben, analog anzuwenden ist.[195]

Seit der Geltung des **BilMoG** wird sich der Nachteil der – als unsystematisch angesehenen – 71
Besteuerung von Konfusionsgewinnen auf teilwertberichtigte Forderungen, welche unter die Regelung des § 8 b Abs. 3 S. 3 KStG fallen, üblicher Weise nur noch auf Altfälle beschränken. Im Zuge der Einführung des BilMoG und dem gleichzeitigen Wegfall der umgekehrten Maßgeblichkeit entspricht es der hM, dass die Teilwertabschreibung ein autonom auszuübendes steuerliches Wahlrecht iSd § 5 Abs. 1 S. 2 Hs 2 EStG ist.[196] Die Besteuerung eines Konfusionsgewinns aufgrund gesunkener Teilwerte von Forderungen aus Gesellschafterdarlehen lässt sich nunmehr sinnvoller Weise dadurch verhindern, dass auf die Vornahme einer Teilwertabschreibung der Forderung verzichtet wird.

II. Missbrauchsregelung

Die Regelung des § 23 Abs. 6 schließt die entsprechende Anwendung der **Missbrauchsvorschrift** des § 6 Abs. 3 mit ein. Danach entfällt die Möglichkeit der Bildung einer gewinnmin- 72
dernden Rücklage rückwirkend, wenn die übernehmende Gesellschaft den auf sie übergegangenen Betrieb innerhalb von fünf Jahren nach dem steuerlichen Übertragungsstichtag in eine Kapitalgesellschaft einbringt oder ohne triftigen Grund[197] veräußert oder aufgibt.[198] Die gleichen Folgen ergeben sich, wenn es sich anstelle eines Betriebs um einen Teilbetrieb handelt.[199] Kommt die Missbrauchsregelung zur Anwendung sind gemäß § 6 Abs. 3 S. 2 bereits erteilte Steuerbescheide, Steuermessbescheide, Freistellungsbescheide oder Feststellungsbescheide zu ändern, soweit sie auf der Anwendung von § 6 Abs. 1 beruhen.

191 So auch Rödder/Herlinghaus/van Lishaut/*Birkemeier*, § 6 UmwStG Rn 45.

192 Vgl Rödder/Herlinghaus/van Lishaut/*Ritzer*, § 23 UmwStG Rn 307.

193 Vgl UmwSt-Erlass v. 11.11.2011, BStBl I 2011, 1314, Rn 06.02.

194 Vgl zB Rödder/Herlinghaus/van Lishaut/*Ritzer*, § 23 UmwStG Rn 307; Haase/Hruschka/Intemann, § 23 UmwStG Rn 130; *Krohn/Greulich*, DStR 2008, 646, 649.

195 Vgl Rödder/Herlinghaus/van Lishaut/*Ritzer*, § 23 UmwStG Rn 307; *Krohn/Greulich*, DStR 2008, 646, 649.

196 Vgl zB Schmidt/*Weber-Grellet*, § 5 EStG Rn 64; BMF-Schreiben v. 12.3.2010, BStBl I 2010, 239, 240.

197 Zur Frage, wann ein triftiger Grund vorliegt, s. § 6 Rn 46.

198 Vgl auch UmwSt-Erlass v. 11.11.2011, BStBl I 2011, 1314, Rn 23.04, in welchem explizit auf die fünfjährige Sperrfrist hingewiesen wird.

199 Vgl Dötsch/Pung/Möhlenbrock/*Patt*, § 23 UmwStG Rn 151.

Siebter Teil
Einbringung eines Betriebs, Teilbetriebs oder Mitunternehmeranteils in eine Personengesellschaft

§ 24 Einbringung von Betriebsvermögen in eine Personengesellschaft

(1) Wird ein Betrieb oder Teilbetrieb oder ein Mitunternehmeranteil in eine Personengesellschaft eingebracht und wird der Einbringende Mitunternehmer der Gesellschaft, gelten für die Bewertung des eingebrachten Betriebsvermögens die Absätze 2 bis 4.

(2) [1]Die Personengesellschaft hat das eingebrachte Betriebsvermögen in ihrer Bilanz einschließlich der Ergänzungsbilanzen für ihre Gesellschafter mit dem gemeinen Wert anzusetzen; für die Bewertung von Pensionsrückstellungen gilt § 6 a des Einkommensteuergesetzes. [2]Abweichend von Satz 1 kann das übernommene Betriebsvermögen auf Antrag mit dem Buchwert oder einem höheren Wert, höchstens jedoch mit dem Wert im Sinne des Satzes 1, angesetzt werden, soweit das Recht der Bundesrepublik Deutschland hinsichtlich der Besteuerung des eingebrachten Betriebsvermögens nicht ausgeschlossen oder beschränkt wird. [3]§ 20 Abs. 2 Satz 3 gilt entsprechend.

(3) [1]Der Wert, mit dem das eingebrachte Betriebsvermögen in der Bilanz der Personengesellschaft einschließlich der Ergänzungsbilanzen für ihre Gesellschafter angesetzt wird, gilt für den Einbringenden als Veräußerungspreis. [2]§ 16 Abs. 4 des Einkommensteuergesetzes ist nur anzuwenden, wenn das eingebrachte Betriebsvermögen mit dem gemeinen Wert angesetzt wird und es sich nicht um die Einbringung von Teilen eines Mitunternehmeranteils handelt; in diesen Fällen ist § 34 Abs. 1 und 3 des Einkommensteuergesetzes anzuwenden, soweit der Veräußerungsgewinn nicht nach § 3 Nr. 40 Satz 1 Buchstabe b in Verbindung mit § 3 c Abs. 2 des Einkommensteuergesetzes teilweise steuerbefreit ist. [3]In den Fällen des Satzes 2 gilt § 16 Abs. 2 Satz 3 des Einkommensteuergesetzes entsprechend.

(4) § 23 Abs. 1, 3, 4 und 6 gilt entsprechend; in den Fällen der Einbringung in eine Personengesellschaft im Wege der Gesamtrechtsnachfolge gilt auch § 20 Abs. 5 und 6 entsprechend.

(5) Soweit im Rahmen einer Einbringung nach Absatz 1 unter dem gemeinen Wert eingebrachte Anteile an einer Körperschaft, Personenvereinigung oder Vermögensmasse innerhalb eines Zeitraums von sieben Jahren nach dem Einbringungszeitpunkt durch die übernehmende Personengesellschaft veräußert oder durch einen Vorgang nach § 22 Absatz 1 Satz 6 Nummer 1 bis 5 weiter übertragen werden und soweit beim Einbringenden der Gewinn aus der Veräußerung dieser Anteile im Einbringungszeitpunkt nicht nach § 8 b Absatz 2 des Körperschaftsteuergesetzes steuerfrei gewesen wäre, ist § 22 Absatz 2, 3 und 5 bis 7 insoweit entsprechend anzuwenden, als der Gewinn aus der Veräußerung der eingebrachten Anteile auf einen Mitunternehmer entfällt, für den insoweit § 8 b Absatz 2 des Körperschaftsteuergesetzes Anwendung findet.

(6) § 20 Abs. 9 gilt entsprechend.

I. Vorbemerkung

Nach § 24 sind, in Abweichung von den allgemeinen Ansatz- und Bewertungsvorschriften für Tausch und Einlage nach § 6 Abs. 1 Nr. 5 und Abs. 6 EStG, anstelle des Teilwertes, Buch- oder Zwischenwerte für die von § 24 erfassten Einbringungsvorgänge anzusetzen. Der Buchwertansatz ermöglicht es, eine Einbringung ohne Aufdeckung stiller Reserven und damit in der Regel steuerneutral zu vollziehen. 1

II. Von § 24 erfasste Einbringungen

§ 24 begünstigt nur **bestimmte Arten von Einbringungen bei bestimmten Personengesellschaften.** Im Wesentlichen sind dies Personenhandelsgesellschaften, also KG und oHG, daneben sind die Vorschriften aber auch für die Partnerschaftsgesellschaft einschlägig. Sowohl bezüglich des Gegenstandes der Einbringung als auch bezüglich der Gewährung einer Gegenleistung gibt es Beschränkungen. Sind die Voraussetzungen jeweils nicht erfüllt, wird die Einbringung nicht von § 24 erfasst. Es greifen stattdessen die allgemeinen Vorschriften. Im Einzelnen erfasst § 24 folgende Einbringungen: 2

Bei Einbringungen im Wege der **Einzelrechtsnachfolge** die Aufnahme eines Gesellschafters in ein Einzelunternehmen oder eine Personengesellschaft gegen Einbringung von Geld oder Sacheinlagen. Geschieht die Aufnahme bei einem Einzelunternehmen, so bringt der bisherige Unternehmer seinen Betrieb ein. Wird ein zusätzlicher Gesellschafter in eine bestehende Gesellschaft aufgenommen, bringen die bisherigen Gesellschafter ihre Mitunternehmeranteile steuerlich in eine neue Gesellschaft ein, der nunmehr auch der zusätzliche Gesellschafter angehört. Hingegen fällt die **Übertragung der Mitunternehmerstellung** an einer bestehenden Personengesellschaft nicht unter § 24.[1] Sie erfolgt also unter Aufdeckung stiller Reserven. Steuerneutral kann dagegen die **Aufstockung bestehender Beteiligungen** an den von § 24 erfassten Personengesellschaften erfolgen. Auch hier wird steuerlich durch alle Gesellschafter die bisherige Beteiligung an der Mitunternehmerschaft in eine neue Mitunternehmerschaft eingebracht, an der andere Beteiligungsverhältnisse bestehen.[2] Entsprechend ist bei der Einbringung aller Anteile an einer Personenhandelsgesellschaft in eine weitere Personenhandelsgesellschaft, in deren Folge die erste Gesellschaft auf die zweite anwächst, ebenfalls eine nach § 24 begünstigte Einbringung. 3

Neben diesen Fällen erfasst § 24 auch Umwandlungen nach dem UmwG im Wege der **Gesamtrechtsnachfolge** im Bereich von Personengesellschaften. Im Einzelnen sind dies Verschmelzungen von den nach § 24 begünstigten Personengesellschaften, Auf- oder Abspaltungen von diesen Gesellschaften auf entsprechende Personengesellschaften und Ausgliederungen auf von § 24 begünstigte Personengesellschaften. Die Ausgliederung kann hierbei, anders als die übrigen Umwandlungsvorgänge, auch aus einer Körperschaft oder einem Einzelunternehmen erfolgen, so lange aufnehmender Rechtsträger eine von § 24 erfasste Personengesellschaft ist. 4

Dagegen fallen **Einbringungen**, an denen eine für die vorgenannten Einbringungen typische Veräußerung bzw Übertragung der Wirtschaftsgüter fehlt, regelmäßig nicht unter § 24. Dies ist etwa dann der Fall, wenn die eingebrachten Wirtschaftsgüter allesamt nur in das Sonderbetriebsvermögen einer Personengesellschaft eingebracht werden. In diesem Fall fehlt ein zivilrechtlicher Übertragungsvorgang, an den man die Vorschriften für die Einbringung anknüpfen könnte.[3] Eine Einbringung im Sinne des § 24 ist in **Ermangelung der Veräußerung** auch dann 5

1 UmwStE Rn 01.47.
2 UmwStE Rn 01.47.
3 Vgl UmwStE Rn 24.05.

nicht gegeben, wenn der Einbringende keinen Mitunternehmeranteil erhält, weil er Wirtschaftsgüter etwa verdeckt einlegt oder auf eine Gegenleistung insgesamt verzichtet. Es bedarf folglich der Gewährung bzw Erhöhung des Kapitalkontos des Gesellschafters, wobei regelmäßig wohl (auch) das Kapitalkonto, nach welchem Gesellschafterrechte bemessen werden, erhöht werden muss. Zudem will die Finanzverwaltung auch die **unentgeltliche Aufnahme einer natürlichen Person** in ein Einzelunternehmen nicht unter § 24 fassen, da hier die Sonderregelung des § 6 Abs. 3 S. 1 2. Hs vorgehe.[4] Die bloße **Umwandlung** einer Personengesellschaft in eine andere Personengesellschaft ist steuerlich unbeachtlich und stellt daher keinen Rechtsvorgang im Sinne des § 24 dar.[5]

6 Soweit Rechtsvorgänge im **Ausland** erfolgen, die denen des § 24 vergleichbar sind, können auch diese begünstigte Einbringungen iSd § 24 darstellen.[6]

7 **1. Gegenstand der Einbringung.** Nach § 24 Abs. 1 sind Einbringungen von Betrieben, Teilbetrieben und Mitunternehmeranteilen begünstigt. Im Gegensatz zu Einbringungen nach § 20 ist bei Einbringungen nach § 24 auch die Einbringung von per saldo negativem Betriebsvermögen denkbar. Eine der Bestimmung des § 20 Abs. 2 S. 2 Nr. 2 entsprechende Regelung enthält § 24 nicht.

8 **a) Betrieb. aa) Begriff des Betriebes. Betrieb** ist nach § 15 Abs. 2 EStG das Unternehmen einer selbstständigen nachhaltigen Betätigung mit Gewinnerzielungsabsicht unter Teilnahme am allgemeinen wirtschaftlichen Verkehr. Neben dem Gewerbebetrieb nach § 15 EStG sind auch land- und forstwirtschaftliche Betriebe iSd § 13 EStG und freiberufliche Betriebe iSd § 18 EStG vom Betriebsbegriff des § 24 erfasst.[7] Die Einbringung des Betriebs erfordert regelmäßig die **Übertragung aller wesentlichen Grundlagen** des Betriebes. Hierbei ist unerheblich, wer Einbringender im Sinne der Vorschrift ist, es kommt lediglich auf den Betrieb im Ganzen an. Entsprechend ist bei Betrieben von gewerblich tätigen und gewerblich geprägten Personengesellschaften regelmäßig auch das Sonderbetriebsvermögen einzubringen, soweit es wesentliche Betriebsgrundlagen enthält.[8] Ob ein Wirtschaftsgut wesentliche Betriebsgrundlage ist, muss nach der funktionalen Betrachtungsweise beurteilt werden, eine Zuordnung lediglich anhand quantitativer Merkmale scheidet dagegen aus.[9] Ob ein Wirtschaftsgut dem Unternehmen zuzuordnen ist, richtet sich nach der **wirtschaftlichen Betrachtungsweise.** Das zivilrechtliche Eigentum an dem betreffenden Wirtschaftsgut ist daher von untergeordneter Bedeutung. Dies spielt insb. bei Leasinggegenständen und Wirtschaftsgütern, welche als Kreditsicherheiten fungieren, eine wesentliche Rolle. Wenn diese zivilrechtlich im Eigentum eines Dritten stehen, muss die Rechtsposition aus dem Leasingvertrag bzw dem Kreditvertrag übertragen werden, sofern diese Wirtschaftsgüter wesentliche Betriebsgrundlagen darstellen.

9 Nicht alle Wirtschaftsgüter müssen im Rahmen der Einbringung in das Gesamthandsvermögen übertragen werden. Es ist ausreichend, wenn Teile der Wirtschaftsgüter, nicht jedoch alle Wirtschaftsgüter, in das **Sonderbetriebsvermögen** des Einbringenden bei der Gesellschaft, in welche eingebracht wird, überführt werden.[10]

10 Bei **Zurückhalten wesentlicher Wirtschaftsgüter**, unabhängig davon, ob diese im Gesamthandsvermögen oder im Sonderbetriebsvermögen gehalten werden, kommt eine begünstigte Einbringung eines Betriebes nicht in Betracht. Ausnahmsweise kann noch eine begünstigte Einbringung eines Teilbetriebs vorliegen, wenn das eingebrachte Betriebsvermögen die Voraussetzungen hierfür erfüllt. Hierzu muss in der Praxis sichergestellt sein, dass bereits im Zeitpunkt der steuerlichen Wirksamkeit der Einbringung die übertragenen Wirtschaftsgüter insgesamt einen Teilbetrieb im steuerlichen Sinne bilden.[11] Ähnlich dem Zurückhalten wesentlicher Wirt-

4 UmwStE Rn 01.47.
5 UmwStE Rn 01.47.
6 UmwStE Rn 01.48.
7 Vgl Dötsch/Patt/Pung/Möhlenbrock/*Patt*, § 24 Rn 89.
8 UmwStE Rn 24.03 iVm Rn 20.06.
9 UmwStE Rn 24.03 iVm Rn 20.06.
10 UmwStE Rn 24.05.
11 Vgl dazu unten Rn 18.

schaftsgüter bewirkt auch die **Übertragung wesentlicher Betriebsgrundlagen** im zeitlichen und wirtschaftlichen Zusammenhang mit der Einbringung oder Umwandlung nach § 24 die Nichtanwendbarkeit des § 24.[12] Auch dann wird im Ergebnis nicht der gesamte Betrieb eingebracht, es gelten die allgemeinen Vorschriften, stille Reserven sind aufzudecken. Ausnahmsweise ist die Übertragung wesentlicher Betriebsgrundlagen vor der Einbringung jedoch statthaft, wenn sie endgültig erfolgt. Dann löst die Übertragung die Bindung zum Betrieb, der eingebrachte Betrieb ist auch ohne die vormals wesentliche Betriebsgrundlage noch vollständig.

Ob auch ein **Betrieb im Aufbau** Gegenstand der Einbringung sein kann, ist umstritten. Die Fi- 11
nanzverwaltung lehnt dies offenbar ab.[13] Die bereits etablierte Teilnahme am allgemeinen Geschäftsverkehr lässt sich dem Betriebsbegriff indessen nicht entnehmen. Auch § 24 erfordert zwar das Vorhandensein wesentlicher Betriebsgrundlagen, nicht jedoch einen bereits werbenden Betrieb. Insofern dürfte mit *Fuhrmann*[14] davon auszugehen sein, dass ein Betrieb im Aufbau ebenfalls nach § 24 eingebracht werden kann, wenn die wesentlichen Betriebsgrundlagen bereits vorhanden sind und bei Verfolgung des Unternehmensplans ein lebensfähiger Organismus zu erwarten ist.[15] In der Praxis dürfte es indessen lohnen, den Zeitpunkt abzuwarten, an dem eine **Teilnahme am allgemeinen Geschäftsverkehr** vorliegt und erst anschließend eine begünstigte Einbringung durchzuführen, sofern im Betrieb im Aufbau bereits erhebliche stille Reserven liegen. Bei vielen Betrieben im Aufbau fehlt es hingegen, gerade in der Frühphase, an solchen stillen Reserven. Gerade in diesen Fällen ist zu erwägen, ob die Steuerneutralität der Einbringung wirklich notwendig ist oder ob ggf auch eine Einbringung unter Aufdeckung stiller Reserven möglich sein mag, weil sie im Einzelfall nicht mit hohen Kosten behaftet ist.

Weitgehend anerkannt ist zudem, dass ein **auslaufender Geschäftsbetrieb** noch Gegenstand 12
einer begünstigten Einbringung sein kann,[16] sofern die wesentlichen Betriebsgrundlagen noch vorhanden sind. Gleiches gilt für ruhende oder verpachtete Betriebe. Im Übrigen ist der Begriff Betrieb im Sinne des § 24 mit dem in § 20 identisch. Insofern sei zur Erläuterung auf die Kommentierung zu § 20 verwiesen.[17]

bb) Maßgeblicher Zeitpunkt. Der von der Umwandlung betroffene Betrieb muss, anders als 13
von der Finanzverwaltung angenommen, entsprechend dem Normzweck des § 24 im **Zeitpunkt** der Umwandlung bzw Einbringung vorliegen. Die Frage, ob ein Wirtschaftsgut wesentlich ist, muss daher in diesem Zeitpunkt bestimmt werden. Erst dann wird der Einbringungsgegenstand festgelegt und muss daher den gesetzlichen Anforderungen genügen. Demgegenüber vertritt die Finanzverwaltung die Auffassung, dass der Betrieb bereits im steuerlichen Übertragungszeitpunkt vorhanden sein müsse.[18] Entsprechend will sie die Beurteilung, ob ein Wirtschaftsgut wesentliche Betriebsgrundlage ist oder nicht bereits im steuerlichen Rückwirkungszeitpunkt treffen. Dies widerspricht dem Normzweck der Tatbestände zur steuerlichen Rückwirkung. Diese regeln eine Rückwirkung jeweils nur für die Folgen der Umwandlung, nicht für die Tatbestandsmäßigkeit derselben. In der Praxis sollte jedoch zur Vermeidung von Auseinandersetzungen sichergestellt sein, dass die **Betriebseigenschaft** bereits im Zeitpunkt der steuerlichen Rückwirkung vorlag. Da die Rückwirkung, außer im Falle der Umwandlungen nach dem UmwG, nur auf Antrag eintritt, besteht hier bei Einbringungen ein Gestaltungsspielraum, sofern man die Einzelrechtsnachfolgeeinbringungen wählt. Hier kann bei einer erst nach dem letzten Bilanzstichtag begründeten Betriebseigenschaft auf die Rückwirkung verzichtet werden.

b) Teilbetrieb. Der **Teilbetriebsbegriff** in § 24 ist mit dem in den §§ 15, 20 identisch. Bei Um- 14
wandlungen nach der Fusionsrichtlinie ist der Teilbetrieb im Sinne der Richtlinie zu werten. Darüber hinaus besteht Streit darüber, ob der Teilbetriebsbegriff der Fusionsrichtlinie mit dem

12 UmwStE Rn 24.03 iVm Rn 20.07.
13 UmwStE Rn 24.03 iVm Rn 20.06, 15.03.
14 In Widmann/Mayer, § 24 Rn 242.
15 Ebenso Dötsch/Patt/Pung/Möhlenbrock/*Patt*, § 24 Rn 89; Schmitt/Hörtnagl/Stratz/*Schmitt*, § 24 Rn 58.
16 Vgl Widmann/Mayer/*Fuhrmann*, § 24 Rn 242.
17 S. § 20 Rn 56 ff.
18 UmwStE Rn 24.03 iVm Rn 20.06, 15.03.

des UmwStG übereinstimmt.[19] Da das UmwStG in der Fassung durch das SEStEG erklärtermaßen die Fusionsrichtlinie in nationales Recht umsetzen sollte, ist das Gesetz uE so auszulegen, dass der Teilbetriebsbegriff des UmwStG dem der Fusionsrichtlinie entspricht.

15 Begünstigt ist demnach die Einbringung eines in seiner Gliederung weitgehend verselbstständigten Unternehmensteils. Hierbei bilden nach Auffassung der Finanzverwaltung nach **funktionaler Betrachtungsweise** die jedem Teilbetrieb zuzuordnenden Wirtschaftsgüter in ihrer Gesamtheit den jeweiligen Teilbetrieb.[20] Die Zuordnung jedes einzelnen Wirtschaftsguts zu einzelnen Teilbetrieben, unabhängig davon, ob es funktional von Bedeutung ist oder nicht, führt jedoch zu einer wenig praktikablen granulären Aufteilung des Betriebs. Diese ist weder in der Fusionsrichtlinie, noch im Wortlaut des Gesetzes angelegt. Das Gesetz enthält keine nähere Definition des Teilbetriebes, die Fusionsrichtlinie definiert den Betrieb zwar als Gesamtheit der Wirtschaftsgüter, fordert dann aber eine Zuteilung nur nach funktionalen Gesichtspunkten.[21] Daher sollte es genügen, wenn alle funktional wesentlichen Wirtschaftsgüter übertragen werden. Die Frage, ob Wirtschaftsgüter wirtschaftlich einem **Teilbetrieb** zuzuordnen sind, ist aus der Perspektive des Einbringenden zu beurteilen. In der Praxis wird die **Abgrenzung zwischen verschiedenen Teilbetrieben** oft schwer fallen. Hier empfiehlt sich die Einholung einer verbindlichen Auskunft zu der Frage, ob der avisierte Teilbetrieb tatsächlich nach § 24 begünstigt eingebracht werden kann oder nicht. Diese Auskunft ist allerdings mit Gebühren verbunden, die im Höchstfall bis zu 91.456 EUR betragen können.

16 Im Gegensatz zur Spaltung bei Körperschaften erfordert die Einbringung nach § 24 nicht, dass beim Einbringenden ein Teilbetrieb zurückbleibt.[22] Werden Wirtschaftsgüter im abzuspaltenden Teilbetrieb und im verbleibenden Betrieb genutzt, kommt es wegen des fehlenden doppelten Teilbetriebserfordernisses bei Einbringungen nach § 24 nicht zu einem Spaltungshindernis. Es besteht vielmehr die Möglichkeit, die **gemeinsam genutzten Wirtschaftsgüter** im Rahmen der Spaltung dem zu übertragenden Betrieb zuzuordnen und so die Aufdeckung stiller Reserven zu vermeiden.

17 Als Teilbetrieb gilt nach der gesetzlichen Fiktion des § 15 auch die **Beteiligung an einer Kapitalgesellschaft**, wenn sie das gesamte Nennkapital der Gesellschaft umfasst. Die Finanzverwaltung will dies jedoch nur dann akzeptieren, sofern die Beteiligung nicht einem anderen Teilbetrieb funktional zuzuordnen ist.[23] Das Gesetz bietet jedoch keine Grundlage für eine solche Auslegung, da die in § 15 getroffene gesetzliche Fiktion unabhängig von der Zuordnung einer Beteiligung zu einzelnen Teilbetrieben ausgestaltet ist. Insofern stellt auch eine das gesamte Nennkapital umfassende Beteiligung an einer Kapitalgesellschaft einen Teilbetrieb iSd § 24 dar. Zur Vermeidung von Auseinandersetzungen empfiehlt es sich jedoch auch in diesen Fällen, die **Beteiligung** möglichst weit vom Geschäft des übrigen Betriebes zu **isolieren**, um so eine Steuerfreiheit zu gewährleisten. Soweit an der Personengesellschaft ihrerseits Kapitalgesellschaften beteiligt sind, ist der Mehrwert der steuerneutralen Einbringung zudem begrenzt, da diese Gesellschafter mit dem Gewinn aus der Aufdeckung stiller Reserven regelmäßig nach § 8 b KStG effektiv zu 95% steuerbefreit sind.

18 Wie auch bei der Einbringung eines Betriebes geht die Finanzverwaltung auch beim Teilbetriebserfordernis davon aus, dass dieses im **steuerlichen Rückwirkungszeitpunkt** (soweit eine steuerliche Rückwirkung vorgenommen wird) vorliegen muss.[24] Dies vermag aus den oben genannten Gründen nicht zu überzeugen. Der Teilbetrieb muss daher richtigerweise erst dann bestehen, wenn die Einbringung oder Umwandlung durchgeführt wird.[25] Auch beim Teilbetrieb sollte in der Praxis zur Vermeidung von Auseinandersetzungen geprüft werden, ob eine rück-

19 Identität der Begriffe: UmwStE Rn 24.03 iVm Rn 20.06, 15.02; Haritz/Menner/*Schlößer*, § 24 Rn 29; eigener nationaler Teilbetriebsbegriff: Dötsch/Patt/Pung/Möhlenbrock/*Patt*, § 24 Rn 93; Widmann/Mayer/*Fuhrmann*, § 24 Rn 266.
20 UmwStE Rn 24.03 iVm Rn 20.06, 15.07-15.10.
21 Vgl Schmitt/Hörtnagl/Stratz/*Schmitt*, § 24 Rn 63.
22 Dötsch/Patt/Pung/Möhlenbrock/*Patt*, § 24 Rn 91.
23 UmwStE 24.02.
24 UmwStE Rn 24.03 iVm 20.06, 15.03.
25 Vgl dazu oben Rn 13.

wirkende Übertragung erforderlich bzw gewünscht ist. Gegebenenfalls bietet sich durch eine Übertragung im Wege der **Einzelrechtsnachfolge** die Möglichkeit, eine längere steuerliche Rückwirkung zu vermeiden und so sicherzustellen, dass die Teilbetriebseigenschaft bereits in dem Zeitpunkt bestand, in welchem die Übertragung des Teilbetriebs steuerlich wirksam wurde.

c) **Mitunternehmeranteil.** Neben Betrieben und Teilbetrieben können auch **Mitunternehmeranteile** und Teile von Mitunternehmeranteilen nach § 24 eingebracht werden. Eine gesetzliche Definition des Begriffes Mitunternehmeranteil findet sich weder im UmwStG noch im EStG. Im Laufe der Jahre hat sich jedoch herausgebildet, dass derjenige Mitunternehmer ist, welcher mit Mitunternehmerinitiative und Mitunternehmerrisiko an einem Unternehmen beteiligt ist. Wesentliche Fälle von Mitunternehmeranteilen sind, neben der Beteiligung an einer gewerblich tätigen oder geprägten Personenhandelsgesellschaft, Beteiligungen als atypisch stiller Gesellschafter und Beteiligungen an land- und forstwirtschaftlich oder freiberuflich tätigen Gesellschaften. Auch die **Beteiligung an einer ausländischen Personengesellschaft** kann im Einzelfall von § 24 erfasst sein, sofern diese Personengesellschaft bei einem Typenvergleich im Wesentlichen mit nationalen Personenhandelsgesellschaften oder Partnerschaftsgesellschaften vergleichbar ist. Dem Typenvergleich immanent ist, dass nicht die Einordnung als transparent oder intransparent im Sitzstaat maßgeblich ist, sondern eine vergleichende Betrachtung der wesentlichen Charakteristika der Gesellschaft. Ist eine Gesellschaft daher selbstorganschaftlich organisiert, hat sie zudem eine an die Mitgliedschaft der Gesellschafter gebundene Lebensdauer, sind Gewinne ohne gesonderten Beschluss zu entnehmen und bestehen keine wesentlichen Kapitalschutz- bzw Aufbringungsvorschriften, so spricht vieles für eine Behandlung als Personengesellschaft, auch wenn sie im Sitzstaat intransparent ist. Bei ausländischen Gesellschaften ist die Anwendung des deutschen Umwandlungssteuerrechts jedoch nur von Bedeutung, sofern ein Besteuerungsrecht an dem Umwandlungsgewinn Deutschland zusteht. Soweit dies abkommensrechtlich dem Sitzstaat zugewiesen ist, beschränkt sich der Vorteil der Anwendung des § 24 gegebenenfalls auf die Verhinderung von Einkünften unter Progressionsvorbehalt. 19

Kein Mitunternehmeranteil ist dagegen die **Beteiligung an einer bloß vermögensverwaltenden Personenhandelsgesellschaft**, sofern diese nicht gewerblich geprägt ist. Dies gilt auch dann, wenn die Beteiligung beim Gesellschafter im Betriebsvermögen gehalten wird (sog. Zebra-Gesellschaft). Ebenso ist die **typisch stille Beteiligung** kein Mitunternehmeranteil. Für diese Beteiligungsformen ist § 24 daher nicht einschlägig, soweit die betroffenen stillen Beteiligungen oder Anteile an vermögensverwaltenden Personengesellschaften nicht ihrerseits Teil eines nach § 24 begünstigten Betriebes oder Teilbetriebes sind. Zudem ist zu beachten, dass steuerlich der **Mitunternehmeranteil** nicht mit dem Gesellschaftsanteil an der Personengesellschaft gleichzusetzen ist. Der Mitunternehmer einer Personengesellschaft hält regelmäßig Wirtschaftsgüter in seinem **Sonderbetriebsvermögen**. Dieses Sonderbetriebsvermögen ist Teil des Mitunternehmeranteils, obwohl es zivilrechtlich gerade nicht dem Gesellschaftsanteil zuzuordnen ist. Auch kann jeder Gesellschafter einer Personenhandelsgesellschaft an dieser Gesellschaft nur jeweils einen Anteil haben. Das Innehaben mehrerer Anteile durch eine Person ist hingegen nicht möglich. Jede hinzuerworbene gesellschaftsrechtliche Beteiligung an der Personenhandelsgesellschaft verschmilzt automatisch mit der bereits vorhandenen Beteiligung des Anteilsinhabers. 20

In der Praxis ist umstritten, ob bei Einbringung eines Mitunternehmeranteils zusammen mit einem Betrieb ein gesonderter Einbringungsvorgang vorliegt.[26] Letztlich sollte unabhängig von der Zahl der Einbringungsvorgänge klarstehen, dass die Gewährung eines Anteils als Gegenleistung ausreichend ist, da bei einem einheitlichen Einbringungsvorgang keine zwei Anteile gewährt werden können. Auch die Einbringung der Obergesellschaft einer doppelstöckigen Personengesellschaft ist nur ein Einbringungsvorgang, die damit einhergehende Übertragung des 21

26 Ablehnend: Widmann/Mayer/*Widmann*, § 20 Rn 10, zustimmend: UmwStE Rn 24.03 iVm Rn 20.12; Dötsch/Patt/Pung/Möhlenbrock/*Patt*, § 20 Rn 29, Schmitt/Hörtnagl/Stratz/*Schmitt*, § 24 Rn 67.

Mitunternehmeranteils an der Untergesellschaft ist bloße Reflexwirkung und kein eigenständiger Einbringungsvorgang. Umgekehrt ist die Einbringung von Anteilen an mehreren Personengesellschaften nicht zu einer Einbringung zusammenzufassen. Jede stellt für sich genommen eine Einbringung dar, für die jeweils gesondert ausgewählt werden kann, ob sie zum Buchwert, zum Zwischenwert oder zum gemeinen Wert erfolgt.[27]

22 Der Mitunternehmeranteil muss nicht im Ganzen eingebracht werden. § 24 begünstigt auch die **Einbringung eines Teils eines Mitunternehmeranteils.** Dies folgt daraus, dass auch der Teil eines Mitunternehmeranteils seinerseits im Zeitpunkt der Einbringung einen vollständigen Mitunternehmeranteil darstellt. Dieser entsteht allerdings erst im Zeitpunkt der Einbringung selbst, weil zuvor der Gesellschafter nur einen Mitunternehmeranteil halten kann. Bei Einbringung eines Teils eines Mitunternehmeranteils ordnet § 24 Abs. 3 S. 2 an, dass die Vergünstigung nach den §§ 16, 34 EStG nicht zu gewähren ist. Umgekehrt bedeutet dies auch, dass die Einbringung von Teilen eines Mitunternehmeranteils nach § 24 grundsätzlich begünstigungsfähig ist. Auch bei Einbringung eines Teils eines Mitunternehmeranteils ist erforderlich, dass der Teil des Mitunternehmeranteils in seiner **Gesamtheit** eingebracht wird. Insofern ist neben der Übertragung der (Teil-)Mitunternehmerstellung auch die Übertragung des zu diesem Teil gehörenden Sonderbetriebsvermögens erforderlich.[28] Regelmäßig wird dies erfordern, das entsprechende Wirtschaftsgut anteilig zu übertragen. Wird ein zu geringer Anteil am Sonderbetriebsvermögen übertragen, führt dies zur anteiligen Versagung der Vergünstigung nach § 24. Wird dagegen ein zu hoher Anteil am Sonderbetriebsvermögen übertragen, so ist die Einbringung einschließlich des Sonderbetriebsvermögens quotal in der Höhe begünstigt, die dem eingebrachten Mitunternehmeranteil entspricht. Für den übersteigenden Anteil des eingebrachten Sonderbetriebsvermögens kann der Steuerpflichtige daneben die Begünstigung nach § 6 Abs. 5 S. 3 EStG beanspruchen und so auch für diese die Steuerneutralität sicherstellen.[29] Im Zweifel ist daher eine höhere Einbringung gegenüber einer zu geringen Einbringung vorzugswürdig. Bei Inanspruchnahme der Begünstigung nach § 6 Abs. 5 S. 3 EStG ist zudem die Haltefrist des § 6 Abs. 5 S. 4 EStG zu beachten. Wird das eingebrachte Sonderbetriebsvermögen innerhalb von drei Jahren nach Abgabe der Steuererklärung für den Einbringungszeitraum entnommen oder veräußert, ist rückwirkend der Teilwert anzusetzen und die stillen Reserven werden aufgedeckt.

23 Ob das anteilige Sonderbetriebsvermögen in das Gesamthandsvermögen oder in das Sonderbetriebsvermögen eingebracht wird, ist im Ergebnis ohne Belang. Allerdings ist zu beachten, dass die **Einbringung in das Sonderbetriebsvermögen** bei der neuen Personengesellschaft problematisch ist. Bei Einbringung von Mitunternehmeranteilen in eine Personengesellschaft entsteht eine sog. doppelstöckige Personengesellschaft. In beiden Gesellschaften wird auch der Gesellschafter der Obergesellschaft als Mitunternehmer angesehen.[30] Bringt der Gesellschafter nun seine Beteiligung in die Obergesellschaft ein, so bleibt sein Sonderbetriebsvermögen ggf notwendiges Sonderbetriebsvermögen bei der Untergesellschaft, wenn es bei dieser weiterhin genutzt wird. In diesem Falle ist umstritten, ob eine nach § 24 begünstigte Einbringung erfolgt oder ob der Verbleib des Sonderbetriebsvermögens bei der eingebrachten Untergesellschaft ausreicht, um die Voraussetzung einer Einbringung in die Obergesellschaft zu erfüllen.[31] Bisweilen wird in solchen Fällen für die Gewährung der Begünstigung nach § 24 verlangt, dass das betroffene Wirtschaftsgut in das Gesamthandsvermögen der Obergesellschaft eingebracht wird.[32] Im Ergebnis ist durch die Einbringung des Mitunternehmeranteils, zu dem das Sonderbetriebsvermögen gehört, auch dieses **Teil des Eingebrachten** und sollte daher die Voraussetzungen des § 24 erfüllen. In solchen Fällen ist in der Praxis die Einbringung in das Gesamt-

27 Vgl dazu unten Rn 46 ff.
28 Dötsch/Patt/Pung/Möhlenbrock/*Patt*, § 24 Rn 94; Schmitt/Hörtnagl/Stratz/*Schmitt*, § 24 Rn 71.
29 Widmann/Mayer/*Fuhrmann*, § 24 Rn 279.
30 Schmidt/*Wacker*, EStG, § 15 Rn 255.
31 So Widmann/Mayer/*Fuhrmann*, § 24 Rn 280; iE auch Schmitt/Hörtnagl/Stratz/*Schmitt*, § 24 Rn 74.
32 Dötsch/Patt/Pung/Möhlenbrock/*Patt*, § 24 Rn 94.

handsvermögen dennoch vorzugswürdig, sofern ihr keine anderweitigen Bedenken entgegenstehen, weil sie jedweder Diskussion über die Zulässigkeit der Einbringung den Boden entzieht. Bei solchen Einbringungen ist jedoch zu beachten, dass gegebenenfalls (anteilig) Grunderwerbsteuer anfällt, wenn der Gesellschafter nicht vermögensmäßig zu 100 % an der Gesellschaft beteiligt ist und ein Grundstück des Sonderbetriebsvermögens in das Gesamthandsvermögen eingebracht wird. In solchen Fällen lohnt ggf die Absicherung über eine Verbindliche Auskunft, deren Kosten regelmäßig geringer sein werden als die andernfalls drohende Grunderwerbsteuer.

2. Einbringender. Wer Einbringender ist, wird in § 24 nicht ausdrücklich erläutert. Einbringender ist, wer Betriebsvermögen besitzt und im Rahmen einer Einbringung einlegt. Dementsprechend können natürliche Personen und Körperschaften Einbringende sein. Dies gilt unabhängig von der Ansässigkeit der Einbringenden und damit unabhängig davon, ob die Einbringenden jeweils unbeschränkt oder beschränkt steuerpflichtig sind. 24

Wer **Einbringender bei Einbringungen durch eine Personengesellschaft** ist, ist hingegen offen. 25
Fest steht, dass bei Einbringungen von Mitunternehmeranteilen der jeweilige Mitunternehmer Einbringender ist. Schwieriger ist die Frage, wenn ein Betrieb, ein Teilbetrieb oder ein Mitunternehmeranteil eingebracht wird, der zuvor – jedenfalls teilweise – Teil des Gesamthandseigentums einer Mitunternehmerschaft war. In diesen Fällen kann entweder die Personengesellschaft als solche oder der Kreis ihrer Mitunternehmer als Einbringender anzusehen sein. In früheren Jahren vertrat die Finanzverwaltung die Auffassung, dass Einbringende in einem solchen Fall die Gesellschafter der einbringenden Personengesellschaft seien.[33] Dies war allerdings davon getragen, dass die eigene Stellung als Mitunternehmerin der einbringenden Personengesellschaft damals umstritten war. Nachdem heute weitgehend Einigkeit darüber besteht, dass bei doppelstöckigen Personengesellschaften Mitunternehmer sowohl die Mitunternehmerschaft als auch deren Mitunternehmer sind,[34] vertritt auch die Finanzverwaltung inzwischen die Ansicht, dass Einbringender in einem solchen Fall die einbringende Personengesellschaft sein kann.[35] Die **Personengesellschaft** kommt allerdings nur dann **als Einbringender** in Frage, wenn sie nach der Einbringung fortbesteht und für sie eine Mitunternehmerstellung an der aufnehmenden Mitunternehmerschaft begründet oder verstärkt wird. Erfolgt die Gewährung der Mitunternehmerstellung stattdessen an die Gesellschafter der Mitunternehmerschaft (etwa bei der Spaltung) oder geht die Mitunternehmerschaft unter (etwa bei der Verschmelzung), so ist der Kreis der Mitunternehmer der Personengesellschaft wiederum als Gruppe der Einbringenden anzusehen.[36] Insofern ist die Personengesellschaft in der Regel bei Übertragungen im Wege der Einzelrechtsnachfolge, bei Übertragungen im Wege der Gesamtrechtsnachfolge und bei Ausgliederungen als Einbringender anzusehen. Bei Ausgliederungen ist zu beachten, dass die Begünstigung nach § 24 die Übertragung wesentlicher Betriebsgrundlagen in das Gesamthandsvermögen der aufnehmenden Tochterpersonengesellschaft erfordert.

Aus der Festlegung auf die Personengesellschaft als Einbringendem folgt allerdings nicht, dass 26
der Einbringungsgegenstand auf die Wirtschaftsgüter im Eigentum der Personengesellschaft begrenzt ist bzw begrenzt werden darf. Vielmehr ist unverändert für die begünstigte Einbringung auch die Einbringung des Sonderbetriebsvermögens der Gesellschafter der einbringenden Personengesellschaft bei dieser erforderlich, andernfalls ist die Einbringung nicht nach § 24 begünstigt.[37] Umgekehrt ist Gegenstand der Einbringung etwa bei einer Verschmelzung nicht der Mitunternehmeranteil der einbringenden Gesellschafter der untergehenden Personengesellschaft, sondern der Betrieb der Gesellschaft, auch wenn die Gesellschafter als Einbringende anzusehen sind. Insofern ist die Frage des **Einbringungsgegenstandes von der Person des Einbrin-**

33 BMF vom 25.3.1998 Rn 24.04, 20.05.
34 Vgl Schmidt/*Wacker*, EStG, § 15 Rn 255.
35 UmwStE Rn 24.03 iVm Rn 20.03.
36 UmwStE Rn 24.03 iVm Rn 20.03.
37 UmwStE Rn 24.03 iVm Rn 20.03, 20.05.

genden losgelöst zu betrachten.[38] Eine Einbringung durch die Personengesellschaft in ihrer Stellung als Mitunternehmerin kann nur dann steuerneutral erfolgen, wenn keine wesentlichen Betriebsgrundlagen des Sonderbetriebsvermögens zurückgehalten werden. Zudem kann die Privilegierung nach § 24 nur **einheitlich für alle Mitunternehmer** der einbringenden Mitunternehmerschaft beansprucht werden.[39] Es bedarf also einer einheitlichen Festlegung, ob Buchwerte oder eine bestimmte Höhe von Zwischenwerten angesetzt werden sollen, um die für alle Mitunternehmer sonst eintretende Verpflichtung zum Ansatz mit dem gemeinen Wert und damit zur Aufdeckung der stillen Reserven zu verhindern. Aus dem Einheitlichkeitserfordernis folgt umgekehrt, dass bei Einbringungen durch eine Mitunternehmerschaft die Zurückhaltung von Sonderbetriebsvermögen nur eines Mitunternehmers der einbringenden Mitunternehmerschaft allen Mitunternehmern derselben gegenüber zur Versagung der Steuerneutralität nach § 24 führt.

27 **3. Gewährung einer Mitunternehmerstellung. a) Mitunternehmerstellung.** Wesentliche Voraussetzung für die Anwendung des § 24 ist, dass der Einbringende als **Gegenleistung** für die Einbringung Gesellschaftsrechte erwirbt. Der Einbringende muss also als Folge der Einbringung die Rechtsstellung eines Mitunternehmers erlangen. Eine Mitunternehmerschaft liegt vor, wenn mehrere Personen gemeinschaftlich unternehmerisch tätig sind und diese Personen an den Chancen und Risiken des Geschäftsbetriebes beteiligt sind.[40] Die Beteiligung an einer solchen Mitunternehmerschaft vermittelt allerdings nur denjenigen wiederum eine Mitunternehmerstellung, welche sowohl an dem Risiko des gemeinschaftlichen Unternehmens beteiligt sind, also ein Mitunternehmerrisiko tragen, als auch an der unmittelbaren Betätigung des Unternehmens beteiligt sind, also eine Mitunternehmerinitiative innehaben. Das gemeinschaftliche Unternehmen stellt in aller Regel eine Personengesellschaft dar, wobei dies nicht notwendigerweise eine Personenhandelsgesellschaft sein muss.

28 Die Beteiligung des jeweiligen Mitunternehmers setzt in der Regel eine **zivil- bzw gesellschaftsrechtliche Beteiligung** an der Personengesellschaft voraus, wobei entsprechend § 39 AO auch derjenige Mitunternehmer ist, der nicht zivilrechtlich die Beteiligung an der Personengesellschaft innehat, der jedoch wirtschaftlicher Eigentümer der Beteiligung ist.[41] Im Umkehrschluss ist die Einräumung der zivilrechtlichen Rechtsposition der Gesellschafterstellung nicht ausreichend für die Begünstigung nach § 24, wenn der Einbringende nicht auch wirtschaftlicher Eigentümer der Beteiligung ist. Sofern der Einbringende etwa **treuhänderisch für einen Dritten** die Rechtsposition des Gesellschafters erlangt, wird er nicht Mitunternehmer der Mitunternehmerschaft, mit der Folge das § 24 für ihn nicht einschlägig ist. In diesem Fall erhält jedoch auch der Treugeber nur dann eine für § 24 ausreichende Mitunternehmerstellung, wenn er aufgrund der Treuhandvereinbarung tatsächlich sowohl Mitunternehmerrisiko, also Gewinne und Verluste aus der Beteiligung, als auch die Mitunternehmerinitiative, also die Ausübung der Gesellschafterrechte, innehat. Fehlt es etwa an dem hierfür erforderlichen Weisungsrecht des Treugebers, scheidet die Gewährung einer die Voraussetzungen des § 24 erfüllenden Mitunternehmerstellung aus. Im Rahmen von treuhänderisch gehaltenen Beteiligungen ist daher bei Einbringungen nach § 24 besonderes Augenmerk auch auf die Treuhandvereinbarung zu richten, damit feststeht, dass auch der neu gewährte Mitunternehmeranteil tatsächlich dem Risiko und der Kontrolle des Treugebers unterliegt. Auch ist zwingend erforderlich, die betreffende Treuhandvereinbarung im Voraus abzuschließen, da andernfalls der Treugeber im Zeitpunkt der Einbringung keine Gegenleistung in Form eines Mitunternehmeranteils enthält und die Begünstigung nach § 24 verliert.

29 Zur Sicherung der Einräumung einer für § 24 genügenden Mitunternehmerstellung ist sowohl die Einräumung der Mitunternehmerinitiative als auch die des Mitunternehmerrisikos erfor-

38 UmwStE Rn 24.03 iVm Rn 20.03, 20.05; Schmitt/Hörtnagl/Stratz/*Schmitt*, § 24 Rn 107 f.
39 Widmann/Mayer/*Fuhrmann*, § 24 Rn 371.
40 Blümich/*Bode*, EStG, § 15 Rn 222.
41 Widmann/Mayer/*Fuhrmann*, § 24 Rn 377.

derlich. Die Rechtsprechung hat ein Mitunternehmerrisiko etwa in einem Fall des bloßen Durchgangserwerbs verneint, da der Durchgangserwerber kein wirtschaftliches Risiko im Zusammenhang mit seiner Beteiligung getragen habe.[42] Dies mag auch bei Einbringungen nach § 24 dann ein Problem darstellen, wenn der Einbringende seinen Mitunternehmeranteil bereits im Vorfeld zu einem feststehenden Preis weiterüberträgt und insofern nie wirklich Chancen und Risiken aus der Beteiligung innehat. Sofern er jedoch auch im Rahmen des vorübergehenden Erwerbs Chancen und Risiken einer Wertminderung hat, liegt ein Mitunternehmerrisiko vor.

b) **Höhe der Beteiligung.** Wie hoch die neu gewährte Beteiligung an der Mitunternehmerschaft ist, die dem Einbringenden gewährt wird, ist grundsätzlich ohne Bedeutung, **eine Mindestbeteiligungshöhe hierfür gibt es nicht.**[43] Insofern stellt sich die Frage, ob eine **vermögensmäßige Beteiligung** an der Mitunternehmerschaft überhaupt erforderlich ist. Ohne diese Beteiligung ist allerdings schon fraglich, ob der Betroffene tatsächlich Mitunternehmer ist, sofern die Ergebnisse der Gesellschaft den vermögensmäßig an der Gesellschaft beteiligten Personen zustehen. Bei der in der Praxis häufig vorzufindenden GmbH & Co. KG, bei der die GmbH nicht vermögensmäßig an der Gesellschaft beteiligt ist und am Gewinn der Gesellschaft nicht partizipiert, ist die persönlich haftende GmbH regelmäßig kein Mitunternehmer der Mitunternehmerschaft. Für die übrigen Gesellschafter wird die Ausgabe eines Kommanditanteils im Rahmen einer Einbringung schon zur Sicherung der Haftungsbegrenzung erforderlich, sofern sie nicht bereits beteiligt sind. Insofern kommt es hier für die Mitunternehmer regelmäßig zur Ausgabe einer vermögensmäßigen Beteiligung an der Gesellschaft. Auch wird bisweilen unter Verweis auf die letztlich einen Tausch darstellende Einbringung[44] nach § 24 oftmals die Gewährung einer vermögensmäßigen Beteiligung zur Erlangung der Begünstigung nach § 24 gefordert.[45] In der Praxis empfiehlt sich daher eine solche vermögensmäßige Beteiligung auch in den Fällen, in denen sie nicht ohnehin zur Erlangung einer Haftungsbeschränkung erforderlich ist. Hierbei kann der ausgegebene Anteil einen geringen Wert, beispielsweise von 50 EUR, haben. 30

Die Regelung des § 24 ist eine Sondervorschrift für Bewertungen im Falle bestimmter **Tauschgeschäfte**, die sämtlich unter dem Begriff Einbringung subsummiert werden können. Der Tausch von Betrieb, Teilbetrieb oder Mitunternehmeranteil einerseits und der Mitunternehmerstellung andererseits ist Kern des § 24 und somit Voraussetzung für die Erlangung der Begünstigung nach § 24.[46] Deshalb muss die mit dem Tausch bezweckte Gegenleistung, die Einräumung der Mitunternehmerstellung, durch die Einbringung erlangt werden. Die bloße Erlangung bei Gelegenheit der Einbringung reicht dagegen nicht. Entsprechend ist Voraussetzung für die Anwendung des § 24 auch, dass der aufnehmenden Personengesellschaft einlagefähige Wirtschaftsgüter übertragen werden. Andernfalls erhält sie keine ausreichende Gegenleistung für die Gewährung der Gesellschaftsrechte und § 24 ist nicht einschlägig. 31

§ 24 fordert, dass der Einbringende Mitunternehmer „wird". Dennoch kann auch derjenige nach § 24 begünstigt sein, der schon vorher Mitunternehmer an der Personengesellschaft war, wenn er seine **bisherige Mitunternehmerstellung erweitert.**[47] 32

Hierbei ist erforderlich, dass dem Gesellschafter als Gegenleistung für die Einbringung (entweder) ein **Kapitalkonto** eingeräumt oder erhöht wird oder ihm weitere **Gesellschaftsrechte** eingeräumt werden. Dies gilt auch dann, wenn der Gesellschafter schon vor der Einbringung zu 100 % an der Personengesellschaft beteiligt war. Bei einer nachfolgenden Einbringung ist § 24 nur dann anwendbar, wenn das Kapitalkonto des Gesellschafters erhöht wird. Allerdings muss nicht der gesamte Betrag der Einlage etwa dem Sperrkonto zugewiesen werden. Die Finanzver- 33

42 FG München EFG 2009, 184.
43 Vgl Widmann/Mayer/*Fuhrmann*, § 24 Rn 390; Haritz/Menner/*Schlößer*, § 24 Rn 76.
44 S. unten Rn 31.
45 BFH/NV 2008, 296; Schmitt/Hörtnagl/Stratz/*Schmitt*, § 24 Rn 122.
46 Vgl UmwStE Rn 24.07.
47 UmwStE Rn 24.07.

waltung erkennt auch die teilweise Buchung auf einem Kapitalkonto bei Buchung des Restbetrages auf einem gesamthänderisch gebundenen Rücklagenkonto an, ebenso wie die Buchung ausschließlich auf einem variablen Kapitalkonto des Gesellschafters (welches in der Regel als Kapitalkonto II bezeichnet wird).[48] Umgekehrt ist es nicht ausreichend, wenn lediglich ein Darlehenskonto des Gesellschafters erhöht wird. In diesem Fall fehlt es an der Einräumung einer zusätzlichen Gesellschafterstellung, zudem ist die Gewährung eines Darlehenskontobetrages eine zusätzliche Gegenleistung,[49] die wiederum eine Veräußerung und keine Einbringung darstellt. Die Bezeichnung des Kontos als Kapital- oder Darlehenskonto ist dabei ohne Belang. Maßgeblich ist, ob das Konto für die Gesellschaft eine Verbindlichkeit oder Kapital darstellt.[50] Auch ist die Einbringung ausschließlich auf ein gesamthänderisch gebundenes Rücklagenkonto nicht ausreichend, weil in diesem Falle dem Einbringenden kein Mitunternehmeranteil gewährt wird. In einem solchen Fall ist er entweder an der Gesellschaft nicht beteiligt oder seine bereits bestehende Beteiligung an der Gesellschaft wird nicht verstärkt.[51]

34 c) **Weitere Gegenleistungen.** Anders als bei § 20 führt bei § 24 jede Gewährung von Gegenleistungen, die nicht in einer Mitunternehmerstellung liegen, zur Nichtanwendbarkeit des § 24, soweit diese weiteren Gegenleistungen reichen.[52] Man wird hierbei das Geschäft in ein Veräußerungsgeschäft gegen **sonstige Gegenleistungen** und eine nach § 24 begünstigte Umwandlung zu teilen haben, so dass im Ergebnis die sonstige Gegenleistung nur anteilig schädlich ist. Erhält der Einbringende etwa eine Zuzahlung, so unterteilt die Finanzverwaltung dies regelmäßig in einen Verkauf eines Teils der Wirtschaftsgüter an denjenigen, der die Zuzahlung leistet und eine anschließende Einbringung durch den Einbringenden, welche jedoch teils für Rechnung desjenigen erfolgt, der die Zuzahlung geleistet hat.[53] Auf diese Weise kommt es anteilig zu einer Aufdeckung stiller Reserven. Die Finanzverwaltung sieht auch in Fällen, in denen eine Einbringung zunächst gegen Gewährung von Gesellschaftsrechten erfolgt, dann eine **schädliche Veräußerung**, wenn diese wirtschaftlich ein der Barzuzahlung vergleichbares Ergebnis erzielen. Immer dann, wenn wirtschaftlich betrachtet eigentlich eine Veräußerung vorliegt, soll § 24 nicht angewandt werden. Als Beispiel hierfür führt das BMF den Fall an, in welchem ein Einbringender seinen Betrieb gegen Gesellschaftsrechte in eine Personengesellschaft einbringt, der Mitgesellschafter hingegen Bargeld einbringt. [54] Wenn kurze Zeit später eine Realteilung stattfindet, bei welcher der Betriebseinbringer die Bareinlage und der Bargeld eingebracht habende Mitgesellschafter den Betrieb erhält, soll dies eine verdeckte Veräußerung des eingebrachten Betriebs darstellen. Daneben wird eine schädliche verdeckte Veräußerung auch dann anzunehmen sein, wenn der Einbringende unmittelbar nach Einbringung seines Betriebes berechtigt ist, größere Entnahmen aus der Personengesellschaft zu tätigen, ohne dass diese seinen Gewinnanspruch berühren.[55] Der hierbei entstehende Gewinn kann nicht durch Bildung negativer Ergänzungsbilanzen vermieden werden.[56] Eine **Zuzahlung** liegt auch dann vor, wenn privat veranlasste Verbindlichkeiten der Gesellschaft im Rahmen der Einbringung getilgt werden.

35 Liegt eine schädliche Zuzahlung vor, so nimmt die Finanzverwaltung, entsprechend der Fiktion der Teilveräußerung der Wirtschaftsgüter unmittelbar vor Einbringung, eine Realisation noch im einzubringenden Betrieb an. Entsprechend entsteht die Steuerschuld aus der **Aufdeckung stiller Reserven noch beim Einbringenden**, nicht bei der aufnehmenden Gesellschaft. Die Vereinnahmung der Zuzahlung ist dann steuerlich eine Entnahme aus dem Betrieb unmittelbar vor Einbringung.[57] Demnach steht dem Veräußernden auch keine Begünstigung nach §§ 16, 34 EStG zu, da er nicht den Betrieb im Ganzen veräußert. Auch entstehen die Mitunternehmeran-

48 UmwStE Rn 24.07.
49 Vgl dazu unten unter Rn 34 ff.
50 Zu Einzelheiten der Abgrenzung zwischen Darlehenskonten und Kapitalkonten siehe BMF-Schreiben vom 30.5.1997, BStBl. I 1997, 627.
51 Widmann/Mayer/*Fuhrmann*, § 24 Rn 388.
52 UmwStE Rn 24.07.
53 UmwStE Rn 24.08.
54 UmwStE Rn 24.07.
55 UmwStE Rn 24.11.
56 UmwStE Rn 24.09.
57 UmwStE Rn 24.10.

teile erst im Rahmen der nach der fiktiven Veräußerung liegenden Einbringung, so dass auch eine begünstigte Veräußerung von Mitunternehmeranteilen nicht anzunehmen ist.

Trotz des Vorgesagten sind auch **nicht verhältniswahrende Umwandlungen** von § 24 erfasst. 36
Hier kommt es wirtschaftlich zwar zu einer Verschiebung von Beteiligungsverhältnissen, es erfolgt jedoch keine Zuzahlung und kein einer Zuzahlung vergleichbares Geschäft. Wird also ein Teilbetrieb aus einer Personengesellschaft in eine neue Personengesellschaft eingebracht und erhalten nicht alle Gesellschafter der einbringenden Personengesellschaft hierfür Anteile an der neuen Gesellschaft, ist dies steuerlich unschädlich. Auf diese Weise bildet sich in der Praxis eine Möglichkeit, **Gesellschafter zu trennen**, indem die Gesellschafter der neuen Gesellschaft zugleich ihre Beteiligung an der abgebenden Gesellschaft aufgeben. Voraussetzung hierfür ist allerdings das Vorliegen von qualifizierenden Teilbetrieben.

Auch bei Einbringung eines Einzelunternehmens oder Aufnahme eines neuen Gesellschafters in 37
eine bestehende Personengesellschaft zum gemeinen Wert, und damit steuerlich unter Aufdeckung stiller Reserven, kann ggf neben der Gewährung einer Mitunternehmerstellung eine **Zuzahlung** erfolgen. In diesen Fällen wird dem einbringenden Betriebsinhaber regelmäßig die Begünstigung nach den §§ 16, 34 EStG zugestanden, unabhängig davon, ob die Zuzahlung in das Betriebsvermögen oder in das Privatvermögen der Gesellschafter bzw des Betriebsinhabers erfolgt.[58] Allerdings sind auch hier die Beschränkungen des § 24 Abs. 3 S. 3 zu beachten.

d) Verhältnis zwischen Einbringung und vGA. Nicht immer kommt es im Rahmen einer Ein- 38
bringung nach § 24 zur Einräumung einer dem Wert des eingebrachten (Teil-)Betriebs oder Mitunternehmeranteils entsprechenden Gegenleistung in Form der gewährten Mitunternehmerstellung. Wie oben (Rn 30) dargestellt, erfordert § 24 auch nicht die Einräumung einer bestimmten Mindestbeteiligung, so lange überhaupt eine vermögensmäßige Beteiligung an der Mitunternehmerschaft gewährt wird. Es besteht jedoch, wenn an der Einbringung eine Kapitalgesellschaft beteiligt ist, an der weitere Gesellschafter der aufnehmenden Personengesellschaft beteiligt sind, in solchen Fällen ein **Konkurrenzverhältnis** zwischen § 8 Abs. 3 KStG einerseits und § 24 andererseits. Erhält nämlich die einbringende Kapitalgesellschaft zwar einen Mitunternehmeranteil, entspricht dieser aber nicht dem Wert ihrer Beteiligung, so ist in der Regel davon auszugehen, dass sie dies aufgrund des Näheverhältnisses zu ihren Gesellschaftern duldet. Die Einbringung gegen zu geringe Gegenleistung erfüllt dann auch den Tatbestand einer verdeckten Gewinnausschüttung nach § 8 Abs. 3 KStG.

Ob in diesem Falle die Vorschriften des § 24 die Bestimmungen des § 8 Abs. 3 KStG verdrän- 39
gen, ist fraglich. Für den vergleichbaren Fall der **Verschmelzung von Kapitalgesellschaften** wird überwiegend vertreten, dass die verdeckte Gewinnausschüttung in Form der Wertverlagerung unter den beteiligten, nahestehenden Anteilseignern die begünstigte Verschmelzung verdrängt.[59] Soweit Anteile im Rahmen der Verschmelzung ohne angemessene Gegenleistung überlassen werden, liegt hierin wirtschaftlich die Übertragung der Anteile an die nahestehenden Anteilseigner, die dann wirtschaftlich selbst mit diesen Anteilen quasi an der Verschmelzung teilnehmen. Insofern kommt es erst zu einer nicht begünstigten Übertragung (verdeckte Gewinnausschüttung) und erst danach zur Verschmelzung, bei der dann nur für den wertmäßig ordnungsgemäß abgefundenen Anteil am übertragenen Vermögen die Begünstigung einer Buchwertverschmelzung beansprucht werden kann. Überträgt man diese Folgerung auf die **Einbringung durch eine Kapitalgesellschaft**, stellt die nicht angemessen vergütete Übertragung der Mitberechtigung am eingebrachten Vermögen im Rahmen der Einbringung durch eine Kapitalgesellschaft zunächst eine verdeckte Gewinnausschüttung dar, in deren weiterer Folge erst danach eine nach § 24 begünstigungsfähige Einbringung stattfinden kann. Dass diese Einbringung jedenfalls soweit sie wirtschaftlich für die Anteilseigner der beteiligten Kapitalgesellschaft erfolgt, weil diesen über die verdeckte Gewinnausschüttung die anteiligen Wirtschaftsgüter zu-

58 UmwStE Rn 24.12.
59 BFH BStBl. II 2011, 799; UmwStE Rn 13.03; Widmann/Mayer/*Schießl*, § 13 Rn 306.

gewandt wurden, mangels Gewährung eines Mitunternehmeranteils nicht nach § 24 begünstigt ist, dürfte ohne Bedeutung sein. Durch die im Rahmen der verdeckten Gewinnausschüttung erfolgende Aufdeckung stiller Reserven bestehen bei der instantan folgenden Einbringung insoweit keine Unterschiede zwischen Buchwert und gemeinem Wert.

40 **4. Arten der Einbringung.** Von der Vorschrift sind sowohl Einbringungen im Wege der Einzelrechtsnachfolge als auch Einbringungen im Wege der Gesamtrechtsnachfolge erfasst. Der Grundfall der Einbringung ist dabei die Einlage von Wirtschaftsgütern im Wege der Einzelrechtsnachfolge nach allgemeinen zivilrechtlichen Grundsätzen. Soweit Wirtschaftsgüter dem Betrieb zivilrechtlich nicht gehören, kann zivilrechtliches Eigentum nicht übertragen werden. In diesem Falle genügt es, die Rechtsposition, welche der eingebrachte (Teil-)Betrieb an diesen Wirtschaftsgütern innehatte, im Rahmen der Einbringung zu übertragen. Allerdings wird die Übertragung wenigstens eines betriebswesentlichen Wirtschaftsguts in das Gesamthandsvermögen der aufnehmenden Personengesellschaft erforderlich sein, will man die Anwendung des § 24 sicherstellen. Sonst fehlt es an einer Einlage, welche die Gewährung eines Gesellschaftsanteils rechtfertigt, der wiederum zwingende Voraussetzung für die Einbringung nach § 24 ist. Bei Übertragungen im Wege der **Einzelrechtsnachfolge** wird gefordert, dass die betroffenen Vermögensgegenstände in einem **einheitlichen Vorgang** übertragen werden.[60] Zutreffenderweise kann hiermit nur das Verpflichtungsgeschäft gemeint sein, da die ausführenden Verfügungsgeschäfte nur in den seltensten Fällen einheitlich erfolgen können. Insb. die Übertragung von Verbindlichkeiten, welche zu einem Betrieb gehören können, bedarf der Zustimmung des Gläubigers für ihre Wirksamkeit. Diese kann jedoch für verschiedene Gläubiger nicht einheitlich koordiniert werden und mag im Einzelfall nicht zu erreichen sein. In diesen Fällen hat sich in der Praxis etabliert, den aufnehmenden Rechtsträger im Innenverhältnis so zu stellen, als sei die entsprechende Rechtsposition übergegangen. Dies sollte jedenfalls genügen, ihm die wirtschaftliche Berechtigung bzw Belastung bezüglich der entsprechenden Position zu übermitteln.

41 Daneben besteht die Möglichkeit der Übertragung des (Teil-)Betriebs oder Mitunternehmeranteils im Wege der **Gesamtrechtsnachfolge**. Hierbei sind im Wesentlichen Verschmelzungen von Personengesellschaften, Aufspaltung und Abspaltung oder Ausgliederungen denkbar, jeweils unter der Voraussetzung, dass aufnehmender Rechtsträger eine Personenhandelsgesellschaft oder eine Partnerschaftsgesellschaft ist. Neben den vom UmwG geregelten Fällen begünstigt § 24 auch Vorgänge ausländischen Rechts, sofern diese mit den vorgenannten Umwandlungen deutschen Rechts vergleichbar sind.[61] **Aufspaltung** ist die Übertragung des gesamten Vermögens einer Personengesellschaft unter Auflösung derselben auf zwei oder mehr aufnehmende Personengesellschaften; bei der **Abspaltung** besteht die abgebende Personengesellschaft fort.[62] § 1 Abs. 3 Nr. 1 stellt klar, dass Auf- und Abspaltungen von Personengesellschaften unter § 24 fallen. Die Regelung des § 24 geht somit auch bei Spaltungen der Vorschrift über die Realteilung nach § 16 Abs. 3 S. 2 EStG vor. Sofern also die übrigen Voraussetzungen des § 24 erfüllt sind, kann eine **Aufspaltung** einer Personengesellschaft nach § 24 **zu Buchwerten** durchgeführt werden. Zudem besteht die Möglichkeit, eine steuerliche Rückwirkung von bis zu acht Monaten nach § 24 Abs. 4 zu erlangen.[63] Fehlt es hingegen an der Erfüllung einer der Voraussetzungen des § 24, so schließt dies die Begünstigung der entsprechenden Einbringung nach den Vorschriften über die Realteilung oder über die Einbringung von Einzelwirtschaftsgütern der §§ 6 Abs. 5, 16 Abs. 3 S. 2 EStG nicht aus.

42 Neben Übertragungen ausschließlich im Wege der Einzelrechtsnachfolge und ausschließlich im Wege der Gesamtrechtsnachfolge kann es im Rahmen des § 24 auch zu Übertragungen kommen, die teils im Wege der Einzelrechtsnachfolge, teils im Wege der Gesamtrechtsnachfolge stattfinden. Dies ist insb. im Zusammenhang mit Umwandlungen von Personengesellschaften

60 Dötsch/Patt/Pung/Möhlenbrock/*Patt*, § 24 Rn 103.
61 UmwStE Rn 01.48.
62 Vgl zu Einzelheiten der Auf- und Abspaltung die Kommentierung zu § 123 UmwG.
63 Vgl dazu im Einzelnen Rn 81.

regelmäßig der Fall, da die Gesamtrechtsnachfolge nach dem UmwG nur diejenigen Wirtschaftsgüter erfasst, die sich im Gesamthandsvermögen der Personengesellschaft befinden. Da die begünstigte Einbringung nach § 24 aber auch die Übertragung der Wirtschaftsgüter des Sonderbetriebsvermögens fordert, auf welches sich die Gesamtrechtsnachfolge nicht erstreckt, müssen diese Wirtschaftsgüter im Wege der Einzelrechtsnachfolge separat übertragen werden. Diese **Kombination von Einzel- und Gesamtrechtsnachfolge** ist auch nach Auffassung der Finanzverwaltung zulässig.[64] Bei einer solchen gemischten Übertragung tritt eine steuerliche Rückwirkung einheitlich sowohl für die im Einzelrechtsnachfolgewege als auch für die im Gesamtrechtsnachfolgewege erfolgten Übertragungen ein.[65]

Eine Sonderform der Übertragung von Wirtschaftsgütern einer Personengesellschaft ist die sog. **Anwachsung**. Man unterscheidet zwischen der einfachen Anwachsung nach § 738 Abs. 1 S. 1 BGB, nach welcher der Geschäftsanteil eines ausscheidenden Gesellschafters einer Personengesellschaft den verbliebenen Gesellschaftern anwächst, und der sog. erweiterten Anwachsung, bei der alle Gesellschafter einer Personengesellschaft ihre Anteile an dieser in eine einzige neue Personengesellschaft einbringen. Im letzten Fall ist die neue Personengesellschaft sodann einziger Gesellschafter der anderen Personengesellschaft, so dass diese erlischt und ihr Vermögen ihrem einzigen Gesellschafter anwächst. Die einfache Anwachsung wird von § 24 nicht erfasst. Bei ihr kommt es nicht zu einem Tauschvorgang, da das Vermögen der Personengesellschaft selbst nicht übertragen wird und der Gesellschaftsanteil als solcher untergeht. Lediglich die Mitberechtigung des ausscheidenden Gesellschafters fällt den verbliebenen Gesellschaftern zu. Bei der erweiterten Anwachsung liegt dagegen ein tauschartiges Geschäft vor, da die Mitunternehmer ihre Beteiligung jeweils gegen Gewährung von Gesellschaftsrechten in die aufnehmende Personengesellschaft einbringen. Die anschließende Anwachsung ist nur Folge des eigentlichen Tausches. Entsprechend führt die erweiterte Anwachsung zu einer nach § 24 begünstigungsfähigen Einbringung, sofern alle wesentlichen Betriebsgrundlagen übertragen werden.[66] Auch bei der erweiterten Anwachsung ist die Übertragung von Sonderbetriebsvermögen erforderlich, welche sich in der Praxis jedoch in aller Regel von selbst vollzieht, da wesentliche Betriebsgrundlagen im Sonderbetriebsvermögen regelmäßig notwendiges Sonderbetriebsvermögen sind und somit durch die Anwachsung automatisch zu notwendigem Sonderbetriebsvermögen bei der verbleibenden Personengesellschaft werden. Die erweiterte Anwachsung führt insoweit zur **zwingenden Buchwertfortführung**, als die übernehmende Personengesellschaft schon vorher an der Personengesellschaft beteiligt war, die auf sie anwächst. Die entsprechenden Wirtschaftsgüter verlieren ihre steuerliche Zuordnung zu dieser Personengesellschaft in keinem Zeitpunkt, so dass eine Neubewertung nicht möglich ist.[67] 43

Ob die Einbringung einer **das gesamte Nennkapital einer Kapitalgesellschaft umfassenden Beteiligung** in eine Personengesellschaft unter § 24 fällt, ist umstritten. Nach überwiegender Meinung soll die Fiktion des § 16 Abs. 1 S. 1 Nr. 1 S. 2 EStG, nach dem solche Beteiligungen einen Teilbetrieb darstellen, auch für Zwecke des § 24 gelten.[68] Der BFH hat dagegen in einer Entscheidung die Übertragung der Teilbetriebsfiktion des § 16 EStG auf Umwandlungen nach § 24 abgelehnt.[69] Er sah für eine solche Analogie keinen Raum, da die betreffende Regelungslücke, sofern eine solche überhaupt vorliege, jedenfalls nicht planwidrig sei. Dies zeige sich insb. daran, dass im Rahmen des § 24 eine dem § 15 entsprechende Übernahme der Teilbetriebsfiktion nicht erfolgt sei. Die amtliche Begründung zur Neufassung des UmwStG durch das SEStEG, nach der § 24 auch Einbringungen von einhundert prozentigen Beteiligungen erfasse, sei irrelevant, da mit diesem Gesetz § 24 Abs. 1 nicht geändert worden sei und der historische Gesetzgeber offenbar die mögliche Regelungslücke bewusst herbeigeführt habe. Dies vermag nicht zu 44

64 UmwStE Rn 24.06.
65 UmwStE Rn 24.06.
66 UmwStE Rn 01.44.
67 Schmidt/*Wacker*, EStG, § 16 Rn 525; Widmann/Mayer/*Fuhrmann*, § 24 Rn 314.
68 UmwStE Rn 24.02; Dötsch/Patt/Pung/Möhlenbrock/*Patt*, § 24 Rn 95; Blümich/*Nitzschke* § 24 Rn 39; Schmitt/Hörtnagl/Stratz/*Schmitt*, § 24 Rn 75.
69 BFH BStBl. II 2009, 464.

überzeugen. Zum einen ist, anders als vom BFH angenommen, auch eine das gesamte Nennkapital umfassende Beteiligung eine **organisatorische Einheit** als Teil des Betriebes, die üblicherweise in seiner Gliederung soweit verselbstständigt ist, dass er regelmäßig bereits an sich einen Teilbetrieb darstellt. Die Beteiligung kann auch ohne weitere betriebliche Anknüpfungspunkte eine organisatorische Einheit sein und ist dies auch regelmäßig, zumal sie unmittelbar den Betrieb des Beteiligungsunternehmens verkörpert. Daneben besteht über die enge Verzahnung zwischen § 23 Abs. 3 und § 16 EStG das Erfordernis eines Gleichlaufs der in beiden Vorschriften gewählten Teilbetriebsdefinitionen. Da der Gesetzgeber jedenfalls im Jahr 2006 die Anwendbarkeit des § 24 auf die Übertragung von das gesamte Nennkapital umfassenden Beteiligungen an Kapitalgesellschaften als gegeben erachtete, wäre allerdings eine Klarstellung durch den Gesetzgeber hilfreich. In der Praxis ist daher bei Einbringung von Beteiligungen, die das **gesamte Nennkapital** einer Kapitalgesellschaft umfassen, in eine Personengesellschaft Vorsicht geboten. Auch eine verbindliche Auskunft, welche die Anwendbarkeit in einem solchen Fall bescheinigt, schützt den Steuerpflichtigen nur eingeschränkt, da er in Anbetracht der entgegenstehenden BFH-Rechtsprechung mit deren Widerruf rechnen muss und ggf nur eingeschränkten Vertrauensschutz genießt.

45 Von § 24 nicht erfasst sind **Formwechsel** von einer Personengesellschaft in eine andere Personengesellschaft. Hierbei findet bereits keine Vermögensübertragung statt, so dass der Formwechsel auch steuerlich unbeachtlich ist.[70]

III. Ansatz des eingebrachten Betriebsvermögens

46 Die Einbringung nach § 24 ist als tauschartiges Geschäft ein Verkehrsgeschäft. Der eingebrachte Betrieb oder Teilbetrieb oder Mitunternehmeranteil wird gegen einen Mitunternehmeranteil an der aufnehmenden Personengesellschaft getauscht. Steuerbilanziell ist der Mitunternehmeranteil selbst kein bilanzierungsfähiges Wirtschaftsgut. Bilanziert wird darin vielmehr der mitunternehmerische Mitberechtigungsanteil an den Wirtschaftsgütern der Mitunternehmerschaft. Im Ergebnis gelangt man jedoch auch bei dieser Betrachtung dazu, dass neue Wirtschaftsgüter im Tausch gegen andere Wirtschaftsgüter angeschafft wurden. Insofern bedarf es einer **Bewertung der angeschafften Wirtschaftsgüter**. Hierfür enthält § 24 Sonderregeln, welche von den allgemeinen Bestimmungen des Handelsbilanz- und Steuerrechts abweichen.

47 Der Wert, mit dem das eingebrachte Betriebsvermögen beim Übernehmer angesetzt wird, gilt nach § 24 Abs. 3 S. 1 für den Einbringenden als **Veräußerungspreis** desselben. Insofern hängt die steuerliche Folge einer Einbringung nach § 24 davon ab, mit welchem Wert das eingebrachte Betriebsvermögen beim Übernehmer angesetzt wird.

48 Maßgeblich für die Bestimmung des Veräußerungspreises nach § 24 Abs. 3 S. 1 ist nicht allein die Bilanzierung in der Gesamthandsbilanz, sondern der kumulierte Wert aus Gesamthands- und Ergänzungsbilanz bzw bei Sonderbetriebsvermögen der Buchwert aus der entsprechenden Sonderbilanz. Hierbei ist sowohl die Bildung positiver Ergänzungsbilanzen als auch die Bildung negativer Ergänzungsbilanzen zulässig.[71] **Negative Ergänzungsbilanzen** bildet man dann, wenn in der Gesamthandsbilanz die stillen Reserven offengelegt werden. Dies erfolgt etwa, um die Kapitalkonten in der Gesamthandsbilanz im richtigen Verhältnis darzustellen, man bezeichnet dieses Vorgehen als sog. Bruttomethode.[72] **Positive Ergänzungsbilanzen** sind dagegen erforderlich, wenn einzelne Gesellschafter höhere Einlagen leisten, als es dem ihnen in der Gesamthandsbilanz zugewiesenen Kapitalkonto entspricht. Die Mehreinlagen werden dann nicht in der Gesamthandsbilanz dargestellt, man spricht von der sog. **Nettomethode**.[73] Letztere findet sich insb. dann, wenn einzelne Mitunternehmeranteile übertragen werden, ohne dass es zu einer Auflösung der Gesellschaft kommt. Die dann vom Übernehmer des Mitunternehmeran-

70 UmwStE Rn 01.47.
71 UmwStE Rn 24.14.
72 UmwStE Rn 24.14.
73 UmwStE Rn 24.14.

teils mitvergüteten stillen Reserven werden regelmäßig in einer Ergänzungsbilanz ausgewiesen. **Positive und negative Ergänzungsbilanzen** können bei derselben Mitunternehmerschaft gleichzeitig bestehen, etwa wenn Teile eines Mitunternehmeranteils übertragen werden. Die gebildeten Ergänzungsbilanzen werden im Rahmen der folgenden Gewinnermittlungen jeweils fortentwickelt, bis alle Wirtschaftsgüter der Ergänzungsbilanz voll abgeschrieben oder aus dem Betriebsvermögen der Personengesellschaft ausgeschieden sind.

1. Grundsatz: gemeiner Wert. Nach § 24 Abs. 2 S. 1 ist das eingebrachte Betriebsvermögen regelmäßig mit dem gemeinen Wert zu bewerten. Stille Reserven sind insoweit, sofern keine Buchwerteinbringung erfolgen kann, aufzudecken. Für Pensionsverbindlichkeiten gilt nach § 24 Abs. 2 S. 1 Hs 2 abweichend hiervon § 6 a EStG, sie können folglich nur mit dem niedrigeren Steuerbilanzwert nach § 6 a EStG berücksichtigt werden. Insofern ermöglicht die Umwandlung nicht die Aufdeckung stiller Lasten aus Pensionsverpflichtungen, welche inzwischen auch bei schuldrechtlicher Übertragung regelmäßig nach § 5 Abs. 7 EStG nicht mehr aufgedeckt werden können. 49

Der **Gewinn aus der Einbringung** des Betriebs, Teilbetriebs bzw Mitunternehmeranteils ist gemäß § 24 Abs. 3 S. 2 nur dann nach den §§ 16, 34 EStG begünstigt, wenn das eingebrachte Betriebsvermögen mit dem gemeinen Wert angesetzt wird. Die Einbringung von Teilen eines Mitunternehmeranteils ist grundsätzlich nicht begünstigungsfähig. Hierbei ist darauf zu achten, auch diejenigen Wirtschaftsgüter mit dem gemeinen Wert anzusetzen, die aufgrund eines handelsrechtlichen Ansatzverbots regelmäßig nicht bilanziert werden. Dies sind insb. **Geschäfts- und Firmenwert.** Unterbleibt der Ansatz dieser Posten, so entfällt die Begünstigung nach den §§ 16, 34 EStG. Eine lediglich fehlerhafte Bewertung der betreffenden Posten kann jedoch uE nicht zum Wegfall der Begünstigung führen, da hierdurch in der Praxis der Begünstigung im Einbringungsfall jeder Anwendungsgrund entzogen würde. Denn eine praktisch unanfechtbare Bewertung kann niemand vorweisen. 50

Eine weitere Beschränkung erfährt die Begünstigung nach den §§ 16, 34 EStG insoweit, als der Einbringende wirtschaftlich betrachtet an sich selbst veräußert. Da er einen Mitunternehmeranteil an der erwerbenden Gesellschaft besitzen bzw erhalten muss, ist dies stets teilweise der Fall. Soweit eine **Veräußerung „an sich selbst“** vorliegt, verwehrt die Finanzverwaltung die Begünstigung aufgrund der in § 24 Abs. 3 S. 3 enthaltenen Verweisung auf die Vorschrift des § 16 Abs. 2 S. 3 EStG.[74] Sofern mehrere Gesellschafter einbringen, liegt hierin eine einheitliche Einbringung der Gesellschafter in ihrer gesamthänderischen Verbundenheit, so dass der Anteil der selbst erworbenen Anteile für die Summe der einbringenden Gesellschafter zu bilden ist und insoweit die Vergünstigung nach den §§ 16, 34 EStG ausscheidet. 51

Mit dem Wegfall der Begünstigung geht die Gewerbesteuerpflicht des Einbringungsgewinns einher. Da es sich in diesen Fällen um laufende Gewinne handelt, ist keine Befreiung für Veräußerungsgewinne möglich.[75] 52

2. Ausnahme: Buchwert oder Zwischenwert. Bei nach § 24 begünstigten Einbringungen ist statt des Ansatzes zum gemeinen Wert auch der Ansatz mit dem Buchwert oder einem Zwischenwert zulässig. Da der Wert, mit dem das eingebrachte Betriebsvermögen beim Übernehmer angesetzt wird, nach § 24 Abs. 3 S. 1 für den Einbringenden als Veräußerungspreis desselben gilt, verhindert der Buchwertansatz die Entstehung eines steuerlichen Gewinns aus der Einbringung oder Umwandlung. Die Buchwerte des Einbringenden gelten bei Buchwertansatz als dessen Veräußerungspreis, stille Reserven werden nicht besteuert. 53

Dem Buchwertansatz steht nicht entgegen, dass das eingebrachte Betriebsvermögen einen negativen Wert hat.[76] § 24 enthält keine Beschränkung, wie sie in § 20 Abs. 2 S. 2 Nr. 2 enthalten ist. Allerdings ist auch für dieses **negative Betriebsvermögen** erforderlich, dem Einbringenden 54

74 UmwStE Rn 24.16.
75 UmwStE Rn 24.17.
76 UmwStE Rn 24.04.

einen Mitunternehmeranteil einzuräumen. Dies führt bei der Beteiligung als Kommanditist zu einem Problem, sofern nicht nur der Buchwert sondern auch der reale Wert des eingebrachten Vermögens negativ ist. Im Zweifel empfiehlt sich, Verbindlichkeiten nur insoweit zu übertragen, dass ein ausreichender Wert zur Deckung der Kommanditeinlage übertragen wird.

55 Der **Zwischenwertansatz** führt zu einer partiellen Gewinnrealisierung, sofern die Wirtschaftsgüter stille Reserven enthalten. Beim Zwischenwertansatz sind die Mehrwerte zu den Buchwerten grundsätzlich gleichmäßig auf die einzelnen Wirtschaftsgüter zu verteilen, wobei keines der Wirtschaftsgüter mit einem seinen Verkehrswert übersteigenden Wert angesetzt werden darf. Auf den Zwischenwertansatz sind nach § 24 Abs. 3 die Vorschriften der §§ 23 Abs. 3, 12 Abs. 3 S. 1 entsprechend anzuwenden.[77] Ein Zwischenwertansatz bietet sich insb. zur Nutzung von **Verlusten und Verlustvorträgen** an, welche bei der Umwandlung nicht übergehen (vgl Rn 67). Auch beim Zwischenwertansatz ist das Aufdecken stiller Lasten insb. aus Pensionsverpflichtungen nicht möglich, da die Bewertung nach § 6 a EStG auch hierfür nach § 24 Abs. 2 S. 1 Hs 2 eine Obergrenze bildet.

56 Der Ansatz des Buch- oder Zwischenwertes muss nicht in der Gesamthandsbilanz erfolgen. Erfolgt dort ein Ansatz zu einem anderen Wert, kann der gewünschte Buch- oder Zwischenwert über die Ergänzungsbilanzen der Gesellschafter zum Ansatz gebracht werden (vgl Rn 48).

57 Die Bewertung zum Buchwert oder Zwischenwert setzt einen **Antrag** voraus.[78] Das Wahlrecht bzw die Antragsbefugnis liegt ausschließlich bei der aufnehmenden Personengesellschaft. Sie bindet allerdings auch den Einbringenden. Der Antrag ist bis zur erstmaligen Abgabe der steuerlichen Schlussbilanz zu stellen. In der Praxis erfolgt die Antragsausübung regelmäßig durch entsprechende Bilanzierung in der Steuerbilanz der übernehmenden Personengesellschaft. Sofern Zweifel bezüglich der genauen Werte bestehen, empfiehlt sich, einen gesonderten Antrag im Vorfeld der Einreichung der Steuerbilanz zu stellen. Sind die Werte in der Steuerbilanz dann nicht mit den Buchwerten identisch, dürfte wegen des eindeutigen und ausdrücklichen Antrags dennoch die Buchwertfortführung möglich sein.[79] Die Ansätze in der Handelsbilanz sind für die Ausübung des Wahlrechts unerheblich, maßgeblich ist allein der Ansatz in der Steuerbilanz. Die Bindung an die Bilanzierung der aufnehmenden Gesellschaft kann nur so weit reichen, wie die dort getroffenen **Bilanzansätze** zulässig sind. Die Beschränkungen zu Bilanzansätzen im Steuerrecht greifen jedoch regelmäßig auch für den Erwerber, so dass ein unzutreffender Bilanzansatz seinerseits regelmäßig ohnehin abzuändern ist. Jede **Änderung des Bilanzansatzes** bei der aufnehmenden Gesellschaft, etwa in Folge von Betriebsprüfungen, schlägt auf die Bilanzierung und damit die Ermittlung des Gewinns aus der Einbringung beim Einbringenden durch. Dies gilt jedoch nur für den Ansatz auf den Zeitpunkt der Einbringung, spätere Fluktuationen in der Bewertung werden nicht beim Einbringenden erfasst. Auch für **Einbringungen** im Rahmen des § 24 besteht die Möglichkeit, die Begünstigung des § 6 b EStG zu beanspruchen, wenn die weiteren Voraussetzungen hierfür erfüllt sind. Insofern kann ein Gewinn aus der Einbringung durch eine Rücklage nach § 6 b EStG ggf neutralisiert werden. Die Rücklage kann bei Einbringung zum gemeinen Wert durch Einzelrechtsnachfolge auf die eingebrachten Wirtschaftsgüter bei der aufnehmenden Gesellschaft übertragen werden, soweit der Gesellschafter an der Gesellschaft beteiligt ist.[80]

IV. Folgewirkungen beim Einbringenden

58 **1. Gewerbesteuer.** Der Gewinn aus der Einbringung ist nicht Teil des Gewerbeertrags, sofern Einbringender eine natürliche Person ist.[81] Hiervon gibt es jedoch Ausnahmen. So ist der Ge-

77 S. hierzu § 23 Rn 27 ff.
78 Dötsch/Patt/Pung/Möhlenbrock/*Patt*, § 24 Rn 115; Schmitt/Hörtnagl/Stratz/*Schmitt*, § 24 Rn 241.
79 So Schmitt/Hörtnagl/Stratz/*Schmitt*, § 24 Rn 241; eine Auslegung erfordert diesenfalls Dötsch/Patt/Pung/Möhlenbrock/*Patt*, § 24 Rn 118.
80 Dötsch/Patt/Pung/Möhlenbrock/*Patt*, § 24 Rn 138.
81 Haritz/Menner/*Schlößer*, § 24 Rn 183; Dötsch/Patt/Pung/Möhlenbrock/*Patt*, § 24 Rn 143.

winn insoweit, als er bei einer im gewerblichen Grundstückshandel tätigen Personengesellschaft entsteht, steuerpflichtig, soweit er auf Grundstücke des Umlaufvermögens entfällt.[82] Auch der Gewinn aus der Einbringung von Anteilen an einer Kapitalgesellschaft ist gewerbesteuerpflichtig.[83] Sofern die Anteile zusammen mit dem Betrieb, dem sie zugehören, eingebracht werden, soll dies die Gewerbesteuerpflicht nach Auffassung der Finanzverwaltung allerdings entfallen lassen.

Bei Einbringung durch eine Körperschaft unterliegt der Gewinn aus der Einbringung insgesamt der Gewerbesteuer. Allerdings ist wegen § 8 b Abs. 2 KStG der Gewinn aus der Einbringung von Beteiligungen an Kapitalgesellschaften ggf steuerbefreit. 59

2. Eintritt in Halte- und Behaltensfristen. Soweit für die Besteuerung Halte- und Behaltensfristen von Bedeutung sind, tritt bei der Einbringung der übernehmende Rechtsträger nach § 24 Abs. 4 iVm §§ 23, 12 Abs. 3, 4 Abs. 2 bezüglich derselben in die Rechtstellung des übertragenden Rechtsträgers ein. Die Vorbesitzzeiten des übertragenden Rechtsträgers werden also auf die Besitzzeiten beim übernehmenden Rechtsträger angerechnet. Hierbei ist es ohne Belang, ob die Einbringung zum Buchwert, zum gemeinen Wert oder zum Zwischenwert erfolgte. 60

3. Ermittlung der AfA. Die **Bestimmung der AfA** hängt in der Folge der Einbringung maßgeblich davon ab, ob von dem Wahlrecht nach § 24 Abs. 2 Gebrauch gemacht wurde. Wurde ein Wertansatz zum Buchwert oder Zwischenwert gewählt, so ist nach § 24 Abs. 4 iVm § 23 grundsätzlich die bisherige AfA fortzuführen. Beim Zwischenwertansatz sind entsprechende Mehrwerte über die verbleibende Restnutzungsdauer abzusetzen. Teilweise wird jedoch in einer Ergänzungsbilanz die Bestimmung einer neuen **Restnutzungsdauer** befürwortet.[84] Die sich hieraus ergebende Abweichung zwischen Restnutzungsdauer in der Gesamthandsbilanz und der Ergänzungsbilanz ist jedoch mit der Systematik der Ergänzungsbilanz, welche lediglich die Mehr- oder Minderwerte der Wirtschaftsgüter in der Gesamthandsbilanz enthält, nicht vereinbar, da die Ergänzungsbilanz kein eigenständiger Bilanzierungskreis ist, so dass keine eigenständigen Restnutzungsdauern für die Ergänzungsbilanz festgelegt werden können.[85] 61

Beim Ansatz mit dem gemeinen Wert liegt uneingeschränkt ein Tauschvorgang und damit eine neuerliche Anschaffung vor, sofern eine Einbringung im Wege der Einzelrechtsnachfolge erfolgt. Bei Fällen der Gesamtrechtsnachfolge nach dem UmwG erstreckt sich die Gesamtrechtsnachfolge auch auf die Anschaffungszeitpunkte und Nutzungsdauern der Wirtschaftsgüter.[86] 62

4. Einbringungsfolgegewinn. Sofern durch die Einbringung Forderungen und Verbindlichkeiten zusammenfallen und durch Konfusion untergehen oder Rückstellungen entfallen, kann es zur Entstehung eines sog. **Einbringungsfolgegewinns** kommen. Dies ist insb. dann der Fall, wenn der Gläubiger seine Forderung bereits wertberichtigt hat, der Schuldner sie jedoch noch zum Nennbetrag ausweist. In diesen Fällen gestattet § 24 Abs. 4 iVm §§ 23 Abs. 6, 6 Abs. 1, 3 die Bildung einer den steuerlichen Gewinn mindernden Rücklage. Die so gebildete Rücklage ist in den Wirtschaftsjahren nach Bildung derselben jeweils mit mindestens einem Drittel aufzulösen. Auf diese Weise wird der Ertrag aus dem Einbringungsfolgegewinn über mehrere Jahre erstreckt. In der Praxis bietet die Rücklage eine Möglichkeit der Ergebnissteuerung, weil die Auflösung zwar mindestens ein Drittel betragen muss, eine höhere Auflösung jedoch ebenfalls gestattet ist. So mag es lohnen, in einem Verlustjahr die Rücklage insgesamt aufzulösen um so die 63

82 BFH BStBl. II 2010, 171.

83 Vgl UmwStE Rn 24.17; R 7.1 Abs. 3 GewStRL 2009; Abschn. 39 Abs. 1 Nr. 1 S. 13 GewStRL 1998.

84 Schmitt/Hörtnagl/Stratz/*Schmitt*, § 24 Rn 265.

85 Vgl Schmidt/*Wacker*, EStG, § 15 Rn 465.

86 Vgl Schmitt/Hörtnagl/Stratz/*Schmitt*, § 24 Rn 272.

Entstehung von Verlustvorträgen, die nur in der Mindestbesteuerung genutzt werden können, zu verhindern.

V. Einbringungsgewinn bei Einbringung von Anteilen an einer Kapitalgesellschaft

64 Für Einbringungen von Anteilen an Kapitalgesellschaften nach § 24 sieht Abs. 5 die nachträgliche Besteuerung des Einbringungsgewinns entsprechend der Regelungen des § 22 Abs. 2 vor, soweit eingebrachte Anteile innerhalb von sieben Jahren nach der Einbringung veräußert werden oder einer der Ersatztatbestände des § 22 Abs. 2 erfüllt wird. Die **schädliche Veräußerung** ist ein rückwirkendes Ereignis iSd § 175 Abs. 1 S. 1 Nr. 2 AO.[87] Werden die Anteile nicht vollständig sondern nur anteilig veräußert, erfolgt auch nur eine anteilige Nachversteuerung. Wird der Betrieb der übernehmenden Personengesellschaft aufgegeben, so steht dies nach Auffassung der Finanzverwaltung der vollständigen Veräußerung der sperrfristbehafteten Anteile gleich.[88] Wie bei Einbringungen nach § 20 bzw dem Anteilstausch nach § 21 schmilzt der nachzuversteuernde Gewinn auch bei § 24 für jedes Jahr zwischen Einbringung und schädlicher Veräußerung jeweils um ein Siebtel ab.

65 Voraussetzung für die Besteuerung eines solchen Einbringungsgewinns ist jedoch, dass der Einbringende mit dem Gewinn aus der Veräußerung der Anteile nicht nach § 8 b Abs. 2 KStG von der Körperschaftsteuer befreit gewesen wäre und dass bei der Veräußerung der Anteile durch die aufnehmende Personengesellschaft der Gewinn nach § 8 b Abs. 2 KStG steuerbefreit ist.[89] Es müssen **stille Reserven** aus den Anteilen auf einen nach § 8 b Abs. 2 KStG begünstigten Steuerpflichtigen überspringen, damit es zur Besteuerung eines Einbringungsgewinns kommt. Folglich kann die Besteuerung eines Einbringungsgewinns bei § 24 durch Zuordnung der stillen Reserven zum Einbringenden in einer entsprechenden Ergänzungsbilanz verhindert werden.[90]

66 Umstritten ist, ob im Rahmen der Einbringung nach § 24 der Steuerpflichtige den **Nachweis** nach § 22 Abs. 3 führen muss.[91] Richtigerweise verweist § 24 nur bezüglich der Rechtsfolgen auf § 22 Abs. 3, nicht jedoch bezüglich der Tatbestandsvoraussetzungen. Daher ist der Nachweis nach § 22 Abs. 3 entbehrlich. Zur Vermeidung von Auseinandersetzungen sollte der Nachweis dennoch jeweils fristgerecht erbracht werden. Den Nachweis kann die Personengesellschaft selbst führen.[92] Im Übrigen sei zu Mitverstrickung neu ausgegebener Anteile, den einer Veräußerung gleichgestellten Vorgängen, der gesonderten Feststellung des zu versteuernden Einbringungsgewinns und den Folgen von Ketteneinbringungen auf die Kommentierung zu § 22 verwiesen.

VI. Verlustvortrag und Zinsvortrag

67 Anders als Kapitalgesellschaften sind Personengesellschaften selbst nicht Träger der einkommensteuerlichen Verluste. Insofern kommt es bei Übertragung von (Teil-)Betrieben aus und von Anteilen an Personengesellschaften nicht zu einem unmittelbaren Eingriff in die steuerliche Situation des Rechtsträgers, welchem die einkommensteuerlichen Verluste zuzurechnen sind. Folglich ergibt sich aus einer Einbringung nach § 24 in der Regel auch kein schädlicher Vorgang im Sinne des § 8 c KStG im Bezug auf körperschaftsteuerliche Verluste, soweit der Rechtsträger eine Körperschaft ist. Ausnahmen ergeben sich nur dort, wo im Rahmen der Einbringung nach § 24 auch in die Rechtsgestalt der verlusttragenden Körperschaft eingegriffen wird, wenn etwa die Einbringung im Ergebnis über eine Anwachsung geschieht. Hier ist je-

87 UmwStE Rn 24.19.
88 UmwStE Rn 24.25.
89 UmwStE Rn 24.21.
90 Nach Dötsch/Patt/Pung/Möhlenbrock/*Patt*, § 24 Rn 224 verbleibt deshalb wohl kein Anwendungsbereich für § 24 Abs. 5, da bei Einbringung ohne entsprechende Berücksichtigung in den Ergänzungsbilanzen nach den Regeln über stille Einlagen die stillen Reserven aufzudecken seien.
91 Dies fordert UmwStE Rn 24.29; dagegen Rödder/Herlinghaus/van Lishaut/*Rasche*, § 24 Rn 134; Dötsch/Patt/Pung/Möhlenbrock/*Patt*, § 24 Rn 233.
92 UmwStE Rn 24.29.

doch nicht § 24 für die **Verlustnutzung** bei der betroffenen Körperschaft maßgeblich, sondern die allgemeinen Vorschriften für den Rechtsakt, der schlussendlich die Anwachsung herbeiführt.

Die **Gewerbesteuer** ist keine Personensteuer, sondern eine Objektsteuer. Insofern gelten im Rahmen der Gewerbesteuer andere Regeln. Hier gibt es nicht nur den Steuerpflichtigen, sondern auch das Steuerobjekt in Form des Gewerbebetriebes. Dieser Gewerbebetrieb kann, ganz oder teilweise, Gegenstand der Einbringung nach § 24 sein, so dass sich aus einer solchen Einbringung unmittelbare Auswirkungen auf die Nutzung gewerbesteuerlicher Verlustvorträge ergeben. 68

Gewerbesteuerliche Verlustvorträge eines eingebrachten Betriebs oder Teilbetriebs sowie des Gewerbebetriebs einer eingebrachten Mitunternehmerschaft gehen bei Umwandlungen nicht nach § 24 auf den aufnehmenden Rechtsträger über. Ausnahmsweise kann ein gewerbesteuerlicher Verlustvortrag nach § 10 a GewStG beim übernehmenden Rechtsträger genutzt werden, sofern die allgemeinen Anforderungen des Gewerbesteuerrechts erfüllt sind. Voraussetzung für eine Verlustnutzung ist nach § 10 a GewStG Unternehmensidentität und Unternehmeridentität. 69

1. Unternehmensidentität. Unternehmensidentität liegt vor, wenn das Unternehmen, in welchem der Verlust verrechnet werden soll, mit demjenigen identisch ist, in welchem der Verlust entstanden ist. Bei Übergang eines Betriebes im Ganzen sollte dies regelmäßig der Fall sein; die Verrechnung mit Gewinnen des eingebrachten Betriebes in seinem neuen Kleid scheitert in diesem Falle nicht an der Unternehmensidentität. Bei Übertragung eines Teilbetriebes ist zu beachten, dass der auf den übertragenen Teilbetrieb entfallende Verlust beim Einbringenden nicht mehr zur Verrechnung zur Verfügung steht.[93] Bei Übertragung eines Teilbetriebes wird allerdings der übertragene Teilbetrieb dann regelmäßig unternehmensidentisch sein, so dass, sofern Unternehmeridentität besteht und eine Verlustnutzung beim übertragenen Teilbetrieb möglich sein sollte. In der Praxis ist hierbei allerdings darauf zu achten, dass die Vermischung mit einem anderen Betrieb beim Aufnehmenden gegebenenfalls zu einer derart weitreichenden Veränderung des übertragenen Teilbetriebs führen kann, dass es im Ergebnis an der Unternehmensidentität fehlt. Insofern ist bei Übertragung verlusttragender Teilbetriebe zu erwägen, wie schnell und wie intensiv diese beim aufnehmenden Rechtsträger integriert werden. Gegebenenfalls lohnt die zunächst selbstständige Fortführung mit erst späterer Vollintegration, sofern weitgehende Unternehmeridentität vorliegt und in der Folge Gewinne erwartet werden und damit die weiteren Voraussetzungen für die Verlustnutzung gegeben sind. 70

2. Unternehmeridentität. Die Nutzung gewerbesteuerlicher Verlustvorträge setzt neben der Unternehmensidentität auch **Unternehmeridentität** voraus. Diese liegt insoweit vor, wie derjenige Unternehmer, der die Verrechnung der Verluste begehrt, mit dem Unternehmer identisch ist, der die Verluste erlitten hat. In dem Erfordernis der Unternehmeridentität manifestiert sich der Doppelcharakter der Gewerbesteuer als eine personenbezogene Objektsteuer. Sie stellt nicht nur auf das Steuerobjekt Gewerbebetrieb sondern auch auf die Person des Steuerpflichtigen ab. Übertragen auf Einbringungen nach § 24 ergibt sich daraus Folgendes. Bringt ein Unternehmer seinen Betrieb gegen Gewährung von Gesellschafterrechten in eine Mitunternehmerschaft ein, so kann er anteilig den Verlust in der Höhe abziehen, in der er an der übernehmenden Personengesellschaft beteiligt ist. Maßgeblich für die Ermittlung der „Beteiligung" in diesem Sinne ist der Anteil des Einbringenden am Gewinn der aufnehmenden Personengesellschaft. Der maßgebliche Gewinn bemisst sich nach dem **allgemeinen Gewinnverteilungsschlüssel**, der Gewinn aus Ergänzungs- und Sonderbilanzen ist insoweit nicht von Bedeutung.[94] 71

Kommt es bezüglich des Gewinnanteils, etwa durch **weitere Einbringungen von Mitgesellschaftern**, zu Veränderungen, so bemisst sich der Anteil des abziehbaren Verlustes jeweils nach dem Gewinnanteil im Erhebungszeitraum, in dem die Verrechnung erfolgen soll. Der nutzbare Ver- 72

93 BFH DStR 2008, 2014.
94 R 10 a.3 Abs. 3 S. 4 GewStR.

lust kann sich insofern weiter verringern. Da der nicht nutzbare Verlustvortrag wegen fehlender Unternehmeridentität untergeht, lebt bei anschließender Erhöhung der Gewinnbeteiligung des Einbringenden der einmal untergegangene Verlust nicht wieder auf, er ist verloren. Bei **Beitritt eines neuen Gesellschafters** gegen Einlage nach § 24 und Gewährung einer Mitunternehmerstellung gilt dies entsprechend. Auch hier ist auf den allgemeinen Gewinnverteilungsschlüssel der Personengesellschaft abzustellen. Ein Altverlust auf Ebene der Personengesellschaft ist nur in Höhe des Gewinnanteils der Altgesellschafter abzuziehen. Die absolute Höhe des nutzbaren Verlustes soll sich hierbei jedoch nicht verändern.[95] Sofern im Rahmen der Einbringung ein **Teilbetrieb** auf die Personengesellschaft übertragen wurde und der Teilbetrieb in der Vergangenheit Verluste erwirtschaftet hat, ist der Verlust nur in Höhe des auf den Einbringenden entfallenden Gewinnanteils nutzbar, soweit überhaupt eine Unternehmensidentität besteht. Bei **Einbringung von Mitunternehmeranteilen an verlusttragenden Personengesellschaften** geht der Verlustvortrag anteilig unter, da die aufnehmende Personengesellschaft jeweils neuer Unternehmer wird und insoweit keine Unternehmeridentität vorliegt. Anders ist es jedoch, wenn Gegenstand der Einbringung nicht der Mitunternehmeranteil sondern der Betrieb der Personengesellschaft ist. In diesem Fall ist, ebenso wie bei Einbringung eines Teilbetriebes, eine weitere Verlustnutzung möglich. Maßgeblich ist für die Verlustnutzung, in welchem Umfang die einbringende Personengesellschaft an der aufnehmenden Personengesellschaft beteiligt ist. Bei der entstehenden doppelstöckigen Personengesellschaft ist sodann ein mittelbarer Gesellschafterwechsel, also der Austausch eines Anteilseigners an der Obergesellschaft, für die weitergehende Verlustnutzung unschädlich.[96]

73 Die **doppelstöckige Personengesellschaft** ermöglicht daher die Nutzung von Verlusten auch bei anschließendem Wechsel des wirtschaftlich Berechtigten. In der Praxis kann so die Übertragung auf Dritte bewirkt werden, sofern die hierfür gewählte Struktur nicht als missbräuchlich anzusehen ist.

74 Unternehmeridentität ist gegeben, soweit die Gesellschafter der übertragenden Gesellschafter der übertragenden und der übernehmenden Gesellschaften identisch sind. Wird der Betrieb einer Personengesellschaft in eine beteiligungsidentische Personengesellschaft eingebracht oder der Betrieb einer Kapitalgesellschaft in eine Personengesellschaft eingebracht, an der vermögensmäßig nur die einbringende Kapitalgesellschaft beteiligt ist, kommt es also nicht zum Untergang des Verlustvortrages. Auch bei Verschmelzungen von Personengesellschaften ist auf die anschließende Beteiligungsquote der verschmolzenen Personengesellschaft an der aufnehmenden Personengesellschaft abzustellen.

75 **3. Verluste bei Beteiligung von Kapitalgesellschaften an der Einbringung.** Anders als bei natürlichen Personen und Personengesellschaften gilt bei Kapitalgesellschaften nach der gesetzlichen Fiktion des § 2 Abs. 2 S. 1 GewStG deren gesamte Tätigkeit als **einheitlicher Gewerbebetrieb.** Bringt nun die Kapitalgesellschaft ihren Betrieb in eine Personengesellschaft gegen Gewährung einer Mitunternehmerstellung ein, so ist fraglich, ob der Verlust mit dem Betrieb übergeht, oder ob wegen der Fiktion des § 2 Abs. 2 S. 1 GewStG der Verlust bei der Kapitalgesellschaft verbleibt, da diese ja weiterhin den fiktiven einheitlichen Gewerbebetrieb unterhält. Die Finanzverwaltung vertritt die Auffassung, dass der Verlust mit dem fiktiven Gewerbebetrieb bei der einbringenden Körperschaft verbleibe.[97] Dies betont allerdings die Fiktion des § 2 Abs. 2 S. 1 GewStG im Verhältnis zum Vorgang der Einbringung zu stark.[98] Richtigerweise muss der Verlustvortrag am Betrieb haften. Aus Sicht der Körperschaft dürfte die von der Finanzverwaltung praktizierte Regelung dann vorteilhaft sein, wenn sie neben dem eingebrachten Betrieb über weitere Gewerbesteuererträge verfügen. Dies kann entweder durch gewerbesteuerliche Organschaften oder durch neue Betätigungen erfolgen. Auch bei Teilbetriebs- und Mitunter-

95 Dötsch/Patt/Pung/Möhlenbrock/*Patt*, § 24 Rn 209.
96 FG Sachsen EFG 2008, 1403.
97 Schreiben des Finanzministeriums NRW vom 27.1.2012, FR 2012, 238.
98 Vgl Widmann/Mayer/*Fuhrmann*, § 24 Rn 2185; Dötsch/Patt/Pung/Möhlenbrock/*Patt*, § 24 Rn 212 ff.

nehmeranteilseinbringungen besteht regelmäßig die Möglichkeit der anderweitigen Nutzung der gewerbesteuerlichen Verlustvorträge. Eine weitere Verrechnung mit den Erträgen des eigentlichen verlustverursachenden Betriebes scheidet dagegen aus, da die gewerbesteuerliche Gewinnermittlung die Verlustvorträge auf Ebene der Gesellschafter nicht berücksichtigt. Dies erscheint, insb. auch vor den oben dargestellten Überlegungen zur Unternehmensidentität bei Verlustnutzung durch natürliche Personen wenig überzeugend.

Im Rahmen von **Zebra-Gesellschaften**, an denen natürliche und juristische Personen beteiligt sind, führt die unterschiedliche Behandlung der Einbringung nach § 24 für Gewerbesteuerzwecke gegebenenfalls zu erheblich unterschiedlichen Steuerfolgen. Der Verlustvortrag, der natürlichen Personen zugerechnet wird, kann, wenn überhaupt, auf Ebene der Personengesellschaft genutzt werden und dient dort allen Gesellschaftern zur Minderung ihrer Steuerbelastung. Der Verlustvortrag, der auf eine Körperschaft entfällt, verbleibt bei dieser und kann von ihr nicht im Zusammenhang mit dem eingebrachten Betrieb, dafür aber in Verbindung mit anderen Einkünften genutzt werden. In der Praxis sollte dies durch entsprechende Gewerbesteuerausgleichsklauseln im Gesellschaftsvertrag der Personengesellschaft ausgeglichen werden. Gegebenenfalls ist auch die Sonderauswirkung der Einbringung im Rahmen des Einbringungsvertrages regelungsbedürftig. 76

4. Zins- und EBITDA-Vortrag nach § 4 h EStG. Ein Zinsvortrag und ein Vortrag steuerlichen EBITDAs nach § 4 h EStG geht gemäß §§ 24 Abs. 4 iVm 20 Abs. 9 nicht auf den übernehmenden Rechtsträger über. Eine Nutzung beim zurückbleibenden Rechtsträger scheitert regelmäßig an § 4 h Abs. 5 EStG, da der EBITDA-Vortrag und der Zinsvortrag bei einem Betriebsübergang und bei der Aufgabe eines Mitunternehmeranteils untergeht. Es wird jedoch vertreten, dass dies nicht für die **Einbringung eines Mitunternehmeranteils und eines Teilbetriebes** gelte.[99] Grund hierfür ist, dass der Zinsvortrag betriebsbezogen ist und insofern nur an den Fortbestand bzw die Übertragung eines Betriebes anknüpft und die Vorschrift des § 4 h Abs. 5 EStG diese Fälle nicht regelt. Teilbetriebe sind, ebenso wie Mitunternehmeranteile, nicht Gegenstand einer Sonderbehandlung im Rahmen der Zinsschranke, für sie wird keine separate Freigrenze gewährt. Insofern kann eine Teilbetriebsübertragung auch die bestehenden Zinsvorträge bzw EBITDA-Vorträge nicht berühren. Da die Einbringung eines Mitunternehmeranteils auch nicht mit der Aufgabe desselben vergleichbar ist, greift § 4 h Abs. 5 auch in diesem Falle nicht, so dass der Zinsvortrag und der EBITDA-Vortrag grundsätzlich weitergenutzt werden können. 77

Soweit es im Rahmen der Einbringung nach § 24 zu einem nach § 8 c KStG schädlichen Vorgang kommt, geht allerdings der Zinsvortrag auch dann unter, wenn der Vorgang mit einer Einbringung eines Mitunternehmeranteils bzw einer Teilbetriebsübertragung zusammenhängt. Die hierfür bestehende Anordnung in § 8 a KStG geht der allgemeineren Regel des § 4 h EStG vor. 78

VII. Steuerliche Rückwirkung

Der **Zeitpunkt**, in dem ein Gegenstand als eingebracht gilt, hängt wesentlich von der gewählten Form der Einbringung ab. Einbringungen von Wirtschaftsgütern im Wege der Einzelrechtsnachfolge erfolgen in dem Zeitpunkt, in welchem die zivilrechtliche Übereignung stattfindet. Eine steuerliche Rückbeziehung solcher Einbringungen nach § 2 scheidet insofern aus. 79

Die Aufnahme eines Gesellschafters in eine bestehende Gesellschaft wird regelmäßig mit Vereinbarung derselben wirksam, wobei in der Praxis die Aufnahme oftmals aufschiebend bedingt ist, so dass sie dann erst mit Bedingungseintritt wirksam wird. Ist die Aufnahme mit der Einbringung von Wirtschaftsgütern verbunden, so wird diese erst durch die zivilrechtliche Über- 80

99 Widmann/Mayer/*Fuhrmann*, § 24 Rn 1611.

eignung der Wirtschaftsgüter vollzogen. Auch hier wird steuerlich eine Rückbeziehung regelmäßig ausscheiden.

81 In den Fällen der umwandlungsrechtlichen Gesamtrechtsnachfolge, also bei Verschmelzung, Spaltung, Ausgliederung und Formwechsel, erfolgt der zivilrechtliche Eigentumsübergang erst mit Eintragung im Handelsregister. In diesen Fällen ist jedoch nach § 2 steuerlich eine Rückwirkung von bis zu acht Monaten möglich.[100]

82 Die Anwachsung des Vermögens einer Personengesellschaft auf den letzten verbliebenen Gesellschafter wird regelmäßig in dem Zeitpunkt wirksam, in welchem der vorletzte Gesellschafter ausgetreten ist. Dies schließt eine steuerliche Rückbeziehung in der Regel aus. Etwas anderes gilt jedoch, wenn die Anwachsung ihrerseits Folge einer Maßnahme ist, welche steuerlich rückbezogen ist. Dies ist immer dann der Fall, wenn eine Anwachsung als Folge der Verschmelzung von Gesellschaftern aufeinander eintritt. Hier erstreckt sich die steuerliche Rückbeziehung der Verschmelzung nach § 2 auf die unmittelbar hieraus resultierende Anwachsung.

Achter Teil
Formwechsel einer Personengesellschaft in eine Kapitalgesellschaft oder Genossenschaft

§ 25 Schadenersatzpflicht der Verwaltungsträger der übertragenden Rechtsträger

(1) [1]Die Mitglieder des Vertretungsorgans und, wenn ein Aufsichtsorgan vorhanden ist, des Aufsichtsorgans eines übertragenden Rechtsträgers sind als Gesamtschuldner zum Ersatz des Schadens verpflichtet, den dieser Rechtsträger, seine Anteilsinhaber oder seine Gläubiger durch die Verschmelzung erleiden. [2]Mitglieder der Organe, die bei der Prüfung der Vermögenslage der Rechtsträger und beim Abschluß des Verschmelzungsvertrags ihre Sorgfaltspflicht beobachtet haben, sind von der Ersatzpflicht befreit.

(2) [1]Für diese Ansprüche sowie weitere Ansprüche, die sich für und gegen den übertragenden Rechtsträger nach den allgemeinen Vorschriften auf Grund der Verschmelzung ergeben, gilt dieser Rechtsträger als fortbestehend. [2]Forderungen und Verbindlichkeiten vereinigen sich insoweit durch die Verschmelzung nicht.

(3) Die Ansprüche aus Absatz 1 verjähren in fünf Jahren seit dem Tage, an dem die Eintragung der Verschmelzung in das Register des Sitzes des übernehmenden Rechtsträgers nach § 19 Abs. 3 bekannt gemacht worden ist.

100 Vgl UmwStE Rn 24.06.

A. Normzweck

Der Formwechsel einer Personengesellschaft in eine Kapitalgesellschaft stellt steuerlich den Übergang von einem transparentem Besteuerungsregime zu einer intransparenten sog. „Zweiebenenbesteuerung" dar. 1

Trotz der zivilrechtlich gegebenen Identität der am Formwechsel beteiligten Rechtsträger kommt es aus ertragsteuerlicher Sicht hierbei zu einem **Übertragungsvorgang.** § 25 eröffnet dem Steuerpflichtigen, dh den Gesellschaftern der Personengesellschaft für Zwecke der Einkommen-/Körperschaftsteuer und der Personengesellschaft für Zwecke der Gewerbesteuer die Möglichkeit, den Formwechsel unter den Voraussetzungen der §§ 20, 21 im Hinblick auf das der Personengesellschaft zuzuordnende (Betriebs-)Vermögen steuerneutral, dh zu Buchwerten zu vollziehen. 2

Dies schließt gem. § 25 S. 2 auch die Option zur steuerlichen Rückbeziehung des Umwandlungsvorgangs ein. 3

B. Inhalt

I. Formwechsel einer Personengesellschaft in eine Kapitalgesellschaft oder Genossenschaft

1. Übersicht. § 25 regelt die ertragsteuerliche Behandlung des Formwechsels einer Personengesellschaft in eine Kapitalgesellschaft oder Genossenschaft. Der Anwendungsbereich ist eröffnet, wenn es sich um einen Formwechsel gem. §§ 190 ff UmwG oder um einen vergleichbaren ausländischen Vorgang handelt 4

2. Sachlicher Anwendungsbereich. a) Formwechsel im Sinne des § 190 UmwG. Der Formwechsel ist im fünften Buch des UmwG in den §§ 190–304 UmwG geregelt. Zivilrechtlich gilt, dass ein Rechtsträger durch den vom UmwG geregelten Formwechsel lediglich seine Rechtsform, nicht aber seine wirtschaftliche Identität ändert. Folglich findet zivilrechtlich keine Vermögensübertragung von der Personengesellschaft auf die Kapitalgesellschaft oder Genossenschaft statt. Der Formwechsel wird mit der Eintragung im Handelsregister rechtswirksam. 5

Die **Rechtsträger**, die an einem Formwechsel teilnehmen können, sind in § 191 Abs. 1 Nr. 1–6 UmwG abschließend aufgezählt. Hierzu gehören u.a. Personenhandelsgesellschaften (Offene Handelsgesellschaft und Kommanditgesellschaft) und Partnerschaftsgesellschaften (§ 191 Abs. 1 Nr. 1 UmwG). Nach dem Formwechsel können diese u.a. die Rechtsform einer Kapitalgesellschaft (Aktiengesellschaft, Gesellschaft mit beschränkter Haftung und Kommanditgesellschaft auf Aktien) sowie einer eingetragenen Genossenschaft einnehmen. Allerdings ist nicht jede denkbare Kombination eines Formwechsels zwischen den in § 191 UmwG aufgezählten Rechtsträgern möglich. Die zivilrechtliche Zulässigkeit des Formwechsels einer Personenhandelsgesellschaft oder Partnerschaftsgesellschaft in eine Kapitalgesellschaft oder Genossenschaft ergibt sich aus den besonderen Vorschriften des § 214 Abs. 1 UmwG und des § 225 a UmwG. 6

Die Gesellschaft bürgerlichen Rechts kommt nach dem UmwG als formzuwechselnder Rechtsträger nicht in Frage.[1] Stille Gesellschaften, Unterbeteiligungen oder Erbengemeinschaften können, da ihnen die Eigenschaft als Personenhandelsgesellschaft fehlt, ebenfalls nicht an einem Formwechsel gemäß § 190 ff UmwG beteiligt sein.[2] 7

b) Formwechsel aufgrund vergleichbarer ausländischer Vorgänge. Neben dem im Umwandlungsgesetz geregelten Formwechsel einer Personengesellschaft in eine Kapitalgesellschaft bzw Genossenschaft werden von § 25 auch sog. „vergleichbare ausländische Vorgänge" erfasst. 8

1 Vgl Schmitt/Hörtnagl/Stratz/*Stratz*, § 191 UmwG Rn 33.

2 Vgl Schmitt/Hörtnagl/Stratz/*Schmitt*, § 25 UmwG Rn 11; Rödder/Herlinghaus/van Lishaut/*Rabback*, § 25 UmwStG Rn 23.

9 Hierbei ist eine **Vergleichbarkeitsprüfung** anzustellen, die sich auf den konkreten Formwechsel bezieht. Voraussetzung der Vergleichbarkeit ist, dass der ausländische Vorgang lediglich einen Wechsel der Rechtsform ohne Übertragung von Vermögen zur Folge hat. Wird der formzuwandelnde Rechtsträger nach dem ausländischen Recht ohne Abwicklung aufgelöst, fehlt es an dieser rechtlichen Kontinuität. In der Folge liegt keine Vergleichbarkeit des ausländischen Vorgangs mit einem dem deutschen Umwandlungsrecht unterliegenden Formwechsel iSv §§ 190 ff UmwG vor. In diesen Fällen ist eine Vergleichbarkeit mit einer Verschmelzung zu prüfen.[3]

10 Der Formwechsel muss überdies nach dem **ausländischen Gesellschaftsrecht** zulässig und wirksam sein. Dies bestimmt sich regelmäßig – nach Auffassung der Finanzverwaltung jedoch nicht bei „gravierenden Mängeln der Umwandlung – nach der Entscheidung der ausländischen Registerbehörden.[4]

11 Damit § 25 in diesen Fällen Anwendung findet, sind neben den grundsätzlichen Anforderungen an den ausländischen Formwechsel auch die beteiligten Rechtsträger hinsichtlich Vergleichbarkeit der von § 25 vorgeschriebenen Rechtsform zu analysieren. Dies bedeutet, dass der formwechselnde Rechtsträger einer Personengesellschaft und der hieraus resultierende einer Kapitalgesellschaft bzw Genossenschaft entsprechen muss.[5]

12 Diese **Prüfung** ist zunächst auf Basis des abstrakten „gesetzlichen Leitbilds" der ausländischen Rechtsform zu führen.[6] Sofern ein solches aufgrund vielfältiger Wahlmöglichkeiten der tatsächlichen rechtlichen Ausgestaltung – wie zB im Fall einer US-amerikanischen LLC – nicht besteht, ist der Rechtstypenvergleich hinsichtlich der konkreten Merkmale des ausländischen Rechtsträgers durchzuführen.

13 **3. Persönlicher Anwendungsbereich: Beteiligte Rechtsträger.** § 25 ist ausweislich seines Wortlauts auf den Formwechsel von Personengesellschaften anzuwenden. Da aber darüber hinaus auf Formwechsel iSd § 190 UmwG verwiesen wird, fallen hierunter im Ergebnis als formzuwechselnde Rechtsträger nur **Personenhandelsgesellschaften** (OHG, KG, EWIV) und **Partnerschaftsgesellschaften.**[7]

14 Über die auch für § 25 verbindliche Anwendungsregelung des § 1 Abs. 3, 4 ist weiterhin zu beachten, dass die Gesellschafter des formzuwechselnden Rechtsträgers grundsätzlich nach den Rechtsvorschriften eines EU- bzw EWR-Mitgliedstaates gegründet und auch innerhalb der **EU** bzw des **EWR** ansässig sein müssen. Eine Ausnahme hiervon besteht gem. § 1 Abs. 4 S. 1 Nr. 2 Buchst. b für den Fall, dass ein deutsches Besteuerungsrecht an den als Folge des Formwechsels erhaltenen Anteilen an dem formgewechselten Rechtsträger nicht ausgeschlossen oder beschränkt ist. Diese Ausnahme gilt nicht für den formgewechselten Rechtsträger. Hierbei muss es sich zwingend um eine Kapitalgesellschaft oder Genossenschaft handeln, die nach den Rechtsvorschriften eines Mitgliedstaates der EU bzw des EWR gegründet wurde und ihren statutarischen Sitz sowie den Ort ihrer Geschäftsleitung innerhalb der EU bzw des EWR hat.

II. Entsprechende Anwendung der §§ 20–23

15 **1. Rechtsnatur des Gesetzesverweises.** Bei der Verweisung des § 25 S. 1 auf die §§ 20–23 handelt es sich nicht um eine Rechtsfolgenverweisung, sondern um einen **Rechtsgrundverweis.**[8] Dies hat zB zur Folge, dass ein ertragsteuerneutraler Formwechsel zum Buchwert nur möglich ist, wenn die entsprechenden Voraussetzungen des § 20 bzw § 21 (zB hinsichtlich des Einbringungsgegenstands und des Erfordernisses der Gewährung neuer Anteile) erfüllt sind.

3 BMF v. 11.11.2011, BStBl I, 1314 Rn 01.39.
4 S. § 1 Rn 43 ff.
5 Vgl Schmitt/Hörtnagl/Stratz/*Rabback*, § 25 UmwStG Rn 28.
6 In diesem Zusammenhang soll nach Auffassung der Finanzverwaltung wohl auf die Anlage vergleichbarer ausländischer Rechtsformen zum sog. „Betriebsstättenerlass" zurückgegriffen werden. Vgl BMF v. 11.11.2011, BStBl I, 1314 Rn 01.27.
7 Vgl Rödder/Herlinghaus/van Lishaut/*Rabback*, § 25 UmwStG Rn 23.
8 BFH BFH/NV 2011, 1748.

Ist dies nicht der Fall, finden die Rechtsfolgen der §§ 20–23 keine Anwendung. In diesem Fall kommt es zur Realisierung stiller Reserven im Vermögen des formzuwechselnden Rechtsträgers.[9] 16

2. Einbringungsgegenstand und Einbringende. Der Einbringungsgegenstand bei einem Formwechsel einer Personenhandelsgesellschaft in eine Kapitalgesellschaft bzw Genossenschaft hängt davon ab, ob es sich steuerlich bei der Personenhandelsgesellschaft um eine Mitunternehmerschaft oder um eine vermögensverwaltende Gesellschaft handelt. 17

Liegt eine **Mitunternehmerschaft** vor, dh hat die Personenhandelsgesellschaft mindestens einen land- und forstwirtschaftlichen Betrieb, einen Gewerbebetrieb oder wird in der Personengesellschaft eine freiberufliche Tätigkeit iSv § 18 EStG ausgeübt, bringen die Mitunternehmer im Rahmen des Formwechsels steuerlich ihre Mitunternehmeranteile in die „aufnehmende" Kapitalgesellschaft bzw Genossenschaft ein. Einbringungsgegenstand sind in diesem Fall die Mitunternehmeranteile. 18

Die steuerlichen Voraussetzungen und Rechtsfolgen dieses Formwechsels ergeben sich aus § 20. **Jede Einbringung** eines Mitunternehmeranteils ist vor diesem Hintergrund **selbstständig** zu würdigen, dh im Ergebnis liegen so viele Einbringungen vor, wie Mitunternehmer an der formwechselnden Gesellschaft bestehen.[10] 19

Die Einbringung eines Mitunternehmeranteils gem. § 25 iVm § 20 erfordert, dass alle **wesentlichen Betriebsgrundlagen** des Mitunternehmeranteils auf die Übernehmerin übertragen werden. Wesentliche Betriebsgrundlagen sind alle Wirtschaftsgüter, die zur Erreichung des Betriebszwecks erforderlich sind und denen ein besonderes wirtschaftliches Gewicht für die Betriebsführung zukommt.[11] Der Begriff der wesentlichen Betriebsgrundlage ist normspezifisch auszulegen, so dass für Zwecke einer Einbringung nach den Vorschriften des UmwStG auf die funktional wesentlichen Betriebsgrundlagen und nicht auf die funktional-quantitative Sichtweise der §§ 16, 34 EStG abzustellen ist. 20

Hierbei ist insb. zu beachten, dass der Mitunternehmeranteil neben dem anteiligen Gesamthandsvermögen der Mitunternehmerschaft auch das **Sonderbetriebsvermögen** des jeweiligen Gesellschafters umfasst. Zum Sonderbetriebsvermögen I gehören die Wirtschaftsgüter, die im Eigentum des Mitunternehmers stehen und unmittelbar dem Betrieb der Mitunternehmerschaft, zB in Form einer Nutzungsüberlassung, dienen (positives SBV I), sowie das zur Anschaffung dieser Wirtschaftsgüter vom Mitunternehmer aufgenommene Fremdkapital (negatives SBV I).[12] Dies gilt auch, sofern das jeweilige Wirtschaftsgut zivilrechtlich zu einem eigenen Betriebsvermögen des Mitunternehmers gehört. Auch in diesen Fällen handelt es sich bei dem in Frage stehenden Wirtschaftsgut um Sonderbetriebsvermögen, das für steuerliche Zwecke dem Betriebsvermögen der Mitunternehmerschaft und nicht dem Betriebsvermögen des Mitunternehmers zuzuordnen ist.[13] Neben Sonderbetriebsvermögen I sind auch die Wirtschaftsgüter des Sonderbetriebsvermögens II aus steuerlicher Sicht Teil des Betriebsvermögens der Mitunternehmerschaft. Hierbei handelt es sich um Wirtschaftsgüter, welche die Stellung des Mitunternehmers begründen oder stärken.[14] Von erheblicher praktischer Bedeutung ist in diesem Zusammenhang regelmäßig die Fremdfinanzierung für den Erwerb des Mitunternehmeranteils sowie die Anteile des Kommanditisten einer GmbH & Co KG an der Komplementär-GmbH. 21

Dies bedeutet, dass neben dem Anteil an der Gesellschaft auch alle wesentlichen Betriebsgrundlagen des Mitunternehmeranteils, die sich im Sonderbetriebsvermögen des Gesellschafters befinden, **mit zu übertragen** sind. Diese Übertragung hat in zeitlichem und sachlichem Zusammenhang mit dem Formwechsel zu erfolgen. Eine praktische Schwierigkeit besteht regel- 22

9 Vgl Rödder/Herlinghaus/van Lishaut/*Rabback*, § 25 UmwStG Rn 2.

10 Vgl Rödder/Herlinghaus/van Lishaut/*Rabback*, § 25 UmwStG Rn 46 ff.

11 Vgl BFH BStBl II 1998, 388.

12 Vgl Schmidt/*Wacker*, § 15 EStG Rn 521 ff.

13 Vgl BFH BStBl II 2005, 830.

14 Vgl BFH/NV 2012, 723.

mäßig darin, dass bestimmte Wirtschaftsgüter zwar als Sonderbetriebsvermögen qualifizieren, jedoch als solches nicht erkannt werden und deshalb im Rahmen des Formwechsels nicht mitübertragen werden.[15]

23 Wurden einzelne Wirtschaftsgüter im Vorfeld des Formwechsels gem. § 6 Abs. 5 S. 3 EStG steuerneutral zwischen **Sonder- und Gesamthandsvermögen überführt**, ist zu beachten, dass der Formwechsel innerhalb der siebenjährigen Sperrfrist des § 6 Abs. 5 S. 6 EStG zu einer sog. **schädlichen Begründung** des Anteils einer Körperschaft an dem betreffenden Wirtschaftsgut führt.[16] Als Folge davon wäre die Überführung rückwirkend mit dem Teilwert anzusetzen. Gleiches gilt für den Fall, dass ein Mitunternehmer in Form einer Personengesellschaft innerhalb der siebenjährigen Sperrfrist des § 6 Abs. 5 S. 6 EStG in eine Körperschaft formgewechselt wird.[17]

24 Die Übertragung der wesentlichen Betriebsgrundlagen erfordert nicht notwendigerweise einen zivilrechtlichen Eigentumsübergang. Ausreichend ist, dass die formgewechselte Kapitalgesellschaft bzw Genossenschaft das **wirtschaftliche Eigentum** erlangt.[18] Eine bloße Nutzungsüberlassung ohne dass es hierbei zum Übergang des wirtschaftlichen Eigentums kommt, dürfte nicht ausreichend sein.[19]

25 Werden hingegen nicht alle wesentlichen Betriebsgrundlagen der Personengesellschaft auf die Kapitalgesellschaft oder Genossenschaft übertragen, findet § 20 keine Anwendung. Dies gilt jedoch nur für den Mitunternehmer, zu dessen Sonderbetriebsvermögen die nicht übertragenen wesentlichen Betriebsgrundlagen gehörten. Für diesen Mitunternehmer kommt es nach den Regelungen über die **Aufgabe eines Mitunternehmeranteils** zur vollständigen Aufdeckung der in seinem Mitunternehmeranteil befindlichen stillen Reserven (§ 16 Abs. 3 iVm Abs. 1 S. 1 Nr. 2 EStG).[20] Auf die Einbringungen der anderen Mitunternehmer hat dies keine Auswirkung. Insoweit besteht grundsätzlich die Möglichkeit unter den weiteren Voraussetzungen des § 20, den Formwechsel zum steuerlichen Buchwert vorzunehmen.

26 Stellt die formzuwechselnde Personengesellschaft aus steuerlicher Sicht keine Mitunternehmerschaft dar, sondern handelt es sich hierbei um eine **vermögensverwaltende Personengesellschaft**, kommt die Anwendung des § 20 Abs. 1 auf den Formwechsel nicht in Betracht. Gleiches gilt auch für eine sog. **Zebragesellschaft**, die nicht über einen Betrieb iSv § 13, 15 oder 18 EStG verfügt, deren Anteile (zum Teil) im Betriebsvermögen ihrer Gesellschafter gehalten werden.[21]

27 Verfügt die vermögensverwaltende Personengesellschaft über Beteiligungen an Kapitalgesellschaften bzw Genossenschaften kann auf den Formwechsel die Regelung zum **Anteilstausch** gem. § 21 Anwendung finden. Unter den Voraussetzungen des § 21 (insb. Vorliegen einer sog. mehrheitsvermittelnden Beteiligung) kann von der Realisierung stiller Reserven im Rahmen des Formwechsels abgesehen werden. Die mehrheitsvermittelnde Beteiligung muss sich nicht zwingenderweise bereits im Vermögen der formzuwechselnden Personengesellschaft befinden. Nach dem Formwechsel erfolgende Übertragungen weiterer Anteile durch die Gesellschafter auf den fomgewechselten Rechtsträger sind zu berücksichtigen, wenn sie in einem zeitlichen und sachlichen Zusammenhang mit dem Formwechsel erfolgen.[22]

28 **Einbringende** iSv § 25 sind die Gesellschafter der Personengesellschaft. Handelt es sich um den Formwechsel einer Mitunternehmerschaft und werden deshalb für Zwecke des § 25 iVm § 20 Mitunternehmeranteile eingebracht, ist erforderlich, dass es sich beim Gesellschafter der formzuwechselnden Personengesellschaft um einen sog. **Mitunternehmer** handelt.[23] Andernfalls fin-

15 S. § 20 Rn 117.
16 Vgl BMF v. 8.12.2011, BStBl I 2011, 1279 Rn 34.
17 Vgl Schmidt/*Kulosa*, § 6 EStG Rn 726.
18 Haritz/Menner/*Bilitewski*, § 25 UmwStG Rn 32 ff, 35 mit weitergehenden Ausführungen zur Eigentumsübertragung.
19 *Schultes-Schnitzlein/Kaiser*, NWB 2009, 2500, 2507.
20 *Schultes-Schnitzlein/Kaiser*, NWB 2009, 2500, 2507 ff.
21 Vgl Schmitt/Hörtnagl/Stratz/*Schmitt*, § 25 UmwStG Rn 21.
22 Vgl Schmitt/Hörtnagl/Stratz/*Schmitt*, § 25 UmwStG Rn 23.
23 S. § 20 Rn 106 ff.

det auf diesen Gesellschafter § 20 keine Anwendung[24] und der Tausch der vormaligen Beteiligung an der Personengesellschaft in Anteile an der formgewechselten Kapitalgesellschaft bzw Genossenschaft kann nicht zum steuerlichen Buchwert erfolgen.

3. Gewährung neuer Anteile und zusätzlicher Gegenleistungen. Voraussetzung einer **Sacheinlage** iSv § 20 Abs. 1 bzw eines **Anteilstauschs** gem. § 21 und damit auch für einen **Formwechsel** iSv § 25 ist die Gewährung neuer Anteile an der übernehmenden Kapitalgesellschaft bzw Genossenschaft. Diese **Anteilsgewährung** erfolgt bei einem Formwechsel nach den Vorschriften des UmwG grundsätzlich qua Gesetz (§ 202 Abs. 1 Nr. 2 S. 1 UmwG).[25] 29

Neben den neuen Anteilen können den Gesellschaftern der umzuwandelnden Personengesellschaft auch **zusätzliche Gegenleistungen** gewährt werden. Eine zusätzliche Gegenleistung kann insb. in der Einräumung von Forderungen der Neugesellschafter gegen die Kapitalgesellschaft/Genossenschaft oder in Form der Gewährung von Geld oder Sachwerten bestehen. Eine solche zusätzliche Gegenleistung kommt beispielsweise in Form einer baren Zuzahlung in Frage, wenn die einem Anteilseigner der Kapitalgesellschaft oder Genossenschaft eingeräumten Rechte nicht mit denen gleichwertig sind, die er als Gesellschafter der formgewandelten Personengesellschaft innehatte. Die bare Zuzahlung stellt dann einen Ausgleich für den Wegfall dieser Rechte dar. 30

Sind zivilrechtliche Verbindlichkeiten der Personengesellschaft gegenüber ihren Gesellschaftern steuerlich als **Eigenkapital** zu behandeln[26] und wird dieses nach dem Formwechsel bei der Kapitalgesellschaft oder Genossenschaft als Schuld ausgewiesen, liegt ebenfalls eine zusätzliche Gegenleistung in diesem Sinne vor.[27] Auch eine von der Kapitalgesellschaft oder Genossenschaft übernommene **Pensionszusage** gegenüber einem vormaligen Mitunternehmer stellt nach Auffassung der Finanzverwaltung eine zusätzliche Gegenleistung dar.[28] 31

Der gemeine Wert zusätzlicher Gegenleistungen mindert die steuerlichen Anschaffungskosten der neuen Kapitalgesellschafts- oder Genossenschaftsanteile (§ 20 Abs. 3 S. 3) des Einbringenden. 32

4. Wertansatz und weitere Folgen bei der übernehmenden Kapitalgesellschaft oder Genossenschaft. Über den Rechtsgrundverweis des § 25 auf die §§ 20, 21 ist der Formwechsel einer Personengesellschaft in eine Kapitalgesellschaft oder Genossenschaft unter den dort geregelten Voraussetzungen **ertragsteuerneutral**, dh unter **Beibehaltung des steuerlichen Buchwertansatzes** möglich. 33

Grundsätzlich ist das übergehende Vermögen bei dem übernehmenden Rechtsträger in dessen Eröffnungsbilanz gem. § 20 Abs. 2 S. 1, § 21 Abs. 1 S. 1 mit dem **gemeinen Wert** anzusetzen. Abweichend hiervon kann auf Antrag der Buchwert der übergehenden Wirtschaftsgüter fortgeführt oder ein Zwischenwert angesetzt werden, höchstens jedoch der gemeine Wert, wenn die Voraussetzungen des § 20 Abs. 2 S. 2 erfüllt sind.[29] 34

Dieses **Wahlrecht** kann für jeden Mitunternehmeranteil einzeln, somit auch voneinander abweichend, ausgeübt werden.[30] Hierbei ist zu beachten, dass der Antrag von der Übernehmerin und nicht von dem jeweils einbringenden Mitunternehmer ausgeübt wird. Aus Sicht des jeweiligen Mitunternehmers ist daher vertraglich sicherzustellen, dass ein entsprechend vereinbarter Wertansatz unter dem gemeinen Wert und der entsprechende Antrag von der Übernehmerin tatsächlich ausgeführt werden. 35

Übersteigt der gemeine Wert **zusätzlicher Gegenleistungen** den Buchwert des eingebrachten Betriebsvermögens, muss die Kapitalgesellschaft oder Genossenschaft das übernommene Be- 36

24 Vgl Schmitt/Hörtnagl/Stratz/*Schmitt*, § 25 UmwStG Rn 19.
25 Semler/Stengel/*Kübler*, § 202 UmwStG, Rn 21.
26 BMF v. 30.5.1997, BStBl I 1997, S. 627.
27 Schmitt/Hörtnagl/Stratz/*Schmitt*, § 25 UmwStG Rn 27.
28 BMF v. 11.11.2011, BStBl I, S. 1314 Rn 20.46.
29 S. § 20 Rn 151 ff.
30 Schmitt/Hörtnagl/Stratz/*Schmitt*, § 25 UmwStG Rn 31.

triebsvermögen mindestens mit dem gemeinen Wert der zusätzlichen Gegenleistung ansetzen, § 25 S. 1 iVm § 20 Abs. 2 S. 4.

37 Bei einem **Anteilstausch** iSd § 21 ist ein Ansatz der Buchwerte oder eines Zwischenwerts auf Antrag nur möglich, wenn es sich um einen sog. qualifizierten Anteilstausch handelt. Ein solcher liegt gem. § 21 Abs. 1 S. 2 vor, wenn die übernehmende Gesellschaft, dh die durch den Formwechsel entstehende Kapitalgesellschaft oder Genossenschaft, nach der Einbringung unmittelbar die Mehrheit der Stimmrechte an der Kapitalgesellschaft, deren Anteile zuvor von der vermögensverwaltenden Personengesellschaft gehalten wurden, hält. Ansonsten sind auch beim Anteilstausch die übergehenden Wirtschaftsgüter mit ihren gemeinen Werten anzusetzen. Sind an der vermögensverwaltenden Personengesellschaft mehrere Gesellschafter beteiligt, kann das Wahlrecht zum Ansatz des Buch- oder Zwischenwerts von diesen auch uneinheitlich ausgeübt werden.[31]

38 In der **Handelsbilanz** besteht, im Gegensatz zur Steuerbilanz, **kein Wahlrecht** für den Ansatz eines bestimmten Wertes. Durch die Kapitalgesellschaft oder Genossenschaft sind zwingend die Buchwerte der Personengesellschaft fortzuführen. Dies wird mit der Identität des Rechtsträgers der alten und der neuen Rechtsform begründet.[32]

39 **5. Veräußerungspreis und Anschaffungskosten des Einbringenden.** Der Wert, mit dem die Kapitalgesellschaft oder Genossenschaft das eingebrachte Betriebsvermögen angesetzt hat, gilt für die einbringenden Mitunternehmer als **Veräußerungspreis** ihrer Mitunternehmeranteile und als **Anschaffungskosten** der neuen Kapitalgesellschafts- oder Genossenschaftsanteile, § 20 Abs. 3 S. 1, § 21 Abs. 2 S. 1 (sogenannte **Wertverknüpfung**).

40 **6. Besteuerung eines Einbringungsgewinns I, II.** Wurde das eingebrachte Betriebsvermögen durch die Kapitalgesellschaft oder Genossenschaft mit dem Buchwert oder einem Zwischenwert angesetzt, kommt bei bestimmten Ereignissen innerhalb der Behaltensfrist die rückwirkende Besteuerung eines **Einbringungsgewinns** in Betracht.

41 Hat sich der Formwechsel steuerlich als Sacheinlage iSd § 20 unter dem Teilwert vollzogen und veräußert der Anteilseigner die ihm durch den Formwechsel gewährten Kapitalgesellschafts- oder Genossenschaftsanteile innerhalb eines Zeitraums von sieben Jahren (Behaltefrist) nach dem Formwechsel, ist durch ihn ein **Einbringungsgewinn I** zu versteuern. Dies gilt auch, wenn er einen der Veräußerung gleichgestellten Ersatzrealisationstatbestand iSd § 22 Abs. 1 S. 6 Nr. 1–6 verwirklicht.[33]

42 Durch die von § 25 angeordnete entsprechende Anwendung des § 22 Abs. 3 hat der Einbringende, also der ehemalige Gesellschafter der formgewechselten Personengesellschaft, innerhalb der siebenjährigen Behaltefrist **Nachweispflichten** zu erbringen. Diese beziehen sich darauf, wem die jeweiligen neuen Anteile an der formgewechselten Gesellschaft während der siebenjährigen Behaltefrist zuzurechnen sind.

43 Erfolgte ein Formwechsel einer vermögensverwaltenden Personengesellschaft mit Beteiligungsbesitz, der steuerlich nach den Regelungen über den Anteilstausch behandelt wird, ist bei einer Veräußerung der Kapitalgesellschaftsanteile durch die formgewechselte Kapitalgesellschaft oder Genossenschaft oder bei einem gesetzlich gleichgestellten Ereignis innerhalb von sieben Jahren nach dem Formwechsel die rückwirkende Besteuerung eines **Veräußerungsgewinns II** gem. § 22 Abs. 2 vorzunehmen.

44 Die rückwirkende Besteuerung des Einbringungsgewinns erfolgt auf Ebene des Gesellschafters. Um unerwünschte Besteuerungsfolgen für Minderheitsgesellschafter zu vermeiden, die dadurch entstehen, dass aufgrund von Vorgängen auf Ebene der formgewechselten Gesellschaft ein **Er-**

31 Schmitt/Hörtnagl/Stratz/*Schmitt*, § 25 UmwStG Rn 34.

32 IDW RS HFA 41 Rn 27.

33 S. § 22 Rn 31 ff.

satzrealisationstatbestand ausgelöst wird, empfiehlt sich eine vertragliche Regelung zwischen den jeweiligen Gesellschaftern der formgewechselten Gesellschaft.[34]

III. Entsprechende Anwendung des § 9 S. 2, 3

§ 25 S. 2 ordnet die entsprechende Anwendung von § 9 S. 2, 3 an. Dies betrifft die Pflicht zur Aufstellung einer Übertragungs- bzw Eröffnungsbilanz sowie die sich hieraus ergebende Möglichkeit der steuerlichen Rückwirkung des Umwandlungsvorgangs. 45

1. Pflicht zur Erstellung einer Übertragungs-/Eröffnungsbilanz. Die formwechselnde Personengesellschaft muss auf den steuerlichen Übertragungsstichtag eine **Übertragungsbilanz** (Schlussbilanz) aufstellen. Eine solche Pflicht ergibt sich aus dem Verweis des § 25 S. 2 auf § 9 S. 2. Diese Übertragungsbilanz stellt eine Steuerbilanz dar, auf die die allgemeinen Gewinnermittlungsvorschriften anzuwenden sind. Handelt es sich bei der formwechselnden Personengesellschaft steuerlich um eine Mitunternehmerschaft, umfasst die Übertragungsbilanz neben der Gesamthandsbilanz auch etwaige Sonder- und Ergänzungsbilanzen der Mitunternehmer.[35] Der Pflicht zur Aufstellung einer Übertragungsbilanz steht nicht entgegen, dass die Personengesellschaft ihren Gewinn bisher nicht durch Betriebsvermögensvergleich, sondern durch Überschussrechnung ermittelt hat. Hierbei entstehende Zu- bzw Abrechnungen (zB Aktivierung von Forderungen und Passivierung von Rückstellungen) beeinflussen den laufenden Gewinn des Einbringenden.[36] Der Freibetrag gem. § 16 Abs. 4 EStG bzw der ermäßigte Steuersatz gem. § 34 EStG kommt hierauf nicht zur Anwendung. 46

Die übernehmende Kapitalgesellschaft bzw Genossenschaft hat eine **Eröffnungsbilanz** zu erstellen. In dieser wird das Wahlrecht betreffend den Ansatz der übergehenden Wirtschaftsgüter zum Buchwert, Zwischenwert oder gemeinen Wert ausgeübt. Dieser Wertansatz determiniert den Veräußerungsgewinn des Einbringenden sowie dessen Anschaffungskosten der neuen Anteile, vorbehaltlich der Gewährung sonstiger Gegenleistungen.[37] Der steuerliche Bilanzansatz ist unabhängig von den handelsbilanziellen Wertansätzen.[38] 47

Handelsrechtlich hat die formgewechselte Gesellschaft – mangels eines Übertragungsvorgangs – die Buchwerte der Vermögensgegenstände aus der Handelsbilanz der Personengesellschaft fortzuführen.[39] Aus unterschiedlichen Wertansätzen in Handels- und Steuerbilanz, insb. aufgrund der Aufdeckung von stillen Reserven, kann sich gem. § 274 HGB die Notwendigkeit der Bildung von **latenten Steuern** in der Handelsbilanz ergeben. 48

2. Steuerliche Rückwirkung. Der Formwechsel wird zivilrechtlich in dem Zeitpunkt wirksam, in dem er in das Handelsregister eingetragen wird (§ 202 Abs. 1 UmwG). Steuerlich wird der Zeitpunkt des Vermögensübergangs des Formwechsels durch die Wahl des Stichtags der Übertragungs- bzw Eröffnungsbilanz bestimmt. Diese können gem. § 25 S. 2 iVm § 9 S. 3 auf einen Stichtag aufgestellt werden, der bis zu acht Monate vor Anmeldung des Formwechsels zum jeweiligen öffentlichen Register liegt. Im Gegensatz zum Bewertungswahlrecht kann der **Bilanzstichtag** und damit die steuerliche Rückbeziehung nur einheitlich für alle Gesellschafter gewählt werden.[40] 49

§ 25 S. 2 stellt eine **Spezialregelung** gegenüber § 25 S. 1 dar. § 25 S. 1 verweist zwar auf die §§ 20–23. Die in § 20 Abs. 5 S. 1 enthaltene Rückwirkungsregelung wird aufgrund des spezialgesetzlichen Verweises in § 25 S. 2 davon jedoch nicht erfasst.[41] 50

34 Blümich/*Nitzschke*, § 22 UmwStG 2006 Rn 74.
35 Rödder/Herlinghaus/van Lishaut/*Rabback*, § 25 UmwStG Rn 80.
36 Widmann/Mayer/*Widmann*, § 25 UmwStG Rn 15.
37 S. § 20 Rn 135 ff.
38 Vgl Rödder/Herlinghaus/van Lishaut/*Rabback*, § 25 UmwStG Rn 66.
39 IDW RS HFA 41 Rn 27.
40 Haritz/Menner/*Bilitewski*, § 25 UmwStG Rn 43 und Rödder/Herlinghaus/van Lishaut/*Rabback*, § 25 UmwStG Rn 86 ff.
41 Dötsch/Pung/Möhlenbrock/*Patt*, § 25 UmwStG Rn 40.

51 Dies gilt auch in den Fällen, in denen eine vermögensverwaltende **Holdingpersonengesellschaft mit Beteiligungsbesitz** formgewechselt wird. Zwar findet hier für den Anteilstausch die Vorschrift des § 21 über den Verweis in § 25 S. 1 entsprechend Anwendung, wonach eine steuerliche Rückwirkung des Anteilstausches nicht vorgesehen ist.[42] Über den Gesetzesverweis des § 25 S. 2 ergibt sich aufgrund § 9 S. 3 als lex specialis im Ergebnis dennoch eine bis zu achtmonatige steuerliche Rückbeziehungsmöglichkeit des Vermögensübergangs.

52 Auf **Einlagen** und **Entnahmen** im Rückwirkungszeitraum ist § 20 Abs. 5 S. 2, 3 entsprechend anwendbar[43], dh diese nehmen nicht an der Rückwirkungsfiktion teil.

53 **3. Grunderwerbsteuerliche Aspekte.** Der heterogene Formwechsel einer Personengesellschaft in eine Kapitalgesellschaft stellt zwar ertragsteuerlich eine Vermögensübertragung dar. Zivilrechtlich kommt es hierbei jedoch nicht zu einem Rechtsträgerwechsel. Ein grunderwerbsteuerpflichtiger Erwerbsvorgang iSv § 1 GrEStG wird daher nicht ausgelöst.[44] Dies gilt auch, wenn im Rahmen des Formwechsels der vormals nicht an der Personengesellschaft beteiligte Komplementär aus der Gesellschaft ausscheidet. Eine grunderwerbsteuerpflichtige Anteilsvereinigung auf Ebene des verbleibenden Gesellschafters der formgewechselten Kapitalgesellschaft erfolgt nicht.[45]

Neunter Teil
Verhinderung von Missbräuchen

§ 26 (weggefallen)

Zehnter Teil
Anwendungsvorschriften und Ermächtigung

§ 27 Anwendungsvorschriften

(1) [1]Diese Fassung des Gesetzes ist erstmals auf Umwandlungen und Einbringungen anzuwenden, bei denen die Anmeldung zur Eintragung in das für die Wirksamkeit des jeweiligen Vorgangs maßgebende öffentliche Register nach dem 12. Dezember 2006 erfolgt ist. [2]Für Einbringungen, deren Wirksamkeit keine Eintragung in ein öffentliches Register voraussetzt, ist diese Fassung des Gesetzes erstmals anzuwenden, wenn das wirtschaftliche Eigentum an den eingebrachten Wirtschaftsgütern nach dem 12. Dezember 2006 übergegangen ist.

(2) [1]Das Umwandlungssteuergesetz in der Fassung der Bekanntmachung vom 15. Oktober 2002 (BGBl. I S. 4133, 2003 I S. 738), geändert durch Artikel 3 des Gesetzes vom 16. Mai 2003 (BGBl. I S. 660), ist letztmals auf Umwandlungen und Einbringungen anzuwenden, bei denen die Anmeldung zur Eintragung in das für die Wirksamkeit des jeweiligen Vorgangs maßgebende öffentliche Register bis zum 12. Dezember 2006 erfolgt ist. [2]Für Einbringungen, deren Wirksamkeit keine Eintragung in ein öffentliches Register voraussetzt, ist diese Fassung letztmals anzuwenden, wenn das wirtschaftliche Eigentum an den eingebrachten Wirtschaftsgütern bis zum 12. Dezember 2006 übergegangen ist.

(3) Abweichend von Absatz 2 ist

1. **§ 5 Abs. 4 für einbringungsgeborene Anteile im Sinne von § 21 Abs. 1 mit der Maßgabe weiterhin anzuwenden, dass die Anteile zu dem Wert im Sinne von § 5 Abs. 2 oder Abs. 3**

42 Rödder/Herlinghaus/van Lishaut/*Rabback*, § 25 UmwStG Rn 84 und Haritz/Menner/*Biliteswki*, § 25 UmwStG Rn 42.

43 Rödder/Herlinghaus/van Lishaut/*Rabback*, § 25 UmwStG Rn 89; Schmitt/Hörtnagl/Stratz/*Schmitt*, § 25 UmwStG Rn 44.

44 Vgl Boruttau/*Fischer*, § 1 GrEStG Rn 544 f.

45 Vgl Hofmann/*Hofmann*, § 1 GrEStG Rn 172; aA EFG 2006, 1034.

in der Fassung des Absatzes 1 als zum steuerlichen Übertragungsstichtag in das Betriebsvermögen des übernehmenden Rechtsträgers überführt gelten,

2. § 20 Abs. 6 in der am 21. Mai 2003 geltenden Fassung für die Fälle des Ausschlusses des Besteuerungsrechts (§ 20 Abs. 3) weiterhin anwendbar, wenn auf die Einbringung Absatz 2 anzuwenden war,
3. § 21 in der am 21. Mai 2003 geltenden Fassung *ist* für einbringungsgeborene Anteile im Sinne von § 21 Abs. 1, die auf einem Einbringungsvorgang beruhen, auf den Absatz 2 anwendbar war, weiterhin anzuwenden. [2]Für § 21 Abs. 2 Satz 1 Nr. 2 in der am 21. Mai 2003 geltenden Fassung gilt dies mit der Maßgabe, dass eine Stundung der Steuer gemäß § 6 Abs. 5 des Außensteuergesetzes in der Fassung des Gesetzes vom 7. Dezember 2006 (BGBl. I S. 2782) unter den dort genannten Voraussetzungen erfolgt, wenn die Einkommensteuer noch nicht bestandskräftig festgesetzt ist; § 6 Abs. 6 und 7 des Außensteuergesetzes ist entsprechend anzuwenden.

(4) Abweichend von Absatz 1 sind §§ 22, 23 und 24 Abs. 5 nicht anzuwenden, soweit hinsichtlich des Gewinns aus der Veräußerung der Anteile oder einem gleichgestellten Ereignis im Sinne von § 22 Abs. 1 die Steuerfreistellung nach § 8 b Abs. 4 des Körperschaftsteuergesetzes in der am 12. Dezember 2006 geltenden Fassung oder nach § 3 Nr. 40 Satz 3 und 4 des Einkommensteuergesetzes in der am 12. Dezember 2006 geltenden Fassung ausgeschlossen ist.

(5) [1]§ 4 Abs. 2 Satz 2, § 15 Abs. 3, § 20 Abs. 9 und § 24 Abs. 6 in der Fassung des Artikels 5 des Gesetzes vom 14. August 2007 (BGBl. I S. 1912) sind erstmals auf Umwandlungen und Einbringungen anzuwenden, bei denen die Anmeldung zur Eintragung in das für die Wirksamkeit des jeweiligen Vorgangs maßgebende öffentliche Register nach dem 31. Dezember 2007 erfolgt ist. [2]Für Einbringungen, deren Wirksamkeit keine Eintragung in ein öffentliches Register voraussetzt, ist diese Fassung des Gesetzes erstmals anzuwenden, wenn das wirtschaftliche Eigentum an den eingebrachten Wirtschaftsgütern nach dem 31. Dezember 2007 übergegangen ist.

(6) [1]§ 10 ist letztmals auf Umwandlungen anzuwenden, bei denen der steuerliche Übertragungsstichtag vor dem 1. Januar 2007 liegt. [2]§ 10 ist abweichend von Satz 1 weiter anzuwenden in den Fällen, in denen ein Antrag nach § 34 Abs. 16 des Körperschaftsteuergesetzes in der Fassung des Artikels 3 des Gesetzes vom 20. Dezember 2007 (BGBl. I S. 3150) gestellt wurde.

(7) § 18 Abs. 3 Satz 1 in der Fassung des Artikels 4 des Gesetzes vom 20. Dezember 2007 (BGBl. I S. 3150) ist erstmals auf Umwandlungen anzuwenden, bei denen die Anmeldung zur Eintragung in das für die Wirksamkeit der Umwandlung maßgebende öffentliche Register nach dem 31. Dezember 2007 erfolgt ist.

(8) § 4 Abs. 6 Satz 4 bis 6 sowie § 4 Abs. 7 Satz 2 in der Fassung des Artikels 6 des Gesetzes vom 19. Dezember 2008 (BGBl. I S. 2794) sind erstmals auf Umwandlungen anzuwenden, bei denen § 3 Nr. 40 des Einkommensteuergesetzes in der durch Artikel 1 Nr. 3 des Gesetzes vom 14. August 2007 (BGBl. I S. 1912) geänderten Fassung für die Bezüge im Sinne des § 7 anzuwenden ist.

(9) [1]§ 2 Abs. 4 und § 20 Abs. 6 Satz 4 in der Fassung des Artikels 6 des Gesetzes vom 19. Dezember 2008 (BGBl. I S. 2794) sind erstmals auf Umwandlungen und Einbringungen anzuwenden, bei denen der schädliche Beteiligungserwerb oder ein anderes die Verlustnutzung ausschließendes Ereignis nach dem 28. November 2008 eintritt. [2]§ 2 Abs. 4 und § 20 Abs. 6 Satz 4 in der Fassung des Artikels 6 des Gesetzes vom 19. Dezember 2008 (BGBl. I S. 2794) gelten nicht, wenn sich der Veräußerer und der Erwerber am 28. November 2008 über den später vollzogenen schädlichen Beteiligungserwerb oder ein anderes die Verlustnutzung ausschließendes Ereignis einig sind, der übernehmende Rechtsträger dies anhand schriftlicher Unterlagen nachweist und die Anmeldung zur Eintragung in das für die Wirksamkeit des Vorgangs maßgebende öffentliche Register bzw. bei Einbringungen der Übergang des wirtschaftlichen Eigentums bis zum 31. Dezember 2009 erfolgt.

(10) § 2 Absatz 4 Satz 1, § 4 Absatz 2 Satz 2, § 9 Satz 3, § 15 Absatz 3 und § 20 Absatz 9 in der Fassung des Artikels 4 des Gesetzes vom 22. Dezember 2009 (BGBl. I S. 3950) sind erstmals auf Umwandlungen und Einbringungen anzuwenden, deren steuerlicher Übertragungsstichtag in einem Wirtschaftsjahr liegt, für das § 4 h Absatz 1, 4 Satz 1 und Absatz 5 Satz 1 und 2 des Einkommensteuergesetzes in der Fassung des Artikels 1 des Gesetzes vom 22. Dezember 2009 (BGBl. I S. 3950) erstmals anzuwenden ist.

(11) Für Bezüge im Sinne des § 8 b Absatz 1 des Körperschaftsteuergesetzes aufgrund einer Umwandlung ist § 8 b Absatz 4 des Körperschaftsteuergesetzes in der Fassung des Artikels 1 des Gesetzes vom 21. März 2013 (BGBl. I S. 561) abweichend von § 34 Absatz 7 a Satz 2 des Körperschaftsteuergesetzes bereits erstmals vor dem 1. März 2013 anzuwenden, wenn die Anmeldung zur Eintragung in das für die Wirksamkeit des jeweiligen Vorgangs maßgebende öffentliche Register nach dem 28. Februar 2013 erfolgt.

(12) [1]§ 2 Absatz 4 Satz 3 bis 6 in der Fassung des Artikels 9 des Gesetzes vom 26. Juni 2013 (BGBl. I S. 1809) ist erstmals auf Umwandlungen und Einbringungen anzuwenden, bei denen die Anmeldung zur Eintragung in das für die Wirksamkeit des jeweiligen Vorgangs maßgebende Register nach dem 6. Juni 2013 erfolgt. [2]Für Einbringungen, deren Wirksamkeit keine Eintragung in ein öffentliches Register voraussetzt, ist § 20 in der Fassung des Artikels 9 des Gesetzes vom 26. Juni 2013 (BGBl. I S. 1809) erstmals anzuwenden, wenn das wirtschaftliche Eigentum an den eingebrachten Wirtschaftsgütern nach dem 6. Juni 2013 übergegangen ist.

Literatur:

Schaflitz/Widmayer, Die Besteuerung von Umwandlungen nach dem Regierungsentwurf des SEStEG, BB-Spezial 8/2006, 36; *Voß*, SEStEG: Die vorgesehenen Änderungen im Einkommensteuergesetz, im Körperschaftsteuergesetz und im 1. bis 7. Teil des Umwandlungsgesetzes, BB 2006, 411; *Benecke/Schnitger*, Letzte Änderung der Neuregelungen des UmwStG und der Entstrickungsnormen durch das SEStEG, IStR 2007, 22; *Frotscher*, Internationalisierung des Ertragsteuerrechts, 2007; *Haritz*, Die Langlebigkeit einbringungsgeborener Anteile, GmbHR 2007, 169; *PricewaterhouseCoopers AG* (Hrsg.), Reform des Umwandlungsteuerrechts, 2007; *IDW*, IDW-Stellungnahme zum Entwurf des Umwandlungssteuererlassses (UmwStE-E), Ubg 2011, 549; *Olkus/Stegmaier*, SEStEG – fehlende Regelung oder planwidrige Regelungslücke?, DB 2011, 2290; *Pinkernell*, Anmerkung zum Entwurf des UmwSt-Erlasses vom 2.5.2011: Dreifache Verstrickung nach Anteilstausch mit alt-einbringungsgeborenen Anteilen?, FR 2011, 568; *BMF* v. 11.11.2011 – IV C 2 – S 1978-b/08/10001, BStBl. I 2011, 1314.

A. Erstmalige Anwendung des UmwStG in der Fassung des SEStEG (UmwStG nF)

1 In § 27 **Abs. 1** ist geregelt, ab wann das Gesetz in seiner Neufassung durch das SEStEG vom 7.12.2006 anzuwenden ist. Dabei wird unterschieden nach Umwandlungs- oder Einbringungsvorgängen, die in ein öffentliches Register einzutragen sind und Einbringungen, für die eine Eintragung in ein öffentliches Register nicht erforderlich ist.

2 In § 27 Abs. 1 S. 1 ist festgelegt, dass das Gesetz erstmalig auf Umwandlungen und Einbringungen anzuwenden ist, bei denen die Anmeldung zur Eintragung in das maßgebende öffentliche Register nach dem 12.12.2006 erfolgt ist. Der 12.12.2006 ist der Tag, an dem die Neufassung des UmwStG im Bundesgesetzblatt veröffentlicht wurde; hierdurch ist sichergestellt, dass die Neuregelungen nur für die Zukunft gelten und Rückwirkungsprobleme nicht auftreten.[1] Bei nationalen Sachverhalten ist das relevante öffentliche Register regelmäßig das Handels- oder Genossenschaftsregister. Der maßgebliche Zeitpunkt ist dabei der Eingang bei der zuständigen Stelle des Registergerichts und nicht die Unterzeichnung eines notariell beurkundeten Vertrages oder einer notariell beglaubigten Anmeldung. Es ist nicht erforderlich, dass dem ein-

1 Vgl Rödder/Herlinghaus/van Lishaut/*Rabback*, § 27 Rn 6.

gegangenen Antrag schon alle für die Eintragung notwendigen Unterlagen beigefügt sind oder sämtliche Voraussetzungen bereits im Anmeldezeitpunkt erfüllt sind.

Die folgenden Sachverhalte bedürfen für Ihre Wirksamkeit der Eintragung in ein öffentliches Register, wobei es sich sowohl um zivilrechtliche Vorgänge mit Gesamtrechtsnachfolge als auch solche mit Einzelrechtsnachfolge handelt: 3

- Verschmelzungen
- Spaltungen (in ihrer Ausprägung als Auf- oder Abspaltung bzw als Ausgliederung)
- Formwechsel
- Sachgründungen
- Sachkapitalerhöhungen.

Die Anmeldung zum öffentlichen Register muss bei Verschmelzungen für den übernehmenden Rechtsträger (vgl §§ 19, 20 und 36 Abs. 1 UmwG) bei Spaltungen zum Register des übertragenden Rechtsträgers (vgl §§ 130, 131 und 135 Abs. 1 UmwG) und beim Formwechsel zum Register des formwechselnden (für steuerliche Zwecke: übertragenden) Rechtsträgers erfolgen; sollte bei einem Formwechsel der ursprüngliche Rechtsträger nicht in einem öffentlichen Register eingetragen sein, ist die Anmeldung zur Eintragung in das öffentliche Register des neuen (für steuerliche Zwecke: übernehmenden) Rechtsträgers entscheidend (vgl §§ 198, 202 UmwG). Dass weitere Anmeldungen zu den Registern der übrigen beteiligten Rechtsträger erforderlich sind, spielt für die erstmalige Anwendung keine Rolle.[2]

Lediglich Verschmelzungen zwischen Kapitalgesellschaften sind auch grenzüberschreitend im Wege der Gesamtrechtsnachfolge zulässig; auch in diesen Fällen ist die Anmeldung zur Eintragung in das öffentliche Register der übernehmenden Gesellschaft maßgebend. Hier ist dann unter Würdigung des ausländischen Rechts zu entscheiden, welches das maßgebliche öffentliche Register ist.[3] 4

Eine davon abweichende Anwendungsregel trifft § 27 Abs. 1 S. 2 für alle Einbringungsvorgänge, die zu ihrer zivilrechtlichen Wirksamkeit nicht der Anmeldung und Eintragung in ein öffentliches Register bedürfen. Dies gilt nicht für Umwandlungen und gilt somit nur für Sachverhalte, die nicht bereits unter § 27 Abs. 1 S. 1 fallen; hierzu gehören zB Einbringungen in Personengesellschaften im Wege der Einzelrechtsnachfolge.[4] Bei derartigen Sachverhalten ist ausschließlich der Übergang des wirtschaftlichen Eigentums an den eingebrachten Wirtschaftsgütern relevant. Das neue Recht ist anzuwenden, wenn das wirtschaftliche Eigentum nach dem 12.12.2006 übergegangen ist. 5

B. Letztmalige Anwendung des UmwStG in der alten Fassung (UmwStG aF)

In **§ 27 Abs. 2** ist geregelt, für welche Umwandlungs- und Anmeldungsvorgänge das Gesetz in der Fassung vor Gültigkeit des SEStEG anzuwenden ist. 6

Auch bei der Anwendbarkeit des UmwStG aF wird danach unterschieden, ob für die Wirksamkeit des jeweiligen Vorgangs eine Anmeldung zu einem öffentlichen Register erforderlich ist oder nicht. Auf den Zeitpunkt der Eintragung in das öffentliche Register kommt es nicht an. Nach § 27 Abs. 2 S. 1 ist das UmwStG aF weiterhin für Umwandlungen und Einbringungen anzuwenden, bei denen die Anmeldung zu dem relevanten öffentlichen Register bis zum 12.12.2006 erfolgt ist. Über den eigentlichen Umwandlungszeitpunkt hinaus hat dies auch Bedeutung für die weitere Anwendung von Fristen oder Besteuerungssystemen (einbringungsgeborene Anteile), die nur unter dem alten Recht existent waren. 7

2 Vgl Dötsch/Pung/Möhlenbrock/*Pung* § 27 Rn 2.

3 Vgl Rödder/Herlinghaus/van Lishaut/*Rabback*, § 27 Rn 5; Vgl Dötsch/Pung/Möhlenbrock/*Pung* § 27 Rn 3.

4 Vgl Rödder/Herlinghaus/van Lishaut/*Rabback*, § 27 Rn 9; Vgl Dötsch/Pung/Möhlenbrock/*Pung* § 27 Rn 7.

8 Für Einbringungen, die zu ihrer zivilrechtlichen Wirksamkeit nicht der Eintragung in ein öffentliches Register bedürfen, regelt § 27 Abs. 2 S. 2, dass das UmwStG aF auf alle Sachverhalte anzuwenden ist, bei denen der Übergang des wirtschaftlichen Eigentums an den eingebrachten Wirtschaftsgütern bis zum 12.12.2006 bewirkt wurde.[5]

C. Sonderregelungen (Abs. 3 bis 12)

9 Abweichend von der in § 27 Abs. 2 formulierten Grundregel zur letztmaligen Anwendung des UmwStG aF, regelt **§ 27 Abs. 3** für bestimmte Sachverhalte die Fortgeltung des alten Rechts.[6]

10 Für einbringungsgeborene Anteile iSv § 21 Abs. 1 UmwStG aF ist nach **§ 27 Abs. 3 Nr. 1** abweichend von § 27 Abs. 2 weiterhin § 5 Abs. 4 anzuwenden. Wegen § 20 Abs. 3 S. 4 und § 21 Abs. 2 S. 6 können auch im Regelungsbereich des neuen Rechts einbringungsgeborene Anteile entstehen, für die § 5 Abs. 4 UmwStG aF ebenfalls anzuwenden ist. Allerdings wird die Vorschrift insoweit modifiziert, dass die Anteile zum steuerlichen Übertragungsstichtag als mit dem Wert iSv § 5 Abs. 2 oder Abs. 3 in das Betriebsvermögen des übernehmenden Rechtsträgers überführt gelten.[7]

11 Für derartige einbringungsgeborene Anteile, die im **Privatvermögen** des Anteilseigners gehalten werden, bestimmt § 5 Abs. 2, dass diese bei der (fiktiven) Einlage in das Betriebsvermögen des übernehmenden Rechtsträgers mit den Anschaffungskosten (ggf zuzüglich nachträglicher Anschaffungskosten) des Anteilseigners anzusetzen sind.

12 Bei einbringungsgeborenen Anteilen, die in einem **Betriebsvermögen** des Anteilseigners gehalten werden, bestimmt § 5 Abs. 3, dass die (fiktive) Überführung der Anteile zum Übertragungsstichtag zu ihrem Buchwert zu erfolgen hat. Dieser Buchwert ist ggfs. um Abzüge nach § 6 b EStG und in früheren Jahren steuerwirksam vorgenommenen Teilwertabschreibungen zu erhöhen. Allerdings ist der Einlagewert höchstens auf den gemeinen Wert begrenzt.[8]

13 In **§ 27 Abs. 3 Nr. 2** ist geregelt, dass über § 20 Abs. 6 UmwStG aF auch die fünfjährigen Stundungsregeln nach § 21 Abs. 2 S. 3 bis 6 UmwStG aF fortgelten. Dies betrifft Sachverhalte, in denen nach § 20 Abs. 3 UmwStG aF für das eingebrachte Betriebsvermögen zwingend der Teilwert anzusetzen war, wenn das Besteuerungsrecht der Bundesrepublik Deutschland an den gewährten Gesellschaftsanteilen im Zeitpunkt der Sacheinlage ausgeschlossen war. Diese Regelungen gelten aber bereits über § 27 Abs. 2 und damit den allgemeinen Regelungen unverändert fort.[9]

14 Für einbringungsgeborene Anteile iSv § 21 Abs. 1 UmwStG aF regelt **§ 27 Abs. 3 Nr. 3 S. 1**, dass § 21 UmwStG aF weiterhin anwendbar ist. Ebenfalls ist § 21 UmwStG aF auf Anteile anzuwenden, die aufgrund von Einbringungen nach § 20 Abs. 3 S. 4 bzw § 21 Abs. 2 S. 6 entstehen. Dies dürfte aber bereits nach § 27 Abs. 2 gelten.[10]

15 Ergänzend regelt **§ 27 Abs. 3 Nr. 3 S. 2** bei Sachverhalten nach § 21 Abs. 2 S. 1 Nr. 2 UmwStG aF nunmehr eine Stundungsmöglichkeit nach § 6 Abs. 5 AStG; dies betrifft Fälle, in denen das deutsche Besteuerungsrecht an den einbringungsgeborenen Anteilen verloren geht und deshalb eine fiktive Veräußerung unterstellt wird. Ebenfalls sind dann § 6 Abs. 6 und 7 AStG entspre-

5 Vgl Rödder/Herlinghaus/van Lishaut/*Rabback*, § 27 Rn 12; Vgl Dötsch/Pung/Möhlenbrock/*Pung* § 27 Rn 10.

6 Vgl Rödder/Herlinghaus/van Lishaut/*Rabback*, § 27 Rn 14; Vgl Dötsch/Pung/Möhlenbrock/*Pung* § 27 Rn 11.

7 Vgl Rödder/Herlinghaus/van Lishaut/*Rabback*, § 27 Rn 18.

8 Vgl Rödder/Herlinghaus/van Lishaut/*Rabback*, § 27 Rn 19; Vgl Dötsch/Pung/Möhlenbrock/*Pung* § 27 Rn 12.

9 Vgl Rödder/Herlinghaus/van Lishaut/*Rabback*, § 27 Rn 22; Vgl Dötsch/Pung/Möhlenbrock/Pung § 27 Rn 13.

10 Vgl Rödder/Herlinghaus/van Lishaut/*Rabback*, § 27 Rn 31; Vgl Dötsch/Pung/Möhlenbrock/*Pung* § 27 Rn 14.

chend anzuwenden. Diese Stundungsmöglichkeit gilt aber nur für die Einkommensteuer und damit natürliche Personen (Privat- und Betriebsvermögen), nicht jedoch für Körperschaften.[11]

Die Regelungen in **§ 27 Abs. 4** dienen der Vermeidung einer möglichen Doppelbesteuerung durch das Nebeneinander von altem und neuem Besteuerungskonzept. Dies betrifft Tatbestände von § 8 b Abs. 4 KStG aF. Danach wird die Steuerfreistellung nach § 8 b Abs. 2 KStG nicht gewährt, soweit es sich um einbringungsgeborene Anteile nach § 21 UmwStG aF oder um Anteile handelt, die von einem nicht nach § 8 b Abs. 2 KStG Begünstigten unter dem Teilwert erworben wurden, und diese innerhalb von sieben Jahren nach der Einbringung durch den übernehmenden Rechtsträger veräußert werden. In diesen Fällen sind §§ 22, 23 und 24 Abs. 5 nicht anzuwenden; vielmehr gilt vorrangig das alte Besteuerungskonzept für einbringungsgeborene Anteile nach § 8 b Abs. 4 KStG aF und § 3 Nr. 40 S. 3 und 4 EStG aF unverändert fort.[12] Zur Anwendung gelangt die Vorschrift, wenn ein Gewinn aus der Veräußerung der Anteile oder einem gleichgestellten Ereignis iSv § 22 Abs. 1 realisiert wird. Diese Gewinne sind dann unverändert nach § 8 b Abs. 4 KStG aF oder § 3 Nr. 40 S. 3 und 4 EStG aF voll steuerpflichtig. Das neue Einbringungskonzept mit einem über sieben Jahre abschmelzenden Gewinn, der rückwirkend auf den Zeitpunkt der Einbringung ermittelt wird, kommt noch nicht zur Anwendung. 16

§ 27 Abs. 4 findet damit nur noch Anwendung für einbringungsgeborene Anteile, die während der siebenjährigen Sperrfrist im Rahmen eines Anteilstauschs nach neuem Recht steuerneutral in eine weitere Kapitalgesellschaft gegen Gewährung neuer Anteile eingebracht werden. Wenn diese (alt-)einbringungsgeborenen Anteile mit Gewinn veräußert oder durch ein gleichgestelltes Ereignis nach § 22 Abs. 1 realisiert werden, wird § 8 b Abs. 4 KStG aF realisiert und die übernehmende Kapitalgesellschaft müsste den Gewinn entgegen § 8 b Abs. 2 KStG in vollem Umfang versteuern. Zusätzlich wird aber auch nach neuem Recht ein Tatbestand nach § 22 Abs. 2 realisiert und die natürliche Person, die durch die ursprüngliche Sacheinlage einbringungsgeborene Anteile erhalten hat, müsste einen Einbringungsgewinn II versteuern. Diesen Konflikt löst § 27 Abs. 4 zugunsten der Versteuerung nach dem alten Recht. 17

Durch die Einlage der (alt-)einbringungsgeborenen Anteile im Wege des Anteilstauschs unter Geltung des neuen Rechts wird eine weitere siebenjährige Frist ausgelöst, innerhalb derer bei Realisierung der jeweiligen Tatbestände eine Nachversteuerung ausgelöst wird. Im Ergebnis kann es hierdurch fast zu einer Verdoppelung der ursprünglich nur siebenjährigen Sperrfrist kommen. Diese Ansicht der Finanzverwaltung ist uE nicht sachgerecht und lässt sich dem Gesetzeswortlaut auch nicht entnehmen.[13] Wenn als Folge des Anteilstauschs neues Recht anwendbar sein soll, muss dieses auch konsequent angewandt und sowohl das Teileinkünfteverfahren als auch die Siebtel-Regelung berücksichtigt werden. Ebenfalls muss uE während der siebenjährigen Sperrfrist nach altem Recht noch kein Nachweis über die Zuordnung der Anteile nach § 22 Abs. 3 geführt werden; das neue Recht wird für diesen Zeitraum durch § 27 Abs. 4 faktisch suspendiert. 18

§ 27 Abs. 5 regelt die erstmalige Anwendung der durch das Unternehmenssteuerreformgesetz 2008 geänderten bzw neu eingefügten Vorschriften. Dies betrifft die §§ 4 Abs. 2 S. 2, 15 Abs. 3, 20 Abs. 9 und 24 Abs. 6, die die neu eingeführten Restriktionen beim Betriebsausgabenabzug von Zinsaufwendungen (Zinsschranke) nach § 4 h EStG bzw § 8 a KStG nF auch für Umwandlungs- und Einbringungsvorgänge sicherstellen. 19

Bei Umwandungen und Einbringungen, für deren Wirksamkeit die Eintragung in ein öffentliches Register erforderlich ist, sind die Vorschriften erstmals anzuwenden, wenn die Anmeldung 20

11 Vgl Rödder/Herlinghaus/van Lishaut/*Rabback*, § 27 Rn 32; Vgl Dötsch/Pung/Möhlenbrock/*Pung* § 27 Rn 16.
12 Vgl Rödder/Herlinghaus/van Lishaut/*Rabback*, § 27 Rn 252; Vgl Dötsch/Pung/Möhlenbrock/*Pung* § 27 Rn 20.
13 Vgl Rödder/Herlinghaus/van Lishaut/*Rabback*, § 27 Rn 257; Vgl Dötsch/Pung/Möhlenbrock/*Pung* § 27 Rn 20; Vgl *Stangl*/*Grundke* in FGS/BDI UmwSt-Erlass 2011, S. 545 zu Rn 27.12.

nach dem 31.12.2007 erfolgt ist. Bei Einbringungen, für deren Wirksamkeit keine Eintragung in ein öffentliches Register erforderlich ist, sind die neuen Vorschriften erstmalig anzuwenden, wenn das wirtschaftliche Eigentum an den eingebrachten Wirtschaftsgütern nach dem 31.12.2007 übergegangen ist.

21 Sollte ein Vorgang nach dem 31.12.2007 zu einem öffentlichen Register angemeldet werden, der steuerliche Übertragungsstichtag aber vor dem 1.1.2008 liegen, findet die Vorschrift keine Anwendung, da auch kein Regelungsbedarf besteht; die Neuregelungen des § 4 h EStG bzw § 8 a KStG nF entfalten ihre Gültigkeit erst ab dem Veranlagungszeitraum 2008 und haben damit vor dem 1.1.2008 keine Bedeutung.[14]

22 Mit Jahressteuergesetz 2008 vom 20.12.2007 wurde eine neue Vorschrift als Absatz 5 eingefügt, die mit Jahressteuergesetz 2009 vom 19.12.2008 zu **§ 27 Abs. 6** wurde. Die Vorschrift regelt die letztmalige Anwendung von § 10 UmwStG, der bei Übertragungen von Kapital- auf Personengesellschaften relevant war. Beim Übergang vom Anrechnungsverfahren auf das Halbeinkünfteverfahren wurde in § 38 KStG eine ausschüttungsabhängige Körperschaftsteuererhöhung geregelt. Mit deren Wegfall und Einführung einer ratierlichen Rückzahlung des Körperschaftsteuererhöhungsbetrages ist auch § 10 UmwStG überflüssig geworden. Nach § 27 Abs. 6 S. 1 ist § 10 letztmalig auf Umwandlungen anzuwenden, bei denen der steuerliche Übertragungsstichtag vor dem 1.1.2007 liegt. Auf die Anmeldung zu einem öffentlichen Register oder den Übergang des wirtschaftlichen Eigentums an den übertragenden Wirtschaftsgütern kommt es dabei nicht an.[15]

23 Soweit allerdings ein Antrag nach § 34 Abs. 16 KStG in der Fassung vom 20.12.2007 gestellt wurde, regelt § 27 Abs. 6 S. 2, dass § 10 unverändert anzuwenden ist; dies betrifft insb. ehemals gemeinnützige Wohnungsunternehmen und bestimmte steuerbefreite Körperschaften.[16]

24 Mit Jahressteuergesetz 2009 vom 19.12.2008 ist **§ 27 Abs. 7** gebildet worden, der erstmalig mit Jahressteuergesetz 2008 vom 20.12.2007 als Abs. 6 in das Gesetz aufgenommen wurde. Die Vorschrift regelt die erstmalige Anwendung von § 18 Abs. 3 S. 1, wonach ein Aufgabe- oder Veräußerungsgewinn innerhalb von fünf Jahren nach der Umwandlung insoweit der Gewerbesteuer unterliegt, als er auf Vermögen entfällt, das dem übernehmenden Rechtsträger bereits vor der Umwandlung gehört hat. Gültigkeit erlangt die Vorschrift für alle Umwandlungen, bei denen die Anmeldung zur Eintragung in das relevante öffentliche Register nach dem 31.12.2007 erfolgt ist.[17]

25 **§ 27 Abs. 8** wurde mit dem Jahressteuergesetz 2009 vom 19.12.2008 eingefügt und regelt die Anwendung der geänderten §§ 4 Abs. 6 S. 4 bis 6 und Abs. 7 S. 2; dies betrifft Anpassungen an das Teileinkünfteverfahren sowie die Beseitigung von Regelungslücken. Nach § 27 Abs. 8 sind diese Änderungen erstmalig auf Umwandlungen anzuwenden, bei denen § 3 Nr. 40 EStG in der durch Art. 1 Nr. 3 des Gesetzes vom 14.8.2007 geänderten Fassung für die Bezüge iSd § 7 anzuwenden ist. Das Teileinkünfteverfahren ist nach § 52 a Abs. 3 EStG erstmalig für den Veranlagungszeitraum 2009 anzuwenden. Danach sind alle Umwandlungen erfasst, bei denen der steuerliche Übertragungsstichtag nach dem 31.12.2008 liegt.[18]

26 Mit Jahressteuergesetz 2009 vom 19.12.2008 wurden ebenfalls § 2 Abs. 4 und § 20 Abs. 6 S. 4 geändert. Deren erstmalige Anwendung ist in **§ 27 Abs. 9** geregelt. Durch diese Änderungen

14 Vgl Rödder/Herlinghaus/van Lishaut/*Rabback*, § 27 Rn 260; Vgl Dötsch/Pung/Möhlenbrock/*Pung* § 27 Rn 21.

15 Vgl Rödder/Herlinghaus/van Lishaut/*Rabback*, § 27 Rn 262; Vgl Dötsch/Pung/Möhlenbrock/*Pung* § 27 Rn 22.

16 Vgl Rödder/Herlinghaus/van Lishaut/*Rabback*, § 27 Rn 263; Vgl Dötsch/Pung/Möhlenbrock/*Pung* § 27 Rn 23.

17 Vgl Rödder/Herlinghaus/van Lishaut/*Rabback*, § 27 Rn 264; Vgl Dötsch/Pung/Möhlenbrock/*Pung* § 27 Rn 24.

18 Vgl Rödder/Herlinghaus/van Lishaut/*Rabback*, § 27 Rn 265; Vgl Dötsch/Pung/Möhlenbrock/*Pung* § 27 Rn 25.

sollten sämtliche Gestaltungen zur Verlustnutzung, die durch die rückwirkende Strukturierung einer Umwandlung möglich sein könnten, unterbunden werden.

27 Die erstmalige Anwendung ist dabei abhängig davon, ob ein schädlicher Beteiligungserwerb (iSd § 8 c KStG) oder ein anderes die Verlustnutzung ausschließendes Ereignis nach dem 28.11.2008 eintritt. Das regelt § 27 Abs. 9 S. 1.[19]

28 Abweichend davon regelt § 27 Abs. 9 S. 2, dass diese Vorschriften für eine Übergangszeit nicht gelten, wenn folgende Bedingungen kumulativ erfüllt sind:

- Veräußerer und Erwerber waren sich am 28.11.2008 über den später vollzogenen schädlichen Beteiligungserwerb oder ein anderes die Verlustnutzung ausschließendes Ereignis einig;
- der übernehmende Rechtsträger kann dies anhand schriftlicher Unterlagen nachweisen;
- die Anmeldung zur Eintragung in das relevante öffentliche Register bzw der Übergang des wirtschaftlichen Eigentums erfolgen bis zum 31.12.2009.

29 Im Ergebnis können die Neuregelungen damit erst ab 2009 gelten. Als Nachweis dienen alle Arten von schriftlichen Unterlagen; ein schriftlicher oder notarieller Vertrag ist dafür nicht erforderlich. Am 28.11.2008 wurde der Beschluss im Bundestag gefasst, so dass zur Vermeidung von möglichen Missbräuchen auf diesen Tag und nicht auf die Veröffentlichung des Gesetzes abgestellt wurde.[20]

30 **§ 27 Abs. 10** regelt die erstmalige Anwendung von § 2 Abs. 4 S. 1, § 4 Abs. 2 S. 2, § 9 S. 3, § 15 Abs. 2 und § 20 Abs. 9, die durch das Wachstumsbeschleunigungsgesetz geändert wurden. Inhaltlich handelt es sich um Anpassungen an die Änderungen bei der Zinsschranke, insb. um die Erweiterung der Regelungen zu Verlustnutzung und -übergang und um den EBITDA-Vortrag.

31 Für die erstmalige Anwendung wird auf steuerliche Übertragungsstichtage abgestellt, die in einem Wirtschaftsjahr liegen, in dem die Vorschriften der Zinsschranke (§ 4 h Abs. 1, Abs. 4 S. 1 und Abs. 5 S. 1 und 2 EStG) in der Fassung des Wachstumsbeschleunigungsgesetzes erstmalig anzuwenden sind.[21] Dies wiederum ist in § 52 Abs. 12 d S. 4 EStG geregelt. Grundsätzlich sind diese geänderten Vorschriften danach erstmalig für Wirtschaftsjahre anzuwenden, die nach dem 31.12.2009 enden. Bei kalenderjahrgleichem Wirtschaftsjahr gelten die Neuregelungen somit erstmalig für das Wirtschaftsjahr 2010 und bei abweichenden Wirtschaftsjahren erstmalig für das Wirtschaftsjahr 2009/2010. Wenn der steuerliche Übertragungsstichtag in einem dieser Wirtschaftsjahre liegt, sind die geänderten Vorschriften erstmalig anzuwenden; auf die Anmeldung zu einem öffentlichen Register oder den Übergang des wirtschaftlichen Eigentums an den übertragenden Wirtschaftsgütern kommt es insoweit nicht an.

32 Durch das sogenannte Streubesitzdividendengesetz vom 21.3.2013 ist **§ 27 Abs. 11** eingefügt worden. Das Gesetz geht zurück auf ein EuGH-Urteil vom 20.10.2011 (Rs C-284/09), wonach die Anrechnung der einbehaltenen Kapitalertragsteuer auf Dividenden inländischer Kapitalgesellschaften gegen EU-Recht verstößt. Dividendenerträge, die an inländische Körperschaften fließen, sind – unabhängig von einer Beteiligungsquote – nach § 8 b Abs. 1 KStG steuerfrei; die bei der Dividendenzahlung einbehaltene Kapitalertragsteuer kann aber trotzdem in vollem Umfang auf die Körperschaftsteuerschuld des Anteilseigners angerechnet werden, womit es im Ergebnis zu einer vollständigen Erstattung kommt. Bei Anteilseignern mit Sitz im EU-Ausland gelingt die vollständige Erstattung der Kapitalertragsteuer auf deutsche Dividendenerträge nach der Mutter-Tochter-Richtlinie jedoch nur, wenn die vorgesehene Mindestbeteiligung von

19 Vgl Rödder/Herlinghaus/van Lishaut/*Rabback*, § 27 Rn 266; Vgl Dötsch/Pung/Möhlenbrock/*Pung* § 27 Rn 26.

20 Vgl Rödder/Herlinghaus/van Lishaut/*Rabback*, § 27 Rn 267; Vgl Dötsch/Pung/Möhlenbrock/*Pung* § 27 Rn 27.

21 Vgl Rödder/Herlinghaus/van Lishaut/*Rabback*, § 27 Rn 269; Vgl Dötsch/Pung/Möhlenbrock/*Pung* § 27 Rn 28.

derzeit 10 Prozent erreicht wird; für Anteilseigner mit Sitz im EU-Ausland, die diese Beteiligungsquote nicht erreichen, wird die deutsche Kapitalertragsteuer dagegen definitiv. Zur Beseitigung dieser Ungleichbehandlung hat der Gesetzgeber deshalb durch die Einfügung von § 8 b Abs. 4 KStG auch für inländische Anteilseigner mit Wirkung vom 1.3.2013 (Tag der Zustimmung des Bundesrates zu dem Gesetzesentwurf) geregelt, dass eine steuerfreie Vereinnahmung von Dividendenerträgen erst ab einer Beteiligungsquote von 10 Prozent möglich ist; die Anrechnung der Kapitalertragsteuer führt dann nicht zu einer Erstattung sondern lediglich zu einer Vorauszahlung auf die tarifliche Körperschaftsteuer.[22]

33 Wenn im Rahmen von Umwandlungen Bezüge iSv § 8 b Abs. 1 KStG entstehen, ist § 8 b Abs. 4 KStG abweichend von § 34 Abs. 7 a S. 2 KStG schon erstmals vor dem 1.3.2013 anzuwenden, wenn die Anmeldung zur Eintragung in das relevante öffentliche Register nach dem 28.2.2013 erfolgt. Durch diese Anwendungsregelung soll möglichen Missbrauchsfällen vorgebeugt werden, wenn durch die Rückwirkung der Umwandlung auch noch Dividendenerträge mit Beteiligungsquoten unter 10 Prozent steuerfrei realisiert werden könnten.[23]

34 Durch das Amtshilferichtlinie-Umsetzungsgesetz ist **§ 27 Abs. 12** eingefügt worden. Danach ist der neu eingefügte § 2 Abs. 4 S. 3 bis 6 erstmalig auf Umwandlungen und Einbringungen anzuwenden, bei denen die Anmeldung zur Eintragung in das relevante öffentliche Register nach dem 6.6.2013 erfolgt. Soweit für die Wirksamkeit von Einbringungen keine Eintragung in ein öffentliches Register erforderlich ist, ist § 20 erstmalig anzuwenden, wenn das wirtschaftliche Eigentum an den eingebrachten Wirtschaftsgütern nach dem 6.6.2013 übergegangen ist. Die Vorschrift soll Gestaltungen entgegenwirken, die auf die Nutzung von verrechenbaren Verlusten, verbleibenden Verlustvorträgen, nicht ausgeglichenen negativen Einkünften und einen Zinsvortrag nach § 4 h Abs. 1 S. 5 EStG im Rückwirkungszeitraum abzielen. Dies gilt allerdings nicht bei konzerninternen Umstrukturierungen.[24]

§ 28 Bekanntmachungserlaubnis

Das Bundesministerium der Finanzen wird ermächtigt, den Wortlaut dieses Gesetzes und der zu diesem Gesetz erlassenen Rechtsverordnungen in der jeweils geltenden Fassung satzweise nummeriert mit neuem Datum und in neuer Paragrafenfolge bekannt zu machen und dabei Unstimmigkeiten im Wortlaut zu beseitigen.

1 Durch diese Vorschrift erhält das Bundesministerium der Finanzen die Ermächtigung, den Wortlaut des Gesetzes und dazu ergangener Rechtsverordnungen in der jeweils geltenden Fassung bekanntzumachen. Ebenfalls ist das Ministerium ermächtigt, das Gesetz bei dieser Gelegenheit satzweise zu nummerieren, Unstimmigkeiten im Wortlaut zu beseitigen und dabei mit neuem Datum und neuer Paragrafenfolge bekanntzumachen. Sollte das Gesetz aufgrund einer Vielzahl von Änderungen unübersichtlich geworden sein, besteht aufgrund dieser Vorschrift die Möglichkeit eine neue und übersichtliche Fassung bekanntzumachen.[1]

22 Vgl Rödder/Herlinghaus/van Lishaut/*Rabback*, § 27 Rn 272.
23 Vgl Rödder/Herlinghaus/van Lishaut/*Rabback*, § 27 Rn 273.
24 Vgl Rödder/Herlinghaus/van Lishaut/*Rabback*, § 27 Rn 274.
1 Vgl Rödder/Herlinghaus/van Lishaut/*Ritzer*, § 28 Rn 3.

Gesetz über das gesellschaftsrechtliche Spruchverfahren (Spruchverfahrensgesetz – SpruchG)[1]

Vom 12. Juni 2003 (BGBl. I S. 838)
(FNA 315-23)
zuletzt geändert durch Art. 16 2. Kostenrechtsmodernisierungsgesetz vom 23. Juli 2013
(BGBl. I S. 2586)

Einleitung

1 Die Kodifizierung des SpruchG ist Kernbestandteil des Gesetzes zur Neuordnung des gesellschaftsrechtlichen Spruchverfahrens (Spruchverfahrensneuordnungsgesetz) vom 12.6.2003,[1] zuletzt geändert durch Art. 16 2. Kostenrechtsmodernisierungsgesetz vom 23.7.2013.[2] Mittels des Spruchverfahrensneuordnungsgesetzes wurden die bisher auf das AktG, UmwG und FGG verstreuten Regelungen zum Spruchverfahren (vormals „Spruchstellenverfahren") zusammengefasst und zur Verbesserung der Übersichtlichkeit und leichteren Anwendung, soweit möglich, in einem einzigen Gesetz gebündelt. Dabei galt es, die in den bisherigen Regelungen erkannten Mängel zu beseitigen und dabei insbesondere die Verfahrensdauer spürbar zu verkürzen.[3] Das praktische Bedürfnis einer Verfahrensbeschleunigung wird mit Blick auf die durchschnittliche Verfahrensdauer deutlich, die für die Verfahren, die in den Jahren 2009 bis 2011 beendet wurden, bei knapp sieben Jahren lag. 23 % der Verfahren konnten erst nach mehr als 10 Jahren beendet werden.[4] In zwei Einzelfällen, über die das BVerfG im Jahr 2011 im Rahmen zweier Verfassungsbeschwerden zu entscheiden hatte, betrug die Dauer des erstinstanzlichen Verfahrens vor dem LG sogar 18 bzw 22 Jahre.[5] Hauptursache für die lange Verfahrensdauer ist die Tatsache, dass die Gerichte ihre Entscheidung anhand regelmäßig sehr zeitaufwendiger Sachverständigengutachten zur Bewertung der jeweiligen Unternehmen zu treffen haben. In diesen werden die Unternehmen zumeist vollumfänglich bewertet. Nicht selten werden daneben noch weitere Gutachten zur Klärung bestimmter Streitfragen eingeholt.[6]

2 Bewährte Elemente wie die Zuständigkeit der Kammer für Handelssachen, das Rechtsinstitut des gemeinsamen Vertreters sowie die inter-omnes-Wirkung der Entscheidung wurden beibehalten. Daneben dient das SpruchG, ausweislich der Begründung zum Regierungsentwurf, den folgenden Zielen:

- Generelle Einführung der gerichtlichen Auswahl und Bestellung der sachverständigen Prüfer bei Umstrukturierungsmaßnahmen (Unternehmensvertrag, Eingliederung, Umwandlung),
- Veränderung der Rolle des Sachverständigen im Spruchverfahren (nach Möglichkeit keine Erstellung „flächendeckender" Gesamtgutachten, sondern gezielte Beurteilung spezieller Einzelfragen,
- Einführung von Verfahrensförderungspflichten der Beteiligten bei gleichzeitiger Rückführung des Amtsermittlungsgrundsatzes,
- Neugestaltung der Kostenvorschriften durch Einführung eines Mindestwertes und einer Obergrenze für die Gerichtskosten bei gleichzeitiger Verdoppelung der Gebühren und stärkere Unterscheidung zwischen den Gerichtskosten und den außergerichtlichen Kosten bei der Kostenverteilung.[7]

1 Verkündet als Art. 1 SpruchverfahrensneuordnungsG v. 12.6.2003 (BGBl. I S. 838); Inkrafttreten gem. Art. 7 S. 2 dieses G am 1.9.2003 mit Ausnahme der §§ 2 Abs. 4 und 12 Abs. 3, die gem. Art. 7 S. 1 am 18.6.2003 in Kraft getreten sind.
1 BGBl. 2003 I S. 838.
2 BGBl. 2013 I S. 2586.
3 Begr. RegE, BT-Drucks. 15/371, S. 11.
4 *Lorenz*, AG 2008, 284, 286; in der Begr. RegE, BT-Drucks. 15/371, S. 11 ist von fünf Jahren als durchschnittliche Verfahrensdauer die Rede.
5 BVerfG AG 2012, 86 (AEG/Daimler); BVerfG WM 2012, 76 (ABB); *Lorenz*, AG 2008, 284, 286.
6 Begr. RegE, BT-Drucks. 15/371, S. 11.
7 Begr. RegE, BT-Drucks. 15/371, S. 11 f.

3 Das Spruchverfahren dient dem Schutz von Minderheitsgesellschaftern und verfolgt den Zweck, den infolge bestimmter Strukturmaßnahmen bei Anteilseignern eingetretenen Wertverlust gerichtlich zu ermitteln und ferner überprüfen zu lassen, ob die hierfür gewährte Entschädigung angemessen ist. Der Gesetzgeber hat diesbezüglich am bereits bisher geltenden Amtsermittlungsgrundsatz grundsätzlich, wenn auch mit einigen Ausnahmen, festgehalten und auf die Ausgestaltung als reinen Parteiprozess verzichtet.[8]

4 Die rechtshistorischen Wurzeln des Spruchverfahrens reichen zurück bis zum Erlass der Dritten Durchführungsverordnung zum Gesetz über die Umwandlung von Kapitalgesellschaften im Jahr 1936.[9] Diese regelte erstmals die Bestimmung der Abfindung ausgeschiedener Minderheitsaktionäre im Bereich des Umwandlungsrechts.[10]

5 Seitdem hat sich das Spruchverfahren zu einem festen Instrumentarium im Zusammenhang mit gesellschaftsrechtlichen Strukturmaßnahmen entwickelt. Der entscheidende Unterschied gegenüber der Erhebung der Anfechtungsklage besteht darin, dass das Spruchverfahren die isolierte Bestimmung der Angemessenheit von Ausgleichszahlungen und Abfindungen ermöglicht, ohne die Durchführung der ordnungsgemäß beschlossenen Strukturmaßnahme selbst zu blockieren.[11] Dies ist – am Beispiel der AG erläutert – sowohl für die Gesellschaft selbst als auch für die beteiligten Aktionäre von großem Vorteil: Die Strukturmaßnahme kann dem Willen der Mehrzahl der Aktionäre, und damit dem „Willen der Gesellschaft" entsprechend, wie beschlossen durchgeführt werden.[12] Der Minderheitsaktionär ist demgegenüber nicht gezwungen, gegen die Maßnahme als solche vorzugehen, sofern ihm lediglich an einer Erhöhung seiner hierfür gewährten Kompensation gelegen ist. Auch bleibt ihm der Interessenkonflikt erspart, mit Auswirkung auf die Gesellschaft zwischen der Verfolgung eigener, kurzfristiger Interessen einerseits sowie kollektiver, langfristiger Interessen andererseits wählen zu müssen.[13]

6 Umfassende statistische Erhebungen zur prozentualen Häufigkeit von Spruchverfahren liegen bislang – soweit ersichtlich – nicht vor. Die zur Verfügung stehenden Untersuchungsergebnisse punktuell durchgeführter Erhebungen deuten jedoch darauf hin, dass die praktische Bedeutung des Spruchverfahrens in der Tat sehr groß ist. Eine aus dem Jahr 1994 stammende Studie von *Dörfler u.a.* betreffend den Zeitraum zwischen 1980 und 1992 gelangt zu dem Ergebnis, dass im Zusammenhang mit Beherrschungs- und Gewinnabführungsverträgen in mehr als 40 % der Fälle ein grundsätzlich statthaftes Spruchverfahren auch tatsächlich eingeleitet wurde.[14] Eine im Jahr 2003 von *Rathausky* erhobene Studie ergab, dass zur Überprüfung der Barabfindung im Rahmen von Squeeze-Out-Verfahren nach §§ 327 a ff AktG mindestens in 69,2 % der Fälle ein Spruchverfahren durchgeführt wurde. In weiteren 18,5 % der Fälle war zum Zeitpunkt der Erhebung noch keine Entscheidung über die Einleitung eines Spruchverfahrens getroffen.[15] Laut einer auf den Zeitraum zwischen 1985 und 2005 angelegten Studie von *Baums* wurde der infolge eines geschlossenen Gewinnabführungsvertrags gezahlte Ausgleich in 88,7 % der Fälle gerichtlich überprüft.[16] Jüngsten Schätzungen zufolge wird das Spruchverfahren heute in ca. 90 % aller Fälle betrieben, in denen dieses statthaft ist.[17]

7 Vor Verabschiedung des Spruchverfahrensneuordnungsgesetzes wurde die Bereitschaft zur Veranlassung einer gerichtlichen Überprüfung insbesondere dadurch begünstigt, dass im Bereich der Umwandlung grundsätzlich der Antragsgegner für anfallende Gerichtskosten, Sachverstän-

8 Begr. RegE, BT-Drucks. 15/371, S. 11 f: „Eine völlige Änderung der Grundlagen des Verfahrens im Sinne einer Umgestaltung in einen reinen Parteiprozess nach der Zivilprozessordnung erscheint nicht sinnvoll."

9 RGBl. 1936 I S. 1003; wenn auch bereits die 4. DVO vom 28.8.1924 zur Goldmarkbilanzverordnung vom 28.12.1923 ähnliche als Spruchverfahren bezeichnete Rechtsbehelfe beinhaltete (RGBl. 1924 I S. 697). S. zur Historie instruktiv Simon/*Simon*, SpruchG, Einführung Rn 17 ff.

10 *Wasmann*, DB 2003, 57, 59.

11 *Fritsche/Dreier/Verfürth*, SpruchG, S. 28 f.

12 *Fritzsche/Dreier*, BB 2002, 737, 739.

13 *Fritsche/Dreier/Verfürth*, SpruchG, S. 29 f.

14 *Dörfler/Gahler/Unterstraßer/Wirichs*, BB 1994, 156, 159.

15 *Rathausky*, AG-Report 2004, R 24.

16 *Bayer/Stange*, AG-Report 2008, R 303, R 304.

17 KölnKomm-AktG/*Riegger/Gayk*, Einl. SpruchG Rn 62.

digenkosten und Kosten für den gemeinsamen Vertreter aufzukommen hatte.[18] Auch nach der Neuregelung der Kostentragungspflicht in § 15 bleibt das Kostenrisiko für den Antragsteller überschaubar.[19] Auf der anderen Seite belegen die vorhandenen Erhebungen, dass Antragsteller bisher regelmäßig auf eine Erhöhung der ihnen angebotenen Kompensation hoffen durften. Die hierzu vorliegenden Studien gelangen zu einer durchschnittlichen Erhöhung zwischen 21,72 % und 76 %.[20] Auffallend ist der im Vergleich zu den Vorjahren nur geringe durchschnittliche Aufschlag für das Jahr 2011 in Höhe von lediglich 11 %.[21]

Der mit Abstand größte Anteil der eingeleiteten Spruchverfahren entfällt auf die Überprüfung der Abfindung von Minderheitsaktionären nach erfolgtem Squeeze-out: Hierin fanden 54 der insgesamt 89 in den Jahren 2009 bis 2011 beendeten Spruchverfahren ihren Anlass, was einem prozentualen Anteil von 60,7 % entspricht. In 15 Fällen (16,9 %) folgte das Spruchverfahren auf den Abschluss eines Unternehmensvertrags, in 13 Fällen (14,6 %) auf eine Verschmelzung, in 5 Fällen (5,6 %) auf einen Formwechsel sowie in je 2 Fällen (2,2 %) auf eine Eingliederung und ein Delisting.[22] 8

Als eine Tendenz der letzten Jahre lässt sich ausmachen, dass zunehmend weniger Vergleiche im Spruchverfahren geschlossen werden. Die Vergleichsquote sank von 59 % im Jahr 2009 auf 47 % im Jahr 2010 sowie 37 % im Jahr 2011.[23] Über diesen Zeitraum betrug die durchschnittliche Anzahl an Antragstellern pro Spruchverfahren 26. Massenverfahren, wie das anlässlich der Verschmelzung der T-Online International AG auf die Deutsche Telekom AG mit 243 Antragstellern, sind die Seltenheit. In mehr als einem Drittel aller Fälle waren zwischen einem und zehn Antragsteller beteiligt.[24] 9

§ 1 Anwendungsbereich

Dieses Gesetz ist anzuwenden auf das gerichtliche Verfahren für die Bestimmung

1. **des Ausgleichs für außenstehende Aktionäre und der Abfindung solcher Aktionäre bei Beherrschungs- und Gewinnabführungsverträgen (§§ 304 und 305 des Aktiengesetzes);**
2. **der Abfindung von ausgeschiedenen Aktionären bei der Eingliederung von Aktiengesellschaften (§ 320 b des Aktiengesetzes);**
3. **der Barabfindung von Minderheitsaktionären, deren Aktien durch Beschluss der Hauptversammlung auf den Hauptaktionär übertragen worden sind (§§ 327 a bis 327 f des Aktiengesetzes);**
4. **der Zuzahlung an Anteilsinhaber oder der Barabfindung von Anteilsinhabern anlässlich der Umwandlung von Rechtsträgern (§§ 15, 34, 122 h, 122 i, 176 bis 181, 184, 186, 196 oder § 212 des Umwandlungsgesetzes);**
5. **der Zuzahlung an Anteilsinhaber oder der Barabfindung von Anteilsinhabern bei der Gründung oder Sitzverlegung einer SE (§§ 6, 7, 9, 11 und 12 des SE-Ausführungsgesetzes);**
6. **der Zuzahlung an Mitglieder bei der Gründung einer Europäischen Genossenschaft (§ 7 des SCE-Ausführungsgesetzes).**

18 *Fritsche/Dreier/Verfürth*, SpruchG, S. 41 f mwN.
19 MüKo-AktG/*Kubis*, Vor § 1 SpruchG Rn 6.
20 KölnKomm-AktG/*Riegger/Gayk*, Einl. SpruchG Rn 64 mwN.
21 *Lorenz*, AG 2012, 284, 287.
22 *Lorenz*, AG 2012, 284, 285.
23 *Lorenz*, AG 2012, 284, 287.
24 *Lorenz*, AG 2012, 284, 285.

I. Normzweck

1 Die Vorschrift hat die wesentlichen **Anwendungsfälle des Spruchverfahrens** zum Gegenstand. Trotz der enumerativen Aufzählung besitzt § 1 lediglich klarstellende Funktion. Die Anwendbarkeit des SpruchG ergibt sich bereits aus den in den Nummern 1 bis 6 aufgeführten Bestimmungen des AktG, UmwG, SEAG sowie SCE-AG.[1] Über die gesetzlich geregelten Anwendungsfälle hinaus lässt die Rechtsprechung auch für weitere Fallgruppen eine analoge Anwendung des SpruchG zu.[2]

II. Gesetzliche Anwendung des Spruchverfahrens

2 **1. § 1 Nr. 1 (Ausgleich und Abfindung bei Beherrschungs- und Gewinnabführungsverträgen).** Wird ein **Beherrschungs- und Gewinnabführungsvertrag** abgeschlossen, findet das Spruchverfahren nach § 1 Nr. 1 Alt. 1 bei der Bestimmung des Ausgleichs für außenstehende Aktionäre gem. § 304 AktG Anwendung. Voraussetzung hierfür ist, dass der Gewinnabführungsvertrag tatsächlich auch eine Ausgleichsregelung enthält, andernfalls ist er gem. § 304 Abs. 3 S. 1 AktG nichtig.[3] Die Festlegung eines Ausgleichs von „Null" (sog. „**Nullausgleich**") stellt gleichwohl eine taugliche Ausgleichsregelung dar, die im Spruchverfahren überprüft werden kann.[4] Steht nicht die Frage nach der Bestimmung der Ausgleichshöhe im Raum, sondern wird eine **Ausgleichszahlung** überhaupt nicht geleistet, ist das Spruchverfahren demgegenüber nicht eröffnet. Der Zahlungsanspruch kann in diesem Fall ausschließlich mittels Leistungsklage im ordentlichen Klageverfahren geltend gemacht werden.[5]

3 Die Bestimmung der **Abfindung** außenstehender Aktionäre bei **Beherrschungs- und Gewinnabführungsverträgen** gem. § 305 AktG fällt nach § 1 Nr. 1 Alt. 2 ebenfalls in den Anwendungsbereich des SpruchG. Grundsätzlich bedarf es hinsichtlich der Höhe der Abfindung einer vertraglichen Vereinbarung. Anders als im Falle des Fehlens einer Regelung über den Ausgleich führt das Nichtvorliegen einer Vereinbarung über die Abfindung, wie sich aus § 305 Abs. 5 S. 2 AktG ergibt, nicht zur Nichtigkeit des jeweiligen Beherrschungs- bzw Gewinnabführungsvertrages.[6] Wird die Abfindung nicht geleistet, steht dem außenstehenden Aktionär wiederum der Weg über die Leistungsklage offen.[7]

4 Auch grundsätzlich zulässige, nachträgliche **Vertragsänderungen** können das Spruchverfahren eröffnen. Voraussetzung hierfür ist zum einen, dass die Änderungen in die ursprüngliche materielle Rechtsstellung der außenstehenden Aktionäre hinsichtlich des Ausgleich bzw der Abfindung eingreifen. Zum anderen darf die Anfechtung des Änderungs-Zustimmungsbeschlusses gem. § 295 Abs. 2 AktG nicht nach §§ 304 Abs. 3 S. 2, 305 Abs. 5 S. 2 AktG ausgeschlossen sein.[8]

1 Begr. RegE, BT-Drucks. 15/371, 12.
2 Grundlegend hierzu BVerfG NZG 2000, 1117 („MotoMeter"); BGH NZG 2003, 280 („Macroton I").
3 MüKo-AktG/*Kubis*, § 1 SpruchG Rn 3; KölnKomm-AktG/*Wasmann*, § 1 SpruchG Rn 3.
4 BGH AG 2006, 331.
5 MüKo-AktG/*Kubis*, § 1 SpruchG Rn 3.
6 Schmidt/Lutter/*Klöcker*, § 1 SpruchG Rn 5; MüKo-AktG/*Kubis*, § 1 SpruchG Rn 4.
7 MüKo-AktG/*Kubis*, § 1 SpruchG Rn 4.
8 BayObLG NZG 2003, 36, 38; MüKo-AktG/*Kubis*, § 1 SpruchG Rn 5 mwN.

Teilgewinnabführungsverträge im Sinne des § 292 Abs. 1 Nr. 2 AktG können demgegenüber nicht im Wege des Spruchverfahrens auf die Angemessenheit der festgelegten Kompensationen hin überprüft werden. Die Behandlung der Unangemessenheit folgt den allgemeinen Grundsätzen: Sie führt entweder zur Anfechtbarkeit des Zustimmungsbeschlusses oder gar zur Nichtigkeit des Vertrags gem. § 134 BGB.[9] 5

2. § 1 Nr. 2 (Abfindung bei Eingliederung von Aktiengesellschaften). Nach § 1 Nr. 2 iVm § 320 b Abs. 2 S. 2 AktG findet bei einer **Eingliederung** von Aktiengesellschaften das Spruchverfahren Anwendung, sofern Streit über die Angemessenheit der den Aktionären der eingegliederten Gesellschaft angebotenen **Abfindung** besteht. Gleiches gilt gem. § 320 b Abs. 2 S. 3 AktG für den Fall, dass eine Abfindung nicht oder nicht ordnungsgemäß angeboten und eine hierauf gestützte Anfechtungsklage innerhalb der Anfechtungsfrist nicht erhoben oder zurückgenommen oder rechtskräftig abgewiesen worden ist.[10] Die Überprüfung der Art einer angebotenen Abfindung kann auf diesem Wege indes nicht erreicht werden.[11] 6

3. § 1 Nr. 3 (Barabfindung von Minderheitsaktionären bei Squeeze-out). Werden Minderheitsaktionäre im Wege des **aktienrechtlichen Squeeze-out** nach §§ 327 a bis 327 f AktG aus der eingegliederten Gesellschaft ausgeschlossen, entsteht für diese ein Anspruch auf **Abfindung**. Für diesen Fall erklärt § 1 Nr. 3 das SpruchG für anwendbar, so dass die Angemessenheit der angebotenen Barabfindung nach § 327 f S. 2 AktG einer gerichtlichen Überprüfung zugänglich ist. Ähnlich wie bei der Eingliederung ist das Spruchverfahren nach § 327 f S. 3 AktG auch in Fällen statthaft, in denen das (ordnungsgemäße) Angebot einer **Barabfindung** durch den Hauptaktionär unterblieben und eine hierauf gestützte Anfechtungsklage innerhalb der Anfechtungsfrist nicht erhoben oder zurückgenommen oder rechtskräftig abgewiesen worden ist.[12] 7

Die Regelungen des **übernahmerechtlichen Squeeze-out** nach §§ 39 a ff WpÜG enthalten keinen Verweis auf das SpruchG. Infolge mangelnder Vergleichbarkeit des übernahmerechtlichen Squeeze-out mit dem aktienrechtlichen, ist ein Spruchverfahren im Hinblick auf eine etwaige, gerichtlich festgesetzte Abfindung auch nicht in analoger Anwendung der Regelungen des SpruchG statthaft.[13]

4. § 1 Nr. 4 (Umwandlung von Rechtsträgern nach UmwG). § 1 Nr. 4 Alt. 1 eröffnet das Spruchverfahren zur gerichtlichen Überprüfung der Angemessenheit der Zuzahlung an Anteilseigner für bestimmte Fälle der **Umwandlung** von Rechtsträgern nach dem UmwG. Im Einzelnen kommt dies bei der **Verschmelzung** (§ 15 UmwG), der **grenzüberschreitenden Verschmelzung** (§§ 122 h, 122 i UmwG), der **Vermögensübertragung** (§§ 176-181, 184, 186 UmwG) und dem **Formwechsel** (§ 196 UmwG) in Betracht.[14] Obgleich nicht in der Aufzählung enthalten, gilt dies, wie sich aus § 125 S. 1 UmwG ergibt, auch für **Auf- und Abspaltungen**, nicht jedoch für **Ausgliederungen**.[15] Ein Anspruch auf bare Zuzahlung setzt dabei stets voraus, dass der Anteilseigner des übertragenden Rechtsträgers für den Verlust seines Anteils am oder seiner Mitgliedschaft bei dem übertragenden Rechtsträger nicht hinreichend entschädigt wird.[16] Durch die Eröffnung des Spruchverfahrens wird kompensiert, dass den Anteilseignern des übertragenden Rechtsträgers gegen den Umwandlungs- (§ 195 Abs. 2 UmwG) bzw Verschmelzungsbeschluss (§ 14 Abs. 2 UmwG) die **Unwirksamkeitsklagen** (sowohl Anfechtungs- als auch Nichtigkeits- sowie allgemeine Feststellungsklage) abgeschnitten sind, sofern hiermit gegen ein 8

9 Schmidt/Lutter/*Klöcker*, § 1 SpruchG Rn 7.

10 Schmidt/Lutter/*Klöcker*, § 1 SpruchG Rn 8; Lutter/*Krieger/Mennicke*, UmwG, § 1 SpruchG Rn 12.

11 OLG Hamm AG 1994, 376, 378: Angebot des Umtauschs lediglich in Stammaktien anstatt Aktien gleicher Gattung; MüKo-AktG/*Kubis*, § 1 SpruchG Rn 6.

12 Schmidt/Lutter/*Klöcker*, § 1 SpruchG Rn 9; KölnKomm-AktG/*Wasmann*, § 1 SpruchG Rn 5.

13 OLG Celle ZIP 2010, 830 f; OLG Stuttgart ZIP 2009, 1059, 1060; KölnKomm-AktG/*Wasmann*, § 1 SpruchG Rn mwN.

14 Schmidt/Lutter/*Klöcker*, § 1 SpruchG Rn 10; Schmitt/Hörtnagl/Stratz/*Hörtnagl*, § 1 SpruchG Rn 2; KölnKomm-AktG/*Wasmann*, § 1 SpruchG Rn 6.

15 KölnKomm-AktG/*Wasmann*, § 1 SpruchG Rn 7.

16 Schmitt/Hörtnagl/Stratz/*Hörtnagl*, § 1 SpruchG Rn 2; Lutter/*Krieger/Mennicke*, § 1 SpruchG Rn 5.

nachteiliges Umtauschverhältnis gestritten werden soll.[17] Für die Anteilseigner des übernehmenden Rechtsträgers steht der Weg ins Spruchverfahren demgegenüber nicht offen. Für sie ist die Anfechtungsklage die statthafte Klageart.[18]

9 § 1 Nr. 4 Alt. 2 erklärt die **Barabfindung** von Anteilseignern zum Gegenstand des Spruchverfahrens. Vorgesehen ist dies für Fälle der Verschmelzung (§§ 34 iVm 29 UmwG), Vermögensübertragung (§§ 176–181, 184, 186 UmwG), Formwechsel (§ 212 UmwG) und über § 125 S. 1 UmwG für die Auf- und Abspaltung.[19] Auch hier bietet das Spruchverfahren einen Ausgleich dafür, dass mittels der Unwirksamkeitsklage aufgrund §§ 32, 210 UmwG nicht gegen eine etwaige Unangemessenheit des Abfindungsangebots vorgegangen werden kann.[20]

10 **5. § 1 Nr. 5 (Gründung und Sitzverlegung einer Societas Europaea, SE).** Die Vorschrift geht zurück auf die gemeinschaftsrechtliche Vorgabe durch die Verordnung (EG) Nr. 2157/2001 des Rates vom 8.10.2001 über das Statut über die Europäische Gesellschaft (SE),[21] welche durch das Gesetz zur Einführung der Europäischen Gesellschaft (SEEG) vom 22.12.2004 in nationales Recht transformiert wurde.[22] Die Überprüfung der **Zuzahlung** an Anteilsinhaber (§ 1 Nr. 5 Alt. 1) und der **Barabfindung** von Anteilsnehmern (§ 1 Nr. 5 Alt. 2) kann nunmehr auch bei der **Gründung** oder **Sitzverlegung einer SE** im Spruchverfahren erreicht werden. In Betracht kommen hierfür die folgenden drei Konstellationen:

- Gründung der SE durch Verschmelzung (§§ 6, 7 SEAG),
- Gründung einer Holding-SE (§§ 9, 11 SEAG) sowie
- Sitzverlegung der SE (§ 12 SEAG).[23]

11 Dieses Recht steht, wie sich aus den entsprechenden Verweisungsnormen eindeutig ergibt, ausschließlich den Anteilseignern der übertragenen Gesellschaft zu. Das gilt nach § 6 Abs. 4 SEAG sowohl für Gesellschaften mit Sitz in der Bundesrepublik Deutschland als auch mit Sitz in einem Mitgliedstaat der Europäischen Union oder einem EWR-Vertragsstaat, sofern nach dem Recht dieses Staates ein Verfahren zur Kontrolle und Änderung des Umtauschverhältnisses der Aktien vorgesehen ist und deutsche Gerichte für die Durchführung eines Verfahrens international zuständig sind. Aufgrund Art. 25 Abs. 3 S. 1 SEAG ist ggf die Zustimmung der Aktionäre der ausländischen Gesellschaft zur Anwendbarkeit des Spruchverfahrens erforderlich.[24]

12 Wie auch im Rahmen der Umwandlung von Rechtsträgern nach dem UmwG sind bei der **SE** die **Unwirksamkeitsklagen** (sowohl Anfechtungs- als auch Nichtigkeits- sowie allgemeine Feststellungsklage) gegen den Verschmelzungsbeschluss aufgrund § 6 Abs. 1 SEAG ausgeschlossen, soweit vorgetragen wird, dass das Umtauschverhältnis der Anteile unangemessen sei. Nach § 7 Abs. 5 SEAG ist die Unwirksamkeitsklage für den Fall der Gründung einer SE, die ihren Sitz im Ausland haben soll, durch Verschmelzung ebenfalls nicht statthaft, sofern sie gegen die Bemessung oder die Ordnungsgemäßheit des Abfindungsangebots im Verschmelzungsplan gerichtet wäre.[25]

13 **6. § 1 Nr. 6 (Gründung einer Europäischen Genossenschaft, SCE).** Die Vorschrift folgt der gemeinschaftsrechtlichen Vorgabe durch die Verordnung (EG) Nr. 1435/2003 des Rates vom 22.7.2003 über das Statut der Europäischen Genossenschaft (SCE).[26] Durch Art. 7 des SCE-Einführungsgesetzes[27] wurde die Vorgabe in nationales Recht umgesetzt. Wird eine SCE durch Verschmelzung gegründet, besteht für die Mitglieder der übertragenden Genossenschaft nach

17 S. hierzu § 14 Rn 11 ff; Schmitt/Hörtnagl/Stratz/*Hörtnagl*, § 1 SpruchG Rn 3.
18 S. § 14 Rn 11 ff; OLG Hamburg ZIP 2005, 1074, 1081; KölnKomm-AktG/*Wasmann*, § 1 SpruchG Rn 7.
19 Schmidt/Lutter/*Klöcker*, § 1 SpruchG Rn 10.
20 Schmitt/Hörtnagl/Stratz/*Hörtnagl*, § 1 SpruchG Rn 5.
21 ABl. L 294 v. 10.11.2001, S. 1.
22 BGBl. I S. 3675.
23 MüKo-AktG/*Kubis*, § 1 SpruchG Rn 12 ff.
24 Lutter/*Krieger/Mennicke*, § 1 SpruchG Rn 8; Köln-Komm-AktG/*Wasmann*, § 1 SpruchG Rn 10.
25 Schmitt/Hörtnagl/Stratz/*Hörtnagl*, § 1 SpruchG Rn 6 f.
26 ABl. L 207 v. 18.8.2003, S. 1.
27 Gesetz zur Einführung der Europäischen Genossenschaft und Veränderung des Genossenschaftsrechts vom 14.8.2006, BGBl. I S. 1911.

§ 7 Abs. 4 SCE-AG die Möglichkeit, die Angemessenheit einer etwaigen Zuzahlung im Spruchverfahren überprüfen zu lassen.[28] Ein Anspruch auf Zuzahlung besteht für ein Mitglied der übertragenden Genossenschaft gem. § 7 Abs. 2, 4 S. 1 SCE-AG, sofern sein Geschäftsguthaben in der **Europäischen Genossenschaft** niedriger ist als es in der übertragenden Gesellschaft war. Wie auch im Rahmen der Europäischen Gesellschaft ist nach Art. 29 Abs. 3 S. 1 der SCE-VO ggf die Zustimmung der Aktionäre der ausländischen Gesellschaft zur Anwendbarkeit des Spruchverfahrens erforderlich.[29]

7. § 5 EGAktG (Entzug von Mehrstimmrechten). Die Durchführung des Spruchverfahrens ist für Aktionäre in § 5 EGAktG auch für den Fall gesetzlich geregelt, dass der **Wegfall von Mehrstimmrechten** infolge Zeitablaufs zum 1.6.2003 oder Hauptversammlungsbeschluss mittels Barausgleich kompensiert wird. Praktische Bedeutung kommt der Vorschrift aufgrund Fristablaufs heute nahezu nicht mehr zu.[30] 14

III. Gesetzlich nicht geregelte Anwendungsfälle

1. Reguläres Delisting. Seit der **Macroton I**-Entscheidung des BGH aus dem Jahr 2002 verlangte die Rechtsprechung für den Rückzug von der Börse im Rahmen des **regulären Delisting** einen Hauptversammlungsbeschluss und ein Pflichtangebot der AG oder des Großaktionärs über den Kauf der Aktien der Minderheitsaktionäre und bejahte diesbezüglich die Überprüfbarkeit im Wege des Spruchverfahrens.[31] An dieser Rechtsauffassung hält der BGH jedoch auf Grundlage der Entscheidung des BVerfG aus dem Jahr 2012[32] nicht mehr fest, so dass das SpruchG mangels Abfindungsanspruchs der Minderheitsaktionäre keine Anwendung mehr findet.[33] 15

2. Beherrschungs- und Gewinnabführungsvertrag mit einer abhängigen GmbH. Im Gegensatz zu §§ 304, 305 AktG, die Ausgleich und Abfindung außenstehender Aktionäre für den Fall anordnen, dass sich die AG einem **Beherrschungs- oder Gewinnabführungsvertrag** unterwirft, enthält das GmbHG keine entsprechenden Regelungen. Da jedoch auch die GmbH entsprechende Verträge eingehen kann, stellt sich die Frage, ob ggf auch den GmbH-Gesellschaftern in entsprechender Anwendung der §§ 1 Nr. 1 SpruchG iVm 304 Abs. 3 S. 2, 305 Abs. 5 S. 2 AktG der Weg ins Spruchverfahren offensteht. Dieses Problem taucht bereits von vornherein nur für den Fall auf, dass man für die Wirksamkeit des geschlossenen Beherrschungs- bzw Gewinnabführungsvertrags seitens der unterworfenen GmbH bereits einen Mehrheitsbeschluss genügen lässt und nicht die Zustimmung aller Gesellschafter fordert.[34] Da hinsichtlich des Minderheitenschutzes innerhalb einer GmbH grundsätzlich die gleichen Überlegungen gelten wie zur AG, sollte für diesen Fall auch das Spruchverfahren Anwendung finden.[35] 16

IV. Keine analoge Anwendung des SpruchG

1. Delisting. Beantragt eine AG nach § 39 Abs. 2 BörsG den vollständigen Rückzug der AG vom regulierten Markt (**Delisting**), bedarf es nach neuester höchstrichterlicher Rechtsprechung weder eines Hauptversammlungsbeschlusses noch eines Pflichtangebots der AG oder des Großaktionärs über den Kauf der Aktien der Minderheitsaktionäre.[36] Das SpruchG findet daher bereits mangels eines Abfindungsanspruchs der Minderheitsaktionäre weder direkte noch analoge Anwendung. Der bloße Rückzug von einzelnen Börsenplätzen oder der Wechsel innerhalb 17

28 Schmidt/Lutter/*Klöcker*, § 1 SpruchG Rn 12.
29 Lutter/*Krieger*/*Mennicke*, § 1 SpruchG Rn 12.
30 MüKo-AktG/*Kubis*, § 1 SpruchG Rn 16.
31 BGH NZG 2003, 280 („Macrotron I").
32 BVerfG ZIP 2012, 1402.
33 BGH NZG 2013, 1342 („Macrotron II").
34 MüKo-AktG/*Kubis*, § 1 SpruchG Rn 18. Zum Streitstand innerhalb der Literatur bzgl dieser obergerichtlich bisher nicht geklärten Frage vgl Lutter/*Hommelhoff*, Anh. § 13 Rn 51 ff, 65 ff.
35 LG Dortmund, GmbHR 1998, 941; LG Essen, GmbHR 1998, 942; MüKo-AktG/*Kubis*, § 1 SpruchG Rn 18; Heidel/*Weingärtner*, § 1 SpruchG Rn 19; aA KölnKomm-AktG/*Wasmann*, § 1 SpruchG Rn 37.
36 BVerfG ZIP 2012, 1402; BGH NZG 2013, 1342 („Macrotron II").

des regulierten Markts von einem Marktsegment in ein anderes stellen nunmehr erst recht kein Delisting dar, welches das Spruchverfahren eröffnen würde.[37]

18 Auch ohne Antrag des Emittenten ist ein sog. **kaltes Delisting** denkbar, nämlich wenn den Aktionären durch eine Strukturveränderung der Gesellschaft die Möglichkeit genommen wird, ihre Aktien jederzeit an der Börse zu veräußern. Gesetzlich vorgesehen ist ein Ausscheiden der Gesellschafter gegen Abfindung in §§ 125, 34, 29 Abs. 1 S. 1 UmwG für den Fall der Aufspaltung einer börsennotierten AG in nicht börsennotierte Aktiengesellschaften[38] sowie in §§ 34, 29 Abs. 1 S. 1 UmwG für die Verschmelzung einer Gesellschaft auf eine nicht börsennotierte AG.[39] In den Fällen des sog. kalten Delistings kann von der AG oder dem Hauptaktionär jedoch auf Grundlage der neueren höchstrichterlichen Rechtsprechung[40] erst recht kein im Rahmen eines Spruchverfahrens überprüfbares Abfindungsangebot gefordert werden.

19 **2. Vermögensübertragende Auflösung.** Ob im Rahmen der **vermögensübertragenden Auflösung** einer Gesellschaft das Spruchverfahren eröffnet ist, ist im Schrifttum umstritten.[41] Dabei handelt es sich um Fälle, in denen eine Übertragung sämtlicher Einzelwirtschaftsgüter auf einen Mehrheitsaktionär in der Absicht stattfindet, die AG unmittelbar danach aufzulösen. Das BVerfG leitet aus Art. 14 Abs. 1 GG ab, dass Minderheitsaktionäre, die gegen ihren Willen aus einer Gesellschaft gedrängt werden, für diesen Verlust wirtschaftlich voll zu entschädigen sind und die Angemessenheit der Entschädigung einer gerichtlichen Überprüfung zugänglich sein muss. Dieser Schutz kann nach Auffassung des BVerfG sowohl im Wege einer Analogie im Spruchverfahren als auch über das Instrument der Anfechtungsklage gewährleistet werden.[42] Befürworter einer Gleichbehandlung mit den oben genannten Fallkonstellationen sahen das Spruchverfahren vor **„Macroton II"** als eröffnet an.[43] In Anbetracht des Vorhandenseins einer ausreichenden Rechtsschutzmöglichkeit in Gestalt der Anfechtungsklage besteht für das Spruchverfahren mangels Regelungslücke indes kein Raum.[44] Auch die obergerichtliche Rechtsprechung lehnt den Weg über das Spruchverfahren bisher ab.[45] Im Hinblick auf die Rechtsentwicklung nach „Macroton II"[46] sollte daher auch hier die Anwendbarkeit des Spruchverfahrens abgelehnt werden.

20 **3. Kapitalerhöhung mit Bezugsrechtsausschluss.** § 255 Abs. 2 AktG erklärt für den Fall, dass im Rahmen einer **Kapitalerhöhung unter Bezugsrechtsausschluss** die Angemessenheit des Ausgabe- bzw Mindestbetrags überprüft werden soll, die Anfechtungsklage für statthaft. Unter Hinweis auf die Systematik des AktG hinsichtlich der gerichtlichen Überprüfung der Angemessenheit von Ausgleichszahlungen wird seitens der Literatur nicht selten die Statthaftigkeit des Spruchverfahrens anstelle der Anfechtungsklage gefordert.[47]

21 **4. Übernahme- und Pflichtangebote nach WpÜG.** Im Falle der Unangemessenheit des **Übernahme- und Pflichtangebots** nach § 35 Abs. 2 WpÜG steht den Aktionären gem. § 66 Abs. 1 WpÜG unabhängig des Streitwerts der Rechtsweg zu den Landgerichten offen. Die Möglichkeit der gesonderten Überprüfung der Angemessenheit im Spruchverfahren ist gesetzlich nicht vorgesehen. Eine Geltendmachung der Unangemessenheit kommt daher nur im Rahmen von

37 So bereits zur Rechtslage vor der Entscheidung des BGH aus dem Jahr 2013 MüKo-AktG/*Kubis*, § 1 SpruchG Rn 21; Schmidt/Lutter/*Klöcker*, § 1 SpruchG Rn 17.
38 Vgl hierzu bereits nach alter Rechtslage OLG Düsseldorf NZG 2005, 317.
39 Schmidt/Lutter/*Klöcker*, § 1 SpruchG Rn 17.
40 BVerfG ZIP 2012, 1402; BGH NZG 2013, 1342 („Macrotron II").
41 Dafür vgl Schmidt/Lutter/*Klöcker*, § 1 SpruchG Rn 20; Heidel/*Weingärtner*, § 1 SpruchG Rn 10; dagegen MüKo-AktG/*Kubis*, § 1 SpruchG Rn 28; *Adolff/Tieves*, BB 2003, 797, 805.
42 BVerfG DNotZ 2000, 868, 873 f.
43 In diesem Sinne Heidel/*Weingärtner*, § 1 SpruchG Rn 10.
44 OLG Düsseldorf, Beschluss v. 13.7.2005 – 19 W 4/04, BeckRS 2005, 10909; MüKo-AktG/*Kubis*, § 1 SpruchG Rn 28; *Adolff/Tieves*, BB 2003, 797, 805.
45 OLG Düsseldorf, Beschluss v. 13.7.2005 – 19 W 4/04, BeckRS 2005, 10909.
46 BGH NZG 2013, 1342.
47 Heidel/*Weingärtner*, § 1 SpruchG Rn 16 mwN; Semler/Stengel/*Volhard*, UmwG, § 1 SpruchG Rn 5 mwN.

originären Schadensersatzklagen in Betracht. Gleichwohl wird in der Literatur die Eröffnung des Spruchverfahrens überwiegend für sinnvoll gehalten.[48]

5. Faktischer Beherrschungs- und Gewinnabführungsvertrag. Auch ohne dass die formalen Voraussetzungen der §§ 291 ff AktG vorliegen, kann eine AG aufgrund einer getroffenen Vereinbarung mit einer anderen Gesellschaft dieser faktisch derart untergeordnet sein, dass unter wirtschaftlicher Betrachtung von einer Beherrschung gesprochen werden kann.[49] Entsprechendes gilt auch für die GmbH.[50] Die Rechtsprechung und die herrschende Meinung im Schrifttum lehnen Abfindungsansprüche analog § 305 AktG in diesen Fällen eines **faktischen BGAV** jedoch zu Recht unter Hinweis auf das Fehlen einer planwidrigen Regelungslücke ab.[51] Daher ist das SpruchG nicht einschlägig. 22

§ 2 Zuständigkeit

(1) [1]Zuständig ist das Landgericht, in dessen Bezirk der Rechtsträger, dessen Anteilsinhaber antragsberechtigt sind, seinen Sitz hat. [2]Sind nach Satz 1 mehrere Landgerichte zuständig oder sind bei verschiedenen Landgerichten Spruchverfahren nach Satz 1 anhängig, die in einem sachlichen Zusammenhang stehen, so ist § 2 Abs. 1 des Gesetzes über das Verfahren in Familiensachen und in den Angelegenheiten der freiwilligen Gerichtsbarkeit entsprechend anzuwenden. [3]Besteht Streit oder Ungewissheit über das zuständige Gericht nach Satz 2, so ist § 5 des Gesetzes über das Verfahren in Familiensachen und in den Angelegenheiten der freiwilligen Gerichtsbarkeit entsprechend anzuwenden.

(2) [1]Der Vorsitzende einer Kammer für Handelssachen entscheidet

1. **über die Abgabe von Verfahren;**
2. **im Zusammenhang mit öffentlichen Bekanntmachungen;**
3. **über Fragen, welche die Zulässigkeit des Antrags betreffen;**
4. **über alle vorbereitenden Maßnahmen für die Beweisaufnahme und in den Fällen des § 7;**
5. **in den Fällen des § 6;**
6. **über Geschäftswert, Kosten, Gebühren und Auslagen;**
7. **über die einstweilige Einstellung der Zwangsvollstreckung;**
8. **über die Verbindung von Verfahren.**

[2]Im Einverständnis der Beteiligten kann der Vorsitzende auch im Übrigen an Stelle der Kammer entscheiden.

Literatur:

Bork, Zuständigkeitsprobleme im Spruchverfahren, ZIP 1998, 550; *Bungert*, Behebung der doppelten gerichtlichen Zuständigkeit bei Spruchverfahren wegen Doppelverschmelzungen, DB 2000, 2051; *Fuhrmann/Linnerz*, Zweifelsfragen des neuen Spruchverfahrens, Der Konzern 2004, 265; *Kiefner/Kersjes*, Spruchverfahren und die Fortgeltung der ausschließlichen funktionellen Zuständigkeit der KfH unter dem FGG-Reformgesetz, NZG 2012, 244; *Meilicke/Lochner*, Zuständigkeit der Spruchgerichte nach EuGVVO, AG 2010, 23, *Mock*, Spruchverfahren im europäischen Zivilrecht, IPrax 2009, 271; *Neye*, Konkurrierende gerichtliche Zuständigkeit für Spruchverfahren bei „überregionalen" Umwandlungsvorgängen, in: FS Siegfried Widmann (2000), 87; *Nießen*, Die internationale Zuständigkeit im Spruchverfahren, NZG 2006, 441; *Simons*, Ungeklärte Zuständigkeitsfragen bei gesellschaftsrechtlichen Auseinandersetzungen, NZG 2012, 609.

48 Heidel/*Weingärtner*, § 1 SpruchG Rn 14; *Seibt*, ZIP 2003, 1865, 1874; *Verse*, ZIP 2004, 199, 207; aA KölnKomm-AktG/*Wasmann*, § 1 SpruchG Rn 41.

49 *Balthasar*, NZG 2008, 858 f.

50 MüKo-AktG/*Kubis*, § 1 SpruchG Rn 19.

51 OLG München NZG 2008, 753; diese Rechtsauffassung zumindest nicht ablehnend OLG Schleswig NZG 2008, 868; LG München BB 2007, 2588, 2589 f; LG Flensburg Der Konzern 2006, 303; Lutter/*Krieger/Mennicke*, § 1 SpruchG Rn 2; Heidel/*Weingärtner*, § 1 SpruchG Rn 3; aA *Hirte/Schall*, Der Konzern 2006, 243, 246 ff.

A. Überblick

1 § 2 regelt in Abs. 1 die gerichtliche **Eingangszuständigkeit**. Diese war bis zum Inkrafttreten des SpruchG in § 306 AktG aF, § 306 UmwG aF normiert. Abs. 2 weist dem Vorsitzenden der KfH bestimmte Entscheidungskompetenzen zu. Nicht mehr explizit vorgesehen ist allerdings eine ausschließliche Zuständigkeit der Kammer für Handelssachen, wie dies bis zum Inkrafttreten des FamFG am 1.9.2009 der Fall war (vgl dazu Rn 10).

2 § 2 wurde durch das FGG-Reformgesetz[1] erheblich geändert. Insb. wurden Abs. 2 und Abs. 4 aF gestrichen. Abs. 2 aF sah eine ausschließliche Zuständigkeit der Kammer für Handelssachen vor. Abs. 4 enthielt eine Verordnungsermächtigung zugunsten der Landesregierungen, um Spruchverfahren bei einzelnen Landgerichten zu konzentrieren. Eine solche Ermächtigung folgt nunmehr aus § 71 Abs. 2 lit. e), Abs. 4 S. 1 GVG.

3 In den letzten Jahren wurde wiederholt vorgeschlagen, die erstinstanzliche Zuständigkeit für Spruchverfahren auf die Oberlandesgerichte zu übertragen bzw die Verfahren dort vollständig zu konzentrieren.[2] Dieser Vorschlag ist aber bislang nicht Gesetz geworden (zum Instanzenzug § 12).

B. Zuständigkeit des Landgerichts

I. Sachliche und örtliche Zuständigkeit

4 Abs. 1 S. 1 bestimmt, dass – vorbehaltlich einer landesgesetzlich geregelten Verfahrenskonzentration (dazu Rn 5) – das Landgericht am Sitz des Rechtsträgers zuständig ist, dessen Anteilsinhaber anteilsberechtigt sind. Der maßgebliche Rechtsträger ist im Fall des § 1 Nr. 1 die abhängige Gesellschaft, des § 1 Nr. 2 die eingegliederte Gesellschaft und des § 1 Nr. 3 die Gesellschaft, aus der die Minderheitsaktionäre ausgeschlossen worden sind. Bei Umwandlungsvorgängen ist der übertragende bzw formwechselnde Rechtsträger relevant.[3] Sitz iSd Abs. 1 S. 1 ist allein der **Satzungssitz**, nicht ein davon evtl abweichender tatsächlicher Verwaltungssitz.[4] Die Zuständigkeit nach Abs. 1 S. 1 ist **ausschließlich**. Gerichtsstandsvereinbarungen sind folglich ausgeschlossen.[5]

5 Die Landesregierungen bzw Landesjustizverwaltungen können gem. § 71 Abs. 2 Nr. 4 lit. e), Abs. 4 GVG (bis 1.9.2009: § 2 Abs. 4 aF) einzelnen Landgerichten die Zuständigkeit für mehrere Landgerichtsbezirke übertragen. Eine solche **Konzentrationsverordnung** haben bisher Baden-Württemberg, Bayern, Hessen, Mecklenburg-Vorpommern, Niedersachsen, Nordrhein-Westfalen, Rheinland-Pfalz und Sachsen erlassen.

Hinweis: Vor Einreichung eines Antrags auf Einleitung eines Spruchverfahrens sollte jeweils geprüft werden, ob im betreffenden Bundesland eine sog. Konzentrationsverordnung gilt, um einer bei nicht fristgerechter Verweisung drohenden Verfristung des Antrags zu entgehen.

1 Gesetz v. 17.12.2008, BGBl. I S. 2586.

2 BT-Drucks. 16/9020 (Gesetzentwurf des Bundesrates „Entwurf eines Gesetzes zur Einführung erstinstanzlicher Zuständigkeiten des Oberlandesgerichts in aktienrechtlichen Streitigkeiten"); Änderungsvorschläge von Rechtspolitikern der Bundesregierung v. 30.11.2012, abrufbar unter www. jura.hhu.de/fileadmin/redaktion/Fakultaeten/Juristische_Fakultaet/Noack/Texte/Aktienrechtsnovelle.pdf; krit. dazu Dreier/Riedel, BB 2013, 326.

3 Emmerich/Habersack/*Emmerich*, § 2 SpruchG Rn 5; KK-AktG/*Wasmann*, § 2 SpruchG Rn 3.

4 Emmerich/Habersack/*Emmerich*, § 2 SpruchG Rn 4; Schmidt/Lutter/*Klöcker*, § 2 SpruchG Rn 2; NK-AktG/*Weingärtner*, § 2 SpruchG Rn 1.

5 Emmerich/Habersack/*Emmerich*, § 2 SpruchG Rn 4; Schmidt/Lutter/*Klöcker*, § 2 SpruchG Rn 1; Köln-Komm-AktG/*Wasmann*, § 2 SpruchG Rn 4.

II. Zuständigkeit mehrerer Landgerichte

Wären nach Abs. 1 S. 1 ausnahmsweise mehrere Gerichte für ein Spruchverfahren zuständig, ist gem. Abs. 1 S. 2 iVm § 2 Abs. 1 FamFG dasjenige Landgericht zuständig, das zuerst mit der Angelegenheit befasst war. Dies ist insb. im Falle eines Doppelsitzes des relevanten Rechtsträgers von Bedeutung.[6] Sinn dieser Regelung ist, Doppelarbeit und widersprüchliche Entscheidungen zu vermeiden.[7] Bei Streit oder Ungewissheit über das zuständige Gericht wird dieses gem. § 5 FamFG durch das nächsthöhere gemeinsame Gericht bestimmt. Die Bestimmung des nächsthöheren Gerichts kann wiederum problematisch sein, wenn die Landgerichte ihren Sitz in verschiedenen OLG-Bezirken haben. § 5 Abs. 2 FamFG sieht vor, dass dann dasjenige OLG zuständig ist, zu dessen Bezirk das zuerst mit der Angelegenheit befasste LG gehört. Allerdings kann gerade fraglich sein, welches LG zuerst befasst war. Sinnvoll ist, in diesem Fall dasjenige OLG für zuständig zu erklären, das zuerst mit der Zuständigkeitsbestimmung befasst wurde.[8] 6

Gleiches gilt nach Abs. 1 S. 2, wenn bei verschiedenen Landgerichten Spruchverfahren anhängig sind, die in einem sachlichen Zusammenhang stehen. Ein solcher **sachlicher Zusammenhang** ist vor dem Hintergrund des Regelungszwecks (Rn 6) zu bejahen, wenn die Bewertung desselben Rechtsträgers erforderlich ist.[9] 7

Nachdem anders als unter § 4 FGG aF ein Tätigwerden des Gerichts nicht mehr erforderlich ist, genügt für eine Befassung iSd § 2 Abs. 1 FamFG bereits der Eingang der Anträge.[10] Die zeitlich später befassten Gerichte sind gem. § 3 Abs. 1 FamFG zur Verweisung an das zuständige Landgericht verpflichtet.[11] Dies kann durch formlose Bekanntmachung an den Antragsgegner erfolgen.[12] 8

III. Internationale Zuständkeit

Die **internationale Zuständigkeit** bestimmt sich nach § 2, § 105 FamFG.[13] Zwar genießen die unionsrechtlichen Regelungen der EuGVVO[14] gem. § 97 FamFG Vorrang, doch lässt sich die Zuständigkeit deutscher Gerichte auf Art. 22 Nr. 2 EuGVVO stützen. Dieser sieht für Klagen gegen die Gültigkeit der Beschlüsse der Organe einer Gesellschaft die Zuständigkeit der Gerichte des Sitzstaates vor. Zwar ist das Spruchverfahren nicht auf die Prüfung der Gültigkeit eines Beschlusses gerichtet. Es tritt in seinem Anwendungsbereich aber an die Stelle der Anfechtungsklage, so dass eine entsprechende Anwendung von Art. 22 Nr. 2 EuGVVO geboten ist.[15] 9

C. Funktionelle Zuständigkeit

Während § 2 Abs. 2 aF eine ausschließliche funktionelle Zuständigkeit der Kammer für Handelssachen begründete, folgt deren **funktionelle Zuständigkeit** nunmehr nur noch aus §§ 95 Abs. 2 Nr. 2, 71 Abs. 2 Nr. 4 lit. e) GVG mit der Folge, dass ein Spruchverfahren nur noch auf 10

6 Emmerich/Habersack/*Emmerich*, § 2 SpruchG Rn 7; Schmidt/Lutter/*Klöcker*, § 2 SpruchG Rn 4; Köln-Komm-AktG/*Wasmann*, § 2 SpruchG Rn 7.
7 Begr. RegE BT-Drucks. 15/371, 12.
8 So BayObLG AG 2002, 395, 396.
9 Emmerich/Habersack/*Emmerich*, § 2 SpruchG Rn 7 b; Spindler/Stilz/*Drescher*, § 2 SpruchG Rn 10.
10 Schmidt/Lutter/*Klöcker*, § 2 SpruchG Rn 7 unter Hinweis auf Begr. RegE BT-Drucks. 16/6308, 175.
11 Emmerich/Habersack/*Emmerich*, § 2 SpruchG Rn 8; Schmidt/Lutter/*Klöcker*, § 2 SpruchG Rn 8.
12 OLG Karlsruhe AG 2005, 300, 301.
13 LG München I NZG 2009, 143; Spindler/Stilz/*Drescher*, § 2 SpruchG Rn 7; Schmidt/Lutter/*Klöcker* § 2 SpruchG Rn 3.
14 Verordnung (EG) Nr. 44/2001 v. 22.12.2000 über die gerichtliche Zuständigkeit und die Anerkennung und Vollstreckung von Entscheidungen in Zivil- und Handelssachen, ABl. EG L 12 v. 16.1.2001, S. 1; ab 10.1.2015 abgelöst durch Verordnung (EU) Nr. 1215/2012 v. 12.12.2012 über die gerichtliche Zuständigkeit und die Anerkennung und Vollstreckung von Entscheidungen in Zivil- und Handelssachen, ABl. EU L 351 v. 20.12.2012, S. 1.
15 Vgl OGH Wien BeckRS 2010, 09128; OLH Wien AG 2010, 49; Spindler/Stilz/*Drescher*, § 2 SpruchG Rn 7; Emmerich/Habersack/*Emmerich*, § 2 SpruchG Rn 14; *Hüffer*, § 2 SpruchG Rn 3; KölnKomm-AktG/*Wasmann*, § 2 SpruchG Rn 15; *Meilicke/Lochner*, AG 2010, 23; aA *Weber/Kersjes*, Hauptversammlungsbeschlüsse vor Gericht, 2010, § 5 Rn 74; *Wittgens*, Das Spruchverfahrensgesetz, 2006, S. 62 ff; *Mock*, IPrax 2009, 271; *Nießen*, NZG 2006, 441.

Antrag eines Beteiligten vor der Kammer für Handelssachen verhandelt wird (§§ 96 Abs. 1, 98 Abs. 1 GVG).[16] Der Großteil der Literatur spricht sich zwar nach wie vor für eine ausschließliche Zuständigkeit der Kammer für Handelssachen aus, was teilweise mit dem fehlenden Charakter des Spruchverfahrens als Klage bzw bürgerliche-rechtliche Streitigkeit[17] und teilweise damit begründet wird, dass Abs. 2 die ausschließliche Zuständigkeit inzident voraussetze.[18] Dem kann jedoch nicht gefolgt werden. Schon weil nicht bei jedem Landgericht eine Kammer für Handelssachen bestehen muss, folgt aus Abs. 2 nichts für ihre Zuständigkeit.[19] Auch aus dem Umstand, dass Spruchverfahren keine Klagen, sondern Verfahren der freiwilligen Gerichtsbarkeit sind, kann nichts für eine ausschließliche Zuständigkeit der Kammer für Handelssachen abgeleitet werden, da die Kammer für Handelssachen nach § 94 GVG nur zuständig ist, wenn es sich aus den folgenden Vorschriften ergibt.[20] Schließlich spricht auch eine Äußerung der Bundesregierung iRd Begründung des Gesetzentwurfs zur Aktienrechtsnovelle 2012/13 gegen ein Fortbestehen der ausschließlichen Zuständigkeit.[21] Einige Gerichte haben entsprechend auf die Gesetzesänderung reagiert und eine neue Zivilkammer geschaffen, deren Vorsitzender mit dem Vorsitzenden der ggf zuständigen Kammer für Handelssachen identisch ist.

D. Kompetenzen des Vorsitzenden der Kammer für Handelssachen

11 Nach Abs. 2 S. 1 sind, ähnlich wie in § 349 Abs. 2 ZPO, dem Vorsitzenden der Kammer für Handelssachen bestimmte Angelegenheiten zur alleinigen Entscheidung zugewiesen. Die Zuweisung ist zwingend, dh der Vorsitzende darf die Entscheidung nicht der Kammer überlassen.[22] Entscheidet dennoch die gesamte Kammer, hat dies auf die Wirksamkeit der Entscheidung aber keinen Einfluss.[23] Die Befugnisse nach Abs. 2 S. 1 stehen nur dem Vorsitzenden der Kammer für Handelssachen zu, nicht aber dem Vorsitzenden einer im Einzelfall zur Entscheidung berufenen Zivilkammer (vgl Rn 10).[24] Bestimmte Aufgaben können diesem – wie auch anderen Mitgliedern der jeweiligen Kammer – aber nach allg. Regeln als beauftragtem Richter übertragen werden.[25]

12 Sofern alle Beteiligten einverstanden sind, kann der Vorsitzende der Kammer für Handelssachen gem. Abs. 2 S. 2 auch im Übrigen, dh in der Sache, an Stelle der Kammer entscheiden. Erforderlich ist das Einverständnis der Antragsteller, des Antragsgegners sowie des gemeinsamen Vertreters.[26] Liegt dieses vor, entscheidet der Vorsitzende nach freiem Ermessen, ob er eine Entscheidung dennoch der Kammer überlässt oder ob er selbst entscheidet.[27]

16 So auch LG München I NZG 2010, 392; Hölters/*Simons*, § 2 SpruchG Rn 2; KölnKomm-AktG/*Wasmann*, § 2 SpruchG Rn 6; *Simons*, NZG 2012, 609, 611.
17 So insb. Spindler/Stilz/*Drescher*, § 2 SpruchG Rn 19; Bürgers/Körber/*Ederle/Theusinger*, § 2 SpruchG Rn 7; ähnlich MüKo-AktG/*Kubis*, § 2 SpruchG Rn 6; Semler/Stengel/*Volhard*, § 2 SpruchG Rn 4; *Kiefner/Kersjes*, NZG 2012, 244, 245.
18 Emmerich/Habersack/*Emmerich*, § 2 SpruchG Rn 9; *Weber/Kersjes*, Hauptversammlungsbeschlüsse vor Gericht, 2010, § 5 Rn 57 f; *Kiefner/Kersjes*, NZG 2012, 244, 245.
19 KölnKomm-AktG/*Wasmann*, § 2 SpruchG Rn 6.
20 KölnKomm-AktG/*Wasmann*, § 2 SpruchG Rn 6; *Simons*, NZG 2012, 609, 611.
21 BT-Drucks. 17/8989, 28 f.
22 Schmidt/Lutter/*Klöcker*, § 2 SpruchG Rn 15; KölnKomm-AktG/*Wasmann*, § 2 SpruchG Rn 12.
23 OLG Stuttgart ZIP 2010, 1907, 1910; Emmerich/Habersack/*Emmerich*, § 2 SpruchG Rn 10; KölnKomm-AktG/*Wasmann*, § 2 SpruchG Rn 12.
24 *Hüffer*, Anh. § 305, § 2 SpruchG Rn 6; KölnKomm-AktG/*Wasmann*, § 2 SpruchG Rn 11.
25 Schmidt/Lutter/*Klöcker* § 2 SpruchG Rn 17.
26 Emmerich/Habersack/*Emmerich*, § 2 SpruchG Rn 10; Schmidt/Lutter/*Klöcker*, § 2 SpruchG Rn 16; KölnKomm-AktG/*Wasmann*, § 2 SpruchG Rn 13.
27 Emmerich/Habersack/*Emmerich*, § 2 SpruchG Rn 10; Schmidt/Lutter/*Klöcker*, § 2 SpruchG Rn 16.

§ 3 Antragsberechtigung

[1]Antragsberechtigt für Verfahren nach § 1 ist in den Fällen

1. **der Nummer 1 jeder außenstehende Aktionär;**
2. **der Nummern 2 und 3 jeder ausgeschiedene Aktionär;**
3. **der Nummer 4 jeder in den dort angeführten Vorschriften des Umwandlungsgesetzes bezeichnete Anteilsinhaber;**
4. **der Nummer 5 jeder in den dort angeführten Vorschriften des SE-Ausführungsgesetzes bezeichnete Anteilsinhaber;**
5. **der Nummer 6 jedes in der dort angeführten Vorschrift des SCE-Ausführungsgesetzes bezeichnete Mitglied.**

[2]In den Fällen der Nummern 1, 3, 4 und 5 ist die Antragsberechtigung nur gegeben, wenn der Antragsteller zum Zeitpunkt der Antragstellung Anteilsinhaber ist. [3]Die Stellung als Aktionär ist dem Gericht ausschließlich durch Urkunden nachzuweisen.

A. Überblick

§ 3 regelt mit der Antragsbefugnis eine der Zulässigkeitsvoraussetzungen des Spruchverfahrens.[1] Während S. 1 dem Rechtsstand vor Inkrafttreten des SpruchG entspricht, entscheidet S. 2 die vormals umstrittene Frage, auf welchen Zeitpunkt es für die Antragsberechtigung ankommt. S. 3 schließlich bestimmt erstmals, dass und wie die Antragsberechtigung dem Gericht gegenüber nachzuweisen ist. 1

S. 2 und 3 gehen auf eine Anregung des Handelsrechtsauschusses des DAV zurück.[2] § 3 wurde seit Inkrafttreten zweimal geändert. Konkret wurde S. 1 Nr. 4 durch das SEEG[3] und S. 1 Nr. 5 durch das SCEEG[4] ergänzt und dabei jeweils S. 2 angepasst. 2

B. Antragsberechtigung

I. Anteilsinhaberschaft und sonstige Voraussetzungen

1. Beherrschungs- und Gewinnabführungsvertrag (§ 3 S. 1 Nr. 1). Außenstehende Aktionäre iSd S. 1 Nr. 1 und damit antragsberechtigt sind bei einem Beherrschungs- oder Gewinnabführungsvertrag sämtliche Aktionäre mit Ausnahme des anderen Vertragsteils sowie solcher Aktionäre, die mit dem anderen Vertragsteil in rechtlich fundierter Form wirtschaftlich verknüpft sind.[5] Dies sind solche Aktionäre, die am anderen Vertragsteil direkt oder indirekt zu 100 % beteiligt ist bzw bei denen der andere Vertragsteil direkt oder indirekt alleiniger Anteilsinhaber ist oder die mit dem anderen Vertragsteil direkt oder indirekt durch einen Beherrschungs- oder Gewinnabführungsvertrag verbunden sind.[6] Eine Zustimmung zum Unternehmensvertrag be- 3

1 Vgl OLG Stuttgart AG 2005, 301, 304; Schmidt/Lutter/*Klöcker*, § 3 SpruchG Rn 1; KölnKomm-AktG/*Wasmann*, § 3 SpruchG Rn 2 mwN auch zur Gegenansicht, nach der die Darlegung der Antragsberechtigung eine Frage der Begründetheit ist.

2 Stellungnahme des DAV zum Referentenentwurf des SpruchG, NZG 2002, 119.

3 Gesetz zur Einführung der europäischen Aktiengesellschaft v. 22.12.2004, BGBl. I S. 3675.

4 Gesetz zur Einführung der europäischen Genossenschaft und zur Änderung des Genossenschaftsrechts v. 14.8.2006, BGBl. I S. 1911.

5 BGHZ 167, 299, 302 f.

6 Emmerich/Habersack/*Emmerich*, § 304 AktG Rn 18 mwN.

einträchtigt die Antragsberechtigung ebenso wenig wie die Nichteinlegung eines Widerspruchs gegen den Zustimmungsbeschluss nach § 245 Nr. 1 AktG.[7]

4 **2. Eingliederung und Squeeze Out (§ 3 S. 1 Nr. 2).** In den Fällen der Mehrheitseingliederung (§ 320 b AktG) und des Squeeze Out (§§ 327 a ff AktG) ist nach S. 1 Nr. 2 jeder **ausgeschiedene Aktionär** antragsberechtigt. Da Eingliederung und Squeeze Out erst mit Eintragung des betreffenden Hauptversammlungsbeschlusses in das Handelsregister wirksam werden, ist ein vor dieser Eintragung gestellter Antrag auf Einleitung eines Spruchverfahrens somit unzulässig.[8] Wie bei S. 1 Nr. 1 verliert ein Aktionär seine Antragsberechtigung weder, wenn er dem entsprechenden Beschluss zugestimmt hat, noch, wenn er gegen den Beschluss keinen Widerspruch nach § 245 Nr. 1 AktG eingelegt hat.[9] Die von Eingliederung bzw Squeeze Out betroffene Gesellschaft, die eigene Aktien hielt, ist nicht antragsberechtigt.[10] Gleiches gilt beim Squeeze Out, nicht aber bei der Eingliederung, für mit dem Hauptaktionär verbundene Unternehmen, deren Anteile bereits nach § 16 Abs. 4 AktG zugerechnet werden.[11]

5 **3. Umwandlungsvorgänge (§ 3 S. 1 Nr. 3).** Bei Umwandlungsfällen sind zwei Gegenstände eines möglichen Spruchverfahrens zu unterscheiden. Zum einen kann geprüft werden, ob das Umtauschverhältnis angemessen war oder, wenn dies nicht der Fall war, eine bare Zuzahlung zu leisten ist (vgl § 15 UmwG). Zum anderen kann Gegenstand des Spruchverfahrens die Frage sein, ob einem ausscheidungswilligen Anteilsinhaber ein angemessenes Abfindungsangebot unterbreitet wurde. Im letztgenannten Fall muss für die Antragsberechtigung zur bloßen Anteilsinhaberschaft noch hinzutreten, dass der betreffende Anteilsinhaber gegen den Umwandlungsbeschluss **Widerspruch zur Niederschrift** erklärt hat (§§ 29 Abs. 1 S. 1, 207 Abs. 1 S. 1 UmwG) oder im Vorfeld der Beschlussfassung bestimmte Verfahrensfehler begangen worden sind (vgl §§ 29 Abs. 2, 207 Abs. 2 UmwG). Im Einzelfall kann ein erklärter Widerspruch unbeachtlich sein, wenn sich der Aktionär damit in Widerspruch zu seinem Abstimmungsverhalten beim Umwandlungsbeschluss setzt.[12]

6 **4. Gründung und Sitzverlegung einer SE sowie Gründung einer SCE (§ 3 S. 1 Nr. 4 und 5).** Die Antragsberechtigung bei Gründung oder Sitzverlegung einer SE folgt aus §§ 6, 7, 9, 11 und 12 SEAG, bei der Gründung einer SCE aus § 7 SCEAG. Soweit ein Barabfindungsangebot vorgesehen war oder hätte vorgesehen werden müssen, ist wie im Fall von S. 1 Nr. 3 ein **Widerspruch** gegen die Beschlussfassung Voraussetzung für die Antragsberechtigung (vgl Rn 5).

7 **5. Sonstige Fälle.** Zum **Delisting** war bisher einhellige Auffassung, dass jeder Aktionär, an den sich das Abfindungsangebot richtet, antragsberechtigt ist.[13] Durch den BGH wurde mittlerweile aber entschieden, dass ein Spruchverfahren beim Delisting unzulässig ist (vgl ausführlich § 1 SpruchG Rn 15 f, 17 ff).[14] Bei der **Beseitigung von Mehrstimmrechten** ist nach § 5 Abs. 4 S. 2 EGAktG jeder ehemalige Inhaber von Mehrstimmrechten antragsberechtigt, sofern dieser gegen den Beschluss Widerspruch zur Niederschrift erklärt hat.

7 AllgM, statt aller Emmerich/Habersack/*Emmerich*, § 3 SpruchG Rn 4; KölnKomm-AktG/*Wasmann*, § 3 SpruchG Rn 3.

8 LG Berlin NZG 2003, 930; Schmidt/Lutter/*Klöcker*, § 3 SpruchG Rn 9.

9 KölnKomm-AktG/*Wasmann*, § 3 SpruchG Rn 8.

10 Spindler/Stilz/*Drescher*, § 3 SpruchG Rn; KölnKomm-AktG/*Wasmann*, § 3 SpruchG Rn 9.

11 Simon/*Leuering*, § 3 Rn 30; KölnKomm-AktG/*Wasmann*, § 3 SpruchG Rn 9.

12 AA Lutter/*Decher*, § 207 Rn 8; Spindler/Stilz/*Drescher*, § 3 SpruchG Rn 10; Schmidt/Lutter/*Klöcker*, § 3 SpruchG Rn 17; KölnKomm-AktG/*Wasmann*, § 3 SpruchG Rn 14, die Stimmverhalten generell für unbeachtlich halten; zu weitgehend Bürgers/Körber/*Ederle*/*Theusinger*, § 3 SpruchG Rn 7; *Hüffer*, Anh. § 305 § 3 SpruchG Rn 4; MüKo-AktG/*Kubis*, § 3 SpruchG Rn 6; Simon/*Leuering*, § 3 Rn 32, die das Widerspruchsrecht stets nur demjenigen zugestehen, der gegen den Beschluss gestimmt hat. So aber auch OLG München ZIP 2010, 326, 327.

13 BGH NZG 2008, 658; OLG Frankfurt/M. ZIP 2012, 371, 374; Schmidt/Lutter/*Klöcker*, § 3 SpruchG Rn 31.

14 BGH ZIP 2013, 2257.

II. Zeitpunkt der Anteilsinhaberschaft

Gem. S. 2 ist in den Fällen von S. 1 Nrn. 1, 3, 4 und 5 die Antragsberechtigung nur gegeben, wenn der Antragsteller zum **Zeitpunkt der Antragstellung** Anteilsinhaber ist. Weder erforderlich noch ausreichend ist also zB, dass ein Antragsteller zum Zeitpunkt der Beschlussfassung Anteilsinhaber war oder nach Antragstellung erstmalig Aktien erwirbt.[15] Die Annahme eines Barabfindungsangebots vor Antragstellung schließt in den von S. 2 erfassten Fällen die Antragsberechtigung aus.[16] Ferner entfällt im Fall des S. 1 Nr. 1 die Antragsberechtigung im Hinblick auf die Festsetzung des Ausgleichs und im Fall des S. 1 Nr. 3 und 4 im Hinblick auf die Festsetzung einer baren Zuzahlung, wenn ein Aktionär das jeweilige Abfindungsangebot annimmt.[17] Die Veräußerung der Anteile nach Antragstellung lässt die Antragsberechtigung unberührt. In diesem Fall führt der Veräußerer das Verfahren analog § 265 Abs. 2 S. 1 ZPO in Prozessstandschaft für den Erwerber fort.[18] 8

Im Fall von S. 1 Nr. 2 kommt es für die Anteilsinhaberschaft nicht auf den Zeitpunkt der Antragstellung an, da in diesem Zeitpunkt die Aktien der Minderheitsaktionäre bereits auf die Hauptgesellschaft bzw den Hauptaktionär übergegangen sind. Maßgeblich ist daher der Zeitpunkt der Eintragung des betreffenden Beschlusses in das Handelsregister.[19] Spätere Anteilsveräußerungen lassen auch hier die Antragsberechtigung nicht entfallen (vgl Rn 8). Veräußert ein ehemaliger Minderheitsaktionär nach Wirksamwerden der Eingliederung bzw des Squeeze Out, aber vor Ablauf der Antragsfrist seine (gem. § 320 a S. 2 bzw § 327 e Abs. 3 S. 2 AktG nur noch den Barabfindungsanspruch verbriefenden) Aktien, so ist der Erwerber nicht antragsberechtigt, da er nicht ausgeschiedener Aktionär iSd S. 1 Nr. 2 ist.[20] 9

III. Nachweis der Anteilsinhaberschaft

Die in S. 3 enthaltene Verpflichtung der Antragsteller, ihre Antragsberechtigung ausschließlich durch Urkunden nachzuweisen, dient der Vermeidung langwieriger Beweisaufnahmen zu dieser Frage.[21] Der Nachweis ist unabhängig davon erforderlich und vom Gericht **von Amts wegen** zu verlangen, ob der Antragsgegner die Antragsberechtigung bestreitet oder nicht.[22] Da innerhalb der Antragsfrist des § 4 Abs. 2 S. 2 Nr. 2 nur die Darlegung, nicht aber der Beweis der Antragsberechtigung erforderlich ist, kann der Nachweis bis zum **Schluss der mündlichen Verhandlung** oder – unter Beachtung von § 10 – noch in der zweiten Instanz erbracht werden.[23] 10

Der Nachweis kann bei Aktiengesellschaften insb. durch Vorlage der effektiven Aktienurkunden, eines Depotauszugs oder einer Depotbescheinigung geführt werden, nicht aber durch Vorlage einer bloßen Ausbuchungsbestätigung.[24] Bei Namensaktien ist allein ein Auszug aus dem 11

15 Emmerich/Habersack/*Emmerich*, § 3 SpruchG Rn 7; Schmidt/Lutter/*Klöcker*, § 3 SpruchG Rn 7; KölnKomm-AktG/*Wasmann*, § 3 SpruchG Rn 4.

16 KölnKomm-AktG/*Wasmann*, § 3 SpruchG Rn 4.

17 Schmidt/Lutter/*Klöcker*, § 3 SpruchG Rn 6, 16.

18 OLG Stuttgart NZG 2008, 670; Emmerich/Habersack/*Emmerich*, § 3 SpruchG Rn 9; Schmidt/Lutter/*Klöcker*, § 3 SpruchG Rn 25; Simon/*Leuering*, § 3 Rn 19 ff; KölnKomm-AktG/*Wasmann*, § 3 SpruchG Rn 6.

19 Emmerich/Habersack/*Emmerich*, § 3 SpruchG Rn 11; Schmidt/Lutter/*Klöcker*, § 3 SpruchG Rn 10; KölnKomm-AktG/*Wasmann*, § 3 SpruchG Rn 11.

20 OLG Hamburg AG 2004, 622, 623; Emmerich/Habersack/*Emmerich*, § 3 SpruchG Rn 11 a; Schmidt/Lutter/*Klöcker*, § 3 SpruchG Rn 10; KölnKomm-AktG/*Wasmann*, § 3 SpruchG Rn 12; **aA** Semler/Stengel/*Volhard*, § 3 SpruchG Rn 9; *Wittgens*, Das Spruchverfahrensgesetz, 2006, S. 74 f; wohl auch LG Dortmund DB 2004, 2685.

21 Begr. RegE BT-Drucks. 15/371, 13.

22 Schmidt/Lutter/*Klöcker*, § 3 SpruchG Rn 35; MüKo-AktG/Kubis, § 3 SpruchG Rn 22; KölnKomm-AktG/*Wasmann*, § 3 SpruchG Rn 26;**aA** BGH NZG 2008, 658; Spindler/Stilz/*Drescher*, § 3 SpruchG Rn 20; Bürgers/Körber/*Ederle/Theusinger*, § 3 SpruchG Rn 17; Emmerich/Habersack/*Emmerich*, § 3 SpruchG Rn 14; Hölters/*Simons*, § 3 SpruchG Rn 23; NK-AktG/*Weingärtner*, § 3 SpruchG Rn 10.

23 BGH NZG 2008, 658; Emmerich/Habersack/*Emmerich*, § 3 SpruchG Rn 14; krit. KölnKomm-AktG/*Wasmann*, § 3 SpruchG Rn 26.

24 BT-Drucks. 15/371, 13; OLG Frankfurt NZG 2006, 151, 153; LG Düsseldorf NZG 2005, 895 f; Emmerich/Habersack/*Emmerich*, § 3 SpruchG Rn 13; Schmidt/Lutter/*Klöcker*, § 3 SpruchG Rn 30; KölnKomm-AktG/*Wasmann*, § 3 SpruchG Rn 24.

Aktienregister geeignet, den Nachweis der Anteilsinhaberschaft zu erbringen.[25] Dies folgt aus § 67 Abs. 2 AktG, der zwar seinem Wortlaut nach nur im Verhältnis zwischen Gesellschaft und Aktionär gilt, nach Sinn und Zweck aber alle mitgliedschaftlichen Rechte erfassen soll. Bei Gesellschaften anderer Rechtsform ist S. 3 entsprechend anzuwenden, aber jede Form des Nachweises des Anteilsbesitzes ausreichend.[26]

§ 4 Antragsfrist und Antragsbegründung

(1) [1]Der Antrag auf gerichtliche Entscheidung in einem Verfahren nach § 1 kann nur binnen drei Monaten seit dem Tag gestellt werden, an dem in den Fällen

1. **der Nummer 1 die Eintragung des Bestehens oder einer unter § 295 Abs. 2 des Aktiengesetzes fallenden Änderung des Unternehmensvertrags im Handelsregister nach § 10 des Handelsgesetzbuchs;**
2. **der Nummer 2 die Eintragung der Eingliederung im Handelsregister nach § 10 des Handelsgesetzbuchs;**
3. **der Nummer 3 die Eintragung des Übertragungsbeschlusses im Handelsregister nach § 10 des Handelsgesetzbuchs;**
4. **der in Nummer 4 genannten §§ 15, 34, 176 bis 181, 184, 186, 196 und 212 des Umwandlungsgesetzes die Eintragung der Umwandlung im Handelsregister nach den Vorschriften des Umwandlungsgesetzes;**
5. **der in Nummer 4 genannten §§ 122 h und 122 i des Umwandlungsgesetzes die Eintragung der grenzüberschreitenden Verschmelzung nach den Vorschriften des Staates, dessen Recht die übertragende oder neue Gesellschaft unterliegt;**
6. **der Nummer 5 die Eintragung der SE nach den Vorschriften des Sitzstaates;**
7. **der Nummer 6 die Eintragung der Europäischen Genossenschaft nach den Vorschriften des Sitzstaates**

bekannt gemacht worden ist. [2]Die Frist wird in den Fällen des § 2 Abs. 1 Satz 2 und 3 durch Einreichung bei jedem zunächst zuständigen Gericht gewahrt.

(2) [1]Der Antragsteller muss den Antrag innerhalb der Frist nach Absatz 1 begründen. [2]Die Antragsbegründung hat zu enthalten:

1. **die Bezeichnung des Antragsgegners;**
2. **die Darlegung der Antragsberechtigung nach § 3;**
3. **Angaben zur Art der Strukturmaßnahme und der vom Gericht zu bestimmenden Kompensation nach § 1;**
4. **konkrete Einwendungen gegen die Angemessenheit der Kompensation nach § 1 oder gegebenenfalls gegen den als Grundlage für die Kompensation ermittelten Unternehmenswert, soweit hierzu Angaben in den in § 7 Abs. 3 genannten Unterlagen enthalten sind. Macht der Antragsteller glaubhaft, dass er im Zeitpunkt der Antragstellung aus Gründen, die er nicht zu vertreten hat, über diese Unterlagen nicht verfügt, so kann auf Antrag die Frist zur Begründung angemessen verlängert werden, wenn er gleichzeitig Abschrifterteilung gemäß § 7 Abs. 3 verlangt.**

[3]Aus der Antragsbegründung soll sich außerdem die Zahl der von dem Antragsteller gehaltenen Anteile ergeben.

25 OLG Frankfurt ZIP 2008, 1036; Spindler/Stilz/*Drescher*, § 3 SpruchG Rn 20; Schmidt/Lutter/*Klöcker*, § 3 SpruchG Rn 34; Simon/*Leuering*, § 3 Rn 63; Köln-Komm-AktG/*Wasmann*, § 3 SpruchG Rn 27; aA MüKo-AktG/*Kubis*, § 3 SpruchG Rn 3; *Dißars*, BB 2004, 1293, 1294 f.

26 Emmerich/Habersack/*Emmerich*, § 3 SpruchG Rn 13 a; Hölters/*Simons*, § 3 SpruchG Rn 22; *Wittgens*, Das Spruchverfahrensgesetz, 2006, S. 83.

Literatur:

Kollrus, Analoge Anwendung von § 281 ZPO auf die Antragstellung beim sachlich oder örtlich unzuständigen Gericht im Squeeze-Out-Verfahren, MDR 2009, 607; *Preuß*, Auswirkungen der FGG-Reform aus das Spruchverfahren, NZG 2009, 961; *Wasmann*, Anforderungen an die Zulässigkeit eines Antrags nach dem Spruchverfahrensgesetz und Auswirkungen der (Un-) Zulässigkeit, WM 2004, 819; *Wittgens*, Begründung des Antrags auf Einleitung eines Spruchverfahrens, NZG 2007, 843.

A. Überblick

§ 4 regelt die Antragsfrist sowie die Anforderungen an den Antragsinhalt, insb. die Antragsbegründung. Während die Antragsfrist nach altem Recht (§ 306 AktG aF, § 307 UmwG aF) zwei Monate betrug, dabei aber die Möglichkeit vorsah, innerhalb von zwei Monaten nach Bekanntmachung etwaiger Anträge Anschlussanträge zu stellen, beträgt die Antragsfrist nun grundsätzlich 3 Monate ohne die Möglichkeit, noch zu einem späteren Zeitpunkt Anträge zu stellen. Eine Pflicht zur Antragsbegründung wurde mit dem SpruchG erstmals normiert. Sowohl die Einhaltung der Antragsfrist als auch der Voraussetzungen an die Antragsbegründung sind (jedenfalls auch) **Zulässigkeitsvoraussetzungen.**[1] 1

§ 4 wurde in Abs. 1 durch das SEEG[2] bzw das SCEEG[3] um die Nrn. 6 und 7 ergänzt. Abs. 2 S. 2 Nr. 4 wurde durch das SEEG klarstellend geändert.[4] 2

B. Antrag und Antragsfrist

I. Antrag

Ein Spruchverfahren wird nur auf Antrag eingeleitet. Der Antrag kann gemäß § 25 FamFG schriftlich oder zu Protokoll der Geschäftsstelle erfolgen. Es besteht kein Anwaltszwang.[5] Ein bestimmter Antrag ist nicht erforderlich, dh es muss nicht die Erhöhung der Kompensation um einen bestimmten Betrag beantragt werden.[6] 3

II. Antragsfrist

1. Berechnung. Für die Berechnung der Antragsfrist gelten über § 17 Abs. 1, § 16 Abs. 2 FamFG, § 222 ZPO die Vorschriften der §§ 186 ff BGB. Maßgeblicher Fristbeginn ist jeweils der Tag der Bekanntmachung des in Abs. 1 Nr. 1 bis 7 bestimmten Ereignisses nach § 10 HGB, wobei es bei Umwandlungsvorgängen auf die Bekanntmachung der für den jeweiligen Vorgang konstitutiven Eintragung ankommt.[7] Gibt es ausnahmsweise mehrere Antragsgegner, so ist die letzte Bekanntmachung maßgeblich.[8] Für den Fall der Beseitigung von Mehrstimmrechten ist die Sonderregelung des § 5 Abs. 4 S. 3 EGAktG zu beachten (2 Monate ab Bekanntmachung). Die Kenntnis von der maßgeblichen Bekanntmachung ist für den Fristbeginn unerheblich.[9] Die 4

1 Emmerich/Habersack/*Emmerich*, § 4 SpruchG Rn 3, 12. Schmidt/Lutter/*Klöcker*, § 4 SpruchG Rn 2, 14; KölnKomm-AktG/*Wasmann*, § 4 SpruchG Rn 3, 10.
2 Gesetz zur Einführung der europäischen Aktiengesellschaft v. 22.12.2004, BGBl. I S. 3675.
3 Gesetz zur Einführung der europäischen Genossenschaft und zur Änderung des Genossenschaftsrechts v. 14.8.2006, BGBl. I S. 1911.
4 Vgl dazu ausführlich KölnKomm-AktG/*Wasmann*, § 4 SpruchG Rn 16.
5 OLG Düsseldorf AG 1995, 85, 87; Schmidt/Lutter/*Klöcker*, § 4 SpruchG Rn 12.
6 Emmerich/Habersack/*Emmerich*, § 4 SpruchG Rn 2 a; NK-AktG/*Weingärtner*, § 4 SpruchG Rn 1.
7 Schmidt/Lutter/*Klöcker*, § 4 SpruchG Rn 4.
8 Emmerich/Habersack/*Emmerich*, § 4 SpruchG Rn 3; MüKo-AktG/*Kubis*, § 4 SpruchG Rn 7.
9 Schmidt/Lutter/*Klöcker*, § 4 SpruchG Rn 7.

Antragsfrist ist grundsätzlich auch für die Antragsbegründung einzuhalten (§ 4 Abs. 2 S. 1). Eine Ausnahme kann nach § 4 Abs. 2 S. 2 Nr. 4 gelten (vgl Rn 12).

5 **2. Fristwahrung.** Sind nach § 2 Abs. 1 S. 2,3 mehrere Gerichte zuständig, so genügt nach § 4 Abs. 1 S. 2 die Einreichung des Antrags bei einem dieser Gerichte. Die Stellung eines Antrags bei einem unzuständigen Gericht genügt nicht zur Fristwahrung, sofern der Antrag nicht innerhalb der Antragsfrist an das zuständige Gericht abgegeben wird.[10]

6 Die Antragsfrist nach § 4 Abs. 1 ist (auch) eine materielle Ausschlussfrist.[11] Es kommt daher weder eine Fristverlängerung noch eine Wiedereinsetzung in den vorigen Stand in Betracht.[12]

C. Antragsbegründung

I. Mindestinhalt nach Abs. 2 S. 2 Nr. 1-3

7 Nach Abs. 2 S. 2 Nr. 1 muss die Antragsbegründung den Antragsgegner bezeichnen. Die Bezeichnung muss so genau sein, dass eine eindeutige Identifizierung möglich ist,[13] was idR die Angabe von Firma und Sitz des Antragsgegners erfordert.[14] Die Angabe gesetzlicher oder organschaftlicher Vertreter ist nicht zwingend erforderlich.[15]

8 Nach Abs. 2 S. 2 Nr. 2 muss der Antragsteller seine Antragsberechtigung darlegen. Erforderlich ist folglich die Darlegung, im nach § 3 relevanten Zeitpunkt Anteilsinhaber (gewesen) zu sein. Nicht erforderlich ist indes der Nachweis der Antragsberechtigung innerhalb der Antragsfrist.[16] Vielmehr kann dieser ggf auch erst im Beschwerdeverfahren nachgeholt werden (vgl § 3 Rn 10).[17] Die Antragsbegründung soll außerdem nach § 4 Abs. 2 S. 3 die Zahl der vom Antragsteller gehaltenen Anteile enthalten. Ein Verstoß gegen diese Soll-Vorschrift führt nicht zur Unzulässigkeit des Antrags,[18] kann sich aber, sofern die Angabe nicht später nachgeholt wird, auf die Höhe der erstattungsfähigen Anwaltsgebühren auswirken (§ 31 Abs. 1 S. 3 RVG).

9 Abs. 2 S. 2 Nr. 3 verlangt Angaben zur Art der Strukturmaßnahme und der vom Gericht zu bestimmenden Kompensation nach § 1. Insoweit muss erkennbar sein, auf welche konkrete Strukturmaßnahme sich der Antrag bezieht und was für eine Form der Kompensation begehrt wird.[19] Die Angabe einer bestimmten Höhe der in Rede stehenden Kompensation ist nicht erforderlich (s. Rn 3).

II. Anforderungen an Bewertungsrügen (Abs. 2 Nr. 4)

10 Abs. 2 S. 2 Nr. 4 verlangt konkrete Einwendungen gegen die Kompensation oder ggf gegen den als Grundlage für die Kompensation ermittelten Unternehmenswert. Erforderlich ist daher, dass der Antragsteller sich mit der Bewertung im Einzelnen auseinandersetzt und gegen diese substantiierte Einwendungen erhebt, die erkennen lassen, aus welchen Gründen die Kompen-

10 OLG Düsseldorf NZG 2005, 719; OLG Frankfurt/M. NZG 2009, 1225; OLG München WM 2010, 1181; Bürgers/Körber/*Ederle/Theusinger*, § 4 SpruchG Rn 5; Schmidt/Lutter/*Klöcker*, § 4 SpruchG Rn 8; Simon/*Leuering*, § 4 Rn 32; KölnKomm-AktG/*Wasmann*, § 4 SpruchG Rn 6; **aA** Spindler/Stilz/*Drescher*, § 4 SpruchG Rn 9; *Kollrus*, MDR 2009, 607, 609 f.

11 Spindler/Stilz/*Drescher*, § 4 SpruchG Rn 10; Emmerich/Habersack/*Emmerich*, § 4 SpruchG Rn 3; Schmidt/Lutter/*Klöcker*, § 4 SpruchG Rn 2; zumindest zweifelnd KölnKomm-AktG/*Wasmann*, § 4 SpruchG Rn 3.

12 OLG Düsseldorf NZG 2005, 719; OLG Frankfurt NZG 2009, 1225; Emmerich/Habersack/*Emmerich*, § 4 SpruchG Rn 3; Schmidt/Lutter/*Klöcker*, § 4 SpruchG Rn 11; MüKo-AktG/*Kubis*, § 4 SpruchG Rn 6; Simon/*Leuering*, § 4 Rn 20; KölnKomm-AktG/*Wasmann*, § 4 SpruchG Rn 4.

13 Emmerich/Habersack/*Emmerich*, § 4 SpruchG Rn 7.

14 Emmerich/Habersack/*Emmerich*, § 4 SpruchG Rn 7.

15 Simon/*Leuering*, § 4 Rn 38; Hölters/*Simons*, § 4 SpruchG Rn 13; KölnKomm-AktG/*Wasmann*, § 4 SpruchG Rn 11; **aA** Spindler/Stilz/*Drescher*, § 4 SpruchG Rn 18; MüKo-AktG/*Kubis*, § 4 SpruchG Rn 13.

16 BGH NZG 2008, 658; Spindler/Stilz/*Drescher*, § 4 SpruchG Rn 18; Emmerich/Habersack/*Emmerich*, § 4 SpruchG Rn 7; Semler/Stengel/*Volhard*, § 4 SpruchG Rn 12.

17 OLG Frankfurt/M. NZG 2008, 435; Schmidt/Lutter/*Klöcker*, § 4 SpruchG Rn 19.

18 Schmidt/Lutter/*Klöcker*, § 4 SpruchG Rn 31; KölnKomm-AktG/*Wasmann*, § 4 SpruchG Rn 20.

19 Emmerich/Habersack/*Emmerich*, § 4 SpruchG Rn 7; Schmidt/Lutter/*Klöcker*, § 4 SpruchG Rn 20 f.

sation nicht als angemessen angesehen wird.[20] Bloß pauschale Behauptungen oder formelhafte Wendungen genügen ebenso wenig[21] wie der bloße Verweis auf die Ausführungen anderer Antragsteller.[22] An die Begründung sind strenge Anforderungen zu stellen.[23] Str. ist, ob Abs. 2 S. 2 Nr. 4 Begrenzungsfunktion dergestalt hat, dass der Verfahrensgegenstand auf die innerhalb der Antragsbegründungsfrist vorgebrachten Rügen beschränkt ist.[24] Wie § 7 Abs. 4 zeigt, kann der Begründungsfrist keine strenge Präklusionswirkung beikommen. Allerdings ist das Gericht gehalten, die Angemessenheit der in Rede stehenden Kompensation nur im Hinblick auf die vorgebrachten Rügen zu untersuchen.

Konkrete Einwendungen sind von den Antragstellern nur zu verlangen, soweit diesen die in § 7 Abs. 3 genannten Unterlagen zur Verfügung stehen und diese eine Qualität haben, dass eine konkrete Rüge formuliert werden kann.[25] Entgegen einer weit verbreiteten Meinung ist dies angesichts des heute üblichen Qualitätsniveaus dieser Unterlagen regelmäßig der Fall.[26] Nicht erforderlich ist es, dass Antragsteller sich die für die Formulierung von Bewertungsrügen benötigen Informationen anderweitig verschaffen, zB durch Fragen in der Hauptversammlung.[27] 11

Hinweis: Die Anforderungen an die Begründung von Bewertungsrügen hängen von der Begründungstiefe der im Zusammenhang mit der Strukturmaßnahme vorgelegten Berichte ab. Je detaillierter diese Berichte sind, desto detaillierter müssen die vorgebrachten Bewertungsrügen begründet werden.

Macht ein Antragsteller glaubhaft, dass er im Zeitpunkt der Antragstellung aus von ihm nicht zu vertretenden Gründen nicht über die in § 7 Abs. 3 genannten Unterlagen verfügt hat und verlangt er gleichzeitig die Erteilung von Abschriften dieser Unterlagen, so kann das Gericht auf Antrag die Frist zur Antragsbegründung angemessen verlängern. Die Verlängerung bezieht sich dabei nur auf § 4 Abs. 2 S. 2 Nr. 4, dh die übrigen Informationen sind zwingend innerhalb der ursprünglichen Antragsfrist einzureichen.[28] Fehlen andere Unterlagen, kommt eine Fristverlängerung nicht in Betracht.[29] In der Praxis dürfte vor allem der Fall relevant sein, dass ein Antragsteller erst nach der über die betreffende Strukturmaßnahme beschließenden Hauptversammlung Anteilsinhaber wird. Auch dann muss er aber die Gesellschaft um Übersendung der Unterlagen bitten, um einer schuldhaften Fristversäumung vorzubeugen.[30] 12

§ 5 Antragsgegner

Der Antrag auf gerichtliche Entscheidung in einem Verfahren nach § 1 ist in den Fällen

1. **der Nummer 1 gegen den anderen Vertragsteil des Unternehmensvertrags;**
2. **der Nummer 2 gegen die Hauptgesellschaft;**
3. **der Nummer 3 gegen den Hauptaktionär;**

20 Emmerich/Habersack/*Emmerich*, § 4 SpruchG Rn 8; Schmidt/Lutter/*Klöcker*, § 4 SpruchG Rn 26; KölnKomm-AktG/*Wasmann*, § 4 SpruchG Rn 17.

21 BGH NZG 2012, 191; OLG München NZG 2009, 191; KG NZG 2012, 1427; Emmerich/Habersack/*Emmerich*, § 4 SpruchG Rn 9; Schmidt/Lutter/*Klöcker*, § 4 SpruchG Rn 26.

22 KG AG 2008, 451; Schmidt/Lutter/*Klöcker*, § 4 SpruchG Rn 26; großzügiger für den Fall konkreter Verweise Spindler/Stilz/*Drescher*, § 4 SpruchG Rn 23.

23 *Büchel*, NZG 2003, 793, 796; *Wasmann*, WM 2004, 819, 823 f; **aA** Emmerich/Habersack/*Emmerich*, § 4 SpruchG Rn 10.

24 Dafür *Hüffer*, § 4 SpruchG Rn 9; Lutter/*Krieger*/*Mennicke*, § 4 SpruchG Rn 16; Schmidt/Lutter/*Klöcker*, § 4 SpruchG Rn 23; dagegen Spindler/Stilz/*Drescher*, § 4 SpruchG Rn 23; Emmerich/Habersack/*Emmerich*, § 4 SpruchG Rn 13; KölnKomm-AktG/*Puszkajler*, § 7 SpruchG Rn 30; KölnKomm-AktG/*Wasmann*, § 4 SpruchG Rn 19; Simon/*Winter*, § 7 Rn 30 ff; Büchel, NZG 2003, 793, 796; für eine vermittelnde Lösung NK-AktG/*Tewes*, § 7 SpruchG Rn 15.

25 KG BB 2012, 2190; Emmerich/Habersack/*Emmerich*, § 4 SpruchG Rn 10; Schmidt/Lutter/*Klöcker*, § 4 SpruchG Rn 23 f; KölnKomm-AktG/*Wasmann*, § 4 SpruchG Rn 18.

26 AA zB Emmerich/Habersack/*Emmerich*, § 4 SpruchG Rn 10 mwN.

27 LG Düsseldorf NZG 2004, 1168 f; KölnKomm-AktG/*Wasmann*, § 4 SpruchG Rn 18.

28 KölnKomm-AktG/*Wasmann*, § 4 SpruchG Rn 22.

29 KölnKomm-AktG/*Wasmann*, § 4 SpruchG Rn 22.

30 OLG München NZG 2009, 191; Emmerich/Habersack/*Emmerich*, § 4 SpruchG Rn 11; Schmidt/Lutter/*Klöcker*, § 4 SpruchG Rn 30.

4. der Nummer 4 gegen die übernehmenden oder neuen Rechtsträger oder gegen den Rechtsträger neuer Rechtsform;
5. der Nummer 5 gegen die SE, aber im Fall des § 9 des SE-Ausführungsgesetzes gegen die die Gründung anstrebende Gesellschaft;
6. der Nummer 6 gegen die Europäische Genossenschaft

zu richten.

A. Überblick

1 § 5 regelt, gegen wen der Antrag auf gerichtliche Entscheidung im Spruchverfahren zu richten ist. Für Umwandlungsfälle war dies vor Inkrafttreten des SpruchG in § 307 Abs. 2 UmwG geregelt. Im AktG fehlte eine entsprechende Regelung. § 5 wurde seit Inkrafttreten durch das SEEG[1] bzw das SCEEG[2] um die Nrn. 5 und 6 ergänzt. Die Bezeichnung des richtigen Antragsgegners ist, wie § 4 Abs. 2 S. 2 Nr. 1 zeigt, **Zulässigkeitsvoraussetzung.**[3]

B. Antragsgegner

2 Antragsgegner ist jeweils der **Schuldner der Kompensation.**[4] Sind bei einer Spaltung mehrere übernehmende Rechtsträger beteiligt, ist der Antrag nach Nr. 4 gegen alle übernehmenden Rechtsträger zu richten.[5]

3 Beim im SpruchG nicht geregelten **Delisting** (zur Statthaftigkeit des Spruchverfahrens in diesem Fall § 1 Rn 15 f, 17 ff) war nach bislang allgA Antragsgegner derjenige, der das Verkaufsangebot unterbreitet hat.[6] Soweit es an einem Verkaufsangebot fehlt, wurde teils vertreten, dass der Antrag gegen Gesellschaft und Mehrheitsaktionär, soweit dieser dem Delisting zugestimmt hat, als Gesamtschuldner zu richten ist,[7] während ein Teil der Lit. ausschließlich die Gesellschaft als richtigen Antragsgegner sah.[8] Wie durch den BGH jüngst klargestellt wurde, ist beim Delisting das Spruchverfahren mangels Erforderlichkeit eines Abfindungsangebots nicht eröffnet,[9] so dass sich die Frage nach dem richtigen Antragsgegner nicht mehr stellt (s. auch § 1 Rn 15 f, 17 ff).

4 Bei der **Beseitigung von Mehrstimmrechten** ist die Gesellschaft als Schuldner des Ausgleichsanspruchs (§ 5 Abs. 3 S. 1 EGAktG) Antragsgegner.[10]

§ 6 Gemeinsamer Vertreter

(1) [1]Das Gericht hat den Antragsberechtigten, die nicht selbst Antragsteller sind, zur Wahrung ihrer Rechte frühzeitig einen gemeinsamen Vertreter zu bestellen; dieser hat die Stellung eines gesetzlichen Vertreters. [2]Werden die Festsetzung des angemessenen Ausgleichs und die Festsetzung der angemessenen Abfindung beantragt, so hat es für jeden Antrag einen gemeinsamen

1 Gesetz zur Einführung der europäischen Aktiengesellschaft v. 22.12.2004, BGBl. I S. 3675.
2 Gesetz zur Einführung der europäischen Genossenschaft und zur Änderung des Genossenschaftsrechts v. 14.8.2006, BGBl. I S. 1911.
3 OLG Düsseldorf ZIP 2012, 1713, 1714; LG München I ZIP 2010, 1995, 1996; Emmerich/Habersack/*Emmerich*, § 5 SpruchG Rn 1; Schmidt/Lutter/*Klöcker*, § 3 SpruchG Rn 1; KölnKomm-AktG/*Wasmann*, § 5 SpruchG Rn 2; **aA** (Frage der Begründetheit) OLG Stuttgart Der Konzern 2010, 428, 433; Spindler/Stilz/*Drescher*, § 5 SpruchG 18; MüKo-AktG/*Kubis*, § 5 SpruchG Rn 1; Simon/*Leuering* § 4 Rn 37.
4 Emmerich/Habersack/*Emmerich*, § 5 SpruchG Rn 1; KölnKomm-AktG/*Wasmann*, § 5 SpruchG Rn 1.
5 Emmerich/Habersack/*Emmerich*, § 5 SpruchG Rn 2; Schmidt/Lutter/*Klöcker*, § 3 SpruchG Rn 6; KölnKomm-AktG/*Wasmann*, § 5 SpruchG Rn 4.
6 Emmerich/Habersack/*Emmerich*, § 5 SpruchG Rn 4; Schmidt/Lutter/*Klöcker*, § 3 SpruchG Rn 10; KölnKomm-AktG/*Wasmann*, § 5 SpruchG Rn 6.
7 LG München I Der Konzern 2004, 358; Bürgers/Körber/*Ederle/Theusinger*, § 5 SpruchG Rn 5; Emmerich/Habersack/*Emmerich*, § 5 SpruchG Rn 4.
8 Spindler/Stilz/*Drescher*, § 5 SpruchG Rn 8; MüKo-AktG/*Kubis*, § 5 SpruchG Rn 6; *Habersack*, ZHR 176 (2012), 463, 468.
9 BGH ZIP 2013, 2257.
10 Emmerich/Habersack/*Emmerich*, § 5 SpruchG Rn 4; Schmidt/Lutter/*Klöcker*, § 3 SpruchG Rn 9; KölnKomm-AktG/*Wasmann*, § 5 SpruchG Rn 6.

Vertreter zu bestellen, wenn aufgrund der konkreten Umstände davon auszugehen ist, dass die Wahrung der Rechte aller betroffenen Antragsberechtigten durch einen einzigen gemeinsamen Vertreter nicht sichergestellt ist. [3]Die Bestellung eines gemeinsamen Vertreters kann vollständig unterbleiben, wenn die Wahrung der Rechte der Antragsberechtigten auf andere Weise sichergestellt ist. [4]Das Gericht hat die Bestellung des gemeinsamen Vertreters im Bundesanzeiger bekannt zu machen. [5]Wenn in den Fällen des § 1 Nr. 1 bis 3 die Satzung der Gesellschaft, deren außenstehende oder ausgeschiedene Aktionäre antragsberechtigt sind, oder in den Fällen des § 1 Nr. 4 der Gesellschaftsvertrag, der Partnerschaftsvertrag, die Satzung oder das Statut des übertragenden oder formwechselnden Rechtsträgers noch andere Blätter oder elektronische Informationsmedien für die öffentlichen Bekanntmachungen bestimmt hatte, so hat es die Bestellung auch dort bekannt zu machen.

(2) [1]Der gemeinsame Vertreter kann von dem Antragsgegner in entsprechender Anwendung des Rechtsanwaltsvergütungsgesetzes den Ersatz seiner Auslagen und eine Vergütung für seine Tätigkeit verlangen; mehrere Antragsgegner haften als Gesamtschuldner. [2]Die Auslagen und die Vergütung setzt das Gericht fest. [3]Gegenstandswert ist der für die Gerichtsgebühren maßgebliche Geschäftswert. [4]Das Gericht kann den Zahlungsverpflichteten auf Verlangen des Vertreters die Leistung von Vorschüssen aufgeben. [5]Aus der Festsetzung findet die Zwangsvollstreckung nach der Zivilprozessordnung statt.

(3) [1]Der gemeinsame Vertreter kann das Verfahren auch nach Rücknahme eines Antrags fortführen. [2]Er steht in diesem Falle einem Antragsteller gleich.

Literatur:

Bayer/Hoffmann, Der gemeinsame Vertreter im Spruchverfahren, AG 2013, R79; *Büchel*, Neuordnung des Spruchverfahrens, NZG 2003, 793; *Deiß*, Die Vergütung der Verfahrensbevollmächtigten und des gemeinsamen Vertreters im Spruchverfahren, NZG 2013, 248; *Günal/Kemmerer*, Die Vergütung des gemeinsamen Vertreters der Minderheitsaktionäre, NZG 2013, 16; *Puzkajler*, Verfahrensgegenstand und Rechte des gemeinsamen Vertreters im neuen Spruchverfahren, Konzern 2006, 256; *Wasmann/Mielke*, Der gemeinsame Vertreter nach § 6 SpruchG – Eine einzigartige Rechtsfigur gibt noch immer Rätsel auf, WM 2005, 822; *Weber/Kersjes*, Hauptversammlungsbeschlüsse vor Gericht, 2010; *Weingärtner*, Eingeschränkte Rechte des gemeinsamen Vertreters der außenstehenden Aktionäre im Spruchverfahren, DK 2005, 694.

I. Normzweck

§ 6 widmet sich dem gemeinsamen Vertreter, der im Laufe der Geschichte einen erheblichen Bedeutungswandel erfahren hat. Historisch Instrument als Ausgleich für den Umstand, dass Abfindungsentscheidungen im Spruchstellenverfahren zwar für und gegen alle kompensationsberechtigten Anteilseigner wirkten, diese aber selbst nicht Beteiligte des Verfahrens waren,[1] dient das Institut des gemeinsamen Vertreters heute vor allem dazu, zu verhindern, dass sich Antragsteller und Antragsgegner zulasten der Anteilseigner, die sich (freiwillig) nicht am Ver- 1

1 Zur historischen Entwicklung des Spruch(stellen)verfahrens etwa KölnKomm-AktG/*Wasmann*, § 6 SpruchG, Rn 4 ff; *Wasmann/Mielke*, WM 2005, 822, 822 f.

fahren beteiligen, vergleichen;[2] gleichzeitig wird es als Instrument zur Sicherung der allgemeinen Verfahrensgrundsätze des rechtlichen Gehörs und der Gleichbehandlung verstanden.[3] Zu seiner Legitimation wird man ergänzend auf Erkenntnisse der Rechtsökonomik zurückgreifen können. Entscheidungen in Spruchverfahren wirken inter omnes (vgl § 13 S. 1). Gleichzeitig kann von idealtypischen Aktionären, die nach den Verhaltensbefehlen der Portfolio-Theorie an einer Publikumsgesellschaft nur atomistisch beteiligt sein sollten, im Regelfall nicht erwartet werden, dass sie bei überschaubarem Ertrag die Kosten und Mühen der Beteiligung an einem Spruchverfahren auf sich nehmen; sie verharren vielmehr in rationaler Apathie. Um zu verhindern, dass diese ökonomisch rationale Abstinenz dazu führt, dass die Vermögenspositionen der Anteilseigner durch eine unangemessen niedrige Vergütung ihres Anteilsbesitzes ausgenutzt wird, wird den Anteilseignern ein Sachwalter an die Seite gestellt.

2 Die praktische Bedeutung des Instituts ist nicht frei von Zweifeln: die Empirie zeigt, dass gemeinsame Vertreter regelmäßig wenig – wenn überhaupt – ergänzenden Sachvortrag liefern;[4] nicht zu unterschätzen ist andererseits, dass der durch das Gericht ausgesuchte gemeinsame Vertreter häufig ein ausgleichendes Element ist und deshalb durchaus eine wichtige Funktion im Rahmen von Vergleichsverhandlungen übernehmen kann.

II. Inhalt

3 **1. Person.** An die Person des gemeinsamen Vertreters formuliert das Gesetz keine besonderen Anforderungen. Nach hM soll nur eine **natürliche Person** in Betracht kommen;[5] überzeugend finden muss man dies nicht. So kann etwa gemeinsamer Vertreter der Gläubiger einer Anleihe (§ 7 SchvG) unproblematisch auch eine sachkundige juristische Person sein,[6] und im verwandten Gesellschaftsrecht verwundert seit jeher die unterschiedliche Behandlung, die eine juristische Person als (faktisches) Organ (§ 76 Abs. 3 S. 1 AktG) und als Abwickler (§ 265 Abs. 2 S. 3 AktG) erfährt. Insgesamt wird man festhalten müssen, dass es Gesetzgeber und Rechtsprechung bisher nicht gelungen ist, eine überzeugende Systematik zu entwickeln, unter welchen Voraussetzungen eine juristische Person in die Stellung eines nach gesetzlichen Vorgaben besonders qualifizierten Sachverständigen einrücken darf, vielmehr erscheint die (Un)Gleichbehandlung juristischer und natürlicher Personen in entsprechenden Konstellationen einigermaßen willkürlich und in sich hinreichend inkonsistent. Für das Spruchverfahren sind nach hier vertretener Ansicht keine Gesichtspunkte ersichtlich, weshalb nicht auch eine juristische Person oder (teil-)rechtsfähige Gesamthandsgemeinschaft als gemeinsamer Vertreter bestellt werden sollte, soweit sichergestellt ist, dass deren im konkreten Spruchverfahren auftretende Repräsentanten die notwendigen Sachkundevoraussetzungen (vgl Rn 4) erfüllen.[7]

4 Im Übrigen ist ausreichend, dass der in Aussicht genommene gemeinsame Vertreter über die zur ordnungsgemäßen Interessenwahrnehmung der nicht antragstellenden Aktionäre notwendigen **Fähigkeiten** und **Kenntnisse** verfügt.[8] Aufgrund des Verfahrensgegenstandes des Spruchverfahrens wird die Auswahl im Regelfall auf einen – auch und vor allem mit Fragen der Unternehmensbewertung vertrauten – Rechtsanwalt oder aber einen Wirtschaftsprüfer fallen.[9] Für die Praxis lässt sich beobachten, dass besonders häufig Anwälte, die zugleich Funktionen bei Anlegerschutzorganisationen wahrnehmen, bestellt werden.[10]

2 *Büchel*, NZG 2003, 793, 796 f; *Fritzsche/Dreier/Verfürth*, § 6 Rn 2.
3 *Klöcker/Frowein*, § 6 Rn 4; Schmidt/Lutter/*Klöcker*, § 6 SpruchG Rn 5; *Weber/Kersjes*, Hauptversammlungsbeschlüsse vor Gericht, § 5 Rn 225.
4 *Büchel*, NZG 2003, 793, 796 f; *Max*, NZG 2014, 92.
5 Lutter/*Krieger/Mennicke*, Anh. I SpruchG, § 6 Rn 4; Semler/Stengel/*Volhard*, § 6 SpruchG Rn 8; *Fritzsche/Dreier/Verfürth*, § 6 Rn 6; Schmidt/Lutter/*Klöcker*, § 6 SpruchG Rn 4.
6 Wobei als „juristische Personen“ auch Personengesellschaften in Betracht kommen, vgl *Rubner/Leuering*, NJW-Spezial 2014, 15.
7 Ähnlich MüKo-AktG/*Kubis*, § 6 SpruchG Rn 5.
8 Lutter/*Krieger/Mennicke*, Anh. I SpruchG, § 6 Rn 4; *Klöcker/Frowein*, § 6 Rn 4; Schmidt/Lutter/*Klöcker*, § 6 SpruchG, Rn 4; *Fritzsche/Dreier/Verfürth*, § 6 Rn 6.
9 Lutter/*Krieger/Mennicke*, Anh. I SpruchG, § 6 Rn 4; *Klöcker/Frowein*, § 6 Rn 4; *Bayer/Hoffmann*, AG 2013, R79; *Deiß*, NZG 2013, 248, 250.
10 *Bayer/Hoffmann*, AG 2013, R79, R80.

2. Bestellung. a) Zuständigkeit. Die Bestellung des gemeinsamen Vertreters erfolgt von Amts wegen,[11] bei Zuständigkeit der Kammer für Handelssachen durch den Vorsitzenden (§ 2 Abs. 2 S. 1 Nr. 5).[12] Die Bestellung erfolgt durch Beschluss, der keiner Begründung bedarf.[13] 5

b) Voraussetzungen. Die Bestellung eines gemeinsamen Vertreters erfolgt immer dann, wenn Aktionäre vorhanden sind, die nicht Antragsteller (und auch nicht Antragsgegner) sind,[14] was das Gericht von Amts wegen (§ 26 FamFG) prüft.[15] Die Bestellung setzt nach zutreffender herrschender Ansicht zumindest einen zulässigen Antrag voraus, da anderenfalls die Bestellung durch den gemeinsamen Vertreter unnötige Kosten verursachen würde.[16] Ein gemeinsamer Vertreter ist deshalb etwa dann nicht zu bestellen, wenn ein verfrühter Antrag zurückgenommen worden ist.[17] Haben umgekehrt alle Antragsberechtigten Anträge gestellt, ist gleichfalls kein Platz für die Bestellung eines gemeinsamen Vertreters, da in diesem Fall sämtliche Aktionäre ihre Rechte aktiv wahrnehmen[18] und der gemeinsame Vertreter, der kein Instrument paternalistischer Bevormundung ist, nicht gebraucht wird. 6

c) Besonderheiten bei Unternehmensverträgen. Nach früherer Rechtslage war für Ausgleich und Abfindung bei Abschluss eines **Beherrschungs- und/oder Gewinnabführungsvertrages (§§ 304, 305 AktG)** jeweils ein gemeinsamer Vertreter zu bestellen, da man fürchtete, ausscheidende und in der Gesellschaft verbleibende Aktionäre wiesen gegenläufige Interessen auf. Das Spruchverfahrensneuordnungsgesetz hat diese Dichotomie richtigerweise aufgehoben mit der Erwägung, dass letztlich alle Aktionäre Leistungen von der betroffenen Gesellschaft verlangen.[19] In der Tat wird der hypothetische Interessenantagonismus, der sich daraus ergibt, dass ausscheidende in Abgrenzung zu den in der Gesellschaft verbleibenden Anteilseignern kein Interesse an einer möglichst umfänglichen Kapitalausstattung der herrschenden Gesellschaft haben, vollständig überlagert durch den Umstand, dass beide Kompensationen primär durch die Höhe des Unternehmenswertes bestimmt werden und entsprechend beide Gruppen ein Interesse an der gerichtlichen Feststellung eines möglichst hohen Wertes haben.[20] **Mehrere gemeinsame Vertreter** für Ausgleich und Abfindung sind nunmehr nur noch dann zu bestellen, wenn aufgrund der konkreten Umstände davon auszugehen ist, dass die Wahrung aller betroffenen Antragsberechtigten durch einen einzigen gemeinsamen Vertreter nicht sichergestellt ist (§ 6 Abs. 1 S. 3). Dies wird allenfalls in Ausnahmefällen anzunehmen sein.[21] 7

Wie bereits nach früherem Recht kommt die Bestellung mehrerer gemeinsamer Vertreter bei Vorhandensein verschiedener Aktiengattungen gleichfalls nicht in Betracht,[22] da auch insoweit gilt, dass die Geltendmachung eines hohen Unternehmenswertes dominierender Handlungsimpetus ist und die Bestimmung des Partizipationsverhältnisses der unterschiedlichen Aktiengattungen an diesem Unternehmenswert grundsätzlich ein mathematisches Problem bzw ein Rechtsproblem ist, dessen Lösung die Bestellung eines Sachwalters für die jeweiligen Gruppen nicht erforderlich macht, sondern in der Verantwortung des Gerichts verbleiben kann. 8

11 *Fritzsche/Dreier/Verfürth*, § 6 Rn 5; Schmidt/Lutter/*Klöcker*,§ 6 SpruchG Rn 2; *Weber/Kersjes*, Hauptversammlungsbeschlüsse vor Gericht, § 5 Rn 225.

12 MüKo-AktG/*Kubis*, § 6 SpruchG Rn 5; *Bayer/Hoffmann*, AG 2013, R79.

13 KölnKomm-AktG/*Wasmann*, § 6 SpruchG Rn 23.

14 Semler/Stengel/*Volhard*, § 6 SpruchG Rn 7.

15 *Hüffer*, Anh. § 305: § 6 SpruchG Rn 2; KölnKomm-AktG/*Wasmann*, § 6 SpruchG, Rn 23; MüKo-AktG/*Kubis*, § 6 SpruchG Rn 3.

16 So bereits DAV-Stellungnahme zum Spruchverfahrensneuordnungsgesetz, ZIP 2003, 552, 553; OLG Stuttgart AG 2011 599, 600; Semler/Stengel/*Volhard*, § 6 SpruchG Rn 7; K. Schmidt/Lutter/*Klöcker*, § 6 SpruchG Rn 7; MüKo-AktG/*Kubis*, § 6 SpruchG Rn 3; *Fritzsche/Dreier/Verfürth*, § 6 Rn 7; *Wasmann/Mielke*, WM 2005, 822, 824 f.

17 OLG Stuttgart NZG 2004, 97.

18 KölnKomm-AktG/*Wasmann*, § 6 SpruchG, Rn 23; *Wasmann/Mielke*, WM 2005, 822, 824; MüKo-AktG/*Kubis*, § 6 SpruchG Rn 3.

19 RegE SpruchverfahrensneuordnungsG, Begr. zu § 6, abgedruckt in: ZIP 2002, 2097, 2101.

20 *Büchel*, NZG 2003, 793, 797; *Wasmann/Mielke*, WM 2005, 822, 825.

21 *Bayer/Hoffmann*, AG 2013, R79, R80 berichten für den Zeitraum 2009–2012 von nur einem Fall, in dem es zur Bestellung zweier gemeinsamer Vertreter für Ausgleich und Abfindung gekommen ist.

22 *Klöcker/Frowein*, § 6 Rn 12; *Fritzsche/Dreier/Verfürth*, § 6 Rn 14; Schmidt/Lutter/*Klöcker*, § 6 SpruchG Rn 10.

9 d) **Ausnahmsweise Entbehrlichkeit.** Ausnahmsweise entfällt die Notwendigkeit zur Bestellung eines gemeinsamen Vertreters zur Gänze.[23] Voraussetzung ist, dass die Wahrung der Rechte der Antragsberechtigten auf andere Weise sichergestellt ist. Als derartige (theoretisch) denkbare Ausnahmefälle hat die Literatur den Verzicht aller nicht antragstellenden Anteilseigner[24] sowie einen außergerichtlichen Vergleich identifiziert.[25] Entgegen einer zum früheren Recht ergangenen Entscheidung des BayObLG[26] wird es demgegenüber von der heute hM zu Recht nicht als ausreichend erachtet, dass sich eine Schutzvereinigung am Verfahren beteiligt.[27] Zwar treten Schutzvereinigungen regelmäßig mit dem ordnungspolitischen Anspruch an, die Interessen sämtlicher (Klein)Anleger zu vertreten, im Spruchverfahren besteht aber doch die Tendenz, vor allem die eigenen Interessen und die der vertretenen Aktionäre zu wahren. Ebenso wenig rechtfertigt zu Tage tretendes mangelndes Interesse der nicht beteiligten Antragsberechtigten am Verfahren den Verzicht auf die Bestellung eines gemeinsamen Vertreters;[28] das Gesetz nimmt die rationale Apathie der Aktionäre nicht nur hin, sondern versucht im Gegenteil einen verfahrensmäßigen Ausgleich für diese zu schaffen.

10 e) **Zeitpunkt.** Das Gericht hat den gemeinsamen Vertreter „frühzeitig" zu bestellen, worin sich wiederum die Verpflichtung des SpruchG auf den Beschleunigungsgrundsatz spiegelt.[29] Richtigerweise sollte die Bestellung unmittelbar nach Eingang des ersten zulässigen Antrags erfolgen, damit der gemeinsame Vertreter auf die Antragserwiderung seinerseits zeitnah reagieren kann.[30]

11 f) **Bekanntmachung.** Das Gericht hat die Bestellung des gemeinsamen Vertreters im Bundesanzeiger bekanntzumachen. Bestimmen Satzung, Gesellschafts- bzw Partnerschaftsvertrag oder Statut des betroffenen Rechtsträgers weitere Publikationsorgane als Gesellschaftsblätter, muss die Veröffentlichung auch in diesen erfolgen, wobei es auch insoweit bei der Zuständigkeit des Gerichts bleibt. Die Regelung, eine Veröffentlichung in sämtlichen Gesellschaftsblättern veranlassen zu müssen, ist unter Hinweis auf den Beschleunigungsgrundsatz zu Recht Gegenstand rechtspolitischer Kritik;[31] de lege ferenda sollte es bei einer Bekanntmachung im Bundesanzeiger sein Bewenden haben. Im Regelfall wird man zumindest börsennotierten Gesellschaften allerdings ohnehin zu empfehlen haben, auf die Kreation weiterer Gesellschaftsblätter zu verzichten, die in der Praxis in zahlreichen Konstellationen mehr Schaden denn Nutz und Frommen stiften.

12 3. **Rechtsstellung.** Der gemeinsame Vertreter hat die Stellung eines **gesetzlichen Vertreters** (§ 51 Abs. 2 ZPO), macht also die Rechte der nicht am Verfahren beteiligten Anspruchsberechtigten in deren Namen und nicht etwa im eigenen Namen geltend.[32] Nicht anders als die eigentlichen Antragsteller ist auch der gemeinsame Vertreter Verfahrensbeteiligter.[33] In dieser Rolle ist er befugt, Anträge zu stellen und am Abschluss des Verfahrens durch gerichtlichen oder außergerichtlichen Vergleich mitzuwirken.[34] Entgegen vereinzelt vertretener Ansicht wird man ihm

23 Aus der Rechtsprechung etwa OLG Düsseldorf NJW 1971 1569 (noch zu § 306 AktG aF).

24 Schmidt/Lutter/*Klöcker*, § 6 SpruchG Rn 12; MüKo-AktG/*Kubis*, § 6 SpruchG Rn 9. Entgegen *Fritzsche/Dreier/Verfürth*, § 6 Rn 11 wird damit nicht die hinter dem Institut des gemeinsamen Vertreters stehende Intuition des Gesetzgebers überspielt. Der gemeinsame Vertreter ist Korrekturfaktor mangelnder Beteiligung, nicht aber juristischer Betreuer einer nicht hinreichend sachkundigen Person. Im Übrigen gilt auch im Spruchverfahren der Kardinalsatz einer liberalen und marktwirtschaftlich verfassten Wirtschaftsordnung: volenti non fit iniuria.

25 Semler/Stengel/*Volhard*, § 6 SpruchG Rn 12; Schmidt/Lutter/*Klöcker*, § 6 SpruchG, Rn 12.

26 BayObLG AG 1992 59, 59 f.

27 So aus der früheren Rechtsprechung auch OLG Hamburg AG 2002 406, 407; KölnKomm-AktG/*Wasmann*, § 6 SpruchG Rn 24; Semler/Stengel/*Volhard*, § 6 SpruchG Rn 12.

28 KG OLGZ 1972 146, 149 f.

29 *Fritzsche/Dreier/Verfürth*, § 6 Rn 7 weisen zudem darauf hin, dass durch die frühzeitige Bestellung auch eine effektive Wahrnehmung der Interessen der nicht am Verfahren beteiligten Antragsberechtigten gefördert wird.

30 *Büchel*, NZG 2003, 793, 797; *Klöcker/Frowein*, § 6 Rn 6; Semler/Stengel/*Volhard*, § 6 SpruchG Rn 7.

31 Vgl *Büchel*, NZG 2003, 793, 797.

32 *Klöcker/Frowein*, § 6 Rn 23; Schmidt/Lutter/*Klöcker*, § 6 SpruchG, Rn 19.

33 KölnKomm-AktG/*Wasmann*, § 6 SpruchG, Rn 16; *Klöcker/Frowein*, § 6 Rn 23.

34 Semler/Stengel/*Volhard*, § 6 SpruchG Rn 14; *Fritzsche/Dreier/Verfürth*, § 6 Rn 19; Schmidt/Lutter/*Klöcker*, § 6 SpruchG, Rn 19.

auch das Recht zugestehen müssen, eigene Einwendungen gegen die durch die Antragsgegnerin vorgelegte Unternehmensbewertung vorzutragen, er ist erkennbar Sachwalter der außenstehenden Aktionäre, die nicht durch möglicherweise unvollständigen Vortrag der Antragsteller präjudiziert werden sollen.[35] In diesem Zusammenhang kann der gemeinsame Vertreter theoretisch auch ein Privatgutachten zur Unternehmensbewertung in Auftrag geben, aufgrund der Geltung des Amtsermittlungsgrundsatzes versagt ihm die jüngere Rechtsprechung allerdings die Erstattungsfähigkeit der damit verbundenen Kosten,[36] so dass es sich – zumindest bis auf Weiteres – um eine rein theoretische Möglichkeit handelt.[37] Gegen die instanzbeendende Entscheidung des Landgerichts kann der gemeinsame Vertreter Beschwerde nach § 12 einlegen, wobei im Einzelnen vieles streitig ist (vgl § 12 Rn 9 f).[38]

Nach hM zum früheren Recht (AktG 1965) hatte der besondere Vertreter **nach Rücknahme des Antrags** lediglich die Stellung eines Nebenintervenienten mit der Folge, dass bei Rücknahme aller Anträge das Verfahren endete, ohne dass es insoweit auf die Haltung des gemeinsamen Vertreters angekommen wäre.[39] § 6 Abs. 3 sieht demgegenüber nunmehr ausdrücklich ein Recht zur Verfahrensfortführung vor. Zweck der Regelung ist, zu verhindern, dass Antragssteller und Antragsgegner außergerichtlich einen Vergleich schließen, dessen Verhandlungsmasse vor allem die zu erwartende Abfindung der nicht vertretenen Aktionäre ist, um sodann das Spruchverfahren durch Antragsrücknahme zu beenden, ohne dass die Interessen der außenstehenden Aktionäre berücksichtigt worden wären. Es geht also um die Vermeidung von Auskauffällen.[40] Eine generelle Pflicht zur Verfahrensfortführung besteht demgegenüber nicht; der gemeinsame Vertreter hat vielmehr unter Orientierung am Interesse der nicht am Verfahren beteiligten Anteilseigner eine Entscheidung nach pflichtgemäßem Ermessen zu treffen.[41] 13

Im **Beschwerdeverfahren** bleibt der gemeinsame Vertreter ohne erneuten Bestellungsakt im Amt.[42] Demgegenüber ist er im **Verfassungsbeschwerdeverfahren** grundsätzlich nicht befugt, Grundrechtsverletzungen der außenstehenden Aktionäre geltend zu machen.[43] Eine Rechtsschutzverkürzung zulasten der außenstehenden Aktionäre ist hiermit nicht verbunden, weil es ihnen unbenommen ist, sich selbst am Spruchverfahren zu beteiligen und ihre Rechtspositionen durchzusetzen.[44] Denkbar bleibt allerdings, dass der gemeinsame Vertreter geltend macht, im Rahmen des Spruchverfahrens in seinen prozessualen Grundrechten verletzt zu sein.[45] 14

Der gemeinsame Vertreter ist **unabhängig**, dh insb., dass er nicht (theoretischen) Weisungen der nicht beteiligten Antragsteller unterworfen und diesen gegenüber auch nicht rechenschaftspflichtig ist.[46] 15

35 Wie hier auch OLG Celle AG 2007 865; Semler/Stengel/*Volhard*, § 6 SpruchG Rn 14; *Büchel*, NZG 2003, 793, 798; *Puszkajler*, Konzern 2006, 256; *Winter/Nießen*, NZG 2007, 13, 16. AA MüKo-AktG/*Kubis*, § 6 SpruchG Rn 14; *Weingärtner* DK 2005, 694, 694 f.

36 OLG Düsseldorf ZIP 2011 1935, 1936 (zu § 308 Abs. 2 UmwG aF). AA etwa noch Semler/Stengel/*Volhard*, § 6 SpruchG Rn 21.

37 Eine Kostenbelastung der nicht beteiligten Anteilseigner mit den Kosten eines Gutachtens scheidet bereits deshalb aus, weil dem gemeinsamen Vertreter insoweit keine Vertretungsmacht zukommt. Vgl *Klöcker/Frowein*, § 6 Rn 26; Schmidt/Lutter/*Klöcker*, § 6 SpruchG, Rn 21.

38 Semler/Stengel/*Volhard*, § 6 SpruchG Rn 14; Köln-Komm-AktG/*Wasmann*, § 6 SpruchG, Rn 20.

39 KölnKomm-AktG/*Wasmann*, § 6 SpruchG, Rn 8; *Wasmann/Mielke*, WM 2005, 822, 824.

40 RegE SpruchverfahrensneuordnungsG, Begr. zu § 6, abgedruckt in: ZIP 2002, 2097, 2102; BGH AG 2014 46, 48; *Fritzsche/Dreier/Verfürth*, § 6 Rn 31; *Büchel*, NZG 2003, 793, 796 f; *Wasmann/Mielke*, WM 2005, 822, 824 f.

41 *Fritzsche/Dreier/Verfürth*, § 6 Rn 32.

42 OLG Hamburg AG 2002 406, 407; BayObLG AG 1992 59, 59 f (jeweils zum alten Recht); Semler/Stengel/*Volhard*, § 6 SpruchG Rn 9; KölnKomm-AktG/*Wasmann*, § 6 SpruchG Rn 27; *Fritzsche/Dreier/Verfürth*, § 6 Rn 9; MüKo-AktG/*Kubis*, § 6 SpruchG Rn 7.

43 BVerfG NJW 2007 3266, 3266 f. (Wüstenrot/Württemberg); Schmidt/Lutter/*Klöcker*, § 6 SpruchG, Rn 19.

44 BVerfG NJW 2007 3266, 3267 (Wüstenrot/Württemberg).

45 BVerfG NJW 2007 3266, 3267 (Wüstenrot/Württemberg).

46 OLG München WM 2010 1605, 1608; MüKo-AktG/*Kubis*, § 6 SpruchG Rn 15.

16 **4. Abberufung.** Nicht geregelt, aber allgemein als zulässig angesehen wird die Abberufung eines gemeinsamen Vertreters aus **wichtigem Grund.**[47] Ein wichtiger Grund in diesem Sinne ist anzunehmen, wenn die ordnungsgemäße Wahrnehmung der Interessen der nicht beteiligten Anteilseigner nicht gewährleistet ist, oder aber der Anlass für die Bestellung eines gemeinsamen Vertreters entfallen ist.[48] Die Abberufungsentscheidung obliegt dem Gericht,[49] das hierüber von Amts wegen durch Beschluss entscheidet.[50] Als actus contrarius ist auch die Abberufung im Bundesanzeiger und gegebenenfalls weiteren Gesellschaftsblättern bekanntzumachen.[51] Aus gleichem Grund kann sie als Zwischenentscheidung nicht mit der Beschwerde angegriffen werden.[52]

17 **5. Haftung.** Nach verbreiteter Ansicht kommt grundsätzliche eine Haftung des gemeinsamen Vertreters wegen unsorgfältiger Aufgabenwahrnehmung in Betracht,[53] wobei Unsicherheit über die dogmatische Verortung dieser Haftung besteht, insb. ob die Übernahme der Funktion als gemeinsamer Vertreter ein gesetzliches Schuldverhältnis begründet, dessen Verletzung nach § 280 Abs. 1 BGB Schadensersatzpflichten nach sich zieht.[54] Da ihm allerdings bei seiner Aufgabenwahrnehmung einerseits ein breites Ermessen eingeräumt wird[55] und andererseits für den Regelfall nicht ernsthaft damit zu rechnen ist, dass nicht vertretene Anteilseigner nur deshalb aus ihrer rationalen Apathie erwachen, um den gemeinsamen Vertreter wegen unsorgfältiger Interessenwahrnehmung in Anspruch zu nehmen, handelt es sich wohl um einen eher theoretischen Fall.[56] In einem der wenigen bekannt gewordenen Ausnahmefälle hat es das OLG München nicht beanstandet, dass der gemeinsame Vertreter zeitnah einem Vergleich mit dem Insolvenzverwalter der konkursreifen Antragsgegnerin zugestimmt hat in der Absicht, Masseverbindlichkeiten für die nicht selbst am Verfahren beteiligten Aktionäre zu begründen und einen Rückfall auf die Quote zu verhindern.[57]

III. Kosten

18 Der gemeinsame Vertreter hat Anspruch sowohl auf Vergütung als auch auf Ersatz seiner Auslagen.[58]

19 **1. Vergütung.** Aufgrund Vergleichbarkeit der Tätigkeit und des Umstands, dass der gemeinsame Vertreter ohnehin häufig ein Rechtsanwalt sein wird,[59] bestimmen sich seine Vergütung sowie die Erstattungsfähigkeit seiner Auslagen nach dem RVG.[60] Dies gilt auch dann, wenn der gemeinsame Vertreter (ausnahmsweise) kein Rechtsanwalt ist; der diesbezüglich früher geführte Streit ist durch das Spruchverfahrensneuordnungsgesetz erledigt.[61]

20 Im Regelfall kann der gemeinsame Vertreter eine Verfahrens- und eine Terminsgebühr (Nr. 3100, 3200 Anl 1 RVG) beanspruchen, bei gütlicher Einigung zudem eine Einigungsge-

47 BayObLG AG 1992 59, 60 (zum alten Recht); *Hüffer*, Anh. § 305: § 6 SpruchG Rn 3; Semler/Stengel/*Volhard*, § 6 SpruchG Rn 17; Schmidt/Lutter/*Klöcker*, § 6 SpruchG, Rn 15; *Fritzsche/Dreier/Verfürth*, § 6 Rn 17; *Wasmann/Mielke*, WM 2005, 822, 825.

48 BayObLG AG 1992 59, 60 (zum alten Recht); *Fritzsche/Dreier/Verfürth*, SpruchG, § 6 Rn 17; K. Schmidt/Lutter/*Klöcker*, § 6 SpruchG, Rn 15; MüKo-AktG/*Kubis*, § 6 SpruchG Rn 10.

49 Semler/Stengel/*Volhard*, 6 SpruchG Rn 13; *Fritzsche/Dreier/Verfürth*, SpruchG, § 6 Rn 18.

50 *Klöcker/Frowein*, § 6 Rn 19; Schmidt/Lutter/*Klöcker*, § 6 SpruchG, Rn 16; MüKo-AktG/*Kubis*, § 6 SpruchG Rn 10.

51 Semler/Stengel/*Volhard*, § 6 SpruchG Rn 3; *Fritzsche/Dreier/Verfürth*, § 6 Rn 18; Schmidt/Lutter/*Klöcker*, § 6 SpruchG, Rn 16.

52 Schmidt/Lutter/*Klöcker*, AktG, § 6 SpruchG, Rn 17. Insoweit zum alten Recht noch aA *Klöcker/Frowein*, SpruchG, § 6 Rn 21: einfache Beschwerde zu Gunsten der nicht antragstellenden Anspruchsberechtigten und des gemeinsamen Vertreters selbst eröffnet.

53 MüKo-AktG/*Kubis*, § 6 SpruchG Rn 15. Offengelassen, aber eine Haftung grundsätzlich für möglich haltend BGH AG 2014 46, 48.

54 Offengelassen durch OLG München WM 2010 1605, 1608.

55 BGH AG 2014 46, 48.

56 Ähnliche Einschätzung auch in BGH AG 2014 46, 48. Eine Ausnahmekonstellation hat OLG München WM 2010 1605, 1605 ff zum Gegenstand (Insolvenzszenario).

57 OLG München WM 2010 1605, 1608 f.

58 Semler/Stengel/*Volhard*, § 6 SpruchG Rn 18; MüKo-AktG/*Kubis*, § 6 SpruchG Rn 16.

59 RegE SpruchverfahrensneuordnungsG, Begr. zu § 6, abgedruckt in: ZIP 2002, 2097, 2101; *Büchel*, NZG 2003, 793, 803.

60 BGH AG 2014 46, 47.

61 *Deiß*, NZG 2013, 248, 250.

bühr (Nr. 1000 Anl 1 RVG);[62] eine Geschäftsgebühr fällt demgegenüber nicht an.[63] Aufgrund seiner Rolle als typischer Verfahrensbevollmächtigter kommt die Gewährung einer Gebühr für sonstige Einzeltätigkeit (Nr. 3404 RVG) nicht in Betracht.[64] Richtigerweise verweigert der BGH dem gemeinsamen Vertreter zudem eine Gebührenerhöhung nach Nr. 1008 RVG: zwar ist der gemeinsame Vertreter im Regelfall gesetzlicher Vertreter mehrerer bzw zahlreicher Anteilseigner; allerdings verändert die Zahl vertretener Anteilseigner weder Gepräge noch Umfang oder Komplexität der Aufgaben des gemeinsamen Vertreters, eine Gebührenerhöhung ist folglich nicht zu rechtfertigen.[65] **Gegenstandswert** ist der für die Gerichtsgebühren maßgebliche Geschäftswert, der nach § 15 Abs. 1 S. 2 mindestens EUR 200.000 und höchstens EUR 7.500.000 beträgt.[66] Nach dem insoweit eindeutigen Wortlaut anzusetzen ist der volle gerichtliche Geschäftswert, keine Addition von Teilgeschäftswerten nach § 31 Abs. 2 RVG.[67]

2. Auslagen. Als Auslagen erstattungsfähig sind typische Positionen wie allfällige Reise-, Porto- und Telefonkosten und Schreibauslagen des gemeinsamen Vertreters.[68] Ist der gemeinsame Vertreter kein Rechtsanwalt, kann er nach wohl noch herrschender, aber zunehmend angezweifelter Meinung einen Rechtsanwalt zu seiner Unterstützung beauftragen.[69] Umstritten ist demgegenüber, ob der gemeinsame Vertreter Ersatz der Kosten eines Privatgutachtens verlangen kann; während eine verbreitete Ansicht im Schrifttum deren Erstattungsfähigkeit bejaht,[70] hat das OLG Düsseldorf in einer jüngeren Entscheidung einen dahin gehenden Anspruch des gemeinsamen Vertreters verneint mit der Erwägung, dass im Spruchverfahren der Amtsermittlungsgrundsatz gelte, folglich kein echtes Bedürfnis für die Inauftraggabe von Privatgutachten bestehe und im Übrigen die Rolle des gemeinsamen Vertreters vor allem darin bestehe, die in das Verfahren eingeführten Unterlagen kritisch zu würdigen und offene Punkte durch Befragung des gerichtlich bestellten Sachverständigen zu klären.[71] 21

3. Kostenschuldner. Schuldner des Vergütungs- und Auslagenersatzanspruchs sind ausschließlich der oder die Antragsgegner, ein (subsidiärer) Anspruch gegen die Staatskasse oder die nicht am Verfahren beteiligten Anteilseigner besteht nicht.[72] 22

4. Justiziabilität der Kostenentscheidung. Die Kostenentscheidung des Landgerichts kann mit der sofortigen Beschwerde (§§ 567 ff ZPO) gemäß §§ 85 FamFG (§ 13 a FGG aF) 104 Abs. 3 ZPO angegriffen werden.[73] Gegen die Beschwerdeentscheidung ihrerseits findet die Rechtsbeschwerde statt, soweit das Beschwerdegericht sie nach § 574 Abs. 1 S. 1 Nr. 2 ZPO zulässt.[74] 23

§ 6 a Gemeinsamer Vertreter bei Gründung einer SE

[1]Wird bei der Gründung einer SE durch Verschmelzung oder bei der Gründung einer Holding-SE nach dem Verfahren der Verordnung (EG) Nr. 2157/2001 des Rates vom 8. Oktober 2001 über das Statut der Europäischen Gesellschaft (SE) (ABl. EG Nr. L 294 S. 1) gemäß den Vorschriften des SE-Ausführungsgesetzes ein Antrag auf Bestimmung einer Zuzahlung oder Barabfindung gestellt, bestellt das Gericht auf Antrag eines oder mehrerer Anteilsinhaber einer sich verschmelzenden oder die Gründung einer SE anstrebenden Gesellschaft, die selbst nicht an-

62 Schmitt/Hörtnagl/Stratz/*Hörtnagl*, § 6 SpruchG Rn 24; MüKo-AktG/*Kubis*, § 6 SpruchG Rn 19.
63 KölnKomm-AktG/*Wasmann*, § 6 SpruchG, Rn 35.
64 BGH AG 2014 46, 48.
65 BGH AG 2014 46, 48.
66 BGH AG 2014 46, 48; Schmitt/Hörtnagl/Stratz/*Hörtnagl*, § 6 SpruchG Rn 23; Schmidt/Lutter/*Klöcker*, § 6 SpruchG Rn 29.
67 BGH AG 2014 46, 48; *Deiß*, NZG 2013, 248, 250.
68 *Klöcker/Frowein*, § 6 Rn 32.
69 Schmitt/Hörtnagl/Stratz/*Hörtnagl*, § 6 SpruchG Rn 23.
70 Semler/Stengel/*Volhard*, § 6 SpruchG Rn 21.
71 OLG Düsseldorf ZIP 2011 1935, 1936 (zu § 308 Abs. 2 UmwG aF), das gleichzeitig offenlässt, ob in begründeten Einzelfällen etwas anderes gelten kann. Tendenziell gegen Erstattungsfähigkeit auch MüKo-AktG/*Kubis*, § 6 SpruchG Rn 17.
72 *Klöcker/Frowein*, § 6 Rn 31; Semler/Stengel/*Volhard*, § 6 SpruchG Rn 18; *Fritzsche/Dreier/Verfürth*, § 6 Rn 28.
73 BGH AG 2014 46, 47; KölnKomm-AktG/*Wasmann*, § 6 SpruchG Rn 39; Semler/Stengel/*Volhard*, § 6 SpruchG Rn 22; Schmidt/Lutter/*Klöcker*, § 6 SpruchG Rn 32.
74 BGH AG 2014 46, 47.

tragsberechtigt sind, zur Wahrung ihrer Interessen einen gemeinsamen Vertreter, der am Spruchverfahren beteiligt ist. [2]§ 6 Abs. 1 Satz 4 und Abs. 2 gilt entsprechend.

I. Normzweck

1 Gemäß Art. 24 Abs. 2, 35 SE-VO können die Mitgliedstaaten Vorschriften erlassen, um einen angemessenen Schutz der Minderheitsaktionäre, die sich gegen die Verschmelzung oder die Gründung einer Holding-SE ausgesprochen haben,[1] zu gewährleisten. Von dieser Ermächtigung hat der deutsche Gesetzgeber im Rahmen des SEEG Gebrauch gemacht: nach §§ 6, 9 SEAG können Anteilseigner der deutschen Gründungsgesellschaft ein unangemessenes Umtauschverhältnis bei Verschmelzungs- bzw Holdinggründung rügen und auf eine bare Zuzahlung drängen; gleichzeitig wird die Rüge der Unangemessenheit und das hieraus folgende Fordern einer erhöhten Barabfindung in das Spruchverfahren verwiesen (§§ 6 Abs. 4 S. 1; 11 Abs. 2 SEAG). Zusätzlich muss eine deutsche Gründungsgesellschaft ihren Aktionären, die die Verschmelzung bzw Etablierung einer Holding zur Gründung einer SE nicht mittragen wollen, im Verschmelzungs- bzw Gründungsplan einen Exit durch Barabfindungsangebot (§§ 7, 9 SEAG) offerieren.

2 Der europäische Gesetzgeber hat aber auch nicht übersehen, dass die in §§ 25, 34 Alt. 1 SE-VO zugunsten der Mitgliedstaaten eingeräumte Option, zusätzliche Rechtsschutzmöglichkeiten zugunsten der Anteilseigner einzelner Gründungsgesellschaften zu schaffen, sich spiegelbildlich zulasten der Anteilseigner der weiteren Gründungsgesellschaften auswirken kann; jede Veränderung des Umtauschverhältnisses zugunsten der deutschen Anteilseigner verschlechtert dasselbe zulasten der ausländischen Gründungsaktionäre der zukünftigen SE, gleichzeitig belastet jede ausgezahlte Barabfindung der SE deren Liquidität und Ausschüttungsfähigkeit. Zwischen diesen mindestens partiell antagonistischen Interessen versucht Art. 25 Abs. 3 SE-VO dadurch zu vermitteln, dass er ein Spruchverfahren nur dann zulässt, wenn entweder das ausländische Recht in gleicher Weise ein Spruchverfahren kennt – also der grenzüberschreitende Charakter der Unternehmenszusammenführung keine Verschlechterung zur Rechtslage nach nationalem Recht für die ausländischen Anteilseigner darstellt – oder aber die Aktionäre der ausländischen Rechtsträger der Durchführung eines Spruchverfahrens zugunsten der Aktionäre eines deutschen übertragenden Rechtsträgers zustimmen (volenti non fit iniuria). D.h. gleichzeitig, dass, sind diese beiden Voraussetzungen nicht gegeben, ein Spruchverfahren ausscheidet; die deutschen Aktionäre sind in diesem Fall darauf verwiesen, die Bewertungsrüge mittels Anfechtungsklage geltend zu machen,[2] was zwar gegebenenfalls die beabsichtigte Transaktion (Verschmelzung zur Gründung einer SE, Gründung einer Holding-SE) zum Scheitern verurteilt, aber durch den Gesetzgeber in Kauf genommen wird.

3 Da in den meisten europäischen Mitgliedstaaten ein Spruchverfahren nicht eröffnet ist, kommt der Zustimmung der Aktionäre der ausländischen Gründungsgesellschaft in der Praxis überragende Bedeutung zu. Da allerdings die Entscheidung im (deutschen) Spruchverfahren allenfalls zu ihren Ungunsten wirkt, ist grundsätzlich nicht mit einer dahin gehenden Zustimmung zu rechnen. Um dem entgegenzuwirken, sieht das deutsche Recht deshalb vor, dass ein (weiterer)

1 Zur Diskussion um die Qualität des Widerspruchs, den ein Minderheitsaktionär artikulieren muss, etwa Lutter/Hommelhoff/*Bayer*, Art. 24 SE-VO Rn 25 ff.

2 Lutter/Hommelhoff/*Bayer*, Art. 24 SE-VO Rn 34.

gemeinsamer Vertreter zu bestellen ist, der die Interessen der Anteilsinhaber der beteiligten ausländischen Gründungsgesellschaften repräsentiert.[3] Seine Aufgabe besteht also in der Verteidigung des Umtauschverhältnisses gegen Nachbesserungswünsche der deutschen Aktionäre,[4] wirtschaftlich steht er also im Lager der Antragsgegner. Da allerdings das grundsätzliche Problem, dass ein Spruchverfahren auf Grundlage des deutschen Rechts für die Anteilseigner ausländischer Rechtsträger bestenfalls den status quo ante sichern kann, nicht adressiert wird, schafft auch das Institut des besonderen gemeinsamen Vertreters keinen echten Anreiz, die Zustimmung zur Durchführung eines Spruchverfahrens zugunsten der deutschen Anteilseigner zu erteilen. Entsprechend gering ist die forensische Bedeutung des Instruments zumindest bisher.

II. Inhalt

1. Voraussetzungen. a) Verschmelzung oder Gründung einer Holding-SE. Die Bestellung eines (weiteren) gemeinsamen Vertreters kommt nur bei Gründung einer Europäischen Aktiengesellschaft im Wege der Verschmelzung gemäß den Art. 17ff. SE-VO oder durch Gründung einer Holding-SE (Art. 32 ff SE-VO) in Betracht. Im Rahmen der Gründung einer Tochter-SE besteht auf Ebene der deutschen Gründungsgesellschaft kein Bewertungsanlass, während nach zutreffender und ersichtlich nicht bestrittener Ansicht auch im Rahmen einer „Umwandlung" (Art. 37 SE-VO), also dem europäischen Zwilling des deutschen Formwechsels, ein Spruchverfahren nicht eröffnet ist, da deutsche AG und „deutsche" SE aufgrund der Verweisungstechnik der SE-VO (Art. 9 SE-VO) hinreichend strukturverwandt sind und deshalb ein Abfindungsangebot nach § 207 UmwG (analog) nicht auszulegen ist; im Übrigen existieren hier ex definitione keine ausländischen Gründungsgesellschaften, deren Aktionäre des Schutzes nach § 6 a bedürften. 4

b) Zustimmung. Kennen die betroffenen ausländischen Rechtsordnungen – wie regelmäßig – kein Spruchverfahren, setzt die Bestellung eines gemeinsamen Vertreters nach § 6 a voraus, dass die Aktionäre der ausländischen Gründungsgesellschaften der Durchführung eines Spruchverfahrens ausdrücklich zustimmen.[5] In der Praxis wird die Durchführung eines Spruchverfahrens bereits an dieser Voraussetzung scheitern. Bedeutung hat die Vorschrift wohl vor allem dann, wenn aufnehmender ausländischer Rechtsträger eine anlässlich der Transaktion gegründete Gesellschaft („NewCo") ist, die treuhänderisch gehalten wird; gerade in diesem Fall bedarf es allerdings keines besonderen gemeinsamen Vertreters nach § 6 a. 5

c) Antrag mindestens eines nicht antragsberechtigten Anteilseigners. Anders als im Anwendungsbereich von § 6 erfolgt die Bestellung des gemeinsamen Vertreters nach § 6 a nicht von Amts wegen, sondern setzt den (zulässigen) **Antrag** mindestens eines Anteilsinhabers des ausländischen Rechtsträgers voraus.[6] In Abgrenzung zu den nicht antragstellenden Aktionären deutscher Rechtsträger werden die Interessen der Anteilseigner der ausländischen Gründungsrechtsträger nicht automatisch durch einen gesetzlichen Vertreter wahrgenommen. Hier findet Niederschlag, dass der gemeinsame Vertreter nach § 6 a kein Instrument zum Schutz rational apathischer Aktionäre ist, sondern zugunsten von wirtschaftlich Betroffenen, die keine Verfahrensbeteiligten sein können. Mit Blick auf seine Legitimationsgrundlage weist der besondere gemeinsame Vertreter nach § 6 a damit mehr Parallelen zum historischen gemeinsamen Vertreter als zum gemeinsamen Vertreter nach der lex lata auf. **Form- oder Fristerfordernisse** für den entsprechenden Antrag sind gesetzlich nicht vorgesehen.[7] 6

Fraglich ist demgegenüber, ob die Bestellung eines besonderen gemeinsamen Vertreters wie § 6 zusätzlich verlangt, dass mindestens ein **zulässiger Antrag durch die Antragsberechtigten** ge- 7

3 Schmidt/Lutter/*Klöcker*, § 6 a SpruchG, Rn 3; Simon/*Leuering*, §§ 6 a–c Rn 5.
4 Semler/Stengel/*Volhard*, § 6 a SpruchG Rn 2; Schmitt/Hörtnagl/Stratz/*Hörtnagl*, § 6 a SpruchG Rn 2; KölnKomm-AktG/*Wasmann*, § 6 a SpruchG, Rn 1.
5 Semler/Stengel/*Volhard*, § 6 a SpruchG Rn 2.
6 K. Schmidt/Lutter/*Klöcker*, § 6 a SpruchG, Rn 4; MüKo-AktG/*Kubis*, § 6 a SpruchG Rn 1.
7 KölnKomm-AktG/*Wasmann*, § 6 a SpruchG, Rn 5; Schmidt/Lutter/*Klöcker*, § 6 a SpruchG, Rn 4.

stellt worden ist.[8] Dafür könnte sprechen, dass auch die Bestellung eines gemeinsamen Vertreters nach § 6 a bei Unzulässigkeit sämtlicher Anträge mit unnötigen Kosten verbunden wäre, umgekehrt darf aber auch nicht übersehen werden, dass die besonderen gemeinsamen Vertreter anders als der typische gemeinsame Vertreter nach § 6 ein genuines Interesse daran haben, auch selbst Zulässigkeitsrügen zu formulieren. Will man dieses zusätzliche Verteidigungsinstrument eröffnen, wäre es geboten, sie unmittelbar nach dem ersten Antrag zu bestellen, damit auch sie Zulässigkeitsrügen vor Ablauf der Erwiderungsfrist erheben können.[9]

8 **2. Person.** Für den besonderen Vertreter nach § 6 a gelten die gleichen Anforderungen wie für einen typischen gemeinsamen Vertreter.[10] Auch er muss über die erforderliche Sachkunde verfügen, um den Verfahrensgegenstand des Spruchverfahrens kritisch zu begleiten; die Verteidigung des Umtauschverhältnisses bzw der Höhe der Barabfindung verlangt die gleichen Fähigkeiten und Kenntnisse wie dessen Rüge.

9 **3. Bekanntmachung.** Die Bestellung eines gemeinsamen Vertreters nach § 6 a ist bekanntzumachen, allerdings nur im Bundesanzeiger, nicht auch in sonstigen Gesellschaftsblättern.[11]

10 **4. Justiziabilität.** Als Zwischenentscheidung ist auch die Bestellung des gemeinsamen Vertreters nach § 6 a nicht anfechtbar (§ 58 Abs. 1 FamFG).[12]

11 **5. Rechtsstellung des besonderen gemeinsamen Vertreters.** Der besondere gemeinsame Vertreter nach § 6 a ist Komplement, nicht Substitut des klassischen gemeinsamen Vertreters nach § 6. Dh, ist ein typischer gemeinsamer Vertreter (§ 6) bestellt, tritt der besondere Vertreter nach § 6 a als weiterer Verfahrensbeteiligter neben den eigentlichen gemeinsamen Vertreter. Auch wenn die Aufgabe des besonderen Vertreters nach § 6 a eine andere ist als die des gemeinsamen Vertreters nach § 6, entspricht seine Rechtsposition in weiten Teilen der des typischen gemeinsamen Vertreters nach § 6.[13] Auch der gemeinsame Vertreter gemäß § 6 a hat prinzipiell sämtliche Verfahrensrechte, um die Interessen der außenstehenden ausländischen Aktionäre vorzubringen. Anders als dem gemeinsamen Vertreter nach § 6 steht dem gemeinsamen Vertreter nach § 6 a allerdings nicht das Recht zu, das Verfahren nach Rücknahme sämtlicher Anträge weiter zu betreiben. Dies erscheint auf einen ersten Blick konsequent. Da im Spruchverfahren das Umtauschverhältnis bzw die Kompensation nur zugunsten der deutschen Anteilseigner, nicht aber der Anteilseigner der ausländischen Gründungsgesellschaften verändert werden kann, scheint das maximal erreichbare Rechtsschutzziel erreicht, wenn das auf Besserstellung der deutschen Anteilseigner gerichtete Spruchverfahren durch Antragsrücknahme beendet wird.[14] Dies ist allerdings insofern unzutreffend, als es durchaus denkbar erscheint, dass sich die Geschäftsleitung des Antragsgegners mit den deutschen Antragstellern zur Beendigung des Verfahrens auf Kosten der Anteilseigner der ausländischen Gründungsgesellschaft vergleicht; wollte man dies verhindern, müsste auch der besondere gemeinsame Vertreter ein Verfahrensfortführungsrecht besitzen. Auch aus diesem Grunde wird man den Anteilseignern ausländischer Gründungsrechtsträger kaum raten können, ihre Zustimmung zum deutschen Spruchverfahren zu erteilen. Besonderheiten werden schließlich diskutiert mit Blick auf die Beschwerdebefugnis des besonderen gemeinsamen Vertreters nach § 6 a (vgl § 12 Rn 10).

8 So etwa MüKo-AktG/*Kubis*, § 6 a SpruchG Rn 2.
9 Ähnlich Simon/*Leuering*, §§ 6 a–c Rn 10.
10 K. Schmidt/Lutter/*Klöcker*, § 6 a SpruchG, Rn 6.
11 Schmitt/Hörtnagl/Stratz/*Hörtnagl*, § 6 a SpruchG Rn 4.
12 Semler/Stengel/*Volhard*, § 6 a SpruchG Rn 3; Köln-Komm-AktG/*Wasmann*, § 6 a SpruchG, Rn 7; Schmidt/Lutter/*Klöcker*, § 6 a SpruchG, Rn 7.
13 Semler/Stengel/*Volhard*, § 6 a SpruchG Rn 4; MüKo-AktG/*Wasmann*, § 6 a SpruchG, Rn 3; Schmidt/Lutter/*Klöcker*, § 6 a SpruchG, Rn 9.
14 So Semler/Stengel/*Volhard*, § 6 a SpruchG Rn 3; Köln-Komm-AktG/*Wasmann*, § 6 a SpruchG, Rn 3; Schmidt/Lutter/*Klöcker*, § 6 a SpruchG, Rn 10; Simon/*Leuering*, §§ 6 a–c Rn 16.

III. Vergütung

Für die Vergütung des gemeinsamen Vertreters verweist § 6 a S. 2 umfänglich auf § 6 Abs. 2, so dass die dort dargestellten Grundsätze uneingeschränkt zur Anwendung gelangen.[15] 12

§ 6 b Gemeinsamer Vertreter bei Gründung einer Europäischen Genossenschaft

[1]Wird bei der Gründung einer Europäischen Genossenschaft durch Verschmelzung nach dem Verfahren der Verordnung (EG) Nr. 1435/2003 des Rates vom 22. Juli 2003 über das Statut der Europäischen Genossenschaft (SCE) (ABl. EU Nr. L 207 S. 1) nach den Vorschriften des SCE-Ausführungsgesetzes ein Antrag auf Bestimmung einer baren Zuzahlung gestellt, bestellt das Gericht auf Antrag eines oder mehrerer Mitglieder einer sich verschmelzenden Genossenschaft, die selbst nicht antragsberechtigt sind, zur Wahrung ihrer Interessen einen gemeinsamen Vertreter, der am Spruchverfahren beteiligt ist. [2]§ 6 Abs. 1 Satz 4 und Abs. 2 gilt entsprechend.

§ 6 b übernimmt Grundgedanken und Regelungstechnik des § 6 a für die Gründung einer Europäischen Genossenschaft. Einzige Besonderheit im Vergleich zur Regelung des § 6 a ist, dass die Gründung einer SE durch Gründung einer Holding mehrerer Genossenschaften nach Art. 2 SCE-VO nicht vorgesehen ist, so dass einziger Bewertungsanlass, bei der es zu einer Überprüfung der Angemessenheit im Spruchverfahren und damit eventuell zur Bestellung eines besonderen gemeinsamen Vertreters nach § 6 b kommen kann, die Gründung einer Europäischen Genossenschaft durch Verschmelzung ist. Im Übrigen kann umfänglich auf die Ausführungen zu § 6 a verwiesen werden. 1

§ 6 c Gemeinsamer Vertreter bei grenzüberschreitender Verschmelzung

[1]Wird bei einer grenzüberschreitenden Verschmelzung (§ 122 a des Umwandlungsgesetzes) gemäß § 122 h oder § 122 i des Umwandlungsgesetzes ein Antrag auf Bestimmung einer Zuzahlung oder Barabfindung gestellt, bestellt das Gericht auf Antrag eines oder mehrerer Anteilsinhaber einer beteiligten Gesellschaft, die selbst nicht antragsberechtigt sind, zur Wahrung ihrer Interessen einen gemeinsamen Vertreter, der am Spruchverfahren beteiligt ist. [2]§ 6 Abs. 1 Satz 4 und Abs. 2 gilt entsprechend.

Literatur:

J. Vetter, Die Regelung der grenzüberschreitenden Verschmelzung im UmwG, AG 2006, 613.

I. Normzweck

§ 6 c entspricht in Regelungsanliegen und Rechtstechnik § 6 a und § 6 b. Anteilseigner eines deutschen übertragenden Rechtsträgers einer grenzüberschreitenden Verschmelzung können gemäß dem auf Grundlage von Art. 4 Abs. 2 S. 2 Verschmelzungsrichtlinie erlassenen § 122 h 1

15 Semler/Stengel/*Volhard*, § 6 a SpruchG Rn 4; Schmidt/Lutter/*Klöcker*, § 6 a SpruchG, Rn 12.

UmwG die Angemessenheit der Verschmelzungswertrelation gerichtlich überprüfen lassen und für den Fall der Unangemessenheit auf eine Kompensation in bar drängen. Parallel ist den Anteilseignern deutscher Gründungsgesellschaften dann, wenn der Sitz der aus der grenzüberschreitenden Verschmelzung hervorgehenden Gesellschaft nicht in Deutschland liegt und die Verschmelzung insofern aus Sicht der Anteilseigner der deutschen Gründungsgesellschaft mit einem Statutenwechsel verbunden ist, ein Barabfindungsangebot für ihre Anteile im Verschmelzungsplan zu unterbreiten (§ 122 i UmwG). Die Angemessenheit beider Kompensationskomponenten können die Anteilseigner eines deutschen verschmelzenden Rechtsträgers im Spruchverfahren prüfen lassen.

2 Gleichzeitig hat der europäische Gesetzgeber gesehen, dass die Einräumung dieser zusätzlichen Rechtspositionen nicht nur die Vermögensinteressen der deutschen Anteilseigner betrifft, sondern gegebenenfalls mit einer Verschlechterung der Vermögensposition der Anteilseigner ausländischer Gründungsgesellschaften einhergeht. Sofern das für den jeweils betroffenen ausländischen verschmelzenden Rechtsträger anwendbare Recht ein dem Spruchverfahren vergleichbares Verfahren nicht kennt, kommt das deutsche Spruchverfahren deshalb nur dann zur Anwendung, wenn die Anteilseigner der betroffenen ausländischen Rechtsträger sich damit im Verschmelzungsbeschluss einverstanden erklären (Art. 10 Abs. 3 Verschmelzungs-RL).[1] Um die naturgemäß geringe Bereitschaft, diese einseitig zugunsten der deutschen Anteilseigner wirkende Rechtsschutzmöglichkeit zu erlauben, zu fördern, stellt der Gesetzgeber ihnen deshalb einen weiteren besonderen gemeinsamen Vertreter an die Seite, um die Neigung zur Zustimmung zu erhöhen.[2] Da allerdings auch hier – nicht anders als im Rahmen der SE-Gründung – gilt, dass der Einsatz des besonderen gemeinsamen Vertreters nach § 6 c bestenfalls den Status quo sichern kann, ist mit einer Zustimmung für die Praxis nicht ernsthaft zu rechnen.[3]

II. Inhalt

3 **1. Voraussetzungen. a) Verschmelzung gemäß §§ 122 a ff UmwG.** § 6 c setzt eine grenzüberschreitende Verschmelzung nach den §§ 122 a ff voraus. Damit ist insb. erforderlich, dass es sich bei den verschmelzenden Rechtsträgern um Kapitalgesellschaften aus verschiedenen Mitgliedstaaten handelt, die nach dem Recht eines EU- bzw EWR-Mitgliedstaats gegründet worden sind und ihren satzungsmäßigen Sitz, ihre Hauptverwaltung oder ihre Hauptniederlassung in einem EU- oder EWR-Staat haben (§ 122 b Abs. 1). Auf Verschmelzungen unter Beteiligung von Nicht-Kapitalgesellschaften, die nach zutreffender hM auf Basis der SEVIC-Entscheidung des EuGH zulässig sind, ist § 6 c somit zumindest nicht direkt anzuwenden; ob eine analoge Anwendung in Betracht kommt, wird ersichtlich bisher nicht diskutiert.

4 **b) Kein Spruchverfahren im Aufnahmestaat.** Kennt das Recht des aufnehmenden Rechtsträgers ein Spruchverfahren, in dem die Anteilseigner der deutschen übertragenden Rechtsträger das Umtauschverhältnis rügen können, bedarf es des gesonderten Verfahrens zum Schutz der deutschen Anteilseigner und der Bestellung eines gemeinsamen Vertreters nach § 6 c nicht. Dies ist praktisch nicht der Fall, neben Deutschland kennt insb. die Republik Österreich ein Spruchverfahren.

5 **c) Zustimmung.** Die Zulässigkeit eines Spruchverfahrens zugunsten der deutschen Aktionäre und damit die Notwendigkeit der Bestellung eines gemeinsamen Vertreters ist davon abhängig, dass die Anteilseigner der ausländischen Gründungsgesellschaften der Durchführung eines deutschen Spruchverfahrens im Verschmelzungsbeschluss ausdrücklich zustimmen. Wie auch im Rahmen der Gründung einer SE oder SCE gilt, dass ausländische Anteilseigner schlecht beraten wären, ihre Zustimmung zu erteilen, so dass bereits an dieser Voraussetzung ein Spruch-

1 *Vetter*, AG 2006, 613, 621.
2 Semler/Stengel/*Volhard*, § 6 a SpruchG Rn 2.
3 So auch *Vetter*, AG 2006, 613, 622.

verfahren nach deutschem Recht und die Bestellung eines gemeinsamen Vertreters nach § 6 c regelmäßig scheitern wird.

d) **Antrag.** Anders als der gemeinsame Vertreter nach § 6 wird der besondere gemeinsame Vertreter nach § 6 c nur auf Antrag eines Anteilseigners der ausländischen Rechtsordnung eingeleitet. Automatischer Rechtsschutz wird den Anteilseignern der ausländischen Gründungsrechtsträger nicht zuteil. 6

2. **Rechtsstellung.** Für die Rechtsstellung des besonderen gemeinsamen Vertreters nach § 6 c gelten keine Besonderheiten. Wie auch den besonderen Vertretern nach §§ 6 a, 6 b obliegt ihm die Aufgabe, das Umtauschverhältnis zugunsten der ausländischen Anteilseigner zu verteidigen. Hierzu stehen ihm dieselben Rechte zu wie einem gemeinsamen Vertreter nach § 6 a (vgl ebda Rn 11). 7

III. Kosten

Der besondere gemeinsame Vertreter nach § 6 c hat Anspruch auf Vergütung und Auslagenersatz nach den Grundsätzen des § 6.[4] 8

§ 7 Vorbereitung der mündlichen Verhandlung

(1) Das Gericht stellt dem Antragsgegner und dem gemeinsamen Vertreter die Anträge der Antragsteller unverzüglich zu.

(2) [1]Das Gericht fordert den Antragsgegner zugleich zu einer schriftlichen Erwiderung auf. [2]Darin hat der Antragsgegner insbesondere zur Höhe des Ausgleichs, der Zuzahlung oder der Barabfindung oder sonstigen Abfindung Stellung zu nehmen. [3]Für die Stellungnahme setzt das Gericht eine Frist, die mindestens einen Monat beträgt und drei Monate nicht überschreiten soll.

(3) [1]Außerdem hat der Antragsgegner den Bericht über den Unternehmensvertrag, den Eingliederungsbericht, den Bericht über die Übertragung der Aktien auf den Hauptaktionär oder den Umwandlungsbericht nach Zustellung der Anträge bei Gericht einzureichen. [2]In den Fällen, in denen der Beherrschungs- oder Gewinnabführungsvertrag, die Eingliederung, die Übertragung der Aktien auf den Hauptaktionär oder die Umwandlung durch sachverständige Prüfer geprüft worden ist, ist auch der jeweilige Prüfungsbericht einzureichen. [3]Auf Verlangen des Antragstellers oder des gemeinsamen Vertreters gibt das Gericht dem Antragsgegner auf, dem Antragsteller oder dem gemeinsamen Vertreter unverzüglich und kostenlos eine Abschrift der genannten Unterlagen zu erteilen.

(4) [1]Die Stellungnahme nach Absatz 2 wird dem Antragsteller und dem gemeinsamen Vertreter zugeleitet. [2]Sie haben Einwendungen gegen die Erwiderung und die in Absatz 3 genannten Unterlagen binnen einer vom Gericht gesetzten Frist, die mindestens einen Monat beträgt und drei Monate nicht überschreiten soll, schriftlich vorzubringen.

(5) [1]Das Gericht kann weitere vorbereitende Maßnahmen erlassen. [2]Es kann den Beteiligten die Ergänzung oder Erläuterung ihres schriftlichen Vorbringens sowie die Vorlage von Aufzeichnungen aufgeben, insbesondere eine Frist zur Erklärung über bestimmte klärungsbedürftige Punkte setzen. [3]In jeder Lage des Verfahrens ist darauf hinzuwirken, dass sich die Beteiligten rechtzeitig und vollständig erklären. [4]Die Beteiligten sind von jeder Anordnung zu benachrichtigen.

(6) Das Gericht kann bereits vor dem ersten Termin eine Beweisaufnahme durch Sachverständige zur Klärung von Vorfragen, insbesondere zu Art und Umfang einer folgenden Beweisauf-

4 Semler/Stengel/*Volhard*, § 6 a SpruchG Rn 3.

nahme, für die Vorbereitung der mündlichen Verhandlung anordnen oder dazu eine schriftliche Stellungnahme des sachverständigen Prüfers einholen.

(7) [1]Sonstige Unterlagen, die für die Entscheidung des Gerichts erheblich sind, hat der Antragsgegner auf Verlangen des Antragstellers oder des Vorsitzenden dem Gericht und gegebenenfalls einem vom Gericht bestellten Sachverständigen unverzüglich vorzulegen. [2]Der Vorsitzende kann auf Antrag des Antragsgegners anordnen, dass solche Unterlagen den Antragstellern nicht zugänglich gemacht werden dürfen, wenn die Geheimhaltung aus wichtigen Gründen, insbesondere zur Wahrung von Fabrikations-, Betriebs- oder Geschäftsgeheimnissen, nach Abwägung mit den Interessen der Antragsteller, sich zu den Unterlagen äußern zu können, geboten ist. [3]Gegen die Entscheidung des Vorsitzenden kann das Gericht angerufen werden; dessen Entscheidung ist nicht anfechtbar.

(8) Für die Durchsetzung der Verpflichtung des Antragsgegners nach Absatz 3 und 7 ist § 35 des Gesetzes über das Verfahren in Familiensachen und in den Angelegenheiten der freiwilligen Gerichtsbarkeit entsprechend anzuwenden.

Literatur:

Wasmann/Rosskopf, Die Herausgabe von Unterlagen und der Geheimnisschutz im Spruchverfahren, ZIP 2003, 1776; *Winter/Nießen*, Amtsermittlung und Beibringung im Spruchverfahren, NZG 2007, 13.

A. Überblick

1 § 7 regelt in Anlehnung an das schriftliche Vorverfahren nach der ZPO[1] den Ablauf des Spruchverfahrens bis zur mündlichen Verhandlung. Nach Ansicht des Gesetzgebers stellt § 7 einen „Kernpunkt der Neuregelung“ des Spruchverfahrens dar[2] und dient der nachhaltigen Beschleunigung des Verfahrens.[3] Durch die Norm wird der üblicherweise in Verfahren nach dem FamFG geltende Amtsermittlungsgrundsatz erheblich eingeschränkt.[4]

2 Mit Ausnahme von Abs. 8, der im Rahmen des FGG-Reformgesetzes[5] an das FamFG angepasst wurde, ist die Norm seit ihrem Inkrafttreten unverändert.

B. Zustellung und Antragserwiderung

I. Zustellung

3 Die **Zustellung** richtet sich über § 17 Abs. 1, § 15 Abs. 1, 2 FamFG nach §§ 166 ff ZPO, im Ausland gemäß § 183 Abs. 1 ZPO vorrangig nach der EuZVO.[6] Sofern mehrere Antragsgegner oder gemeinsame Vertreter vorhanden sind, hat die Zustellung an alle zu erfolgen.[7] Wird die Antragsbegründung nicht zusammen mit dem Antrag eingereicht oder wird der besondere Vertreter erst zu einem späteren Zeitpunkt bestellt, so löst dies jeweils erneut die Pflicht zur Zu-

1 *Büchel*, NZG 2003, 793, 797.
2 Begr. RegE BT-Drucks. 15/371, 14.
3 Emmerich/Habersack/*Emmerich*, § 7 SpruchG Rn 1; KölnKomm-AktG/*Puszkajler*, § 7 SpruchG Rn 1.
4 Schmidt/Lutter/*Klöcker*, § 7 SpruchG Rn 1; KölnKomm-AktG/*Puszkajler*, § 7 SpruchG Rn 1; NK-AktG/*Tewes*, § 7 SpruchG Rn 1.
5 Ges v. 17.12.2008, BGBl. I 2008, 2586.
6 KölnKomm-AktG/*Puszkajler*, § 7 SpruchG Rn 4.
7 Schmidt/Lutter/*Klöcker*, § 7 SpruchG Rn 2.

stellung aus.[8] Eine Zustellung an die Antragsteller hat nicht zu erfolgen. Diesen sind die Anträge aber formlos zu übermitteln.[9] Die Zustellung kann nicht von der Leistung eines Kostenvorschusses abhängig gemacht werden (§ 13 S. 1 GNotKG).

Aus dem Gebot der **Unverzüglichkeit** wird man nicht zwingend folgern müssen, dass jeder einzelne Antrag unverzüglich nach seinem Eingang zugestellt werden muss.[10] Da es an einer § 262 ZPO vergleichbaren Norm fehlt und es für die Verfahrensbeschleunigung genügt, wenn der Antragsgegner einmal über die Einleitung eines Spruchverfahrens informiert wird, ist es vielmehr unter Praktikabilitätsgesichtspunkten als zulässig anzusehen, wenn das Gericht nur den zuerst eingegangenen Antrag umgehend zustellt, danach aber den Ablauf der Antragsfrist abwartet und anschließend, nach Verbindung der einzelnen Verfahren, die Zustellung der übrigen Anträge bewirkt.[11] 4

II. Antragserwiderung

Nach Abs. 2 ist der Antragsgegner vom Gericht (bei Existenz einer Kammer für Handelssachen von ihrem Vorsitzenden, § 2 Abs. 2 S. 1 Nr. 4) zeitgleich mit der Zustellung zur Erwiderung aufzufordern und ihm dafür eine Frist zu setzen. Die Frist beträgt mindestens einen Monat und soll drei Monate nicht übersteigen (Abs. 2 S. 3). Nach der hier vertretenen Ansicht (vgl Rn 4) wäre es nicht sinnvoll, wenn das Gericht diese Frist bereits mit der Zustellung des ersten Antrags setzen würde. Zweckmäßig ist einzig, wenn das Gericht die **Antragserwiderungsfrist** erst mit der Zustellung der letzten Anträge nach Ablauf der Antragsfrist setzt, weil nur so eine zusammenfassende inhaltliche Erwiderung ermöglicht wird.[12] 5

Die Antragserwiderungsfrist kann gemäß § 17 Abs. 1, § 16 Abs. 2 FamFG, §§ 224 Abs. 2, 225 ZPO verlängert werden, wenn erhebliche Gründe glaubhaft gemacht sind. Sofern das Verlängerungsgesuch rechtzeitig eingeht, kann die Verlängerung auch noch nach Fristablauf erfolgen.[13] Bei Nichteinhaltung der gesetzten Frist gelten die **Präklusionsvorschriften** der §§ 9 Abs. 3, 10 Abs. 1. 6

III. Einreichung von Unterlagen

Nach Abs. 3 S. 1 hat der Antragsgegner nach Zustellung der Anträge die genannten Unterlagen einzureichen. Grundsätzlich besteht diese Pflicht kraft Gesetzes, so dass es keiner Fristsetzung bedarf und insb. die Frist des Abs. 2 S. 3 insoweit nicht gilt. Das Gericht kann – und sollte – aber eine gesonderte Frist für die Einreichung setzen.[14] Abs. 3 S. 2 sieht vor, dass das Gericht auf ein entsprechendes Verlangen von Antragstellern oder dem gemeinsamen Vertreter hin dem Antragsgegner aufzugeben hat, diesen unverzüglich und kostenlos Abschriften der in Abs. 3 S. 1 genannten Unterlagen zu erteilen. Zulässig ist es jedoch auch, wenn das Gericht auch ohne ein entsprechendes Verlangen Abschriften für den gemeinsamen Vertreter anfordert, da dieser vor seiner Bestellung mit der Angelegenheit nicht befasst war und daher davon auszugehen ist, dass er nicht über die Unterlagen verfügt.[15] 7

8 Emmerich/Habersack/*Emmerich*, § 7 SpruchG Rn 1 a; Hölters/*Simons*, § 7 SpruchG Rn 9.

9 Emmerich/Habersack/*Emmerich*, § 7 SpruchG Rn 1 a; MüKo-AktG/*Kubis*, § 7 SpruchG Rn 6; KölnKomm-AktG/*Puszkajler*, § 7 SpruchG Rn 9; nach **aA** ist dies nicht zwingend, sondern bloß zweckmäßig, Spindler/Stilz/*Drescher*, § 7 SpruchG Rn 3; NK-AktG/*Tewes*, § 7 SpruchG Rn 10; Simon/*Winter*, § 7 Rn 10.

10 Spindler/Stilz/Drescher, § 7 SpruchG Rn 3; Hölters/*Simons*, § 7 SpruchG Rn 9.

11 NK-AktG/*Tewes*, § 7 SpruchG Rn 8; KölnKomm-AktG/*Puszkajler*, § 7 SpruchG Rn 10; noch weitergehend wohl Emmerich/Habersack/*Emmerich*, § 7 SpruchG Rn 1 a; *Büchel*, NZG 2003, 793, 796 f.

12 Schmidt/Lutter/*Klöcker*, § 7 SpruchG Rn 6; KölnKomm-AktG/*Puszkajler*, § 7 SpruchG Rn 13; *Büchel*, NZG 2003, 793, 797; **aA** Spindler/Stilz/*Drescher*, § 7 SpruchG Rn 4.

13 Schmidt/Lutter/*Klöcker*, § 7 SpruchG Rn 5.

14 KölnKomm-AktG/*Puszkajler*, § 7 SpruchG Rn 22.

15 Emmerich/Habersack/*Emmerich*, § 7 SpruchG Rn 2; Schmidt/Lutter/*Klöcker*, § 7 SpruchG Rn 9; KölnKomm-AktG/*Puszkajler*, § 7 SpruchG Rn 23.

C. Replik

8 Auch wenn Abs. 4 S. 1 lediglich von einer Zuleitung der Antragserwiderung spricht, ist diese den Antragstellern sowie dem gemeinsamen Vertreter nach § 17 Abs. 2, § 16 Abs. 1 FamFG entweder zuzustellen (§§ 166 ff ZPO) oder durch Aufgabe zur Post (§ 15 Abs. 2 FamFG) bekannt zu geben.[16] Antragsteller und gemeinsamer Vertreter können in ihrer Replik bzw ihrer erstmaligen Erwiderung sowohl zur Antragserwiderung Stellung nehmen und auch Einwendungen gegen die vom Antragsgegner eingereichten Unterlagen vorbringen als auch, in den Grenzen des § 9 Abs. 1, neue Einwendungen vortragen.[17] Hinsichtlich der Frist und der Möglichkeiten zu ihrer Verlängerung sowie einer etwaigen Präklusionswirkung gelten die Ausführungen unter Rn 6 entsprechend.

D. Verhandlungsvorbereitung

I. Vorbereitende Maßnahmen

9 Gemäß Abs. 5 S. 1 kann das Gericht weitere **vorbereitende Maßnahmen** erlassen. Nach Abs. 5 S. 2 kann es den Beteiligten die Ergänzung oder Erläuterung ihres schriftlichen Vorbringens sowie die Vorlage von Aufzeichnungen aufgeben und insb. eine Frist zur Erklärung über bestimmte klärungsbedürftige Punkte setzen. Weitere vorbereitende Maßnahmen sind zB die Einholung amtlicher Auskünfte, die Erstellung von zusammenfassenden Übersichten oder Tabellen oder von ergänzenden Berechnungen sowie die Anordnung der Vorlage des Urkundsnachweises nach § 3 S. 3.[18] Das Gericht hat in jeder Lage des Verfahrens darauf hinzuwirken, dass die Beteiligten, also Antragsteller, Antragsgegner und gemeinsamer Vertreter, sich rechtzeitig und vollständig erklären (Abs. 5 S. 3).

10 Soweit nach Abs. 5 S. 2 die Vorlage von Aufzeichnungen verlangt werden kann, dürfte die Norm angesichts der Regelung in Abs. 7 weitgehend gegenstandslos sein.[19] Zwar erfasst Abs. 5 S. 2 anders als Abs. 7 auch die Antragsteller und den gemeinsamen Vertreter, doch ist nicht ersichtlich, welche Unterlagen diese – mit Ausnahme von Anteilsbesitznachweisen der Antragsteller (§ 3 S. 3, vgl § 3 Rn 9) – vorlegen sollten. Sofern das Gericht im Einzelfall nach Abs. 5 S. 2 und nicht nach Abs. 7 vorgeht, sind die Regelungen zur **Geheimhaltung** in Abs. 7 S. 2, 3 entsprechend heranzuziehen.[20]

II. Beweisaufnahme zu Vorfragen

11 Abs. 6 sieht vor, dass das Gericht bereits vor dem ersten Termin eine **Beweisaufnahme** durch Sachverständige zur Klärung von Vorfragen, insb. zu Art und Umfang der folgenden Beweisaufnahme, anordnen und dazu eine schriftliche Stellungnahme des sachverständigen Prüfers einholen kann. Ziel von Abs. 6 ist es, Vorfragen sachverständig aufarbeiten zu lassen, um die Zeit für die Abfassung eines Beweisbeschlusses nach der mündlichen Verhandlung zu verkürzen und Beweisfragen hinreichend konkret formulieren zu können.[21] Vorbild für diese Regelung ist § 358 a ZPO. Zwar bleibt Abs. 6 seinem Wortlaut nach hinter diesem zurück, da nicht auch Hauptfragen erfasst sind.[22] Allerdings ist es bisher nicht gelungen, eine klare Grenze zwischen Vorfragen iSd Abs. 6 und Hauptfragen zu ziehen. Daher und im Interesse der gesetzgeberisch gewünschten Verfahrensverkürzung ist nichts dagegen einzuwenden, wenn im Einzelfall

16 Schmidt/Lutter/*Klöcker*, § 7 SpruchG Rn 10; Köln-Komm-AktG/*Puszkajler*, § 7 SpruchG Rn 26.
17 Emmerich/Habersack/*Emmerich*, § 7 SpruchG Rn 4 a; Schmidt/Lutter/*Klöcker*, § 7 SpruchG Rn 10; Köln-Komm-AktG/*Puszkajler*, § 7 SpruchG Rn 30; Hölters/*Simons*, § 7 SpruchG Rn 17; **aA** Lutter/*Krieger/Mennicke*, § 7 SpruchG Rn 16; MüKo-AktG/*Kubis*, § 7 SpruchG Rn 11; Simon/*Winter*, § 7 Rn 30.
18 Emmerich/Habersack/*Emmerich*, § 7 SpruchG Rn 5; KölnKomm-AktG/*Puszkajler*, § 7 SpruchG Rn 37.
19 Emmerich/Habersack/*Emmerich*, § 7 SpruchG Rn 6; MüKo-AktG/*Kubis*, § 7 SpruchG Rn 13; KölnKomm-AktG/*Puszkajler*, § 7 SpruchG Rn 42.
20 Emmerich/Habersack/*Emmerich*, § 7 SpruchG Rn 6; KölnKomm-AktG/*Puszkajler*, § 7 SpruchG Rn 42.
21 Begr. RegE BT-Drucks. 15/371, 15.
22 Emmerich/Habersack/*Emmerich*, § 7 SpruchG Rn 7 f; Schmidt/Lutter/*Klöcker*, § 7 SpruchG Rn 12.

auch über einzelne Bewertungsrügen vorab Beweis erhoben wird.[23] So kann das Verfahren im weiteren Verlauf auf die tatsächlich entscheidungserheblichen Aspekte beschränkt werden.

Zwar nennt Abs. 6 die Einholung einer **schriftlichen Stellungnahme des sachverständigen Prüfers** erst an zweiter Stelle, doch ist eine solche Stellungnahme in diesem frühen Verfahrensstadium das vorrangige Mittel der Wahl und die Bestellung eines Sachverständigen regelmäßig unverhältnismäßig.[24] 12

E. Vorlage sonstiger Unterlagen

I. Vorlage der Unterlagen

Nach Abs. 7 hat der Antragsgegner auf Verlangen eines Antragstellers oder des Vorsitzenden sonstige entscheidungserhebliche Unterlagen dem Gericht und ggf einem vom Gericht bestellten Sachverständigen vorzulegen. Die fehlende Nennung des **gemeinsamen Vertreters** dürfte ein Redaktionsversehen sein, so dass auch dieser ein entsprechendes Verlangen stellen kann.[25] Analog § 425 ZPO ist die Vorlage durch das Gericht anzuordnen.[26] Dies ist auch für Abs. 8 erforderlich.[27] Die Entscheidungserheblichkeit der Unterlagen ist von dem ihre Vorlage Verlangenden darzulegen.[28] Die vorgelegten Unterlagen werden grds. auch allen Antragstellern zugänglich gemacht, da diese das Recht haben, sich zu vorgelegten Unterlagen zu äußern.[29] 13

Vorlagepflichtig sind nur solche Unterlagen, über die der Antragsteller verfügen kann und darf.[30] Daraus folgt, dass insb. **Arbeitspapiere** der mit der Bewertung beauftragten Wirtschaftsprüfer nicht vorgelegt werden müssen, da diese nicht zu den an den Mandanten herauszugebenden Handakten gehören (vgl § 51 b Abs. 4 Hs 2 WPO).[31] Vorlagepflichtig können hingegen Bewertungsgutachten, Bilanzen, Geschäftsberichte oder Planungsrechnungen sein.[32] 14

II. Geheimhaltung

Der Vorsitzende kann auf Antrag des Antragsgegners anordnen, dass nach Abs. 7 S. 1 vorzulegende Unterlagen den Antragstellern nicht zugänglich gemacht werden dürfen, wenn die Geheimhaltung aus wichtigen Gründen, insb. zur Wahrung von Fabrikations-, Betriebs- oder Geschäftsgeheimnissen (vgl § 72 Abs. 2 S. 2, 4 GWB), nach Abwägung mit den Interessen der Antragsteller, sich zu den Unterlagen äußern zu können, geboten ist (Abs. 7 S. 2). Bei der Abwägung sind alle Umstände des Einzelfalls zu berücksichtigen.[33] Für die Annahme eines wichtigen Grundes nicht erforderlich ist, dass die Offenlegung dem Antragsgegner einen erheblichen Nachteil zufügen könnte.[34] Allerdings muss das Gericht prüfen, ob es mildere Mittel als die vollständige Geheimhaltung gibt. Zu denken ist zB daran, die Einsichtnahme von der Abgabe einer strafbewehrten Geheimhaltungserklärung abhängig zu machen oder die Unterlagen nur im Gericht zur Einsicht zur Verfügung zu stellen.[35] Ordnet der Vorsitzende die Vorlage an, 15

23 KölnKomm-AktG/*Puszkajler*, § 7 SpruchG Rn 47 f; Simon/*Winter*, § 7 Rn 51 f.

24 MüKo-AktG/*Kubis*, § 7 SpruchG Rn 16; KölnKomm-AktG/*Puszkajler*, § 7 SpruchG Rn 50; Simon/*Winter*, § 7 Rn 53.

25 Emmerich/Habersack/*Emmerich*, § 7 SpruchG Rn 8; KölnKomm-AktG/*Puszkajler*, § 7 SpruchG Rn 56; Simon/*Winter*, § 7 Rn 60.

26 Emmerich/Habersack/*Emmerich*, § 7 SpruchG Rn 9; KölnKomm-AktG/*Puszkajler*, § 7 SpruchG Rn 64.

27 *Preuß*, NZG 2009, 961, 963 f.

28 OLG Karlsruhe AG 2006, 463 f; Schmidt/Lutter/*Klöcker*, § 7 SpruchG Rn 13.

29 Schmidt/Lutter/*Klöcker*, § 7 SpruchG Rn 14; KölnKomm-AktG/*Puszkajler*, § 7 SpruchG Rn 63.

30 Emmerich/Habersack/*Emmerich*, § 7 SpruchG Rn 8; Schmidt/Lutter/*Klöcker*, § 7 SpruchG Rn 13; MüKo-AktG/*Kubis*, § 7 SpruchG Rn 19; KölnKomm-AktG/*Puszkajler*, § 7 SpruchG Rn 60 f.

31 Emmerich/Habersack/*Emmerich*, § 7 SpruchG Rn 8; KölnKomm-AktG/*Puszkajler*, § 7 SpruchG Rn 69; Simon/*Winter*, § 7 Rn 58; Bungert/Mennicke, BB 2003, 2021, 2029; *Wasmann/Rosskopf*, ZIP 2003, 1776, 1780; krit. Spindler/Stilz/*Drescher*, § 7 SpruchG Rn 9.

32 Emmerich/Habersack/*Emmerich*, § 7 SpruchG Rn 8; MüKo-AktG/*Kubis*, § 7 SpruchG Rn 19; Hölters/*Simons*, § 7 SpruchG Rn 24.

33 Emmerich/Habersack/*Emmerich*, § 7 SpruchG Rn 12.

34 KölnKomm-AktG/*Puszkajler*, § 7 SpruchG Rn 66.

35 Emmerich/Habersack/*Emmerich*, § 7 SpruchG Rn 11; Schmidt/Lutter/*Klöcker*, § 7 SpruchG Rn 14; Bungert/Mennicke, BB 2003, 2021, 2029.

kann gegen seine Entscheidung die Kammer angerufen werden, die dann durch unanfechtbaren Beschluss entscheidet (Abs. 7 S. 3).

16 Ordnet der Vorsitzende die Geheimhaltung an, sind die betreffenden Unterlagen in einer Sonderakte zu führen, in die weder die Antragsteller noch der gemeinsame Vertreter Einsicht nehmen dürfen.[36] Angesichts der st. Rspr des BVerfG zu Art. 103 Abs. 1 GG dürfen geheim gehaltene Unterlagen vom Gericht in seiner Entscheidung nicht verwertet werden.[37]

III. Durchsetzung der Vorlage

17 Die Vorlage von Unterlagen nach Abs. 3 und Abs. 7 kann vom Gericht gemäß Abs. 8, § 35 FamFG mit Zwangsmitteln durchgesetzt werden. Der entsprechende Beschluss ist nach § 35 Abs. 5 FamFG, §§ 567 ff ZPO mit der sofortigen Beschwerde anfechtbar, ein ablehnender Beschluss hingegen mit der Beschwerde nach §§ 58 ff FamFG.[38] Eine wiederholte Zwangsgeldfestsetzung ist zulässig.[39]

§ 8 Mündliche Verhandlung

(1) [1]Das Gericht soll aufgrund mündlicher Verhandlung entscheiden. [2]Sie soll so früh wie möglich stattfinden.

(2) [1]In den Fällen des § 7 Abs. 3 Satz 2 soll das Gericht das persönliche Erscheinen der sachverständigen Prüfer anordnen, wenn nicht nach seiner freien Überzeugung deren Anhörung als sachverständige Zeugen zur Aufklärung des Sachverhalts entbehrlich erscheint. [2]Den sachverständigen Prüfern sind mit der Ladung die Anträge der Antragsteller, die Erwiderung des Antragsgegners sowie das weitere schriftliche Vorbringen der Beteiligten mitzuteilen. [3]In geeigneten Fällen kann das Gericht die mündliche oder schriftliche Beantwortung von einzelnen Fragen durch den sachverständigen Prüfer anordnen.

(3) Die §§ 138 und 139 sowie für die Durchführung der mündlichen Verhandlung § 279 Abs. 2 und 3 und § 283 der Zivilprozessordnung gelten entsprechend.

Literatur:

Engel/Puszkajler, Bewährung des SpruchG in der Praxis?, BB 2012, 1687; *Winter/Nießen*, Amtsermittlung und Beibringung im Spruchverfahren, NZG 2007, 13; *Wittgens*, Der gerichtliche Sachverständige im Spruchverfahren, AG 2007, 106.

A. Überblick

1 § 8 befasst sich mit der mündlichen Verhandlung im Spruchverfahren. In Abweichung von § 32 Abs. 1 S. 1 FamFG ist die mündlichen Verhandlung zum Regelfall bestimmt. Dies soll nach der Vorstellung des Gesetzgebers der Verfahrensbeschleunigung dienen.[1] Diesem Ziel dient auch die Stärkung der Rolle des sachverständigen Prüfers in Abs. 2. § 8 ist seit seinem Inkrafttreten unverändert geblieben.

36 Emmerich/Habersack/*Emmerich*, § 7 SpruchG Rn 12 a; Schmidt/Lutter/*Klöcker*, § 7 SpruchG Rn 15; KölnKomm-AktG/*Puszkajler*, § 7 SpruchG Rn 68 (allerdings zweifelnd hinsichtlich des gemeinsamen Vertreters, Rn 69).

37 Emmerich/Habersack/*Emmerich*, § 7 SpruchG Rn 13; Schmidt/Lutter/*Klöcker*, § 7 SpruchG Rn 15; MüKo-AktG/*Kubis*, § 7 SpruchG Rn 20; aA Lutter/*Krieger*/*Mennicke*, § 7 SpruchG Rn 20; Spindler/Stilz/*Drescher*, § 7 SpruchG Rn 13.

38 KölnKomm-AktG/*Puszkajler*, § 7 SpruchG Rn 81.

39 Emmerich/Habersack/*Emmerich*, § 7 SpruchG Rn 9 a; MüKo-AktG/*Kubis*, § 7 SpruchG Rn 25; Hölters/*Simons*, § 7 SpruchG Rn 27.

1 Begr. RegE BT-Drucks. 15/371, 15.

B. Mündliche Verhandlung

Die mündliche Verhandlung ist in Abs. 1 S. 1 als Regelfall vorgesehen. Von ihr kann nur ausnahmsweise abgesehen werden, wenn kein Erörterungsbedarf besteht, was zB bei offensichtlicher Unzulässigkeit aller Anträge der Fall ist.[2] Wird auf die mündliche Verhandlung ohne hinreichende Begründung verzichtet, stellt dies einen Beschwerdegrund dar.[3] 2

Die mündliche Verhandlung soll so früh wie möglich stattfinden (Abs. 1 S. 2). Sinnvollerweise kann dieser Termin aber erst nach Ablauf der Antragsfrist (§ 4 Abs. 1) sowie der Fristen für die Antragserwiderung und Replik (§ 7 Abs. 2, 4) liegen.[4] Regelmäßig wird die mündliche Verhandlung daher erst ca. sechs Monate nach Ablauf der Antragsfrist stattfinden können.[5] 3

C. Rolle des sachverständigen Prüfers

Abs. 2 S. 1 bestimmt, dass in den Fällen des § 7 Abs. 3 S. 2 grundsätzlich das persönliche Erscheinen des sachverständigen Prüfers angeordnet werden soll. Diesem sind ggf mit seiner Ladung die Anträge der Antragsteller, die Erwiderung des Antragsgegners sowie das weitere schriftliche Vorbringen der Beteiligten mitzuteilen (Abs. 2 S. 2). Die Regelung dient der Verfahrensbeschleunigung und soll zur Vermeidung einer vollständigen Neubewertung durch einen zuvor nicht mit der Sache befassten Sachverständigen beitragen.[6] 4

Abs. 2 S. 1 geht davon aus, dass der sachverständige Prüfer im Spruchverfahren als sachverständiger Zeuge gehört wird. Diese Verfahrensrolle ist indes für den sachverständigen Prüfer wenig passend. Ein sachverständiger Zeuge gibt gemäß § 414 ZPO Auskunft über vergangene Tatsachen und Zustände, die er gerade aufgrund seiner besonderen Qualifikation und Sachkunde wahrgenommen hat. Der sachverständige Prüfer soll aber idR zumindest auch allg. Erfahrungssätze vermitteln oder zu bestimmten Fragen aufgrund seiner Fachkenntnisse Antworten liefern.[7] Der sachverständige Prüfer dürfte daher eher als Hilfsperson des Gerichts zu qualifizieren sein, die dem Gericht im jeweiligen Einzelfall die erforderliche Sachkunde vermitteln soll.[8] 5

Von einer Anhörung des sachverständigen Prüfers soll nur abgesehen werden, wenn dies nach freier Überzeugung des Gerichts zur Aufklärung des Sachverhalts entbehrlich erscheint. Dies kann der Fall sein, wenn ausnahmsweise keine Bewertungsfragen zu erörtern sind oder der sachverständige Prüfer im Vorfeld zu Fragen des Gerichts schriftlich Stellung genommen hat (vgl Abs. 2 S. 3).[9] Wegen eigener Sachkunde darf das Gericht nicht auf die Anhörung verzichten, da der sachverständige Prüfer auch über seine Wahrnehmungen zum konkreten Bewertungsvorgang berichten soll.[10] 6

Eine Bestellung des sachverständigen Prüfers zum Sachverständigen im Spruchverfahren ist zwar nicht vollständig ausgeschlossen. Sie wird aber im Regelfall jedenfalls dann wegen Besorgnis der Befangenheit iSd §§ 42 Abs. 2, 406 Abs. 1 ZPO ausscheiden, wenn der sachverständige Prüfer letztlich eine Aussage zum eigenen früheren Prüfungsurteil treffen müsste.[11] In 7

2 Emmerich/Habersack/*Emmerich*, § 8 SpruchG Rn 3; KölnKomm-AktG/*Puszkajler*, § 8 SpruchG Rn 4; Simon/*Winter*, § 8 Rn 4.

3 MüKo-AktG/*Kubis*, § 8 SpruchG Rn 1; KölnKomm-AktG/*Puszkajler*, § 8 SpruchG Rn 4.

4 Schmidt/Lutter/Klöcker, § 8 SpruchG Rn 2; Köln-Komm-AktG/*Puszkajler*, § 8 SpruchG Rn 6.

5 KölnKomm-AktG/*Puszkajler*, § 8 SpruchG Rn 6.

6 Schmidt/Lutter/*Klöcker*, § 8 Rn 4; krit. Emmerich/Habersack/*Emmerich*, § 8 SpruchG Rn 5 ff.

7 Schmidt/Lutter/*Klöcker*, § 8 Rn 4; KölnKomm-AktG/*Puszkajler*, § 8 SpruchG Rn 15 f; *Büchel*, NZG 2003, 793, 802.

8 Emmerich/Habersack/*Emmerich*, § 8 SpruchG Rn 5; MüKo-AktG/*Kubis*, § 8 SpruchG Rn 2; **aA** Spindler/Stilz/*Drescher*, § 8 SpruchG Rn 9 mwN (Sachverständiger).

9 Spindler/Stilz/*Drescher*, § 8 SpruchG Rn 9.

10 KölnKomm-AktG/*Puszkajler*, § 8 SpruchG Rn 28.

11 Spindler/Stilz/*Drescher*, § 8 SpruchG Rn 8; Emmerich/Habersack/*Emmerich*, § 8 SpruchG Rn 6; Köln-Komm-AktG/*Puszkajler*, § 8 SpruchG Rn 20 ff; *Land/Hennings*, AG 2005, 380, 385; *Wittgens*, AG 2007, 106, 108 f; vgl auch Begr. RegE BT-Drucks. 15/371, 15; großzügiger OLG Düsseldorf WM 2006, 3136.

der Praxis werden sachverständige Prüfer allenfalls in Ausnahmefällen zum Sachverständigen bestellt.[12]

D. Entsprechende Geltung von Vorschriften der ZPO

8 Abs. 3 ordnet die entsprechende Anwendbarkeit einiger Regelungen der ZPO an. Von Bedeutung ist dabei insb. die entsprechende Geltung von § 138 ZPO. Dadurch wird der Beibringungsgrundsatz zur Verfahrensmaxime im Spruchverfahren. Bedeutsam können insoweit vor allem die Geständnisfiktion des § 138 Abs. 3 ZPO sowie das grundsätzliche Erfordernis qualifizierten Bestreitens (§ 138 Abs. 4 ZPO) sein. Allerdings gilt § 138 ZPO nur für Tatsachen, nicht für Erfahrungssätze, mittels derer auf der Basis einer Tatsachengrundlage der Unternehmenswert ermittelt wird.[13]

§ 9 Verfahrensförderungspflicht

(1) Jeder Beteiligte hat in der mündlichen Verhandlung und bei deren schriftlicher Vorbereitung seine Anträge sowie sein weiteres Vorbringen so zeitig vorzubringen, wie es nach der Verfahrenslage einer sorgfältigen und auf Förderung des Verfahrens bedachten Verfahrensführung entspricht.

(2) Vorbringen, auf das andere Beteiligte oder in den Fällen des § 8 Abs. 2 die in der mündlichen Verhandlung anwesenden sachverständigen Prüfer voraussichtlich ohne vorhergehende Erkundigung keine Erklärungen abgeben können, ist vor der mündlichen Verhandlung durch vorbereitenden Schriftsatz so zeitig mitzuteilen, dass die Genannten die erforderliche Erkundigung noch einziehen können.

(3) Rügen, welche die Zulässigkeit der Anträge betreffen, hat der Antragsgegner innerhalb der ihm nach § 7 Abs. 2 gesetzten Frist geltend zu machen.

Literatur:

Winter/Nießen, Amtsermittlung und Beibringung im Spruchverfahren, NZG 2007, 13.

I. Normzweck

1 Wie die §§ 7 f ist die zusammen mit § 10 zu lesende Vorschrift des § 9 dem Ziel der **Verfahrensbeschleunigung** verpflichtet.[1] Unabhängig von der Setzung einer gerichtlichen Frist, haben auch sämtliche Verfahrensbeteiligte das Verfahren jeweils mit der gebotenen Zügigkeit zu betreiben.[2] Genügt ein Beteiligter seinen insb. in den §§ 7, 8, 9 niederlegten Verfahrensförderungspflichten nicht, droht Präklusion nach § 10.[3] Die Regelung übernimmt damit die Grundgedanken des Zivilprozesses nach §§ 282, 296 ZPO und schränkt auch insoweit den im FGG-Verfahren geltenden Amtsermittlungsgrundsatz ein (vgl § 10 Abs. 3).[4] Gleichfalls nach dem Vorbild von § 282 ZPO untergliedert § 9 die Verfahrensförderungspflicht in drei Kategorien,

12 *Engel/Puszkajler*, BB 2012, 1687, 1690.
13 KölnKomm-AktG/*Puszkajler*, § 8 SpruchG Rn 46.
1 OLG Frankfurt AG 2008 550, 551; Spindler/Stilz/*Drescher*, § 9 SpruchG Rn 1; *Fritzsche/Dreier/Verfürth*, § 9 Rn 1.
2 KölnKomm-AktG/*Puszkajler*, § 9 SpruchG, Rn 1; MüKo-AktG/*Kubis*, § 9 SpruchG Rn 1; Simon/*Winter*, SpruchG, § 9 Rn 2.
3 KölnKomm-AktG/*Puszkajler*, § 9 SpruchG, Rn 1.
4 Schmitt/Hörtnagl/Stratz/*Hörtnagl*, § 10 SpruchG Rn 1; *Winter/Nießen*, NZG 2007, 13, 15.

auf die § 10 mit einem abgestuften Sanktionsregime reagiert: eine allgemeine Verfahrensförderungspflicht, die Pflicht zur ordnungsgemäßen Vorbereitung des mündlichen Termins sowie die Verpflichtung zur rechtzeitigen Geltendmachung von Zulässigkeitsrügen.[5]

II. Inhalt

1. Allgemeine Verfahrensförderungspflicht (Abs. 1). a) Adressaten. Sämtliche Beteiligte sind Adressaten der Verfahrensförderungspflicht, dh sowohl jeder Antragssteller als auch die Antragsgegnerin und der gemeinsame Vertreter;[6] im theoretischen Fall, dass ein gemeinsamer Vertreter nach §§ 6 a–c am Verfahren beteiligt ist, hat auch dieser das seinige zu einem effektiven Verfahrensfortgang beizutragen. 2

b) Gegenstand. Jeder Beteiligte hat in der mündlichen Verhandlung und bei deren schriftlicher Vorbereitung seine Anträge sowie sein weiteres Vorbringen so zeitig vorzubringen, wie es nach der Verfahrenslage einer sorgfältigen und auf Förderung des Verfahrens bedachten Verfahrensführung entspricht.[7] Gegenstand sind sämtliche Maßnahmen, die der Gesetzgeber zur Beschleunigung des Verfahrens vorsieht; umfasst sind damit in Abgrenzung zum – umstrittenen – Anwendungsbereich des § 282 ZPO ausdrücklich auch vorbereitende Schriftsätze.[8] Richtigerweise wird man – sozusagen, wenn man diese wenig überzeugende Argumentationsfigur bemühen will, praeter legem – die Förderungspflicht weiter auch auf den Zeitraum nach einer eventuell stattfindenden mündlichen Verhandlung erstrecken.[9] § 9 ist erkennbar von dem Geist beseelt, die Verfahrensbeteiligten zu jedem Zeitpunkt zu einer akribischen Verfahrensführung anzuhalten. Im Übrigen wäre anderenfalls die zeitliche Dimension der Verfahrensförderungspflicht von dem als Wegscheide wenig überzeugenden Differenzierungskriterium abhängig, ob bereits eine mündliche Verhandlung stattgefunden hat bzw ob mit einer (weiteren) mündlichen Verhandlung zu rechnen ist. 3

Mit der Begrifflichkeit des „**Antrags**" werden vor dem Hintergrund des Ziels einer umfassenden Verfahrensbeschleunigung nicht nur Sach- sondern auch Verfahrensanträge erfasst[10] wie etwa die Beantragung eines Bewertungsgutachtens[11] oder sonstige Beweisanträge,[12] deren zögerliche Einbringung das Verfahren in gleicher Weise wie verzögert gestellte Sachanträge belastet. Nicht Gegenstand der allgemeinen Verfahrensförderungspflicht sind hingegen solche Anträge, denen der Gesetzgeber eine ausdrückliche Sonderbehandlung zukommen lassen hat,[13] also insb. Antrag und Antragsbegründung (§ 4), Erwiderung des Antragsgegners (§ 7 Abs. 2 S. 3), Replik der Antragsteller und des gemeinsamen Vertreters (§ 7 Abs. 4 S. 2) und Zulässigkeitsrügen (§ 9 Abs. 3 iVm § 7 Abs. 2); die in den genannten Vorschriften gesetzten Fristen dürfen die Adressaten jeweils ausnutzen, ohne dass der Vorwurf eines Verstoßes gegen die Verfahrensförderungspflicht drohen würde.[14] 4

Das „**weitere Vorbringen**" erfasst sämtliches schriftsätzliche und mündliche Vorbringen – Behaupten und Bestreiten – zum Verfahrensgegenstand.[15] Nach überzeugender Ansicht gilt § 9 5

5 *Büchel*, NZG 2003, 793, 799.

6 Schmitt/Hörtnagl/Stratz/*Hörtnagl*, § 10 SpruchG Rn 2; Spindler/Stilz/*Drescher*, AktG, § 9 SpruchG Rn 2; Semler/Stengel/*Volhard*, § 9 SpruchG Rn 2 Fn 5; *Hüffer*, Anh. § 305, § 9 SpruchG Rn 2. Missverständlich insoweit Schmidt/Lutter/*Klöcker*, § 9 SpruchG Rn 1, der nur von Antragstellern und Antragsgegnern spricht.

7 OLG Frankfurt a.M. AG 2008 550, 552.

8 Lutter/*Krieger*/*Mennicke*, Anh. I SpruchG, § 9 Rn 2.

9 *Fritzsche*/*Dreier*/*Verfürth*, § 9 Rn 4; in diese Richtung auch KölnKomm-AktG/*Puszkajler*, § 9 SpruchG Rn 5. AA Emmerich/Habersack/*Emmerich*, Aktien- und GmbH-Konzernrecht, § 9 SpruchG Rn 3 a, der das Gesetz beim Wort nimmt.

10 Schmitt/Hörtnagl/Stratz/*Hörtnagl*, § 9 SpruchG Rn 2; Semler/Stengel/*Volhard*, § 9 SpruchG Rn 3; MüKo-AktG/*Kubis*, § 9 SpruchG Rn 3.

11 *Hüffer*, Anh. § 305, § 9 SpruchG Rn 3.

12 Emmerich/Habersack/*Emmerich*, § 9 SpruchG, Rn 3 a.

13 Emmerich/Habersack/*Emmerich*, § 9 SpruchG, Rn 1. Teilweise anders *Fritzsche*/*Dreier*/*Verfürth*, SpruchG, § 9 Rn 5.

14 Emmerich/Habersack/*Emmerich*, § 9 SpruchG, Rn 1; MüKo-AktG/*Kubis*, § 9 SpruchG Rn 2; Simon/*Winter*, § 9 Rn 4.

15 Emmerich/Habersack/*Emmerich*, § 9 SpruchG, Rn 3 a; MüKo-AktG/*Kubis*, § 9 SpruchG Rn 2.

Abs. 1 aufgrund des iura-novit curia-Grundsatzes nur für Tatsachen; Rechtsauffassungen können somit zu jedem Zeitpunkt noch vorgebracht werden.[16]

6 c) **Rechtzeitigkeit.** Zur Ausfüllung des unbestimmten Rechtsbegriffs der Rechtzeitigkeit kann auf die zu § 282 ZPO entwickelten Grundsätze zurückgegriffen werden.[17] Rechtzeitig sind Angriffs- und Verteidigungsmittel damit dann, wenn nach Maßgabe eines objektiven und subjektiven Tatbestands ein früheres Vorbringen nicht zuzumuten war.[18] D.h. nur möglicherweise relevante Tatsachen müssen nicht zwingend sofort vorgetragen werden,[19] nicht hinreichend substantiierte Rügen müssen nicht sofort beantwortet werden.[20] Entscheidend ist insoweit jeweils die konkrete Verfahrenslage.[21]

7 **2. Schriftliche Vorbereitung (§ 9 Abs. 2).** Um eine angemessene Vorbereitung der weiteren Beteiligten und einen effektiven Termin zu gewährleisten, verpflichtet Abs. 2 einerseits zur schriftlichen Vorbereitung der mündlichen Verhandlung sowie andererseits zum rechtzeitigen Vorbringen sämtlicher Schriftsätze. Die Vorschrift dient einer ordnungsgemäßen Vorbereitung der mündlichen Verhandlung, so dass sich der Zeitraum dieser Verfahrensförderungspflicht auf den Zeitraum bis zu deren Abhaltung beschränkt.[22] Auch § 9 Abs. 2 wendet sich an sämtliche Verfahrensbeteiligten, einschließlich des gemeinsamen Vertreters. Gegenstand ist wiederum allein tatsächliches Vorbringen, reine Rechtsausführungen bleiben möglich.[23]

8 Das Vorbringen muss so zeitig mitgeteilt werden, dass die weiteren Beteiligten bzw eventuell ein sachverständiger Prüfer die erforderliche Erkundigung noch einziehen können. Zur Beurteilung der Rechtzeitigkeit wird in der Literatur teilweise eine Orientierung an § 132 ZPO erwogen.[24] Richtigerweise wird man hierin jedoch bestenfalls eine erste Groborientierung sehen können.[25] Maßgeblich sind die voraussichtlich zu erwartenden Schwierigkeiten der Sachverhaltsermittlung.[26] Zugunsten der Partei, die durch Vortrag in der mündlichen Verhandlung überrascht wird, kann das Gericht Schriftsatznachlass entsprechend § 283 ZPO gewähren, soweit der erst in der mündlichen Verhandlung präsentierte Vortrag nicht ohnehin gemäß § 10 Abs. 2 SpruchG präkludiert ist.[27]

9 **3. Zulässigkeitsrügen (Abs. 3).** Abs. 3 formuliert die – deshalb eigentlich redundante – Selbstverständlichkeit, dass der Antragsgegner Zulässigkeitsrügen innerhalb der dafür durch das Gericht gesetzten Frist nach § 7 Abs. 2 geltend zu machen hat. Adressat ist grundsätzlich ausschließlich die Antragsgegnerin.[28] Aufgrund des vergleichbaren Rechtsschutzziels – möglichst vollständige Zurückweisung des Begehrens der Antragsteller – wird man die Vorschrift aber auch auf die bisher praktisch bedeutungslos gebliebenen besonderen gemeinsamen Vertreter nach §§ 6 a–c zur Anwendung zu bringen haben, soweit man davon ausgeht, dass diese bereits vor Stellung des ersten zulässigen Antrags zu bestellen sind, um ihnen eine möglichst weitgehende Möglichkeit zur Abwehr der Nachbesserungswünsche der deutschen Anteilseigner einzuräumen.

16 Schmitt/Hörtnagl/Stratz/*Hörtnagl*, § 9 SpruchG Rn 2; *Hüffer*, Anh. § 305, § 9 SpruchG Rn 3; Lutter/*Krieger/Mennicke*, Anh. I SpruchG, § 9 Rn 2; *Fritzsche/Dreier/Verfürth*, § 9 Rn 6. AA Semler/Stengel/*Volhard*, § 9 SpruchG Rn 4; Simon/*Winter*, § 9 Rn 7 ff unter Hinweis auf die mit Blick auf den Verfahrensgegenstand des Spruchverfahrens durchaus anspruchsvolle Abgrenzung zwischen Rechtsausführungen und Sachvortrag; tendenziell auch MüKo-AktG/*Kubis*, § 9 SpruchG Rn 3.

17 Schmitt/Hörtnagl/Stratz/*Hörtnagl*, § 9 SpruchG Rn 3; *Hüffer*, Anh. § 305, § 9 SpruchG Rn 4.

18 *Klöcker/Frowein*, § 9 Rn 4; Schmidt/Lutter/*Klöcker*, § 9 SpruchG Rn 3.

19 Lutter/*Krieger/Mennicke*, Anh. I SpruchG, § 9 Rn 4.

20 Lutter/*Krieger/Mennicke*, Anh. I SpruchG, § 9 Rn 4.

21 Schmidt/Lutter/*Klöcker*, § 9 SpruchG Rn 3; Simon/*Winter*, § 9 Rn 12.

22 *Fritzsche/Dreier/Verfürth*, § 9 Rn 15.

23 *Hüffer*, Anh. § 305, § 9 SpruchG Rn 4.

24 *Fritzsche/Dreier/Verfürth*, § 9 Rn 22; Lutter/*Krieger/Mennicke*, Anh. SpruchG, § 9 SpruchG Rn 5.

25 Gegen eine Orientierung an den §§ 133 bzw 274 ZPO auch Emmerich/Habersack/*Emmerich*, § 9 SpruchG Rn 4; Simon/*Winter*, § 9 Rn 14.

26 Emmerich/Habersack/*Emmerich*, § 9 SpruchG, Rn 4.

27 Lutter/*Krieger/Mennicke*, Anh. SpruchG, § 9 SpruchG Rn 5; Simon/*Winter*, § 9 Rn 15; auch Emmerich/Habersack/*Emmerich*, § 9 SpruchG, Rn 4, der allerdings Anordnung von Präklusion und Schriftsatznachlass als Alternativen ansieht.

28 *Hüffer*, Anh. § 305, § 9 SpruchG Rn 2.

Zulässigkeitsrügen hat der Antragsgegner innerhalb der durch das Gericht nach § 7 Abs. 2 gesetzten Frist geltend zu machen, wobei nach allgemeinen Grundsätzen die vollständige Ausnutzung der Frist keine Verletzung dieser speziellen Verfahrensförderungspflicht darstellt.[29] Betroffen sind sämtliche Verfahrensvoraussetzungen und Verfahrenshindernisse,[30] im Einzelnen: Statthaftigkeit des Spruchverfahrens (§ 1),[31] (Un)Zuständigkeit des Gerichts (§ 2 Abs. 1),[32] (Nachweis der) Antragsberechtigung,[33] Einhaltung von Antrags- und Antragsbegründungsfrist, Ordnungsgemäßheit von Antrag und Antragsbegründung[34] sowie allgemeines Rechtsschutzbedürfnis.[35] Abweichend von § 282 Abs. 3 ZPO, der ausdrücklich verlangt, dass sämtliche Zulässigkeitsrügen „gleichzeitig" vorgebracht werden müssen, können mehrere Zulässigkeitsrügen auch zu unterschiedlichen Zeitpunkten und in verschiedenen Schriftsätzen erhoben werden, solange die nach § 7 Abs. 2 gesetzte Frist beachtet wird.[36] Rechtliche Konsequenzen für den Fortgang des Spruchverfahrens zeitigt ein Verstoß gegen § 9 Abs. 3 allerdings nur dann, wenn es sich (ausnahmsweise) um eine der Disposition der Verfahrensbeteiligten unterliegende Zulässigkeitsrüge handelt. Soweit demgegenüber Zulässigkeitsrügen von Amts wegen zu beachten sind, bleibt der Verstoß gegen § 9 Abs. 3 folgenlos.[37] Als denkbares Beispiel einer beachtlichen Rüge kommt die (unterbliebene) Rüge fehlender Vollmacht bei Vertretung eines Antragstellers durch einen Rechtsanwalt in Betracht.[38] 10

§ 10 Verletzung der Verfahrensförderungspflicht

(1) Stellungnahmen oder Einwendungen, die erst nach Ablauf einer hierfür gesetzten Frist (§ 7 Abs. 2 Satz 3, Abs. 4) vorgebracht werden, sind nur zuzulassen, wenn nach der freien Überzeugung des Gerichts ihre Zulassung die Erledigung des Rechtsstreits nicht verzögern würde oder wenn der Beteiligte die Verspätung entschuldigt.

(2) Vorbringen, das entgegen § 9 Abs. 1 oder 2 nicht rechtzeitig erfolgt, kann zurückgewiesen werden, wenn die Zulassung nach der freien Überzeugung des Gerichts die Erledigung des Verfahrens verzögern würde und die Verspätung nicht entschuldigt wird.

(3) § 26 des Gesetzes über das Verfahren in Familiensachen und in den Angelegenheiten der freiwilligen Gerichtsbarkeit ist insoweit nicht anzuwenden.

(4) Verspätete Rügen, die die Zulässigkeit der Anträge betreffen und nicht von Amts wegen zu berücksichtigen sind, sind nur zuzulassen, wenn der Beteiligte die Verspätung genügend entschuldigt.

Literatur:

Büchel, Neuordnung des Spruchverfahrens, NZG 2003, 793; *Lenz*, Die verfassungsrechtliche Perspektive der Präklusionsvorschriften, NJW 2013, 2551; *Tomson/Hammerschmitt*, Aus alt macht neu? Betrachtungen zum Spruchverfahrensneuordnungsgesetz, NJW 2003, 2572.

29 *Hüffer*, Anh. § 305, § 9 SpruchG Rn 2; Emmerich/Habersack/*Emmerich*, § 9 SpruchG, Rn 5.
30 Schmitt/Hörtnagl/Stratz/*Hörtnagl*, § 9 SpruchG Rn 5.
31 *Fritzsche/Dreier/Verfürth*, § 9 Rn 28.
32 Aus der Rechtsprechung etwa OLG Karlsruhe AG 2005 300, 301 (fehlende Zuständigkeit wegen einer aufgrund unterbliebener oder unrichtiger Zustellung des Verweisungsbeschlusses unwirksamen Verweisung); *Fritzsche/Dreier/Verfürth*, § 9 Rn 29.
33 *Fritzsche/Dreier/Verfürth*, § 9 Rn 29.
34 Lutter/*Krieger/Mennicke*, UmwG, Anh. SpruchG, § 9 Rn 6.
35 Zur Qualifikation des allgemeinen Rechtsschutzbedürfnisses als Zulässigkeitsvoraussetzung des Spruchverfahrens aus der Rechtsprechung OLG Stuttgart AG 2011 601, 601 f.
36 Schmitt/Hörtnagl/Stratz/*Hörtnagl*, § 9 SpruchG Rn 5; *Hüffer*, Anh. § 305, § 9 SpruchG Rn 6; MüKo-AktG/*Kubis*, § 9 SpruchG Rn 6.
37 *Hüffer*, Anh. § 305, § 9 SpruchG Rn 6; Simon/*Winter*, § 9 Rn 18.
38 Emmerich/Habersack/*Emmerich*, Aktien- und GmbH-Konzernrecht, § 9 SpruchG, Rn 5.

I. Normzweck

1 § 10 enthält das Sanktionsregime für Verstöße der Verfahrensbeteiligten gegen ihre Verfahrensförderungspflichten gemäß den §§ 7, 9. Wie § 296 ZPO antwortet § 10 auf entsprechende Verstöße mit dem Instrument der Zurückweisung verspäteten Vorbringens; Abs. 3 enthält deshalb die deklaratorische Klarstellung,[1] dass im Anwendungsbereich der Präklusionsvorschriften der Amtsermittlungsgrundsatz der freiwilligen Gerichtsbarkeit (§ 26 FamFG) keine Geltung beanspruchen kann. Ohne echten materiellen Mehrwert lässt sich § 10 rein deskriptiv ein gestuftes Sanktionsregime entnehmen: während verspätete Zulässigkeitsrügen bei mangelnder Entschuldigung ohne Weiteres zurückzuweisen sind (Abs. 4), ist unter Verstoß gegen gerichtlich gesetzte Fristen in das Verfahren eingeführtes Vorbringen bereits dann zuzulassen, wenn der Beteiligte die Verzögerung entschuldigt oder aber das Gericht nach freier Überzeugung zu dem Ergebnis gelangt, dass seine Zulassung den Rechtsstreit nicht verzögert (Abs. 1), während Verstöße gegen die generisch formulierten Verfahrensförderungspflichten nach § 9 Abs. 1 und Abs. 2 schließlich durch das Gericht zurückgewiesen werden können, aber nicht müssen, wenn nach freier Würdigung des Gerichts die Zulassung das Verfahren verzögern würde und die Verspätung nicht entschuldigt wird.[2] Im Hintergrund dieser Sanktionenhierarchie dürfte die Überlegung stehen, dass mit zunehmendem Abstraktionsgrad die Verfahrensförderungspflichten weniger fassbar und damit auch für die Verfahrensbeteiligten weniger leicht zu erfüllen sind.

2 Die praktische Bedeutung der Norm ist bisher gering,[3] weil nach wie vor kaum ein Gericht an der (umfassenden) Beauftragung eines Gutachters vorbeikommt, so dass nur in Ausnahmefällen eine Verzögerung denkbar ist.[4]

II. Inhalt

3 **1. Fristversäumnis (§ 10 Abs. 1). a) Versäumung.** Abs. 1 verpflichtet das Gericht, Vorbringen, das nach Ablauf einer von ihm gesetzten Frist in das Verfahren eingebracht wird, grundsätzlich zurückzuweisen. Vom Anwendungsbereich umfasst sind die Erwiderungsfrist des Antragsgegners nach § 7 Abs. 2 S. 3 und die Replikfrist nach § 7 Abs. 4, innerhalb derer die Antragsteller auf die Erwiderung der Antragsgegnerin antworten müssen.[5] Vorausgesetzt wird dabei implizit, dass die betreffende Frist wirksam gesetzt wurde.[6] Wie auch sonst stellt die nachträgliche Einführung von Rechtsansichten in keinem Fall einen Anwendungsfall von § 10 Abs. 1 dar: wo keine Frist gesetzt werden kann, droht auch keine Versäumung derselben.[7] Verstöße gegen sonstige eventuell durch das Gericht gesetzte Fristen führen nicht zur Anwendung von § 10 Abs. 1, als Ausnahme von dem ansonsten das Spruchverfahren regierenden Amtsermittlungsgrundsatz ist § 10 Abs. 1 eng auszulegen und insb. nicht analogiefähig.[8]

1 So auch Heidel/*Tewes*, § 10 SpruchG Rn 1.
2 Emmerich/Habersack/*Emmerich*, § 10 SpruchG Rn 1 a.
3 Heidel/*Tewes*, § 10 SpruchG Rn 1.
4 *Büchel*, NZG 2003, 793, 799; Spindler/Stilz/*Drescher*, AktG, § 10 SpruchG Rn 3. Vorsichtiger *Fritzsche/Dreier/Verfürth*, § 10 Rn 40.
5 Spindler/Stilz/*Drescher*, § 10 SpruchG Rn 3.
6 Lutter/*Krieger/Mennicke*, Anh. I SpruchG, § 10 Rn 3; *Klöcker/Frowein*, SpruchG, § 10 Rn 2; Semler/Stengel/*Volhard*, § 10 SpruchG Rn 4; *Fritzsche/Dreier/Verfürth*, § 10 Rn 8.
7 Spindler/Stilz/*Drescher*, § 10 SpruchG Rn 3; *Fritzsche/Dreier/Verfürth*, § 10 Rn 14 KölnKomm-AktG/*Puszkajler*, § 10 SpruchG Rn 4. AA MüKo-AktG/*Kubis*, § 10 SpruchG Rn 2; Simon/*Winter*, § 10 Rn 4 u.13.
8 *Fritzsche/Dreier/Verfürth*, § 10 Rn 5; KölnKomm-AktG/*Puszkajler*, § 10 SpruchG Rn 7. AA Heidel/*Tewes*, § 10 SpruchG Rn 3, der mit Blick auf eine gerichtlich gesetzte Frist für eine Duplik von einer planwidrigen Regelungslücke ausgeht.

b) Verzögerung. Trotz Fristversäumung sind Stellungnahmen und Einwendungen ausnahmsweise zu berücksichtigen, wenn ihre Zulassung nach freier Überzeugung des Gerichts nicht mit einer Verzögerung des Verfahrens verbunden ist. Nach herrschender Meinung, insb. auch der Rechtsprechung von BGH und BVerfG, bestimmt sich das Vorliegen einer Verzögerung anhand des sog. **„absoluten Verzögerungsbegriffs"**.[9] Gerade im Spruchverfahren, wo dem Gesichtspunkt der Beschleunigung besondere Bedeutung zukommt, kann insoweit nichts anderes gelten als im Zivilprozess, so dass dem relativen Verzögerungsbegriff eine Absage zu erteilen ist.[10] 4

Eine Verzögerung liegt ausgehend vom absoluten Verzögerungsbegriff bereits dann vor, wenn das Verfahren bei Zulassung des verspäteten Vorbringens länger dauern würde als bei dessen Zurückweisung.[11] Der absolute Verzögerungsbegriff ist grundsätzlich mit Art. 103 Abs. 1 GG vereinbar.[12] Allerdings verlangt das BVerfG, dass sich das zuständige Gericht davon vergewissert, ob das verspätete Vorbringen tatsächlich zu einer Verzögerung führen würde.[13] Zudem sollen die Spruchkörper verpflichtet sein, einer Verzögerung entweder durch § 7 oder durch Hinweis nach § 139 ZPO (iVm § 8 Abs. 3) entgegenzuwirken.[14] Verstößt das Gericht gegen seine Hinweispflicht ist entweder das Vorliegen einer Verzögerung zu verneinen[15] oder aber zumindest eine Entschuldigung des betroffenen Verfahrensbeteiligten anzunehmen. 5

c) Entschuldigung. Verspätetes Vorbringen zeitigt auch dann **keine Präklusionswirkung**, wenn der betroffene Verfahrensbeteiligte die Verspätung ausreichend entschuldigt. Das Verschulden wird vermutet[16] und die Entschuldungsmöglichkeit auch im Übrigen streng gehandhabt.[17] Dies wird man trotz der verfassungsrechtlichen Dimension (Art. 103 Abs. 1 GG) noch als sachgerecht bezeichnen können, ist doch das Spruchverfahren einerseits durch eine kaum zu rechtfertigende strukturelle Überlange gekennzeichnet, und gilt hier andererseits, dass die Verfahrensförderungs- und Beschleunigungspflichten für Beteiligte und Gerichte bisher wenig Wirkung gezeitigt haben. Zudem ist zu berücksichtigen, dass die Einhaltung einer durch das Gericht gesetzten Frist für die Verfahrensbeteiligten im Regelfall eine Selbstverständlichkeit darstellt. 6

Entschuldigung ist anzunehmen, wenn der Verfahrensbeteiligte die ihm obwaltende und zuzumutende Sorgfalt beim Betreiben des Verfahrens hat walten lassen und die Verzögerung dennoch eingetreten ist. Als denkbare Anwendungsfälle werden in der Literatur erwogen: eine unangemessen kurze Fristsetzung[18] oder aber außergewöhnliche Schwierigkeiten bei Informationsermittlung.[19] Zu erwägen ist in dieser Situation aber jeweils, ob nicht gleichzeitig ein Verstoß gegen die allgemeine Verfahrensförderungspflicht vorliegt, etwa weil der Beteiligte das Gericht nicht über die Informationsermittlungsschwierigkeiten in Kenntnis gesetzt hat. Im Übrigen wird eine Entschuldigung vor allem auch dann in Betracht kommen, wenn Fehler oder Unzulänglichkeiten des Gerichts die Verspätung mitverursacht haben.[20] 7

d) Rechtsfolgen. Das verspätete und nicht entschuldigte Vorbringen ist zurückzuweisen. Ein Ermessen steht dem Gericht insoweit nicht zu.[21] Ebenso wenig kann auf die Zurückweisung dann verzichtet werden, wenn alle Verfahrensbeteiligten zustimmen; die zivilprozessuale Dis- 8

9 *Klöcker/Frowein*, § 10 Rn 3; Semler/Stengel/*Volhard*, § 10 SpruchG Rn 6; *Fritzsche/Dreier/Verfürth*, § 10 Rn 19; KölnKomm-AktG/*Puszkajler*, § 10 SpruchG Rn 12.

10 *Fritzsche/Dreier/Verfürth*, § 10 Rn 22.

11 Aus jüngerer Zeit etwa BGH NJW 2012, 2808, 2809. *Fritzsche/Dreier/Verfürth*, § 10 Rn 19.

12 BVerfG NJW 1989, 705.

13 BVerfG NJW 1989, 705. Kritisch zu diesen Aufweichungen der Präklusionsvorschriften *Lenz*, NJW 2013, 2551.

14 So *Büchel*, NZG 2003, 793, 799; ähnlich Köln-Komm-AktG/*Puszkajler*, § 10 SpruchG Rn 10. Vgl hierzu auch *Fritzsche/Dreier/Verfürth*, SpruchG, § 10 Rn 22.

15 *Lenz*, NJW 2013, 2551, 2553.

16 Schmitt/Hörtnagl/Stratz/*Hörtnagl*, § 10 SpruchG Rn 4; *Fritzsche/Dreier/Verfürth*, § 10 Rn 27; Köln-Komm-AktG/*Puszkajler*, § 10 SpruchG Rn 13.

17 Lutter/*Krieger/Mennicke*, Anh. I SpruchG, § 10 Rn 5.

18 Lutter/*Krieger/Mennicke*, Anh. I SpruchG, § 10 Rn 5; *Klöcker/Frowein*, SpruchG, § 10 Rn 4; *Fritzsche/Dreier/Verfürth*, § 10 Rn 30.

19 Lutter/Krieger/*Mennicke*, Anh. I SpruchG, § 10 Rn 5; *Klöcker/Frowein*, SpruchG, § 10 Rn 4; Spindler/Stilz/*Drescher*, § 10 SpruchG Rn 3.

20 *Klöcker/Frowein*, § 10 Rn 4; Semler/Stengel/*Volhard*, § 10 SpruchG Rn 7.

21 Spindler/Stilz/*Drescher*, § 10 SpruchG Rn 3; *Fritzsche/Dreier/Verfürth*, SpruchG, § 10 Rn 34.

positionsmaxime findet insoweit keine Anwendung.[22] Die Zurückweisung erfolgt im Rahmen der verfahrensbeendenden Sachentscheidung, nicht durch separaten Beschluss.[23] Entsprechend kann sie nicht selbstständig, sondern nur im Rahmen einer Beschwerde (§ 12) gegen die das Verfahren abschließende Sachentscheidung angegriffen werden.[24]

9 **2. Verletzung der allgemeinen Prozessförderungspflicht (§ 10 Abs. 2). a) Verstoß gegen die allgemeine Förderungspflicht.** Abs. 2 hat Verzögerungen zum Gegenstand, die nicht Folge einer Fristversäumung – dann Abs. 1 bzw die insoweit einschlägigen Spezialregelungen – sondern eines Verstoßes gegen die allgemeine Verfahrensförderungspflicht sind. Entgegen der allgemeinen Verfahrensförderungspflicht und ihrer speziellen Ausprägung nach § 9 Abs. 2 eingeführtes Vorbringen ist im Prinzip zuzulassen, es sei denn das Gericht kommt nach freier Überzeugung zu dem Ergebnis, dass die Zulassung die Erledigung des Verfahrens verzögern, und – kumulativ – die Verspätung nicht genügend entschuldigt wird.

10 **b) Verzögerung.** Das Vorliegen einer Verzögerung ist auch im Rahmen von Abs. 2 anhand des absoluten Verzögerungsbegriffs zu bestimmen. Es gelten insoweit keine Besonderheiten,[25] so dass auf die Ausführungen zu Abs. 1 zu verweisen ist. Keine Verzögerung hat das OLG Frankfurt am Main in einem Fall angenommen, in dem der Antragsteller seine Antragsberechtigung erst im Beschwerdeverfahren nachgewiesen hatte, da es sich um ein noch am Anfang stehendes Großverfahren gehandelt und der Vortrag des betroffenen Antragstellers sich auf Standardrügen beschränkt habe, deren Präklusion (ohnehin) keinen Einfluss auf die Dauer des Verfahrens gehabt hätte.[26]

11 **c) Verschulden.** Auch Verzögerungen gegen die allgemeine Prozessförderungspflicht führen nur dann zu einer Präklusion, wenn sie nicht genügend entschuldigt werden. Abweichend von der im Übrigen inhaltsgleichen Parallelvorschrift des § 296 Abs. 2 ZPO ist Verschulden nicht erst bei „grober Nachlässigkeit", sondern bereits bei einfacher Fahrlässigkeit anzunehmen;[27] auch dies ein Versuch, vor dem Hintergrund schlechter Erfahrungen dem Beschleunigungsgrundsatz im Spruchverfahren mehr praktische Wirkmächtigkeit zu verleihen.[28] Anders als im Zivilprozess kann eine drohende Präklusion nicht durch eine Flucht in die Säumnis verhindert werden.[29]

12 Aufgrund dieser in der Gesamtschau deutlich verschärften Anforderungen im Vergleich zur ZPO wird zu Recht ein richterlicher Hinweis auf die weitreichenden Konsequenzen selbst einfach fahrlässiger Prozessführung verlangt bzw gefordert, dass das Gericht sonstige Maßnahmen unternimmt, um eine Verzögerung möglichst zu verhindern.[30] Nur eine dahin gehende unterstützende Prozessführung durch das Gericht wird im Übrigen dem Umstand gerecht, dass gerade die Prozessförderungspflichten nach § 9 Abs. 1 u. Abs. 2 besonders abstrakt gehalten sind und deren konkrete Ausprägung im Einzelfall sich nicht sämtlichen Verfahrensbeteiligten ohne Weiteres aufdrängen muss.

13 **d) Rechtsfolgen.** Anders als bei Versäumung einer Frist kann das Vorbringen zurückgewiesen werden, eine dahin gehende Verpflichtung des Gerichts besteht nicht.[31] Die Ursache dieser Ungleichbehandlung wird wiederum darin zu sehen sein, dass die Verstöße gegen die allgemeine Verfahrensförderungspflicht typischerweise weniger schwer wiegen und vor allem auch weniger eindeutig sind.

22 *Klöcker/Frowein*, § 10 Rn 2; Schmidt/Lutter/*Klöcker*, § 10 SpruchG Rn 2; Semler/Stengel/*Volhard*, § 10 SpruchG Rn 2.
23 Semler/Stengel/*Volhard*, § 10 SpruchG Rn 2; Köln-Komm-AktG/*Puszkajler*, § 10 SpruchG Rn 5.
24 *Fritzsche/Dreier/Verfürth*, § 10 Rn 35.
25 Spindler/Stilz/*Drescher*, § 10 SpruchG Rn 4; *Fritzsche/Dreier/Verfürth*, SpruchG, § 10 Rn 40; MüKo-AktG/*Kubis*, § 10 SpruchG Rn 6.
26 OLG Frankfurt a.M. AG 2008 550, 552.
27 *Fritzsche/Dreier/Verfürth*, § 10 Rn 41; Schmidt/Lutter/*Klöcker*, AktG, § 10 SpruchG Rn 5.
28 Lutter/*Krieger/Mennicke*, Anh. I SpruchG, § 10 Rn 7; *Klöcker/Frowein*, SpruchG, § 10 Rn 5.
29 *Klöcker/Frowein*, § 10 Rn 5; *Fritzsche/Dreier/Verfürth*, § 10 Rn 54.
30 K. Schmidt/Lutter/*Klöcker*, § 10 SpruchG Rn 5. Unter verfassungsrechtlichen Auspizien kritisch *Tomson/Hammerschmitt*, NJW 2003, 2572, 2575.
31 Lutter/*Krieger/Mennicke*, Anh. I SpruchG, § 10 Rn 6; *Klöcker/Frowein*, § 10 Rn 4.

3. Einschränkung des Amtsermittlungsgrundsatzes (Abs. 3). Vor dem Hintergrund der § 10 immanenten Einschränkung des Amtsermittlungsgrundsatzes stellt Abs. 3 noch einmal ausdrücklich klar, dass eine Anwendung des ansonsten im Spruchverfahren geltenden Amtsermittlungsgrundsatzes nicht in Betracht kommt. Die Einschränkung von § 26 FamFG reicht nur soweit, wie § 10 den Amtsermittlungsgrundsatz ausdrücklich ausschließt.[32] Auch außerhalb des Anwendungsbereichs von § 10 Abs. 3 formuliert § 27 Abs. 1 FamFG nunmehr allerdings auch ausdrücklich vorsichtige Mitwirkungspflichten für die Verfahrensbeteiligten.[33] 14

4. Verspätete Zulässigkeitsrügen (Abs. 4). Abs. 4 ordnet an, dass verspätete Zulässigkeitsrügen, die nicht von Amts wegen zu berücksichtigen sind, gleichfalls nur bei genügender Entschuldigung zu berücksichtigen sind. Bzgl. Verzögerung und Entschuldigung gelten gleiche Grundsätze wie im Rahmen von Abs. 2. Zu beachten ist, dass eine Präklusion nur dann in Betracht kommt, soweit die betroffene Zulässigkeitsvoraussetzung nicht ohnehin von Amts wegen zu beachten ist.[34] Da praktisch sämtliche Zulässigkeitsvoraussetzungen von Amts wegen zu prüfen sind, ist Abs. 4 im Spruchverfahren (weitestgehend) funktionslos, da die denkbaren prozessualen Einreden im Spruchverfahren nicht in Betracht kommen;[35] etwas anderes gilt nur dann, wenn man mit einer vereinzelt vertretenen Ansicht davon ausgeht, dass die Entscheidung im Spruchverfahren trotz ihrer inter-omnes-Wirkung schiedsfähig ist.[36] 15

III. Verfahren

Die Entscheidung über die Nichtberücksichtigung von Vortrag obliegt der Kammer, nicht dem Vorsitzenden.[37] Sie erfolgt in der Endentscheidung, nicht durch gesonderten Beschluss,[38] so dass als Rechtsmittel die Endentscheidung mittels der Beschwerde nach § 12 angegriffen werden muss.[39] 16

§ 11 Gerichtliche Entscheidung; Gütliche Einigung

(1) Das Gericht entscheidet durch einen mit Gründen versehenen Beschluss.

(2) [1]Das Gericht soll in jeder Lage des Verfahrens auf eine gütliche Einigung bedacht sein. [2]Kommt eine solche Einigung aller Beteiligten zustande, so ist hierüber eine Niederschrift aufzunehmen; die Vorschriften, die für die Niederschrift über einen Vergleich in bürgerlichen Rechtsstreitigkeiten gelten, sind entsprechend anzuwenden. [3]Die Vollstreckung richtet sich nach den Vorschriften der Zivilprozessordnung.

(3) Das Gericht hat seine Entscheidung oder die Niederschrift über einen Vergleich den Beteiligten zuzustellen.

(4) [1]Ein gerichtlicher Vergleich kann auch dadurch geschlossen werden, dass die Beteiligten einen schriftlichen Vergleichsvorschlag des Gerichts durch Schriftsatz gegenüber dem Gericht annehmen. [2]Das Gericht stellt das Zustandekommen und den Inhalt eines nach Satz 1 geschlossenen Vergleichs durch Beschluss fest. [3]§ 164 der Zivilprozessordnung gilt entsprechend. [4]Der Beschluss ist den Beteiligten zuzustellen.

32 *Fritzsche/Dreier/Verfürth*, § 10 Rn 47; so im Ausgangspunkt auch MüKo-AktG/*Kubis*, § 10 SpruchG Rn 7.
33 Zur Reichweite von § 27 Abs. 1 FamFG vgl etwa Keidel/*Sternal*, § 27 Rn 3 f.
34 *Klöcker/Frowein*, § 10 Rn 8.
35 *Spindler/Stilz/Drescher*, § 10 SpruchG, Rn 5; *Klöcker/Frowein*, § 10 Rn 8. Einen weiteren Anwendungsbereich für § 10 Abs. 4 versucht MüKo-AktG/*Kubis*, § 10 SpruchG Rn 9 zu erschließen.
36 So *Fritzsche/Dreier/Verfürth*, § 11 SpruchG, Rn 33. Vgl hierzu auch Heidel/*Tewes*, Aktienrecht, § 11 SpruchG Rn 25.
37 Lutter/*Krieger/Mennicke*, Anh. I SpruchG, § 10 Rn 10.
38 Lutter/*Krieger/Mennicke*, Anh. I SpruchG, § 10 Rn 11.
39 K. Schmidt/Lutter/*Klöcker*, § 10 SpruchG Rn 9.

Literatur:

Deiß, Die Festsetzung der angemessenen Kompensation im Wege einer „mehrheitskonsensualen Schätzung" im Spruchverfahren, NZG 2013, 1382; *Noack*, Missbrauchsbekämpfung im Spruchverfahren durch Einführung eines qualifizierten Mehrheitsvergleichs, NZG 2014, 92; *Jänig/Leißring*, FamFG: Neues Verfahrensrecht für Streitigkeiten in AG und GmbH, ZIP 2010, 110; *Weber/Kersjes*, Hauptversammlungsbeschlüsse vor Gericht, 2010; *Zimmer/Meese*, Vergleiche im Spruchverfahren und bei Anfechtungsklagen, NZG 2004, 201.

I. Normzweck

1 § 11 befasst sich mit der Beendigung des Spruchverfahrens und ordnet in diesem Zusammenhang an, dass die Entscheidung grundsätzlich durch mit Gründen versehenen Beschluss ergeht. Weiter stellt § 11 klar, dass entgegen der früher herrschenden Ansicht im Schrifttum ein Spruchverfahren auch durch Vergleich zulässigerweise beendet werden kann und legalisiert damit die bereits bestehende Praxis der Spruchkörper.[1] Aufgrund der besonderen Bedeutung, die ein Vergleich unter dem Gesichtspunkt der Verfahrensbeschleunigung gerade für Spruchverfahren besitzt, übernimmt § 11 gleichzeitig die dahin gehende Förderungspflicht des Zivilprozesses (§ 278 Abs. 1 ZPO).[2] Rechtspolitisch umstritten und bisher vom Gesetzgeber nicht aufgegriffen ist die Forderung, einen Mehrheitsvergleich einzuführen.[3]

II. Inhalt

2 **1. Streitige Entscheidung. a) Entscheidung durch Beschluss.** Da eine mündliche Verhandlung zwar legaltypischer Regelfall, im Spruchverfahren aber dennoch nicht zwingend erforderlich ist (§ 8 Abs. 1 S. 1), entscheidet das Gericht durch mit Gründen versehenen Beschluss.[4]

3 **b) Beschlussinhalt.** Der Inhalt des Beschlusses ergibt sich aus § 17 SpruchG iVm § 28 FamFG. Für die **Tenorierung** gelten keine Besonderheiten. Sind die Anträge unzulässig, werden sie verworfen, bei Unbegründetheit zurückgewiesen.[5] Ist zumindest ein Antrag zulässig und begründet, ergeht eine **Sachentscheidung.**[6] Das Gericht bestimmt in diesem Fall die angemessene Kompensation, ohne zugleich den Zahlungsanspruch auszusprechen; hierzu müssen Anteilseigner die gesonderte Leistungsklage nach § 16 erheben.[7] Nach weitgehend unbestrittener Ansicht kommt eine Verschlechterung der Kompensation im Rahmen eines Spruchverfahrens nicht in

1 *Büchel*, NZG 2003, 793, 799. Zur Technik eines „Vergleichs" nach altem Recht vgl etwa OLG München WM 2010 1605, 1605 ff.
2 *Fritzsche/Dreier/Verfürth*, § 11 SpruchG, Rn 2.
3 Befürwortend: *Engel/ Puszkajler*, BB 2012, 1687, 1691; *Max*, NZG 2014, 92, 93 f, der bereits de lege lata von der unproblematischen Zulässigkeit von Mehrheitsvergleichen ausgeht.
4 Simon/*Simon*, § 11 Rn 2; KölnKomm-AktG/*Puszkajler*, § 11 SpruchG Rn 4.
5 Semler/Stengel/*Volhard*, § 11 SpruchG Rn 2; MüKo-AktG/*Kubis*, § 11 SpruchG Rn 2; *Weber/Kersjes*, Hauptversammlungsbeschlüsse vor Gericht, § 5 Rn 248.
6 Simon/*Simon*, § 11 Rn 3. Einzelheiten für die unterschiedlichen Bewertungsanlässe etwa bei MüKo-AktG/*Kubis*, § 11 SpruchG Rn 3.
7 Spindler/Stilz/*Drescher*, § 11 SpruchG, Rn 3; MüKo-AktG/*Kubis*, § 11 SpruchG Rn 3.

Betracht (Verbot der reformatio in peius).[8] Diese Grundentscheidung ist zumindest in den Fällen kritisch zu hinterfragen, in denen die Besserstellung der Antragsteller gleichzeitig eine (unmittelbare) Schlechterstellung anderer Anteilseigner bedeutet, also vor allem im Falle der Verschmelzung und der in §§ 6 a–c erwähnten besonderen Spruchverfahren bei grenzüberschreitenden Sachverhalten.

Der Beschluss ist zu begründen. Die **Begründung** umfasst sowohl eine geraffte Zusammenfassung des Sachverhalts als auch die der Entscheidung zugrunde liegenden maßgeblichen Erwägungen des Gerichts.[9] 4

Der Beschluss hat schließlich eine **Rechtsbehelfsbelehrung** zu enthalten.[10] Die Rechtsbehelfsbelehrung enthält den Hinweis auf die Möglichkeit der Beschwerde nach § 12, bezeichnet das Gericht, bei dem Beschwerde einzulegen ist, und benennt zu beachtende Formen und Fristen (§ 39 FamFG).[11] Unterbleibt die Rechtsbehelfsbelehrung oder ist sie fehlerhaft, wird der Beschluss dennoch formell rechtskräftig (§ 45 FamFG), ein Beteiligter kann jedoch Wiedereinsetzung in den vorigen Stand verlangen, wobei sein fehlendes Verschulden vermutet wird (§ 17 Abs. 1 u. 2 FamFG).[12] 5

c) **Wirksamwerden.** Abweichend von den allgemeinen Bestimmungen des FamFG wird der Beschluss nicht bereits mit Bekanntgabe (§ 40 Abs. 1 FamFG), sondern erst mit formeller Rechtskraft wirksam (§ 13 S. 1).[13] 6

d) **Zustellung.** Der Beschluss ist gemäß §§ 166 ff ZPO (iVm § 15 Abs. 2 FamFG) von Amts wegen sämtlichen Beteiligten (Antragsteller, Antragsgegner, gemeinsame(r) Vertreter) zuzustellen; Bedeutung kommt der Zustellung dadurch zu, dass sie die Beschwerdefrist nach § 12 iVm § 63 FamFG in Gang setzt.[14] 7

e) **(Keine) Titelfunktion.** Gegenstand des Spruchverfahrens ist allein die Überprüfung der Angemessenheit der angebotenen Abfindung; entsprechend stellt ein stattgebender Beschluss allein die Höhe der angemessenen Kompensation fest.[15] Der Beschluss selbst stellt deshalb keinen vollstreckungsfähigen Titel dar.[16] Vielmehr ist Leistungsklage nach § 16 zu erheben.[17] 8

2. Gütliche Einigung/Vergleich. § 11 akzeptiert nunmehr ausdrücklich die Zulässigkeit eines Vergleichs, des früher gebräuchlichen Umwegs über einen außergerichtlichen Vergleich, der über eine allseitige Antragsrücknahme in das Verfahren eingeführt wird, bedarf es damit nicht mehr.[18] § 11 belässt es nicht bei der Anordnung der Zulässigkeit, sondern übernimmt die aus dem Zivilprozess bekannte Verpflichtung des Gerichts, in jedem Verfahrensstadium auf eine gütliche Einigung bedacht zu sein.[19] Gerade im Spruchverfahren kommt dem Vergleich besondere Bedeutung zu, da er forensisch praktisch das einzige Instrument darstellt, mit dem sich die strukturelle Überlänge des Spruchverfahrens zumindest ansatzweise in den Griff bekommen lässt. Dass das SpruchG keine besondere Güteverhandlung, wie sie für den Zivilprozess in den §§ 278 Abs. 2–5 ZPO verankert worden ist, kennt, steht zu dieser Betonung des Beschleuni- 9

8 Lutter/*Krieger/Mennicke*, Anh. I SpruchG § 11 Rn 2; Semler/Stengel/*Volhard*, § 11 SpruchG Rn 2; MüKo-AktG/*Kubis*, § 11 SpruchG Rn 6; *Fritzsche/Dreier/Verfürth*, § 11 SpruchG, Rn 4; Schmidt/Lutter/*Klöcker*, § 10 SpruchG Rn 1. Kritisch *Weber/Kersjes*, Hauptversammlungsbeschlüsse vor Gericht, § 5 Rn 250.

9 Heidel/*Tewes*, § 11 SpruchG Rn 4; Schmitt/Hörtnagl/Stratz/*Hörtnagl*, § 11 SpruchG Rn 2.

10 Formulierungsvorschlag bei Heidel/*Tewes*, § 11 SpruchG Rn 8.

11 *Weber/Kersjes*, Hauptversammlungsbeschlüsse vor Gericht, § 5 Rn 252.

12 KölnKomm-AktG/*Puszkajler*, § 11 SpruchG Rn 21; *Preuß*, NZG 2009, 961, 964.

13 *Preuß*, NZG 2009, 961, 964.

14 Schmitt/Hörtnagl/Stratz/*Hörtnagl*, § 11 SpruchG Rn 10; Lutter/*Krieger/Mennicke*, Anh. I SpruchG § 11 Rn 4.

15 Semler/Stengel/*Volhard*, § 11 SpruchG Rn 4.

16 OLG Düsseldorf NZG 2012 1181, 1184.

17 OLG Düsseldorf NZG 2012 1181, 1184; Schmitt/Hörtnagl/Stratz/*Hörtnagl*, § 11 SpruchG Rn 9; KölnKomm-AktG/*Puszkajler*, § 11 SpruchG Rn 16.

18 MüKo-AktG/*Kubis*, § 11 SpruchG Rn 11; *Deiß*, NZG 2013, 1382.

19 *Weber/Kersjes*, Hauptversammlungsbeschlüsse vor Gericht, § 5 Rn 257. Feinsinnige Unterscheidungen zwischen „Hinwirken" (ZPO) und „bedacht sein" (SpruchG) erscheinen allzu artifiziell und begriffsjuristisch.

gungsgrundsatzes gerade für das Spruchverfahren nicht in Widerspruch.[20] Im Hintergrund dürfte vielmehr die zutreffende Überlegung stehen, dass aufgrund der Besonderheiten des Spruchverfahrens ein Gütetermin die Erfolgsaussichten eines Vergleichs kaum erhöht, gleichzeitig aber mit einer spürbaren Verfahrensverzögerung verbunden sein kann.

10 **a) Gerichtlicher Vergleich. aa) Voraussetzungen.** Voraussetzung eines wirksamen Vergleichs ist nach hM die Zustimmung sämtlicher Verfahrensbeteiligter, also aller Antragsteller, der Antragsgegnerin und des gemeinsamen Vertreters.[21] Im bisher wohl eher theoretischen Fall einer Beteiligung eines weiteren gemeinsamen Vertreters nach §§ 6 a–c muss auch dieser dem Vergleich zustimmen,[22] da insb. dem Antragsgegner keine Dispositionsbefugnis über die Vermögensposition dieser Anteilseigner zukommt, was nicht zuletzt deshalb evident ist, da diese Aktionäre nicht aufgrund Apathie nicht am Verfahren beteiligt sind, sondern weil ihnen das Spruchverfahren keine persönliche Beteiligungsmöglichkeit einräumt.

11 Ein **qualifizierter Mehrheitsvergleich**, der im Rahmen des Gesetzgebungsverfahrens von einzelnen Stimmen eingefordert worden ist, ist dem SpruchG fremd.[23] Wird außergerichtlich mit einzelnen Antragsstellern eine einvernehmliche Lösung gefunden und scheiden diese im Nachgang durch Antragsrücknahme aus, ist das Verfahren mit den Antragstellern, die sich dem Vergleich nicht angeschlossen haben, fortzuführen.[24] Umstritten ist hingegen, ob ein solcher Teilvergleich insoweit prozessuale Wirkung entfalten kann, als das Gericht die in ihm gefundene Höhe der Abfindung als – sprachlich wenig gelungen – **„mehrheitskonsensuale Schätzung“** nach § 287 ZPO seiner Sachentscheidung zu Grunde legt, um insb. die Einholung eines (weiteren) zeit- und kostenintensiven Gutachtens zu verhindern. Nach verbreitet vertretener Ansicht ist ein solches Vorgehen dem Gericht nicht per se verwehrt.[25] Abweichend hat allerdings jüngst das OLG Düsseldorf entschieden, das eine vergleichsweise Erhöhung der Kompensationsleistung nicht als Indiz für die Angemessenheit der erhöhten Kompensationsleistungen heranziehen will.[26]

12 Zugunsten der Zulässigkeit einer „mehrheitskonsensualen Schätzung“ lässt sich anführen, dass im Falle, dass sich eine Mehrheit mit der im Teilvergleich vereinbarten Kompensation einverstanden erklärt, eine gewisse Richtigkeitsvermutung dafür besteht, dass es sich um eine vertretbare Abfindungshöhe handelt. Umgekehrt sollte dennoch Vorsicht beim Einsatz dieses Instruments walten gelassen werden. Das Gericht sollte in jedem Fall die Einzelheiten der zwischen den am Vergleich beteiligten Antragstellern und der Antragsgegnerin gefundenen Vereinbarung darauf hin untersuchen, ob nicht gegebenenfalls die Positionen der nicht am Vergleich beteiligten Anteilseigner als eigentliche Verhandlungsmasse genutzt werden. Die Berücksichtigung eines Teilvergleichs sollte weiter nur als letzter Schritt im Rahmen der gerichtlichen Schätzung nach § 287 ZPO in Betracht kommen, das Gericht kann sich also nicht darauf beschränken, die Vereinbarung unbesehen zu übernehmen. Zudem sollte eine mehrheitskonsensuale Schätzung – abseits pathologischer Sonderkonstellationen – dann ausscheiden,[27] wenn nicht auch der gemeinsame Vertreter nach § 6 oder auch die gemeinsamen Vertreter nach §§ 6 a–c zustimmen. Im Ergebnis wird die Berücksichtigung eines Teilvergleichs vor allem dann in Betracht kommen, wenn allein solche Parameter der Ertragsermittlung (noch) umstritten sind, zu deren Klärung ein (weiteres) Sachverständigengutachten keinen echten Beitrag liefern kann (Basis-

20 Lutter/*Krieger/Mennicke*, Anh. I SpruchG § 11 Rn 5; *Klöcker/Frowein*, § 11 Rn 10; Heidel/*Tewes*, § 11 SpruchG Rn 10.

21 Lutter/*Krieger/Mennicke*, Anh. I SpruchG § 11 Rn 6; *Klöcker/Frowein*, § 11 Rn 11; *Büchel*, NZG 2003, 793, 799. AA Simon/*Simon*, § 11 Rn 17.

22 So auch Schmitt/Hörtnagl/Stratz/*Hörtnagl*, § 11 SpruchG 12.

23 OLG Düsseldorf NZG 2013 1393, 1395; Schmitt/Hörtnagl/Stratz/*Hörtnagl*, § 11 SpruchG 12; Heidel/*Tewes*, § 11 SpruchG Rn 11; aA *Max*, NZG 2014, 92, 93, der allerdings gleichwohl de lege ferenda die explizite Aufnahme eines solchen Mehrheitsvergleichs in das SpruchG befürwortet.

24 *Deiß*, NZG 2013, 1382.

25 So etwa *Deiß*, NZG 2013, 1382, 1384; Heidel/*Tewes*, § 11 SpruchG Rn 11, der dies allerdings nur bei Existenz eines einzigen Opponenten mit niedrigem Anteilsbesitz für zulässig erachtet.

26 OLG Düsseldorf NZG 2013, 1393.

27 So für einen echten Mehrheitsvergleich auch *Max*, AG 2014, 92, 94.

zinssatz, Marktrisikoprämie etc.); hier ist es regelmäßig vom Zufall bzw der Auswahl des Gutachters abhängig, ob die Ansätze des gerichtlich bestellten Abfindungsprüfers Bestand haben.

Ausgeschlossen ist im Falle, dass das Spruchverfahren nach einem Teilvergleich fortgesetzt wird, den sich einem Vergleich verschließenden Antragstellern oder gemeinsamen Vertretern eine erhöhte Darlegungslast aufzuerlegen.[28] Echte Anhaltspunkte für die Zulässigkeit eines solchen Vorgehens gibt das Gesetz nicht her, im Übrigen wäre es rechtsstaatlich nicht unbedenklich. Kernelement des Rechtsstaates ist, dass individuelle Rechtspositionen des Einzelnen gerade nicht zur Disposition einer Mehrheit stehen. Dass das Spruchverfahren ein Ort ist, an dem strategisches Verhalten regelmäßig zu beobachten ist, rechtfertigt kein anderes Ergebnis. Eine Beschränkung von verfassungsrechtlich verbürgten Rechtspositionen (Art. 14 GG) kommt nur dann in Betracht, wenn die Grenzen des Rechtsmissbrauchs überschritten sind, sie kann aber sicher nicht ohne weiteres durch Entscheidung einer Mehrheit realisiert werden. Will man diese verfassungsrechtliche Grundentscheidung für den Einzelfall ändern, ist mindestens der Weg über eine gesetzmäßige Inhalts- und Schrankenbestimmung zu gehen. 13

§ 13 erkennt nur der streitigen Entscheidung durch Beschluss, nicht aber auch dem Vergleich inter-omnes-Wirkung zu.[29] Dementsprechend hat der gemeinsame Vertreter sicherzustellen, dass der Vergleich als echter Vertrag zugunsten Dritter, konkret der nicht beteiligten antragsberechtigten Anteilsinhaber ausgestaltet wird, um sicherzustellen, dass deren Interessen hinreichend gewahrt werden.[30] Stimmt der gemeinsame Vertreter nicht zu, belastet dies die Wirksamkeit des Vergleichs nicht; allerdings steht in diesem Fall (theoretisch) eine Haftung gegenüber den nicht selbst am Verfahren beteiligten Aktionären im Raum. 14

bb) Verfahren. (1) Vergleich durch schriftliche Niederschrift. Wird der Vergleich in der mündlichen Verhandlung geschlossen, ist eine schriftliche Niederschrift aufzunehmen, für die die Vorschriften der §§ 159 ff ZPO entsprechend anzuwenden sind. Die Niederschrift ist sämtlichen Beteiligten gemäß §§ 166 ff ZPO von Amts wegen zuzustellen.[31] 15

(2) Schriftlicher Vergleichsvorschlag des Gerichts (§ 11 Abs. 4). Ein Vergleich kann auch dadurch geschlossen werden, dass die Beteiligten einen schriftlichen Vergleichsvorschlag des Gerichts durch Schriftsatz gegenüber dem Gericht annehmen. Zur Wirksamkeit bedarf der Vergleich in diesem Fall seiner Feststellung durch das Gericht,[32] die durch Beschluss erfolgt;[33] die Anberaumung eines weiteren mündlichen Termins zu dem ausschließlichen Zweck einer Protokollierung des Vergleichs ist demgegenüber nicht erforderlich.[34] Gegen den feststellenden Beschluss ist mangels beschwerdefähigen Inhalts kein Rechtsmittel gegeben, möglich ist seine Korrektur im Wege der Berichtigung nach § 164 ZPO.[35] 16

b) Außergerichtlicher Vergleich. § 11 entfaltet keine Sperrwirkung dahin gehend, dass der nicht erwähnte außergerichtliche Vergleich unzulässig wäre.[36] Ein außergerichtlicher Vergleich beendet allerdings nicht automatisch das Verfahren. Vielmehr bedarf es zusätzlich einer Antragsrücknahme vor Eintritt der Rechtskraft; wobei sich auch der gemeinsame Vertreter an einem solchen Vergleich beteiligen kann und zur Herbeiführung einer Verfahrensbeendigung auch muss.[37] 17

c) Vollstreckungstitel. Der Vergleich kann, muss aber nicht Vollstreckungstitel sein.[38] Titelfunktion kommt einem Vergleich dann zu, wenn er die Voraussetzungen des § 794 ZPO erfüllt, 18

28 So aber *Deiß*, NZG 2013, 1382, 1384 f.

29 AA Simon/*Simon*, § 11 Rn 20 unter Hinweis darauf, dass der gerichtliche Vergleich an Stelle der streitigen Entscheidung des Gerichts tritt.

30 Lutter/*Krieger/Mennicke*, Anh. I SpruchG § 11 Rn 6; *Fritzsche/Dreier/Verfürth*, § 11 SpruchG, Rn 14; *Deiß*, NZG 2012, 1832, 1383, der hierin nur eine Klarstellung sieht.

31 Lutter/*Krieger/Mennicke*, Anh. I SpruchG § 11 Rn 7; Semler/Stengel/*Volhard*, § 11 SpruchG Rn 10.

32 *Büchel*, NZG 2003, 793, 799.

33 Schmidt/Lutter/*Klöcker*, § 11 SpruchG Rn 17.

34 *Fritzsche/Dreier/Verfürth*, § 11 SpruchG, Rn 24.

35 Schmidt/Lutter/*Klöcker*, § 11 SpruchG Rn 17.

36 Schmitt/Hörtnagl/Stratz/*Hörtnagl*, § 11 SpruchG Rn 17.

37 Lutter/*Krieger/Mennicke*, Anh. I SpruchG § 11 Rn 14; *Zimmer/Meese*, NZG 2004, 201, 202 f.

38 K. Schmidt/Lutter/*Klöcker*, § 11 SpruchG Rn 13.

dh einen vollstreckungsfähigen Inhalt hat.[39] Dies ist anzunehmen, wenn der Vergleich zumindest hinsichtlich der Kosten vollstreckbar ausgestaltet wird.[40] Bzgl. der Kompensation bleibt es dabei, dass die Begünstigten separate Leistungsklage nach § 16 zu erheben haben.[41]

19 **3. Anderweitige Verfahrensbeendigung.** § 11 enthält keine abschließende Regelung der Beendigung des Spruchverfahrens.[42]

20 **a) (Allseitige) Antragsrücknahme.** Das Verfahren kann durch Rücknahme sämtlicher Anträge beendet werden.[43] Dass § 15 Abs. 1 S. 6 SpruchG die Antragsrücknahme – anders als § 306 Abs. 7 S. 4 AktG aF – nicht mehr ausdrücklich erwähnt, steht nicht entgegen.[44] Nach § 22 Abs. 1 FamFG kann ein Antrag bis zum Eintritt der formellen Rechtskraft der Entscheidung zurückgenommen werden,[45] wobei abweichend von § 269 ZPO bis zum Erlass der Entscheidung eine Zustimmung des Antragsgegners obsolet ist; bereits die Antragsfrist schützt den Antragsgegner davor, dass er auf unabsehbare Zeit mit erneuten Angriffen auf die festgesetzte Kompensationsleistung rechnen muss.[46] Verfahrensbeendigende Wirkung zeitigt eine Antragsrücknahme nur dann, wenn sämtliche Anträge zurückgenommen werden und gleichzeitig der gemeinsame Vertreter keinen Gebrauch von seinem Recht zur Verfahrensfortführung gemäß § 6 Abs. 3 macht.[47] Werden nur einzelne Anträge zurückgenommen, scheiden die jeweiligen Antragsteller aus dem Verfahren aus, ohne dass dies auf dessen weiteren Fortgang Auswirkungen hätte.

21 **b) (Übereinstimmende) Erledigungserklärungen.** § 22 Abs. 3 FamFG sieht die Verfahrensbeendigung durch übereinstimmende Erledigungserklärungen sämtlicher Beteiligter vor.[48] Die Erledigung muss von allen Verfahrensbeteiligten, insb. einschließlich des gemeinsamen Vertreters, erklärt werden,[49] anderenfalls wird das Verfahren mit dem gemeinsamen Vertreter fortgeführt.[50] Das Gericht ist an die Erledigungserklärungen gebunden und entscheidet in diesem Fall nur noch über die Kosten.[51] Demgegenüber scheidet eine einseitige Erledigungserklärung nach hM aus.[52]

22 **c) „Erledigung von Amts wegen".** Nach hM kann ein Spruchverfahren auch dadurch beendet werden, dass das Gericht das Verfahren – auch ohne entsprechenden Antrag – für erledigt erklärt und nur noch über die Kosten entscheidet.[53] In Betracht kommt eine amtsseitige Erledigungserklärung dann, wenn der Bewertungsanlass des Spruchverfahrens bzw dessen Verfahrensgegenstand nach Verfahrenseröffnung durch ein Ereignis, das eine Veränderung der Sach- und Rechtslage bewirkt, entfällt.[54] Entsprechend ist eine Erledigung von Amts wegen bejaht worden im Falle, dass ein Beherrschungs- und Gewinnabführungsvertrag durch erfolgreiche

39 K. Schmidt/Lutter/*Klöcker*, § 11 SpruchG Rn 13.

40 Simon/*Simon*, § 11 Rn 33; *Fritzsche/Dreier/Verfürth*, § 11 SpruchG, Rn 18 f.

41 Simon/*Simon*, § 11 Rn 33; K. Schmidt/Lutter/*Klöcker*, § 11 SpruchG Rn 13.

42 Spindler/Stilz/*Drescher*, § 11 Spruch Rn 1.

43 Schmitt/Hörtnagl/Stratz/*Hörtnagl*, § 11 SpruchG Rn 18; *Klöcker/Frowein*, § 11 Rn 26; *Fritzsche/Dreier/Verfürth*, § 11 SpruchG, Rn 29. Aus der Rechtsprechung zum früheren Recht etwa OLG Düsseldorf AG 1993 40, 41.

44 OLG Stuttgart NZG 2004, 97.

45 *Jänig/Leißring*, ZIP 2010, 110, 114.

46 OLG Stuttgart, NZG 2004 97; Semler/Stengel/*Volhard*, § 11 SpruchG Rn 12; Schmidt/Lutter/*Klöcker*, § 11 SpruchG Rn 20; *Jänig/Leißring*, ZIP 2010, 110, 114.

47 Spindler/Stilz/*Drescher*, § 11 SpruchG Rn 12; Lutter/*Krieger/Mennicke*, Anh. I SpruchG § 11 Rn 14; Semler/Stengel/*Volhard*, § 11 SpruchG Rn 12.

48 *Jänig/Leißring*, ZIP 2010, 110, 115; *Fritzsche/Dreier/Verfürth*, § 11 SpruchG, Rn 32. Aus der Rechtsprechung etwa – jeweils noch zum früheren Recht – BayObLG AG 1997 182; OLG Düsseldorf AG 1993 40, 41; OLG Stuttgart, AG 2001 314.

49 Spindler/Stilz/*Drescher*, § 11 SpruchG Rn 13; *Klöcker/Frowein*, § 11 Rn 29; Semler/Stengel/*Volhard*, § 11 SpruchG Rn 17; *Weber/Kersjes*, Hauptversammlungsbeschlüsse vor Gericht, § 5 Rn 262.

50 Semler/Stengel/*Volhard*, § 11 SpruchG Rn 16; K. Schmidt/Lutter/*Klöcker*, § 11 SpruchG Rn 22.

51 BayObLG AG 1997 182; OLG Düsseldorf, AG 1993 40, 41; OLG Stuttgart AG 2001 314 (jeweils zu § 306 AktG aF); *Klöcker/Frowein*, § 11 Rn 29; Schmidt/Lutter/*Klöcker*, § 11 SpruchG Rn 22; Semler/Stengel/*Volhard*, § 11 SpruchG Rn 16.

52 Spindler/Stilz/*Drescher*, § 11 SpruchG Rn 13. AA *Klöcker/Frowein*, § 11 Rn 30.

53 OLG Zweibrücken AG 2005 256, Semler/Stengel/*Volhard*, § 11 SpruchG Rn 17; Schmidt/Lutter/*Klöcker*, § 11 SpruchG Rn 22.

54 BayObLG AG 2005 241; OLG Zweibrücken AG 2005 256, 256 f.

Anfechtung des Zustimmungsbeschlusses für nichtig erklärt worden ist,[55] sowie im – nach bisheriger Rechtslage abfindungsrelevanten – Fall eines Delistings, wenn die eigentlich zu delistende Gesellschaft ihre Zulassung wieder aufnimmt und somit der Abfindungsanlass entfällt.[56] Keine Erledigung von Amts wegen tritt demgegenüber nach der Rechtsprechung des BGH ein, wenn während des Spruchverfahrens ein Beherrschungs- und/oder Gewinnabführungsvertrag beendet wird.[57]

d) **Verzicht und Anerkenntnis.** Ein Anerkenntnis des Antragsgegners kommt im Spruchverfahren nicht in Betracht.[58] Dies ist Ausfluss des Umstandes, dass nach herrschender Meinung die Höhe der angemessenen Kompensation als Verfahrensgegenstand des Spruchverfahrens nicht durch die gestellten Anträge begrenzt wird (kein ne ultra petita) und somit keine Bezugsgröße für ein Anerkenntnis besteht.[59] Verfahrensrechtlich ist ein „solches" Anerkenntnis dennoch nicht bedeutungslos. Das Gericht behandelt den Gegenstand des „Anerkenntnisses" als zugestandenes Vorbringen, so dass insoweit eine Amtsermittlung nicht mehr erforderlich ist.[60] 23

e) **Auswirkung der Eröffnung eines Insolvenzverfahrens.** Die Eröffnung des Insolvenzverfahrens über das Vermögen der Antragsgegnerin soll nach hM nicht zur Unterbrechung des Spruchverfahrens führen, § 240 ZPO insoweit also keine Anwendung finden.[61] Für das frühere Recht wurde dies insb. damit begründet, dass Entscheidungen im Spruchverfahren keine unmittelbaren Leistungspflichten für die Antragsgegnerin begründen, sondern auf eine nachträgliche Änderung der in Rede stehenden Strukturmaßnahme mit Wirkung inter-omnes gerichtet und insoweit in weiterem Umfang der Parteidisposition entzogen sind als sonstige Gegenstände echter Streitverfahren im Rahmen der freiwilligen Gerichtsbarkeit.[62] 24

Anhang Unternehmensbewertung

Literatur:

Adolff, Unternehmensbewertung im Recht der börsennotierten Aktiengesellschaft, 2007; *Aha*, Aktuelle Aspekte der Unternehmensbewertung im Spruchstellenverfahren, AG 1997, 26; *Behringer*, Unsicherheit und Unternehmensbewertung, DStR 1999, 731; *Bilda*, Zur Dauer der Spruchstellenverfahren, NZG 2000, 296; *Brandi/Wilhelm*, Gesellschaftsrechtliche Strukturmaßnahmen und Börsenkursrechtsprechung – Aktuelle Tendenzen in der Rechtsprechung, NZG 2009, 1408, 1409; *Brealey/Myers/Allen*, Principles of Corporate Finance, 10. Aufl. 2011; *Bücker*, Die Berücksichtigung des Börsenkurses bei Strukturmaßnahmen – BGH revidiert DAT/Altana, NZG 2010, 967; *Bungert*, DAT/Altana: Der BGH gibt der Praxis Rätsel auf, BB 2001, 1163; *ders./Leyendecker-Langner*, Börsenkursrechtsprechung beim vorgeschalteten Delisting, BB 2014, 521; *Bungert/Wettich*, Neues zur Ermittlung des Börsenkurses bei Strukturmaßnahmen, ZIP 2012, 449; *Dies.*, Die zunehmende Bedeutung des Börsenkurses bei Strukturmaßnahmen im Wandel der Rechtsprechung, FS Hoffmann-Becking, 2013, S. 157; *Busse von Colbe*, Der Vernunft eine Gasse: Abfindung von Minderheitsaktionären nicht unter dem Börsenkurs ihrer Aktien, FS Lutter, 2000, S. 1053; *Decher*, Die Ermittlung des Börsenkurses für Zwecke der Barabfindung beim Squeeze Out, ZIP 2010, 1673; *Emmerich*, Anmerkungen zur Bewertung von Unternehmen im Aktienrecht, FS U.H. Schneider, 2011, S. 323; *Erhardt/Nowak*, Zur (Ir)Relevanz der Risikoprämie für die Unternehmensbewertung bei Squeeze Outs, AG-Sonderheft 2005: Fair Valuations, 3; *Fleischer*, Das neue Recht des Squeeze Out, ZGR 2002, 757;

55 OLG Zweibrücken AG 2005 256. Vgl auch Semler/Stengel/*Volhard*, § 11 SpruchG Rn 17.
56 BayObLG AG 2005 241, 241 f. Vgl auch Semler/Stengel/*Volhard*, § 11 SpruchG Rn 17; Simon/*Simon*, § 11 Rn 43.
57 BGH NJW 1997 2242, 2243; OLG Hamburg AG 2002 406, 407.
58 Schmitt/Hörtnagl/Stratz/*Hörtnagl*, § 11 SpruchG Rn 19; *Fritzsche/Dreier/Verfürth*, § 11Rn 33. AA Semler/Stengel/*Volhard*, § 11 SpruchG Rn 15: Anerkenntnis entsprechend § 307 ZPO.
59 *Fritzsche/Dreier/Verfürth*, § 11 Rn 33.
60 Schmitt/Hörtnagl/Stratz/*Hörtnagl*, § 11 SpruchG Rn 19, so dann auch Semler/Stengel/*Volhard*, § 11 SpruchG Rn 15.
61 OLG Frankfurt AG 2006 206 ausdrücklich aber nur zum früheren Recht; so auch OLG Schleswig AG 2008 828, 829; OLG Hamburg AG 2002 406, 407; *Klöcker/Frowein*, § 11 Rn 31; wohl auch Simon/*Winter*, § 11 Rn 19.
62 OLG Frankfurt AG 2006 206, 206 f; OLG Schleswig AG 2008 828, 829.

ders., Unternehmensbewertung bei aktienrechtlichen Abfindungsansprüchen: Bestandsaufnahme und Reformperspektiven im Lichte der Rechtsvergleichung, AG 2014, 97; *ders./Bong*, Unternehmensbewertung bei konzernfreien Verschmelzungen zwischen Geschäftsleiterermessen und Gerichtskontrolle, NZG 2013, 881; *Franken/Schulte*, Beurteilung der Eignung von Betafaktoren mittels R2 und t-Test: Ein Irrweg? Auch eine Replik zu Knoll, WPg 2010, S. 1106-1109, WPg 2010, 1110; *French/Poterba*, Japanese and U.S. Cross Border Common Stock Investments, Journal of Japanese and International Economics 4 (1990), 476; *Gärtner/Handke*, Unternehmenswertermittlung im Spruchverfahren – Schrittweiser Abschied vom Meistbegünstigungsprinzip des BGH (DAT/Altana), NZG 2012, 247; *Großfeld*, Börsenkurs und Unternehmenswert, BB 2000, 261; *ders.*, Recht der Unternehmensbewertung, 7. Aufl. 2012; *ders./Merkelbach*, Wirtschaftsdaten für Juristen: Grundlagen einer disziplinierten Unternehmensbewertung, NZG 2008, 241; *ders.*, Betafaktor: Herleitung und Eignung, NZG 2009, 1204; *ders./Stöver*, Ermittlung des Betafaktors in der Unternehmensbewertung: Anleitung zum „do it yourself", BB 2004, 2799; *Habersack/Lüssow*, Vorbelastungshaftung, Vorbelastungsbilanz und Unternehmensbewertung – Plädoyer für ein zweistufiges Vorbelastungskonzept, NZG 1999, 629; *Hommel*, Bewertung der „New Economy" auf Realoptionsbasis, WM 2000, 1535; *Hopt*, Ökonomische Theorie und Insiderrecht, AG 1995, 353; *Hüttemann*, Börsenkurs und Unternehmensbewertung, ZGR 2001, 454; *Klöhn/Verse*, Ist das Verhandlungsmodell zur Bestimmung der Verschmelzungswertrelation verfassungswidrig? AG 2013, 1; *Knoll*, Äquivalenz zwischen signifikanten Werten des Beta-Faktors und des Bestimmtheitsmaßes, Anmerkungen zu Dörschell/Franken/Schult/Brütting, WpG 2010, S. 1152-1162, WpG 2010, 1106; *Kocher/Widder*, Delisting ohne Hauptversammlungsbeschluss und Abfindungsangebot, NJW 2014, 127; *Kuhner*, Unternehmensbewertung – Tatsachenfrage oder Rechtsfrage? WpG 2007, 825; *Leyendecker*, Irrelevanz des anteiligen Unternehmenswerts zur Ermittlung der Squeeze-out-Abfindung bei Bestehen eines fortdauernden Beherrschungs- und Gewinnabführungsvertrags, NZG 2010, 927; *Löffler*, Was kann die Wirtschaftswissenschaft für die Unternehmensbewertung (nicht) leisten? WpG 2007, 808; *Luttermann*, Zum Börsenkurs als gesellschaftsrechtliche Bewertungsgrundlage – Die Maßgeblichkeit des Marktpreises im Zivil- und Steuerrecht, ZIP 1999, 45; *Manne*, Insider Trading, Edited and with an Introduction by Stephen M. Bainbridge, 2009 (The Collected Works of Henry G. Manne, Volume 2); *Marshall*, Principles of Economics, 8. Aufl. 1920 (Nachdruck 1997); *Myers*, Finance Theory and Financial Strategy, Interfaces 14 (1984), 126, *ders.*, Determinants of Corporate Borrowing, J. Fin. Econ. 5 (1977), 147; *Nelson/Siegel*, Parsimonious modeling of yield curves, Journal of Business, 60(4), 1987, 473; *Neumann/Ogorek*, Alles eine Frage der Zeit: BGH ändert Rechtsprechung von Abfindungen auf Basis des Börsenkurses, DB 2010,1869; *Paschos*, Die Maßgeblichkeit des Börsenkurses bei Verschmelzungen, ZIP 2003, 1017; *ders./Klaaßen*, Delisting ohne Hauptversammlung und Kaufangebot – der Rückzug von der Börse nach der Frosta-Entscheidung des BGH, AG 2014, 33; *Peemöller (Hrsg.)*, Praxishandbuch der Unternehmensbewertung, 3. Aufl. 2005; *Perridon/Steiner/Rathgeber*, Finanzwirtschaft der Unternehmung, 16. Aufl. 2012; *Piltz*, Unternehmensbewertung und Börsenkurs im aktienrechtlichen Spruchverfahren, ZGR 2001, 185; *Riehmer*, Squeeze-out: Lösungen zu aktuellen Problemen aus Sicht der Praxis, DK 2009, 273; *Rodewald*, Die Angemessenheit des Ausgabebetrages für neue Aktien bei börsennotierten Gesellschaften, BB 2004, 613; *Rosenbaum/Pearl*, Investment Banking. Valuation, Leveraged Buyouts, and Mergers & Acquisitions, 2009; *Schilling/Witte*, Die Bestimmung des Börsenwerts einer Aktie im Lichte der aktuellen BGH-Rechtsprechung – eine Erörterung praktischer Bewertungsfragen, DK 2010, 477; *Shleifer*, Inefficient Markets. An Introduction to Behavioral Finance, 2000; *Steinhauer*, Der Börsenpreis als Bewertungsgrundlage für den Abfindungsanspruch von Aktionären, AG 1999, 299; *Stilz*, Börsenkurs und Verkehrswert – Besprechung der Entscheidung BGH, ZIP 2001, 734 – DAT/Altana, ZGR 2001, 875; *Stöber*, Die Zukunft der Macrotron-Regeln zum Delisting nach den jüngsten Entscheidungen des des BVerfG und des BGH, BB 2014, 9; *Sunstein (Hrsg.)*, Behavioral Law & Economics, 2000; *Svensson*, Estimating and Interpreting Foreward Interest Rates: Sweden 1992–1994, Papers 579 – Institute for International Economic Studies 1994; *Tesar/Werner*, Home Bias and High Turnover, Journal of International Money and Finance 14 (1995), 467; *Thurow*, Zur Problematik der Ermittlung einer „risikofreien" Rendite für das CAPM im aktuellen Marktumfeld, IRZ 2012, 11; *Wagner/Saur/Willershausen*, Zur Anwendung der Neuerung der Unternehmensbewertungsgrundsätze des IDW S1 i.d.F. 2008 in der Praxis, WPg 2008, 731; *Wasmann*, Endlich Neuigkeiten zum Börsenkurs, ZGR 2011, 83, *Wasmann/Glock*, Die FRoSTA-Entscheidung des BGH – Das Ende der Macrotron-Grundsätze zum Delisting, DB 2014, 105; *Weber*, Börsenkursbestimmung aus ökonomischer Perspektive, ZGR 2004, 280; *Weber/Kersjes*, Hauptversammlungsbeschlüsse vor Gericht, 2010; *Weiler/Meyer*, Berücksichtigung des Börsenkurses bei der Emittlung der Verschmelzungswertrelation, NZG 2003, 669; *Wieneke*, Aktien- und kapitalmarktrechtlicher Schutz beim Delisting nach dem FRoSTA-Beschluss des BGH, NZG 2014, 22; *Wilm*, Abfindung zum Börsenkurs – Konsequenzen der Entscheidung des BVerfG, NZG 2000, 234; *ders*., Nochmals: Abfindung zum Börsenkurs – Kommentar zu OLG Düsseldorf, NZG 2000, 1075; *Wilsing/Kruse*, Maßgeblichkeit der Börsenkurse bei umwandlungsrechtlicher Verschmelzung, DStR 2001, 991; *Wilsing/Ogorek*, Die Angemessenheitsvermutung beim übernahmerechtlichen Squeeze Out, GWR 2009, 211; *Wöhe*, Einführung in die Allgemeine Betriebswirtschaftslehre, 24. Aufl. 2010; *Wollny*, Der objektivierte Unternehmenswert, 2008; *ders*. „Führt der objektivierte Unternehmenswert zum Verkehrswert?" – Eine Begriffsbestimmung, Bewertungs-Praktiker, 3/2010, 10; *Zetsche*, Going Dark Under German Law – Towards an Efficient Regime for Regular Delisting, Center for Business and Corporate Law Working Paper 53/2013.

A. Grundlagen

I. Gesetzliche Bewertungsanlässe

1 Gesetzlich vorgeschriebene Unternehmensbewertungen, in denen eine Überprüfung des Unternehmenswerts im Spruchverfahren veranlasst ist, begegnen in einer Vielzahl von Konstellationen.[1] Im Einzelnen existieren die folgenden gesetzlichen Bewertungsanlässe, die einer Überprüfung im Spruchverfahren offen stehen: angemessener Ausgleich bzw Abfindung gemäß §§ 304, 305 AktG bei Abschluss von Beherrschungs- und Gewinnabführungsverträgen, Abfindung in Aktien oder Barabfindung bei Eingliederung (§ 320 b AktG), Barabfindung beim Ausschluss von Minderheitsaktionären im Rahmen eines aktien- (§ 327 a AktG) oder umwandlungsrechtlichen Squeeze Out (§ 62 Abs. 5 UmwG), die über § 12 Abs. 4 FMStBG auch beim Squeeze Out durch den Soffin im Rahmen der Finanzmarktstabilisierung Geltung beanspruchen,[2] Bestimmung des angemessenen Umtauschverhältnisses und Höhe einer eventuellen baren Zuzahlung bei Verschmelzung oder Spaltung zugunsten der Anteilseigner des übertragenden Rechtsträgers (§ 15 UmwG),[3] Abfindung widersprechender Anteilseigner des übertragenden Rechtsträgers bei Verschmelzung oder Spaltung auf einen Rechtsträger anderer Rechtsform oder der Verschmelzung einer börsennotierten auf eine nicht börsennotierte Aktiengesellschaft (§ 29 UmwG) sowie Angemessenheit des Abfindungsangebots im Rahmen eines Formwechsels (§ 207 UmwG). Seit der Öffnung der nationalen Gesellschaftsrechte durch das Europarecht treten zu diesen rein nationalen weitere gesetzliche Bewertungsanlässe anlässlich grenzüberschreitender Unternehmensreorganisationen, im Einzelnen: bare Zuzahlung zur Verbesserung des Umtauschverhältnisses und Barabfindung für widersprechende Anteilseigner einer grenzüberschreitenden Verschmelzung sowie Zuzahlung oder Barabfindung im Zusammenhang mit der Gründung einer Europäischen (Aktien-)Gesellschaft (SE) oder einer Europäischen Genossenschaft (SCE).

2 Weitere, einer Überprüfung im Spruchverfahren zugängliche Bewertungsanlässe waren nach bisheriger Rechtsprechung des BGH auch Fälle eines (regulären) **Delistings**, also des Widerrufs der Börsenzulassung auf Antrag des Emittenten (§ 39 Abs. 2 BörsG). Nach Ansicht der Macrotron-Entscheidung gebietet der Eigentumsschutz hier einen Hauptversammlungsbeschluss sowie ein Abfindungsangebot der Gesellschaft bzw ihres Mehrheitsaktionärs, dessen Angemes-

1 Zu betriebswirtschaftlichen Bewertungsanlässen etwa *Wöhe*, Einführung in die Allgemeine Betriebswirtschaftslehre, S. 570 f.
2 LG München I ZIP 2013 1664 (1665) (HRE).
3 Demgegenüber steht den Anteilseignern des übernehmenden Rechtsträgers kein Spruchverfahren zur Überprüfung der Verschmelzungsrelation offen, sie sind auf die Anfechtung des Verschmelzungsbeschlusses verwiesen. Die Regelung ist Gegenstand erheblicher rechtspolitischer Kritik.

senheit einer Überprüfung im Spruchverfahren zugänglich ist.[4] Höchstrichterlich ungeklärt, von der Instanzenrechtsprechung aber durchweg verneint wurde demgegenüber die Übertragung dieser Grundsätze auf Fälle eines sog. bloßen **Downlistings**, dh des Wechsels vom regulierten Markt in ein Qualitätssegment des Freiverkehrs (Entry Standard der FWB, m:access der Börse München).[5] Nachdem das BVerfG die „Macrotron"-Rechtsprechung als verfassungsrechtlich nicht geboten, sondern lediglich legitimes Ergebnis richterlicher Rechtsfortbildung qualifiziert hat,[6] hat der BGH mit Beschluss v. 8.10.2013 die Macrotron-Rechtsprechung inhaltlich vollständig aufgegeben.[7] Auch ein vollständiges Delisting erfordert damit weder einen Beschluss der Hauptversammlung noch ein Abfindungsangebot seitens der Gesellschaft oder ihres Großaktionärs, es bleibt bei dem börsenrechtlich angeordneten Schutz der Minderheitsaktionäre (§ 39 Abs. 2 S. 2 BörsG), der durch die jeweils einschlägige BörsO konkretisiert wird und sich im Regelfall in der zeitlich beschränkten Aufrechterhaltung des Handels in Aktien des betreffenden Emittenten erschöpft, um den außenstehenden Aktionären eine (letzte) reelle Desinvestitionsmöglichkeit zu eröffnen. Entsprechend steht ein Spruchverfahren in diesen Fällen nicht mehr zur Verfügung.[8]

Nach umstrittener, aber zutreffender Ansicht ist zudem davon auszugehen, dass die Angemes- 3
senheit der im Rahmen eines **übernahmerechtlichen Squeeze Out** angebotenen Barabfindung nicht im Spruchverfahren überprüft werden kann:[9] die §§ 39 a, b WpÜG sind ersichtlich an besondere Kautelen geknüpft, bei deren Beachtung der Gesetzgeber bereit ist, das Marktergebnis als angemessen zu akzeptieren. Insb. zu beachten ist, dass die Angemessenheitsvermutung des übernahmerechtlichen Squeeze Out daran geknüpft ist, dass das vorgeschaltete Angebot eine Annahmequote von 90 % des betroffenen Grundkapitals erreicht, und zudem § 39 a WpÜG nur im Anschluss an ein Übernahme- oder Pflichtangebot, nicht aber auch in Folge eines freiwilligen, nicht kontrollrelevanten Erwerbsangebots („Aufstockungsangebot") in Betracht kommt, so dass die Mindestpreisvorschriften des § 31 WpÜG iVm §§ 4 ff- WpÜG-AngebotsVO zusätzlichen Schutz zugunsten der ausscheidenden Minderheitsaktionäre bieten.[10]

Kein Spruchverfahren ist schließlich in Fällen einer **(Sach)Kapitalerhöhung unter Bezugsrechts-** 4
ausschluss gemäß § 255 Abs. 2 AktG (analog) eröffnet. Auch wenn man diese Regelung wenig überzeugend finden muss und die Anfechtungsmöglichkeit nach § 255 AktG zu Recht Gegenstand von erheblicher rechtspolitischer Kritik in Rechtsprechung und Schrifttum ist,[11] ist sie de lege lata hinzunehmen. Bewertungsrügen sind damit bis auf weiteres mittels Anfechtungsklage nach § 243 Abs. 1 AktG geltend zu machen.

II. Der wahre Wert

In den vorgenannten Fällen verlangt das Gesetz jeweils eine „angemessene" Kompensation.[12] 5
Das wiederholt zur Entscheidung aufgerufene BVerfG versteht hierunter eine wirtschaftlich

4 BGH NJW 2003 1032 (Macrotron); LG Köln AG 2009 835, 835 f.

5 OLG Bremen NZG 2013 749 (Vorinstanz des BGH), aA *Stöber*, BB 2014, 9, 15. Richtigerweise sollte man hingegen den Widerruf der Zulassung zum regulierten Markt unter gleichzeitiger Einbeziehung der Aktien in den einfachen Freiverkehr nicht als Downlisting qualifizieren, da der BGH in der Macrotron-Entscheidung ausdrücklich klargestellt hat, dass die – nicht einmal notwendig auf Initiative des Emittenten erfolgende – Einbeziehung in den einfachen Freiverkehr nicht abweichend von einem völligen Notierungswegfall zu behandeln ist. Vgl BGH NJW 2003 1032, 1034 (Macrotron), wie hier *Paschos/Klaaßen*, AG 2014, 33, 34; aA etwa LG Köln AG 2009 835, 836; *Wieneke*, NZG 2014, 22, 24 f.

6 BVerfG NZG 2012 826 (Delisting).

7 BGH NZG 2013 1342, 1342 ff („Frosta"); dem BGH folgend etwa *Wieneke*, NZG 2014, 22; kritisch etwa *Zetsche*, Going Dark Under German Law: für Beschlussfassung der majority of the minority, allerdings auch gegen ein Barabfindungsangebot.

8 *Paschos/Klaaßen*, AG 2014, 33, 36; *Wasmann/Glock*, DB 2014, 105, 107. AA weiterhin etwa *Stöber*, BB 2014, 9, 16.

9 *Wieneke*, NZG 2014, 22, 25.

10 So auch OLG Frankfurt am Main AG 2012 635, 638 f; OLG Celle ZIP 2010 830, 830 f ; *Wilsing/Ogorek*, GWR 2009, 211, 213 f; wohl auch *Riehmer*, DK 2009, 273, 276 f. Offengelassen von LG Frankfurt aM AG 2013 433, 434 f.

11 OLG Jena AG 2007 31, 36. AA insoweit Heidel/*Heidel*, Aktien- und Kapitalmarktrecht, § 255 AktG, Rn 1 b.

12 KölnKomm-AktG/*Riegger/Gayk*, Anh. § 11 SpruchG Rn 3; Simon/*Simon/Leverkus*, Anh. § 11 Rn 5.

„volle Entschädigung“ des ausscheidenden Anteilseigners,[13] bzw eine Abfindung zum **„richtigen“ bzw „wahren“ Wert**[14] der Unternehmensbeteiligung an dem arbeitenden Unternehmen unter Einschluss der stillen Reserven und des inneren Geschäftswerts.[15] Gleichzeitig herrscht weitgehend Einigkeit, dass es einen wahren Wert eines Unternehmens als solchen nicht gibt,[16] die Terminologie insoweit also zumindest irreführend ist.

6 Richtigerweise sollte man die Begrifflichkeit des wahren Werts dahin verstehen, dass es sich um den (hypothetischen) Marktwert handelt, der frei von subjektiven Faktoren ist.[17] Eine Bereinigung um subjektive Faktoren erscheint zunächst wenig intuitiv.[18] Grundsätzlich entspricht der Wert einer Unternehmung dem diskontierten Wert ihrer Einzahlungsüberschüsse, also dem Geldwert, den die Zusammenfassung von Produktionsfaktoren zu generieren vermag. Dieser im Stellvertreter Geld ausgedrückte Wert ist für alle Bewertungsadressaten eigentlich identisch, so dass für subjektive Momente scheinbar kein Raum ist. Im Einzelfall können sich die subjektiven Reservationspreise dennoch vom Marktpreis entfernen: zunächst können das Ob und der Umfang (erwarteter) Synergieeffekte mit der Person des potenziellen Unternehmenserwerbers variieren.[19] Weiter sind unterschiedliche Managementqualifikationen, also in der Terminologie Gutenbergs der dispositive Faktor, zu berücksichtigen.[20] Schließlich können unterschiedliche Risikopräferenzen potenzieller Erwerber Einfluss auf die Bewertung haben. Wenn es also auch nicht den richtigen Unternehmenswert gibt, sollte man den objektivierten Unternehmenswert als den von den individuellen Präferenzen befreiten Wert der Unternehmung begreifen; abzustellen ist also auf den (hypothetischen) Markt- bzw Gleichgewichtspreis und nicht auf individuelle Reservationspreise.[21]

III. Methodenpluralismus

7 **1. Kein gesetzlich zwingend vorgegebenes Verfahren.** Jenseits des Gebots, subjektive Aspekte bei der Bewertung auszublenden, enthält sich das Gesetz weiterer Vorgaben zum maßgeblichen Bewertungsverfahren. Weder AktG und UmwG[22] noch Art. 14 GG präjudizieren die Verwendung eines bestimmten Verfahrens.[23] Da es nicht das richtige Bewertungsmodell gibt,[24] ist die gestalterische Enthaltsamkeit des Gesetzgebers zu begrüßen. Erforderlich, aber auch ausreichend ist die Verwendung eines (weitgehend) allgemein anerkannten Bewertungsverfahrens,[25] das dem wissenschaftlichen und praktischen state of the art entspricht und dem konkreten Bewertungsanlass angemessen ist.[26]

13 So bereits BVerfG NJW 1962 1667, 1668 f. (Feldmühle) zur früheren Mehrheitsumwandlung nach § 15 UmwG aF, seitdem ständige Rechtsprechung, vgl BVerfG NJW 2012 3020, 3021 (Daimler/Chrysler) BVerfG NZG 2012 907, 908 f (Deutsche Hypothekenbank); BVerfG NJW 2011 2497, 2498 (Telekom/T-Online); BVerfG NJW 2001 279, 280 (Moto-Meter).

14 BVerfG NZG 2011 235, 236 (Kuka AG); BVerfG NJW 2012 3020, 3021 (Daimler/Chrysler); BVerfG NZG 2012, 907, 908 f (Deutsche Hypothekenbank); BVerfG NJW 2011 2497, 2498 (Telekom/T-Online); BVerfG NJW 2007 3266, 3267 (Wüstenrot/Württembergische).

15 BVerfG NJW 1999 3679, 3771; KölnKomm-AktG/ Riegger/Gayk, Anh. § 11 SpruchG, Rn 5; kritisch gegenüber dieser Formulierung *Stilz*, ZGR 2001, 875, 881 f; *Busse von Colbe*, FS Lutter, S. 1053, 1055 ff.

16 *Busse von Colbe*, FS Lutter, 1053,1056: „Es gibt ihn nicht.“ Aus der Rechtsprechung so auch LG München I ZIP 2013 1664, 1668 (HRE); vgl auch *Emmerich*, FS U.H. Schneider, S. 323, 323 f Kritisch gegenüber dieser Terminologie *Piltz*, ZGR 2001,185, 193 ff; *Luttermann*, ZIP 1999, 45, 47.

17 KölnKomm-AktG/*Riegger/Gayk*, Anh. § 11 SpruchG Rn 3.

18 Anders etwa Simon/*Simon/Leverkus*, Anh. § 11 Rn 19 ff, denen zu Folge die Subjektivität des Unternehmenswertes handgreiflich ist.

19 IDW S1 idF 2008 Tz 13.

20 *Wöhe*, Einführung in die Allgemeine Betriebswirtschaftslehre, S. 573. So auch IDW S1 idF 2008 Tz 13.

21 Zum Verhältnis von individueller Zahlungsbereitschaft (Reservationspreis) und markträumendem Gleichgewichtspreis grundlegend nach wie vor *Marshall*, Principles of Economics, S. 147 ff.

22 OLG Celle NZG 1998, 987.

23 BVerfG NJW 2007 3266, 3268 (Wüstenrot/Württembergische); BVerfG NJW 1999 3679, 3771; OLG Stuttgart AG 2014 208, 209; Simon/*Simon/Leverkus*, Anh. § 11 Rn 9; KölnKomm-AktG/*Riegger/Gayk*, Anh. § 11 SpruchG Rn 4; *Fleischer*, AG 2014, 97, 98; *Habersack/Lüssow*, NZG 1999, 629, 633.

24 OLG Stuttgart NZG 2013 897, 897 f.

25 OLG Frankfurt aM AG 2013, 647; OLG Stuttgart, NZG 2013 897.

26 BVerfG NZG 2012 907, 909 (Deutsche Hypothekenbank); OLG Stuttgart AG 2014 208, 209.

2. Kein methodisches Meistbegünstigungsprinzip. Zu kompensierende Anteilseigner haben keinen Anspruch darauf, dass sämtliche zur Verfügung stehenden und anerkannten Bewertungsverfahren durchgeführt werden und ihre Abfindung sich nach dem aus ihrer Sicht günstigsten Ergebnis bemisst.[27] Ein solches Meistbegünstigungsprinzip ist weder verfassungsrechtlich noch einfachgesetzlich vorgeschrieben und wäre im Übrigen auch kaum mit der zutreffenden Beobachtung zu vereinbaren, dass es nicht das richtige Verfahren gibt. Ein Meistbegünstigungsprinzip im vorgenannten Sinne würde letztlich auf die Zuweisung von ungerechtfertigten Zufallsgewinnen (*windfall profits*) an die ausscheidenden Anteilseigner hinauslaufen, wobei auch in Rechnung zu stellen ist, dass damit gleichzeitig aus Sicht der – gleichfalls grundrechtlich geschützten – Gesellschaft das denkbar ungünstigste Bewertungsverfahren zur Anwendung gelangen würde (zu den bei einzelnen Bewertungsanlässen geltenden Besonderheiten mit Blick auf den Börsenkurs vgl unter Rn 143; 180 ff). 8

3. Praktische Dominanz des Ertragswertverfahrens. In der deutschen Bewertungspraxis hat sich das Ertragswertverfahren als ganz vorherrschend durchgesetzt.[28] Ursächlich ist vor allem die Adelung, die dasselbe durch den IDW S1 des Instituts der Deutschen Wirtschaftsprüfer erfahren hat. Zwar kommt den IDW S1 keine Rechtsnormqualität im Wortsinne zu.[29] Da allerdings Wirtschaftsprüfer, die von der Vorgabe eines IDW-Standards abweichen, sich dem Vorwurf einer Berufshaftung ausgesetzt sehen, wird man ihnen faktisch normgleiche Wirkung zusprechen müssen.[30] Entsprechend dominiert in der Praxis die Ertragswertberechnung in der Ausprägung des **IDW S1** in der Fassung von 2008.[31] Auch das BVerfG hat die Verwendung des Ertragswertverfahrens als verfassungsrechtlich nicht geboten, gleichzeitig aber unbedenklich qualifiziert.[32] In Konsequenz akzeptiert es die Instanzenrechtsprechung praktisch ausnahmslos als prinzipiell geeignetes Verfahren.[33] Auch für einzelne Branchen, die durch tatsächliche oder vermeintliche Besonderheiten gekennzeichnet sind (etwa Immobilienbranche), gelten insoweit keine Besonderheiten.[34] 9

Kritik am Ertragswertverfahren bzw seiner Ausprägung durch den IDW S1 ist noch recht leise, wird allerdings doch spürbar lauter.[35] Zugute halten können wird man dem Ertragswertverfahren trotz aller durchaus nicht unberechtigten Kritik vor allem seine theoretische Fundierung und den Umstand, dass es durch seine Gebräuchlichkeit und Standardisierung eine gewisse Rechtssicherheit für Antragsteller, Antragsgegner, gemeinsame Vertreter und Spruchkörper gewährleistet, da die typischen streitanfälligen Bewertungsparameter bekannt sind und in den meisten Fällen bereits Gegenstand einer hinreichenden gerichtlichen Feuertaufe waren. Echte Überraschungen – zumindest in methodischer Hinsicht – müssen die Beteiligten eines Spruchverfahrens deshalb bei einer Bewertung anhand des Ertragswertverfahrens nicht befürchten. 10

4. Maßgeblicher Zeitpunkt: Stichtagsprinzip. Der Unternehmenswert bzw der Wert der aus diesem zu entwickelnden und im Spruchverfahren zu bestimmenden Kompensation ist grundsätzlich nach dem Stichtagsprinzip zu ermitteln,[36] der bei praktisch sämtlichen gesetzlich veranlassten Bewertungen auf den Zeitpunkt der Entscheidung der Anteilseigner über die Strukturmaßnahme fällt.[37] Für die Ermittlung der gleichfalls einer Überprüfung im Spruchverfahren 11

27 BVerfG NZG 2012 907, 098 (Deutsche Hypothekenbank); vgl auch MüKo-AktG/*Riegger/Gayk*, Anh. § 11 SpruchG Rn 67; *Wüstemann*, BB 2013, 1643.

28 Aus der Rechtsprechung etwa OLG Frankfurt aM AG 2013 647, 648; OLG Celle NZG 1998 987; BayObLG NJW-RR 1996 1125, 1126.

29 OLG Stuttgart AG 2014 208, 209 f.

30 *Fleischer*, AG 2014, 97, 100: „quasi-verbindlicher Charakter". Zu weitgehend Simon/*Simon/Leverkus*, Anh. § 11 Rn 36, die versuchen, den auch normativen Wert der IDW PS herzuleiten.

31 OLG Stuttgart NZG 2013 897, 898; vgl zu dieser Dominanz auch *Fleischer*, AG 2014, 97, 99 f Kritisch *Emmerich*, FS U.H. Schneider, S. 323, 323 ff.

32 BVerfG NJW 2007 3266, 3268 (Wüstenrot/Württembergische).

33 OLG Stuttgart AG 2011 205, 207. Besonders weitgehend LG Dortmund NZG 2004 723, 724: „Als derzeit bekannter bester und plausibelster Weg zur Ermittlung des objektivierten Unternehmenswertes gilt die sogenannte Ertragswertmethode."

34 OLG Frankfurt aM AG 2013 647, 648.

35 *Emmerich*, FS U.H. Schneider, S. 323, 323 ff.

36 LG Dortmund NZG 2004 723, 724 f; *Klöcker/Frowein*, § 1 Anh. Rn 2; Simon/*Simon/Leverkus*, Anh. § 11 Rn 30.

37 OLG Frankfurt aM AG 2013 647, 648.

zugänglichen Verschmelzungswertrelation fehlt die explizite Anordnung des maßgeblichen Zeitpunkts; hier wird verbreitet auf den Tag der zustimmenden Versammlung auf Ebene des übertragenden Rechtsträgers abgestellt.[38]

12 Aus dem Stichtagsprinzip folgt die sog. **Wurzeltheorie.**[39] Bei Bewertung des Unternehmens sind nur solche Umstände zu berücksichtigen, die am Bewertungsstichtag bereits in der Wurzel angelegt waren.[40] Dh Erkenntnisse, die erst nach dem Bewertungsstichtag gewonnen werden, rechtfertigen keine Korrektur einer Prognose.[41]

13 Nach weitgehend unbestrittener Ansicht in Rechtsprechung und Schrifttum gebietet das Stichtagsprinzip nicht, dass der Unternehmenswert zwingend unter ausschließlichem Rückgriff auf die wertbestimmenden Faktoren am eigentlichen Stichtag zu ermitteln ist; vielmehr ist nach hM in Rechtsprechung und Lehre ebenso zulässig, auf einen **Durchschnitt** im Umfeld des Bewertungsstichtages zurückzugreifen.[42] Maßgeblicher Erwägungsgrund für diese Zufluchtnahme bei ökonomisch zunächst einmal alles andere als einfach zu begründenden historischen Durchschnittswerten ist vor allem die Sorge, dass anderenfalls damit zu rechnen sei, dass erheblicher Aufwand betrieben werde, um die Wertverhältnisse am Stichtag in die eine oder andere Richtung künstlich zu verändern.[43] Praktisch relevant wird dies insb. dann, wenn die angemessene Abfindung (auch) unter Berücksichtigung des Börsenkurses bestimmt wird (vgl dazu unter Rn 150 ff).

14 5. **Prüfungsmaßstab.** Die Ermittlung der angemessenen Abfindung ist nicht nur, aber auch **Rechtsfrage**; sie kann folglich nach mittlerweile gefestigter herrschender Meinung nicht alleine dem Sachverständigen überlassen bleiben.[44] Entsprechend beschränken sich die Gerichte nicht auf eine bloße Plausibilitätskontrolle.[45]

15 Gleichzeitig verschließt sich die Spruchpraxis umgekehrt zu Recht nicht der unbestrittenen Erkenntnis, dass es a) den wahren Unternehmenswert im Sinne einer Einwertigkeit nicht gibt und b) Juristen nur bedingt geeignet sind, als „Richter" in vor allem betriebswirtschaftlichen Fragen zu entscheiden. Die Rechtsprechung zieht daraus die Konsequenz, dass der Verkehrswert im Wege der Schätzung nach § 287 Abs. 2 ZPO zu ermitteln ist.[46] Da Abweichungen immanent sind, wird gleichzeitig zu Recht nicht beanstandet, wenn die festgesetzte Kompensationsleistung von der durch das Gericht bzw den Sachverständigen ermittelten „richtigen" Abfindung in einem vertretbaren Maße abweicht, eine Abweichung von weniger als 10 % ist insofern nicht beanstandet worden, insb. dann, wenn der Börsenkurs gleichfalls unter dem als angemessen erkannten Wert lag.[47]

B. Bewertungssystematik

16 Für die lex lata der deutschen Bewertungspraxis ist grundsätzlich im Rahmen einer dreistufigen Selbstvergewisserung zu beurteilen, anhand welcher Maßstäbe der Unternehmenswert im Einzelfall zu ermitteln ist: (1) Erste wesentliche Kennziffer zur Bestimmung des Unternehmenswerts im Rahmen eines gesetzlichen Bewertungsanlasses ist der Ertragswert bzw Kapitalwert,

38 BayObLG NZG 2003 483, 484; *Klöcker/Frowein*, § 1 Anh. Rn 2.
39 OLG Karlsruhe, Beschl. v. 12.7.2013 – 12 W 57/10, BeckRS 2013, 13603; LG Dortmund NZG 2004 723, 724 f.
40 OLG Karlsruhe, Beschl. v. 12.7.2013 – 12 W 57/10, BeckRS 2013, 13603.
41 KölnKomm-AktG/*Riegger/Gayk*, Anh. § 11 SpruchG Rn 9; *Aha*, AG 1997, 26, 28 f.
42 BGH NJW 2001 2080, 2082 (DAT/Altana); BGH NJW 2010 2657, 2658 (Stollwerck).
43 BGH NJW 2010 2657, 2658 (Stollwerck).
44 OLG Stuttgart AG 2014 208, 209; *Hüttemann*, FS Hoffmann-Becking, S. 603; KölnKomm-AktG/*Riegger/Gayk*, Anh. § 11 SpruchG Rn 1; *Fleischer*, AG 2014, 97, 98. Kritisch gegenüber der zurückhaltenden Rolle der Gerichte etwa *Luttermann*, ZIP 1999, 45, 46: „sinnwidrige Selbstverstümmelung." AA noch BGH NJW 1978 1316, 1319 (Kali & Salz); OLG Frankfurt NZG 1999, 119, 121: „Angemessene Bewertung ist keine Rechtsfrage, sondern eine betriebswirtschaftlich zu beurteilende Frage."
45 BayObLG NJW-RR 1996 1125, 1126.
46 OLG Stuttgart NZG 2013 897, 898.
47 OLG Stuttgart ZIP 2011 382, 382 f; *Fleischer/Bong*, NZG 2013, 881, 882.

der mittels eines vergleichbaren fundamentalanalytischen Verfahrens ermittelt wird und der gemäß nach wie vor zahlreichen Stimmen die eigentliche bzw ausschließliche Größe zur Ermittlung des Unternehmenswertes darstellen sollte (hierzu Rn 17 ff, (2) ist bei (untechnisch) börsennotierten Bewertungsobjekten zu fragen, ob der Marktkapitalisierung – also dem Produkt aus Anzahl der ausgegebenen Aktien und Börsenkurs – Beachtung bei der Bestimmung des gesetzlich maßgeblichen Unternehmenswertes einzuräumen ist (hierzu Rn 133 ff) und (3) ob die Preise eventueller, in zeitlichem und sachlichem Zusammenhang mit der kompensationsrelevanten Maßnahme erfolgenden Erwerbsgeschäfte („Vorerwerbe") Einfluss auf die Höhe der Abfindung/Kompensation haben (vgl hierzu Rn 208 ff).

C. Bewertungsverfahren

I. Ertragswertverfahren

1. Grundlagen. Nicht zuletzt aufgrund seiner Adelung durch die Prüfungsstandards des IDW (vgl oben Rn 9) dominiert das Ertragswertverfahren die deutsche Bewertungspraxis, soweit die gesetzlich veranlasste Bewertung von Unternehmen bzw der unternehmenstragenden Gesellschaft in Rede steht.[48] 17

Aus Sicht ihrer Anteilseigner, die im Rahmen der gesetzlichen Bewertungsanlässe im Mittelpunkt des Interesses stehen, ist eine Unternehmung ein Instrument, um durch eine Investition heute zukünftige Einzahlungsüberschüsse bzw Erträge zu generieren. Diesen zutreffenden Grundgedanken übernimmt die Ertragswertmethode. Der Ertragswert als maßgebliche Zielgröße bestimmt sich grundsätzlich als Summe der erwarteten Erträge des betriebsnotwendigen Vermögens über die – regelmäßig als unendlich zu unterstellende – Gesamtlebensdauer der Unternehmung, die diskontiert wird auf ihren Bar- bzw Gegenwartswert und ergänzt um den Wert eventuell vorhandenen nicht betriebsnotwendigen Vermögens.[49] Ermittelt wird der sogenannte **Zukunftserfolgswert.**[50] Der Wert des einzelnen Anteils des abfindungsberechtigten Anteilseigners wird durch proportionale Umlegung dieses Unternehmenswerts für die Eigenkapitalgeber auf die einzelne Aktie oder den Geschäftsanteil ermittelt (**„indirekte Methode"**).[51] 18

2. Ertragsbegriff. Der Begriff der Unternehmenserträge bezieht sich grundsätzlich auf die den Unternehmenseignern in der Zukunft durch die Fortführung des Unternehmens entstehenden Vorteile. Entsprechend definiert der die Praxis dominierende IDW S1 idF 2008 den bewertungsrelevanten Unternehmensertrag als die **Nettoeinnahmen der Unternehmenseigner.**[52] Diese an die Anteilseigner fließenden Nettoeinnahmen berechnen sich als Summe der Ansprüche auf Ausschüttungen der erwirtschafteten Überschüsse gemindert um die erbrachten Einlagen und unter Berücksichtigung der mit dem am Eigentum der Unternehmung verbundenen Cash-Flows, insb. der Besteuerung der Unternehmenseigner. 19

Erste Konsequenz dieser Nettobetrachtung, also der Betonung der Werte, die den Anteilseigner letztlich erreichen, ist, dass das IDW im Rahmen der „Verabschiedung" des IDW S1 von der zuvor geltenden Annahme einer Vollausschüttung sämtlicher Überschüsse abgegangen ist. Bewertungsprämisse ist nunmehr, dass die zu bewertende Unternehmung bis zu einem gewissen Grad **Gewinne thesauriert.**[53] 20

Zweite Konsequenz der Maßgeblichkeit des Nettoertrags ist, dass auf die letztlich an die Anteilseigner fließenden Zahlungen abgestellt wird[54] und deshalb insb. nicht nur auf Unterneh- 21

48 Den IDW S1 ausdrücklich als hinreichend gebräuchlich und anerkannt qualifizierend OLG Stuttgart AG 2014 208, 209.

49 OLG Karlsruhe, Beschl. v. 12.7.2013 – 12 W 57/10 = BeckRS 2013, 13603; LG Dortmund NZG 2004 723, 724 f; KölnKomm-AktG/*Riegger/Gayk*, Anh. § 11 SpruchG Rn 7; Simon/*Simon/Leverkus*, SpruchG, Anh. § 11 Rn 57 ff.

50 *Habersack/Lüssow*, NZG 1999, 629, 632.

51 IDW S1 idF 2008 Tz 12. Vgl etwa Simon/*Simon/Leverkus*, Anh. § 11 Rn 12 ff.

52 IDW S1 idF 2008 Tz 24; *Habersack/Lüssow*, NZG 1999, 629, 632.

53 Simon/*Simon/Leverkus*, Anh. § 11 Rn 89 ff.

54 IDW S1 idF 2008 Tz 25 spricht insoweit vom „Zuflussprinzip".

mensebene, sondern auch auf Anteilseignerebene anfallende **Steuern** berücksichtigt werden.[55] Nach Einführung des Halbeinkünfteverfahrens bzw der Abgeltungssteuer versucht der IDW S1 dem Nettoprinzip unter steuerrechtlichen Vorzeichen dadurch Rechnung zu tragen, dass die Vollausschüttungshypothese nicht bloß um die zu erwartenden Thesaurierungen modifiziert wird, sondern die Nettozuflüsse nach Unternehmens- und Ertragssteuern bestimmt werden.[56]

22 Soweit die Steuerbelastung auf Anteilseignerebene betroffen ist, ist in diesem Zusammenhang zu berücksichtigen, dass diese – da maßgeblich von den persönlichen Verhältnissen des jeweiligen Anteilseigners abhängig – nicht konkret ermittelt werden kann. IDW S1 und die ihm folgenden Teile des Schrifttums greifen deshalb auf **Typisierungen** zurück, dh es wird die Steuerbelastung eines durchschnittlichen Anlegers ermittelt und dessen Steuerbelastung zur Bestimmung der Nettozuflüsse verallgemeinert.[57] Als repräsentativen Durchschnittsanleger im Rahmen einer objektivierten Unternehmensbewertung identifiziert das IDW dabei – durch die Rechtsprechung nicht beanstandet[58] – eine inländische unbeschränkt steuerpflichtige natürliche Person.[59] Ausgehend von diesen Annahmen gelangt das IDW für Bewertungsstichtage unter Geltung des **Halbeinkünfteverfahrens** zu einem typisierten hälftigen Einkommenssteuersatz von 17,5 %.[60] Für Bewertungsstichtage nach Inkrafttreten der **Abgeltungssteuer** ist demgegenüber zu differenzieren: für auszuschüttende Dividenden ergibt sich ohne Weiteres eine Steuerbelastung von 25 % zzgl Solidaritätszuschlag, insgesamt also eine effektive Steuerbelastung von 26,375 %,[61] für Kursgewinne hingegen wird eine typisierte Belastung von 13,1875 % unterstellt, die sich maßgeblich aus Stundungseffekten einer längeren Haltedauer erklären lässt.[62]

23 Um Konsistenz zwischen Zähler (nominale erwartete zukünftige Einzahlungsüberschüsse nach Steuern) und Nenner (Kapitalisierungszinssatz zur Ermittlung des Nettogegenwartswerts der zukünftigen Einzahlungsüberschüsse) zu gewährleisten, lässt der IDW S 1 die so ermittelten Nachsteuereinzahlungsüberschüsse abzinsen gegen die Nachsteuerrendite.[63] Die häufig in Spruchverfahren vorgebrachte Pauschalrüge, Steuern würden einseitig (nur) im Rahmen der Planrechnungen zulasten der Anteilseigner berücksichtigt, verfängt somit nicht.[64]

24 **3. Ermittlung des Ertrags.** Der Ertrag ist zukünftige und damit immanent unsichere Größe. Seine ordnungsgemäße Bestimmung gehört in Konsequenz sicherlich zu den herausforderndsten Aspekten der praktischen Unternehmensbewertung. Zumindest bezüglich der dabei zu beachtenden Methodik besteht allerdings im Ausgangspunkt vergleichsweise weitgehende Einigkeit.

25 **a) Planrechnungen.** Ausgangspunkt der Ermittlung der erwarteten Erträge bilden die Planungsrechnungen der zu bewertenden Unternehmung.[65] Kernstück der Ertragsermittlung bildet die auf Grundlage der Vergangenheitsanalyse erfolgende Schätzung des zukünftigen Unternehmenserfolges. Zur (approximativen) Bestimmung der zukünftigen Erträge konkurrieren methodisch die sog. Pauschalmethode sowie das sog. analytische oder Phasen-Modell. In beiden Fällen ist die Geschäftsleitung allerdings aufgerufen, höchste Sorgfalt auf die Erstellung der Planrechnungen zu verwenden. Während die weiteren Faktoren der Unternehmensbewertung – etwa Marktrisikoprämie, Basiszinssatz etc. – Gegenstand eines nicht nur im Einzelfall jeweils interessengeleiteten Glaubenskrieges sind, bildet die Plausibilität der Planrechnungen den materiellen Kern zahlreicher Spruchverfahren. Geschäftsleitungen der Unternehmen, deren

55 IDW S1 idF 2008 Tz 28; Simon/*Simon/Leverkus*, Anh. § 11 Rn 138. Die Nachsteuerbetrachtung als undenklich qualifizierend etwa OLG Stuttgart AG 2014 208, 211; OLG Karlsruhe, Beschl. v. 12.7.2013 – 12 W 57/10, BeckRS 2013, 13603.

56 KölnKomm-AktG/*Riegger/Gayk*, Anh. § 11 SpruchG Rn 18 f.

57 IDW S1 idF 2008 Tz 30.

58 OLG Stuttgart AG 2014 208, 211.

59 IDW S1 idF 2008 Tz 31; OLG Frankfurt aM AG 2011 832, 835; KölnKomm-AktG/*Riegger/Gayk*, Anh. § 11 SpruchG Rn 20.

60 Zustimmend aus der Rechtsprechung etwa OLG Frankfurt aM AG 2011 832, 835.

61 KölnKomm-AktG/*Riegger/Gayk*, Anh. § 11 SpruchG Rn 20.

62 KölnKomm-AktG/*Riegger/Gayk*, Anh. § 11 SpruchG Rn 20.

63 Vgl auch OLG Stuttgart AG 2014 208, 211.

64 Vgl hierzu IDW S1 idF 2008 Tz 44.

65 OLG Stuttgart AG 2014 208, 210.

Wert Objekt des Spruchverfahrens ist, sind dabei vor allem aufgerufen, sicherzustellen, dass sich die Werte der Unternehmensplanung auch im Übrigen mit den von der Unternehmung kommunizierten einschlägigen Zahlen decken. Andernfalls droht schnell der Vorwurf, es handele sich nicht um die „wirklichen" Planzahlen der Unternehmung, sondern um Zahlen, die anlässlich des Bewertungsanlasses bewusst hässlich gerechnet worden seien.

b) **Pauschalmethode.** Im Rahmen der Pauschalmethode werden die in einem Referenzzeitraum 26
von typischerweise drei bis fünf Jahren ermittelten **historischen Erträge** in einem ersten Schritt um Sonderfaktoren bereinigt und gegebenenfalls gewichtet, sodann in einem zweiten Schritt dieses bereinigte Ergebnis in die Zukunft fortgeschrieben.[66] Es erfolgt also eine Extrapolation der bereinigten historischen Ergebnisse in die Zukunft.

c) **Phasenmodell/Analytische Methode.** In der Praxis erfolgt die Schätzung der zukünftigen 27
Unternehmenserfolge heute ganz überwiegend mittels des sogenannten **analytischen oder Phasen-Modells.**[67] In Abgrenzung zur Pauschalmethode werden bei der analytischen Methode – zumindest in der Theorie – nicht die historischen Ergebnisse bereinigt und extrapoliert, vielmehr werden die erwarteten zukünftigen Erträge mittels einer Planrechnung entwickelt.[68] Im Hintergrund steht die zutreffende Erkenntnis, dass die bisherigen Ergebnisse einer Unternehmung allenfalls ein bedingt geeigneter Schätzer für ihren Zukunftserfolg sind.[69]

Auch am Anfang des analytischen Vorgehens steht eine **Vergangenheitsanalyse.** Anders als bei 28
der Pauschalmethode dient die Vergangenheitsanalyse hier allerdings nicht der Bestimmung der Ausgangsgröße zur Ermittlung der künftigen Erträge, sondern als **bloße Kontrollgröße**, an der sich die Planrechnungen messen lassen müssen.[70] Der Rückgriff auf die Vergangenheit mag methodisch inkonsistent sein, andererseits bieten die historischen Zahlen belastbare Informationen darüber, was – rebus sic stantibus – von der Ertragsfähigkeit der Unternehmung zu erwarten ist.[71] In Abwesenheit wesentlicher Änderungen im ergebnisrelevanten Umfeld der zu bewertenden Unternehmung besteht eine gewisse Vermutung dafür, dass die nachhaltig zu erzielenden Erträge (trendbereinigt) eine erhebliche Kovarianz mit den historischen Ergebnissen aufweisen. Umgekehrt gilt, dass erhebliche Abweichungen der prognostizierten von den historischen Ergebnissen einer besonderen Begründung und Analyse bedürfen. Schließlich bildet die historische Ertragslage auch dann, wenn die Planrechnungen wesentliche Änderungen abbilden oder voraussetzen, einen guten Ausgangspunkt, um die Bedeutung dieser Effekte mathematisch zu erfassen. Soweit die Ergebnisse einzelner abgelaufener Geschäftsjahre durch Sondereinflüsse verzerrt sind, beanstandet es die Rechtsprechung nicht, wenn diese „Ausreißer" bei der Vergangenheitsanalyse ausgeklammert werden.[72]

Die eigentliche Planung der zukünftigen Erträge wird sodann in **zwei Phasen** unterteilt: die De- 29
tailplanungsphase und die Phase der sogenannten ewigen Rente. Mit dieser Unterteilung will die analytische Methode abbilden, dass mit zunehmendem Planungshorizont die Verlässlichkeit der Prognosen ab- bzw spekulativen Charakter annimmt.[73]

Die **Detailplanungsphase** umfasst regelmäßig einen Zeitraum von drei, teilweise bis zu fünf 30
Jahren.[74] Für diesen vergleichsweise überschaubaren und daher besser prognostizierbaren Zeitraum ist die – soweit vorhanden – detaillierte Planung der Geschäftsleitung zugrunde zu le-

66 *Fritzsche/Dreier/Verfürth*, § 1 Rn 196; KölnKomm-AktG/*Riegger/Gayk*, Anh. § 11 SpruchG Rn 15; Simon/*Simon/Leverkus*, Anh. § 11 Rn 68; *Aha*, AG 1997, 26, 29.

67 IDW S1 idF 2008 Tz. 75 ff; KölnKomm-AktG/*Riegger/Gayk*, Anh. § 11 SpruchG Rn 12. Vgl aus der Rechtsprechung etwa LG Dortmund NZG 2004 723, 725: „methodisch richtig".

68 Simon/*Simon/Leverkus*, Anh. § 11 Rn 69.

69 Simon/*Simon/Leverkus*, Anh. § 11 Rn 60.

70 IDW S1 idF 2008 Tz 72; OLG Karlsruhe, Beschl. v. 12.7.2013 – 12 W 57/10, BeckRS 2013, 13603; KölnKomm-AktG/*Riegger/Gayk*, Anh. § 11 SpruchG Rn 14. Siehe schon *Aha*, AG 1997, 26, 30.

71 Simon/*Simon/Leverkus*, Anh. § 11 Rn 63.

72 LG Dortmund NZG 2004 723, 725.

73 IDW S1 idF 2008, Tz 76; Simon/*Simon/Leverkus*, Anh. § 11 Rn 69.

74 Entsprechend der Empfehlung des IDW S1 idF 2008, Tz 77; KölnKomm-AktG/*Riegger/Gayk*, Anh. § 11 SpruchG Rn 14; Simon/*Simon/Leverkus*, Anh. § 11 Rn 69.

gen,[75] soweit sie einer internen Plausibilitätskontrolle standhält. Existieren entsprechende, ausführliche Planungsrechnungen im Unternehmen nicht – etwa weil nur für das laufende und folgende Geschäftsjahr geplant wird – spricht nach hier vertretener Ansicht zunächst einmal nichts dagegen, dass die Geschäftsleitung die Planungsrechnungen auf den maßgeblichen Zeitraum ausdehnt. Bei entsprechendem Vorgehen ist allerdings zu besonderer Sorgfalt zu mahnen, da hier schnell der Vorwurf droht, es handele sich um eine anlassbezogene Rechnung. Es ist deshalb insb. darauf zu achten, dass die ausführlichere Planung konsistent mit den bisher im Unternehmen verwendeten Budgetierungen etc. ist.

31 Aus den Planungen für die Detailplanungsphase wird sodann ein bereinigter Ertrag ermittelt, die **ewige Rente**, als das nachhaltig zu erwartende Ergebnis, das regelmäßig unter Berücksichtigung eines Wachstumsfaktors in die Zukunft fortgeschrieben wird.[76]

32 Theoretisch denkbar ist die Erweiterung des Phasenmodells um eine **dritte Phase**, wie es noch der Vorgänger des IDW S1, die Stellungnahme HFA 2/1983, ausdrücklich empfohlen hatte. In der Praxis hat sich dieses Vorgehen nicht durchzusetzen vermocht.[77]

33 **d) Fehlende Planrechnungen.** Erweist sich die Planungsrechnung als unplausibel oder liegen keine oder nur unzureichende Planungsrechnungen im Unternehmen vor, so obliegt es dem Sachverständigen, Prognosen zu erstellen.[78] Hierbei ist primär auf die Prognose der Umsatzerlöse als ausschlaggebende Größe der Unternehmensbewertung abzustellen. In der Sache wird der Bewerter hier kaum daran vorbei kommen, die Planungen maßgeblich auf Grundlage der historischen Geschäftsergebnisse zu entwickeln.[79]

34 **e) Substitution von Planrechnungen.** Planrechnungen bzgl Erträge und Aufwendungen unterliegen einer nur eingeschränkten richterlichen Kontrolle, weil es sich um naturgemäß unsichere Prognosen handelt und sie gleichzeitig Ausdruck der unternehmerischen Entscheidungsfreiheit sind, die nur eingeschränkter gerichtlicher Kontrolle unterliegt.[80] Ist die Planrechnung plausibel und widerspruchsfrei, ist es dem Gericht verwehrt, die plausible durch eine andere – gleichfalls (nur) plausible – Rechnung zu ersetzen.[81]

35 **f) Korrektur von Planrechnungen.** Auf Hinweis des Bewertungsgutachters kann der Vorstand seine Prognose nachträglich korrigieren; in diesem Fall ist Untersuchungsgegenstand nicht die Richtigkeit bzw Plausibilität der ursprünglichen Prognose, sondern die Vertretbarkeit der neuen korrigierten Planrechnungen.[82] Eine Überprüfung erfolgt lediglich im Hinblick auf die Richtigkeit der Tatsachengrundlage, sowie Plausibilität und Widerspruchsfreiheit der Planungsannahmen.[83] Auch für den Teilbereich der Planrechnungen existiert kein Günstigkeitsprinzip.[84]

36 **g) Maßgeblicher Zeitpunkt.** Aufgrund der Geltung des sog. **Stichtagsprinzips** ist der Unternehmenswert am Bewertungsstichtag zu ermitteln,[85] der regelmäßig auf den Tag der Haupt- bzw Gesellschafterversammlung fällt, die über die in Rede stehende abfindungsrelevante Strukturmaßnahme entscheidet.[86] Nachträgliche Entwicklungen sind grundsätzlich nicht zu berücksichtigen, soweit sie nicht am Bewertungsstichtag bereits in der Wurzel angelegt waren („**Wurzeltheorie**").[87] Um den Vorwurf eines second guessing zu vermeiden, können deshalb nachträgliche Entwicklungen grundsätzlich keine Beachtung bei Beurteilung der Güte der Prognose er-

75 *Fritzsche/Dreier/Verfürth*, SpruchG, § 1 Rn 197; KölnKomm-AktG/*Riegger/Gayk*, Anh. § 11 SpruchG Rn 14; Simon/*Simon/Leverkus*, Anh. § 11 Rn 69.

76 OLG Karlsruhe, Beschl. v. 12.7.2013 – 12 W 57/10, BeckRS 2013, 13603; *Fritzsche/Dreier/Verfürth*, § 1 Rn 197; Simon/*Simon/Leverkus*, Anh. § 11 Rn 70 ff.

77 *Aha*, AG 1997, 26, 30.

78 Simon/*Simon/Leverkus,* Anh. § 11 Rn 82.

79 KölnKomm-AktG/*Riegger/Gayk*, Anh. § 11 SpruchG Rn 15; *Aha*, AG 1997, 26, 31.

80 OLG Frankfurt aM AG 2013 647, 649; OLG Frankfurt AG 2011 832, 833; OLG Stuttgart AG 2014 208, 210.

81 OLG Frankfurt aM AG 2013 647, 649; OLG Stuttgart AG 2014 208, 210; KölnKomm-AktG/*Riegger/Gayk*, Anh. § 11 SpruchG Rn 17.

82 OLG Stuttgart NZG 2013 897, 898.

83 OLG Frankfurt AG 2011 832, 833.

84 OLG Stuttgart NZG 2013 897, 898 f.

85 IDW S1 idF 2008 Tz. 22.

86 *Großfeld*, Recht der Unternehmensbewertung, Rn 309 f.

87 *Großfeld*, Recht der Unternehmensbewertung, Rn 315.

langen; allenfalls in Ausnahmefällen und vorsichtig wird man spätere Entwicklungen zur Plausibilisierung heranziehen können.[88]

Das Stichtagsprinzip verlangt im Grundsatz, dass der Ertragswert am Tag der Strukturmaß- 37
nahme selbst ermittelt wird. Berücksichtigt man den erheblichen zeitlichen und personellen Aufwand, den gerade eine Unternehmensbewertung nach IDW S1 oder einem vergleichbaren fundamentalanalytischen Verfahren mit sich bringt, ist evident, dass das Stichtagsprinzip nicht vollumfänglich verwirklicht werden kann; zudem könnten bei wirklicher Maßgeblichkeit des Tags der Anteilseignerversammlung die zu dessen Vorbereitung obligatorischen Informationsinstrumente für Aktionäre bzw Gesellschafter noch keine (abschließende) Aussage über die Höhe der angebotenen Kompensation treffen, was ersichtlich mit den Zielen der Informationsordnung von Kapitalgesellschaften nicht vereinbar ist. Die Praxis stellt deshalb regelmäßig auf den **technischen Bewertungsstichtag** ab, also den Tag, an dem die Prüfungs- und Wertermittlungsmaßnahmen beendet sind, und zinst diesen Ertragswert bzw Unternehmenswert des Eigenkapitals auf den eigentlichen Stichtag auf.[89]

4. Kapitalisierungszinssatz. Die mittels Prognoserechnung bestimmten zukünftigen (erwarte- 38
ten) Erträge sind **Nominalwerte.**[90] Damit wird zunächst ignoriert, dass a) Geld morgen – aufgrund Geldentwertung (Inflation) – weniger wert ist als Geld heute, und b) die Einzahlungsüberschüsse bzw Erträge aus unternehmerischer Tätigkeit unsicher und aus diesem Grund gegebenenfalls weniger wertvoll aus Sicht der kompensationsberechtigten Anteilseigner sind, für die richtigerweise anzunehmen ist, dass sie risikoavers sind,[91] also eine sichere Einzahlung in einer bestimmten Höhe einer Lotterie mit selbem Erwartungswert vorziehen. Um diesen Aspekten Rechnung zu tragen, sind die erwarteten Zukunftserträge mittels eines Kapitalisierungszinssatzes zu diskontieren, um ihren **Bar- bzw Kapitalwert**, dh den Wert, den die Zukunftserträge im Abfindungszeitpunkt besitzen, zu generieren.[92] Der die Bewertungspraxis durchziehende IDW S1 hat sich in diesem Zusammenhang dafür entschieden, die Unsicherheit der zukünftigen Einzahlungsüberschüsse ausschließlich im Kapitalisierungszinssatz zu berücksichtigen und nicht auch als Abschlag auf die erwarteten Einzahlungsüberschüsse der Planrechnungen.[93]

Der Kapitalisierungszinssatz lässt sich in drei Bestandteile untergliedern: den **Basiszinssatz** für 39
risikolose Alternativanlagen, den **Risikozuschlag** zur Abbildung der Unsicherheit der zukünftigen Einzahlungsüberschüsse und den **Wachstumsabschlag**, mit dem das Phänomen der Inflation berücksichtigt wird.[94]

a) **Basiszinssatz.** Der Basiszinssatz als Ausgangspunkt der Ermittlung des Kalkulationszinssat- 40
zes bildet die **Rendite einer risikolosen Alternativanlage** ab, sozusagen den Minimalzinssatz, den ein Investment am Kapitalmarkt mindestens zu generieren vermag.[95] Zur Bestimmung dieses risikolosen Zinssatzes wird auf die Verzinsung der „risikofreien" Anlage in Staatsanleihen mit hoher Liquidität und Bonität zum Bewertungsstichtag zurückgegriffen.[96] Zwar belegt nicht zuletzt die jüngere Vergangenheit, dass selbstverständlich auch kapitalmarktfähige Schuldver-

88 Diesbezüglich zurückhaltend KölnKomm-AktG/*Riegger/Gayk*, Anh. § 11 SpruchG Rn 17. Vgl aus der Rechtsprechung zu dieser „retrospektiven Plausibilitätskontrolle" etwa LG Dortmund NZG 2004 723, 725.

89 *Weber/Kersjes*, Hauptversammlungsbeschlüsse vor Gericht, § 5 Rn 159.

90 *Großfeld*, Recht der Unternehmensbewertung, Rn 637.

91 IDW S1 idF 2008 Tz 89 u. 113.

92 OLG Stuttgart AG 2011 205, 208; OLG Stuttgart AG 2014 208, 211; IDW S1 idF 2008, Tz 85; KölnKomm-AktG/*Riegger/Gayk*, Anh. § 11 SpruchG Rn 22.

93 IDW S1 idF 2008 Tz 89; vgl auch *Habersack/Lüssow*, NZG 1999, 629, 632.

94 OLG Frankfurt aM AG 2011 832, 836; OLG Stuttgart AG 2011 205, 208; *Klöcker/Frowein*, SpruchG, § 11 Anh. Rn 14; Simon/*Simon/Leverkus*, Anh. § 11 Rn 116; KölnKomm-AktG/*Riegger/Gayk*, Anh. § 11 SpruchG Rn 24.

95 OLG Stuttgart AG 2014 208, 211; Peemöller/*Peemöller/Kunowski*, Praxishandbuch der Unternehmensbewertung, S. 238; *Großfeld/Merkelbach*, NZG 2008, 241, 243.

96 IDW S1 idF 2008, Tz 116; LG Dortmund NZG 2004 723, 726; *Großfeld/Merkelbach*, NZG 2008, 241, 243.

schreibungen von Staaten nicht risikolos sind und im begründeten Einzelfall die Rückzahlungswahrscheinlichkeit von Austeritätsgrundsätzen nicht verpflichteten Staaten die von Unternehmensanleihen durchaus unterschreiten kann. Zumindest für die Bundesrepublik Deutschland wird man aber konstatieren dürfen, dass die Anlage in Bundesanleihen beste(r) Approximation bzw Schätzer einer Anlage in risikofreien Titel ist.[97] Um den jüngst genährten Bedenken an der Existenz risikoloser Anlagen terminologisch Rechnung zu tragen, mag man zudem auf die Begriffskategorie der quasirisikolosen Anlage ausweichen.[98]

41 Da es um die Ermittlung der Rendite einer Alternativanlage geht, ist theoretisch der Basiszinssatz für die Gesamtlaufzeit der Unternehmung zu bestimmen (**Laufzeitäquivalenz**).[99] Da die von Gesellschaften getragenen Unternehmungen praktisch ausnahmslos auf unbestimmte Zeit betrieben werden, muss damit im Prinzip der Zinssatz für eine unendliche Anleihe als Ausgangsfaktor des Kapitalisierungszinses genommen werden.[100] Zutreffend formuliert die jüngere Rechtsprechung in diesem Zusammenhang, dass der Basiszinssatz nicht die am Stichtag realisierbare Rendite, sondern die aus Sicht des Stichtages auf Dauer – also über die Gesamtlebenszeit des Unternehmens – erzielbare Rendite abbilden muss.[101] Als Sicherheitsäquivalent kommen damit eigentlich nur öffentliche Anleihen mit unendlicher Laufzeit in Betracht, die allerdings am Kapitalmarkt – zumindest für Staatsanleihen – nicht verfügbar sind.[102] In Ermangelung entsprechender Anlagemöglichkeiten ist deshalb, um dem Prinzip der Laufzeitäquivalenz genüge zu tun, von der **Prämisse der Wiederanlage** auszugehen, dh davon, dass ein Anleger über den für die Unternehmensbewertung maßgeblichen Zeitraum wiederholt Anlageentscheidungen trifft, also wiederholt Staatsanleihen mit jeweils begrenzter Laufzeit zeichnet.[103]

42 Bis in die jüngere Vergangenheit hat man die Verwirklichung des Prinzips der Laufzeitäquivalenz respektive die Ermittlung des nachhaltigen Basiszinssatzes dadurch zu realisieren gesucht, indem man auf die Verzinsung der als hinreichend liquide angesehenen zehnjährigen Bundesanleihen unter gleichzeitiger Bemühung historischer Kurse derselben zurückgegriffen hat. Entsprechend der dargestellten Wiederanlageprämisse wurde dabei unterstellt, dass ein Anleger nach Fälligkeit der Bundesanleihe – also jeweils nach 10 Jahren – erneut in eine zehnjährige Bundesanleihe investierte. Dem dabei auftretenden Problem, dass die Zinssätze der Anleihe zu den jeweils in der Zukunft liegenden Wiederanlagezeitpunkten nicht bekannt sind, versuchte man dadurch beizukommen, dass man aus historischen Zinssätzen ein allgemein – also auch für die Zukunft – geltendes Durchschnittszinsniveau ermittelte.[104]

43 Aufgrund der methodischen Angreifbarkeit dieses Vorgehens – Ermittlung des zukünftigen Basiszinssatzes als Durchschnitt historischer Zinssätze –, wird zunehmend, mittlerweile wohl bereits ganz überwiegend auf die **Zinsstrukturkurve** zurückgegriffen, die eine Summe von Anleihen mit unterschiedlicher Laufzeit abbildet;[105] technisch entsteht eine Zinsstrukturkurve idS durch Abtragen der Anleiherendite (vertikale Achse) gegen die Restlaufzeit (horizontale Achse). Der Basiszinsfuß bzw die Strukturkurve der Basiszinsen wird aus synthetischen Nullkuponanleihen ermittelt, also aus Anleihen, die keinen Zins tragen und deshalb ein Disagio aufweisen.[106] Hierbei werden die Kupons der jeweiligen laufzeitadäquaten Staatsanleihen entspre-

97 *Klöcker/Frowein*, § 1 Anh. Rn 15 sprechen deshalb vorsichtiger von der Alternativrendite einer „risikoarmen" Anlage.
98 *Großfeld*, Recht der Unternehmensbewertung, Rn 637.
99 Simon/*Simon/Leverkus*, Anh. § 11 Rn 117.
100 *Großfeld*, Recht der Unternehmensbewertung, Rn 645.
101 OLG Düsseldorf WM 2009 2220, 2225; OLG Düsseldorf, Beschl. v. 20.9.2006 – 26 W 8/06 = BeckRS 2007, 06686; BayObLG FGPrax 2001 215, 217; LG Dortmund NZG 2004 723, 725; LG Frankfurt am Main NZG 2002 395; LG Frankfurt aM AG 2005 930, 932; vgl auch MüKo-AktG/*Paulsen*, § 305 Rn 108.
102 Peemöller/*Peemöller/Kunowski*, S. 238; *Großfeld/Merkelbach*, NZG 2008, 241, 243; *Behringer*, DStR 1999, 731.
103 Peemöller/*Peemöller/Kunowski*, S. 238.
104 *Klöcker/Frowein*, § 1 Anh. Rn 15; Simon/*Simon/Leverkus*, Anh. § 11 Rn 119.
105 OLG Stuttgart AG 2014 208, 211.
106 *Großfeld*, Recht der Unternehmensbewertung, Rn 652.

chend der Nelson-Siegel-Svensson-Methode[107] herausgerechnet. Quelle der für die Ermittlung notwendigen Parameter ist regelmäßig die Deutsche Bundesbank, die die entsprechenden Daten entwickelt und zur Verfügung stellt.[108]

Uneinheitlich beantwortet wird, ob die Zinsstrukturkurve am (**technischen Bewertungs-)Stichtag** oder aber ihr **Durchschnittswert** in einem Referenzzeitraum zu Rate zu ziehen ist, um möglichen kurzfristigen Marktschwankungen entgegenzuwirken.[109] Soweit diesem Vorgehen Sympathie entgegengebracht wird, wird ein dreimonatiger Referenzzeitraum vor dem Stichtag verwendet. Die Rechtsprechung steht der Verwendung von Durchschnittskursen offen gegenüber. Nach hier vertretener Ansicht ist Durchschnittskursbildungen zumindest mit Vorsicht zu begegnen. Auf (leidlich) informationseffizienten Kapitalmärkten reagieren Notierungen von Anleihen und Aktien vor allem auf preissensitive neue Erkenntnisse. Dh gleichzeitig, dass durch Abstellen auf einen Durchschnittskurs der Anleihekurs nicht zwingend allein um zufällige Ausschläge bereinigt wird, sondern gegebenenfalls im gleichen Atemzug ein historischer, also durch die wirtschaftliche Entwicklung überholter Kurs für den Basiszinssatz bewertungsrechtlich aufgewertet wird. Dies ist gerade im Bereich der Bestimmung des Basiszinssatzes nicht unproblematisch, weil anders als im Kontext der parallelen Frage, inwieweit Börsenkurse eines kompensationsverpflichteten Emittenten über die Zeitachse zu glätten sind, auf dem Anleihemarkt nicht ernsthaft damit gerechnet werden kann, dass Minderheitsaktionäre oder Gesellschaft zur Manipulation der Abfindungshöhe den Kurs für Staatsanleihen in die gewünschte Richtung bewegen. Eine genauere Auseinandersetzung mit der Frage, ob die Vorteile der Durchschnittskursbildung nicht durch die damit verbundenen Nachteile überlagert werden, wird man deshalb als Desiderat bezeichnen können. Aus bewertungstheoretischer Sicht wird man in diesem Zusammenhang aber festhalten können, dass ein Referenzzeitraum nicht länger sein sollte als erforderlich, um kurzfristige, nicht fundamental begründbare Volatilitäten zu eliminieren. 44

Umstritten ist schließlich, ob der mittels Zinsstrukturkurve ermittelte – synthetische laufzeitäquivalente – Basiszinssatz großzügig zu runden ist, wie es das IDW mit einer Rundung auf Viertelprozentpunkte vorschlägt; eine Empfehlung, die in der Rechtsprechung nicht durchgehend nachvollzogen wird. Zur Rechtfertigung der Rundung verweist die Verwaltungsberatung allgemein auf die Notwendigkeit, die Unternehmensbewertung praktikabel zu halten.[110] Man mag sich allerdings fragen, ob es hierzu tatsächlich einer Rundung bedarf. Eine kaufmännische Rundung auf die zweite Nachkommastelle ist in anderen Zusammenhängen absolut üblich und überfordert weder Bewerter noch Adressaten des Bewertungsgutachtens. Soweit im Hintergrund der Rundung die weitergehende Überlegung steht, dass es wenig zielführend ist, dass Spruchverfahren sich mit der Frage auseinandersetzen, ob die zweite Nachkommastelle der Schätzung des Zinsfußes einer synthetisch entwickelten ewigen Anleihen „richtig" ist, ist dem in der Tat zuzugestehen, dass dies ein wenig erfreuliches Szenario darstellen würde. Die zunächst einmal wenig filigrane Rundung dient dann also der Vermeidung des Eindrucks, dass sich die erwartete Rendite einer ewigen Rente exakt auf beispielsweise 2,89% o.Ä. belaufe und dieses Ergebnis frei von Zweifeln sei – in der Tat eine hinreichend artifizielle Vorstellung. Diesem Problem kann allerdings auch das Gericht durch Ausübung seines Schätzermessens (§ 287 ZPO) einen Riegel vorschieben, das die Spruchpraxis auch im Übrigen aktiviert, um geringfügigen Abweichungen die spruchverfahrensrechtliche Relevanz abzusprechen. Abzuwarten 45

107 *Nelson/Siegel*, Journal of Business, 60 (4), 1987, 473, 473 ff; erweitert durch *Svensson*, Estimating and Interpreting Foreward Interest Rates. Anders als in der Rechtswissenschaft, wo häufig vom Svensson-Modell gesprochen wird, ist im ökonomischen Schrifttum die Bezeichnung Nelson-Siegel-Svensson (NSS)-Modell gebräuchlicher, da das Svensson-Modell lediglich eine Weiterung der Nelson-Siegel-Funktion darstellt, des praktisch am weitesten verbreiteten Verfahrens zur Berechnung synthetischer Nullkuponanleihen.

108 KölnKomm-AktG/*Riegger/Gayk*, Anh. § 11 SpruchG Rn 25.

109 Aufgeschlossen gegenüber Rundung KölnKomm-AktG/*Riegger/Gayk*, Anh. § 11 SpruchG Rn 25.

110 KölnKomm-AktG/*Riegger/Gayk*, Anh. § 11 SpruchG Rn 27.

bleibt deshalb, wie sich die Rechtsprechung langfristig zur Frage der Rundung positionieren wird.

46 b) **Risikozuschlag/Marktrisikoprämie.** aa) **Grundlagen.** Erträge aus unternehmerischer Tätigkeit sind unsicher.[111] Unter der praxisnahen Annahme von **Risikoaversion** natürlicher Personen ist deshalb diesem Unsicherheitselement durch Berücksichtigung einer Prämie auf den Referenzzins einer risikofreien Anlage Rechnung zu tragen, der Anleger muss also durch einen Renditezuschlag davon überzeugt werden, dass sich das Investment in riskante Titel lohnt.[112]

47 Im Prinzip existieren zwei Möglichkeiten, dieses besondere Unsicherheitselement der Erträge aus unternehmerischer Tätigkeit abzubilden. Einerseits kann (zumindest teilweise) ein Abschlag auf die Planzahlen (Zähler) vorgenommen werden, womit verdeutlicht wird, dass die erwarteten Einzahlungsüberschüsse als Erwartungswerte von den im Mittelpunkt des Bewertungsinteresses stehenden Anteilseignern aufgrund ihrer Unsicherheit mit einem wertmäßigen Abschlag belegt werden. Andererseits kann dieser Risikoabneigung des Durchschnittsanlegers auch dadurch Rechnung getragen werden, dass man diese Risikoaversion methodisch ausschließlich im Nenner abbildet; hinter diesem Vorgehen steht die Intuition, dass der Anleger keinen Abschlag von den erwarteten Einzahlungsüberschüsse direkt vornimmt, aber im Wissen um deren Unsicherheit ein Extra an Überrendite im Vergleich zur Verzinsung einer risikolosen Anleihe einfordert.

48 Für die Praxis ist in diesem Zusammenhang unbedingt zu beachten, dass die Unsicherheit zukünftiger Einzahlungsüberschüsse bzw Erträge in Bewertungsgutachten auf Grundlage des IDW S1 ausschließlich im Kapitalisierungszinssatz/in der Risikoprämie abgebildet wird. Anders war nach dessen Vorgänger zu verfahren: nach HFA 2/1983 wurden unternehmensindividuelle Risiken bereits in den Planrechnungen erfasst, exogene, also nicht aus dem Verantwortungsbereich des Unternehmens stammende Risiken hingegen im Risikozuschlag. Entsprechend fällt der mittels IDW-Bewertungsgutachten bestimmte Risikozuschlag unter „Geltung" des IDW S1 durchweg höher aus als unter HFA 2/1983.[113]

49 bb) **Traditionelle Pauschalzuschlagsmethode.** In der früheren Rechtsprechung wurde das mit einem Investment in Aktien oder vergleichbare Beteiligungstitel verbundene Risiko verbreitet dadurch berücksichtigt, dass man den Basiszinssatz um einen Pauschalbetrag von regelmäßig 0,5 % bis 2 % erhöhte, mit dem das allgemeine Unternehmens- und Insolvenzrisiko erfasst werden sollte.[114] Zu Recht wurde und wird diesem Pauschalzuschlagsverfahren, das zunehmend an Relevanz verliert, vorgeworfen, mit zahlreichen Unwägbarkeiten verbunden zu sein und letztlich auf spekulativen Annahmen aufzubauen.[115] Es krankt insb. daran, dass keine sinnvollen und intersubjektiv nachvollziehbaren Kriterien bestehen, anhand derer die Höhe des pauschalen Risikozuschlags zu bemessen wäre; es handelt sich um eine Daumenregel im schlechtesten Sinne des Wortes. Auch wenn Unternehmensbewertung in Spruchverfahren Rechtsfrage ist, sollten doch keine diskretionären Entscheidungsspielräume für die befassten Spruchkörper geschaffen werden.

50 Die vergleichsweise niedrige Höhe des Risikozuschlags (0,5–2 %), die sich nach der Pauschalmethode ergibt (vgl noch sogleich Rn 57 u. 65), dürfte nicht zuletzt dem Umstand geschuldet sein, dass die „Ermittlung" dieser Höhe des Risikozuschlags aus Zeiten datiert, in denen Bewertungsgutachten auf Grundlage des HFA 2/1983 erstellt wurden und deshalb wesentliche Teile des unternehmerischen Risikos bereits in den Ertragsplanungen abgebildet wurden. Die Frage gehört zu den typischen Streitpunkten praktisch jeden Spruchverfahrens.

111 KölnKomm-AktG/*Riegger/Gayk*, Anh. § 11 SpruchG Rn 29.
112 OLG Stuttgart AG 2014 208, 211; LG Dortmund NZG 2004 723, 725.
113 KölnKomm-AktG/*Riegger/Gayk*, Anh. § 11 SpruchG Rn 30.
114 *Aha*, AG 1997, 26, 36.
115 Vgl MüKo-AktG/*Paulsen*, § 305 Rn 116; *Weber/Kersjes*, Hauptversammlungsbeschlüsse vor Gericht, § 5 Rn 191; dies ausdrücklich anerkennend auch LG Frankfurt aM AG 2007 42, 46; BayObLG NZG 2006 156, 157 f.

cc) Capital Asset Pricing Model (CAPM). Aufgrund der offensichtlichen Schwächen der Pauschalzuschlagsmethode hat sich im Laufe der jüngeren Vergangenheit das Capital Asset Pricing Model (CAPM) als dominierendes Verfahren zur Bestimmung des Risikozuschlags in Bewertungspraxis und Rechtsprechung durchgesetzt,[116] auch der IDW S1 idF greift auf das CAPM zurück.[117] Das CAPM berechnet die Renditeerwartungen eines Eigenkapitalgebers als Risikoaufschlag auf die risikolose Anlage r^f_t, also der nach Nelson/Siegel/Svensson ermittelten Zinsstrukturkurve. Der Risikoaufschlag wird als Multiplikation des unternehmensspezifischen Risikos β mit der Marktrisikoprämie verstanden, wobei sich die Marktrisikoprämie als Überrendite der Anlage in den gesamten Wertpapiermarkt r^m_t über den risikofreien Zins r^f_t: $(r^m_t - r^f_t)$ ermittelt: 51

$$k_t^{EK} = r_t^f + \beta(r_t^m - r_t^f)$$

Der unternehmensspezifische Faktor β gibt an, wie sich das unternehmensspezifische Risiko im Vergleich zum Gesamtmarkt verhält. Ein β von Eins bedeutet einen völligen Gleichlauf der Renditeerwartung des Unternehmens mit dem Marktportfolio, also der Entwicklung des Gesamtmarktes.[118] Ein Wert größer als Eins spricht für eine höhere Renditeerwartung als das Marktportfolio und damit ein höheres unternehmerisches Risiko, während Werte unter Eins das Gegenteil implizieren.[119] Bei der Diskussion des Risikos ist zu beachten, dass hierbei nur das Marktrisiko (systematisches Risiko) des Unternehmens abgebildet wird. Das unsystematische Risiko wird in der Annahme des CAPM durch den Markt nicht vergütet und kann durch Portfoliodiversifikation reduziert werden. Die Ermittlung des Risikozuschlags mittels CAPM lässt sich damit wie folgt zusammenfassen: in einem ersten Schritt wird ermittelt, um wieviel die erwartete Rendite eines Investments in risikobehaftete Aktien allgemein über der (erwarteten)[120] Rendite eines Engagements in risikolosen Bonds liegt und in einem zweiten Schritt mittels des ß-Faktors überprüft, ob das Risiko des zu bewertenden Einzeltitels über oder unter dem allgemein mit einem Aktienengagement verbundenen Risiko liegt und deshalb ein Renditeaufschlag respektive -abschlag im Vergleich zum Marktportfolio gerechtfertigt ist. 52

Wenn auch – wie wohl jedes Modell – CAPM und seine praktische Eignung nicht unumstritten sind, weist es doch eine Reihe von Vorteilen gegenüber der klassischen Pauschalmethode auf. Während die Pauschalzuschlagsmethode echte Daumenregel ohne jegliches theoretische oder empirische Fundament ist, kann das CAPM zumindest für sich in Anspruch nehmen, einerseits auf einem schlüssigen und in sich konsistenten Modell zu beruhen und andererseits nicht auf Schätzungen des Gerichts, sondern auf empirisch beobachtbaren Daten des Kapitalmarkts zu basieren, die rationaler Nachprüfung und Diskussion zugänglich sind.[121] Es gewährleistet – gemessen am Alternativverfahren Pauschalzuschlag – höhere Vergleichbarkeit der Unternehmensbewertung und damit eine erhöhte Transparenz im Hinblick auf die Ableitung des Risikozuschlags.[122] Mit dem CAPM bzw Tax CAPM finden bei der Feststellung des Unternehmenswertes intersubjektiv nachvollziehbare Grundsätze Anwendung, die zudem auf einer der Überprüfung und Plausibilisierung fähigen Grundlage – Kapitalmarktdaten – stehen.[123] Aufgrund dieser methodischen Vorteile des CAPM greift auch die Mehrzahl der Spruchkörper zur Bestim- 53

116 Zur generellen Bedeutung des CAPM etwa *Adolff*, Unternehmensbewertung im Recht der börsennotierten Aktiengesellschaft, 2007, S. 25 f; KölnKomm-AktG/*Riegger/Gayk*, Anh. § 11 SpruchG Rn 31; *Löffler*, WpG 2007, 808, 809 f; *Kuhner*, WPg 2007, 825, 825 ff Vgl noch den völlig anders lautenden Befund für die 90er Jahre des letzten Jahrtausends bei *Aha*, AG 1997, 26, 31 f.

117 IDW S 1 idF 2008, Tz 91.

118 Man beachte, dass für β=1 gilt: $k^{EK}{}_t = r^m{}_t$.

119 OLG Karlsruhe, Beschl. v. 12.7.2013 – 12 W 57/10, BeckRS 2013, 13603; *Großfeld*, NZG 2009, 1204, 1206 f.

120 Da es sich annahmegemäß um eine sichere Anlage (Sicherheitsäquivalent) handelt, gibt es letztlich keinen Erwartungswert im Sinne der Entscheidungstheorie.

121 OLG Karlsruhe, Beschl. v. 16.7.2008 – 12 W 16/02, BeckRS 2008, 18939; *Weber/Kersjes*, Hauptversammlungsbeschlüsse vor Gericht, 2010, § 5 Rn 182.

122 So OLG Düsseldorf WM 2009 2220, 2226.

123 OLG Düsseldorf WM 2009 2220, 2226; *Löffler*, WPg 2007, 808, 810.

mung des Risikozuschlags (mittlerweile) auf das Capital Asset Pricing Model zurück.[124] Selbst das in der Vergangenheit in diesem Punkt überaus skeptische OLG München hat in einer jüngeren Entscheidung das CAPM nicht mehr rundweg abgelehnt, sondern seine grundsätzliche Eignung zur Bestimmung des Risikozuschlags im Rahmen der Unternehmensbewertung anerkannt: mit Beschluss vom 14.7.2009 hält der erkennende Senat zwar weiterhin an der Auffassung fest, dass das CAPM einer pauschalen Bestimmung des Risikozuschlags nicht zwingend überlegen sei, lässt es gleichzeitig aber zu, dass im Rahmen einer empirischen Schätzung des Risikozuschlags „[...] auch – bei der gebotenen kritischen Überprüfung – die unter Anwendung des CAPM gewonnenen Daten als eines der Elemente für die Schätzung des Risikozuschlags herangezogen werden".[125]

54 Für die Bewertungspraxis im Spruchverfahren fasst das OLG Düsseldorf im Ergebnis zutreffend zusammen, dass „trotz der teilweise nicht unberechtigten Einwände kein Weg an der Tatsache vorbei[führt], dass das CAPM in der internationalen Bewertungspraxis die Standardmethode zur Bestimmung der Marktrisikoprämie ist."[126]

55 Technisch erfolgt die Ermittlung der Risikoprämie auf Grundlage des CAPM in einem **zweistufigen Verfahren**: zunächst ist die Marktrendite zu bestimmen, also die Überrendite, die eine Investition in risikobehaftete Unternehmenstitel gegenüber einer Anlage in risikolose Bonds generiert, in einem zweiten Schritt sodann der Beta-Faktor, der Auskunft über das Ausmaß der Korrelation von unternehmensspezifischem und allgemeinem Marktrisiko gibt.[127]

56 (1) **Marktrisikoprämie.** Die Marktrisikoprämie gibt die Überrendite an, die ein Investment in risikobehaftete Aktien gegenüber der als risikofrei unterstellten Anlage in Anleihen abwirft. Zur Ermittlung der Marktrisikoprämie wird im Ausgangspunkt auf einen Vergleich der historischen Überrenditen von Aktien gegenüber Anleihen rekurriert, der regelmäßig Referenzindices wie den DAX und den REX als Bezugsgrößen nimmt.[128] In einem zweiten Schritt korrigieren IDW S1 und Teile des Schrifttums diese historischen Überrenditen von Aktien durch Typisierungen und weitere Erwägungen, um – methodisch korrekt – aufzufangen, dass maßgeblich für die Bestimmung des Barwerts der zukünftigen Einzahlungsüberschüsse nicht die historische Überrendite ist, sondern die Überrendite, die während der Gesamtlebensdauer des zu bewertenden Unternehmens zu erwarten ist.[129]

57 Zur **Höhe der Marktrisikoprämie** existieren zahlreiche Studien, die aufgrund konkurrierender Annahmen bzgl Methodik wie auch bzgl der heranzuziehenden Datenbasis zu durchaus divergierenden Ergebnissen kommen.[130] Die Bewertungspraxis orientiert sich auch insoweit vor allem an den Empfehlungen des IDW, dessen FAUB für Bewertungsstichtage nach dem 1.1.2009 grundsätzlich den Ansatz einer Marktrisikoprämie vor persönlichen Steuern in Höhe von 4,5–5,5 % empfiehlt.[131] Soweit nicht der Pauschalzuschlagsmethode gefolgt wird, die zu deutlich niedrigeren Werten führt, vollzieht die Spruchpraxis diese Empfehlung größtenteils – im Einzelfall mehr oder weniger umfassend – nach.

58 (2) **Betafaktor.** Mit dem Betafaktor wird der allgemeine Risikozuschlag, dh die Marktrisikoprämie an das konkrete Risiko des zu bewertenden Unternehmens angepasst.[132] Der Betafaktor kennzeichnet also die besondere Empfindlichkeit der Aktie in Bezug auf die allgemeine Be-

124 OLG Düsseldorf NJW-RR 2006 541, 543; OLG Düsseldorf WM 2009 2220, 2226; OLG Düsseldorf NJW-RR 2006 541, 543; OLG Stuttgart NZG 2007 112; OLG Stuttgart AG 2014 208, 211; OLG Celle ZIP 2007 2025, 2027; OLG Karlsruhe, Beschl. v. 16.7.2008 – 12 W 16/02, BeckRS 2008, 18939.

125 OLG München WM 2009 1848, 1851.

126 OLG Düsseldorf WM 2009 2220, 2226.

127 OLG Frankfurt aM AG 2011 832, 836.

128 OLG Stuttgart AG 2014 208, 211; KölnKomm-AktG/*Riegger/Gayk*, Anh. § 11 SpruchG Rn 32; Simon/*Simon/Leverkus*, Anh. § 11 Rn 128.

129 IDW S1 idF 2008, Tz. 91.

130 OLG Stuttgart AG 2014 208, 212; Überblick über die Vorsteuerüberrenditen, die verschiedene Studien ermitteln, etwa bei OLG Karlsruhe, Beschl. v. 12.7.2013 – 12 W 57/10, BeckRS 2013, 13603.

131 Vgl FAUB, WPg 2012, 169.

132 OLG Karlsruhe, Beschl. v. 12.7.2013 – 12 W 57/10, BeckRS 2013, 13603; zum Betafaktor allgemein etwa *Großfeld*, NZG 2006, 1204, 1204 ff.

wegung des Marktes.[133] Technisch formuliert spiegelt der Betafaktor die relative Kursschwankung (Volatilität) einer spezifischen Aktie im Vergleich zur Gesamtheit aller Aktien (Marktportfolio) oder zu den Aktien eines Marktsegments wider.[134] Da sich der unternehmensspezifische Betafaktor einerseits als Kovarianz zwischen den Aktienrenditen des zu bewertenden Unternehmens oder vergleichbarer Unternehmen und der Rendite eines Aktienindexes/des Marktportfolios dividiert durch die Varianz der Renditen des Aktienindexes/Marktportfolios berechnet, andererseits die Renditen des Unternehmens nicht nur Dividenden, sondern auch Kursgewinne umfassen, setzt die Ermittlung des Betafaktors grundsätzlich voraus, dass die Gesellschaft börsennotiert ist, ein aktiver Handel für die Aktie existiert und die Preisbildung nicht durch exogene Faktoren verzerrt ist.[135]

Methodisch ist das Beta für den Bewertungszeitraum, also die Gesamtlebensdauer des Unternehmens zu bestimmen; die Rechtsprechung formuliert insoweit zutreffend, dass der Betafaktor im Grundsatz kein empirisch feststellbarer Vergangenheitswert ist, sondern ein **durch Schätzung zu ermittelnder Zukunftswert.**[136] In der Praxis wird dieses zukünftige Beta dennoch unter maßgeblichem Rückgriff auf seine historischen Werte entwickelt.[137] Hauptstreitpunkte sind dabei, für welchen Zeitraum das historische Beta zu ermitteln ist, in welchen Abständen die maßgeblichen Daten zu erheben sind (Tages-, Wochen- oder Monatsbetrachtung) und auch und vor allem, ob eventuell der historische Datensatz um einzelne Werte zu bereinigen ist; letzteres wird vor allem dann diskutiert, wenn der Wert eines zu bewertenden Unternehmens aufgrund eines ausstehenden Übernahmeangebots o.Ä. vorübergehend auf einem bestimmten Niveau „eingefroren“ ist und deshalb für diesen Zeitraum die ansonsten zu beobachtende Volatilität gegenüber dem Marktportfolio erheblich reduziert ist. 59

Ist das zu bewertende Unternehmen selbst **nicht börsennotiert** (zum Begriff der Börsennotierung noch Rn 146 ff) oder ist sein historisches Beta nicht hinreichend belastbar,[138] scheidet eine Ermittlung der Marktrisikoprämie anhand des CAPM nicht zwingend aus. Lässt sich der Betafaktor nicht durch Rückgriff auf historische Daten ermitteln, kann er nach herrschender Ansicht in Rechtsprechung und Schrifttum durch Bildung einer sogenannten **Peer Group** bestimmt werden.[139] Gerade CAPM bzw Tax CAPM eröffnen die Möglichkeit eines Unternehmensvergleichs, wenn im Gutachten für das Gericht nachvollziehbar dargelegt wird, warum die Peer Group sich so – wie angenommen – zusammensetzt.[140] Durch einen Peer Group-Vergleich wird synthetisch nachgebildet, welchen Betafaktor das zu bewertende Unternehmen im Falle seiner Börsennotierung aufweisen würde. Die Peer Group-Bildung dient also nicht etwa der Ermittlung von Betafaktoren anderer Unternehmen, sondern ist ein Instrument, um mittels komparativer Analyse Rückschlüsse auf den Wert des Betafaktors der zu bewertenden Gesellschaft zum Stichtag zu ermöglichen. 60

Entgegen vereinzelter Ansicht im Schrifttum führt der Rückgriff auf eine Peer Group zur Bestimmung des Betafaktors des zu bewertenden Unternehmens nicht zu einer systematisch zu niedrigen Bemessung von Barabfindungsangeboten. Die im Hintergrund stehende These, dass 61

133 MüKo-AktG/*Paulsen*, § 305 Rn 118; vgl auch OLG Stuttgart AG 2014 208, 212.
134 *Großfeld*, NZG 2009, 1204, 1209; Simon/*Simon/Leverkus*, Anh. § 11 Rn 129.
135 OLG Düsseldorf Beschl. v. 20.9.2006 – 26 W 8/06, BeckRS 2007, 06686; *Großfeld*, NZG 2009, 1204, 1207; *Großfeld./Merkelbach*, NZG 2008, 241, 245; *Weber/Kersjes*, Hauptversammlungsbeschlüsse vor Gericht, § 5 Rn 188.
136 OLG Stuttgart AG 2014 208, 212.
137 Vgl etwa OLG Stuttgart AG 2014 208, 212.
138 Zu den Anforderungen an das Bestimmtheitsmaßstab für den eigenen Betafaktor etwa OLG Frankfurt aM AG 2011 832, 837; *Franken/Schulte*, WPg 2010, 1110, 1110 ff; *Großfeld*, NZG 2009, 1204, 1207; *Knoll*, WPg 2010, 1106, 1106 ff. Aus der Rechtsprechung etwa OLG Karlsruhe, Beschl. v. 12.7.2013 – 12 W 57/10, BeckRS 2013, 13603.
139 OLG Düsseldorf Beschl. v. 20.9.2006 – 26 W 8/06, BeckRS 2007, 06686; OLG Düsseldorf WM 2009 2220, 2226;OLG Frankfurt aM AG 2011 832, 836; OLG Karlsruhe, Beschl. v. 12.7.2013 – 12 W 57/10, BeckRS 2013, 13603; OLG München WM 2009 1848, 1850; OLG Stuttgart AG 2014 208, 212; Simon/*Simon/Leverkus*, Anh. § 11 Rn 129. AA LG Dortmund NZG 2004 723, 726: mangels Börsennotierung und damit fehlendem Betafaktor müsse Bewertung anhand des CAPM ausscheiden.
140 OLG Düsseldorf WM 2009 2220, 2226.

die Existenz eines Mehrheitsaktionärs bei Strukturmaßnahmen die Geschäfte der Gesellschaft in einer Weise beeinflusse, dass sich die Risikolage weitgehend von den Marktrisiken, also den Risiken, denen sich die Vergleichsunternehmen ausgesetzt sehen, entkoppele und Betafaktoren nahe Null nach sich ziehe,[141] vermag nicht zu überzeugen. Würde diese zutreffen, hieße dies, dass sich praktisch sämtliche typischen Risiken einer Branche (Wechsel der Kundenpräferenzen, Konjunktur, Zins- und Währungsrisiken, Arbeitskosten aufgrund Personalintensität, das Auftreten zusätzlicher Wettbewerber etc.) allein auf die Unternehmen auswirken würden, die keinen Großaktionär oder keine Obergesellschaft besitzen, während konzernabhängige Gesellschaften offensichtlich aufgrund der schützenden Hand der Konzernmutter gegen diese unternehmerischen Risiken immun sein sollen. Diese erscheint kaum plausibel.[142]

62 Die **Auswahl der zur Peer-Group zu zählenden Unternehmen** ist in der Praxis von herausragender Bedeutung und entsprechend häufig Gegenstand von Kontroversen zwischen Antragstellern, Antragsgegnern und sachverständigen Prüfern bzw gerichtlich bestellten Sachverständigen. Die Rechtsprechung verlangt allgemein, dass der Bewerter eine Einschätzung vornimmt, welche Unternehmen vergleichbar sind,[143] betont aber gleichzeitig auch zu Recht, dass die Anforderungen an die Plausibilisierung nicht überspannt werden dürfen.[144] Bei der Bildung der Peer Group kann es nicht darum gehen, in jeder Hinsicht („absolut") vergleichbare Unternehmen heranzuziehen, denn eine solche absolute Vergleichbarkeit kann bei der Bildung einer Vergleichsgruppe gerade nicht hergestellt werden, da jedes Unternehmen eine einzigartige Kombination von spezifischen Produktionsfaktoren darstellt. Ziel ist es vielmehr, eine bestmögliche Peer Group zusammenzustellen.[145] Bewertungsziel ist also eine auf gegebener Datenbasis erfolgende möglichst gute Approximation.

63 Der Betafaktor der Unternehmen der Peer Group misst das Eigenkapitalrisiko dieser Gesellschaften bei gegebenem **Verschuldungsgrad**. Um zu berücksichtigen, dass die Finanzierung der zu bewertenden Gesellschaft regelmäßig nicht identisch mit der Finanzierungsstruktur der Mitglieder der Peer Group ist („Kapitalstrukturrisiko"), ist deshalb das unbereinigte Beta (sog. „levered Beta") der Mitglieder der Vergleichsgruppe um das Fremdkapital zu bereinigen.[146] Es ergibt sich der Betafaktor des unverschuldeten börsennotierten Unternehmens („unlevered beta"), mit dem eine taugliche Vergleichsgröße gewonnen ist.[147]

64 **dd) Tax-CAPM.** Wie durch den IDW S1 empfohlen, verwendet die Bewertungspraxis praktisch nicht das CAPM, sondern das um die **Berücksichtigung von Steuern** ergänzte Tax-CAPM, auch die Rechtsprechung akzeptiert in weiten Teilen die Verwendung des Tax-CAPM.[148] Das Tax-CAPM versucht abzubilden, dass Anteilseignern wirtschaftlich nicht die Erträge der Unternehmung zufließen, sondern die um persönliche Ertragssteuern geminderten Erträge.[149] Da sich der IDW PS 1 idF 2008 der Netto- bzw Nachsteuerbetrachtung verpflichtet fühlt, ist die Existenz von Steuern aus Konsistenzgründen nicht nur im Rahmen der Planungsrechnungen und bei Ermittlung der Rendite der Alternativanlage zu berücksichtigen, sondern auch bei der Marktrisikoprämie. Der Ansatz von Vorsteuerwerten würde eine überproportionale Ertragssteuerbelastung der Anteilseigner unterstellen, was nicht sachgerecht ist. Bei sachgerechter Berücksichtigung persönlicher Einkommensteuern ergeben sich im Vergleich zu Vorsteuerwerten für die Marktrisikoprämie leicht erhöhte Werte.[150] Da es aufgrund unterschiedlicher Steuerbe-

141 Vgl *Erhardt/Nowak*, AG 2005, Sonderheft Fair Valuations, S. 5 f.
142 Ablehnend auch OLG Karlsruhe, Beschl. v. 12.7.2013 – 12 W 57/10, BeckRS 2013, 13603; Simon/*Simon/Leverkus*, Anh. § 11 Rn 130.
143 OLG München WM 2009 1848, 1850.
144 OLG Düsseldorf, Beschl. v. 20.9.2006 – 26 W 8/06, BeckRS 2007, 06686.
145 OLG Karlsruhe, Beschl. v. 16.7.2008 – 12 W 16/02, BeckRS 2008, 18939.
146 Simon/*Simon/Leverkus*, Anh. § 11 Rn 131; KölnKomm-AktG/*Riegger/Gayk*, Anh. § 11 SpruchG Rn 42.
147 OLG Karlsruhe, Beschl. v. 12.7.2013 – 12 W 57/10, BeckRS 2013, 13603; *Großfeld/Stöver*, BB 2004, 2799, 2807.
148 OLG Frankfurt aM AG 2011 832, 836; OLG Stuttgart AG 2014 208, 212.
149 KölnKomm-AktG/*Riegger/Gayk*, Anh. § 11 SpruchG Rn 33.
150 OLG Stuttgart AG 2010 513, 513: 5,5 % (nach Steuern).

lastung nicht möglich ist, die tatsächliche Ertragssteuerbelastung für die Gesamtheit der Anteilseigner darzustellen, geht das Tax-CAPM dabei von einer typisierten Steuerbelastung aus, um den möglichen Unterschieden hinsichtlich Umfang und Zeitpunkt der Steuerzahlung gegenüber der Alternativanlage Rechnung zu tragen.[151] Der Durchschnittsanleger, den das Tax-CAPM zugrunde legt, ist dabei eine inländische, unbeschränkt steuerpflichtige natürliche Person.[152]

Seit Einführung der **Abgeltungssteuer** 2008, die nach wohl hM das Tax-CAPM nicht obsolet hat werden lassen,[153] empfiehlt der Fachausschusses für Unternehmensbewertung und Betriebswirtschaft des IDW (FAUB), zur Steuerbereinigung des CAPM für Bewertungsstichtage ab dem 1.1.2009 eine typisierte Marktrisikoprämie nach Steuern von 4,5 % bzw 4 %–5 %. Zwar unterliegen seit 1.1.2009 sowohl Zinseinkünfte als auch sämtliche Erträge aus einer Aktienanlage (Dividenden und realisierte Kursgewinne) einer einheitlichen und von den individuellen Verhältnissen des einzelnen Anteilseigners unabhängigen nominellen Steuerbelastung in Höhe von 25 % zuzüglich Solidaritätszuschlag. Dennoch resultieren infolge des unterschiedlichen Zufluss- bzw Realisierungszeitpunkts unterschiedliche effektive Steuerbelastungen von Zinseinkünften und Einkünften aus Eigenkapitalanlagen.[154] Während die effektive Steuerlast für Zinsen und Dividenden regelmäßig der nominellen Steuerlast entspricht, hängt die effektive Steuerbelastung auf zu Wertsteigerungen führende Thesaurierungen dagegen vom Zeitpunkt der Realisierung der Wertsteigerung, also der Haltedauer der Aktien bzw dem Zeitpunkt der Ausschüttung dieser thesaurierten Erträge, ab.[155] Zur Wahrung des Prinzips der **Steueräquivalenz** sind diese Effekte der Abgeltungssteuer bei der Bestimmung der Marktrisikoprämie in Ansatz zu bringen.[156] Unter der Annahme einer vergleichsweise langen Haltedauer gelangt der FAUB des IDW in diesem Zusammenhang zu einem effektiven typisierten Veräußerungsgewinnsteuersatz in Höhe der hälftigen Abgeltungssteuer von (12,5 % zzgl Solidaritätszuschlag) 13,2 %. Der steuerlich bedingte rechnerische Renditeabstand im Marktportfolio bei einer Ausschüttungsquote von 50 % beträgt dann 19,8 % (50 % x 26,4 % + 50 % x 13,2 %). Weiter nimmt das IDW an, dass ein typisierter Anteilseigner, also ein nach deutschem Recht steuerpflichtiger Inländer, diese höhere Steuerlast durch eine erhöhte Renditeforderung vor Einkommenssteuer zu kompensieren suchen wird. Unterstellt man weiter eine vollständige Kompensation der steuerlichen Nachteile würde sich die Marktrisikoprämie vor Steuern auf 5,85 % erhöhen. Der FAUB geht allerdings weiter davon aus, dass ein typisierter Anleger die höhere Renditeforderung nicht in voller Höhe am Kapitalmarkt wird durchsetzen können. Aufgrund dieser Annahmen gelangt der FAUB zu dem Ergebnis, dass die Marktrisikoprämie nach Einkommenssteuer mit Wirksamwerden der Veräußerungsgewinnbesteuerung leicht nachgeben wird und weiterhin niedriger als die Marktrisikoprämie vor Steuern sein wird.[157] 65

Im Einzelnen empfiehlt der FAUB unter Berücksichtigung der Abgeltungssteuer für Bewertungsstichtage nach dem 1.1.2009 eine Marktrisikoprämie vor persönlichen Steuern in Höhe von 4,5–5,5 % und 4,0–5,0 % nach persönlichen Ertragssteuern.[158] Die Rechtsprechung trägt diese Werte weitestgehend mit. Für Bewertungsstichtage nach Inkrafttreten der Abgeltungssteuer ist entsprechend eine Nachsteuermarktrisikoprämie von 4,5 %[159] nicht beanstandet worden. Hinzuweisen ist darauf, dass es sich bei dieser Nachsteuermarktrisikoprämie, die das IDW empfiehlt, nicht um einen aus historischen Datenreihen entwickelten, empirisch-induktiv abgeleiteten Faktor handelt, sondern um eine Typisierung. Belastbare empirische Daten für die 66

151 *Wagner/Saur/Willershausen*, WPg 2008, 731, 733; *Weber/Kersjes*, Hauptversammlungsbeschlüsse vor Gericht, § 5 Rn 167.
152 Zu diesem Maßstab IDW S1 idF 2008, Tz 31; *Wagner/Sauer/Willershausen*, WPg 2008, 731, 733; *Weber/Kersjes*, Hauptversammlungsbeschlüsse vor Gericht, § 5 Rn 140.
153 OLG Frankfurt aM AG 2011 832, 836; OLG Stuttgart AG 2014 208, 212.
154 OLG Stuttgart AG 2014 208, 212.
155 OLG Frankfurt aM AG 2011 832, 836; OLG Stuttgart AG 2014 208, 212.
156 OLG Karlsruhe, Beschl. v. 12.7.2013 – 12 W 57/10, BeckRS 2013, 13603.
157 *Wagner/Sauer/Willershausen*, WPg 2008, 731, 741.
158 Vgl FAUB, WPg 2012, 169.
159 OLG Frankfurt aM AG 2011 832, 836; OLG Stuttgart AG 2014 208, 212.

Auswirkungen der Abgeltungssteuer auf die Preisbildung liegen zum gegenwärtigen Zeitpunkt aufgrund mangelnder Datenbasis nicht vor, so dass die Typisierung die einzige Möglichkeit ist, die voraussichtlichen Folgen der Abgeltungssteuer auf das Verhältnis von Vor- und Nachsteuerrendite zu berücksichtigen.[160]

67 In Folge der Turbulenzen der **Finanzmarktkrise** ist der entsprechende Wert durch den FAUB zumindest vorläufig auf 5,5 %–7 % vor persönlichen Steuern und 5 %–6 % nach persönlichen Steuern nach oben korrigiert worden.[161] Zur Begründung weist der FAUB auf eine in Folge der Finanzkrise deutlich veränderte Risikotoleranz hin, die eine im Vergleich zu den Vorjahren derzeit höhere Marktrisikoprämie rechtfertige.[162] Rechtsprechung hierzu liegt ersichtlich noch nicht vor.

68 Das Tax-CAPM trifft auf ein durchaus geteiltes Echo. **Kritik** entzündet sich sowohl an der grundsätzlichen Entscheidung, individuelle Faktoren wie die Steuerbelastung durch Typisierung zu erfassen, als auch an den konkret zugrunde gelegten Kennzeichen des typischen Durchschnittsanlegers. Generell wird die durch die Nachsteuerbetrachtung bedingte Typisierung als ungeeignet kritisiert und eine Rückkehr zur Vollausschüttungshypothese gefordert. Mittels der zugrunde gelegten Typisierung werde die unterschiedliche steuerliche Belastung der einzelnen Aktionäre überspielt.[163] Die wohl überwiegende Ansicht sieht demgegenüber in der Typisierung ein methodisch und auch praktisch angemessenes Vorgehen.[164]

69 Ein häufig artikulierter Detailkritikpunkt ist dabei, dass die Typisierungen des Nachsteuer-CAPM nicht zuletzt den Umstand ignorierten, dass die Mehrheit der börsennotierten Aktien deutscher Emittenten sich heute nicht mehr in der Hand von Inländern, sondern von **ausländischen Investoren** befinde. Diese Kritik erscheint unberechtigt. Wählt man eine Nachsteuerbetrachtung und ist deshalb zu Typisierungen gezwungen, ist trotz der wachsenden Zahl ausländischer Investoren auf einen deutschen Anteilseigner abzustellen.[165] Trotz zunehmender Integration der globalen Kapitalmärkte ist empirisch belegt, dass Anleger vorwiegend im Herkunftsland investieren (sogenannter *home bias*).[166] Der Befund zunehmenden Anteilsbesitzes ausländischer Investoren, die bereits die Mehrheit der Referenztitel halten, steht zu diesem Ergebnis in nur scheinbarem Widerspruch. Zu berücksichtigen ist, dass bei der im Rahmen der Nachsteuerbetrachtung notwendigen Typisierung nicht die Differenzierung zwischen In- und Ausländern entscheidend ist, sondern die Frage, aus welchem Staat die meisten Anteilseigner stammen, da nur insoweit gleiche Steuerbedingungen existieren und steuerbezogene Typisierungen möglich sind. Dh solange deutsche Investoren die größte nationale Gruppe unter den Investoren stellen, ist es methodisch nicht zu beanstanden, sie als Basis der Typisierung zu verwenden. Anders wäre gegebenenfalls dann zu entscheiden, wenn in Zukunft zu konstatieren wäre, dass – beispielsweise US-amerikanische Investoren – deutsche Investoren als bedeutendste nationale Gruppe generell verdrängt hätten.

70 **ee) Dividend Discount Modell als Alternative.** In einer „Ausreißer"-Entscheidung hat das LG Frankfurt am Main den Risikozuschlag weder anhand des traditionellen Pauschalzuschlagsmodells noch anhand des (Tax) CAPM bestimmen wollen, sondern durch Rückgriff auf die Überrendite durch Dividendenzahlung eines breit diversifizierten Aktienportfolios gegenüber der zu erlangenden Verzinsung der Alternativanlage eines festverzinslichen Wertpapiers.[167] Der damit verbundene Erkenntnisgewinn ist beschränkt. Auch das dividend discount model, das sich aus dem Gordon-Modell ableitet, ist nicht anders als das CAPM auf den Rückgriff auf Kapitalmarktprämien angewiesen, so dass es weder in der theoretischen Fundierung noch in den der

160 *Wagner/Saur/Willershausen*, WPg 2008, 731, 737.
161 KölnKomm-AktG/*Riegger/Gayk*, Anh. § 11 SpruchG Rn 35.
162 FAUB, WPg 2012, 1125, 1125 f.
163 *Emmerich*, FS U.H. Schneider, S. 323, 328.
164 OLG Frankfurt aM AG 2011 832, 835.
165 So im Ergebnis auch LG Frankfurt aM NZG 2006 868, 873.
166 Grundlegend *French/Poterba*, Journal of Japanese and International Economics 4 (1990), 476 ff; *Tesar/Werner*, Journal of International Money and Finance 14 (1995), 467 ff.
167 LG Frankfurt aM NZG 2006 868, 873.

praktischen Verwertbarkeit dem CAPM bzw Tax CAPM überlegen erscheint. Auch das LG Frankfurt am Main anerkennt, dass die Verwendung des discounted dividend model unter gleichzeitiger Ablehnung des CAPM bzw Tax CAPM mindestens den „Anschein eines Zirkelschlusses erweckt."[168]

c) **Wachstumsabschlag.** Eine Reduzierung – wirtschaftlich zugunsten der Abfindungsberechtigten – erfährt der Diskontierungsfaktor durch den sog. Wachstumsabschlag. Der im Kapitalisierungszinssatz enthaltene Basiszins beinhaltet u.a. implizit eine Geldentwertungsprämie, die abbildet, dass die Erträge aus einer Anleihe über die Laufzeit konstant bleiben und deshalb durch Inflation ein Kaufkraftverlust droht.[169] Demgegenüber sind Unternehmen dem Phänomen der Inflation nicht schutzlos ausgeliefert, vielmehr können sie die sie treffende unternehmensspezifische bzw interne Inflation in Form gestiegener Faktorpreise (gestiegene Beschaffungs- und Lohnkosten) über den Preis an ihre Kunden weitergeben.[170] Nach ganz herrschender Meinung ist deshalb der aus dem Basiszinssatz und dem Risikozuschlag ermittelte Kapitalisierungszinssatz mittels eines **Geldentwertungsabschlags** (Inflationsabschlags) zu korrigieren,[171] um abzubilden, dass sich die Geldentwertung bei festverzinslichen Anleihen stärker auswirkt als bei Unternehmensbeteiligungen.[172] 71

Die **Höhe des anzusetzenden Wachstumsabschlags** gehört zu den Klassikern der im Spruchverfahren vorgebrachten Bewertungsrügen; wohl nicht zuletzt aufgrund des Umstandes, dass es sich um den einzigen Standardfaktor der Ertragswertermittlung handelt, der durch die Wissenschaft weder theoretisch noch empirisch breitflächiger aufgearbeitet worden ist. Noch unbestritten ist, dass Ausgangspunkt die erwartete Geldentwertungsrate ist.[173] Würde man der strengen Quantitätstheorie folgen, der zu Folge Inflation allein ein monetäres Phänomen ist, wäre anzunehmen, dass das Preisgefüge der Volkswirtschaft unbeeinflusst bleibt und Preissteigerungen auf der Input-Seite des zu bewertenden Unternehmens vollständig auf die Kunden überwälzt würden. Folge wäre, dass die (erwartete) Inflationsrate vollständig als wertmindernder Faktor herauszurechnen wäre. Bewertungswissenschaft und -praxis gehen demgegenüber zum Großteil allerdings davon aus, dass – in Abhängigkeit von den Umständen des Einzelfalls (Branche, Markstruktur etc.) – Unternehmen nicht in der Lage sind, die sie treffenden Preissteigerungen zur Gänze auf ihre Kunden zu überwälzen.[174] Eine empirische Stütze findet dieses Ergebnis in einer Studie, der zu Folge die Jahresüberschüsse deutscher Unternehmen im Zeitraum von 1971-2001 mit Raten von durchschnittlich 1,4 % wuchsen, die jährliche Inflationsrate hingegen im Mittel 3,1 % p.a. betrug. Der Anstieg der Unternehmensgewinne betrug damit im Betrachtungszeitraum nur 45 % des Anstiegs des Preisniveaus.[175] 72

Entscheidend für die **konkrete Höhe** des Wachstumsabschlags ist, ob und in welcher Weise das im Einzelfall zu bewertende Unternehmen aufgrund der Unternehmensplanung und der Erwartungen an die Marktentwicklungen und die Inflationsentwicklung in der Lage sein wird, nachhaltige Wachstumserwartungen zu erfüllen.[176] Bestehen keine Anhaltspunkte dafür, dass zu- 73

168 LG Frankfurt aM WM 2009 1607, 1614; vgl zur Kritik am modifizierten dividend discount model des LG Frankfurt WP-Handbuch 2008, Bd. II, S. 171 f.

169 *Klöcker/Frowein*, § 1 Anh. Rn 17. Vgl BayObLG FGPrax 2001 215, 217; IDW S1 idF 2008, Tz. 94; *Großfeld/Merkelbach*, NZG 2008 241, 245.

170 OLG Stuttgart AG 2014 208, 213.

171 OLG Stuttgart AG 2010 510, 512; OLG Frankfurt aM AG 2011 832, 837; MüKo-AktG/*Paulsen*, § 305 Rn 132; *Großfeld/Merkelbach*, NZG 2008, 241, 245; *Weber/Kersjes*, Hauptversammlungsbeschlüsse vor Gericht, § 5 Rn 194.

172 OLG Düsseldorf WM 2009 2220, 2227; OLG Stuttgart AG 2014 208, 213; *Großfeld/Merkelbach*, NZG 2008, 241, 245; *Seetzen*, WM 1994, 45, 48; *Weber/Kersjes*, Hauptversammlungsbeschlüsse vor Gericht, § 5 Rn 194. Sehr kritisch *Aha*, AG 1997, 26, 32, der allerdings gerade moniert, dass bereits im Basiszinssatz eine Inflationsprämie enthalten ist; der Wachstumsabschlag dient aber gerade der Herausrechnung dieser Komponente, es erfolgt also keine Doppelberücksichtigung.

173 OLG Stuttgart AG 2010 510, 512; LG Frankfurt aM AG 2007 42, 46; MüKo-AktG/*Paulsen*, § 305 Rn 134.

174 IDW S1 idF 2008, Tz. 96; *Weber/Kersjes*, Hauptversammlungsbeschlüsse vor Gericht, § 5 Rn 198.

175 *Widmann/Schieszl/Jeromin*, FB 2003, 800, 809; MüKo-AktG/*Paulsen*, § 305 Rn 134; *Weber/Kersjes*, Hauptversammlungsbeschlüsse vor Gericht, 2010, § 5 Rn 198.

176 OLG Stuttgart AG 2010 510, 512; OLG Düsseldorf WM 2009 2220, 2227; MüKo-AktG/*Paulsen*, § 305 Rn 134; *Wüstemann*, BB 2010, 1715, 1719.

künftige Kostensteigerungen in vollem Umfang auf Abnehmer überwälzt oder durch Produktivitätsfortschritte aufgefangen werden können, kann deshalb der Inflationsabschlag nicht in voller Höhe der durchschnittlichen Inflationserwartung angesetzt werden.[177] In Anwendung dieser Grundsätze kommt die Rechtsprechung regelmäßig zu Wachstumsabschlägen in Höhe von 0,5 %,[178] 1 %,[179] 1,5 %,[180] bzw 2 %.[181] Je nach Marktlage bzw aufgrund sonstiger Besonderheiten der Lage des zu bewertenden Unternehmens kann auch das völlige Absehen von einem Wachstumsabschlag geboten sein.[182] Einen solchen vollständigen Verzicht auf Ansatz eines Wachstumsabschlages hat das OLG Düsseldorf etwa in einem Sachverhalt angenommen, in dem aufgrund angespannter Konkurrenzsituation jede Preiserhöhung zu Wettbewerbsnachteilen führte. Kann unter solchen Bedingungen ein inflationsbedingter Preisanstieg nicht (mehr) an die Kunden weitergegeben werden, bietet die Anlage in einem Unternehmen – bzgl Inflationseffekten – keinen Unterschied mehr zu einer Alternativanlage in festverzinsliche Wertpapiere.[183] Zusammenfassend ist also festzuhalten, dass grundsätzlich, dh solange sich die Inflationsrate nicht von der (implizit im Wege der Geldmengensteuerung vorgegebenen) Zielinflationsrate der Europäischen Zentralbank entfernt, bei einer überdurchschnittlich starken Marktposition mit einem erheblichen Wachstumspotenzial – etwa aufgrund einer unique selling position – Wachstumsabschläge von bis etwa 2,0 % in Betracht kommen, während auf durch starke Konkurrenz gekennzeichneten Märkten grundsätzlich Wachstumsabschläge von 0,5 %, im Einzelfall auch von 0 angemessen sind.

74 Erfolgt die Unternehmensbewertung – dem state of the art entsprechend – anhand des **analytischen bzw Phasen-Modells,** wird ein Wachstumsabschlag allein für die **ewige Rente (Phase II)** vorgenommen.[184] Ursächlich ist, dass für die Geschäftsjahre der Detailplanungsphase sämtliche bewertungsrelevanten Faktoren, einschließlich der für die Jahre der Detailplanungsphase erwarteten Inflationsraten periodengenau erfasst werden, während die ewige Rente ex definitione keine Rücksicht auf zeitabhängige Faktoren nimmt.[185] Bei sachgerechter Bewertung geht also die scheinbar berechtigte Rüge, durch Fehlen eines Wachstumsabschlags in der Detailplanungsphase werde der Unternehmenswert zulasten der abfindungsberechtigten Anteilseigner negativ verzerrt, ins Leere, weil es – aufgrund ausdrücklicher Berücksichtigung der expliziten und jahresspezifischen Inflationserwartungen – keines zusätzlichen Wachstumsabschlags bedarf. Bei korrekter Prognoserechnung würde also der Ansatz eines Wachstumsabschlags auch für die Detailplanungshase zu einem strukturell zu hohen Wertansatz führen und damit zu einem windfall profit der Anteilseigner.

75 **3. Nicht betriebsnotwendiges Vermögen.** Eine Sonderbehandlung im Rahmen der Ertragswertberechnung erfährt das nicht betriebsnotwendige Vermögen. Als nicht betriebsnotwendig ist das Vermögen anzusetzen, das frei veräußert werden kann, ohne dass die Wahrnehmung der eigentlichen Unternehmensaufgabe hiervon beeinträchtigt würde.[186] Zum nicht betriebsnot-

177 BayObLG FGPrax 2001 215, 217; BayObLG NZG 2001 1137, 1139; OLG Stuttgart AG 2010 510, 512; OLG Stuttgart NJOZ 2010 1105, 1107; LG Frankfurt aM AG 2007 42, 46; LG Nürnberg-Fürth AG 2000 89, 90 (Philips); MüKo-AktG/*Paulsen*, § 305 Rn 134.

178 OLG Frankfurt aM AG 2011 832 837; OLG Stuttgart AG 2010 510, 512; OLG Düsseldorf AG 2002 398, 401 (Kaufhof/Metro); LG Frankfurt aM AG 2007 42, 46; OLG Hamburg AG 2001 479, 480 f; LG Köln Beschl. v. 22.9.2004 – 82 O 72/03, BeckRS 2007, 15625: jeweils 0,5 %.

179 BGH NJW 2003 3272, 3273; OLG Stuttgart NJOZ 2010 1105, 1107; OLG München WM 2009 1848, 1850: 1,0 %; BayObLG NZG 2001 1137, 1139; OLG Frankfurt, Beschl. v. 9.2.2010 – 5 W 38/09, BeckRS 2010, 04682: jeweils 1,0 %.

180 OLG Stuttgart AG 2014 208, 212.

181 OLG Düsseldorf AG 2003 329, 333 (Siemens/SNI): OLG Düsseldorf WM 2009, 2220, 2227: (bei besonders starken Wachstumsaussichten); LG Nürnberg-Fürth AG 2000, 89, 90 (Philips): jeweils 2 %.

182 OLG Hamburg AG 2003 583, 585 (Texaco/RWE-DEA AG); OLG Düsseldorf AG 2004 324, 329 (EVA); *Wüstemann*, BB 2010, 1745, 1719.

183 OLG Düsseldorf AG 2004 324, 329 (EVA).

184 IDW S1 idF Tz 97 f; OLG Karlsruhe, Beschl. v. 12.7.2013 – 12 W 57/10, BeckRS 2013, 13603; OLG Stuttgart AG 2014 208, 213; Simon/*Simon/Leverkus*, Anh. § 11 Rn 133 f; KölnKomm-AktG/*Riegger/Gayk*, Anh. § 11 SpruchG Rn 43; *Weber/Kersjes*, Hauptversammlungsbeschlüsse vor Gericht, § 5 Rn 193.

185 OLG Stuttgart AG 2014 208, 213; Simon/*Simon/Leverkus*, Anh. § 11 Rn 133 f.

186 IDW S1 idF 2008 Tz 59; *Fritzsche/Dreier/Verfürth*, § 1 Rn 194; Simon/*Simon/Leverkus*, Anh. § 11 Rn 174.

wendigen Vermögen zählen etwa vermietete und Reservegrundstücke, stillgelegte Anlagen, nicht benötigte Finanzmittel, stille Reserven oder reine Finanzbeteiligungen.[187] In Gruppen- und Konzernstrukturen ist zur Beurteilung der Betriebsnotwendigkeit nicht (ausschließlich) auf die Ebene der Einzelgesellschaft, sondern auch auf die Gruppe bzw den Konzern abzustellen, da betriebswirtschaftliche und juristische Organisation nicht deckungsgleich sind.[188] Nicht betriebsnotwendiges Vermögen ist nicht etwa mit seinen eventuellen Beiträgen zum Periodenerfolg abzubilden, vielmehr wird grundsätzlich der zeitnahe Abverkauf unterstellt, das nicht betriebsnotwendige Vermögen mit seinem **Liquidationswert** angesetzt und dieser dem ermittelten Ertragswert des betriebsnotwendigen Vermögens hinzugerechnet.[189] In diesem Fall ist unbedingt Sorge zu tragen dafür, dass eventuelle Beiträge des nicht betriebsnotwendigen Vermögens (Bsp.: Mieteinnahmen aus Vermietung nicht betriebsnotwendiger Grundstücke) aus den Planrechnungen für die Erträge des betriebsnotwendigen Vermögens eliminiert werden.

II. Alternativverfahren

1. Discounted-Cash-Flow-Verfahren. In Abgrenzung zur etwas angestaubt daherkommenden Ertragswertmethode nehmen die im angelsächsischem Sprachraum dominierenden[190] Discounted-Cash-Flow (DCF)-Verfahren nicht die Erträge der Unternehmung, sondern die eigentlich ökonomisch und auch in der betriebswirtschaftlichen Praxis relevante Kennziffer, die **Zahlungsströme** (Cash-Flows), in den Blick,[191] durch deren Diskontierung der Unternehmenswert bestimmt wird. 76

Da es sich gleichfalls um ein Kapitalwertverfahren handelt, gelangen Ertragswert- und DCF-Verfahren theoretisch – dh bei im Übrigen gleichen Annahmen bzgl Besteuerung etc. – zu gleichen Unternehmenswerten.[192] Damit gilt gleichzeitig auch, dass das DCF-Verfahren an der verfassungsrechtlichen Unbedenklichkeitsbescheinigung, die das BVerfG dem Ertragswertverfahren ausgestellt hat, teilhat; beide Verfahren haben den gemeinsamen Ausgangspunkt, die zukünftige Fähigkeit der zu bewertenden Wirtschaftseinheit, Überschüsse zu generieren, bestimmen zu wollen.[193] 77

Kern ist die unterschiedliche Betrachtungsweise: während Ertragswertverfahren und deutsche Tradition der Idee des Gewinns verhaftet sind, hat das DCF-Verfahren erkannt, dass Gewinne manipulierbar sind und nimmt deshalb mit den **Einzahlungsüberschüssen** die eigentliche betriebswirtschaftliche Leistungskennziffer in den Blick.[194] Aufgrund der deutschen Vorprägung auf den Gewinn sowie aufgrund des Umstands, dass das IDW als nur bedingt heimlicher Standardsetzer die deutsche Tradition pflegt und dem DCF-Verfahren im IDW S1 eine eher stiefmütterliche Behandlung zukommen lässt, hat das DCF-Verfahren zumindest bei den gesetzlich veranlassten Unternehmensbewertungen keine große Bedeutung erlangt.[195] 78

Im einem ersten Grobschnitt lassen sich DCF-Verfahren in zwei Grundtypen unterteilen: Netto- (**Equity-Ansatz**) und Bruttokapitalisierungsverfahren (**Entity-Ansatz**).[196] Im Rahmen der Nettoverfahren werden auf einer ersten Stufe die Cash-Flows ermittelt, die an die Anteilseigner 79

187 *Weber/Kersjes*, Hauptversammlungsbeschlüsse vor Gericht, § 5 Rn 204; Simon/*Simon/Leverkus*, Anh. § 11 Rn 174; *Seetzen*, WM 1994, 45, 50.
188 Simon/*Simon/Leverkus*, Anh. § 11 Rn 177.
189 OLG München WM 2009 1848, 1849; BayObLG FGPrax 2001 215, 216; OLG Düsseldorf AG 2002 398, 400 (Kaufhof/Metro); OLG Düsseldorf AG 2003 329, 332 (Siemens/SNI); OLG Düsseldorf AG 2004, 212, 213 (Krupp/Hoesch); IDW S1 idF 2008 Tz. 60; Simon/*Simon/Leverkus*, Anh. § 11 Rn 174; *Aha*, AG 1997, 26, 28.
190 Vgl etwa *Fleischer*, AG 2014, 97, 103.
191 *Klöcker/Frowein*, § 1 Anh. Rn 19; Simon/*Simon/Leverkus*, Anh. § 11 Rn 158. Skeptisch gegenüber dem DCF-Verfahren *Aha*, AG 1997, 26, 31.
192 IDW S1 idF 2008, Tz. 101. Vorsichtiger ohne Begründung *Klöcker/Frowein*, § 1 Anh. Rn 4: sollten zu ähnlichen Unternehmenswerten führen.
193 Zutreffend *Hüttemann*, ZGR 2001, 454, 457 f.
194 Zu den Schwächen einer Gewinnbetrachtung etwa *Fritzsche/Dreier/Verfürth*, § 1 Rn 199.
195 *Klöcker/Frowein*, § 1 Anh. Rn 19; *Habersack/Lüssow*, NZG 1999, 629, 633.
196 *Weber/Kersjes*, Hauptversammlungsbeschlüsse vor Gericht, § 5 Rn 141.

(„Equity") fließen, es wird also unmittelbar der Wert des Eigenkapitals ermittelt.[197] Bewertungsziel der Planrechnungen sind damit die Zahlungsüberschüsse nach Zinsen und Steuern oder – bei additivem Verständnis – die Summe aus Dividenden, Entnahmen, Kapitalrückzahlungen und Körperschaftsteuergutschriften.[198] Wesentliches Merkmal des Equity-Ansatzes ist damit, dass – vergleichbar dem Ertragswertverfahren – Zinszahlungen, die an die Fremdkapital- und damit nicht an die Eigenkapitalgeber fließen, bereits aus den abzuzinsenden Zahlungsströmen herausgerechnet werden.[199] Die sich ergebenden Net Cash Flows werden sodann unter Zuhilfenahme des Capital Asset Pricing Model (CAPM) mittels der theoretischen Eigenkapitalrendite auf ihren Barwert diskontiert.[200]

80 **Bruttoverfahren (Entity-Ansatz)** unterscheiden sich von den Nettoverfahren dadurch, dass der Wert des Eigenkapitals nur über einen Umweg bestimmt wird.[201] In einem ersten Schritt wird der Gesamtunternehmenswert ermittelt und dieser sodann auf Eigen- und Fremdkapitalgeber umgelegt bzw vom Gesamtunternehmenswert der Wert des Fremdkapitals abgezogen.[202] Umgesetzt wird dieser Ansatz dadurch, dass nicht allein das Eigenkapital („Equity"), sondern die Einzahlungsüberschüsse (Cash Flows) an Eigen- wie auch Fremdkapitalgeber ermittelt und abgezinst werden.[203] Da Gegenstand der Betrachtung sämtliche Cash-Flows sind, also eine Betrachtung vor Zinsen vorgenommen wird, muss dem im Rahmen des Diskontierungsfaktors Rechnung getragen werden. Auf CAPM und Abwandlungen kann in diesem Zusammenhang nicht zurückgegriffen werden, weil es den Barwert aus Sicht eines Eigenkapitalgebers und nicht eines Fremdkapitalgebers bzw Gläubigers ermittelt. Verbreitet werden stattdessen die gewichteten Kapitalkosten (**weighted average costs of capital (WACC)**) herangezogen.[204]

81 Als gleichwertig behandelt der IDW S1 das – soweit ersichtlich – weniger gebräuchliche Verfahren des **angepassten Barwerts (Adjusted Present Value (APV))**,[205] das sich gleichfalls eines Umwegs zur Ermittlung des Werts des Eigenkapitals bedient. Hier wird in einem Schritt zunächst der Unternehmenswert bei unterstellter vollständiger Eigenkapitalfinanzierung ermittelt und mittels der Eigenkapitalrendite auf seinen Gegenwartswert diskontiert, sodann der Wertbeitrag der Verschuldung bestimmt und dem Marktwert des Eigenkapitals hinzuaddiert, wodurch sich der Unternehmensgesamtwert des verschuldeten Unternehmens ergibt.[206] Der Wert des Eigenkapitals ergibt sich schließlich als Differenz aus Unternehmensgesamtwert und Marktwert des Fremdkapitals, zu welchem Zweck der Unternehmensgesamtwert um die Ansprüche der Fremdkapitalgeber gekürzt wird.[207]

82 **2. Dividend Discount-Modell.** Das Dividend Discount Model kommt nicht allein als denkbare Alternative zur Ermittlung der Marktrisikoprämie in Betracht, sondern auch als weiteres Verfahren zur Ermittlung des Unternehmenswertes an sich.[208] Als vergleichsweise einfaches finanzwirtschaftliches Modell fußt das Dividend Discount Modell auf den restriktiven Annahmen einer mit dem Wachstumsfaktor g konstant wachsenden Dividende D pro Aktie bzw Eigenkapitalanteil, sowie konstantem Verschuldungsgrad und Risiko der Unternehmung. Der Unternehmenswert ergibt sich auf Grundlage dieser restriktiven Annahmen als: $UW = D/(r-g)$, wobei r die (konstanten) Eigenkapitalkosten der Unternehmung bezeichnet. Das Modell setzt voraus, dass ein kontinuierliches Wachstum des Unternehmens stattfindet, welches unter den Eigenkapitalkosten liegt ($g<r$).[209]

197 *Habersack/Lüssow*, NZG 1999, 629, 632; *Weber/Kersjes*, Hauptversammlungsbeschlüsse vor Gericht, § 5 Rn 143.
198 *Fritzsche/Dreier/Verfürth*, § 1 Rn 202; *Habersack/Lüssow*, NZG 1999, 629, 632.
199 IDW S1 idF 2008, Tz. 138; Simon/*Simon/Leverkus*, Anh. § 11 Rn 162.
200 Simon/*Simon/Leverkus*, Anh. § 11 Rn 165.
201 *Habersack/Lüssow*, NZG 1999, 629, 632 f.
202 *Habersack/Lüssow*, NZG 1999, 629, 632 f.
203 *Fritzsche/Dreier/Verfürth*, § 1 Rn 205; *Aha*, AG 1997, 26, 31.
204 *Fritzsche/Dreier/Verfürth*, § 1 Rn 205; Simon/*Simon/Leverkus*, Anh. § 11 Rn 167; *Habersack/Lüssow*, NZG 1999, 629, 633.
205 IDW S1 idF 2008 Tz 136 f.
206 IDW S1 idF 2008, Tz 136.
207 IDW S1 idF 2008, Tz 136; *Habersack/Lüssow*, NZG 1999, 629, 633.
208 Nach dem Entwickler Myron Gordon (1959) auch als Gordon Growth Modell bezeichnet.
209 Für $g > r$ würde der Nenner und damit der Unternehmenswert negativ.

Die Anwendung auf Unternehmen, die keine Dividenden ausschütten, ist unter Modifikationen möglich. Hierbei beruft man sich, im einfachsten Fall, auf die Irrelevanz der Ausschüttungspolitik-Hypothese (*Modigliani-Miller*-Hypothese) und verwendet die Erträge pro Eigenkapitalanteil statt der Dividende. Damit ähnelt das Modell dann der ewigen Rente im Ertragswertverfahren, erweitert um den konstanten Wachstumsfaktor. In der ökonomischen Literatur wird das Dividend-Discount Model zum Teil genutzt, um, bei bekanntem Unternehmenswert, die Eigenkapitalkosten r zu ermitteln. Eine einfache Umstellung der obigen Formel liefert dann $r = D/UW + g$. Hierbei ist zu beachten, dass der Unternehmenswert in diesen Fällen aus dem Börsenkurs des Unternehmens gewonnen wird. Die resultierenden Eigenkapitalkosten gelten jedoch nur unter oben genannten Annahmen, insb. dem ewigen konstanten Wachstum. 83

3. **Einzelbewertungsverfahren: Substanz- und Liquidationswert.** Während die Gesamtbewertungsverfahren Ertragswert- und DCF-Verfahren den Unternehmenswert aus den zukünftigen Erträgen bzw Einzahlungsüberschüssen herzuleiten suchen, findet bei den Einzelbewertungsverfahren eine isolierte Bewertung aller Vermögensgegenstände und Schulden statt, durch deren jeweilige Aufsummierung sich gleichfalls der Unternehmenswert als Summe der Vermögenswerte abzüglich der Summe der Schulden ergibt. Die Bewertung der einzelnen Positionen kann einerseits dem Wertmaßstab der Wiederbeschaffung folgen (Substanzwertverfahren) oder als Prämisse die Liquidation der Unternehmung (Liquidationswertverfahren) zugrunde legen. 84

a) **Liquidationswert.** Das Liquidationswertverfahren als Einzelbewertungsverfahren bewertet die in der Unternehmung vorhandenen Vermögensgegenstände unter der Prämisse der Liquidation. Konkret berechnet sich der Liquidationswert als Differenz des Liquidationswerts des gesamten Betriebsvermögens und der bei Unternehmensauflösung zu deckenden Schulden,[210] also letztlich als Betrag, der zur Schlussverteilung an die Anteilseigner zur Verfügung steht. In der Praxis wird mit dem Liquidationswert üblicherweise der Zerschlagungswert bezeichnet (*break-up-value*). 85

Der Liquidationswert spielt grundsätzlich für die Beurteilung der Angemessenheit im Rahmen gesetzlicher Bewertungsanlässe keine Rolle (zu Besonderheiten hinsichtlich des nicht betriebsnotwendigen Vermögens vgl Rn 75). Etwas anderes kann dann gelten, wenn der Liquidationswert den Fortführungs- bzw Ertragswert überschreitet; hier stellt der Liquidationswert als Wert der – zulässigen – Handlungsalternative „sofortige Liquidation" die **Untergrenze der Abfindungsleistung** dar.[211] Fraglich ist in letzterem Fall allein, ob der höhere Liquidationswert unter diesen Voraussetzungen auch dann anzusetzen ist, wenn keine Liquidation notwendig oder beabsichtigt ist, vielmehr das Unternehmen – wirtschaftlich vertretbar – fortgeführt wird.[212] 86

b) **Substanzwertverfahren.** Wie dem Liquidationswertverfahren liegt auch dem Substanzwertverfahren ein „naturalistisches" Unternehmenswertverständnis zugrunde. Wieder geht es um die Bewertung der zum Bewertungsstichtag in einem Unternehmen vorhandenen Vermögensgegenstände – und nicht darum, welche leistungswirtschaftlichen Ergebnisse diese Faktorkombination zu generieren vermag. In Abgrenzung zum Liquidationswertverfahren wird als Bewertungsprämisse nicht die Beendigung des Unternehmens und der daraus resultierende Abverkauf sämtlicher Vermögensgegenstände, sondern die **Fortführung des Unternehmens** unterstellt. Die gedankliche Klippe, wie aus den Einzelpreisen für eine Summe von Vermögensgegenständen ein Unternehmenswert, dh der Wert, der durch die Kombination dieser Vermögensgegenstände erzielt werden kann, bestimmt werden können soll, versucht die Substanzwertlehre 87

210 Simon/*Simon/Leverkus*, Anh. § 11 Rn 52.

211 IDW S1 idF 2008 Tz 5 u. 140; Simon/*Simon/Leverkus*, Anh. § 11 Rn 196; *Aha*, AG 1997, 26, 28.

212 Offengelassen von OLG Stuttgart AG 2011 205, 207. Ablehnend Simon/*Simon/Leverkus*, Anh. § 11 Rn 173 mit der Überlegung, dass die Fortführungsprämisse irrationales Verhalten unterstellt; im Grundsatz auch KölnKomm-AktG/*Riegger/Gayk*, Anh. § 11 SpruchG Rn 82 mit Ausnahme für den Fall, dass ein tatsächlicher oder rechtlicher Zwang zur Unternehmensfortführung besteht. Tendenziell für Unmaßgeblichkeit des Liquidationswerts in diesem Fall etwa OLG Frankfurt aM NZG 2010 664, 665.

durch die Idee des sogenannten Reproduktionswerts des betriebsnotwendigen Vermögens zu umschiffen. Der **Reproduktionswert** beschreibt die Summe, die aufgewendet werden muss, um das Unternehmen in seiner gegenwärtigen Form zu reproduzieren.[213] Der Substanzwert als Summe der auf die Eigenkapitalgeber entfallenden Wertbeiträge des Unternehmens ergibt sich sodann, indem dem Reproduktionswert der Liquidationswert des nicht betriebsnotwendigen Vermögens hinzugerechnet und die Schulden bei Fortführung des Unternehmens abgezogen werden.

88 Die Logik ist auf einen ersten Blick einleuchtend, besitzt aber auch evidente **Schwächen.** Theoretisch besitzt der Reproduktionswert in diesem Sinne eine gewisse Nähe zu einem Marktwert, weil der Reproduktionswert den Wert darstellt, zu dem das identische Unternehmen installiert werden könnte.[214] Leider ist diese Nähe reine Fiktion, ausgeblendet bleibt regelmäßig der Einfluss von Lern- und Skaleneffekte der Unternehmung, die Bedeutung des dispositiven Faktors und des good will, der die vorgenannten und weitere physisch nicht ohne weiteres fassbare Positionen umfasst,[215] umgekehrt wird nicht berücksichtigt, dass einzelne Bestandteile der Faktorkombination sich im Rahmen des betriebswirtschaftlichen Leistungsprozesses als nicht werthaltig erweisen – Fehlinvestitionen, Schrottwerte etc. – und deshalb der Reproduktionswert gegebenenfalls über dem Wert des leistungswirtschaftlichen Substrats liegt. Entsprechend ist nach heute wohl unstreitiger Ansicht der Substanzwert keine geeignete Grundlage zur Ermittlung der angemessenen Kompensation,[216] da er keinen Bezug zu den zukünftig erzielbaren Einzahlungsüberschüssen besitzt;[217] allenfalls in Ausnahmefällen kann seine Berücksichtigung einmal Sinn machen.

89 **4. Mischverfahren, insb. Stuttgarter Verfahren.** Mischverfahren kombinieren Elemente von Gesamt- und Einzelbewertungsverfahren.[218] Bei den Mittelwertverfahren werden hier arithmetische oder gewichtete Mittel aus Substanz- und Ertragswerten zur Bestimmung des Unternehmenswertes vorgeschlagen. Insoweit atmen sie eine gleichzeitige Skepsis sowohl gegenüber gegenständlicher als auch Ertragswertbetrachtung. In der Bundesrepublik Deutschland hat vor allem das sog. Stuttgarter Verfahren eine gewisse Bedeutung zu erlangen vermocht, während etwa in den USA bis in die jüngere Vergangenheit die *Delaware Block Method* zur Anwendung kam.[219] Da allerdings unentschiedenes Schwanken zwischen Einzel- und Gesamtbewertung keine erhöhte Richtigkeitsgewähr begründet, haben Daumenregeln wie das Stuttgarter Verfahren zu Recht praktisch keinen nachhaltigen Einfluss auf die ernsthafte Unternehmensbewertung zu nehmen vermocht.[220]

90 **5. Multiplikator-Verfahren.** Das „Bewerten Vergleichen heißt" ist mittlerweile geflügeltes Wort.[221] Vor diesem Hintergrund ermitteln Vergleichs- bzw Multiplikatorverfahren den Unternehmenswert nicht durch Rückgriff auf die erwarteten Erträge (income approach), sondern anhand von Preisen, die für vergleichbare Güter (Unternehmen) entrichtet worden sind. Hierzu wird in einem ersten Schritt der Unternehmenswert für eine Gruppe von Referenzunternehmen als Vielfaches einer bestimmten Kennzahl des betriebs- bzw finanzwirtschaftlichen Rechnungswesen ermittelt, und dieses Vielfache (multiple, **Multiplikator**) sodann auf die entsprechende Kennziffer des zu bewertenden Unternehmens angelegt. Typische Vergleichsgrößen sind – das

213 *Fritzsche/Dreier/Verfürth*, § 1 Rn 191.
214 *Großfeld*, Recht der Unternehmensbewertung, Rn 283.
215 *Fritzsche/Dreier/Verfürth*, § 1 Rn 191 f.
216 LG München I ZIP 2013 1664, 1671 (HRE); IDW S1 idF 2008, Tz 6; Simon/*Simon/Leverkus*, SpruchG, Anh. § 11 Rn 52.
217 LG München I ZIP 2013 1664, 1671 (HRE); *Fritzsche/Dreier/Verfürth*, § 1 Rn 191 f.
218 Simon/*Simon/Leverkus*, Anh. § 11 Rn 53.
219 Hierzu *Fleischer*, AG 2014, 97, 102 f.
220 So auch *Großfeld*, Recht der Unternehmenswertung, Rn 278. Verwendung findet das Stuttgarter Verfahren allerdings im Einzelfall in Gesellschaftsverträgen zur Bestimmung einer Abfindung eines ausscheidenden Gesellschafters. Vgl *Wollny*, Der objektivierte Unternehmenswert, S. 20.
221 Vgl nur *Emmerich*, FS U.H. Schneider, S. 323, 326; *Fleischer*, AG 2014, 97, 101 mit allerdings pointiert doppelter Stoßrichtung (auch hinsichtlich Rechtsvergleichung).

allerdings mit Vorsicht zu genießende – EBIT (*Earnings-before-interest and taxes*) sowie Varianten (EBITDA), Zahlungsströme, Umsätze (Sales-Multiple) etc.

Dieser als **Comparative Company Approach (CCA)** im weiteren Sinne bezeichnete Ansatz entwickelt sich anhand von drei Methoden: (1) im Rahmen der Similar Public Company Method (SPCM) wird der maßgebliche Multiplikator aus der relevanten Kennziffer börsennotierter Vergleichsunternehmen gewonnen. (2) Insb., wenn die Vergleichsunternehmen nicht börsennotiert sind, kann – alternativ oder kumulativ – auf die Preise zurückgegriffen werden, die für vergleichbare Unternehmen im Rahmen von Transaktionen bezahlt worden sind, Recent Acquisitions Method (RAM). (3) Eine Spielart des comparable company approach stellt schließlich der Initial Public Offerings (IPO) Approach dar, bei dem Emissionspreise vergleichbarer Unternehmen zur Bewertung herangezogen werden. 91

Ihren eigentlichen Anwendungsbereich haben Multiplikator-Verfahren bisher im Bereich des Investmentbanking, wo verbreitet auf die gängigen und eigene Multiplikatoren zurückgegriffen wird.[222] Soweit hingegen gesetzliche Bewertungsanlässe betroffen sind, wollen die IDW S1 idF 2008 und weite Teile des Schrifttums Multiplikatorverfahren allenfalls die Funktion einer **Referenzgröße zur Plausibilitätskontrolle** der umfassenderen Unternehmensbewertung einräumen.[223] Nicht zu übersehen ist aber auch, dass in jüngerer Vergangenheit die Stimmen, die dem Ertragswertverfahren nicht völlig zu Unrecht eine gewisse Scheingenauigkeit attestieren und deshalb dem Börsenkurs als Marktwert mehr Gewicht verschaffen wollen, durchaus Sympathien für Vergleichsbewertungen anhand von Marktdaten artikulieren.[224] 92

Umgekehrt ist aber auch zu berücksichtigen, dass selbstverständlich auch Multiplikatoren nur c.p. gelten. Ist Multiplikatoren mehr zugewiesen als die Aufgabe als Daumenregeln, muss einerseits die Vergleichbarkeit der Referenzgröße sichergestellt werden und andererseits dafür Sorge getragen werden, dass die Mitglieder der Vergleichsgruppe – ähnlich dem Vorgehen bei Bestimmung der Peer Group – hinreichend vergleichbar mit dem eigentlichen Bewertungsobjekt sind. 93

6. Realoptions-Modelle. Bei Realoptionsmodellen handelt es sich methodisch um Erweiterungen von Bewertungsmodellen für Finanzoptionen, die versuchen, die mit einer Unternehmung verbundenen Möglichkeiten/**Handlungsalternativen** zu bewerten.[225] In der Unternehmensbewertung werden diese Ansätze insb. dann diskutiert, wenn die Natur der Unternehmung Ertragswert- oder DCF-Verfahren als unzureichend erscheinen lässt und deshalb einer Weiterung bzw Ergänzung bedürfen.[226] Ein Beispiel von praktischer Relevanz ist etwa die Bewertung junger (*Start-up*)-Unternehmen, wo der nach Ertragswert oder DCF ermittelte Unternehmenswert häufig deutlich niedriger ist als die Marktbewertung bzw hinreichend belastbare Cash-Flow- bzw Ertragsplanungen noch gänzlich fehlen,[227] sich ein Investment in diese Unternehmen also als bloße Option auf eventuelle Zahlungs- oder Ertragsströme darstellt, wobei die Auszahlungsstruktur – nicht anders als bei Finanzoptionen – asymmetrisch ist.[228] 94

Realoptionen idS bezeichnen vorhandene (reale) Investitions- bzw Desinvestitionsmöglichkeiten.[229] Letztlich läuft das Realoptionsmodell darauf hinaus, sämtliche der zu bewertenden Unternehmung zur Verfügung stehenden (Des)Investitionsmöglichkeiten bzw Handlungsalternativen zu identifizieren und zu bewerten; der Unternehmenswert ergibt sich also als die Summe 95

222 Vgl etwa den Umfang, den die Ausführungen zu CCA und CTA im Praktikerhandbuch von *Rosenbaum/Pearl*, Investment Banking einnehmen.

223 IDW S1 idF 2008, Tz 143, 144, 167; Simon/*Simon/Leverkus*, Anh. § 11 Rn 54.

224 Vgl etwa *Emmerich*, FS U.H. Schneider, S. 323, 329 f.

225 Grundlegend *Myers*, Finance Theory and Financial Strategy, Interfaces 14 (1984), 126, 126 ff; *Wollny*, Objektivierter Unternehmenswert, S. 21.

226 Es handelt sich somit um Komplemente, nicht Substitute der Zukunftserfolgswertverfahren, vgl *Wollny*, Objektivierter Unternehmenswert, S. 21.

227 *Hommel*, WM 2000, 1535.

228 *Hommel*, WM 2000, 1535.

229 *Löhr/Rams*, BB 2000, 1983. Die Interpretation von Investitionsmöglichkeiten als Optionen findet sich erstmals beim Vater des Realoptionsansatzes Stewart C. Myers in *Myers*, J. Fin. Econ. 5 (1977), 147, 147 ff.

der Barwerte sämtlicher Handlungsalternativen. Mit Ertragswert- und DCF-Verfahren gemein ist den Realoptionsmodellen, dass auch sie – und zwar in noch weitaus stärkerem Maße – den Zukunftserfolgswert der Unternehmung zu bestimmen suchen. Wesentlicher Unterschied ist dabei allerdings, dass sie diesen Zukunftserfolgswert nicht auf Basis eines bereits formulierten Konzepts, nämlich der Unternehmensplanung – zu ermitteln suchen, sondern sämtliche Handlungsalternativen, die der Unternehmung – im Zeitablauf jeweils – zur Verfügung stehen, betrachten und ihre Wertbeiträge zu ermitteln suchen. Dieser breitere Ansatz soll insb. abbilden, dass das Management bei Umweltänderungen gegebenenfalls mit einer Anpassung der Strategie und damit der Unternehmensplanung reagiert.[230] Denkt man sich die Unternehmung entscheidungstheoretisch also als Entscheidungsbaum sämtlicher Handlungsalternativen, wird der Unternehmenswert nicht ausschließlich anhand des durch die Geschäftsleitung innerhalb dieses Entscheidungsbaums gewählten Weges bestimmt, sondern sämtliche Entscheidungsalternativen bewertet und aufaddiert. Im Einzelnen identifiziert der Realoptionsansatz die der konkreten Unternehmung zur Verfügung stehenden Handlungsalternativen, bewertet diese und addiert den ermittelten Optionswert (**additive Realoptionen**) zum DCF Wert.

96 Praktische Probleme sind mit dem Realoptionsansatz vor allem aufgrund der Notwendigkeit der Schätzung all dieser Eingabeparameter verbunden, die – mindestens bis zu einem gewissen Grade – ins Blaue hinein erfolgen muss. Eine empirische Stütze findet dahin gehende Skepsis in der Beobachtung, dass Realoptionsmodelle insb. in der Phase der Technologieblase an NASDAQ und NEMAX herangezogen worden sind, um die teilweise abenteuerlichen Bewertungen von Technologie- und Mediaunternehmen zu rechtfertigen („Wer Gewinn erwirtschaftet, investiert zu wenig"), die sich nachträglich praktisch durch die Bank als völlig überzogen erwiesen.[231] Berücksichtigt man, dass bereits das Ertragswertverfahren in dem Verdacht steht, Gutachtern bzw Sachverständigen allzu große Spielräume bei der Ermittlung des Unternehmenswertes einzuräumen, wird man deshalb ein Ausweichen auf den Realoptionsansatz zumindest für gesetzliche Bewertungsanlässe bis auf Weiteres kaum empfehlen können.

III. Besonderheiten bei einzelnen Bewertungsanlässen

97 Wenn auch bei sämtlichen gesetzlichen und im Spruchverfahren überprüfbaren Bewertungsanlässen Ziel die Ermittlung einer respektive der angemessenen Kompensation ist, sind die einzelnen Bewertungsanlässe dennoch – im Einzelfall mehr oder weniger stark – durch Besonderheiten gekennzeichnet, über die im Folgenden ein kursorischer, nicht abschließender Überblick gegeben werden soll.

98 **1. Beherrschungs- und Gewinnabführungsverträge.** Bei Abschluss eines Beherrschungs- oder Gewinnabführungsvertrags ist zwischen zwei einer Überprüfung im Spruchverfahren offenstehenden Bewertungsanlässen zu unterscheiden. Verbleiben die Aktionäre trotz der einschneidenden Konzernierungsmaßnahmen in der Gesellschaft, ist ihnen als Ausgleich für den entfallenden Dividendenanspruch bzw die Begründung eines Weisungsrechts der Obergesellschaft (§ 308 AktG) ein angemessener Ausgleich anzubieten (vgl hierzu Rn 99). Aktionären, für die aufgrund der Konzernierung ein Verbleib in der Gesellschaft nicht in Betracht kommt, bietet § 305 AktG demgegenüber einen Exit ohne Wertverlust. Den Aktionären ist ein Abfindungsangebot zu unterbreiten, wobei das Gesetz sowohl eine Barabfindung als auch eine Abfindung in Aktien der Obergesellschaft erlaubt.

99 a) **Angemessener Ausgleich (§ 304 AktG).** Als **fester Ausgleich** nach § 304 Abs. 2 S. 1 AktG ist die jährliche Zahlung anzusetzen, die auf Grundlage der bisherigen Ertragslage sowie der zukünftigen Ertragsaussichten auf die einzelne Aktie entfallen würde.[232] Zur Berechnung der

230 *Löhr/Rams*, BB 2000, 1983, 1984.

231 Vgl etwa *Löhr/Rams*, BB 2000, 1983, 1983 ff und *Hommel*, WM 2000, 1535, 1535 f, die jeweils den Realoptionsansatz insb. als Instrument zur Bewertung von Unternehmen der „New Economy" vorstellen.

232 Emmerich/Habersack/*Emmerich*, § 304 Rn 38.

Ausgleichszahlung wird im Prinzip der im Ertragswertverfahren ermittelte Ertragswert mittels Rentenformel in Annuitäten umgelegt.[233] Folgende Besonderheiten gegenüber dem Standardmodell zur Bestimmung des Werts eines Anteils sind zu beachten: Bei der Bestimmung der Erträge bzw der daraus abzuleitenden Ausgleichszahlungen sind angemessene Abschreibungen und Gewinnberichtigungen, nicht aber die Bildung anderer Gewinnrücklagen iSv § 272 Abs. 3 S. 2 HGB in Abzug zu bringen, so dass die Ausgleichszahlung nach § 304 Abs. 2 S. 1 AktG im Regelfall nicht der Dividende entsprechen wird.[234] Nicht betriebsnotwendiges Vermögen ist nach wohl hM für die Berechnung des Ausgleichs nicht anzusetzen;[235] eine Ausnahme ist nur dann zu machen, wenn auch das betriebsnotwendige Vermögen Erträge über den Planungszeitraum abwirft.[236] Zudem sind nach herrschender Meinung Modifikationen hinsichtlich des maßgeblichen Risikozinssatzes geboten, um dem Umstand Rechnung zu tragen, dass die Ausgleichszahlung – anders als die Dividende – eine (grundsätzlich) sichere Zahlung ist.[237] Die Rechtsprechung versucht diesem unterschiedlichen Risikoprofil dadurch beizukommen, dass nicht der volle für die Berechnung der Barabfindung zu verwendende Kapitalisierungszinssatz, sondern ein darunter liegender Mischzinssatz angesetzt wird. Verbreitet wird dieser Mischzinssatz als arithmetisches Mittel des eigentlichen Kapitalisierungszinssatzes der Aktie und des Basiszinssatzes gebildet.[238]

Unter weiteren Voraussetzungen lässt das Gesetz auch einen **variablen Ausgleich** zu (§ 304 Abs. 2 S. 2 AktG), der sich im Prinzip anhand der Dividende der Obergesellschaft bestimmt.[239] Das Gesetz verlangt insoweit, dass vertraglich die Zahlung des Betrags zuzusichern ist, der unter Herstellung eines angemessenen Umrechnungsverhältnisses auf Aktien der Obergesellschaft jeweils als Gewinnanteil entfällt. Nach hM ist dabei die durch die Obergesellschaft tatsächlich gezahlte Dividende und nicht der Jahresüberschuss der Obergesellschaft maßgeblich.[240] Dass dabei aus Sicht der Aktionäre der Untergesellschaft die Gefahr besteht, durch Rücklagenbildung auf Ebene der Obergesellschaft ausgehungert zu werden, wird von der hM bis zu einer Missbrauchsgrenze, die auch das BVerfG als maßgeblich bezeichnet, hingenommen.[241] Da die Werte von Unter- und Obergesellschaft und ihr Beitrag zum leistungswirtschaftlichen Erfolg der Gruppe durchaus unterschiedlich ausfallen können und im Regelfall auch werden, verlangt das Gesetz die Herstellung eines **angemessenen Umrechnungsverhältnisses**, mit dem dieser unterschiedlichen Bedeutung von Unter- und Obergesellschaft innerhalb der durch die Konzernierungsmaßnahme herbeigeführten wirtschaftlichen Einheit Rechnung getragen wird. Für dessen Bestimmung greift § 304 Abs. 2 S. 3 AktG auf die **Verschmelzungswertrelation**, also das Verhältnis der Unternehmenswerte von Ober- und Untergesellschaft, zurück.[242] Erforderlich sind damit die Ermittlung des Unternehmenswertes sowohl der Ober- als auch der Untergesellschaft, wobei – soweit nicht eine oder beide Gesellschaften börsennotiert ist/sind – in der Praxis jeweils auf das Ertragswertverfahren in seiner Ausformung durch den IDW S1 idF 2008 zurückgegriffen wird. Maßstab ist jeweils der wahre bzw innere Wert, also der objektivierte Unternehmenswert.[243] 100

b) Abfindung (§ 305 AktG). aa) Abfindung in Aktien (§ 305 Abs. 2 Nr. 1 u. Nr. 2 AktG). Bewertungstechnisch anspruchsvoller ist die Abfindung in Aktien. Das Gesetz verlangt hier – 101

233 Schmidt/Lutter/*Stephan*, § 304 Rn 76; Emmerich/Habersack/*Emmerich*, Aktien- und GmbH-Konzernrecht, § 304 Rn 39; Simon/*Simon/Leverkus*, SpruchG, Anh. § 11 Rn 251.
234 Emmerich/Habersack/*Emmerich*, § 304 Rn 38.
235 OLG Frankfurt aM AG 2011 832, 837. Offengelassen von OLG Düsseldorf AG 2009 907, 909. Skeptisch Simon/*Simon/Leverkus*, Anh. § 11 Rn 247.
236 *Weber/Kersjes*, Hauptversammlungsbeschlüsse vor Gericht, § 5 Rn 207.
237 OLG Frankfurt aM AG 2011 832, 837. Die Ausgleichszahlung wird allein durch eine Insolvenz der verpflichteten Obergesellschaft bedroht.
238 So etwa OLG Frankfurt aM AG 2011 832, 837 f.
239 *Hüffer*, § 304 Rn 14.
240 *Hüffer*, § 304 Rn 15. AA Emmerich/Habersack/*Emmerich*, Aktien- und GmbH-Konzernrecht, § 304 Rn 49.
241 BVerfG AG 2000 40, 41 (Anpassung eventuell nach dem Rechtsgedanken von § 162 Abs. 1 BGB). So etwa auch *Hüffer*, § 304 Rn 15, der die Norm allerdings rechtspolitisch als wenig glücklich qualifiziert.
242 Emmerich/Habersack/*Emmerich*, § 304 Rn 50; *Hüffer*, AktG, § 304 Rn 16.
243 Emmerich/Habersack/*Emmerich*, § 304 Rn 50.

ähnlich der Regelung für den variablen Ausgleich – ausdrücklich die Berücksichtigung der Verschmelzungswertrelation, also des Wertverhältnisses von Ober- und Untergesellschaft.[244] Damit sind Unternehmensbewertungen sowohl für die Unter- als auch die Obergesellschaft durchzuführen, wobei insoweit bei fundamentalanalytischer Bewertung ganz überwiegend auf die jeweiligen Ertragswerte abgestellt wird. Maßgeblicher Bewertungsstichtag ist der Tag der Hauptversammlung der abhängigen Gesellschaft, die über die Zustimmung zum Beherrschungs- und/oder Gewinnabführungsvertrag beschließt.[245] Setzt man die auf Grundlage der getrennten Unternehmensbewertungen sich ergebenden Ertragswerte ins Verhältnis, erhält man die Verschmelzungswertrelation, die das Umtauschverhältnis und die Höhe eventuell barer Zuzahlungen bestimmt.[246] Zur Berücksichtigung des Börsenkurses vgl Rn 181 ff.

102 **bb) Barabfindung (§ 305 Abs. 2 Nr. 3 AktG).** Zur Bestimmung der Barabfindung, die den Anteilseignern, die anlässlich der Konzernierungsmaßnahme aus der Gesellschaft ausscheiden wollen, anzubieten ist, bedarf es demgegenüber grundsätzlich (nur) einer Bewertung der abhängigen Gesellschaft. Es ist also keine Verschmelzungswertrelation zu ermitteln, sondern der abhängige Rechtsträger auf stand-alone-Basis zu bewerten.[247] Hintergrund ist, dass den Aktionären, die den faktischen Unternehmenszusammenschluss – Weisungsrecht (§ 304 AktG) bzw Gewinnabführung und Verlustausgleich (§§ 291 Abs. 1 S. 1, 302 AktG) – nicht mittragen wollen, nur der Wert anzubieten ist, den ihre Anteile an „ihrer" Gesellschaft besessen haben. Diese wird – zumindest dann, wenn die Untergesellschaft nicht börsennotiert ist – praktisch ausnahmslos mittels Ertragswertverfahren bestimmt. Zur Ermittlung der Abfindung wird der Gesamtertragswert auf den einzelnen Anteil umgelegt; die Höhe der dem einzelnen Anteilseigner anzubietenden Abfindung bestimmt sich in der Folge als Produkt aus Ertragswert pro Anteil und Summe der gehaltenen Anteile.

103 **2. Eingliederung.** Für die Eingliederung gelten ähnliche Grundsätze wie für Beherrschungs- und Gewinnabführungsverträge. Den (bisherigen) Aktionären der eingegliederten Gesellschaft ist eine angemessene Barabfindung anzubieten (§ 320 b Abs. 1 S. 1 AktG), die entweder in Aktien der eingliedernden Haupt- bzw Obergesellschaft (§ 320 b Abs. 1 S. 2 AktG) oder unter weiteren Voraussetzungen als Barabfindung erfolgt.[248]

104 Soweit die **Abfindung in Aktien** der Hauptgesellschaft besteht, ist wiederum auf die Verschmelzungswertrelation abzustellen.[249] Den außenstehenden Aktionären sind so viele Aktien anzubieten, wie sie im Rahmen einer Verschmelzung der eingegliederten Gesellschaft mit der eingliedernden Gesellschaft erhalten würden,[250] so dass die Ausführungen unter Rn 102 entsprechend gelten. Es sind die Ertragswerte beider Unternehmen zu ermitteln[251] und ins Verhältnis zu setzen, um die Verschmelzungswertrelation zu bestimmen.[252] Kann kein glattes Tauschverhältnis hergestellt werden, ist Spitzen durch bare Zuzahlungen Rechnung zu tragen.[253]

105 Wird hingegen eine **Barabfindung** angeboten, bedarf es einer Ermittlung der Verschmelzungswertrelation nicht, ausreichend ist die Bestimmung des Ertragswerts der abhängigen Gesellschaft, der auf den einzelnen Anteil umzulegen ist.

244 Emmerich/Habersack/*Emmerich*, § 305 Rn 36; *Hüffer*, § 305 Rn 17; *Brandi/Wilhelm*, NZG 2009, 1408, 1409.
245 *Hüffer*, § 305 Rn 23.
246 Emmerich/Habersack/*Emmerich*, § 305 Rn 76.
247 OLG Düsseldorf NZG 2012 1260, 1261.
248 Zum Regel- Ausnahmeverhältnis zwischen Abfindung in Aktien und Barabfindung vgl etwa LG Dortmund NZG 2004 723, 724; Emmerich/Habersack/*Habersack*, Aktien- und GmbH-Konzernrecht, § 320 b Rn 5; *Hüffer*, § 320 b Rn 3 ff; Schmidt/Lutter/*J. Vetter*, § 320 b Rn 5 u. 11.
249 OLG Düsseldorf AG 2004 212, 213; LG Dortmund NZG 2004 723, 724; Schmidt/Lutter/*J. Vetter*, § 320 b Rn 12.
250 OLG Düsseldorf AG 2004 212, 213; LG Dortmund NZG 2004 723, 724.
251 OLG Düsseldorf AG 2004 212, 213; LG Dortmund NZG 2004 723, 724.
252 Die Verwendung der Ertragswertmethode bezeichnet OLG Düsseldorf AG 2004 212, 213 als „zutreffend", andere fundamentalanalytische Verfahren wie das DCF-Verfahren sind aber nicht per se ausgeschlossen, sondern nur praktisch unüblich.
253 Emmerich/Habersack/*Habersack*, § 320 b Rn 12.

Maßgeblicher **Bewertungsstichtag** ist insoweit der Zeitpunkt des Eingliederungsbeschlusses der einzugliedernden Gesellschaft.[254] (Zur Relevanz des Börsenkurses bei Eingliederung vgl Rn 200 ff). 106

3. Squeeze Out. Die von § 327 b AktG verlangte angemessene Barabfindung, also der „volle Wert des Unternehmens,"[255] ist im Grundsatz nach dem Ertragswertverfahren (oder einem vergleichbaren anerkannten fundamentalanalytischen Verfahren) zu bestimmen.[256] Ist die Gesellschaft, aus der die Minderheitsaktionäre herausgedrängt werden sollen, börsennotiert, markiert der Börsenkurs die Untergrenze (vgl hierzu noch unter Rn 204 f).[257] 107

Umstritten ist die Ermittlung der angemessenen Barabfindung aufgrund eines Squeeze Out in Fällen, in denen zum Bewertungsstichtag ein **Beherrschungs- und Gewinnabführungsvertrag** besteht. Fraglich ist, ob hier der angemessene Ausgleich als Barwert der zukünftigen Ausgleichszahlungen berechnet werden darf oder gegebenenfalls muss.[258] Dahinter steht die Überlegung, dass bei unterstellter unendlicher Lebensdauer des Beherrschungs- und/oder Gewinnabführungsvertrages die Minderheitsaktionäre durch Halten der Aktie allein den **Barwert der Summe der Ausgleichszahlungen** realisieren können.[259] Die wohl herrschende Ansicht in Schrifttum und Instanzenrechtsprechung lehnt eine derartige Berechnung der angemessenen Abfindung ab.[260] Dabei wird neben dem Wortlaut vor allem ins Feld geführt, dass der Abfindungsanspruch kein verrenteter Ausgleichsanspruch ist und deshalb der Wert der Aktie und nicht des Unternehmens zu ersetzen sei,[261] und im Übrigen durch ein Abstellen auf die Ausgleichszahlung nach § 304 AktG alleine die vermögensrechtliche Komponente der Mitgliedschaft, nicht aber auch die Verwaltungsrechte abgefunden werde.[262] 108

4. Verschmelzung. Wie bei Abschluss eines Beherrschungs- und/oder Gewinnabführungsvertrages ist bei der Verschmelzung zwischen zwei verschiedenen Bewertungsanlässen zu unterscheiden in Abhängigkeit davon, ob die Anteilseigner des übertragenden Rechtsträgers im (fusionierten) Verband verbleiben, oder aber anlässlich der Verschmelzung aus diesem ausscheiden. Verbleiben Anteilseigner des übertragenden Rechtsträgers innerhalb der fusionierten Gesellschaft, können sie gemäß § 15 UmwG im Spruchverfahren prüfen lassen, ob das Umtauschverhältnis der Anteile zu niedrig bemessen bzw die Mitgliedschaft bei dem übernehmendem Rechtsträger kein ausreichender Ausgleich für die am übertragenden Rechtsträger gehaltenen Anteile bzw Mitgliedschaft ist (§ 15 Abs. 1 UmwG). Bei Verschmelzung eines Rechtsträgers im Wege der Aufnahme durch einen Rechtsträger anderer Rechtsform sowie bei Verschmelzung einer börsennotierten Aktiengesellschaft auf eine nicht börsennotierte Aktiengesellschaft, hat der übernehmende Rechtsträger den Anteilseignern des übertragenden Rechtsträgers, die der Verschmelzung widersprechen, zudem im Verschmelzungsvertrag einen Exit durch Barabfindung zu ermöglichen. Aus ökonomischer Perspektive möglicherweise überraschend knüpft das UmwG das Exit-Recht der Anteilseigner des übertragenden Rechtsträgers also nicht daran an, dass diese das wirtschaftliche Kalkül der Verschmelzung nicht mittragen wollen, sondern an den formaljuristischen Umstand, dass die Mitgliedschaftsrechte durch einen anlässlich der Verschmelzung vollzogenen (impliziten) Formwechsel eine Änderung erfahren bzw daran, dass durch Verschmelzung auf einen nicht börsennotierten Rechtsträger die Fungibilität der Anteile beeinträchtigt wird. 109

a) Verbesserung des Umtauschverhältnisses. aa) Reguläre Unternehmensbewertung. Bewertungstechnischer archimedischer Punkt der Zusammenführung von Unternehmen bzw Gesell- 110

254 Emmerich/Habersack/*Habersack*, § 320 b Rn 12.
255 *Hüffer*, § 327 b Rn 5.
256 OLG Karlsruhe, Beschl. v. 12.7.2013 – 12 W 57/10 = BeckRS 2013, 13603; *Hüffer*, § 327 b Rn 4; *Ruthard*, DK 2013, 615.
257 *Hüffer*, § 327 b Rn 5.
258 So etwa OLG Frankfurt aM NZG 2010 664, 664 ff; *Leyendecker*, NZG 2010, 927, 927 ff.
259 So *Leyendecker*, NZG 2010, 927, 927 ff; OLG Frankfurt aM NZG 2010 664, 665.
260 OLG Düsseldorf NZG 2012 1181, 1183; *Hüffer*, § 327 b Rn 5; KölnKomm-AktG/*Riegger/Gayk*, Anh. § 11 SpruchG Rn 10.
261 OLG Düsseldorf NZG 2012 1181, 1183; *Hüffer*, § 327 b Rn 5.
262 OLG Düsseldorf NZG 2012 1181, 1183.

schaften im Wege der Verschmelzung ist die **Verschmelzungswertrelation**, die auf Grundlage der Werte beider beteiligten Unternehmen das angemessene Umtauschverhältnisses festlegt.[263] § 15 Abs. 1 UmwG gibt in diesem Zusammenhang den Anteilseignern des übertragenden Rechtsträgers einer Verschmelzung – und zwar nur ihnen[264] – das Recht, ein aus ihrer Sicht unangemessenes Umtauschverhältnis zu rügen und für die damit verbundene Vermögenseinbuße von dem übernehmenden Rechtsträger eine bare Zuzahlung zu verlangen. § 15 UmwG sichert damit die verfassungsrechtlich verbürgten Eigentumspositionen der Anteilseigner, die trotz Verschmelzung und des damit verbundenen Aufgehens „ihrer" Gesellschaft" im aufnehmenden Rechtsträger in dem zusammengeführten Unternehmensverbund verbleiben wollen, dagegen, durch die Verschmelzung vermögensrechtlich beeinträchtigt bzw verwässert zu werden.[265]

111 Zur Ermittlung der Verschmelzungswertrelation ist erforderlich, die Unternehmenswerte der sich verschmelzenden Rechtsträger zu ermitteln und ins Verhältnis zu setzen.[266] Eine besondere Bewertungsmethode ist dabei nicht vorgesehen. In der Praxis wird – zumindest bei kapitalmarktfernen – Gesellschaften jeweils der Ertragswert ermittelt und ins Verhältnis gesetzt.[267] Nach herrschender Meinung sind dabei sämtliche verschmelzenden Rechtsträger nach derselben Bewertungsmethode zu bewerten („Grundsatz der Methodengleichheit").[268] Zur Relevanz des Börsenkurses bei Verschmelzung unter Beteiligung von börsennotierten Gesellschaften vgl Rn 182 ff).

112 Nach wohl vorherrschender Ansicht im Schrifttum bestimmt sich das letztlich zugrunde zu legende Umtauschverhältnis (§ 5 Abs. 1 Nr. 3 UmwG) nicht ausschließlich anhand des durch Fundamentalanalyse ermittelten Verhältnisses der Unternehmenswerte, vielmehr wird den Verwaltungen der beteiligten Rechtsträger ein Ermessen bzw Verhandlungsspielraum für eventuelle Abweichungen von der synthetisch ermittelten Verschmelzungswertrelation eingeräumt.[269] Dies erscheint im Grundanliegen sachgerecht: zum einen ist zu berücksichtigen, dass die Einwertigkeit der Verschmelzungswertrelation natürlich irreführend ist, insofern als sie den Eindruck erweckt, als wäre nur genau eine Verschmelzungswertrelation richtig, während tatsächlich aufgrund der zahlreichen Annahmen und Prognosen der Ertragswertberechnung sich die angemessene Verschmelzungswertrelation bestenfalls für bestimmte Intervalle verneinen oder bejahen lässt. Weiter ist in Rechnung zu stellen, dass die Verschmelzung häufig lediglich ein möglicher Weg zur Zusammenführung von Unternehmen ist. Alternativ kann insb. eine Zusammenführung auch im Wege der Einbringung im Rahmen einer Sachkapitalerhöhung oder aber mittels einfachen Erwerbs erfolgen, wobei jeweils – auch trotz § 255 Abs. 2 AktG – Aufschläge auf den „inneren Wert" als zulässig erachtet werden. Naturgemäß schwierig und bisher nur unzureichend durchdrungen ist, wo die Grenzen dieser Gestaltungsfreiheit verlaufen.

113 **bb) Ausnahmsweise Entbehrlichkeit („Stuttgarter Verfahren")?** Anders als bei Squeeze Out, Eingliederung, Abschluss eines Beherrschungs- und Gewinnabführungsvertrags oder konzerninterner Verschmelzung stehen sich bei **Verschmelzung unverbundener Unternehmen** zwei Parteien gegenüber, die grundsätzlich antagonistische Interessen besitzen und ceteris paribus jeweils an einer für ihre Gesellschaft besonders günstigen Verschmelzungswertrelation interessiert sein sollten. Bei unverbundenen Unternehmen gibt das Verhandlungsverfahren sowie die notwendige Zustimmung einer qualifizierten Mehrheit der Anteilseigner (§ 13 UmwG), die nicht durch Sonderinteressen eines auf beiden Seiten der Transaktion stehenden Mehrheitsgesellschafters beeinflusst wird, eine erhöhte Gewähr für die Angemessenheit der Verschmel-

263 Vgl etwa *Gude*, Strukturänderungen, S. 32 f.
264 Anteilseigner eines übernehmenden Rechtsträgers sind demgegenüber – inkonsistent und deshalb Gegenstand rechtspolitischer Kritik – darauf verwiesen, die Bewertung mittels Anfechtungsklage zu rügen.
265 Vgl etwa *Wilsing/Kruse*, DStR 2001, 991, 992.
266 OLG München AG 2012 749, 750; BayObLG NZG 2003 483, 484.
267 So auch die Beobachtung von OLG München AG 2012 749, 750; *Wilsing/Kruse*, DStR 2001, 991, 992.
268 OLG München AG 2012 749, 750; BayObLG NZG 2003 483, 484; vgl auch *Wilsing/Kruse*, DStR 2001, 991, 992.
269 So etwa *Wilsing/Kruse*, DStR 2001, 991, 992.

zungswertrelation,[270] nicht anders als im Vertragsrecht besteht eine Richtigkeitsgewähr- oder doch zumindest Vermutung[271] dafür, dass beide Parteien die Interessen ihrer eigenen Gesellschaft bzw ihres Aktionariats nach Kräften zu wahren gesucht haben.

114 Ausgehend von dieser grundsätzlichen Überlegung vertreten Teile von Instanzenrechtsprechung und Literatur, dass bei **Verschmelzung unabhängiger Gesellschaften** das ausgehandelte Verschmelzungsverhältnis grundsätzlich zu akzeptieren sei,[272] wobei das Meinungsbild im Detail differenziert ausfällt: nach teilweise vertretener Ansicht scheidet eine Überprüfung generell aus, nach anderer Ansicht, insb. des mit dem „**Verhandlungsmodell**" aufs Engste verknüpften OLG Stuttgart entfällt eine Prüfung nicht zur Gänze, es kommt allerdings ein eingeschränkter Kontrollmaßstab zum Einsatz. Hiernach bilden lediglich Rechtsfragen und Tatsachengrundlage Gegenstand der gerichtlichen Überprüfung, während Planrechnungen und Prognosen, die die Organe der beteiligten Rechtsträger der Bestimmung des Umtauschverhältnisses zugrunde gelegt haben, grundsätzlich zu akzeptieren seien.[273]

115 Mit seiner Entscheidung in Sachen **Daimler-Chrysler** ist das **BVerfG** unlängst dem Verhandlungsmodell in seiner reinen Form entgegengetreten. Die Beschränkung der gerichtlichen Angemessenheitskontrolle einer baren Zuzahlung im Spruchverfahren auf die Prüfung eines ordnungsgemäßen Verhandlungsprozesses werde der durch Art. 14 GG bestimmten Aktionärsstellung nicht gerecht.[274] Art. 14 GG enthalte zunächst auch eine verfahrensrechtliche Absicherung des Eigentumsschutzes des Inhalts, dass eine Abfindungs- und Ausgleichsregelung gerichtlich überprüfbar sein müsse.[275] Hiermit ist es nach Ansicht des Verfassungsgerichts unvereinbar, den durch § 15 UmwG geregelten Eigentumsschutz von einer Ergebnis- auf eine reine Verfahrenskontrolle zu reduzieren.[276] Diese gelte insb. vor dem Hintergrund, dass die Verhandlungen der Vertretungsorgane nicht allein durch die Festlegung des Umtauschverhältnisses bestimmt würden, sondern „von vielfältigen weiteren unternehmerischen Erwägungen getragen sein können."[277]

116 Das Verfassungsgericht lässt allerdings offen, welche konkreten **abweichenden unternehmerischen Erwägungen** der beteiligten Geschäftsleitungen die Richtigkeitsvermutung zu erschüttern vermögen.[278] Denkbar ist einerseits die Gefahr eines empire building,[279] die allerdings vor allem im Zeitalter der Diversifikationsstrategien zu beobachten (gewesen) ist. *Fleischer/Bong* weisen zudem darauf hin, dass die Organpflichten auf das Unternehmensinteresse bezogen sind, das sich nach herrschender, wenn auch nicht überzeugender Ansicht nicht in einer Erhöhung des Unternehmenswertes erschöpfen soll.[280] Nach hier vertretener Ansicht drohen bei Maßgeblichkeit des Verhandlungsmodells Gefahren für die Angemessenheit der Verschmelzungswertrelation wohl am ehesten aus dem Umstand, dass für die Verwaltungen der beteiligten Rechtsträger die Anteilseignerebene in Abwesenheit einflussreicher Aktionäre weniger Relevanz besitzt als die Unternehmensebene. Dh für die Geschäftsleitungen steht die wirtschaftliche Sinnhaftigkeit der Fusion im Vordergrund, während die Frage, in welchem Verhältnis die Anteilseigner der Gründungsgesellschaften an den Früchten des verschmolzenen Unternehmens partizipieren, zunächst einmal zweitrangig ist. Es ist damit nicht ausgeschlossen, dass im Einzelfall die Geschäftsleitung eines beteiligten Rechtsträgers (unangemessene) Zugeständnisse bei der Festlegung der Verschmelzungswertrelation macht, um die Transaktion an sich nicht zu gefährden. Aus Sicht der Geschäftsleitung besteht also mitnichten ein Zwang, ein besonders

270 LG Frankfurt aM AG 2009 749, 751 (T-Online).
271 Hierzu *Fleischer/Bong*, NZG 2013, 881 (920).
272 LG Frankfurt aM AG 2009 749, 751 (T-Online); *Hüffer*, AktG, § 305 Rn 17; *Decher*, ZIP 2010, 1673, 1675; *Brandi/Wilhelm*, NZG 2009, 1408, 1412. Offensichtlich deutlich weitergehend *Wilsing/Kruse*, DStR 2001, 991, 994, die die Richtigkeitsvermutung der Verschmelzungswertrelation (sub 8.1) ersichtlich nicht auf nicht dominierte Bewertungssituationen (sub 8.2) beschränken wollen. AA *Weiler/Meyer*, NZG 2003, 669, 669 f.
273 *Fleischer/Bong*, NZG 2013, 881, 888 ff.
274 BVerfG NJW 2012 3020, 3020 ff (Daimler/Chrysler).
275 BVerfG NJW 2012 3020, 3021 (Daimler/Chrysler).
276 BVerfG NJW 2012 3020, 3021 (Daimler/Chrysler).
277 BVerfG NJW 2012 3020, 3022 (Daimler/Chrysler).
278 *Klöhn/Verse*, AG 2013, 1, 5 f unter Hinweis auf die Haltung des BVerfG in Moto-Meter.
279 *Fleischer/Bong*, NZG 2013, 881, 887.
280 *Fleischer/Bong*, NZG 2013, 881, 887.

günstiges Umtauschverhältnis zu realisieren.[281] Ob man diese Gefahren als hinreichend umfänglich ansieht, um dem Verhandlungsergebnis seine Bedeutung abzusprechen, erscheint insb. vor dem Hintergrund der kumulativ erforderlichen Absegnung der Verschmelzungswertrelation durch die Anteilseignerversammlungen der beteiligten Rechtsträger eine Frage des Standpunkts.

117 Gleichzeitig ist festzuhalten, dass das Verfassungsgericht allein einer *ausschließlichen* Orientierung am Verhandlungsergebnis die Gefolgschaft verweigert. Dem vermittelnden Stuttgarter Modell, nach dem bei Verschmelzung unabhängiger Gesellschaften allein Rechtsfragen, die Tatsachengrundlage und die Vertretbarkeit der Prognose zu überprüfen sind, ist damit nach wohl zutreffender Lesart nicht der Boden entzogen.[282]

118 Auch im Fall seiner unterstellten Zulässigkeit ist das Verhandlungsmodell auf **weitere Bewertungsanlässe** wie Beherrschungs- und Gewinnabführungsverträge und konzerninterne Verschmelzungen aufgrund der jeweils fehlenden Vertragsparität wohl kaum zu übertragen.[283] In einem Erst-Recht-Schluss wird man dies entsprechend auch für den Squeeze Out zu entscheiden haben, wo es noch nicht einmal eine formale Vertragsgrundlage gibt, vielmehr der Hauptaktionär die Barabfindung einseitig festsetzt.[284]

119 **b) Barabfindung (§ 29 UmwG).** Mit der Barabfindungspflicht ermöglicht das UmwG dem Anteilseigner eines übertragenden Rechtsträgers einen vermögensneutralen Exit aus der im Rahmen der Verschmelzung untergehenden Gesellschaft. Widerspricht ein Anteilseigner der Verschmelzung zur Niederschrift, ist ihm ein Ausscheiden gegen angemessene Barabfindung zu ermöglichen (§ 29 UmwG).[285] Allerdings gewährt das Gesetz dieses besondere Exit-Recht nur dann, wenn es sich um eine Verschmelzung auf einen Rechtsträger anderer Rechtsform oder im Falle der Verschmelzung einer börsennotierten auf eine nicht börsennotierte Gesellschaft handelt – letzteres ein Kaiser ohne Kleider, seit der BGH das Delisting abfindungsfrei gestellt hat, so dass es einer verschmelzungswilligen börsennotierten AG freisteht, zunächst ein reguläres Delisting (§ 39 BörsG) und erst nach dessen Wirksamwerden die Verschmelzung auf die nicht börsennotierte Zielgesellschaft durchzuführen. Vielleicht aus wirtschaftlicher Perspektive überraschend befindet das deutsche Recht damit nicht etwa die betriebswirtschaftliche Relevanz einer Verschmelzung als abfindungswürdig, sondern ermöglicht einen Exit nur dann, wenn juristische Einflussrechte anlässlich der Verschmelzung geändert werden. Technisch verwirklicht sich das Austrittsrecht des dissentierenden Anteilseigners dadurch, dass die übernehmende Gesellschaft im (Entwurf des) Verschmelzungsvertrag(s.) ein Barabfindungsangebot auszulegen hat, das der Anteilseigner einer Überprüfung im Spruchverfahren zuführen kann.

120 Mit der Barabfindung ist dem Anteilseigner des übertragenden und im Rahmen der Verschmelzung untergehenden Rechtsträgers der **Wert seiner bisherigen Beteiligung** zu vergüten, wobei auch insoweit der Grundsatz der vollen Entschädigung Anwendung findet.[286] Entsprechend bedarf es keiner Bewertung sämtlicher sich verschmelzender Rechtsträger, es genügt die Bewertung des übertragenden Rechtsträgers. Zumindest dann, wenn diese Gesellschaft nicht börsennotiert ist, entspricht es dem deutschen state-of-the-art, hierzu auf Ertragswertverfahren zurückzugreifen (zur Bedeutung des Börsenkurses vgl Rn 190).[287] Maßgeblich sind die Verhältnisse des übertragenden Rechtsträgers im Zeitpunkt der Beschlussfassung über die Verschmelzung.

121 **4. Spaltung.** Die Spaltung, die in den Unterformen der Auf- und Abspaltung begegnet, ist wirtschaftliches Spiegelbild der Verschmelzung. Entsprechend ist auch hier zwischen zwei zu tren-

281 AA *Wilsing/Kruse*, DStR 2001, 991, 995, die davon ausgehen, dass die beteiligten Vorstände vor allem ein für die Aktionäre ihrer Gesellschaft günstiges Umtauschverhältnis als Handlungsmaxime besitzen.
282 BVerfG NJW 2012 3020, 3022 (Daimler/Chrysler). Hierzu *Klöhn/Verse*, AG 2013, 1, 1 ff.
283 *Hüffer*, § 305 Rn 17.
284 *Hüffer*, § 305 Rn 17.
285 Semler/Stengel/*Zeidler*, § 30 Rn 4.
286 Semler/Stengel/*Zeidler*, § 30 Rn 6.
287 Semler/Stengel/*Zeidler*, § 30 Rn 7.

nenden Bewertungsanlässen zu differenzieren. Einerseits können die Anteilseigner eines übertragenden Rechtsträgers überprüfen lassen, ob das Umtauschverhältnis sie unangemessen beeinträchtigt. Andererseits gewährt das UmwG im Falle, dass eine Spaltung mit einem Wechsel der Rechtsform einhergeht oder aber Anteile eines börsennotierten Unternehmens auf eine nicht börsennotierte Aktiengesellschaft abgeschmolzen werden, ein Exit-Recht gegen angemessene Barabfindung.

a) **Nachbesserung des Umtauschverhältnisses.** Das Umtauschverhältnis bei Auf- und Abspal- 122
tung bestimmt sich grundsätzlich nach dem Verhältnis des tatsächlichen Werts des übertragenen Vermögens und dem des übernehmenden Rechtsträgers.[288] Zu beachten ist, dass es nur bei der Aufspaltung, nicht aber auch bei Abspaltung zu einem Anteilstausch im Wortsinne kommt.[289]

b) **Barabfindung (§§ 125, 30 Abs. 2 UmwG).** Für die Barabfindung gelten auch bei Spaltung 123
keine Besonderheiten. Erforderlich ist ausschließlich eine Bewertung des Ausgangsrechtsträgers, die in der Praxis grundsätzlich mittels Ertragswertverfahren erfolgt. Zur Bedeutung des Börsenkurses vgl Rn 192.

5. **Abfindungsangebot bei Formwechsel (§ 207 UmwG).** Trotz Geltung des Identitätsprinzips 124
offeriert das Umwandlungsrecht auch beim bloßen Formwechsel ein Exit-Recht. Nach § 207 UmwG hat der formwechselnde Rechtsträger jedem Anteilsinhaber, der gegen den Umwandlungsbeschluss Widerspruch zu Niederschrift erklärt, den Erwerb seiner umgewandelten Anteile oder Mitgliedschaften gegen eine **angemessene Barabfindung** anzubieten, womit auch insoweit eine Abfindung zum „vollen" oder „wahren" Wert verlangt wird.[290] Wie auch im Rahmen der weiteren Barabfindungsangebote erfordert die Beurteilung der Angemessenheit nach § 207 UmwG lediglich eine Unternehmensbewertung des formwechselnden Rechtsträgers, wobei auch insoweit in der Praxis vor allem auf das Ertragswertverfahren zurückgegriffen wird. Bei der Bemessung der Barabfindung sind die Verhältnisse des formwechselnden Rechtsträgers im Zeitpunkt der Beschlussfassung maßgeblich.[291] Zur Notwendigkeit der Berücksichtigung des eventuellen Börsenkurses der Anteile des formwechselnden Rechtsträgers vgl Rn 193.

IV. Sonderfragen

1. **Ansatz von Synergieeffekten.** Zu den umstrittensten Detailproblemen der Ertragswertbe- 125
rechnung zählt, inwieweit im Rahmen der angemessenen Abfindung auch Verbundeffekte zugunsten des ausscheidenden Anteilseigners zu berücksichtigen sind, wobei die allgemeine Kategorie der Synergieeffekte in die Unterkategorien der sog. unechten und der echten Verbundvorteile aufgefächert werden muss.[292]

Generell lassen sich Synergieeffekte mit einer anschaulichen Definition des IDW beschreiben 126
als „die Veränderung der finanziellen Überschüsse, die durch den wirtschaftlichen Verbund zweier oder mehrerer Unternehmen entstehen und von der Summe der isoliert entstehenden Überschüsse abweichen."[293] Ökonomisch kennzeichnen Synergieeffekte also die (vermeintlichen) werterhöhenden Effekte der durch den wirtschaftlichen Zusammenschluss veränderten Faktorkombination.

Soweit Bewertungsziel der objektivierte Unternehmenswert des Bewertungsobjektes ist, diffe- 127
renziert die ganz herrschende Meinung zwischen unechten und echten Synergien/Verbundvorteilen. Unter **unechten Verbundvorteilen** werden dabei solche zusammenschlussbedingten Effizienzsteigerungen verstanden, die das zu bewertende Unternehmen mit jeder anderen Gesell-

288 Vgl etwa Schmitt/Hörtnagl/Stratz/*Hörtnagl*, § 126 Rn 19.
289 Schmitt/Hörtnagl/Stratz/*Hörtnagl*, § 126 Rn 20.
290 Semler/Stengel/*Zeidler*, § 208 Rn 4.
291 Semler/Stengel/*Zeidler*, § 208 Rn 3.
292 Emmerich/Habersack/*Emmerich*, § 305 Rn 70.
293 IDW S1 idF 2008 Tz. 33.

schaft realisieren könnte.[294] Solche unechten Verbundvorteile sind nach wohl ganz herrschender Meinung beim Ertragswert einer abhängigen AG zu berücksichtigen;[295] dahinterstehende Intuition ist, dass sie – da unabhängig vom konkreten Zusammenschlusspartner – objektiv als Effizienzsteigerungspotenzial zur Verfügung stehen. Bestätigt wird dieses Ergebnis durch die Kontrollüberlegung, dass auf informationseffizienten Kapitalmärkten dieses generelle Wertsteigerungspotenzial der Unternehmung im Börsenkurs der Gesellschaft abgebildet würde.

128 Überaus umstritten ist demgegenüber, inwieweit auch **echte Verbundvorteile** im Rahmen der Abfindung Berücksichtigung finden können. Bei echten Verbundvorteilen handelt es sich um solche Synergien, die das beherrschte Unternehmen nicht allein, sondern nur durch Hinzutritt des herrschenden Unternehmens, also mithilfe des konkreten Partners, erzielen kann.[296] Während der BGH in seiner DAT/Altana die Frage der Berücksichtigungsfähigkeit echter Synergieeffekte (noch) offengelassen hat,[297] stehen sowohl IDW S1 idF 2008 als auch herrschende Lehre und mittlerweile wohl auch der BGH[298] auf dem Standpunkt, dass echte Synergien nicht anzusetzen sind.[299] Hauptargument ist, dass der typisierte Anleger echte Synergien nicht hätte realisieren können.[300]

129 **2. Aktualisierung des „maßgeblichen" IDW-Standards.** Die überragende Relevanz, die die Bewertungsstandards des Instituts der deutschen Wirtschaftsprüfer zu erlangen vermocht haben, belegt mit hinreichender Deutlichkeit die Debatte, die sich sowohl in Rechtsprechung als auch Schrifttum an der Frage entzündet hat, ob Aktualisierungen des IDW S1, die nach dem eigentlichen Bewertungsstichtag erfolgen, im Rahmen der Überprüfung der Angemessenheit anzuwenden sind oder aber auch die nachträgliche Überprüfung der Bewertung anhand des zum Stichtag geltenden Standards zu erfolgen hat. Während nach Ansicht verschiedener Instanzengerichte die im Bewertungszeitpunkt maßgeblichen Standards auch für später erfolgende Überprüfungen maßgeblich sein sollen,[301] kann nach der Gegenansicht ein aktualisierter Standard auch auf Bewertungssachverhalte angewendet werden, die vor seinem Inkrafttreten liegen, soweit die steuerlichen Rahmenbedingungen vergleichbar sind, da das Bewertungsverfahren kein wertbildender Faktor sei, auf den die Wurzeltheorie anzuwenden wäre, vielmehr Abbildung wissenschaftlichen Erkenntnisfortschritts.[302] Auch die Gegenansicht, die grundsätzlich auf den im Entscheidungszeitpunkt geltenden Standard abstellen will, lässt es aber gegebenenfalls zu, dass „neuere und gefestigte bessere Erkenntnisse und Schätzungen nach dem Bewertungsstichtag", beispielsweise die Ermittlung des Basiszinssatzes vermittels der Zinsstrukturkurve, Berücksichtigung finden.[303]

130 Im Grundsätzlichen mag man sich bereits daran stoßen, dass mit dieser Debatte die faktische Normqualität der IDW-Standards noch einmal eine erhebliche Aufwertung erfährt. Abseits dieser rechtspolitischen Grundsatzfrage erscheint eine auch in der gerichtlichen Praxis sich wiederfindende differenzierte Betrachtung geboten. Richtigerweise ist zur Vermeidung eines judging in hindsight die Einführung tatsächlicher Änderungen des Streitgegenstandes nicht zuzulassen, andererseits muss aber auch gelten, dass Erkenntnisfortschritte, die dem Ziel des Spruchverfahrens, die Angemessenheit der Kompensation zu ermitteln, förderlich sind, nicht

294 Simon/*Simon/Leverkus*, Anh. § 11 Rn 26; Emmerich/Habersack/*Emmerich*, § 305 Rn 70 a.

295 BGH NJW 2001 2080, 2082 (DAT/Altana); im Prinzip auch IDW S1 idF 2008, der allerdings verlangt, dass die Hebung der unechten Synergien bereits in der Wurzel angelegt ist; aus dem Schrifttum etwa Simon/*Simon/Leverkus*, Anh. § 11 Rn 27; Emmerich/Habersack/*Emmerich*, § 305 Rn 70 a unter der Voraussetzung ihrer Quantifizier- und Zuordnenbarkeit; enger wohl Semler/Stengel/*Zeidler*, § 30 Rn 17, der verlangt, dass die unechten Synergien bereits in der Vergangenheit realisiert worden sind; dies erscheint zu weitgehend, weil bereits gehobene Synergien sich bereits in den Planzahlen wiederspiegeln.

296 BGH NJW 2001 2080, 2082 (DAT/Altana).

297 BGH NJW 2001 2080, 2082 (DAT/Altana).

298 So ist wohl BGH NJW 2010 2657, 2659 (= Tz. 23) zu verstehen.

299 IDW PS 1 idF 2008 Tz. 34. A. A. Emmerich/Habersack/*Emmerich*, § 305 Rn 71.

300 *Wilm*, NZG 2000, 1070, 1071; *Wollny*, Bewertungs-Praktiker, 3/2010, 10,13; enger wohl Semler/Stengel/*Zeidler*, § 30 Rn 16.

301 OLG Düsseldorf NZG 2012 1181, 1184.

302 OLG Stuttgart ZIP 2011 383; OLG Celle ZIP 2007 2025, 2027.

303 OLG Düsseldorf NZG 2012 1181, 1184.

ausgeklammert bleiben dürfen. In einem Grobschnitt wird man deshalb danach zu differenzieren haben, ob Aspekte des Bewertungsstandards in Rede stehen, die zeitpunktabhängig sind (Annahmen über Basiszinssatz, Marktrisikoprämie, Besteuerung), oder um solche Bestandteile, die zeitpunktunabhängig allgemein eine passgenauere Unternehmensbewertung ermöglichen. Während erstere allenfalls dann zuzulassen sind, wenn sie erkennbar auch für den in Rede stehenden Bewertungsanlass bzw -zeitpunkt Geltung beanspruchen können, ist gegen die Berücksichtigung allgemeinen methodischen Erkenntnisfortschritts nichts zu erinnern. Auch für den Sonderfall einer Aktualisierung der IDW-Standards ist schließlich kein Meistbegünstigungsprinzip anzuerkennen.[304]

Festzuhalten ist aber auch, dass entgegen dem Grundtenor der Debatte, der IDW S1 (weiterhin) keinerlei Rechtsnormqualität hat und somit mitnichten zwingend durch die Gerichte zu beachten ist. Antragsteller, Antragsgegnerin und Spruchkörper bleiben also berechtigt und sind auch durchaus berufen, die Annahmen des IDW S1 im begründeten Einzelfall kritisch zu hinterfragen. 131

3. Stamm- und Vorzugsaktien. Aufgrund der durchaus preisrelevanten unterschiedlichen Ausstattungsmerkmale wird es allgemein als sachgerecht angesehen, den mittels Fundamentalanalyse ermittelten (Gesamt)Unternehmenswert auf Stamm- und Vorzugsaktien aufzuteilen.[305] In diesem Zusammenhang ist allerdings für Theorie und Praxis zu konstatieren, dass es bisher nicht gelungen ist, eine überzeugende Formel zu entwickeln, wie diese Aufteilung vorzunehmen ist, und die gleichzeitig empirischen Ergebnissen standhalten würde; insb. unter Zugrundelegung des Ertragswertprinzips sind kaum sinnvolle Ergebnisse realisierbar.[306] Aufgrund dieser Ermittlungsprobleme zieht die Rechtsprechung in Fällen, in denen Stamm- als auch Vorzugsaktien börsennotiert sind, das Verhältnis der Börsenkurse beider Gattungen richtigerweise als wichtiges, oftmals einzig plausibles Indiz heran (vgl hierzu noch Rn 206 f).[307] 132

D. Bedeutung des Börsenkurses

I. Einführung

Börsenkurse haben über Jahrzehnte bei der rechtlich veranlassten Unternehmensbewertung keine Rolle gespielt bzw bestenfalls ein **Schattendasein** gefristet.[308] Während aus den Reihen der Wirtschaftswissenschaften wiederholt auf die zentrale Bedeutung des Börsenkurses als Marktpreis hingewiesen wurde,[309] hat sich vor allem die Rechtsprechung – allerdings in seltener Einigkeit mit den ansonsten pointiert ökonomisch denkenden US-Gerichten[310] – dahin gehenden Anregungen verschlossen;[311] zum Teil mit ökonomisch hoch angreifbaren Argumentationen, die eine wörtliche Zitierung verdienen. Traurige Berühmtheit erlangt hat insoweit die Feldmühle-Entscheidung des BGH, in der die Irrelevanz von Börsenkursen damit begründet wird, dass „der Börsenkurs sich mit dem wahren Wert der Aktien decken [könne], er [...] aber auch niedriger oder höher sein [könne]. Er ergibt sich aus dem im Augenblick der Kursbildung vorhandenen Verhältnis von Angebot und Nachfrage, das von der Größe oder Enge des Marktes, von zufallsbedingten Einflüssen und sonstigen nicht wertbezogenen Faktoren wie politischen Ereignissen, Gerüchten, Informationen, psychologischen Momenten oder einer allgemeinen Tendenz abhängt. Außerdem unterliegt der Börsenkurs unberechenbaren Schwankungen und Entwicklungen, wie die Aktienkurse der letzten Jahre besonders deutlich gemacht haben. Das schließt es aus, der Berechnung der angemessenen Abfindung den Börsenkurs zugrunde zu 133

304 OLG Karlsruhe, Beschl. v. 12.7.2013 – 12 W 57/10, BeckRS 2013, 13603.
305 OLG Düsseldorf AG 2009 907, 911.
306 OLG Düsseldorf AG 2009 907, 911; zur Problematik auch Simon/*Simon/Leverkus*, Anh. § 11 Rn 268 ff.
307 OLG Düsseldorf AG 2009 907, 912.
308 Vgl etwa den Befund des BVerfG NJW 1999 3679, 3771. Aus der früheren Rechtsprechung etwa BGH NJW 1967 1464; OLG Celle NZG 1998 987.
309 Aus dem juristischen Schrifttum auch *Luttermann*, ZIP 1999, 45, 45 ff; Emmerich/Habersack/*Emmerich*, § 305 Rn 42: „(nahezu perfekter) Marktpreis."
310 Vgl *Fleischer*, AG 2014, 97, 103.
311 Vgl nur *Busse von Colbe*, FS Lutter, S. 1058: „[...] verschlägt dem Ökonomen schon den Atem."

legen."[312] Einem Preis seine Relevanz abzusprechen unter Hinweis darauf, dass er das Ergebnis von Angebot und Nachfrage ist, kann man kaum weniger als abenteuerlich bezeichnen.[313]

134 Die Zeitenwende wurde im Jahre 1999 durch die **DAT/Altana-Entscheidung des BVerfG** eingeläutet, die es (zunächst nur) für Ausgleich und Abfindung der außenstehenden Aktionäre bei Abschluss eines Beherrschungs- oder Gewinnabführungsvertrages bzw Eingliederung für mit Art. 14 GG unvereinbar erklärt hat, den Börsenkurs zur Gänze außer Betracht zu lassen. Auch wenn in der jüngeren Rechtsprechung des BVerfG eine Tendenz zu erkennen ist, die zentrale Bedeutung, die der Börsenkurs erlangt hat, in Teilen zu relativieren („Delisting"), bleibt es dabei, dass bei sämtlichen gesetzlichen Bewertungsanlässen zu überprüfen ist, ob und inwieweit dem Börsenkurs Bedeutung für die Bestimmung des Unternehmenswerts im Sinne des Gesetzes zuzumessen ist. Gleichsinnig urteilt der praktisch bedeutsame IDW S 1, der zwar grundsätzlich – wenig überraschend – Börsenkurse nur zu Plausibilisierungszwecken heranziehen will, gleichzeitig aber zähneknirschend eventuelle Vorgaben des BVerfG durch dynamischen Verweis in sein Prüfprogramm einbezieht.[314]

II. Ökonomische Grundlagen

135 **1. Theorie des informationseffizienten Kapitalmarktes.** Ökonomisch stützt sich die Berücksichtigung des Börsenkurses maßgeblich auf das Konzept der Informationseffizienz. Entgegen vor allem in der früheren Rechtswissenschaft verbreitet anzutreffender Fehlvorstellung sind Börsenpreise nicht Ergebnis unverantwortlicher Spekulation, sondern das Ergebnis von Angebot und Nachfrage nach Beteiligungstiteln eines bestimmten Unternehmens. Marktteilnehmer bilden sich Erwartungen über die künftige Ertragskraft und legen diese ihren Kauf- und Verkaufsentscheidungen zugrunde; aus der Gesamtheit dieser subjektiven Wertvorstellungen resultiert der Marktpreis als aggregierte und objektivierte Einschätzung des Wertes des Unternehmens.[315]

136 Auf einem informationseffizienten Kapitalmarkt, dh einem Markt, der sämtliche verfügbaren Informationen unmittelbar und korrekt im Preis abbildet, entspricht der Marktpreis dem „wahren" Wert des Unternehmens.[316] Im Einzelnen werden drei Grade an Informationseffizienz unterschieden: **Schwache Informationseffizienz** liegt vor, wenn im Börsenkurs sämtliche historischen Kursinformationen abgebildet sind, dh durch technische Analyse kann keine Überrendite erzielt werden.[317] **Halbstrenge Informationseffizienz** ist dadurch gekennzeichnet, dass sämtliche öffentlichen Informationen sowie die historischen Kursdaten im Börsenkurs widergespiegelt sind, dh auch durch Einsatz von Fundamentalanalyse sind keine Überrenditen erzielbar.[318] **Strenge Informationseffizienz** liegt schließlich dann vor, wenn sämtliche öffentlichen und privaten Informationen in den Kursen widergespiegelt sind,[319] unter dieser Voraussetzung kann auch durch Einsatz von Insiderwissen keine Überrendite erzielt werden. Auf einem informationseffizienten Kapitalmarkt entspricht der Börsenpreis in der Sache damit dem anteiligen Unternehmenswert, den das Ertragswertverfahren durch synthetische Betrachtung zu ermitteln

312 BGH NJW 1967, 1464. Noch heute der Feldmühle-Entscheidung folgend etwa Heidel/*Heidel*, § 255 Rn 12 c; in die Richtung der früheren BGH-Rechtsprechung – unter anderen Auspizien – auch Simon/*Simon/Leverkus*, Anh. § 11 Rn 16: „Der Börsenkurs der Aktie ist mit dem anteiligen Wert am Unternehmen, den sie regelmäßig verkörpert, nicht identisch"; und besonders entschieden *Wilsing/Kruse*, DStR 2001, 991, 994: [Ertragswerte bieten ...] ohne Zweifel [...] eine höhere Richtigkeitsgewähr als die strenge Kopplung an teils spekulative Börsenkurse."

313 Zu Recht scharfe Kritik etwa bei *Luttermann*, ZIP 1999, 45, 46; *Steinhauer*, AG 1999, 299, 302.

314 IDW S1 idF 2008 Tz. 15 f.

315 Zum Börsenkurs als Marktpreis *Luttermann*, ZIP 1999, 45, 45 ff.

316 *Weber*, ZGR 2004, 280, 281; *Steinhauer*, AG 1999, 299, 304; Simon/*Simon/Leverkus*, Anh. § 11 Rn 187.

317 Vgl etwa *Brealey/Myers/Allen*, Principles of Corporate Finance, S. 345; *Steinhauer*, AG 1999, 299, 304; Simon/*Simon/Leverkus*, UmwG, Anh. § 11 Rn 187 ff.

318 *Brealey/Myers/Allen*, Principles of Corporate Finance, S. 345 f; *Perridon/Steiner/Rathgeber*, Finanzwirtschaft der Unternehmung, S. 217; *Steinhauer*, AG 1999, 299, 304 f.

319 *Brealey/Myers/Allen*, Principles of Corporate Finance, S. 340; *Perridon/Steiner*, Finanzwirtschaft der Unternehmung/Rathgeber, S. 217; *Steinhauer*, AG 1999, 299, 304.

versucht; er entspricht damit dem Wert, den die Rechtsprechung unschön als „wahren Wert" apostrophiert.[320]

Während die frühe Rechtsprechung, die den Börsenkurs nicht als einen hinreichend verlässlichen Indikator des Unternehmenswerts ansah, da er von einer Vielzahl von Faktoren beeinflusst werde,[321] implizit die **Informationseffizienzhypothese** verworfen hat und auch das BVerfG die Berücksichtigung des Börsenkurses nicht etwa auf seine Indikatorfunktion für den „wahren Wert" gestützt hat (siehe sogleich unter Rn 141), hat der BGH in seiner Rezeption der DAT-Altana-Entscheidung des BVerfG ausdrücklich auf die Indikatorfunktion und Richtigkeitsvermutung von Börsenkursen als beobachtbaren Marktpreisen abgestellt, und die Notwendigkeit einer Berücksichtigung des Börsenkurses gerade damit begründet, „dass die Börse auf der Grundlage der ihr zur Verfügung gestellten Informationen und Informationsmöglichkeiten die Ertragskraft des Gesellschaftsunternehmens, um dessen Aktien es geht, zutreffend bewertet, der Erwerber von Aktien sich an dieser Einschätzung durch den Markt orientiert und sich daher Angebot und Nachfrage nach Aktien so regulieren, dass sich die Marktbewertung in dem Börsenkurs der Aktien niederschlägt".[322] Dieser durch den BGH vorgezeichnete Weg ist sowohl in Rechtsprechung als auch Schrifttum teilweise aufgegriffen worden: hier wird mittlerweile gerade auch aufgrund seiner Indikatorfunktion der Börsenkurs bzw Marktwert zumindest als ein Element zur Überprüfung des Unternehmenswertes herangezogen.[323] 137

Wirtschaftswissenschaftlich steht und fällt die Notwendigkeit, (gegebenenfalls nur) den Börsenkurs bei der Ermittlung des Unternehmenswertes zu beachten, damit mit der Antwort auf die Frage, ob und wenn ja in welchem Grade moderne Kapitalmärkte im Allgemeinen und der **deutsche Kapitalmarkt** im Besonderen **informationseffizient** sind.[324] Trotz ihrer zentralen Bedeutung für die Kapitalmarkttheorie und zahlreichen theoretischen wie empirischen Untersuchungen, handelt es sich nach wie vor um eine Glaubensfrage.[325] Einerseits belegen u.a. medienträchtige Insiderhandelsprozesse, dass strenge Informationseffizienz sicherlich nicht verwirklicht ist.[326] Andererseits findet die in der früheren Rechtsprechung verbreitete Ansicht, Börsenkurse seien bloße Zufallsprodukte und nicht Ergebnis eines Marktprozesses mehr oder weniger rationaler Akteure, zu Recht kaum noch dezidierte Anhänger. Zu berücksichtigen ist zunächst, dass sich in den vergangenen zwei Jahrzehnten **die ordnungspolitischen Rahmenbedingungen** für die Preisbildung auf den Märkten für Beteiligungstitel erheblich gewandelt haben. Insb. der europäische Gesetzgeber, der sich dem Informationsmodell verpflichtet fühlt, hat in der jüngeren Vergangenheit zahlreiche Maßnahmen ergriffen, um Aussagekraft und Verlässlichkeit von Kapitalmarktpreisen zu erhöhen.[327] An erster Stelle zu nennen sind hier einerseits das allerdings gerade mit Blick auf die Informationseffizienz nicht unumstrittene Insiderhandelsverbot (§ 12 WpHG)[328] sowie auch und vor allem die Verpflichtung zur Ad-Hoc-Publizität (§ 15 WpHG), die gerade darauf gerichtet ist, die Informationseffizienz des Kapitalmarktes und der an ihm gestellten Kurse zu erhöhen, andererseits das Verbot der Marktmanipulation (§ 20 a WpHG), das seinerseits mit einer erhöhten Gewähr dafür verbunden ist, dass Börsenkurse nicht verzerrt sind. Umgekehrt betont die jüngere Forschungsrichtung der **Behavorial Finance** die Bedeutung psychologischer Phänomene, die geeignet seien, die Axiome der Efficient Capi- 138

320 *Weber*, ZGR 2004, 280, 281.
321 BayObLG NJW-RR 1996 1125, 1126; OLG Celle NZG 1998 987, 987 f.
322 BGH NJW 2001 2080, 2081 (DAT/Altana); zurückhaltend OLG Düsseldorf AG 2009 907, 909: ggf Indizfunktion für den Unternehmenswert.
323 Deutlich in diese Richtung etwa LG Köln AG 2009 835, 837; *Weiler/Meyer*, NZG 2003, 669, 670.
324 *Weber*, ZGR 2004, 280, 281.
325 *Steinhauer*, AG 1999, 299, 305. Aus dem angelsächsischen Schrifttum etwa *Shleifer*, Inefficient Markets. Skeptisch aus dem juristischem Schrifttum etwa *Wilsing/Kruse*, DStR 2001, 991, 992.
326 *Steinhauer*, AG 1999, 299, 304.
327 *Bungert/Wettich*, FS Hoffmann-Becking, S. 157, 166; hierauf abstellend auch schon *Aha*, AG 1997, 26, 28. Zurückhaltend bzgl der damit erreichten Verbesserungen *Großfeld*, BB 2000, 261, 264.
328 Insb. *Manne* hat nachdrücklich die These vertreten, die Zulassung von Insiderhandel erhöhe die Informationseffizienz des Kapitalmarkts, weil Insider als Arbitrageure an einer möglichst zeitnahen Ausnutzung ihres Wissensvorsprungs interessiert seien. Hierzu *Manne*, Insider Trading, vgl auch *Hopt*, AG 1995, 353, 353 ff; *Großfeld*, BB 2000, 261, 264.

tal Market Hypothesis und damit auch die materielle Belastbarkeit von Börsenkursen zu erschüttern.[329] Auch empirische Studien zeichnen kein eindeutiges Bild. Gegenwärtig wird man festhalten können, dass sicherlich weiterhin berechtigte Zweifel bestehen, ob der Börsenkurs tatsächlich den wahren Wert immer und fehlerfrei wiedergibt, andererseits wird man ihn richtigerweise kaum ignorieren können. Im vorliegenden Kontext ist im Übrigen allzu grobschlächtiger Kritik, die die Fehlerhaftigkeit der Marktpreisbildung unter Hinweis auf immer wieder zu beobachtende Spekulationsblasen herleiten will, zudem entgegenzuhalten, dass systematische Fehlperzeptionen der Marktteilnehmer, die spekulativen Blasen häufig zugrunde liegen, sich auch in den Annahmen einer fundamentalanalytischen Analyse realisieren (vgl nur den Zusammenhang zwischen Realoptionstheorie und „New Economy" Rn 96). Gerade mit Blick auf die Schwächen, die auch die Fundamentalanalyse kennzeichnen, muss dem Börsenkurs grundsätzlich ein hoher Stellenwert für die Bestimmung des Wertes eines Emittenten eingeräumt werden.[330]

139 Als Fazit wird man festhalten können, dass Börsenkurse den evidenten Vorteil haben, nicht Substrat mathematisch ansprechender, aber bestenfalls leidlich nachprüfbarer Arbeiten aus dem Elfenbeinturm der Wirtschaftsprüfung zu sein, sondern Ergebnis von (vermögenswirksamen) Handlungen einer Vielzahl von (professionellen) Marktakteuren,[331] während der – mit Blick auf die sicherlich auch nicht perfekte Preisfindung an Kapitalmärkten – evidente Vorteil von fundamentalanalytischen Verfahren darin besteht, dass sie einer Überprüfung in der Sache offenstehen, dh anders als der Börsenkurs, der abseits von Ausnahmefällen ohne Weiteres hinzunehmen ist, birgt eine Fundamentalbewertung sowohl für Antragsteller als auch Antragsgegner die Möglichkeit, einzelne Wertansätze zu hinterfragen. In der Literatur wird zudem teilweise angenommen, dass das grundsätzlich zwischen Markt und Geschäftsleitung bestehende Informationsgefälle eine Vermutung für die höhere Aussagekraft synthetischer Planungen der Geschäftsleitung begründe;[332] ausgemacht ist die Maßgeblichkeit dieser asymmetrischen Informationsverteilung allerdings nicht. Auch wenn sicherlich die Geschäftsleitung über die beste Datenbasis verfügt, ist nicht sicher, ob auf dieser Grundlage auch die besseren Bewertungsergebnisse generiert werden: Zumindest bei im regulierten Markt gelisteten Unternehmen ist einerseits zu beachten, dass ohnehin jede kursrelevante Information im Wege der ad-hoc-Mitteilung bekanntzumachen ist,[333] so dass die Dimension des Informationsgefälles erheblich eingeebnet wird, zum anderen ist zu beachten, dass die Geschäftsleitung durchaus erhebliche Eigenanreize hat, aus dieser Datenbasis situationsbezogen passende Schlussfolgerungen zu ziehen: wie die Systemforschung hinreichend belegt, besteht in hierarchischen Beziehungen anders als in Marktbeziehungen grundsätzlich ein Anreiz, die zu treffenden Milestones zurückhaltend zu formulieren, um ein ansprechendes Zielerreichungsniveau präsentieren zu können, während wiederum anderes gelten kann, wenn eine neue Fremdgeschäftsführung mit dem Anspruch angetreten ist, die Ergebnisse des abgelösten Management erheblich übertreffen zu können. Beiläufig ist zu erwähnen, dass im Übrigen bei der Geschäftsleitung wenig Neigung bestehen wird, die Handlungsfähigkeit ihres Unternehmens durch eine hohe Abfindung zugunsten ausscheidender Anteilseigner zu beschränken.

140 In der Gesamtschau wird man damit zumindest auch für die nähere Zukunft festhalten müssen, dass Lehre, Praxis und Spruchkörper aufgerufen bleiben, sowohl Börsenkurse als auch Ertragsbewertungen jeweils kritisch zu hinterfragen, um möglicherweise das generell besser geeignete Verfahren zu ermitteln.

329 Im vorliegenden Zusammenhang etwa *Shleifer*, Inefficient Markets; Überblick über den Ansatz der Behavorial Finance etwa bei *Sunstein*, Behavioral Law & Economics.

330 So zutreffend auch *Steinhauer*, AG 1999, 299, 306.

331 *Weiler/Meyer*, NZG 2003, 669, 670.

332 *Wilsing/Kruse*, DStR 2001, 991, 994.

333 Kursrelevante Informationsasymmetrien akzeptiert das Gesetz nur für den vorübergehenden Zeitraum einer Selbstbefreiung, die im Übrigen voraussetzt, dass keine Irreführung der Öffentlichkeit zu befürchten ist (§ 15 Abs. 3 S. 1 WpHG).

2. DAT/Altana-Entscheidung des BVerfG. Das BVerfG hat die Maßgeblichkeit der Berücksichtigung des Börsenkurses bzw Marktwertes allerdings nicht etwa aus seiner Indikatorfunktion für den wahren Wert des Unternehmens hergeleitet.[334] Vielmehr wird die Relevanz des Börsenkurses mit der Erwägung begründet, dass es der verfassungsrechtliche Eigentumsschutz gebiete, den ausscheidenden Anteilseigner voll zu entschädigen, was grundsätzlich eine **Abfindung zum Verkehrswert** erfordere, der im Regelfall nicht ohne Rücksicht auf den Börsenkurs festgesetzt werden könne.[335] Ausscheidende Anteilseigner dürfen hiernach nicht weniger erhalten, als sie im Rahmen einer **freiwilligen Desinvestitionsentscheidung** zum Zeitpunkt der unternehmensrechtlichen Maßnahme realisiert hätten.[336] Regelmäßig können Aktionäre im Rahmen dieser freiwilligen Desinvestitionsentscheidung – dem Anteilsverkauf – zumindest den aktuellen Börsenkurs realisieren, so dass der Börsenkurs grundsätzlich die Untergrenze der angemessenen Abfindung markiert.[337] Vereinfacht gesprochen muss nach Vorgabe des Verfassungsgerichts Aktionären mindestens das als Abfindung für ihre Aktien angeboten werden, was sie für diese am Markt hätten erlösen können. Materielle Abweichung dieser Argumentation im Vergleich zu den Stimmen, die die Maßgeblichkeit des Börsenkurses aus der Annahme (weitgehend) informationseffizienter Kapitalmärkte ableiten, ist, (1) dass ein ausscheidender Aktionär zulasten der abfindungsverpflichteten Gesellschaft gegebenenfalls einen höheren Wert als den anteiligen Kapitalwert der zukünftigen Einzahlungsüberschüsse („wahren Wert") realisieren kann – nämlich dann, wenn die Aktie überbewertet ist,[338] und (2) dass nach Auffassung des BVerfG der Börsenkurs auch im Übrigen nicht zwingend mit dem Unternehmenswert übereinstimmen muss, weshalb gegebenenfalls eine zusätzliche Ertragswertrechnung erforderlich sein kann, die eine höhere Abfindung zugunsten der ausscheidenden Anteilseigner nach sich ziehen kann (siehe zu letzterem sogleich Rn 142 ff). 141

3. Börsenkurs als ausschließlicher Wertmesser. Durch das **BVerfG** als verfassungsrechtlich nicht vorgeprägt offengelassen worden ist,[339] ob der Börsenkurs im Falle seiner Beachtlichkeit ausschließlicher Wertmesser ist oder aber ein mittels Fundamentalanalyse – praktisch also mittels Ertragswertverfahren auf mehr oder weniger ausdrücklicher Grundlage des IDW S1 – ermittelter Unternehmenswert substitutiv oder kumulativ zu berücksichtigen ist. Aufgrund der Argumentationslinie des BVerfG ist diese Enthaltsamkeit konsequent, legt es doch in seiner Entscheidung nicht die Prämisse zugrunde, dass Börsenkurse und daraus resultierende Marktkapitalisierung zwingend den wahren oder wirklichen Wert repräsentieren, sondern geht vielmehr pragmatisch davon aus, dass eine Aktie zumindest so viel wert sein muss, wie ihr Verkauf am Sekundärmarkt einspielen würde. 142

Überraschender hingegen die Antwort des **BGH** auf die gleiche Frage. Berücksichtigt man, dass der BGH die Maßgeblichkeit des Börsenkurses in seiner DAT/Altana-Entscheidung explizit auf die Informationseffizienz des Kapitalmarktes und damit auf dessen Preisbildungskontrollfunktion gestützt hat (vgl Rn 137), wäre zu erwarten gewesen, dass der BGH dem Ergebnis dieses Preisbildungsprozesses besonderes Gewicht zumisst. Dennoch will der BGH den Börsenkurs nicht als ausschließlichen Bestimmungsfaktor ansehen, vielmehr ist nach seiner Auffas- 143

334 Zutreffend *Hüttemann*, ZGR 2001, 454, 460, der darauf hinweist, dass das BVerfG den Börsenkurs gerade nicht als Bewertungsmodell versteht. Anders allerdings die Interpretation der DAT-Altana-Entscheidung des BVerfG durch den BGH, der davon ausgeht, dass das BVerfG zumindest implizit die Indikatorfunktion des Börsenkurses als Grundlage genommen habe. Vgl BGH NJW 2001 2080, 2081 (DAT/Altana); ähnlich auch *Bungert/Leyendecker-Langner*, BB 2014, 521, 523 f; die Verkehrswertlogik des BVerfG als „Rosinentheorie" verkennend auch *Wilsing/Kruse*, DStR 2001, 991, 994.

335 BVerfG NJW 1999, 3679, 3771; BGH NJW 2001, 2080,2081 (DAT/Altana).

336 BVerfG NZG 2011, 235, 236 (KUKA AG).

337 *Piltz*, ZGR 2001, 185, 195.

338 Ähnlich *Hüttemann*, ZGR 2001, 454, 459; *Wollny*, Bewertungs-Praktiker, 3/2010, 10, 13 f.

339 Zu Recht darauf hinweisend, dass das Verfassungsgericht nicht die Aufgabe hat, jede Norm des einfachen Rechts verfassungsrechtlich aufzuwerten, *Hüttemann*, ZGR 2001, 454, 458. Allzu schnell wird demgegenüber im rechtswissenschaftlichen Diskurs und auch aus der Praxis – meist in Ermangelung sonstiger valider Argumente – die Figur der Verfassungswidrigkeit bemüht. Eine ausschließliche Orientierung am Börsenkurs mit der DAT/Altana-Entscheidung offensichtlich grundsätzlich für nicht vereinbar haltend *Bilda*, NZG 2000, 296, 298.

sung ein eventuell höher liegender **Ertragswert abfindungserhöhend** zu berücksichtigen.[340] Als ursächlich für diese unerwartete Inkonsequenz wird man eine fortbestehende Skepsis der Rechtsprechung bezüglich der generellen Zuverlässigkeit der Preisbildung an den Kapitalmärkten ausmachen dürfen. Für die Notwendigkeit einer kumulativen Berücksichtigung auch des Ertragswerts wird entsprechend häufig darauf verwiesen, dass Börsenkurse auf vielfältige Weise und durch zahlreiche Sondereffekte beeinflusst sein könnten,[341] und deshalb nicht unter allen Umständen als tauglicher Schätzer des Unternehmenswerts in Betracht kommen sollen. Hinzuweisen ist allerdings auch darauf, dass nicht nur das BVerfG, sondern auch der Gesetzgeber die fortbestehende Skepsis des BGH und der ihm folgenden Stimmen zumindest nicht in vollem Umfang teilen. Die Angemessenheit der Exit-Möglichkeit im Rahmen eines öffentlichen Angebots (§ 31 WpÜG) etwa orientiert sich im Prinzip ausschließlich am Börsenkurs[342] und zumindest im Rahmen der marktpreisnahen Kapitalerhöhung unter Bezugsrechtsrechtsausschluss (§ 186 Abs. 3 S. 4 AktG) ist nach verbreiteter Meinung dem Willen des Gesetzgebers gerade dadurch zum Durchbruch zu verhelfen, dass die marktpreisnahe, also börsenkursorientierte Aktienausgabe unter Bezugsrechtsausschluss nicht der Angemessenheitskontrolle am inneren Wert nach § 255 Abs. 2 AktG zu unterwerfen ist – soweit man nicht mit mittlerweile zahlreichen Stimmen im Schrifttum davon ausgeht, dass bei börsennotierten Aktiengesellschaften Bezugspunkt der Angemessenheitskontrolle nach § 255 Abs. 2 AktG ohnehin der Börsenkurs ist.

144 Dennoch ist für die Praxis festzuhalten, dass auf Grundlage der DAT-Altana-Rechtsprechung des BVerfG in ihrer Ausformung durch den BGH eine zusätzliche fundamentalanalytische Unternehmensbewertung zulässig und eventuell auch erforderlich bleibt.[343] Stimmen, die sich für eine ausschließliche Berücksichtigung des Börsenkurses eingesetzt haben und weiter einsetzen, konnten sich damit zumindest bis heute nicht durchsetzen.[344] Nicht zu verkennen ist allerdings auch, dass die Stimmen, die darauf hinweisen, dass selbstverständlich auch die mathematisch ansprechenden Ertragswertberechnungen durch zahlreiche Sondereffekte beeinflusst und nicht minder manipulationsanfällig sind, lauter werden.[345]

145 Gilt somit einerseits, dass Börsenkurs bzw Marktwert in Folge der DAT/Altana-Rechtsprechung eine erhebliche Aufwertung erfahren haben, gilt umgekehrt aber auch, dass BVerfG und BGH mit ihren Lindner- und Frosta-Entscheidungen die Börsenkursrechtsprechung des DAT/Altana-Urteils faktisch entkernt haben. Der Börsenkurs ist und bleibt hiernach zwar Untergrenze der Abfindung eines Aktionärs, gleichzeitig steht es aber börsennotierten Gesellschaften nunmehr ohne Weiteres – insb. auch ohne Placet der betroffenen Anteilseigner – frei, die abfindungsrelevante Untergrenze „Börsenkurs" durch einfaches Delisting zu beseitigen, um im Anschluss eine Kompensationsleistung unter ausschließlicher Orientierung am fundamentalanalytisch ermittelten Ertragswert zu bestimmen.[346] Offensichtlich ohne es zu bemerken, hat das BVerfG damit durch die Lindner-Entscheidung die DAT/Altana-Rechtsprechung jedes materiel-

340 BGH NJW 2001 2080, 2082. So auch OLG Düsseldorf AG 2009 907, 909; OLG Düsseldorf AG 2004 212, 214. Ablehnend etwa *Gärtner/Handke*, NZG 2012, 247, 247 ff.

341 OLG Düsseldorf AG 2009, 907, 909.

342 *Gärtner/Handke*, NZG 2012, 247, 249.

343 So etwa *Großfeld*, Recht der Unternehmensbewertung, Rn 1199.

344 Für ausschließliche Berücksichtigung etwa schon *Luttermann*, ZIP 1999, 45, 52; so auch *Gärtner/Handke*, NZG 2012, 247, 249; ähnlich – bei hinreichender Liquidität in den entsprechenden Aktien – auch *Aha*, AG 1997, 26, 27.

345 *Emmerich*, FS U.H. Schneider, S. 323, 330 ff; *Gärtner/Handke*, NZG 2012, 247, 249; *Weiler/Meyer*, NZG 2003, 669, 670; schon früher *Aha*, AG 1997, 26, 27; *Steinhauer*, AG 1999, 299, 301. Vgl auch die differenzierten Anmerkungen bei *Fleischer*, AG 2014, 97, 111 f Aus der Rechtsprechung etwa LG Köln AG 2009 835, 837: „Ein Marktpreis ist jeder Schätzung des Marktwertes durch Sachverständige überlegen. Es handelt sich um einen realisierten Wert, in den alle maßgeblichen Marktaspekte einfließen, und nicht um einen theoretischen Laborwert, der sich einseitig auf höchst unsichere Ertragswertaussichten stützt und zudem Marktaspekte völlig ausblendet."

346 Vgl zu dieser nunmehr eröffneten Gestaltungsmöglichkeit etwa *Bungert/Leyendecker-Langner*, BB 2014, 521, 521 f. Abzuwarten bleibt, ob sich weitere Börsen nach dem Vorbild der Börse Düsseldorf dafür entscheiden, die frühere Macrotron-Rechtsprechung in ihren Börsenordnungen für verbindlich zu erklären, vgl zur Entscheidung der Börse Düsseldorf etwa *Gajo*, AG 2014, R130.

len Kerns beraubt. Im Besitz dieses verfassungsrechtlichen Freifahrtscheins hat auch der BGH die dadurch bewirkte mindestens teilweise Inkonsistenz der Börsenkurs-Rechtsprechung nicht weiter hinterfragt: zwar arbeitet der BGH lehrbuchmäßig und fleißig alle denkbaren Anspruchsgrundlagen für seine Macrotron-Rechtsprechung juristisch ab, die damit verbundene Entwertung von DAT/Altana und Inkonsistenz der Systematik der Abfindungsansprüche thematisiert aber auch der BGH in der Sache nicht wirklich.[347] Sollte beiden Gerichten die Tragweite ihrer Entscheidungen bewusst gewesen sein, mag man sich vor diesem Hintergrund fragen, weshalb die Verwaltung einer börsennotierten Gesellschaft überhaupt noch auf den Umweg über ein umständliches und kostspieliges Delisting zu verweisen ist, um dem Verkehrswert jegliche Abfindungsrelevanz zu nehmen. Unabhängig von der rechtspolitischen Beurteilung beider Entscheidungen hätte man sich daher zumindest eine eingehende Auseinandersetzung mit dieser wirtschaftlich zentralen Frage durch BVerfG und/oder BGH gewünscht. Das gilt vor allem mit Blick auf die eher dürftigen Ausführungen der Lindner-Entscheidung des BVerfG. Bestenfalls implizit kann man den Ausführungen des BVerfG entnehmen, dass (vielleicht?) die vermögensrechtliche Seite der Mitgliedschaft nur schutzwürdig ist, wo (zumindest und kumulativ) auch die mitgliedschaftliche Komponente betroffen ist.[348] Nicht nachvollziehbarer verlässt das BVerfG in der weiteren Begründung diesen selbst vorgegebenen Weg einer konzernrechtlichen Verankerung und Begründung seiner (früheren) Börsenkursrechtsprechung, die man nicht zwingend finden muss, die sich aber durchaus auf zahlreiche Stimmen im Schrifttum und in der Instanzenrechtsprechung stützen könnte, um – ob ergänzend oder substitutiv bleibt unklar – die verfassungsrechtlich neue Kategorie der rechtlichen Fungibilität zu bemühen.[349] Unabhängig von jeder konzernrechtlichen Betrachtung führt das BVerfG aus, dass Art. 14 GG allein die von der Tatsache der Börsennotierung unabhängige „rechtliche Fungibilität" der Aktie, nicht auch deren wirtschaftliche Seite schütze. Entgegen der Selbsteinschätzung der urteilenden BVerfG-Mitglieder, die sich mit ihrer Aussage in der Tradition ihrer Vorgänger wähnen, stellt diese Entscheidung einen hinreichend deutlichen Bruch mit den DAT/Altana-Kriterien dar. Während das BVerfG in DAT-Altana noch darauf abgestellt hatte, dass ein Aktionär zumindest das erlösen können soll, was er bei freier Desinvestitionsentscheidung erhalten hätte (Verkehrswert) – wirtschaftliche Betrachtung –, wird nunmehr eine gänzlich anders gelagerte und bisher unbekannte Kategorie – rechtliche Verkehrsfähigkeit der Aktie – bemüht, vom Börsenkurs als Verkehrswert oder Ergebnis einer freiwilligen Desinvestitionsentscheidung ist in der Lindner-Entscheidung keine Rede mehr. Der BGH, der sich darauf stützen mag, dass er die verfassungsrechtlichen Vorgaben umzusetzen, aber nicht zu kommentieren hat, übernimmt die Kategorie der „rechtlichen Verkehrsfähigkeit" unbesehen und stellt im Weiteren gleichfalls nicht die Frage, wie sich die Aussagen der Lindner-Entscheidung mit DAT/Altana vereinbaren lasse. Da sowohl BVerfG als auch BGH in ihren Entscheidungen jeweils die Grundsätze aus DAT/Altana nicht aufheben, obwohl beide Entscheidungen nicht die rechtliche, sondern die wirtschaftliche Verkehrsfähigkeit im Blick hatten, ist für die zukünftige Praxis festzuhalten, dass die DAT/Altana-Rechtsprechung von BVerfG und BGH formell weiterhin Geltung beansprucht, gleichwohl aber nichts dagegen spricht, vorbehaltlich abweichender Regelungen der jeweils einschlägigen Börsenordnung den Börsenkurs durch ein reguläres Delisting als abfindungsrelevanten Umstand zu beseitigen.

347 Die Entscheidung nicht nur im Ergebnis, sondern auch der Begründung als gelungen qualifizierend etwa *Kocher/Widder*, NJW 2014, 127, die allerdings gleichfalls die offensichtliche Inkonsistenz des damit geschaffenen Systems nicht thematisieren. Zutreffend insoweit demgegenüber *Bungert/Leyendecker*, BB 2014, 521, 521, die der Entscheidung im Ergebnis gleichfalls deutliche Sympathien entgegenbringen, sich gleichzeitig aber auch bemühen, die dadurch bewirkten Brüche zu ordnen.

348 BVerfG NZG 2012, 826, 828 („Delisting").

349 BVerfG NZG 2012 826, 828 („Delisting").

III. Börsenkurs

146 **1. Was ist ein Börsenkurs?** Überraschend wenig Aufmerksamkeit hat die Frage erfahren, was als Börsenkurs im Sinne der Rechtsprechung des BVerfG und des BGH zu qualifizieren ist.[350] Berücksichtigt man die Vielzahl unterschiedlicher Marktplätze, auf denen Aktien gehandelt werden – öffentlich-rechtlich verfasste Börse, privatrechtlicher – gegebenenfalls qualifizierter – Freiverkehr und Nebenwerteplattformen, erschließt sich die Relevanz der Antwort auf diese bisher stiefmütterlich behandelte Frage.

147 Unstreitig um Börsenkurse handelt es sich, wenn die Beteiligungstitel zu einem **regulierten Markt** iSv § 2 Abs. 5 WpHG zugelassen sind.[351] Einerseits besteht hier eine widerlegliche Vermutung für ausreichende Markttiefe, die den durch das BVerfG vorausgesetzten Abverkauf der Aktien überhaupt erst ermöglicht. Zum anderen wird die Informationseffizienz bzw Aussagekraft der gestellten Kurse durch zahlreiche kapitalmarkt- bzw börsenrechtliche Regularien, insb. das Verbot der Marktmanipulation (§ 20 a WpHG) unterstützt und gefördert.

148 Demgegenüber wird für den **Freiverkehr** die Aussagekraft der dort gestellten Kurse – teilweise ohne weiteres und ohne Differenzierung – verneint.[352] Dies überrascht zunächst, handelt es sich doch teilweise um dieselben Autoren, die zumindest den qualifizierten Freiverkehr als dem regulierten Markt hinreichend vergleichbar betrachten, soweit die Auslegung eines Abfindungsangebots im Rahmen eines Delistings in Rede steht. Richtigerweise sollte man die Beachtlichkeit von Freiverkehrskursen nicht rundweg verneinen.[353] Zunächst attestiert das Gesetz ihnen durchaus eine gewisse Verlässlichkeit, wenn es sie zu Börsenpreisen iSd § 24 BörsG erhebt.[354] Zu berücksichtigen ist weiter, dass das zentrale Verbot der Marktmanipulation auch im Freiverkehr zu beachten ist. Auch das Fehlen von Insiderhandelsverbot und Ad-Hoc-Publizität belastet dieses Ergebnis nicht unbedingt,[355] vergegenwärtigt man sich die Argumentation von *Manne*, dass gerade bei Insiderhandel die Informationseffizienz der Kurse besonders ausgeprägt sein sollte. In einem Erst-Recht-Schluss sollte auch für den **qualifizierten Freiverkehr** die Beachtlichkeit bejaht werden.[356] Durch die Forensik genährte Bedenken an der unbeeinflussten Marktpreisbildung zumindest im einfachen Freiverkehr, die etwa in der Schließung des *second quotation board* der FWB eine Bestätigung erfahren haben, stehen dem nicht zwingend entgegen, sollten allerdings zu einer gewissen Zurückhaltung mahnen. Als sinnvoller Kompromiss erscheint, abweichend von den Grundsätzen im regulierten Markt, einem Antragsteller die Darlegungs- und Beweislast dafür aufzuerlegen, dass der Handel hinreichende Markttiefe besitzt und eventuelle Kursausschläge nicht manipulationsgetrieben sind.[357] Hierzu wird vorzutragen sein, dass hinreichender Handel in den betreffenden Aktien existiert und das nicht zufällig erscheinende Ausschläge vernünftige Zweifel an der Belastbarkeit der Freiverkehrskurse nähren. Denkbar erscheint es zudem, auch insoweit Orientierung bei § 5 Abs. 4 WpÜG-AngebotsVO zu suchen.[358]

350 Dies zu Recht bereits für die grundlegende DAT/Altana-Entscheidung des BGH monierend *Bungert*, BB 2001, 1163, 1166. Im Nachgang der „Frosta"-Entscheidung auch *Bungert/Leyendecker-Langner*, BB 2014, 521, 522 f.

351 *Wasmann/Glock*, DB 2014, 105, 109.

352 Spindler/Stilz/*Veil*, § 305 Rn 57; *Wasmann/Glock*, DB 2014, 105, 109.

353 So auch Emmerich/Habersack/*Emmerich*, Aktien- und GmbH-Konzernrecht, § 305 Rn 46 a; Schmidt/Lutter/*Schnorbus*, § 327 b Rn 3. Für ihre Beachtlichkeit auch *Großfeld*, Recht der Unternehmensbewertung, Rn 1195 trotz seiner grundsätzlich skeptischen Haltung gegenüber Börsenkursen; offensichtlich eine Berücksichtigungsfähigkeit ausnahmsweise für möglich haltend wohl auch *Bungert/Leyendecker-Langner*, BB 2014, 521, 524: „[...] dürfte [...] regelmäßig ausgeschlossen sein."

354 Zu Recht hierauf hinweisend *Bungert/Leyendecker-Langner*, BB 2014, 521, 523.

355 Hierauf zur Begründung der Irrelevanz von Freiverkehrskursen maßgeblich abstellend Spindler/Stilz/*Veil*, § 305 Rn 57.

356 So im Grundsatz auch *Bungert/Leyendecker-Langner*, BB 2014, 521, 524. AA auch insoweit Spindler/Stilz/*Veil*, AktG, § 305 Rn 57.

357 Ähnlich im Ansatz KölnKomm-AktG/*Riegger/Gayk*, Anh. § 11 SpruchG Rn 76, die Freiverkehrskursen die Eigenschaft als „Börsenkurs" iSd DAT/Altana-Rechtsprechung nicht rundweg absprechen wollen, aber besondere Vorsicht bzgl der Voraussetzung eines liquiden Börsenhandels anmahnen.

358 *Bungert/Leyendecker-Langner*, BB 2014, 521, 525.

Hingegen wird man Kursen auf **Nebenwerteplattformen** nicht – wie in Spruchverfahren im Einzelfall durchaus vorgetragen – die Eigenschaft als Börsenkurs iSd DAT/Altana-Rechtsprechung zuerkennen können.[359] Hier fehlt es bereits an der notwendigen Markttiefe und einer ausreichenden Zahl professioneller Marktteilnehmer, aufgrund derer man den gestellten Kursen eine hinreichende Richtigkeitsvermutung zuerkennen könnte. 149

2. Maßgeblicher Börsenkurs. a) Zeitmoment. Aufgrund der Geltung des Stichtagsprinzips ist im Prinzip auf den Börsenkurs am eigentlichen Bewertungsstichtag, also regelmäßig dem Tag der Entscheidung über die abfindungsrelevante Strukturmaßnahme abzustellen. Allerdings halten es sowohl BVerfG und BGH als auch Instanzenrechtsprechung und Schrifttum für mit dem Stichtagsprinzip vereinbar, den Stichtagskurs durch einen **Durchschnittskurs** mit Bezug zu diesem eigentlichen Stichtag zu ermitteln.[360] 150

Auch wenn diese Betrachtung in der Praxis dominiert[361] und zumindest im rechtswissenschaftlichen Schrifttum nie ernsthaft in Frage gestellt worden ist,[362] erscheint ein Caveat geboten. Dem juristischen (Irr-)Glauben an die (höhere) Aussagekraft von Durchschnittskursen liegt nicht selten implizit die ökonomisch naive Vorstellung zugrunde, dass es einen weitgehend gleichbleibenden wahren Wert des Unternehmens gebe, um den der Börsenkurs im Zeitablauf oszilliert, Kursbewegungen technisch also nur weißes Rauschen sind.[363] Entsprechend rechtfertigen Rechtsprechung und Schrifttum die Maßgeblichkeit eines Durchschnittskurses vor allem mit der Überlegung, dass anderenfalls ein zufälliger oder gestalteter Kurs die Folge sei.[364] Die Vorstellung eines vermeintlich im Zeitablauf gleichbleibenden objektivierten Unternehmenswerts ist allerdings schlicht falsch. Blendet man eventuelle Verzerrungen aus, ist bester Schätzer für einen Stichtagskurs genau dieser Stichtagskurs, da nur er alle preisrelevanten Informationen enthält. Ereignen sich demgegenüber innerhalb einer Referenzperiode positive/negative kursrelevante Ereignisse, ist ein Durchschnittskurs als Schätzer des (neuen) richtigen Marktwertes zum Stichtag negativ bzw positiv verzerrt und kann damit für die eine oder andere Seite erhebliche negative Auswirkungen zeitigen.[365] Diese Schlechterstellung im Vergleich zur objektiven Sachlage ist dabei nicht etwa methodisch zwingend, sondern allein der abstrakten Angst vor Abfindungsspekulationen der jeweils anderen Seite geschuldet.[366] 151

Durchschnittskurse innerhalb einer Referenzperiode sind also mit einem gerüttelten Maß an Vorsicht zu genießen. Berechtigung haben sie nur unter der Annahme, dass strukturell die Auswirkungen von Abfindungsspekulationen und „Manipulationen" des Stichtagskurses größer sind als die Effekte von exogenen und unternehmensbezogenen kursrelevanten Ereignissen innerhalb des Referenzzeitraums. Die Antwort hierauf ist aktuell eher Glaubensfrage. Zumindest für die Vergangenheit wird man allerdings ein Fragezeichen hinter die These einer hohen Gefahr von Abfindungsarbitrage setzen dürfen. Zu berücksichtigen ist, dass das Geschäftsmodell zahlreicher professioneller Aktionäre, den sog. „Berufsklägern" oÄ, von deren Seite man faktisch das Gros der Manipulationsversuche des Stichtagskurses befürchtet, häufig weniger darauf angelegt ist, durch eine Nachbesserung der Kompensationsleistung einen Profit zu erwirtschaften, sondern über Umwege wie eine großzügige Reisekostenpauschale etc. Berufskläger 152

359 So auch *Bungert/Leyendecker-Langner*, BB 2014, 521, 524; diesbezüglich wohl großzügiger Emmerich/Habersack/*Emmerich*, § 305 Rn 46 a.

360 BVerfG NJW 2007 828, 829 (Siemens/Nixdorf); KG NZG 2007 71; BGH NJW 2010 2657, 2658; OLG Hamburg AG 2002 406, 407 f; *Hüffer*, § 305 Rn 24 d; KölnKomm-AktG/*Riegger/Gayk*, Anh. § 11 SpruchG Rn 66.

361 Besonders deutlich IDW PS 1 idF 2008 Tz 16: „Stets ist beim Heranziehen des Börsenkurses auf einen geeigneten Durchschnittskurs abzustellen." Ähnlich apodiktisch *Wilm*, NZG 2000, 234, 239.

362 Vgl etwa die Feststellung von Simon/*Simon/Leverkus*, Anh. § 11 Rn 234: „nahezu einhellig akzeptiert." AA aber mit beachtlichen Argumenten, die allerdings im rechtswissenschaftlichen Diskurs ohne den verdienten Widerhall geblieben sind, *Hüttemann*, ZGR 2001, 454, 461 ff; die Problematik anreißend auch *Großfeld*, BB 2000, 261, 264; aus der Rechtsprechung für Stichtagsbetrachtung etwa noch OLG Düsseldorf NZG 2000 1075 1076 (DAT/Altana III).

363 Berechtigte Kritik am Durchschnittsdenken der Rechtswissenschaft bei *Piltz*, ZGR 2001, 185.

364 BVerfG NJW 2007 828, 829 (Siemens/Nixdorf); KG NZG 2007 71; OLG Hamburg AG 2002 406, 407 f; *Wilm*, NZG 2000, 234, 239.

365 *Hüttemann*, ZGR 2001, 454, 462.

366 *Hüttemann*, ZGR 2001, 454, 463.

sind im Regelfall gerade keine Arbitrageure, die Preisspielräume ausnutzen und hierzu große Positionen in den Wertpapieren der kompensationsverpflichteten Gesellschaft aufbauen. Etwas gewandelt hat sich das Bild durch das Aufkommen aktivistischer („event driven“) Hedgefonds, die zumindest häufiger als professionelle Aktionäre ein echtes Exposure in Aktien der abfindungsverpflichteten Gesellschaften eingehen. Ersichtlich lautet die Arbitrage-Strategie dieser noch jungen Kapitalmarktakteure allerdings bisher, Aktien von Gesellschaften mit einem niedrigeren Börsenkurs einzusammeln, um im Rahmen eines Spruchverfahrens eine erwartete Differenz aufgrund höherer IDW S1-Bewertung zu realisieren oder aber einen festen Ausgleich nach § 304 AktG zu kapitalisieren. Berücksichtigt man, dass einerseits das Abstellen auf historische Durchschnittskurse alles andere als zwingend ist, andererseits sowohl der Umfang der nicht zu leugnenden Manipulationsgefahren wie auch die Frage, inwieweit historische Durchschnittskurse den tatsächlichen Marktwert zum (eigentlich) maßgeblichen Stichtag verzerren, unklar ist, wären empirische Arbeiten, die sich den Größenordnungen der beiden zuletzt genannten Effekte widmen würden, sicherlich aufschlussreich. Entsprechende empirische Untersuchungen mit hinreichender Aussagekraft erscheinen spätestens seit der Stollwerck-Entscheidung des BGH (siehe hierzu Rn 156) möglich, da der Referenzkurs in dieser Entscheidung bewusst auf den Zeitpunkt vor Bekanntgabe der Strukturmaßnahme verlegt worden ist, so dass sich innerhalb des Referenzzeitraums ereignende Kursbewegungen nicht als (vermeintliche) Manipulationshandlungen von Abfindungsarbitrageuren im Wissen um die anstehende Strukturmaßnahme qualifizieren lassen.

153 Während die fragwürdige These, bester Schätzer des aktuellen Marktwertes sei der Durchschnitt der entsprechenden historischen Marktwerte, schnell Freunde gefunden hat, ist die sich anschließende Frage, welcher Durchschnittskurs zur Ermittlung des maßgeblichen Börsenkurses heranzuziehen ist, über lange Zeit äußerst kontrovers diskutiert worden. Während das BVerfG sich zu Recht dem Ansinnen verweigert hat, dieses Detailproblem mit verfassungsrechtlichen Weihen zu versehen,[367] hat der BGH in seiner DAT-Altana-Entscheidung in diesem Zusammenhang zunächst auf den **gewichteten Durchschnittskurs innerhalb der drei Monate vor dem eigentlichen Bewertungsstichtag,** also dem Tag des Hauptversammlungsbeschlusses über die abfindungsrelevante Strukturmaßnahme, abgestellt.[368] Allfällige daraus resultierende Manipulationsgefahren erkennt auch die DAT/Altana-Entscheidung des BGH, die aber davon ausgeht, dass ihnen mit einer Bereinigung des Durchschnittskurses um außergewöhnliche Tagesausschläge und Kurssprünge beizukommen sei, soweit sich diese nicht im Kurs verfestigten.[369] Zudem seien Preissteigerungen, die sich nach Bekanntgabe noch im Dreimonatskurs niederschlügen, nicht notwendigerweise Abfindungsspekulationen, sondern auch Ausdruck der Erwartungshaltung der Marktteilnehmer über eventuelle Synergien der Unternehmensverbindung;[370] wobei der BGH es mit letzterer Erwägung implizit zunächst nicht beanstandet hat, echte Verbundvorteile bei Ermittlung eines objektivierten Unternehmenswertes zu berücksichtigen.

154 Soweit die **Länge des Referenzzeitraums** betroffen ist, hat der BGH in der Folge wenig Widerstand erfahren.[371] Der Dreimonatszeitraum wird zwar nicht völlig unkritisch gesehen, aber doch weitgehend hingenommen. Vom hier vertretenen Standpunkt, wonach historische Kurse ohnehin nur notfalls zur Bestimmung des Unternehmenswerts herangezogen werden sollten, ist die Beschränkung der Rechtsprechung auf den doch vergleichsweise überschaubaren Dreimonatskurs zu begrüßen. In Zeiten verschärften nationalen und internationalen Wettbewerbs und der Idiosynkrasie zahlreicher Geschäftsmodelle gegenüber Innovationen (Telekommunikation, Unterhaltungselektronik, Presse etc.) kann man kaum die – allgemeingültige – Vermutung auf-

367 BVerfG NJW 2007 828, 829 (Siemens/Nixdorf).
368 BGH NJW 2001 2080, 2082 (DAT/Altana).
369 BGH NJW 2001 2080, 2082 (DAT/Altana).
370 BGH NJW 2001 2080, 2083 (DAT/Altana). Kritisch *Bungert*, BB 2001, 1163, 1165.
371 Vgl etwa *Wasmann*, ZGR 2011, 83, 92; *Brandi/Wilhelm*, NZG 2009, 1408, 1409. AA etwa *Hüffer*, § 305 Rn 24 f: sechs Monate.

stellen, dass der Wert eines Unternehmens im Zeitablauf – eventuell über ein Jahr – konstant bliebe. Zugleich lässt sich die Dreimonatsbetrachtung mit Gepflogenheiten des Kapitalmarkts synchronisieren, wo zumindest von großen börsennotierten Gesellschaften gleichfalls erwartet wird, dass sie mindestens quartalsweise die Lage des Unternehmens überprüfen und der Bereichsöffentlichkeit präsentieren.

Anderes gilt hingegen mit Blick auf das **auslösende Moment der Dreimonatsfrist.** In der Recht- 155
sprechung der Oberlandesgerichte[372] wie auch im Schrifttum[373] hat sich im Nachgang der DAT-Altana-Entscheidung erheblicher Widerstand gegen das Abstellen auf den Zeitpunkt der Entscheidung über die Strukturmaßnahme formiert. Moniert wurde zunächst, dass die Rechtsprechung des BGH Bewertern und Unternehmen Unmögliches abverlange und der durch den BGH gewählte Referenzzeitraum mit den Informationspflichten im Vorfeld einer Strukturmaßnahme (Vorlage des Squeeze Out-Berichts, HV-Einladung etc.) nicht in Einklang zu bringen sei, da die wirtschaftlich entscheidende Größe – der Börsenkurs im Dreimonatszeitraum vor Abhaltung der Hauptversammlung – im Zeitpunkt der Veröffentlichung der abfindungsrelevanten Dokumente noch gar nicht bekannt sei und auch nicht bekannt sein könne.[374] Abseits dieses technischen Einwands wurde als Hauptargument der Gegner der DAT-Altana-Rechtsprechung formuliert, dass die Aussagekraft des Börsenkurses aufgrund Abfindungsspekulation nach Bekanntgabe der geplanten Strukturmaßnahme erheblich beeinträchtigt werde[375] und im Einzelfall die Gefahr bewusster Manipulationen zu gewärtigen sei.[376] Bewertungsmethodisch wird dabei insb. eingewandt, dass das Abstellen auf einen Börsenkurs nach Veröffentlichung dazu führe, dass Synergieeffekte zugunsten der abfindungsberechtigten Anteilseigner anzusetzen wären, was dem Angemessenheitskonzept in seiner durch Gesetz und Rechtsprechung geprägten Ausformung widerspreche.[377]

In der Stollwerck-Entscheidung hat der BGH diese Kritik aufgegriffen und sich zu eigen ge- 156
macht. Zur Bestimmung des einer angemessenen Abfindung zugrunde zu legenden Börsenkurses ist danach grundsätzlich auf den nach Umsätzen gewichteten Durchschnittskurs innerhalb der **dreimonatigen Referenzperiode vor der Bekanntmachung** einer Strukturmaßnahme abzustellen.[378] Zur Begründung seines Gesinnungswandels rekurriert der BGH in weiten Teilen auf die Kritik der hM in Schrifttum und Instanzenrechtsprechung. Mit Bekanntwerden der Absicht zur Durchführung einer abfindungsrelevanten Strukturmaßnahme träten an die Stelle der Markterwartungen hinsichtlich des Unternehmenswertes die Erwartungshaltungen bzgl der Abfindungshöhe.[379] Nicht zuletzt befürchtet auch der BGH dabei insb. Manipulationsgefahren in beide Richtungen nach Bekanntgabe der abfindungsrelevanten Strukturmaßnahme.[380]

Während die Stollwerck-Entscheidung einerseits in einem der in der jüngeren Vergangenheit 157
zentralen Streitpunkte Rechtssicherheit bringt, hat sie gleichzeitig auch neue Fragen aufgeworfen.[381] So ist zunächst nicht vollständig klar, was als **Bekanntmachung** der einschlägigen Strukturmaßnahme zu gelten hat. In jedem Fall genügend ist die Bekanntmachung einer Strukturmaßnahme im Wege der Ad-hoc-Mitteilung;[382] allerdings mit der Einschränkung, dass nicht je-

372 KG NZG 2007 71; OLG Frankfurt aM NZG 2010 664.
373 *Riehmer*, DK 2009, 273, 274 f.
374 Simon/*Simon/Leverkus*, SpruchG, Anh. § 11 Rn 235; *Decher*, ZIP 2010, 1673, *Wilm*, NZG 2000, 1070, 1072 f; *Neumann/Ogorek*, DB 2010, 1869,1870; *Wasmann*, ZGR 2011, 83, 85.
375 *Bücker*, NZG 2010, 967; *Decher*, ZIP 2010, 1673, 1674; *Neumann/Ogorek*, DB 2010, 1869, 1870; *Wasmann*, ZGR 2011, 83, 85.
376 *Neumann/Ogorek*, DB 2010, 1869,1870 f; *Riehmer*, DK 2009, 273, 275.
377 So etwa *Wilm*, NZG 2000, 1070, 1071.
378 BGH NJW 2010 2657 (Stollwerck); aus der Instanzenrechtsprechung seitdem etwa OLG Frankfurt aM AG 2011 832, 832 f; OLG München AG 2012 749, 751; OLG Stuttgart AG 2011 205, 207; LG München I ZIP 2013 1664, 1666 (HRE). Zustimmend etwa Schmidt/Lutter/*Schnorbus*, § 327 b Rn 5; *Bücker*, NZG 2010, 967, 967 ff; *Neumann/Ogorek*, DB 2010, 1869,1870 f; dafür auch *Brandi/Wilhelm*, NZG 2009, 1408, 1409.
379 BGH NJW 2010 2657, 2658 (Stollwerck).
380 BGH NJW 2010 2657, 2658 (Stollwerck).
381 So schon der Titel von *Decher*, ZIP 2010, 1673; *Bücker*, NZG 2010, 967, 968 ff.
382 *Bungert/Wettich*, ZIP 2012, 449, 450; Emmerich/Habersack/*Emmerich*, § 305 Rn 45; *Wasmann*, ZGR 2011, 83, 88.

de Ad-hoc-Mitteilung, deren Inhalt eventuell (implizite) Rückschlüsse auf eine spätere kompensationspflichtige Strukturmaßnahme zulässt, als Bekanntmachung in diesem Sinne qualifiziert.[383] Maßgeblich ist die tatsächliche Bekanntmachung, nicht wann die Bekanntmachung hätte erfolgen müssen.[384] Löst die in Rede stehende Strukturmaßnahme aufgrund fehlender Kursrelevanz keine Ad-hoc-Pflicht aus, ist auf ihre Ankündigung mittels Pressemitteilung oÄ abzustellen.[385] Fraglich ist inwieweit die – meist abstrakt gehaltene – Ankündigung von Strukturmaßnahmen in einer Angebotsunterlage nach § 11 WpÜG (Absichten des Bieters hinsichtlich der Zielgesellschaft) als Bekanntmachung iSd der BGH-Rechtsprechung in Betracht kommt.[386] Richtigerweise wird man diesbezüglich zu differenzieren haben, da heute praktisch jede Angebotsunterlage (soweit es sich nicht ausnahmsweise um ein (zulässiges) Teilangebot handelt) standardmäßig sämtliche strukturellen Maßnahmen zur Post-Merger-Integration in einem Textbaustein als denkbare Optionen einer erfolgreichen Übernahme darstellt. Vor diesem Hintergrund erscheint es überzeugend, die Veröffentlichung der Angebotsunterlage nur dann zum Zeitpunkt der Bekanntmachung iSd Stollwerck-Rechtsprechung zu erheben, wenn es sich nicht um lediglich abstrakte Darstellungen denkbarer Post-Merger-Integrationsmaßnahmen handelt, sondern die Strukturmaßnahme deutlich als wahrscheinliche Folge einer erfolgreichen Übernahme präsentiert wird.[387]

158 Nach Ansicht des BGH soll der Durchschnittskurs im Referenzzeitraum ab Ankündigung der kompensationspflichtigen Strukturmaßnahme (ausnahmsweise) dann nicht maßgeblich sein, wenn zwischen Bekanntgabe der Strukturmaßnahme und Termin der Hauptversammlung **ein längerer Zeitraum liegt und die Entwicklung der Börsenkurse eine Anpassung geboten erscheinen lässt.**[388] In diesem Fall soll der ermittelte Börsenkurs unter Umständen entsprechend der allgemeinen oder branchentypischen Wertentwicklung unter Berücksichtigung der seitherigen Kursentwicklung hochgerechnet werden.[389]

159 Bereits diese Grundsatzentscheidung, unter zu präzisierenden Voraussetzungen dem Durchschnittskurs im neu definierten Referenzzeitraum die Relevanz abzusprechen, ist auf zum Teil deutliche **Kritik** insb. aus der Praxis gestoßen. Sicherlich ist es aus Sicht der Praxis bisweilen unbefriedigend, dass keine allgemeinverbindliche Faustformel bzw Daumenregel zur Verfügung steht, die für die kompensationsverpflichteten Unternehmen mit einem spürbaren Gewinn an Rechtssicherheit verbunden wäre. Berücksichtigt man umgekehrt, dass der Durchschnittskurs innerhalb des Referenzzeitraums ein bestenfalls mäßig geeigneter Schätzer des Wertes einer Aktie am Ende dieses Referenzzeitraumes ist, erscheint eine Anpassung allerdings durchaus als zumindest im begründeten Einzelfall geboten.[390] Es wäre ökonomisch kaum zu vermitteln, weshalb – nachdem Börsenkurs und/oder Unternehmenswert durch exogene oder endogene Ereignisse eine erhebliche Korrektur im Vorfeld des formalen Stichtags erfahren – ein erkennbar veralteter und damit nicht mehr zutreffender Wert zur Grundlage der Abfindung gemacht werden sollte. Gleichzeitig ist allerdings auch zuzugestehen, dass der BGH der (Spruch-)Praxis mit der Verpflichtung zur Hochrechnung eine durchaus anspruchsvolle Aufgabe auferlegt.[391]

160 Unklar ist in diesem Zusammenhang zunächst, wann das Vorliegen eines eine Hochrechnung rechtfertigenden **längeren Zeitraums** zu bejahen ist. Bejaht hat der BGH das Vorliegen eines längeren Zeitraums in der Stollwerck-Entscheidung selbst, wo zwischen Ankündigung der Strukturmaßnahme und dem Tag der Hauptversammlung ein Zeitraum von siebeneinhalb Mo-

383 LG München I ZIP 2013 1664, 1666 f (HRE).
384 OLG Stuttgart, Beschl. v. 24.7.2013 – 20 W 2/12.
385 *Bücker*, NZG 2010, 967, 969.
386 *Neumann/Ogorek*, DB 2010, 1869,1871.
387 So auch *Bücker*, NZG 2010, 967, 969; *Bungert/Wettich*, ZIP 2012, 449, 451; *Wasmann*, ZGR 2011, 83, 90.
388 BGH NJW 2010, 2657 (Stollwerck); BGH AG 2011 590.
389 BGH NJW 2010 2657 (Stollwerck); *Neumann/Ogorek*, DB 2010, 1869,1871.
390 Ähnlich schon *Wilm*, NZG 2000, 1070, 1071, der Kursbewegungen dann berücksichtigen will, wenn sie erkennbar nicht Folge der (Ankündigung der) Strukturmaßnahme sind.
391 *Wasmann*, ZGR 2011, 83, 86.

naten lag,[392] gleichzeitig hat er in ersten Folgeentscheidungen Zeiträume von zwei bis dreieinhalb Monaten nicht als längeren Zeitraum angesehen.[393] Hierüber noch hinausgehend ist in der Instanzenrechtsprechung auch ein Zeitraum von 4,5 Monaten nicht als hochrechnungsrelevanter längerer Zeitraum qualifiziert worden.[394] In der Literatur findet sich verbreitet – und in offensichtlicher Anlehnung an den Sachverhalt der Stollwerck-Entscheidung – eine Zeitgrenze von 7 bzw 7,5 Monaten,[395] teilweise wird etwas vorsichtiger ein Zeitraum von maximal sechs Monaten als safe harbor genannt.[396] Vor- und Nachteile der Auslegung des längeren Zeitraums liegen auf der Hand. Die Annahme eines besonders langen Zeitfensters vereinfacht die praktische Handhabung der Stollwerck-Rechtsprechung erheblich. Evidenter Nachteil ist, dass sich mit zunehmender Länge des zulässigen hochrechnungsfreien Zeitfensters das Delta zwischen Marktwert und mittels Referenzkurs ermitteltem Abfindungsbetrag erheblich erhöhen kann. Zumindest bei preisrelevanten Ereignissen führt die Abfindung der Anteilseigner zu historischen und damit überholten Kursen dazu, dass entweder Anteilseigner nicht den wahren (Verkehrs)wert ihrer Aktien erhalten oder aber die Gesellschaft genötigt ist, einen nicht gerechtfertigten Aufpreis auf den eigentlichen Börsenwert der Gesellschaft zu leisten.

Ferner muss die Entwicklung der Börsenkurse eine **Anpassung geboten** erscheinen lassen,[397] 161
wobei die Formulierung des BGH nahelegt, dass die Gebotenheit kumulativ zum Vorliegen eines längeren Zeitraums hinzutreten muss.[398] Zur Beurteilung, ob eine Hochrechnung erforderlich bzw geboten ist, kann ersichtlich nur eine ex post-Betrachtung zugrunde gelegt werden.[399] Hierbei handelt es sich nicht etwa um unzulässiges judging in hindsight. Zweck der Hochrechnung ist es, preisrelevante Ereignisse und Informationen, die im Zeitraum ab Bekanntmachung und vor dem theoretisch maßgeblichen Bewertungsstichtag eingetreten sind, teilweise bei der Abfindung zu berücksichtigen, um die Abfindung zu historisch (und damit überholten) Kursen nicht unfair werden zu lassen. Im Übrigen ist eine ex-ante Hochrechnung auf einem halbwegs informationseffizienten Markt ernsthaft nicht durchführbar. Sämtliche ex ante relevanten Informationen sollten bereits im Kurs eskomptiert sein, so dass als Gegenstand der Hochrechnung lediglich die Schätzungen von Auguren wie Charttechnikern oder Fundamentalanalytikern in Betracht kämen. Das kann kaum richtig sein. Schwierig und einer Klärung zuzuführen ist allerdings, auf welchen Endpunkt diese ex-post-Betrachtung bezogen werden sollte (siehe hierzu sogleich Rn 163).

Die Hochrechnung soll unter Ermittlungen der **allgemeinen bzw branchenspezifischen Kursent-** 162
wicklung erfolgen, wobei unklar ist, ob beide kumulativ zu berücksichtigen sein sollen.[400] Die allgemeine Kursentwicklung kann etwa unter Rückgriff auf einen breit zusammengesetzten Index wie den CDAX oder EURO STOXX bestimmt werden.[401] Branchenentwicklungen lassen sich entweder durch spezielle Branchenindizes[402] oder aber durch die Bildung von repräsentativen nationalen oder internationalen Peer Groups identifizieren.[403] Richtigerweise kann es bei der Hochrechnung nicht sein Bewenden dabei haben, dass man die allgemeine oder branchenspezifische Kursentwicklung 1 zu 1 auf das zu bewertende Unternehmen umlegt, da selbstverständlich die Referenzindices Durchschnittswerte sind, die den Gesamtmarkt abbilden und somit nicht Auskunft geben, wie sich der abfindungsrelevante Wert, also der Kurs des zu bewertenden Unternehmen, im maßgeblichen Zeitraum entwickelt hätte. Zutreffend erscheint des-

392 BGH NJW 2010 2657, 2659 (Stollwerck); vgl etwa *Bungert/Wettich*, ZIP 2012, 449.
393 *Bungert/Wettich*, ZIP 2012, 449, 450.
394 OLG Frankfurt aM AG 2011 832, 833.
395 *Decher*, ZIP 2010, 1673, 1675 f; *Bücker*, NZG 2010, 967, 970: 7,5 Monate als „safe harbor".
396 KölnKomm-AktG/*Riegger/Gayk*, Anh. § 11 SpruchG, Rn 71; *Wasmann*, ZGR 2011, 83, 93.
397 BGH NJW 2010 2657, 2660 (Stollwerck).
398 *Bungert/Witte*, ZIP 2012, 449, 452.
399 Offengelassen bei *Decher*, ZIP 2010, 1673, 1676.
400 Für grundsätzliche Beachtlichkeit einer Branchenbetrachtung *Decher*, ZIP 2010, 1673, 1675; die Branchenperspektive bevorzugend auch *Wasmann*, ZGR 2011, 83, 98.
401 *Schilling/Witte*, DK 2010, 477, 481 f.
402 *Bücker*, NZG 2010, 967, 970; *Decher*, ZIP 2010, 1673, 1675.
403 *Schilling/Witte*, DK 2010, 477, 482; *Bücker*, NZG 2010, 967, 970; *Decher*, ZIP 2010, 1673, 1675; *Wasmann*, ZGR 2011, 83, 99, der allerdings auf den mit der Ermittlung der Peer Group verbundenen Aufwand an Zeit und Kosten hinweist.

halb, das historische Beta des bewertungsrelevanten Beteiligungstitels im Vergleich zu dem im Einzelfall gewählten Referenzindex (Markt- bzw Branchenindex) zu ermitteln und dieses Beta gegen die nachfolgende Marktentwicklung im für die Hochrechnung relevanten Zeitraum laufen zu lassen.

163 Hochzurechnen ist auf den **eigentlichen Stichtag**, also den Tag der Beschlussfassung über die Strukturmaßnahme. Im Schrifttum wird kritisiert, dass mit dieser Entscheidung Teile der Problematik der DAT/Altana-Rechtsprechung für das neue Recht perpetuiert werden, da in Fällen, in denen eine Hochrechnung erforderlich ist, der Tag der Beschlussfassung über die Strukturmaßnahme (doch) wieder maßgeblich wäre.[404] Vorgeschlagen wird deshalb, auf den Zeitpunkt des Abschlusses der Bewertungsarbeiten hochzurechnen.[405]

164 Nimmt man den BGH beim Wort, rechtfertigen nur allgemeine oder branchenspezifische, nicht aber **unternehmensspezifische** Entwicklungen eine Hochrechnung.[406] Für eine dahin gehende Sichtweise könnte man – reichlich rabulistisch – darauf rekurrieren, dass mit der Stollwerck-Rechtsprechung der Börsenkurs der Gesellschaft explizit nur unter Rückgriff auf die historischen Verhältnisse der zu bewertenden Gesellschaft im Dreimonatszeitraum nach Bekanntgabe der Strukturmaßnahme zu bestimmen sei, nachlaufende unternehmensindividuelle und bewertungsrelevante Ereignisse somit keine Beachtung verdienten. Vergegenwärtigt man sich allerdings den Zweck der Hochrechnung, den historischen Durchschnittskurs dann, wenn er nicht nur besonders veraltet, sondern gleichzeitig auch nachweisbar durch die ökonomische Wirklichkeit des Gesamtmarktes, der Branche oder der Gesellschaft selbst überholt ist, im Interesse einer wertgerechten Unternehmensbewertung zu korrigieren, erscheint die Ausklammerung kaum zu rechtfertigen.[407] Abseits von Fundamentalereignissen wie der Finanzkrise stammen die meisten und wichtigsten kursrelevanten Ereignisse gerade aus dem Bereich der Gesellschaft selbst, sind also Folge und Ausfluss der individuellen Faktorkombination, durch die das zu bewertende Unternehmen geprägt wird. Die Preisrelevanz der entsprechenden Informationen erkennt im Übrigen gerade auch das Gesetz (Ad-Hoc-Publizität) an.[408] Dementsprechend kommt die Nichtberücksichtigung dieser wesentlichen Ereignisse im Rahmen der Hochrechnung nicht in Betracht. Den Anteilseignern/der Gesellschaft kann kaum ernsthaft zugemutet werden, eine Kompensation zu einem historisch längst überholten Kurs zu akzeptieren, wenn etwa ein erheblicher nachhaltiger Gewinnsprung oder Gewinneinbruch den Stollwerck-Kurs als hoffnungslos überholt entlarvt.[409] Zuzugeben ist aber auch, dass die Hochrechnung unternehmensspezifischer Ereignisse praktische Herausforderungen der besonderen Art formuliert. Ein erster Ansatzpunkt, diese Probleme in den Griff zu bekommen, mag darin bestehen, (a) einerseits aus Praktikabilitätsgründen als eine Art Bagatellschwelle nur solche unternehmensspezifischen Ereignisse in der Hochrechnung abzubilden, die eine Ad-Hoc-Pflicht auslösen, und (b) das Ausmaß der Anpassung daran zu orientieren, inwieweit die fortbestehende Notierung der zu bewertenden Gesellschaft auf diese Ad-Hoc-Nachricht reagiert.[410]

165 Schließlich könnte dem Wortlaut der Stollwerck-Entscheidung entnommen werden, dass lediglich eine Hochrechnung zugunsten der Minderheitsaktionäre, nicht aber auch eine **Korrektur nach unten bei negativem Kursverlauf erfolgen** muss.[411] Richtigerweise muss eine Anpassung

404 *Bücker*, NZG 2010, 967, 970; kritisch auch *Decher*, ZIP 2010, 1673, 1675.

405 Emmerich/Habersack/*Emmerich*, § 305 Rn 47; *Bücker*, NZG 2010, 967, 970.

406 *Schilling/Witte*, DK 2010, 477, 481; *Wasmann*, ZGR 2011, 83, 99.

407 Im Grundsatz auch *Wasmann*, ZGR 2011, 83, 100 f, der die Berücksichtigung unternehmensindividueller Ereignisse im Ergebnis aber ablehnt, da er von einer asymmetrischen Berücksichtigung kursrelevanter Ereignisse ausgeht (vgl hierzu noch Rn 165).

408 *Neumann/Ogorek*, DB 2010, 1869,1871.

409 Ähnlich bereits im Nachgang von DAT/Altana *Wilm*, NZG 2000, 1070, 1072 f.

410 Abzuwarten bleibt in diesem Szenario, ob die verbreitet gefürchtete Abfindungsspekulation die hier vorgeschlagene Daumenregel zum Anlass nehmen würde, den Kurs ex-ad-hoc-Mitteilung zu „manipulieren", sprich durch Kauforders zu beflügeln oder aber anderenfalls notwendige Verkaufsorder zu unterlassen, um die Abfindungshöhe nicht zu beeinträchtigen.

411 So etwa die Interpretation von *Wasmann*, ZGR 2011, 83, 99.

in beide Richtungen möglich sein.[412] Verfassungsrechtlich geboten ist die Abfindung der ausscheidenden Anteilseigner zum „wahren Wert", windfall profits sollen ihnen hingegen nicht eingeräumt werden.[413] Abgesichert ist dieses Ergebnis bisher nicht: im Schrifttum wird teilweise die Zulässigkeit einer Anpassung nach unten verneint mit der Erwägung, dass anderenfalls mit strategischem Verhalten der Gesellschaft zu rechnen sei.[414]

b) Notierung an mehreren Börsenplätzen. Ist die betreffende Aktie an mehreren Börsen notiert, so will der BGH zur Berechnung des maßgeblichen Börsenkurses auf den Durchschnittskurs aus den Kursfestsetzungen sämtlicher Börsen zurückgreifen.[415] Zwingend erscheint dies nicht, denkbar wäre auch, auf die liquideste Börse abzustellen, deren Markttiefe die höchste Richtigkeitsgewähr bietet. Die mit der Antwort verbundenen wirtschaftlichen Konsequenzen sollten dennoch überschaubar bleiben, da Arbitrage professioneller Marktteilnehmer und moderne Handelstechnologie nennenswerte Preisunterschiede weitestgehend nivellieren. 166

c) Notwendigkeit einer Notierung im EU/EWR. Die Antwort auf die Rechtsfrage, ob nur im geographischen Anwendungsbereich des § 2 Abs. 5 WpHG notierte Gesellschaften Gegenstand der Börsenkursrechtsprechung sind, aktualisiert sich bei Abfindungsfällen praktisch kaum. Dennoch verbleiben Ausnahmekonstellationen, in denen sich die Frage nach der Gleichwertigkeit eines ausländischen bzw nicht EU/EWR-Börsenkurses stellt. Zu denken ist zunächst an die Fälle, in denen die Aktien einer deutschen Gesellschaft, die eine Strukturmaßnahme durchführt, ausschließlich an einer ausländischen Börse notieren. Zum anderen kann sich bei grenzüberschreitenden Verschmelzungen jeweils börsennotierter Gesellschaften die Frage stellen, ob nur der Börsenkurs der deutschen Gesellschaft oder aber auch der des ausländischen beteiligten Rechtsträgers Berücksichtigung finden kann. Richtigerweise sollte man die unglückliche Differenzierung zwischen EU/EWR-Notierungen und Notierungen in sonstigen Drittstaaten, die aus dem WpÜG bekannt ist, nicht in das Unternehmensbewertungsrecht des SpruchG transponieren. Richtigerweise wird man auch Auslandsnotierungen genügen lassen müssen, wenn sie aufgrund allgemeiner Kriterien eine hinreichende Richtungsvermutung für sich beanspruchen können. Kriterium sollte sein, ob der betroffene Markt eine hinreichende Ähnlichkeit mit deutschen/europäischen Börsenplätzen aufweist. 167

d) Gewichteter Börsenkurs. Nach herrschender Meinung ist nicht einfach das arithmetische Mittel der Kursnotierungen innerhalb der Referenzperiode maßgeblich, sondern vielmehr ein geometrisches Mittel. Die einzelnen relevanten rates sind entsprechend des Umsatzvolumens an den betroffenen Handelstagen zu gewichten.[416] 168

IV. Unbeachtlichkeit des Börsenkurses

Die Berücksichtigung des Börsenkurses ist unter verfassungsrechtlichen Auspizien dann nicht geboten, wenn er den Verkehrswert nicht wiederspiegelt, also eine Desinvestition zum Börsenkurs nach Lage der Dinge ausscheidet.[417] Hängt man demgegenüber der Efficient Capital Markets-Hypothese an, wird man zu formulieren haben, dass die Relevanz des Börsenkurses dann entfällt, wenn er aufgrund Informationsasymmetrien und Transaktionskosten im Einzelfall kein hinreichend genauer Schätzer des „wahren Werts" ist. Rechtsprechung und Schrifttum haben bisher drei anerkannte Fallgruppen identifiziert, in denen die (weitgehende) Identität von Börsenkurs und Verkehrswert erschüttert ist: Fehlender Handel in den Anteilen des betreffenden Unternehmens bzw Marktenge sowie Manipulation des Börsenkurses.[418] 169

412 *Bücker*, NZG 2010, 967, 970.
413 So wohl auch *Schilling/Witte*, DK 2010, 477, 484.
414 Emmerich/Habersack/*Emmerich*, § 305 Rn 47.
415 BGH NJW 2001 2080, 2083 (DAT/Altana); dem folgend *Bungert*, BB 2001, 1163, 1165.
416 OLG München AG 2012 749, 751; OLG Stuttgart AG 2011 205, 207; *Großfeld*, Recht der Unternehmensbewertung, Rn 1195; *Decher*, ZIP 2010, 1673, 1675; *Hüffer*, § 305 Rn 24 d; *Wasmann*, ZGR 2011, 83, 92. Wohl auch Simon/*Simon/Leverkus*, Anh. § 11 Rn 240.
417 BGH NJW 2001 2080, 2082 (DAT/Altana); *Klöcker/Frowein*, § 1 Anh. Rn 22.
418 Simon/*Simon/Leverkus*, Anh. § 11 Rn 197.

170 **1. Kein Handel.** Die Berücksichtigung des Börsenkurses scheidet nach der Rechtsprechung zunächst dann aus, wenn über einen längeren Zeitraum praktisch kein Handel in Aktien der Gesellschaft stattgefunden hat.[419] Im Hintergrund steht die zutreffende Erkenntnis, dass der Wert eines Unternehmens und damit auch seiner Anteile keine im Zeitablauf statische Größe ist, sondern eine Funktion unternehmensendogener wie auch exogener Ereignisse. Damit besteht eine hinreichende Wahrscheinlichkeit, dass sich bei mangelndem Handel eventuelle Korrekturen nicht im Kurs niedergeschlagen haben, sich der Börsenkurs also – zulasten der abfindungsverpflichteten Gesellschaft oder zulasten der abfindungsberechtigten Aktionäre – von seinem „wahren" Wert, also dem Wert bei hinreichend liquidem Börsenhandel, entfernt hat. Gleichzeitig besteht bei fehlender Markttiefe keinerlei Vermutung dafür, dass ein kompensationsberechtigter Aktionär seine Anteile zum gestellten, aber nicht durch effektive Markttransaktionen bestätigten Kurs veräußern könnte, die Verkehrswertargumentation ist also erschüttert;[420] dies muss insb. dann gelten, wenn vornehmlich Briefkurse zu beobachten sind.

171 **2. Marktenge.** Keine Bedeutung für die Bestimmung der angemessenen Barabfindung hat der Börsenkurs weiter dann, wenn eine Marktenge in den betreffenden Beteiligungstiteln vorliegt,[421] Aktionäre also ihre Aktien nicht zu dem für den Bewertungsstichtag maßgeblichen Börsenkurs veräußern können. Bei Vorliegen einer Marktenge idS entspricht der Börsenkurs zunächst nicht dem durch das BVerfG ins Zentrum gerückten Verkehrswert,[422] weil die Aktionäre aufgrund mangelnder Markttiefe ihre Aktien nicht zu der aktuellen Notierung, sondern bestenfalls unter Inkaufnahme erheblicher Abschläge veräußern könnten. Gleichzeitig erschüttert eine Marktenge auch die informationstheoretische Aussagekraft des Börsenkurses, da dessen objektive Richtigkeitsvermutung nicht zuletzt daran anknüpft, dass sich im Kurs die Einschätzungen einer Vielzahl von Anteilseignern niederschlägt.[423]

172 **Feste Grundsätze**, wann eine Marktenge in diesem Sinne vorliegt, existieren erwartungsgemäß nicht.[424] In der Rechtsprechung finden sich verschiedene Anhaltspunkte, die man allerdings nicht ohne weiteres über den Einzelfall verallgemeinern sollte. Keine Gefolgschaft in der Rechtsprechung hat zu Recht die Auffassung gefunden, dass eine Marktenge bereits vorliegen soll, wenn (fast) 95 % der Aktien sich in einer Hand befinden.[425] Auch ein im Streubesitz verbliebenes Restvolumen von 5 % kann im Einzelfall durchaus einen liquiden Handel ermöglichen.[426] Im Übrigen finden sich in der Rechtsprechung allenfalls Anhaltspunkte. So hat der BGH in seiner DAT/Altana-Entscheidung das Vorliegen einer Marktenge u.a. damit verneint, dass innerhalb von vier Monaten zwischen 8–15 Tagen Handel stattgefunden hat, und dass für den Handel verfügbare Volume mehr als 5 % der Marktkapitalisierung betrug.[427]

173 Im Schrifttum hat man sich verschiedentlich bemüht, generelle Kriterien zur Ermittlung einer Marktenge zu erarbeiten: ausgehend vor der logisch zutreffenden Erkenntnis, dass der aktuelle Börsenkurs nur dann als Abfindungsuntergrenze taugen kann, wenn der Markt hinreichend liquide ist, um zum Börsenkurs sämtliche, von den abfindungsberechtigten Aktionären gehaltene Aktien aufzunehmen,[428] wird teilweise das Vorliegen einer Marktenge verneint, wenn an **mindestens der Hälfte der Tage** im Referenzzeitraum Handel stattfindet und das Mindesthandelsvolumen **3 % bzw 3–5 %** beträgt.[429] Verbreiteter findet sich eine Orientierung an den Kriterien des **§ 5 WpÜG-AngebotsVO:** danach scheidet eine Berücksichtigung des Börsenkurses

419 OLG Hamburg AG 2002 406, 408; OLG München AG 2012 749, 751; KölnKomm-AktG/*Riegger/Gayk*, § 11 SpruchG Rn 75; Simon/*Simon/Leverkus*, Anh. § 11 Rn 200.
420 Gleichsinnig *Hüttemann*, ZGR 2001, 454, 460.
421 BGH NJW 2010 2657, 2658 (Stollwerck); OLG München AG 2012 749, 751.
422 BGH NJW 2001 2080, 2081ff. (DAT/Altana); *Großfeld/Merkelbach*, NZG 2008, 241, 246.
423 Ähnlich *Steinhauer*, AG 1999, 299, 306 f. Unter diesem Aspekt eine Marktenge würdigend auch OLG Karlsruhe, Beschl. v. 12.7.2013 – 12 W 57/10, BeckRS 2013, 13603: „Infolge [...] Marktenge kann deshalb der Börsenkurs keine verlässliche Grundlage für den wahren Wert der Aktie abgeben."
424 Gleiche Einschätzung bei *Wilm*, NZG 2000, 234, 238.
425 Dagegen etwa KG NZG 2007 71.
426 So im Ergebnis auch *Wilm*, NZG 2000, 234, 238.
427 BGH NJW 2001 2080, 2083 (DAT/Altana).
428 *Wilm*, NZG 2000, 1070, 1072.
429 *Bungert*, 2001, 1163, 1164 (3%); *Wilm*, NZG 2000, 234, 238 (3–5 %).

dann aus, wenn innerhalb der letzten drei Monate vor Bekanntgabe der kompensationspflichtigen Strukturmaßnahme nur an einem Drittel der Handelstage gehandelt wurde und mehrere sukzessive gestellte Notierungen um mehr als 5 % voneinander abweichen.[430]

Gegenwärtig wird man dennoch festhalten müssen, dass keine allgemein akzeptierten Kriterien zur Feststellung einer Marktenge vorliegen und diese somit Frage des Einzelfalls bleibt. Nach hier vertretener Ansicht sollte dabei insb. auch Berücksichtigung finden, ob Brief- oder Geld-Schlusskurse zu beobachten sind, da dies gerade mit Blick auf die Verkehrswertargumentation des BVerfG Rückschlüsse darauf erlaubt, ob zu den gestellten Kursen ein Abverkauf der Papiere durch die Anteilseigner möglich wäre. 174

3. Manipulation. Unbeachtlich ist der Börsenkurs schließlich auch dann, wenn er manipuliert ist.[431] Diesbezüglich skeptische Stimmen, die darauf abstellen, dass das zur Kompensation verpflichtete herrschende Unternehmen bzw der zur Kompensation verpflichtete Aktionär warten könnten, bis der Börsenkurs sich wieder auf vernünftiges Maß eingependelt habe,[432] haben sich wohl zu Recht nicht durchgesetzt. In Abhängigkeit von den Umständen des Einzelfalls kann das ausgleichspflichtige Unternehmen durchaus ein legitimes wirtschaftliches Interesse an der zeitnahen Durchführung der geplanten kompensationsrelevanten Strukturmaßnahme haben. In solchen Fällen erscheint es nur schlecht vertretbar, ihm ein – betriebswirtschaftlich schädliches – Zuwarten zuzumuten, und zwar allein aus dem Grunde, dass Dritte den Börsenkurs und damit den Marktwert der Gesellschaft manipulieren. 175

Nicht abschließend geklärt ist, welche Handlungen im Markt als Manipulation in diesem Sinne zu klassifizieren sind. Unproblematisch erfasst sind Fälle des **§ 20 a WpHG**, also grob gesprochen Konstellationen, in denen einzelne Marktteilnehmer den Marktwert bewusst fehlerhaft darzustellen suchen.[433] Problematischer ist es hingegen, wenn verbreitet auch die Existenz von **Insiderhandel** als Marktmanipulation in diesem Sinne eingestuft wird.[434] Insiderhandel beeinflusst nicht die Aussagekraft des Börsenkurses; im Gegenteil wird preissensitive Information zeitnah eskomptiert, so dass die Informationseffizienz steigt.[435] Dass dies auf Kosten der schlechter informierten Partei geschieht, also die marktordnungspolitisch gebotene Einpreisung im bilateralen Verhältnis mit einem Nachteil für die Vertragsgegenseite des Insiders verbunden ist, mag man – wie das deutsche Recht (§ 14 WpHG) – als Fairnessverstoß qualifizieren, einen notwendigen Rückschluss auf die Unbeachtlichkeit des Marktwertes begründet es hingegen gerade nicht. Auch **Abfindungsspekulationen**, also Kursbewegungen, die sich in Folge der Bekanntmachung der beabsichtigten Strukturmaßnahme ergeben, sind richtigerweise nicht als Manipulation in diesem Sinne zu qualifizieren.[436] Hierbei handelt es sich im Regelfall um Arbitragetransaktionen einzelner oder einer Vielzahl von Marktteilnehmern, in denen sich deren Erwartungen über den wahren Wert des Unternehmens, den zumindest Teile der Rechtsprechung – nicht zuletzt der BGH – (auch) anhand des Ertragswerts bestimmen wollen, widerspiegeln. Insb. bei Beteiligungstiteln, die keiner Coverage durch Analysten unterliegen, ist es möglich, dass sich diese Erwartungen über einen eventuell höheren Ertragswert noch nicht im Börsenkurs niedergeschlagen haben. Zudem ist zu berücksichtigen, dass ein über dem Börsenkurs liegender Ertragswert – abseits von einer Überprüfung im Spruchverfahren offenstehender Bewertungsanlässe – zunächst zumindest aus Sicht eines Investors lediglich einen (plausibilisierten) Hoffnungswert darstellt, der eine Anlage in diese unterbewerteten Titel nur dann als sinn- 176

430 So etwa MüKo-AktG/*Grunewald*, § 327 b Rn 10; KölnKomm-AktG/*Riegger/Gayk*, Anh. § 11 SpruchG Rn 75, die allerdings zudem eine Unbeachtlichkeit bei hoher Volatilität annehmen; Schmidt/Lutter/*Schnorbus*, § 327 b Rn 3 (für Abfindung beim Squeeze Out); *Fleischer*, ZGR 2002, 757, 781; *Steinhauer*, AG 1999, 299, 307.

431 OLG München AG 2012 749, 751; Simon/*Simon/Leverkus*, Anh. § 11 Rn 212 f.

432 *Busse von Colbe*, FS Lutter, S. 1053, 1065 f.

433 Simon/*Simon/Leverkus*, Anh. § 11 Rn 213.

434 So wohl Simon/*Simon/Leverkus*, Anh. § 11 Rn 213.

435 Grundlegend und monographisch *Manne*, Insider Trading.

436 Schmidt/Lutter/*Schnorbus*, § 327 b Rn 3.

voll erscheinen lässt, wenn damit zu rechnen ist, dass dieser höhere Ertragswert sich auch im zukünftigen Börsenkurs niederschlagen wird.[437]

177 **4. Weitere Fälle der Unbeachtlichkeit des Börsenkurses.** In der Instanzenrechtsprechung werden weitere Fälle diskutiert, in denen Börsenkursen ihre Aussagekraft abzusprechen ist und sie deshalb nicht zur Bestimmung des Unternehmenswertes in Betracht kommen sollen. Angenommen worden ist dies bisher für ein signifikantes Informationsdefizit des Marktes aufgrund Verstoßes gegen Ad-hoc-Publizitätspflichten[438] sowie für bindende öffentliche Kauf- und Umtauschangebote.[439]

178 **5. Beweislast.** Darlegungs- und Beweislast dafür, dass der Börsenkurs (ausnahmsweise) nicht dem Verkehrswert entspricht, weist das BVerfG der abfindungsverpflichteten Gesellschaft bzw dem Mehrheitseigner zu.[440] Wird auf dieser Grundlage festgestellt, dass dem Börsenkurs keinerlei Bedeutung zuzuerkennen ist, bleibt es dabei, dass die Kompensation unter (ausschließlichem) Rückgriff auf anerkannte betriebswirtschaftliche Methoden im Wege der Schätzung (§§ 287 Abs. 2 ZPO, 738 Abs. 2 BGB) zu bestimmen ist.[441] Bereits aufgrund dieser Darlegungs- und Beweislastverteilung fällt dem Börsenkurs im Regelfall die Rolle als Abfindungsuntergrenze zu.[442]

179 Anders sind Darlegungs- und Beweislast nach hier vertretener Ansicht zu verteilen, wenn es sich um Börsenkurse im (qualifizierten) Freiverkehr handelt. Hier sind Antragsteller, die sich auf einen über dem ermittelten Ertragswert liegenden Börsenkurs berufen, aufgefordert, den Nachweis zu führen, dass der Handel in den bewertungsrelevanten Beteiligungstiteln hinreichend aussagekräftig ist.

V. Relevanz des Bewertungsanlasses

180 Erhebliche Unsicherheiten bestehen bzgl der Frage, ob und in welcher Form die durch BVerfG und BGH in ihren DAT/Altana-Entscheidungen vorgezeichneten Kriterien bei den einzelnen Bewertungsanlässen zu aktivieren sind.

181 **1. Verschmelzung. a) Rüge der Unangemessenheit des Umtauschverhältnisses.** Die wohl größten Unsicherheiten, ob und auf welche Weise der Börsenkurs zu berücksichtigen ist, bestehen im Bereich der baren Zuzahlung wegen Unangemessenheit der Verschmelzungswertrelation. Hier besteht erhebliche Unsicherheit, ob zur Ermittlung der Verschmelzungswertrelation die DAT/Altana-Grundsätze (modifiziert) heranzuziehen sind oder aber gegebenenfalls ausschließlich auf den Börsenkurs rekurriert werden kann,[443] auch wenn eine gewisse Klärung mit der Telekom/T-Online-Entscheidung des BVerfG herbeigeführt worden ist, in der das BVerfG die heftig umstrittene Frage, ob die DAT-Altana-Grundsätze überhaupt Anwendung finden können, für die Verschmelzung zur Aufnahme bejaht hat.[444] Im Einzelnen ist aus systematischen Erwägungen und Gründen der Übersichtlichkeit zwischen den nachfolgenden Konstellationen zu differenzieren.

182 **aa) Verschmelzung jeweils börsennotierter Unternehmen.** Handelt es sich um die Verschmelzung jeweils börsennotierter Gesellschaften, liegt es nicht fern, die Verschmelzungswertrelation ausschließlich anhand des Verhältnisses der Börsenkurse zu bestimmen. Geht man mit dem

437 Dies gilt zumindest für den typischen budgetbeschränkten Investor. Anderes gilt erst dann, wenn der Person, die eine relevante Unterbewertung identifiziert, Wege offen stehen, diesen Ertragswert – insb. im Nachgang eines Kontrollerwerbs – zu kapitalisieren. Historisches Beispiel sind insoweit die Corporate Raids der 80er-Jahre, die allerdings nach zahlreichen Novellierungen der Regulierung öffentlicher Übernahme sowohl in den USA als auch in Europa in ihrer reinen Form praktisch nicht mehr zu beobachten sind.

438 OLG München AG 2012 749, 751 f.

439 OLG München AG 2012 749, 751 f.

440 BVerfG NJW 1999 3679, 3772; Simon/*Simon/Leverkus*, Anh. § 11 Rn 197.

441 KölnKomm-AktG/*Riegger/Gayk*, Anh. § 11 SpruchG, Rn 68.

442 *Riehmer*, DK 2009, 273, 275.

443 Hierzu etwa *Brandi/Wilhelm*, NZG 2009, 1408, 1408 ff.

444 BVerfG NJW 2011 2497. AA aus dem Schrifttum etwa *Wilm*, NZG 2000, 234, 235 f.

Grundgedanken der DAT/Altana-Rechtsprechung des BVerfG davon aus, dass die Aktionäre börsennotierter Rechtsträger jeweils Anspruch darauf haben, für ihre Aktien zumindest den durch den Börsenkurs verkörperten Verkehrswert zu erhalten,[445] würde sich in diesem Fall eine eindeutige bzw einwertige Verschmelzungswertrelation ergeben – Verhältnis von Marktkapitalisierung/Börsenkurs des übertragenden Rechtsträgers als Untergrenze zu Marktkapitalisierung/Börsenkurs des aufnehmenden Rechtsträgers als weitere zu beachtende Untergrenze. Für das Meistbegünstigungsprinzip des BGH ist in diesem Szenario aufgrund verfassungsrechtlicher Vorgaben kein Platz, will man nicht die Aktionäre eines der verschmelzenden Rechtsträger in der Weise diskriminieren, dass sie – aus welchen Gründen auch immer – keinen Anspruch auf eine Verschmelzungswertrelation haben, die ihnen den Verbleib im fusionierten Rechtsträger unter Erhalt des Verkehrswertes ihrer Anteile ermöglicht.[446] Sobald eine Strukturmaßnahme die Rechte von Anteilseignern jeweils börsennotierter Rechtsträger betrifft, stößt das Meistbegünstigungsmodell der DAT/Altana-Entscheidung des BGH an logische Grenzen.

Zusätzlich mag man zur Begründung dieses Ergebnisses – ausschließliche Maßgeblichkeit der Börsenkursrelation – auf den allerdings fraglichen **Grundsatz der Methodengleichheit** rekurrieren.[447] Bewertungstheoretisch weiterführender ist die Überlegung, dass bei Verschmelzung zweier börsennotierter Unternehmungen regelmäßig eventuelle Bewertungsfehler des Marktes (Baisse, Hausse etc.) sich bei beiden zu bewertenden Rechtsträgern niederschlagen, die Aussagekraft des Börsenkurses hier ceteris paribus also noch einmal bedeutend höher sein sollte.[448] 183

Trotz dieser durchaus starken Argumente für die Ermittlung der Verschmelzungswertrelation anhand des Verhältnisses der Börsenkurse findet sich ein hinreichend **differenziertes Meinungsspektrum.** Während teilweise die Beachtlichkeit des Börsenkurses für die Bestimmung der Verschmelzungswertrelation rundweg abgelehnt wird,[449] wollen andere Stimmen, denen sich jüngst das OLG München angeschlossen hat, danach differenzieren, ob zwischen den sich verschmelzenden Rechtsträgern ein Abhängigkeitsverhältnis besteht: während im Falle der Verschmelzung im Abhängigkeitsverhältnis eine Berücksichtigung des Börsenkurses der Tochter (als Untergrenze) verlangt wird, soll demgegenüber bei Verschmelzung unabhängiger Unternehmen auf den Ertragswert abzustellen sein.[450] Im Hintergrund steht die Überlegung, dass die Rechtsprechung des BVerfG in Sachen DAT/Altana sich allein auf Folgen des „Konzernkonflikts" beziehe.[451] Das erscheint – trotz der kryptischen Andeutungen in der Lindner-Entscheidung des BVerfG – nicht zwingend: gesteht man dem Verkehrswert zu, eine grundsätzlich schutzwürdige Ausprägung des Aktieneigentums zu sein, erscheint es wenig überzeugend, diese Komponente nur in Konzernkonstellationen rechtlich abzusichern.[452] 184

Höchstrichterliche Rechtsprechung zu dieser bedeutenden Fragestellung fehlte zunächst. In seinem **T-Online/Telekom-Beschluss** hat das **BVerfG** zumindest klargestellt, dass gegen eine Bestimmung der Verschmelzungswertrelation anhand des Verhältnisses der Börsenkurse verfas- 185

445 Hinweis auf die gleichermaßen grundrechtlichen geschützten Positionen der Anteilseigner des übernehmenden Rechtsträgers auch bei BayObLG NZG 2003 483, 486; *Paschos*, ZIP 2003, 1017, 1020 f; *Wilm*, NZG 2000, 234, 235; *Wilsing/Kruse*, DStR 2001, 991, 991, 993 f.

446 Auf diese Problematik des Meistbegünstigungsprinzips zu Recht hinweisend *Gärtner/Handke*, NZG 2012, 247, 249.

447 So etwa OLG München AG 2012 749, 752; *Piltz*, ZGR 2001, 185, 203 f; *Stilz*, ZGR 2001, 875, 894 f.

448 Selbstverständlich gilt auch dies nicht uneingeschränkt. Branchenblasen wie die dot.com-Blase wirken sich nur auf Teile des Marktes aus, so dass nicht sämtliche denkbaren Verzerrungen von Börsenkursen durch die Verschmelzungswertrelation eliminiert werden.

449 So wohl *Bungert*, BB 2001, 1163, 1166.

450 OLG München AG 2012 749, 751; so auch schon BayObLG NZG 2003 483 484 f; Simon/*Simon/Leverkus*, Anh. 11 Rn 227 f; *Klöhn/Verse*, AG 2013, 1, 9; *Paschos*, ZIP 2003, 1017, 1017 ff; wohl auch *Brandi/Wilhelm*, NZG 2009, 1408, 1412. Diese Differenzierung ausdrücklich ablehnend *Wilm*, NZG 2000, 234, 236: Mehrheitsaktionär sitzt mit Minderheitsaktionären im gleichen Boot.

451 Vgl etwa *Brandi/Wilhelm*, NZG 2009, 1408, 1412.

452 So auch *Weiler/Meyer*, NZG 2003, 669, 670. AA etwa *Wilsing/Kruse*, DStR 2001, 991, 995, die davon ausgehen, dass es nicht zu beanstanden ist, dass Aktionären der Verkehrswert ihrer Anteile entzogen wird, soweit der Entzug dieser verfassungsrechtlich garantierten Position außerhalb einer Konzernkonstellation erfolgt.

sungsrechtlich nichts zu erinnern ist[453] und darüber hinausgehend entschieden, dass auch auf die Verschmelzung zur Aufnahme grundsätzlich die DAT-Altana-Kriterien anzuwenden sind.[454] Gleichzeitig hat das Verfassungsgericht umgekehrt nicht verlangt, dass die Börsenkurse zwingend zur Bestimmung der Verschmelzungswertrelation heranzuziehen seien. Für die Verschmelzung jeweils börsennotierter Rechtsträger besteht damit im Ausgangspunkt ein Wahlrecht, ob die Verschmelzungswertrelation anhand der Börsenkurse oder aber vermittels des Ertragswertverfahrens zu bestimmen ist,[455] wobei allerdings der Börsenkurs einer übertragenden Gesellschaft grundsätzlich die Untergrenze ihres Unternehmenswertes im Rahmen der Bestimmung der Verschmelzungswertrelation bildet.

186 Nach hier vertretener Ansicht sollte bei Verschmelzung jeweils börsennotierter Gesellschaften demgegenüber im Grundsatz ausschließlich auf das Verhältnis der Börsenkurse abgestellt werden, soweit nicht im Einzelfall eine Unbeachtlichkeit des Börsenkurses nach den unter Rn 169 ff dargestellten Grundsätzen anzunehmen ist.[456] Dies sollte unabhängig davon gelten, ob zwischen den Gesellschaften ein Konzernverhältnis oder eine in der Sache vergleichbare Abhängigkeit vorliegt.[457] Die DAT/Altana-Rechtsprechung des BVerfG geht von dem pragmatischen Ansatz aus, dass die Kompensationsleistung nicht unter dem Wert liegen darf, den der betroffene Anteilseigner durch Abverkauf am Sekundärmarkt anderweitig hätte realisieren können. Dieses Argumentationsmuster besitzt zunächst einmal keinerlei Konzernbezug.[458]

187 Soweit dieser Versuch einer Konzernverortung der DAT/Altana-Rechtsprechung des BVerfG dem Umstand geschuldet sein sollte, sicherzustellen, dass es in Verschmelzungsfällen möglich bleiben soll, dem Verschmelzungspartner – aus den unterschiedlichsten Gründen – Zugeständnisse bei der Verschmelzungswertrelation – Prämie auf den Börsenkurs zB – zu machen, um die Fusion für den voraussichtlich schwächeren Partner schmackhaft zu machen, kann dem auch dadurch Rechnung getragen werden, dass die Einräumung einer eventuell durch den Börsenkurs nicht gerechtfertigten Prämie anderweitig in der Verschmelzungsdokumentation dargelegt und plausibilisiert wird.[459] Entsprechend wird bereits per jetzt bei Tauschangeboten nach dem WpÜG vorgegangen, in denen die Prämie auf die Mindestgegenleistung nach § 31 WpÜG in der Angebotsunterlage dargestellt und erläutert wird. Anders als die verbreitete Ansicht, die lediglich bei Konzernkonstellationen auf die Börsenkurse zurückgreifen will, erscheint es nach hier vertretener Ansicht besser mit den DAT/Altana-Vorgaben des BVerfG vereinbar, im Ausgangspunkt die Verschmelzungswertrelation ausschließlich anhand des Börsenkurses zu bestimmen und den Besonderheiten eines merger of equals dadurch Rechnung zu tragen, dass man – durch die wirtschaftlichen Effekte der Verschmelzung gerechtfertigte – bestimmte Abweichungen von dieser einwertigen Verschmelzungswertrelation in die eine oder andere Richtung akzeptiert.[460]

188 **bb) Verschmelzung einer börsennotierten Gesellschaft auf nicht börsennotierte Gesellschaft.** Anders als bei der Verschmelzung zweier börsennotierter Gesellschaften, bei denen das Meistbegünstigungsprinzip bereits rein logisch an seine Grenzen stößt, ist es im Rahmen einer Verschmelzung einer börsennotierten Gesellschaft auf eine nicht börsennotierte schwieriger zu beurteilen, auf welcher Grundlage die angemessene Verschmelzungswertrelation zu bestimmen

453 BVerfG NJW 2011 2497, 2498 (Telekom/T-Online); so auch *Hüttemann*, ZGR 2001, 454, 464 f mit Hinweis darauf, dass sich DAT/Altana alleine der Ermittlung der Abfindungsuntergrenzen, nicht aber auch der Verschmelzungswertrelation an sich widme; eine Bewertung in Abhängigkeit von den Umständen des Einzelfalls für zulässig erachtend auch OLG München AG 2012, 749, 751. Ähnlich auch schon *Wilm*, NZG 2000, 234, 237: Börsenkursrelation als eine zulässige Variante zur Bestimmung der Verschmelzungswertrelation.

454 BVerfG NJW 2011 2497, AA etwa *Hüttemann*, ZGR 2011, 454, 466.

455 So implizit BVerfG NJW 2011 2497, 2498 (Telekom/T-Online).

456 *Gärtner/Handke*, NZG 2012, 247, 249.

457 *Weiler/Meyer*, NZG 2003, 669, 670.

458 *Weiler/Meyer*, NZG 2003, 669, 670.

459 Skeptisch bzgl der Prämien der großen Verschmelzungen unter Gleichen (Merger of Equals) der späten 90er *Großfeld*, BB 2000, 261, 262 ff.

460 Damit wäre auch den Bedenken, die etwa das BayObLG NZG 2003 483, 486 formuliert, Rechnung getragen.

ist. Legt man die Maßstäbe der DAT-Altana-Rechtsprechung an, wie es die T-Online/Telekom-Entscheidung des BVerfG wohl mittlerweile erforderlich macht, liegt es nahe, den Unternehmenswert der übertragenden Gesellschaft nicht ohne Berücksichtigung des Börsenkurses zu bestimmen, nur so wird gesichert, dass auch diesen Aktionären der Verkehrswert, den sie anderenfalls durch Verkauf hätten realisieren können, erhalten bleibt.[461] Entsprechend will das OLG München zumindest bei Konzernverschmelzungen den Börsenkurs der Tochtergesellschaft als Untergrenze heranziehen.[462] Im Schrifttum wird demgegenüber unter Rekurs auf den letztlich inhaltsleeren Topos der Methodengleichheit die Berücksichtigungsfähigkeit des Börsenkurses verneint mit dem Ergebnis, dass für beide Unternehmen der Ertragswert oder ein vergleichbares fundamentalanalytisch ermitteltes Substitut anzusetzen ist.[463] Dieser Ansicht dürfte mit der Telekom/T-Online-Entscheidung des BVerfG der Boden entzogen sein.[464] Geht man davon aus, dass die Verschmelzungswertrelation nicht ohne Berücksichtigung des Börsenkurses ermittelt werden kann, ist insoweit der Dreimonatszeitraum vor Bekanntmachung der Verschmelzung maßgeblich.[465] Für die nicht börsennotierte Obergesellschaft verbleibt es dabei, dass ihr im Rahmen der Verschmelzungswertrelation anzusetzender Wert mittels Ertragswertverfahren oder mittels eines vergleichbaren anerkannten Verfahrens ermittelt werden muss.

cc) Verschmelzung nicht börsennotierter Gesellschaft auf börsennotierte Gesellschaft. Wieder anders stellt sich die Situation bei Verschmelzung einer nicht börsennotierten Gesellschaft auf eine börsennotierte Gesellschaft dar. Zumindest zugunsten der Anteilseigner des übertragenden Rechtsträgers, dessen Anteile nicht börsennotiert sind, ist keine Berücksichtigung des Börsenkurses erforderlich, um sicherzustellen, dass ihnen im Zuge der Verschmelzung nicht der Verkehrswert ihrer Anteile verloren geht. Anderes gilt hingegen für die Anteilseigner des börsennotierten aufnehmenden Rechtsträgers. Auch für sie gilt letztlich, dass eine Verschmelzungswertrelation, die ohne Berücksichtigung des Börsenkurses „ihrer" aufnehmenden Gesellschaft erfolgt, die Gefahr begründet, dass die Verschmelzungswertrelation nicht den Verkehrswert ihrer Anteile widerspiegelt.[466] Es handelt sich insoweit um die Spiegelung des durch das BVerfG im T-Online/Telekom-Beschluss entschiedenen Falles. Richtigerweise sollte man deshalb auch hier die Rechtsprechung von BVerfG und BGH aktivieren.[467] 189

b) Barabfindungsangebot nach § 29 UmwG. Nach § 29 Abs. 1 UmwG hat im Falle der Verschmelzung auf einen Rechtsträger anderer Rechtsform sowie im Falle der Verschmelzung eines börsennotierten Rechtsträgers auf einen nicht börsennotierten Rechtsträger der übernehmende Rechtsträger im Verschmelzungsvertrag dissentierenden Anteilsinhabern des übertragenden Rechtsträgers eine angemessene Barabfindung anzubieten.[468] Nach verbreiteter Ansicht sind hierauf die Grundsätze der DAT/Altana-Rechtsprechung von BVerfG und BGH zu übertragen.[469] Dh die angemessene Barabfindung kann nicht ausschließlich anhand des Börsenkurses der Aktien der Aktionäre des übertragenden Rechtsträgers bestimmt werden, sondern ist gegebenenfalls aufgrund eines fundamentalanalytisch ermittelten höheren Ertragswerts nach oben zu korrigieren. 190

2. Spaltung. a) Rüge der Umtauschverhältnisses. Die für die Verschmelzung entwickelten Grundsätze sind auf die Spaltung als deren actus contrarius sinngemäß zu übertragen.[470] 191

b) Barabfindung. Gemäß §§ 29, 125 UmwG ist Anteilseignern des übertragenden Rechtsträgers einer Spaltung, die gegen den Spaltungsbeschluss Widerspruch zur Niederschrift einlegen, 192

461 *Weiler/Meyer*, NZG 2003, 669, 671.
462 OLG München AG 2012 749, 751 f, wenn auch das OLG im Weiteren ausführt, dass grundsätzlich die sich verschmelzenden Gesellschaften nach derselben Methode zu bewerten sind.
463 Simon/*Simon/Leverkus*, Anh. 11 Rn 229; *Wilsing/Kruse*, DStR 2001, 991, 994.
464 So auch KölnKomm-AktG/*Riegger/Gayk*, Anh. § 11 Rn 80.
465 *Bungert/Wettich*, ZIP 2012, 449, 454.
466 *Weiler/Meyer*, NZG 2003, 669, 671.
467 In diese Richtung auch MüKo-AktG/*Riegger/Gayk*, Anh. § 11 Rn 80.
468 Vgl etwa Semler/Stengel/*Zeidler*, § 30 Rn 4.
469 Semler/Stengel/*Zeidler*, § 30 Rn 8 ff; *Bungert*, BB 2001, 1163, 1166; *Rodewald*, BB 2004,613, 615; *Wilm*, NZG 2000, 234, 237 f.
470 Allgemein auch *Wilm*, NZG 2000, 234, 237.

im Spaltungsvertrag der Austritt gegen angemessene Abfindung anzubieten. Auch bzgl der auszulegenden Barabfindung gelten die Ausführungen zur Verschmelzung entsprechend. Dh der Börsenkurs bildet grundsätzlich die Untergrenze der im Rahmen der Spaltung anzubietenden Barabfindung,[471] eine ausschließliche Maßgeblichkeit wird hingegen von der hM verneint, so dass es weiterhin kumulativ einer Ertragswertberechnung bedarf.

193 **3. Barabfindung bei Formwechsel (§ 207 UmwG).** Auch im Rahmen eines Formwechsels haben die Anteilseigner des formwechselnden Rechtsträgers, die gegen den Formwechsel Widerspruch zur Niederschrift erklären, ein Exit-Recht gegen angemessene Barabfindung. Die Angemessenheit dieses im Formwechselbeschluss auszulegenden Abfindungsangebots (vgl § 194 Abs. 1 Nr. 6 UmwG) beurteilt sich nach gleichen Grundsätzen wie im Rahmen der obligatorischen Abfindungsangebote im Falle der Verschmelzung oder Spaltung. Nach hM markiert der Börsenkurs die Untergrenze der Abfindung;[472] eine ausschließliche Berücksichtigung des Börsenkurses kommt demgegenüber – zumindest auf Grundlage der DAT/Altana-Rechtsprechung des BGH – nicht in Betracht, so dass ein eventuell über dem Börsenkurs liegender Ertragswert zugunsten der betroffenen ausscheidenden Aktionäre abfindungserhöhend zu berücksichtigen ist. Die Abfindung ist in diesem Fall wiederum anhand des quotal auf die Anteile des abfindungsberechtigten Anteilseignern entfallenden Unternehmenswertes zu bestimmen.[473]

194 **4. Ausgleich und Abfindung im Rahmen eines Unternehmensvertrags. a) Angemessener Ausgleich.** Nach § 304 Abs. 1 S. 1 AktG muss ein Gewinnabführungsvertrag einen angemessenen Ausgleich für die außenstehenden Aktionäre durch eine auf die Anteile am Grundkapital bezogene wiederkehrende Geldleistung (Ausgleichszahlung) vorsehen, mittels derer die Anteilseigner der abhängigen Gesellschaft für die in Folge des Unternehmensvertrags wegfallenden Dividendenansprüche zu kompensieren sind.[474] Umstritten ist, ob für die Bestimmung dieses **festen Ausgleichs** auch auf den Börsenkurs der abhängigen Gesellschaft zurückgegriffen werden kann und muss.[475] Verbreitet wird die Berücksichtigung des Börsenkurses unter Hinweis auf den Wortlaut von § 304 AktG und den Umstand, dass der feste Ausgleich eine Partizipation an den zukünftigen Erträgen garantieren soll, abgelehnt.[476] Die wohl ganz herrschende Meinung hält dieses Ergebnis für mit den Vorgaben der DAT/Altana-Entscheidungen von BVerfG und BGH vereinbar. Zwar wird dort der Börsenkurs allgemein als Untergrenze für Ausgleich und Abfindung bezeichnet.[477] BGH und weite Teile des Schrifttums gehen allerdings davon aus, dass sich die Aussage ausschließlich auf den variablen Ausgleich beziehe und deshalb dem Börsenkurs für die Bestimmung des festen Ausgleichs keine Bedeutung beigemessen werden könne.[478] Folgt man dieser herrschenden Lesart nicht, stellen sich in der Folge erhebliche technische Probleme, insb. wie aus dem Börsenkurs, der den auf die einzelne Aktie entfallenden Anteil am Gesamtunternehmenswert widerspiegelt, die Höhe der Ausgleichszahlung, die nicht den Gesamtunternehmenswert als Zielgröße hat, sondern die auf die Aktie entfallende Dividende zzgl „anderer Gewinnrücklagen" gemäß § 304 Abs. 2 AktG, zu entwickeln ist.[479] Bei Vorliegen eines Bewertungsgutachtens will das OLG Hamburg etwa den Börsenkurs bei Festlegung des angemessenen Ausgleichs dadurch berücksichtigen, dass die durch den Gutachter bestimmte Ausgleichsleistung um denselben Faktor erhöht wird wie die Barabfindung.[480]

195 Für den **variablen Ausgleich** sind wiederum die der Notwendigkeit der Bestimmung der Verschmelzungswertrelation geschuldeten Besonderheiten zu beachten. Für die Bestimmung des Wertes der abhängigen Gesellschaft ist hier der Börsenkurs nach den verfassungsgerichtlichen

471 *Wilm*, NZG 2000, 234, 237 f.
472 Semler/Stengel/*Zeidler*, § 208 Rn 34; *Wilm*, NZG 2000, 234, 237 f.
473 Semler/Stengel/*Zeidler*, § 208 Rn 6.
474 OLG Hamburg AG 2002 406, 408.
475 Für Berücksichtigungsfähigkeit etwa Emmerich/Habersack/*Emmerich*, § 304 Rn 39.
476 Schmidt/Lutter/*Stephan*, § 304 Rn 77; Simon/*Simon/Leverkus*, Anh. 11 Rn 250.
477 BGH NJW 2001 2080, 2081 (DAT/Altana); BVerfG NZG 2011 235 (KUKA AG); vgl auch KölnKomm-AktG/*Riegger/Gayk*, Anh. § 11 SpruchG, Rn 68.
478 BGH AG 2006 331 332; Schmidt/Lutter/*Stephan*, § 304 Rn 77.
479 OLG Hamburg AG 2002 406, 408.
480 OLG Hamburg AG 2002 406, 408.

Vorgaben (mindestens) als Untergrenze zu behandeln,[481] richtigerweise wird man bei einer börsennotierten Obergesellschaft gleichfalls auf den Börsenkurs abzustellen haben, was teilweise wiederum mit dem Grundsatz der Methodengleichheit begründet wird.[482]

b) Abfindung. aa) Barabfindung. Nach § 305 Abs. 1 AktG müssen Beherrschungs- und Gewinnabführungsverträge neben der Verpflichtung zum Ausgleich die Verpflichtung des herrschenden Unternehmens enthalten, auf Verlangen eines ausstehenden Aktionärs dessen Aktien gegen eine angemessene Barabfindung zu erwerben. Im Rahmen der Barabfindung findet ausschließlich eine Bewertung der zu konzernierenden Untergesellschaft statt.[483] Die Abfindung muss dem vollen Wert der Beteiligung entsprechen.[484] Der Börsenkurs bildet dabei nach den verfassungsrechtlichen Vorgaben des BVerfG die Untergrenze, wenn er oberhalb des geschätzten Anteilswertes liegt,[485] wobei seit der Stollwerck-Entscheidung des BGH maßgeblicher Börsenkurs grundsätzlich der gewichtete Börsenkurs in dem Dreimonatszeitraum, der der Bekanntgabe der unternehmerischen Maßnahme vorausgeht, ist.[486] Hierbei hat es nach Ansicht des BGH aber nicht sein Bewenden. Liegt der Betrag des quotal auf die Aktie bezogenen geschätzten Unternehmenswerts höher als der Börsenkurs, so ist nach Ansicht des BGH dem Aktionär weitergehend dieser höhere Ertragswert zuzubilligen.[487] Dieses Ergebnis überrascht insb. vor dem Hintergrund der Herleitung der Maßgeblichkeit des Börsenkurses durch den BGH, stellt doch der BGH – anders als das BVerfG – ausdrücklich auf die Informationseffizienz des Kapitalmarktes ab. Hiervon ausgehend wäre eigentlich zu erwarten gewesen, dass der Börsenkurs nicht nur zur Untergrenze, sondern zur allein maßgeblichen Bestimmungsgröße erhoben wird.[488] Entsprechend hat diese verfassungsrechtlich nicht vorgegebene[489] Weichenstellung des BGH insb. unter den Verfechtern der Börsenkursbetrachtung erheblichen Widerspruch erfahren; nicht zuletzt unter Hinweis darauf, dass damit Minderheitsaktionäre mehr erlösen könnten als im Rahmen einer freien Desinvestitionsentscheidung.[490] Zur Rechtfertigung des Standpunkts des BGH ist demgegenüber vorgetragen worden, dass sich ein schwaches Börsenumfeld nicht zulasten der abfindungsberechtigten Anteilseigner auswirken solle. Alternativ kann man die Rechtsprechung dahin verstehen, dass der vermeintlich höhere Ertragswert durch Halten der Aktie realisiert werden könne. Nicht zu übersehen ist allerdings, dass der BGH damit ein partielles Meistbegünstigungsprinzip etabliert,[491] dass er im Grundsätzlichen mit guten Gründen ablehnt. Im Rahmen der Ermittlung der Barabfindung ist ausschließlich die abhängige Gesellschaft zu bewerten. Da es der Ermittlung der Verschmelzungswertrelation mangels Anteilstausches nicht bedarf, sind Ertragswert und Börsenkurs der Obergesellschaft in diesem Bewertungsszenario ohne Bedeutung.[492] 196

bb) Abfindung in Aktien der Obergesellschaft. Komplexer gestaltet sich die Frage der Berücksichtigung des Börsenkurses, soweit die angebotene Abfindung in Aktien der Obergesellschaft besteht. Da zur Ermittlung der insoweit maßgeblichen Verschmelzungswertrelation nicht allein auf die Verhältnisse der Untergesellschaft abgestellt werden kann, sondern auch die Obergesellschaft, in deren Aktien abgefunden wird, zu bewerten ist, stellt sich die Frage, wie beide 197

481 BGH AG 2006 331, 332; OLG Düsseldorf NZG 2000 1075 (DAT/Altana III); Emmerich/Habersack/*Emmerich*, § 304 Rn 52; *Hüffer*, AktG, § 304 Rn 16; Schmidt/Lutter/*Stephan*, § 304 Rn 77.

482 So etwa Emmerich/Habersack/*Emmerich*, § 304 Rn 52.

483 *Brandi/Wilhelm*, NZG 2009, 1408, 1410.

484 *Brandi/Wilhelm*, NZG 2009, 1408, 1410.

485 BGH NJW 2001 2080, 2081 (DAT/Altana); OLG Frankfurt aM AG 2013 647, 648; AG 2011 832, 833; OLG Hamburg AG 2002 406, 407; OLG München AG 2012 749, 751; OLG Karlsruhe, Beschl. v. 12.7.2013 – 12 W 57/10, BeckRS 2013, 13603; *Brandi/Wilhelm*, NZG 2009, 1408, 1410.

486 OLG Frankfurt aM AG 2013 647, 648; AG 2011 832, 832 f; OLG Karlsruhe, Beschl. v. 12.7.2013 – 12 W 57/10, BeckRS 2013, 13603; *Decher*, ZIP 2010, 1673, 1677.

487 BGH NJW 2001 2080 (DAT Altana); OLG Frankfurt am Main AG 2011 832, 833. Kritisch unter Hinweis auf die Unvereinbarkeit mit der Verkehrswertargumentation *Stilz*, ZGR 2001, 875, 891 ff Aus dem Schrifttum für kumulative Berücksichtigung eines höheren Ertragswerts etwa *Hüffer*, AktG, § 305 Rn 24 c.

488 Zutreffend Spindler/Stilz/*Veil*, § 305 Rn 55.

489 *Bungert/Wettich*, FS Hoffmann-Becking, S. 157, 164.

490 So insb. *Piltz*, ZGR 2001, 185, 195 ff Kritisch auch *Busse von Colbe*, FS Lutter, S. 1053, 1064 f.

491 *Fleischer*, AG 2014, 97, 100 f.

492 *Hüffer*, § 305 Rn 26. Zur ausschließlichen Bewertung der Untergesellschaft aus der Rechtsprechung etwa OLG Düsseldorf AG 1992 200, 203 f.

Gesellschaften jeweils zu bewerten und ob und in welchem Umfang jeweils Börsenkurse zu berücksichtigen sind. Aus Gründen der Übersichtlichkeit empfiehlt es sich, in diesem Zusammenhang weiter danach zu differenzieren, ob die Gesellschaft, mit deren Aktien die ausscheidenden Aktionäre abgefunden werden sollen, ihrerseits börsennotiert ist oder nicht.

198 Ist die **Obergesellschaft börsennotiert**, lässt sich die Verschmelzungswertrelation prinzipiell durch das Verhältnis der Börsenkurse abschließend bestimmen. Für ein solches Vorgehen mag man den Formalgrundsatz der Methodengleichheit bemühen, vor allem aber den Umstand, dass zahlreiche eventuelle Verzerrungen des Börsenkurses sich im Destillat der Verschmelzungswertrelation wechselseitig eliminieren. Eine dahin gehende Verpflichtung hat die Rechtsprechung allerdings nicht aufgestellt. Vielmehr hat BVerfG in seiner DAT-Altana-Entscheidung lediglich festgestellt, dass es verfassungsrechtlich nicht geboten ist, den Börsenkurs der Obergesellschaft als Obergrenze der Bewertung dieser Gesellschaft heranzuziehen, da kein Anspruch der Aktionäre bestehe, Aktien der Obergesellschaft höchstens zum Börsenwert zu erhalten.[493] Auf Grundlage der bisherigen BVerfG und BGH-Rechtsprechung ist für die Ermittlung der Verschmelzungswertrelation in diesem Fall festzuhalten, dass a) für die Bewertung der Untergesellschaft der Börsenkurs die Untergrenze bildet, b) ein eventuell darüber liegender Ertragswert werterhöhend zugunsten der abfindungsberechtigten Anteilseigner anzusetzen ist, c) zur Berechnung des Unternehmenswerts der Obergesellschaft der Börsenkurs nicht als Obergrenze heranzuziehen ist und d) ein über dem Börsenkurs der Obergesellschaft liegender Ertragswert der Obergesellschaft werterhöhend zugunsten der abfindungsverpflichteten Obergesellschaft angesetzt werden kann.

199 Ist nur die **Untergesellschaft, nicht aber auch die Obergesellschaft börsennotiert**, kann die Verschmelzungswertrelation, die angibt, wie viele Aktien die ausscheidenden Aktien für ihre Aktien erhalten, nur unter Rückgriff auf den fundamentalanalytisch ermittelten inneren Wert der Obergesellschaft bestimmt werden. Allein fraglich kann in diesem Fall sein, ob aufgrund des Grundsatzes der Methodengleichheit auch bei der Untergesellschaft allein der Ertragswert zu berücksichtigen ist.[494] Dies ist nach hier vertretener Ansicht abzulehnen. Einerseits ist der Grundsatz der Methodengleichheit mitnichten ein bewertungsrechtliches Naturgesetz, andererseits würde die Nichtberücksichtigung des Börsenkurses der Untergesellschaft in diesem Fall dazu führen, dass dem Aktionär der Untergesellschaft gegebenenfalls der Verkehrswert seiner Aktie nicht gewährt wird, er also weniger erhält, als er bei freier Desinvestitionsentscheidung erhalten hätte, was auf Grundlage der DAT-Altana-Rechtsprechung des BVerfG gerade nicht geschehen darf.[495]

200 **5. Eingliederung.** Auch im Falle der Mehrheitseingliederung ist zwischen Barabfindung und der vom Gesetz als Regelfall vorgesehenen Abfindung in Aktien zu entscheiden.

201 Bei **Abfindung in bar** sind ausschließlich die Verhältnisse der einzugliedernden Gesellschaft zu bewerten. Hier gilt, dass der Börsenkurs der einzugliedernden Gesellschaft entsprechend den DAT-Altana-Grundsätzen die Untergrenze einer angemessenen Abfindung markiert.[496] Nach der nicht zwingenden, aber für die Praxis zu beachtenden Rechtsprechung des BGH ist ein darüber liegender Ertragswert zugunsten der Minderheitsaktionäre werterhöhend zu berücksichtigen.

202 Bei **Abfindung in Aktien** ist auch im Rahmen der Eingliederung die Verschmelzungswertrelation als Verhältnis der Unternehmenswerte von abfindender und abzufindender Gesellschaft zu ermitteln.[497] Zu unterscheiden ist wiederum danach, ob nur die Untergesellschaft oder auch die Obergesellschaft börsennotiert ist. Sind beide Gesellschaften börsennotiert, gilt nach den

493 BVerfG NZG 2011 235, 237 (Kuka AG); Simon/*Simon/Leverkus*, Anh. § 11 Rn 226. AA *Busse von Colbe*, FS Lutter, S. 1053, 1066; aA wohl auch *Brandi/Wilhelm*, NZG 2009, 1408, 1410 f.

494 So *Hüffer*, § 305 Rn 24 g.

495 So auch OLG München AG 2012 749, 751; *Brandi/Wilhelm*, NZG 2009, 1408, 1410 f.

496 OLG München AG 2012 749, 751; Emmerich/Habersack/*Habersack*, § 320 b Rn 12.

497 *Brandi/Wilhelm*, NZG 2009, 1408, 1411.

DAT-Altana-Grundsätzen, dass einerseits der Börsenkurs der Untergesellschaft die Untergrenze für ihren im Rahmen der Verschmelzungswertrelation anzusetzenden Unternehmenswert markiert, gleichzeitig aber auch der Börsenkurs der Obergesellschaft nicht zwingend die Obergrenze des für die Obergesellschaft anzusetzenden Unternehmenswerts ist.[498] Das OLG Düsseldorf interpretiert diese Grundsätze etwas eigenwillig unter Rekurs auf den Grundsatz der Methodengleichheit dahin gehend, dass sich die für die Abfindung maßgebliche Verschmelzungswertrelation auch bei Börsennotierung beider Gesellschaften dann anhand des Verhältnisses der Börsenkurse orientiert, wenn der Börsen- bzw Marktwert der einzugliedernden Gesellschaft über ihrem Ertragswert liegt. Liegt hingegen der Ertragswert der einzugliedernden Gesellschaft über ihrem Börsenwert, soll es ausschließlich auf das Verhältnis der Ertragswerte angekommen, auch wenn die sich danach ergebende Verschmelzungswertrelation ungünstiger ausfällt als bei Ansatz der Börsenwerte beider Unternehmen.[499] Der vermeintlich aus Sicht der außenstehenden Aktionäre günstige Ansatz des höheren Ertragswerts führt hier dazu, dass der im Ergebnis günstigere Börsenkurs keine Rolle spielt. Das Ergebnis erscheint nicht frei von Zweifeln und fügt sich auch nur schlecht in die Rechtsprechung sowohl von BVerfG als auch BGH ein.

Ist nur die **Untergesellschaft börsennotiert,** wäre denkbar, unter Rekurs auf den Grundsatz der 203
Methodengleichheit die Beachtung des Börsenkurses bzw der Marktkapitalisierung für den Unternehmenswert der Untergesellschaft zu verweigern.[500] Dies erscheint mit den verfassungsrechtlichen Vorgaben nur schwer zu vereinbaren, da durch diese – nicht zwingende – methodische Schleife der Börsenwert im Ergebnis wiederum nicht maßgeblich wäre und die außenstehenden Aktionäre der einzugliedernden Gesellschaft im Ergebnis möglicherweise in Aktien der eingliedernden Gesellschaft weniger erhalten als sie durch freie Desinvestitionsentscheidung – Abverkauf zum Börsenkurs – hätten realisieren können. Auch hier ist die Diskussion noch nicht abgeschlossen.

6. Squeeze out (§ 327 b AktG). Unproblematisch anwendbar sind die Grundsätze der DAT- 204
Altana-Rechtsprechung auf die im Rahmen eines aktienrechtlichen Squeeze Out (§§ 327 a ff AktG) anzubietende angemessene Abfindung.[501] Für die Abfindung der ausscheidenden Minderheitsaktionäre gelten gleiche Grundsätze wie für die Abfindung im Rahmen des Abschlusses eines Beherrschungs- oder Gewinnabführungsvertrages.[502] Zu bewerten ist ausschließlich die Gesellschaft, aus der Minderheitsaktionäre herausgedrängt werden. Der Börsenkurs ist dabei grundsätzlich als Untergrenze zu berücksichtigen.[503] Liegt der Börsenkurs über dem Ertragswert, ist die Abfindung nach dem Börsenkurs zu bestimmen,[504] anderenfalls ist nach der nicht zwingenden Meistbegünstigungsrechtsprechung des BGH auf den Ertragswert abzustellen. Maßgeblich ist der gewichtete Börsenkurs im Dreimonats-Zeitraum vor Bekanntmachung der Squeeze Out Absicht.[505]

Aufgrund der **strukturell eingeschränkten Streubesitzquote** – 90% bzw 95% der Anteile müs- 205
sen sich zumindest formal in den Händen des den Squeeze Out beantragenden Hauptaktionärs befinden – kann im Einzelfall gerade beim Squeeze Out das Vorliegen einer Marktenge zu bejahen sein;[506] wobei dies nach allgemeinen Regeln durch den Hauptaktionär darzulegen und zu beweisen ist. [507] Im Erfolgsfall des entsprechenden Vortrags ist ausschließlich der Ertragswert maßgeblich,[508] auch wenn dieser unter dem Börsenkurs liegen sollte.

498 OLG München AG 2012 749, 751; KölnKomm-AktG/*Riegger/Gayk*, Anh. § 11 SpruchG, Rn 66.
499 OLG Düsseldorf AG 2004 212, 214.
500 So müsste wohl das OLG Düsseldorf AG 2004 212, 214 entscheiden.
501 OLG Frankfurt aM NZG 2010 664; Simon/*Simon/Leverkus*, Anh. § 11 Rn 224.
502 Simon/*Simon/Leverkus,* UmwG, Anh. § 11 Rn 224.
503 OLG Stuttgart AG 2011 205, 207; MüKo-AktG/*Grunewald,* § 327 b Rn 10; Schmidt/Lutter/*Schnorbus,* § 327 b Rn 3; *Brandi/Wilhelm,* NZG 2009, 1408, 1411.
504 BGH NJW 2010 2657, 2658 (Stollwerck).
505 BGH NJW 2010 2657, 2658 (Stollwerck); OLG Düsseldorf NZG 2012, 1181, 1184; OLG Stuttgart AG 2011 205, 207. So auch schon OLG Frankfurt aM NZG 2010 664.
506 MüKo-AktG/*Grunewald*, § 327 b Rn 10; *Fleischer*, ZGR 2002, 757, 781.
507 *Hüffer*, § 327 b Rn 5.
508 *Fleischer*, ZGR 2002, 757, 781.

VI. Stamm- und Vorzugsaktien

206 Besondere bewertungsrechtliche Herausforderungen stellen sich schließlich dann, wenn die zu bewertende Gesellschaft sowohl Stamm- als auch Vorzugsaktien ausgegeben hat. Zwei Fragestellungen sind hier zu unterscheiden. Zunächst stellt sich die Frage, wie im Falle, dass die Gesellschaft sowohl Stamm- als auch Vorzugsaktien begeben hat, aber nur eine Gattung börsennotiert ist, den Vorgaben von BVerfG und BGH zur Berücksichtigung des Börsenkurses/Marktwertes Rechnung zu tragen ist. Während das OLG Düsseldorf die Frage bejaht, scheidet nach Ansicht von Teilen des Schrifttums eine Berücksichtigung des Börsenwertes in dieser Konstellation aus.[509]

207 Zum anderen stellt sich die generelle Frage, wie der Gesamtunternehmenswert auf Stamm- und Vorzugsaktien zu verteilen ist. Wie dargestellt, existiert kein griffiger und allgemeingültiger Schlüssel, anhand dessen die Partizipationsverhältnisse von Stamm- bzw Vorzugsaktien am Gesamtunternehmenswert zu bestimmen wären. Sind beide Aktiengattungen börsennotiert, wird man mit Teilen der Rechtsprechung wohl zutreffend grundsätzlich eine Orientierung am Wertverhältnis von Stamm- und Vorzugsaktien vornehmen müssen. Richtigerweise sind der bzw die Börsenkurse hier mindestens „besonders gutes Indiz",[510] einerseits aufgrund der Erkenntnis, dass zumindest bisher keine belastbaren Verfahren zur Ermittlung des „wahren Wertverhältnisses" von Stamm- und Vorzugsaktien existieren, andererseits aufgrund des Umstandes, dass eventuelle Ineffizienzen des Kapitalmarktes sich hier im Aggregat nivellieren werden.

E. Berücksichtigung von Vorerwerbspreisen

208 Gegenstand einer langen Kontroverse bildet die Frage, ob Vorerwerbspreise im Rahmen der Bemessung der angemessenen Kompensation nach dem Vorbild von § 31 WpÜG – werterhöhend – zu berücksichtigen sind. Nach der DAT/Altana-Entscheidung des BVerfG ist die Berücksichtigung von Vorerwerbspreisen zumindest verfassungsrechtlich nicht erforderlich, da der Preis, den ein Mehrheitsaktionär für Aktien der gemeinsamen Gesellschaft zu zahlen bereit sei, in keiner Beziehung zum wahren Wert stehe.[511] Vorerwerbspreise würden vom individuell unterschiedlich ausfallenden Grenznutzen beeinflusst; dieser Reservationspreis eines individuellen Bieters und der wahre Wert seien nicht identisch.[512] In der Praxis schlägt sich dies vor allem in Paketzuschlägen nieder.[513]

209 BGH und weite Teile des Schrifttums haben sich der durch das BVerfG vorgezeichneten Wertung angeschlossen und versagen der Berücksichtigung von Vorerwerbspreisen auch eine einfachgesetzliche Grundlage.[514] Im Vordergrund steht die Überlegung, dass Paketzuschläge etc. durch den typischen kompensationsberechtigten Minderheitsaktionär, der gerade kein kontrollrelevantes Paket anzubieten vermag, nicht realisiert werden können.[515] Bestätigt wird dieses Ergebnis nach Ansicht des BGH durch die Kontrollüberlegung, dass auch ein Paketabschlag, den der Inhaber eines größeren Aktienpakets in Kauf nehmen muss, ohne Einfluss auf die Abfindungshöhe des Anteilseigners bleibt.[516] Im Schrifttum und vereinzelt auch in der Instanzenrechtsprechung[517] ist diese Sichtweise zum Teil auf Skepsis gestoßen: zunächst wird darauf hingewiesen, dass tatsächliche Anschaffungskosten steuer- und handelsrechtlich zu aktivieren sind, also Vorerwerbspreise in voller Höhe handelsbilanzielle Berücksichtigung erfah-

509 KölnKomm-AktG/*Riegger/Gayk*, Anh. § 11 SpruchG Rn 77.
510 OLG Düsseldorf AG 2009 907 912; erwägend auch KölnKomm-AktG/*Riegger/Gayk*, Anh. § 11 SpruchG Rn 84.
511 BVerfG NJW 1999 3679, 3771; BGH NJW 2010 2657, 2660 (Stollwerck); Simon/*Simon/Leverkus*, SpruchG, Anh. § 11 Rn 242; *Wollny*, Bewertungs-Praktiker, 3/2010, 10, 14.
512 So auch KölnKomm-AktG/*Riegger/Gayk*, Anh. § 11 SpruchG Rn 3.
513 BVerfG NJW 1999 3679, 3771; LG München I ZIP 2013 1664, 1671 (HRE).
514 BGH NJW 2010 2657, 2660 (Stollwerck); aus dem Schrifttum etwa *Klöcker/Frowein*, § 1 Anh. Rn 3; Simon/*Simon/Leverkus*, Anh. § 11 Rn 242; *Brandi/Wilhelm*, NZG 2009, 1408, 1409.
515 *Piltz*, ZGR 2001, 185, 199; *Brandi/Wilhelm*, NZG 2009, 1408, 1409 f.
516 *Piltz*, ZGR 2001, 185, 199.
517 LG Köln AG 2009 835, 838 ff.

ren.[518] Zudem seien die Minderheitsaktionäre an den Synergieeffekten zu berücksichtigen[519] bzw an einer Kontrollprämie zu beteiligen. Dennoch wird man davon auszugehen haben, dass Vorerwerbspreisen bei gesetzlich veranlassten Bewertungsanlässen außerhalb des WpÜG keine Bedeutung zukommt. Neben den bereits genannten Aspekten ist dabei zusätzlich in Anschlag zu bringen, dass durch die Berücksichtigung von Vorerwerben wiederum historische Daten eine nur schwer zu rechtfertigende Aufwertung erfahren würden: dass (subjektiver wie objektivierter) Wert eines Unternehmens über den Vorerwerbszeitraum konstant bleiben, ist zunächst einmal pure Prämisse. Berücksichtigung finden können sie allenfalls im Rahmen der Plausibilisierung eines auf anderer Grundlage gewonnenen Ergebnisses.[520] Auch der IDW S1 2008 will tatsächlich gezahlte Preise lediglich zu Plausibilisierungszwecken heranziehen; eine Substitution der Unternehmensbewertung wird hingegen abgelehnt.[521]

§ 12 Beschwerde

(1) ¹Gegen die Entscheidung nach § 11 findet die Beschwerde statt. ²Die Beschwerde kann nur durch Einreichung einer von einem Rechtsanwalt unterzeichneten Beschwerdeschrift eingelegt werden.

(2) ¹Die Landesregierung kann die Entscheidung über die Beschwerde durch Rechtsverordnung für die Bezirke mehrerer Oberlandesgerichte einem der Oberlandesgerichte oder dem Obersten Landesgericht übertragen, wenn dies zur Sicherung einer einheitlichen Rechtsprechung dient. ²Die Landesregierung kann die Ermächtigung auf die Landesjustizverwaltung übertragen.

Literatur:

Deiß, Die Vergütung des Verfahrensbevollmächtigten und des gemeinsamen Vertreters im Spruchverfahren, NZG 2013, 248; *Dreier/Riedel*, Vorschläge zur Änderung des SpruchG und UmwG, BB 2013, 326; *Gude*, Zweifelsfragen bei der Beschwerde nach dem Spruchverfahrensgesetz, AG 2005, 233; *Jänig/Leißring*, FamFG: Neues Verfahrensrecht für Streitigkeiten in AG und GmbH, ZIP 2010, 110; *Lochner/Schödel*, Aktienrechtsnovelle 2012/2013: Verkürzung des Spruchverfahrens auf eine Instanz, AG 2013, R59; *Lorenz*, Das Spruchverfahren – dickes Ende oder nur viel Lärm um nichts? AG 2012, 284; *Tomson/Hammerschmitt*, Aus alt mach neu? Betrachtungen zum Spruchverfahrensneuordnungsgesetz, NJW 2003, 2572; *Wasmann/Mielke*, Der gemeinsame Vertreter nach § 6 SpruchG – Eine einzigartige Rechtsfigur gibt noch immer Rätsel auf, WM 2005, 822; *Weber/Kersjes*, Hauptversammlungsbeschlüsse vor Gericht, 2010.

I. Normzweck

Mit der Beschwerde nach § 12 wird die Möglichkeit zur Überprüfung der Entscheidung des Landgerichts in rechtlicher und tatsächlicher Hinsicht (§ 65 Abs. 3 FamFG) eröffnet.[1] Die Vorschrift gehört zu den rechtspolitisch umstrittensten des SpruchG. Mit Verweis auf die auch durch das Spruchverfahrensneuordnungsgesetz kaum bekämpfte Überlänge von Spruchverfah- 1

518 *Busse von Colbe*, FS Lutter, S. 1053,1061.
519 *Busse von Colbe*, FS Lutter, S. 1053, 1061 f.
520 KölnKomm-AktG/*Riegger/Gayk*, Anh. § 11 SpruchG Rn 6.
521 IDW S1 idF 2008 Tz 13.
1 Schmitt/Hörtnagl/Stratz/*Hörtnagl*, § 12 SpruchG Rn 1; *Klöcker/Frowein*, § 12 Rn 11.

ren[2] ist wiederholt und unter unterschiedlichen Auspizien die Beseitigung des durch § 12 eröffneten Instanzenzugs gefordert worden.[3] Während sich der Abschlussbericht der Corporate Governance-Kommission in diesem Zusammenhang noch für die Ausgestaltung als reine Rechtsbeschwerde aussprach,[4] wird in jüngerer Zeit verbreitet die vollständige Beseitigung des Instanzenzugs durch Begründung einer Eingangszuständigkeit der Oberlandesgerichte gefordert. Im Rahmen der parlamentarischer Diskontinuität vorläufig zum Opfer gefallenen Aktienrechtsnovelle 2011/2012/2013 war in diesem Sinne zwischenzeitlich seitens des BMJ vorgesehen, in § 11 die Eingangszuständigkeit auf die Oberlandesgerichte zu übertragen und gleichzeitig die Anfechtbarkeit der Entscheidung des OLG zur Gänze auszuschließen – technisch verwirklicht durch ersatzlose Streichung der Beschwerdemöglichkeit nach § 12.[5] Im Zuge einer öffentlichen Debatte ist dieses Vorhaben vorläufig von der Agenda verschwunden. Bis auf weiteres eröffnet die Beschwerde damit auch weiterhin eine echte zweite Tatsacheninstanz (vgl § 65 Abs. 3 FamFG)[6] und übernimmt insoweit die im Zivilprozess der Berufung zugewiesene Funktion.[7]

2 Das Beschwerderecht ist mit der grundlegenden Neufundierung des Rechts der freiwilligen Gerichtsbarkeit durch das FamFG neu geordnet worden; § 12 nF ist umfassend anzuwenden auf Verfahren, die durch Anträge, die nach dem 1.9.2009 gestellt worden sind, eingeleitet worden sind.[8]

II. Inhalt

3 **1. Beschwerde (Abs. 1). a) Statthaftigkeit.** Die Beschwerde findet statt gegen Entscheidungen nach § 11. Beschwerdefähig sind damit nur den **Rechtszug abschließende Entscheidungen,**[9] also Entscheidungen, durch die der Verfahrensgegenstand ganz oder teilweise erledigt wird (§ 38 Abs. 1 FamFG).[10] Demgegenüber ist die Feststellung eines Vergleiches nach § 11 nicht beschwerdefähig, der entsprechende Beschluss kann somit nicht angegriffen, sondern lediglich nach § 164 ZPO berichtigt werden.[11]

4 Unter Geltung des FamFG, also in Spruchverfahren, die ab dem 1.9.2009 eingeleitet worden sind, gleichfalls grundsätzlich nicht (mehr) beschwerdefähig sind bloße **Zwischenentscheidungen.**[12] Nach §§ 567 ff ZPO sind Zwischenentscheidungen nur noch dann selbstständig angreifbar, soweit dies im Gesetz ausdrücklich bestimmt ist, was für die meisten spruchverfahrensrelevanten Zwischenentscheidungen gerade nicht der Fall ist.[13] In Neuverfahren nicht mehr beschwerdefähig sind damit insb. verfahrensleitende Maßnahmen wie die Bestellung eines ge-

2 In jüngerer Zeit werden Stimmen laut, die vertreten, es handele sich nicht um strukturelle Überlänge, sondern um Einzelfälle, so etwa *Lochner/Schödel,* AG 2013, R59, R60; vgl auch die Ergebnisse von *Lorenz* AG 2012 284, 286: im Schnitt siebenjährige Verfahrensdauer.

3 Die Möglichkeit zur Beschwerde befürwortend etwa *Büchel,* NZG 2003, 793, 799.

4 *Baums* (Hrsg.), Bericht der Regierungskommission Corporate Governance, 2001, Rn 174: tragende Erwägung war die Überlegung, dass aufgrund der gerichtlichen Bestellung eines sachverständigen Prüfers im Regelfall (nur) dessen Gutachten umfassend gewürdigt werden müsse. Für die Beibehaltung einer zweiten Tatsacheninstanz demgegenüber etwa *Fritzsche/Dreier/Verfürth,* § 12 SpruchG, Rn 2.

5 Vgl Rundschreiben des BMJ an die am Gesellschaftsrecht interessierten Verbände, Änderungen im Umwandlungsrecht und Folgeänderungen anlässlich der Aktienrechtsnovelle 2012 v. 30.11.2012; Kritisch zu den Vorschlägen *Dreier/Riedel,* BB 2013, 326, 326 ff; *Lochner/Schödel,* AG 2013, R59, R59 ff.

6 *Gude,* AG 2005, 233; *Weber/Kersjes,* Hauptversammlungsbeschlüsse vor Gericht, § 5 Rn 292.

7 *Jänig/Leißring,* ZIP 2010, 110, 117.

8 Für Altverfahren vgl etwa KölnKomm-AktG/*Wilske,* § 12 SpruchG Rn 1 ff.

9 OLG München ZIP 2009 1088; OLG Düsseldorf ZIP 2013 950, 951; Semler/Stengel/*Volhard,* UmwG, § 12 SpruchG Rn 10; *Fritzsche/Dreier/Verfürth,* § 12 Rn 4; *Gude,* AG 2005, 233.

10 Vgl etwa OLG Frankfurt a.M. ZIP 2011 1637, 1638.

11 Spindler/Stilz/*Drescher,* AktG, § 12 SpruchG Rn 2.

12 OLG Düsseldorf ZIP 2013 950, 951; K. Schmidt/Lutter/*Klöcker,* § 12 SpruchG, Rn 3; *Gude,* AG 2005, 233.

13 OLG Düsseldorf ZIP 2013 950, 951; K. Schmidt/Lutter/*Klöcker,* § 12 SpruchG, Rn 3; KölnKomm-AktG/*Wilske,* § 12 SpruchG Rn 13.

meinsamen Vertreters nach § 6,[14] ein (Hinweis- und) Beweisbeschluss,[15] die Ablehnung eines Beweisantrags[16] oder die Anordnung eines durch den Antragsgegner zu leistenden Auslagenvorschusses.[17] Einer Überprüfung können Zwischenentscheidungen damit grundsätzlich nur im Rahmen einer Beschwerde gegen die die Instanz abschließende Entscheidung zugeführt werden.[18] Lediglich ausnahmsweise lässt die Spruchpraxis die isolierte Anfechtung von Zwischenentscheidungen auch dann zu, wenn diese nicht ausdrücklich angeordnet ist. Voraussetzung ist, dass durch die Zwischenentscheidung unmittelbar und in erheblichem Maß in die Rechte eines Beteiligten eingegriffen wird[19] und die Beschwerde deshalb unbedingt geboten erscheint.[20] Dies wird angenommen, wenn die Rechtsbeeinträchtigung irreversibel ist, also in einem späteren Beschwerdeverfahren nicht mehr geheilt werden kann.[21] Nach allgemeinen Grundsätzen zumindest denkbar ist zudem die außerordentliche Beschwerde wegen greifbarer Gesetzwidrigkeit, an deren Zulässigkeit allerdings nach Einführung von § 321 a ZPO Zweifel artikuliert werden.[22] Anerkennt man das Institut weiterhin, ist Voraussetzung das Vorliegen einer Entscheidung, die jeder gesetzlichen Grundlage entbehrt und dem Gesetz fremd ist,[23] erkennbar handelt es sich also um einen Residualrechtsbehelf, der nur in echten Ausnahmekonstellationen zum Einsatz gelangen könnte.

b) **Beschwerdeinhalt.** Nach § 65 Abs. 1 FamFG *soll* die Beschwerde begründet werden. Das 5
Beschwerdegericht oder der Vorsitzende kann dem Beschwerdeführer eine Frist zur Beschwerdebegründung setzen (§ 65 Abs. 2 FamFG).[24] Die unterbliebene Begründung zeitigt keine rechtlichen Folgen.[25] Die Notwendigkeit konkreter Bewertungsrügen sieht das Gesetz nur für die Antragsschrift, nicht auch für die Beschwerdeschrift vor.[26]

c) **Zuständigkeit.** Für Verfahren nach dem SpruchG ist die Beschwerde ausschließlich beim 6
iudex a quo einzulegen, also beim zuständigen LG zu erheben,[27] die nach früherem Recht bestehende Möglichkeit, die Beschwerde auch beim iudex ad quem zu erheben, ist durch Ersetzung des FGG durch das FamFG mit Wirkung ab dem 1.9.2009 entfallen.[28] Sachlich zuständiges Beschwerdegericht – iudex ad quem – ist ausschließlich das örtlich zuständige Oberlandesgericht (§ 119 Abs. 1 Nr. 2 GVG).[29]

d) **Beschwerdebefugnis.** Beschwerdebefugt ist, wer durch den Beschluss in seinen Rechten be- 7
einträchtigt ist (§ 59 Abs. 1 FamFG / § 20 FGG aF). Beschwerdebefugt sind damit zunächst im Grundsatz sämtliche **Antragsteller** und zwar auch dann, wenn das Gericht erster Instanz die Barabfindung auf einen Betrag festsetzt, der dem beantragten entspricht oder diesen sogar überschreitet.[30] Kontrovers diskutiert wird in diesem Zusammenhang allein, ob die Beschwerdebefugnis eines Antragstellers voraussetzt, dass er im Zeitpunkt der Einlegung der Beschwerde noch Aktionär ist. Unbestritten ist, dass es zumindest beim Squeeze Out hierauf nicht an-

14 OLG Frankfurt a.M. ZIP 2011 1637; *Hüffer*, § 305 Anh. § 6 SpruchG Rn 5; Semler/Stengel/*Volhard*, § 6 SpruchG Rn 13; anders noch unter Geltung des FGG, vgl etwa *Fritzsche/Dreier/Verfürth*, § 6 Rn 15.
15 OLG München ZIP 2009 1088; OLG Düsseldorf ZIP 2013 950, 951; *Fritzsche/Dreier/Verfürth*, SpruchG, § 12 SpruchG, Rn 5.
16 OLG München ZIP 2009 1088.
17 OLG Düsseldorf ZIP 2013 950, 951.
18 OLG Düsseldorf ZIP 2013 950, 951; Schmidt/Lutter/*Klöcker*, § 12 SpruchG, Rn 3; KölnKomm-AktG/*Wilske*, § 12 SpruchG Rn 13.
19 OLG Düsseldorf ZIP 2013 950, 951; OLG München ZIP 2009 1088; Lutter/*Krieger/Mennicke*, Anh. I SpruchG, § 12 Rn 2.
20 OLG München ZIP 2009 1088.
21 OLG Düsseldorf ZIP 2013 950, 951.
22 OLG Düsseldorf ZIP 2013 950, 951. Die Möglichkeit einer außerordentlichen Beschwerde zum Bundesgerichtshof hat BGH NJW 2002 1577 aufgrund der Einführung der Gehörsrüge nach § 321 a ZPO ausdrücklich verneint.
23 OLG Düsseldorf ZIP 2013 950, 951.
24 *Preuß*, NZG 2009, 961, 964.
25 Spindler/Stilz/*Drescher*, § 12 SpruchG Rn 5.
26 K. Schmidt/Lutter/*Klöcker*, § 12 SpruchG, Rn 8; *Gude*, AG 2005, 233, 236.
27 Spindler/Stilz/*Drescher*, § 12 SpruchG Rn 4; *Preuß*, NZG 2009, 961, 964.
28 Hierzu etwa Lutter/*Krieger/Mennicke*, Anh. I: SpruchG, § 12 Rn 7; *Jänig/Leißring*, ZIP 2010, 110, 117. Zur alten Rechtslage (§ 21 Abs. 1 FGG) etwa noch *Klöcker/Frowein*, § 12 Rn 8. Die ausschließliche Zuständigkeit ist der Einrichtung eines Abhilfeverfahrens geschuldet: Semler/Stengel/*Volhard*, § 12 SpruchG Rn 10 d.
29 Schmidt/Lutter/*Klöcker*, § 12 SpruchG, Rn 5; *Jänig/Leißring*, ZIP 2010, 110, 117.
30 *Fritzsche/Dreier/Verfürth*, § 12 Rn 6; Schmidt/Lutter/*Klöcker*, § 12 SpruchG, Rn 6; Heidel/*Tewes*, Aktienrecht, § 12 SpruchG Rn 8.

kommen kann, wie auch § 3 noch einmal ausdrücklich klarstellt.[31] Uneinheitlich wird hingegen beantwortet, was zu gelten hat, soweit der bisherige Aktionär seine Aktien nicht auf Grundlage eines Übertragungsbeschlusses verliert, sondern im Rahmen seiner Privatautonomie über sie verfügt. Im Ausgangsverfahren würde dem Antragsteller in diesem Fall die Antragsbefugnis gemäß § 3 S. 2 fehlen. Daraus leiten Stimmen im Schrifttum ab, dass fortgesetzter Anteilsbesitz auch im Beschwerdeverfahren Voraussetzung der Beschwerdebefugnis ist. Die Gegenansicht geht hingegen von der Anwendbarkeit des § 265 ZPO und damit von einer Fortdauer der Beschwerdeberechtigung aus.[32]

8 Die **Antragsgegnerin** ist beschwerdebefugt, soweit nicht sämtliche Anträge zurückgewiesen oder verworfen worden sind und es deshalb an einer Beschwer fehlt, der mittels des Beschwerdeverfahrens abgeholfen werden könnte.[33]

9 In Rechtsprechung und Schrifttum umstritten war und ist die Frage, ob und unter welchen Voraussetzungen auch der **gemeinsame Vertreter** beschwerdebefugt ist.[34] Nach verbreiteter Ansicht ist auch der gemeinsame Vertreter in seiner Funktion als Sachwalter der nicht am Verfahren beteiligten Anteilseigner ohne weiteres und umfassend beschwerdebefugt.[35] Nach anderer Ansicht soll hingegen der gemeinsame Vertreter nur dann beschwerdebefugt sein, wenn er von seinem Recht zur Verfahrungsfortführung nach Rücknahme sämtlicher Anträge gemäß § 6 Abs. 3 SpruchG Gebrauch macht[36] bzw dann, wenn eine Sachentscheidung ergangen ist und die Anträge nicht als unzulässig zurückgewiesen worden sind.[37] Zugunsten der weiten Ansicht spricht, dass bei engem Verständnis eine fehlerhafte Behandlung der Anträge als unzulässig durch das LG den Verlust des Beschwerderechts des gemeinsamen Vertreters nach sich ziehen würde.[38]

10 Anders ist wiederum für die **besonderen gemeinsamen Vertreter nach §§ 6a-c** zu entscheiden. Da ihr Rechtsschutzziel jeweils parallel dem der Antragsgegnerin verläuft, ist ihre Beschwerdeberechtigung dann zu bejahen, wenn die Anträge durch das Landgericht nicht zurückgewiesen oder verworfen worden sind.[39] Es ist auch nicht ersichtlich, dass die Verfahrensfortführung durch den gemeinsamen Vertreter nach § 6 a akzessorisch wäre, so dass eine Beteiligung in der Beschwerdeinstanz nur dann in Betracht kommen würde, wenn der Antragsgegner Beschwerde eingelegt. Das muss sich schon daraus ergeben, dass die Gesellschaft als Antragsgegnerin die Höhe der Abfindung unter dem Gesichtspunkt der Schonung der Gesellschaftsressourcen zu verteidigen sucht, während der besondere gemeinsame Vertreter einen Verteilungskonflikt auf Ebene der Gesellschafter adressiert.

11 e) **Beschwerdefrist.** Die Beschwerdefrist beträgt grundsätzlich einen Monat (§ 63 Abs. 1 FamFG), da das SpruchG insoweit keine andere Regelung trifft.[40] Die Frist beginnt mit der Bekanntgabe, also der ordnungsgemäßen Zustellung;[41] in Abhängigkeit vom Zeitpunkt der Zustellung kann damit die Beschwerdefrist für die einzelnen Zustellungsadressaten zu unter-

31 *Gude*, AG 2005, 233, 234.
32 *Gude*, AG 2005, 233, 234; *Tomson/Hammerschmitt*, NJW 2003, 2572, 2573 f. Ähnlich *Fritzsche/Dreier/Verfürth*, § 12 Rn 8: Antragsberechtigung als Zulässigkeitsvoraussetzung wird im Beschwerdeverfahren nicht noch einmal geprüft. Aus der Rechtsprechung zum alten Recht etwa OLG Hamburg AG 2002 406, 407.
33 Lutter/*Krieger/Mennicke*, Anh. I SpruchG, § 12 Rn 5; *Klöcker/Frowein*, § 12 Rn 6; Schmidt/Lutter/*Klöcker*, § 12 SpruchG, Rn 6; *Fritzsche/Dreier/Verfürth*, § 12 Rn 7.
34 Spindler/Stilz/*Drescher*, § 12 SpruchG Rn 4.
35 K.Schmidt/Lutter/*Klöcker*, § 12 SpruchG, Rn 6; *Weber/Kersjes*, Hauptversammlungsbeschlüsse vor Gericht, § 5 Rn 299 f.
36 OLG Düsseldorf AG 2009 907, 908; Spindler/Stilz/*Drescher*, § 12 SpruchG Rn 6; Heidel/*Tewes*, § 12 SpruchG Rn 9; *Hüffer*, AktG, Anh. § 305: § 12 SpruchG Rn 3.
37 Lutter/*Krieger/Mennicke*, Anh. I SpruchG, § 12 Rn 5; *Fritzsche/Dreier/Verfürth*, § 12 Rn 7.
38 *Gude*, AG 2005, 233, 234 f.
39 KölnKomm-AktG/*Wasmann*, § 6 a SpruchG, Rn 3.
40 Spindler/Stilz/*Drescher*, § 12 SpruchG Rn 2; Semler/Stengel/*Vollhard*, UmwG, § 12 SpruchG Rn 10 e.
41 Semler/Stengel/*Vollhard*, § 12 SpruchG Rn 10 e; K. Schmidt/Lutter/*Klöcker*, § 12 SpruchG, Rn 7.

schiedlichen Daten enden.[42] Scheidet eine Bekanntgabe aus tatsächlichen Gründen aus, gilt eine an § 517 ZPO angelehnte Auffangfrist von fünf Monaten (§ 63 Abs. 3 S. 2 FamFG).[43]

12 **f) Form.** Die Beschwerde kann nur durch einen Rechtsanwalt eingelegt werden bzw muss zumindest durch einen solchen unterschrieben sein (§ 12 Abs. 1 S. 2); im Übrigen kann ein Antragssteller auch ohne anwaltliche Vertretung das Beschwerdeverfahren betreiben.[44]

13 **g) Wert des Beschwerdegegenstandes.** Seit Neuordnung der freiwilligen Gerichtsbarkeit durch das FamFG ist die Beschwerde zusätzlich daran geknüpft, dass das der Wert des Beschwerdegegenstandes 600 EUR übersteigt (§ 61 Abs. 1 FamFG).[45] Der Beschwerdegegenstand stellt in Spruchverfahren kein ernsthaftes Hindernis dar.[46]

14 **h) Unselbstständige Anschlussbeschwerde.** Eine unselbstständige Anschlussbeschwerde ist auf Grundlage von § 66 FamFG möglich.[47] Eine unselbstständige Anschlussbeschwerde kann auch nach Ablauf der Beschwerdefrist eingelegt werden, sie teilt aber das Schicksal der eigentlichen Beschwerde, insb. die Folgen einer eventuellen Rücknahme (§ 66 Abs. 2 FamFG).[48]

15 **i) Abhilfeverfahren.** Das FamFG eröffnet mit dem Abhilfeverfahren nach § 68 FamFG eine Möglichkeit zur Selbstkorrektur.[49] Das Landgericht als iudex a quo kann einer eingelegten Beschwerde abhelfen. Ergeht kein Abhilfebescheid, hat es die Beschwerde unverzüglich an das Oberlandesgericht als Beschwerdegericht weiterzuleiten.[50] Die damit verbundene weitere Verfahrensverzögerung wird von Stimmen aus der Gerichtspraxis wohl zu Recht als gering eingestuft;[51] dies gilt insb. mit Blick auf die Fälle, in denen Abhilfe geleistet wird und das zeitintensive Durchlaufen der Beschwerdeinstanz vermieden werden kann.

16 **2. Zuständigkeitskonzentration (Abs. 2).** Das Beschwerdegericht ist grundsätzlich nach § 119 Abs. 1 Nr. 1 lit. b) GVG zu bestimmen. Im Interesse der Spezialisierung erlaubt Abs. 2 die Konzentration auf ausgewählte Gerichtssprengel. Auf Grundlage der Konzentrationsermächtigung ist in Bayern das OLG München, in NRW das OLG Düsseldorf für die Bezirke der Oberlandesgerichte Düsseldorf, Hamm und Köln[52] und in Rheinland-Pfalz das OLG Zweibrücken zentral zuständig.

III. Beschwerdeverfahren

17 Über die Beschwerde zu Verfahren, die (erstinstanzlich) ab dem 1.9.2009 eingeleitet worden sind, entscheidet das Oberlandesgericht – soweit nicht das LG als iudex a quo nach § 68 FamFG abgeholfen hat – durch Beschluss. Unzulässige Beschwerden werden verworfen, unbegründete Beschwerden zurückgewiesen. Anderenfalls ergeht eine Sachentscheidung. Die Beschwerdeentscheidung ist ihrerseits zu begründen. Die Entscheidung des Beschwerdegerichts kann ihrerseits – anders als in Altverfahren, die nach der Verfahrungsordnung des FGG geführt werden – mit der Rechtsbeschwerde zum Bundesgerichtshof angegriffen werden, soweit das OLG als Beschwerdeinstanz die Rechtsbeschwerde zugelassen hat.

42 *Weber/Kersjes*, Hauptversammlungsbeschlüsse vor Gericht, § 5 Rn 294.

43 *Jänig/Leißring*, ZIP 2010, 110, 117.

44 *Deiß*, NZG 2013, 2013, 248, 248 f. *Fritzsche/Dreier/Verfürth*, § 12 SpruchG, Rn 8; AA *Günal/Kemmerer*, NZG 2013, 16, 17, die bereits für das landgerichtliche Verfahren von Anwaltszwang ausgehen.

45 Semler/Stengel/*Volhard*, § 12 SpruchG Rn 10 b.

46 Schmitt/Hörtnagl/Stratz/*Hörtnagl*, § 12 SpruchG Rn 2; *Jänig/Leißring*, ZIP 2010, 110, 117.

47 Heidel/*Tewes*, § 12 SpruchG Rn 4; *Fritzsche/Dreier/Verfürth*, § 12 Rn 13. Aus der Rechtsprechung zum alten Recht etwa OLG Hamburg AG 2002 406, 407.

48 *Fritzsche/Dreier/Verfürth*, § 12 Rn 12; K. Schmidt/Lutter/*Klöcker*, AktG, § 12 SpruchG, Rn 7.

49 Semler/Stengel/*Volhard*, § 12 SpruchG Rn c.

50 *Jänig/Leißring*, ZIP 2010, 110, 117; Semler/Stengel/*Volhard*, § 12 SpruchG Rn c.

51 *Engel/Puszkajler*, BB 2012, 1687, 1691.

52 § 2 Verordnung über die gerichtliche Zuständigkeit zur Entscheidung in gesellschaftsrechtlichen Angelegenheiten der Versicherungsvereine auf Gegenseitigkeit v. 8.6.2010.

§ 13 Wirkung der Entscheidung

[1]Die Entscheidung wird erst mit der Rechtskraft wirksam. [2]Sie wirkt für und gegen alle, einschließlich derjenigen Anteilsinhaber, die bereits gegen die ursprünglich angebotene Barabfindung oder sonstige Abfindung aus dem betroffenen Rechtsträger ausgeschieden sind.

Literatur:

Krafka, Registerrechtliche Neuerungen durch das FamFG, NZG 2009, 650; *Preuß*, Auswirkungen der FGG-Reform auf das Spruchverfahren, NZG 2009, 961; *Rezori*, Abwicklung von durchgeführten Spruchverfahren über Unternehmensverträge: Gläubiger des Ausgleichsergänzungsanspruchs bei zwischenzeitlichem Wechsel des Aktionärskreises, NZG 2008, 812.

A. Überblick

1 § 13 regelt, ab welchem Zeitpunkt **Entscheidungswirkungen** eintreten und für bzw gegen wen diese wirken. Die Norm übernimmt die vor Inkrafttreten des SpruchG unter § 306 Abs. 2 iVm § 99 Abs. 5 S. 1 AktG aF sowie § 311 UmwG aF geltende Rechtslage und kodifiziert dabei die vor Inkrafttreten des SpruchG von der hM vertretene Ansicht, dass die Entscheidung auch zugunsten solcher Anteilsinhaber wirkt, die das ursprüngliche Kompensationsangebot bereits angenommen haben.[1] Die Norm ist bislang unverändert geblieben.

2 Ein **Vergleich** gem. § 11 Abs. 2 oder Abs. 4 wird von § 13 nicht erfasst, da er, vorbehaltlich einer (in der Praxis die Regel bildenden) abweichenden Bestimmung im Vergleichstext nur zwischen den Verfahrensbeteiligten Wirkung entfaltet.[2]

B. Zeitpunkt des Wirksamwerdens der Entscheidung

3 Abweichend von § 40 Abs. 1 FamFG wird die gerichtliche Entscheidung im Spruchverfahren nach S. 1 erst mit **formeller Rechtskraft** wirksam. Formelle Rechtskraft tritt gem. § 45 S. 1 FamFG ein, sobald die Frist für die Einlegung des zulässigen Rechtsmittels abgelaufen ist und kein Rechtsmittel eingelegt wurde. Konkret bedeutet dies, dass Entscheidungen der Landgerichte im Spruchverfahren grundsätzlich mit Ablauf der Beschwerdefrist ohne Einlegung einer Beschwerde formell rechtskräftig werden. Entscheidungen der Oberlandesgerichte werden mit ihrem Erlass formell rechtskräftig, sofern das Oberlandesgericht nicht die Rechtsbeschwerde nach § 70 FamFG zugelassen hat.[3] Eine Entscheidung des BGH über eine Rechtsbeschwerde wird mit ihrem Erlass formell rechtskräftig.[4]

C. Entscheidungswirkungen

4 Die Entscheidung wirkt nach S. 2 für und gegen alle, einschließlich aller Behörden und Gerichte[5] sowie solcher (früheren) Anteilsinhaber, die die ursprüngliche Kompensation bereits angenommen haben. Ausgenommen sind lediglich solche Anteilsinhaber, die durch Erlassvertrag oder Vergleich auf ihren Abfindungsergänzungsanspruch verzichtet haben.[6] Einer eine Erhöhung aussprechenden Entscheidung kommt hinsichtlich ihres Streitgegenstands Gestaltungswirkung mit der Folge zu, dass die zunächst (vertraglich) vorgesehene Kompensation rückwir-

1 Begr. RegE BT-Drucks. 15/371, 17; KölnKomm-AktG/*Wilske*, § 13 SpruchG Rn 1.

2 Schmidt/Lutter/*Klöcker*, § 13 SpruchG Rn 7; Lutter/*Krieger/Mennicke*, § 13 SpruchG Rn 3; KölnKomm-AktG/*Wilske*, § 13 SpruchG Rn 2; **aA** Simon/*Simon*, § 13 Rn 9.

3 Emmerich/Habersack/*Emmerich*, § 13 SpruchG Rn 2; Schmidt/Lutter/*Klöcker*, § 13 SpruchG Rn 2; KölnKomm-AktG/*Wilske*, § 13 SpruchG Rn 4 ff.

4 KölnKomm-AktG/*Wilske*, § 13 SpruchG Rn 8.

5 Emmerich/Habersack/*Emmerich*, § 13 SpruchG Rn 3; Schmidt/Lutter/*Klöcker*, § 13 SpruchG Rn 3 f; NK-AktG/*Tewes*, § 13 SpruchG Rn 6; KölnKomm-AktG/*Wilske*, § 13 SpruchG Rn 15 f.

6 MüKo-AktG/Kubis, § 13 SpruchG Rn 3; KölnKomm-AktG/*Wilske*, § 13 SpruchG Rn 12.

kend durch die vom Gericht festgesetzte Kompensation ersetzt wird.[7] Sofern ein Antrag rechtskräftig als unzulässig verworfen wurde, erwächst nur die Entscheidung über das betreffende Zulässigkeitshindernis in Rechtskraft.[8]

Wird ein Beherrschungs- oder Gewinnabführungsvertrag während oder nach Ablauf eines Spruchverfahrens geändert, so steht der rechtskräftige Abschluss dieses Spruchverfahrens einem neuen Spruchverfahren nur dann nicht entgegen, wenn gerade die Regelungen zu Ausgleich und Abfindung geändert worden sind.[9] 5

Entscheidungen im Spruchverfahren haben lediglich feststellende Wirkung, sind aber keine Vollstreckungstitel.[10] (Frühere) Anteilsinhaber müssen daher ggf Leistungsklage gegen den Antragsgegner erheben (vgl § 16). 6

§ 14 Bekanntmachung der Entscheidung

Die rechtskräftige Entscheidung in einem Verfahren nach § 1 ist ohne Gründe nach Maßgabe des § 6 Abs. 1 Satz 4 und 5 in den Fällen

1. **der Nummer 1 durch den Vorstand der Gesellschaft, deren außenstehende Aktionäre antragsberechtigt waren;**
2. **der Nummer 2 durch den Vorstand der Hauptgesellschaft;**
3. **der Nummer 3 durch den Hauptaktionär der Gesellschaft;**
4. **der Nummer 4 durch die gesetzlichen Vertreter jedes übernehmenden oder neuen Rechtsträgers oder des Rechtsträgers neuer Rechtsform;**
5. **der Nummer 5 durch die gesetzlichen Vertreter der SE, aber im Fall des § 9 des SE-Ausführungsgesetzes durch die gesetzlichen Vertreter der die Gründung anstrebenden Gesellschaft, und**
6. **der Nummer 6 durch die gesetzlichen Vertreter der Europäischen Genossenschaft**

bekannt zu machen.

Literatur:

Riegger/Rieg, Änderungen bei den Veröffentlichungspflichten nach Abschluss eines Spruchverfahrens durch das TUG, ZIP 2007, 1148.

A. Überblick

§ 14 regelt die Bekanntmachung rechtskräftiger Entscheidungen im Spruchverfahren. Zweck der Bekanntmachung ist die Information der nicht am Verfahren beteiligten (früheren) Anteilsinhaber. Diese ist erforderlich, weil die Entscheidung gem. § 13 S. 1 auch für und gegen diese wirkt.[1] Aus dem Zweck der Norm folgt, dass eine Bekanntmachung entbehrlich ist, wenn ausnahmsweise alle kompensationsberechtigten (ehemaligen) Anteilsinhaber als Antragsteller am 1

7 LG Hamburg DB 2001, 638; OLG Karlsruhe AG 2008, 716 f; Emmerich/Habersack/*Emmerich*, § 13 SpruchG Rn 3; Schmidt/Lutter/*Klöcker*, § 13 SpruchG Rn 3; KölnKomm-AktG/*Wilske*, § 13 SpruchG Rn 13 f.

8 Emmerich/Habersack/*Emmerich*, § 13 SpruchG Rn 3; KölnKomm-AktG/*Wilske*, § 13 SpruchG Rn 16.

9 Emmerich/Habersack/*Emmerich*, § 13 SpruchG Rn 5; Schmidt/Lutter/*Klöcker*, § 13 SpruchG Rn 3.

10 OLG Karlsruhe AG 2008, 716 f; OLG Frankfurt/M. NZG 2006, 151 f; Emmerich/Habersack/*Emmerich*, § 13 SpruchG Rn 6; Schmidt/Lutter/*Klöcker*, § 13 SpruchG Rn 6; KölnKomm-AktG/*Wilske*, § 13 SpruchG Rn 19.

1 Emmerich/Habersack/*Emmerich*, § 14 SpruchG Rn 1; KölnKomm-AktG/*Wilske*, § 14 SpruchG Rn 4.

Verfahren beteiligt waren.[2] Von Bedeutung ist die Bekanntmachung insb. im Falle eines Beherrschungs- oder Gewinnabführungsvertrags (vgl § 305 Abs. 4 S. 3 AktG).

2 Nr. 5 wurde durch das SEEG,[3] Nr. 6 durch das SCEEG[4] eingefügt. Im Übrigen ist die Norm seit ihrem Inkrafttreten unverändert.

B. Bekanntmachung nach § 14

I. Bekanntmachungsgegenstand

3 Bekanntmachungsgegenstand ist allein eine **rechtskräftige Entscheidung** iSd § 13. Auf Vergleiche ist § 14 mangels intern-omnes-Wirkung ebenso wenig entsprechend anzuwenden wie auf andere Arten der Verfahrensbeendigung.[5]

4 Allerdings enthalten Vergleiche regelmäßig eine Verpflichtung des Antragsgegners, diesen entsprechend § 14 bekannt zu machen (idR ohne eine etwaige Kostenregelung).

II. Bekanntmachungsverpflichteter

5 Bekanntmachungsverpflichtet ist grundsätzlich der jeweilige Antragsgegner. Eine Ausnahme bestimmt Nr. 1 für Beherrschungs- und Gewinnabführungsverträge, bei denen die Bekanntmachungspflicht beim Vorstand der abhängigen Gesellschaft liegt. Dieser muss, da die abhängige Gesellschaft am Spruchverfahren nicht beteiligt ist, vom herrschenden Unternehmen über den Verfahrensausgang informiert werden.[6]

6 Auch wenn die Bekanntmachungspflicht in Nr. 1 und Nr. 2 explizit dem jeweiligen Vorstand zugewiesen ist, folgt daraus nicht, dass die Bekanntmachung in diesen oder gar in allen Fällen des § 14 durch alle Vorstandsmitglieder erfolgen bzw veranlasst werden muss. Vielmehr genügt ein Handeln in vertretungsberechtigter Zahl.[7] Sind mehrere Antragsgegner zu einer Bekanntmachung verpflichtet, so genügt eine gemeinsame Bekanntmachung, sofern das Bekanntmachungsmedium für alle Antragsgegner identisch ist.[8]

III. Art und Weise der Bekanntmachung

7 Die rechtskräftige Entscheidung kann ohne Gründe, dh nur mit Rubrum und Tenor, bekannt gemacht werden.[9] Allerdings steht es dem Bekanntmachungsverpflichteten frei, auch die Entscheidungsgründe bekannt zu machen.[10] Ein Anspruch auf Anonymisierung des Rubrums besteht nicht.[11] Die Veröffentlichung hat unverzüglich (§ 271 BGB) zu erfolgen.[12]

8 Nach § 14 iVm § 6 Abs. 1 S. 4 und 5 ist die Entscheidung im Bundesanzeiger und darüber hinaus in etwaigen weiteren, gesellschaftsvertraglich bestimmten Blättern oder elektronischen Informationsmedien bekannt zu machen. Einer früher in § 306 Abs. 2 iVm § 99 Abs. 5 S. 3 AktG aF vorgesehenen Einreichung der Entscheidung zum Handelsregister bedarf es heute nicht

2 Emmerich/Habersack/*Emmerich*, § 14 SpruchG Rn 1; MüKo-AktG/*Kubis*, § 14 SpruchG Rn 6; ausführlich KölnKomm-AktG/*Wilske*, § 14 SpruchG Rn 22 ff.

3 Gesetz zur Einführung der europäischen Aktiengesellschaft v. 22.12.2004, BGBl. I S. 3675.

4 Gesetz zur Einführung der europäischen Genossenschaft und zur Änderung des Genossenschaftsrechts v. 14.8.2006, BGBl. I S. 1911.

5 Spindler/Stilz/*Drescher*, § 14 SpruchG Rn 2; Schmidt/Lutter/*Klöcker*, § 14 SpruchG Rn 1; MüKo-AktG/*Kubis*, § 14 SpruchG Rn 1; Simon/*Leuering*, § 14 Rn 10; KölnKomm-AktG/*Wilske*, § 14 SpruchG Rn 2; **aA** für gerichtliche Vergleiche Emmerich/Habersack/*Emmerich*, § 14 SpruchG Rn 4.

6 Spindler/Stilz/*Drescher*, § 14 SpruchG Rn 3; Emmerich/Habersack/*Emmerich*, § 14 SpruchG Rn 3.

7 Emmerich/Habersack/*Emmerich*, § 14 SpruchG Rn 3; MüKo-AktG/*Kubis*, § 14 SpruchG Rn 3; Simon/*Leuering*, § 14 Rn 16; Hölters/*Simons*, § 14 SpruchG Rn 5; **aA** Schmidt/Lutter/*Klöcker*, § 14 SpruchG Rn 3; KölnKomm-AktG/*Wilske*, § 14 SpruchG Rn 18.

8 Schmidt/Lutter/*Klöcker*, § 14 SpruchG Rn 6; MüKo-AktG/*Kubis*, § 14 SpruchG Rn 3; KölnKomm-AktG/*Wilske*, § 14 SpruchG Rn 18.

9 Emmerich/Habersack/*Emmerich*, § 14 SpruchG Rn 2; Schmidt/Lutter/*Klöcker*, § 14 SpruchG Rn 2; KölnKomm-AktG/*Wilske*, § 14 SpruchG Rn 6.

10 Emmerich/Habersack/*Emmerich*, § 14 SpruchG Rn 2; KölnKomm-AktG/*Wilske*, § 14 SpruchG Rn 6.

11 KölnKomm-AktG/*Wilske*, § 14 SpruchG Rn 6.

12 Simon/*Leuering*, § 14 Rn 14; KölnKomm-AktG/*Wilske*, § 14 SpruchG Rn 21.

mehr. Die Bekanntmachung kann weder durch Zwangsgeld, noch von Antragstellern oder dem gemeinsamen Vertreter im Klagewege erzwungen werden.[13]

C. Sonstige Bekanntmachungspflichten

Im Einzelfall können den Bekanntmachungsverpflichteten bzw den Antragsgegner weitere Bekanntmachungspflichten treffen. So ist bei börsennotierten Gesellschaften an eine Pflicht zur Veröffentlichung einer Ad-hoc-Mitteilung gem. § 15 WpHG oder einer Mitteilung nach § 30 e Abs. 1 Nr. 1 WpHG zu denken.[14] 9

§ 15 Kosten

(1) Die Gerichtskosten können ganz oder zum Teil den Antragstellern auferlegt werden, wenn dies der Billigkeit entspricht.

(2) Das Gericht ordnet an, dass die Kosten der Antragsteller, die zur zweckentsprechenden Erledigung der Angelegenheit notwendig waren, ganz oder zum Teil vom Antragsgegner zu erstatten sind, wenn dies unter Berücksichtigung des Ausgangs des Verfahrens der Billigkeit entspricht.

Literatur:

Meilicke/Heidel, Das neue Spruchverfahren in der gerichtlichen Praxis, DB 2003, 2267; *Preuß*, Auswirkungen der FGG-Reform auf das Spruchverfahren, NZG 2009, 961; *Schmittmann*, Vorschusspflicht im Spruchverfahren und registerrechtliche Behandlung unbekannter Aktionäre, AG 1998, 514; *Wittgens*, Der gerichtliche Sachverständige im Spruchverfahren, AG 2007, 106.

A. Überblick

§ 15 regelt – nicht abschließend – die Verteilung der Gerichtskosten sowie der außergerichtlichen Kosten der Antragsteller. Ergänzend sind die Normen des GNotKG (für die Gerichtskosten), des RVG (für die außergerichtlichen Kosten) sowie des JVEG (für die Vergütung von Sachverständigen) heranzuziehen. 1

Bis zum Inkrafttreten des SpruchG enthielten § 306 Abs. 7 AktG aF und § 312 UmwG aF Regelungen für die Gerichtskosten. Die außergerichtlichen Kosten waren hingegen nicht geregelt. Der Kostenschuldner bestimmte sich nach hM analog § 13 a FGG aF.[1] § 15 wurde jüngst iRd Novellierung des Kostenrechts durch das 2. Kostenrechtsmodernisierungsgesetz[2] erheblich umgestaltet. Regelte § 15 bis dato auch die Berechnung des Geschäftswerts, die Höhe der Gerichtsgebühren, den grundsätzlichen Gerichtskostenschuldner und die Verpflichtung zur Zahlung eines Kostenvorschusses, so sind die entsprechenden Regelungen nun im GNotKG zu finden. § 15 SpruchG aF gilt aber gem. § 136 Abs. 5 S. 1 Nr. 2 iVm Abs. 1 Nr. 1 und 2 GNotKG 2

13 Spindler/Stilz/*Drescher*, § 14 SpruchG Rn 4; Bürgers/Körber/*Ederle/Theusinger*, § 14 SpruchG Rn 3; Emmerich/Habersack/*Emmerich*, § 14 SpruchG Rn 6; teilweise aA MüKo-AktG/*Kubis*, § 14 SpruchG Rn 4; KölnKomm-AktG/*Wilske*, § 14 SpruchG Rn 32 ff, die einen Anspruch der Antragsteller auf Bekanntmachung annehmen oder jedenfalls nicht für ausgeschlossen halten.

14 Emmerich/Habersack/*Emmerich*, § 14 SpruchG Rn 2; Schmidt/Lutter/*Klöcker*, § 14 SpruchG Rn 7; Simon/*Leuering*, § 14 Rn 23 ff; KölnKomm-AktG/*Wilske*, § 14 SpruchG Rn 27 ff; *Riegger/Rieg*, ZIP 2007, 1148.

1 Vgl KölnKomm-AktG/*Rosskopf*, § 15 SpruchG Rn 52.

2 2. Gesetz zur Modernisierung des Kostenrechts v. 23.7.2013, BGBl. I S. 2586.

für solche Verfahren fort, die vor dem 23.7.2013 anhängig gemacht oder eingeleitet worden sind oder bei denen ein Rechtsmittel vor dem genannten Stichtag eingelegt worden ist.

B. Gerichtskosten

I. Geschäftswert und Gebühren

3 Der Geschäftswert im Spruchverfahren ist der Betrag, der von allen Antragsberechtigten nach der Entscheidung des Gerichts zusätzlich zu dem ursprünglich angebotenen Betrag insgesamt gefordert werden kann (§ 74 S. 1 Hs 1 GNotKG, zuvor § 15 Abs. 1 S. 2 Hs 1 SpruchG aF). Er beträgt mindestens 200.000 EUR und höchstens 7,5 Millionen EUR (§ 74 S. 1 Hs 2 GNotKG, zuvor § 15 Abs. 1 S. 2 Hs 2 SpruchG aF). Maßgeblicher Zeitpunkt für die Bestimmung der Gesamtzahl der antragsberechtigten Anteile ist nach § 74 S. 2 GNotKG (früher § 15 Abs. 1 S. 3 SpruchG aF) der Tag nach Ablauf der Antragsfrist. Bei Eingliederung und Squeeze Out kommt es hingegen auf den Tag der Eintragung der Maßnahme in das Handelsregister an.[3] Zinsen sind als Nebenforderung bei der Berechnung des Geschäftswerts außer Betracht zu lassen.[4] Mangels anderslautender Bestimmungen gilt § 74 GNotKG – wie bislang § 15 SpruchG aF – auch für die Berechnung des Geschäftswerts in etwaigen Folgeinstanzen.[5]

4 Die Höhe der Gerichtsgebühren richtet sich nach § 3 Abs. 2 GNotKG iVm Anlage 1 zum GNotKG (dort Ziff. 13.500 ff). Danach wird im ersten Rechtszug grundsätzlich eine doppelte Gebühr erhoben. Dies stellt eine Erleichterung ggü. der bisherigen – für Verfahren, die vor dem 23.7.2013 eingeleitet oder bei denen vor diesem Stichtag ein Rechtsmittel eingelegt wurde, nach § 136 Abs. 5 S. 1 Nr. 2 iVm Abs. 1 Nr. 1 und 2 GNotKG fortgeltenden – Rechtslage dar, die eine vierfache Gebühr vorsah (§ 15 Abs. 1 S. 6 SpruchG aF). Soweit lediglich ein Beschluss nach § 11 Abs. 4 S. 2 ergeht, ist nur eine einfache Gebühr fällig. Wird das Verfahren ohne Endentscheidung beendet, beträgt die Gebühr lediglich 0,5 (bislang eine Gebühr, § 15 Abs. 1 S. 5 SpruchG aF). Für die Beschwerdeinstanzen gelten die Gebührenziffern 13610 ff, sofern nicht nach § 136 Abs. 1 Nr. 2 GNotKG die Vorschriften der KostO fortgelten.

5 Über die Höhe des Geschäftswerts entscheidet das Gericht durch Beschluss (§ 79 GNotKG). Gegen diesen Beschluss kann gemäß § 83 Abs. 1 GNotKG Beschwerde eingelegt werden. Beschwerdeberechtigt ist jeder, der durch die Festsetzung des Geschäftswerts belastet sein kann, dh der Antragsgegner, die Rechtsanwälte der Antragsteller, der gemeinsamer Vertreter sowie, sofern sie ausnahmsweise nach § 15 Abs. 1 Kostenschuldner sind, die Antragsteller.[6] Im Beschwerdeverfahren gilt nicht das Verbot der reformatio in peius, so dass der Geschäftswert auch zulasten des Beschwerdeführers geändert werden kann.[7]

II. Auslagen und Auslagenvorschuss

6 Die Erhebung von Auslagen richtet sich nach Teil 3 der Anlage 1 zu § 3 Abs. 2 GNotKG (früher § 137 KostO aF). Zu den Auslagen im Spruchverfahren zählen vor allem die Kosten eines vom Gericht bestellten Sachverständigen oder des sachverständigen Prüfers, der nach § 8 Abs. 2 grundsätzlich gehört werden soll (vgl Ziff. 31005 Anlage 1 zu § 3 Abs. 2 GNotKG). Die Vergütung von Sachverständigen im Bereich der Unternehmensbewertung beträgt nach § 9 Abs. 1 JVEG iVm Anlage 1 JVEG 115 EUR pro Stunde. Eine – in der Regel zur Gewinnung qualifizierter Sachverständiger erforderliche – höhere Vergütung ist nach § 13 Abs. 1 S. 1 JVEG

3 Spindler/Stilz/*Drescher*, § 15 SpruchG Rn 8; KölnKomm-AktG/*Rosskopf*, § 15 SpruchG Rn 20.
4 Emmerich/Habersack/*Emmerich*, § 15 SpruchG Rn 8 a; Schmidt/Lutter/*Klöcker*, § 15 SpruchG Rn 3; KölnKomm-AktG/*Rosskopf*, § 15 SpruchG Rn 10.
5 OLG Stuttgart Der Konzern 2006, 447, 459; OLG Düsseldorf Der Konzern 2010, 519, 524; KölnKomm-AktG/*Rosskopf*, § 15 SpruchG Rn 21; *Büchel*, NZG 2003, 793, 803.
6 Emmerich/Habersack/*Emmerich*, § 15 SpruchG Rn 10; KölnKomm-AktG/*Rosskopf*, § 15 SpruchG Rn 23.
7 BayObLG NZG 2002, 880; Emmerich/Habersack/*Emmerich*, § 15 SpruchG Rn 10; Schmidt/Lutter/*Klöcker*, § 15 SpruchG Rn 5.

mit Einverständnis aller Beteiligten und Zahlung eines ausreichenden Betrags an die Staatskasse zulässig. Die Erklärung nur eines Beteiligten kann unter den Voraussetzungen des § 13 Abs. 2 S. 1 JVEG genügen, wenn das Gericht zustimmt. Dies soll gemäß § 13 Abs. 2 S. 2 JVEG nur erfolgen, wenn das Doppelte des in § 9 JVEG vorgesehenen Honorars nicht überschritten wird und sich zu dem gesetzlich bestimmten Honorar keine geeignete Person zur Übernahme der Tätigkeit bereit erklärt. Die von einigen Gerichten praktizierte Ersetzung der Zustimmung des Antragsgegners zu einer die Grenze des doppelten Stundensatzes übersteigenden Vergütung durch die eigene Zustimmung[8] ist trotz der Formulierung von § 13 Abs. 2 S. 2 JVEG als Soll-Vorschrift angesichts des klaren gesetzgeberischen Willens[9] abzulehnen.[10] Verfährt das Gericht dennoch so, ist die betreffende Entscheidung aber nicht mit einer isolierten Beschwerde anfechtbar (§ 13 Abs. 2 S. 4 JVEG).[11]

Während § 15 Abs. 3 S. 1 aF explizit eine Pflicht des Antragsgegners zur Zahlung des Auslagenvorschusses vorsah, heißt es in § 14 Abs. 1 S. 1 GNotKG, dass derjenige, der eine Handlung beantragt hat, einen zur Deckung der Auslagen ausreichenden Vorschuss zu zahlen hat. 7

Da die Auslagen aber zu den Kosten iSd GNotKG gehören und Kostenschuldner gemäß § 23 Nr. 14 im Spruchverfahren zunächst nur der Antragsgegner ist, verbleibt es bei der bislang geltenden Regel, dass die Antragsteller in keinem Fall vorschusspflichtig sind.[12] 8

III. Kostenschuldner

Kostenschuldner der Gerichtskosten ist gemäß § 23 Nr. 14 GNotKG (zuvor § 15 Abs. 2 S. 1 aF) grundsätzlich nur der Antragsgegner, wobei nach § 32 Abs. 1 GNotKG mehrere Antragsgegner ggf als Gesamtschuldner haften. Gemäß § 15 Abs. 1 (früher § 15 Abs. 2 S. 2 aF) kann das Gericht den Antragstellern die Gerichtskosten ganz oder teilweise auferlegen, wenn dies der Billigkeit entspricht. Dafür genügt es nicht, dass ein Antrag oder ein Rechtsmittel erfolglos ist.[13] Etwas anderes kann aber bei offensichtlich unzulässigen oder unbegründeten Anträgen gelten,[14] ferner bei Rechtsmissbrauch oder einer groben Verletzung der Verfahrensförderungspflicht.[15] Die Haftung des Antragsgegners bleibt von einer etwaigen Billigkeitsentscheidung des Gerichts unberührt (vgl § 23 Nr. 14 GNotKG). Dem gemeinsamen Vertreter oder den von ihm vertretenen, nicht selbst am Verfahren beteiligten (ehemaligen) Anteilsinhabern können die Gerichtskosten auf keinen Fall auferlegt werden.[16] 9

C. Außergerichtliche Kosten

I. Außergerichtliche Kosten der Antragsteller

Nach der gesetzlichen Konzeption haben die Antragsteller ihre außergerichtlichen Kosten grundsätzlich selbst zu tragen. Das Gericht kann aber gemäß § 15 Abs. 2 (früher § 15 Abs. 4 aF) anordnen, dass die Kosten der Antragsteller, die zur zweckentsprechenden Erledigung der Angelegenheit notwendig waren, ganz oder teilweise vom **Antragsgegner** zu erstatten sind, wenn dies unter Berücksichtigung des **Ausgangs des Verfahrens** der Billigkeit entspricht. Ein Teil der Rspr nimmt dies bereits an, wenn den Anträgen nicht von vornherein jegliche Grund- 10

8 OLG Düsseldorf AG 2004, 390; OLG Frankfurt/M. AG 2009, 551; LG Dortmund AG 2005, 664; zustimmend Emmerich/Habersack/*Emmerich*, § 15 SpruchG Rn 17; Simon/*Winter*, § 15 Rn 54 f.

9 Vgl Begr. RegE zu § 13 JVEG aF, BT-Drucks. 15/1971, 184.

10 Spindler/Stilz/*Drescher*, § 8 SpruchG Rn 15; Schmidt/Lutter/*Klöcker*, § 15 SpruchG Rn 8; MüKo-AktG/*Kubis*, § 15 Rn 18; KölnKomm-AktG/*Rosskopf*, § 15 SpruchG Rn 33.

11 OLG Frankfurt/M. NZG 2009, 428.

12 Vgl zur bisherigen Rechtslage Emmerich/Habersack/*Emmerich*, § 15 SpruchG Rn 14; Schmidt/Lutter/*Klöcker*, § 15 SpruchG Rn 12.

13 Emmerich/Habersack/*Emmerich*, § 15 SpruchG Rn 12; Schmidt/Lutter/*Klöcker*, § 15 SpruchG Rn 10; KölnKomm-AktG/*Rosskopf*, § 15 SpruchG Rn 43.

14 BGH NZG 2012, 191 zum Fall einer § 4 Abs. 2 S. 2 Nr. 4 nicht genügenden Antragsbegründung.

15 OLG Hamburg AG 2005, 854; Emmerich/Habersack/*Emmerich*, § 15 SpruchG Rn 12; KölnKomm-AktG/*Rosskopf*, § 15 SpruchG Rn 43.

16 Emmerich/Habersack/*Emmerich*, § 15 SpruchG Rn 12; Schmidt/Lutter/*Klöcker*, § 15 SpruchG Rn 10.

lage gefehlt hat.[17] Die Literatur bejaht eine Kostentragungspflicht des Antragsgegners zum Teil stets, wenn es zu einer Erhöhung der Kompensation kommt, gleichgültig in welchem Umfang.[18] Begründet wird dies u.a. damit, dass vor dem Hintergrund des Anfechtungsausschlusses bei Informationsmängeln nach § 243 Abs. 4 S. 2 AktG eine Kostenbelastung der Antragsteller in aller Regel nicht angemessen sei. Die Ansicht ignoriert aber die ausdrückliche Absicht des Gesetzgebers[19] und ist daher abzulehnen.[20] Vielmehr kommt nur bei einer erheblichen Erhöhung der Barabfindung (ca. 15-20%)[21] eine Pflicht des Antragsgegners zur vollständigen Kostenerstattung in Betracht; bei geringfügigen Erhöhungen kann eine Kostenteilung angemessen sein.[22]

11 Erstattungsfähig sind grundsätzlich die gesetzlichen Anwaltskosten und sonstige notwendige Aufwendungen (Reisekosten etc.).[23] Dies gilt aber nicht, wenn ein Antragsteller selbst Rechtsanwalt ist, da es für Verfahren nach dem FamFG an einer § 91 Abs. 2 S. 3 ZPO entsprechenden Norm fehlt.[24] Hinsichtlich der Ermittlung der Anwaltsgebühren ist § 31 RVG zu beachten. Kosten für Privatgutachten können nur ausnahmsweise unter dem Gesichtspunkt der Waffengleichheit erstattungsfähig sein.[25]

Hinweis: Bei der Berechnung der Anwaltsgebühren ist § 31 RVG zu beachten, der in der Praxis häufig übersehen wird. Es kommt somit entscheidend auf den Anteilsbesitz des vertretenen Antragstellers an. Bei Mehrfachvertretung sind die auf die einzelnen Antragsteller entfallenden Werte zusammenzurechnen; Nr. 1008 VV RVG ist nicht anzuwenden (§ 31 Abs. 2 RVG).

12 Wie der BGH mittlerweile höchstrichterlich bestätigt hat, gilt § 15 Abs. 2 (§ 15 Abs. 4 aF) auch in der Rechtsmittelinstanz.[26]

II. Außergerichtliche Kosten des Antragsgegners

13 § 15 Abs. 2 verhält sich nicht zu der Frage, ob **die außergerichtlichen Kosten des Antragsgegners** im Einzelfall den Antragstellern auferlegt werden können. Eine solche Möglichkeit wurde teilweise mit dem Argument bejaht, dass über § 17 Abs. 1 die Grundsätze der §§ 80, 81 Abs. 1 S. 2 FamFG anwendbar seien, nach denen das Gericht die Kosten des Verfahrens den Beteiligten nach billigem Ermessen ganz oder teilweise auferlegen kann.[27] Der BGH hat jedoch mittlerweile entschieden, dass § 15 Abs. 2 (früher § 15 Abs. 4 aF) abschließenden Charakter hat und die außergerichtlichen Kosten des Antragsgegners somit nicht den Antragstellern auferlegt werden können.[28]

III. Kostenentscheidung und -festsetzung

14 Das Gericht trifft von Amts wegen eine Kostenentscheidung durch Beschluss mit der Entscheidung in der Hauptsache (§ 82 FamFG). Anders als unter dem FGG, welches freilich nach § 111 FGG-Reformgesetz für Verfahren, die vor dem 1.9.2009 eingeleitet wurden, fortgilt,

17 LG München I BeckRS 2013, 12292.
18 Emmerich/Habersack/*Emmerich*, § 15 SpruchG Rn 20 f; so auch *Meilicke/Heidel*, DB 2003, 2267, 2274.
19 Vgl Begr. RegE BT-Drucks. 15/371, 17 f.
20 Spindler/Stilz/*Drescher*, § 15 SpruchG Rn 20; Schmidt/Lutter/*Klöcker*, § 15 SpruchG Rn 16; KölnKomm-AktG/*Rosskopf*, § 15 SpruchG Rn 54; Semler/Stengel/*Volhard*, § 15 SpruchG Rn 13.
21 Vgl Begr. RefE, NZG 2002, 23, 31.
22 Spindler/Stilz/*Drescher*, § 15 SpruchG Rn 20; Schmidt/Lutter/*Klöcker*, § 15 SpruchG Rn 16; KölnKomm-AktG/*Rosskopf*, § 15 SpruchG Rn 54; Semler/Stengel/*Volhard*, § 15 SpruchG Rn 13.
23 Schmidt/Lutter/*Klöcker*, § 15 SpruchG Rn 20; KölnKomm-AktG/*Rosskopf*, § 15 SpruchG Rn 57; Semler/Stengel/*Volhard*, § 15 SpruchG Rn 15.
24 BGH ZIP 2014, 491; OLG München AG 2007, 411, 415 f; Spindler/Stilz/*Drescher*, § 15 SpruchG Rn 20; KölnKomm-AktG/*Rosskopf*, § 15 SpruchG Rn 57; Simon/*Winter*, § 15 Rn 109.
25 KölnKomm-AktG/*Rosskopf*, § 15 SpruchG Rn 57; Semler/Stengel/*Volhard*, § 15 SpruchG Rn 15; großzügiger Emmerich/Habersack/*Emmerich*, § 15 SpruchG Rn 21 a.
26 BGH NZG 2012, 191.
27 Schmidt/Lutter/*Klöcker*, § 15 SpruchG Rn 18; MüKo-AktG/*Kubis*, § 15 SpruchG Rn 21; Simon/*Winter*, § 15 Rn 102 f.
28 BGH NZG 2012, 191; so zuvor bereits Spindler/Stilz/*Drescher*, § 15 SpruchG Rn 21; Emmerich/Habersack/*Emmerich*, § 15 SpruchG Rn 21 b; *Meilicke/Heidel*, BB 2003, 2267, 2275.

kann die Kostenentscheidung nach dem FamFG und damit auch im Spruchverfahren isoliert von der Hauptsache angefochten werden.[29]

Die Kostenentscheidung ist auch im Spruchverfahren kein Vollstreckungstitel, sondern lediglich Grundlage für die Kostenfestsetzung. Diese richtet sich gemäß § 85 FamFG nach den allg. Regeln der §§ 103 ff ZPO. 15

§ 16 Zuständigkeit bei Leistungsklage

Für Klagen auf Leistung des Ausgleichs, der Zuzahlung oder der Abfindung, die im Spruchverfahren bestimmt worden sind, ist das Gericht des ersten Rechtszuges und der gleiche Spruchkörper ausschließlich zuständig, der gemäß § 2 mit dem Verfahren zuletzt inhaltlich befasst war.

I. Regelungsgegenstand

Die Vorschrift regelt die **sachliche, örtliche und funktionelle erstinstanzliche Zuständigkeit** des Gerichts, das über eine sich an das Spruchverfahren anschließende **Leistungsklage** zu entscheiden hat. Die ausschließliche Zuständigkeit des gleichen **Spruchkörpers** bei dem Gericht, welches bereits mit dem Spruchverfahren betraut war, dient zum einen dem prozessökonomischen Zweck, die im Spruchverfahren gewonnene Sachkenntnis im **Anschlussprozess** nutzbar zu machen.[1] Zum anderen wird die Gefahr vermieden, dass ein neues Gericht im Rahmen der Leistungsklage zu einer von der des im Spruchverfahren zuständigen Gerichts abweichenden Sichtweise gelangt. Dies kann insbesondere dann Bedeutung erlangen, wenn im **Spruchverfahren**, beispielsweise infolge dessen Beendigung durch Vergleich, keine Sachentscheidung getroffen wurde.[2] Allerdings ist für die Leistungsklage die Kammer auch dann zuständig, wenn der Vorsitzende das Spruchverfahren gemäß § 2 Abs. 3 S. 2 allein entschieden hat.[3] 1

Über den Regelungsgehalt der Vorschrift hinaus verbleibt es bei den allgemeinen Regeln der ZPO und kommt es zu keiner weiteren **Zuständigkeitskonzentration**. Dies gilt namentlich für das Leistungsklageverfahren und die Zuständigkeit des Gerichts des zweiten Rechtszugs sowie des Gerichts, welches über die Beschwerde nach § 12 SpruchG zu entscheiden hat.[4] 2

II. Spruchverfahren und Leistungsklage

Die Erhebung der **Leistungsklage** ist erforderlich, sofern der Schuldner und Antragsgegner des Spruchverfahrens trotz der ergangenen rechtsgestaltenden Entscheidung nicht leistet.[5] Diese Entscheidung hat nämlich ausschließlich **feststellende Wirkung**. Erst mit dem Urteil aus dem Leistungsprozess erhält der Antragsteller einen vollstreckbaren Titel.[6] Die Aufspaltung in zwei getrennte Verfahren trägt dem mit dem Spruchgesetz verfolgten **Beschleunigungseffekt** Rechnung. Würde die Entscheidung über individuelle Ansprüche in das Spruchverfahren integriert oder mit diesem als Adhäsions- bzw Nachverfahren verbunden, würde dies regelmäßig zu einer spürbaren Verzögerung – bis zur Klärung aller Ansprüche und Einwendungen – führen.[7] 3

Die im Spruchverfahren getroffene Entscheidung wirkt gem. § 13 S. 2 SpruchG für und gegen alle Anteilseigner (**inter omnes**). Dies bedeutet auch, dass das Gericht des Leistungsprozesses an die rechtskräftige Entscheidung des Gerichts im Spruchverfahren gebunden ist.[8] Antragsbe- 4

29 Schmidt/Lutter/*Klöcker*, § 15 SpruchG Rn 26; KölnKomm-AktG/*Rosskopf*, § 15 SpruchG Rn 68; es ist str., ob bei isolierten Kostenentscheidungen die sofortige Beschwerde (§ 85 FamFG) einschlägig ist (vgl KölnKomm-AktG/*Rosskopf*, § 15 SpruchG Rn 68 mN zu beiden Ansichten).
1 RegE, BT-Drucks. 15/371, S. 18.
2 *Fritzsche/Dreier/Verfürth*, SpruchG, S. 411.
3 Lutter/*Krieger/Mennicke*, § 16 SpruchG Rn 3.
4 Heidel/*Weingärtner*, § 16 SpruchG Rn 4.
5 RegE, BT-Drucks. 15/371, S. 18.
6 Schmidt/Lutter/*Klöckner*, § 16 SpruchG Rn 2.
7 *Fritzsche/Dreier/Verfürth*, SpruchG, S. 410 f.
8 KölnKomm-AktG/*Rosskopf*, § 16 SpruchG Rn 22.

rechtigt zur Erhebung der Leistungsklage sind sämtliche **Anteilseigner**, unabhängig von ihrer Beteiligung am Spruchverfahren. Etwas anderes gilt für den Fall, dass das Spruchverfahren nicht durch Gerichtsentscheidung sondern durch **Vergleich** beendet wird.[9] Als schuldrechtlicher, im Regelfall gegenseitiger Vertrag gilt der Vergleich nämlich grundsätzlich nur zwischen den Parteien, die ihn geschlossen haben.[10] Ob der Vergleich gerichtlich nach § 11 Abs. 2 bzw 4 SpruchG oder außergerichtlich erfolgt, spielt hierbei keine Rolle.[11]

§ 17 Allgemeine Bestimmungen; Übergangsvorschrift

(1) Sofern in diesem Gesetz nichts anderes bestimmt ist, finden auf das Verfahren die Vorschriften des Gesetzes über das Verfahren in Familiensachen und in den Angelegenheiten der freiwilligen Gerichtsbarkeit Anwendung.

(2) [1]Für Verfahren, in denen ein Antrag auf gerichtliche Entscheidung vor dem 1. September 2003 gestellt worden ist, sind weiter die entsprechenden bis zu diesem Tag geltenden Vorschriften des Aktiengesetzes und des Umwandlungsgesetzes anzuwenden. [2]Auf Beschwerdeverfahren, in denen die Beschwerde nach dem 1. September 2003 eingelegt wird, sind die Vorschriften dieses Gesetzes anzuwenden.

I. Regelungsgegenstand

1 § 17 Abs. 1 verweist generell auf die Vorschriften des FamFG, soweit das SpruchG keine abweichenden Regelungen enthält.[1] Daneben existieren noch eine Reihe konkreter Verweise auf bestimmte Normen des FamFG. Das **Spruchverfahren** ist damit als **echtes Streitverfahren** der freiwilligen Gerichtsbarkeit ausgestaltet. Keine Anwendung findet § 1 FamFG, da sich die Anwendbarkeit des FamFG auf das Spruchverfahren aus § 17 Abs. 1 ergibt.[2] Gleiches gilt für die Regelungen zu den Mitwirkungspflichten der Beteiligten nach § 27 FamFG sowie der Pflicht des Gerichts zur Verfahrensleitung nach § 28 FamFG, die von § 7 im Rahmen dessen Anwendungsbereichs verdrängt werden.[3] In Abweichung zu § 40 Abs. 1 FamFG wird die in Beschlussform ergehende Entscheidung des Gerichts im Spruchverfahren nach § 11 aufgrund § 13 S. 1 erst mit Eintritt der Rechtskraft wirksam.[4] Eine Abänderung der Entscheidung, wie sie § 40 Abs. 1 FamFG vorsieht, ist im Spruchverfahren nicht möglich, da es sich bei dem gefällten **Beschluss** nicht um eine rechtskräftige Endentscheidung mit Dauerwirkung handelt.[5] Letztlich sind auch §§ 108 ff FamFG nicht auf das Spruchverfahren übertragbar.[6]

2 Neben den im Übrigen im Wesentlichen anwendbaren Regelungen des FamFG findet über § 2 EGGVG auch das GVG unmittelbare Anwendung auf das Spruchverfahren.[7]

II. Eingeschränkter Amtsermittlungsgrundsatz

3 Infolge der Anwendbarkeit des FamFG gilt auch im Spruchverfahren gem. § 26 FamFG der **Amtsermittlungsgrundsatz**, wodurch das zuständige Gericht verpflichtet ist, den Sachverhalt von Amts wegen zu untersuchen und auch ohne vorliegende Beweisanträge den Sachverhalt zu ermitteln. Das SpruchG beinhaltet jedoch einige Regelungen, wodurch der grundsätzlich gel-

9 Schmidt/Lutter/*Klöckner*, § 16 SpruchG Rn 4.
10 Eine Ausnahme besteht nur, wenn der Vergleich bewusst als echter Vertrag zugunsten Dritter im Sinne des § 328 BGB ausgestaltet ist und auch die übrigen Anteilseigner miteinschließt. Vgl Palandt/*Sprau*, § 779 BGB Rn 2, 11 a.
11 Schmidt/Lutter/*Klöckner*, § 16 SpruchG Rn 4.
1 Dies gilt gem. Art. 111 S. 1 FGG-ReformG für ab dem 1.9.2009 eingeleitete oder beantrage Spruchverfahren. Für Verfahren vor dem Stichtag gelten weiterhin die Vorschriften des FGG.
2 KölnKomm-AktG/*Rosskopf*, § 17 SpruchG Rn 9.
3 *Weber*, NZG 2009, 961; KölnKomm-AktG/*Rosskopf*, § 17 SpruchG Rn 9.
4 *Weber*, NZG 2009, 961, 964; KölnKomm-AktG/*Rosskopf*, § 17 SpruchG Rn 9.
5 *Weber*, NZG 2009, 961, 964; KölnKomm-AktG/*Rosskopf*, § 17 SpruchG Rn 9.
6 KölnKomm-AktG/*Rosskopf*, § 17 SpruchG Rn 9.
7 KölnKomm-AktG/*Rosskopf*, § 17 SpruchG Rn 7.

tende Amtsermittlungsgrundsatz teilweise erheblich eingeschränkt und dadurch relativiert wird:

§ 10 Abs. 3 erlaubt dem Gericht unter Ausschluss des § 26 FamFG, **verspätetes Vorbringen** der Parteien im Sinne des § 10 Abs. 1 und 2 zurückzuweisen, sofern andernfalls der Rechtsstreit verzögert würde und die vorbringende Partei die Verspätung nicht entschuldigen kann. Darüber hinaus sind die Parteien aufgrund § 4 Abs. 2 Nr. 4 verpflichtet, konkrete Einwendungen gegen die Kompensation vorzubringen. Mangelt es an dieser Konkretheit, ist das Gericht nicht verpflichtet, diesen Einwendungen nachzugehen.[8] Schließlich ordnet § 8 Abs. 3 durch Verweis auf § 138 ZPO für die mündliche Verhandlung ganz ausdrücklich den in § 138 Abs. 1 ZPO verankerten **Beibringungsgrundsatz** an.[9] 4

III. Übergangsvorschriften

Aus Gründen der Rechtssicherheit ist in § 17 Abs. 2 geregelt, dass auf Verfahren, die bereits bei Inkrafttreten des Gesetzes anhängig waren, die bis dahin geltenden Vorschriften des AktG und UmwG Anwendung finden.[10] 5

Erstinstanzlich gilt altes Recht, sofern der Antrag auf gerichtliche Entscheidung vor dem 1.9.2003, also bis einschließlich 31.8.2003 gestellt wurde. Im **Beschwerdeverfahren** bleibt altes Recht auf alle Anträge anwendbar, die bis zum 1.9.2003 gestellt wurden. Neues Recht gilt damit für Beschwerden ab einschließlich 2.9.2003. Jedoch hat das **Beschwerdegericht** das alte Verfahren weiterhin anhand des zu diesem Zeitpunkt geltenden, alten Rechts zu beurteilen.[11] 6

Entscheidend ist jeweils der fristgerechte Eingang des Antrags bei Gericht. Dieser muss im Übrigen nach allgemeiner Auffassung zulässig sein, um die Anwendbarkeit alten Rechts zu begründen.[12] 7

8 KG AG 2009, 790; Schmidt/Lutter/*Klöcker*, § 4 SpruchG Rn 22.
9 Schmidt/Lutter/*Klöcker*, § 4 SpruchG Rn 13.
10 RegE, BT-Drucks. 15/371, 18.
11 OLG Hamburg AG 2004, 622; Schmidt/Lutter/*Klöcker*, § 4 SpruchG Rn 15.
12 Lutter/*Krieger/Mennicke*, § 17 SpruchG Rn 4 mwN.

Stichwortverzeichnis

Fette Zahlen bezeichnen die Paragrafen, magere die Randnummern.